KB207830

2025년

변호사시험법전

제15회 변호사시험 대비용

G 현암사

2025년

변호사시험법전

등록 : 1951. 12. 24. 제10-126호
초판발행 : 2012. 3. 10
발행 : 2025. 3. 14　개정 : 2025년판
발행인 : 조미현
발행처 : 현암사
서울특별시 마포구 동교로12안길 35 (우 : 04029)
전화 : 02-365-5051(내선 4번)
팩스 : 02-313-2729(마케팅팀)
전자메일 : law@hyeonamsa.com
홈페이지 : www.hyeonamsa.com

ISBN 978-89-323-2416-6 11360

* 파본은 본사나 구입하신 서점에서 바꿔 드립니다.

총 목 차

공 법 편

【헌법 분야】

【행정법 분야】

민 사 법 편

【민법 분야】

【상법 분야】

【민사소송법 분야】

형 사 법 편

【형법 분야】

【형사소송법 분야】

가나다순 법령 찾기

가 부

나 부

다 부

마 부

바 부

사 부

아 부

자 부

차 부

타 부

파 부

하 부

일 러 두 기

1. 법률 수록 범위와 구성

본『법전』에 수록한 법률의 범위와 차례 등의 구성은 2025년 3월 현재 공포·시행되고 있는 법령을 기준으로, 법무부가 변호사시험장에서 배포하기 위해 발행한『법전』과 동일하다.

2. 편집체제

본『법전』의 편집체제는 법무부의 변호사시험법전과 동일하다.

3. 법률 수록 근거

본『법전』에 수록한 법률은 정부에서 발간하는 <관보>를 근거로 하였고, 편집부의 교정 작업과정에서 발견된 오탈자가 국가법령정보센터(www.law.go.kr)와 법령정보원에서 출간한 <대한민국현행법령집>과 동일한 경우에는 법제처와 법령정보원과의 협의로 정정하였다. 그러나 협의가 이루어지지 않은 부분은 맞춤법 등이 잘못된 오탈자라 하더라도 <관보>에 정정공고가 나지 않은 이상 편집부에서 임의로 수정하지 않고 그대로 수록하였다.

4. 최종 공포한 법률 수록

본『법전』은 법률이 국회 통과 후 정부로 이송되어 국무회의를 거쳐 법제처에서 <관보>에 공포된 '최종 확정 법률'을 수록하였다. 국회 통과 법률은 법제처로 이송되어 심의하는 과정에서 자구 수정이나 문장 변경이 생기므로 최종 확정되어 공포된 법률과는 차이가 있기 때문에, 수험생에게 보다 정확한 법률을 수록한『법전』을 보급하기 위해 출간 일정이 다소 늦어지더라도 '최종 확정 법률'을 수록하였다. 다만, 2025년 2월 27일 국회를 통과한 법률은 부득이하게 국회 본회의 심의안으로 본편「보유편」에 수록하여 수험생들의 공부에 도움을 주고자 하였다.

5. 공포 후 일정기간 이후부터 시행하는 법률의 수록 방법

공포 후 일정기간 이후부터 시행하는 법률에 대해서는 전후 조문을 함께 비교해 볼 수 있도록 현재 시행되는 조항 아래 점선 또는 음영으로 구역을 만들어 정리·수록하였다.

6. 최근 개정 법령 반영

법무부의 변호사시험용 법전이 2024년 11월 4일 당시 공포·시행되는 법령을 기준으로 발행하여 이후 공포된 개정 법령을 반영하지 못하였으나, 본 『법전』은 이를 모두 반영하였다. 이로 인해 최신 개정 법령을 반영한 법률은 조문위치 등이 시제품과 약간의 차이가 있을 수 있다. 주요 법률의 최신 개정 내용은 다음과 같다.

최신 개정 법률	공포일자	주요 내용
민법	2024. 9. 20 법률 제20432호	• 법인의 분사무소 등기부를 폐지하고 법인의 주사무소 소재지에서만 등기하도록 하며, 법인이 주사무소를 이전한 경우에는 종전 소재지 또는 새 소재지에서 새 소재지와 이전 연월일을 등기하도록 하고, 분사무소를 이전한 경우에는 주사무소의 소재지에서 새 소재지와 이전 연월일을 등기하도록 하여 등기절차를 간소화 함. • 피상속인의 직계존속으로서 상속인이 될 사람이 피상속인에 대한 부양의무를 중대하게 위반하거나 중대한 범죄행위 또는 그 밖에 심히 부당한 대우를 한 경우 등에는 피상속인의 유언 또는 공동상속인 등의 청구에 따라 가정법원이 상속권의 상실을 선고할 수 있도록 하는 제도를 마련하는 등 국민 정서에 맞지 않은 불합리한 상속제도를 개선함.
상법	2024. 9. 20 법률 제20436호	• 회사의 지점 등기부를 폐지하고 회사의 본점 소재지에서만 등기하도록 하는 한편, 회사가 본점을 이전한 경우에는 종전 소재지 또는 새 소재지에서 새 소재지와 이전 연월일을 등기하도록 하고, 지점을 이전한 경우에는 본점의 소재지에서 새 소재지와 이전 연월일을 등기하도록 하며, 외국회사가 대한민국에 영업소를 설치하는 경우 등기할 사항을 명확히 규정함.
민사집행법	2025. 1. 31 법률 제20733호	• 채무자의 한 달간 생계유지에 필요한 예금을 보다 실효성 있게 보장하기 위하여, 1인당 1개의 생계비계좌를 개설할 수 있도록 하고 이 계좌에 예치된 예금의 청구권은 압류하지 못하도록 함.
형사소송법	2024. 10. 16 법률 제20460호	• 피고인이 피해자의 권리 회복에 필요한 금전을 공탁한 경우에 법원은 판결을 선고하기 전에 피해자 또는 그 법정대리인의 의견을 듣도록 하되, 그 의견을 청취하기 곤란한 경우에는 의견 청취 의무의 예외를 인정하여 피해자의 재판절차진술권을 실효적으로 보장함.
부동산등기법	2024. 9. 20 법률 제20435호	• 관할 등기소가 다른 여러 개의 부동산과 관련하여 등기목적과 등기원인이 동일한 등기신청 등이 있는 경우에는 그 중 하나의 관할 등기소에서 해당 신청에 따른 등기사무를 담당할 수 있도록 하고, 상속·유증으로 인한 등기신청의 경우에는 부동산의 관할 등기소가 아닌 등기소에서도 그 신청에 따른 등기사무를 담당할 수 있도록 하며, 이동통신단말장치에서 사용되는 애플리케이션을 통해서도 등기를 전자신청할 수 있도록 함. • 신탁재산에 속하는 부동산의 거래에서 신탁원부를 확인하지 아니하여 발생하는 피해를 방지하기 위하여 신탁재산에 속하는 부동산의 거래에 관한 주의사항을 신탁등기에 기록하도록 함.

〈法典〉 年誌 – 解題와 沿革

① 1959年 • 우리나라에서 처음으로 <法典>이란 題號를 사용하고 「條文參照式」의 大韓民國 法令集을 創刊

② 1960年版 • 우리나라에서 처음으로 憲法·民法·商法·手形法(지금의 어음법)·小切手法(지금의 수표법)·刑法·刑事訴訟法 등 7個法의 「事項索引」을 特輯收錄하고, 이후 그 범위를 확대하여 10여 개 法의 綜合事項索引을 수록
• 우리나라에서 처음으로 編者가 법령의 各條文에 「條文題目」을 붙이는 創始的 編輯을 하였는데, 그후 모든 法令의 公布에도 條文題目을 붙임

③ 1963年版 • 우리나라에서 처음으로 法令의 條·項·號別의 改正 年月日을 표시하자, 이후 政府刊行物 또는 시중의 모든 法令集도 이에 따름

④ 1964年版 • 모든 公文書가 橫書로 되리라는 豫見下에 우리나라에서 처음으로 全面 橫組를 하자, 이후 官署 또는 시중의 모든 法令集도 이에 따름

⑤ 1967年版 • 「綜合事項索引」을 增補收錄

⑥ 1975年版 • 法制處 發行 法令集의 分類 改編에 따라 <法典>도 全面 改編

⑦ 1977年版 • 빈번한 法令改廢에 대비하여 「法令調査部」를 두고 每月 그 改廢目錄을 發行配付함으로써 매년 <法典>을 구입하는 부담을 덜게 함(1989년 創刊 「內外法律뉴스」로 代替)

⑧ 1979年版 • 勤勞基準法 관련 全判例 중에서 같은 趣旨의 判例를 제외한 重要判例를 條文下에 同時 收錄
• 11月 28日 서울市文化賞 受賞

⑨ 1981年 • 7月 28日 文化公報部에 編輯著作權登錄(第471號)

⑩ 1982年版 • 基本法을 비롯하여 重要法律 各條文 아래에 外國判例를 追加收錄

⑪ 1984年 • 5月 10日 大統領表彰
• 10月 13日 韓國出版學會賞 受賞

⑫ 1985年 • 10月 19日 文化勳章 寶冠章 受勳

⑬ 1987年 • 8月 11日 한글世代를 위한 새 憲法의 用語에 관한 建議文을 國會議長 및 各 黨總裁에게 보냄

⑭ 1988年版 • <法典> 本文 組版電算化

⑮ 1989年 • 2月에 月刊 「內外法律뉴스」를 創刊

⑯ 1990年版 • 版型이 B6版이던 「小法典」을 A5版으로 大型化

⑰ 1992年 • 2月 16日 刑法改正案에 대하여 法務部長官에게 刑法各則에 個人法益을 앞으로 하는 編制와 용어순화 등에 대한 건의문 제출
• 11月 4日 國會의 刑法審議小委員會에 條文을 더욱 한글화하도록 건의문 제출

⑱ 1994年版 • 각 特別法罰則에 公訴時效를 附記

⑲ 1995年版 • 版型이 B6版이던 「稅法」을 A5판으로 大型化하고 조문참조식으로 개편

⑳ 1995年 • 10月 11日 中央大學校言論文化賞(出版部門) 受賞

㉑ 1998年版 • 獨·佛·英·美·日 등의 외국판례 增補

㉒ 1999年版 • 1998年 7月 韓國法學敎授會 推奬
• 1998年 8月 「金&張법률사무소」 소속 전문변호사 全員 편집참여

㉓ 1999年 • 韓國法學敎授會로부터 공로패 受賞
• 「법률의 한글화를 위한 청원서」를 한글학회 등과 함께 국회에 제출

㉔ 2000年版 • <法典> 판형을 B6배판으로 확대하고 활자체를 보다 크고 선명하게 하였고, 별표를 대폭 수록하는 등 대혁신 단행

㉕ 2000年 • 「로앤비즈 Law&Biz」 창간
• 사이버법정 i-solomon 홈페이지 개설(www.i-solomon.co.kr)

㉖ 2002年版 • 版型을 B6배판(변형)으로 더욱 확대하여 3단편집화

㉗ 2002年 • 법인등기, 주식회사로 발족

㉘ 2003年版 • <法典> 활자체를 보다 크고 선명하게 편집

㉙ 2003年 • 『시험용법전』 발간
• 『고시법전』 행시·법원행시·외시·법무사 2차시험장 비치용 법전으로 채택

㉚ 2004年 • 『고시법전』 입법고시 2차시험장 비치용 법전으로 채택
• 특허청 주관 변리사 2차시험용 법전 출간업체로 선정

㉛ 2004年 • 제18회 '책의 날' 기념 정부표창 「대표이사 조근태 대통령상수상(출판공로)」

㉜ 2005年 • 2005년 대표이사 사장 조근태 「간행물윤리상 출판인쇄상 수상」

㉝ 2006年 4月 • 자회사 「은나팔」 설립

㉞ 2009年 1月 • 대표이사 사장 조미현 취임

㉟ 2009年11月 • 2009년 11월 19일부터 일주일간 국회도서관에서 「法典」 50주년 기념 전시회

㊱ 2010年 • 한국산업인력공단 주관 공인노무사 2차시험용 법전 출간업체로 선정

㊲ 2011年 • 제25회 '책의 날' 기념 정부표창 「대표이사 사장 조미현 문화체육관광부장관 표창」

㊳ 2012年 3月 • 「변호사시험법전」 발간
2012年10月 • 제26회 '책의 날' 기념 「한국출판공로상」 김정숙 이사 표창

㊴ 2013年12月 • 한국출판인회의 '2013 올해의 출판인' 마케팅부문상 민경옥 이사 수상

㊵ 2014年10月 • 제28회 '책의 날' 기념 「한국출판공로상」 기획·편집 부문 윤지현 팀장 표창

㊶ 2015年 • 「현암사 창립 70주년 기념 전시회」 개최(파주 아시아출판문화정보센터 2015.11.12~2015.11.30)

㊷ 2017年 • 대표이사 사장 조미현 출판문화산업진흥원 이사 역임

㊸ 2018年 • 대표이사 사장 조미현 국가지식재산위원회 민간위원 역임

㊹ 2025年 • 현암사 창립 80주년

공법편

헌법분야 · 행정법분야

공법편 목차

헌법 분야

행정법 분야

●대한민국헌법

〔제정 1948·7·12, 공포 1948·7·17〕

1차개정 1952·7·7
2차개정 1954·11·29
3차개정 1960·6·15
4차개정 1960·11·29
5차개정 1962·12·26 <전부개정>
6차개정 1969·10·21
7차개정 1972·12·27 <전부개정>
8차개정 1980·10·27 <전부개정>
9차개정 1987·10·29 <전부개정>

전 문

유구한 역사와 전통에 빛나는 우리 대한국민은 3·1운동으로 건립된 대한민국임시정부의 법통과 불의에 항거한 4·19민주이념을 계승하고, 조국의 민주개혁과 평화적 통일의 사명에 입각하여 정의·인도와 동포애로써 민족의 단결을 공고히 하고, 모든 사회적 폐습과 불의를 타파하며, 자율과 조화를 바탕으로 자유민주적 기본질서를 더욱 확고히 하여 정치·경제·사회·문화의 모든 영역에 있어서 각인의 기회를 균등히 하고, 능력을 최고도로 발휘하게 하며, 자유와 권리에 따르는 책임과 의무를 완수하게 하여, 안으로는 국민생활의 균등한 향상을 기하고 밖으로는 항구적인 세계평화와 인류공영에 이바지함으로써 우리들과 우리들의 자손의 안전과 자유와 행복을 영원히 확보할 것을 다짐하면서 1948년 7월 12일에 제정되고 8차에 걸쳐 개정된 헌법을 이제 국회의 의결을 거쳐 국민투표에 의하여 개정한다.

1987년 10월 29일

제1장 총강

제1조 ① 대한민국은 민주공화국이다.
② 대한민국의 주권은 국민에게 있고, 모든 권력은 국민으로부터 나온다.

제2조 ① 대한민국의 국민이 되는 요건은 법률로 정한다.
② 국가는 법률이 정하는 바에 의하여 재외국민을 보호할 의무를 진다.

제3조 대한민국의 영토는 한반도와 그 부속도서로 한다.

제4조 대한민국은 통일을 지향하며, 자유민주적 기본질서에 입각한 평화적 통일정책을 수립하고 이를 추진한다.

제5조 ① 대한민국은 국제평화의 유지에 노력하고 침략적 전쟁을 부인한다.
② 국군은 국가의 안전보장과 국토방위의 신성한 의무를 수행함을 사명으로 하며, 그 정치적 중립성은 준수된다.

제6조 ① 헌법에 의하여 체결·공포된 조약과 일반적으로 승인된 국제법규는 국내법과 같은 효력을 가진다.
② 외국인은 국제법과 조약이 정하는 바에 의하여 그 지위가 보장된다.

제7조 ① 공무원은 국민전체에 대한 봉사자이며, 국민에 대하여 책임을 진다.
② 공무원의 신분과 정치적 중립성은 법률이 정하는 바에 의하여 보장된다.

제8조 ① 정당의 설립은 자유이며, 복수정당

제는 보장된다.
② 정당은 그 목적·조직과 활동이 민주적이어야 하며, 국민의 정치적 의사형성에 참여하는데 필요한 조직을 가져야 한다.
③ 정당은 법률이 정하는 바에 의하여 국가의 보호를 받으며, 국가는 법률이 정하는 바에 의하여 정당운영에 필요한 자금을 보조할 수 있다.
④ 정당의 목적이나 활동이 민주적 기본질서에 위배될 때에는 정부는 헌법재판소에 그 해산을 제소할 수 있고, 정당은 헌법재판소의 심판에 의하여 해산된다.

제 9 조 국가는 전통문화의 계승·발전과 민족문화의 창달에 노력하여야 한다.

제 2 장 국민의 권리와 의무

제10조 모든 국민은 인간으로서의 존엄과 가치를 가지며, 행복을 추구할 권리를 가진다. 국가는 개인이 가지는 불가침의 기본적 인권을 확인하고 이를 보장할 의무를 진다.

제11조 ① 모든 국민은 법 앞에 평등하다. 누구든지 성별·종교 또는 사회적 신분에 의하여 정치적·경제적·사회적·문화적 생활의 모든 영역에 있어서 차별을 받지 아니한다.
② 사회적 특수계급의 제도는 인정되지 아니하며, 어떠한 형태로도 이를 창설할 수 없다.
③ 훈장등의 영전은 이를 받은 자에게만 효력이 있고, 어떠한 특권도 이에 따르지 아니한다.

제12조 ① 모든 국민은 신체의 자유를 가진다. 누구든지 법률에 의하지 아니하고는 체포·구속·압수·수색 또는 심문을 받지 아니하며, 법률과 적법한 절차에 의하지 아니하고는 처벌·보안처분 또는 강제노역을 받지 아니한다.
② 모든 국민은 고문을 받지 아니하며, 형사상 자기에게 불리한 진술을 강요당하지 아니한다.
③ 체포·구속·압수 또는 수색을 할 때에는 적법한 절차에 따라 검사의 신청에 의하여 법관이 발부한 영장을 제시하여야 한다. 다만, 현행범인인 경우와 장기 3년 이상의 형에 해당하는 죄를 범하고 도피 또는 증거인멸의 염려가 있을 때에는 사후에 영장을 청구할 수 있다.
④ 누구든지 체포 또는 구속을 당한 때에는 즉시 변호인의 조력을 받을 권리를 가진다. 다만, 형사피고인이 스스로 변호인을 구할 수 없을 때에는 법률이 정하는 바에 의하여 국가가 변호인을 붙인다.
⑤ 누구든지 체포 또는 구속의 이유와 변호인의 조력을 받을 권리가 있음을 고지받지 아니하고는 체포 또는 구속을 당하지 아니한다. 체포 또는 구속을 당한 자의 가족등 법률이 정하는 자에게는 그 이유와 일시·장소가 지체없이 통지되어야 한다.
⑥ 누구든지 체포 또는 구속을 당한 때에는 적부의 심사를 법원에 청구할 권리를 가진다.
⑦ 피고인의 자백이 고문·폭행·협박·구속의 부당한 장기화 또는 기망 기타의 방법에 의하여 자의로 진술된 것이 아니라고 인정될 때 또는 정식재판에 있어서 피고인의 자백이 그에게 불리한 유일한 증거일 때에는 이를 유죄의 증거로 삼거나 이를 이유로 처벌할 수 없다.

제13조 ① 모든 국민은 행위시의 법률에 의하여 범죄를 구성하지 아니하는 행위로 소추되지 아니하며, 동일한 범죄에 대하여 거듭 처벌받지 아니한다.
② 모든 국민은 소급입법에 의하여 참정권의 제한을 받거나 재산권을 박탈당하지 아니한다.
③ 모든 국민은 자기의 행위가 아닌 친족의 행위로 인하여 불이익한 처우를 받지 아니한다.

제14조 모든 국민은 거주·이전의 자유를 가진다.

제15조 모든 국민은 직업선택의 자유를 가진다.

제16조 모든 국민은 주거의 자유를 침해받지

아니한다. 주거에 대한 압수나 수색을 할 때에는 검사의 신청에 의하여 법관이 발부한 영장을 제시하여야 한다.

제17조 모든 국민은 사생활의 비밀과 자유를 침해받지 아니한다.

제18조 모든 국민은 통신의 비밀을 침해받지 아니한다.

제19조 모든 국민은 양심의 자유를 가진다.

제20조 ① 모든 국민은 종교의 자유를 가진다.

② 국교는 인정되지 아니하며, 종교와 정치는 분리된다.

제21조 ① 모든 국민은 언론·출판의 자유와 집회·결사의 자유를 가진다.

② 언론·출판에 대한 허가나 검열과 집회·결사에 대한 허가는 인정되지 아니한다.

③ 통신·방송의 시설기준과 신문의 기능을 보장하기 위하여 필요한 사항은 법률로 정한다.

④ 언론·출판은 타인의 명예나 권리 또는 공중도덕이나 사회윤리를 침해하여서는 아니된다. 언론·출판이 타인의 명예나 권리를 침해한 때에는 피해자는 이에 대한 피해의 배상을 청구할 수 있다.

제22조 ① 모든 국민은 학문과 예술의 자유를 가진다.

② 저작자·발명가·과학기술자와 예술가의 권리는 법률로써 보호한다.

제23조 ① 모든 국민의 재산권은 보장된다. 그 내용과 한계는 법률로 정한다.

② 재산권의 행사는 공공복리에 적합하도록 하여야 한다.

③ 공공필요에 의한 재산권의 수용·사용 또는 제한 및 그에 대한 보상은 법률로써 하되, 정당한 보상을 지급하여야 한다.

제24조 모든 국민은 법률이 정하는 바에 의하여 선거권을 가진다.

제25조 모든 국민은 법률이 정하는 바에 의하여 공무담임권을 가진다.

제26조 ① 모든 국민은 법률이 정하는 바에 의하여 국가기관에 문서로 청원할 권리를 가진다.

② 국가는 청원에 대하여 심사할 의무를 진다.

제27조 ① 모든 국민은 헌법과 법률이 정한 법관에 의하여 법률에 의한 재판을 받을 권리를 가진다.

② 군인 또는 군무원이 아닌 국민은 대한민국의 영역 안에서는 중대한 군사상 기밀·초병·초소·유독음식물공급·포로·군용물에 관한 죄 중 법률이 정한 경우와 비상계엄이 선포된 경우를 제외하고는 군사법원의 재판을 받지 아니한다.

③ 모든 국민은 신속한 재판을 받을 권리를 가진다. 형사피고인은 상당한 이유가 없는 한 지체없이 공개재판을 받을 권리를 가진다.

④ 형사피고인은 유죄의 판결이 확정될 때까지는 무죄로 추정된다.

⑤ 형사피해자는 법률이 정하는 바에 의하여 당해 사건의 재판절차에서 진술할 수 있다.

제28조 형사피의자 또는 형사피고인으로서 구금되었던 자가 법률이 정하는 불기소처분을 받거나 무죄판결을 받은 때에는 법률이 정하는 바에 의하여 국가에 정당한 보상을 청구할 수 있다.

제29조 ① 공무원의 직무상 불법행위로 손해를 받은 국민은 법률이 정하는 바에 의하여 국가 또는 공공단체에 정당한 배상을 청구할 수 있다. 이 경우 공무원 자신의 책임은 면제되지 아니한다.

② 군인·군무원·경찰공무원 기타 법률이 정하는 자가 전투·훈련등 직무집행과 관련하여 받은 손해에 대하여는 법률이 정하는 보상외에 국가 또는 공공단체에 공무원의 직무상 불법행위로 인한 배상은 청구할 수 없다.

제30조 타인의 범죄행위로 인하여 생명·신체에 대한 피해를 받은 국민은 법률이 정하는 바에 의하여 국가로부터 구조를 받을 수 있다.

제31조 ① 모든 국민은 능력에 따라 균등하게 교육을 받을 권리를 가진다.

② 모든 국민은 그 보호하는 자녀에게 적어도 초등교육과 법률이 정하는 교육을 받게 할 의무를 진다.

③ 의무교육은 무상으로 한다.

④ 교육의 자주성·전문성·정치적 중립성 및 대학의 자율성은 법률이 정하는 바에 의하여 보장된다.

⑤ 국가는 평생교육을 진흥하여야 한다.

⑥ 학교교육 및 평생교육을 포함한 교육제도와 그 운영, 교육재정 및 교원의 지위에 관한 기본적인 사항은 법률로 정한다.

제32조 ① 모든 국민은 근로의 권리를 가진다. 국가는 사회적·경제적 방법으로 근로자의 고용의 증진과 적정임금의 보장에 노력하여야 하며, 법률이 정하는 바에 의하여 최저임금제를 시행하여야 한다.

② 모든 국민은 근로의 의무를 진다. 국가는 근로의 의무의 내용과 조건을 민주주의 원칙에 따라 법률로 정한다.

③ 근로조건의 기준은 인간의 존엄성을 보장하도록 법률로 정한다.

④ 여자의 근로는 특별한 보호를 받으며, 고용·임금 및 근로조건에 있어서 부당한 차별을 받지 아니한다.

⑤ 연소자의 근로는 특별한 보호를 받는다.

⑥ 국가유공자·상이군경 및 전몰군경의 유가족은 법률이 정하는 바에 의하여 우선적으로 근로의 기회를 부여받는다.

제33조 ① 근로자는 근로조건의 향상을 위하여 자주적인 단결권·단체교섭권 및 단체행동권을 가진다.

② 공무원인 근로자는 법률이 정하는 자에 한하여 단결권·단체교섭권 및 단체행동권을 가진다.

③ 법률이 정하는 주요방위산업체에 종사하는 근로자의 단체행동권은 법률이 정하는 바에 의하여 이를 제한하거나 인정하지 아니할 수 있다.

제34조 ① 모든 국민은 인간다운 생활을 할 권리를 가진다.

② 국가는 사회보장·사회복지의 증진에 노력할 의무를 진다.

③ 국가는 여자의 복지와 권익의 향상을 위하여 노력하여야 한다.

④ 국가는 노인과 청소년의 복지향상을 위한 정책을 실시할 의무를 진다.

⑤ 신체장애자 및 질병·노령 기타의 사유로 생활능력이 없는 국민은 법률이 정하는 바에 의하여 국가의 보호를 받는다.

⑥ 국가는 재해를 예방하고 그 위험으로부터 국민을 보호하기 위하여 노력하여야 한다.

제35조 ① 모든 국민은 건강하고 쾌적한 환경에서 생활할 권리를 가지며, 국가와 국민은 환경보전을 위하여 노력하여야 한다.

② 환경권의 내용과 행사에 관하여는 법률로 정한다.

③ 국가는 주택개발정책등을 통하여 모든 국민이 쾌적한 주거생활을 할 수 있도록 노력하여야 한다.

제36조 ① 혼인과 가족생활은 개인의 존엄과 양성의 평등을 기초로 성립되고 유지되어야 하며, 국가는 이를 보장한다.

② 국가는 모성의 보호를 위하여 노력하여야 한다.

③ 모든 국민은 보건에 관하여 국가의 보호를 받는다.

제37조 ① 국민의 자유와 권리는 헌법에 열거되지 아니한 이유로 경시되지 아니한다.

② 국민의 모든 자유와 권리는 국가안전보장·질서유지 또는 공공복리를 위하여 필요한 경우에 한하여 법률로써 제한할 수 있으며, 제한하는 경우에도 자유와 권리의 본질적인 내용을 침해할 수 없다.

제38조 모든 국민은 법률이 정하는 바에 의하여 납세의 의무를 진다.

제39조 ① 모든 국민은 법률이 정하는 바에 의하여 국방의 의무를 진다.

② 누구든지 병역의무의 이행으로 인하여 불이익한 처우를 받지 아니한다.

제 3 장 국회

제40조 입법권은 국회에 속한다.

제41조 ① 국회는 국민의 보통·평등·직접·비밀선거에 의하여 선출된 국회의원으로 구성한다.

② 국회의원의 수는 법률로 정하되, 200인 이상으로 한다.

③ 국회의원의 선거구와 비례대표제 기타 선거에 관한 사항은 법률로 정한다.

제42조 국회의원의 임기는 4년으로 한다.

제43조 국회의원은 법률이 정하는 직을 겸할 수 없다.

제44조 ① 국회의원은 현행범인인 경우를 제외하고는 회기 중 국회의 동의없이 체포 또는 구금되지 아니한다.

② 국회의원이 회기 전에 체포 또는 구금된 때에는 현행범인이 아닌 한 국회의 요구가 있으면 회기 중 석방된다.

제45조 국회의원은 국회에서 직무상 행한 발언과 표결에 관하여 국회 외에서 책임을 지지 아니한다.

제46조 ① 국회의원은 청렴의 의무가 있다.

② 국회의원은 국가이익을 우선하여 양심에 따라 직무를 행한다.

③ 국회의원은 그 지위를 남용하여 국가·공공단체 또는 기업체와의 계약이나 그 처분에 의하여 재산상의 권리·이익 또는 직위를 취득하거나 타인을 위하여 그 취득을 알선할 수 없다.

제47조 ① 국회의 정기회는 법률이 정하는 바에 의하여 매년 1회 집회되며, 국회의 임시회는 대통령 또는 국회재적의원 4분의 1 이상의 요구에 의하여 집회된다.

② 정기회의 회기는 100일을, 임시회의 회기는 30일을 초과할 수 없다.

③ 대통령이 임시회의 집회를 요구할 때에는 기간과 집회요구의 이유를 명시하여야 한다.

제48조 국회는 의장 1인과 부의장 2인을 선출한다.

제49조 국회는 헌법 또는 법률에 특별한 규정이 없는 한 재적의원 과반수의 출석과 출석의원 과반수의 찬성으로 의결한다. 가부동수인 때에는 부결된 것으로 본다.

제50조 ① 국회의 회의는 공개한다. 다만, 출석의원 과반수의 찬성이 있거나 의장이 국가의 안전보장을 위하여 필요하다고 인정할 때에는 공개하지 아니할 수 있다.

② 공개하지 아니한 회의내용의 공표에 관하여는 법률이 정하는 바에 의한다.

제51조 국회에 제출된 법률안 기타의 의안은 회기 중에 의결되지 못한 이유로 폐기되지 아니한다. 다만, 국회의원의 임기가 만료된 때에는 그러하지 아니하다.

제52조 국회의원과 정부는 법률안을 제출할 수 있다.

제53조 ① 국회에서 의결된 법률안은 정부에 이송되어 15일 이내에 대통령이 공포한다.

② 법률안에 이의가 있을 때에는 대통령은 제1항의 기간내에 이의서를 붙여 국회로 환부하고, 그 재의를 요구할 수 있다. 국회의 폐회 중에도 또한 같다.

③ 대통령은 법률안의 일부에 대하여 또는 법률안을 수정하여 재의를 요구할 수 없다.

④ 재의의 요구가 있을 때에는 국회는 재의에 붙이고, 재적의원 과반수의 출석과 출석의원 3분의 2 이상의 찬성으로 전과 같은 의결을 하면 그 법률안은 법률로서 확정된다.

⑤ 대통령이 제1항의 기간 내에 공포나 재의의 요구를 하지 아니한 때에도 그 법률안은 법률로서 확정된다.

⑥ 대통령은 제4항과 제5항의 규정에 의하여 확정된 법률을 지체없이 공포하여야 한다. 제5항에 의하여 법률이 확정된 후 또는 제4항에 의한 확정법률이 정부에 이송된 후 5일 이내에 대통령이 공포하지 아니할 때에는 국회의장이 이를 공포한다.

⑦ 법률은 특별한 규정이 없는 한 공포한 날로부터 20일을 경과함으로써 효력을 발생한다.

제54조 ① 국회는 국가의 예산안을 심의·확정한다.

② 정부는 회계연도마다 예산안을 편성하여 회계연도 개시 90일 전까지 국회에 제출하고, 국회는 회계연도 개시 30일 전까지 이를 의결하여야 한다.

③ 새로운 회계연도가 개시될 때까지 예산안이 의결되지 못한 때에는 정부는 국회에서 예산안이 의결될 때까지 다음의 목적을 위한 경비는 전년도 예산에 준하여 집행할 수 있다.

1. 헌법이나 법률에 의하여 설치된 기관 또는 시설의 유지·운영
2. 법률상 지출의무의 이행
3. 이미 예산으로 승인된 사업의 계속

제55조 ① 한 회계연도를 넘어 계속하여 지출

할 필요가 있을 때에는 정부는 연한을 정하여 계속비로서 국회의 의결을 얻어야 한다.
② 예비비는 총액으로 국회의 의결을 얻어야 한다. 예비비의 지출은 차기국회의 승인을 얻어야 한다.

제56조 정부는 예산에 변경을 가할 필요가 있을 때에는 추가경정예산안을 편성하여 국회에 제출할 수 있다.

제57조 국회는 정부의 동의 없이 정부가 제출한 지출예산 각항의 금액을 증가하거나 새 비목을 설치할 수 없다.

제58조 국채를 모집하거나 예산 외에 국가의 부담이 될 계약을 체결하려 할 때에는 정부는 미리 국회의 의결을 얻어야 한다.

제59조 조세의 종목과 세율은 법률로 정한다.

제60조 ① 국회는 상호원조 또는 안전보장에 관한 조약, 중요한 국제조직에 관한 조약, 우호통상항해조약, 주권의 제약에 관한 조약, 강화조약, 국가나 국민에게 중대한 재정적 부담을 지우는 조약 또는 입법사항에 관한 조약의 체결·비준에 대한 동의권을 가진다.
② 국회는 선전포고, 국군의 외국에의 파견 또는 외국군대의 대한민국 영역 안에서의 주류에 대한 동의권을 가진다.

제61조 ① 국회는 국정을 감사하거나 특정한 국정사안에 대하여 조사할 수 있으며, 이에 필요한 서류의 제출 또는 증인의 출석과 증언이나 의견의 진술을 요구할 수 있다.
② 국정감사 및 조사에 관한 절차 기타 필요한 사항은 법률로 정한다.

제62조 ① 국무총리·국무위원 또는 정부위원은 국회나 그 위원회에 출석하여 국정처리상황을 보고하거나 의견을 진술하고 질문에 응답할 수 있다.
② 국회나 그 위원회의 요구가 있을 때에는 국무총리·국무위원 또는 정부위원은 출석·답변하여야 하며, 국무총리 또는 국무위원이 출석요구를 받은 때에는 국무위원 또는 정부위원으로 하여금 출석·답변하게 할 수 있다.

제63조 ① 국회는 국무총리 또는 국무위원의 해임을 대통령에게 건의할 수 있다.
② 제1항의 해임건의는 국회재적의원 3분의 1 이상의 발의에 의하여 국회재적의원 과반수의 찬성이 있어야 한다.

제64조 ① 국회는 법률에 저촉되지 아니하는 범위 안에서 의사와 내부규율에 관한 규칙을 제정할 수 있다.
② 국회는 의원의 자격을 심사하며, 의원을 징계할 수 있다.
③ 의원을 제명하려면 국회재적의원 3분의 2 이상의 찬성이 있어야 한다.
④ 제2항과 제3항의 처분에 대하여는 법원에 제소할 수 없다.

제65조 ① 대통령·국무총리·국무위원·행정각부의 장·헌법재판소 재판관·법관·중앙선거관리위원회 위원·감사원장·감사위원 기타 법률이 정한 공무원이 그 직무집행에 있어서 헌법이나 법률을 위배한 때에는 국회는 탄핵의 소추를 의결할 수 있다.
② 제1항의 탄핵소추는 국회재적의원 3분의 1 이상의 발의가 있어야 하며, 그 의결은 국회재적의원 과반수의 찬성이 있어야 한다. 다만, 대통령에 대한 탄핵소추는 국회재적의원 과반수의 발의와 국회재적의원 3분의 2 이상의 찬성이 있어야 한다.
③ 탄핵소추의 의결을 받은 자는 탄핵심판이 있을 때까지 그 권한행사가 정지된다.
④ 탄핵결정은 공직으로부터 파면함에 그친다. 그러나, 이에 의하여 민사상이나 형사상의 책임이 면제되지는 아니한다.

제4장 정부

제1절 대통령

제66조 ① 대통령은 국가의 원수이며, 외국에 대하여 국가를 대표한다.
② 대통령은 국가의 독립·영토의 보전·국가의 계속성과 헌법을 수호할 책무를 진다.
③ 대통령은 조국의 평화적 통일을 위한 성실한 의무를 진다.
④ 행정권은 대통령을 수반으로 하는 정부에 속한다.

제67조 ① 대통령은 국민의 보통·평등·직

접·비밀선거에 의하여 선출한다.

② 제 1 항의 선거에 있어서 최고득표자가 2인 이상인 때에는 국회의 재적의원 과반수가 출석한 공개회의에서 다수표를 얻은 자를 당선자로 한다.

③ 대통령후보자가 1인일 때에는 그 득표수가 선거권자 총수의 3분의 1 이상이 아니면 대통령으로 당선될 수 없다.

④ 대통령으로 선거될 수 있는 자는 국회의원의 피선거권이 있고 선거일 현재 40세에 달하여야 한다.

⑤ 대통령의 선거에 관한 사항은 법률로 정한다.

제68조 ① 대통령의 임기가 만료되는 때에는 임기만료 70일 내지 40일 전에 후임자를 선거한다.

② 대통령이 궐위된 때 또는 대통령 당선자가 사망하거나 판결 기타의 사유로 그 자격을 상실한 때에는 60일 이내에 후임자를 선거한다.

제69조 대통령은 취임에 즈음하여 다음의 선서를 한다.

"나는 헌법을 준수하고 국가를 보위하며 조국의 평화적 통일과 국민의 자유와 복리의 증진 및 민족문화의 창달에 노력하여 대통령으로서의 직책을 성실히 수행할 것을 국민 앞에 엄숙히 선서합니다."

제70조 대통령의 임기는 5년으로 하며, 중임할 수 없다.

제71조 대통령이 궐위되거나 사고로 인하여 직무를 수행할 수 없을 때에는 국무총리, 법률이 정한 국무위원의 순서로 그 권한을 대행한다.

제72조 대통령은 필요하다고 인정할 때에는 외교·국방·통일 기타 국가안위에 관한 중요정책을 국민투표에 붙일 수 있다.

제73조 대통령은 조약을 체결·비준하고, 외교사절을 신임·접수 또는 파견하며, 선전포고와 강화를 한다.

제74조 ① 대통령은 헌법과 법률이 정하는 바에 의하여 국군을 통수한다.

② 국군의 조직과 편성은 법률로 정한다.

제75조 대통령은 법률에서 구체적으로 범위를 정하여 위임받은 사항과 법률을 집행하기 위하여 필요한 사항에 관하여 대통령령을 발할 수 있다.

제76조 ① 대통령은 내우·외환·천재·지변 또는 중대한 재정·경제상의 위기에 있어서 국가의 안전보장 또는 공공의 안녕질서를 유지하기 위하여 긴급한 조치가 필요하고 국회의 집회를 기다릴 여유가 없을 때에 한하여 최소한으로 필요한 재정·경제상의 처분을 하거나 이에 관하여 법률의 효력을 가지는 명령을 발할 수 있다.

② 대통령은 국가의 안위에 관계되는 중대한 교전상태에 있어서 국가를 보위하기 위하여 긴급한 조치가 필요하고 국회의 집회가 불가능한 때에 한하여 법률의 효력을 가지는 명령을 발할 수 있다.

③ 대통령은 제 1 항과 제 2 항의 처분 또는 명령을 한 때에는 지체없이 국회에 보고하여 그 승인을 얻어야 한다.

④ 제 3 항의 승인을 얻지 못한 때에는 그 처분 또는 명령은 그때부터 효력을 상실한다. 이 경우 그 명령에 의하여 개정 또는 폐지되었던 법률은 그 명령이 승인을 얻지 못한 때부터 당연히 효력을 회복한다.

⑤ 대통령은 제 3 항과 제 4 항의 사유를 지체없이 공포하여야 한다.

제77조 ① 대통령은 전시·사변 또는 이에 준하는 국가비상사태에 있어서 병력으로써 군사상의 필요에 응하거나 공공의 안녕질서를 유지할 필요가 있을 때에는 법률이 정하는 바에 의하여 계엄을 선포할 수 있다.

② 계엄은 비상계엄과 경비계엄으로 한다.

③ 비상계엄이 선포된 때에는 법률이 정하는 바에 의하여 영장제도, 언론·출판·집회·결사의 자유, 정부나 법원의 권한에 관하여 특별한 조치를 할 수 있다.

④ 계엄을 선포한 때에는 대통령은 지체없이 국회에 통고하여야 한다.

⑤ 국회가 재적의원 과반수의 찬성으로 계엄의 해제를 요구한 때에는 대통령은 이를 해제하여야 한다.

제78조 대통령은 헌법과 법률이 정하는 바에 의하여 공무원을 임면한다.

제79조 ① 대통령은 법률이 정하는 바에 의하여 사면·감형 또는 복권을 명할 수 있다.
② 일반사면을 명하려면 국회의 동의를 얻어야 한다.
③ 사면·감형 및 복권에 관한 사항은 법률로 정한다.

제80조 대통령은 법률이 정하는 바에 의하여 훈장 기타의 영전을 수여한다.

제81조 대통령은 국회에 출석하여 발언하거나 서한으로 의견을 표시할 수 있다.

제82조 대통령의 국법상 행위는 문서로써 하며, 이 문서에는 국무총리와 관계 국무위원이 부서한다. 군사에 관한 것도 또한 같다.

제83조 대통령은 국무총리·국무위원·행정각부의 장 기타 법률이 정하는 공사의 직을 겸할 수 없다.

제84조 대통령은 내란 또는 외환의 죄를 범한 경우를 제외하고는 재직 중 형사상의 소추를 받지 아니한다.

제85조 전직대통령의 신분과 예우에 관하여는 법률로 정한다.

제 2 절 행정부

제 1 관 국무총리와 국무위원

제86조 ① 국무총리는 국회의 동의를 얻어 대통령이 임명한다.
② 국무총리는 대통령을 보좌하며, 행정에 관하여 대통령의 명을 받아 행정각부를 통할한다.
③ 군인은 현역을 면한 후가 아니면 국무총리로 임명될 수 없다.

제87조 ① 국무위원은 국무총리의 제청으로 대통령이 임명한다.
② 국무위원은 국정에 관하여 대통령을 보좌하며, 국무회의의 구성원으로서 국정을 심의한다.
③ 국무총리는 국무위원의 해임을 대통령에게 건의할 수 있다.
④ 군인은 현역을 면한 후가 아니면 국무위원으로 임명될 수 없다.

제 2 관 국무회의

제88조 ① 국무회의는 정부의 권한에 속하는 중요한 정책을 심의한다.
② 국무회의는 대통령·국무총리와 15인 이상 30인 이하의 국무위원으로 구성한다.
③ 대통령은 국무회의의 의장이 되고, 국무총리는 부의장이 된다.

제89조 다음 사항은 국무회의의 심의를 거쳐야 한다.
1. 국정의 기본계획과 정부의 일반정책
2. 선전·강화 기타 중요한 대외정책
3. 헌법개정안·국민투표안·조약안·법률안 및 대통령령안
4. 예산안·결산·국유재산처분의 기본계획·국가의 부담이 될 계약 기타 재정에 관한 중요사항
5. 대통령의 긴급명령·긴급재정경제처분 및 명령 또는 계엄과 그 해제
6. 군사에 관한 중요사항
7. 국회의 임시회 집회의 요구
8. 영전수여
9. 사면·감형과 복권
10. 행정각부간의 권한의 획정
11. 정부 안의 권한의 위임 또는 배정에 관한 기본계획
12. 국정처리상황의 평가·분석
13. 행정각부의 중요한 정책의 수립과 조정
14. 정당해산의 제소
15. 정부에 제출 또는 회부된 정부의 정책에 관계되는 청원의 심사
16. 검찰총장·합동참모의장·각군참모총장·국립대학교총장·대사 기타 법률이 정한 공무원과 국영기업체관리자의 임명
17. 기타 대통령·국무총리 또는 국무위원이 제출한 사항

제90조 ① 국정의 중요한 사항에 관한 대통령의 자문에 응하기 위하여 국가원로로 구성되는 국가원로자문회의를 둘 수 있다.
② 국가원로자문회의의 의장은 직전대통령이 된다. 다만, 직전대통령이 없을 때에는 대통령이 지명한다.
③ 국가원로자문회의의 조직·직무범위 기

타 필요한 사항은 법률로 정한다.

제91조 ① 국가안전보장에 관련되는 대외정책·군사정책과 국내정책의 수립에 관하여 국무회의의 심의에 앞서 대통령의 자문에 응하기 위하여 국가안전보장회의를 둔다.
② 국가안전보장회의는 대통령이 주재한다.
③ 국가안전보장회의의 조직·직무범위 기타 필요한 사항은 법률로 정한다.

제92조 ① 평화통일정책의 수립에 관한 대통령의 자문에 응하기 위하여 민주평화통일자문회의를 둘 수 있다.
② 민주평화통일자문회의의 조직·직무범위 기타 필요한 사항은 법률로 정한다.

제93조 ① 국민경제의 발전을 위한 중요정책의 수립에 관하여 대통령의 자문에 응하기 위하여 국민경제자문회의를 둘 수 있다.
② 국민경제자문회의의 조직·직무범위 기타 필요한 사항은 법률로 정한다.

제 3 관 행정각부

제94조 행정각부의 장은 국무위원 중에서 국무총리의 제청으로 대통령이 임명한다.

제95조 국무총리 또는 행정각부의 장은 소관사무에 관하여 법률이나 대통령령의 위임 또는 직권으로 총리령 또는 부령을 발할 수 있다.

제96조 행정각부의 설치·조직과 직무범위는 법률로 정한다.

제 4 관 감사원

제97조 국가의 세입·세출의 결산, 국가 및 법률이 정한 단체의 회계검사와 행정기관 및 공무원의 직무에 관한 감찰을 하기 위하여 대통령 소속하에 감사원을 둔다.

제98조 ① 감사원은 원장을 포함한 5인 이상 11인 이하의 감사위원으로 구성한다.
② 원장은 국회의 동의를 얻어 대통령이 임명하고, 그 임기는 4년으로 하며, 1차에 한하여 중임할 수 있다.
③ 감사위원은 원장의 제청으로 대통령이 임명하고, 그 임기는 4년으로 하며, 1차에 한하여 중임할 수 있다.

제99조 감사원은 세입·세출의 결산을 매년 검사하여 대통령과 차년도국회에 그 결과를 보고하여야 한다.

제100조 감사원의 조직·직무범위·감사위원의 자격·감사대상공무원의 범위 기타 필요한 사항은 법률로 정한다.

제 5 장 법원

제101조 ① 사법권은 법관으로 구성된 법원에 속한다.
② 법원은 최고법원인 대법원과 각급법원으로 조직된다.
③ 법관의 자격은 법률로 정한다.

제102조 ① 대법원에 부를 둘 수 있다.
② 대법원에 대법관을 둔다. 다만, 법률이 정하는 바에 의하여 대법관이 아닌 법관을 둘 수 있다.
③ 대법원과 각급법원의 조직은 법률로 정한다.

제103조 법관은 헌법과 법률에 의하여 그 양심에 따라 독립하여 심판한다.

제104조 ① 대법원장은 국회의 동의를 얻어 대통령이 임명한다.
② 대법관은 대법원장의 제청으로 국회의 동의를 얻어 대통령이 임명한다.
③ 대법원장과 대법관이 아닌 법관은 대법관회의의 동의를 얻어 대법원장이 임명한다.

제105조 ① 대법원장의 임기는 6년으로 하며, 중임할 수 없다.
② 대법관의 임기는 6년으로 하며, 법률이 정하는 바에 의하여 연임할 수 있다.
③ 대법원장과 대법관이 아닌 법관의 임기는 10년으로 하며, 법률이 정하는 바에 의하여 연임할 수 있다.
④ 법관의 정년은 법률로 정한다.

제106조 ① 법관은 탄핵 또는 금고 이상의 형의 선고에 의하지 아니하고는 파면되지 아니하며, 징계처분에 의하지 아니하고는 정직·감봉 기타 불리한 처분을 받지 아니한다.
② 법관이 중대한 심신상의 장해로 직무를

수행할 수 없을 때에는 법률이 정하는 바에 의하여 퇴직하게 할 수 있다.

제107조 ① 법률이 헌법에 위반되는 여부가 재판의 전제가 된 경우에는 법원은 헌법재판소에 제청하여 그 심판에 의하여 재판한다.

② 명령·규칙 또는 처분이 헌법이나 법률에 위반되는 여부가 재판의 전제가 된 경우에는 대법원은 이를 최종적으로 심사할 권한을 가진다.

③ 재판의 전심절차로서 행정심판을 할 수 있다. 행정심판의 절차는 법률로 정하되, 사법절차가 준용되어야 한다.

제108조 대법원은 법률에서 저촉되지 아니하는 범위 안에서 소송에 관한 절차, 법원의 내부규율과 사무처리에 관한 규칙을 제정할 수 있다.

제109조 재판의 심리와 판결은 공개한다. 다만, 심리는 국가의 안전보장 또는 안녕질서를 방해하거나 선량한 풍속을 해할 염려가 있을 때에는 법원의 결정으로 공개하지 아니할 수 있다.

제110조 ① 군사재판을 관할하기 위하여 특별법원으로서 군사법원을 둘 수 있다.

② 군사법원의 상고심은 대법원에서 관할한다.

③ 군사법원의 조직·권한 및 재판관의 자격은 법률로 정한다.

④ 비상계엄하의 군사재판은 군인·군무원의 범죄나 군사에 관한 간첩죄의 경우와 초병·초소·유독음식물공급·포로에 관한 죄 중 법률이 정한 경우에 한하여 단심으로 할 수 있다. 다만, 사형을 선고한 경우에는 그러하지 아니하다.

제 6 장 헌법재판소

제111조 ① 헌법재판소는 다음 사항을 관장한다.

1. 법원의 제청에 의한 법률의 위헌여부 심판
2. 탄핵의 심판
3. 정당의 해산 심판
4. 국가기관 상호간, 국가기관과 지방자치단체간 및 지방자치단체 상호간의 권한쟁의에 관한 심판
5. 법률이 정하는 헌법소원에 관한 심판

② 헌법재판소는 법관의 자격을 가진 9인의 재판관으로 구성하며, 재판관은 대통령이 임명한다.

③ 제 2 항의 재판관 중 3인은 국회에서 선출하는 자를, 3인은 대법원장이 지명하는 자를 임명한다.

④ 헌법재판소의 장은 국회의 동의를 얻어 재판관 중에서 대통령이 임명한다.

제112조 ① 헌법재판소 재판관의 임기는 6년으로 하며, 법률이 정하는 바에 의하여 연임할 수 있다.

② 헌법재판소 재판관은 정당에 가입하거나 정치에 관여할 수 없다.

③ 헌법재판소 재판관은 탄핵 또는 금고 이상의 형의 선고에 의하지 아니하고는 파면되지 아니한다.

제113조 ① 헌법재판소에서 법률의 위헌결정, 탄핵의 결정, 정당해산의 결정 또는 헌법소원에 관한 인용결정을 할 때에는 재판관 6인 이상의 찬성이 있어야 한다.

② 헌법재판소는 법률에 저촉되지 아니하는 범위 안에서 심판에 관한 절차, 내부규율과 사무처리에 관한 규칙을 제정할 수 있다.

③ 헌법재판소의 조직과 운영 기타 필요한 사항은 법률로 정한다.

제 7 장 선거관리

제114조 ① 선거와 국민투표의 공정한 관리 및 정당에 관한 사무를 처리하기 위하여 선거관리위원회를 둔다.

② 중앙선거관리위원회는 대통령이 임명하는 3인, 국회에서 선출하는 3인과 대법원장이 지명하는 3인의 위원으로 구성한다. 위원장은 위원 중에서 호선한다.

③ 위원의 임기는 6년으로 한다.

④ 위원은 정당에 가입하거나 정치에 관여할 수 없다.

⑤ 위원은 탄핵 또는 금고 이상의 형의 선고에 의하지 아니하고는 파면되지 아니한다.

⑥ 중앙선거관리위원회는 법령의 범위 안

에서 선거관리·국민투표관리 또는 정당사무에 관한 규칙을 제정할 수 있으며, 법률에 저촉되지 아니하는 범위 안에서 내부규율에 관한 규칙을 제정할 수 있다.
⑦ 각급 선거관리위원회의 조직·직무범위 기타 필요한 사항은 법률로 정한다.

제115조 ① 각급 선거관리위원회는 선거인명부의 작성 등 선거사무와 국민투표사무에 관하여 관계 행정기관에 필요한 지시를 할 수 있다.
② 제1항의 지시를 받은 당해 행정기관은 이에 응하여야 한다.

제116조 ① 선거운동은 각급 선거관리위원회의 관리하에 법률이 정하는 범위 안에서 하되, 균등한 기회가 보장되어야 한다.
② 선거에 관한 경비는 법률이 정하는 경우를 제외하고는 정당 또는 후보자에게 부담시킬 수 없다.

제8장 지방자치

제117조 ① 지방자치단체는 주민의 복리에 관한 사무를 처리하고 재산을 관리하며, 법령의 범위안에서 자치에 관한 규정을 제정할 수 있다.
② 지방자치단체의 종류는 법률로 정한다.

제118조 ① 지방자치단체에 의회를 둔다.
② 지방의회의 조직·권한·의원선거와 지방자치단체의 장의 선임방법 기타 지방자치단체의 조직과 운영에 관한 사항은 법률로 정한다.

제9장 경제

제119조 ① 대한민국의 경제질서는 개인과 기업의 경제상의 자유와 창의를 존중함을 기본으로 한다.
② 국가는 균형있는 국민경제의 성장 및 안정과 적정한 소득의 분배를 유지하고, 시장의 지배와 경제력의 남용을 방지하며, 경제주체간의 조화를 통한 경제의 민주화를 위하여 경제에 관한 규제와 조정을 할 수 있다.

제120조 ① 광물 기타 중요한 지하자원·수산자원·수력과 경제상 이용할 수 있는 자연력은 법률이 정하는 바에 의하여 일정한 기간 그 채취·개발 또는 이용을 특허할 수 있다.
② 국토와 자원은 국가의 보호를 받으며, 국가는 그 균형있는 개발과 이용을 위하여 필요한 계획을 수립한다.

제121조 ① 국가는 농지에 관하여 경자유전의 원칙이 달성될 수 있도록 노력하여야 하며, 농지의 소작제도는 금지된다.
② 농업생산성의 제고와 농지의 합리적인 이용을 위하거나 불가피한 사정으로 발생하는 농지의 임대차와 위탁경영은 법률이 정하는 바에 의하여 인정된다.

제122조 국가는 국민 모두의 생산 및 생활의 기반이 되는 국토의 효율적이고 균형있는 이용·개발과 보전을 위하여 법률이 정하는 바에 의하여 그에 관한 필요한 제한과 의무를 과할 수 있다.

제123조 ① 국가는 농업 및 어업을 보호·육성하기 위하여 농·어촌종합개발과 그 지원 등 필요한 계획을 수립·시행하여야 한다.
② 국가는 지역간의 균형있는 발전을 위하여 지역경제를 육성할 의무를 진다.
③ 국가는 중소기업을 보호·육성하여야 한다.
④ 국가는 농수산물의 수급균형과 유통구조의 개선에 노력하여 가격안정을 도모함으로써 농·어민의 이익을 보호한다.
⑤ 국가는 농·어민과 중소기업의 자조조직을 육성하여야 하며, 그 자율적 활동과 발전을 보장한다.

제124조 국가는 건전한 소비행위를 계도하고 생산품의 품질향상을 촉구하기 위한 소비자보호운동을 법률이 정하는 바에 의하여 보장한다.

제125조 국가는 대외무역을 육성하며, 이를 규제·조정할 수 있다.

제126조 국방상 또는 국민경제상 긴절한 필요로 인하여 법률이 정하는 경우를 제외하고는, 사영기업을 국유 또는 공유로 이전하거나 그 경영을 통제 또는 관리할 수 없다.

제127조 ① 국가는 과학기술의 혁신과 정보 및 인력의 개발을 통하여 국민경제의 발전

에 노력하여야 한다.

② 국가는 국가표준제도를 확립한다.

③ 대통령은 제 1 항의 목적을 달성하기 위하여 필요한 자문기구를 둘 수 있다.

제10장 헌법개정

제128조 ① 헌법개정은 국회재적의원 과반수 또는 대통령의 발의로 제안된다.

② 대통령의 임기연장 또는 중임변경을 위한 헌법개정은 그 헌법개정 제안 당시의 대통령에 대하여는 효력이 없다.

제129조 제안된 헌법개정안은 대통령이 20일 이상의 기간 이를 공고하여야 한다.

제130조 ① 국회는 헌법개정안이 공고된 날로부터 60일 이내에 의결하여야 하며, 국회의 의결은 재적의원 3분의 2 이상의 찬성을 얻어야 한다.

② 헌법개정안은 국회가 의결한 후 30일 이내에 국민투표에 붙여 국회의원선거권자 과반수의 투표와 투표자 과반수의 찬성을 얻어야 한다.

③ 헌법개정안이 제 2 항의 찬성을 얻은 때에는 헌법개정은 확정되며, 대통령은 즉시 이를 공포하여야 한다.

부 칙

제 1 조 이 헌법은 1988년 2월 25일부터 시행한다. 다만, 이 헌법을 시행하기 위하여 필요한 법률의 제정·개정과 이 헌법에 의한 대통령 및 국회의원의 선거 기타 이 헌법시행에 관한 준비는 이 헌법시행 전에 할 수 있다.

제 2 조 ① 이 헌법에 의한 최초의 대통령선거는 이 헌법시행일 40일 전까지 실시한다.

② 이 헌법에 의한 최초의 대통령의 임기는 이 헌법시행일로부터 개시한다.

제 3 조 ① 이 헌법에 의한 최초의 국회의원선거는 이 헌법공포일로부터 6월 이내에 실시하며, 이 헌법에 의하여 선출된 최초의 국회의원의 임기는 국회의원선거후 이 헌법에 의한 국회의 최초의 집회일로부터 개시한다.

② 이 헌법공포 당시의 국회의원의 임기는 제 1 항에 의한 국회의 최초의 집회일 전일까지로 한다.

제 4 조 ① 이 헌법시행 당시의 공무원과 정부가 임명한 기업체의 임원은 이 헌법에 의하여 임명된 것으로 본다. 다만, 이 헌법에 의하여 선임방법이나 임명권자가 변경된 공무원과 대법원장 및 감사원장은 이 헌법에 의하여 후임자가 선임될 때까지 그 직무를 행하며, 이 경우 전임자인 공무원의 임기는 후임자가 선임되는 전일까지로 한다.

② 이 헌법시행 당시의 대법원장과 대법원판사가 아닌 법관은 제 1 항 단서의 규정에 불구하고 이 헌법에 의하여 임명된 것으로 본다.

③ 이 헌법 중 공무원의 임기 또는 중임제한에 관한 규정은 이 헌법에 의하여 그 공무원이 최초로 선출 또는 임명된 때로부터 적용한다.

제 5 조 이 헌법시행 당시의 법령과 조약은 이 헌법에 위배되지 아니하는 한 그 효력을 지속한다.

제 6 조 이 헌법시행 당시에 이 헌법에 의하여 새로 설치될 기관의 권한에 속하는 직무를 행하고 있는 기관은 이 헌법에 의하여 새로운 기관이 설치될 때까지 존속하며 그 직무를 행한다.

●국적법

〔1997·12·13 법률제5431호 전부개정〕

개정

2001·12·19 법률제 6523호
2004· 1·20 법률제 7075호
2005· 5·24 법률제 7499호
2007· 5·17 법률제 8435호(가족관계의 등록 등에 관한 법률)
2008· 3·14 법률제 8892호
2010· 5· 4 법률제10275호
2014· 3·18 법률제12421호(출입국관리법)
2016· 5·29 법률제14183호(병역법)
2016·12·20 법률제14407호
2017·12·19 법률제15249호
2018· 9·18 법률제15752호
2019·12·31 법률제16851호(대체역의 편입 및 복무 등에 관한 법률)
2022· 9·15 법률제18978호

제 1 조(목적) 이 법은 대한민국의 국민이 되는 요건을 정함을 목적으로 한다.
〔전부개정 2008·3·14〕

제 2 조(출생에 의한 국적 취득) ① 다음 각 호의 어느 하나에 해당하는 자는 출생과 동시에 대한민국 국적(國籍)을 취득한다.
1. 출생 당시에 부(父) 또는 모(母)가 대한민국의 국민인 자
2. 출생하기 전에 부가 사망한 경우에는 그 사망 당시에 부가 대한민국의 국민이었던 자
3. 부모가 모두 분명하지 아니한 경우나 국적이 없는 경우에는 대한민국에서 출생한 자

② 대한민국에서 발견된 기아(棄兒)는 대한민국에서 출생한 것으로 추정한다.
〔전부개정 2008·3·14〕

제 3 조(인지에 의한 국적 취득) ① 대한민국의 국민이 아닌 자(이하 "외국인"이라 한다)로서 대한민국의 국민인 부 또는 모에 의하여 인지(認知)된 자가 다음 각 호의 요건을 모두 갖추면 법무부장관에게 신고함으로써 대한민국 국적을 취득할 수 있다.
1. 대한민국의 「민법」상 미성년일 것
2. 출생 당시에 부 또는 모가 대한민국의 국민이었을 것

② 제 1 항에 따라 신고한 자는 그 신고를 한 때에 대한민국 국적을 취득한다.
③ 제 1 항에 따른 신고 절차와 그 밖에 필요한 사항은 대통령령으로 정한다.
〔전부개정 2008·3·14〕

제 4 조(귀화에 의한 국적 취득) ① 대한민국 국적을 취득한 사실이 없는 외국인은 법무부장관의 귀화허가(歸化許可)를 받아 대한민국 국적을 취득할 수 있다.
② 법무부장관은 귀화허가 신청을 받으면 제 5 조부터 제 7 조까지의 귀화 요건을 갖추었는지를 심사한 후 그 요건을 갖춘 사람에게만 귀화를 허가한다. <개정 2017·12·19>
③ 제 1 항에 따라 귀화허가를 받은 사람은 법무부장관 앞에서 국민선서를 하고 귀화증서를 수여받은 때에 대한민국 국적을 취득한다. 다만, 법무부장관은 연령, 신체적·정신적 장애 등으로 국민선서의 의미를 이해할 수 없거나 이해한 것을 표현할 수 없다고 인정되는 사람에게는 국민선서를 면제할 수 있다. <개정 2017·12·19>
④ 법무부장관은 제 3 항 본문에 따른 국민선서를 받고 귀화증서를 수여하는 업무와 같은 항 단서에 따른 국민선서의 면제 업무를 대통령령으로 정하는 바에 따라 지방출입국·외국인관서의 장에게 대행하게 할 수 있다.
<신설 2017·12·19>
⑤ 제 1 항부터 제 4 항까지에 따른 신청절차, 심사, 국민선서 및 귀화증서 수여와 그 대행 등에 관하여 필요한 사항은 대통령령으로 정한다. <개정 2017·12·19>
〔전부개정 2008·3·14〕

제 5 조(일반귀화 요건) 외국인이 귀화허가를 받기 위해서는 제 6 조나 제 7 조에 해당하는 경우 외에는 다음 각 호의 요건을 갖추어야 한다. <개정 2017·12·19>
1. 5년 이상 계속하여 대한민국에 주소가 있을 것
1의2. 대한민국에서 영주할 수 있는 체류자격을 가지고 있을 것
2. 대한민국의 「민법」상 성년일 것

3. 법령을 준수하는 등 법무부령으로 정하는 품행 단정의 요건을 갖출 것
4. 자신의 자산(資産)이나 기능(技能)에 의하거나 생계를 같이하는 가족에 의존하여 생계를 유지할 능력이 있을 것
5. 국어능력과 대한민국의 풍습에 대한 이해 등 대한민국 국민으로서의 기본 소양(素養)을 갖추고 있을 것
6. 귀화를 허가하는 것이 국가안전보장·질서유지 또는 공공복리를 해치지 아니한다고 법무부장관이 인정할 것

〔전부개정 2008·3·14〕

제 6 조(간이귀화 요건) ① 다음 각 호의 어느 하나에 해당하는 외국인으로서 대한민국에 3년 이상 계속하여 주소가 있는 사람은 제 5 조제 1 호 및 제 1 호의2의 요건을 갖추지 아니하여도 귀화허가를 받을 수 있다. <개정 2017·12·19>

1. 부 또는 모가 대한민국의 국민이었던 사람
2. 대한민국에서 출생한 사람으로서 부 또는 모가 대한민국에서 출생한 사람
3. 대한민국 국민의 양자(養子)로서 입양 당시 대한민국의 「민법」상 성년이었던 사람

② 배우자가 대한민국의 국민인 외국인으로서 다음 각 호의 어느 하나에 해당하는 사람은 제 5 조제 1 호 및 제 1 호의2의 요건을 갖추지 아니하여도 귀화허가를 받을 수 있다. <개정 2017·12·19>

1. 그 배우자와 혼인한 상태로 대한민국에 2년 이상 계속하여 주소가 있는 사람
2. 그 배우자와 혼인한 후 3년이 지나고 혼인한 상태로 대한민국에 1년 이상 계속하여 주소가 있는 사람
3. 제 1 호나 제 2 호의 기간을 채우지 못하였으나, 그 배우자와 혼인한 상태로 대한민국에 주소를 두고 있던 중 그 배우자의 사망이나 실종 또는 그 밖에 자신에게 책임이 없는 사유로 정상적인 혼인 생활을 할 수 없었던 사람으로서 제 1호나 제 2 호의 잔여기간을 채웠고 법무부장관이 상당(相當)하다고 인정하는 사람
4. 제 1 호나 제 2 호의 요건을 충족하지 못하였으나, 그 배우자와의 혼인에 따라 출생한 미성년의 자(子)를 양육하고 있거나 양육하여야 할 사람으로서 제 1 호나 제 2 호의 기간을 채웠고 법무부장관이 상당하다고 인정하는 사람

〔전부개정 2008·3·14〕

제 7 조(특별귀화 요건) ① 다음 각 호의 어느 하나에 해당하는 외국인으로서 대한민국에 주소가 있는 사람은 제 5 조제 1 호·제 1 호의2·제 2 호 또는 제 4 호의 요건을 갖추지 아니하여도 귀화허가를 받을 수 있다. <개정 2010·5·4, 2017·12·19>

1. 부 또는 모가 대한민국의 국민인 사람. 다만, 양자로서 대한민국의 「민법」상 성년이 된 후에 입양된 사람은 제외한다.
2. 대한민국에 특별한 공로가 있는 사람
3. 과학·경제·문화·체육 등 특정 분야에서 매우 우수한 능력을 보유한 사람으로서 대한민국의 국익에 기여할 것으로 인정되는 사람

② 제 1 항제 2 호 및 제 3 호에 해당하는 사람을 정하는 기준 및 절차는 대통령령으로 정한다. <개정 2010·5·4, 2017·12·19>

〔전부개정 2008·3·14〕

제 8 조(수반 취득) ① 외국인의 자(子)로서 대한민국의 「민법」상 미성년인 사람은 부 또는 모가 귀화허가를 신청할 때 함께 국적 취득을 신청할 수 있다. <개정 2017·12·19>

② 제 1 항에 따라 국적 취득을 신청한 사람은 부 또는 모가 대한민국 국적을 취득한 때에 함께 대한민국 국적을 취득한다. <개정 2017·12·19>

③ 제 1 항에 따른 신청절차와 그 밖에 필요한 사항은 대통령령으로 정한다. <개정 2017·12·19>

〔전부개정 2008·3·14〕

제 9 조(국적회복에 의한 국적 취득) ① 대한민국의 국민이었던 외국인은 법무부장관의 국적회복허가(國籍回復許可)를 받아 대한민국 국적을 취득할 수 있다.

② 법무부장관은 국적회복허가 신청을 받으면 심사한 후 다음 각 호의 어느 하나에 해당하는 사람에게는 국적회복을 허가하지 아

니한다. <개정 2017 · 12 · 19>

1. 국가나 사회에 위해(危害)를 끼친 사실이 있는 사람
2. 품행이 단정하지 못한 사람
3. 병역을 기피할 목적으로 대한민국 국적을 상실하였거나 이탈하였던 사람
4. 국가안전보장 · 질서유지 또는 공공복리를 위하여 법무부장관이 국적회복을 허가하는 것이 적당하지 아니하다고 인정하는 사람

③ 제1항에 따라 국적회복허가를 받은 사람은 법무부장관 앞에서 국민선서를 하고 국적회복증서를 수여받은 때에 대한민국 국적을 취득한다. 다만, 법무부장관은 연령, 신체적 · 정신적 장애 등으로 국민선서의 의미를 이해할 수 없거나 이해한 것을 표현할 수 없다고 인정되는 사람에게는 국민선서를 면제할 수 있다. <개정 2017 · 12 · 19>

④ 법무부장관은 제3항 본문에 따른 국민선서를 받고 국적회복증서를 수여하는 업무와 같은 항 단서에 따른 국민선서의 면제업무를 대통령령으로 정하는 바에 따라 재외공관의 장 또는 지방출입국 · 외국인관서의 장에게 대행하게 할 수 있다. <신설 2017 · 12 · 19>

⑤ 제1항부터 제4항까지에 따른 신청절차, 심사, 국민선서 및 국적회복증서 수여와 그 대행 등에 관하여 필요한 사항은 대통령령으로 정한다. <개정 2017 · 12 · 19>

⑥ 국적회복허가에 따른 수반(隨伴) 취득에 관하여는 제8조를 준용(準用)한다.

〔전부개정 2008 · 3 · 14〕

제10조(국적 취득자의 외국 국적 포기 의무) ① 대한민국 국적을 취득한 외국인으로서 외국 국적을 가지고 있는 자는 대한민국 국적을 취득한 날부터 1년 내에 그 외국 국적을 포기하여야 한다. <개정 2010 · 5 · 4>

② 제1항에도 불구하고 다음 각 호의 어느 하나에 해당하는 자는 대한민국 국적을 취득한 날부터 1년 내에 외국 국적을 포기하거나 법무부장관이 정하는 바에 따라 대한민국에서 외국 국적을 행사하지 아니하겠다는 뜻을 법무부장관에게 서약하여야 한다. <신설 2010 · 5 · 4>

1. 귀화허가를 받은 때에 제6조제2항제1호 · 제2호 또는 제7조제1항제2호 · 제3호의 어느 하나에 해당하는 사유가 있는 자
2. 제9조에 따라 국적회복허가를 받은 자로서 제7조제1항제2호 또는 제3호에 해당한다고 법무부장관이 인정하는 자
3. 대한민국의 「민법」상 성년이 되기 전에 외국인에게 입양된 후 외국 국적을 취득하고 외국에서 계속 거주하다가 제9조에 따라 국적회복허가를 받은 자
4. 외국에서 거주하다가 영주할 목적으로 만 65세 이후에 입국하여 제9조에 따라 국적회복허가를 받은 자
5. 본인의 뜻에도 불구하고 외국의 법률 및 제도로 인하여 제1항을 이행하기 어려운 자로서 대통령령으로 정하는 자

③ 제1항 또는 제2항을 이행하지 아니한 자는 그 기간이 지난 때에 대한민국 국적을 상실(喪失)한다. <개정 2010 · 5 · 4>

〔전부개정 2008 · 3 · 14〕

제11조(국적의 재취득) ① 제10조제3항에 따라 대한민국 국적을 상실한 자가 그 후 1년 내에 그 외국 국적을 포기하면 법무부장관에게 신고함으로써 대한민국 국적을 재취득할 수 있다. <개정 2010 · 5 · 4>

② 제1항에 따라 신고한 자는 그 신고를 한 때에 대한민국 국적을 취득한다.

③ 제1항에 따른 신고 절차와 그 밖에 필요한 사항은 대통령령으로 정한다.

〔전부개정 2008 · 3 · 14〕

제11조의2(복수국적자의 법적 지위 등) ① 출생이나 그 밖에 이 법에 따라 대한민국 국적과 외국 국적을 함께 가지게 된 사람으로서 대통령령으로 정하는 사람〔이하 "복수국적자"(複數國籍者)라 한다〕은 대한민국의 법령 적용에서 대한민국 국민으로만 처우한다. <개정 2016 · 12 · 20>

② 복수국적자가 관계 법령에 따라 외국 국적을 보유한 상태에서 직무를 수행할 수 없

는 분야에 종사하려는 경우에는 외국 국적을 포기하여야 한다.

③ 중앙행정기관의 장이 복수국적자를 외국인과 동일하게 처우하는 내용으로 법령을 제정 또는 개정하려는 경우에는 미리 법무부장관과 협의하여야 한다.

〔본조신설 2010·5·4〕

제12조(복수국적자의 국적선택의무) ① 만 20세가 되기 전에 복수국적자가 된 자는 만 22세가 되기 전까지, 만 20세가 된 후에 복수국적자가 된 자는 그 때부터 2년 내에 제13조와 제14조에 따라 하나의 국적을 선택하여야 한다. 다만, 제10조제2항에 따라 법무부장관에게 대한민국에서 외국 국적을 행사하지 아니하겠다는 뜻을 서약한 복수국적자는 제외한다. <개정 2010·5·4>

② 제1항 본문에도 불구하고 「병역법」 제8조에 따라 병역준비역에 편입된 자는 편입된 때부터 3개월 이내에 하나의 국적을 선택하거나 제3항 각 호의 어느 하나에 해당하는 때부터 2년 이내에 하나의 국적을 선택하여야 한다. 다만, 제13조에 따라 대한민국 국적을 선택하려는 경우에는 제3항 각 호의 어느 하나에 해당하기 전에도 할 수 있다.
<개정 2010·5·4, 2016·5·29>

③ 직계존속(直系尊屬)이 외국에서 영주(永住)할 목적 없이 체류한 상태에서 출생한 자는 병역의무의 이행과 관련하여 다음 각 호의 어느 하나에 해당하는 경우에만 제14조에 따른 국적이탈신고를 할 수 있다.
<개정 2010·5·4, 2016·5·29, 2019·12·31>

1. 현역·상근예비역·보충역 또는 대체역으로 복무를 마치거나 마친 것으로 보게 되는 경우
2. 전시근로역에 편입된 경우
3. 병역면제처분을 받은 경우

〔전부개정 2008·3·14〕

제13조(대한민국 국적의 선택 절차) ① 복수국적자로서 제12조제1항 본문에 규정된 기간 내에 대한민국 국적을 선택하려는 자는 외국 국적을 포기하거나 법무부장관이 정하는 바에 따라 대한민국에서 외국 국적을 행사하지 아니하겠다는 뜻을 서약하고 법무부장관에게 대한민국 국적을 선택한다는 뜻을 신고할 수 있다. <개정 2010·5·4>

② 복수국적자로서 제12조제1항 본문에 규정된 기간 후에 대한민국 국적을 선택하려는 자는 외국 국적을 포기한 경우에만 법무부장관에게 대한민국 국적을 선택한다는 뜻을 신고할 수 있다. 다만, 제12조제3항제1호의 경우에 해당하는 자는 그 경우에 해당하는 때부터 2년 이내에는 제1항에서 정한 방식으로 대한민국 국적을 선택한다는 뜻을 신고할 수 있다. <신설 2010·5·4>

③ 제1항 및 제2항 단서에도 불구하고 출생 당시에 모가 자녀에게 외국 국적을 취득하게 할 목적으로 외국에서 체류 중이었던 사실이 인정되는 자는 외국 국적을 포기한 경우에만 대한민국 국적을 선택한다는 뜻을 신고할 수 있다. <신설 2010·5·4>

④ 제1항부터 제3항까지의 규정에 따른 신고의 수리(受理) 요건, 신고 절차, 그 밖에 필요한 사항은 대통령령으로 정한다.
<개정 2010·5·4>

〔전부개정 2008·3·14〕

제14조(대한민국 국적의 이탈 요건 및 절차) ① 복수국적자로서 외국 국적을 선택하려는 자는 외국에 주소가 있는 경우에만 주소지 관할 재외공관의 장을 거쳐 법무부장관에게 대한민국 국적을 이탈한다는 뜻을 신고할 수 있다. 다만, 제12조제2항 본문 또는 같은 조 제3항에 해당하는 자는 그 기간 이내에 또는 해당 사유가 발생한 때부터만 신고할 수 있다. <개정 2010·5·4>

② 제1항에 따라 국적 이탈의 신고를 한 자는 법무부장관이 신고를 수리한 때에 대한민국 국적을 상실한다. <개정 2010·5·4>

③ 제1항에 따른 신고 및 수리의 요건, 절차와 그 밖에 필요한 사항은 대통령령으로 정한다. <개정 2010·5·4>

〔전부개정 2008·3·14〕

제14조의2(대한민국 국적의 이탈에 관한 특례) ① 제12조제2항 본문 및 제14조제1항 단서에도 불구하고 다음 각 호의 요건을 모두 충족하는 복수국적자는 「병역법」 제8조에 따라 병역준비역에 편입된 때부터 3개월 이내에 대한민국 국적을 이탈한다는 뜻을 신

고하지 못한 경우 법무부장관에게 대한민국 국적의 이탈 허가를 신청할 수 있다.

1. 다음 각 목의 어느 하나에 해당하는 사람일 것
   가. 외국에서 출생한 사람(직계존속이 외국에서 영주할 목적 없이 체류한 상태에서 출생한 사람은 제외한다)으로서 출생 이후 계속하여 외국에 주된 생활의 근거를 두고 있는 사람
   나. 6세 미만의 아동일 때 외국으로 이주한 이후 계속하여 외국에 주된 생활의 근거를 두고 있는 사람
2. 제12조제2항 본문 및 제14조제1항 단서에 따라 병역준비역에 편입된 때부터 3개월 이내에 국적 이탈을 신고하지 못한 정당한 사유가 있을 것

② 법무부장관은 제1항에 따른 허가를 할 때 다음 각 호의 사항을 고려하여야 한다.

1. 복수국적자의 출생지 및 복수국적 취득경위
2. 복수국적자의 주소지 및 주된 거주지가 외국인지 여부
3. 대한민국 입국 횟수 및 체류 목적·기간
4. 대한민국 국민만이 누릴 수 있는 권리를 행사하였는지 여부
5. 복수국적으로 인하여 외국에서의 직업 선택에 상당한 제한이 있거나 이에 준하는 불이익이 있는지 여부
6. 병역의무 이행의 공평성과 조화되는지 여부

③ 제1항에 따른 허가 신청은 외국에 주소가 있는 복수국적자가 해당 주소지 관할 재외공관의 장을 거쳐 법무부장관에게 하여야 한다.

④ 제1항 및 제3항에 따라 국적의 이탈 허가를 신청한 사람은 법무부장관이 허가한 때에 대한민국 국적을 상실한다.

⑤ 제1항부터 제4항까지의 규정에 따른 신청자의 세부적인 자격기준, 허가 시의 구체적인 고려사항, 신청 및 허가 절차 등 필요한 사항은 대통령령으로 정한다.

〔본조신설 2022·9·15〕

제14조의3(복수국적자에 대한 국적선택명령) ① 법무부장관은 복수국적자로서 제12조제1항 또는 제2항에서 정한 기간 내에 국적을 선택하지 아니한 자에게 1년 내에 하나의 국적을 선택할 것을 명하여야 한다.

② 법무부장관은 복수국적자로서 제10조제2항, 제13조제1항 또는 같은 조 제2항 단서에 따라 대한민국에서 외국 국적을 행사하지 아니하겠다는 뜻을 서약한 자가 그 뜻에 현저히 반하는 행위를 한 경우에는 6개월 내에 하나의 국적을 선택할 것을 명할 수 있다.

③ 제1항 또는 제2항에 따라 국적선택의 명령을 받은 자가 대한민국 국적을 선택하려면 외국 국적을 포기하여야 한다.

④ 제1항 또는 제2항에 따라 국적선택의 명령을 받고도 이를 따르지 아니한 자는 그 기간이 지난 때에 대한민국 국적을 상실한다.

⑤ 제1항 및 제2항에 따른 국적선택의 절차와 제2항에 따른 서약에 현저히 반하는 행위 유형은 대통령령으로 정한다.

〔본조신설 2010·5·4〕

제14조의4(대한민국 국적의 상실결정) ① 법무부장관은 복수국적자가 다음 각 호의 어느 하나의 사유에 해당하여 대한민국의 국적을 보유함이 현저히 부적합하다고 인정하는 경우에는 청문을 거쳐 대한민국 국적의 상실을 결정할 수 있다. 다만, 출생에 의하여 대한민국 국적을 취득한 자는 제외한다.

1. 국가안보, 외교관계 및 국민경제 등에 있어서 대한민국의 국익에 반하는 행위를 하는 경우
2. 대한민국의 사회질서 유지에 상당한 지장을 초래하는 행위로서 대통령령으로 정하는 경우

② 제1항에 따른 결정을 받은 자는 그 결정을 받은 때에 대한민국 국적을 상실한다.

〔본조신설 2010·5·4〕

제14조의5(복수국적자에 관한 통보의무 등) ① 공무원이 그 직무상 복수국적자를 발견하면 지체 없이 법무부장관에게 그 사실을 통보하여야 한다.

② 공무원이 그 직무상 복수국적자 여부를 확인할 필요가 있는 경우에는 당사자에게 질문을 하거나 필요한 자료의 제출을 요청할 수 있다.

③ 제1항에 따른 통보 절차는 대통령령으

로 정한다.
〔본조신설 2010·5·4〕

제15조(외국 국적 취득에 따른 국적 상실) ① 대한민국의 국민으로서 자진하여 외국 국적을 취득한 자는 그 외국 국적을 취득한 때에 대한민국 국적을 상실한다.

② 대한민국의 국민으로서 다음 각 호의 어느 하나에 해당하는 자는 그 외국 국적을 취득한 때부터 6개월 내에 법무부장관에게 대한민국 국적을 보유할 의사가 있다는 뜻을 신고하지 아니하면 그 외국 국적을 취득한 때로 소급(遡及)하여 대한민국 국적을 상실한 것으로 본다.

1. 외국인과의 혼인으로 그 배우자의 국적을 취득하게 된 자
2. 외국인에게 입양되어 그 양부 또는 양모의 국적을 취득하게 된 자
3. 외국인인 부 또는 모에게 인지되어 그 부 또는 모의 국적을 취득하게 된 자
4. 외국 국적을 취득하여 대한민국 국적을 상실하게 된 자의 배우자나 미성년의 자(子)로서 그 외국의 법률에 따라 함께 그 외국 국적을 취득하게 된 자

③ 외국 국적을 취득함으로써 대한민국 국적을 상실하게 된 자에 대하여 그 외국 국적의 취득일을 알 수 없으면 그가 사용하는 외국 여권의 최초 발급일에 그 외국 국적을 취득한 것으로 추정한다.

④ 제 2 항에 따른 신고 절차와 그 밖에 필요한 사항은 대통령령으로 정한다.
〔전부개정 2008·3·14〕

제16조(국적상실자의 처리) ① 대한민국 국적을 상실한 자(제14조에 따른 국적이탈의 신고를 한 자는 제외한다)는 법무부장관에게 국적상실신고를 하여야 한다.

② 공무원이 그 직무상 대한민국 국적을 상실한 자를 발견하면 지체 없이 법무부장관에게 그 사실을 통보하여야 한다.

③ 법무부장관은 그 직무상 대한민국 국적을 상실한 자를 발견하거나 제 1 항이나 제 2 항에 따라 국적상실의 신고나 통보를 받으면 가족관계등록 관서와 주민등록 관서에 통보하여야 한다.

④ 제 1 항부터 제 3 항까지의 규정에 따른 신고 및 통보의 절차와 그 밖에 필요한 사항은 대통령령으로 정한다.
〔전부개정 2008·3·14〕

제17조(관보 고시) ① 법무부장관은 대한민국 국적의 취득과 상실에 관한 사항이 발생하면 그 뜻을 관보에 고시(告示)하여야 한다.

② 제 1 항에 따라 관보에 고시할 사항은 대통령령으로 정한다.
〔전부개정 2008·3·14〕

제18조(국적상실자의 권리 변동) ① 대한민국 국적을 상실한 자는 국적을 상실한 때부터 대한민국의 국민만이 누릴 수 있는 권리를 누릴 수 없다.

② 제 1 항에 해당하는 권리 중 대한민국의 국민이었을 때 취득한 것으로서 양도(讓渡)할 수 있는 것은 그 권리와 관련된 법령에서 따로 정한 바가 없으면 3년 내에 대한민국의 국민에게 양도하여야 한다.
〔전부개정 2008·3·14〕

제19조(법정대리인이 하는 신고 등) 이 법에 규정된 신청이나 신고와 관련하여 그 신청이나 신고를 하려는 자가 15세 미만이면 법정대리인이 대신하여 이를 행한다.
〔전부개정 2008·3·14〕

제20조(국적 판정) ① 법무부장관은 대한민국 국적의 취득이나 보유 여부가 분명하지 아니한 자에 대하여 이를 심사한 후 판정할 수 있다.

② 제 1 항에 따른 심사 및 판정의 절차와 그 밖에 필요한 사항은 대통령령으로 정한다.
〔전부개정 2008·3·14〕

제21조(허가 등의 취소) ① 법무부장관은 거짓이나 그 밖의 부정한 방법으로 귀화허가, 국적회복허가, 국적의 이탈 허가 또는 국적보유판정을 받은 자에 대하여 그 허가 또는 판정을 취소할 수 있다. <개정 2022·9·15>

② 제 1 항에 따른 취소의 기준·절차와 그 밖에 필요한 사항은 대통령령으로 정한다.
〔본조신설 2008·3·14〕

제22조(국적심의위원회) ① 국적에 관한 다음 각 호의 사항을 심의하기 위하여 법무부장관 소속으로 국적심의위원회(이하 "위원회"라 한다)를 둔다.

1. 제 7 조제 1 항제 3 호에 해당하는 특별귀

화 허가에 관한 사항
2. 제14조의2에 따른 대한민국 국적의 이탈 허가에 관한 사항
3. 제14조의4에 따른 대한민국 국적의 상실 결정에 관한 사항
4. 그 밖에 국적업무와 관련하여 법무부장관이 심의를 요청하는 사항

② 법무부장관은 제1항제1호부터 제3호까지의 허가 또는 결정 전에 위원회의 심의를 거쳐야 한다. 다만, 요건을 충족하지 못하는 것이 명백한 경우 등 대통령령으로 정하는 사항은 그러하지 아니하다.

③ 위원회는 제1항 각 호의 사항을 효과적으로 심의하기 위하여 필요하다고 인정하는 경우 관계 행정기관의 장에게 자료의 제출 또는 의견의 제시를 요청하거나 관계인을 출석시켜 의견을 들을 수 있다.

〔본조신설 2022·9·15〕

제23조(위원회의 구성 및 운영) ① 위원회는 위원장 1명을 포함하여 30명 이내의 위원으로 구성한다.

② 위원장은 법무부차관으로 하고, 위원은 다음 각 호의 사람으로 한다.
1. 법무부 소속 고위공무원단에 속하는 공무원으로서 법무부장관이 지명하는 사람 1명
2. 대통령령으로 정하는 관계 행정기관의 국장급 또는 이에 상당하는 공무원 중에서 법무부장관이 지명하는 사람
3. 국적 업무와 관련하여 학식과 경험이 풍부한 사람으로서 법무부장관이 위촉하는 사람

③ 제2항제3호에 따른 위촉위원의 임기는 2년으로 하며, 한 번만 연임할 수 있다. 다만, 위원의 임기 중 결원이 생겨 새로 위촉하는 위원의 임기는 전임위원 임기의 남은 기간으로 한다.

④ 위원회의 회의는 제22조제1항의 안건별로 위원장이 지명하는 10명 이상 15명 이내의 위원이 참석하되, 제2항제3호에 따른 위촉위원이 과반수가 되도록 하여야 한다.

⑤ 위원회의 회의는 위원장 및 제4항에 따라 지명된 위원의 과반수의 출석으로 개의하고 출석위원 과반수의 찬성으로 의결한다.

⑥ 위원회의 사무를 처리하기 위하여 간사 1명을 두되, 간사는 위원장이 지명하는 일반직공무원으로 한다.

⑦ 위원회의 업무를 효율적으로 수행하기 위하여 위원회에 분야별로 분과위원회를 둘 수 있다.

⑧ 제1항부터 제7항까지의 규정에서 정하는 사항 외에 위원회의 구성 및 운영에 필요한 사항은 대통령령으로 정한다.

〔본조신설 2022·9·15〕

제24조(수수료) ① 이 법에 따른 허가신청, 신고 및 증명서 등의 발급을 받으려는 사람은 법무부령으로 정하는 바에 따라 수수료를 납부하여야 한다.

② 제1항에 따른 수수료는 정당한 사유가 있는 경우 이를 감액하거나 면제할 수 있다.

③ 제1항에 따른 수수료의 금액 및 제2항에 따른 수수료의 감액·면제 기준 등에 필요한 사항은 법무부령으로 정한다.

〔본조신설 2018·9·18〕

제25조(관계 기관 등의 협조) ① 법무부장관은 국적업무 수행에 필요하면 관계 기관의 장이나 관련 단체의 장에게 자료 제출, 사실 조사, 신원 조회, 의견 제출 등의 협조를 요청할 수 있다.

② 법무부장관은 국적업무를 수행하기 위하여 관계 기관의 장에게 다음 각 호의 정보 제공을 요청할 수 있다.
1. 범죄경력정보
2. 수사경력정보
3. 외국인의 범죄처분결과정보
4. 여권발급정보
5. 주민등록정보
6. 가족관계등록정보
7. 병적기록 등 병역관계정보
8. 납세증명서

③ 제1항 및 제2항에 따른 협조 요청 또는 정보 제공 요청을 받은 관계 기관의 장이나 관련 단체의 장은 정당한 사유가 없으면 요청에 따라야 한다.

〔본조신설 2017·12·19〕

제26조(권한의 위임) 이 법에 따른 법무부장관의 권한은 대통령령으로 정하는 바에 따라 그 일부를 지방출입국·외국인관서의 장에

게 위임할 수 있다. <개정 2014·3·18>
〔본조신설 2010·5·4〕

제27조(벌칙 적용에서의 공무원 의제) 위원회의 위원 중 공무원이 아닌 사람은 「형법」 제127조 및 제129조부터 제132조까지의 규정을 적용할 때에는 공무원으로 본다.
〔본조신설 2022·9·15〕

부 칙

제 1 조(시행일) 이 법은 공포후 6월이 경과한 날부터 시행한다.

제 2 조(귀화허가신청 등에 관한 경과조치) 이 법 시행전에 종전의 규정에 의하여 귀화허가·국적회복허가 및 국적이탈허가를 신청한 자에 대하여서는 종전의 규정을 적용한다.

제 3 조(국적의 회복 및 재취득에 관한 경과조치) ① 제 9 조의 개정규정은 이 법 시행전에 대한민국의 국적을 상실하였거나 이탈하였던 자가 대한민국의 국적을 회복하는 절차에 관하여서도 이를 적용한다.

② 제11조의 개정규정은 제 1 항에 규정된 자중 대한민국의 국적을 취득한 후 6월내에 외국 국적을 포기하지 아니하여 대한민국의 국적을 상실하게 된 자에 대하여서도 이를 적용한다.

제 4 조(국적취득자의 외국 국적 포기의무에 관한 경과조치) 제10조의 개정규정은 이 법 시행전에 대한민국의 국적을 취득하고 그 때부터 이 법의 시행일까지 6월이 경과하지 아니한 자에 대하여서도 이를 적용한다.

제 5 조(이중국적자의 국적선택의무 및 절차에 관한 경과조치) 제12조 내지 제14조의 개정규정은 이 법 시행전에 대한민국의 국적과 외국 국적을 함께 가지게 된 자(이미 국적이탈허가를 받은 자를 제외한다)에 대하여서도 이를 적용한다. 다만, 이 법의 시행일 현재 만 20세 이상인 자는 이 법의 시행일을 제12조제 1 항에 규정된 국적선택 기간의 기산일로 본다.

제 6 조(국적상실자의 처리 및 권리변동에 관한 경과조치) 제16조 및 제18조의 개정규정은 이 법 시행전에 대한민국의 국적을 상실한 자에 대하여서도 이를 적용한다.

제 7 조(부모양계혈통주의 채택에 따른 모계출생자에 대한 국적취득의 특례) ① 1978년 6월 14일부터 1998년 6월 13일까지의 사이에 대한민국의 국민을 모로 하여 출생한 자로서 다음 각호의 1에 해당하는 자는 2004년 12월 31일까지 대통령령이 정하는 바에 의하여 법무부장관에게 신고함으로써 대한민국의 국적을 취득할 수 있다. <개정 2001·12·19>

1. 모가 현재 대한민국의 국민인 자
2. 모가 사망한 때에는 그 사망당시에 모가 대한민국의 국민이었던 자

② 제 1 항의 규정에 의한 신고는 국적을 취득하고자 하는 자가 15세 미만인 때에는 법정대리인이 대신하여 이를 행한다. <개정 2001·12·19>

③ 천재지변 기타 불가항력적 사유로 인하여 제 1 항에 규정된 기간내에 신고를 하지 못한 자는 그 사유가 소멸된 때부터 3월내에 법무부장관에게 신고함으로써 대한민국의 국적을 취득할 수 있다.

④ 제 1 항 또는 제 3 항의 규정에 의하여 신고한 자는 그 신고를 한 때에 대한민국의 국적을 취득한다.

제 8 조(다른 법률의 개정) 생략

부 칙 <2001·12·29 법6523>

이 법은 공포한 날부터 시행한다.

부 칙 <2004·1·20 법7075>

①(시행일) 이 법은 공포한 날부터 시행한다.
②(적용례) 제 6 조제 2 항제 3 호 및 제 4 호의 개정규정은 1998년 6월 14일부터 이 법 시행전까지의 사이에 대한민국 국민과 혼인한 외국인에게도 적용된다.

부 칙 <2005·5·24 법7499>

①(시행일) 이 법은 공포한 날부터 시행한다.
②(이중 국적자의 국적이탈신고에 관한 적용례) 제12조제 1 항 단서·제 3 항 및 제14조제 1 항 단서의 개정규정은 이 법 시행 후 최초로 국적이탈신고를 하는 사람부터 적용한다.

부 칙 <2007·5·17 법8435>

제 1 조(시행일) 이 법은 2008년 1월 1일부터 시행한다. 〈단서 생략〉

제 2 조부터 **제 9 조**까지 생략

부　칙 <2008·3·14 법8892>

이 법은 공포한 날부터 시행한다. 다만, 제21조의 개정규정은 공포 후 6개월이 경과한 날부터 시행한다.

부　칙 <2010·5·4 법10275>

제1조(시행일) 이 법은 2011년 1월 1일부터 시행한다. 다만, 제12조제1항 본문, 같은 조 제2항 및 제13조의 개정규정과 부칙 제2조(제3항 중 제14조의2제2항부터 제5항까지에 관한 사항은 제외한다) 및 부칙 제4조제1항은 공포한 날부터 시행한다.

제2조(국적선택 불이행으로 대한민국 국적을 상실한 자 등에 대한 특례) ① 종전의 제12조제2항에 따라 대한민국 국적을 상실하였던 자는 대한민국에 주소를 두고 있는 상태에서 이 법 공포일부터 2년 이내에 외국 국적을 포기하거나, 대한민국에서 외국 국적을 행사하지 아니하겠다는 뜻을 서약하고 법무부장관에게 신고를 함으로써 대한민국 국적을 재취득할 수 있다. 다만, 남자는 제12조제3항제1호에 해당하는 자에 한한다.

② 종전의 제13조에 따라 외국 국적을 포기하고 대한민국 국적을 선택하였던 자가 이 법 공포일부터 5년 이내에 그 외국 국적을 재취득한 때에는 제15조제1항에도 불구하고 그 외국 국적 취득일부터 6개월 이내에 대한민국에서 외국 국적을 행사하지 아니하겠다는 뜻을 법무부장관에게 서약하면 대한민국 국적을 상실하지 아니한다.

③ 제1항 및 제2항에 따른 복수국적자에 대하여는 제13조제3항 및 제14조의2제2항부터 제5항까지의 개정규정을 준용한다.

제3조(외국 국적의 포기에 관한 적용례) 제10조의 개정규정은 이 법 시행 전에 종전의 제10조제2항 단서에 해당하여 외국 국적을 포기하지 아니한 자에 대하여도 적용한다.

제4조(다른 법률의 개정) 생략

부　칙 <2014·3·18 법12421>

제1조(시행일) 이 법은 공포 후 3개월이 경과한 날부터 시행한다.

제2조 및 **제3조** 생략

부　칙 <2016·5·29 법14183>

제1조(시행일) 이 법은 공포 후 6개월이 경과한 날부터 시행한다. 〈단서 생략〉

제2조부터 **제5조**까지 생략

부　칙 <2016·12·20 법14407>

이 법은 공포한 날부터 시행한다.

부　칙 <2017·12·19 법15249>

제1조(시행일) 이 법은 공포 후 1년이 경과한 날부터 시행한다.

제2조(일반귀화 요건에 관한 적용례) ① 제5조제1호의2의 개정규정은 이 법 시행 후 귀화허가를 신청하는 경우부터 적용한다.

② 제5조제3호 및 제6호의 개정규정은 이 법 시행 전에 귀화허가를 신청한 경우에도 적용한다.

부　칙 <2018·9·18 법15752>

이 법은 공포한 날부터 시행한다.

부　칙 <2019·12·31 법16851>

제1조(시행일) 이 법은 2020년 1월 1일부터 시행한다. 〈단서 생략〉

제2조부터 **제5조**까지 생략

부　칙 <2022·9·15 법18978>

제1조(시행일) 이 법은 2022년 10월 1일부터 시행한다.

제2조(대한민국 국적의 이탈 특례에 관한 적용례) ① 제14조의2의 개정규정은 이 법 시행 이후 대한민국 국적의 이탈 허가를 신청한 경우부터 적용한다.

② 제14조의2의 개정규정은 이 법 시행 당시 병역준비역에 편입된 때부터 3개월이 지난 복수국적자에 대하여도 적용한다.

제3조(국적심의위원회 설치에 따른 적용례 및 경과조치) ① 제22조의 개정규정에 따른 국적심의위원회의 심의사항은 이 법 시행 이후 법무부장관이 신청을 접수하거나 국적 상실의 결정이 필요하다고 인정하려는 경우부터 적용한다.

② 제1항에도 불구하고 이 법 시행 당시 종전의 대통령령에 따른 국적심의위원회가 심의 중인 사항에 대하여 제22조의 개정규

정에 따른 국적심의위원회가 계속하여 심의할 수 있다.

③ 종전의 대통령령에 따른 국적심의위원회의 민간 위원으로 위촉된 사람은 제23조제2항제3호의 개정규정에 따른 위촉위원으로 본다. 이 경우 위촉위원의 임기는 종전의 대통령령에 따라 위촉된 때부터 계산한다.

●청원법

〔2020·12·22 법률제17701호 전부개정〕

제1조(목적) 이 법은 「대한민국헌법」 제26조에 따른 청원권 행사의 절차와 청원의 처리에 관한 사항을 규정하여 국민이 편리하게 청원권을 행사하고 국민이 제출한 청원이 객관적이고 공정하게 처리되도록 함을 목적으로 한다.

제2조(다른 법률과의 관계) 청원에 관하여 다른 법률에 특별한 규정이 있는 경우를 제외하고는 이 법에 따른다.

제3조(적용범위) 국회와 지방의회에 대해서는 제8조부터 제10조까지, 제11조제2항, 제13조부터 제15조까지 및 제21조부터 제23조까지를 적용하지 아니한다.

제4조(청원기관) 이 법에 따라 국민이 청원을 제출할 수 있는 기관(이하 "청원기관"이라 한다)은 다음 각 호와 같다.

1. 국회·법원·헌법재판소·중앙선거관리위원회, 중앙행정기관(대통령 소속 기관과 국무총리 소속 기관을 포함한다)과 그 소속 기관
2. 지방자치단체와 그 소속 기관
3. 법령에 따라 행정권한을 가지고 있거나 행정권한을 위임 또는 위탁받은 법인·단체 또는 그 기관이나 개인

제5조(청원사항) 국민은 다음 각 호의 어느 하나에 해당하는 사항에 대하여 청원기관에 청원할 수 있다.

1. 피해의 구제
2. 공무원의 위법·부당한 행위에 대한 시정이나 징계의 요구
3. 법률·명령·조례·규칙 등의 제정·개정 또는 폐지
4. 공공의 제도 또는 시설의 운영
5. 그 밖에 청원기관의 권한에 속하는 사항

제6조(청원 처리의 예외) 청원기관의 장은 청원이 다음 각 호의 어느 하나에 해당하는 경우에는 처리를 하지 아니할 수 있다. 이 경우 사유를 청원인(제11조제3항에 따른 공동청원의 경우에는 대표자를 말한다)에게 알려야 한다.

1. 국가기밀 또는 공무상 비밀에 관한 사항
2. 감사·수사·재판·행정심판·조정·중재 등 다른 법령에 의한 조사·불복 또는 구제절차가 진행 중인 사항
3. 허위의 사실로 타인으로 하여금 형사처분 또는 징계처분을 받게 하는 사항
4. 허위의 사실로 국가기관 등의 명예를 실추시키는 사항
5. 사인간의 권리관계 또는 개인의 사생활에 관한 사항
6. 청원인의 성명, 주소 등이 불분명하거나 청원내용이 불명확한 사항

제7조(청원기관의 장의 의무) ① 청원기관의 장은 국민의 청원권이 존중될 수 있도록 이 법을 운영하고 소관 관계 법령을 정비하여야 한다.

② 청원기관의 장은 청원사항에 관한 업무를 주관하는 부서 및 담당하는 인력을 적정하게 두어야 한다.

제8조(청원심의회) ① 청원기관의 장은 다음 각 호의 사항을 심의하기 위하여 청원심의회(이하 "청원심의회"라 한다)를 설치·운영하여야 한다.

1. 제11조제2항에 따른 공개청원의 공개 여부에 관한 사항
2. 청원의 조사결과 등 청원처리에 관한 사항
3. 그 밖에 청원에 관한 사항

② 청원심의회의 구성 및 운영에 필요한 사항은 대법원규칙, 헌법재판소규칙, 중앙선거관리위원회규칙 및 대통령령으로 정한다.

제9조(청원방법) ① 청원은 청원서에 청원인의 성명(법인인 경우에는 명칭 및 대표자의 성명을 말한다)과 주소 또는 거소를 적고 서명한 문서(「전자문서 및 전자거래 기본법」에 따른 전자문서를 포함한다)로 하여야 한다.

② 제1항에 따라 전자문서로 제출하는 청원(이하 "온라인청원"이라 한다)은 본인임을 확인할 수 있는 전자적 방법을 통해 제출하

여야 한다. 이 경우 서명이 대체된 것으로 본다.

③ 제2항에 따른 본인임을 확인할 수 있는 전자적 방법은 대법원규칙, 헌법재판소규칙, 중앙선거관리위원회규칙 및 대통령령으로 정한다.

제10조(온라인청원시스템) ① 행정안전부장관은 서면으로 제출된 청원을 전자적으로 관리하고, 전자문서로 제출된 청원을 효율적으로 접수·처리하기 위하여 정보처리시스템(이하 "온라인청원시스템"이라 한다)을 구축·운영하여야 한다.

② 대법원, 헌법재판소 및 중앙선거관리위원회는 별도의 온라인청원시스템을 구축·운영할 수 있다.

③ 온라인청원시스템의 구축·운영 등에 필요한 사항은 대법원규칙, 헌법재판소규칙, 중앙선거관리위원회규칙 및 대통령령으로 정한다.

제11조(청원서의 제출) ① 청원인은 청원서를 해당 청원사항을 담당하는 청원기관에 제출하여야 한다.

② 청원인은 청원사항이 제5조제3호 또는 제4호에 해당하는 경우 청원의 내용, 접수 및 처리 상황과 결과를 온라인청원시스템에 공개하도록 청원(이하 "공개청원"이라 한다)할 수 있다. 이 경우 청원서에 공개청원으로 표시하여야 한다.

③ 다수 청원인이 공동으로 청원(이하 "공동청원"이라 한다)을 하는 경우에는 그 처리결과를 통지받을 3명 이하의 대표자를 선정하여 이를 청원서에 표시하여야 한다.

④ 청원인은 청원서에 이유와 취지를 밝히고, 필요한 때에는 참고자료를 붙일 수 있다.

제12조(청원의 접수) ① 청원기관의 장은 제11조에 따라 제출된 청원서를 지체 없이 접수하여야 한다.

② 제1항에 따른 청원의 접수에 필요한 사항은 대법원규칙, 헌법재판소규칙, 중앙선거관리위원회규칙 및 대통령령으로 정한다.

제13조(공개청원의 공개 여부 결정 통지 등) ① 공개청원을 접수한 청원기관의 장은 접수일부터 15일 이내에 청원심의회의 심의를 거쳐 공개 여부를 결정하고 결과를 청원인(공동청원의 경우 대표자를 말한다)에게 알려야 한다.

② 청원기관의 장은 공개청원의 공개결정일부터 30일간 청원사항에 관하여 국민의 의견을 들어야 한다.

③ 제2항에 따른 국민의 의견을 듣는 방식, 그 밖에 공개청원의 공개 여부 결정기준 등 공개청원의 운영에 필요한 사항은 대법원규칙, 헌법재판소규칙, 중앙선거관리위원회규칙 및 대통령령으로 정한다.

제14조(접수·처리 상황의 통지 및 공개) ① 청원기관의 장은 청원의 접수 및 처리 상황을 청원인(공동청원의 경우 대표자를 말한다)에게 알려야 한다. 공개청원의 경우에는 온라인청원시스템에 접수 및 처리 상황을 공개하여야 한다.

② 제1항에 따른 통지 및 공개에 필요한 사항은 대법원규칙, 헌법재판소규칙, 중앙선거관리위원회규칙 및 대통령령으로 정한다.

제15조(청원서의 보완 요구 및 이송) ① 청원기관의 장은 청원서에 부족한 사항이 있다고 판단되는 경우에는 보완사항 및 보완기간을 표시하여 청원인(공동청원의 경우 대표자를 말한다)에게 보완을 요구할 수 있다.

② 청원기관의 장은 청원사항이 다른 기관 소관인 경우에는 지체 없이 소관 기관에 청원서를 이송하고 이를 청원인(공동청원의 경우 대표자를 말한다)에게 알려야 한다.

③ 그 밖에 청원서의 보완 요구 및 이송 등에 필요한 사항은 대법원규칙, 헌법재판소규칙, 중앙선거관리위원회규칙 및 대통령령으로 정한다.

제16조(반복청원 및 이중청원) ① 청원기관의 장은 동일인이 같은 내용의 청원서를 같은 청원기관에 2건 이상 제출한 반복청원의 경우에는 나중에 제출된 청원서를 반려하거나 종결처리할 수 있고, 종결처리하는 경우 이를 청원인에게 알려야 한다.

② 동일인이 같은 내용의 청원서를 2개 이상의 청원기관에 제출한 경우 소관이 아닌

청원기관의 장은 청원서를 소관 청원기관의 장에게 이송하여야 한다. 이 경우 반복청원의 처리에 관하여는 제1항을 준용한다.

③ 청원기관의 장은 제1항 및 제2항의 청원(반복청원을 포함한다)이 같은 내용의 청원인지 여부에 대해서는 해당 청원의 성격, 종전 청원과의 내용적 유사성·관련성 및 종전 청원과 같은 답변을 할 수밖에 없는 사정 등을 종합적으로 고려하여 결정하여야 한다.

제17조(청원의 취하) 청원인은 해당 청원의 처리가 종결되기 전에 청원을 취하할 수 있다.

제18조(청원의 조사) 청원기관의 장은 청원을 접수한 경우에는 지체 없이 청원사항을 성실하고 공정하게 조사하여야 한다. 다만, 청원사항이 별도의 조사를 필요로 하지 아니하는 경우에는 조사 없이 신속하게 처리할 수 있다.

제19조(조사의 방법) ① 청원기관의 장은 제18조에 따른 조사를 할 때 다음 각 호의 조치를 할 수 있다. 이 경우 출석하거나 의견진술 등을 한 사람(청원인은 제외한다)에게는 예산의 범위에서 여비와 수당을 지급할 수 있다.

1. 관계 기관 등에 대한 설명 요구 또는 관련 자료 등의 제출 요구
2. 관계 기관 등의 직원, 청원인, 이해관계인이나 참고인의 출석 및 의견진술 등의 요구
3. 조사사항과 관계있다고 인정되는 장소·시설 등에 대한 실지조사
4. 조사사항과 관계있다고 인정되는 문서·자료 등에 대한 감정의 의뢰

② 관계 기관 등의 장은 제1항에 따른 청원기관의 장의 요구나 조사에 성실하게 응하고 이에 협조하여야 한다.

제20조(관계 기관·부서 간의 협조) ① 청원기관의 장은 청원을 처리할 때 관계 기관·부서의 협조가 필요한 경우에는 청원을 접수한 후 청원 처리기간의 범위에서 회신기간을 정하여 협조를 요청하여야 하며, 요청받은 관계 기관·부서는 회신기간 내에 이를 회신하여야 한다.

② 협조를 요청받은 관계 기관·부서는 제1항에 따른 회신기간에 협조 요청 사항을 처리할 수 없는 특별한 사정이 있는 경우에는 제21조에 따른 처리기간의 범위에서 청원기관의 장과 협의하여 한 차례만 회신기간을 연장할 수 있다.

③ 협조를 요청받은 관계 기관·부서가 제2항에 따라 회신기간을 연장하는 경우에는 제1항에 따른 회신기간이 끝나기 전에 연장 사유, 진행 상황 및 회신예정일 등을 협조 요청한 청원기관의 장에게 알려야 한다.

제21조(청원의 처리 등) ① 청원기관의 장은 청원심의회의 심의를 거쳐 청원을 처리하여야 한다. 다만, 청원심의회의 심의를 거칠 필요가 없는 사항에 대해서는 심의를 생략할 수 있다.

② 청원기관의 장은 청원을 접수한 때에는 특별한 사유가 없으면 90일 이내(제13조제1항에 따른 공개청원의 공개 여부 결정기간 및 같은 조 제2항에 따른 국민의 의견을 듣는 기간을 제외한다)에 처리결과를 청원인(공동청원의 경우 대표자를 말한다)에게 알려야 한다. 이 경우 공개청원의 처리결과는 온라인청원시스템에 공개하여야 한다.

③ 청원기관의 장은 부득이한 사유로 제2항에 따른 처리기간에 청원을 처리하기 곤란한 경우에는 60일의 범위에서 한 차례만 처리기간을 연장할 수 있다. 이 경우 그 사유와 처리예정기한을 지체없이 청원인(공동청원의 경우 대표자를 말한다)에게 알려야 한다.

④ 제1항 단서의 청원심의회의 심의를 거칠 필요가 없는 사항 및 제2항에 따른 처리결과를 알리는 방식 등에 필요한 사항은 대법원규칙, 헌법재판소규칙, 중앙선거관리위원회규칙 및 대통령령으로 정한다.

제22조(이의신청) ① 청원인은 다음 각 호의 어느 하나에 해당하는 경우로서 공개 부적합 결정 통지를 받은 날 또는 제21조에 따른 처리기간이 경과한 날부터 30일 이내에 청원기관의 장에게 문서로 이의신청을 할 수 있다.

1. 청원기관의 장의 공개 부적합 결정에 대하여 불복하는 경우
2. 청원기관의 장이 제21조에 따른 처리기간 내에 청원을 처리하지 못한 경우
② 청원기관의 장은 이의신청을 받은 날부터 15일 이내에 이의신청에 대하여 인용 여부를 결정하고, 그 결과를 청원인(공동청원의 경우 대표자를 말한다)에게 지체 없이 알려야 한다.
③ 제 1 항에 따른 이의신청의 절차 및 방법 등 필요한 사항은 대법원규칙, 헌법재판소규칙, 중앙선거관리위원회규칙 및 대통령령으로 정한다.

제23조(청원제도의 총괄 등) ① 행정안전부장관은 청원의 활성화를 위하여 노력하여야 한다.
② 행정안전부장관은 청원제도의 효율적 운영을 위하여 청원제도의 운영 전반에 관한 사항을 확인·점검·지도하고 그 결과를 공개할 수 있다.
③ 법원·헌법재판소 및 중앙선거관리위원회는 청원제도 운영에 관한 사항을 자체적으로 확인·점검·지도할 수 있다.

제24조(청원의 사후관리) 청원기관의 장은 청원인의 만족 여부 및 개선사항 등을 조사하여 업무에 반영할 수 있다.

제25조(모해의 금지) 누구든지 타인을 모해(謀害)할 목적으로 허위의 사실을 적시한 청원을 하여서는 아니 된다.

제26조(차별대우의 금지) 누구든지 청원을 하였다는 이유로 청원인을 차별대우하거나 불이익을 강요해서는 아니 된다.

제27조(벌칙) 제25조를 위반한 자는 5년 이하의 징역 또는 5천만원 이하의 벌금에 처한다.

부 칙

제 1 조(시행일) 이 법은 공포 후 1년이 경과한 날부터 시행한다. 다만, 제 8 조제 1 항제 1 호, 제 9 조제 2 항 및 제 3 항, 제10조, 제11조제 2 항, 제13조, 제14조(공개청원에 관한 부분에 한정한다), 제21조제 2 항 후단의 개정규정은 공포 후 2년이 경과한 날부터 시행한다.

제 2 조(적용례) 이 법은 이 법 시행 이후 제출된 청원부터 적용한다.

●헌법재판소법

〔1988·8·5 법률제4017호〕

개정
1991·11·30 법률제 4408호
1994·12·22 법률제 4815호
1995· 8· 4 법률제 4963호
1997·12·13 법률제 5454호(정부부처명칭등의변경에따른건축법등의정비에관한법률)
2002· 1·19 법률제 6622호(국가공무원법)
2002· 1·26 법률제 6626호(민사소송법)
2003· 3·12 법률제 6861호
2005· 3·31 법률제 7427호(민법)
2005· 7·29 법률제 7622호
2007·12·21 법률제 8729호
2008· 3·14 법률제 8893호
2009·12·29 법률제 9839호
2010· 5· 4 법률제10278호
2011· 4· 5 법률제10546호
2012·12·11 법률제11530호(국가공무원법)
2014· 5·20 법률제12597호
2014·12·30 법률제12897호
2018· 3·20 법률제15495호
2020· 6· 9 법률제17469호
2022· 2· 3 법률제18836호
2025· 1·31 법률제20769호

제 1 장 총칙

제 1 조(목적) 이 법은 헌법재판소의 조직 및 운영과 그 심판절차에 관하여 필요한 사항을 정함을 목적으로 한다.
〔전부개정 2011·4·5〕

제 2 조(관장사항) 헌법재판소는 다음 각 호의 사항을 관장한다.
1. 법원의 제청(提請)에 의한 법률의 위헌(違憲) 여부 심판
2. 탄핵(彈劾)의 심판
3. 정당의 해산심판
4. 국가기관 상호간, 국가기관과 지방자치단체 간 및 지방자치단체 상호간의 권한쟁의(權限爭議)에 관한 심판
5. 헌법소원(憲法訴願)에 관한 심판

〔전부개정 2011·4·5〕

제 3 조(구성) 헌법재판소는 9명의 재판관으로 구성한다.
〔전부개정 2011·4·5〕

제 4 조(재판관의 독립) 재판관은 헌법과 법률에 의하여 양심에 따라 독립하여 심판한다.
〔전부개정 2011·4·5〕

제 5 조(재판관의 자격) ① 재판관은 다음 각 호의 어느 하나에 해당하는 직(職)에 15년 이상 있던 40세 이상인 사람 중에서 임명한다. 다만, 다음 각 호 중 둘 이상의 직에 있던 사람의 재직기간은 합산한다.
1. 판사, 검사, 변호사
2. 변호사 자격이 있는 사람으로서 국가기관, 국영·공영 기업체, 「공공기관의 운영에 관한 법률」 제 4 조에 따른 공공기관 또는 그 밖의 법인에서 법률에 관한 사무에 종사한 사람
3. 변호사 자격이 있는 사람으로서 공인된 대학의 법률학 조교수 이상의 직에 있던 사람

② 다음 각 호의 어느 하나에 해당하는 사람은 재판관으로 임명할 수 없다. <개정 2020·6·9>
1. 다른 법령에 따라 공무원으로 임용하지 못하는 사람
2. 금고 이상의 형을 선고받은 사람
3. 탄핵에 의하여 파면된 후 5년이 지나지 아니한 사람
4. 「정당법」 제22조에 따른 정당의 당원 또는 당원의 신분을 상실한 날부터 3년이

경과되지 아니한 사람

5. 「공직선거법」 제 2 조에 따른 선거에 후보자(예비후보자를 포함한다)로 등록한 날부터 5년이 경과되지 아니한 사람

6. 「공직선거법」 제 2 조에 따른 대통령선거에서 후보자의 당선을 위하여 자문이나 고문의 역할을 한 날부터 3년이 경과되지 아니한 사람

③ 제 2 항제 6 호에 따른 자문이나 고문의 역할을 한 사람의 구체적인 범위는 헌법재판소규칙으로 정한다. <신설 2020·6·9>

〔전부개정 2011·4·5〕

제 6 조(재판관의 임명) ① 재판관은 대통령이 임명한다. 이 경우 재판관 중 3명은 국회에서 선출하는 사람을, 3명은 대법원장이 지명하는 사람을 임명한다.

② 재판관은 국회의 인사청문을 거쳐 임명·선출 또는 지명하여야 한다. 이 경우 대통령은 재판관(국회에서 선출하거나 대법원장이 지명하는 사람은 제외한다)을 임명하기 전에, 대법원장은 재판관을 지명하기 전에 인사청문을 요청한다.

③ 재판관의 임기가 만료되거나 정년이 도래하는 경우에는 임기만료일 또는 정년도래일까지 후임자를 임명하여야 한다.

④ 임기 중 재판관이 결원된 경우에는 결원된 날부터 30일 이내에 후임자를 임명하여야 한다.

⑤ 제 3 항 및 제 4 항에도 불구하고 국회에서 선출한 재판관이 국회의 폐회 또는 휴회 중에 그 임기가 만료되거나 정년이 도래한 경우 또는 결원된 경우에는 국회는 다음 집회가 개시된 후 30일 이내에 후임자를 선출하여야 한다.

〔전부개정 2011·4·5〕

제 7 조(재판관의 임기) ① 재판관의 임기는 6년으로 하며, 연임할 수 있다.

② 재판관의 정년은 70세로 한다. <개정 2014·12·30>

〔전부개정 2011·4·5〕

제 8 조(재판관의 신분 보장) 재판관은 다음 각 호의 어느 하나에 해당하는 경우가 아니면 그 의사에 반하여 해임되지 아니한다.

1. 탄핵결정이 된 경우
2. 금고 이상의 형을 선고받은 경우

〔전부개정 2011·4·5〕

제 9 조(재판관의 정치 관여 금지) 재판관은 정당에 가입하거나 정치에 관여할 수 없다.

〔전부개정 2011·4·5〕

제10조(규칙 제정권) ① 헌법재판소는 이 법과 다른 법률에 저촉되지 아니하는 범위에서 심판에 관한 절차, 내부 규율과 사무처리에 관한 규칙을 제정할 수 있다.

② 헌법재판소규칙은 관보에 게재하여 공포한다.

〔전부개정 2011·4·5〕

제10조의2(입법 의견의 제출) 헌법재판소장은 헌법재판소의 조직, 인사, 운영, 심판절차와 그 밖에 헌법재판소의 업무와 관련된 법률의 제정 또는 개정이 필요하다고 인정하는 경우에는 국회에 서면으로 그 의견을 제출할 수 있다.

〔전부개정 2011·4·5〕

제11조(경비) ① 헌법재판소의 경비는 독립하여 국가의 예산에 계상(計上)하여야 한다.

② 제 1 항의 경비 중에는 예비금을 둔다.

〔전부개정 2011·4·5〕

제 2 장 조직

제12조(헌법재판소장) ① 헌법재판소에 헌법재판소장을 둔다.

② 헌법재판소장은 국회의 동의를 받아 재판관 중에서 대통령이 임명한다.

③ 헌법재판소장은 헌법재판소를 대표하고, 헌법재판소의 사무를 총괄하며, 소속 공무원을 지휘·감독한다.

④ 삭제 <2025·1·31>

〔전부개정 2011·4·5〕

제12조의2(헌법재판소장의 권한대행) ① 헌법재판소장이 일시적인 사고로 인하여 직무를 수행할 수 없을 때에는 재판관 중 임명일자 순으로 그 권한을 대행한다. 다만, 임명일자가 같을 때에는 연장자 순으로 대행한다.

② 헌법재판소장이 궐위(闕位)되거나 1개월 이상 사고로 인하여 직무를 수행할 수 없을 때에는 재판관 중 재판관회의에서 선출된 사람이 그 권한을 대행한다. 다만, 그 권한대행자가 선출될 때까지는 제 1항에 해당하

는 사람이 권한을 대행한다.

③ 제2항 단서의 권한대행자는 제2항의 사유가 생긴 날부터 7일 이내에 제2항 본문의 권한대행자를 선출하기 위한 재판관회의를 소집하여야 한다.

④ 제2항 본문의 권한대행자는 재판관 전원의 3분의 2를 초과하는 인원의 출석과 출석인원 과반수의 찬성으로 선출한다. 다만, 1차 투표결과 피선자(被選者)가 없을 때에는 최고득표자와 차점자에 대하여 결선투표를 하여 그 중 다수득표자를 피선자로 하되, 다수득표자가 2명 이상일 때에는 연장자를 피선자로 한다.

〔본조신설 2025·1·31〕

제13조 삭제 <1991·11·30>

제14조(재판관의 겸직 금지) 재판관은 다음 각 호의 어느 하나에 해당하는 직을 겸하거나 영리를 목적으로 하는 사업을 할 수 없다.

1. 국회 또는 지방의회의 의원의 직
2. 국회·정부 또는 법원의 공무원의 직
3. 법인·단체 등의 고문·임원 또는 직원의 직

〔전부개정 2011·4·5〕

제15조(헌법재판소장 등의 대우) 헌법재판소장의 대우와 보수는 대법원장의 예에 따르며, 재판관은 정무직(政務職)으로 하고 그 대우와 보수는 대법관의 예에 따른다.

〔전부개정 2011·4·5〕

제16조(재판관회의) ① 재판관회의는 재판관 전원으로 구성하며, 헌법재판소장이 의장이 된다.

② 재판관회의는 재판관 전원의 3분의 2를 초과하는 인원의 출석과 출석인원 과반수의 찬성으로 의결한다. <개정 2022·2·3>

③ 의장은 의결에서 표결권을 가진다.

④ 다음 각 호의 사항은 재판관회의의 의결을 거쳐야 한다.

1. 헌법재판소규칙의 제정과 개정, 제10조의2에 따른 입법 의견의 제출에 관한 사항
2. 예산 요구, 예비금 지출과 결산에 관한 사항
3. 사무처장, 사무차장, 헌법재판연구원장, 헌법연구관 및 3급 이상 공무원의 임면(任免)에 관한 사항
4. 특히 중요하다고 인정되는 사항으로서 헌법재판소장이 재판관회의에 부치는 사항

⑤ 재판관회의의 운영에 필요한 사항은 헌법재판소규칙으로 정한다.

〔전부개정 2011·4·5〕

제17조(사무처) ① 헌법재판소의 행정사무를 처리하기 위하여 헌법재판소에 사무처를 둔다.

② 사무처에 사무처장과 사무차장을 둔다.

③ 사무처장은 헌법재판소장의 지휘를 받아 사무처의 사무를 관장하며, 소속 공무원을 지휘·감독한다.

④ 사무처장은 국회 또는 국무회의에 출석하여 헌법재판소의 행정에 관하여 발언할 수 있다.

⑤ 헌법재판소장이 한 처분에 대한 행정소송의 피고는 헌법재판소 사무처장으로 한다.

⑥ 사무차장은 사무처장을 보좌하며, 사무처장이 부득이한 사유로 직무를 수행할 수 없을 때에는 그 직무를 대행한다.

⑦ 사무처에 실, 국, 과를 둔다.

⑧ 실에는 실장, 국에는 국장, 과에는 과장을 두며, 사무처장·사무차장·실장 또는 국장 밑에 정책의 기획, 계획의 입안, 연구·조사, 심사·평가 및 홍보업무를 보좌하는 심의관 또는 담당관을 둘 수 있다.

⑨ 이 법에 규정되지 아니한 사항으로서 사무처의 조직, 직무 범위, 사무처에 두는 공무원의 정원, 그 밖에 필요한 사항은 헌법재판소규칙으로 정한다.

〔전부개정 2011·4·5〕

제18조(사무처 공무원) ① 사무처장은 정무직으로 하고, 보수는 국무위원의 보수와 같은 금액으로 한다.

② 사무차장은 정무직으로 하고, 보수는 차관의 보수와 같은 금액으로 한다.

③ 실장은 1급 또는 2급, 국장은 2급 또는 3급, 심의관 및 담당관은 2급부터 4급까지, 과장은 3급 또는 4급의 일반직국가공무원으로 임명한다. 다만, 담당관 중 1명은 3급 상당 또는 4급 상당의 별정직국가공무원으로 임명할 수 있다.

④ 사무처 공무원은 헌법재판소장이 임면한다. 다만, 3급 이상의 공무원의 경우에는 재판관회의의 의결을 거쳐야 한다.

⑤ 헌법재판소장은 다른 국가기관에 대하여 그 소속 공무원을 사무처 공무원으로 근무하게 하기 위하여 헌법재판소에의 파견근무를

요청할 수 있다.
〔전부개정 2011·4·5〕

제19조(헌법연구관) ① 헌법재판소에 헌법재판소규칙으로 정하는 수의 헌법연구관을 둔다. <개정 2011·4·5>

② 헌법연구관은 특정직국가공무원으로 한다. <개정 2011·4·5>

③ 헌법연구관은 헌법재판소장의 명을 받아 사건의 심리(審理) 및 심판에 관한 조사·연구에 종사한다. <개정 2011·4·5>

④ 헌법연구관은 다음 각 호의 어느 하나에 해당하는 사람 중에서 헌법재판소장이 재판관회의의 의결을 거쳐 임용한다. <개정 2011·4·5>

1. 판사·검사 또는 변호사의 자격이 있는 사람
2. 공인된 대학의 법률학 조교수 이상의 직에 있던 사람
3. 국회, 정부 또는 법원 등 국가기관에서 4급 이상의 공무원으로서 5년 이상 법률에 관한 사무에 종사한 사람
4. 법률학에 관한 박사학위 소지자로서 국회, 정부, 법원 또는 헌법재판소 등 국가기관에서 5년 이상 법률에 관한 사무에 종사한 사람
5. 법률학에 관한 박사학위 소지자로서 헌법재판소규칙으로 정하는 대학 등 공인된 연구기관에서 5년 이상 법률에 관한 사무에 종사한 사람

⑤ 삭제 <2003·3·12>

⑥ 다음 각 호의 어느 하나에 해당하는 사람은 헌법연구관으로 임용될 수 없다. <개정 2011·4·5>

1. 「국가공무원법」 제33조 각 호의 어느 하나에 해당하는 사람
2. 금고 이상의 형을 선고받은 사람
3. 탄핵결정에 의하여 파면된 후 5년이 지나지 아니한 사람

⑦ 헌법연구관의 임기는 10년으로 하되, 연임할 수 있고, 정년은 60세로 한다. <개정 2011·4·5>

⑧ 헌법연구관이 제6항 각 호의 어느 하나에 해당할 때에는 당연히 퇴직한다. 다만, 「국가공무원법」 제33조제5호에 해당할 때에는 그러하지 아니하다. <개정 2011·4·5>

⑨ 헌법재판소장은 다른 국가기관에 대하여 그 소속 공무원을 헌법연구관으로 근무하게 하기 위하여 헌법재판소에의 파견근무를 요청할 수 있다. <개정 2011·4·5>

⑩ 사무차장은 헌법연구관의 직을 겸할 수 있다. <개정 2011·4·5>

⑪ 헌법재판소장은 헌법연구관을 사건의 심리 및 심판에 관한 조사·연구업무 외의 직에 임명하거나 그 직을 겸임하게 할 수 있다. 이 경우 헌법연구관의 수는 헌법재판소규칙으로 정하며, 보수는 그 중 고액의 것을 지급한다. <개정 2011·4·5, 2014·12·30>

제19조의2(헌법연구관보) ① 헌법연구관을 신규임용하는 경우에는 3년간 헌법연구관보(憲法硏究官補)로 임용하여 근무하게 한 후 그 근무성적을 고려하여 헌법연구관으로 임용한다. 다만, 경력 및 업무능력 등을 고려하여 헌법재판소규칙으로 정하는 바에 따라 헌법연구관보 임용을 면제하거나 그 기간을 단축할 수 있다.

② 헌법연구관보는 헌법재판소장이 재판관회의의 의결을 거쳐 임용한다.

③ 헌법연구관보는 별정직국가공무원으로 하고, 그 보수와 승급기준은 헌법연구관의 예에 따른다.

④ 헌법연구관보가 근무성적이 불량한 경우에는 재판관회의의 의결을 거쳐 면직시킬 수 있다.

⑤ 헌법연구관보의 근무기간은 이 법 및 다른 법령에 규정된 헌법연구관의 재직기간에 산입한다.
〔전부개정 2011·4·5〕

제19조의3(헌법연구위원) ① 헌법재판소에 헌법연구위원을 둘 수 있다. 헌법연구위원은 사건의 심리 및 심판에 관한 전문적인 조사·연구에 종사한다.

② 헌법연구위원은 3년 이내의 범위에서 기간을 정하여 임명한다.

③ 헌법연구위원은 2급 또는 3급 상당의 별정직공무원이나 「국가공무원법」 제26조의5에 따른 임기제공무원으로 하고, 그 직제 및 자격 등에 관하여는 헌법재판소규칙으로 정한다. <개정 2012·12·11>
〔본조신설 2007·12·21〕

제19조의4(헌법재판연구원) ① 헌법 및 헌법

재판 연구와 헌법연구관, 사무처 공무원 등의 교육을 위하여 헌법재판소에 헌법재판연구원을 둔다.

② 헌법재판연구원의 정원은 원장 1명을 포함하여 40명 이내로 하고, 원장 밑에 부장, 팀장, 연구관 및 연구원을 둔다. <개정 2014 · 12 · 30>

③ 원장은 헌법재판소장이 재판관회의의 의결을 거쳐 헌법연구관으로 보하거나 1급인 일반직국가공무원으로 임명한다. <신설 2014 · 12 · 30>

④ 부장은 헌법연구관이나 2급 또는 3급 일반직공무원으로, 팀장은 헌법연구관이나 3급 또는 4급 일반직공무원으로 임명하고, 연구관 및 연구원은 헌법연구관 또는 일반직공무원으로 임명한다. <개정 2014 · 12 · 30>

⑤ 연구관 및 연구원은 다음 각 호의 어느 하나에 해당하는 사람 중에서 헌법재판소장이 보하거나 헌법재판연구원장의 제청을 받아 헌법재판소장이 임명한다. <신설 2014 · 12 · 30>

1. 헌법연구관
2. 변호사의 자격이 있는 사람(외국의 변호사 자격을 포함한다)
3. 학사 또는 석사학위를 취득한 사람으로서 헌법재판소규칙으로 정하는 실적 또는 경력이 있는 사람
4. 박사학위를 취득한 사람

⑥ 그 밖에 헌법재판연구원의 조직과 운영에 필요한 사항은 헌법재판소규칙으로 정한다. <신설 2014 · 12 · 30>

〔전부개정 2011 · 4 · 5〕

제20조(헌법재판소장 비서실 등) ① 헌법재판소에 헌법재판소장 비서실을 둔다.

② 헌법재판소장 비서실에 비서실장 1명을 두되, 비서실장은 1급 상당의 별정직국가공무원으로 임명하고, 헌법재판소장의 명을 받아 기밀에 관한 사무를 관장한다.

③ 제2항에 규정되지 아니한 사항으로서 헌법재판소장 비서실의 조직과 운영에 필요한 사항은 헌법재판소규칙으로 정한다.

④ 헌법재판소에 재판관 비서관을 둔다.

⑤ 재판관 비서관은 4급의 일반직국가공무원 또는 4급 상당의 별정직국가공무원으로 임명하며, 재판관의 명을 받아 기밀에 관한 사무를 관장한다.

〔전부개정 2011 · 4 · 5〕

제21조(서기 및 정리) ① 헌법재판소에 서기(書記) 및 정리(廷吏)를 둔다.

② 헌법재판소장은 사무처 직원 중에서 서기 및 정리를 지명한다.

③ 서기는 재판장의 명을 받아 사건에 관한 서류의 작성 · 보관 또는 송달에 관한 사무를 담당한다.

④ 정리는 심판정(審判廷)의 질서유지와 그 밖에 재판장이 명하는 사무를 집행한다.

〔전부개정 2011 · 4 · 5〕

제 3 장　일반심판절차

제22조(재판부) ① 이 법에 특별한 규정이 있는 경우를 제외하고는 헌법재판소의 심판은 재판관 전원으로 구성되는 재판부에서 관장한다.

② 재판부의 재판장은 헌법재판소장이 된다.

〔전부개정 2011 · 4 · 5〕

제23조(심판정족수) ① 재판부는 재판관 7명 이상의 출석으로 사건을 심리한다.

② 재판부는 종국심리(終局審理)에 관여한 재판관 과반수의 찬성으로 사건에 관한 결정을 한다. 다만, 다음 각 호의 어느 하나에 해당하는 경우에는 재판관 6명 이상의 찬성이 있어야 한다.

1. 법률의 위헌결정, 탄핵의 결정, 정당해산의 결정 또는 헌법소원에 관한 인용결정(認容決定)을 하는 경우
2. 종전에 헌법재판소가 판시한 헌법 또는 법률의 해석 적용에 관한 의견을 변경하는 경우

〔전부개정 2011 · 4 · 5〕

제24조(제척 · 기피 및 회피) ① 재판관이 다음 각 호의 어느 하나에 해당하는 경우에는 그 직무집행에서 제척(除斥)된다.

1. 재판관이 당사자이거나 당사자의 배우자 또는 배우자였던 경우
2. 재판관과 당사자가 친족관계이거나 친족관계였던 경우
3. 재판관이 사건에 관하여 증언이나 감정(鑑定)을 하는 경우
4. 재판관이 사건에 관하여 당사자의 대리인이 되거나 되었던 경우

5. 그 밖에 재판관이 헌법재판소 외에서 직무상 또는 직업상의 이유로 사건에 관여한 경우

② 재판부는 직권 또는 당사자의 신청에 의하여 제척의 결정을 한다.

③ 재판관에게 공정한 심판을 기대하기 어려운 사정이 있는 경우 당사자는 기피(忌避) 신청을 할 수 있다. 다만, 변론기일(辯論期日)에 출석하여 본안(本案)에 관한 진술을 한 때에는 그러하지 아니하다.

④ 당사자는 동일한 사건에 대하여 2명 이상의 재판관을 기피할 수 없다.

⑤ 재판관은 제1항 또는 제3항의 사유가 있는 경우에는 재판장의 허가를 받아 회피(回避)할 수 있다.

⑥ 당사자의 제척 및 기피신청에 관한 심판에는 「민사소송법」 제44조, 제45조, 제46조제1항·제2항 및 제48조를 준용한다.

〔전부개정 2011·4·5〕

제25조(대표자·대리인) ① 각종 심판절차에서 정부가 당사자(참가인을 포함한다. 이하 같다)인 경우에는 법무부장관이 이를 대표한다.

② 각종 심판절차에서 당사자인 국가기관 또는 지방자치단체는 변호사 또는 변호사의 자격이 있는 소속 직원을 대리인으로 선임하여 심판을 수행하게 할 수 있다.

③ 각종 심판절차에서 당사자인 사인(私人)은 변호사를 대리인으로 선임하지 아니하면 심판청구를 하거나 심판 수행을 하지 못한다. 다만, 그가 변호사의 자격이 있는 경우에는 그러하지 아니하다.

〔전부개정 2011·4·5〕

제26조(심판청구의 방식) ① 헌법재판소에의 심판청구는 심판절차별로 정하여진 청구서를 헌법재판소에 제출함으로써 한다. 다만, 위헌법률심판에서는 법원의 제청서, 탄핵심판에서는 국회의 소추의결서(訴追議決書)의 정본(正本)으로 청구서를 갈음한다.

② 청구서에는 필요한 증거서류 또는 참고자료를 첨부할 수 있다.

〔전부개정 2011·4·5〕

제27조(청구서의 송달) ① 헌법재판소가 청구서를 접수한 때에는 지체 없이 그 등본을 피청구기관 또는 피청구인(이하 "피청구인"이라 한다)에게 송달하여야 한다.

② 위헌법률심판의 제청이 있으면 법무부장관 및 당해 소송사건의 당사자에게 그 제청서의 등본을 송달한다.

〔전부개정 2011·4·5〕

제28조(심판청구의 보정) ① 재판장은 심판청구가 부적법하나 보정(補正)할 수 있다고 인정되는 경우에는 상당한 기간을 정하여 보정을 요구하여야 한다.

② 제1항에 따른 보정 서면에 관하여는 제27조제1항을 준용한다.

③ 제1항에 따른 보정이 있는 경우에는 처음부터 적법한 심판청구가 있은 것으로 본다.

④ 제1항에 따른 보정기간은 제38조의 심판기간에 산입하지 아니한다.

⑤ 재판장은 필요하다고 인정하는 경우에는 재판관 중 1명에게 제1항의 보정요구를 할 수 있는 권한을 부여할 수 있다.

〔전부개정 2011·4·5〕

제29조(답변서의 제출) ① 청구서 또는 보정 서면을 송달받은 피청구인은 헌법재판소에 답변서를 제출할 수 있다.

② 답변서에는 심판청구의 취지와 이유에 대응하는 답변을 적는다.

〔전부개정 2011·4·5〕

제30조(심리의 방식) ① 탄핵의 심판, 정당해산의 심판 및 권한쟁의의 심판은 구두변론에 의한다.

② 위헌법률의 심판과 헌법소원에 관한 심판은 서면심리에 의한다. 다만, 재판부는 필요하다고 인정하는 경우에는 변론을 열어 당사자, 이해관계인, 그 밖의 참고인의 진술을 들을 수 있다.

③ 재판부가 변론을 열 때에는 기일을 정하여 당사자와 관계인을 소환하여야 한다.

〔전부개정 2011·4·5〕

제31조(증거조사) ① 재판부는 사건의 심리를 위하여 필요하다고 인정하는 경우에는 직권 또는 당사자의 신청에 의하여 다음 각 호의 증거조사를 할 수 있다.

1. 당사자 또는 증인을 신문(訊問)하는 일
2. 당사자 또는 관계인이 소지하는 문서·장부·물건 또는 그 밖의 증거자료의 제출을 요구하고 영치(領置)하는 일
3. 특별한 학식과 경험을 가진 자에게 감정을 명하는 일

4. 필요한 물건·사람·장소 또는 그 밖의 사물의 성상(性狀)이나 상황을 검증하는 일

② 재판장은 필요하다고 인정하는 경우에는 재판관 중 1명을 지정하여 제1항의 증거조사를 하게 할 수 있다.

〔전부개정 2011·4·5〕

제32조(자료제출 요구 등) 재판부는 결정으로 다른 국가기관 또는 공공단체의 기관에 심판에 필요한 사실을 조회하거나, 기록의 송부나 자료의 제출을 요구할 수 있다. 다만, 재판·소추 또는 범죄수사가 진행 중인 사건의 기록에 대하여는 송부를 요구할 수 없다.

〔전부개정 2011·4·5〕

제33조(심판의 장소) 심판의 변론과 종국결정의 선고는 심판정에서 한다. 다만, 헌법재판소장이 필요하다고 인정하는 경우에는 심판정 외의 장소에서 변론 또는 종국결정의 선고를 할 수 있다.

〔전부개정 2011·4·5〕

제34조(심판의 공개) ① 심판의 변론과 결정의 선고는 공개한다. 다만, 서면심리와 평의(評議)는 공개하지 아니한다.

② 헌법재판소의 심판에 관하여는 「법원조직법」 제57조제1항 단서와 같은 조 제2항 및 제3항을 준용한다.

〔전부개정 2011·4·5〕

제35조(심판의 지휘와 법정경찰권) ① 재판장은 심판정의 질서와 변론의 지휘 및 평의의 정리(整理)를 담당한다.

② 헌법재판소 심판정의 질서유지와 용어의 사용에 관하여는 「법원조직법」 제58조부터 제63조까지의 규정을 준용한다.

〔전부개정 2011·4·5〕

제36조(종국결정) ① 재판부가 심리를 마쳤을 때에는 종국결정을 한다.

② 종국결정을 할 때에는 다음 각 호의 사항을 적은 결정서를 작성하고 심판에 관여한 재판관 전원이 이에 서명날인하여야 한다.

1. 사건번호와 사건명
2. 당사자와 심판수행자 또는 대리인의 표시
3. 주문(主文)
4. 이유
5. 결정일

③ 심판에 관여한 재판관은 결정서에 의견을 표시하여야 한다.

④ 종국결정이 선고되면 서기는 지체 없이 결정서 정본을 작성하여 당사자에게 송달하여야 한다.

⑤ 종국결정은 헌법재판소규칙으로 정하는 바에 따라 관보에 게재하거나 그 밖의 방법으로 공시한다.

〔전부개정 2011·4·5〕

제37조(심판비용 등) ① 헌법재판소의 심판비용은 국가부담으로 한다. 다만, 당사자의 신청에 의한 증거조사의 비용은 헌법재판소규칙으로 정하는 바에 따라 그 신청인에게 부담시킬 수 있다.

② 헌법재판소는 헌법소원심판의 청구인에 대하여 헌법재판소규칙으로 정하는 공탁금의 납부를 명할 수 있다.

③ 헌법재판소는 다음 각 호의 어느 하나에 해당하는 경우에는 헌법재판소규칙으로 정하는 바에 따라 공탁금의 전부 또는 일부의 국고 귀속을 명할 수 있다.

1. 헌법소원의 심판청구를 각하하는 경우
2. 헌법소원의 심판청구를 기각하는 경우에 그 심판청구가 권리의 남용이라고 인정되는 경우

〔전부개정 2011·4·5〕

제38조(심판기간) 헌법재판소는 심판사건을 접수한 날부터 180일 이내에 종국결정의 선고를 하여야 한다. 다만, 재판관의 궐위로 7명의 출석이 불가능한 경우에는 그 궐위된 기간은 심판기간에 산입하지 아니한다.

〔전부개정 2011·4·5〕

제39조(일사부재리) 헌법재판소는 이미 심판을 거친 동일한 사건에 대하여는 다시 심판할 수 없다.

〔전부개정 2011·4·5〕

제39조의2(심판확정기록의 열람·복사) ① 누구든지 권리구제, 학술연구 또는 공익 목적으로 심판이 확정된 사건기록의 열람 또는 복사를 신청할 수 있다. 다만, 헌법재판소장은 다음 각 호의 어느 하나에 해당하는 경우에는 사건기록을 열람하거나 복사하는 것을 제한할 수 있다.

1. 변론이 비공개로 진행된 경우
2. 사건기록의 공개로 인하여 국가의 안전

보장, 선량한 풍속, 공공의 질서유지나 공공복리를 현저히 침해할 우려가 있는 경우
3. 사건기록의 공개로 인하여 관계인의 명예, 사생활의 비밀, 영업비밀(「부정경쟁방지 및 영업비밀보호에 관한 법률」 제2조제2호에 규정된 영업비밀을 말한다) 또는 생명·신체의 안전이나 생활의 평온을 현저히 침해할 우려가 있는 경우

② 헌법재판소장은 제1항 단서에 따라 사건기록의 열람 또는 복사를 제한하는 경우에는 신청인에게 그 사유를 명시하여 통지하여야 한다.

③ 제1항에 따른 사건기록의 열람 또는 복사 등에 관하여 필요한 사항은 헌법재판소규칙으로 정한다.

④ 사건기록을 열람하거나 복사한 자는 열람 또는 복사를 통하여 알게 된 사항을 이용하여 공공의 질서 또는 선량한 풍속을 침해하거나 관계인의 명예 또는 생활의 평온을 훼손하는 행위를 하여서는 아니 된다.

〔전부개정 2011·4·5〕

第40조(준용규정) ① 헌법재판소의 심판절차에 관하여는 이 법에 특별한 규정이 있는 경우를 제외하고는 헌법재판의 성질에 반하지 아니하는 한도에서 민사소송에 관한 법령을 준용한다. 이 경우 탄핵심판의 경우에는 형사소송에 관한 법령을 준용하고, 권한쟁의심판 및 헌법소원심판의 경우에는 「행정소송법」을 함께 준용한다.

② 제1항 후단의 경우에 형사소송에 관한 법령 또는 「행정소송법」이 민사소송에 관한 법령에 저촉될 때에는 민사소송에 관한 법령은 준용하지 아니한다.

〔전부개정 2011·4·5〕

제4장 특별심판절차

제1절 위헌법률심판

第41조(위헌 여부 심판의 제청) ① 법률이 헌법에 위반되는지 여부가 재판의 전제가 된 경우에는 당해 사건을 담당하는 법원(군사법원을 포함한다. 이하 같다)은 직권 또는 당사자의 신청에 의한 결정으로 헌법재판소에 위헌 여부 심판을 제청한다.

② 제1항의 당사자의 신청은 제43조제2호부터 제4호까지의 사항을 적은 서면으로 한다.

③ 제2항의 신청서면의 심사에 관하여는 「민사소송법」 제254조를 준용한다.

④ 위헌 여부 심판의 제청에 관한 결정에 대하여는 항고할 수 없다.

⑤ 대법원 외의 법원이 제1항의 제청을 할 때에는 대법원을 거쳐야 한다.

〔전부개정 2011·4·5〕

第42조(재판의 정지 등) ① 법원이 법률의 위헌 여부 심판을 헌법재판소에 제청한 때에는 당해 소송사건의 재판은 헌법재판소의 위헌 여부의 결정이 있을 때까지 정지된다. 다만, 법원이 긴급하다고 인정하는 경우에는 종국재판 외의 소송절차를 진행할 수 있다.

② 제1항 본문에 따른 재판정지기간은 「형사소송법」 제92조제1항·제2항 및 「군사법원법」 제132조제1항·제2항의 구속기간과 「민사소송법」 제199조의 판결 선고기간에 산입하지 아니한다.

〔전부개정 2011·4·5〕

第43조(제청서의 기재사항) 법원이 법률의 위헌 여부 심판을 헌법재판소에 제청할 때에는 제청서에 다음 각 호의 사항을 적어야 한다.
1. 제청법원의 표시
2. 사건 및 당사자의 표시
3. 위헌이라고 해석되는 법률 또는 법률의 조항
4. 위헌이라고 해석되는 이유
5. 그 밖에 필요한 사항

〔전부개정 2011·4·5〕

第44조(소송사건 당사자 등의 의견) 당해 소송사건의 당사자 및 법무부장관은 헌법재판소에 법률의 위헌 여부에 대한 의견서를 제출할 수 있다.

〔전부개정 2011·4·5〕

第45조(위헌결정) 헌법재판소는 제청된 법률

또는 법률 조항의 위헌 여부만을 결정한다. 다만, 법률 조항의 위헌결정으로 인하여 해당 법률 전부를 시행할 수 없다고 인정될 때에는 그 전부에 대하여 위헌결정을 할 수 있다.
〔전부개정 2011·4·5〕

제46조(결정서의 송달) 헌법재판소는 결정일부터 14일 이내에 결정서 정본을 제청한 법원에 송달한다. 이 경우 제청한 법원이 대법원이 아닌 경우에는 대법원을 거쳐야 한다.
〔전부개정 2011·4·5〕

제47조(위헌결정의 효력) ① 법률의 위헌결정은 법원과 그 밖의 국가기관 및 지방자치단체를 기속(羈束)한다.
② 위헌으로 결정된 법률 또는 법률의 조항은 그 결정이 있는 날부터 효력을 상실한다. <개정 2014·5·20>
③ 제2항에도 불구하고 형벌에 관한 법률 또는 법률의 조항은 소급하여 그 효력을 상실한다. 다만, 해당 법률 또는 법률의 조항에 대하여 종전에 합헌으로 결정한 사건이 있는 경우에는 그 결정이 있는 날의 다음 날로 소급하여 효력을 상실한다. <신설 2014·5·20>
④ 제3항의 경우에 위헌으로 결정된 법률 또는 법률의 조항에 근거한 유죄의 확정판결에 대하여는 재심을 청구할 수 있다. <개정 2014·5·20>
⑤ 제4항의 재심에 대하여는 「형사소송법」을 준용한다. <개정 2014·5·20>
〔전부개정 2011·4·5〕

제2절 탄핵심판

제48조(탄핵소추) 다음 각 호의 어느 하나에 해당하는 공무원이 그 직무집행에서 헌법이나 법률을 위반한 경우에는 국회는 헌법 및 「국회법」에 따라 탄핵의 소추를 의결할 수 있다.
1. 대통령, 국무총리, 국무위원 및 행정각부(行政各部)의 장
2. 헌법재판소 재판관, 법관 및 중앙선거관리위원회 위원
3. 감사원장 및 감사위원
4. 그 밖에 법률에서 정한 공무원
〔전부개정 2011·4·5〕

제49조(소추위원) ① 탄핵심판에서는 국회 법제사법위원회의 위원장이 소추위원이 된다.
② 소추위원은 헌법재판소에 소추의결서의 정본을 제출하여 탄핵심판을 청구하며, 심판의 변론에서 피청구인을 신문할 수 있다.
〔전부개정 2011·4·5〕

제50조(권한 행사의 정지) 탄핵소추의 의결을 받은 사람은 헌법재판소의 심판이 있을 때까지 그 권한 행사가 정지된다.
〔전부개정 2011·4·5〕

제51조(심판절차의 정지) 피청구인에 대한 탄핵심판 청구와 동일한 사유로 형사소송이 진행되고 있는 경우에는 재판부는 심판절차를 정지할 수 있다.
〔전부개정 2011·4·5〕

제52조(당사자의 불출석) ① 당사자가 변론기일에 출석하지 아니하면 다시 기일을 정하여야 한다.
② 다시 정한 기일에도 당사자가 출석하지 아니하면 그의 출석 없이 심리할 수 있다.
〔전부개정 2011·4·5〕

제53조(결정의 내용) ① 탄핵심판 청구가 이유 있는 경우에는 헌법재판소는 피청구인을 해당 공직에서 파면하는 결정을 선고한다.
② 피청구인이 결정 선고 전에 해당 공직에서 파면되었을 때에는 헌법재판소는 심판청구를 기각하여야 한다.
〔전부개정 2011·4·5〕

제54조(결정의 효력) ① 탄핵결정은 피청구인의 민사상 또는 형사상의 책임을 면제하지 아니한다.
② 탄핵결정에 의하여 파면된 사람은 결정 선고가 있은 날부터 5년이 지나지 아니하면 공무원이 될 수 없다.
〔전부개정 2011·4·5〕

제3절 정당해산심판

제55조(정당해산심판의 청구) 정당의 목적이나 활동이 민주적 기본질서에 위배될 때에는

정부는 국무회의의 심의를 거쳐 헌법재판소에 정당해산심판을 청구할 수 있다.
〔전부개정 2011·4·5〕

제56조(청구서의 기재사항) 정당해산심판의 청구서에는 다음 각 호의 사항을 적어야 한다.
1. 해산을 요구하는 정당의 표시
2. 청구 이유

〔전부개정 2011·4·5〕

제57조(가처분) 헌법재판소는 정당해산심판의 청구를 받은 때에는 직권 또는 청구인의 신청에 의하여 종국결정의 선고 시까지 피청구인의 활동을 정지하는 결정을 할 수 있다.
〔전부개정 2011·4·5〕

제58조(청구 등의 통지) ① 헌법재판소장은 정당해산심판의 청구가 있는 때, 가처분결정을 한 때 및 그 심판이 종료한 때에는 그 사실을 국회와 중앙선거관리위원회에 통지하여야 한다.
② 정당해산을 명하는 결정서는 피청구인 외에 국회, 정부 및 중앙선거관리위원회에도 송달하여야 한다.
〔전부개정 2011·4·5〕

제59조(결정의 효력) 정당의 해산을 명하는 결정이 선고된 때에는 그 정당은 해산된다.
〔전부개정 2011·4·5〕

제60조(결정의 집행) 정당의 해산을 명하는 헌법재판소의 결정은 중앙선거관리위원회가 「정당법」에 따라 집행한다.
〔전부개정 2011·4·5〕

제 4 절 권한쟁의심판

제61조(청구 사유) ① 국가기관 상호간, 국가기관과 지방자치단체 간 및 지방자치단체 상호간에 권한의 유무 또는 범위에 관하여 다툼이 있을 때에는 해당 국가기관 또는 지방자치단체는 헌법재판소에 권한쟁의심판을 청구할 수 있다.
② 제 1 항의 심판청구는 피청구인의 처분 또는 부작위(不作爲)가 헌법 또는 법률에 의하여 부여받은 청구인의 권한을 침해하였거나 침해할 현저한 위험이 있는 경우에만 할 수 있다.
〔전부개정 2011·4·5〕

제62조(권한쟁의심판의 종류) ① 권한쟁의심판의 종류는 다음 각 호와 같다. <개정 2018·3·20>
1. 국가기관 상호간의 권한쟁의심판
   국회, 정부, 법원 및 중앙선거관리위원회 상호간의 권한쟁의심판
2. 국가기관과 지방자치단체 간의 권한쟁의심판
   가. 정부와 특별시·광역시·특별자치시·도 또는 특별자치도 간의 권한쟁의심판
   나. 정부와 시·군 또는 지방자치단체인 구(이하 "자치구"라 한다) 간의 권한쟁의심판
3. 지방자치단체 상호간의 권한쟁의심판
   가. 특별시·광역시·특별자치시·도 또는 특별자치도 상호간의 권한쟁의심판
   나. 시·군 또는 자치구 상호간의 권한쟁의심판
   다. 특별시·광역시·특별자치시·도 또는 특별자치도와 시·군 또는 자치구 간의 권한쟁의심판

② 권한쟁의가 「지방교육자치에 관한 법률」 제 2 조에 따른 교육·학예에 관한 지방자치단체의 사무에 관한 것인 경우에는 교육감이 제 1 항제 2 호 및 제 3 호의 당사자가 된다.
〔전부개정 2011·4·5〕

제63조(청구기간) ① 권한쟁의의 심판은 그 사유가 있음을 안 날부터 60일 이내에, 그 사유가 있은 날부터 180일 이내에 청구하여야 한다.
② 제 1 항의 기간은 불변기간으로 한다.
〔전부개정 2011·4·5〕

제64조(청구서의 기재사항) 권한쟁의심판의 청구서에는 다음 각 호의 사항을 적어야 한다.
1. 청구인 또는 청구인이 속한 기관 및 심판수행자 또는 대리인의 표시
2. 피청구인의 표시
3. 심판 대상이 되는 피청구인의 처분 또는 부작위
4. 청구 이유
5. 그 밖에 필요한 사항

〔전부개정 2011·4·5〕

제65조(가처분) 헌법재판소가 권한쟁의심판의 청구를 받았을 때에는 직권 또는 청구인의 신청에 의하여 종국결정의 선고 시까지 심판 대상이 된 피청구인의 처분의 효력을 정지하는 결정을 할 수 있다.
〔전부개정 2011·4·5〕

제66조(결정의 내용) ① 헌법재판소는 심판의 대상이 된 국가기관 또는 지방자치단체의 권한의 유무 또는 범위에 관하여 판단한다.
② 제1항의 경우에 헌법재판소는 권한침해의 원인이 된 피청구인의 처분을 취소하거나 그 무효를 확인할 수 있고, 헌법재판소가 부작위에 대한 심판청구를 인용하는 결정을 한 때에는 피청구인은 결정 취지에 따른 처분을 하여야 한다.
〔전부개정 2011·4·5〕

제67조(결정의 효력) ① 헌법재판소의 권한쟁의심판의 결정은 모든 국가기관과 지방자치단체를 기속한다.
② 국가기관 또는 지방자치단체의 처분을 취소하는 결정은 그 처분의 상대방에 대하여 이미 생긴 효력에 영향을 미치지 아니한다.
〔전부개정 2011·4·5〕

제5절 헌법소원심판

제68조(청구 사유) ① 공권력의 행사 또는 불행사(不行使)로 인하여 헌법상 보장된 기본권을 침해받은 자는 법원의 재판을 제외하고는 헌법재판소에 헌법소원심판을 청구할 수 있다. 다만, 다른 법률에 구제절차가 있는 경우에는 그 절차를 모두 거친 후에 청구할 수 있다.
② 제41조제1항에 따른 법률의 위헌 여부 심판의 제청신청이 기각된 때에는 그 신청을 한 당사자는 헌법재판소에 헌법소원심판을 청구할 수 있다. 이 경우 그 당사자는 당해 사건의 소송절차에서 동일한 사유를 이유로 다시 위헌 여부 심판의 제청을 신청할 수 없다.
〔전부개정 2011·4·5〕

제69조(청구기간) ① 제68조제1항에 따른 헌법소원의 심판은 그 사유가 있음을 안 날부터 90일 이내에, 그 사유가 있는 날부터 1년 이내에 청구하여야 한다. 다만, 다른 법률에 따른 구제절차를 거친 헌법소원의 심판은 그 최종결정을 통지받은 날부터 30일 이내에 청구하여야 한다.
② 제68조제2항에 따른 헌법소원심판은 위헌 여부 심판의 제청신청을 기각하는 결정을 통지받은 날부터 30일 이내에 청구하여야 한다.
〔전부개정 2011·4·5〕

제70조(국선대리인) ① 헌법소원심판을 청구하려는 자가 변호사를 대리인으로 선임할 자력(資力)이 없는 경우에는 헌법재판소에 국선대리인을 선임하여 줄 것을 신청할 수 있다. 이 경우 제69조에 따른 청구기간은 국선대리인의 선임신청이 있는 날을 기준으로 정한다.
② 제1항에도 불구하고 헌법재판소가 공익상 필요하다고 인정할 때에는 국선대리인을 선임할 수 있다.
③ 헌법재판소는 제1항의 신청이 있는 경우 또는 제2항의 경우에는 헌법재판소규칙으로 정하는 바에 따라 변호사 중에서 국선대리인을 선정한다. 다만, 그 심판청구가 명백히 부적법하거나 이유 없는 경우 또는 권리의 남용이라고 인정되는 경우에는 국선대리인을 선정하지 아니할 수 있다.
④ 헌법재판소가 국선대리인을 선정하지 아니한다는 결정을 한 때에는 지체 없이 그 사실을 신청인에게 통지하여야 한다. 이 경우 신청인이 선임신청을 한 날부터 그 통지를 받은 날까지의 기간은 제69조의 청구기간에 산입하지 아니한다.
⑤ 제3항에 따라 선정된 국선대리인은 선정된 날부터 60일 이내에 제71조에 규정된 사항을 적은 심판청구서를 헌법재판소에 제출하여야 한다.
⑥ 제3항에 따라 선정한 국선대리인에게는 헌법재판소규칙으로 정하는 바에 따라 국고에서 그 보수를 지급한다.
〔전부개정 2011·4·5〕

제71조(청구서의 기재사항) ① 제68조제1항에 따른 헌법소원의 심판청구서에는 다음 각

호의 사항을 적어야 한다.
1. 청구인 및 대리인의 표시
2. 침해된 권리
3. 침해의 원인이 되는 공권력의 행사 또는 불행사
4. 청구 이유
5. 그 밖에 필요한 사항
② 제68조제2항에 따른 헌법소원의 심판청구서의 기재사항에 관하여는 제43조를 준용한다. 이 경우 제43조제1호 중 "제청법원의 표시"는 "청구인 및 대리인의 표시"로 본다.
③ 헌법소원의 심판청구서에는 대리인의 선임을 증명하는 서류 또는 국선대리인 선임통지서를 첨부하여야 한다.
〔전부개정 2011·4·5〕

제72조(사전심사) ① 헌법재판소장은 헌법재판소에 재판관 3명으로 구성되는 지정재판부를 두어 헌법소원심판의 사전심사를 담당하게 할 수 있다. <개정 2011·4·5>
② 삭제 <1991·11·30>
③ 지정재판부는 다음 각 호의 어느 하나에 해당되는 경우에는 지정재판부 재판관 전원의 일치된 의견에 의한 결정으로 헌법소원의 심판청구를 각하한다. <개정 2011·4·5>
1. 다른 법률에 따른 구제절차가 있는 경우 그 절차를 모두 거치지 아니하거나 또는 법원의 재판에 대하여 헌법소원의 심판이 청구된 경우
2. 제69조의 청구기간이 지난 후 헌법소원심판이 청구된 경우
3. 제25조에 따른 대리인의 선임 없이 청구된 경우
4. 그 밖에 헌법소원심판의 청구가 부적법하고 그 흠결을 보정할 수 없는 경우
④ 지정재판부는 전원의 일치된 의견으로 제3항의 각하결정을 하지 아니하는 경우에는 결정으로 헌법소원을 재판부의 심판에 회부하여야 한다. 헌법소원심판의 청구 후 30일이 지날 때까지 각하결정이 없는 때에는 심판에 회부하는 결정(이하 "심판회부결정"이라 한다)이 있는 것으로 본다. <개정 2011·4·5>
⑤ 지정재판부의 심리에 관하여는 제28조, 제31조, 제32조 및 제35조를 준용한다. <개정 2011·4·5>
⑥ 지정재판부의 구성과 운영에 필요한 사항은 헌법재판소규칙으로 정한다. <개정 2011·4·5>

제73조(각하 및 심판회부 결정의 통지) ① 지정재판부는 헌법소원을 각하하거나 심판회부결정을 한 때에는 그 결정일부터 14일 이내에 청구인 또는 그 대리인 및 피청구인에게 그 사실을 통지하여야 한다. 제72조제4항 후단의 경우에도 또한 같다.
② 헌법재판소장은 헌법소원이 제72조제4항에 따라 재판부의 심판에 회부된 때에는 다음 각 호의 자에게 지체 없이 그 사실을 통지하여야 한다.
1. 법무부장관
2. 제68조제2항에 따른 헌법소원심판에서는 청구인이 아닌 당해 사건의 당사자
〔전부개정 2011·4·5〕

제74조(이해관계기관 등의 의견 제출) ① 헌법소원의 심판에 이해관계가 있는 국가기관 또는 공공단체와 법무부장관은 헌법재판소에 그 심판에 관한 의견서를 제출할 수 있다.
② 제68조제2항에 따른 헌법소원이 재판부에 심판 회부된 경우에는 제27조제2항 및 제44조를 준용한다.
〔전부개정 2011·4·5〕

제75조(인용결정) ① 헌법소원의 인용결정은 모든 국가기관과 지방자치단체를 기속한다.
② 제68조제1항에 따른 헌법소원을 인용할 때에는 인용결정서의 주문에 침해된 기본권과 침해의 원인이 된 공권력의 행사 또는 불행사를 특정하여야 한다.
③ 제2항의 경우에 헌법재판소는 기본권 침해의 원인이 된 공권력의 행사를 취소하거나 그 불행사가 위헌임을 확인할 수 있다.
④ 헌법재판소가 공권력의 불행사에 대한 헌법소원을 인용하는 결정을 한 때에는 피청구인은 결정 취지에 따라 새로운 처분을 하여야 한다.
⑤ 제2항의 경우에 헌법재판소는 공권력의 행사 또는 불행사가 위헌인 법률 또는 법률

의 조항에 기인한 것이라고 인정될 때에는 인용결정에서 해당 법률 또는 법률의 조항이 위헌임을 선고할 수 있다.

⑥ 제 5 항의 경우 및 제68조제 2 항에 따른 헌법소원을 인용하는 경우에는 제45조 및 제47조를 준용한다.

⑦ 제68조제 2 항에 따른 헌법소원이 인용된 경우에 해당 헌법소원과 관련된 소송사건이 이미 확정된 때에는 당사자는 재심을 청구할 수 있다.

⑧ 제 7 항에 따른 재심에서 형사사건에 대하여는 「형사소송법」을 준용하고, 그 외의 사건에 대하여는 「민사소송법」을 준용한다.

〔전부개정 2011 · 4 · 5〕

제 5 장 전자정보처리조직을 통한 심판절차의 수행

제76조(전자문서의 접수) ① 각종 심판절차의 당사자나 관계인은 청구서 또는 이 법에 따라 제출할 그 밖의 서면을 전자문서(컴퓨터 등 정보처리능력을 갖춘 장치에 의하여 전자적인 형태로 작성되어 송수신되거나 저장된 정보를 말한다. 이하 같다)화하고 이를 정보통신망을 이용하여 헌법재판소에서 지정 · 운영하는 전자정보처리조직(심판절차에 필요한 전자문서를 작성 · 제출 · 송달하는 데에 필요한 정보처리능력을 갖춘 전자적 장치를 말한다. 이하 같다)을 통하여 제출할 수 있다.

② 제 1 항에 따라 제출된 전자문서는 이 법에 따라 제출된 서면과 같은 효력을 가진다.

③ 전자정보처리조직을 이용하여 제출된 전자문서는 전자정보처리조직에 전자적으로 기록된 때에 접수된 것으로 본다.

④ 제 3 항에 따라 전자문서가 접수된 경우에 헌법재판소는 헌법재판소규칙으로 정하는 바에 따라 당사자나 관계인에게 전자적 방식으로 그 접수 사실을 즉시 알려야 한다.

〔전부개정 2011 · 4 · 5〕

제77조(전자서명 등) ① 당사자나 관계인은 헌법재판소에 제출하는 전자문서에 헌법재판소규칙으로 정하는 바에 따라 본인임을 확인할 수 있는 전자서명을 하여야 한다.

② 재판관이나 서기는 심판사건에 관한 서류를 전자문서로 작성하는 경우에 「전자정부법」 제 2 조제 6 호에 따른 행정전자서명(이하 "행정전자서명"이라 한다)을 하여야 한다.

③ 제 1 항의 전자서명과 제 2 항의 행정전자서명은 헌법재판소의 심판절차에 관한 법령에서 정하는 서명 · 서명날인 또는 기명날인으로 본다.

〔본조신설 2009 · 12 · 29〕

제78조(전자적 송달 등) ① 헌법재판소는 당사자나 관계인에게 전자정보처리조직과 그와 연계된 정보통신망을 이용하여 결정서나 이 법에 따른 각종 서류를 송달할 수 있다. 다만, 당사자나 관계인이 동의하지 아니하는 경우에는 그러하지 아니하다.

② 헌법재판소는 당사자나 관계인에게 송달하여야 할 결정서 등의 서류를 전자정보처리조직에 입력하여 등재한 다음 그 등재 사실을 헌법재판소규칙으로 정하는 바에 따라 전자적 방식으로 알려야 한다.

③ 제 1 항에 따른 전자정보처리조직을 이용한 서류 송달은 서면으로 한 것과 같은 효력을 가진다.

④ 제 2 항의 경우 송달받을 자가 등재된 전자문서를 헌법재판소규칙으로 정하는 바에 따라 확인한 때에 송달된 것으로 본다. 다만, 그 등재 사실을 통지한 날부터 1주 이내에 확인하지 아니하였을 때에는 등재 사실을 통지한 날부터 1주가 지난 날에 송달된 것으로 본다. <개정 2022 · 2 · 3>

⑤ 제 1 항에도 불구하고 전자정보처리조직의 장애로 인하여 전자적 송달이 불가능하거나 그 밖에 헌법재판소규칙으로 정하는 사유가 있는 경우에는 「민사소송법」에 따라 송달할 수 있다.

〔전부개정 2011 · 4 · 5〕

제 6 장 벌칙

제79조(벌칙) 다음 각 호의 어느 하나에 해당하는 자는 1년 이하의 징역 또는 100만원 이하의 벌금에 처한다.

1. 헌법재판소로부터 증인, 감정인, 통역인 또는 번역인으로서 소환 또는 위촉을 받고 정당한 사유 없이 출석하지 아니한 자
2. 헌법재판소로부터 증거물의 제출요구 또는 제출명령을 받고 정당한 사유 없이 이를 제출하지 아니한 자
3. 헌법재판소의 조사 또는 검사를 정당한 사유 없이 거부·방해 또는 기피한 자

〔전부개정 2011·4·5〕

부 칙

제 1 조(시행일) 이 법은 1988년 9월 1일부터 시행한다. 다만, 이 법에 의한 헌법재판소장·상임재판관 및 재판관의 임명 기타 이 법 시행에 관한 준비는 이 법 시행전에 할 수 있다.

제 2 조(폐지법률) 법률 제2530호 헌법위원회법은 이를 폐지한다.

제 3 조(계속사건에 대한 경과조치) 이 법 시행 당시 헌법위원회에 계속 중인 사건은 헌법재판소에 이관한다. 이 경우 이미 행하여진 심판행위의 효력에 대하여는 영향을 미치지 아니한다.

제 4 조(종전의 사항에 관한 경과조치) 이 법은 이 법 시행전에 생긴 사항에 관하여도 적용한다. 다만, 이 법 시행 전에 헌법위원회법에 의하여 이미 생긴 효력에는 영향을 미치지 아니한다.

제 5 조(종전 직원에 관한 경과조치) 이 법 시행 당시 헌법위원회사무국공무원은 헌법재판소사무처소속공무원으로 임용된 것으로 본다.

제 6 조(예산에 관한 경과조치) 이 법 시행 당시 헌법위원회의 소관예산은 헌법재판소의 소관예산으로 본다.

제 7 조(권리의무의 승계) 이 법 시행 당시 헌법위원회가 가지는 권리 및 의무는 헌법재판소가 이를 승계한다.

제 8 조(다른 법률의 개정) 생략

부 칙 <1991·11·30 법4408>

제 1 조(시행일) 이 법은 공포한 날부터 시행한다.

제 2 조(경과조치) 이 법 시행 당시 상임재판관 및 상임재판관이 아닌 재판관은 이 법에 의하여 재판관으로 임명된 것으로 보며, 그 임기는 이 법 시행전의 상임재판관 또는 재판관으로 임명된 때부터 기산한다.

제 3 조(다른 법률의 개정) 생략

부 칙 <1994·12·22 법4815>

이 법은 공포한 날부터 시행한다.

부 칙 <1995·8·4 법4963>

이 법은 공포한 날부터 시행한다.

부 칙 <1997·12·13 법5454>

이 법은 1998년 1월 1일부터 시행한다. 〈단서 생략〉

부 칙 <2002·1·19 법6622>

제 1 조(시행일) 이 법은 공포한 날부터 시행한다. 〈단서 생략〉

제 2 조 및 **제 3 조** 생략

부 칙 <2002·1·26 법6626>

제 1 조(시행일) 이 법은 2002년 7월 1일부터 시행한다.

제 2 조부터 **제 7 조**까지 생략

부 칙 <2003·3·12 법6861>

①(시행일) 이 법은 공포후 3월이 경과한 날부터 시행한다.

②(경과조치) 이 법 시행 당시 일반직국가공무원 또는 별정직국가공무원인 헌법연구관 및 헌법연구관보는 이 법에 의하여 각각 특정직국가공무원인 헌법연구관과 별정직국가공무원인 헌법연구관보로 임용된 것으로 본다. 다만, 이 법 시행전에 헌법연구관 및 헌법연구관보로 근무한 기간은 이 법 및 다른 법령에 규정된 헌법연구관 및 헌법연구관보의 재직기간에 산입하고, 국가기관에서 4급공무원으로 근무한 기간은 호봉획정시 헌법연구관보로 근무한 기간으로 본다.

③(다른 법률의 개정) 생략

부 칙 <2005·3·31 법7427>

제 1 조(시행일) 이 법은 공포한 날부터 시행한다. 다만, …〈생략〉… 부칙 제 7 조(제 2 항 및 제29항을 제외한다)의 규정은 2008년 1월 1일부터 시행한다.

제 2 조부터 **제 6 조**까지 생략

제 7 조(다른 법률의 개정) 생략

부 칙 <2005·7·29 법7622>

이 법은 공포한 날부터 시행한다.

부　칙 <2007·12·21 법8729>

이 법은 2008년 1월 1일부터 시행한다.

부　칙 <2008·3·14 법8893>

이 법은 공포 후 3개월이 경과한 날부터 시행한다.

부　칙 <2009·12·29 법9839>

이 법은 2010년 3월 1일부터 시행한다. 다만, 제28조제5항의 개정규정은 공포한 날부터 시행한다.

부　칙 <2010·5·4 법10278>

이 법은 공포한 날부터 시행한다. 다만, 제19조의4의 개정규정은 공포 후 6개월이 경과한 날부터 시행한다.

부　칙 <2011·4·5 법10546>

이 법은 공포한 날부터 시행한다.

부　칙 <2012·12·11 법11530>

제1조(시행일) 이 법은 공포 후 1년이 경과한 날부터 시행한다. 〈단서 생략〉

제2조부터 **제7조**까지 생략

부　칙 <2014·5·20 법12597>

이 법은 공포한 날부터 시행한다.

부　칙 <2014·12·30 법12897>

이 법은 공포 후 6개월이 경과한 날부터 시행한다. 다만, 제7조제2항의 개정규정은 공포한 날부터 시행한다.

부　칙 <2018·3·20 법15495>

이 법은 공포한 날부터 시행한다.

부　칙 <2020·6·9 법17469>

제1조(시행일) 이 법은 공포 후 6개월이 경과한 날부터 시행한다.

제2조(재판관 결격사유에 관한 적용례) 제5조제2항 및 제3항의 개정규정은 이 법 시행 이후 재판관으로 임명하는 경우부터 적용한다.

부　칙 <2022·2·3 법18836>

제1조(시행일) 이 법은 공포한 날부터 시행한다.

제2조(적용례) 제78조제4항의 개정규정은 이 법 시행 후 최초로 청구서가 접수된 사건부터 적용한다.

부　칙 <2025·1·31 법20769>

이 법은 공포한 날부터 시행한다.

●대통령직 인수에 관한 법률

〔2003·2·4 법률제6854호〕

개정

2005· 7·28 법률제 7614호(국회법)
2008· 2·29 법률제 8852호(정부조직법)
2012·10·22 법률제11490호
2013· 3·23 법률제11690호(정부조직법)
2014·11·19 법률제12844호(정부조직법)
2017· 3·21 법률제14615호
2017· 7·26 법률제14839호(정부조직법)

제 1 조(목적) 이 법은 대통령당선인으로서의 지위와 권한을 명확히 하고 대통령직 인수를 원활하게 하는 데에 필요한 사항을 규정함으로써 국정운영의 계속성과 안정성을 도모함을 목적으로 한다.

〔전부개정 2012·10·22〕

제 2 조(정의) 이 법에서 사용하는 용어의 뜻은 다음과 같다.

1. "대통령당선인"이란 「대한민국헌법」 제67조와 「공직선거법」 제187조에 따라 당선인으로 결정된 사람을 말한다.
2. "대통령직"이란 「대한민국헌법」에 따라 대통령에게 부여된 직무를 말한다.

〔전부개정 2012·10·22〕

제 3 조(대통령당선인의 지위와 권한) ① 대통령당선인은 대통령당선인으로 결정된 때부터 대통령 임기 시작일 전날까지 그 지위를 갖는다.

② 대통령당선인은 이 법에서 정하는 바에 따라 대통령직 인수를 위하여 필요한 권한을 갖는다.

〔전부개정 2012·10·22〕

제 4 조(예우) 대통령당선인과 그 배우자에 대하여는 다음 각 호에 따른 예우를 할 수 있다.

1. 대통령당선인에 대한 교통·통신 및 사무실 제공 등의 지원
2. 대통령당선인과 그 배우자에 대한 진료
3. 그 밖에 대통령당선인에 대하여 필요한 예우

〔전부개정 2012·10·22〕

제 5 조(국무총리 후보자의 지명 등) ① 대통령당선인은 대통령 임기 시작 전에 국회의 인사청문의 절차를 거치게 하기 위하여 국무총리 및 국무위원 후보자를 지명할 수 있다. 이 경우 국무위원 후보자에 대하여는 국무총리 후보자의 추천이 있어야 한다.

② 대통령당선인은 제 1 항에 따라 국무총리 및 국무위원 후보자를 지명한 경우에는 국회의장에게 「국회법」 제65조의2 및 「인사청문회법」에 따른 인사청문의 실시를 요청하여야 한다.

③ 대통령당선인은 제 1 항에 따라 국무총리 및 국무위원 후보자를 지명하기 위하여 필요한 경우에는 「국가공무원법」 제 6 조에 따른 중앙인사관장기관의 장에게 인사기록 및 인사관리시스템 등의 열람 또는 활용을 요청할 수 있다. 이 경우 요청을 받은 관계 중앙인사관장기관의 장은 다른 법률에 특별한 규정이 있는 경우를 제외하고는 그 요청에 따라야 한다. <신설 2017·3·21>

〔전부개정 2012·10·22〕

제 6 조(대통령직인수위원회의 설치 및 존속기한) ① 대통령당선인을 보좌하여 대통령직의 인수와 관련된 업무를 담당하기 위하여 대통령직인수위원회(이하 "위원회"라 한다)를 설치한다.

② 위원회는 대통령의 임기 시작일 이후 30일의 범위에서 존속한다.

〔전부개정 2012·10·22〕

제 7 조(업무) 위원회는 다음 각 호의 업무를 수행한다. <개정 2017·3·21>

1. 정부의 조직·기능 및 예산현황의 파악
2. 새 정부의 정책기조를 설정하기 위한 준비
3. 대통령의 취임행사 등 관련 업무의 준비
4. 대통령당선인의 요청에 따른 국무총리 및 국무위원 후보자에 대한 검증
5. 그 밖에 대통령직 인수에 필요한 사항

〔전부개정 2012·10·22〕

제 8 조(위원회의 구성 등) ① 위원회는 위원장 1명, 부위원장 1명 및 24명 이내의 위원

으로 구성한다.
② 위원장·부위원장 및 위원은 명예직으로 하고, 대통령당선인이 임명한다.
③ 위원장은 대통령당선인을 보좌하여 위원회의 업무를 총괄하며, 위원회의 직원을 지휘·감독한다.
④ 위원장이 부득이한 사유로 직무를 수행할 수 없는 경우에는 대통령당선인이 지명하는 사람이 그 직무를 대행한다.
〔전부개정 2012·10·22〕

제 9 조(위원회의 직원) ① 위원회의 업무를 효율적으로 수행하기 위하여 위원회에 전문위원·사무직원 등 직원을 둘 수 있다.
② 위원장은 위원회의 업무 수행을 위하여 필요하다고 인정하는 경우에는 관계 기관의 직원을 소속 기관의 장의 동의를 얻어 전문위원·사무직원 등 직원으로 파견근무를 하도록 요청할 수 있으며, 요청을 받은 관계 기관의 장은 특별한 사유가 없으면 요청에 따라야 한다.
〔전부개정 2012·10·22〕

제10조(위원 등의 결격사유) 「국가공무원법」 제33조 각 호의 어느 하나에 해당하는 사람은 위원회의 위원장·부위원장·위원 및 직원이 될 수 없다.
〔전부개정 2012·10·22〕

제11조(위원회의 예산 및 운영 등) 이 법에 규정된 사항 외에 위원회의 예산·직원 및 운영 등에 관하여 필요한 사항은 대통령령으로 정한다.
〔전부개정 2012·10·22〕

제12조(위원회 활동에 관한 협조 등) ① 행정안전부장관은 위원회가 원활하게 운영될 수 있도록 업무 지원을 하여야 한다. <개정 2013·3·23, 2014·11·19, 2017·7·26>
② 관계 기관의 장은 위원회의 효율적인 운영을 위하여 자료·정보 또는 의견의 제출, 예산의 확보 등 필요한 협조를 하여야 한다.
〔전부개정 2012·10·22〕

제13조(직원의 직무 전념) 위원회의 직원은 위원회의 업무에 전념하여야 한다.
〔전부개정 2012·10·22〕

제14조(비밀누설 및 직권남용의 금지) 위원회의 위원장·부위원장·위원 및 직원과 그 직(職)에 있었던 사람은 그 직무와 관련하여 알게 된 비밀을 다른 사람에게 누설하거나 대통령직의 인수업무 외의 다른 목적으로 이용할 수 없으며, 직권을 남용하여서는 아니 된다.
〔전부개정 2012·10·22〕

제15조(벌칙 적용 시의 공무원 의제) 위원회의 위원장·부위원장·위원 및 직원과 그 직에 있었던 사람 중 공무원이 아닌 사람은 위원회의 업무와 관련하여 「형법」이나 그 밖의 법률에 의한 벌칙을 적용할 때에는 공무원으로 본다.
〔전부개정 2012·10·22〕

제16조(백서 발간) 위원회는 위원회의 활동 경과 및 예산사용 명세를 백서(白書)로 정리하여 위원회의 활동이 끝난 후 30일 이내에 공개하여야 한다.
〔전부개정 2012·10·22〕

부　칙

제 1 조(시행일) 이 법은 공포한 날부터 시행한다.

제 2 조(위원회의 설치에 관한 경과조치) 이 법 시행 당시 종전의 법령에 의하여 설치된 대통령직인수위원회는 이 법에 의하여 설치된 것으로 본다.

제 3 조(다른 법률의 개정) 생략

부　칙 <2005·7·28 법7614>

제 1 조(시행일) 이 법은 공포한 날부터 시행한다. 〈단서 생략〉

제 2 조 및 **제 3 조** 생략

부　칙 <2008·2·29 법8852>

제 1 조(시행일) 이 법은 공포한 날부터 시행한다. 〈단서 생략〉

제 2 조부터 **제 7 조**까지 생략

부　칙 <2012·10·22 법11490>

이 법은 공포한 날부터 시행한다.

부　칙 <2013·3·23 법11690>

제 1 조(시행일) ① 이 법은 공포한 날부터 시행한다.

② 생략

제 2 조부터 **제 7 조**까지 생략

부 칙 <2014·11·19 법12844>

제 1 조(시행일) 이 법은 공포한 날부터 시행한다. 〈단서 생략〉

제 2 조부터 **제 7 조**까지 생략

부 칙 <2017·3·21 법14615>

이 법은 공포한 날부터 시행한다.

부 칙 <2017·7·26 법14839>

제 1 조(시행일) ① 이 법은 공포한 날부터 시행한다. 〈단서 생략〉

제 2 조부터 **제 6 조**까지 생략

●국민투표법

〔1989·3·25 법률제4086호 전부개정〕

개정

1994· 3·16 법률제 4739호(공직선거및선거부정방지법)
1994·12·22 법률제 4796호(도농복합형태의시설치에따른행정특례등에관한법률)
1997·12·13 법률제 5454호(정부부처명칭등의변경에따른건축법등의정비에관한법률)
2002· 1·26 법률제 6626호(민사소송법)
2005· 3·31 법률제 7427호(민법)
2007·5·17 법률제 8449호
2009· 2·12 법률제 9467호
2016· 5·29 법률제14184호(예비군법)

제1장 총칙

제1조(목적) 이 법은 헌법 제72조의 규정에 의한 외교·국방·통일 기타 국가안위에 관한 중요정책과 헌법 제130조의 규정에 의한 헌법개정안에 대한 국민투표에 관하여 필요한 사항을 규정함을 목적으로 한다.

제2조(투표인의 정의) 이 법에서 "투표인"이라 함은 투표권이 있는 자로서 투표인명부에 등재된 자를 말한다.

제3조(국민투표사무의 협조) 관공서 기타의 공공기관은 국민투표관리기관으로부터 국민투표의 실시에 관하여 필요한 협조의 요구를 받은 때에는 우선적으로 이에 응하여야 한다.

제4조(투표권행사에 대한 보장) 공무원·학생 또는 다른 사람에게 고용된 자가 투표인명부의 열람 또는 투표에 필요한 시간은 휴무 또는 휴업으로 보지 아니한다.

제5조(인구의 기준) 이 법에 규정된 인구의 기준은 주민등록법의 규정에 의한 주민등록표에 의하여 조사한 최근의 인구통계 및 「재외동포의 출입국과 법적 지위에 관한 법률」에 따른 국내거소신고대장에 등재된 재외국민의 수에 의한다. <개정 2009·2·12>

제6조(국민투표관리) 국민투표사무는 이 법에 특별한 규정이 있는 경우를 제외하고는 중앙선거관리위원회가 통할·관리하며, 하급선거관리위원회의 위법·부당한 처분에 대하여 이를 취소하거나 변경할 수 있다.

제2장 투표권

제7조(투표권) 19세 이상의 국민은 투표권이 있다. <개정 2007·5·17>

제8조(연령산정기준) 투표권자의 연령은 국민투표일 현재로 산정한다.

제9조(투표권이 없는 자) 투표일 현재 「공직선거법」 제18조의 규정에 따라 선거권이 없는 자는 투표권이 없다.
〔전부개정 2007·5·17〕

제3장 국민투표에 관한 구역

제10조(국민투표의 단위) 국민투표는 전국을 단위로 하여 이를 행한다.

제11조(투표구) 투표구는 국민투표일공고일 현재의 공직선거및선거부정방지법에 의한 투표구로 한다. <개정 1994·3·16>

제12조(개표구) 구·시·군을 개표구로 한다. 다만, 국민투표일공고일 현재로 구·시·군안에 2 이상의 구·시·군선거관리위원회가 있는 경우에는 당해 선거관리위원회의 관할

구역을 각각 개표구로 한다.

제13조(행정구역의 변경) 국민투표일공고일로부터 투표일까지의 사이에는 행정구역의 변경, 투표구의 변경 또는 제12조의 구·시·군선거관리위원회의 관할구역의 변경이 있어도 국민투표에 관한 구역은 변경되지 아니한다.

제 4 장 투표인명부

제14조(투표인명부의 작성) ① 국민투표를 실시할 때에는 그때마다 구청장(자치구의 구청장을 포함하며, 도농복합형태의 시에 있어서는 동지역에 한한다)·시장(구가 설치되지 아니한 시의 시장을 말하며, 도농복합형태의 시에 있어서는 동지역에 한한다)·읍장·면장(이하 "구·시·읍·면의 장"이라 한다)은 국민투표일공고일 현재로 그 관할 구역 안에 주민등록이 되어 있는 투표권자 및 「재외동포의 출입국과 법적 지위에 관한 법률」 제2조에 따른 재외국민으로서 같은 법 제6조에 따른 국내거소신고가 되어 있는 투표권자를 투표구별로 조사하여 국민투표일공고일로부터 5일 이내에 투표인명부를 작성하여야 한다. <개정 1994·12·22, 2009·2·12>

② 투표인명부에 등재된 국내거주자중 다음 각호의 1에 해당하는 자로서 국민투표일 현재에 스스로 투표소에서 투표할 수 없는 때에는 대통령령이 정하는 바에 따라 국민투표일공고일로부터 5일 이내에 구·시·읍·면의 장에게 부재자신고를 할 수 있다. 이 경우 우편은 무료로 한다.

1. 투표인명부에 등재된 개표구밖에 장기 여행하는 자
2. 법령에 의하여 영내 또는 함정에 장기 기거하는 군인
3. 병원·요양소·수용소·교도소 또는 선박 등에 장기 기거하는 자

③ 구·시·읍·면의 장은 제2항의 규정에 의한 신고가 있을 때에는 투표인명부에 이를 표시하는 동시에 부재자신고인명부를 투표구별로 따로 작성하여야 한다.

④ 투표인명부 및 부재자신고인명부에는 투표권자의 성명·주소·성별과 생년월일 기타 필요한 사항을 기재하여야 한다.

⑤ 누구든지 2 이상의 투표인명부에 등재될 수 없다.

⑥ 투표인명부 및 부재자신고인명부의 작성 등 필요한 사항은 대통령령으로 정한다.

⑦ 구·시·읍·면의 장은 투표인명부 및 부재자신고인명부를 작성한 때에는 즉시 그 등본 1통을 관할구·시·군선거관리위원회에 송부하여야 한다.

⑧ 1투표구의 투표권자의 수가 2천인을 넘을 때에는 그 투표인명부를 2개로 분철할 수 있다.

제15조(명부작성의 감독) ① 투표인명부의 작성에 관하여는 관할구·시·군선거관리위원회가 이를 감독한다.

② 구·시·읍·면의 장과 투표인명부작성에 종사하는 공무원이 임면된 때에는 당해 구·시·읍·면의 장은 지체없이 관할구·시·군선거관리위원회에 통보하여야 한다. 구·시·읍·면의 장이 사고로 인하여 다른 자가 그 직무를 대리하게 된 때에도 또한 같다.

③ 투표인명부의 작성기간중에 구·시·읍·면의 장과 투표인명부작성에 종사하는 공무원을 해임하고자 하는 때에는 그 임면권자는 관할구·시·군선거관리위원회 또는 특별시·광역시·도선거관리위원회(이하 "시·도선거관리위원회"라 한다)와 협의하여야 한다. <개정 1997·12·13>

④ 구·시·읍·면의 장과 투표인명부작성에 종사하는 공무원이 정당한 이유없이 투표인명부작성에 관하여 관할구·시·군선거관리위원회의 지시·명령 또는 시정요구에 불응하거나 그 직무를 태만히 하거나 위법·부당한 행위를 한 때에는 관할구·시·군선거관리위원회 또는 시·도선거관리위원회는 임면권자에게 그 체임을 요구할 수 있다.

⑤ 제4항의 체임요구가 있는 때에는 임면권자는 정당한 이유를 제시하지 아니하는 한 이에 응하여야 한다.

제16조(명부열람) ① 구·시·읍·면의 장은 투표인명부작성만료일의 다음 날로부터 3일간 장소를 정하여 투표인명부를 열람하게 하여야 하며, 투표권자의 편의를 위하여 열람기간중 구·시에 있어서는 통별, 읍·면에 있어서는 리별의 투표인명부등본을 통·리의 장이 지정하는 장소에 비치하여 공람하게 하여야 한다.
② 투표권자는 누구든지 투표인명부를 자유로이 열람할 수 있다.
③ 제1항의 장소와 열람시간은 열람개시일 3일전에 이를 공고하여야 한다.

제17조(이의신청) ① 투표권자는 누구든지 투표인명부에 누락·오기 또는 자격이 없는 투표인이 등재되어 있다고 인정하는 때에는 열람기간내에 구술 또는 서면으로 당해 구·시·읍·면의 장에게 이의를 신청하여 그 수정을 요구할 수 있다.
② 구·시·읍·면의 장이 제1항의 요구를 받은 때에는 2일 이내에 심사·결정하되 이의가 정당하다고 결정한 때에는 즉시 투표인명부를 수정하고 신청인·관계인과 관할구·시·군선거관리위원회에 서면으로 통지하여야 하며, 정당하지 아니하다고 결정한 때에는 그 뜻을 신청인·관계인과 관할구·시·군선거관리위원회에 서면으로 통지하여야 한다.

제18조(이의결정에 대한 불복신청) ① 제17조에 의한 결정에 대하여 불복이 있는 신청인이나 관계인은 그 통지를 받은 날의 다음날까지 관할구·시·군선거관리위원회에 서면으로 재심을 요구할 수 있다.
② 관할구·시·군선거관리위원회가 제1항의 재심요구를 받은 때에는 2일 이내에 심사·결정하되 그 요구가 정당하다고 결정한 때에는 즉시 관계 구·시·읍·면의 장에게 통지하여 투표인명부를 수정하게 하고 즉시 신청인과 관계인에게 서면으로 통지하여야 하며, 정당하지 아니하다고 결정한 때에는 그 뜻을 신청인·관계인과 관계 구·시·읍·면의 장에게 서면으로 통지하여야 한다.

제19조(명부의 확정과 효력) 투표인명부는 투표일전 5일에, 부재자신고인명부는 그 신청기간만료일의 다음 날에 각각 확정되며, 당해 국민투표에 한하여 효력을 가진다.

제20조(투표인명부의 재작성) ① 천재·지변 기타의 사고로 인하여 필요한 때에는 구·시·읍·면의 장은 다시 투표인명부를 작성하여야 한다. 다만, 제14조제7항의 규정에 의하여 송부한 투표인명부등본이 있는 때에는 투표인명부를 다시 작성하지 아니하고 그 투표인명부등본에 의한다.
② 제1항의 투표인명부의 작성·열람·확정·유효기간 기타 필요한 사항에 관하여는 대통령령으로 정한다.

제21조(명부사본의 교부) ① 구·시·읍·면의 장은 국민투표일공고일 현재 국회에 교섭단체를 구성한 정당(이하 "정당"이라 한다)의 신청이 있는 때에는 확정된 투표인명부 또는 부재자신고인명부의 사본 1통을 그 명부가 확정된 후 지체없이 신청인에게 교부하여야 한다.
② 제1항의 규정에 의한 투표인명부사본 및 부재자신고인명부사본의 교부신청은 투표인명부 또는 부재자신고인명부의 확정일전일까지 당해 구·시·읍·면의 장에게 하여야 한다.
③ 투표인명부사본 또는 부재자신고인명부사본의 교부신청 및 비용납부등에 관하여 필요한 사항은 대통령령으로 정한다.

제5장 국민투표안의 게시등

제22조(국민투표안의 게시) ① 중앙선거관리위원회는 공고된 국민투표안을 투표권자에게 주지시키기 위하여 게시하여야 한다.
② 국민투표안의 게시는 인구 100인에 1매의 비율로 한다. 다만, 구·시에 있어서는 인구밀집상태 및 첩부장소등을 감안하여 중앙선거관리위원회가 정하는 바에 따라 인구 500인에 1매의 비율까지 조정하여 첩부할 수 있다.
③ 국민투표안의 게시문에는 국민투표안만을 기재하여야 한다.
④ 국민투표안의 게시문의 규격·서식 기타 필요한 사항은 중앙선거관리위원회가 정한다.

제23조(국민투표공보의 발행) ① 구·시·군선거관리위원회는 국민투표안의 제안이유·주요골자와 그 내용·국민투표절차 기타 필요한 사항을 게재한 국민투표공보를 1회 이상 발행하여야 한다.

② 국민투표공보의 규격·작성 기타 필요한 사항에 관하여는 중앙선거관리위원회가 정한다.

제24조(국민투표공보의 배부) ① 구·시·군선거관리위원회는 국민투표공보를 부재자신고인명부에 등재된 투표인에게는 부재자신고인명부확정일로부터 5일 이내에, 개표구내 매세대에 대하여는 투표일전 4일까지 각각 우편으로 송부하여야 한다. 이 경우 우편은 무료로 한다.

② 부재자신고인명부에 등재된 투표인에게는 국민투표공보를 우편투표의 투표용지와 동봉하여 송부할 수 있다.

제 6 장 국민투표에 관한 운동

제25조(정의) ① 이 법에서 "국민투표에 관한 운동"이라 함은 국민투표의 대상이 되는 사항에 관하여 찬성하게 하거나 반대하게 하는 행위를 말한다.

② 국민투표의 대상이 되는 사항에 관한 단순한 의견의 개진, 의사의 표시는 국민투표에 관한 운동으로 보지 아니한다.

제26조(국민투표에 관한 운동의 기간) 국민투표에 관한 운동(이하 "운동"이라 한다)은 국민투표일공고일로부터 투표일 전일까지에 한하여 이를 할 수 있다.

제27조(운동의 한계) 운동은 이 법에 규정된 이외의 방법으로는 이를 할 수 없다.

제28조(운동을 할 수 없는 자) ① 정당법상의 당원의 자격이 없는 자는 운동을 할 수 없다.

② 예비군 소대장급 이상의 간부 및 리·동·통·반의 장은 국민투표일공고일 이전에 그 직에서 해임되지 아니하고는 운동을 할 수 없으며 연설원 또는 투·개표 참관인이 될 수 없다. <개정 2016·5·29>

제29조(운동관계자등의 신분보장) 연설원·투표참관인 및 개표참관인의 신분보장에 관하여는 선거관리위원회법 제13조를 준용한다.

제30조(방송시설을 이용한 연설) ① 정당이 지명한 연설원은 운동기간중에 운동을 위하여 텔레비전 및 라디오 방송시설(이하 "방송시설"이라 한다)을 이용하여 연설을 할 수 있다.

② 제 1 항의 규정에 의한 연설은 찬성·반대별로 각각 텔레비전 및 라디오 방송시설을 각 3회(재방송을 포함한다. 이하 같다) 이내에서 이용할 수 있으며, 그 시간은 매회 20분을 초과할 수 없다. 이 경우 회수의 계산에 있어서 하나의 방송시설을 선정하여 당해 방송망을 동시에 이용하는 것은 1회로 본다.

③ 중앙선거관리위원회는 국민투표일공고일 후 2일 이내에 연설원이 이용할 수 있는 방송시설을 미리 지정하고 이를 정당에 통지하여야 한다.

④ 정당은 찬성·반대를 구분하여 이용할 방송시설의 명칭·이용일시·연설원의 성명·소요시간·이용방법 등을 기재한 신청서를 국민투표일공고일로부터 3일 이내에 중앙선거관리위원회에 제출하여야 한다.

⑤ 제 4 항의 규정에 의하여 정당이 신청한 방송시설의 이용일시가 서로 중첩되는 경우에는 중앙선거관리위원회가 모든 정당에게 공평하게 그 일시와 순서를 정하여야 한다.

⑥ 중앙선거관리위원회가 제 5 항의 규정에 의하여 방송일시와 순서등을 결정한 때에는 이를 공고하고 정당에 통지하여야 한다.

⑦ 방송시설을 경영하는 자는 중앙선거관리위원회로부터 방송시설의 이용요청이 있는 때에는 우선적으로 이에 응하여야 한다.

⑧ 방송시설을 이용하여 연설하는 때의 비용은 국고에서 부담한다.

⑨ 방송시설의 이용에 관한 신청서등 필요한 사항은 중앙선거관리위원회가 정한다.

제31조(방송시설을 이용한 대담·토론) ① 정당이 지명한 연설원은 방송시설을 이용하여 대담 또는 토론을 할 수 있다.

② 제 1 항의 "대담·토론"이라 함은 정당이 지정한 2인 이상의 연설원이 참여하여 실시하는 것을 말한다.

③ 제1항의 대담 또는 토론은 방송시설을 경영하는 자가 주관하여 행하되, 대담 또는 토론을 하고자 하는 정당과 협의하여 결정하여야 하며, 그 시간은 매회 120분을 초과할 수 없다.

④ 제3항의 경우 한국방송공사는 당해 공사가 경영하는 텔레비전과 라디오 방송시설을 통하여 각 2회 이상 대담 또는 토론회를 개최하여야 한다.

⑤ 제3항의 대담 또는 토론은 공정하여야 하며, 이에 필요한 사항은 대통령령으로 정한다.

⑥ 방송시설을 이용한 대담 또는 토론의 비용은 이를 주관한 방송시설을 경영하는 자가 부담한다.

⑦ 제30조제2항 후단의 규정은 방송시설을 이용한 대담 또는 토론의 경우에 이를 준용한다.

⑧ 방송시설을 경영하는 자는 대담 또는 토론이 찬성·반대측의 정당에 공평하게 행하여야 하며, 그 일시·참가자·방법 등이 결정된 때에는 방송·방영일전 2일까지 이를 중앙선거관리위원회에 신고하여야 한다.

제32조(연설회) ① 정당은 운동기간중 운동을 위하여 연설회를 개최할 수 있다.

② 제1항의 "연설회"라 함은 미리 일정한 장소와 시간을 정하여 다수인을 집합하게 하여 실시하는 옥내외집회를 말한다.

③ 제1항의 연설회를 개최하고자 할 때에는 정당은 대통령령이 정하는 바에 의하여 개최일 전일까지 구·시·군선거관리위원회에 서면으로 신고하여야 한다.

④ 제3항의 신고가 동일한 장소에 2 이상이 있을 때에는 구·시·군선거관리위원회는 신고서접수순위에 의하여 그 순위를 조정하여야 한다. 다만, 동시에 신고된 때에는 추첨에 의하여 구·시·군선거관리위원회가 우선하여 연설회를 개최할 자를 결정한다.

⑤ 연설회의 장소사용은 1회에 5시간을 초과할 수 없다.

⑥ 연설회는 각 정당별로 구·시에 있어서는 각각 3회를, 군에 있어서는 각각 읍·면수를 초과할 수 없다.

⑦ 연설회의 신고 기타 필요한 사항은 대통령령으로 정한다.

⑧ 정당은 연설회의 고지를 위하여 구·시·군선거관리위원회의 검인을 받아 벽보를 작성·첩부할 수 있다.

⑨ 제8항의 벽보의 매수는 연설회 1회에 100매로 하고, 그 규격과 기재사항은 중앙선거관리위원회규칙으로 정한다.

제33조(공공시설등의 이용) ① 정당은 다음 각호의 1에 해당하는 시설을 대통령령이 정하는 바에 의하여 연설회의 장소로서 무료로 사용할 수 있다.

1. 학교·공회당·공원·운동장·시장·도로변광장
2. 기타 대통령령으로 정하는 건물이나 시설

② 학교 기타 공공시설의 관리자는 제1항의 규정에 의한 사용신청이 있는 때에는 정당한 이유가 있는 경우를 제외하고는 다른 목적에 우선하여 그 사용을 허가하여야 하며, 학교에 있어서는 정상적인 수업시간이 아니면 그 사용을 거부하지 못한다.

제34조(연설금지장소) 누구든지 다음 각호의 1에 해당하는 장소에서는 운동을 위한 연설을 할 수 없다.

1. 제33조에 규정된 이외의 국가·지방자치단체·정부투자기관관리기본법 제2조에 규정된 정부투자기관이 소유하거나 관리하는 건물·시설
2. 열차·전동차·항공기·선박·승합자동차의 정차장구내
3. 병원·진료소·도서관·연구소·시험소와 기타 의료·문화·연구시설

제35조(소형인쇄물의 배포) 누구든지 운동을 위하여 국민투표안에 관한 의견을 표시한 소형인쇄물을 제작·배포할 수 있다.

제36조(확성장치와 자동차등의 사용제한) ① 연설회와 연설회의 고지 이외에는 확성장치를 사용하여 운동을 할 수 없다.

② 연설회를 개최할 때에는 연설회장소로부터 구·시에 있어서는 300미터, 군에 있어서는 500미터안의 거리에서는 누구든지 확성장치를 사용할 수 없다.

③ 정당은 연설회를 위하여 확성장치에 의

한 고지를 하고자 할 때에는 고지구역과 시간을 정하여 연설회마다 1회에 한하여 당해 구·시·군선거관리위원회에 확성장치에 의한 고지를 신고하여야 한다. 이 경우에 차량은 연설회 1회에 2대에 한하며, 고지구역은 당해 구·시·군으로 한다.

④ 제 3 항의 고지용 차량 및 확성장치와 차량의 운행에 필요한 경비는 확성장치에 의한 고지를 신고한 정당이 부담한다.

제37조(토론등의 게재금지) 국가 또는 지방자치단체는 그 발행하는 관보·공보등의 간행물에 국민투표안에 대한 찬성 또는 반대의 의견을 게재할 수 없다.

제38조(허위방송등의 금지) 누구든지 운동을 위하여 방송 또는 간행물을 통하여 허위의 사실을 선전하거나 사실을 왜곡하는 선전을 하여 국민투표의 공정을 해하여서는 아니된다.

제39조(신문·잡지등의 불법이용의 제한) 누구든지 국민투표안을 찬성 또는 반대하기 위하여 간행물을 경영·편집·취재 또는 집필하는 자에게 금품·향응 기타 이익을 제공하거나 제공할 의사의 표시 또는 약속을 하여 찬성 또는 반대의 보도·평론등을 게재하게 할 수 없다.

제40조(특수관계를 이용한 운동의 금지) 누구든지 교육기관이나 종교적·직업적 단체에 대한 특수관계를 이용하여 운동을 할 수 없다.

제41조(호별방문금지) ① 누구든지 운동을 위하여 호별로 방문할 수 없다.

② 누구든지 연설회의 통지를 위하여 호별로 방문할 수 없다.

제42조(서명·날인운동금지) 누구든지 운동의 목적으로 서명이나 날인을 받을 수 없다.

제43조(음식물제공금지) 누구든지 운동을 위하여 어떠한 장소에서나 어떠한 명목으로도 음식물을 제공할 수 없다.

제44조(각종 집회등의 제한) 누구든지 운동기간중 국민투표에 영향을 미치게 할 목적으로 단합대회(정당활동은 제외한다)·향우회·야유회·종친회 및 동창회등의 집회를 개최할 수 없다.

제45조(공무원등의 출장제한) 운동기간중 공무원과 정부투자기관의 임·직원은 정상적인 업무외의 출장을 할 수 없다.

제46조(연설회장에서의 소란행위의 금지) 누구든지 연설회장에서 폭행·협박 기타 어떠한 방법으로도 연설회장의 질서를 문란하게 하거나 그 진행을 방해하는 행위를 할 수 없다.

제47조(야간연설금지) 야간(하오 11시부터 상오 6시까지를 말한다)에는 연설회를 개최할 수 없다.

제48조(특정인 비방의 금지) 누구든지 국민투표의 결과에 영향을 미치게 하기 위하여 특정인의 신분·경력·인격 또는 그 소속정당에 관하여 허위의 사실을 진술하거나 유포할 수 없으며 공연히 사실을 적시하여 개인의 인신공격을 할 수 없다.

제 7 장 국민투표일과 투표

제49조(국민투표일의 공고) 대통령은 늦어도 국민투표일전 18일까지 국민투표일과 국민투표안을 동시에 공고하여야 한다.

제50조(투표방법) ① 국민투표는 기표방법에 의한 표로써 한다.

② 투표는 직접 또는 우편으로 하되, 1인 1표로 한다.

③ 투표를 함에 있어서는 투표인의 성명을 표시하여서는 아니된다.

제51조(투표소의 설치와 공고) ① 투표소는 투표구마다 설치하되, 투표구선거관리위원회가 투표일전 10일까지 그 명칭과 소재지를 공고하여야 한다. 다만, 천재·지변 기타 불가피한 사유가 있을 때에는 이를 변경할 수 있다.

② 제 1 항 단서의 경우에는 즉시 이를 공고하여 투표인에게 주지시켜야 한다.

③ 투표소는 학교, 읍·면 또는 리·동의 사무소와 공회당중에서 투표하기 편리한 곳에 설치한다. 다만 부득이한 사유로 인하여 기타의 장소에 설치할 때에는 관할구·시·군선거관리위원회의 결정에 의하여야 한다.

④ 병영안에는 투표소를 설치하지 못한다.

⑤ 투표소의 기표장소는 다른 사람이 엿볼 수 없도록 설비하여야 하며 어떠한 표지도 하여서는 아니된다.

⑥ 투표소에는 투표사무를 보조하게 하기 위하여 투표사무종사원을 둔다.

⑦ 투표사무종사원은 당해 관계행정기관의 공무원 또는 교육공무원중에서 투표구선거관리위원회가 위촉하되 투표일전 3일까지 그 성명을 공고하여야 한다.

제52조(투표시간) ① 투표소는 오전 6시에 열고 오후 6시에 닫는다. 그러나, 마감할 때에 투표소에서 투표를 하기 위하여 대기하고 있는 투표인에게는 투표를 시킨 후에 닫아야 한다. <개정 2007·5·17>

② 투표를 개시할 때에는 투표구선거관리위원회위원은 투표함 및 기표장소 내외의 이상유무에 관하여 검사하여야 하며, 이에는 투표참관인이 관여하여야 한다.

③ 우편투표는 투표일의 오후 6시까지 관할 구·시·군선거관리위원회에 도착하여야 한다. <개정 2007·5·17>

제53조(투표용지) ① 투표용지에는 찬성과 반대의 양란을 두어야 한다.

② 투표용지에는 일련번호를 기입하여야 하며, 그 서식과 규격은 중앙선거관리위원회규칙으로 정한다.

제54조(투표용지·투표함의 작성등) ① 투표용지와 투표함은 관할구·시·군선거관리위원회에서 작성하여 투표일 전일까지 투표구선거관리위원회에 송부하며, 투표함의 규격은 중앙선거관리위원회규칙으로 정한다.

② 제1항의 규정에 의한 투표함의 수는 투표구마다 2개 이내로 한다. 그러나 투표에 있어서 동시에 2개의 투표함을 사용할 수 없다.

③ 우편투표용투표함은 따로 작성하여야 한다.

④ 투표용지에는 중앙선거관리위원회규칙이 정하는 바에 의하여 관할구·시·군선거관리위원회의 청인을 날인하여야 한다.

⑤ 투표용지에는 구·시·군선거관리위원회에서 정당이 추천한 각 1인중 추첨에 의한 2인의 정당대리인이 가인하여야 한다.

⑥ 제5항의 규정에 의한 정당대리인이 없거나 정당한 이유없이 가인을 거부하는 때에는 그 권한을 포기한 것으로 보고 그 사유를 기재하고 구·시·군선거관리위원회위원장이 가인하여야 한다.

제55조(투표용지모형의 공고) ① 구·시·군선거관리위원회는 투표용지의 모형을 투표일전 7일까지 각 투표구마다 공고하여야 한다.

② 구·시·군선거관리위원회는 투표용지를 인쇄할 인쇄소를 결정한 때에는 지체없이 그 인쇄소의 명칭과 소재지를 공고하여야 한다.

제56조(투표통지표교부) ① 구·시·읍·면의 장은 투표통지표를 투표인명부에 등재된 투표인(투표인이 부재중인 때에는 세대주·가족·동거인의 순으로 사리를 분별할 수 있는 자)에게 투표일전 2일까지 교부하여야 한다. <개정 2005·3·31>

② 제1항의 투표통지표에는 투표인의 주소·성명·성별·생년월일 및 투표인명부등재번호와 투표장소를 기재하여야 한다.

③ 투표통지표를 교부할 때에는 수령증을 받아야 하며, 투표통지표의 교부가 끝난 후 투표구별로 투표통지표교부록을 작성하여 수령증 및 교부되지 아니한 잔여투표통지표와 함께 지체없이 투표구선거관리위원회에 송부하여야 한다.

④ 투표구선거관리위원회는 교부되지 아니한 잔여투표통지표를 제1항의 규정에 준하여 투표일 전일까지 수령증을 받고 교부한 후 투표통지표교부록을 작성하여야 하며, 교부하지 못한 투표통지표에 대하여는 투표통지표교부록에 그 사유를 명시하여야 한다.

⑤ 구·시·읍·면의 장과 투표구선거관리위원회는 투표통지표를 교부하는 때에는 당해 구·시·읍·면의 구역안에 거주하는 투표권자중에서 정당이 지명하는 자(이하 "투표통지표교부립회인"이라 한다)를 1인씩 입회하게 하여야 한다. 다만, 투표통지표교부입회인이 없거나 참여하지 아니한 때에는 그러하지 아니하다.

⑥ 투표통지표교부입회인은 투표통지표의 교부를 방해·간섭 또는 지연시키거나 국민

투표안에 관한 찬성 또는 반대를 권유하거나 기타 어떠한 방법으로든지 국민투표에 영향을 주는 행위를 하여서는 아니되며, 완장·흉장 기타 국민투표에 관한 어떠한 표지도 부착 또는 휴대할 수 없다.

⑦ 투표통지표와 수령증은 1매로 인쇄하여 100매 단위로 철하고 일련번호를 붙이며 투표인에게 교부할 때마다 투표통지표를 절취하여야 한다.

제57조(투표용지의 수령) ① 투표인은 자신이 투표소에 가서 투표참관인의 참여하에 주민등록증과 투표통지표를 제시하고 본인임을 확인받은 후 투표구선거관리위원회위원 앞에서 투표인명부에 날인 또는 무인하고 투표용지 1매를 받아야 한다.

② 투표구선거관리위원회위원장은 관할구·시·군선거관리위원회로부터 송부된 투표용지를 봉함하였다가 투표일에 투표인에게 교부할 때에는 그 때마다 사인을 날인하여야 한다. 이 경우 투표구선거관리위원회는 추첨으로 결정된 2정당이 추천한 정당추천위원 각 1인으로 하여금 투표개시시각전까지 중앙선거관리위원회규칙으로 정하는 시간에 투표용지에 가인하도록 하여야 한다. 다만, 당해 정당에서 추천한 위원이 없거나 정당한 이유없이 가인을 거부하는 위원이 있을 때에는 그 권한을 포기한 것으로 보고 그 사유를 투표록에 기재하여야 한다.

③ 우편투표의 투표용지는 투표일전 9일 상오 9시부터 관할구·시·군선거관리위원회에서 정당이 추천한 자(이하 "우편투표참관인"이라 한다)의 참관하에 투표용지의 일련번호를 절취한 후 투표용지를 봉투에 넣어 회송용 외봉투에 넣고 다시 발송용 외봉투에 넣어 봉함하고 2일 이내에 발송하여야 한다. 이 경우 우편투표참관인이 그 시각까지 참석하지 아니한 때에는 참관을 포기한 것으로 본다.

④ 우편투표의 투표용지의 발송과 회송은 무료등기우편으로 한다.

⑤ 투표구선거관리위원회위원장은 주민등록증을 제시하지 아니한 투표인에게 투표용지를 교부하여서는 아니된다.

⑥ 투표구선거관리위원회위원장은 제1항의 규정에 의한 투표통지표를 지참하지 아니한 투표인이라도 주민등록증에 의하여 투표인명부에 등재된 투표인임이 확인된 때에는 투표용지를 교부하여야 한다.

제58조(투표의 제한) ① 투표인명부에 등재되지 아니한 자는 투표할 수 없다. 다만, 제17조제2항 또는 제18조제2항의 결정서를 지참한 자는 투표할 수 있다.

② 투표인명부에 등재되었더라도 투표일에 투표권이 없는 자는 투표할 수 없다.

③ 부재자신고인명부에 등재된 투표인은 우편투표에 의하지 아니하고는 투표할 수 없다.

제59조(기표절차) ① 투표인은 투표용지를 받은 후 투표구선거관리위원회위원과 투표참관인의 면전에서 번호지를 떼어 번호지함에 넣은 다음 기표소에서 투표용지에 찬성·반대를 선택하는 표를 한 후 그 자리에서 보이지 아니하게 접어 투표구선거관리위원회위원과 투표참관인의 면전에서 투표함에 넣어야 한다.

② 투표인이 투표용지를 오손한 때라도 이를 다시 교부하지 아니한다.

③ 맹인 기타 신체의 불구로 인하여 자신이 기표를 할 수 없는 투표인은 그 가족 또는 본인이 지정한 사람 2인을 동반하여 투표를 원조하게 할 수 있다.

④ 제3항의 경우를 제외하고는 동일 기표소안에 2인 이상이 동시에 들어갈 수 없다.

⑤ 제14조제2항제2호 및 제3호에 해당하는 자로서 제58조제3항의 규정에 의하여 우편투표를 하는 자가 소속하는 기관 또는 시설의 장은 우편투표를 하는 자가 투표용지에 기표를 하고 우편투표용 봉투를 봉함할 수 있도록 영내·함정·병원·요양소·수용소·교도소 또는 선박안에 기표소를 설치하고 이를 즉시 고시하여야 한다. 이 경우 기표소는 제51조제5항의 규정에 적합하도록 하여야 한다.

⑥ 제5항의 규정에 의한 우편투표용기표소의 설치대상과 기준등에 관하여 필요한 사항은 대통령령으로 정한다.

제60조(기표방법) 투표인이 투표용지에 찬성·

반대의 선택을 하는 표를 할 때에는 "○"표를 하여야 한다.

제61조(위원의 참석수) 투표소에는 투표구선거관리위원회위원 과반수가 참여하되 늦어도 투표개시 1시간전까지는 출석하여야 한다.

제62조(투표참관) ① 투표구선거관리위원회는 투표참관인으로 하여금 투표용지의 교부상황과 투표상황을 참관하게 하여야 한다.

② 투표참관인은 정당별로 3인을 투표권자중에서 각각 선정하여 투표일전 3일까지 투표구선거관리위원회에 신고하여야 한다.

③ 투표참관인은 12인으로 하되 제 2 항의 규정에 의하여 투표참관인을 지정하는 경우에 투표구선거관리위원회는 정당의 수가 12를 초과하는 때에는 정당별로 선정한 자중에서 1인씩 추첨하여 지정하고, 정당의 수가 12에 미달하되 선정한 인원수가 12인을 초과하는 때에는 정당별로 1인씩을 지정한 후 나머지 인원은 추첨에 의하여 지정하며, 정당이 선정한 인원수가 12인에 미달하는 때에는 그 투표구를 관할하는 구·시·군의 구역안에 거주하는 학식과 덕망이 있는 투표권자중에서 본인의 승낙을 받아 12인에 달할 때까지 선정한 자를 투표참관인으로 한다.

④ 제 2 항의 규정에 의하여 선정·신고된 자 또는 제 3 항의 규정에 의하여 지정된 자중 정당이 선정한 투표참관인에 대하여는 필요에 따라 투표구선거관리위원회에 신고후 언제든지 교체할 수 있으며, 투표일에는 투표소에서 신고할 수 있다.

⑤ 투표권이 없는 자 및 공직선거및선거부정방지법 제53조제 1 항 각호의 1에 해당하는 자는 투표참관인이 될 수 없다. <개정 1994·3·16>

⑥ 제 3 항의 규정에 의하여 투표구선거관리위원회가 선정한 투표참관인은 정당한 이유없이 참관을 거부하거나 그 직을 사임할 수 없다.

⑦ 투표구선거관리위원회는 투표참관인을 6인씩 교대하여 참관하게 하되, 한 정당이 선정한 투표참관인 전원을 동시에 참관하게 하여서는 아니된다.

⑧ 투표구선거관리위원회는 투표용지의 교부상황과 투표상황을 쉽게 볼 수 있는 장소에 투표참관인석을 설치하여야 한다.

⑨ 투표참관인은 투표사무에 간섭하거나 투표를 권유하거나 기타 어떠한 방법으로든지 투표에 영향을 미치는 행위를 하여서는 아니된다.

⑩ 투표구선거관리위원회는 투표참관인이 투표간섭·부정투표 기타 이 법의 규정에 위반되는 사실을 발견하여 그 시정을 요구한 경우에 그 요구가 정당하다고 인정될 때에는 이를 시정하여야 한다.

⑪ 투표참관인은 투표소안에서 사고가 발생한 때에는 투표상황을 촬영할 수 있다.

⑫ 투표참관인의 수당은 중앙선거관리위원회가 정하는 바에 따라 국고에서 부담한다.

제63조(투표소의 출입금지) ① 투표인·투표참관인·투표구선거관리위원회와 그 상급선거관리위원회의 위원 및 직원과 투표사무종사원을 제외하고는 투표소에 들어갈 수 없다.

② 선거관리위원회의 위원·직원·투표사무종사원 및 투표참관인이 투표소에 출입할 때에는 중앙선거관리위원회규칙이 정하는 바에 의하여 소속·직책 및 성명을 표시하는 기장을 가슴에 부착하여야 하며, 이 규정에 의한 부착물이외는 투표에 관련한 어떠한 표시물도 부착할 수 없다.

③ 제 2 항의 부착물은 다른 사람에게 양도·양여할 수 없다.

제64조(투표소의 질서유지) ① 투표구선거관리위원회위원장이나 위원 및 직원은 투표소의 질서가 심히 문란하여 공정한 투표가 실시될 수 없다고 인정될 때에는 투표소의 질서를 유지하기 위하여 정복을 한 경찰공무원에게 원조를 요구할 수 있다.

② 제 1 항의 규정에 의한 원조요구를 받은 경찰공무원은 즉시 이에 응하여야 한다.

③ 제 1 항의 원조요구에 의하여 투표소안에 들어간 경찰공무원은 투표구선거관리위원회위원장의 지시를 받아야 하며, 질서가 회복되거나 위원장의 요구가 있는 때에는 즉시 투표소에서 퇴거하여야 한다.

제65조(무기나 흉기등의 휴대금지) 제64조제 1

항의 경우를 제외하고는 투표소안에서 무기나 흉기 또는 폭발물을 휴대할 수 없다.

제66조(투표소 내외에서의 소란언동금지) ① 투표소안에서 또는 투표소로부터 100미터 안에서 소란한 언동을 하는 자가 있을 때에는 투표구선거관리위원회위원장은 이를 제지하고, 그 명령에 불응한 때에는 투표소 또는 그 제한거리밖으로 퇴거시켜야 한다.

② 제1항의 규정에 의하여 퇴거당한 투표인은 최후에 투표하게 한다. 그러나 투표구선거관리위원회위원장은 투표소의 질서를 문란하게 할 우려가 없다고 인정할 때에는 그 전에라도 투표하게 할 수 있다.

③ 누구든지 투표일에 있어서는 완장·흉장등의 착용 기타의 방법으로 국민투표에 영향을 미칠 우려가 있는 표지를 할 수 없다. 다만, 제63조제2항의 규정에 의한 기장은 그러하지 아니하다.

④ 제1항의 규정에 의한 투표소의 질서유지를 위하여 투표구선거관리위원회위원장이나 위원 및 직원으로부터 필요한 조치의 요구를 받은 경찰공무원은 즉시 이에 응하여야 한다.

제67조(투표의 비밀보장) ① 투표의 비밀은 보장되어야 한다.

② 투표인은 투표에 관하여 누구에게도 진술할 의무가 없으며 국가 또는 어떠한 기관이라도 이를 질문하거나 진술을 요구할 수 없다.

③ 투표인은 자신이 기표한 투표지의 내용을 공개할 수 없으며, 공개한 투표지는 무효로 한다.

제68조(투표함등의 봉쇄) ① 투표구선거관리위원회위원장은 투표소를 닫는 시각이 된 때에는 투표소의 입구를 닫아야 하며, 투표소안에 있는 투표인의 투표가 끝나면 투표참관인의 참여하에 출석한 위원 전원과 함께 투표함과 그 자물쇠를 봉쇄·봉인하여야 한다. 다만, 정당한 이유없이 봉쇄·봉인을 거부하는 위원이나 참여를 거부하는 투표참관인이 있을 때에는 그 권한을 포기한 것으로 보고 그 사유를 투표록에 기재하여야 한다.

② 투표함의 열쇠와 잔여투표용지·투표통지표 및 번호지는 제1항의 규정에 의하여 각각 봉인하여야 한다.

제69조(투표록 작성) 투표구선거관리위원회는 투표록을 작성하여 위원장과 출석한 위원 전원이 함께 서명·날인하여야 한다. 다만, 정당한 이유없이 서명·날인을 거부하는 위원이 있을 때에는 그 권한을 포기한 것으로 보고 그 사유를 투표록에 기재하여야 한다.

제70조(투표함등의 송부) ① 투표구선거관리위원회위원장은 투표가 끝난 후 지체없이 투표함 및 그 열쇠·투표록과 잔여투표용지를 관할구·시·군선거관리위원회에 송부하여야 한다.

② 제1항의 규정에 의하여 투표함을 송부할 때에는 투표참관인을 동반할 수 있으며, 호송에 필요한 정복을 한 경찰공무원 2인에 한하여 동반할 수 있다.

제71조(투표관계서류의 인계) 투표구선거관리위원회는 투표가 끝난 후 투표인명부 기타 투표에 관한 모든 서류를 관할구·시·군선거관리위원회위원장에게 인계하여야 한다.

제8장 개표

제72조(개표관리) ① 개표사무는 관할구·시·군선거관리위원회가 이를 행한다.

② 개표할 때에는 위원과반수가 출석하여야 한다.

제73조(개표소의 설치와 공고) ① 구·시·군선거관리위원회는 투표일전 5일까지 그 구·시·군청소재지에 설치할 개표장소를 공고하여야 한다.

② 구·시·군선거관리위원회에 개표사무를 보조하게 하기 위하여 개표사무종사원을 둔다.

③ 개표사무종사원은 당해 관계행정기관이나 법원의 공무원 또는 교육공무원중에서 구·시·군선거관리위원회가 위촉하되, 투표일전 3일까지 그 성명을 공고하여야 한다. 다만, 관계행정기관의 공무원은 개표사무종사원 총수의 3분의 1을 초과하지 못한다. 그러나, 법원의 공무원 또는 교육공무원만으로써는 개표사무종사원 총수의 3분의 2에 미달하는 경우에는 그러하지 아니하다.

제74조(개표소의 출입제한과 질서유지) ① 구·

시·군선거관리위원회 및 그 상급선거관리위원회의 위원이나 직원·개표사무종사원·개표참관인 이외에는 개표소에 들어갈 수 없다.

② 선거관리위원회의 위원·직원·개표사무종사원 및 개표참관인이 개표소에 출입할 때에는 중앙선거관리위원회규칙이 정하는 바에 의하여 그 소속·직책 및 성명을 표시한 기장을 가슴에 부착하여야 한다.

③ 구·시·군선거관리위원회위원장은 위원회의 결의에 의하여 개표소의 질서가 심히 문란하여 공정한 개표가 실시될 수 없다고 인정될 때에는 개표소의 질서를 유지하기 위하여 정복을 한 경찰공무원의 원조를 요구할 수 있다.

④ 제3항의 요구에 의하여 개표소에 들어간 경찰공무원은 구·시·군선거관리위원회위원장의 지시를 받아야 하며, 질서가 회복되거나 위원장의 요구가 있을 때에는 즉시 개표소에서 퇴거하여야 한다.

⑤ 제3항의 경우를 제외하고는 누구든지 개표소안에서 무기나 흉기 또는 폭발물을 휴대할 수 없다.

제75조(개표개시) ① 개표는 투표구선거관리위원회로부터 투표함이 전부 도착된 후에 특별한 사유가 없는 한 투표함의 도착순위에 따라 행한다. 다만, 교통 기타 부득이한 사정에 의하여 일부 투표함의 도착이 지연될 경우에는 투표함의 3분의 2 이상이 도착되면 개표를 개시할 수 있다.

② 개표참관인은 투표함이 도착된 때에는 그 봉쇄·봉인을 검사하고 관리상황을 참관할 수 있다.

③ 구·시·군선거관리위원회는 우편투표를 접수할 때에는 이를 즉시 우편투표용 투표함에 투입·보관하여야 하며, 투표일 하오 6시부터 개표참관인의 참여하에 본인이 발송한 여부를 확인하고 외봉투를 개봉하여 일반투표함의 투표지와 같이 혼합하여 개표한다.

제76조(투표함의 개함) ① 투표함을 개함할 때에는 위원장은 그 뜻을 선포하고 출석한 위원 전원과 함께 투표함의 봉쇄와 봉인을 검사한 후 이를 열어야 한다. 다만, 정당한 이유없이 검사를 거부하는 위원이나 참여를 거부하는 개표참관인이 있을 때에는 그 권한을 포기한 것으로 보고 개표록에 그 사유를 기재하여야 한다.

② 위원장은 개함한 후 투표수를 계산하여 투표록에 기재된 투표용지교부수와 대조하여야 한다.

③ 개표는 투표구별로 하되, 투표함은 순차적으로 개함하며 동시에 개함하는 투표함은 2개 이내로 한다.

④ 찬성 및 반대투표수의 발표는 투표구단위로 행하되, 출석한 구·시·군선거관리위원회위원은 발표전에 찬성·반대 및 무효의 표수를 검열하여야 한다. 다만, 정당한 이유없이 개표사무를 지연시키는 위원이 있을 때에는 그 권한을 포기한 것으로 보고 개표록에 그 사유를 기재하여야 한다.

제77조(개표참관) ① 구·시·군선거관리위원회는 개표참관인으로 하여금 개표소안에서 개표상황을 참관하게 하여야 한다.

② 제1항의 개표참관인은 각 정당이 6인을 선정하여 투표일전 3일까지 당해 구·시·군선거관리위원회에 신고하여야 한다.

③ 구·시·군선거관리위원회가 제2항의 규정에 의하여 개표참관인을 신고받은 때에는 정당별로 선정한 자중에서 3인씩을 교대하여 참관하게 하여야 한다.

④ 제2항의 규정에 의하여 선정·신고된 자중 정당은 그가 선정한 개표참관인에 대하여는 필요에 따라 구·시·군선거관리위원회에 신고한 후 언제든지 교체할 수 있으며, 개표일에는 개표소에서 신고할 수 있다.

⑤ 투표권이 없는 자 및 공직선거및선거부정방지법 제53조제1항 각호의 1에 해당하는 자는 개표참관인이 될 수 없다. <개정 1994·3·16>

⑥ 구·시·군선거관리위원회는 개표참관인이 개표내용을 식별할 수 있는 가까운 거리(1미터 이상 2미터 이내)에서 참관할 수 있도록 개표사무종사원의 맞은편에 개표참관인석을 설치하여야 한다.

⑦ 개표참관인은 언제든지 순회·감시할 수

있다.

⑧ 구·시·군선거관리위원회는 개표참관인이 개표에 관한 위법사항을 발견하여 그 시정을 요구한 경우에 그 요구가 정당하다고 인정될 때에는 이를 시정하여야 한다.

⑨ 개표참관인은 개표소안에서 개표상황을 촬영할 수 있다.

⑩ 일반인은 구·시·군선거관리위원회가 발행하는 관람증을 받아 구획된 장소에서 개표상황을 관람할 수 있다.

⑪ 제10항의 관람증의 매수는 개표장소를 참작하여 적당한 수로 하되 정당별로 균등하게 배부되도록 하여야 한다.

⑫ 구·시·군선거관리위원회는 일반관람인석에 대하여 질서유지에 필요한 설비를 하여야 한다.

⑬ 개표참관인의 수당은 중앙선거관리위원회가 정하는 바에 따라 국고에서 부담한다.

제78조(무효투표) ① 다음 각호의 1에 해당하는 투표는 무효로 한다.

1. 정규의 투표용지를 사용하지 아니한 것
2. 찬성·반대 어느 난에도 표를 하지 아니한 것
3. 찬성·반대 모두 표를 한 것
4. 찬성·반대 어느 난에 표를 한 것인지 식별할 수 없는 것
5. ○표를 하지 아니하고 문자 또는 물형을 기입한 것
6. ○표 이외에 다른 사항을 기입한 것
7. 우변투표에 있어서 봉함되지 아니한 것 또는 투표인의 본인인 여부가 확인되지 아니한 것

② 다음 각호의 1에 해당하는 투표는 무효로 하지 아니한다.

1. ○표가 일부분 표시되거나 ○표안이 메워져 있어도 당해 투표구선거관리위원회의 기표용구를 사용하여 기표한 것이 명확한 것
2. 동일난에만 2개 이상 기표되거나 중첩기표된 것
3. 기표난외에 기표한 것이라도 어느 난에 기표한 것인가가 명확한 것
4. 찬반의 구분난선상에 기표되었으나 어느 난에 기표한 것인가가 명확한 것
5. 기표한 것이 전사된 것으로서 어느 난에 기표한 것인가가 명확한 것
6. 인육으로 오손되었으나, 어느 난에 기표된 것인가가 명확한 것

제79조(투표의 효력의 이의에 대한 결정) 투표의 효력에 관하여 이의가 있을 때에는 구·시·군선거관리위원회의 위원 과반수의 출석과 출석위원 과반수의 찬성으로 이를 결정하여야 한다.

제80조(투표지의 구분) 개표가 끝난 때에는 투표구별로 투표를 유효·무효로 구별하고 유효투표지는 다시 찬성·반대별로 구분하여 각각 봉투에 넣고 구·시·군선거관리위원회 위원장과 출석한 위원 전원이 봉인하여야 한다. 다만, 정당한 이유없이 봉인을 거부하는 위원이 있는 때에는 그 권한을 포기한 것으로 보고 그 사유를 개표록에 기재하여야 한다.

제81조(개표록의 작성) 구·시·군선거관리위원회는 개표록을 작성하고 위원장과 출석한 위원 전원이 서명·날인하여야 한다. 다만, 정당한 이유없이 서명·날인을 거부하는 위원이 있을 때에는 그 권한을 포기한 것으로 보고 그 사유를 개표록에 기재하여야 한다.

제82조(개표결과의 공표와 보고) 구·시·군선거관리위원회는 개표의 결과를 즉시 공표하는 동시에 시·도선거관리위원회에 개표록을 첨부하여 보고하여야 한다.

제83조(서류등의 보존) 구·시·군선거관리위원회는 투표지·투표록 및 개표록 기타 국민투표에 관한 모든 서류를 투표일로부터 1년간 보존하여야 한다.

제 9 장 확정

제84조(중간집계) ① 시·도선거관리위원회는 구·시·군선거관리위원회로부터 제82조의 보고를 받은 때에는 즉시 투표인수, 투표한 자수, 찬성·반대와 무효의 투표수를 집계하여야 한다.

② 제 1 항의 경우에는 위원 과반수가 출석하여야 한다.

제85조(중간집계록의 작성) 시·도선거관리위원회는 중간집계록을 작성하고 위원장과 출석한 위원 전원이 서명·날인하여야 한다. 다만, 정당한 이유없이 서명·날인을 거부하는 위원이 있을 때에는 그 권한을 포기한 것으로 보고 그 사유를 중간집계록에 기재하여야 한다.

제86조(집계결과의 공표와 보고) 시·도선거관리위원회는 집계의 결과를 즉시 공표하는 동시에 중앙선거관리위원회에 중간집계록을 첨부하여 보고하여야 한다.

제87조(결과의 총집계) ① 중앙선거관리위원회는 시·도선거관리위원회로부터 제86조의 보고를 받은 때에는 즉시 투표인수, 투표한 자수, 찬성·반대와 무효의 투표총수를 집계하여야 한다.

② 제1항의 경우에는 위원 과반수가 출석하여야 한다.

제88조(국민투표록) 중앙선거관리위원회는 국민투표록을 작성하고 위원장과 출석한 위원 전원이 서명·날인하여야 한다. 다만, 정당한 이유없이 서명·날인을 거부하는 위원이 있을 때에는 그 권한을 포기한 것으로 보고 그 사유를 국민투표록에 기재하여야 한다.

제89조(총결과의 공표와 통보) 중앙선거관리위원회는 제87조제1항의 집계가 끝난 후 즉시 그 결과를 공표하고 이를 대통령과 국회의장에게 통보하여야 한다.

제90조(천재·지변 등으로 인한 재투표) ① 천재·지변 기타 불가피한 사유로 인하여 1투표구 또는 수개투표구의 투표를 실시하지 못하였거나, 투표함이 분실 또는 소실되어 국민투표의 결과에 이동이 미칠 우려가 있다고 인정할 때에는 중앙선거관리위원회는 그 투표구의 투표를 다시 실시한 후 국민투표의 총결과를 공표하고 이를 대통령과 국회의장에게 통보하여야 한다.

② 제1항의 규정에 의한 투표는 그 원인이 제거된 날로부터 10일 이내에 실시하되, 중앙선거관리위원회는 투표일 5일전에 투표일을 공고하여야 한다.

제91조(확정의 공포) 대통령이 제89조 또는 제90조의 규정에 의하여 국민투표의 결과를 통보받은 때에는 즉시 이를 공포하여야 한다.

제10장 소송

제92조(국민투표무효의 소송) 국민투표의 효력에 관하여 이의가 있는 투표인은 투표인 10만인 이상의 찬성을 얻어 중앙선거관리위원회위원장을 피고로 하여 투표일로부터 20일 이내에 대법원에 제소할 수 있다.

제93조(국민투표무효의 판결) 대법원은 제92조의 규정에 의한 소송에 있어서 국민투표에 관하여 이 법 또는 이 법에 의하여 발하는 명령에 위반하는 사실이 있는 경우라도 국민투표의 결과에 영향이 미쳤다고 인정하는 때에 한하여 국민투표의 전부 또는 일부의 무효를 판결한다.

제94조(국민투표소송의 우선처리) 국민투표에 관한 소송은 다른 소송에 우선하여 신속히 재판하여야 한다.

제95조(소송절차) 국민투표에 관한 소송에는 이 법에서 규정하는 외에 행정소송법 제8조의 규정을 준용한다. 다만, 민사소송법중 제145조·제147조제2항·제149조·제150조제1항·제220조·제225조 내지 제232조·제284조제1항·제285조 및 제288조의 규정은 준용하지 아니한다. <개정 2002·1·26>

제96조(국민투표소송에 관한 통지) 이 법의 규정에 의하여 소송이 제기된 때에는 대법원장은 그 사실을 대통령·국회의장과 중앙선거관리위원회위원장에게 통지하여야 한다. 소송이 계속되지 아니하게 되었거나 판결이 확정된 때에도 또한 같다.

제11장 재투표

제97조(재투표) ① 제93조의 규정에 의하여 국민투표의 전부 또는 일부의 무효판결이 있을 때에는 재투표를 실시하여야 한다.

② 투표의 전부 무효판결이 있을 때에는 그 판결이 확정된 날로부터 30일 이내에 재투표를 실시하여야 하며, 투표일은 늦어도 투표일전 18일까지 대통령이 공고하여야 한다.

③ 투표의 일부 무효의 판결이 있을 때에는

중앙선거관리위원회는 투표가 무효로 된 당해 투표구의 재투표를 실시하여 총집계를 다시 한 후 이를 대통령과 국회의장에게 통보하여야 한다.

④ 제 3 항의 규정에 의한 투표는 판결이 확정된 날로부터 20일 이내에 실시하되, 중앙선거관리위원회는 7일전에 재투표일을 공고하여야 한다.

⑤ 제 3 항의 규정에 의한 투표는 판결에 명시가 없는 한 제19조의 규정에 불구하고 그 투표에 사용된 투표인명부를 사용한다. <개정 1997·12·13>

⑥ 대통령이 제 3 항의 규정에 의한 통보를 받은 때에는 지체없이 제91조의 규정에 의한 국민투표에 관한 확정의 공포를 다시 하여야 한다.

⑦ 제93조의 규정에 의하여 국민투표의 일부가 무효인 경우에라도 다시 투표를 하지 아니하고 국민투표의 결과를 결정할 수 있을 때에는 일부 재투표를 실시하지 아니한다.

⑧ 일부 재투표에 있어서의 운동에 관하여는 이 법의 범위안에서 중앙선거관리위원회가 정한다.

제12장 투표의 연기

제98조(투표의 연기) 천재·지변으로 인하여 투표를 실시할 수 없거나, 실시하지 못한 때에는 대통령은 투표를 연기하거나 다시 투표일을 정하여야 한다. 이 경우에는 제49조의 규정에 의한 기간의 제한을 받지 아니한다.

제13장 벌칙

제99조(매수 및 이해유도죄) ① 다음 각호의 1에 해당하는 자는 3년 이하의 징역이나 금고 또는 150만원 이하의 벌금에 처한다.

1. 찬성하게 하거나 하지 못하게 할 목적으로 투표권자에게 금전·물품·차마·향응 기타 재산상의 이익이나 공사의 직을 제공하거나 그 제공의 의사를 표시 또는 약속한 자
2. 투표를 하거나 하지 아니하거나, 운동을 하거나 하지 아니하거나 또는 그 알선·권유에 대한 보수를 목적으로 투표권자에게 제 1 호에 규정된 행위를 한 자
3. 투표를 하였거나 아니하였다는 보수로서 투표권자에게 제 1 호에 규정된 행위를 한 자
4. 국민투표의 결과에 영향을 미치게 할 목적으로 학교 기타 공공기관·단체에게 금전·물품 기타 재산상의 이익을 제공하거나 그 제공의 의사를 표시한 자
5. 제 1 호 내지 제 4 호에 규정된 행위에 관하여 알선 또는 권유를 한 자
6. 제 1 호 내지 제 4 호에 규정된 이익 또는 직의 제공을 받거나 요구하거나 그 제공의 의사표시를 승낙한 자

② 선거관리위원회의 위원이나 직원, 국민투표에 관계있는 공무원 또는 경찰공무원이 제 1 항 각호의 규정된 행위를 한 때에는 7년 이하의 징역이나 금고에 처한다.

제100조(다수인매수 및 다수인이해유도죄) 다음 각호의 1에 해당하는 자는 5년 이하의 징역이나 금고 또는 50만원 이상 250만원 이하의 벌금에 처한다.

1. 재산상의 이익을 도모할 목적으로 국민투표의 결과에 영향을 미치게 하기 위하여 다수의 투표권자에 대하여 제99조제 1 항 각호에 규정된 행위를 하거나 하게 한 자
2. 제 1 호에 규정된 행위를 할 것을 청탁받거나 청탁받게 한 자

제101조(매수와 이해유도죄로 인한 이득의 몰수) 제99조 및 제100조의 죄를 범한 자가 받은 이익은 이를 몰수한다. 다만, 그 전부 또는 일부를 몰수할 수 없을 때에는 그 가액을 추징한다.

제102조(투표자유방해죄) ① 국민투표에 관하여 다음 각호의 1에 해당하는 자는 5년 이하의 징역이나 금고 또는 50만원 이상 250만원 이하의 벌금에 처한다.

1. 투표인에 대하여 폭행·협박 또는 유인을 하거나 불법으로 체포 또는 감금한 자

2. 위계·사술 기타 부정한 방법으로 투표의 자유를 방해한 자

② 검사·경찰공무원이나 군인이 제1항 각호에 규정된 행위를 한 때에는 1년 이상 10년 이하의 징역이나 금고와 5년 이상의 자격정지에 처한다.

제103조(군인에 의한 투표자유방해죄) 군인이 운동을 하기 위하여 그 예하 군인 또는 군무원의 투표권행사를 폭행·협박 또는 그밖의 방법으로 방해한 자는 3년 이상의 징역 또는 금고에 처한다.

제104조(직권남용에 의한 투표의 자유방해죄) 국민투표에 관하여 선거관리위원회의 위원이나 직원·경찰공무원 기타의 관계 공무원이나 투표인명부작성에 관계있는 자가 고의로 투표인명부의 열람을 방해하거나 그 직무를 유기하거나 투표통지표를 교부하지 아니하는 등 직권을 남용하여 투표의 자유를 방해하는 때에는 7년 이하의 징역이나 금고에 처한다.

제105조(국민투표안등에 대한 방해죄) ① 제22조의 규정에 의한 국민투표안의 작성·게시를 방해하거나 훼손·철거한 자는 2년 이하의 징역이나 금고 또는 100만원 이하의 벌금에 처한다.

② 선거관리위원회의 위원이나 직원·국민투표사무에 관계있는 공무원이나 경찰공무원이 제1항의 행위를 한 때에는 5년 이하의 징역이나 금고에 처한다.

제106조(국민투표안등의 부정작성죄) 선거관리위원회의 위원이나 직원 또는 국민투표사무에 종사하는 자가 제22조의 규정에 의한 국민투표안 또는 제23조의 규정에 의한 국민투표공보 및 제32조의 규정에 의한 벽보를 부정·부당하게 작성·첩부 또는 배부하였거나 정당한 이유없이 이를 실시하지 아니한 때에는 3년 이하의 징역이나 금고 또는 150만원 이하의 벌금에 처한다.

제107조(투표의 비밀침해죄) ① 누구든지 투표의 비밀을 침해하거나 투표인에 대하여 투표한 또는 투표하고자 하는 내용의 표시를 요구한 때에는 2년 이하의 징역이나 금고 또는 100만원 이하의 벌금에 처한다.

② 선거관리위원회의 위원이나 직원·경찰공무원·군인 기타 공무원이 제1항의 죄를 범한 때에는 7년 이하의 징역이나 금고에 처한다.

제108조(투표나 개표의 간섭죄) ① 투표소나 개표소에서 정당한 이유없이 투표나 개표에 간섭한 자 또는 투표를 권유하거나 기타 투표 또는 개표에 영향을 주는 행위를 한 자는 3년 이하의 징역 또는 금고에 처한다.

② 선거관리위원회의 위원이나 직원 또는 검사·경찰공무원·군인이나 국민투표사무에 관계있는 공무원이 제1항의 죄를 범한 때에는 7년 이하의 징역이나 금고에 처한다.

제109조(투표함등에 관한 죄) ① 법령에 의하지 아니하고 투표함을 열거나 또는 투표함안의 투표지를 취거·파괴·훼손·은닉 또는 탈취한 자는 1년 이상 7년 이하의 징역 또는 금고에 처한다.

② 검사·경찰공무원 또는 군인이 제1항의 행위를 한 때에는 1년 이상 10년 이하의 징역 또는 금고에 처한다.

제110조(국민투표사무관계자나 시설등에 대한 폭행교란죄) 선거관리위원회의 위원이나 직원 또는 국민투표사무에 관계있는 공무원에게 폭행 또는 협박을 하거나 투표소나 개표소를 교란하거나 투표용지·투표인명부 기타 국민투표에 관한 서류 또는 인장을 억류·훼손 또는 탈취한 자는 7년 이하의 징역이나 금고 또는 50만원 이상 350만원 이하의 벌금에 처한다.

제111조(투표소등에의 무기휴대남입죄) ① 무기·흉기·폭발물 기타 사람을 살상할 수 있는 물건을 휴대하고 투표소나 개표소에 남입한 자는 5년 이하의 징역 또는 금고에 처한다.

② 제1항의 죄를 범한 경우에 그 휴대한 물건은 이를 몰수한다.

제112조(다수인의 투표방해죄) ① 다수인이 집합하여 제102조·제109조제1항·제110조 또는 제111조의 죄를 범한 때에는 다음의 구별에 의하여 처벌한다.

1. 주모자는 3년 이상의 유기징역 또는 금고

2. 타인을 지휘하거나 타인에 솔선하여 행동한 자는 1년 이상 10년 이하의 징역 또는 금고

3. 부화하여 행동한 자는 1년 이하의 징역이나 금고 또는 50만원 이하의 벌금

② 제102조·제109조제1항·제110조 또는 제111조의 행위를 할 목적으로 다수인이 집합한 때에 관계공무원으로부터 3회 이상의 해산명령을 받았음에도 불구하고 해산하지 아니한 때에는 그 주도적인 행위를 한 자는 5년 이하의 징역 또는 금고에 처하고 기타의 자는 6월 이하의 징역이나 금고 또는 30만원 이하의 벌금에 처한다.

제113조(사위등재·허위날인죄등) ① 사위의 방법으로 투표인명부에 등재되게 한 자나 제57조제1항의 경우에 있어서 허위의 날인 또는 무인을 한 자는 6월 이하의 징역이나 금고 또는 30만원 이하의 벌금에 처한다.

② 투표인명부작성에 관계있는 공무원이 투표인명부에 고의로 투표권자를 기재하지 아니하거나, 허위의 사실을 기재한 때에는 3년 이하의 징역이나 금고에 처한다.

제114조(사위투표죄) ① 성명을 사칭하거나, 기타 사위의 방법으로 투표를 하거나 하려고 한 때 또는 투표인이 아닌 자가 투표를 하거나 하려고 한 때에는 2년 이하의 징역이나 금고 또는 100만원 이하의 벌금에 처한다.

② 선거관리위원회의 위원이나 직원·국민투표사무에 관계있는 공무원이 제1항의 죄를 범하거나 범하게 한 때에는 5년 이하의 징역이나 금고에 처한다.

제115조(투표위조 또는 증감죄) ① 투표를 위조하거나 그 수를 증감한 자는 1년 이상 7년 이하의 징역 또는 금고에 처한다.

② 선거관리위원회의 위원이나 직원·국민투표사무에 관계있는 공무원이 제1항의 죄를 범한 때에는 1년 이상 10년 이하의 징역이나 금고에 처한다.

제116조(각종 제한규정의 위반죄) 제28조, 제32조제3항·제5항·제6항·제8항·제9항, 제33조제2항, 제34조, 제36조 내지 제47조의 규정에 위반한 자는 2년 이하의 징역이나 금고 또는 100만원 이하의 벌금에 처한다.

제117조(특정인 비방죄) 제48조의 규정에 위반한 자는 3년 이하의 징역이나 금고 또는 150만원 이하의 벌금에 처한다.

제118조(사전운동죄등) 제26조 및 제27조의 규정에 위반하여 운동을 한 자는 2년 이하의 징역이나 금고 또는 100만원 이하의 벌금에 처한다.

제119조(참관인의 의무해태죄) 제62조제3항의 규정에 의하여 투표구선거관리위원회가 선정한 투표참관인이 정당한 이유없이 참관을 거부하거나 해태한 때에는 50만원 이하의 벌금에 처한다.

제120조(각종제한위반죄) 제99조 내지 제119조외에 국민투표에 관하여 이 법에 규정된 각 제한규정에 위반한 자는 20만원 이하의 벌금에 처한다.

제121조(국민투표에 관한 범죄선동죄) 누구든지 벽보·신문·잡지를 이용하거나 기타 어떠한 방법으로든지 이 장에 규정된 죄를 범할 것을 선동한 자는 3년 이하의 징역이나 금고 또는 150만원 이하의 벌금에 처한다.

제14장 보칙

제122조(공소시효) 이 법에 규정된 죄의 공소시효는 투표일후 3월을 경과함으로써 완성한다. 다만, 범인이 도피한 때에는 그 기간을 1년으로 한다.

제123조(재판의 관할) 국민투표사범과 그 공범에 관한 제1심 재판은 지방법원합의부의 관할로 한다.

제124조(고발의 의무) 각급선거관리위원회의 위원장·위원 및 직원은 그 직무를 행함에 있어서 제99조 내지 제121조의 규정에 위반되는 행위가 있다고 인정한 때에는 이를 고발하여야 한다.

제125조(국민투표에 관한 신고등의 시간) 이 법 또는 이 법의 시행을 위한 대통령령 및 중앙선거관리위원회규칙에 의하여 각급 행정기관과 각급선거관리위원회에 대하여 행하는 신고·신청·제출·보고등은 이 법에

특별한 규정이 있는 경우를 제외하고는 공휴일에 불구하고 일반직국가공무원의 평일의 정규근무시간중에 하여야 한다.

부 칙

①(시행일) 이 법은 공포한 날로부터 시행한다.

②(경과조치) 이 법 시행 당시 종전의 규정에 의하여 죄를 범한 사건이 계속중이거나 처벌을 받은 자에게는 영향을 미치지 아니한다.

부 칙 <1994·3·16 법4739>

제1조(시행일) 이 법은 공포한 날부터 시행한다.

제2조부터 **제11조**까지 생략

부 칙 <1994·12·22 법4796>

제1조(시행일) 이 법은 1995년 1월 1일부터 시행한다.

제2조부터 **제4조**까지 생략

부 칙 <1997·12·13 법5454>

이 법은 1998년 1월 1일부터 시행한다. 〈단서 생략〉

부 칙 <2002·1·26 법6626>

제1조(시행일) 이 법은 2002년 7월 1일부터 시행한다.

제2조부터 **제7조**까지 생략

부 칙 <2005·3·31 법7427>

제1조(시행일) 이 법은 공포한 날부터 시행한다. 다만, …〈생략〉… 부칙 제7조(제2항 및 제29항을 제외한다)의 규정은 2008년 1월 1일부터 시행한다.

제2조부터 **제6조**까지 생략

제7조(다른 법률의 개정) 생략

부 칙 <2007·5·17 법8449>

이 법은 공포 후 3개월이 경과한 날부터 시행한다.

부 칙 <2009·2·12 법9467>

이 법은 공포한 날부터 시행한다.

부 칙 <2016·5·29 법14184>

제1조(시행일) 이 법은 공포 후 6개월이 경과한 날부터 시행한다.

제2조 생략

●공직선거법

〔1994·3·16 법률제4739호〕

개정

1994·12·22 법률제 4796호(도농복합형태의시설치에따른행정특례등에관한법률)
1995· 4· 1 법률제 4947호
1995· 5·10 법률제 4949호
1995· 8· 4 법률제 4957호
1995·12·30 법률제 5127호
1996· 2· 6 법률제 5149호
1997· 1·13 법률제 5262호
1997·11·14 법률제 5412호
1998· 1·13 법률제 5499호(은행법)
1998· 2· 6 법률제 5508호
1998· 4·30 법률제 5537호
2000· 2·16 법률제 6265호
2001· 1·26 법률제 6388호(공직자윤리법)
2001· 7·24 법률제 6497호
2001·10· 8 법률제 6518호
2002· 1·26 법률제 6626호(민사소송법)
2002· 3· 7 법률제 6663호
2003· 2· 4 법률제 6854호(대통령직인수에관한법률)
2003·10·30 법률제 6988호
2004· 3·12 법률제 7189호
2005· 8· 4 법률제 7681호
2006· 2·21 법률제 7849호(제주특별자치도 설치 및 국제자유도시 조성을 위한 특별법)
2006· 3· 2 법률제 7850호
2006·10· 4 법률제 8053호
2007· 1· 3 법률제 8232호
2007· 1·19 법률제 8244호(경기도 의왕시 한자명칭 변경에 관한 법률)
2007· 5·11 법률제 8423호(지방자치법)
2007· 6· 1 법률제 8496호(형사소송법)
2007·12·21 법률제 8730호(형사소송법)
2008· 2·29 법률제 8852호(정부조직법)
2008· 2·29 법률제 8867호(방송통신위원회의 설치 및 운영에 관한 법률)
2008· 2·29 법률제 8871호(행정심판법)
2008· 2·29 법률제 8879호
2009· 2· 3 법률제 9402호(공직자윤리법)
2009· 2·12 법률제 9466호
2009· 7·31 법률제 9785호(신문 등의 진흥에 관한 법률)
2010· 1·25 법률제 9968호(행정심판법)
2010· 1·25 법률제 9974호
2010· 3·12 법률제10067호
2010· 5·17 법률제10303호(은행법)
2011· 7·28 법률제10981호
2011· 9·30 법률제11070호
2011·11· 7 법률제11071호
2011·12· 2 법률제11116호(우편법)
2012· 1·17 법률제11207호
2012· 1·26 법률제11212호(고등교육법)
2012· 2·22 법률제11373호(방송광고판매대행 등에 관한 법률)
2012· 2·29 법률제11374호
2012·10· 2 법률제11485호
2012·12·18 법률제11551호(수입인지에 관한 법률)
2013· 3·23 법률제11690호(정부조직법)
2013· 8·13 법률제12111호
2013·12·30 법률제12149호
2014· 1·17 법률제12267호
2014· 2·13 법률제12393호
2014· 5·14 법률제12583호
2014·11·19 법률제12844호(정부조직법)
2014·12·30 법률제12946호(공직자윤리법)
2015· 6·19 법률제13334호
2015· 8·13 법률제13497호
2015·12·24 법률제13617호
2016· 1· 6 법률제13722호(군사법원법)
2016· 1·15 법률제13755호
2016· 3· 3 법률제14073호
2016· 5·29 법률제14184호(예비군법)
2017· 2· 8 법률제14556호
2017· 3· 9 법률제14571호
2017· 7·26 법률제14839호(정부조직법)
2018· 3· 9 법률제15424호
2018· 4· 6 법률제15551호
2019·12· 3 법률제16671호(공직자윤리법)
2020· 1·14 법률제16864호
2020· 2· 4 법률제16957호(신용정보의 이용 및 보호에 관한 법률)
2020· 3·11 법률제17070호
2020· 3·24 법률제17125호(법원조직법)
2020· 3·25 법률제17127호
2020·12·22 법률제17689호(국가경찰과 자치경찰의 조직 및 운영에 관한 법률)
2020·12·29 법률제17758호(국세징수법)
2020·12·29 법률제17813호
2021· 1·12 법률제17893호(지방자치법)
2021· 3·23 법률제17980호
2021· 3·26 법률제17981호
2021· 9·24 법률제18465호(군사법원법)

2022 · 1 · 18 법률제18790호
2022 · 1 · 21 법률제18791호
2022 · 2 · 16 법률제18837호
2022 · 4 · 20 법률제18841호
2023 · 3 · 4 법률제19228호(정부조직법)
2023 · 3 · 14 법률제19234호(개인정보 보호법)
2023 · 3 · 29 법률제19325호
2023 · 8 · 30 법률제19696호
2023 · 12 · 26 법률제19839호(전북특별자치도 설치 및 글로벌생명경제도시 조성을 위한 특별법)
2023 · 12 · 28 법률제19855호
2024 · 3 · 8 법률제20370호
2025 · 1 · 7 법률제20660호

제 1 장 총칙

제 1 조(목적) 이 법은 「대한민국헌법」과 「지방자치법」에 의한 선거가 국민의 자유로운 의사와 민주적인 절차에 의하여 공정히 행하여지도록 하고, 선거와 관련한 부정을 방지함으로써 민주정치의 발전에 기여함을 목적으로 한다. <개정 2005 · 8 · 4>

제 2 조(적용범위) 이 법은 대통령선거 · 국회의원선거 · 지방의회의원 및 지방자치단체의 장의 선거에 적용한다.

제 3 조(선거인의 정의) 이 법에서 "선거인"이란 선거권이 있는 사람으로서 선거인명부 또는 재외선거인명부에 올라 있는 사람을 말한다.
〔전부개정 2009 · 2 · 12〕

제 4 조(인구의 기준) 이 법에서 선거사무관리의 기준이 되는 인구는 「주민등록법」에 따른 주민등록표에 따라 조사한 국민의 최근 인구통계에 의한다. 이 경우 지방자치단체의 의회의원 및 장의 선거에서는 제15조제 2 항제 3 호에 따라 선거권이 있는 외국인의 수를 포함한다. <개정 2015 · 8 · 13>
〔전부개정 2009 · 2 · 12〕

제 5 조(선거사무협조) 관공서 기타 공공기관은 선거사무에 관하여 선거관리위원회의 협조요구를 받은 때에는 우선적으로 이에 따라야 한다. <개정 2000 · 2 · 16>

제 6 조(선거권행사의 보장) ① 국가는 선거권자가 선거권을 행사할 수 있도록 필요한 조치를 취하여야 한다.
② 각급선거관리위원회(읍 · 면 · 동선거관리위원회는 제외한다)는 선거인의 투표참여를 촉진하기 위하여 교통이 불편한 지역에 거주하는 선거인 또는 노약자 · 장애인 등 거동이 불편한 선거인에 대한 교통편의 제공에 필요한 대책을 수립 · 시행하여야 하고, 투표를 마친 선거인에게 국공립 유료시설의 이용요금을 면제 · 할인하는 등의 필요한 대책을 수립 · 시행할 수 있다. 이 경우 공정한 실시방법 등을 정당 · 후보자와 미리 협의하여야 한다. <신설 2008 · 2 · 29, 2020 · 12 · 29>
③ 공무원 · 학생 또는 다른 사람에게 고용된 자가 선거인명부를 열람하거나 투표하기 위하여 필요한 시간은 보장되어야 하며, 이를 휴무 또는 휴업으로 보지 아니한다.
④ 선거권자는 성실하게 선거에 참여하여 선거권을 행사하여야 한다.
⑤ 선거의 중요성과 의미를 되새기고 주권의식을 높이기 위하여 매년 5월 10일을 유권자의 날로, 유권자의 날부터 1주간을 유권자 주간으로 하고, 각급선거관리위원회(읍 · 면 · 동선거관리위원회는 제외한다)는 공명선거 추진활동을 하는 기관 또는 단체 등과 함께 유권자의 날 의식과 그에 부수되는 행사를 개최할 수 있다. <신설 2012 · 1 · 17>

제 6 조의2(다른 자에게 고용된 사람의 투표시간 보장) ① 다른 자에게 고용된 사람이 사전투표기간 및 선거일에 모두 근무를 하는 경우에는 투표하기 위하여 필요한 시간을 고용주에게 청구할 수 있다.

② 고용주는 제 1 항에 따른 청구가 있으면 고용된 사람이 투표하기 위하여 필요한 시간을 보장하여 주어야 한다.

③ 고용주는 고용된 사람이 투표하기 위하여 필요한 시간을 청구할 수 있다는 사실을 선거일 전 7일부터 선거일 전 3일까지 인터넷 홈페이지, 사보, 사내게시판 등을 통하여 알려야 한다.

〔본조신설 2014·2·13〕

제 6 조의3(감염병환자 등의 선거권 보장) ① 「감염병의 예방 및 관리에 관한 법률」 제41조제 1 항 또는 제 2 항에 따라 입원치료, 자가(自家)치료 또는 시설치료 중이거나 같은 법 제42조제 2 항제 1 호에 따라 자가 또는 시설에 격리 중인 사람(이하 "격리자등"이라 한다)은 선거권 행사를 위하여 활동할 수 있다.

② 국가와 지방자치단체는 격리자등의 선거권 행사가 원활하게 이루어질 수 있도록 교통편의 제공 및 그 밖에 필요한 방안을 마련하여야 한다.

〔본조신설 2022·2·16〕

제 7 조(정당·후보자 등의 공정경쟁의무) ① 선거에 참여하는 정당·후보자(후보자가 되고자 하는 자를 포함한다. 이하 이 조에서 같다) 및 후보자를 위하여 선거운동을 하는 자는 선거운동을 함에 있어 이 법을 준수하고 공정하게 경쟁하여야 하며, 정당의 정강·정책이나 후보자의 정견을 지지·선전하거나 이를 비판·반대함에 있어 선량한 풍속 기타 사회질서를 해하는 행위를 하여서는 아니된다. <개정 2004·3·12>

② 각급선거관리위원회(읍·면·동선거관리위원회는 제외한다)는 정책선거의 촉진을 위하여 필요한 사항을 적극적으로 홍보하여야 하며, 중립적으로 정책선거 촉진활동을 추진하는 단체에 그 활동에 필요한 경비를 지원할 수 있다. <신설 2008·2·29, 2010·1·25>

제 8 조(언론기관의 공정보도의무) 방송·신문·통신·잡지 기타의 간행물을 경영·관리하거나 편집·취재·집필·보도하는 자와 제 8 조의5(인터넷선거보도심의위원회)제 1 항의 규정에 따른 인터넷언론사가 정당의 정강·정책이나 후보자(후보자가 되고자 하는 자를 포함한다. 이하 이 조에서 같다)의 정견 기타사항에 관하여 보도·논평을 하는 경우와 정당의 대표자나 후보자 또는 그의 대리인을 참여하게 하여 대담을 하거나 토론을 행하고 이를 방송·보도하는 경우에는 공정하게 하여야 한다. <개정 1997·11·14, 2005·8·4>

제 8 조의2(선거방송심의위원회) ① 「방송통신위원회의 설치 및 운영에 관한 법률」 제18조제 1 항에 따른 방송통신심의위원회(이하 "방송통신심의위원회"라 한다)는 선거방송의 공정성을 유지하기 위하여 다음 각 호의 구분에 따른 기간 동안 선거방송심의위원회를 설치·운영하여야 한다. <개정 2010·1·25, 2012·1·17>

1. 임기만료에 의한 선거
   제60조의2제 1 항에 따른 예비후보자등록신청개시일 전일부터 선거일 후 30일까지
2. 보궐선거등
   선거일 전 60일(선거일 전 60일 후에 실시사유가 확정된 보궐선거등의 경우에는 그 선거의 실시사유가 확정된 후 10일)부터 선거일 후 30일까지

② 선거방송심의위원회는 국회에 교섭단체를 구성한 정당과 중앙선거관리위원회가 추천하는 각 1명, 방송사(제70조제 1 항에 따른 방송시설을 경영 또는 관리하는 자를 말한다. 이하 이 조 및 제 8 조의4에서 같다)·방송학계·대한변호사협회·언론인단체 및 시민단체 등이 추천하는 사람을 포함하여 9명 이내의 위원으로 구성한다. 이 경우 선거방송심의위원회를 구성한 후에 국회에 교섭단체를 구성한 정당의 수가 증가하여 위원정수를 초과하게 되는 경우에는 현원을 위원정수로 본다. <개정 2010·1·25>

③ 선거방송심의위원회의 위원은 정당에 가입할 수 없다.

④ 선거방송심의위원회는 선거방송의 정치적 중립성·형평성·객관성 및 제작기술상의 균형유지와 권리구제 기타 선거방송의

공정을 보장하기 위하여 필요한 사항을 정하여 이를 공표하여야 한다.

⑤ 선거방송심의위원회는 선거방송의 공정 여부를 조사하여야 하고, 조사결과 선거방송의 내용이 공정하지 아니하다고 인정되는 경우에는 「방송법」 제100조제 1 항 각 호에 따른 제재조치 등을 정하여 이를 「방송통신위원회의 설치 및 운영에 관한 법률」 제 3 조제 1 항에 따른 방송통신위원회에 통보하여야 하며, 방송통신위원회는 불공정한 선거방송을 한 방송사에 대하여 통보받은 제재조치 등을 지체없이 명하여야 한다. <개정 2000·2·16, 2005·8·4, 2008·2·29, 2010·1·25>

⑥ 후보자 및 후보자가 되려는 사람은 제 1 항에 따라 선거방송심의위원회가 설치된 때부터 선거방송의 내용이 불공정하다고 인정되는 경우에는 선거방송심의위원회에 그 시정을 요구할 수 있고, 선거방송심의위원회는 지체없이 이를 심의·의결하여야 한다. <개정 2010·1·25>

⑦ 선거방송심의위원회의 구성과 운영 그 밖에 필요한 사항은 방송통신심의위원회규칙으로 정한다. <개정 2010·1·25>

〔본조신설 1997·11·14〕

제 8 조의3(선거기사심의위원회) ① 「언론중재 및 피해구제 등에 관한 법률」 제 7 조에 따른 언론중재위원회(이하 "언론중재위원회"라 한다)는 선거기사(사설·논평·광고 그 밖에 선거에 관한 내용을 포함한다. 이하 이 조에서 같다)의 공정성을 유지하기 위하여 제 8 조의2제 1 항 각 호의 구분에 따른 기간 동안 선거기사심의위원회를 설치·운영하여야 한다. <개정 2005·8·4, 2010·1·25>

② 선거기사심의위원회는 국회에 교섭단체를 구성한 정당과 중앙선거관리위원회가 추천하는 각 1명, 언론학계·대한변호사협회·언론인단체 및 시민단체 등이 추천하는 사람을 포함하여 9명 이내의 위원으로 구성한다. 이 경우 위원정수에 관하여는 제 8 조의2제 2 항 후단을 준용한다. <개정 2010·1·25>

③ 선거기사심의위원회는 「신문 등의 진흥에 관한 법률」 제 2 조제 1 호에 따른 신문, 「잡지 등 정기간행물의 진흥에 관한 법률」 제 2 조제 1 호에 따른 잡지·정보간행물·전자간행물·기타간행물 및 「뉴스통신진흥에 관한 법률」 제 2 조제 1 호에 따른 뉴스통신(이하 이 조 및 제 8 조의4에서 "정기간행물등"이라 한다)에 게재된 선거기사의 공정 여부를 조사하여야 하고, 조사결과 선거기사의 내용이 공정하지 아니하다고 인정되는 경우에는 해당 기사의 내용에 대하여 다음 각 호의 어느 하나에 해당하는 제재조치를 결정하여 이를 언론중재위원회에 통보하여야 하며, 언론중재위원회는 불공정한 선거기사를 게재한 정기간행물등을 발행한 자(이하 이 조 및 제 8 조의4에서 "언론사"라 한다)에 대하여 통보받은 제재조치를 지체없이 명하여야 한다. <개정 2008·2·29, 2009·7·31, 2017·2·8>

1. 정정보도문 또는 반론보도문 게재
2. 경고결정문 게재
3. 주의사실 게재
4. 경고, 주의 또는 권고

④ 정기간행물등을 발행하는 자가 제 1 항에 규정된 선거기사심의위원회의 운영기간 중에 「신문 등의 진흥에 관한 법률」 제 2 조제 1 호가목 또는 다목의 규정에 따른 일반일간신문 또는 일반주간신문을 발행하는 때에는 그 정기간행물등 1부를, 그 외의 정기간행물등을 발행하는 때에는 선거기사심의위원회의 요청이 있는 경우 1부를 지체없이 선거기사심의위원회에 제출하여야 한다. <신설 2002·3·7, 2005·8·4, 2008·2·29, 2009·7·31>

⑤ 제 4 항의 규정에 의하여 정기간행물등을 제출한 자의 요구가 있는 때에는 선거기사심의위원회는 정당한 보상을 하여야 한다. <신설 2002·3·7, 2008·2·29>

⑥ 제 8 조의2(선거방송심의위원회)제 3 항·제 4 항 및 제 6 항의 규정은 선거기사심의위원회에 관하여 이를 준용한다.

⑦ 선거기사심의위원회의 구성과 운영에 관하여 필요한 사항은 언론중재위원회가 정한다.

〔전부개정 2000·2·16〕

제 8 조의4(선거보도에 대한 반론보도청구) ① 선거방송심의위원회 또는 선거기사심의위원회가 설치된 때부터 선거일까지 방송 또는 정기간행물등에 공표된 인신공격, 정책의 왜곡선전 등으로 피해를 받은 정당(중앙당에 한한다. 이하 이 조에서 같다) 또는 후보자(후보자가 되고자 하는 자를 포함한다. 이하 이 조에서 같다)는 그 방송 또는 기사게재가 있음을 안 날부터 10일 이내에 서면으로 당해 방송을 한 방송사에 반론보도의 방송을, 당해 기사를 게재한 언론사에 반론보도문의 게재를 각각 청구할 수 있다. 다만, 그 방송 또는 기사게재가 있은 날부터 30일이 경과한 때에는 그러하지 아니하다. <개정 2002·3·7, 2008·2·29, 2010·1·25>

② 방송사 또는 언론사는 제 1 항의 청구를 받은 때에는 지체없이 당해 정당, 후보자 또는 그 대리인과 반론보도의 내용·크기·횟수 등에 관하여 협의한 후, 방송에 있어서는 이를 청구받은 때부터 48시간 이내에 무료로 반론보도의 방송을 하여야 하며, 정기간행물등에 있어서는 편집이 완료되지 아니한 같은 정기간행물등의 다음 발행호에 무료로 반론보도문의 게재를 하여야 한다. 이 경우 정기간행물등에 있어서 다음 발행호가 선거일후에 발행·배부되는 경우에는 반론보도의 청구를 받은 때부터 48시간 이내에 당해 정기간행물등이 배부된 지역에 배부되는 「신문 등의 진흥에 관한 법률」 제 2 조(정의)제 1 호가목에 따른 일반일간신문에 이를 게재하여야 하며, 그 비용은 당해 언론사의 부담으로 한다. <개정 2002·3·7, 2005·8·4, 2008·2·29, 2009·7·31>

③ 제 2 항의 규정에 의한 협의가 이루어지지 아니한 때에는 당해 정당, 후보자, 방송사 또는 언론사는 선거방송심의위원회 또는 선거기사심의위원회에 지체없이 이를 회부하고, 선거방송심의위원회 또는 선거기사심의위원회는 회부받은 때부터 48시간 이내에 심의하여 각하·기각 또는 인용결정을 한 후 지체없이 이를 당해 정당 또는 후보자와 방송사 또는 언론사에 통지하여야 한다. 이 경우 반론보도의 인용결정을 하는 때에는 반론방송 또는 반론보도문의 내용·크기·횟수 기타 반론보도에 필요한 사항을 함께 결정하여야 한다. <개정 2002·3·7>

④ 「언론중재 및 피해구제 등에 관한 법률」 제15조(정정보도청구권의 행사)제 1 항·제 4 항 내지 제 7 항의 규정은 반론보도청구에 이를 준용한다. 이 경우 "정정보도청구"는 "반론보도청구"로, "정정"은 "반론"으로, "정정보도청구권"은 "반론보도청구권"으로, "정정보도"는 "반론보도"로, "정정보도문"은 "반론보도문"으로 본다. <개정 2005·8·4>
〔전부개정 2000·2·16〕

제 8 조의5(인터넷선거보도심의위원회) ① 중앙선거관리위원회는 인터넷언론사〔「신문 등의 진흥에 관한 법률」 제 2 조(정의)제 4 호에 따른 인터넷신문사업자 그 밖에 정치·경제·사회·문화·시사 등에 관한 보도·논평·여론 및 정보 등을 전파할 목적으로 취재·편집·집필한 기사를 인터넷을 통하여 보도·제공하거나 매개하는 인터넷 홈페이지를 경영·관리하는 자와 이와 유사한 언론의 기능을 행하는 인터넷 홈페이지를 경영·관리하는 자를 말한다. 이하 같다〕의 인터넷 홈페이지에 게재된 선거보도〔사설·논평·사진·방송·동영상 기타 선거에 관한 내용을 포함한다. 이하 이 조 및 제 8 조의6(인터넷언론사의 정정보도 등)에서 같다〕의 공정성을 유지하기 위하여 인터넷선거보도심의위원회를 설치·운영하여야 한다. <개정 2005·8·4, 2009·7·31>

② 인터넷선거보도심의위원회는 국회에 교섭단체를 구성한 정당이 추천하는 각 1인과 방송통신심의위원회, 언론중재위원회, 학계, 법조계, 인터넷 언론단체 및 시민단체 등이 추천하는 자를 포함하여 중앙선거관리위원회가 위촉하는 11인 이내의 위원으로 구성하며, 위원의 임기는 3년으로 한다. 이 경우 위원정수에 관하여는 제 8 조의2제 2 항 후단을 준용한다. <개정 2010·1·25>

③ 인터넷선거보도심의위원회에 위원장 1인을 두되, 위원장은 위원중에서 호선한다.

④ 인터넷선거보도심의위원회에 상임위원 1인을 두되, 중앙선거관리위원회가 인터넷선

거보도심의위원회의 위원 중에서 지명한다.
⑤ 정당의 당원은 인터넷선거보도심의위원회의 위원이 될 수 없다.
⑥ 인터넷선거보도심의위원회는 인터넷 선거보도의 정치적 중립성·형평성·객관성 및 권리구제 기타 선거보도의 공정을 보장하기 위하여 필요한 사항을 정하여 이를 공표하여야 한다.
⑦ 인터넷선거보도심의위원회는 업무수행을 위하여 필요하다고 인정하는 때에는 관계 공무원 또는 전문가를 초청하여 의견을 듣거나 관련 기관·단체 등에 자료 및 의견제출 등 협조를 요청할 수 있다.
⑧ 인터넷선거보도심의위원회의 사무를 처리하기 위하여 선거관리위원회 소속 공무원으로 구성하는 사무국을 둔다.
⑨ 인터넷선거보도심의위원회의 구성·운영, 위원 및 상임위원의 대우, 사무국의 조직·직무범위 기타 필요한 사항은 중앙선거관리위원회규칙으로 정한다.
〔본조신설 2004·3·12〕

제 8 조의6(인터넷언론사의 정정보도 등) ① 인터넷선거보도심의위원회는 인터넷언론사의 인터넷홈페이지에 게재된 선거보도의 공정여부를 조사하여야 하며, 조사결과 선거보도의 내용이 공정하지 아니하다고 인정되는 때에는 당해 인터넷언론사에 대하여 해당 선거보도의 내용에 관한 정정보도문의 게재 등 필요한 조치를 명하여야 한다. <신설 2005·8·4>
② 정당 또는 후보자(후보자가 되고자 하는 자를 포함한다. 이하 이 조에서 같다)는 인터넷언론사의 선거보도가 불공정하다고 인정되는 때에는 그 보도가 있음을 안 날부터 10일 이내에 인터넷선거보도심의위원회에 서면으로 이의신청을 할 수 있다.
③ 인터넷선거보도심의위원회는 제 2 항의 규정에 의한 이의신청을 받은 때에는 지체없이 이의신청 대상이 된 선거보도의 공정여부를 심의하여야 하며, 심의결과 선거보도가 공정하지 아니하다고 인정되는 때에는 당해 인터넷언론사에 대하여 해당 선거보도의 내용에 관한 정정보도문의 게재 등 필요한 조치를 명하여야 한다. <개정 2005·8·4>
④ 인터넷언론사의 왜곡된 선거보도로 인하여 피해를 받은 정당 또는 후보자는 그 보도의 공표가 있음을 안 날부터 10일 이내에 서면으로 당해 인터넷언론사에 반론보도의 방송 또는 반론보도문의 게재(이하 이 조에서 "반론보도"라 한다)를 청구할 수 있다. 이 경우 그 보도의 공표가 있은 날부터 30일이 경과한 때에는 반론보도를 청구할 수 없다.
⑤ 인터넷언론사는 제 4 항의 청구를 받은 때에는 지체없이 당해 정당이나 후보자 또는 그 대리인과 반론보도의 형식·내용·크기 및 횟수 등에 관하여 협의한 후, 이를 청구받은 때부터 12시간 이내에 당해 인터넷언론사의 부담으로 반론보도를 하여야 한다. <개정 2005·8·4>
⑥ 제 5 항의 규정에 의한 반론보도 협의가 이루어지지 아니하는 경우에 당해 정당 또는 후보자는 인터넷선거보도심의위원회에 즉시 반론보도청구를 할 수 있으며, 인터넷선거보도심의위원회는 이를 심의하여 각하·기각 또는 인용결정을 한 후 당해 정당·후보자 및 인터넷언론사에 그 결정내용을 통지하여야 한다. 이 경우 반론보도의 인용결정을 하는 때에는 그 형식·내용·크기·횟수 기타 필요한 사항을 함께 결정하여 통지하여야 하며, 통지를 받은 인터넷언론사는 지체없이 이를 이행하여야 한다. <개정 2005·8·4>
⑦ 「언론중재 및 피해구제 등에 관한 법률」 제15조(정정보도청구권의 행사)제 1 항·제 4 항부터 제 6 항까지 및 제 8 항은 그 성질에 반하지 아니하는 한 인터넷언론사의 선거보도에 관한 반론보도청구에 이를 준용한다. 이 경우 "정정보도청구"는 "반론보도청구"로, "정정"은 "반론"으로, "정정보도청구권"은 "반론보도청구권"으로, "정정보도"는 "반론보도"로, "정정보도문"은 "반론보도문"으로 본다. <개정 2005·8·4, 2012·1·17>
〔본조신설 2004·3·12〕

제 8 조의7(선거방송토론위원회) ① 각급선거관리위원회(읍·면·동선거관리위원회를 제외한다. 이하 이 조에서 같다)는 제82조의2

(선거방송토론위원회 주관 대담·토론회)의 규정에 의한 대담·토론회와 제82조의3(선거방송토론위원회 주관 정책토론회)의 규정에 의한 정책토론회(이하 이 조에서 "대담·토론회등"이라 한다)를 공정하게 주관·진행하기 위하여 각각 선거방송토론위원회(이하 이 조에서 "각급선거방송토론위원회"라 한다)를 설치·운영하여야 한다. 다만, 구·시·군선거관리위원회에 설치하는 구·시·군선거방송토론위원회(이하 "구·시·군선거방송토론위원회"라 한다)는 지역구국회의원선거구단위 또는 「방송법」에 의한 종합유선방송사업자의 방송권역단위로 설치·운영할 수 있다. <개정 2005·8·4>

② 각급선거방송토론위원회는 다음 각 호에 따라 구성하며, 위원의 임기는 제 2 호 후단의 경우를 제외하고는 3년으로 한다. 이 경우 위원정수에 관하여는 제 8 조의2제 2 항 후단을 준용한다. <개정 2010·1·25, 2015·8·13, 2022·1·21>

1. 중앙선거관리위원회에 설치하는 중앙선거방송토론위원회(이하 "중앙선거방송토론위원회"라 한다)
   국회에 교섭단체를 구성한 정당, 공영방송사(한국방송공사와 「방송문화진흥회법」에 따른 방송문화진흥회가 최다출자자인 방송사업자를 말한다. 이하 같다), 지상파방송사(공영방송사가 아닌 지상파방송사업자로서 중앙선거관리위원회규칙으로 정하는 방송사업자를 말한다. 이하 같다)가 포함된 단체로서 중앙선거관리위원회규칙으로 정하는 단체가 추천하는 각 1명, 방송통신심의위원회·학계·법조계·시민단체가 추천하는 사람 등 학식과 덕망이 있는 사람 중에서 중앙선거관리위원회가 위촉하는 사람을 포함하여 11명 이내의 위원

1의2. 특별시·광역시·특별자치시·도·특별자치도(이하 "시·도"라 한다)선거관리위원회에 설치하는 시·도선거방송토론위원회(이하 "시·도선거방송토론위원회"라 한다)
   국회에 교섭단체를 구성한 정당, 공영방송사, 지상파방송사가 추천하는 각 1명, 방송통신심의위원회·학계·법조계·시민단체가 추천하는 사람 등 학식과 덕망이 있는 사람 중에서 시·도선거관리위원회가 위촉하는 사람을 포함하여 9명 이내의 위원

2. 구·시·군선거방송토론위원회
   해당 구·시·군선거관리위원회의 위원장 및 정당추천위원을 포함한 위원 3명(정당추천위원의 수가 3명 이상인 경우에는 그 위원을 모두 포함한 수를 말한다), 학계·법조계·시민단체·전문언론인 중에서 해당 구·시·군선거관리위원회가 위촉하는 사람을 포함하여 9명 이내의 위원. 이 경우 구·시·군선거관리위원회 위원을 겸하는 위원의 임기는 「선거관리위원회법」 제 8 조에 따른 재임기간으로 한다.

③ 각급선거방송토론위원회에 위원장 1인을 두되, 위원장은 위원 중에서 호선한다. 다만, 구·시·군선거방송토론위원회 위원장은 해당 구·시·군선거관리위원회 위원장이 겸한다. <개정 2010·1·25>

④ 중앙선거방송토론위원회에 상임위원 1인을 두되, 중앙선거관리위원회가 중앙선거방송토론위원회의 위원 중에서 지명한다.

⑤ 정당의 당원은 선거방송토론위원회의 위원이 될 수 없다.

⑥ 중앙선거방송토론위원회는 대담·토론회등의 주관·진행 기타 공정성을 보장하기 위하여 필요한 사항을 정하여 공표하여야 한다.

⑦ 각급선거방송토론위원회는 대담·토론회등의 업무수행을 위하여 필요한 때에는 공영방송사 또는 관련 기관·단체 등에 대하여 협조요구를 할 수 있으며, 그 협조요구를 받은 공영방송사는 우선적으로 이에 응하여야 한다.

⑧ 중앙선거방송토론위원회 또는 시·도선거방송토론위원회에 그 사무를 처리하게 하기 위하여 선거관리위원회 소속 공무원으로 구성하는 사무국을 둔다. <개정 2005·8·4, 2010·1·25>

⑨ 선거방송토론위원회는 업무수행을 위하여 필요하다고 인정하는 때에는 관계 행정기관 또는 관련 기관·단체 등의 장과 협의하여 그 소속 공무원 또는 임·직원을 파견

받거나 관계 행정기관 소속 공무원으로 하여금 제 8 항의 규정에 의한 사무국의 소속 공무원의 직을 겸임하게 할 수 있다.

⑩ 각급선거방송토론위원회의 구성·운영, 위원 및 상임위원의 대우, 사무국의 조직·직무범위 기타 필요한 사항은 중앙선거관리위원회규칙으로 정한다.

〔본조신설 2004·3·12〕

제 8 조의8(선거여론조사심의위원회) ① 중앙선거관리위원회와 시·도선거관리위원회는 선거에 관한 여론조사의 객관성·신뢰성을 확보하기 위하여 선거여론조사심의위원회를 각각 설치·운영하여야 한다. <개정 2015·12·24, 2017·2·8>

② 중앙선거관리위원회에 설치하는 선거여론조사심의위원회(이하 "중앙선거여론조사심의위원회"라 한다) 및 시·도선거관리위원회에 설치하는 선거여론조사심의위원회(이하 "시·도선거여론조사심의위원회"라 한다)는 국회에 교섭단체를 구성한 정당이 추천하는 각 1명과 학계, 법조계, 여론조사 관련 기관·단체의 전문가 등을 포함하여 중립적이고 공정한 사람 중에서 중앙선거관리위원회 또는 시·도선거관리위원회가 위촉하는 사람으로 총 9명 이내의 위원으로 각각 구성하며, 위원의 임기는 3년으로 한다. 이 경우 위원정수에 관하여는 제 8 조의2제 2 항 후단을 준용한다. <개정 2017·2·8>

③ 선거여론조사심의위원회에 위원장 1명을 두되, 위원장은 위원 중에서 호선한다. <개정 2017·2·8>

④ 중앙선거여론조사심의위원회에 상임위원 1명을 두되, 중앙선거관리위원회가 중앙선거여론조사심의위원회의 위원 중에서 지명한다. <개정 2017·2·8>

⑤ 정당의 당원은 선거여론조사심의위원회의 위원이 될 수 없다. <개정 2017·2·8>

⑥ 중앙선거여론조사심의위원회는 공표 또는 보도를 목적으로 하는 선거에 관한 여론조사의 객관성·신뢰성을 확보하기 위하여 필요한 사항(이하 "선거여론조사기준"이라 한다)을 정하여 공표하여야 한다. <개정 2015·12·24, 2017·2·8>

⑦ 선거여론조사심의위원회의 직무는 다음 각 호와 같다. <개정 2015·12·24, 2017·2·8>

1. 제108조제 4 항에 따른 이의신청에 대한 심의 및 같은 조 제 7 항에 따른 등록 처리
2. 선거에 관한 여론조사가 이 법 또는 선거여론조사기준을 위반하였는지 여부에 대한 심의 및 조치
3. 제 8 조의9에 따른 선거여론조사기관 등록 등 처리

⑧ 다음 각 호의 어느 하나에 해당하는 여론조사는 이 법에 따른 선거에 관한 여론조사로 보지 아니한다. <신설 2017·2·8>

1. 정당이 그 대표자 등 당직자를 선출하기 위하여 실시하는 여론조사
2. 후보자(후보자가 되려는 사람을 포함한다)의 성명이나 정당(창당준비위원회를 포함한다)의 명칭을 나타내지 아니하고 정책·공약 개발을 위하여 실시하는 여론조사
3. 국회의원 및 지방의회의원이 의정활동과 관련하여 실시하는 여론조사. 다만, 제60조의2제 1 항에 따른 해당 선거의 예비후보자등록신청개시일부터 선거일까지 실시하는 여론조사는 제외한다.
4. 정치, 선거 등 분야에서 순수한 학술·연구 목적으로 실시하는 여론조사
5. 단체 등이 의사결정을 위하여 그 구성원만을 대상으로 실시하는 여론조사

⑨ 선거여론조사심의위원회가 심의하는 관할 여론조사는 다음 각 호와 같다. <개정 2017·2·8>

1. 중앙선거여론조사심의위원회 : 전국 또는 2 이상 시·도의 선거구민을 대상으로 하는 여론조사
2. 시·도선거여론조사심의위원회 : 해당 시·도의 선거구민을 대상으로 하는 여론조사

⑩ 선거여론조사심의위원회는 선거에 관한 여론조사가 이 법 또는 선거여론조사기준을 위반하였다고 인정되는 때에는 그 위반행위를 한 자에게 시정명령·경고·정정보도문의 게재명령 등 필요한 조치를 하되, 그 위반행위가 선거의 공정성을 현저하게 해치는 것으로 인정되거나 시정명령·정정보도문의 게재명령을 불이행한 때에는 고발 등 필요한

조치를 하여야 하고 이를 관할 선거구선거관리위원회에 통보하여야 한다. <개정 2015·12·24, 2017·2·8>

⑪ 선거여론조사심의위원회가 이 법 또는 선거여론조사기준을 위반한 여론조사에 대하여 조사 등을 하는 경우에는 제272조의2를 준용한다. 이 경우 "각급선거관리위원회" 또는 "선거관리위원회"는 "선거여론조사심의위원회"로, "각급선거관리위원회 위원·직원" 또는 "선거관리위원회 위원·직원"은 "선거여론조사심의위원회 위원·직원"으로, "선거범죄" 또는 "범죄"는 "선거에 관한 여론조사에 있어서 이 법 또는 선거여론조사기준 위반행위"로 본다. <신설 2017·2·8>

⑫ 선거여론조사심의위원회는 업무수행을 위하여 필요하다고 인정하는 때에는 관계 공무원 또는 전문가를 초청하여 의견을 듣거나 관련 기관·단체 등에 자료 및 의견 제출 등 협조를 요청할 수 있다. <개정 2017·2·8>

⑬ 선거여론조사심의위원회에 그 사무를 처리하기 위하여 선거관리위원회 소속 공무원으로 구성하는 사무국을 둘 수 있다. <개정 2017·2·8>

⑭ 선거여론조사심의위원회의 구성·운영, 위원 및 상임위원의 대우, 사무국의 조직·직무범위, 선거여론조사기준의 공표방법, 그 밖에 필요한 사항은 중앙선거관리위원회규칙으로 정한다. <개정 2017·2·8>

〔본조신설 2014·2·13〕

제 8 조의9(여론조사 기관·단체의 등록 등) ① 여론조사 기관·단체가 공표 또는 보도를 목적으로 선거에 관한 여론조사를 실시하려는 때에는 조사시스템, 분석전문인력, 그 밖에 중앙선거관리위원회규칙으로 정하는 요건을 갖추어 관할 선거여론조사심의위원회에 서면으로 그 등록을 신청하여야 한다.

② 제 1 항에 따른 등록신청을 받은 관할 선거여론조사심의위원회는 그 신청을 접수한 날부터 7일 이내에 등록을 수리하고 등록증을 교부하여야 한다.

③ 선거여론조사심의위원회는 제 2 항에 따라 등록증을 교부한 여론조사 기관·단체(이하 "선거여론조사기관"이라 한다)에 관한 정보로서 중앙선거관리위원회규칙으로 정하는 정보를 지체 없이 중앙선거여론조사심의위원회 홈페이지에 공개하여야 한다.

④ 제 1 항에 따른 등록신청 사항 중 변경이 생긴 때에는 선거여론조사기관은 14일 이내에 관할 선거여론조사심의위원회에 변경등록을 신청하여야 한다.

⑤ 선거여론조사기관(그 대표자 및 구성원을 포함한다)이 다음 각 호의 어느 하나에 해당하는 경우 관할 선거여론조사심의위원회는 해당 선거여론조사기관의 등록을 취소한다. 이 경우 제 3 호에 해당하여 등록이 취소된 선거여론조사기관은 그 등록이 취소된 날부터 1년 이내에는 등록을 신청할 수 없다.

1. 거짓이나 그 밖의 부정한 방법으로 등록한 경우
2. 제 1 항에 따른 등록 요건을 갖추지 못하게 된 경우
3. 선거에 관한 여론조사와 관련된 죄를 범하여 징역형 또는 100만원 이상의 벌금형의 선고를 받은 경우

⑥ 등록신청서 및 등록증의 서식, 제 3 항에 따른 정보공개의 절차, 등록변경·등록취소 절차, 그 밖에 필요한 사항은 중앙선거관리위원회규칙으로 정한다.

〔본조신설 2017·2·8〕

제 9 조(공무원의 중립의무 등) ① 공무원 기타 정치적 중립을 지켜야 하는 자(기관·단체를 포함한다)는 선거에 대한 부당한 영향력의 행사 기타 선거결과에 영향을 미치는 행위를 하여서는 아니된다.

② 검사(군검사를 포함한다) 또는 경찰공무원(검찰수사관 및 군사법경찰관리를 포함한다)은 이 법의 규정에 위반한 행위가 있다고 인정되는 때에는 신속·공정하게 단속·수사를 하여야 한다. <개정 2006·2·21, 2016·1·6, 2020·12·22>

제10조(사회단체 등의 공명선거추진활동) ① 사회단체 등은 선거부정을 감시하는 등 공명선거추진활동을 할 수 있다. 다만, 다음 각 호의 어느 하나에 해당하는 단체는 그 명의 또는 그 대표의 명의로 공명선거추진활동을 할 수 없다. <개정 2000·2·16, 2002·

3·7, 2004·3·12, 2005·8·4>
1. 특별법에 의하여 설립된 국민운동단체로서 국가 또는 지방자치단체의 출연 또는 보조를 받는 단체(바르게살기운동협의회·새마을운동협의회·한국자유총연맹을 말한다)
2. 법령에 의하여 정치활동이나 공직선거에의 관여가 금지된 단체
3. 후보자(후보자가 되고자 하는 자를 포함한다. 이하 이 조에서 같다), 후보자의 배우자와 후보자 또는 그 배우자의 직계존·비속과 형제자매나 후보자의 직계비속 및 형제자매의 배우자(이하 "후보자의 가족"이라 한다)가 설립하거나 운영하고 있는 단체
4. 특정 정당(창당준비위원회를 포함한다. 이하 이 조에서 같다) 또는 후보자를 지원하기 위하여 설립된 단체
5. 삭제 <2005·8·4>
6. 선거운동을 하거나 할 것을 표방한 노동조합 또는 단체

② 사회단체 등이 공명선거추진활동을 함에 있어서는 항상 공정한 자세를 견지하여야 하며, 특정 정당이나 후보자의 선거운동에 이르지 아니하도록 유의하여야 한다.

③ 각급선거관리위원회(읍·면·동선거관리위원회를 제외한다)는 사회단체 등이 불공정한 활동을 하는 때에는 경고·중지 또는 시정명령을 하여야 하며, 그 행위가 선거운동에 이르거나 선거관리위원회의 중지 또는 시정명령을 이행하지 아니하는 때에는 고발 등 필요한 조치를 하여야 한다. <개정 2005·8·4>

제10조의2(공정선거지원단) ① 각급선거관리위원회(읍·면·동선거관리위원회는 제외한다)는 선거부정을 감시하고 공정선거를 지원하기 위하여 공정선거지원단을 둔다. <개정 2008·2·29, 2018·4·6>

② 공정선거지원단은 선거운동을 할 수 있는 자로서 정당의 당원이 아닌 중립적이고 공정한 자 중에서 중앙선거관리위원회규칙으로 정하는 바에 따라 10명 이내로 구성한다. 다만, 선거일 전 60일(선거일 전 60일 후에 실시사유가 확정된 보궐선거등의 경우 그 선거의 실시사유가 확정된 때)부터 선거일 후 10일까지는 중앙선거관리위원회 및 시·도선거관리위원회는 10인 이내의, 구·시·군선거관리위원회는 20인 이내의 인원을 추가하여 구성할 수 있다. <개정 2008·2·29, 2010·1·25, 2018·4·6>

③부터 ⑤까지 삭제 <2008·2·29>

⑥ 공정선거지원단은 관할 선거관리위원회의 지휘를 받아 이 법에 위반되는 행위에 대하여 증거자료를 수집하거나 조사활동을 할 수 있다. <개정 2008·2·29, 2018·4·6>

⑦ 공정선거지원단의 소속원에 대하여는 예산의 범위안에서 수당 또는 실비를 지급할 수 있다. <개정 2018·4·6>

⑧ 공정선거지원단의 구성·활동방법 및 수당·실비의 지급 기타 필요한 사항은 중앙선거관리위원회규칙으로 정한다. <개정 2018·4·6>

〔본조신설 2000·2·16〕

제10조의3(사이버공정선거지원단) ① 중앙선거관리위원회는 인터넷을 이용한 선거부정을 감시하고 공정선거를 지원하기 위하여 중앙선거관리위원회규칙으로 정하는 바에 따라 5인 이상 10인 이하로 구성된 사이버공정선거지원단을 설치·운영하여야 한다. 다만, 선거일 전 60일(선거일 전 60일 후에 실시사유가 확정된 보궐선거등의 경우 그 선거의 실시사유가 확정된 때)부터 선거일 후 10일까지는 10인 이내의 인원을 추가하여 구성할 수 있다. <신설 2008·2·29, 2018·4·6>

② 시·도선거관리위원회는 인터넷을 이용한 선거부정을 감시하고 공정선거를 지원하기 위하여 선거일전 120일(선거일전 120일후에 실시사유가 확정된 보궐선거등에 있어서는 그 선거의 실시사유가 확정된 후 5일)부터 선거일까지 30인 이내로 구성된 사이버공정선거지원단을 설치·운영하여야 한다. <개정 2008·2·29, 2018·4·6>

③ 사이버공정선거지원단은 정당의 당원이 아닌 중립적이고 공정한 자로 구성한다. <개정 2018·4·6>

④ 제10조의2제 6 항부터 제 8 항까지의 규정은 사이버공정선거지원단에 준용한다. 이 경우 "공정선거지원단"은 "사이버공정선거지원단"으로 본다. <개정 2008·2·29, 2018·4·6>

〔본조신설 2004·3·12〕

제11조(후보자 등의 신분보장) ① 대통령선거의 후보자는 후보자의 등록이 끝난 때부터

개표종료시까지 사형·무기 또는 장기 7년 이상의 징역이나 금고에 해당하는 죄를 범한 경우를 제외하고는 현행범인이 아니면 체포 또는 구속되지 아니하며, 병역소집의 유예를 받는다. <개정 1995·5·10>

② 국회의원선거, 지방의회의원 및 지방자치단체의 장의 선거의 후보자는 후보자의 등록이 끝난 때부터 개표종료시까지 사형·무기 또는 장기 5년 이상의 징역이나 금고에 해당하는 죄를 범하였거나 제16장 벌칙에 규정된 죄를 범한 경우를 제외하고는 현행범인이 아니면 체포 또는 구속되지 아니하며, 병역소집의 유예를 받는다. <신설 1995·5·10>

③ 선거사무장·선거연락소장·선거사무원·회계책임자·투표참관인·사전투표참관인과 개표참관인(예비후보자가 선임한 선거사무장·선거사무원 및 회계책임자는 제외한다)은 해당 신분을 취득한 때부터 개표종료시까지 사형·무기 또는 장기 3년 이상의 징역이나 금고에 해당하는 죄를 범하였거나 제230조부터 제235조까지 및 제237조부터 제259조까지의 죄를 범한 경우를 제외하고는 현행범인이 아니면 체포 또는 구속되지 아니하며, 병역소집의 유예를 받는다. <개정 2011·7·28, 2014·1·17>

제12조(선거관리) ① 중앙선거관리위원회는 이 법에 특별한 규정이 있는 경우를 제외하고는 선거사무를 통할·관리하며, 하급선거관리위원회(투표관리관 및 사전투표관리관을 포함한다. 이하 이 조에서 같다) 및 제218조에 따른 재외선거관리위원회와 제218조의2에 따른 재외투표관리관의 위법·부당한 처분에 대하여 이를 취소하거나 변경할 수 있다. <개정 2005·8·4, 2009·2·12, 2014·1·17>

② 시·도선거관리위원회는 지방의회의원 및 지방자치단체의 장의 선거에 관한 하급선거관리위원회의 위법·부당한 처분에 대하여 이를 취소하거나 변경할 수 있다. <개정 1995·4·1, 2005·8·4>

③ 구·시·군선거관리위원회는 당해 선거에 관한 하급선거관리위원회의 위법·부당한 처분에 대하여 이를 취소하거나 변경할 수 있다.

④ 이 법에 규정된 구·시·군선거관리위원회에는 그 성질에 반하지 아니하는 범위에서 세종특별자치시선거관리위원회가 포함된 것으로 본다. <신설 2015·8·13>

제13조(선거구선거관리) ① 선거구선거사무를 행할 선거관리위원회(이하 "선거구선거관리위원회"라 한다)는 다음 각호와 같다. <개정 2000·2·16, 2005·8·4, 2015·8·13>

1. 대통령선거 및 비례대표전국선거구국회의원(이하 "비례대표국회의원"이라 한다)선거의 선거구선거사무는 중앙선거관리위원회
2. 특별시장·광역시장·특별자치시장·도지사(이하 "시·도지사"라 한다)선거와 비례대표선거구시·도의회의원(이하 "비례대표시·도의원"이라 한다)선거의 선거구선거사무는 시·도선거관리위원회
3. 지역선거구국회의원(이하 "지역구국회의원"이라 한다)선거, 지역선거구시·도의회의원(이하 "지역구시·도의원"이라 한다)선거, 지역선거구자치구·시·군의회의원(이하 "지역구자치구·시·군의원"이라 한다)선거, 비례대표선거구자치구·시·군의회의원(이하 "비례대표자치구·시·군의원"이라 한다)선거 및 자치구의 구청장·시장·군수(이하 "자치구·시·군의 장"이라 한다)선거의 선거구선거사무는 그 선거구역을 관할하는 구·시·군선거관리위원회〔제29조(지방의회의원의 증원선거)제3항 또는 「선거관리위원회법」 제2조(설치)제6항의 규정에 의하여 선거구선거사무를 행할 구·시·군선거관리위원회가 지정된 경우에는 그 지정을 받은 구·시·군선거관리위원회를 말한다〕

② 제1항에서 "선거구선거사무"라 함은 선거에 관한 사무중 후보자등록 및 당선인결정 등과 같이 당해 선거구를 단위로 행하여야 하는 선거사무를 말한다.

③ 선거구선거관리위원회 또는 직근 상급선거관리위원회는 선거관리를 위하여 특히 필요하다고 인정하는 때에는 중앙선거관리위원회가 정하는 바에 따라 당해 선거에 관하여 관할선거구안의 선거관리위원회가 행할 선거사무의 범위를 조정하거나 하급선거관리위원회 또는 그 위원으로 하여금 선거구

선거관리위원회의 직무를 행하게 할 수 있다.

④ 제3항의 규정에 의하여 선거구선거사무를 행하는 하급선거관리위원회의 위원은 선거구선거관리위원회위원의 정수에 산입하지 아니하며, 선거구선거관리위원회의 의결에 참가할 수 없다.

⑤ 구·시·군선거관리위원회 또는 읍·면·동선거관리위원회가 천재·지변 기타 부득이한 사유로 그 기능을 수행할 수 없는 때에는 직근 상급선거관리위원회는 직접 또는 다른 선거관리위원회로 하여금 당해 선거관리위원회의 기능이 회복될 때까지 그 선거사무를 대행하거나 대행하게 할 수 있다. 다른 선거관리위원회로 하여금 대행하게 하는 경우에는 대행할 업무의 범위도 함께 정하여야 한다. <개정 2005·8·4>

⑥ 제5항의 규정에 의하여 선거사무를 대행하거나 대행하게 한 때에는 대행할 선거관리위원회와 그 업무의 범위를 지체없이 공고하고, 상급선거관리위원회에 보고하여야 한다.

제14조(임기개시) ① 대통령의 임기는 전임대통령의 임기만료일의 다음날 0시부터 개시된다. 다만, 전임자의 임기가 만료된 후에 실시하는 선거와 궐위로 인한 선거에 의한 대통령의 임기는 당선이 결정된 때부터 개시된다. <개정 2003·2·4>

② 국회의원과 지방의회의원(이하 이 항에서 "의원"이라 한다)의 임기는 총선거에 의한 전임의원의 임기만료일의 다음날부터 개시된다. 다만, 의원의 임기가 개시된 후에 실시하는 선거와 지방의회의원의 증원선거에 의한 의원의 임기는 당선이 결정된 때부터 개시되며 전임자 또는 같은 종류의 의원의 잔임기간으로 한다.

③ 지방자치단체의 장의 임기는 전임지방자치단체의 장의 임기만료일의 다음날부터 개시된다. 다만, 전임지방자치단체의 장의 임기가 만료된 후에 실시하는 선거와 제30조(지방자치단체의 폐치·분합시의 선거등)제1항제1호 내지 제3호에 의하여 새로 선거를 실시하는 지방자치단체의 장의 임기는 당선이 결정된 때부터 개시되며 전임자 또는 같은 종류의 지방자치단체의 장의 잔임기간으로 한다.

제2장 선거권과 피선거권

제15조(선거권) ① 18세 이상의 국민은 대통령 및 국회의원의 선거권이 있다. 다만, 지역구국회의원의 선거권은 18세 이상의 국민으로서 제37조제1항에 따른 선거인명부작성기준일 현재 다음 각 호의 어느 하나에 해당하는 사람에 한하여 인정된다. <개정 2011·11·7, 2014·1·17, 2015·8·13, 2020·1·14>

1. 「주민등록법」 제6조제1항제1호 또는 제2호에 해당하는 사람으로서 해당 국회의원지역선거구 안에 주민등록이 되어 있는 사람
2. 「주민등록법」 제6조제1항제3호에 해당하는 사람으로서 주민등록표에 3개월 이상 계속하여 올라 있고 해당 국회의원지역선거구 안에 주민등록이 되어 있는 사람

② 18세 이상으로서 제37조제1항에 따른 선거인명부작성기준일 현재 다음 각 호의 어느 하나에 해당하는 사람은 그 구역에서 선거하는 지방자치단체의 의회의원 및 장의 선거권이 있다. <개정 2009·2·12, 2011·11·7, 2014·1·17, 2015·8·13, 2020·1·14>

1. 「주민등록법」 제6조제1항제1호 또는 제2호에 해당하는 사람으로서 해당 지방자치단체의 관할 구역에 주민등록이 되어 있는 사람
2. 「주민등록법」 제6조제1항제3호에 해당하는 사람으로서 주민등록표에 3개월 이상 계속하여 올라 있고 해당 지방자치단체의 관할구역에 주민등록이 되어 있는 사람
3. 「출입국관리법」 제10조에 따른 영주의 체류자격 취득일 후 3년이 경과한 외국인으로서 같은 법 제34조에 따라 해당 지방자치단체의 외국인등록대장에 올라 있는 사람

제16조(피선거권) ① 선거일 현재 5년 이상

국내에 거주하고 있는 40세 이상의 국민은 대통령의 피선거권이 있다. 이 경우 공무로 외국에 파견된 기간과 국내에 주소를 두고 일정기간 외국에 체류한 기간은 국내거주기간으로 본다. <개정 1997·1·13>

② 18세 이상의 국민은 국회의원의 피선거권이 있다. <개정 2022·1·18>

③ 선거일 현재 계속하여 60일 이상(공무로 외국에 파견되어 선거일전 60일후에 귀국한 자는 선거인명부작성기준일부터 계속하여 선거일까지) 해당 지방자치단체의 관할구역에 주민등록이 되어 있는 주민으로서 18세 이상의 국민은 그 지방의회의원 및 지방자치단체의 장의 피선거권이 있다. 이 경우 60일의 기간은 그 지방자치단체의 설치·폐지·분할·합병 또는 구역변경(제28조 각 호의 어느 하나에 따른 구역변경을 포함한다)에 의하여 중단되지 아니한다. <개정 1998·4·30, 2009·2·12, 2015·8·13, 2022·1·18>

④ 제3항 전단의 경우에 지방자치단체의 사무소 소재지가 다른 지방자치단체의 관할구역에 있어 해당 지방자치단체의 장의 주민등록이 다른 지방자치단체의 관할 구역에 있게 된 때에는 해당 지방자치단체의 관할구역에 주민등록이 되어 있는 것으로 본다. <개정 2009·2·12>

제17조(연령산정기준) 선거권자와 피선거권자의 연령은 선거일 현재로 산정한다.

제18조(선거권이 없는 자) ① 선거일 현재 다음 각 호의 어느 하나에 해당하는 사람은 선거권이 없다. <개정 2004·3·12, 2005·8·4, 2015·8·13>

1. 금치산선고를 받은 자
2. 1년 이상의 징역 또는 금고의 형의 선고를 받고 그 집행이 종료되지 아니하거나 그 집행을 받지 아니하기로 확정되지 아니한 사람. 다만, 그 형의 집행유예를 선고받고 유예기간 중에 있는 사람은 제외한다.
3. 선거범, 「정치자금법」 제45조(정치자금부정수수죄) 및 제49조(선거비용관련 위반행위에 관한 벌칙)에 규정된 죄를 범한 자 또는 대통령·국회의원·지방의회의원·지방자치단체의 장으로서 그 재임 중의 직무와 관련하여 「형법」(「특정범죄가중처벌 등에 관한 법률」 제2조에 의하여 가중처벌되는 경우를 포함한다) 제129조(수뢰, 사전수뢰) 내지 제132조(알선수뢰)·「특정범죄가중처벌 등에 관한 법률」 제3조(알선수재)에 규정된 죄를 범한 자로서, 100만원 이상의 벌금형의 선고를 받고 그 형이 확정된 후 5년 또는 형의 집행유예의 선고를 받고 그 형이 확정된 후 10년을 경과하지 아니하거나 징역형의 선고를 받고 그 집행을 받지 아니하기로 확정된 후 또는 그 형의 집행이 종료되거나 면제된 후 10년을 경과하지 아니한 자(형이 실효된 자도 포함한다)
4. 법원의 판결 또는 다른 법률에 의하여 선거권이 정지 또는 상실된 자

② 제1항제3호에서 "선거범"이라 함은 제16장 벌칙에 규정된 죄와 「국민투표법」 위반의 죄를 범한 자를 말한다. <개정 2005·8·4>

③ 「형법」 제38조에도 불구하고 제1항제3호에 규정된 죄와 다른 죄의 경합범에 대하여는 이를 분리 선고하고, 선거사무장·선거사무소의 회계책임자(선거사무소의 회계책임자로 선임·신고되지 아니한 사람으로서 후보자와 통모(通謀)하여 해당 후보자의 선거비용으로 지출한 금액이 선거비용제한액의 3분의 1 이상에 해당하는 사람을 포함한다) 또는 후보자(후보자가 되려는 사람을 포함한다)의 직계존비속 및 배우자에게 제263조 및 제265조에 규정된 죄와 이 조 제1항제3호에 규정된 죄의 경합범으로 징역형 또는 300만원 이상의 벌금형을 선고하는 때(선거사무장, 선거사무소의 회계책임자에 대하여는 선임·신고되기 전의 행위로 인한 경우를 포함한다)에는 이를 분리 선고하여야 한다. <개정 2010·1·25>

제19조(피선거권이 없는 자) 선거일 현재 다음 각 호의 어느 하나에 해당하는 자는 피선거권이 없다. <개정 2013·12·30, 2014·2·13>

1. 제18조(선거권이 없는 자)제1항제1호·제3호 또는 제4호에 해당하는 자
2. 금고 이상의 형의 선고를 받고 그 형이 실효되지 아니한 자
3. 법원의 판결 또는 다른 법률에 의하여

피선거권이 정지되거나 상실된 자

4. 「국회법」 제166조(국회 회의 방해죄)의 죄를 범한 자로서 다음 각 목의 어느 하나에 해당하는 자(형이 실효된 자를 포함한다)
   가. 500만원 이상의 벌금형의 선고를 받고 그 형이 확정된 후 5년이 경과되지 아니한 자
   나. 형의 집행유예의 선고를 받고 그 형이 확정된 후 10년이 경과되지 아니한 자
   다. 징역형의 선고를 받고 그 집행을 받지 아니하기로 확정된 후 또는 그 형의 집행이 종료되거나 면제된 후 10년이 경과되지 아니한 자
5. 제230조제 6 항의 죄를 범한 자로서 벌금형의 선고를 받고 그 형이 확정된 후 10년을 경과하지 아니한 자(형이 실효된 자도 포함한다)

제 3 장 선거구역과 의원정수

제20조(선거구) ① 대통령 및 비례대표국회의원은 전국을 단위로 하여 선거한다. <개정 2000·2·16, 2005·8·4>

② 비례대표시·도의원은 당해 시·도를 단위로 선거하며, 비례대표자치구·시·군의원은 당해 자치구·시·군을 단위로 선거한다. <신설 2005·8·4>

③ 지역구국회의원, 지역구지방의회의원(지역구시·도의원 및 지역구자치구·시·군의원을 말한다. 이하 같다)은 당해 의원의 선거구를 단위로 하여 선거한다. <개정 2000·2·16, 2005·8·4>

④ 지방자치단체의 장은 당해 지방자치단체의 관할구역을 단위로 하여 선거한다.

제21조(국회의 의원정수) ① 국회의 의원정수는 지역구국회의원 254명과 비례대표국회의원 46명을 합하여 300명으로 한다. <개정 2020·1·14, 2024·3·8>

② 하나의 국회의원지역선거구(이하 "국회의원지역구"라 한다)에서 선출할 국회의원의 정수는 1인으로 한다. <개정 2016·3·3>

제22조(시·도의회의 의원정수) ① 시·도별 지역구시·도의원의 총 정수는 그 관할구역 안의 자치구·시·군(하나의 자치구·시·군이 2 이상의 국회의원지역구로 된 경우에는 국회의원지역구를 말하며, 행정구역의 변경으로 국회의원지역구와 행정구역이 합치되지 아니하게 된 때에는 행정구역을 말한다)수의 2배수로 하되, 인구·행정구역·지세·교통, 그 밖의 조건을 고려하여 100분의 20의 범위에서 조정할 수 있다. 다만, 인구가 5만명 미만인 자치구·시·군의 지역구시·도의원정수는 최소 1명으로 하고, 인구가 5만명 이상인 자치구·시·군의 지역구시·도의원정수는 최소 2명으로 한다. <개정 2004·2·13, 2016·3·3, 2022·4·20>

② 제 1 항에도 불구하고 「지방자치법」 제10조제 2 항에 따라 시와 군을 통합하여 도농복합형태의 시로 한 경우에는 시·군통합후 최초로 실시하는 임기만료에 의한 시·도의회의원선거에 한하여 해당 시를 관할하는 도의회의원의 정수 및 해당 시의 도의회의원의 정수는 통합 전의 수를 고려하여 이를 정한다. <개정 1998·4·30, 2005·8·4, 2010·1·25, 2021·1·12>

③ 제 1 항 및 제 2 항의 기준에 의하여 산정된 의원정수가 19명 미만이 되는 광역시 및 도는 그 정수를 19명으로 한다. <개정 1998·4·30, 2002·3·7, 2010·1·25>

④ 비례대표시·도의원정수는 제 1 항 내지 제 3 항의 규정에 의하여 산정된 지역구시·도의원정수의 100분의 10으로 한다. 이 경우 단수는 1로 본다. 다만, 산정된 비례대표시·도의원정수가 3인 미만인 때에는 3인으로 한다. <신설 1995·4·1>

제23조(자치구·시·군의회의 의원정수) ① 시·도별 자치구·시·군의회 의원의 총정수는 별표3과 같이 하며, 자치구·시·군의회의 의원정수는 당해 시·도의 총정수 범위 내에서 제24조의3의 규정에 따른 당해 시·도의 자치구·시·군의원선거구획정위원회가 자치구·시·군의 인구와 지역대표성을 고려하여 중앙선거관리위원회규칙이 정하는 기준에 따라 정한다. <개정 2015·6·19>

② 자치구·시·군의회의 최소정수는 7인으로 한다.

③ 비례대표자치구·시·군의원정수는 자치구·시·군의원 정수의 100분의 10으로 한다. 이 경우 단수는 1로 본다.

〔전부개정 2005·8·4〕

제24조(국회의원선거구획정위원회) ① 국회의원지역구의 공정한 획정을 위하여 임기만료에 따른 국회의원선거의 선거일 전 18개월부터 해당 국회의원선거에 적용되는 국회의원지역구의 명칭과 그 구역이 확정되어 효력을 발생하는 날까지 국회의원선거구획정위원회를 설치·운영한다. <개정 2016·3·3>

② 국회의원선거구획정위원회는 중앙선거관리위원회에 두되, 직무에 관하여 독립의 지위를 가진다.

③ 국회의원선거구획정위원회는 중앙선거관리위원회위원장이 위촉하는 9명의 위원으로 구성하되, 위원장은 위원 중에서 호선한다.

④ 국회의 소관 상임위원회 또는 선거구획정에 관한 사항을 심사하는 특별위원회(이하 이 조 및 제24조의2에서 "위원회"라 한다)는 중앙선거관리위원회위원장이 지명하는 1명과 학계·법조계·언론계·시민단체·정당 등으로부터 추천받은 사람 중 8명을 의결로 선정하여 국회의원선거구획정위원회 설치일 전 10일까지 중앙선거관리위원회위원장에게 통보하여야 한다.

⑤ 중앙선거관리위원회위원장은 국회의원선거구획정위원회 위원의 결원이 발생하는 때에는 위원회에 위원을 선정하여 통보하여 줄 것을 요청하여야 한다. 이 경우 위원의 선정 등에 관하여는 제 4 항을 준용한다.

⑥ 국회의원선거구획정위원회 위원의 임기는 국회의원선거구획정위원회의 존속기간으로 한다.

⑦ 국회의원 및 정당의 당원(제 1 항에 따른 국회의원선거구획정위원회의 설치일부터 과거 1년 동안 정당의 당원이었던 사람을 포함한다)은 위원이 될 수 없다.

⑧ 위원은 명예직으로 하되, 위원에게 일비·여비 그 밖의 실비를 지급할 수 있다.

⑨ 국회의원선거구획정위원회로부터 선거구획정업무에 필요한 자료의 요청을 받은 국가기관 및 지방자치단체는 지체 없이 이에 따라야 한다.

⑩ 국회의원선거구획정위원회는 국회의원지역구를 획정함에 있어서 국회에 의석을 가진 정당에게 선거구획정에 대한 의견진술의 기회를 부여하여야 한다. <개정 2016·3·3>

⑪ 국회의원선거구획정위원회는 제25조제 1 항에 규정된 기준에 따라 작성되고 재적위원 3분의 2 이상의 찬성으로 의결한 선거구획정안과 그 이유 및 그 밖에 필요한 사항을 기재한 보고서를 임기만료에 따른 국회의원선거의 선거일 전 13개월까지 국회의장에게 제출하여야 한다.

⑫ 국회의원선거구획정위원회에 그 사무를 지원하기 위한 조직(이하 "지원 조직"이라 한다)을 국회의원선거구획정위원회 설치일 전 30일부터 둘 수 있다. 이 경우 지원 조직은 중앙선거관리위원회 소속 공무원으로 구성하되, 국회의원선거구획정위원회가 설치된 후 필요하다고 판단되면 국회의원선거구획정위원회위원장은 관계 국가기관에 그 소속 공무원의 파견을 요청할 수 있다.

⑬ 국회의원선거구획정위원회 위원 또는 위원이었던 사람은 그 직무상 알게 된 비밀을 누설하여서는 아니 된다. 국회의원선거구획정위원회 지원 조직의 직원 또한 같다.

⑭ 그 밖에 국회의원선거구획정위원회 및 지원 조직의 운영 등에 필요한 사항은 중앙선거관리위원회규칙으로 정한다.

〔전부개정 2015·6·19〕

제24조의2(국회의원지역구 확정) ① 국회는 국회의원지역구를 선거일 전 1년까지 확정하여야 한다. <개정 2016·3·3>

② 국회의장은 제24조제11항에 따라 제출된 선거구획정안을 위원회에 회부하여야 한다.

③ 제 2 항에 따라 선거구획정안을 회부받은 위원회는 이를 지체 없이 심사하여 국회의원지역구의 명칭과 그 구역에 관한 규정을 개정하는 법률안(이하 "선거구법률안"이라 한다)을 제안하여야 한다. 이 경우 위원회는 국회의원선거구획정위원회가 제출한 선거구획정안을 그대로 반영하되, 선거구획정안이 제25조제 1 항의 기준에 명백하게 위반된다고 판단하는 경우에는 그 이유를 붙여 재적위원 3분의 2 이상의 찬성으로 국회의원선거구획정위원회에 선거구획정안을 다시 제출하여 줄 것을 한 차례만 요구할 수 있다. <개정 2016·3·3>

④ 제 3 항에 따른 요구를 받은 국회의원선거구획정위원회는 그 요구를 받은 날부터 10일 이내에 새로이 선거구획정안을 마련하여 국회의장에게 제출하여야 한다. 이 경우 선거구획정안의 위원회 회부에 관하여는 제 2 항을 준용한다.

⑤ 선거구법률안 중 국회의원지역구의 명칭과 그 구역에 한해서는 「국회법」 제86조에 따른 법제사법위원회의 체계와 자구에 대한 심사 대상에서 제외한다. <개정 2016 · 3 · 3>

⑥ 국회의장은 선거구법률안 또는 선거구법률안이 포함된 법률안이 제안된 후 처음 개의하는 본회의에 이를 부의하여야 한다. 이 경우 본회의는 「국회법」 제95조제 1 항 및 제96조에도 불구하고 선거구법률안 또는 선거구법률안이 포함된 법률안을 수정 없이 바로 표결한다.

〔본조신설 2015 · 6 · 19〕

제24조의3(자치구 · 시 · 군의원선거구획정위원회) ① 자치구 · 시 · 군의원지역선거구(이하 "자치구 · 시 · 군의원지역구"라 한다)의 공정한 획정을 위하여 시 · 도에 자치구 · 시 · 군의원선거구획정위원회를 둔다.

② 자치구 · 시 · 군의원선거구획정위원회는 11명 이내의 위원으로 구성하되, 학계 · 법조계 · 언론계 · 시민단체와 시 · 도의회 및 시 · 도선거관리위원회가 추천하는 사람 중에서 시 · 도지사가 위촉하여야 한다.

③ 지방의회의원 및 정당의 당원은 자치구 · 시 · 군의원선거구획정위원회의 위원이 될 수 없다.

④ 자치구 · 시 · 군의원선거구획정위원회는 선거구획정안을 마련함에 있어서 국회에 의석을 가진 정당과 해당 자치구 · 시 · 군의 의회 및 장에 대하여 의견진술의 기회를 부여하여야 한다.

⑤ 자치구 · 시 · 군의원선거구획정위원회는 제26조제 2 항에 규정된 기준에 따라 선거구획정안을 마련하고, 그 이유나 그 밖의 필요한 사항을 기재한 보고서를 첨부하여 임기만료에 따른 자치구 · 시 · 군의원선거의 선거일 전 6개월까지 시 · 도지사에게 제출하여야 한다.

⑥ 시 · 도의회가 자치구 · 시 · 군의원지역구에 관한 조례를 개정하는 때에는 자치구 · 시 · 군의원선거구획정위원회의 선거구획정안을 존중하여야 한다.

⑦ 제24조제 8 항 및 제 9 항은 자치구 · 시 · 군의원선거구획정위원회에 관하여 이를 준용한다.

⑧ 자치구 · 시 · 군의원선거구획정위원회의 구성 및 운영, 그 밖에 필요한 사항은 중앙선거관리위원회규칙으로 정한다. <개정 2015 · 12 · 24>

〔본조신설 2015 · 6 · 19〕

제25조(국회의원지역구의 획정) ① 국회의원지역구는 시 · 도의 관할구역 안에서 인구 · 행정구역 · 지리적 여건 · 교통 · 생활문화권 등을 고려하여 다음 각 호의 기준에 따라 획정한다. <개정 2016 · 3 · 3>

1. 국회의원지역구 획정의 기준이 되는 인구는 선거일 전 15개월이 속하는 달의 말일 현재 「주민등록법」 제 7 조제 1 항에 따른 주민등록표에 따라 조사한 인구로 한다.
2. 하나의 자치구 · 시 · 군의 일부를 분할하여 다른 국회의원지역구에 속하게 할 수 없다. 다만, 인구범위(인구비례 2 : 1의 범위를 말한다. 이하 이 조에서 같다)에 미달하는 자치구 · 시 · 군으로서 인접한 하나 이상의 자치구 · 시 · 군의 관할구역 전부를 합하는 방법으로는 그 인구범위를 충족하는 하나의 국회의원지역구를 구성할 수 없는 경우에는 그 인접한 자치구 · 시 · 군의 일부를 분할하여 구성할 수 있다.

② 국회의원지역구의 획정에 있어서는 제 1 항제 2 호의 인구범위를 벗어나지 아니하는 범위에서 농산어촌의 지역대표성이 반영될 수 있도록 노력하여야 한다. <신설 2016 · 3 · 3>

③ 국회의원지역구의 명칭과 그 구역은 별표1과 같이 한다.

제26조(지방의회의원선거구의 획정) ① 시 · 도의회의원지역선거구(이하 "시 · 도의원지역구"라 한다)는 인구 · 행정구역 · 지세 · 교통 그 밖의 조건을 고려하여 자치구 · 시 · 군(하나의 자치구 · 시 · 군이 2 이상의 국회의원지역구로 된 경우에는 국회의원지역구를 말하며, 행정구역의 변경으로 국회의원지역

구와 행정구역이 합치되지 아니하게 된 때에는 행정구역을 말한다)을 구역으로 하거나 분할하여 이를 획정하되, 하나의 시·도의원지역구에서 선출할 지역구시·도의원정수는 1명으로 하며, 그 시·도의원지역구의 명칭과 관할구역은 별표2와 같이 한다. <개정 1995·4·1, 2010·1·25>

② 자치구·시·군의원지역구는 인구·행정구역·지세·교통 그 밖의 조건을 고려하여 획정하되, 하나의 자치구·시·군의원지역구에서 선출할 지역구자치구·시·군의원정수는 2인 이상 4인 이하로 하며, 그 자치구·시·군의원지역구의 명칭·구역 및 의원정수는 시·도조례로 정한다. <개정 2005·8·4>

③ 제1항 또는 제2항의 규정에 따라 시·도의원지역구 또는 자치구·시·군의원지역구를 획정하는 경우 하나의 읍·면(「지방자치법」 제7조제3항에 따라 행정면을 둔 경우에는 행정면을 말한다. 이하 같다)·동(「지방자치법」 제7조제4항에 따라 행정동을 둔 경우에는 행정동을 말한다. 이하 같다)의 일부를 분할하여 다른 시·도의원지역구 또는 자치구·시·군의원지역구에 속하게 하지 못한다. <개정 1995·4·1, 2005·8·4, 2010·1·25, 2021·1·12>

④ 자치구·시·군의원지역구는 하나의 시·도의원지역구 내에서 획정하여야 한다. <신설 2005·8·4, 2022·4·20>

제27조(임기중 국회의원지역구를 변경한 때의 선거유예) 인구의 증감 또는 행정구역의 변경에 따라 별표1의 개정에 의한 국회의원지역구의 변경이 있더라도 임기만료에 의한 총선거를 실시할 때까지는 그 증감된 국회의원지역구의 선거는 이를 실시하지 아니한다.

제28조(임기중 지방의회의 의원정수의 조정 등) 인구의 증감 또는 행정구역의 변경에 따라 지방의회의 의원정수·선거구 또는 그 구역의 변경이 있더라도 임기만료에 의한 총선거를 실시할 때까지는 그 증감된 선거구의 선거는 이를 실시하지 아니한다. 다만, 지방자치단체의 구역변경이나 설치·폐지·분할 또는 합병이 있는 때에는 다음 각호에 의하여 당해 지방의회의 의원정수를 조정하고, 제3호 단서·제5호 또는 제6호의 경우에는 증원선거를 실시한다. <개정 1995·4·1, 2005·8·4>

1. 지방자치단체의 구역변경으로 선거구에 해당하는 구역의 전부가 다른 지방자치단체에 편입된 때에는 그 편입된 선거구에서 선출된 지방의회의원은 종전의 지방의회의원의 자격을 상실하고 새로운 지방의회의원의 자격을, 선거구에 해당하는 구역의 일부가 다른 지방자치단체에 편입된 때에는 그 편입된 구역이 속하게 된 선거구에서 선출된 지방의회의원은 그 구역이 변경된 날부터 14일 이내에 자신이 속할 지방의회를 선택하여 당해 지방의회에 서면으로 신고하여야 하며 그 선택한 지방의회가 종전의 지방의회가 아닌 때에는 종전의 지방의회의원의 자격을 상실하고 새로운 지방의회의원의 자격을 취득하되, 그 임기는 종전의 지방의회의원의 잔임기간으로 하며, 그 재임기간에는 제22조(시·도의회의 의원정수) 또는 제23조(자치구·시·군의회의 의원정수)의 규정에 불구하고 그 재직의원수를 각각 의원정수로 한다. 이 경우 새로운 지방의회의원의 자격을 취득한 지방의회의원의 주민등록이 종전의 지방자치단체의 관할구역안에 되어 있는 때에는 그 구역이 변경된 날부터 14일 이내에 새로운 지방자치단체의 관할구역으로 주민등록을 이전하여야 하며, 그 구역이 변경된 날부터 14일 이내에 자신이 속할 지방의회를 신고하지 아니한 때에는 그 구역이 변경된 날부터 14일이 되는 날 현재 당해 지방의회의원의 주민등록지를 관할하는 지방자치단체의 지방의회에 신고한 것으로 본다.
2. 2이상의 지방자치단체가 합하여 새로운 지방자치단체가 설치된 때에는 종전의 지방의회의원은 같은 종류의 새로운 지방자치단체의 지방의회의원으로 되어 잔임기간 재임하며, 그 잔임기간에는 제22조 또는 제23조의 규정에 불구하고 그 재직의

원수를 각각 의원정수로 한다.

3. 하나의 지방자치단체가 분할되어 2이상의 지방자치단체가 설치된 때에는 종전의 지방의회의원은 후보자등록당시의 선거구를 관할하게 되는 지방자치단체의 지방의회의원으로 되어 잔임기간 재임하며, 그 잔임기간에는 제22조 또는 제23조의 규정에 불구하고 그 재직의원수를 각각 의원정수로 한다. 이 경우 비례대표시·도의원은 당해 시·도가 분할·설치된 날부터 14일 이내에 자신이 속할 시·도의회를 선택하여 당해 시·도의회에 서면으로 신고하여야 하고, 비례대표자치구·시·군의원은 당해 자치구·시·군이 분할·설치된 날부터 14일 이내에 자신이 속할 자치구·시·군의회를 선택하여 당해 자치구·시·군의회에 서면으로 신고하여야 한다. 다만, 재직의원수가 제22조 또는 제23조의 규정에 의한 새로운 의원정수의 3분의 2에 미달하는 때에는 의원정수에 미달하는 수만큼의 증원선거를 실시한다.

4. 시가 광역시로 된 때에는 종전의 시의회의원과 당해 지역에서 선출된 도의회의원은 종전의 지방의회의원의 자격을 각각 상실하고 광역시의회의원의 자격을 취득하되, 그 임기는 종전의 도의회의원의 잔임기간으로 하며, 그 잔임기간에는 제22조의 규정에 불구하고 그 재직의원수를 의원정수로 한다.

5. 읍 또는 면이 시로 된 때에는 시의회를 새로 구성하되, 최초로 선거하는 의원의 수는 당해 시·도의 자치구·시·군의원선거구획정위원회가 새로 정한 의원정수로부터 당해 지역에서 이미 선출된 군의회의원 정수를 뺀 수로 하고, 종전의 당해 지역에서 선출된 군의회의원은 시의회의원이 된다. 이 경우 새로 선출된 의원정수를 합한 수를 제23조의 규정에 따른 시·도별 자치구·시·군의회의원의 총정수로 한다.

6. 제4호의 경우 자치구가 아닌 구가 자치구로 된 때에는 자치구의회를 새로 구성하며, 그 의원정수는 당해 시·도의 자치구·시·군의원선거구획정위원회가 새로 정한다. 이 경우 새로 정한 의원 정수를 합한 수를 제23조의 규정에 따른 시·도별 자치구·시·군의회의원의 총정수로 한다.

제29조(지방의회의원의 증원선거) ① 제28조(임기중 지방의회의 의원정수의 조정등)제3호 단서·제5호 또는 제6호의 규정에 의한 증원선거는 제22조(시·도의회의 의원정수)·제23조(자치구·시·군의회의 의원정수) 또는 제26조(지방의회의원선거구의 획정)의 규정에 의하여 새로 획정한 선거구에 의하되, 종전 지방의회의원이 없거나 종전 지방의회의원의 수가 그 선거구의 의원정수에 미달되는 선거구에 대하여 실시한다.

② 제1항의 선거구획정에 있어서 종전 지방의회의원의 선거구는 그 의원의 후보자등록 당시의 주소지를 관할하는 선거구로 하며, 새로 획정한 하나의 선거구안에 종전 지방의회의원의 수가 그 선거구의 새로 정한 의원정수를 넘는 때에는 임기만료에 의한 총선거를 실시할 때까지 제22조 또는 제23조의 규정에 불구하고 그 넘는 의원수를 합한 수를 당해 선거구의 의원정수로 한다.

③ 제1항의 증원선거에 관한 사무는 당해 구·시·군선거관리위원회가 설치되지 아니한 경우에는 시·도선거관리위원회가 지정하거나 그 구역을 관할하던 종전의 구·시·군선거관리위원회로 하여금 그 선거사무를 행하게 할 수 있다.

제30조(지방자치단체의 폐치·분합시의 선거등) ① 지방자치단체의 설치·폐지·분할 또는 합병이 있는 때에는 다음 각호에 의하여 당해 지방자치단체의 장을 선거한다. <개정 1995·4·1>

1. 시·자치구 또는 광역시가 새로 설치된 때에는 당해 지방자치단체의 장은 새로 선거를 실시한다.

2. 하나의 지방자치단체가 분할되어 2이상의 같은 종류의 지방자치단체로 된 때에는 종전의 지방자치단체의 장은 새로 설치된 지방자치단체중 종전의 지방자치단체의 사무소가 위치한 지역을 관할하는 지방자치단체의 장으로 되며, 그 다른 지

방자치단체의 장은 새로 선거를 실시한다. 이 경우 종전의 지방자치단체의 사무소가 다른 지방자치단체의 관할구역안에 있는 때에는 지방자치단체의 분할에 관한 법률 제정시 새로 선거를 실시할 지방자치단체를 정하여야 한다.
3. 2이상의 같은 종류의 지방자치단체가 합하여 새로운 지방자치단체가 설치된 때에는 종전의 지방자치단체의 장은 그 직을 상실하고, 새로운 지방자치단체의 장에 대해서는 새로 선거를 실시한다.
4. 지방자치단체가 다른 지방자치단체에 편입됨으로 인하여 폐지된 때에는 그 폐지된 지방자치단체의 장은 그 직을 상실한다.
② 지방자치단체의 명칭만 변경된 경우에는 종전의 지방자치단체의 장은 변경된 지방자치단체의 장이 되며, 변경 당시의 잔임기간 재임한다.
③ 이 법에서 "같은 종류의 지방자치단체"라 함은 「지방자치법」 제2조(지방자치단체의 종류)제1항에 의한 같은 종류의 지방자치단체를 말한다. <개정 2005·8·4>

제31조(투표구) ① 읍·면·동에 투표구를 둔다.
② 구·시·군선거관리위원회는 하나의 읍·면·동에 2이상의 투표구를 둘 수 있다. 이 경우 읍·면의 리(「지방자치법」 제7조제4항에 따라 행정리를 둔 경우에는 행정리를 말한다. 이하 같다)의 일부를 분할하여 다른 투표구에 속하게 할 수 없다. <개정 2005·8·4, 2010·1·25, 2021·1·12>
③ 투표구를 설치 또는 변경하거나 선거를 실시하는 때에는 구·시·군선거관리위원회는 중앙선거관리위원회규칙이 정하는 바에 따라 투표구의 명칭과 그 구역을 공고하여야 한다.

제32조(구역의 변경 등) ① 제37조(명부작성)제1항의 선거인명부작성기준일부터 선거일까지의 사이에 선거구의 구역·행정구역 또는 투표구의 구역이 변경된 경우에도 당해 선거에 관한 한 그 구역은 변경되지 아니한 것으로 본다. <개정 2005·8·4>
② 지방자치단체나 그 행정구역의 관할구역의 변경없이 그 명칭만 변경된 경우에는 별표1·별표2·별표3 및 제26조(지방의회의원선거구의 획정)제2항의 규정에 의한 시·도조례중 국회의원지역구명·선거구명 및 그 구역의 행정구역명은 변경된 지방자치단체명이나 행정구역명으로 변경된 것으로 본다. <개정 2005·8·4>

제4장 선거기간과 선거일

제33조(선거기간) ① 선거별 선거기간은 다음 각호와 같다. <개정 2002·3·7, 2004·3·12>
1. 대통령선거는 23일
2. 국회의원선거와 지방자치단체의 의회의원 및 장의 선거는 14일
3. 삭제 <2002·3·7>
② 삭제 <2004·3·12>
③ "선거기간"이란 다음 각 호의 기간을 말한다. <개정 2011·7·28>
1. 대통령선거 : 후보자등록마감일의 다음 날부터 선거일까지
2. 국회의원선거와 지방자치단체의 의회의원 및 장의 선거 : 후보자등록마감일 후 6일부터 선거일까지

제34조(선거일) ① 임기만료에 의한 선거의 선거일은 다음 각호와 같다. <개정 1998·2·6, 2004·3·12>
1. 대통령선거는 그 임기만료일전 70일 이후 첫번째 수요일
2. 국회의원선거는 그 임기만료일전 50일 이후 첫번째 수요일
3. 지방의회의원 및 지방자치단체의 장의 선거는 그 임기만료일전 30일 이후 첫번째 수요일
② 제1항의 규정에 의한 선거일이 국민생활과 밀접한 관련이 있는 민속절 또는 공휴일인 때와 선거일전일이나 그 다음날이 공휴일인 때에는 그 다음주의 수요일로 한다. <개정 2004·3·12>

제35조(보궐선거 등의 선거일) ① 대통령의 궐위로 인한 선거 또는 재선거(제3항의 규정에 의한 재선거를 제외한다. 이하 제2항에서 같다)는 그 선거의 실시사유가 확정된

때부터 60일 이내에 실시하되, 선거일은 늦어도 선거일 전 50일까지 대통령 또는 대통령권한대행자가 공고하여야 한다. <개정 2009·2·12>

② 보궐선거·재선거·증원선거와 지방자치단체의 설치·폐지·분할 또는 합병에 의한 지방자치단체의 장 선거의 선거일은 다음 각 호와 같다. <개정 2000·2·16, 2004·3·12, 2005·8·4, 2011·7·28, 2015·8·13, 2020·12·29>

1. 국회의원·지방의회의원의 보궐선거·재선거 및 지방의회의원의 증원선거는 매년 1회 실시하고, 지방자치단체의 장의 보궐선거·재선거는 매년 2회 실시하되, 다음 각 목에 따라 실시한다. 이 경우 각 목에 따른 선거일에 관하여는 제34조제2항을 준용한다.
   가. 국회의원·지방의회의원의 보궐선거·재선거 및 지방의회의원의 증원선거는 4월 첫 번째 수요일에 실시한다. 다만, 3월 1일 이후 실시사유가 확정된 선거는 그 다음 연도의 4월 첫 번째 수요일에 실시한다.
   나. 지방자치단체의 장의 보궐선거·재선거 중 전년도 9월 1일부터 2월 말일까지 실시사유가 확정된 선거는 4월 첫 번째 수요일에 실시한다.
   다. 지방자치단체의 장의 보궐선거·재선거 중 3월 1일부터 8월 31일까지 실시사유가 확정된 선거는 10월 첫 번째 수요일에 실시한다.
2. 지방자치단체의 설치·폐지·분할 또는 합병에 따른 지방자치단체의 장 선거는 그 선거의 실시사유가 확정된 때부터 60일 이내의 기간 중 관할선거구선거관리위원회 위원장이 해당 지방자치단체의 장(직무대행자를 포함한다)과 협의하여 정하는 날. 이 경우 관할선거구선거관리위원회 위원장은 선거일 전 30일까지 그 선거일을 공고하여야 한다.

③ 제197조(선거의 일부무효로 인한 재선거)의 규정에 의한 재선거는 확정판결 또는 결정의 통지를 받은 날부터 30일 이내에 실시하되, 관할선거구선거관리위원회가 그 재선거일을 정하여 공고하여야 한다.

④ 이 법에서 "보궐선거등"이라 함은 제1항 내지 제3항 및 제36조(연기된 선거등의 선거일)의 규정에 의한 선거를 말한다.

⑤ 이 법에서 "선거의 실시사유가 확정된 때"라 함은 다음 각호에 해당하는 날을 말한다. <개정 2000·2·16, 2004·3·12>

1. 대통령의 궐위로 인한 선거는 그 사유가 발생한 날
2. 지역구국회의원의 보궐선거는 중앙선거관리위원회가, 지방의회의원 및 지방자치단체의 장의 보궐선거는 관할선거구선거관리위원회가 그 사유의 통지를 받은 날
3. 재선거는 그 사유가 확정된 날(법원의 판결 또는 결정에 의하여 확정된 경우에는 관할선거구선거관리위원회가 그 판결이나 결정의 통지를 받은 날). 이 경우 제195조(재선거)제2항의 규정에 의한 재선거에 있어서는 보궐선거의 실시사유가 확정된 때를 재선거의 실시사유가 확정된 때로 본다.
4. 지방의회의원의 증원선거는 새로 정한 선거구에 관한 별표2 또는 시·도조례의 효력이 발생한 날
5. 지방자치단체의 설치·폐지·분할 또는 합병에 의한 지방자치단체의 장선거는 당해 지방자치단체의 설치·폐지·분할 또는 합병에 관한 법률의 효력이 발생한 날
6. 연기된 선거는 제196조(선거의 연기)제3항의 규정에 의하여 그 선거의 연기를 공고한 날
7. 재투표는 제36조의 규정에 의하여 그 재투표일을 공고한 날

제36조(연기된 선거 등의 선거일) 제196조(선거의 연기)의 규정에 의한 연기된 선거를 실시하는 때에는 대통령선거 및 국회의원선거에 있어서는 대통령이, 지방의회의원 및 지방자치단체의 장의 선거에 있어서는 관할선거구선거관리위원회위원장이 각각 그 선거일을 정하여 공고하여야 하며, 제198조(천재·지변 등으로 인한 재투표)의 규정에 의한 재투표를 실시하는 때에는 관할선거구선거관리위원회위원장이 재투표일을 정하여 공고하여야 한다. <개정 2000·2·16>

제 5 장 선거인명부

제37조(명부작성) ① 선거를 실시하는 때마다 구(자치구가 아닌 구를 포함한다)·시(구가 설치되지 아니한 시를 말한다)·군(이하 "구·시·군"이라 한다)의 장은 대통령선거에서는 선거일 전 28일, 국회의원선거와 지방자치단체의 의회의원 및 장의 선거에서는 선거일 전 22일(이하 "선거인명부작성기준일"이라 한다) 현재 제15조에 따라 그 관할구역에 주민등록이 되어 있는 선거권자(지방자치단체의 의회의원 및 장의 선거의 경우 제15조제 2 항제 3 호에 따른 외국인을 포함하고, 제218조의13에 따라 확정된 재외선거인명부 또는 다른 구·시·군의 국외부재자신고인명부에 올라 있는 사람은 제외한다)를 투표구별로 조사하여 선거인명부작성기준일부터 5일 이내(이하 "선거인명부작성기간"이라 한다)에 선거인명부를 작성하여야 한다. 이 경우 제218조의13에 따라 확정된 국외부재자신고인명부에 올라 있는 사람은 선거인명부의 비고란에 그 사실을 표시하여야 한다. <개정 2009·2·12, 2011·7·28, 2012·2·29, 2014·1·17, 2015·8·13>

② 선거인명부에는 선거권자의 성명·주소·성별 및 생년월일 기타 필요한 사항을 기재하여야 한다.

③ 누구든지 같은 선거에 있어 2 이상의 선거인명부에 오를 수 없다.

④ 구·시·군의 장은 선거인명부를 작성한 때에는 즉시 그 전산자료 복사본을 관할 구·시·군선거관리위원회에 송부하여야 한다. <개정 2009·2·12, 2018·4·6>

⑤ 하나의 투표구의 선거권자의 수가 1천인을 넘는 때에는 그 선거인명부를 선거인수가 서로 엇비슷하게 분철할 수 있다.

⑥ 제 1 항의 규정에 의한 선거인명부의 작성은 전산조직에 의할 수 있다. <개정 2005·8·4>

⑦ 행정안전부장관은 제 1 항에 따른 선거인명부의 작성을 지원하기 위하여 「주민등록법」 제 7 조의2제 1 항에 따른 주민등록번호, 「출입국관리법」 제31조제 5 항에 따른 외국인등록번호 및 「재외동포의 출입국과 법적 지위에 관한 법률」 제 7 조제 1 항에 따른 국내거소신고번호를 처리할 수 있고, 처리한 사항을 구·시·군의 장 등에게 제공할 수 있다. 이 경우 행정안전부장관은 관계 행정기관의 장 또는 그 밖의 공공기관의 장에게 필요한 자료를 요청할 수 있고, 요청을 받은 자는 특별한 사유가 없으면 이에 따라야 한다. <신설 2022·1·21>

⑧ 선거인명부의 서식 기타 필요한 사항은 중앙선거관리위원회규칙으로 정한다.

제38조(거소·선상투표신고) ① 선거인명부에 오를 자격이 있는 국내에 거주하는 사람으로서 제 4 항제 1 호부터 제 5 호까지 또는 제 5 호의2에 해당하는 사람(제15조제 2 항제 3 호에 따른 외국인은 제외한다)은 선거인명부작성기간 중 구·시·군의 장에게 서면이나 해당 구·시·군이 개설·운영하는 인터넷 홈페이지를 통하여 신고(이하 "거소투표신고"라 한다)를 할 수 있다. 이 경우 우편에 의한 거소투표신고는 등기우편으로 처리하되, 그 우편요금은 국가 또는 해당 지방자치단체가 부담한다. <개정 2009·2·12, 2014·1·17, 2022·2·16>

② 대통령선거와 임기만료에 따른 국회의원선거에서 선거인명부에 오를 자격이 있는 사람으로서 다음 각 호의 어느 하나에 해당하는 선박에 승선할 예정이거나 승선하고 있는 선원이 사전투표소 및 투표소에서 투표할 수 없는 경우 선거인명부작성기간 중 구·시·군의 장에게 서면〔승선하고 있는 선원이 해당 선박에 설치된 팩시밀리(전자적 방식을 포함한다. 이하 같다)로 신고하는 경우를 포함한다〕이나 제 1 항에 따른 인터넷 홈페이지를 통하여 신고(이하 "선상투표신고"라 한다)를 할 수 있다. 이 경우 우편에 의한 방법으로 선상투표신고를 하는 경우에는 제 1 항 후단을 준용한다. <신설 2012·2·29, 2013·3·23, 2014·1·17, 2015·8·13, 2018·4·6, 2022·2·16>

1. 다음 각 목의 어느 하나에 해당하는 선박으로서 대한민국 국민이 선장을 맡고 있는 「선박법」 제 2 조에 따른 대한민국 선박〔대한민국국적취득조건부 나용선(裸傭船)을 포함한다〕
   가. 「원양산업발전법」 제 6 조제 1 항에 따

라 해양수산부장관의 허가를 받아 원양어업에 사용되는 선박
나. 「해운법」 제4조제1항에 따라 해양수산부장관의 면허를 받아 외항 여객운송사업에 사용되는 선박
다. 「해운법」 제24조제2항에 따라 해양수산부장관에게 등록하여 외항 화물운송사업에 사용되는 선박
2. 「해운법」 제33조제1항에 따라 해양수산부장관에게 등록하여 선박관리업을 경영하는 자가 관리 하는 외국국적 선박 중 대한민국 국민이 선장을 맡고 있는 선박

③ 거소투표신고 또는 선상투표신고를 하려는 사람은 해당 신고서에 다음 각 호의 사항을 적어야 하고, 제4항제1호 및 제2호에 해당하는 사람은 소속기관이나 시설의 장의, 제4항제3호에 해당하는 사람(「장애인복지법」 제32조에 따라 등록된 장애인은 제외한다)은 통·리 또는 반의 장의, 제4항제5호의2에 해당하는 사람으로서 입원치료, 시설치료 또는 시설격리 중인 사람은 해당 시설의 장의, 제4항제6호에 해당하는 선원은 해당 선박 소유자(제2항제2호에 따른 선박의 경우에는 선박관리업을 경영하는 자를 말한다) 또는 해당 선박 선장의 확인을 받아야 한다. 이 경우 구·시·군의 장은 선거인명부작성기준일 전 10일까지 제4항제3호에 해당하는 사람 중에서 「장애인복지법」 제32조에 따라 등록된 장애인에게 거소투표신고에 관한 안내문과 거소투표신고서를 발송하여야 한다. <개정 2004·3·12, 2005·8·4, 2008·2·29, 2009·2·12, 2012·2·29, 2014·1·17, 2015·8·13, 2022·2·16>
1. 거소투표 또는 선상투표 사유
2. 성명, 성별, 생년월일
3. 주소, 거소(제4항제6호에 해당하는 선원의 경우 해당 선박의 명칭과 팩시밀리 번호를 말한다)

④ 다음 각 호의 어느 하나에 해당하는 사람은 거소(제6호에 해당하는 선원의 경우 선상을 말한다)에서 투표할 수 있다. <개정 2004·3·12, 2005·8·4, 2012·2·29, 2014·1·17, 2022·2·16>
1. 법령에 따라 영내 또는 함정에 장기기거하는 군인이나 경찰공무원 중 사전투표소 및 투표소에 가서 투표할 수 없을 정도로 멀리 떨어진 영내(營內) 또는 함정에 근무하는 자
2. 병원·요양소·수용소·교도소 또는 구치소에 기거하는 사람
3. 신체에 중대한 장애가 있어 거동할 수 없는 자
4. 사전투표소 및 투표소에 가기 어려운 멀리 떨어진 외딴 섬 중 중앙선거관리위원회규칙으로 정하는 섬에 거주하는 자
5. 사전투표소 및 투표소를 설치할 수 없는 지역에 장기기거하는 자로서 중앙선거관리위원회규칙으로 정하는 자
5의2. 격리자등
6. 제2항에 해당하는 선원

⑤ 거소투표신고 또는 선상투표신고가 있는 때에는 구·시·군의 장은 해당 신고서의 신고사항을 확인한 후 정당한 거소투표신고 또는 선상투표신고인 때에는 선거인명부에 이를 표시하고 거소투표신고인명부와 선상투표신고인명부(이하 "거소·선상투표신고인명부"라 한다)를 각각 따로 작성하여야 한다. <개정 2014·1·17>

⑥ 구·시·군의 장은 거소·선상투표신고인명부를 작성한 때에는 즉시 그 등본(전산자료 복사본을 포함한다) 각 1통을 관할구·시·군선거관리위원회에 송부하여야 한다. <개정 2009·2·12, 2014·1·17>

⑦ 제37조(명부작성)제6항의 규정은 거소·선상투표신고인명부의 작성에 이를 준용한다. <개정 2014·1·17>

⑧ 거소투표신고서·선상투표신고서의 서식, 거소·선상투표신고인명부의 서식, 거소투표·선상투표 사유의 확인절차, 그 밖에 필요한 사항은 중앙선거관리위원회규칙으로 정한다. <개정 2014·1·17>

제39조(명부작성의 감독 등) ① 선거인명부(거소·선상투표신고인명부를 포함한다. 이하 이 조에서 같다)의 작성에 관하여는 관할구·시·군선거관리위원회 및 읍·면·동선거관리위원회가 이를 감독한다. <개정 2005·8·4, 2014·1·17>

② 선거인명부작성에 종사하는 공무원이 임면된 때에는 당해 구·시·군의 장은 지체없이 관할구·시·군선거관리위원회에 그 사실을 통보하여야 한다. <개정 2009·2·12>

③ 선거인명부작성기간 중에 선거인명부작성에 종사하는 공무원을 해임하고자 하는 때에는 그 임면권자는 관할구·시·군선거관리위원회 또는 직근 상급선거관리위원회와 협의하여야 한다.

④ 선거인명부작성에 종사하는 공무원이 정당한 사유없이 선거인명부작성에 관하여 관할구·시·군선거관리위원회 또는 읍·면·동선거관리위원회의 지시·명령 또는 시정요구에 불응하거나 그 직무를 태만히 한 때 또는 위법·부당한 행위를 한 때에는 관할구·시·군선거관리위원회 또는 직근 상급선거관리위원회는 임면권자에게 그 교체를 요구할 수 있다. <개정 2005·8·4>

⑤ 제4항의 교체요구가 있는 때에는 임면권자는 정당한 사유가 없는 한 이에 따라야 한다.

⑥ 및 ⑦ 삭제 <1998·4·30>

⑧ 누구든지 선거인명부작성사무를 방해하거나 기타 어떠한 방법으로든지 선거인명부작성에 영향을 주는 행위를 하여서는 아니된다. <개정 1998·4·30>

⑨ 선거인명부작성에 종사하는 공무원의 임면사항 통보 등 기타 필요한 사항은 중앙선거관리위원회규칙으로 정한다. <개정 1998·4·30>

제40조(명부열람) ① 구·시·군의 장은 선거인명부작성기간 만료일의 다음 날부터 3일간 장소를 정하여 선거인명부를 열람할 수 있도록 하여야 한다. 이 경우 구·시·군의 장은 해당 구·시·군이 개설·운영하는 인터넷 홈페이지에서 선거권자가 선거인명부를 열람할 수 있도록 기술적 조치를 하여야 한다. <개정 2009·2·12>

② 선거권자는 누구든지 선거인명부를 자유로이 열람할 수 있다. 다만, 제1항의 규정에 따른 인터넷홈페이지에서의 열람은 선거권자 자신의 정보에 한한다. <개정 2005·8·4>

③ 구·시·군의 장은 열람개시일전 3일까지 제1항의 장소, 기간, 인터넷홈페이지 주소 및 열람방법을 공고하여야 한다. <개정 2005·8·4, 2009·2·12>

제41조(이의신청과 결정) ① 선거권자는 누구든지 선거인명부에 누락 또는 오기가 있거나 자격이 없는 선거인이 올라 있다고 인정되는 때에는 열람기간내에 구술 또는 서면으로 당해 구·시·군의 장에게 이의를 신청할 수 있다. <개정 2009·2·12>

② 제1항의 신청이 있는 때에는 구·시·군의 장은 그 신청이 있는 날의 다음날까지 심사·결정하되, 그 신청이 이유있다고 결정한 때에는 즉시 선거인명부를 정정하고 신청인·관계인과 관할구·시·군선거관리위원회에 통지하여야 하며, 이유없다고 결정한 때에는 그 뜻을 신청인과 관할구·시·군선거관리위원회에 통지하여야 한다. <개정 2009·2·12>

제42조(불복신청과 결정) ① 제41조(이의신청과 결정)제2항의 결정에 대하여 불복이 있는 이의신청인이나 관계인은 그 통지를 받은 날의 다음날까지 관할구·시·군선거관리위원회에 서면으로 불복을 신청할 수 있다.

② 제1항의 신청이 있는 때에는 관할구·시·군선거관리위원회는 그 신청이 있는 날의 다음 날까지 심사·결정하되, 그 신청이 이유있다고 결정한 때에는 즉시 관계 구·시·군의 장에게 통지하여 선거인명부를 정정하게 하고 신청인과 관계인에게 통지하여야 하며, 이유없다고 결정한 때에는 그 뜻을 신청인과 관계 구·시·군의 장에게 통지하여야 한다. <개정 2009·2·12>

제43조(명부누락자의 구제) ① 제41조제1항의 이의신청기간만료일의 다음 날부터 제44조제1항의 선거인명부확정일 전일까지 구·시·군의 장의 착오 등의 사유로 인하여 정당한 선거권자가 선거인명부에 누락된 것이 발견된 때에는 해당 선거권자 또는 구·시·군의 장은 주민등록표등본 등 소명자료를 첨부하여 관할구·시·군선거관리위원회에 서면으로 선거인명부 등재신청을 할 수 있다. <개정 2009·2·12, 2011·7·28>

② 제1항의 신청이 있는 때에는 관할구·

시·군선거관리위원회는 그 신청이 있는 날의 다음 날까지 심사·결정하되, 그 신청이 이유있다고 결정한 때에는 즉시 관계 구·시·군의 장에게 통지하여 선거인명부를 정정하게 하고 신청인에게 통지하여야 하며, 이유없다고 결정한 때에는 그 뜻을 신청인과 관계 구·시·군의 장에게 통지하여야 한다. <개정 2009·2·12>

제44조(명부의 확정과 효력) ① 선거인명부는 선거일 전 12일에, 거소·선상투표신고인명부는 선거인명부작성기간만료일의 다음 날에 각각 확정되며 해당 선거에 한하여 효력을 가진다. <개정 2012·1·17, 2014·1·17>
② 구·시·군의 장은 선거권자가 선거인명부확정일의 다음 날부터 선거일의 투표마감시각까지 해당 구·시·군이 개설·운영하는 인터넷 홈페이지에서 자신이 선거인명부에 올라 있는지 여부, 선거인명부 등재번호 및 투표소의 위치를 확인할 수 있도록 기술적 조치를 하여야 한다.
③ 구·시·군의 장은 제40조제3항에 따른 공고를 할 때 제2항에 따른 확인에 필요한 인터넷 홈페이지 주소, 확인기간 및 확인방법을 함께 공고하여야 한다.
[전부개정 2011·7·28]

제44조의2(통합선거인명부의 작성) ① 중앙선거관리위원회는 사전투표소에서 사용하기 위하여 확정된 선거인명부의 전산자료 복사본을 이용하여 하나의 선거인명부(이하 "통합선거인명부"라 한다)를 작성한다.
② 중앙선거관리위원회는 통합선거인명부를 작성하는 경우 같은 사람이 2회 이상 투표할 수 없도록 필요한 기술적 조치를 하여야 한다.
③ 통합선거인명부는 전산조직을 이용하여 작성한다.
④ 읍·면·동선거관리위원회는 선거일에 투표소에서 사용하기 위하여 제148조제1항에 따른 사전투표기간 종료 후 중앙선거관리위원회가 제2항에 따라 기술적 조치를 한 선거인명부를 출력한 다음 해당 읍·면·동선거관리위원회위원장이 이를 봉함·봉인하여 보관하여야 하며, 그 보관과정에 정당추천위원이 참여하여 지켜볼 수 있도록 하여야 한다. 이 경우 정당추천위원이 그 시각까지 참여하지 아니한 때에는 참여를 포기한 것으로 본다.
⑤ 누구든지 제4항에 따라 출력한 선거인명부를 이 법에서 정하지 아니한 방법으로 열람·사용 또는 유출하여서는 아니 된다.
⑥ 통합선거인명부의 작성, 선거일 투표소에서 사용하기 위하여 출력한 선거인명부의 보관방법, 그 밖에 필요한 사항은 중앙선거관리위원회규칙으로 정한다.
[본조신설 2014·1·17]

제45조(명부의 재작성) ① 천재지변, 그 밖의 사고로 인하여 선거인명부(거소·선상투표신고인명부를 포함한다. 이하 이 조에서 같다)가 멸실·훼손된 경우 선거의 실시를 위하여 필요한 때에는 구·시·군의 장은 다시 선거인명부를 작성하여야 한다. 다만, 제38조제6항에 따라 송부한 거소·선상투표신고인명부의 등본이 있는 때에는 거소·선상투표신고인명부를 다시 작성하지 아니할 수 있다. <개정 2009·2·12, 2012·2·29, 2014·1·17, 2018·4·6>
② 제1항 본문의 규정에 의한 선거인명부의 재작성·열람·확정 및 유효기간 기타 필요한 사항은 중앙선거관리위원회규칙으로 정한다.

제46조(명부사본의 교부) ① 구·시·군의 장은 후보자[비례대표국회의원후보자 및 비례대표지방의회의원(비례대표시·도의원 및 비례대표자치구·시·군의원을 말한다. 이하 같다)후보자를 제외한다]·선거사무장(비례대표국회의원선거 및 비례대표지방의회의원선거의 선거사무장을 제외한다) 또는 선거연락소장의 신청이 있는 때에는 작성된 선거인명부 또는 거소·선상투표신고인명부의 사본이나 전산자료 복사본을 후보자별로 1통씩 24시간 이내에 신청인에게 교부하여야 한다. <개정 1995·4·1, 2000·2·16, 2002·3·7, 2005·8·4, 2009·2·12, 2014·1·17>
② 제1항에 따른 명부의 사본이나 전산자료복사본의 교부신청은 선거기간개시일까지 해당 구·시·군의 장에게 서면으로 하여야 한다. <개정 2011·7·28, 2014·1·17>

③ 제 2 항에 따라 명부의 사본이나 전산자료 복사본의 교부신청을 하는 자는 그 사본작성비용을 교부신청과 함께 납부하여야 한다. <개정 2000·2·16, 2014·1·17>
④ 누구든지 제 1 항에 따라 교부된 명부의 사본 또는 전산자료 복사본을 다른 사람에게 양도 또는 대여할 수 없으며 재산상의 이익 기타 영리를 목적으로 사용할 수 없다. <개정 2000·2·16, 2014·1·17>
⑤ 제 2 항 및 제 3 항에 따른 교부신청과 비용납부 기타 필요한 사항은 중앙선거관리위원회규칙으로 정한다. <개정 2000·2·16, 2014·1·17>

제 6 장 후보자

제47조(정당의 후보자추천) ① 정당은 선거에 있어 선거구별로 선거할 정수 범위안에서 그 소속당원을 후보자(이하 "정당추천후보자"라 한다)로 추천할 수 있다. 다만, 비례대표자치구·시·군의원의 경우에는 그 정수 범위를 초과하여 추천할 수 있다. <개정 1995·4·1, 2000·2·16, 2005·8·4, 2020·1·14>
② 정당이 제 1 항에 따라 후보자를 추천하는 때에는 민주적인 절차에 따라야 한다. <개정 2020·12·29>
③ 정당이 비례대표국회의원선거 및 비례대표지방의회의원선거에 후보자를 추천하는 때에는 그 후보자 중 100분의 50 이상을 여성으로 추천하되, 그 후보자명부의 순위의 매 홀수에는 여성을 추천하여야 한다. <개정 2005·8·4>
④ 정당이 임기만료에 따른 지역구국회의원선거 및 지역구지방의회의원선거에 후보자를 추천하는 때에는 각각 전국지역구총수의 100분의 30 이상을 여성으로 추천하도록 노력하여야 한다. <신설 2005·8·4>
⑤ 정당이 임기만료에 따른 지역구지방의회의원선거에 후보자를 추천하는 때에는 지역구시·도의원선거 또는 지역구자치구·시·군의원선거 중 어느 하나의 선거에 국회의원지역구(군지역을 제외하며, 자치구의 일부지역이 다른 자치구 또는 군지역과 합하여 하나의 국회의원지역구로 된 경우에는 그 자치구의 일부지역도 제외한다)마다 1명 이상을 여성으로 추천하여야 한다. <신설 2010·1·25, 2010·3·12>

제47조의2(정당의 후보자추천 관련 금품수수금지) ① 누구든지 정당이 특정인을 후보자로 추천하는 일과 관련하여 금품이나 그 밖의 재산상의 이익 또는 공사의 직을 제공하거나 그 제공의 의사를 표시하거나 그 제공을 약속하는 행위를 하거나, 그 제공을 받거나 그 제공의 의사표시를 승낙할 수 없다. 이 경우 후보자(후보자가 되려는 사람을 포함한다)와 그 배우자(이하 이 항에서 "후보자등"이라 한다), 후보자등의 직계존비속과 형제자매가 선거일 전 150일부터 선거일 후 60일까지 「정치자금법」에 따라 후원금을 기부하거나 당비를 납부하는 외에 정당 또는 국회의원(「정당법」 제37조(활동의 자유)제 3 항에 따른 국회의원지역구 또는 자치구·시·군의 당원협의회 대표자를 포함하며, 이하 이 항에서 "국회의원등"이라 한다), 국회의원등의 배우자, 국회의원등 또는 그 배우자의 직계존비속과 형제자매에게 채무의 변제, 대여 등 명목여하를 불문하고 금품이나 그 밖의 재산상의 이익을 제공한 때에는 정당이 특정인을 후보자로 추천하는 일과 관련하여 제공한 것으로 본다. <개정 2014·2·13>
② 누구든지 제 1 항에 규정된 행위에 관하여 지시·권유 또는 요구하거나 알선하여서는 아니 된다.
〔본조신설 2008·2·29〕

제48조(선거권자의 후보자추천) ① 관할선거구 안에 주민등록이 된 선거권자는 각 선거(비례대표국회의원선거 및 비례대표지방의회의원선거를 제외한다)별로 정당의 당원이 아닌 자를 당해 선거구의 후보자(이하 "무소속후보자"라 한다)로 추천할 수 있다. <개정 2005·8·4>
② 무소속후보자가 되고자 하는 자는 관할선거구선거관리위원회가 후보자등록신청개시일전 5일(대통령의 임기만료에 의한 선거에 있어서는 후보자등록신청개시일전 30일, 대통령의 궐위로 인한 선거 등에 있어서는

그 사유가 확정된 후 3일)부터 검인하여 교부하는 추천장을 사용하여 다음 각호에 의하여 선거권자의 추천을 받아야 한다. <개정 1995·4·1, 2000·2·16, 2005·8·4, 2012·1·17>

1. 대통령선거
5 이상의 시·도에 나누어 하나의 시·도에 주민등록이 되어 있는 선거권자의 수를 700인 이상으로 한 3천500인 이상 6천인 이하
2. 지역구국회의원선거 및 자치구·시·군의 장선거
300인 이상 500인 이하
3. 지역구시·도의원선거
100인 이상 200인 이하
4. 시·도지사선거
당해 시·도안의 3분의 1 이상의 자치구·시·군에 나누어 하나의 자치구·시·군에 주민등록이 되어 있는 선거권자의 수를 50인 이상으로 한 1천인 이상 2천인 이하
5. 지역구자치구·시·군의원선거
50인 이상 100인 이하. 다만, 인구 1천인 미만의 선거구에 있어서는 30인 이상 50인 이하

③ 제2항의 경우 다음 각 호의 어느 하나에 해당하는 행위를 하여서는 아니 된다. <개정 2018·4·6>

1. 검인되지 아니한 추천장에 의하여 추천을 받는 행위
2. 추천선거권자수의 상한수를 넘어 추천을 받는 행위
3. 추천선거권자의 서명이나 인영을 위조·변조하는 등의 방법으로 허위의 추천을 받는 행위

④ 제2항에 따른 추천장 검인·교부신청은 공휴일에도 불구하고 매일 오전 9시부터 오후 6시까지 할 수 있다. <신설 2011·7·28>

⑤ 선거권자의 추천장의 서식·교부신청 및 교부 기타 필요한 사항은 중앙선거관리위원회규칙으로 정한다.

제49조(후보자등록 등) ① 후보자의 등록은 대통령선거에서는 선거일 전 24일, 국회의원선거와 지방자치단체의 의회의원 및 장의 선거에서는 선거일 전 20일(이하 "후보자등록신청개시일"이라 한다)부터 2일간(이하 "후보자등록기간"이라 한다) 관할선거구선거관리위원회에 서면으로 신청하여야 한다. <개정 2011·7·28>

② 정당추천후보자의 등록은 대통령선거와 비례대표국회의원선거 및 비례대표지방의회의원선거에 있어서는 그 추천정당이, 지역구국회의원선거와 지역구지방의회의원 및 지방자치단체의 장의 선거에 있어서는 정당추천후보자가 되고자 하는 자가 신청하되, 추천정당의 당인(黨印) 및 그 대표자의 직인이 날인된 추천서와 본인승낙서(대통령선거와 비례대표국회의원선거 및 비례대표지방의회의원선거에 한한다)를 등록신청서에 첨부하여야 한다. 이 경우 비례대표국회의원후보자와 비례대표지방의회의원후보자의 등록은 추천정당이 그 순위를 정한 후보자명부를 함께 첨부하여야 한다. <개정 2011·7·28>

③ 무소속후보자가 되고자 하는 자는 제48조에 따라 선거권자가 기명하고 날인(무인을 허용하지 아니한다)하거나 서명한 추천장〔단기(單記) 또는 연기(連記)로 하며 간인(間印)을 요하지 아니한다〕을 등록신청서에 첨부하여야 한다. <개정 2011·7·28, 2015·12·24>

④ 제1항부터 제3항까지의 규정에 따라 후보자등록을 신청하는 자는 다음 각 호의 서류를 제출하여야 하며, 제56조제1항에 따른 기탁금을 납부하여야 한다. <개정 2000·2·16, 2002·3·7, 2004·3·12, 2005·8·4, 2006·3·2, 2008·2·29, 2010·1·25, 2011·7·28, 2014·1·17, 2014·2·13>

1. 중앙선거관리위원회규칙이 정하는 피선거권에 관한 증명서류
2. 「공직자윤리법」 제10조의2(공직선거후보자 등의 재산공개)제1항의 규정에 의한 등록대상재산에 관한 신고서
3. 「공직자 등의 병역사항신고 및 공개에 관한 법률」 제9조(공직선거후보자의 병역사항신고 및 공개)제1항의 규정에 의한 병역사항에 관한 신고서

4. 최근 5년간의 후보자, 그의 배우자와 직계존비속(혼인한 딸과 외조부모 및 외손자녀를 제외한다)의 소득세(「소득세법」 제127조제1항에 따라 원천징수하는 소득세는 제출하려는 경우에 한정한다)·재산세·종합부동산세의 납부 및 체납(10만원 이하 또는 3월 이내의 체납은 제외한다)에 관한 신고서. 이 경우 후보자의 직계존속은 자신의 세금납부 및 체납에 관한 신고를 거부할 수 있다.
5. 벌금 100만원 이상의 형의 범죄경력(실효된 형을 포함하며, 이하 "전과기록"이라 한다)에 관한 증명서류
6. 「초·중등교육법」 및 「고등교육법」에서 인정하는 정규학력(이하 "정규학력"이라 한다)에 관한 최종학력증명서와 국내 정규학력에 준하는 외국의 교육기관에서 이수한 학력에 관한 각 증명서(한글번역문을 첨부한다). 이 경우 증명서의 제출이 요구되는 학력은 제60조의3제1항제4호의 예비후보자홍보물, 제60조의4의 예비후보자공약집, 제64조의 선거벽보, 제65조의 선거공보(같은 조 제9항의 후보자정보공개자료를 포함한다), 제66조의 선거공약서 및 후보자가 운영하는 인터넷 홈페이지에 게재하였거나 게재하고자 하는 학력에 한한다.
7. 대통령선거·국회의원선거·지방의회의원 및 지방자치단체의 장의 선거와 교육의원선거 및 교육감선거에 후보자로 등록한 경력[선거가 실시된 연도, 선거명, 선거구명, 소속 정당명(정당의 후보자추천이 허용된 선거에 한정한다), 당선 또는 낙선 여부를 말한다]에 관한 신고서

⑤ 후보자등록을 신청하는 자는 제60조의2제2항에 따라 예비후보자등록을 신청하는 때에 제출한 서류는 제4항에도 불구하고 제출하지 아니할 수 있다. 다만, 그 서류 중 변경사항이 있는 경우에는 후보자등록을 신청하는 때까지 추가하거나 보완하여야 한다. <개정 2010·1·25>

⑥ 정당의 당원인 자는 무소속후보자로 등록할 수 없으며, 후보자등록기간중(후보자등록신청시를 포함한다) 당적을 이탈·변경하거나 2 이상의 당적을 가지고 있는 때에는 당해 선거에 후보자로 등록될 수 없다. 소속정당의 해산이나 그 등록의 취소 또는 중앙당의 시·도당창당승인취소로 인하여 당원자격이 상실된 경우에도 또한 같다. <개정 2004·3·12>

⑦ 후보자등록신청서의 접수는 공휴일에 불구하고 매일 오전 9시부터 오후 6시까지로 한다. <개정 2011·7·28>

⑧ 관할선거구선거관리위원회는 후보자등록신청이 있는 때에는 즉시 이를 수리하여야 하되, 등록신청서·정당의 추천서와 본인승낙서·선거권자의 추천장·기탁금 및 제4항제2호 내지 제5호의 규정에 의한 서류를 갖추지 아니하거나 제47조제3항에 따른 여성후보자 추천의 비율과 순위를 위반한 등록신청은 이를 수리할 수 없다. 다만, 후보자의 피선거권에 관한 증명서류가 첨부되지 아니한 경우에는 이를 수리하되, 당해 선거구선거관리위원회가 그 사항을 조사하여야 하며, 그 조사를 의뢰받은 기관 또는 단체는 지체없이 그 사실을 확인하여 당해 선거구선거관리위원회에 회보하여야 한다. <개정 2000·2·16, 2002·3·7, 2004·3·12, 2005·8·4, 2006·10·4, 2018·4·6, 2020·1·14, 2020·12·29>

⑨ 관할선거구선거관리위원회는 「공직자윤리법」 제9조에 따른 해당 공직자윤리위원회의 요청이 있는 경우 당선인결정 후 15일 이내에 해당 당선인이 제4항제2호에 따라 제출한 등록대상재산에 관한 신고서의 사본을 송부하여야 한다. <개정 2015·12·24>

⑩ 후보자가 되고자 하는 자 또는 정당은 선거기간개시일 전 150일부터 본인 또는 후보자가 되고자 하는 소속 당원의 전과기록을 국가경찰관서의 장에게 조회할 수 있으며, 그 요청을 받은 국가경찰관서의 장은 지체없이 그 전과기록을 회보(回報)하여야 한다. 이 경우 회보받은 전과기록은 후보자등록시 함께 제출하여야 하며 관할선거구선거관리위원회는 그 확인이 필요하다고 인정되는 후보자에 대하여는 후보자등록마감 후 지체없이 해당 선거구를 관할하는 검찰청의 장에게 그 후보자의 전과기록을 조회할 수

있고, 당해 검찰청의 장은 그 전과기록의 진위여부를 지체없이 회보하여야 한다. <개정 2002·3·7, 2004·3·12, 2005·8·4, 2006·2·21, 2011·7·28>

⑪ 누구든지 선거기간중 관할선거구선거관리위원회가 제10항의 규정에 의하여 회보받은 전과기록을 열람할 수 있다. <신설 2000·2·16>

⑫ 관할선거구선거관리위원회는 제4항제2호부터 제7호까지와 제10항의 규정에 의하여 제출받거나 회보받은 서류를 선거구민이 알 수 있도록 공개하여야 한다. 다만, 선거일 후에는 이를 공개하여서는 아니된다. <신설 2002·3·7, 2004·3·12, 2014·2·13>

⑬ 및 ⑭ 삭제 <2005·8·4>

⑮ 후보자의 등록신청서와 추천서의 서식, 세금납부 및 체납에 관한 선고서의 서식, 제출·회보받은 서류의 공개방법 그 밖에 필요한 사항은 중앙선거관리위원회규칙으로 정한다. <개정 2004·3·12, 2005·8·4, 2010·1·25>

제50조(후보자추천의 취소와 변경의 금지) ① 정당은 후보자등록후에는 등록된 후보자에 대한 추천을 취소 또는 변경할 수 없으며, 비례대표국회의원후보자명부(비례대표지방의회의원후보자명부를 포함한다. 이하 이 항에서 같다)에 후보자를 추가하거나 그 순위를 변경할 수 없다. 다만, 후보자등록기간중 정당추천후보자가 사퇴·사망하거나, 소속정당의 제명이나 중앙당의 시·도당창당승인취소외의 사유로 인하여 등록이 무효로 된 때에는 예외로 하되, 비례대표국회의원후보자명부에 후보자를 추가할 경우에는 그 순위는 이미 등록된 자의 다음으로 한다. <개정 1995·4·1, 2000·2·16, 2004·3·12, 2005·8·4>

② 선거권자는 후보자에 대한 추천을 취소 또는 변경할 수 없다. <개정 1995·4·1, 2005·8·4>

제51조(추가등록) 대통령선거에 있어서 정당추천후보자가 후보자등록기간중 또는 후보자등록기간이 지난 후에 사망한 때에는 후보자등록마감일후 5일까지 제47조(정당의 후보자추천) 및 제49조(후보자등록 등)의 규정에 의하여 후보자등록을 신청할 수 있다. <개정 2000·2·16>

제52조(등록무효) ① 후보자등록후에 다음 각 호의 어느 하나에 해당하는 사유가 있는 때에는 그 후보자의 등록은 무효로 한다. <개정 1998·4·30, 2000·2·16, 2002·3·7, 2004·3·12, 2005·8·4, 2006·10·4, 2010·1·25, 2014·1·17, 2015·8·13, 2018·4·6>

1. 후보자의 피선거권이 없는 것이 발견된 때
2. 제47조(정당의 후보자추천)제1항 본문의 규정에 위반하여 선거구별로 선거할 정수범위를 넘어 추천하거나, 같은 조 제3항에 따른 여성후보자 추천의 비율과 순위를 위반하거나, 제48조(선거권자의 후보자추천)제2항의 규정에 의한 추천인수에 미달한 것이 발견된 때
3. 제49조제4항제2호부터 제5호까지의 규정에 따른 서류를 제출하지 아니한 것이 발견된 때
4. 제49조제6항의 규정에 위반하여 등록된 것이 발견된 때
5. 제53조제1항부터 제3항까지 또는 제5항을 위반하여 등록된 것이 발견된 때
6. 정당추천후보자가 당적을 이탈·변경하거나 2 이상의 당적을 가지고 있는 때(후보자등록신청시에 2 이상의 당적을 가진 경우를 포함한다), 소속정당의 해산이나 그 등록의 취소 또는 중앙당의 시·도당창당승인취소가 있는 때
7. 무소속후보자가 정당의 당원이 된 때
8. 제57조의2제2항 또는 제266조제2항·제3항을 위반하여 등록된 것이 발견된 때
9. 정당이 그 소속 당원이 아닌 사람이나 「정당법」 제22조에 따라 당원이 될 수 없는 사람을 추천한 것이 발견된 때
10. 다른 법률에 따라 공무담임이 제한되는 사람이나 후보자가 될 수 없는 사람에 해당하는 것이 발견된 때
11. 정당 또는 후보자가 정당한 사유 없이 제65조제9항을 위반하여 후보자정보공개자료를 제출하지 아니한 것이 발견된 때

② 제47조제5항을 위반하여 등록된 것이 발견된 때에는 그 정당이 추천한 해당 국회의원지역구의 지역구시·도의원후보자 및 지역구자치구·시·군의원후보자의 등록은 모두 무효로 한다. 다만, 제47조제5항에 따라

여성후보자를 추천하여야 하는 지역에서 해당 정당이 추천한 지역구시·도의원후보자의 수와 지역구자치구·시·군의원후보자의 수를 합한 수가 그 지역구시·도의원 정수와 지역구자치구·시·군의원 정수를 합한 수의 100분의 50에 해당하는 수(1 미만의 단수는 1로 본다)에 미달하는 경우와 그 여성후보자의 등록이 무효로 된 경우에는 그러하지 아니하다. <신설 2010·3·12>

③ 후보자가 같은 선거의 다른 선거구나 다른 선거의 후보자로 등록된 때에는 그 등록은 모두 무효로 한다. <개정 2000·2·16>

④ 후보자의 등록이 무효로 된 때에는 관할선거구선거관리위원회는 지체없이 그 후보자와 그를 추천한 정당에 등록무효의 사유를 명시하여 이를 통지하여야 한다.

제53조(공무원 등의 입후보) ① 다음 각 호의 어느 하나에 해당하는 사람으로서 후보자가 되려는 사람은 선거일 전 90일까지 그 직을 그만두어야 한다. 다만, 대통령선거와 국회의원선거에 있어서 국회의원이 그 직을 가지고 입후보하는 경우와 지방의회의원선거와 지방자치단체의 장의 선거에 있어서 당해 지방자치단체의 의회의원이나 장이 그 직을 가지고 입후보하는 경우에는 그러하지 아니하다. <개정 1995·4·1, 1995·12·30, 1997·11·14, 1998·4·30, 2000·2·16, 2002·3·7, 2005·8·4, 2010·1·25, 2015·12·24, 2020·12·29>

1. 「국가공무원법」 제2조(공무원의 구분)에 규정된 국가공무원과 「지방공무원법」 제2조(공무원의 구분)에 규정된 지방공무원. 다만, 「정당법」 제22조(발기인 및 당원의 자격)제1항제1호 단서의 규정에 의하여 정당의 당원이 될 수 있는 공무원(정무직공무원을 제외한다)은 그러하지 아니하다.
2. 각급선거관리위원회위원 또는 교육위원회의 교육위원
3. 다른 법령의 규정에 의하여 공무원의 신분을 가진 자
4. 「공공기관의 운영에 관한 법률」 제4조제1항제3호에 해당하는 기관 중 정부가 100분의 50 이상의 지분을 가지고 있는 기관(한국은행을 포함한다)의 상근 임원
5. 「농업협동조합법」·「수산업협동조합법」·「산림조합법」·「엽연초생산협동조합법」에 의하여 설립된 조합의 상근임원과 이들 조합의 중앙회장
6. 「지방공기업법」 제2조(적용범위)에 규정된 지방공사와 지방공단의 상근임원
7. 「정당법」 제22조제1항제2호의 규정에 의하여 정당의 당원이 될 수 없는 사립학교교원
8. 「신문 등의 진흥에 관한 법률」 제2조에 따른 신문 및 인터넷신문, 「잡지 등 정기간행물의 진흥에 관한 법률」 제2조에 따른 정기간행물, 「방송법」 제2조에 따른 방송사업을 발행·경영하는 자와 이에 상시 고용되어 편집·제작·취재·집필·보도의 업무에 종사하는 자로서 중앙선거관리위원회규칙으로 정하는 언론인
9. 특별법에 의하여 설립된 국민운동단체로서 국가 또는 지방자치단체의 출연 또는 보조를 받는 단체(바르게살기운동협의회·새마을운동협의회·한국자유총연맹을 말하며, 시·도조직 및 구·시·군조직을 포함한다)의 대표자

② 제1항 본문에도 불구하고 다음 각 호의 어느 하나에 해당하는 경우에는 선거일 전 30일까지 그 직을 그만두어야 한다. <신설 2010·1·25, 2015·8·13>

1. 비례대표국회의원선거나 비례대표지방의회의원선거에 입후보하는 경우
2. 보궐선거등에 입후보하는 경우
3. 국회의원이 지방자치단체의 장의 선거에 입후보하는 경우
4. 지방의회의원이 다른 지방자치단체의 의회의원이나 장의 선거에 입후보하는 경우

③ 제1항 단서에도 불구하고 비례대표국회의원이 지역구국회의원 보궐선거등에 입후보하는 경우 및 비례대표지방의회의원이 해당 지방자치단체의 지역구지방의회의원 보궐선거등에 입후보하는 경우에는 후보자등록신청 전까지 그 직을 그만두어야 한다. <신설 2010·1·25>

④ 제1항부터 제3항까지의 규정을 적용하는 경우 그 소속기관의 장 또는 소속위원회

에 사직원이 접수된 때에 그 직을 그만둔 것으로 본다. <개정 2010·1·25>

⑤ 제1항 및 제2항에도 불구하고, 지방자치단체의 장은 선거구역이 당해 지방자치단체의 관할구역과 같거나 겹치는 지역구국회의원선거에 입후보하고자 하는 때에는 당해 선거의 선거일전 120일까지 그 직을 그만두어야 한다. 다만, 그 지방자치단체의 장이 임기가 만료된 후에 그 임기만료일부터 90일 후에 실시되는 지역구국회의원선거에 입후보하려는 경우에는 그러하지 아니하다. <개정 2000·2·16, 2003·10·30, 2010·1·25>

제54조(후보자사퇴의 신고) 후보자가 사퇴하고자 하는 때에는 자신이 직접 당해 선거구선거관리위원회에 가서 서면으로 신고하되, 정당추천후보자가 사퇴하고자 하는 때에는 추천정당의 사퇴승인서를 첨부하여야 한다.

제55조(후보자등록 등에 관한 공고) 후보자가 등록·사퇴·사망하거나 등록이 무효로 된 때에는 당해 선거구선거관리위원회는 지체없이 이를 공고하고, 상급선거관리위원회에 보고하여야 하며, 하급선거관리위원회에 통지하여야 한다.

제56조(기탁금) ① 후보자등록을 신청하는 자는 등록신청 시에 후보자 1명마다 다음 각 호의 기탁금(후보자등록을 신청하는 사람이 「장애인복지법」 제32조에 따라 등록한 장애인이거나 선거일 현재 29세 이하인 경우에는 다음 각 호에 따른 기탁금의 100분의 50에 해당하는 금액을 말하고, 30세 이상 39세 이하인 경우에는 다음 각 호에 따른 기탁금의 100분의 70에 해당하는 금액을 말한다)을 중앙선거관리위원회규칙으로 정하는 바에 따라 관할선거구선거관리위원회에 납부하여야 한다. 이 경우 예비후보자가 해당 선거의 같은 선거구에 후보자등록을 신청하는 때에는 제60조의2제2항에 따라 납부한 기탁금을 제외한 나머지 금액을 납부하여야 한다. <개정 1997·11·14, 2000·2·16, 2001·10·8, 2002·3·7, 2010·1·25, 2012·1·17, 2020·3·25, 2022·4·20>

1. 대통령선거는 3억원
2. 지역구국회의원선거는 1천500만원

2의2. 비례대표국회의원선거는 500만원

3. 시·도의회의원선거는 300만원
4. 시·도지사선거는 5천만원
5. 자치구·시·군의 장선거는 1천만원
6. 자치구·시·군의원선거는 200만원

② 제1항의 기탁금은 체납처분이나 강제집행의 대상이 되지 아니한다.

③ 제261조에 따른 과태료 및 제271조에 따른 불법시설물 등에 대한 대집행비용은 제1항의 기탁금(제60조의2제2항의 기탁금을 포함한다)에서 부담한다. <개정 2010·1·25>

④ 제1항에 따라 장애인 또는 39세 이하의 사람이 납부하는 기탁금의 감액비율은 중복하여 적용하지 아니한다. <신설 2022·4·20>

제57조(기탁금의 반환 등) ① 관할선거구선거관리위원회는 다음 각 호의 구분에 따른 금액을 선거일 후 30일 이내에 기탁자에게 반환한다. 이 경우 반환하지 아니하는 기탁금은 국가 또는 지방자치단체에 귀속한다. <개정 2004·3·12, 2005·8·4, 2010·1·25, 2020·3·25, 2022·4·20>

1. 대통령선거, 지역구국회의원선거, 지역구지방의회의원선거 및 지방자치단체의 장선거
   가. 후보자가 당선되거나 사망한 경우와 유효투표총수의 100분의 15 이상(후보자가 「장애인복지법」 제32조에 따라 등록한 장애인이거나 선거일 현재 39세 이하인 경우에는 유효투표총수의 100분의 10 이상을 말한다)을 득표한 경우에는 기탁금 전액
   나. 후보자가 유효투표총수의 100분의 10 이상 100분의 15 미만(후보자가 「장애인복지법」 제32조에 따라 등록한 장애인이거나 선거일 현재 39세 이하인 경우에는 유효투표총수의 100분의 5 이상 100분의 10 미만을 말한다)을 득표한 경우에는 기탁금의 100분의 50에 해당하는 금액
   다. 예비후보자가 사망하거나, 당헌·당규에 따라 소속 정당에 후보자로 추천하여 줄 것을 신청하였으나 해당 정당의 추천을 받지 못하여 후보자로 등록하지

않은 경우에는 제60조의2제2항에 따라 납부한 기탁금 전액
2. 비례대표국회의원선거 및 비례대표지방의회의원선거
당해 후보자명부에 올라 있는 후보자중 당선인이 있는 때에는 기탁금 전액. 다만, 제189조 및 제190조의2에 따른 당선인의 결정 전에 사퇴하거나 등록이 무효로 된 후보자의 기탁금은 제외한다.
② 제56조제3항에 따라 기탁금에서 부담하여야 할 비용은 제1항에 따라 기탁금을 반환하는 때에 공제하되, 그 부담비용이 반환할 기탁금을 넘는 사람은 그 차액을, 기탁금 전액이 국가 또는 지방자치단체에 귀속되는 사람은 그 부담비용 전액을 해당 선거구선거관리위원회의 고지에 따라 그 고지를 받은 날부터 10일 이내에 납부하여야 한다. <개정 2010·1·25>
③ 관할선거구선거관리위원회는 제2항의 납부기한까지 해당자가 그 금액을 납부하지 아니한 때에는 관할세무서장에게 징수를 위탁하고, 관할세무서장은 국세 체납처분의 예에 따라 이를 징수하여 국가 또는 해당 지방자치단체에 납입하여야 한다. 이 경우 제271조에 따른 불법시설물 등에 대한 대집행비용은 우선 해당 선거관리위원회가 지출한 후 관할세무서장에게 그 징수를 위탁할 수 있다. <신설 2010·1·25>
④ 삭제 <2000·2·16>
⑤ 기탁금의 반환 및 귀속 기타 필요한 사항은 중앙선거관리위원회규칙으로 정한다. <개정 2000·2·16>

제6장의2 정당의 후보자 추천을 위한 당내경선

제57조의2(당내경선의 실시) ① 정당은 공직선거후보자를 추천하기 위하여 경선(이하 "당내경선"이라 한다)을 실시할 수 있다.
② 정당이 당내경선[당내경선(여성이나 장애인 등에 대하여 당헌·당규에 따라 가산점 등을 부여하여 실시하는 경우를 포함한다)의 후보자로 등재된 자(이하 "경선후보자"라 한다)를 대상으로 정당의 당헌·당규 또는 경선후보자간의 서면합의에 따라 실시한 당내경선을 대체하는 여론조사를 포함한다]을 실시하는 경우 경선후보자로서 당해 정당의 후보자로 선출되지 아니한 자는 당해 선거의 같은 선거구에서는 후보자로 등록될 수 없다. 다만, 후보자로 선출된 자가 사퇴·사망·피선거권 상실 또는 당적의 이탈·변경 등으로 그 자격을 상실한 때에는 그러하지 아니하다. <개정 2018·4·6>
③ 「정당법」 제22조(발기인 및 당원의 자격)의 규정에 따라 당원이 될 수 없는 자는 당내경선의 선거인이 될 수 없다.
[본조신설 2005·8·4]

제57조의3(당내경선운동) ① 정당이 당원과 당원이 아닌 자에게 투표권을 부여하여 실시하는 당내경선에서는 다음 각 호의 어느 하나에 해당하는 방법 외의 방법으로 경선운동을 할 수 없다. <개정 2008·2·29, 2012·2·29>
1. 제60조의3제1항제1호·제2호에 따른 방법
2. 정당이 경선후보자가 작성한 1종의 홍보물(이하 이 조에서 "경선홍보물"이라 한다)을 1회에 한하여 발송하는 방법
3. 정당이 합동연설회 또는 합동토론회를 옥내에서 개최하는 방법(경선후보자가 중앙선거관리위원회규칙으로 정하는 바에 따라 그 개최장소에 경선후보자의 홍보에 필요한 현수막 등 시설물을 설치·게시하는 방법을 포함한다)
② 정당이 제1항제2호 또는 제3호의 규정에 따른 방법으로 경선홍보물을 발송하거나 합동연설회 또는 합동토론회를 개최하는 때에는 당해 선거의 관할선거구선거관리위원회에 신고하여야 한다.
③ 제1항의 규정에 위반되는 경선운동에 소요되는 비용은 제119조(선거비용등의 정의)의 규정에 따른 선거비용으로 본다.
④ 제1항제2호의 경선홍보물의 작성 및 제2항의 신고 그 밖에 필요한 사항은 중앙선거관리위원회규칙으로 정한다.

〔본조신설 2005·8·4〕

제57조의4(당내경선사무의 위탁) ① 「정치자금법」 제27조(보조금의 배분)의 규정에 따라 보조금의 배분대상이 되는 정당은 당내경선사무 중 경선운동, 투표 및 개표에 관한 사무의 관리를 당해 선거의 관할선거구선거관리위원회에 위탁할 수 있다.

② 관할선거구선거관리위원회가 제1항에 따라 당내경선의 투표 및 개표에 관한 사무를 수탁관리하는 경우에는 그 비용은 국가가 부담한다. 다만, 투표 및 개표참관인의 수당은 당해 정당이 부담한다. <개정 2008·2·29>

③ 제1항의 규정에 따라 정당이 당내경선사무를 위탁하는 경우 그 구체적인 절차 및 필요한 사항은 중앙선거관리위원회규칙으로 정한다.

〔본조신설 2005·8·4〕

제57조의5(당원 등 매수금지) ① 누구든지 당내경선에 있어 후보자로 선출되거나 되게 하거나 되지 못하게 할 목적으로 경선선거인(당내경선의 선거인명부에 등재된 자를 말한다) 또는 그의 배우자나 직계존·비속에게 명목여하를 불문하고 금품 그 밖의 재산상의 이익 또는 공사의 직을 제공하거나 그 제공의 의사를 표시하거나 그 제공을 약속하는 행위를 할 수 없다. 다만, 중앙선거관리위원회규칙이 정하는 의례적인 행위는 그러하지 아니하다.

② 누구든지 당내경선에 있어 후보자가 되지 아니하게 하거나 후보자가 된 것을 사퇴하게 할 목적으로 후보자(후보자가 되고자 하는 자를 포함한다. 이하 이 항에서 같다)에게 제1항의 규정에 따른 이익제공행위 등을 하여서는 아니되며, 후보자는 그 이익이나 직의 제공을 받거나 제공의 의사표시를 승낙하여서는 아니된다.

③ 누구든지 제1항 및 제2항에 규정된 행위에 관하여 지시·권유 또는 요구를 하여서는 아니된다.

〔본조신설 2005·8·4〕

제57조의6(공무원 등의 당내경선운동 금지) ① 제60조제1항에 따라 선거운동을 할 수 없는 사람은 당내경선에서 경선운동을 할 수 없다. 다만, 소속 당원만을 대상으로 하는 당내경선에서 당원이 될 수 있는 사람이 경선운동을 하는 경우에는 그러하지 아니하다. <개정 2025·1·7>

② 공무원은 그 지위를 이용하여 당내경선에서 경선운동을 할 수 없다.

〔본조신설 2010·1·25〕

제57조의7(위탁하는 당내경선에 있어서의 이의제기) 정당이 제57조의4에 따라 당내경선을 위탁하여 실시하는 경우에는 그 경선 및 선출의 효력에 대한 이의제기는 당해 정당에 하여야 한다. <개정 2010·1·25>

〔본조신설 2005·8·4〕

제57조의8(당내경선 등을 위한 휴대전화 가상번호의 제공) ① 국회에 의석을 가진 정당은 다음 각 호의 어느 하나에 해당하는 경우에는 관할 선거관리위원회를 경유하여 이동통신사업자에게 이용자의 이동전화번호가 노출되지 아니하도록 생성한 번호(이하 "휴대전화 가상번호"라 한다)를 제공하여 줄 것을 서면(이하 "휴대전화 가상번호 제공 요청서"라 한다)으로 요청할 수 있다. <개정 2017·2·8>

1. 제57조의2제1항에 따른 당내경선의 경선선거인이 되려는 사람을 모집하거나 당내경선을 위한 여론조사를 실시하는 경우
2. 그 밖에 정당활동을 위하여 여론수렴이 필요한 경우

② 정당은 다음 각 호의 기간까지 관할 선거관리위원회에 휴대전화 가상번호 제공 요청서를 제출하여야 하고, 관할 선거관리위원회는 해당 요청서의 기재사항을 심사한 후 제출받은 날부터 3일 이내에 해당 요청서를 이동통신사업자에게 송부하여야 한다. <개정 2017·2·8>

1. 제1항제1호에 따른 당내경선 : 해당 당내경선 선거일 전 23일까지
2. 제1항제2호에 따른 여론수렴 : 해당 여론수렴 기간 개시일 전 10일까지

③ 정당이 제1항에 따른 요청을 하는 경우에는 휴대전화 가상번호 제공 요청서에 다음 각 호에 따른 사항을 적어야 한다. <개정 2017·2·8>

1. 제1항제1호에 따른 당내경선

가. 당내경선의 선거명·선거구명
나. 당내경선의 선거일
다. 당내경선 실시 지역 및 경선선거인(당내경선을 위한 여론조사를 실시하는 경우에는 표본을 말한다. 이하 이 항에서 같다) 수
라. 이동통신사업자별로 제공하여야 하는 성별·연령별·지역별 휴대전화 가상번호 수. 이 경우 제공을 요청할 수 있는 휴대전화 가상번호의 총수는 다목에 따른 경선선거인 수의 30배수를 초과할 수 없다.
마. 그 밖에 중앙선거관리위원회규칙으로 정하는 사항
2. 제1항제2호에 따른 여론수렴
가. 여론수렴의 목적·내용 및 기간
나. 여론수렴 대상 지역 및 대상자 수
다. 이동통신사업자별로 제공하여야 하는 성별·연령별·지역별 휴대전화 가상번호 수. 이 경우 제공을 요청할 수 있는 휴대전화 가상번호의 총수는 나목에 따른 대상자 수의 30배수를 초과할 수 없다.
라. 그 밖에 중앙선거관리위원회규칙으로 정하는 사항
④ 관할 선거관리위원회는 제출된 휴대전화 가상번호 제공 요청서에 제3항에 따른 기재사항이 누락되었거나 심사를 위하여 추가로 자료가 필요하다고 판단되는 때에는 해당 정당에 휴대전화 가상번호 제공 요청서의 보완 또는 자료의 제출을 요구할 수 있으며, 그 요구를 받은 정당은 지체 없이 이에 따라야 한다. <개정 2017·2·8>
⑤ 이동통신사업자가 제1항에 따른 요청을 받은 때에는 그 요청을 받은 날부터 7일 이내에 휴대전화 가상번호 제공 요청서에 따라 휴대전화 가상번호를 생성하여 유효기간을 설정한 다음 관할 선거관리위원회를 경유하여 해당 정당에 제공하여야 한다. 다만, 이동통신사업자는 이용자 수의 부족 등으로 제공할 수 있는 휴대전화 가상번호 수가 제공하여야 하는 휴대전화 가상번호 수보다 적은 때에는 지체 없이 관할 선거관리위원회에 통보하여야 하고, 관할 선거관리위원회는 중앙선거관리위원회규칙으로 정하는 바에 따라 해당 정당과 협의하여 제공하여야 하는 휴대전화 가상번호 수를 조정할 수 있다. <개정 2017·2·8>
⑥ 이동통신사업자는 중앙선거관리위원회규칙으로 정하는 바에 따라 이용자에게 정당의 당내경선이나 여론수렴 등을 위하여 본인의 이동전화번호가 정당에 휴대전화 가상번호로 제공된다는 사실과 그 제공을 거부할 수 있다는 사실을 알려야 한다. <개정 2017·2·8>
⑦ 이동통신사업자(그 대표자 및 구성원을 포함한다)가 제5항에 따라 휴대전화 가상번호를 제공할 때에는 다음 각 호의 어느 하나에 해당하는 행위를 하여서는 아니 된다. <개정 2017·2·8>
1. 휴대전화 가상번호에 유효기간을 설정하지 아니하고 제공하거나 휴대전화 가상번호를 제공하는 날부터 당내경선의 선거일까지의 기간(당내경선을 위한 여론조사를 실시하는 경우에는 그 여론조사기간을 말한다)이나 여론수렴 기간을 초과하는 유효기간을 설정하여 제공하는 행위
2. 요청받은 휴대전화 가상번호 수를 초과하여 휴대전화 가상번호를 제공하는 행위
3. 휴대전화 가상번호, 이용자의 성(性)·연령·거주지역 정보 외의 정보를 제공하는 행위. 이 경우 연령과 거주지역 정보의 범위에 대하여는 중앙선거관리위원회규칙으로 정한다.
4. 휴대전화 가상번호의 제공을 요청한 정당 외의 자에게 휴대전화 가상번호를 제공하는 행위
5. 제6항에 따른 고지를 받고 명시적으로 거부의사를 밝힌 이용자의 휴대전화 가상번호를 제공하는 행위
6. 여론조사의 결과에 영향을 미치게 하기 위하여 특정 정당 또는 후보자가 되려는 사람에게 유리 또는 불리하도록 휴대전화 가상번호를 생성하여 제공하는 행위
⑧ 정당은 제5항에 따라 제공받은 휴대전화 가상번호를 제1항에 따른 여론조사를 실시하거나 여론수렴을 하기 위하여 여론조사

기관·단체에 제공할 수 있다. <개정 2017·2·8>

⑨ 제5항 본문 또는 제8항에 따라 휴대전화 가상번호를 제공받은 정당(그 대표자 및 구성원을 포함한다) 또는 여론조사 기관·단체(그 대표자 및 구성원을 포함한다)는 다음 각 호의 어느 하나에 해당하는 행위를 하여서는 아니 된다. <개정 2017·2·8>

1. 제공받은 휴대전화 가상번호를 제1항에 따른 여론조사를 실시하거나 여론수렴을 하기 위한 목적 외의 다른 목적으로 사용하는 행위
2. 제공받은 휴대전화 가상번호를 다른 자에게 제공하는 행위

⑩ 휴대전화 가상번호를 제공받은 자(그 대표자 및 구성원을 포함한다)는 유효기간이 지난 휴대전화 가상번호를 즉시 폐기하여야 한다. <개정 2017·2·8>

⑪ 이동통신사업자가 제5항에 따라 휴대전화 가상번호를 생성하여 제공하는데 소요되는 비용은 휴대전화 가상번호의 제공을 요청한 해당 정당이 부담한다. 이 경우 이동통신사업자는 휴대전화 가상번호 생성·제공에 소요되는 최소한의 비용을 청구하여야 한다. <개정 2017·2·8>

⑫ 누구든지 휴대전화 가상번호를 제공한 이동통신사업자에게 당내경선의 결과·효력이나 여론수렴의 결과에 대하여 이의를 제기할 수 없다. <개정 2017·2·8>

⑬ 휴대전화 가상번호 제공 요청 방법과 절차, 휴대전화 가상번호의 유효기간 설정, 휴대전화 가상번호 제공 요청서 서식, 관할 선거관리위원회, 그 밖에 필요한 사항은 중앙선거관리위원회규칙으로 정한다. <개정 2017·2·8>

〔본조신설 2016·1·15〕

제7장　선거운동

제58조(정의 등) ① 이 법에서 "선거운동"이라 함은 당선되거나 되게 하거나 되지 못하게 하기 위한 행위를 말한다. 다만, 다음 각 호의 어느 하나에 해당하는 행위는 선거운동으로 보지 아니한다. <개정 2000·2·16, 2012·2·29, 2013·8·13, 2020·3·25>

1. 선거에 관한 단순한 의견개진 및 의사표시
2. 입후보와 선거운동을 위한 준비행위
3. 정당의 후보자 추천에 관한 단순한 지지·반대의 의견개진 및 의사표시
4. 통상적인 정당활동
5. 삭제 <2014·5·14>
6. 설날·추석 등 명절 및 석가탄신일·기독탄신일 등에 하는 의례적인 인사말을 문자메시지(그림말·음성·화상·동영상 등을 포함한다. 이하 같다)로 전송하는 행위

② 누구든지 자유롭게 선거운동을 할 수 있다. 그러나 이 법 또는 다른 법률의 규정에 의하여 금지 또는 제한되는 경우에는 그러하지 아니하다.

제58조의2(투표참여 권유활동) 누구든지 투표참여를 권유하는 행위를 할 수 있다. 다만, 다음 각 호의 어느 하나에 해당하는 행위의 경우에는 그러하지 아니하다.

1. 호별로 방문하여 하는 경우
2. 사전투표소 또는 투표소로부터 100미터 안에서 하는 경우
3. 특정 정당 또는 후보자(후보자가 되려는 사람을 포함한다. 이하 이 조에서 같다)를 지지·추천하거나 반대하는 내용을 포함하여 하는 경우
4. 현수막 등 시설물, 인쇄물, 확성장치·녹음기·녹화기(비디오 및 오디오 기기를 포함한다), 어깨띠, 표찰, 그 밖의 표시물을 사용하여 하는 경우(정당의 명칭이나 후보자의 성명·사진 또는 그 명칭·성명을 유추할 수 있는 내용을 나타내어 하는 경우에 한정한다)

〔본조신설 2014·5·14〕

제59조(선거운동기간) 선거운동은 선거기간개시일부터 선거일 전일까지에 한하여 할 수 있다. 다만, 다음 각 호의 어느 하나에 해당하는 경우에는 그러하지 아니하다. <개정 2004·3·12, 2005·8·4, 2011·7·28, 2012·2·29, 2017·2·8, 2020·12·29>

1. 제60조의3(예비후보자 등의 선거운동) 제1항 및 제2항의 규정에 따라 예비후

보자 등이 선거운동을 하는 경우
2. 문자메시지를 전송하는 방법으로 선거운동을 하는 경우. 이 경우 자동 동보통신의 방법(동시 수신대상자가 20명을 초과하거나 그 대상자가 20명 이하인 경우에도 프로그램을 이용하여 수신자를 자동으로 선택하여 전송하는 방식을 말한다. 이하 같다)으로 전송할 수 있는 자는 후보자와 예비후보자에 한하되, 그 횟수는 8회(후보자의 경우 예비후보자로서 전송한 횟수를 포함한다)를 넘을 수 없으며, 중앙선거관리위원회규칙에 따라 신고한 1개의 전화번호만을 사용하여야 한다.
3. 인터넷 홈페이지 또는 그 게시판·대화방 등에 글이나 동영상 등을 게시하거나 전자우편(컴퓨터 이용자끼리 네트워크를 통하여 문자·음성·화상 또는 동영상 등의 정보를 주고받는 통신시스템을 말한다. 이하 같다)을 전송하는 방법으로 선거운동을 하는 경우. 이 경우 전자우편 전송대행업체에 위탁하여 전자우편을 전송할 수 있는 사람은 후보자와 예비후보자에 한한다.
4. 선거일이 아닌 때에 전화(송·수화자 간 직접 통화하는 방식에 한정하며, 컴퓨터를 이용한 자동 송신장치를 설치한 전화는 제외한다)를 이용하거나 말(확성장치를 사용하거나 옥외집회에서 다중을 대상으로 하는 경우를 제외한다)로 선거운동을 하는 경우
5. 후보자가 되려는 사람이 선거일 전 180일(대통령선거의 경우 선거일 전 240일을 말한다)부터 해당 선거의 예비후보자등록 신청 전까지 제60조의3제1항제2호의 방법(같은 호 단서를 포함한다)으로 자신의 명함을 직접 주는 경우

제60조(선거운동을 할 수 없는 자) ① 다음 각 호의 어느 하나에 해당하는 사람은 선거운동을 할 수 없다. 다만, 제1호에 해당하는 사람이 예비후보자·후보자의 배우자인 경우와 제4호부터 제8호까지의 규정에 해당하는 사람이 예비후보자·후보자의 배우자이거나 후보자의 직계존비속인 경우에는 그러하지 아니하다. <개정 1995·12·30, 1997·1·13, 2000·2·16, 2002·3·7, 2004·3·12, 2005·8·4, 2010·1·25, 2012·1·17, 2012·2·29, 2014·1·17, 2016·5·29, 2020·1·14, 2020·3·25, 2020·12·29, 2025·1·7>
1. 대한민국 국민이 아닌 자. 다만, 제15조제2항제3호에 따른 외국인이 해당 선거에서 선거운동을 하는 경우에는 그러하지 아니하다.
2. 미성년자(18세 미만의 자를 말한다. 이하 같다)
3. 제18조(선거권이 없는 자)제1항의 규정에 의하여 선거권이 없는 자
4. 「국가공무원법」 제2조(공무원의 구분)에 규정된 국가공무원과 「지방공무원법」 제2조(공무원의 구분)에 규정된 지방공무원. 다만, 「정당법」 제22조(발기인 및 당원의 자격)제1항제1호 단서의 규정에 의하여 정당의 당원이 될 수 있는 공무원(국회의원과 지방의회의원외의 정무직공무원을 제외한다)은 그러하지 아니하다.
5. 제53조(공무원 등의 입후보)제1항제2호 내지 제7호에 해당하는 자(제5호의 경우에는 그 상근직원을 포함한다)
6. 예비군 중대장급 이상의 간부
7. 통·리·반의 장 및 읍·면·동주민자치센터(그 명칭에 관계없이 읍·면·동사무소 기능전환의 일환으로 조례에 의하여 설치된 각종 문화·복지·편익시설을 총칭한다. 이하 같다)에 설치된 주민자치위원회(주민자치센터의 운영을 위하여 조례에 의하여 읍·면·동사무소의 관할 구역별로 두는 위원회를 말한다. 이하 같다)위원
8. 특별법에 의하여 설립된 국민운동단체로서 국가 또는 지방자치단체의 출연 또는 보조를 받는 단체(바르게살기운동협의회·새마을운동협의회·한국자유총연맹을 말한다)의 상근 임·직원 및 이들 단체 등(시·도조직 및 구·시·군조직을 포함한다)의 대표자
9. 선상투표신고를 한 선원이 승선하고 있는 선박의 선장

② 각급선거관리위원회위원·예비군 중대장급 이상의 간부·주민자치위원회위원 또는 통·리·반의 장이 선거사무장, 선거연락소

장, 선거사무원, 제62조제4항에 따른 활동보조인, 회계책임자, 연설원, 대담·토론자 또는 투표참관인이나 사전투표참관인이 되고자 하는 때에는 선거일 전 90일(선거일 전 90일 후에 실시사유가 확정된 보궐선거등에서는 그 선거의 실시사유가 확정된 때부터 5일 이내)까지 그 직을 그만두어야 하며, 선거일 후 6월 이내(주민자치위원회위원은 선거일까지)에는 종전의 직에 복직될 수 없다. 이 경우 그만둔 것으로 보는 시기에 관하여는 제53조제4항을 준용한다. <개정 2002·3·7, 2008·2·29, 2010·1·25, 2011·7·28, 2012·1·17, 2014·1·17, 2016·5·29>

제60조의2(예비후보자등록) ① 예비후보자가 되려는 사람(비례대표국회의원선거 및 비례대표지방의회의원선거는 제외한다)은 다음 각 호에서 정하는 날(그 날 후에 실시사유가 확정된 보궐선거등에 있어서는 그 선거의 실시사유가 확정된 때)부터 관할선거구선거관리위원회에 예비후보자등록을 서면으로 신청하여야 한다. <개정 2005·8·4, 2010·1·25>

1. 대통령선거
   선거일 전 240일
2. 지역구국회의원선거 및 시·도지사선거
   선거일 전 120일
3. 지역구시·도의회의원선거, 자치구·시의 지역구의회의원 및 장의 선거
   선거기간개시일 전 90일
4. 군의 지역구의회의원 및 장의 선거
   선거기간개시일 전 60일

② 제1항에 따라 예비후보자등록을 신청하는 사람은 다음 각 호의 서류를 제출하여야 하며, 제56조제1항에 따른 해당 선거 기탁금의 100분의 20에 해당하는 금액을 중앙선거관리위원회규칙으로 정하는 바에 따라 관할선거구선거관리위원회에 기탁금으로 납부하여야 한다. <신설 2010·1·25, 2022·4·20>

1. 중앙선거관리위원회규칙으로 정하는 피선거권에 관한 증명서류
2. 전과기록에 관한 증명서류
3. 제49조제4항제6호에 따른 학력에 관한 증명서(한글번역문을 첨부한다)

③ 제1항의 등록신청을 받은 선거관리위원회는 지체없이 이를 수리하되, 제2항에 따른 기탁금과 전과기록에 관한 증명서류를 갖추지 아니한 등록신청은 수리할 수 없다. 이 경우 피선거권에 관한 증명서류가 첨부되지 아니한 경우에는 이를 수리하되, 피선거권에 관하여 확인이 필요하다고 인정되는 예비후보자에 대하여는 관계기관의 장에게 필요한 사항을 조회할 수 있으며, 그 조회를 받은 관계기관의 장은 지체없이 해당 사항을 조사하여 회보하여야 한다. <개정 2010·1·25>

④ 예비후보자등록후에 다음 각 호의 어느 하나에 해당하는 사유가 있는 때에는 그 예비후보자의 등록은 무효로 한다. <개정 2005·8·4, 2010·1·25>

1. 피선거권이 없는 것이 발견된 때
1의2. 제2항제2호에 따른 전과기록에 관한 증명서류를 제출하지 아니한 것이 발견된 때
2. 제53조제1항부터 제3항까지 또는 제5항에 따라 그 직을 가지고 입후보할 수 없는 자에 해당하는 것이 발견된 때
3. 제57조의2제2항 본문 또는 제266조제2항·제3항에 따라 후보자가 될 수 없는 자에 해당하는 것이 발견된 때
4. 다른 법률에 따라 공무담임이 제한되는 사람이나 후보자가 될 수 없는 사람에 해당하는 것이 발견된 때

⑤ 제52조제3항의 규정은 예비후보자등록에 준용한다. 이 경우 "후보자"는 "예비후보자"로 본다. <개정 2010·3·12>

⑥ 예비후보자가 사퇴하고자 하는 때에는 직접 당해 선거구선거관리위원회에 서면으로 신고하여야 한다.

⑦ 제49조에 따라 후보자로 등록한 자는 선거기간개시일 전일까지 예비후보자를 겸하는 것으로 본다. 이 경우 선거운동은 예비후보자의 예에 따른다. <신설 2005·8·4, 2010·1·25, 2011·7·28>

⑧ 예비후보자의 전과기록조회 및 회보에 관하여는 제49조제10항을 준용한다. 이 경우 "선거기간개시일 전 150일"은 "선거기간개시일 전 150일(대통령선거의 경우 예비후

보자등록신청개시일 전 60일을 말한다)"로 본다. <신설 2010·1·25>

⑨ 제1항의 등록신청을 받은 선거관리위원회는 중앙선거관리위원회규칙으로 정하는 바에 따라 해당 예비후보자의 당적보유 여부를 정당에 요청하여 조회할 수 있으며, 그 요청을 받은 정당은 이를 확인하여 지체 없이 해당 선거관리위원회에 회보하여야 한다. <신설 2015·8·13>

⑩ 관할선거구선거관리위원회는 제2항제2호 및 제3호와 제8항에 따라 제출받거나 회보받은 서류를 선거구민이 알 수 있도록 공개하여야 한다. 다만, 후보자등록신청 개시일 이후에는 이를 공개하지 아니한다(제49조제12항에 따라 공개하는 경우는 제외한다). <신설 2015·8·13>

⑪ 예비후보자가 제49조에 따라 후보자로 등록하지 않은 때에는 후보자등록마감일의 등록마감시각 후부터 예비후보자의 지위를 상실한다. <신설 2017·3·9>

⑫ 예비후보자등록신청서의 서식, 피선거권에 관한 증명서류, 제출·회보받은 서류의 공개방법, 그 밖에 필요한 사항은 중앙선거관리위원회규칙으로 정한다. <개정 2015·8·13>

〔본조신설 2004·3·12〕

제60조의3(예비후보자 등의 선거운동) ① 예비후보자는 다음 각 호의 어느 하나에 해당하는 방법으로 선거운동을 할 수 있다. <개정 2005·8·4, 2008·2·29, 2010·1·25, 2011·7·28, 2012·1·17, 2017·2·8, 2020·12·29, 2023·12·28>

1. 제61조(선거운동기구의 설치)제1항 및 제6항 단서의 규정에 의하여 선거사무소를 설치하거나 그 선거사무소에 간판·현판 또는 현수막을 설치·게시하는 행위
2. 자신의 성명·사진·전화번호·학력(정규학력과 이에 준하는 외국의 교육과정을 이수한 학력을 말한다. 이하 제4호에서 같다)·경력, 그 밖에 홍보에 필요한 사항을 게재한 길이 9센티미터 너비 5센티미터 이내의 명함을 직접 주거나 지지를 호소하는 행위. 다만, 선박·정기여객자동차·열차·전동차·항공기의 안과 그 터미널·역·공항의 개찰구 안, 병원·종교시설·극장의 옥내(대관 등으로 해당 시설이 본래의 용도 외의 용도로 이용되는 경우는 제외한다)에서 주거나 지지를 호소하는 행위는 그러하지 아니하다.
3. 삭제 <2012·2·29>
4. 선거구안에 있는 세대수의 100분의 10에 해당하는 수 이내에서 자신의 사진·성명·전화번호·학력·경력, 그 밖에 홍보에 필요한 사항을 게재한 인쇄물(이하 "예비후보자홍보물"이라 한다)을 작성하여 관할 선거관리위원회로부터 발송대상·매수 등을 확인받은 후 선거기간개시일 전 3일까지 중앙선거관리위원회규칙이 정하는 바에 따라 우편발송하는 행위. 이 경우 대통령선거 및 지방자치단체의 장선거의 예비후보자는 표지를 포함한 전체면수의 100분의 50 이상의 면수에 선거공약 및 이에 대한 추진계획으로 각 사업의 목표·우선순위·이행절차·이행기한·재원조달방안을 게재하여야 하며, 이를 게재한 면에는 다른 정당이나 후보자가 되려는 자에 관한 사항을 게재할 수 없다.
5. 선거운동을 위하여 어깨띠 또는 예비후보자임을 나타내는 표지물을 착용하거나 소지하여 내보이는 행위
6. 삭제 <2020·12·29>
7. 삭제 <2012·2·29>

② 다음 각 호의 어느 하나에 해당하는 사람은 예비후보자의 선거운동을 위하여 제1항제2호에 따른 예비후보자의 명함을 직접 주거나 예비후보자에 대한 지지를 호소할 수 있다. <개정 2010·1·25, 2017·2·8, 2018·4·6>

1. 예비후보자의 배우자(배우자가 없는 경우 예비후보자가 지정한 1명)와 직계존비속
2. 예비후보자와 함께 다니는 선거사무장·선거사무원 및 제62조제4항에 따른 활동보조인
3. 예비후보자가 그와 함께 다니는 사람 중에서 지정한 1명

③ 제1항제4호에 따라 예비후보자홍보물을 우편발송하고자 하는 예비후보자는 그

발송통수 이내의 범위 안에서 선거권자인 세대주의 성명·주소(이하 이 조에서 "세대주명단"이라 한다)의 교부를 구·시·군의 장에게 신청할 수 있으며, 신청을 받은 구·시·군의 장은 다른 법률의 규정에 불구하고 지체 없이 그 세대주명단을 작성·교부하여야 한다. <신설 2005·8·4, 2008·2·29>

④ 제3항의 규정에 따른 세대주명단의 교부신청은 후보자등록기간개시일 전 5일까지 서면으로 신청하여야 하며, 그 작성비용을 함께 납부하여야 한다. <신설 2005·8·4>

⑤ 제3항의 규정에 따라 교부된 세대주명단의 양도·대여 및 사용의 금지에 관하여는 제46조(명부사본의 교부)제4항의 규정을 준용한다. 이 경우 "명부"는 "세대주명단"으로 본다. <신설 2005·8·4, 2014·1·17>

⑥ 예비후보자홍보물의 규격·면수와 작성근거 등의 표시, 어깨띠·표지물의 규격, 세대주명단의 교부신청과 비용납부 그 밖에 필요한 사항은 중앙선거관리위원회규칙으로 정한다. <신설 2005·8·4, 2008·2·29, 2010·1·25>

[본조신설 2004·3·12]

제60조의4(예비후보자공약집) ① 대통령선거 및 지방자치단체의 장선거의 예비후보자는 선거공약 및 이에 대한 추진계획으로 각 사업의 목표·우선순위·이행절차·이행기한·재원조달방안을 게재한 공약집(도서의 형태로 발간된 것을 말하며, 이하 "예비후보자공약집"이라 한다) 1종을 발간·배부할 수 있으며, 이를 배부하려는 때에는 통상적인 방법으로 판매하여야 한다. 다만, 방문판매의 방법으로 판매할 수 없다.

② 제1항의 예비후보자가 선거공약 및 그 추진계획에 관한 사항 외에 자신의 사진·성명·학력(정규학력과 이에 준하는 외국의 교육과정을 이수한 학력을 말한다)·경력, 그 밖에 홍보에 필요한 사항을 예비후보자공약집에 게재하는 경우 그 게재면수는 표지를 포함한 전체면수의 100분의 10을 넘을 수 없으며, 다른 정당이나 후보자가 되려는 자에 관한 사항은 예비후보자공약집에 게재할 수 없다.

③ 예비후보자가 제1항에 따라 예비후보자공약집을 발간하여 판매하려는 때에는 발간 즉시 관할 선거구선거관리위원회에 2권을 제출하여야 한다.

④ 예비후보자공약집의 작성근거 등의 표시와 제출, 그 밖에 필요한 사항은 중앙선거관리위원회규칙으로 정한다.

[본조신설 2008·2·29]

제61조(선거운동기구의 설치) ① 선거운동 및 그 밖의 선거에 관한 사무를 처리하기 위하여 정당 또는 후보자는 다음 각호에 따라 선거사무소와 선거연락소를, 예비후보자는 선거사무소를, 정당은 중앙당 및 시·도당의 사무소에 선거대책기구 각 1개씩을 설치할 수 있다. <개정 1995·4·1, 1995·5·10, 2000·2·16, 2004·3·12, 2005·8·4, 2014·1·17>

1. 대통령선거
   정당 또는 후보자가 설치하되, 선거사무소 1개소와 시·도 및 구·시·군(하나의 구·시·군이 2 이상의 국회의원지역구로 된 경우에는 국회의원지역구를 말한다. 이하 이 조에서 같다)마다 선거연락소 1개소
2. 지역구국회의원선거
   후보자가 설치하되, 당해 국회의원지역구안에 선거사무소 1개소. 다만, 하나의 국회의원지역구가 2 이상의 구·시·군으로 된 경우에는 선거사무소를 두지 아니하는 구·시·군마다 선거연락소 1개소
3. 비례대표국회의원선거 및 비례대표지방의회의원선거
   정당이 설치하되, 선거사무소 1개소(비례대표시·도의원선거의 경우에는 비례대표시·도의원후보자명부를 제출한 시·도마다, 비례대표자치구·시·군의원선거의 경우에는 비례대표자치구·시·군의원후보자명부를 제출한 자치구·시·군마다 선거사무소 1개소)
4. 지역구지방의회의원선거
   후보자가 설치하되, 당해 선거구안에 선거사무소 1개소
5. 시·도지사선거
   후보자가 설치하되, 당해 시·도안에 선거

사무소 1개소와 당해 시·도안의 구·시·군마다 선거연락소 1개소
6. 자치구·시·군의 장선거
후보자가 설치하되, 당해 자치구·시·군안에 선거사무소 1개소. 다만, 자치구가 아닌 구가 설치된 시에 있어서는 선거사무소를 두지 아니하는 구마다 선거연락소 1개소를 둘 수 있으며, 하나의 구·시·군이 2 이상의 국회의원지역구로 된 경우에는 선거사무소를 두지 아니하는 국회의원지역구마다 선거연락소 1개소를 둘 수 있다.

② 선거사무소 또는 선거연락소는 시·도 또는 구·시·군의 사무소 소재지가 다른 시·도 또는 구·시·군의 구역안에 있는 때에는 제 1 항의 규정에 불구하고 그 시·도 또는 구·시·군의 사무소 소재지를 관할하는 시·도 또는 구·시·군의 구역안에 설치할 수 있다.

③ 정당·정당추천후보자 또는 정당소속 예비후보자의 선거사무소와 선거연락소는 그에 대응하는 정당〔제61조의2(정당선거사무소의 설치)의 규정에 의한 정당선거사무소를 포함한다〕의 사무소가 있는 때에는 그 사무소에 둘 수 있다. <개정 2004·3·12>

④ 예비후보자가 제49조(후보자등록 등)의 규정에 의하여 후보자등록을 마친 때에는 당해 예비후보자의 선거사무소는 후보자의 선거사무소로 본다. <신설 2004·3·12>

⑤ 선거사무소와 선거연락소는 고정된 장소 또는 시설에 두어야 하며, 「식품위생법」에 의한 식품접객영업소 또는 「공중위생관리법」에 의한 공중위생영업소안에 둘 수 없다. <개정 2000·2·16, 2005·8·4>

⑥ 선거사무소, 선거연락소 및 선거대책기구에는 중앙선거관리위원회규칙으로 정하는 바에 따라 선거운동을 위한 간판·현판 및 현수막, 제64조의 선거벽보, 제65조의 선거공보, 제66조의 선거공약서 및 후보자의 사진을 첩부할 수 있다. 다만, 예비후보자의 선거사무소에는 간판·현판 및 현수막에 한하여 설치·게시할 수 있다. <개정 2010·1·25, 2014·1·17>

⑦ 예비후보자가 그 신분을 상실한 때에는 제 1 항의 규정에 의하여 설치한 선거사무소를 폐쇄하여야 하며, 이를 폐쇄하지 아니한 경우 선거구선거관리위원회는 당해 예비후보자에게 즉시 선거사무소의 폐쇄를 명하여야 한다. <신설 2004·3·12>

제61조의2(정당선거사무소의 설치) ① 정당은 선거에 있어서 당해 선거에 관한 정당의 사무를 처리하기 위하여 다음 각 호에서 정하는 날(그 날 후에 실시사유가 확정된 보궐선거등에 있어서는 그 선거의 실시사유가 확정된 때)부터 선거일후 30일까지 선거구안에 있는 구·시·군(하나의 구·시·군이 2 이상의 국회의원 지역구로 된 경우에는 국회의원지역구)마다 1개소의 정당선거사무소를 설치할 수 있다. <개정 2005·8·4>
1. 대통령선거
선거일 전 240일
2. 국회의원선거 및 시·도지사선거
선거일 전 120일
3. 지방의회의원선거 및 자치구·시·군의 장선거
선거기간개시일 전 60일

② 정당선거사무소에는 당원 중에서 소장 1인을 두어야 하며, 2인 이내의 유급사무직원을 둘 수 있다.

③ 중앙당 또는 시·도당의 대표자는 정당선거사무소를 설치하는 때에는 지체없이 관할선거관리위원회에 다음 각호의 사항을 서면으로 신고하여야 한다. 이 경우 신고사항의 변경이 있는 때에는 지체없이 그 변경사항을 신고하여야 한다. <개정 2005·8·4>
1. 설치연월일
2. 사무소의 소재지와 명칭
3. 소장의 성명·주소·주민등록번호
4. 사무소인(印)

④ 정당선거사무소에는 중앙선거관리위원회규칙으로 정하는 바에 따라 정당의 홍보에 필요한 사항을 게재한 간판·현판·현수막을 설치·게시할 수 있다. <개정 2010·1·25>

⑤ 정당선거사무소의 소장은 이 법 또는 다른 법률의 규정에 의한 신고·신청·제출·보고·추천 등에 관하여 당해 정당을 대표한다.

⑥ 정당은 선거일후 30일이 지난 때에는 제1항의 규정에 의한 정당선거사무소를 즉시 폐쇄하여야 한다.
⑦ 제61조(선거운동기구의 설치)제2항 및 제5항의 규정은 정당선거사무소에 이를 준용한다. 이 경우 "선거사무소 또는 선거연락소"와 "선거사무소와 선거연락소"는 "정당선거사무소"로 본다.
〔본조신설 2004·3·12〕

제62조(선거사무관계자의 선임) ① 제61조(선거운동기구의 설치)의 선거사무소와 선거연락소를 설치한 자는 선거운동을 할 수 있는 자 중에서 선거사무소에 선거사무장 1인을, 선거연락소에 선거연락소장 1인을 두어야 한다.
② 선거사무장 또는 선거연락소장은 선거에 관한 사무를 처리하기 위하여 선거운동을 할 수 있는 자 중에서 다음 각호에 의하여 선거사무원(제135조제1항 본문에 따른 수당과 실비를 지급받는 선거사무원을 말한다. 이하 같다)을 둘 수 있다. <개정 1995·4·1, 1995·12·30, 1997·1·13, 1998·4·30, 2000·2·16, 2005·8·4, 2010·1·25, 2022·1·21>

1. 대통령선거
선거사무소에서 시·도수의 6배수 이내와 시·도선거연락소에 당해 시·도안의 구·시·군(하나의 구·시·군이 2 이상의 국회의원지역구로 된 경우에는 국회의원지역구를 말한다. 이하 이 항에서 같다)수(그 구·시·군수가 10 미만인 때에는 10인)이내 및 구·시·군선거연락소에 당해 구·시·군안의 읍·면·동(제148조제1항제2호에 해당하는 경우에는 설치·폐지·분할·합병 직전의 읍·면·동을 말한다. 이하 이 조, 제67조제1항, 제118조제5호 및 제121조제1항에서 같다)수 이내
2. 지역구국회의원선거 및 자치구·시·군의 장선거
선거사무소와 선거연락소를 두는 구·시·군 안의 읍·면·동수의 3배수에 5를 더한 수 이내(선거연락소를 두지 아니하는 경우에는 선거연락소에 둘 수 있는 선거사무원의 수만큼 선거사무소에 더 둘 수 있다)
3. 비례대표국회의원선거
선거사무소에 시·도수의 2배수 이내
4. 지역구시·도의원선거
선거사무소에 10인 이내
5. 비례대표시·도의원선거
선거사무소에 당해 시·도안의 구·시·군의 수(산정한 수가 20 미만인 때에는 20인) 이내
6. 시·도지사선거
선거사무소에 당해 시·도안의 구·시·군의 수(그 구·시·군수가 10 미만인 때에는 10인) 이내와 선거연락소에 당해 구·시·군안의 읍·면·동수 이내
7. 지역구자치구·시·군의원선거
선거사무소에 8명 이내
8. 비례대표자치구·시·군의원선거
선거사무소에 당해 자치구·시·군 안의 읍·면·동수 이내

③ 예비후보자는 선거운동을 할 수 있는 자 중에서 제1항에 따른 선거사무장을 포함하여 다음 각 호에 따른 수의 선거사무원을 둘 수 있다. <신설 2004·3·12, 2005·8·4, 2010·1·25>

1. 대통령선거
10인 이내
2. 시·도지사선거
5인 이내
3. 지역구국회의원선거 및 자치구·시·군의 장선거
3인 이내
4. 지역구지방의회의원선거
2인 이내

④ 중앙선거관리위원회규칙으로 정하는 장애인 예비후보자·후보자는 그의 활동을 보조하기 위하여 선거운동을 할 수 있는 사람 중에서 1명의 활동보조인(이하 "활동보조인"이라 한다)을 둘 수 있다. 이 경우 활동보조인은 제2항 및 제3항에 따른 선거사무원수에 산입하지 아니한다. <신설 2010·1·25>
⑤ 제135조제1항 단서의 규정에 의하여 수당을 지급받을 수 없는 정당의 유급사무직

원, 국회의원과 그 보좌관·선임비서관·비서관 또는 지방의회의원은 선거사무원이 된 경우에도 제2항의 선거사무원수에는 산입하지 아니한다. <개정 2000·2·16, 2022·4·20>
⑥ 선거사무장을 두지 아니한 경우에는 후보자(제2항제1호·제3호·제5호 및 제8호의 경우에는 정당의 회계책임자) 또는 예비후보자가 선거사무장을 겸한 것으로 본다. <개정 2004·3·12, 2005·8·4>
⑦ 같은 선거에 있어서는 2 이상의 정당·예비후보자 또는 후보자가 동일인을 함께 선거사무장·선거연락소장 또는 선거사무원으로 선임할 수 없다. <개정 1995·4·1, 2004·3·12>
⑧ 누구든지 이 법에 규정되지 아니한 방법으로 인쇄물·시설물, 그 밖의 광고물을 이용하여 선거운동을 하는 사람을 모집할 수 없다. <개정 2010·1·25>

제63조(선거운동기구 및 선거사무관계자의 신고) ① 정당·후보자 또는 예비후보자가 선거사무소와 선거연락소를 설치·변경한 때와 정당·후보자·예비후보자·선거사무장 또는 선거연락소장이 선거사무장·선거연락소장·선거사무원 또는 활동보조인(이하 이 조에서 "선거사무장등"이라 한다)을 선임하거나 해임한 때에는 지체없이 관할선거관리위원회에 서면으로 신고하여야 한다. 이 경우 교체선임할 수 있는 선거사무원수는 최초의 선임을 포함하여 제62조제2항 또는 제3항에 따른 선거사무원수의 2배수를 넘을 수 없다. <개정 2004·3·12, 2010·1·25>
② 선거사무장등(회계책임자를 포함한다)은 해당 선거관리위원회가 교부하는 표지를 패용하고 선거운동을 하여야 한다. <개정 2010·1·25>
③ 선거관리위원회는 제2항에 따른 표지의 교부신청을 받은 때에는 즉시 이를 교부하여야 한다. <개정 2010·1·25>
④ 선거사무소와 선거연락소의 설치신고서, 선거사무장등의 선임신고서, 선거사무장등(회계책임자를 포함한다)의 표지 및 그 표지 분실 시 처리절차, 그 밖에 필요한 사항은 중앙선거관리위원회규칙으로 정한다. <개정 2010·1·25>

제64조(선거벽보) ① 선거운동에 사용하는 선거벽보에는 후보자의 사진(후보자만의 사진을 말한다)·성명·기호(제150조에 따라 투표용지에 인쇄할 정당 또는 후보자의 게재순위를 말한다. 이하 같다)·정당추천후보자의 소속정당명(무소속후보자는 "무소속"이라 표시한다)·경력〔학력을 게재하는 경우에는 정규학력과 이에 준하는 외국의 교육과정을 이수한 학력외에는 게재할 수 없다. 이 경우 정규학력을 게재하는 경우에는 졸업 또는 수료당시의 학교명(중퇴한 경우에는 수학기간을 함께 기재하여야 한다)을 기재하고, 정규학력에 준하는 외국의 교육과정을 이수한 학력을 게재하는 때에는 그 교육과정명과 수학기간 및 학위를 취득한 때의 취득학위명을 기재하여야 하며, 정규학력의 최종학력과 외국의 교육과정을 이수한 학력은 제49조제4항제6호에 따라 학력증명서를 제출한 학력에 한하여 게재할 수 있다. 이하 같다〕·정견 및 소속정당의 정강·정책 그 밖의 홍보에 필요한 사항(지역구국회의원선거에 있어서는 비례대표국회의원후보자명단을, 지역구시·도의원선거에 있어서는 비례대표시·도의원후보자 명단을, 지역구자치구·시·군의원선거에 있어서는 비례대표자치구·시·군의원후보자명단을 포함하며, 후보자외의 자의 인물사진을 제외한다)을 게재하여 동에 있어서는 인구 500명에 1매, 읍에 있어서는 인구 250명에 1매, 면에 있어서는 인구 100명에 1매의 비율을 한도로 작성·첩부한다. 다만, 인구밀집상태 및 첩부장소 등을 감안하여 중앙선거관리위원회규칙으로 정하는 바에 따라 인구 1천명에 1매의 비율까지 조정할 수 있다. <개정 1995·4·1, 1995·12·30, 1997·1·13, 1997·11·14, 1998·4·30, 2000·2·16, 2002·3·7, 2004·3·12, 2005·8·4, 2010·1·25>
② 제1항에 따른 선거벽보는 후보자(비례대표국회의원후보자와 비례대표지방의회의원후보자를 제외하며, 대통령선거에 있어서 정당추천후보자의 경우에는 그 추천정당을 말한다. 이하 이 조에서 같다)가 작성하여

대통령선거는 후보자등록마감일 후 3일(제51조에 따른 추가등록의 경우에는 추가등록마감일 후 2일 이내를 말한다)까지, 국회의원선거와 지방자치단체의 의회의원 및 장의 선거는 후보자등록마감일 후 5일까지 첩부할 지역을 관할하는 구·시·군선거관리위원회에 제출하고, 해당 구·시·군선거관리위원회가 이를 확인하여 선거벽보 제출마감일후 2일(대통령선거와 섬 및 산간오지지역의 경우는 3일)까지 첩부한다. 이 경우 선거벽보의 일부를 제출하지 아니할 때에는 선거벽보를 첩부하지 아니할 지역(투표구를 단위로 한다)을 지정하여 선거벽보의 제출시에 서면으로 신고하여야 하고, 선거벽보를 첩부하지 아니할 지역을 신고하지 아니한 때에는 해당 구·시·군선거관리위원회가 그 지역을 지정한다. <개정 1995·4·1, 2000·2·16, 2005·8·4, 2010·1·25, 2011·7·28, 2012·1·17>

③ 관할선거구선거관리위원회는 제2항에 따라 후보자가 작성하여 보관 또는 제출할 선거벽보의 수량을 선거기간개시일전 10일까지 공고하여야 한다. 이 경우 중앙선거관리위원회규칙으로 정하는 바에 따라 일정한 수량을 가산할 수 있다. <개정 1995·12·30, 2004·3·12, 2010·1·25>

④ 후보자가 제2항에 따른 제출마감일까지 선거벽보를 제출하지 아니한 때와 규격을 넘거나 미달하는 선거벽보를 제출한 때에는 그 선거벽보는 첩부하지 아니한다. <개정 2010·1·25>

⑤ 제2항에 따라 제출된 선거벽보는 정정 또는 철회할 수 없다. 다만, 후보자는 선거벽보에 게재된 후보자의 성명·기호·소속정당명과 경력·학력·학위·상벌(이하 "경력등"이라 한다)이 거짓으로 게재되어 있거나 이 법에 위반되는 내용이 게재되어 있음을 이유로 해당 선거구선거관리위원회에 서면으로 정정 또는 삭제를 요청할 수 있으며, 그 요청을 받은 선거구선거관리위원회는 제2항에 따른 선거벽보 제출마감일까지 그 내용을 정정 또는 삭제하게 할 수 있다. 이 경우 해당 내용을 정정 또는 삭제하는 외에 새로운 내용을 추가하거나 종전의 배열방법·색상·규격 등을 변경할 수 없다. <개정 2010·1·25>

⑥ 누구든지 선거벽보의 내용 중 경력등에 관한 거짓 사실의 게재를 이유로 이의제기를 하는 때에는 해당 선거구선거관리위원회를 거쳐 직근 상급선거관리위원회에 서면으로 하여야 하고, 이의제기를 받은 상급선거관리위원회는 후보자와 이의제기자에게 그 증명서류의 제출을 요구할 수 있으며, 그 증명서류의 제출이 없거나 거짓 사실임이 판명된 때에는 그 사실을 공고하여야 한다. <신설 2010·1·25>

⑦ 관할선거구선거관리위원회는 제1항의 선거벽보에 다른 후보자, 그의 배우자 또는 직계존·비속이나 형제자매의 사생활에 대한 사실을 적시하여 비방하는 내용이 이 법에 위반된다고 인정하는 때에는 이를 고발하고 공고하여야 한다. <개정 2010·1·25>

⑧ 선거벽보를 인쇄하는 인쇄업자는 제3항의 선거벽보의 수량외에는 이를 인쇄하여 누구에게도 제공할 수 없다. <개정 2010·1·25>

⑨ 후보자는 관할구·시·군선거관리위원회가 첩부한 선거벽보가 오손되거나 훼손되어 보완첩부하고자 하는 때에는 제3항에 따라 공고된 수량의 범위에서 그 선거벽보 위에 덧붙여야 한다. <신설 1995·12·30, 2010·1·25>

⑩ 선거벽보는 다수의 통행인이 보기 쉬운 건물 또는 게시판 등에 첩부하여야 한다. 이 경우 해당 건물 또는 게시판 등의 소유자 또는 관리자와 미리 협의하여야 한다. <신설 2020·12·29>

⑪ 제1항에 따라 선거벽보를 첩부하는 경우에 첩부장소가 있는 토지·건물 그 밖의 시설물의 소유자 또는 관리자는 선거벽보의 첩부가 해당 시설물을 심각하게 훼손하거나 자신의 사생활을 침해하는 등 특별한 사유가 없는 한 선거벽보의 첩부에 협조하여야 한다. <개정 2010·1·25, 2020·12·29>

⑫ 선거벽보 내용의 정정·삭제 신청, 수량공고·규격·작성·제출·확인·첩부·경력

등에 관한 허위사실이나 사생활비방으로 인한 고발사실의 공고, 선거벽보 첩부를 위한 협의절차, 그 밖에 필요한 사항은 중앙선거관리위원회규칙으로 정한다. <개정 2000·2·16, 2010·1·25, 2020·12·29>

제65조(선거공보) ① 후보자(대통령선거에 있어서 정당추천후보자와 비례대표국회의원선거 및 비례대표지방의회의원선거의 경우에는 그 추천정당을 말한다. 이하 이 조에서 같다)는 선거운동을 위하여 책자형 선거공보 1종(대통령선거에서는 전단형 선거공보 1종을 포함한다)을 작성할 수 있다. 이 경우 비례대표국회의원선거 및 비례대표지방의회의원선거에서는 중앙선거관리위원회규칙으로 정하는 바에 따라 해당 정당이 추천한 후보자 모두의 사진·성명·학력·경력을 게재하여야 한다. <개정 2010·1·25, 2012·1·17>

② 제1항의 규정에 따른 책자형 선거공보는 대통령선거에 있어서는 16면 이내로, 국회의원선거 및 지방자치단체의 장선거에 있어서는 12면 이내로, 지방의회의원선거에 있어서는 8면 이내로 작성하고, 전단형 선거공보는 1매(양면에 게재할 수 있다)로 작성한다.

③ 제1항의 규정에 따른 책자형 선거공보의 수량은 당해 선거구 안의 세대수와 예상거소투표신고인수 및 제5항에 따른 예상신청자수를 합한 수에 상당하는 수 이내로, 전단형 선거공보의 수량은 당해 선거구 안의 세대수에 상당하는 수 이내로 한다. <개정 2012·2·29, 2014·1·17>

④ 후보자는 제1항의 규정에 따른 선거공보 외에 시각장애선거인(선거인으로서 「장애인복지법」 제32조에 따라 등록된 시각장애인을 말한다. 이하 이 조에서 같다)을 위한 선거공보(이하 "점자형 선거공보"라 한다) 1종을 제2항에 따른 책자형 선거공보의 면수의 두 배 이내에서 작성할 수 있다. 다만, 대통령선거·지역구국회의원선거 및 지방자치단체의 장선거의 후보자는 점자형 선거공보를 작성·제출하여야 하되, 책자형 선거공보에 그 내용이 음성·점자 등으로 출력되는 인쇄물 접근성 바코드를 표시하는 것으로 대신할 수 있다. <개정 2008·2·29, 2010·1·25, 2015·8·13, 2018·4·6, 2020·12·29>

⑤ 사전투표소에서 투표할 수 있는 선거인 중 법령에 따라 영내 또는 함정에 장기 기거하는 군인이나 경찰공무원은 선거인명부작성기간 중 관할 구·시·군선거관리위원회에 자신의 거주지로 책자형 선거공보를 발송해 줄 것을 서면이나 중앙선거관리위원회 홈페이지를 통하여 신청할 수 있다. 이 경우 부대장·경찰관서의 장은 선거인명부작성기간 개시일 전일까지 소속 군인·경찰공무원에게 선거공보의 발송 신청을 할 수 있다는 사실을 알려야 한다. <신설 2014·1·17, 2015·8·13>

⑥ 선거공보의 제출과 발송은 다음 각 호에 따른다. <개정 2010·1·25, 2011·7·28, 2012·1·17, 2014·1·17>

1. 대통령선거

가. 책자형 선거공보(점자형 선거공보를 포함한다)

후보자가 후보자등록마감일 후 6일(제51조에 따른 추가등록의 경우에는 추가등록마감일 후 2일)까지 배부할 지역을 관할하는 구·시·군선거관리위원회에 제출하고 당해 선거관리위원회가 이를 확인하여 관할구역 안의 매세대에는 제출마감일 후 3일까지, 제5항에 따른 발송신청자에게는 선거일 전 10일까지 각각 우편으로 발송하고, 거소투표신고인명부에 올라 있는 선거인에게는 제154조에 따라 거소투표용지를 발송하는 때에 동봉하여 발송한다.

나. 전단형 선거공보

후보자가 후보자등록마감일 후 10일까지 배부할 지역을 관할하는 구·시·군선거관리위원회에 제출하고 당해 선거관리위원회가 이를 확인하여 제153조(투표안내문의 발송)의 규정에 따른 투표안내문을 발송하는 때에 이를 동봉하여 발송한다. 이 경우 선거인명부 확정결과 책자형 선거공보를 발송하지 아니한 세대가 있는 때에는 그 세대에 이를 전단형 선거공보와 함께 추가로 발송하여야 한다.

2. 국회의원선거, 지방자치단체의 의회의원 및 장의 선거

후보자가 후보자등록마감일 후 7일까지 배부할 지역을 관할하는 구·시·군선거관리위원회에 제출하고 해당 선거관리위원회가 이를 확인하여 제5항에 따른 발송신청자에게는 선거일 전 10일까지 우편으로 발송하고, 매세대에는 제153조에 따라 투표안내문을 발송하는 때에, 거소투표신고인명부에 올라 있는 선거인에게는 제154조에 따라 거소투표용지를 발송하는 때에 각각 동봉하여 발송한다.

⑦ 구·시·군의 장은 제4항의 규정에 따른 시각장애선거인과 그 세대주의 성명·주소를 조사하여 선거기간개시일 전 20일까지 관할 구·시·군선거관리위원회에 통보하여야 한다.

⑧ 대통령선거, 지역구국회의원선거, 지역구지방의회의원선거 및 지방자치단체의 장선거에서 책자형 선거공보(점자형 선거공보를 포함한다)를 제출하는 경우에는 중앙선거관리위원회규칙으로 정하는 바에 따라 다음 각 호에 따른 내용(이하 이 조에서 "후보자정보공개자료"라 한다)을 그 둘째 면에 게재하여야 하며, 후보자정보공개자료에 대하여 소명이 필요한 사항은 그 소명자료를 함께 게재할 수 있다. 이 경우 그 둘째 면에는 후보자정보공개자료와 그 소명자료만을 게재하여야 하며, 점자형 선거공보에 게재하는 후보자정보공개자료의 내용은 책자형 선거공보에 게재하는 내용과 똑같아야 한다. <개정 2006·3·2, 2010·1·25, 2011·7·28>

1. 재산상황

후보자, 후보자의 배우자 및 직계존·비속(혼인한 딸과 외조부모 및 외손자녀를 제외한다. 이하 제3호에서 같다)의 각 재산총액

2. 병역사항

후보자 및 후보자의 직계비속의 군별·계급·복무기간·복무분야·병역처분사항 및 병역처분사유〔「공직자 등의 병역사항신고 및 공개에 관한 법률」 제8조(신고사항의 공개)제3항의 규정에 따라 질병명 또는 심신장애내용의 비공개를 요구하는 경우에는 이를 제외한다〕

3. 최근 5년간 소득세·재산세·종합부동산세 납부 및 체납실적

후보자, 후보자의 배우자 및 직계존·비속의 연도별 납부액, 연도별 체납액(10만원 이하 또는 3월 이내의 체납은 제외한다) 및 완납시기〔제49조(후보자등록 등)제4항제4호의 규정에 따라 제출한 원천징수소득세를 포함하되, 증명서의 제출을 거부한 후보자의 직계존속의 납부 및 체납실적은 제외한다〕

4. 전과기록

죄명과 그 형 및 확정일자

5. 직업·학력·경력 등 인적사항

후보자등록신청서에 기재된 사항

⑨ 후보자가 제13항에 따라 공고한 책자형 선거공보 제출수량의 전부 또는 일부를 제출하지 아니하는 때에는 후보자정보공개자료를 별도로 작성하여 제6항에 따라 책자형 선거공보의 제출마감일까지 제출하여야 하며, 제출받은 후보자정보공개자료는 제6항에 따라 책자형 선거공보를 발송하는 때에 함께 발송한다. 이 경우 별도로 작성한 후보자정보공개자료를 그 제출마감일까지 제출하지 못한 정당한 사유가 있는 때에는 책자형 선거공보의 발송 전까지 이를 제출할 수 있다. <개정 2010·1·25, 2014·1·17, 2015·8·13, 2020·12·29>

⑩ 제1항의 규정에 불구하고 관할선거구선거관리위원회는 후보자로 하여금 책자형 선거공보 원고를 제49조의 규정에 따라 후보자등록을 신청하는 때에 당해 선거관리위원회가 제공하는 서식에 따라 컴퓨터의 자기디스크 그 밖에 이와 유사한 매체에 기록하여 제출하게 하거나 당해 선거관리위원회가 지정하는 인터넷홈페이지에 입력하는 방법으로 제출하게 한 후 제150조(투표용지의 정당·후보자의 게재순위등)의 규정에 따라 투표용지에 게재할 후보자의 기호순에 따라 선거공보를 1책으로 작성하여 발송할 수 있다. 이 경우 선거공보의 인쇄비용은 후보자

가 부담하여야 한다.

⑪ 후보자가 시각장애선거인에게 제공하기 위하여 책자형 선거공보의 내용을 음성·점자 등으로 출력되는 디지털 파일로 전환하여 저장한 저장매체를 책자형 선거공보(점자형 선거공보를 포함한다)와 같이 제출하는 경우 배부할 지역을 관할하는 구·시·군선거관리위원회는 이를 함께 발송하여야 한다. <신설 2020·12·29>

⑫ 구·시·군선거관리위원회는 제 8 항을 위반하여 책자형 선거공보(점자형 선거공보는 제외한다. 이하 이 항에서 같다)에 후보자정보공개자료를 게재하지 아니하거나, 책자형 선거공보의 둘째 면이 아닌 다른 면(둘째 면이 부족하여 셋째 면에 연이어 게재한 경우는 제외한다)에 후보자정보공개자료를 게재하거나, 그 둘째 면에 후보자정보공개자료와 그 소명자료 외의 다른 내용을 게재하거나, 선거공보의 규격·제출기한을 위반한 때에는 이를 접수하지 아니한다. <신설 2010·1·25, 2014·1·17>

⑬ 제64조제 2 항 후단부터 제 8 항까지의 규정은 선거공보에 이를 준용한다. 이 경우 "선거벽보"는 "선거공보"로, "첩부하지 아니할 지역"은 "발송하지 아니할 대상 및 지역"으로, "첩부"는 "발송"으로, "규격을 넘거나 미달하는"은 "규격을 넘는"으로, "경력·학력·학위·상벌(이하 "경력등"이라 한다)"은 "경력등이나 후보자정보공개자료"로 본다. <개정 2010·1·25>

⑭ 선거공보의 규격·작성·제출·확인·발송 및 공고, 책자형 선거공보의 발송신청 양식, 후보자정보공개자료의 게재방법과 선거공보의 원고 및 인쇄비용의 산정·납부 그 밖에 필요한 사항은 중앙선거관리위원회 규칙으로 정한다. <개정 2014·1·17>

〔전부개정 2005·8·4〕

第66条(선거공약서) ① 대통령선거 및 지방자치단체의 장선거의 후보자(대통령선거에 있어서 정당추천후보자의 경우에는 그 추천정당을 말한다. 이하 제 2 항 및 제 5 항을 제외하고 이 조에서 같다)는 선거운동을 위하여 선거공약 및 그 추진계획을 게재한 인쇄물(이하 "선거공약서"라 한다) 1종을 작성할 수 있다. <개정 2008·2·29>

② 선거공약서에는 선거공약 및 이에 대한 추진계획으로 각 사업의 목표·우선순위·이행절차·이행기한·재원조달방안을 게재하여야 하며, 다른 정당이나 후보자에 관한 사항을 게재할 수 없다. 이 경우 후보자의 성명·기호와 선거공약 및 그 추진계획에 관한 사항 외의 후보자의 사진·학력·경력, 그 밖에 홍보에 필요한 사항은 제 3 항에 따른 면수 중 1면 이내에서 게재할 수 있다. <개정 2008·2·29, 2012·1·17>

③ 선거공약서는 대통령선거에 있어서는 32면 이내로, 시·도지사선거에 있어서는 16면 이내로, 자치구·시·군의 장선거에 있어서는 12면 이내로 작성한다. <개정 2008·2·29>

④ 선거공약서의 수량은 해당 선거구 안에 있는 세대수의 100분의 10에 해당하는 수 이내로 한다. <개정 2008·2·29>

⑤ 후보자와 그 가족, 선거사무장, 선거연락소장, 선거사무원, 회계책임자 및 후보자와 함께 다니는 활동보조인은 선거공약서를 배부할 수 있다. 다만, 우편발송(점자형 선거공약서는 제외한다)·호별방문이나 살포(특정장소에 비치하는 방법을 포함한다)의 방법으로 선거공약서를 배부할 수 없다. <개정 2008·2·29, 2010·1·25>

⑥ 후보자가 선거공약서를 배부하고자 하는 때에는 배부일 전일까지 2부를 첨부하여 작성수량·작성비용 및 배부방법 등을 관할선거구선거관리위원회에 서면으로 신고하여야 하며, 배부 전까지 배부할 지역을 관할하는 구·시·군선거관리위원회에 각 2부를 제출하여야 한다. <개정 2008·2·29>

⑦ 관할선거구선거관리위원회는 선거공약서를 선거관리위원회의 인터넷홈페이지에 게시하는 등 선거구민이 알 수 있도록 이를 공개할 수 있으며, 당선인 결정 후에는 당선인의 선거공약서를 그 임기만료일까지 선거관리위원회의 인터넷홈페이지 또는 중앙선거관리위원회가 지정하는 인터넷홈페이지에 게시할 수 있다. 이 경우 후보자로 하여

금 그 전산자료 복사본을 제출하게 하거나 그 내용을 요약하여 제출하게 할 수 있다. <개정 2008·2·29>

⑧ 제64조제3항·제8항 및 제65조제4항(단서는 제외한다)은 선거공약서에 관하여 각각 이를 준용한다. 이 경우 "선거벽보" 또는 "책자형 선거공보"는 "선거공약서"로, "작성하여 보관 또는 제출할"은 "작성할"로, "점자형 선거공보"는 "점자형 선거공약서"로 보며, 점자형 선거공약서는 선거공약서와 같은 종류로 본다. <개정 2010·1·25, 2015·8·13>

⑨ 선거공약서의 규격, 작성근거 등의 표시, 신고 및 제출 그 밖의 필요한 사항은 중앙선거관리위원회규칙으로 정한다.

〔본조신설 2007·1·3〕

제67조(현수막) ① 후보자(비례대표국회의원후보자 및 비례대표지방의회의원후보자를 제외하며, 대통령선거에 있어서 정당추천후보자의 경우에는 그 추천정당을 말한다)는 선거운동을 위하여 해당 선거구안의 읍·면·동 수의 2배 이내의 현수막을 게시할 수 있다. <개정 2005·8·4, 2018·4·6>

② 삭제 <2005·8·4>

③ 제1항의 현수막의 규격 및 게시방법 등에 관하여 필요한 사항은 중앙선거관리위원회규칙으로 정한다.

〔본조신설 2002·3·7〕

제68조(어깨띠 등 소품) ① 후보자와 그 배우자(배우자 대신 후보자가 그의 직계존비속 중에서 신고한 1인을 포함한다), 선거사무장, 선거연락소장, 선거사무원, 후보자와 함께 다니는 활동보조인 및 회계책임자는 선거운동기간 중 후보자의 사진·성명·기호 및 소속 정당명, 그 밖의 홍보에 필요한 사항을 게재한 어깨띠나 중앙선거관리위원회규칙으로 정하는 규격 또는 금액 범위의 윗옷(上衣)·표찰(標札)·수기(手旗)·마스코트, 그 밖의 소품(이하 "소품등"이라 한다)을 붙이거나 입거나 지니고 선거운동을 할 수 있다. <개정 2023·8·30>

② 선거운동을 할 수 있는 사람은 선거운동기간 중 중앙선거관리위원회규칙으로 정하는 규격 범위의 소형의 소품등을 본인의 부담으로 제작 또는 구입하여 몸에 붙이거나 지니고 선거운동을 할 수 있다. <개정 2023·8·30>

③ 제1항 및 제2항에 따른 소품등의 규격과 그 밖에 필요한 사항은 중앙선거관리위원회규칙으로 정한다. <개정 2023·8·30>

〔전부개정 2010·1·25〕

제69조(신문광고) ① 선거운동을 위한 신문광고는 후보자(대통령선거에 있어서 정당추천후보자와 비례대표국회의원선거의 경우에는 후보자를 추천한 정당을 말한다. 이하 이 조에서 같다)가 다음 각호에 의하여 선거기간개시일부터 선거일전 2일까지 소속정당의 정강·정책이나 후보자의 정견, 정치자금모금(대통령선거에 한한다) 기타 홍보에 필요한 사항을 「신문 등의 진흥에 관한 법률」 제2조(정의)제1호가목 및 나목에 따른 일간신문에 게재할 수 있다. 이 경우 일간신문에의 광고회수의 계산에 있어서는 하나의 일간신문에 1회 광고하는 것을 1회로 본다. <개정 1997·11·14, 2004·3·12, 2005·8·4, 2009·7·31>

1. 대통령선거
   총 70회 이내
2. 비례대표국회의원선거
   총 20회 이내
3. 시·도지사선거
   총 5회 이내. 다만, 인구 300만을 넘는 시·도에 있어서는 300만을 넘는 매 100만까지마다 1회를 더한다.

② 제1항의 광고에는 광고근거와 광고주명을 표시하여야 한다. <개정 2010·1·25>

③ 시·도지사선거에 있어서 같은 정당의 추천을 받은 2인 이상의 후보자는 합동으로 광고를 할 수 있다. 이 경우 광고회수는 해당 후보자가 각각 1회의 광고를 한 것으로 보며, 그 비용은 해당 후보자 간의 약정에 의하여 분담하되, 그 분담내역을 광고계약서에 명시하여야 한다. <개정 2010·1·25>

④ 삭제 <2010·1·25>

⑤ 후보자가 광고를 하고자 하는 때에는 광고전에 이 법에 의한 광고임을 인정하는 관할선거구선거관리위원회의 인증서를 교부받아 광고를 하여야 하며, 일간신문을 경영·관리하는 자 또는 광고업무를 담당하는 자

는 인증서가 첨부되지 아니한 후보자의 광고를 게재하여서는 아니된다.

⑥ 삭제 <2010·1·25>

⑦ 삭제 <2000·2·16>

⑧ 제1항의 규정에 의한 신문광고를 게재하는 일간신문을 경영·관리하는 자는 그 광고비용을 산정함에 있어 선거기간 중에 같은 지면에 같은 규격으로 게재하는 상업·문화 기타 각종 광고의 요금중 최저요금을 초과하여 후보자에게 청구하거나 받을 수 없다. <신설 1998·4·30>

⑨ 인증서의 서식, 광고근거의 표시, 그 밖에 필요한 사항은 중앙선거관리위원회규칙으로 정한다. <개정 2010·1·25>

제70조(방송광고) ① 선거운동을 위한 방송광고는 후보자(대통령선거에 있어서 정당추천후보자와 비례대표국회의원선거의 경우에는 후보자를 추천한 정당을 말한다. 이하 이 조에서 같다)가 다음 각 호에 따라 선거운동기간중 소속정당의 정강·정책이나 후보자의 정견 그 밖의 홍보에 필요한 사항을 텔레비전 및 라디오 방송시설[「방송법」에 의한 방송사업자가 관리·운영하는 무선국 및 종합유선방송국(종합편성 또는 보도전문편성의 방송채널사용사업자의 채널을 포함한다)을 말한다. 이하 이 조에서 같다]을 이용하여 실시할 수 있되, 광고시간은 1회 1분을 초과할 수 없다. 이 경우 광고회수의 계산에 있어서는 재방송을 포함하되, 하나의 텔레비전 또는 라디오 방송시설을 선정하여 당해 방송망을 동시에 이용하는 것은 1회로 본다. <개정 1997·1·13, 1997·11·14, 1998·4·30, 2000·2·16, 2004·3·12, 2005·8·4, 2010·1·25, 2022·1·21>

1. 대통령선거
   텔레비전 및 라디오 방송별로 각 30회 이내
2. 비례대표국회의원선거
   텔레비전 및 라디오 방송별로 각 15회 이내
3. 시·도지사선거
   지역방송시설을 이용하여 텔레비전 및 라디오 방송별로 각 5회 이내

② 삭제 <2000·2·16>

③ 제1항의 규정에 의한 광고를 실시하는 방송시설의 경영자는 방송광고의 일시와 광고내용 등을 중앙선거관리위원회규칙이 정하는 바에 따라 관할선거구선거관리위원회에 통보하여야 한다.

④ 제1항의 방송광고는 「방송법」 제73조(방송광고 등)제2항 및 「방송광고판매대행 등에 관한 법률」 제5조의 규정을 적용하지 아니한다. <개정 2000·2·16, 2005·8·4, 2012·2·22>

⑤ 방송시설을 경영 또는 관리하는 자는 제1항의 방송광고를 함에 있어서 방송시간대와 방송권역 등을 고려하여 모든 후보자에게 공평하게 하여야 하며, 후보자가 신청한 방송시설의 이용일시가 서로 중첩되는 경우에 방송일시의 조정은 중앙선거관리위원회규칙이 정하는 바에 의한다. <개정 1997·11·14>

⑥ 후보자는 제1항의 규정에 의한 방송광고에 있어서 청각장애선거인을 위한 한국수화언어(이하 "한국수어"라 한다) 또는 자막을 방영할 수 있다. <신설 2000·2·16, 2020·12·29>

⑦ 삭제 <2000·2·16>

⑧ 제1항의 규정에 의한 방송광고를 행하는 방송시설을 경영·관리하는 자는 그 광고비용을 산정함에 있어 선거기간중 같은 방송시간대에 광고하는 상업·문화 기타 각종 광고의 요금중 최저요금을 초과하여 후보자에게 청구하거나 받을 수 없다. <신설 1998·4·30>

제71조(후보자 등의 방송연설) ① 후보자와 후보자가 지명하는 연설원은 소속정당의 정강·정책이나 후보자의 정견 기타 홍보에 필요한 사항을 발표하기 위하여 다음 각호에 의하여 선거운동기간중 텔레비전 및 라디오 방송시설[제70조(방송광고)제1항의 규정에 의한 방송시설을 말한다. 이하 이 조에서 같다]을 이용한 연설을 할 수 있다. <개정 1995·4·1, 1997·1·13, 1997·11·14, 1998·4·30, 2000·2·16, 2004·3·12>

1. 대통령선거
   후보자와 후보자가 지명한 연설원이 각각 1회 20분 이내에서 텔레비전 및 라디오

방송별 각 11회 이내
2. 비례대표국회의원선거
정당별로 비례대표국회의원후보자중에서 선임된 대표 2인이 각각 1회 10분 이내에서 텔레비전 및 라디오 방송별 각 1회
3. 지역구국회의원선거 및 자치구·시·군의 장선거
후보자가 1회 10분 이내에서 지역방송시설을 이용하여 텔레비전 및 라디오 방송별 각 2회 이내
4. 비례대표시·도의원선거
정당별로 비례대표시·도의원선거구마다 당해 선거의 후보자 중에서 선임된 대표 1인이 1회 10분 이내에서 지역방송시설을 이용하여 텔레비전 및 라디오 방송별 각 1회
5. 시·도지사선거
후보자가 1회 10분 이내에서 지역방송시설을 이용하여 텔레비전 및 라디오 방송별 각 5회 이내

② 이 법에서 "지역방송시설"이란 해당 시·도의 관할구역 안에 있는 방송시설(도의 경우 해당 도의 구역을 방송권역으로 하는 인접한 특별시 또는 광역시 안에 있는 방송시설을 포함한다)을 말하며, 해당 시·도의 관할 구역 안에 지역방송시설이 없는 시·도로서 서울특별시에 인접한 시·도의 경우 서울특별시 안에 있는 방송시설을 말한다. <신설 2000·2·16, 2004·3·12, 2007·1·3, 2011·7·28>

③ 제70조(방송광고)제1항 후단·제6항 및 제8항의 규정은 후보자 등의 방송연설에 이를 준용한다. <개정 1998·4·30, 2000·2·16>

④ 제1항에 따라 텔레비전 방송시설을 이용한 방송연설을 하는 경우에는 후보자 또는 연설원이 연설하는 모습, 후보자의 성명·기호·소속 정당명(해당 정당을 상징하는 마크나 심벌의 표시를 포함한다)·경력, 연설요지 및 통계자료 외의 다른 내용이 방영되게 하여서는 아니되며, 후보자 또는 연설원이 방송연설을 녹화하여 방송하고자 하는 때에는 당해 방송시설을 이용하여야 한다. <신설 1998·4·30, 2000·2·16, 2010·1·25>

⑤ 방송시설을 경영 또는 관리하는 자는 제1항의 규정에 의한 후보자 또는 연설원의 연설을 위한 방송시설명·이용일시·시간대 등을 선거일전 30일(보궐선거등에 있어서는 후보자등록신청개시일 전 3일)까지 관할선거구선거관리위원회에 통보하여야 한다. <개정 2000·2·16, 2004·3·12, 2012·1·17>

⑥ 선거구선거관리위원회는 후보자등록신청개시일전 3일(보궐선거등에 있어서는 후보자등록신청개시일 전일)까지 제1항의 규정에 의한 연설에 이용할 수 있는 방송시설과 일정을 선거구단위로 미리 지정·공고하고 후보자등록신청시 후보자에게 통지하여야 한다. <개정 2000·2·16, 2004·3·12, 2012·1·17>

⑦ 대통령선거에 있어서 후보자가 제1항의 규정에 의하여 방송시설을 이용한 연설을 하고자 하는 때에는 이용할 방송시설명·이용일시·연설을 할 사람의 성명·소요시간·이용방법 등을 기재한 신청서를 후보자등록마감일후 3일(추가등록의 경우에는 추가등록마감일)까지 중앙선거관리위원회에 서면으로 제출하여야 한다.

⑧ 제7항의 규정에 의하여 후보자(정당추천후보자는 그 추천정당을 말한다)가 신청한 방송시설의 이용일시가 서로 중첩되는 경우에는 중앙선거관리위원회가 그 일시를 정하되, 그 일시는 모든 후보자에게 공평하여야 한다. 이 경우 후보자가 그 지정된 일시의 24시간 전까지 방송시설이용계약을 하지 아니한 때에는 당해 방송시설을 경영·관리하는 자는 그 시간대에 다른 방송을 할 수 있다. <개정 1998·4·30, 2000·2·16>

⑨ 중앙선거관리위원회가 제8항의 규정에 의하여 방송일시를 결정한 때에는 이를 공고하고, 정당 또는 후보자에게 통지하여야 한다. <개정 1998·4·30, 2000·2·16>

⑩ 국회의원선거, 비례대표시·도의원선거, 지방자치단체의 장 선거에 있어서 후보자가 제1항제2호 내지 제5호의 규정에 의하여 방송시설을 이용한 연설을 하고자 하는 때에는 당해 방송시설을 경영 또는 관리하는

자와 체결한 방송시설이용약정서 사본을 첨부하여 이용할 방송시설명 · 이용일시 · 소요시간 · 이용방법 등을 방송일전 3일까지 당해 선거구선거관리위원회에 서면으로 신고하여야 한다. <개정 1995 · 4 · 1, 1997 · 1 · 13, 1998 · 4 · 30>

⑪ 방송시설을 경영 또는 관리하는 자는 제1항의 방송시설을 이용한 연설에 협조하여야 하며, 방송시간대와 방송권역 등을 고려하여 모든 후보자에게 공평하게 하여야 한다. <개정 1997 · 11 · 14>

⑫ 「방송법」에 따른 종합유선방송사업자(종합편성 또는 보도전문편성의 방송채널사용사업자를 포함한다) · 중계유선방송사업자 및 인터넷언론사는 후보자 등의 방송연설을 중계방송할 수 있다. 이 경우 방송연설을 행한 모든 후보자에게 공평하게 하여야 한다. <개정 2000 · 2 · 16, 2005 · 8 · 4, 2008 · 2 · 29, 2022 · 1 · 21>

⑬ 방송시설을 이용한 연설신청서의 서식 · 중첩된 방송일시의 조정방법 기타 필요한 사항은 중앙선거관리위원회규칙으로 정한다. <개정 2000 · 2 · 16>

제72조(방송시설주관 후보자연설의 방송) ① 텔레비전 및 라디오 방송시설[제70조(방송광고)제1항의 규정에 의한 방송시설을 말한다. 이하 이 조에서 같다]이 그의 부담으로 제71조(후보자 등의 방송연설)의 규정에 의한 후보자 등의 방송연설외에 선거운동기간중 정당 또는 후보자를 선거인에게 알리기 위하여 후보자(비례대표국회의원선거 및 비례대표지방의회의원선거에 있어서는 그 추천정당이 당해 선거의 후보자 중에서 선임한 자를 말한다. 이하 제3항에서 같다)의 연설을 방송하고자 하는 때에는 내용을 편집하지 아니한 상태에서 방송하여야 하며, 선거구단위로 모든 정당 또는 후보자에게 공평하게 하여야 한다. 다만, 정당 또는 후보자가 그 연설을 포기한 때에는 그러하지 아니하다. <개정 1995 · 4 · 1, 1997 · 11 · 14, 2000 · 2 · 16, 2002 · 3 · 7, 2004 · 3 · 12, 2005 · 8 · 4>

② 제1항의 규정에 의한 후보자연설의 방송에 있어서는 청각장애선거인을 위하여 한국수어 또는 자막을 방영할 수 있다. <신설 2000 · 2 · 16, 2020 · 12 · 29>

③ 방송시설을 경영 또는 관리하는 자가 제1항의 규정에 의하여 후보자의 연설을 방송하고자 하는 때에는 그 방송일전 2일까지 방송시설명 · 방송일시 · 소요시간 등을 중앙선거관리위원회규칙이 정하는 바에 따라 관할선거구선거관리위원회에 통보하여야 한다.

④ 제71조제12항의 규정은 방송시설 주관 후보자연설의 방송에 이를 준용한다. <개정 1998 · 4 · 30>

제73조(경력방송) ① 한국방송공사는 대통령선거 · 국회의원선거 및 지방자치단체의 장선거에 있어서 선거운동기간중 텔레비전과 라디오 방송시설을 이용하여 후보자마다 매회 2분 이내의 범위안에서 관할선거구선거관리위원회가 제공하는 후보자의 사진 · 성명 · 기호 · 연령 · 소속정당명(무소속후보자는 "무소속"이라 한다) 및 직업 기타 주요한 경력을 선거인에게 알리기 위하여 방송하여야 한다. 이 경우 대통령선거가 아닌 선거에 있어서는 그 지역방송시설을 이용하여 실시할 수 있다. <개정 1997 · 1 · 13, 2000 · 2 · 16>

② 제1항의 경력방송 회수는 텔레비전 및 라디오 방송별로 다음 각호의 1에 의한다. <개정 2000 · 2 · 16>

1. 대통령선거
   각 8회 이상
2. 국회의원선거 및 자치구 · 시 · 군의 장선거
   각 2회 이상
3. 시 · 도지사선거
   각 3회 이상

③ 경력방송을 하는 때에는 그 회수와 내용이 선거구단위로 모든 후보자에게 공평하게 하여야 하며, 그 비용은 한국방송공사가 부담한다.

④ 제71조(후보자등의 방송연설)제12항 및 제72조(방송시설주관 후보자연설의 방송)제2항의 규정은 경력방송에 이를 준용한다. <개정 2000 · 2 · 16>

⑤ 경력방송 원고의 관할선거구선거관리위원회에의 제출 및 경력방송실시의 통보 기타 필요한 사항은 중앙선거관리위원회규칙으로 정한다.

제74조(방송시설주관 경력방송) ① 한국방송공사외의 텔레비전 및 라디오 방송시설〔제70조(방송광고)제1항의 규정에 의한 방송시설을 말한다. 이하 이 조에서 같다〕이 그의 부담으로 후보자의 경력을 방송하고자 하는 때에는 관할선거구선거관리위원회가 제공하는 내용에 의하되, 선거구단위로 모든 후보자에게 공평하게 하여야 한다. <개정 1997·11·14, 2000·2·16>

② 제71조(후보자 등의 방송연설)제12항 및 제72조(방송시설주관 후보자연설의 방송)제2항 및 제3항의 규정은 방송시설주관 경력방송에 이를 준용한다. <개정 1998·4·30, 2000·2·16>

제75조부터 **제78조**까지 삭제 <2004·3·12>

제79조(공개장소에서의 연설·대담) ① 후보자(비례대표국회의원후보자 및 비례대표지방의회의원후보자는 제외한다. 이하 이 조에서 같다)는 선거운동기간 중에 소속 정당의 정강·정책이나 후보자의 정견, 그 밖에 필요한 사항을 홍보하기 위하여 공개장소에서의 연설·대담을 할 수 있다. <개정 2010·1·25>

② 제1항에서 "공개장소에서의 연설·대담"이라 함은 후보자·선거사무장·선거연락소장·선거사무원(이하 이 조에서 "후보자등"이라 한다)과 후보자등이 선거운동을 할 수 있는 사람 중에서 지정한 사람이 도로변·광장·공터·주민회관·시장 또는 점포, 그 밖에 중앙선거관리위원회규칙으로 정하는 다수인이 왕래하는 공개장소를 방문하여 정당이나 후보자에 대한 지지를 호소하는 연설을 하거나 청중의 질문에 대답하는 방식으로 대담하는 것을 말한다. <개정 2010·1·25>

③ 공개장소에서의 연설·대담을 위하여 다음 각 호의 구분에 따라 자동차와 이에 부착된 확성장치 및 휴대용 확성장치를 각각 사용할 수 있다. <개정 1995·4·1, 1995·12·30, 1997·11·14, 1998·4·30, 2000·2·16, 2005·8·4, 2010·1·25>

1. 대통령선거
   후보자와 시·도 및 구·시·군선거연락소마다 각 1대·각 1조
2. 지역구국회의원선거 및 시·도지사선거
   후보자와 구·시·군선거연락소마다 각 1대·각 1조
3. 지역구지방의회의원선거 및 자치구·시·군의 장선거
   후보자마다 1대·1조

④ 제3항의 확성장치는 연설·대담을 하는 경우에만 사용할 수 있으며, 휴대용 확성장치는 연설·대담용 차량이 정차한 외의 다른 지역에서 사용할 수 없다. 이 경우 차량 부착용 확성장치와 동시에 사용할 수 없다. <개정 1995·12·30, 2005·8·4, 2010·1·25>

⑤ 자동차에 부착된 확성장치를 사용함에 있어 확성나발의 수는 1개를 넘을 수 없다. <개정 2004·3·12>

⑥ 자동차와 확성장치에는 중앙선거관리위원회규칙으로 정하는 바에 따라 표지를 부착하여야 하고, 제64조의 선거벽보, 제65조의 선거공보, 제66조의 선거공약서 및 후보자 사진을 붙일 수 있다. <개정 2010·1·25>

⑦ 후보자등은 다른 사람이 개최한 옥내모임에 일시적으로 참석하여 연설·대담을 할 수 있으며, 이 경우 그 장소에 설치된 확성장치를 사용하거나 휴대용 확성장치를 사용할 수 있다. <개정 2010·1·25>

⑧ 제3항에 따른 확성장치는 다음 각 호의 구분에 따른 소음기준을 초과할 수 없다. <신설 2022·1·18>

1. 자동차에 부착된 확성장치
   정격출력 3킬로와트 및 음압수준 127데시벨. 다만, 제3항제1호에 따른 대통령선거 후보자용 또는 같은 항 제2호에 따른 시·도지사선거 후보자용의 경우에는 정격출력 40킬로와트 및 음압수준 150데시벨
2. 휴대용 확성장치
   정격출력 30와트. 다만, 제3항제1호에 따른 대통령선거 후보자용 또는 같은 항 제2호에 따른 시·도지사선거 후보자용의 경우에는 정격출력 3킬로와트

⑨ 삭제 <2010·1·25>

⑩ 후보자등이 공개장소에서의 연설·대담을 하는 때(후보자등이 연설·대담을 하기

위하여 제3항에 따른 자동차를 타고 이동하거나 해당 자동차 주위에서 준비 또는 대기하고 있는 경우를 포함한다)에는 후보자와 선거연락소(대통령선거, 지역구국회의원선거, 시·도지사선거의 선거연락소에 한정한다)마다 각 1대의 녹음기 또는 녹화기(비디오 및 오디오 기기를 포함한다. 이하 이 조에서 같다)를 사용하여 선거운동을 위한 음악 또는 선거운동에 관한 내용을 방송할 수 있다. 이 경우 녹음기 및 녹화기에는 중앙선거관리위원회규칙으로 정하는 바에 따라 표지를 부착하여야 한다. <개정 1997·11·14, 2010·1·25, 2012·1·17, 2015·8·13>

⑪ 삭제 <2010·1·25>

⑫ 녹화기의 규격 기타 필요한 사항은 중앙선거관리위원회규칙으로 정한다. <개정 1997·11·14, 2004·3·12>

제80조(연설금지장소) 다음 각호의 1에 해당하는 시설이나 장소에서는 제79조(공개장소에서의 연설·대담)의 연설·대담을 할 수 없다. <개정 2004·3·12, 2012·1·17>

1. 국가 또는 지방자치단체가 소유하거나 관리하는 건물·시설. 다만, 공원·문화원·시장·운동장·주민회관·체육관·도로변·광장 또는 학교 기타 다수인이 왕래하는 공개된 장소는 그러하지 아니하다.
2. 선박·정기여객자동차·열차·전동차·항공기의 안과 그 터미널구내 및 지하철역구내
3. 병원·진료소·도서관·연구소 또는 시험소 기타 의료·연구시설

제81조(단체의 후보자 등 초청 대담·토론회) ① 제87조(단체의 선거운동금지)제1항제1호 내지 제6호의 규정에 해당하지 아니하는 단체는 후보자 또는 대담·토론자(대통령선거 및 시·도지사선거의 경우에 한하며, 정당 또는 후보자가 선거운동을 할 수 있는 자 중에서 선거사무소 또는 선거연락소마다 지명한 1인을 말한다. 이하 이 조에서 같다) 1인 또는 수인을 초청하여 소속정당의 정강·정책이나 후보자의 정견 기타사항을 알아보기 위한 대담·토론회를 이 법이 정하는 바에 따라 옥내에서 개최할 수 있다. 다만, 제10조제1항제6호의 노동조합과 단체는 그러하지 아니하다. <개정 1995·4·1, 1997·11·14, 2000·2·16, 2002·3·7, 2004·3·12, 2005·8·4>

② 제1항에서 "대담"이라 함은 1인의 후보자 또는 대담자가 소속정당의 정강·정책이나 후보자의 정견 기타사항에 관하여 사회자 또는 질문자의 질문에 대하여 답변하는 것을 말하고, "토론"이라 함은 2인 이상의 후보자 또는 토론자가 사회자의 주관하에 소속정당의 정강·정책이나 후보자의 정견 기타사항에 관한 주제에 대하여 사회자를 통하여 질문·답변하는 것을 말한다. <개정 1997·11·14>

③ 제1항의 규정에 의하여 대담·토론회를 개최하고자 하는 단체는 중앙선거관리위원회규칙이 정하는 바에 따라 주최단체명·대표자성명·사무소 소재지·회원수·설립근거 등 단체에 관한 사항과 초청할 후보자 또는 대담·토론자의 성명, 대담 또는 토론의 주제, 사회자의 성명, 진행방법, 개최일시와 장소 및 참석예정자수 등을 개최일전 2일까지 관할선거구선거관리위원회 또는 그 개최장소의 소재지를 관할하는 구·시·군선거관리위원회에 서면으로 신고하여야 한다. 이 경우 초청할 후보자 또는 대담·토론자의 참석승낙서를 첨부하여야 한다.

④ 제1항의 규정에 의한 대담·토론회를 개최하는 때에는 중앙선거관리위원회규칙이 정하는 바에 따라 제1항에 의한 대담·토론회임을 표시하는 표지를 게시 또는 첩부하여야 한다.

⑤ 제1항의 대담·토론은 모든 후보자에게 공평하게 실시하여야 하되, 후보자가 초청을 수락하지 아니한 경우에는 그러하지 아니하며, 대담·토론회를 개최하는 단체는 대담·토론이 공정하게 진행되도록 하여야 한다.

⑥ 정당, 후보자, 대담·토론자, 선거사무장, 선거연락소장, 선거사무원, 회계책임자 또는 제114조(정당 및 후보자의 가족 등의 기부행위제한)제2항의 후보자 또는 그 가족과 관계있는 회사 등은 제1항의 규정에 의한

대담·토론회와 관련하여 대담·토론회를 주최하는 단체 또는 사회자에게 금품·향응 기타의 이익을 제공하거나 제공할 의사의 표시 또는 그 제공의 약속을 할 수 없다.

⑦ 제1항의 대담·토론회를 개최하는 단체는 그 비용을 후보자에게 부담시킬 수 없다.

⑧ 제71조(후보자 등의 방송연설)제12항의 규정은 후보자 등 초청 대담·토론회에 이를 준용한다. <신설 1998·4·30>

⑨ 대담·토론회의 개최신고서와 표지의 서식 기타 필요한 사항은 중앙선거관리위원회규칙으로 정한다. <개정 1997·11·14>

제82조(언론기관의 후보자 등 초청 대담·토론회) ① 텔레비전 및 라디오 방송시설(제70조제1항에 따른 방송시설을 말한다. 이하 이 조에서 같다)·「신문 등의 진흥에 관한 법률」 제2조제3호에 따른 신문사업자·「잡지 등 정기간행물의 진흥에 관한 법률」 제2조제2호에 따른 정기간행물사업자(정보간행물·전자간행물·기타간행물을 발행하는 자를 제외한다)·「뉴스통신진흥에 관한 법률」 제2조제3호에 따른 뉴스통신사업자 및 인터넷언론사(이하 이 조에서 "언론기관"이라 한다)는 선거운동기간중 후보자 또는 대담·토론자(후보자가 선거운동을 할 수 있는 자 중에서 지정하는 자를 말한다)에 대하여 후보자의 승낙을 받아 1명 또는 여러 명을 초청하여 소속정당의 정강·정책이나 후보자의 정견, 그 밖의 사항을 알아보기 위한 대담·토론회를 개최하고 이를 보도할 수 있다. 다만, 제59조에도 불구하고 대통령선거에서는 선거일 전 1년부터, 국회의원선거 또는 지방자치단체의 장선거에 있어서는 선거일전 60일부터 선거기간개시일전일까지 후보자가 되고자 하는 자를 초청하여 대담·토론회를 개최하고 이를 보도할 수 있다. 이 경우 방송시설이 대담·토론회를 개최하고 이를 방송하고자 하는 때에는 내용을 편집하지 않은 상태에서 방송하여야 하며, 대담·토론회의 방송일시와 진행방법 등을 중앙선거관리위원회규칙이 정하는 바에 따라 관할선거구선거관리위원회에 통보하여야 한다. <개정 1997·11·14, 1998·4·30, 2000·2·16, 2005·8·4, 2007·1·3, 2008·2·29, 2009·7·31, 2010·1·25>

② 제1항의 대담·토론회는 언론기관이 방송시간·신문의 지면 등을 고려하여 자율적으로 개최한다.

③ 제1항의 대담·토론의 진행은 공정하여야 하며, 이에 관하여 필요한 사항은 중앙선거관리위원회규칙으로 정한다.

④ 제71조(후보자등의 방송연설)제12항, 제72조(방송시설 주관 후보자연설의 방송)제2항 및 제81조(단체의 후보자 등 초청 대담·토론회)제2항·제6항·제7항의 규정은 언론기관의 후보자 등 초청 대담·토론회에 이를 준용한다. <개정 2000·2·16>

제82조의2(선거방송토론위원회 주관 대담·토론회) ① 중앙선거방송토론위원회는 대통령선거 및 비례대표국회의원선거에 있어서 선거운동기간중 다음 각호에서 정하는 바에 따라 대담·토론회를 개최하여야 한다. <개정 2010·1·25>

1. 대통령선거
   후보자 중에서 1인 또는 수인을 초청하여 3회 이상
2. 비례대표국회의원선거
   해당 정당의 대표자가 비례대표국회의원후보자 또는 선거운동을 할 수 있는 사람(지역구국회의원 후보자는 제외한다) 중에서 지정하는 1명 또는 여러 명을 초청하여 2회 이상

② 시·도선거방송토론위원회는 시·도지사선거 및 비례대표시·도의원선거에 있어서 선거운동기간 중 다음 각 호에서 정하는 바에 따라 대담·토론회를 개최하여야 한다. <개정 2005·8·4, 2010·1·25>

1. 시·도지사선거
   후보자 중에서 1인 또는 수인을 초청하여 1회 이상
2. 비례대표시·도의원선거
   해당 정당의 대표자가 비례대표시·도의원후보자 또는 선거운동을 할 수 있는 사람(지역구시·도의원후보자는 제외한다) 중에서 지정하는 1명 또는 여러 명을 초청하여 1회 이상

③ 구·시·군선거방송토론위원회는 선거운동기간 중 지역구국회의원선거 및 자치구·시·군의 장선거의 후보자를 초청하여 1회 이상의 대담·토론회 또는 합동방송연설회를 개최하여야 한다. 이 경우 합동방송연설회의 연설시간은 후보자마다 10분 이내의 범위에서 균등하게 배정하여야 한다. <개정 2005·8·4>

④ 각급선거방송토론위원회는 제1항 내지 제3항의 대담·토론회를 개최하는 때에는 다음 각 호의 어느 하나에 해당하는 후보자를 대상으로 개최한다. 이 경우 각급선거방송토론위원회로부터 초청받은 후보자는 정당한 사유가 없는 한 그 대담·토론회에 참석하여야 한다. <개정 2005·8·4, 2010·1·25>

1. 대통령선거
   가. 국회에 5인 이상의 소속의원을 가진 정당이 추천한 후보자
   나. 직전 대통령선거, 비례대표국회의원선거, 비례대표시·도의원선거 또는 비례대표자치구·시·군의원선거에서 전국 유효투표총수의 100분의 3 이상을 득표한 정당이 추천한 후보자
   다. 중앙선거관리위원회규칙이 정하는 바에 따라 언론기관이 선거기간개시일전 30일부터 선거기간개시일전일까지의 사이에 실시하여 공표한 여론조사결과를 평균한 지지율이 100분의 5 이상인 후보자
2. 비례대표국회의원선거 및 비례대표시·도의원선거
   가. 제1호가목 또는 나목에 해당하는 정당의 대표자가 지정한 후보자
   나. 제1호다목에 의한 여론조사결과를 평균하여 100분의 5 이상의 지지를 얻은 정당의 대표자가 지정한 후보자
3. 지역구국회의원선거 및 지방자치단체의 장선거
   가. 제1호가목 또는 나목에 해당하는 정당이 추천한 후보자
   나. 최근 4년 이내에 해당 선거구(선거구의 구역이 변경되어 변경된 구역이 직전 선거의 구역과 겹치는 경우를 포함한다)에서 실시된 대통령선거, 지역구국회의원선거 또는 지방자치단체의 장선거(그 보궐선거등을 포함한다)에 입후보하여 유효투표총수의 100분의 10 이상을 득표한 후보자
   다. 제1호다목에 의한 여론조사결과를 평균한 지지율이 100분의 5 이상인 후보자

⑤ 각급선거방송토론위원회는 제4항의 초청대상에 포함되지 아니하는 후보자를 대상으로 대담·토론회를 개최할 수 있다. 이 경우 대담·토론회의 시간이나 횟수는 중앙선거관리위원회규칙이 정하는 바에 따라 제4항의 초청대상 후보자의 대담·토론회와 다르게 정할 수 있다. <신설 2005·8·4>

⑥ 각급선거방송토론위원회는 제4항 후단의 규정을 위반하여 정당한 사유 없이 대담·토론회에 참석하지 아니한 초청 후보자가 있는 때에는 그 사실을 선거인이 알 수 있도록 당해 후보자의 소속 정당명(무소속후보자는 "무소속"이라 한다)·기호·성명과 불참사실을 제10항 또는 제11항의 중계방송을 시작하는 때에 방송하게 하고, 중앙선거관리위원회규칙으로 정하는 인터넷 홈페이지에 게시하여야 한다. <신설 2005·8·4, 2018·4·6>

⑦ 각급선거방송토론위원회는 제1항 내지 제3항 및 제5항의 대담·토론회(합동방송연설회를 포함하며, 이하 이 조에서 "대담·토론회"라 한다)를 개최하는 때에는 공정하게 하여야 한다. <개정 2005·8·4>

⑧ 각급선거방송토론위원회위원장 또는 그가 미리 지명한 위원은 대담·토론회에서 후보자가 이 법에 위반되는 내용을 발표하거나 배정된 시간을 초과하여 발언하는 때에는 이를 제지하거나 자막안내하는 등 필요한 조치를 할 수 있다.

⑨ 각급선거방송토론위원회위원장 또는 그가 미리 지명한 위원은 대담·토론회장에서 진행을 방해하거나 질서를 문란하게 하는 자가 있는 때에는 그 중지를 명하고, 그 명령에 불응하는 때에는 대담·토론회장 밖으로 퇴장시킬 수 있다.

⑩ 공영방송사와 지상파방송사는 그의 부담

으로 대담·토론회를 텔레비전방송을 통하여 중계방송하여야 하되, 대통령선거에 있어서 중앙선거방송토론위원회가 주관하는 대담·토론회는 오후 8시부터 당일 오후 11시까지의 사이에 중계방송하여야 한다. 다만, 지역구국회의원선거 및 자치구·시·군의 장선거에 있어서 전국을 방송권역으로 하는 등 정당한 사유가 있는 경우에는 그러하지 아니하다. <개정 2005·8·4, 2008·2·29, 2022·1·21>

⑪ 구·시·군선거방송토론위원회는 지역구국회의원선거 및 자치구·시·군의 장선거에 있어서 제10항 단서의 규정에 의하여 공영방송사 또는 지상파방송사가 중계방송을 할 수 없는 때에는 다른 종합유선방송사업자의 방송시설을 이용하여 대담·토론회를 텔레비전방송을 통하여 중계방송하게 할 수 있다. 이 경우 그 방송시설이용료는 국가 또는 당해 지방자치단체가 부담한다. <개정 2005·8·4, 2022·1·21>

⑫ 각급선거방송토론위원회는 대담·토론회를 개최하는 때에는 청각장애선거인을 위하여 자막방송 또는 한국수어통역을 하여야 한다. <개정 2005·8·4, 2020·12·29>

⑬ 「방송법」 제2조(용어의 정의)의 규정에 의한 방송사업자·중계유선방송사업자 및 인터넷언론사는 그의 부담으로 대담·토론회를 중계방송할 수 있다. 이 경우 편집없이 중계방송하여야 한다. <개정 2005·8·4, 2008·2·29>

⑭ 대담·토론회의 진행절차, 개최홍보, 방송시설이용료의 산정·지급 기타 필요한 사항은 중앙선거관리위원회규칙으로 정한다.
〔전부개정 2004·3·12〕

제82조의3(선거방송토론위원회 주관 정책토론회) ① 중앙선거방송토론위원회는 정당이 방송을 통하여 정강·정책을 알릴 수 있도록 하기 위하여 임기만료에 의한 선거(대통령의 궐위로 인한 선거 및 재선거를 포함한다)의 선거일전 90일(대통령의 궐위로 인한 선거 및 재선거에 있어서는 그 선거의 실시사유가 확정된 날의 다음날)부터 후보자등록신청개시일전일까지 다음 각호에 해당하는 정당(선거에 참여하지 아니할 것을 공표한 정당을 제외한다)의 대표자 또는 그가 지정하는 자를 초청하여 정책토론회(이하 이 조에서 "정책토론회"라 한다)를 월 1회 이상 개최하여야 한다.

1. 국회에 5인 이상의 소속의원을 가진 정당
2. 직전 대통령선거, 비례대표국회의원선거 또는 비례대표시·도의원선거에서 전국 유효투표총수의 100분의 3 이상을 득표한 정당

② 제82조의2(선거방송토론위원회 주관 대담·토론회)제7항 내지 제9항·제10항 본문·제12항 및 제13항의 규정은 정책토론회에 이를 준용한다. 이 경우 "대담·토론회"는 "정책토론회"로, "각급선거방송토론위원회"는 "중앙선거방송토론위원회"로 본다. <개정 2005·8·4>

③ 정책토론회의 운영·진행절차·개최홍보 기타 필요한 사항은 중앙선거관리위원회규칙으로 정한다.
〔본조신설 2004·3·12〕

제82조의4(정보통신망을 이용한 선거운동) ① 삭제 <2020·12·29>

② 누구든지 「정보통신망 이용촉진 및 정보보호 등에 관한 법률」 제2조제1항제1호에 따른 정보통신망(이하 "정보통신망"이라 한다)을 이용하여 후보자(후보자가 되려는 사람을 포함한다. 이하 이 조에서 같다), 그의 배우자 또는 직계존·비속이나 형제자매에 관하여 허위의 사실을 유포하여서는 아니되며, 공연히 사실을 적시하여 이들을 비방하여서는 아니된다. 다만, 진실한 사실로서 공공의 이익에 관한 때에는 그러하지 아니하다. <개정 2012·2·29>

③ 각급선거관리위원회(읍·면·동선거관리위원회를 제외한다) 또는 후보자는 이 법의 규정에 위반되는 정보가 인터넷 홈페이지 또는 그 게시판·대화방 등에 게시되거나, 정보통신망을 통하여 전송되는 사실을 발견한 때에는 해당 정보를 게시한 자 또는 해당 정보가 게시된 인터넷 홈페이지를 관리·운영하는 자에게 해당 정보의 삭제를 요청하거나, 전송되는 정보를 취급하는 인터넷 홈페이지의 관리·운영자 또는 「정보통신망 이용촉진 및 정보보호 등에 관한 법률」 제2조제1항제3호의 규정

에 의한 정보통신서비스제공자(이하 "정보통신서비스제공자"라 한다)에게 그 취급의 거부·정지·제한을 요청할 수 있다. 이 경우 인터넷 홈페이지 관리·운영자 또는 정보통신서비스 제공자가 후보자의 요청에 따르지 아니하는 때에는 해당 후보자는 관할 선거구선거관리위원회에 서면으로 그 사실을 통보할 수 있으며, 관할 선거구선거관리위원회는 후보자가 삭제요청 또는 취급의 거부·정지·제한을 요청한 정보가 이 법의 규정에 위반된다고 인정되는 때에는 해당 인터넷 홈페이지 관리·운영자 또는 정보통신서비스 제공자에게 삭제요청 또는 취급의 거부·정지·제한을 요청할 수 있다. <개정 2005·8·4, 2012·2·29, 2023·12·28>

④ 제3항에 따라 선거관리위원회로부터 요청을 받은 해당 정보의 게시자, 인터넷 홈페이지 관리·운영자 또는 정보통신서비스제공자는 지체없이 이에 따라야 한다. <개정 2012·2·29, 2023·12·28>

⑤ 제3항에 따라 선거관리위원회로부터 요청을 받은 인터넷 홈페이지 관리·운영자 또는 정보통신서비스제공자는 그 요청을 받은 날부터, 해당 정보를 게시하거나 전송한 자는 당해 정보가 삭제되거나 그 취급이 거부·정지 또는 제한된 날부터 3일 이내에 그 요청을 한 선거관리위원회에 이의신청을 할 수 있다. <개정 2012·2·29>

⑥ 제3항에 따라 선거관리위원회로부터 요청을 받아 해당 정보의 삭제 또는 그 취급의 거부·제한·정지를 한 인터넷 홈페이지 관리·운영자 또는 정보통신서비스제공자는 다음 각 호에 따른 내용을 해당 인터넷 홈페이지 또는 그 게시판·대화방 등에 게시하는 방법 등으로 그 정보를 게시하거나 전송한 사람에게 알려야 한다. <신설 2020·3·25>

1. 선거관리위원회로부터 제3항에 따른 요청이 있었다는 사실
2. 제5항에 따라 이의신청을 할 수 있다는 사실

⑦ 위법한 정보의 게시에 대한 삭제 등의 요청, 이의신청 기타 필요한 사항은 중앙선거관리위원회규칙으로 정한다.

〔전부개정 2004·3·12〕

제82조의5(선거운동정보의 전송제한) ① 누구든지 정보수신자의 명시적인 수신거부의사에 반하여 선거운동 목적의 정보를 전송하여서는 아니된다.

② 예비후보자 또는 후보자가 제59조제2호·제3호에 따라 선거운동 목적의 정보(이하 "선거운동정보"라 한다)를 자동 동보통신의 방법으로 문자메시지로 전송하거나 전송대행업체에 위탁하여 전자우편으로 전송하는 때에는 다음 각 호의 사항을 선거운동정보에 명시하여야 한다. <개정 2005·8·4, 2010·1·25, 2012·2·29, 2017·2·8>

1. 선거운동정보에 해당하는 사실
2. 문자메시지를 전송하는 경우 그의 전화번호
3. 불법수집정보 신고 전화번호
4. 수신거부의 의사표시를 쉽게 할 수 있는 조치 및 방법에 관한 사항

③ 삭제 <2012·1·17>

④ 선거운동정보를 전송하는 자는 수신자의 수신거부를 회피하거나 방해할 목적으로 기술적 조치를 하여서는 아니된다.

⑤ 선거운동정보를 전송하는 자는 수신자가 수신거부를 할 때 발생하는 전화요금 기타 금전적 비용을 수신자가 부담하지 아니하도록 필요한 조치를 하여야 한다.

⑥ 누구든지 숫자·부호 또는 문자를 조합하여 전화번호·전자우편주소 등 수신자의 연락처를 자동으로 생성하는 프로그램 그 밖의 기술적 장치를 이용하여 선거운동정보를 전송하여서는 아니된다.

〔본조신설 2004·3·12〕

제82조의6 삭제 <2023·8·30>

제82조의7(인터넷광고) ① 후보자(대통령선거의 정당추천후보자와 비례대표국회의원선거 및 비례대표지방의회의원선거에 있어서는 후보자를 추천한 정당을 말한다. 이하 이 조에서 같다)는 인터넷언론사의 인터넷홈페이지에 선거운동을 위한 광고(이하 "인터넷광고"라 한다)를 할 수 있다.

② 제1항의 인터넷광고에는 광고근거와 광고주명을 표시하여야 한다.
③ 같은 정당의 추천을 받은 2인 이상의 후보자는 합동으로 제1항의 규정에 따른 인터넷광고를 할 수 있다. 이 경우 그 비용은 당해 후보자간의 약정에 따라 분담하되, 그 분담내역을 광고계약서에 명시하여야 한다.
④ 삭제 <2010·1·25>
⑤ 누구든지 제1항의 경우를 제외하고는 선거운동을 위하여 인터넷광고를 할 수 없다.
⑥ 광고근거의 표시방법 그 밖에 필요한 사항은 중앙선거관리위원회규칙으로 정한다.
<개정 2010·1·25>
〔본조신설 2005·8·4〕

제82조의8(딥페이크영상등을 이용한 선거운동) ① 누구든지 선거일 전 90일부터 선거일까지 선거운동을 위하여 인공지능 기술 등을 이용하여 만든 실제와 구분하기 어려운 가상의 음향, 이미지 또는 영상 등(이하 "딥페이크영상등"이라 한다)을 제작·편집·유포·상영 또는 게시하는 행위를 하여서는 아니 된다.
② 누구든지 제1항의 기간이 아닌 때에 선거운동을 위하여 딥페이크영상등을 제작·편집·유포·상영 또는 게시하는 경우에는 해당 정보가 인공지능 기술 등을 이용하여 만든 가상의 정보라는 사실을 명확하게 인식할 수 있도록 중앙선거관리위원회규칙으로 정하는 바에 따라 해당 사항을 딥페이크영상등에 표시하여야 한다.
〔본조신설 2023·12·28〕

제83조(교통편의의 제공) ① 대통령선거에 있어서 한국철도공사사장은 중앙선거관리위원회규칙이 정하는 바에 따라 선거운동기간중에 선거운동용으로 계속하여 사용할 수 있는 전국용 무료승차권 50매를 각 후보자에게 발급하여야 한다. <개정 2012·1·17>
② 제1항의 규정에 의하여 전국용 무료승차권을 발급받은 후보자가 사퇴·사망하거나 등록이 무효로 된 때에는 그 후 이를 사용할 수 없으며, 한국철도공사사장에게 지체없이 반환하여야 한다. <개정 2012·1·17>

제84조(무소속후보자의 정당표방제한) 무소속후보자는 특정 정당으로부터의 지지 또는 추천받음을 표방할 수 없다. 다만, 다음 각 호의 어느 하나에 해당하는 행위는 그러하지 아니하다. <개정 1995·4·1, 2000·2·16, 2004·3·12, 2010·1·25>
1. 정당의 당원경력을 표시하는 행위
2. 해당 선거구에 후보자를 추천하지 아니한 정당이 무소속후보자를 지지하거나 지원하는 경우 그 사실을 표방하는 행위

제85조(공무원 등의 선거관여 등 금지) ① 공무원 등 법령에 따라 정치적 중립을 지켜야 하는 자는 직무와 관련하여 또는 지위를 이용하여 선거에 부당한 영향력을 행사하는 등 선거에 영향을 미치는 행위를 할 수 없다. <신설 2014·2·13>
② 공무원은 그 지위를 이용하여 선거운동을 할 수 없다. 이 경우 공무원이 그 소속직원이나 제53조제1항제4호부터 제6호까지에 규정된 기관 등의 임직원 또는 「공직자윤리법」 제17조에 따른 취업심사대상기관의 임·직원을 대상으로 한 선거운동은 그 지위를 이용하여 하는 선거운동으로 본다. <개정 2001·1·26, 2005·8·4, 2010·3·12, 2012·1·17, 2014·12·30, 2019·12·3>
③ 누구든지 교육적·종교적 또는 직업적인 기관·단체 등의 조직내에서의 직무상 행위를 이용하여 그 구성원에 대하여 선거운동을 하거나 하게 하거나, 계열화나 하도급 등 거래상 특수한 지위를 이용하여 기업조직·기업체 또는 그 구성원에 대하여 선거운동을 하거나 하게 할 수 없다.
④ 누구든지 교육적인 특수관계에 있는 선거권이 없는 자에 대하여 교육상의 행위를 이용하여 선거운동을 할 수 없다.

제86조(공무원 등의 선거에 영향을 미치는 행위금지) ① 공무원(국회의원과 그 보좌관·선임비서관·비서관 및 지방의회의원을 제외한다), 선상투표신고를 한 선원이 승선하고 있는 선박의 선장, 제53조제1항제4호 및 제6호에 규정된 기관 등의 상근 임원,

통·리·반의 장, 주민자치위원회위원과 예비군 중대장급 이상의 간부, 특별법에 의하여 설립된 국민운동단체로서 국가나 지방자치단체의 출연 또는 보조를 받는 단체(바르게살기운동협의회·새마을운동협의회·한국자유총연맹을 말한다)의 상근 임·직원 및 이들 단체 등(시·도조직 및 구·시·군조직을 포함한다)의 대표자는 다음 각 호의 어느 하나에 해당하는 행위를 하여서는 아니된다. <개정 1997·11·14, 2000·2·16, 2002·3·7, 2004·3·12, 2005·8·4, 2010·1·25, 2012·1·17, 2012·2·29, 2014·1·17, 2016·5·29, 2020·3·25, 2022·4·20, 2025·1·7>

1. 소속직원 또는 선거구민에게 교육 기타 명목여하를 불문하고 특정 정당이나 후보자(후보자가 되고자 하는 자를 포함한다. 이하 이 항에서 같다)의 업적을 홍보하는 행위
2. 지위를 이용하여 선거운동의 기획에 참여하거나 그 기획의 실시에 관여하는 행위
3. 정당 또는 후보자에 대한 선거권자의 지지도를 조사하거나 이를 발표하는 행위
4. 삭제 <2010·1·25>
5. 선거기간중 국가 또는 지방자치단체의 예산으로 시행하는 사업중 즉시 공사를 진행하지 아니할 사업의 기공식을 거행하는 행위
6. 선거기간중 정상적 업무외의 출장을 하는 행위
7. 선거기간중 휴가기간에 그 업무와 관련된 기관이나 시설을 방문하는 행위

② 지방자치단체의 장(제 4 호의 경우 소속공무원을 포함한다)은 선거일전 60일(선거일전 60일후에 실시사유가 확정된 보궐선거등에 있어서는 선거의 실시사유가 확정된 때)부터 선거일까지 다음 각 호의 어느 하나에 해당하는 행위를 하여서는 아니된다. <신설 1995·12·30, 1997·11·14, 1998·4·30, 2000·2·16, 2002·3·7, 2004·3·12, 2010·1·25, 2011·7·28>

1. 삭제 <2004·3·12>
2. 정당의 정강·정책과 주의·주장을 선거구민을 대상으로 홍보·선전하는 행위. 다만, 당해 지방자치단체의 장의 선거에 예비후보자 또는 후보자가 되는 경우에는 그러하지 아니하다.
3. 창당대회·합당대회·개편대회 및 후보자선출대회를 제외하고는 정당이 개최하는 시국강연회, 정견·정책발표회, 당원연수·단합대회 등 일체의 정치행사에 참석하거나 선거대책기구, 선거사무소, 선거연락소를 방문하는 행위. 다만, 해당 지방자치단체의 장선거에 예비후보자 또는 후보자가 된 경우와 당원으로서 소속 정당이 당원만을 대상으로 개최하는 정당의 공개행사에 의례적으로 방문하는 경우에는 그러하지 아니하다.
4. 다음 각 목의 1을 제외하고는 교양강좌, 사업설명회, 공청회, 직능단체모임, 체육대회, 경로행사, 민원상담 기타 각종행사를 개최하거나 후원하는 행위
   가. 법령에 의하여 개최하거나 후원하도록 규정된 행사를 개최·후원하는 행위
   나. 특정일·특정시기에 개최하지 아니하면 그 목적을 달성할 수 없는 행사
   다. 천재·지변 기타 재해의 구호·복구를 위한 행위
   라. 직업지원교육 또는 유상(有償)으로 실시하는 교양강좌를 개최·후원하는 행위 또는 주민자치센터가 개최하는 교양강좌를 후원하는 행위. 다만, 종전의 범위를 넘는 새로운 강좌를 개설하거나 수강생을 증원하거나 장소를 이전하여 실시하는 주민자치센터의 교양강좌를 후원하는 행위를 제외한다.
   마. 집단민원 또는 긴급한 민원이 발생하였을 때 이를 해결하기 위한 행위
   바. 가목 내지 마목에 준하는 행위로서 중앙선거관리위원회규칙으로 정하는 행위
5. 통·리·반장의 회의에 참석하는 행위.

다만, 천재·지변 기타 재해가 있거나 집단민원 또는 긴급한 민원이 발생하였을 때에는 그러하지 아니하다.

③ 및 ④ 삭제 <2010·1·25>

⑤ 지방자치단체의 장(소속 공무원을 포함한다)은 다음 각 호의 어느 하나에 해당하는 경우를 제외하고는 지방자치단체의 사업계획·추진실적 그 밖에 지방자치단체의 활동상황을 알리기 위한 홍보물(홍보지·소식지·간행물·시설물·녹음물·녹화물 그 밖의 홍보물 및 신문·방송을 이용하여 행하는 경우를 포함한다)을 분기별로 1종 1회를 초과하여 발행·배부 또는 방송하여서는 아니되며 당해 지방자치단체의 장의 선거의 선거일전 180일(보궐선거등에 있어서는 그 선거의 실시사유가 확정된 때, 이하 제6항에서 같다)부터 선거일까지는 홍보물을 발행·배부 또는 방송할 수 없다. <신설 1998·4·30, 2000·2·16, 2004·3·12, 2006·3·2, 2010·1·25>

1. 법령에 의하여 발행·배부 또는 방송하도록 규정된 홍보물을 발행·배부 또는 방송하는 행위
2. 특정사업을 추진하기 위하여 그 사업과 이해관계가 있는 자나 관계주민의 동의를 얻기 위한 행위
3. 집단민원 또는 긴급한 민원이 발생하였을 때 이를 해결하기 위한 행위
4. 기타 위 각호의 1에 준하는 행위로서 중앙선거관리위원회규칙이 정하는 행위

⑥ 지방자치단체의 장은 당해 지방자치단체의 장의 선거의 선거일전 180일부터 선거일까지 주민자치센터가 개최하는 교양강좌에 참석할 수 없으며, 근무시간중에 공공기관이 아닌 단체 등이 주최하는 행사(해당 지방자치단체의 청사에서 개최하는 행사를 포함한다)에는 참석할 수 없다. 다만, 제2항제3호에 따라 참석 또는 방문할 수 있는 행사의 경우에는 그러하지 아니하다. <신설 1998·4·30, 2002·3·7, 2010·1·25>

⑦ 지방자치단체의 장은 소관 사무나 그 밖의 명목 여하를 불문하고 방송·신문·잡지나 그 밖의 광고에 출연할 수 없다. <신설 2010·1·25>

제87조(단체의 선거운동금지) ① 다음 각 호의 어느 하나에 해당하는 기관·단체(그 대표자와 임직원 또는 구성원을 포함한다)는 그 기관·단체의 명의 또는 그 대표의 명의로 선거운동을 할 수 없다. <개정 2005·8·4, 2010·1·25>

1. 국가·지방자치단체
2. 제53조(공무원 등의 입후보)제1항제4호 내지 제6호에 규정된 기관·단체
3. 향우회·종친회·동창회, 산악회 등 동호인회, 계모임 등 개인간의 사적모임
4. 특별법에 의하여 설립된 국민운동단체로서 국가 또는 지방자치단체의 출연 또는 보조를 받는 단체(바르게살기운동협의회·새마을운동협의회·한국자유총연맹을 말한다)
5. 법령에 의하여 정치활동이나 공직선거에의 관여가 금지된 단체
6. 후보자 또는 후보자의 가족(이하 이 항에서 "후보자등"이라 한다)이 임원으로 있거나, 후보자등의 재산을 출연하여 설립하거나, 후보자등이 운영경비를 부담하거나 관계법규나 규약에 의하여 의사결정에 실질적으로 영향력을 행사하는 기관·단체
7. 삭제 <2005·8·4>
8. 구성원의 과반수가 선거운동을 할 수 없는 자로 이루어진 기관·단체

② 누구든지 선거에 있어서 후보자(후보자가 되고자 하는 자를 포함한다)의 선거운동을 위하여 연구소·동우회·향우회·산악회·조기축구회, 정당의 외곽단체 등 그 명칭이나 표방하는 목적여하를 불문하고 사조직 기타 단체를 설립하거나 설치할 수 없다.
〔전부개정 2004·3·12〕

제88조(타후보자를 위한 선거운동금지) 후보자, 선거사무장, 선거연락소장, 선거사무원, 회계책임자, 연설원, 대담·토론자는 다른 정당이나 선거구가 같거나 일부 겹치는 다른 후보자를 위한 선거운동을 할 수 없다. 다만, 정당이나 후보자를 위한 선거운동을 함에 있어서 그 일부가 다른 정당이나 후보자의 선거운동에 이른 경우와 같은 정당이나 같은 정당의 추천후보자를 지원하는 경우 및 이 법의 규정에 의하여 공동선임된 선거사무장 등이 선거운동을 하는 경우에는 그러하지 아니하다. <개정 2012·1·17>

제89조(유사기관의 설치금지) ① 누구든지 제61조제1항·제2항에 따른 선거사무소, 선거연락소 및 선거대책기구 외에는 후보자 또는 후보자가 되려는 사람을 위하여 선거추진위원회·후원회·연구소·상담소 또는 휴게소 기타 명칭의 여하를 불문하고 이와 유사한 기관·단체·조직 또는 시설을 새로이 설립 또는 설치하거나 기존의 기관·단체·조직 또는 시설을 이용할 수 없다. 다만, 후보자 또는 예비후보자의 선거사무소에 설치되는 1개의 선거대책기구 및 「정치자금법」에 의한 후원회는 그러하지 아니하다. <개정 1997·11·14, 2000·2·16, 2004·3·12, 2005·8·4, 2012·10·2, 2014·1·17>

② 정당이나 후보자(후보자가 되려는 사람을 포함한다. 이하 이 항에서 같다)가 설립·운영하는 기관·단체·조직 또는 시설은 선거일전 180일(보궐선거등에 있어서는 그 선거의 실시사유가 확정된 때)부터 선거일까지 당해 선거구민을 대상으로 선거에 영향을 미치는 행위를 하거나, 그 기관·단체 또는 시설의 설립이나 활동내용을 선거구민에게 알리기 위하여 정당 또는 후보자의 명의나 그 명의를 유추할 수 있는 방법으로 벽보·현수막·방송·신문·통신·잡지 또는 인쇄물을 이용하거나 그 밖의 방법으로 선전할 수 없다. 다만, 「정치자금법」 제15조(후원금 모금 등의 고지·광고)의 규정에 따른 모금을 위한 고지·광고는 그러하지 아니하다. <개정 1997·11·14, 2004·3·12, 2005·8·4, 2012·10·2>

제89조의2 삭제 <2004·3·12>

제90조(시설물설치 등의 금지) ① 누구든지 선거일 전 120일(보궐선거등에서는 그 선거의 실시사유가 확정된 때)부터 선거일까지 선거에 영향을 미치게 하기 위하여 이 법의 규정에 의한 것을 제외하고는 다음 각 호의 어느 하나에 해당하는 행위를 할 수 없다. 이 경우 정당(창당준비위원회를 포함한다)의 명칭이나 후보자(후보자가 되려는 사람을 포함한다. 이하 이 조에서 같다)의 성명·사진 또는 그 명칭·성명을 유추할 수 있는 내용을 명시한 것은 선거에 영향을 미치게 하기 위한 것으로 본다. <개정 2023·8·30>

1. 화환·풍선·간판·현수막·애드벌룬·기구류 또는 선전탑, 그 밖의 광고물이나 광고시설을 설치·진열·게시·배부하는 행위
2. 표찰이나 그 밖의 표시물을 착용 또는 배부하는 행위
3. 후보자를 상징하는 인형·마스코트 등 상징물을 제작·판매하는 행위

② 제1항에도 불구하고 다음 각 호의 어느 하나에 해당하는 행위는 선거에 영향을 미치게 하기 위한 행위로 보지 아니한다.

1. 선거기간이 아닌 때에 행하는 「정당법」 제37조제2항에 따른 통상적인 정당활동
2. 의례적이거나 직무상·업무상의 행위 또는 통상적인 정당활동으로서 중앙선거관리위원회규칙으로 정하는 행위

〔전부개정 2010·1·25〕

제91조(확성장치와 자동차 등의 사용제한) ① 누구든지 이 법의 규정에 의한 공개장소에서의 연설·대담장소 또는 대담·토론회장에서 연설·대담·토론용으로 사용하는 경우를 제외하고는 선거운동을 위하여 확성장치를 사용할 수 없다. <개정 2004·3·12>

② 삭제 <2004·3·12>

③ 누구든지 자동차를 사용하여 선거운동을 할 수 없다. 다만, 제79조에 따른 연설·대담장소에서 자동차에 승차하여 선거운동을 하는 경우와 같은 조 제6항에 따른 선거벽보 등을 자동차에 부착하여 사용하는 경우에는 그러하지 아니하다. <개정 2004·3·12, 2005·8·4, 2010·1·25>

④ 정당·후보자·선거사무장 또는 선거연락소장은 제3항 단서에 따른 경우 외에 다음 각 호에 따른 수 이내에서 관할선거관리위원회가 교부한 표지를 부착한 자동차와 선박에 제64조의 선거벽보, 제65조의 선거공보 및 제66조의 선거공약서를 부착하여 운행하거나 운행하게 할 수 있다. <개정 1995·4·1, 1997·11·14, 2000·2·16, 2005·8·4, 2007·1·3, 2010·1·25>

1. 대통령선거와 시·도지사선거
 선거사무소와 선거연락소마다 각 5대·5척 이내
2. 지역구국회의원선거와 자치구·시·군의 장선거
 후보자마다 각 5대·5척 이내
3. 지역구시·도의원선거
 후보자마다 각 2대·2척 이내
4. 지역구자치구·시·군의원선거
 후보자마다 각 1대·1척

제92조(영화 등을 이용한 선거운동금지) 누구든지 선거기간중에는 선거운동을 위하여 저술·연예·연극·영화 또는 사진을 이 법에 규정되지 아니한 방법으로 배부·공연·상연·상영 또는 게시할 수 없다.

제93조(탈법방법에 의한 문서·도화의 배부·게시 등 금지) ① 누구든지 선거일 전 120일(보궐선거 등에 있어서는 그 선거의 실시사유가 확정된 때)부터 선거일까지 선거에 영향을 미치게 하기 위하여 이 법의 규정에 의하지 아니하고는 정당(창당준비위원회와 정당의 정강·정책을 포함한다. 이하 이 조에서 같다) 또는 후보자(후보자가 되고자 하는 자를 포함한다. 이하 이 조에서 같다)를 지지·추천하거나 반대하는 내용이 포함되어 있거나 정당의 명칭 또는 후보자의 성명을 나타내는 광고, 인사장, 벽보, 사진, 문서·도화, 인쇄물이나 녹음·녹화테이프 그 밖에 이와 유사한 것을 배부·첩부·살포·상영 또는 게시할 수 없다. 다만, 다음 각 호의 어느 하나에 해당하는 행위는 그러하지 아니하다. <개정 1997·11·14, 1998·4·30, 2002·3·7, 2004·3·12, 2005·8·4, 2010·1·25, 2023·8·30>

1. 선거운동기간 중 후보자, 제60조의3제2항 각 호의 어느 하나에 해당하는 사람(같은 항 제2호의 경우 선거연락소장을 포함하며, 이 경우 "예비후보자"는 "후보자"로 본다)이 제60조의3제1항제2호에 따른 후보자의 명함을 직접 주는 행위
2. 선거기간이 아닌 때에 행하는 「정당법」 제37조제2항에 따른 통상적인 정당활동

② 누구든지 선거일전 90일부터 선거일까지는 정당 또는 후보자의 명의를 나타내는 저술·연예·연극·영화·사진 그 밖의 물품을 이 법에 규정되지 아니한 방법으로 광고할 수 없으며, 후보자는 방송·신문·잡지 기타의 광고에 출연할 수 없다. 다만, 선거기간이 아닌 때에 「신문 등의 진흥에 관한 법률」 제2조제1호에 따른 신문 또는 「잡지 등 정기간행물의 진흥에 관한 법률」 제2조에 따른 정기간행물의 판매를 위하여 통상적인 방법으로 광고하는 경우에는 그러하지 아니하다. <개정 1998·4·30, 2005·8·4, 2010·1·25>

③ 누구든지 선거운동을 하도록 권유·약속하기 위하여 선거구민에 대하여 신분증명서·문서 기타 인쇄물을 발급·배부 또는 징구하거나 하게 할 수 없다. <신설 1995·12·30>

제94조(방송·신문 등에 의한 광고의 금지) 누구든지 선거기간중 선거운동을 위하여 이 법에 규정되지 아니한 방법으로 방송·신문·통신 또는 잡지 기타의 간행물 등 언론매체를 통하여 광고할 수 없다. <개정 2000·2·16>

제95조(신문·잡지 등의 통상방법 외의 배부 등 금지) ① 누구든지 이 법의 규정에 의한 경우를 제외하고는 선거에 관한 기사를 게재한 신문·통신·잡지 또는 기관·단체·시설의 기관지 기타 간행물을 통상방법외의 방법으로 배부·살포·게시·첩부하거나 그 기사를 복사하여 배부·살포·게시·첩부할 수 없다. <개정 2012·1·17>

② 제1항에서 "선거에 관한 기사"라 함은 후보자(후보자가 되려는 사람을 포함한다. 이하 제96조 및 제97조에서 같다)의 당낙이나 특정 정당(창당준비위원회를 포함한다)에 유리 또는 불리한 기사를 말하며, "통상방법에 의한 배부"라 함은 종전의 방법과 범위안에서 발행·배부하는 것을 말한다. <개정 2012·2·29>

제96조(허위논평·보도 등 금지) ① 누구든지 선거에 관한 여론조사결과를 왜곡하여 공표 또는 보도할 수 없다. <개정 2012·2·29>

② 방송·신문·통신·잡지, 그 밖의 간행물을 경영·관리하는 자 또는 편집·취재·집필·보도하는 자는 다음 각 호의 어느 하나에 해당하는 행위를 할 수 없다. <신설 2012·2·29>

1. 특정 후보자를 당선되게 하거나 되지 못하게 할 목적으로 선거에 관하여 허위의 사실을 보도하거나 사실을 왜곡하여 보도 또는 논평을 하는 행위
2. 여론조사결과 등과 같은 객관적 자료를 제시하지 아니하고 선거결과를 예측하는 보도를 하는 행위

제97조(방송·신문의 불법이용을 위한 행위 등의 제한) ① 누구든지 선거운동을 위하여 방송·신문·통신·잡지 기타의 간행물을 경영·관리하는 자 또는 편집·취재·집필·보도하는 자에게 금품·향응 기타의 이익을 제공하거나 제공할 의사의 표시 또는 그 제공을 약속할 수 없다.

② 정당, 후보자, 선거사무장, 선거연락소장, 선거사무원, 회계책임자, 연설원, 대담·토론자 또는 제114조(정당 및 후보자의 가족 등의 기부행위제한)제2항의 후보자 또는 그 가족과 관계있는 회사 등은 선거에 관한 보도·논평이나 대담·토론과 관련하여 당해 방송·신문·통신·잡지 기타 간행물을 경영·관리하거나 편집·취재·집필·보도하는 자 또는 그 보조자에게 금품·향응 기타 이익을 제공하거나 제공할 의사의 표시 또는 그 제공을 약속할 수 없다.

③ 방송·신문·통신·잡지 기타 간행물을 경영·관리하거나 편집·취재·집필·보도하는 자는 제1항 또는 제2항의 규정에 의한 금품·향응 기타의 이익을 받거나 권유·요구 또는 약속할 수 없다.

제98조(선거운동을 위한 방송이용의 제한) 누구든지 이 법의 규정에 의하지 아니하고는 그 방법의 여하를 불문하고 방송시설을 이용하여 선거운동을 위한 방송을 하거나 하게 할 수 없다. <개정 1997·11·14, 2000·2·16>

제99조(구내방송 등에 의한 선거운동금지) 누구든지 이 법의 규정에 의하지 아니하고는 선거기간중 교통수단·건물 또는 시설안의 방송시설을 이용하여 선거운동을 할 수 없다.

제100조(녹음기 등의 사용금지) 누구든지 선거기간중 이 법의 규정에 의하지 아니하고는 녹음기나 녹화기(비디오 및 오디오기기를 포함한다)를 사용하여 선거운동을 할 수 없다. <개정 2004·3·12, 2005·8·4>

제101조(타연설회 등의 금지) 누구든지 선거기간중 선거에 영향을 미치게 하기 위하여 이 법의 규정에 의한 연설·대담 또는 대담·토론회를 제외하고는 다수인을 모이게 하여 개인정견발표회·시국강연회·좌담회 또는 토론회 기타의 연설회나 대담·토론회를 개최할 수 없다. <개정 2004·3·12>

제102조(야간연설 등의 제한) ① 이 법의 규정에 의한 연설·대담과 대담·토론회(방송시설을 이용하는 경우를 제외한다)는 오후

11시부터 다음날 오전 6시까지는 개최할 수 없으며, 공개장소에서의 연설·대담은 오후 11시부터 다음날 오전 7시까지는 이를 할 수 없다. 다만, 공개장소에서의 연설·대담을 하는 경우 자동차에 부착된 확성장치 또는 휴대용 확성장치는 오전 7시부터 오후 9시까지 사용할 수 있다. <개정 1995·12·30, 1997·1·13, 2004·3·12, 2022·1·18>

② 제79조에 따른 공개장소에서의 연설·대담을 하는 경우 오후 9시부터 다음 날 오전 7시까지 같은 조 제10항에 따른 녹음기와 녹화기(비디오 및 오디오 기기를 포함한다. 이하 이 항에서 같다)를 사용할 수 없다. 다만, 녹화기는 소리의 출력 없이 화면만을 표출하는 경우에 한정하여 오후 11시까지 사용할 수 있다. <신설 2010·1·25, 2012·1·17, 2022·1·18>

제103조(각종집회 등의 제한) ① 누구든지 선거기간 중 선거운동을 위하여 이 법에 규정된 것을 제외하고는 명칭 여하를 불문하고 집회나 모임을 개최할 수 없다. <신설 2023·8·30>

② 특별법에 따라 설립된 국민운동단체로서 국가나 지방자치단체의 출연 또는 보조를 받는 단체(바르게살기운동협의회·새마을운동협의회·한국자유총연맹을 말한다) 및 주민자치위원회는 선거기간 중 회의 그 밖에 어떠한 명칭의 모임도 개최할 수 없다. <신설 2005·8·4>

③ 누구든지 선거기간 중 선거에 영향을 미치게 하기 위하여 향우회·종친회·동창회·단합대회·야유회 또는 참가 인원이 25명을 초과하는 그 밖의 집회나 모임을 개최할 수 없다. <개정 2010·1·25, 2023·8·30>

④ 선거기간 중에는 특별한 사유가 없는 한 반상회를 개최할 수 없다.

⑤ 누구든지 선거일전 90일(선거일전 90일 후에 실시사유가 확정된 보궐선거등에 있어서는 그 선거의 실시사유가 확정된 때)부터 선거일까지 후보자(후보자가 되고자 하는 자를 포함한다)와 관련있는 저서의 출판기념회를 개최할 수 없다. <신설 2004·3·12>

제104조(연설회장에서의 소란행위 등의 금지) 누구든지 이 법의 규정에 의한 공개장소에서의 연설·대담장소, 대담·토론회장 또는 정당의 집회장소에서 폭행·협박 기타 어떠한 방법으로도 연설·대담장소 등의 질서를 문란하게 하거나 그 진행을 방해할 수 없으며, 연설·대담 등의 주관자가 연단과 그 주변의 조명을 위하여 사용하는 경우를 제외하고는 횃불을 사용할 수 없다. <개정 2004·3·12>

제105조(행렬 등의 금지) ① 누구든지 선거운동을 위하여 5명(후보자와 함께 있는 경우에는 후보자를 포함하여 10명)을 초과하여 무리를 지어 다음 각 호의 어느 하나에 해당하는 행위를 할 수 없다. 다만, 제2호의 행위를 하는 경우에는 후보자와 그 배우자(배우자 대신 후보자가 그의 직계존비속 중에서 신고한 1인을 포함한다), 선거사무장, 선거연락소장, 선거사무원, 후보자와 함께 있는 활동보조인 및 회계책임자는 그 수에 산입하지 아니한다. <개정 2004·3·12, 2005·8·4, 2010·1·25>

1. 거리를 행진하는 행위
2. 다수의 선거구민에게 인사하는 행위
3. 연달아 소리지르는 행위. 다만, 제79조(공개장소에서의 연설·대담)의 규정에 의한 공개장소에서의 연설·대담에서 당해 정당 또는 후보자에 대한 지지를 나타내기 위하여 연달아 소리지르는 경우에는 그러하지 아니하다.

② 삭제 <2010·1·25>

제106조(호별방문의 제한) ① 누구든지 선거운동을 위하여 또는 선거기간중 입당의 권유를 위하여 호별로 방문할 수 없다.

② 선거운동을 할 수 있는 자는 제1항의 규정에 불구하고 관혼상제의 의식이 거행되는 장소와 도로·시장·점포·다방·대합실 기타 다수인이 왕래하는 공개된 장소에서 정당 또는 후보자에 대한 지지를 호소할 수 있다.

③ 누구든지 선거기간중 공개장소에서의 연설·대담의 통지를 위하여 호별로 방문할 수 없다. <개정 2004·3·12>

제107조(서명·날인운동의 금지) 누구든지 선거운동을 위하여 선거구민에 대하여 서명이나 날인을 받을 수 없다.

제108조(여론조사의 결과공표금지 등) ① 누구든지 선거일 전 6일부터 선거일의 투표마감시각까지 선거에 관하여 정당에 대한 지지도나 당선인을 예상하게 하는 여론조사(모의투표나 인기투표에 의한 경우를 포함한다. 이하 이 조에서 같다)의 경위와 그 결과를 공표하거나 인용하여 보도할 수 없다. <개정 1997·11·14, 2005·8·4, 2017·2·8, 2017·3·9>

② 누구든지 선거일전 60일(선거일전 60일후에 실시사유가 확정된 보궐선거등에서는 그 선거의 실시사유가 확정된 때)부터 선거일까지 선거에 관한 여론조사를 투표용지와 유사한 모형에 의한 방법을 사용하거나 후보자(후보자가 되고자 하는 자를 포함한다. 이하 이 조에서 같다) 또는 정당(창당준비위원회를 포함한다. 이하 이 조에서 같다)의 명의로 선거에 관한 여론조사를 할 수 없다. 다만, 제57조의2제2항에 따른 여론조사는 그러하지 아니하다. <개정 1997·11·14, 2008·2·29, 2010·1·25>

③ 다음 각 호의 어느 하나에 해당하는 자를 제외하고는 누구든지 선거에 관한 여론조사를 실시하려면 여론조사의 목적, 표본의 크기, 조사지역·일시·방법, 전체 설문내용 등 중앙선거관리위원회규칙으로 정하는 사항을 여론조사 개시일 전 2일까지 관할 선거여론조사심의위원회에 서면으로 신고하여야 한다. <신설 2010·1·25, 2014·2·13, 2015·12·24, 2017·2·8>

1. 제3자로부터 여론조사를 의뢰받은 여론조사 기관·단체(제3자의 의뢰 없이 직접 하는 경우는 제외한다)
2. 정당〔창당준비위원회와 「정당법」 제38조(정책연구소의 설치·운영)에 따른 정책연구소를 포함한다〕
3. 「방송법」 제2조(용어의 정의)에 따른 방송사업자
4. 전국 또는 시·도를 보급지역으로 하는 「신문 등의 진흥에 관한 법률」 제2조(정의)에 따른 신문사업자 및 「잡지 등 정기간행물의 진흥에 관한 법률」 제2조(정의)에 따른 정기간행물사업자
5. 「뉴스통신 진흥에 관한 법률」 제2조(정의)에 따른 뉴스통신사업자
6. 제3호부터 제5호까지의 사업자가 관리·운영하는 인터넷언론사
7. 전년도 말 기준 직전 3개월 간의 일일 평균 이용자 수 10만명 이상인 인터넷언론사

④ 관할 선거여론조사심의위원회는 제3항에 따른 신고 내용이 이 법 또는 선거여론조사기준을 충족하지 못한다고 판단되는 때에는 여론조사실시 전까지 보완할 것을 요구할 수 있다. 이 경우 보완요구에 이의가 있는 때에는 관할 선거여론조사심의위원회에 서면으로 이의신청을 할 수 있다. <신설 2014·2·13, 2017·2·8>

⑤ 누구든지 선거에 관한 여론조사를 하는 경우에는 피조사자에게 질문을 하기 전에 여론조사 기관·단체의 명칭과 전화번호를 밝혀야 하고, 해당 조사대상의 전계층을 대표할 수 있도록 피조사자를 선정하여야 하며, 다음 각 호의 어느 하나에 해당하는 행위를 하여서는 아니된다. <신설 1997·11·14, 2012·2·29, 2015·12·24, 2017·2·8>

1. 특정 정당 또는 후보자에게 편향되도록 하는 어휘나 문장을 사용하여 질문하는 행위
2. 피조사자에게 응답을 강요하거나 조사자의 의도에 따라 응답을 유도하는 방법으로 질문하거나, 피조사자의 의사를 왜곡하는 행위
3. 오락 기타 사행성을 조장할 수 있는 방법으로 조사하거나 제13항에 따라 제공할 수 있는 전화요금 할인 혜택을 초과하여 제공하는 행위

4. 피조사자의 성명이나 성명을 유추할 수 있는 내용을 공개하는 행위
⑥ 누구든지 선거에 관한 여론조사의 결과를 공표 또는 보도하는 때에는 선거여론조사기준으로 정한 사항을 함께 공표 또는 보도하여야 하며, 선거에 관한 여론조사를 실시한 기관·단체는 조사설계서·피조사자선정·표본추출·질문지작성·결과분석 등 조사의 신뢰성과 객관성의 입증에 필요한 자료와 수집된 설문지 및 결과분석자료 등 해당 여론조사와 관련있는 자료일체를 해당 선거의 선거일 후 6개월까지 보관하여야 한다. <신설 1997·11·14, 2012·2·29, 2015·12·24>
⑦ 선거에 관한 여론조사 결과를 공표·보도하려는 때에는 그 결과의 공표·보도 전에 해당 여론조사를 실시한 선거여론조사기관이 선거여론조사기준으로 정한 사항을 중앙선거여론조사심의위원회 홈페이지에 등록하여야 한다. 이 경우 선거여론조사기관이 제3자로부터 의뢰를 받아 여론조사를 실시한 때에는 해당 여론조사를 의뢰한 자는 선거여론조사기관에 해당 여론조사 결과의 공표·보도 예정일시를 통보하여야 하며, 선거여론조사기관은 통보받은 공표·보도 예정일시 전에 해당 사항을 등록하여야 한다. <개정 2015·12·24, 2017·2·8>
⑧ 누구든지 다음 각 호의 어느 하나에 해당하는 행위를 하여서는 아니 된다. <신설 2014·2·13, 2015·12·24, 2017·2·8>
1. 제7항에 따라 중앙선거여론조사심의위원회 홈페이지에 등록되지 아니한 선거에 관한 여론조사 결과를 공표 또는 보도하는 행위
2. 선거여론조사기준을 따르지 아니하고 공표 또는 보도를 목적으로 선거에 관한 여론조사를 하거나 그 결과를 공표 또는 보도하는 행위
⑨ 다음 각 호의 어느 하나에 해당하는 때에는 해당 여론조사를 실시한 기관·단체에 제6항에 따라 보관 중인 여론조사와 관련된 자료의 제출을 요구할 수 있으며, 그 요구를 받은 기관·단체는 지체 없이 이에 따라야 한다. <신설 2012·2·29, 2014·2·13, 2015·12·24, 2017·2·8>
1. 관할 선거구선거관리위원회가 공표 또는 보도된 여론조사와 관련하여 이 법을 위반하였다고 인정할 만한 상당한 이유가 있다고 판단되는 때
2. 선거여론조사심의위원회가 공표 또는 보도된 여론조사결과의 객관성·신뢰성에 대하여 정당 또는 후보자로부터 서면으로 이의신청을 받거나 제8조의8제7항제2호에 따른 심의를 위하여 필요하다고 판단되는 때
⑩ 누구든지 야간(오후 10시부터 다음 날 오전 7시까지를 말한다)에는 전화를 이용하여 선거에 관한 여론조사를 실시할 수 없다. <신설 2010·1·25>
⑪ 누구든지 다음 각 호의 어느 하나에 해당하는 행위를 하여서는 아니 된다. <신설 2016·1·15>
1. 제57조의2제1항에 따른 당내경선을 위한 여론조사의 결과에 영향을 미치게 하기 위하여 다수의 선거구민을 대상으로 성별·연령 등을 거짓으로 응답하도록 지시·권유·유도하는 행위
2. 선거에 관한 여론조사의 결과에 영향을 미치게 하기 위하여 둘 이상의 전화번호를 착신 전환 등의 조치를 하여 같은 사람이 두 차례 이상 응답하거나 이를 지시·권유·유도하는 행위
⑫ 누구든지 다음 각 호의 어느 하나에 해당하는 선거에 관한 여론조사의 결과를 해당 선거일의 투표마감시각까지 공표 또는 보도할 수 없다. 다만, 제2호의 경우 해당 선거여론조사기관에 대하여 불송치결정 또는 불기소처분이 있거나 무죄의 판결이 확정된 때에는 그러하지 아니하다. <신설 2017·2·8, 2021·3·23>
1. 정당 또는 후보자가 실시한 해당 선거에 관한 여론조사
2. 제8조의8제10항에 따라 고발되거나 이 법에 따른 여론조사에 관한 범죄로 기소된 선거여론조사기관이 실시한 선거에 관한 여론조사

3. 선거여론조사기관이 아닌 여론조사기관·단체가 실시한 선거에 관한 여론조사

⑬ 선거에 관한 여론조사에 성실하게 응답한 사람에게는 중앙선거관리위원회규칙으로 정하는 바에 따라 전화요금 할인 혜택을 제공할 수 있다. 이 경우 전화요금 할인에 소요되는 비용은 해당 여론조사를 실시하는 자가 부담한다. <신설 2017·2·8>

⑭ 여론조사의 신고, 이의신청, 자료제출 요구 절차, 그 밖에 필요한 사항은 중앙선거관리위원회규칙으로 정한다. <신설 2012·2·29, 2014·2·13>

제108조의2(선거여론조사를 위한 휴대전화 가상번호의 제공) ① 선거여론조사기관이 공표 또는 보도를 목적으로 전화를 이용하여 선거에 관한 여론조사를 실시하는 경우 휴대전화 가상번호를 사용할 수 있다.

② 선거여론조사기관이 제1항에 따른 여론조사를 실시하는 경우에는 관할 선거여론조사심의위원회를 경유하여 이동통신사업자에게 휴대전화 가상번호를 제공하여 줄 것을 요청할 수 있다.

③ 제2항에 따라 휴대전화 가상번호를 사용하고자 하는 선거여론조사기관은 해당 여론조사 개시일 전 10일까지 관할 선거여론조사심의위원회에 휴대전화 가상번호 제공 요청서를 제출하여야 하고, 관할 선거여론조사심의위원회는 해당 요청서의 기재사항을 심사한 후 제출받은 날부터 3일 이내에 해당 요청서를 이동통신사업자에게 송부하여야 한다.

④ 선거여론조사기관이 제2항에 따른 요청을 하는 경우에는 휴대전화 가상번호 제공 요청서에 다음 각 호에 따른 사항을 적어야 한다.

1. 여론조사의 목적·내용 및 기간
2. 여론조사 대상 지역 및 대상자 수
3. 이동통신사업자별로 제공하여야 하는 성별·연령별·지역별 휴대전화 가상번호 수. 이 경우 제공을 요청할 수 있는 휴대전화 가상번호의 총수는 제2호에 따른 대상자 수의 30배수를 초과할 수 없다.
4. 그 밖에 중앙선거관리위원회규칙으로 정하는 사항

⑤ 선거에 관한 여론조사를 위한 휴대전화 가상번호 제공에 관하여는 제57조의8제4항부터 제7항까지 및 제9항부터 제11항까지의 규정을 준용한다.

⑥ 휴대전화 가상번호 제공 요청 방법과 절차, 휴대전화 가상번호의 유효기간 설정, 휴대전화 가상번호 제공 요청서 서식, 그 밖에 필요한 사항은 중앙선거관리위원회규칙으로 정한다.

[본조신설 2017·2·8]

제108조의3(정책·공약에 관한 비교평가결과의 공표제한 등) ① 언론기관(제82조의 언론기관을 말한다) 및 제87조제1항 각 호의 어느 하나에 해당하지 아니하는 단체(이하 이 조에서 "언론기관등"이라 한다)는 정당·후보자(후보자가 되려는 자를 포함한다. 이하 이 조에서 "후보자등"이라 한다)의 정책이나 공약에 관하여 비교평가하고 그 결과를 공표할 수 있다.

② 언론기관등이 후보자등의 정책이나 공약에 관한 비교평가를 하거나 그 결과를 공표하는 때에는 다음 각 호의 어느 하나에 해당하는 행위를 하여서는 아니 된다.

1. 특정 후보자등에게 유리 또는 불리하게 평가단을 구성·운영하는 행위
2. 후보자등별로 점수부여 또는 순위나 등급을 정하는 등의 방법으로 서열화하는 행위

③ 언론기관등이 후보자등의 정책이나 공약에 관한 비교평가의 결과를 공표하는 때에는 평가주체, 평가단 구성·운영, 평가지표·기준·방법 등 평가의 신뢰성·객관성을 입증할 수 있는 내용을 공표하여야 하며, 비교평가와 관련있는 자료 일체를 해당 선거의 선거일 후 6개월까지 보관하여야 한다. 이 경우 선거운동을 하거나 할 것을 표방한 단체는 지지하는 후보자등을 함께 공표하여야 한다.

[본조신설 2008·2·29]

제109조(서신·전보 등에 의한 선거운동의 금

지) ① 누구든지 선거기간 중 이 법에 규정되지 아니한 방법으로 선거권자에게 서신·전보·모사전송 그 밖에 전기통신의 방법을 이용하여 선거운동을 할 수 없다. <개정 1997·1·13, 1997·11·14, 2004·3·12, 2005·8·4, 2010·1·25>

② 제59조제4호에 따른 전화를 이용한 선거운동은 야간(오후 11시부터 다음날 오전 6시까지를 말한다)에는 이를 할 수 없다. <개정 2010·1·25, 2012·2·29, 2020·12·29>

③ 누구든지 선거운동을 위하여 후보자, 선거사무장, 선거연락소장, 선거사무원, 회계책임자, 연설원, 대담·토론자 또는 선거권자등을 전화 기타의 방법으로 협박할 수 없다.

제110조(후보자 등의 비방금지) ① 누구든지 선거운동을 위하여 후보자(후보자가 되고자 하는 자를 포함한다. 이하 이 조에서 같다), 후보자의 배우자 또는 직계존비속이나 형제자매의 출생지·가족관계·신분·직업·경력등·재산·행위·소속단체, 특정인 또는 특정단체로부터의 지지여부 등에 관하여 허위의 사실을 공표할 수 없으며, 공연히 사실을 적시하여 사생활을 비방할 수 없다. 다만, 진실한 사실로서 공공의 이익에 관한 때에는 그러하지 아니하다.

② 누구든지 선거운동을 위하여 정당, 후보자, 후보자의 배우자 또는 직계존비속이나 형제자매와 관련하여 특정 지역·지역인 또는 성별을 공연히 비하·모욕하여서는 아니된다.

〔전부개정 2015·12·24〕

제110조의2(허위사실 등에 대한 이의제기) ① 누구든지 후보자 또는 예비후보자의 출생지·가족관계·신분·직업·경력등·재산·행위·소속단체, 특정인 또는 특정단체로부터의 지지여부 등에 관하여 공표된 사실이 거짓임을 이유로 해당 선거구선거관리위원회를 거쳐 직근 상급선거관리위원회에 서면으로 이의제기를 할 수 있다.

② 제1항에 따른 이의제기를 받은 직근 상급선거관리위원회는 후보자 또는 예비후보자, 소속정당, 이의제기자, 관련 국가기관·지방자치단체, 그 밖의 기관·단체에 대하여 증명서류 및 관련자료의 제출을 요구할 수 있다. 이 경우 제출요구를 받은 자는 정당한 사유가 없으면 지체 없이 이에 따라야 한다.

③ 직근 상급선거관리위원회는 증명서류 및 관련자료의 제출이 없거나 제출한 증명서류 및 관련자료를 통하여 확인한 결과 공표된 사실이 거짓으로 판명된 때에는 이를 지체 없이 공고하여야 한다. 이 경우 이의제기서와 제출받은 서류·자료를 「개인정보 보호법」을 위반하지 아니하는 범위에서 편집·수정 없이 선거관리위원회 홈페이지에 공개하여야 한다.

④ 이의제기서의 양식, 제출 서류·자료의 공개, 그 밖에 필요한 사항은 중앙선거관리위원회규칙으로 정한다.

〔본조신설 2015·12·24〕

제111조(의정활동 보고) ① 국회의원 또는 지방의회의원은 보고회 등 집회, 보고서(인쇄물, 녹음·녹화물 및 전산자료 복사본을 포함한다), 인터넷, 문자메시지, 송·수화자간 직접 통화방식의 전화 또는 축사·인사말(게재하는 경우를 포함한다)을 통하여 의정활동(선거구활동·일정고지, 그 밖에 업적의 홍보에 필요한 사항을 포함한다)을 선거구민(행정구역 또는 선거구역의 변경으로 새로 편입된 구역의 선거구민을 포함한다. 이하 이 조에서 같다)에게 보고할 수 있다. 다만, 대통령선거·국회의원선거·지방의회의원선거 및 지방자치단체의 장선거의 선거일전 90일부터 선거일까지 직무상의 행위 그 밖에 명목여하를 불문하고 의정활동을 인터넷 홈페이지 또는 그 게시판·대화방 등에 게시하거나 전자우편·문자메시지로 전송하는 외의 방법으로 의정활동을 보고할 수 없다. <개정 2004·3·12, 2005·8·4, 2010·1·25, 2012·2·29>

② 국회의원 또는 지방의회의원이 의정보고회를 개최하는 때에는 고지벽보와 의정보고회 장소표지를 첩부·게시할 수 있으며, 고지벽보와 표지에는 보고회명과 개최일시·장소 및 보고사항(후보자가 되고자 하는 자

를 선전하는 내용을 제외한다)을 게재할 수 있다. 이 경우 의정보고회를 개최한 국회의원 또는 지방의회의원은 고지벽보와 표지를 의정보고회가 끝난 후 지체없이 철거하여야 한다.

③ 제1항의 규정에 따라 보고서를 우편으로 발송하고자 하는 국회의원 또는 지방의회의원은 그 발송수량의 범위 안에서 선거구민인 세대주의 성명·주소(이하 이 조에서 "세대주명단"이라 한다)의 교부를 연 1회에 한하여 구·시·군의 장에게 서면으로 신청할 수 있으며, 신청을 받은 구·시·군의 장은 다른 법률의 규정에도 불구하고 지체 없이 그 세대주명단을 작성·교부하여야 한다. <신설 2005·8·4>

④ 제3항의 규정에 따른 세대주명단의 작성비용의 납부, 교부된 세대주명단의 양도·대여 및 사용의 금지에 관하여는 제46조(명부사본의 교부)제3항 및 제4항의 규정을 준용한다. 이 경우 "명부"는 "세대주명단"으로 본다. <신설 2005·8·4, 2014·1·17>

⑤ 의정보고회의 고지벽보와 표지의 규격·수량, 세대주의 명단의 교부신청 그 밖의 의정활동보고에 관하여 필요한 사항은 중앙선거관리위원회규칙으로 정한다. <개정 2005·8·4>

[전부개정 2000·2·16]

제112조(기부행위의 정의 등) ① 이 법에서 "기부행위"라 함은 당해 선거구안에 있는 자나 기관·단체·시설 및 선거구민의 모임이나 행사 또는 당해 선거구의 밖에 있더라도 그 선거구민과 연고가 있는 자나 기관·단체·시설에 대하여 금전·물품 기타 재산상 이익의 제공, 이익제공의 의사표시 또는 그 제공을 약속하는 행위를 말한다. <개정 2004·3·12>

② 제1항의 규정에 불구하고 다음 각 호의 어느 하나에 해당하는 행위는 기부행위로 보지 아니한다. <개정 2004·3·12, 2005·8·4, 2008·2·29, 2010·1·25, 2013·8·13, 2017·3·9>

1. 통상적인 정당활동과 관련한 행위
   가. 정당이 각급당부에 당해 당부의 운영경비를 지원하거나 유급사무직원에게 보수를 지급하는 행위
   나. 정당의 당헌·당규 기타 정당의 내부규약에 의하여 정당의 당원이 당비 기타 부담금을 납부하는 행위
   다. 정당이 소속 국회의원, 이 법에 따른 공직선거의 후보자·예비후보자에게 정치자금을 지원하는 행위
   라. 제140조제1항에 따른 창당대회 등과 제141조제2항에 따른 당원집회 및 당원교육, 그 밖에 소속 당원만을 대상으로 하는 당원집회에서 참석당원 등에게 정당의 경비로 교재, 그 밖에 정당의 홍보인쇄물, 싼 값의 정당의 배지 또는 상징마스코트나 통상적인 범위에서 차·커피 등 음료(주류는 제외한다)를 제공하는 행위
   마. 통상적인 범위안에서 선거사무소·선거연락소 또는 정당의 사무소를 방문하는 자에게 다과·떡·김밥·음료(주류는 제외한다) 등 다과류의 음식물을 제공하는 행위
   바. 중앙당의 대표자가 참석하는 당직자회의(구·시·군단위 이상의 지역책임자급 간부와 시·도수의 10배수에 상당하는 상위직의 간부가 참석하는 회의를 말한다) 또는 시·도당의 대표자가 참석하는 당직자회의(읍·면·동단위 이상의 지역책임자급 간부와 관할 구·시·군의 수에 상당하는 상위직의 간부가 참석하는 회의를 말한다)에 참석한 당직자에게 통상적인 범위에서 식사류의 음식물을 제공하는 행위
   사. 정당이 소속 유급사무직원을 대상으로 실시하는 교육·연수에 참석한 유급사무직원에게 정당의 경비로 숙식·교통편의 또는 실비의 여비를 제공하는 행위
   아. 정당의 대표자가 소속 당원만을 대상으로 개최하는 신년회·송년회에 참석한 사람에게 정당의 경비로 통상적인 범위에서 다과류의 음식물을 제공하는 행위
   자. 정당이 그 명의로 재해구호·장애인돕기·농촌일손돕기 등 대민 자원봉사활동을 하거나 그 자원봉사활동에 참석한

당원에게 정당의 경비로 교통편의(여비는 제외한다)와 통상적인 범위에서 식사류의 음식물을 제공하는 행위
차. 정당의 대표자가 개최하는 정당의 정책개발을 위한 간담회·토론회에 참석한 직능·사회단체의 대표자, 주제발표자, 토론자 등에게 정당의 경비로 식사류의 음식물을 제공하는 행위
카. 정당의 대표자가 개최하는 정당의 각종 행사에서 모범·우수당원에게 정당의 경비로 상장과 통상적인 부상을 수여하는 행위
타. 제57조의5제1항 단서에 따른 의례적인 행위
파. 정당의 대표자가 주관하는 당무에 관한 회의에서 참석한 각급 당부의 대표자·책임자 또는 유급당직자에게 정당의 경비로 식사류의 음식물을 제공하는 행위
하. 정당의 중앙당의 대표자가 당무파악 및 지역여론을 수렴하기 위하여 시·도당을 방문하는 때에 정당의 경비로 방문지역의 기관·단체의 장 또는 사회단체의 간부나 언론인 등 제한된 범위의 인사를 초청하여 간담회를 개최하고 식사류의 음식물을 제공하는 행위
거. 정당의 중앙당이 당헌에 따라 개최하는 전국 단위의 최고 대의기관 회의에 참석하는 당원에게 정당의 경비로 교통편의를 제공하는 행위

2. 의례적 행위
가. 민법 제777조(친족의 범위)의 규정에 의한 친족의 관혼상제의식 기타 경조사에 축의·부의금품을 제공하는 행위
나. 정당의 대표자가 중앙당 또는 시·도당에서 근무하는 해당 유급사무직원(중앙당 대표자의 경우 시·도당의 대표자와 상근 간부를 포함한다)·그 배우자 또는 그 직계존비속이 결혼하거나 사망한 때에 통상적인 범위에서 축의·부의금품(화환 또는 화분을 포함한다)을 제공하거나 해당 유급사무직원(중앙당 대표자의 경우 시·도당 대표자를 포함한다)에게 연말·설·추석·창당기념일 또는 그의 생일에 정당의 경비로 의례적인 선물을 정당의 명의로 제공하는 행위
다. 국가유공자의 위령제, 국경일의 기념식, 「각종 기념일 등에 관한 규정」 제2조에 규정된 정부가 주관하는 기념일의 기념식, 공공기관·시설의 개소·이전식, 합동결혼식, 합동분향식, 산하 기관·단체의 준공식, 정당의 창당대회·합당대회·후보자선출대회, 그 밖에 이에 준하는 행사에 의례적인 화환·화분·기념품을 제공하는 행위
라. 공익을 목적으로 설립된 재단 또는 기금이 선거일 전 4년 이전부터 그 설립목적에 따라 정기적으로 지급하여 온 금품을 지급하는 행위. 다만, 선거일 전 120일(선거일 전 120일 후에 실시사유가 확정된 보궐선거등에 있어서는 그 선거의 실시사유가 확정된 때)부터 선거일까지 그 금품의 금액과 지급 대상·방법 등을 확대·변경하거나 후보자(후보자가 되려는 사람을 포함한다. 이하 이 조에서 같다)가 직접 주거나 후보자 또는 그 소속 정당의 명의를 추정할 수 있는 방법으로 지급하는 행위는 제외한다.
마. 친목회·향우회·종친회·동창회 등 각종 사교·친목단체 및 사회단체의 구성원으로서 당해 단체의 정관·규약 또는 운영관례상의 의무에 기하여 종전의 범위안에서 회비를 납부하는 행위
바. 종교인이 평소 자신이 다니는 교회·성당·사찰 등에 통상의 예에 따라 헌금(물품의 제공을 포함한다)하는 행위
사. 선거운동을 위하여 후보자와 함께 다니는 자나 국회의원·후보자·예비후보자가 관할구역안의 지역을 방문하는 때에 함께 다니는 자에게 통상적인 범위에서 식사류의 음식물을 제공하는 행위. 이 경우 함께 다니는 자의 범위에 관하여는 중앙선거관리위원회규칙으로 정한다.
아. 기관·단체·시설의 대표자가 소속 상근직원(「지방자치법」 제6장제3절과 제4절에서 규정하고 있는 소속 행정

기관 및 하부행정기관과 그 밖에 명칭 여하를 불문하고 이에 준하는 기관·단체·시설의 직원은 제외한다. 이하 이 목에서 같다)이나 소속 또는 차하급기관·단체·시설의 대표자·그 배우자 또는 그 직계존비속이 결혼하거나 사망한 때에 통상적인 범위에서 축의·부의금품(화환 또는 화분을 포함한다)을 제공하는 행위와 소속 상근직원이나 소속 또는 차하급기관·단체·시설의 대표자에게 연말·설·추석·창립기념일 또는 그의 생일에 자체사업계획과 예산에 따라 의례적인 선물을 해당 기관·단체·시설의 명의로 제공하는 행위

자. 읍·면·동 이상의 행정구역단위의 정기적인 문화·예술·체육행사, 각급학교의 졸업식 또는 공공의 이익을 위한 행사에 의례적인 범위에서 상장(부상은 제외한다. 이하 이 목에서 같다)을 수여하는 행위와 구·시·군단위 이상의 조직 또는 단체(향우회·종친회·동창회, 동호인회, 계모임 등 개인 간의 사적모임은 제외한다)의 정기총회에 의례적인 범위에서 연 1회에 한하여 상장을 수여하는 행위. 다만, 제60조의2(예비후보자등록)제1항의 규정에 따른 예비후보자등록신청개시일부터 선거일까지 후보자(후보자가 되고자 하는 자를 포함한다)가 직접 수여하는 행위를 제외한다.

차. 의정활동보고회, 정책토론회, 출판기념회, 그 밖의 각종 행사에 참석한 사람에게 통상적인 범위에서 차·커피 등 음료(주류는 제외한다)를 제공하는 행위

카. 선거사무소·선거연락소 또는 정당선거사무소의 개소식·간판게시식 또는 현판식에 참석한 정당의 간부·당원들이나 선거사무관계자들에게 해당 사무소 안에서 통상적인 범위의 다과류의 음식물(주류를 제외한다)을 제공하는 행위

타. 제114조제2항에 따른 후보자 또는 그 가족과 관계있는 회사등이 개최하는 정기적인 창립기념식·사원체육대회 또는 사옥준공식 등에 참석한 소속 임직원이나 그 가족, 거래선, 한정된 범위의 내빈 등에게 회사등의 경비로 통상적인 범위에서 유공자를 표창(지방자치단체의 경우 소속 직원이 아닌 자에 대한 부상의 수여는 제외한다)하거나 식사류의 음식물 또는 싼 값의 기념품을 제공하는 행위

파. 제113조 및 제114조에 따른 기부행위를 할 수 없는 자의 관혼상제에 참석한 하객이나 조객 등에게 통상적인 범위에서 음식물 또는 답례품을 제공하는 행위

3. 구호적·자선적 행위

가. 법령에 의하여 설치된 사회보호시설중 수용보호시설에 의연금품을 제공하는 행위

나. 「재해구호법」의 규정에 의한 구호기관(전국재해구호협회를 포함한다) 및 「대한적십자사 조직법」에 의한 대한적십자사에 천재·지변으로 인한 재해의 구호를 위하여 금품을 제공하는 행위

다. 「장애인복지법」 제58조에 따른 장애인복지시설(유료복지시설을 제외한다)에 의연금품·구호금품을 제공하는 행위

라. 「국민기초생활 보장법」에 의한 수급권자인 중증장애인에게 자선·구호금품을 제공하는 행위

마. 자선사업을 주관·시행하는 국가·지방자치단체·언론기관·사회단체 또는 종교단체 그 밖에 국가기관이나 지방자치단체의 허가를 받아 설립된 법인 또는 단체에 의연금품·구호금품을 제공하는 행위. 다만, 광범위한 선거구민을 대상으로 하는 경우 제공하는 개별 물품 또는 그 포장지에 직명·성명 또는 그 소속 정당의 명칭을 표시하여 제공하는 행위는 제외한다.

바. 자선·구호사업을 주관·시행하는 국가·지방자치단체, 그 밖의 공공기관·법인을 통하여 소년·소녀가장과 후원인으로 결연을 맺고 정기적으로 제공하여 온 자선·구호금품을 제공하는 행위

사. 국가기관·지방자치단체 또는 구호·자선단체가 개최하는 소년·소녀가장,

장애인, 국가유공자, 무의탁노인, 결식자, 이재민, 「국민기초생활 보장법」에 따른 수급자 등을 돕기 위한 후원회 등의 행사에 금품을 제공하는 행위. 다만, 개별 물품 또는 그 포장지에 직명·성명 또는 그 소속 정당의 명칭을 표시하여 제공하는 행위는 제외한다.

아. 근로청소년을 대상으로 무료학교(야학을 포함한다)를 운영하거나 그 학교에서 학생들을 가르치는 행위

4. 직무상의 행위

가. 국가기관 또는 지방자치단체가 자체사업계획과 예산으로 행하는 법령에 의한 금품제공행위(지방자치단체가 표창·포상을 하는 경우 부상의 수여를 제외한다. 이하 나목에서 같다)

나. 지방자치단체가 자체사업계획과 예산으로 대상·방법·범위 등을 구체적으로 정한 당해 지방자치단체의 조례에 의한 금품제공행위

다. 구호사업 또는 자선사업을 행하는 국가기관 또는 지방자치단체가 자체사업계획과 예산으로 당해 국가기관 또는 지방자치단체의 명의를 나타내어 행하는 구호행위·자선행위

라. 선거일전 60일까지 국가·지방자치단체 또는 공공기관(「공공기관의 운영에 관한 법률」 제4조에 따라 지정된 기관이나 그 밖에 중앙선거관리위원회규칙으로 정하는 기관을 말한다)의 장이 업무파악을 위한 초도순시 또는 연두순시차 하급기관을 방문하여 업무보고를 받거나 주민여론 등을 청취하면서 자체사업계획과 예산에 따라 참석한 소속공무원이나 임·직원, 유관기관·단체의 장과 의례적인 범위안의 주민대표에게 통상적인 범위안에서 식사류(지방자치단체의 장의 경우에는 다과류를 말한다)의 음식물을 제공하는 행위

마. 국가기관 또는 지방자치단체가 긴급한 현안을 해결하기 위하여 자체사업계획과 예산으로 해당 국가기관 또는 지방자치단체의 명의로 금품이나 그 밖에 재산상의 이익을 제공하는 행위

바. 선거기간이 아닌 때에 국가기관이 효자·효부·모범시민·유공자등에게 포상을 하거나, 국가기관·지방자치단체가 관할구역 안의 환경미화원·구두미화원·가두신문판매원·우편집배원 등에게 위문품을 제공하는 행위

사. 국회의원 및 지방의회의원이 자신의 직무 또는 업무를 수행하는 상설사무소 또는 상설사무소를 두지 아니하는 구·시·군의 경우 임시사무소 등 중앙선거관리위원회규칙으로 정하는 장소에서 행하거나, 정당이 해당 당사에서 행하는 무료의 민원상담행위

아. 변호사·의사 등 법률에서 정하는 일정한 자격을 가진 전문직업인이 업무활동을 촉진하기 위하여 자신이 개설한 인터넷 홈페이지를 통하여 법률·의료 등 자신의 전문분야에 대한 무료상담을 하는 행위

자. 제114조제2항에 따른 후보자 또는 그 가족과 관계있는 회사가 영업활동을 위하여 달력·수첩·탁상일기·메모판 등 홍보물(후보자의 성명이나 직명 또는 사진이 표시된 것은 제외한다)을 그 명의로 종업원이나 제한된 범위의 거래처, 영업활동에 필요한 유관기관·단체·시설에 배부하거나 영업활동에 부가하여 해당 기업의 영업범위에서 무료강좌를 실시하는 행위

차. 물품구매·공사·역무의 제공 등에 대한 대가의 제공 또는 부담금의 납부 등 채무를 이행하는 행위

5. 제1호부터 제4호까지의 행위 외에 법령의 규정에 근거하여 금품 등을 찬조·출연 또는 제공하는 행위

6. 그 밖에 위 각 호의 어느 하나에 준하는 행위로서 중앙선거관리위원회규칙으로 정하는 행위

③ 제2항에서 "통상적인 범위에서 제공하는 음식물 또는 음료"라 함은 중앙선거관리위원회규칙으로 정하는 금액범위안에서 일상적인 예를 갖추는데 필요한 정도로 현장

에서 소비될 것으로 제공하는 것을 말하며, 기념품 또는 선물로 제공하는 것은 제외한다. <신설 1997·11·14, 2010·1·25>

④ 제2항제4호 각 목 중 지방자치단체의 직무상 행위는 법령·조례에 따라 표창·포상하는 경우를 제외하고는 해당 지방자치단체의 명의로 하여야 하며, 해당 지방자치단체의 장의 직명 또는 성명을 밝히거나 그가 하는 것으로 추정할 수 있는 방법으로 하는 행위는 기부행위로 본다. 이 경우 다음 각 호의 어느 하나에 해당하는 경우에는 "그가 하는 것으로 추정할 수 있는 방법"에 해당하는 것으로 본다. <신설 2010·1·25>

1. 종전의 대상·방법·범위·시기 등을 법령 또는 조례의 제정 또는 개정 없이 확대 변경하는 경우
2. 해당 지방자치단체의 장의 업적을 홍보하는 등 그를 선전하는 행위가 부가되는 경우

⑤ 각급선거관리위원회(읍·면·동선거관리위원회를 제외한다)는 기부행위제한의 주체·내용 및 기간 그 밖에 필요한 사항을 광고 등의 방법으로 홍보하여야 한다. <개정 1997·11·14, 2004·3·12, 2005·8·4>

제113조(후보자 등의 기부행위제한) ① 국회의원·지방의회의원·지방자치단체의 장·정당의 대표자·후보자(후보자가 되고자 하는 자를 포함한다)와 그 배우자는 당해 선거구안에 있는 자나 기관·단체·시설 또는 당해 선거구의 밖에 있더라도 그 선거구민과 연고가 있는 자나 기관·단체·시설에 기부행위(결혼식에서의 주례행위를 포함한다)를 할 수 없다.

② 누구든지 제1항의 행위를 약속·지시·권유·알선 또는 요구할 수 없다.

〔전부개정 2004·3·12〕

제114조(정당 및 후보자의 가족 등의 기부행위제한) ① 정당〔「정당법」 제37조제3항에 따른 당원협의회(이하 "당원협의회"라 한다)와 창당준비위원회를 포함한다. 이하 이 조에서 같다〕, 정당선거사무소의 소장, 후보자(후보자가 되고자 하는 자를 포함한다. 이하 이 조에서 같다)나 그 배우자의 직계존·비속과 형제자매, 후보자의 직계비속 및 형제자매의 배우자, 선거사무장, 선거연락소장, 선거사무원, 회계책임자, 연설원, 대담·토론자나 후보자 또는 그 가족(가족의 범위는 제10조제1항제3호에 규정된 "후보자의 가족"을 준용한다)과 관계있는 회사 그 밖의 법인·단체(이하 "회사등"이라 한다) 또는 그 임·직원은 선거기간전에는 당해 선거에 관하여, 선거기간에는 당해 선거에 관한 여부를 불문하고 후보자 또는 그 소속정당을 위하여 일체의 기부행위를 할 수 없다. 이 경우 후보자 또는 그 소속정당의 명의를 밝혀 기부행위를 하거나 후보자 또는 그 소속정당이 기부하는 것으로 추정할 수 있는 방법으로 기부행위를 하는 것은 당해 선거에 관하여 후보자 또는 정당을 위한 기부행위로 본다. <개정 2004·3·12, 2010·1·25>

② 제1항에서 "후보자 또는 그 가족과 관계있는 회사등"이라 함은 다음 각 호의 어느 하나에 해당하는 회사등을 말한다. <개정 2005·8·4>

1. 후보자가 임·직원 또는 구성원으로 있거나 기금을 출연하여 설립하고 운영에 참여하고 있거나 관계법규나 규약에 의하여 의사결정에 실질적으로 영향력을 행사할 수 있는 회사 기타 법인·단체
2. 후보자의 가족이 임원 또는 구성원으로 있거나 기금을 출연하여 설립하고 운영에 참여하고 있거나 관계법규 또는 규약에 의하여 의사결정에 실질적으로 영향력을 행사할 수 있는 회사 기타 법인·단체
3. 후보자가 소속한 정당이나 후보자를 위하여 설립한 「정치자금법」에 의한 후원회

제115조(제삼자의 기부행위제한) 제113조(후보자 등의 기부행위제한) 또는 제114조(정당 및 후보자의 가족 등의 기부행위제한)에 규정되지 아니한 자라도 누구든지 선거에 관하여 후보자(후보자가 되고자 하는 자를 포함한다. 이하 이 조에서 같다) 또는 그 소속정당(창당준비위원회를 포함한다. 이하 이 조에서 같다)을 위하여 기부행위를 하거나 하게 할 수 없다. 이 경우 후보자 또는

그 소속정당의 명의를 밝혀 기부행위를 하거나 후보자 또는 그 소속정당이 기부하는 것으로 추정할 수 있는 방법으로 기부행위를 하는 것은 당해 선거에 관하여 후보자 또는 정당을 위한 기부행위로 본다. <개정 2004·3·12>

제116조(기부의 권유·요구 등의 금지) 누구든지 선거에 관하여 제113조부터 제115조까지에 규정된 기부행위가 제한되는 자로부터 기부를 받거나 기부를 권유 또는 요구할 수 없다.
[전부개정 2010·1·25]

제117조(기부받는 행위 등의 금지) 누구든지 선거에 관하여 「정치자금법」 제31조(기부의 제한)의 규정에 따라 정치자금을 기부할 수 없는 자에게 기부를 요구하거나 그로부터 기부를 받을 수 없다. <개정 2005·8·4>

제117조의2 삭제 <2004·3·12>

제118조(선거일후 답례금지) 후보자와 후보자의 가족 또는 정당의 당직자는 선거일후에 당선되거나 되지 아니한데 대하여 선거구민에게 축하 또는 위로 그 밖의 답례를 하기 위하여 다음 각 호의 어느 하나에 해당하는 행위를 할 수 없다. <개정 2010·1·25>

1. 금품 또는 향응을 제공하는 행위
2. 방송·신문 또는 잡지 기타 간행물에 광고하는 행위
3. 자동차에 의한 행렬을 하거나 다수인이 무리를 지어 거리를 행진하거나 거리에서 연달아 소리지르는 행위. 다만, 제79조(공개장소에서의 연설·대담)제3항의 규정에 의한 자동차를 이용하여 당선 또는 낙선에 대한 거리인사를 하는 경우에는 그러하지 아니하다.
4. 일반 선거구민을 모이게 하여 당선축하회 또는 낙선에 대한 위로회를 개최하는 행위
5. 현수막을 게시하는 행위. 다만, 선거일의 다음 날부터 13일 동안 해당 선거구 안의 읍·면·동마다 1매의 현수막을 게시하는 행위는 그러하지 아니하다.

제 8 장 선거비용

제119조(선거비용 등의 정의) ① 이 법에서 "선거비용"이라 함은 당해 선거에서 선거운동을 위하여 소요되는 금전·물품 및 채무 그 밖에 모든 재산상의 가치가 있는 것으로서 당해 후보자(후보자가 되려는 사람을 포함하며, 대통령선거에 있어서 정당추천후보자와 비례대표국회의원선거 및 비례대표지방의회의원선거에 있어서는 그 추천정당을 포함한다. 이하 이 항에서 같다)가 부담하는 비용과 다음 각 호의 어느 하나에 해당되는 비용을 말한다. <개정 1995·4·1, 2000·2·16, 2004·3·12, 2005·8·4, 2010·1·25>

1. 후보자가 이 법에 위반되는 선거운동을 위하여 지출한 비용과 기부행위제한규정을 위반하여 지출한 비용
2. 정당, 정당선거사무소의 소장, 후보자의 배우자 및 직계존비속, 선거사무장·선거연락소장·회계책임자가 해당 후보자의 선거운동(위법선거운동을 포함한다. 이하 이 항에서 같다)을 위하여 지출한 비용과 기부행위제한규정을 위반하여 지출한 비용
3. 선거사무장·선거연락소장·회계책임자로 선임된 사람이 선임·신고되기 전까지 해당 후보자의 선거운동을 위하여 지출한 비용과 기부행위제한규정을 위반하여 지출한 비용
4. 제2호 및 제3호에 규정되지 아니한 사람이라도 누구든지 후보자, 제2호 또는 제3호에 규정된 자와 통모하여 해당 후보자의 선거운동을 위하여 지출한 비용과 기부행위제한규정을 위반하여 지출한 비용

② 이 법에서 "수입"이라 함은 선거비용의 충당을 위한 금전 및 금전으로 환가할 수 있는 물품 기타 재산상의 이익을 받거나 받기로 한 약속을 말한다.

③ 이 법에서 "지출"이라 함은 선거비용의 제공·교부 또는 그 약속을 말한다.

④ 이 법에서 "회계책임자"라 함은 「정치자금법」 제34조(회계책임자의 선임신고 등) 제1항제5호·제6호 또는 제3항의 규정에 의하여 선임신고된 각각의 회계책임자를 말한다. <신설 2005·8·4>

제120조(선거비용으로 인정되지 아니하는 비용) 다음 각 호의 어느 하나에 해당하는 비

용은 이 법에 따른 선거비용으로 보지 아니한다. <개정 1995·12·30, 1997·11·14, 2004·3·12, 2010·1·25, 2017·2·8>

1. 선거권자의 추천을 받는데 소요된 비용 등 선거운동을 위한 준비행위에 소요되는 비용
2. 정당의 후보자선출대회비용 기타 선거와 관련한 정당활동에 소요되는 정당비용
3. 선거에 관하여 국가·지방자치단체 또는 선거관리위원회에 납부하거나 지급하는 기탁금과 모든 납부금 및 수수료
4. 선거사무소와 선거연락소의 전화료·전기료 및 수도료 기타의 유지비로서 선거기간전부터 정당 또는 후보자가 지출하여 온 경비
5. 선거사무소와 선거연락소의 설치 및 유지비용
6. 정당, 후보자, 선거사무장, 선거연락소장, 선거사무원, 회계책임자, 연설원 및 대담·토론자가 승용하는 자동차[제91조(확성장치와 자동차 등의 사용제한)제4항의 규정에 의한 자동차와 선박을 포함한다]의 운영비용
7. 제삼자가 정당·후보자·선거사무장·선거연락소장 또는 회계책임자와 통모함이 없이 특정 후보자의 선거운동을 위하여 지출한 전신료 등의 비용
8. 제112조제2항에 따라 기부행위로 보지 아니하는 행위에 소요되는 비용. 다만, 같은 항 제1호마목(정당의 사무소를 방문하는 사람에게 제공하는 경우는 제외한다) 및 제2호사목(후보자·예비후보자가 아닌 국회의원이 제공하는 경우는 제외한다)의 행위에 소요되는 비용은 선거비용으로 본다.
9. 선거일후에 지출원인이 발생한 잔무정리비용
10. 후보자(후보자가 되려는 사람을 포함한다)가 선거에 관한 여론조사의 실시를 위하여 지출한 비용. 다만, 제60조의2제1항에 따른 예비후보자등록신청개시일부터 선거일까지의 기간 동안 4회를 초과하여 실시하는 선거에 관한 여론조사비용은 선거비용으로 본다.

제121조(선거비용제한액의 산정) ① 선거비용제한액은 선거별로 다음 각호에 의하여 산정되는 금액으로 한다. 이 경우 100만원 미만의 단수는 100만원으로 한다. <개정 2005·8·4, 2008·2·29, 2015·8·13, 2018·4·6>

1. 대통령선거
   인구수 × 950원
2. 지역구국회의원선거
   1억원 + (인구수 × 200원) + (읍·면·동수 × 200만원). 이 경우 하나의 국회의원지역구가 둘 이상의 자치구·시·군으로 된 경우에는 하나를 초과하는 자치구·시·군마다 1천5백만원을 가산한다.
3. 비례대표국회의원선거
   인구수 × 90원
4. 지역구시·도의원선거
   4천만원 + (인구수 × 100원)
5. 비례대표시·도의원선거
   4천만원 + (인구수 × 50원)
6. 시·도지사선거
   가. 특별시장·광역시장·특별자치시장 선거
      4억원(인구수 200만 미만인 때에는 2억원) + (인구수 × 300원)
   나. 도지사 선거
      8억원(인구수 100만 미만인 때에는 3억원) + (인구수 × 250원)
7. 지역구자치구·시·군의원선거
   3천500만원 + (인구수 × 100원)
8. 비례대표자치구·시·군의원선거
   3천5백만원 + (인구수 × 50원)
9. 자치구·시·군의 장 선거
   9천만원 + (인구수 × 200원) + (읍·면·동수 × 100만원)

② 제1항의 규정에 의한 선거비용제한액을 산정하는 때에는 당해 선거의 직전 임기만료에 의한 선거의 선거일이 속하는 달의 말일부터 제122조(선거비용제한액의 공고)의 규정에 의한 공고일이 속하는 달의 전전달 말일까지의 전국소비자물가변동률(「통계법」 제3조의 규정에 의하여 통계청장이 매년

고시하는 전국소비자물가변동률을 말한다)을 감안하여 정한 비율(이하 "제한액산정비율"이라 한다)을 적용하여 증감할 수 있다. 이 경우 그 제한액산정비율은 관할선거구선거관리위원회가 해당 선거 때마다 정한다. <개정 2005·8·4>

③ 제135조제2항에 따른 선거사무장등(활동보조인은 제외한다. 이하 이 항에서 같다)에게 지급할 수 있는 수당의 금액이 인상된 경우 총 수당 인상액과 선거사무장등의 「산업재해보상보험법」에 따른 산재보험 가입에 소요되는 총 산재보험료를 다음 각 호에 따라 산정하여 제1항 및 제2항에 따라 산정한 선거비용제한액에 각각 가산하여야 한다. <신설 2022·4·20>

1. 총 수당 인상액
   선거사무장등에게 지급할 수 있는 수당의 인상차액 × 선거사무장등의 수(선거사무원의 경우에는 제62조제2항에 따라 선거별로 선거사무장 또는 선거연락소장이 둘 수 있는 선거사무원의 최대수를 말한다. 이하 이 항에서 같다) × 해당 선거의 선거운동기간
2. 총 산재보험료
   선거사무장등의 수 × 제135조제2항에 따라 선거사무장등에게 지급할 수 있는 수당의 금액 × 해당 선거의 선거운동기간 × 산재보험료율

④ 선거비용제한액 산정을 위한 인구수의 기준일, 제한액산정비율의 결정 기타 필요한 사항은 중앙선거관리위원회규칙으로 정한다.

〔본조신설 2004·3·12〕

제122조(선거비용제한액의 공고) 선거구선거관리위원회는 선거별로 제121조(선거비용제한액의 산정)의 규정에 의하여 산정한 선거비용제한액을 중앙선거관리위원회규칙이 정하는 바에 따라 공고하여야 한다.

〔전부개정 2004·3·12〕

제122조의2(선거비용의 보전 등) ① 선거구선거관리위원회는 다음 각호의 규정에 따라 후보자(대통령선거의 정당추천후보자와 비례대표국회의원선거 및 비례대표지방의회의원선거에 있어서는 후보자를 추천한 정당을 말한다. 이하 이 조에서 같다)가 이 법의 규정에 의한 선거운동을 위하여 지출한 선거비용〔「정치자금법」 제40조(회계보고)의 규정에 따라 제출한 회계보고서에 보고된 선거비용으로서 정당하게 지출한 것으로 인정되는 선거비용을 말한다〕을 제122조(선거비용제한액의 공고)의 규정에 의하여 공고한 비용의 범위안에서 대통령선거 및 국회의원선거에 있어서는 국가의 부담으로, 지방자치단체의 의회의원 및 장의 선거에 있어서는 당해 지방자치단체의 부담으로 선거일후 보전한다. <개정 2004·3·12, 2005·8·4>

1. 대통령선거, 지역구국회의원선거, 지역구지방의회의원선거 및 지방자치단체의 장선거
   가. 후보자가 당선되거나 사망한 경우 또는 후보자의 득표수가 유효투표총수의 100분의 15 이상인 경우
   후보자가 지출한 선거비용의 전액
   나. 후보자의 득표수가 유효투표총수의 100분의 10 이상 100분의 15 미만인 경우
   후보자가 지출한 선거비용의 100분의 50에 해당하는 금액
2. 비례대표국회의원선거 및 비례대표지방의회의원선거
   후보자명부에 올라 있는 후보자중 당선인이 있는 경우에 당해 정당이 지출한 선거비용의 전액

② 제1항에 따른 선거비용의 보전에 있어서 다음 각 호의 어느 하나에 해당하는 비용은 이를 보전하지 아니한다. <신설 2005·8·4, 2010·1·25, 2011·7·28>

1. 예비후보자의 선거비용
2. 「정치자금법」 제40조(회계보고)의 규정에 따라 제출한 회계보고서에 보고되지 아니하거나 허위로 보고된 비용
3. 이 법에 위반되는 선거운동을 위하여 또는 기부행위제한규정을 위반하여 지출된 비용
4. 제64조 또는 제65조에 따라 선거벽보와 선거공보를 관할 구·시·군선거관리위원회에 제출한 후 그 내용을 정정하거나 삭

제하는데 소요되는 비용
5. 이 법에 따라 제공하는 경우 외에 선거운동과 관련하여 지출된 수당·실비 그 밖의 비용
6. 정당한 사유 없이 지출을 증빙하는 적법한 영수증 그 밖의 증빙서류가 첨부되지 아니한 비용
7. 후보자가 자신의 차량·장비·물품 등을 사용하거나 후보자의 가족·소속 정당 또는 제3자의 차량·장비·물품 등을 무상으로 제공 또는 대여받는 등 정당 또는 후보자가 실제로 지출하지 아니한 비용
8. 청구금액이 중앙선거관리위원회규칙으로 정하는 기준에 따라 산정한 통상적인 거래가격 또는 임차가격과 비교하여 정당한 사유 없이 현저하게 비싸다고 인정되는 경우 그 초과하는 가액의 비용
9. 선거운동에 사용하지 아니한 차량·장비·물품 등의 임차·구입·제작비용
10. 휴대전화 통화료와 정보이용요금. 다만, 후보자와 그 배우자, 선거사무장, 선거연락소장 및 회계책임자가 선거운동기간 중 선거운동을 위하여 사용한 휴대전화 통화료 중 후보자가 부담하는 통화료는 보전한다.
11. 그 밖에 위 각 호의 어느 하나에 준하는 비용으로서 중앙선거관리위원회규칙으로 정하는 비용

③ 다음 각 호의 어느 하나에 해당하는 비용은 국가 또는 지방자치단체가 후보자를 위하여 부담한다. 이 경우 제3호의2 및 제5호의 비용은 국가가 부담한다. <개정 2004·3·12, 2005·8·4, 2007·1·3, 2008·2·29, 2010·1·25, 2014·1·17, 2015·8·13, 2020·12·29, 2022·4·20>
1. 제64조에 따른 선거벽보의 첩부 및 철거의 비용(첩부 및 철거로 인한 원상복구비용을 포함한다)
2. 제65조에 따른 점자형 선거공보(같은 조 제11항에 따라 후보자가 제출하는 저장매체를 포함한다. 이하 이 항에서 같다)의 작성비용과 책자형 선거공보(점자형 선거공보 및 같은 조 제9항의 후보자정보공개자료를 포함한다) 및 전단형 선거공보의 발송비용과 우편요금
3. 제66조(선거공약서)제8항의 규정에 따른 점자형 선거공약서의 작성비용
3의2. 활동보조인(예비후보자로서 선임하였던 활동보조인을 포함한다)의 수당, 실비 및 산재보험료
4. 제82조의2(선거방송토론위원회 주관 대담·토론회)의 규정에 의한 대담·토론회(합동방송연설회를 포함한다)의 개최비용
5. 제82조의3(선거방송토론위원회 주관 정책토론회)의 규정에 의한 정책토론회의 개최비용
6. 제161조(투표참관)의 규정에 의한 투표참관인 및 제162조에 따른 사전투표참관인의 수당과 식비
7. 제181조(개표참관)의 규정에 의한 개표참관인의 수당과 식비

④ 제3항제6호에 따른 투표참관인 및 사전투표참관인 수당은 10만원으로 하고, 같은 항 제7호에 따른 개표참관인 수당은 10만원으로 한다. 이 경우 투표참관인 및 사전투표참관인의 수당과 개표참관 도중 개표참관인을 교체하는 경우의 수당은 6시간 이상 출석한 사람에게만 지급한다. <신설 2022·4·20>

⑤ 제1항 내지 제3항의 규정에 따른 비용의 산정 및 보전청구 그 밖에 필요한 사항은 중앙선거관리위원회규칙으로 정한다. <개정 2005·8·4>

〔본조신설 2000·2·16〕

제123조부터 **제134조**까지 삭제 <2005·8·4>

제135조(선거사무관계자에 대한 수당과 실비보상) ① 선거사무장·선거연락소장·선거사무원·활동보조인 및 회계책임자(이하 이 조에서 "선거사무장등"이라 한다)에 대하여는 수당과 실비를 지급할 수 있다. 다만, 정당의 유급사무직원, 국회의원과 그 보좌관·선임비서관·비서관 또는 지방의회의원이 선거사무장등을 겸한 때에는 실비만을 보상할 수 있으며, 후보자등록신청개시일부터 선거기간개시일 전일까지는 후보자로서 신고한 선거사무장등에게 수당과 실비를 지급할 수 없다. <개정 2000·2·16, 2010·1·25, 2011·

7·28, 2022·4·20>
② 제1항에 따라 선거사무장등에게 지급할 수 있는 수당의 금액은 다음 각 호와 같다. 다만, 같은 사람이 회계책임자·선거사무장·선거연락소장 또는 선거사무원·활동보조인을 함께 맡은 때에는 다음 각 호의 금액 중 많은 금액으로 한다. <개정 2022·4·20>
1. 대통령선거 및 비례대표국회의원선거의 선거사무장 : 14만원 이내
2. 비례대표시·도의원선거와 시·도지사선거의 선거사무장, 대통령선거의 시·도선거연락소장 : 14만원 이내
3. 지역구국회의원선거 및 자치구·시·군의 장선거의 선거사무장, 대통령선거 및 시·도지사선거의 구·시·군선거연락소장 : 10만원 이내
4. 지역구시·도의원선거 및 자치구·시·군의원선거의 선거사무장, 지역구국회의원선거 및 자치구·시·군의 장선거의 선거연락소장 : 10만원 이내
5. 선거사무원·활동보조인 : 6만원 이내
6. 회계책임자 : 해당 회계책임자가 소속된 선거사무소 또는 선거연락소의 선거사무장 또는 선거연락소장의 수당과 같은 금액

③ 이 법의 규정에 의하여 수당·실비 기타 이익을 제공하는 경우를 제외하고는 수당·실비 기타 자원봉사에 대한 보상 등 명목여하를 불문하고 누구든지 선거운동과 관련하여 금품 기타 이익의 제공 또는 그 제공의 의사를 표시하거나 그 제공의 약속·지시·권유·알선·요구 또는 수령할 수 없다. <개정 1996·2·6, 1997·1·13, 1997·11·14, 2000·2·16>
④ 제1항에 따른 수당의 지급에 있어서 같은 정당의 추천을 받은 둘 이상의 후보자가 선거사무장등(회계책임자는 제외한다. 이하 이 항에서 같다)을 공동으로 선임한 경우 후보자별로 선거사무장등에게 지급하여야 하는 수당의 금액은 해당 후보자 사이의 약정에 따라 한 후보자의 선거사무장등에 대한 수당만을 지급하여야 한다. <신설 2022·4·20>
⑤ 제1항에 따라 선거사무장등에게 지급할 수 있는 실비의 종류와 금액은 중앙선거관리위원회규칙으로 정한다. <신설 2022·4·20>

제135조의2(선거비용보전의 제한) ① 선거구선거관리위원회는 이 법의 규정에 의하여 선거비용을 보전함에 있어서 선거사무소의 회계책임자가 정당한 사유없이 「정치자금법」 제40조(회계보고)의 규정에 따른 회계보고서를 그 제출마감일까지 제출하지 아니한 때에는 그 비용을 보전하지 아니한다. <개정 2005·8·4>
② 선거구선거관리위원회는 후보자·예비후보자·선거사무장 또는 선거사무소의 회계책임자가 당해 선거와 관련하여 이 법 또는 「정치자금법」 제49조(선거비용관련 위반행위에 관한 벌칙)에 규정된 죄를 범함으로 인하여 유죄의 판결이 확정되거나 선거비용제한액을 초과하여 지출한 경우에는 이 법의 규정에 의하여 보전할 비용중 그 위법행위에 소요된 비용 또는 선거비용제한액을 초과하여 지출한 비용의 2배에 해당하는 금액은 이를 보전하지 아니한다. <개정 2004·3·12, 2005·8·4>
③ 선거구선거관리위원회는 제2항에도 불구하고 정당, 후보자(예비후보자를 포함한다) 및 그 가족, 선거사무장, 선거연락소장, 선거사무원, 회계책임자 또는 연설원으로부터 기부를 받은 자가 제261조제9항에 따른 과태료를 부과받은 경우 이 법에 따라 보전할 비용 중 그 기부행위에 사용된 비용의 5배에 해당하는 금액을 보전하지 아니한다. <신설 2008·2·29, 2010·1·25, 2014·2·13>
④ 제2항에 규정된 자가 당해 선거와 관련하여 이 법 또는 「정치자금법」 제49조에 규정된 죄를 범함으로 인하여 기소되거나 선거관리위원회에 의하여 고발된 때에는 판결이 확정될 때까지 그 위법행위에 소요된 비용의 2배에 해당하는 금액의 보전을 유예한다. <개정 2005·8·4>
⑤ 선거구선거관리위원회는 정당 또는 후보자에게 선거비용을 보전한 후에 제1항부터 제3항까지의 규정에 따라 보전하지 아니할 사유가 발견된 때에는 당해 정당 또는 후보

자에게 그 사실을 통지하고, 보전비용액중 제 1 항부터 제 3 항까지의 규정에 해당하는 금액의 반환을 명하여야 한다. 이 경우 정당 또는 후보자는 그 반환명령을 받은 날부터 30일 이내에 당해 선거구선거관리위원회에 이를 반환하여야 한다. <개정 2008・2・29>

⑥ 선거구선거관리위원회는 정당 또는 후보자가 제 5 항 후단의 기한 안에 해당금액을 반환하지 아니한 때에는 대통령선거와 국회의원선거에 있어서는 관할세무서장에게 징수를 위탁하고 관할세무서장이 국세체납처분의 예에 따라 이를 징수하여 국가에 납입하여야 하며, 지방자치단체의 의회의원 및 장의 선거에 있어서는 당해 지방자치단체의 장에게 징수를 위탁하고 지방자치단체의 장이 지방세체납처분의 예에 따라 이를 징수하여 지방자치단체에 납입하여야 한다. <개정 2008・2・29>

⑦ 보전하지 아니할 비용의 산정 기타 필요한 사항은 중앙선거관리위원회규칙으로 정한다.

〔본조신설 2000・2・16〕

제136조 삭제 <2005・8・4>

제 9 장 선거와 관련있는 정당활동의 규제

제137조(정강・정책의 신문광고 등의 제한) ① 선거가 임박한 시기에 있어서 정당이 행하는 「신문 등의 진흥에 관한 법률」 제 2 조제 1 호에 따른 신문과 「잡지 등 정기간행물의 진흥에 관한 법률」 제 2 조제 1 호에 따른 정기간행물(이하 이 조에서 "일간신문등"이라 한다)에 의한 정강・정책의 홍보, 당원・후보지망자의 모집, 당비모금, 정치자금모금(대통령선거에 한한다) 또는 선거에 있어 당해 정당이나 추천후보자가 사용할 구호・도안・정책 그 밖에 선거에 관한 의견수집을 위한 광고는 다음 각호의 범위안에서 하여야 하며, 그 선거기간 중에는 이를 할 수 없다. <개정 1995・12・30, 1997・11・14, 2004・3・12, 2005・8・4, 2010・1・25>

1. 임기만료에 의한 선거
정당의 중앙당이 행하되, 선거일전 90일부터 선거기간개시일전일까지 일간신문등에 총 70회 이내
2. 대통령의 궐위로 인한 선거・재선거〔제197조(선거의 일부무효로 인한 재선거)의 규정에 의한 재선거를 제외한다. 이하 이 항에서 같다〕 및 연기된 선거
정당의 중앙당이 행하되, 그 선거의 실시사유가 확정된 때부터 선거기간개시일전일까지 일간신문등에 총 20회 이내
3. 제 2 호외의 보궐선거・재선거 및 연기된 선거
정당의 중앙당이 행하되, 그 선거의 실시사유가 확정된 때부터 선거기간개시일전일까지 일간신문등에 총 10회 이내

② 제 1 항의 규정에 의한 일간신문등의 광고 1회의 규격은 가로 37센티미터 세로 17센티미터 이내로 하여야 하며, 후보자가 되고자 하는 자의 사진・성명(성명을 유추할 수 있는 내용을 포함한다) 기타 선거운동에 이르는 내용을 게재할 수 없다.

③ 제69조제 1 항 후단(광고횟수를 말한다)・제 2 항・제 5 항・제 8 항 및 제 9 항은 제 1 항의 규정에 의한 일간신문등의 광고에 이를 준용한다. 이 경우 "후보자"는 "정당"으로 본다. <개정 1997・1・13, 1998・4・30, 2010・1・25>

제137조의2(정강・정책의 방송연설의 제한) ① 정당이 방송시설〔제70조(방송광고)제 1 항의 규정에 의한 방송시설을 말한다. 이하 이 조에서 같다〕을 이용하여 정강・정책을 알리기 위한 방송연설을 하는 때에는 다음 각 호의 범위 안에서 하여야 한다. <개정 2004・3・12>

1. 임기만료에 의한 선거
정당의 중앙당 대표자 또는 그가 선거운동을 할 수 있는 자 중에서 지명한 자가 행하되, 선거일전 90일이 속하는 달의 초일부터 선거기간개시일전일까지 1회 20분 이내에서 텔레비전 및 라디오방송별로 월 2회(선거기간개시일전일이 해당 달의 10일 이내에 해당하는 경우에는 1회) 이내
2. 대통령의 궐위로 인한 선거, 재선거〔제197조(선거의 일부무효로 인한 재선거)의

규정에 의한 재선거를 제외한다) 및 연기된 선거

정당의 중앙당 대표자 또는 그가 선거운동을 할 수 있는 자 중에서 지명한 자가 행하되, 그 선거의 실시사유가 확정된 때부터 선거기간개시일전일까지 1회 10분 이내에서 텔레비전 및 라디오 방송별 각 5회 이내

② 제1항에 따라 텔레비전 방송시설을 이용한 방송연설을 하는 때에는 연설하는 모습, 정당명(해당 정당을 상징하는 마크나 심벌의 표시를 포함한다), 연설의 요지 및 통계자료 외의 다른 내용이 방영되게 하여서는 아니되며, 방송연설을 녹화하여 방송하고자 하는 때에는 당해 방송시설을 이용하여야 한다. <개정 2010·1·25>

③ 제1항의 규정에 의한 방송연설을 함에 있어서는 선거운동에 이르는 내용의 연설을 하여서는 아니된다.

④ 제1항의 규정에 의한 방송연설의 비용은 당해 정당이 부담하되, 국회에 교섭단체를 구성한 정당이 공영방송사를 이용하여 방송연설을 하는 때에는 각 공영방송사마다 텔레비전 및 라디오 방송별로 행하는 월 1회의 방송연설비용(제작비용을 제외한다)은 당해 공영방송사가 이를 부담하여야 한다. <개정 2004·3·12>

⑤ 제4항의 규정에 의하여 공영방송사가 비용을 부담하는 방송연설을 하고자 하는 경우 그 방송연설의 일시·시간대 기타 필요한 사항은 당해 공영방송사와 당해 정당이 협의하여 정한다.

⑥ 제70조(방송광고)제1항 후단·제6항 및 제8항과 제71조제10항 및 제12항의 규정은 제1항의 규정에 의한 방송연설에 이를 준용한다.

⑦ 제6항의 규정에 의한 방송연설신고서의 서식 기타 필요한 사항은 중앙선거관리위원회규칙으로 정한다.

〔본조신설 2000·2·16〕

제138조(정강·정책홍보물의 배부제한 등) ① 정당이 선거기간 중에 후보자를 추천한 선거구의 소속당원에게 배부할 수 있는 정강·정책홍보물은 정당의 중앙당이 제작한 책자형 정강·정책홍보물 1종으로 한다. <개정 1997·11·14>

② 제1항의 규정에 의한 정강·정책홍보물을 배부할 수 있는 수량은 후보자를 추천한 선거구의 소속당원에 상당하는 수를 넘지 못한다. <개정 1997·11·14>

③ 제1항의 규정에 의한 정강·정책홍보물을 제작·배부하는 때에는 그 표지에 "당원용"이라 표시하여야 한다.

④ 정당이 제1항의 정강·정책홍보물을 배부하고자 하는 때에는 배부전까지 중앙선거관리위원회에 2부를 제출하여야 하되, 전자적 파일로 대신 제출할 수 있다. <개정 2010·1·25>

⑤ 제1항에 따른 정강·정책홍보물에는 해당 정당이 추천한 후보자의 기호·성명·사진·경력등을 제외하고는 후보자와 관련된 사항을 게재할 수 없다. <개정 2010·1·25>

⑥ 제1항의 규정에 따른 정강·정책홍보물은 길이 27센티미터 너비 19센티미터 이내에서 대통령선거의 경우에는 16면 이내로, 지역구국회의원선거, 지역구지방의회의원선거 및 지방자치단체의 장선거의 경우에는 8면 이내로 작성한다. <개정 2005·8·4>

제138조의2(정책공약집의 배부제한 등) ① 정당이 자당의 정책과 선거에 있어서 공약을 게재한 정책공약집(도서의 형태로 발간된 것을 말하며, 이하 "정책공약집"이라 한다)을 배부하고자 하는 때에는 통상적인 방법으로 판매하여야 한다. 다만, 방문판매의 방법으로 정책공약집을 판매할 수 없다.

② 정당은 제1항의 규정에 따른 통상적인 방법에 의한 판매 외에 해당 정당의 당사와 제79조에 따라 소속 정당추천후보자가 개최한 공개장소에서의 연설·대담 장소에서 정책공약집을 판매할 수 있다. 이 경우 정당의 당사에서 판매할 때에는 공개된 장소에 별도의 판매대를 설치하는 등 정책공약집의 판매사실을 공개적으로 확인할 수 있는 방법으로 판매하여야 한다. <개정 2008·2·29, 2010·1·25>

③ 정당이 제1항 및 제2항의 규정에 따라

정책공약집을 판매하고자 하는 때에는 발간 즉시 「정당법」의 규정에 따라 해당 정당의 등록사무를 처리하는 관할선거관리위원회에 2권을 제출하여야 하되, 전자적 파일로 대신 제출할 수 있다. <개정 2010·1·25>

④ 정책공약집에는 후보자의 기호·성명·사진·학력·경력 등 후보자와 관련된 사항 및 다른 정당에 관한 사항을 게재할 수 없다.

⑤ 정책공약집의 작성근거 등의 표시, 제출 그 밖의 필요한 사항은 중앙선거관리위원회 규칙으로 정한다.

〔본조신설 2007·1·3〕

제139조(정당기관지의 발행·배부제한) ① 정당의 중앙당은 선거기간중 기관지를 통상적인 방법외의 방법으로 발행·배부할 수 없다. 다만, 선거기간중 통상적인 주기에 의한 발행회수가 2회 미만인 때에는 2회(증보·호외·임시판을 포함하며, 배부되는 지역에 따라 게재내용중 일부를 달리하더라도 동일한 것으로 본다)이내로 한다. 이 경우 정당의 중앙당외의 당부가 발행하거나 공개장소에서의 연설·대담장소 또는 대담·토론회장에서의 배부, 거리에서의 판매·배부, 첩부, 게시, 살포는 통상적인 방법에 의한 배부로 보지 아니한다. <개정 2004·3·12>

② 제1항의 기관지에는 당해 정당이 추천한 후보자의 기호·성명·사진·학력·경력 등외에 후보자의 홍보에 관한 사항을 게재할 수 없다. <신설 2000·2·16>

③ 제1항의 기관지를 발행·배부하고자 하는 때에는 발행 즉시 2부를 중앙선거관리위원회에 제출하여야 하되, 전자적 파일로 대신 제출할 수 있다. <개정 2010·1·25>

제140조(창당대회등의 개최와 고지의 제한) ① 정당이 선거일전 120일(선거일전 120일후에 실시사유가 확정된 보궐선거등에 있어서는 그 선거의 실시사유가 확정된 때)부터 선거일까지 창당대회·합당대회·개편대회 및 후보자선출대회(이하 이 조에서 "창당대회등"이라 한다)를 개최하는 때에는 다수인이 왕래하는 공개된 장소가 아닌 장소에서 소속당원(후보자선출대회의 경우에는 당해 정당의 공직선거후보자를 선출하기 위한 투표권이 있는 당원이 아닌 자를 포함한다)만을 대상으로 개최하여야 하되, 사회통념상 인정되는 범위안에서 당원이 아닌 자를 초청할 수 있다. <개정 2004·3·12, 2005·8·4>

② 제1항의 창당대회등을 주관하는 정당은 「정당법」 제10조(창당집회의 공개)제2항의 신문공고를 하는 외에 창당대회등의 장소에 5매 이내의 표지를 게시할 수 있다. 이 경우 신문공고·표지에는 후보자(후보자가 되고자 하는 자를 포함한다. 이하 이 항에서 같다)의 사진·성명(성명을 유추할 수 있는 내용을 포함한다) 또는 선전구호등 후보자를 선전하는 내용을 게재할 수 없다. <개정 2004·3·12, 2005·8·4>

③ 제1항에서 "개편대회"라 함은 정당의 대표자의 변경 등 당헌·당규상의 조직개편에 관한 안건을 처리하기 위하여 개최하는 당원총회 또는 그 대의기관의 회의 등 집회를 말하고, "후보자선출대회"라 함은 정당의 각급 당부가 이 법에 의한 선거의 당해 정당추천후보자를 선출하기 위하여 제57조의2(당내경선의 실시)의 규정에 의하여 개최하는 집회를 말한다. <신설 2000·2·16, 2005·8·4>

④ 제2항의 규정에 의한 표지는 당해 집회종료후 지체없이 주최자가 철거하여야 한다. <개정 2004·3·12>

제141조(당원집회의 제한) ① 정당(당원협의회를 포함한다)은 선거일전 30일부터 선거일까지 소속당원의 단합·수련·연수·교육 그 밖에 명목여하를 불문하고 선거가 실시중인 선거구안이나 선거구민인 당원을 대상으로 당원수련회 등(이하 이 조에서 "당원집회"라 한다)을 개최할 수 없다. 다만, 당무에 관한 연락·지시 등을 위하여 일시적으로 이루어지는 당원간의 면접은 당원집회로 보지 아니한다. <개정 1995·12·30, 2000·2·16, 2004·3·12, 2010·1·25>

② 정당이 선거일 전 90일(선거일 전 90일후에 실시사유가 확정된 보궐선거등에서는 그 선거의 실시사유가 확정된 때)부터 당원집회를 개최하는 때(중앙당이 그 연수시설에서 개최하는 경우를 제외한다)에는 개최

지역을 관할하는 구·시·군선거관리위원회에 신고한 후 당해 정당의 사무소, 주민회관, 공공기관·단체의 사무소 그 밖의 공공시설 또는 다수인이 왕래하는 장소가 아닌 공개된 장소에서 개최하여야 한다. <개정 2004·3·12, 2010·1·25>

③ 「정치자금법」 제27조(보조금의 배분)의 규정에 의하여 보조금의 배분대상이 되는 정당은 중앙선거관리위원회규칙이 정하는 바에 따라 국가 또는 지방자치단체〔제53조(공무원 등의 입후보)제1항제4호 또는 제6호에 규정된 기관을 포함한다〕가 소유하거나 관리하는 주민회관·체육관 또는 문화원 기타 다수인이 모일 수 있는 시설이나 장소를 당원집회의 장소로써 무료로 사용할 수 있다. 이 경우 시설의 손괴 또는 전력의 사용 등 재산상의 손실을 끼친 때에는 당해 정당이 보상하여야 한다. <신설 2004·3·12, 2005·8·4>

④ 제2항의 당원집회 장소의 외부에는 이 법에 의한 당원집회임을 표시하는 표지를 첩부 또는 게시하여야 하되, 그 개최자는 당해 집회종료후에는 지체없이 철거하여야 한다. 이 경우 그 표지에는 후보자가 되고자 하는 자의 사진·성명 또는 선전구호 기타 후보자가 되고자 하는 자를 선전하는 내용을 게재하여서는 아니된다. <개정 2004·3·12>

⑤ 제3항의 규정에 의한 사용신청을 받은 공공시설의 관리자는 정당한 사유가 있는 경우를 제외하고는 그 사용을 거부할 수 없다. <신설 2004·3·12>

⑥ 당원집회의 신고, 표지의 매수, 그 밖에 필요한 사항은 중앙선거관리위원회규칙으로 정한다. <개정 2004·3·12, 2010·1·25>

제142조 및 **제143조** 삭제 <2004·3·12>

제144조(정당의 당원모집 등의 제한) ① 정당은 선거기간중 당원을 모집하거나 입당원서를 배부할 수 없다. 다만, 시·도당의 창당 또는 개편을 위하여 창당대회·개편대회를 개최하는 경우에는 그 집회일까지는 그러하지 아니하다. <개정 2004·3·12>

② 삭제 <2006·3·2>

제145조(당사게시 선전물 등의 제한) ① 정당(제61조제1항에 따라 해당 정당의 사무소에 선거대책기구를 설치한 정당은 제외한다)은 선거기간 중 구호, 그 밖에 정당의 홍보에 필요한 사항과 당해 당부명 및 그 대표자 성명, 해당 정당이 추천한 후보자의 기호·성명·사진·경력등에 관한 사항을 게재한 간판·현판 또는 현수막을 중앙선거관리위원회규칙으로 정하는 바에 따라 당해 당사의 외벽면 또는 옥상에 설치·게시할 수 있다. <개정 2010·1·25, 2014·1·17>

② 「정치자금법」에 따른 후원회의 사무소에는 중앙선거관리위원회규칙으로 정하는 바에 따라 간판을 달 수 있다. <개정 2004·3·12, 2005·8·4, 2010·1·25, 2014·1·17>

제10장 투표

제146조(선거방법) ① 선거는 기표방법에 의한 투표로 한다.

② 투표는 직접 또는 우편으로 하되, 1인 1표로 한다. 다만, 국회의원선거, 시·도의원선거 및 자치구·시·군의원선거에 있어서는 지역구의원선거 및 비례대표의원선거마다 1인 1표로 한다. <개정 2002·3·7, 2004·3·12, 2005·8·4>

③ 투표를 함에 있어서는 선거인의 성명 기타 선거인을 추정할 수 있는 표시를 하여서는 아니된다.

제146조의2(투표관리관 및 사전투표관리관) ① 구·시·군선거관리위원회는 투표에 관한 사무를 관리하게 하기 위하여 투표구마다 투표관리관 1명을, 사전투표소마다 사전투표관리관 1명을 각각 둔다. <개정 2014·1·17>

② 투표관리관 및 사전투표관리관은 국가 또는 지방자치단체의 소속 공무원 또는 각급학교의 교직원 중에서 위촉하며, 사전투표관리관은 위촉된 투표관리관 중에서 지정할 수 있다. <개정 2014·1·17>

③ 국가기관·지방자치단체 및 각급 학교의 장이 선거관리위원회로부터 투표관리관 및 사전투표관리관의 추천 협조요구를 받은 때

에는 우선적으로 이에 따라야 한다. <신설 2014·2·13>

④ 투표관리관 및 사전투표관리관의 위촉 및 해촉, 수당 그 밖에 필요한 사항은 중앙선거관리위원회규칙으로 정한다. <개정 2014·1·17>

〔본조신설 2005·8·4〕

제147조(투표소의 설치) ① 읍·면·동선거관리위원회는 선거일 전일까지 관할 구역 안의 투표구마다 투표소를 설치하여야 한다. <개정 2005·8·4>

② 투표소는 투표구안의 학교, 읍·면·동사무소 등 관공서, 공공기관·단체의 사무소, 주민회관 기타 선거인이 투표하기 편리한 곳에 설치한다. 다만, 당해 투표구안에 투표소를 설치할 적당한 장소가 없는 경우에는 인접한 다른 투표구안에 설치할 수 있다. <개정 2004·3·12, 2005·8·4>

③ 학교·관공서 및 공공기관·단체의 장은 선거관리위원회로부터 투표소 설치를 위한 장소사용 협조요구를 받은 때에는 우선적으로 이에 응하여야 한다. <신설 2004·3·12>

④ 병영 안과 종교시설 안에는 투표소를 설치하지 못한다. 다만, 종교시설의 경우 투표소를 설치할 적합한 장소가 없는 부득이한 경우에는 그러하지 아니하다. <개정 2010·1·25>

⑤ 투표소에는 기표소·투표함·참관인의 좌석 그 밖의 투표관리에 필요한 시설을 설비하여야 한다. <개정 2005·8·4>

⑥ 기표소는 그 안을 다른 사람이 엿볼 수 없도록 설비하여야 하며 어떠한 표지도 하여서는 아니된다.

⑦ 정당·후보자·선거사무장 또는 선거연락소장은 투표소의 설비에 대하여 그 시정을 요구할 수 있다.

⑧ 제1항의 규정에 의하여 투표소를 설치하는 때에는 읍·면·동선거관리위원회는 선거일전 10일까지 그 명칭과 소재지를 공고하여야 한다. 다만, 천재·지변 기타 부득이한 사유가 있는 때에는 이를 변경할 수 있으며, 이 경우에는 즉시 공고하여 선거인에게 알려야 한다. <개정 2005·8·4>

⑨ 읍·면·동선거관리위원회는 투표사무를 보조하게 하기 위하여 다음 각 호의 어느 하나에 해당하는 자 중에서 투표사무원을 위촉하여야 한다. <개정 2000·2·16, 2002·3·7, 2004·3·12, 2005·8·4, 2007·1·3, 2010·1·25, 2010·5·17, 2018·4·6>

1. 「국가공무원법」 제2조에 규정된 국가공무원과 「지방공무원법」 제2조에 규정된 지방공무원. 다만, 일반직공무원의 행정직군 중 교정·보호·검찰사무·마약수사·출입국관리·철도공안 직렬의 공무원과 교육공무원 외의 특정직공무원 및 정무직공무원을 제외한다.
2. 각급학교의 교직원
3. 「은행법」 제2조의 규정에 의한 은행의 직원
4. 제53조제1항제4호 내지 제6호에 규정된 기관 등의 직원
5. 투표사무를 보조할 능력이 있는 공정하고 중립적인 자

⑩ 제9항제1호부터 제4호까지의 기관·단체의 장이 선거관리위원회로부터 투표사무원의 추천 협조요구를 받은 때에는 우선적으로 이에 따라야 한다. <신설 2014·2·13>

⑪ 투표소의 설비, 고령자·장애인·임산부 등 교통약자와 격리자등의 투표소 접근 편의를 보장하기 위한 제반 시설의 설치, 적절한 투표소 위치 확보 등의 조치, 그 밖에 필요한 사항은 중앙선거관리위원회규칙으로 정한다. <개정 2018·4·6, 2022·2·16>

제148조(사전투표소의 설치) ① 구·시·군선거관리위원회는 선거일 전 5일부터 2일 동안(이하 "사전투표기간"이라 한다) 관할구역(선거구가 해당 구·시·군의 관할구역보다 작은 경우에는 해당 선거구를 말한다)의 읍·면·동마다 1개소씩 사전투표소를 설치·운영하여야 한다. 다만, 다음 각 호의 어느 하나에 해당하는 경우에는 해당 지역에 사전투표소를 추가로 설치·운영할 수 있다. <개정 2015·12·24, 2022·1·21, 2022·2·16>

1. 읍·면·동 관할구역에 군부대 밀집지역 등이 있는 경우
2. 읍·면·동이 설치·폐지·분할·합병되

어 관할구역의 총 읍·면·동의 수가 줄어든 경우
3. 읍·면·동 관할구역에 「감염병의 예방 및 관리에 관한 법률」 제36조제 3 항에 따른 감염병관리시설 또는 같은 법 제39조의3제 1 항에 따른 감염병의심자 격리시설이 있는 경우
4. 천재지변 또는 전쟁·폭동, 그 밖에 부득이한 사유로 인하여 사전투표소를 추가로 설치·운영할 필요가 있다고 관할 구·시·군선거관리위원회가 인정하는 경우

② 구·시·군선거관리위원회는 제 1 항에 따라 사전투표소를 설치할 때에는 선거일 전 9일까지 그 명칭·소재지 및 설치·운영기간을 공고하고, 선거사무장 또는 선거연락소장에게 이를 통지하여야 하며, 관할구역 안의 투표구마다 5개소에 공고문을 첩부하여야 한다. 사전투표소의 설치장소를 변경한 때에도 또한 같다.

③ 구·시·군선거관리위원회는 제 1 항에 따라 설치된 사전투표소의 투표사무를 보조하게 하기 위하여 제147조제 9 항 각 호의 어느 하나에 해당하는 사람 중에서 사전투표사무원을 두어야 한다.

④ 사전투표소 설치 장소의 제한·사용협조, 설비, 사전투표사무원의 추천 협조 등에 관하여는 제147조제 3 항부터 제 7 항까지, 제10항 및 제11항을 준용한다. <개정 2014·2·13, 2018·4·6>

⑤ 중앙선거관리위원회는 사전투표소에서 통합선거인명부를 사용하기 위한 선거전용통신망을 구축하여야 하며, 정보의 불법 유출·위조·변조·삭제 등을 방지하기 위한 기술적 보호조치를 하여야 한다. <신설 2015·12·24, 2021·3·26>

⑥ 사전투표소의 설치·공고·통보 및 사전투표사무원의 위촉, 그 밖에 필요한 사항은 중앙선거관리위원회규칙으로 정한다.

〔전부개정 2014·1·17〕

제149조(기관·시설 안의 기표소) ① 다음 각 호의 어느 하나에 해당하는 기관·시설(이하 이 조에서 "기관·시설"이라 한다)로서 제38조제 1 항의 거소투표신고인을 수용하고 있는 기관·시설의 장은 그 명칭과 소재지 및 거소투표신고인수 등을 선거인명부작성기간만료일 후 3일까지 관할 구·시·군선거관리위원회에 신고하여야 한다. <개정 2022·2·16>
1. 병원·요양소·수용소·교도소 및 구치소
2. 「장애인복지법」 제58조(장애인복지시설) 제 1 항제 1 호에 따른 장애인 거주시설
3. 「감염병의 예방 및 관리에 관한 법률」 제36조제 3 항에 따른 감염병관리시설 또는 같은 법 제39조의3제 1 항에 따른 감염병의심자 격리시설

② 제 1 항의 신고를 받은 관할 구·시·군선거관리위원회는 거소투표신고인을 수용하고 있는 기관·시설의 명칭과 소재지 및 거소투표신고인수 등을 공고하여야 한다.

③ 10명 이상의 거소투표신고인을 수용하고 있는 기관·시설의 장은 일시·장소를 정하여 해당 신고인의 거소투표를 위한 기표소를 설치하여야 한다.

④ 후보자(대통령선거에서 정당추천후보자의 경우에는 그 추천 정당을 말한다. 이하 이 조에서 같다)·선거사무장 또는 선거연락소장은 10명 미만의 거소투표신고인을 수용하고 있는 기관·시설의 장에게 제 2 항에 따른 공고일 후 2일 이내에 거소투표를 위한 기표소 설치를 요청할 수 있다. 이 경우 기관·시설의 장은 정당한 사유가 없는 한 이에 따라야 한다.

⑤ 제 3 항 및 제 4 항에 따라 기표소를 설치하는 기관·시설의 장은 기표소 설치·운영일시 및 장소를 정하여 그 기표소 설치일 전 2일까지 관할 구·시·군선거관리위원회에 신고하여야 하며, 신고를 받은 관할 구·시·군선거관리위원회는 이를 공고하여야 한다.

⑥ 후보자·선거사무장·선거연락소장은 선거권자 중에서 1명을 선정하여 기관·시설의 장이 설치·운영하는 기표소의 투표상황을 참관하게 할 수 있다.

⑦ 기관·시설의 장은 기표소를 설치하는 장소에 기표소·참관좌석, 그 밖에 필요한 시설을 설비하여야 한다.

⑧ 기관·시설의 거소투표신고인수 공고 서식, 그 밖에 필요한 사항은 중앙선거관리위원회규칙으로 정한다.
〔전부개정 2014·1·17〕

제149조의2 삭제 <2014·1·17>

제150조(투표용지의 정당·후보자의 게재순위 등) ① 투표용지에는 후보자의 기호·정당추천후보자의 소속정당명 및 성명을 표시하여야 한다. 다만, 무소속후보자는 후보자의 정당추천후보자의 소속정당명의 난에 "무소속"으로 표시하고, 비례대표지방의회의원선거에 있어서는 후보자를 추천한 정당의 기호와 정당명을 표시하여야 한다. <개정 1995·4·1, 2000·2·16, 2002·3·7, 2004·3·12, 2005·8·4>

② 기호는 투표용지에 게재할 정당 또는 후보자의 순위에 의하여 "1, 2, 3" 등으로 표시하여야 하며, 정당명과 후보자의 성명은 한글로 기재한다. 다만, 한글로 표시된 성명이 같은 후보자가 있는 경우에는 괄호속에 한자를 함께 기재한다. <개정 2002·3·7>

③ 후보자의 게재순위를 정함에 있어서는 후보자등록마감일 현재 국회에서 의석을 갖고 있는 정당의 추천을 받은 후보자, 국회에서 의석을 갖고 있지 아니한 정당의 추천을 받은 후보자, 무소속후보자의 순으로 하고, 정당의 게재순위를 정함에 있어서는 후보자등록마감일 현재 국회에서 의석을 가지고 있는 정당, 국회에서 의석을 가지고 있지 아니한 정당의 순으로 한다. <개정 1995·4·1, 2000·2·16, 2002·3·7, 2005·8·4>

④ 제3항의 경우 국회에서 의석을 가지고 있는 정당의 게재순위를 정함에 있어 다음 각 호의 어느 하나에 해당하는 정당은 전국적으로 통일된 기호를 우선하여 부여한다. <개정 2010·1·25>

1. 국회에 5명 이상의 소속 지역구국회의원을 가진 정당
2. 직전 대통령선거, 비례대표국회의원선거 또는 비례대표지방의회의원선거에서 전국유효투표총수의 100분의 3 이상을 득표한 정당

⑤ 제3항 및 제4항에 따라 관할선거구선거관리위원회가 정당 또는 후보자의 게재순위를 정함에 있어서는 다음 각 호에 따른다. <개정 2010·1·25>

1. 후보자등록마감일 현재 국회에 의석을 가지고 있는 정당이나 그 정당의 추천을 받은 후보자 사이의 게재순위는 국회에서의 다수의석순. 다만, 같은 의석을 가진 정당이 둘 이상인 때에는 최근에 실시된 비례대표국회의원선거에서의 득표수 순
2. 후보자등록마감일 현재 국회에서 의석을 가지고 있지 아니한 정당이나 그 정당의 추천을 받은 후보자 사이의 게재순위는 그 정당의 명칭의 가나다순
3. 무소속후보자 사이의 게재순위는 관할선거구선거관리위원회에서 추첨하여 결정하는 순

⑥ 제5항의 경우에 같은 게재순위에 해당하는 정당 또는 후보자가 2 이상이 있을 때에는 소속정당의 대표자나 후보자 또는 그 대리인의 참여하에 관할선거구선거관리위원회에서 후보자등록마감후에 추첨하여 결정한다. 다만, 추첨개시시각에 소속정당의 대표자나 후보자 또는 그 대리인이 참여하지 아니하는 경우에는 관할선거구선거관리위원회위원장 또는 그가 지명한 자가 그 정당 또는 후보자를 대리하여 추첨할 수 있다. <개정 2002·3·7, 2010·1·25>

⑦ 지역구자치구·시·군의원선거에서 정당이 같은 선거구에 2명 이상의 후보자를 추천한 경우 그 정당이 추천한 후보자 사이의 투표용지 게재순위는 해당 정당이 정한 순위에 따르되, 정당이 정하지 아니한 경우에는 관할선거구선거관리위원회에서 추첨하여 결정한다. 이 경우 그 게재순위는 "1-가, 1-나, 1-다" 등으로 표시한다. <신설 2010·1·25>

⑧ 후보자등록기간이 지난 후에 후보자가 사퇴·사망하거나 등록이 무효로 된 때라도 투표용지에서 그 기호·정당명 및 성명을 말소하지 아니한다. <개정 2002·3·7>

⑨ 대통령선거에 있어서 제51조(추가등록)의 규정에 의한 추가등록이 있는 경우에 그 정당의 후보자의 게재순위는 이미 결정된

종전의 당해 정당추천후보자의 게재순위로 한다.

⑩ 투표용지에는 일련번호를 인쇄하여야 한다.

제151조(투표용지와 투표함의 작성) ① 투표용지와 투표함은 구·시·군선거관리위원회가 작성하여 선거일 전일까지 읍·면·동선거관리위원회에 송부하며, 이를 송부받은 읍·면·동선거관리위원회위원장은 투표용지를 봉함하여 보관하였다가 투표함과 함께 투표관리관에게 인계하여야 한다. <개정 2005·8·4>

② 하나의 선거에 관한 투표에 있어서 투표구마다 선거구별로 동시에 2개의 투표함을 사용할 수 없다. <개정 2004·3·12>

③ 사전투표소의 투표함(이하 "사전투표함"이라 한다)과 우편으로 접수한 투표를 보관하는 투표함(이하 "우편투표함"이라 한다)은 따로 작성하되, 그 수는 예상 사전투표자수 및 거소투표신고인수·선상투표신고인수를 감안하여 당해 구·시·군선거관리위원회가 정한다. <개정 2014·1·17>

④ 투표용지에는 중앙선거관리위원회규칙이 정하는 바에 따라 관할구·시·군선거관리위원회의 청인을 날인하여야 한다. 이 경우 그 청인의 날인은 인쇄날인으로 갈음할 수 있다.

⑤ 구·시·군선거관리위원회는 투표용지의 인쇄·납품 및 읍·면·동선거관리위원회에 송부하는 과정에, 읍·면·동선거관리위원회는 투표용지의 수령·보관 및 투표관리관에게 인계하는 과정에 당해 선거관리위원회의 정당추천위원이 각각 참여하여 입회할 수 있도록 하여야 한다. 이 경우 정당추천위원이 참여하지 아니한 때에는 입회를 포기한 것으로 본다. <개정 2005·8·4>

⑥ 구·시·군선거관리위원회는 제1항 및 제5항에도 불구하고 사전투표소에서 교부할 투표용지는 사전투표관리관이 사전투표소에서 투표용지 발급기를 이용하여 작성하게 하여야 한다. 이 경우 투표용지에 인쇄하는 일련번호는 바코드(컴퓨터가 인식할 수 있도록 표시한 막대 모양의 기호를 말한다)의 형태로 표시하여야 하며, 바코드에는 선거명, 선거구명, 관할 선거관리위원회명 및 일련번호를 제외한 그 밖의 정보를 담아서는 아니 된다. <신설 2014·1·17, 2021·3·26>

⑦ 제1항 또는 제6항에 따라 투표용지를 작성하는 때에는 각 정당칸 또는 후보자칸 사이에 여백을 두어야 하며, 그 구체적인 작성방법은 중앙선거관리위원회규칙으로 정한다. <신설 2015·8·13>

⑧ 구·시·군선거관리위원회는 시각장애로 인하여 자신이 기표를 할 수 없는 선거인을 위하여 필요한 경우에는 중앙선거관리위원회규칙이 정하는 바에 따라 특수투표용지 또는 투표보조용구를 제작·사용할 수 있다.

⑨ 투표용지와 투표함의 규격 및 투표용지의 봉함·보관·인계 그 밖에 필요한 사항은 중앙선거관리위원회규칙으로 정한다. <신설 2005·8·4>

제152조(투표용지모형 등의 공고) ① 구·시·군선거관리위원회는 투표용지의 모형을 선거일전 7일까지 공고하여야 한다. <개정 2004·3·12>

② 구·시·군선거관리위원회는 투표용지를 인쇄할 인쇄소를 결정한 때에는 지체없이 그 인쇄소의 명칭과 소재지를 공고하여야 한다.

제153조(투표안내문의 발송) ① 구·시·군선거관리위원회는 세대별로 선거인의 성명·선거인명부등재번호·투표소의 위치·투표할 수 있는 시간·투표할 때 가지고 가야 할 지참물 그 밖에 투표참여를 권유하는 내용 등이 기재된 투표안내문을 작성하여 선거인명부확정일 후 2일까지 관할구역안의 매세대에 발송하여야 한다. 이 경우 제65조제7항에 따라 통보받은 세대에는 점자형 투표안내문을 동봉하여 발송하여야 한다. <개정 2005·8·4, 2011·7·28, 2014·1·17>

② 제1항의 투표안내문의 발송을 위한 우편요금은 국가 또는 당해 지방자치단체가 부담한다. <개정 2005·8·4>

③ 투표안내문의 작성은 전산조직에 의할 수 있다.

④ 투표안내문의 서식·규격·게재사항 및 우편발송절차 기타 필요한 사항은 중앙선거

관리위원회규칙으로 정한다.

제154조(거소투표자에 대한 투표용지의 발송) ① 거소투표신고인명부에 올라 있는 선거인(이하 "거소투표자"라 한다)에게 발송할 투표용지(이하 "거소투표용지"라 한다)는 구·시·군선거관리위원회에서 당해 구·시·군선거관리위원회 정당추천위원의 참여하에 투표용지의 일련번호를 절취한 후 바코드(거소투표의 접수에 필요한 거소투표자의 거소·성명·선거인명부등재번호 등이 기록되어 컴퓨터가 인식할 수 있도록 표시한 막대모양의 기호를 말한다)가 표시된 회송용 봉투에 넣고 다시 발송용 봉투에 넣어 봉함한 후 선거일 전 10일까지 거소투표자에게 발송하여야 한다. 이 경우 정당추천위원이 그 시각까지 참석하지 아니한 때에는 참여를 포기한 것으로 본다. <개정 2005·8·4, 2012·2·29, 2014·1·17>

② 제1항의 규정에 불구하고 거소투표자가 다음 각 호의 어느 하나에 해당하는 경우 해당 거소투표자에게는 당해 구·시·군선거관리위원회의 의결로 거소투표용지를 발송하지 아니할 수 있다. 이 경우 거소투표발송록에 그 사실을 기재하여야 한다. <개정 2014·1·17, 2022·2·16>

1. 허위로 신고한 경우
2. 자신의 의사에 의하여 신고된 것으로 인정되지 아니한 경우
3. 격리자등이 제38조제1항 전단에 따라 신고한 후 거소투표용지 발송 전에 치료가 완료되거나 격리가 해제된 경우

③ 구·시·군선거관리위원회는 제2항의 규정에 의하여 거소투표용지를 발송하지 아니한 거소투표자와 선거일전 2일까지 거소투표용지가 반송된 거소투표자의 명단을 작성하여 선거일전일까지 읍·면·동선거관리위원회에 통지하여야 하며, 읍·면·동선거관리위원회는 지체 없이 이를 투표관리관에게 통지하여야 한다. <개정 2005·8·4, 2014·1·17>

④ 거소투표용지의 발송과 회송은 등기우편으로 하되, 그 우편요금은 국가 또는 당해 지방자치단체가 부담한다. <개정 2014·1·17>

⑤ 구·시·군선거관리위원회는 투표방법 기타 선거에 관한 안내문을 거소투표용지와 동봉하여 발송하여야 한다. <개정 2014·1·17>

⑥ 거소투표용지의 발송용 봉투 및 회송용 봉투의 규격·게재사항 그 밖에 필요한 사항은 중앙선거관리위원회규칙으로 정한다. <신설 2005·8·4, 2014·1·17>

제154조의2(선상투표자에 대한 투표용지의 전송 등) ① 구·시·군선거관리위원회는 선상투표신고인명부에 올라 있는 선거인(이하 "선상투표자"라 한다)에게 보낼 투표용지(이하 "선상투표용지"라 한다)를 작성하여 해당 선상투표자가 승선하고 있는 선박의 선장(이하 "선장"이라 한다)에게 선거일 전 9일까지 팩시밀리를 이용하여 전송하여야 한다. 이 경우 허위로 신고하거나 자신의 의사에 따라 신고된 것으로 인정되지 아니한 선상투표자에 대하여는 제154조제2항을 준용한다. <개정 2014·1·17>

② 구·시·군선거관리위원회는 선상투표용지를 작성할 때 표지부분과 투표부분을 구분하고, 표지부분에는 선거인 확인란과 해당 선거구의 정당·후보자에 관한 정보를 열람할 수 있는 중앙선거관리위원회 인터넷 홈페이지 주소, 선상투표방법에 관한 사항 등을 게재하여야 한다.

③ 선장이 제1항에 따라 선상투표용지를 받은 때에는 즉시 해당 선상투표자에게 인계하여야 한다.

④ 선상투표용지의 규격과 게재사항, 선상투표용지 송부과정에 정당추천위원의 참여, 그 밖에 필요한 사항은 중앙선거관리위원회규칙으로 정한다.

〔본조신설 2012·2·29〕

제155조(투표시간) ① 투표소는 선거일 오전 6시에 열고 오후 6시(보궐선거 등에 있어서는 오후 8시)에 닫는다. 다만, 마감할 때에 투표소에서 투표하기 위하여 대기하고 있는 선거인에게는 번호표를 부여하여 투표하게 한 후에 닫아야 한다. <개정 2004·3·12>

② 사전투표소는 사전투표기간 중 매일 오전 6시에 열고 오후 6시에 닫되, 제148조제1항제3호에 따라 설치하는 사전투표소는 관할 구·시·군선거관리위원회가 예상 투표

자수 등을 고려하여 투표시간을 조정할 수 있다. 이 경우 제1항 단서의 규정은 사전투표소에 이를 준용한다. <개정 2012·10·2, 2014·1·17, 2014·2·13, 2022·4·20>

③ 투표를 개시하는 때에는 투표관리관은 투표함 및 기표소내외의 이상유무에 관하여 검사하여야 하며, 이에는 투표참관인이 참관하여야 한다. 다만, 투표개시시각까지 투표참관인이 참석하지 아니한 때에는 최초로 투표하러 온 선거인으로 하여금 참관하게 하여야 한다. <개정 2005·8·4>

④ 사전투표소에서 투표를 개시하는 때에는 사전투표관리관은 사전투표함 및 기표소내외의 이상유무에 관하여 검사하여야 하며, 이에는 사전투표참관인이 참관하여야 한다. 다만, 사전투표개시시각까지 사전투표참관인이 참석하지 아니한 때에는 최초로 투표하러 온 선거인으로 하여금 참관하게 하여야 한다. <개정 2005·8·4, 2010·1·25, 2014·1·17>

⑤ 사전투표·거소투표 및 선상투표는 선거일 오후 6시(보궐선거등에 있어서는 오후 8시)까지 관할구·시·군선거관리위원회에 도착되어야 한다. <개정 2004·3·12, 2014·1·17>

⑥ 제1항 본문 및 제2항 전단에도 불구하고 격리자등이 선거권을 행사할 수 있도록 격리자등에 한정하여서는 투표소를 오후 6시 30분(보궐선거등에 있어서는 오후 8시 30분)에 열고 오후 7시 30분(보궐선거등에 있어서는 오후 9시 30분)에 닫으며, 사전투표소(제148조제1항제3호에 따라 설치하는 사전투표소를 제외하고 사전투표기간 중 둘째 날의 사전투표소에 한정한다. 이하 이 항에서 같다)는 오후 6시 30분에 열고 오후 8시에 닫는다. 다만, 중앙선거관리위원회는 질병관리청장과 미리 협의하여 감염병의 전국적 대유행 여부, 격리자등의 수, 공중보건에 미치는 영향 등을 고려하여 달리 정할 수 있다. <신설 2022·2·16, 2022·4·20, 2023·3·29, 2024·3·8>

⑦ 제6항 단서에 따른 절차 그 밖에 필요한 사항은 중앙선거관리위원회규칙으로 정한다. <신설 2024·3·8>

⑧ 제6항 본문에 따라 투표하는 경우 제5항, 제176조제4항, 제218조의16제2항 및 제218조의24제2항부터 제4항까지의 규정 중 "선거일 오후 6시"는 각각 "선거일 오후 7시 30분"으로, "오후 8시"는 각각 "오후 9시 30분"으로 보되, 제6항 단서에 따라 투표하는 경우 "오후 6시" 및 "오후 8시"는 각각 "격리자등의 투표시간을 포함한 투표마감시각"으로 본다. <신설 2022·2·16, 2023·3·29, 2024·3·8>

제156조(투표의 제한) ① 선거인명부에 올라 있지 아니한 자는 투표할 수 없다. 다만, 제41조(이의신청과 결정)제2항·제42조(불복신청과 결정)제2항 또는 제43조(명부누락자의 구제)제2항의 이유있다는 결정통지서를 가지고 온 자는 투표할 수 있다.

② 선거인명부에 올라 있더라도 선거일에 선거권이 없는 자는 투표할 수 없다.

③ 거소투표자는 제158조의2에 따라 거소투표를 하여야 한다. 다만, 다음 각 호의 어느 하나에 해당하는 사람은 선거일에 해당 투표소에서 투표할 수 있다. <개정 2010·1·25, 2014·1·17>

1. 제154조제2항에 해당하여 거소투표용지를 송부받지 못한 사람
2. 거소투표용지가 반송되어 거소투표용지를 송부받지 못한 사람
3. 거소투표용지를 송부받았으나 거소투표를 하지 못한 사람으로서 선거일에 해당 투표소에서 투표관리관에게 거소투표용지와 회송용 봉투를 반납한 사람

④ 제3항 단서에 따라 거소투표자가 선거일에 해당 투표소에서 투표하는 경우 투표관리관은 선거인명부 또는 제154조제3항에 따라 통지받은 거소투표자의 명단과 대조·확인하고 선거인명부 비고란에 그 사실을 적어야 한다. <신설 2010·1·25, 2014·1·17>

제157조(투표용지수령 및 기표절차) ① 선거인은 자신이 투표소에 가서 투표참관인의 참관하에 주민등록증(주민등록증이 없는 경우에는 관공서 또는 공공기관이 발행한 증명서로서 사진이 첩부되어 본인임을 확인할 수 있는 여권·운전면허증·공무원증 또는 중앙선거관리위원회규칙으로 정하는 신분증명서를 말한다. 이하 "신분증명서"라 한다)을 제시하고 본인임을 확인받은 후 선거인

명부에 서명이나 날인 또는 무인하고 투표용지를 받아야 한다. <개정 2011·7·28>

② 투표관리관은 선거일에 선거인에게 투표용지를 교부하는 때에는 사인날인란에 사인을 날인한 후 선거인이 보는 앞에서 일련번호지를 떼어서 교부하되, 필요하다고 인정되는 때에는 100매 이내의 범위안에서 그 사인을 미리 날인해 놓은 후 이를 교부할 수 있다. <개정 1998·4·30, 2004·3·12, 2005·8·4>

③ 투표관리관은 신분증명서를 제시하지 아니한 선거인에게 투표용지를 교부하여서는 아니된다. <개정 2005·8·4>

④ 선거인은 투표용지를 받은 후 기표소에 들어가 투표용지에 1인의 후보자(비례대표국회의원선거와 비례대표지방의회의원선거에 있어서는 하나의 정당을 말한다)를 선택하여 투표용지의 해당 난에 기표한 후 그 자리에서 기표내용이 다른 사람에게 보이지 아니하게 접어 투표참관인의 앞에서 투표함에 넣어야 한다. <개정 2002·3·7, 2004·3·12, 2005·8·4>

⑤ 투표용지를 교부받은 후 그 선거인에게 책임이 있는 사유로 훼손 또는 오손된 때에는 다시 이를 교부하지 아니한다.

⑥ 선거인은 투표소의 질서를 해하지 아니하는 범위 안에서 초등학생 이하의 어린이와 함께 투표소(초등학생인 어린이의 경우에는 기표소를 제외한다)안에 출입할 수 있으며, 시각 또는 신체의 장애로 인하여 자신이 기표할 수 없는 선거인은 그 가족 또는 본인이 지명한 2인을 동반하여 투표를 보조하게 할 수 있다. <개정 2000·2·16, 2004·3·12>

⑦ 제6항의 경우를 제외하고는 같은 기표소안에 2인 이상이 동시에 들어갈 수 없다.

⑧ 투표용지의 날인·교부방법 및 기표절차 그 밖에 필요한 사항은 중앙선거관리위원회규칙으로 정한다. <개정 2005·8·4>

제158조(사전투표) ① 선거인(거소투표자와 선상투표자는 제외한다)은 누구든지 사전투표기간 중에 사전투표소에 가서 투표할 수 있다.

② 사전투표를 하려는 선거인은 사전투표소에서 신분증명서를 제시하여 본인임을 확인받은 다음 전자적 방식으로 손도장을 찍거나 서명한 후 투표용지를 받아야 한다. 이 경우 중앙선거관리위원회는 해당 선거인에게 투표용지가 교부된 사실을 확인할 수 있도록 신분증명서의 일부를 전자적 이미지 형태로 저장하여 선거일의 투표마감시각까지 보관하여야 한다. <개정 2015·8·13>

③ 사전투표관리관은 투표용지 발급기로 선거권이 있는 해당 선거의 투표용지를 인쇄하여 "사전투표관리관"칸에 자신의 도장을 찍은 후 일련번호를 떼지 아니하고 회송용 봉투와 함께 선거인에게 교부한다.

④ 투표용지와 회송용 봉투를 받은 선거인은 기표소에 들어가 투표용지에 1명의 후보자(비례대표국회의원선거 및 비례대표지방의회의원선거에서는 하나의 정당을 말한다)를 선택하여 투표용지의 해당 칸에 기표한 다음 그 자리에서 기표내용이 다른 사람에게 보이지 아니하게 접어 이를 회송용 봉투에 넣어 봉함한 후 사전투표함에 넣어야 한다.

⑤ 제3항 및 제4항에도 불구하고 사전투표관리관은 중앙선거관리위원회규칙으로 정하는 구역의 선거인에게는 회송용 봉투를 교부하지 아니할 수 있다.

⑥ 사전투표관리관은 사전투표기간 중 매일의 사전투표마감 후 또는 사전투표기간 종료 후 투표지를 인계하는 경우에는 사전투표참관인의 참관 하에 다음 각 호에 따라 처리한다. <개정 2014·2·13, 2021·3·26>

1. 제3항 및 제4항에 따라 투표용지와 회송용 봉투를 함께 교부하여 투표하게 한 경우에는 사전투표함을 개함하고 사전투표자수를 계산한 후 관할 우체국장에게 인계하여 등기우편으로 발송한다. 이 경우 사전투표관리관은 후보자별로 사전투표참관인 1명씩을 지정하여 해당 우체국까지 동행하여야 하며, 사전투표관리관이 지정한 사전투표참관인이 정당한 사유 없이 동행을 거부한 때에는 그 권한을 포기한 것으로 보고 투표록에 그 사유를 기재한다.
2. 제5항에 따라 회송용 봉투를 교부하지 아니하고 투표하게 한 경우에는 해당 사

전투표함을 직접 관할 구·시·군선거관리위원회에 인계한다. 이 경우 사전투표함 등의 송부에 관하여는 제170조를 준용한다.

⑦ 투표용지를 교부하지 아니하는 경우와 투표소 출입 등에 관하여는 제157조제3항 및 제5항부터 제7항까지의 규정을 준용한다.

⑧ 전기통신 장애 등이 발생하는 경우 사전투표절차, 그 밖에 필요한 사항은 중앙선거관리위원회규칙으로 정한다.

〔전부개정 2014·1·17〕

제158조의2(거소투표) 거소투표자는 관할 구·시·군선거관리위원회로부터 송부 받은 투표용지에 1명의 후보자(비례대표국회의원선거 및 비례대표지방의회의원선거에서는 하나의 정당을 말한다)를 선택하여 투표용지의 해당 칸에 기표한 다음 회송용 봉투에 넣어 봉함한 후 등기우편으로 발송하여야 한다.

〔본조신설 2014·1·17〕

제158조의3(선상투표) ① 선장은 선거일 전 8일부터 선거일 전 5일까지의 기간(이하 "선상투표기간"이라 한다) 중 해당 선박의 선상 투표자의 수와 운항사정 등을 고려하여 선상투표를 할 수 있는 일시를 정하고, 해당 선박에 선상투표소를 설치하여야 한다. 이 경우 선장은 지체 없이 선상투표자에게 선상투표를 할 수 있는 일시와 선상투표소가 설치된 장소를 알려야 한다. <개정 2015·8·13>

② 선장은 선상투표소를 설치할 때 선상투표자가 투표의 비밀이 보장된 상태에서 투표한 후 팩시밀리로 선상투표용지를 전송할 수 있도록 설비하여야 한다.

③ 선장은 선상투표가 진행되는 동안에는 해당 선박에 승선하고 있는 선원 중 대한민국 국민으로서 공정하고 중립적인 사람 1명 이상을 입회시켜야 한다. 다만, 해당 선박에 승선하고 있는 대한민국 국민이 1명뿐인 경우에는 그러하지 아니하다.

④ 선장은 제1항에 따른 선상투표소에서 선상투표자가 가져 온 선상투표용지의 해당 서명란에 제3항 본문에 따른 입회인(이하 "입회인"이라 한다)과 함께 서명한 다음 해당 선상투표자에게 교부하여야 한다. 이 경우 선상투표소에서 투표하기 전에 미리 기표하여 온 선상투표용지는 회수하여 별도의 봉투에 넣어 봉함한다.

⑤ 제4항에 따라 선상투표용지를 교부받은 선상투표자는 선거인 확인란에 서명한 후 1명의 후보자(비례대표국회의원선거에서는 하나의 정당을 말한다)를 선택하여 선상투표용지의 해당란에 기표한 다음 선상투표소에 설치된 팩시밀리로 직접 해당 시·도 선거관리위원회에 전송하여야 한다.

⑥ 제5항에 따라 전송을 마친 선상투표자는 선상투표지를 직접 봉투에 넣어 봉함한 후 선장에게 제출하여야 한다.

⑦ 선장은 해당 선박의 선상투표를 마친 후 입회인의 입회 아래 제6항에 따라 제출된 선상투표지 봉투와 제4항 후단에 따른 선상투표용지 봉투를 구분하여 함께 포장한 다음 자신과 입회인이 각각 봉인한 후 보관하여야 한다.

⑧ 선장은 해당 선박의 선상투표를 마친 때에는 선상투표관리기록부를 작성하여 선거일 전일까지 해당 선박의 선박원부를 관리하는 지방해양항만청의 소재지(대한민국국적취득조건부 나용선의 경우 해당 선박회사의 등록지, 외국국적 선박은 선박관리업 등록을 한 지방해양항만청의 소재지를 말한다)를 관할하는 시·도선거관리위원회에 팩시밀리로 전송하고, 국내에 도착하는 즉시 선상투표관리기록부와 제7항에 따라 보관중인 봉투를 해당 시·도선거관리위원회에 제출하여야 한다. 이 경우 국내에 도착하기 전이라도 외국에서 국제우편을 이용하여 제출할 수 있다.

⑨ 시·도선거관리위원회는 제5항에 따른 선상투표지를 수신할 팩시밀리에 투표의 비밀이 보장될 수 있도록 기술적 장치를 하여야 한다.

⑩ 시·도선거관리위원회는 제5항에 따라 수신된 선상투표지의 투표부분은 절취하여 봉투에 넣고, 표지부분은 그 봉투에 붙여서

봉함한 후 선상투표자의 주소지 관할 구·시·군선거관리위원회에 보내야 한다. 이 경우 투표한 선거인을 알 수 없는 선상투표지는 봉투에 넣어 봉함한 후 그 사유를 적은 표지를 부착하여 보관한다.

⑪ 시·도선거관리위원회는 선상투표지 관리록에 선상투표지 수신상황과 발송상황을 적어야 한다.

⑫ 구·시·군선거관리위원회는 선거일 투표마감시각까지 시·도선거관리위원회로부터 송부된 선상투표지를 접수하여 우편투표함에 투입하여야 한다.

⑬ 선상투표기간 개시일 전에 국내에 도착한 선상투표자는 중앙선거관리위원회규칙으로 정하는 서류를 첨부하여 관할 구·시·군선거관리위원회에 신고한 후 선거일에 주소지를 관할하는 투표구에 설치된 투표소에서 투표할 수 있다. 이 경우 해당 선박에서 선상투표용지를 미리 교부받은 사람은 관할 구·시·군선거관리위원회에 신고할 때에 그 투표용지를 반납하여야 한다. <신설 2015·8·13>

⑭ 선상투표의 투표절차, 투표의 비밀을 보장하기 위한 팩시밀리의 기술적 요건, 선상투표관리기록부 및 선상투표지 관리록의 작성·제출, 선상투표기간 개시일 전에 국내에 도착한 선상투표자의 투표절차, 그 밖에 필요한 사항은 중앙선거관리위원회규칙으로 정한다. <개정 2015·8·13>

〔본조신설 2012·2·29〕

제159조(기표방법) 선거인이 투표용지에 기표를 하는 때에는 "㊈"표가 각인된 기표용구를 사용하여야 한다. 다만, 거소투표자가 거소투표(선상투표를 포함한다)를 하는 경우에는 "○"표를 할 수 있다. <개정 2012·2·29>

제160조 삭제 <2005·8·4>

제161조(투표참관) ① 투표관리관은 투표참관인으로 하여금 투표용지의 교부상황과 투표상황을 참관하게 하여야 한다. <개정 2005·8·4>

② 투표참관인은 정당·후보자·선거사무장 또는 선거연락소장이 후보자마다 투표소별로 2인을 선정하여 선거일 전 2일까지 읍·면·동선거관리위원회에 서면으로 신고하여야 한다. <개정 2005·8·4>

③ 투표참관인은 투표소마다 8명으로 하되, 제2항의 규정에 의하여 선정·신고한 인원수가 8명을 넘는 때에는 읍·면·동선거관리위원회가 추첨에 의하여 지정한 자를 투표참관인으로 한다. 다만, 투표참관인의 선정이 없거나 선정·신고한 인원수가 4명에 미달하는 때에는 읍·면·동선거관리위원회가 그 투표구를 관할하는 구·시·군의 구역안에 거주하는 선거권자 중에서 본인의 승낙을 얻어 4명에 달할 때까지 선정한 자를 투표참관인으로 한다. <개정 2004·3·12, 2005·8·4, 2010·1·25>

④ 읍·면·동선거관리위원회가 제3항의 규정에 의하여 투표참관인을 지정하는 경우에 후보자수가 8명을 넘는 때에는 후보자별로 1명씩 우선 선정한 후 추첨에 의하여 8명을 지정하고, 후보자수가 8명에 미달하되 후보자가 선정·신고한 인원수가 8명을 넘는 때에는 후보자별로 1명씩 선정한 자를 우선 지정한 후 나머지 인원은 추첨에 의하여 지정한다. <개정 2005·8·4, 2010·1·25>

⑤ 정당·후보자·선거사무장 또는 선거연락소장은 그가 선정한 투표참관인에 대하여는 필요한 경우에는 언제든지 읍·면·동선거관리위원회에 신고하고 교체할 수 있으며, 선거일에는 투표소에서 교체신고할 수 있다. <개정 2005·8·4>

⑥ 제3항 단서의 규정에 의하여 읍·면·동선거관리위원회가 선정한 투표참관인은 정당한 사유없이 참관을 거부하거나 그 직을 사임할 수 없다. <개정 2005·8·4>

⑦ 대한민국 국민이 아닌 자·미성년자·제18조(선거권이 없는 자)제1항 각호의 1에 해당하는 자·제53조(공무원 등의 입후보)제1항 각호의 1에 해당하는 자·후보자 또는 후보자의 배우자는 투표참관인이 될 수 없다. <개정 2004·3·12>

⑧ 투표관리관은 원활한 투표관리를 위하여 필요하다고 인정하는 경우에는 투표참관인을 교대로 참관하게 할 수 있다. 이 경우 정당·후보자별로 참관인수의 2분의 1씩 교

대하여 참관하게 하여야 한다. <개정 2004·3·12, 2005·8·4>

⑨ 투표관리관은 투표용지의 교부상황과 투표상황을 쉽게 볼 수 있는 장소에 투표참관인석을 마련하여야 한다. <개정 2005·8·4>

⑩ 투표참관인은 투표에 간섭하거나 투표를 권유하거나 기타 어떠한 방법으로든지 선거에 영향을 미치는 행위를 하여서는 아니된다.

⑪ 투표관리관은 투표참관인이 투표간섭 또는 부정투표 그 밖에 이 법의 규정에 위반되는 사실을 발견하고 그 시정을 요구한 경우에 그 요구가 정당하다고 인정하는 때에는 이를 시정하여야 한다. <개정 2005·8·4>

⑫ 투표참관인은 투표소안에서 사고가 발생한 때에는 투표상황을 촬영할 수 있다.

⑬ 삭제 <2000·2·16>

⑭ 투표참관인신고서의 서식 기타 필요한 사항은 중앙선거관리위원회규칙으로 정한다.

제162조(사전투표참관) ① 사전투표관리관은 사전투표참관인으로 하여금 사전투표 상황을 참관하게 하고, 제158조제6항제1호에 따라 관할 우체국장에게 투표지를 인계하기까지 일련의 과정에 동행하게 하여야 한다. <개정 2014·1·17, 2021·3·26>

② 정당·후보자·선거사무장 또는 선거연락소장은 후보자마다 사전투표소별로 2명의 사전투표참관인을 선정하여 선거일 전 7일까지 구·시·군선거관리위원회에 서면으로 신고하여야 하고, 필요한 경우 언제든지 신고한 후 교체할 수 있으며 사전투표기간 중에는 사전투표소에서 교체신고를 할 수 있다. <개정 2014·1·17>

③ 사전투표참관인은 사전투표소마다 8명으로 하되, 제2항에 따라 선정·신고한 인원수가 8명을 넘는 때에는 관할구·시·군선거관리위원회가 추첨에 의하여 지정한 사람을 사전투표참관인으로 한다. 이 경우 후보자수가 8명을 넘는 때에는 후보자별로 1명씩 우선 선정한 후 추첨에 의하여 8명을 지정하고, 후보자수가 8명에 미달하되 후보자가 선정·신고한 인원수가 8명을 넘는 때에는 후보자별로 1명씩 선정한 사람을 우선 지정한 후 나머지 인원은 추첨에 의하여 지정한다. <신설 2025·1·7>

④ 제2항에 따른 사전투표참관인의 선정이 없거나 한 후보자가 선정한 사전투표참관인밖에 없는 때에는 관할구·시·군선거관리위원회가 선거권자중에서 본인의 승낙을 얻어 4인에 달할 때까지 선정한 자를 사전투표참관인으로 한다. <개정 2005·8·4, 2014·1·17>

⑤ 사전투표참관에 관하여는 제161조제6항부터 제12항까지의 규정을 준용한다. 이 경우 "읍·면·동선거관리위원회"는 "관할구·시·군선거관리위원회"로, "투표관리관"은 "사전투표관리관"으로, "투표참관인"은 "사전투표참관인"으로 본다. <개정 2000·2·16, 2005·8·4, 2010·1·25, 2014·1·17, 2015·8·13>

⑥ 사전투표참관인신고서의 서식, 그 밖에 필요한 사항은 중앙선거관리위원회규칙으로 정한다. <개정 2014·1·17>

제163조(투표소 등의 출입제한) ① 투표하려는 선거인·투표참관인·투표관리관, 읍·면·동선거관리위원회 및 그 상급선거관리위원회의 위원과 직원 및 투표사무원을 제외하고는 누구든지 투표소에 들어갈 수 없다. <개정 2005·8·4>

② 선거관리위원회의 위원·직원·투표관리관·투표사무원 및 투표참관인이 투표소에 출입하는 때에는 중앙선거관리위원회규칙이 정하는 바에 따라 표지를 달거나 붙여야 하며, 이 규정에 의한 표지외에는 선거와 관련한 어떠한 표시물도 달거나 붙일 수 없다. <개정 2005·8·4>

③ 제2항의 표지는 다른 사람에게 양도·양여할 수 없다.

④ 사전투표소(제149조에 따라 기표소가 설치된 장소를 포함한다)의 출입제한에 관하여는 제1항부터 제3항까지의 규정을 준용한다. <개정 2014·1·17>

제164조(투표소 등의 질서유지) ① 투표관리관 또는 투표사무원은 투표소의 질서가 심히 문란하여 공정한 투표가 실시될 수 없다고 인정하는 때에는 투표소의 질서를 유지하기 위하여 정복을 한 경찰공무원 또는 경찰관서장에게 원조를 요구할 수 있다. <개정 2005·8·4>

② 제 1 항의 규정에 의하여 원조요구를 받은 경찰공무원 또는 경찰관서장은 즉시 이에 따라야 한다.

③ 제 1 항의 요구에 의하여 투표소안에 들어간 경찰공무원 또는 경찰관서장은 투표관리관의 지시를 받아야 하며, 질서가 회복되거나 투표관리관의 요구가 있는 때에는 즉시 투표소안에서 퇴거하여야 한다. <개정 2005·8·4>

④ 사전투표소의 질서유지에 관하여는 제 1 항부터 제 3 항까지의 규정을 준용한다. 이 경우 "투표관리관"은 "사전투표관리관"으로, "투표사무원"은 "사전투표사무원"으로 본다. <개정 2014·1·17>

제165조(무기나 흉기 등의 휴대금지) ① 제164조(투표소 등의 질서유지)제 1 항의 경우를 제외하고는 누구든지 투표소안에서 무기나 흉기 또는 폭발물을 지닐 수 없다.

② 사전투표소(제149조에 따라 기표소가 설치된 장소를 포함한다)에서의 무기나 흉기 등의 휴대금지에 관하여는 제 1 항을 준용한다. <개정 2014·1·17>

제166조(투표소내외에서의 소란언동금지 등) ① 투표소안에서 또는 투표소로부터 100미터안에서 소란한 언동을 하거나 특정 정당이나 후보자를 지지 또는 반대하는 언동을 하는 자가 있는 때에는 투표관리관 또는 투표사무원은 이를 제지하고, 그 명령에 불응하는 때에는 투표소 또는 그 제한거리 밖으로 퇴거하게 할 수 있다. 이 경우 투표관리관 또는 투표사무원은 필요하다고 인정하는 때에는 정복을 한 경찰공무원 또는 경찰관서장에게 원조를 요구할 수 있다. <개정 2005·8·4>

② 제 1 항의 규정에 의하여 퇴거당한 선거인은 최후에 투표하게 한다. 다만, 투표관리관은 투표소의 질서를 문란하게 할 우려가 없다고 인정하는 때에는 그 전에라도 투표하게 할 수 있다. <개정 2005·8·4>

③ 누구든지 제163조(투표소 등의 출입제한)제 2 항의 규정에 의하여 표지를 달거나 붙이는 경우를 제외하고는 선거일에 완장·흉장 등의 착용 기타의 방법으로 선거에 영향을 미칠 우려가 있는 표지를 할 수 없다.

④ 제164조(투표소 등의 질서유지)제 2 항 및 제 3 항의 규정은 투표소내외에서의 소란언동금지 등에 이를 준용한다.

⑤ 사전투표소 내외에서의 소란언동금지 등에 관하여는 제 1 항부터 제 4 항까지의 규정을 준용한다. 이 경우 "투표관리관"은 "사전투표관리관"으로, "투표사무원"은 "사전투표사무원"으로, "선거일에"는 "사전투표소 안에서"로 본다. <개정 2014·1·17>

제166조의2(투표지 등의 촬영행위 금지) ① 누구든지 기표소 안에서 투표지를 촬영하여서는 아니 된다.

② 투표관리관 또는 사전투표관리관은 선거인이 기표소 안에서 투표지를 촬영한 경우 해당 선거인으로부터 그 촬영물을 회수하고 투표록에 그 사유를 기록한다. <개정 2014·1·17>

〔본조신설 2010·1·25〕

제167조(투표의 비밀보장) ① 투표의 비밀은 보장되어야 한다.

② 선거인은 투표한 후보자의 성명이나 정당명을 누구에게도 또한 어떠한 경우에도 진술할 의무가 없으며, 누구든지 선거일의 투표마감시각까지 이를 질문하거나 그 진술을 요구할 수 없다. 다만, 텔레비전방송국·라디오방송국·「신문 등의 진흥에 관한 법률」 제 2 조제 1 호가목 및 나목에 따른 일간신문사가 선거의 결과를 예상하기 위하여 선거일에 투표소로부터 50미터 밖에서 투표의 비밀이 침해되지 않는 방법으로 질문하는 경우에는 그러하지 아니하며 이 경우 투표마감시각까지 그 경위와 결과를 공표할 수 없다. <개정 1995·12·30, 2000·2·16, 2004·3·12, 2005·8·4, 2010·1·25, 2012·2·29>

③ 선거인은 자신이 기표한 투표지를 공개할 수 없으며, 공개된 투표지는 무효로 한다.

제168조(투표함 등의 봉쇄·봉인) ① 투표관리관은 투표소를 닫는 시각이 된 때에는 투표소의 입구를 닫아야 하며, 투표소안에 있는 선거인의 투표가 끝나면 투표참관인의 참관하에 투표함의 투입구와 그 자물쇠를 봉쇄·봉인하여야 한다. 다만, 정당한 사유없이 참관을 거부하는 투표참관인이 있는 때에는 그 권한을 포기한 것으로 보고, 투표록에 그 사유를 기재한다. <개정 2005·8·4>

② 투표함의 열쇠와 잔여투표용지 및 번호

지는 제1항의 규정에 의하여 각각 봉인하여야 한다.

제169조(투표록의 작성) 투표관리관은 투표록을 작성하여 기명하고 서명 또는 날인하여야 한다. <개정 2011·7·28>
〔전부개정 2005·8·4〕

제170조(투표함 등의 송부) ① 투표관리관은 투표가 끝난 후 지체없이 투표함 및 그 열쇠와 투표록 및 잔여투표용지를 관할구·시·군선거관리위원회에 송부하여야 한다. <개정 2005·8·4>
② 제1항의 규정에 의하여 투표함을 송부하는 때에는 후보자별로 투표참관인 1인과 호송에 필요한 정복을 한 경찰공무원을 2인에 한하여 동반할 수 있다. <개정 2005·8·4, 2010·3·12>

제171조(투표관계서류의 인계) 투표관리관은 투표가 끝난 후 선거인명부 기타 선거에 관한 모든 서류를 관할구·시·군선거관리위원회위원장에게 인계하여야 한다. <개정 2005·8·4>

제11장 개표

제172조(개표관리) ① 개표사무는 구·시·군선거관리위원회가 이를 행한다.
② 제173조(개표소)제2항의 규정에 의하여 2개 이상의 개표소를 설치하는 때에는 당해 구·시·군선거관리위원회위원을 각 개표소에 비등하게 지정·배치하되, 이 법에 의한 개표관리에 관하여 당해 구·시·군선거관리위원회의 의결을 요하는 사항은 당해 개표소에 배치된 위원〔「선거관리위원회법」 제4조(위원의 임명 및 위촉)제13항의 규정에 의한 보조위원을 포함한다. 이하 이 장에서 같다〕수의 과반수의 의결로 결정하고, 구·시·군선거관리위원회위원장의 직무는 각각 당해 위원장과 부위원장 또는 위원장이 지명한 위원이 행한다. <신설 2000·2·16, 2005·8·4>
③ 개표를 개시한 이후에는 개표소에 구·시·군선거관리위원회재적위원(제173조제2항의 규정에 의하여 2개 이상의 개표소를 설치한 때에는 당해 개표소에 배치된 위원을 말한다)의 과반수가 참석하여야 한다. <개정 1995·12·30, 2000·2·16>
④ 「선거관리위원회법」 제4조제13항 및 동법 제5조(위원장)제4항의 규정은 2개 이상의 개표소를 설치하는 선거의 경우에 관하여 이를 준용한다. <신설 2000·2·16, 2005·8·4>

제173조(개표소) ① 구·시·군선거관리위원회는 선거일전 5일까지 그 구·시·군의 사무소 소재지 또는 당해 관할구역(당해 구역안에 적정한 장소가 없는 때에는 인접한 다른 구역을 포함한다)안에 설치할 개표소를 공고하여야 한다. 다만, 천재·지변 기타 부득이한 사유가 있는 때에는 이를 변경할 수 있으며, 이 경우에는 즉시 공고하여야 한다. <개정 1998·4·30>
② 구·시·군선거관리위원회는 2개 이상의 개표소를 설치할 수 있다. <신설 2000·2·16>
③ 제147조(투표소의 설치)제3항의 규정은 개표소에 준용한다. <신설 2004·3·12>
④ 2개 이상의 개표소를 설치하는 때의 개표의 절차 및 방법 기타 필요한 사항은 중앙선거관리위원회규칙으로 정한다. <신설 2000·2·16>

제174조(개표사무원) ① 구·시·군선거관리위원회는 개표사무를 보조하게 하기 위하여 개표사무원을 두어야 한다. <개정 2018·4·6>
② 개표사무원은 제147조제9항제1호 내지 제4호에 해당하는 자 또는 공정하고 중립적인 자 중에서 위촉한다. <개정 2004·3·12>
③ 제147조제9항제1호부터 제4호까지의 기관·단체의 장이 선거관리위원회로부터 개표사무원의 추천 협조요구를 받은 때에는 우선적으로 이에 따라야 한다. <신설 2014·2·13>
④ 삭제 <2004·3·12>

제175조(개표개시) ① 삭제 <2004·3·12>
② 구·시·군선거관리위원회는 관할구역안에 2 이상의 선거구가 있는 경우에는 선거구 단위로 개표한다. <개정 2000·2·16, 2004·3·12>

제176조(사전투표·거소투표 및 선상투표의 접수·개표) ① 구·시·군선거관리위원회는 우편으로 송부된 사전투표·거소투표 및 선

상투표를 접수한 때에는 당해 구·시·군선거관리위원회의 정당추천위원의 참여하에 이를 즉시 우편투표함에 투입·보관하여야 한다. <개정 2005·8·4, 2014·1·17>

② 구·시·군선거관리위원회는 제158조제6항제2호에 따라 사전투표함을 인계받은 때에는 해당 구·시·군선거관리위원회의 정당추천위원의 참여 하에 투표함의 봉함·봉인상태를 확인하고 보관하여야 한다. <신설 2014·1·17>

③ 구·시·군선거관리위원회는 제1항에 따른 우편투표함과 제2항에 따른 사전투표함을 「개인정보 보호법」 제2조제7호에 따른 고정형 영상정보처리기기가 설치된 장소에 보관하여야 하고, 해당 영상정보는 해당 선거의 선거일 후 6개월까지 보관하여야 한다. <신설 2021·3·26, 2023·3·14>

④ 제1항에 따른 우편투표함과 제2항에 따른 사전투표함은 개표참관인이 참관하에 선거일 오후 6시(보궐선거등에 있어서는 오후 8시)후에 개표소로 옮겨서 일반투표함의 투표지와 별도로 먼저 개표할 수 있다. <개정 1998·4·30, 2004·3·12, 2014·1·17>

⑤ 제3항에 따른 영상정보처리기기의 설치, 투표함 보관, 그 밖에 필요한 사항은 중앙선거관리위원회규칙으로 정한다. <신설 2021·3·26>

제177조(투표함의 개함) ① 투표함을 개함하는 때에는 구·시·군선거관리위원회위원장은 개표참관인의 참관하에 투표함의 봉쇄와 봉인을 검사한 후 이를 열어야 한다. 다만, 정당한 사유 없이 참관을 거부하는 개표참관인이 있는 때에는 그 권한을 포기한 것으로 보고, 개표록에 그 사유를 기재한다. <개정 2005·8·4>

② 구·시·군선거관리위원회위원장은 투표함을 개함한 후 투표수를 계산하여 투표록에 기재된 투표용지 교부수와 대조하여야 한다. 이 경우 정당한 사유없이 개표사무를 지연시키는 위원이 있는 때에는 그 권한을 포기한 것으로 보고, 개표록에 그 사유를 기재한다.

제178조(개표의 진행) ① 개표는 투표구별로 구분하여 투표수를 계산한다. <개정 2002·3·7>

② 구·시·군선거관리위원회는 개표사무를 보조하기 위하여 투표지를 유·무효별 또는 후보자(비례대표국회의원선거 및 비례대표지방의회의원선거에서는 정당을 말한다)별로 구분하거나 계산에 필요한 기계장치 또는 전산조직을 이용할 수 있다. <신설 2014·1·17>

③ 후보자별 득표수(비례대표국회의원선거 및 비례대표지방의회의원선거에 있어서는 정당별 득표수를 말한다. 이하 이 조에서 같다)의 공표는 구·시·군선거관리위원회위원장이 투표구별로 집계·작성된 개표상황표에 의하여 투표구 단위로 하되, 출석한 구·시·군선거관리위원회위원 전원은 공표 전에 득표수를 검열하고 개표상황표에 서명하거나 날인하여야 한다. 다만, 정당한 사유없이 개표사무를 지연시키는 위원이 있는 때에는 그 권한을 포기한 것으로 보고, 개표록에 그 사유를 기재한다. <개정 2002·3·7, 2004·3·12, 2005·8·4, 2011·7·28>

④ 누구든지 제3항에 따른 후보자별 득표수의 공표전에는 이를 보도할 수 없다. 다만, 선거관리위원회가 제공하는 개표상황자료를 보도하는 경우에는 그러하지 아니하다. <개정 2002·3·7, 2014·1·17>

⑤ 개표절차 및 개표상황표의 서식 기타 필요한 사항은 중앙선거관리위원회규칙으로 정한다.

제179조(무효투표) ① 다음 각 호의 어느 하나에 해당하는 투표는 무효로 한다. <개정 2002·3·7, 2004·3·12, 2005·8·4, 2015·8·13>

1. 정규의 투표용지를 사용하지 아니한 것
2. 어느 란에도 표를 하지 아니한 것
3. 2란에 걸쳐서 표를 하거나 2 이상의 란에 표를 한 것
4. 어느 란에 표를 한 것인지 식별할 수 없는 것
5. ㉧표를 하지 아니하고 문자 또는 물형을 기입한 것
6. ㉧표 외에 다른 사항을 기입한 것
7. 선거관리위원회의 기표용구가 아닌 용구로 표를 한 것

② 사전투표 및 거소투표의 경우에는 제1항의 규정에 의하는 외에 다음 각 호의 어느 하나에 해당하는 투표도 이를 무효로 한

다. <개정 2000·2·16, 2005·8·4, 2012·2·29, 2014·1·17>

1. 정규의 회송용 봉투를 사용하지 아니한 것
2. 회송용 봉투가 봉함되지 아니한 것
3. 삭제 <2005·8·4>
4. 삭제 <2014·1·17>

③ 선상투표의 경우에는 제1항에 따라 무효로 하는 경우 외에 다음 각 호의 어느 하나에 해당하는 경우에도 무효로 한다. <신설 2012·2·29, 2014·1·17>

1. 선상투표신고서에 기재된 팩시밀리 번호가 아닌 번호를 이용하여 전송되거나 전송한 팩시밀리 번호를 알 수 없는 것
2. 같은 선거인의 투표지가 2회 이상 수신된 경우 정상적으로 수신된 최초의 투표지 외의 것
3. 선거인이나 선장 또는 입회인의 서명이 누락된 것(제158조의3제3항 단서에 따라 입회인을 두지 아니한 경우 입회인의 서명이 누락된 것은 제외한다)
4. 표지부분에 후보자의 성명이나 정당의 명칭 또는 그 성명이나 명칭을 유추할 수 있는 내용이 표시된 것

④ 다음 각 호의 어느 하나에 해당하는 투표는 무효로 하지 아니한다. <개정 2000·2·16, 2005·8·4, 2012·2·29, 2014·1·17>

1. ㉧표가 일부분 표시되거나 ㉧표안이 메워진 것으로서 선거관리위원회의 기표용구를 사용하여 기표를 한 것이 명확한 것
2. 한 후보자(비례대표국회의원선거 및 비례대표지방의회의원선거에 있어서는 정당을 말한다. 이하 이 항에서 같다)란에만 2 이상 기표된 것
3. 후보자란 외에 추가 기표되었으나 추가 기표된 것이 어느 후보자에게도 기표한 것으로 볼 수 없는 것
4. 삭제 <2015·8·13>
5. 기표한 것이 전사된 것으로서 어느 후보자에게 기표한 것인지가 명확한 것
6. 인육으로 오손되거나 훼손되었으나 정규의 투표용지임이 명백하고 어느 후보자에게 기표한 것인지가 명확한 것
7. 거소투표(선상투표를 포함한다)의 경우 이 법에 규정된 방법외의 다른 방법〔인장(무인을 제외한다)의 날인·성명기재 등 누가 투표한 것인지 알 수 있는 것을 제외한다〕으로 표를 하였으나 어느 후보자에게 기표한 것인지가 명확한 것
8. 회송용 봉투에 성명 또는 거소가 기재되거나 사인이 날인된 것
9. 거소투표자 또는 선상투표자가 투표 후 선거일의 투표개시 전에 사망한 경우 그 거소투표 또는 선상투표
10. 사전투표소에서 투표한 선거인이 선거일의 투표개시 전에 사망한 경우 해당 선거인의 투표

제180조(투표의 효력에 관한 이의에 대한 결정) ① 투표의 효력에 관하여 이의가 있는 때에는 구·시·군선거관리위원회는 재적위원 과반수의 출석과 출석위원 과반수의 의결로 결정한다. <개정 1995·12·30>

② 투표의 효력을 결정함에 있어서는 선거인의 의사가 존중되어야 한다.

제181조(개표참관) ① 구·시·군선거관리위원회는 개표참관인으로 하여금 개표소안에서 개표상황을 참관하게 하여야 한다.

② 제1항의 개표참관인은 구·시·군선거관리위원회의 관할구역안에서 실시되는 선거에 후보자를 추천하는 정당은 6인을, 무소속후보자는 3인을 선정하여 선거일 전 2일까지 당해 구·시·군선거관리위원회에 서면으로 신고하여 참관하게 하되, 신고후 언제든지 교체할 수 있으며 개표일에는 개표소에서 교체신고를 할 수 있다. <개정 1995·4·1, 2000·2·16, 2004·3·12, 2005·8·4, 2018·4·6>

③ 제2항의 규정에 의한 개표참관인의 신고가 없거나 한 정당 또는 한 후보자가 선정한 개표참관인밖에 없는 때에는 구·시·군선거관리위원회가 선거권자 중에서 본인의 승낙을 얻어 12인〔지역구자치구·시·군의원선거에 있어서는 6인(한 정당이 선정한 개표참관인밖에 없는 때에는 9인)〕에 달할 때까지 선정한 자를 개표참관인으로 한다. <개정 1995·4·1, 2004·3·12, 2005·8·4, 2012·1·17>

④ 제3항의 규정에 의하여 구·시·군선거관리위원회가 선정한 개표참관인은 정당한 사유없이 참관을 거부하거나 그 직을 사임할 수 없다.
⑤ 구·시·군선거관리위원회는 제2항 및 제3항에도 불구하고 개표장소, 선거인수 등을 고려하여 선거권자의 신청을 받아 제2항에 따라 정당 또는 후보자가 신고할 수 있는 개표참관인 수의 100분의 20 이내에서 개표참관인을 추가로 선정하여 참관하게 할 수 있다. <신설 2015·8·13>
⑥ 개표참관인은 투표구에서 송부된 투표함의 인계·인수절차를 참관하고 투표함의 봉쇄·봉인을 검사하며 그 관리상황을 참관할 수 있다.
⑦ 구·시·군선거관리위원회는 개표참관인이 개표내용을 식별할 수 있는 가까운 거리(1미터 이상 2미터 이내)에서 참관할 수 있도록 개표참관인석을 마련하여야 한다.
⑧ 구·시·군선거관리위원회는 개표참관인이 개표에 관한 위법사항을 발견하여 그 시정을 요구한 경우에 그 요구가 정당하다고 인정되는 때에는 이를 시정하여야 한다.
⑨ 개표참관인은 개표소안에서 개표상황을 언제든지 순회·감시 또는 촬영할 수 있으며, 당해 구·시·군선거관리위원회위원장이 개표소안 또는 일반관람인석에 지정한 장소에 전화·컴퓨터 기타의 통신설비를 설치하고, 이를 이용하여 개표상황을 후보자 또는 정당에 통보할 수 있다.
⑩ 구·시·군선거관리위원회는 원활한 개표관리를 위하여 필요한 경우에는 개표참관인을 교대하여 참관하게 할 수 있다. 이 경우 정당·후보자별로 참관인수의 2분의 1씩 교대하여 참관하게 하여야 한다. <개정 2004·3·12>
⑪ 다음 각 호의 어느 하나에 해당하는 사람은 개표참관인이 될 수 없다. <개정 2015·8·13>
1. 대한민국 국민이 아닌 사람
2. 미성년자
3. 제18조제1항 각 호의 어느 하나에 해당하는 사람
4. 제53조제1항 각 호의 어느 하나에 해당하는 사람
⑫ 개표참관인신고서의 서식 기타 필요한 사항은 중앙선거관리위원회규칙으로 정한다.

제182조(개표관람) ① 누구든지 구·시·군선거관리위원회가 발행하는 관람증을 받아 구획된 장소에서 개표상황을 관람할 수 있다.
② 제1항의 관람증의 매수는 개표장소를 참작하여 적당한 수로 하되, 후보자별로 균등하게 배부되도록 하여야 한다.
③ 구·시·군선거관리위원회는 일반관람인석에 대하여 질서유지에 필요한 설비를 하여야 한다.

제183조(개표소의 출입제한과 질서유지) ① 구·시·군선거관리위원회와 그 상급선거관리위원회의 위원·직원, 개표사무원·개표사무협조요원 및 개표참관인을 제외하고는 누구든지 개표소에 들어갈 수 없다. 다만, 관람증을 배부받은 자와 방송·신문·통신의 취재·보도요원이 일반관람인석에 들어가는 경우는 그러하지 아니하다. <개정 2002·3·7>
② 선거관리위원회의 위원·직원, 개표사무원·개표사무협조요원 및 개표참관인이 개표소에 출입하는 때에는 중앙선거관리위원회규칙이 정하는 바에 따라 표지를 달거나 붙여야 하며, 이를 다른 사람에게 양도·양여할 수 없다. <개정 2002·3·7>
③ 구·시·군선거관리위원회위원장이나 위원은 개표소의 질서가 심히 문란하여 공정한 개표가 진행될 수 없다고 인정하는 때에는 개표소의 질서유지를 위하여 정복을 한 경찰공무원 또는 경찰관서장에게 원조를 요구할 수 있다.
④ 제3항의 규정에 의하여 원조요구를 받은 경찰공무원 또는 경찰관서장은 즉시 이에 따라야 한다.
⑤ 제3항의 요구에 의하여 개표소안에 들어간 경찰공무원 또는 경찰관서장은 구·시·군선거관리위원회위원장의 지시를 받아야 하며, 질서가 회복되거나 위원장의 요구가 있는 때에는 즉시 개표소에서 퇴거하여야 한다.

⑥ 제3항의 경우를 제외하고는 누구든지 개표소안에서 무기나 흉기 또는 폭발물을 지닐 수 없다.

제184조(투표지의 구분) 개표가 끝난 때에는 투표구별로 개표한 투표지를 유효·무효로 구분하고, 유효투표지는 다시 후보자(비례대표국회의원선거 및 비례대표지방의회의원선거에 있어서는 후보자를 추천한 정당을 말한다)별로 구분하여 각각 포장하여 구·시·군선거관리위원회위원장이 봉인하여야 한다. <개정 2002·3·7, 2004·3·12, 2005·8·4, 2010·1·25>

제185조(개표록·집계록 및 선거록의 작성 등) ① 구·시·군선거관리위원회는 개표결과를 즉시 공표하고 개표록을 작성하여 관할선거구선거관리위원회(대통령선거 및 비례대표국회의원선거에 있어서는 시·도선거관리위원회)에 송부하여야 한다. <개정 2004·3·12>

② 제1항의 개표록을 송부받은 관할선거구선거관리위원회는 지체없이 후보자(비례대표지방의회의원선거에 있어서는 정당을 말한다)별 득표수를 계산·공표하고 선거록을 작성하여야 한다. <개정 1995·4·1, 2000·2·16, 2002·3·7, 2004·3·12, 2005·8·4>

③ 시·도선거관리위원회가 제1항의 개표록을 송부받은 때에는 대통령선거에 있어서는 후보자별 득표수를, 비례대표국회의원선거에 있어서는 정당별 득표수를 계산·공표하고 집계록을 작성하여 중앙선거관리위원회에 송부하여야 한다. <개정 2004·3·12>

④ 중앙선거관리위원회가 제3항의 집계록을 송부받은 때에는 대통령선거에 있어서는 후보자별 득표수를, 비례대표국회의원선거에 있어서는 정당별 득표수를 계산·공표하고, 선거록을 작성하여야 한다. <개정 2000·2·16, 2004·3·12>

⑤ 개표록·집계록 및 선거록에는 위원장과 출석한 위원 전원이 기명하고 서명 또는 날인하여야 한다. 다만, 정당한 사유없이 서명 또는 날인을 거부하는 위원이 있는 때에는 그 권한을 포기한 것으로 보고, 개표록·집계록 및 선거록에 그 사유를 기재한다. <개정 2011·7·28>

⑥ 개표록·집계록 및 선거록의 서식 기타 필요한 사항은 중앙선거관리위원회규칙으로 정한다.

제186조(투표지·개표록 및 선거록 등의 보관) 구·시·군선거관리위원회는 투표지·투표함·투표록·개표록·선거록 기타 선거에 관한 모든 서류를, 시·도선거관리위원회는 집계록 및 선거록 기타 선거에 관한 모든 서류를, 중앙선거관리위원회는 선거록 기타 선거에 관한 모든 서류를 그 당선인의 임기중 각각 보관하여야 한다. 다만, 제219조(선거소청)·제222조(선거소송) 및 제223조(당선소송)의 규정에 의한 선거에 관한 쟁송이 제기되지 아니하거나 계속되지 아니하게 된 때에는 중앙선거관리위원회규칙이 정하는 바에 따라 그 보존기간을 단축할 수 있다. <개정 1995·4·1, 2000·2·16, 2002·3·7>

제12장 당선인

제187조(대통령당선인의 결정·공고·통지) ① 대통령선거에 있어서는 중앙선거관리위원회가 유효투표의 다수를 얻은 자를 당선인으로 결정하고, 이를 국회의장에게 통지하여야 한다. 다만, 후보자가 1인인 때에는 그 득표수가 선거권자총수의 3분의 1 이상에 달하여야 당선인으로 결정한다.

② 최고득표자가 2인 이상인 때에는 중앙선거관리위원회의 통지에 의하여 국회는 재적의원 과반수가 출석한 공개회의에서 다수표를 얻은 자를 당선인으로 결정한다.

③ 제1항의 규정에 의하여 당선인이 결정된 때에는 중앙선거관리위원회위원장이, 제2항의 규정에 의하여 당선인이 결정된 때에는 국회의장이 이를 공고하고, 지체없이 당선인에게 당선증을 교부하여야 한다.

④ 천재·지변 기타 부득이한 사유로 인하여 개표를 모두 마치지 못하였다 하더라도 개표를 마치지 못한 지역의 투표가 선거의 결과에 영향을 미칠 염려가 없다고 인정되는 때에는 중앙선거관리위원회는 우선 당선인을 결정할 수 있다.

제188조(지역구국회의원당선인의 결정·공고·통지) ① 지역구국회의원선거에 있어서는 선

거구선거관리위원회가 당해 국회의원지역구에서 유효투표의 다수를 얻은 자를 당선인으로 결정한다. 다만, 최고득표자가 2인 이상인 때에는 연장자를 당선인으로 결정한다.

② 후보자등록마감시각에 지역구국회의원후보자가 1인이거나 후보자등록마감후 선거일 투표개시시각전까지 지역구국회의원후보자가 사퇴·사망하거나 등록이 무효로 되어 지역구국회의원후보자수가 1인이 된 때에는 지역구국회의원후보자에 대한 투표를 실시하지 아니하고, 선거일에 그 후보자를 당선인으로 결정한다.

③ 선거일의 투표개시시각부터 투표마감시각까지 지역구국회의원후보자가 사퇴·사망하거나 등록이 무효로 되어 지역구국회의원후보자수가 1인이 된 때에는 나머지 투표는 실시하지 아니하고 그 후보자를 당선인으로 결정한다.

④ 선거일의 투표마감시각후 당선인결정전까지 지역구국회의원후보자가 사퇴·사망하거나 등록이 무효로 된 경우에는 개표결과 유효투표의 다수를 얻은 자를 당선인으로 결정하되, 사퇴·사망하거나 등록이 무효로 된 자가 유효투표의 다수를 얻은 때에는 그 국회의원지역구는 당선인이 없는 것으로 한다.

⑤ 제2항 및 제3항의 규정에 의하여 투표를 실시하지 아니하는 때에는 당해 선거구선거관리위원회는 지체없이 이를 공고하고 상급선거관리위원회에 보고하여야 하며, 하급선거관리위원회에 통지하여야 한다.

⑥ 제1항 내지 제4항의 규정에 의하여 국회의원지역구의 당선인이 결정된 때에는 당해 선거구선거관리위원회위원장은 이를 공고하고 지체없이 당선인에게 당선증을 교부하여야 하며, 상급선거관리위원회에 보고하여야 한다.

⑦ 제187조(대통령당선인의 결정·공고·통지)제4항의 규정은 지역구국회의원당선인의 결정에 이를 준용한다.

제189조(비례대표국회의원의석의 배분과 당선인의 결정·공고·통지) ① 중앙선거관리위원회는 다음 각 호의 어느 하나에 해당하는 정당(이하 이 조에서 "의석할당정당"이라 한다)에 대하여 비례대표국회의원의석을 배분한다. <개정 2020·1·14>

1. 임기만료에 따른 비례대표국회의원선거에서 전국 유효투표총수의 100분의 3 이상을 득표한 정당
2. 임기만료에 따른 지역구국회의원선거에서 5 이상의 의석을 차지한 정당

② 비례대표국회의원의석은 다음 각 호에 따라 각 의석할당정당에 배분한다. <개정 2020·1·14>

1. 각 의석할당정당에 배분할 의석수(이하 이 조에서 "연동배분의석수"라 한다)는 다음 계산식에 따른 값을 소수점 첫째자리에서 반올림하여 산정한다. 이 경우 연동배분의석수가 1보다 작은 경우 연동배분의석수는 0으로 한다.

연동배분의석수	=	[(국회의원정수 - 의석할당정당이 추천하지 않은 지역구국회의원당선인수) × 해당 정당의 비례대표국회의원선거 득표비율 - 해당 정당의 지역구국회의원당선인수] ÷ 2

2. 제1호에 따른 각 정당별 연동배분의석수의 합계가 비례대표국회의원 의석정수에 미달할 경우 각 의석할당정당에 배분할 잔여의석수(이하 이 조에서 "잔여배분의석수"라 한다)는 다음 계산식에 따라 산정한다. 이 경우 정수(整數)의 의석을 먼저 배정하고 잔여의석은 소수점 이하 수가 큰 순으로 각 의석할당정당에 1석씩 배분하되, 그 수가 같은 때에는 해당 정당 사이의 추첨에 따른다.

잔여배분의석수	=	(비례대표국회의원 의석정수 - 각 연동배분의석수의 합계) × 비례대표국회의원선거 득표비율

3. 제1호에 따른 각 정당별 연동배분의석수의 합계가 비례대표국회의원 의석정수를 초과할 경우에는 제1호 및 제2호에도 불구하고 다음 계산식에 따라 산출된 수(이하 이 조에서 "조정의석수"라 한다)를 각 연동배분의석 할당정당의 의석으로

산정한다. 이 경우 산출방식에 관하여는 제2호 후단을 준용한다.

조정 의석수	= 비례대표국회의원 의석정수 × 연동배분의석수 ÷ 각 연동배분 의석수의 합계

③ 제2항의 비례대표국회의원선거 득표비율은 각 의석할당정당의 득표수를 모든 의석할당정당의 득표수의 합계로 나누어 산출한다. <개정 2020·1·14>

④ 중앙선거관리위원회는 제출된 정당별 비례대표국회의원후보자명부에 기재된 당선인으로 될 순위에 따라 정당에 배분된 비례대표국회의원의 당선인을 결정한다.

⑤ 정당에 배분된 비례대표국회의원의석수가 그 정당이 추천한 비례대표국회의원후보자수를 넘는 때에는 그 넘는 의석은 공석으로 한다.

⑥ 중앙선거관리위원회는 비례대표국회의원선거에 있어서 제198조(천재·지변 등으로 인한 재투표)의 규정에 의한 재투표 사유가 발생한 경우에는 그 투표구의 선거인수를 전국선거인수로 나눈 수에 비례대표국회의원 의석정수를 곱하여 얻은 수의 정수(1 미만의 단수는 1로 본다)를 비례대표국회의원 의석정수에서 뺀 다음 제1항부터 제4항까지의 규정에 따라 비례대표국회의원의석을 배분하고 당선인을 결정한다. 다만, 재투표결과에 따라 의석할당정당이 추가될 것으로 예상되는 경우에는 추가가 예상되는 정당마다 비례대표국회의원 의석정수의 100분의 3에 해당하는 정수(1미만의 단수는 1로 본다)의 의석을 별도로 빼야 한다. <개정 2020·1·14>

⑦ 비례대표국회의원의 당선인이 결정된 때에는 중앙선거관리위원회위원장은 그 명단을 공고하고 지체없이 각 정당에 통지하며, 당선인에게 당선증을 교부하여야 한다.

⑧ 제187조(대통령당선인의 결정·공고·통지)제4항의 규정은 비례대표국회의원당선인의 결정에 이를 준용한다.

〔전부개정 2004·3·12〕

제190조(지역구지방의회의원당선인의 결정·공고·통지) ① 지역구시·도의원 및 지역구자치구·시·군의원의 선거에 있어서는 선거구선거관리위원회가 당해 선거구에서 유효투표의 다수를 얻은 자(지역구자치구·시·군의원선거에 있어서는 유효투표의 다수를 얻은 자 순으로 의원정수에 이르는 자를 말한다. 이하 이 조에서 같다)를 당선인으로 결정한다. 다만, 최고득표자가 2인 이상인 때에는 연장자순에 의하여 당선인을 결정한다. <개정 1995·4·1, 2000·2·16, 2005·8·4>

② 후보자등록마감시각에 후보자가 당해 선거구에서 선거할 의원정수를 넘지 아니하거나 후보자등록마감후 선거일 투표개시시각까지 후보자가 사퇴·사망하거나 등록이 무효로 되어 후보자수가 당해 선거구에서 선거할 의원정수를 넘지 아니하게 된 때에는 투표를 실시하지 아니하고, 선거일에 그 후보자를 당선인으로 결정한다.

③ 제187조(대통령당선인의 결정·공고·통지)제4항 및 제188조(지역구국회의원당선인의 결정·공고·통지)제3항 내지 제6항의 규정은 지역구지방의회의원의 당선인의 결정·공고·통지에 이를 준용한다. 이 경우 "지역구국회의원후보자"는 "지역구지방의회의원후보자"로, "1인이 된 때"는 "의원정수를 넘지 아니하게 된 때"로, "그 국회의원지역구"는 "그 선거구"로 본다. <개정 1995·4·1, 2000·2·16, 2005·8·4>

④부터 ⑨까지 삭제 <2005·8·4>

제190조의2(비례대표지방의회의원당선인의 결정·공고·통지) ① 비례대표지방의회의원선거에 있어서는 당해 선거구선거관리위원회가 유효투표총수의 100분의 5 이상을 득표한 각 정당(이하 이 조에서 "의석할당정당"이라 한다)에 대하여 당해 선거에서 얻은 득표비율에 비례대표지방의회의원정수를 곱하여 산출된 수의 정수의 의석을 그 정당에 먼저 배분하고 잔여의석은 단수가 큰 순으로 각 의석할당정당에 1석씩 배분하되, 같은 단수가 있는 때에는 그 득표수가 많은 정당에 배분하고 그 득표수가 같은 때에는 당해 정당 사이의 추첨에 의한다. 이 경우 득표비율은 각 의석할당 정당의 득표수를 모

든 의석할당정당의 득표수의 합계로 나누고 소수점 이하 제5위를 반올림하여 산출한다.

② 비례대표시·도의원선거에 있어서 하나의 정당에 의석정수의 3분의 2 이상의 의석이 배분될 때에는 그 정당에 3분의 2에 해당하는 수의 정수(整數)의 의석을 먼저 배분하고, 잔여의석은 나머지 의석할당정당간의 득표비율에 잔여의석을 곱하여 산출된 수의 정수(整數)의 의석을 각 나머지 의석할당정당에 배분한 다음 잔여의석이 있는 때에는 그 단수가 큰 순위에 따라 각 나머지 의석할당정당에 1석씩 배분한다. 다만, 의석정수의 3분의 2에 해당하는 수의 정수(整數)에 해당하는 의석을 배분받는 정당외에 의석할당정당이 없는 경우에는 의석할당정당이 아닌 정당간의 득표비율에 잔여의석을 곱하여 산출된 수의 정수(整數)의 의석을 먼저 그 정당에 배분하고 잔여의석이 있을 경우 단수가 큰 순으로 각 정당에 1석씩 배분한다. 이 경우 득표비율의 산출 및 같은 단수가 있는 경우의 의석배분은 제1항의 규정을 준용한다.

③ 관할선거구선거관리위원회는 비례대표지방의회의원선거에 있어서 제198조(천재·지변 등으로 인한 재투표)의 규정에 의한 재투표 사유가 발생한 때에는 그 투표구의 선거인수를 당해 선거구의 선거인수로 나눈 수에 비례대표지방의회의원의석정수를 곱하여 얻은 수의 정수(1 미만의 단수는 1로 본다)를 비례대표지방의회의원의석정수에서 뺀 다음 제1항 및 제2항의 규정에 따라 비례대표지방의회의원의석을 배분하고 당선인을 결정한다. 다만, 비례대표지방의회의원의석배분이 배제된 정당 중 재투표결과에 따라 의석할당정당이 추가될 것으로 예상되는 때에는 추가가 예상되는 정당마다 비례대표지방의회의원정수의 100분의 5에 해당하는 정수(1 미만의 단수는 1로 본다)의 의석을 별도로 빼야 한다.

④ 제187조(대통령당선인의 결정·공고·통지)제4항, 제189조제4항·제5항 및 제7항은 비례대표지방의회의원 당선인의 결정에 이를 준용한다. 이 경우 "중앙선거관리위원회"는 "관할선거구선거관리위원회"로, "비례대표국회의원"은 "비례대표지방의회의원"으로 본다. <개정 2020·1·14>

〔본조신설 2005·8·4〕

제191조(지방자치단체의 장의 당선인의 결정·공고·통지) ① 지방자치단체의 장선거에 있어서는 선거구선거관리위원회가 유효투표의 다수를 얻은 자를 당선인으로 결정하고, 이를 당해 지방의회의장에게 통지하여야 한다. 다만, 최고득표자가 2인 이상인 때에는 년장자를 당선인으로 결정한다.

② 삭제 <2010·1·25>

③ 제187조제4항 및 제188조제2항부터 제6항까지의 규정은 지방자치단체의 장의 당선인의 결정에 이를 준용한다. <개정 2010·1·25>

제191조의2(당선인 사퇴의 신고) 당선인이 임기개시 전에 사퇴하려는 때에는 직접 해당 선거구선거관리위원회에 서면으로 신고하여야 하고, 비례대표국회의원선거 또는 비례대표지방의회의원선거의 당선인이 사퇴하려는 때에는 소속정당의 사퇴승인서를 첨부하여야 한다.

〔본조신설 2011·7·28〕

제192조(피선거권상실로 인한 당선무효 등) ① 선거일에 피선거권이 없는 자는 당선인이 될 수 없다.

② 당선인이 임기개시전에 피선거권이 없게 된 때에는 당선의 효력이 상실된다.

③ 당선인이 임기개시전에 다음 각 호의 어느 하나에 해당되는 때에는 그 당선을 무효로 한다. <개정 1995·4·1, 2000·2·16, 2005·8·4, 2010·1·25, 2010·3·12, 2020·1·14, 2020·12·29>

1. 당선인이 제1항의 규정에 위반하여 당선된 것이 발견된 때
2. 당선인이 제52조제1항 각 호의 어느 하나 또는 같은 조 제2항 및 제3항의 등록무효사유에 해당하는 사실이 발견된 때
3. 비례대표국회의원 또는 비례대표지방의회의원의 당선인이 소속정당의 합당·해

산 또는 제명외의 사유로 당적을 이탈·변경하거나 2 이상의 당적을 가지고 있는 때(당선인결정시 2 이상의 당적을 가진 자를 포함한다)

④ 비례대표국회의원 또는 비례대표지방의회의원이 소속정당의 합당·해산 또는 제명외의 사유로 당적을 이탈·변경하거나 2 이상의 당적을 가지고 있는 때에는 「국회법」 제136조(퇴직) 또는 「지방자치법」 제90조(의원의 퇴직)의 규정에 불구하고 퇴직된다. 다만, 비례대표국회의원이 국회의장으로 당선되어 「국회법」 규정에 의하여 당적을 이탈한 경우에는 그러하지 아니하다. <개정 1995·4·1, 2000·2·16, 2002·3·7, 2005·8·4, 2007·5·11, 2021·1·12>

⑤ 제2항 및 제3항의 경우 관할선거구선거관리위원회〔제187조(대통령당선인의 결정·공고·통지)제2항의 규정에 의하여 국회에서 대통령당선인을 결정한 경우에는 국회〕는 그 사실을 공고하고 당해 당선인 및 당선인의 추천정당에 통지하여야 하며, 당선의 효력이 상실되거나 무효로 된 자가 대통령당선인 및 국회의원당선인인 때에는 국회의장에게, 지방자치단체의 의회의원 및 장의 당선인인 때에는 당해 지방의회의장에게 통지하여야 한다.

제193조(당선인결정의 착오시정) ① 선거구선거관리위원회〔제187조(대통령당선인의 결정·공고·통지)제2항의 규정에 의하여 국회에서 대통령당선인을 결정하는 경우에는 국회〕는 당선인결정에 명백한 착오가 있는 것을 발견한 때에는 선거일후 10일 이내에 당선인의 결정을 시정하여야 한다.

② 선거구선거관리위원회(중앙선거관리위원회를 제외한다)가 제1항의 규정에 의한 시정을 하는 때에는 지역구국회의원선거, 비례대표시·도의원선거, 지역구세종특별자치시의회의원선거 및 시·도지사선거에 있어서는 중앙선거관리위원회의, 지역구시·도의원선거(지역구세종특별자치시의회의원선거는 제외한다) 및 자치구·시·군의 의회의원과 장의 선거에 있어서는 시·도선거관리위원회의 심사를 받아야 한다. <개정 1995·4·1, 2002·3·7, 2015·8·13>

제194조(당선인의 재결정과 비례대표국회의원의석 및 비례대표지방의회의원의석의 재배분) ① 제187조(대통령당선인의 결정·공고·통지)·제188조(지역구국회의원당선인의 결정·공고·통지)·제190조제1항 내지 제3항 또는 제191조(지방자치단체의 장의 당선인의 결정·공고·통지)의 규정에 의한 당선인결정의 위법을 이유로 당선무효의 판결이나 결정이 확정된 때에는 당해 선거구선거관리위원회(제187조제2항의 규정에 의하여 국회에서 대통령당선인을 결정한 경우에는 국회)는 지체없이 당선인을 다시 결정하여야 한다. <개정 2002·3·7>

② 제189조 및 제190조의2(비례대표지방의회의원당선인의 결정·공고·통지)의 규정에 따른 비례대표국회의원의석 또는 비례대표지방의회의원의석의 배분 및 그 당선인 결정의 위법을 이유로 당선무효의 판결이나 결정이 있는 때 또는 제197조의 사유로 인한 재선거를 실시한 때에는 관할선거구선거관리위원회는 지체없이 의석을 재배분하고 다시 당선인을 결정하여야 한다. <개정 2000·2·16, 2002·3·7, 2005·8·4>

③ 선거구선거관리위원회는 비례대표국회의원선거 또는 비례대표지방의회의원선거의 당선인이 그 임기개시전에 사퇴·사망하거나 제192조(피선거권상실로 인한 당선무효등)제2항의 규정에 의하여 당선의 효력이 상실되거나 같은 조 제3항의 규정에 의하여 당선이 무효로 된 때에는 그 선거 당시의 소속정당이 추천한 후보자를 비례대표국회의원후보자명부 또는 비례대표지방의회의원후보자명부에 기재된 순위에 따라 당선인으로 결정한다. <개정 1995·4·1, 2000·2·16, 2005·8·4>

④ 선거구선거관리위원회는 비례대표국회의원선거 또는 비례대표지방의회의원선거에 있어서 제198조의 사유로 인한 재투표를 실시한 때에는 당초 선거에서의 득표수와 재투표에서의 득표수를 합하여 득표비율을 산출하고 그 득표비율에 당해 선거구의 의석

정수를 곱하여 얻은 수에서 각 정당이 이미 배분받은 의석수를 뺀 수가 큰 순위에 따라 잔여의석을 배분하고 당선인을 결정한다. 이 경우 비례대표국회의원선거에 있어서는 제189조제1항부터 제5항까지의 규정을, 비례대표지방의회의원선거에 있어서는 제190조의2의 규정을 준용한다. <개정 2002·3·7, 2004·3·12, 2005·8·4, 2020·1·14>

제13장 재선거와 보궐선거

제195조(재선거) ① 다음 각호의 1에 해당하는 사유가 있는 때에는 재선거를 실시한다. <개정 2000·2·16, 2002·3·7, 2004·3·12, 2005·8·4>

1. 당해 선거구의 후보자가 없는 때
2. 당선인이 없거나 지역구자치구·시·군의원선거에 있어 당선인이 당해 선거구에서 선거할 지방의회의원정수에 달하지 아니한 때
3. 선거의 전부무효의 판결 또는 결정이 있는 때
4. 당선인이 임기개시전에 사퇴하거나 사망한 때
5. 당선인이 임기개시전에 제192조(피선거권상실로 인한 당선무효 등)제2항의 규정에 의하여 당선의 효력이 상실되거나 같은 조 제3항의 규정에 의하여 당선이 무효로 된 때
6. 제263조(선거비용의 초과지출로 인한 당선무효) 내지 제265조(선거사무장 등의 선거범죄로 인한 당선무효)의 규정에 의하여 당선이 무효로 된 때

② 하나의 선거의 같은 선거구에 제200조(보궐선거)의 규정에 의한 보궐선거의 실시사유가 확정된 후 재선거 실시사유가 확정된 경우로서 그 선거일이 같은 때에는 재선거로 본다. <신설 2004·3·12>

제196조(선거의 연기) ① 천재·지변 기타 부득이한 사유로 인하여 선거를 실시할 수 없거나 실시하지 못한 때에는 대통령선거와 국회의원선거에 있어서는 대통령이, 지방의회의원 및 지방자치단체의 장의 선거에 있어서는 관할선거구선거관리위원회위원장이 당해 지방자치단체의 장(직무대행자를 포함한다)과 협의하여 선거를 연기하여야 한다. <개정 2000·2·16>

② 제1항의 경우 선거를 연기한 때에는 처음부터 선거절차를 다시 진행하여야 하고, 선거일만을 다시 정한 때에는 이미 진행된 선거절차에 이어 계속하여야 한다.

③ 제1항의 규정에 의하여 선거를 연기하는 때에는 대통령 또는 관할선거구선거관리위원회위원장은 연기할 선거명과 연기사유 등을 공고하고, 지체없이 대통령은 관할선거구선거관리위원회위원장에게, 관할선거구선거관리위원회위원장은 당해 지방자치단체의 장에게 각각 통보하여야 한다. <개정 2000·2·16>

제197조(선거의 일부무효로 인한 재선거) ① 선거의 일부무효의 판결 또는 결정이 확정된 때에는 관할선거구선거관리위원회는 선거가 무효로 된 당해 투표구의 재선거를 실시한 후 다시 당선인을 결정하여야 한다.

② 제1항의 재선거를 실시함에 있어서 판결 또는 결정에 특별한 명시가 없는 한 제44조제1항에도 불구하고 당초 선거에 사용된 선거인명부를 사용한다. <개정 2011·7·28>

③ 제1항의 재선거를 실시함에 있어서 정당이 합당한 경우 합당된 정당은 그 재선거의 선거기간개시일부터 그 다음날까지 당해 선거구선거관리위원회에 합당전 후보자중 1인을 후보자로 추천하고, 비례대표국회의원선거 및 비례대표지방의회의원선거에 있어서는 하나의 후보자명부를 제출하되 합당전 각 정당이 제출한 후보자명부에 등재되지 아니한 자를 추가할 수 없다. <개정 1995·4·1, 2002·3·7, 2004·3·12, 2005·8·4>

④ 제3항의 기간내에 추천이 없는 때에는 합당전 정당의 당해 선거구의 후보자의 등록은 모두 무효로 한다.

⑤ 합당된 정당의 후보자(비례대표국회의원선거 및 비례대표지방의회의원선거에 있어서는 후보자를 추천한 정당을 말한다)의 기

호는 당초 선거 당시의 그 후보자의 기호로 한다. <개정 2002·3·7, 2004·3·12, 2005·8·4>

⑥ 제3항의 규정에 의하여 추천된 후보자의 득표계산에 있어서는 합당으로 인하여 추천을 받지 못한 후보자의 득표는 이를 계산하지 아니한다.

⑦ 비례대표국회의원선거 및 비례대표지방의회의원선거에 있어서 제1항의 규정에 의한 재선거 사유가 확정된 경우에는 그 투표구의 선거인수를 당해 선거구의 선거인수로 나눈 수에 당해 선거구의 의석정수를 곱하여 얻은 수의 정수(1 미만의 단수는 1로 본다)를 의석정수에서 뺀 다음 제189조제1항부터 제4항까지 또는 제190조의2의 규정에 따라 의석을 재배분하고, 그 재배분에서 제외된 비례대표국회의원 및 비례대표지방의회의원의 당선은 무효로 한다. <신설 2004·3·12, 2005·8·4, 2020·1·14>

⑧ 비례대표국회의원선거 및 비례대표지방의회의원선거에 있어서 제1항의 규정에 의한 재선거를 실시한 때의 의석 재배분 및 당선인결정에 있어서는 제194조제4항의 규정을 준용한다. <신설 2004·3·12, 2005·8·4>

⑨ 제1항의 규정에 의한 재선거에 있어서의 선거운동 및 선거비용 기타 필요한 사항은 이 법의 범위안에서 중앙선거관리위원회규칙으로 정한다.

제198조(천재·지변 등으로 인한 재투표) ① 천재·지변 기타 부득이한 사유로 인하여 어느 투표구의 투표를 실시하지 못한 때와 투표함의 분실·멸실 등의 사유가 발생한 때에는 관할선거구선거관리위원회는 당해 투표구의 재투표를 실시한 후 당해 선거구의 당선인을 결정한다. <개정 1995·4·1, 2002·3·7, 2004·3·12>

② 제1항의 규정에 의한 재투표가 당해 선거구의 선거결과에 영향을 미칠 염려가 없다고 인정되는 때에는 재투표를 실시하지 아니하고 당선인을 결정한다. <개정 2002·3·7, 2004·3·12>

③ 제1항의 재투표를 실시함에 있어서 합당된 정당이 있는 경우 제194조의 비례대표국회의원 및 비례대표지방의회의원의 의석 재배분를 위한 득표수의 계산은 그 후보자의 합당전 정당의 득표수에 합산한다. <개정 2000·2·16, 2002·3·7, 2004·3·12, 2005·8·4>

④ 제197조(선거의 일부무효로 인한 재선거)제3항 내지 제6항의 규정은 천재·지변 등으로 인한 재투표에 이를 준용한다.

⑤ 제1항의 규정에 의한 재투표에 있어서의 선거운동 및 선거비용 기타 필요한 사항은 이 법의 범위안에서 중앙선거관리위원회규칙으로 정한다.

제199조(연기된 선거 등의 실시) 제196조(선거의 연기)제1항의 연기된 선거 또는 제198조(천재·지변 등으로 인한 재투표)제1항의 재투표는 가능한 한 제35조(보궐선거 등의 선거일)의 규정에 의한 선거와 함께 실시하여야 한다. <개정 2004·3·12>

제200조(보궐선거) ① 지역구국회의원·지역구지방의회의원 및 지방자치단체의 장에 궐원 또는 궐위가 생긴 때에는 보궐선거를 실시한다. <개정 1995·4·1, 2000·2·16, 2005·8·4>

② 비례대표국회의원 및 비례대표지방의회의원에 궐원이 생긴 때에는 선거구선거관리위원회는 궐원통지를 받은 후 10일 이내에 그 궐원된 의원이 그 선거 당시에 소속한 정당의 비례대표국회의원후보자명부 및 비례대표지방의회의원후보자명부에 기재된 순위에 따라 궐원된 국회의원 및 지방의회의원의 의석을 승계할 자를 결정하여야 한다. <개정 1995·4·1, 2000·2·16, 2005·8·4, 2010·1·25, 2020·1·14>

③ 제2항에도 불구하고 의석을 승계할 후보자를 추천한 정당이 해산되거나 임기만료일 전 120일 이내에 궐원이 생긴 때에는 의석을 승계할 사람을 결정하지 아니한다. <개정 2020·1·14>

④ 대통령권한대행자는 대통령이 궐위된 때에는 중앙선거관리위원회에, 국회의장은 국회의원이 궐원된 때에는 대통령과 중앙선거관리위원회에 그 사실을 지체 없이 통보하여야 한다. <개정 2020·1·14>

⑤ 지방의회의장은 당해 지방의회의원에 궐원이 생긴 때에는 당해 지방자치단체의 장과 관할선거구선거관리위원회에 이를 통보하여야 하며, 지방자치단체의 장이 궐위된 때에는 궐위된 지방자치단체의 장의 직무를 대행하는 자가 당해 지방의회의장과 관할선거구선거관리위원회에 이를 통보하여야 한다.

⑥ 국회의원 또는 지방의회의원이 제53조(공무원 등의 입후보)의 규정에 의하여 그 직을 그만두었으나 후보자등록신청시까지 제4항 또는 제5항의 규정에 의한 궐원통보가 없는 경우에는 후보자로 등록된 때에 그 통보를 받은 것으로 본다. <신설 2004·3·12>

제201조(보궐선거등에 관한 특례) ① 보궐선거등(대통령선거·비례대표국회의원선거 및 비례대표지방의회의원선거를 제외한다. 이하 이 항에서 같다)은 그 선거일부터 임기만료일까지의 기간이 1년 미만이거나, 지방의회의 의원정수의 4분의 1 이상이 궐원(임기만료일까지의 기간이 1년 이상인 때에 재선거·연기된 선거 또는 재투표사유로 인한 경우를 제외한다)되지 아니한 경우에는 실시하지 아니할 수 있다. 이 경우 지방의회의 의원정수의 4분의 1 이상이 궐원되어 보궐선거 등을 실시하는 때에는 그 궐원된 의원 전원에 대하여 실시하여야 한다. <개정 1995·12·30, 2000·2·16, 2001·7·24, 2005·8·4>

② 제219조(선거소청)제2항 또는 제223조(당선소송)의 규정에 의하여 당선의 효력에 관한 쟁송이 계속 중인 때에는 보궐선거를 실시하지 아니한다.

③ 지방의회의원의 보궐선거·재선거·연기된 선거 또는 재투표를 실시하는 경우에 지방자치단체의 관할구역의 변경에 따라 그 선거구의 구역이 그 지방의회의원이 속하는 지방자치단체에 상응하는 다른 지방자치단체의 관할구역에 걸치게 된 때에는 당해 지방자치단체에 속한 구역만을 그 선거구의 구역으로 한다.

④ 보궐선거등의 사유가 발생하였으나 제1항 전단의 규정에 해당되어 보궐선거 등을 실시하지 아니하고자 하는 때에는 보궐선거등의 실시사유가 확정된 날부터 10일 이내에 그 뜻을 공고하고, 국회의원보궐선거 등에 있어서는 대통령이 관할선거구선거관리위원회에, 지방자치단체의 의회의원 및 장의 보궐선거등에 있어서는 관할선거구선거관리위원회위원장이 당해 지방의회의장 및 지방자치단체의 장에게 통보하여야 한다. 이 경우에는 제35조제5항의 규정에 불구하고 선거의 실시사유가 확정되지 아니한 것으로 본다. <개정 2000·2·16>

⑤ 제1항 후단에 따라 보궐선거등을 실시하게 된 때에는 제35조제2항제1호에도 불구하고 그 실시사유가 확정된 때부터 60일 이내에 실시하여야 하며, 관할선거구선거관리위원회 위원장은 선거일 전 30일까지 선거일을 정하여 공고하여야 한다. 다만, 그 보궐선거등의 선거일이 제35조제2항제1호에 따른 4월 중 첫 번째 수요일에 실시되는 보궐선거등의 선거기간개시일 전 40일부터 선거일 후 30일까지의 사이에 있는 경우에는 그 보궐선거등과 함께 선거를 실시한다. <개정 2010·1·25, 2012·1·17, 2015·8·13>

⑥ 제1항 후단 및 제5항에 따라 실시하는 보궐선거등의 "선거의 실시사유가 확정된 때"란 제35조제5항에도 불구하고 관할선거구선거관리위원회가 해당 지방의회의장으로부터 그 지방의회 의원정수의 4분의 1 이상의 궐원에 해당하는 의원의 궐원을 통보받은 날을 말한다. <신설 2010·1·25>

⑦ 보궐선거등(대통령의 궐위로 인한 선거·재선거 및 연기된 선거, 임기만료에 따른 선거와 동시에 실시하는 보궐선거등은 제외한다)에서 제38조제4항제1호부터 제5호까지에 해당하는 사람 외에 보궐선거등이 실시되는 선거구(선거구가 해당 구·시·군의 관할구역보다 작은 경우에는 해당 구·시·군의 관할구역을 말한다) 밖에 거소를 둔 사람도 거소투표신고를 하고 제158조의2에 따른 거소투표자의 예에 따라 투표할 수 있다. <개정 2014·1·17>

제14장 동시선거에 관한 특례

제202조(동시선거의 정의와 선거기간) ① 이 법에서 "동시선거"라 함은 선거구의 일부 또는 전부가 서로 겹치는 구역에서 2 이상의 다른 종류의 선거를 같은 선거일에 실시하는 것을 말한다.

② 동시선거에 있어 선거기간 및 선거사무일정이 서로 다른 때에는 이 법의 다른 규정에 불구하고 선거기간이 긴 선거의 예에 의한다.

제203조(동시선거의 범위와 선거일) ① 임기만료일이 같은 지방의회의원 및 지방자치단체의 장의 선거는 그 임기만료에 의한 선거의 선거일에 동시실시한다.

② 제35조제2항제2호에 따른 지방자치단체의 장 선거가 다음 각호에 해당되는 때에는 임기만료에 의한 선거의 선거일에 동시실시한다. <개정 1998·4·30, 2000·2·16, 2015·8·13>

1. 임기만료에 의한 선거의 선거기간중에 그 선거를 실시할 수 있는 기간의 만료일이 있는 보궐선거등
2. 선거를 실시할 수 있는 기간의 만료일이 임기만료에 의한 선거의 선거일후에 해당되나 그 선거의 실시사유가 임기만료에 의한 선거의 선거일 30일전까지 확정된 보궐선거등

③ 임기만료에 따른 국회의원선거 또는 지방의회의원 및 지방자치단체의 장의 선거가 실시되는 연도에는 제35조제2항제1호에 따라 4월 첫 번째 수요일에 실시하는 보궐선거등은 임기만료에 따른 선거의 선거일에 동시 실시한다. 이 경우 4월 30일까지 실시사유가 확정된 보궐선거등은 임기만료에 따른 지방의회의원 및 지방자치단체의 장의 선거의 선거일에 동시 실시한다. <개정 2020·12·29>

④ 임기만료에 따른 대통령선거가 실시되는 연도에는 1월 31일까지 실시사유가 확정된 제35조제2항제1호가목 본문 및 나목에 따른 보궐선거등은 해당 임기만료에 따른 대통령선거의 선거일에 동시 실시한다. <개정 2020·12·29>

⑤ 제35조제2항제1호 각 목(가목 단서에 따른 보궐선거등은 제외한다)에 따른 보궐선거등의 후보자등록신청개시일 전일까지 대통령의 궐위로 인한 선거 또는 재선거의 실시사유가 확정된 경우 그 보궐선거등은 대통령의 궐위로 인한 선거 또는 재선거의 선거일에 동시 실시한다. <신설 2018·4·6, 2020 ·12·29>

제204조(선거인명부에 관한 특례) ① 동시선거에 있어서 선거인명부와 거소·선상투표신고인명부는 제44조제1항에도 불구하고 각각 하나의 선거인명부와 거소·선상투표신고인명부로 한다. <개정 2011·7·28, 2014·1·17>

② 삭제 <1998·4·30>

③ 동시선거에 사용할 선거인명부 및 거소·선상투표신고인명부의 표지서식 기타 필요한 사항은 중앙선거관리위원회규칙으로 정한다. <개정 2014·1·17>

제205조(선거운동기구의 설치 및 선거사무관계자의 선임에 관한 특례) ① 동시선거에 있어서 같은 정당의 추천을 받은 2인 이상의 후보자(비례대표지방의회의원선거에 있어서는 후보자를 추천한 정당을 포함한다. 이하 이 조에서 같다)는 선거사무소와 선거연락소를 공동으로 설치할 수 있다. <개정 2002·3·7, 2005·8·4>

② 동시선거에 있어서 같은 정당의 추천을 받은 2인 이상의 후보자는 선거사무장·선거연락소장 또는 선거사무원을 공동으로 선임할 수 있다.

③ 제1항 및 제2항의 경우 그 설치 또는 선임은 후보자가 각각 설치·선임한 것으로 보며, 그 설치·선임신고서에 그 사실을 명시하여야 하고 공동설치·선임에 따른 비용은 당해 후보자간의 약정에 의하여 분담할 수 있되, 그 분담내역을 설치·선임신고서에 명시하여야 한다.

④ 후보자는 다른 선거의 후보자의 선거사무장·선거연락소장·선거사무원 또는 회계책임자가 될 수 없다.

⑤ 선거사무소·선거연락소의 공동설치와 선거사무관계자의 공동선임에 따른 설치·선임신고 및 신분증명서의 서식 기타 필요한

사항은 중앙선거관리위원회규칙으로 정한다.

제206조(선거벽보에 관한 특례) 제203조제1항에 따라 동시선거를 실시하는 때의 선거벽보의 매수는 2개의 선거를 동시에 실시하는 때에는 제64조제1항에 따른 기준매수의 3분의 2, 3개 이상의 선거를 동시에 실시하는 때에는 기준매수의 2분의 1에 각 상당하는 수로 한다. <개정 2010·1·25>

제207조(책자형 선거공보에 관한 특례) ① 동시선거에 있어서 같은 정당의 추천을 받은 2인 이상의 후보자(대통령선거의 정당추천후보자와 비례대표국회의원선거 및 비례대표지방의회의원선거에 있어서는 후보자를 추천한 정당을 말한다. 이하 이 조에서 같다)는 제65조(선거공보)의 규정에 따른 책자형 선거공보를 공동으로 작성할 수 있으며, 책자형 선거공보는 공동으로 작성한 때에는 후보자마다 각각 1종을 작성한 것으로 본다. <개정 2005·8·4>

② 관할구역이 큰 선거구의 후보자가 책자형 선거공보의 일부 지면에 작은 선거구의 후보자에 관한 내용을 선거구에 따라 달리 게재하는 방법으로 공동작성하였을 경우 큰 선거구의 후보자에 관한 내용이 동일한 책자형 선거공보는 1종으로 본다. <개정 2005·8·4>

③ 제1항의 규정에 의하여 책자형 선거공보를 공동으로 작성하는 경우에는 후보자간의 약정에 의하여 그 비용을 분담할 수 있다. 이 경우 그 분담내역을 관할구·시·군선거관리위원회에 책자형 선거공보를 제출하는 때에 각각 서면으로 신고하여야 한다. <개정 2005·8·4>

제208조 삭제 <2004·3·12>

제209조(공개장소에서의 연설·대담에 관한 특례) 동시선거에 있어서 같은 정당의 추천을 받은 2인 이상의 후보자는 한 장소에서 제79조에 따른 공개장소에서의 연설·대담을 공동으로 할 수 있다. <개정 1995·12·30, 1998·4·30, 2004·3·12, 2010·1·25>

제210조(선거와 관련있는 정당활동의 규제에 관한 특례) 동시선거에 있어서 제9장 선거와 관련있는 정당활동의 규제의 적용에 있어서 기준이 되는 선거는 동시에 실시하는 선거의 수에 불구하고 하나의 선거를 기준으로 하되, 임기만료에 의한 선거와 제35조(보궐선거등의 선거일)제2항 및 제3항의 보궐선거등이나 제36조(연기된 선거 등의 선거일)의 연기된 선거를 동시에 실시하는 경우에는 임기만료에 의한 선거를 기준으로 하고, 제35조제2항 및 제3항의 규정에 의한 보궐선거등을 동시에 실시하는 때의 "그 선거의 실시사유가 확정된 때"는 "동시에 실시하는 보궐선거등 가운데 최초로 그 선거의 실시사유가 확정된 보궐선거등의 실시사유가 확정된 때"로 본다.

제211조(투표용지·투표안내문 등에 관한 특례) ① 동시선거에 있어서 투표용지는 색도 또는 지질 등을 달리하는 등 중앙선거관리위원회규칙이 정하는 바에 따라 선거별로 구분이 되도록 작성·교부할 수 있다.

② 삭제 <2005·8·4>

③ 동시선거에 있어서 시·도지사선거 및 비례대표시·도의원선거의 투표용지는 제151조(투표용지와 투표함의 작성)제1항의 규정에 불구하고 중앙선거관리위원회규칙이 정하는 바에 따라 당해 시·도선거관리위원회가 작성한다. 이 경우 투표용지에는 당해 시·도선거관리위원회의 청인을 날인하되, 인쇄날인으로 갈음할 수 있다. <개정 2005·8·4>

④ 동시선거에 있어서 투표안내문(점자형 투표안내문을 포함한다. 이하 이 항에서 같다)은 제153조에도 불구하고 중앙선거관리위원회규칙으로 정하는 바에 따라 하나의 투표안내문으로 할 수 있다. <개정 2011·7·28>

⑤ 동시선거에 있어서 투표소의 수·설치·설비와 투표용지의 작성·교부자와 교부방법 및 투표절차 기타 필요한 사항은 중앙선거관리위원회규칙으로 정한다.

제212조(거소투표·사전투표의 투표용지 발송과 회송 등에 관한 특례) 동시선거에서 다음 각 호의 어느 하나에 해당하는 경우에는 해당 선거인마다 하나의 회송용 봉투 또는 발송용 봉투를 사용하여 행할 수 있다.

1. 거소투표자에 대한 투표용지의 발송 및

투표지 회송
2. 사전투표소에서 투표한 선거인의 투표지 회송
〔전부개정 2014·1·17〕

제213조(투표참관인선정 및 지정 등에 관한 특례) ① 동시선거에 있어 투표참관인은 제161조(투표참관)제2항의 규정에 의한 선정·신고인원수에 불구하고 후보자를 추천한 정당과 무소속후보자마다 2인을 선정·신고하여야 한다. <개정 1995·4·1, 2000·2·16, 2005·8·4>
② 동시선거의 투표참관인의 지정에 있어 제161조제4항의 "후보자"는 "정당 또는 후보자"로, "후보자별"은 "정당·후보자별"로 본다. <개정 2005·8·4>
③ 동시선거에서 사전투표참관인은 제162조제2항에 따른 선정·신고인원수에 불구하고 당해 선거에 참여한 정당마다 2인을, 무소속후보자는 1인을 선정·신고하여야 한다. <개정 1995·4·1, 2000·2·16, 2005·8·4, 2014·1·17>
④ 동시선거에 있어서 사전투표참관인은 8명 이내로 하되, 제3항의 규정에 의하여 선정·신고한 인원수가 8명을 넘는 때에는 관할선거관리위원회는 정당이 선정·신고한 자를 우선 지정하고 나머지 인원은 무소속후보자가 선정·신고한 자 중에서 8명에 달할 때까지 추첨에 의하여 지정한다. 이 경우 정당이 선정·신고한 인원수가 8명을 넘는 때에는 제150조제3항부터 제5항까지의 규정에 따른 정당순위의 앞순위의 정당이 선정·신고한 자부터 8명에 달할 때까지 지정한다. <신설 1995·5·10, 1997·11·14, 2000·2·16, 2002·3·7, 2005·8·4, 2010·1·25, 2014·1·17>

제214조(투표함의 개함 등에 관한 특례) 동시선거에 있어서 제175조(개표개시)제2항의 규정에 의한 개표순서는 선거별 또는 그 선거구의 관할구역이 작은 선거구별로 구분하여 행한다. <개정 2004·3·12, 2006·3·2>

제215조(개표참관인 등에 관한 특례) ① 동시선거에 있어서 개표참관인은 제181조(개표참관)제2항의 규정에 의한 선정·신고인원수에 불구하고 후보자를 추천한 정당마다 8인을, 무소속후보자는 2인을 선정·신고하여야 한다. 다만, 구·시·군선거관리위원회는 거소투표·선상투표 및 사전투표의 개표를 하는 때에는 정당 또는 후보자가 선정·신고한 자 중에서 정당은 4인씩을, 무소속후보자는 1인씩을 참관하게 한다. <개정 1995·4·1, 1995·5·10, 2000·2·16, 2005·8·4, 2014·1·17>
② 동시선거에 있어서 관람증의 매수는 제182조(개표관람)제2항의 규정에 불구하고 정당별로 균등하게 우선 배부한 후 무소속후보자로 균등하게 배부하되, 후보자마다 1매 이상 배부하여야 한다. <개정 1995·5·10, 2000·2·16, 2005·8·4>

제216조(4개 이상 선거의 동시실시에 관한 특례) ① 4개 이상 동시선거에 있어 지역구자치구·시·군의원선거의 후보자는 제79조(공개장소에서의 연설·대담)의 연설·대담을 위하여 자동차 1대와 휴대용 확성장치 1조를 사용할 수 있다. 이 경우 휴대용 확성장치는 제79조제8항제2호 본문에 따른 소음기준을 초과할 수 없다. <개정 1995·5·10, 2000·2·16, 2002·3·7, 2005·8·4, 2022·1·18>
② 임기만료에 의한 지방자치단체의 의회의원 및 장의 선거를 동시에 실시하는 경우 개표진행 및 결과공표는 제178조제1항·제3항에도 불구하고 읍·면·동을 단위로 할 수 있다. <개정 2010·1·25, 2011·7·28, 2014·1·17>
③ 삭제 <2010·1·25>
④ 삭제 <2000·2·16>
⑤ 4개 이상 선거를 동시에 실시하는 경우 제1항 및 제2항 외에 투표소에 설치하는 투표함의 수, 투표와 개표의 절차·방법, 제2항의 개표절차 그 밖에 필요한 사항은 중앙선거관리위원회규칙으로 정한다. <개정 2006·3·2, 2010·1·25, 2011·7·28>

제217조(투표록·개표록 등 작성에 관한 특례) 동시선거에 있어 투표록 및 개표록은 선거의 구분없이 하나의 투표록 및 개표록으로 각각 작성할 수 있다. <개정 2005·8·4>

제14장의2 재외선거에 관한 특례

제218조(재외선거관리위원회 설치·운영) ① 중앙선거관리위원회는 대통령선거와 임기만료에 따른 국회의원선거를 실시하는 때마다 선거일 전 180일부터 선거일 후 30일까지 「대한민국재외공관 설치법」 제2조에 따른 공관(공관이 설치되지 아니한 지역에서 영사사무를 수행하는 사무소와 같은 법 제3조에 따른 분관 또는 출장소를 포함하고, 영사사무를 수행하지 아니하거나 영사관할구역이 없는 공관 및 영사관할구역 안에 공관사무소가 설치되지 아니한 공관은 제외한다. 이하 이 장에서 "공관"이라 한다)마다 재외선거의 공정한 관리를 위하여 재외선거관리위원회를 설치·운영하여야 한다. 다만, 대통령의 궐위(궐위)로 인한 선거 또는 재선거는 그 선거의 실시사유가 확정된 날부터 10일 이내에 재외선거관리위원회를 설치하여야 한다. <개정 2011·7·28, 2017·3·9>

② 재외선거관리위원회는 중앙선거관리위원회가 지명하는 2명 이내의 위원과 국회에 교섭단체를 구성한 정당이 추천하는 각 1명, 공관의 장 또는 공관의 장이 공관원 중에서 추천하는 1명을 중앙선거관리위원회가 위원으로 위촉하여 구성하되, 그 위원 정수는 홀수로 한다. 다만, 재외선거관리위원회를 구성한 후에 국회에 교섭단체를 구성한 정당의 수에 변경이 있는 때에는 현원을 위원 정수로 본다. <개정 2012·1·17>

③ 다음 각 호의 어느 하나에 해당하는 사람은 재외선거관리위원회의 위원이 될 수 없다. <개정 2011·7·28>

1. 국회의원의 선거권이 없는 사람
2. 정당의 당원인 사람
3. 재외투표관리관

④ 재외선거관리위원회에 위원장과 부위원장 각 1명을 두되, 위원 중에서 호선한다. 다만, 공관의 장과 그가 추천하는 공관원은 위원장이 될 수 없다.

⑤ 재외선거관리위원회는 재외선거의 관리를 위하여 필요한 때에는 해당 공관의 장에게 협조를 요구할 수 있으며, 그 협조를 요구받은 공관의 장은 우선적으로 이에 따라야 한다.

⑥ 재외선거관리위원회위원장은 해당 공관의 장과 협의하여 해당 공관의 소속 직원 중에서 간사·서기 및 선거사무종사원을 위촉할 수 있다.

⑦ 새로이 구성된 재외선거관리위원회의 최초의 회의소집에 관하여는 공관의 장이 해당 재외선거관리위원회위원장의 직무를 대행한다.

⑧ 재외선거관리위원회의 관할 구역은 해당 공관의 영사관할구역(공관의 장이 다른 대사관의 장을 겸하는 경우에는 그 다른 대사관의 영사관할구역을 포함한다)으로 하고 그 명칭은 해당 공관명을 붙여 표시하되 약칭을 사용할 수 있다. <개정 2011·7·28>

⑨ 중앙선거관리위원회는 재외선거관리위원회의 운영기간 중 또는 운영기간 만료 후 6개월 이내에 다른 선거의 재외선거관리위원회 설치·운영기간이 시작되는 경우에는 제1항에도 불구하고 다른 선거의 재외선거관리위원회를 설치하지 아니하고, 운영 중인 재외선거관리위원회를 다른 선거의 재외선거관리위원회로 본다. <신설 2011·7·28>

⑩ 「선거관리위원회법」 제4조제3항 단서, 제4조제7항부터 제11항까지, 제4조제12항 본문, 제5조제3항·제5항, 제7조, 제9조제1호부터 제4호까지, 제10조, 제11조제1항·제3항, 제12조제1항·제3항, 제13조 및 제14조의2는 재외선거관리위원회의 설치·운영에 준용한다. 이 경우 "관계선거관리위원회"·"하급선거관리위원회"·"각급선거관리위원회" 및 "구·시·군선거관리위원회"는 각각 "재외선거관리위원회"로, "선거기간개시일(위탁선거는 제외한다. 이하 같다) 또는 국민투표안공고일"·"선거기간개시일 또는 국민투표안공고일" 및 "선거인명부작성기준일 또는 국민투표안공고일"은 각각 "재외투표소 설치일"로, "당해 또는 읍·면·동선거관리위원회"는 "해당 재외선거관리위원회"로, "구·시·군선거관리위원회위원장"은 "재외선거관리위원회위원장"으로, "각

상급선거관리위원회"는 "중앙선거관리위원회"로, "상임위원 또는 부위원장"은 "부위원장"으로, "위원장·상임위원·부위원장"은 "위원장·부위원장"으로, "개표종료시"는 "재외투표마감일"로 본다.
〔본조신설 2009·2·12〕

제218조의2(재외투표관리관의 임명) ① 재외선거에 관한 사무를 처리하기 위하여 공관마다 재외투표관리관을 둔다. <개정 2011·7·28>
② 재외투표관리관은 공관의 장으로 한다. 다만, 공관의 장과 총영사를 함께 두고 있는 공관의 경우 그 공관의 장이 총영사를 재외투표관리관으로 지정할 수 있다. <신설 2011·7·28>
〔본조신설 2009·2·12〕

제218조의3(재외선거관리위원회와 재외투표관리관의 직무) ① 재외선거관리위원회는 재외선거에 관한 다음 각 호의 사무를 처리한다.
1. 재외투표소 설치장소와 운영기간 등의 결정·공고
2. 재외투표소의 투표관리
3. 재외투표소 투표사무원 위촉 및 투표참관인 선정
4. 재외투표관리관이 행하는 선거관리사무 감독
5. 선거범죄 예방 및 단속에 관한 사무
6. 그 밖에 재외투표관리관이 필요하다고 인정하여 재외선거관리위원회에 부의하는 사항
② 재외투표관리관은 다음 각 호의 사무를 처리한다. <개정 2015·12·24>
1. 재외선거인 등록신청·변경등록신청과 국외부재자 신고의 접수 및 처리
2. 재외국민의 선거권 행사에 필요한 사항의 홍보·지원
3. 재외투표소 설비
4. 재외투표 국내 회송 등 재외선거사무(국외부재자투표사무를 포함한다. 이하 같다) 총괄 관리
5. 재외선거관리위원회 운영 지원
〔본조신설 2009·2·12〕

제218조의4(국외부재자 신고) ① 주민등록이 되어 있는 사람으로서 다음 각 호의 어느 하나에 해당하여 외국에서 투표하려는 선거권자(지역구국회의원선거에서는 「주민등록법」 제6조제1항제3호에 해당하는 사람과 같은 법 제19조제4항에 따라 재외국민으로 등록·관리되는 사람은 제외한다)는 대통령선거와 임기만료에 따른 국회의원선거를 실시하는 때마다 선거일 전 150일부터 선거일 전 60일까지(이하 이 장에서 "국외부재자 신고기간"이라 한다) 서면·전자우편 또는 중앙선거관리위원회 홈페이지를 통하여 관할 구·시·군의 장에게 국외부재자 신고를 하여야 한다. 이 경우 외국에 머물거나 거주하는 사람은 공관을 경유하여 신고하여야 한다. <개정 2011·11·7, 2012·10·2, 2014·1·17, 2015·8·13>
1. 사전투표기간 개시일 전 출국하여 선거일 후에 귀국이 예정된 사람
2. 외국에 머물거나 거주하여 선거일까지 귀국하지 아니할 사람
② 제1항에 따라 국외부재자 신고를 하려는 사람은 그 신고서에 다음 각 호의 사항을 적어야 한다. <개정 2014·2·13, 2015·8·13, 2015·12·24>
1. 성명
2. 주민등록번호
3. 주소
4. 거소(로마자 대문자로 적되, 구체적인 방법은 중앙선거관리위원회규칙으로 정한다. 이하 제218조의5제2항제4호에서 같다)
5. 여권번호
③ 제1항에 따른 전자우편을 이용하여 국외부재자 신고를 하려는 때에는 재외투표관리관 또는 구·시·군의 장이 공고하는 전자우편 주소로 국외부재자신고서를 전송하는 방법으로 하여야 한다. 이 경우 본인 명의의 전자우편 주소로 자신의 국외부재자 신고에 한하여 할 수 있다. <신설 2012·10·2>
④ 재외투표관리관 또는 구·시·군의 장은 전자우편을 이용한 국외부재자 신고를 접수하기 위하여 전자우편 계정을 별도로 개설하는 등 필요한 조치를 하여야 한다. <신설

2012·10·2>

⑤ 재외투표관리관 또는 구·시·군의 장은 국외부재자신고서에 제2항 각 호에 따른 기재사항 중 여권번호의 누락이 있는 때에는 해당 선거권자에게 국외부재자 신고기간 만료일까지 보완할 것을 통보하여야 하며, 이를 통보받은 선거권자가 국외부재자 신고기간 만료일까지 보완하지 아니한 때에는 그 신고를 접수하지 아니한다. <신설 2015·12·24>

〔본조신설 2009·2·12〕

제218조의5(재외선거인 등록신청) ① 주민등록이 되어 있지 아니하고 재외선거인명부에 올라 있지 아니한 사람으로서 외국에서 투표하려는 선거권자는 대통령선거와 임기만료에 따른 비례대표국회의원선거를 실시하는 때마다 해당 선거의 선거일 전 60일까지(이하 이 장에서 "재외선거인 등록신청기한"이라 한다) 다음 각 호의 어느 하나에 해당하는 방법으로 중앙선거관리위원회에 재외선거인 등록신청을 하여야 한다. <개정 2012·10·2, 2015·8·13, 2015·12·24>

1. 공관을 직접 방문하여 서면으로 신청하는 방법. 이 경우 대한민국 국민은 가족(본인의 배우자와 본인·배우자의 직계존비속을 말한다)의 재외선거인 등록신청서를 대리하여 제출할 수 있다.
2. 관할구역을 순회하는 공관에 근무하는 직원에게 직접 서면으로 신청하는 방법. 이 경우 제1호 후단을 준용한다.
3. 우편 또는 전자우편을 이용하거나 중앙선거관리위원회 홈페이지를 통하여 신청하는 방법. 이 경우 외국에 머물거나 거주하는 사람은 공관을 경유하여 신고하여야 한다.

② 재외선거인 등록신청(제3항에 따른 변경등록신청을 포함한다. 이하 이 장에서 같다)을 하려는 사람은 그 신청서에 다음 각 호의 사항을 적어야 한다. <개정 2011·9·30, 2012·10·2, 2015·8·13, 2015·12·24>

1. 성명
2. 여권번호·생년월일 및 성별
3. 국내의 최종주소지(국내의 최종주소지가 없는 사람은 「가족관계의 등록 등에 관한 법률」에 따른 등록기준지)
4. 거소
5. 「가족관계의 등록 등에 관한 법률」 제15조제1항제1호에 따른 가족관계증명서에 기재된 부 또는 모의 성명 등 중앙선거관리위원회규칙으로 정하는 사항

③ 재외선거인명부에 올라 있는 선거인은 그 기재사항의 변경이 있는 경우에는 제1항 각 호의 어느 하나에 해당하는 방법으로 해당 선거의 선거일 전 60일까지 재외선거인 변경등록신청을 하여야 한다. <신설 2015·12·24>

④ 재외투표관리관은 매년 1월 31일까지 비자·영주권증명서·장기체류증 또는 거류국의 외국인등록증 등 재외선거인의 국적확인에 필요한 서류의 종류를 공고하여야 한다. 이 경우 둘 이상의 공관을 둔 국가에서는 대사관의 재외투표관리관이 일괄하여 공고한다. <신설 2011·9·30, 2015·8·13, 2015·12·24>

⑤ 재외선거인 등록신청에 관하여는 제218조의4제3항부터 제5항까지의 규정을 준용한다. 이 경우 "국외부재자 신고"는 "재외선거인 등록신청"으로, "재외투표관리관 또는 구·시·군의 장"은 "재외투표관리관"으로, "국외부재자신고서"는 "재외선거인 등록신청서 또는 변경등록신청서"로, "국외부재자 신고기간 만료일"은 "재외선거인 등록신청기한"으로, "여권번호"는 "여권번호 및 「가족관계의 등록 등에 관한 법률」 제15조제1항제1호에 따른 가족관계증명서에 기재된 부 또는 모의 성명"으로 본다. <신설 2012·10·2, 2015·12·24>

〔본조신설 2009·2·12〕

제218조의6(공관부재자신고인명부 등 작성) ① 재외투표관리관이 국외부재자신고서 또는 재외선거인 등록신청서(변경등록신청서를 포함한다. 이하 이 장에서 같다)를 접수하면 기재사항의 적정 여부, 정당한 신고·신청 여부를 확인한 다음 제218조의4제1항 각 호의 어느 하나에 해당하는 사람을 대상으로는 공관부재자신고인명부를, 제218조의5

제1항 및 제3항에 해당하는 사람을 대상으로는 재외선거인 등록신청자명부를 각각 작성(전산정보자료를 포함한다. 이하 이 장에서 같다)하여야 한다. <개정 2015·12·24>

② 재외투표관리관은 제1항에 따른 확인을 위하여 필요한 경우에는 「주민등록법」 제30조에 따른 주민등록전산정보자료 또는 「가족관계의 등록 등에 관한 법률」 제11조에 따른 등록전산정보자료, 그 밖에 국가가 관리하는 전산정보자료를 이용할 수 있다.

③ 재외투표관리관이 공관부재자신고인명부와 재외선거인 등록신청자명부를 작성하는 때에는 신고서 또는 신청서의 내용에 따라 정확하게 작성하여야 한다.

〔본조신설 2009·2·12〕

제218조의7(공관부재자신고인명부 등의 송부) ① 재외투표관리관이 공관부재자신고인명부와 재외선거인 등록신청자명부를 작성하면 이를 즉시 구·시·군별로 분류하여 국외부재자신고서 및 재외선거인 등록신청서와 함께 외교부장관을 경유하여 중앙선거관리위원회에 보낸다. <개정 2013·3·23>

② 중앙선거관리위원회가 제1항에 따라 공관부재자신고인명부와 국외부재자신고서를 접수하면 이를 해당 구·시·군의 장에게 보낸다.

③ 제1항 및 제2항에 따른 공관부재자신고인명부, 재외선거인 등록신청자명부, 국외부재자신고서 및 재외선거인 등록신청서의 송부는 전산조직을 이용한 전산정보자료의 전송으로 갈음할 수 있다. 이 경우 해당 서류 원본의 보관, 그 밖에 필요한 사항은 중앙선거관리위원회규칙으로 정한다. <신설 2011·7·28>

〔본조신설 2009·2·12〕

제218조의8(재외선거인명부의 작성) ① 중앙선거관리위원회는 해당 선거의 선거일 전 60일 현재의 최종주소지 또는 등록기준지를 기준으로 선거일 전 49일부터 선거일 전 40일까지 10일간 해당 선거 직전에 실시한 대통령선거 또는 임기만료에 따른 비례대표 국회의원선거에서 확정된 재외선거인명부와 재외투표관리관이 송부한 재외선거인 등록신청서에 따라 재외선거인명부를 작성한다. 이 경우 같은 사람이 2 이상의 재외선거인 등록신청을 한 사실이 발견된 때에는 그 중 가장 나중에 접수된 재외선거인 등록신청서에 따라 재외선거인명부를 작성한다. <개정 2011·7·28, 2015·12·24>

② 중앙선거관리위원회는 해당 선거의 선거일 전 60일까지 해당 선거 직전에 실시한 대통령선거 또는 임기만료에 따른 비례대표 국회의원선거에서 확정된 재외선거인명부에 올라 있는 선거인의 선거권 유무 등을 확인하여 그 재외선거인명부를 정비하여야 한다. <신설 2015·12·24, 2022·1·21>

③ 거짓으로 재외선거인 등록신청을 한 사람이나 자신의 의사에 따라 신청한 것으로 인정되지 아니하는 사람은 재외선거인명부에 올릴 수 없다. <개정 2015·12·24>

④ 다음 각 호의 어느 하나에 해당하는 정보를 관리하는 기관의 장은 선거일 전 150일부터 중앙선거관리위원회가 재외선거인명부의 작성 및 해당 선거 직전에 실시한 대통령선거 또는 임기만료에 따른 비례대표국회의원선거에서 확정된 재외선거인명부의 정비를 위하여 필요한 범위에서 해당 정보를 전산조직으로 조회할 수 있도록 필요한 조치를 하여야 한다. <개정 2013·3·23, 2014·11·19, 2015·12·24, 2017·7·26>

1. 「주민등록법」 제30조에 따른 주민등록에 관한 정보
2. 「가족관계의 등록 등에 관한 법률」 제11조에 따른 가족관계 등록에 관한 정보
3. 제18조제1항제1호에 해당하는 금치산자에 관한 정보. 이 경우 행정안전부장관은 해당 정보를 관리하는 구·시·읍·면의 장으로부터 통보받은 자료를 데이터베이스로 구축하여 손쉽게 활용할 수 있도록 하여야 한다.
4. 제18조제1항제2호부터 제4호까지의 규정에 해당하는 사람에 관한 정보

⑤ 중앙선거관리위원회는 재외선거인 등록을 신청한 사람이 정당한 신청인인지를 확인하기 위하여 관계 행정기관에 필요한 지시를 할 수 있다.

⑥ 국가는 재외선거인명부의 정확한 작성을 위하여 필요한 제도적·재정적 조치를 하여야 한다. <신설 2011·7·28>

〔본조신설 2009·2·12〕

제218조의9(국외부재자신고인명부의 작성) ① 구·시·군의 장은 국외부재자 신고기간만료일 현재의 주소지를 기준으로 선거일 전 49일부터 선거일 전 40일까지 10일간(이하 이 장에서 "국외부재자신고인명부 작성기간"이라 한다) 중앙선거관리위원회가 송부한 국외부재자신고서와 해당 구·시·군의 장이 직접 접수한 국외부재자신고서에 따라 국외부재자신고인명부를 작성한다. 이 경우 같은 사람이 2 이상의 국외부재자신고를 한 사실이 발견된 때에는 그 중 가장 나중에 접수된 국외부재자신고서에 따라 국외부재자신고인명부를 작성한다. <개정 2011·7·28, 2015·8·13>

② 거짓으로 국외부재자 신고를 한 사람이나 자신의 의사에 따라 신고한 것으로 인정되지 아니하는 사람은 국외부재자신고인명부에 올릴 수 없다.

③ 국외부재자신고인명부 작성의 감독 등에 관하여는 제39조를 준용한다. 이 경우 "선거인명부"는 "국외부재자신고인명부"로, "선거인명부작성기간"은 "국외부재자신고인명부 작성기간"으로 본다.

〔본조신설 2009·2·12〕

제218조의10(재외선거인명부등의 열람) ① 중앙선거관리위원회와 구·시·군의 장(이하 이 장에서 "명부작성권자"라 한다)은 재외선거인명부 및 국외부재자신고인명부(이하 "재외선거인명부등"이라 한다)의 작성기간 만료일의 다음 날부터 5일간(이하 이 장에서 "재외선거인명부등의 열람기간"이라 한다) 장소를 정하여 재외선거인명부등을 열람할 수 있도록 하여야 한다. 다만, 재외선거인명부는 인터넷 홈페이지에서의 열람에 한한다.

② 선거권자는 누구든지 재외선거인명부등의 열람기간 중 자유로이 재외선거인명부등을 열람할 수 있다.

③ 명부작성권자는 재외선거인명부등의 열람기간 동안 자신이 개설·운영하는 인터넷 홈페이지에서 국외부재자 신고를 한 사람이나 재외선거인등록을 신청한 사람이 자신의 정보에 한하여 재외선거인명부등을 열람할 수 있도록 하는 기술적 조치를 하여야 한다.

④ 행정안전부장관은 명부작성권자의 협조를 받아 재외선거인 및 국외부재자신고인(이하 "재외선거인등"이라 한다)이 재외선거인명부등의 열람기간 동안 행정안전부가 개설·운영하는 인터넷 홈페이지에서 자신이 재외선거인명부등에 올라 있는지 여부를 확인할 수 있도록 기술적 조치를 하여야 한다. <신설 2011·7·28, 2013·3·23, 2014·11·19, 2017·7·26>

⑤ 재외투표관리관은 재외선거인명부등의 열람기간 동안 중앙선거관리위원회가 전송하는 재외선거인명부등을 이용하여 재외선거인등이 재외선거인명부등에 올라 있는지 여부를 확인할 수 있도록 하여야 한다. <신설 2011·7·28>

⑥ 재외선거인명부등의 사본은 교부하지 아니한다. <신설 2011·7·28>

〔본조신설 2009·2·12〕

제218조의11(재외선거인명부등에 대한 이의 및 불복신청 등) ① 선거권자는 재외선거인명부등의 열람기간 중 재외선거인명부등에 정당한 선거권자가 빠져 있거나 잘못 써진 내용이 있거나 자격이 없는 사람이 올라 있으면 말 또는 서면으로 명부작성권자에게 이의를 신청할 수 있고, 해당 명부작성권자는 그 신청이 있는 날의 다음 날까지 심사·결정하여야 한다.

② 제1항의 이의신청에 따른 구·시·군의 장의 결정에 대하여 불복이 있는 이의신청인이나 관계인은 그 통지를 받은 날의 다음 날까지 관할 구·시·군선거관리위원회에 서면으로 불복을 신청할 수 있다.

③ 제1항에 따른 이의신청기간 만료일의 다음 날부터 재외선거인명부등의 확정일 전일까지 명부작성권자의 착오나 그 밖의 사유로 재외선거인 등록신청 또는 국외부재자 신고를 한 사람 중 정당한 선거권자가 재외선거인명부등에 빠진 것이 발견된 경우 해당 선거권자는 명부작성권자에게 소명자료

를 붙여 서면으로 등재신청을 할 수 있다.
④ 선거권자는 재외선거인 등록신청서를 대리하여 제출한 사람과 재외선거인 등록신청을 한 사람의 관계가 제218조의5제1항제1호 후단에 따른 가족이 아닌 경우 제1항에 따라 이의신청을 할 수 있다. 이 경우 중앙선거관리위원회는 「가족관계의 등록 등에 관한 법률」 제15조(증명서의 종류 및 기록사항)제1항 각 호에 따른 증명서를 관계 기관으로부터 교부받아 가족관계를 확인하여야 하며, 제218조의5제1항제1호 후단에 따른 가족이 아닌 것으로 확인되면 그 등록신청을 한 사람을 재외선거인명부에서 삭제하여야 한다. <신설 2012·10·2>
⑤ 이의신청·불복신청 또는 재외선거인명부등 등재신청에 대한 결정 내용의 통지는 명부작성권자가 개설·운영하는 인터넷 홈페이지에 게시하거나 전자우편을 전송하는 방법으로 갈음할 수 있다.
⑥ 명부작성권자가 재외선거인명부등의 확정일 전일까지 같은 사람이 재외선거인명부와 국외부재자신고인명부에 각각 올라 있는 사실을 발견한 때에는 그 중 나중에 접수된 재외선거인 등록신청서 또는 국외부재자신고서에 따라 재외선거인명부 또는 국외부재자신고인명부 중 어느 하나에 올려야 한다. <신설 2011·7·28>
〔본조신설 2009·2·12〕

제218조의12(대통령의 궐위선거 및 재선거에서 기한 등의 단축) 제218조의4부터 제218조의11까지의 규정에도 불구하고 대통령의 궐위로 인한 선거 또는 재선거를 실시하는 경우에 재외선거인 등록신청기한과 국외부재자 신고기간 등은 다음 각 호에 따른다. 이 경우 재외선거인명부등에 대한 열람과 이의신청을 위한 기간은 따로 두지 아니한다. <개정 2015·12·24>
1. 재외선거인 등록신청기한 및 국외부재자 신고기간
선거의 실시사유가 확정된 때부터 선거일 전 40일까지
2. 재외선거인명부등의 작성기간
선거일 전 34일부터 선거일 전 30일까지
〔본조신설 2009·2·12〕

제218조의13(재외선거인명부등의 확정과 송부)
① 재외선거인명부등은 선거일 전 30일에 확정되며, 국외부재자신고인명부는 해당 선거에 한정하여 효력을 가진다. <개정 2015·12·24>
② 명부작성권자는 재외선거인명부등이 확정되면 즉시 그 전산자료 복사본을 관할 구·시·군선거관리위원회에 보내야 한다. 이 경우 구·시·군의 장은 국외부재자신고서(제218조의7제3항에 따라 전산정보자료로 전송받은 경우에는 그 전산정보자료 복사본을 포함한다)를 함께 보내야 한다. <개정 2011·7·28, 2018·4·6>
③ 중앙선거관리위원회는 제1항에 따라 확정된 재외선거인명부등을 하나로 합하여 재외선거관리위원회에 송부하여야 하며, 그 절차와 방법, 그 밖에 필요한 사항은 중앙선거관리위원회규칙으로 정한다. <신설 2011·7·28, 2015·8·13>
④ 누구든지 재외선거인등이 투표한 후에는 그 재외선거인등의 해당 선거의 선거권 유무에 대하여 대한민국 국민이 아니라는 이유로 법적·행정적 이의를 제기할 수 없다. <신설 2011·7·28>
〔본조신설 2009·2·12〕

제218조의14(국외선거운동 방법에 관한 특례)
① 재외선거권자(재외선거인명부등에 올라 있거나 오를 자격이 있는 사람을 말한다. 이하 같다)를 대상으로 하는 선거운동은 다음 각 호에서 정한 방법으로만 할 수 있다. <개정 2010·1·25, 2011·7·28, 2012·2·29, 2020·12·29>
1. 제59조제2호부터 제5호까지의 규정에 따른 선거운동
2. 위성방송시설(「방송법」에 따른 방송사업자가 관리·운영하는 국외송출이 가능한 국내의 방송시설을 말한다. 이하 이 장에서 같다)을 이용한 제70조에 따른 방송광고
3. 위성방송시설을 이용한 제71조에 따른 방송연설
4. 삭제 <2012·2·29>
5. 제82조의7에 따른 인터넷광고
6. 삭제 <2020·12·29>

② 제1항제2호에 따른 방송광고의 횟수는 다음 각 호에 따른다.
1. 대통령선거
텔레비전 및 라디오 방송시설별로 각 10회 이내
2. 비례대표국회의원선거
텔레비전 및 라디오 방송시설별로 각 5회 이내
③ 제1항제3호에 따른 방송연설의 횟수는 다음 각 호에 따른다.
1. 대통령선거
후보자와 그가 지명한 연설원이 각각 텔레비전 및 라디오 방송시설별로 각 5회 이내
2. 비례대표국회의원선거
정당별로 정당의 대표자가 선임한 2명이 각각 텔레비전 및 라디오 방송시설별로 각 1회
④ 중앙선거관리위원회는 대통령선거 및 임기만료에 따른 비례대표국회의원선거에서 정당·후보자에 대한 정보를 재외선거인등에게 알리기 위하여 중앙선거관리위원회 규칙으로 정하는 바에 따라 정당·후보자 정보자료를 작성하여 다음 각 호에 따른 방법으로 재외선거인등에게 제공하여야 한다. <개정 2011·7·28, 2013·3·23, 2023·3·4>
1. 공관 게시판 게시
2. 중앙선거관리위원회, 외교부, 재외동포청 및 공관의 인터넷 홈페이지 게시
3. 전자우편 전송(수신을 원하는 재외선거인등에 한한다)
⑤ 방송시설을 관리 또는 운영하는 자는 자신의 부담으로 제82조의2제1항에 따른 대담·토론회와 제82조의3에 따른 정책토론회를 중계방송할 수 있다.
⑥ 다음 각 호의 어느 하나에 해당하는 단체의 상근 임직원 및 이들 단체의 대표자는 재외선거권자를 대상으로 선거운동을 할 수 없다. <신설 2010·1·25>
1. 「한국국제협력단법」에 따라 설립된 한국국제협력단
2. 「한국국제교류재단법」에 따라 설립된 한국국제교류재단
3. 삭제 <2023·3·4>
⑦ 제87조제1항에도 불구하고 단체(그 대표자와 임직원 또는 구성원을 포함한다)는 그 단체의 명의 또는 그 대표의 명의로 재외선거권자를 대상으로 선거운동을 할 수 없다. <신설 2010·1·25>
〔본조신설 2009·2·12〕

제218조의15(선거비용에 대한 특례) 제119조제1항에도 불구하고 재외선거권자를 대상으로 하는 선거운동을 위하여 국외에서 지출한 비용은 선거비용으로 보지 아니한다.
〔본조신설 2009·2·12〕

제218조의16(재외선거의 투표방법) ① 재외선거의 투표는 제159조 본문에 따른 기표에 의한 방법으로 한다. <개정 2015·8·13>
② 재외투표는 선거일 오후 6시(대통령의 궐위로 인한 선거 또는 재선거는 오후 8시를 말한다)까지 관할 구·시·군선거관리위원회에 도착되어야 한다. <개정 2011·7·28>
③ 제218조의13제1항에 따라 재외선거인명부등에 등재된 사람이 재외투표소에서 투표를 하지 아니하고 귀국한 때에는 선거일 전 8일부터 선거일까지 주소지 또는 최종주소지(최종 주소지가 없는 사람은 등록기준지를 말한다)를 관할하는 구·시·군선거관리위원회에 신고한 후 선거일에 해당 선거관리위원회가 지정하는 투표소에서 투표할 수 있다. <개정 2015·8·13, 2023·3·29>
④ 제3항의 신고에 관한 구체적인 절차 및 그 밖에 필요한 사항은 중앙선거관리위원회 규칙으로 정한다. <신설 2015·8·13>
〔본조신설 2009·2·12〕

제218조의17(재외투표소의 설치·운영) ① 재외선거관리위원회는 선거일 전 14일부터 선거일 전 9일까지의 기간 중 6일 이내의 기간(이하 이 장에서 "재외투표기간"이라 한다)을 정하여 공관에 재외투표소를 설치·운영하여야 한다. 이 경우 공관의 협소 등의 사유로 부득이 공관에 재외투표소를 설치할 수 없는 경우에는 공관의 대체시설에 재외투표소를 설치할 수 있다. <개정 2015·12·24>
② 재외선거관리위원회는 제1항에도 불구하고 다음 각 호의 어느 하나에 해당하는

사유가 있는 경우에는 재외투표기간 중 기간을 정하여 제1항에 따른 공관 또는 공관의 대체시설 외의 시설·병영 등에 추가로 재외투표소를 설치·운영할 수 있다. 다만, 제1호에 따른 사유로 추가하여 설치하는 재외투표소의 경우에는 재외국민수가 3만명을 넘으면 이후 매 3만명까지마다 1개소씩 추가로 설치·운영하되, 추가되는 재외투표소의 총 수는 3개소를 초과할 수 없다. <개정 2016·1·15, 2022·1·21>

1. 관할구역의 재외국민수가 3만명 이상인 것으로 추정되는 경우
2. 공관의 관할구역 또는 관할구역의 인접한 지역에 재외선거인등이 소속된 국군부대가 있는 경우

③ 재외선거관리위원회는 선거일 전 20일까지 재외투표소의 명칭·소재지와 운영기간 등을 인터넷 홈페이지 등에 공고하여야 한다. <개정 2015·12·24>

④ 재외선거관리위원회는 공정하고 중립적인 사람 중에서 재외투표소에 투표사무원을 두어야 한다. <개정 2018·4·6>

⑤ 재외선거관리위원회는 정당추천위원이 아닌 1명의 위원을 책임위원으로 지정하여 재외투표소의 투표관리를 행하게 한다. 다만, 책임위원으로 지정되지 아니한 위원도 본인의 의사에 따라 투표관리에 참여할 수 있으며, 재외투표소의 책임위원에게 투표관리에 관하여 의견을 개진할 수 있다. <개정 2012·1·17>

⑥ 재외선거관리위원회는 제5항에도 불구하고 제2항에 따라 설치하는 재외투표소에는 재외선거관리위원회가 지정하는 재외투표소관리자로 하여금 투표관리를 행하게 할 수 있다. <신설 2015·12·24>

⑦ 재외투표소는 재외투표기간 중 공휴일에도 불구하고 매일 오전 8시에 열고 오후 5시에 닫는다. 다만, 다음 각 호의 어느 하나에 해당하는 경우 재외선거관리위원회는 예상 투표자 수 등을 고려하여 투표시간을 조정할 수 있되, 중앙선거관리위원회와 협의하여야 한다. <개정 2011·9·30, 2015·12·24, 2022·1·21>

1. 천재지변 또는 전쟁·폭동, 그 밖에 부득이한 사유가 있는 경우
2. 제2항제2호에 따라 추가로 설치·운영하는 재외투표소의 경우

⑧ 제2항에 따른 재외투표소의 설치·운영, 국군부대에 재외투표소를 설치·운영할 재외선거관리위원회 지정 및 그 밖에 필요한 사항은 중앙선거관리위원회규칙으로 정한다. <개정 2016·1·15>

⑨ 제163조·제166조·제166조의2 및 제167조(제2항 단서는 제외한다)는 재외투표소에 준용한다. 이 경우 "읍·면·동선거관리위원회 및 그 상급선거관리위원회"는 "중앙선거관리위원회 및 재외선거관리위원회"로, "투표소"는 "재외투표소"로, "투표관리관"은 "재외투표소의 책임위원 또는 재외투표소관리자"로, "선거일에"는 "재외투표소 안에서"로 본다. <개정 2010·1·25, 2011·7·28, 2015·12·24>

〔본조신설 2009·2·12〕

제218조의18(투표용지 작성 등) ① 중앙선거관리위원회는 재외투표소의 책임위원 또는 재외투표소관리자(이하 "책임위원등"이라 한다)로 하여금 재외투표소에서 투표용지 발급기를 이용하여 투표용지를 작성·교부하게 한다. 이 경우 투표용지에 인쇄하는 일련번호에 관하여는 제151조제6항 후단을 준용한다. <개정 2015·8·13, 2015·12·24>

② 중앙선거관리위원회는 투표용지의 작성을 위하여 제151조제1항에 따라 작성한 투표용지원고를 재외투표기간 개시일 전 2일까지 전산조직을 이용하여 재외투표관리관에게 보내야 한다. <개정 2015·8·13>

③ 중앙선거관리위원회는 투표용지의 작성 및 투표용지원고의 송부에 필요한 기술적 조치를 하여야 한다. <개정 2015·8·13>

④ 재외투표소의 책임위원등은 투표용지 발급기의 장애 등으로 인하여 투표용지를 작성·교부할 수 없는 때에는 중앙선거관리위원회가 전산조직으로 송부한 투표용지원고를 이용하여 투표용지를 작성·교부한다. 이 경우 제218조의16제1항에도 불구하고 국회의원선거의 투표는 후보자의 성명이나 정당

의 명칭 또는 기호를 한글 또는 아라비아숫자로 투표용지에 직접 적는 방법으로 한다. <신설 2011·7·28, 2014·1·17, 2015·8·13, 2015·12·24>

⑤ 투표용지 작성방법, 재외선거인등에 대한 투표안내, 그 밖에 필요한 사항은 중앙선거관리위원회규칙으로 정한다. <신설 2011·7·28, 2015·8·13>

〔본조신설 2009·2·12〕

제218조의19(재외선거의 투표 절차) ① 재외선거인등은 신분증명서(여권·주민등록증·공무원증·운전면허증 등 사진이 첩부되어 본인임을 확인할 수 있는 대한민국의 관공서나 공공기관이 발행한 증명서 또는 사진이 첩부되고 성명과 생년월일이 기재되어 본인임을 확인할 수 있는 거류국의 정부가 발행한 증명서를 말한다. 이하 이 조에서 같다)를 제시하여 본인임을 확인받은 다음 전자적 방식으로 손도장을 찍거나 서명한 후 투표용지를 받아야 한다. 다만, 재외선거인은 제218조의5제4항에 따라 재외투표관리관이 공고한 서류의 원본을 제시하여 국적 및 본인 여부를 확인받은 다음 투표용지를 받아야 하며, 제시한 서류에 본인임을 확인할 수 있는 사진이 첩부되지 아니한 경우에는 신분증명서를 함께 제시하여야 한다. <개정 2015·12·24>

② 재외투표소의 책임위원등은 투표용지 발급기로 투표용지를 인쇄하여 "책임위원"칸에 자신의 도장을 찍거나 서명(한글성명이 모두 나타나야 한다)한 후 일련번호를 떼지 아니하고 회송용 봉투와 함께 교부한다. <개정 2015·12·24>

③ 투표용지와 회송용 봉투를 받은 재외선거인등은 기표소에 들어가 투표용지에 1명의 후보자(비례대표국회의원선거에서는 하나의 정당을 말한다)를 선택하여 투표용지의 해당 칸에 기표한 다음 그 자리에서 기표내용이 다른 사람에게 보이지 아니하게 접어 이를 회송용 봉투에 넣어 봉함한 후 투표함에 넣어야 한다.

④ 투표용지 발급기의 봉함·봉인, 그 밖에 필요한 사항은 중앙선거관리위원회규칙으로 정한다.

〔전부개정 2015·8·13〕

제218조의20(재외투표소의 투표참관) ① 재외투표소의 책임위원등은 투표참관인이 투표상황을 참관할 수 있도록 하여야 한다. <개정 2015·12·24>

② 대통령선거의 경우 후보자(정당추천후보자의 경우에는 후보자를 추천한 정당을 말한다)가, 국회의원선거의 경우 「정치자금법」 제27조에 따라 보조금의 배분 대상이 되는 정당이 선거일 전 17일까지 재외선거관리위원회에 재외투표소별로 재외선거인등 중 2명을 투표참관인으로 신고할 수 있다.

③ 제2항에 따라 신고한 투표참관인은 언제든지 교체할 수 있으며, 재외투표기간에는 그 재외투표소에서 교체신고를 할 수 있다.

④ 제2항에 따른 투표참관인의 선정이 없거나 한 후보자 또는 한 정당이 선정한 투표참관인밖에 없는 경우에는 재외선거관리위원회가 재외선거인등 중 2명을 본인의 승낙을 얻어 투표참관인으로 선정한다. 이 경우 재외선거관리위원회가 제218조의17제2항제2호에 따른 재외투표소의 투표참관인을 선정할 때에는 군인이 아닌 사람을 우선하여 선정하여야 한다. <개정 2011·7·28, 2016·1·15>

⑤ 제4항에 따라 선정된 투표참관인은 정당한 사유 없이 참관을 거부하거나 그 직을 사임할 수 없다.

⑥ 재외투표소의 책임위원등은 원활한 투표관리를 위하여 필요한 때에는 투표참관인을 교대로 참관하게 할 수 있다. 이 경우 정당·후보자별로 투표참관인 수의 2분의 1씩 교대하여 참관하게 하여야 한다. <신설 2011·7·28, 2015·12·24>

〔본조신설 2009·2·12〕

제218조의21(재외투표의 회송) ① 재외투표소의 책임위원등은 매일의 재외투표 마감 후 투표참관인의 참관 아래 투표함을 열고 투표자수를 계산한 다음 재외투표를 포장·봉인(封印)하여 재외투표관리관에게 인계하여야 한다. 다만, 제218조의17제2항에 따라 설

치하는 재외투표소는 공관과의 거리 등의 사유로 매일의 재외투표를 인계할 수 없는 부득이한 경우에도 해당 재외투표소 운영기간 종료 후 그 기간 중의 재외투표를 일괄하여 인계할 수 있다. <개정 2015·12·24>

② 재외투표관리관은 제1항에 따른 재외투표를 재외투표기간 만료일 후 지체 없이 국내로 회송하고, 외교부장관은 외교행낭의 봉함·봉인 상태를 확인한 후 중앙선거관리위원회에 보내야 한다. 이 경우 재외투표의 수가 많은 때에는 재외투표기간 중 그 일부를 먼저 보낼 수 있다. <개정 2011·7·28, 2013·3·23>

③ 중앙선거관리위원회는 제2항에 따라 인수한 재외투표를 관할 구·시·군선거관리위원회에 등기우편으로 보내야 한다.

④ 제1항 단서에 따른 재외투표의 인계, 제2항에 따른 재외투표의 국내 회송방법, 그 밖에 필요한 사항은 중앙선거관리위원회 규칙으로 정한다. <신설 2011·7·28, 2015·12·24>

〔본조신설 2009·2·12〕

제218조의22(재외투표소투표록 등의 작성·송부) ① 재외투표소의 책임위원등은 재외투표소에 재외투표소투표록을 비치하고 매일의 투표자 수, 재외투표관리관에 대한 재외투표의 인계, 그 밖에 재외투표소의 투표관리에 관한 사항을 기록하여야 한다. <개정 2015·12·24>

② 재외투표소의 책임위원등은 재외투표소의 투표가 모두 끝난 때에는 투표함과 그 열쇠, 재외투표소투표록, 그 밖에 재외투표소의 투표에 관한 모든 서류를 재외투표관리관에게 인계하여야 한다. <개정 2015·12·24>

③ 재외투표관리관은 재외선거관리록을 비치하고 재외선거인 등록신청과 국외부재자 신고의 접수 및 처리, 재외투표소 설치·운영, 그 밖에 재외선거 및 국외부재자투표의 관리에 관한 사항을 적어야 한다.

④ 재외투표관리관이 제218조의21제2항 전단에 따라 재외투표를 중앙선거관리위원회에 보내는 때에는 재외투표소투표록을 함께 보내야 한다.

〔본조신설 2009·2·12〕

제218조의23(재외투표의 접수) ① 구·시·군선거관리위원회는 선거일 전 10일부터 재외투표의 투입과 보관을 위하여 국외부재자 투표함과 재외선거인 투표함(이하 이 조와 제218조의24에서 "재외투표함"이라 한다)을 각각 갖추어 놓아야 한다.

② 구·시·군선거관리위원회가 접수한 재외투표는 정당추천위원의 참여하에 재외투표함에 넣어야 한다. 이 경우 재외투표함의 보관에 관하여는 제176조제3항을 준용한다. <개정 2021·3·26>

〔본조신설 2009·2·12〕

제218조의24(재외투표의 개표) ① 재외투표는 구·시·군선거관리위원회가 개표한다.

② 재외투표함은 개표참관인의 참관 아래 선거일 오후 6시(대통령의 궐위로 인한 선거 또는 재선거는 오후 8시를 말한다. 이하 이 조에서 같다) 후에 개표소로 옮겨서 다른 투표함의 투표지와 별도로 먼저 개표할 수 있다. <개정 2011·7·28>

③ 제1항에도 불구하고 중앙선거관리위원회는 천재지변 또는 전쟁·폭동, 그 밖에 부득이한 사유로 재외투표가 선거일 오후 6시까지 관할 구·시·군선거관리위원회에 도착할 수 없다고 인정하는 때에는 해당 재외선거관리위원회로 하여금 재외투표를 보관하였다가 개표하게 할 수 있다. <신설 2011·7·28>

④ 재외선거관리위원회가 제3항에 따라 개표하는 때에는 선거일 오후 6시 이후에 개표참관인의 참관 아래 공관에서 개표하고, 그 결과를 중앙선거관리위원회에 보고하며, 중앙선거관리위원회는 관할 선거구선거관리위원회에 그 결과를 통지한다. <신설 2011·7·28>

⑤ 제3항에 따라 개표하는 경우 개표참관인 선정·신고 등에 관하여는 제218조의20제2항부터 제5항까지를 준용한다. 이 경우 "재외투표소별로"는 "개표소별로"로, "투표참관인"은 "개표참관인"으로, "선거일 전 17일"은 "선거일 전 3일"로, "재외투표기간

에는 그 재외투표소에서"는 "개표일에는 개표소에서"로 본다. <신설 2011·7·28, 2015·12·24>

⑥ 재외선거관리위원회가 재외투표를 개표하는 경우 재외투표의 보관, 개표의 진행 및 절차, 개표결과의 보고·통지, 그 밖에 필요한 사항은 중앙선거관리위원회규칙으로 정한다. <신설 2011·7·28>

〔본조신설 2009·2·12〕

제218조의25(재외투표의 효력) ① 재외투표의 효력에 관하여는 제179조(같은 조 제3항 및 제4항제7호·제10호는 제외한다)를 준용한다. 이 경우 "사전투표 및 거소투표"는 "재외투표"로, "비례대표국회의원선거 및 비례대표지방의회의원선거"는 "비례대표국회의원선거"로, "거소투표자 또는 선상투표자가"는 "재외선거인등이"로, "거소투표 또는 선상투표"는 "재외투표"로 본다. <개정 2015·8·13>

② 제218조의18제4항 후단의 방법으로 투표를 한 경우 후보자의 성명이나 정당의 명칭 또는 기호를 모두 한글 또는 아라비아숫자가 아닌 그 밖의 문자(한글 또는 아라비아숫자와 그 밖의 문자를 병기한 것은 한글 또는 아라비아숫자로 적은 것으로 본다)로 적거나 비례대표국회의원선거에서 후보자의 성명을 적은 재외투표(정당의 명칭 또는 기호를 함께 적은 것을 포함한다)는 무효로 한다. 다만, 다음 각 호의 어느 하나에 해당하는 재외투표는 무효로 하지 아니한다. <개정 2015·8·13>

1. 같은 후보자의 성명이나 정당의 명칭 또는 기호를 2회 이상 적은 것
2. 후보자의 성명이나 정당의 명칭 또는 기호가 일부 틀리게 적혀 있으나 어느 후보자 또는 정당에게 투표하였는지 명확한 것

③ 같은 선거에서 한 사람이 2회 이상 투표를 한 경우 해당 선거에서 본인이 한 재외투표는 모두 무효로 한다. <신설 2011·7·28>

④ 및 ⑤ 삭제 <2015·8·13>

〔본조신설 2009·2·12〕

제218조의26(국외선거범에 대한 공소시효 등) ① 제268조제1항 본문에도 불구하고 국외에서 범한 이 법에 규정된 죄의 공소시효는 해당 선거일 후 5년을 경과함으로써 완성한다.

② 국외에서 이 법에 규정된 죄를 범한 자로서 「형사소송법」에 따라 법원의 관할을 특정할 수 없는 자의 제1심 재판 관할은 서울중앙지방법원으로 한다. <신설 2011·7·28>

〔본조신설 2009·2·12〕

제218조의27(재외선거의 공정성 확보 의무) ① 중앙선거관리위원회와 재외투표관리관은 재외선거인 등록신청, 재외투표의 방법, 그 밖에 재외선거인의 선거권 행사를 위한 사항을 홍보하는 등 재외선거인의 투표참여와 재외선거의 공정성을 확보하기 위하여 노력하여야 한다.

② 중앙선거관리위원회는 재외선거인이 전화 또는 인터넷을 통하여 후보자를 추천한 정당의 명칭, 후보자의 성명, 기호 및 선거공약 등을 알 수 있도록 필요한 조치를 하여야 한다.

③ 중앙선거관리위원회는 외국의 선거·정당·정치자금제도와 그 운영현황, 정당 발전방안 등에 관한 조사·연구를 추진하여 재외선거제도의 개선과 정치발전을 위하여 필요한 노력을 하여야 한다.

〔본조신설 2009·2·12〕

제218조의28(재외선거사무의 지원 등) ① 중앙선거관리위원회, 법무부, 경찰청 등은 재외선거관리위원회 또는 재외투표관리관이 행하는 재외선거사무를 지원하고 위법행위 예방 및 자료수집 등을 위하여 필요한 경우에는 공관에 소속 직원을 파견할 수 있다.

② 제1항에 따라 공관에 파견된 중앙선거관리위원회 소속 직원이 제272조의2 또는 「정치자금법」 제52조에 따라 조사를 하는 경우에는 다른 법령에도 불구하고 중앙선거관리위원회의 지휘·감독을 받는다. 다만, 조사에 착수하는 때에는 조사와 관련하여 공관의 장과 협의하여야 한다.

〔전부개정 2011·9·30〕

제218조의29(천재지변 등의 발생 시 재외선거사무의 처리) ① 중앙선거관리위원회는 천재지변 또는 전쟁·폭동, 그 밖에 부득이한 사유로 해당 공관 관할구역에서 재외선거를

실시할 수 없다고 인정하는 때에는 해당 공관에 재외선거관리위원회를 설치하지 아니하거나 설치·운영 중인 재외선거관리위원회 및 재외투표관리관의 재외선거사무를 중지할 것을 결정할 수 있다.

② 제1항에 따른 재외선거사무 중지결정에 따라 재외투표기간 중에 투표를 마치지 못한 경우에도 재외투표기간이 지난 후에는 다시 투표를 실시하지 아니한다. 이 경우 재외투표관리관은 이미 실시된 재외투표를 제218조의21제2항에 따라 국내로 회송하여야 한다.

③ 중앙선거관리위원회는 제1항에 따른 결정 후 재외투표기간 전에 사정 변경으로 재외선거를 실시할 수 있다고 인정하는 때에는 지체 없이 재외선거관리위원회를 설치하거나 재외선거사무가 중지된 해당 재외선거관리위원회 및 재외투표관리관으로 하여금 재외선거사무를 재개하도록 하여야 하고, 이 경우 처리기한이 경과된 재외선거사무는 이 법에 따라 처리한 것으로 본다. 다만, 재외선거관리위원회는 제218조의17에 따른 기한이 경과된 경우라도 지체 없이 재외투표소의 명칭·소재지와 운영기간 등을 공고하여야 한다.

〔본조신설 2011·7·28〕

제218조의30(국외선거범에 대한 여권발급 제한 등) ① 외교부장관은 다음 각 호의 어느 하나에 해당하는 사람에 대하여 중앙선거관리위원회나 검사 또는 사법경찰관의 요청이 있는 때에는 「여권법」에 따른 여권의 발급·재발급(이하 "여권발급등"이라 한다)을 제한하거나 반납(이하 "제한등"이라 한다)을 명하여야 한다. <개정 2013·3·23, 2021·3·23>

1. 국외에서 이 법에 따른 장기 3년 이상의 형에 해당하는 죄를 범한 혐의를 인정할 만한 상당한 이유가 있으나 중앙선거관리위원회의 조사에 불응하거나 소재가 불명하여 조사를 종결할 수 없는 사람
2. 국외에서 이 법에 따른 장기 3년 이상의 형에 해당하는 죄를 범하여 기소중지 또는 수사중지(피의자중지로 한정한다)된 사람

② 중앙선거관리위원회 또는 검사가 제1항에 따라 여권발급등의 제한등을 요청할 때에는 그 요청사유, 제한기간 또는 반납 후의 보관기간(이하 "보관기간"이라 한다) 등을 적은 서면으로 하여야 한다.

③ 중앙선거관리위원회 또는 검사는 제2항에 따른 제한기간 또는 보관기간을 연장할 필요가 있다고 인정되는 때에는 그 제한기간 또는 보관기간 만료일 전 30일까지 서면으로 연장을 요청할 수 있다.

④ 제2항 및 제3항에 따른 제한기간 또는 보관기간은 해당 선거의 선거일 후 5년 이내로 하되, 중앙선거관리위원회 또는 검사는 제한기간 또는 보관기간 중이라도 요청사유가 소멸되었다고 인정될 때에는 여권발급등의 제한등을 해제하여 줄 것을 외교부장관에게 요청할 수 있다. <개정 2013·3·23>

⑤ 제3항과 제4항에 따른 요청이 있는 경우 외교부장관은 특별한 사정이 없는 한 그 요청에 따라야 한다. <개정 2013·3·23>

⑥ 제1항에 따른 여권발급등의 제한등과 관련하여 이 조에서 정한 것을 제외하고는 여권발급등의 제한등의 절차, 반납명령을 이행하지 않는 경우 여권의 효력상실과 회수, 그 밖의 사항에 관하여는 「여권법」을 준용한다.

〔본조신설 2012·2·29〕

제218조의31(외국인의 입국금지) ① 법무부장관은 국외에서 이 법에서 금지하는 행위를 하였다고 인정할 만한 상당한 이유가 있는 외국인에 대하여 입국을 금지할 수 있다. 다만, 수사에 응하기 위하여 입국하려는 때에는 그러하지 아니하다.

② 중앙선거관리위원회는 제1항에 따른 입국금지대상에 해당하는 외국인을 법무부장관에게 통보할 수 있다.

③ 제1항에 따른 입국 금지기간은 해당 선거 당선인의 임기만료일까지로 한다.

④ 제1항에 따른 입국금지 절차 등에 관하여는 「출입국관리법」을 준용한다.

〔본조신설 2012·2·29〕

제218조의32(국외선거범에 대한 영사조사) ① 영사는 법원 또는 검사의 의뢰를 받아 대한민국 재외공관 등에서 「형사소송법」 제200

조, 제221조에 따라 이 법의 위반행위와 관련된 피의자 또는 피의자 아닌 자의 출석을 요구하여 진술을 들을 수 있다.

② 법원 또는 검사가 영사에게 진술 청취를 의뢰할 때에는 법무부 및 외교부를 경유하여야 한다. 사법경찰관은 검사에게 영사에 대한 진술 청취의 의뢰를 신청할 수 있다. <개정 2013·3·23>

③ 영사는 제1항에 따라 진술을 들을 경우 그 진술 내용을 기재한 조서를 작성하거나 진술서를 제출받을 수 있고, 그 과정을 영상녹화할 수 있다. 다만, 피의자 아닌 자의 경우에는 동의를 받아야 영상녹화할 수 있다.

④ 영사가 법원의 의뢰를 받아 진술을 들을 경우 그 절차 및 방식에 관하여는 「형사소송법」 제48조, 제50조 및 제161조의2부터 제164조까지를 준용한다.

⑤ 영사가 검사의 의뢰를 받아 진술을 들을 경우 그 절차 및 방식에 관하여는 「형사소송법」 제241조, 제242조, 제243조의2부터 제245조까지를 준용한다.

⑥ 영사는 제3항에 따라 작성한 조서, 진술인으로부터 제출받은 진술서 또는 영상녹화물을 즉시 외교부 및 법무부를 경유하여 법원 또는 검사에게 송부하여야 한다. <개정 2013·3·23>

〔본조신설 2012·2·29〕

제218조의33(국외선거범에 대한 인터넷 화상조사) ① 검사 또는 사법경찰관은 「형사소송법」 제200조, 제221조에 따라 재외공관에 출석한 이 법의 위반행위와 관련된 피의자 또는 피의자 아닌 자를 상대로 인터넷 화상장치를 이용하여 진술을 들을 수 있다.

② 제1항에 따라 진술을 들을 경우 검사 또는 사법경찰관은 법무부 및 외교부를 경유하여 해당 재외공관의 장에게 조사할 사건에 관하여 통보하여야 하고, 진술을 들을 때에는 영사가 참여하여야 한다. <개정 2013·3·23>

③ 검사 또는 사법경찰관은 제1항에 따라 진술을 들을 경우 그 진술 내용을 기재한 조서를 작성할 수 있고, 그 과정을 영상 녹화하여야 한다. 다만, 피의자가 아닌 자의 경우에는 동의를 받아야 영상 녹화할 수 있다.

④ 검사 또는 사법경찰관은 작성한 조서를 재외공관에 전송하고, 영사는 이를 출력하여 진술자에게 열람케 하여야 한다.

⑤ 제1항에 따른 진술 청취의 절차 및 방식에 관하여는 「형사소송법」 제241조, 제242조, 제243조의2부터 제245조까지를 준용한다.

⑥ 영사는 완성된 조서를 외교부 및 법무부를 경유하여 검사 또는 사법경찰관에게 송부하여야 한다. <개정 2013·3·23>

⑦ 제1항부터 제6항까지에 따라 작성된 조서는 국내에서 검사 또는 사법경찰관이 작성한 조서와 동일한 것으로 본다.

〔본조신설 2012·2·29〕

제218조의34(준용규정 등) ① 재외선거에 관하여 이 장에 정한 것을 제외하고는 그 성질에 반하지 아니하는 범위에서 이 법의 다른 규정을 준용한다.

② 이 장에서 날짜로 정한 기간을 계산하는 때에는 대한민국 표준시를 기준으로 한다.

③ 재외선거와 관련한 공관의 선거관리경비의 사용 잔액에 대하여는 「재외공관 수입금 등 직접사용에 관한 법률」 제2조·제3조를 준용한다. 이 경우 "외교부장관"은 "중앙선거관리위원회사무총장"으로, "대한민국 재외공관의 장" 또는 "재외공관의 장"은 "재외투표관리관"으로, "수입금 및 관서 운영경비"는 "선거관리경비"로 본다. <신설 2012·1·17, 2013·3·23>

〔본조신설 2009·2·12〕

제218조의35(시행규칙) 국외부재자투표와 재외선거의 실시를 위하여 필요한 사항은 중앙선거관리위원회규칙으로 정한다.

〔본조신설 2009·2·12〕

제15장 선거에 관한 쟁송

제219조(선거소청) ① 지방의회의원 및 지방자치단체의 장의 선거에 있어서 선거의 효력에 관하여 이의가 있는 선거인·정당(후

보자를 추천한 정당에 한한다. 이하 이 조에서 같다) 또는 후보자는 선거일부터 14일 이내에 당해 선거구선거관리위원회위원장을 피소청인으로 하여 지역구시·도의원선거(지역구세종특별자치시의회의원선거는 제외한다), 자치구·시·군의원선거 및 자치구·시·군의 장선거에 있어서는 시·도선거관리위원회에, 비례대표시·도의원선거, 지역구세종특별자치시의회의원선거 및 시·도지사선거에 있어서는 중앙선거관리위원회에 소청할 수 있다. <개정 2002·3·7, 2015·8·13>

② 지방의회의원 및 지방자치단체의 장의 선거에 있어서 당선의 효력에 관하여 이의가 있는 정당 또는 후보자는 당선인결정일부터 14일 이내에 제52조제1항부터 제3항까지 또는 제192조제1항부터 제3항까지의 사유에 해당함을 이유로 하는 때에는 당선인을, 제190조(지역구지방의회의원당선인의 결정·공고·통지) 내지 제191조(지방자치단체의 장의 당선인의 결정·공고·통지)의 규정에 의한 결정의 위법을 이유로 하는 때에는 당해 선거구선거관리위원회위원장을 각각 피소청인으로 하여 지역구시·도의원선거(지역구세종특별자치시의회의원선거는 제외한다), 자치구·시·군의원선거 및 자치구·시·군의 장선거에 있어서는 시·도선거관리위원회에, 비례대표시·도의원선거, 지역구세종특별자치시의회의원선거 및 시·도지사선거에 있어서는 중앙선거관리위원회에 소청할 수 있다. <개정 2002·3·7, 2005·8·4, 2010·1·25, 2010·3·12, 2015·8·13>

③ 제1항 및 제2항의 규정에 의하여 피소청인으로 될 당해 선거구선거관리위원회위원장이 궐위된 때에는 당해 선거구선거관리위원회위원 전원을 피소청인으로 한다.

④ 제2항의 규정에 의하여 피소청인으로 될 당선인이 사퇴 또는 사망하거나 제192조제2항의 규정에 의하여 당선의 효력이 상실되거나 같은 조 제3항의 규정에 의하여 당선이 무효로 된 때에는 당해 선거구선거관리위원회위원장을, 당해 선거구선거관리위원회위원장이 궐위된 때에는 당해 선거구선거관리위원회위원 전원을 피소청인으로 한다.

⑤ 제1항 및 제2항에 따른 소청은 서면으로 하여야 하되, 다음 각 호의 사항을 기재한 후 기명하고 날인하여야 한다. 이 경우 소청장에는 당사자수에 해당하는 부본을 첨부하여야 한다. <개정 2011·7·28>

1. 소청인의 성명과 주소
2. 피소청인의 성명과 주소
3. 소청의 취지 및 이유
4. 소청의 대상이 되는 처분의 내용
5. 대리인 또는 선정대표자가 있는 경우에는 그 성명과 주소

⑥ 제5항의 규정에 의한 소청장을 접수한 중앙선거관리위원회 또는 시·도선거관리위원회는 지체없이 소청장 부본을 당사자에게 송달하여야 한다.

⑦ 제6항의 규정에 의하여 소청장 부본을 송달받은 피소청인은 중앙선거관리위원회 또는 시·도선거관리위원회가 지정한 기일까지 답변서를 제출하여야 한다. 이 경우 당사자수에 상응하는 부본을 첨부하여야 하며, 답변서를 접수한 중앙선거관리위원회 또는 시·도선거관리위원회는 그 부본을 당사자에게 송달하여야 한다.

제220조(소청에 대한 결정) ① 제219조(선거소청)제1항 또는 같은 조 제2항의 소청을 접수한 중앙선거관리위원회 또는 시·도선거관리위원회는 소청을 접수한 날부터 60일 이내에 그 소청에 대한 결정을 하여야 한다.

② 제1항의 결정은 다음 각 호의 사항을 기재한 서면으로 하여야 하며, 결정에 참여한 위원이 기명하고 서명 또는 날인하여야 한다. <개정 2011·7·28>

1. 사건번호와 사건명
2. 당사자·참가인 및 대리인의 성명과 주소
3. 주문
4. 소청의 취지
5. 이유
6. 결정한 날짜

③ 중앙선거관리위원회 또는 시·도선거관리위원회는 지체없이 제2항의 결정서의 정본을 소청인·피소청인 및 참가인에게 송달하여야 하며, 그 결정요지를 공고하여야 한다.

④ 소청의 결정은 소청인에게 제3항의 규정에 의한 송달이 있는 때에 그 효력이 생긴다.

제221조(「행정심판법」의 준용) ① 선거소청에 관하여는 이 법에 규정된 것을 제외하고는 「행정심판법」 제10조(위원의 제척·기피·회피)(이 경우 "위원장"은 "중앙선거관리위원회 또는 시·도선거관리위원회"로 본다), 제15조(선정대표자), 제16조(청구인의 지위 승계)제2항부터 제4항까지(이 경우 "법인"은 "정당"으로 본다), 제17조(피청구인의 적격 및 경정)제2항부터 제6항까지, 제18조(대리인의 선임), 제19조(대표자 등의 자격), 제20조(심판참가), 제21조(심판참가의 요구), 제22조(참가인의 지위), 제29조(청구의 변경), 제30조(집행정지)제1항, 제32조(보정), 제33조(주장의 보충), 제34조(증거서류 등의 제출), 제35조(자료의 제출 요구 등)제1항부터 제3항까지, 제36조(증거조사), 제37조(절차의 병합 또는 분리), 제38조(심리기일의 지정과 변경), 제39조(직권심리), 제40조(심리의 방식), 제41조(발언 내용 등의 비공개), 제42조(심판청구 등의 취하), 제43조(재결의 구분)제1항·제2항, 제51조(행정심판 재청구의 금지), 제55조(증거서류 등의 반환), 제56조(주소 등 송달장소 변경의 신고의무), 제57조(서류의 송달) 및 제61조(권한의 위임)의 규정을 준용하고, 선거소청비용에 관하여는 「민사소송법」을 준용하되, 「행정심판법」을 준용하는 경우 "행정심판"은 "선거소청"으로, "청구인"은 "소청인"으로, "피청구인"은 "피소청인"으로, "심판청구 또는 심판"은 "소청"으로, "심판청구서"는 "소청장"으로, "재결"은 "결정"으로, "재결기간"은 "결정기간"으로, "위원회"는 "중앙선거관리위원회 또는 시·도선거관리위원회"로, "재결서"는 "결정서"로 본다. <개정 1998·4·30, 2005·8·4, 2008·2·29, 2010·1·25>

② 소청에 관하여 기타 필요한 사항은 중앙선거관리위원회규칙으로 정한다.

제222조(선거소송) ① 대통령선거 및 국회의원선거에 있어서 선거의 효력에 관하여 이의가 있는 선거인·정당(후보자를 추천한 정당에 한한다) 또는 후보자는 선거일부터 30일 이내에 당해 선거구선거관리위원회위원장을 피고로 하여 대법원에 소를 제기할 수 있다.

② 지방의회의원 및 지방자치단체의 장의 선거에 있어서 선거의 효력에 관한 제220조의 결정에 불복이 있는 소청인(당선인을 포함한다)은 해당 소청에 대하여 기각 또는 각하 결정이 있는 경우(제220조제1항의 기간 내에 결정하지 아니한 때를 포함한다)에는 해당 선거구선거관리위원회 위원장을, 인용결정이 있는 경우에는 그 인용결정을 한 선거관리위원회 위원장을 피고로 하여 그 결정서를 받은 날(제220조제1항의 기간 내에 결정하지 아니한 때에는 그 기간이 종료된 날)부터 10일 이내에 비례대표시·도의원선거 및 시·도지사선거에 있어서는 대법원에, 지역구시·도의원선거, 자치구·시·군의원선거 및 자치구·시·군의 장선거에 있어서는 그 선거구를 관할하는 고등법원에 소를 제기할 수 있다. <개정 2002·3·7, 2010·1·25>

③ 제1항 또는 제2항에 따라 피고로 될 위원장이 궐위된 때에는 해당 선거관리위원회 위원 전원을 피고로 한다. <개정 2010·1·25>

제223조(당선소송) ① 대통령선거 및 국회의원선거에 있어서 당선의 효력에 이의가 있는 정당(후보자를 추천한 정당에 한한다) 또는 후보자는 당선인결정일부터 30일 이내에 제52조제1항·제3항 또는 제192조제1항부터 제3항까지의 사유에 해당함을 이유로 하는 때에는 당선인을, 제187조(대통령당선인의 결정·공고·통지)제1항·제2항, 제188조(지역구국회의원당선인의 결정·공고·통지)제1항 내지 제4항, 제189조(비례대표국회의원의석의 배분과 당선인의 결정·공고·통지) 또는 제194조(당선인의 재결정과 비례대표국회의원의석 및 비례대표지방의회의원의석의 재배분)제4항의 규정에 의한 결정의 위법을 이유로 하는 때에는 대통령선거에 있어서는 그 당선인을 결정한

중앙선거관리위원회위원장 또는 국회의장을, 국회의원선거에 있어서는 당해 선거구선거관리위원회위원장을 각각 피고로 하여 대법원에 소를 제기할 수 있다. <개정 2000·2·16, 2002·3·7, 2005·8·4, 2010·1·25, 2010·3·12, 2020·1·14, 2020·12·29>

② 지방의회의원 및 지방자치단체의 장의 선거에 있어서 당선의 효력에 관한 제220조의 결정에 불복이 있는 소청인 또는 당선인인 피소청인(제219조제2항 후단에 따라 선거구선거관리위원회 위원장이 피소청인인 경우에는 당선인을 포함한다)은 해당 소청에 대하여 기각 또는 각하 결정이 있는 경우(제220조제1항의 기간 내에 결정하지 아니한 때를 포함한다)에는 당선인(제219조제2항 후단을 이유로 하는 때에는 관할 선거구선거관리위원회 위원장을 말한다)을, 인용결정이 있는 경우에는 그 인용결정을 한 선거관리위원회 위원장을 피고로 하여 그 결정서를 받은 날(제220조제1항의 기간 내에 결정하지 아니한 때에는 그 기간이 종료된 날)부터 10일 이내에 비례대표시·도의원선거 및 시·도지사선거에 있어서는 대법원에, 지역구시·도의원선거, 자치구·시·군의원선거 및 자치구·시·군의 장선거에 있어서는 그 선거구를 관할하는 고등법원에 소를 제기할 수 있다. <개정 2002·3·7, 2010·1·25>

③ 제1항 또는 제2항에 따라 피고로 될 위원장이 궐위된 때에는 해당 선거관리위원회 위원 전원을, 국회의장이 궐위된 때에는 부의장중 1인을 피고로 한다. <개정 2010·1·25>

④ 제1항 및 제2항의 규정에 의하여 피고로 될 당선인이 사퇴·사망하거나 제192조제2항의 규정에 의하여 당선의 효력이 상실되거나 같은 조 제3항의 규정에 의하여 당선이 무효로 된 때에는 대통령선거에 있어서는 법무부장관을, 국회의원선거·지방의회의원 및 지방자치단체의 장의 선거에 있어서는 관할고등검찰청검사장을 피고로 한다.

제224조(선거무효의 판결 등) 소청이나 소장을 접수한 선거관리위원회 또는 대법원이나 고등법원은 선거쟁송에 있어 선거에 관한 규정에 위반된 사실이 있는 때라도 선거의 결과에 영향을 미쳤다고 인정하는 때에 한하여 선거의 전부나 일부의 무효 또는 당선의 무효를 결정하거나 판결한다.

제225조(소송 등의 처리) 선거에 관한 소청이나 소송은 다른 쟁송에 우선하여 신속히 결정 또는 재판하여야 하며, 소송에 있어서는 수소법원은 소가 제기된 날부터 180일 이내에 처리하여야 한다.

제226조(소송 등에 관한 통지) ① 이 장의 규정에 의하여 소청이 제기된 때 또는 소청이 계속되지 아니하게 되거나 결정된 때에는 중앙선거관리위원회 또는 시·도선거관리위원회는 당해 지방자치단체와 지방의회 및 관할 선거구선거관리위원회에 통지하여야 한다.

② 이 장의 규정에 의하여 소가 제기된 때 또는 소송이 계속되지 아니하게 되거나 판결이 확정된 때에는 대법원장 또는 고등법원장은 대통령선거 및 국회의원선거에 있어서는 국회와 중앙선거관리위원회 및 관할선거구선거관리위원회에, 지방의회의원 및 지방자치단체의 장의 선거에 있어서는 당해 지방자치단체와 지방의회 및 관할선거구선거관리위원회에 통지하여야 한다.

제227조(「행정소송법」의 준용 등) 선거에 관한 소송에 관하여는 이 법에 규정된 것을 제외하고는 「행정소송법」 제8조(법적용례)제2항 및 제26조(직권심리)의 규정을 준용한다. 다만, 같은 법 제8조제2항에서 준용되는 「민사소송법」 제145조(화해의 권고), 제147조(제출기간의 제한)제2항, 제149조(실기한 공격·방어방법의 각하), 제150조(자백간주)제1항, 제220조(화해, 청구의 포기·인낙조서의 효력), 제225조(결정에 의한 화해권고), 제226조(결정에 대한 이의신청), 제227조(이의신청의 방식), 제228조(이의신청의 취하), 제229조(이의신청권의 포기), 제230조(이의신청의 각하), 제231조(화해권고결정의 효력), 제232조(이의신청에 의한 소송복귀 등), 제284조(변론준비절차의 종결)제1항, 제285조(변론준비기일을 종결한

효과) 및 제288조(불요증사실)의 규정을 제외한다. <개정 2002·1·26, 2005·8·4>

제228조(증거조사) ① 정당(후보자를 추천한 정당에 한한다) 또는 후보자는 개표완료후에 선거쟁송을 제기하는 때의 증거를 보전하기 위하여 그 구역을 관할하는 지방법원 또는 그 지원에 투표함·투표지 및 투표록등의 보전신청을 할 수 있다.

② 법관은 제1항의 신청이 있는 때에는 현장에 출장하여 조서를 작성하고 적절한 보관방법을 취하여야 한다. 다만, 소청심사에 필요한 경우 중앙선거관리위원회 또는 시·도선거관리위원회는 증거보전신청자의 신청에 의하여 관여법관의 입회하에 증거보전물품에 대한 검증을 할 수 있다.

③ 제2항의 처분은 제219조(선거소청)의 규정에 의한 소청의 제기가 없거나 제222조(선거소송) 및 제223조(당선소송)의 규정에 의한 소의 제기가 없는 때에는 그 효력을 상실한다.

④ 선거에 관한 소송에 있어서는 대법원 및 고등법원은 고등법원·지방법원 또는 그 지원에 증거조사를 촉탁할 수 있다.

제229조(인지 첩부 및 첨부에 관한 특례) 선거에 관한 소송에 있어서는 「민사소송 등 인지법」의 규정에 불구하고 소송서류에 붙여야 할 인지는 「민사소송 등 인지법」에 규정된 금액의 10배로 한다. <개정 2005·8·4, 2012·12·18>

제16장 벌칙

제230조(매수 및 이해유도죄) ① 다음 각 호의 어느 하나에 해당하는 자는 5년 이하의 징역 또는 3천만원 이하의 벌금에 처한다. <개정 1997·1·13, 1997·11·14, 2000·2·16, 2004·3·12, 2009·2·12, 2010·1·25, 2011·7·28, 2012·2·29, 2014·1·17, 2014·2·13, 2014·5·14>

1. 투표를 하게 하거나 하지 아니하게 하거나 당선되거나 되게 하거나 되지 못하게 할 목적으로 선거인(선거인명부 또는 재외선거인명부등을 작성하기 전에는 그 선거인명부 또는 재외선거인명부등에 오를 자격이 있는 사람을 포함한다. 이하 이 장에서 같다) 또는 다른 정당이나 후보자(예비후보자를 포함한다)의 선거사무장·선거연락소장·선거사무원·회계책임자·연설원(제79조제1항·제2항에 따라 연설·대담을 하는 사람과 제81조제1항·제82조제1항 또는 제82조의2제1항·제2항에 따라 대담·토론을 하는 사람을 포함한다. 이하 이 장에서 같다) 또는 참관인(투표참관인·사전투표참관인과 개표참관인을 말한다. 이하 이 장에서 같다)·선장·입회인에게 금전·물품·차마·향응 그 밖에 재산상의 이익이나 공사의 직을 제공하거나 그 제공의 의사를 표시하거나 그 제공을 약속한 자
2. 선거운동에 이용할 목적으로 학교, 그 밖에 공공기관·사회단체·종교단체·노동단체·청년단체·여성단체·노인단체·재향군인단체·씨족단체 등의 기관·단체·시설에 금전·물품 등 재산상의 이익을 제공하거나 그 제공의 의사를 표시하거나 그 제공을 약속한 자
3. 선거운동에 이용할 목적으로 야유회·동창회·친목회·향우회·계모임 기타의 선거구민의 모임이나 행사에 금전·물품·음식물 기타 재산상의 이익을 제공하거나 그 제공의 의사를 표시하거나 그 제공을 약속한 자
4. 제135조(선거사무관계자에 대한 수당과 실비보상)제3항의 규정에 위반하여 수당·실비 기타 자원봉사에 대한 보상 등 명목여하를 불문하고 선거운동과 관련하여 금품 기타 이익의 제공 또는 그 제공의 의사를 표시하거나 그 제공을 약속한 자
5. 선거에 영향을 미치게 하기 위하여 이 법에 따른 경우를 제외하고 문자·음성·화상·동영상 등을 인터넷 홈페이지의 게시판·대화방 등에 게시하거나 전자우편·문자메시지로 전송하게 하고 그 대가로 금품, 그 밖에 이익의 제공 또는 그 제공의 의사표시를 하거나 그 제공을 약속한 자

6. 정당의 명칭 또는 후보자(후보자가 되려는 사람을 포함한다)의 성명을 나타내거나 그 명칭·성명을 유추할 수 있는 내용으로 제58조의2에 따른 투표참여를 권유하는 행위를 하게 하고 그 대가로 금품, 그 밖에 이익의 제공 또는 그 제공의 의사표시를 하거나 그 제공을 약속한 자
7. 제1호부터 제6호까지에 규정된 이익이나 직의 제공을 받거나 그 제공의 의사표시를 승낙한 자(제261조제9항제2호에 해당하는 자는 제외한다)

② 정당·후보자(후보자가 되고자 하는 자를 포함한다) 및 그 가족·선거사무장·선거연락소장·선거사무원·회계책임자·연설원 또는 제114조(정당 및 후보자의 가족 등의 기부행위제한)제2항의 규정에 의한 후보자 또는 그 가족과 관계있는 회사 등이 제1항 각호의1에 규정된 행위를 한 때에는 7년 이하의 징역 또는 5천만원 이하의 벌금에 처한다. <개정 2014·2·13>

③ 제1항 각호의 1 또는 제2항에 규정된 행위에 관하여 지시·권유·요구하거나 알선한 자는 7년 이하의 징역 또는 5천만원 이하의 벌금에 처한다. <개정 2014·2·13>

④ 당선되거나 되게 하거나 되지 못하게 할 목적으로 선거기간중 포장된 선물 또는 돈봉투 등 다수의 선거인에게 배부하도록 구분된 형태로 되어 있는 금품을 운반하는 자는 5년 이하의 징역 또는 3천만원 이하의 벌금에 처한다. <개정 2014·2·13>

⑤ 선거관리위원회의 위원·직원(투표관리관 및 사전투표관리관을 포함한다. 이하 이 장에서 같다) 또는 선거사무에 관계있는 공무원(선장을 포함한다)이나 경찰공무원(사법경찰관리 및 군사법경찰관리를 포함한다)이 제1항 각호의 1 또는 제2항에 규정된 행위를 하거나 하게 한 때에는 7년 이하의 징역에 처한다. <개정 2005·8·4, 2012·2·29, 2014·1·17>

⑥ 제47조의2제1항 또는 제2항을 위반한 자는 5년 이하의 징역 또는 500만원 이상 3천만원 이하의 벌금에 처한다. <신설 2008·2·29, 2014·2·13>

⑦ 당내경선과 관련하여 다음 각 호의 어느 하나에 해당하는 자는 3년 이하의 징역 또는 1천만원 이하의 벌금에 처한다. <신설 2005·8·4, 2014·2·13>

1. 제57조의5(당원 등 매수금지)제1항 또는 제2항의 규정을 위반한 자
2. 후보자로 선출되거나 되게 하거나 되지 못하게 하거나, 경선선거인(당내경선의 선거인명부에 등재된 자를 말한다. 이하 이 조에서 같다)으로 하여금 투표를 하게 하거나 하지 아니하게 할 목적으로 경선후보자·경선운동관계자·경선선거인 또는 참관인에게 금품·향응 그 밖의 재산상의 이익이나 공사의 직을 제공하거나 그 제공의 의사를 표시하거나 그 제공을 약속한 자
3. 제57조의5제1항 또는 제2항에 규정된 이익이나 직의 제공을 받거나 그 제공의 의사표시를 승낙한 자

⑧ 제7항제2호·제3호에 규정된 행위에 관하여 지시·권유·요구하거나 알선한 자 또는 제57조의5제3항의 규정을 위반한 자는 5년 이하의 징역 또는 3천만원 이하의 벌금에 처한다. <신설 2005·8·4, 2008·2·29, 2014·2·13>

제231조(재산상의 이익목적의 매수 및 이해유도죄) ① 다음 각 호의 어느 하나에 해당하는 사람은 7년 이하의 징역 또는 300만원 이상 5천만원 이하의 벌금에 처한다. <개정 2010·1·25, 2014·2·13>

1. 재산상의 이익을 얻거나 얻을 목적으로 정당 또는 후보자(후보자가 되려는 사람을 포함한다)를 위하여 선거인·선거사무장·선거연락소장·선거사무원·회계책임자·연설원 또는 참관인에게 제230조제1항 각 호의 어느 하나에 해당하는 행위를 한 사람
2. 제1호에 규정된 행위의 대가로 또는 그 행위를 하게 할 목적으로 금전·물품, 그 밖에 재산상의 이익 또는 공사의 직을 제공하거나 그 제공의 의사를 표시하거나 그 제공을 약속한 사람

3. 제1호에 규정된 행위의 대가로 또는 그 행위를 약속하고 제2호에 규정된 이익 또는 직의 제공을 받거나 그 제공의 의사표시를 승낙한 사람

② 제1항에 규정된 행위에 관하여 지시·권유·요구하거나 알선한 자(제261조제1항에 해당하는 자는 제외한다)는 10년 이하의 징역 또는 500만원 이상 7천만원 이하의 벌금에 처한다. <개정 2014·2·13>

제232조(후보자에 대한 매수 및 이해유도죄) ① 다음 각호의 1에 해당하는 자는 7년 이하의 징역 또는 500만원 이상 5천만원 이하의 벌금에 처한다. <개정 2014·2·13>

1. 후보자가 되지 아니하게 하거나 후보자가 된 것을 사퇴하게 할 목적으로 후보자가 되고자 하는 자나 후보자에게 제230조(매수 및 이해유도죄)제1항제1호에 규정된 행위를 한 자 또는 그 이익이나 직의 제공을 받거나 제공의 의사표시를 승낙한 자
2. 후보자가 되고자 하는 것을 중지하거나 후보자를 사퇴한데 대한 대가를 목적으로 후보자가 되고자 하였던 자나 후보자이었던 자에게 제230조제1항제1호에 규정된 행위를 한 자 또는 그 이익이나 직의 제공을 받거나 제공의 의사표시를 승낙한 자

② 제1항 각호의 1에 규정된 행위에 관하여 지시·권유·요구하거나 알선한 자는 10년 이하의 징역 또는 500만원 이상 7천만원 이하의 벌금에 처한다. <개정 2014·2·13>

③ 선거관리위원회의 위원·직원 또는 선거사무에 관계있는 공무원이나 경찰공무원(사법경찰관리 및 군사법경찰관리를 포함한다)이 당해 선거에 관하여 제1항 각호의 1 또는 제2항에 규정된 행위를 한 때에는 10년 이하의 징역에 처한다.

제233조(당선인에 대한 매수 및 이해유도죄) ① 다음 각호의 1에 해당하는 자는 1년 이상 10년 이하의 징역에 처한다. <개정 2000·2·16>

1. 당선을 사퇴하게 할 목적으로 당선인에 대하여 금전·물품·거마·향응 기타 재산상의 이익 또는 공사의 직을 제공하거나 그 제공의 의사를 표시하거나 그 제공을 약속한 자
2. 제1호에 규정된 이익 또는 직의 제공을 받거나 그 제공의 의사표시를 승낙한 자

② 제1항 각호의 1에 규정된 행위에 관하여 지시·권유·요구하거나 알선한 자는 1년 이상 10년 이하의 징역에 처한다.

제234조(당선무효유도죄) 제263조(선거비용의 초과지출로 인한 당선무효) 또는 제265조(선거사무장 등의 선거범죄로 인한 당선무효)에 해당되어 후보자의 당선을 무효로 되게 할 목적으로 제263조 또는 제265조에 규정된 자를 유도 또는 도발하여 그 자로 하여금 제230조(매수 및 이해유도죄)제1항 내지 제5항·제231조(재산상의 이익목적의 매수 및 이해유도죄) 내지 제233조(당선인에 대한 매수 및 이해유도죄)·제257조(기부행위의 금지제한등 위반죄)제1항 또는 제258조(선거비용부정지출등 죄)제1항에 규정된 행위를 하게 한 자는 1년이상 10년 이하의 징역에 처한다. <개정 2005·8·4>

제235조(방송·신문등의 불법이용을 위한 매수죄) ① 제97조(방송·신문의 불법이용을 위한 행위등의 제한)제1항·제3항의 규정에 위반한 자는 5년 이하의 징역 또는 1천만원 이하의 벌금에 처한다.

② 제97조제2항의 규정에 위반한 자는 7년 이하의 징역 또는 2천만원 이하의 벌금에 처한다.

제236조(매수와 이해유도죄로 인한 이익의 몰수) 제230조(매수 및 이해유도죄) 내지 제235조(방송·신문 등의 불법이용을 위한 매수죄)의 죄를 범한 자가 받은 이익은 이를 몰수한다. 다만, 그 전부 또는 일부를 몰수할 수 없는 때에는 그 가액을 추징한다.

제237조(선거의 자유방해죄) ① 선거에 관하여 다음 각 호의 어느 하나에 해당하는 자는 10년 이하의 징역 또는 500만원 이상 3천만원 이하의 벌금에 처한다. <개정 2010·1·25>

1. 선거인·후보자·후보자가 되고자 하는 자·선거사무장·선거연락소장·선거사무원·활동보조인·회계책임자·연설원 또는 당선인을 폭행·협박 또는 유인하거나

불법으로 체포·감금하거나 이 법에 의한 선거운동용 물품을 탈취한 자
2. 집회·연설 또는 교통을 방해하거나 위계·사술 기타 부정한 방법으로 선거의 자유를 방해한 자
3. 업무·고용 기타의 관계로 인하여 자기의 보호·지휘·감독하에 있는 자에게 특정 정당이나 후보자를 지지·추천하거나 반대하도록 강요한 자

② 검사 또는 경찰공무원(사법경찰관리를 포함한다)이 제1항 각호의 1에 규정된 행위를 하거나 하게 한 때에는 1년 이상 10년 이하의 징역과 5년 이하의 자격정지에 처한다.

③ 이 법에 규정된 연설·대담장소 또는 대담·토론회장에서 위험한 물건을 던지거나 후보자 또는 연설원을 폭행한 자는 다음 각 호의 구분에 따라 처벌한다. <개정 2004·3·12>
1. 주모자는 5년 이상의 유기징역
2. 다른 사람을 지휘하거나 다른 사람에 앞장서서 행동한 자는 3년 이상의 유기징역
3. 부화하여 행동한 자는 7년 이하의 징역

④ 제1항 내지 제3항의 죄를 범한 경우에 그 범행에 사용하기 위하여 지닌 물건은 이를 몰수한다.

⑤ 당내경선과 관련하여 다음 각 호의 어느 하나에 해당하는 자는 5년 이하의 징역 또는 1천만원 이하의 벌금에 처한다. <신설 2005·8·4>
1. 경선후보자(경선후보자가 되고자 하는 자를 포함한다) 또는 후보자로 선출된 자를 폭행·협박 또는 유인하거나 체포·감금한 자
2. 경선운동 또는 교통을 방해하거나 위계·사술 그 밖의 부정한 방법으로 당내경선의 자유를 방해한 자
3. 업무·고용 그 밖의 관계로 인하여 자기의 보호·지휘·감독을 받는 자에게 특정경선후보자를 지지·추천하거나 반대하도록 강요한 자

⑥ 당내경선과 관련하여 다수인이 경선운동을 위한 시설·장소 등에서 위험한 물건을 던지거나 경선후보자를 폭행한 자는 다음 각 호의 구분에 따라 처벌한다. <신설 2005·8·4>
1. 주모자는 3년 이상의 유기징역
2. 다른 사람을 지휘하거나 다른 사람에 앞장서서 행동한 자는 7년 이하의 징역
3. 다른 사람의 의견에 동조하여 행동한 자는 2년 이하의 징역

第238條(군인에 의한 선거자유방해죄) 군인(군수사기관소속 군무원을 포함한다)이 제237조(선거의 자유방해죄)제1항 각호의 1에 규정된 행위를 하거나, 특정한 후보자를 당선되게 하거나 되지 못하게 하기 위하여 그 영향하에 있는 군인 또는 군무원의 선거권 행사를 폭행·협박 또는 그 밖의 방법으로 방해하거나 하게 한 때에는 1년 이상 10년 이하의 징역과 5년 이하의 자격정지에 처한다.

第239條(직권남용에 의한 선거의 자유방해죄) 선거에 관하여 선거관리위원회의 위원·직원, 선거사무에 종사하는 공무원 또는 선거인명부(재외선거인명부등을 포함한다. 이하 이 장에서 같다)작성에 관계있는 자나 경찰공무원(사법경찰관리 및 군사법경찰관리를 포함한다)이 직권을 남용하여 다음 각 호의 어느 하나에 해당하는 행위를 하거나 하게 한 때에는 7년 이하의 징역에 처한다. <개정 2005·8·4, 2009·2·12>
1. 선거인명부의 열람을 방해하거나 그 열람에 관한 직무를 유기한 때
2. 정당한 사유없이 후보자를 미행하거나 그 주택·선거사무소 또는 선거연락소에 승낙없이 들어가거나 퇴거요구에 불응한 때

第239條의2(선장 등에 의한 선거자유방해죄 등) ① 선장 또는 입회인이 다음 각 호의 어느 하나에 해당하는 행위를 하거나 하게 한 때에는 1년 이상 10년 이하의 징역에 처한다. <개정 2014·1·17>
1. 선상투표신고 또는 선상투표를 하지 못하게 하거나 선상투표용지에의 서명을 거부하는 등 투표를 방해하는 행위
2. 다른 사람의 선상투표용지를 이용하여 선상투표를 하는 행위

3. 선상투표자에게 특정 정당이나 후보자를 지지·추천하거나 반대하도록 강요하는 등 부정한 방법으로 선거의 자유를 방해하는 행위
4. 선상투표소에서 특정 정당이나 후보자에게 투표하도록 권유하는 등 투표에 영향을 미치는 행위

② 선장이 다음 각 호의 어느 하나에 해당하는 행위를 한 때에는 10년 이하의 징역 또는 500만원 이상 3천만원 이하의 벌금에 처한다. <개정 2014·1·17>
1. 제158조의3제1항을 위반하여 선상투표의 일시와 장소를 선상투표자에게 알리지 아니하는 행위
2. 제158조의3제1항을 위반하여 선상투표소를 설치하지 아니하거나 같은 조 제2항을 위반하여 선상투표소를 설비하는 행위
3. 제158조의3제3항을 위반하여 입회인을 입회시키지 아니하는 행위
4. 제158조의3제7항에 따른 선상투표지 봉투와 선상투표용지 봉투를 보관하지 아니하는 행위
5. 제158조의3제8항을 위반하여 선상투표관리기록부를 작성·전송하지 아니하거나 선상투표관리기록부와 제158조의3제7항에 따른 선상투표지 봉투와 선상투표용지 봉투를 제출하지 아니하는 행위

〔본조신설 2012·2·29〕

제240조(벽보, 그 밖의 선전시설 등에 대한 방해죄) ① 정당한 사유없이 이 법에 의한 벽보·현수막 기타 선전시설의 작성·게시·첩부 또는 설치를 방해하거나 이를 훼손·철거한 자는 2년 이하의 징역 또는 400만원 이하의 벌금에 처한다.

② 선거관리위원회의 위원·직원 또는 선거사무에 관계있는 공무원이나 경찰공무원(사법경찰관리 및 군사법경찰관리를 포함한다)이 제1항에 규정된 행위를 하거나 하게 한 때에는 3년 이하의 징역 또는 600만원 이하의 벌금에 처한다.

③ 선거관리위원회의 위원·직원 또는 선거사무에 종사하는 자가 제64조의 선거벽보·제65조의 선거공보(같은 조 제9항의 후보자정보공개자료를 포함한다) 또는 제153조의 투표안내문(점자형 투표안내문을 포함한다)을 부정하게 작성·첩부·발송하거나 정당한 사유없이 이에 관한 직무를 행하지 아니한 때에는 3년 이하의 징역 또는 600만원 이하의 벌금에 처한다. <개정 1997·11·14, 2004·3·12, 2005·8·4, 2008·2·29, 2010·1·25, 2011·7·28, 2014·1·17>

제241조(투표의 비밀침해죄) ① 제167조(제218조의17제9항에서 준용하는 경우를 포함한다)를 위반하여 투표의 비밀을 침해하거나 선거일의 투표마감시각 종료 이전에 선거인에 대하여 그 투표하고자 하는 정당이나 후보자 또는 투표한 정당이나 후보자의 표시를 요구한 자와 투표결과를 예상하기 위하여 투표소로부터 50미터 이내에서 질문하거나 투표마감시각 전에 그 경위와 결과를 공표한 자는 3년 이하의 징역 또는 600만원 이하의 벌금에 처한다. <개정 2011·7·28, 2012·2·29, 2015·12·24>

② 선거관리위원회의 위원·직원, 선거사무에 관계있는 공무원, 검사, 경찰공무원(사법경찰관리를 포함한다) 또는 군인(군수사기관소속 군무원을 포함한다)이 제1항에 규정된 행위를 하거나 하게 한 때에는 5년 이하의 징역에 처한다.

제242조(투표·개표의 간섭 및 방해죄) ① 다음 각 호의 어느 하나에 해당하는 사람은 3년 이하의 징역에 처한다. <개정 2010·1·25, 2011·7·28, 2012·2·29, 2014·1·17>
1. 투표를 방해하기 위하여 이 법에서 규정한 투표에 필요한 신분증명서를 맡기게 하거나 이를 인수한 사람 또는 투표소(재외투표소·사전투표소 및 선상투표소를 포함한다. 이하 이 장에서 같다)나 개표소에서 정당한 사유 없이 투표나 개표에 간섭한 사람 또는 투표소에서 특정 정당이나 후보자에게 투표를 권유하거나 투표를 공개하는 등 투표 또는 개표에 영향을 미치는 행위를 한 사람
2. 정당한 사유 없이 거소투표자의 투표를 간섭하거나 방해한 사람, 거소투표자의 투표를 공개하거나 하게 하는 등 거소투표에 영향을 미치는 행위를 한 사람

② 개표소에서 제181조(개표참관)의 규정에 의하여 개표참관인이 설치한 통신설비를 파괴 또는 훼손한 자는 5년 이하의 징역에 처한다.
③ 검사·경찰공무원(사법경찰관리를 포함한다) 또는 군인(군수사기관소속 군무원을 포함한다)이 제1항에 규정된 행위를 하거나 하게 한 때에는 1년 이상 10년 이하의 징역에 처한다.

제242조의2(공무원의 재외선거사무 간섭죄) ① 공무원이 선거에 있어서 특정 정당이나 후보자(후보자가 되고자 하는 자를 포함한다)에게 유리 또는 불리하게 할 목적으로 재외선거관리위원회 위원이나 공무원에게 재외선거사무 처리와 관련하여 부당한 영향력을 행사한 때에는 3년 이하의 징역 또는 600만원 이하의 벌금에 처한다.
② 자신의 지휘·감독하에 있는 공무원에게 제1항에 따른 행위를 한 때에는 1년 이상 5년 이하의 징역에 처한다.
〔본조신설 2012·1·17〕

제243조(투표함 등에 관한 죄) ① 법령에 의하지 아니하고 투표함을 열거나 투표함(빈 투표함을 포함한다)이나 투표함안의 투표지를 취거·파괴·훼손·은닉 또는 탈취한 자는 1년 이상 10년 이하의 징역에 처한다.
② 검사·경찰공무원(사법경찰관리를 포함한다) 또는 군인(군수사기관소속 군무원을 포함한다)이 제1항에 규정된 행위를 하거나 하게 한 때에는 2년 이상 10년 이하의 징역에 처한다.

제244조(선거사무관리관계자나 시설 등에 대한 폭행·교란죄) ① 선거관리위원회의 위원·직원, 공정선거지원단원·사이버공정선거지원단원, 투표사무원·사전투표사무원·개표사무원, 참관인 기타 선거사무에 종사하는 자를 폭행·협박·유인 또는 불법으로 체포·감금하거나, 폭행이나 협박을 가하여 투표소·개표소 또는 선거관리위원회 사무소(재외선거사무를 수행하는 공관과 그 분관 및 출장소의 사무소를 포함한다. 이하 제245조제1항에서 같다)를 소요·교란하거나, 투표용지·투표지·투표보조용구·전산조직 등 선거관리 및 단속사무와 관련한 시설·설비·장비·서류·인장 또는 선거인명부(거소·선상투표신고인명부를 포함한다)를 은닉·손괴·훼손 또는 탈취한 자는 1년 이상 10년 이하의 징역 또는 500만원 이상 3천만원 이하의 벌금에 처한다. <개정 2004·3·12, 2009·2·12, 2014·1·17, 2018·4·6>
② 제57조의4(당내경선사무의 위탁)의 규정에 따라 위탁한 당내경선에 있어 제1항에 규정된 행위를 한 자는 10년 이하의 징역 또는 2천만원 이하의 벌금에 처한다. <신설 2005·8·4>

제245조(투표소 등에서의 무기휴대죄) ① 무기·흉기·폭발물, 그 밖에 사람을 살상할 수 있는 물건을 지니고 투표소(제149조제3항 및 제4항에 따른 기표소가 설치된 장소를 포함한다)·개표소 또는 선거관리위원회 사무소에 함부로 들어간 자는 7년 이하의 징역에 처한다. <개정 2010·1·25, 2014·1·17>
② 정당한 사유없이 제1항에 규정된 물건을 지니고 이 법에 규정된 연설·대담장소 또는 대담·토론회장에 들어간 자는 3년 이하의 징역 또는 600만원 이하의 벌금에 처한다. <개정 2004·3·12>
③ 제1항 또는 제2항의 죄를 범한 경우에는 그 지닌 무기 등 사람을 살상할 수 있는 물건은 이를 몰수한다.

제246조(다수인의 선거방해죄) ① 다수인이 집합하여 제243조(투표함 등에 관한 죄) 내지 제245조(투표소 등에서의 무기휴대죄)에 규정된 행위를 한 때에는 다음 각호의 구분에 따라 처벌한다.
1. 주모자는 3년 이상의 유기징역
2. 다른 사람을 지휘하거나 다른 사람에 앞장서서 행동한 자는 2년 이상 10년 이하의 징역
3. 부화하여 행동한 자는 5년 이하의 징역

② 제243조 내지 제245조에 규정된 행위를 할 목적으로 집합한 다수인이 관계공무원으로부터 3회 이상의 해산명령을 받았음에도 불구하고 해산하지 아니한 때에는 그 주도적 행위자는 5년 이하의 징역에 처하

고, 기타의 자는 1년 이하의 징역 또는 200만원 이하의 벌금에 처한다.

제247조(사위등재·허위날인죄) ① 사위(詐僞)의 방법으로 선거인명부(거소·선상투표신고인명부를 포함한다. 이하 이 조에서 같다)에 오르게 한 자, 거짓으로 거소투표신고·선상투표신고 또는 국외부재자신고를 하거나 재외선거인 등록신청 또는 변경등록신청을 한 자, 특정한 선거구에서 투표할 목적으로 선거인명부작성기준일 전 180일부터 선거인명부작성만료일까지 주민등록에 관한 허위의 신고를 한 자 또는 제157조제1항의 경우에 있어서 허위의 서명이나 날인 또는 무인을 한 자는 3년 이하의 징역 또는 500만원 이하의 벌금에 처한다. <개정 2011·7·28, 2012·2·29, 2014·1·17, 2015·12·24>

② 선거관리위원회의 위원·직원, 선거사무에 종사하는 공무원 또는 선거인명부작성에 관계있는 자가 선거인명부에 고의로 선거권자를 기재하지 아니하거나 허위의 사실을 기재하거나 하게 한 때에는 5년 이하의 징역 또는 1천만원 이하의 벌금에 처한다.

제248조(사위투표죄) ① 성명을 사칭하거나 신분증명서를 위조·변조하여 사용하거나 기타 사위의 방법으로 투표하거나 하게 하거나 또는 투표를 하려고 한 자는 5년 이하의 징역 또는 1천만원 이하의 벌금에 처한다.

② 선거관리위원회의 위원·직원 또는 선거사무에 관계있는 공무원(투표사무원·사전투표사무원 및 개표사무원을 포함한다)이 제1항에 규정된 행위를 하거나 하게 한 때에는 7년 이하의 징역에 처한다. <개정 2014·1·17>

제249조(투표위조 또는 증감죄) ① 투표를 위조하거나 그 수를 증감한 자는 1년 이상 7년 이하의 징역에 처한다.

② 선거관리위원회의 위원·직원 또는 선거사무에 관계있는 공무원(투표사무원·사전투표사무원 및 개표사무원을 포함한다)이나 종사원이 제1항에 규정된 행위를 한 때에는 3년 이상 10년 이하의 징역에 처한다. <개정 2014·1·17>

제250조(허위사실공표죄) ① 당선되거나 되게 할 목적으로 연설·방송·신문·통신·잡지·벽보·선전문서 기타의 방법으로 후보자(후보자가 되고자 하는 자를 포함한다. 이하 이 조에서 같다)에게 유리하도록 후보자, 후보자의 배우자 또는 직계존비속이나 형제자매의 출생지·가족관계·신분·직업·경력등·재산·행위·소속단체, 특정인 또는 특정단체로부터의 지지여부 등에 관하여 허위의 사실[학력을 게재하는 경우 제64조제1항의 규정에 의한 방법으로 게재하지 아니한 경우를 포함한다]을 공표하거나 공표하게 한 자와 허위의 사실을 게재한 선전문서를 배포할 목적으로 소지한 자는 5년 이하의 징역 또는 3천만원 이하의 벌금에 처한다. <개정 1995·12·30, 1997·1·13, 1997·11·14, 1998·4·30, 2000·2·16, 2004·3·12, 2010·1·25, 2015·12·24>

② 당선되지 못하게 할 목적으로 연설·방송·신문·통신·잡지·벽보·선전문서 기타의 방법으로 후보자에게 불리하도록 후보자, 그의 배우자 또는 직계존·비속이나 형제자매에 관하여 허위의 사실을 공표하거나 공표하게 한 자와 허위의 사실을 게재한 선전문서를 배포할 목적으로 소지한 자는 7년 이하의 징역 또는 500만원 이상 3천만원 이하의 벌금에 처한다. <개정 1997·1·13>

③ 당내경선과 관련하여 제1항(제64조제1항의 규정에 따른 방법으로 학력을 게재하지 아니한 경우를 제외한다)에 규정된 행위를 한 자는 3년 이하의 징역 또는 6백만원 이하의 벌금에, 제2항에 규정된 행위를 한 자는 5년 이하의 징역 또는 1천만원 이하의 벌금에 처한다. 이 경우 "후보자" 또는 "후보자(후보자가 되고자 하는 자를 포함한다)"는 "경선후보자"로 본다. <신설 2005·8·4>

④ 제82조의8제2항을 위반하여 중앙선거관리위원회규칙으로 정하는 사항을 딥페이크영상등에 표시하지 아니하고 제1항에 규정된 행위를 한 자는 5년 이하의 징역 또는 5천만원 이하의 벌금에, 제2항에 규정된 행위를 한 자는 7년 이하의 징역 또는 1천만원 이상 5천만원 이하의 벌금에 처한다. <신설 2023·12·28>

제251조(후보자비방죄) 당선되거나 되게 하거나 되지 못하게 할 목적으로 연설·방송·신문·통신·잡지·벽보·선전문서 기타의 방법으로 공연히 사실을 적시하여 후보자(후보자가 되고자 하는 자를 포함한다), 그의 배우자 또는 직계존·비속이나 형제자매를 비방한 자는 3년 이하의 징역 또는 500만원 이하의 벌금에 처한다. 다만, 진실한 사실로서 공공의 이익에 관한 때에는 처벌하지 아니한다.

제252조(방송·신문 등 부정이용죄) ① 제96조제2항을 위반한 자는 7년 이하의 징역 또는 500만원 이상 3천만원 이하의 벌금에 처한다. <신설 2015·12·24>

② 제96조제1항을 위반한 자는 5년 이하의 징역 또는 300만원 이상 2천만원 이하의 벌금에 처한다. <신설 2015·12·24>

③ 제82조의7제5항·제94조·제95조제1항·제98조 또는 제99조의 규정에 위반한 자는 3년 이하의 징역 또는 600만원 이하의 벌금에 처한다. <개정 2012·2·29, 2015·12·24>

④ 제71조(후보자등의 방송연설)제12항[제72조(방송시설주관 후보자연설의 방송)제4항, 제73조(경력방송)제4항, 제74조(방송시설주관 경력방송)제2항, 제81조(단체의 후보자 등 초청 대담·토론회)제8항, 제82조(언론기관의 후보자 등 초청 대담·토론회)제4항, 제137조의2(정강·정책의 방송연설의 제한)제6항에서 준용하는 경우를 포함한다] 및 제82조의2(선거방송토론위원회 주관 대담·토론회)제13항 후단[제82조의3(선거방송토론위원회주관 정책토론회)제2항에서 준용하는 경우를 포함한다]의 규정에 위반한 자는 2년 이하의 징역 또는 400만원 이하의 벌금에 처한다. <개정 1998·4·30, 2000·2·16, 2004·3·12, 2005·8·4>

제253조(성명 등의 허위표시죄) 당선되거나 되게 하거나 되지 못하게 할 목적으로 진실에 반하는 성명·명칭 또는 신분의 표시를 하여 우편이나 전보 또는 전화 기타 전기통신의 방법에 의한 통신을 한 자는 3년 이하의 징역 또는 600만원 이하의 벌금에 처한다.

제254조(선거운동기간위반죄) ① 선거일에 투표마감시각전까지 이 법에 규정된 방법을 제외하고 선거운동을 한 자는 3년 이하의 징역 또는 600만원 이하의 벌금에 처한다. <개정 2017·2·8>

② 선거운동기간 전에 이 법에 규정된 방법을 제외하고 선전시설물·용구 또는 각종 인쇄물, 방송·신문·뉴스통신·잡지, 그 밖의 간행물, 정견발표회·좌담회·토론회·향우회·동창회·반상회, 그 밖의 집회, 정보통신, 선거운동기구나 사조직의 설치, 호별방문, 그 밖의 방법으로 선거운동을 한 자는 2년 이하의 징역 또는 400만원 이하의 벌금에 처한다. <개정 2010·1·25>

③ 삭제 <2010·1·25>

제255조(부정선거운동죄) ① 다음 각 호의 어느 하나에 해당하는 자는 3년 이하의 징역 또는 600만원 이하의 벌금에 처한다. <개정 1995·12·30, 1997·11·14, 1998·4·30, 2000·2·16, 2002·3·7, 2004·3·12, 2005·8·4, 2009·2·12, 2010·1·25, 2014·2·13, 2023·8·30>

1. 제57조의6제1항을 위반하여 당내경선에서 경선운동을 한 사람
2. 제60조(선거운동을 할 수 없는 자)제1항의 규정에 위반하여 선거운동을 하거나 하게 한 자 또는 같은 조 제2항이나 제205조(선거운동기구의 설치 및 선거사무관계자의 선임에 관한 특례)제4항의 규정에 위반하여 선거사무장 등으로 되거나 되게 한 자
3. 제61조(선거운동기구의 설치)제1항의 규정에 위반하여 선거운동기구를 설치하거나 이를 설치하여 선거운동을 한 자
4. 제62조제1항부터 제4항까지의 규정을 위반하여 선거사무장·선거연락소장·선거사무원 또는 활동보조인을 선임한 자
5. 제68조제2항 또는 제3항(소품등의 규격을 말한다)을 위반하여 소품등을 사용한 선거운동을 한 사람
6. 제80조(연설금지장소)의 규정에 위반하여 선거운동을 위한 연설·대담을 한 자

7. 제81조(단체의 후보자 등 초청 대담·토론회)제 1 항의 규정에 위반하여 후보자 등 초청 대담·토론회를 개최한 자
8. 제81조제 7 항[제82조(언론기관의 후보자 등 초청 대담·토론회)제 4 항에서 준용하는 경우를 포함한다]의 규정에 위반하여 대담·토론회를 개최한 자
9. 제85조제 3 항 또는 제 4 항에 위반한 행위를 하거나 하게 한 자
10. 제86조제 1 항제 1 호부터 제 3 호까지·제 2 항 또는 제 5 항을 위반한 사람 또는 같은 조 제 6 항을 위반한 행위를 한 사람
11. 제87조(단체의 선거운동금지)제 1 항의 규정을 위반하여 선거운동을 하거나 하게 한 자 또는 동조제 2 항의 규정을 위반하여 사조직 기타 단체를 설립·설치하거나 하게 한 자
12. 제88조(타후보자를 위한 선거운동금지) 본문의 규정에 위반하여 다른 정당이나 후보자를 위한 선거운동을 한 자
13. 제89조(유사기관의 설치금지)제 1 항 본문의 규정에 위반하여 유사기관을 설립·설치하거나 기존의 기관·단체·조직 또는 시설을 이용한 자
14. 삭제 <2004·3·12>
15. 제92조(영화 등을 이용한 선거운동금지)의 규정에 위반하여 저술·연예·연극·영화나 사진을 배부·공연·상연·상영 또는 게시하거나 하게 한 자
16. 제105조(행렬 등의 금지)제 1 항의 규정에 위반하여 무리를 지어 거리행진·인사 또는 연달아 소리 지르는 행위를 한 사람
17. 제106조(호별방문의 제한)제 1 항 또는 제 3 항의 규정에 위반하여 호별로 방문하거나 하게 한 자
18. 제107조(서명·날인운동의 금지)의 규정에 위반하여 서명이나 날인을 받거나 받게 한 자
19. 제109조제 1 항 또는 제 2 항을 위반하여 서신·전보·모사전송·전화 그 밖에 전기통신의 방법을 이용하여 선거운동을 하거나 하게 한 자나 같은 조 제 3 항을 위반하여 협박하거나 하게 한 자
20. 제218조의14제 1 항·제 6 항 또는 제 7 항을 위반하여 재외선거권자를 대상으로 선거운동을 한 자

② 다음 각 호의 어느 하나에 해당하는 자는 2년 이하의 징역 또는 400만원 이하의 벌금에 처한다. <개정 1995·12·30, 1997·11·14, 1998·4·30, 2000·2·16, 2002·3·7, 2004·3·12, 2005·8·4, 2007·1·3, 2008·2·29, 2010·1·25, 2022·1·18>

1. 제60조의3제 1 항제 4 호 후단을 위반하여 예비후보자홍보물을 작성한 자

1의2. 대통령선거 및 지방자치단체의 장선거의 예비후보자가 아닌 자로서 제60조의4제 1 항의 예비후보자공약집을 발간·배부한 자, 같은 항을 위반하여 1종을 넘어 예비후보자공약집을 발간·배부한 자, 같은 항을 위반하여 예비후보자공약집을 통상적인 방법으로 판매하지 아니하거나 방문판매의 방법으로 판매한 자, 같은 조 제 2 항을 위반하여 예비후보자공약집을 발간·배부한 자

1의3. 제64조제 1 항·제 9 항, 제65조제 1 항·제 2 항, 제66조제 1 항부터 제 5 항까지를 위반하여 선거벽보·선거공보 또는 선거공약서를 선거운동을 위하여 작성·사용하거나 하게 한 자

2. 삭제 <2010·1·25>
3. 제57조의3(당내경선운동)제 1 항의 규정을 위반하여 경선운동을 한 자
4. 제91조(확성장치와 자동차 등의 사용제한)제 1 항·제 3 항 또는 제216조(4개 이상 선거의 동시실시에 관한 특례)제 1 항 전단의 규정에 위반하여 확성장치나 자동차를 사용하여 선거운동을 하거나 하게 한 자
5. 제93조(탈법방법에 의한 문서·도화의 배부·게시 등 금지)제 1 항의 규정에 위반하여 문서·도화 등을 배부·첩부·살포·게시·상영하거나 하게 한 자, 같은 조 제 2 항의 규정에 위반하여 광고 또는 출연을 하거나 하게 한 자 또는 제 3 항의 규정에 위반하여 신분증명서·문서 기타 인쇄물을 발급·배부 또는 징구하거나 하게 한 자

6. 제100조(녹음기 등의 사용금지)의 규정에 위반하여 녹음기 또는 녹화기를 사용하여 선거운동을 하거나 하게 한 자
7. 삭제 <1995 · 12 · 30>
8. 제271조의2(선거에 관한 광고의 제한)제1항의 규정에 의한 광고중지요청에 불응하여 광고를 하거나 광고게재를 의뢰한 자

③ 다음 각 호의 어느 하나에 해당하는 사람은 5년 이하의 징역에 처한다. <개정 2010 · 1 · 25, 2014 · 2 · 13>

1. 제57조의6제2항을 위반하여 경선운동을 한 사람
2. 제85조제2항을 위반하여 선거운동을 한 사람

④ 제82조의5(선거운동정보의 전송제한)제1항의 규정을 위반하여 선거운동정보를 전송한 자, 동조제2항의 규정을 위반하여 선거운동정보에 해당하는 사실 등을 선거운동정보에 명시하지 아니하거나 허위로 명시한 자, 동조제4항의 규정을 위반하여 기술적 조치를 한 자, 동조제5항의 규정을 위반하여 비용을 수신자에게 부담하도록 한 자, 동조제6항의 규정을 위반하여 선거운동정보를 전송한 자는 1년 이하의 징역 또는 100만원 이하의 벌금에 처한다. <신설 2004 · 3 · 12, 2005 · 8 · 4, 2012 · 1 · 17>

⑤ 제82조의8제1항을 위반한 자는 7년 이하의 징역 또는 1천만원 이상 5천만원 이하의 벌금에 처한다. <신설 2023 · 12 · 28>

⑥ 제85조제1항을 위반한 자는 5년 이하의 징역 또는 2천만원 이하의 벌금에 처한다. <신설 2014 · 2 · 13, 2017 · 2 · 8>

제256조(각종제한규정위반죄) ① 다음 각 호의 어느 하나에 해당하는 자는 3년 이하의 징역 또는 600만원 이하의 벌금에 처한다. <개정 2012 · 2 · 29, 2014 · 2 · 13, 2015 · 12 · 24, 2016 · 1 · 15, 2017 · 2 · 8>

1. 제57조의8제7항제3호(제108조의2제5항에서 준용하는 경우를 포함한다)를 위반하여 이용자의 정보를 제공한 자, 같은 항 제4호(제108조의2제5항에서 준용하는 경우를 포함한다)를 위반하여 해당 정당 또는 선거여론조사기관 외의 자에게 휴대전화 가상번호를 제공한 자, 같은 항 제5호(제108조의2제5항에서 준용하는 경우를 포함한다)를 위반하여 명시적으로 거부의사를 밝힌 이용자의 휴대전화 가상번호를 제공한 자 또는 같은 항 제6호(제108조의2제5항에서 준용하는 경우를 포함한다)를 위반하여 휴대전화 가상번호를 생성하여 제공한 자
2. 제57조의8제9항제1호(제108조의2제5항에서 준용하는 경우를 포함한다)를 위반하여 휴대전화 가상번호를 제57조의8제1항에 따른 여론조사 · 여론수렴 또는 제108조의2제1항에 따른 여론조사가 아닌 목적으로 사용하거나 제57조의8제9항제2호(제108조의2제5항에서 준용하는 경우를 포함한다)를 위반하여 다른 자에게 제공한 자
3. 제57조의8제10항(제108조의2제5항에서 준용하는 경우를 포함한다)을 위반하여 유효기간이 지난 휴대전화 가상번호를 즉시 폐기하지 아니한 자
4. 제103조제2항을 위반하여 모임을 개최한 자
5. 제108조제5항을 위반하여 여론조사를 한 자, 같은 조 제9항에 따른 요구를 받고 거짓의 자료를 제출한 자, 같은 조 제11항제1호를 위반하여 지시 · 권유 · 유도한 자, 같은 항 제2호를 위반하여 여론조사에 응답하거나 이를 지시 · 권유 · 유도한 자 또는 같은 조 제12항을 위반하여 선거에 관한 여론조사의 결과를 공표 · 보도한 자

② 다음 각 호의 어느 하나에 해당하는 통보를 받고 지체 없이 이를 이행하지 아니한 자는 2년 이하의 징역 또는 1천500만원 이하의 벌금에 처한다. <신설 2014 · 2 · 13, 2017 · 2 · 8>

1. 제8조의2제5항 및 제6항(제8조의3제6항에서 준용하는 경우를 포함한다)에 따른 제재조치 등
2. 제8조의3제3항제1호부터 제3호까지의 규정에 따른 제재조치
3. 제8조의4제3항에 따른 반론보도의 결정

4. 제 8 조의6제 1 항 또는 제 3 항에 따른 조치 또는 같은 조 제 6 항에 따른 반론보도의 결정

③ 다음 각 호의 어느 하나에 해당하는 자는 2년 이하의 징역 또는 400만원 이하의 벌금에 처한다. <개정 1995·4·1, 1995·12·30, 1997·11·14, 1998·4·30, 2000·2·16, 2002·3·7, 2004·3·12, 2005·8·4, 2008·2·29, 2009·2·12, 2010·1·25, 2012·1·17, 2012·2·29, 2014·1·17, 2014·2·13, 2014·5·14, 2015·8·13, 2015·12·24, 2016·1·15, 2017·2·8, 2023·8·30, 2025·1·7>

1. 선거운동과 관련하여 다음 각 목의 어느 하나에 해당하는 자
   가. 제67조의 규정에 위반하여 현수막을 게시한 자
   나. 제59조제 2 호 후단을 위반하여 후보자 또는 예비후보자가 아닌 자로서 자동 동보통신의 방법으로 문자메시지를 전송한 자, 같은 조 같은 호 후단을 위반하여 8회를 초과하여 자동 동보통신의 방법으로 문자메시지를 전송한 자, 같은 조 제 3 호 후단을 위반하여 후보자 또는 예비후보자가 아닌 자로서 전송대행업체에 위탁하여 전자우편을 전송한 자
   다. 제79조제10항에 따른 녹음기 또는 녹화기의 사용대수를 초과하여 사용한 사람
   라. 제84조를 위반하여 특정 정당으로부터의 지지 또는 추천받음을 표방한 자
   마. 제82조의4제 4 항에 따라 선거관리위원회로부터 2회 이상 요청을 받고 이행하지 아니한 자
   바. 제86조제 1 항제 5 호부터 제 7 호까지 또는 제 7 항을 위반한 행위를 한 사람
   사. 제89조(유사기관의 설치금지)제 2 항의 규정에 위반하여 선거에 영향을 미치는 행위 또는 선전행위를 하거나 하게 한 자
   아. 제90조(시설물설치 등의 금지)의 규정에 위반하여 선전물을 설치·진열·게시·배부하거나 하게 한 자 또는 상징물을 제작·판매하거나 하게 한 자
   자. 제101조(타연설회 등의 금지)의 규정에 위반하여 타연설회 등을 개최하거나 하게 한 자
   차. 제102조제 1 항을 위반하여 연설·대담 또는 대담·토론회를 개최한 자
   카. 제103조(각종집회등의 제한)제 1 항 및 제 3 항 내지 제 5 항의 규정에 위반하여 각종집회등을 개최하거나 하게 한 자
   타. 제104조(연설회장에서의 소란행위 등의 금지)의 규정에 위반하여 연설·대담장소 등에서 질서를 문란하게 하거나 횃불을 사용하거나 하게 한 자
   파. 제108조제 1 항을 위반하여 여론조사의 경위와 그 결과를 공표 또는 인용하여 보도한 자, 같은 조 제 2 항을 위반하여 여론조사를 한 자, 같은 조 제6항을 위반하여 여론조사와 관련 있는 자료일체를 해당 선거의 선거일 후 6개월까지 보관하지 아니한 자, 같은 조 제 9 항을 위반하여 정당한 사유 없이 여론조사와 관련된 자료를 제출하지 아니한 자 또는 같은 조 제10항을 위반하여 여론조사를 한 자
   하. 제57조의8제 7 항제 1 호(제108조의2제 5 항에서 준용하는 경우를 포함한다)를 위반하여 휴대전화 가상번호에 유효기간을 설정하지 아니하고 제공하거나 휴대전화 가상번호를 제공하는 날부터 당내경선의 선거일까지의 기간, 여론수렴 기간 또는 여론조사 기간을 초과하는 유효기간을 설정하여 제공한 자 또는 같은 항 제 2 호(제108조의2제 5 항에서 준용하는 경우를 포함한다)를 위반하여 요청받은 휴대전화 가상번호 수를 초과하여 휴대전화 가상번호를 제공한 자
   거. 제108조의3을 위반하여 비교평가를 하거나 그 결과를 공표한 자 또는 비교평가와 관련있는 자료 일체를 해당 선거의 선거일 후 6개월까지 보관하지 아니한 자
   너. 제111조(의정활동 보고)제 1 항 단서의 규정에 위반하여 선거일전 90일부터 선거일까지 의정활동을 보고한 자
2. 선거질서와 관련하여 다음 각 목의 어느

아나에 해당하는 자
가. 제39조제 8 항(제218조의9제 3 항에서 준용하는 경우를 포함한다)의 규정에 위반하여 선거인명부작성사무를 방해하거나 영향을 주는 행위를 한 자
나. 제44조의2제 5 항을 위반하여 선거인명부를 열람·사용 또는 유출한 자
다. 제46조(명부사본의 교부)제 4 항〔제60조의3(예비후보자 등의 선거운동)제 5 항 및 제111조(의정활동 보고)제 4 항에서 준용하는 경우를 포함한다〕의 규정을 위반하여 선거인명부 및 거소·선상투표신고인명부(전산자료복사본을 포함한다)의 사본이나 세대주명단을 다른 사람에게 양도·대여 또는 재산상의 이익 기타 영리를 목적으로 사용하거나 하게 한 자
라. 제161조제 7 항(제162조제 5 항에서 준용하는 경우를 포함한다) 또는 제181조제11항을 위반하여 참관인이 되거나 되게 한 자
마. 제163조(제218조의17제 9 항에서 준용하는 경우를 포함한다)를 위반하여 투표소(제149조제 3 항 및 제 4 항에 따른 기표소가 설치된 장소를 포함한다)에 들어가거나, 표지를 하지 아니하거나, 표지 외의 표시물을 달거나 붙이거나, 표지를 양도·양여하거나 하게 한 자
바. 제166조(제218조의17제 9 항에서 준용하는 경우를 포함한다)에 따른 명령에 불응한 자 또는 같은 규정을 위반한 표지를 하거나 하게 한 자
사. 제166조의2제 1 항(제218조의17제 9 항에서 준용하는 경우를 포함한다)을 위반하여 투표지를 촬영한 사람
아. 제183조(개표소의 출입제한과 질서유지)제 1 항의 규정에 위반하여 개표소에 들어간 자 또는 같은 조 제 2 항의 규정에 위반하여 표지를 하지 아니하거나 표지외의 표시물을 달거나 붙이거나 표지를 양도·양여하거나 하게 한 자
3. 이 법에 규정되지 아니한 방법으로 제58조의2 단서를 위반하여 투표참여를 권유하는 행위를 한 자
4. 제262조의2(선거범죄신고자 등의 보호)제 2 항의 규정을 위반한 자

④ 정당(당원협의회를 포함한다)이 다음 각 호의 어느 하나에 해당하는 행위를 한 때에는 해당 정당에 대하여는 1천만원 이하의 벌금에 처하고, 해당 정당의 대표자·간부 또는 소속 당원으로서 위반행위를 하거나 하게 한 자는 2년 이하의 징역 또는 400만원 이하의 벌금에 처한다. <개정 2000·2·16, 2004·3·12, 2006·3·2, 2007·1·3, 2010·1·25>
1. 제137조(정강·정책의 신문광고 등의 제한)의 규정에 위반하여 일간신문 등에 광고를 한 자
2. 제137조의2(정강·정책의 방송연설의 제한)제 1 항 내지 제 3 항의 규정에 위반하여 정강·정책의 방송연설을 한 자
3. 제138조(정강·정책홍보물의 배부제한 등)의 규정(제 4 항을 제외한다)에 위반하여 정강·정책홍보물을 제작·배부한 자
3의2. 제138조의2(정책공약집의 배부제한 등)의 규정(제 3 항을 제외한다)을 위반하여 정책공약집을 발간·배부한 자
4. 제139조(정당기관지의 발행·배부제한)의 규정(제 3 항을 제외한다)에 위반하여 정당기관지를 발행·배부한 자
5. 제140조(창당대회 등의 개최와 고지의 제한)제 1 항 및 제 2 항의 규정에 위반하여 창당대회 등을 개최한 자
6. 제141조(당원집회의 제한)제 1 항 및 제 4 항(철거하지 아니한 경우를 제외한다)의 규정에 위반하여 당원집회를 개최한 자
7. 및 8. 삭제 <2004·3·12>
9. 제144조(정당의 당원모집 등의 제한)제 1 항의 규정에 위반하여 당원을 모집하거나 입당원서를 배부한 자
10. 제61조의2(정당선거사무소의 설치)제 1 항의 규정을 위반하여 정당선거사무소를 설치하거나, 동조제 2 항의 규정을 위반하여 소장 또는 유급사무직원을 둔 자

⑤ 다음 각 호의 어느 하나에 해당하는 자는 1년 이하의 징역 또는 200만원 이하의 벌금에 처한다. <개정 1995·12·30, 1997·1·13,

1997·11·14, 1998·4·30, 2000·2·16, 2004·3·12, 2005·8·4, 2007·1·3, 2008·2·29, 2010·1·25, 2012·1·17, 2014·1·17, 2015·12·24, 2017·2·8, 2018·4·6, 2020·12·29, 2022·1·18>

1. 제48조제3항제1호를 위반하여 검인되지 아니한 추천장에 의하여 선거권자의 추천을 받거나 받게 한 사람, 같은 항 제2호를 위반하여 선거운동을 위하여 추천선거권자수의 상한수를 넘어 선거권자의 추천을 받거나 받게 한 사람, 같은 항 제3호를 위반하여 허위의 추천을 받거나 받게 한 사람
2. 제61조(선거운동기구의 설치)제5항〔제61조의2(정당선거사무소의 설치)제7항에서 준용하는 경우를 포함한다〕의 규정에 위반하여 선거사무소나 선거연락소를 설치한 자

2의2. 제61조(선거운동기구의 설치)제7항의 규정에 의하여 선거사무소의 폐쇄명령을 받고도 이를 이행하지 아니한 자

3. 제62조제7항을 위반하여 선거사무장·선거연락소장 또는 선거사무원을 선임한 자 또는 같은 조 제8항을 위반하여 선거운동을 하는 자를 모집한 자
4. 제63조(선거운동기구 및 선거사무관계자의 신고)제1항 후단의 규정에 위반하여 선거사무원수의 2배수를 넘어 두거나 두게 한 자
5. 제64조제8항(제65조제13항 및 제66조제8항에서 준용하는 경우를 포함한다)을 위반하여 선거벽보·선거공보 또는 선거공약서의 수량을 넘게 인쇄하여 제공한 자
6. 제69조제1항의 횟수에 관한 규정을 위반하지 아니하였으나 같은 조 제5항을 위반하여 광고한 사람
7. 삭제 <2010·1·25>
8. 제79조제1항·제3항부터 제5항까지·제6항(표지를 부착하지 아니한 경우는 제외한다)·제7항을 위반하여 공개장소에서의 연설·대담을 한 자
9. 제81조(단체의 후보자 등 초청 대담·토론회)제3항 또는 제4항의 규정에 위반하여 대담·토론회의 개최신고를 하지 아니하거나 표지를 게시 또는 첩부하지 아니한 자
10. 제102조제2항을 위반하여 녹음기 또는 녹화기를 사용한 자. 다만, 오후 9시부터 오후 11시까지의 사이에 소리를 출력하여 녹화기를 사용한 자는 제외한다.

10의2. 제110조제2항을 위반하여 특정 지역·지역인 또는 성별을 공연히 비하·모욕한 자

11. 제118조(선거일후 답례금지)의 규정에 위반한 자
12. 제272조의2제3항(제8조의8제11항에서 준용하는 경우를 포함한다)을 위반하여 출입을 방해하거나 자료제출요구에 응하지 아니한 자 또는 허위의 자료를 제출한 자

제257조(기부행위의 금지제한 등 위반죄) ① 다음 각호의 1에 해당하는 자는 5년 이하의 징역 또는 1천만원 이하의 벌금에 처한다. <개정 1996·2·6, 1997·1·13, 1997·11·14, 2000·2·16, 2004·3·12>

1. 제113조(후보자 등의 기부행위제한)·제114조(정당 및 후보자의 가족 등의 기부행위제한)제1항 또는 제115조(제삼자의 기부행위제한)의 규정에 위반한 자
2. 제81조(단체의 후보자 등 초청 대담·토론회)제6항〔제82조(언론기관의 후보자등 초청 대담·토론회)제4항에서 준용하는 경우를 포함한다〕의 규정을 위반한 자

② 제81조제6항·제82조제4항·제113조·제114조제1항 또는 제115조에서 규정하고 있는 정당(창당준비위원회를 포함한다)·정당의 대표자·정당선거사무소의 소장, 국회의원·지방의회의원·지방자치단체의 장, 후보자(후보자가 되고자 하는 자를 포함한다. 이하 이 조에서 같다), 후보자의 배우자, 후보자나 그 배우자의 직계존비속과 형제자매, 후보자의 직계비속 및 형제자매의 배우자, 선거사무장, 선거연락소장, 선거사무원, 회계책임자, 연설원, 대담·토론자, 후보자 또는 그 가족과 관계있는 회사등이나 그 임·직원과 제삼자〔제116조(기부의 권유·요구 등의

금지)에 규정된 행위의 상대방을 말한다]에게 기부를 지시·권유·알선·요구하거나 그로부터 기부를 받은 자(제261조제9항제1호·제6호에 해당하는 사람은 제외한다)는 3년 이하의 징역 또는 500만원 이하의 벌금에 처한다. <개정 1997·1·13, 2000·2·16, 2004·3·12, 2008·2·29, 2010·1·25, 2012·2·29, 2014·2·13>

③ 제117조(기부받는 행위 등의 금지)의 규정에 위반한 자는 3년 이하의 징역 또는 500만원 이하의 벌금에 처한다. <신설 1995·5·10>

④ 제1항 내지 제3항의 죄를 범한 자가 받은 이익은 이를 몰수한다. 다만, 그 전부 또는 일부를 몰수할 수 없는 때에는 그 가액을 추징한다. <신설 1995·5·10>

제258조(선거비용부정지출 등 죄) ① 다음 각 호의 어느 하나에 해당하는 때에는 5년 이하의 징역 또는 2천만원 이하의 벌금에 처한다. <개정 2004·3·12, 2005·8·4>

1. 정당·후보자·선거사무장·선거연락소장·회계책임자 또는 회계사무보조자가 제122조(선거비용제한액의 공고)의 규정에 의하여 공고한 선거비용제한액의 200분의 1 이상을 초과하여 선거비용을 지출한 때
2. 삭제 <2005·8·4>

② 삭제 <2005·8·4>

제259조(선거범죄선동죄) 연설·벽보·신문 기타 어떠한 방법으로든지 제230조(매수 및 이해유도죄) 내지 제235조(방송·신문 등의 불법이용을 위한 매수죄)·제237조(선거의 자유방해죄)의 죄(당내경선과 관련한 죄를 제외한다)를 범할 것을 선동한 자는 3년 이하의 징역 또는 600만원 이하의 벌금에 처한다. <개정 2005·8·4>

제260조(양벌규정) ① 정당·회사, 그 밖의 법인·단체(이하 이 조에서 "단체등"이라 한다)의 대표자, 그 대리인·사용인, 그 밖의 종업원과 정당의 간부인 당원이 그 단체등의 업무에 관하여 제230조제1항부터 제4항까지·제6항부터 제8항까지, 제231조, 제232조제1항·제2항, 제235조, 제237조제1항·제5항, 제240조제1항, 제241조제1항, 제244조, 제245조제2항, 제246조제2항, 제247조제1항, 제248조제1항, 제250조부터 제254조까지, 제255조제1항·제2항, 같은 조 제4항부터 제6항까지, 제256조, 제257조제1항부터 제3항까지, 제258조, 제259조의 어느 하나에 해당하는 위반행위를 하면 그 행위자를 벌하는 외에 그 단체등에도 해당 조문의 벌금형을 과(科)한다. 다만, 단체등이 그 위반행위를 방지하기 위하여 해당 업무에 관하여 상당한 주의와 감독을 게을리하지 아니한 경우에는 그러하지 아니하다. <개정 2014·2·13, 2023·12·28>

② 단체등의 대표자, 그 대리인·사용인, 그 밖의 종업원과 정당의 간부인 당원이 그 단체등의 업무에 관하여 제233조, 제234조, 제237조제3항·제6항, 제242조제1항·제2항, 제243조제1항, 제245조제1항, 제246조제1항, 제249조제1항, 제255조제3항의 어느 하나에 해당하는 위반행위를 하면 그 행위자를 벌하는 외에 그 단체등에도 3천만원 이하의 벌금에 처한다. 다만, 단체등이 그 위반행위를 방지하기 위하여 해당 업무에 관하여 상당한 주의와 감독을 게을리하지 아니한 경우에는 그러하지 아니하다.

[전부개정 2010·1·25]

제261조(과태료의 부과·징수 등) ① 제231조제1항제1호에 규정된 행위를 하는 것을 조건으로 정당 또는 후보자(후보자가 되려는 사람을 포함한다)에게 금전·물품, 그 밖의 재산상의 이익 또는 공사의 직의 제공을 요구한 자에게는 5천만원 이하의 과태료를 부과한다. <신설 2014·2·13>

② 다음 각 호의 어느 하나에 해당하는 행위를 한 자에게는 3천만원 이하의 과태료를 부과한다. <개정 2015·12·24, 2017·2·8>

1. 제8조의8제10항에 따른 시정명령·정정보도문의 게재명령을 통보받고 이를 이행하지 아니한 자
2. 제108조제6항을 위반하여 선거여론조사기준으로 정한 사항을 함께 공표 또는 보도하지 아니한 자
3. 제108조제7항을 위반하여 선거여론조

사기준으로 정한 사항을 등록하지 아니한 자. 이 경우 해당 여론조사를 의뢰한 자가 여론조사 결과의 공표·보도 예정일시를 통보하지 아니하여 등록하지 못한 때에는 그 여론조사 의뢰자를 말한다.

4. 제108조제8항을 위반하여 여론조사를 실시하거나 그 결과를 공표 또는 보도한 자

③ 다음 각 호의 어느 하나에 해당하는 행위를 한 자에게는 1천만원 이하의 과태료를 부과한다. <개정 2010·1·25, 2014·2·13, 2015·8·13, 2017·2·8, 2018·4·6, 2022·1·18, 2023·12·28>

1. 제6조의2제2항을 위반하여 투표시간을 보장하여 주지 아니한 자
2. 제59조제2호 후단을 위반하여 신고한 전화번호가 아닌 전화번호를 정당한 이유 없이 사용하여 자동 동보통신의 방법으로 문자메시지를 전송한 사람
3. 제65조제4항 단서를 위반하여 점자형 선거공보의 전부 또는 일부를 제출하지 아니한 사람

3의2. 제79조제8항 또는 제216조제1항 후단을 위반하여 소음기준을 초과한 확성장치를 사용하거나 사용하게 한 자

3의3. 제82조의2제4항 각 호 외의 부분 후단을 위반하여 정당한 사유 없이 대담·토론회에 참석하지 아니한 사람

4. 제82조의8제2항을 위반하여 중앙선거관리위원회규칙으로 정하는 사항을 딥페이크영상등에 표시하지 아니한 자

4의2. 제102조제2항 단서를 위반하여 오후 9시부터 오후 11시까지의 사이에 소리를 출력하여 녹화기를 사용한 자

5. 제108조제3항을 위반하여 관할 선거여론조사심의위원회에 신고하지 아니하거나 신고내용과 다르게 여론조사를 실시하거나 같은 조 제4항을 위반하여 보완사항을 보완하지 아니하고 여론조사를 실시한 자

④ 제147조제3항(제148조제4항 및 제173조제3항에서 준용하는 경우를 포함한다)을 위반하여 정당한 사유 없이 협조요구에 따르지 아니한 자에게는 500만원 이하의 과태료를 부과한다. <신설 2014·2·13>

⑤ 삭제 <2018·4·6>

⑥ 다음 각 호의 어느 하나에 해당하는 행위를 한 자는 300만원 이하의 과태료를 부과한다. <개정 2004·3·12, 2005·8·4, 2010·1·25, 2012·2·29, 2017·2·8>

1. 제70조제3항·제71조제10항·제72조제3항(제74조제2항에서 준용하는 경우를 포함한다)·제73조제1항(관할 선거구선거관리위원회가 제공하는 내용에 한한다) 및 제2항·제272조의3제4항 또는 제275조의 규정을 위반한 자
2. 「형사소송법」 제211조(현행범인과 준현행범인)에 규정된 현행범인 또는 준현행범인으로서 제272조의2제4항(제8조의8제11항에서 준용하는 경우를 포함한다)에 따른 동행요구에 응하지 아니한 자
3. 삭제 <2023·8·30>
4. 제82조의4제4항을 위반하여 선거관리위원회의 요청을 이행하지 아니한 자. 다만, 2회 이상 요청을 받고 이행하지 아니한 자는 그러하지 아니하다.

⑦ 다음 각 호의 어느 하나에 해당하는 행위를 한 자는 이 법에 다른 규정이 있는 경우를 제외하고는 200만원 이하의 과태료를 부과한다. <개정 1995·4·1, 1998·4·30, 2000·2·16, 2004·3·12, 2005·8·4, 2008·2·29, 2010·1·25, 2014·1·17, 2014·2·13>

1. 선거에 관하여 이 법이 규정하는 신고·제출의 의무를 해태한 자
2. 다음 각 목의 어느 하나에 해당하는 자
   가. 제205조(선거운동기구의 설치 및 선거사무관계자의 선임에 관한 특례)제3항의 규정에 위반하여 그 분담내역을 선거사무소·선거연락소의 설치신고서에 명시하지 아니한 자
   나. 제205조제3항의 규정에 위반하여 그 분담내역을 선거사무장·선거연락소장·선거사무원의 선임신고서에 명시하지 아니한 자

다. 제207조(책자형 선거공보에 관한 특례)제 3 항 후단의 규정을 위반하여 그 분담내역을 선거공보를 제출하는 때에 서면으로 신고하지 아니한 자
라. 삭제 <2010·1·25>
마. 제69조(신문광고)제 3 항 후단 및 제82조의7(인터넷광고)제 3 항 후단의 규정에 위반하여 그 분담내역을 광고계약서에 명시하지 아니한 자
바. 삭제 <2010·1·25>
사. 제146조의2제 3 항이나 제147조제10항(제148조제 4 항에서 준용하는 경우를 포함한다) 또는 제174조제 3 항을 위반하여 정당한 사유 없이 협조요구에 따르지 아니한 자
아. 제149조제 3 항·제 4 항을 위반한 사람
3. 삭제 <2005·8·4>
4. 제152조(투표용지모형 등의 공고)제 1 항의 규정에 의하여 첩부한 투표용지모형을 훼손·오손한 자
5. 제271조(불법시설물 등에 대한 조치 및 대집행)제 1 항의 규정에 의한 대집행을 한 것으로서 사안이 경미한 행위를 한 자. 이 경우 과태료를 부과하지 아니한 때에는 관할수사기관에 고발 또는 수사의뢰 등을 하여야 한다.
6. 제276조(선거일후 선전물 등의 철거)의 규정에 위반하여 선전물 등을 철거하지 아니한 자

⑧ 다음 각 호의 어느 하나에 해당하는 행위를 한 자는 100만원 이하의 과태료를 부과한다. <개정 2000·2·16, 2002·3·7, 2004·3·12, 2005·8·4, 2007·1·3, 2008·2·29, 2009·2·12, 2010·1·25, 2014·1·17, 2015·8·13, 2017·2·8, 2025·1·7>

1. 제161조제 3 항 단서, 제162조제 4 항, 제181조제 3 항 또는 제218조의20제 4 항에 따라 선거관리위원회·재외선거관리위원회가 선정한 참관인이 정당한 사유 없이 참관을 거부하거나 게을리한 경우
1의2. 제 8 조의9제 4 항을 위반하여 변경등록신청을 제때 하지 아니한 자
2. 각 목의 어느 하나에 해당하는 자
가. 제61조제 6 항을 위반하여 선거사무소, 선거연락소 또는 선거대책기구에 간판·현판·현수막을 설치·게시하거나 하게 한 자
나. 제61조의2(정당선거사무소의 설치)제 4 항의 규정을 위반하여 정당선거사무소에 간판·현판·현수막을 설치 또는 게시하거나 하게 한 자
다. 제63조제 2 항을 위반하여 표지를 패용하지 아니하고 선거운동을 하거나 하게 한 자
라. 제79조제 6 항 또는 제10항 후단을 위반하여 자동차, 확성장치, 녹음기 또는 녹화기에 표지를 부착하지 아니하고 연설·대담을 한 사람
마. 제91조(확성장치와 자동차 등의 사용제한)제 4 항의 규정에 위반하여 표지를 부착하지 아니하고 자동차 또는 선박을 운행한 자
바. 제147조제 9 항, 제148조제 3 항 또는 제174조(개표사무원)제 2 항의 규정에 의하여 투표사무원·사전투표사무원 또는 개표사무원으로 위촉된 자가 정당한 사유없이 그 직무수행을 거부·유기하거나 해태한 자
2의2. 다음 각 목의 어느 하나에 해당하는 자
가. 제60조의4제 3 항을 위반하여 예비후보자공약집을 제출하지 아니한 자
나. 제66조제 6 항을 위반하여 선거공약서를 제출하지 아니한 자
3. 제111조(의정활동 보고)제 2 항의 규정에 위반하여 고지벽보와 표지를 게시하거나, 의정보고회가 끝난 후 지체없이 고지벽보와 표지를 철거하지 아니한 자
4. 다음 각 목의 어느 하나에 해당하는 자
가. 제138조(정강·정책홍보물의 배부·제한 등)제 4 항의 규정에 위반하여 정강·정책홍보물을 제출하지 아니한 자
나. 제138조의2(정책공약집의 배부제한

등)제 3 항의 규정을 위반하여 정책공약집을 제출하지 아니한 자
다. 제139조(정당기관지의 발행·배부제한) 제 3 항의 규정에 위반하여 기관지를 제출하지 아니한 자
라. 제140조(창당대회등의 개최와 고지의 제한)제 4 항의 규정에 위반하여 창당대회등의 표지를 지체없이 철거하지 아니한 자
마. 제141조(당원집회의 제한)제 2 항에 규정된 장소가 아닌 장소에서 당원집회를 개최하거나 동조제 4 항의 규정에 위반하여 당원집회의 표지를 지체없이 철거하지 아니한 자
바. 삭제 <2004·3·12>
사. 제145조(당사게시 선전물 등의 제한)의 규정에 위반하여 당사 또는 후원회의 사무소에 선전물 등을 설치·게시한 자
5. 제 8 조의3제 4 항의 규정에 위반하여 정당한 사유없이 정기간행물등을 제출하지 아니한 자
6. 제272조의2제 4 항(제 8 조의8제11항에서 준용하는 경우를 포함한다)에 따른 출석요구에 정당한 사유없이 응하지 아니한 자

⑨ 다음 각 호의 어느 하나에 해당하는 자(그 제공받은 금액 또는 음식물·물품 등의 가액이 100만원을 초과하는 자는 제외한다)는 그 제공받은 금액 또는 음식물·물품 등의 가액의 10배 이상 50배 이하에 상당하는 금액(주례의 경우에는 200만원)의 과태료를 부과하되, 그 상한은 3천만원으로 한다. 다만, 제 1 호 또는 제 2 호에 해당하는 자가 그 제공받은 금액 또는 음식물·물품(제공받은 것을 반환할 수 없는 경우에는 그 가액에 상당하는 금액을 말한다) 등을 선거관리위원회에 반환하고 자수한 경우에는 중앙선거관리위원회규칙으로 정하는 바에 따라 그 과태료를 감경 또는 면제할 수 있다. <신설 2004·3·12, 2008·2·29, 2010·1·25, 2012·1·17, 2012·2·29, 2014·5·14>
1. 제116조를 위반하여 금전·물품·음식물·서적·관광 기타 교통편의를 제공받은 자
2. 제230조제 1 항제 7 호에 규정된 자로서 같은 항 제 5 호의 자로부터 금품, 그 밖의 이익을 제공받은 자
3.부터 5.까지 삭제 <2008·2·29>
6. 제116조를 위반하여 제113조에 규정된 자로부터 주례행위를 제공받은 자

⑩ 과태료는 중앙선거관리위원회규칙으로 정하는 바에 따라 당해 선거관리위원회(선거여론조사심의위원회를 포함한다. 이하 이 조에서 "부과권자"라 한다)가 부과한다. 이 경우 제 1 항부터 제 8 항까지에 따른 과태료는 당사자(「질서위반행위규제법」 제 2 조제 3 호에 따른 당사자를 말한다. 이하 이 조에서 같다)가 정당·후보자(예비후보자를 포함한다. 이하 이 조에서 같다) 및 그 가족·선거사무장·선거연락소장·선거사무원·회계책임자·연설원 또는 활동보조인인 때에는 제57조에 따라 해당 후보자의 기탁금 중에서 공제하여 국가 또는 지방자치단체에 납입하고, 그 밖의 자와 제 9 항에 따른 과태료의 과태료처분 대상자에 대하여는 위반자가 납부하도록 하며, 납부기한까지 납부하지 아니한 때에는 관할세무서장에게 위탁하고 관할세무서장이 국세체납처분의 예에 따라 이를 징수하여 국가 또는 지방자치단체에 납입하여야 한다. <개정 2004·3·12, 2010·1·25, 2014·2·13, 2017·2·8>

⑪ 이 법에 따른 과태료의 부과·징수 등의 절차에 관하여는 「질서위반행위규제법」 제 5 조에도 불구하고 다음 각 호에서 정하는 바에 따른다. <개정 2010·1·25, 2014·2·13, 2020·12·29>
1. 당사자는 「질서위반행위규제법」 제16조 제 1 항 전단에도 불구하고 부과권자로부터 사전통지를 받은 날부터 3일까지 의견을 제출하여야 한다.
2. 「질서위반행위규제법」 제17조제 3 항에도 불구하고 이 조 제10항 후단에 따라 해당 후보자의 기탁금에서 공제하는 과태료에 대하여는 「국세징수법」 제13조부터 제16조까지의 규정을 준용하지 아니한다.
3. 이 조 제10항 전단에 따른 과태료 처분에 불복이 있는 당사자는 「질서위반행위

규제법」 제20조제1항 및 제2항에도 불구하고 그 처분의 고지를 받은 날부터 20일 이내에 부과권자에게 이의를 제기하여야 하며, 이 경우 그 이의제기는 과태료 처분의 효력이나 그 집행 또는 절차의 속행에 영향을 주지 아니한다.

4. 「질서위반행위규제법」 제24조에도 불구하고 이 조 제10항 후단에 따라 해당 후보자의 기탁금에서 공제하지 아니하는 과태료를 당사자가 납부기한까지 납부하지 아니한 경우 부과권자는 체납된 과태료에 대하여 100분의 5에 상당하는 가산금을 더하여 관할세무서장에게 징수를 위탁하고, 관할세무서장은 국세 체납처분의 예에 따라 이를 징수하여 국가 또는 지방자치단체에 납입하여야 한다.

5. 「질서위반행위규제법」 제21조제1항 본문에도 불구하고 이 조 제10항에 따라 과태료 처분을 받은 당사자가 제3호에 따라 이의를 제기한 경우 부과권자는 지체 없이 관할 법원에 그 사실을 통보하여야 한다.

⑫ 「질서위반행위규제법」 제37조에 따라 과태료 재판의 결정을 고지 받은 검사는 과태료 처분을 한 관할 선거관리위원회에 그 결정을 지체 없이 통보하여야 한다. <신설 2018·4·6>

제262조(자수자에 대한 특례) ① 다음 각 호의 어느 하나에 해당하는 사람이 자수한 때에는 그 형을 감경 또는 면제한다. <개정 2012·1·17>

1. 제230조제1항·제2항, 제231조제1항 및 제257조제2항을 위반한 사람 중 금전·물품, 그 밖의 이익 등을 받거나 받기로 승낙한 사람(후보자와 그 가족 또는 사위의 방법으로 이익 등을 받거나 받기로 승낙한 사람을 제외한다)
2. 다른 사람의 지시에 따라 제230조제1항·제2항 또는 제257조제1항을 위반하여 금전·물품, 그 밖의 재산상의 이익이나 공사의 직을 제공하거나 그 제공을 약속한 사람

② 제1항에 규정된 자가 각급선거관리위원회(읍·면·동선거관리위원회를 제외한다)에 자신의 선거범죄사실을 신고하여 선거관리위원회가 관계수사기관에 이를 통보한 때에는 선거관리위원회에 신고한 때를 자수한 때로 본다. <신설 2000·2·16, 2005·8·4>

제262조의2(선거범죄신고자 등의 보호) ① 선거범죄〔제16장 벌칙에 규정된 죄(제261조제9항의 과태료에 해당하는 위법행위를 포함한다)와 「국민투표법」 위반의 죄를 말한다. 이하 같다〕에 관한 신고·진정·고소·고발 등 조사 또는 수사단서의 제공, 진술 또는 증언 그 밖의 자료제출행위 및 범인검거를 위한 제보 또는 검거활동을 한 자가 그와 관련하여 피해를 입거나 입을 우려가 있다고 인정할 만한 상당한 이유가 있는 경우 그 선거범죄에 관한 형사절차 및 선거관리위원회의 조사과정에서는 「특정범죄신고자 등 보호법」 제5조·제7조·제9조부터 제12조까지 및 제16조를 준용한다. <개정 2005·8·4, 2008·2·29, 2010·1·25, 2014·2·13>

② 누구든지 제1항의 규정에 의하여 보호되고 있는 선거범죄신고자 등이라는 정을 알면서 그 인적사항 또는 선거범죄신고자등임을 알 수 있는 사실을 다른 사람에게 알려주거나 공개 또는 보도하여서는 아니된다.
〔본조신설 2004·3·12〕

제262조의3(선거범죄신고자에 대한 포상금 지급) ① 각급선거관리위원회(읍·면·동선거관리위원회를 제외한다. 이하 이 조에서 같다)는 선거범죄에 대하여 선거관리위원회가 인지하기 전에 그 범죄행위의 신고를 한 사람에게 포상금을 지급할 수 있다. <개정 2005·8·4, 2013·8·13>

② 중앙선거관리위원회 및 시·도선거관리위원회는 제1항에 따른 포상금 지급의 심사를 위하여 중앙선거관리위원회규칙으로 정하는 바에 따라 각각 포상금심사위원회를 설치·운영하여야 한다. <신설 2013·8·13>

③ 각급선거관리위원회는 제1항에 따라 포상금을 지급한 후 다음 각 호의 어느 하나에 해당하는 사유가 있는 경우에는 그 포상금의 지급결정을 취소한다. 다만, 제2호의 경우 법원의 판결에 따라 유죄로 확정된 경우는

제외한다. <개정 2013·8·13, 2021·3·23>
1. 담합 등 거짓의 방법으로 신고한 사실이 발견된 경우
2. 사법경찰관의 불송치결정이나 검사의 불기소처분이 있는 경우
3. 무죄의 판결이 확정된 경우
④ 각급선거관리위원회는 제3항에 따라 포상금의 지급결정을 취소한 때에는 해당 신고자에게 그 취소 사실과 지급받은 포상금에 해당하는 금액을 반환할 것을 통지하여야 하며, 해당 신고자는 통지를 받은 날부터 30일 이내에 그 금액을 해당 선거관리위원회에 납부하여야 한다. <신설 2013·8·13>
⑤ 각급선거관리위원회는 제4항에 따라 포상금의 반환을 통지받은 해당 신고자가 납부기한까지 반환할 금액을 납부하지 아니한 때에는 해당 신고자의 주소지를 관할하는 세무서장에게 징수를 위탁하고 관할 세무서장이 국세 체납처분의 예에 따라 징수한다. <신설 2008·2·29, 2013·8·13>
⑥ 제4항 또는 제5항에 따라 납부 또는 징수된 금액은 국가에 귀속된다. <신설 2008·2·29, 2013·8·13>
⑦ 포상금의 지급 기준 및 절차, 포상금심사위원회의 구성 및 심의사항, 제3항제2호 및 제3호의 경우 포상금의 반환사유, 반환금액의 납부절차, 그 밖에 필요한 사항은 중앙선거관리위원회규칙으로 정한다. <신설 2013·8·13>
〔본조신설 2004·3·12〕

제17장 보칙

제263조(선거비용의 초과지출로 인한 당선무효) ① 제122조(선거비용제한액의 공고)의 규정에 의하여 공고된 선거비용제한액의 200분의 1 이상을 초과지출한 이유로 선거사무장, 선거사무소의 회계책임자가 징역형 또는 300만원 이상의 벌금형의 선고를 받은 때에는 그 후보자의 당선은 무효로 한다. 다만, 다른 사람의 유도 또는 도발에 의하여 당해 후보자의 당선을 무효로 되게 하기 위하여 지출한 때에는 그러하지 아니하다. <개정 2004·3·12, 2005·8·4>
② 「정치자금법」 제49조(선거비용관련 위반행위에 관한 벌칙)제1항 또는 제2항제6호의 죄를 범함으로 인하여 선거사무소의 회계책임자가 징역형 또는 300만원 이상의 벌금형의 선고를 받은 때에는 그 후보자(대통령후보자, 비례대표국회의원후보자 및 비례대표지방의회의원후보자를 제외한다)의 당선은 무효로 한다. 이 경우 제1항 단서의 규정을 준용한다. <신설 2004·3·12, 2005·8·4>

제264조(당선인의 선거범죄로 인한 당선무효) 당선인이 당해 선거에 있어 이 법에 규정된 죄 또는 「정치자금법」 제49조의 죄를 범함으로 인하여 징역 또는 100만원 이상의 벌금형의 선고를 받은 때에는 그 당선은 무효로 한다. <개정 2005·8·4, 2010·1·25>

제265조(선거사무장 등의 선거범죄로 인한 당선무효) 선거사무장·선거사무소의 회계책임자(선거사무소의 회계책임자로 선임·신고되지 아니한 자로서 후보자와 통모하여 당해 후보자의 선거비용으로 지출한 금액이 선거비용제한액의 3분의 1 이상에 해당되는 자를 포함한다) 또는 후보자(후보자가 되려는 사람을 포함한다)의 직계존비속 및 배우자가 해당 선거에 있어서 제230조부터 제234조까지, 제257조제1항 중 기부행위를 한 죄 또는 「정치자금법」 제45조제1항의 정치자금 부정수수죄를 범함으로 인하여 징역형 또는 300만원 이상의 벌금형의 선고를 받은 때(선거사무장, 선거사무소의 회계책임자에 대하여는 선임·신고되기 전의 행위로 인한 경우를 포함한다)에는 그 선거구 후보자(대통령후보자, 비례대표국회의원후보자 및 비례대표지방의회의원후보자를 제외한다)의 당선은 무효로 한다. 다만, 다른 사람의 유도 또는 도발에 의하여 당해 후보자의 당선을 무효로 되게 하기 위하여 죄를 범한 때에는 그러하지 아니하다. <개정 1995·5·10, 2000·2·16, 2004·3·12, 2005·8·4, 2010·1·25>

제265조의2(당선무효된 자 등의 비용반환) ① 제263조부터 제265조까지의 규정에 따라

당선이 무효로 된 사람(그 기소 후 확정판결 전에 사직한 사람을 포함한다)과 당선되지 아니한 사람으로서 제263조부터 제265조까지에 규정된 자신 또는 선거사무장 등의 죄로 당선무효에 해당하는 형이 확정된 사람은 제57조와 제122조의2에 따라 반환·보전받은 금액을 반환하여야 한다. 이 경우 대통령선거의 정당추천후보자는 그 추천 정당이 반환하며, 비례대표국회의원선거 및 비례대표지방의회의원선거의 경우 후보자의 당선이 모두 무효로 된 때에 그 추천 정당이 반환한다. <개정 2010·1·25>

② 관할선거구선거관리위원회는 제1항의 규정에 의한 반환사유가 발생한 때에는 지체없이 당해 정당·후보자에게 반환하여야 할 금액을 고지하여야 하고, 당해 정당·후보자는 그 고지를 받은 날부터 30일 이내에 선거구선거관리위원회에 이를 납부하여야 한다.

③ 관할선거구선거관리위원회는 제2항의 납부기한까지 당해 정당·후보자가 납부하지 아니한 때에는 당해 후보자의 주소지(정당에 있어서는 중앙당의 사무소 소재지를 말한다)를 관할하는 세무서장에게 징수를 위탁하고 관할세무서장이 국세체납처분의 예에 따라 이를 징수한다.

④ 제2항 또는 제3항의 규정에 의하여 납부 또는 징수된 금액은 국가 또는 지방자치단체에 귀속된다.

⑤ 제2항의 규정에 따른 고지방법·절차 기타 필요한 사항은 중앙선거관리위원회규칙으로 정한다.

〔본조신설 2004·3·12〕

제266조(선거범죄로 인한 공무담임 등의 제한) ① 다른 법률의 규정에도 불구하고 제230조부터 제234조까지, 제237조부터 제255조까지, 제256조제1항부터 제3항까지, 제257조부터 제259조까지의 죄(당내경선과 관련한 죄는 제외한다) 또는 「정치자금법」 제49조의 죄를 범함으로 인하여 징역형의 선고를 받은 자는 그 집행을 받지 아니하기로 확정된 후 또는 그 형의 집행이 종료되거나 면제된 후 10년간, 형의 집행유예의 선고를 받은 자는 그 형이 확정된 후 10년간, 100만원이상의 벌금형의 선고를 받은 자는 그 형이 확정된 후 5년간 다음 각 호의 어느 하나에 해당하는 직에 취임하거나 임용될 수 없으며, 이미 취임 또는 임용된 자의 경우에는 그 직에서 퇴직된다. <개정 1997·11·14, 2000·2·16, 2005·8·4, 2009·2·3, 2010·1·25, 2012·1·26, 2014·2·13>

1. 제53조제1항 각 호의 어느 하나에 해당하는 직(제53조제1항제1호의 경우 「고등교육법」 제14조제1항·제2항에 따른 교원을, 같은 항 제5호의 경우 각 조합의 조합장 및 상근직원을 포함한다)
2. 제60조(선거운동을 할 수 없는 자)제1항제6호 내지 제8호에 해당하는 직
3. 「공직자윤리법」 제3조제1항제12호 또는 제13호에 해당하는 기관·단체의 임·직원
4. 「사립학교법」 제53조(학교의 장의 임면) 또는 같은 법 제53조의2(학교의 장이 아닌 교원의 임면)의 규정에 의한 교원
5. 방송통신심의위원회의 위원

② 다음 각 호의 어느 하나에 해당하는 사람은 당선인의 당선무효로 실시사유가 확정된 재선거(당선인이 그 기소 후 확정판결 전에 사직함으로 인하여 실시사유가 확정된 보궐선거를 포함한다)의 후보자가 될 수 없다. <개정 2010·1·25>

1. 제263조 또는 제265조에 따라 당선이 무효로 된 사람(그 기소 후 확정판결 전에 사직한 사람을 포함한다)
2. 당선되지 아니한 사람(후보자가 되려던 사람을 포함한다)으로서 제263조 또는 제265조에 규정된 선거사무장 등의 죄로 당선무효에 해당하는 형이 확정된 사람

③ 다른 공직선거(교육의원선거 및 교육감선거를 포함한다)에 입후보하기 위하여 임기 중 그 직을 그만 둔 국회의원·지방의회의원 및 지방자치단체의 장은 그 사직으로 인하여 실시사유가 확정된 보궐선거의 후보자가 될 수 없다. <신설 2010·1·25>

제267조(기소·판결에 관한 통지) ① 선거에 관한 범죄로 당선인, 후보자, 후보자의 직계존·비속 및 배우자, 선거사무장, 선거사무소의 회계책임자를 기소한 때에는 당해 선거구선거관리위원회에 이를 통지하여야 한다.

② 제230조(매수 및 이해유도죄) 내지 제235조(방송·신문 등의 불법이용을 위한 매수죄)·제237조(선거의 자유방해죄) 내지 제259조(선거범죄선동죄)의 범죄에 대한 확정판결을 행한 재판장은 그 판결서등본을 당해 선거구선거관리위원회에 송부하여야 한다.

제268조(공소시효) ① 이 법에 규정한 죄의 공소시효는 당해 선거일후 6개월(선거일후에 행하여진 범죄는 그 행위가 있는 날부터 6개월)을 경과함으로써 완성한다. 다만, 범인이 도피한 때나 범인이 공범 또는 범죄의 증명에 필요한 참고인을 도피시킨 때에는 그 기간은 3년으로 한다. <개정 2004·3·12, 2012·2·29>

② 제1항 본문에도 불구하고 선상투표와 관련하여 선박에서 범한 이 법에 규정된 죄의 공소시효는 범인이 국내에 들어온 날부터 6개월을 경과함으로써 완성된다. <신설 2012·2·29>

③ 제1항 및 제2항에도 불구하고 공무원(제60조제1항제4호 단서에 따라 선거운동을 할 수 있는 사람은 제외한다)이 직무와 관련하여 또는 지위를 이용하여 범한 이 법에 규정된 죄의 공소시효는 해당 선거일 후 10년(선거일 후에 행하여진 범죄는 그 행위가 있는 날부터 10년)을 경과함으로써 완성된다. <신설 2014·2·13>

제269조(재판의 관할) 선거범과 그 공범에 관한 제1심 재판은 「법원조직법」 제32조(합의부의 심판권)제1항의 규정에 의한 지방법원합의부 또는 그 지원의 합의부의 관할로 한다. 다만, 군사법원이 재판권을 갖는 선거범과 그 공범에 관한 제1심 재판은 「군사법원법」 제11조에 따른 군사법원의 관할로 한다. <개정 2005·8·4, 2021·9·24>

제270조(선거범의 재판기간에 관한 강행규정) 선거범과 그 공범에 관한 재판은 다른 재판에 우선하여 신속히 하여야 하며, 그 판결의 선고는 제1심에서는 공소가 제기된 날부터 6월 이내에, 제2심 및 제3심에서는 전심의 판결의 선고가 있은 날부터 각각 3월 이내에 반드시 하여야 한다. <개정 2000·2·16>

제270조의2(피고인의 출정) ① 선거범에 관한 재판에서 피고인이 공시송달에 의하지 아니한 적법한 소환을 받고서도 공판기일에 출석하지 아니한 때에는 다시 기일을 정하여야 한다.

② 피고인이 정당한 사유없이 다시 정한 기일 또는 그 후에 열린 공판기일에 출석하지 아니한 때에는 피고인의 출석없이 공판절차를 진행할 수 있다.

③ 제2항의 규정에 의하여 공판절차를 진행할 경우에는 출석한 검사 및 변호인의 의견을 들어야 한다.

④ 법원은 제2항의 규정에 따라 판결을 선고한 때에는 피고인 또는 변호인(변호인이 있는 경우에 한한다)에게 전화 기타 신속한 방법으로 그 사실을 통지하여야 한다.

[본조신설 2004·3·12]

제271조(불법시설물 등에 대한 조치 및 대집행) ① 각급선거관리위원회는 이 법의 규정에 위반되는 선거에 관한 벽보·인쇄물·현수막 기타 선전물(정당의 당사게시선전물을 포함한다)이나 유사기관·사조직 또는 시설등을 발견한 때에는 지체없이 그 첩부 등의 중지 또는 철거·수거·폐쇄 등을 명하고, 이에 불응하는 때에는 대집행을 할 수 있다. 이 경우 대집행은 「행정대집행법」에 의하되, 그 절차는 「행정대집행법」 제3조(대집행의 절차)의 규정에 불구하고 중앙선거관리위원회규칙이 정하는 바에 의할 수 있다. <개정 1997·11·14, 2005·8·4>

② 각급선거관리위원회는 제1항의 불법시설물 등에 중앙선거관리위원회규칙이 정하는 바에 따라 불법시설물임을 표시하는 표지를 하거나 공고할 수 있다.

③ 제56조제3항에 따라 기탁금에서 부담하는 대집행비용의 공제·납입·징수위탁 등에 관하여는 제261조제10항을 준용한다. <개정 2010·1·25, 2014·2·13>

제271조의2(선거에 관한 광고의 제한) ① 선거관리위원회는 방송·신문·잡지 기타 간행물에 방영·게재하고자 하는 광고내용이 이 법에 위반된다고 인정되는 때에는 당해

방송사 또는 일간신문사 등을 경영·관리하는 자와 광고주에게 광고중지를 요청할 수 있다.

② 제1항의 규정에 의한 중지요청을 받은 자는 이에 따라야 하며, 당해 선거관리위원회는 중지요청에 불응하고 광고를 하는 때에는 지체없이 관할수사기관에 수사의뢰 또는 고발하여야 한다.

③ 제1항의 "광고"라 함은 후보자(후보자가 되고자 하는 자를 포함한다)의 당락이나 특정정당(창당준비위원회를 포함한다)에 유리 또는 불리한 광고(이 법의 규정에 의한 광고를 제외한다)를 말한다.

〔본조신설 1998·4·30〕

제272조(불법선전물의 우송중지) ① 각급선거관리위원회(읍·면·동선거관리위원회를 제외한다. 이하 이 조에서 같다)는 직권 또는 정당·후보자의 요청에 의하여 이 법에 규정된 죄에 해당하는 범죄의 혐의가 있는 선전물을 우송하려 하거나 우송중임을 발견한 때에는 당해 우체국장에게 그 선전물에 대한 우송의 금지 또는 중지를 요청할 수 있다. <개정 1998·4·30, 2000·2·16, 2005·8·4>

② 우체국장이 제1항의 우송금지 또는 중지를 요청받은 때에는 그 우편물의 우송을 즉시 중지하고, 발송인에 대하여 그 사실을 통보하여야 한다. 다만, 발송인의 주소가 기재되지 아니한 때에는 발송우체국 게시판에 우송중지의 사실을 공고하여야 한다.

③ 제1항의 규정에 의한 우송의 금지 또는 중지를 요청한 때에는 당해 선거관리위원회는 지체없이 수사기관에 조사를 의뢰하거나 고발하고, 해당 우편물의 압수를 요청하여야 한다.

④ 제3항의 경우 수사기관은 「형사소송법」 제200조의4(긴급체포와 영장청구기간)의 기간내에 해당 우편물에 대한 압수영장의 발부여부를 당해 선거관리위원회 및 우체국장에게 통보하여야 하되, 이 기간내에 압수영장을 발부받지 못한 때에는 우체국장은 즉시 그 우편물의 우송중지를 해제하여야 한다. <개정 1997·11·14, 2005·8·4>

⑤ 각급선거관리위원회는 이 법에 규정된 죄에 해당하는 범죄의 혐의가 있는 선전물이 우송된 것을 발견한 때에는 그 선전물의 우송에 관련된 자의 성명·주소 등 인적사항과 발송통수·배달지역 기타 선거범죄의 조사에 필요한 자료의 제출을 관계 우체국장에게 요구할 수 있다. 이 경우 자료제출의 요구를 받은 우체국장은 이에 응하여야 한다. <신설 2000·2·16, 2002·3·7>

⑥ 우체국장이 각급선거관리위원회의 요청에 의하여 우편물의 우송을 중지하거나 선전물의 우송에 관련된 자의 인적사항 등 자료를 제출한 때에는 「우편법」 제3조(우편물의 비밀보장)·제50조(우편취급 거부의 죄)·제51조(서신의 비밀침해의 죄)·제51조의2(비밀 누설의 죄), 「우편환법」 제19조(비밀의 보장) 및 「통신비밀보호법」 제3조(통신 및 대화비밀의 보호)의 규정을 적용하지 아니한다. <개정 2000·2·16, 2002·3·7, 2005·8·4, 2011·12·2>

⑦ 각급선거관리위원회는 우편관서에서 취급 중에 있는 우편물중 이 법에 규정된 죄에 해당하는 범죄의 혐의가 있는 불법선전물이 있다고 판단되는 때에는 당해 우체국장에게 제1항의 조치와 함께 「우편법」 제28조(법규 위반 우편물의 개봉)에 의한 조치를 하여 줄 것을 요청할 수 있다. 이 경우 「우편법」 제48조(우편물 개봉 훼손의 죄) 및 「통신비밀보호법」 제16조(벌칙)의 규정은 적용하지 아니한다. <신설 2000·2·16, 2005·8·4, 2011·12·2>

제272조의2(선거범죄의 조사 등) ① 각급선거관리위원회(읍·면·동선거관리위원회를 제외한다. 이하 이 조에서 같다)위원·직원은 선거범죄에 관하여 그 범죄의 혐의가 있다고 인정되거나, 후보자(경선후보자를 포함한다)·예비후보자·선거사무장·선거연락소장 또는 선거사무원이 제기한 그 범죄의 혐의가 있다는 소명이 이유있다고 인정되는 경우 또는 현행범의 신고를 받은 경우에는 그 장소에 출입하여 관계인에 대하여 질문·조사를 하거나 관련서류 기타 조사에 필요한 자료의 제출을 요구할 수 있다. <개정 2004·3·12, 2005·8·4>

② 각급선거관리위원회위원·직원은 선거범죄 현장에서 선거범죄에 사용된 증거물품으로서 증거인멸의 우려가 있다고 인정되는 때에는 조사에 필요한 범위 안에서 현장에서 이를 수거할 수 있다. 이 경우 당해 선거관리위원회위원·직원은 수거한 증거물품을 그 관련된 선거범죄에 대하여 고발 또는 수사의뢰한 때에는 관계수사기관에 송부하고, 그러하지 아니한 때에는 그 소유·점유·관리하는 자에게 지체없이 반환하여야 한다. <신설 2000·2·16, 2004·3·12>

③ 누구든지 제1항의 규정에 의한 장소의 출입을 방해하여서는 아니되며 질문·조사를 받거나 자료의 제출을 요구받은 자는 이에 응하여야 한다.

④ 각급선거관리위원회위원·직원은 선거범죄 조사와 관련하여 관계자에게 질문·조사하기 위하여 필요하다고 인정되는 때에는 선거관리위원회에 동행 또는 출석할 것을 요구할 수 있다. 다만, 선거기간중 후보자에 대하여는 동행 또는 출석을 요구할 수 없다. <신설 2000·2·16, 2004·3·12>

⑤ 각급선거관리위원회위원·직원은 선거의 자유와 공정을 현저히 해할 우려가 있는 이 법에 위반되는 행위가 눈앞에 행하여지고 있거나, 행하여질 것이 명백하다고 인정되는 경우에는 그 현장에서 행위의 중단 또는 예방에 필요한 조치를 할 수 있다. <신설 2002·3·7>

⑥ 각급선거관리위원회위원·직원이 제1항의 규정에 의한 장소에 출입하거나 질문·조사·자료의 제출을 요구하는 경우에는 관계인에게 그 신분을 표시하는 증표를 제시하고 소속과 성명을 밝히고 그 목적과 이유를 설명하여야 한다.

⑦ 각급선거관리위원회 위원·직원이 제1항에 따라 피조사자에 대하여 질문·조사를 하는 경우 질문·조사를 하기 전에 피조사자에게 진술을 거부할 수 있는 권리 및 변호인의 조력을 받을 권리가 있음을 알리고, 문답서에 이에 대한 답변을 기재하여야 한다. <신설 2013·8·13>

⑧ 각급선거관리위원회 위원·직원은 피조사자가 변호인의 조력을 받으려는 의사를 밝힌 경우 지체 없이 변호인(변호인이 되려는 자를 포함한다)으로 하여금 조사에 참여하게 하거나 의견을 진술하게 하여야 한다. <신설 2013·8·13>

⑨ 제1항부터 제8항까지의 규정에 따른 소명절차·방법, 증거자료의 수거, 증표의 규격 기타 필요한 사항은 중앙선거관리위원회규칙으로 정한다. <개정 2000·2·16, 2002·3·7, 2013·8·13>

〔본조신설 1997·11·14〕

제272조의3(통신관련 선거범죄의 조사) ① 각급선거관리위원회(읍·면·동선거관리위원회를 제외한다. 이하 이 조에서 같다)직원은 정보통신망을 이용한 이 법 위반행위의 혐의가 있다고 인정되는 상당한 이유가 있는 때에는 당해 선거관리위원회의 소재지를 관할하는 고등법원(구·시·군선거관리위원회의 경우에는 지방법원을 말한다) 수석판사 또는 이에 상당하는 판사의 승인을 얻어 정보통신서비스제공자에게 당해 정보통신서비스이용자의 성명(이용자를 식별하기 위한 부호를 포함한다)·주민등록번호·주소(전자우편주소·인터넷 로그기록자료 및 정보통신망에 접속한 정보통신기기의 위치를 확인할 수 있는 자료를 포함한다)·이용기간·이용요금에 대한 자료의 열람이나 제출을 요청할 수 있다. <개정 2005·8·4, 2020·3·24>

② 각급선거관리위원회직원은 전화를 이용한 이 법 위반행위의 혐의가 있다고 인정되는 상당한 이유가 있는 때에는 당해 선거관리위원회의 소재지를 관할하는 고등법원(구·시·군선거관리위원회의 경우에는 지방법원을 말한다) 수석판사 또는 이에 상당하는 판사의 승인을 얻어 정보통신서비스제공자에게 이용자의 성명·주민등록번호·주소·이용기간·이용요금, 송화자 또는 수화자의 전화번호, 설치장소·설치대수에 대한 자료의 열람이나 제출을 요청할 수 있다. <개정 2020·3·24>

③ 제1항 및 제2항 또는 다른 법률에도 불구하고 다음 각 호의 어느 하나에 해당하

는 자료의 열람이나 제출을 요청하는 때에는 제1항 또는 제2항에 따른 승인이 필요하지 아니하다. <신설 2012·2·29>

1. 인터넷 홈페이지 게시판·대화방 등에 글이나 동영상 등을 게시하거나 전자우편을 전송한 사람의 성명·주민등록번호·주소 등 인적사항
2. 문자메시지를 전송한 사람의 성명·주민등록번호·주소 등 인적사항 및 전송통수

④ 제1항부터 제3항까지에 따른 요청을 받은 자는 지체없이 이에 응하여야 한다. <개정 2012·2·29>

⑤ 각급선거관리위원회 직원은 정보통신서비스제공자로부터 제1항부터 제3항까지의 규정에 따라 자료제공을 받은 때에는 30일 이내에 그 사실과 내용을 문서, 팩스, 전자우편, 휴대전화 문자메시지 등으로 해당 이용자에게 알려야 한다. 다만, 선거관리위원회에서 고발·수사의뢰한 경우에는 그 불송치결정, 기소 또는 불기소처분을 통지받은 날부터 10일 이내에 알릴 수 있다. <신설 2020·3·25, 2021·3·23>

⑥ 각급선거관리위원회 직원은 제1항부터 제3항까지의 규정에 따라 자료제공을 받은 경우에는 해당 자료의 제공요청사실 등 필요한 사항을 기재한 대장과 자료제공요청서 등 관련 자료를 해당 선거관리위원회에 비치하여야 한다. <신설 2020·3·25>

⑦ 각급선거관리위원회 직원은 정보통신서비스제공자로부터 제1항부터 제3항까지에 따라 제출받은 자료를 이 법 위반행위에 대한 조사목적외의 용도로 사용하여서는 아니되며, 관계 수사기관에 고발 또는 수사의뢰하는 경우를 제외하고는 이를 공개하여서는 아니된다. <개정 2012·2·29>

⑧ 제1항부터 제3항까지에 따른 요청 기타 필요한 사항은 중앙선거관리위원회규칙으로 정한다. <개정 2012·2·29>

〔본조신설 2004·3·12〕

제273조(재정신청) ① 제230조부터 제234조까지, 제237조부터 제239조까지, 제248조부터 제250조까지, 제255조제1항제1호·제2호·제10호·제11호 및 제3항·제5항·제6항, 제257조 또는 제258조의 죄에 대하여 고발을 한 후보자와 정당(중앙당에 한한다) 및 해당 선거관리위원회는 그 검사 소속의 지방검찰청 소재지를 관할하는 고등법원에 그 당부에 관한 재정을 신청할 수 있다. <개정 2010·1·25, 2014·2·13, 2023·12·28>

② 제1항의 규정에 의한 재정신청에 관하여는 「형사소송법」 제260조제2항부터 제4항까지, 제261조, 제262조, 제262조의4제2항, 제264조 및 제264조의2의 규정을 적용한다. <개정 2005·8·4, 2007·6·1>

③ 제1항의 규정에 의한 재정신청서가 「형사소송법」 제260조제3항에 따른 지방검찰청검사장 또는 지청장에게 접수된 때에는 그 때부터 「형사소송법」 제262조제2항의 결정이 있을 때까지 공소시효의 진행이 정지된다. <개정 2005·8·4, 2007·12·21>

④ 제1항의 규정에 의한 재정신청에 관하여는 검사가 당해 선거범죄의 공소시효 만료일전 10일까지 공소를 제기하지 아니한 때에는 그 때, 선거관리위원회가 고발한 선거범죄에 대하여 고발을 한 날부터 3월까지 검사가 공소를 제기하지 아니한 때에는 그 3월이 경과한 때 각각 검사로부터 공소를 제기하지 아니한다는 통지가 있는 것으로 본다. <개정 2000·2·16>

제274조(선거에 관한 신고 등) ① 이 법 또는 이 법의 시행을 위한 중앙선거관리위원회규칙에 의하여 후보자등록마감일의 다음날부터 선거일까지 각급행정기관과 각급선거관리위원회에 대하여 행하는 신고·신청·제출·보고 등은 이 법에 특별한 규정이 있는 경우를 제외하고는 공휴일에도 불구하고 매일 오전 9시부터 오후 6시까지 하여야 한다. <개정 2011·7·28, 2015·8·13>

② 각급선거관리위원회는 이 법 또는 이 법의 시행을 위한 중앙선거관리위원회규칙에 따른 신고·신청·제출·보고 등을 당해 선거관리위원회가 제공하는 서식에 따라 컴퓨터의 자기디스크 그 밖에 이와 유사한 매체에 기록하여 제출하게 하거나 당해 선거관리위원회가 지정하는 인터넷홈페이지에 입력하

는 방법으로 제출하게 할 수 있다. <신설 2005·8·4>

제275조(선거운동의 제한·중지) 지역구국회의원선거, 지방의회의원선거 및 지방자치단체의 장선거에서 후보자등록마감후 후보자가 사퇴·사망하거나 등록이 무효로 된 경우 해당 선거구의 후보자가 그 선거구에서 선거할 정수범위를 넘지 아니하게 되어 투표를 하지 아니하게 된 때에는 그 사유가 확정된 때부터 이 법에 의한 해당 지역구국회의원선거, 해당 지방의회의원선거 및 지방자치단체의 장선거의 선거운동은 이를 중지한다. <개정 2010·1·25>

제276조(선거일후 선전물 등의 철거) 선거운동을 위하여 선전물이나 시설물을 첩부·게시 또는 설치한 자는 선거일후 지체없이 이를 철거하여야 한다.

제277조(선거관리경비) ① 대통령선거 및 국회의원선거의 관리준비와 실시에 필요한 다음 각호에 해당하는 경비와 지방의회의원 및 지방자치단체의 장의 선거에 관한 사무 중 통일적인 수행을 위하여 중앙선거관리위원회 및 시·도선거관리위원회가 집행하는 경비는 국가가 부담한다. 이 경우 임기만료에 의한 선거에 있어서는 해당 선거의 선거기간개시일이 속하는 연도(제1호 중 선거의 관리준비에 필요한 경비와 제2호에 해당하는 경비는 해당 선거의 선거일 전 180일이 속하는 연도를 포함한다)의 본예산에 편성하여야 하되 늦어도 선거일 전 60일(제1호 중 선거의 관리준비에 필요한 경비는 해당 선거의 선거일 전 120일, 제2호에 해당하는 경비는 해당 선거의 선거일 전 240일)까지 중앙선거관리위원회에 배정하여야 하며, 보궐선거등에 있어서는 그 사무의 수행에 지장이 없도록 그 선거의 실시사유가 확정된 때부터 15일〔제197조(선거의 일부무효로 인한 재선거)의 재선거에 있어서는 그 사유확정일부터 5일을, 연기된 선거와 재투표에 있어서는 늦어도 선거일공고일 전일을 말한다. 이하 이 조에서 같다〕까지 중앙선거관리위원회에 배정하여야 한다. <개정 2000·2·16, 2004·3·12, 2025·1·7>

1. 이 법의 규정에 의한 선거의 관리준비와 실시에 필요한 경비
2. 선거에 관한 계도·홍보 및 단속사무에 필요한 경비
3. 선거에 관한 소송에 필요한 경비
4. 선거에 관한 소송의 결과로 부담하여야 할 경비
5. 선거결과에 대한 자료의 정리에 필요한 경비
6. 선거관리를 위한 선거관리위원회의 운영 및 사무처리에 필요한 경비
7. 예측할 수 없는 경비 또는 예산초과지출에 충당하기 위한 경비로서 제1호 및 제2호의 규정에 의한 경비의 합계금액의 100분의 1에 상당하는 금액

② 지방의회의원 및 지방자치단체의 장의 선거의 관리준비와 실시에 필요한 다음 각호에 해당하는 경비는 당해 지방자치단체가 부담한다. 이 경우 임기만료에 의한 선거에 있어서는 당해 선거의 선거기간개시일이 속하는 연도(제1항제2호에 해당하는 경비는 당해 선거의 선거일전 180일이 속하는 연도를 포함한다)의 본예산에 편성하여야 하되 늦어도 선거기간개시일전 60일(제1항제1호 중 선거의 관리준비에 필요한 경비는 해당 선거의 선거일 전 120일, 제1항제2호에 해당하는 경비는 해당 선거의 선거일 전 240일)까지 시·도의 의회의원 및 장의 선거에 있어서는 당해 시·도선거관리위원회에, 자치구·시·군의 의회의원 및 장의 선거에 있어서는 당해 선거구선거관리위원회에 납부하여야 하며, 보궐선거등에 있어서는 그 사무의 수행에 지장이 없도록 그 선거의 실시사유가 확정된 때부터 15일까지 시·도의 의회의원 및 장의 선거에 있어서는 해당 시·도선거관리위원회에, 자치구·시·군의회의원 및 장의 선거에 있어서는 당해 선거구선거관리위원회에 납부하여야 한다. <개정 2000·2·16, 2004·3·12, 2018·4·6>

1. 제1항 각호의 경비
2. 선거에 관한 소청에 필요한 경비
3. 선거에 관한 소청의 결과로 부담하여야 할 경비

③ 제1항 및 제2항의 규정에 의하여 국가나 지방자치단체가 선거관리경비를 배정 또는 납부한 후에 이미 그 경비를 배정 또는 납부한 선거와 동시에 선거를 실시하여

야 할 새로운 사유가 발생하거나 배정 또는 납부한 경비에 부족액이 발생한 때에는 제4항의 구분에 따른 당해 선거관리위원회의 요구에 의하여 지체없이 추가로 배정 또는 납부하여야 한다.

④ 제1항 내지 제3항의 규정에 의한 경비외의 경비로서 이 법에 의하여 국가 또는 지방자치단체가 부담하는 경비중 국가가 부담하는 경비는 중앙선거관리위원회의, 시·도의 의회의원 및 장의 선거에 따른 경비는 시·도선거관리위원회의, 자치구·시·군의 의회의원 및 장의 선거에 따른 경비는 당해 선거구선거관리위원회의 요구에 의하여 당해 선거의 선거일부터 15일안에 당해 선거관리위원회에 배정 또는 납부하여야 한다.

⑤ 제2항 내지 제4항의 규정에 의한 경비의 산출기준·납부절차와 방법·집행·검사 및 반환 기타 필요한 사항은 중앙선거관리위원회규칙으로 정한다.

제277조의2(질병·부상 또는 사망에 대한 보상) ① 중앙선거관리위원회는 각급선거관리위원회위원, 투표관리관, 사전투표관리관, 공정선거지원단원, 투표 및 개표사무원(공무원인 자를 제외한다)이 선거기간(공정선거지원단원의 경우 공정선거지원단을 두는 기간을 말한다) 중에 선거업무로 인하여 질병·부상 또는 사망한 때에는 중앙선거관리위원회규칙이 정하는 바에 의하여 보상금을 지급하여야 한다. <개정 2004·3·12, 2005·8·4, 2014·1·17, 2018·4·6>

② 중앙선거관리위원회는 제1항의 규정에 의한 보상을 위하여 매년 예산에 재해보상준비금을 계상하여야 한다.

③ 제1항의 보상금 지급사유가 제3자의 행위로 인하여 발생한 경우에는 중앙선거관리위원회는 이미 지급한 보상금의 지급 범위안에서 수급권자가 제3자에 대하여 가지는 손해배상청구권을 취득한다. 다만, 제3자가 공무수행 중의 공무원인 경우에는 손해배상청구권의 전부 또는 일부를 행사하지 아니할 수 있다. <신설 2004·3·12>

④ 제3항의 경우 보상금의 수급권자가 그 제3자로부터 동일한 사유로 인하여 이미 손해배상을 받은 경우에는 그 배상액의 범위안에서 보상금을 지급하지 아니한다. <신설 2004·3·12>

⑤ 제1항의 보상금 지급사유가 그 수급권자의 고의 또는 중대한 과실로 인하여 발생한 경우에는 해당 보상금의 전부 또는 일부를 지급하지 아니할 수 있다. <신설 2010·1·25>

⑥ 제5항의 고의 또는 중대한 과실에 의한 보상금의 감액, 중대한 과실의 적용범위, 그 밖에 필요한 사항은 중앙선거관리위원회규칙으로 정한다. <신설 2010·1·25>

[본조신설 2002·3·7]

제278조(전산조직에 의한 투표·개표) ① 중앙선거관리위원회는 투표 및 개표 기타 선거사무의 정확하고 신속한 관리를 위하여 사무전산화를 추진하여야 한다.

② 투표사무관리의 전산화에 있어서는 투표의 비밀이 보장되고 선거인의 투표가 용이하여야 하며, 정당 또는 후보자의 참관이 보장되어야 하고, 기표착오의 시정, 무효표의 방지 기타 투표의 정확을 기할 수 있도록 하여야 한다.

③ 개표사무관리의 전산화에 있어서는 정당 또는 후보자별 득표수의 계산이 정확하고, 투표결과를 검증할 수 있어야 하며, 정당 또는 후보자의 참관이 보장되어야 한다.

④ 중앙선거관리위원회는 투표 및 개표 사무관리를 전산화하여 실시하고자 하는 때에는 이를 선거인이 알 수 있도록 안내문 배부·언론매체를 이용한 광고 기타의 방법으로 홍보하여야 하며, 그 실시여부에 대하여는 국회에 교섭단체를 구성한 정당과 협의하여 결정하여야 한다. 다만, 제158조제2항·제3항 및 제218조의19제1항·제2항에 따른 본인여부 확인장치 및 투표용지 발급기와 제178조제2항에 따른 기계장치 또는 전산조직의 사용에 대하여는 그러하지 아니하다. <개정 2002·3·7, 2005·8·4, 2014·1·17, 2015·8·13>

⑤ 중앙선거관리위원회는 제4항의 협의를 위하여 국회에 교섭단체를 구성한 정당이 참여하는 전자선거추진협의회를 설치·운영할

수 있다. <신설 2005·8·4>

⑥ 투표 및 개표 기타 선거사무관리의 전산화에 있어서 투표 및 개표절차와 방법, 전산전문가의 투표 및 개표사무원 위촉과 전산조직운영프로그램의 작성·검증 및 보관, 전자선거추진협의회의 구성·기능 및 운영 그 밖에 필요한 사항은 중앙선거관리위원회 규칙으로 정한다. <개정 2005·8·4>

〔본조신설 2000·2·16〕

제279조(정당·후보자의 선전물의 공익목적 활용 등) ① 각급선거관리위원회(읍·면·동선거관리위원회는 제외한다. 이하 이 조에서 같다)는 이 법(대통령선거·국회의원선거·지방의회의원선거 및 지방자치단체의 장선거에 관한 각 폐지법률을 포함한다)에 따라 정당 또는 후보자(후보자가 되려는 자를 포함한다. 이하 이 조에서 같다)가 선거관리위원회에 제출한 벽보·공보·소형인쇄물 등 각종 인쇄물, 광고, 사진, 그 밖의 선전물을 공익을 목적으로 출판·전시하거나 인터넷홈페이지 게시, 그 밖의 방법으로 활용할 수 있다.

② 제1항에 따라 각급선거관리위원회가 공익을 목적으로 활용하는 정당 또는 후보자의 벽보·공보·소형인쇄물 등 각종 인쇄물, 광고, 사진, 그 밖의 선전물에 대하여는 누구든지 각급선거관리위원회에 대하여 「저작권법」상의 권리를 주장할 수 없다.

〔본조신설 2008·2·29〕

부 칙

제1조(시행일) 이 법은 공포한 날부터 시행한다.

제2조(폐지법률) 대통령선거법·국회의원선거법·지방의회의원선거법 및 지방자치단체의 장선거법은 이를 폐지한다.

제3조(선거권 및 피선거권에 관한 경과조치) 이 법 시행당시 선거범으로서 형의 선고를 받은 자와 선거범으로서 재판에 계류중인 자의 선거권 및 피선거권은 제18조(선거권이 없는 자) 및 제19조(피선거권이 없는 자)의 규정에 불구하고 종전의 예에 의한다.

제4조(투표구에 관한 경과조치) 이 법 시행당시 종전의 규정에 의하여 설치된 투표구는 제31조(투표구)의 규정에 의하여 설치된 것으로 본다.

제5조(전산조직에 의한 개표) ① 이 법 시행후 실시하는 보궐선거등에 있어서는 전산조직에 의하여 개표사무를 행할 수 있다. 이 경우 전산조직에 의한 개표를 하고자 하는 보궐선거등에 대하여는 중앙선거관리위원회가 국회에 교섭단체를 둔 정당과 협의하여 결정한다.

② 제1항의 규정에 의하여 전산조직을 이용하여 개표사무를 행하는 경우의 개표절차와 방법, 전산전문가의 개표사무원 위촉과 전산조직운용프로그램의 작성·검증 및 보관 기타 필요한 사항은 중앙선거관리위원회 규칙으로 정한다.

제6조(보궐선거등에 관한 경과조치) ① 이 법 시행전에 선거일이 공고되어 실시중인 보궐선거등의 선거일 및 선거사무일정 기타 선거절차에 관하여는 종전의 예에 의한다.

② 이 법 시행전에 선거일이 공고되어 실시중인 보궐선거등의 선전벽보·선거공보·소형인쇄물등의 작성·첩부·철거·발송비용의 부담은 종전의 예에 의한다.

③ 이 법 시행전에 보궐선거등의 사유가 확정되었으나 이 법 공포일 현재 선거일이 공고되지 아니한 보궐선거등에 있어 "그 선거의 실시사유가 확정된 때"라 함은 "이 법 공포일"을 말한다.

④ 이 법 시행전에 실시사유가 확정된 보궐선거등에 있어서 제60조(선거운동을 할 수 없는 자)제1항제6호 또는 제7호에 해당하는 자로서 선거사무장, 선거연락소장, 선거사무원, 회계책임자, 연설원, 대담·토론자, 투표참관인이나 부재자투표참관인이 되고자 하는 자는 제60조제2항의 규정에 불구하고 당해 보궐선거등의 선거일공고일의 다음날까지 그 직을 그만두어야 한다.

제7조(지방자치단체의 장의 최초의 선거일 등에 관한 경과조치) ① 이 법 시행후 최초로 실시하는 지방자치단체의 장선거와 임기루료에 의한 지방의회의원선거는 1995년 6월 27일 동시에 실시하고, 그 선거에서 당선된 자치구·시·군의회의원과 지방자치단체의 장의 임기는 1995년 7월 1일부터 개시된다.

② 제1항의 규정에 의하여 실시된 선거에서 당선된 지방의회의원 및 지방자치단체의 장의 임기는 지방자치법 제31조(의원의 임기)제1항 및 같은 법 제87조(지방자치단체의 장의 임기)제1항의 규정에 불구하고 1998년 6월 30일에 만료된다.

③ 이 법 시행후 최초로 실시하는 지방자치단체의 장선거에 있어서 제16조(피선거권) 제3항에 규정된 "선거일 현재 계속하여 90일이상 당해 지방자치단체의 관할구역안에 주민등록이 되어 있는 자"를 "선거기간개시일 현재 그 지방자치단체의 관할구역안에 주민등록이 되어 있는 자"로 한다.

④ 이 법 시행후 최초로 실시하는 지방자치단체의 장의 선거에 있어서는 제53조(공무원등의 입후보)제1항 각호의 1에 해당하는 자로서 후보자가 되고자 하는 자는 후보자등록신청개시일전일까지, 지방자치단체의 장 직에 있는 공무원이 당해 지방자치단체의 장선거에 입후보하는 때에는 선거일전 90일까지 그 직을 그만두어야 한다.

⑤ 이 법 시행후 최초로 실시하는 지방자치단체의 장선거는 제203조(동시선거의 범위와 선거일)의 적용에 있어서는 임기만료에 의한 선거로 본다.

제8조(벌칙에 관한 경과조치) 이 법의 시행전의 행위에 대한 벌칙의 적용에 있어서는 종전의 예에 의한다.

제9조(당선무효등에 관한 경과조치) 이 법 시행전의 위반행위로 인하여 제263조(선거비용의 초과지출로 인한 당선무효) 내지 제266조(선거범죄로 인한 공무담임등의 제한)에 해당하게 되는 자는 이 법의 규정에 불구하고 종전의 예에 의한다.

제10조(다른 법률의 개정) 생략

제11조(다른 법령과의 관계) 이 법 시행당시 다른 법령에서 이 법 부칙 제2조(폐지법률)의 규정에 의하여 폐지되는 법률 또는 그 규정을 인용하고 있는 경우에 그에 해당하는 규정이 있는 때에는 그 폐지되는 법률 또는 그 규정에 갈음하여 이 법 또는 이 법의 해당 규정을 인용한 것으로 본다.

부 칙 <1994·12·22 법4796>

제1조(시행일) 이 법은 1995년 1월 1일부터 시행한다.

제2조부터 **제4조**까지 생략

부 칙 <1995·4·1 법4947>

이 법은 공포한 날부터 시행한다.

부 칙 <1995·5·10 법4949>

①(시행일) 이 법은 공포한 날부터 시행한다.

②(비례대표시·도의원선거에 있어서 피선거권에 대한 경과조치) 이 법 시행후 최초로 실시하는 비례대표시·도의원선거에 있어서 제16조(피선거권)제3항에 규정된 "선거일 현재 계속하여 90일 이상 당해 지방자치단체의 관할구역안에 주민등록이 되어 있는 자"를 "선거기간개시일 현재 그 지방자치단체의 관할구역안에 주민등록이 되어 있는 자"로 한다.

③(다른 법률의 개정) 생략

부 칙 <1995·8·4 법4957>

이 법은 공포한 날부터 시행한다.

부 칙 <1995·12·30 법5127>

이 법은 공포한 날부터 시행한다.

부 칙 <1996·2·6 법5149>

①(시행일) 이 법은 공포한 날부터 시행한다.

②(국회의원지역구획정에 관한 경과조치) 1996년 4월 11일에 실시하는 국회의원선거(보궐선거등을 포함한다)에 있어서는 제25조(국회의원지역구의 획정)제1항 후단의 규정에 불구하고 인구편차를 줄이기 위하여 부산광역시해운대구일부를 분할하여 해운대구기장군을국회의원지역구에, 부산광역시북구일부를 분할하여 북구강서구을국회의원지역구에, 인천광역시계양구일부를 분할하여 계양구강화군을국회의원지역구에, 전라남도목포시일부를 분할하여 목포시신안군을국회의원지역구에 속하게 할 수 있다.

③(공무원등의 입후보에 관한 경과조치) 1996년 4월 11일에 실시하는 국회의원선거에 있어서는 제53조(공무원등의 입후보)제1항 본문의 규정에 불구하고 같은 조 같은 항 각호의 1에 해당하는 자로서 이번에 조정된 선거구(부산광역시 중구동구선거구, 북구강서구갑·을선거구, 해운대구기장군갑·을선거구, 인천광역시 계양구강화군갑·을선거구, 강원도 태백시정선군선거구, 충청북도 보은군옥천군영동군선거구, 충청남도 금산군논산군선거구, 전라남도 목포시신안군갑·을선거구, 보성군화순군선거구, 장흥군영암군선거구, 경상북도 문경시예천군선거구, 영양군봉화군울진군선거구, 경상남도 울산시남구갑·을선거구, 거창군합천군선거구)에 한하여 지역구국회의원후보자가 되고자 하는 자는 이 법 시행일부터 10일이내에 그 직을 그만두어야 한다.

부 칙 <1997·1·13 법5262>

①(시행일) 이 법은 공포한 날부터 시행한다.

②(지역구국회의원후보자의 방송연설에 관한 경과조치) 제70조제2항의 규정에 불구하고

지역구국회의원 선거에 있어서 제71조(후보자등의 방송연설)의 규정에 의한 후보자의 방송연설은 1일 방송시간·방송시설등을 고려하여 그 실시시기를 별도로 정할 때까지 종합유선방송법에 의한 종합유선방송을 이용하여 실시한다.

③(벌칙에 관한 경과조치) 이 법 시행전 제250조(허위사실공표죄) 및 제257조(기부행위의 금지제한등 위반죄) 위반의 죄에 대한 벌칙의 적용에 있어서는 종전의 규정에 의한다.

부　　칙 <1997·11·14 법5412>

①(시행일) 이 법은 공포한 날부터 시행한다.

②(경과조치) 제8조의2 및 제82조의2의 개정규정에 불구하고 이 법 시행후 최초로 실시되는 선거에 있어서는 늦어도 선거기간개시일전 10일까지 선거방송심의위원회 및 대통영선거방송토론위원회를 설치하여야 한다.

부　　칙 <1998·1·13 법5499>

제1조(시행일) ① 이 법은 1998년 4월 1일부터 시행한다. 〈단서 생략〉

② 생략

제2조부터 **제10조**까지 생략

부　　칙 <1998·2·6 법5508>

이 법은 공포한 날부터 시행한다.

부　　칙 <1998·4·30 법5537>

①(시행일) 이 법은 공포한 날부터 시행한다. 다만, 제117조의2(축의·부의금품 등의 상시제한)제1항제2호 및 제3호의 개정규정은 이 법 공포후 30일이 경과한 날부터 시행한다.

②(지역구국회의원후보자등의 방송연설에 관한 경과조치) 제70조(방송광고)제2항의 규정에 불구하고 지역구국회의원선거와 자치구·시·군의 장선거에 있어서 제71조(후보자 등의 방송연설)의 개정규정에 의한 후보자의 방송연설은 1일 방송시간·방송시설 등을 고려하여 그 실시시기를 별도로 정할 때까지 종합유선방송법에 의한 종합유선방송을 이용하여 실시한다.

③(피선거권에 관한 경과조치) 이 법 시행후 최초로 실시하는 임기만료에 의한 지방의회의원 및 지방자치단체의 장의 선거에 있어서는 제16조(피선거권)제3항 "선거일현재 계속하여 60일"의 규정에 불구하고 이 법 시행후 3일부터 선거일까지 계속하여 당해 지방자치단체의 관할구역안에 주민등록이 있는 자는 피선거권이 있는 것으로 본다.

④(공무원등의 입후보에 관한 경과조치) 이 법 시행후 최초로 실시하는 임기만료에 의한 지방의회의원 및 지방자치단체의 장의 선거에 있어서는 제53조(공무원등의 입후보)제1항의 본문의 개정규정에 불구하고 같은조같은항 각호의 1에 해당하는 자로서 후보자가 되고자 하는 자는 이 법 시행일부터 3일 이내에 그 직을 그만두어야 한다.

⑤(벌칙에 관한 경과조치) 이 법 시행전의 행위에 대한 벌칙의 적용에 있어서는 종전의 규정에 의한다.

부　　칙 <2000·2·16 법6265>

제1조(시행일) 이 법은 공포한 날부터 시행하되, 제8조의2(선거방송심의위원회)제1항 등 방송법과 관련된 개정규정은 법률 제6139호 방송법의 시행일부터 시행한다.

제2조(선거기사심의위원회에 관한 경과조치) 이 법 시행후 최초로 실시하는 임기만료에 의한 지역구국회의원선거에 있어서 언론중재위원회는 제8조의3(선거기사심의위원회)제1항의 개정규정에 불구하고 선거기사심의위원회를 이 법 시행후 20일 이내에 설치한다.

제3조(국회의원지역구획정에 관한 특례) 국회의원선거(보궐선거등을 포함한다)에 있어서는 제25조(국회의원지역구의 획정)제1항 후단의 규정에 불구하고 인구편차를 줄이기 위하여 부산광역시해운대구일부를 분할하여 해운대구기장군을국회의원지역구에, 부산광역시북구일부를 분할하여 북구강서구을국회의원지역구에, 인천광역시서구일부를 분할하여 서구강화군을국회의원지역구에 속하게 할 수 있다.

제4조(보궐선거등에 관한 경과조치) 이 법 시행후 최초로 실시하는 임기만료에 의한 지역구국회의원선거에 있어서 후보자가 되고자 하는 지방자치단체의 장은 제53조(공무원등의 입후보)제3항의 개정규정에 불구하고 선거일전 60일까지 그 직을 그만 두어야 한다.

제5조(자치구·시·군의 장 후보자의 방송연설에 관한 경과조치) 자치구·시·군의 장의 선거에 있어서 제71조(후보자등의 방송연설)의 개정규정에 의한 후보자의 방송연설은 1일 방송시간·방송시설등을 고려하여 그 실시시기를 별도로 정할 때까지 방송법에 의한 종합유선방송을 이용하여 실시한다.

제 6 조(벌칙에 관한 경과조치) 이 법 시행전의 행위(제58조제 1 항제 3 호의 개정규정에 해당하는 행위는 제외한다)에 대한 벌칙의 적용에 있어서는 종전의 규정에 의한다.

제 7 조(재정신청에 관한 경과조치) 이 법 시행전에 선거관리위원회가 고발한 선거사범에 대한 공소제기에 있어서는 제273조(재정신청)제 4 항의 개정규정에 불구하고 이 법의 시행일에 고발한 것으로 본다.

제 8 조(다른 법률의 개정) 생략

제 9 조(다른 법률과의 관계) 이 법 시행 당시 다른 법률에서 종전의 규정을 인용하고 있는 경우에 이 법중 그에 해당하는 규정이 있는 경우에는 종전의 규정에 갈음하여 이 법의 해당 규정을 인용한 것으로 본다.

부 칙 <2001·1·26 법6388>

①(시행일) 이 법은 공포후 3월이 경과한 날부터 시행한다.

② 및 ③ 생략

부 칙 <2001·7·24 법6497>

①(시행일) 이 법은 공포한 날부터 시행한다.

②(보궐선거등에 관한 적용례) 제201조제 1 항의 개정규정은 이 법 시행전에 실시사유가 확정된 보궐선거 등에도 적용한다.

③(보궐선거등의 공고에 관한 특례) 부칙 제 2 항의 규정에 의하여 보궐선거 등을 실시하지 아니하는 경우에는 제201조제 4 항 전단의 규정에 불구하고 이 법 시행일부터 10일 이내에 그 뜻을 공고한다.

부 칙 <2001·10·8 법6518>

이 법은 공포한 날부터 시행한다.

부 칙 <2002·1·26 법6626>

제 1 조(시행일) 이 법은 2002년 7월 1일부터 시행한다.

제 2 조부터 **제 7 조**까지 생략

부 칙 <2002·3·7 법6663>

①(시행일) 이 법은 공포한 날부터 시행한다.

②(벌칙에 관한 경과조치) 이 법 시행전의 행위에 대한 벌칙의 적용에 있어서는 종전의 규정에 의한다.

③(시·도의회의원 증원에 관한 특례) 이 법 시행후 최초로 실시하는 임기만료에 의한 시·도의원선거에 있어서 제22조제 1 항의 규정에 불구하고 법률 제6265호 공직선거및선거부정방지법 별표1에 의하여 하나의 자치구·시·군 안에서 2개의 국회의원지역구가 1개로 통합된 경우 그 국회의원지역구의 지역구시·도의회의원 정수와 3개의 국회의원지역구가 2개로 통합된 경우 그 중 하나의 국회의원지역구의 지역구시·도의회의원 정수는 같은 조 제 1 항의 규정에 의하여 산출한 수에 1인을 더한 수로 한다.

부 칙 <2003·2·4 법6854>

제 1 조(시행일) 이 법은 공포한 날부터 시행한다.

제 2 조 및 **제 3 조** 생략

부 칙 <2003·10·30 법6988>

이 법은 공포한 날부터 시행한다.

부 칙 <2004·3·12 법7189>

제 1 조(시행일) 이 법은 공포한 날부터 시행한다.

제 2 조(인터넷선거보도심의위원회 설치에 관한 경과조치) 제 8 조의5(인터넷선거보도심의위원회)의 규정에 의한 인터넷선거보도심의위원회는 이 법 시행후 20일 이내에 설치·운영한다.

제 3 조(선거방송토론위원회 설치에 관한 경과조치) 제 8 조의7(선거방송토론위원회)의 규정에 의한 선거방송토론위원회는 이 법 시행후 20일 이내에 설치·운영한다.

제 4 조(선거부정감시단에 관한 경과조치) 이 법 시행후 최초로 실시하는 임기만료에 의한 선거에 있어서 제10조의2(선거부정감시단)의 규정에 의한 선거부정감시단은 동조 제 1 항의 개정규정에 불구하고 이 법 시행후 10일 이내에 둔다.

제 5 조(사이버선거부정감시단에 관한 경과조치) 이 법 시행후 최초로 실시하는 임기만료에 의한 선거에 있어서 제10조의3(사이버선거부정감시단)의 규정에 의한 사이버선거부정감시단은 제10조의3의 개정규정에 불구하고 이 법 시행후 10일 이내에 둔다.

제 6 조(선거권 및 피선거권에 관한 경과조치) 이 법 시행전에 제18조제 1 항제 3 호의 개정규정에 해당하는 죄를 범한 자의 선거권과 피선거권은 종전의 예에 의한다.

제 7 조(국회의원지역구획정에 관한 특례) 2004년 4월 15일에 실시하는 국회의원선거(보궐선거등을 포함한다)에 있어서는 제25조(국회의원지역구의 획정)제 1 항의 규정에 불구하고 인구편차를 줄이기 위하여 부산광역시해운대구일부를 분할하여 해운대구기장군

을국회의원지역구에, 부산광역시북구일부를 분할하여 북구강서구을국회의원지역구에, 인천광역시서구일부를 분할하여 서구강화군을 국회의원지역구에 속하게 할 수 있다.

제 8 조(선거일에 관한 경과조치) 이 법 시행후 최초로 실시하는 임기만료에 의한 선거에 있어서 선거일은 제34조(선거일)의 개정규정에 불구하고 종전의 규정에 의한다.

제 9 조(공무원 등의 입후보에 관한 경과조치) 2004년 4월 15일에 실시하는 국회의원선거에 있어서는 제53조(공무원 등의 입후보)제1항 본문의 규정에 불구하고 동항 각호의 1에 해당하는 자로서 이번에 분구 및 통·폐합 조정된 선거구(구역경계를 조정한 경기 용인의 갑·을, 인천 부평구 갑·을 선거구를 제외한다)에 한하여 지역구국회의원후보자가 되고자 하는 자는 이 법 시행일부터 10일 이내에 그 직을 그만두어야 한다.

제10조(선거방송토론위원회 주관 정책토론회에 관한 경과조치) 이 법 시행후 최초로 실시하는 임기만료에 의한 선거에 있어서 선거방송토론위원회 주관 정책토론회는 제82조의3(선거방송토론위원회 주관 정책토론회)의 개정규정에 불구하고 선거방송토론위원회가 설치된 날이 속하는 달의 다음 달부터 적용한다.

제11조(인터넷언론사 게시판·대화방 등의 실명확인에 관한 경과조치) 제 8 조의5(인터넷선거보도심의위원회)제 1 항의 규정에 해당하는 인터넷언론사는 이 법 시행후 30일 이내에 제82조의6(인터넷언론사 게시판·대화방 등의 실명확인)제 1 항의 규정에 의한 기술적 조치를 하여야 한다.

제12조(정강·정책의 신문광고의 횟수산정에 관한 경과조치) 제137조(정강·정책의 신문광고 등의 제한)제 1 항제 1 호의 개정규정에 의하여 정강·정책의 신문광고의 횟수를 산정하는 때에는 선거일전 90일부터 이 법 시행일까지의 신문광고 횟수를 포함하여 산정한다.

제13조(정강·정책의 방송연설의 횟수산정에 관한 경과조치) 제137조의2(정강·정책의 방송연설의 제한)제 1 항의 규정에 의한 정강·정책의 방송연설의 횟수를 산정하는 때에는 이 법 시행전 이 법 시행일이 속하는 달에 방송한 방송연설의 횟수를 포함하여 산정한다. 이 경우 그 횟수가 2회를 넘는 경우에는 2회로 본다.

제14조(당선무효에 관한 경과조치) 이 법 시행전의 위반행위로 인하여 제263조(선거비용의 초과지출로 인한 당선무효) 및 제265조(선거사무장등의 선거범죄로 인한 당선무효)의 규정에 해당하게 되는 자는 이 법의 규정에 불구하고 종전의 예에 의한다.

제15조(당선무효된 자의 비용반환에 관한 경과조치) 이 법 시행전의 위반행위로 인하여 제265조의2(당선무효된 자 등의 비용반환) 제 1 항의 개정규정에 해당하게 되는 자는 이 법의 규정에 불구하고 종전의 예에 의한다.

제16조(공소시효에 관한 경과조치) 이 법 시행전의 행위에 대한 공소시효의 적용에 있어서는 제268조(공소시효)의 개정규정에 불구하고 종전의 예에 의한다.

제17조(벌칙에 관한 경과조치) 이 법 시행전의 행위에 대한 벌칙의 적용에 있어서는 종전의 규정에 의한다.

제18조(다른 법률의 개정) 생략

부 칙 <2005·8·4 법7681>

제 1 조(시행일) 이 법은 공포한 날부터 시행한다.

제 2 조(인터넷언론사의 범위 등에 관한 적용례) 이 법에서 인용하는 「신문 등의 자유와 기능보장에 관한 법률」과 「언론중재 및 피해구제 등에 관한 법률」의 관련 규정은 각 인용법률의 시행 전까지는 이 법의 종전의 규정을 적용한다.

제 3 조(영주외국인의 지방선거권에 관한 적용례) 제15조(선거권)제 2 항제 2 호의 개정규정은 이 법 시행 후 최초로 실시하는 임기만료에 의한 선거부터 적용한다.

제 4 조(자치구·시·군의원선거구획정에 관한 특례) ① 이 법 시행 후 최초로 실시하는 임기만료에 의한 자치구·시·군의원선거에 있어서 자치구·시·군의원선거구획정위원회는 제24조(선거구획정위원회)제 7 항의 개정규정에 불구하고 선거구획정안을 선거일 전 7월까지 당해 시·도지사에게 제출하여야 하며, 시·도의회는 선거일 전 5월까지 조례안을 의결하여야 한다.

② 시·도의회가 제 1 항의 규정에 의한 기한까지 조례안을 의결하지 아니하는 경우에는 시·도지사가 그 기한이 경과한 날부터 15일 이내에 선거구획정조정조례안을 시·도의회에 제출하여야 하며, 시·도의회는 시·

도지사가 제출한 그 조례안을 제출일로부터 15일 이내에 의결하여야 한다.

③ 시·도의회가 제2항의 규정에 의한 기한까지 조례안을 의결하지 아니한 경우에는 그 자치구·시·군의원지역구의 명칭·구역 및 의원정수는 중앙선거관리위원회규칙으로 정한다.

제5조(선거권 및 피선거권에 관한 경과조치) 이 법 시행 전에 제18조(선거권이 없는 자) 제1항제3호의 개정규정에 해당하는 죄를 범한 자의 선거권과 피선거권은 종전의 예에 따른다.

제6조(당선무효된 자의 비용반환에 관한 경과조치) 이 법 시행 전의 위반행위로 인하여 제265조의2(당선무효된 자 등의 비용반환)의 개정규정에 해당하게 되는 자는 이 법의 개정규정에 불구하고 종전의 예에 따른다.

제7조(벌칙에 관한 경과조치) 이 법 시행 전의 행위에 대한 벌칙의 적용에 있어서는 종전의 규정에 따른다.

제8조(읍·면·동선거관리위원회 설치에 관한 경과조치) ① 이 법 시행으로 설치되는 읍·면·동선거관리위원회는 이 법 시행 후 30일 이내에 구성한다.

② 이 법 시행 전에 위촉되어 재임 중인 투표구선거관리위원회의 위원, 간사 및 서기는 이 법 시행일에 모두 해촉된 것으로 본다.

③ 이 법 시행 전에 투표구선거관리위원회가 행한 처분 또는 그 밖의 행위는 그 구역을 관할하는 읍·면·동선거관리위원회가 행한 처분 또는 그 밖의 행위로 본다.

제9조(주민투표에 관한 경과조치) 이 법 시행 당시 이 법을 준용하는 「주민투표법」에 따른 주민투표의 절차가 이미 진행 중인 경우에는 이 법의 개정규정에 불구하고 종전의 예에 따른다.

제10조(전산조직에 의한 투표 및 개표의 시범실시) 중앙선거관리위원회는 이 법 시행 후 최초로 실시하는 임기만료에 의한 선거부터 현행의 투표 및 개표사무관리방법과 병행하여 제278조(전산조직에 의한 투표·개표)의 규정에 따라 투표 및 개표사무관리를 전산화하여 부분적으로 시범실시할 수 있다.

제11조(다른 법률의 개정) 생략

제12조(다른 법률과의 관계) 이 법 시행 당시 다른 법률에서 종전의 공직선거및선거부정방지법의 규정을 인용하고 있는 경우에 이 법 중 그에 해당하는 규정이 있는 경우에는 종전의 규정에 갈음하여 이 법 또는 이 법의 해당 규정을 인용한 것으로 본다.

부 칙 <2006·2·21 법7849>

제1조(시행일) 이 법은 2006년 7월 1일부터 시행한다. 〈단서 생략〉

제2조부터 **제41조**까지 생략

부 칙 <2006·3·2 법7850>

①(시행일) 이 법은 공포한 날부터 시행한다.

②(지역구시의원 정수에 관한 특례) 2006년 5월 31일 실시하는 임기만료에 의한 지방의회의원선거에 있어서 부산광역시 북구·해운대구, 인천광역시 서구의 관할 구역에서 선출하는 지역구시의원 정수는 제22조제1항의 규정에 불구하고 해당 구마다 각각 4인으로 한다.

③(종합토지세의 납부 및 체납에 관한 증명서의 제출에 관한 경과조치) 2005. 1. 5. 법률 제7332호로 개정되기 전의 「지방세법」에 따른 종합토지세의 납부 및 체납에 관한 증명서의 제출에 대하여는 이 법의 개정규정에 불구하고 종전의 예에 따른다.

부 칙 <2006·10·4 법8053>

이 법은 공포한 날부터 시행한다.

부 칙 <2007·1·3 법8232>

이 법은 공포한 날부터 시행한다.

부 칙 <2007·1·19 법8244>

제1조(시행일) 이 법은 공포 후 1개월이 경과한 날부터 시행한다.

제2조 생략

부 칙 <2007·5·11 법8423>

제1조(시행일) 이 법은 공포한 날부터 시행한다. 〈단서 생략〉

제2조부터 **제13조**까지 생략

부 칙 <2007·6·1 법8496>

제1조(시행일) 이 법은 2008년 1월 1일부터 시행한다.

제2조부터 **제7조**까지 생략

부 칙 <2007·12·21 법8730>

제1조(시행일) 이 법은 공포한 날부터 시행한다. 다만, …〈생략〉… 부칙 제4조는 2008년 1월 1일부터 시행한다.

제2조 및 **제3조** 생략

제4조(다른 법률의 개정) 생략

부 칙 <2008·2·29 법8852>

제1조(시행일) 이 법은 공포한 날부터 시행한

다. 〈단서 생략〉

제 2 조부터 **제 7 조**까지 생략

부　칙 <2008 · 2 · 29 법8867>

제 1 조(시행일 등) 이 법은 공포한 날부터 시행한다. 〈단서 생략〉

제 2 조부터 **제12조**까지 생략

부　칙 <2008 · 2 · 29 법8871>

제 1 조(시행일) 이 법은 공포한 날부터 시행한다.

제 2 조부터 **제 5 조**까지 생략

부　칙 <2008 · 2 · 29 법8879>

제 1 조(시행일) 이 법은 공포한 날부터 시행한다. 다만, 제10조의2 · 제10조의3 · 제65조 및 제138조의2의 개정규정은 2008년 5월 1일부터 시행하고, 제38조의 개정규정은 2009년 1월 1일부터 시행한다.

제 2 조(국회의원지역구획정에 관한 특례) 2008년 4월 9일에 실시하는 국회의원선거(보궐선거등을 포함한다)에 있어서는 제25조제 1 항에도 불구하고 인구편차를 줄이기 위하여 부산광역시해운대구일부를 분할하여 해운대구기장군을국회의원지역구에, 부산광역시북구일부를 분할하여 북구강서구을국회의원지역구에, 인천광역시서구일부를 분할하여 서구강화군을국회의원지역구에 속하게 할 수 있다.

제 3 조(공무원 등의 입후보에 관한 경과조치) 2008년 4월 9일에 실시하는 국회의원선거에서는 제53조제 1 항 본문에도 불구하고 같은 항 각 호의 어느 하나에 해당하는 사람으로서 이 법 시행에 따라 국회의원지역구의 선거구역이 변경된 지역(선거구역의 경계를 조정한 부산광역시 해운대구기장군갑 · 을, 경기도 고양시일산동구 · 서구선거구는 제외한다. 이하 이 부칙 제 4 조 및 제 5 조에서 같다)에 한하여 해당 선거구의 국회의원후보자가 되고자 하는 사람은 이 법 시행일부터 10일 이내에 그 직을 그만두어야 한다.

제 4 조(예비후보자 등록에 관한 경과조치) 2008년 4월 9일에 실시하는 국회의원선거에서 예비후보자로서 이 법 시행에 따라 국회의원지역구의 선거구역이 변경된 지역의 예비후보자는 이 법 시행일 후 10일까지 입후보하고자 하는 해당 선거구를 선택하여 관할 선거구선거관리위원회에 신고하여야 한다. 이 경우 그 날까지 신고가 없는 때에는 해당 예비후보자의 등록은 무효로 된 것으로 본다.

제 5 조(예비후보자홍보물 발송에 관한 경과조치) ① 2008년 4월 9일 실시하는 국회의원선거에서 이 법 시행에 따라 국회의원지역구의 선거구역이 변경된 지역의 경우 이 법 시행 전에 예비후보자홍보물을 발송한 예비후보자도 변경된 선거구 안에 있는 세대수의 100분의 10의 범위에서 예비후보자홍보물을 1회에 한하여 추가로 발송할 수 있다. 이 경우 부칙 제 4 조에 따라 새로 선택한 선거구에는 이 법 시행 전에 그 선거구에 발송한 수량을 뺀 수량만을 발송할 수 있다.

② 제 1 항에 따라 예비후보자홍보물을 추가로 발송하는 경우 제60조의3제 3 항에도 불구하고 예비후보자는 추가로 발송할 수 있는 예비후보자홍보물의 수량 범위에서 발송할 지역의 세대주의 성명 · 주소의 교부를 구 · 시 · 군의 장에게 신청할 수 있다.

제 6 조(예비후보자의 선거사무소 등에 관한 경과조치) ① 2008년 4월 9일에 실시하는 국회의원선거에서 이 법 시행에 따라 예비후보자의 선거사무소가 다른 국회의원지역구에 있게 된 때에는 이 법 시행일 후 10일까지 예비후보자선거사무소를 해당 국회의원지역구로 이전하여야 한다.

② 부칙 제 4 조에 해당하는 예비후보자는 입후보하고자 하는 해당 선거구를 선택하여 관할 선거구선거관리위원회에 신고하는 때에 제 1 항에 따른 신고를 함께 하여야 한다. 이 경우 관할 선거구선거관리위원회가 변경된 때에는 종전에 발급받은 선거사무장 · 선거사무원의 신분증명서를 반환하고 새로이 그 교부를 신청하여야 한다.

제 7 조(예비후보자의 선거비용에 관한 적용례) 부칙 제 4 조에 해당하는 예비후보자가 새로 선택한 선거구가 종전의 선거구와 일부 겹치는 경우 그 예비후보자가 지출한 선거비용은 해당 선거의 선거비용으로 본다.

제 8 조(정당선거사무소 설치에 관한 경과조치) 2008년 4월 9일에 실시하는 국회의원선거에서 이 법 시행에 따라 하나의 구 · 시 · 군이 2 이상의 국회의원지역구로 획정된 경우 종전에 설치하였던 정당선거사무소는 그 주소지를 관할하는 해당 선거구에 설치된 정당선거사무소로 본다.

제 9 조(선거비용보전의 제한에 관한 경과조치) 이 법 시행 전의 위반행위로 인하여 제135조의2의 개정규정에 해당하게 되는 자는 이 법의 개정규정에도 불구하고 종전의 예에 따른다.

제10조(자수자에 대한 특례에 관한 경과조치) 이 법 시행 전의 자수자에 대한 특례의 적용에 있어서는 종전의 규정에 따른다.

제11조(벌칙 및 과태료에 관한 경과조치) 이 법 시행 전의 행위에 대한 벌칙 및 과태료의 적용에 있어서는 종전의 규정에 따른다.

제12조(다른 법령과의 관계) 이 법 시행 당시 다른 법령에서 종전의 규정을 인용하고 있는 경우에 이 법 중 그에 해당하는 규정이 있는 경우에는 종전의 규정에 갈음하여 이 법의 해당 규정을 인용한 것으로 본다.

부 칙 <2009·2·3 법9402>

제1조(시행일) 이 법은 공포한 날부터 시행한다. 〈단서 생략〉

제2조 및 **제3조** 생략

부 칙 <2009·2·12 법9466>

①(시행일) 이 법은 공포한 날부터 시행한다.
② 삭제 <2017·3·9>

부 칙 <2009·7·31 법9785>

제1조(시행일) 이 법은 공포 후 6개월이 경과한 날부터 시행한다.

제2조부터 **제9조**까지 생략

부 칙 <2010·1·25 법9968>

제1조(시행일) 이 법은 공포 후 6개월이 경과한 날부터 시행한다. 〈단서 생략〉

제2조부터 **제9조**까지 생략

부 칙 <2010·1·25 법9974>

제1조(시행일) 이 법은 공포한 날부터 시행한다. 다만, 제93조제2항, 제108조제3항제4호, 제137조제1항 및 제167조제2항의 개정규정 중 「신문 등의 진흥에 관한 법률」의 규정을 인용하는 부분과 부칙 제11조제3항은 2010년 2월 1일부터, 제86조제7항의 개정규정은 공포 후 30일이 경과한 날부터 각각 시행한다.

제2조(지역구시·도의원 정수에 관한 특례) 2010년 6월 2일 실시하는 임기만료에 의한 지방의회의원선거에 있어서는 제22조제1항의 개정규정에도 불구하고 부산광역시 북구강서구을국회의원지역구에 속하는 북구지역, 해운대구기장군을국회의원지역구에 속하는 해운대구지역, 인천광역시 서구강화군을국회의원지역구에 속하는 서구지역 및 포항시남구울릉군국회의원지역구에 속하는 포항시지역을 각각 1개 국회의원지역선거구로 간주하여 지역구시·도의회의원정수를 산정한다.

제3조(지역구시·도의원 선거구획정에 관한 특례) 2010년 6월 2일 실시하는 임기만료에 의한 지역구지방의회의원선거(보궐선거등을 포함한다)에서는 제26조제3항에도 불구하고 선거구의 인구편차를 줄이기 위하여 강원도 동해시 천곡동 일부를 분할하여 각각 동해시제1선거구와 동해시제2선거구에, 경상남도 김해시 장유면 일부를 분할하여 김해시제5선거구에 속하게 할 수 있다.

제4조(자치구·시·군의원선거구획정에 관한 특례) ① 2010년 6월 2일 실시하는 임기만료에 의한 지방의회의원선거에 있어서 자치구·시·군의원선거구획정위원회는 제24조제7항의 개정규정에도 불구하고 선거구획정안을 2010년 1월 31일까지 시·도지사에게 제출하여야 하며, 시·도의회는 2010년 2월 28일까지 조례안을 의결하여야 한다.
② 시·도의회가 제1항에 따른 기한까지 조례안을 의결하지 아니한 경우에는 그 자치구·시·군의원지역구의 명칭·구역 및 의원정수는 중앙선거관리위원회규칙으로 정한다.
③ 제26조제3항에도 불구하고 지역선거구별 의원 1인당 인구수의 편차를 최소화하기 위하여 중앙선거관리위원회규칙으로 정하는 자치구·시·군은 읍·면·동의 일부를 분할하여 다른 자치구·시·군의원지역구에 속하도록 할 수 있다.

제5조(여론조사신고 등에 관한 적용례) 여론조사의 신고에 관한 제108조제3항의 개정규정은 이 법 시행 후 20일이 경과한 날부터 적용한다.

제6조(구·시·군선거방송토론위원회 구성에 관한 경과조치) ① 제8조의7제2항제2호의 개정규정에 따른 구·시·군선거방송토론위원회는 이 법 시행 후 30일 이내에 새로 구성한다.
② 이 법 시행 전에 위촉되어 재임 중인 구·시·군선거방송토론위원회의 위원은 이 법 시행일에 모두 해촉된 것으로 본다.

제7조(경합범 분리선고에 관한 경과조치) 이 법 시행 전의 위반행위로 인한 경합범의 분리선고에 관하여는 제18조제3항의 개정규정에도 불구하고 종전의 예에 따른다.

제8조(당선되지 아니한 사람의 비용반환에 관한 경과조치) 이 법 시행 전의 위반행위로 제265조의2의 개정규정에 해당하게 되는 당선되지 아니한 사람의 비용반환에 관하여는 종전의 예에 따른다.

제 9 조(벌칙 및 과태료에 관한 경과조치) ① 이 법 시행 전의 행위에 대한 벌칙 및 과태료의 적용에 있어서는 종전의 규정에 따른다.
② 제 1 항에도 불구하고 제261조제 6 항의 개정규정에 따른 과태료는 이 법 시행 전의 위반행위로서 그 적용이 중지되어 부과되지 아니한 위반행위부터 부과한다.
제10조(공무담임제한에 관한 경과조치) 이 법 시행 전의 위반행위로 제266조제 1 항의 개정규정에 해당하게 되는 사람의 공무담임제한에 관하여는 종전의 예에 따른다.
제11조(다른 법률의 개정) 생략
제12조(다른 법령과의 관계) 이 법 시행 당시 다른 법령에서 종전의 「공직선거법」의 규정을 인용하고 있는 경우 이 법 가운데 그에 해당하는 규정이 있으면 종전의 규정을 갈음하여 이 법의 해당 규정을 인용한 것으로 본다.

부 칙 <2010 · 3 · 12 법10067>

제 1 조(시행일) 이 법은 공포한 날부터 시행한다.
제 2 조(자치구 · 시 · 군의원선거구획정에 관한 특례) ① 이 법 시행 전에 2010년 6월 2일에 실시하는 임기만료에 의한 자치구 · 시 · 군의원선거에서 별표2의 개정규정에 따라 자치구 · 시 · 군의원 선거구를 조정하여야 하는 시 · 도가 그 조정을 위하여 행한 자치구 · 시 · 군의원선거구획정위원회의 설치, 위원위촉, 의견청취 등 제24조에 따른 선거구획정을 위한 절차는 이 법에 따른 절차로 본다.
② 제 1 항에 따라 설치된 자치구 · 시 · 군의원선거구획정위원회는 제24조제 7 항에도 불구하고 해당 자치구 · 시 · 군의 선거구획정안을 2010년 3월 15일까지 시 · 도지사에게 제출하여야 하고, 시 · 도의회는 2010년 3월 25일까지 제26조제 2 항에 따른 조례안을 의결하여야 한다.
③ 시 · 도의회가 제 2 항에 따른 기한까지 조례안을 의결하지 아니한 경우에는 그 자치구 · 시 · 군의원지역구의 명칭 · 구역 및 의원정수는 중앙선거관리위원회규칙으로 정한다.
제 3 조(예비후보자의 기탁금 반환에 관한 특례) 이 법 및 부칙 제 2 조에 따른 해당 시 · 도의 조례 또는 중앙선거관리위원회규칙(이하 "선거구역 변경규정"이라 한다)의 시행에 따라 선거구역의 변경으로 부칙 제 5 조 전단의 신고기간 내에 사퇴하거나 같은 조 후단에 따라 등록이 무효로 된 예비후보자에게는 관할 선거구선거관리위원회가 제57조제 1 항에도 불구하고 그 예비후보자가 납부한 기탁금 전액을 선거일 후 30일 이내에 반환하여야 한다.
제 4 조(공무원 등의 입후보에 관한 경과조치) 2010년 6월 2일에 실시하는 지역구지방의회의원선거에서는 제53조제 1 항 본문에도 불구하고 같은 항 각 호의 어느 하나에 해당하는 사람으로서 선거구역 변경규정의 시행에 따라 선거구역이 변경된 지역에 한하여 해당 선거구의 후보자가 되려는 사람은 이 법 시행일부터 10일 이내에 그 직을 그만두어야 한다.
제 5 조(예비후보자 등록에 관한 경과조치) 2010년 6월 2일에 실시하는 지역구지방의회의원선거의 예비후보자로서 선거구역 변경규정의 시행에 따라 선거구역이 변경된 지역의 예비후보자는 해당 선거구역 변경규정의 시행일 후 10일까지 입후보하려는 해당 선거구를 선택하여 관할 선거구선거관리위원회에 신고하여야 한다. 이 경우 그 날까지 신고가 없는 때에는 해당 예비후보자의 등록은 무효로 된 것으로 본다.
제 6 조(예비후보자의 선거사무소에 관한 경과조치) 2010년 6월 2일에 실시하는 지역구지방의회의원선거에서 선거구역 변경규정의 시행에 따라 예비후보자의 선거사무소가 다른 선거구역에 있게 된 때에는 해당 선거구역 변경규정의 시행일 후 20일까지 해당 선거구역으로 예비후보자의 선거사무소를 이전하고 선거사무소의 소재지 변경신고를 하여야 한다.
제 7 조(예비후보자홍보물 발송에 관한 경과조치) ① 2010년 6월 2일에 실시하는 지역구지방의회의원선거에서 선거구역 변경규정의 시행에 따라 선거구역이 변경된 지역의 경우 해당 선거구역 변경규정의 시행 전에 예비후보자홍보물을 발송한 예비후보자도 변경된 선거구 안에 있는 세대수의 100분의 10의 범위에서 예비후보자홍보물을 1회에 한하여 추가로 발송할 수 있다. 이 경우 부칙 제 5 조 전단에 따라 새로 선택한 선거구에는 해당 선거구역 변경규정의 시행 전에 그 선거구에 발송한 수량을 뺀 수량만

을 발송하여야 한다.

② 제1항에 따라 예비후보자홍보물을 추가로 발송하는 경우 제60조의3제3항에도 불구하고 예비후보자는 추가로 발송할 수 있는 예비후보자홍보물의 수량 범위에서 발송할 지역의 세대주의 성명·주소의 교부를 구·시·군의 장에게 신청할 수 있다.

제8조(자동 동보통신의 방법에 따른 문자메시지 전송에 관한 경과조치) ① 부칙 제5조 전단에 따라 새로 선거구를 선택한 예비후보자가 해당 선거구역 변경규정의 시행 전에 제60조의3제1항제7호에 따른 자동 동보통신의 방법으로 문자메시지를 전송한 경우에는 같은 호 및 제82조의4제1항제3호의 전송횟수에 포함된 것으로 본다. 다만, 새로 선택한 선거구와 종전 선거구의 구역 중 일부 겹치는 지역의 인구수가 새로 선택한 선거구의 인구수의 100분의 50에 미달하는 선거구(이하 "인구수미달 선거구"라 한다)의 경우에는 그러하지 아니하다.

② 제1항 단서의 인구수는 제4조에 따른 인구수로 한다.

제9조(예비후보자의 선거비용에 관한 적용례) ① 부칙 제5조 전단에 따라 새로 선택한 선거구가 종전의 선거구와 일부 겹치는 경우 그 예비후보자가 지출한 선거비용은 해당 선거의 선거비용으로 본다. 다만, 인구수미달 선거구의 경우에는 그러하지 아니하다.

② 제1항 단서에도 불구하고 해당 선거구역 변경규정의 시행 전에 종전 선거구 구역 중 부칙 제5조 전단에 따라 새로 선택한 선거구의 구역에 포함된 지역에 발송한 예비후보자홍보물의 작성·발송비용은 해당 선거의 선거비용으로 본다.

부 칙 <2010·5·17 법10303>

제1조(시행일) 이 법은 공포 후 6개월이 경과한 날부터 시행한다. 〈단서 생략〉

제2조부터 **제10조**까지 생략

부 칙 <2011·7·28 법10981>

①(시행일) 이 법은 공포한 날부터 시행한다.

②(구·시·군의 장의 기술적 조치의무에 관한 적용례) 제44조제2항·제3항의 개정규정은 이 법 시행 후 최초로 실시하는 임기만료에 의한 선거부터 적용한다.

③(다른 법령과의 관계) 이 법 시행 당시 다른 법령에서 종전의 규정을 인용하고 있는 경우에 이 법 중 그에 해당하는 규정이 있는 때에는 종전의 규정을 갈음하여 이 법의 해당 규정을 인용한 것으로 본다.

부 칙 <2011·9·30 법11070>

제1조(시행일) 이 법은 공포한 날부터 시행한다.

제2조(다른 법령과의 관계) 이 법 시행 당시 다른 법령에서 종전의 규정을 인용하고 있는 경우에 이 법 중 그에 해당하는 규정이 있는 때에는 종전의 규정을 갈음하여 이 법의 해당 규정을 인용한 것으로 본다.

부 칙 <2011·11·7 법11071>

제1조(시행일) 이 법은 공포한 날부터 시행한다.

제2조(선거권에 관한 적용례) 제15조제1항 및 제2항의 개정규정은 이 법 시행 후 최초로 실시하는 임기만료에 의한 선거부터 적용한다.

제3조(다른 법령과의 관계) 이 법 시행 당시 다른 법령에서 종전의 규정을 인용하고 있는 경우에 이 법 중 그에 해당하는 규정이 있는 때에는 종전의 규정을 갈음하여 이 법의 해당 규정을 인용한 것으로 본다.

부 칙 <2011·12·2 법11116>

제1조(시행일) 이 법은 「대한민국과 미합중국 간의 자유무역협정 및 대한민국과 미합중국 간의 자유무역협정에 관한 서한교환」이 발효되는 날부터 시행한다.

〔발효일 2012·3·15〕

제2조 및 **제3조** 생략

부 칙 <2012·1·17 법11207>

제1조(시행일) 이 법은 공포한 날부터 시행한다.

제2조(장애인 거주시설에 관한 적용례) 제149조의2의 개정규정은 이 법 시행 후 최초로 실시하는 대통령선거부터 적용한다.

제3조(벌칙 및 과태료에 관한 경과조치) 이 법 시행 전의 행위에 대한 벌칙 및 과태료의 적용에 있어서는 종전의 규정에 따른다.

제4조(자수자 특례에 관한 경과조치) 이 법 시행 전의 자수자에 대한 특례의 적용에 있어서는 종전의 규정에 따른다.

제5조(자동 동보통신에 사용한 전화번호 신고에 관한 경과조치) 이 법 시행 전에 자동 동보통신의 방법으로 문자메시지를 전송한 경우에는 이 법 시행 후 최초로 자동 동보통신에 의한 방법으로 문자메시지를 전송할 전화번호를 신고하는 때에 이 법 시행 전에

자동 동보통신의 방법으로 문자메시지를 전송한 전화번호를 함께 신고하여야 한다.

부 칙 <2012·1·26 법11212>

제 1 조(시행일) 이 법은 공포한 날부터 시행한다. 다만, …〈생략〉… 부칙 제 3 조는 2019년 8월 1일부터 시행한다. <개정 2012·12·11, 2014·1·1, 2015·12·31, 2017·12·30, 2018·12·18>

제 2 조 및 **제 3 조** 생략

부 칙 <2012·2·22 법11373>

제 1 조(시행일) 이 법은 공포 후 3개월이 경과한 날부터 시행한다. 〈단서 생략〉

제 2 조부터 **제12조**까지 생략

부 칙 <2012·2·29 법11374>

제 1 조(시행일) 이 법은 공포한 날부터 시행한다. 다만, 제21조제 1 항 단서의 개정규정은 2012년 7월 1일부터, 제158조의3·제179조제 4 항제10호 및 제201조제 7 항의 개정규정은 2013년 1월 1일부터 시행한다.

제 2 조(선상부재자투표에 관한 적용례) 선상부재자신고 및 선상투표에 관한 개정규정은 이 법 시행 후 최초로 실시하는 임기만료에 따른 대통령선거부터 적용한다.

제 3 조(국회의 의원정수에 관한 특례) 2012년 4월 11일에 실시하는 국회의원선거에서는 제21조제 1 항에도 불구하고 2012년 7월 1일 세종특별자치시가 새로이 설치되는 것을 고려하여 국회의 의원정수는 300인으로 한다.

제 4 조(국회의원지역구획정에 관한 특례) 2012년 4월 11일에 실시하는 국회의원선거(보궐선거등을 포함한다)에서는 제25조제 1 항에도 불구하고 인구편차를 줄이기 위하여 부산광역시해운대구 일부를 분할하여 해운대구기장군을국회의원지역구에, 부산광역시북구 일부를 분할하여 북구강서구을국회의원지역구에, 인천광역시서구 일부를 분할하여 서구강화군을국회의원지역구에, 경상북도포항시 일부를 분할하여 포항시남구울릉군국회의원지역구에 속하게 할 수 있다.

제 5 조(세종특별자치시 설치에 따른 국회의원지역구획정에 관한 특례) 2012년 4월 11일에 실시하는 국회의원선거에서는 제25조제 1 항에도 불구하고 2012년 7월 1일 세종특별자치시가 새로이 설치되는 것을 고려하여 「세종특별자치시 설치 등에 관한 특별법」 제 6 조제 2 항에 따른 세종특별자치시의 관할구역을 하나의 국회의원지역구로 하여 세종특별자치시국회의원지역구로 한다. 이 경우 세종특별자치시국회의원지역구의 선거관리는 연기군선거관리위원회가 행하고, 선거사무와 관련하여 연기군의 관할구역은 세종특별자치시의 관할구역으로 하며, 충청북도청원군 부용면 일부지역과 충청남도공주시 의당면·장기면·반포면 각 일부지역은 각각 하나의 면으로 본다.

제 6 조(공무원 등의 입후보에 관한 경과조치) 2012년 4월 11일에 실시하는 국회의원선거에서는 제53조제 1 항 본문에도 불구하고 같은 항 각 호의 어느 하나에 해당하는 사람으로서 이 법 시행에 따라 선거구역이 변경된 국회의원지역구(세종특별자치시선거구, 경기도 파주시갑·을선거구, 경기도 이천시 선거구, 경기도 여주군양평군가평군선거구, 강원도 원주시갑·을선거구, 충청남도 공주시선거구, 전라남도 순천시곡성군선거구, 전라남도 광양시구례군선거구, 전라남도 담양군함평군영광군장성군선거구, 경상남도 사천시남해군하동군선거구를 말한다. 이하 이 부칙 제 8 조 및 제 9 조에서 같다)에 국회의원후보자가 되고자 하는 사람은 이 법 시행일부터 10일 이내에 그 직을 그만두어야 한다.

제 7 조(예비후보자의 기탁금 반환에 관한 특례) 이 법의 시행에 따라 부칙 제 8 조 전단의 신고기간 내에 사퇴하거나 같은 조 후단에 따라 등록이 무효로 된 예비후보자는 관할 선거구선거관리위원회가 제57조제 1 항에도 불구하고 그 예비후보자가 납부한 기탁금 전액을 선거일 후 30일 이내에 반환하여야 한다.

제 8 조(예비후보자 등록에 관한 경과조치) 2012년 4월 11일에 실시하는 국회의원선거의 예비후보자로서 이 법 시행에 따라 선거구역이 변경된 국회의원지역구의 예비후보자는 이 법 시행일 후 10일까지 입후보하고자 하는 해당 선거구를 선택하여 관할 선거구선거관리위원회에 신고하여야 한다. 이 경우 그 날까지 신고가 없는 때에는 해당 예비후보자의 등록은 무효로 된 것으로 본다.

제 9 조(예비후보자홍보물 발송에 관한 경과조치) ① 2012년 4월 11일에 실시하는 국회의원선거에서 이 법 시행에 따라 선거구역이 변경된 국회의원지역구의 경우 예비후보자는 변경된 선거구 안에 있는 세대수의 100분의 10의 범위에서 예비후보자홍보물

을 발송할 수 있다. 이 경우 부칙 제8조 전단에 따라 새로 선택한 선거구에는 이 법 시행 전에 그 선거구에 발송한 수량을 뺀 수량만을 발송할 수 있다.

② 제1항에 따라 예비후보자홍보물을 발송하는 경우 제60조의3제3항에도 불구하고 예비후보자는 발송할 수 있는 예비후보자홍보물의 수량 범위에서 발송할 지역의 세대주의 성명·주소의 교부를 구·시·군의 장에게 신청할 수 있다.

제10조(예비후보자의 선거사무소 등에 관한 경과조치) 2012년 4월 11일에 실시하는 국회의원선거에서 이 법 시행에 따라 예비후보자의 선거사무소가 다른 국회의원지역구에 있게 된 때에는 이 법 시행일 후 10일까지 예비후보자선거사무소를 해당 국회의원지역구로 이전하고 선거사무소의 소재지 변경신고를 하여야 한다.

제11조(정당선거사무소 설치에 관한 경과조치) 2012년 4월 11일에 실시하는 국회의원선거에서 이 법 시행에 따라 하나의 구·시·군이 2 이상의 국회의원지역구로 획정된 경우 종전에 설치하였던 정당선거사무소는 그 주소지를 관할하는 해당 선거구에 설치된 정당선거사무소로 본다.

제12조(자동 동보통신의 방법에 따른 문자메시지 전송에 관한 경과조치) 부칙 제8조 전단에 따라 새로 국회의원지역구를 선택한 예비후보자가 이 법 시행 전에 제60조의3제1항제7호에 따른 자동 동보통신의 방법으로 문자메시지를 전송한 경우에는 제59조제2호의 개정규정의 전송횟수에 포함된 것으로 본다.

제13조(예비후보자의 선거비용에 관한 적용례) 부칙 제8조 전단에 따라 예비후보자가 새로 선택한 국회의원지역구의 선거구역이 종전의 국회의원지역구의 선거구역과 일부 겹치는 경우 그 예비후보자가 지출한 선거비용은 해당 선거의 선거비용으로 본다.

제14조(벌칙 및 과태료에 관한 경과조치) 이 법 시행 전의 행위에 대한 벌칙 및 과태료의 적용에 있어서는 종전의 규정에 따른다.

부 칙 <2012·10·2 법11485>

제1조(시행일) 이 법은 공포한 날부터 시행한다.

제2조(다른 법령과의 관계) 이 법 시행 당시 다른 법령에서 종전의 규정을 인용하고 있는 경우에 이 법 가운데 그에 해당하는 규정이 있는 때에는 종전의 규정을 갈음하여 이 법의 해당 규정을 인용한 것으로 본다.

부 칙 <2012·12·18 법11551>

제1조(시행일) 이 법은 공포 후 1년이 경과한 날부터 시행한다.

제2조 생략

부 칙 <2013·3·23 법11690>

제1조(시행일) ① 이 법은 공포한 날부터 시행한다.

② 생략

제2조부터 **제7조**까지 생략

부 칙 <2013·8·13 법12111>

제1조(시행일) 이 법은 공포한 날부터 시행한다.

제2조(포상금 지급결정 취소 및 반환에 관한 경과조치) 이 법 시행 전의 선거범죄 신고로 인하여 제262조의3제3항 및 제4항의 개정규정에 해당하게 되는 사람은 이 법의 개정규정에도 불구하고 종전의 규정에 따른다.

제3조(벌칙 및 과태료에 관한 경과조치) 이 법 시행 전의 행위에 대하여 벌칙 및 과태료를 적용할 때에는 종전의 규정에 따른다.

부 칙 <2013·12·30 법12149>

이 법은 공포한 날부터 시행한다.

부 칙 <2014·1·17 법12267>

제1조(시행일) 이 법은 공포한 날부터 시행한다.

제2조(벌칙 및 과태료에 관한 경과조치) 이 법 시행 전의 행위에 대한 벌칙 및 과태료의 적용에 대하여는 종전의 규정에 따른다.

제3조(다른 법령과의 관계) 이 법 시행 당시 다른 법령에서 종전의 규정을 인용하고 있는 경우에 이 법 가운데 그에 해당하는 규정이 있는 때에는 종전의 규정을 갈음하여 이 법의 해당 규정을 인용한 것으로 본다.

부 칙 <2014·2·13 법12393>

제1조(시행일) 이 법은 공포한 날부터 시행한다.

제2조(선거여론조사공정심의위원회 설치 등에 관한 특례) ① 제8조의8의 개정규정에 따른 선거여론조사공정심의위원회는 이 법 시행일 후 20일 이내에 설치·운영한다.

② 제8조의8제6항의 개정규정에도 불구하고 선거여론조사기준은 중앙선거여론조사공정심의위원회 설치 후 20일 이내에 공표하여야 한다.

제 3 조(지역구시 · 도의원정수에 관한 특례) 2014년 6월 4일 실시하는 임기만료에 따른 지방의회의원선거에서는 제22조제 1 항의 개정규정에도 불구하고 부산광역시 북구강서구을국회의원지역구에 속하는 북구지역, 해운대구기장군을국회의원지역구에 속하는 해운대구지역, 인천광역시 서구강화군을국회의원지역구에 속하는 서구지역 및 경상북도 포항시남구울릉군국회의원지역구에 속하는 포항시지역을 각각 1개의 국회의원지역선거구로 간주하여 지역구시 · 도의회의원정수를 산정한다.

제 4 조(지역구시 · 도의원 선거구획정에 관한 특례) 2014년 6월 4일 실시하는 임기만료에 따른 지역구지방의회의원선거(보궐선거등을 포함한다)에서는 제26조제 3 항에도 불구하고 선거구의 인구편차를 줄이기 위하여 부산광역시 강서구 명지동 일부를 분할하여 각각 강서구제 1 선거구와 강서구제 2 선거구에, 강원도 영월군 영월읍 일부를 분할하여 각각 영월군제 1 선거구와 영월군제 2 선거구에, 경상남도 거창군 거창읍 일부를 분할하여 각각 거창군제 1 선거구와 거창군제 2 선거구에 속하게 할 수 있다.

제 5 조(자치구 · 시 · 군의원 선거구획정에 관한 특례) ① 2014년 6월 4일 실시하는 임기만료에 따른 지방의회의원선거에서 자치구 · 시 · 군의원선거구획정위원회는 제24조제 7 항에도 불구하고 선거구획정안을 이 법 시행일 후 5일까지 시 · 도지사에게 제출하여야 하며, 시 · 도의회는 이 법 시행일 후 12일까지 조례안을 의결하여야 한다.

② 시 · 도의회가 제 1 항에 따른 기한까지 조례안을 의결하지 아니한 경우에는 그 자치구 · 시 · 군의원지역구의 명칭 · 구역 및 의원정수는 중앙선거관리위원회규칙으로 정한다.

③ 제26조제 3 항에도 불구하고 지역선거구별 의원 1명당 인구수의 편차를 최소화하기 위하여 중앙선거관리위원회규칙으로 정하는 자치구 · 시 · 군은 읍 · 면 · 동의 일부를 분할하여 다른 자치구 · 시 · 군의원지역구에 속하도록 할 수 있다.

제 6 조(예비후보자 등록에 관한 특례) 2014년 6월 4일 실시하는 자치구 · 시의 지역구의회의원선거의 예비후보자가 되려는 사람은 제60조의2제 1 항제 3 호에도 불구하고 이 법 시행일 후 17일부터 예비후보자등록을 신청할 수 있다.

제 7 조(후보자등록 경력의 제출에 관한 적용례) 후보자등록 경력의 제출에 관한 제49조제 4 항제 7 호의 개정규정은 1991년 3월 26일 실시한 구 · 시 · 군의회의원선거의 후보자등록 경력 등부터 적용한다.

제 8 조(피선거권에 관한 경과조치) 이 법 시행 전에 제19조제 5 호의 개정규정에 해당하는 죄를 범한 사람의 피선거권은 종전의 예에 따른다.

제 9 조(전과기록에 관한 증명서류 제출에 관한 경과조치) 이 법 시행 전에 제60조의2에 따라 예비후보자등록을 한 사람은 이 법 시행일 후 10일까지 제60조의2제 2 항제 2 호에 따른 전과기록에 관한 증명서류를 다시 제출하여야 한다.

제10조(선거에 관한 여론조사 신고와 공표 · 보도 등에 관한 경과조치) ① 이 법 시행 후 중앙선거여론조사공정심의위원회가 선거여론조사기준을 공표하기 전까지 실시하는 선거에 관한 여론조사의 신고는 제108조제 3 항의 개정규정에도 불구하고 종전의 규정에 따른다.

② 이 법 시행 후 중앙선거여론조사공정심의위원회가 선거여론조사기준을 공표하기 전까지 실시하는 선거에 관한 여론조사 결과의 공표 · 보도는 제108조제 7 항 및 제 8 항의 개정규정에도 불구하고 종전의 규정에 따른다.

제11조(벌칙 · 과태료 및 공소시효에 관한 경과조치) 이 법 시행 전의 행위와 중앙선거여론조사공정심의위원회가 선거여론조사기준을 공표하기 전까지 부칙 제10조제 1 항 및 제 2 항에 따른 행위에 대한 벌칙 · 과태료 및 공소시효의 적용은 종전의 규정에 따른다.

제12조(다른 법령과의 관계) 이 법 시행 당시 다른 법령에서 종전의 규정을 인용하고 있는 경우에 이법 가운데 그에 해당하는 규정이 있는 때에는 종전의 규정을 갈음하여 이 법의 해당 규정을 인용한 것으로 본다.

부 칙 <2014 · 5 · 14 법12583>

제 1 조(시행일) 이 법은 공포한 날부터 시행한다.

제 2 조(벌칙 및 과태료에 관한 경과조치) 이 법 시행 전의 행위에 대한 벌칙 및 과태료

의 적용에 있어서는 종전의 규정에 따른다.

부 칙 <2014·11·19 법12844>

제 1 조(시행일) 이 법은 공포한 날부터 시행한다. 〈단서 생략〉

제 2 조부터 **제 7 조**까지 생략

부 칙 <2014·12·30 법12946>

제 1 조(시행일) 이 법은 공포 후 3개월이 경과한 날부터 시행한다. 〈단서 생략〉

제 2 조 및 **제 3 조** 생략

부 칙 <2015·6·19 법13334>

제 1 조(시행일) 이 법은 공포한 날부터 시행한다.

제 2 조(국회의원선거구획정위원회 설치 등에 관한 특례) ① 제24조제 1 항의 개정규정에도 불구하고 2016년 4월 13일 실시하는 국회의원선거와 관련한 국회의원선거구획정위원회는 이 법 시행일부터 30일 이내에 설치한다.

② 제24조제 4 항의 개정규정에도 불구하고 2016년 4월 13일 실시하는 국회의원선거와 관련하여 국회의 소관 상임위원회 또는 선거구획정에 관한 사항을 심사하는 특별위원회는 이 법 시행일부터 20일 이내에 중앙선거관리위원회위원장이 지명하는 1명과 학계·법조계·언론계·시민단체·정당 등으로부터 추천받은 사람 중 8명을 의결로 선정하여 중앙선거관리위원회위원장에게 통보하여야 한다.

③ 제24조제11항의 개정규정에도 불구하고 2016년 4월 13일 실시하는 국회의원선거와 관련한 국회의원선거구획정위원회는 선거구획정안을 선거일 전 6개월까지 국회의장에게 제출하여야 한다.

④ 제24조제12항 전단의 개정규정에도 불구하고 중앙선거관리위원회위원장은 2016년 4월 13일 실시하는 국회의원선거와 관련한 국회의원선거구획정위원회 지원 조직을 이 법 시행일부터 둘 수 있다.

⑤ 제24조의2제 1 항의 개정규정에도 불구하고 국회는 2016년 4월 13일 실시하는 국회의원선거의 국회의원지역선거구는 선거일 전 5개월까지 확정하여야 한다.

제 3 조(다른 법률의 개정) 생략

부 칙 <2015·8·13 법13497>

제 1 조(시행일) 이 법은 공포한 날부터 시행한다. 다만, 제18조제 1 항제 2 호의 개정규정은 2016년 1월 1일부터 시행한다.

제 2 조(보궐선거등에 관한 경과조치) 이 법 시행 전에 실시사유가 확정된 보궐선거등은 제35조제 2 항, 제53조제 2 항, 제201조제 5 항, 제203조제 2 항부터 제 4 항까지의 개정규정에도 불구하고 종전의 규정에 따른다.

제 3 조(국내거소신고 재외국민에 대한 경과조치) 법률 제12593호 재외동포의 출입국과 법적 지위에 관한 법률 일부개정법률 시행 당시 종전의 재외동포의 출입국과 법적 지위에 관한 법률에 따라 국내거소신고를 한 재외국민에 대하여는 2016년 6월 30일까지는 제 4 조, 제15조제 1 항·제 2 항, 제16조제 3 항, 제37조제 1 항, 제218조의4제 1 항·제 2 항 및 제218조의9제 1 항의 개정규정을 적용하지 아니하고 종전의 규정에 따른다. 이 경우 제218조의4제 1 항 및 제 2 항의 개정규정은 「주민등록법」에 관한 사항에 한정한다.

제 4 조(벌칙 및 과태료에 관한 경과조치) 이 법 시행 전의 행위에 대한 벌칙 및 과태료의 적용에 있어서는 종전의 규정에 따른다.

제 5 조(다른 법률의 개정) 생략

부 칙 <2015·12·24 법13617>

제 1 조(시행일) 이 법은 공포한 날부터 시행한다. 다만, 제 8 조의8제 1 항·제 6 항·제 7 항·제 9 항 및 제108조제 3 항·제 5 항·제 6 항·제 7 항·제 8 항·제 9 항의 개정규정은 이 법 공포 후 10일이 경과한 날부터 시행한다.

제 2 조(재외선거인명부에 관한 특례) 2016년 4월 13일에 실시하는 국회의원선거에서는 2012년 12월 19일 실시한 대통령선거에서 확정된 재외선거인명부를 제218조의8제 2 항의 개정규정에 따른 "해당 선거 직전에 실시한 대통령선거 또는 임기만료에 따른 비례대표국회의원선거에서 확정된 재외선거인명부"로 본다.

제 3 조(국외부재자 신고 및 재외선거인 등록신청에 관한 경과조치) 이 법 시행 당시 종전의 규정에 따른 국외부재자 신고 및 재외선거인 등록신청은 제218조의4 및 제218조의5의 개정규정에 따른 국외부재자 신고 및 재외선거인 등록신청으로 본다.

제 4 조(벌칙 및 과태료에 관한 경과조치) 이 법 시행 전의 행위에 대한 벌칙 및 과태료의 적용은 종전의 규정에 따른다.

제 5 조(다른 법령과의 관계) 이 법 시행 당시 다른 법령에서 종전의 「공직선거법」의 규정

을 인용하고 있는 경우에 이 법 가운데 그에 해당하는 규정이 있는 때에는 종전의 규정을 갈음하여 이 법의 해당 규정을 인용한 것으로 본다.

부 칙 <2016·1·6 법13722>

제1조(시행일) 이 법은 공포 후 1년 6개월이 경과한 날부터 시행한다. 〈단서 생략〉

제2조부터 **제10조**까지 생략

부 칙 <2016·1·15 법13755>

제1조(시행일) 이 법은 공포한 날부터 시행한다.

제2조(벌칙에 관한 경과조치) 이 법 시행 전의 행위에 대한 벌칙의 적용은 종전의 규정에 따른다.

부 칙 <2016·3·3 법14073>

제1조(시행일) 이 법은 공포한 날부터 시행한다.

제2조(국회의원지역구 획정에 관한 특례) 2016년 4월 13일 실시하는 국회의원선거에서는 제25조제1항제1호의 개정규정에도 불구하고 국회의원지역구 획정의 기준이 되는 인구는 2015년 10월 31일 현재를 기준으로 한다.

제3조(국회의원지역구 획정에 관한 일반적 경과조치) 2016년 4월 13일 실시하는 국회의원선거에서는 2015년 12월 31일 현재 국회의원지역구(이하 "종전 국회의원지역구"라 한다)가 2016년 1월 1일부터 이 법 시행 전까지 존재한 것으로 보고, 국회의원지역구 획정 지연에 따른 필요한 후속조치를 마련한다.

제4조(예비후보자의 기탁금 반환에 관한 특례) 이 법 시행에 따라 선거구역이 변경된 국회의원지역구의 예비후보자로서 이 법 시행일 후 10일까지 사퇴하거나 부칙 제6조제3항에 따라 등록이 무효로 된 예비후보자에게는 제57조제1항에도 불구하고 관할 선거구선거관리위원회가 그 예비후보자가 납부한 기탁금을 선거일 후 30일 이내에 반환하여야 한다.

제5조(당내경선을 위한 안심번호 제공요청 등에 관한 특례) ① 2016년 4월 13일 실시하는 국회의원선거에서는 이 법 시행 전에 관할 선거관리위원회에 접수된 당내경선을 위한 안심번호 제공 요청서는 당내경선 선거일 전 23일에 제출한 것으로 본다.

② 제57조의8제5항 본문에도 불구하고 이동통신사업자가 제1항에 따른 안심번호 제공 요청을 받은 때에는 이 법 시행일부터 5일 이내에 안심번호를 생성하여 해당 정당에 제공하여야 한다.

③ 2016년 4월 13일 실시하는 국회의원선거에서는 제57조의8제2항제1호에도 불구하고 정당은 이 법 시행일 후 3일까지 관할 선거관리위원회에 당내경선을 위한 안심번호 제공 요청서를 제출할 수 있다.

④ 제57조의8제5항 본문에도 불구하고 이동통신사업자가 제3항에 따른 안심번호 제공 요청을 받은 때에는 그 요청을 받은 날부터 5일 이내에 안심번호를 생성하여 해당 정당에 제공하여야 한다.

제6조(예비후보자등록에 관한 경과조치) ① 2016년 4월 13일 실시하는 국회의원선거에서는 제60조의2제1항에도 불구하고 종전 국회의원지역구의 예비후보자는 이 법 시행에 따른 국회의원지역구의 관할 선거구선거관리위원회에 예비후보자로 등록된 것으로 본다.

② 종전 국회의원지역구의 예비후보자로서 이 법 시행에 따라 선거구역이 변경된 국회의원지역구의 예비후보자는 이 법 시행일 후 10일까지 종전 국회의원지역구의 전부 또는 일부를 포함하는 국회의원지역구 중 입후보하고자 하는 국회의원지역구를 선택하여 관할 선거구선거관리위원회에 신고하여야 한다.

③ 제2항에 따른 신고를 하지 아니한 경우에는 해당 예비후보자의 등록은 무효로 한다.

제7조(예비후보자홍보물 발송에 관한 경과조치) ① 2016년 4월 13일 실시하는 국회의원선거에서 종전 국회의원지역구의 예비후보자가 이 법 시행 전에 제60조의3제1항제4호에 따라 예비후보자홍보물을 발송한 경우 그 수량은 이 법 시행에 따른 예비후보자홍보물 발송 수량에 포함한다.

② 제1항에도 불구하고 부칙 제6조제2항에 따라 새로 국회의원지역구를 선택한 예비후보자는 새로 선택한 국회의원지역구 안에 있는 세대수의 100분의 10의 범위에서 예비후보자홍보물을 발송할 수 있다. 이 경우 이 법 시행 전에 그 국회의원지역구에 발송한 수량을 뺀 수량 범위에서만 발송할 수 있다.

③ 제2항에 따라 예비후보자홍보물을 발송하려는 예비후보자는 발송할 수 있는 예비

후보자홍보물의 수량 범위에서 발송할 지역의 세대주의 성명·주소의 교부를 구·시·군의 장에게 신청할 수 있다.

제 8 조(예비후보자의 선거사무소 등에 관한 경과조치) ① 2016년 4월 13일 실시하는 국회의원선거에서 종전 국회의원지역구의 예비후보자가 이 법 시행 전에 관할 선거구선거관리위원회에 선거사무소 설치 신고를 하거나 선거사무장·선거사무원 또는 활동보조인 선임 신고를 한 경우 이 법 시행에 따라 신고한 것으로 본다.

② 2016년 4월 13일 실시하는 국회의원선거에서 이 법 시행에 따라 예비후보자의 선거사무소가 다른 국회의원지역구에 있게 된 때에는 이 법 시행일 후 10일까지 예비후보자선거사무소를 해당 국회의원지역구로 이전하고 관할 선거구선거관리위원회에 선거사무소의 소재지 변경신고를 하여야 한다.

제 9 조(정당선거사무소 설치에 관한 경과조치) 2016년 4월 13일 실시하는 국회의원선거에서 이 법 시행에 따라 하나의 구·시·군이 둘 이상의 국회의원지역구로 획정된 경우 종전에 설치하였던 정당선거사무소는 그 주소지를 관할하는 해당 국회의원지역구에 설치된 정당선거사무소로 본다.

제10조(자동 동보통신의 방법에 따른 문자메시지 전송에 관한 경과조치) ① 2016년 4월 13일 실시하는 국회의원선거에서 부칙 제 6 조제 1 항에 따른 종전 국회의원지역구의 예비후보자가 이 법 시행 전에 제59조제 2 호의 자동 동보통신의 방법으로 문자메시지를 전송한 경우에는 이 법 시행에 따른 전송횟수에 포함한다.

② 부칙 제 6 조제 2 항에 따라 새로 국회의원지역구를 선택한 예비후보자가 이 법 시행 전에 제59조제 2 호의 자동 동보통신의 방법으로 문자메시지를 전송한 경우에는 이 법 시행에 따른 전송횟수에 포함한다.

제11조(예비후보자의 선거비용에 관한 경과조치) ① 2016년 4월 13일 실시하는 국회의원선거에서 부칙 제 6 조제 1 항에 따른 종전 국회의원지역구의 예비후보자가 이 법 시행 전에 선거운동을 위하여 지출한 비용은 해당 선거의 선거비용으로 본다.

② 부칙 제 6 조제 2 항에 따라 새로 국회의원지역구를 선택한 예비후보자가 이 법 시행 전에 선거운동을 위하여 지출한 비용은 해당 선거의 선거비용으로 본다.

부 칙 <2016·5·29 법14184>

제 1 조(시행일) 이 법은 공포 후 6개월이 경과한 날부터 시행한다.

제 2 조 생략

부 칙 <2017·2·8 법14556>

제 1 조(시행일) 이 법은 공포한 날부터 시행한다. 다만, 제 8 조의8제 7 항제 3 호, 제 8 조의9, 제108조제12항제 3 호의 개정규정은 공포 후 3개월이 경과한 날부터 시행한다.

제 2 조(휴대전화 가상번호 사용에 관한 특례) 이 법 시행일부터 3개월까지의 기간 중에는 공표 또는 보도를 목적으로 전화를 이용하여 선거에 관한 여론조사를 실시하려는 여론조사 기관·단체는 제108조의2의 개정규정에 따라 휴대전화 가상번호를 사용할 수 있는 선거여론조사기관으로 본다.

제 3 조(자동 동보통신의 방법에 따른 문자메시지 전송에 관한 경과조치) 예비후보자가 이 법 시행 전에 종전의 규정에 따른 자동 동보통신의 방법으로 문자메시지를 전송한 경우 그 횟수는 제59조제 2 호의 개정규정에 따른 전송횟수에 포함한다.

제 4 조(선거에 관한 여론조사 실시에 관한 경과조치) 후보자(후보자가 되려는 사람을 포함한다)가 제60조의2제 1 항에 따른 예비후보자등록신청개시일부터 이 법 시행 전까지 선거에 관한 여론조사를 실시한 경우 그 횟수는 제120조제10호 단서의 개정규정에 따른 여론조사의 실시 횟수에 포함하지 아니한다.

제 5 조(벌칙 및 과태료에 관한 경과조치) 이 법 시행 전의 행위에 대한 벌칙 및 과태료의 적용은 종전의 규정에 따른다.

부 칙 <2017·3·9 법14571>

이 법은 공포한 날부터 시행한다.

부 칙 <2017·7·26 법14839>

제 1 조(시행일) ① 이 법은 공포한 날부터 시행한다. 〈단서 생략〉

제 2 조부터 **제 6 조**까지 생략

부 칙 <2018·3·9 법15424>

제 1 조(시행일) 이 법은 공포한 날부터 시행한다.

제 2 조(지역구시·도의원정수에 관한 특례) 2018년 6월 13일 실시하는 임기만료에 따른 지방의회의원선거에서는 제22조제 1 항에도 불구하고 서울특별시 중구성동구을지역구

에 속하는 성동구지역, 부산광역시 북구강서구을국회의원지역구에 속하는 북구지역, 광주광역시 동구남구을지역구에 속하는 남구지역, 경상북도 포항시남구울릉군국회의원지역구에 속하는 포항시지역을 각각 1개의 국회의원지역선거구로 간주하여 지역구시·도의회의원정수를 산정한다.

제 3 조(지역구시·도의원 선거구획정에 관한 특례) 2018년 6월 13일 실시하는 임기만료에 따른 지역구지방의회의원선거(보궐선거등을 포함한다)에서는 제26조제 3 항에도 불구하고 선거구의 인구편차를 줄이기 위하여 강원도 영월군 영월읍 일부를 분할하여 각각 영월군제 1 선거구와 영월군제 2 선거구에, 경상남도 거창군 거창읍 일부를 분할하여 각각 거창군제 1 선거구와 거창군제 2 선거구에 속하게 할 수 있다.

제 4 조(자치구·시·군의원 선거구획정에 관한 특례) ① 2018년 6월 13일 실시하는 임기만료에 따른 지방의회의원선거에서 자치구·시·군의원선거구획정위원회는 제24조의3제5 항에도 불구하고 선거구획정안을 이 법 시행일 후 5일까지 시·도지사에게 제출하여야 하며, 시·도의회는 이 법 시행일 후 12일까지 조례안을 의결하여야 한다.

② 시·도의회가 제 1 항에 따른 기한까지 조례안을 의결하지 아니한 경우에는 그 자치구·시·군의원지역구의 명칭·구역 및 의원정수는 중앙선거관리위원회규칙으로 정한다.

③ 제26조제 3 항에도 불구하고 지역선거구별 의원 1명당 인구수의 편차를 최소화하기 위하여 중앙선거관리위원회규칙으로 정하는 자치구·시·군은 읍·면·동의 일부를 분할하여 다른 자치구·시·군의원지역구에 속하도록 할 수 있다.

제 5 조(예비후보자의 기탁금 반환에 관한 특례) 이 법 및 부칙 제 4 조에 따른 해당 시·도의 조례 또는 중앙선거관리위원회규칙(이하 "선거구역 변경규정"이라 한다)의 시행에 따라 선거구역의 변경으로 부칙 제 7 조 전단의 신고기간 내에 사퇴하거나 같은 조 후단에 따라 등록이 무효로 된 예비후보자에게는 관할 선거구선거관리위원회가 제57조제 1 항에도 불구하고 그 예비후보자가 납부한 기탁금 전액을 선거일 후 30일 이내에 반환하여야 한다.

제 6 조(자동 동보통신의 방법에 따른 문자메시지 전송에 관한 경과조치) ① 부칙 제 7 조 전단에 따라 새로 선거구를 선택한 예비후보자가 해당 선거구역 변경규정의 시행 전에 제59조제 2 호 후단에 따른 자동 동보통신의 방법으로 문자메시지를 전송한 경우에는 같은 호의 전송횟수에 포함된 것으로 본다. 다만, 새로 선택한 선거구와 종전 선거구의 구역 중 일부 겹치는 지역의 인구수가 새로 선택한 선거구의 인구수의 100분의 50에 미달하는 선거구(이하 "인구수미달 선거구"라 한다)의 경우에는 그러하지 아니하다.

② 제 1 항 단서의 인구수는 제 4 조에 따른 인구수로 한다.

제 7 조(예비후보자 등록에 관한 경과조치) 2018년 6월 13일 실시하는 임기만료에 따른 지역구지방의회의원선거의 예비후보자로서 선거구역 변경규정의 시행에 따라 선거구역이 변경된 지역의 예비후보자는 해당 선거구역 변경규정의 시행일 후 10일까지 입후보하려는 해당 선거구를 선택하여 관할 선거구선거관리위원회에 신고하여야 한다. 이 경우 그 날까지 신고가 없는 때에는 해당 예비후보자의 등록은 무효로 된 것으로 본다.

제 8 조(예비후보자홍보물 발송에 관한 경과조치) ① 부칙 제 7 조 전단에 따라 새로 선거구를 선택한 예비후보자는 새로 선택한 선거구 안에 있는 세대수의 100분의 10의 범위에서 예비후보자홍보물을 발송할 수 있다. 이 경우 선거구역 변경규정의 시행 전에 그 선거구에 발송한 수량을 뺀 수량만을 발송하여야 한다.

② 제 1 항에 따라 예비후보자홍보물을 발송하려는 예비후보자는 발송할 수 있는 예비후보자홍보물의 수량 범위에서 발송할 지역의 세대주의 성명·주소의 교부를 구·시·군의 장에게 신청할 수 있다.

제 9 조(예비후보자의 선거사무소에 관한 경과조치) 부칙 제 7 조 전단에 따라 새로 선거구를 선택한 예비후보자의 선거사무소가 다른 선거구역에 있을 경우에는 해당 선거구역 변경규정의 시행일 후 20일까지 해당 선거구역으로 예비후보자의 선거사무소를 이전하고 선거사무소의 소재지 변경신고를 하여야 한다.

제10조(예비후보자의 선거사무원 선임에 관한 경과조치) 부칙 제 7 조 전단에 따라 새로 선거구를 선택한 예비후보자가 선거구역 변경

규정의 시행일 후 10일까지 선거사무원을 교체하는 경우에는 제63조제1항 후단에 따른 교체선임 수에 포함하지 아니한다.

제11조(예비후보자의 선거비용에 관한 경과조치) ① 부칙 제7조 전단에 따라 새로 선택한 선거구가 종전의 선거구와 일부 겹치는 경우 그 예비후보자가 지출한 선거비용은 해당 선거의 선거비용으로 본다. 다만, 인구수미달 선거구의 경우에는 그러하지 아니하다.

② 제1항 단서에도 불구하고 해당 선거구역 변경규정의 시행 전에 종전 선거구 구역 중 부칙 제7조 전단에 따라 새로 선택한 선거구의 구역에 포함된 지역에 발송한 예비후보자홍보물의 작성·발송비용은 해당 선거의 선거비용으로 본다.

제12조(선거에 관한 여론조사의 실시에 관한 경과조치) 2018년 6월 13일 실시하는 임기만료에 따른 지역구지방의회의원선거에서 선거구역 변경규정의 시행에 따라 선거구역이 변경된 지역의 예비후보자(후보자가 되려는 사람을 포함한다)가 선거구역 변경규정의 시행일까지 실시한 선거에 관한 여론조사는 제120조제10호 단서에도 불구하고 그 횟수에 포함하지 아니한다.

부 칙 <2018·4·6 법15551>

제1조(시행일) 이 법은 공포한 날부터 시행한다.

제2조(벌칙 및 과태료에 관한 경과조치) 이 법 시행 전의 행위에 대한 벌칙 및 과태료의 적용은 종전의 규정에 따른다.

제3조(다른 법률의 개정) 생략

부 칙 <2019·12·3 법16671>

제1조(시행일) 이 법은 공포 후 6개월이 경과한 날부터 시행한다. 〈단서 생략〉

제2조부터 **제9조**까지 생략

부 칙 <2020·1·14 법16864>

제1조(시행일) 이 법은 공포한 날부터 시행한다.

제2조(일반적 적용례) 이 법의 개정규정은 2020년 4월 15일 실시하는 임기만료에 따른 국회의원선거부터 적용한다.

제3조(비례대표국회의원선거의 후보자 추천절차 제출에 관한 특례) 2020년 4월 15일 실시하는 비례대표국회의원선거에서는 제47조제2항제2호의 개정규정에도 불구하고 후보자등록신청개시일 전 10일까지 후보자 추천절차의 구체적 사항을 정한 당헌·당규 및 그 밖의 내부 규약 등을 제출하여야 한다.

제4조(비례대표국회의원의석의 배분에 관한 특례) ① 2020년 4월 15일 실시하는 비례대표국회의원선거에서는 제189조제2항의 개정규정에도 불구하고 비례대표국회의원 의석정수를 다음 각 호에 따라 의석할당정당에 배분한다.

1. 30석

가. 다음 계산식에 따른 값을 소수점 첫째 자리에서 반올림하여 연동배분의석수를 산정하되, 연동배분의석수가 1보다 작은 경우 연동배분의석수는 0으로 한다.

연동배분의석수	=	[(국회의원정수 - 의석할당정당이 추천하지 않은 지역구국회의원당선인수) × 해당 정당의 비례대표국회의원선거 득표비율 - 해당 정당의 지역구국회의원당선인수] ÷ 2

나. 가목에 따른 각 정당별 연동배분의석수의 합계가 30석에 미달할 경우 각 의석할당정당에 배분할 잔여의석수(이하 이 조에서 "잔여배분의석수"라 한다)는 다음 계산식에 따라 산정한다. 이 경우 정수(整數)의 의석을 먼저 배정하고 잔여의석은 소수점 이하 수가 큰 순으로 각 의석할당정당에 1석씩 배분하되, 그 수가 같은 때에는 해당 정당 사이의 추첨에 따른다.

잔여배분의석수	=	(30 - 각 연동배분의석수의 합계) × 비례대표국회의원선거 득표비율

다. 가목에 따른 각 정당별 연동배분의석수의 합계가 30석을 초과할 경우에는 가목 및 나목에도 불구하고 다음 계산식에 따라 산출된 수(이하 이 조에서 "조정의석수"라 한다)를 각 연동배분의석 할당정당의 의석으로 산정한다. 이 경우 산출방식에 관하여는 나목 후단을 준용한다.

조정의석수	=	30 × 연동배분의석수 ÷ 각 연동배분의석수의 합계

2. 비례대표국회의원 의석정수에서 30석을 뺀 수 : 각 의석할당정당의 비례대표국회

의원선거 득표비율에 비례대표국회의원 의석정수에서 30석을 뺀 수를 곱하여 산출된 수의 정수(整數)의 의석을 해당 정당에 먼저 배분하고 잔여의석은 소수점 이하 수가 큰 순으로 각 정당에 1석씩 배분하되, 그 수가 같은 때에는 해당 정당 사이의 추첨에 따른다.

② 2020년 4월 15일 실시하는 비례대표국회의원선거에서 제189조제6항, 제194조제4항, 제197조제7항의 개정규정에 따라 의석을 배분하는 경우에는 제189조제1항부터 제3항까지의 개정규정에도 불구하고 제1항에 따라 비례대표국회의원의석을 배분한다.

부 칙 <2020·2·4 법16957>

제1조(시행일) 이 법은 공포 후 6개월이 경과한 날부터 시행한다. 〈단서 생략〉

제2조부터 **제13조**까지 생략

부 칙 <2020·3·11 법17070>

제1조(시행일) 이 법은 공포한 날부터 시행한다.

제2조(국회의원지역구획정에 관한 특례) ① 2020년 4월 15일에 실시하는 국회의원선거에서는 제25조제1항에도 불구하고 농산어촌의 지역대표성 반영을 위하여 강원도 춘천시의 일부를 분할하여 강원도 춘천시철원군화천군양구군을국회의원지역구에, 전라남도 순천시의 일부를 분할하여 전라남도 순천시광양시곡성군구례군을국회의원지역구에 속하게 할 수 있다.

② 2020년 4월 15일에 실시하는 국회의원선거에서는 제25조제1항에도 불구하고 인구편차를 줄이기 위하여 경기도 화성시 봉담읍을 분할하여 각각 경기도 화성시갑국회의원지역구와 화성시병국회의원지역구에 속하게 할 수 있다.

제3조(예비후보자의 기탁금 반환에 관한 특례) 이 법 시행에 따라 선거구역이 변경된 국회의원지역구의 예비후보자로서 이 법 시행일 후 10일까지 사퇴하거나 부칙 제6조제2항에 따라 등록이 무효로 된 예비후보자에게 관할 선거구선거관리위원회는 제57조제1항에도 불구하고 그 예비후보자가 납부한 기탁금을 선거일 후 30일 이내에 반환하여야 한다.

제4조(당내경선을 위한 휴대전화 가상번호 제공요청 등에 관한 특례) ① 2020년 4월 15일 실시하는 국회의원선거에서는 제57조의8제2항제1호에도 불구하고 정당은 이 법 시행일 후 3일까지 관할 선거관리위원회에 당내경선을 위한 휴대전화 가상번호 제공 요청서를 제출할 수 있다.

② 제57조의8제5항 본문에도 불구하고 이동통신사업자가 제1항에 따른 휴대전화 가상번호 제공 요청을 받은 때에는 그 요청을 받은 날부터 5일 이내에 휴대전화 가상번호를 생성하여 해당 정당에 제공하여야 한다.

제5조(자동 동보통신의 방법에 따른 문자메시지 전송에 관한 경과조치) 부칙 제6조제1항에 따라 새로 국회의원지역구를 선택한 예비후보자가 이 법 시행 전에 제59조제2호 후단에 따른 자동 동보통신의 방법으로 문자메시지를 전송한 경우에는 같은 호의 전송횟수에 포함된 것으로 본다.

제6조(예비후보자 등록에 관한 경과조치) ① 2020년 4월 15일 실시하는 국회의원선거의 예비후보자로서 이 법 시행에 따라 선거구역이 변경된 국회의원지역구의 예비후보자는 이 법 시행일 후 10일까지 종전 국회의원지역구의 전부 또는 일부를 포함하는 국회의원지역구 중 입후보하려는 국회의원지역구를 선택하여 관할 선거구선거관리위원회에 신고하여야 한다.

② 제1항에 따른 신고를 하지 아니한 경우에는 해당 예비후보자의 등록은 무효로 한다.

제7조(예비후보자홍보물 발송에 관한 경과조치) ① 부칙 제6조제1항에 따라 새로 국회의원지역구를 선택한 예비후보자는 새로 선택한 국회의원지역구 안에 있는 세대수의 100분의 10의 범위에서 예비후보자홍보물을 발송할 수 있다. 이 경우 이 법 시행 전에 그 국회의원지역구에 발송한 수량을 뺀 수량의 범위에서만 발송할 수 있다.

② 제1항에 따라 예비후보자홍보물을 발송하려는 예비후보자는 발송할 수 있는 예비후보자홍보물의 수량 범위에서 발송할 지역의 세대주의 성명·주소의 교부를 구·시·군의 장에게 신청할 수 있다.

제8조(예비후보자의 선거사무소에 관한 경과조치) 2020년 4월 15일 실시하는 국회의원선거에서 이 법 시행에 따라 예비후보자의 선거사무소가 다른 국회의원지역구에 있게 된 때에는 이 법 시행일 후 10일까지 예비후보자선거사무소를 해당 국회의원지역

구로 이전하고 관할 선거구선거관리위원회에 선거사무소의 소재지 변경신고를 하여야 한다.

제 9 조(정당선거사무소 설치에 관한 경과조치) 2020년 4월 15일 실시하는 국회의원선거에서 이 법 시행에 따라 하나의 구·시·군이 둘 이상의 국회의원지역구로 획정된 경우 종전에 설치하였던 정당선거사무소는 그 주소지를 관할하는 해당 국회의원지역구에 설치된 정당선거사무소로 본다.

제10조(예비후보자의 선거사무원 선임에 관한 경과조치) 부칙 제 6 조제 1 항에 따라 새로 국회의원지역구를 선택한 예비후보자는 제63조제 1 항 후단에도 불구하고 이 법 시행일부터 제62조제 3 항제 3 호에 따른 선거사무원수의 2배수 범위에서 선거사무원을 교체선임할 수 있다.

제11조(예비후보자의 선거비용에 관한 경과조치) 부칙 제 6 조제 1 항에 따라 새로 국회의원지역구를 선택한 예비후보자가 이 법 시행 전에 선거운동을 위하여 지출한 비용은 해당 선거의 선거비용으로 본다.

제12조(선거에 관한 여론조사의 실시에 관한 경과조치) 2020년 4월 15일 실시하는 국회의원선거에서 이 법 시행에 따라 선거구역이 변경된 국회의원지역구의 예비후보자(후보자가 되려는 사람을 포함한다)가 이 법 시행일까지 실시한 선거에 관한 여론조사는 제120조제10호 단서에도 불구하고 그 횟수에 포함하지 아니한다.

부 칙 <2020·3·24 법17125>

제 1 조(시행일) 이 법은 2021년 2월 9일부터 시행한다.〈단서 생략〉

제 2 조부터 **제 4 조**까지 생략

부 칙 <2020·3·25 법17127>

제 1 조(시행일) 이 법은 공포한 날부터 시행한다.

제 2 조(기탁금 납부에 관한 적용례) 제56조제 1 항제 2 호 및 제 2 호의2의 개정규정은 이 법 시행 후 최초로 실시하는 비례대표국회의원선거부터 적용한다.

제 3 조(기탁금 반환에 관한 적용례) 제57조제 1 항제 1 호다목의 개정규정은 이 법 시행 후 최초로 실시하는 선거부터 적용한다.

부 칙 <2020·12·22 법17689>

제 1 조(시행일) 이 법은 2021년 1월 1일부터 시행한다.

제 2 조부터 **제 8 조**까지 생략

부 칙 <2020·12·29 법17758>

제 1 조(시행일) 이 법은 2021년 1월 1일부터 시행한다.

제 2 조부터 **제26조**까지 생략

부 칙 <2020·12·29 법17813>

제 1 조(시행일) 이 법은 공포한 날부터 시행한다.

제 2 조(보궐선거등의 선거일에 관한 적용례) 제35조제 2 항제 1 호의 개정규정은 2021년 3월 1일 이후부터 실시사유가 확정된 보궐선거등부터 적용한다.

부 칙 <2021·1·12 법17893>

제 1 조(시행일) 이 법은 공포 후 1년이 경과한 날부터 시행한다.

제 2 조부터 **제23조**까지 생략

부 칙 <2021·3·23 법17980>

제 1 조(시행일) 이 법은 공포한 날부터 시행한다.

제 2 조(선거여론조사기관의 여론조사 결과 공표·보도에 관한 적용례) 제108조제12항의 개정규정은 제 8 조의8제10항에 따라 고발된 선거여론조사기관에 대하여 2021년 1월 1일부터 이 법 시행일 전에 불송치결정이 있는 경우에도 적용한다.

제 3 조(자료제공 사실 고지에 관한 특례) 각급선거관리위원회 직원은 선거관리위원회에서 고발·수사의뢰한 사건에 대하여 2021년 1월 1일부터 이 법 시행일 전까지 불송치결정의 통지를 받은 경우 제272조의3제 5 항의 개정규정에도 불구하고 이 법 시행일부터 10일 이내에 자료제공을 받은 사실과 내용을 해당 이용자에게 알릴 수 있다.

부 칙 <2021·3·26 법17981>

이 법은 공포한 날부터 시행한다. 다만, 제176조제 3 항·제 5 항 및 제218조의23제 2 항 후단의 개정규정은 공포 후 6개월이 경과한 날부터 시행한다.

부 칙 <2021·9·24 법18465>

제 1 조(시행일) 이 법은 2022년 7월 1일부터 시행한다.

제 2 조부터 **제 9 조**까지 생략

부 칙 <2022·1·18 법18790>

제 1 조(시행일) 이 법은 2022년 4월 1일부터 시행한다. 다만, 제16조제 2 항 및 제 3 항의 개정규정은 공포한 날부터 시행한다.

제 2 조(벌칙에 관한 경과조치) 이 법 시행 전의 행위에 대하여 벌칙을 적용할 때에는 종전의 규정에 따른다.

부 칙 <2022·1·21 법18791>

제 1 조(시행일) 이 법은 공포한 날부터 시행한다.

제 2 조(선거방송토론위원회 위원의 추천·위촉에 관한 특례) ① 중앙선거관리위원회는 이 법 시행일부터 30일 이내에 지상파방송사가 포함된 단체로서 중앙선거관리위원회 규칙으로 정하는 단체가 추천하는 사람을 중앙선거방송토론위원회의 위원으로 위촉하여야 한다.

② 시·도선거관리위원회는 이 법 시행일부터 30일 이내에 지상파방송사가 추천하는 사람을 시·도선거방송토론위원회의 위원으로 위촉하여야 한다.

③ 제 1 항 및 제 2 항에 따라 위촉된 위원으로 인하여 해당 선거방송토론위원회의 위원현원이 위원정수를 초과하게 되는 경우에도 현원을 위원정수로 본다.

④ 국회에 교섭단체를 구성한 정당과 공영방송사가 각각 추천하는 위원이 이 법 시행 후 임기가 만료되는 경우에는 국회에 교섭단체를 구성한 정당과 공영방송사가 각각 추천하는 사람을 우선하여 해당 선거방송토론위원회의 위원으로 위촉한다. 이 경우 위촉된 위원으로 인하여 해당 선거방송토론위원회의 위원현원이 위원정수를 초과하게 되는 경우에도 현원을 위원정수로 본다.

제 3 조(공정선거지원단 추가 구성에 관한 특례) 제10조의2제 2 항 단서에도 불구하고 2017년 1월 1일 이후 둘 이상의 구·시·군선거관리위원회가 하나의 구·시·군선거관리위원회로 통합된 경우 해당 구·시·군선거관리위원회가 추가하여 구성할 수 있는 공정선거지원단의 인원은 통합 전 구·시·군선거관리위원회의 수에 20을 곱하여 얻은 수 이내로 한다.

제 4 조(재외선거인 등록신청에 관한 특례) 2017년 5월 9일 실시한 대통령선거의 재외선거와 2020년 4월 15일 실시한 국회의원선거의 재외선거에 계속하여 투표하지 아니한 선거인으로서 종전의 제218조의8제 2 항 후단에 따라 재외선거인명부에서 삭제된 사람은 2022년 3월 9일 실시하는 대통령선거의 재외선거에 있어 선거일 전 60일까지 제218조의5제 1 항에 따라 재외선거인 등록신청을 하지 아니한 경우 선거일 전 60일에 제218조의5제 1 항에 따라 재외선거인 등록신청을 한 것으로 본다.

제 5 조(읍·면·동의 설치·폐지·분할·합병에 관한 적용례) ① 제148조제 1 항제 2 호의 개정규정은 2018년 6월 13일(이하 "기준시점"이라 한다) 이후 읍·면·동이 설치·폐지·분할·합병되어 기준시점 직전보다 관할구역의 총 읍·면·동의 수가 줄어든 경우부터 적용한다.

② 기준시점 이후 여러 번의 설치·폐지·분할·합병이 실시되어 관할구역의 총 읍·면·동의 수가 계속하여 줄어드는 경우에도 기준시점 직전의 읍·면·동을 기준으로 한다.

부 칙 <2022·2·16 법18837>

이 법은 공포한 날부터 시행한다. 다만, 제38조제 1 항의 개정규정 중 해당 구·시·군이 개설·운영하는 인터넷 홈페이지를 통하여 하는 거소투표신고 부분 및 같은 조 제 2 항의 개정규정은 공포 후 6개월이 경과한 날부터 시행한다.

부 칙 <2022·4·20 법18841>

제 1 조(시행일) 이 법은 공포한 날부터 시행한다.

제 2 조(지역구시·도의원정수에 관한 특례) 2022년 6월 1일 실시하는 임기만료에 따른 지방의회의원선거에서는 제22조제 1 항에도 불구하고 서울특별시 중구성동구을국회의원지역구에 속하는 성동구지역, 부산광역시 북구강서구을국회의원지역구에 속하는 북구지역, 인천광역시 동구미추홀구갑국회의원지역구에 속하는 미추홀구지역, 광주광역시 동구남구을국회의원지역구에 속하는 남구지역, 강원도 춘천시철원군화천군양구군을국회의원지역구에 속하는 춘천시지역, 전라남도 순천시광양시곡성군구례군을국회의원지역구에 속하는 순천시지역, 경상북도 포항시남구울릉군국회의원지역구에 속하는 포항시지역을 각각 1개의 국회의원지역선거구로 간주하여 지역구시·도의회의원정수를 산정한다.

제 3 조(지역구시·도의원 선거구획정에 관한 특례) 2022년 6월 1일 실시하는 임기만료에 따른 지역구지방의회의원선거(보궐선거등을 포함한다)에서는 제26조제 3 항에도 불구하고 선거구의 인구편차를 줄이기 위하여 경기도 화성시 봉담읍 일부를 분할하여 각각 화성시제 1 선거구와 화성시제 6 선거구에, 강원도 영월군 영월읍 일부를 분할하여 각각 영월군제 1 선거구와 영월군제 2 선거

구에, 충청남도 아산시 배방읍 일부를 분할하여 각각 아산시제 4 선거구와 아산시제 5 선거구에, 전라남도 순천시 해룡면 일부를 분할하여 각각 순천시제 7 선거구와 순천시제 8 선거구에, 전라남도 광양시 중마동 일부를 분할하여 각각 광양시제 3 선거구와 광양시제 4 선거구에, 전라남도 장흥군 장흥읍 일부를 분할하여 각각 장흥군제 1 선거구와 장흥군제 2 선거구에, 경상북도 포항시북구 장량동 일부를 분할하여 각각 포항시제 4 선거구와 포항시제 5 선거구에, 경상남도 양산시 물금읍 일부를 분할하여 각각 양산시제 1 선거구와 양산시제 2 선거구에, 경상남도 거창군 거창읍 일부를 분할하여 각각 거창군제 1 선거구와 거창군제 2 선거구에 속하게 할 수 있다.

제 4 조(자치구·시·군의원 선거구획정에 관한 특례) ① 2022년 6월 1일 실시하는 임기만료에 따른 지방의회의원선거에서 자치구·시·군의원선거구획정위원회는 제24조의3제 5 항에도 불구하고 선거구획정안을 이 법 시행일 후 2일까지 시·도지사에게 제출하여야 하며, 시·도의회는 이 법 시행일 후 9일까지 조례안을 의결하여야 한다.

② 시·도의회가 제 1 항에 따른 기한까지 조례안을 의결하지 아니한 경우에는 그 자치구·시·군의원지역구의 명칭·구역 및 의원정수는 중앙선거관리위원회규칙으로 정한다.

③ 제26조제 3 항에도 불구하고 지역선거구별 의원 1명당 인구수의 편차를 최소화하기 위하여 중앙선거관리위원회규칙으로 정하는 자치구·시·군은 읍·면·동의 일부를 분할하여 다른 자치구·시·군의원지역구에 속하도록 할 수 있다.

제 5 조(지역구지방의원 선거구획정에 관한 일반적 경과조치) 2022년 6월 1일 실시하는 임기만료에 따른 지방의회의원선거에서는 2021년 12월 31일 현재 〔별표2〕 시·도의회의원지역선거구구역표 중 '인천광역시의회의원지역선거구', '경상북도의회의원지역선거구'와 「서울특별시 자치구의회의원 선거구와 선거구별 의원정수에 관한 조례」 〔별표〕 서울특별시 자치구의회의원 선거구와 선거구별 의원정수 중 '마포구', '강서구', '강남구'는 부칙 제 6 조의 선거구역 변경규정의 시행 전까지 존재한 것으로 본다.

제 6 조(예비후보자의 기탁금 반환에 관한 특례) 이 법 및 부칙 제 4 조(법률 제18840호 제주특별자치도 설치 및 국제자유도시 조성을 위한 특별법 일부개정법률 부칙 제 3 조 및 법률 제18839호 세종특별자치시 설치 등에 관한 특별법 일부개정법률 부칙 제 3 조를 포함한다)에 따른 해당 시·도의 조례 또는 중앙선거관리위원회규칙(이하 "선거구역 변경규정"이라 한다)의 시행에 따라 선거구역의 변경으로 부칙 제 9 조 전단의 신고기간 내에 사퇴하거나 같은 조 후단에 따라 등록이 무효로 된 예비후보자에게는 관할 선거구선거관리위원회가 제57조제 1 항의 개정규정에도 불구하고 그 예비후보자가 납부한 기탁금 전액을 선거일 후 30일 이내에 반환하여야 한다.

제 7 조(당내경선을 위한 휴대전화 가상번호 제공요청 등에 관한 특례) ① 2022년 6월 1일 실시하는 임기만료에 따른 지방의회의원선거에서는 제57조의8제 2 항제 1 호에도 불구하고 정당은 선거구역 변경규정의 시행일 후 3일까지 관할 선거관리위원회에 당내경선을 위한 휴대전화 가상번호 제공 요청서를 제출할 수 있다.

② 제57조의8제 5 항 본문에도 불구하고 이동통신사업자가 제 1 항에 따른 휴대전화 가상번호 제공 요청을 받은 때에는 그 요청을 받은 날부터 5일 이내에 휴대전화 가상번호를 생성하여 해당 정당에 제공하여야 한다.

제 8 조(자동 동보통신의 방법에 따른 문자메시지 전송에 관한 경과조치) ① 부칙 제 9 조 전단에 따라 새로 선거구를 선택한 예비후보자가 해당 선거구역 변경규정의 시행 전에 제59조제 2 호에 따른 자동 동보통신의 방법으로 문자메시지를 전송한 경우에는 같은 호의 전송횟수에 포함된 것으로 본다. 다만, 새로 선택한 선거구와 종전 선거구의 구역 중 일부 겹치는 지역의 인구수가 새로 선택한 선거구의 인구수의 100분의 50에 미달하는 선거구(이하 "인구수미달 선거구"라 한다)의 경우에는 그러하지 아니하다.

② 제 1 항 단서의 인구수는 제 4 조에 따른 인구수로 한다.

제 9 조(예비후보자 등록에 관한 경과조치) 2022년 6월 1일 실시하는 임기만료에 따른 지역구지방의회의원선거의 예비후보자로서 선거구역 변경규정의 시행에 따라 선거구역이 변경된 지역의 예비후보자는 해당 선거구역

변경규정의 시행일 후 10일(해당 선거구역 변경규정의 시행일 후 10일 이내에 후보자등록신청개시일이 도래하는 경우에는 후보자등록신청개시일 전일을 말한다)까지 입후보하려는 해당 선거구를 선택하여 관할 선거구선거관리위원회에 신고하여야 한다. 이 경우 그 날까지 신고가 없는 때에는 해당 예비후보자의 등록은 무효로 된 것으로 본다.

제10조(예비후보자홍보물 발송에 관한 경과조치) ① 부칙 제9조 전단에 따라 새로 선거구를 선택한 예비후보자는 새로 선택한 선거구 안에 있는 세대수의 100분의 10의 범위에서 예비후보자홍보물을 발송할 수 있다. 이 경우 해당 선거구역 변경규정의 시행 전에 그 선거구에 발송한 수량을 뺀 수량의 범위에서만 발송할 수 있다.

② 제1항에 따라 예비후보자홍보물을 발송하려는 예비후보자는 발송할 수 있는 예비후보자홍보물의 수량 범위에서 발송할 지역의 세대주의 성명·주소의 교부를 구·시·군의 장에게 신청할 수 있다.

제11조(예비후보자의 선거사무소에 관한 경과조치) 부칙 제9조 전단에 따라 새로 선거구를 선택한 예비후보자의 선거사무소가 다른 선거구역에 있을 경우에도 그 선거사무소는 법 제60조의3제1항제1호 및 제61조제1항제4호에 따른 선거사무소로 본다.

제12조(예비후보자의 선거사무원 선임에 관한 경과조치) 부칙 제9조 전단에 따라 새로 선거구를 선택한 예비후보자가 해당 선거구역 변경규정의 시행일 후 10일(해당 선거구역 변경규정의 시행일 후 10일 이내에 후보자등록신청개시일이 도래하는 경우에는 후보자등록신청개시일 전일을 말한다)까지 선거사무원을 교체하는 경우에는 제63조제1항 후단에 따른 교체선임 수에 포함하지 아니한다.

제13조(예비후보자의 선거비용에 관한 경과조치) ① 부칙 제9조 전단에 따라 새로 선택한 선거구가 종전의 선거구와 일부 겹치는 경우 그 예비후보자가 지출한 선거비용은 해당 선거의 선거비용으로 본다. 다만, 인구수 미달 선거구의 경우에는 그러하지 아니하다.

② 제1항 단서에도 불구하고 해당 선거구역 변경규정의 시행 전에 종전 선거구 구역 중 부칙 제9조 전단에 따라 새로 선택한 선거구의 구역에 포함된 지역에 발송한 예비후보자홍보물의 작성·발송비용은 해당 선거의 선거비용으로 본다.

제14조(선거에 관한 여론조사의 실시에 관한 경과조치) 2022년 6월 1일 실시하는 임기만료에 따른 지역구지방의회의원선거에서 선거구역 변경규정의 시행에 따라 선거구역이 변경된 지역의 예비후보자(후보자가 되려는 사람을 포함한다)가 해당 선거구역 변경규정의 시행일까지 실시한 선거에 관한 여론조사는 제120조제10호 단서에도 불구하고 그 횟수에 포함하지 아니한다.

제15조(기탁금 반환에 관한 경과조치) ① 2022년 6월 1일 실시하는 임기만료에 따른 지방자치단체의 장선거 및 지방의회의원선거에서 「장애인복지법」 제32조에 따른 장애인이거나 선거일 현재 29세 이하인 사람으로서 이 법 시행 전에 예비후보자로 등록된 사람이 사퇴하거나 등록이 무효로 된 경우(제57조의2제2항 본문에 따른 사유로 예비후보자의 등록이 무효로 된 경우는 제외한다. 이하 제2항에서 같다)에는 그 예비후보자가 납부한 기탁금의 100분의 50을 선거일 후 30일 이내에 반환하여야 한다.

② 2022년 6월 1일 실시하는 임기만료에 따른 지방자치단체의 장선거 및 지방의회의원선거에서 선거일 현재 30세 이상 39세 이하인 사람으로서 이 법 시행 전에 예비후보자로 등록된 사람이 사퇴하거나 등록이 무효로 된 경우에는 그 예비후보자가 납부한 기탁금의 100분의 30을 선거일 후 30일 이내에 반환하여야 한다.

제16조(선거사무장등의 수당 인상 차액의 산정 기준에 관한 특례) 제121조제3항의 개정규정 중 선거사무장등에게 지급할 수 있는 수당의 금액이 인상된 경우 그 차액의 산정은 2022년 1월 1일 현재 중앙선거관리위원회규칙으로 정한 선거사무장등의 수당을 기준으로 한다.

제17조(자치구·시·군의원선거 중대선거구제 확대 시범실시에 관한 특례) ① 제26조제2항에도 불구하고 2022년 6월 1일 실시하는 임기만료에 따른 지역구지방의회의원선거에서 서울특별시서초구갑국회의원선거구, 서울특별시동대문구을국회의원선거구, 서울특별시성북구갑국회의원선거구, 서울특별시강서구을국회의원선거구, 경기도용인시정국회의원선거구, 경기도남양주시병국회의원선거

구, 경기도구리시국회의원선거구, 인천광역시동구미추홀구갑국회의원선거구, 대구광역시수성구을국회의원선거구, 광주광역시광산구을국회의원선거구 및 충청남도논산시계룡시금산군국회의원선거구(이하 이 조에서 "시범실시지역"이라 한다)내의 하나의 자치구·시·군의원지역구에서 선출할 지역구자치구·시·군의원정수는 각각 3인 이상 5인 이하로 한다.

② 제23조 및 제26조제2항에도 불구하고 2022년 6월 1일 실시하는 임기만료에 따른 지역구지방의회의원선거에서 시범실시지역 내의 자치구·시·군의회에는 지역구자치구·시·군의회의원을 추가로 1인 증원할 수 있다. 이 경우 증원여부 및 증원이 이루어질 시범실시지역 내 지역구자치구·시·군의원선거구는 해당 시범실시지역의 지역구국회의원이 정한다.

③ 제2항에 따라 추가로 증원된 인원은 제23조에 따라 해당 시·도의 자치구·시·군의원선거구획정위원회가 정하는 의원정수와는 별개로 한다.

④ 제1항부터 제3항까지의 규정은 2022년 6월 1일 실시하는 임기만료에 따른 지역구지방의회의원선거에 한정하여 적용한다.

제18조(자치구·시·군의 지역구시·도의원정수에 관한 특례) 2018년 6월 13일 실시한 임기만료에 따른 지역구지방의회의원선거(보궐선거등을 포함한다)에서 자치구·시·군의 지역구시·도의원정수가 1인인 경우에는 제22조제1항 단서의 개정규정에도 불구하고 2022년 6월 1일 실시하는 임기만료에 따른 지역구지방의회의원선거(보궐선거등을 포함한다)에서 인구 5만명 이상인 자치구·시·군의 지역구시·도의원정수를 1인으로 한다.

제19조(자치구·시·군의원정수에 관한 특례) 신설된 시·도의원지역구에는 자치구·시·군의원 1인이 우선 배정되도록 반영한다.

제20조(다른 법률의 개정) 생략

부 칙 <2023·3·4 법19228>

제1조(시행일) 이 법은 공포 후 3개월이 경과한 날부터 시행한다. 〈단서 생략〉

제2조부터 **제8조**까지 생략

부 칙 <2023·3·14 법19234>

제1조(시행일) 이 법은 공포 후 6개월이 경과한 날부터 시행한다. 〈단서 생략〉

제2조부터 **제11조**까지 생략

부 칙 <2023·3·29 법19325>

이 법은 공포한 날부터 시행한다. 다만, 제218조의16제3항의 개정규정은 공포 후 3개월이 경과한 날부터 시행한다.

부 칙 <2023·8·30 법19696>

이 법은 공포한 날부터 시행한다.

부 칙 <2023·12·26 법19839>

제1조(시행일) 이 법은 공포 후 1년이 경과한 날부터 시행한다. 다만, 부칙 …〈생략〉… 제7조는 2024년 1월 18일부터 시행한다.

제2조부터 **제6조**까지 생략

제7조(다른 법률의 개정) 생략

제8조 생략

부 칙 <2023·12·28 법19855>

이 법은 공포 후 1개월이 경과한 날부터 시행한다. 다만, 제60조의3제1항제5호 및 제82조의4의 개정규정은 공포한 날부터 시행한다.

부 칙 <2024·3·8 법20370>

제1조(시행일) 이 법은 공포한 날부터 시행한다.

제2조(국회의원지역구획정에 관한 특례) ① 2024년 4월 10일에 실시하는 국회의원선거에서는 제25조제1항에도 불구하고 농산어촌의 지역대표성 반영을 위하여 강원특별자치도 춘천시의 일부를 분할하여 강원특별자치도 춘천시철원군화천군양구군을국회의원지역구에, 전라남도 순천시의 일부를 분할하여 전라남도 순천시광양시곡성군구례군을국회의원지역구에 속하게 할 수 있다.

② 2024년 4월 10일에 실시하는 국회의원선거에서는 제25조제1항에도 불구하고 행정구역·지리적 여건·교통·생활문화권의 고려를 위하여 서울특별시 성동구의 일부를 분할하여 서울특별시 중구성동구을국회의원지역구에, 경기도 양주시의 일부를 분할하여 경기도 동두천시양주시연천군을국회의원지역구에, 전북특별자치도 군산시의 일부를 분할하여 전북특별자치도 군산시김제시부안군을국회의원지역구에 속하게 할 수 있다.

제3조(예비후보자의 기탁금 반환에 관한 특례) 이 법 시행에 따라 선거구역이 변경된 국회의원지역구의 예비후보자로서 이 법 시행일 후 10일까지 사퇴하거나 부칙 제6조제2항에 따라 등록이 무효로 된 예비후보자에게 관할 선거구선거관리위원회는 제57

조제 1 항에도 불구하고 그 예비후보자가 납부한 기탁금을 선거일 후 30일 이내에 반환하여야 한다.

제 4 조(당내경선을 위한 휴대전화 가상번호 제공요청 등에 관한 특례) ① 2024년 4월 10일 실시하는 국회의원선거에서는 제57조의8제 2 항제 1 호에도 불구하고 정당은 이 법 시행일 후 3일까지 관할 선거관리위원회에 당내경선을 위한 휴대전화 가상번호 제공 요청서를 제출할 수 있다.

② 제57조의8제 5 항 본문에도 불구하고 이동통신사업자가 제 1 항에 따른 휴대전화 가상번호 제공 요청을 받은 때에는 그 요청을 받은 날부터 5일 이내에 휴대전화 가상번호를 생성하여 해당 정당에 제공하여야 한다.

제 5 조(자동 동보통신의 방법에 따른 문자메시지 전송에 관한 경과조치) 부칙 제 6 조제 1 항에 따라 새로 국회의원지역구를 선택한 예비후보자가 이 법 시행 전에 제59조제 2 호 후단에 따른 자동 동보통신의 방법으로 문자메시지를 전송한 경우에는 같은 호의 전송횟수에 포함된 것으로 본다.

제 6 조(예비후보자 등록에 관한 경과조치) ① 2024년 4월 10일 실시하는 국회의원선거의 예비후보자로서 이 법 시행에 따라 선거구역이 변경된 국회의원지역구의 예비후보자는 이 법 시행일 후 10일까지 종전 국회의원지역구의 전부 또는 일부를 포함하는 국회의원지역구 중 입후보하려는 국회의원지역구를 선택하여 관할 선거구선거관리위원회에 신고하여야 한다.

② 제 1 항에 따른 신고를 하지 아니한 경우에는 해당 예비후보자의 등록은 무효로 한다.

제 7 조(예비후보자홍보물 발송에 관한 경과조치) ① 부칙 제 6 조제 1 항에 따라 새로 국회의원지역구를 선택한 예비후보자는 새로 선택한 국회의원지역구 안에 있는 세대수의 100분의 10의 범위에서 예비후보자홍보물을 발송할 수 있다. 이 경우 이 법 시행 전에 그 국회의원지역구에 발송한 수량을 뺀 수량의 범위에서만 발송할 수 있다.

② 제 1 항에 따라 예비후보자홍보물을 발송하려는 예비후보자는 발송할 수 있는 예비후보자홍보물의 수량 범위에서 발송할 지역의 세대주의 성명·주소의 교부를 구·시·군의 장에게 신청할 수 있다.

제 8 조(예비후보자의 선거사무소에 관한 경과조치) 2024년 4월 10일 실시하는 국회의원선거에서 이 법 시행에 따라 예비후보자의 선거사무소가 다른 국회의원지역구에 있게 된 때에는 이 법 시행일 후 10일까지 예비후보자선거사무소를 해당 국회의원지역구로 이전하고 관할 선거구선거관리위원회에 선거사무소의 소재지 변경신고를 하여야 한다.

제 9 조(정당선거사무소 설치에 관한 경과조치) 2024년 4월 10일 실시하는 국회의원선거에서 이 법 시행에 따라 하나의 구·시·군이 둘 이상의 국회의원지역구로 획정된 경우 종전에 설치하였던 정당선거사무소는 그 주소지를 관할하는 해당 국회의원지역구에 설치된 정당선거사무소로 본다.

제10조(예비후보자의 선거사무원 선임에 관한 경과조치) 부칙 제 6 조제 1 항에 따라 새로 국회의원지역구를 선택한 예비후보자는 제63조제 1 항 후단에도 불구하고 이 법 시행일부터 제62조제 3 항제 3 호에 따른 선거사무원수의 2배수 범위에서 선거사무원을 교체선임할 수 있다.

제11조(예비후보자의 선거비용에 관한 경과조치) 부칙 제 6 조제 1 항에 따라 새로 국회의원지역구를 선택한 예비후보자가 이 법 시행 전에 선거운동을 위하여 지출한 비용은 해당 선거의 선거비용으로 본다.

제12조(선거에 관한 여론조사의 실시에 관한 경과조치) 2024년 4월 10일 실시하는 국회의원선거에서 이 법 시행에 따라 선거구역이 변경된 국회의원지역구의 예비후보자(후보자가 되려는 사람을 포함한다)가 이 법 시행일까지 실시한 선거에 관한 여론조사는 제120조제10호 단서에도 불구하고 그 횟수에 포함하지 아니한다.

부 칙 <2025·1·7 법20660>

이 법은 공포한 날부터 시행한다.

●정당법

〔2005·8·4 법률제7683호 전부개정〕

개정
2008· 2·29 법률제 8881호
2009· 7·31 법률제 9785호(신문 등의 진흥에 관한 법률)
2010· 1·25 법률제 9973호
2010· 7·23 법률제10396호
2011· 7·21 법률제10866호(고등교육법)
2012· 2·29 법률제11375호
2013· 8·13 법률제12112호
2013·12·30 법률제12150호
2015· 8·11 법률제13460호
2016· 1·15 법률제13757호
2018· 8·14 법률제15750호
2020· 3·11 법률제17071호(정치자금법)
2020· 6· 9 법률제17354호(전자서명법)
2022· 1·21 법률제18792호
2024· 1· 2 법률제19922호

제1장 총칙

제1조(목적) 이 법은 정당이 국민의 정치적 의사형성에 참여하는데 필요한 조직을 확보하고 정당의 민주적인 조직과 활동을 보장함으로써 민주정치의 건전한 발전에 기여함을 목적으로 한다.

제2조(정의) 이 법에서 "정당"이라 함은 국민의 이익을 위하여 책임있는 정치적 주장이나 정책을 추진하고 공직선거의 후보자를 추천 또는 지지함으로써 국민의 정치적 의사형성에 참여함을 목적으로 하는 국민의 자발적 조직을 말한다.

제3조(구성) 정당은 수도에 소재하는 중앙당과 특별시·광역시·도에 각각 소재하는 시·도당(이하 "시·도당"이라 한다)으로 구성한다.

제2장 정당의 성립

제4조(성립) ① 정당은 중앙당이 중앙선거관리위원회에 등록함으로써 성립한다.
② 제1항의 등록에는 제17조(법정시·도당수) 및 제18조(시·도당의 법정당원수)의 요건을 구비하여야 한다.

제5조(창당준비위원회) 정당의 창당활동은 발기인으로 구성하는 창당준비위원회가 이를 한다.

제6조(발기인) 창당준비위원회는 중앙당의 경우에는 200명 이상의, 시·도당의 경우에는 100명 이상의 발기인으로 구성한다. <개정 2010·7·23>

제7조(신고) ① 중앙당창당준비위원회를 결성한 때에는 그 대표자는 중앙선거관리위원회에 다음 각 호의 사항을 신고하여야 한다.
1. 발기의 취지
2. 정당의 명칭(가칭)
3. 사무소의 소재지
4. 발기인과 그 대표자의 성명·주소
5. 회인(會印) 및 그 대표자 직인의 인영
6. 중앙선거관리위원회규칙으로 정하는 사항

② 중앙당창당준비위원회는 제1항의 신고를 함으로써 그 활동을 개시할 수 있다.
③ 제1항의 신고를 하는 때에는 발기인이 서명·날인한 동의서를 첨부하여야 한다. <신설 2010·7·23>
④ 제1항의 신고사항 중 제1호 내지 제5호(제4호 중 발기인의 성명·주소를 제외한다)에 규정된 사항에 변경이 생긴 때에는 중앙당창당준비위원회의 대표자는 14일 이내에 중앙선거관리위원회에 변경신고를 하여야 한다.

제8조(창당준비위원회의 활동범위) ① 창당준비위원회는 창당의 목적범위 안에서만 활동을 할 수 있다.

② 중앙당창당준비위원회는 제 7 조(신고)제 1 항의 규정에 의한 결성신고일부터 6월 이내에 한하여 창당활동을 할 수 있다.

③ 중앙당창당준비위원회가 제 2 항의 기간 이내에 제11조(등록신청)의 규정에 의한 중앙당의 창당등록신청을 하지 아니한 때에는 그 기간만료일의 다음 날에 그 창당준비위원회는 소멸된 것으로 본다.

④ 중앙당창당준비위원회가 소멸된 때에는 중앙선거관리위원회는 지체 없이 그 뜻을 공고하여야 한다.

제 9 조(시 · 도당의 창당승인) 시 · 도당의 창당에는 중앙당 또는 그 창당준비위원회의 승인이 있어야 한다.

제10조(창당집회의 공개) ① 정당의 창당집회는 공개하여야 한다.

② 중앙당창당준비위원회는 창당집회의 공개를 위하여 집회개최일 전 5일까지 「신문 등의 진흥에 관한 법률」 제 2 조(정의)에 따른 일간신문에 집회개최공고를 하여야 한다. <개정 2009 · 7 · 31>

제11조(등록신청) 창당준비위원회가 창당준비를 완료한 때에는 그 대표자는 관할 선거관리위원회에 정당의 등록을 신청하여야 한다.

제12조(중앙당의 등록신청사항) ① 중앙당의 등록신청사항은 다음 각 호와 같다.

1. 정당의 명칭(약칭을 정한 때에는 약칭을 포함한다)
2. 사무소의 소재지
3. 강령(또는 기본정책)과 당헌
4. 대표자 · 간부의 성명 · 주소
5. 당원의 수
6. 당인(黨印) 및 그 대표자 직인의 인영
7. 시 · 도당의 소재지와 명칭
8. 시 · 도당의 대표자의 성명 · 주소

② 제 1 항의 등록신청에는 대표자 및 간부의 취임동의서와 제10조(창당집회의 공개) 제 2 항의 규정에 의한 신문공고에 관한 증빙자료 및 창당대회 회의록 사본을 첨부하여야 한다.

③ 제 1 항제 4 호의 간부의 범위는 중앙선거관리위원회규칙으로 정한다. <신설 2010 · 1 · 25>

제13조(시 · 도당의 등록신청사항) ① 시 · 도당의 등록신청사항은 다음 각 호와 같다.

1. 정당의 명칭
2. 사무소의 소재지
3. 대표자 · 간부의 성명 · 주소
4. 당원의 수
5. 당인(黨印) 및 그 대표자 직인의 인영

② 제 1 항의 등록신청에는 대표자 및 간부의 취임동의서, 중앙당 또는 그 창당준비위원회의 창당승인서, 법정당원수에 해당하는 수의 당원의 입당원서 사본(18세 미만인 당원의 경우 법정대리인의 동의서 사본을 포함한다) 및 창당대회 회의록 사본을 첨부하여야 한다. <개정 2022 · 1 · 21>

③ 제 1 항제 3 호의 간부의 범위는 중앙선거관리위원회규칙으로 정한다. <신설 2010 · 1 · 25>

제14조(변경등록) 제12조(중앙당의 등록신청사항) 및 제13조(시 · 도당의 등록신청사항)의 등록신청사항 중 다음 각 호의 어느 하나에 변경이 생긴 때에는 14일 이내에 관할 선거관리위원회에 변경등록을 신청하여야 한다. <개정 2010 · 1 · 25>

1. 정당의 명칭(약칭을 포함한다)
2. 사무소(중앙당의 경우 당해 사무소에 한한다)의 소재지
3. 강령(또는 기본정책)과 당헌
4. 대표자 · 간부의 성명 · 주소
5. 당인(黨印) 및 그 대표자 직인의 인영

제15조(등록신청의 심사) 등록신청을 받은 관할 선거관리위원회는 형식적 요건을 구비하는 한 이를 거부하지 못한다. 다만, 형식적 요건을 구비하지 못한 때에는 상당한 기간을 정하여 그 보완을 명하고, 2회 이상 보완을 명하여도 응하지 아니할 때에는 그 신청을 각하할 수 있다.

제16조(등록 · 등록증의 교부 및 공고) ① 제12조(중앙당의 등록신청사항) 내지 제14조(변경등록)의 규정에 의한 등록신청을 받은 관할 선거관리위원회는 등록신청을 접수한 날부터 7일 이내에 등록을 수리하고 등록증을 교부하여야 한다.

② 제 1 항의 등록을 수리한 때에는 당해 선거관리위원회는 지체 없이 그 뜻을 공고하여야 한다.

제17조(법정시·도당수) 정당은 5 이상의 시·도당을 가져야 한다.

제18조(시·도당의 법정당원수) ① 시·도당은 1천인 이상의 당원을 가져야 한다.

② 제1항의 규정에 의한 법정당원수에 해당하는 수의 당원은 당해 시·도당의 관할 구역 안에 주소를 두어야 한다.

제3장 정당의 합당

제19조(합당) ① 정당이 새로운 당명으로 합당(이하 "신설합당"이라 한다)하거나 다른 정당에 합당(이하 "흡수합당"이라 한다)될 때에는 합당을 하는 정당들의 대의기관이나 그 수임기관의 합동회의의 결의로써 합당할 수 있다.

② 정당의 합당은 제20조(합당된 경우의 등록신청)제1항·제2항 및 제4항의 규정에 의하여 중앙선거관리위원회에 등록 또는 신고함으로써 성립한다. 다만, 정당이 「공직선거법」 제2조(적용범위)의 규정에 의한 선거(이하 "공직선거"라 한다)의 후보자등록신청개시일부터 선거일까지의 사이에 합당된 때에는 선거일 후 20일에 그 효력이 발생한다.

③ 제1항 및 제2항의 규정에 의하여 정당의 합당이 성립한 경우에는 그 소속 시·도당도 합당한 것으로 본다. 다만, 신설합당인 경우에는 합당등록신청일부터 3월 이내에 시·도당 개편대회를 거쳐 변경등록신청을 하여야 한다.

④ 신설합당된 정당이 제3항 단서의 규정에 의한 기간 이내에 변경등록신청을 하지 아니한 경우에는 그 기간만료일의 다음 날에 당해 시·도당은 소멸된 것으로 본다.

⑤ 합당으로 신설 또는 존속하는 정당은 합당 전 정당의 권리·의무를 승계한다.

제20조(합당된 경우의 등록신청) ① 신설합당의 경우 정당의 대표자는 제19조(합당)제1항의 규정에 의한 합동회의의 결의가 있은 날부터 14일 이내에 그 회의록 사본을 첨부하여 중앙선거관리위원회에 제12조(중앙당의 등록신청사항)의 규정에 의한 등록신청을 하여야 한다.

② 제1항의 경우에 제12조제1항제7호 및 제8호의 사항은 등록신청일부터 120일 이내에 보완할 수 있다.

③ 제2항의 경우에 있어 그 기간 이내에 보완이 없는 때에는 중앙선거관리위원회는 2회 이상 상당한 기간을 두어 보완을 명하고, 보완이 없는 때에는 제44조(등록의 취소)제1항의 규정에 의하여 그 등록을 취소할 수 있다.

④ 흡수합당으로 존속하는 정당의 대표자는 제19조제1항의 규정에 의한 합동회의의 결의가 있은 날부터 14일 이내에 그 회의록 사본을 첨부하여 합당된 사유를 중앙선거관리위원회에 신고하여야 한다.

제21조(합당된 경우의 당원) 제19조(합당)의 규정에 의한 합당의 경우 합당 전 정당의 당원은 합당된 정당의 당원이 된다. 이 경우 합당 전의 입당원서는 합당된 정당의 입당원서로 본다.

제4장 정당의 입당·탈당

제22조(발기인 및 당원의 자격) ① 16세 이상의 국민은 공무원 그 밖에 그 신분을 이유로 정당가입이나 정치활동을 금지하는 다른 법령의 규정에 불구하고 누구든지 정당의 발기인 및 당원이 될 수 있다. 다만, 다음 각 호의 어느 하나에 해당하는 자는 그러하지 아니하다. <개정 2011·7·21, 2012·2·29, 2013·12·30, 2022·1·21>

1. 「국가공무원법」 제2조(공무원의 구분) 또는 「지방공무원법」 제2조(공무원의 구분)에 규정된 공무원. 다만, 대통령, 국무총리, 국무위원, 국회의원, 지방의회의원, 선거에 의하여 취임하는 지방자치단체의 장, 국회 부의장의 수석비서관·비서관·비서·행정보조요원, 국회 상임위원회·예산결산특별위원회·윤리특별위원회 위원장의 행정보조요원, 국회의원의 보좌관·비서관·비서, 국회 교섭단체대표의원의 행정비서관, 국회 교섭단체의 정책연구위원·행정보조요원과 「고등교육법」 제14조(교직원의 구분) 제1항·제2항에 따른 교원은 제외한다.

2. 「고등교육법」 제14조제1항·제2항에 따른 교원을 제외한 사립학교의 교원
3. 법령의 규정에 의하여 공무원의 신분을 가진 자
4. 「공직선거법」 제18조제1항에 따른 선거권이 없는 사람

② 대한민국 국민이 아닌 자는 당원이 될 수 없다.

제23조(입당) ① 당원이 되고자 하는 자는 다음 각 호의 어느 하나에 해당하는 방법으로 시·도당 또는 그 창당준비위원회에 입당신청을 하여야 한다. 이 경우 18세 미만인 사람이 입당신청을 하는 때에는 법정대리인의 동의서를 함께 제출하여야 한다. <개정 2015·8·11, 2020·6·9, 2022·1·21>

1. 자신이 서명 또는 날인한 입당원서를 제출하는 방법
2. 「전자서명법」 제2조제2호에 따른 전자서명(서명자의 실지명의를 확인할 수 있는 것을 말한다. 이하 같다)이 있는 전자문서로 입당원서를 제출하는 방법
3. 정당의 당헌·당규로 정하는 바에 따라 정보통신망을 이용하는 방법. 이 경우 「정보통신망 이용촉진 및 정보보호 등에 관한 법률」 등 관계 법령에 따라 본인확인을 거쳐야 한다.

② 시·도당 또는 그 창당준비위원회는 제1항의 규정에 의한 입당원서를 접수한 때에는 당원자격 심사기관의 심의를 거쳐 입당허가 여부를 결정하여 당원명부에 등재하고, 시·도당 또는 그 창당준비위원회의 대표자는 당원이 된 자의 요청이 있는 경우 당원증을 발급하여야 한다. 이 경우 입당의 효력은 입당신청인이 당원명부에 등재된 때에 발생한다. <개정 2015·8·11>

③ 입당신청인은 시·도당 또는 그 창당준비위원회가 입당원서의 접수를 거부하거나 또는 정당한 사유 없이 입당심의를 지연하거나 입당을 허가하지 아니하는 경우에는 중앙당 또는 그 창당준비위원회에 입당원서를 제출할 수 있으며, 중앙당 또는 그 창당준비위원회는 입당허가 여부를 심사하여 입당을 허가함이 상당하다고 인정하는 때에는 해당 시·도당 또는 그 창당준비위원회에 입당신청인을 당원명부에 등재하도록 명하여야 한다. 이 경우 입당의 효력은 입당원서가 중앙당 또는 그 창당준비위원회에 접수한 때에 발생한다.

④ 당원명부에 등재되지 아니한 자는 당원으로 인정하지 아니한다.

제24조(당원명부) ① 시·도당에는 당원명부를 비치하여야 한다.

② 중앙당은 시·도당의 당원명부에 근거하여 당원명부를 전산조직에 의하여 통합 관리할 수 있다. 이 경우 시·도당의 당원명부와 중앙당이 전산조직에 의하여 관리하는 당원명부가 일치하지 아니한 때에는 당원명부의 효력은 시·도당의 당원명부가 우선한다. <신설 2012·2·29>

③ 제1항 및 제2항의 명부는 법원이 재판상 요구하는 경우와 관계 선거관리위원회가 당원에 관한 사항을 확인하는 경우를 제외하고는 이의 열람을 강요당하지 아니한다. <개정 2012·2·29>

④ 범죄수사를 위한 당원명부의 조사에는 법관이 발부하는 영장이 있어야 한다. 이 경우 조사에 관여한 관계 공무원은 당원명부에 관하여 지득한 사실을 누설하지 못한다.

제25조(탈당) ① 당원이 탈당하고자 할 때에는 다음 각 호의 어느 하나에 해당하는 방법으로 소속 시·도당에 탈당신고를 하여야 하며, 소속 시·도당에 탈당신고를 할 수 없을 때에는 그 중앙당에 탈당신고를 할 수 있다. <개정 2015·8·11, 2020·6·9>

1. 자신이 서명 또는 날인한 탈당신고서를 제출하는 방법
2. 「전자서명법」 제2조제2호에 따른 전자서명이 있는 전자문서로 탈당신고서를 제출하는 방법
3. 정당의 당헌·당규로 정하는 바에 따라 정보통신망을 이용하는 방법. 이 경우 「정보통신망 이용촉진 및 정보보호 등에 관한 법률」 등 관계 법령에 따라 본인확인을 거쳐야 한다.

② 제1항의 규정에 의한 탈당의 효력은 탈당신고서가 소속 시·도당 또는 중앙당에 접수된 때에 발생한다.

③ 탈당신고서를 접수한 당해 시·도당은 접

수한 날부터 2일 이내에 당원명부의 기재를 말소하고, 탈당증명서를 교부하여야 한다.

④ 제1항의 규정에 의하여 중앙당이 탈당신고서를 접수한 때에는 즉시 탈당증명서를 교부하고, 해당 시·도당에 통보하여 당원명부의 기재를 말소하게 하여야 한다.

제26조(탈당원명부) 시·도당에는 탈당원명부를 비치하여야 한다. 이 경우 탈당원명부는 당원명부에 탈당일자를 기재하는 것으로 갈음할 수 있다.

제27조(당원명부 등의 인계) 정당은 대표자 등의 변경이나 합당에 따른 조직개편시 당원명부 등 중앙선거관리위원회규칙으로 정하는 관련 서류(이하 "관련 서류"라 한다)와 정당운영에 관련되는 인장 등의 인계의무자를 당헌에 정하여야 하며, 당해 인계의무자는 사유발생일부터 14일 이내에 관련 서류와 인장 등을 인계하여야 한다.

제27조의2(입당원서·탈당신고서의 보관 및 폐기) ① 시·도당은 당원명부·탈당원명부 작성의 기초가 되는 입당원서 또는 탈당신고서가 접수된 지 5년이 지난 경우에는 중앙선거관리위원회규칙으로 정하는 바에 따라 이를 전자매체 등으로 보관할 수 있다.

② 제1항에 따라 입당원서 또는 탈당신고서를 전자매체 등으로 보관하는 경우에는 중앙선거관리위원회규칙으로 정하는 바에 따라 그 원본을 폐기할 수 있다.

[본조신설 2018·8·14]

제5장　정당의 운영

제28조(강령 등의 공개 및 당헌의 기재사항) ① 정당은 그 강령(또는 기본정책)과 당헌을 공개하여야 한다.

② 제1항의 당헌에는 다음 각 호의 사항을 규정하여야 한다.

1. 정당의 명칭
2. 정당의 일반적인 조직·구성 및 권한에 관한 사항
3. 대표자·간부의 선임방법·임기·권리 및 의무에 관한 사항
4. 당원의 입당·탈당·제명과 권리 및 의무에 관한 사항
5. 대의기관의 설치 및 소집절차
6. 간부회의의 구성·권한 및 소집절차
7. 당의 재정에 관한 사항
8. 공직선거후보자 선출에 관한 사항
9. 당헌·당규의 제정 및 개정에 관한 사항
10. 정당의 해산 및 합당에 관한 사항
11. 등록취소 또는 자진해산시의 잔여재산 처분에 관한 사항

③ 중앙선거관리위원회는 제12조(중앙당의 등록신청사항)제1항 및 제14조(변경등록)에 따라 등록신청받은 강령(또는 기본정책)과 당헌을 보존하고, 이를 인터넷 홈페이지에 공개하여야 한다. 이 경우 해당 정당이 합당 또는 소멸된 때에도 계속하여 공개하여야 한다. <신설 2016·1·15>

④ 제3항에 따른 강령·당헌의 보존 및 공개 방법, 그 밖에 필요한 사항은 중앙선거관리위원회규칙으로 정한다. <신설 2016·1·15>

제29조(정당의 기구) ① 정당은 민주적인 내부질서를 유지하기 위하여 당원의 총의를 반영할 수 있는 대의기관 및 집행기관과 소속 국회의원이 있는 경우에는 의원총회를 가져야 한다.

② 중앙당은 정당의 예산과 결산 및 그 내역에 관한 회계검사 등 정당의 재정에 관한 사항을 확인·검사하기 위하여 예산결산위원회를 두어야 한다.

③ 제1항 및 제2항의 기관의 조직·권한 그 밖의 사항에 관하여는 당헌으로 이를 정하여야 한다.

제30조(정당의 유급사무직원수 제한) ① 정당에 둘 수 있는 유급사무직원은 중앙당에는 100명을 초과할 수 없으며, 시·도당에는 총 100인 이내에서 각 시·도당별로 중앙당이 정한다. <개정 2010·1·25>

② 중앙선거관리위원회는 정당이 제1항에 규정된 유급사무직원수를 초과한 경우에는 다음 연도에 「정치자금법」 제25조제4항에 따라 지급하는 경상보조금에서 당해 정당의 유급사무직원의 연간 평균인건비에 초과한 유급사무직원수를 곱한 금액을 감액한다. <개정 2008·2·29>

③ 제1항에서 "유급사무직원"이라 함은 상근·비상근을 불문하고 월 15일 이상 정당에 고용되어 근로를 제공하고 임금·봉급·수당·활동비 그 밖에 어떠한 명칭으로든지 그 대가를 제공받는 자를 말한다. 이 경우 월 15일 미만의 근로를 제공하고 그 대가를 받은 사람(청소, 이사 등 일시적으로 단순노무를 제공한 일용근로자나 용역업체 직원 등은 제외한다)이 2명 이상인 때에는 그들의 근로일수를 모두 합하여 월 15일 이상 매 30일까지마다 1명을 유급사무직원수에 산입한다. <개정 2010·1·25>

④ 제3항에도 불구하고 다음 각 호의 어느 하나에 해당하는 사람은 제1항의 유급사무직원수에 포함하지 아니한다. <개정 2010·1·25>

1. 제38조에 따른 정책연구소의 연구원
2. 근로에 대한 대가를 제공받음이 없이 직책수행에 소요되는 활동비만을 지급받는 정당의 간부

제31조(당비) ① 정당은 당원의 정예화와 정당의 재정자립을 도모하기 위하여 당비납부제도를 설정·운영하여야 한다.

② 정당의 당원은 같은 정당의 타인의 당비를 부담할 수 없으며, 타인의 당비를 부담한 자와 타인으로 하여금 자신의 당비를 부담하게 한 자는 당비를 낸 것이 확인된 날부터 1년간 당해 정당의 당원자격이 정지된다.

③ 당비납부의무를 이행하지 아니하는 당원에 대한 권리행사의 제한, 제명 및 제2항의 규정에 의한 당원자격의 정지 등에 관하여 필요한 사항은 당헌으로 정한다.

제32조(서면결의의 금지) ① 대의기관의 결의와 소속 국회의원의 제명에 관한 결의는 서면이나 대리인에 의하여 의결할 수 없다.

② 대의기관의 결의는 「전자서명법」 제2조 제2호에 따른 전자서명을 통하여도 의결할 수 있으며, 그 구체적인 방법은 당헌으로 정한다. <개정 2020·6·9>

제33조(정당소속 국회의원의 제명) 정당이 그 소속 국회의원을 제명하기 위해서는 당헌이 정하는 절차를 거치는 외에 그 소속 국회의원 전원의 2분의 1 이상의 찬성이 있어야 한다.

제34조(정당의 재정) 정당의 재산 및 수입·지출 등 재정에 관한 사항은 따로 법률로 정한다.

제35조(정기보고) ① 중앙당과 시·도당은 매년 12월 31일 현재로 그 당원수 및 활동개황을 다음 연도 2월 15일(시·도당은 1월 31일)까지 관할 선거관리위원회에 보고하여야 한다. 이 경우 중앙당은 당해 연도의 정책추진내용과 그 추진결과 및 다음 연도의 주요정책추진계획을 중앙선거관리위원회에 보고하여야 한다.

② 중앙당과 시·도당은 제17조(법정시·도당수) 및 제18조(시·도당의 법정당원수)의 요건에 흠결이 생긴 때에는 흠결이 생긴 날부터 14일 이내에 관할 선거관리위원회에 이를 보고하여야 한다.

③ 제38조(정책연구소의 설치·운영)의 규정에 의한 정책연구소는 매년 12월 31일 현재로 연간 활동실적을 다음 연도 2월 15일까지 중앙선거관리위원회에 보고하고, 당해 정당의 인터넷 홈페이지에 게시하는 등의 방법으로 공개하여야 한다.

④ 중앙선거관리위원회는 제3항의 규정에 의하여 보고받은 연간 활동실적을 당해 인터넷 홈페이지 등을 이용하여 공개하여야 한다.

제36조(보고 또는 자료 등의 제출의 요구) 각급 선거관리위원회(읍·면·동선거관리위원회를 제외한다)는 감독상 필요한 때에는 정당에 대하여 보고 또는 장부·서류 그 밖의 자료제출을 요구할 수 있다. 다만, 당원명부는 그러하지 아니하다.

제36조의2(비례대표국회의원선거의 후보자추천) 정당이 「공직선거법」 제47조제1항 및 제2항에 따라 비례대표국회의원선거의 후보자를 추천하는 경우에는 당헌·당규 또는 그 밖의 내부규약 등으로 정하는 바에 따라 민주적 절차를 거쳐 추천할 후보자를 결정한다.

〔본조신설 2024·1·2〕

제 6 장 정당활동의 보장

제37조(활동의 자유) ① 정당은 헌법과 법률에 의하여 활동의 자유를 가진다.

② 정당이 특정 정당이나 공직선거의 후보자(후보자가 되고자 하는 자를 포함한다)를 지지·추천하거나 반대함이 없이 자당의 정책이나 정치적 현안에 대한 입장을 인쇄물·시설물·광고 등을 이용하여 홍보하는 행위와 당원을 모집하기 위한 활동(호별방문을 제외한다)은 통상적인 정당활동으로 보장되어야 한다.

③ 정당은 국회의원지역구 및 자치구·시·군, 읍·면·동별로 당원협의회를 둘 수 있다. 다만, 누구든지 시·도당 하부조직의 운영을 위하여 당원협의회 등의 사무소를 둘 수 없다.

제38조(정책연구소의 설치·운영) ①「정치자금법」 제27조(보조금의 배분)의 규정에 의한 보조금 배분대상정당(이하 "보조금 배분대상정당"이라 한다)은 정책의 개발·연구활동을 촉진하기 위하여 중앙당에 별도 법인으로 정책연구소(이하 "정책연구소"라 한다)를 설치·운영하여야 한다.

② 국가는 정책연구소의 활동을 지원할 수 있다.

제39조(정책토론회) ①「공직선거법」 제8조의7(선거방송토론위원회)의 규정에 의한 중앙선거방송토론위원회는 보조금 배분대상정당이 방송을 통하여 정강·정책을 알릴 수 있도록 하기 위하여 임기만료에 의한 공직선거(대통령의 궐위로 인한 선거 및 재선거를 포함한다)의 선거일 전 90일(대통령의 궐위로 인한 선거 및 재선거에 있어서는 그 선거의 실시사유가 확정된 날)부터 선거일까지를 제외한 기간 중 연 2회 이상 중앙당의 대표자·정책연구소의 소장 또는 중앙당의 대표자가 지정하는 자를 초청하여 정책토론회(이하 "정책토론회"라 한다)를 개최하여야 한다.

② 공영방송사(한국방송공사와 「방송문화진흥회법」에 의한 방송문화진흥회가 최다 출자자인 방송사업자를 말한다. 이하 이 조에서 같다)는 정책토론회를 당해 텔레비전방송을 통하여 중계방송하여야 하며, 그 비용은 공영방송사가 부담한다.

③「공직선거법」 제82조의2(선거방송토론위원회 주관 대담·토론회)제7항 내지 제9항·제12항 및 제13항의 규정은 정책토론회에 이를 준용한다. 이 경우 "대담·토론회"는 "정책토론회"로, "각급 선거방송토론위원회"는 "중앙선거방송토론위원회"로 본다.

④ 정책토론회의 개최·진행 및 고지 그 밖에 필요한 사항은 중앙선거관리위원회규칙으로 정한다.

제39조의2(정책선거 활성화를 위한 공익광고) ①「방송법」에 따른 지상파방송사는 임기만료에 의한 공직선거가 실시되는 연도에 정책선거 활성화를 위한 공익광고를 5회 이상 중앙선거관리위원회규칙으로 정하는 시간대에 하여야 하며, 그 비용은 해당 방송사가 부담한다.

② 제1항의 공익광고를 위하여 「방송광고판매대행 등에 관한 법률」에 따른 한국방송광고진흥공사(이하 이 조에서 "한국방송광고진흥공사"라 한다)는 그 부담으로 방송광고물을 제작하여 1회 이상 지상파방송사에 제공하여야 한다. <개정 2020·3·11>

③ 한국방송광고진흥공사는 제2항에 따른 방송광고물을 제작하고자 하는 때에는 그 방송광고의 주제에 관하여 중앙선거관리위원회와 협의하여야 한다. <개정 2020·3·11>

〔본조신설 2012·2·29〕

제40조(대체정당의 금지) 정당이 헌법재판소의 결정으로 해산된 때에는 해산된 정당의 강령(또는 기본정책)과 동일하거나 유사한 것으로 정당을 창당하지 못한다.

제41조(유사명칭 등의 사용금지) ① 이 법에 의하여 등록된 정당이 아니면 그 명칭에 정당임을 표시하는 문자를 사용하지 못한다.

② 헌법재판소의 결정에 의하여 해산된 정당의 명칭과 같은 명칭은 정당의 명칭으로 다시 사용하지 못한다.

③ 창당준비위원회 및 정당의 명칭(약칭을 포함한다)은 이미 신고된 창당준비위원회 및 등록된 정당이 사용 중인 명칭과 뚜렷이 구별되어야 한다.

④ 제44조(등록의 취소)제1항의 규정에 의

하여 등록취소된 정당의 명칭과 같은 명칭은 등록취소된 날부터 최초로 실시하는 임기만료에 의한 국회의원선거의 선거일까지 정당의 명칭으로 사용할 수 없다.

제42조(강제입당 등의 금지) ① 누구든지 본인의 자유의사에 의하는 승낙 없이 정당가입 또는 탈당을 강요당하지 아니한다. 다만, 당원의 제명처분은 그러하지 아니하다.

② 누구든지 2 이상의 정당의 당원이 되지 못한다.

제43조(비밀엄수의 의무) 각급 선거관리위원회 위원과 직원은 재직 중은 물론 퇴직 후라도 직무상의 비밀을 엄수하여야 한다.

제 7 장 정당의 소멸

제44조(등록의 취소) ① 정당이 다음 각 호의 어느 하나에 해당하는 때에는 당해 선거관리위원회는 그 등록을 취소한다.

1. 제17조(법정시 · 도당수) 및 제18조(시 · 도당의 법정당원수)의 요건을 구비하지 못하게 된 때. 다만, 요건의 흠결이 공직선거의 선거일 전 3월 이내에 생긴 때에는 선거일 후 3월까지, 그 외의 경우에는 요건 흠결시부터 3월까지 그 취소를 유예한다.
2. 최근 4년간 임기만료에 의한 국회의원선거 또는 임기만료에 의한 지방자치단체의 장선거나 시 · 도의회의원선거에 참여하지 아니한 때
3. 임기만료에 의한 국회의원선거에 참여하여 의석을 얻지 못하고 유효투표총수의 100분의 2 이상을 득표하지 못한 때

② 제 1 항의 규정에 의하여 등록을 취소한 때에는 당해 선거관리위원회는 지체 없이 그 뜻을 공고하여야 한다.

제45조(자진해산) ① 정당은 그 대의기관의 결의로써 해산할 수 있다.

② 제 1 항의 규정에 의하여 정당이 해산한 때에는 그 대표자는 지체 없이 그 뜻을 관할 선거관리위원회에 신고하여야 한다.

제46조(시 · 도당 창당승인의 취소) 중앙당 또는 그 창당준비위원회는 시 · 도당 창당승인에 대한 취소사유와 절차를 당헌 또는 창당준비위원회 규약에 정하여야 하며, 당헌 또는 규약에서 정한 외의 사유로 창당승인을 취소하는 때에는 중앙당 또는 그 창당준비위원회의 대의기관에서 투표로 결정하여야 한다.

제47조(해산공고 등) 제45조(자진해산)의 신고가 있거나 헌법재판소의 해산결정의 통지나 중앙당 또는 그 창당준비위원회의 시 · 도당 창당승인의 취소통지가 있는 때에는 당해 선거관리위원회는 그 정당의 등록을 말소하고 지체 없이 그 뜻을 공고하여야 한다.

제48조(해산된 경우 등의 잔여재산 처분) ① 정당이 제44조(등록의 취소)제 1 항의 규정에 의하여 등록이 취소되거나 제45조(자진해산)의 규정에 의하여 자진해산한 때에는 그 잔여재산은 당헌이 정하는 바에 따라 처분한다.

② 제 1 항의 규정에 의하여 처분되지 아니한 정당의 잔여재산 및 헌법재판소의 해산결정에 의하여 해산된 정당의 잔여재산은 국고에 귀속한다.

③ 제 2 항에 관하여 필요한 사항은 중앙선거관리위원회규칙으로 정한다.

제 7 장의2 보칙

제48조의2(당대표경선사무의 위탁) ① 「정치자금법」 제27조에 따라 보조금의 배분대상이 되는 정당의 중앙당은 그 대표자의 선출을 위한 선거(이하 이 조에서 "당대표경선"이라 한다)사무 중 투표 및 개표에 관한 사무의 관리를 중앙선거관리위원회에 위탁할 수 있다.

② 중앙선거관리위원회가 제 1 항에 따라 당대표경선의 투표 및 개표에 관한 사무를 수탁관리하는 경우 그 비용은 해당 정당이 부담한다.

③ 제 1 항에 따라 정당의 중앙당이 당대표경선사무를 위탁하는 경우 그 구체적인 절차와 필요한 사항은 중앙선거관리위원회규칙으로 정한다.

〔본조신설 2008 · 2 · 29〕

제 8 장 벌칙

제49조(당대표경선등의 자유방해죄) ① 정당의 대표자·투표로 선출하는 당직자(당직자의 선출을 위한 선거인단을 포함한다. 이하 같다)의 선출을 위한 선거(이하 "당대표경선등"이라 한다)와 관련하여 다음 각 호의 어느 하나에 해당하는 자는 5년 이하의 징역 또는 1천만원 이하의 벌금에 처한다.

1. 후보자·후보자가 되고자 하는 자 또는 당선인을 폭행·협박 또는 유인하거나 체포·감금한 자
2. 선거운동 또는 교통을 방해하거나 위계·사술 그 밖에 부정한 방법으로 당대표경선등의 자유를 방해한 자
3. 업무·고용 그 밖에 관계로 인하여 자기의 보호·지휘·감독을 받는 자에게 특정 후보자를 지지·추천하거나 반대하도록 강요한 자

② 당대표경선등과 관련하여 다수인이 선거운동을 위한 시설·장소 등에서 위험한 물건을 던지거나 후보자를 폭행한 때에는 다음 각 호의 구분에 따라 처벌한다.

1. 주모자는 3년 이상의 유기징역
2. 다른 사람을 지휘하거나 다른 사람에 앞장서서 행동한 자는 7년 이하의 징역
3. 다른 사람의 의견에 동조하여 행동한 자는 2년 이하의 징역

제50조(당대표경선등의 매수 및 이해유도죄) ① 당대표경선등과 관련하여 다음 각 호의 어느 하나에 해당하는 자는 3년 이하의 징역 또는 600만원 이하의 벌금에 처한다. <개정 2013·8·13>

1. 정당의 대표자 또는 당직자로 선출되거나 되게 하거나 되지 못하게 하거나 선거인(당대표경선등의 선거인명부에 등재된 자를 말한다. 이하 이 조에서 같다)으로 하여금 투표를 하게 하거나 하지 아니하게 할 목적으로 후보자(후보자가 되고자 하는 자를 포함한다)·선거운동관계자·선거인 또는 참관인에게 금품·향응 그 밖에 재산상의 이익이나 공사의 직을 제공하거나 그 제공의 의사를 표시하거나 그 제공을 약속한 자. 다만, 정당의 중앙당이 당헌에 따라 개최하는 전국 단위의 최고 대의기관 회의에 참석하는 당원에게 정당의 경비로 제공하는 교통편의 및 중앙선거관리위원회규칙으로 정하는 바에 따라 의례적으로 제공할 수 있는 음식물은 그러하지 아니하다.
2. 제 1 호에 규정된 이익이나 직의 제공을 받거나 그 제공의 의사표시를 승낙한 자

② 제 1 항제 1 호·제 2 호에 규정된 행위에 관하여 지시·권유·요구하거나 알선한 자는 5년 이하의 징역 또는 1천만원 이하의 벌금에 처한다.

제51조(당대표경선등의 매수 및 이해유도죄로 인한 이익의 몰수) 제50조(당대표경선등의 매수 및 이해유도죄)의 죄를 범한 자가 받은 이익은 이를 몰수한다. 다만, 그 전부 또는 일부를 몰수할 수 없을 때에는 그 가액을 추징한다.

제52조(당대표경선등의 허위사실공표죄) ① 당대표경선등과 관련하여 당선되거나 되게 할 목적으로 연설·방송·신문·통신·잡지·벽보·선전문서 그 밖의 방법으로 후보자에게 유리하도록 후보자, 그의 배우자 또는 직계존·비속이나 형제자매의 소속·신분·직업·재산·경력·학력·학위 또는 상벌에 관한 허위의 사실을 공표한 자와 허위의 사실을 게재한 선전문서를 배포한 자(배포할 목적으로 소지한 자를 포함한다)는 3년 이하의 징역 또는 6백만원 이하의 벌금에 처한다.

② 당대표경선등과 관련하여 당선되지 못하게 할 목적으로 연설·방송·신문·통신·잡지·벽보·선전문서 그 밖의 방법으로 후보자에게 불리하도록 후보자, 그의 배우자 또는 직계존·비속이나 형제자매에 관하여 허위의 사실을 공표한 자와 허위의 사실을 게재한 선전문서를 배포한 자(배포할 목적으로 소지한 자를 포함한다)는 5년 이하의 징역 또는 1천만원 이하의 벌금에 처한다.

제53조(위법으로 발기인이나 당원이 된 죄) 제22조(발기인 및 당원의 자격)제 1 항 단서의 규정을 위반하여 정당의 발기인이나 당원이 된 자는 1년 이하의 징역이나 100만원 이하의 벌금에 처한다.

제54조(입당강요죄 등) 제42조(강제입당 등의 금지)제1항의 규정을 위반하여 정당가입 또는 탈당을 강요한 자는 2년 이하의 징역 또는 200만원 이하의 벌금에 처한다.

제55조(위법으로 정당에 가입한 죄) 제42조(강제입당 등의 금지)제2항의 규정을 위반하여 2 이상의 정당의 당원이 된 자는 1년 이하의 징역 또는 100만원 이하의 벌금에 처한다.

제56조(당원명부 강제열람죄) 당원명부의 열람을 강요한 자는 5년 이하의 징역에 처한다.

제57조(보고불이행 등의 죄) 제36조(보고 또는 자료 등의 제출의 요구)의 규정에 의한 선거관리위원회의 보고 또는 자료제출의 요구에 정당한 사유 없이 응하지 아니하거나 이에 허위의 보고나 기재를 한 자 또는 제35조(정기보고)제1항 내지 제3항의 규정에 의한 보고를 하지 아니하거나 그 보고서에 허위의 기재를 한 자는 2년 이하의 징역이나 200만원 이하의 벌금에 처한다.

제58조(공무상 지득한 사실누설죄 등) 다음 각 호의 어느 하나에 해당하는 자는 3년 이하의 징역이나 금고에 처한다. <개정 2012·2·29>

1. 제24조(당원명부)제4항 후단의 규정을 위반하여 당원명부에 관하여 지득한 사실을 누설한 자
2. 제43조(비밀엄수의 의무)의 규정을 위반하여 직무상의 비밀을 엄수하지 아니한 자

제59조(허위등록신청죄 등) ① 다음 각 호의 어느 하나에 해당하는 자는 2년 이하의 징역이나 200만원 이하의 벌금에 처한다.

1. 허위로 제12조(중앙당의 등록신청사항) 또는 제13조(시·도당의 등록신청사항)의 등록신청을 한 자
2. 허위로 제14조(변경등록)의 변경등록신청을 한 자
3. 제37조(활동의 자유)제3항 단서의 규정을 위반하여 시·도당 하부조직의 운영을 위하여 당원협의회 등의 사무소를 둔 자

② 제41조(유사명칭 등의 사용금지)제1항 또는 제2항의 규정을 위반한 자는 1년 이하의 징역이나 100만원 이하의 벌금에 처한다.

제60조(각종 의무해태죄) ① 제24조(당원명부)제1항 또는 제26조(탈당원명부)의 규정을 위반하여 당원명부나 탈당원명부를 비치하지 아니한 자는 1년 이하의 징역 또는 50만원 이상 300만원 이하의 벌금에 처한다.

② 제25조(탈당)제3항의 규정을 위반한 자는 100만원 이하의 벌금에 처한다.

③ 제27조(당원명부 등의 인계)의 규정을 위반하여 관련 서류와 인장 등을 인계하지 아니한 자는 2년 이하의 징역 또는 200만원 이하의 벌금에 처한다.

제61조(창당방해 등의 죄) ① 위계 또는 위력으로써 창당준비활동을 방해하여 창당준비위원회의 기능을 상실 또는 일시 정지하게 한 자는 7년 이하의 징역 또는 3천만원 이하의 벌금에 처한다.

② 위계 또는 위력으로써 정당활동을 방해하여 정당의 기능을 상실 또는 일시 정지하게 한 자도 제1항에 규정하는 형(刑)에 처한다.

제62조(과태료) ① 다음 각 호의 어느 하나에 해당하는 행위를 한 자는 100만원 이하의 과태료에 처한다.

1. 제14조(변경등록)의 규정에 의한 변경등록신청을 해태한 자
2. 제20조(합당된 경우의 등록신청)제1항의 규정에 의한 등록신청 또는 같은 조 제4항의 규정에 의한 신고를 해태한 자
3. 제35조(정기보고)제1항 내지 제3항의 규정에 의한 보고를 해태한 자

② 제1항의 규정에 의한 과태료는 중앙선거관리위원회규칙이 정하는 바에 의하여 관할 선거관리위원회(읍·면·동선거관리위원회를 제외한다)가 위반자에게 부과하며, 납부기한까지 납부하지 아니한 때에는 관할 세무서장에게 위탁하고 관할 세무서장이 국세체납처분의 예에 따라 이를 징수한다.

③부터 ⑤까지 삭제 <2012·2·29>

부　칙

①(시행일) 이 법은 공포한 날부터 시행한다.

②(창당집회의 공개에 관한 경과조치) 제10조(창당집회의 공개)의 개정규정에 의한 중앙당창당준비위원회의 창당집회의 공고는 「신문등의 자유와 기능보장에 관한 법률」의 시행 전에는 종전의 규정에 의한다.

③(정책토론회에 관한 적용례) 정책토론회는 제39조(정책토론회)제1항의 개정규정에 불구하고 이 법이 최초로 시행되는 연도에는 연 1회 개최할 수 있다.

④(벌칙에 관한 경과조치) 이 법 시행 전의 행위에 대한 벌칙의 적용에 있어서는 종전의 규정에 의한다.

⑤(다른 법령과의 관계) 이 법 시행 당시 다른 법령에서 종전의 규정을 인용하고 있는 경우에 이 법 중 그에 해당하는 규정이 있는 경우에는 종전의 규정에 갈음하여 이 법의 해당 규정을 인용하고 있는 것으로 본다.

부　　칙 <2008·2·29 법8881>

이 법은 공포한 날부터 시행한다.

부　　칙 <2009·7·31 법9785>

제1조(시행일) 이 법은 공포 후 6개월이 경과한 날부터 시행한다.

제2조부터 **제9조**까지 생략

부　　칙 <2010·1·25 법9973>

①(시행일) 이 법은 공포한 날부터 시행한다.

②(중앙당 및 시·도당 간부의 변경등록에 관한 경과조치) 제12조부터 제14조까지의 개정규정에 따른 중앙당 및 시·도당 간부의 변경등록은 이 법 시행 후 30일 이내에 하여야 한다.

③(다른 법령과의 관계) 이 법 시행 당시 다른 법령에서 종전의 규정을 인용하고 있는 경우에 이 법 중 그에 해당하는 규정이 있는 때에는 종전의 규정을 갈음하여 이 법의 해당 규정을 인용한 것으로 본다.

부　　칙 <2010·7·23 법10396>

①(시행일) 이 법은 공포한 날부터 시행한다.

②(창당준비위원회에 관한 경과조치) 이 법 시행 당시에 구성·신고된 창당준비위원회는 이 법에 따라 구성·신고된 창당준비위원회로 본다.

부　　칙 <2011·7·21 법10866>

제1조(시행일) 이 법은 공포한 날부터 시행한다. 다만, …<생략>… 부칙 제3조는 공포 후 1년이 경과한 날부터 각각 시행한다.

제2조 생략

제3조(다른 법률의 개정) 생략

제4조 생략

부　　칙 <2012·2·29 법11375>

이 법은 공포한 날부터 시행한다.

부　　칙 <2013·8·13 법12112>

제1조(시행일) 이 법은 공포한 날부터 시행한다.

제2조(벌칙에 관한 경과조치) 이 법 시행 전의 행위에 대하여 벌칙을 적용할 때에는 종전의 규정에 따른다.

부　　칙 <2013·12·30 법12150>

이 법은 2014년 1월 1일부터 시행한다.

부　　칙 <2015·8·11 법13460>

이 법은 공포한 날부터 시행한다.

부　　칙 <2016·1·15 법13757>

제1조(시행일) 이 법은 공포 후 3개월이 경과한 날부터 시행한다.

제2조(강령·당헌의 공개에 관한 적용례) 제28조제3항의 개정규정은 이 법 시행 당시 등록된 정당과 이 법 시행 후 등록하는 정당의 강령·당헌에 적용한다.

부　　칙 <2018·8·14 법15750>

제1조(시행일) 이 법은 공포 후 6개월이 경과한 날부터 시행한다.

제2조(입당원서·탈당신고서의 보관 및 폐기에 관한 적용례) 제27조의2의 개정규정은 이 법 시행 전 접수된 당원명부·탈당원명부 작성의 기초가 되는 입당원서 또는 탈당신고서에 대하여도 적용한다.

부　　칙 <2020·3·11 법17071>

제1조(시행일) 이 법은 공포한 날부터 시행한다.

제2조부터 **제4조**까지 생략

부　　칙 <2020·6·9 법17354>

제1조(시행일) 이 법은 공포 후 6개월이 경과한 날부터 시행한다. 〈단서 생략〉

제2조부터 **제8조**까지 생략

부　　칙 <2022·1·21 법18792>

이 법은 공포한 날부터 시행한다.

부　　칙 <2024·1·2 법19922>

이 법은 공포한 날부터 시행한다.

●정치자금법

〔2005・8・4 법률제7682호 전부개정〕

개정
2006・3・2 법률제 7851호
2006・3・24 법률제 7908호(기부금품의 모집 및 사용에 관한 법률)
2006・4・28 법률제 7938호
2008・2・29 법률제 8880호
2009・7・31 법률제 9785호(신문 등의 진흥에 관한 법률)
2010・1・25 법률제 9975호
2010・7・23 법률제10395호
2012・2・29 법률제11376호
2016・1・15 법률제13758호
2016・3・3 법률제14704호
2017・6・30 법률제14838호
2020・3・11 법률제17071호
2021・1・5 법률제17885호
2022・2・22 법률제18838호
2022・4・20 법률제18842호
2023・8・8 법률제19624호
2024・1・2 법률제19923호
2024・2・20 법률제20348호
2024・3・8 법률제20371호

제 1 장 총칙

제 1 조(목적) 이 법은 정치자금의 적정한 제공을 보장하고 그 수입과 지출내역을 공개하여 투명성을 확보하며 정치자금과 관련한 부정을 방지함으로써 민주정치의 건전한 발전에 기여함을 목적으로 한다.

제 2 조(기본원칙) ① 누구든지 이 법에 의하지 아니하고는 정치자금을 기부하거나 받을 수 없다.

② 정치자금은 국민의 의혹을 사는 일이 없도록 공명정대하게 운용되어야 하고, 그 회계는 공개되어야 한다.

③ 정치자금은 정치활동을 위하여 소요되는 경비로만 지출하여야 하며, 사적 경비로 지출하거나 부정한 용도로 지출하여서는 아니된다. 이 경우 "사적 경비"라 함은 다음 각 호의 어느 하나의 용도로 사용하는 경비를 말한다.

1. 가계의 지원・보조
2. 개인적인 채무의 변제 또는 대여
3. 향우회・동창회・종친회, 산악회 등 동호인회, 계모임 등 개인간의 사적 모임의 회비 그 밖의 지원경비
4. 개인적인 여가 또는 취미활동에 소요되는 비용

④ 이 법에 의하여 1회 120만원을 초과하여 정치자금을 기부하는 자와 다음 각 호에 해당하는 금액을 초과하여 정치자금을 지출하는 자는 수표나 신용카드・예금계좌 입금 그 밖에 실명이 확인되는 방법으로 기부 또는 지출하여야 한다. 다만, 현금으로 연간 지출할 수 있는 정치자금은 연간 지출총액의 100분의 20(선거비용은 선거비용제한액의 100분의 10)을 초과할 수 없다.

1. 선거비용 외의 정치자금 : 50만원. 다만, 공직선거의 후보자・예비후보자의 정치자금은 20만원
2. 선거비용 : 20만원

⑤ 누구든지 타인의 명의나 가명으로 정치자금을 기부할 수 없다.

제 3 조(정의) 이 법에서 사용하는 용어의 정의는 다음과 같다. <개정 2016・3・3>

1. 정치자금의 종류는 다음 각 목과 같다.
   가. 당비
   나. 후원금
   다. 기탁금
   라. 보조금
   마. 정당의 당헌・당규 등에서 정한 부대수입
   바. 정치활동을 위하여 정당(중앙당창당준비위원회를 포함한다), 「공직선거법」에

따른 후보자가 되려는 사람, 후보자 또는 당선된 사람, 후원회·정당의 간부 또는 유급사무직원, 그 밖에 정치활동을 하는 사람에게 제공되는 금전이나 유가증권 또는 그 밖의 물건
사. 바목에 열거된 사람(정당 및 중앙당창당준비위원회를 포함한다)의 정치활동에 소요되는 비용
2. "기부"라 함은 정치활동을 위하여 개인 또는 후원회 그 밖의 자가 정치자금을 제공하는 일체의 행위를 말한다. 이 경우 제3자가 정치활동을 하는 자의 정치활동에 소요되는 비용을 부담하거나 지출하는 경우와 금품이나 시설의 무상대여, 채무의 면제·경감 그 밖의 이익을 제공하는 행위 등은 이를 기부로 본다.
3. "당비"라 함은 명목여하에 불구하고 정당의 당헌·당규 등에 의하여 정당의 당원이 부담하는 금전이나 유가증권 그 밖의 물건을 말한다.
4. "후원금"이라 함은 이 법의 규정에 의하여 후원회에 기부하는 금전이나 유가증권 그 밖의 물건을 말한다.
5. "기탁금"이라 함은 정치자금을 정당에 기부하고자 하는 개인이 이 법의 규정에 의하여 선거관리위원회에 기탁하는 금전이나 유가증권 그 밖의 물건을 말한다.
6. "보조금"이라 함은 정당의 보호·육성을 위하여 국가가 정당에 지급하는 금전이나 유가증권을 말한다.
7. "후원회"라 함은 이 법의 규정에 의하여 정치자금의 기부를 목적으로 설립·운영되는 단체로서 관할 선거관리위원회에 등록된 단체를 말한다.
8. 공직선거와 관련한 용어의 정의는 다음과 같다.
가. "공직선거"라 함은 「공직선거법」 제2조(적용범위)의 규정에 의한 선거를 말한다.
나. "공직선거의 후보자"라 함은 「공직선거법」 제49조(후보자등록 등)의 규정에 의하여 관할 선거구선거관리위원회에 등록된 자를 말한다.
다. "공직선거의 예비후보자"라 함은 「공직선거법」 제60조의2(예비후보자등록)의 규정에 의하여 관할 선거구선거관리위원회에 등록된 자를 말한다.
라. "비례대표지방의회의원"이라 함은 비례대표시·도의회의원 및 비례대표자치구·시·군의회의원을 말한다.
마. "정당선거사무소"라 함은 「공직선거법」 제61조의2(정당선거사무소의 설치)의 규정에 의한 정당선거사무소를 말한다.
바. "선거사무소"·"선거연락소"라 함은 각각 「공직선거법」 제63조(선거운동기구 및 선거사무관계자의 신고)의 규정에 의한 선거사무소·선거연락소를 말한다.
사. "선거사무장"·"선거연락소장"이라 함은 각각 「공직선거법」 제63조의 규정에 의한 선거사무장·선거연락소장을 말한다.
아. "선거비용"이라 함은 「공직선거법」 제119조(선거비용 등의 정의)의 규정에 의한 선거비용을 말한다.
자. "선거비용제한액"이라 함은 「공직선거법」 제122조(선거비용제한액의 공고)의 규정에 의하여 관할 선거구선거관리위원회가 공고한 당해 선거(선거구가 있는 때에는 그 선거구)의 선거비용제한액을 말한다.

제 2 장　당비

제 4 조(당비) ① 정당은 소속 당원으로부터 당비를 받을 수 있다.
② 정당의 회계책임자는 타인의 명의나 가명으로 납부된 당비는 국고에 귀속시켜야 한다.
③ 제2항의 규정에 의하여 국고에 귀속되는 당비는 관할 선거관리위원회가 이를 납부받아 국가에 납입하되, 납부기한까지 납부하지 아니한 때에는 관할 세무서장에게 위탁하여 관할 세무서장이 국세체납처분의 예에 따라 이를 징수한다.
④ 제3항의 규정에 의한 국고귀속절차 그 밖에 필요한 사항은 중앙선거관리위원회규칙으로 정한다.

제 5 조(당비영수증) ① 정당의 회계책임자는 당비를 납부받은 때에는 당비를 납부받은 날부터 30일까지 당비영수증을 당원에게 교

부하고 그 원부를 보관하여야 한다. 다만, 당비를 납부한 당원이 그 당비영수증의 수령을 원하지 아니하는 경우에는 교부하지 아니하고 발행하여 원부와 함께 보관할 수 있다. <개정 2010·1·25, 2012·2·29>

② 1회 1만원 이하의 당비납부에 대한 당비영수증은 해당 연도말일(정당이 등록취소되거나 해산되는 경우에는 그 등록취소일 또는 해산일을 말한다) 현재로 연간 납부총액에 대하여 1매로 발행·교부할 수 있다. <개정 2010·1·25>

③ 제 1 항 및 제 2 항에 따른 당비영수증은 전자적 형태로 제작하여 인터넷을 통하여 발행·교부할 수 있되, 위조·변조를 방지할 수 있는 기술적 조치를 하여야 한다.
<신설 2008·2·29>

④ 제 1 항부터 제 3 항까지의 규정에 따른 당비영수증의 서식 그 밖에 필요한 사항은 중앙선거관리위원회규칙으로 정한다. <개정 2008·2·29>

제 3 장 후원회

제 6 조(후원회지정권자) 다음 각 호에 해당하는 자(이하 "후원회지정권자"라 한다)는 각각 하나의 후원회를 지정하여 둘 수 있다.
<개정 2008·2·29, 2010·1·25, 2016·1·15, 2017·6·30, 2021·1·5, 2024·2·20>

1. 중앙당(중앙당창당준비위원회를 포함한다)
2. 국회의원(국회의원선거의 당선인을 포함한다)

2의2. 지방의회의원(지방의회의원선거의 당선인을 포함한다)

2의3. 대통령선거의 후보자 및 예비후보자(이하 "대통령후보자등"이라 한다)

3. 정당의 대통령선거후보자 선출을 위한 당내경선후보자(이하 "대통령선거경선후보자"라 한다)
4. 지역선거구(이하 "지역구"라 한다)국회의원선거의 후보자 및 예비후보자(이하 "국회의원후보자등"이라 한다). 다만, 후원회를 둔 국회의원의 경우에는 그러하지 아니하다.
5. 중앙당 대표자 및 중앙당 최고 집행기관(그 조직형태와 관계없이 당헌으로 정하는 중앙당 최고 집행기관을 말한다)의 구성원을 선출하기 위한 당내경선후보자(이하 "당대표경선후보자등"이라 한다)
6. 지역구지방의회의원선거의 후보자 및 예비후보자(이하 "지방의회의원후보자등"이라 한다). 다만, 후원회를 둔 지방의회의원의 경우에는 그러하지 아니하다.
7. 지방자치단체의 장선거의 후보자 및 예비후보자(이하 "지방자치단체장후보자등"이라 한다)

제 7 조(후원회의 등록신청 등) ① 후원회의 대표자는 당해 후원회지정권자의 지정을 받은 날부터 14일 이내에 그 지정서를 첨부하여 관할 선거관리위원회에 등록신청을 하여야 한다.

② 후원회의 등록신청사항은 다음 각 호와 같다.

1. 후원회의 명칭
2. 후원회의 소재지
3. 정관 또는 규약
4. 대표자의 성명·주민등록번호·주소
5. 회인(會印) 및 그 대표자 직인의 인영
6. 중앙선거관리위원회규칙으로 정하는 사항

③ 후원회를 둔 후원회지정권자는 다음 각 호의 어느 하나에 해당하는 경우 각 호에서 정하는 바에 따라 기존의 후원회를 다른 후원회로 지정할 수 있다. 이 경우 그 대통령후보자등·대통령선거경선후보자·당대표경선후보자등 또는 지방자치단체장후보자등의 후원회의 대표자는 후원회지정권자의 지정을 받은 날부터 14일 이내에 그 지정서와 회인(會印) 및 그 대표자 직인의 인영을 첨부하여 관할 선거관리위원회에 신고하여야 한다. <개정 2024·2·20>

1. 후원회를 둔 국회의원이 대통령후보자등·대통령선거경선후보자 또는 당대표경선후보자등이 되는 경우 : 기존의 국회의원후원회를 대통령후보자등·대통령선거경선후보자 또는 당대표경선후보자등의 후원회로 지정
2. 후원회를 둔 대통령예비후보자가 대통령선거경선후보자가 되는 경우 : 기존의 대통령예비후보자후원회를 대통령선거경선후보자후원회로 지정
3. 후원회를 둔 지방의회의원이 대통령선거

경선후보자·당대표경선후보자등 또는 해당 지방자치단체장후보자등이 되는 경우 : 기존의 지방의회의원후원회를 대통령선거경선후보자·당대표경선후보자등 또는 지방자치단체장후보자등의 후원회로 지정

④ 제 2 항의 규정에 의한 등록신청사항 중 제 1 호 내지 제 5 호에 규정된 사항 및 제 3 항의 규정에 의한 회인(會印) 및 그 대표자 직인의 인영에 변경이 생긴 때에는 후원회의 대표자는 14일 이내에 관할 선거관리위원회에 변경등록신청 또는 신고를 하여야 한다.

⑤ 관할 선거관리위원회는 제 1 항 또는 제 4 항의 규정에 의한 등록신청을 접수한 날부터 7일 이내에 등록을 수리하고 등록증을 교부하여야 한다.

제 8 조(후원회의 회원) ① 누구든지 자유의사로 하나 또는 둘 이상의 후원회의 회원이 될 수 있다. 다만, 제31조(기부의 제한)제 1 항의 규정에 의하여 기부를 할 수 없는 자와 「정당법」 제22조(발기인 및 당원의 자격)의 규정에 의하여 정당의 당원이 될 수 없는 자는 그러하지 아니하다.

② 후원회는 회원명부를 비치하여야 한다.

③ 제 2 항의 회원명부는 법원이 재판상 요구하는 경우와 제52조(정치자금범죄 조사 등)의 규정에 의하여 관할 선거관리위원회가 회원의 자격과 후원금내역 등 필요한 사항을 확인하는 경우를 제외하고는 이의 열람을 강요당하지 아니한다.

④ 범죄수사를 위한 회원명부의 조사에는 법관이 발부한 영장이 있어야 한다.

⑤ 누구든지 회원명부에 관하여 직무상 알게 된 사실을 누설하여서는 아니된다.

제 9 조(후원회의 사무소 등) ① 후원회는 그 사무를 처리하기 위하여 다음 각 호에서 정하는 바에 따라 사무소와 연락소를 설치할 수 있다. <개정 2008·2·29, 2017·6·30>

1. 중앙당후원회
   사무소 1개소와 특별시·광역시·특별자치시·도·특별자치도마다 연락소 각 1개소
2. 지역구국회의원후원회·지역구국회의원후보자후원회
   서울특별시와 그 지역구에 사무소 또는 연락소 각 1개소. 이 경우 사무소를 둔 지역구 안에는 연락소를 둘 수 없다.
3. 제 1 호·제 2 호 외의 후원회
   사무소 1개소

② 후원회의 사무소와 연락소에 두는 유급사무직원의 수는 모두 합하여 2인을 초과할 수 없다. 다만, 중앙당후원회·대통령후보자등후원회·대통령선거경선후보자후원회는 그러하지 아니하다. <개정 2008·2·29, 2017·6·30>

③ 국회의원이 지역에 두는 사무소의 유급사무직원의 수는 5인을 초과할 수 없다. 다만, 하나의 국회의원지역구가 2 이상의 구(자치구가 아닌 구를 포함한다)·시(구가 설치되지 아니한 시를 말한다)·군으로 된 경우 2를 초과하는 구·시·군마다 2인을 추가할 수 있다.

제10조(후원금의 모금·기부) ① 후원회는 제 7 조(후원회의 등록신청 등)의 규정에 의하여 등록을 한 후 후원인(회원과 회원이 아닌 자를 말한다. 이하 같다)으로부터 후원금을 모금하여 이를 당해 후원회지정권자에게 기부한다. 이 경우 후원회가 모금한 후원금 외의 차입금 등 금품은 기부할 수 없다.

② 후원회가 후원금을 모금한 때에는 모금에 직접 소요된 경비를 공제하고 지체 없이 이를 후원회지정권자에게 기부하여야 한다.

③ 후원인이 후원회지정권자에게 직접 후원금을 기부한 경우(후원회지정권자의 정치활동에 소요되는 비용을 부담·지출하거나 금품·시설의 무상대여 또는 채무의 면제·경감의 방법으로 기부하는 경우는 제외한다) 해당 후원회지정권자가 기부받은 날부터 30일(기부받은 날부터 30일이 경과하기 전에 후원회를 둘 수 있는 자격을 상실하는 경우에는 그 자격을 상실한 날) 이내에 기부받은 후원금과 기부자의 인적사항을 자신이 지정한 후원회의 회계책임자에게 전달한 경우에는 해당 후원회가 기부받은 것으로 본다. <신설 2010·7·23>

제11조(후원인의 기부한도 등) ① 후원인이 후원회에 기부할 수 있는 후원금은 연간 2천만원을 초과할 수 없다.

② 후원인이 하나의 후원회에 연간(대통령후보자등·대통령선거경선후보자·당대표경

선후보자등·국회의원후보자등·지방의회의원후보자등 및 지방자치단체장후보자등의 후원회의 경우에는 당해 후원회를 둘 수 있는 기간을 말한다. 이하 같다) 기부할 수 있는 한도액은 다음 각 호와 같다. <개정 2008·2·29, 2010·1·25, 2016·1·15, 2017·6·30, 2021·1·5, 2024·2·20>

1. 대통령후보자등·대통령선거경선후보자의 후원회에는 각각 1천만원(후원회지정권자가 동일인인 대통령후보자등후원회에는 합하여 1천만원)
2. 다음 각 목의 후원회에는 각각 500만원
   가. 중앙당후원회(중앙당창당준비위원회후원회가 중앙당후원회로 존속하는 경우에는 합하여 500만원)
   나. 국회의원후원회(후원회지정권자가 동일인인 국회의원후보자등후원회와 국회의원후원회는 합하여 500만원)
   다. 국회의원후보자등후원회(후원회지정권자가 동일인인 경우 합하여 500만원)
   라. 당대표경선후보자등후원회
   마. 삭제 <2024·2·20>
   바. 지방자치단체장후보자등후원회(후원회지정권자가 동일인인 경우 합하여 500만원)
3. 다음 각 목의 후원회에는 각각 200만원
   가. 시·도의회의원후원회(후원회지정권자가 동일인인 지역구시·도의회의원선거후보자·예비후보자의 후원회와 시·도의회의원후원회는 합하여 200만원)
   나. 지역구시·도의회의원선거 후보자·예비후보자의 후원회(후원회지정권자가 동일인인 경우 합하여 200만원)
4. 다음 각 목의 후원회에는 각각 100만원
   가. 자치구·시·군의회의원후원회(후원회지정권자가 동일인인 지역구자치구·시·군의회의원선거 후보자·예비후보자의 후원회와 자치구·시·군의회의원후원회는 합하여 100만원)
   나. 지역구자치구·시·군의회의원선거 후보자·예비후보자의 후원회(후원회지정권자가 동일인인 경우 합하여 100만원)

③ 후원인은 1회 10만원 이하, 연간 120만원 이하의 후원금은 이를 익명으로 기부할 수 있다.

④ 후원회의 회계책임자는 제3항의 규정에 의한 익명기부한도액을 초과하거나 타인의 명의 또는 가명으로 후원금을 기부받은 경우 그 초과분 또는 타인의 명의나 가명으로 기부받은 금액은 국고에 귀속시켜야 한다. 이 경우 국고귀속절차에 관하여는 제4조(당비) 제3항 및 제4항의 규정을 준용한다.

⑤ 후원회의 회원은 연간 1만원 또는 그에 상당하는 가액 이상의 후원금을 기부하여야 한다.

⑥ 후원인의 기부방법 그 밖에 필요한 사항은 중앙선거관리위원회규칙으로 정한다.

제12조(후원회의 모금·기부한도) ① 후원회가 연간 모금할 수 있는 한도액(이하 "연간 모금한도액"이라 하고, 전년도 연간 모금한 도액을 초과하여 모금한 금액을 포함한다)은 다음 각 호와 같다. 다만, 신용카드·예금계좌·전화 또는 인터넷전자결제시스템 등에 의한 모금으로 부득이하게 연간 모금 한도액을 초과하게 된 때에는 연간 모금한 도액의 100분의 20의 범위에서 그러하지 아니하되, 그 이후에는 후원금을 모금할 수 없다. <개정 2006·3·2, 2008·2·29, 2010·1·25, 2016·1·15, 2017·6·30, 2021·1·5, 2024·2·20>

1. 중앙당후원회는 중앙당창당준비위원회후원회가 모금한 후원금을 합하여 50억원
2. 삭제 <2008·2·29>
3. 대통령후보자등후원회·대통령선거경선후보자후원회는 각각 선거비용제한액의 100분의 5에 해당하는 금액(후원회지정권자가 동일인인 대통령후보자등후원회는 합하여 선거비용제한액의 100분의 5에 해당하는 금액)
4. 국회의원·국회의원후보자등 및 당대표경선후보자등의 후원회는 각각 1억5천만원(후원회지정권자가 동일인인 국회의원후보자등후원회는 합하여 1억5천만원)
5. 지방의회의원후원회 및 지방의회의원후보자등후원회는 다음 각 목의 구분에 따른 금액(후원회지정권자가 동일인인 지방의회의원후보자등후원회는 합하여 다음 각 목의 구분에 따른 금액)
   가. 시·도의회의원후원회 및 지역구시·도의회의원선거 후보자·예비후보자의 후

원회는 각각 5천만원

나. 자치구·시·군의회의원후원회 및 지역구자치구·시·군의회의원선거 후보자·예비후보자의 후원회는 각각 3천만원

6. 지방자치단체장후보자등후원회는 선거비용제한액의 100분의 50에 해당하는 금액(후원회지정권자가 동일인인 지방자치단체장후보자등후원회는 합하여 선거비용제한액의 100분의 50에 해당하는 금액)

② 후원회가 해당 후원회지정권자에게 연간 기부할 수 있는 한도액(이하 "연간 기부한도액"이라 한다)은 제1항의 규정에 의한 연간 모금한도액과 같은 금액으로 한다. 다만, 부득이하게 해당 연도(대통령후보자등·대통령선거경선후보자·당대표경선후보자등·국회의원후보자등·지방의회의원후보자등 및 지방자치단체장후보자등의 후원회는 해당 후원회를 둘 수 있는 기간을 말한다)에 후원회지정권자에게 기부하지 못한 때에는 제40조(회계보고)제1항에 따른 회계보고〔국회의원후원회 및 지방의회의원후원회는 12월 31일 현재의 회계보고를, 후원회가 해산한 때에는 제40조(회계보고)제2항에 따른 회계보고를 말한다〕를 하는 때까지 기부할 수 있다. <개정 2010·1·25, 2016·1·15, 2021·1·5, 2024·2·20>

③ 후원회가 모금한 후원금이 연간 기부한도액을 초과하는 때에는 다음 연도에 이월하여 기부할 수 있다.

④ 제19조(후원회의 해산 등)의 규정에 의하여 후원회가 해산된 후 후원회지정권자가 같은 종류의 새로운 후원회를 두는 경우 그 새로운 후원회가 모금·기부할 수 있는 후원금은 당해 후원회의 연간 모금·기부한도액에서 종전의 후원회가 모금·기부한 후원금을 공제한 금액으로 한다.

제13조(연간 모금·기부한도액에 관한 특례) ① 다음 각 호에 해당하는 후원회는 공직선거가 있는 연도에는 연간 모금·기부한도액의 2배를 모금·기부할 수 있다. 같은 연도에 2 이상의 공직선거가 있는 경우에도 또한 같다. <개정 2008·2·29, 2012·2·29, 2017·6·30, 2024·2·20>

1. 대통령선거
후보자를 선출한 정당의 중앙당후원회 및 지역구국회의원후원회

2. 임기만료에 의한 국회의원선거
후보자를 추천한 정당의 중앙당후원회 및 지역구에 후보자로 등록한 국회의원후원회

3. 임기만료에 의한 동시지방선거
후보자를 추천한 정당의 중앙당후원회, 해당 선거구에 후보자를 추천한 정당의 지역구국회의원후원회 및 지역구에 후보자로 등록한 지방의회의원후원회

② 제1항에서 "공직선거가 있는 연도"라 함은 당해 선거의 선거일이 속하는 연도를 말한다.

제14조(후원금 모금방법) ① 후원회는 우편·통신(전화, 인터넷전자결제시스템 등을 말한다)에 의한 모금, 중앙선거관리위원회가 제작한 정치자금영수증(이하 "정치자금영수증"이라 한다)과의 교환에 의한 모금 또는 신용카드·예금계좌 등에 의한 모금 그 밖에 이 법과 「정당법」 및 「공직선거법」에 위반되지 아니하는 방법으로 후원금을 모금할 수 있다. 다만, 집회에 의한 방법으로는 후원금을 모금할 수 없다.

② 삭제 <2010·1·25>

제15조(후원금 모금 등의 고지·광고) ① 후원회는 회원모집 또는 후원금 모금을 위하여 인쇄물·시설물 등을 이용하여 후원회명, 후원금 모금의 목적, 기부처, 기부방법, 해당 후원회지정권자의 사진·학력(정규학력과 이에 준하는 외국의 교육과정을 이수한 학력에 한한다)·경력·업적·공약과 그 밖에 홍보에 필요한 사항을 알릴 수 있다. 다만, 다른 정당·후보자(공직선거의 후보자를 말하며, 후보자가 되려는 자를 포함한다)·대통령선거경선후보자 및 당대표경선후보자등에 관한 사항은 포함할 수 없다. <개정 2010·1·25, 2016·1·15>

② 후원회는 「신문 등의 진흥에 관한 법률」 제2조(정의)에 따른 신문 및 「잡지 등 정기간행물의 진흥에 관한 법률」 제2조(정의)에 따른 정기간행물을 이용하여 분기별 4회 이내에서 후원금의 모금과 회원의 모집 등을 위하여 제1항의 내용을 광고할 수 있다. 이 경우 후원회를 둘 수 있는 기간이 3월을 초과하지 아니하는 때에는 4회 이내로

한다. <개정 2009·7·31>
③ 제2항의 규정에 의한 1회 광고의 규격은 다음 각 호의 기준에 의한다.
1. 신문광고는 길이 17센티미터 너비 18.5센티미터 이내
2. 제1호 외의 광고는 당해 정기간행물의 2면 이내
④ 제2항의 광고횟수 산정에 있어서 같은 날에 발행되는 하나의 정기간행물을 이용하는 것은 1회로 본다. 이 경우 같은 날에 발행되는 정기간행물이 배달되는 지역에 따라 발행일자가 각각 다르게 기재된 경우에도 그 광고횟수는 1회로 본다.
⑤ 제1항의 규정에 의한 인쇄물·시설물 등에 의한 고지방법 그 밖에 필요한 사항은 중앙선거관리위원회규칙으로 정한다.

제16조(정치자금영수증과의 교환에 의한 모금) ① 후원회 또는 후원회로부터 위임을 받은 자는 정치자금영수증을 후원금과 교환하는 방법으로 모금을 할 수 있다.
② 제1항의 규정에 의하여 후원회로부터 위임받은 자가 후원금을 모금한 때에는 30일 이내에 그 후원회의 회계책임자에게 정치자금영수증 원부와 후원인의 성명·생년월일·주소·전화번호 및 후원금을 인계하여야 한다.
③ 정치자금영수증과의 교환에 의한 모금의 위임절차와 방법 그 밖에 필요한 사항은 중앙선거관리위원회규칙으로 정한다.

제17조(정치자금영수증) ① 후원회가 후원금을 기부받은 때에는 후원금을 기부받은 날부터 30일까지 정치자금영수증을 후원인에게 교부하여야 한다. <개정 2012·2·29>
② 제1항의 규정에 의한 정치자금영수증은 중앙선거관리위원회가 제작하는 정액영수증과 무정액영수증만을 말한다. 이 경우 무정액영수증은 인터넷을 통하여 발행·교부할 수 있도록 전자적 형태로 제작할 수 있되, 위조·변조를 방지할 수 있는 기술적 조치를 하여야 한다. <개정 2008·2·29>
③ 무정액영수증은 1회 10만원 미만의 후원금이나 10만원을 초과하여 기부한 후원금의 경우라도 10만원 미만에 해당하는 후원금에 한하여 교부할 수 있다. 다만, 제2항 후단에 따라 전자적 형태로 제작한 무정액영수증을 인터넷을 통하여 교부하는 경우에는 그러하지 아니하다. <개정 2008·2·29>
④ 1회 1만원 이하의 후원금 기부에 대한 정치자금영수증은 해당 연도말일(후원회가 해산되는 경우에는 그 해산일을 말한다) 현재로 일괄 발행·교부할 수 있다. <개정 2010·1·25>
⑤ 제1항에도 불구하고 다음 각 호의 어느 하나에 해당하는 경우에는 정치자금영수증을 후원인에게 교부하지 아니하고 후원회가 발행하여 원부와 함께 보관할 수 있다. <개정 2010·1·25>
1. 후원인이 정치자금영수증 수령을 원하지 아니하는 경우
2. 익명기부, 신용카드·예금계좌·전화 또는 인터넷 전자결제 시스템 등에 의한 기부로 후원인의 주소 등 연락처를 알 수 없는 경우
3. 후원인이 연간 1만원 이하의 후원금을 기부한 경우
⑥ 후원회가 정치자금영수증을 발급받고자 하는 때에는 정치자금영수증의 종류와 발급수량 등을 기재한 신청서 및 정치자금영수증 제작비용을 관할 선거관리위원회에 제출·납부하여야 한다.
⑦ 하나의 후원회가 연간 발급받을 수 있는 정액영수증의 액면가액총액은 그 후원회의 연간 모금한도액을 초과할 수 없다. 이 경우 후원회는 연간 모금한도액의 범위 안에서 정액영수증을 일시에 발급받을 수 있다.
⑧ 정치자금영수증에는 후원금의 금액, 그 금액에 대하여 세금혜택이 된다는 문언과 일련번호를 표시하되, 규격과 양식 그 밖에 필요한 사항은 중앙선거관리위원회규칙으로 정한다.
⑨ 정액영수증에 표시하는 금액은 1만원·5만원·10만원·50만원·100만원·500만원의 6종으로 하고 기부자에게 교부하는 정치자금영수증에는 후원회명을 기재할 수 없다.
⑩ 후원회는 관할 선거관리위원회로부터 발급받은 정치자금영수증의 매년 12월 31일 현재 매수 등 사용실태를 제40조(회계보고)제1항에 따른 12월 31일 현재의 회계보고를 하는 때에 관할 선거관리위원회에 보고하여야 하며, 후원회가 해산되는 경우

에는 제40조(회계보고)에 따른 회계보고를 하는 때에 사용하지 아니한 정치자금영수증을 관할 선거관리위원회에 반납하여야 한다. <개정 2010·1·25>

⑪ 후원회는 무정액영수증의 기재금액 및 정액영수증의 액면금액과 상이한 금액을 기부받고 사용할 수 없으며, 사용하지 아니한 정치자금영수증에 대하여 제10항의 규정에 의한 기한 이내에 매수를 보고 또는 반납하지 아니한 경우에는 그 액면금액 총액을 기부받은 것으로 본다.

⑫ 선거관리위원회와 후원회 그 밖에 정치자금영수증의 발급·발행·교부 등에 관계하는 자는 법률에 의한 절차에 의하지 아니하고는 그 후원회에 발급한 정치자금영수증의 일련번호를 공개하거나 이를 다른 국가기관에 고지하여서는 아니된다.

⑬ 후원회는 제34조(회계책임자의 선임신고 등)제4항에 따라 신고된 정치자금의 수입을 위한 예금계좌에 입금된 후원금에 대한 정치자금영수증 발행을 위하여 해당 금융기관에 입금의뢰인(신용카드·전화 또는 인터넷 전자결제 시스템 등에 의한 입금을 포함한다)의 성명과 연락처를 알려줄 것을 서면으로 요청할 수 있으며, 그 요청을 받은 금융기관은 「금융실명거래 및 비밀보장에 관한 법률」에도 불구하고 지체 없이 그 내용을 알려주어야 한다. <신설 2010·1·25>

⑭ 제13항에 따른 입금의뢰인의 성명과 연락처를 알려 줄 것을 요청하는 서식과 그 밖에 필요한 사항은 중앙선거관리위원회규칙으로 정한다. <신설 2010·1·25>

제18조(불법후원금의 반환) 후원회의 회계책임자는 후원인으로부터 기부받은 후원금이 이 법 또는 다른 법률에 위반되는 청탁 또는 불법의 후원금이라는 사실을 안 날부터 30일 이내에 후원인에게 반환하고, 정치자금영수증을 교부하였을 때에는 이를 회수하여야 한다. 이 경우 후원인의 주소 등 연락처를 알지 못하여 반환할 수 없거나 후원인이 수령을 거절하는 때에는 선거관리위원회를 통하여 이를 국고에 귀속시켜야 한다.

제19조(후원회의 해산 등) ① 후원회는 해당 후원회지정권자가 해산, 그 밖의 사유로 소멸하거나 후원회를 둘 수 있는 자격을 상실하거나 후원회의 지정을 철회한 때 또는 정관 등에 정한 해산사유가 발생한 때에는 해산한다. 다만, 후원회를 둔 중앙당창당준비위원회가 정당으로 등록하거나 후원회를 둔 국회의원후보자 또는 지방의회의원후보자가 각각 국회의원 또는 지방의회의원으로 당선된 경우에는 그 후원회는 대의기관이나 수임기관의 존속결의로써 등록된 중앙당, 당선된 국회의원 또는 당선된 지방의회의원의 후원회로 존속할 수 있으며, 국회의원당선인후원회·지방의회의원당선인후원회는 국회의원후원회·지방의회의원후원회로, 후원회를 둔 대통령예비후보자·국회의원예비후보자·지방의회의원예비후보자·지방자치단체장예비후보자가 대통령후보자·국회의원후보자·지방의회의원후보자·지방자치단체장후보자로 등록된 때에는 그 대통령예비후보자후원회·국회의원예비후보자후원회·지방의회의원예비후보자후원회·지방자치단체장예비후보자후원회는 대통령후보자후원회·국회의원후보자후원회·지방의회의원후보자후원회·지방자치단체장후보자후원회로 본다. <개정 2008·2·29, 2017·6·30, 2021·1·5, 2024·2·20>

② 제1항 단서의 경우에 중앙당후원회·국회의원후보자후원회 및 지방의회의원후보자후원회의 대표자는 그 존속결의가 있은 날부터 14일 이내에 제7조(후원회의 등록신청 등)제4항의 규정에 의한 변경등록을 신청하여야 하며, 그 후원회는 종전의 후원회의 권리·의무를 승계한다. <개정 2008·2·29, 2017·6·30, 2024·2·20>

③ 후원회가 해산한 때에는 그 대표자는 14일 이내에 그 사실을 관할 선거관리위원회에 신고하여야 한다. 다만, 다음 각 호의 어느 하나에 해당하는 경우에는 그러하지 아니하다. <개정 2008·2·29, 2010·1·25, 2012·2·29, 2016·1·15, 2021·1·5, 2024·2·20>

1. 대통령선거경선후보자와 당대표경선후보자등이 경선의 종료로 그 신분이 상실되어 해산되는 경우
2. 국회의원 또는 지방의회의원의 임기만료, 대통령후보자등·국회의원후보자등·지방의회의원후보자등 또는 지방자치단체장후보자등의 신분상실로 인하여 해산되는 경우

④ 후원회가 해산일부터 14일 이내에 제3항 본문의 규정에 의한 해산신고를 하지 아니한 경우에는 관할 선거관리위원회는 그 후원회의 등록을 말소할 수 있다.

제20조(후원회의 합병 등) ① 「정당법」 제19조에 따라 정당이 신설합당하거나 흡수합당하는 경우에는 각 후원회의 대의기관이나 수임기관의 합동회의의 합병결의 또는 대의기관이나 수임기관의 존속결의로써 신설 또는 흡수하는 정당의 후원회로 존속할 수 있다. 이 경우 각 후원회는 제7조제4항에 따른 변경등록신청을 하여야 한다.

② 제1항에 따른 합병으로 신설 또는 존속하는 후원회는 합병 전 후원회의 권리·의무를 승계한다.

③ 제1항에 따라 존속하는 후원회의 모금·기부 한도액, 그 밖에 필요한 사항은 중앙선거관리위원회규칙으로 정한다.

〔본조신설 2017·6·30〕

제21조(후원회가 해산한 경우의 잔여재산 처분 등) ① 제19조(후원회의 해산 등)제1항 본문의 규정에 의하여 후원회가 해산된 경우 잔여재산은 다음 각 호에서 정한 바에 따라 제40조(회계보고)의 규정에 의한 회계보고 전까지 처분하여야 한다. <개정 2008·2·29, 2016·1·15, 2017·6·30, 2024·2·20>

1. 후원회지정권자가 중앙당(중앙당창당준비위원회를 포함한다) 또는 당원인 경우
   해산 당시의 소속 정당에 인계한다. 다만, 후원회를 둔 국회의원이 대통령후보자등후원회·대통령선거경선후보자후원회나 당대표경선후보자등후원회를 둔 경우, 후원회를 둔 대통령예비후보자가 대통령선거경선후보자후원회를 둔 경우 또는 후원회를 둔 지방의회의원이 대통령선거경선후보자후원회·당대표경선후보자등후원회나 지방자치단체장후보자등후원회를 둔 경우로서 어느 하나의 후원회가 해산된 경우 그 잔여재산은 해산되지 아니한 후원회에 그 후원회의 연간 모금·기부한도액 범위 안에서 후원금으로 기부할 수 있다.
2. 후원회지정권자가 당원이 아닌 경우와 정당이 해산, 그 밖의 사유로 소멸한 경우
   「공익법인의 설립·운영에 관한 법률」에 의하여 등록된 공익법인(학교법인을 포함하며, 이하 "공익법인"이라 한다) 또는 사회복지시설에 인계한다.

② 후원회지정권자(중앙당은 제외한다)가 후원회를 둘 수 있는 자격을 상실한 경우 후원회로부터 기부받아 사용하고 남은 잔여재산〔제36조(회계책임자에 의한 수입·지출)제5항을 위반하여 지출한 비용을 포함한다〕은 제40조의 규정에 의한 회계보고 전까지 제1항 각 호의 규정에 준하여 처분하여야 한다. 이 경우 후원회를 둔 중앙당창당준비위원회가 중앙당으로 존속하지 아니하고 해산된 경우에는 후원회로부터 기부받아 사용하고 남은 잔여재산은 제1항제2호에 준하여 처분하여야 한다. <개정 2008·2·29, 2010·1·25, 2017·6·30>

③ 제1항 및 제2항에도 불구하고 대통령선거경선후보자·당대표경선후보자등·대통령예비후보자·국회의원예비후보자·지방의회의원예비후보자 또는 지방자치단체장예비후보자가 후원회를 둘 수 있는 자격을 상실한 때(정당의 공직선거 후보자선출을 위한 당내경선 또는 당대표경선에 참여하여 당선 또는 낙선한 때를 제외한다)에는 그 후원회와 후원회지정권자는 잔여재산을 제40조에 따른 회계보고 전까지 국고에 귀속시켜야 한다. <개정 2010·7·23, 2016·1·15, 2021·1·5>

④ 제1항 및 제2항의 규정에 의하여 잔여재산 또는 후원회로부터 기부받은 후원금을 인계하지 아니한 때에는 이를 국고에 귀속시켜야 한다.

⑤ 후원회가 해산된 후에 기부된 후원금은 지체 없이 후원인에게 이를 반환하되, 제40조의 규정에 의한 회계보고 전까지 반환하지 아니하는 때에는 이를 국고에 귀속시켜야 한다.

⑥ 제3항 내지 제5항의 규정에 의한 국고귀속절차에 관하여는 제4조(당비)제3항 및 제4항의 규정을 준용한다.

⑦ 후원회가 해산된 경우의 잔여재산 처분절차 그 밖에 필요한 사항은 중앙선거관리위원회규칙으로 정한다.

제 4 장 기탁금

제22조(기탁금의 기탁) ① 기탁금을 기탁하고자 하는 개인(당원이 될 수 없는 공무원과 사립학교 교원을 포함한다)은 각급 선거관리위원회(읍·면·동선거관리위원회를 제외한다)에 기탁하여야 한다.

② 1인이 기탁할 수 있는 기탁금은 1회 1만원 또는 그에 상당하는 가액 이상, 연간 1억원 또는 전년도 소득의 100분의 5 중 다액 이하로 한다.

③ 누구든지 타인의 명의나 가명 또는 그 성명 등 인적 사항을 밝히지 아니하고 기탁금을 기탁할 수 없다. 이 경우 기탁자의 성명 등 인적 사항을 공개하지 아니할 것을 조건으로 기탁할 수 있다.

④ 기탁절차 그 밖에 필요한 사항은 중앙선거관리위원회규칙으로 정한다.

제23조(기탁금의 배분과 지급) ① 중앙선거관리위원회는 기탁금의 모금에 직접 소요된 경비를 공제하고 지급 당시 제27조(보조금의 배분)의 규정에 의한 국고보조금 배분율에 따라 기탁금을 배분·지급한다.

② 중앙선거관리위원회가 기탁금을 배분·지급하는 때에는 1회 300만원을 초과하여 기탁한 자의 성명 등 인적 사항을 공개하여야 한다. 다만, 제22조(기탁금의 기탁)제3항 후단의 규정에 의하여 이를 공개하지 아니할 것을 조건으로 기탁한 경우에는 그러하지 아니하다. <개정 2008·2·29>

③ 기탁금의 지급시기 및 절차 그 밖에 필요한 사항은 중앙선거관리위원회규칙으로 정한다.

제24조(기탁금의 국고귀속 등) ① 제22조(기탁금의 기탁)제2항 및 제3항의 규정을 위반하여 기탁된 기탁금은 국고에 귀속한다.

② 중앙선거관리위원회는 기탁금을 지급받을 정당이 수령을 거절하는 경우에는 그 기탁금은 수령을 거절한 정당을 제외한 나머지 정당에 제23조(기탁금의 배분과 지급) 제1항의 규정에 의하여 배분·지급한다.

③ 제1항의 규정에 의한 국고귀속절차에 관하여는 제4조(당비)제3항 및 제4항의 규정을 준용한다.

제 5 장 국고보조금

제25조(보조금의 계상) ① 국가는 정당에 대한 보조금으로 최근 실시한 임기만료에 의한 국회의원선거의 선거권자 총수에 보조금 계상단가를 곱한 금액을 매년 예산에 계상하여야 한다. 이 경우 임기만료에 의한 국회의원선거의 실시로 선거권자 총수에 변경이 있는 때에는 당해 선거가 종료된 이후에 지급되는 보조금은 변경된 선거권자 총수를 기준으로 계상하여야 한다. <개정 2008·2·29>

② 대통령선거, 임기만료에 의한 국회의원선거 또는 「공직선거법」 제203조(동시선거의 범위와 선거일)제1항의 규정에 의한 동시지방선거가 있는 연도에는 각 선거(동시지방선거는 하나의 선거로 본다)마다 보조금 계상단가를 추가한 금액을 제1항의 기준에 의하여 예산에 계상하여야 한다. <개정 2008·2·29>

③ 제1항 및 제2항에 따른 보조금 계상단가는 전년도 보조금 계상단가에 「통계법」 제3조에 따라 통계청장이 매년 고시하는 전전년도와 대비한 전년도 전국소비자물가변동률을 적용하여 산정한 금액을 증감한 금액으로 한다. <신설 2008·2·29>

④ 중앙선거관리위원회는 제1항의 규정에 의한 보조금(이하 "경상보조금"이라 한다)은 매년 분기별로 균등분할하여 정당에 지급하고, 제2항의 규정에 의한 보조금(이하 "선거보조금"이라 한다)은 당해 선거의 후보자등록마감일 후 2일 이내에 정당에 지급한다.

제26조(공직후보자 여성추천보조금) ① 국가는 임기만료에 의한 지역구국회의원선거, 지역구시·도의회의원선거 및 지역구자치구·시·군의회의원선거에서 여성후보자를 추천하는 정당에 지급하기 위한 보조금(이하 "여성추천보조금"이라 한다)으로 최근 실시한 임기만료에 의한 국회의원선거의 선거권자 총수에 100원을 곱한 금액을 임기만료에 의한 국회의원선거, 시·도의회의원선거 또는 자치구·시·군의회의원선거가 있는 연도의 예산에 계상하여야 한다. <개정 2006·4·28>

② 여성추천보조금은 제1항에 따른 선거에서 여성후보자를 추천한 정당에 대하여 다음 각 호에 따라 배분·지급한다. 이 경우

지역구시·도의회의원선거와 지역구자치구·시·군의회의원선거에서의 여성추천보조금은 제1항에 따라 해당 연도의 예산에 계상된 여성추천보조금의 100분의 50을 각 선거의 여성추천보조금 총액으로 한다. <개정 2022·4·20, 2024·1·2>

1. 여성후보자를 전국지역구총수의 100분의 40 이상 추천한 정당에는 여성추천보조금 총액의 100분의 40을 다음 기준에 따라 배분·지급한다.
   가. 배분대상 여성추천보조금 총액의 100분의 40 : 지급 당시 정당별 국회의석수의 비율
   나. 배분대상 여성추천보조금 총액의 100분의 40 : 최근 실시한 임기만료에 따른 국회의원선거에서의 득표수의 비율(비례대표전국선거구 및 지역구에서 해당 정당이 득표한 득표수 비율의 평균을 말한다. 이하 "국회의원선거의 득표수 비율"이라 한다)
   다. 배분대상 여성추천보조금 총액의 100분의 20 : 각 정당이 추천한 지역구 여성후보자수의 합에 대한 정당별 지역구 여성후보자수의 비율
2. 여성후보자를 전국지역구총수의 100분의 30 이상 100분의 40 미만을 추천한 정당에는 여성추천보조금 총액의 100분의 30을 제1호 각 목의 기준에 따라 배분·지급한다. 이 경우 하나의 정당에 배분되는 여성추천보조금은 제1호에 따라 각 정당에 배분되는 여성추천보조금 중 최소액을 초과할 수 없다.
3. 여성후보자를 전국지역구총수의 100분의 20 이상 100분의 30 미만을 추천한 정당에는 여성추천보조금 총액의 100분의 20을 제1호 각 목의 기준에 따라 배분·지급한다. 이 경우 하나의 정당에 배분되는 여성추천보조금은 제2호에 따라 각 정당에 배분되는 여성추천보조금 중 최소액을 초과할 수 없다.
4. 여성후보자를 전국지역구총수의 100분의 10 이상 100분의 20 미만을 추천한 정당에는 여성추천보조금 총액의 100분의 10을 제1호 각 목의 기준에 따라 배분·지급한다. 이 경우 하나의 정당에 배분되는 여성추천보조금은 제3호에 따라 각 정당에 배분되는 여성추천보조금 중 최소액을 초과할 수 없다.

③ 여성추천보조금은 임기만료에 의한 지역구국회의원선거, 지역구시·도의회의원선거 또는 지역구자치구·시·군의회의원선거의 후보자등록마감일 후 2일 이내에 정당에 지급한다. <개정 2006·4·28>

제26조의2(공직후보자 장애인추천보조금) ① 국가는 임기만료에 의한 지역구국회의원선거, 지역구시·도의회의원선거 및 지역구자치구·시·군의회의원선거에서 장애인후보자(후보자 중 「장애인복지법」 제32조에 따라 등록된 자를 말한다. 이하 같다)를 추천한 정당에 지급하기 위한 보조금(이하 "장애인추천보조금"이라 한다)으로 최근 실시한 임기만료에 의한 국회의원선거의 선거권자 총수에 20원을 곱한 금액을 임기만료에 의한 국회의원선거, 시·도의회의원선거 또는 자치구·시·군의회의원선거가 있는 연도의 예산에 계상하여야 한다.

② 장애인추천보조금은 제1항에 따른 선거에서 장애인후보자를 추천한 정당에 대하여 다음 각 호에 따라 배분·지급한다. 이 경우 지역구시·도의회의원선거와 지역구자치구·시·군의회의원선거에서의 장애인추천보조금은 제1항에 따라 해당 연도의 예산에 계상된 장애인추천보조금의 100분의 50을 각 선거의 장애인추천보조금 총액으로 한다. <개정 2022·4·20>

1. 장애인후보자를 전국지역구총수의 100분의 5 이상 추천한 정당에는 장애인추천보조금 총액의 100분의 50을 다음 기준에 따라 배분·지급한다.
   가. 배분대상 장애인추천보조금 총액의 100분의 40 : 지급 당시 정당별 국회의석수의 비율
   나. 배분대상 장애인추천보조금 총액의 100분의 40 : 최근 실시한 국회의원선거의 득표수 비율
   다. 배분대상 장애인추천보조금 총액의 100분의 20 : 각 정당이 추천한 지역구 장애인후보자수의 합에 대한 정당별 지역구 장애인후보자수의 비율
2. 장애인후보자를 전국지역구총수의 100

분의 3 이상 100분의 5 미만을 추천한 정당에는 장애인추천보조금 총액의 100분의 30을 제1호 각 목의 기준에 따라 배분·지급한다. 이 경우 하나의 정당에 배분되는 장애인추천보조금은 제1호에 따라 각 정당에 배분되는 장애인추천보조금 중 최소액을 초과할 수 없다.

3. 장애인후보자를 전국지역구총수의 100분의 1 이상 100분의 3 미만을 추천한 정당에는 장애인추천보조금 총액의 100분의 20을 제1호 각 목의 기준에 따라 배분·지급한다. 이 경우 하나의 정당에 배분되는 장애인추천보조금은 제2호에 따라 각 정당에 배분되는 장애인추천보조금 중 최소액을 초과할 수 없다.

③ 장애인추천보조금은 임기만료에 의한 지역구국회의원선거, 지역구시·도의회의원선거 또는 지역구자치구·시·군의회의원선거의 후보자등록마감일 후 2일 이내에 정당에 지급한다.

〔본조신설 2010·1·25〕

제26조의3(공직후보자 청년추천보조금) ① 국가는 임기만료에 의한 지역구국회의원선거, 지역구시·도의회의원선거 및 지역구자치구·시·군의회의원선거에서 청년후보자(39세 이하 후보자를 말한다. 이하 같다)를 추천한 정당에 지급하기 위한 보조금(이하 "청년추천보조금"이라 한다)으로 최근 실시한 임기만료에 의한 국회의원선거의 선거권자 총수에 100원을 곱한 금액을 임기만료에 의한 국회의원선거, 시·도의회의원선거 또는 자치구·시·군의회의원선거가 있는 연도의 예산에 계상하여야 한다.

② 청년추천보조금은 제1항에 따른 선거에서 청년후보자를 추천한 정당에 대하여 다음 각 호에 따라 배분·지급한다. 이 경우 지역구시·도의회의원선거와 지역구자치구·시·군의회의원선거에서의 청년추천보조금은 제1항에 따라 해당 연도의 예산에 계상된 청년추천보조금의 100분의 50을 각 선거의 청년추천보조금 총액으로 한다.

1. 청년후보자를 전국지역구총수의 100분의 20 이상 추천한 정당에는 청년추천보조금 총액의 100분의 50을 다음 기준에 따라 배분·지급한다.
   가. 배분대상 청년추천보조금 총액의 100분의 40 : 지급 당시 정당별 국회의석수의 비율
   나. 배분대상 청년추천보조금 총액의 100분의 40 : 최근 실시한 국회의원선거의 득표수 비율
   다. 배분대상 청년추천보조금 총액의 100분의 20 : 각 정당이 추천한 지역구 청년후보자수의 합에 대한 정당별 지역구 청년후보자수의 비율
2. 청년후보자를 전국지역구총수의 100분의 15 이상 100분의 20 미만을 추천한 정당에는 청년추천보조금 총액의 100분의 30을 제1호 각 목의 기준에 따라 배분·지급한다. 이 경우 하나의 정당에 배분되는 청년추천보조금은 제1호에 따라 각 정당에 배분되는 청년추천보조금 중 최소액을 초과할 수 없다.
3. 청년후보자를 전국지역구총수의 100분의 10 이상 100분의 15 미만을 추천한 정당에는 청년추천보조금 총액의 100분의 20을 제1호 각 목의 기준에 따라 배분·지급한다. 이 경우 하나의 정당에 배분되는 청년추천보조금은 제2호에 따라 각 정당에 배분되는 청년추천보조금 중 최소액을 초과할 수 없다.

③ 청년추천보조금은 임기만료에 의한 지역구국회의원선거, 지역구시·도의회의원선거 또는 지역구자치구·시·군의회의원선거의 후보자등록마감일 후 2일 이내에 정당에 지급한다.

〔본조신설 2022·2·22〕

제27조(보조금의 배분) ① 경상보조금과 선거보조금은 지급 당시 「국회법」 제33조(교섭단체)제1항 본문의 규정에 의하여 동일 정당의 소속의원으로 교섭단체를 구성한 정당에 대하여 그 100분의 50을 정당별로 균등하게 분할하여 배분·지급한다.

② 보조금 지급 당시 제1항의 규정에 의한 배분·지급대상이 아닌 정당으로서 5석 이상의 의석을 가진 정당에 대하여는 100분의 5씩을, 의석이 없거나 5석 미만의 의석을 가진 정당 중 다음 각 호의 어느 하나에 해당하는 정당에 대하여는 보조금의 100분의 2씩을 배분·지급한다.

1. 최근에 실시된 임기만료에 의한 국회의원선거에 참여한 정당의 경우에는 국회의원선거의 득표수 비율이 100분의 2 이상인 정당
2. 최근에 실시된 임기만료에 의한 국회의원선거에 참여한 정당 중 제1호에 해당하지 아니하는 정당으로서 의석을 가진 정당의 경우에는 최근에 전국적으로 실시된 후보추천이 허용되는 비례대표시·도의회의원선거, 지역구시·도의회의원선거, 시·도지사선거 또는 자치구·시·군의 장선거에서 당해 정당이 득표한 득표수 비율이 100분의 0.5 이상인 정당
3. 최근에 실시된 임기만료에 의한 국회의원선거에 참여하지 아니한 정당의 경우에는 최근에 전국적으로 실시된 후보추천이 허용되는 비례대표시·도의회의원선거, 지역구시·도의회의원선거, 시·도지사선거 또는 자치구·시·군의 장선거에서 당해 정당이 득표한 득표수 비율이 100분의 2 이상인 정당

③ 제1항 및 제2항의 규정에 의한 배분·지급액을 제외한 잔여분 중 100분의 50은 지급 당시 국회의석을 가진 정당에 그 의석수의 비율에 따라 배분·지급하고, 그 잔여분은 국회의원선거의 득표수 비율에 따라 배분·지급한다.

④ 선거보조금은 당해 선거의 후보자등록마감일 현재 후보자를 추천하지 아니한 정당에 대하여는 이를 배분·지급하지 아니한다.

⑤ 보조금의 지급시기 및 절차 그 밖에 필요한 사항은 중앙선거관리위원회규칙으로 정한다.

제27조의2(보조금을 지급받을 권리의 보호) 이 법에 따라 정당이 보조금을 지급받을 권리는 양도 또는 압류하거나 담보로 제공할 수 없다.

[본조신설 2010·1·25]

제28조(보조금의 용도제한 등) ① 보조금은 정당의 운영에 소요되는 경비로서 다음 각 호에 해당하는 경비 외에는 사용할 수 없다.
1. 인건비
2. 사무용 비품 및 소모품비
3. 사무소 설치·운영비
4. 공공요금
5. 정책개발비
6. 당원 교육훈련비
7. 조직활동비
8. 선전비
9. 선거관계비용

② 경상보조금을 지급받은 정당은 그 경상보조금 총액의 100분의 30 이상은 정책연구소[「정당법」 제38조(정책연구소의 설치·운영)에 의한 정책연구소를 말한다. 이하 같다]에, 100분의 10 이상은 시·도당에 배분·지급하여야 하며, 100분의 10 이상은 여성정치발전을 위하여, 100분의 5 이상은 청년정치발전을 위하여 사용하여야 한다. 이 경우 여성정치발전을 위한 경상보조금의 구체적인 사용 용도는 다음 각 호와 같다. <개정 2022·2·22, 2024·1·2>
1. 여성정책 관련 정책개발비
2. 여성 공직선거 후보자 지원 선거관계경비
3. 여성정치인 발굴 및 교육 관련 경비
4. 양성평등의식 제고 등을 위한 당원 교육 관련 경비
5. 여성 국회의원·지방의회의원 정치활동 지원 관련 경비
6. 그 밖에 여성정치발전에 필요한 활동비, 인건비 등의 경비로서 중앙선거관리위원회규칙으로 정하는 경비

③ 정당은 소속 당원인 공직선거의 후보자·예비후보자에게 보조금을 지원할 수 있으며, 제1항에도 불구하고 여성추천보조금은 여성후보자의, 장애인추천보조금은 장애인후보자의, 청년추천보조금은 청년후보자의 선거경비로 사용하여야 한다. <개정 2010·1·25, 2022·2·22>

④ 각급 선거관리위원회(읍·면·동선거관리위원회를 제외한다) 위원·직원은 보조금을 지급받은 정당 및 이의 지출을 받은 자 그 밖에 관계인에 대하여 감독상 또는 이 법의 위반 여부를 확인하기 위하여 필요하다고 인정하는 때에는 보조금 지출에 관하여 조사할 수 있다.

제29조(보조금의 감액) 중앙선거관리위원회는 다음 각 호의 규정에 따라 당해 금액을 회수하고, 회수가 어려운 때에는 그 이후 당해 정당에 지급할 보조금에서 감액하여 지급할 수 있다. <개정 2006·4·28, 2010·1·25, 2022·2·22>

1. 보조금을 지급받은 정당(정책연구소 및 정당선거사무소를 포함한다)이 보조금에 관한 회계보고를 허위·누락한 경우에는 허위·누락에 해당하는 금액의 2배에 상당하는 금액
2. 제28조(보조금의 용도제한 등)제1항의 규정에 의한 용도 외의 용도로 사용한 경우에는 그 용도를 위반하여 사용한 보조금의 2배에 상당하는 금액
3. 제28조제2항의 규정에 의한 용도 외의 용도로 사용한 경우에는 용도를 위반한 보조금의 2배에 상당하는 금액
4. 제28조제3항의 규정에 의한 여성추천보조금, 장애인추천보조금 또는 청년추천보조금의 용도 외의 용도로 사용한 경우에는 용도를 위반한 보조금의 2배에 상당하는 금액
5. 제40조(회계보고)의 규정을 위반하여 회계보고를 하지 아니한 경우에는 중앙당의 경우 지급한 보조금의 100분의 25에 상당하는 금액, 시·도당의 경우 중앙당으로부터 지원받은 보조금의 2배에 상당하는 금액

제30조(보조금의 반환) ① 보조금을 지급받은 정당이 해산되거나 등록이 취소된 경우 또는 정책연구소가 해산 또는 소멸하는 때에는 지급받은 보조금을 지체 없이 다음 각 호에서 정한 바에 따라 처리하여야 한다. <개정 2010·1·25>

1. 정당
보조금의 지출내역을 중앙선거관리위원회에 보고하고 그 잔액이 있는 때에는 이를 반환한다.
2. 정책연구소
보조금의 사용잔액을 소속 정당에 인계한다. 이 경우 정당은 새로이 설립하는 정책연구소에 그 잔액을 인계하여야 하며, 정당이 해산 또는 등록이 취소된 경우에는 제1호에 준하여 이를 반환한다.

② 중앙선거관리위원회는 제1항의 규정에 의하여 정당이 반환하여야 할 보조금을 반환하지 아니한 때에는 국세체납처분의 예에 의하여 강제징수할 수 있다.
③ 제2항의 규정에 의한 보조금의 징수는 다른 공과금에 우선한다.
④ 보조금 잔액의 반환 그 밖에 필요한 사항은 중앙선거관리위원회규칙으로 정한다.

제6장 기부의 제한

제31조(기부의 제한) ① 외국인, 국내·외의 법인 또는 단체는 정치자금을 기부할 수 없다.
② 누구든지 국내·외의 법인 또는 단체와 관련된 자금으로 정치자금을 기부할 수 없다.

제32조(특정행위와 관련한 기부의 제한) 누구든지 다음 각 호의 어느 하나에 해당하는 행위와 관련하여 정치자금을 기부하거나 받을 수 없다.

1. 공직선거에 있어서 특정인을 후보자로 추천하는 일
2. 지방의회 의장·부의장 선거와 교육위원회 의장·부의장, 교육감·교육위원을 선출하는 일
3. 공무원이 담당·처리하는 사무에 관하여 청탁 또는 알선하는 일
4. 다음 각 목의 어느 하나에 해당하는 법인과의 계약이나 그 처분에 의하여 재산상의 권리·이익 또는 직위를 취득하거나 이를 알선하는 일
   가. 국가·공공단체 또는 특별법의 규정에 의하여 설립된 법인
   나. 국가나 지방자치단체가 주식 또는 지분의 과반수를 소유하는 법인
   다. 국가나 공공단체로부터 직접 또는 간접으로 보조금을 받는 법인
   라. 정부가 지급보증 또는 투자한 법인

제33조(기부의 알선에 관한 제한) 누구든지 업무·고용 그 밖의 관계를 이용하여 부당하게 타인의 의사를 억압하는 방법으로 기부를 알선할 수 없다.

제7장 정치자금의 회계 및 보고·공개

제34조(회계책임자의 선임신고 등) ① 다음 각 호에 해당하는 자(이하 "선임권자"라 한다)는 정치자금의 수입과 지출을 담당하는 회계책임자 1인을 공직선거의 선거운동을 할 수 있는 자 중에서 선임하여 지체 없이 관할 선거관리위원회에 서면으로 신고하여야

한다. <개정 2008·2·29, 2016·1·15, 2017·6·30, 2024·2·20>

1. 정당(후원회를 둔 중앙당창당준비위원회, 정책연구소 및 정당선거사무소를 포함한다. 이하 이 장에서 같다)의 대표자
2. 후원회의 대표자
3. 후원회를 둔 국회의원·지방의회의원
4. 대통령선거경선후보자, 당대표경선후보자등
5. 공직선거의 후보자·예비후보자(선거사무소 및 선거연락소의 회계책임자를 선임하는 경우를 말한다). 이 경우 대통령선거의 정당추천후보자, 비례대표국회의원선거 및 비례대표지방의회의원선거에 있어서는 그 추천정당이 선임권자가 되며, 그 선거사무소 및 선거연락소의 회계책임자는 각각 정당의 회계책임자가 겸한다.
6. 선거연락소장(선거연락소의 회계책임자에 한한다)

② 누구든지 2 이상의 회계책임자가 될 수 없다. 다만, 후원회를 둔 국회의원이 대통령후보자등후원회·대통령선거경선후보자후원회 또는 당대표경선후보자등후원회를 두거나 후원회를 둔 지방의회의원이 대통령선거경선후보자후원회·당대표경선후보자등후원회 또는 지방자치단체장후보자등후원회를 두는 등 중앙선거관리위원회규칙으로 정하는 경우에는 그러하지 아니하다. <개정 2008·2·29, 2016·1·15, 2024·2·20>

③ 지방의회의원, 공직선거의 후보자·예비후보자 또는 그 선거사무장이나 선거연락소장은 회계책임자를 겸할 수 있다. 이 경우 그 뜻을 지체 없이 관할 선거관리위원회에 서면으로 신고하여야 한다. 제1항제5호 후단 및 제2항 단서의 규정에 의하여 회계책임자를 겸하는 경우에도 또한 같다. <개정 2024·2·20>

④ 제1항 및 제3항의 규정에 의하여 회계책임자를 신고하는 때에는 다음 각 호의 사항을 첨부하여야 한다.

1. 정치자금의 수입 및 지출을 위한 예금계좌
2. 선거비용제한액 한도 내에서 회계책임자가 지출할 수 있는 금액의 최고액을 정하고 회계책임자와 선임권자가 함께 서명·날인한 약정서(선거사무소의 회계책임자에 한한다)

⑤ 회계책임자의 선임신고 및 예금계좌의 개설 그 밖에 필요한 사항은 중앙선거관리위원회규칙으로 정한다.

제35조(회계책임자의 변경신고 등) ① 선임권자는 회계책임자의 변경이 있는 때에는 14일 이내에〔제34조(회계책임자의 선임신고 등)제1항제5호 및 제6호의 규정에 의한 선임권자는 지체 없이〕 관할 선거관리위원회에 서면으로 변경신고를 하여야 한다.

② 회계책임자의 변경이 있는 때에는 인계자와 인수자는 지체 없이 인계·인수서를 작성하여 서명·날인한 후 재산, 정치자금의 잔액과 회계장부, 예금통장·신용카드 및 후원회인(後援會印)·그 대표자 직인 등 인장 그 밖의 관계 서류를 인계·인수하여야 한다.

③ 회계책임자의 변경신고를 하는 때에는 제2항의 규정에 의한 인계·인수서를 함께 제출하여야 한다.

④ 회계책임자의 변경신고 및 인계·인수 그 밖에 필요한 사항은 중앙선거관리위원회규칙으로 정한다.

제36조(회계책임자에 의한 수입·지출) ① 정당, 후원회, 후원회를 둔 국회의원·지방의회의원, 대통령선거경선후보자, 당대표경선후보자등 또는 공직선거의 후보자·예비후보자의 정치자금 수입·지출은 그 회계책임자(공직선거의 후보자·예비후보자의 경우 그 선거사무소·선거연락소의 회계책임자를 말한다. 이하 같다)만이 이를 할 수 있다. 다만, 다음 각 호의 어느 하나에 해당하는 경우에는 그러하지 아니하다. <개정 2008·2·29, 2010·1·25, 2016·1·15, 2017·6·30, 2024·2·20>

1. 회계책임자로부터 지출의 대강의 내역을 알 수 있는 정도의 지출의 목적과 금액의 범위를 정하여 서면으로 위임받은 회계사무보조자(공직선거의 선거운동을 할 수 있는 자에 한한다)가 지출하는 경우
2. 회계책임자의 관리·통제 아래 제34조(회계책임자의 선임신고 등)에 따라 신고된 정치자금 지출을 위한 예금계좌를 결제계좌로 하는 신용카드·체크카드, 그 밖에 이에 준하는 것으로 지출하는 경우

② 회계책임자가 정치자금을 수입·지출하는 경우에는 제34조(회계책임자의 선임신고 등)제4항의 규정에 의하여 관할 선거관리위원회에 신고된 예금계좌를 통해서 하여야 한다. 이 경우 정치자금의 지출을 위한 예금계좌는 1개만을 사용하여야 한다.

③ 대통령선거경선후보자, 당대표경선후보자등 또는 공직선거의 후보자·예비후보자가 자신의 재산으로 정치자금을 지출하는 경우에도 그 회계책임자를 통하여 지출하여야 한다. 후원회를 둔 국회의원·지방의회의원이 해당 국회의원선거·지방의회의원선거의 예비후보자로 신고하지 아니한 경우로서 해당 선거의 예비후보자등록신청개시일부터 자신의 재산으로 정치자금을 지출하는 경우에도 또한 같다. <개정 2016·1·15, 2024·2·20>

④ 「공직선거법」 제135조(선거사무관계자에 대한 수당과 실비보상)의 규정에 의한 선거사무장 등의 수당·실비는 당해 선거사무장 등이 지정한 금융기관의 예금계좌에 입금하는 방법으로 지급하여야 한다.

⑤ 후원회를 둔 공직선거의 후보자·예비후보자의 회계책임자는 후원회로부터 기부받은 후원금을 후원회 등록 전에 지출의 원인이 발생한 용도로 지출할 수 없다. 다만, 「공직선거법」 제7장에서 허용하는 선거운동(같은 법 제59조제3호에 따른 인터넷 홈페이지를 이용한 선거운동과 같은 법 제60조의4에 따른 예비후보자공약집은 제외한다)을 위한 경우에는 그러하지 아니하다. <개정 2010·1·25>

⑥ 대통령선거에 있어 예비후보자가 정당추천후보자로 된 경우 그 예비후보자의 선거사무소 회계책임자는 예비후보자의 선거비용의 지출에 관한 내역을 지체 없이 후보자의 선거사무소 회계책임자에게 통지하여 선거비용의 지출에 지장이 없도록 하여야 한다.

⑦ 정치자금의 지출방법 그 밖에 필요한 사항은 중앙선거관리위원회규칙으로 정한다.

제37조(회계장부의 비치 및 기재) ① 회계책임자는 회계장부를 비치하고 다음 각 호에서 정하는 바에 따라 모든 정치자금의 수입과 지출에 관한 사항을 기재하여야 한다. 이 경우 보조금과 보조금 외의 정치자금, 선거비용과 선거비용 외의 정치자금은 각각 별도의 계정을 설정하여 구분·경리하여야 한다. <개정 2008·2·29, 2016·1·15, 2017·6·30, 2024·2·20>

1. 정당의 회계책임자(대통령선거의 정당추천후보자와 비례대표국회의원선거 및 비례대표지방의회의원선거의 선거사무소와 선거연락소의 회계책임자를 포함한다)
   가. 수입
      당비, 후원회로부터 기부받은 후원금, 기탁금, 보조금, 차입금, 지원금 및 기관지의 발행 그 밖에 부대수입 등 수입의 상세내역
   나. 지출
      지출(대통령선거와 비례대표국회의원선거 및 비례대표지방의회의원선거에 있어서 추천후보자의 정치자금의 지출을 포함한다)의 상세내역
2. 후원회의 회계책임자
   가. 수입
      후원금 등 수입의 상세내역. 다만, 제11조(후원인의 기부한도 등)제3항의 규정에 의한 익명기부의 경우에는 일자·금액 및 기부방법
   나. 지출
      후원회지정권자에 대한 기부일자·금액과 후원금 모금에 소요된 경비 등 지출의 상세내역
3. 후원회를 둔 국회의원·지방의회의원의 회계책임자
   가. 수입
      소속 정당의 지원금과 후원회로부터 기부받은 후원금의 기부일자·금액 및 후원금에서 공제하고자 하는 선임권자의 재산(차입금을 포함한다) 등 수입의 상세내역
   나. 지출
      지출의 상세내역
4. 대통령선거경선후보자, 당대표경선후보자등의 회계책임자, 공직선거의 후보자·예비후보자의 회계책임자(대통령선거의 정당추천후보자와 비례대표국회의원선거 및 비례대표지방의회의원선거의 선거사무소와 선거연락소의 회계책임자를 제외한다)
   가. 수입

소속 정당의 지원금과 후원회로부터 기부받은 후원금의 기부일자·금액, 선임권자의 재산(차입금을 포함한다) 및 선거사무소 회계책임자의 지원금(선거연락소의 회계책임자에 한한다) 등 수입의 상세내역

나. 지출

지출의 상세내역

② 제 1 항에 규정된 용어의 정의는 다음 각 호와 같다.

1. "수입의 상세내역"이라 함은 수입의 일자·금액과 제공한 자의 성명·생년월일·주소·직업 및 전화번호 그 밖의 명세를 말한다.
2. "지출의 상세내역"이라 함은 지출의 일자·금액·목적과 지출을 받은 자의 성명·생년월일·주소·직업 및 전화번호를 말한다. 이 경우 선거운동을 위한 인쇄물·시설물 그 밖에 물품·장비 등을 시중의 통상적인 거래가격보다 현저히 싼 값 또는 무상으로 사용한 경우에는 회계책임자가 중앙선거관리위원회규칙으로 정하는 시중의 통상적인 거래가격 또는 임차가격에 상당하는 가액을 계상한 금액을 지출금액으로 처리한다.

③ 제 1 항의 회계장부의 종류·서식 및 기재방법 그 밖에 필요한 사항은 중앙선거관리위원회규칙으로 정한다.

第38條(정당의 회계처리) ① 중앙당은 정치자금의 지출을 공개적·민주적으로 처리하기 위하여 회계처리에 관한 절차 등을 당헌·당규로 정하여야 한다.

② 제 1 항의 당헌·당규에는 다음 각 호의 사항이 포함되어야 한다.

1. 예산결산위원회의 구성 및 운영에 관한 사항
2. 다음 각 목의 내용을 명시한 지출결의서에 관한 사항
   가. 지출과목, 지출의 목적·일자 및 금액
   나. 지급받거나 받을 권리가 있는 자의 성명·생년월일·주소·직업 및 전화번호
3. 중앙당(정책연구소를 포함한다) 및 시·도당이 물품·용역을 구입·계약하고자 하는 때의 구입·지급품의서에 관한 사항

③ 중앙당의 예산결산위원회(시·도당의 경우에는 그 대표자를 말한다. 이하 같다)는 매분기마다 다음 각 호의 사항을 확인·검사하여야 하며, 그 결과를 지체 없이 당원에게 공개하여야 한다.

1. 당헌·당규에 정한 회계처리절차 준수 여부
2. 예금계좌의 잔액
3. 정치자금의 수입금액 및 그 내역
4. 정치자금의 지출금액 및 그 내역

④ 정당의 회계처리 등에 관하여 필요한 사항은 중앙선거관리위원회규칙으로 정한다.

第39條(영수증 그 밖의 증빙서류) 회계책임자가 정치자금을 수입·지출하는 경우에는 영수증 그 밖의 증빙서류를 구비하여야 한다. 다만, 중앙선거관리위원회규칙으로 정하는 경우에는 그러하지 아니하다.

第40條(회계보고) ① 회계책임자는 다음 각 호에서 정하는 기한까지 관할 선거관리위원회에 정치자금의 수입과 지출에 관한 회계보고(이하 "회계보고"라 한다)를 하여야 한다. <개정 2008·2·29, 2016·1·15, 2017·6·30, 2024·2·20>

1. 정당의 회계책임자
   가. 공직선거에 참여하지 아니한 연도
   매년 1월 1일부터 12월 31일 현재로 다음 연도 2월 15일(시·도당의 경우에는 1월 31일)까지
   나. 전국을 단위로 실시하는 공직선거에 참여한 연도
   매년 1월 1일(정당선거사무소의 경우에는 그 설치일)부터 선거일 후 20일(20일 후에 정당선거사무소를 폐쇄하는 경우에는 그 폐쇄일을 말한다) 현재로 당해 선거일 후 30일(대통령선거 및 비례대표국회의원선거에 있어서는 40일)까지, 선거일 후 21일부터 12월 31일 현재로 다음 연도 2월 15일(시·도당은 1월 31일)까지
   다. 전국의 일부지역에서 실시하는 공직선거의 보궐선거 등에 참여한 연도
   중앙당과 정책연구소는 가목에 의하고, 당해 시·도당과 정당선거사무소는 나목에 의한다.
2. 후원회를 둔 국회의원·지방의회의원의 회계책임자

가. 공직선거에 참여하지 아니한 연도
매년 1월 1일부터 12월 31일 현재로 다음 연도 1월 31일까지
나. 공직선거에 참여한 연도
매년 1월 1일부터 선거일 후 20일 현재로 선거일 후 30일까지, 선거일 후 21일부터 12월 31일 현재로 다음 연도 1월 31일까지
3. 중앙당후원회(중앙당창당준비위원회후원회를 포함한다) 및 국회의원후원회·지방의회의원후원회의 회계책임자
가. 연간 모금한도액을 모금할 수 있는 연도
매년 1월 1일부터 6월 30일 현재로 7월 31일까지, 7월 1일부터 12월 31일 현재로 다음 연도 1월 31일까지
나. 연간 모금한도액의 2배를 모금할 수 있는 연도
매년 1월 1일부터 선거일 후 20일 현재로 선거일 후 30일까지, 선거일 후 21일부터 12월 31일 현재로 다음 연도 1월 31일까지. 다만 선거일이 12월 중에 있는 경우에는 가목에 의한다.
4. 대통령선거경선후보자·당대표경선후보자등 및 그 후원회의 회계책임자
정당의 경선일 후 20일 현재로 경선일 후 30일까지. 이 경우 후원회를 둔 국회의원·지방의회의원의 회계책임자는 제2호의 규정에 불구하고 매년 1월 1일부터 경선일 후 20일 현재로 경선일 후 30일까지, 경선일 후 21일부터 12월 31일 현재로 다음 연도 1월 31일까지
5. 공직선거의 후보자·예비후보자 및 그 후원회의 회계책임자
선거일 후 20일(대통령선거의 정당추천후보자의 경우 그 예비후보자의 회계책임자는 후보자등록일 전일) 현재로 선거일 후 30일(대통령선거의 무소속후보자는 40일)까지. 이 경우 대통령선거의 정당추천 후보자와 비례대표국회의원선거 및 비례대표지방의회의원선거의 선거사무소·선거연락소의 회계책임자는 제1호나목 또는 다목에 의한다.

② 제1항의 규정에 불구하고 다음 각 호에 해당하는 사유가 있는 때에는 그 회계책임자는 그 날부터 14일 이내에 관할 선거관리위원회에 회계보고를 하여야 한다. <개정 2008·2·29, 2010·1·25, 2016·1·15, 2017·6·30, 2024·2·20>
1. 정당이 등록취소되거나 해산한 때
2. 후원회를 둔 중앙당창당준비위원회가 소멸한 때
3. 후원회가 제19조(후원회의 해산 등)제1항의 규정에 의하여 해산한 때(선거 또는 경선의 종료로 후원회지정권자가 후원회를 둘 수 있는 자격을 상실하여 해산한 때는 제외한다)
4. 후원회를 둔 국회의원·지방의회의원, 대통령선거경선후보자 또는 당대표경선후보자등이 후원회지정을 철회하거나 후원회를 둘 수 있는 자격을 상실한 때(경선의 종료로 인하여 자격을 상실한 때는 제외한다)
5. 공직선거의 예비후보자 또는 그 후원회가 선거기간개시일 30일 전에 그 자격을 상실하거나 해산할 때

③ 제1항 및 제2항의 규정에 의하여 회계보고하는 사항은 다음 각 호와 같다. <개정 2008·2·29, 2016·1·15, 2017·6·30>
1. 정당 및 후원회의 회계책임자
가. 재산상황
정당에 있어서는 12월 31일 현재의 회계보고에 한한다.
나. 정치자금의 수입내역
1회 30만원 초과 또는 연간 300만원(대통령후보자등후원회·대통령선거경선후보자후원회의 경우에는 500만원)을 초과하여 수입을 제공한 자의 경우에는 성명·생년월일·주소·직업·전화번호와 수입일자 및 그 금액을, 그 이하 금액의 수입을 제공한 자의 경우에는 일자별로 그 건수와 총금액. 다만, 당비의 경우에는 그러하지 아니하다.
다. 제37조(회계장부의 비치 및 기재)제1항의 규정에 의하여 회계장부에 기재하는 지출의 상세내역
2. 후원회지정권자(정당은 제외한다)·대통령선거경선후보자, 당대표경선후보자등, 공직선거의 후보자·예비후보자의 회계책임자(대통령선거의 정당추천 후보자, 비례대표국회의원선거 및 비례대표지방의회의원

선거에 있어서는 제1호에 의한다)
가. 후원금 및 소속 정당의 지원금으로 구입·취득한 재산상황
나. 제37조제1항의 규정에 의하여 회계장부에 기재하는 수입·지출의 상세내역

④ 제1항 내지 제3항의 규정에 의하여 회계보고를 하는 때에는 다음 각 호의 서류를 첨부하여야 한다. <개정 2008·2·29, 2012·2·29, 2017·6·30>

1. 정치자금의 수입과 지출명세서
2. 제39조(영수증 그 밖의 증빙서류) 본문의 규정에 의한 영수증 그 밖의 증빙서류 사본
3. 정치자금을 수입·지출한 예금통장 사본
4. 제41조제1항 본문에 따른 자체 감사기관의 감사의견서와 대의기관(그 수임기관을 포함한다)·예산결산위원회의 심사의결서[제38조(정당의 회계처리)제3항의 규정에 의한 공개자료를 포함한다] 사본[정당(정당선거사무소를 제외한다)과 후원회의 회계책임자에 한한다]
5. 제41조제1항 단서의 규정에 의한 공인회계사의 감사의견서(중앙당과 그 후원회에 한한다). 다만, 정치자금의 수입·지출이 없는 경우에는 그러하지 아니하다.
6. 잔여재산의 인계·인수서(인계의무자에 한한다). 이 경우 제58조(후보자의 반환기탁금 및 보전비용의 처리)제1항의 규정에 의한 반환·보전비용의 인계·인수서는 반환·보전받은 날부터 30일까지 제출한다.
7. 제36조(회계책임자에 의한 수입·지출) 제6항의 규정에 의한 예비후보자의 선거비용 지출내역서 사본(대통령선거의 정당추천후보자의 선거사무소의 회계책임자와 그 예비후보자의 회계책임자에 한한다)

⑤ 선거사무소·선거연락소의 회계책임자가 회계보고를 하는 때에는 정당의 대표자 또는 공직선거후보자와 선거사무장의 연대 서명·날인을 받아야 한다. 다만, 선거연락소의 경우에는 선거연락소장의 서명·날인을 받아야 한다.

⑥ 회계보고 그 밖에 필요한 사항은 중앙선거관리위원회규칙으로 정한다.

제41조(회계보고의 자체 감사 등) ① 정당(정당선거사무소를 제외한다)과 후원회의 회계책임자가 회계보고를 하는 때에는 대의기관(그 수임기관을 포함한다) 또는 예산결산위원회의 심사·의결을 거쳐야 하며, 그 의결서 사본과 자체 감사기관의 감사의견서를 각각 첨부하여야 한다. 다만, 정당의 중앙당과 그 후원회는 해당 정당의 당원이 아닌 자 중에서 공인회계사의 감사의견서를 함께 첨부하여야 한다. <개정 2008·2·29, 2017·6·30>

② 제1항의 규정에 의한 공인회계사는 성실하게 감사하여야 한다.

제42조(회계보고서 등의 열람 및 사본교부) ① 제40조(회계보고)의 규정에 의하여 회계보고를 받은 관할 선거관리위원회는 회계보고 마감일부터 7일 이내에 그 사실과 열람·사본교부기간 및 사본교부에 필요한 비용 등을 공고하여야 한다.

② 관할 선거관리위원회는 제40조제3항 및 제4항의 규정에 의하여 보고된 재산상황, 정치자금의 수입·지출내역 및 첨부서류를 그 사무소에 비치하고 제1항의 규정에 의한 공고일부터 6개월간(이하 "열람기간"이라 한다) 누구든지 볼 수 있게 하여야 한다. 다만, 선거비용에 한하여 열람대상 서류 중 제40조(회계보고)제4항제1호의 수입과 지출명세서를 선거관리위원회의 인터넷 홈페이지를 통하여 공개할 수 있되, 열람기간이 아닌 때에는 이를 공개하여서는 아니된다. <개정 2010·1·25, 2024·2·20>

③ 누구든지 회계보고서, 정치자금의 수입·지출내역과 제40조제4항의 규정에 의한 첨부서류(제2호 및 제3호의 서류를 제외한다)에 대한 사본교부를 관할 선거관리위원회에 서면으로 신청할 수 있다. 이 경우 사본교부에 필요한 비용은 그 사본교부를 신청한 자가 부담한다.

④ 제2항 및 제3항의 규정에 불구하고 후원회에 연간 300만원(대통령후보자등·대통령선거경선후보자의 후원회의 경우 500만원을 말한다) 이하를 기부한 자의 인적 사항과 금액은 이를 공개하지 아니한다. <개정 2008·2·29>

⑤ 누구든지 제2항 및 제3항의 규정에 의하여 공개된 정치자금 기부내역을 인터넷에 게시하여 정치적 목적에 이용하여서는 아니된다.

⑥ 제40조의 규정에 의하여 관할 선거관리위원회에 보고된 재산상황, 정치자금의 수입·지출내역 및 첨부서류에 관하여 이의가 있는 자는 그 이의에 대한 증빙서류를 첨부하여 열람기간 중에 관할 선거관리위원회에 서면으로 이의신청을 할 수 있다.

⑦ 제6항의 규정에 의한 이의신청을 받은 관할 선거관리위원회는 이의신청을 받은 날부터 60일 이내에 이의신청사항을 조사·확인〔제39조(영수증 그 밖의 증빙서류) 단서의 규정에 해당하는 사항을 제외한다〕하고 그 결과를 신청인에게 통보하여야 한다.

⑧ 선거비용에 관하여 제6항의 규정에 의한 이의신청을 받은 관할 선거관리위원회는 회계책임자 그 밖의 관계인에게 이의사실에 대한 소명자료를 제출하도록 통지하여야 하며, 회계책임자 그 밖의 관계인은 통지를 받은 날부터 7일 이내에 소명자료를 제출하여야 한다. 이 경우 관할 선거관리위원회는 그 소명자료를 제출받은 때에는 그 이의신청내용과 소명내용을, 그 소명자료의 제출이 없는 때에는 이의신청내용과 소명이 없음을 공고하고 지체 없이 그 사실을 당해 이의신청인에게 통지하여야 한다.

⑨ 제1항의 공고, 회계보고서 등의 열람, 이의신청 및 사본교부 그 밖에 필요한 사항은 중앙선거관리위원회규칙으로 정한다.

제43조(자료제출요구 등) ① 각급 선거관리위원회(읍·면·동선거관리위원회를 제외한다. 이하 이 조에서 같다) 위원·직원은 선거비용의 수입과 지출에 관하여 확인할 필요가 있다고 인정되는 때에는 회계장부 그 밖의 출납서류를 보거나, 정당, 공직선거의 후보자·예비후보자·회계책임자 또는 선거비용에서 지출하는 비용을 지급받거나 받을 권리가 있는 자 그 밖의 관계인에 대하여 조사할 수 있으며, 보고 또는 자료의 제출을 요구할 수 있다.

② 선거관리위원회로부터 제1항의 규정에 의한 요구를 받은 자는 지체 없이 이에 따라야 한다.

③ 선거관리위원회는 제42조(회계보고서 등의 열람 및 사본교부)제6항의 이의신청과 이 조 제1항의 규정에 의한 열람·보고 또는 제출된 자료 등에 의하여 회계장부 그 밖의 출납서류 또는 회계보고서의 내용 중 허위사실의 기재·불법지출이나 초과지출 그 밖에 이 법에 위반되는 사실이 있다고 인정되는 때에는 관할 수사기관에 고발 또는 수사의뢰 그 밖에 필요한 조치를 하여야 한다.

제44조(회계장부 등의 인계·보존) ① 회계책임자는 제40조(회계보고)의 규정에 의하여 회계보고를 마친 후 지체 없이 선임권자에게 이 법의 규정에 의한 당비영수증 원부, 정치자금영수증 원부, 회계장부, 정치자금의 수입·지출에 관한 명세서, 영수증 그 밖의 증빙서류, 예금통장, 지출결의서 및 구입·지급품의서("회계장부등"이라 한다. 이하 제2항에서 같다)를 인계하여야 하며, 선임권자는 회계책임자가 회계보고를 마친 날부터 3년간 보존하여야 한다.

② 제1항의 규정에 불구하고 회계책임자는 선임권자의 동의를 얻어 관할 선거관리위원회에 회계장부등의 보존을 위탁할 수 있다.

제8장 벌칙

제45조(정치자금부정수수죄) ① 이 법에 정하지 아니한 방법으로 정치자금을 기부하거나 기부받은 자(정당·후원회·법인 그 밖에 단체에 있어서는 그 구성원으로서 당해 위반행위를 한 자를 말한다. 이하 같다)는 5년 이하의 징역 또는 1천만원 이하의 벌금에 처한다. 다만, 정치자금을 기부하거나 기부받은 자의 관계가 「민법」 제777조(친족의 범위)의 규정에 의한 친족인 경우에는 그러하지 아니하다.

② 다음 각 호의 어느 하나에 해당하는 자는 5년 이하의 징역 또는 1천만원 이하의 벌금에 처한다.

1. 제6조(후원회지정권자)의 규정에 의한 후원회지정권자가 아닌 자로서 정치자금의 기부를 목적으로 후원회나 이와 유사한 기구를 설치·운영한 자
2. 제11조(후원인의 기부한도 등)제1항의 규정을 위반하여 기부한 자와 제11조제2항, 제12조(후원회의 모금·기부한도)제1항·제2항 또는 제13조(연간 모금·기부한도

액에 관한 특례)제 1 항의 규정을 위반하여 후원금을 받거나 모금 또는 기부를 한 자
3. 제14조(후원금 모금방법) 내지 제16조(정치자금영수증과의 교환에 의한 모금)제 1 항의 규정에 위반하여 고지·광고하거나 후원금을 모금한 자
4. 제22조(기탁금의 기탁)제 1 항의 규정을 위반하여 선거관리위원회에 기탁하지 아니하고 정치자금을 기부하거나 받은 자
5. 제31조(기부의 제한) 또는 제32조(특정행위와 관련한 기부의 제한)의 규정을 위반하여 정치자금을 기부하거나 받은 자
6. 제33조(기부의 알선에 관한 제한)의 규정을 위반하여 정치자금의 기부를 받거나 이를 알선한 자

③ 제 1 항 및 제 2 항의 경우 그 제공된 금품 그 밖에 재산상의 이익은 몰수하며, 이를 몰수할 수 없을 때에는 그 가액을 추징한다.

제46조(각종 제한규정위반죄) 다음 각 호의 어느 하나에 해당하는 자는 3년 이하의 징역 또는 600만원 이하의 벌금에 처한다.
1. 제 5 조(당비영수증)제 1 항·제 2 항 또는 제17조(정치자금영수증)제11항의 규정을 위반하여 당비영수증·정치자금영수증의 기재금액 또는 액면금액과 상이한 금액을 기부한 자와 이를 받은 자, 당비영수증·정치자금영수증을 허위로 작성하여 교부하거나 위조·변조하여 이를 사용한 자
2. 제 8 조(후원회의 회원)제 3 항의 규정을 위반하여 회원명부의 열람을 강요한 자 또는 같은 조 제 5 항의 규정을 위반하여 회원명부에 관하여 직무상 알게 된 사실을 누설한 자
3. 제10조(후원금의 모금·기부)제 1 항 후단의 규정을 위반하여 정치자금을 기부한 자
4. 제17조제12항의 규정을 위반하여 법률에 의한 절차에 의하지 아니하고 후원회에 발급한 정치자금영수증의 일련번호를 공개하거나 이를 다른 국가기관에 고지한 자
5. 제37조(회계장부의 비치 및 기재)제 1 항 또는 제40조(회계보고)제 1 항 내지 제 4 항의 규정을 위반하여 회계장부를 비치하지 아니하거나 허위로 기재한 자 또는 회계보고를 하지 아니하거나 재산상황, 정치자금의 수입·지출금액과 그 내역, 수입·지출에 관한 명세서, 영수증 그 밖의 증빙서류, 예금통장 사본을 제출하지 아니하거나 이를 허위로 제출한 자 또는 수입·지출에 관한 영수증 그 밖의 증빙서류를 허위기재·위조 또는 변조한 자
6. 제44조(회계장부 등의 인계·보존)제 1 항의 규정을 위반하여 당비영수증 원부, 정치자금영수증 원부, 회계장부, 정치자금의 수입·지출명세서와 증빙서류, 예금통장, 지출결의서 또는 구입·지급품의서를 인계·보존하지 아니한 자
7. 제63조(비밀엄수의 의무)의 규정을 위반하여 직무상 비밀을 누설한 자

제47조(각종 의무규정위반죄) ① 다음 각 호의 어느 하나에 해당하는 자는 2년 이하의 징역 또는 400만원 이하의 벌금에 처한다. <개정 2006·4·28, 2010·1·25, 2012·2·29>
1. 제 2 조(기본원칙)제 3 항의 규정을 위반하여 정치자금을 정치활동을 위하여 소요되는 경비 외의 용도로 지출한 자
2. 제 5 조(당비영수증)제 1 항 또는 제17조(정치자금영수증)제 1 항·제 3 항의 규정을 위반하여 당비·후원금을 납부 또는 기부받은 날부터 30일까지 당비영수증이나 정치자금영수증을 발행 또는 교부하지 아니한 자와 무정액영수증의 사용범위를 위반하여 교부한 자
3. 제16조(정치자금영수증과의 교환에 의한 모금)제 2 항의 규정을 위반하여 정당한 사유 없이 정치자금영수증 원부, 기부자의 인적 사항 또는 후원금을 인계하지 아니한 자
4. 제28조(보조금의 용도제한 등)제 1 항 내지 제 3 항의 규정을 위반하여 보조금을 사용한 자
5. 제30조(보조금의 반환)제 1 항의 규정을 위반하여 보조금의 잔액을 반환하지 아니한 자
6. 제34조(회계책임자의 선임신고 등)제 4 항제 1 호의 규정을 위반하여 정치자금의 수입·지출을 위한 예금계좌를 신고하지 아니한 자
7. 제35조(회계책임자의 변경신고 등)제 2 항의 규정을 위반하여 재산 및 정치자금

의 잔액 또는 회계장부 등을 인계·인수하지 아니한 자
8. 제36조(회계책임자에 의한 수입·지출)제1항 또는 제3항의 규정을 위반하여 회계책임자에 의하지 아니하고 정치자금을 수입·지출한 자
9. 제36조제2항의 규정을 위반하여 신고된 예금계좌를 통하지 아니하고 정치자금을 수입·지출한 자
10. 제39조(영수증 그 밖의 증빙서류) 본문의 규정을 위반하여 영수증 그 밖의 증빙서류를 구비하지 아니하거나 허위기재·위조·변조한 자
11. 제41조(회계보고의 자체 감사 등)제2항의 규정을 위반하여 허위의 감사보고를 한 자
12. 제42조(회계보고서 등의 열람 및 사본교부)제5항의 규정을 위반하여 공개된 정치자금 기부내역을 인터넷에 게시하여 정치적 목적에 이용한 자
13. 제53조(정치자금범죄 신고자의 보호 등)제2항의 규정을 위반한 자

② 제28조제4항·제42조제7항 또는 제52조(정치자금범죄 조사 등)제1항·제4항의 규정을 위반하여 선거관리위원회의 조사·자료확인이나 제출요구에 정당한 사유 없이 응하지 아니하거나 허위자료의 제출 또는 장소의 출입을 방해한 자는 1년 이하의 징역 또는 200만원 이하의 벌금에 처한다.

제48조(감독의무해태죄 등) 다음 각 호의 어느 하나에 해당하는 자는 200만원 이하의 벌금형에 처한다.
1. 회계책임자가 제46조(각종 제한규정위반죄)제5호의 규정에 의한 죄를 범한 경우 당해 회계책임자의 선임 또는 감독에 상당한 주의를 태만히 한 회계책임자의 선임권자
2. 제2조(기본원칙)제4항의 규정을 위반하여 실명이 확인되지 아니한 방법으로 정치자금을 기부·지출한 자 또는 현금으로 지출할 수 있는 연간 한도액을 초과하여 지출한 자
3. 제2조제5항의 규정을 위반하여 타인의 명의나 가명으로 정치자금을 기부한 자
4. 제4조(당비)제2항·제11조(후원인의 기부한도 등)제4항·제21조(후원회가 해산한 경우의 잔여재산 처분 등)제3항 내지 제5항 또는 제58조(후보자의 반환기탁금 및 보전비용의 처리)제4항의 규정을 위반하여 당비 등을 정당한 사유 없이 국고에 귀속시키지 아니한 자
5. 제8조(후원회의 회원)제2항의 규정을 위반하여 회원명부를 비치하지 아니하거나 허위로 작성한 자
6. 제11조제3항의 규정에 의한 익명기부한도액을 위반하여 기부한 자

제49조(선거비용관련 위반행위에 관한 벌칙) ① 회계책임자가 정당한 사유 없이 선거비용에 대하여 제40조(회계보고)제1항·제2항의 규정에 의한 회계보고를 하지 아니하거나 허위기재·위조·변조 또는 누락(선거비용의 수입·지출을 은닉하기 위하여 누락한 경우를 말한다)한 자는 5년 이하의 징역 또는 2천만원 이하의 벌금에 처한다.

② 선거비용과 관련하여 다음 각 호의 어느 하나에 해당하는 자는 2년 이하의 징역 또는 400만원 이하의 벌금에 처한다. <개정 2012·2·29, 2024·3·8>
1. 제2조(기본원칙)제4항의 규정을 위반한 자
2. 제34조(회계책임자의 선임신고 등)제1항·제4항제1호 또는 제35조(회계책임자의 변경신고 등)제1항의 규정을 위반하여 회계책임자·예금계좌를 신고하지 아니한 자
3. 제36조(회계책임자에 의한 수입·지출)제1항·제3항·제5항의 규정을 위반한 자, 동조제2항의 규정을 위반하여 신고된 예금계좌를 통하지 아니하고 수입·지출한 자와 동조제4항의 규정을 위반하여 예금계좌에 입금하지 아니하는 방법으로 지급한 자
4. 제36조제6항의 규정을 위반하여 선거비용의 지출에 관한 내역을 통지하지 아니한 자
5. 제37조(회계장부의 비치 및 기재)제1항의 규정을 위반하여 회계장부를 비치·기재하지 아니하거나 허위기재·위조·변조한 자
6. 제39조(영수증 그 밖의 증빙서류) 본문의 규정에 의한 영수증 그 밖의 증빙서류

를 허위기재·위조·변조한 자

7. 제40조제4항제3호의 규정을 위반하여 예금통장 사본을 제출하지 아니한 자

8. 제43조(자료제출요구 등)제2항을 위반하여 선거관리위원회의 보고 또는 자료의 제출 요구에 정당한 사유없이 응하지 아니하거나 보고 또는 자료의 제출을 허위로 한 자

9. 제44조(회계장부 등의 인계·보존)제1항의 규정을 위반한 자

③ 선거비용과 관련하여 다음 각 호의 어느 하나에 해당하는 자는 200만원 이하의 과태료에 처한다.

1. 제34조제1항·제3항 또는 제35조제1항의 규정을 위반하여 회계책임자의 선임·변경·겸임신고를 해태한 자

2. 제34조제4항제2호의 규정에 의한 약정서를 제출하지 아니한 자

3. 제35조제2항의 규정을 위반하여 인계·인수서를 작성하지 아니한 자

4. 제40조제5항의 규정을 위반한 자

제50조(양벌규정) 정당·후원회의 회계책임자와 그 회계사무보조자 또는 법인·단체의 임원이나 구성원이 그 업무에 관하여 제45조(정치자금부정수수죄)부터 제48조(감독의무해태죄 등)까지의 어느 하나에 해당하는 위반행위를 한 때에는 행위자를 벌하는 외에 당해 정당이나 후원회 또는 법인·단체가 한 것으로 보아 그 정당이나 후원회 또는 법인·단체에 대하여도 각 해당 조의 벌금형을 과한다. 다만, 해당 정당이나 후원회 또는 법인·단체가 그 위반행위를 방지하기 위하여 해당 업무에 관하여 상당한 주의와 감독을 게을리하지 아니한 경우에는 그러하지 아니하다. <개정 2010·1·25>

제51조(과태료) ① 다음 각 호의 어느 하나에 해당하는 행위를 한 자는 300만원 이하의 과태료에 처한다. <개정 2010·1·25>

1. 제5조(당비영수증)제1항 또는 제17조(정치자금영수증)제1항의 규정을 위반하여 당비영수증 또는 정치자금영수증의 발행·교부를 해태한 자

2. 제9조(후원회의 사무소 등)제2항·제3항의 규정을 위반하여 유급사무직원의 수를 초과하여 둔 자

3. 「형사소송법」 제211조(현행범인과 준현행범인)에 규정된 현행범인 또는 준현행범인으로서 제52조(정치자금범죄 조사 등)제5항의 규정에 의한 동행요구에 응하지 아니한 자

② 다음 각 호의 어느 하나에 해당하는 행위를 한 자는 200만원 이하의 과태료에 처한다.

1. 제35조(회계책임자의 변경신고 등)제2항의 규정을 위반하여 인계·인수를 지체한 자

2. 제38조(정당의 회계처리)제2항의 규정을 위반하여 지출결의서나 구입·지급품의서에 의하지 아니하고 정치자금을 지출한 자

③ 다음 각 호의 어느 하나에 해당하는 행위를 한 자는 100만원 이하의 과태료에 처한다. <개정 2008·2·29, 2017·6·30>

1. 제7조제1항·제4항, 제19조제2항·제3항 본문, 제20조제1항 후단, 제34조제1항·제3항, 제35조제1항 또는 제40조제1항·제2항을 위반하여 신고·보고 또는 신청을 해태한 자

2. 제7조의 규정을 위반하여 후원회의 등록신청 또는 변경등록신청을 허위로 한 자

3. 제8조(후원회의 회원)제1항의 규정을 위반하여 후원회의 회원이 될 수 없는 자를 회원으로 가입하게 하거나 가입한 자

4. 제17조제10항의 규정을 위반하여 정치자금영수증 사용실태를 보고하지 아니하거나 정치자금영수증을 관할 선거관리위원회에 반납하지 아니한 자

5. 제21조(후원회가 해산한 경우의 잔여재산 처분 등)제1항·제2항 또는 제58조(후보자의 반환기탁금 및 보전비용의 처리)제1항의 규정을 위반하여 잔여재산 또는 반환기탁금·보전비용의 인계의무를 해태한 자

6. 제34조제2항 본문의 규정을 위반하여 회계책임자가 된 자

7. 제37조(회계장부의 비치 및 기재)제1항 후단의 규정을 위반하여 보조금과 보조금 외의 정치자금, 선거비용과 선거비용 외의 정치자금을 각각 구분하여 경리하지 아니한 자

8. 제40조제4항제4호 내지 제6호의 규

정을 위반하여 예산결산위원회가 확인·검사한 사실이 명시된 공개자료의 사본, 의결서 사본 또는 감사의견서와 인계·인수서를 첨부하지 아니한 자

9. 제52조(정치자금범죄 조사 등)제 5 항의 규정을 위반하여 출석요구에 응하지 아니한 자

④ 이 법의 규정에 의한 과태료는 중앙선거관리위원회규칙이 정하는 바에 의하여 관할 선거관리위원회(읍·면·동선거관리위원회를 제외한다. 이하 이 조에서 "부과권자"라 한다)가 그 위반자에게 부과하며, 납부기한까지 납부하지 아니한 때에는 관할 세무서장에게 위탁하고 관할 세무서장이 국세체납처분의 예에 따라 이를 징수한다. 다만, 과태료 처분대상자가 정당인 경우에는 당해 정당에 배분·지급될 보조금 중에서 공제하고, 후보자[제49조(선거비용관련 위반행위에 대한 벌칙)제 3 항에 따라 과태료 처분을 받은 선거연락소장과 회계책임자를 포함한다]인 경우에는 「공직선거법」 제57조(기탁금의 반환 등) 및 제122조의2(선거비용의 보전 등)의 규정에 의하여 당해 후보자(대통령선거의 정당추천후보자, 비례대표국회의원선거 및 비례대표지방의회의원선거에 있어서는 그 추천정당을 말한다)에게 반환·지급할 기탁금 또는 선거비용 보전금에서 공제할 수 있다. <개정 2010·1·25>

⑤부터 ⑦까지 삭제 <2012·2·29>

제 9 장 보칙

제52조(정치자금범죄 조사 등) ① 각급 선거관리위원회(읍·면·동선거관리위원회를 제외한다. 이하 이 조에서 같다) 위원·직원은 이 법을 위반한 범죄의 혐의가 있다고 인정되거나 현행범의 신고를 받은 경우에는 그 장소에 출입하여 정당, 후원회, 후원회를 둔 국회의원·지방의회의원, 대통령선거경선후보자, 당대표경선후보자등, 공직선거의 후보자·예비후보자, 회계책임자, 정치자금을 기부하거나 받은 자 또는 정치자금에서 지출하는 비용을 지급받거나 받을 권리가 있는 자 그 밖에 관계인에 대하여 질문·조사하거나 관계 서류 그 밖에 조사에 필요한 자료의 제출을 요구할 수 있다. <개정 2016·1·15, 2024·2·20>

② 각급 선거관리위원회는 정치자금의 수입과 지출에 관한 조사를 위하여 불가피한 경우에는 다른 법률의 규정에 불구하고 금융기관의 장에게 이 법을 위반하여 정치자금을 주거나 받은 혐의가 있다고 인정되는 상당한 이유가 있는 자의 다음 각 호에 해당하는 금융거래자료의 제출을 요구할 수 있다. 다만, 당해 계좌에 입·출금된 타인의 계좌에 대하여는 그러하지 아니하다. 이 경우 당해 금융기관의 장은 이를 거부할 수 없다.

1. 계좌개설 내역
2. 통장원부 사본
3. 계좌이체의 경우 거래상대방의 인적 사항
4. 수표에 의한 거래의 경우 당해 수표의 최초 발행기관 및 발행의뢰인의 인적 사항

③ 각급 선거관리위원회 위원·직원은 이 법에 규정된 범죄에 사용된 증거물품으로서 증거인멸의 우려가 있다고 인정되는 경우에는 조사에 필요한 범위 안에서 현장에서 이를 수거할 수 있다. 이 경우 당해 선거관리위원회 위원·직원은 수거한 증거물품을 그 관련된 범죄에 대하여 고발 또는 수사의뢰한 때에는 관계 수사기관에 송부하고 그러하지 아니한 때에는 그 소유·점유·관리하는 자에게 지체 없이 반환하여야 한다.

④ 누구든지 제 1 항의 규정에 의한 장소의 출입을 방해하여서는 아니되며, 질문·조사를 받거나 자료의 제출을 요구받은 자는 즉시 이에 따라야 한다.

⑤ 각급 선거관리위원회 위원·직원은 정치자금범죄의 조사와 관련하여 관계자에게 질문·조사하기 위하여 필요하다고 인정되는 때에는 선거관리위원회에 출석할 것을 요구할 수 있고, 범죄혐의에 대하여 명백한 증거가 있는 때에는 동행을 요구할 수 있다. 다만, 공직선거(대통령선거경선후보자·당대표경선후보자등의 당내경선을 포함한다)의 선거기간 중 후보자(대통령선거경선후보자·당대표경선후보자등을 포함한다)에 대하여는 동행 또는 출석을 요구할 수 없다. <개정 2016·1·15>

⑥ 각급 선거관리위원회 위원·직원이 제 1 항의 규정에 의한 질문·조사·자료의 제출

요구 또는 장소에 출입하거나 제5항의 규정에 의한 동행 또는 출석을 요구하는 경우에는 관계인에게 그 신분을 표시하는 증표를 제시하고 소속과 성명을 밝히고 그 목적과 이유를 설명하여야 한다.

⑦ 제2항의 규정에 의하여 금융거래의 내용에 대한 정보 또는 자료(이하 "거래정보등"이라 한다)를 알게 된 자는 그 알게 된 거래정보등을 타인에게 제공 또는 누설하거나 그 목적 외의 용도로 이를 이용하여서는 아니된다.

⑧ 제1항 내지 제6항의 규정에 의한 자료제출요구서, 증거자료의 수거 및 증표의 규격 그 밖에 필요한 사항은 중앙선거관리위원회규칙으로 정한다.

제53조(정치자금범죄 신고자의 보호 등) ① 정치자금범죄(제8장에 해당하는 죄를 말한다. 이 장에서 같다)에 관한 신고·진정·고소·고발 등 조사 또는 수사단서의 제공, 진술 또는 증언 그 밖에 자료제출행위 및 범인검거를 위한 제보 또는 검거활동을 한 자(이하 이 조에서 "정치자금범죄 신고자등"이라 한다)가 그와 관련하여 피해를 입거나 입을 우려가 있다고 인정할 만한 상당한 이유가 있는 경우 그 정치자금범죄에 관한 형사절차 및 선거관리위원회의 조사과정에 있어서는 「특정범죄신고자 등 보호법」 제5조(불이익처우의 금지)·제7조(인적 사항의 기재생략)·제9조(신원관리카드의 열람) 내지 제12조(소송진행의 협의 등) 및 제16조(범죄신고자 등에 대한 형의 감면)의 규정을 준용한다.

② 누구든지 제1항의 규정에 의하여 보호되고 있는 정치자금범죄 신고자등이라는 정을 알면서 그 인적 사항 또는 정치자금 범죄신고자등임을 미루어 알 수 있는 사실을 다른 사람에게 알려 주거나 공개 또는 보도하여서는 아니된다.

제54조(정치자금범죄 신고자에 대한 포상금 지급) ① 각급 선거관리위원회(읍·면·동선거관리위원회를 제외한다. 이하 이 조에서 같다) 또는 수사기관은 정치자금범죄에 대하여 선거관리위원회 또는 수사기관이 인지하기 전에 그 범죄행위의 신고를 한 자에 대하여는 중앙선거관리위원회규칙이 정하는 바에 따라 포상금을 지급할 수 있다.

② 각급선거관리위원회 또는 수사기관은 제1항에 따라 포상금을 지급한 후 담합 등 거짓의 방법으로 신고한 사실이 발견된 경우 해당 신고자에게 반환할 금액을 고지하여야 하고, 해당 신고자는 그 고지를 받은 날부터 30일 이내에 해당 선거관리위원회 또는 수사기관에 이를 납부하여야 한다. <신설 2008·2·29>

③ 각급선거관리위원회 또는 수사기관은 해당 신고자가 제2항의 납부기한까지 반환할 금액을 납부하지 아니한 때에는 해당 신고자의 주소지를 관할하는 세무서장에게 징수를 위탁하고 관할 세무서장이 국세 체납처분의 예에 따라 징수한다. <신설 2008·2·29>

④ 제2항 또는 제3항에 따라 납부 또는 징수된 금액은 국가에 귀속된다. <신설 2008·2·29>

제55조(피고인의 출정) ① 정치자금범죄에 관한 재판에서 피고인이 공시송달에 의하지 아니한 적법한 소환을 받고서도 공판기일에 출석하지 아니한 때에는 다시 기일을 정하여야 한다.

② 피고인이 정당한 사유 없이 다시 정한 기일 또는 그 후에 열린 공판기일에 출석하지 아니한 때에는 피고인의 출석 없이 공판절차를 진행할 수 있다.

③ 제2항의 규정에 의하여 공판절차를 진행할 경우에는 출석한 검사 및 변호인의 의견을 들어야 한다.

④ 법원은 제2항의 규정에 따라 판결을 선고한 때에는 피고인 또는 변호인(변호인이 있는 경우에 한한다)에게 전화 그 밖에 신속한 방법으로 그 사실을 통지하여야 한다.

제56조(기소·판결에 관한 통지) ① 정치자금범죄로 정당의 대표자, 국회의원, 지방자치단체의 장, 지방의회의원, 공직선거 후보자·예비후보자, 대통령선거경선후보자·당대표경선후보자등, 후원회의 대표자 또는 그 회계책임자를 기소한 검사는 이를 관할 선거관리위원회에 통지하여야 한다. <개정 2016·1·15>

② 제45조부터 제48조까지 및 제49조제1항·제2항의 범죄에 대한 확정판결을 행

한 재판장은 그 판결서 등본을 관할 선거관리위원회에 송부하여야 한다. <개정 2012·2·29>

제57조(정치자금범죄로 인한 공무담임 등의 제한) 제45조(정치자금부정수수죄)에 해당하는 범죄로 인하여 징역형의 선고를 받은 자는 그 집행을 받지 아니하기로 확정된 후 또는 그 형의 집행이 종료되거나 면제된 후 10년간, 금고 이상의 형의 집행유예의 선고를 받은 자는 그 형이 확정된 후 10년간, 100만원 이상의 벌금형(집행유예를 포함한다)의 선고를 받은 자는 그 형이 확정된 후 5년간 「공직선거법」 제266조(선거범죄로 인한 공무담임 등의 제한)제1항 각 호의 어느 하나에 해당하는 직에 취임하거나 임용될 수 없으며, 이미 취임 또는 임용된 자의 경우에는 그 직에서 퇴직된다. <개정 2023·8·8>

제58조(후보자의 반환기탁금 및 보전비용의 처리) ① 공직선거의 후보자가 후원회의 후원금 또는 정당의 지원금으로 「공직선거법」 제56조(기탁금)의 규정에 의한 기탁금을 납부하거나 선거비용을 지출하여 같은 법 제57조(기탁금의 반환 등) 또는 제122조의2(선거비용의 보전 등)의 규정에 의하여 반환·보전받은 경우 그 반환·보전비용[자신의 재산(차입금을 포함한다)으로 지출한 비용을 모두 공제한 잔액을 말한다]은 선거비용을 보전받은 날부터 20일 이내(이하 이 조에서 "인계기한"이라 한다)에 정당추천후보자는 소속정당에, 무소속후보자는 공익법인 또는 사회복지시설에 인계하여야 한다. <개정 2012·2·29>

② 국회의원선거 또는 지방의회의원선거의 당선인은 제1항에도 불구하고 그 반환·보전비용을 자신의 정치자금으로 사용할 수 있으며, 이 경우 제34조(회계책임자의 선임신고 등)제4항제1호의 규정에 의한 예금계좌(후원회를 두지 아니한 경우에는 자신의 명의로 개설한 예금계좌를 말한다)에 입금하여 정치자금으로 사용하여야 한다. <개정 2024·2·20>

③ 후원회를 두지 아니한 국회의원 또는 지방의회의원이 자신 명의로 개설한 예금계좌에 입금한 제2항의 자금을 모두 지출한 때에는 중앙선거관리위원회규칙이 정하는 바에 따라 관할 선거관리위원회에 보고하여야 한다. <개정 2024·2·20>

④ 공직선거의 후보자가 제1항에 따라 인계하여야 하는 반환·보전비용을 그 인계기한 이내에 소속 정당 등에 인계하지 아니한 경우에는 이를 국고에 귀속시켜야 한다. 이 경우 국고귀속절차에 관하여는 제4조(당비)제3항 및 제4항의 규정을 준용한다. <개정 2012·2·29>

제59조(조세의 감면) ① 이 법에 의하여 정치자금을 기부한 자 또는 기부받은 자에 대하여는 「조세특례제한법」이 정하는 바에 따라 그 정치자금에 상당하는 금액에 대한 소득세 및 증여세를 면제하되, 개인이 기부한 정치자금은 해당 과세연도의 소득금액에서 10만원까지는 그 기부금액의 110분의 100을, 10만원을 초과한 금액에 대해서는 해당 금액의 100분의 15(해당 금액이 3천만원을 초과하는 경우 그 초과분에 대해서는 100분의 25)에 해당하는 금액을 종합소득산출세액에서 공제하고, 「지방세특례제한법」에 따라 그 공제금액의 100분의 10에 해당하는 금액을 해당 과세연도의 개인지방소득세 산출세액에서 추가로 공제한다. 다만, 제11조(후원인의 기부한도 등)제3항의 규정에 의한 익명기부, 후원회 또는 소속 정당 등으로부터 기부받거나 지원받은 정치자금을 당비로 납부하거나 후원회에 기부하는 경우에는 그러하지 아니하다. <개정 2016·1·15>

② 후원회의 명의로 개설된 정치자금 예금계좌에 입금하는 방법으로 1회 10만원, 연간 120만원 이하의 정치자금을 기부한 자는 그 후원회의 명의와 기부자의 성명·생년월일 등 인적 사항, 거래일자·거래금액 등 기부내역이 기재된 금융거래 입금증이나 위조·복사·변조를 방지하기 위한 장치가 된 전자결제영수증 원본을 제1항의 규정에 따른 세액공제를 위한 영수증으로 사용할 수 있다. <개정 2016·1·15>

제60조(정치자금의 기부 등 촉진) 각급 선거관리위원회(읍·면·동선거관리위원회를 제외한다)는 정치자금의 기부·기탁을 촉진하기 위하여 정치자금의 기부·기탁의 방법·절차 및 필요성 등을 인쇄물·시설물·광고물 등을 이용하여 홍보하여야 한다.

제61조(정치자금 모금을 위한 방송광고) ① 「방송법」에 의한 지상파방송사는 깨끗한 정치자금의 기부문화 조성을 위하여 공익광고를 하여야 하며, 그 비용은 당해 방송사가 부담한다.
② 제1항의 공익광고를 위하여 「방송광고판매대행 등에 관한 법률」에 따른 한국방송광고진흥공사(이하 이 조에서 "한국방송광고진흥공사"라 한다)는 그 부담으로 방송광고물을 제작하여 연 1회 이상 지상파방송사에 제공하여야 한다. <개정 2020·3·11>
③ 한국방송광고진흥공사는 제2항의 규정에 의한 방송광고물을 제작하고자 하는 때에는 그 방송광고의 주제에 관하여 중앙선거관리위원회와 협의하여야 한다. <개정 2020·3·11>

제62조(「기부금품의 모집 및 사용에 관한 법률」의 적용배제) 이 법에 의하여 정치자금을 기부하거나 받는 경우에는 「기부금품의 모집 및 사용에 관한 법률」의 적용을 받지 아니한다. <개정 2006·3·24>

제63조(비밀엄수의 의무) 각급 선거관리위원회 위원과 직원은 재직 중은 물론 퇴직 후라도 이 법의 시행과 관련하여 직무상 알게 된 비밀을 누설하여서는 아니된다.

제64조(공고) 관할 선거관리위원회는 제7조(후원회의 등록신청 등)·제19조(후원회의 해산 등)제3항 본문의 규정에 의한 신고나 등록신청을 받은 때, 제40조(회계보고)제1항·제2항의 규정에 의한 회계보고를 받은 때, 제19조제4항의 규정에 의하여 후원회의 등록을 말소한 때, 제23조(기탁금의 배분과 지급)·제27조(보조금의 배분)의 규정에 의한 정치자금을 정당에 지급한 때 또는 제30조(보조금의 반환)의 규정에 의하여 보고를 받거나 보조금을 반환받은 때에는 중앙선거관리위원회규칙이 정하는 바에 따라 그 뜻을 공고하여야 한다.

제65조(시행규칙) 이 법 시행에 관하여 필요한 사항은 중앙선거관리위원회규칙으로 정한다.

부 칙

제1조(시행일) 이 법은 공포한 날부터 시행한다.

제2조(중앙당 및 시·도당의 후원회에 관한 경과조치) 이 법에 의한 중앙당 및 시·도당의 후원회는 2006년 3월 13일에 이를 폐지하고, 중앙당 및 시·도당의 후원회와 관련된 규정은 모두 폐지한다.

제3조(후원회의 연락소에 관한 경과조치) 이 법 시행 당시 종전의 규정에 의하여 등록된 중앙당후원회지부는 이 법에 의하여 설치된 중앙당후원회연락소로 본다.

제4조(후원회 등의 유급사무직원수에 관한 적용례) 국회의원의 지역사무소와 이 법 시행 당시 등록된 후원회에 대하여 제9조(후원회의 사무소 등)제2항 및 제3항의 개정규정은 이 법 시행일 후 30일부터 적용한다.

제5조(후원금 모금 등의 광고를 위한 정기간행물에 관한 경과조치) 제15조(후원금 모금 등의 고지·광고)제2항의 개정규정에 의하여 후원금 모금 등의 광고를 할 수 있는 정기간행물은 「신문 등의 자유와 기능보장에 관한 법률」의 시행 전에는 종전의 규정에 의한다.

제6조(정치자금영수증에 관한 특례) 이 법 시행 당시 종전의 규정에 의하여 제작·발급된 정치자금영수증용지의 "주민등록번호"란에 "생년월일"을 기재하여 사용할 수 있다.

제7조(기탁금 배분·지급에 관한 경과조치) 이 법 시행 당시 선거관리위원회에 기탁된 기탁금은 제23조(기탁금의 배분과 지급)제1항의 개정규정에 의하여 배분·지급한다.

제8조(구입·지급품의서에 관한 적용례) 제38조(정당의 회계처리)제2항의 개정규정에 의한 구입·지급품의서는 이 법 시행 후 30일부터 적용한다.

제9조(벌칙에 관한 경과조치) 이 법 시행 전의 행위에 대한 벌칙의 적용에 있어서는 종전의 규정에 의한다.

제10조(다른 법령과의 관계) 이 법 시행 당시 다른 법령에서 종전의 「정치자금에 관한 법률」의 규정을 인용하고 있는 경우에 이 법 중 그에 해당하는 규정이 있는 때에는 종전의 규정에 갈음하여 이 법 또는 이 법의 해당 규정을 인용하고 있는 것으로 본다.

부 칙 <2006·3·2 법7851>

이 법은 공포한 날부터 시행한다.

부 칙 <2006·3·24 법7908>

제1조(시행일) 이 법은 공포 후 6개월이 경과한 날부터 시행한다.

제2조부터 **제5조**까지 생략

부 칙 <2006·4·28 법7938>

이 법은 공포한 날부터 시행한다.

부　칙 <2008·2·29 법8880>

제 1 조(시행일) 이 법은 공포한 날부터 시행한다. 다만, 제17조제 2 항의 개정규정은 중앙선거관리위원회가 인터넷을 통하여 발행할 수 있는 무정액 영수증에 대하여 위조·변조를 방지할 수 있는 기술적 조치를 완료한 후 그 사실을 정당과 후원회에 통지한 날부터 시행한다.

제 2 조(지역구국회의원예비후보자후원회에 관한 경과조치) ①「공직선거법」 제25조제 2 항의 국회의원 지역구의 명칭과 그 구역의 개정에 따라 국회의원지역구가 분구, 통·폐합으로 조정된 선거구에 등록한 예비후보자후원회는 이 법 시행 당시 관할 선거관리위원회에 등록된 것으로 본다.

② 제 1 항의 예비후보자후원회 중 제 7 조의 관할 선거관리위원회가 변경된 경우에는 이 법 시행일 후 10일 이내에 서면으로 변경신고를 하여야 하며, 종전에 교부받은 후원회 등록증을 반납하고 새로운 등록증을 교부받아야 한다.

제 3 조(후원금을 기부한 후원회의 회계보고에 관한 적용례) 제10조의 개정규정은 이 법 시행 전에 후원회지정권자에게 후원금을 기부하고 회계보고를 하지 아니한 후원회의 회계책임자에게도 적용한다.

제 4 조(후원회에 연간 300만원을 초과하여 기부한 자의 공개에 관한 적용례) 제40조제 3 항제 1 호 및 제42조제 4 항의 개정규정은 이 법 시행 후 최초로 실시하는 회계보고 대상기간에 후원금을 기부한 자에게도 적용한다.

제 5 조(벌칙에 관한 경과조치) 이 법 시행 전의 행위에 대한 벌칙(과태료를 포함한다)의 적용에 있어서는 종전의 규정에 따른다.

제 6 조(다른 법령과의 관계) 이 법 시행 당시 다른 법령에서 종전의 규정을 인용하고 있는 경우에 이 법 중 그에 해당하는 규정이 있는 때에는 종전의 규정에 갈음하여 이 법의 해당 규정을 인용한 것으로 본다.

부　칙 <2009·7·31 법9785>

제 1 조(시행일) 이 법은 공포 후 6개월이 경과한 날부터 시행한다.

제 2 조부터 **제 9 조**까지 생략

부　칙 <2010·1·25 법9975>

①(시행일) 이 법은 공포한 날부터 시행한다.

②(당비영수증 등의 발행·교부 등에 관한 경과조치) 제 5 조제 1 항, 제12조제 2 항 및 제17조제 1 항·제 5 항의 개정규정은 2009년에 납부·기부받은 당비 또는 후원금에도 적용한다.

③(벌칙에 관한 경과조치) 이 법 시행 전의 행위에 대한 벌칙을 적용할 때에는 종전의 규정에 따른다.

④(다른 법령과의 관계) 이 법 시행 당시 다른 법령에서 종전의 규정을 인용하고 있는 경우에 이 법 중 그에 해당하는 규정이 있는 때에는 종전의 규정을 갈음하여 이 법의 해당규정을 인용한 것으로 본다.

부　칙 <2010·7·23 법10395>

이 법은 공포한 날부터 시행한다.

부　칙 <2012·2·29 법11376>

제 1 조(시행일) 이 법은 공포한 날부터 시행한다.

제 2 조(당비영수증 및 정치자금영수증 교부에 관한 적용례) 제 5 조제 1 항 및 제17조제 1 항의 개정규정은 이 법 시행 후 최초로 납부받은 당비 및 기부받은 후원금에 대한 영수증을 교부하는 경우부터 적용한다.

부　칙 <2016·1·15 법13758>

제 1 조(시행일) 이 법은 공포한 날부터 시행한다.

제 2 조(후원회의 연간 모금한도액에 관한 경과조치) 제12조제 1 항 각 호 외의 부분 본문의 개정규정에도 불구하고 2016년도의 연간 모금한도액에는 2015년에 연간 모금한도액을 초과하여 모금한 금액을 포함하지 아니한다.

제 3 조(벌칙에 관한 경과조치) 이 법 시행 전의 행위에 대한 벌칙을 적용할 때에는 종전의 규정에 따른다.

부　칙 <2016·3·3 법14074>

제 1 조(시행일) 이 법은 공포한 날부터 시행한다.

제 2 조(지역구국회의원예비후보자후원회에 관한 경과조치) ① 2016년 4월 13일 실시하는 국회의원선거에서 2015년 12월 31일 현재 국회의원지역구(이하 "종전 국회의원지역구"라 한다)의 관할 선거관리위원회에 등록된 지역구국회의원예비후보자후원회는 제 7 조제 1 항에도 불구하고 이 법 시행 당시 관할 선거관리위원회에 등록된 것으로 본다.

② 법률 제14073호 공직선거법 일부개정법률 시행에 따라 선거구역이 변경된 국회의원지역구의 지역구국회의원예비후보자후원회 중 관할 선거관리위원회가 변경된 경우에는 이 법 시행일 후 10일까지 서면으로 변경신고를 하여야 하며, 종전에 교부받은 후원

회등록증을 반납하고 새로운 등록증을 교부받아야 한다.

제3조(지역구국회의원예비후보자 및 그 후원회 회계책임자에 관한 경과조치) ① 2016년 4월 13일 실시하는 국회의원선거에서 종전 국회의원지역구의 관할 선거관리위원회에 신고된 예비후보자 및 그 후원회의 회계책임자는 제34조제1항에도 불구하고 이 법 시행 당시 관할 선거관리위원회에 신고된 것으로 본다.

② 법률 제14073호 공직선거법 일부개정법률 시행에 따라 선거구역이 변경된 국회의원지역구의 예비후보자 및 그 후원회 중 관할 선거관리위원회가 변경된 경우에는 이 법 시행일 후 10일까지 서면으로 회계책임자 변경신고를 하여야 한다.

제4조(후원회의 후원금 모금 및 기부에 관한 경과조치) 2016년 4월 13일 실시하는 국회의원선거에서 2016년 1월 1일부터 이 법 시행 전까지 예비후보자의 후원회가 종전의 규정에 따라 후원금을 모금하거나 기부한 경우에는 이 법의 관련 규정에 따른 것으로 본다.

부 칙 <2017·6·30 법14838>

이 법은 공포한 날부터 시행한다.

부 칙 <2020·3·11 법17071>

제1조(시행일) 이 법은 공포한 날부터 시행한다.

제2조(지역구국회의원예비후보자후원회에 관한 경과조치) ① 2020년 4월 15일 실시하는 국회의원선거에서 법률 제17070호 공직선거법 일부개정법률 시행에 따라 선거구역이 변경된 국회의원지역구의 지역구국회의원예비후보자후원회 중 관할 선거관리위원회가 변경되지 않은 경우 그 지역구국회의원예비후보자후원회는 제7조에도 불구하고 이 법 시행 당시 관할 선거관리위원회에 등록된 것으로 본다.

② 2020년 4월 15일 실시하는 국회의원선거에서 법률 제17070호 공직선거법 일부개정법률 시행에 따라 선거구역이 변경된 국회의원지역구의 지역구국회의원예비후보자후원회 중 관할 선거관리위원회가 변경된 경우 그 지역구국회의원예비후보자후원회 대표자는 이 법 시행 후 10일까지 서면으로 변경신고를 하여야 하며, 종전에 교부받은 후원회등록증을 반납하고 새로운 등록증을 교부받아야 한다.

제3조(지역구국회의원예비후보자 및 그 후원회 회계책임자에 관한 경과조치) ① 2020년 4월 15일 실시하는 국회의원선거에서 법률 제17070호 공직선거법 일부개정법률 시행에 따라 선거구역이 변경된 국회의원지역구의 예비후보자 및 그 후원회 중 관할 선거관리위원회가 변경되지 않은 경우 해당 예비후보자 및 그 후원회 회계책임자는 제34조에도 불구하고 이 법 시행 당시 관할 선거관리위원회에 신고된 것으로 본다.

② 2020년 4월 15일 실시하는 국회의원선거에서 법률 제17070호 공직선거법 일부개정법률 시행에 따라 선거구역이 변경된 국회의원지역구의 예비후보자 및 그 후원회 중 관할 선거관리위원회가 변경된 경우에는 이 법 시행 후 10일까지 서면으로 회계책임자 변경신고를 하여야 한다.

제4조(다른 법률의 개정) 생략

부 칙 <2021·1·5 법17885>

이 법은 공포한 날부터 시행한다.

부 칙 <2022·2·22 법18838>

제1조(시행일) 이 법은 공포한 날부터 시행한다.

제2조(공직후보자 청년추천보조금 배분·지급에 관한 적용례) 제26조의3의 개정규정은 이 법 시행 이후 실시하는 선거부터 적용한다.

부 칙 <2022·4·20 법18842>

제1조(시행일) 이 법은 공포한 날부터 시행한다.

제2조(공직후보자 여성추천보조금 배분·지급에 관한 적용례) 제26조제2항의 개정규정은 이 법 시행 후 최초로 실시하는 선거부터 적용한다.

제3조(공직후보자 장애인추천보조금 배분·지급에 관한 적용례) 제26조의2제2항의 개정규정은 이 법 시행 후 최초로 실시하는 선거부터 적용한다.

제4조(지역구지방의회의원예비후보자후원회에 관한 경과조치) ① 2022년 6월 1일 실시하는 지방의회의원선거에서는 2021년 12월 31일 현재 「공직선거법」 〔별표2〕 시·도의회의원지역선거구구역표 중 인천광역시의회의원지역선거구들 부분 및 경상북도의회의원지역선거구들 부분, 「서울특별시 자치구의회의원 선거구와 선거구별 의원정수에 관한 조례」 〔별표〕 서울특별시 자치구의회의원 선거구와 선거구별 의원정수 중 마포구

부분, 강서구 부분 및 강남구 부분에 포함된 지역선거구의 관할 선거관리위원회에 등록된 지역구지방의회의원예비후보자후원회는 제7조제1항에도 불구하고 법률 제18841호 공직선거법 일부개정법률 부칙 제6조에 따른 선거구역 변경규정(이하 "선거구역 변경규정"이라 한다)의 시행 당시 관할 선거관리위원회에 등록된 것으로 본다.

② 2022년 6월 1일 실시하는 지역구지방의회의원선거에서 선거구역 변경규정의 시행에 따라 선거구역이 변경된 지방의회의원지역구의 지역구지방의회의원예비후보자후원회 중 관할 선거관리위원회가 변경되지 아니한 지역구지방의회의원예비후보자후원회는 제7조에도 불구하고 선거구역 변경규정 시행 당시 관할 선거관리위원회에 등록된 것으로 본다.

③ 2022년 6월 1일 실시하는 지역구지방의회의원선거에서 선거구역 변경규정의 시행에 따라 선거구역이 변경된 지방의회의원지역구의 지방의회의원예비후보자후원회 중 관할 선거관리위원회가 변경된 지역구지방의회의원예비후보자후원회의 경우 해당 후원회의 대표자가 해당 선거구역 변경규정의 시행일 후 10일(해당 선거구역 변경규정의 시행일 후 10일 이내에 후보자등록신청개시일이 도래하는 경우에는 후보자등록신청개시일 전일을 말한다)까지 서면으로 변경신고를 하여야 하며, 종전에 교부받은 후원회등록증을 반납하고 새로운 등록증을 교부받아야 한다.

제5조(지역구지방의회의원예비후보자 및 그 후원회 회계책임자에 관한 경과조치) ① 2022년 6월 1일 실시하는 지역구지방의회의원선거에서 선거구역 변경규정의 시행에 따라 선거구역이 변경된 지방의회의원지역구의 지방의회의원예비후보자 및 그 후원회 중 관할 선거관리위원회가 변경되지 아니한 지방의회의원예비후보자 및 그 후원회 회계책임자는 제34조에도 불구하고 선거구역 변경규정 시행 당시 관할 선거관리위원회에 신고된 것으로 본다.

② 2022년 6월 1일 실시하는 지역구지방의회의원선거에서 선거구역 변경규정의 시행에 따라 선거구역이 변경된 지방의회의원지역구의 예비후보자 및 그 후원회 중 관할 선거관리위원회가 변경된 지방의회의원지역구의 예비후보자 및 그 후원회는 해당 선거구역 변경규정의 시행일 후 10일(해당 선거구역 변경규정의 시행일 후 10일 이내에 후보자등록신청개시일이 도래하는 경우에는 후보자등록신청개시일 전일을 말한다)까지 서면으로 회계책임자 변경신고를 하여야 한다.

제6조(후원회의 후원금 모금 및 기부에 관한 경과조치) ① 2022년 6월 1일 실시하는 지역구지방의회의원선거에서 부칙 제4조제1항에 따라 관할 선거관리위원회에 등록된 것으로 보는 지역구지방의회의원예비후보자후원회가 선거구역 변경규정의 시행 전까지 종전의 규정에 따라 후원금을 모금하거나 기부한 경우에는 이 법의 관련 규정에 따른 것으로 본다.

② 2022년 6월 1일 실시하는 지역구지방의회의원선거에서 선거구역 변경규정의 시행에 따라 지역구지방의회의원후보자등후원회의 연간모금한도액이 변경된 경우에는 변경된 연간 모금한도액을 해당 후원회의 연간 모금한도액으로 본다.

③ 제2항에도 불구하고 선거구역 변경규정의 시행에 따라 지역구지방의회의원후보자등후원회의 연간 모금한도액이 줄어든 경우에는 지역구지방의회의원선거예비후보자후원회가 선거구역 변경규정의 시행 전에 모금한 금액이 변경된 연간 모금한도액을 초과한 경우에도 연간 모금한도액을 초과하지 아니한 것으로 본다.

부 칙 <2023·8·8 법19624>

제1조(시행일) 이 법은 공포한 날부터 시행한다.

제2조(벌금형의 집행유예 선고를 받고 확정된 사람의 공무담임제한에 관한 적용례) 제57조의 개정규정은 이 법 시행 전에 종전의 규정에서 정한 범죄로 100만원 이상의 벌금형의 집행유예 선고를 받고 확정된 사람에 대하여도 적용한다.

부 칙 <2024·1·2 법19923>

제1조(시행일) 이 법은 공포한 날부터 시행한다. 다만, 제28조제2항의 개정규정은 공포 후 3개월이 경과한 날부터 시행한다.

제2조(여성추천보조금 배분·지급에 관한 적용례) 제26조제2항의 개정규정은 이 법 시행 이후 여성추천보조금을 배분·지급하는 경우부터 적용한다.

부 칙 <2024·2·20 법20348>

제1조(시행일) 이 법은 공포한 날부터 시행한다.

제 2 조(지방의회의원의 후원회 지정에 관한 특례) 제 6 조제 2 호의2의 개정규정에도 불구하고 지방의회의원은 2024년 7월 1일부터 후원회를 지정하여 둘 수 있다.

제 3 조(회계보고서 등의 열람에 관한 특례) 이 법 시행 당시 종전의 제42조제 2 항에 따라 열람 중인 재산상황, 정치자금의 수입·지출내역 및 첨부서류는 제42조제 2 항의 개정규정에도 불구하고 이 법 시행일부터 6개월간 열람할 수 있다.

부 칙 <2024·3·8 법20371>

제 1 조(시행일) 이 법은 공포한 날부터 시행한다.

제 2 조(지역구국회의원예비후보자후원회에 관한 경과조치) ① 2024년 4월 10일 실시하는 국회의원선거에서 법률 제20370호 공직선거법 일부개정법률 시행에 따라 선거구역이 변경된 국회의원지역구의 지역구국회의원예비후보자후원회 중 관할 선거관리위원회가 변경되지 아니한 경우 그 지역구국회의원예비후보자후원회는 제 7 조에도 불구하고 이 법 시행 당시 관할 선거관리위원회에 등록된 것으로 본다.

② 2024년 4월 10일 실시하는 국회의원선거에서 법률 제20370호 공직선거법 일부개정법률 시행에 따라 선거구역이 변경된 국회의원지역구의 지역구국회의원예비후보자후원회 중 관할 선거관리위원회가 변경된 경우 그 지역구국회의원예비후보자후원회 대표자는 이 법 시행 후 10일까지 서면으로 변경신고를 하여야 하며, 종전에 교부받은 후원회등록증을 반납하고 새로운 등록증을 교부받아야 한다.

제 3 조(지역구국회의원예비후보자 및 그 후원회 회계책임자에 관한 경과조치) ① 2024년 4월 10일 실시하는 국회의원선거에서 법률 제20370호 공직선거법 일부개정법률 시행에 따라 선거구역이 변경된 국회의원지역구의 예비후보자 및 그 후원회 중 관할 선거관리위원회가 변경되지 아니한 경우 해당 예비후보자 및 그 후원회 회계책임자는 제34조에도 불구하고 이 법 시행 당시 관할 선거관리위원회에 신고된 것으로 본다.

② 2024년 4월 10일 실시하는 국회의원선거에서 법률 제20370호 공직선거법 일부개정법률 시행에 따라 선거구역이 변경된 국회의원지역구의 예비후보자 및 그 후원회 중 관할 선거관리위원회가 변경된 경우에는 이 법 시행 후 10일까지 서면으로 회계책임자 변경신고를 하여야 한다.

●국회법

〔1988·6·15 법률제4010호 전부개정〕

개정
1990· 6·29 법률제 4237호
1991· 5·31 법률제 4385호
1993· 3· 6 법률제 4542호
1994· 6·28 법률제 4761호
1995· 3· 3 법률제 4943호
1996· 8· 8 법률제 5154호
1997· 1·13 법률제 5293호
1998· 3·18 법률제 5530호
2000· 2·16 법률제 6266호
2001·12·31 법률제 6590호(기금관리기본법)
2002· 3· 7 법률제 6657호
2003· 2· 4 법률제 6855호
2003· 7·18 법률제 6930호
2004·12·31 법률제 7311호(수산업협동조합법)
2005· 7·28 법률제 7614호
2006· 2·21 법률제 7849호(제주특별자치도 설치 및 국제자유도시 조성을 위한 특별법)
2006·10· 4 법률제 8050호(국가재정법)
2006·12·30 법률제 8134호
2007· 1·24 법률제 8261호
2007·12·14 법률제 8685호
2008· 2·29 법률제 8857호(국가공무원법)
2008· 2·29 법률제 8867호(방송통신위원회의 설치 및 운영에 관한 법률)
2008· 8·25 법률제 9129호
2010· 3·12 법률제10047호
2010· 5·28 법률제10328호
2010· 6· 4 법률제10339호(정부조직법)
2011· 5·19 법률제10652호
2012· 3·21 법률제11416호
2012· 5·25 법률제11453호
2013· 3·23 법률제11717호
2013· 5·22 법률제11820호
2013· 8·13 법률제12108호
2014· 3·18 법률제12422호(특별감찰관법)
2014· 3·18 법률제12502호
2014· 5·14 법률제12582호
2014· 5·28 법률제12677호(방송법)
2014·11·19 법률제12845호
2016·12·16 법률제14376호
2017· 7·26 법률제14840호
2018· 4·17 법률제15620호
2018· 7·17 법률제15713호
2019· 4·16 법률제16325호
2020· 2·18 법률제17066호
2020· 8·18 법률제17487호
2020·12·15 법률제17646호(국가정보원법)
2020·12·22 법률제17689호(국가경찰과 자치경찰의 조직 및 운영에 관한 법률)
2020·12·22 법률제17756호
2021· 5·18 법률제18192호
2021· 7·27 법률제18367호
2021· 9·14 법률제18453호
2021·10·14 법률제18474호
2021·12·28 법률제18666호
2022· 1· 4 법률제18719호(국회의원의 보좌직원과 수당 등에 관한 법률)
2023· 6· 7 법률제19429호
2023· 7·11 법률제19538호
2023· 7·18 법률제19563호(가상자산 이용자 보호 등에 관한 법률)
2024· 3·12 법률제20372호

제 1 장 총칙

제 1 조(목적) 이 법은 국회의 조직·의사(議事), 그 밖에 필요한 사항을 규정함으로써 국민의 대의기관인 국회의 민주적이고 효율적인 운영에 기여함을 목적으로 한다.
〔전부개정 2018·4·17〕

제 2 조(당선 통지 및 등록) ① 중앙선거관리위원회 위원장은 국회의원 당선인이 결정된 때에는 그 명단을 즉시 국회에 통지하여야 한다.
② 국회의원 당선인은 당선인으로 결정된 후 당선증서를 국회사무처에 제시하고 등록하여야 한다.
〔전부개정 2018·4·17〕

제 3 조(의석 배정) 국회의원(이하 "의원"이라 한다)의 의석은 국회의장(이하 "의장"이라 한다)이 각 교섭단체 대표의원과 협의하여 정한다. 다만, 협의가 이루어지지 아니할 때에는 의장이 잠정적으로 이를 정한다.
〔전부개정 2018·4·17〕

제 4 조(정기회) 정기회는 매년 9월 1일에 집회한다. 다만, 그 날이 공휴일인 때에는 그 다음 날에 집회한다.
〔전부개정 2018·4·17〕

제 5 조(임시회) ① 의장은 임시회의 집회 요구가 있을 때에는 집회기일 3일 전에 공고한다. 이 경우 둘 이상의 집회 요구가 있을 때에는 집회일이 빠른 것을 공고하되, 집회일이 같은 때에는 그 요구서가 먼저 제출된 것을 공고한다.
② 의장은 제 1 항에도 불구하고 다음 각 호의 어느 하나에 해당하는 경우에는 집회기일 1일 전에 공고할 수 있다.
1. 내우외환, 천재지변 또는 중대한 재정·경제상의 위기가 발생한 경우
2. 국가의 안위에 관계되는 중대한 교전 상태나 전시·사변 또는 이에 준하는 국가비상사태인 경우

③ 국회의원 총선거 후 첫 임시회는 의원의 임기 개시 후 7일에 집회하며, 처음 선출된 의장의 임기가 폐회 중에 만료되는 경우에는 늦어도 임기만료일 5일 전까지 집회한다. 다만, 그 날이 공휴일인 때에는 그 다음 날에 집회한다.
〔전부개정 2018·4·17〕

제 5 조의2(연간 국회 운영 기본일정 등) ① 의장은 국회의 연중 상시 운영을 위하여 각 교섭단체 대표의원과의 협의를 거쳐 매년 12월 31일까지 다음 연도의 국회 운영 기본일정(국정감사를 포함한다)을 정하여야 한다. 다만, 국회의원 총선거 후 처음 구성되는 국회의 해당 연도 국회 운영 기본일정은 6월 30일까지 정하여야 한다.
② 제 1 항의 연간 국회 운영 기본일정은 다음 각 호의 기준에 따라 작성한다. <개정 2020·12·22>
1. 2월·3월·4월·5월 및 6월 1일과 8월 16일에 임시회를 집회한다. 다만, 국회의원 총선거가 있는 경우 임시회를 집회하지 아니하며, 집회일이 공휴일인 경우에는 그 다음 날에 집회한다.
2. 정기회의 회기는 100일로, 제 1 호에 따른 임시회의 회기는 해당 월의 말일까지로 한다. 다만, 임시회의 회기가 30일을 초과하는 경우에는 30일로 한다.
3. 2월, 4월 및 6월에 집회하는 임시회의 회기 중 한 주(週)는 제122조의2에 따라 정부에 대한 질문을 한다.

〔전부개정 2018·4·17〕

제 5 조의3(법률안 제출계획의 통지) ① 정부는 부득이한 경우를 제외하고는 매년 1월 31일까지 해당 연도에 제출할 법률안에 관한 계획을 국회에 통지하여야 한다.
② 정부는 제 1 항에 따른 계획을 변경하였을 때에는 분기별로 주요 사항을 국회에 통지하여야 한다.
〔전부개정 2018·4·17〕

제 6 조(개회식) 국회는 집회일에 개회식을 실시한다. 다만, 임시회의 경우에는 개회식을 생략할 수 있다.
〔전부개정 2018·4·17〕

제 2 장 국회의 회기와 휴회

제 7 조(회기) ① 국회의 회기는 의결로 정하되, 의결로 연장할 수 있다.

② 국회의 회기는 집회 후 즉시 정하여야 한다.
〔전부개정 2018·4·17〕

제 8 조(휴회) ① 국회는 의결로 기간을 정하여 휴회할 수 있다.
② 국회는 휴회 중이라도 대통령의 요구가 있을 때, 의장이 긴급한 필요가 있다고 인정할 때 또는 재적의원 4분의 1 이상의 요구가 있을 때에는 국회의 회의(이하 "본회의"라 한다)를 재개한다.
〔전부개정 2018·4·17〕

제 3 장 국회의 기관과 경비

제 9 조(의장·부의장의 임기) ① 의장과 부의장의 임기는 2년으로 한다. 다만, 국회의원 총선거 후 처음 선출된 의장과 부의장의 임기는 그 선출된 날부터 개시하여 의원의 임기 개시 후 2년이 되는 날까지로 한다.
② 보궐선거로 당선된 의장 또는 부의장의 임기는 전임자 임기의 남은 기간으로 한다.
〔전부개정 2018·4·17〕

제10조(의장의 직무) 의장은 국회를 대표하고 의사를 정리하며, 질서를 유지하고 사무를 감독한다.
〔전부개정 2018·4·17〕

제11조(의장의 위원회 출석과 발언) 의장은 위원회에 출석하여 발언할 수 있다. 다만, 표결에는 참가할 수 없다.
〔전부개정 2018·4·17〕

제12조(부의장의 의장 직무대리) ① 의장이 사고(事故)가 있을 때에는 의장이 지정하는 부의장이 그 직무를 대리한다.
② 의장이 심신상실 등 부득이한 사유로 의사표시를 할 수 없게 되어 직무대리자를 지정할 수 없을 때에는 소속 의원 수가 많은 교섭단체 소속 부의장의 순으로 의장의 직무를 대행한다.
〔전부개정 2018·4·17〕

제13조(임시의장) 의장과 부의장이 모두 사고가 있을 때에는 임시의장을 선출하여 의장의 직무를 대행하게 한다.
〔전부개정 2018·4·17〕

제14조(사무총장의 의장 직무대행) 국회의원 총선거 후 의장이나 부의장이 선출될 때까지는 사무총장이 임시회 집회 공고에 관하여 의장의 직무를 대행한다. 처음 선출된 의장과 부의장의 임기만료일까지 부득이한 사유로 의장이나 부의장을 선출하지 못한 경우와 폐회 중에 의장·부의장이 모두 궐위(闕位)된 경우에도 또한 같다.
〔전부개정 2018·4·17〕

제15조(의장·부의장의 선거) ① 의장과 부의장은 국회에서 무기명투표로 선거하고 재적의원 과반수의 득표로 당선된다.
② 제 1 항에 따른 선거는 국회의원 총선거 후 첫 집회일에 실시하며, 처음 선출된 의장 또는 부의장의 임기가 만료되는 경우에는 그 임기만료일 5일 전에 실시한다. 다만, 그 날이 공휴일인 경우에는 그 다음 날에 실시한다.
③ 제 1 항의 득표자가 없을 때에는 2차투표를 하고, 2차투표에도 제 1 항의 득표자가 없을 때에는 최고득표자가 1명이면 최고득표자와 차점자에 대하여, 최고득표자가 2명 이상이면 최고득표자에 대하여 결선투표를 하되, 재적의원 과반수의 출석과 출석의원 다수득표자를 당선자로 한다.
〔전부개정 2018·4·17〕

제16조(보궐선거) 의장 또는 부의장이 궐위된 때나 의장과 부의장이 모두 궐위된 때에는 지체 없이 보궐선거를 실시한다.
〔전부개정 2018·4·17〕

제17조(임시의장 선거) 임시의장은 무기명투표로 선거하고 재적의원 과반수의 출석과 출석의원 다수득표자를 당선자로 한다.
〔전부개정 2018·4·17〕

제18조(의장 등 선거 시의 의장 직무대행) 의장 등의 선거에서 다음 각 호의 어느 하나에 해당할 때에는 출석의원 중 최다선(最多選) 의원이, 최다선 의원이 2명 이상인 경우에는 그 중 연장자가 의장의 직무를 대행한다.
1. 국회의원 총선거 후 처음으로 의장과 부의장을 선거할 때
2. 제15조제 2 항에 따라 처음 선출된 의장 또는 부의장의 임기가 만료되는 경우 그 임기만료일 5일 전에 의장과 부의장의 선거가 실시되지 못하여 그 임기 만료 후 의장과 부의장을 선거할 때

3. 의장과 부의장이 모두 궐위되어 그 보궐선거를 할 때
4. 의장 또는 부의장의 보궐선거에서 의장과 부의장이 모두 사고가 있을 때
5. 의장과 부의장이 모두 사고가 있어 임시의장을 선거할 때

〔전부개정 2018·4·17〕

제19조(의장·부의장의 사임) 의장과 부의장은 국회의 동의를 받아 그 직을 사임할 수 있다.

〔전부개정 2018·4·17〕

제20조(의장·부의장의 겸직 제한) ① 의장과 부의장은 특별히 법률로 정한 경우를 제외하고는 의원 외의 직을 겸할 수 없다.

② 다른 직을 겸한 의원이 의장이나 부의장으로 당선된 때에는 당선된 날에 그 직에서 해직된 것으로 본다.

〔전부개정 2018·4·17〕

제20조의2(의장의 당적 보유 금지) ① 의원이 의장으로 당선된 때에는 당선된 다음 날부터 의장으로 재직하는 동안은 당적(黨籍)을 가질 수 없다. 다만, 국회의원 총선거에서 「공직선거법」 제47조에 따른 정당추천후보자로 추천을 받으려는 경우에는 의원 임기만료일 90일 전부터 당적을 가질 수 있다.

② 제 1 항 본문에 따라 당적을 이탈한 의장의 임기가 만료된 때에는 당적을 이탈할 당시의 소속 정당으로 복귀한다.

〔전부개정 2018·4·17〕

제21조(국회사무처) ① 국회의 입법·예산결산심사 등의 활동을 지원하고 행정사무를 처리하기 위하여 국회에 사무처를 둔다.

② 국회사무처에 사무총장 1명과 필요한 공무원을 둔다.

③ 사무총장은 의장이 각 교섭단체 대표의원과의 협의를 거쳐 본회의의 승인을 받아 임면(任免)한다.

④ 사무총장은 의장의 감독을 받아 국회의 사무를 총괄하고 소속 공무원을 지휘·감독한다.

⑤ 국회사무처는 국회의 입법 및 예산결산심사 등의 활동을 지원할 때 의원이나 위원회의 요구가 있는 경우 필요한 자료 등을 제공하여야 한다.

⑥ 제 5 항과 관련하여 사무총장이나 사무총장이 지정하는 소속 공무원은 위원회의 요구에 응하여 해당 위원회에서 보고 또는 설명할 수 있으며, 사무총장은 의장의 허가를 받아 정부, 행정기관 등에 대하여 필요한 자료의 제공을 요청할 수 있다.

⑦ 이 법에서 정한 사항 외에 국회사무처에 관한 사항은 따로 법률로 정한다.

〔전부개정 2018·4·17〕

제22조(국회도서관) ① 국회의 도서 및 입법자료에 관한 업무를 처리하기 위하여 국회도서관을 둔다.

② 국회도서관에 도서관장 1명과 필요한 공무원을 둔다.

③ 도서관장은 의장이 국회운영위원회의 동의를 받아 임면한다.

④ 도서관장은 국회의 입법활동을 지원하기 위하여 도서와 그 밖의 도서관자료의 수집·정리·보존 및 도서관봉사를 한다.

⑤ 이 법에서 정한 사항 외에 국회도서관에 관한 사항은 따로 법률로 정한다.

〔전부개정 2018·4·17〕

제22조의2(국회예산정책처) ① 국가의 예산결산·기금 및 재정 운용과 관련된 사항을 연구분석·평가하고 의정활동을 지원하기 위하여 국회예산정책처를 둔다.

② 국회예산정책처에 처장 1명과 필요한 공무원을 둔다.

③ 처장은 의장이 국회운영위원회의 동의를 받아 임면한다.

④ 이 법에서 정한 사항 외에 국회예산정책처에 관한 사항은 따로 법률로 정한다.

〔전부개정 2018·4·17〕

제22조의3(국회입법조사처) ① 입법 및 정책과 관련된 사항을 조사·연구하고 관련 정보 및 자료를 제공하는 등 입법정보서비스와 관련된 의정활동을 지원하기 위하여 국회입법조사처를 둔다.

② 국회입법조사처에 처장 1명과 필요한 공무원을 둔다.

③ 처장은 의장이 국회운영위원회의 동의를 받아 임면한다.

④ 이 법에서 정한 사항 외에 국회입법조사처에 관한 사항은 따로 법률로 정한다.

〔전부개정 2018·4·17〕

제22조의4(국회세종의사당) ① 국회는 「세종

특별자치시 설치 등에 관한 특별법」에 따른 세종특별자치시에 국회 분원(分院)으로 세종의사당(이하 "국회세종의사당"이라 한다)을 둔다.
② 제 1 항에 따른 국회세종의사당의 설치와 운영, 그 밖에 필요한 사항은 국회규칙으로 정한다.
〔본조신설 2021 · 10 · 14〕

제23조(국회의 예산) ① 국회의 예산은 독립하여 국가예산에 계상(計上)한다.
② 의장은 국회 소관 예산요구서를 작성하여 국회운영위원회의 심사를 거쳐 정부에 제출한다. 다만, 「국가재정법」에서 정한 예산요구서 제출기일 전일까지 국회운영위원회가 국회 소관 예산요구서의 심사를 마치지 못한 경우에는 의장은 직접 국회 소관 예산요구서를 정부에 제출할 수 있다.
③ 국회의 예산에 예비금을 둔다.
④ 국회의 예비금은 사무총장이 관리하되, 국회운영위원회의 동의와 의장의 승인을 받아 지출한다. 다만, 폐회 중일 때에는 의장의 승인을 받아 지출하고 다음 회기 초에 국회운영위원회에 보고한다.
⑤ 정부가 「국가재정법」 제40조제 2 항에 따라 국회 소관 세출예산요구액을 감액하기 위하여 국회의 의견을 구하려는 경우에는 그 감액 내용 및 사유를 적어 국무회의 7일 전까지 의장에게 송부하여야 한다.
⑥ 의장은 제 5 항에 따른 송부가 있은 때에는 그 감액 내용에 대한 의견서를 해당 국무회의 1일 전까지 정부에 송부한다.
〔전부개정 2018 · 4 · 17〕

제 4 장 의원

제24조(선서) 의원은 임기 초에 국회에서 다음의 선서를 한다.
"나는 헌법을 준수하고 국민의 자유와 복리의 증진 및 조국의 평화적 통일을 위하여 노력하며, 국가이익을 우선으로 하여 국회의원의 직무를 양심에 따라 성실히 수행할 것을 국민 앞에 엄숙히 선서합니다."
〔전부개정 2018 · 4 · 17〕

제25조(품위유지의 의무) 의원은 의원으로서의 품위를 유지하여야 한다.
〔전부개정 2018 · 4 · 17〕

제26조(체포동의 요청의 절차) ① 의원을 체포하거나 구금하기 위하여 국회의 동의를 받으려고 할 때에는 관할법원의 판사는 영장을 발부하기 전에 체포동의 요구서를 정부에 제출하여야 하며, 정부는 이를 수리(受理)한 후 지체 없이 그 사본을 첨부하여 국회에 체포동의를 요청하여야 한다.
② 의장은 제 1 항에 따른 체포동의를 요청받은 후 처음 개의하는 본회의에 이를 보고하고, 본회의에 보고된 때부터 24시간 이후 72시간 이내에 표결한다. 다만, 체포동의안이 72시간 이내에 표결되지 아니하는 경우에는 그 이후에 최초로 개의하는 본회의에 상정하여 표결한다.
〔전부개정 2018 · 4 · 17〕

제27조(의원 체포의 통지) 정부는 체포 또는 구금된 의원이 있을 때에는 지체 없이 의장에게 영장 사본을 첨부하여 이를 통지하여야 한다. 구속기간이 연장되었을 때에도 또한 같다.
〔전부개정 2018 · 4 · 17〕

제28조(석방 요구의 절차) 의원이 체포 또는 구금된 의원의 석방 요구를 발의할 때에는 재적의원 4분의 1 이상의 연서(連書)로 그 이유를 첨부한 요구서를 의장에게 제출하여야 한다.
〔전부개정 2018 · 4 · 17〕

제29조(겸직 금지) ① 의원은 국무총리 또는 국무위원 직 외의 다른 직을 겸할 수 없다. 다만, 다음 각 호의 어느 하나에 해당하는 경우에는 그러하지 아니하다.
1. 공익 목적의 명예직
2. 다른 법률에서 의원이 임명 · 위촉되도록 정한 직
3. 「정당법」에 따른 정당의 직
② 의원이 당선 전부터 제 1 항 각 호의 직 외의 직을 가진 경우에는 임기개시일 전까지(재선거 · 보궐선거 등의 경우에는 당선이 결정된 날의 다음 날까지를 말한다. 이하 이 항에서 같다) 그 직을 휴직하거나 사직하여야 한다. 다만, 다음 각 호의 어느 하나의 직을 가진 경우에는 임기개시일 전까지 그

직을 사직하여야 한다.

1. 「공공기관의 운영에 관한 법률」 제4조에 따른 공공기관(한국은행을 포함한다)의 임직원
2. 「농업협동조합법」, 「수산업협동조합법」에 따른 조합, 중앙회와 그 자회사(손자회사를 포함한다)의 임직원
3. 「정당법」 제22조제1항에 따라 정당의 당원이 될 수 있는 교원

③ 의원이 당선 전부터 제1항 각 호의 직(제3호의 직은 제외한다. 이하 이 조에서 같다)을 가지고 있는 경우에는 임기 개시 후 1개월 이내에, 임기 중에 제1항 각 호의 직을 가지는 경우에는 지체 없이 이를 의장에게 서면으로 신고하여야 한다.

④ 의장은 제3항에 따라 신고한 직(본회의 의결 또는 의장의 추천·지명 등에 따라 임명·위촉된 경우는 제외한다)이 제1항 각 호의 직에 해당하는지 여부를 제46조의2에 따른 윤리심사자문위원회(이하 "윤리심사자문위원회"라 한다)의 의견을 들어 결정하고 그 결과를 해당 의원에게 통보한다. 이 경우 의장은 윤리심사자문위원회의 의견을 존중하여야 한다. <개정 2021·5·18>

⑤ 윤리심사자문위원회는 의장으로부터 의견제출을 요구받은 날부터 1개월 이내에 그 의견을 의장에게 제출하여야 한다. 다만, 필요한 경우에는 1개월의 범위에서 한 차례만 의견제출 기간을 연장할 수 있다.

⑥ 의원은 의장으로부터 겸하고 있는 직이 제1항 각 호의 직에 해당하지 아니한다는 통보를 받은 때에는 통보를 받은 날부터 3개월 이내에 그 직을 휴직하거나 사직하여야 한다.

⑦ 의장은 제4항에 따라 의원에게 통보한 날부터 15일 이내(본회의 의결 또는 의장의 추천·지명 등에 따라 임명·위촉된 경우에는 해당 의원이 신고한 날부터 15일 이내)에 겸직 내용을 국회공보 또는 국회 인터넷 홈페이지 등에 게재하는 방법으로 공개하여야 한다.

⑧ 의원이 제1항 각 호의 직을 겸하는 경우에는 그에 따른 보수를 받을 수 없다. 다만, 실비 변상은 받을 수 있다.

〔전부개정 2018·4·17〕

제29조의2(영리업무 종사 금지) ① 의원은 그 직무 외에 영리를 목적으로 하는 업무에 종사할 수 없다. 다만, 의원 본인 소유의 토지·건물 등의 재산을 활용한 임대업 등 영리업무를 하는 경우로서 의원 직무수행에 지장이 없는 경우에는 그러하지 아니하다.

② 의원이 당선 전부터 제1항 단서의 영리업무 외의 영리업무에 종사하고 있는 경우에는 임기 개시 후 6개월 이내에 그 영리업무를 휴업하거나 폐업하여야 한다.

③ 의원이 당선 전부터 제1항 단서의 영리업무에 종사하고 있는 경우에는 임기 개시 후 1개월 이내에, 임기 중에 제1항 단서의 영리업무에 종사하게 된 경우에는 지체 없이 이를 의장에게 서면으로 신고하여야 한다.

④ 의장은 의원이 제3항에 따라 신고한 영리업무가 제1항 단서의 영리업무에 해당하는지를 윤리심사자문위원회의 의견을 들어 결정하고 그 결과를 해당 의원에게 통보한다. 이 경우 의장은 윤리심사자문위원회의 의견을 존중하여야 한다. <개정 2021·5·18>

⑤ 윤리심사자문위원회는 의장으로부터 의견제출을 요구받은 날부터 1개월 이내에 그 의견을 의장에게 제출하여야 한다. 다만, 필요한 경우에는 1개월의 범위에서 한 차례만 의견제출 기간을 연장할 수 있다.

⑥ 의원은 의장으로부터 종사하고 있는 영리업무가 제1항 단서의 영리업무에 해당하지 아니한다는 통보를 받은 때에는 통보를 받은 날부터 6개월 이내에 그 영리업무를 휴업하거나 폐업하여야 한다.

〔전부개정 2018·4·17〕

제30조(수당·여비) 의원은 따로 법률에서 정하는 바에 따라 수당과 여비를 받는다.

〔전부개정 2018·4·17〕

제31조 삭제 <2014·3·18>

제32조(청가 및 결석) ① 의원이 사고로 국회에 출석하지 못하게 되거나 출석하지 못한 때에는 청가서(請暇書) 또는 결석신고서를 의장에게 제출하여야 한다.

② 의원이 청가서를 제출하여 의장의 허가를 받거나 정당한 사유로 결석하여 결석신고서를 제출한 경우 외에는 「국회의원의 보좌직

원과 수당 등에 관한 법률」에 따른 특별활동비에서 그 결석한 회의일수에 상당하는 금액을 감액한다. <개정 2022·1·4>

③ 제 1 항의 청가 및 결석에 관하여 필요한 사항은 국회규칙으로 정한다.

〔전부개정 2018·4·17〕

제 4 장의2 의원의 이해충돌 방지

제32조의2(사적 이해관계의 등록) ① 의원 당선인은 당선인으로 결정된 날부터 30일 이내(재선거·보궐선거 등의 경우에는 당선인으로 결정된 날부터 10일 이내를 말한다)에 당선인으로 결정된 날을 기준으로 다음 각 호의 사항을 윤리심사자문위원회에 등록하여야 한다. <개정 2023·6·7, 2023·7·18, 2024·3·12>

1. 의원 본인, 그 배우자 또는 직계존비속이 임원·대표자·관리자 또는 사외이사로 재직하고 있는 법인·단체의 명단 및 그 업무내용
2. 의원 본인, 그 배우자 또는 직계존비속이 대리하거나 고문·자문 등을 제공하는 개인이나 법인·단체의 명단 및 그 업무내용
3. 의원으로 당선되기 전 3년 이내에 의원 본인이 재직하였던 법인·단체의 명단 및 그 업무내용
4. 의원으로 당선되기 전 3년 이내에 의원 본인이 대리하거나 고문·자문 등을 제공하였던 개인이나 법인·단체의 명단 및 그 업무내용
5. 의원으로 당선되기 전 3년 이내에 의원 본인이 민간 부문에서 관리·운영하였던 사업 또는 영리행위의 내용
6. 의원 본인, 그 배우자 또는 직계존비속이 단독으로 또는 합산하여 다음 각 목에 따른 비율의 주식 또는 지분을 소유하고 있는 법인·단체의 명단
   가. 발행주식 총수의 100분의 30 이상
   나. 출자지분 총수의 100분의 30 이상

6의2. 의원 본인, 그 배우자 또는 직계존비속이 단독으로 또는 합산하여 소유하고 있는 다음 각 목에 따른 비율 또는 금액의 가상자산(「가상자산 이용자 보호 등에 관한 법률」 제 2 조제 1 호에 따른 가상자산을 말한다)과 발행인 명단
   가. 발행가상자산 총수의 100분의 30 이상
   나. 1천만원 이상

7. 의원 본인, 그 배우자 또는 직계존비속이 소유하고 있는 다음 각 목의 재산(소유 명의와 관계없이 사실상 소유하는 재산, 비영리법인에 출연한 재산과 외국에 있는 재산을 포함한다)
   가. 부동산에 관한 소유권·지상권 및 전세권
   나. 광업권·어업권·양식업권, 그 밖에 부동산에 관한 규정이 준용되는 권리
8. 그 밖에 의원의 사적 이해관계와 관련되는 사항으로서 국회규칙으로 정하는 재산사항

② 의원은 매년 6월 30일 및 12월 31일 기준의 제 1 항 각 호에 따른 등록사항에 대한 변경사항을 그 기준일부터 30일 이내에 윤리심사자문위원회에 변경등록하여야 한다. 다만, 국회의원 총선거가 있는 해의 경우 6월 30일 기준의 변경사항은 변경등록하지 아니한다. <개정 2024·3·12>

③ 윤리심사자문위원회는 다른 법령에서 정보공개가 금지되지 아니하는 범위에서 다음 각 호의 사항 중 의원 본인에 관한 사항을 제32조의3제 2 항에 따른 의견 제출기한 종료 후 30일 이내에 국회공보 또는 국회 인터넷 홈페이지 등에 게재하는 방법으로 공개한다. <신설 2024·3·12>

1. 제 1 항 각 호에 따른 등록사항
2. 제 2 항에 따른 변경등록사항

④ 윤리심사자문위원회는 제 1 항 또는 제 2 항에 따라 등록 또는 변경등록된 사적 이해관계의 검토에 필요한 경우에는 기간을 정하여 의원(의원 당선인을 포함한다. 이하 이 조에서 같다)에게 소명자료의 제출을 요청할 수 있다.

⑤ 의원, 그 배우자 및 직계존비속은 제 1 항 또는 제 2 항에 따른 사적 이해관계의 등록 또는 변경등록이나 제32조의3에 따른

윤리심사자문위원회의 등록 및 변경등록 사항에 관한 검토 과정에 성실하게 응하여야 한다.

⑥ 제 1 항부터 제 4 항까지에 따른 등록·변경등록, 공개, 소명자료 제출의 절차·방법·관리 등에 필요한 사항은 국회규칙으로 정한다. <개정 2024·3·12>

〔본조신설 2021·5·18〕

제32조의3(윤리심사자문위원회의 의견 제출) ① 윤리심사자문위원회는 제32조의2에 따른 등록 및 변경등록 사항을 바탕으로 이해충돌(의원이 직무를 수행할 때 본인의 사적 이해관계가 관련되어 공정하고 청렴한 직무수행이 저해되거나 저해될 우려가 있는 상황을 말한다. 이하 같다) 여부를 검토하여 그 의견을 의장, 해당 의원 및 소속 교섭단체 대표의원에게 제출하여야 한다.

② 윤리심사자문위원회는 제 1 항에 따른 의견을 다음 각 호에서 정하고 있는 기한까지 의장, 해당 의원 및 소속 교섭단체 대표의원에게 제출하여야 한다. <개정 2024·3·12>

1. 국회의원 총선거 후 처음 상임위원회의 위원(이하 "상임위원"이라 한다)을 선임하는 경우 : 6월 1일까지. 다만, 해당 기한까지 의장이 선출되지 아니한 경우에는 의장이 선출되는 즉시 의장에게 제출하여야 한다.
2. 처음 선임된 상임위원 임기가 만료되어 상임위원을 다시 선임하는 경우 : 그 임기 만료일 15일 전까지
3. 재선거·보궐선거 등으로 제32조의2제 1 항에 따라 등록을 한 경우 : 등록한 날부터 10일 이내
4. 제32조의2제 2 항에 따라 변경등록을 한 경우 : 변경등록기간 만료 후 30일 이내

③ 제 2 항에 따른 의견 제출의 절차·방법 등에 필요한 사항은 국회규칙으로 정한다.

〔본조신설 2021·5·18〕

제32조의4(이해충돌의 신고) ① 의원은 소속 위원회의 안건 심사, 국정감사 또는 국정조사와 관련하여 다음 각 호의 어느 하나에 해당하는 자가 직접적인 이익 또는 불이익을 받게 되는 것을 안 경우에는 안 날부터 10일 이내에 윤리심사자문위원회에 그 사실을 신고하여야 한다. <개정 2024·3·12>

1. 의원 본인 또는 그 가족(「민법」 제779조에 따른 가족을 말한다. 이하 같다)
2. 의원 본인 또는 그 가족이 임원·대표자·관리자 또는 사외이사로 재직하고 있는 법인·단체
3. 의원 본인 또는 그 가족이 대리하거나 고문·자문 등을 제공하는 개인이나 법인·단체
4. 의원 임기 개시 전 2년 이내에 의원 본인이 대리하거나 고문·자문 등을 제공하였던 개인이나 법인·단체
5. 의원 본인 또는 그 가족이 단독으로 또는 합산하여 다음 각 목에 따른 비율의 주식 또는 지분을 소유하고 있는 법인·단체
   가. 발행주식 총수의 100분의 30 이상
   나. 출자지분 총수의 100분의 30 이상
6. 최근 2년 이내에 퇴직한 공직자로서 퇴직일 전 2년 이내에 위원회의 안건 심사, 국정감사 또는 국정조사를 수행하는 의원과 국회규칙으로 정하는 범위의 부서에서 같이 근무하였던 사람
7. 그 밖에 의원의 사적 이해관계와 관련되는 자로서 국회규칙으로 정하는 자

② 윤리심사자문위원회는 제 1 항에 따른 신고를 바탕으로 이해충돌 여부를 검토하여 의원이 소속 위원회 활동과 관련하여 이해충돌이 발생할 우려가 있다고 인정하는 경우에는 그 의견을 신고를 받은 날부터 10일 이내에 의장, 해당 의원 및 소속 교섭단체 대표의원에게 제출하여야 한다.

③ 제 1 항에 따른 신고의 절차·방법·관리 및 제 2 항에 따른 의견 제출의 절차·방법 등에 필요한 사항은 국회규칙으로 정한다.

〔본조신설 2021·5·18〕

제32조의5(이해충돌 우려가 있는 안건 등에 대한 회피) ① 의원은 소속 위원회의 안건 심사, 국정감사 또는 국정조사 과정에서 제32조의4제 1 항의 신고사항에 해당하여 이해충돌이 발생할 우려가 있다고 판단하는 경우에는 소속 위원회의 위원장에게 그 사안 또는 안건에 대한 표결 및 발언의 회피를 신청하여야 한다.

② 제1항에 따른 회피 신청을 받은 위원장은 간사와 협의하여 회피를 허가할 수 있다.
③ 윤리심사자문위원회는 의원이 이해충돌 우려가 있음에도 불구하고 제1항에 따라 표결 및 발언의 회피를 신청하지 아니하였다고 인정하는 경우에는 그 의견을 의장, 해당 의원 및 소속 교섭단체 대표의원에게 제출할 수 있다.
〔본조신설 2021·5·18〕

제32조의6(「공직자의 이해충돌 방지법」의 적용 특례) ① 의원이 제32조의2제1항제3호부터 제5호까지의 사적 이해관계를 등록 또는 변경등록한 경우에는 「공직자의 이해충돌 방지법」 제8조에 따른 의무를 이행한 것으로 본다.
② 제32조의2제3항에 따라 사적 이해관계에 관한 자료가 공개된 경우 「공직자의 이해충돌 방지법」 제8조제4항에 따라 공개한 것으로 본다. <개정 2024·3·12>
〔본조신설 2021·5·18〕

제5장 교섭단체·위원회와 위원

제33조(교섭단체) ① 국회에 20명 이상의 소속 의원을 가진 정당은 하나의 교섭단체가 된다. 다만, 다른 교섭단체에 속하지 아니하는 20명 이상의 의원으로 따로 교섭단체를 구성할 수 있다.
② 교섭단체 대표의원은 그 단체의 소속 의원이 연서·날인한 명부를 의장에게 제출하여야 하며, 그 소속 의원에 이동(異動)이 있거나 소속 정당의 변경이 있을 때에는 그 사실을 지체 없이 의장에게 보고하여야 한다. 다만, 특별한 사유가 있을 때에는 해당 의원이 관계 서류를 첨부하여 이를 보고할 수 있다.
③ 어느 교섭단체에도 속하지 아니하는 의원이 당적을 취득하거나 소속 정당을 변경한 때에는 그 사실을 즉시 의장에게 보고하여야 한다.
〔전부개정 2018·4·17〕

제34조(교섭단체 정책연구위원) ① 교섭단체 소속 의원의 입법 활동을 보좌하기 위하여 교섭단체에 정책연구위원을 둔다.
② 정책연구위원은 해당 교섭단체 대표의원의 제청(提請)에 따라 의장이 임면한다.
③ 정책연구위원은 별정직공무원으로 하고, 그 인원·자격·임면절차·직급 등에 필요한 사항은 국회규칙으로 정한다.
〔전부개정 2018·4·17〕

제35조(위원회의 종류) 국회의 위원회는 상임위원회와 특별위원회 두 종류로 한다.
〔전부개정 2018·4·17〕

제36조(상임위원회의 직무) 상임위원회는 그 소관에 속하는 의안과 청원 등의 심사, 그 밖에 법률에서 정하는 직무를 수행한다.
〔전부개정 2018·4·17〕

제37조(상임위원회와 그 소관) ① 상임위원회의 종류와 소관 사항은 다음과 같다. <개정 2018·7·17, 2020·8·18, 2020·12·15, 2023·7·11>
1. 국회운영위원회
가. 국회 운영에 관한 사항
나. 「국회법」과 국회규칙에 관한 사항
다. 국회사무처 소관에 속하는 사항
라. 국회도서관 소관에 속하는 사항
마. 국회예산정책처 소관에 속하는 사항
바. 국회입법조사처 소관에 속하는 사항
사. 대통령비서실, 국가안보실, 대통령경호처 소관에 속하는 사항
아. 국가인권위원회 소관에 속하는 사항
2. 법제사법위원회
가. 법무부 소관에 속하는 사항
나. 법제처 소관에 속하는 사항
다. 감사원 소관에 속하는 사항
라. 고위공직자범죄수사처 소관에 속하는 사항
마. 헌법재판소 사무에 관한 사항
바. 법원·군사법원의 사법행정에 관한 사항
사. 탄핵소추에 관한 사항
아. 법률안·국회규칙안의 체계·형식과 자구의 심사에 관한 사항
3. 정무위원회
가. 국무조정실, 국무총리비서실 소관에 속하는 사항
나. 국가보훈부 소관에 속하는 사항
다. 공정거래위원회 소관에 속하는 사항

라. 금융위원회 소관에 속하는 사항
마. 국민권익위원회 소관에 속하는 사항
4. 기획재정위원회
가. 기획재정부 소관에 속하는 사항
나. 한국은행 소관에 속하는 사항
5. 교육위원회
가. 교육부 소관에 속하는 사항
나. 국가교육위원회 소관에 속하는 사항
6. 과학기술정보방송통신위원회
가. 과학기술정보통신부 소관에 속하는 사항
나. 방송통신위원회 소관에 속하는 사항
다. 원자력안전위원회 소관에 속하는 사항
7. 외교통일위원회
가. 외교부 소관에 속하는 사항
나. 통일부 소관에 속하는 사항
다. 민주평화통일자문회의 사무에 관한 사항
8. 국방위원회
국방부 소관에 속하는 사항
9. 행정안전위원회
가. 행정안전부 소관에 속하는 사항
나. 인사혁신처 소관에 속하는 사항
다. 중앙선거관리위원회 사무에 관한 사항
라. 지방자치단체에 관한 사항
10. 문화체육관광위원회
문화체육관광부 소관에 속하는 사항
11. 농림축산식품해양수산위원회
가. 농림축산식품부 소관에 속하는 사항
나. 해양수산부 소관에 속하는 사항
12. 산업통상자원중소벤처기업위원회
가. 산업통상자원부 소관에 속하는 사항
나. 중소벤처기업부 소관에 속하는 사항
13. 보건복지위원회
가. 보건복지부 소관에 속하는 사항
나. 식품의약품안전처 소관에 속하는 사항
14. 환경노동위원회
가. 환경부 소관에 속하는 사항
나. 고용노동부 소관에 속하는 사항
15. 국토교통위원회
국토교통부 소관에 속하는 사항
16. 정보위원회
가. 국가정보원 소관에 속하는 사항
나. 「국가정보원법」 제4조제1항제5호에 따른 정보 및 보안 업무의 기획·조정 대상 부처 소관의 정보 예산안과 결산 심사에 관한 사항
17. 여성가족위원회
여성가족부 소관에 속하는 사항

② 의장은 어느 상임위원회에도 속하지 아니하는 사항은 국회운영위원회와 협의하여 소관 상임위원회를 정한다.

〔전부개정 2018·4·17〕

제38조(상임위원회의 위원 정수) 상임위원회의 위원 정수(定數)는 국회규칙으로 정한다. 다만, 정보위원회의 위원 정수는 12명으로 한다.

〔전부개정 2018·4·17〕

제39조(상임위원회의 위원) ① 의원은 둘 이상의 상임위원이 될 수 있다. <개정 2021·5·18>

② 각 교섭단체 대표의원은 국회운영위원회의 위원이 된다.

③ 의장은 상임위원이 될 수 없다.

④ 국무총리 또는 국무위원의 직을 겸한 의원은 상임위원을 사임할 수 있다. <개정 2020·2·18>

〔전부개정 2018·4·17〕

제40조(상임위원의 임기) ① 상임위원의 임기는 2년으로 한다. 다만, 국회의원 총선거 후 처음 선임된 위원의 임기는 선임된 날부터 개시하여 의원의 임기 개시 후 2년이 되는 날까지로 한다.

② 보임(補任)되거나 개선(改選)된 상임위원의 임기는 전임자 임기의 남은 기간으로 한다.

〔전부개정 2018·4·17〕

제40조의2(상임위원의 직무 관련 영리행위 금지) 상임위원은 소관 상임위원회의 직무와 관련한 영리행위를 하여서는 아니 된다.

〔전부개정 2018·4·17〕

제41조(상임위원장) ① 상임위원회에 위원장(이하 "상임위원장"이라 한다) 1명을 둔다.

② 상임위원장은 제48조제1항부터 제3항까지에 따라 선임된 해당 상임위원 중에서 임시의장 선거의 예에 준하여 본회의에서 선거한다.

③ 제2항의 선거는 국회의원 총선거 후 첫 집회일부터 3일 이내에 실시하며, 처음 선출

된 상임위원장의 임기가 만료되는 경우에는 그 임기만료일까지 실시한다.

④ 상임위원장의 임기는 상임위원의 임기와 같다.

⑤ 상임위원장은 본회의의 동의를 받아 그 직을 사임할 수 있다. 다만, 폐회 중에는 의장의 허가를 받아 사임할 수 있다.

〔전부개정 2018·4·17〕

제42조(전문위원과 공무원) ① 위원회에 위원장과 위원의 입법 활동 등을 지원하기 위하여 의원이 아닌 전문지식을 가진 위원(이하 "전문위원"이라 한다)과 필요한 공무원을 둔다. 위원회에 두는 전문위원과 공무원에 대해서는 「국회사무처법」에서 정하는 바에 따른다.

② 위원회에 두는 전문위원과 공무원이 그 직무를 수행하는 때에는 정치적 중립성을 유지하여야 한다.

③ 전문위원은 사무총장의 제청으로 의장이 임명한다.

④ 전문위원은 위원회에서 의안과 청원 등의 심사, 국정감사, 국정조사, 그 밖의 소관 사항과 관련하여 검토보고 및 관련 자료의 수집·조사·연구를 수행한다.

⑤ 전문위원은 제 4 항의 직무를 수행하는데 필요한 자료의 제공을 정부, 행정기관 등에 요청할 수 있다. 이 경우 그 요청은 위원장의 허가를 받아 위원장 명의로 하여야 한다.

⑥ 전문위원은 위원회에서 발언할 수 있으며 본회의에서는 본회의 의결 또는 의장의 허가를 받아 발언할 수 있다.

〔전부개정 2018·4·17〕

제43조(전문가의 활용) ① 위원회는 의결로 중요한 안건 또는 전문지식이 필요한 안건의 심사와 관련하여 필요한 경우에는 해당 안건에 관하여 학식과 경험이 있는 3명 이내의 전문가를 심사보조자로 위촉할 수 있다.

② 위원회가 제 1 항에 따라 전문가를 심사보조자로 위촉하려는 경우에는 위원장이 의장에게 이를 요청한다. 이 경우 의장은 예산사정 등을 고려하여 그 인원이나 위촉기간 등을 조정할 수 있다.

③ 제 1 항에 따라 위촉된 심사보조자는 「국가공무원법」 제33조의 결격사유에 해당하지 아니하는 사람이어야 하며, 위촉된 업무의 성질에 반하지 아니하는 범위에서 「국가공무원법」 제 7 장 복무에 관한 규정이 준용된다.

④ 위촉된 심사보조자에 대한 수당의 지급기준과 그 밖에 필요한 사항은 의장이 정한다.

〔전부개정 2018·4·17〕

제44조(특별위원회) ① 국회는 둘 이상의 상임위원회와 관련된 안건이거나 특히 필요하다고 인정한 안건을 효율적으로 심사하기 위하여 본회의의 의결로 특별위원회를 둘 수 있다.

② 제 1 항에 따른 특별위원회를 구성할 때에는 그 활동기간을 정하여야 한다. 다만, 본회의 의결로 그 기간을 연장할 수 있다.

③ 특별위원회는 활동기한의 종료 시까지 존속한다. 다만, 활동기한의 종료 시까지 제86조에 따라 법제사법위원회에 체계·자구 심사를 의뢰하였거나 제66조에 따라 심사보고서를 제출한 경우에는 해당 안건이 본회의에서 의결될 때까지 존속하는 것으로 본다.

④ 제 2 항에도 불구하고 특별위원회 활동기간 중 연속하여 3개월 이상 회의가 열리지 아니하는 때에는 본회의의 의결로 특별위원회의 활동을 종료시킬 수 있다.

⑤ 특별위원회는 활동기간을 연장할 필요가 있다고 판단되는 경우 활동기간 종료 15일 전까지 특별위원회의 활동에 관한 중간보고서 및 활동기간 연장 사유를 국회운영위원회에 제출하여야 한다.

⑥ 특별위원회는 활동기간 종료(제 3 항 단서 또는 제 4 항에 해당하는 경우에는 해당 안건이 본회의에서 의결된 날을 말한다) 후 15일 이내에 활동결과보고서를 국회운영위원회에 제출하여야 한다. 국회운영위원회는 이를 심사한 후 국회 인터넷 홈페이지 등에 게재하는 방법으로 공개하여야 한다.

〔전부개정 2018·4·17〕

제45조(예산결산특별위원회) ① 예산안, 기금운용계획안 및 결산(세입세출결산과 기금결산을 말한다. 이하 같다)을 심사하기 위하여 예산결산특별위원회를 둔다.

② 예산결산특별위원회의 위원 수는 50명으

로 한다. 이 경우 의장은 교섭단체 소속 의원 수의 비율과 상임위원회 위원 수의 비율에 따라 각 교섭단체 대표의원의 요청으로 위원을 선임한다.

③ 예산결산특별위원회 위원의 임기는 1년으로 한다. 다만, 국회의원 총선거 후 처음 선임된 위원의 임기는 선임된 날부터 개시하여 의원의 임기 개시 후 1년이 되는 날까지로 하며, 보임되거나 개선된 위원의 임기는 전임자 임기의 남은 기간으로 한다.

④ 예산결산특별위원회의 위원장은 예산결산특별위원회의 위원 중에서 임시의장 선거의 예에 준하여 본회의에서 선거한다.

⑤ 예산결산특별위원회에 대해서는 제44조제2항 및 제3항을 적용하지 아니한다.

⑥ 예산결산특별위원회 위원장의 선거 및 임기 등과 위원의 선임에 관하여는 제41조제3항부터 제5항까지, 제48조제1항 후단 및 제2항을 준용한다.

〔전부개정 2018·4·17〕

제46조(윤리특별위원회) ① 의원의 자격심사·징계에 관한 사항을 심사하기 위하여 제44조제1항에 따라 윤리특별위원회를 구성한다. <개정 2018·7·17>

② 삭제 <2018·7·17>

③ 윤리특별위원회는 의원의 징계에 관한 사항을 심사하기 전에 윤리심사자문위원회의 의견을 청취하여야 한다. 이 경우 윤리특별위원회는 윤리심사자문위원회의 의견을 존중하여야 한다. <개정 2021·5·18>

④ 및 ⑤ 삭제 <2018·7·17>

⑥ 윤리특별위원회의 운영 등에 관하여 이 법에서 정한 사항 외에 필요한 사항은 국회규칙으로 정한다. <개정 2018·7·17>

〔전부개정 2018·4·17〕

제46조의2(윤리심사자문위원회) ① 다음 각 호의 사무를 수행하기 위하여 국회에 윤리심사자문위원회를 둔다. <개정 2021·5·18>

1. 의원의 겸직, 영리업무 종사와 관련된 의장의 자문
2. 의원 징계에 관한 윤리특별위원회의 자문
3. 의원의 이해충돌 방지에 관한 사항

② 윤리심사자문위원회는 위원장 1명을 포함한 8명의 자문위원으로 구성하며, 자문위원은 각 교섭단체 대표의원의 추천에 따라 의장이 위촉한다. <개정 2021·5·18>

③ 자문위원의 임기는 2년으로 한다. <신설 2021·5·18>

④ 각 교섭단체 대표의원이 추천하는 자문위원 수는 교섭단체 소속 의원 수의 비율에 따른다. 이 경우 소속 의원 수가 가장 많은 교섭단체 대표의원이 추천하는 자문위원 수는 그 밖의 교섭단체 대표의원이 추천하는 자문위원 수와 같아야 한다.

⑤ 윤리심사자문위원회 위원장은 자문위원 중에서 호선하되, 위원장이 선출될 때까지는 자문위원 중 연장자가 위원장의 직무를 대행한다. <개정 2021·5·18>

⑥ 의원은 윤리심사자문위원회의 자문위원이 될 수 없다. <개정 2021·5·18>

⑦ 자문위원은 「형법」 제127조 및 제129조부터 제132조까지의 규정을 적용할 때에는 공무원으로 본다. <신설 2021·5·18>

⑧ 윤리심사자문위원회의 사무를 지원하기 위하여 국회규칙으로 정하는 바에 따라 필요한 공무원을 둔다. <신설 2021·5·18>

⑨ 자문위원은 제1항 각 호의 사무와 관련하여 직접적인 이해관계가 있거나 공정을 기할 수 없는 현저한 사유가 있는 경우에는 심사에 참여할 수 없다. 이 경우 윤리심사자문위원회는 그 의결로 해당 자문위원의 심사를 중지시킬 수 있다. <신설 2021·5·18>

⑩ 제1항부터 제9항까지에서 규정한 사항 외에 자문위원의 자격 및 윤리심사자문위원회의 운영·지원 등에 필요한 사항은 국회규칙으로 정한다. <개정 2021·5·18>

〔전부개정 2018·4·17〕

제46조의3(인사청문특별위원회) ① 국회는 다음 각 호의 임명동의안 또는 의장이 각 교섭단체 대표의원과 협의하여 제출한 선출안 등을 심사하기 위하여 인사청문특별위원회를 둔다. 다만, 「대통령직 인수에 관한 법률」 제5조제2항에 따라 대통령당선인이 국무총리 후보자에 대한 인사청문의 실시를 요청하는 경우에 의장은 각 교섭단체 대표의원과 협의하여 그 인사청문을 실시하기 위한 인사청문특별위원회를 둔다.

1. 헌법에 따라 그 임명에 국회의 동의가 필

요한 대법원장·헌법재판소장·국무총리·감사원장 및 대법관에 대한 임명동의안

2. 헌법에 따라 국회에서 선출하는 헌법재판소 재판관 및 중앙선거관리위원회 위원에 대한 선출안

② 인사청문특별위원회의 구성과 운영에 필요한 사항은 따로 법률로 정한다.

〔전부개정 2018·4·17〕

제47조(특별위원회의 위원장) ① 특별위원회에 위원장 1명을 두되, 위원회에서 호선하고 본회의에 보고한다.

② 특별위원회의 위원장이 선임될 때까지는 위원 중 연장자가 위원장의 직무를 대행한다.

③ 특별위원회의 위원장은 그 특별위원회의 동의를 받아 그 직을 사임할 수 있다. 다만, 폐회 중에는 의장의 허가를 받아 사임할 수 있다.

〔전부개정 2018·4·17〕

제48조(위원의 선임 및 개선) ① 상임위원은 교섭단체 소속 의원 수의 비율에 따라 각 교섭단체 대표의원의 요청으로 의장이 선임하거나 개선한다. 이 경우 각 교섭단체 대표의원은 국회의원 총선거 후 첫 임시회의 집회일부터 2일 이내에 의장에게 상임위원 선임을 요청하여야 하고, 처음 선임된 상임위원의 임기가 만료되는 경우에는 그 임기만료일 3일 전까지 의장에게 상임위원 선임을 요청하여야 하며, 이 기한까지 요청이 없을 때에는 의장이 상임위원을 선임할 수 있다.

② 어느 교섭단체에도 속하지 아니하는 의원의 상임위원 선임은 의장이 한다.

③ 정보위원회의 위원은 의장이 각 교섭단체 대표의원으로부터 해당 교섭단체 소속 의원 중에서 후보를 추천받아 부의장 및 각 교섭단체 대표의원과 협의하여 선임하거나 개선한다. 다만, 각 교섭단체 대표의원은 정보위원회의 위원이 된다.

④ 특별위원회의 위원은 제1항과 제2항에 따라 의장이 상임위원 중에서 선임한다. 이 경우 그 선임은 특별위원회 구성결의안이 본회의에서 의결된 날부터 5일 이내에 하여야 한다.

⑤ 위원을 선임한 후 교섭단체 소속 의원 수가 변동되었을 때에는 의장은 위원회의 교섭단체별 할당 수를 변경하여 위원을 개선할 수 있다.

⑥ 제1항부터 제4항까지에 따라 위원을 개선할 때 임시회의 경우에는 회기 중에 개선될 수 없고, 정기회의 경우에는 선임 또는 개선 후 30일 이내에는 개선될 수 없다. 다만, 위원이 질병 등 부득이한 사유로 의장의 허가를 받은 경우에는 그러하지 아니하다.

⑦ 삭제 <2021·5·18>

〔전부개정 2018·4·17〕

제48조의2(이해충돌 위원의 선임 제한) ① 의장과 교섭단체 대표의원은 의원의 이해충돌 여부에 관한 제32조의3제1항에 따른 윤리심사자문위원회의 의견을 고려하여 의원을 위원회의 위원으로 선임하는 것이 공정을 기할 수 없는 뚜렷한 사유가 있다고 인정할 때에는 그 의원을 해당 위원회의 위원으로 선임하거나 선임을 요청하여서는 아니 된다.

② 윤리심사자문위원회는 위원이 소속 위원회 활동과 관련하여 이해충돌이 발생할 우려가 있으면 의장의 요청 또는 직권으로 위원의 이해충돌 여부를 검토하여 의장, 해당 의원 및 소속 교섭단체 대표의원에게 그 의견을 제출할 수 있다.

③ 의장과 교섭단체 대표의원은 윤리심사자문위원회로부터 제2항, 제32조의3제2항 제4호 및 제32조의4제2항에 따라 위원이 소속 위원회 활동과 관련하여 이해충돌이 발생할 우려가 있다는 의견을 받은 경우 해당 위원이 직무에 공정을 기할 수 없다고 인정하면 해당 위원을 개선하거나 개선하도록 요청할 수 있다.

④ 의장과 교섭단체 대표의원은 위원의 선임·선임요청 또는 개선·개선요청과 관련하여 윤리심사자문위원회에 이해충돌 여부에 관하여 자문을 요청할 수 있다.

〔본조신설 2021·5·18〕

제49조(위원장의 직무) ① 위원장은 위원회를 대표하고 의사를 정리하며, 질서를 유지하고 사무를 감독한다.

② 위원장은 위원회의 의사일정과 개회일시를 간사와 협의하여 정한다.

〔전부개정 2018·4·17〕

제49조의2(위원회 의사일정의 작성기준) ① 위

원장(소위원회의 위원장을 포함한다)은 예측 가능한 국회운영을 위하여 특별한 사정이 없으면 다음 각 호의 기준에 따라 제49조제2항의 의사일정 및 개회일시를 정한다. <개정 2019·4·16>

1. 위원회 개회일시 : 매주 월요일·화요일 오후 2시
2. 소위원회 개회일시 : 매주 수요일·목요일 오전 10시

② 위원회(소위원회는 제외한다)는 매월 2회 이상 개회한다. 다만, 다음 각 호의 어느 하나에 해당하는 경우에는 그러하지 아니하다. <신설 2020·12·22>

1. 해당 위원회의 국정감사 또는 국정조사 실시기간
2. 그 밖에 회의를 개회하기 어렵다고 의장이 인정하는 기간

③ 제2항에도 불구하고, 국회운영위원회, 정보위원회, 여성가족위원회, 특별위원회 및 예산결산특별위원회의 경우에는 위원장이 개회 횟수를 달리 정할 수 있다. <신설 2020·12·22>

〔전부개정 2018·4·17〕

제49조의3(위원 회의 출석 현황 공개) 위원장은 위원회(소위원회는 제외한다) 회의가 종료되면 그 다음 날까지 소속 위원의 회의 출석 여부를 국회공보 또는 인터넷 홈페이지 등에 게재하는 방법으로 공개하여야 한다.

〔본조신설 2020·12·22〕

제50조(간사) ① 위원회에 각 교섭단체별로 간사 1명을 둔다.

② 간사는 위원회에서 호선하고 이를 본회의에 보고한다.

③ 위원장이 사고가 있을 때에는 위원장이 지정하는 간사가 위원장의 직무를 대리한다.

④ 위원장이 궐위된 때에는 소속 의원 수가 많은 교섭단체 소속 간사의 순으로 위원장의 직무를 대리한다.

⑤ 위원장이 위원회의 개회 또는 의사진행을 거부·기피하거나 제3항에 따른 직무대리자를 지정하지 아니하여 위원회가 활동하기 어려울 때에는 위원장이 소속되지 아니한 교섭단체 소속의 간사 중에서 소속 의원 수가 많은 교섭단체 소속 간사의 순으로 위원장의 직무를 대행한다.

〔전부개정 2018·4·17〕

제51조(위원회의 제안) ① 위원회는 그 소관에 속하는 사항에 관하여 법률안과 그 밖의 의안을 제출할 수 있다.

② 제1항의 의안은 위원장이 제안자가 된다.

〔전부개정 2018·4·17〕

제52조(위원회의 개회) 위원회는 다음 각 호의 어느 하나에 해당할 때에 개회한다.

1. 본회의의 의결이 있을 때
2. 의장이나 위원장이 필요하다고 인정할 때
3. 재적위원 4분의 1 이상의 요구가 있을 때

〔전부개정 2018·4·17〕

제53조 삭제 <2020·12·22>

제54조(위원회의 의사정족수·의결정족수) 위원회는 재적위원 5분의 1 이상의 출석으로 개회하고, 재적위원 과반수의 출석과 출석위원 과반수의 찬성으로 의결한다.

〔전부개정 2018·4·17〕

제54조의2(정보위원회에 대한 특례) ① 정보위원회의 회의는 공개하지 아니한다. 다만, 공청회 또는 제65조의2에 따른 인사청문회를 실시하는 경우에는 위원회의 의결로 이를 공개할 수 있다.

② 정보위원회의 위원 및 소속 공무원(의원 보좌직원을 포함한다. 이하 이 조에서 같다)은 직무수행상 알게 된 국가기밀에 속하는 사항을 공개하거나 타인에게 누설해서는 아니 된다.

③ 정보위원회의 활동을 보좌하는 소속 공무원에 대해서는 국가정보원장에게 신원조사를 의뢰하여야 한다.

④ 이 법에서 정한 사항 외에 정보위원회의 구성과 운영 등에 필요한 사항은 국회규칙으로 정한다.

〔전부개정 2018·4·17〕

제55조(위원회에서의 방청 등) ① 의원이 아닌 사람이 위원회를 방청하려면 위원장의 허가를 받아야 한다.

② 위원장은 질서 유지를 위하여 필요할 때에는 방청인의 퇴장을 명할 수 있다.

〔전부개정 2018·4·17〕

제56조(본회의 중 위원회의 개회) 위원회는 본

회의 의결이 있거나 의장이 필요하다고 인정하여 각 교섭단체 대표의원과 협의한 경우를 제외하고는 본회의 중에는 개회할 수 없다. 다만, 국회운영위원회는 그러하지 아니하다.
〔전부개정 2018·4·17〕

제57조(소위원회) ① 위원회는 소관 사항을 분담·심사하기 위하여 상설소위원회를 둘 수 있고, 필요한 경우 특정한 안건의 심사를 위하여 소위원회를 둘 수 있다. 이 경우 소위원회에 대하여 국회규칙으로 정하는 바에 따라 필요한 인원 및 예산 등을 지원할 수 있다. <개정 2019·4·16>

② 상임위원회는 소관 법률안의 심사를 분담하는 둘 이상의 소위원회를 둘 수 있다. <개정 2019·4·16>

③ 소위원회의 위원장은 위원회에서 소위원회의 위원 중에서 선출하고 이를 본회의에 보고하며, 소위원회의 위원장이 사고가 있을 때에는 소위원회의 위원장이 소위원회의 위원 중에서 지정하는 위원이 그 직무를 대리한다. <개정 2019·4·16>

④ 소위원회의 활동은 위원회가 의결로 정하는 범위에 한정한다.

⑤ 소위원회의 회의는 공개한다. 다만, 소위원회의 의결로 공개하지 아니할 수 있다.

⑥ 소위원회는 폐회 중에도 활동할 수 있으며, 법률안을 심사하는 소위원회는 매월 3회 이상 개회한다. 다만, 국회운영위원회, 정보위원회 및 여성가족위원회의 법률안을 심사하는 소위원회의 경우에는 소위원장이 개회 횟수를 달리 정할 수 있다. <개정 2019·4·16, 2020·12·22>

⑦ 소위원회는 그 의결로 의안 심사와 직접 관련된 보고 또는 서류 및 해당 기관이 보유한 사진·영상물의 제출을 정부·행정기관 등에 요구할 수 있고, 증인·감정인·참고인의 출석을 요구할 수 있다. 이 경우 그 요구는 위원장의 명의로 한다. <신설 2019·4·16>

⑧ 소위원회에 관하여는 이 법에서 다르게 정하거나 성질에 반하지 아니하는 한 위원회에 관한 규정을 적용한다. 다만, 소위원회는 축조심사(逐條審査)를 생략해서는 아니 된다.

⑨ 예산결산특별위원회는 제1항의 소위원회 외에 심사를 위하여 필요한 경우에는 이를 여러 개의 분과위원회로 나눌 수 있다.
〔전부개정 2018·4·17〕

제57조의2(안건조정위원회) ① 위원회는 이견을 조정할 필요가 있는 안건(예산안, 기금운용계획안, 임대형 민자사업 한도액안 및 체계·자구 심사를 위하여 법제사법위원회에 회부된 법률안은 제외한다. 이하 이 조에서 같다)을 심사하기 위하여 재적위원 3분의 1 이상의 요구로 안건조정위원회(이하 이 조에서 "조정위원회"라 한다)를 구성하고 해당 안건을 제58조제1항에 따른 대체토론(大體討論)이 끝난 후 조정위원회에 회부한다. 다만, 조정위원회를 거친 안건에 대해서는 그 심사를 위한 조정위원회를 구성할 수 없다.

② 조정위원회의 활동기한은 그 구성일부터 90일로 한다. 다만, 위원장은 조정위원회를 구성할 때 간사와 합의하여 90일을 넘지 아니하는 범위에서 활동기한을 따로 정할 수 있다.

③ 조정위원회는 조정위원회의 위원장(이하 이 조에서 "조정위원장"이라 한다) 1명을 포함한 6명의 조정위원회의 위원(이하 이 조에서 "조정위원"이라 한다)으로 구성한다.

④ 제3항에 따라 조정위원회를 구성하는 경우에는 소속 의원 수가 가장 많은 교섭단체(이하 이 조에서 "제1교섭단체"라 한다)에 속하는 조정위원의 수와 제1교섭단체에 속하지 아니하는 조정위원의 수를 같게 한다. 다만, 제1교섭단체가 둘 이상인 경우에는 각 교섭단체에 속하는 조정위원 및 어느 교섭단체에도 속하지 아니하는 조정위원의 수를 위원장이 간사와 합의하여 정한다.

⑤ 조정위원은 위원장이 소속 위원 중에서 간사와 협의하여 선임하고, 조정위원장은 조정위원회가 제1교섭단체 소속 조정위원 중에서 선출하여 위원장이 의장에게 보고한다.

⑥ 조정위원회는 제1항에 따라 회부된 안건에 대한 조정안을 재적 조정위원 3분의 2 이상의 찬성으로 의결한다. 이 경우 조정위원장은 의결된 조정안을 지체 없이 위원회에 보고한다.

⑦ 조정위원회에서 조정안이 의결된 안건에 대해서는 소위원회의 심사를 거친 것으로 보며, 위원회는 조정위원회의 조정안이 의결된 날부터 30일 이내에 그 안건을 표결한다.

⑧ 조정위원회의 활동기한까지 안건이 조정되지 아니하거나 조정안이 부결된 경우에는 조정위원장은 심사경과를 위원회에 보고하여야 한다. 이 경우 위원장은 해당 안건(소위원회의 심사를 마친 안건은 제외한다)을 소위원회에 회부한다.

⑨ 제85조의2제2항에 따른 신속처리대상안건을 심사하는 조정위원회는 그 안건이 같은 조 제4항 또는 제5항에 따라 법제사법위원회에 회부되거나 바로 본회의에 부의된 것으로 보는 경우에는 제2항에 따른 활동기한이 남았더라도 그 활동을 종료한다.

⑩ 조정위원회에 관하여는 이 법에서 다르게 정하거나 성질에 반하지 아니하는 한 위원회 또는 소위원회에 관한 규정을 준용한다.

〔전부개정 2018·4·17〕

제58조(위원회의 심사) ① 위원회는 안건을 심사할 때 먼저 그 취지의 설명과 전문위원의 검토보고를 듣고 대체토론〔안건 전체에 대한 문제점과 당부(當否)에 관한 일반적 토론을 말하며 제안자와의 질의·답변을 포함한다〕과 축조심사 및 찬반토론을 거쳐 표결한다.

② 상임위원회는 안건을 심사할 때 소위원회에 회부하여 이를 심사·보고하도록 한다. <개정 2019·4·16>

③ 위원회는 제1항에 따른 대체토론이 끝난 후에만 안건을 소위원회에 회부할 수 있다.

④ 제1항 및 제3항에도 불구하고 소위원회에 회부되어 심사 중인 안건과 직접 관련된 안건이 위원회에 새로 회부된 경우 위원장이 간사와 협의하여 필요하다고 인정할 때에는 그 안건을 바로 해당 소위원회에 회부하여 함께 심사하게 할 수 있다.

⑤ 제1항에 따른 축조심사는 위원회의 의결로 생략할 수 있다. 다만, 제정법률안과 전부개정법률안에 대해서는 그러하지 아니하다.

⑥ 위원회는 제정법률안과 전부개정법률안에 대해서는 공청회 또는 청문회를 개최하여야 한다. 다만, 위원회의 의결로 이를 생략할 수 있다.

⑦ 위원회는 안건이 예산상의 조치를 수반하는 경우에는 정부의 의견을 들어야 하며, 필요하다고 인정하는 경우에는 의안 시행에 수반될 것으로 예상되는 비용에 관하여 국회예산정책처의 의견을 들을 수 있다.

⑧ 위원회는 안건이 제58조의2에 따라 제정 또는 개정되는 법률안인 경우 국회사무처의 의견을 들을 수 있다.

⑨ 제1항에 따른 전문위원의 검토보고서는 특별한 사정이 없으면 해당 안건의 위원회 상정일 48시간 전까지 소속 위원에게 배부되어야 한다.

⑩ 법제사법위원회의 체계·자구 심사에 관하여는 제5항 단서와 제6항을 적용하지 아니한다.

〔전부개정 2018·4·17〕

제58조의2(헌법재판소 위헌결정에 대한 위원회의 심사) ① 헌법재판소는 종국결정이 법률의 제정 또는 개정과 관련이 있으면 그 결정서 등본을 국회로 송부하여야 한다.

② 의장은 제1항에 따라 송부된 결정서 등본을 해당 법률의 소관 위원회와 관련위원회에 송부한다.

③ 위원장은 제2항에 따라 송부된 종국결정을 검토하여 소관 법률의 제정 또는 개정이 필요하다고 판단하는 경우 소위원회에 회부하여 이를 심사하도록 한다. <개정 2019·4·16>

〔전부개정 2018·4·17〕

제59조(의안의 상정시기) 위원회는 의안(예산안, 기금운용계획안 및 임대형 민자사업 한도액안은 제외한다. 이하 이 조에서 같다)이 위원회에 회부된 날부터 다음 각 호의 구분에 따른 기간이 지나지 아니하였을 때에는 그 의안을 상정할 수 없다. 다만, 긴급하고 불가피한 사유로 위원회의 의결이 있는 경우에는 그러하지 아니하다.

1. 일부개정법률안 : 15일
2. 제정법률안, 전부개정법률안 및 폐지법률안 : 20일
3. 체계·자구 심사를 위하여 법제사법위원회에 회부된 법률안 : 5일
4. 법률안 외의 의안 : 20일

〔전부개정 2018·4·17〕

제59조의2(의안 등의 자동 상정) 위원회에 회부되어 상정되지 아니한 의안(예산안, 기금운용계획안 및 임대형 민자사업 한도액안은 제외한다) 및 청원은 제59조 각 호의 구분에 따른 기간이 지난 후 30일이 지난 날(청원의 경우에는 위원회에 회부된 후 30일이 지난 날) 이후 처음으로 개회하는 위원회에 상정된 것으로 본다. 다만, 위원장이 간사와 합의하는 경우에는 그러하지 아니하다.
〔전부개정 2018·4·17〕

제60조(위원의 발언) ① 위원은 위원회에서 같은 의제(議題)에 대하여 횟수 및 시간 등에 제한 없이 발언할 수 있다. 다만, 위원장은 발언을 원하는 위원이 2명 이상일 경우에는 간사와 협의하여 15분의 범위에서 각 위원의 첫 번째 발언시간을 균등하게 정하여야 한다.
② 위원회에서의 질의는 일문일답(一問一答)의 방식으로 한다. 다만, 위원회의 의결이 있는 경우 일괄질의의 방식으로 할 수 있다.
〔전부개정 2018·4·17〕

제61조(위원이 아닌 의원의 발언 청취) 위원회는 안건에 관하여 위원이 아닌 의원의 발언을 들을 수 있다.
〔전부개정 2018·4·17〕

제62조(비공개회의록 등의 열람과 대출 금지) 위원장은 의원이 비공개회의록이나 그 밖의 비밀참고자료의 열람을 요구하면 심사·감사 또는 조사에 지장이 없으면 이를 허용하여야 한다. 다만, 국회 밖으로는 대출할 수 없다.
〔전부개정 2018·4·17〕

제63조(연석회의) ① 소관 위원회는 다른 위원회와 협의하여 연석회의(連席會議)를 열고 의견을 교환할 수 있다. 다만, 표결은 할 수 없다.
② 연석회의를 열려는 위원회는 위원장이 부의할 안건명과 이유를 서면에 적어 다른 위원회의 위원장에게 요구하여야 한다.
③ 연석회의는 안건의 소관 위원회의 회의로 한다.
④ 세입예산안과 관련 있는 법안을 회부받은 위원회는 예산결산특별위원회 위원장의 요청이 있을 때에는 연석회의를 열어야 한다.
〔전부개정 2018·4·17〕

제63조의2(전원위원회) ① 국회는 위원회의 심사를 거치거나 위원회가 제안한 의안 중 정부조직에 관한 법률안, 조세 또는 국민에게 부담을 주는 법률안 등 주요 의안의 본회의 상정 전이나 본회의 상정 후에 재적의원 4분의 1 이상이 요구할 때에는 그 심사를 위하여 의원 전원으로 구성되는 전원위원회(全院委員會)를 개회할 수 있다. 다만, 의장은 주요 의안의 심의 등 필요하다고 인정하는 경우 각 교섭단체 대표의원의 동의를 받아 전원위원회를 개회하지 아니할 수 있다.
② 전원위원회는 제1항에 따른 의안에 대한 수정안을 제출할 수 있다. 이 경우 해당 수정안은 전원위원장이 제안자가 된다.
③ 전원위원회에 위원장 1명을 두되, 의장이 지명하는 부의장으로 한다.
④ 전원위원회는 제54조에도 불구하고 재적위원 5분의 1 이상의 출석으로 개회하고, 재적위원 4분의 1 이상의 출석과 출석위원 과반수의 찬성으로 의결한다.
⑤ 그 밖에 전원위원회 운영에 필요한 사항은 국회규칙으로 정한다.
〔전부개정 2018·4·17〕

제64조(공청회) ① 위원회(소위원회를 포함한다. 이하 이 조에서 같다)는 중요한 안건 또는 전문지식이 필요한 안건을 심사하기 위하여 그 의결 또는 재적위원 3분의 1 이상의 요구로 공청회를 열고 이해관계자 또는 학식·경험이 있는 사람 등(이하 "진술인"이라 한다)으로부터 의견을 들을 수 있다. 다만, 제정법률안과 전부개정법률안의 경우에는 제58조제6항에 따른다.
② 위원회에서 공청회를 열 때에는 안건·일시·장소·진술인·경비, 그 밖의 참고사항을 적은 문서로 의장에게 보고하여야 한다.
③ 진술인의 선정, 진술인과 위원의 발언시간은 위원회에서 정하며, 진술인의 발언은 그 의견을 듣고자 하는 안건의 범위를 벗어나서는 아니 된다.
④ 위원회가 주관하는 공청회는 그 위원회의 회의로 한다.
⑤ 그 밖에 공청회 운영에 필요한 사항은 국회규칙으로 정한다.
〔전부개정 2018·4·17〕

제65조(청문회) ① 위원회(소위원회를 포함한다. 이하 이 조에서 같다)는 중요한 안건의 심사와 국정감사 및 국정조사에 필요한 경우 증인·감정인·참고인으로부터 증언·진술을 청취하고 증거를 채택하기 위하여 위원회 의결로 청문회를 열 수 있다.

② 제1항에도 불구하고 법률안 심사를 위한 청문회는 재적위원 3분의 1 이상의 요구로 개회할 수 있다. 다만, 제정법률안과 전부개정법률안의 경우에는 제58조제6항에 따른다.

③ 위원회는 청문회 개회 5일 전에 안건·일시·장소·증인 등 필요한 사항을 공고하여야 한다.

④ 청문회는 공개한다. 다만, 위원회의 의결로 청문회의 전부 또는 일부를 공개하지 아니할 수 있다.

⑤ 위원회는 필요한 경우 국회사무처, 국회예산정책처 또는 국회입법조사처 소속 공무원이나 교섭단체의 정책연구위원을 지정하거나 전문가를 위촉하여 청문회에 필요한 사전조사를 실시하게 할 수 있다.

⑥ 청문회에서의 발언·감정 등에 대하여 이 법에서 정한 것을 제외하고는 「국회에서의 증언·감정 등에 관한 법률」에 따른다.

⑦ 청문회에 대해서는 제64조제2항부터 제4항까지를 준용한다.

⑧ 그 밖에 청문회 운영에 필요한 사항은 국회규칙으로 정한다.

〔전부개정 2018·4·17〕

제65조의2(인사청문회) ① 제46조의3에 따른 심사 또는 인사청문을 위하여 인사에 관한 청문회(이하 "인사청문회"라 한다)를 연다.

② 상임위원회는 다른 법률에 따라 다음 각 호의 어느 하나에 해당하는 공직후보자에 대한 인사청문 요청이 있는 경우 인사청문을 실시하기 위하여 각각 인사청문회를 연다. <개정 2020·8·18>

1. 대통령이 임명하는 헌법재판소 재판관, 중앙선거관리위원회 위원, 국무위원, 방송통신위원회 위원장, 국가정보원장, 공정거래위원회 위원장, 금융위원회 위원장, 국가인권위원회 위원장, 고위공직자범죄수사처장, 국세청장, 검찰총장, 경찰청장, 합동참모의장, 한국은행 총재, 특별감찰관 또는 한국방송공사 사장의 후보자
2. 대통령당선인이 「대통령직 인수에 관한 법률」 제5조제1항에 따라 지명하는 국무위원 후보자
3. 대법원장이 지명하는 헌법재판소 재판관 또는 중앙선거관리위원회 위원의 후보자

③ 상임위원회가 구성되기 전(국회의원 총선거 후 또는 상임위원장의 임기 만료 후에 제41조제2항에 따라 상임위원장이 선출되기 전을 말한다)에 제2항 각 호의 어느 하나에 해당하는 공직후보자에 대한 인사청문 요청이 있는 경우에는 제44조제1항에 따라 구성되는 특별위원회에서 인사청문을 실시할 수 있다. 이 경우 특별위원회의 설치·구성은 의장이 각 교섭단체 대표의원과 협의하여 제의하며, 위원 선임에 관하여는 제48조제4항을 적용하지 아니하고 「인사청문회법」 제3조제3항 및 제4항을 준용한다.

④ 제3항에 따라 실시한 인사청문은 소관 상임위원회의 인사청문회로 본다.

⑤ 헌법재판소 재판관 후보자가 헌법재판소장 후보자를 겸하는 경우에는 제2항제1호에도 불구하고 제1항에 따른 인사청문특별위원회의 인사청문회를 연다. 이 경우 제2항에 따른 소관 상임위원회의 인사청문회를 겸하는 것으로 본다.

⑥ 인사청문회의 절차 및 운영 등에 필요한 사항은 따로 법률로 정한다.

〔전부개정 2018·4·17〕

제66조(심사보고서의 제출) ① 위원회는 안건 심사를 마쳤을 때에는 심사 경과 및 결과, 그 밖에 필요한 사항을 서면으로 의장에게 보고하여야 한다.

② 제1항의 보고서에는 소수의견의 요지 및 관련위원회의 의견요지를 적어야 한다.

③ 제1항의 안건이 예산상 또는 기금상의 조치를 수반하고 위원회에서 수정된 경우에는 제1항의 보고서에 그 안건의 시행에 수반될 것으로 예상되는 비용에 관하여 국회예산정책처가 작성한 추계서를 첨부하여야 한다. 다만, 긴급한 사유가 있는 경우 위원회 의결로 추계서 첨부를 생략할 수 있다.

④ 의장은 제1항의 보고서가 제출되었을

때에는 본회의에서 의제가 되기 전에 인쇄하거나 전산망에 입력하는 방법으로 의원에게 배부한다. 다만, 긴급할 때에는 배부를 생략할 수 있다.

〔전부개정 2018·4·17〕

제67조(위원장의 보고) ① 위원장은 소관 위원회에서 심사를 마친 안건이 본회의에서 의제가 되었을 때에는 위원회의 심사 경과 및 결과와 소수의견 및 관련위원회의 의견 등 필요한 사항을 본회의에 보고한다.

② 위원장은 다른 위원으로 하여금 제1항의 보고를 하게 할 수 있다.

③ 위원장은 소위원회의 위원장 또는 간사로 하여금 보충보고를 하게 할 수 있다.

④ 위원장이 제1항의 보고를 할 때에는 자기의 의견을 덧붙일 수 없다.

〔전부개정 2018·4·17〕

제68조(소위원회 위원장의 보고) 소위원회에서 심사를 마쳤을 때에는 소위원회 위원장은 그 심사 경과 및 결과를 위원회에 보고한다. 이 경우 소위원회 위원장은 심사보고서에 소위원회의 회의록 또는 그 요지를 첨부하여야 한다.

〔전부개정 2018·4·17〕

제69조(위원회 회의록) ① 위원회는 위원회 회의록을 작성하고 다음 사항을 적는다.

1. 개의, 회의 중지 및 산회(散會)의 일시
2. 의사일정
3. 출석위원의 수 및 성명
4. 위원이 아닌 출석의원의 성명
5. 출석한 국무위원·정부위원 또는 증인·감정인·참고인·진술인의 성명
6. 심사안건명
7. 의사
8. 표결 수
9. 위원장의 보고
10. 위원회에서 종결되거나 본회의에 부의할 필요가 없다고 결정된 안건명과 그 내용
11. 그 밖에 위원회 또는 위원장이 필요하다고 인정하는 사항

② 위원회의 의사는 속기로 기록한다.

③ 위원회 회의록에는 위원장이나 위원장을 대리한 간사가 서명·날인한다.

④ 소위원회의 회의록에 대해서는 제1항부터 제3항까지를 준용한다.

〔전부개정 2018·4·17〕

제70조(위원회의 문서 관리와 발간) ① 위원회에 제출된 보고서 또는 서류 등은 해당 위원회의 문서로 한다.

② 위원장은 제1항의 문서를 문서의 종류와 성질 등을 고려하여 다른 서류와 분리하여 보관하여야 한다.

③ 위원은 해당 위원회의 문서를 열람하거나 비밀이 아닌 문서를 복사할 수 있다. 다만, 위원장의 허가를 받은 경우에는 위원이 아닌 의원도 열람 또는 복사를 할 수 있다.

④ 위원장이 필요하다고 인정하거나 위원회의 의결이 있는 경우에는 해당 위원회의 공청회 또는 청문회 등의 경과 및 결과나 보관 중인 문서를 발간하여 의원에게 배부하고 일반에 배포할 수 있다.

⑤ 위원회에서 생산되거나 위원회에 제출된 비밀문건의 보안관리에 관하여 이 법에서 정한 사항 외에는 국회운영위원회의 동의를 받아 의장이 이를 정한다.

⑥ 제1항부터 제5항까지에서 규정한 사항 외에 위원회의 문서 보관에 필요한 사항은 위원장이 정한다.

〔전부개정 2018·4·17〕

제71조(준용규정) 위원회에 관하여는 이 장에서 규정한 사항 외에 제6장과 제7장의 규정을 준용한다. 다만, 위원회에서의 동의(動議)는 특별히 다수의 찬성자가 있어야 한다는 규정에도 불구하고 동의자 외 1명 이상의 찬성으로 의제가 될 수 있으며, 표결은 거수로 할 수 있다.

〔전부개정 2018·4·17〕

제6장 회의

제1절 개의·산회와 의사일정

제72조(개의) 본회의는 오후 2시(토요일은 오전 10시)에 개의한다. 다만, 의장은 각 교섭단체 대표의원과 협의하여 그 개의시(開議時)를 변경할 수 있다.

〔전부개정 2018·4·17〕

제73조(의사정족수) ① 본회의는 재적의원 5분의 1 이상의 출석으로 개의한다.

② 의장은 제72조에 따른 개의시부터 1시간

이 지날 때까지 제１항의 정족수에 미치지 못할 때에는 유회(流會)를 선포할 수 있다.
③ 회의 중 제１항의 정족수에 미치지 못할 때에는 의장은 회의의 중지 또는 산회를 선포한다. 다만, 의장은 교섭단체 대표의원이 의사정족수의 충족을 요청하는 경우 외에는 효율적인 의사진행을 위하여 회의를 계속할 수 있다.
〔전부개정 2018·4·17〕

제73조의2(원격영상회의) ① 의장은 「감염병의 예방 및 관리에 관한 법률」 제２조제２호에 따른 제１급감염병의 확산 또는 천재지변 등으로 본회의가 정상적으로 개의되기 어렵다고 판단하는 경우에는 각 교섭단체 대표의원과 합의하여 본회의를 원격영상회의(의원이 동영상과 음성을 동시에 송수신하는 장치가 갖추어진 복수의 장소에 출석하여 진행하는 회의를 말한다. 이하 이 조에서 같다) 방식으로 개의할 수 있다.
② 의장은 제76조제２항 및 제77조에도 불구하고 각 교섭단체 대표의원과 합의하여 제１항에 따른 본회의의 당일 의사일정을 작성하거나 변경한다.
③ 의장이 각 교섭단체 대표의원과 합의한 경우에만 제１항에 따른 본회의에 상정된 안건을 표결할 수 있다.
④ 원격영상회의에 출석한 의원은 동일한 회의장에 출석한 것으로 보며, 제111조제１항에도 불구하고 표결에 참가할 수 있다.
⑤ 제１항에 따라 개의된 본회의에서의 표결은 제６항에 따른 원격영상회의시스템을 이용하여 제112조에 따라 실시한다. 다만, 의장이 필요하다고 인정하는 경우에는 거수로 표결할 수 있다.
⑥ 국회는 원격영상회의에 필요한 원격영상회의시스템을 운영하여야 한다.
⑦ 그 밖에 원격영상회의의 운영에 필요한 사항은 국회규칙으로 정한다.
〔본조신설 2020·12·22〕

제74조(산회) ① 의사일정에 올린 안건의 의사가 끝났을 때에는 의장은 산회를 선포한다.
② 산회를 선포한 당일에는 회의를 다시 개의할 수 없다. 다만, 내우외환, 천재지변 또는 중대한 재정·경제상의 위기, 국가의 안위에 관계되는 중대한 교전 상태나 전시·사변 또는 이에 준하는 국가비상사태로서 의장이 각 교섭단체 대표의원과 합의한 경우에는 그러하지 아니하다.
〔전부개정 2018·4·17〕

제75조(회의의 공개) ① 본회의는 공개한다. 다만, 의장의 제의 또는 의원 10명 이상의 연서에 의한 동의(動議)로 본회의 의결이 있거나 의장이 각 교섭단체 대표의원과 협의하여 국가의 안전보장을 위하여 필요하다고 인정할 때에는 공개하지 아니할 수 있다.
② 제１항 단서에 따른 제의나 동의에 대해서는 토론을 하지 아니하고 표결한다.
〔전부개정 2018·4·17〕

제76조(의사일정의 작성) ① 의장은 본회의에 부의(附議) 요청된 안건의 목록을 그 순서에 따라 작성하고 이를 매주 공표하여야 한다.
② 의장은 회기 중 본회의 개의일시 및 심의대상 안건의 대강을 적은 회기 전체 의사일정과 본회의 개의시간 및 심의대상 안건의 순서를 적은 당일 의사일정을 작성한다.
③ 제２항에 따른 의사일정 중 회기 전체 의사일정을 작성할 때에는 국회운영위원회와 협의하되, 협의가 이루어지지 아니할 때에는 의장이 이를 결정한다.
④ 의장은 제２항과 제３항에 따라 작성한 의사일정을 지체 없이 의원에게 통지하고 전산망 등을 통하여 공표한다.
⑤ 의장은 특히 긴급하다고 인정할 때에는 회의의 일시만을 의원에게 통지하고 개의할 수 있다.
〔전부개정 2018·4·17〕

제76조의2(회기 전체 의사일정의 작성기준) 의장은 특별한 사정이 없으면 다음 각 호의 기준에 따라 제76조제２항의 회기 전체 의사일정을 작성한다.
1. 본회의 개의일시 : 매주 목요일 오후 2시
2. 제122조의2에 따른 정부에 대한 질문을 위한 본회의 개의일시 : 개의일 오후 2시
〔전부개정 2018·4·17〕

제77조(의사일정의 변경) 의원 20명 이상의 연서에 의한 동의(動議)로 본회의 의결이 있거나 의장이 각 교섭단체 대표의원과 협의하여 필요하다고 인정할 때에는 의장은 회기 전체 의사일정의 일부를 변경하거나 당일 의사일정의 안건 추가 및 순서 변경을 할 수 있다. 이 경우 의원의 동의에는 이유서를 첨부하여야 하며, 그 동의에 대해서는 토론을 하지 아니하고 표결한다.
〔전부개정 2018·4·17〕

제78조(의사일정의 미처리 안건) 의장은 의사일정에 올린 안건에 대하여 회의를 열지 못하였거나 회의를 마치지 못하였을 때에는 다시 그 일정을 정한다.
〔전부개정 2018·4·17〕

제 2 절 발의·위원회회부·철회와 번안(飜案)

제79조(의안의 발의 또는 제출) ① 의원은 10명 이상의 찬성으로 의안을 발의할 수 있다.
② 의안을 발의하는 의원은 그 안을 갖추고 이유를 붙여 찬성자와 연서하여 이를 의장에게 제출하여야 한다.
③ 의원이 법률안을 발의할 때에는 발의의원과 찬성의원을 구분하되, 법률안 제명의 부제(副題)로 발의의원의 성명을 기재한다. <개정 2023·7·11>
④ 제 3 항에 따라 발의의원의 성명을 기재할 때 발의의원이 2명 이상인 경우에는 대표발의의원 1명을 명시(明示)하여야 한다. 다만, 서로 다른 교섭단체에 속하는 의원이 공동으로 발의하는 경우(교섭단체에 속하는 의원과 어느 교섭단체에도 속하지 아니하는 의원이 공동으로 발의하는 경우를 포함한다) 소속 교섭단체가 다른 대표발의의원(어느 교섭단체에도 속하지 아니하는 의원을 포함할 수 있다)을 3명 이내의 범위에서 명시할 수 있다. <신설 2023·7·11>
⑤ 의원이 발의한 법률안 중 국회에서 의결된 제정법률안 또는 전부개정법률안을 공표하거나 홍보하는 경우에는 해당 법률안의 부제를 함께 표기할 수 있다.
〔전부개정 2018·4·17〕

제79조의2(의안에 대한 비용추계 자료 등의 제출) ① 의원이 예산상 또는 기금상의 조치를 수반하는 의안을 발의하는 경우에는 그 의안의 시행에 수반될 것으로 예상되는 비용에 관한 국회예산정책처의 추계서 또는 국회예산정책처에 대한 추계요구서를 함께 제출하여야 한다. <개정 2021·7·27>
② 제 1 항에 따라 의원이 국회예산정책처에 대한 비용추계요구서를 제출한 경우 국회예산정책처는 특별한 사정이 없으면 제58조 제 1 항에 따른 위원회의 심사 전에 해당 의안에 대한 비용추계서를 의장과 비용추계를 요구한 의원에게 제출하여야 한다. 이 경우 의원이 제 1 항에 따라 비용추계서를 제출한 것으로 본다. <신설 2021·7·27>
③ 위원회가 예산상 또는 기금상의 조치를 수반하는 의안을 제안하는 경우에는 그 의안의 시행에 수반될 것으로 예상되는 비용에 관한 국회예산정책처의 추계서를 함께 제출하여야 한다. 다만, 긴급한 사유가 있는 경우 위원회의 의결로 추계서 제출을 생략할 수 있다.
④ 정부가 예산상 또는 기금상의 조치를 수반하는 의안을 제출하는 경우에는 그 의안의 시행에 수반될 것으로 예상되는 비용에 관한 추계서와 이에 상응하는 재원조달방안에 관한 자료를 의안에 첨부하여야 한다.
⑤ 제 1 항부터 제 4 항까지에 따른 비용추계 및 재원조달방안에 관한 자료의 작성 및 제출 절차 등에 필요한 사항은 국회규칙으로 정한다. <개정 2021·7·27>
〔전부개정 2018·4·17〕

제79조의3(조세특례 관련 법률안에 대한 조세특례평가 자료의 제출) ① 의원이나 위원회가 「조세특례제한법」에 따른 조세특례를 신규로 도입하는 법률안을 발의하거나 제안하는 경우로서 연간 조세특례금액이 국회규칙으로 정하는 일정 금액 이상인 때에는 국회예산정책처 등 국회규칙으로 정하는 전문 조사·연구기관에서 조세특례의 필요성 및 적시성, 기대효과, 예상되는 문제점 등 국회규칙으로 정하는 내용에 대하여 평가한 자료를 함께 제출하여야 한다. 다만, 위원회에서 제안하는 법률안에 대해서는 긴급한 사유가 있는 경우 위원회의 의결로 자료 제출을 생략할 수 있다.
② 제 1 항에 따른 조세특례평가 자료의 작성 및 제출 절차 등에 필요한 사항은 국회규칙으로 정한다.
〔전부개정 2018·4·17〕

제80조(국회공보의 발간) ① 의장은 본회의 또는 위원회의 운영 및 의사일정, 발의 또는 제출되거나 심사 예정인 의안 목록, 국회의 주요 행사, 그 밖에 필요한 사항을 적은 국회공보를 특별한 사정이 없으면 회기 중 매일 발간하고 국회 인터넷 홈페이지에 게재한다.
② 국회공보의 발간, 그 밖에 필요한 사항은 의장이 정한다.

〔전부개정 2018 · 4 · 17〕

제81조(상임위원회 회부) ① 의장은 의안이 발의되거나 제출되었을 때에는 이를 인쇄하거나 전산망에 입력하는 방법으로 의원에게 배부하고 본회의에 보고하며, 소관 상임위원회에 회부하여 그 심사가 끝난 후 본회의에 부의한다. 다만, 폐회 또는 휴회 등으로 본회의에 보고할 수 없을 때에는 보고를 생략하고 회부할 수 있다.

② 의장은 안건이 어느 상임위원회의 소관에 속하는지 명백하지 아니할 때에는 국회운영위원회와 협의하여 상임위원회에 회부하되, 협의가 이루어지지 아니할 때에는 의장이 소관 상임위원회를 결정한다.

③ 의장은 발의되거나 제출된 의안과 직접적인 이해관계가 있는 위원이 소관 상임위원회 재적위원 과반수를 차지하여 그 의안을 공정하게 심사할 수 없다고 인정하는 경우에는 제 1 항에도 불구하고 국회운영위원회와 협의하여 그 의안을 다른 위원회에 회부하여 심사하게 할 수 있다.

④ 의장은 제 1 항에 따라 의안을 의원에게 배부할 때에는 이를 전산망에 입력하여 의원이 이용할 수 있도록 하여야 한다.

〔전부개정 2018 · 4 · 17〕

제82조(특별위원회 회부) ① 의장은 특히 필요하다고 인정하는 안건에 대해서는 본회의의 의결을 거쳐 이를 특별위원회에 회부한다.

② 의장은 특별위원회에 회부된 안건과 관련이 있는 다른 안건을 그 특별위원회에 회부할 수 있다.

〔전부개정 2018 · 4 · 17〕

제82조의2(입법예고) ① 위원장은 간사와 협의하여 회부된 법률안(체계 · 자구 심사를 위하여 법제사법위원회에 회부된 법률안은 제외한다)의 입법 취지와 주요 내용 등을 국회공보 또는 국회 인터넷 홈페이지 등에 게재하는 방법 등으로 입법예고하여야 한다. 다만, 다음 각 호의 어느 하나에 해당하는 경우에는 위원장이 간사와 협의하여 입법예고를 하지 아니할 수 있다.

1. 긴급히 입법을 하여야 하는 경우
2. 입법 내용의 성질 또는 그 밖의 사유로 입법예고가 필요 없거나 곤란하다고 판단되는 경우

② 입법예고기간은 10일 이상으로 한다. 다만, 특별한 사정이 있는 경우에는 단축할 수 있다.

③ 입법예고의 시기 · 방법 · 절차, 그 밖에 필요한 사항은 국회규칙으로 정한다.

〔전부개정 2018 · 4 · 17〕

제83조(관련위원회 회부) ① 의장은 소관 위원회에 안건을 회부하는 경우에 그 안건이 다른 위원회의 소관 사항과 관련이 있다고 인정할 때에는 관련위원회에 그 안건을 회부하되, 소관 위원회와 관련위원회를 명시하여야 한다. 안건이 소관 위원회에 회부된 후 다른 위원회로부터 회부 요청이 있는 경우 필요하다고 인정할 때에도 또한 같다.

② 의장이 제 1 항에 따라 관련위원회에 안건을 회부할 때에는 관련위원회가 소관 위원회에 의견을 제시할 기간을 정하여야 하며, 필요한 경우 그 기간을 연장할 수 있다.

③ 소관 위원회는 관련위원회가 특별한 이유 없이 제 2 항의 기간 내에 의견을 제시하지 아니하는 경우 바로 심사보고를 할 수 있다.

④ 소관 위원회는 관련위원회가 제 2 항에 따라 제시한 의견을 존중하여야 한다.

⑤ 소관 위원회는 제 2 항에 따라 관련위원회가 의견을 제시한 경우 해당 안건에 대한 심사를 마쳤을 때에는 의장에게 심사보고서를 제출하기 전에 해당 관련위원회에 그 내용을 송부하여야 한다.

〔전부개정 2018 · 4 · 17〕

제83조의2(예산 관련 법률안에 대한 예산결산특별위원회와의 협의) ① 기획재정부 소관인 재정 관련 법률안과 상당한 규모의 예산상 또는 기금상의 조치를 수반하는 법률안을 심사하는 소관 위원회는 미리 예산결산특별위원회와의 협의를 거쳐야 한다.

② 소관 위원회의 위원장은 제 1 항에 따른 법률안을 심사할 때 20일의 범위에서 협의기간을 정하여 예산결산특별위원회에 협의를 요청하여야 한다. 다만, 예산결산특별위원회 위원장의 요청에 따라 그 기간을 연장할 수 있다.

③ 소관 위원회는 기획재정부 소관의 재정 관련 법률안을 예산결산특별위원회와 협의하여 심사할 때 예산결산특별위원회 위원장

의 요청이 있을 때에는 연석회의를 열어야 한다.

④ 소관 위원회는 제1항부터 제3항까지에 따른 협의가 이루어지지 아니하는 경우에는 바로 심사보고를 할 수 있다.

⑤ 제1항에 따른 상당한 규모의 예산상 또는 기금상의 조치를 수반하는 법률안의 범위 등에 필요한 사항은 국회규칙으로 정한다.

〔전부개정 2018·4·17〕

제84조(예산안·결산의 회부 및 심사) ① 예산안과 결산은 소관 상임위원회에 회부하고, 소관 상임위원회는 예비심사를 하여 그 결과를 의장에게 보고한다. 이 경우 예산안에 대해서는 본회의에서 정부의 시정연설을 듣는다.

② 의장은 예산안과 결산에 제1항의 보고서를 첨부하여 이를 예산결산특별위원회에 회부하고 그 심사가 끝난 후 본회의에 부의한다. 결산의 심사 결과 위법하거나 부당한 사항이 있는 경우에 국회는 본회의 의결 후 정부 또는 해당 기관에 변상 및 징계조치 등 그 시정을 요구하고, 정부 또는 해당 기관은 시정 요구를 받은 사항을 지체 없이 처리하여 그 결과를 국회에 보고하여야 한다.

③ 예산결산특별위원회의 예산안 및 결산 심사는 제안설명과 전문위원의 검토보고를 듣고 종합정책질의, 부별 심사 또는 분과위원회 심사 및 찬반토론을 거쳐 표결한다. 이 경우 위원장은 종합정책질의를 할 때 간사와 협의하여 각 교섭단체별 대표질의 또는 교섭단체별 질의시간 할당 등의 방법으로 그 기간을 정한다.

④ 정보위원회는 제1항과 제2항에도 불구하고 국가정보원 소관 예산안과 결산, 「국가정보원법」 제4조제1항제5호에 따른 정보 및 보안 업무의 기획·조정 대상 부처 소관의 정보 예산안과 결산에 대한 심사를 하여 그 결과를 해당 부처별 총액으로 하여 의장에게 보고하고, 의장은 정보위원회에서 심사한 예산안과 결산에 대하여 총액으로 예산결산특별위원회에 통보한다. 이 경우 정보위원회의 심사는 예산결산특별위원회의 심사로 본다. <개정 2020·12·15>

⑤ 예산결산특별위원회는 소관 상임위원회의 예비심사 내용을 존중하여야 하며, 소관 상임위원회에서 삭감한 세출예산 각 항의 금액을 증가하게 하거나 새 비목(費目)을 설치할 경우에는 소관 상임위원회의 동의를 받아야 한다. 다만, 새 비목의 설치에 대한 동의 요청이 소관 상임위원회에 회부되어 회부된 때부터 72시간 이내에 동의 여부가 예산결산특별위원회에 통지되지 아니한 경우에는 소관 상임위원회의 동의가 있는 것으로 본다.

⑥ 의장은 예산안과 결산을 소관 상임위원회에 회부할 때에는 심사기간을 정할 수 있으며, 상임위원회가 이유 없이 그 기간 내에 심사를 마치지 아니한 때에는 이를 바로 예산결산특별위원회에 회부할 수 있다.

⑦ 위원회는 세목 또는 세율과 관계있는 법률의 제정 또는 개정을 전제로 하여 미리 제출된 세입예산안은 이를 심사할 수 없다.

〔전부개정 2018·4·17〕

제84조의2(기금운용계획안의 회부 등) ① 국회는 「국가재정법」 제68조제1항에 따라 제출된 기금운용계획안을 회계연도 개시 30일 전까지 심의·확정한다.

② 제1항에 따른 기금운용계획안과 「국가재정법」 제70조제2항에 따른 기금운용계획변경안의 회부 등에 관하여는 제84조 중 예산안 관련 규정을 준용한다.

③ 제2항에 따라 상임위원회가 기금운용계획안 등에 대한 예비심사를 하는 경우(제84조제1항에 따라 결산에 대한 예비심사를 하는 경우를 포함한다) 기금을 운용·관리하는 부처의 소관 상임위원회와 기금사업을 수행하는 부처의 소관 상임위원회가 다를 때에는 기금을 운용·관리하는 부처의 소관 상임위원회는 기금사업을 수행하는 부처의 소관 상임위원회로부터 기금사업에 대한 의견을 들어야 한다. 다만, 기금을 운용·관리하는 부처의 소관 상임위원회의 의결일 전날까지 의견을 제시하지 아니할 경우에는 그러하지 아니하다.

④ 제3항에 따른 기금사업을 수행하는 부처의 소관 상임위원회는 기금사업에 대한 업무보고를 들은 후 의견을 제시할 수 있다.

〔전부개정 2018·4·17〕

제84조의3(예산안·기금운용계획안 및 결산에 대

한 공청회) 예산결산특별위원회는 예산안, 기금운용계획안 및 결산에 대하여 공청회를 개최하여야 한다. 다만, 추가경정예산안, 기금운용계획변경안 또는 결산의 경우에는 위원회의 의결로 공청회를 생략할 수 있다.
〔전부개정 2018·4·17〕

제84조의4(임대형 민자사업 한도액안의 회부 등) ① 국회는 「사회기반시설에 대한 민간투자법」 제7조의2제1항에 따라 국회에 제출되는 임대형 민자사업 한도액안을 회계연도 개시 30일 전까지 심의·확정한다.
② 제1항에 따른 임대형 민자사업 한도액안의 회부 등에 관하여는 제84조 중 예산안 관련 규정을 준용한다.
〔전부개정 2018·4·17〕

제85조(심사기간) ① 의장은 다음 각 호의 어느 하나에 해당하는 경우에는 위원회에 회부하는 안건 또는 회부된 안건에 대하여 심사기간을 지정할 수 있다. 이 경우 제1호 또는 제2호에 해당할 때에는 의장이 각 교섭단체 대표의원과 협의하여 해당 호와 관련된 안건에 대해서만 심사기간을 지정할 수 있다.
1. 천재지변의 경우
2. 전시·사변 또는 이에 준하는 국가비상사태의 경우
3. 의장이 각 교섭단체 대표의원과 합의하는 경우

② 제1항의 경우 위원회가 이유 없이 지정된 심사기간 내에 심사를 마치지 아니하였을 때에는 의장은 중간보고를 들은 후 다른 위원회에 회부하거나 바로 본회의에 부의할 수 있다.
〔전부개정 2018·4·17〕

제85조의2(안건의 신속 처리) ① 위원회에 회부된 안건(체계·자구 심사를 위하여 법제사법위원회에 회부된 안건을 포함한다)을 제2항에 따른 신속처리대상안건으로 지정하려는 경우 의원은 재적의원 과반수가 서명한 신속처리대상안건 지정요구 동의(動議)(이하 이 조에서 "신속처리안건 지정동의"라 한다)를 의장에게 제출하고, 안건의 소관 위원회 소속 위원은 소관 위원회 재적위원 과반수가 서명한 신속처리안건 지정동의를 소관 위원회 위원장에게 제출하여야 한다. 이 경우 의장 또는 안건의 소관 위원회 위원장은 지체 없이 신속처리안건 지정동의를 무기명투표로 표결하되, 재적의원 5분의 3 이상 또는 안건의 소관 위원회 재적위원 5분의 3 이상의 찬성으로 의결한다.
② 의장은 제1항 후단에 따라 신속처리안건 지정동의가 가결되었을 때에는 그 안건을 제3항의 기간 내에 심사를 마쳐야 하는 안건으로 지정하여야 한다. 이 경우 위원회가 전단에 따라 지정된 안건(이하 "신속처리대상안건"이라 한다)에 대한 대안을 입안한 경우 그 대안을 신속처리대상안건으로 본다.
③ 위원회는 신속처리대상안건에 대한 심사를 그 지정일부터 180일 이내에 마쳐야 한다. 다만, 법제사법위원회는 신속처리대상안건에 대한 체계·자구 심사를 그 지정일, 제4항에 따라 회부된 것으로 보는 날 또는 제86조제1항에 따라 회부된 날부터 90일 이내에 마쳐야 한다.
④ 위원회(법제사법위원회는 제외한다)가 신속처리대상안건에 대하여 제3항 본문에 따른 기간 내에 심사를 마치지 아니하였을 때에는 그 기간이 끝난 다음 날에 소관 위원회에서 심사를 마치고 체계·자구 심사를 위하여 법제사법위원회로 회부된 것으로 본다. 다만, 법률안 및 국회규칙안이 아닌 안건은 바로 본회의에 부의된 것으로 본다.
⑤ 법제사법위원회가 신속처리대상안건(체계·자구 심사를 위하여 법제사법위원회에 회부되었거나 제4항 본문에 따라 회부된 것으로 보는 신속처리대상안건을 포함한다)에 대하여 제3항 단서에 따른 기간 내에 심사를 마치지 아니하였을 때에는 그 기간이 끝난 다음 날에 법제사법위원회에서 심사를 마치고 바로 본회의에 부의된 것으로 본다.
⑥ 제4항 단서 또는 제5항에 따른 신속처리대상안건은 본회의에 부의된 것으로 보는 날부터 60일 이내에 본회의에 상정되어야 한다.
⑦ 제6항에 따라 신속처리대상안건이 60일 이내에 본회의에 상정되지 아니하였을 때에

는 그 기간이 지난 후 처음으로 개의되는 본회의에 상정된다.

⑧ 의장이 각 교섭단체 대표의원과 합의한 경우에는 신속처리대상안건에 대하여 제2항부터 제7항까지의 규정을 적용하지 아니한다.

〔전부개정 2018·4·17〕

제85조의3(예산안 등의 본회의 자동 부의 등) ① 위원회는 예산안, 기금운용계획안, 임대형 민자사업 한도액안(이하 "예산안등"이라 한다)과 제4항에 따라 지정된 세입예산안 부수 법률안의 심사를 매년 11월 30일까지 마쳐야 한다.

② 위원회가 예산안등과 제4항에 따라 지정된 세입예산안 부수 법률안(체계·자구 심사를 위하여 법제사법위원회에 회부된 법률안을 포함한다)에 대하여 제1항에 따른 기한까지 심사를 마치지 아니하였을 때에는 그 다음 날에 위원회에서 심사를 마치고 바로 본회의에 부의된 것으로 본다. 다만, 의장이 각 교섭단체 대표의원과 합의한 경우에는 그러하지 아니하다.

③ 의장은 제2항 본문에 따른 법률안 중에 같은 제명의 법률안이 둘 이상일 경우에는 제2항 본문에도 불구하고 소관 위원회 위원장의 의견을 들어 일부 법률안만을 본회의에 부의할 수 있다.

④ 의원이나 정부가 세입예산안에 부수하는 법률안을 발의하거나 제출하는 경우 세입예산안 부수 법률안 여부를 표시하여야 하고, 의장은 국회예산정책처의 의견을 들어 세입예산안 부수 법률안으로 지정한다.

⑤ 위원회가 제4항에 따라 지정된 세입예산안 부수 법률안에 대하여 대안을 입안한 경우에는 그 대안을 제4항에 따라 세입예산안 부수 법률안으로 지정된 것으로 본다.

〔전부개정 2018·4·17〕

제86조(체계·자구의 심사) ① 위원회에서 법률안의 심사를 마치거나 입안을 하였을 때에는 법제사법위원회에 회부하여 체계와 자구에 대한 심사를 거쳐야 한다. 이 경우 법제사법위원회 위원장은 간사와 협의하여 심사에서 제안자의 취지 설명과 토론을 생략할 수 있다.

② 의장은 제1항의 심사에 대하여 제85조제1항 각 호의 어느 하나에 해당하는 경우에는 심사기간을 지정할 수 있으며, 법제사법위원회가 이유 없이 그 기간 내에 심사를 마치지 아니하였을 때에는 바로 본회의에 부의할 수 있다. 이 경우 제85조제1항제1호 또는 제2호에 해당하는 경우에는 의장이 각 교섭단체 대표의원과 협의하여 해당 호와 관련된 안건에 대하여만 심사기간을 지정할 수 있다.

③ 법제사법위원회가 제1항에 따라 회부된 법률안에 대하여 이유 없이 회부된 날부터 60일 이내에 심사를 마치지 아니하였을 때에는 심사대상 법률안의 소관 위원회 위원장은 간사와 협의하여 이의가 없는 경우에는 의장에게 그 법률안의 본회의 부의를 서면으로 요구한다. 다만, 이의가 있는 경우에는 그 법률안에 대한 본회의 부의 요구 여부를 무기명투표로 표결하되, 해당 위원회 재적위원 5분의 3 이상의 찬성으로 의결한다. <개정 2021·9·14>

④ 의장은 제3항에 따른 본회의 부의 요구가 있을 때에는 해당 법률안을 각 교섭단체 대표의원과 합의하여 바로 본회의에 부의한다. 다만, 제3항에 따른 본회의 부의 요구가 있었던 날부터 30일 이내에 합의가 이루어지지 아니하였을 때에는 그 기간이 지난 후 처음으로 개의되는 본회의에서 해당 법률안에 대한 본회의 부의 여부를 무기명투표로 표결한다.

⑤ 법제사법위원회는 제1항에 따라 회부된 법률안에 대하여 체계와 자구의 심사 범위를 벗어나 심사하여서는 아니 된다. <신설 2021·9·14>

〔전부개정 2018·4·17〕

제87조(위원회에서 폐기된 의안) ① 위원회에서 본회의에 부의할 필요가 없다고 결정된 의안은 본회의에 부의하지 아니한다. 다만, 위원회의 결정이 본회의에 보고된 날부터 폐회 또는 휴회 중의 기간을 제외한 7일 이내에 의원 30명 이상의 요구가 있을 때에는 그 의안을 본회의에 부의하여야 한다.

② 제1항 단서의 요구가 없을 때에는 그 의안은 폐기된다.

〔전부개정 2018·4·17〕

제88조(위원회의 제출 의안) 위원회에서 제출한 의안은 그 위원회에 회부하지 아니한다. 다만, 의장은 국회운영위원회의 의결에 따라 그 의안을 다른 위원회에 회부할 수 있다.

〔전부개정 2018·4·17〕

제89조(동의) 이 법에 다른 규정이 있는 경우를 제외하고 동의(動議)는 동의자 외 1명 이상의 찬성으로 의제가 된다.

〔전부개정 2018·4·17〕

제90조(의안·동의의 철회) ① 의원은 그가 발의한 의안 또는 동의(動議)를 철회할 수 있다. 다만, 2명 이상의 의원이 공동으로 발의한 의안 또는 동의에 대해서는 발의의원 2분의 1 이상이 철회의사를 표시하는 경우에 철회할 수 있다.

② 제1항에도 불구하고 의원이 본회의 또는 위원회에서 의제가 된 의안 또는 동의를 철회할 때에는 본회의 또는 위원회의 동의(同意)를 받아야 한다.

③ 정부가 본회의 또는 위원회에서 의제가 된 정부제출 의안을 수정하거나 철회할 때에는 본회의 또는 위원회의 동의를 받아야 한다.

〔전부개정 2018·4·17〕

제91조(번안) ① 본회의에서의 번안동의(飜案動議)는 의안을 발의한 의원이 그 의안을 발의할 때의 발의의원 및 찬성의원 3분의 2 이상의 동의(同意)로, 정부 또는 위원회가 제출한 의안은 소관 위원회의 의결로 각각 그 안을 갖춘 서면으로 제출하되, 재적의원 과반수의 출석과 출석의원 3분의 2 이상의 찬성으로 의결한다. 다만, 의안이 정부에 이송된 후에는 번안할 수 없다.

② 위원회에서의 번안동의는 위원의 동의(動議)로 그 안을 갖춘 서면으로 제출하되, 재적위원 과반수의 출석과 출석위원 3분의 2 이상의 찬성으로 의결한다. 다만, 본회의에서 의제가 된 후에는 번안할 수 없다.

〔전부개정 2018·4·17〕

제92조(일사부재의) 부결된 안건은 같은 회기 중에 다시 발의하거나 제출할 수 없다.

〔전부개정 2018·4·17〕

제3절 의사와 수정

제93조(안건 심의) 본회의는 안건을 심의할 때 그 안건을 심사한 위원장의 심사보고를 듣고 질의·토론을 거쳐 표결한다. 다만, 위원회의 심사를 거치지 아니한 안건에 대해서는 제안자가 그 취지를 설명하여야 하고, 위원회의 심사를 거친 안건에 대해서는 의결로 질의와 토론을 모두 생략하거나 그 중 하나를 생략할 수 있다.

〔전부개정 2018·4·17〕

제93조의2(법률안의 본회의 상정시기) 본회의는 위원회가 법률안에 대한 심사를 마치고 의장에게 그 보고서를 제출한 후 1일이 지나지 아니하였을 때에는 그 법률안을 의사일정으로 상정할 수 없다. 다만, 의장이 특별한 사유로 각 교섭단체 대표의원과의 협의를 거쳐 이를 정한 경우에는 그러하지 아니하다.

〔전부개정 2018·4·17〕

제94조(재회부) 본회의는 위원장의 보고를 받은 후 필요하다고 인정할 때에는 의결로 다시 안건을 같은 위원회 또는 다른 위원회에 회부할 수 있다.

〔전부개정 2018·4·17〕

제95조(수정동의) ① 의안에 대한 수정동의(修正動議)는 그 안을 갖추고 이유를 붙여 30명 이상의 찬성 의원과 연서하여 미리 의장에게 제출하여야 한다. 다만, 예산안에 대한 수정동의는 의원 50명 이상의 찬성이 있어야 한다.

② 위원회에서 심사보고한 수정안은 찬성 없이 의제가 된다.

③ 위원회는 소관 사항 외의 안건에 대해서는 수정안을 제출할 수 없다.

④ 의안에 대한 대안은 위원회에서 그 원안을 심사하는 동안에 제출하여야 하며, 의장은 그 대안을 그 위원회에 회부한다.

⑤ 제1항에 따른 수정동의는 원안 또는 위원회에서 심사보고(제51조에 따라 위원회에서 제안하는 경우를 포함한다)한 안의 취지 및 내용과 직접 관련이 있어야 한다. 다만, 의장이 각 교섭단체 대표의원과 합의를 하는

경우에는 그러하지 아니하다.
〔전부개정 2018·4·17〕

제96조(수정안의 표결 순서) ① 같은 의제에 대하여 여러 건의 수정안이 제출되었을 때에는 의장은 다음 각 호의 기준에 따라 표결의 순서를 정한다.

1. 가장 늦게 제출된 수정안부터 먼저 표결한다.
2. 의원의 수정안은 위원회의 수정안보다 먼저 표결한다.
3. 의원의 수정안이 여러 건 있을 때에는 원안과 차이가 많은 것부터 먼저 표결한다.

② 수정안이 전부 부결되었을 때에는 원안을 표결한다.
〔전부개정 2018·4·17〕

제97조(의안의 정리) 본회의는 의안이 의결된 후 서로 어긋나는 조항·자구·숫자나 그 밖의 사항에 대한 정리가 필요할 때에는 이를 의장 또는 위원회에 위임할 수 있다.
〔전부개정 2018·4·17〕

제98조(의안의 이송) ① 국회에서 의결된 의안은 의장이 정부에 이송한다.
② 정부는 대통령이 법률안을 공포한 경우에는 이를 지체 없이 국회에 통지하여야 한다.
③ 헌법 제53조제6항에 따라 대통령이 확정된 법률을 공포하지 아니하였을 때에는 의장은 그 공포기일이 경과한 날부터 5일 이내에 공포하고, 대통령에게 통지하여야 한다.
〔전부개정 2018·4·17〕

제98조의2(대통령령 등의 제출 등) ① 중앙행정기관의 장은 법률에서 위임한 사항이나 법률을 집행하기 위하여 필요한 사항을 규정한 대통령령·총리령·부령·훈령·예규·고시 등이 제정·개정 또는 폐지되었을 때에는 10일 이내에 이를 국회 소관 상임위원회에 제출하여야 한다. 다만, 대통령령의 경우에는 입법예고를 할 때(입법예고를 생략하는 경우에는 법제처장에게 심사를 요청할 때를 말한다)에도 그 입법예고안을 10일 이내에 제출하여야 한다.
② 중앙행정기관의 장은 제1항의 기간 이내에 제출하지 못한 경우에는 그 이유를 소관 상임위원회에 통지하여야 한다.
③ 상임위원회는 위원회 또는 상설소위원회를 정기적으로 개회하여 그 소관 중앙행정기관이 제출한 대통령령·총리령 및 부령(이하 이 조에서 "대통령령등"이라 한다)의 법률 위반 여부 등을 검토하여야 한다. <개정 2020·2·18>
④ 상임위원회는 제3항에 따른 검토 결과 대통령령 또는 총리령이 법률의 취지 또는 내용에 합치되지 아니한다고 판단되는 경우에는 검토의 경과와 처리 의견 등을 기재한 검토결과보고서를 의장에게 제출하여야 한다. <신설 2020·2·18>
⑤ 의장은 제4항에 따라 제출된 검토결과 보고서를 본회의에 보고하고, 국회는 본회의 의결로 이를 처리하고 정부에 송부한다. <신설 2020·2·18>
⑥ 정부는 제5항에 따라 송부받은 검토결과에 대한 처리 여부를 검토하고 그 처리결과(송부받은 검토결과에 따르지 못하는 경우 그 사유를 포함한다)를 국회에 제출하여야 한다. <신설 2020·2·18>
⑦ 상임위원회는 제3항에 따른 검토 결과 부령이 법률의 취지 또는 내용에 합치되지 아니한다고 판단되는 경우에는 소관 중앙행정기관의 장에게 그 내용을 통보할 수 있다. <신설 2020·2·18>
⑧ 제7항에 따라 검토내용을 통보받은 중앙행정기관의 장은 통보받은 내용에 대한 처리 계획과 그 결과를 지체 없이 소관 상임위원회에 보고하여야 한다. <신설 2020·2·18>
⑨ 전문위원은 제3항에 따른 대통령령등을 검토하여 그 결과를 해당 위원회 위원에게 제공한다.
〔전부개정 2018·4·17〕

제4절 발언

제99조(발언의 허가) ① 의원은 발언을 하려면 미리 의장에게 통지하여 허가를 받아야 한다.
② 발언 통지를 하지 아니한 의원은 통지를 한 의원의 발언이 끝난 다음 의장의 허가를

받아 발언할 수 있다.
③ 의사진행에 관한 발언을 하려면 발언 요지를 의장에게 미리 통지하여야 하며, 의장은 의제와 직접 관계가 있거나 긴급히 처리할 필요가 있다고 인정되는 것은 즉시 허가하고, 그 외의 것은 의장이 그 허가의 시기를 정한다.
〔전부개정 2018·4·17〕

제100조(발언의 계속) ① 의원의 발언은 도중에 다른 의원의 발언에 의하여 정지되지 아니한다.
② 의원이 산회 또는 회의의 중지로 발언을 마치지 못한 경우에 다시 그 의사(議事)가 개시되면 의장은 그 의원에게 먼저 발언을 계속하게 한다.
〔전부개정 2018·4·17〕

제101조(보충 보고) 의장은 위원장이나 위원장이 지명한 소수의견자가 위원회의 보고를 보충하기 위하여 발언하려고 할 때에는 다른 발언보다 우선적으로 발언하게 할 수 있다.
〔전부개정 2018·4·17〕

제102조(의제 외 발언의 금지) 의제와 관계없거나 허가받은 발언의 성질과 다른 발언을 하여서는 아니 된다.
〔전부개정 2018·4·17〕

제103조(발언 횟수의 제한) 의원은 같은 의제에 대하여 두 차례만 발언할 수 있다. 다만, 질의에 대하여 답변할 때와 위원장·발의자 또는 동의자(動議者)가 그 취지를 설명할 때에는 그러하지 아니하다.
〔전부개정 2018·4·17〕

제104조(발언 원칙) ① 정부에 대한 질문을 제외하고는 의원의 발언 시간은 15분을 초과하지 아니하는 범위에서 의장이 정한다. 다만, 의사진행발언, 신상발언 및 보충발언은 5분을, 다른 의원의 발언에 대한 반론발언은 3분을 초과할 수 없다.
② 교섭단체를 가진 정당을 대표하는 의원이나 교섭단체의 대표의원이 정당 또는 교섭단체를 대표하여 연설(이하 "교섭단체대표연설"이라 한다)이나 그 밖의 발언을 할 때에는 40분까지 발언할 수 있다. 이 경우 교섭단체대표연설은 매년 첫 번째 임시회와 정기회에서 한 번씩 실시하되, 전반기·후반기 원(院) 구성을 위한 임시회의 경우와 의장이 각 교섭단체 대표의원과 합의를 하는 경우에는 추가로 한 번씩 실시할 수 있다.
③ 의장은 각 교섭단체 대표의원과 협의하여 같은 의제에 대한 총 발언시간을 정하여 교섭단체별로 소속 의원 수의 비율에 따라 할당한다. 이 경우 각 교섭단체 대표의원은 할당된 시간 내에서 발언자 수와 발언자별 발언시간을 정하여 미리 의장에게 통보하여야 한다.
④ 의장은 필요한 경우에는 제 3 항에도 불구하고 각 교섭단체 대표의원과 협의하여 같은 의제에 대하여 교섭단체별로 소속 의원 수의 비율에 따라 발언자 수를 정할 수 있다.
⑤ 교섭단체에 속하지 아니하는 의원의 발언시간 및 발언자 수는 의장이 각 교섭단체 대표의원과 협의하여 정한다.
⑥ 의원이 시간 제한으로 발언을 마치지 못한 부분은 의장이 인정하는 범위에서 회의록에 게재할 수 있다.
〔전부개정 2018·4·17〕

제105조(5분자유발언) ① 의장은 본회의가 개의된 경우 그 개의시부터 1시간을 초과하지 아니하는 범위에서 의원에게 국회가 심의 중인 의안과 청원, 그 밖의 중요한 관심 사안에 대한 의견을 발표할 수 있도록 하기 위하여 5분 이내의 발언(이하 "5분자유발언"이라 한다)을 허가할 수 있다. 다만, 의장은 당일 본회의에서 심의할 의안이 여러 건 있는 경우 등 효율적인 의사진행을 위하여 필요하다고 인정하는 경우에는 각 교섭단체 대표의원과 협의하여 개의 중에 5분자유발언을 허가할 수 있다.
② 5분자유발언을 하려는 의원은 늦어도 본회의 개의 4시간 전까지 그 발언 취지를 간략히 적어 의장에게 신청하여야 한다.
③ 5분자유발언의 발언자 수와 발언 순서는 교섭단체별 소속 의원 수의 비율을 고려하여 의장이 각 교섭단체 대표의원과 협의하여 정

한다.
〔전부개정 2018·4·17〕

제106조(토론의 통지) ① 의사일정에 올린 안건에 대하여 토론하려는 의원은 미리 반대 또는 찬성의 뜻을 의장에게 통지하여야 한다.
② 의장은 제1항의 통지를 받은 순서와 그 소속 교섭단체를 고려하여 반대자와 찬성자가 교대로 발언하게 하되, 반대자에게 먼저 발언하게 한다.
〔전부개정 2018·4·17〕

제106조의2(무제한토론의 실시 등) ① 의원이 본회의에 부의된 안건에 대하여 이 법의 다른 규정에도 불구하고 시간의 제한을 받지 아니하는 토론(이하 이 조에서 "무제한토론"이라 한다)을 하려는 경우에는 재적의원 3분의 1 이상이 서명한 요구서를 의장에게 제출하여야 한다. 이 경우 의장은 해당 안건에 대하여 무제한토론을 실시하여야 한다.
② 제1항에 따른 요구서는 요구 대상 안건별로 제출하되, 그 안건이 의사일정에 기재된 본회의가 개의되기 전까지 제출하여야 한다. 다만, 본회의 개의 중 당일 의사일정에 안건이 추가된 경우에는 해당 안건의 토론종결 선포 전까지 요구서를 제출할 수 있다.
③ 의원은 제1항에 따른 요구서가 제출되면 해당 안건에 대하여 무제한토론을 할 수 있다. 이 경우 의원 1명당 한 차례만 토론할 수 있다.
④ 무제한토론을 실시하는 본회의는 제7항에 따른 무제한토론 종결 선포 전까지 산회하지 아니하고 회의를 계속한다. 이 경우 제73조제3항 본문에도 불구하고 회의 중 재적의원 5분의 1 이상이 출석하지 아니하였을 때에도 회의를 계속한다.
⑤ 의원은 무제한토론을 실시하는 안건에 대하여 재적의원 3분의 1 이상의 서명으로 무제한토론의 종결동의(終結動議)를 의장에게 제출할 수 있다.
⑥ 제5항에 따른 무제한토론의 종결동의는 동의가 제출된 때부터 24시간이 지난 후에 무기명투표로 표결하되 재적의원 5분의 3 이상의 찬성으로 의결한다. 이 경우 무제한토론의 종결동의에 대해서는 토론을 하지 아니하고 표결한다.
⑦ 무제한토론을 실시하는 안건에 대하여 무제한토론을 할 의원이 더 이상 없거나 제6항에 따라 무제한토론의 종결동의가 가결되는 경우 의장은 무제한토론의 종결을 선포한 후 해당 안건을 지체 없이 표결하여야 한다.
⑧ 무제한토론을 실시하는 중에 해당 회기가 끝나는 경우에는 무제한토론의 종결이 선포된 것으로 본다. 이 경우 해당 안건은 바로 다음 회기에서 지체 없이 표결하여야 한다.
⑨ 제7항이나 제8항에 따라 무제한토론의 종결이 선포되었거나 선포된 것으로 보는 안건에 대해서는 무제한토론을 요구할 수 없다.
⑩ 예산안등과 제85조의3제4항에 따라 지정된 세입예산안 부수 법률안에 대해서는 제1항부터 제9항까지를 매년 12월 1일까지 적용하고, 같은 항에 따라 실시 중인 무제한토론, 계속 중인 본회의, 제출된 무제한토론의 종결동의에 대한 심의절차 등은 12월 1일 밤 12시에 종료한다.
〔전부개정 2018·4·17〕

제107조(의장의 토론 참가) 의장이 토론에 참가할 때에는 의장석에서 물러나야 하며, 그 안건에 대한 표결이 끝날 때까지 의장석으로 돌아갈 수 없다.
〔전부개정 2018·4·17〕

제108조(질의 또는 토론의 종결) ① 질의나 토론이 끝났을 때에는 의장은 질의나 토론의 종결을 선포한다.
② 각 교섭단체에서 1명 이상의 발언이 있은 후에는 본회의 의결로 의장은 질의나 토론의 종결을 선포한다. 다만, 질의나 토론에 참가한 의원은 질의나 토론의 종결동의를 할 수 없다.
③ 제2항의 동의는 토론을 하지 아니하고 표결한다.
〔전부개정 2018·4·17〕

제 5 절 표결

제109조(의결정족수) 의사는 헌법이나 이 법에 특별한 규정이 없으면 재적의원 과반수의 출석과 출석의원 과반수의 찬성으로 의결한다.
〔전부개정 2018·4·17〕

제110조(표결의 선포) ① 표결할 때에는 의장이 표결할 안건의 제목을 의장석에서 선포하여야 한다.
② 의장이 표결을 선포한 후에는 누구든지 그 안건에 관하여 발언할 수 없다.
〔전부개정 2018·4·17〕

제111조(표결의 참가와 의사변경의 금지) ① 표결을 할 때 회의장에 있지 아니한 의원은 표결에 참가할 수 없다. 다만, 기명투표 또는 무기명투표로 표결할 때에는 투표함이 폐쇄될 때까지 표결에 참가할 수 있다.
② 의원은 표결에 대하여 표시한 의사를 변경할 수 없다.
〔전부개정 2018·4·17〕

제112조(표결방법) ① 표결할 때에는 전자투표에 의한 기록표결로 가부(可否)를 결정한다. 다만, 투표기기의 고장 등 특별한 사정이 있을 때에는 기립표결로, 기립표결이 어려운 의원이 있는 경우에는 의장의 허가를 받아 본인의 의사표시를 할 수 있는 방법에 의한 표결로 가부를 결정할 수 있다. <개정 2021·12·28>
② 중요한 안건으로서 의장의 제의 또는 의원의 동의(動議)로 본회의 의결이 있거나 재적의원 5분의 1 이상의 요구가 있을 때에는 기명투표·호명투표(呼名投票) 또는 무기명투표로 표결한다.
③ 의장은 안건에 대하여 이의가 있는지 물어서 이의가 없다고 인정할 때에는 가결되었음을 선포할 수 있다. 다만, 이의가 있을 때에는 제 1 항이나 제 2 항의 방법으로 표결하여야 한다.
④ 헌법개정안은 기명투표로 표결한다.
⑤ 대통령으로부터 환부(還付)된 법률안과 그 밖에 인사에 관한 안건은 무기명투표로 표결한다. 다만, 겸직으로 인한 의원 사직과 위원장 사임에 대하여 의장이 각 교섭단체 대표의원과 협의한 경우에는 그러하지 아니하다.
⑥ 국회에서 실시하는 각종 선거는 법률에 특별한 규정이 없으면 무기명투표로 한다. 투표 결과 당선자가 없을 때에는 최고득표자와 차점자에 대하여 결선투표를 하여 다수표를 얻은 사람을 당선자로 한다. 다만, 득표수가 같을 때에는 연장자를 당선자로 한다.
⑦ 국무총리 또는 국무위원의 해임건의안이 발의되었을 때에는 의장은 그 해임건의안이 발의된 후 처음 개의하는 본회의에 그 사실을 보고하고, 본회의에 보고된 때부터 24시간 이후 72시간 이내에 무기명투표로 표결한다. 이 기간 내에 표결하지 아니한 해임건의안은 폐기된 것으로 본다.
⑧ 제 1 항 본문에 따라 투표를 하는 경우 재적의원 5분의 1 이상의 요구가 있을 때에는 전자적인 방법 등을 통하여 정당한 투표권자임을 확인한 후 투표한다.
⑨ 의장이 각 교섭단체 대표의원과 합의를 하는 경우에는 제 2 항, 제 4 항부터 제 7 항까지에 따른 기명투표 또는 무기명투표를 전자장치를 이용하여 실시할 수 있다.
〔전부개정 2018·4·17〕

제113조(표결 결과 선포) 표결이 끝났을 때에는 의장은 그 결과를 의장석에서 선포한다.
〔전부개정 2018·4·17〕

제114조(기명투표·무기명투표 절차) ① 기명투표 또는 무기명투표를 할 때에는 각 의원은 먼저 명패를 명패함에 넣고, 다음에 투표용지를 투표함에 넣는다.
② 기명투표 또는 무기명투표를 할 때에는 의장은 의원 중에서 몇 명의 감표위원(監票委員)을 지명하고 그 위원의 참여하에 직원으로 하여금 명패와 기명투표·무기명투표의 수를 점검·계산하게 한다. 이 경우 감표위원으로 지명된 의원이 이에 응하지 아니할 때에는 그 의원을 제외하거나 다른 의원을 감표위원으로 지명할 수 있다.
③ 투표의 수가 명패의 수보다 많을 때에는 재투표를 한다. 다만, 투표의 결과에 영향을 미치지 아니할 때에는 그러하지 아니하다.
〔전부개정 2018·4·17〕

제114조의2(자유투표) 의원은 국민의 대표자로서 소속 정당의 의사에 기속되지 아니하고 양심에 따라 투표한다.
〔전부개정 2018·4·17〕

제 7 장 회의록

제115조(회의록) ① 국회는 회의록을 작성하고 다음 사항을 적는다.
1. 개의, 회의 중지 및 산회의 일시
2. 의사일정
3. 출석의원의 수 및 성명
4. 개회식에 관한 사항
5. 의원의 이동(異動)
6. 의석의 배정과 변동
7. 의안의 발의·제출·회부·환부·이송과 철회에 관한 사항
8. 출석한 국무위원과 정부위원의 성명
9. 부의안건과 그 내용
10. 의장의 보고
11. 위원회의 보고서
12. 의사
13. 표결 수
14. 기명투표·전자투표·호명투표의 투표자 및 찬반의원 성명
15. 의원의 발언보충서
16. 서면질문과 답변서
17. 정부의 청원 처리 결과보고서
18. 정부의 국정감사 또는 국정조사 결과 처리보고서
19. 그 밖에 본회의 또는 의장이 필요하다고 인정하는 사항

② 본회의의 의사는 속기로 기록한다.
③ 회의록에는 의장, 의장을 대리한 부의장, 임시의장, 사무총장 또는 그 대리인이 서명·날인하여 국회에 보존한다.
〔전부개정 2018·4·17〕

제116조(참고문서의 게재) 의원이 그 발언에 참고가 되는 간단한 문서(시청각 자료를 포함한다) 등을 회의록에 게재하려고 할 때에는 의장의 허가를 받아야 한다. <개정 2021·7·27>
〔전부개정 2018·4·17〕

제117조(자구의 정정과 이의의 결정) ① 발언한 의원은 회의록이 배부된 날의 다음 날 오후 5시까지 회의록에 적힌 자구의 정정을 의장에게 요구할 수 있다. 다만, 발언의 취지를 변경할 수 없다.
② 회의에서 발언한 국무총리·국무위원 및 정부위원, 그 밖의 발언자의 경우에도 제1항과 같다.
③ 속기로 작성한 회의록의 내용은 삭제할 수 없으며, 발언을 통하여 자구 정정 또는 취소의 발언을 한 경우에는 그 발언을 회의록에 적는다.
④ 의원이 회의록에 적힌 사항과 회의록의 정정에 관하여 이의를 신청하였을 때에는 토론을 하지 아니하고 본회의 의결로 이를 결정한다.
〔전부개정 2018·4·17〕

제118조(회의록의 배부·배포) ① 회의록은 의원에게 배부하고 일반인에게 배포한다. 다만, 의장이 비밀 유지나 국가안전보장을 위하여 필요하다고 인정한 부분에 관하여는 발언자 또는 그 소속 교섭단체 대표의원과 협의하여 게재하지 아니할 수 있다.
② 의원이 제1항 단서에 따라 게재되지 아니한 회의록 부분에 관하여 열람·복사 등을 신청한 경우에 정당한 사유가 없으면 의장은 이를 거절해서는 아니 된다.
③ 제2항에 따라 허가받은 의원은 타인에게 해당 회의록 부분을 열람하게 하거나 전재(轉載)·복사하게 해서는 아니 된다.
④ 공개하지 아니한 회의의 내용은 공표되어서는 아니 된다. 다만, 본회의 의결 또는 의장의 결정으로 제1항 단서의 사유가 소멸되었다고 판단되는 경우에는 공표할 수 있다.
⑤ 공표할 수 있는 회의록은 일반인에게 유상으로 배포할 수 있다.
⑥ 회의록의 공표에 관한 기간·절차, 그 밖에 필요한 사항은 국회규칙으로 정한다.
〔전부개정 2018·4·17〕

제 8 장 국무총리 · 국무위원 · 정부위원과 질문

제119조(국무총리·국무위원 및 정부위원의 임면 통지) 정부는 국무총리와 국무위원 및 정부위원인 공무원을 임면하였을 때에는 이를 국회에 통지한다.
〔전부개정 2018 · 4 · 17〕

제120조(국무위원 등의 발언) ① 국무총리, 국무위원 또는 정부위원은 본회의나 위원회에서 발언하려면 미리 의장이나 위원장의 허가를 받아야 한다.
② 법원행정처장, 헌법재판소 사무처장, 중앙선거관리위원회 사무총장은 의장이나 위원장의 허가를 받아 본회의나 위원회에서 소관 사무에 관하여 발언할 수 있다.
〔전부개정 2018 · 4 · 17〕

제121조(국무위원 등의 출석 요구) ① 본회의는 의결로 국무총리, 국무위원 또는 정부위원의 출석을 요구할 수 있다. 이 경우 그 발의는 의원 20명 이상이 이유를 구체적으로 밝힌 서면으로 하여야 한다.
② 위원회는 의결로 국무총리, 국무위원 또는 정부위원의 출석을 요구할 수 있다. 이 경우 위원장은 의장에게 그 사실을 보고하여야 한다.
③ 제 1 항이나 제 2 항에 따라 출석 요구를 받은 국무총리, 국무위원 또는 정부위원은 출석하여 답변을 하여야 한다.
④ 제 3 항에도 불구하고 국무총리나 국무위원은 의장 또는 위원장의 승인을 받아 국무총리는 국무위원으로 하여금, 국무위원은 정부위원으로 하여금 대리하여 출석 · 답변하게 할 수 있다. 이 경우 의장은 각 교섭단체 대표의원과, 위원장은 간사와 협의하여야 한다.
⑤ 본회의나 위원회는 특정한 사안에 대하여 질문하기 위하여 대법원장, 헌법재판소장, 중앙선거관리위원회 위원장, 감사원장 또는 그 대리인의 출석을 요구할 수 있다. 이 경우 위원장은 의장에게 그 사실을 보고하여야 한다.
〔전부개정 2018 · 4 · 17〕

제122조(정부에 대한 서면질문) ① 의원이 정부에 서면으로 질문하려고 할 때에는 질문서를 의장에게 제출하여야 한다.
② 의장은 제 1 항의 질문서를 받았을 때에는 지체 없이 이를 정부에 이송한다.
③ 정부는 질문서를 받은 날부터 10일 이내에 서면으로 답변하여야 한다. 그 기간 내에 답변하지 못할 때에는 그 이유와 답변할 수 있는 기한을 국회에 통지하여야 한다.
④ 정부는 서면질문에 대하여 답변할 때 회의록에 게재할 답변서와 그 밖의 답변 관계 자료를 구분하여 국회에 제출하여야 한다.
⑤ 제 3 항의 답변에 대하여 보충하여 질문하려는 의원은 서면으로 다시 질문할 수 있다.
〔전부개정 2018 · 4 · 17〕

제122조의2(정부에 대한 질문) ① 본회의는 회기 중 기간을 정하여 국정 전반 또는 국정의 특정 분야를 대상으로 정부에 대하여 질문(이하 "대정부질문"이라 한다)을 할 수 있다.
② 대정부질문은 일문일답의 방식으로 하되, 의원의 질문시간은 20분을 초과할 수 없다. 이 경우 질문시간에 답변시간은 포함되지 아니한다.
③ 제 2 항에도 불구하고 시각장애 등 신체장애를 가진 의원이 대정부질문을 하는 경우 의장은 각 교섭단체 대표의원과 협의하여 별도의 추가 질문시간을 허가할 수 있다.
④ 의제별 질문 의원 수는 의장이 각 교섭단체 대표의원과 협의하여 정한다.
⑤ 의장은 제 4 항에 따른 의제별 질문 의원 수를 교섭단체별로 그 소속 의원 수의 비율에 따라 배정한다. 이 경우 교섭단체에 속하지 아니하는 의원의 질문자 수는 의장이 각 교섭단체 대표의원과 협의하여 정한다.
⑥ 의장은 의원의 질문과 정부의 답변이 교대로 균형 있게 유지되도록 하여야 한다.
⑦ 대정부질문을 하려는 의원은 미리 질문의 요지를 적은 질문요지서를 구체적으로 작성하여 의장에게 제출하여야 하며, 의장은 늦어도 질문시간 48시간 전까지 질문요지서가 정부에 도달되도록 송부하여야 한다.
⑧ 각 교섭단체 대표의원은 질문 의원과 질문 순서를 질문일 전날까지 의장에게 통지하여야 한다. 이 경우 의장은 각 교섭단체 대표의원의 통지 내용에 따라 질문 순서를 정한 후 본회의 개의 전에 각 교섭단체 대표의원과 정부에 통지하여야 한다.

〔전부개정 2018·4·17〕

제122조의3(긴급현안질문) ① 의원은 20명 이상의 찬성으로 회기 중 현안이 되고 있는 중요한 사항을 대상으로 정부에 대하여 질문(이하 이 조에서 "긴급현안질문"이라 한다)을 할 것을 의장에게 요구할 수 있다.

② 제1항에 따라 긴급현안질문을 요구하는 의원은 그 이유와 질문 요지 및 출석을 요구하는 국무총리 또는 국무위원을 적은 질문요구서를 본회의 개의 24시간 전까지 의장에게 제출하여야 한다.

③ 의장은 질문요구서를 접수하였을 때에는 긴급현안질문 실시 여부와 의사일정을 국회운영위원회와 협의하여 정한다. 다만, 의장은 필요한 경우 본회의에서 긴급현안질문 실시 여부를 표결에 부쳐 정할 수 있다.

④ 제3항에 따른 의장의 결정 또는 본회의의 의결이 있었을 때에는 해당 국무총리 또는 국무위원에 대한 출석 요구의 의결이 있는 것으로 본다.

⑤ 긴급현안질문 시간은 총 120분으로 한다. 다만, 의장은 각 교섭단체 대표의원과 협의하여 시간을 연장할 수 있다.

⑥ 긴급현안질문을 할 때 의원의 질문시간은 10분을 초과할 수 없다. 다만, 보충질문은 5분을 초과할 수 없다.

⑦ 긴급현안질문의 절차 등에 관하여 이 조에서 정한 것을 제외하고는 제122조의2를 준용한다.

〔전부개정 2018·4·17〕

제9장 청원

제123조(청원서의 제출) ① 국회에 청원을 하려는 자는 의원의 소개를 받거나 국회규칙으로 정하는 기간 동안 국회규칙으로 정하는 일정한 수 이상의 국민의 동의를 받아 청원서를 제출하여야 한다. <개정 2019·4·16>

② 청원은 청원자의 주소·성명(법인인 경우에는 그 명칭과 대표자의 성명을 말한다. 이하 같다)을 적고 서명한 문서(「전자정부법」 제2조제7호에 따른 전자문서를 포함한다)로 하여야 한다. <개정 2019·4·16>

③ 제2항에 따라 전자문서로 제출하는 청원은 본인임을 확인할 수 있는 전자적 방법을 통하여 제출하여야 한다. 이 경우 서명이 대체된 것으로 본다. <신설 2023·7·11>

④ 청원이 다음 각 호의 어느 하나에 해당하는 경우에는 이를 접수하지 아니한다. <개정 2019·4·16>

1. 재판에 간섭하는 내용의 청원
2. 국가기관을 모독하는 내용의 청원
3. 국가기밀에 관한 내용의 청원

⑤ 제1항에 따른 국민의 동의 방법·절차 및 청원 제출 등에 필요한 사항, 제3항에 따른 본인임을 확인할 수 있는 전자적 방법에 관한 사항은 국회규칙으로 정한다. <신설 2019·4·16, 2023·7·11>

〔전부개정 2018·4·17〕

제123조의2(청원 업무의 전자화) ① 국회는 청원의 제출·접수·관리 등 청원에 관한 업무를 효율적으로 처리하기 위한 전자시스템(이하 "전자청원시스템"이라 한다)을 구축·운영하여야 한다.

② 전자청원시스템의 구축·운영 등에 필요한 사항은 국회규칙으로 정한다.

〔본조신설 2019·4·16〕

제124조(청원요지서의 작성과 회부) ① 의장은 청원을 접수하였을 때에는 청원요지서를 작성하여 인쇄하거나 전산망에 입력하는 방법으로 각 의원에게 배부하는 동시에 그 청원서를 소관 위원회에 회부하여 심사하게 한다.

② 청원요지서에는 청원자의 주소·성명, 청원의 요지, 소개 의원의 성명 또는 동의 국민의 수와 접수 연월일을 적는다. <개정 2019·4·16>

〔전부개정 2018·4·17〕

제125조(청원 심사·보고 등) ① 위원회는 청원 심사를 위하여 청원심사소위원회를 둔다.

② 위원장은 폐회 중이거나 그 밖에 필요한 경우 청원을 바로 청원심사소위원회에 회부하여 심사보고하게 할 수 있다.

③ 청원을 소개한 의원은 소관 위원회 또는 청원심사소위원회의 요구가 있을 때에는 청원의 취지를 설명하여야 한다.

④ 위원회는 의결로 위원이나 전문위원을 현장이나 관계 기관 등에 파견하여 필요한 사항을 파악하여 보고하게 할 수 있으며, 필요한 경우 청원인·이해관계인 및 학식·경험이 있는 사람으로부터 진술을 들을 수 있다.

⑤ 위원회는 청원이 회부된 날부터 90일 이내에 심사 결과를 의장에게 보고하여야 한다. 다만, 특별한 사유로 그 기간 내에 심사를 마치지 못하였을 때에는 위원장은 의장에게 중간보고를 하고 60일의 범위에서 한 차례만 심사기간의 연장을 요구할 수 있다.
⑥ 제5항에도 불구하고 장기간 심사를 요하는 청원으로서 같은 항에 따른 기간 내에 심사를 마치지 못하는 특별한 사유가 있는 경우에는 위원회의 의결로 심사기간의 추가연장을 요구할 수 있다.
⑦ 위원회에서 본회의에 부의하기로 결정한 청원은 의견서를 첨부하여 의장에게 보고한다.
⑧ 위원회에서 본회의에 부의할 필요가 없다고 결정한 청원은 그 처리 결과를 의장에게 보고하고, 의장은 청원인에게 알려야 한다. 다만, 폐회 또는 휴회 기간을 제외한 7일 이내에 의원 30명 이상의 요구가 있을 때에는 이를 본회의에 부의한다.
⑨ 청원 심사에 관하여 그 밖에 필요한 사항은 국회규칙으로 정한다.
〔전부개정 2018·4·17〕

제126조(정부 이송과 처리보고) ① 국회가 채택한 청원으로서 정부에서 처리하는 것이 타당하다고 인정되는 청원은 의견서를 첨부하여 정부에 이송한다.
② 정부는 제1항의 청원을 처리하고 그 처리 결과를 지체 없이 국회에 보고하여야 한다.
〔전부개정 2018·4·17〕

제10장 국회와 국민 또는 행정기관과의 관계

제127조(국정감사와 국정조사) 국회의 국정감사와 국정조사에 관하여 이 법에서 정한 것을 제외하고는 「국정감사 및 조사에 관한 법률」에서 정하는 바에 따른다.
〔전부개정 2018·4·17〕

제127조의2(감사원에 대한 감사 요구 등) ① 국회는 의결로 감사원에 대하여 「감사원법」에 따른 감사원의 직무 범위에 속하는 사항 중 사안을 특정하여 감사를 요구할 수 있다. 이 경우 감사원은 감사 요구를 받은 날부터 3개월 이내에 감사 결과를 국회에 보고하여야 한다.
② 감사원은 특별한 사유로 제1항에 따른 기간 내에 감사를 마치지 못하였을 때에는 중간보고를 하고 감사기간 연장을 요청할 수 있다. 이 경우 의장은 2개월의 범위에서 감사기간을 연장할 수 있다.
〔전부개정 2018·4·17〕

제127조의3(국민권익위원회에 대한 고충민원 조사요구 등) ① 위원회는 회부된 청원이 고충민원(「부패방지 및 국민권익위원회의 설치와 운영에 관한 법률」 제2조제5호에 따른 고충민원을 말한다)으로서 정부에서 조사하는 것이 타당하다고 인정하는 경우에는 그 의결로 국민권익위원회에 대하여 그 청원의 조사를 요구할 수 있다. 이 경우 국민권익위원회는 그 조사요구를 받은 날부터 3개월 이내에 조사 및 처리 결과를 해당 조사를 요구한 위원회에 보고하여야 한다.
② 국민권익위원회는 특별한 사유로 제1항에 따른 기간 내에 조사를 마치지 못하였을 때에는 중간보고를 하여야 하며 조사기간의 연장을 요청할 수 있다. 이 경우 해당 조사를 요구한 위원회의 위원장은 2개월의 범위에서 조사기간을 한 차례만 연장할 수 있다.
〔본조신설 2018·4·17〕

제128조(보고·서류 등의 제출 요구) ① 본회의, 위원회 또는 소위원회는 그 의결로 안건의 심의 또는 국정감사나 국정조사와 직접 관련된 보고 또는 서류와 해당 기관이 보유한 사진·영상물(이하 이 조에서 "서류등"이라 한다)의 제출을 정부, 행정기관 등에 요구할 수 있다. 다만, 위원회가 청문회, 국정감사 또는 국정조사와 관련된 서류등의 제출을 요구하는 경우에는 그 의결 또는 재적위원 3분의 1 이상의 요구로 할 수 있다.
② 제1항에 따라 서류등의 제출을 요구할 때에는 서면, 전자문서 또는 컴퓨터의 자기테이프·자기디스크, 그 밖에 이와 유사한 매체에 기록된 상태나 전산망에 입력된 상태로 제출할 것을 요구할 수 있다.
③ 제1항에도 불구하고 폐회 중에 의원으로부터 서류등의 제출 요구가 있을 때에는 의장 또는 위원장은 교섭단체 대표의원 또는

간사와 협의하여 이를 요구할 수 있다.
④ 위원회(소위원회를 포함한다. 이하 이 장에서 같다)가 제1항의 요구를 할 때에는 의장에게 그 사실을 보고하여야 한다.
⑤ 제1항의 요구를 받은 정부, 행정기관 등은 기간을 따로 정하는 경우를 제외하고는 요구를 받은 날부터 10일 이내에 보고 또는 서류등을 제출하여야 한다. 다만, 특별한 사유가 있을 때에는 의장이나 위원장에게 그 사유를 보고하고 그 기간을 연장할 수 있다. 이 경우 의장이나 위원장은 제1항의 요구를 한 의원에게 그 사실을 통보한다.
⑥ 제1항의 보고 또는 서류등의 제출 요구 등에 관하여 그 밖에 필요한 절차는 다른 법률에서 정하는 바에 따른다.
〔전부개정 2018·4·17〕

제128조의2(결산의 심의기한) 국회는 결산에 대한 심의·의결을 정기회 개회 전까지 완료하여야 한다.
〔전부개정 2018·4·17〕

제129조(증인·감정인 또는 참고인의 출석 요구) ① 본회의나 위원회는 그 의결로 안건의 심의 또는 국정감사나 국정조사를 위하여 증인, 감정인 또는 참고인의 출석을 요구할 수 있다.
② 위원회가 제1항의 요구를 할 때에는 의장에게 보고하여야 한다.
③ 제1항의 증언·감정 등에 관한 절차는 다른 법률에서 정하는 바에 따른다.
〔전부개정 2018·4·17〕

제11장 탄핵소추

제130조(탄핵소추의 발의) ① 탄핵소추가 발의되었을 때에는 의장은 발의된 후 처음 개의하는 본회의에 보고하고, 본회의는 의결로 법제사법위원회에 회부하여 조사하게 할 수 있다.
② 본회의가 제1항에 따라 탄핵소추안을 법제사법위원회에 회부하기로 의결하지 아니한 경우에는 본회의에 보고된 때부터 24시간 이후 72시간 이내에 탄핵소추 여부를 무기명투표로 표결한다. 이 기간 내에 표결하지 아니한 탄핵소추안은 폐기된 것으로 본다.
③ 탄핵소추의 발의에는 소추대상자의 성명·직위와 탄핵소추의 사유·증거, 그 밖에 조사에 참고가 될 만한 자료를 제시하여야 한다.
〔전부개정 2018·4·17〕

제131조(회부된 탄핵소추사건의 조사) ① 법제사법위원회가 제130조제1항의 탄핵소추안을 회부받았을 때에는 지체 없이 조사·보고하여야 한다.
② 제1항의 조사에 관하여는 「국정감사 및 조사에 관한 법률」에 따른 조사의 방법 및 주의의무 규정을 준용한다.
〔전부개정 2018·4·17〕

제132조(조사의 협조) 조사를 받는 국가기관은 그 조사가 신속히 완료될 수 있도록 충분히 협조하여야 한다.
〔전부개정 2018·4·17〕

제133조(탄핵소추의 의결) 본회의의 탄핵소추 의결은 소추대상자의 성명·직위 및 탄핵소추의 사유를 표시한 문서(이하 "소추의결서"라 한다)로 하여야 한다.
〔전부개정 2018·4·17〕

제134조(소추의결서의 송달과 효과) ① 탄핵소추가 의결되었을 때에는 의장은 지체 없이 소추의결서 정본(正本)을 법제사법위원장인 소추위원에게 송달하고, 그 등본(謄本)을 헌법재판소, 소추된 사람과 그 소속 기관의 장에게 송달한다.
② 소추의결서가 송달되었을 때에는 소추된 사람의 권한 행사는 정지되며, 임명권자는 소추된 사람의 사직원을 접수하거나 소추된 사람을 해임할 수 없다.
〔전부개정 2018·4·17〕

제12장 사직·퇴직·궐원과 자격심사

제135조(사직) ① 국회는 의결로 의원의 사직을 허가할 수 있다. 다만, 폐회 중에는 의장이 허가할 수 있다.
② 의원이 사직하려는 경우에는 본인이 서

명·날인한 사직서를 의장에게 제출하여야 한다.

③ 사직 허가 여부는 토론을 하지 아니하고 표결한다.

〔전부개정 2018·4·17〕

제136조(퇴직) ① 의원이 「공직선거법」 제53조에 따라 사직원을 제출하여 공직선거후보자로 등록되었을 때에는 의원직에서 퇴직한다.

② 의원이 법률에 규정된 피선거권이 없게 되었을 때에는 퇴직한다.

③ 의원에 대하여 제2항의 피선거권이 없게 되는 사유에 해당하는 형을 선고한 법원은 그 판결이 확정되었을 때에 그 사실을 지체 없이 국회에 통지하여야 한다.

〔전부개정 2018·4·17〕

제137조(궐원 통지) 의원이 궐원되었을 때에는 의장은 15일 이내에 대통령과 중앙선거관리위원회에 통지하여야 한다.

〔전부개정 2018·4·17〕

제138조(자격심사의 청구) 의원이 다른 의원의 자격에 대하여 이의가 있을 때에는 30명 이상의 연서로 의장에게 자격심사를 청구할 수 있다.

〔전부개정 2018·4·17〕

제139조(청구서의 위원회 회부와 답변서의 제출) ① 의장은 제138조의 청구서를 윤리특별위원회에 회부하고 그 부본을 심사대상 의원에게 송달하여 기일을 정하여 답변서를 제출하게 한다.

② 심사대상 의원이 천재지변이나 질병 또는 그 밖의 사고로 기일 내에 답변서를 제출하지 못하였음을 증명하였을 때에는 의장은 다시 기일을 정하여 답변서를 제출하게 할 수 있다.

〔전부개정 2018·4·17〕

제140조(위원회의 답변서 심사) ① 의장이 답변서를 접수하였을 때에는 이를 윤리특별위원회에 회부한다.

② 윤리특별위원회는 청구서와 답변서에 의하여 심사한다.

③ 기일 내에 답변서가 제출되지 아니하였을 때에는 윤리특별위원회는 청구서만으로 심사를 할 수 있다.

〔전부개정 2018·4·17〕

제141조(당사자의 심문과 발언) ① 윤리특별위원회는 필요할 때에는 자격심사 청구의원과 심사대상 의원을 출석하게 하여 심문할 수 있다.

② 자격심사 청구의원과 심사대상 의원은 위원회의 허가를 받아 출석하여 발언할 수 있다. 이 경우 심사대상 의원은 다른 의원으로 하여금 출석하여 발언하게 할 수 있다.

〔전부개정 2018·4·17〕

제142조(의결) ① 윤리특별위원회가 심사보고서를 의장에게 제출하면 의장은 본회의에 부의하여야 한다.

② 심사대상 의원은 본회의에서 스스로 변명하거나 다른 의원으로 하여금 변명하게 할 수 있다.

③ 본회의는 심사대상 의원의 자격 유무를 의결로 결정하되, 그 자격이 없는 것으로 의결할 때에는 재적의원 3분의 2 이상의 찬성이 있어야 한다.

④ 제3항의 결정이 있을 때에는 의장은 그 결과를 서면으로 자격심사 청구의원과 심사대상 의원에게 송부한다.

〔전부개정 2018·4·17〕

제13장 질서와 경호

제143조(의장의 경호권) 의장은 회기 중 국회의 질서를 유지하기 위하여 국회 안에서 경호권을 행사한다.

〔전부개정 2018·4·17〕

제144조(경위와 경찰관) ① 국회의 경호를 위하여 국회에 경위(警衛)를 둔다.

② 의장은 국회의 경호를 위하여 필요할 때에는 국회운영위원회의 동의를 받아 일정한 기간을 정하여 정부에 경찰공무원의 파견을 요구할 수 있다. <개정 2020·12·22>

③ 경호업무는 의장의 지휘를 받아 수행하되, 경위는 회의장 건물 안에서, 경찰공무원은 회의장 건물 밖에서 경호한다. <개정 2020·12·22>

〔전부개정 2018·4·17〕

제145조(회의의 질서 유지) ① 의원이 본회의 또는 위원회의 회의장에서 이 법 또는 국회

규칙을 위반하여 회의장의 질서를 어지럽혔을 때에는 의장이나 위원장은 경고나 제지를 할 수 있다.

② 제1항의 조치에 따르지 아니하는 의원에 대해서는 의장이나 위원장은 당일 회의에서 발언하는 것을 금지하거나 퇴장시킬 수 있다.

③ 의장이나 위원장은 회의장이 소란하여 질서를 유지하기 곤란하다고 인정할 때에는 회의를 중지하거나 산회를 선포할 수 있다.

〔전부개정 2018·4·17〕

제146조(모욕 등 발언의 금지) 의원은 본회의나 위원회에서 다른 사람을 모욕하거나 다른 사람의 사생활에 대한 발언을 하여서는 아니 된다.

〔전부개정 2018·4·17〕

제147조(발언 방해 등의 금지) 의원은 폭력을 행사하거나 회의 중 함부로 발언하거나 소란한 행위를 하여 다른 사람의 발언을 방해해서는 아니 된다.

〔전부개정 2018·4·17〕

제148조(회의 진행 방해 물건 등의 반입 금지) 의원은 본회의 또는 위원회의 회의장에 회의 진행에 방해가 되는 물건이나 음식물을 반입해서는 아니 된다.

〔전부개정 2018·4·17〕

제148조의2(의장석 또는 위원장석의 점거 금지) 의원은 본회의장 의장석이나 위원회 회의장 위원장석을 점거해서는 아니 된다.

〔전부개정 2018·4·17〕

제148조의3(회의장 출입의 방해 금지) 누구든지 의원이 본회의 또는 위원회에 출석하기 위하여 본회의장이나 위원회 회의장에 출입하는 것을 방해해서는 아니 된다.

〔전부개정 2018·4·17〕

제149조(국회에 의한 방송) ① 국회는 방송채널을 확보하여 본회의 또는 위원회의 회의, 그 밖에 국회 및 의원의 입법활동 등을 음성이나 영상으로 방송하는 제도를 마련하여 운용하여야 한다.

② 제1항의 방송은 공정하고 객관적이어야 하며, 정치적·상업적 목적으로 사용되어서는 아니 된다.

③ 국회는 제1항의 방송 제도를 운용하거나 인터넷 등 정보통신망을 통하여 중계방송을 하는 경우 장애인에 대한 원활한 정보 제공을 위하여 국회규칙으로 정하는 바에 따라 한국수어·폐쇄자막·화면해설 등을 제공하여야 한다. <신설 2020·12·22>

④ 국회운영위원회는 제1항의 방송에 관한 기본원칙의 수립 및 관리 등 필요한 사항을 심의한다.

⑤ 제1항의 방송에 관한 절차·대상, 그 밖에 필요한 사항은 국회규칙으로 정한다.

〔전부개정 2018·4·17〕

제149조의2(중계방송의 허용 등) ① 본회의 또는 위원회의 의결로 공개하지 아니하기로 한 경우를 제외하고는 의장이나 위원장은 회의장 안(본회의장은 방청석으로 한정한다)에서의 녹음·녹화·촬영 및 중계방송을 국회규칙에서 정하는 바에 따라 허용할 수 있다.

② 제1항의 녹음·녹화·촬영 및 중계방송을 하는 사람은 회의장의 질서를 어지럽혀서는 아니 된다.

〔전부개정 2018·4·17〕

제150조(현행범인의 체포) 경위나 경찰공무원은 국회 안에 현행범인이 있을 때에는 체포한 후 의장의 지시를 받아야 한다. 다만, 회의장 안에서는 의장의 명령 없이 의원을 체포할 수 없다. <개정 2020·12·22>

〔전부개정 2018·4·17〕

제151조(회의장 출입의 제한) 회의장에는 의원, 국무총리, 국무위원 또는 정부위원, 그 밖에 의안 심의에 필요한 사람과 의장이 허가한 사람 외에는 출입할 수 없다.

〔전부개정 2018·4·17〕

제152조(방청의 허가) ① 의장은 방청권을 발행하여 방청을 허가한다.

② 의장은 질서를 유지하기 위하여 필요할 때에는 방청인 수를 제한할 수 있다.

〔전부개정 2018·4·17〕

제153조(방청의 금지와 신체검사) ① 흉기를 지닌 사람, 술기운이 있는 사람, 정신에 이상이 있는 사람, 그 밖에 행동이 수상하다고 인정되는 사람에 대해서는 방청을 허가하지 아니한다.

② 의장은 필요할 때에는 경위나 경찰공무원으로 하여금 방청인의 신체를 검사하게 할 수 있다. <개정 2020·12·22>

〔전부개정 2018·4·17〕

제154조(방청인에 대한 퇴장명령) ① 의장은 회의장 내 질서를 방해하는 방청인의 퇴장을 명할 수 있으며 필요할 때에는 국가경찰관서에 인도할 수 있다.

② 방청석이 소란할 때에는 의장은 모든 방청인을 퇴장시킬 수 있다.

〔전부개정 2018·4·17〕

제14장 징계

제155조(징계) 국회는 의원이 다음 각 호의 어느 하나에 해당하는 행위를 하였을 때에는 윤리특별위원회의 심사를 거쳐 그 의결로써 징계할 수 있다. 다만, 의원이 제10호에 해당하는 행위를 하였을 때에는 윤리특별위원회의 심사를 거치지 아니하고 그 의결로써 징계할 수 있다. <개정 2021·5·18>

1. 헌법 제46조제1항 또는 제3항을 위반하는 행위를 하였을 때
2. 제29조의 겸직 금지 규정을 위반하였을 때
3. 제29조의2의 영리업무 종사 금지 규정을 위반하였을 때

3의2. 제32조의2제1항 또는 제2항에 따른 사적 이해관계의 등록·변경등록을 하지 아니하거나 등록·변경등록 사항을 고의로 누락 또는 허위로 제출하였을 때

3의3. 제32조의4제1항에 따른 이해충돌의 신고 규정을 위반하였을 때

3의4. 제32조의5제1항에 따라 표결 및 발언을 회피할 의무가 있음을 알면서 회피를 신청하지 아니하였을 때

4. 제54조의2제2항을 위반하였을 때
5. 제102조를 위반하여 의제와 관계없거나 허가받은 발언의 성질과 다른 발언을 하거나 이 법에서 정한 발언시간의 제한 규정을 위반하여 의사진행을 현저히 방해하였을 때
6. 제118조제3항을 위반하여 게재되지 아니한 부분을 다른 사람에게 열람하게 하거나 전재 또는 복사하게 하였을 때
7. 제118조제4항을 위반하여 공표 금지 내용을 공표하였을 때
8. 제145조제1항에 해당되는 회의장의 질서를 어지럽히는 행위를 하거나 이에 대한 의장 또는 위원장의 조치에 따르지 아니하였을 때
9. 제146조를 위반하여 본회의 또는 위원회에서 다른 사람을 모욕하거나 다른 사람의 사생활에 대한 발언을 하였을 때
10. 제148조의2를 위반하여 의장석 또는 위원장석을 점거하고 점거 해제를 위한 제145조에 따른 의장 또는 위원장의 조치에 따르지 아니하였을 때
11. 제148조의3을 위반하여 의원의 본회의장 또는 위원회 회의장 출입을 방해하였을 때
12. 정당한 이유 없이 국회 집회일부터 7일 이내에 본회의 또는 위원회에 출석하지 아니하거나 의장 또는 위원장의 출석요구서를 받은 후 5일 이내에 출석하지 아니하였을 때
13. 탄핵소추사건을 조사할 때 「국정감사 및 조사에 관한 법률」에 따른 주의의무를 위반하는 행위를 하였을 때
14. 「국정감사 및 조사에 관한 법률」 제17조에 따른 징계사유에 해당할 때
15. 「공직자윤리법」 제22조에 따른 징계사유에 해당할 때

15의2. 「공직자의 이해충돌 방지법」을 위반하였을 때

16. 「국회의원윤리강령」이나 「국회의원윤리실천규범」을 위반하였을 때

〔전부개정 2018·4·17〕

제156조(징계의 요구와 회부) ① 의장은 제155조 각 호의 어느 하나에 해당하는 행위를 한 의원(이하 "징계대상자"라 한다)이 있을 때에는 윤리특별위원회에 회부하고 본회의에 보고한다.

② 위원장은 소속 위원 중에 징계대상자가 있을 때에는 의장에게 보고하며, 의장은 이를 윤리특별위원회에 회부하고 본회의에 보

고한다.
③ 의원이 징계대상자에 대한 징계를 요구하려는 경우에는 의원 20명 이상의 찬성으로 그 사유를 적은 요구서를 의장에게 제출하여야 한다.
④ 징계대상자로부터 모욕을 당한 의원이 징계를 요구할 때에는 찬성의원을 필요로 하지 아니하며, 그 사유를 적은 요구서를 의장에게 제출한다.
⑤ 제 3 항과 제 4 항의 징계 요구가 있을 때에는 의장은 이를 윤리특별위원회에 회부하고 본회의에 보고한다.
⑥ 윤리특별위원회의 위원장 또는 위원 5명 이상이 징계대상자에 대한 징계 요구를 하였을 때에는 윤리특별위원회는 이를 의장에게 보고하고 심사할 수 있다.
⑦ 제155조제10호에 해당하여 징계가 요구되는 경우에는 의장은 제 1 항, 제 2 항, 제 5 항 및 제 6 항에도 불구하고 해당 의원에 대한 징계안을 바로 본회의에 부의하여 지체 없이 의결하여야 한다.
〔전부개정 2018·4·17〕

제157조(징계의 요구 또는 회부의 시한 등) ① 의장은 다음 각 호에 해당하는 날부터 폐회 또는 휴회 기간을 제외한 3일 이내에 윤리특별위원회에 징계(제155조제10호에 해당하여 요구되는 징계는 제외한다. 이하 이 항에서 같다) 요구를 회부하여야 한다. 다만, 윤리특별위원회가 구성되지 아니하여 본문에 따른 기간 내에 징계 요구를 회부할 수 없을 때에는 제46조에 따라 윤리특별위원회가 구성된 날부터 폐회 또는 휴회 기간을 제외하고 3일 이내에 징계 요구를 회부하여야 한다. <개정 2018·7·17>
1. 제156조제 1 항의 경우 : 그 사유가 발생한 날 또는 그 징계대상자가 있는 것을 알게 된 날
2. 제156조제 2 항의 경우 : 위원장의 보고를 받은 날
3. 제156조제 5 항의 경우 : 징계요구서를 제출받은 날

② 제156조제 2 항에 따른 위원장의 징계대상자 보고와 같은 조 제 3 항·제 4 항 및 제 6 항에 따른 징계 요구는 그 사유가 발생한 날 또는 그 징계대상자가 있는 것을 알게 된 날부터 10일 이내에 하여야 한다. 다만, 폐회기간 중에 그 징계대상자가 있을 경우에는 다음 회 국회의 집회일부터 3일 이내에 하여야 한다.
〔전부개정 2018·4·17〕

제158조(징계의 의사) 징계에 관한 회의는 공개하지 아니한다. 다만, 본회의나 위원회의 의결이 있을 때에는 그러하지 아니하다.
〔전부개정 2018·4·17〕

제159조(심문) 윤리특별위원회는 징계대상자와 관계 의원을 출석하게 하여 심문할 수 있다.
〔전부개정 2018·4·17〕

제160조(변명) 의원은 자기의 징계안에 관한 본회의 또는 위원회에 출석하여 변명하거나 다른 의원으로 하여금 변명하게 할 수 있다. 이 경우 의원은 변명이 끝난 후 회의장에서 퇴장하여야 한다.
〔전부개정 2018·4·17〕

제161조 삭제 <2010·5·28>

제162조(징계의 의결) 의장은 윤리특별위원회로부터 징계에 대한 심사보고서를 접수하였을 때에는 지체 없이 본회의에 부의하여 의결하여야 한다. 다만, 의장은 윤리특별위원회로부터 징계를 하지 아니하기로 의결하였다는 심사보고서를 접수하였을 때에는 지체 없이 본회의에 보고하여야 한다.
〔전부개정 2018·4·17〕

제163조(징계의 종류와 선포) ① 제155조에 따른 징계의 종류는 다음과 같다. <개정 2022·1·4>
1. 공개회의에서의 경고
2. 공개회의에서의 사과
3. 30일(제155조제 2 호 또는 제 3 호에 해당하는 행위를 한 의원에 대한 징계는 90일) 이내의 출석정지. 이 경우 출석정지기간에 해당하는 「국회의원의 보좌직원과 수당 등에 관한 법률」에 따른 수당·입법활동비 및 특별활동비(이하 "수당등"이라 한다)는 2분의 1을 감액한다.

4. 제명(除名)

② 제 1 항에도 불구하고 제155조제 8 호·제10호 또는 제11호에 해당하는 행위를 한 의원에 대한 징계의 종류는 다음과 같다.

1. 공개회의에서의 경고 또는 사과. 이 경우 수당등 월액의 2분의 1을 징계 의결을 받은 달과 다음 달의 수당등에서 감액하되, 이미 수당등을 지급한 경우에는 감액분을 환수한다.
2. 30일 이내의 출석정지. 이 경우 징계 의결을 받은 달을 포함한 3개월간의 수당등을 지급하지 아니하되, 이미 수당등을 지급한 경우에는 전액 환수한다.
3. 제명

③ 제 1 항제 1 호·제 2 호 및 제 2 항제 1 호의 경우에는 윤리특별위원회에서 그 문안을 작성하여 보고서와 함께 의장에게 제출하여야 한다. 다만, 제155조제10호에 해당하여 바로 본회의에 부의하는 징계안의 경우에는 그러하지 아니하다.

④ 제명이 의결되지 아니하였을 때에는 본회의는 다른 징계의 종류를 의결할 수 있다.

⑤ 징계를 의결하였을 때에는 의장은 공개회의에서 그 사실을 선포한다.

〔전부개정 2018·4·17〕

제164조(제명된 사람의 입후보 제한) 제163조에 따른 징계로 제명된 사람은 그로 인하여 궐원된 의원의 보궐선거에서 후보자가 될 수 없다.

〔전부개정 2018·4·17〕

제15장 국회 회의 방해 금지

제165조(국회 회의 방해 금지) 누구든지 국회의 회의(본회의, 위원회 또는 소위원회의 각종 회의를 말하며, 국정감사 및 국정조사를 포함한다. 이하 이 장에서 같다)를 방해할 목적으로 회의장이나 그 부근에서 폭력행위 등을 하여서는 아니 된다.

〔전부개정 2018·4·17〕

제166조(국회 회의 방해죄) ① 제165조를 위반하여 국회의 회의를 방해할 목적으로 회의장이나 그 부근에서 폭행, 체포·감금, 협박, 주거침입·퇴거불응, 재물손괴의 폭력행위를 하거나 이러한 행위로 의원의 회의장 출입 또는 공무 집행을 방해한 사람은 5년 이하의 징역 또는 1천만원 이하의 벌금에 처한다.

② 제165조를 위반하여 국회의 회의를 방해할 목적으로 회의장 또는 그 부근에서 사람을 상해하거나, 폭행으로 상해에 이르게 하거나, 단체 또는 다중의 위력을 보이거나 위험한 물건을 휴대하여 사람을 폭행 또는 재물을 손괴하거나, 공무소에서 사용하는 서류, 그 밖의 물건 또는 전자기록 등 특수매체기록을 손상·은닉하거나 그 밖의 방법으로 그 효용을 해한 사람은 7년 이하의 징역 또는 2천만원 이하의 벌금에 처한다.

〔전부개정 2018·4·17〕

제167조(확정판결 통보) 제166조의 죄를 범한 사람이 유죄 확정판결을 받은 경우 법원은 확정판결 내용을 확정판결을 받은 사람의 소속 기관 등에 통보하여야 한다.

〔전부개정 2018·4·17〕

제16장 보칙

제168조(기간의 기산일) 이 법에 따른 기간을 계산할 때에는 첫날을 산입한다.

〔전부개정 2018·4·17〕

제169조(규칙 제정) ① 국회는 헌법과 법률에 위배되지 아니하는 범위에서 의사와 내부 규율에 관한 규칙을 제정할 수 있다.

② 위원회는 이 법과 제 1 항의 규칙에 위배되지 아니하는 범위에서 국회운영위원회와 협의하여 회의 및 안건 심사 등에 관한 위원회의 운영규칙을 정할 수 있다.

〔전부개정 2018·4·17〕

부 칙

①(시행일) 이 법은 공포한 날로부터 시행한다.

②(경과조치) 이 법 시행당시 국회사무처법에 의한 국회사무처도서관은 제22조제 5 항의 규정에 의한 국회도서관법이 제정·시행될 때까지 존속한다.

③(다른 법률과의 관계) 이 법 시행당시 다른 법률에서 종전의 이 법 규정을 인용한 경우 이

법중 그에 해당하는 규정이 있는 때에는 이 법의 해당 규정을 인용한 것으로 본다.

부 칙 <1990·6·29 법4237>

이 법은 공포한 날부터 시행한다.

부 칙 <1991·5·31 법4385>

①(시행일) 이 법은 공포한 날부터 시행한다. 다만, 제37조제1항제2호, 제139조 내지 제142조·제156조 내지 제163조(윤리심사 또는 윤리특별위원회에 관한 사항에 한한다) 및 제155조제1항·제2항제8호의 개정규정은 이 법에 의한 윤리특별위원회가 구성된 날부터, 제37조제1항제4호의 개정규정은 이 법 시행후 최초의 서울특별시의회가 구성된 날부터 시행한다.

②(다른 법률과의 관계) 이 법 시행당시 다른 법률에서 종전의 이 법 규정을 인용한 경우 이 법중 그에 해당하는 규정이 있는 때에는 이 법의 해당 규정을 인용한 것으로 본다.

부 칙 <1993·3·6 법4542>

①(시행일) 이 법의 시행일은 법률 제4541호 정부조직법중개정법률 부칙 제1조 단서의 규정에 의한 시행일로 한다.

②(경과조치) 이 법 시행당시 교육체육청소년위원회·문화공보위원회·상공위원회의 위원 및 위원장은 각각 이 법에 의한 교육위원회·문화체육공보위원회·상공자원위원회 위원 및 위원장으로 선임된 것으로 보며, 그 임기는 종전의 위원임기의 잔임기간으로 한다.

부 칙 <1994·6·28 법4761>

제1조(시행일) 이 법은 공포한 날부터 시행한다.

제2조(경과조치) ① 이 법 시행당시의 의장·부의장, 상임위원·상임위원장 및 윤리특별위원회의 위원·위원장의 임기는 제9조·제40조·제41조 및 제46조의 개정규정에 불구하고 1994년 6월 28일까지로 한다.

② 이 법 시행후 최초의 의장·부의장, 상임위원장 및 윤리특별위원회위원장의 선거는 제15조·제41조 및 제46조의 개정규정에 불구하고 제1항에 규정한 임기만료일까지 할 수 있다.

제3조(다른 법률과의 관계) 이 법 시행당시 다른 법률에서 종전의 이 법 규정을 인용한 경우 이 법중 그에 해당하는 규정이 있는 때에는 이 법의 해당 규정을 인용한 것으로 본다.

부 칙 <1995·3·3 법4943>

①(시행일) 이 법은 공포한 날부터 시행한다.

②(경과조치) 이 법 시행당시 외무통일위원회·행정경제위원회·재무위원회·상공자원위원회·보건사회위원회·노동환경위원회·체신과학기술위원회의 위원 및 위원장은 각각 이 법에 의한 통일외무위원회·행정위원회·재정경제위원회·통상산업위원회·보건복지위원회·환경노동위원회·통신과학기술위원회의 위원 및 위원장으로 선임된 것으로 본다.

부 칙 <1996·8·8 법5154>

①(시행일) 이 법의 시행일은 법률 제5153호 정부조직법중개정법률 부칙 제1조의 규정에 의한 시행일로 한다.

②(경과조치) 이 법 시행당시 농림수산위원회의 위원 및 위원장은 이 법에 의한 농림해양수산위원회의 위원 및 위원장으로 선임된 것으로 본다.

부 칙 <1997·1·13 법5293>

이 법은 공포한 날부터 시행하되, 제39조제1항의 개정규정은 1998년 5월 30일부터 시행한다.

부 칙 <1998·3·18 법5530>

①(시행일) 이 법은 공포한 날부터 시행한다. 다만, 제37조제1항제3호라목의 개정규정은 1998년 4월 1일부터 시행한다.

②(경과조치) 이 법 시행당시 행정위원회, 통일외무위원회, 내무위원회, 문화체육공보위원회, 통상산업위원회, 통신과학기술위원회의 위원 및 위원장은 각각 이 법에 의한 정무위원회, 통일외교통상위원회, 행정자치위원회, 문화관광위원회, 산업자원위원회, 과학기술정보통신위원회의 위원 및 위원장으로 선임된 것으로 보며, 그 임기는 종전의 위원임기의 잔임기간으로 한다.

부 칙 <2000·2·16 법6266>

이 법은 2000년 5월 30일부터 시행한다.

부 칙 <2001·12·31 법6590>

제1조(시행일) 이 법은 2002년 3월 1일부터 시행한다. 〈단서 생략〉

제2조부터 **제6조**까지 생략

부 칙 <2002·3·7 법6657>

①(시행일) 이 법은 공포한 날부터 시행한다.

②(의장의 당적보유금지의 적용) 제20조의2의 개정규정은 이 법 시행 당시의 의장에게 적용한다. 이 경우 "당선된 다음 날"은 "이 법 시행일 다음 날"로 본다.

부 칙 <2003·2·4 법6855>

제 1 조(시행일) 이 법은 공포한 날부터 시행한다. 다만, 제128조의2의 개정규정은 2004년 1월 1일부터 시행한다.

제 2 조(다른 법률의 개정) 생략

부 칙 <2003·7·18 법6930>

이 법은 공포후 3월이 경과한 날부터 시행한다.

부 칙 <2004·12·31 법7311>

제 1 조(시행일) 이 법은 공포후 6월이 경과한 날부터 시행. 〈후문 생략〉.

제 2 조부터 **제16조**까지 생략

부 칙 <2005·7·28 법7614>

제 1 조(시행일) 이 법은 공포한 날부터 시행한다. 다만, 제40조의2 및 제69조제 4 항의 개정규정은 2006년 6월 1일부터 시행한다.

제 2 조(경과조치) 이 법 시행 당시 여성위원회의 위원 및 위원장은 이 법에 의한 여성가족위원회의 위원 및 위원장으로 선임된 것으로 본다.

제 3 조(다른 법률의 개정) 생략

부 칙 <2006·2·21 법7849>

제 1 조(시행일) 이 법은 2006년 7월 1일부터 시행한다. 〈단서 생략〉

제 2 조부터 **제41조**까지 생략

부 칙 <2006·10·4 법8050>

제 1 조(시행일) 이 법은 2007년 1월 1일부터 시행한다. 〈단서 생략〉

제 2 조부터 **제12조**까지 생략

부 칙 <2006·12·30 법8134>

이 법은 공포한 날부터 시행한다.

부 칙 <2007·1·24 법8261>

이 법은 공포 후 2개월이 경과한 날부터 시행한다.

부 칙 <2007·12·14 법8685>

이 법은 공포한 날부터 시행한다.

부 칙 <2008·2·29 법8857>

제 1 조(시행일) 이 법은 공포한 날부터 시행한다.

제 2 조부터 **제 5 조**까지 생략

부 칙 <2008·2·29 법8867>

제 1 조(시행일 등) 이 법은 공포한 날부터 시행한다. 〈단서 생략〉

제 2 조부터 **제12조**까지 생략

부 칙 <2008·8·25 법9129>

제 1 조(시행일) 이 법은 공포한 날부터 시행한다.

제 2 조(다른 법률의 개정) 생략

부 칙 <2010·3·12 법10047>

①(시행일) 이 법은 공포한 날부터 시행한다. 다만, 제37조제 1 항의 개정규정은 2010년 3월 19일부터 시행한다.

②(경과조치) 이 법 시행 당시 보건복지가족위원회, 여성위원회의 위원 및 위원장은 각각 이 법에 따른 보건복지위원회, 여성가족위원회의 위원 및 위원장으로 선임된 것으로 보며, 그 임기는 종전의 위원임기의 잔임기간으로 한다.

부 칙 <2010·5·28 법10328>

①(시행일) 이 법은 공포한 날부터 시행한다. 다만, 제112조제 8 항의 개정규정은 2011년 1월 1일부터 시행한다.

②(적용례) 제46조제 2 항의 개정규정은 이 법 시행 후 최초로 윤리특별위원회로 회부되는 징계안부터 적용한다.

부 칙 <2010·6·4 법10339>

제 1 조(시행일) 이 법은 공포 후 1개월이 경과한 날부터 시행한다. 〈단서 생략〉

제 2 조부터 **제 5 조**까지 생략

부 칙 <2011·5·19 법10652>

이 법은 공포한 날부터 시행한다. 다만, 제82조의2의 개정규정은 2012년 5월 30일부터 시행한다.

부 칙 <2012·3·21 법11416>

이 법은 공포한 날부터 시행한다. 다만, 제65조의2제 2 항제 1 호의 개정규정은 2012년 5월 30일부터 시행한다.

부 칙 <2012·5·25 법11453>

이 법은 2012년 5월 30일부터 시행한다. 다만, 제85조의3 및 제106조의2제10항의 개정규정은 2014년 5월 30일부터 시행한다. <개정 2013·5·22>

부 칙 <2013·3·23 법11717>

제 1 조(시행일) 이 법은 공포한 날부터 시행한다.

제 2 조(위원 및 위원장 선임에 관한 경과조치) 이 법 시행 당시 문화체육관광방송통신위원회, 교육과학기술위원회, 외교통상통일위원회, 행정안전위원회, 농림수산식품위원회, 지식경제위원회, 국토해양위원회의 위원 및 위원장은 각

각 이 법에 따른 미래창조과학방송통신위원회, 교육문화체육관광위원회, 외교통일위원회, 안전행정위원회, 농림축산식품해양수산위원회, 산업통상자원위원회, 국토교통위원회의 위원 및 위원장으로 선임된 것으로 본다.

제3조(법률안 등에 관한 경과조치) 이 법 시행 전에 종전의 규정에 따른 소관 상임위원회가 제출한 법률안 등 의안이나 심사보고서와 법제사법위원회에 체계·자구 심사를 의뢰한 법률안은 제37조제1항의 개정규정에 따른 소관 상임위원회가 제출하거나 심사의뢰한 것으로 본다.

제4조(다른 법률의 개정) 생략

부　　칙 <2013·5·22 법11820>

이 법은 공포한 날부터 시행한다.

부　　칙 <2013·8·13 법12108>

제1조(시행일) 이 법은 공포한 날부터 시행한다. 다만, 제29조, 제29조의2, 제46조의2, 제48조, 제136조, 제155조, 제163조의 개정규정은 공포 후 6개월이 경과한 날부터 시행한다.

제2조(겸직 금지에 관한 적용례) ① 제29조의 개정규정 시행 당시 의원이 같은 개정규정 제1항 각 호의 직 이외의 직(국무총리 또는 국무위원의 직은 제외하며, 제29조의 개정규정 제2항 각 호 중 제3호의 직을 포함한다)을 겸하고 있는 경우에는 같은 개정규정 시행 후 3개월 이내에 그 직을 휴직 또는 사직하여야 한다. 다만, 제29조의 개정규정 시행 당시 의원이 같은 개정규정 제2항 각 호 중 제1호 또는 제2호의 직을 겸하고 있는 경우에는 같은 개정규정 시행 후 3개월 이내에 그 직을 사직하여야 한다.

② 제29조의 개정규정 시행 당시 의원이 같은 개정규정 제1항 각 호의 직(제3호의 직은 제외한다)을 겸하고 있는 경우에는 같은 개정규정 시행 후 1개월 이내에 의장에게 그 직을 신고하여야 하며, 이 신고는 같은 개정규정 제3항에 따른 신고로 본다.

제3조(영리업무 종사 금지에 관한 적용례) ① 제29조의2의 개정규정 시행 당시 의원이 같은 개정규정 제1항 단서의 영리업무 이외의 영리업무에 종사하는 경우에는 같은 개정규정 시행 후 6개월 이내에 그 영리업무를 휴업 또는 폐업하여야 한다.

② 제29조의2의 개정규정 시행 당시 의원이 같은 개정규정 제1항 단서의 영리업무에 종사하고 있는 경우에는 같은 개정규정 시행 후 1개월 이내에 의장에게 그 영리업무를 신고하여야 하며, 이 신고는 같은 개정규정 제3항에 따른 신고로 본다.

부　　칙 <2014·3·18 법12422>

제1조(시행일) 이 법은 공포 후 3개월이 경과한 날부터 시행한다.

제2조 생략

부　　칙 <2014·3·18 법12502>

제1조(시행일) 이 법은 공포한 날부터 시행한다. 다만, 제58조제7항과 제66조제3항 및 제79조의2의 개정규정은 공포 후 1년이 경과한 날부터 시행하고, 제79조의3의 개정규정은 2015년 1월 1일부터 시행한다.

제2조(서류등의 제출 요구에 관한 적용례) 제128조의 개정규정은 이 법 시행 후 최초로 제출을 요구하는 서류등부터 적용한다.

부　　칙 <2014·5·14 법12582>

제1조(시행일) 이 법은 공포한 날부터 시행한다.

제2조(특별위원회에 관한 적용례) 제44조제4항 및 제6항의 개정규정은 이 법 시행 후 최초로 구성되는 특별위원회부터 적용한다.

부　　칙 <2014·5·28 법12677>

제1조(시행일) 이 법은 공포 후 3개월이 경과한 날부터 시행한다. 〈단서 생략〉

제2조부터 **제5조**까지 생략

부　　칙 <2014·11·19 법12845>

제1조(시행일) 이 법의 시행일은 법률 제12844호 정부조직법 일부개정법률 부칙 제1조의 규정에 의한 시행일로 한다.

제2조(법률안 등에 관한 경과조치) 이 법 시행 전에 종전의 규정에 따른 소관 상임위원회가 제출한 법률안 등 의안이나 심사보고서와 법제사법위원회에 체계·자구 심사를 의뢰한 법률안은 제37조제1항의 개정규정에 따른 소관 상임위원회가 제출하거나 심사의뢰한 것으로 본다.

부　　칙 <2016·12·16 법14376>

제1조(시행일) 이 법은 공포한 날부터 시행한다.

제2조(청원의 자동상정에 관한 적용례) 이 법 시행 당시 위원회에 회부되어 상정되지 아니하고 있는 청원은 이 법 시행 후 30일이 경과한 날 이후 처음으로 개회하는 위원회에 상정된 것으로 본다.

제3조(청원심사에 관한 적용례) 제125조제5

항의 개정규정은 이 법 시행 후 최초로 위원회에 회부되는 청원부터 적용한다.

부 칙 <2017·7·26 법14840>

제1조(시행일) 이 법은 공포한 날부터 시행한다.

제2조(위원 및 위원장 선임에 관한 경과조치) 이 법 시행 당시 미래창조과학방송통신위원회, 안전행정위원회 또는 산업통상자원위원회의 위원 및 위원장은 각각 이 법에 따른 과학기술정보방송통신위원회, 행정안전위원회 또는 산업통상자원중소벤처기업위원회의 위원 및 위원장으로 선임된 것으로 본다.

제3조(법률안 등에 관한 경과조치) 이 법 시행 전에 종전의 규정에 따른 소관 상임위원회가 제출한 법률안 등 의안이나 심사보고서와 법제사법위원회에 체계·자구심사를 의뢰한 법률안은 제37조제1항의 개정규정에 따른 소관 상임위원회가 제출하거나 심사의뢰한 것으로 본다.

제4조(다른 법률의 개정) 생략

부 칙 <2018·4·17 법15620>

이 법은 공포한 날부터 시행한다.

부 칙 <2018·7·17 법15713>

제1조(시행일) 이 법은 공포한 날부터 시행한다.

제2조(법률안 등 의안에 관한 경과조치) ① 이 법 시행 전에 종전의 규정에 따른 소관 상임위원회가 제출한 법률안 등 의안이나 심사보고서와 법제사법위원회에 체계·자구 심사를 의뢰한 법률안은 제37조제1항의 개정규정에 따른 소관 상임위원회가 제출하거나 심사의뢰한 것으로 본다.

② 이 법 시행 전에 종전의 규정에 따른 소관 상임위원회(제57조에 따른 해당 상임위원회의 소위원회를 포함한다. 이하 이 항에서 같다)에 계류 중인 법률안 등 의안은 제37조제1항의 개정규정에 따른 소관 상임위원회에 계류 중인 것으로 본다.

제3조(윤리심사자문위원회에 대한 경과조치) 이 법 시행 당시 제46조의2에 따라 설치·운영되고 있는 윤리심사자문위원회는 제46조의 개정규정에 따라 처음으로 구성되는 윤리특별위원회에 두는 윤리심사자문위원회로 본다.

제4조(징계 요구의 회부에 관한 경과조치) 이 법 시행 당시 종전의 윤리특별위원회에 회부된 징계 요구로서 이 법 시행 후 제46조의 개정규정에 따라 구성되는 윤리특별위원회에 회부하는 징계 요구는 제157조제1항에 따른 회부기간을 충족하는 것으로 본다.

제5조(다른 법률의 개정) 생략

부 칙 <2019·4·16 법16325>

제1조(시행일) 이 법은 공포 후 3개월이 경과한 날부터 시행한다. 다만, 제123조, 제123조의2 및 제124조제2항의 개정규정은 2019년 12월 1일부터 시행한다.

제2조(청원의 제출에 관한 적용례) 제123조 및 제124조제2항의 개정규정은 같은 개정규정 시행 후 최초로 제출되는 청원부터 적용한다.

제3조(법률안의 심사를 분담하는 소위원회에 관한 특례) 이 법 시행 당시 이미 소관 법률안의 심사를 분담하는 둘 이상의 소위원회를 둔 상임위원회는 제57조제2항의 개정규정에 따른 소위원회를 둔 것으로 본다.

제4조(다른 법률의 개정) 생략

부 칙 <2020·2·18 법17066>

제1조(시행일) 이 법은 공포한 날부터 시행한다.

제2조(적용례) 제98조의2제3항부터 제8항까지의 개정규정은 이 법 시행 후 최초로 제98조의2제1항에 따라 제출되는 대통령령·총리령 및 부령부터 적용한다.

부 칙 <2020·8·18 법17487>

이 법은 공포한 날부터 시행한다.

부 칙 <2020·12·15 법17646>

제1조(시행일) 이 법은 2021년 1월 1일부터 시행한다. 〈단서 생략〉

제2조부터 **제6조**까지 생략

부 칙 <2020·12·22 법17689>

제1조(시행일) 이 법은 2021년 1월 1일부터 시행한다.

제2조부터 **제8조**까지 생략

부 칙 <2020·12·22 법17756>

제1조(시행일) 이 법은 공포 후 3개월이 경과한 날부터 시행한다. 다만, 제5조의2제2항 및 제73조의2의 개정규정은 공포한 날부터 시행하고, 제149조제3항의 개정규정은 공포 후 6개월이 경과한 날부터 시행한다.

제2조(원격영상회의의 유효기간) 제73조의2의 개정규정은 2022년 6월 30일까지 효력을 가진다. <개정 2021·12·28>

부 칙 <2021·5·18 법18192>

제 1 조(시행일) 이 법은 2022년 5월 30일부터 시행한다.

제 2 조(이 법 시행을 위한 준비행위) 윤리심사자문위원회 사무를 지원하기 위한 공무원의 임명 등 윤리심사자문위원회의 운영을 위한 준비행위는 이 법 시행 전에 할 수 있다.

제 3 조(사적 이해관계 등록 등에 관한 특례) ① 의원은 제32조의2제 1 항의 개정규정에도 불구하고 2022년 3월 15일 기준의 같은 항 각 호의 등록 사항을 2022년 4월 15일까지 윤리심사자문위원회에 등록하여야 한다.

② 윤리심사자문위원회는 제 1 항에 따른 사적 이해관계 등록 사항을 바탕으로 이해충돌 여부를 검토하여 2022년 5월 15일까지 그 의견을 의장, 해당 의원 및 소속 교섭단체 대표의원에게 제출하여야 한다.

③ 부칙 제 1 조에도 불구하고 윤리심사자문위원회는 제 1 항 및 제 2 항에 따른 사적 이해관계의 등록, 의견 제출 및 이와 관련된 업무를 이 법 시행 전에 수행할 수 있다.

제 4 조(윤리심사자문위원회에 대한 경과조치) ① 이 법 시행 당시 설치·운영되고 있는 윤리심사자문위원회는 제46조의2의 개정규정에 따른 윤리심사자문위원회로 본다.

② 이 법 시행 당시 윤리심사자문위원회의 위원 및 위원장은 각각 이 법에 따른 윤리심사자문위원회의 위원 및 위원장으로 선임된 것으로 보며, 그 임기는 종전 위원 및 위원장 임기의 남은 기간으로 한다.

제 5 조(다른 법률의 개정) 생략

부 칙 <2021·7·27 법18367>

제 1 조(시행일) 이 법은 공포 후 3개월이 경과한 날부터 시행한다. 다만, 제116조의 개정규정은 공포 후 6개월이 경과한 날부터 시행한다.

제 2 조(비용추계서 제출에 관한 적용례) 제79조의2제 2 항의 개정규정은 이 법 시행 이후 의원이 국회예산정책처에 대한 비용추계요구서를 첨부하여 의안을 발의한 경우부터 적용한다.

제 3 조(회의록 게재에 관한 적용례) 제116조의 개정규정은 이 법 시행 이후 최초로 열리는 회의부터 적용한다.

부 칙 <2021·9·14 법18453>

제 1 조(시행일) 이 법은 공포한 날부터 시행한다.

제 2 조(본회의 부의 요구에 관한 적용례) 제86조제 3 항의 개정규정은 이 법 시행 후 제86조제 1 항에 따라 법제사법위원회에 회부되는 법률안부터 적용한다.

부 칙 <2021·10·14 법18474>

이 법은 공포한 날부터 시행한다.

부 칙 <2021·12·28 법18666>

이 법은 공포한 날부터 시행한다.

부 칙 <2022·1·4 법18719>

제 1 조(시행일) 이 법은 공포 후 3개월이 경과한 날부터 시행한다.

제 2 조 및 **제 3 조** 생략

부 칙 <2023·6·7 법19429>

제 1 조(시행일) 이 법은 공포한 날부터 시행한다.

제 2 조(가상자산 등록에 관한 특례 등) ① 제32조의2제 1 항제 6 호의2의 개정규정에도 불구하고 의원은 임기개시일부터 2023년 5월 31일까지의 가상자산 소유 현황 및 변동내역을 2023년 6월 30일까지 윤리심사자문위원회에 등록하여야 한다.

② 윤리심사자문위원회는 제 1 항에 따른 등록 사항을 바탕으로 이해충돌 여부를 검토하여 2023년 7월 31일까지 그 의견을 의장, 해당 의원 및 소속 교섭단체 대표의원에게 제출하여야 한다.

부 칙 <2023·7·11 법19538>

제 1 조(시행일) 이 법은 공포 후 6개월이 경과한 날부터 시행한다. 다만, 제37조제 1 항제 3 호 및 제 5 호의 개정규정은 공포한 날부터 시행한다.

제 2 조(대표발의의원 명시에 관한 적용례) 제79조제 4 항의 개정규정은 이 법 시행 이후 발의하는 법률안부터 적용한다.

부 칙 <2023·7·18 법19563>

제 1 조(시행일) 이 법은 공포 후 1년이 경과한 날부터 시행한다. 〈단서 생략〉

제 2 조 생략

부 칙 <2024·3·12 법20372>

제 1 조(시행일) 이 법은 공포한 날부터 시행한다. 다만, 부칙 제 3 조는 2024년 7월 19일부터 시행한다.

제 2 조(사적 이해관계 변경등록·공개 등에 관한 적용례) ① 제32조의2제 2 항의 개정규정은 이 법 시행 이후 사적 이해관계를 등록하는 경우부터 적용한다.

② 제32조의2제 3 항의 개정규정은 이 법 시행 이후 사적 이해관계를 등록 또는 변경등록하는 경우부터 적용한다.

제 3 조(다른 법률의 개정) 생략

●국정감사 및 조사에 관한 법률

〔1988·8·5 법률제4011호〕

개정

1997·12·13 법률제 5454호(정부부처명칭등의변경에 따른건축법등의정비에관한법률)
2000· 2·16 법률제 6267호
2002· 3· 7 법률제 6658호
2003· 2· 4 법률제 6857호
2006· 9·22 법률제 7973호
2008· 8·25 법률제 9129호(국회법)
2010· 3·12 법률제10048호
2011· 5·19 법률제10651호
2012· 3·21 법률제11414호
2014· 3·18 법률제12501호
2016·12·16 법률제14374호
2018· 4·17 법률제15619호
2019· 4·16 법률제16325호(국회법)
2021· 5·18 법률제18192호(국회법)
2023· 7·11 법률제19536호

제 1 조(목적) 이 법은 국정감사와 국정조사에 관한 절차, 그 밖에 필요한 사항을 규정함을 목적으로 한다.
〔전부개정 2018·4·17〕

제 2 조(국정감사) ① 국회는 국정전반에 관하여 소관 상임위원회별로 매년 정기회 집회일 이전에 국정감사(이하 "감사"라 한다) 시작일부터 30일 이내의 기간을 정하여 감사를 실시한다. 다만, 본회의 의결로 정기회 기간 중에 감사를 실시할 수 있다.
② 제 1 항의 감사는 상임위원장이 국회운영위원회와 협의하여 작성한 감사계획서에 따라 한다. 국회운영위원회는 상임위원회 간에 감사대상기관이나 감사일정의 중복 등 특별한 사정이 있는 때에는 이를 조정할 수 있다.
③ 제 2 항에 따른 감사계획서에는 감사반의 편성, 감사일정, 감사요령 등 감사에 필요한 사항을 기재하여야 한다.
④ 제 2 항에 따른 감사계획서는 매년 처음 집회되는 임시회에서 작성하고 제 7 조에 따른 감사대상기관에 이를 통지하여야 한다. 다만, 국회의원 총선거가 실시되는 연도에는 국회의원 총선거 후 새로 구성되는 국회의 임시회 또는 정기회에서 감사계획서를 작성·통지할 수 있다.
⑤ 제 4 항에 따른 감사계획서의 감사대상기관이나 감사일정 등을 변경하는 경우에는 그 내용을 감사실시일 7일 전까지 감사대상기관에 통지하여야 한다.
〔전부개정 2018·4·17〕

제 3 조(국정조사) ① 국회는 재적의원 4분의 1 이상의 요구가 있는 때에는 특별위원회 또는 상임위원회로 하여금 국정의 특정사안에 관하여 국정조사(이하 "조사"라 한다)를 하게 한다.
② 제 1 항에 따른 조사 요구는 조사의 목적, 조사할 사안의 범위와 조사를 할 위원회 등을 기재하여 요구의원이 연서(連署)한 서면(이하 "조사요구서"라 한다)으로 하여야 한다.
③ 의장은 조사요구서가 제출되면 지체 없이 본회의에 보고하고 각 교섭단체 대표의원과 협의하여 조사를 할 특별위원회를 구성하거나 해당 상임위원회(이하 "조사위원회"라 한다)에 회부하여 조사를 할 위원회를 확정한다. 이 경우 국회가 폐회 또는 휴회 중일 때에는 조사요구서에 따라 국회의 집회 또는 재개의 요구가 있는 것으로 본다.
④ 조사위원회는 조사의 목적, 조사할 사안의 범위와 조사방법, 조사에 필요한 기간 및 소요경비 등을 기재한 조사계획서를 본회의에 제출하여 승인을 받아 조사를 한다.
⑤ 본회의는 제 4 항의 조사계획서를 검토한 다음 의결로써 이를 승인하거나 반려한다.
⑥ 조사위원회는 본회의에서 조사계획서가 반려된 경우에는 이를 그대로 본회의에 다시 제출할 수 없다.
〔전부개정 2018·4·17〕

제 4 조(조사위원회) ① 제 3 조제 3 항의 특별위원회는 교섭단체 의원 수의 비율에 따라 구성하여야 한다. 다만, 조사에 참여하기를 거부하는 교섭단체의 의원은 제외할 수 있다.
② 제 1 항의 특별위원회는 위원장 1명과 각 교섭단체별로 간사 1명을 호선하고 본회의

에 보고한다.

③ 조사위원회의 위원장이 사고가 있거나 그 직무를 수행하기를 거부 또는 기피하여 조사위원회가 활동하기 어려운 때에는 위원장이 소속하지 아니하는 교섭단체 소속의 간사 중에서 소속 의원 수가 많은 교섭단체 소속인 간사의 순으로 위원장의 직무를 대행한다.

④ 조사위원회는 의결로써 국회의 폐회 중에도 활동할 수 있고 조사와 관련한 보고 또는 서류 및 해당 기관이 보유한 사진·영상물(이하 "서류등"이라 한다)의 제출을 요구하거나 조사를 위한 증인·감정인·참고인의 출석을 요구하는 경우에는 의장을 경유하지 아니할 수 있다.

〔전부개정 2018·4·17〕

제 5 조(소위원회 등) ① 감사 또는 조사를 하는 위원회(이하 "위원회"라 한다)는 위원회의 의결로 필요한 경우 2명 이상의 위원으로 별도의 소위원회나 반을 구성하여 감사 또는 조사를 하게 할 수 있다. 위원회가 상임위원회인 경우에는 「국회법」 제57조제 1 항에 따른 상설소위원회로 하여금 감사 또는 조사를 하게 할 수 있다. <개정 2019·4·16>

② 제 1 항의 소위원회나 반은 같은 교섭단체 소속 의원만으로 구성할 수 없다.

③ 제 1 항의 소위원회나 반에 관하여는 성질에 반하지 아니하는 한 「국회법」 또는 이 법의 위원회에 관한 규정을 준용한다.

〔전부개정 2018·4·17〕

제 6 조(사무보조자) ① 감사 또는 조사에는 사무보조자의 보조를 받을 수 있다.

② 사무보조자는 전문위원 등 국회사무처 소속 공무원, 국회예산정책처 및 국회입법조사처 소속 공무원과 교섭단체 소속의 정책연구위원으로 한다. 다만, 특히 필요한 경우에는 감사 또는 조사의 대상기관의 소속이 아닌 전문가 등을 사무보조자로 위촉할 수 있다.

〔전부개정 2018·4·17〕

제 7 조(감사의 대상) 감사의 대상기관은 다음 각 호와 같다.

1. 「정부조직법」, 그 밖의 법률에 따라 설치된 국가기관
2. 지방자치단체 중 특별시·광역시·도. 다만, 그 감사범위는 국가위임사무와 국가가 보조금 등 예산을 지원하는 사업으로 한다.
3. 「공공기관의 운영에 관한 법률」 제 4 조에 따른 공공기관, 한국은행, 농업협동조합중앙회, 수산업협동조합중앙회
4. 제 1 호부터 제 3 호까지 외의 지방행정기관, 지방자치단체, 「감사원법」에 따른 감사원의 감사대상기관. 이 경우 본회의가 특히 필요하다고 의결한 경우로 한정한다.

〔전부개정 2018·4·17〕

제 7 조의2(지방자치단체에 대한 감사) 지방자치단체에 대한 감사는 둘 이상의 위원회가 합동으로 반을 구성하여 할 수 있다.

〔전부개정 2018·4·17〕

제 8 조(감사 또는 조사의 한계) 감사 또는 조사는 개인의 사생활을 침해하거나 계속 중인 재판 또는 수사 중인 사건의 소추(訴追)에 관여할 목적으로 행사되어서는 아니 된다.

〔전부개정 2018·4·17〕

제 9 조(조사위원회의 활동기간) ① 조사위원회의 활동기간 연장은 본회의 의결로 할 수 있다.

② 본회의는 조사위원회의 중간보고를 받고 조사를 장기간 계속할 필요가 없다고 인정되는 경우에는 의결로 조사위원회의 활동기간을 단축할 수 있다.

③ 조사계획서에 조사위원회의 활동기간이 확정되지 아니한 경우에는 그 활동기간은 조사위원회의 조사 결과가 본회의에서 의결될 때까지로 한다.

〔전부개정 2018·4·17〕

제 9 조의2(예비조사) 위원회는 조사를 하기 전에 전문위원이나 그 밖의 국회사무처 소속 직원 또는 조사대상기관의 소속이 아닌 전문가 등으로 하여금 예비조사를 하게 할 수 있다.

〔전부개정 2018·4·17〕

제10조(감사 또는 조사의 방법) ① 위원회, 제 5 조제 1 항에 따른 소위원회 또는 반은 감사 또는 조사를 위하여 그 의결로 감사 또

는 조사와 관련된 보고 또는 서류등의 제출을 관계인 또는 그 밖의 기관에 요구하고, 증인·감정인·참고인의 출석을 요구하고 검증을 할 수 있다. 다만, 위원회가 감사 또는 조사와 관련된 서류등의 제출 요구를 하는 경우에는 재적위원 3분의 1 이상의 요구로 할 수 있다.

② 제1항에 따른 서류등의 제출은 서면, 전자문서 또는 컴퓨터의 자기테이프·자기디스크, 그 밖에 이와 유사한 매체에 기록된 상태나 전산망에 입력된 상태로 제출할 것을 요구할 수 있다.

③ 위원회(제5조제1항에 따른 소위원회 또는 반을 포함한다. 이하 같다)는 제1항의 증거의 채택 또는 증거의 조사를 위하여 청문회를 열 수 있다.

④ 제1항 본문의 요구를 받은 관계인 또는 기관은 「국회에서의 증언·감정 등에 관한 법률」에서 특별히 규정한 경우를 제외하고는 누구든지 이에 따라야 하고, 위원회의 검증이나 그 밖의 활동에 협조하여야 한다.

⑤ 감사 또는 조사를 위한 증인·감정인·참고인의 증언·감정 등에 관한 절차는 「국회에서의 증언·감정 등에 관한 법률」에서 정하는 바에 따른다.

〔전부개정 2018·4·17〕

제11조(감사 또는 조사의 장소) 감사 또는 조사는 위원회에서 정하는 바에 따라 국회 또는 감사·조사 대상 현장이나 그 밖의 장소에서 할 수 있다.

〔전부개정 2018·4·17〕

제12조(공개원칙) 감사 및 조사는 공개한다. 다만, 위원회의 의결로 달리 정할 수 있다.

〔전부개정 2018·4·17〕

제12조의2(국정감사정보시스템의 구축 등) ① 국회는 다음 각 호의 내용을 포함한 감사의 과정 및 결과를 전자적 방식으로 일반에 공개할 수 있다. <개정 2023·7·11>

1. 제2조에 따른 감사계획서
2. 제15조에 따른 감사보고서
3. 제16조제4항에 따른 정부 또는 해당 기관의 처리결과보고
4. 그 밖에 국회규칙으로 정하는 사항

② 국회는 제1항에 따른 감사정보를 공개·관리하기 위하여 국정감사정보시스템을 구축·운영할 수 있다.

③ 국정감사정보시스템의 구축 및 운영에 필요한 사항은 국회규칙으로 정한다.

〔본조신설 2018·4·17〕

제13조(제척과 회피) ① 의원은 직접 이해관계가 있거나 공정을 기할 수 없는 현저한 사유가 있는 경우에는 그 사안에 한정하여 감사 또는 조사에 참여할 수 없다.

② 제1항의 사유가 있다고 인정할 때에는 본회의 또는 위원회 의결로 해당 의원의 감사 또는 조사를 중지시키고 다른 의원으로 하여금 감사 또는 조사하게 하여야 한다.

③ 제2항에 따른 조치에 대하여 해당 의원의 이의가 있는 때에는 본회의가 의결한다.

④ 제1항의 사유가 있는 의원 또는 「국회법」 제32조의4제1항의 신고사항에 해당하여 이해충돌이 발생할 우려가 있다고 판단하는 의원은 소속 위원장에게 회피를 신청하여야 한다. 이 경우 회피 신청을 받은 위원장은 간사와 협의하여 회피를 허가할 수 있다. <개정 2021·5·18>

〔전부개정 2018·4·17〕

제14조(주의의무) ① 감사 또는 조사를 할 때에는 그 대상기관의 기능과 활동이 현저히 저해되거나 기밀이 누설되지 아니하도록 주의하여야 한다.

② 의원 및 사무보조자는 감사 또는 조사를 통하여 알게 된 비밀을 정당한 사유 없이 누설해서는 아니 된다.

〔전부개정 2018·4·17〕

제15조(감사 또는 조사 결과의 보고) ① 감사 또는 조사를 마쳤을 때에는 위원회는 지체 없이 그 감사 또는 조사 보고서를 작성하여 의장에게 제출하여야 한다.

② 제1항의 보고서에는 증인 채택 현황 및 증인신문 결과를 포함한 감사 또는 조사의 경과와 결과 및 처리의견을 기재하고 그 중요근거서류를 첨부하여야 한다.

③ 제 1 항의 보고서를 제출받은 의장은 이를 지체 없이 본회의에 보고하여야 한다.
④ 의장은 위원회로 하여금 중간보고를 하게 할 수 있다.
〔전부개정 2018·4·17〕

제15조의2(관계 행정기관에 대한 지원요청) 조사기간 및 자료의 부족 등으로 인하여 조사가 추가로 필요하다고 인정되는 경우나 사전조사가 필요한 경우에는 본회의 또는 위원회 의결로 감사원 등 관계 행정기관의 장에게 인력, 시설, 장비 등의 지원을 요청할 수 있다. 이 경우 관계 행정기관의 장은 특별한 사유가 없으면 이에 따라야 한다.
〔전부개정 2018·4·17〕

제16조(감사 또는 조사 결과에 대한 처리) ① 국회는 본회의 의결로 감사 또는 조사 결과를 처리한다.
② 국회가 제 1 항에 따라 감사 결과를 처리하는 경우에는 감사 종료 후 90일 이내에 의결하여야 한다. <신설 2023·7·11>
③ 국회는 감사 또는 조사 결과 위법하거나 부당한 사항이 있을 때에는 그 정도에 따라 정부 또는 해당 기관에 변상, 징계조치, 제도개선, 예산조정 등 시정을 요구하고, 정부 또는 해당 기관에서 처리함이 타당하다고 인정되는 사항은 정부 또는 해당 기관에 이송한다.
④ 정부 또는 해당 기관은 제 3 항에 따른 시정요구를 받거나 이송받은 사항을 지체 없이 처리하고 그 결과를 국회에 보고하여야 한다. <개정 2023·7·11>
⑤ 국회는 제 4 항에 따른 처리결과보고에 대하여 적절한 조치를 취할 수 있다. <개정 2023·7·11>
⑥ 국회는 소관 위원회의 활동기한 종료 등의 사유로 제 4 항에 따른 처리결과보고에 대하여 조치할 위원회가 불분명할 경우 의장이 각 교섭단체 대표의원과 협의하여 지정하는 위원회로 하여금 이를 대신하게 하여야 한다. <개정 2023·7·11>
〔전부개정 2018·4·17〕

제17조(징계) 감사 또는 조사를 하는 의원이 제13조제 1 항에 따른 제척사유 또는 같은 조 제 4 항에 따른 회피사유가 있음을 알면서 회피 신청을 하지 아니하거나 제14조에 따른 주의의무를 위반한 때에는 「국회법」에서 정하는 바에 따라 징계할 수 있다. <개정 2021·5·18>
〔전부개정 2018·4·17〕

제18조(국회규칙) 이 법 시행에 필요한 사항은 국회규칙으로 정한다.
〔전부개정 2018·4·17〕

부 칙

① 이 법은 공포한 날로부터 시행한다.
② 이 법 시행당시 국회에 구성된 "5·18광주민주화운동진상조사특별위원회"와 "제 5 공화국에있어서의정치권력형비리조사특별위원회", "양대선거부정조사특별위원회"는 이 법 제 3 조의 규정에 의한 국정조사승인을 받은 특별위원회로 본다.

부 칙 <1997·12·13 법5454>

이 법은 1998년 1월 1일부터 시행한다. 〈단서 생략〉

부 칙 <2000·2·16 법6267>

이 법은 2000년 5월 30일부터 시행한다.

부 칙 <2002·3·7 법6658>

이 법은 공포한 날부터 시행한다.

부 칙 <2003·2·4 법6857>

이 법은 공포한 날부터 시행한다.

부 칙 <2006·9·22 법7973>

이 법은 공포한 날부터 시행한다. 다만, 제 2 조제 2 항의 개정규정은 이 법 시행 당시 국정감사부터 적용한다.

부 칙 <2008·8·25 법9129>

제 1 조(시행일) 이 법은 공포한 날부터 시행한다.

제 2 조 생략

부 칙 <2010·3·12 법10048>

이 법은 공포한 날부터 시행한다. 다만, 제 2 조제 2 항의 개정규정은 2010년 3월 19일부터 시행한다.

부 칙 <2011·5·19 법10651>

이 법은 공포한 날부터 시행한다.

부 칙 <2012·3·21 법11414>

이 법은 2012년 5월 30일부터 시행한다.

부 칙 <2014·3·18 법12501>

제 1 조(시행일) 이 법은 공포한 날부터 시행

한다.

제 2 조(서류등의 제출 요구에 관한 적용례) 제4조제4항 및 제10조제1항·제2항의 개정규정은 이 법 시행 후 최초로 제출을 요구하는 서류등부터 적용한다.

부 칙 <2016·12·16 법14374>

제 1 조(시행일) 이 법은 공포한 날부터 시행한다.

제 2 조(적용례) 이 법은 이 법 시행 후 최초로 실시하는 국정감사 또는 국정조사부터 적용한다.

부 칙 <2018·4·17 법15619>

이 법은 공포한 날부터 시행한다.

부 칙 <2019·4·16 법16325>

제 1 조(시행일) 이 법은 공포 후 3개월이 경과한 날부터 시행한다. 〈단서 생략〉

제 2 조부터 **제 4 조**까지 생략

부 칙 <2021·5·18 법18192>

제 1 조(시행일) 이 법은 2022년 5월 30일부터 시행한다.

제 2 조부터 **제 5 조**까지 생략

부 칙 <2023·7·11 법19536>

제 1 조(시행일) 이 법은 공포한 날부터 시행한다.

제 2 조(국정감사 결과 처리에 관한 적용례) 제16조제2항의 개정규정은 이 법 시행 이후 실시하는 국정감사에 대한 결과를 처리하는 경우부터 적용한다.

●국회에서의 증언·감정 등에 관한 법률

〔1988·8·5 법률제4012호 전부개정〕

개정
2000·2·16 법률제 6268호
2002·3·7 법률제 6659호
2003·2·4 법률제 6858호
2010·3·12 법률제10051호
2010·5·28 법률제10330호
2014·3·18 법률제12503호
2016·12·16 법률제14377호
2017·3·21 법률제14757호
2018·4·17 법률제15621호

제 1 조(목적) 이 법은 국회에서의 안건심의 또는 국정감사나 국정조사와 관련하여 하는 보고와 서류제출의 요구, 증언·감정 등에 관한 절차를 규정함을 목적으로 한다.
〔전부개정 2018·4·17〕

제 2 조(증인출석 등의 의무) 국회에서 안건심의 또는 국정감사나 국정조사와 관련하여 보고와 서류 및 해당 기관이 보유한 사진·영상물(이하 "서류등"이라 한다)의 제출 요구를 받거나, 증인·참고인으로서 출석이나 감정의 요구를 받은 때에는 이 법에 특별한 규정이 있는 경우를 제외하고는 다른 법률에도 불구하고 누구든지 이에 따라야 한다.
〔전부개정 2018·4·17〕

제 3 조(증언 등의 거부) ① 증인은 「형사소송법」 제148조 또는 제149조에 해당하는 경우에 선서·증언 또는 서류등의 제출을 거부할 수 있다.
② 감정인은 「형사소송법」 제148조에 해당하는 경우에 선서 또는 감정을 거부할 수 있다.
③ 제 1 항 및 제 2 항의 거부이유는 소명(疏明)하여야 한다.
④ 16세 미만의 사람이나 선서의 취지를 이해하지 못하는 사람에게는 선서를 하게 하지 아니한다.
〔전부개정 2018·4·17〕

제 4 조(공무상 비밀에 관한 증언·서류등의 제출) ① 국회로부터 공무원 또는 공무원이었던 사람이 증언의 요구를 받거나, 국가기관이 서류등의 제출을 요구받은 경우에 증언할 사실이나 제출할 서류등의 내용이 직무상 비밀에 속한다는 이유로 증언이나 서류등의 제출을 거부할 수 없다. 다만, 군사·외교·대북 관계의 국가기밀에 관한 사항으로서 그 발표로 말미암아 국가안위에 중대한 영향을 미칠 수 있음이 명백하다고 주무부장관(대통령 및 국무총리의 소속기관에서는 해당 관서의 장)이 증언 등의 요구를 받은 날부터 5일 이내에 소명하는 경우에는 그러하지 아니하다.
② 국회가 제 1 항 단서의 소명을 수락하지 아니할 경우에는 본회의의 의결로, 폐회 중에는 해당 위원회의 의결로 국회가 요구한 증언 또는 서류등의 제출이 국가의 중대한 이익을 해친다는 취지의 국무총리의 성명(聲明)을 요구할 수 있다.
③ 국무총리가 제 2 항의 성명 요구를 받은 날부터 7일 이내에 그 성명을 발표하지 아니하는 경우에는 증언이나 서류등의 제출을 거부할 수 없다.
〔전부개정 2018·4·17〕

제 4 조의2(서류등의 제출 거부 등에 대한 조치 요구) 국회는 제 2 조에 따라 서류등의 제출을 요구받은 국가기관이 제 4 조제 1 항 단서에 해당하지 아니함에도 이를 거부하거나 거짓으로 제출한 때에는 본회의 또는 해당 위원회의 의결로 주무부장관에 대하여 본회의 또는 위원회에 출석하여 해명하도록 하거나, 관계자에 대한 징계 등 필요한 조치를 요구할 수 있다. <개정 2014·3·18>
〔본조신설 2010·5·28〕

제 5 조(증인 등의 출석요구 등) ① 본회의 또는 위원회(국정감사나 국정조사를 위하여 구성된 소위원회 또는 반을 포함한다)가 이 법에 따른 보고나 서류등의 제출 요구 또는 증인·감정인·참고인의 출석요구를 할 때에는 본회의의 경우에는 의장이, 위원회의 경우에는 위원장이 해당자나 기관의 장에게

요구서를 발부한다. <개정 2018·4·17>

② 의원 또는 위원은 제 1 항에 따라 출석요구할 증인을 의장 또는 위원장에게 신청할 수 있다. 이 경우 의원 또는 위원은 증인 신청의 이유, 안건 또는 국정감사·국정조사와의 관련성 등을 기재한 신청서를 제출하여야 한다. <신설 2016·12·16>

③ 제 1 항에 따른 서류등의 제출은 서면, 전자문서 또는 컴퓨터의 자기테이프·자기디스크 그 밖에 이와 유사한 매체에 기록된 상태나 전산망에 입력된 상태로 제출할 것을 요구할 수 있다. <신설 2002·3·7, 2014·3·18, 2018·4·17>

④ 제 1 항의 요구서에는 보고할 사항이나 제출할 서류등 또는 증인·감정인·참고인이 출석할 일시 및 장소와 요구에 따르지 아니하는 경우의 법률상 제재에 관한 사항을 기재하고, 증인과 참고인의 경우에는 신문(訊問)할 요지를 첨부하여야 한다. <개정 2018·4·17>

⑤ 제 1 항의 요구서는 늦어도 보고 또는 서류등의 제출 요구일이나 증인 등의 출석요구일 7일 전에 송달되어야 한다. <개정 2018·4·17>

⑥ 제 1 항의 요구서의 송달에 관하여는 「민사소송법」의 송달에 관한 규정을 준용한다. <개정 2018·4·17>

⑦ 제 1 항의 요구서의 송달을 위하여 필요한 경우 의장 또는 위원장은 관할 경찰관서의 장 등 관계 행정기관의 장 또는 「전기통신사업법」 제 2 조제 8 호에 따른 전기통신사업자(이하 "전기통신사업자"라 한다)에게 증인·감정인·참고인의 주소·거소·영업소·사무소, 전화번호(휴대전화번호를 포함한다) 또는 출입국관리기록(요구서의 송달을 위하여 필요한 범위로 한정한다)의 정보제공을 요구할 수 있다. 이 경우 정보제공을 요구받은 경찰관서의 장 등 관계 행정기관의 장 또는 전기통신사업자는 「개인정보 보호법」 제18조, 「형사사법절차 전자화 촉진법」 제 6 조 및 「전기통신사업법」 제83조에도 불구하고 해당 정보를 지체 없이 제공하여야 한다. <신설 2017·3·21>

⑧ 출석을 요구받은 증인 또는 참고인은 사전에 신문할 요지에 대한 답변서를 제출할 수 있다. <개정 2018·4·17>

제 5 조의2(증인의 불출석 사유서 제출) 제 5 조에 따라 요구서를 송달받은 증인은 부득이한 사유로 출석하지 못할 경우 출석요구일 3일 전까지 의장 또는 위원장에게 불출석 사유서를 제출하여야 한다.

〔본조신설 2018·4·17〕

제 5 조의3(공시송달) ① 제 5 조제 1 항의 요구서를 송달받아야 할 증인이 다음 각 호의 어느 하나에 해당하는 경우에는 공시송달을 할 수 있다.

1. 증인의 주소·거소·영업소 또는 사무소(이하 이 조에서 "주소등"이라 한다)가 분명하지 아니한 경우
2. 주소등이 국외에 있고 송달하기 곤란한 경우
3. 요구서의 수령을 회피할 목적으로 도망 또는 잠적함이 명백한 경우
4. 등기우편으로 송달하였으나 수취인 부재로 반송되는 경우 등 국회규칙으로 정하는 경우

② 제 1 항에 따른 공시송달은 다음 각 호의 어느 하나의 방법으로 한다.

1. 국회게시판 게시
2. 관보·국회공보 또는 일간신문 게재
3. 전자통신매체 등을 이용한 공시

③ 최초의 공시송달은 제 2 항에 따라 공시한 날부터 7일이 지나면 그 효력이 발생한다. 다만, 같은 증인에게 하는 그 뒤의 공시송달은 공시한 날의 다음 날부터 그 효력이 발생한다.

④ 제 1 항부터 제 3 항까지에 따른 공시송달의 방법 및 절차 등에 필요한 사항은 국회규칙으로 정한다.

〔본조신설 2018·4·17〕

제 6 조(증인에 대한 동행명령) ① 국정감사나 국정조사를 위한 위원회(이하 "위원회"라 한다)는 증인이 정당한 이유 없이 출석하지 아니하는 때에는 그 의결로 해당 증인에 대하여 지정한 장소까지 동행할 것을 명령할 수 있다.

② 제1항의 동행명령을 할 때에는 위원회의 위원장이 동행명령장을 발부한다.
③ 제2항의 동행명령장에는 해당 증인의 성명·주거, 동행명령을 하는 이유, 동행할 장소, 발부연월일, 그 유효기간과 그 기간을 경과하면 집행하지 못하며 동행명령장을 반환하여야 한다는 취지와 동행명령을 받고 거부하면 처벌된다는 취지를 기재하고 위원장이 서명·날인하여야 한다. 이 경우 해당 증인의 성명이 분명하지 아니한 때에는 인상, 체격, 그 밖에 해당 증인을 특정할 수 있는 사항으로 표시할 수 있으며, 주거가 분명하지 아니한 때에는 주거기재를 생략할 수 있다.
④ 동행명령장의 집행은 동행명령장을 해당 증인에게 제시함으로써 한다.
⑤ 동행명령장은 국회사무처 소속 공무원으로 하여금 이를 집행하도록 한다.
⑥ 교도소 또는 구치소(군교도소 또는 군구치소를 포함한다)에 수감 중인 증인에 대한 동행명령장의 집행은 국회사무처 소속 공무원의 위임에 따라 교도관리가 한다.
⑦ 현역군인인 증인이 영내(營內)에 있을 때에는 소속 부대장은 국회사무처 소속 공무원의 동행명령장 집행에 협력할 의무가 있다.
〔전부개정 2018·4·17〕

제7조(증인·감정인의 선서) ① 의장 또는 위원장(국정감사나 국정조사를 위하여 구성된 소위원회 또는 반의 소위원장 또는 반장을 포함한다. 이하 이 조에서 같다)은 증인·감정인에게 증언·감정을 요구할 때에는 선서하게 하여야 한다.
② 참고인으로 출석한 사람이 증인으로서 선서할 것을 승낙하는 경우에는 증인으로 신문할 수 있다.
③ 증언·감정을 요구한 의장 또는 위원장은 선서하기 전에 선서의 취지를 명시하고 위증(僞證) 또는 허위감정의 벌이 있음을 알려야 한다.
〔전부개정 2018·4·17〕

제8조(선서의 내용과 방식) ① 제7조에 따라 증인이 선서할 경우 그 선서서에 다음과 같은 내용이 기재되어야 한다.
"양심에 따라 숨김과 보탬이 없이 사실 그대로 말하고 만일 진술이나 서면답변에 거짓이 있으면 위증의 벌을 받기로 맹서합니다"
② 그 밖에 선서의 내용과 방식에 관한 사항에 대하여는 「형사소송법」 제157조 또는 제170조를 준용한다.
〔전부개정 2010·3·12〕

제9조(증인의 보호) ① 국회에서 증언하는 증인은 변호사인 변호인을 대동할 수 있다. 이 경우 변호인은 그 자격을 증명하는 서면을 제출하고, 증인에 대하여 헌법 및 법률상의 권리에 관하여 조언할 수 있다.
② 국회에서 증언하는 증인·참고인이 중계방송 또는 사진보도 등에 응하지 아니한다는 의사를 표명하거나, 특별한 이유로 회의의 비공개를 요구할 때에는 본회의 또는 위원회의 의결로 중계방송 또는 녹음·녹화·사진보도를 금지시키거나 회의의 일부 또는 전부를 공개하지 아니할 수 있다.
③ 국회에서 증인·감정인·참고인으로 조사받은 사람은 이 법에서 정한 처벌을 받는 외에 그 증언·감정·진술로 인하여 어떠한 불이익한 처분도 받지 아니한다.
④ 국회가 국정감사 또는 국정조사 시 작성한 서류 또는 녹취한 녹음테이프 등은 이를 외부에 공표할 수 없다. 다만, 이 법의 위반 여부가 수사 또는 재판의 대상이 된 경우나 증인·감정인·참고인으로서 증언·감정·진술을 한 사람이 그 사본을 요구한 때에는 의장의 승인을 받아 이를 교부할 수 있다.
〔전부개정 2018·4·17〕

제10조(검증) ① 위원회는 안건심의 또는 국정감사나 국정조사를 위하여 필요한 경우에는 그 의결로 검증(檢證)할 수 있다.
② 제1항의 의결이 있는 경우에는 위원장은 해당 기관의 장에게 검증실시통보서(이하 이 조에서 "통보서"라 한다)를 발부한다. 이 경우 그 통보서는 늦어도 검증실시일 3일 전에 송달되어야 한다.
③ 통보서에는 검증위원과 검증의 목적, 대

상, 방법, 일시 및 장소, 그 밖에 검증에 필요한 사항을 기재하여야 한다.

④ 국가기관이 제1항의 검증을 거절할 경우에는 제4조를 준용한다.

⑤ 통보서의 송달에 관하여는 「민사소송법」의 송달에 관한 규정을 준용한다.

〔전부개정 2018·4·17〕

제11조(여비·수당의 지급) 이 법에 따라 서류의 제출이나 증언·감정 또는 진술을 하기 위하여 국회 또는 그 밖의 장소에 출석한 사람에게는 국회규칙으로 정하는 바에 따라 여비·일당·숙박료를 지급한다.

〔전부개정 2018·4·17〕

제12조(불출석 등의 죄) ① 정당한 이유 없이 출석하지 아니한 증인, 고의로 출석요구서의 수령을 회피한 증인, 보고 또는 서류 제출 요구를 거절한 자, 선서 또는 증언이나 감정을 거부한 증인이나 감정인은 3년 이하의 징역 또는 1천만원 이상 3천만원 이하의 벌금에 처한다.

② 정당한 이유 없이 증인·감정인·참고인의 출석을 방해하거나 검증을 방해한 자에 대하여도 제1항의 형과 같다.

〔전부개정 2018·4·17〕

제13조(국회모욕의 죄) ① 증인이 본회의 또는 위원회에 출석하여 증언함에 있어 폭행·협박, 그 밖의 모욕적인 언행으로 국회의 권위를 훼손한 때에는 5년 이하의 징역 또는 1천만원 이상 5천만원 이하의 벌금에 처한다. <개정 2018·4·17>

② 증인이 동행명령을 거부하거나 고의로 동행명령장의 수령을 회피한 때, 제3자로 하여금 동행명령장의 집행을 방해하도록 한 때에는 5년 이하의 징역에 처한다.

〔전부개정 2017·3·21〕

제14조(위증 등의 죄) ① 이 법에 따라 선서한 증인 또는 감정인이 허위의 진술(서면답변을 포함한다)이나 감정을 하였을 때에는 1년 이상 10년 이하의 징역에 처한다. 다만, 범죄가 발각되기 전에 자백하였을 때에는 그 형을 감경 또는 면제할 수 있다.

② 제1항의 자백은 국회에서 안건심의 또는 국정감사나 국정조사를 종료하기 전에 하여야 한다.

〔전부개정 2018·4·17〕

제15조(고발) ① 본회의 또는 위원회는 증인·감정인 등이 제12조·제13조 또는 제14조제1항 본문의 죄를 범하였다고 인정한 때에는 고발하여야 한다. 다만, 청문회의 경우에는 재적위원 3분의 1 이상의 연서에 따라 그 위원의 이름으로 고발할 수 있다.

② 제1항에도 불구하고 제14조제1항 단서의 자백이 있는 경우에는 고발하지 아니할 수 있다.

③ 제1항 본문에 따른 고발은 서류등을 요구하였거나 증인·감정인 등을 조사한 본회의 또는 위원회의 의장 또는 위원장의 명의로 한다.

④ 제1항에 따른 고발이 있는 경우에는 검사는 고발장이 접수된 날부터 2개월 이내에 수사를 종결하여야 하며, 검찰총장은 지체 없이 그 처분결과를 국회에 서면으로 보고하여야 한다.

〔전부개정 2018·4·17〕

제16조(기간의 기산일) 이 법에 따른 기간의 계산에는 첫날을 산입한다.

〔전부개정 2018·4·17〕

제17조(국회규칙) 이 법 시행에 필요한 사항은 국회규칙으로 정한다.

〔전부개정 2018·4·17〕

부　칙

이 법은 공포한 날로부터 시행한다.

부　칙 <2000·2·16 법6268>

이 법은 2000년 5월 30일부터 시행한다.

부　칙 <2002·3·7 법6659>

이 법은 공포한 날부터 시행한다.

부　칙 <2003·2·4 법6858>

이 법은 공포한 날부터 시행한다.

부　칙 <2010·3·12 법10051>

이 법은 공포한 날부터 시행한다.

부　칙 <2010·5·28 법10330>

이 법은 공포한 날부터 시행한다.

부　칙 <2014·3·18 법12503>

제1조(시행일) 이 법은 공포한 날부터 시행한다.

제 2 조(서류등의 제출 요구에 관한 적용례) 이 법의 개정규정은 이 법 시행 후 최초로 제출을 요구하는 서류등부터 적용한다.

부 칙 <2016·12·16 법14377>

이 법은 공포한 날부터 시행한다.

부 칙 <2017·3·21 법14757>

이 법은 공포한 날부터 시행한다.

부 칙 <2018·4·17 법15621>

이 법은 공포한 날부터 시행한다.

●인사청문회법

〔2000·6·23 법률제6271호〕

개정
2002· 3· 7 법률제 6660호
2003· 2· 4 법률제 6856호
2005· 7·29 법률제 7627호
2007·12·14 법률제 8686호
2008· 2·29 법률제 8867호(방송통신위원회의 설치 및 운영에 관한 법률)
2010· 5·28 법률제10329호
2012· 3·21 법률제11415호
2014· 3·18 법률제12422호(특별감찰관법)
2014· 5·28 법률제12677호(방송법)
2020· 3·24 법률제17123호
2020· 8·18 법률제17488호
2021· 5·18 법률제18192호(국회법)

제 1 조(목적) 이 법은 국회의 인사청문특별위원회의 구성·운영과 인사청문회의 절차·운영 등에 관하여 필요한 사항을 규정함을 목적으로 한다.

제 2 조(정의) 이 법에서 사용하는 용어의 정의는 다음과 같다. <개정 2005·7·29, 2007·12·14>

1. "공직후보자"라 함은 국회법 제46조의3제 1 항의 규정에 의하여 임명을 위하여 동의요청된 자, 선출을 위하여 추천된 자, 대통령당선인으로부터 국무총리후보자로 인사청문이 요청된 자와 동법 제65조의2제 2 항의 규정에 의하여 다른 법률에서 대통령·대통령당선인 또는 대법원장으로부터 국회에 인사청문이 요청된 자를 말한다.
2. "임명동의안등"이라 함은 국회법 제46조의3제 1 항의 규정에 의한 임명동의안, 선출안, 대통령당선인으로부터 요청된 국무총리후보자에 대한 인사청문요청안과 동법 제65조의2제 2 항의 규정에 의하여 다른 법률에서 국회의 인사청문을 거치도록 한 공직후보자에 대한 인사청문요청안을 말한다.

〔전부개정 2003·2·4〕

제 3 조(인사청문특별위원회) ① 국회법 제46조의3의 규정에 의한 인사청문특별위원회는 임명동의안등(국회법 제65조의2제 2 항의 규정에 의하여 다른 법률에서 국회의 인사청문을 거치도록 한 공직후보자에 대한 인사청문요청안을 제외한다)이 국회에 제출된 때에 구성된 것으로 본다. <개정 2003·2·4>

② 인사청문특별위원회의 위원정수는 13인으로 한다. <개정 2003·2·4>

③ 인사청문특별위원회의 위원은 교섭단체등의 의원수의 비율에 의하여 각 교섭단체대표의원의 요청으로 국회의장(이하 "의장"이라 한다)이 선임 및 개선(改選)한다. 이 경우 각 교섭단체대표의원은 인사청문특별위원회가 구성된 날부터 2일 이내에 의장에게 위원의 선임을 요청하여야 하며, 이 기한내에 요청이 없는 때에는 의장이 위원을 선임할 수 있다. <개정 2003·2·4>

④ 어느 교섭단체에도 속하지 아니하는 의원의 위원선임은 의장이 이를 행한다.

⑤ 인사청문특별위원회는 위원장 1인과 각 교섭단체별로 간사 1인을 호선하고 본회의에 보고한다. <개정 2003·2·4>

⑥ 인사청문특별위원회는 임명동의안등이 본회의에서 의결될 때 또는 인사청문경과가 본회의에 보고될 때까지 존속한다. <개정 2003·2·4>

제 4 조(임명동의안등의 심사 또는 인사청문) ① 인사청문특별위원회, 소관상임위원회 또는 「국회법」 제65조의2제 3 항에 따른 특별위원회(이하 "위원회"라 한다)의 임명동의안등에 대한 심사 또는 인사청문은 국회법 제65조의2의 규정에 의한 인사청문회를 열어, 공직후보자를 출석하게 하여 질의를 행하고 답변과 의견을 청취하는 방식으로 한다. <개정 2003·2·4, 2010·5·28>

② 위원회는 필요한 경우 증인·감정인 또는 참고인으로부터 증언·진술을 청취하는 등 증거조사를 할 수 있다.

제 5 조(임명동의안등의 첨부서류) ① 국회에 제출하는 임명동의안등에는 요청사유서 또는 의장의 추천서와 다음 각호의 사항에 관한 증빙서류를 첨부하여야 한다. <개정 2003·2·4, 2005·7·29>

1. 직업·학력·경력에 관한 사항
2. 공직자등의병역사항신고및공개에관한법률의 규정에 의한 병역신고사항
3. 공직자윤리법 제10조의2제 2 항의 규정에 의한 재산신고사항
4. 최근 5년간의 소득세·재산세·종합토지세의 납부 및 체납 실적에 관한 사항
5. 범죄경력에 관한 사항

② 제 1 항 각호의 규정에 의한 서류는 국회의 동의 또는 인사청문을 요하는 공직후보자에 대하여는 임명권자(대통령당선인을 포함한다) 또는 지명권자가, 국회에서 선출하는 공직후보자에 대하여는 해당 공직후보자가 이를 의장에게 제출한다. <개정 2003·2·4, 2005·7·29, 2020·3·24>

③ 국회에서 선출하는 공직후보자는 필요한 경우 제 1 항 각호의 규정에 의한 서류를 국가기관, 지방자치단체 등 유관기관의 장에 대하여 요구할 수 있으며, 그 요구를 받은 해당 기관의 장은 이에 응하여야 한다. <개정 2020·3·24>

제 6 조(임명동의안등의 회부 등) ① 의장은 임명동의안등이 제출된 때에는 즉시 본회의에 보고하고 위원회에 회부하며, 그 심사 또는 인사청문이 끝난 후 본회의에 부의하거나 위원장으로 하여금 본회의에 보고하도록 한다. 다만, 폐회 또는 휴회 등으로 본회의에 보고할 수 없을 때에는 이를 생략하고 회부할 수 있다. <개정 2003·2·4>

② 국회는 임명동의안등이 제출된 날부터 20일 이내에 그 심사 또는 인사청문을 마쳐야 한다. <개정 2003·2·4>

③ 부득이한 사유로 제 2 항의 규정에 의한 기간 이내에 헌법재판소 재판관·중앙선거관리위원회 위원·국무위원·방송통신위원회 위원장·국가정보원장·공정거래위원회 위원장·금융위원회 위원장·국가인권위원회 위원장·고위공직자범죄수사처장·국세청장·검찰총장·경찰청장·합동참모의장·한국은행 총재·특별감찰관 또는 한국방송공사 사장(이하 "헌법재판소재판관등"이라 한다)의 후보자에 대한 인사청문회를 마치지 못하여 국회가 인사청문경과보고서를 송부하지 못한 경우에 대통령·대통령당선인 또는 대법원장은 제 2 항에 따른 기간의 다음날부터 10일 이내의 범위에서 기간을 정하여 인사청문경과보고서를 송부하여 줄 것을 국회에 요청할 수 있다. <신설 2003·2·4, 2005·7·29, 2007·12·14, 2008·2·29, 2012·3·21, 2014·3·18, 2014·5·28, 2020·8·18>

④ 제 3 항의 규정에 의한 기간 이내에 헌법재판소재판관등의 후보자에 대한 인사청문경과보고서를 국회가 송부하지 아니한 경우에 대통령 또는 대법원장은 헌법재판소재판관등으로 임명 또는 지명할 수 있다. <신설 2003·2·4, 2005·7·29, 2007·12·14>

제 7 조(위원의 질의 등) ① 위원회는 공직후보자로부터 선서를 들은 후 10분의 범위내에서 모두(冒頭)발언을 청취한다.

② 제 1 항의 규정에 의한 공직후보자의 선서는 다음과 같이 한다.

"공직후보자인 본인은 양심에 따라 숨김과 보탬이 없이 사실 그대로 말할 것을 맹서합니다."

③ 위원 1인당 질의시간은 위원장이 간사와 협의하여 정한다.

④ 위원회에서의 질의는 1문1답의 방식으로 한다. 다만, 위원회의 의결이 있는 경우 일괄질의 등 다른 방식으로 할 수 있다.

⑤ 위원이 공직후보자에 대하여 질의하고자 하는 경우에는 질의요지서를 구체적으로 작성하여 인사청문회개회 24시간전까지 위원장에게 제출하여야 한다. 이 경우 위원장은 지체없이 질의요지서를 공직후보자에게 송부하여야 한다.

⑥ 위원은 공직후보자에게 서면으로 질의를 할 수 있다. 이 경우 질의서는 위원장에게 제출하고, 위원장은 늦어도 인사청문회개회 5일 전까지 질의서가 공직후보자에게 도달되도록 송부하여야 하며 공직후보자는 인사청문회개회 48시간 전까지 위원장에게 답변서를 제출하여야 한다. <개정 2005·7·29>

⑦ 제14조 및 제15조의 규정은 서면답변에 관하여 이를 준용한다.

제 8 조(증인 등의 출석요구 등) 위원회가 증인·감정인·참고인의 출석요구를 한 때에

는 그 출석요구서가 늦어도 출석요구일 5일 전에 송달되도록 하여야 한다.

제 9 조(위원회의 활동기간 등) ① 위원회는 임명동의안등이 회부된 날부터 15일 이내에 인사청문회를 마치되, 인사청문회의 기간은 3일 이내로 한다. 다만, 부득이한 사유로 헌법재판소재판관등의 후보자에 대한 인사청문회를 그 기간 이내에 마치지 못하여 제 6 조제 3 항의 규정에 의하여 기간이 정하여진 때에는 그 연장된 기간 이내에 인사청문회를 마쳐야 한다. <개정 2002·3·7, 2003·2·4, 2005·7·29, 2007·12·14>

② 위원회는 임명동의안등에 대한 인사청문회를 마친 날부터 3일 이내에 심사경과보고서 또는 인사청문경과보고서를 의장에게 제출한다. <개정 2002·3·7, 2003·2·4>

③ 위원회가 정당한 이유없이 제 1 항 및 제 2 항의 기간내에 임명동의안등(국회법 제65조의2제 2 항의 규정에 의하여 다른 법률에서 국회의 인사청문을 거치도록 한 공직후보자에 대한 인사청문요청안을 제외한다)에 대한 심사 또는 인사청문을 마치지 아니한 때에는 의장은 이를 바로 본회의에 부의할 수 있다. <개정 2003·2·4>

제10조(경과보고서) ① 위원회가 제 9 조제 2 항의 규정에 의하여 의장에게 제출하는 보고서에는 심사경과 또는 인사청문경과를 기재하고 관련된 중요 증거서류를 첨부하여야 한다. <개정 2003·2·4>

② 의장은 보고서가 제출된 때에는 본회의에서 의제가 되기 전에 인쇄하여 의원에게 배부한다. 다만, 긴급을 요할 때에는 이를 생략할 수 있다.

③ 제 1 항의 규정에 의한 인사청문경과보고서중 국회법 제46조의3제 1 항 단서의 규정에 의한 국무총리후보자에 대한 인사청문경과보고서는 국무총리임명동의안의 심사경과보고서로 본다. <신설 2003·2·4>

제11조(위원장의 보고 등) ① 위원장은 위원회에서 심사 또는 인사청문을 마친 임명동의안등에 대한 위원회의 심사경과 또는 인사청문경과를 본회의에 보고한다.

② 의장은 국회법 제65조의2제 2 항의 규정에 의한 공직후보자에 대한 인사청문경과가 본회의에 보고되면 지체없이 인사청문경과보고서를 대통령·대통령당선인 또는 대법원장에게 송부하여야 한다. 다만, 인사청문을 마친 후 폐회 또는 휴회 그 밖의 부득이한 사유로 위원장이 인사청문경과를 본회의에 보고할 수 없을 때에는 위원장은 이를 의장에게 보고하고 의장은 인사청문경과보고서를 대통령·대통령당선인 또는 대법원장에게 송부하여야 한다. <개정 2005·7·29, 2007·12·14>

〔전부개정 2003·2·4〕

제11조의2(대통령당선인의 행위에 대한 의제) 「대통령직인수에 관한 법률」 제 5 조제 2 항에 따라 대통령당선인이 국무위원 후보자에 대한 인사청문을 요청한 후 대통령 임기가 개시된 때에는 대통령당선인이 인사청문과 관련하여 행한 행위는 대통령이 행한 행위로 본다.

〔본조신설 2007·12·14〕

제12조(자료제출요구) ① 위원회는 그 의결 또는 재적의원 3분의 1 이상의 요구로 공직후보자의 인사청문과 직접 관련된 자료의 제출을 국가기관·지방자치단체, 기타 기관에 대하여 요구할 수 있다.

② 제 1 항의 요구를 받은 때에는 기간을 따로 정하는 경우를 제외하고는 5일 이내에 자료를 제출하여야 한다.

③ 제 1 항의 규정에 의하여 자료의 제출을 요구받은 기관은 제 2 항의 규정에 의한 기간 이내에 자료를 제출하지 아니한 때에는 그 사유서를 제출하여야 한다. 이 경우 위원회는 제출된 사유서를 심사경과보고서 또는 인사청문경과보고서에 첨부하여야 한다. <신설 2003·2·4>

④ 위원회는 제 1 항의 규정에 의하여 자료의 제출을 요구받은 기관이 정당한 사유없이 제 2 항의 규정에 의한 기간 이내에 자료를 제출하지 아니한 때에는 해당 기관에 이를 경고할 수 있다. <신설 2003·2·4, 2020·3·24>

제13조(검증) 위원회는 공직후보자의 인사청문을 위하여 필요한 경우에는 그 의결로 검증

을 행할 수 있다.

제14조(인사청문회의 공개) 인사청문회는 공개한다. 다만, 다음 각호의 1에 해당하는 경우에는 위원회의 의결로 공개하지 아니할 수 있다.

1. 군사·외교 등 국가기밀에 관한 사항으로서 국가의 안전보장을 위하여 필요한 경우
2. 개인의 명예나 사생활을 부당하게 침해할 우려가 명백한 경우
3. 기업 및 개인의 적법한 금융 또는 상거래 등에 관한 정보가 누설될 우려가 있는 경우
4. 계속(繫屬)중인 재판 또는 수사중인 사건의 소추에 영향을 미치는 정보가 누설될 우려가 명백한 경우
5. 기타 다른 법령에 의해 비밀이 유지되어야 하는 경우로서 비공개가 필요하다고 판단되는 경우

제15조(공직후보자 등의 보호) 위원회에 출석한 공직후보자·증인·참고인 등이 답변을 하거나 증언 등을 함에 있어서 특별한 이유로 인사청문회의 비공개를 요구할 때에는 위원회의 의결로 인사청문회를 공개하지 아니할 수 있다. 이 경우 그 비공개이유는 비공개회의에서 소명하여야 한다.

제15조의2(공직후보자에 대한 지원) 국가기관은 이 법에 따른 공직후보자에게 인사청문에 필요한 최소한의 행정적 지원을 할 수 있다.
〔본조신설 2010·5·28〕

제16조(답변 등의 거부) ① 공직후보자는 국회에서의증언·감정등에관한법률 제4조제1항 단서의 규정에 해당하는 경우에는 답변 또는 자료제출을 거부할 수 있다.

② 공직후보자는 형사소송법 제148조 또는 제149조의 규정에 해당하는 경우에 답변 또는 자료제출을 거부할 수 있다. 이 경우 그 거부이유는 소명하여야 한다.

제17조(제척과 회피) ① 위원은 공직후보자와 직접 이해관계가 있거나 공정을 기할 수 없는 현저한 사유가 있는 경우에는 그 공직후보자에 대한 인사청문회에 참여할 수 없다.

② 위원회는 제척사유가 있다고 인정할 때에는 그 의결로 해당 위원의 인사청문회 참여를 배제하고 다른 위원으로 개선(改選)하여 심사 또는 인사청문을 하게 하여야 한다. <개정 2003·2·4, 2020·3·24>

③ 제1항의 사유가 있는 위원 또는 「국회법」 제32조의4제1항의 신고사항에 해당하여 이해충돌이 발생할 우려가 있다고 판단하는 위원은 위원장에게 회피를 신청하여야 한다. 이 경우 회피 신청을 받은 위원장은 간사와 협의하여 회피를 허가할 수 있다.
<개정 2021·5·18>

제18조(주의의무) ① 위원은 허위사실임을 알고 있음에도 진실인 것을 전제로 하여 발언하거나 위협적 또는 모욕적인 발언을 하여서는 아니된다.

② 위원 및 사무보조자는 임명동의안등의 심사 또는 인사청문을 통하여 알게된 비밀을 정당한 사유없이 누설하여서는 아니된다. <개정 2003·2·4>

제19조(준용규정) 위원회의 구성·운영과 인사청문회의 절차·운영 등에 관하여는 이 법에서 규정한 사항을 제외하고는 국회법, 국정감사및조사에관한법률 및 국회에서의증언·감정등에관한법률의 규정을 준용한다.

부 칙

①(시행일) 이 법은 공포한 날부터 시행한다.

②(경과조치) 이 법 시행 당시 국회법 제44조의 규정에 의하여 구성된 국무총리(李漢東)임명동의에관한인사청문특별위원회와 동법 제65조에 의하여 개회되는 청문회는 각각 이 법에 의한 위원회 및 인사청문」회로 본다.

부 칙 <2002·3·7 법6660>

이 법은 공포한 날부터 시행한다.

부 칙 <2003·2·4 법6856>

이 법은 공포한 날부터 시행한다.

부 칙 <2005·7·29 법7627>

이 법은 공포한 날부터 시행한다.

부 칙 <2007·12·14 법8686>

이 법은 공포한 날부터 시행한다.

부 칙 <2008·2·29 법8867>

제1조(시행일 등) 이 법은 공포한 날부터 시행한다. 〈단서 생략〉

제2조부터 **제12조**까지 생략

부 칙 <2010·5·28 법10329>

이 법은 공포한 날부터 시행한다.

부 칙 <2012·3·21 법11415>

이 법은 2012년 5월 30일부터 시행한다.

부 칙 <2014·3·18 법12422>

제1조(시행일) 이 법은 공포 후 3개월이 경과한 날부터 시행한다.

제2조 생략

부 칙 <2014·5·28 법12677>

제1조(시행일) 이 법은 공포 후 3개월이 경과한 날부터 시행한다. 〈단서 생략〉

제2조부터 **제5조**까지 생략

부 칙 <2020·3·24 법17123>

이 법은 공포한 날부터 시행한다.

부 칙 <2020·8·18 법17488>

이 법은 공포한 날부터 시행한다.

부 칙 <2021·5·18 법18192>

제1조(시행일) 이 법은 2022년 5월 30일부터 시행한다.

제2조부터 **제5조**까지 생략

●정부조직법

〔2013·3·23 법률제11690호 전부개정〕

개정
2013·12·24 법률제12114호
2014·11·19 법률제12844호
2015·12·22 법률제13593호
2017·4·18 법률제14804호(해양수산발전 기본법)
2017·7·26 법률제14839호
2018·6·8 법률제15624호
2020·2·4 법률제16930호(개인정보 보호법)
2020·6·9 법률제17384호
2020·8·11 법률제17472호
2020·12·15 법률제17646호(국가정보원법)
2020·12·29 법률제17799호(독점규제 및 공정거래에 관한 법률)
2020·12·31 법률제17814호
2021·7·8 법률제18293호
2023·3·4 법률제19228호
2023·3·21 법률제19270호(국립묘지의 설치 및 운영에 관한 법률)
2023·12·26 법률제19840호
2024·1·26 법률제20145호
2024·2·13 법률제20289호(영유아보육법)
2024·2·13 법률제20309호

제1장 총칙

제1조(목적) 이 법은 국가행정사무의 체계적이고 능률적인 수행을 위하여 국가행정기관의 설치·조직과 직무범위의 대강을 정함을 목적으로 한다.

제2조(중앙행정기관의 설치와 조직 등) ① 중앙행정기관의 설치와 직무범위는 법률로 정한다.

② 중앙행정기관은 이 법에 따라 설치된 부·처·청과 다음 각 호의 행정기관으로 하되, 중앙행정기관은 이 법 및 다음 각 호의 법률에 따르지 아니하고는 설치할 수 없다. <개정 2020·6·9, 2020·8·11, 2020·12·29, 2024·1·26>

1. 「방송통신위원회의 설치 및 운영에 관한 법률」 제3조에 따른 방송통신위원회
2. 「독점규제 및 공정거래에 관한 법률」 제54조에 따른 공정거래위원회
3. 「부패방지 및 국민권익위원회의 설치와 운영에 관한 법률」 제11조에 따른 국민권익위원회
4. 「금융위원회의 설치 등에 관한 법률」 제3조에 따른 금융위원회
5. 「개인정보 보호법」 제7조에 따른 개인정보 보호위원회
6. 「원자력안전위원회의 설치 및 운영에 관한 법률」 제3조에 따른 원자력안전위원회
7. 「우주항공청의 설치 및 운영에 관한 특별법」 제6조에 따른 우주항공청
8. 「신행정수도 후속대책을 위한 연기·공주지역 행정중심복합도시 건설을 위한 특별법」 제38조에 따른 행정중심복합도시건설청
9. 「새만금사업 추진 및 지원에 관한 특별법」 제34조에 따른 새만금개발청

③ 중앙행정기관의 보조기관은 이 법과 다른 법률에 특별한 규정이 있는 경우를 제외하고는 차관·차장·실장·국장 및 과장으로 한다. 다만, 실장·국장 및 과장의 명칭은 대통령령으로 정하는 바에 따라 본부장·단장·부장·팀장 등으로 달리 정할 수 있으며, 실장·국장 및 과장의 명칭을 달리 정한 보조기관은 이 법을 적용할 때 실장·국장 및 과장으로 본다.

④ 제3항에 따른 보조기관의 설치와 사무분장은 법률로 정한 것을 제외하고는 대통령령으로 정한다. 다만, 과의 설치와 사무분장은 총리령 또는 부령으로 정할 수 있다.

⑤ 행정각부에는 대통령령으로 정하는 특정업무에 관하여 장관과 차관(제34조제3항 및 제38조제2항에 따라 행정안전부 및 산업통상자원부에 두는 본부장을 포함한다)을 직접 보좌하기 위하여 차관보를 둘 수 있으며, 중앙행정기관에는 그 기관의 장, 차관(제29조제2항·제34조제3항 및 제38조제2항에 따라 과학기술정보통신부·행정안전부 및 산업통상자원부에 두는 본부장을 포함한다)·차장·실장·국장 밑에 정책의 기획, 계획의 입안, 연구·조사, 심사·평가 및 홍보 등을 통하여 그를 보좌하는 보좌기관을 대통령령

으로 정하는 바에 따라 둘 수 있다. 다만, 과에 상당하는 보좌기관은 총리령 또는 부령으로 정할 수 있다. <개정 2017·7·26, 2020·6·9, 2023·3·4>

⑥ 중앙행정기관의 보조기관 및 보좌기관은 이 법과 다른 법률에 특별한 규정이 있는 경우를 제외하고는 일반직공무원·특정직공무원(경찰공무원 및 교육공무원만 해당한다) 또는 별정직공무원으로 보(補)하되, 다음 각 호에 따른 중앙행정기관의 보조기관 및 보좌기관은 대통령령으로 정하는 바에 따라 다음 각 호의 구분에 따른 특정직공무원으로도 보할 수 있다. 다만, 별정직공무원으로 보하는 국장은 중앙행정기관마다 1명을 초과할 수 없다. <개정 2020·6·9, 2023·3·4>

1. 외교부 및 재외동포청 : 외무공무원
2. 법무부 : 검사
3. 국방부, 병무청 및 방위사업청 : 현역군인
4. 행정안전부의 안전·재난 업무 담당 : 소방공무원
5. 소방청 : 소방공무원

⑦ 제 6 항에 따라 중앙행정기관의 보조기관 또는 보좌기관을 보하는 경우 차관보·실장·국장 및 이에 상당하는 보좌기관은 고위공무원단에 속하는 공무원 또는 이에 상당하는 특정직공무원으로 보하고, 과장 및 이에 상당하는 보좌기관의 계급은 대통령령으로 정하는 바에 따른다. <개정 2020·6·9>

⑧ 제 6 항 및 제 7 항에 따라 일반직공무원 또는 특정직공무원으로 보하는 직위 중 그 소관업무의 성질상 전문성이 특히 필요하다고 인정되는 경우 중앙행정기관별로 100분의 20 범위에서 대통령령으로 정하는 직위는 근무기간을 정하여 임용하는 공무원으로도 보할 수 있다. <개정 2013·12·24>

⑨ 중앙행정기관이 아닌 행정기관의 보조기관 및 보좌기관과 행정기관의 파견직위(파견된 공무원으로 보하는 직위를 말한다)에 보하는 공무원의 경우 실장·국장 및 이에 상당하는 보좌기관은 고위공무원단에 속하는 공무원 또는 이에 상당하는 특정직공무원으로 보하고, 과장 및 이에 상당하는 보좌기관의 계급은 대통령령으로 정하는 바에 따른다. <개정 2020·6·9>

⑩ 중앙행정기관과 중앙행정기관이 아닌 행정기관의 차관보·보조기관 및 보좌기관에 대하여는 각각 적정한 직급 또는 직무등급을 배정하여야 한다. <개정 2020·6·9>

제 3 조(특별지방행정기관의 설치) ① 중앙행정기관에는 소관사무를 수행하기 위하여 필요한 때에는 특히 법률로 정한 경우를 제외하고는 대통령령으로 정하는 바에 따라 지방행정기관을 둘 수 있다.

② 제 1 항의 지방행정기관은 업무의 관련성이나 지역적인 특수성에 따라 통합하여 수행함이 효율적이라고 인정되는 경우에는 대통령령으로 정하는 바에 따라 관련되는 다른 중앙행정기관의 소관사무를 통합하여 수행할 수 있다.

제 4 조(부속기관의 설치) 행정기관에는 그 소관사무의 범위에서 필요한 때에는 대통령령으로 정하는 바에 따라 시험연구기관·교육훈련기관·문화기관·의료기관·제조기관 및 자문기관 등을 둘 수 있다.

제 5 조(합의제행정기관의 설치) 행정기관에는 그 소관사무의 일부를 독립하여 수행할 필요가 있는 때에는 법률로 정하는 바에 따라 행정위원회 등 합의제행정기관을 둘 수 있다.

제 6 조(권한의 위임 또는 위탁) ① 행정기관은 법령으로 정하는 바에 따라 그 소관사무의 일부를 보조기관 또는 하급행정기관에 위임하거나 다른 행정기관·지방자치단체 또는 그 기관에 위탁 또는 위임할 수 있다. 이 경우 위임 또는 위탁을 받은 기관은 특히 필요한 경우에는 법령으로 정하는 바에 따라 위임 또는 위탁을 받은 사무의 일부를 보조기관 또는 하급행정기관에 재위임할 수 있다.

② 보조기관은 제 1 항에 따라 위임받은 사항에 대하여는 그 범위에서 행정기관으로서 그 사무를 수행한다.

③ 행정기관은 법령으로 정하는 바에 따라 그 소관사무 중 조사·검사·검정·관리 업무 등 국민의 권리·의무와 직접 관계되지 아니하는 사무를 지방자치단체가 아닌 법인·단체 또는 그 기관이나 개인에게 위탁할 수 있다.

제 7 조(행정기관의 장의 직무권한) ① 각 행정기관의 장은 소관사무를 통할하고 소속공무원을 지휘·감독한다.

② 차관(제29조제 2 항·제34조제 3 항 및 제

38조제 2 항에 따라 과학기술정보통신부 · 행정안전부 및 산업통상자원부에 두는 본부장을 포함한다. 이하 이 조에서 같다) 또는 차장(국무조정실 차장을 포함한다. 이하 이 조에서 같다)은 그 기관의 장을 보좌하여 소관사무를 처리하고 소속공무원을 지휘 · 감독하며, 그 기관의 장이 사고로 직무를 수행할 수 없으면 그 직무를 대행한다. 다만, 차관 또는 차장이 2명 이상인 기관의 장이 사고로 직무를 수행할 수 없으면 대통령령으로 정하는 순서에 따라 그 직무를 대행한다. <개정 2014 · 11 · 19, 2017 · 7 · 26, 2023 · 3 · 4>

③ 각 행정기관의 보조기관은 그 기관의 장, 차관 또는 차장을 보좌하여 소관사무를 처리하고 소속공무원을 지휘 · 감독한다.

④ 제 1 항과 제 2 항의 경우에 소속청에 대하여는 중요정책수립에 관하여 그 청의 장을 직접 지휘할 수 있다.

⑤ 부 · 처의 장은 그 소관사무의 효율적 추진을 위하여 필요한 경우에는 국무총리에게 소관사무와 관련되는 다른 행정기관의 사무에 대한 조정을 요청할 수 있다.

제 8 조(공무원의 정원 등) ① 각 행정기관에 배치할 공무원의 종류와 정원, 고위공무원단에 속하는 공무원으로 보하는 직위와 고위공무원단에 속하는 공무원의 정원, 공무원배치의 기준 및 절차 그 밖에 필요한 사항은 대통령령으로 정한다. 다만, 각 행정기관에 배치하는 정무직공무원(대통령비서실 및 국가안보실에 배치하는 정무직공무원은 제외한다)의 경우에는 법률로 정한다.

② 제 1 항의 경우 직무의 성질상 2개 이상의 행정기관의 정원을 통합하여 관리하는 것이 효율적이라고 인정되는 경우에는 그 정원을 통합하여 정할 수 있다.

제 9 조(예산조치와의 병행) 행정기관 또는 소속기관을 설치하거나 공무원의 정원을 증원할 때에는 반드시 예산상의 조치가 병행되어야 한다.

제10조(정부위원) 국무조정실의 실장 및 차장, 부 · 처 · 청의 처장 · 차관 · 청장 · 차장 · 실장 · 국장 및 차관보와 제29조제 2 항 · 제34조제 3 항 및 제38조제 2 항에 따라 과학기술정보통신부 · 행정안전부 및 산업통상자원부에 두는 본부장은 정부위원이 된다. <개정 2014 · 11 · 19, 2017 · 7 · 26, 2023 · 3 · 4>

제 2 장 대통령

제11조(대통령의 행정감독권) ① 대통령은 정부의 수반으로서 법령에 따라 모든 중앙행정기관의 장을 지휘 · 감독한다.

② 대통령은 국무총리와 중앙행정기관의 장의 명령이나 처분이 위법 또는 부당하다고 인정하면 이를 중지 또는 취소할 수 있다.

제12조(국무회의) ① 대통령은 국무회의 의장으로서 회의를 소집하고 이를 주재한다.

② 의장이 사고로 직무를 수행할 수 없는 경우에는 부의장인 국무총리가 그 직무를 대행하고, 의장과 부의장이 모두 사고로 직무를 수행할 수 없는 경우에는 기획재정부장관이 겸임하는 부총리, 교육부장관이 겸임하는 부총리 및 제26조제 1 항에 규정된 순서에 따라 국무위원이 그 직무를 대행한다. <개정 2014 · 11 · 19>

③ 국무위원은 정무직으로 하며 의장에게 의안을 제출하고 국무회의의 소집을 요구할 수 있다.

④ 국무회의의 운영에 관하여 필요한 사항은 대통령령으로 정한다.

제13조(국무회의의 출석권 및 의안제출) ① 국무조정실장 · 인사혁신처장 · 법제처장 · 식품의약품안전처장 그 밖에 법률로 정하는 공무원은 필요한 경우 국무회의에 출석하여 발언할 수 있다. <개정 2014 · 11 · 19, 2017 · 7 · 26, 2023 · 3 · 4>

② 제 1 항에 규정된 공무원은 소관사무에 관하여 국무총리에게 의안의 제출을 건의할 수 있다.

제14조(대통령비서실) ① 대통령의 직무를 보좌하기 위하여 대통령비서실을 둔다.

② 대통령비서실에 실장 1명을 두되, 실장은 정무직으로 한다.

제15조(국가안보실) ① 국가안보에 관한 대통령의 직무를 보좌하기 위하여 국가안보실을 둔다.

② 국가안보실에 실장 1명을 두되, 실장은 정무직으로 한다.

제16조(대통령경호처) ① 대통령 등의 경호를 담당하기 위하여 대통령경호처를 둔다. <개정 2017 · 7 · 26>

② 대통령경호처에 처장 1명을 두되, 처장은 정무직으로 한다. <개정 2017 · 7 · 26>

③ 대통령경호처의 조직 · 직무범위 그 밖에 필요한 사항은 따로 법률로 정한다. <개정 2017 · 7 · 26>

제17조(국가정보원) ① 국가안전보장에 관련되는 정보 및 보안에 관한 사무를 담당하기 위하여 대통령 소속으로 국가정보원을 둔다. <개정 2020·12·15>

② 국가정보원의 조직·직무범위 그 밖에 필요한 사항은 따로 법률로 정한다.

제 3 장 국무총리

제18조(국무총리의 행정감독권) ① 국무총리는 대통령의 명을 받아 각 중앙행정기관의 장을 지휘·감독한다.

② 국무총리는 중앙행정기관의 장의 명령이나 처분이 위법 또는 부당하다고 인정될 경우에는 대통령의 승인을 받아 이를 중지 또는 취소할 수 있다.

제19조(부총리) ① 국무총리가 특별히 위임하는 사무를 수행하기 위하여 부총리 2명을 둔다. <개정 2014·11·19>

② 부총리는 국무위원으로 보한다.

③ 부총리는 기획재정부장관과 교육부장관이 각각 겸임한다. <개정 2014·11·19>

④ 기획재정부장관은 경제정책에 관하여 국무총리의 명을 받아 관계 중앙행정기관을 총괄·조정한다. <신설 2014·11·19>

⑤ 교육부장관은 교육·사회 및 문화 정책에 관하여 국무총리의 명을 받아 관계 중앙행정기관을 총괄·조정한다. <신설 2014·11·19>

제20조(국무조정실) ① 각 중앙행정기관의 행정의 지휘·감독, 정책 조정 및 사회위험·갈등의 관리, 정부업무평가 및 규제개혁에 관하여 국무총리를 보좌하기 위하여 국무조정실을 둔다.

② 국무조정실에 실장 1명을 두되, 실장은 정무직으로 한다.

③ 국무조정실에 차장 2명을 두되, 차장은 정무직으로 한다.

제21조(국무총리비서실) ① 국무총리의 직무를 보좌하기 위하여 국무총리비서실을 둔다.

② 국무총리비서실에 실장 1명을 두되, 실장은 정무직으로 한다.

제22조(국무총리의 직무대행) 국무총리가 사고로 직무를 수행할 수 없는 경우에는 기획재정부장관이 겸임하는 부총리, 교육부장관이 겸임하는 부총리의 순으로 직무를 대행하고, 국무총리와 부총리가 모두 사고로 직무를 수행할 수 없는 경우에는 대통령의 지명이 있으면 그 지명을 받은 국무위원이, 지명이 없는 경우에는 제26조제1항에 규정된 순서에 따른 국무위원이 그 직무를 대행한다. <개정 2014·11·19>

제22조의2 삭제 <2023·3·4>

제22조의3(인사혁신처) ① 공무원의 인사·윤리·복무 및 연금에 관한 사무를 관장하기 위하여 국무총리 소속으로 인사혁신처를 둔다.

② 인사혁신처에 처장 1명과 차장 1명을 두되, 처장은 정무직으로 하고, 차장은 고위공무원단에 속하는 일반직공무원으로 보한다.

〔본조신설 2014·11·19〕

제23조(법제처) ① 국무회의에 상정될 법령안·조약안과 총리령안 및 부령안의 심사와 그 밖에 법제에 관한 사무를 전문적으로 관장하기 위하여 국무총리 소속으로 법제처를 둔다.

② 법제처에 처장 1명과 차장 1명을 두되, 처장은 정무직으로 하고, 차장은 고위공무원단에 속하는 일반직공무원으로 보한다. <개정 2013·12·24>

제24조 삭제 <2017·7·26>

제25조(식품의약품안전처) ① 식품 및 의약품의 안전에 관한 사무를 관장하기 위하여 국무총리 소속으로 식품의약품안전처를 둔다.

② 식품의약품안전처에 처장 1명과 차장 1명을 두되, 처장은 정무직으로 하고, 차장은 고위공무원단에 속하는 일반직공무원으로 보한다. <개정 2013·12·24>

제 4 장 행정각부

제26조(행정각부) ① 대통령의 통할하에 다음의 행정각부를 둔다. <개정 2014·11·19, 2017·7·26, 2023·3·4>

1. 기획재정부
2. 교육부
3. 과학기술정보통신부
4. 외교부
5. 통일부
6. 법무부
7. 국방부
8. 행정안전부
9. 국가보훈부
10. 문화체육관광부

11. 농림축산식품부
12. 산업통상자원부
13. 보건복지부
14. 환경부
15. 고용노동부
16. 여성가족부
17. 국토교통부
18. 해양수산부
19. 중소벤처기업부

② 행정각부에 장관 1명과 차관 1명을 두되, 장관은 국무위원으로 보하고, 차관은 정무직으로 한다. 다만, 기획재정부·과학기술정보통신부·외교부·문화체육관광부·산업통상자원부·보건복지부·국토교통부에는 차관 2명을 둔다. <개정 2014·11·19, 2017·7·26, 2020·8·11, 2021·7·8>

③ 장관은 소관사무에 관하여 지방행정의 장을 지휘·감독한다.

제27조(기획재정부) ① 기획재정부장관은 중장기 국가발전전략수립, 경제·재정정책의 수립·총괄·조정, 예산·기금의 편성·집행·성과관리, 화폐·외환·국고·정부회계·내국세제·관세·국제금융, 공공기관 관리, 경제협력·국유재산·민간투자 및 국가채무에 관한 사무를 관장한다.

② 기획재정부에 차관보 1명을 둘 수 있다.

③ 내국세의 부과·감면 및 징수에 관한 사무를 관장하기 위하여 기획재정부장관 소속으로 국세청을 둔다.

④ 국세청에 청장 1명과 차장 1명을 두되, 청장은 정무직으로 하고, 차장은 고위공무원단에 속하는 일반직공무원으로 보한다. <개정 2013·12·24>

⑤ 관세의 부과·감면 및 징수와 수출입물품의 통관 및 밀수출입단속에 관한 사무를 관장하기 위하여 기획재정부장관 소속으로 관세청을 둔다.

⑥ 관세청에 청장 1명과 차장 1명을 두되, 청장은 정무직으로 하고, 차장은 고위공무원단에 속하는 일반직공무원으로 보한다. <개정 2013·12·24>

⑦ 정부가 행하는 물자(군수품을 제외한다)의 구매·공급 및 관리에 관한 사무와 정부의 주요시설공사계약에 관한 사무를 관장하기 위하여 기획재정부장관 소속으로 조달청을 둔다.

⑧ 조달청에 청장 1명과 차장 1명을 두되, 청장은 정무직으로 하고, 차장은 고위공무원단에 속하는 일반직공무원으로 보한다. <개정 2013·12·24>

⑨ 통계의 기준설정과 인구조사 및 각종 통계에 관한 사무를 관장하기 위하여 기획재정부장관 소속으로 통계청을 둔다.

⑩ 통계청에 청장 1명과 차장 1명을 두되, 청장은 정무직으로 하고, 차장은 고위공무원단에 속하는 일반직공무원으로 보한다. <개정 2013·12·24>

제28조(교육부) ① 교육부장관은 인적자원개발정책, 영·유아 보육·교육, 학교교육·평생교육, 학술에 관한 사무를 관장한다. <개정 2023·12·26>

② 교육부에 차관보 1명을 둘 수 있다.

제29조(과학기술정보통신부) ① 과학기술정보통신부장관은 과학기술정책의 수립·총괄·조정·평가, 과학기술의 연구개발·협력·진흥, 과학기술인력 양성, 원자력 연구·개발·생산·이용, 국가정보화 기획·정보보호·정보문화, 방송·통신의 융합·진흥 및 전파관리, 정보통신산업, 우편·우편환 및 우편대체에 관한 사무를 관장한다. <개정 2017·7·26>

② 과학기술정보통신부에 과학기술혁신사무를 담당하는 본부장 1명을 두되, 본부장은 정무직으로 한다. <신설 2017·7·26>

제30조(외교부) ① 외교부장관은 외교, 경제외교 및 국제경제협력외교, 국제관계 업무에 관한 조정, 조약 기타 국제협정, 재외국민의 보호·지원, 국제정세의 조사·분석에 관한 사무를 관장한다. <개정 2023·3·4>

② 외교부에 차관보 1명을 둘 수 있다.

③ 재외동포에 관한 사무를 관장하기 위하여 외교부장관 소속으로 재외동포청을 둔다. <신설 2023·3·4>

④ 재외동포청에 청장 1명과 차장 1명을 두되, 청장은 정무직으로 하고, 차장은 고위공무원단에 속하는 일반직공무원 또는 외무공무원으로 보한다. <신설 2023·3·4>

제31조(통일부) 통일부장관은 통일 및 남북대화·교류·협력에 관한 정책의 수립, 통일교육, 그 밖에 통일에 관한 사무를 관장한다.

제32조(법무부) ① 법무부장관은 검찰·행형·인권옹호·출입국관리 그 밖에 법무에 관한 사무를 관장한다.

② 검사에 관한 사무를 관장하기 위하여 법무부장관 소속으로 검찰청을 둔다.

③ 검찰청의 조직·직무범위 그 밖에 필요한 사항은 따로 법률로 정한다.

제33조(국방부) ① 국방부장관은 국방에 관련된 군정 및 군령과 그 밖에 군사에 관한 사무를 관장한다.

② 국방부에 차관보 1명을 둘 수 있다.

③ 징집·소집 그 밖에 병무행정에 관한 사무를 관장하기 위하여 국방부장관 소속으로 병무청을 둔다.

④ 병무청에 청장 1명과 차장 1명을 두되, 청장은 정무직으로 하고, 차장은 고위공무원단에 속하는 일반직공무원으로 보한다. <개정 2013·12·24>

⑤ 방위력 개선사업, 군수물자 조달 및 방위산업 육성에 관한 사무를 관장하기 위하여 국방부장관 소속으로 방위사업청을 둔다.

⑥ 방위사업청에 청장 1명과 차장 1명을 두되, 청장은 정무직으로 하고, 차장은 고위공무원단에 속하는 일반직공무원으로 보한다. <개정 2013·12·24>

제34조(행정안전부) ① 행정안전부장관은 국무회의의 서무, 법령 및 조약의 공포, 정부조직과 정원, 상훈, 정부혁신, 행정능률, 전자정부, 정부청사의 관리, 지방자치제도, 지방자치단체의 사무지원·재정·세제, 낙후지역 등 지원, 지방자치단체간 분쟁조정, 선거·국민투표의 지원, 안전 및 재난에 관한 정책의 수립·총괄·조정, 비상대비, 민방위 및 방재에 관한 사무를 관장한다. <개정 2014·11·19, 2017·7·26, 2020·2·4>

② 국가의 행정사무로서 다른 중앙행정기관의 소관에 속하지 아니하는 사무는 행정안전부장관이 이를 처리한다. <개정 2014·11·19, 2017·7·26>

③ 행정안전부에 재난안전관리사무를 담당하는 본부장 1명을 두되, 본부장은 정무직으로 한다. <신설 2017·7·26>

④ 행정안전부에 차관보 1명을 둘 수 있다. <개정 2014·11·19, 2017·7·26>

⑤ 치안에 관한 사무를 관장하기 위하여 행정안전부장관 소속으로 경찰청을 둔다. <개정 2014·11·19, 2017·7·26>

⑥ 경찰청의 조직·직무범위 그 밖에 필요한 사항은 따로 법률로 정한다.

⑦ 소방에 관한 사무를 관장하기 위하여 행정안전부장관 소속으로 소방청을 둔다. <신설 2017·7·26>

⑧ 소방청에 청장 1명과 차장 1명을 두되, 청장 및 차장은 소방공무원으로 보한다. <신설 2017·7·26>

제35조(국가보훈부) 국가보훈부장관은 국가유공자 및 그 유족에 대한 보훈, 제대군인의 보상·보호, 보훈선양에 관한 사무를 관장한다. [본조신설 2023·3·4]

제36조(문화체육관광부) ① 문화체육관광부장관은 문화·예술·영상·광고·출판·간행물·체육·관광, 국정에 대한 홍보 및 정부발표에 관한 사무를 관장한다.

② 문화체육관광부에 차관보 1명을 둘 수 있다.

③ 국가유산에 관한 사무를 관장하기 위하여 문화체육관광부장관 소속으로 국가유산청을 둔다. <개정 2024·2·13>

④ 국가유산청에 청장 1명과 차장 1명을 두되, 청장은 정무직으로 하고, 차장은 고위공무원단에 속하는 일반직공무원으로 보한다. <개정 2013·12·24, 2024·2·13>

제37조(농림축산식품부) ① 농림축산식품부장관은 농산·축산, 식량·농지·수리, 식품산업진흥, 농촌개발 및 농산물 유통에 관한 사무를 관장한다.

② 농림축산식품부에 차관보 1명을 둘 수 있다.

③ 농촌진흥에 관한 사무를 관장하기 위하여 농림축산식품부장관 소속으로 농촌진흥청을 둔다.

④ 농촌진흥청에 청장 1명과 차장 1명을 두되, 청장은 정무직으로 하고, 차장은 고위공무원단에 속하는 일반직공무원으로 보한다. <개정 2013·12·24>

⑤ 산림에 관한 사무를 관장하기 위하여 농림축산식품부장관 소속으로 산림청을 둔다.

⑥ 산림청에 청장 1명과 차장 1명을 두되, 청장은 정무직으로 하고, 차장은 고위공무원단에 속하는 일반직공무원으로 보한다. <개정 2013·12·24>

제38조(산업통상자원부) ① 산업통상자원부장관은 상업·무역·공업·통상, 통상교섭 및 통상교섭에 관한 총괄·조정, 외국인 투자, 중견기업, 산업기술 연구개발정책 및 에너지·지하자원에 관한 사무를 관장한다. <개정 2017·7·26>

② 산업통상자원부에 통상교섭사무를 담당하는 본부장 1명을 두되, 본부장은 정무직으로 한다. <개정 2017·7·26>

③ 산업통상자원부에 차관보 1명을 둘 수 있다. <개정 2017·7·26>

④ 특허·실용신안·디자인 및 상표에 관한 사무와 이에 대한 심사·심판사무를 관장하기 위하여 산업통상자원부장관 소속으로 특허청을 둔다.

⑤ 특허청에 청장 1명과 차장 1명을 두되, 청장은 정무직으로 하고, 차장은 고위공무원단에 속하는 일반직공무원으로 보한다. <개정 2013·12·24>

제39조(보건복지부) ① 보건복지부장관은 생활보호·자활지원·사회보장·아동(영·유아 보육은 제외한다)·노인·장애인·보건위생·의정(醫政) 및 약정(藥政)에 관한 사무를 관장한다. <개정 2023·12·26>

② 방역·검역 등 감염병에 관한 사무 및 각종 질병에 관한 조사·시험·연구에 관한 사무를 관장하기 위하여 보건복지부장관 소속으로 질병관리청을 둔다.

③ 질병관리청에 청장 1명과 차장 1명을 두되, 청장은 정무직으로 하고, 차장은 고위공무원단에 속하는 일반직공무원으로 보한다.

〔전부개정 2020·8·11〕

제40조(환경부) ① 환경부장관은 자연환경, 생활환경의 보전, 환경오염방지, 수자원의 보전·이용·개발 및 하천에 관한 사무를 관장한다. <개정 2018·6·8, 2020·12·31>

② 기상에 관한 사무를 관장하기 위하여 환경부장관 소속으로 기상청을 둔다.

③ 기상청에 청장 1명과 차장 1명을 두되, 청장은 정무직으로 하고, 차장은 고위공무원단에 속하는 일반직공무원으로 보한다. <개정 2013·12·24>

제41조(고용노동부) 고용노동부장관은 고용정책의 총괄, 고용보험, 직업능력개발훈련, 근로조건의 기준, 근로자의 복지후생, 노사관계의 조정, 산업안전보건, 산업재해보상보험과 그 밖에 고용과 노동에 관한 사무를 관장한다.

제42조(여성가족부) 여성가족부장관은 여성정책의 기획·종합, 여성의 권익증진 등 지위향상, 청소년 및 가족(다문화가족과 건강가정사업을 위한 아동업무를 포함한다)에 관한 사무를 관장한다.

제43조(국토교통부) ① 국토교통부장관은 국토종합계획의 수립·조정, 국토의 보전·이용 및 개발, 도시·도로 및 주택의 건설, 해안 및 간척, 육운·철도 및 항공에 관한 사무를 관장한다. <개정 2018·6·8, 2020·12·31>

② 국토교통부에 차관보 1명을 둘 수 있다.

제44조(해양수산부) ① 해양수산부장관은 해양정책, 수산, 어촌개발 및 수산물 유통, 해운·항만, 해양환경, 해양조사, 해양수산자원개발, 해양과학기술연구·개발 및 해양안전심판에 관한 사무를 관장한다. <개정 2017·4·18>

② 해양에서의 경찰 및 오염방제에 관한 사무를 관장하기 위하여 해양수산부장관 소속으로 해양경찰청을 둔다. <신설 2017·7·26>

③ 해양경찰청에 청장 1명과 차장 1명을 두되, 청장 및 차장은 경찰공무원으로 보한다. <신설 2017·7·26>

제45조(중소벤처기업부) 중소벤처기업부장관은 중소기업 정책의 기획·종합, 중소기업의 보호·육성, 창업·벤처기업의 지원, 대·중소기업 간 협력 및 소상공인에 대한 보호·지원에 관한 사무를 관장한다.

〔본조신설 2017·7·26〕

부 칙

제 1 조(시행일) ① 이 법은 공포한 날부터 시행한다.

② 부칙 제 6 조에 따라 개정되는 법률 중 이 법의 시행 전에 공포되었으나 시행일이 도래하지 아니한 법률을 개정한 부분은 각각 해당 법률의 시행일부터 시행하되, 같은 조 제477항에 따른 「약사법」 제47조제 1 항 및 제481항에 따른 「의료기기법」 제18조제 1 항의 개정규정은 이 법 시행 후 1년의 범위에서 해당 법률에 관한 대통령령으로 정하는 날부터 시행한다.

제 2 조(산업통상자원부의 보조기관 및 차관보·보좌기관 보임에 관한 특례) 제 2 조제 7 항에도 불구하고 산업통상자원부의 통상교섭 사무를 담당하는 보조기관 및 차관보·보좌

기관은 이 법 시행일부터 2015년 3월 1일까지 대통령령으로 정하는 바에 따라 외무공무원으로 보할 수 있다.

제 3 조(조직폐지 및 신설에 따른 소관사무 및 공무원 등에 대한 경과조치) ① 이 법 시행 당시 다음 표의 왼쪽 란에 기재된 행정기관의 장의 사무는 같은 표의 오른쪽 란에 기재된 행정기관의 장이 각각 승계한다.

국무총리실의 소관사무 중 이 법 제20조제1항에 규정된 사무	국무조정실
국무총리실의 소관사무 중 이 법 제21조제1항에 규정된 사무	국무총리 비서실
특임장관의 소관사무	국무총리 비서실
기획재정부장관의 소관사무 중 무역협정 국내대책에 관한 사무	산업통상 자원부장관
교육과학기술부장관의 소관사무 중 이 법 제28조에 규정된 사무	미래창조 과학부장관
교육과학기술부장관의 소관사무 중 이 법 제29조제1항에 규정된 사무	교육부장관
외교통상부장관의 소관사무 중 이 법 제30조제1항에 규정된 사무	외교부장관
외교통상부장관의 소관사무 중 이 법 제37조제1항에 규정된 사무	산업통상 자원부장관
행정안전부장관의 소관사무 중 이 법 제28조에 규정된 사무	미래창조 과학부장관
행정안전부장관의 소관사무 중 이 법 제34조제1항에 규정된 사무	안전행정부 장관
문화체육관광부장관의 소관사무 중 디지털콘텐츠에 관한 사무	미래창조 과학부장관
문화체육관광부장관의 소관사무 중 해양 레저스포츠에 관한 사무	해양수산부 장관
농림수산식품부장관의 소관사무 중 이 법 제25조제1항에 규정된 사무	식품의약품 안전처장
농림수산식품부장관의 소관사무 중 이 법 제36조제1항에 규정된 사무	농림축산 식품부장관
농림수산식품부장관의 소관사무 중 이 법 제43조제1항에 규정된 사무	해양수산부 장관
지식경제부장관의 소관사무 중 이 법 제28조에 규정된 사무	미래창조 과학부장관
지식경제부장관의 소관사무 중 이 법 제37조제1항에 규정된 사무	산업통상 자원부장관
지식경제부장관의 소관사무 중 이 법 제37조제3항에 규정된 사무	중소기업 청장
보건복지부장관의 소관사무 중 이 법 제25조제1항에 규정된 사무	식품의약품 안전처장
식품의약품안전청장의 소관사무 중 이 법 제25조제1항에 규정된 사무	식품의약품 안전처장
국토해양부장관의 소관사무 중 이 법 제42조제1항에 규정된 사무	국토교통부 장관
국토해양부장관의 소관사무 중 이 법 제43조제1항에 규정된 사무	해양수산부 장관
방송통신위원회의 소관사무 중 이 법 제28조에 규정된 사무	미래창조 과학부장관
국가과학기술위원회의 소관사무 중 이 법 제28조에 규정된 사무	미래창조 과학부장관

② 이 법 시행 당시 다음 표의 왼쪽 란에 기재된 행정기관 소속 공무원(정무직은 제외한다)은 같은 표의 오른쪽 란에 기재된 행정기관 소속 공무원으로 보며, 이 법에 따라 폐지되는 행정기관 소속 공무원으로서 다음 표의 왼쪽 란에 기재되지 아니한 행정기관 소속 공무원(정무직은 제외한다)은 대통령령으로 정하는 행정기관 소속 공무원으로 본다.

대통령실	대통령령으로 정하는 바에 따라 대통령비서실 또는 국가안보실
경호처	대통령령으로 정하는 바에 따라 대통령경호실
국무총리실	대통령령으로 정하는 바에 따라 국무조정실 또는 국무총리비서실
특임장관실	대통령령으로 정하는 바에 따라 국무조정실 또는 국무총리비서실
기획재정부	대통령령으로 정하는 바에 따라 기획재정부 또는 산업통상자원부
교육과학기술부	대통령령으로 정하는 바에 따라 미래창조과학부 또는 교육부
외교통상부	대통령령으로 정하는 바에 따라 외교부 또는 산업통상자원부
행정안전부	대통령령으로 정하는 바에 따라 미래창조과학부 또는 안전행정부
문화체육관광부	대통령령으로 정하는 바에 따라 미래창조과학부·문화체육관광부 또는 해양수산부
농림수산식품부	대통령령으로 정하는 바에 따라 농림축산식품부·해양수산부 또는 식품의약품안전처
지식경제부	대통령령으로 정하는 바에 따라 미래창조과학부·산업통상자원부 또는 중소기업청

보건복지부	대통령령으로 정하는 바에 따라 보건복지부 또는 식품의약품안전처
국토해양부	대통령령으로 정하는 바에 따라 국토교통부 또는 해양수산부
식품의약품 안전청	대통령령으로 정하는 바에 따라 식품의약품안전처
방송통신 위원회	대통령령으로 정하는 바에 따라 미래창조과학부 또는 방송통신위원회
국가과학 기술위원회	대통령령으로 정하는 바에 따라 미래창조과학부

③ 이 법 시행 당시 제1항의 표의 왼쪽 란에 기재된 사무와 관련된 총리령 또는 부령은 같은 표의 오른쪽 란에 기재된 기관이 소속된 국무총리가 발한 총리령 또는 오른쪽 란에 기재된 기관의 부령으로 본다.

제4조(종전의 법률에 따른 고시·처분 및 계속 중인 행위에 관한 경과조치) 이 법 시행 전에 부칙 제6조에서 개정되는 법률에 따라 행정기관이 행한 고시·행정처분 그 밖의 행정기관의 행위와 행정기관에 대한 신청·신고 그 밖의 행위는 각각 부칙 제6조에서 개정되는 법률에 따라 해당 사무를 승계하는 행정기관의 행위 또는 행정기관에 대한 행위로 본다.

제5조(인사청문에 관한 경과조치) ① 이 법 시행 전에 「대통령직 인수에 관한 법률」 제5조에 따라 다음 표의 왼쪽 란의 해당 국무위원 후보자에 대하여 대통령당선인이 한 인사청문 요청은 같은 표의 오른쪽 란의 해당 국무위원 후보자에 대하여 한 인사청문 요청으로 본다.

국무위원 후보자 (기획재정부장관)	국무위원 후보자 (부총리 겸 기획재정부장관)
국무위원 후보자 (교육과학기술부장관)	국무위원 후보자 (교육부장관)
국무위원 후보자 (외교통상부장관)	국무위원 후보자 (외교부장관)
국무위원 후보자 (통일부장관)	국무위원 후보자 (통일부장관)
국무위원 후보자 (법무부장관)	국무위원 후보자 (법무부장관)
국무위원 후보자 (국방부장관)	국무위원 후보자 (국방부장관)
국무위원 후보자 (행정안전부장관)	국무위원 후보자 (안전행정부장관)
국무위원 후보자 (문화체육관광부장관)	국무위원 후보자 (문화체육관광부장관)
국무위원 후보자 (농림수산식품부장관)	국무위원 후보자 (농림축산식품부장관)
국무위원 후보자 (지식경제부장관)	국무위원 후보자 (산업통상자원부장관)
국무위원 후보자 (보건복지부장관)	국무위원 후보자 (보건복지부장관)
국무위원 후보자 (환경부장관)	국무위원 후보자 (환경부장관)
국무위원 후보자 (고용노동부장관)	국무위원 후보자 (고용노동부장관)
국무위원 후보자 (여성가족부장관)	국무위원 후보자 (여성가족부장관)
국무위원 후보자 (국토해양부장관)	국무위원 후보자 (국토교통부장관)

② 이 법 시행 전에 「대통령직 인수에 관한 법률」 제5조에 따른 대통령당선인의 인사청문 요청에 따라 제1항의 표의 왼쪽 란의 해당 국무위원 후보자에 대하여 인사청문을 실시한 경우 같은 표의 오른쪽 란의 해당 국무위원 후보자에 대하여 인사청문을 실시한 것으로 본다.

제6조(다른 법률의 개정) 생략

제7조(조직폐지 및 신설에 따른 다른 법령과의 관계) 이 법 시행 당시 다른 법령(이 법 시행 전에 공포되었으나 시행일이 도래하지 아니한 법령을 포함한다)에서 부칙 제3조 제1항의 표의 왼쪽 란에 기재된 사무와 관련하여 소관 행정기관, 행정기관의 장 또는 그 소속 공무원, 행정기관의 총리령 또는 부령을 인용한 경우에는 같은 표의 오른쪽 란에 기재된 행정기관, 행정기관의 장 또는 그 소속 공무원, 행정기관의 총리령 또는 부령을 각각 인용한 것으로 본다.

부 칙 <2013·12·24 법12114>

제1조(시행일) 이 법은 공포한 날부터 시행한다.

제2조(처 및 청의 차장의 공무원 구분 변경에 관한 경과조치) 이 법 시행 당시 이 법에서 규정하고 있는 처 및 청의 별정직국가공무원으로 재직중인 차장은 이 법 시행일에 일반직공무원으로 임용된 것으로 본다.

부 칙 <2014·11·19 법12844>

제1조(시행일) 이 법은 공포한 날부터 시행한다. 다만, 부칙 제6조에 따라 개정되는 법률 중 이 법 시행 전에 공포되었으나 시행일이 도래하지 아니한 법률을 개정한 부분은

각각 해당 법률의 시행일부터 시행한다.

제2조(조직폐지 및 신설에 따른 소관사무 및 공무원 등에 관한 경과조치) ① 이 법 시행 당시 다음 표의 왼쪽 란에 기재된 행정기관의 장의 사무는 같은 표의 오른쪽 란에 기재된 행정기관의 장이 각각 승계한다.

안전행정부장관의 소관사무 중 이 법 제22조의2제1항에 규정된 사무	국민안전처 장관
안전행정부장관의 소관사무 중 이 법 제22조의3제1항에 규정된 사무	인사혁신 처장
안전행정부장관의 소관사무 중 이 법 제34조제1항에 규정된 사무	행정자치부 장관
해양수산부장관의 소관사무 중 해상교통관제센터에 관한 사무	국민안전처 장관
소방방재청장의 소관사무	국민안전처 장관
해양경찰청의 소관사무 중 이 법 제22조의2제1항에 규정된 사무	국민안전처 장관
해양경찰청장의 소관사무 중 수사 및 정보에 관한 사무(해상에서 발생한 사건의 수사 및 정보에 관한 사무는 제외)	경찰청장

② 이 법 시행 당시 다음 표의 왼쪽 란에 기재된 행정기관 소속 공무원은 같은 표의 오른쪽 란에 기재된 행정기관 소속 공무원으로 보며, 이 법에 따라 폐지되는 행정기관 소속 공무원으로서 다음 표의 왼쪽 란에 기재되지 아니한 행정기관 소속 공무원은 대통령령으로 정하는 행정기관 소속 공무원으로 본다.

안전행정부	대통령령으로 정하는 바에 따라 행정자치부, 국민안전처 또는 인사혁신처
해양수산부	대통령령으로 정하는 바에 따라 해양수산부 또는 국민안전처
소방방재청	대통령령으로 정하는 바에 따라 국민안전처
해양경찰청	대통령령으로 정하는 바에 따라 국민안전처 또는 경찰청

③ 이 법 시행 당시 제1항의 표의 왼쪽 란에 기재된 사무와 관련된 부령은 같은 표의 오른쪽 란에 기재된 기관이 소속된 국무총리가 발한 총리령, 오른쪽 란에 기재된 기관 또는 그 기관이 소속된 기관의 부령으로 본다.

제3조(종전의 법률에 따른 고시·처분 및 계속 중인 행위에 관한 경과조치) 이 법 시행 전에 부칙 제6조에서 개정되는 법률에 따라 행정기관이 행한 고시·행정처분, 그 밖의 행정기관의 행위와 행정기관에 대한 신청·신고, 그 밖의 행위는 각각 부칙 제6조에서 개정되는 법률에 따라 해당 사무를 승계하는 행정기관의 행위 또는 행정기관에 대한 행위로 본다.

제4조(인사청문에 관한 경과조치) 이 법 시행 전에 인사청문 요청에 따라 아래 표의 왼쪽 란의 해당 국무위원 후보자에 대하여 인사청문을 실시한 경우 같은 표의 오른쪽 란의 해당 국무위원 후보자에 대하여 인사청문을 실시한 것으로 본다.

국무위원 후보자 (교육부장관)	국무위원 후보자 (부총리 겸 교육부장관)

제5조(2015년도 예산안 심의·의결에 관한 경과조치) 국회는 2015년도 예산안을 정부조직법 개정 이전 중앙행정기관을 기준으로 심의·의결하고, 정부는 확정된 예산을 개정된 정부조직법에 따라 관련 중앙행정기관에 각각 이체한다.

제6조(다른 법률의 개정) 생략

제7조(조직폐지 및 신설에 따른 다른 법령과의 관계) 이 법 시행 당시 다른 법령(이 법 시행 전에 공포되었으나 시행일이 도래하지 아니한 법령을 포함한다)에서 부칙 제2조제1항의 표의 왼쪽 란에 기재된 사무와 관련하여 소관 행정기관, 행정기관의 장 또는 그 소속 공무원, 행정기관의 부령을 인용한 경우에는 같은 표의 오른쪽 란에 기재된 행정기관, 행정기관의 장 또는 그 소속 공무원, 행정기관의 총리령 또는 부령을 각각 인용한 것으로 본다.

부 칙 <2015·12·22 법13593>

이 법은 2016년 1월 1일부터 시행한다.

부 칙 <2017·4·18 법14804>

제1조(시행일) 이 법은 공포 후 6개월이 경과한 날부터 시행한다.

제2조 생략

부 칙 <2017·7·26 법14839>

제1조(시행일) ① 이 법은 공포한 날부터 시행한다. 다만, 부칙 제5조에 따라 개정되는 법률 중 이 법 시행 전에 공포되었으나 시행일이 도래하지 아니한 법률을 개정한 부분은 각각 해당 법률의 시행일부터 시행한다.

제2조(조직폐지 및 신설 등에 따른 소관사무 및 공무원 등에 관한 경과조치) ① 이 법 시행 당시 다음 표의 왼쪽 란에 기재된 행정기관의 장의 사무는 같은 표의 오른쪽 란에 기재된 행정기관의 장이 각각 승계한다.

대통령경호실장의 소관사무	대통령경호처장
국민안전처장관의 소관사무 중 이 법 제34조제1항에 규정된 사무	행정안전부장관
국민안전처장관의 소관사무 중 이 법 제34조제7항에 규정된 사무	소방청장
국민안전처장관의 소관사무 중 이 법 제43조제2항에 규정된 사무	해양경찰청장
미래창조과학부장관의 소관사무	과학기술정보통신부장관
미래창조과학부장관의 소관사무 중 기술창업활성화 관련 창조경제 진흥에 관한 사무	중소벤처기업부장관
행정자치부장관의 소관사무	행정안전부장관
산업통상자원부장관의 소관사무 중 이 법 제44조에 규정된 사무 및 지역산업 지원에 관한 사무	중소벤처기업부장관
경찰청장의 소관사무 중 이 법 제43조제2항에 규정된 사무(법률 제12844호 정부조직법 일부개정법률 부칙 제2조제1항에 따라 경찰청장이 승계한 사무를 말한다)	해양경찰청장
중소기업청장의 소관사무 중 이 법 제37조제1항에 규정된 사무	산업통상자원부장관
중소기업청장의 소관사무 중 이 법 제44조에 규정된 사무	중소벤처기업부장관
금융위원회의 소관사무 중 기술보증기금 관리에 관한 사무	중소벤처기업부장관

② 이 법 시행 당시 다음 표의 왼쪽 란에 기재된 행정기관 소속 공무원은 같은 표의 오른쪽 란에 기재된 행정기관 소속 공무원으로 본다.

대통령경호실	대통령령으로 정하는 바에 따라 대통령경호처
국민안전처	대통령령으로 정하는 바에 따라 행정안전부·소방청 또는 해양경찰청
미래창조과학부	대통령령으로 정하는 바에 따라 과학기술정보통신부 또는 중소벤처기업부
행정자치부	대통령령으로 정하는 바에 따라 행정안전부
산업통상자원부	대통령령으로 정하는 바에 따라 산업통상자원부 또는 중소벤처기업부
경찰청	대통령령으로 정하는 바에 따라 경찰청 또는 해양경찰청
중소기업청	대통령령으로 정하는 바에 따라 산업통상자원부 또는 중소벤처기업부
금융위원회	대통령령으로 정하는 바에 따라 중소벤처기업부 또는 금융위원회

③ 이 법 시행 당시 제1항의 표의 왼쪽 란에 기재된 사무와 관련된 총리령 또는 부령은 같은 표의 오른쪽 란에 기재된 기관의 소관 사무에 관한 부령으로 본다.

제3조(종전의 법률에 따른 고시·처분 및 계속 중인 행위에 관한 경과조치) 이 법 시행 전에 부칙 제5조에서 개정되는 법률에 따라 행정기관이 행한 고시·행정처분, 그 밖의 행정기관의 행위와 행정기관에 대한 신청·신고, 그 밖의 행위는 각각 부칙 제5조에서 개정되는 법률에 따라 해당 사무를 승계하는 행정기관의 행위 또는 행정기관에 대한 행위로 본다.

제4조(인사청문에 관한 경과조치) 이 법 시행 전에 다음 표의 왼쪽 란의 해당 국무위원 후보자에 대하여 인사청문을 요청하거나 실시한 경우 같은 표의 오른쪽 란의 해당 국무위원 후보자에 대하여 인사청문을 요청하거나 실시한 것으로 본다.

국무위원 후보자(미래창조과학부장관)	국무위원 후보자(과학기술정보통신부장관)
국무위원 후보자(행정자치부장관)	국무위원 후보자(행정안전부장관)
국무위원 후보자(산업통상자원부장관)	국무위원 후보자(산업통상자원부장관)

제5조(다른 법률의 개정) 생략

제6조(조직폐지 및 신설 등에 따른 다른 법령과의 관계) 이 법 시행 당시 다른 법령(이 법 시행 전에 공포되었으나 시행일이 도래하지 아니한 법령을 포함한다)에서 부칙 제2조제1항의 표의 왼쪽 란에 기재된 사무와 관련하여 소관 행정기관, 행정기관의 장 또는 그 소속 공무원, 행정기관의 총리령 또는 부령을 인용한 경우에는 같은 표의 오른쪽 란에 기재된 행정기관, 행정기관의 장 또는 그 소속 공무원, 행정기관의 부령을 각각 인용한 것으로 본다.

부 칙 <2018·6·8 법15624>

제1조(시행일) 이 법은 공포한 날부터 시행한

다. 다만, 부칙 제4조에 따라 개정되는 법률 중 이 법 시행 전에 공포되었으나 시행일이 도래하지 아니한 법률을 개정한 부분은 각각 해당 법률의 시행일부터 시행한다.

제2조(소관사무 및 공무원 등에 관한 경과조치) ① 이 법 시행 당시 다음 표의 왼쪽 란에 기재된 행정기관의 장의 사무는 같은 표의 오른쪽 란에 기재된 행정기관의 장이 승계한다.

국토교통부장관의 소관사무 중 이 법 제39조제1항에 규정된 사무	환경부장관

② 이 법 시행 당시 국토교통부 소속 공무원 중 대통령령으로 정하는 공무원은 환경부 소속 공무원으로 본다.

③ 이 법 시행 당시 제1항의 표의 왼쪽 란에 기재된 사무와 관련된 부령은 같은 표의 오른쪽 란에 기재된 기관의 소관 사무에 관한 부령으로 본다.

제3조(종전의 법률에 따른 고시·처분 및 계속 중인 행위에 관한 경과조치) 이 법 시행 전에 부칙 제4조에서 개정되는 법률에 따라 행정기관이 한 고시·행정처분, 그 밖의 행정기관의 행위와 행정기관에 대한 신청·신고, 그 밖의 행위는 각각 부칙 제4조에서 개정되는 법률에 따라 해당 사무를 승계하는 행정기관의 행위 또는 행정기관에 대한 행위로 본다.

제4조(다른 법률의 개정) 생략

제5조(다른 법령과의 관계) 이 법 시행 당시 다른 법령(이 법 시행 전에 공포되었으나 시행일이 도래하지 아니한 법령을 포함한다)에서 부칙 제2조제1항의 표의 왼쪽 란에 기재된 사무와 관련하여 소관 행정기관, 행정기관의 장 또는 그 소속 공무원, 행정기관의 부령을 인용한 경우에는 같은 표의 오른쪽 란에 기재된 행정기관, 행정기관의 장 또는 그 소속 공무원, 행정기관의 부령을 각각 인용한 것으로 본다.

부 칙 <2020·2·4 법16930>

제1조(시행일) 이 법은 공포 후 6개월이 경과한 날부터 시행한다.

제2조부터 **제10조**까지 생략

부 칙 <2020·6·9 법17384>

제1조(시행일) 이 법은 공포 후 6개월이 경과한 날부터 시행한다. 다만, 제2조제2항·제10항 및 부칙 제2조의 개정규정은 공포한 날부터 시행한다.

제2조(다른 법률의 개정) 생략

부 칙 <2020·8·11 법17472>

제1조(시행일) 이 법은 공포 후 1개월이 경과한 날부터 시행한다. 다만, 제2조제2항제5호의 개정규정은 공포한 날부터 시행하고, 부칙 제4조에 따라 개정되는 법률 중 이 법 시행 전에 공포되었으나 시행일이 도래하지 아니한 법률을 개정한 부분은 각각 해당 법률의 시행일부터 시행한다.

제2조(조직 신설에 따른 소관 사무 및 공무원에 대한 경과조치) ① 이 법 시행 당시 보건복지부장관의 소관 사무 중 제38조제2항의 개정규정에 규정된 사무는 질병관리청장이 승계한다.

② 이 법 시행 당시 보건복지부 소속 공무원 중 제38조제2항의 개정규정에 규정된 사무를 담당하던 공무원은 대통령령으로 정하는 바에 따라 질병관리청 소속 공무원으로 본다.

제3조(종전의 법률에 따른 고시·처분 등 및 계속 중인 행위 등에 대한 경과조치) 이 법 시행 전에 부칙 제4조에서 개정되는 법률에 따라 행정기관이 행한 고시·행정처분, 그 밖의 행위와 행정기관에 대한 신청·신고, 그 밖의 행위는 각각 부칙 제4조에서 개정되는 법률에 따라 해당 사무를 승계하는 행정기관의 행위 또는 행정기관에 대한 행위로 본다.

제4조(다른 법률의 개정) 생략

제5조(다른 법령과의 관계) 이 법 시행 당시 다른 법령(이 법 시행 전에 공포되었으나 시행일이 도래하지 아니한 법령을 포함한다)에서 질병관리청장이 승계하는 제38조제2항의 개정규정에 규정된 사무와 관련하여 "보건복지부" 또는 "질병관리본부"를 인용한 경우에는 "질병관리청"을, "보건복지부장관" 또는 "질병관리본부장"을 인용한 경우에는 "질병관리청장"을 각각 인용한 것으로 본다.

부 칙 <2020·12·15 법17646>

제1조(시행일) 이 법은 2021년 1월 1일부터 시행한다. 다만, …〈생략〉… 부칙 제5조제5항·제6항·제7항의 개정규정은 2024년 1월 1일부터 시행한다.

제2조부터 **제4조**까지 생략

제5조(다른 법률의 개정) 생략

제6조 생략

부 칙 <2020·12·29 법17799>

제1조(시행일) 이 법은 공포 후 1년이 경과한 날부터 시행한다. 〈단서 생략〉

제2조부터 **제26조**까지 생략

부 칙 <2020·12·31 법17814>

제1조(시행일) 이 법은 공포 후 1년이 경과한 날부터 시행한다. 다만, 부칙 제4조에

따라 개정되는 법률 중 이 법 시행 전에 공포되었으나 시행일이 도래하지 아니한 법률을 개정한 부분은 각각 해당 법률의 시행일부터 시행한다.

제 2 조(소관사무 및 공무원 등에 관한 경과조치) ① 이 법 시행 당시 다음 표의 왼쪽 란에 기재된 행정기관의 장의 사무는 같은 표의 오른쪽 란에 기재된 행정기관의 장이 승계한다.

국토교통부장관의 소관사무 중 이 법 제39조제1항에 규정된 사무	환경부장관

② 이 법 시행 당시 국토교통부 소속 공무원 중 대통령령으로 정하는 공무원은 환경부 소속 공무원으로 본다.

③ 이 법 시행 당시 제1항의 표의 왼쪽 란에 기재된 사무와 관련된 부령은 같은 표의 오른쪽 란에 기재된 기관의 소관 사무에 관한 부령으로 본다.

제 3 조(종전의 법률에 따른 고시·처분 및 계속 중인 행위에 관한 경과조치) 이 법 시행 전에 부칙 제4조에서 개정되는 법률에 따라 행정기관이 행한 고시·행정처분, 그 밖의 행정기관의 행위와 행정기관에 대한 신청·신고, 그 밖의 행위는 각각 부칙 제4조에서 개정되는 법률에 따라 해당 사무를 승계하는 행정기관의 행위 또는 행정기관에 대한 행위로 본다.

제 4 조(다른 법률의 개정) 생략

제 5 조(다른 법령과의 관계) 이 법 시행 당시 다른 법령(이 법 시행 전에 공포되었으나 시행일이 도래하지 아니한 법령을 포함한다)에서 질병관리청장이 승계하는 제38조제2항의 개정규정에 규정된 사무와 관련하여 "보건복지부" 또는 "질병관리본부"를 인용한 경우에는 "질병관리청"을, "보건복지부장관" 또는 "질병관리본부장"을 인용한 경우에는 "질병관리청장"을 각각 인용한 것으로 본다.

부　칙 <2021·7·8 법18293>

제 1 조(시행일) 이 법은 공포 후 1개월이 경과한 날부터 시행한다.

제 2 조(다른 법률의 개정) 생략

부　칙 <2023·3·4 법19228>

제 1 조(시행일) 이 법은 공포 후 3개월이 경과한 날부터 시행한다. 다만, 부칙 제7조에 따라 개정되는 법률 중 이 법 시행 전에 공포되었으나 시행일이 도래하지 아니한 법률을 개정한 부분은 각각 해당 법률의 시행일부터 시행한다.

제 2 조(다른 법률의 폐지) 재외동포재단법은 폐지한다.

제 3 조(다른 법률의 폐지에 따른 경과조치) ① 「재외동포재단법」에 따른 재외동포재단(이하 이 조에서 "재단"이라 한다)은 이 법 시행과 동시에 「민법」 중 법인의 해산 및 청산에 관한 규정에도 불구하고 해산된 것으로 본다.

② 이 법 시행 당시 재단의 모든 권리·의무 및 재산은 재외동포청이 승계한다. 이 경우 재외동포청에 승계될 재산의 가액은 승계되는 날 전일의 장부가액으로 한다.

③ 이 법 시행 당시 재단이 행한 행위 또는 재단에 대한 행위는 그 업무의 범위에서 재외동포청의 행위 또는 재외동포청에 대한 행위로 본다.

④ 이 법 시행 전의 행위에 대한 벌칙 및 과태료의 적용은 종전의 「재외동포재단법」에 따른다.

제 4 조(조직폐지 및 신설 등에 따른 소관사무 및 공무원 등에 관한 경과조치) ① 이 법 시행 당시 다음 표의 왼쪽 란에 기재된 행정기관의 장의 사무는 같은 표의 오른쪽 란에 기재된 행정기관의 장이 각각 승계한다.

국가보훈처장의 소관사무	국가보훈부장관
외교부장관의 소관사무 중 이 법 제30조제3항에 규정된 사무	재외동포청장

② 이 법 시행 당시 다음 표의 왼쪽 란에 기재된 행정기관 소속 공무원(정무직은 제외한다)은 같은 표의 오른쪽 란에 기재된 행정기관 소속 공무원으로 본다.

국가보훈처	대통령령으로 정하는 바에 따라 국가보훈부
외교부	대통령령으로 정하는 바에 따라 외교부 또는 재외동포청

③ 이 법 시행 당시 제1항의 표의 왼쪽 란에 기재된 사무와 관련된 총리령 또는 부령은 같은 표의 오른쪽 란에 기재된 기관의 소관사무에 관한 부령으로 본다.

제 5 조(종전의 법률에 따른 고시·처분 및 계속 중인 행위에 관한 경과조치) 이 법 시행 전에 부칙 제7조에서 개정되는 법률에 따라 행정기관이 행한 고시·행정처분, 그 밖의 행정기관의 행위와 행정기관에 대한 신청·신고, 그 밖의 행위는 각각 부칙 제7조에서 개정되는 법률에 따라 해당 사무를 승계하는 행정기관의 행위 또는 행정기관에 대한 행위로 본다.

제 6 조(인사청문에 관한 특례) 이 법 시행 전에 대통령은 국무위원 후보자(국가보훈부장관)에 대하여 국회에 인사청문을 요청할 수 있다.

제7조(다른 법률의 개정) 생략

제8조(조직폐지 및 신설 등에 따른 다른 법령과의 관계) 이 법 시행 당시 다른 법령(이 법 시행 전에 공포되었으나 시행일이 도래하지 아니한 법령을 포함한다)에서 부칙 제4조제1항의 표 왼쪽 란에 기재된 사무와 관련하여 소관 행정기관, 행정기관의 장 또는 그 소속 공무원, 행정기관의 총리령 또는 부령을 인용한 경우에는 같은 표의 오른쪽 란에 기재된 행정기관, 행정기관의 장 또는 그 소속 공무원, 행정기관의 부령을 각각 인용한 것으로 본다.

부 칙 <2023·3·21 법19270>

제1조(시행일) 이 법은 공포한 날부터 시행한다. 다만, …〈생략〉… 부칙 제3조는 2023년 6월 5일부터 시행한다.

제2조 생략

제3조(다른 법률의 개정) 생략

부 칙 <2023·12·26 법19840>

제1조(시행일) 이 법은 공포 후 6개월이 경과한 날부터 시행한다. 다만, 부칙 제4조에 따라 개정되는 법률 중 이 법 시행 전에 공포되었으나 시행일이 도래하지 아니한 법률을 개정한 부분은 각각 해당 법률의 시행일부터 시행한다.

제2조(소관사무 및 공무원 등에 관한 경과조치) ① 이 법 시행 당시 다음 표의 왼쪽 란에 기재된 행정기관의 장의 사무는 같은 표의 오른쪽 란에 기재된 행정기관의 장이 승계한다.

보건복지부장관의 소관사무 중 이 법 제28조제1항에 규정된 사무	교육부장관

② 이 법 시행 당시 보건복지부 소속 공무원 중 대통령령으로 정하는 공무원은 교육부 소속 공무원으로 본다.

③ 이 법 시행 당시 제1항의 표의 왼쪽 란에 기재된 사무와 관련된 부령은 같은 표의 오른쪽 란에 기재된 기관의 소관 사무에 관한 부령으로 본다.

제3조(종전의 법률에 따른 고시·처분 및 계속 중인 행위에 관한 경과조치) 이 법 시행 전에 부칙 제4조에서 개정되는 법률에 따라 행정기관이 행한 고시·행정처분, 그 밖의 행정기관의 행위와 행정기관에 대한 신청·신고, 그 밖의 행위는 각각 부칙 제4조에서 개정되는 법률에 따라 해당 사무를 승계하는 행정기관의 행위 또는 행정기관에 대한 행위로 본다.

제4조(다른 법률의 개정) 생략

제5조(다른 법령과의 관계) 이 법 시행 당시 다른 법령(이 법 시행 전에 공포되었으나 시행일이 도래하지 아니한 법령을 포함한다)에서 부칙 제2조제1항의 표의 왼쪽 란에 기재된 사무와 관련하여 소관 행정기관, 행정기관의 장 또는 그 소속 공무원, 행정기관의 부령을 인용한 경우에는 같은 표의 오른쪽 란에 기재된 행정기관, 행정기관의 장 또는 그 소속 공무원, 행정기관의 부령을 각각 인용한 것으로 본다.

부 칙 <2024·1·26 법20145>

이 법은 공포 후 4개월이 경과한 날부터 시행한다.

부 칙 <2024·2·13 법20289>

제1조(시행일) 이 법은 공포한 날부터 시행한다. 다만, 부칙 제2조는 2024년 6월 27일부터 …〈생략〉… 시행한다.

제2조(다른 법률의 개정) 생략

부 칙 <2024·2·13 법20309>

제1조(시행일) 이 법은 2024년 5월 17일부터 시행한다. 다만, 부칙 제4조에 따라 개정되는 법률 중 이 법 시행 전에 공포되었으나 시행일이 도래하지 아니한 법률을 개정한 부분은 각각 해당 법률의 시행일부터 시행한다.

제2조(조직 명칭 변경에 따른 소관사무 및 공무원에 대한 경과조치) ① 이 법 시행 당시 문화재청장의 소관사무는 국가유산청장이 승계한다.

② 이 법 시행 당시 문화재청 소속 공무원은 국가유산청 소속 공무원으로 본다.

제3조(종전의 법률에 따른 고시·처분 및 계속 중인 행위에 관한 경과조치) 이 법 시행 전에 부칙 제4조에서 개정되는 법률에 따라 문화재청장이 행한 고시·행정처분 및 그 밖의 행위와 문화재청장에 대한 신청·신고 및 그 밖의 행위는 각각 부칙 제4조에서 개정되는 법률에 따라 해당 사무를 승계하는 국가유산청장의 행위 또는 국가유산청장에 대한 행위로 본다.

제4조(다른 법률의 개정) 생략

제5조(다른 법령과의 관계) 이 법 시행 당시 다른 법령(이 법 시행 전에 공포되었으나 시행일이 도래하지 아니한 법령을 포함한다)에서 문화재청장의 소관사무와 관련하여 문화재청, 문화재청장 또는 문화재청 소속 공무원을 인용한 경우에는 국가유산청, 국가유산청장 또는 국가유산청 소속 공무원을 각각 인용한 것으로 본다.

●법원조직법

〔1987·12·4 법률제3992호 전부개정〕

개정
1988· 8· 5 법률제 4017호(헌법재판소법)
1990·12·31 법률제 4300호(가사소송법)
1994· 7·27 법률제 4765호
1995· 3·30 법률제 4945호
1995·12· 6 법률제 5002호(집행관법)
1996·12·12 법률제 5181호
1998· 9·23 법률제 5577호(실용신안법)
1999· 1·21 법률제 5642호(법관징계법)
1999·12·31 법률제 6084호
2001· 1·29 법률제 6408호
2004·12·31 법률제 7289호(디자인보호법)
2005· 3·24 법률제 7402호
2005·12·14 법률제 7725호
2005·12·23 법률제 7730호
2006· 2·21 법률제 7849호(제주특별자치도 설치 및 국제자유도시 조성을 위한 특별법)
2006· 3· 3 법률제 7872호(실용신안법)
2007· 1·26 법률제 8270호
2007· 5· 1 법률제 8411호
2007· 5·17 법률제 8435호(가족관계의 등록 등에 관한 법률)
2007·12·27 법률제 8794호
2010· 1·25 법률제 9940호
2011· 7·18 법률제10861호
2012·12·11 법률제11530호(국가공무원법)
2012·12·18 법률제11554호
2013· 5·28 법률제11848호(디자인보호법)
2013· 8·13 법률제12041호
2014· 1· 7 법률제12188호
2014·10·15 법률제12780호(소송촉진 등에 관한 특례법)
2014·12·30 법률제12886호
2015·12· 1 법률제13522호
2016· 1· 6 법률제13717호(특정범죄 가중처벌 등에 관한 법률)
2016· 1· 6 법률제13718호(폭력행위 등 처벌에 관한 법률)
2016· 1· 6 법률제13719호(형법)
2016· 2·29 법률제14033호(상표법)
2016· 3·29 법률제14104호
2016·12·27 법률제14470호
2017·12·12 법률제15152호
2018· 3·20 법률제15490호
2018·12·24 법률제16037호(도로교통법)
2020· 2· 4 법률제16959호
2020· 3·24 법률제17125호
2020·12·22 법률제17689호(국가경찰과 자치경찰의 조직 및 운영에 관한 법률)
2021· 1·26 법률제17907호(중대재해 처벌 등에 관한 법률)
2021·12·21 법률제18633호
2024·10·16 법률제20465호

제 1 편 총칙

제 1 조(목적) 이 법은 헌법에 따라 사법권을 행사하는 법원의 조직을 정함을 목적으로 한다.
〔전부개정 2014·12·30〕

제 2 조(법원의 권한) ① 법원은 헌법에 특별한 규정이 있는 경우를 제외한 모든 법률상의 쟁송(爭訟)을 심판하고, 이 법과 다른 법

률에 따라 법원에 속하는 권한을 가진다.
② 제 1 항은 행정기관에 의한 전심(前審)으로서의 심판을 금하지 아니한다.
③ 법원은 등기, 가족관계등록, 공탁, 집행관, 법무사에 관한 사무를 관장하거나 감독한다.
〔전부개정 2014·12·30〕

제 3 조(법원의 종류) ① 법원은 다음의 7종류로 한다. <개정 2016·12·27>
1. 대법원
2. 고등법원
3. 특허법원
4. 지방법원
5. 가정법원
6. 행정법원
7. 회생법원

② 지방법원 및 가정법원의 사무의 일부를 처리하게 하기 위하여 그 관할구역에 지원(支院)과 가정지원, 시법원 또는 군법원(이하 "시·군법원"이라 한다) 및 등기소를 둘 수 있다. 다만, 지방법원 및 가정법원의 지원은 2개를 합하여 1개의 지원으로 할 수 있다.
③ 고등법원·특허법원·지방법원·가정법원·행정법원·회생법원과 지방법원 및 가정법원의 지원, 가정지원, 시·군법원의 설치·폐지 및 관할구역은 따로 법률로 정하고, 등기소의 설치·폐지 및 관할구역은 대법원규칙으로 정한다. <개정 2016·12·27>
〔전부개정 2014·12·30〕

제 4 조(대법관) ① 대법원에 대법관을 둔다.
② 대법관의 수는 대법원장을 포함하여 14명으로 한다.
〔전부개정 2014·12·30〕

제 5 조(판사) ① 대법원장과 대법관이 아닌 법관은 판사로 한다.
② 고등법원·특허법원·지방법원·가정법원·행정법원 및 회생법원에 판사를 둔다. <개정 2016·12·27>
③ 판사의 수는 따로 법률로 정한다. 다만, 제 2 항의 각급 법원에 배치할 판사의 수는 대법원규칙으로 정한다.
〔전부개정 2014·12·30〕

제 6 조(직무대리) ① 대법원장은 판사로 하여금 다른 고등법원·특허법원·지방법원·가정법원·행정법원 또는 회생법원의 판사의 직무를 대리하게 할 수 있다. <개정 2016·12·27>
② 고등법원장 또는 지방법원장은 그 관할구역으로 한정하여 판사로 하여금 제 1 항에 따른 직무대리를 하게 할 수 있다. 다만, 대리기간이 6개월을 초과하는 경우에는 대법원장의 허가를 받아야 한다.
〔전부개정 2014·12·30〕

제 7 조(심판권의 행사) ① 대법원의 심판권은 대법관 전원의 3분의 2 이상의 합의체에서 행사하며, 대법원장이 재판장이 된다. 다만, 대법관 3명 이상으로 구성된 부(部)에서 먼저 사건을 심리(審理)하여 의견이 일치한 경우에 한정하여 다음 각 호의 경우를 제외하고 그 부에서 재판할 수 있다.
1. 명령 또는 규칙이 헌법에 위반된다고 인정하는 경우
2. 명령 또는 규칙이 법률에 위반된다고 인정하는 경우
3. 종전에 대법원에서 판시(判示)한 헌법·법률·명령 또는 규칙의 해석 적용에 관한 의견을 변경할 필요가 있다고 인정하는 경우
4. 부에서 재판하는 것이 적당하지 아니하다고 인정하는 경우

② 대법원장은 필요하다고 인정하는 경우에 특정한 부로 하여금 행정·조세·노동·군사·특허 등의 사건을 전담하여 심판하게 할 수 있다.
③ 고등법원·특허법원 및 행정법원의 심판권은 판사 3명으로 구성된 합의부에서 행사한다. 다만, 행정법원의 경우 단독판사가 심판할 것으로 행정법원 합의부가 결정한 사건의 심판권은 단독판사가 행사한다.
④ 지방법원·가정법원·회생법원과 지방법원 및 가정법원의 지원, 가정지원 및 시·군법원의 심판권은 단독판사가 행사한다. <개정 2016·12·27>
⑤ 지방법원·가정법원·회생법원과 지방법

원 및 가정법원의 지원, 가정지원에서 합의심판을 하여야 하는 경우에는 판사 3명으로 구성된 합의부에서 심판권을 행사한다. <개정 2016·12·27>

〔전부개정 2014·12·30〕

제 8 조(상급심 재판의 기속력) 상급법원 재판에서의 판단은 해당 사건에 관하여 하급심(下級審)을 기속(羈束)한다.

〔전부개정 2014·12·30〕

제 9 조(사법행정사무) ① 대법원장은 사법행정사무를 총괄하며, 사법행정사무에 관하여 관계 공무원을 지휘·감독한다.

② 대법원장은 사법행정사무의 지휘·감독권의 일부를 법률이나 대법원규칙으로 정하는 바에 따라 또는 대법원장의 명으로 법원행정처장이나 각급 법원의 장, 사법연수원장, 법원공무원교육원장 또는 법원도서관장에게 위임할 수 있다.

③ 대법원장은 법원의 조직, 인사, 운영, 재판절차, 등기, 가족관계등록, 그 밖의 법원 업무와 관련된 법률의 제정 또는 개정이 필요하다고 인정하는 경우에는 국회에 서면으로 그 의견을 제출할 수 있다.

〔전부개정 2014·12·30〕

제 9 조의2(판사회의) ① 고등법원·특허법원·지방법원·가정법원·행정법원 및 회생법원과 대법원규칙으로 정하는 지원에 사법행정에 관한 자문기관으로 판사회의를 둔다. <개정 2016·12·27>

② 판사회의는 판사로 구성하되, 그 조직과 운영에 필요한 사항은 대법원규칙으로 정한다.

〔전부개정 2014·12·30〕

제10조(각급 법원 등의 사무국) ① 고등법원·특허법원·지방법원·가정법원·행정법원 및 회생법원과 대법원규칙으로 정하는 지원에 사무국을 두며, 대법원규칙으로 정하는 고등법원 및 지방법원에 사무국 외의 국(局)을 둘 수 있다. <개정 2016·12·27>

② 제 1 항의 사무국 및 국, 사무국을 두지 아니하는 지원 및 가정지원에 과(課)를 두되, 그 설치 및 분장사무는 대법원규칙으로 정한다.

③ 고등법원과 특허법원의 사무국장 및 제 1 항에 규정된 사무국 외의 국을 두고 있는 지방법원의 사무국장은 법원이사관 또는 법원부이사관으로 보(補)하고, 고등법원 국장, 지방법원 사무국장(제 1 항에 규정된 사무국 외의 국을 두고 있는 지방법원의 사무국장은 제외한다) 및 국장, 가정법원 사무국장, 행정법원 사무국장, 회생법원 사무국장 및 대법원규칙으로 정하는 지원의 사무국장은 법원부이사관 또는 법원서기관으로 보하며, 과장은 법원부이사관·법원서기관·법원사무관 또는 등기사무관으로 보한다. <개정 2016·12·27>

④ 사무국장, 국장 및 과장은 상사의 명을 받아 국 또는 과의 사무를 관장하고, 소속 직원을 지휘·감독한다.

〔전부개정 2014·12·30〕

제 2 편 대법원

제11조(최고법원) 대법원은 최고법원이다.

〔전부개정 2014·12·30〕

제12조(소재지) 대법원은 서울특별시에 둔다.

〔전부개정 2014·12·30〕

제13조(대법원장) ① 대법원에 대법원장을 둔다.

② 대법원장은 대법원의 일반사무를 관장하며, 대법원의 직원과 각급 법원 및 그 소속 기관의 사법행정사무에 관하여 직원을 지휘·감독한다.

③ 대법원장이 궐위되거나 부득이한 사유로 직무를 수행할 수 없을 때에는 선임대법관이 그 권한을 대행한다.

〔전부개정 2014·12·30〕

제14조(심판권) 대법원은 다음 각 호의 사건을 종심(終審)으로 심판한다.

1. 고등법원 또는 항소법원·특허법원의 판결에 대한 상고사건
2. 항고법원·고등법원 또는 항소법원·특허법원의 결정·명령에 대한 재항고사건
3. 다른 법률에 따라 대법원의 권한에 속하는 사건

〔전부개정 2014·12·30〕

제15조(대법관의 의사표시) 대법원 재판서(裁判書)에는 합의에 관여한 모든 대법관의 의견을 표시하여야 한다.
〔전부개정 2014·12·30〕

제16조(대법관회의의 구성과 의결방법) ① 대법관회의는 대법관으로 구성되며, 대법원장이 그 의장이 된다.
② 대법관회의는 대법관 전원의 3분의 2 이상의 출석과 출석인원 과반수의 찬성으로 의결한다.
③ 의장은 의결에서 표결권을 가지며, 가부동수(可否同數)일 때에는 결정권을 가진다.
〔전부개정 2014·12·30〕

제17조(대법관회의의 의결사항) 다음 각 호의 사항은 대법관회의의 의결을 거친다.
1. 판사의 임명 및 연임에 대한 동의
2. 대법원규칙의 제정과 개정 등에 관한 사항
3. 판례의 수집·간행에 관한 사항
4. 예산 요구, 예비금 지출과 결산에 관한 사항
5. 다른 법령에 따라 대법관회의의 권한에 속하는 사항
6. 특히 중요하다고 인정되는 사항으로서 대법원장이 회의에 부친 사항
〔전부개정 2014·12·30〕

제18조(위임사항) 대법관회의의 운영에 필요한 사항은 대법원규칙으로 정한다.
〔전부개정 2014·12·30〕

제19조(법원행정처) ① 사법행정사무를 관장하기 위하여 대법원에 법원행정처를 둔다.
② 법원행정처는 법원의 인사·예산·회계·시설·통계·송무(訟務)·등기·가족관계등록·공탁·집행관·법무사·법령조사 및 사법제도연구에 관한 사무를 관장한다.
〔전부개정 2014·12·30〕

제20조(사법연수원) 판사의 연수와 사법연수생의 수습에 관한 사무를 관장하기 위하여 대법원에 사법연수원을 둔다.
〔전부개정 2014·12·30〕

제20조의2(사법정책연구원) 사법제도 및 재판제도의 개선에 관한 연구를 하기 위하여 대법원에 사법정책연구원을 둔다.
〔본조신설 2013·8·13〕

제21조(법원공무원교육원) 법원직원·집행관 등의 연수 및 양성에 관한 사무를 관장하기 위하여 대법원에 법원공무원교육원을 둔다.
〔전부개정 2014·12·30〕

제22조(법원도서관) 재판사무의 지원 및 법률문화의 창달을 위한 판례·법령·문헌·사료 등 정보를 조사·수집·편찬하고 이를 관리·제공하기 위하여 대법원에 법원도서관을 둔다.
〔전부개정 2014·12·30〕

제23조(대법원장비서실 등) ① 대법원에 대법원장비서실을 둔다.
② 대법원장비서실에 실장을 두되, 실장은 판사로 보하거나 정무직으로 하고, 대법원장의 명을 받아 비서실의 사무를 관장하며, 소속 공무원을 지휘·감독한다.
③ 대법원장비서실의 조직과 운영에 필요한 사항은 대법원규칙으로 정한다.
④ 대법원에 대법관비서관을 둔다.
⑤ 대법관비서관은 법원서기관 또는 4급 상당의 별정직공무원으로 보한다.
〔전부개정 2014·12·30〕

제24조(재판연구관) ① 대법원에 재판연구관을 둔다.
② 재판연구관은 대법원장의 명을 받아 대법원에서 사건의 심리 및 재판에 관한 조사·연구 업무를 담당한다.
③ 재판연구관은 판사로 보하거나 3년 이내의 기간을 정하여 판사가 아닌 사람 중에서 임명할 수 있다.
④ 판사가 아닌 재판연구관은 2급 또는 3급 상당의 별정직공무원이나 「국가공무원법」 제26조의5에 따른 임기제공무원으로 하고, 그 직제(職制) 및 자격 등에 관하여는 대법원규칙으로 정한다.
⑤ 대법원장은 다른 국가기관, 공공단체, 교육기관, 연구기관, 그 밖에 필요한 기관에 대하여 소속 공무원 및 직원을 재판연구관으로 근무하게 하기 위하여 파견근무를 요청할 수 있다.
⑥ 제5항에 따라 파견된 재판연구관에게는 대법원규칙으로 정하는 수당을 지급할 수

있다.

〔전부개정 2014·12·30〕

제25조(사법정책자문위원회) ① 대법원장은 필요하다고 인정할 경우에는 대법원장의 자문기관으로 사법정책자문위원회를 둘 수 있다.

② 사법정책자문위원회는 사법정책에 관하여 학식과 덕망이 높은 사람 중에서 대법원장이 위촉하는 7명 이내의 위원으로 구성하며, 그 조직·운영에 필요한 사항은 대법원규칙으로 정한다.

〔전부개정 2014·12·30〕

제25조의2(법관인사위원회) ① 법관의 인사에 관한 중요 사항을 심의하기 위하여 대법원에 법관인사위원회(이하 "인사위원회"라 한다)를 둔다.

② 인사위원회는 다음 각 호의 사항을 심의한다.

1. 인사에 관한 기본계획의 수립에 관한 사항
2. 제41조제3항에 따른 판사의 임명에 관한 사항
3. 제45조의2에 따른 판사의 연임에 관한 사항
4. 제47조에 따른 판사의 퇴직에 관한 사항
5. 그 밖에 대법원장이 중요하다고 인정하여 회의에 부치는 사항

③ 인사위원회는 위원장 1명을 포함한 11명의 위원으로 구성한다.

④ 위원은 다음 각 호에 해당하는 사람을 대법원장이 임명하거나 위촉한다.

1. 법관 3명
2. 법무부장관이 추천하는 검사 2명. 다만, 제2항제2호의 판사의 신규 임명에 관한 심의에만 참여한다.
3. 대한변호사협회장이 추천하는 변호사 2명
4. 사단법인 한국법학교수회 회장과 사단법인 법학전문대학원협의회 이사장이 각각 1명씩 추천하는 법학교수 2명
5. 학식과 덕망이 있고 각계 전문 분야에서 경험이 풍부한 사람으로서 변호사의 자격이 없는 사람 2명. 이 경우 1명 이상은 여성이어야 한다.

⑤ 위원장은 위원 중에서 대법원장이 임명하거나 위촉한다.

⑥ 제1항부터 제5항까지에서 규정한 사항 외에 인사위원회의 구성과 운영 등에 필요한 사항은 대법원규칙으로 정한다.

〔전부개정 2014·12·30〕

제3편 각급 법원

제1장 고등법원

제26조(고등법원장) ① 고등법원에 고등법원장을 둔다.

② 고등법원장은 판사로 보한다.

③ 고등법원장은 그 법원의 사법행정사무를 관장하며, 소속 공무원을 지휘·감독한다.

④ 고등법원장이 궐위되거나 부득이한 사유로 직무를 수행할 수 없을 때에는 수석판사, 선임판사의 순서로 그 권한을 대행한다. <개정 2020·3·24>

⑤ 고등법원에 고등법원장비서관을 둔다.

⑥ 고등법원장비서관은 법원사무관 또는 5급 상당의 별정직공무원으로 보한다.

〔전부개정 2014·12·30〕

제27조(부) ① 고등법원에 부(部)를 둔다.

② 삭제 <2020·3·24>

③ 부의 구성원 중 1인은 그 부의 재판에서 재판장이 되며, 고등법원장의 지휘에 따라 그 부의 사무를 감독한다. <개정 2020·3·24>

④ 재판업무 수행상 필요한 경우 대법원규칙으로 정하는 바에 따라 고등법원의 부로 하여금 그 관할구역의 지방법원 소재지에서 사무를 처리하게 할 수 있다.

⑤ 대법원장은 제4항에 따라 지방법원 소재지에서 사무를 처리하는 고등법원의 부가 2개 이상인 경우 그 부와 관련된 사법행정사무를 관장하는 법관을 지정할 수 있다.

〔전부개정 2014·12·30〕

제28조(심판권) 고등법원은 다음의 사건을 심판한다. 다만, 제28조의4제2호에 따라 특허법원의 권한에 속하는 사건은 제외한다. <개

정 2015·12·1, 2016·12·27>
1. 지방법원 합의부, 가정법원 합의부, 회생법원 합의부 또는 행정법원의 제1심 판결·심판·결정·명령에 대한 항소 또는 항고사건
2. 지방법원단독판사, 가정법원단독판사의 제1심 판결·심판·결정·명령에 대한 항소 또는 항고사건으로서 형사사건을 제외한 사건 중 대법원규칙으로 정하는 사건
3. 다른 법률에 따라 고등법원의 권한에 속하는 사건

〔전부개정 2014·12·30〕

제 2 장 특허법원

제28조의2(특허법원장) ① 특허법원에 특허법원장을 둔다.
② 특허법원장은 판사로 보한다.
③ 특허법원장은 그 법원의 사법행정사무를 관장하며, 소속 공무원을 지휘·감독한다.
④ 특허법원에 대해서는 제26조제4항부터 제6항까지의 규정을 준용한다.
〔전부개정 2014·12·30〕

제28조의3(부) ① 특허법원에 부(部)를 둔다.
② 특허법원에 대해서는 제27조제3항을 준용한다. <개정 2020·3·24>
〔전부개정 2014·12·30〕

제28조의4(심판권) 특허법원은 다음의 사건을 심판한다. <개정 2015·12·1, 2016·2·29>
1. 「특허법」 제186조제1항, 「실용신안법」 제33조, 「디자인보호법」 제166조제1항 및 「상표법」 제162조에서 정하는 제1심 사건
2. 「민사소송법」 제24조제2항 및 제3항에 따른 사건의 항소사건
3. 다른 법률에 따라 특허법원의 권한에 속하는 사건

〔전부개정 2014·12·30〕

제 3 장 지방법원

제29조(지방법원장) ① 지방법원에 지방법원장을 둔다.
② 지방법원장은 판사로 보한다.
③ 지방법원장은 그 법원과 소속 지원, 시·군법원 및 등기소의 사법행정사무를 관장하며, 소속 공무원을 지휘·감독한다.
④ 지방법원장이 궐위되거나 부득이한 사유로 직무를 수행할 수 없을 때에는 수석부장판사, 선임부장판사의 순서로 그 권한을 대행한다. <개정 2020·3·24>
⑤ 지방법원에 대해서는 제26조제5항 및 제6항을 준용한다. <신설 2020·3·24>
〔전부개정 2014·12·30〕

제30조(부) ① 지방법원에 부(部)를 둔다.
② 부에 부장판사를 둘 수 있다. <개정 2020·3·24>
③ 지방법원에 대해서는 제27조제3항을 준용한다. <신설 2020·3·24>
〔전부개정 2014·12·30〕

제31조(지원) ① 지방법원의 지원과 가정지원에 지원장을 둔다.
② 지원장은 판사로 보한다.
③ 지원장은 소속 지방법원장의 지휘를 받아 그 지원과 관할구역에 있는 시·군법원의 사법행정사무를 관장하며, 소속 공무원을 지휘·감독한다.
④ 사무국을 둔 지원의 지원장은 소속 지방법원장의 지휘를 받아 관할구역에 있는 등기소의 사무를 관장하며, 소속 공무원을 지휘·감독한다.
⑤ 지방법원의 지원과 가정지원에 부(部)를 둘 수 있다.
⑥ 제5항에 따라 부를 두는 지방법원의 지원과 가정지원에 대해서는 제27조제3항 및 제30조제2항을 준용한다. <개정 2020·3·24>
〔전부개정 2014·12·30〕

제31조의2(가정지원의 관할) 가정지원은 가정법원이 설치되지 아니한 지역에서 가정법원의 권한에 속하는 사항을 관할한다. 다만, 가정법원단독판사의 판결·심판·결정·명령에 대한 항소 또는 항고사건에 관한 심판에 해당하는 사항은 제외한다.
〔전부개정 2014·12·30〕

제32조(합의부의 심판권) ① 지방법원과 그 지원의 합의부는 다음의 사건을 제1심으로 심판한다. <개정 2016·1·6, 2018·12·24, 2021·

1·26, 2021·12·21>

1. 합의부에서 심판할 것으로 합의부가 결정한 사건
2. 민사사건에 관하여는 대법원규칙으로 정하는 사건
3. 사형, 무기 또는 단기 1년 이상의 징역 또는 금고에 해당하는 사건. 다만, 다음 각 목의 사건은 제외한다.
   가. 「형법」 제258조의2제1항, 제331조, 제332조(제331조의 상습범으로 한정한다)와 그 각 미수죄, 제350조의2와 그 미수죄, 제363조에 해당하는 사건
   나. 「폭력행위 등 처벌에 관한 법률」 제2조제3항제2호·제3호, 제6조(제2조제3항제2호·제3호의 미수죄로 한정한다) 및 제9조에 해당하는 사건
   다. 「병역법」 위반사건
   라. 「특정범죄 가중처벌 등에 관한 법률」 제5조의3제1항, 제5조의4제5항제1호·제3호 및 제5조의11에 해당하는 사건
   마. 「보건범죄 단속에 관한 특별조치법」 제5조에 해당하는 사건
   바. 「부정수표 단속법」 제5조에 해당하는 사건
   사. 「도로교통법」 제148조의2제1항·제2항, 같은 조 제3항제1호 및 제2호에 해당하는 사건
   아. 「중대재해 처벌 등에 관한 법률」 제6조제1항·제3항 및 제10조제1항에 해당하는 사건
4. 제3호의 사건과 동시에 심판할 공범사건
5. 지방법원판사에 대한 제척·기피사건
6. 다른 법률에 따라 지방법원 합의부의 권한에 속하는 사건

② 지방법원 본원 합의부 및 춘천지방법원 강릉지원 합의부는 지방법원단독판사의 판결·결정·명령에 대한 항소 또는 항고사건 중 제28조제2호에 해당하지 아니하는 사건을 제2심으로 심판한다. 다만, 제28조의4제2호에 따라 특허법원의 권한에 속하는 사건은 제외한다. <개정 2015·12·1>

〔전부개정 2014·12·30〕

제33조(시·군법원) ① 대법원장은 지방법원 또는 그 지원 소속 판사 중에서 그 관할구역에 있는 시·군법원의 판사를 지명하여 시·군법원의 관할사건을 심판하게 한다. 이 경우 1명의 판사를 둘 이상의 시·군법원의 판사로 지명할 수 있다.

② 시·군법원의 판사는 소속 지방법원장 또는 지원장의 지휘를 받아 시·군법원의 사법행정사무를 관장하며, 그 소속 직원을 지휘·감독한다. 다만, 가사사건에 관하여는 그 지역을 관할하는 가정법원장 또는 그 지원장의 지휘를 받는다.

〔전부개정 2014·12·30〕

제34조(시·군법원의 관할) ① 시·군법원은 다음 각 호의 사건을 관할한다.

1. 「소액사건심판법」을 적용받는 민사사건
2. 화해·독촉 및 조정(調停)에 관한 사건
3. 20만원 이하의 벌금 또는 구류나 과료에 처할 범죄사건
4. 「가족관계의 등록 등에 관한 법률」 제75조에 따른 협의상 이혼의 확인

② 제1항제2호 및 제3호의 사건이 불복신청으로 제1심법원에 계속(係屬)하게 된 경우에는 그 지역을 관할하는 지방법원 또는 그 지원이 관할한다. 다만, 「소액사건심판법」을 적용받는 사건은 그 시·군법원에서 관할한다.

③ 제1항제3호에 해당하는 범죄사건에 대해서는 즉결심판을 한다.

〔전부개정 2014·12·30〕

제35조(즉결심판에 대한 정식재판의 청구) 제34조의 즉결심판에 대하여 피고인은 고지를 받은 날부터 7일 이내에 정식재판을 청구할 수 있다.

〔전부개정 2014·12·30〕

제36조(등기소) ① 등기소에 소장을 둔다.

② 소장은 법원서기관·법원사무관 또는 등기사무관으로 보한다.

③ 소장은 소속 지방법원장 또는 사무국을 둔 지원의 지원장의 지휘를 받아 등기소의 사무를 관장하고, 그 소속 직원을 지휘·감

독한다.
〔전부개정 2014·12·30〕

제 4 장 가정법원

제37조(가정법원장) ① 가정법원에 가정법원장을 둔다.
② 가정법원장은 판사로 보한다.
③ 가정법원장은 그 법원과 소속 지원의 사법행정사무를 관장하며, 소속 공무원을 지휘·감독한다. 다만, 제 3 조제 2 항 단서에 따라 1개의 지원을 두는 경우에는 가정법원장은 그 지원의 가사사건, 소년보호 및 가족관계등록에 관한 사무를 지휘·감독한다.
④ 가정법원에 대해서는 제26조제 5 항 및 제 6 항, 제29조제 4 항을 준용한다. <개정 2020·3·24>
〔전부개정 2014·12·30〕

제38조(부) ① 가정법원에 부(部)를 둔다.
② 가정법원에 대해서는 제27조제 3 항 및 제30조제 2 항을 준용한다. <개정 2020·3·24>
〔전부개정 2014·12·30〕

제39조(지원) ① 가정법원 지원에 지원장을 둔다.
② 지원장은 소속 가정법원장의 지휘를 받아 지원의 사법행정사무를 관장하며, 소속 공무원을 지휘·감독한다.
③ 가정법원의 지원에 대해서는 제27조제 3 항, 제30조제 2 항 및 제31조제 2 항·제 5 항을 준용한다. <개정 2020·3·24>
〔전부개정 2014·12·30〕

제40조(합의부의 심판권) ① 가정법원 및 가정법원 지원의 합의부는 다음 각 호의 사건을 제 1 심으로 심판한다.
1. 「가사소송법」에서 정한 가사소송과 마류(類) 가사비송사건(家事非訟事件) 중 대법원규칙으로 정하는 사건
2. 가정법원판사에 대한 제척·기피사건
3. 다른 법률에 따라 가정법원 합의부의 권한에 속하는 사건

② 가정법원 본원 합의부 및 춘천가정법원 강릉지원 합의부는 가정법원단독판사의 판결·심판·결정·명령에 대한 항소 또는 항고사건 중 제28조제 2 호에 해당하지 아니하는 사건을 제 2 심으로 심판한다.
〔전부개정 2014·12·30〕

제 5 장 행정법원

제40조의2(행정법원장) ① 행정법원에 행정법원장을 둔다.
② 행정법원장은 판사로 보한다.
③ 행정법원장은 그 법원의 사법행정사무를 관장하며, 소속 공무원을 지휘·감독한다.
④ 행정법원에 대해서는 제26조제 5 항 및 제 6 항, 제29조제 4 항을 준용한다. <개정 2020·3·24>
〔전부개정 2014·12·30〕

제40조의3(부) ① 행정법원에 부(部)를 둔다.
② 행정법원에 대해서는 제27조제 3 항 및 제30조제 2 항을 준용한다. <개정 2020·3·24>
〔전부개정 2014·12·30〕

제40조의4(심판권) 행정법원은 「행정소송법」에서 정한 행정사건과 다른 법률에 따라 행정법원의 권한에 속하는 사건을 제 1 심으로 심판한다.
〔전부개정 2014·12·30〕

제 6 장 회생법원

제40조의5(회생법원장) ① 회생법원에 회생법원장을 둔다.
② 회생법원장은 판사로 보한다.
③ 회생법원장은 그 법원의 사법행정사무를 관장하며, 소속 공무원을 지휘·감독한다.
④ 회생법원에 대해서는 제26조제 5 항 및 제 6 항, 제29조제 4 항을 준용한다. <개정 2020·3·24>
〔본조신설 2016·12·27〕

제40조의6(부) ① 회생법원에 부를 둔다.
② 회생법원에 대해서는 제27조제 3 항 및 제30조제 2 항을 준용한다. <개정 2020·3·24>
〔본조신설 2016·12·27〕

제40조의7(합의부의 심판권) ① 회생법원의 합의부는 다음 각 호의 사건을 제 1 심으로

심판한다.

1. 「채무자 회생 및 파산에 관한 법률」에 따라 회생법원 합의부의 권한에 속하는 사건
2. 합의부에서 심판할 것으로 합의부가 결정한 사건
3. 회생법원판사에 대한 제척·기피사건 및 「채무자 회생 및 파산에 관한 법률」 제16조에 따른 관리위원에 대한 기피사건
4. 다른 법률에 따라 회생법원 합의부의 권한에 속하는 사건

② 회생법원 합의부는 회생법원단독판사의 판결·결정·명령에 대한 항소 또는 항고사건을 제2심으로 심판한다.

〔본조신설 2016·12·27〕

제4편 법관

제41조(법관의 임명) ① 대법원장은 국회의 동의를 받아 대통령이 임명한다.

② 대법관은 대법원장의 제청으로 국회의 동의를 받아 대통령이 임명한다.

③ 판사는 인사위원회의 심의를 거치고 대법관회의의 동의를 받아 대법원장이 임명한다.

〔전부개정 2014·12·30〕

제41조의2(대법관후보추천위원회) ① 대법원장이 제청할 대법관 후보자의 추천을 위하여 대법원에 대법관후보추천위원회(이하 "추천위원회"라 한다)를 둔다.

② 추천위원회는 대법원장이 대법관 후보자를 제청할 때마다 위원장 1명을 포함한 10명의 위원으로 구성한다.

③ 위원은 다음 각 호에 해당하는 사람을 대법원장이 임명하거나 위촉한다.

1. 선임대법관
2. 법원행정처장
3. 법무부장관
4. 대한변호사협회장
5. 사단법인 한국법학교수회 회장
6. 사단법인 법학전문대학원협의회 이사장
7. 대법관이 아닌 법관 1명
8. 학식과 덕망이 있고 각계 전문 분야에서 경험이 풍부한 사람으로서 변호사 자격을 가지지 아니한 사람 3명. 이 경우 1명 이상은 여성이어야 한다.

④ 위원장은 위원 중에서 대법원장이 임명하거나 위촉한다.

⑤ 추천위원회는 대법원장 또는 위원 3분의 1 이상이 요청하거나 위원장이 필요하다고 인정할 때 위원장이 소집하고, 재적위원 과반수의 찬성으로 의결한다.

⑥ 추천위원회는 제청할 대법관(제청할 대법관이 2명 이상인 경우에는 각각의 대법관을 말한다)의 3배수 이상을 대법관 후보자로 추천하여야 한다.

⑦ 대법원장은 대법관 후보자를 제청하는 경우에는 추천위원회의 추천 내용을 존중한다.

⑧ 추천위원회가 제6항에 따라 대법관 후보자를 추천하면 해당 추천위원회는 해산된 것으로 본다.

⑨ 제1항부터 제8항까지에서 규정한 사항 외에 추천위원회의 구성과 운영 등에 필요한 사항은 대법원규칙으로 정한다.

〔전부개정 2014·12·30〕

제42조(임용자격) ① 대법원장과 대법관은 20년 이상 다음 각 호의 직(職)에 있던 45세 이상의 사람 중에서 임용한다.

1. 판사·검사·변호사
2. 변호사 자격이 있는 사람으로서 국가기관, 지방자치단체, 「공공기관의 운영에 관한 법률」 제4조에 따른 공공기관, 그 밖의 법인에서 법률에 관한 사무에 종사한 사람
3. 변호사 자격이 있는 사람으로서 공인된 대학의 법률학 조교수 이상으로 재직한 사람

② 판사는 5년 이상 제1항 각 호의 직에 있던 사람 중에서 임용한다. 이 경우 20년 이상 제1항 각 호의 직에 있던 사람 중에서 특정 재판사무만을 담당하는 판사를 임용할 수 있다. <개정 2021·12·21, 2024·10·16>

③ 제1항 각 호에 규정된 둘 이상의 직에 재직한 사람에 대해서는 그 연수를 합산한다.

④ 판사의 임용에는 성별, 연령, 법조경력의 종류 및 기간, 전문분야 등 국민의 다양한 기대와 요청에 부응하기 위한 사항을 적극 반영하여야 한다. <신설 2024·10·16>

⑤ 법원행정처는 제2항 및 제4항에 따른 판사 임용 과정과 결과 및 임용제도 개선 상황을 매년 국회 소관 상임위원회에 보고하여야 한다. <신설 2021·12·21, 2024·10·16>

〔전부개정 2014·12·30〕

제42조의2 삭제 <2007·5·1>

제42조의3(직무권한의 제한) ① 제42조제1항 각 호의 재직기간을 합산하여 10년 미만인 판사는 변론을 열어 판결하는 사건에 관하여는 단독으로 재판할 수 없다. <개정 2024·10·16>

② 제1항의 판사는 합의부의 재판장이 될 수 없다.

③ 대법원장은 각급 법원에 제1항의 기준을 충족하는 판사가 부족하여 재판업무 수행에 중대한 차질이 우려되는 등 불가피한 경우에는 기간을 정하여 그 소속 판사로 하여금 제1항의 제한을 받지 아니하고 단독으로 재판할 것을 허가할 수 있다. <신설 2024·10·16>

〔전부개정 2014·12·30〕

제42조의4 삭제 <1999·12·31>

제43조(결격사유) ① 다음 각 호의 어느 하나에 해당하는 사람은 법관으로 임용할 수 없다. <개정 2020·2·4, 2020·3·24>

1. 다른 법령에 따라 공무원으로 임용하지 못하는 사람
2. 금고 이상의 형을 선고받은 사람
3. 탄핵으로 파면된 후 5년이 지나지 아니한 사람
4. 대통령비서실 소속의 공무원으로서 퇴직 후 3년이 지나지 아니한 사람
5. 「정당법」 제22조에 따른 정당의 당원 또는 당원의 신분을 상실한 날부터 3년이 경과되지 아니한 사람
6. 「공직선거법」 제2조에 따른 선거에 후보자(예비후보자를 포함한다)로 등록한 날부터 5년이 경과되지 아니한 사람
7. 「공직선거법」 제2조에 따른 대통령선거에서 후보자의 당선을 위하여 자문이나 고문의 역할을 한 날부터 3년이 경과되지 아니한 사람

② 제1항제7호에 따른 자문이나 고문의 역할을 한 사람의 구체적인 범위는 대법원규칙으로 정한다. <신설 2020·3·24>

〔전부개정 2014·12·30〕

제44조(보직) ① 판사의 보직(補職)은 대법원장이 행한다.

② 사법연수원장, 고등법원장, 특허법원장, 법원행정처차장, 지방법원장, 가정법원장, 행정법원장, 회생법원장은 15년 이상 제42조제1항 각 호의 직에 있던 사람 중에서 보한다. <개정 2016·12·27, 2020·3·24>

〔전부개정 2014·12·30〕

제44조의2(근무성적 등의 평정) ① 대법원장은 판사에 대한 근무성적과 자질을 평정(評定)하기 위하여 공정한 평정기준을 마련하여야 한다.

② 제1항의 평정기준에는 근무성적평정인 경우에는 사건 처리율과 처리기간, 상소율, 파기율 및 파기사유 등이 포함되어야 하고, 자질평정인 경우에는 성실성, 청렴성 및 친절성 등이 포함되어야 한다.

③ 대법원장은 제1항의 평정기준에 따라 판사에 대한 평정을 실시하고 그 결과를 연임, 보직 및 전보 등의 인사관리에 반영한다.

④ 제1항부터 제3항까지에서 규정한 사항 외에 근무성적과 자질의 평정에 필요한 사항은 대법원규칙으로 정한다.

〔전부개정 2014·12·30〕

제45조(임기·연임·정년) ① 대법원장의 임기는 6년으로 하며, 중임(重任)할 수 없다.

② 대법관의 임기는 6년으로 하며, 연임할 수 있다.

③ 판사의 임기는 10년으로 하며, 연임할 수 있다.

④ 대법원장과 대법관의 정년은 각각 70세, 판사의 정년은 65세로 한다.

⑤ 판사는 그 정년에 이른 날이 2월에서 7

월 사이에 있는 경우에는 7월 31일에, 8월에서 다음 해 1월 사이에 있는 경우에는 다음 해 1월 31일에 각각 당연히 퇴직한다.
<신설 2018·3·20>
〔전부개정 2014·12·30〕

제45조의2(판사의 연임) ① 임기가 끝난 판사는 인사위원회의 심의를 거치고 대법관회의의 동의를 받아 대법원장의 연임발령으로 연임한다.
② 대법원장은 다음 각 호의 어느 하나에 해당한다고 인정되는 판사에 대해서는 연임발령을 하지 아니한다.
1. 신체상 또는 정신상의 장해로 판사로서 정상적인 직무를 수행할 수 없는 경우
2. 근무성적이 현저히 불량하여 판사로서 정상적인 직무를 수행할 수 없는 경우
3. 판사로서의 품위를 유지하는 것이 현저히 곤란한 경우
③ 판사의 연임절차에 관하여 필요한 사항은 대법원규칙으로 정한다.
〔전부개정 2014·12·30〕

제46조(법관의 신분보장) ① 법관은 탄핵결정이나 금고 이상의 형의 선고에 의하지 아니하고는 파면되지 아니하며, 징계처분에 의하지 아니하고는 정직(停職)·감봉 또는 불리한 처분을 받지 아니한다.
② 법관의 보수는 직무와 품위에 상응하도록 따로 법률로 정한다.
〔전부개정 2014·12·30〕

제47조(심신상의 장해로 인한 퇴직) 법관이 중대한 신체상 또는 정신상의 장해로 직무를 수행할 수 없을 때에는, 대법관인 경우에는 대법원장의 제청으로 대통령이 퇴직을 명할 수 있고, 판사인 경우에는 인사위원회의 심의를 거쳐 대법원장이 퇴직을 명할 수 있다.
〔전부개정 2014·12·30〕

제48조(징계) ① 대법원에 법관징계위원회를 둔다.
② 법관 징계에 관한 사항은 따로 법률로 정한다.
〔전부개정 2014·12·30〕

제49조(금지사항) 법관은 재직 중 다음 각 호의 행위를 할 수 없다.
1. 국회 또는 지방의회의 의원이 되는 일
2. 행정부서의 공무원이 되는 일
3. 정치운동에 관여하는 일
4. 대법원장의 허가 없이 보수를 받는 직무에 종사하는 일
5. 금전상의 이익을 목적으로 하는 업무에 종사하는 일
6. 대법원장의 허가를 받지 아니하고 보수의 유무에 상관없이 국가기관 외의 법인·단체 등의 고문, 임원, 직원 등의 직위에 취임하는 일
7. 그 밖에 대법원규칙으로 정하는 일
〔전부개정 2014·12·30〕

제50조(파견근무) 대법원장은 다른 국가기관으로부터 법관의 파견근무 요청을 받은 경우에 업무의 성질상 법관을 파견하는 것이 타당하다고 인정되고 해당 법관이 파견근무에 동의하는 경우에는 그 기간을 정하여 이를 허가할 수 있다.
〔전부개정 2014·12·30〕

제50조의2(법관의 파견 금지 등) ① 법관은 대통령비서실에 파견되거나 대통령비서실의 직위를 겸임할 수 없다.
② 법관으로서 퇴직 후 2년이 지나지 아니한 사람은 대통령비서실의 직위에 임용될 수 없다.
〔본조신설 2020·2·4〕

제51조(휴직) ① 대법원장은 법관이 다음 각 호의 어느 하나에 해당하는 경우에는 2년 이내의 범위에서 기간을 정하여(제1호의 경우는 그 복무기간이 끝날 때까지) 휴직을 허가할 수 있다.
1. 「병역법」에 따른 병역복무를 위하여 징집·소집된 경우
2. 국내외 법률연구기관·대학 등에서의 법률연수나 본인의 질병 요양 등을 위하여 휴직을 청원하는 경우로서 그 청원 내용이 충분한 이유가 있다고 인정되는 경우
② 제1항의 경우에 휴직기간 중의 보수 지급에 관한 사항은 대법원규칙으로 정한다.
〔전부개정 2014·12·30〕

제52조(겸임 등) ① 대법원장은 법관을 사건

의 심판 외의 직(재판연구관을 포함한다)에 보하거나 그 직을 겸임하게 할 수 있다.
② 제 1 항의 법관은 사건의 심판에 참여하지 못하며, 제 5 조제 3 항에 따른 판사의 수에 산입(算入)하지 아니한다.
③ 제 1 항의 법관의 수는 대법원규칙으로 정하며, 보수는 그 중 고액(高額)의 것을 지급한다.
〔전부개정 2014·12·30〕

제 5 편 법원직원

제53조(법원직원) 법관 외의 법원공무원은 대법원장이 임명하며, 그 수는 대법원규칙으로 정한다.
〔전부개정 2014·12·30〕

제53조의2(재판연구원) ① 각급 법원에 재판연구원을 둘 수 있다.
② 재판연구원은 소속 법원장의 명을 받아 사건의 심리 및 재판에 관한 조사·연구, 그 밖에 필요한 업무를 수행한다.
③ 재판연구원은 변호사 자격이 있는 사람 중에서 대법원장이 임용한다.
④ 재판연구원은 「국가공무원법」 제26조의5에 따른 임기제공무원으로 한다.
⑤ 재판연구원은 총 3년의 범위에서 기간을 정하여 채용한다.
⑥ 재판연구원의 정원 및 직제와 그 밖에 필요한 사항은 대법원규칙으로 정한다.
〔전부개정 2014·12·30〕

제54조(사법보좌관) ① 대법원과 각급 법원에 사법보좌관을 둘 수 있다.
② 사법보좌관은 다음 각 호의 업무 중 대법원규칙으로 정하는 업무를 할 수 있다. <개정 2016·3·29, 2017·12·12>
1. 「민사소송법」(같은 법이 준용되는 경우를 포함한다) 및 「소송촉진 등에 관한 특례법」에 따른 소송비용액·집행비용액 확정결정절차, 독촉절차, 공시최고절차, 「소액사건심판법」에 따른 이행권고결정절차에서의 법원의 사무
2. 「민사집행법」(같은 법이 준용되는 경우를 포함한다)에 따른 집행문 부여명령절차, 채무불이행자명부 등재절차, 재산조회절차, 부동산에 대한 강제경매절차, 자동차·건설기계에 대한 강제경매절차, 동산에 대한 강제경매절차, 금전채권 외의 채권에 기초한 강제집행절차, 담보권 실행 등을 위한 경매절차, 제소명령절차, 가압류·가처분의 집행취소신청절차에서의 법원의 사무
3. 「주택임대차보호법」 및 「상가건물 임대차보호법」상의 임차권등기명령절차에서의 법원의 사무
4. 「가사소송법」에 따른 상속의 한정승인·포기 신고의 수리와 한정승인취소·포기취소 신고의 수리절차에서의 가정법원의 사무
5. 미성년 자녀가 없는 당사자 사이의 「가족관계의 등록 등에 관한 법률」에 따른 협의이혼절차에서의 가정법원의 사무

③ 사법보좌관은 법관의 감독을 받아 업무를 수행하며, 사법보좌관의 처분에 대해서는 대법원규칙으로 정하는 바에 따라 법관에게 이의신청을 할 수 있다.
④ 사법보좌관은 법원사무관 또는 등기사무관 이상 직급으로 5년 이상 근무한 사람, 법원주사보 또는 등기주사보 이상 직급으로 10년 이상 근무한 사람 중 대법원규칙으로 정하는 사람으로 한다.
⑤ 사법보좌관의 직제 및 인원과 그 밖에 필요한 사항은 대법원규칙으로 정한다.
〔전부개정 2014·12·30〕

제54조의2(기술심리관) ① 특허법원에 기술심리관을 둔다.
② 법원은 필요하다고 인정하는 경우 결정으로 기술심리관을 「특허법」 제186조제 1 항, 「실용신안법」 제33조 및 「디자인보호법」 제166조에 따른 소송의 심리에 참여하게 할 수 있다.
③ 제 2 항에 따라 소송의 심리에 참여하는 기술심리관은 재판장의 허가를 받아 기술적인 사항에 관하여 소송관계인에게 질문을 할 수 있고, 재판의 합의에서 의견을 진술할 수 있다.

④ 대법원장은 특허청 등 관계 국가기관에 대하여 그 소속 공무원을 기술심리관으로 근무하게 하기 위하여 파견근무를 요청할 수 있다.

⑤ 기술심리관의 자격, 직제 및 인원과 그 밖에 필요한 사항은 대법원규칙으로 정한다.

〔전부개정 2014·12·30〕

제54조의3(조사관) ① 대법원과 각급 법원에 조사관을 둘 수 있다.

② 조사관은 법관의 명을 받아 법률 또는 대법원규칙으로 정하는 사건에 관한 심판에 필요한 자료를 수집·조사하고, 그 밖에 필요한 업무를 담당한다.

③ 대법원장은 다른 국가기관에 대하여 그 소속 공무원을 조사관으로 근무하게 하기 위하여 법원에의 파견근무를 요청할 수 있다.

④ 조사관의 자격, 직제 및 인원과 그 밖에 필요한 사항은 대법원규칙으로 정한다.

〔전부개정 2014·12·30〕

제55조(집행관) ① 지방법원 및 그 지원에 집행관을 두며, 집행관은 법률에서 정하는 바에 따라 소속 지방법원장이 임면(任免)한다.

② 집행관은 법령에서 정하는 바에 따라 재판의 집행, 서류의 송달, 그 밖의 사무에 종사한다.

③ 집행관은 그 직무를 성실히 수행할 것을 보증하기 위하여 소속 지방법원에 보증금을 내야 한다.

④ 제 3 항의 보증금 및 집행관의 수수료에 관한 사항은 대법원규칙으로 정한다.

〔전부개정 2014·12·30〕

제55조의2(법원보안관리대) ① 법정의 존엄과 질서유지 및 법원청사의 방호를 위하여 대법원과 각급 법원에 법원보안관리대를 두며, 그 설치와 조직 및 분장사무에 관한 사항은 대법원규칙으로 정한다.

② 법원보안관리대의 대원은 법원청사 내에 있는 사람이 다음 각 호의 어느 하나에 해당하는 경우에는 이를 제지하기 위하여 신체적인 유형력(有形力)을 행사하거나 경비봉, 가스분사기 등 보안장비를 사용할 수 있다. 이 경우 유형력의 행사 등은 필요한 최소한도에 그쳐야 한다.

1. 다른 사람의 생명, 신체, 재산 등에 위해(危害)를 주거나 주려고 하는 경우
2. 법정의 존엄과 질서를 해치는 행위를 하거나 하려고 하는 경우
3. 법관 또는 법원직원의 정당한 업무를 방해하거나 방해하려고 하는 경우
4. 그 밖에 법원청사 내에서 질서를 문란하게 하는 행위를 하거나 하려고 하는 경우

③ 법원보안관리대의 대원은 흉기나 그 밖의 위험한 물건 또는 법원청사 내의 질서유지에 방해되는 물건을 지니고 있는지 확인하기 위하여 법원청사 출입자를 검색할 수 있다.

④ 제 2 항에 따른 조치를 할 때에는 미리 그 행위자에게 경고하여야 한다. 다만, 긴급한 상황으로서 경고를 할 만한 시간적 여유가 없는 경우에는 그러하지 아니하다.

〔전부개정 2014·12·30〕

제 6 편 재판

제 1 장 법정

제56조(개정의 장소) ① 공판(公判)은 법정에서 한다.

② 법원장은 필요에 따라 법원 외의 장소에서 개정(開廷)하게 할 수 있다.

〔전부개정 2014·12·30〕

제57조(재판의 공개) ① 재판의 심리와 판결은 공개한다. 다만, 심리는 국가의 안전보장, 안녕질서 또는 선량한 풍속을 해칠 우려가 있는 경우에는 결정으로 공개하지 아니할 수 있다.

② 제 1 항 단서의 결정은 이유를 밝혀 선고한다.

③ 제 1 항 단서의 결정을 한 경우에도 재판장은 적당하다고 인정되는 사람에 대해서는 법정 안에 있는 것을 허가할 수 있다.

〔전부개정 2014·12·30〕

제58조(법정의 질서유지) ① 법정의 질서유지

는 재판장이 담당한다.
② 재판장은 법정의 존엄과 질서를 해칠 우려가 있는 사람의 입정(入廷) 금지 또는 퇴정(退廷)을 명할 수 있고, 그 밖에 법정의 질서유지에 필요한 명령을 할 수 있다.
〔전부개정 2014·12·30〕

제59조(녹화 등의 금지) 누구든지 법정 안에서는 재판장의 허가 없이 녹화, 촬영, 중계방송 등의 행위를 하지 못한다.
〔전부개정 2014·12·30〕

제60조(경찰공무원의 파견 요구) ① 재판장은 법정에서의 질서유지를 위하여 필요하다고 인정할 때에는 개정 전후에 상관없이 관할 경찰서장에게 경찰공무원의 파견을 요구할 수 있다. <개정 2020·12·22>
② 제1항의 요구에 따라 파견된 경찰공무원은 법정 내외의 질서유지에 관하여 재판장의 지휘를 받는다. <개정 2020·12·22>
〔전부개정 2014·12·30〕

제61조(감치 등) ① 법원은 직권으로 법정 내외에서 제58조제2항의 명령 또는 제59조를 위반하는 행위를 하거나 폭언, 소란 등의 행위로 법원의 심리를 방해하거나 재판의 위신을 현저하게 훼손한 사람에 대하여 결정으로 20일 이내의 감치(監置)에 처하거나 100만원 이하의 과태료를 부과할 수 있다. 이 경우 감치와 과태료는 병과(倂科)할 수 있다.
② 법원은 제1항의 감치를 위하여 법원직원, 교도관 또는 경찰공무원으로 하여금 즉시 행위자를 구속하게 할 수 있으며, 구속한 때부터 24시간 이내에 감치에 처하는 재판을 하여야 하고, 이를 하지 아니하면 즉시 석방을 명하여야 한다. <개정 2020·12·22>
③ 감치는 경찰서유치장, 교도소 또는 구치소에 유치(留置)함으로써 집행한다.
④ 감치는 감치대상자에 대한 다른 사건으로 인한 구속 및 형에 우선하여 집행하며, 감치의 집행 중에는 감치대상자에 대한 다른 사건으로 인한 구속 및 형의 집행이 정지되고, 감치대상자가 당사자로 되어 있는 본래의 심판사건의 소송절차는 정지된다. 다만, 법원은 상당한 이유가 있는 경우에는 소송절차를 계속하여 진행하도록 명할 수 있다.
⑤ 제1항의 재판에 대해서는 항고 또는 특별항고를 할 수 있다.
⑥ 제1항의 재판에 관한 절차와 그 밖에 필요한 사항은 대법원규칙으로 정한다.
〔전부개정 2014·12·30〕

제62조(법정의 용어) ① 법정에서는 국어를 사용한다.
② 소송관계인이 국어가 통하지 아니하는 경우에는 통역에 의한다.
〔전부개정 2014·12·30〕

제62조의2(외국어 변론 및 전담재판부의 설치) ① 특허법원이 심판권을 가지는 사건 및 「민사소송법」 제24조제2항 및 제3항에 따른 소의 제1심사건을 담당하는 법원은 제62조에도 불구하고 당사자의 동의를 받아 당사자가 법정에서 외국어로 변론하는 것을 허가할 수 있다. 이 경우 「민사소송법」 제143조제1항 및 제277조는 적용하지 아니한다.
② 특허법원장 및 「민사소송법」 제24조제2항에서 정한 지방법원의 장은 제1항에 따른 허가가 있는 사건(이하 "국제사건"이라 한다)을 특정한 재판부(이하 "국제재판부"라 한다)로 하여금 전담하게 할 수 있다.
③ 제1항에 따른 허가의 절차, 국제사건에서 허용되는 외국어의 범위, 그 밖에 국제사건의 재판 및 국제재판부의 운영에 필요한 사항은 대법원규칙으로 정한다.
〔본조신설 2017·12·12〕

제63조(준용규정) 법관이 법정 외의 장소에서 직무를 하는 경우에는 제57조부터 제62조까지 및 제62조의2를 준용한다. <개정 2017·12·12>
〔전부개정 2014·12·30〕

제64조(법원경위) ① 대법원 및 각급 법원에 법원경위(法院警衛)를 둔다.
② 법원경위는 법정에서 법관이 명하는 사무와 그 밖에 대법원장이 정하는 사무를 집행한다.
③ 법원은 집행관을 사용하기 어려운 사정이 있다고 인정될 때에는 법원경위로 하여금 소송서류를 송달하게 할 수 있다.

〔전부개정 2014 · 12 · 30〕

제 2 장　합의

제65조(합의의 비공개) 심판의 합의는 공개하지 아니한다.

〔전부개정 2014 · 12 · 30〕

제66조(합의의 방법) ① 합의심판은 헌법 및 법률에 다른 규정이 없으면 과반수로 결정한다.

② 합의에 관한 의견이 3개 이상의 설(說)로 나뉘어 각각 과반수에 이르지 못할 때에는 다음 각 호의 의견에 따른다.

1. 액수의 경우 : 과반수에 이르기까지 최다액(最多額)의 의견의 수에 차례로 소액의 의견의 수를 더하여 그 중 최소액의 의견
2. 형사(刑事)의 경우 : 과반수에 이르기까지 피고인에게 가장 불리한 의견의 수에 차례로 유리한 의견의 수를 더하여 그 중 가장 유리한 의견

③ 제 7 조제 1 항에 따른 과반수 결정사항에 관하여 의견이 2개의 설로 나뉘어 각 설이 과반수에 이르지 못할 때에는 원심재판을 변경할 수 없다.

〔전부개정 2014 · 12 · 30〕

제 7 편　대법원의 기관

제 1 장　법원행정처

제67조(법원행정처장 등) ① 법원행정처에 처장과 차장을 둔다.

② 처장은 대법원장의 지휘를 받아 법원행정처의 사무를 관장하고, 소속 직원을 지휘 · 감독하며, 법원의 사법행정사무 및 그 직원을 감독한다.

③ 차장은 처장을 보좌하여 법원행정처의 사무를 처리하고, 처장이 궐위되거나 부득이한 사유로 직무를 수행할 수 없을 때에는 그 권한을 대행한다.

④ 처장은 대법원규칙으로 정하는 바에 따라 또는 대법원장의 명으로 그 소관 사무의 일부를 차장, 실장 또는 국장에게 위임할 수 있다.

⑤ 법원행정처에 법원행정처장비서관과 법원행정처차장비서관을 둔다.

⑥ 법원행정처장비서관은 법원서기관 또는 4급 상당의 별정직공무원으로 보하고, 법원행정처차장비서관은 법원사무관 또는 5급 상당의 별정직공무원으로 보한다.

〔전부개정 2014 · 12 · 30〕

제68조(임명) ① 법원행정처장은 대법관 중에서 대법원장이 보한다.

② 법원행정처차장은 판사 중에서 대법원장이 보한다.

〔전부개정 2014 · 12 · 30〕

제69조(국회출석권 등) 법원행정처장 및 차장은 사법행정에 관하여 국회 또는 국무회의에 출석하여 발언할 수 있다.

〔전부개정 2014 · 12 · 30〕

제70조(행정소송의 피고) 대법원장이 한 처분에 대한 행정소송의 피고는 법원행정처장으로 한다.

〔전부개정 2014 · 12 · 30〕

제71조(조직) ① 법원행정처에 실 · 국 및 과를 두며, 그 설치 및 분장사무는 대법원규칙으로 정한다.

② 실에는 실장, 국에는 국장, 과에는 과장을 둔다.

③ 법원행정처장 · 차장 · 실장 또는 국장 밑에 정책의 기획, 계획의 입안, 연구 · 조사, 심사 · 평가 및 홍보업무 등을 보좌하는 심의관 또는 담당관을 둘 수 있으며, 그 직명(職名)과 사무분장은 대법원규칙으로 정한다.

④ 실장은 판사 또는 법원관리관으로, 국장은 판사 · 법원이사관 · 시설이사관 또는 공업이사관으로, 심의관 및 담당관은 판사 · 법원이사관 · 법원부이사관 · 법원서기관 · 시설이사관 · 시설부이사관 · 시설서기관 · 공업이사관 · 공업부이사관 또는 공업서기관으로, 과장은 법원부이사관 · 법원서기관 · 시설부이사관 · 시설서기관 · 공업부이사관 또는 공업서기관으로 보한다.

⑤ 실장 · 국장 및 과장은 상사의 명을 받아

실·국 또는 과의 사무를 처리하고, 소속 직원을 지휘·감독한다.
〔전부개정 2014·12·30〕

제71조의2(윤리감사관) ① 대법원에 윤리감사관을 두고, 그 보좌기관 및 분장사무는 대법원규칙으로 정한다.
② 윤리감사관은 정무직으로 한다.
③ 윤리감사관은 「국가공무원법」 제33조의 결격사유에 해당되지 아니하고 다음 각 호의 직위에 합산하여 10년 이상 재직하였던 사람 중에서 공개모집절차를 통하여 적격자를 임용한다.
1. 판사, 검사, 변호사, 공인회계사
2. 국가기관, 지방자치단체, 국영·공영기업체, 「공공기관의 운영에 관한 법률」 제4조에 따른 공공기관 또는 그 밖의 법인에서 법률 또는 감사에 관한 사무에 종사한 사람
3. 공인된 대학의 법률학 조교수 이상으로 재직하였던 사람
④ 윤리감사관의 임기는 2년으로 하며 연임할 수 있다.
⑤ 대법원장은 윤리감사관이 직무수행능력이 현저히 떨어지는 등 윤리감사관으로서 정상적인 직무수행이 어렵다고 인정하는 경우에는 대법관회의의 의결을 거쳐 퇴직을 명할 수 있다. 이 경우 대법관회의의 의결 전에 해당 윤리감사관에게 진술을 충분히 할 수 있는 기회를 주어야 한다.
〔본조신설 2020·3·24〕

제 2 장 사법연수원

제72조(사법연수생) ① 사법연수생은 사법시험에 합격한 사람 중에서 대법원장이 임명하며, 별정직공무원으로 한다.
② 사법연수생의 수습기간은 2년으로 한다. 다만, 필요한 경우에는 대법원규칙으로 정하는 바에 따라 수습기간을 변경할 수 있다.
③ 사법연수생이 다음 각 호의 어느 하나에 해당하는 경우에는 면직(免職)할 수 있다.
1. 「국가공무원법」 제33조 각 호의 어느 하나에 해당하는 경우
2. 품위를 손상시키는 행위를 한 경우
3. 수습의 태도가 매우 불성실하여 수습성적이 불량한 경우
4. 질병으로 인하여 수습을 할 수 없는 경우
④ 법원은 직권으로 사법연수생을 변호인으로 선정할 수 있다.
〔전부개정 2014·12·30〕

제72조의2(사법연수생 수습의 목적) 사법연수생의 수습은 법률전문가로서의 이론과 실무를 연구·습득하고 높은 윤리의식과 국민에 대한 봉사정신을 함양함으로써 법치주의의 확립과 민주주의의 발전에 이바지할 수 있는 법조인을 양성함을 목적으로 한다.
〔전부개정 2014·12·30〕

제73조(조직) ① 사법연수원에 원장 1명, 부원장 1명, 교수 및 강사를 둔다.
② 원장은 대법원장의 지휘를 받아 사법연수원의 사무를 관장하며, 소속 직원을 지휘·감독한다.
③ 부원장은 원장을 보좌하여 사법연수원의 사무를 처리하며, 원장이 궐위되거나 부득이한 사유로 직무를 수행할 수 없을 때에는 그 권한을 대행한다.
④ 사법연수원에 사법연수원장비서관과 사법연수원부원장비서관을 둔다.
⑤ 사법연수원장비서관과 사법연수원부원장비서관은 법원사무관 또는 5급 상당의 별정직공무원으로 보한다.
〔전부개정 2014·12·30〕

제74조(사법연수원장 등) ① 사법연수원장은 판사 중에서, 부원장은 검사 중에서 대법원장이 보한다.
② 사법연수원 교수는 다음 각 호의 어느 하나에 해당하는 사람 중에서 대법원장이 보하거나 사법연수원장의 제청을 받아 대법원장이 임명한다.
1. 판사
2. 검사
3. 변호사
4. 학사 또는 석사학위를 취득한 사람으로서 대법원규칙으로 정하는 실적 또는 경력이 있는 사람
5. 박사학위를 취득한 사람

③ 강사는 상당한 학식과 경험이 있는 사람 중에서 사법연수원장이 위촉한다.
④ 사법연수원에서 전임으로 근무하는 판사 및 검사는 제5조제3항에 따른 판사의 수 또는 「검사정원법」에 따른 검사의 수에 산입하지 아니한다.
〔전부개정 2014·12·30〕

제74조의2(교수의 지위 등) ① 판사나 검사가 아닌 사법연수원 교수(이하 "전임교수"라 한다)는 특정직공무원으로 한다.
② 전임교수의 임기는 10년으로 하며, 연임할 수 있다. 다만, 신규채용되는 교수는 3년의 범위에서 한 차례만 대법원규칙으로 정하는 바에 따라 기간을 정하여 임용할 수 있다.
③ 전임교수의 정년은 판사에 준하고, 징계에 관하여는 「법관징계법」을 준용한다. 이 경우 「법관징계법」(제5조는 제외한다) 중 "법관"은 "전임교수"로 본다.
④ 전임교수의 직명과 임용 등에 관하여 필요한 사항은 대법원규칙으로 정한다.
〔전부개정 2014·12·30〕

제74조의3(초빙교수) ① 변호사 자격(외국의 변호사 자격을 포함한다)이 있는 사람 또는 특수한 분야에 관하여 전문지식과 경험이 있다고 인정되는 사람은 초빙교수로 임용할 수 있다.
② 제1항에 따른 초빙교수의 임용절차와 임용조건 및 복무에 관하여 필요한 사항은 대법원규칙으로 정한다.
〔전부개정 2014·12·30〕

제74조의4(교수요원의 파견) ① 법원행정처장은 사법연수원장이 요청하는 경우에는 다른 국가기관, 공공단체, 교육기관, 연구기관, 그 밖에 필요한 기관에 교수요원의 파견을 요청할 수 있다.
② 제1항에 따라 사법연수원에 파견된 교수요원에게는 대법원규칙으로 정하는 수당을 지급할 수 있다.
〔전부개정 2014·12·30〕

제74조의5(사법연수원운영위원회) ① 사법연수원에 교육의 기본방향, 교과과정, 그 밖에 대법원규칙으로 정하는 사법연수원의 운영과 교육에 관한 중요 사항을 심의하기 위하여 운영위원회를 둔다.
② 운영위원회는 대법원장이 위촉하는 10명 이상 15명 이하의 위원으로 구성하되, 그 임기는 2년으로 하며 연임할 수 있다.
③ 운영위원회의 조직과 운영에 필요한 사항은 대법원규칙으로 정한다.
〔전부개정 2014·12·30〕

제75조(사무국) ① 사법연수원에 사무국을 두고, 사무국에는 과를 두며, 그 설치 및 분장사무는 대법원규칙으로 정한다.
② 국에는 국장, 과에는 과장을 둔다.
③ 국장은 법원이사관 또는 법원부이사관으로, 과장은 법원부이사관·법원서기관 또는 법원사무관으로 보한다.
④ 국장과 과장은 상사의 명을 받아 국 또는 과의 사무를 관장하고, 소속 직원을 지휘·감독한다.
〔전부개정 2014·12·30〕

제76조(위임사항) 사법연수생의 임명, 수습 및 보수와 그 밖에 사법연수원의 운영에 필요한 사항은 대법원규칙으로 정하되, 사법연수원 교육의 자율성과 운영의 중립성을 최대한 보장하여야 한다.
〔전부개정 2014·12·30〕

제3장 사법정책연구원

제76조의2(조직) ① 사법정책연구원에 원장 1명, 수석연구위원 1명, 연구위원 및 연구원을 둔다.
② 원장은 대법원장의 지휘를 받아 사법정책연구원의 사무를 관장하며, 소속 직원을 지휘·감독한다.
③ 수석연구위원은 원장을 보좌하여 사법정책연구원의 사무를 처리하며, 원장이 궐위되거나 사고로 인하여 직무를 수행할 수 없을 때에는 수석연구위원이 그 권한을 대행한다.
④ 사법정책연구원에 사법정책연구원장비서관을 둔다.
⑤ 사법정책연구원장비서관은 법원사무관 또는 5급 상당의 별정직공무원으로 보한다.

〔본조신설 2013·8·13〕

제76조의3(사법정책연구원장 등) ① 사법정책연구원장 및 수석연구위원은 대법원장이 대법관회의의 동의를 거쳐 판사로 보하거나 정무직으로 임명한다.

② 연구위원 및 연구원(이하 "연구위원등"이라 한다)은 다음 각 호의 어느 하나에 해당하는 사람 중에서 대법원장이 보하거나 사법정책연구원장의 제청을 받아 대법원장이 임명한다.

1. 판사
2. 변호사의 자격이 있는 사람(외국의 변호사 자격을 포함한다)
3. 학사 또는 석사학위를 취득한 사람으로서 대법원규칙으로 정하는 실적 또는 경력이 있는 사람
4. 박사학위를 취득한 사람

〔본조신설 2013·8·13〕

제76조의4(비법관 연구위원등 지위 등) ① 판사가 아닌 연구위원등(이하 "비법관 연구위원등"이라 한다)은 「국가공무원법」 제26조의5에 따른 임기제공무원으로 한다.

② 비법관 연구위원등의 임용절차와 임용조건 및 복무에 관하여 필요한 사항은 대법원규칙으로 정한다.

〔본조신설 2013·8·13〕

제76조의5(초빙연구위원) ① 제76조의3제2항제2호부터 제4호까지의 규정의 어느 하나에 해당하는 사람 또는 특수한 분야에 관하여 전문지식과 경험이 있다고 인정되는 사람은 초빙연구위원으로 임용할 수 있다.

② 제1항에 따른 초빙연구위원의 임용절차와 임용조건 및 복무에 관하여 필요한 사항은 대법원규칙으로 정한다.

〔본조신설 2013·8·13〕

제76조의6(사법정책연구원운영위원회) ① 사법정책연구원의 운영과 연구에 관한 중요사항을 심의하기 위하여 사법정책연구원에 운영위원회를 둔다.

② 운영위원회는 대법원장이 위촉하는 9명의 위원으로 구성하되, 그 임기는 2년으로 하며 연임할 수 있다. 다만, 위원 중 과반수는 법관이 아닌 사람으로 한다.

③ 운영위원회의 조직과 운영에 관하여 필요한 사항은 대법원규칙으로 정한다.

〔본조신설 2013·8·13〕

제76조의7(보고서 발간 및 국회 보고) 사법정책연구원은 매년 다음 연도의 연구 추진계획과 해당 연도의 연구실적을 담은 연간 보고서를 발간하고, 이를 국회에 보고하여야 한다.

〔본조신설 2013·8·13〕

제76조의8(준용규정) 사법정책연구원에 관해서는 제74조의4 및 제75조의 규정을 준용한다. 이 경우 "교수"는 "연구위원등"으로 본다.

〔본조신설 2013·8·13〕

제76조의9(위임사항) 사법정책연구원의 운영 등에 관하여 필요한 사항은 대법원규칙으로 정한다.

〔본조신설 2013·8·13〕

제4장 법원공무원교육원

제77조(조직) ① 법원공무원교육원에 원장 1명, 교수 및 강사를 둔다.

② 원장은 대법원장의 지휘를 받아 법원공무원교육원의 사무를 관장하며, 소속 직원을 지휘·감독한다.

〔전부개정 2014·12·30〕

제78조(원장 등) ① 법원공무원교육원장은 판사로 보하거나 정무직으로 한다.

② 법관이 아닌 사람이 법원공무원교육원장이 된 경우 그 보수는 차관의 보수와 같은 금액으로 한다.

③ 교수는 법원부이사관, 법원서기관, 3급 상당 또는 4급 상당의 별정직공무원으로 보한다.

④ 강사는 상당한 학식과 경험이 있는 사람 중에서 법원공무원교육원장이 위촉한다.

〔전부개정 2014·12·30〕

제79조(준용규정) 법원공무원교육원의 사무국 설치 등에 관하여는 제75조를 준용한다.

〔전부개정 2014·12·30〕

제80조(위임사항) 법원공무원교육원의 운영 등에 필요한 사항은 대법원규칙으로 정한다.

〔전부개정 2014·12·30〕

제 5 장 법원도서관

제81조(조직) ① 법원도서관에 관장을 둔다.
② 관장은 판사, 법원이사관 또는 법원부이사관으로 보한다.
③ 관장은 대법원장의 지휘를 받아 법원도서관의 사무를 관장하며, 소속 직원을 지휘·감독한다.
④ 법원도서관의 조직, 운영 등에 필요한 사항은 대법원규칙으로 정한다.
〔전부개정 2014·12·30〕

제 8 편 양형위원회

제81조의2(양형위원회의 설치) ① 형(刑)을 정할 때 국민의 건전한 상식을 반영하고 국민이 신뢰할 수 있는 공정하고 객관적인 양형(量刑)을 실현하기 위하여 대법원에 양형위원회(이하 "위원회"라 한다)를 둔다.
② 위원회는 양형기준을 설정·변경하고, 이와 관련된 양형정책을 연구·심의할 수 있다.
③ 위원회는 그 권한에 속하는 업무를 독립하여 수행한다.
〔전부개정 2014·12·30〕

제81조의3(위원회의 구성) ① 위원회는 위원장 1명을 포함한 13명의 위원으로 구성하되, 위원장이 아닌 위원 중 1명은 상임위원으로 한다.
② 위원장은 15년 이상 다음 각 호의 직에 있던 사람 중에서 대법원장이 임명하거나 위촉한다.
1. 판사, 검사, 변호사
2. 국가, 지방자치단체, 국영·공영기업체, 「공공기관의 운영에 관한 법률」 제 4 조에 따른 공공기관, 그 밖의 법인에서 법률에 관한 사무에 종사한 사람
3. 공인된 대학의 법학 조교수 이상의 교수
③ 위원회의 위원은 다음 각 호의 사람을 대법원장이 임명하거나 위촉한다.
1. 법관 4명
2. 법무부장관이 추천하는 검사 2명
3. 대한변호사협회장이 추천하는 변호사 2명
4. 법학 교수 2명
5. 학식과 경험이 있는 사람 2명
④ 위원장과 위원의 임기는 2년으로 하고, 연임할 수 있다.
⑤ 대법원장은 위원이 다음 각 호의 어느 하나에 해당하는 경우에는 그 위원을 해임하거나 해촉할 수 있다.
1. 부득이한 사유로 직무를 수행할 수 없다고 인정되는 경우
2. 위원이 직무상 의무를 위반하는 등 위원의 자격을 유지하는 것이 적합하지 아니하다고 인정되는 경우
⑥ 법관·검사의 직에 있는 사람으로서 위원으로 임명된 사람이 그 직에서 퇴직하는 경우에는 해임된 것으로 본다.
〔전부개정 2014·12·30〕

제81조의4(위원장의 직무) ① 위원장은 위원회를 대표하고, 위원회의 직무를 총괄한다.
② 위원장이 부득이한 사유로 그 직무를 수행할 수 없을 때에는 상임위원, 위원장이 미리 지명한 위원의 순으로 그 직무를 대행한다.
〔전부개정 2014·12·30〕

제81조의5(위원회의 회의) ① 위원장은 위원회의 회의를 소집하며, 그 의장이 된다.
② 위원회는 재적위원 과반수의 찬성으로 의결한다.
〔전부개정 2014·12·30〕

제81조의6(양형기준의 설정 등) ① 위원회는 법관이 합리적인 양형을 도출하는 데 참고할 수 있는 구체적이고 객관적인 양형기준을 설정하거나 변경한다.
② 위원회는 양형기준을 설정·변경할 때 다음 각 호의 원칙을 준수하여야 한다.
1. 범죄의 죄질, 범정(犯情) 및 피고인의 책임의 정도를 반영할 것
2. 범죄의 일반예방과 피고인의 재범 방지 및 사회복귀를 고려할 것

3. 같은 종류 또는 유사한 범죄에 대해서는 고려하여야 할 양형 요소에 차이가 없으면 양형에서 서로 다르게 취급하지 아니할 것
4. 피고인의 국적, 종교 및 양심, 사회적 신분 등을 이유로 양형상 차별을 하지 아니할 것

③ 위원회는 양형기준을 설정·변경할 때 다음 각 호의 사항을 고려하여야 한다.

1. 범죄의 유형 및 법정형
2. 범죄의 중대성을 가중하거나 감경할 수 있는 사정
3. 피고인의 나이, 성품과 행실, 지능과 환경
4. 피해자에 대한 관계
5. 범행의 동기, 수단 및 결과
6. 범행 후의 정황
7. 범죄 전력(前歷)
8. 그 밖에 합리적인 양형을 도출하는 데 필요한 사항

④ 위원회는 양형기준을 공개하여야 한다.

〔전부개정 2014·12·30〕

제81조의7(양형기준의 효력 등) ① 법관은 형의 종류를 선택하고 형량을 정할 때 양형기준을 존중하여야 한다. 다만, 양형기준은 법적 구속력을 갖지 아니한다.

② 법원이 양형기준을 벗어난 판결을 하는 경우에는 판결서에 양형의 이유를 적어야 한다. 다만, 약식절차 또는 즉결심판절차에 따라 심판하는 경우에는 그러하지 아니하다.

〔전부개정 2014·12·30〕

제81조의8(관계 기관의 협조 등) ① 위원회는 필요한 경우 관계 공무원 또는 전문가를 회의에 출석하게 하여 의견을 들을 수 있고, 관계 국가기관·연구기관·단체 또는 전문가 등에게 자료 및 의견의 제출이나 그 밖의 협력을 요청할 수 있다.

② 위원회는 업무수행을 위하여 필요하다고 인정하는 경우 관계 국가기관·연구기관·단체 등의 장에게 그 소속 공무원 또는 직원의 파견을 요청할 수 있다.

〔전부개정 2014·12·30〕

제81조의9(사무기구) 위원회의 업무를 보좌하고 실무를 지원하기 위하여 사무기구를 둔다.

〔전부개정 2014·12·30〕

제81조의10(보고서 발간) 위원회는 매년 그 연도의 실적과 그 다음 연도의 추진계획을 담은 연간 보고서를 발간하고, 이를 국회에 보고하여야 한다.

〔본조신설 2007·1·26〕

제81조의11(비밀준수 의무 등) ① 위원회의 위원장, 위원, 사무기구의 임원 및 직원은 직무상 알게 된 비밀을 누설하여서는 아니 된다. 그 직에서 퇴직한 후에도 같다.

② 공무원이 아닌 위원장 및 위원은 「형법」이나 그 밖의 법률에 따른 벌칙을 적용할 때에는 공무원으로 본다.

〔전부개정 2014·12·30〕

제81조의12(위임규정) ① 이 법에서 규정한 것 외에 위원회의 조직에 필요한 사항은 대법원규칙으로 정한다.

② 이 법에서 규정한 것 외에 위원회의 운영에 필요한 사항은 위원회의 의결로 정한다.

〔전부개정 2014·12·30〕

제 9 편 법원의 경비

제82조(법원의 경비) ① 법원의 경비는 독립하여 국가의 예산에 계상(計上)하여야 한다.

② 법원의 예산을 편성할 때에는 사법부의 독립성과 자율성을 존중하여야 한다.

③ 제 1 항의 경비 중에는 예비금을 둔다.

〔전부개정 2014·12·30〕

부 칙

제 1 조(시행일) 이 법은 1988년 2월 25일부터 시행한다.

제 2 조(다른 법률의 개정) 생략

제 3 조(다른 법령과의 관계) 이 법 시행당시 부칙 제 2 조에서 개정되는 법률외의 법령에서 종전의 법원조직법의 규정을 인용한 경우에 이 법중 그에 해당하는 규정이 있는 때에는 종전의 규정에 갈음하여 이 법의 해당조항을 인용한 것으로 본다.

부 칙 <1988·8·5 법4017>

제 1 조(시행일) 이 법은 1988년 9월 1일부터 시행한다. 〈단서 생략〉

제 2 조부터 **제 8 조**까지 생략

부 칙 <1990·12·31 법4300>

제 1 조(시행일) 이 법은 1991년 1월 1일부터 시행한다.

제 2 조부터 **제10조**까지 생략

부 칙 <1994·7·27 법4765>

제 1 조(시행일) ① 이 법은 1995년 3월 1일부터 시행한다. 다만, 제 3 조, 제 7 조, 제29조, 제31조의 개정규정중 시·군법원에 관한 사항 및 제33조, 제34조의 개정규정과 부칙 제 4 조의 규정은 1995년 9월 1일부터, 제20조, 제44조, 제44조의2의 개정규정중 예비판사에 관한 사항과 제42조의2 및 제42조의3의 개정규정은 1997년 3월 1일부터, 제 3 조, 제 5 조 내지 제 7 조, 제9 조의2, 제10조, 제14조, 제28조, 제44조의 개정규정중 특허법원, 특허법원장, 행정법원 또는 행정법원장에 관한 사항 및 제 3 편제 2 장(제28조의2 내지 제28조의4), 제 3 편제 5 장(제40조의2 내지 제40조의4), 제54조의2의 개정규정은 1998년 3월 1일부터 시행한다.

② 삭제 <2005·3·24>

제 2 조(행정사건에 관한 경과조치) 부칙 제 1 조제 1 항 단서의 규정에 의한 행정법원에 관한 사항의 시행당시 행정법원이 설치되지 않은 지역에 있어서의 행정법원의 권한에 속하는 사건은 행정법원이 설치될 때까지 해당 지방법원본원 및 춘천지방법원 강릉지원이 관할한다. <개정 2005·3·24>

제 3 조(시·군법원에 관한 경과조치) 부칙 제 1 조제 1 항 단서의 규정에 의한 시·군법원에 관한 사항의 시행당시 순회심판소에 계속되어 있는 사건은 이 법에 의하여 각 해당 시·군법원에 계속된 것으로 본다.

제 4 조(다른 법률의 개정) 생략

제 5 조(다른 법령과의 관계) ① 부칙 제 1 조제 1 항 단서의 규정에 의한 시·군법원에 관한 사항의 시행당시 다른 법령에 규정된 순회심판소는 이 법의 규정에 의한 시·군법원으로 본다.

② 부칙 제 1 조제 2 항의 규정에 의한 제42조의4 및 제54조의 개정규정의 시행당시 다른 법령에 규정된 조사관은 이 법의 규정에 의한 사법보좌관으로 본다.

③ 이 법 시행당시 다른 법령에 규정된 정리는 이 법의 규정에 의한 법정경위로 본다.

제 6 조(계속중인 사건에 대한 경과조치) 이 법 시행당시 법원에 계속중인 형사사건에 대하여는 제32조제 1 항제 3 호의 개정규정에 불구하고 종전의 규정에 의한다.

부 칙 <1995·3·30 법4945>

이 법은 공포한 날부터 시행한다.

부 칙 <1995·12·6 법5002>

제 1 조(시행일) 이 법은 공포한 날부터 시행한다.

제 2 조부터 **제 4 조**까지 생략

부 칙 <1996·12·12 법5181>

이 법은 공포한 날부터 시행한다.

부 칙 <1998·9·23 법5577>

제 1 조(시행일) 이 법은 1999년 7월 1일부터 시행한다. 〈단서 생략〉

제 2 조부터 **제 6 조**까지 생략

부 칙 <1999·1·21 법5642>

①(시행일) 이 법은 공포한 날부터 시행한다.

② 및 ③ 생략

부 칙 <1999·12·31 법6084>

①(시행일) 이 법은 공포한 날부터 시행한다. <개정 2005·3·24>

②(경과조치) 이 법 시행당시 재임 중인 법원공무원교육원장에 대하여는 제78조제 1 항의 개정규정을 적용하지 아니한다.

부 칙 <2001·1·29 법6408>

①(시행일) 이 법은 2001년 3월 1일부터 시행한다. 다만, 제32조제 2 항제 1 호 및 제40조제 2 항제 1 호의 개정규정은 2003년 3월 1일부터 시행한다.

②(관할에 관한 경과조치) 이 법 시행당시 가정법원이 설치되지 아니한 지역에서는 가정법원이 설치될 때까지 제40조제 2 항의 개정규정의 적용에 있어 해당 지방법원지원합의부를

가정법원지원합의부로 본다.

③(다른 법령과의 관계) 이 법 시행당시 다른 법령에서 가정법원을 인용한 경우에는 지방법원의 가정지원을 포함하여 인용한 것으로 본다.

부 칙 <2004·12·31 법7289>

제 1 조(시행일) 이 법은 공포후 6월이 경과한 날부터 시행한다.

제 2 조부터 **제 5 조**까지 생략

부 칙 <2005·3·24 법7402>

①(시행일) 이 법은 2005년 7월 1일부터 시행한다.

②(사법보좌관의 직무범위에 속하는 사건의 처리에 관한 경과조치) 이 법 시행 전에 접수된 제54조제 2 항의 사건은 제54조의 개정규정에 불구하고 판사가 이를 처리한다.

③(조사관에 대한 경과조치) 이 법 시행 당시 법원조사관, 가사조사관 및 소년조사관은 이 법에 의한 조사관으로 본다.

④(관할에 관한 경과조치) 법률 제4765호 법원조직법중개정법률 부칙 제 2 조의 개정규정에 의하여 춘천지방법원 강릉지원의 관할에 속할 행정사건으로서 2005년 6월 30일 현재 춘천지방법원에 계속 중인 사건은 그 계속 중인 법원의 관할로 한다.

부 칙 <2005·12·14 법7725>

이 법은 공포한 날부터 시행한다.

부 칙 <2005·12·23 법7730>

이 법은 2006년 1월 1일부터 시행한다.

부 칙 <2006·2·21 법7849>

제 1 조(시행일) 이 법은 2006년 7월 1일부터 시행한다. 〈단서 생략〉

제 2 조부터 **제41조**까지 생략

부 칙 <2006·3·3 법7872>

제 1 조(시행일) 이 법은 2006년 10월 1일부터 시행한다. 〈단서 생략〉

제 2 조부터 **제 5 조**까지 생략

부 칙 <2007·1·26 법8270>

①(시행일) 이 법은 공포 후 3개월이 경과한 날부터 시행한다. 다만, 위원회의 설립준비는 시행일 이전에 할 수 있다.

②(최초의 양형기준 설정시기) 위원회는 이 법 시행 후 2년 이내에 국민적 관심, 범죄의 발생빈도 등을 고려하여 제81조의6의 개정규정에 따른 최초의 양형기준을 설정하여야 한다.

부 칙 <2007·5·1 법8411>

제 1 조(시행일) 이 법은 공포한 날부터 시행한다.

제 2 조(예비판사에 대한 경과조치) ① 이 법 시행 당시 재직 중인 예비판사에 대하여는 종전의 규정을 적용한다. 다만, 예비판사로 임용되어 2년간 근무하지 아니한 경우에도 판사로 임용할 수 있다.

② 이 법 시행 전에 임용된 예비판사의 근무기간은 이 법 및 다른 법령에 규정된 판사의 재직기간에 산입한다.

부 칙 <2007·5·17 법8435>

제 1 조(시행일) 이 법은 2008년 1월 1일부터 시행한다. 〈단서 생략〉

제 2 조부터 **제 9 조**까지 생략

부 칙 <2007·12·27 법8794>

이 법은 공포한 날부터 시행한다.

부 칙 <2010·1·25 법9940>

이 법은 공포한 날부터 시행한다.

부 칙 <2011·7·18 법10861>

제 1 조(시행일) 이 법은 2012년 1월 1일부터 시행한다. 다만, 제41조의2의 개정규정은 2011년 9월 1일부터 시행하고, 제42조제 1 항·제 2 항, 제44조제 2 항 및 제45조제 4 항의 개정규정은 2013년 1월 1일부터 시행한다.

제 2 조 삭제 <2024·10·16>

제 3 조(재판연구원의 채용기간에 관한 경과조치) 제53조의2제 5 항의 개정규정에도 불구하고 2016년 12월 31일 이전에 채용하는 재판연구원은 총 2년의 범위에서 기간을 정하여 채용한다. <개정 2018·3·20>

제 4 조(재판연구원의 정원에 관한 경과조치) 제53조의2제 6 항의 개정규정에도 불구하고 재판연구원의 정원은 2018년까지 200명, 2022년까지 300명의 범위에서 대법원규칙으로 정한다. <개정 2018·3·20>

부 칙 <2012·12·11 법11530>

제 1 조(시행일) 이 법은 공포 후 1년이 경과

한 날부터 시행한다. 〈단서 생략〉

제 2 조부터 **제 7 조**까지 생략

부 칙 <2012·12·18 법11554>

제 1 조(시행일) 이 법은 공포한 날부터 시행한다.

제 2 조(계속중인 사건에 대한 경과조치) 이 법 시행 당시 법원에 계속중인 형사사건에 대하여는 제32조제 1 항제 3 호의 개정규정에도 불구하고 종전의 규정을 적용한다.

부 칙 <2013·5·28 법11848>

제 1 조(시행일) 이 법은 2014년 7월 1일부터 시행한다. 〈단서 생략〉

제 2 조부터 **제20조**까지 생략

부 칙 <2013·8·13 법12041>

이 법은 2014년 1월 1일부터 시행한다.

부 칙 <2014·1·7 법12188>

이 법은 공포한 날부터 시행한다.

부 칙 <2014·10·15 법12780>

제 1 조(시행일) 이 법은 2014년 12월 1일부터 시행한다.

제 2 조 및 **제 3 조** 생략

부 칙 <2014·12·30 법12886>

이 법은 공포한 날부터 시행한다.

부 칙 <2015·12·1 법13522>

제 1 조(시행일) 이 법은 2016년 1월 1일부터 시행한다.

제 2 조(적용례) 제28조의4제 2 호의 개정규정은 이 법 시행 전에 소송 계속 중인 특허권·실용신안권·디자인권·상표권·품종보호권의 지식재산권에 관한 민사사건에 대하여 이 법 시행 후에 제 1 심 판결이 선고된 경우에 대해서도 적용한다.

부 칙 <2016·1·6 법13717>

제 1 조(시행일) 이 법은 공포한 날부터 시행한다.

제 2 조 및 **제 3 조** 생략

부 칙 <2016·1·6 법13718>

제 1 조(시행일) 이 법은 공포한 날부터 시행한다.

제 2 조 및 **제 3 조** 생략

부 칙 <2016·1·6 법13719>

제 1 조(시행일) 이 법은 공포한 날부터 시행한다. 〈단서 생략〉

제 2 조 및 **제 3 조** 생략

부 칙 <2016·2·29 법14033>

제 1 조(시행일) 이 법은 공포 후 6개월이 경과한 날부터 시행한다.

제 2 조부터 **제19조**까지 생략

부 칙 <2016·3·29 법14104>

제 1 조(시행일) 이 법은 2016년 7월 1일부터 시행한다.

제 2 조(경과조치) 이 법은 이 법 시행 전에 법원에 접수된 사건에 대하여는 적용하지 아니한다.

부 칙 <2016·12·27 법14470>

제 1 조(시행일) 이 법은 2017년 3월 1일부터 시행한다.

제 2 조(경과조치) 이 법 시행 당시 회생법원이 설치되지 아니한 지역에 있어서의 회생법원의 권한에 속하는 사건은 회생법원이 설치될 때까지 해당 지방법원 본원이 관할한다. 다만, 「채무자 회생 및 파산에 관한 법률」 제 3 조제10항에 따라 제기된 개인채무자에 대한 파산선고 또는 개인회생절차개시의 신청사건은 춘천지방법원 강릉지원이 관할한다.

부 칙 <2017·12·12 법15152>

제 1 조(시행일) 이 법은 공포 후 6개월이 경과한 날부터 시행한다. 다만, 제54조제 2 항제 4 호 및 제 5 호의 개정규정은 2018년 7월 1일부터 시행한다.

제 2 조(사법보좌관의 직무범위에 관한 적용례) 제54조제 2 항제 4 호 및 제 5 호의 개정규정은 같은 개정규정 시행 후 최초로 신고 또는 확인 신청하는 사건부터 적용한다.

제 3 조(계속 중인 사건의 외국어 변론 등에 관한 경과조치) 제62조의2 및 제63조의 개정규정은 이 법 시행 당시 법원에 계속 중인 사건에 대하여도 적용한다.

부 칙 <2018·3·20 법15490>

제 1 조(시행일) 이 법은 공포한 날부터 시행한다.

제 2 조(재판연구원의 채용기간에 관한 적용례) 법률 제10861호 법원조직법 일부개정법률

부칙 제3조의 개정규정은 이 법 시행 당시 재판연구원으로 재직 중인 사람에게도 적용한다.

부 칙 <2018·12·24 법16037>

제1조(시행일) 이 법은 공포 후 6개월이 경과한 날부터 시행한다.

제2조 및 **제3조** 생략

부 칙 <2020·2·4 법16959>

제1조(시행일) 이 법은 공포한 날부터 시행한다.

제2조(결격사유에 관한 적용례) 제43조제4호의 개정규정은 이 법 시행 후 최초로 법관으로 임용하는 경우부터 적용한다.

제3조(법관의 파견 금지 등에 관한 적용례) 제50조의2의 개정규정은 이 법 시행 후 최초로 법관을 파견 또는 겸임하게 하거나 법관으로서 퇴직하는 경우부터 적용한다.

부 칙 <2020·3·24 법17125>

제1조(시행일) 이 법은 2021년 2월 9일부터 시행한다. 다만, 제43조의 개정규정은 공포 후 6개월이 경과한 날부터 시행한다.

제2조(결격사유에 관한 적용례) 제43조의 개정규정은 같은 개정규정 시행 후 최초로 법관으로 임용하는 자부터 적용한다.

제3조(고등법원 부장판사 직위 폐지에 따른 경과조치) 이 법 시행 전에 종전의 규정에 따라 고등법원 부장판사급 이상의 법관에 보임된 법관의 직위는 종전의 규정에 따른다.

제4조(다른 법률의 개정) 생략

부 칙 <2020·12·22 법17689>

제1조(시행일) 이 법은 2021년 1월 1일부터 시행한다.

제2조부터 **제8조**까지 생략

부 칙 <2021·1·26 법17907>

제1조(시행일) ① 이 법은 공포 후 1년이 경과한 날부터 시행한다. 〈단서 생략〉

② 생략

제2조 생략

부 칙 <2021·12·21 법18633>

제1조(시행일) 이 법은 공포한 날부터 시행한다.

제2조(계속 중인 사건에 대한 경과조치) 이 법 시행 당시 법원에 계속 중인 형사사건에 대하여는 제32조제1항제3호의 개정규정에도 불구하고 종전의 규정에 따른다.

부 칙 <2024·10·16 법20465>

이 법은 공포한 날부터 시행한다.

●검찰청법

〔1986·12·31 법률제3882호 전부개정〕

개정
1988·12·31 법률제 4043호
1991·11·22 법률제 4395호
1993· 3·10 법률제 4543호
1995· 1· 5 법률제 4930호
1995· 3·30 법률제 4946호
1995· 8· 4 법률제 4961호
1997· 1·13 법률제 5263호
1997·12·13 법률제 5430호
2003· 2· 4 법률제 6855호(국회법)
2004· 1·20 법률제 7078호
2005·12·29 법률제 7796호(국가공무원법)
2007· 6· 1 법률제 8494호
2007·12·21 법률제 8717호
2009· 5· 8 법률제 9644호
2009·11· 2 법률제 9815호
2011· 7·18 법률제10858호
2012· 1·17 법률제11153호
2013· 3·23 법률제11690호(정부조직법)
2017· 3·14 법률제14582호
2018· 3·20 법률제15522호(공무원 재해보상법)
2020· 2· 4 법률제16908호
2020·12· 8 법률제17566호
2022· 5· 9 법률제18861호

제 1 장 총칙

제 1 조(목적) 이 법은 검찰청의 조직, 직무 범위 및 인사와 그 밖에 필요한 사항을 규정함을 목적으로 한다.

〔전부개정 2009·11·2〕

제 2 조(검찰청) ① 검찰청은 검사(檢事)의 사무를 총괄한다.

② 검찰청은 대검찰청, 고등검찰청 및 지방검찰청으로 한다.

〔전부개정 2009·11·2〕

제 3 조(검찰청의 설치와 관할구역) ① 대검찰청은 대법원에, 고등검찰청은 고등법원에, 지방검찰청은 지방법원과 가정법원에 대응하여 각각 설치한다.

② 지방법원 지원(支院) 설치지역에는 이에 대응하여 지방검찰청 지청(支廳)(이하 "지청"이라 한다)을 둘 수 있다.

③ 대검찰청의 위치와 대검찰청 외의 검찰청(이하 "각급 검찰청"이라 한다) 및 지청의 명칭과 위치는 대통령령으로 정한다.

④ 각급 검찰청과 지청의 관할구역은 각급 법원과 지방법원 지원의 관할구역에 따른다.

〔전부개정 2009·11·2〕

제 4 조(검사의 직무) ① 검사는 공익의 대표자로서 다음 각 호의 직무와 권한이 있다. <개정 2020·2·4, 2022·5·9>

1. 범죄수사, 공소의 제기 및 그 유지에 필요한 사항. 다만, 검사가 수사를 개시할 수 있는 범죄의 범위는 다음 각 목과 같다.
   가. 부패범죄, 경제범죄 등 대통령령으로 정하는 중요 범죄
   나. 경찰공무원(다른 법률에 따라 사법경찰관리의 직무를 행하는 자를 포함한다) 및 고위공직자범죄수사처 소속 공무원(「고위공직자범죄수사처 설치 및 운영에 관한 법률」에 따른 파견공무원을 포함한다)이 범한 범죄
   다. 가목·나목의 범죄 및 사법경찰관이 송치한 범죄와 관련하여 인지한 각 해당 범죄와 직접 관련성이 있는 범죄
2. 범죄수사에 관한 특별사법경찰관리 지휘·감독
3. 법원에 대한 법령의 정당한 적용 청구
4. 재판 집행 지휘·감독
5. 국가를 당사자 또는 참가인으로 하는 소송과 행정소송 수행 또는 그 수행에 관한 지휘·감독
6. 다른 법령에 따라 그 권한에 속하는 사항

② 검사는 자신이 수사개시한 범죄에 대하여는 공소를 제기할 수 없다. 다만, 사법경찰관이 송치한 범죄에 대하여는 그러하지 아니하다. <신설 2022·5·9>
③ 검사는 그 직무를 수행할 때 국민 전체에 대한 봉사자로서 헌법과 법률에 따라 국민의 인권을 보호하고 적법절차를 준수하며, 정치적 중립을 지켜야 하고 주어진 권한을 남용하여서는 아니 된다. <개정 2020·12·8>
〔전부개정 2009·11·2〕

제 5 조(검사의 직무관할) 검사는 법령에 특별한 규정이 있는 경우를 제외하고는 소속 검찰청의 관할구역에서 직무를 수행한다. 다만, 수사에 필요할 때에는 관할구역이 아닌 곳에서 직무를 수행할 수 있다.
〔전부개정 2009·11·2〕

제 6 조(검사의 직급) 검사의 직급은 검찰총장과 검사로 구분한다.
〔전부개정 2009·11·2〕

제 7 조(검찰사무에 관한 지휘·감독) ① 검사는 검찰사무에 관하여 소속 상급자의 지휘·감독에 따른다.
② 검사는 구체적 사건과 관련된 제 1 항의 지휘·감독의 적법성 또는 정당성에 대하여 이견이 있을 때에는 이의를 제기할 수 있다.
〔전부개정 2009·11·2〕

제 7 조의2(검사 직무의 위임·이전 및 승계)
① 검찰총장, 각급 검찰청의 검사장(檢事長) 및 지청장은 소속 검사로 하여금 그 권한에 속하는 직무의 일부를 처리하게 할 수 있다.
② 검찰총장, 각급 검찰청의 검사장 및 지청장은 소속 검사의 직무를 자신이 처리하거나 다른 검사로 하여금 처리하게 할 수 있다.
〔전부개정 2009·11·2〕

제 8 조(법무부장관의 지휘·감독) 법무부장관은 검찰사무의 최고 감독자로서 일반적으로 검사를 지휘·감독하고, 구체적 사건에 대하여는 검찰총장만을 지휘·감독한다.
〔전부개정 2009·11·2〕

제 9 조(직무 집행의 상호원조) 검찰청의 공무원은 검찰청의 직무 집행과 관련하여 서로 도와야 한다.
〔전부개정 2009·11·2〕

제10조(항고 및 재항고) ① 검사의 불기소처분에 불복하는 고소인이나 고발인은 그 검사가 속한 지방검찰청 또는 지청을 거쳐 서면으로 관할 고등검찰청 검사장에게 항고할 수 있다. 이 경우 해당 지방검찰청 또는 지청의 검사는 항고가 이유 있다고 인정하면 그 처분을 경정(更正)하여야 한다.
② 고등검찰청 검사장은 제 1 항의 항고가 이유 있다고 인정하면 소속 검사로 하여금 지방검찰청 또는 지청 검사의 불기소처분을 직접 경정하게 할 수 있다. 이 경우 고등검찰청 검사는 지방검찰청 또는 지청의 검사로서 직무를 수행하는 것으로 본다.
③ 제 1 항에 따라 항고를 한 자[「형사소송법」 제260조에 따라 재정신청(裁定申請)을 할 수 있는 자는 제외한다. 이하 이 조에서 같다]는 그 항고를 기각하는 처분에 불복하거나 항고를 한 날부터 항고에 대한 처분이 이루어지지 아니하고 3개월이 지났을 때에는 그 검사가 속한 고등검찰청을 거쳐 서면으로 검찰총장에게 재항고할 수 있다. 이 경우 해당 고등검찰청의 검사는 재항고가 이유 있다고 인정하면 그 처분을 경정하여야 한다.
④ 제 1 항의 항고는 「형사소송법」 제258조 제 1 항에 따른 통지를 받은 날부터 30일 이내에 하여야 한다.
⑤ 제 3 항의 재항고는 항고기각 결정을 통지받은 날 또는 항고 후 항고에 대한 처분이 이루어지지 아니하고 3개월이 지난 날부터 30일 이내에 하여야 한다.
⑥ 제 4 항과 제 5 항의 경우 항고 또는 재항고를 한 자가 자신에게 책임이 없는 사유로 정하여진 기간 이내에 항고 또는 재항고를 하지 못한 것을 소명하면 그 항고 또는 재항고 기간은 그 사유가 해소된 때부터 기산한다.
⑦ 제 4 항 및 제 5 항의 기간이 지난 후 접수된 항고 또는 재항고는 기각하여야 한다. 다만, 중요한 증거가 새로 발견된 경우 고소인이나 고발인이 그 사유를 소명하였을 때에는 그러하지 아니하다.

〔전부개정 2009·11·2〕

제11조(위임규정) 검찰청의 사무에 관하여 필요한 사항은 법무부령으로 정한다.

〔전부개정 2009·11·2〕

제 2 장 대검찰청

제12조(검찰총장) ① 대검찰청에 검찰총장을 둔다.

② 검찰총장은 대검찰청의 사무를 맡아 처리하고 검찰사무를 총괄하며 검찰청의 공무원을 지휘·감독한다.

③ 검찰총장의 임기는 2년으로 하며, 중임할 수 없다.

〔전부개정 2009·11·2〕

제13조(차장검사) ① 대검찰청에 차장검사를 둔다.

② 차장검사는 검찰총장을 보좌하며, 검찰총장이 부득이한 사유로 직무를 수행할 수 없을 때에는 그 직무를 대리한다.

〔전부개정 2009·11·2〕

제14조(대검찰청 검사) 대검찰청에 대검찰청 검사를 둔다.

〔전부개정 2009·11·2〕

제15조(검찰연구관) ① 대검찰청에 검찰연구관을 둔다.

② 검찰연구관은 검사로 보하며, 고등검찰청이나 지방검찰청의 검사를 겸임할 수 있다.

③ 검찰연구관은 검찰총장을 보좌하고 검찰사무에 관한 기획·조사 및 연구에 종사한다.

〔전부개정 2009·11·2〕

제16조(직제) ① 대검찰청에 부(部)와 사무국을 두고, 부와 사무국에 과를 두며, 부·사무국 및 과의 설치와 분장사무(分掌事務)에 관한 사항은 대통령령으로 정한다.

② 제1항의 부, 사무국 및 과에는 각각 부장, 사무국장 및 과장을 두며, 부장은 검사로, 사무국장은 고위공무원단에 속하는 일반직공무원으로, 과장은 검찰부이사관·정보통신부이사관·검찰수사서기관·정보통신서기관 또는 공업서기관으로 보한다. 다만, 부의 과장은 검사로 보할 수 있다.

③ 제2항의 부장, 사무국장 및 과장은 상사의 명을 받아 소관 부, 국 또는 과의 사무를 처리하며 소속 공무원을 지휘·감독한다.

④ 대검찰청에는 대통령령으로 정하는 바에 따라 차장검사 또는 부장 밑에 정책의 기획, 계획의 입안, 연구·조사, 심사·평가 및 홍보를 통하여 그를 직접 보좌하는 담당관을 둘 수 있다. 이 경우 그 담당관은 3급 상당 또는 4급 상당 별정직국가공무원으로 보하되, 특히 필요하다고 인정될 때에는 검사로 보할 수 있다.

〔전부개정 2009·11·2〕

제 3 장 고등검찰청

제17조(고등검찰청 검사장) ① 고등검찰청에 고등검찰청 검사장을 둔다.

② 고등검찰청 검사장은 그 검찰청의 사무를 맡아 처리하고 소속 공무원을 지휘·감독한다.

〔전부개정 2009·11·2〕

제18조(고등검찰청 차장검사) ① 고등검찰청에 차장검사를 둔다.

② 차장검사는 소속 검사장을 보좌하며, 소속 검사장이 부득이한 사유로 직무를 수행할 수 없을 때에는 그 직무를 대리한다.

〔전부개정 2009·11·2〕

제18조의2(고등검찰청 부장검사) ① 고등검찰청에 사무를 분장하기 위하여 부를 둘 수 있다.

② 고등검찰청의 부에 부장검사를 둔다.

③ 부장검사는 상사의 명을 받아 그 부의 사무를 처리한다.

〔전부개정 2009·11·2〕

제19조(고등검찰청 검사) ① 고등검찰청에 검사를 둔다.

② 법무부장관은 고등검찰청의 검사로 하여금 그 관할구역의 지방검찰청 소재지에서 사무를 처리하게 할 수 있다.

〔전부개정 2009·11·2〕

제20조(직제) ① 고등검찰청에 사무국을 두고, 사무국에 과를 두며, 과의 설치와 분장사무에 관한 사항은 대통령령으로 정한다.

② 고등검찰청의 부에 과를 둘 수 있으며 과의 설치와 분장사무에 관한 사항은 대통령령으로 정한다.

③ 제1항과 제2항의 사무국 및 과에는 각각 사무국장 및 과장을 두고, 사무국장은 고위공무원단에 속하는 일반직공무원으로, 과장은 검찰부이사관·검찰수사서기관·정보통신서기관·검찰사무관·수사사무관·마약수사사무관·전기사무관 또는 통신사무관으로 보한다.

④ 제3항의 사무국장과 과장은 상사의 명을 받아 소관 국 또는 과의 사무를 처리하며 소속 공무원을 지휘·감독한다.

〔전부개정 2009·11·2〕

제4장 지방검찰청 및 지청

제21조(지방검찰청 검사장) ① 지방검찰청에 지방검찰청 검사장을 둔다.

② 지방검찰청 검사장은 그 검찰청의 사무를 맡아 처리하고 소속 공무원을 지휘·감독한다.

〔전부개정 2009·11·2〕

제22조(지청장) ① 지청에 지청장을 둔다.

② 지청장은 지방검찰청 검사장의 명을 받아 소관 사무를 처리하고 소속 공무원을 지휘·감독한다.

〔전부개정 2009·11·2〕

제23조(지방검찰청과 지청의 차장검사) ① 지방검찰청과 대통령령으로 정하는 지청에 차장검사를 둔다.

② 차장검사는 소속 지방검찰청 검사장 또는 지청장을 보좌하며, 소속 지방검찰청 검사장 또는 지청장이 부득이한 사유로 직무를 수행할 수 없을 때에는 그 직무를 대리한다.

〔전부개정 2009·11·2〕

제24조(부장검사) ① 지방검찰청과 지청에 사무를 분장하기 위하여 부를 둘 수 있다.

② 지방검찰청과 지청의 부에 부장검사를 둔다.

③ 부장검사는 상사의 명을 받아 그 부의 사무를 처리한다.

④ 검찰총장은 제4조제1항제1호가목의 범죄에 대한 수사를 개시할 수 있는 부의 직제 및 해당 부에 근무하고 있는 소속 검사와 공무원, 파견 내역 등의 현황을 분기별로 국회에 보고하여야 한다. <신설 2022·5·9>

〔전부개정 2009·11·2〕

제25조(지방검찰청과 지청의 검사) 지방검찰청과 지청에 각각 검사를 둔다.

〔전부개정 2009·11·2〕

제26조(직제) ① 지방검찰청과 대통령령으로 정하는 지청에 사무국을 두고 사무국에 과를 두며, 과의 설치와 분장사무에 관한 사항은 대통령령으로 정한다.

② 사무국을 두지 아니하는 지청에 과를 두며, 과의 설치와 분장사무에 관한 사항은 대통령령으로 정한다.

③ 지방검찰청과 지청의 부에 과를 둘 수 있으며, 과의 설치와 분장사무에 관한 사항은 대통령령으로 정한다.

④ 제1항부터 제3항까지의 사무국 및 과에는 각각 사무국장과 과장을 두고, 사무국장은 고위공무원단에 속하는 일반직공무원·검찰부이사관 또는 검찰수사서기관으로, 과장은 검찰부이사관·검찰수사서기관·정보통신서기관·검찰사무관·수사사무관·마약수사사무관·전기사무관 또는 통신사무관으로 보한다.

⑤ 제4항의 사무국장과 과장은 상사의 명을 받아 소관 국 또는 과의 사무를 처리하며 소속 공무원을 지휘·감독한다.

〔전부개정 2009·11·2〕

제5장 검사

제27조(검찰총장의 임명자격) 검찰총장은 15년 이상 다음 각 호의 직위에 재직하였던 사람 중에서 임명한다.

1. 판사, 검사 또는 변호사
2. 변호사 자격이 있는 사람으로서 국가기관, 지방자치단체, 국·공영기업체, 「공공기관의 운영에 관한 법률」 제4조에 따른 공공기관 또는 그 밖의 법인에서 법률에

관한 사무에 종사한 사람
3. 변호사 자격이 있는 사람으로서 대학의 법률학 조교수 이상으로 재직하였던 사람
〔전부개정 2009·11·2〕

제28조(대검찰청 검사급 이상 검사의 보직기준) 고등검찰청 검사장, 대검찰청 차장검사 등 대통령령으로 정하는 대검찰청 검사급 이상 검사는 10년 이상 제27조 각 호의 직위에 재직하였던 사람 중에서 임용한다.
〔전부개정 2009·11·2〕

제28조의2(감찰담당 대검찰청 검사의 임용에 관한 특례) ① 감찰에 관한 사무를 담당하는 대검찰청 검사(이하 "감찰담당 대검찰청 검사"라 한다)는 검찰청 내부 또는 외부를 대상으로 공개모집 절차를 통하여 적격자를 임용한다.
② 감찰담당 대검찰청 검사는 10년 이상 제27조 각 호의 직위에 재직하였던 사람 중에서 임용한다.
③ 제35조의 검찰인사위원회는 제1항에 따라 공개모집에 응모한 사람이 임용 적격자인지를 심의하고, 3명 이내의 임용후보자를 선발하여 법무부장관에게 추천한다.
④ 제3항의 추천을 받은 법무부장관은 검찰총장의 의견을 들어 검찰인사위원회가 추천한 임용후보자 중 1명을 대통령에게 임용제청한다. 이 경우 임용 당시 검사는 전보의 방법으로 임용 제청하고, 임용 당시 검사가 아닌 사람은 신규 임용의 방법으로 임용 제청한다.
⑤ 감찰담당 대검찰청 검사의 임기는 2년으로 하며, 연임할 수 있다.
〔전부개정 2009·11·2〕

제28조의3(감찰담당 대검찰청 검사의 전보) ① 전보의 방법으로 임용된 감찰담당 대검찰청 검사는 다음 각 호의 어느 하나에 해당하는 경우를 제외하고는 본인의 의사에 반하여 다른 직위로 전보되지 아니한다.
1. 「검사징계법」 제2조 각 호의 징계 사유 중 어느 하나에 해당하는 경우
2. 직무수행 능력이 현저히 떨어지는 경우
② 법무부장관은 전보의 방법으로 임용된 감찰담당 대검찰청 검사가 제1항 각 호의 어느 하나에 해당하게 되었을 때에는 제35조의 검찰인사위원회의 심의를 거친 후 검찰총장의 의견을 들어 대통령에게 그 검사를 다른 직위에 임용할 것을 제청할 수 있다.
〔전부개정 2009·11·2〕

제28조의4(감찰담당 대검찰청 검사의 퇴직) ① 신규 임용의 방법으로 임용된 감찰담당 대검찰청 검사는 연임하지 아니할 때에는 그 임기가 끝나면 당연히 퇴직한다.
② 법무부장관은 신규 임용의 방법으로 임용된 감찰담당 대검찰청 검사가 직무수행 능력이 현저히 떨어지는 등 검사로서 정상적인 직무수행이 어렵다고 인정하는 경우에는 제39조에 따른 적격심사를 거쳐 대통령에게 그 검사에 대한 퇴직명령을 제청할 수 있다.
③ 제2항의 적격심사에 관하여 제39조를 적용하는 경우 같은 조 제1항 중 "임명 후 7년마다"는 "법무부장관이 필요하다고 인정하는 경우에는"으로 본다.
〔전부개정 2009·11·2〕

제29조(검사의 임명자격) 검사는 다음 각 호의 사람 중에서 임명한다.
1. 사법시험에 합격하여 사법연수원 과정을 마친 사람
2. 변호사 자격이 있는 사람
〔전부개정 2009·11·2〕

제30조(고등검찰청 검사 등의 임용) 제28조에 해당하는 검사를 제외한 고등검찰청 검사, 지방검찰청과 지청의 차장검사·부장검사 및 지청장은 7년 이상 제27조 각 호의 직위에 재직하였던 사람 중에서 임용한다.
〔전부개정 2009·11·2〕

제31조(재직연수의 합산) 제27조·제28조 및 제30조를 적용할 때 2개 이상의 직위에 재직하였던 사람은 그 재직연수(在職年數)를 합산한다.
〔전부개정 2009·11·2〕

제32조(검사의 직무대리) ① 검찰총장은 사법연수원장이 요청하면 사법연수생으로 하여금 일정 기간 지방검찰청 또는 지청 검사의 직무를 대리할 것을 명할 수 있다.

② 검찰총장은 필요하다고 인정하면 검찰수사서기관, 검찰사무관, 수사사무관 또는 마약수사사무관으로 하여금 지방검찰청 또는 지청 검사의 직무를 대리하게 할 수 있다.

③ 제1항이나 제2항에 따라 검사의 직무를 대리하는 사람은 「법원조직법」에 따른 합의부의 심판사건은 처리하지 못한다.

④ 제2항에 따른 검사 직무대리의 직무 범위와 그 밖에 검사 직무대리의 운영 등에 필요한 사항은 대통령령으로 정한다.

〔전부개정 2009·11·2〕

제33조(결격사유) 다음 각 호의 어느 하나에 해당하는 사람은 검사로 임용될 수 없다. <개정 2017·3·14>

1. 「국가공무원법」 제33조 각 호의 어느 하나에 해당하는 사람
2. 금고 이상의 형을 선고받은 사람
3. 탄핵결정에 의하여 파면된 후 5년이 지나지 아니한 사람
4. 대통령비서실 소속의 공무원으로서 퇴직 후 2년이 지나지 아니한 사람

〔전부개정 2009·11·2〕

제34조(검사의 임명 및 보직 등) ① 검사의 임명과 보직은 법무부장관의 제청으로 대통령이 한다. 이 경우 법무부장관은 검찰총장의 의견을 들어 검사의 보직을 제청한다.

② 대통령이 법무부장관의 제청으로 검찰총장을 임명할 때에는 국회의 인사청문을 거쳐야 한다.

〔전부개정 2009·11·2〕

제34조의2(검찰총장후보추천위원회) ① 법무부장관이 제청할 검찰총장 후보자의 추천을 위하여 법무부에 검찰총장후보추천위원회(이하 "추천위원회"라 한다)를 둔다.

② 추천위원회는 법무부장관이 검찰총장 후보자를 제청할 때마다 위원장 1명을 포함한 9명의 위원으로 구성한다.

③ 위원장은 제4항에 따른 위원 중에서 법무부장관이 임명하거나 위촉한다.

④ 위원은 다음 각 호의 어느 하나에 해당하는 사람을 법무부장관이 임명하거나 위촉한다.

1. 제28조에 따른 대검찰청 검사급 이상 검사로 재직하였던 사람으로서 사회적 신망이 높은 사람
2. 법무부 검찰국장
3. 법원행정처 차장
4. 대한변호사협회장
5. 사단법인 한국법학교수회 회장
6. 사단법인 법학전문대학원협의회 이사장
7. 학식과 덕망이 있고 각계 전문 분야에서 경험이 풍부한 사람으로서 변호사 자격을 가지지 아니한 사람 3명. 이 경우 1명 이상은 여성이어야 한다.

⑤ 추천위원회는 법무부장관의 요청 또는 위원 3분의 1 이상의 요청이 있거나 위원장이 필요하다고 인정할 때 위원장이 소집하고, 재적위원 과반수의 찬성으로 의결한다.

⑥ 추천위원회는 검찰총장 후보자로 3명 이상을 추천하여야 한다.

⑦ 법무부장관은 검찰총장 후보자를 제청하는 경우에는 추천위원회의 추천 내용을 존중한다.

⑧ 추천위원회가 제6항에 따라 검찰총장 후보자를 추천하면 해당 위원회는 해산된 것으로 본다.

⑨ 그 밖에 추천위원회의 구성과 운영 등에 필요한 사항은 대통령령으로 정한다.

〔본조신설 2011·7·18〕

제35조(검찰인사위원회) ① 검사의 임용, 전보, 그 밖의 인사에 관한 중요 사항을 심의하기 위하여 법무부에 검찰인사위원회(이하 "인사위원회"라 한다)를 둔다. <개정 2011·7·18>

② 인사위원회는 위원장 1명을 포함한 11명의 위원으로 구성하고, 위원장은 제3항에 따른 위원 중에서 법무부장관이 임명하거나 위촉한다. <개정 2011·7·18>

③ 위원은 다음 각 호의 어느 하나에 해당하는 사람을 법무부장관이 임명하거나 위촉하되 임기는 1년으로 한다. <신설 2011·7·18>

1. 검사 3명. 다만, 제28조 및 제30조에 해당하는 자격을 가진 검사를 제외한 검사가 1명 이상이어야 한다.
2. 법원행정처장이 추천하는 판사 2명. 다만,

제4항제2호의 검사의 신규 임명에 관한 심의에만 참여한다.
3. 대한변호사협회장이 추천하는 변호사 2명
4. 사단법인 한국법학교수회 회장과 사단법인 법학전문대학원협의회 이사장이 각각 1명씩 추천하는 법학교수 2명
5. 학식과 덕망이 있고 각계 전문 분야에서 경험이 풍부한 사람으로서 변호사 자격을 가지지 아니한 사람 2명

④ 인사위원회는 다음 각 호의 사항을 심의한다. <신설 2011·7·18>
1. 검찰인사행정에 관한 기본계획의 수립 및 검찰인사 관계 법령의 개정·폐지에 관한 사항
2. 검사의 임용·전보의 원칙과 기준에 관한 사항
3. 검사의 사건 평가와 관련하여 무죄사건이나 사회적 이목을 끈 사건으로 위원 3분의 1 이상이 심의를 요청한 사항
4. 그 밖에 법무부장관이 심의를 요청하는 인사에 관한 사항

⑤ 인사위원회는 재적위원 과반수의 찬성으로 의결한다. <신설 2011·7·18>
⑥ 그 밖에 인사위원회의 구성과 운영 등에 필요한 사항은 대통령령으로 정한다. <신설 2011·7·18>
〔전부개정 2009·11·2〕

제35조의2(근무성적 등의 평정) ① 법무부장관은 검사에 대한 근무성적과 자질을 평정하기 위하여 공정한 평정기준을 마련하여야 한다.
② 제1항의 자질 평정기준에는 성실성, 청렴성 및 친절성 등이 포함되어야 한다.
③ 법무부장관은 제1항의 평정기준에 따라 검사에 대한 평정을 실시하고 그 결과를 보직, 전보 등의 인사관리에 반영한다.
④ 그 밖에 근무성적과 자질 평정에 필요한 사항은 법무부령으로 정한다.
〔본조신설 2011·7·18〕

제36조(정원·보수 및 징계) ① 검사는 특정직공무원으로 하고 그 정원, 보수 및 징계에 관하여 필요한 사항은 따로 법률로 정한다.
② 검사의 지위는 존중되어야 하며, 그 보수는 직무와 품위에 상응하도록 정하여야 한다.
③ 제32조제1항에 따라 검사의 직무를 대리하는 사법연수생에게는 대통령령으로 정하는 바에 따라 실비(實費)를 지급한다.
〔전부개정 2009·11·2〕

제37조(신분보장) 검사는 탄핵이나 금고 이상의 형을 선고받은 경우를 제외하고는 파면되지 아니하며, 징계처분이나 적격심사에 의하지 아니하고는 해임·면직·정직·감봉·견책 또는 퇴직의 처분을 받지 아니한다.
〔전부개정 2009·11·2〕

제38조(휴직) ① 법무부장관은 검사가 다음 각 호의 어느 하나의 사유에 해당하면 휴직을 명하여야 한다.
1. 병역 복무를 위하여 징집되거나 소집되었을 때
2. 법률에 따른 의무를 수행하기 위하여 직무를 이탈하게 되었을 때

② 법무부장관은 검사가 다음 각 호의 어느 하나의 사유로 휴직을 청원하는 경우에 그 청원 내용이 충분한 이유가 있다고 인정하면 휴직을 허가할 수 있다.
1. 국내외의 법률연구기관이나 대학 등에서 법률연수를 하게 되었을 때
2. 본인의 질병으로 인한 요양 등이 필요할 때

③ 제1항 및 제2항의 경우 휴직 기간의 보수 지급 등 필요한 사항은 대통령령으로 정한다.
〔전부개정 2009·11·2〕

제38조의2(휴직 기간) 검사의 휴직 기간은 다음 각 호와 같다. <개정 2012·1·17, 2018·3·20>
1. 제38조제1항에 따른 휴직 기간은 그 복무 기간이 끝날 때까지로 한다.
2. 제38조제2항제1호에 따른 휴직 기간은 2년 이내로 한다.
3. 제38조제2항제2호에 따른 휴직 기간은 1년(「공무원 재해보상법」에 따른 공무상 부상 또는 질병으로 인한 휴직 기간은 3년) 이내로 한다.

〔본조신설 2009·11·2〕

제39조(검사 적격심사) ① 검사(검찰총장은 제

외한다)에 대하여는 임명 후 7년마다 적격심사를 한다.

② 제1항의 심사를 위하여 법무부에 다음 각 호의 위원 9명으로 구성하는 검사적격심사위원회(이하 "위원회"라 한다)를 둔다. <개정 2013·3·23>

1. 대법원장이 추천하는 법률전문가 1명
2. 대한변호사협회장이 추천하는 변호사 1명
3. 교육부장관이 추천하는 법학교수 1명
4. 사법제도에 관하여 학식과 경험을 가진 사람으로서 법무부장관이 위촉하는 사람 2명
5. 법무부장관이 지명하는 검사 4명

③ 제2항제1호부터 제3호까지의 위원은 해당 추천기관의 추천을 받아 법무부장관이 위촉한다.

④ 위원회는 검사가 직무수행 능력이 현저히 떨어지는 등 검사로서 정상적인 직무수행이 어렵다고 인정하는 경우에는 재적위원 3분의 2 이상의 의결을 거쳐 법무부장관에게 그 검사의 퇴직을 건의한다.

⑤ 위원회는 제4항에 따른 의결을 하기 전에 해당 검사에게 위원회에 출석하여 충분한 진술을 할 수 있는 기회를 주어야 한다.

⑥ 법무부장관은 제4항에 따른 퇴직 건의가 타당하다고 인정하면 대통령에게 그 검사에 대한 퇴직명령을 제청한다.

⑦ 제2항 각 호의 위원의 자격기준과 임기 및 위원회의 조사·심의 방식, 그 밖에 운영에 필요한 사항은 대통령령으로 정한다.

〔전부개정 2009·11·2〕

제39조의2(심신장애로 인한 퇴직) 검사가 중대한 심신상의 장애로 인하여 직무를 수행할 수 없을 때 대통령은 법무부장관의 제청에 의하여 그 검사에게 퇴직을 명할 수 있다.

〔전부개정 2009·11·2〕

제40조(명예퇴직) ① 20년 이상 근속한 검사가 정년 전에 스스로 퇴직하는 경우에는 명예퇴직수당을 지급할 수 있다.

② 제1항의 명예퇴직수당의 금액과 그 밖에 지급에 관하여 필요한 사항은 대통령령으로 정한다.

〔전부개정 2009·11·2〕

제41조(정년) 검찰총장의 정년은 65세, 검찰총장 외의 검사의 정년은 63세로 한다.

〔전부개정 2009·11·2〕

제42조 삭제 <2004·1·20>

제43조(정치운동 등의 금지) 검사는 재직 중 다음 각 호의 행위를 할 수 없다.

1. 국회 또는 지방의회의 의원이 되는 일
2. 정치운동에 관여하는 일
3. 금전상의 이익을 목적으로 하는 업무에 종사하는 일
4. 법무부장관의 허가 없이 보수를 받는 직무에 종사하는 일

〔전부개정 2009·11·2〕

제44조(검사의 겸임) 법무부와 그 소속 기관의 직원으로서 검사로 임명될 자격이 있는 사람은 검사를 겸임할 수 있다. 이 경우 그 중 보수가 더 많은 직위의 보수를 받으며, 그 겸직 검사의 수는 제36조의 검사 정원에 포함하지 아니한다.

〔전부개정 2009·11·2〕

제44조의2(검사의 파견 금지 등) ① 검사는 대통령비서실에 파견되거나 대통령비서실의 직위를 겸임할 수 없다. <개정 2013·3·23>

② 검사로서 퇴직 후 1년이 지나지 아니한 사람은 대통령비서실의 직위에 임용될 수 없다. <신설 2017·3·14>

〔전부개정 2009·11·2〕

제6장 검찰청 직원

제45조(검찰청 직원) 검찰청에는 고위공무원단에 속하는 일반직공무원, 검찰부이사관, 검찰수사서기관, 검찰사무관, 수사사무관, 마약수사사무관, 검찰주사, 마약수사주사, 검찰주사보, 마약수사주사보, 검찰서기, 마약수사서기, 검찰서기보, 마약수사서기보 및 별정직공무원을 둔다.

〔전부개정 2009·11·2〕

제46조(검찰수사서기관 등의 직무) ① 검찰수사서기관, 검찰사무관, 검찰주사, 마약수사주사, 검찰주사보, 마약수사주사보, 검찰서기 및 마약수사서기는 다음 각 호의 사무에 종

사한다.
1. 검사의 명을 받은 수사에 관한 사무
2. 형사기록의 작성과 보존
3. 국가를 당사자 또는 참가인으로 하는 소송과 행정소송의 수행자로 지정을 받은 검사의 소송 업무 보좌 및 이에 관한 기록, 그 밖의 서류의 작성과 보존에 관한 사무
4. 그 밖에 검찰행정에 관한 사무
② 검찰수사서기관, 수사사무관 및 마약수사사무관은 검사를 보좌하며 「형사소송법」 제245조의9제 2 항에 따른 사법경찰관으로서 검사의 지휘를 받아 범죄수사를 한다. <개정 2020·2·4>
③ 검찰서기, 마약수사서기, 검찰서기보 및 마약수사서기보는 검찰수사서기관, 검찰사무관, 수사사무관, 마약수사사무관, 검찰주사, 마약수사주사, 검찰주사보 또는 마약수사주사보를 보좌한다.
④ 검찰수사서기관, 검찰사무관, 검찰주사, 마약수사주사, 검찰주사보, 마약수사주사보, 검찰서기 및 마약수사서기는 수사에 관한 조서 작성에 관하여 검사의 의견이 자기의 의견과 다른 경우에는 조서의 끝 부분에 그 취지를 적을 수 있다.
〔전부개정 2009·11·2〕

제47조(사법경찰관리로서의 직무수행) ① 검찰주사, 마약수사주사, 검찰주사보, 마약수사주사보, 검찰서기, 마약수사서기, 검찰서기보 또는 마약수사서기보로서 검찰총장 또는 각급 검찰청 검사장의 지명을 받은 사람은 소속 검찰청 또는 지청에서 접수한 사건에 관하여 다음 각 호의 구분에 따른 직무를 수행한다. <개정 2020·2·4>
1. 검찰주사, 마약수사주사, 검찰주사보 및 마약수사주사보 : 「형사소송법」 제245조의9제 2 항에 따른 사법경찰관의 직무
2. 검찰서기, 마약수사서기, 검찰서기보 및 마약수사서기보 : 「형사소송법」 제245조의9제 3 항에 따른 사법경찰리의 직무
② 별정직공무원으로서 검찰총장 또는 각급 검찰청 검사장의 지명을 받은 공무원은 다음 각 호의 구분에 따른 직무를 수행한다. <개정 2020·2·4>
1. 5급 상당부터 7급 상당까지의 공무원 : 「형사소송법」 제245조의9제 2 항에 따른 사법경찰관의 직무
2. 8급 상당 및 9급 상당 공무원 : 「형사소송법」 제245조의9제 3 항에 따른 사법경찰리의 직무
〔전부개정 2009·11·2〕

제48조(검찰총장 비서관) ① 대검찰청에 검찰총장 비서관 1명을 둔다.
② 비서관은 검찰수사서기관이나 4급 상당 별정직국가공무원으로 보하고 검찰총장의 명을 받아 기밀에 관한 사항을 맡아 처리한다.
〔전부개정 2009·11·2〕

제49조(통역공무원 및 기술공무원) ① 검찰청에 통역 및 기술 분야의 업무를 담당하는 공무원을 둘 수 있다.
② 제 1 항의 공무원은 상사의 명을 받아 번역·통역 또는 기술에 관한 사무에 종사한다. 다만, 전산사무관, 방송통신사무관, 전산주사, 방송통신주사, 전산주사보, 방송통신주사보, 전산서기, 방송통신서기, 전산서기보, 방송통신서기보로서 검찰총장 또는 각급 검찰청 검사장의 지명을 받은 사람은 소속 검찰청 또는 지청에서 접수한 사건에 관하여 다음 각 호의 구분에 따른 직무를 수행한다. <개정 2020·2·4>
1. 전산사무관, 방송통신사무관, 전산주사, 방송통신주사, 전산주사보, 방송통신주사보 : 「형사소송법」 제245조의9제 2 항에 따른 사법경찰관의 직무
2. 전산서기, 방송통신서기, 전산서기보, 방송통신서기보 : 「형사소송법」 제245조의9제 3 항에 따른 사법경찰리의 직무
〔전부개정 2009·11·2〕

제50조(검찰청 직원의 보직) ① 검찰청 직원의 보직은 법무부장관이 행한다. 다만, 이 법 또는 다른 법률에 특별한 규정이 있는 경우에는 그러하지 아니하다.
② 법무부장관은 제 1 항에 따른 권한의 일부를 검찰총장이나 각급 검찰청의 검사장에게 위임할 수 있다.
③ 다음 각 호의 어느 하나에 해당하는 사

람은 검찰청 직원으로 임용될 수 없다.

1. 「국가공무원법」 제33조 각 호의 어느 하나에 해당하는 사람
2. 금고 이상의 형을 선고받은 사람

〔전부개정 2009·11·2〕

제51조(검찰청 직원의 겸임) 법무부 직원은 이 법에 따른 검찰청 직원의 직위를 겸임할 수 있다. 이 경우 그 보수에 관하여는 제44조 후단을 준용한다.

〔전부개정 2009·11·2〕

제52조(검찰청 직원의 정원) 검찰청 직원의 정원은 대통령령으로 정한다.

〔전부개정 2009·11·2〕

제7장 사법경찰관리의 지휘·감독

제53조 삭제 <2011·7·18>

제54조(교체임용의 요구) ① 서장이 아닌 경정 이하의 사법경찰관리가 직무 집행과 관련하여 부당한 행위를 하는 경우 지방검찰청 검사장은 해당 사건의 수사 중지를 명하고, 임용권자에게 그 사법경찰관리의 교체임용을 요구할 수 있다.

② 제1항의 요구를 받은 임용권자는 정당한 사유가 없으면 교체임용을 하여야 한다.

〔전부개정 2009·11·2〕

부 칙

①(시행일) 이 법은 공포한 날로부터 시행한다.

②(경과조치) 이 법 시행당시 서울특별시에 소재하는 지청의 차장검사 및 사무국은 이 법에 의한 대통령령이 시행될 때까지 종전의 규정에 의한다.

③(다른 법률의 개정) 생략

부 칙 <1988·12·31 법4043>

①(시행일) 이 법은 공포한 날로부터 시행한다.

②(검찰총장의 임기에 관한 경과조치) 이 법 시행당시의 검찰총장의 임기는 그 임명된 날로부터 기산한다.

③(검찰청직원에 관한 경과조치) 제45조의 규정에 불구하고 마약등 수사를 위하여 보건사회부로부터 이체받아 검찰청직원으로 임용하는 별정직공무원, 행정직공무원 및 보건직공무원은 이 법 시행일로부터 제46조, 제47조의 규정에 따라 당해 직급 상당의 검찰청직원의 사무에 종사하고 사법경찰관리로서의 직무를 행할 수 있다.

부 칙 <1991·11·22 법4395>

이 법은 공포한 날부터 시행한다.

부 칙 <1993·3·10 법4543>

①(시행일) 이 법은 공포한 날부터 시행한다.

②(경과조치) 이 법 시행 당시 고등검찰관 또는 검찰관으로 재직 중인 자는 이 법에 의한 검사로 각각 임용된 것으로 본다.

③(다른 법률의 개정) 생략

부 칙 <1995·1·5 법4930>

이 법은 1995년 3월 1일부터 시행한다.

부 칙 <1995·3·30 법4946>

이 법은 공포한 날부터 시행한다.

부 칙 <1995·8·4 법4961>

이 법은 공포한 날부터 시행한다.

부 칙 <1997·1·13 법5263>

①(시행일) 이 법은 공포한 날부터 시행한다. 다만, 제44조의2의 개정규정은 1997년 9월 1일부터 시행한다.

②(다른 법률의 개정) 생략

부 칙 <1997·12·13 법5430>

이 법은 공포한 날부터 시행한다.

부 칙 <2003·2·4 법6855>

제1조(시행일) 이 법은 공포한 날부터 시행한다. 〈단서 생략〉

제2조 생략

부 칙 <2004·1·20 법7078>

제1조(시행일) 이 법은 공포한 날부터 시행한다.

제2조(검사적격심사에 관한 적용례) 이 법 시행 당시 재직중인 검사에 대하여는 그 검사의 재직연수가 7의 배수에 도달하는 최초의 해부터 제39조의 개정규정에 의한 검사적격심사를 한다.

제3조(다른 법률의 개정) 생략

부 칙 <2005·12·29 법7796>

제1조(시행일) 이 법은 2006년 7월 1일부터 시행한다.

제2조부터 **제6조**까지 생략

부 칙 <2007·6·1 법8494>

이 법은 2008년 1월 1일부터 시행한다.

부　칙 <2007·12·21 법8717>

①(시행일) 이 법은 공포한 날부터 시행한다.

②(감찰담당 대검찰청 검사 임용에 관한 적용례) 제28조의2부터 제28조의4까지의 개정규정은 이 법 시행 후 최초로 감찰담당 대검찰청 검사에 임용되는 검사부터 적용한다.

부　칙 <2009·5·8 법9644>

이 법은 공포한 날부터 시행한다.

부　칙 <2009·11·2 법9815>

이 법은 공포한 날부터 시행한다.

부　칙 <2011·7·18 법10858>

이 법은 2012년 1월 1일부터 시행한다. 다만, 제53조의 개정규정은 공포한 날부터 시행하고, 제34조의2의 개정규정은 2011년 9월 1일부터 시행한다.

부　칙 <2012·1·17 법11153>

제 1 조(시행일) 이 법은 공포한 날부터 시행한다.

제 2 조(질병 휴직 기간 단축 및 공무상 질병 또는 부상으로 인한 휴직기간 확대에 따른 경과조치) 이 법 시행 당시 제38조제 2 항제 2 호에 따라 휴직 중인 사람에 대하여는 종전의 규정을 적용한다. 다만, 이 법 시행 전에 공무상 질병 또는 부상으로 휴직하였거나 이 법 시행 당시 공무상 질병 또는 부상으로 휴직 중인 사람에 대하여는 제38조의2제 3 호의 개정규정을 적용한다.

부　칙 <2013·3·23 법11690>

제 1 조(시행일) ① 이 법은 공포한 날부터 시행한다.

② 생략

제 2 조부터 **제 7 조**까지 생략

부　칙 <2017·3·14 법14582>

이 법은 공포한 날부터 시행한다.

부　칙 <2018·3·20 법15522>

제 1 조(시행일) 이 법은 공포 후 6개월이 경과한 날부터 시행한다. 〈단서 생략〉

제 2 조부터 **제30조**까지 생략

부　칙 <2020·2·4 법16908>

이 법은 공포 후 6개월이 경과한 날부터 1년 내에 시행하되, 그 기간 내에 대통령령으로 정하는 시점부터 시행한다.

〔2020·10·7 대통령령 제31091호에 따라 시행일 2021·1·1〕

부　칙 <2020·12·8 법17566>

이 법은 공포한 날부터 시행한다.

부　칙 <2022·5·9 법18861>

제 1 조(시행일) 이 법은 공포 후 4개월이 경과한 날부터 시행한다.

제 2 조(검사의 직무에 관한 적용례) 제 4 조제 2 항의 개정규정은 이 법 시행 이후 공소를 제기하는 경우부터 적용한다.

제 3 조(검사가 수사를 개시할 수 있는 범죄의 범위에 관한 경과조치) 이 법 시행 당시 종전의 제 4 조제 1 항제 1 호가목에 따른 선거범죄에 관하여는 2022년 12월 31일까지는 제 4 조제 1 항제 1 호가목의 개정규정에도 불구하고 종전의 규정에 따른다.

제 4 조(다른 법률의 개정) 생략

●변호사법

〔2000・1・28 법률제6207호 전부개정〕

개정

2004・ 1・20 법률제 7082호(각급법원의설치와관할구역에관한법률)
2005・ 1・27 법률제 7357호
2005・ 3・31 법률제 7428호(채무자 회생 및 파산에 관한 법률)
2006・ 3・24 법률제 7894호
2007・ 1・26 법률제 8271호
2007・ 3・29 법률제 8321호
2008・ 3・28 법률제 8991호
2009・ 2・ 6 법률제 9416호(공증인법)
2011・ 4・ 5 법률제10540호
2011・ 5・17 법률제10627호
2011・ 7・25 법률제10922호
2012・ 1・17 법률제11160호
2013・ 5・28 법률제11825호
2014・ 5・20 법률제12589호
2014・12・30 법률제12887호
2016・ 3・ 2 법률제14056호(외국법자문사법)
2017・ 3・14 법률제14584호
2017・10・31 법률제15022호(주식회사 등의 외부감사에 관한 법률)
2017・12・12 법률제15153호
2017・12・19 법률제15251호
2018・12・18 법률제15974호
2020・ 6・ 9 법률제17366호(피한정후견인 결격조항 정비를 위한 법무사법 등 5개 법률의 일부개정에 관한 법률)
2021・ 1・ 5 법률제17828호

제 1 장 변호사의 사명과 직무

제 1 조(변호사의 사명) ① 변호사는 기본적 인권을 옹호하고 사회정의를 실현함을 사명으로 한다.

② 변호사는 그 사명에 따라 성실히 직무를 수행하고 사회질서 유지와 법률제도 개선에 노력하여야 한다.

〔전부개정 2008・3・28〕

제 2 조(변호사의 지위) 변호사는 공공성을 지닌 법률 전문직으로서 독립하여 자유롭게 그 직무를 수행한다.

〔전부개정 2008・3・28〕

제 3 조(변호사의 직무) 변호사는 당사자와 그 밖의 관계인의 위임이나 국가・지방자치단체와 그 밖의 공공기관(이하 "공공기관"이라 한다)의 위촉 등에 의하여 소송에 관한 행위 및 행정처분의 청구에 관한 대리행위와 일반 법률 사무를 하는 것을 그 직무로 한다.

〔전부개정 2008・3・28〕

제 2 장 변호사의 자격

제 4 조(변호사의 자격) 다음 각 호의 어느 하나에 해당하는 자는 변호사의 자격이 있다. <개정 2011・5・17>

1. 사법시험에 합격하여 사법연수원의 과정을 마친 자
2. 판사나 검사의 자격이 있는 자
3. 변호사시험에 합격한 자

〔전부개정 2008・3・28〕

제 5 조(변호사의 결격사유) 다음 각 호의 어느 하나에 해당하는 자는 변호사가 될 수 없다. <개정 2014・5・20, 2014・12・30, 2017・12・19>

1. 금고 이상의 형(刑)을 선고받고 그 집행이 끝나거나 그 집행을 받지 아니하기로 확정된 후 5년이 지나지 아니한 자
2. 금고 이상의 형의 집행유예를 선고받고

그 유예기간이 지난 후 2년이 지나지 아니한 자
3. 금고 이상의 형의 선고유예를 받고 그 유예기간 중에 있는 자
4. 탄핵이나 징계처분에 의하여 파면되거나 이 법에 따라 제명된 후 5년이 지나지 아니한 자
5. 징계처분에 의하여 해임된 후 3년이 지나지 아니한 자
6. 징계처분에 의하여 면직된 후 2년이 지나지 아니한 자
7. 공무원 재직 중 징계처분에 의하여 정직되고 그 정직기간 중에 있는 자(이 경우 정직기간 중에 퇴직하더라도 해당 징계처분에 의한 정직기간이 끝날 때까지 정직기간 중에 있는 것으로 본다)
8. 피성년후견인 또는 피한정후견인
9. 파산선고를 받고 복권되지 아니한 자
10. 이 법에 따라 영구제명된 자

〔전부개정 2008·3·28〕

제 6 조 삭제 <2008·3·28>

제 3 장 변호사의 등록과 개업

제 7 조(자격등록) ① 변호사로서 개업을 하려면 대한변호사협회에 등록을 하여야 한다.
② 제 1 항의 등록을 하려는 자는 가입하려는 지방변호사회를 거쳐 등록신청을 하여야 한다.
③ 지방변호사회는 제 2 항에 따른 등록신청을 받으면 해당 변호사의 자격 유무에 관한 의견서를 첨부할 수 있다.
④ 대한변호사협회는 제 2 항에 따른 등록신청을 받으면 지체 없이 변호사 명부에 등록하고 그 사실을 신청인에게 통지하여야 한다.

〔전부개정 2008·3·28〕

제 8 조(등록거부) ① 대한변호사협회는 제 7조제 2 항에 따라 등록을 신청한 자가 다음 각 호의 어느 하나에 해당하면 제 9 조에 따른 등록심사위원회의 의결을 거쳐 등록을 거부할 수 있다. 이 경우 제 4 호에 해당하여 등록을 거부할 때에는 제 9 조에 따른 등록심사위원회의 의결을 거쳐 1년 이상 2년 이하의 등록금지기간을 정하여야 한다. <개정 2014·5·20, 2017·12·19>
1. 제 4 조에 따른 변호사의 자격이 없는 자
2. 제 5 조에 따른 결격사유에 해당하는 자
3. 심신장애로 인하여 변호사의 직무를 수행하는 것이 현저히 곤란한 자
4. 공무원 재직 중의 위법행위로 인하여 형사소추(과실범으로 공소제기되는 경우는 제외한다) 또는 징계처분〔파면, 해임, 면직 및 정직(해당 징계처분에 의한 정직기간이 끝나기 전인 경우에 한정한다)은 제외한다〕을 받거나 그 위법행위와 관련하여 퇴직한 자로서 변호사 직무를 수행하는 것이 현저히 부적당하다고 인정되는 자
5. 제 4 호에 해당하여 등록이 거부되거나 제 4 호에 해당하여 제18조제 2 항에 따라 등록이 취소된 후 등록금지기간이 지나지 아니한 자
6. 삭제 <2014·5·20>
② 대한변호사협회는 제 1 항에 따라 등록을 거부한 경우 지체 없이 그 사유를 명시하여 신청인에게 통지하여야 한다. <신설 2014·5·20>
③ 대한변호사협회가 제 7 조제 2 항에 따른 등록신청을 받은 날부터 3개월이 지날 때까지 등록을 하지 아니하거나 등록을 거부하지 아니할 때에는 등록이 된 것으로 본다.
④ 제 1 항에 따라 등록이 거부된 자는 제 1 항에 따른 통지를 받은 날부터 3개월 이내에 등록거부에 관하여 부당한 이유를 소명하여 법무부장관에게 이의신청을 할 수 있다.
⑤ 법무부장관은 제 4 항의 이의신청이 이유 있다고 인정할 때에는 대한변호사협회에 그 변호사의 등록을 명하여야 한다. <개정 2014·5·20>

〔전부개정 2008·3·28〕

제 9 조(등록심사위원회의 설치) ① 다음 각 호의 사항을 심사하기 위하여 대한변호사협회에 등록심사위원회를 둔다.
1. 제 8 조제 1 항에 따른 등록거부에 관한 사항
2. 제18조제 1 항·제 2 항에 따른 등록취소에

관한 사항

② 대한변호사협회의 장은 제 8 조제 1 항, 제18조제 1 항제 2 호 또는 같은 조 제 2 항에 따라 등록거부나 등록취소를 하려면 미리 그 안건을 등록심사위원회에 회부하여야 한다.

〔전부개정 2008·3·28〕

第10조(등록심사위원회의 구성) ① 등록심사위원회는 다음 각 호의 위원으로 구성한다.

1. 법원행정처장이 추천하는 판사 1명
2. 법무부장관이 추천하는 검사 1명
3. 대한변호사협회 총회에서 선출하는 변호사 4명
4. 대한변호사협회의 장이 추천하는 법학 교수 1명 및 경험과 덕망이 있는 자로서 변호사가 아닌 자 2명

② 등록심사위원회에 위원장 1명과 간사 1명을 두며, 위원장과 간사는 위원 중에서 호선한다.

③ 제 1 항의 위원을 추천하거나 선출할 때에는 위원의 수와 같은 수의 예비위원을 함께 추천하거나 선출하여야 한다.

④ 위원 중에 사고나 결원이 생기면 위원장이 명하는 예비위원이 그 직무를 대행한다.

⑤ 위원과 예비위원의 임기는 각각 2년으로 한다.

〔전부개정 2008·3·28〕

第11조(심사) ① 등록심사위원회는 심사에 관하여 필요하다고 인정하면 당사자, 관계인 및 관계 기관·단체 등에 대하여 사실을 조회하거나 자료 제출 또는 위원회에 출석하여 진술하거나 설명할 것을 요구할 수 있다.

② 제 1 항에 따라 사실 조회, 자료 제출 등을 요구받은 관계 기관·단체 등은 그 요구에 협조하여야 한다.

③ 등록심사위원회는 당사자에게 위원회에 출석하여 의견을 진술하고 자료를 제출할 기회를 주어야 한다.

〔전부개정 2008·3·28〕

第12조(의결) ① 등록심사위원회의 회의는 재적위원 과반수의 찬성으로 의결한다.

② 대한변호사협회는 제 1 항에 따른 등록심사위원회의 의결이 있으면 이에 따라 등록이나 등록거부 또는 등록취소를 하여야 한다.

〔전부개정 2008·3·28〕

第13조(운영규칙) 등록심사위원회의 심사 절차와 운영에 관하여 필요한 사항은 대한변호사협회가 정한다.

〔전부개정 2008·3·28〕

第14조(소속 변경등록) ① 변호사는 지방변호사회의 소속을 변경하려면 새로 가입하려는 지방변호사회를 거쳐 대한변호사협회에 소속 변경등록을 신청하여야 한다.

② 제 1 항에 따라 소속이 변경된 변호사는 지체 없이 종전 소속 지방변호사회에 신고하여야 한다.

③ 제 1 항의 경우에는 제 7 조제 4 항과 제 8 조를 준용한다.

〔전부개정 2008·3·28〕

第15조(개업신고 등) 변호사가 개업하거나 법률사무소를 이전한 경우에는 지체 없이 소속 지방변호사회 및 대한변호사협회에 신고하여야 한다.

〔전부개정 2008·3·28〕

第16조(휴업) 변호사는 일시 휴업하려면 소속 지방변호사회와 대한변호사협회에 신고하여야 한다.

〔전부개정 2008·3·28〕

第17조(폐업) 변호사는 폐업하려면 소속 지방변호사회를 거쳐 대한변호사협회에 등록취소를 신청하여야 한다.

〔전부개정 2008·3·28〕

第18조(등록취소) ① 대한변호사협회는 변호사가 다음 각 호의 어느 하나에 해당하면 변호사의 등록을 취소하여야 한다. 이 경우 지체 없이 등록취소 사유를 명시하여 등록이 취소되는 자(제 1 호의 경우는 제외한다)에게 통지하여야 하며, 제 2 호에 해당하여 변호사의 등록을 취소하려면 미리 등록심사위원회의 의결을 거쳐야 한다.

1. 사망한 경우
2. 제 4 조에 따른 변호사의 자격이 없거나 제 5 조에 따른 결격사유에 해당하는 경우
3. 제17조에 따른 등록취소의 신청이 있는 경우
4. 제19조에 따른 등록취소의 명령이 있는 경우

② 대한변호사협회는 변호사가 제8조제1항제3호·제4호에 해당하면 등록심사위원회의 의결을 거쳐 변호사의 등록을 취소할 수 있다. 이 경우 제8조제1항제4호에 해당하여 등록을 취소할 때에는 등록심사위원회의 의결을 거쳐 1년 이상 2년 이하의 등록금지기간을 정하여야 한다. <개정 2014·5·20>

③ 대한변호사협회는 제2항에 따라 등록을 취소하는 경우 지체 없이 그 사유를 명시하여 등록이 취소되는 자에게 통지하여야 한다. <신설 2014·5·20>

④ 제1항과 제2항의 경우에는 제8조제4항 및 제5항을 준용한다. <개정 2014·5·20>

⑤ 지방변호사회는 소속 변호사에게 제1항의 사유가 있다고 인정하면 지체 없이 대한변호사협회에 이를 보고하여야 한다.

〔전부개정 2008·3·28〕

제19조(등록취소명령) 법무부장관은 변호사 명부에 등록된 자가 제4조에 따른 변호사의 자격이 없거나 제5조에 따른 결격사유에 해당한다고 인정하는 경우 대한변호사협회에 그 변호사의 등록취소를 명하여야 한다.

〔전부개정 2008·3·28〕

제20조(보고 등) 대한변호사협회는 변호사의 등록 및 등록거부, 소속 변경등록 및 그 거부, 개업, 사무소 이전, 휴업 및 등록취소에 관한 사항을 지체 없이 소속 지방변호사회에 통지하고 법무부장관에게 보고하여야 한다.

〔전부개정 2008·3·28〕

제4장 변호사의 권리와 의무

제21조(법률사무소) ① 변호사는 법률사무소를 개설할 수 있다.

② 변호사의 법률사무소는 소속 지방변호사회의 지역에 두어야 한다.

③ 변호사는 어떠한 명목으로도 둘 이상의 법률사무소를 둘 수 없다. 다만, 사무공간의 부족 등 부득이한 사유가 있어 대한변호사협회가 정하는 바에 따라 인접한 장소에 별도의 사무실을 두고 변호사가 주재(駐在)하는 경우에는 본래의 법률사무소와 함께 하나의 사무소로 본다.

〔전부개정 2008·3·28〕

제21조의2(법률사무소 개설 요건 등) ① 제4조제3호에 따른 변호사는 통산(通算)하여 6개월 이상 다음 각 호의 어느 하나에 해당하는 기관 등(이하 "법률사무종사기관"이라 한다)에서 법률사무에 종사하거나 연수(제6호에 한정한다)를 마치지 아니하면 단독으로 법률사무소를 개설하거나 법무법인, 법무법인(유한) 및 법무조합의 구성원이 될 수 없다. 다만, 제3호 및 제4호는 통산하여 5년 이상 「법원조직법」 제42조제1항 각 호의 어느 하나에 해당하는 직에 있었던 자 1명 이상이 재직하는 기관 중 법무부장관이 법률사무에 종사가 가능하다고 지정한 곳에 한정한다. <개정 2016·3·2>

1. 국회, 법원, 헌법재판소, 검찰청
2. 「법률구조법」에 따른 대한법률구조공단, 「정부법무공단법」에 따른 정부법무공단
3. 법무법인, 법무법인(유한), 법무조합, 법률사무소, 「외국법자문사법」 제2조제9호에 따른 합작법무법인
4. 국가기관, 지방자치단체와 그 밖의 법인, 기관 또는 단체
5. 국제기구, 국제법인, 국제기관 또는 국제단체 중에서 법무부장관이 법률사무에 종사가 가능하다고 지정한 곳
6. 대한변호사협회

② 대한변호사협회는 제1항제3호에 따라 지정된 법률사무종사기관에 대하여 대한변호사협회 회칙으로 정하는 바에 따라 연수를 위탁하여 실시할 수 있다.

③ 제4조제3호에 따른 변호사가 제1항에 따라 단독으로 법률사무소를 최초로 개설하거나 법무법인, 법무법인(유한) 또는 법무조합의 구성원이 되려면 법률사무종사기관에서 제1항의 요건에 해당한다는 사실을 증명하는 확인서(제1항제6호의 연수는 제외한다)를 받아 지방변호사회를 거쳐 대한변호사협회에 제출하여야 한다.

④ 법률사무종사기관은 제1항에 따른 종사 또는 연수의 목적을 달성하기 위하여 종사하거나 연수를 받는 변호사의 숫자를 적정

하게 하는 등 필요한 조치를 하여야 한다.

⑤ 법무부장관은 제1항 단서에 따라 지정된 법률사무종사기관에 대하여 필요하다고 인정하면 종사 현황 등에 대한 서면조사 또는 현장조사를 실시할 수 있고, 조사 결과 원활한 법률사무 종사를 위하여 필요하다고 인정하면 개선 또는 시정을 명령할 수 있다.

⑥ 법무부장관은 제5항에 따른 서면조사 또는 현장조사를 대한변호사협회에 위탁하여 실시할 수 있고, 대한변호사협회의 장은 그 조사 결과를 법무부장관에게 보고하고 같은 항에 따른 개선 또는 시정을 건의할 수 있다. 이 경우 수탁 사무의 처리에 관한 사항은 대한변호사협회의 회칙으로 정하고 법무부장관의 인가를 받아야 한다.

⑦ 법무부장관은 제1항 단서에 따라 지정된 법률사무종사기관이 다음 각 호의 어느 하나에 해당하면 그 지정을 취소할 수 있다. 다만, 제1호에 해당하는 경우에는 취소하여야 한다.

1. 거짓이나 그 밖의 부정한 방법으로 지정받은 경우
2. 제1항 단서의 지정 요건을 갖추지 못한 경우로서 3개월 이내에 보충하지 아니한 경우. 이 경우 제4조제3호에 따른 변호사가 법률사무에 계속하여 종사한 경우 보충될 때까지의 기간은 법률사무종사기관에서 법률사무에 종사한 기간으로 본다.
3. 거짓으로 제3항의 확인서를 발급한 경우
4. 제5항의 개선 또는 시정 명령을 통산하여 3회 이상 받고 이에 따르지 아니한 경우

⑧ 법무부장관은 제7항에 따라 지정을 취소하려면 청문을 실시하여야 한다.

⑨ 제1항제6호에 따른 연수의 방법, 절차, 비용과 그 밖에 필요한 사항은 대한변호사협회의 회칙으로 정하고 법무부장관의 인가를 받아야 한다.

⑩ 법무부장관은 대통령령으로 정하는 바에 따라 제1항제6호에 따라 대한변호사협회가 실시하는 연수과정에 대한 지원을 할 수 있다.

⑪ 제1항 단서에 따라 지정된 같은 항 제3호의 법률사무종사기관은 같은 항 제6호에 따른 대한변호사협회의 연수에 필요한 요구에 협조하여야 한다.

⑫ 제1항부터 제11항까지의 규정 외에 법률사무종사기관의 지정 및 취소의 절차와 방법, 지도·감독 등 필요한 사항은 대통령령으로 정한다.

〔본조신설 2011·5·17〕

제22조(사무직원) ① 변호사는 법률사무소에 사무직원을 둘 수 있다.

② 변호사는 다음 각 호의 어느 하나에 해당하는 자를 제1항에 따른 사무직원으로 채용할 수 없다. <개정 2014·12·30, 2020·6·9>

1. 이 법 또는 「형법」 제129조부터 제132조까지, 「특정범죄가중처벌 등에 관한 법률」 제2조 또는 제3조, 그 밖에 대통령령으로 정하는 법률에 따라 유죄 판결을 받은 자로서 다음 각 목의 어느 하나에 해당하는 자
   가. 징역 이상의 형을 선고받고 그 집행이 끝나거나 그 집행을 받지 아니하기로 확정된 후 3년이 지나지 아니한 자
   나. 징역형의 집행유예를 선고받고 그 유예기간이 지난 후 2년이 지나지 아니한 자
   다. 징역형의 선고유예를 받고 그 유예기간 중에 있는 자
2. 공무원으로서 징계처분에 의하여 파면되거나 해임된 후 3년이 지나지 아니한 자
3. 피성년후견인

③ 사무직원의 신고, 연수(硏修), 그 밖에 필요한 사항은 대한변호사협회가 정한다.

④ 지방변호사회의 장은 관할 지방검찰청 검사장에게 소속 변호사의 사무직원 채용과 관련하여 제2항에 따른 전과(前科) 사실의 유무에 대한 조회를 요청할 수 있다.

⑤ 제4항에 따른 요청을 받은 지방검찰청 검사장은 전과 사실의 유무를 조회하여 그 결과를 회신할 수 있다.

〔전부개정 2008·3·28〕

제23조(광고) ① 변호사·법무법인·법무법인(유한) 또는 법무조합(이하 이 조에서 "변호사등"이라 한다)은 자기 또는 그 구성원의

학력, 경력, 주요 취급 업무, 업무 실적, 그 밖에 그 업무의 홍보에 필요한 사항을 신문·잡지·방송·컴퓨터통신 등의 매체를 이용하여 광고할 수 있다.

② 변호사등은 다음 각 호의 어느 하나에 해당하는 광고를 하여서는 아니 된다.

1. 변호사의 업무에 관하여 거짓된 내용을 표시하는 광고
2. 국제변호사를 표방하거나 그 밖에 법적 근거가 없는 자격이나 명칭을 표방하는 내용의 광고
3. 객관적 사실을 과장하거나 사실의 일부를 누락하는 등 소비자를 오도(誤導)하거나 소비자에게 오해를 불러일으킬 우려가 있는 내용의 광고
4. 소비자에게 업무수행 결과에 대하여 부당한 기대를 가지도록 하는 내용의 광고
5. 다른 변호사등을 비방하거나 자신의 입장에서 비교하는 내용의 광고
6. 부정한 방법을 제시하는 등 변호사의 품위를 훼손할 우려가 있는 광고
7. 그 밖에 광고의 방법 또는 내용이 변호사의 공공성이나 공정한 수임(受任) 질서를 해치거나 소비자에게 피해를 줄 우려가 있는 것으로서 대한변호사협회가 정하는 광고

③ 변호사등의 광고에 관한 심사를 위하여 대한변호사협회와 각 지방변호사회에 광고심사위원회를 둔다.

④ 광고심사위원회의 운영과 그 밖에 광고에 관하여 필요한 사항은 대한변호사협회가 정한다.

〔전부개정 2008·3·28〕

제24조(품위유지의무 등) ① 변호사는 그 품위를 손상하는 행위를 하여서는 아니 된다.

② 변호사는 그 직무를 수행할 때에 진실을 은폐하거나 거짓 진술을 하여서는 아니 된다.

〔전부개정 2008·3·28〕

제25조(회칙준수의무) 변호사는 소속 지방변호사회와 대한변호사협회의 회칙을 지켜야 한다.

〔전부개정 2008·3·28〕

제26조(비밀유지의무 등) 변호사 또는 변호사이었던 자는 그 직무상 알게 된 비밀을 누설하여서는 아니 된다. 다만, 법률에 특별한 규정이 있는 경우에는 그러하지 아니하다.

〔전부개정 2008·3·28〕

제27조(공익활동 등 지정업무 처리의무) ① 변호사는 연간 일정 시간 이상 공익활동에 종사하여야 한다.

② 변호사는 법령에 따라 공공기관, 대한변호사협회 또는 소속 지방변호사회가 지정한 업무를 처리하여야 한다.

③ 공익활동의 범위와 그 시행 방법 등에 관하여 필요한 사항은 대한변호사협회가 정한다.

〔전부개정 2008·3·28〕

제28조(장부의 작성·보관) ① 변호사는 수임에 관한 장부를 작성하고 보관하여야 한다.

② 제1항의 장부에는 수임받은 순서에 따라 수임일, 수임액, 위임인 등의 인적사항, 수임한 법률사건이나 법률사무의 내용, 그 밖에 대통령령으로 정하는 사항을 기재하여야 한다.

③ 제1항에 따른 장부의 보관 방법, 보존 기간, 그 밖에 필요한 사항은 대통령령으로 정한다.

〔전부개정 2008·3·28〕

제28조의2(수임사건의 건수 및 수임액의 보고) 변호사는 매년 1월 말까지 전년도에 처리한 수임사건의 건수와 수임액을 소속 지방변호사회에 보고하여야 한다.

〔전부개정 2008·3·28〕

제29조(변호인선임서 등의 지방변호사회 경유) 변호사는 법률사건이나 법률사무에 관한 변호인선임서 또는 위임장 등을 공공기관에 제출할 때에는 사전에 소속 지방변호사회를 경유하여야 한다. 다만, 사전에 경유할 수 없는 급박한 사정이 있는 경우에는 변호인선임서나 위임장 등을 제출한 후 지체 없이 공공기관에 소속 지방변호사회의 경유확인서를 제출하여야 한다.

〔전부개정 2008·3·28〕

제29조의2(변호인선임서 등의 미제출 변호 금지) 변호사는 법원이나 수사기관에 변호인선임서나 위임장 등을 제출하지 아니하고는

다음 각 호의 사건에 대하여 변호하거나 대리할 수 없다.

1. 재판에 계속(係屬) 중인 사건
2. 수사 중인 형사사건〔내사(內査) 중인 사건을 포함한다〕

〔전부개정 2008·3·28〕

제30조(연고 관계 등의 선전금지) 변호사나 그 사무직원은 법률사건이나 법률사무의 수임을 위하여 재판이나 수사업무에 종사하는 공무원과의 연고(緣故) 등 사적인 관계를 드러내며 영향력을 미칠 수 있는 것으로 선전하여서는 아니 된다.

〔전부개정 2008·3·28〕

제31조(수임제한) ① 변호사는 다음 각 호의 어느 하나에 해당하는 사건에 관하여는 그 직무를 수행할 수 없다. 다만, 제2호 사건의 경우 수임하고 있는 사건의 위임인이 동의한 경우에는 그러하지 아니하다.

1. 당사자 한쪽으로부터 상의(相議)를 받아 그 수임을 승낙한 사건의 상대방이 위임하는 사건
2. 수임하고 있는 사건의 상대방이 위임하는 다른 사건
3. 공무원·조정위원 또는 중재인으로서 직무상 취급하거나 취급하게 된 사건

② 제1항제1호 및 제2호를 적용할 때 법무법인·법무법인(유한)·법무조합이 아니면서도 변호사 2명 이상이 사건의 수임·처리나 그 밖의 변호사 업무 수행 시 통일된 형태를 갖추고 수익을 분배하거나 비용을 분담하는 형태로 운영되는 법률사무소는 하나의 변호사로 본다.

③ 법관, 검사, 장기복무 군법무관, 그 밖의 공무원 직에 있다가 퇴직(재판연구원, 사법연수생과 병역의무를 이행하기 위하여 군인·공익법무관 등으로 근무한 자는 제외한다)하여 변호사 개업을 한 자(이하 "공직퇴임변호사"라 한다)는 퇴직 전 1년부터 퇴직한 때까지 근무한 법원, 검찰청, 군사법원, 금융위원회, 공정거래위원회, 경찰관서 등 국가기관(대법원, 고등법원, 지방법원 및 지방법원 지원과 그에 대응하여 설치된 「검찰청법」 제3조제1항 및 제2항의 대검찰청, 고등검찰청, 지방검찰청, 지방검찰청 지청은 각각 동일한 국가기관으로 본다)이 처리하는 사건을 퇴직한 날부터 1년 동안 수임할 수 없다. 다만, 국선변호 등 공익목적의 수임과 사건당사자가 「민법」 제767조에 따른 친족인 경우의 수임은 그러하지 아니하다. <신설 2011·5·17, 2013·5·28>

④ 제3항의 수임할 수 없는 경우는 다음 각 호를 포함한다. <신설 2011·5·17, 2016·3·2>

1. 공직퇴임변호사가 법무법인, 법무법인(유한), 법무조합 또는 「외국법자문사법」 제2조제9호에 따른 합작법무법인(이하 이 조에서 "법무법인등"이라 한다)의 담당변호사로 지정되는 경우
2. 공직퇴임변호사가 다른 변호사, 법무법인등으로부터 명의를 빌려 사건을 실질적으로 처리하는 등 사실상 수임하는 경우
3. 법무법인등의 경우 사건수임계약서, 소송서류 및 변호사의견서 등에는 공직퇴임변호사가 담당변호사로 표시되지 않았으나 실질적으로는 사건의 수임이나 수행에 관여하여 수임료를 받는 경우

⑤ 제3항의 법원 또는 검찰청 등 국가기관의 범위, 공익목적 수임의 범위 등 필요한 사항은 대통령령으로 정한다. <신설 2011·5·17>

〔전부개정 2008·3·28〕

제31조의2(변호사시험합격자의 수임제한) ① 제4조제3호에 따른 변호사는 법률사무종사기관에서 통산하여 6개월 이상 법률사무에 종사하거나 연수를 마치지 아니하면 사건을 단독 또는 공동으로 수임〔제50조제1항, 제58조의16 또는 제58조의30에 따라 법무법인·법무법인(유한) 또는 법무조합의 담당변호사로 지정하는 경우나 「외국법자문사법」 제35조의20에 따라 합작법무법인의 담당변호사로 지정하는 경우를 포함한다〕할 수 없다. <개정 2016·3·2>

② 제4조제3호에 따른 변호사가 최초로 단독 또는 공동으로 수임하는 경우에 관하여는 제21조의2제3항을 준용한다.

〔본조신설 2011·5·17〕

제32조(계쟁권리의 양수 금지) 변호사는 계쟁권리(係爭權利)를 양수하여서는 아니 된다.

〔전부개정 2008·3·28〕

제33조(독직행위의 금지) 변호사는 수임하고 있는 사건에 관하여 상대방으로부터 이익을 받거나 이를 요구 또는 약속하여서는 아니 된다.
〔전부개정 2008·3·28〕

제34조(변호사가 아닌 자와의 동업 금지 등) ① 누구든지 법률사건이나 법률사무의 수임에 관하여 다음 각 호의 행위를 하여서는 아니 된다.
1. 사전에 금품·향응 또는 그 밖의 이익을 받거나 받기로 약속하고 당사자 또는 그 밖의 관계인을 특정한 변호사나 그 사무직원에게 소개·알선 또는 유인하는 행위
2. 당사자 또는 그 밖의 관계인을 특정한 변호사나 그 사무직원에게 소개·알선 또는 유인한 후 그 대가로 금품·향응 또는 그 밖의 이익을 받거나 요구하는 행위

② 변호사나 그 사무직원은 법률사건이나 법률사무의 수임에 관하여 소개·알선 또는 유인의 대가로 금품·향응 또는 그 밖의 이익을 제공하거나 제공하기로 약속하여서는 아니 된다.
③ 변호사나 그 사무직원은 제109조제1호, 제111조 또는 제112조제1호에 규정된 자로부터 법률사건이나 법률사무의 수임을 알선 받거나 이러한 자에게 자기의 명의를 이용하게 하여서는 아니 된다.
④ 변호사가 아닌 자는 변호사를 고용하여 법률사무소를 개설·운영하여서는 아니 된다.
⑤ 변호사가 아닌 자는 변호사가 아니면 할 수 없는 업무를 통하여 보수나 그 밖의 이익을 분배받아서는 아니 된다.
〔전부개정 2008·3·28〕

제35조(사건 유치 목적의 출입금지 등) 변호사나 그 사무직원은 법률사건이나 법률사무를 유상으로 유치할 목적으로 법원·수사기관·교정기관 및 병원에 출입하거나 다른 사람을 파견하거나 출입 또는 주재하게 하여서는 아니 된다.
〔전부개정 2008·3·28〕

제36조(재판·수사기관 공무원의 사건 소개 금지) 재판기관이나 수사기관의 소속 공무원은 대통령령으로 정하는 자기가 근무하는 기관에서 취급 중인 법률사건이나 법률사무의 수임에 관하여 당사자 또는 그 밖의 관계인을 특정한 변호사나 그 사무직원에게 소개·알선 또는 유인하여서는 아니 된다. 다만, 사건 당사자나 사무 당사자가 「민법」 제767조에 따른 친족인 경우에는 그러하지 아니하다.
〔전부개정 2008·3·28〕

제37조(직무취급자 등의 사건 소개 금지) ① 재판이나 수사 업무에 종사하는 공무원은 직무상 관련이 있는 법률사건 또는 법률사무의 수임에 관하여 당사자 또는 그 밖의 관계인을 특정한 변호사나 그 사무직원에게 소개·알선 또는 유인하여서는 아니 된다.
② 제1항에서 "직무상 관련"이란 다음 각 호의 어느 하나에 해당하는 경우를 말한다.
1. 재판이나 수사 업무에 종사하는 공무원이 직무상 취급하고 있거나 취급한 경우
2. 제1호의 공무원이 취급하고 있거나 취급한 사건에 관하여 그 공무원을 지휘·감독하는 경우

〔전부개정 2008·3·28〕

제38조(겸직 제한) ① 변호사는 보수를 받는 공무원을 겸할 수 없다. 다만, 국회의원이나 지방의회 의원 또는 상시 근무가 필요 없는 공무원이 되거나 공공기관에서 위촉한 업무를 수행하는 경우에는 그러하지 아니하다.
② 변호사는 소속 지방변호사회의 허가 없이 다음 각 호의 행위를 할 수 없다. 다만, 법무법인·법무법인(유한) 또는 법무조합의 구성원이 되거나 소속 변호사가 되는 경우에는 그러하지 아니하다.
1. 상업이나 그 밖에 영리를 목적으로 하는 업무를 경영하거나 이를 경영하는 자의 사용인이 되는 것
2. 영리를 목적으로 하는 법인의 업무집행사원·이사 또는 사용인이 되는 것

③ 변호사가 휴업한 경우에는 제1항과 제2항을 적용하지 아니한다.
〔전부개정 2008·3·28〕

제39조(감독) 변호사는 소속 지방변호사회, 대한변호사협회 및 법무부장관의 감독을 받는다.
〔전부개정 2008·3·28〕

제 5 장 법무법인

제40조(법무법인의 설립) 변호사는 그 직무를 조직적·전문적으로 수행하기 위하여 법무법인을 설립할 수 있다.
〔전부개정 2008·3·28〕

제41조(설립 절차) 법무법인을 설립하려면 구성원이 될 변호사가 정관을 작성하여 주사무소(主事務所) 소재지의 지방변호사회와 대한변호사협회를 거쳐 법무부장관의 인가를 받아야 한다. 정관을 변경할 때에도 또한 같다.
〔전부개정 2008·3·28〕

제42조(정관의 기재사항) 법무법인의 정관에는 다음 각 호의 사항이 포함되어야 한다.
1. 목적, 명칭, 주사무소 및 분사무소(分事務所)의 소재지
2. 구성원의 성명·주민등록번호 및 법무법인을 대표할 구성원의 주소
3. 출자(出資)의 종류와 그 가액(價額) 또는 평가의 기준
4. 구성원의 가입·탈퇴와 그 밖의 변경에 관한 사항
5. 구성원 회의에 관한 사항
6. 법무법인의 대표에 관한 사항
7. 자산과 회계에 관한 사항
8. 존립 시기나 해산 사유를 정한 경우에는 그 시기 또는 사유

〔전부개정 2008·3·28〕

제43조(등기) ① 법무법인은 설립인가를 받으면 2주일 이내에 설립등기를 하여야 한다. 등기사항이 변경되었을 때에도 또한 같다.
② 제 1 항의 등기사항은 다음 각 호와 같다.
1. 목적, 명칭, 주사무소 및 분사무소의 소재지
2. 구성원의 성명·주민등록번호 및 법무법인을 대표할 구성원의 주소
3. 출자의 종류·가액 및 이행 부분
4. 법무법인의 대표에 관한 사항
5. 둘 이상의 구성원이 공동으로 법무법인을 대표할 것을 정한 경우에는 그 규정
6. 존립 시기나 해산 사유를 정한 경우에는 그 시기 또는 사유
7. 설립인가 연월일

③ 법무법인은 그 주사무소의 소재지에서 설립등기를 함으로써 성립한다.
〔전부개정 2008·3·28〕

제44조(명칭) ① 법무법인은 그 명칭 중에 법무법인이라는 문자를 사용하여야 한다.
② 법무법인이 아닌 자는 법무법인 또는 이와 유사한 명칭을 사용하지 못한다.
〔전부개정 2008·3·28〕

제45조(구성원) ① 법무법인은 3명 이상의 변호사로 구성하며, 그중 1명 이상이 통산하여 5년 이상 「법원조직법」 제42조제 1 항 각 호의 어느 하나에 해당하는 직에 있었던 자이어야 한다. <개정 2011·5·17>
② 법무법인은 제 1 항에 따른 구성원의 요건을 충족하지 못하게 된 경우에는 3개월 이내에 보충하여야 한다.
〔전부개정 2008·3·28〕

제46조(구성원의 탈퇴) ① 구성원은 임의로 탈퇴할 수 있다.
② 구성원은 다음 각 호의 어느 하나에 해당하는 사유가 있으면 당연히 탈퇴한다.
1. 사망한 경우
2. 제18조에 따라 등록이 취소된 경우
3. 제102조제 2 항에 따라 업무정지명령을 받은 경우
4. 이 법이나 「공증인법」에 따라 정직(停職) 이상의 징계처분을 받은 경우
5. 정관에 정한 사유가 발생한 경우

〔전부개정 2008·3·28〕

제47조(구성원 아닌 소속 변호사) 법무법인은 구성원 아닌 소속 변호사를 둘 수 있다.
<개정 2009·2·6>
〔전부개정 2008·3·28〕

제48조(사무소) ① 법무법인은 분사무소를 둘 수 있다. 분사무소의 설치기준에 대하여는 대통령령으로 정한다.
② 법무법인이 사무소를 개업 또는 이전하거나 분사무소를 둔 경우에는 지체 없이 주사무소 소재지의 지방변호사회와 대한변호사협회를 거쳐 법무부장관에게 신고하여야 한다.
③ 법무법인의 구성원과 구성원 아닌 소속 변호사는 법무법인 외에 따로 법률사무소를

둘 수 없다.
〔전부개정 2008·3·28〕

제49조(업무) ① 법무법인은 이 법과 다른 법률에 따른 변호사의 직무에 속하는 업무를 수행한다. <개정 2009·2·6>

② 법무법인은 다른 법률에서 변호사에게 그 법률에 정한 자격을 인정하는 경우 그 구성원이나 구성원 아닌 소속 변호사가 그 자격에 의한 직무를 수행할 수 있을 때에는 그 직무를 법인의 업무로 할 수 있다.
〔전부개정 2008·3·28〕

제50조(업무 집행 방법) ① 법무법인은 법인 명의로 업무를 수행하며 그 업무를 담당할 변호사를 지정하여야 한다. 다만, 구성원 아닌 소속 변호사에 대하여는 구성원과 공동으로 지정하여야 한다.

② 법무법인이 제49조제2항에 따른 업무를 할 때에는 그 직무를 수행할 수 있는 변호사 중에서 업무를 담당할 자를 지정하여야 한다.

③ 법무법인이 제1항에 따라 업무를 담당할 변호사(이하 "담당변호사"라 한다)를 지정하지 아니한 경우에는 구성원 모두를 담당변호사로 지정한 것으로 본다.

④ 법무법인은 담당변호사가 업무를 담당하지 못하게 된 경우에는 지체 없이 제1항에 따라 다시 담당변호사를 지정하여야 한다. 다시 담당변호사를 지정하지 아니한 경우에는 구성원 모두를 담당변호사로 지정한 것으로 본다.

⑤ 법무법인은 제1항부터 제4항까지의 규정에 따라 담당변호사를 지정한 경우에는 지체 없이 이를 수임사건의 위임인에게 서면으로 통지하여야 한다. 담당변호사를 변경한 경우에도 또한 같다.

⑥ 담당변호사는 지정된 업무를 수행할 때에 각자가 그 법무법인을 대표한다.

⑦ 법무법인이 그 업무에 관하여 작성하는 문서에는 법인명의를 표시하고 담당변호사가 기명날인하거나 서명하여야 한다. <개정 2009·2·6>
〔전부개정 2008·3·28〕

제51조(업무 제한) 법무법인은 그 법인이 인가공증인으로서 공증한 사건에 관하여는 변호사 업무를 수행할 수 없다. 다만, 대통령령으로 정하는 경우에는 그러하지 아니하다. <개정 2009·2·6>
〔전부개정 2008·3·28〕

제52조(구성원 등의 업무 제한) ① 법무법인의 구성원 및 구성원 아닌 소속 변호사는 자기나 제3자의 계산으로 변호사의 업무를 수행할 수 없다.

② 법무법인의 구성원이었거나 구성원 아닌 소속 변호사이었던 자는 법무법인의 소속 기간 중 그 법인이 상의를 받아 수임을 승낙한 사건에 관하여는 변호사의 업무를 수행할 수 없다.
〔전부개정 2008·3·28〕

제53조(인가취소) ① 법무부장관은 법무법인이 다음 각 호의 어느 하나에 해당하면 그 설립인가를 취소할 수 있다.

1. 제45조제2항을 위반하여 3개월 이내에 구성원을 보충하지 아니한 경우
2. 업무 집행에 관하여 법령을 위반한 경우

② 법무부장관은 제1항에 따라 법무법인의 설립인가를 취소하려면 청문을 하여야 한다.
〔전부개정 2008·3·28〕

제54조(해산) ① 법무법인은 다음 각 호의 어느 하나에 해당하는 사유가 있을 때에는 해산한다.

1. 정관에 정한 해산 사유가 발생하였을 때
2. 구성원 전원의 동의가 있을 때
3. 합병하였을 때
4. 파산하였을 때
5. 설립인가가 취소되었을 때

② 법무법인이 해산한 경우에는 청산인은 지체 없이 주사무소 소재지의 지방변호사회와 대한변호사협회를 거쳐 법무부장관에게 그 사실을 신고하여야 한다.
〔전부개정 2008·3·28〕

제55조(합병) ① 법무법인은 구성원 전원이 동의하면 다른 법무법인과 합병할 수 있다.

② 제1항의 경우에는 제41조부터 제43조까지의 규정을 준용한다.
〔전부개정 2008·3·28〕

제55조의2(조직변경) ① 법무법인(유한) 또는 법무조합의 설립요건을 갖춘 법무법인은 구성원 전원의 동의가 있으면 법무부장관의 인가를 받아 법무법인(유한) 또는 법무조합으로 조직변경을 할 수 있다.
② 법무법인이 제1항에 따라 법무부장관으로부터 법무법인(유한)의 인가를 받은 때에는 2주일 이내에 주사무소 소재지에서 법무법인의 해산등기 및 법무법인(유한)의 설립등기를 하여야 하고, 법무조합의 인가를 받은 때에는 2주일 이내에 주사무소 소재지에서 법무법인의 해산등기를 하여야 한다.
③ 제1항에 따른 조직변경의 경우 법무법인에 현존하는 순재산액이 새로 설립되는 법무법인(유한)의 자본총액보다 적은 때에는 제1항에 따른 동의가 있을 당시의 구성원들이 연대하여 그 차액을 보충하여야 한다.
④ 제1항에 따라 설립된 법무법인(유한) 또는 법무조합의 구성원 중 종전의 법무법인의 구성원이었던 자는 제2항에 따른 등기를 하기 전에 발생한 법무법인의 채무에 대하여 법무법인(유한)의 경우에는 등기 후 2년이 될 때까지, 법무조합의 경우에는 등기 후 5년이 될 때까지 법무법인의 구성원으로서 책임을 진다.
〔본조신설 2008·3·28〕

제56조(통지) 법무부장관은 법무법인의 인가 및 그 취소, 해산 및 합병이 있으면 지체 없이 주사무소 소재지의 지방변호사회와 대한변호사협회에 통지하여야 한다.
〔전부개정 2008·3·28〕

제57조(준용규정) 법무법인에 관하여는 제22조, 제27조, 제28조, 제28조의2, 제29조, 제29조의2, 제30조, 제31조제1항, 제32조부터 제37조까지, 제39조 및 제10장을 준용한다.
〔전부개정 2008·3·28〕

제58조(다른 법률의 준용) ① 법무법인에 관하여 이 법에 정한 것 외에는 「상법」 중 합명회사에 관한 규정을 준용한다.
② 삭제 <2009·2·6>
〔전부개정 2008·3·28〕

제5장의2 법무법인(유한)

제58조의2(설립) 변호사는 그 직무를 조직적·전문적으로 수행하기 위하여 법무법인(유한)을 설립할 수 있다.
〔전부개정 2008·3·28〕

제58조의3(설립 절차) 법무법인(유한)을 설립하려면 구성원이 될 변호사가 정관을 작성하여 주사무소 소재지의 지방변호사회와 대한변호사협회를 거쳐 법무부장관의 인가를 받아야 한다. 정관을 변경할 때에도 또한 같다.
〔전부개정 2008·3·28〕

제58조의4(정관의 기재 사항) 법무법인(유한)의 정관에는 다음 각 호의 사항이 포함되어야 한다.
1. 목적, 명칭, 주사무소 및 분사무소의 소재지
2. 구성원의 성명·주민등록번호 및 법무법인(유한)을 대표할 구성원의 주소
3. 자본의 총액과 각 구성원의 출자좌수
4. 구성원의 가입·탈퇴와 그 밖의 변경에 관한 사항
5. 구성원 회의에 관한 사항
6. 법무법인(유한)의 대표에 관한 사항
7. 자산과 회계에 관한 사항
8. 존립 기간이나 해산 사유를 정한 경우에는 그 기간 또는 사유
〔전부개정 2008·3·28〕

제58조의5(등기) ① 법무법인(유한)은 설립인가를 받으면 2주일 이내에 설립등기를 하여야 한다. 등기 사항이 변경되었을 때에도 또한 같다.
② 제1항의 등기 사항은 다음 각 호와 같다.
1. 목적, 명칭, 주사무소 및 분사무소의 소재지
2. 출좌 1좌의 금액, 자본 총액 및 이행 부분
3. 이사의 성명 및 주민등록번호
4. 법무법인(유한)을 대표할 이사의 성명 및 주소
5. 둘 이상의 이사가 공동으로 법무법인(유한)을 대표할 것을 정한 경우에는 그 규정

6. 존립 기간이나 해산 사유를 정한 경우에는 그 기간 또는 사유
7. 감사가 있을 때에는 그 성명·주민등록번호 및 주소
8. 설립인가 연월일

③ 법무법인(유한)은 그 주사무소의 소재지에서 설립등기를 함으로써 성립한다.

〔전부개정 2008·3·28〕

제58조의6(구성원 등) ① 법무법인(유한)은 7명 이상의 변호사로 구성하며, 그중 2명 이상이 통산하여 10년 이상 「법원조직법」 제42조제1항 각 호의 어느 하나에 해당하는 직에 있었던 자이어야 한다.

② 법무법인(유한)은 구성원 아닌 소속 변호사를 둘 수 있다.

③ 법무법인(유한)이 제1항에 따른 구성원의 요건을 충족하지 못하게 된 경우에는 3개월 이내에 보충하여야 한다.

④ 법무법인(유한)은 3명 이상의 이사를 두어야 한다. 이 경우 다음 각 호의 어느 하나에 해당하는 자는 이사가 될 수 없다.

1. 구성원이 아닌 자
2. 설립인가가 취소된 법무법인(유한)의 이사이었던 자(취소 사유가 발생하였을 때의 이사이었던 자로 한정한다)로서 그 취소 후 3년이 지나지 아니한 자
3. 제102조에 따른 업무정지 기간 중에 있는 자

⑤ 법무법인(유한)에는 한 명 이상의 감사를 둘 수 있다. 이 경우 감사는 변호사이어야 한다.

〔전부개정 2008·3·28〕

제58조의7(자본 총액 등) ① 법무법인(유한)의 자본 총액은 5억원 이상이어야 한다.

② 출자 1좌의 금액은 1만원으로 한다.

③ 각 구성원의 출자좌수는 3천좌 이상이어야 한다.

④ 법무법인(유한)은 직전 사업연도 말 대차대조표의 자산 총액에서 부채 총액을 뺀 금액이 5억원에 미달하면 부족한 금액을 매 사업연도가 끝난 후 6개월 이내에 증자를 하거나 구성원의 증여로 보전(補塡)하여야 한다.

⑤ 제4항에 따른 증여는 이를 특별이익으로 계상한다.

⑥ 법무부장관은 법무법인(유한)이 제4항에 따른 증자나 보전을 하지 아니하면 기간을 정하여 증자나 보전을 명할 수 있다.

〔전부개정 2008·3·28〕

제58조의8(다른 법인에의 출자 제한 등) ① 법무법인(유한)은 자기자본에 100분의 50의 범위에서 대통령령으로 정하는 비율을 곱한 금액을 초과하여 다른 법인에 출자하거나 타인을 위한 채무보증을 하여서는 아니 된다.

② 제1항에 규정된 자기자본은 직전 사업연도 말 대차대조표의 자산 총액에서 부채 총액을 뺀 금액을 말한다. 새로 설립된 법무법인(유한)으로서 직전 사업연도의 대차대조표가 없는 경우에는 설립 당시의 납입자본금을 말한다.

〔전부개정 2008·3·28〕

제58조의9(회계처리 등) ① 법무법인(유한)은 이 법에 정한 것 외에는 「주식회사 등의 외부감사에 관한 법률」 제5조에 따른 회계처리기준에 따라 회계처리를 하여야 한다.

<개정 2017·10·31>

② 법무법인(유한)은 제1항의 회계처리기준에 따른 대차대조표를 작성하여 매 사업연도가 끝난 후 3개월 이내에 법무부장관에게 제출하여야 한다.

③ 법무부장관은 필요하다고 인정하면 제2항에 따른 대차대조표가 적정하게 작성되었는지를 검사할 수 있다.

〔전부개정 2008·3·28〕

제58조의10(구성원의 책임) 법무법인(유한)의 구성원의 책임은 이 법에 규정된 것 외에는 그 출자금액을 한도로 한다.

〔전부개정 2008·3·28〕

제58조의11(수임사건과 관련된 손해배상책임) ① 담당변호사〔담당변호사가 지정되지 아니한 경우에는 그 법무법인(유한)의 구성원 모두를 말한다〕는 수임사건에 관하여 고의나 과실로 그 수임사건의 위임인에게 손해를 발생시킨 경우에는 법무법인(유한)과 연대하여 그 손해를 배상할 책임이 있다.

② 담당변호사가 제1항에 따른 손해배상책

임을 지는 경우 그 담당변호사를 직접 지휘·감독한 구성원도 그 손해를 배상할 책임이 있다. 다만, 지휘·감독을 할 때에 주의를 게을리하지 아니하였음을 증명한 경우에는 그러하지 아니하다.

③ 법무법인(유한)은 제1항과 제2항에 따른 손해배상책임에 관한 사항을 대통령령으로 정하는 바에 따라 사건수임계약서와 광고물에 명시하여야 한다.

〔전부개정 2008·3·28〕

제58조의12(손해배상 준비금 등) ① 법무법인(유한)은 수임사건과 관련한 제58조의11에 따른 손해배상책임을 보장하기 위하여 대통령령으로 정하는 바에 따라 사업연도마다 손해배상 준비금을 적립하거나 보험 또는 대한변호사협회가 운영하는 공제기금에 가입하여야 한다.

② 제1항에 따른 손해배상 준비금, 손해배상보험 또는 공제기금은 법무부장관의 승인 없이는 손해배상 외의 다른 용도로 사용하거나 그 보험계약 또는 공제계약을 해제 또는 해지하여서는 아니 된다.

〔전부개정 2008·3·28〕

제58조의13(인가취소) 법무부장관은 법무법인(유한)이 다음 각 호의 어느 하나에 해당하면 그 설립인가를 취소할 수 있다.

1. 제58조의6제3항을 위반하여 3개월 이내에 구성원을 보충하지 아니한 경우
2. 이사 중에 제58조의6제4항 각 호의 어느 하나에 해당하는 자가 있는 경우. 다만, 해당 사유가 발생한 날부터 3개월 이내에 그 이사를 개임(改任)한 경우에는 그러하지 아니하다.
3. 제58조의8제1항을 위반하여 다른 법인에 출자하거나 타인의 채무를 보증한 경우
4. 제58조의9제1항을 위반하여 회계처리를 한 경우
5. 제58조의12제1항을 위반하여 손해배상 준비금을 적립하지 아니하거나 보험 또는 공제기금에 가입하지 아니한 경우
6. 업무 집행에 관하여 법령을 위반한 경우

〔전부개정 2008·3·28〕

제58조의14(해산) ① 법무법인(유한)은 다음 각 호의 어느 하나에 해당하는 사유가 있을 때에는 해산한다.

1. 정관에 정한 해산사유가 발생하였을 때
2. 구성원 과반수와 총 구성원의 의결권의 4분의 3 이상을 가진 자가 동의하였을 때
3. 합병하였을 때
4. 파산하였을 때
5. 설립인가가 취소되었을 때
6. 존립 기간을 정한 경우에는 그 기간이 지났을 때

② 법무법인(유한)이 해산한 경우에는 청산인은 지체 없이 주사무소 소재지의 지방변호사회와 대한변호사협회를 거쳐 법무부장관에게 그 사실을 신고하여야 한다.

〔전부개정 2008·3·28〕

제58조의15(통지) 법무부장관은 법무법인(유한)의 인가 및 그 취소, 해산 및 합병이 있으면 지체 없이 주사무소 및 분사무소 소재지의 지방변호사회와 대한변호사협회에 그 사실을 통지하여야 한다.

〔전부개정 2008·3·28〕

제58조의16(준용규정) 법무법인(유한)에 관하여는 제22조, 제27조, 제28조, 제28조의2, 제29조, 제29조의2, 제30조, 제31조제1항, 제32조부터 제37조까지, 제39조, 제44조, 제46조부터 제52조까지, 제53조제2항 및 제10장을 준용한다.

〔전부개정 2008·3·28〕

제58조의17(다른 법률의 준용) ① 법무법인(유한)에 관하여 이 법에 정한 것 외에는 「상법」 중 유한회사에 관한 규정(「상법」 제545조는 제외한다)을 준용한다.

② 삭제 <2009·2·6>

〔전부개정 2008·3·28〕

제5장의3 법무조합

제58조의18(설립) 변호사는 그 직무를 조직적·전문적으로 수행하기 위하여 법무조합을 설립할 수 있다.

〔전부개정 2008·3·28〕

제58조의19(설립 절차) ① 법무조합을 설립하

려면 구성원이 될 변호사가 규약을 작성하여 주사무소 소재지의 지방변호사회와 대한변호사협회를 거쳐 법무부장관의 인가를 받아야 한다. 규약을 변경하려는 경우에도 또한 같다.

② 법무부장관은 제1항에 따라 법무조합의 설립을 인가한 경우에는 관보에 고시하여야 한다.

③ 법무조합은 제2항에 따른 고시가 있을 때에 성립한다.

〔전부개정 2008·3·28〕

제58조의20(규약의 기재 사항) 법무조합의 규약에는 다음 각 호의 사항이 포함되어야 한다.

1. 목적, 명칭, 주사무소 및 분사무소의 소재지
2. 구성원의 성명·주민등록번호 및 법무조합을 대표할 구성원의 주소
3. 구성원의 가입·탈퇴와 그 밖의 변경에 관한 사항
4. 출자의 종류 및 그 가액과 평가기준에 관한 사항
5. 손익분배에 관한 사항
6. 법무조합의 대표에 관한 사항
7. 자산과 회계에 관한 사항
8. 존립 기간이나 해산 사유를 정한 경우에는 그 기간 또는 사유

〔전부개정 2008·3·28〕

제58조의21(규약의 제출 등) ① 법무조합은 설립인가를 받으면 2주일 이내에 주사무소 및 분사무소 소재지의 지방변호사회에 규약과 다음 각 호의 사항을 적은 서면을 제출하여야 한다. 규약이나 기재 사항을 변경한 경우에도 또한 같다.

1. 목적, 명칭, 주사무소 및 분사무소의 소재지
2. 구성원의 성명·주민등록번호 및 법무조합을 대표할 구성원의 주소
3. 출자금액의 총액
4. 법무조합의 대표에 관한 사항
5. 존립 기간이나 해산 사유를 정한 경우에는 그 기간 또는 사유
6. 설립인가 연월일

② 법무조합의 주사무소 및 분사무소 소재지의 지방변호사회는 대통령령으로 정하는 바에 따라 다음 각 호의 서면을 비치하여 일반인이 열람할 수 있도록 하여야 한다.

1. 제1항 각 호의 사항이 적힌 서면
2. 제58조의29에 따른 설립인가 및 그 취소와 해산에 관한 서면
3. 제58조의30에 따라 준용되는 제58조의12에 따른 손해배상 준비금을 적립하였거나 보험 또는 공제기금에 가입하였음을 증명하는 서면

〔전부개정 2008·3·28〕

제58조의22(구성원 등) ① 법무조합은 7명 이상의 변호사로 구성하며, 그중 2명 이상이 통산하여 10년 이상 「법원조직법」 제42조 제1항 각 호의 어느 하나에 해당하는 직에 있었던 자이어야 한다.

② 법무조합은 구성원 아닌 소속 변호사를 둘 수 있다.

③ 법무조합이 제1항에 따른 구성원의 요건을 충족하지 못하게 된 경우에는 3개월 이내에 보충하여야 한다.

〔전부개정 2008·3·28〕

제58조의23(업무 집행) ① 법무조합의 업무 집행은 구성원 과반수의 결의에 의한다. 다만, 둘 이상의 업무집행구성원을 두는 경우에는 그 과반수의 결의에 의한다.

② 법무조합은 규약으로 정하는 바에 따라 업무집행구성원 전원으로 구성된 운영위원회를 둘 수 있다.

〔전부개정 2008·3·28〕

제58조의24(구성원의 책임) 구성원은 법무조합의 채무(제58조의25에 따른 손해배상책임과 관련한 채무는 제외한다)에 대하여 그 채무 발생 당시의 손실분담 비율에 따라 책임을 진다.

〔전부개정 2008·3·28〕

제58조의25(수임사건과 관련된 손해배상책임) ① 담당변호사(담당변호사가 지정되지 아니한 경우에는 그 법무조합의 구성원 모두를 말한다)가 수임사건에 관하여 고의나 과실로 그 수임사건의 위임인에게 손해를 발생시킨 경우 담당변호사는 그 손해를 배상할

책임이 있다.

② 담당변호사가 제1항에 따른 손해배상책임을 지는 경우 그 담당변호사를 직접 지휘·감독한 구성원도 그 손해를 배상할 책임이 있다. 다만, 지휘·감독을 할 때에 주의를 게을리하지 아니하였음을 증명한 경우에는 그러하지 아니하다.

③ 제1항 및 제2항에 따른 책임을 지지 아니하는 구성원은 제1항에 따른 손해배상책임에 대하여는 조합재산의 범위 내에서 그 책임을 진다.

④ 법무조합은 제1항과 제2항에 따른 손해배상책임에 관한 사항을 대통령령으로 정하는 바에 따라 사건수임계약서와 광고물에 명시하여야 한다.

〔전부개정 2008·3·28〕

제58조의26(소송당사자능력) 법무조합은 소송의 당사자가 될 수 있다.

〔전부개정 2008·3·28〕

제58조의27(인가취소) 법무부장관은 법무조합이 다음 각 호의 어느 하나에 해당하면 그 설립인가를 취소할 수 있다.

1. 제58조의22제3항을 위반하여 3개월 이내에 구성원을 보충하지 아니한 경우
2. 제58조의30에 따라 준용되는 제58조의12제1항을 위반하여 손해배상 준비금을 적립하지 아니하거나 보험 또는 공제기금에 가입하지 아니한 경우
3. 업무 집행에 관하여 법령을 위반한 경우

〔전부개정 2008·3·28〕

제58조의28(해산) ① 법무조합은 다음 각 호의 어느 하나에 해당하는 사유가 있을 때에는 해산한다.

1. 규약에 정한 해산사유가 발생하였을 때
2. 구성원 과반수의 동의가 있을 때. 다만, 규약으로 그 비율을 높게 할 수 있다.
3. 설립인가가 취소되었을 때
4. 존립 기간을 정한 경우에는 그 기간이 지났을 때

② 법무조합이 해산한 경우 청산인은 지체 없이 주사무소 소재지의 지방변호사회와 대한변호사협회를 거쳐 법무부장관에게 그 사실을 신고하여야 한다.

〔전부개정 2008·3·28〕

제58조의29(통지) 법무부장관은 법무조합의 설립인가 및 그 취소나 해산이 있으면 지체 없이 주사무소 및 분사무소 소재지의 지방변호사회와 대한변호사협회에 통지하여야 한다.

〔전부개정 2008·3·28〕

제58조의30(준용규정) 법무조합에 관하여는 제22조, 제27조, 제28조, 제28조의2, 제29조, 제29조의2, 제30조, 제31조제1항, 제32조부터 제37조까지, 제39조, 제44조, 제46조부터 제52조까지, 제53조제2항, 제58조의9제1항, 제58조의12 및 제10장을 준용한다.

〔전부개정 2008·3·28〕

제58조의31(다른 법률의 준용) ① 법무조합에 관하여 이 법에 정한 것 외에는 「민법」 중 조합에 관한 규정(「민법」 제713조는 제외한다)을 준용한다.

② 삭제 <2009·2·6>

〔전부개정 2008·3·28〕

제6장 (제59조부터 제63조까지)

삭제 <2005·1·27>

제7장 지방변호사회

제64조(목적 및 설립) ① 변호사의 품위를 보전하고, 변호사 사무의 개선과 발전을 도모하며, 변호사의 지도와 감독에 관한 사무를 하도록 하기 위하여 지방법원 관할 구역마다 1개의 지방변호사회를 둔다. 다만, 서울특별시에는 1개의 지방변호사회를 둔다.

② 지방변호사회는 법인으로 한다.

〔전부개정 2008·3·28〕

제65조(설립 절차) 지방변호사회를 설립할 때에는 회원이 될 변호사가 회칙을 정하여 대한변호사협회를 거쳐 법무부장관의 인가를 받아야 한다. 회칙을 변경할 때에도 또한 같다.

〔전부개정 2008·3·28〕

제66조(회칙의 기재 사항) 지방변호사회의 회칙에는 다음 각 호의 사항이 포함되어야 한다. <개정 2011·4·5>

1. 명칭과 사무소의 소재지
2. 회원의 가입 및 탈퇴에 관한 사항
3. 총회, 이사회, 그 밖의 기관의 구성·권한 및 회의에 관한 사항
4. 임원의 구성·수·선임·임기 및 직무에 관한 사항
5. 회원의 권리 및 의무에 관한 사항
6. 회원의 지도 및 감독에 관한 사항
7. 자산과 회계에 관한 사항

〔전부개정 2008·3·28〕

제67조(고시) 법무부장관은 지방변호사회의 설립을 인가하였을 때에는 그 명칭, 사무소의 소재지 및 설립 연월일을 고시하여야 한다. 명칭이나 사무소 소재지가 변경되었을 때에도 또한 같다.

〔전부개정 2008·3·28〕

제68조(가입 및 탈퇴) ① 제7조에 따른 등록을 한 변호사는 가입하려는 지방변호사회의 회원이 된다.

② 제14조에 따른 소속 변경등록을 한 변호사는 새로 가입하려는 지방변호사회의 회원이 되고, 종전 소속 지방변호사회를 당연히 탈퇴한다.

③ 제18조에 따라 등록이 취소된 변호사는 소속 지방변호사회를 당연히 탈퇴한다.

〔전부개정 2008·3·28〕

제69조(임원) ① 지방변호사회에는 다음 각 호의 임원을 둔다. <개정 2011·4·5>

1. 회장
2. 부회장
3. 상임이사
4. 이사
5. 감사

② 제1항 각 호의 임원의 구성·수·선임·임기 및 직무에 관한 사항은 지방변호사회 회칙으로 정한다. <개정 2014·12·30>

〔전부개정 2008·3·28〕

제69조의2(회장) 지방변호사회의 장은 지방변호사회를 대표하고, 지방변호사회의 업무를 총괄한다.

〔본조신설 2011·4·5〕

제70조(총회) ① 지방변호사회에 총회를 둔다.

② 총회는 개업신고를 한 변호사로 구성한다. 다만, 회원수가 200명 이상인 경우에는 회칙으로 정하는 바에 따라 회원이 선출하는 대의원으로 구성할 수 있다.

③ 다음 각 호의 사항은 총회의 결의를 거쳐야 한다.

1. 회칙의 변경
2. 예산 및 결산

〔전부개정 2008·3·28〕

제71조(이사회) ① 지방변호사회에 이사회를 둔다.

② 이사회는 지방변호사회 업무에 관한 중요 사항을 결의한다.

〔전부개정 2008·3·28〕

제72조(국선변호 협력의무 등) ① 지방변호사회는 법원에 국선변호인 예정자 명단을 제출하고 국선변호인의 변호 활동을 지원하는 등 국선변호인제도의 효율적인 운영에 적극 협력하여야 한다.

② 지방변호사회는 재정결정(裁定決定)에 따라 법원의 심판에 부쳐진 사건에 대한 공소유지 변호사의 추천, 「민사조정법」에 따른 조정위원의 추천 등 사법제도의 건전한 운영에 성실히 협력하여야 한다.

〔전부개정 2008·3·28〕

제73조(사법연수생의 지도) 지방변호사회는 사법연수원장의 위촉에 따라 사법연수생의 변호사 실무 수습을 담당한다.

〔전부개정 2008·3·28〕

제74조(분쟁의 조정) 지방변호사회는 그 회원인 변호사 상호간 또는 그 회원인 변호사와 위임인 사이에 직무상 분쟁이 있으면 당사자의 청구에 의하여 이를 조정할 수 있다.

〔전부개정 2008·3·28〕

제75조(자문과 건의) 지방변호사회는 공공기관에서 자문받은 사항에 관하여 회답하여야 하며, 법률사무나 그 밖에 이와 관련된 사항에 대하여 공공기관에 건의할 수 있다.

〔전부개정 2008·3·28〕

제75조의2(사실조회 등) 지방변호사회는 회원인 변호사가 수임사건과 관련하여 공공기관에 조회하여 필요한 사항의 회신이나 보관중인 문서의 등본 또는 사본의 송부를 신청하는 경우에는 그 신청이 적당하지 아니하다고 인정할 만한 특별한 사유가 있는 경우가 아니면 그 신청에 따라 공공기관에 이를

촉탁하고 회신 또는 송부 받은 결과물을 신청인에게 제시하여야 한다.

〔본조신설 2008·3·28〕

제76조(회원들에 관한 정보제공의무) ① 지방변호사회는 의뢰인의 변호사 선임의 편의를 도모하고 법률사건이나 법률사무 수임의 투명성을 확보하기 위하여 회원들의 학력, 경력, 주요 취급 업무, 업무 실적 등 사건 수임을 위한 정보를 의뢰인에게 제공하여야 한다.

② 제1항에 따른 정보의 제공 범위, 제공 방법, 그 밖에 필요한 사항은 각 지방변호사회가 정한다.

〔전부개정 2008·3·28〕

제77조(감독) ① 지방변호사회는 대한변호사협회와 법무부장관의 감독을 받는다.

② 지방변호사회는 총회의 결의 내용을 지체 없이 대한변호사협회와 법무부장관에게 보고하여야 한다.

③ 법무부장관은 제2항의 결의가 법령이나 회칙에 위반된다고 인정하면 대한변호사협회의 장의 의견을 들어 취소할 수 있다.

〔전부개정 2008·3·28〕

제77조의2(비밀 준수) 지방변호사회의 임직원이거나 임직원이었던 자는 법률에 특별한 규정이 있는 경우가 아니면 제28조의2, 제89조의4제1항 및 제89조의5제1항에 관한 업무처리와 관련하여 알게 된 비밀을 누설하여서는 아니 된다.

〔본조신설 2008·3·28〕

제8장 대한변호사협회

제78조(목적 및 설립) ① 변호사의 품위를 보전하고, 법률사무의 개선과 발전, 그 밖의 법률문화의 창달을 도모하며, 변호사 및 지방변호사회의 지도 및 감독에 관한 사무를 하도록 하기 위하여 대한변호사협회를 둔다.

② 대한변호사협회는 법인으로 한다.

〔전부개정 2008·3·28〕

제79조(설립 절차) 지방변호사회는 연합하여 회칙을 정하고 법무부장관의 인가를 받아 대한변호사협회를 설립하여야 한다. 회칙을 변경할 때에도 또한 같다.

〔전부개정 2008·3·28〕

제80조(회칙의 기재 사항) 대한변호사협회의 회칙에는 다음 각 호의 사항이 포함되어야 한다.

1. 제66조 각 호의 사항
2. 법률구조사업에 관한 사항
3. 변호사의 연수에 관한 사항
4. 변호사의 징계에 관한 사항
5. 변호사와 지방변호사회의 지도 및 감독에 관한 사항

〔전부개정 2008·3·28〕

제80조의2(협회장) 대한변호사협회의 장은 대한변호사협회를 대표하고, 대한변호사협회의 업무를 총괄한다.

〔본조신설 2011·4·5〕

제81조(임원) ① 대한변호사협회에는 다음 각 호의 임원을 둔다. <개정 2011·4·5>

1. 협회장
2. 부협회장
3. 상임이사
4. 이사
5. 감사

② 제1항 각 호의 임원의 구성·수·선임·임기 및 직무에 관한 사항은 대한변호사협회 회칙으로 정한다. <신설 2011·4·5>

〔전부개정 2008·3·28〕

제82조(총회) ① 대한변호사협회에 총회를 둔다.

② 총회의 구성에 관한 사항은 회칙으로 정한다. <개정 2011·4·5>

〔전부개정 2008·3·28〕

제83조(분담금) 지방변호사회는 대한변호사협회가 정하는 바에 따라 대한변호사협회의 운영에 필요한 경비를 내야 한다.

〔전부개정 2008·3·28〕

제84조(법률구조기구) 대한변호사협회에 법률구조사업을 하도록 하기 위하여 법률구조기구를 두며, 지방변호사회에는 그 지부를 둘 수 있다.

〔전부개정 2008·3·28〕

제85조(변호사의 연수) ① 변호사는 변호사의 전문성과 윤리의식을 높이기 위하여 대한변호사협회가 실시하는 연수교육(이하 "연수교육"이라 한다)을 대통령령으로 정하는 시

간 이상 받아야 한다. 다만, 다음 각 호의 어느 하나에 해당하는 경우에는 그러하지 아니하다.

1. 질병 등으로 정상적인 변호사 업무를 수행할 수 없는 경우
2. 휴업 등으로 연수교육을 받을 수 없는 정당한 사유가 있는 경우
3. 고령으로 연수교육을 받기에 적당하지 아니한 경우로서 대한변호사협회가 정하는 경우

② 대한변호사협회는 연수교육을 지방변호사회에 위임하거나 기관 또는 단체를 지정하여 위탁할 수 있다.

③ 대한변호사협회는 변호사가 법학 관련 학술대회 등에 참여한 경우에는 대한변호사협회가 정하는 바에 따라 연수교육을 받은 것으로 인정할 수 있다.

④ 연수교육에는 법조윤리 과목이 포함되어야 한다.

⑤ 연수교육의 방법·절차, 연수교육을 위탁받을 수 있는 기관·단체의 지정 절차 및 지정 기준 등에 관하여 필요한 사항은 대한변호사협회가 정한다.

〔전부개정 2008·3·28〕

제86조(감독) ① 대한변호사협회는 법무부장관의 감독을 받는다.

② 대한변호사협회는 총회의 결의 내용을 지체 없이 법무부장관에게 보고하여야 한다.

③ 법무부장관은 제2항의 결의가 법령이나 회칙에 위반된다고 인정하면 이를 취소할 수 있다.

〔전부개정 2008·3·28〕

제87조(준용규정) 대한변호사협회에 관하여는 제70조제3항, 제71조 및 제75조를 준용한다. <개정 2011·4·5>

〔전부개정 2008·3·28〕

제9장 법조윤리협의회 및 수임자료 제출

제88조(법조윤리협의회) 법조윤리를 확립하고 건전한 법조풍토를 조성하기 위하여 법조윤리협의회(이하 "윤리협의회"라 한다)를 둔다.

〔전부개정 2007·1·26〕

제89조(윤리협의회의 기능 및 권한) ① 윤리협의회는 다음 각 호의 업무를 수행한다.

1. 법조윤리의 확립을 위한 법령·제도 및 정책에 관한 협의
2. 법조윤리 실태의 분석과 법조윤리 위반행위에 대한 대책
3. 법조윤리와 관련된 법령을 위반한 자에 대한 징계개시(懲戒開始)의 신청 또는 수사 의뢰
4. 그 밖에 법조윤리의 확립을 위하여 필요한 사항에 대한 협의

② 윤리협의회는 제1항제3호에 따른 징계개시의 신청 또는 수사 의뢰 등 업무수행을 위하여 필요하다고 인정하면 관계인 및 관계 기관·단체 등에 대하여 관련 사실을 조회하거나 자료 제출 또는 윤리협의회에 출석하여 진술하거나 설명할 것을 요구할 수 있으며, 관계인 및 관계 기관·단체 등이 정당한 이유 없이 이를 거부할 때에는 소속 직원으로 하여금 법무법인, 법무법인(유한), 법무조합, 법률사무소, 「외국법자문사법」 제2조제9호에 따른 합작법무법인에 출입하여 현장조사를 실시하게 할 수 있다. 이 경우 요구를 받은 자 및 기관·단체 등은 이에 따라야 한다. <개정 2013·5·28, 2017·3·14>

③ 제2항에 따라 출입·현장조사를 하는 사람은 그 권한을 표시하는 증표를 지니고 이를 관계인에게 내보여야 한다. <신설 2017·3·14>

④ 제2항에 따른 사실조회·자료제출·출석요구 및 현장조사에 필요한 사항은 대통령령으로 정한다. <신설 2017·3·14>

〔전부개정 2008·3·28〕

제89조의2(윤리협의회의 구성) ① 윤리협의회는 다음 각 호의 어느 하나에 해당하는 자 중에서 법원행정처장, 법무부장관 및 대한변호사협회의 장이 각 3명씩 지명하거나 위촉하는 9명의 위원으로 구성한다. 이 경우 법원행정처장, 법무부장관 및 대한변호사협회의 장은 제4호나 제5호에 해당하는 자를 1명 이상 위원으로 위촉하여야 한다.

1. 경력 10년 이상의 판사

2. 경력 10년 이상의 검사
3. 경력 10년 이상의 변호사
4. 법학 교수 또는 부교수
5. 경험과 덕망이 있는 자

② 위원장은 대한변호사협회의 장이 지명하거나 위촉하는 위원 중에서 재적위원 과반수의 동의로 선출한다.

③ 위원장과 위원의 임기는 2년으로 하되, 연임할 수 있다.

④ 제1항제1호부터 제4호까지의 요건에 따라 지명되거나 위촉된 위원이 임기 중 지명 또는 위촉의 요건을 상실하면 위원의 신분을 상실한다.

〔전부개정 2008·3·28〕

제89조의3(윤리협의회의 조직·운영 및 예산) ① 윤리협의회의 사무를 처리하기 위하여 윤리협의회에 간사 3명과 사무기구를 둔다.

② 간사는 법원행정처장이 지명하는 판사 1명, 법무부장관이 지명하는 검사 1명, 대한변호사협회의 장이 지명하는 변호사 1명으로 한다.

③ 위원장은 효율적으로 업무를 처리하기 위하여 간사 중에서 주무간사를 임명할 수 있다.

④ 정부는 윤리협의회의 업무를 지원하기 위하여 예산의 범위에서 윤리협의회에 보조금을 지급할 수 있다.

⑤ 윤리협의회의 조직과 운영에 관하여 필요한 사항은 대통령령으로 정한다.

〔전부개정 2008·3·28〕

제89조의4(공직퇴임변호사의 수임 자료 등 제출) ① 공직퇴임변호사는 퇴직일부터 2년 동안 수임한 사건에 관한 수임 자료와 처리 결과를 대통령령으로 정하는 기간마다 소속 지방변호사회에 제출하여야 한다. <개정 2013·5·28>

② 공직퇴임변호사가 제50조·제58조의16 또는 제58조의30에 따라 법무법인·법무법인(유한) 또는 법무조합의 담당변호사로 지정된 경우나 「외국법자문사법」 제35조의20에 따라 합작법무법인의 담당변호사로 지정된 경우에도 제1항과 같다. <개정 2016·3·2>

③ 지방변호사회는 제1항에 따라 제출받은 자료를 윤리협의회에 제출하여야 한다.

④ 윤리협의회의 위원장은 공직퇴임변호사에게 제91조에 따른 징계사유나 위법의 혐의가 있는 것을 발견하였을 때에는 대한변호사협회의 장이나 관할 수사기관의 장에게 그 변호사에 대한 징계개시를 신청하거나 수사를 의뢰할 수 있다. <개정 2021·1·5>

⑤ 공직퇴임변호사가 제출하여야 하는 수임자료와 처리 결과의 기재사항, 제출 절차 등에 관하여 필요한 사항은 대통령령으로 정한다.

〔전부개정 2008·3·28〕

제89조의5(특정변호사의 수임 자료 등 제출) ① 지방변호사회는 대통령령으로 정하는 수 이상의 사건을 수임한 변호사〔제50조, 제58조의16 및 제58조의30에 따른 법무법인·법무법인(유한) 또는 법무조합의 담당변호사나 「외국법자문사법」 제35조의20에 따른 합작법무법인의 담당변호사를 포함하며, 이하 "특정변호사"라 한다〕의 성명과 사건목록을 윤리협의회에 제출하여야 한다. <개정 2016·3·2>

② 윤리협의회는 제30조, 제31조, 제34조제2항·제3항 및 제35조 등 사건수임에 관한 규정의 위반 여부를 판단하기 위하여 수임 경위 등을 확인할 필요가 있다고 인정되면 특정변호사에게 제1항의 사건 목록에 기재된 사건에 관한 수임 자료와 처리 결과를 제출하도록 요구할 수 있다. 이 경우 특정변호사는 제출을 요구받은 날부터 30일 이내에 제출하여야 한다.

③ 특정변호사에 대하여는 제89조의4제4항 및 제5항을 준용한다.

〔전부개정 2008·3·28〕

제89조의6(법무법인 등에서의 퇴직공직자 활동내역 등 제출) ① 「공직자윤리법」 제3조에 따른 재산등록의무자 및 대통령령으로 정하는 일정 직급 이상의 직위에 재직했던 변호사 아닌 퇴직공직자(이하 이 조에서 "퇴직공직자"라 한다)가 법무법인·법무법인(유한)·법무조합 또는 「외국법자문사법」 제2조제9호에 따른 합작법무법인(이하 이 조에서 "법무법인등"이라 한다)에 취업한 때

에는, 법무법인등은 지체 없이 취업한 퇴직공직자의 명단을 법무법인등의 주사무소를 관할하는 지방변호사회에 제출하여야 하고, 매년 1월 말까지 업무활동내역 등이 포함된 전년도 업무내역서를 작성하여 법무법인등의 주사무소를 관할하는 지방변호사회에 제출하여야 한다. <개정 2016·3·2>

② 제1항에 따른 취업이란 퇴직공직자가 근로 또는 서비스를 제공하고, 그 대가로 임금·봉급, 그 밖에 어떠한 명칭으로든지 금품 또는 경제적 이익을 받는 일체의 행위를 말한다.

③ 제1항은 법무법인등이 아니면서도 변호사 2명 이상이 사건의 수임·처리나 그 밖의 변호사 업무 수행 시 통일된 형태를 갖추고 수익을 분배하거나 비용을 분담하는 형태로 운영되는 법률사무소에도 적용한다.

④ 지방변호사회는 제1항에 따라 제출받은 자료를 윤리협의회에 제출하여야 한다.

⑤ 윤리협의회의 위원장은 제4항에 따라 제출받은 자료를 검토하여 관련자들에 대한 징계사유나 위법의 혐의가 있는 것을 발견하였을 때에는 대한변호사협회의 장에게 징계개시를 신청하거나 관할 수사기관의 장에게 수사를 의뢰할 수 있다. <개정 2021·1·5>

⑥ 제1항에 따른 업무내역서에는 퇴직공직자가 관여한 사건·사무 등 업무활동내역 및 그 밖에 대통령령으로 정하는 사항을 기재하여야 한다.

〔본조신설 2011·5·17〕

제89조의7(수임사건 처리 결과 등의 통지) ① 윤리협의회는 제89조의4제3항과 제89조의5제2항에 따라 자료를 제출받으면 지체 없이 그 사건 목록을 관할 법원·검찰청 등 사건을 관할하는 기관의 장에게 통지하여야 한다.

② 제1항에 규정된 각 기관의 장은 제1항의 통지를 받은 날부터 1개월 이내에 통지받은 사건에 대한 처리 현황이나 처리 결과를 윤리협의회에 통지하여야 한다. 다만, 사건이 종결되지 아니한 경우에는 사건이 종결된 때부터 1개월 이내에 통지하여야 한다.

〔전부개정 2008·3·28〕

제89조의8(비밀 누설의 금지) 윤리협의회의 위원·간사·사무직원 또는 그 직에 있었던 자는 업무처리 중 알게 된 비밀을 누설하여서는 아니 된다.

〔전부개정 2008·3·28〕

제89조의9(국회에 대한 보고) ① 윤리협의회는 매년 제89조제1항의 업무수행과 관련한 운영상황을 국회에 보고하여야 한다.

② 윤리협의회는 제89조의8에도 불구하고 「인사청문회법」에 따른 인사청문회 또는 「국정감사 및 조사에 관한 법률」에 따른 국정조사를 위하여 국회의 요구가 있을 경우에는 제89조의4제3항 및 제89조의5제2항에 따라 제출받은 자료 중 다음 각 호의 구분에 따른 자료를 국회에 제출하여야 한다.

1. 제89조의4제3항에 따라 제출받은 자료 : 공직퇴임변호사의 성명, 공직퇴임일, 퇴직 당시의 소속 기관 및 직위, 수임일자, 사건명, 수임사건의 관할 기관, 처리 결과
2. 제89조의5제2항에 따라 제출받은 자료 : 변호사의 성명, 사건목록(수임일자 및 사건명에 한한다)

〔본조신설 2013·5·28〕

제89조의10(벌칙 적용에서 공무원 의제) 윤리협의회의 위원·간사·사무직원으로서 공무원이 아닌 사람은 그 직무상 행위와 관련하여 「형법」이나 그 밖의 법률에 따른 벌칙을 적용할 때에는 공무원으로 본다.

〔본조신설 2017·3·14〕

제10장 징계 및 업무정지

제90조(징계의 종류) 변호사에 대한 징계는 다음 다섯 종류로 한다.

1. 영구제명
2. 제명
3. 3년 이하의 정직
4. 3천만원 이하의 과태료
5. 견책

〔전부개정 2008·3·28〕

제91조(징계 사유) ① 제90조제1호에 해당하

는 징계 사유는 다음 각 호와 같다.

1. 변호사의 직무와 관련하여 2회 이상 금고 이상의 형을 선고받아(집행유예를 선고받은 경우를 포함한다) 그 형이 확정된 경우(과실범의 경우는 제외한다)
2. 이 법에 따라 2회 이상 정직 이상의 징계처분을 받은 후 다시 제2항에 따른 징계 사유가 있는 자로서 변호사의 직무를 수행하는 것이 현저히 부적당하다고 인정되는 경우

② 제90조제2호부터 제5호까지의 규정에 해당하는 징계사유는 다음 각 호와 같다.

1. 이 법을 위반한 경우
2. 소속 지방변호사회나 대한변호사협회의 회칙을 위반한 경우
3. 직무의 내외를 막론하고 변호사로서의 품위를 손상하는 행위를 한 경우

〔전부개정 2008·3·28〕

제92조(변호사징계위원회의 설치) ① 변호사의 징계는 변호사징계위원회가 한다.

② 대한변호사협회와 법무부에 각각 변호사징계위원회를 둔다.

〔전부개정 2008·3·28〕

제92조의2(조사위원회의 설치) ① 변호사의 징계혐의사실에 대한 조사를 위하여 대한변호사협회에 조사위원회를 둔다.

② 조사위원회는 필요하면 관계 기관·단체 등에 자료 제출을 요청할 수 있으며, 당사자나 관계인을 면담하여 사실에 관한 의견을 들을 수 있다.

③ 조사위원회의 구성과 운영 등에 관하여 필요한 사항은 대한변호사협회가 정한다.

〔전부개정 2008·3·28〕

제93조(대한변호사협회 변호사징계위원회의 구성) ① 대한변호사협회 변호사징계위원회(이하 "변협징계위원회"라 한다)는 다음 각 호의 위원으로 구성한다. <개정 2017·12·19>

1. 법원행정처장이 추천하는, 판사 1명과 변호사가 아닌 경험과 덕망이 있는 자 1명
2. 법무부장관이 추천하는, 검사 1명과 변호사가 아닌 경험과 덕망이 있는 자 1명
3. 대한변호사협회 총회에서 선출하는 변호사 3명
4. 대한변호사협회의 장이 추천하는, 변호사가 아닌 법학 교수 및 경험과 덕망이 있는 자 각 1명

② 변협징계위원회에 위원장 1명과 간사 1명을 두며, 위원장과 간사는 위원 중에서 호선한다.

③ 제1항의 위원을 추천하거나 선출할 때에는 위원의 수와 같은 수의 예비위원을 함께 추천하거나 선출하여야 한다.

④ 변호사의 자격을 취득한 날부터 10년이 지나지 아니한 자는 위원장이나 판사·검사·변호사인 위원 또는 예비위원이 될 수 없다.

⑤ 위원과 예비위원의 임기는 각각 2년으로 한다.

⑥ 변협징계위원회의 위원 및 예비위원은 제94조에 따른 법무부징계위원회의 위원 및 예비위원을 겸할 수 없다.

〔전부개정 2008·3·28〕

제94조(법무부 변호사징계위원회의 구성 등) ① 법무부 변호사징계위원회(이하 "법무부징계위원회"라 한다)는 위원장 1명과 위원 8명으로 구성하며, 예비위원 8명을 둔다.

② 위원장은 법무부장관이 되고, 위원과 예비위원은 다음 각 호의 구분에 따라 법무부장관이 임명 또는 위촉한다. <개정 2018·12·18>

1. 법원행정처장이 추천하는 판사 중에서 각 2명
2. 법무부차관, 검사 및 법무부의 고위공무원단에 속하는 일반직공무원 중에서 각 2명
3. 대한변호사협회의 장이 추천하는 변호사 중에서 각 1명
4. 변호사가 아닌 자로서 법학 교수 또는 경험과 덕망이 있는 자 각 3명

③ 위원과 예비위원의 임기는 각각 2년으로 한다.

④ 위원장은 법무부징계위원회의 업무를 총괄하고 법무부징계위원회를 대표하며 회의를 소집하고 그 의장이 된다.

⑤ 위원장이 부득이한 사유로 그 직무를 수행할 수 없을 때에는 위원장이 미리 지명하는 위원이 그 직무를 대행한다.

⑥ 법무부장관은 제2항에 따른 위원 또는 예비위원이 다음 각 호의 어느 하나에 해당하는 경우에는 해당 위원 또는 예비위원을 해임(解任)하거나 해촉(解囑)할 수 있다. <신설 2018·12·18>

1. 심신장애로 인하여 직무를 수행할 수 없게 된 경우
2. 직무와 관련된 비위사실이 있는 경우
3. 직무 태만, 품위 손상, 그 밖의 사유로 인하여 위원 또는 예비위원의 직을 유지하는 것이 적합하지 아니하다고 인정되는 경우

⑦ 법무부징계위원회의 위원 또는 예비위원으로서 공무원이 아닌 사람은 「형법」 제129조부터 제132조까지의 규정을 적용할 때에는 공무원으로 본다. <신설 2018·12·18>

〔전부개정 2008·3·28〕

제95조(변협징계위원회의 심의권) ① 변협징계위원회는 제91조에 따른 징계 사유에 해당하는 징계 사건을 심의한다.

② 변협징계위원회는 제1항의 심의를 위하여 필요하면 조사위원회에 징계혐의사실에 대한 조사를 요청할 수 있다.

〔전부개정 2008·3·28〕

제96조(법무부징계위원회의 심의권) 법무부징계위원회는 변협징계위원회의 징계 결정에 대한 이의신청 사건을 심의한다.

〔전부개정 2008·3·28〕

제97조(징계개시의 청구) 대한변호사협회의 장은 변호사가 제91조에 따른 징계 사유에 해당하면 변협징계위원회에 징계개시를 청구하여야 한다.

〔전부개정 2008·3·28〕

제97조의2(징계개시의 신청) ① 지방검찰청검사장 또는 고위공직자범죄수사처장은 범죄수사 등 업무의 수행 중 변호사에게 제91조에 따른 징계 사유가 있는 것을 발견하였을 때에는 대한변호사협회의 장에게 그 변호사에 대한 징계개시를 신청하여야 한다. <개정 2021·1·5>

② 지방변호사회의 장이 소속 변호사에게 제91조에 따른 징계 사유가 있는 것을 발견한 경우에도 제1항과 같다.

〔전부개정 2008·3·28〕

제97조의3(징계개시의 청원 및 재청원) ① 의뢰인이나 의뢰인의 법정대리인·배우자·직계친족 또는 형제자매는 수임변호사나 법무법인〔제58조의2에 따른 법무법인(유한)과 제58조의18에 따른 법무조합을 포함한다〕의 담당변호사에게 제91조에 따른 징계 사유가 있으면 소속 지방변호사회의 장에게 그 변호사에 대한 징계개시의 신청을 청원할 수 있다.

② 지방변호사회의 장은 제1항의 청원을 받으면 지체 없이 징계개시의 신청 여부를 결정하고 그 결과와 이유의 요지를 청원인에게 통지하여야 한다.

③ 청원인은 지방변호사회의 장이 제1항의 청원을 기각하거나 청원이 접수된 날부터 3개월이 지나도 징계개시의 신청 여부를 결정하지 아니하면 대한변호사협회의 장에게 재청원할 수 있다. 이 경우 재청원은 제2항에 따른 통지를 받은 날 또는 청원이 접수되어 3개월이 지난 날부터 14일 이내에 하여야 한다.

〔전부개정 2008·3·28〕

제97조의4(대한변호사협회의 장의 결정) ① 대한변호사협회의 장은 제89조의4제4항(제89조의5제3항에 따라 준용되는 경우를 포함한다) 또는 제97조의2에 따른 징계개시의 신청이 있거나 제97조의3제3항에 따른 재청원이 있으면 지체 없이 징계개시의 청구 여부를 결정하여야 한다.

② 대한변호사협회의 장은 징계개시의 청구 여부를 결정하기 위하여 필요하면 조사위원회로 하여금 징계혐의사실에 대하여 조사하도록 할 수 있다.

③ 대한변호사협회의 장은 제1항의 결정을 하였을 때에는 지체 없이 그 사유를 징계개시 신청인(징계개시를 신청한 윤리협의회 위원장이나 지방검찰청검사장 또는 고위공직자범죄수사처장을 말한다. 이하 같다)이나 재청원인에게 통지하여야 한다. <개정 2021·1·5>

〔전부개정 2008·3·28〕

제97조의5(이의신청) ① 징계개시 신청인은 대

한변호사협회의 장이 징계개시의 신청을 기각하거나 징계개시의 신청이 접수된 날부터 3개월이 지나도 징계개시의 청구 여부를 결정하지 아니하면 변협징계위원회에 이의신청을 할 수 있다. 이 경우 이의신청은 제97조의4제3항에 따른 통지를 받은 날 또는 징계개시의 신청이 접수되어 3개월이 지난 날부터 14일 이내에 하여야 한다.

② 변협징계위원회는 제1항에 따른 이의신청이 이유 있다고 인정하면 징계절차를 개시하여야 하며, 이유 없다고 인정하면 이의신청을 기각하여야 한다.

③ 변협징계위원회는 제2항의 결정을 하였을 때에는 지체 없이 그 결과와 이유를 이의신청인에게 통지하여야 한다.

〔전부개정 2008·3·28〕

제98조(징계 결정 기간 등) ① 변협징계위원회는 징계개시의 청구를 받거나 제97조의5제2항에 따라 징계 절차를 개시한 날부터 6개월 이내에 징계에 관한 결정을 하여야 한다. 다만, 부득이한 사유가 있을 때에는 그 의결로 6개월의 범위에서 기간을 연장할 수 있다.

② 법무부징계위원회는 변협징계위원회의 결정에 대한 이의신청을 받은 날부터 3개월 이내에 징계에 관한 결정을 하여야 한다. 다만, 부득이한 사유가 있는 때에는 그 의결로 3개월의 범위에서 기간을 연장할 수 있다.

③ 징계개시의 청구를 받거나 징계 절차가 개시되면 위원장은 지체 없이 징계심의 기일을 정하여 징계혐의자에게 통지하여야 한다.

〔전부개정 2008·3·28〕

제98조의2(징계혐의자의 출석·진술권 등) ① 변협징계위원회의 위원장은 징계심의의 기일을 정하고 징계혐의자에게 출석을 명할 수 있다.

② 징계혐의자는 징계심의기일에 출석하여 구술 또는 서면으로 자기에게 유리한 사실을 진술하거나 필요한 증거를 제출할 수 있다.

③ 변협징계위원회는 징계심의기일에 심의를 개시하고 징계혐의자에 대하여 징계 청구에 대한 사실과 그 밖의 필요한 사항을 심문할 수 있다.

④ 징계혐의자는 변호사 또는 학식과 경험이 있는 자를 특별변호인으로 선임하여 사건에 대한 보충 진술과 증거 제출을 하게 할 수 있다.

⑤ 변협징계위원회는 징계혐의자가 위원장의 출석명령을 받고 징계심의기일에 출석하지 아니하면 서면으로 심의할 수 있다.

⑥ 변협징계위원회의 위원장은 출석한 징계혐의자나 선임된 특별변호인에게 최종 의견을 진술할 기회를 주어야 한다.

⑦ 징계개시 신청인은 징계사건에 관하여 의견을 제시할 수 있다.

〔전부개정 2008·3·28〕

제98조의3(제척 사유) 위원장과 위원은 자기 또는 자기의 친족이거나 친족이었던 자에 대한 징계 사건의 심의에 관여하지 못한다.

〔전부개정 2008·3·28〕

제98조의4(징계 의결 등) ① 변협징계위원회는 사건 심의를 마치면 위원 과반수의 찬성으로써 의결한다.

② 변협징계위원회는 징계의 의결 결과를 징계혐의자와 징계청구자 또는 징계개시 신청인에게 각각 통지하여야 한다.

③ 징계혐의자가 징계 결정의 통지를 받은 후 제100조제1항에 따른 이의신청을 하지 아니하면 이의신청 기간이 끝난 날부터 변협징계위원회의 징계의 효력이 발생한다.

〔전부개정 2008·3·28〕

제98조의5(징계의 집행) ① 징계는 대한변호사협회의 장이 집행한다.

② 제90조제4호의 과태료 결정은 「민사집행법」에 따른 집행력 있는 집행권원과 같은 효력이 있으며, 검사의 지휘로 집행한다.

③ 대한변호사협회의 장은 징계처분을 하면 이를 지체 없이 대한변호사협회가 운영하는 인터넷 홈페이지에 3개월 이상 게재하는 등 공개하여야 한다. <개정 2011·7·25>

④ 대한변호사협회의 장은 변호사를 선임하려는 자가 해당 변호사의 징계처분 사실을 알기 위하여 징계정보의 열람·등사를 신청하는 경우 이를 제공하여야 한다. <신설 2011·7·25>

⑤ 징계처분의 공개 범위와 시행 방법, 제 4 항에 따른 변호사를 선임하려는 자의 해당 여부, 열람·등사의 방법 및 절차, 이에 소요되는 비용에 관하여 필요한 사항은 대통령령으로 정한다. <개정 2011·7·25>

〔전부개정 2008·3·28〕

제98조의6(징계 청구의 시효) 징계의 청구는 징계 사유가 발생한 날부터 3년이 지나면 하지 못한다.

〔전부개정 2008·3·28〕

제99조(보고) 대한변호사협회의 장은 변협징계위원회에서 징계에 관한 결정을 하면 지체 없이 그 사실을 법무부장관에게 보고하여야 한다.

〔전부개정 2008·3·28〕

제100조(징계 결정에 대한 불복) ① 변협징계위원회의 결정에 불복하는 징계혐의자 및 징계개시 신청인은 그 통지를 받은 날부터 30일 이내에 법무부징계위원회에 이의신청을 할 수 있다.

② 법무부징계위원회는 제 1 항에 따른 이의신청이 이유 있다고 인정하면 변협징계위원회의 징계 결정을 취소하고 스스로 징계 결정을 하여야 하며, 이의신청이 이유 없다고 인정하면 기각하여야 한다. 이 경우 징계심의의 절차에 관하여는 제98조의2를 준용한다.

③ 제 2 항의 결정은 위원 과반수의 찬성으로 의결한다.

④ 법무부징계위원회의 결정에 불복하는 징계혐의자는 「행정소송법」으로 정하는 바에 따라 그 통지를 받은 날부터 90일 이내에 행정법원에 소(訴)를 제기할 수 있다.

⑤ 제 4 항의 경우 징계 결정이 있었던 날부터 1년이 지나면 소를 제기할 수 없다. 다만, 정당한 사유가 있는 경우에는 그러하지 아니하다.

⑥ 제 4 항에 따른 기간은 불변기간으로 한다.

〔전부개정 2008·3·28〕

제101조(위임) ① 법무부징계위원회의 운영이나 그 밖에 징계에 필요한 사항은 대통령령으로 정한다.

② 변협징계위원회의 운영 등에 필요한 사항은 대한변호사협회가 정한다.

〔전부개정 2008·3·28〕

제101조의2(「형사소송법」 등의 준용) 서류의 송달, 기일의 지정이나 변경 및 증인·감정인의 선서와 급여에 관한 사항에 대하여는 「형사소송법」과 「형사소송비용 등에 관한 법률」의 규정을 준용한다.

〔본조신설 2007·1·26〕

제102조(업무정지명령) ① 법무부장관은 변호사가 공소제기되거나 제97조에 따라 징계 절차가 개시되어 그 재판이나 징계 결정의 결과 등록취소, 영구제명 또는 제명에 이르게 될 가능성이 매우 크고, 그대로 두면 장차 의뢰인이나 공공의 이익을 해칠 구체적인 위험성이 있는 경우에는 법무부징계위원회에 그 변호사의 업무정지에 관한 결정을 청구할 수 있다. 다만, 약식명령이 청구된 경우와 과실범으로 공소제기된 경우에는 그러하지 아니하다.

② 법무부장관은 법무부징계위원회의 결정에 따라 해당 변호사에 대하여 업무정지를 명할 수 있다.

〔전부개정 2008·3·28〕

제103조(업무정지 결정기간 등) ① 법무부징계위원회는 제102조제 1 항에 따라 청구를 받은 날부터 1개월 이내에 업무정지에 관한 결정을 하여야 한다. 다만, 부득이한 사유가 있는 때에는 그 의결로 1개월의 범위에서 그 기간을 연장할 수 있다.

② 업무정지에 관하여는 제98조제 3 항 및 제98조의2제 2 항부터 제 6 항까지의 규정을 준용한다.

〔전부개정 2008·3·28〕

제104조(업무정지 기간과 갱신) ① 업무정지 기간은 6개월로 한다. 다만, 법무부장관은 해당 변호사에 대한 공판 절차 또는 징계 절차가 끝나지 아니하고 업무정지 사유가 없어지지 아니한 경우에는 법무부징계위원회의 의결에 따라 업무정지 기간을 갱신할 수 있다.

② 제 1 항 단서에 따라 갱신할 수 있는 기간은 3개월로 한다.

③ 업무정지 기간은 갱신 기간을 합하여 2년을 넘을 수 없다.

〔전부개정 2008·3·28〕

제105조(업무정지명령의 해제) ① 법무부장관은 업무정지 기간 중인 변호사에 대한 공판 절차나 징계 절차의 진행 상황에 비추어 등록취소·영구제명 또는 제명에 이르게 될 가능성이 크지 아니하고, 의뢰인이나 공공의 이익을 침해할 구체적인 위험이 없어졌다고 인정할 만한 상당한 이유가 있으면 직권으로 그 명령을 해제할 수 있다.

② 대한변호사협회의 장, 검찰총장 또는 업무정지명령을 받은 변호사는 법무부장관에게 업무정지명령의 해제를 신청할 수 있다.

③ 법무부장관은 제2항에 따른 신청을 받으면 직권으로 업무정지명령을 해제하거나 법무부징계위원회에 이를 심의하도록 요청하여야 하며, 법무부징계위원회에서 해제를 결정하면 지체 없이 해제하여야 한다.

〔전부개정 2008·3·28〕

제106조(업무정지명령의 실효) 업무정지명령은 그 업무정지명령을 받은 변호사에 대한 해당 형사 판결이나 징계 결정이 확정되면 그 효력을 잃는다.

〔전부개정 2008·3·28〕

제107조(업무정지 기간의 통산) 업무정지명령을 받은 변호사가 공소제기된 해당 형사사건과 같은 행위로 징계개시가 청구되어 정직 결정을 받으면 업무정지 기간은 그 전부 또는 일부를 정직 기간에 산입한다.

〔전부개정 2008·3·28〕

제108조(업무정지명령에 대한 불복) 업무정지명령, 업무정지 기간의 갱신에 관하여는 제100조제4항부터 제6항까지의 규정을 준용한다.

〔전부개정 2008·3·28〕

제11장 벌칙

제109조(벌칙) 다음 각 호의 어느 하나에 해당하는 자는 7년 이하의 징역 또는 5천만원 이하의 벌금에 처한다. 이 경우 벌금과 징역은 병과(倂科)할 수 있다.

1. 변호사가 아니면서 금품·향응 또는 그 밖의 이익을 받거나 받을 것을 약속하고 또는 제3자에게 이를 공여하게 하거나 공여하게 할 것을 약속하고 다음 각 목의 사건에 관하여 감정·대리·중재·화해·청탁·법률상담 또는 법률 관계 문서 작성, 그 밖의 법률사무를 취급하거나 이러한 행위를 알선한 자
   가. 소송 사건, 비송 사건, 가사 조정 또는 심판 사건
   나. 행정심판 또는 심사의 청구나 이의신청, 그 밖에 행정기관에 대한 불복신청 사건
   다. 수사기관에서 취급 중인 수사 사건
   라. 법령에 따라 설치된 조사기관에서 취급 중인 조사 사건
   마. 그 밖에 일반의 법률사건
2. 제33조 또는 제34조(제57조, 제58조의16 또는 제58조의30에 따라 준용되는 경우를 포함한다)를 위반한 자

〔전부개정 2008·3·28〕

제110조(벌칙) 변호사나 그 사무직원이 다음 각 호의 어느 하나에 해당하는 행위를 한 경우에는 5년 이하의 징역 또는 3천만원 이하의 벌금에 처한다. 이 경우 벌금과 징역은 병과할 수 있다.

1. 판사·검사, 그 밖에 재판·수사기관의 공무원에게 제공하거나 그 공무원과 교제한다는 명목으로 금품이나 그 밖의 이익을 받거나 받기로 한 행위
2. 제1호에 규정된 공무원에게 제공하거나 그 공무원과 교제한다는 명목의 비용을 변호사 선임료·성공사례금에 명시적으로 포함시키는 행위

〔전부개정 2008·3·28〕

제111조(벌칙) ① 공무원이 취급하는 사건 또는 사무에 관하여 청탁 또는 알선을 한다는 명목으로 금품·향응, 그 밖의 이익을 받거나 받을 것을 약속한 자 또는 제3자에게 이를 공여하게 하거나 공여하게 할 것을 약속한 자는 5년 이하의 징역 또는 1천만원 이하의 벌금에 처한다. 이 경우 벌금과 징역은 병과할 수 있다.

② 다른 법률에 따라 「형법」 제129조부터 제132조까지의 규정에 따른 벌칙을 적용할

때에 공무원으로 보는 자는 제 1 항의 공무원으로 본다.
〔전부개정 2008·3·28〕

제112조(벌칙) 다음 각 호의 어느 하나에 해당하는 자는 3년 이하의 징역 또는 2천만원 이하의 벌금에 처한다. 이 경우 벌금과 징역은 병과할 수 있다. <개정 2011·5·17>
1. 타인의 권리를 양수하거나 양수를 가장하여 소송·조정 또는 화해, 그 밖의 방법으로 그 권리를 실행함을 업(業)으로 한 자
2. 변호사의 자격이 없이 대한변호사협회에 그 자격에 관하여 거짓으로 신청하여 등록을 한 자
3. 변호사가 아니면서 변호사나 법률사무소를 표시 또는 기재하거나 이익을 얻을 목적으로 법률 상담이나 그 밖의 법률사무를 취급하는 뜻을 표시 또는 기재한 자
4. 대한변호사협회에 등록을 하지 아니하거나 제90조제 3 호에 따른 정직 결정 또는 제102조제 2 항에 따른 업무정지명령을 위반하여 변호사의 직무를 수행한 변호사
5. 제32조(제57조, 제58조의16 또는 제58조의30에 따라 준용되는 경우를 포함한다)를 위반하여 계쟁권리를 양수한 자
6. 제44조제 2 항(제58조의16이나 제58조의30에 따라 준용되는 경우를 포함한다)을 위반하여 유사 명칭을 사용한 자
7. 제77조의2 또는 제89조의8을 위반하여 비밀을 누설한 자

〔전부개정 2008·3·28〕

제113조(벌칙) 다음 각 호의 어느 하나에 해당하는 자는 1년 이하의 징역 또는 1천만원 이하의 벌금에 처한다. <개정 2011·5·17, 2017·3·14>
1. 제21조의2제 1 항을 위반하여 법률사무소를 개설하거나 법무법인·법무법인(유한) 또는 법무조합의 구성원이 된 자
2. 제21조의2제 3 항(제31조의2제 2 항에 따라 준용하는 경우를 포함한다)에 따른 확인서를 거짓으로 작성하거나 거짓으로 작성된 확인서를 제출한 자
3. 제23조제 2 항제 1 호 및 제 2 호를 위반하여 광고를 한 자
4. 조세를 포탈하거나 수임제한 등 관계 법령에 따른 제한을 회피하기 위하여 제29조의2(제57조, 제58조의16 또는 제58조의30에 따라 준용되는 경우를 포함한다)를 위반하여 변호하거나 대리한 자
5. 제31조제 1 항제 3 호(제57조, 제58조의16 또는 제58조의30에 따라 준용되는 경우를 포함한다)에 따른 사건을 수임한 변호사
6. 제31조의2제 1 항을 위반하여 사건을 단독 또는 공동으로 수임한 자
7. 제37조제 1 항(제57조, 제58조의16 또는 제58조의30에 따라 준용되는 경우를 포함한다)을 위반한 자

〔전부개정 2008·3·28〕

제114조(상습범) 상습적으로 제109조제 1 호, 제110조 또는 제111조의 죄를 지은 자는 10년 이하의 징역에 처한다.
〔전부개정 2008·3·28〕

제115조(법무법인 등의 처벌) ① 법무법인·법무법인(유한) 또는 법무조합의 구성원이나 구성원 아닌 소속 변호사가 제51조를 위반하면 500만원 이하의 벌금에 처한다.

② 법무법인, 법무법인(유한) 또는 법무조합의 구성원이나 구성원이 아닌 소속 변호사가 그 법무법인, 법무법인(유한) 또는 법무조합의 업무에 관하여 제 1 항의 위반행위를 하면 그 행위자를 벌하는 외에 그 법무법인, 법무법인(유한) 또는 법무조합에게도 같은 항의 벌금형을 과(科)한다. 다만, 법무법인, 법무법인(유한) 또는 법무조합이 그 위반행위를 방지하기 위해 해당 업무에 관하여 상당한 주의와 감독을 게을리하지 아니한 경우에는 그러하지 아니하다. <개정 2012·1·17>
〔전부개정 2008·3·28〕

제116조(몰수·추징) 제34조(제57조, 제58조의16 또는 제58조의30에 따라 준용되는 경우를 포함한다)를 위반하거나 제109조제 1 호, 제110조, 제111조 또는 제114조의 죄를 지은 자 또는 그 사정을 아는 제 3 자가 받은 금품이나 그 밖의 이익은 몰수한다. 이를 몰수할 수 없을 때에는 그 가액을 추징

한다.
〔전부개정 2008·3·28〕

제117조(과태료) ① 제89조의4제1항·제2항 및 제89조의5제2항을 위반하여 수임 자료와 처리 결과에 대한 거짓 자료를 제출한 자에게는 2천만원 이하의 과태료를 부과한다. <신설 2013·5·28>

② 다음 각 호의 어느 하나에 해당하는 자에게는 1천만원 이하의 과태료를 부과한다. <개정 2011·5·17, 2013·5·28>

1. 제21조의2제5항(제21조의2제6항에 따라 위탁하여 사무를 처리하는 경우를 포함한다)에 따른 개선 또는 시정 명령을 받고 이에 따르지 아니한 자

1의2. 제22조제2항제1호, 제28조의2, 제29조, 제35조 또는 제36조(제57조, 제58조의16 또는 제58조의30에 따라 준용되는 경우를 포함한다)를 위반한 자

2. 제28조에 따른 장부를 작성하지 아니하거나 보관하지 아니한 자
3. 삭제 <2017·3·14>
4. 제54조제2항, 제58조의14제2항 또는 제58조의28제2항을 위반하여 해산신고를 하지 아니한 자
5. 제58조의9제2항을 위반하여 대차대조표를 제출하지 아니한 자
6. 제58조의21제1항을 위반하여 규약 등을 제출하지 아니한 자
7. 제58조의21제2항에 따른 서면을 비치하지 아니한 자
8. 제89조의4제1항·제2항 및 제89조의5제2항을 위반하여 수임 자료와 처리 결과를 제출하지 아니한 자

③ 다음 각 호의 어느 하나에 해당하는 자에게는 500만원 이하의 과태료를 부과한다. <개정 2013·5·28, 2017·3·14>

1. 제85조제1항을 위반하여 연수교육을 받지 아니한 자
2. 제89조제2항에 따른 윤리협의회의 요구에 정당한 이유 없이 따르지 아니하거나 같은 항에 따른 현장조사를 정당한 이유 없이 거부·방해 또는 기피한 자

④ 제1항부터 제3항까지에 따른 과태료는 대통령령으로 정하는 바에 따라 지방검찰청 검사장이 부과·징수한다. <개정 2013·5·28>

⑤부터 ⑦까지 삭제 <2017·12·12>
〔전부개정 2008·3·28〕

부 칙

제1조(시행일) 이 법은 공포후 6월이 경과한 날부터 시행한다.

제2조(변호사의 결격사유 등에 관한 경과조치) ① 이 법 시행전에 형을 선고받은 자에 대한 변호사 결격사유의 적용은 종전의 규정에 의하고, 제8조제1항의 개정규정중 제4호의 사유에 의한 경우 및 제18조제2항의 개정규정중 제8조제1항제4호의 사유에 의한 경우는 이 법 시행후 그 사유가 발생한 경우에 이를 적용한다.

② 이 법 시행전의 행위에 대한 징계사유 및 징계의 종류의 적용에 있어서는 종전의 규정에 의한다.

제3조(법무부징계위원회 위원의 임기에 관한 경과조치) 이 법 시행당시 법무부징계위원회 위원중 임기가 만료되지 아니한 위원은 이 법 시행과 동시에 그 임기가 만료된 것으로 본다.

제4조(벌칙적용에 관한 경과조치) 이 법 시행전의 행위에 대한 벌칙의 적용에 있어서는 종전의 규정에 의한다.

제5조(다른 법률의 개정 등) 생략

부 칙 <2004·1·20 법7082>

제1조(시행일) 이 법은 2004년 2월 1일부터 시행한다. 〈단서 생략〉

제2조부터 **제4조**까지 생략

부 칙 <2005·1·27 법7357>

제1조(시행일) 이 법은 공포 후 6월이 경과한 날부터 시행한다. 다만, 제100조제1항 및 제4항 내지 제6항의 개정규정은 공포한 날부터 시행한다.

제2조(정관기재사항에 관한 규정의 적용례) 제42조의 개정규정은 이 법 시행 후 최초로 설립인가 또는 변경인가를 신청하는 분부터 적용한다.

제3조(설립등기사항에 관한 규정의 적용례) 제43조제2항의 개정규정은 이 법 시행 후

최초로 등기 또는 변경등기를 신청하는 분부터 적용한다.

제 4 조(법무법인의 조직변경에 관한 특례) ① 이 법 시행 당시의 법무법인으로서 법무법인(유한) 또는 법무조합의 설립요건을 갖춘 법무법인은 구성원 전원의 동의가 있는 때에는 이 법 시행일부터 2년 이내에 법무부장관의 인가를 받아 법무법인(유한) 또는 법무조합으로 조직변경을 할 수 있다.

② 법무법인이 제 1 항의 규정에 의하여 법무부장관으로부터 법무법인(유한)의 인가를 받은 때에는 2주 이내에 주사무소 소재지에서 법무법인 해산등기 및 법무법인(유한)의 설립등기를, 법무조합의 인가를 받은 때에는 같은 기간 이내에 주사무소 소재지에서 법무법인 해산등기를 하여야 한다.

③ 제 1 항의 규정에 의한 조직변경의 경우 새로 설립되는 법무법인(유한)의 자본총액은 법무법인에 현존하는 순재산액을 초과할 수 없으며 법무법인에 현존하는 순재산액이 자본총액에 미달하는 때에는 제 1 항의 규정에 의한 동의가 있은 당시의 구성원들이 연대하여 그 부족액을 보충하여야 한다.

④ 제 1 항의 규정에 의하여 설립된 법무법인(유한) 또는 법무조합의 구성원 중 종전의 법무법인의 구성원이었던 자는 제 2 항의 규정에 의한 등기를 하기 전에 발생한 법무법인의 채무에 대하여 법무법인(유한)의 경우에는 등기 후 2년이 경과할 때까지, 법무조합의 경우에는 등기 후 5년이 경과할 때까지 법무법인의 구성원으로서 책임을 진다.

제 5 조(법무법인에서 공증인의 직무를 행하는 변호사에 대한 경과조치) 이 법 시행 전에 법무법인에서 공증인의 직무를 행하는 변호사로서 공증인법 제20조제 1 항의 규정에 의하여 신고한 자에 대하여는 제49조제 1 항 단서의 개정규정을 적용하지 아니한다.

제 6 조(공증인가합동법률사무소의 폐지에 따른 경과조치) 이 법 시행 당시 종전의 제 6 장(제59조 내지 제63조)의 규정에 의하여 인가를 받은 공증인가합동법률사무소는 종전의 규정에 의하여 공증인의 직무에 속하는 업무를 수행할 수 있다.

제 7 조(이의신청기간의 연장에 따른 경과조치) 제100조제 1 항의 개정규정은 이 법 시행일 전에 징계처분을 받은 자 중 이 법 시행일 현재 종전규정에 의한 이의신청기간이 도과되지 아니한 자에 대하여 적용한다.

제 8 조(즉시항고제도의 폐지에 따른 경과조치) 제100조제 4 항 내지 제 6 항의 개정규정은 2002년 2월 28일 이전에 종전의 규정에 의하여 즉시항고를 하여 법원에 계류중인 자와 2002년 2월 28일 현재 종전의 규정에 의한 즉시항고기간이 도과하지 아니한 자에 대하여도 적용한다. 이 경우 이 법 시행일에 징계결정을 통지받은 것으로 본다.

제 9 조(다른 법률의 개정) 생략

부 칙 <2005 · 3 · 31 법7428>

제 1 조(시행일) 이 법은 공포 후 1년이 경과한 날부터 시행한다.

제 2 조부터 **제 6 조**까지 생략

부 칙 <2006 · 3 · 24 법7894>

①(시행일) 이 법은 공포한 날부터 시행한다.

②(다른 법률의 개정) 생략

부 칙 <2007 · 1 · 26 법8271>

①(시행일) 이 법은 공포 후 6개월이 경과한 날부터 시행한다.

②(징계에 관한 적용례) 제58조의17 및 제58조의31의 개정규정 중 징계에 관한 부분은 이 법 시행후 최초로 발생하는 위반행위부터 적용한다.

③(공직퇴임변호사의 수임자료 등 제출에 관한 적용례) 제89조의4제1항 및 제 2 항의 개정규정은 이 법 시행 후 최초로 공직퇴임변호사가 된 자부터 적용한다.

④(징계에 관한 경과조치) 이 법 시행 전의 행위에 대한 징계에 관하여는 종전의 규정에 따른다.

부 칙 <2007 · 3 · 29 법8321>

이 법은 공포한 날부터 시행한다.

부 칙 <2008 · 3 · 28 법8991>

①(시행일) 이 법은 공포 후 6개월이 경과한 날부터 시행한다.

②(국가공로 외국변호사에 대한 경과조치) 이 법 시행 당시 외국변호사로서 종전의 규정에 따라 변호사의 인가를 받은 자에 대하여는 제

6조의 개정규정에도 불구하고 종전의 규정을 적용한다.
③(변호사 등록거부에 관한 적용례) 제8조제2항의 개정규정은 이 법 시행 후에 등록신청을 하는 자부터 적용한다.

부 칙 <2009·2·6 법9416>

제1조(시행일) 이 법은 공포 후 1년이 경과한 날부터 시행한다. 〈단서 생략〉
제2조부터 **제8조**까지 생략

부 칙 <2011·4·5 법10540>

이 법은 공포한 날부터 시행한다.

부 칙 <2011·5·17 법10627>

①(시행일) 이 법은 공포한 날부터 시행한다.
②(수임제한에 관한 적용례) 제31조제3항 및 제4항의 개정규정은 이 법 시행 후 퇴직하는 공직퇴임변호사부터 적용한다.

부 칙 <2011·7·25 법10922>

이 법은 공포 후 6개월이 경과한 날부터 시행한다.

부 칙 <2012·1·17 법11160>

이 법은 공포한 날부터 시행한다.

부 칙 <2013·5·28 법11825>

이 법은 공포한 날부터 시행한다.

부 칙 <2014·5·20 법12589>

제1조(시행일) 이 법은 공포한 날부터 시행한다.
제2조(변호사의 결격사유에 관한 적용례) 제5조제6호의 개정규정은 이 법 시행 후 면직되는 자부터 적용한다.
제3조(변호사의 등록거부 사유에 관한 경과조치) 이 법 시행 전에 형사소추 또는 징계처분을 받거나 퇴직한 자에 대한 변호사의 등록거부에 대해서는 제8조제1항제4호의 개정규정에도 불구하고 종전의 규정에 따른다.

부 칙 <2014·12·30 법12887>

제1조(시행일) 이 법은 공포 후 6개월이 경과한 날부터 시행한다.
제2조(임원에 대한 경과조치) 이 법 시행 당시 재임 중에 있는 지방변호사회 임원은 이 법에 따른 임원으로 보며, 그 임기는 종전의 규정에 따른다.
제3조(금치산자 등에 대한 경과조치) 제5조제7호 및 제22조제2항제3호의 개정규정에 따른 피성년후견인 또는 피한정후견인에는 법률 제10429호 민법 일부개정법률 부칙 제2조에 따라 금치산 또는 한정치산 선고의 효력이 유지되는 사람을 포함하는 것으로 본다.

부 칙 <2016·3·2 법14056>

제1조(시행일) 이 법은 2016년 7월 1일부터 시행한다.
제2조 생략

부 칙 <2017·3·14 법14584>

제1조(시행일) 이 법은 공포 후 6개월이 경과한 날부터 시행한다. 다만, 제113조 및 제117조제2항제3호의 개정규정은 공포한 날부터 시행한다.
제2조(벌칙 등에 관한 경과조치) 이 법 시행 전의 위반행위에 대하여 벌칙이나 과태료를 적용할 때에는 종전의 규정에 따른다.

부 칙 <2017·10·31 법15022>

제1조(시행일) 이 법은 공포 후 1년이 경과한 날부터 시행한다.
제2조부터 **제15조**까지 생략

부 칙 <2017·12·12 법15153>

제1조(시행일) 이 법은 공포한 날부터 시행한다.
제2조(다른 법률의 개정) 생략

부 칙 <2017·12·19 법15251>

제1조(시행일) 이 법은 공포한 날부터 시행한다.
제2조(변협징계위원회의 구성에 관한 적용례) 제93조제1항의 개정규정은 이 법 시행 후 최초로 위원을 추천하는 경우부터 적용한다.
제3조(변호사의 결격사유에 관한 경과조치) 이 법 시행 전에 종전의 규정에 따라 대한변호사협회에 등록을 한 자는 제5조의 개정규정에도 불구하고 종전의 규정에 따른다.

부 칙 <2018·12·18 법15974>

이 법은 공포한 날부터 시행한다.

부 칙 <2020·6·9 법17366>

이 법은 공포한 날부터 시행한다.

부 칙 <2021·1·5 법17828>

이 법은 공포한 날부터 시행한다.

●출입국관리법

〔1992·12·8 법률제4522호 전부개정〕

개정
1993·12·10 법률제 4592호
1994·12·22 법률제 4796호(도농복합형태의시설치에따른행정특례등에관한법률)
1996·12·12 법률제 5176호
1997·12·13 법률제 5434호
1999· 2· 5 법률제 5755호
2001·12·29 법률제 6540호
2002·12· 5 법률제 6745호
2003·12·31 법률제 7034호
2005· 3·24 법률제 7406호
2005· 8· 4 법률제 7655호(치료감호법)
2007·12·21 법률제 8726호
2008·12·19 법률제 9142호
2009·12·29 법률제 9847호(감염병의 예방 및 관리에 관한 법률)
2010· 5·14 법률제10282호
2011· 3·29 법률제10465호(개인정보 보호법)
2011· 4· 5 법률제10545호
2011· 7·18 법률제10863호
2012· 1·26 법률제11224호
2012· 2·10 법률제11298호(난민법)
2013· 3·23 법률제11690호(정부조직법)
2014· 1· 7 법률제12195호
2014· 3·18 법률제12421호
2014· 5·20 법률제12600호(경찰관 직무집행법)
2014·10·15 법률제12782호
2014·12·30 법률제12893호
2015· 1· 6 법률제12960호(총포·도검·화약류 등의 안전관리에 관한 법률)
2015· 7·24 법률제13426호(제주특별자치도 설치 및 국제자유도시 조성을 위한 특별법)
2015· 7·24 법률제13440호(수상에서의 수색·구조 등에 관한 법률)
2016· 3·29 법률제14106호
2017· 3·14 법률제14585호
2017·12·12 법률제15159호
2018· 3·20 법률제15492호
2019· 4·23 법률제16344호
2020· 2· 4 법률제16921호
2020· 3·24 법률제17089호
2020· 6· 9 법률제17365호
2020·10·20 법률제17509호
2021· 3·16 법률제17934호
2021· 7·13 법률제18295호
2021· 8·17 법률제18397호
2022· 2· 3 법률제18798호
2022·12·13 법률제19070호
2023· 6·13 법률제19435호
2024·12·20 법률제20578호
2025· 1·21 법률제20677호(전기통신사업법)→2025년 7월 22일 시행

제 1 장 총칙

제 1 조(목적) 이 법은 대한민국에 입국하거나

대한민국에서 출국하는 모든 국민 및 외국인의 출입국관리를 통한 안전한 국경관리, 대한민국에 체류하는 외국인의 체류관리와 사회통합 등에 관한 사항을 규정함을 목적으로 한다. <개정 2012 · 1 · 26, 2018 · 3 · 20>
〔전부개정 2010 · 5 · 14〕

제 2 조(정의) 이 법에서 사용하는 용어의 뜻은 다음과 같다. <개정 2012 · 2 · 10, 2014 · 3 · 18, 2018 · 3 · 20, 2020 · 6 · 9, 2021 · 8 · 17, 2024 · 12 · 20>

1. "국민"이란 대한민국의 국민을 말한다.
2. "외국인"이란 대한민국의 국적을 가지지 아니한 사람을 말한다.
3. "난민"이란 「난민법」 제 2 조제 1 호에 따른 난민을 말한다.
4. "여권"이란 대한민국정부 · 외국정부 또는 권한 있는 국제기구에서 발급한 여권 또는 난민여행증명서나 그 밖에 여권을 갈음하는 증명서로서 대한민국정부가 유효하다고 인정하는 것을 말한다.
5. "선원신분증명서"란 대한민국정부나 외국정부가 발급한 문서로서 선원임을 증명하는 것을 말한다.
6. "출입국항"이란 출국하거나 입국할 수 있는 대한민국의 항구 · 공항과 그 밖의 장소로서 대통령령으로 정하는 곳을 말한다.
7. "재외공관의 장"이란 외국에 주재하는 대한민국의 대사(大使), 공사(公使), 총영사(總領事), 영사(領事) 또는 영사업무를 수행하는 기관의 장을 말한다.
8. "선박등"이란 대한민국과 대한민국 밖의 지역 사이에서 사람이나 물건을 수송하는 선박, 항공기, 기차, 자동차, 그 밖의 교통기관을 말한다.
9. "승무원"이란 선박등에서 그 업무를 수행하는 사람을 말한다.
10. "운수업자"란 선박등을 이용하여 사업을 운영하는 자와 그를 위하여 통상 그 사업에 속하는 거래를 대리하는 자를 말한다.

10의2. "지방출입국 · 외국인관서"란 출입국 및 외국인의 체류 관리업무를 수행하기 위하여 법령에 따라 각 지역별로 설치된 관서와 외국인보호소를 말한다.

11. "보호"란 출입국관리공무원이 제46조제 1 항 각 호에 따른 강제퇴거 대상에 해당된다고 의심할 만한 상당한 이유가 있는 사람을 출국시키기 위하여 외국인보호실, 외국인보호소 또는 그 밖에 법무부장관이 지정하는 장소에 인치(引致)하고 수용하는 집행활동을 말한다.
12. "외국인보호실"이란 이 법에 따라 외국인을 보호할 목적으로 지방출입국 · 외국인관서에 설치한 장소를 말한다.
13. "외국인보호소"란 지방출입국 · 외국인관서 중 이 법에 따라 외국인을 보호할 목적으로 설치한 시설로서 대통령령으로 정하는 곳을 말한다.
14. "출입국사범"이란 제93조의2, 제93조의3, 제94조부터 제99조까지, 제99조의2, 제99조의3 및 제100조에 규정된 죄를 범하였다고 인정되는 자를 말한다.
15. "생체정보"란 이 법에 따른 업무에서 본인 일치 여부 확인 등에 활용되는 사람의 지문 · 얼굴 · 홍채 및 손바닥 정맥 등의 개인정보를 말한다.
16. "출국대기실"이란 지방출입국 · 외국인관서의 장이 제76조제 1 항 각 호의 어느 하나에 해당하는 외국인의 인도적 처우 및 원활한 탑승수속과 보안구역내 안전확보를 위하여 그 외국인이 출국하기 전까지 대기하도록 출입국항에 설치한 시설을 말한다.
17. "외국인 기본인적정보"란 법무부장관이 이 법 및 「재외동포의 출입국과 법적 지위에 관한 법률」에 따라 보유 및 관리하고 있는 외국인에 대한 정보로서 다음 각 목의 정보를 말한다.
   가. 외국인의 여권에 기재된 해당 외국인의 성명, 성별, 생년월일, 국적, 사진 및 여권의 번호
   나. 외국인의 선원신분증명서에 기재된 해당 외국인의 성명, 성별, 생년월일, 국적, 사진 및 선원신분증명서의 번호
   다. 제31조제 5 항에 따른 외국인등록번호
   라. 「재외동포의 출입국과 법적 지위에 관한 법률」 제 7 조제 1 항에 따른 국내거소신고번호

〔전부개정 2010 · 5 · 14〕

제 2 장 국민의 출입국

제 3 조(국민의 출국) ① 대한민국에서 대한민국 밖의 지역으로 출국(이하 "출국"이라 한다)하려는 국민은 유효한 여권을 가지고 출국하는 출입국항에서 출입국관리공무원의 출국심사를 받아야 한다. 다만, 부득이한 사유로 출입국항으로 출국할 수 없을 때에는 관할 지방출입국·외국인관서의 장의 허가를 받아 출입국항이 아닌 장소에서 출입국관리공무원의 출국심사를 받은 후 출국할 수 있다. <개정 2014·3·18>

② 제 1 항에 따른 출국심사는 대통령령으로 정하는 바에 따라 정보화기기에 의한 출국심사로 갈음할 수 있다.

③ 법무부장관은 출국심사에 필요한 경우에는 국민의 생체정보를 수집하거나 관계 행정기관이 보유하고 있는 국민의 생체정보의 제출을 요청할 수 있다. <신설 2016·3·29, 2020·6·9>

④ 제 3 항에 따라 협조를 요청받은 관계 행정기관은 정당한 이유 없이 그 요청을 거부해서는 아니 된다. <신설 2016·3·29>

⑤ 출입국관리공무원은 제 3 항에 따라 수집하거나 제출받은 생체정보를 출국심사에 활용할 수 있다. <신설 2016·3·29, 2020·6·9>

⑥ 법무부장관은 제 3 항에 따라 수집하거나 제출받은 생체정보를 「개인정보 보호법」에 따라 처리한다. <신설 2016·3·29, 2020·6·9>

〔전부개정 2010·5·14〕

제 4 조(출국의 금지) ① 법무부장관은 다음 각 호의 어느 하나에 해당하는 국민에 대하여는 6개월 이내의 기간을 정하여 출국을 금지할 수 있다. <개정 2011·7·18, 2021·7·13>

1. 형사재판에 계속(係屬) 중인 사람
2. 징역형이나 금고형의 집행이 끝나지 아니한 사람
3. 대통령령으로 정하는 금액 이상의 벌금이나 추징금을 내지 아니한 사람
4. 대통령령으로 정하는 금액 이상의 국세·관세 또는 지방세를 정당한 사유 없이 그 납부기한까지 내지 아니한 사람
5. 「양육비 이행확보 및 지원에 관한 법률」 제21조의4제 1 항에 따른 양육비 채무자 중 양육비이행심의위원회의 심의·의결을 거친 사람
6. 그 밖에 제 1 호부터 제 5 호까지의 규정에 준하는 사람으로서 대한민국의 이익이나 공공의 안전 또는 경제질서를 해칠 우려가 있어 그 출국이 적당하지 아니하다고 법무부령으로 정하는 사람

② 법무부장관은 범죄 수사를 위하여 출국이 적당하지 아니하다고 인정되는 사람에 대하여는 1개월 이내의 기간을 정하여 출국을 금지할 수 있다. 다만, 다음 각 호에 해당하는 사람은 그 호에서 정한 기간으로 한다. <신설 2011·7·18, 2021·3·16>

1. 소재를 알 수 없어 기소중지 또는 수사중지(피의자중지로 한정한다)된 사람 또는 도주 등 특별한 사유가 있어 수사진행이 어려운 사람 : 3개월 이내
2. 기소중지 또는 수사중지(피의자중지로 한정한다)된 경우로서 체포영장 또는 구속영장이 발부된 사람 : 영장 유효기간 이내

③ 중앙행정기관의 장 및 법무부장관이 정하는 관계 기관의 장은 소관 업무와 관련하여 제 1 항 또는 제 2 항 각 호의 어느 하나에 해당하는 사람이 있다고 인정할 때에는 법무부장관에게 출국금지를 요청할 수 있다. <개정 2011·7·18>

④ 출입국관리공무원은 출국심사를 할 때에 제 1 항 또는 제 2 항에 따라 출국이 금지된 사람을 출국시켜서는 아니 된다. <개정 2011·7·18>

⑤ 제 1 항부터 제 4 항까지에서 규정한 사항 외에 출국금지기간과 출국금지절차에 관하여 필요한 사항은 대통령령으로 정한다. <개정 2011·7·18>

〔전부개정 2010·5·14〕

제 4 조의2(출국금지기간의 연장) ① 법무부장관은 출국금지기간을 초과하여 계속 출국을 금지할 필요가 있다고 인정하는 경우에는 그 기간을 연장할 수 있다.

② 제 4 조제 3 항에 따라 출국금지를 요청한 기관의 장은 출국금지기간을 초과하여 계속 출국을 금지할 필요가 있을 때에는 출국금지기간이 끝나기 3일 전까지 법무부장관에게 출국금지기간을 연장하여 줄 것을 요청하여야 한다. <개정 2011·7·18>

③ 제 1 항 및 제 2 항에서 규정한 사항 외에 출국금지기간의 연장절차에 관하여 필요한 사항은 대통령령으로 정한다.
〔전부개정 2010·5·14〕

제 4 조의3(출국금지의 해제) ① 법무부장관은 출국금지 사유가 없어졌거나 출국을 금지할 필요가 없다고 인정할 때에는 즉시 출국금지를 해제하여야 한다.
② 제 4 조제 3 항에 따라 출국금지를 요청한 기관의 장은 출국금지 사유가 없어졌을 때에는 즉시 법무부장관에게 출국금지의 해제를 요청하여야 한다. <개정 2011·7·18>
③ 제 1 항 및 제 2 항에서 규정한 사항 외에 출국금지의 해제절차에 관하여 필요한 사항은 대통령령으로 정한다.
〔전부개정 2010·5·14〕

제 4 조의4(출국금지결정 등의 통지) ① 법무부장관은 제 4 조제 1 항 또는 제 2 항에 따라 출국을 금지하거나 제 4 조의2제 1 항에 따라 출국금지기간을 연장하였을 때에는 즉시 당사자에게 그 사유와 기간 등을 밝혀 서면으로 통지하여야 한다. <개정 2011·7·18>
② 법무부장관은 제 4 조의3제 1 항에 따라 출국금지를 해제하였을 때에는 이를 즉시 당사자에게 통지하여야 한다.
③ 법무부장관은 제 1 항에도 불구하고 다음 각 호의 어느 하나에 해당하는 경우에는 제 1 항의 통지를 하지 아니할 수 있다. <개정 2011·7·18, 2014·12·30>
1. 대한민국의 안전 또는 공공의 이익에 중대하고 명백한 위해(危害)를 끼칠 우려가 있다고 인정되는 경우
2. 범죄수사에 중대하고 명백한 장애가 생길 우려가 있다고 인정되는 경우. 다만, 연장기간을 포함한 총 출국금지기간이 3개월을 넘는 때에는 당사자에게 통지하여야 한다.
3. 출국이 금지된 사람이 있는 곳을 알 수 없는 경우
〔전부개정 2010·5·14〕

제 4 조의5(출국금지결정 등에 대한 이의신청) ① 제 4 조제 1 항 또는 제 2 항에 따라 출국이 금지되거나 제 4 조의2제 1 항에 따라 출국금지기간이 연장된 사람은 출국금지결정이나 출국금지기간 연장의 통지를 받은 날 또는 그 사실을 안 날부터 10일 이내에 법무부장관에게 출국금지결정이나 출국금지기간 연장결정에 대한 이의를 신청할 수 있다. <개정 2011·7·18>
② 법무부장관은 제 1 항에 따른 이의신청을 받으면 그 날부터 15일 이내에 이의신청의 타당성 여부를 결정하여야 한다. 다만, 부득이한 사유가 있으면 15일의 범위에서 한 차례만 그 기간을 연장할 수 있다.
③ 법무부장관은 제 1 항에 따른 이의신청이 이유 있다고 판단하면 즉시 출국금지를 해제하거나 출국금지기간의 연장을 철회하여야 하고, 그 이의신청이 이유 없다고 판단하면 이를 기각하고 당사자에게 그 사유를 서면에 적어 통보하여야 한다.
〔전부개정 2010·5·14〕

제 4 조의6(긴급출국금지) ① 수사기관은 범죄 피의자로서 사형·무기 또는 장기 3년 이상의 징역이나 금고에 해당하는 죄를 범하였다고 의심할 만한 상당한 이유가 있고, 다음 각 호의 어느 하나에 해당하는 사유가 있으며, 긴급한 필요가 있는 때에는 제 4 조제 3 항에도 불구하고 출국심사를 하는 출입국관리공무원에게 출국금지를 요청할 수 있다.
1. 피의자가 증거를 인멸할 염려가 있는 때
2. 피의자가 도망하거나 도망할 우려가 있는 때
② 제 1 항에 따른 요청을 받은 출입국관리공무원은 출국심사를 할 때에 출국금지가 요청된 사람을 출국시켜서는 아니 된다.
③ 수사기관은 제 1 항에 따라 긴급출국금지를 요청한 때로부터 6시간 이내에 법무부장관에게 긴급출국금지 승인을 요청하여야 한다. 이 경우 검사의 검토의견서 및 범죄사실의 요지, 긴급출국금지의 사유 등을 기재한 긴급출국금지보고서를 첨부하여야 한다. <개정 2020·10·20>
④ 법무부장관은 수사기관이 제 3 항에 따른 긴급출국금지 승인 요청을 하지 아니한 때에는 제 1 항의 수사기관 요청에 따른 출국금지를 해제하여야 한다. 수사기관이 긴급출국금지 승인을 요청한 때로부터 12시간 이내에 법무부장관으로부터 긴급출국금지 승인을 받지 못한 경우에도 또한 같다.
⑤ 제 4 항에 따라 출국금지가 해제된 경우에 수사기관은 동일한 범죄사실에 관하여 다시 긴급출국금지 요청을 할 수 없다.

⑥ 그 밖에 긴급출국금지의 절차 및 긴급출국금지보고서 작성 등에 필요한 사항은 대통령령으로 정한다.
〔본조신설 2011·7·18〕

제 5 조(국민의 여권 등의 보관) 출입국관리공무원은 위조되거나 변조된 국민의 여권 또는 선원신분증명서를 발견하였을 때에는 회수하여 보관할 수 있다.
〔전부개정 2014·12·30〕

제 6 조(국민의 입국) ① 대한민국 밖의 지역에서 대한민국으로 입국(이하 "입국"이라 한다)하려는 국민은 유효한 여권을 가지고 입국하는 출입국항에서 출입국관리공무원의 입국심사를 받아야 한다. 다만, 부득이한 사유로 출입국항으로 입국할 수 없을 때에는 지방출입국·외국인관서의 장의 허가를 받아 출입국항이 아닌 장소에서 출입국관리공무원의 입국심사를 받은 후 입국할 수 있다. <개정 2014·3·18>
② 출입국관리공무원은 국민이 유효한 여권을 잃어버리거나 그 밖의 사유로 이를 가지지 아니하고 입국하려고 할 때에는 확인절차를 거쳐 입국하게 할 수 있다.
③ 제 1 항에 따른 입국심사는 대통령령으로 정하는 바에 따라 정보화기기에 의한 입국심사로 갈음할 수 있다.
④ 법무부장관은 입국심사에 필요한 경우에는 국민의 생체정보를 수집하거나 관계 행정기관이 보유하고 있는 국민의 생체정보의 제출을 요청할 수 있다. <신설 2016·3·29, 2020·6·9>
⑤ 제 4 항에 따라 협조를 요청받은 관계 행정기관은 정당한 이유 없이 그 요청을 거부해서는 아니 된다. <신설 2016·3·29>
⑥ 출입국관리공무원은 제 4 항에 따라 수집하거나 제출받은 생체정보를 입국심사에 활용할 수 있다. <신설 2016·3·29, 2020·6·9>
⑦ 법무부장관은 제 4 항에 따라 수집하거나 제출받은 생체정보를 「개인정보 보호법」에 따라 처리한다. <신설 2016·3·29, 2020·6·9>
〔전부개정 2010·5·14〕

제 3 장 외국인의 입국 및 상륙

제 1 절 외국인의 입국

제 7 조(외국인의 입국) ① 외국인이 입국할 때에는 유효한 여권과 법무부장관이 발급한 사증(査證)을 가지고 있어야 한다.
② 다음 각 호의 어느 하나에 해당하는 외국인은 제 1 항에도 불구하고 사증 없이 입국할 수 있다.
1. 재입국허가를 받은 사람 또는 재입국허가가 면제된 사람으로서 그 허가 또는 면제받은 기간이 끝나기 전에 입국하는 사람
2. 대한민국과 사증면제협정을 체결한 국가의 국민으로서 그 협정에 따라 면제대상이 되는 사람
3. 국제친선, 관광 또는 대한민국의 이익 등을 위하여 입국하는 사람으로서 대통령령으로 정하는 바에 따라 따로 입국허가를 받은 사람
4. 난민여행증명서를 발급받고 출국한 후 그 유효기간이 끝나기 전에 입국하는 사람

③ 법무부장관은 공공질서의 유지나 국가이익에 필요하다고 인정하면 제 2 항제 2 호에 해당하는 사람에 대하여 사증면제협정의 적용을 일시 정지할 수 있다.
④ 대한민국과 수교(修交)하지 아니한 국가나 법무부장관이 외교부장관과 협의하여 지정한 국가의 국민은 제 1 항에도 불구하고 대통령령으로 정하는 바에 따라 재외공관의 장이나 지방출입국·외국인관서의 장이 발급한 외국인입국허가서를 가지고 입국할 수 있다. <개정 2013·3·23, 2014·3·18>
〔전부개정 2010·5·14〕

제 7 조의2(허위초청 등의 금지) 누구든지 외국인을 입국시키기 위한 다음 각 호의 어느 하나의 행위를 하여서는 아니 된다.
1. 거짓된 사실의 기재나 거짓된 신원보증 등 부정한 방법으로 외국인을 초청하거나 그러한 초청을 알선하는 행위
2. 거짓으로 사증 또는 사증발급인정서를 신청하거나 그러한 신청을 알선하는 행위

〔전부개정 2010·5·14〕

제 7 조의3(사전여행허가) ① 법무부장관은 공공질서의 유지나 국가이익에 필요하다고 인정하면 다음 각 호의 어느 하나에 해당하는 외국인에 대하여 입국하기 전에 허가(이하

"사전여행허가"라 한다)를 받도록 할 수 있다.
1. 제 7 조제 2 항제 2 호 또는 제 3 호에 해당하는 외국인
2. 다른 법률에 따라 사증 없이 입국할 수 있는 외국인
② 사전여행허가를 받은 외국인은 입국할 때에 사전여행허가서를 가지고 있어야 한다.
③ 사전여행허가서 발급에 관한 기준 및 절차 · 방법은 법무부령으로 정한다.
〔본조신설 2020 · 2 · 4〕

제 8 조(사증) ① 제 7 조에 따른 사증은 1회만 입국할 수 있는 단수사증(單數査證)과 2회 이상 입국할 수 있는 복수사증(複數査證)으로 구분한다.
② 법무부장관은 사증발급에 관한 권한을 대통령령으로 정하는 바에 따라 재외공관의 장에게 위임할 수 있다.
③ 사증발급에 관한 기준과 절차는 법무부령으로 정한다.
〔전부개정 2010 · 5 · 14〕

제 9 조(사증발급인정서) ① 법무부장관은 제 7 조제 1 항에 따른 사증을 발급하기 전에 특히 필요하다고 인정할 때에는 입국하려는 외국인의 신청을 받아 사증발급인정서를 발급할 수 있다.
② 제 1 항에 따른 사증발급인정서 발급신청은 그 외국인을 초청하려는 자가 대리할 수 있다.
③ 제 1 항에 따른 사증발급인정서의 발급대상 · 발급기준 및 발급절차는 법무부령으로 정한다.
〔전부개정 2010 · 5 · 14〕

제10조(체류자격) 입국하려는 외국인은 다음 각 호의 어느 하나에 해당하는 체류자격을 가져야 한다.
1. 일반체류자격 : 이 법에 따라 대한민국에 체류할 수 있는 기간이 제한되는 체류자격
2. 영주자격 : 대한민국에 영주(永住)할 수 있는 체류자격
〔전부개정 2018 · 3 · 20〕

제10조의2(일반체류자격) ① 제10조제 1 호에 따른 일반체류자격(이하 "일반체류자격"이라 한다)은 다음 각 호의 구분에 따른다.
1. 단기체류자격 : 관광, 방문 등의 목적으로 대한민국에 90일 이하의 기간(사증면제협정이나 상호주의에 따라 90일을 초과하는 경우에는 그 기간) 동안 머물 수 있는 체류자격
2. 장기체류자격 : 유학, 연수, 투자, 주재, 결혼 등의 목적으로 대한민국에 90일을 초과하여 법무부령으로 정하는 체류기간의 상한 범위에서 거주할 수 있는 체류자격
② 제 1 항에 따른 단기체류자격 및 장기체류자격의 종류, 체류자격에 해당하는 사람 또는 그 체류자격에 따른 활동범위는 체류목적, 취업활동 가능 여부 등을 고려하여 대통령령으로 정한다.
〔본조신설 2018 · 3 · 20〕

제10조의3(영주자격) ① 제10조제 2 호에 따른 영주자격(이하 "영주자격"이라 한다)을 가진 외국인은 활동범위 및 체류기간의 제한을 받지 아니한다.
② 영주자격을 취득하려는 사람은 대통령령으로 정하는 영주의 자격에 부합한 사람으로서 다음 각 호의 요건을 모두 갖추어야 한다.
1. 대한민국의 법령을 준수하는 등 품행이 단정할 것
2. 본인 또는 생계를 같이하는 가족의 소득, 재산 등으로 생계를 유지할 능력이 있을 것
3. 한국어능력과 한국사회 · 문화에 대한 이해 등 대한민국에서 계속 살아가는 데 필요한 기본소양을 갖추고 있을 것
③ 법무부장관은 제 2 항제 2 호 및 제 3 호에도 불구하고 대한민국에 특별한 공로가 있는 사람, 과학 · 경영 · 교육 · 문화예술 · 체육 등 특정 분야에서 탁월한 능력이 있는 사람, 대한민국에 일정금액 이상을 투자한 사람 등 대통령령으로 정하는 사람에 대해서는 대통령령으로 정하는 바에 따라 제 2 항제 2 호 및 제 3 호의 요건의 전부 또는 일부를 완화하거나 면제할 수 있다.
④ 제 2 항 각 호에 따른 요건의 기준 · 범위

등에 필요한 사항은 법무부령으로 정한다.
〔본조신설 2018·3·20〕

제11조(입국의 금지 등) ① 법무부장관은 다음 각 호의 어느 하나에 해당하는 외국인에 대하여는 입국을 금지할 수 있다. <개정 2015·1·6>

1. 감염병환자, 마약류중독자, 그 밖에 공중위생상 위해를 끼칠 염려가 있다고 인정되는 사람
2. 「총포·도검·화약류 등의 안전관리에 관한 법률」에서 정하는 총포·도검·화약류 등을 위법하게 가지고 입국하려는 사람
3. 대한민국의 이익이나 공공의 안전을 해치는 행동을 할 염려가 있다고 인정할 만한 상당한 이유가 있는 사람
4. 경제질서 또는 사회질서를 해치거나 선량한 풍속을 해치는 행동을 할 염려가 있다고 인정할 만한 상당한 이유가 있는 사람
5. 사리 분별력이 없고 국내에서 체류활동을 보조할 사람이 없는 정신장애인, 국내체류비용을 부담할 능력이 없는 사람, 그 밖에 구호(救護)가 필요한 사람
6. 강제퇴거명령을 받고 출국한 후 5년이 지나지 아니한 사람
7. 1910년 8월 29일부터 1945년 8월 15일까지 사이에 다음 각 목의 어느 하나에 해당하는 정부의 지시를 받거나 그 정부와 연계하여 인종, 민족, 종교, 국적, 정치적 견해 등을 이유로 사람을 학살·학대하는 일에 관여한 사람
   가. 일본 정부
   나. 일본 정부와 동맹 관계에 있던 정부
   다. 일본 정부의 우월한 힘이 미치던 정부
8. 제1호부터 제7호까지의 규정에 준하는 사람으로서 법무부장관이 그 입국이 적당하지 아니하다고 인정하는 사람

② 법무부장관은 입국하려는 외국인의 본국(本國)이 제1항 각 호 외의 사유로 국민의 입국을 거부할 때에는 그와 동일한 사유로 그 외국인의 입국을 거부할 수 있다.
〔전부개정 2010·5·14〕

제12조(입국심사) ① 외국인이 입국하려는 경우에는 입국하는 출입국항에서 대통령령으로 정하는 바에 따라 여권과 입국신고서를 출입국관리공무원에게 제출하여 입국심사를 받아야 한다. <개정 2020·6·9>

② 제1항에 관하여는 제6조제1항 단서 및 같은 조 제3항을 준용한다.

③ 출입국관리공무원은 입국심사를 할 때에 다음 각 호의 요건을 갖추었는지를 심사하여 입국을 허가한다. <개정 2020·2·4>

1. 여권과 사증이 유효할 것. 다만, 사증은 이 법에서 요구하는 경우만을 말한다.

1의2. 제7조의3에 따른 사전여행허가서가 유효할 것

2. 입국목적이 체류자격에 맞을 것
3. 체류기간이 법무부령으로 정하는 바에 따라 정하여졌을 것
4. 제11조에 따른 입국의 금지 또는 거부의 대상이 아닐 것

④ 출입국관리공무원은 외국인이 제3항 각 호의 요건을 갖추었음을 증명하지 못하면 입국을 허가하지 아니할 수 있다.

⑤ 출입국관리공무원은 제7조제2항제2호 또는 제3호에 해당하는 사람에게 입국을 허가할 때에는 대통령령으로 정하는 바에 따라 체류자격을 부여하고 체류기간을 정하여야 한다.

⑥ 출입국관리공무원은 제1항이나 제2항에 따른 심사를 하기 위하여 선박등에 출입할 수 있다.
〔전부개정 2010·5·14〕

제12조의2(입국 시 생체정보의 제공 등) ① 입국하려는 외국인은 제12조에 따라 입국심사를 받을 때 법무부령으로 정하는 방법으로 생체정보를 제공하고 본인임을 확인하는 절차에 응하여야 한다. 다만, 다음 각 호의 어느 하나에 해당하는 사람은 그러하지 아니하다. <개정 2020·6·9>

1. 17세 미만인 사람
2. 외국정부 또는 국제기구의 업무를 수행하기 위하여 입국하는 사람과 그 동반 가족
3. 외국과의 우호 및 문화교류 증진, 경제활동 촉진 또는 대한민국의 이익 등을 고려하여 생체정보의 제공을 면제하는 것이 필요하다고 대통령령으로 정하는 사람

② 출입국관리공무원은 외국인이 제1항 본

문에 따라 생체정보를 제공하지 아니하는 경우에는 그의 입국을 허가하지 아니할 수 있다. <개정 2020·6·9>

③ 법무부장관은 입국심사에 필요한 경우에는 관계 행정기관이 보유하고 있는 외국인의 생체정보의 제출을 요청할 수 있다. <개정 2020·6·9>

④ 제3항에 따라 협조를 요청받은 관계 행정기관은 정당한 이유 없이 그 요청을 거부하여서는 아니 된다.

⑤ 출입국관리공무원은 제1항 또는 제3항에 따라 제공 또는 제출받은 생체정보를 입국심사에 활용할 수 있다.<개정 2020·6·9>

⑥ 법무부장관은 제1항 또는 제3항에 따라 제공 또는 제출받은 생체정보를 「개인정보 보호법」에 따라 보유하고 관리한다. <개정 2011·3·29, 2020·6·9>

〔본조신설 2010·5·14〕

제12조의3(선박등의 제공금지) ① 누구든지 외국인을 불법으로 입국 또는 출국하게 하거나 대한민국을 거쳐 다른 국가에 불법으로 입국하게 할 목적으로 다음 각 호의 행위를 하여서는 아니 된다.

1. 선박등이나 여권 또는 사증, 탑승권이나 그 밖에 출입국에 사용될 수 있는 서류 및 물품을 제공하는 행위
2. 제1호의 행위를 알선하는 행위

② 누구든지 불법으로 입국한 외국인에 대하여 다음 각 호의 행위를 하여서는 아니 된다.

1. 해당 외국인을 대한민국에서 은닉 또는 도피하게 하거나 그러한 목적으로 교통수단을 제공하는 행위
2. 제1호의 행위를 알선하는 행위

〔전부개정 2010·5·14〕

제12조의4(외국인의 여권 등의 보관) ① 위조되거나 변조된 외국인의 여권·선원신분증명서에 관하여는 제5조를 준용한다. <개정 2014·12·30>

② 출입국관리공무원은 이 법을 위반하여 조사를 받고 있는 사람으로서 제46조에 따른 강제퇴거 대상자에 해당하는 출입국사범의 여권·선원신분증명서를 발견하면 회수하여 보관할 수 있다.

〔전부개정 2010·5·14〕

제13조(조건부 입국허가) ① 지방출입국·외국인관서의 장은 다음 각 호의 어느 하나에 해당하는 외국인에 대하여는 대통령령으로 정하는 바에 따라 조건부 입국을 허가할 수 있다. <개정 2014·3·18>

1. 부득이한 사유로 제12조제3항제1호의 요건을 갖추지 못하였으나 일정 기간 내에 그 요건을 갖출 수 있다고 인정되는 사람
2. 제11조제1항 각 호의 어느 하나에 해당된다고 의심되거나 제12조제3항제2호의 요건을 갖추지 못하였다고 의심되어 특별히 심사할 필요가 있다고 인정되는 사람
3. 제1호 및 제2호에서 규정한 사람 외에 지방출입국·외국인관서의 장이 조건부 입국을 허가할 필요가 있다고 인정되는 사람

② 지방출입국·외국인관서의 장은 제1항에 따른 조건부 입국을 허가할 때에는 조건부입국허가서를 발급하여야 한다. 이 경우 그 허가서에는 주거의 제한, 출석요구에 따를 의무 및 그 밖에 필요한 조건을 붙여야 하며, 필요하다고 인정할 때에는 1천만원 이하의 보증금을 예치(預置)하게 할 수 있다. <개정 2014·3·18>

③ 지방출입국·외국인관서의 장은 제1항에 따른 조건부 입국허가를 받은 외국인이 그 조건을 위반하였을 때에는 그 예치된 보증금의 전부 또는 일부를 국고(國庫)에 귀속시킬 수 있다. <개정 2014·3·18>

④ 제2항과 제3항에 따른 보증금의 예치 및 반환과 국고귀속 절차는 대통령령으로 정한다.

〔전부개정 2010·5·14〕

제2절 외국인의 상륙

제14조(승무원의 상륙허가) ① 출입국관리공무원은 다음 각 호의 어느 하나에 해당하는 외국인승무원에 대하여 선박등의 장 또는 운수업자나 본인이 신청하면 15일의 범위에서 승무원의 상륙을 허가할 수 있다. 다만, 제11조제1항 각 호의 어느 하나에 해당하는 외국인승무원에 대하여는 그러하지 아니

하다.

1. 승선 중인 선박등이 대한민국의 출입국항에 정박하고 있는 동안 휴양 등의 목적으로 상륙하려는 외국인승무원
2. 대한민국의 출입국항에 입항할 예정이거나 정박 중인 선박등으로 옮겨 타려는 외국인승무원

② 출입국관리공무원은 제1항에 따른 신청을 받으면 다음 각 호의 서류를 확인하여야 한다. 다만, 외국과의 협정 등에서 선원신분증명서로 여권을 대신할 수 있도록 하는 경우에는 선원신분증명서의 확인으로 여권의 확인을 대신할 수 있다. <개정 2020·6·9>

1. 제1항제1호에 해당하는 외국인승무원이 선원인 경우에는 여권 또는 선원신분증명서
2. 제1항제2호에 해당하는 외국인승무원이 선원인 경우에는 여권 및 대통령령으로 정하는 서류. 다만, 제7조제2항제3호에 해당하는 사람인 경우에는 여권
3. 그 밖의 외국인승무원의 경우에는 여권

③ 출입국관리공무원은 제1항에 따른 허가를 할 때에는 승무원 상륙허가서를 발급하여야 한다. 이 경우 승무원 상륙허가서에는 상륙허가의 기간, 행동지역의 제한 등 필요한 조건을 붙일 수 있다.

④ 제3항 후단에도 불구하고 제1항제2호에 해당하는 승무원 상륙허가에 관하여는 제12조를 준용한다.

⑤ 지방출입국·외국인관서의 장은 승무원 상륙허가를 받은 외국인승무원에 대하여 필요하다고 인정하면 그 상륙허가의 기간을 연장할 수 있다. <개정 2014·3·18>

⑥ 제3항에 따라 발급받은 승무원 상륙허가서는 그 선박등이 최종 출항할 때까지 국내의 다른 출입국항에서도 계속 사용할 수 있다.

⑦ 외국인승무원의 지문 및 얼굴에 관한 정보의 제공 등에 관하여는 제12조의2를 준용한다. 다만, 승무원이 선원이고 상륙허가 절차상 지문 및 얼굴에 관한 정보를 제공하는 것이 곤란한 경우에는 그러하지 아니하다.

〔전부개정 2010·5·14〕

제14조의2(관광상륙허가) ① 출입국관리공무원은 관광을 목적으로 대한민국과 외국 해상을 국제적으로 순회(巡廻)하여 운항하는 여객운송선박 중 법무부령으로 정하는 선박에 승선한 외국인승객에 대하여 그 선박의 장 또는 운수업자가 상륙허가를 신청하면 3일의 범위에서 승객의 관광상륙을 허가할 수 있다. 다만, 제11조제1항 각 호의 어느 하나에 해당하는 외국인승객에 대하여는 그러하지 아니하다.

② 출입국관리공무원은 제1항에 따른 상륙허가 신청을 받으면 다음 각 호의 서류를 확인하여야 한다.

1. 외국인승객의 여권
2. 외국인승객의 명부
3. 그 밖에 법무부령으로 정하는 서류

③ 제1항에 따른 관광상륙허가의 허가서 및 상륙허가기간의 연장에 관하여는 제14조제3항 및 제5항을 준용한다. 이 경우 "승무원 상륙허가서"는 "관광상륙허가서"로, "승무원 상륙허가"는 "관광상륙허가"로, "외국인승무원"은 "외국인승객"으로 본다.

④ 제1항에 따른 관광상륙허가를 받으려는 외국인승객의 지문 및 얼굴에 관한 정보 제공 등에 관하여는 제12조의2를 준용한다. 다만, 외국인승객의 관광상륙허가 절차상 지문 및 얼굴에 관한 정보의 제공이 곤란한 경우에는 그러하지 아니하다.

⑤ 제1항부터 제4항까지에서 규정한 사항 외에 관광상륙허가의 기준과 절차에 관하여 필요한 사항은 대통령령으로 정한다.

〔본조신설 2012·1·26〕

제15조(긴급상륙허가) ① 출입국관리공무원은 선박등에 타고 있는 외국인(승무원을 포함한다)이 질병이나 그 밖의 사고로 긴급히 상륙할 필요가 있다고 인정되면 그 선박등의 장이나 운수업자의 신청을 받아 30일의 범위에서 긴급상륙을 허가할 수 있다.

② 제1항의 경우에는 제14조제3항 및 제5항을 준용한다. 이 경우 "승무원 상륙허가서"는 "긴급상륙허가서"로, "승무원 상륙허가"는 "긴급상륙허가"로 본다.

③ 선박등의 장이나 운수업자는 긴급상륙한

사람의 생활비·치료비·장례비와 그 밖에 상륙 중에 발생한 모든 비용을 부담하여야 한다.
〔전부개정 2010·5·14〕

제16조(재난상륙허가) ① 지방출입국·외국인관서의 장은 조난을 당한 선박등에 타고 있는 외국인(승무원을 포함한다)을 긴급히 구조할 필요가 있다고 인정하면 그 선박등의 장, 운수업자, 「수상에서의 수색·구조 등에 관한 법률」에 따른 구호업무 집행자 또는 그 외국인을 구조한 선박등의 장의 신청에 의하여 30일의 범위에서 재난상륙허가를 할 수 있다. <개정 2014·3·18, 2015·7·24>
② 제1항의 경우에는 제14조제3항 및 제5항을 준용한다. 이 경우 "승무원 상륙허가서"는 "재난상륙허가서"로, "승무원 상륙허가"는 "재난상륙허가"로 본다.
③ 재난상륙허가를 받은 사람의 상륙 중 생활비 등에 관하여는 제15조제3항을 준용한다. 이 경우 "긴급상륙"은 "재난상륙"으로 본다.
〔전부개정 2010·5·14〕

제16조의2(난민 임시상륙허가) ① 지방출입국·외국인관서의 장은 선박등에 타고 있는 외국인이 「난민법」 제2조제1호에 규정된 이유나 그 밖에 이에 준하는 이유로 그 생명·신체 또는 신체의 자유를 침해받을 공포가 있는 영역에서 도피하여 곧바로 대한민국에 비호(庇護)를 신청하는 경우 그 외국인을 상륙시킬 만한 상당한 이유가 있다고 인정되면 법무부장관의 승인을 받아 90일의 범위에서 난민 임시상륙허가를 할 수 있다. 이 경우 법무부장관은 외교부장관과 협의하여야 한다. <개정 2012·2·10, 2013·3·23, 2014·3·18>
② 제1항의 경우에는 제14조제3항 및 제5항을 준용한다. 이 경우 "승무원 상륙허가서"는 "난민 임시상륙허가서"로, "승무원 상륙허가"는 "난민 임시상륙허가"로 본다.
③ 제1항에 따라 비호를 신청한 외국인의 지문 및 얼굴에 관한 정보의 제공 등에 관하여는 제12조의2를 준용한다.
〔전부개정 2010·5·14〕

제4장 외국인의 체류와 출국

제1절 외국인의 체류

제17조(외국인의 체류 및 활동범위) ① 외국인은 그 체류자격과 체류기간의 범위에서 대한민국에 체류할 수 있다.
② 대한민국에 체류하는 외국인은 이 법 또는 다른 법률에서 정하는 경우를 제외하고는 정치활동을 하여서는 아니 된다.
③ 법무부장관은 대한민국에 체류하는 외국인이 정치활동을 하였을 때에는 그 외국인에게 서면으로 그 활동의 중지명령이나 그 밖에 필요한 명령을 할 수 있다.
〔전부개정 2010·5·14〕

제18조(외국인 고용의 제한) ① 외국인이 대한민국에서 취업하려면 대통령령으로 정하는 바에 따라 취업활동을 할 수 있는 체류자격을 받아야 한다.
② 제1항에 따른 체류자격을 가진 외국인은 지정된 근무처가 아닌 곳에서 근무하여서는 아니 된다.
③ 누구든지 제1항에 따른 체류자격을 가지지 아니한 사람을 고용하여서는 아니 된다.
④ 누구든지 제1항에 따른 체류자격을 가지지 아니한 사람의 고용을 알선하거나 권유하여서는 아니 된다.
⑤ 누구든지 제1항에 따른 체류자격을 가지지 아니한 사람의 고용을 알선할 목적으로 그를 자기 지배하에 두는 행위를 하여서는 아니 된다.
〔전부개정 2010·5·14〕

제19조(외국인을 고용한 자 등의 신고의무) ① 제18조제1항에 따라 취업활동을 할 수 있는 체류자격을 가지고 있는 외국인을 고용한 자는 다음 각 호의 어느 하나에 해당하는 사유가 발생하면 대통령령으로 정하는 바에 따라 15일 이내에 지방출입국·외국인관서의 장에게 신고하여야 한다. <개정 2014·3·18, 2020·6·9>
1. 외국인을 해고하거나 외국인이 퇴직 또는 사망한 경우

2. 고용된 외국인의 소재를 알 수 없게 된 경우
3. 고용계약의 중요한 내용을 변경한 경우

② 제19조의2에 따라 외국인에게 산업기술을 연수시키는 업체의 장에 대하여는 제1항을 준용한다.

③「외국인근로자의 고용 등에 관한 법률」의 적용을 받는 외국인을 고용한 자가 제1항에 따른 신고를 한 경우 그 신고사실이 같은 법 제17조제1항에 따른 신고사유에 해당하는 때에는 같은 항에 따른 신고를 한 것으로 본다. <신설 2014·10·15>

④ 제1항에 따라 신고를 받은 지방출입국·외국인관서의 장은 그 신고사실이 제3항에 해당하는 경우 지체 없이 외국인을 고용한 자의 소재지를 관할하는「직업안정법」제2조의2제1호에 따른 직업안정기관의 장에게 통보하여야 한다. <신설 2014·10·15>

〔전부개정 2010·5·14〕

제19조의2(외국인의 기술연수활동) ① 법무부장관은 외국에 직접투자한 산업체, 외국에 기술·산업설비를 수출하는 산업체 등 지정된 산업체의 모집에 따라 국내에서 기술연수활동을 하는 외국인(이하 "기술연수생"이라 한다)의 적정한 연수활동을 지원하기 위하여 필요한 조치를 하여야 한다. <개정 2012·1·26>

② 제1항에 따른 산업체의 지정, 기술연수생의 모집·입국 등에 필요한 사항은 대통령령으로 정한다. <개정 2012·1·26>

③ 기술연수생의 연수장소 이탈 여부, 연수목적 외의 활동 여부, 그 밖에 허가조건의 위반 여부 등에 관한 조사 및 출국조치 등 기술연수생의 관리에 필요한 사항은 법무부장관이 따로 정한다. <개정 2012·1·26>

〔전부개정 2010·5·14〕

제19조의3 삭제 <2010·5·14>

제19조의4(외국인유학생의 관리 등) ① 제10조에 따른 체류자격 중 유학이나 연수활동을 할 수 있는 체류자격을 가지고 있는 외국인(이하 "외국인유학생"이라 한다)이 재학 중이거나 연수 중인 학교(「고등교육법」제2조 각 호에 따른 학교를 말한다. 이하 같다)의 장은 그 외국인유학생의 관리를 담당하는 직원을 지정하고 이를 지방출입국·외국인관서의 장에게 알려야 한다. <개정 2014·3·18, 2018·3·20>

② 제1항에 따른 학교의 장은 다음 각 호의 어느 하나에 해당하는 사유가 발생하면 대통령령으로 정하는 바에 따라 15일 이내에 지방출입국·외국인관서의 장에게 신고(정보통신망에 의한 신고를 포함한다)하여야 한다. <개정 2014·3·18, 2020·6·9>

1. 입학하거나 연수허가를 받은 외국인유학생이 매 학기 등록기한까지 등록을 하지 아니하거나 휴학을 한 경우
2. 제적·연수중단 또는 행방불명 등의 사유로 외국인유학생의 유학이나 연수가 끝난 경우

③ 외국인유학생의 관리에 필요한 사항은 대통령령으로 정한다.

〔전부개정 2010·5·14〕

제20조(체류자격 외 활동) 대한민국에 체류하는 외국인이 그 체류자격에 해당하는 활동과 함께 다른 체류자격에 해당하는 활동을 하려면 대통령령으로 정하는 바에 따라 미리 법무부장관의 체류자격 외 활동허가를 받아야 한다. <개정 2020·6·9>

〔전부개정 2010·5·14〕

제21조(근무처의 변경·추가) ① 대한민국에 체류하는 외국인이 그 체류자격의 범위에서 그의 근무처를 변경하거나 추가하려면 대통령령으로 정하는 바에 따라 미리 법무부장관의 허가를 받아야 한다. 다만, 전문적인 지식·기술 또는 기능을 가진 사람으로서 대통령령으로 정하는 사람은 근무처를 변경하거나 추가한 날부터 15일 이내에 대통령령으로 정하는 바에 따라 법무부장관에게 신고하여야 한다. <개정 2020·6·9>

② 누구든지 제1항 본문에 따른 근무처의 변경허가·추가허가를 받지 아니한 외국인을 고용하거나 고용을 알선하여서는 아니 된다. 다만, 다른 법률에 따라 고용을 알선하는 경우에는 그러하지 아니하다.

③ 제1항 단서에 해당하는 사람에 대하여는 제18조제2항을 적용하지 아니한다.

〔전부개정 2010·5·14〕

제22조(활동범위의 제한) 법무부장관은 공공의 안녕질서나 대한민국의 중요한 이익을 위하여 필요하다고 인정하면 대한민국에 체류하는 외국인에 대하여 거소(居所) 또는 활동의 범위를 제한하거나 그 밖에 필요한 준수사항을 정할 수 있다.
〔전부개정 2010·5·14〕

제23조(체류자격 부여) ① 다음 각 호의 어느 하나에 해당하는 외국인이 제10조에 따른 체류자격을 가지지 못하고 대한민국에 체류하게 되는 경우에는 다음 각 호의 구분에 따른 기간 이내에 대통령령으로 정하는 바에 따라 체류자격을 받아야 한다.

1. 대한민국에서 출생한 외국인 : 출생한 날부터 90일
2. 대한민국에서 체류 중 대한민국의 국적을 상실하거나 이탈하는 등 그 밖의 사유가 발생한 외국인 : 그 사유가 발생한 날부터 60일

② 제1항에 따른 체류자격 부여의 심사기준은 법무부령으로 정한다.
〔전부개정 2020·6·9〕

제24조(체류자격 변경허가) ① 대한민국에 체류하는 외국인이 그 체류자격과 다른 체류자격에 해당하는 활동을 하려면 대통령령으로 정하는 바에 따라 미리 법무부장관의 체류자격 변경허가를 받아야 한다. <개정 2020·6·9>
② 제31조제1항 각 호의 어느 하나에 해당하는 사람으로서 그 신분이 변경되어 체류자격을 변경하려는 사람은 신분이 변경된 날부터 30일 이내에 법무부장관의 체류자격 변경허가를 받아야 한다.
③ 제1항에 따른 체류자격 변경허가의 심사기준은 법무부령으로 정한다. <신설 2020·6·9>
〔전부개정 2010·5·14〕

제25조(체류기간 연장허가) ① 외국인이 체류기간을 초과하여 계속 체류하려면 대통령령으로 정하는 바에 따라 체류기간이 끝나기 전에 법무부장관의 체류기간 연장허가를 받아야 한다.
② 제1항에 따른 체류기간 연장허가의 심사기준은 법무부령으로 정한다. <신설 2020·6·9>
〔전부개정 2010·5·14〕

제25조의2(결혼이민자 등에 대한 특칙) ① 법무부장관은 다음 각 호의 어느 하나에 해당하는 외국인이 체류기간 연장허가를 신청하는 경우에는 해당 재판 등의 권리구제 절차가 종료할 때까지 체류기간 연장을 허가할 수 있다.

1. 「가정폭력범죄의 처벌 등에 관한 특례법」 제2조제1호의 가정폭력을 이유로 법원의 재판, 수사기관의 수사 또는 그 밖의 법률에 따른 권리구제 절차가 진행 중인 대한민국 국민의 배우자인 외국인
2. 「성폭력범죄의 처벌 등에 관한 특례법」 제2조제1항의 성폭력범죄를 이유로 법원의 재판, 수사기관의 수사 또는 그 밖의 법률에 따른 권리구제 절차가 진행 중인 외국인
3. 「아동학대범죄의 처벌 등에 관한 특례법」 제2조제4호의 아동학대범죄를 이유로 법원의 재판, 수사기관의 수사 또는 그 밖의 법률에 따른 권리구제 절차가 진행 중인 외국인 아동 및 「아동복지법」 제3조제3호의 보호자(아동학대행위자는 제외한다)
4. 「인신매매등방지 및 피해자보호 등에 관한 법률」 제3조의 인신매매등피해자로서 법원의 재판, 수사기관의 수사 또는 그 밖의 법률에 따른 권리구제 절차가 진행 중인 외국인

② 법무부장관은 제1항에 따른 체류 연장기간 만료 이후에도 피해 회복 등을 위하여 필요하다고 인정하는 경우에는 체류기간 연장을 허가할 수 있다.
〔전부개정 2022·12·13〕

제25조의3 및 **제25조의4** 삭제 <2022·12·13>

제25조의5(국가비상사태 등에 있어서 체류기간 연장허가에 대한 특칙) ① 법무부장관은 대한민국 또는 다른 국가의 전시, 사변, 전염병 확산, 천재지변 또는 이에 준하는 비상사태나 위기에 따른 국경의 폐쇄, 장기적인 항공기 운항 중단 등으로 인하여 외국인의 귀책사유 없이 출국이 제한된 경우에는 이 법 또는 다른 법률의 규정에도 불구하고

직권으로 또는 외국인의 신청에 따라 체류기간 연장을 허가할 수 있다.
② 제1항에 따른 체류기간 연장허가의 심사기준은 법무부령으로 정한다.
③ 법무부장관은 제1항에 따른 체류 연장기간 만료 이후에도 필요하다고 인정하는 경우 체류기간 연장을 허가할 수 있다.
[본조신설 2022·2·3]

제26조(허위서류 제출 등의 금지) 누구든지 제20조, 제21조, 제23조부터 제25조까지, 제25조의2, 제25조의3 및 제25조의4에 따른 허가 신청과 관련하여 다음 각 호의 어느 하나에 해당하는 행위를 해서는 아니 된다. <개정 2019·4·23>
1. 위조·변조된 문서 등을 입증자료로 제출하거나 거짓 사실이 적힌 신청서 등을 제출하는 등 부정한 방법으로 신청하는 행위
2. 제1호의 행위를 알선·권유하는 행위
[본조신설 2016·3·29]

제27조(여권등의 휴대 및 제시) ① 대한민국에 체류하는 외국인은 항상 여권·선원신분증명서·외국인입국허가서·외국인등록증·모바일외국인등록증 또는 상륙허가서(이하 "여권등"이라 한다)를 지니고 있어야 한다. 다만, 17세 미만인 외국인의 경우에는 그러하지 아니하다. <개정 2023·6·13>
② 제1항 본문의 외국인은 출입국관리공무원이나 권한 있는 공무원이 그 직무수행과 관련하여 여권등의 제시를 요구하면 여권등을 제시하여야 한다.
[전부개정 2010·5·14]

제2절 외국인의 출국

제28조(출국심사) ① 외국인이 출국할 때에는 유효한 여권을 가지고 출국하는 출입국항에서 출입국관리공무원의 출국심사를 받아야 한다.
② 제1항의 경우에 출입국항이 아닌 장소에서의 출국심사에 관하여는 제3조제1항 단서를 준용한다.
③ 제1항과 제2항의 경우에 위조되거나 변조된 외국인의 여권·선원신분증명서에 관하여는 제5조를 준용한다. <개정 2014·12·30>
④ 제1항과 제2항의 경우에 선박등의 출입에 관하여는 제12조제6항을 준용한다.
⑤ 외국인의 출국심사에 관하여는 제3조제2항을 준용한다.
⑥ 출입국관리공무원은 제12조의2제1항 또는 제3항에 따라 제공 또는 제출받은 생체정보를 출국심사에 활용할 수 있다. <신설 2016·3·29, 2020·6·9>
[전부개정 2010·5·14]

제29조(외국인 출국의 정지) ① 법무부장관은 제4조제1항 또는 제2항 각 호의 어느 하나에 해당하는 외국인에 대하여는 출국을 정지할 수 있다. <개정 2011·7·18>
② 제1항의 경우에 제4조제3항부터 제5항까지와 제4조의2부터 제4조의5까지의 규정을 준용한다. 이 경우 "출국금지"는 "출국정지"로 본다. <개정 2011·7·18, 2018·3·20>
[전부개정 2010·5·14]

제29조의2(외국인 긴급출국정지) ① 수사기관은 범죄 피의자인 외국인이 제4조의6제1항에 해당하는 경우에는 제29조제2항에도 불구하고 출국심사를 하는 출입국관리공무원에게 출국정지를 요청할 수 있다.
② 제1항에 따른 외국인의 출국정지에 관하여는 제4조의6제2항부터 제6항까지의 규정을 준용한다. 이 경우 "출국금지"는 "출국정지"로, "긴급출국금지"는 "긴급출국정지"로 본다.
[본조신설 2018·3·20]

제30조(재입국허가) ① 법무부장관은 제31조에 따라 외국인등록을 하거나 그 등록이 면제된 외국인이 체류기간 내에 출국하였다가 재입국하려는 경우 그의 신청을 받아 재입국을 허가할 수 있다. 다만, 영주자격을 가진 사람과 재입국허가를 면제하여야 할 상당한 이유가 있는 사람으로서 법무부령으로 정하는 사람에 대하여는 재입국허가를 면제할 수 있다. <개정 2018·3·20>
② 제1항에 따른 재입국허가는 한 차례만 재입국할 수 있는 단수재입국허가와 2회 이

상 재입국할 수 있는 복수재입국허가로 구분한다.
③ 외국인이 질병이나 그 밖의 부득이한 사유로 제1항에 따라 허가받은 기간 내에 재입국할 수 없는 경우에는 그 기간이 끝나기 전에 법무부장관의 재입국허가기간 연장허가를 받아야 한다.
④ 법무부장관은 재입국허가기간 연장허가에 관한 권한을 대통령령으로 정하는 바에 따라 재외공관의 장에게 위임할 수 있다.
⑤ 재입국허가 및 그 기간의 연장허가와 재입국허가의 면제에 관한 기준과 절차는 법무부령으로 정한다.
〔전부개정 2010·5·14〕

제5장 외국인의 등록 및 사회통합 프로그램

제1절 외국인의 등록

제31조(외국인등록) ① 외국인이 입국한 날부터 90일을 초과하여 대한민국에 체류하려면 대통령령으로 정하는 바에 따라 입국한 날부터 90일 이내에 그의 체류지를 관할하는 지방출입국·외국인관서의 장에게 외국인등록을 하여야 한다. 다만, 다음 각 호의 어느 하나에 해당하는 외국인의 경우에는 그러하지 아니하다. <개정 2014·3·18>
1. 주한외국공관(대사관과 영사관을 포함한다)과 국제기구의 직원 및 그의 가족
2. 대한민국정부와의 협정에 따라 외교관 또는 영사와 유사한 특권 및 면제를 누리는 사람과 그의 가족
3. 대한민국정부가 초청한 사람 등으로서 법무부령으로 정하는 사람

② 제1항에도 불구하고 같은 항 각 호의 어느 하나에 해당하는 외국인은 본인이 원하는 경우 체류기간 내에 외국인등록을 할 수 있다. <신설 2016·3·29>
③ 제23조에 따라 체류자격을 받는 사람으로서 그 날부터 90일을 초과하여 체류하게 되는 사람은 제1항 각 호 외의 부분 본문에도 불구하고 체류자격을 받는 때에 외국인등록을 하여야 한다. <개정 2016·3·29>
④ 제24조에 따라 체류자격 변경허가를 받는 사람으로서 입국한 날부터 90일을 초과하여 체류하게 되는 사람은 제1항 각 호 외의 부분 본문에도 불구하고 체류자격 변경허가를 받는 때에 외국인등록을 하여야 한다. <개정 2016·3·29>
⑤ 지방출입국·외국인관서의 장은 제1항부터 제4항까지의 규정에 따라 외국인등록을 한 사람에게는 대통령령으로 정하는 방법에 따라 개인별로 고유한 등록번호(이하 "외국인등록번호"라 한다)를 부여하여야 한다.
<개정 2014·3·18, 2016·3·29>
〔전부개정 2010·5·14〕

제32조(외국인등록사항) 제31조에 따른 외국인등록사항은 다음과 같다.
1. 성명, 성별, 생년월일 및 국적
2. 여권의 번호·발급일자 및 유효기간
3. 근무처와 직위 또는 담당업무
4. 본국의 주소와 국내 체류지
5. 체류자격과 체류기간
6. 제1호부터 제5호까지에서 규정한 사항 외에 법무부령으로 정하는 사항

〔전부개정 2010·5·14〕

제33조(외국인등록증의 발급 등) ① 제31조에 따라 외국인등록을 받은 지방출입국·외국인관서의 장은 대통령령으로 정하는 바에 따라 그 외국인에게 외국인등록증을 발급하여야 한다. 다만, 그 외국인이 17세 미만인 경우에는 발급하지 아니할 수 있다. <개정 2014·3·18>
② 제1항 단서에 따라 외국인등록증을 발급받지 아니한 외국인이 17세가 된 때에는 90일 이내에 체류지 관할 지방출입국·외국인관서의 장에게 외국인등록증 발급신청을 하여야 한다. <개정 2014·3·18>
③ 영주자격을 가진 외국인에게 발급하는 외국인등록증(이하 "영주증"이라 한다)의 유효기간은 10년으로 한다. <신설 2018·3·20>
④ 영주증을 발급받은 사람은 유효기간이 끝나기 전까지 영주증을 재발급받아야 한다.
<신설 2018·3·20>
⑤ 제4항에 따른 영주증의 재발급 절차 등

에 필요한 사항은 대통령령으로 정한다. <신설 2018·3·20>

⑥ 지방출입국·외국인관서의 장은 제1항에 따라 외국인등록증을 발급받은 외국인에게 외국인등록증과 동일한 효력을 가진 모바일외국인등록증(「전기통신사업법」 제2조제20호에 따른 이동통신단말장치에 암호화된 형태로 설치된 외국인등록증을 말한다. 이하 같다)을 발급할 수 있다. <신설 2023·6·13, 2025·1·21>

⑦ 법무부장관은 법무부령으로 정하는 바에 따라 모바일외국인등록증 발급 등을 위하여 정보시스템을 구축·운영할 수 있다. <신설 2023·6·13>

⑧ 제6항에 따른 모바일외국인등록증의 발급, 규격, 유효기간 및 효력 말소 등에 관한 사항은 법무부령으로 정한다. <신설 2023·6·13>

〔전부개정 2010·5·14〕

제33조의2(영주증 재발급에 관한 특례 등) ① 제33조에도 불구하고 이 법(법률 제15492호 출입국관리법 일부개정법률을 말한다. 이하 이 조에서 같다) 시행 당시 종전의 규정에 따라 영주자격을 가진 사람은 다음 각 호의 구분에 따른 기간 내에 체류지 관할 지방출입국·외국인관서의 장에게 영주증을 재발급받아야 한다.

1. 이 법 시행 당시 영주자격을 취득한 날부터 10년이 경과한 사람 : 이 법 시행일부터 2년 이내
2. 이 법 시행 당시 영주자격을 취득한 날부터 10년이 경과하지 아니한 사람 : 10년이 경과한 날부터 2년 이내

② 체류지 관할 지방출입국·외국인관서의 장은 제1항 각 호에 해당하는 사람에게 영주증 재발급 신청기한 등이 적힌 영주증 재발급 통지서를 지체 없이 송부하여야 한다. 다만, 소재불명 등으로 영주증 재발급 통지서를 송부하기 어려운 경우에는 관보에 공고하여야 한다.

③ 제33조제3항에도 불구하고 이 법 시행 당시 종전의 규정에 따라 영주자격을 가진 사람의 영주증은 제1항에 따라 영주증을 재발급받기 전까지 유효한 것으로 본다.

④ 제1항에 따른 영주증의 재발급 절차 등에 필요한 사항은 대통령령으로 정한다.

〔본조신설 2018·3·20〕

제33조의3(외국인등록증 등의 채무이행 확보수단 제공 등의 금지) 누구든지 다음 각 호의 어느 하나에 해당하는 행위를 하여서는 아니 된다. <개정 2016·3·29, 2023·6·13>

1. 외국인의 여권이나 외국인등록증을 취업에 따른 계약 또는 채무이행의 확보수단으로 제공받거나 그 제공을 강요 또는 알선하는 행위
2. 제31조제5항에 따른 외국인등록번호를 거짓으로 생성하여 자기 또는 다른 사람의 재물이나 재산상의 이익을 위하여 사용하거나 이를 알선하는 행위
3. 외국인등록번호나 모바일외국인등록증을 거짓으로 만드는 프로그램을 다른 사람에게 전달하거나 유포 또는 이를 알선하는 행위
4. 다른 사람의 외국인등록증이나 모바일외국인등록증을 부정하게 사용하거나 자기의 외국인등록증이나 모바일외국인등록증을 부정하게 사용한다는 사정을 알면서 다른 사람에게 제공하는 행위 또는 이를 각각 알선하는 행위
5. 다른 사람의 외국인등록번호를 자기 또는 다른 사람의 재물이나 재산상의 이익을 위하여 부정하게 사용하거나 이를 알선하는 행위

〔전부개정 2010·5·14〕

제34조(외국인등록표 등의 작성 및 관리) ① 제31조에 따라 외국인등록을 받은 지방출입국·외국인관서의 장은 등록외국인기록표를 작성·비치하고, 외국인등록표를 작성하여 그 외국인이 체류하는 시(「제주특별자치도 설치 및 국제자유도시 조성을 위한 특별법」 제10조에 따른 행정시를 포함하며, 특별시와 광역시는 제외한다. 이하 같다)·군·구(자치구가 아닌 구를 포함한다. 이하 이 조, 제36조 및 제37조에서 같다) 및 읍·면·동의 장에게 보내야 한다. <개정 2012·1·26, 2014·3·18, 2015·7·24, 2018·3·20>

② 시·군·구 및 읍·면·동의 장은 제1항에 따라 외국인등록표를 받았을 때에는 그 등록사항을 외국인등록대장에 적어 관리하

여야 한다. <개정 2018·3·20>

③ 등록외국인기록표, 외국인등록표 및 외국인등록대장의 작성과 관리에 필요한 사항은 대통령령으로 정한다.

〔전부개정 2010·5·14〕

제35조(외국인등록사항의 변경신고) 제31조에 따라 등록을 한 외국인은 다음 각 호의 어느 하나에 해당하는 사항이 변경되었을 때에는 대통령령으로 정하는 바에 따라 15일 이내에 체류지 관할 지방출입국·외국인관서의 장에게 외국인등록사항 변경신고를 하여야 한다. <개정 2014·3·18, 2020·6·9>

1. 성명, 성별, 생년월일 및 국적
2. 여권의 번호, 발급일자 및 유효기간
3. 제1호 및 제2호에서 규정한 사항 외에 법무부령으로 정하는 사항

〔전부개정 2010·5·14〕

제36조(체류지 변경의 신고) ① 제31조에 따라 등록을 한 외국인이 체류지를 변경하였을 때에는 대통령령으로 정하는 바에 따라 전입한 날부터 15일 이내에 새로운 체류지의 시·군·구 또는 읍·면·동의 장이나 그 체류지를 관할하는 지방출입국·외국인관서의 장에게 전입신고를 하여야 한다. <개정 2014·3·18, 2016·3·29, 2018·3·20, 2020·6·9>

② 외국인이 제1항에 따른 신고를 할 때에는 외국인등록증을 제출하여야 한다. 이 경우 시·군·구 또는 읍·면·동의 장이나 지방출입국·외국인관서의 장은 그 외국인등록증에 체류지 변경사항을 적은 후 돌려주어야 한다. <개정 2014·3·18, 2016·3·29>

③ 제1항에 따라 전입신고를 받은 지방출입국·외국인관서의 장은 지체 없이 새로운 체류지의 시·군·구 또는 읍·면·동의 장에게 체류지 변경 사실을 통보하여야 한다. <개정 2014·3·18, 2016·3·29>

④ 제1항에 따라 직접 전입신고를 받거나 제3항에 따라 지방출입국·외국인관서의 장으로부터 체류지 변경통보를 받은 시·군·구 또는 읍·면·동의 장은 지체 없이 종전 체류지의 시·군·구 또는 읍·면·동의 장에게 체류지 변경신고서 사본을 첨부하여 외국인등록표의 이송을 요청하여야 한다. <개정 2014·3·18, 2016·3·29>

⑤ 제4항에 따라 외국인등록표 이송을 요청받은 종전 체류지의 시·군·구 또는 읍·면·동의 장은 이송을 요청받은 날부터 3일 이내에 새로운 체류지의 시·군·구 또는 읍·면·동의 장에게 외국인등록표를 이송하여야 한다. <개정 2016·3·29>

⑥ 제5항에 따라 외국인등록표를 이송받은 시·군·구 또는 읍·면·동의 장은 신고인의 외국인등록표를 정리하고 제34조제2항에 따라 관리하여야 한다. <개정 2016·3·29>

⑦ 제1항에 따라 전입신고를 받은 시·군·구 또는 읍·면·동의 장이나 지방출입국·외국인관서의 장은 대통령령으로 정하는 바에 따라 그 사실을 지체 없이 종전 체류지를 관할하는 지방출입국·외국인관서의 장에게 통보하여야 한다. <개정 2014·3·18, 2016·3·29>

⑧ 제2항에도 불구하고 제33조제6항에 따라 모바일외국인등록증을 발급받은 자가 「민원 처리에 관한 법률」 제12조의2에 따라 전자민원창구를 이용하는 경우에는 체류지 변경사항을 모바일외국인등록증에 수록하는 것으로 제2항 후단에 따라 외국인등록증에 위 사항을 기재하는 것을 갈음할 수 있다. <신설 2023·6·13>

〔전부개정 2010·5·14〕

제37조(외국인등록증의 반납 등) ① 제31조에 따라 등록을 한 외국인이 출국할 때에는 출입국관리공무원에게 외국인등록증을 반납하여야 한다. 다만, 다음 각 호의 어느 하나에 해당하는 경우에는 그러하지 아니하다.

1. 재입국허가를 받고 일시 출국하였다가 그 허가기간 내에 다시 입국하려는 경우
2. 복수사증 소지자나 재입국허가 면제대상 국가의 국민으로서 일시 출국하였다가 허가된 체류기간 내에 다시 입국하려는 경우
3. 난민여행증명서를 발급받고 일시 출국하였다가 그 유효기간 내에 다시 입국하려는 경우

② 제31조에 따라 등록을 한 외국인이 국민이 되거나 사망한 경우 또는 제31조제1항

각 호의 어느 하나에 해당하게 된 경우(같은 조 제2항에 따라 외국인등록을 한 경우는 제외한다)에는 대통령령으로 정하는 바에 따라 외국인등록증을 반납하여야 한다. <개정 2016·3·29>

③ 지방출입국·외국인관서의 장은 제1항이나 제2항에 따라 외국인등록증을 반납받으면 대통령령으로 정하는 바에 따라 그 사실을 지체 없이 체류지의 시·군·구 및 읍·면·동의 장에게 통보하여야 한다. <개정 2014·3·18, 2018·3·20>

④ 지방출입국·외국인관서의 장은 대한민국의 이익을 위하여 필요하다고 인정하면 제1항 각 호의 어느 하나에 해당하는 외국인의 외국인등록증을 일시 보관할 수 있다. <개정 2014·3·18>

⑤ 제4항의 경우 그 외국인이 허가된 기간 내에 다시 입국하였을 때에는 15일 이내에 지방출입국·외국인관서의 장으로부터 외국인등록증을 돌려받아야 하고, 그 허가받은 기간 내에 다시 입국하지 아니하였을 때에는 제1항에 따라 외국인등록증을 반납한 것으로 본다. <개정 2014·3·18, 2020·6·9>

[전부개정 2010·5·14]

제37조의2(외국인등록사항의 말소) ① 지방출입국·외국인관서의 장은 제31조에 따라 등록을 한 외국인이 다음 각 호의 어느 하나에 해당하는 경우에는 제32조에 따른 외국인등록사항을 말소할 수 있다.

1. 제37조제1항 또는 제2항에 따라 외국인등록증을 반납한 경우
2. 출국 후 재입국허가기간(재입국허가를 면제받은 경우에는 면제받은 기간 또는 체류허가기간) 내에 입국하지 아니한 경우
3. 그 밖에 출입국관리공무원이 직무수행 중 제1호 또는 제2호에 준하는 말소 사유를 발견한 경우

② 제1항에 따른 외국인등록사항의 말소 절차에 관하여 필요한 사항은 대통령령으로 정한다.

[본조신설 2016·3·29]

제38조(생체정보의 제공 등) ① 다음 각 호의 어느 하나에 해당하는 외국인은 법무부령으로 정하는 바에 따라 생체정보를 제공하여야 한다. <개정 2016·3·29, 2020·6·9>

1. 다음 각 목의 어느 하나에 해당하는 사람으로서 17세 이상인 사람
   가. 제31조에 따라 외국인등록을 하여야 하는 사람(같은 조 제2항에 따라 외국인등록을 하려는 사람은 제외한다)
   나. 「재외동포의 출입국과 법적 지위에 관한 법률」 제6조에 따라 국내거소신고를 하려는 사람
2. 이 법을 위반하여 조사를 받거나 그 밖에 다른 법률을 위반하여 수사를 받고 있는 사람
3. 신원이 확실하지 아니한 사람
4. 제1호부터 제3호까지에서 규정한 사람 외에 법무부장관이 대한민국의 안전이나 이익 또는 해당 외국인의 안전이나 이익을 위하여 특히 필요하다고 인정하는 사람

② 지방출입국·외국인관서의 장은 제1항에 따른 생체정보의 제공을 거부하는 외국인에게는 체류기간 연장허가 등 이 법에 따른 허가를 하지 아니할 수 있다. <개정 2014·3·18, 2020·6·9>

③ 법무부장관은 제1항에 따라 제공받은 생체정보를 「개인정보 보호법」에 따라 보유하고 관리한다. <개정 2011·3·29, 2020·6·9>

[전부개정 2010·5·14]

제38조의2(생체정보의 공동이용) ① 법무부장관은 관계 기관이 선박등의 탑승권 발급, 출입국항의 보호구역 진입 및 선박 등의 탑승 등의 업무를 위하여 요청하는 경우에는 이 법에 따라 수집·처리한 생체정보를 제공할 수 있다.

② 제1항에 따라 생체정보를 제공받은 기관은 그 생체정보를 「개인정보 보호법」에 따라 처리하여야 한다.

[본조신설 2020·6·9]

제2절 사회통합 프로그램

제39조(사회통합 프로그램) ① 법무부장관은 대한민국 국적, 영주자격 등을 취득하려는

외국인의 사회적응을 지원하기 위하여 교육, 정보 제공, 상담 등의 사회통합 프로그램(이하 "사회통합 프로그램"이라 한다)을 시행할 수 있다. <개정 2018·3·20>

② 법무부장관은 사회통합 프로그램을 효과적으로 시행하기 위하여 필요한 전문인력 및 시설 등을 갖춘 기관, 법인 또는 단체를 사회통합 프로그램 운영기관으로 지정할 수 있다.

③ 법무부장관은 대통령령으로 정하는 바에 따라 사회통합 프로그램의 시행에 필요한 전문인력을 양성할 수 있다.

④ 국가와 지방자치단체는 다음 각 호의 경비의 전부 또는 일부를 예산의 범위에서 지원할 수 있다.

1. 제2항에 따라 지정된 운영기관의 업무 수행에 필요한 경비
2. 제3항에 따른 전문인력 양성에 필요한 경비

⑤ 사회통합 프로그램의 내용 및 개발, 운영기관의 지정·관리 및 지정 취소, 그 밖에 사회통합 프로그램의 운영에 필요한 사항은 대통령령으로 정한다.

〔본조신설 2012·1·26〕

제40조(사회통합 프로그램 이수자에 대한 우대) 법무부장관은 사증 발급, 체류 관련 각종 허가 등을 할 때에 이 법 또는 관계 법령에서 정하는 바에 따라 사회통합 프로그램 이수자를 우대할 수 있다.

〔본조신설 2012·1·26〕

제41조(사회통합 자원봉사위원) ① 법무부장관은 외국인의 사회통합을 지원하기 위하여 법무부령으로 정하는 바에 따라 지방출입국·외국인관서에 사회통합 자원봉사위원(이하 "사회통합위원"이라 한다)을 둘 수 있다.

② 사회통합위원은 다음 각 호의 직무를 수행한다.

1. 외국인 및 고용주 등의 법 준수를 위한 홍보활동
2. 외국인이 한국사회의 건전한 사회구성원으로 정착하기 위한 체류지원
3. 영주자격 및 국적을 취득하려는 자에 대한 지원
4. 그 밖에 대한민국 국민과 국내 체류 외국인의 사회통합을 위하여 법무부장관이 정하는 사항

③ 사회통합위원은 명예직으로 하되 직무수행에 필요한 비용의 전부 또는 일부를 지급할 수 있다.

④ 사회통합위원의 위촉 및 해촉, 정원, 자치 조직, 비용의 지급, 그 밖에 필요한 사항은 법무부령으로 정한다.

〔본조신설 2014·12·30〕

제42조부터 **제45조**까지 삭제 <1999·2·5>

제6장 강제퇴거 등

제1절 강제퇴거의 대상자

제46조(강제퇴거의 대상자) ① 지방출입국·외국인관서의 장은 이 장에 규정된 절차에 따라 다음 각 호의 어느 하나에 해당하는 외국인을 대한민국 밖으로 강제퇴거시킬 수 있다. <개정 2012·1·26, 2014·3·18, 2016·3·29, 2018·3·20, 2021·8·17>

1. 제7조를 위반한 사람
2. 제7조의2를 위반한 외국인 또는 같은 조에 규정된 허위초청 등의 행위로 입국한 외국인
3. 제11조제1항 각 호의 어느 하나에 해당하는 입국금지 사유가 입국 후에 발견되거나 발생한 사람
4. 제12조제1항·제2항 또는 제12조의3을 위반한 사람
5. 제13조제2항에 따라 지방출입국·외국인관서의 장이 붙인 허가조건을 위반한 사람
6. 제14조제1항, 제14조의2제1항, 제15조제1항, 제16조제1항 또는 제16조의2제1항에 따른 허가를 받지 아니하고 상륙한 사람
7. 제14조제3항(제14조의2제3항에 따라 준용되는 경우를 포함한다), 제15조제2항, 제16조제2항 또는 제16조의2제2항에 따라 지방출입국·외국인관서의 장 또는 출입국관리공무원이 붙인 허가조건을 위반한 사람

8. 제17조제1항·제2항, 제18조, 제20조, 제23조, 제24조 또는 제25조를 위반한 사람
9. 제21조제1항 본문을 위반하여 허가를 받지 아니하고 근무처를 변경·추가하거나 같은 조 제2항을 위반하여 외국인을 고용·알선한 사람
10. 제22조에 따라 법무부장관이 정한 거소 또는 활동범위의 제한이나 그 밖의 준수사항을 위반한 사람
10의2. 제26조를 위반한 외국인
11. 제28조제1항 및 제2항을 위반하여 출국하려고 한 사람
12. 제31조에 따른 외국인등록 의무를 위반한 사람
12의2. 제33조의3을 위반한 외국인
13. 금고 이상의 형을 선고받고 석방된 사람
14. 제76조의4제1항 각 호의 어느 하나에 해당하는 사람
15. 그 밖에 제1호부터 제10호까지, 제10호의2, 제11호, 제12호, 제12호의2, 제13호 또는 제14호에 준하는 사람으로서 법무부령으로 정하는 사람

② 영주자격을 가진 사람은 제1항에도 불구하고 대한민국 밖으로 강제퇴거되지 아니한다. 다만, 다음 각 호의 어느 하나에 해당하는 사람은 그러하지 아니하다. <개정 2018·3·20>

1. 「형법」 제2편제1장 내란의 죄 또는 제2장 외환의 죄를 범한 사람
2. 5년 이상의 징역 또는 금고의 형을 선고받고 석방된 사람 중 법무부령으로 정하는 사람
3. 제12조의3제1항 또는 제2항을 위반하거나 이를 교사(敎唆) 또는 방조(幇助)한 사람

〔전부개정 2010·5·14〕

제46조의2(강제퇴거집행 등에 대한 특칙) 지방출입국·외국인관서의 장은 제25조의2제1항 각 호의 어느 하나에 해당하는 외국인이 같은 항에 따른 법원의 재판, 수사기관의 수사 또는 그 밖의 법률에 따른 권리구제 절차가 진행 중일 때에는 제62조에 따른 강제퇴거명령서의 집행을 유예하거나 제65조에 따라 보증금을 예치시키고 주거의 제한이나 그 밖에 필요한 조건을 붙여 보호를 일시해제할 수 있다.

〔본조신설 2022·12·13〕

제2절 조사

제47조(조사) 출입국관리공무원은 제46조제1항 각 호의 어느 하나에 해당된다고 의심되는 외국인(이하 "용의자"라 한다)에 대하여는 그 사실을 조사할 수 있다.

〔전부개정 2010·5·14〕

제48조(용의자에 대한 출석요구 및 신문) ① 출입국관리공무원은 제47조에 따른 조사에 필요하면 용의자의 출석을 요구하여 신문(訊問)할 수 있다.

② 출입국관리공무원이 제1항에 따라 신문을 할 때에는 다른 출입국관리공무원을 참여하게 하여야 한다.

③ 제1항에 따른 신문을 할 때에는 용의자가 한 진술은 조서(調書)에 적어야 한다.

④ 출입국관리공무원은 제3항에 따른 조서를 용의자에게 읽어 주거나 열람하게 한 후 오기(誤記)가 있고 없음을 물어야 하고, 용의자가 그 내용에 대한 추가·삭제 또는 변경을 청구하면 그 진술을 조서에 적어야 한다.

⑤ 조서에는 용의자로 하여금 간인(間印)한 후 서명 또는 기명날인(記名捺印)하게 하고, 용의자가 서명 또는 기명날인할 수 없거나 이를 거부할 때에는 그 사실을 조서에 적어야 한다.

⑥ 국어가 통하지 아니하는 사람이나 청각장애인 또는 언어장애인의 진술은 통역인에게 통역하게 하여야 한다. 다만, 청각장애인이나 언어장애인에게는 문자로 묻거나 진술하게 할 수 있다.

⑦ 용의자의 진술 중 국어가 아닌 문자나 부호가 있으면 이를 번역하게 하여야 한다.

〔전부개정 2010·5·14〕

제49조(참고인에 대한 출석요구 및 진술) ① 출입국관리공무원은 제47조에 따른 조사에 필요하면 참고인에게 출석을 요구하여 그의 진술을 들을 수 있다.

② 참고인의 진술에 관하여는 제48조제2항부터 제7항까지의 규정을 준용한다.
〔전부개정 2010·5·14〕

제50조(검사 및 서류 등의 제출요구) 출입국관리공무원은 제47조에 따른 조사에 필요하면 용의자의 동의를 받아 그의 주거 또는 물건을 검사하거나 서류 또는 물건을 제출하도록 요구할 수 있다.
〔전부개정 2010·5·14〕

제3절 심사결정을 위한 보호

제51조(보호) ① 출입국관리공무원은 외국인이 제46조제1항 각 호의 어느 하나에 해당된다고 의심할 만한 상당한 이유가 있고 도주하거나 도주할 염려가 있으면 지방출입국·외국인관서의 장으로부터 보호명령서를 발급받아 그 외국인을 보호할 수 있다. <개정 2014·3·18>
② 제1항에 따른 보호명령서의 발급을 신청할 때에는 보호의 필요성을 인정할 수 있는 자료를 첨부하여 제출하여야 한다.
③ 출입국관리공무원은 외국인이 제46조제1항 각 호의 어느 하나에 해당된다고 의심할 만한 상당한 이유가 있고 도주하거나 도주할 염려가 있는 긴급한 경우에 지방출입국·외국인관서의 장으로부터 보호명령서를 발급받을 여유가 없을 때에는 그 사유를 알리고 긴급히 보호할 수 있다. <개정 2014·3·18>
④ 출입국관리공무원은 제3항에 따라 외국인을 긴급히 보호하면 즉시 긴급보호서를 작성하여 그 외국인에게 내보여야 한다.
⑤ 출입국관리공무원은 제3항에 따라 외국인을 보호한 경우에는 48시간 이내에 보호명령서를 발급받아 외국인에게 내보여야 하며, 보호명령서를 발급받지 못한 경우에는 즉시 보호를 해제하여야 한다.
〔전부개정 2010·5·14〕

제52조(보호기간 및 보호장소) ① 제51조에 따라 보호된 외국인의 강제퇴거 대상자 여부를 심사·결정하기 위한 보호기간은 10일 이내로 한다. 다만, 부득이한 사유가 있으면 지방출입국·외국인관서의 장의 허가를 받아 10일을 초과하지 아니하는 범위에서 한 차례만 연장할 수 있다. <개정 2014·3·18>
② 보호할 수 있는 장소는 외국인보호실, 외국인보호소 또는 그 밖에 법무부장관이 지정하는 장소(이하 "보호시설"이라 한다)로 한다.
〔전부개정 2010·5·14〕

제53조(보호명령서의 집행) 출입국관리공무원이 보호명령서를 집행할 때에는 용의자에게 보호명령서를 내보여야 한다.
〔전부개정 2010·5·14〕

제54조(보호의 통지) ① 출입국관리공무원은 용의자를 보호한 때에는 국내에 있는 그의 법정대리인·배우자·직계친족·형제자매·가족·변호인 또는 용의자가 지정하는 사람(이하 "법정대리인등"이라 한다)에게 3일 이내에 보호의 일시·장소 및 이유를 서면으로 통지하여야 한다. 다만, 법정대리인등이 없는 때에는 그 사유를 서면에 적고 통지하지 아니할 수 있다.
② 출입국관리공무원은 제1항에 따른 통지 외에 보호된 사람이 원하는 경우에는 긴급한 사정이나 그 밖의 부득이한 사유가 없으면 국내에 주재하는 그의 국적이나 시민권이 속하는 국가의 영사에게 보호의 일시·장소 및 이유를 통지하여야 한다.
〔전부개정 2010·5·14〕

제55조(보호에 대한 이의신청) ① 보호명령서에 따라 보호된 사람이나 그의 법정대리인등은 지방출입국·외국인관서의 장을 거쳐 법무부장관에게 보호에 대한 이의신청을 할 수 있다. <개정 2014·3·18>
② 법무부장관은 제1항에 따른 이의신청을 받은 경우 지체 없이 관계 서류를 심사하여 그 신청이 이유 없다고 인정되면 결정으로 기각하고, 이유 있다고 인정되면 결정으로 보호된 사람의 보호해제를 명하여야 한다.
③ 법무부장관은 제2항에 따른 결정에 앞서 필요하면 관계인의 진술을 들을 수 있다.
〔전부개정 2010·5·14〕

제56조(외국인의 일시보호) ① 출입국관리공무원은 다음 각 호의 어느 하나에 해당하는

외국인을 48시간을 초과하지 아니하는 범위에서 외국인보호실에 일시보호할 수 있다.
1. 제12조제 4 항에 따라 입국이 허가되지 아니한 사람
2. 제13조제 1 항에 따라 조건부 입국허가를 받은 사람으로서 도주하거나 도주할 염려가 있다고 인정할 만한 상당한 이유가 있는 사람
3. 제68조제 1 항에 따라 출국명령을 받은 사람으로서 도주하거나 도주할 염려가 있다고 인정할 만한 상당한 이유가 있는 사람

② 출입국관리공무원은 제 1 항에 따라 일시보호한 외국인을 출국교통편의 미확보, 질병, 그 밖의 부득이한 사유로 48시간 내에 송환할 수 없는 경우에는 지방출입국·외국인관서의 장의 허가를 받아 48시간을 초과하지 아니하는 범위에서 한 차례만 보호기간을 연장할 수 있다. <개정 2014·3·18>
〔전부개정 2010·5·14〕

제56조의2(피보호자의 긴급이송 등) ① 지방출입국·외국인관서의 장은 천재지변이나 화재, 그 밖의 사변으로 인하여 보호시설에서는 피난할 방법이 없다고 인정되면 보호시설에 보호되어 있는 사람(이하 "피보호자"라 한다)을 다른 장소로 이송할 수 있다. <개정 2014·3·18>

② 지방출입국·외국인관서의 장은 제 1 항에 따른 이송이 불가능하다고 판단되면 외국인의 보호조치를 해제할 수 있다. <개정 2014·3·18>
〔전부개정 2010·5·14〕

제56조의3(피보호자 인권의 존중 등) ① 피보호자의 인권은 최대한 존중하여야 하며, 국적, 성별, 종교, 사회적 신분 등을 이유로 피보호자를 차별하여서는 아니 된다.

② 남성과 여성은 분리하여 보호하여야 한다. 다만, 어린이의 부양 등 특별한 사정이 있는 경우에는 그러하지 아니하다. <신설 2016·3·29>

③ 지방출입국·외국인관서의 장은 피보호자가 다음 각 호의 어느 하나에 해당하는 외국인인 경우에는 특별히 보호하여야 한다. <신설 2014·12·30>
1. 환자
2. 임산부
3. 노약자
4. 19세 미만인 사람
5. 제 1 호부터 제 4 호까지에 준하는 사람으로서 지방출입국·외국인관서의 장이 특별히 보호할 필요가 있다고 인정하는 사람

④ 제 3 항에 따른 보호를 위한 특별한 조치 및 지원에 관한 구체적인 사항은 법무부령으로 정한다. <신설 2014·12·30, 2016·3·29>
〔전부개정 2010·5·14〕

제56조의4(강제력의 행사) ① 출입국관리공무원은 피보호자가 다음 각 호의 어느 하나에 해당하면 그 피보호자에게 강제력을 행사할 수 있고, 다른 피보호자와 격리하여 보호할 수 있다. 이 경우 피보호자의 생명과 신체의 안전, 도주의 방지, 시설의 보안 및 질서유지를 위하여 필요한 최소한도에 그쳐야 한다.
1. 자살 또는 자해행위를 하려는 경우
2. 다른 사람에게 위해를 끼치거나 끼치려는 경우
3. 도주하거나 도주하려는 경우
4. 출입국관리공무원의 직무집행을 정당한 사유 없이 거부 또는 기피하거나 방해하는 경우
5. 제 1 호부터 제 4 호까지에서 규정한 경우 외에 보호시설 및 피보호자의 안전과 질서를 현저히 해치는 행위를 하거나 하려는 경우

② 제 1 항에 따라 강제력을 행사할 때에는 신체적인 유형력(有形力)을 행사하거나 경찰봉, 가스분사용총, 전자충격기 등 법무부장관이 지정하는 보안장비만을 사용할 수 있다.

③ 제 1 항에 따른 강제력을 행사하려면 사전에 해당 피보호자에게 경고하여야 한다. 다만, 긴급한 상황으로 사전에 경고할 만한 시간적 여유가 없을 때에는 그러하지 아니하다.

④ 출입국관리공무원은 제 1 항 각 호의 어느 하나에 해당하거나 보호시설의 질서유지 또는 강제퇴거를 위한 호송 등을 위하여 필

요한 경우에는 다음 각 호의 보호장비를 사용할 수 있다.
1. 수갑
2. 포승
3. 머리보호장비
4. 제1호부터 제3호까지에서 규정한 사항 외에 보호시설의 질서유지 또는 강제퇴거를 위한 호송 등을 위하여 특별히 필요하다고 인정되는 보호장비로서 법무부령으로 정하는 것

⑤ 제4항에 따른 보호장비의 사용 요건 및 절차 등에 관하여 필요한 사항은 법무부령으로 정한다.
〔전부개정 2010·5·14〕

제56조의5(신체 등의 검사) ① 출입국관리공무원은 보호시설의 안전과 질서유지를 위하여 필요하면 피보호자의 신체·의류 및 휴대품을 검사할 수 있다.
② 피보호자가 여성이면 제1항에 따른 검사는 여성 출입국관리공무원이 하여야 한다. 다만, 여성 출입국관리공무원이 없는 경우에는 지방출입국·외국인관서의 장이 지명하는 여성이 할 수 있다. <개정 2014·3·18>
〔전부개정 2010·5·14〕

제56조의6(면회등) ① 피보호자는 다른 사람과 면회, 서신수수 및 전화통화(이하 "면회등"이라 한다)를 할 수 있다.
② 지방출입국·외국인관서의 장은 보호시설의 안전이나 질서, 피보호자의 안전·건강·위생을 위하여 부득이하다고 인정되는 경우에는 면회등을 제한할 수 있다. <개정 2014·3·18>
③ 면회등의 절차 및 그 제한 등에 관한 구체적인 사항은 법무부령으로 정한다.
〔전부개정 2010·5·14〕

제56조의7(영상정보 처리기기 등을 통한 안전대책) ① 지방출입국·외국인관서의 장은 피보호자의 자살·자해·도주·폭행·손괴나 그 밖에 다른 피보호자의 생명·신체를 해치거나 보호시설의 안전 또는 질서를 해치는 행위를 방지하기 위하여 필요한 범위에서 영상정보 처리기기 등 필요한 시설을 설치할 수 있다. <개정 2014·3·18>
② 제1항에 따라 설치된 영상정보 처리기기는 피보호자의 인권 등을 고려하여 필요한 최소한의 범위에서 설치·운영되어야 한다.
③ 영상정보 처리기기 등의 설치·운영 및 녹화기록물의 관리 등에 필요한 사항은 법무부령으로 정한다.
〔전부개정 2010·5·14〕

제56조의8(청원) ① 피보호자는 보호시설에서의 처우에 대하여 불복하는 경우에는 법무부장관이나 지방출입국·외국인관서의 장에게 청원(請願)할 수 있다. <개정 2014·3·18>
② 청원은 서면으로 작성하여 봉(封)한 후 제출하여야 한다. 다만, 지방출입국·외국인관서의 장에게 청원하는 경우에는 말로 할 수 있다. <개정 2014·3·18>
③ 피보호자는 청원을 하였다는 이유로 불리한 처우를 받지 아니한다.
④ 청원의 절차 등에 관하여 필요한 사항은 법무부령으로 정한다.
〔본조신설 2010·5·14〕

제56조의9(이의신청 절차 등의 게시) 지방출입국·외국인관서의 장은 제55조에 따른 보호에 대한 이의신청, 제56조의6에 따른 면회등 및 제56조의8에 따른 청원에 관한 절차를 보호시설 안의 잘 보이는 곳에 게시하여야 한다. <개정 2014·3·18>
〔본조신설 2010·5·14〕

제57조(피보호자의 급양 및 관리 등) 제56조의2부터 제56조의9까지에서 규정한 사항 외에 보호시설에서의 피보호자에 대한 급양(給養)이나 관리 및 처우, 보호시설의 경비(警備)에 관한 사항과 그 밖에 필요한 사항은 법무부령으로 정한다.
〔전부개정 2010·5·14〕

제4절 심사 및 이의신청

제58조(심사결정) 지방출입국·외국인관서의 장은 출입국관리공무원이 용의자에 대한 조사를 마치면 지체 없이 용의자가 제46조제1항 각 호의 어느 하나에 해당하는지를 심사하여 결정하여야 한다. <개정 2014·3·18>

〔전부개정 2010·5·14〕

제59조(심사 후의 절차) ① 지방출입국·외국인관서의 장은 심사 결과 용의자가 제46조제1항 각 호의 어느 하나에 해당하지 아니한다고 인정하면 지체 없이 용의자에게 그 뜻을 알려야 하고, 용의자가 보호되어 있으면 즉시 보호를 해제하여야 한다. <개정 2014·3·18>

② 지방출입국·외국인관서의 장은 심사 결과 용의자가 제46조제1항 각 호의 어느 하나에 해당한다고 인정되면 강제퇴거명령을 할 수 있다. <개정 2014·3·18>

③ 지방출입국·외국인관서의 장은 제2항에 따라 강제퇴거명령을 하는 때에는 강제퇴거명령서를 용의자에게 발급하여야 한다. <개정 2014·3·18>

④ 지방출입국·외국인관서의 장은 강제퇴거명령서를 발급하는 경우 법무부장관에게 이의신청을 할 수 있다는 사실을 용의자에게 알려야 한다. <개정 2014·3·18>

〔전부개정 2010·5·14〕

제60조(이의신청) ① 용의자는 강제퇴거명령에 대하여 이의신청을 하려면 강제퇴거명령서를 받은 날부터 7일 이내에 지방출입국·외국인관서의 장을 거쳐 법무부장관에게 이의신청서를 제출하여야 한다. <개정 2014·3·18>

② 지방출입국·외국인관서의 장은 제1항에 따른 이의신청서를 접수하면 심사결정서와 조사기록을 첨부하여 법무부장관에게 제출하여야 한다. <개정 2014·3·18>

③ 법무부장관은 제1항과 제2항에 따른 이의신청서 등을 접수하면 이의신청이 이유 있는지를 심사결정하여 그 결과를 지방출입국·외국인관서의 장에게 알려야 한다. <개정 2014·3·18>

④ 지방출입국·외국인관서의 장은 법무부장관으로부터 이의신청이 이유 있다는 결정을 통지받으면 지체 없이 용의자에게 그 사실을 알리고, 용의자가 보호되어 있으면 즉시 그 보호를 해제하여야 한다. <개정 2014·3·18>

⑤ 지방출입국·외국인관서의 장은 법무부장관으로부터 이의신청이 이유 없다는 결정을 통지받으면 지체 없이 용의자에게 그 사실을 알려야 한다. <개정 2014·3·18>

〔전부개정 2010·5·14〕

제61조(체류허가의 특례) ① 법무부장관은 제60조제3항에 따른 결정을 할 때 이의신청이 이유 없다고 인정되는 경우라도 용의자가 대한민국 국적을 가졌던 사실이 있거나 그 밖에 대한민국에 체류하여야 할 특별한 사정이 있다고 인정되면 그의 체류를 허가할 수 있다.

② 법무부장관은 제1항에 따른 허가를 할 때 체류기간 등 필요한 조건을 붙일 수 있다.

〔전부개정 2010·5·14〕

제5절 강제퇴거명령서의 집행

제62조(강제퇴거명령서의 집행) ① 강제퇴거명령서는 출입국관리공무원이 집행한다.

② 지방출입국·외국인관서의 장은 사법경찰관리에게 강제퇴거명령서의 집행을 의뢰할 수 있다. <개정 2014·3·18>

③ 강제퇴거명령서를 집행할 때에는 그 명령을 받은 사람에게 강제퇴거명령서를 내보이고 지체 없이 그를 제64조에 따른 송환국으로 송환하여야 한다. 다만, 제76조제1항에 따라 선박등의 장이나 운수업자가 송환하게 되는 경우에는 출입국관리공무원은 그 선박등의 장이나 운수업자에게 그를 인도할 수 있다. <개정 2017·12·12>

④ 제3항에도 불구하고 강제퇴거명령을 받은 사람이 다음 각 호의 어느 하나에 해당하는 경우에는 송환하여서는 아니 된다. 다만, 「난민법」에 따른 난민신청자가 대한민국의 공공의 안전을 해쳤거나 해칠 우려가 있다고 인정되면 그러하지 아니하다. <개정 2012·2·10>

1. 「난민법」에 따라 난민인정 신청을 하였으나 난민인정 여부가 결정되지 아니한 경우
2. 「난민법」 제21조에 따라 이의신청을 하였으나 이에 대한 심사가 끝나지 아니한 경우

〔전부개정 2010·5·14〕

제63조(강제퇴거명령을 받은 사람의 보호 및

보호해제) ① 지방출입국·외국인관서의 장은 강제퇴거명령을 받은 사람을 여권 미소지 또는 교통편 미확보 등의 사유로 즉시 대한민국 밖으로 송환할 수 없으면 송환할 수 있을 때까지 그를 보호시설에 보호할 수 있다. <개정 2014·3·18>

② 지방출입국·외국인관서의 장은 제1항에 따라 보호할 때 그 기간이 3개월을 넘는 경우에는 3개월마다 미리 법무부장관의 승인을 받아야 한다. <개정 2014·3·18>

③ 지방출입국·외국인관서의 장은 제2항의 승인을 받지 못하면 지체 없이 보호를 해제하여야 한다. <개정 2014·3·18>

④ 지방출입국·외국인관서의 장은 강제퇴거명령을 받은 사람이 다른 국가로부터 입국이 거부되는 등의 사유로 송환될 수 없음이 명백하게 된 경우에는 그의 보호를 해제할 수 있다. <개정 2014·3·18>

⑤ 지방출입국·외국인관서의 장은 제3항 또는 제4항에 따라 보호를 해제하는 경우에는 주거의 제한이나 그 밖에 필요한 조건을 붙일 수 있다. <개정 2014·3·18>

⑥ 제1항에 따라 보호하는 경우에는 제53조부터 제55조까지, 제56조의2부터 제56조의9까지 및 제57조를 준용한다.

〔전부개정 2010·5·14〕

제64조(송환국) ① 강제퇴거명령을 받은 사람은 국적이나 시민권을 가진 국가로 송환된다.

② 제1항에 따른 국가로 송환할 수 없는 경우에는 다음 각 호의 어느 하나에 해당하는 국가로 송환할 수 있다.

1. 대한민국에 입국하기 전에 거주한 국가
2. 출생지가 있는 국가
3. 대한민국에 입국하기 위하여 선박등에 탔던 항(港)이 속하는 국가
4. 제1호부터 제3호까지에서 규정한 국가 외에 본인이 송환되기를 희망하는 국가

③ 삭제 <2012·2·10>

〔전부개정 2010·5·14〕

제6절 보호의 일시해제

제65조(보호의 일시해제) ① 지방출입국·외국인관서의 장은 직권으로 또는 피보호자(그의 보증인 또는 법정대리인등을 포함한다)의 청구에 따라 피보호자의 정상(情狀), 해제요청 사유, 자산, 그 밖의 사항을 고려하여 2천만원 이하의 보증금을 예치시키고 주거의 제한이나 그 밖에 필요한 조건을 붙여 보호를 일시해제할 수 있다.

② 제1항에 따른 보호의 일시해제 청구, 보증금의 예치 및 반환의 절차는 대통령령으로 정한다.

〔전부개정 2018·3·20〕

제66조(보호 일시해제의 취소) ① 지방출입국·외국인관서의 장은 보호로부터 일시해제된 사람이 다음 각 호의 어느 하나에 해당하면 보호의 일시해제를 취소하고 다시 보호의 조치를 할 수 있다. <개정 2014·3·18>

1. 도주하거나 도주할 염려가 있다고 인정되는 경우
2. 정당한 사유 없이 출석명령에 따르지 아니한 경우
3. 제1호 및 제2호에서 규정한 사항 외에 일시해제에 붙인 조건을 위반한 경우

② 지방출입국·외국인관서의 장은 제1항에 따라 보호의 일시해제를 취소하는 경우 보호일시해제 취소서를 발급하고 보증금의 전부 또는 일부를 국고에 귀속시킬 수 있다. <개정 2014·3·18>

③ 제2항에 따른 보증금의 국고 귀속절차는 대통령령으로 정한다.

〔전부개정 2010·5·14〕

제66조의2(보호의 일시해제 절차 등의 게시) 지방출입국·외국인관서의 장은 제65조 및 제66조에 따른 보호의 일시해제 및 그 취소에 관한 절차를 보호시설 안의 잘 보이는 곳에 게시하여야 한다.

〔본조신설 2018·3·20〕

제7절 출국권고 등

제67조(출국권고) ① 지방출입국·외국인관서의 장은 대한민국에 체류하는 외국인이 다음 각 호의 어느 하나에 해당하면 그 외국인에게 자진하여 출국할 것을 권고할 수 있

다. <개정 2014·3·18>

1. 제17조와 제20조를 위반한 사람으로서 그 위반 정도가 가벼운 경우
2. 제1호에서 규정한 경우 외에 이 법 또는 이 법에 따른 명령을 위반한 사람으로서 법무부장관이 그 출국을 권고할 필요가 있다고 인정하는 경우

② 지방출입국·외국인관서의 장은 제1항에 따라 출국권고를 할 때에는 출국권고서를 발급하여야 한다. <개정 2014·3·18>

③ 제2항에 따른 출국권고서를 발급하는 경우 발급한 날부터 5일의 범위에서 출국기한을 정할 수 있다.

〔전부개정 2010·5·14〕

제68조(출국명령) ① 지방출입국·외국인관서의 장은 다음 각 호의 어느 하나에 해당하는 외국인에게는 출국명령을 할 수 있다. <개정 2014·3·18, 2018·3·20>

1. 제46조제1항 각 호의 어느 하나에 해당한다고 인정되나 자기비용으로 자진하여 출국하려는 사람
2. 제67조에 따른 출국권고를 받고도 이행하지 아니한 사람
3. 제89조에 따라 각종 허가 등이 취소된 사람

3의2. 제89조의2제1항에 따라 영주자격이 취소된 사람. 다만, 제89조의2제2항에 따라 일반체류자격을 부여받은 사람은 제외한다.

4. 제100조제1항부터 제3항까지의 규정에 따른 과태료 처분 후 출국조치하는 것이 타당하다고 인정되는 사람
5. 제102조제1항에 따른 통고처분(通告處分) 후 출국조치하는 것이 타당하다고 인정되는 사람

② 지방출입국·외국인관서의 장은 제1항에 따라 출국명령을 할 때에는 출국명령서를 발급하여야 한다. <개정 2014·3·18>

③ 제2항에 따른 출국명령서를 발급할 때에는 법무부령으로 정하는 바에 따라 출국기한을 정하고 주거의 제한이나 그 밖에 필요한 조건을 붙일 수 있으며, 필요하다고 인정할 때에는 2천만원 이하의 이행보증금을 예치하게 할 수 있다. <개정 2020·10·20>

④ 지방출입국·외국인관서의 장은 출국명령을 받고도 지정한 기한까지 출국하지 아니하거나 제3항에 따라 붙인 조건을 위반한 사람에게는 지체 없이 강제퇴거명령서를 발급하여야 하며, 그 예치된 이행보증금의 전부 또는 일부를 국고에 귀속시킬 수 있다. <개정 2014·3·18, 2020·10·20>

⑤ 제3항과 제4항에 따른 이행보증금의 예치 및 반환과 국고 귀속절차는 대통령령으로 정한다. <신설 2020·10·20>

〔전부개정 2010·5·14〕

제7장 선박등의 검색

제69조(선박등의 검색 및 심사) ① 선박등이 출입국항에 출·입항할 때에는 출입국관리공무원의 검색을 받아야 한다.

② 선박등의 장이나 운수업자는 선박등이 부득이하게 출입국항이 아닌 장소에 출·입항하여야 할 사유가 발생하면 제74조에 따른 출·입항 예정통보서에 그 사유를 소명하는 자료를 첨부하여 미리 지방출입국·외국인관서의 장에게 제출하고 제1항에 따른 검색을 받아야 한다. 다만, 항공기의 불시착, 선박의 조난 등 불의의 사고가 발생하면 지체 없이 그 사실을 지방출입국·외국인관서의 장에게 보고하여 검색을 받아야 한다. <개정 2014·3·18>

③ 출입국관리공무원은 제1항이나 제2항에 따라 검색을 할 때에는 다음 각 호의 사항을 심사하여야 한다.

1. 승무원과 승객의 출입국 적격 여부 또는 이선(離船) 여부
2. 법령을 위반하여 입국이나 출국을 하려는 사람이 선박등에 타고 있는지 여부
3. 제72조에 따른 승선허가를 받지 아니한 사람이 있는지 여부

④ 출입국관리공무원은 제1항부터 제3항까지의 규정에 따른 검색과 심사를 할 때에는 선박등의 장에게 항해일지나 그 밖에 필요한 서류의 제출 또는 열람을 요구할 수 있다.

⑤ 출입국관리공무원은 선박등에 승선 중인 승무원·승객, 그 밖의 출입자의 신원을 확인하기 위하여 이들에게 질문을 하거나 그 신분을 증명할 수 있는 서류 등을 제시할 것을 요구할 수 있다.

⑥ 지방출입국·외국인관서의 장은 선박등의 검색을 법무부령으로 정하는 바에 따라 서류심사로 갈음하게 할 수 있다. <개정 2014·3·18>

⑦ 선박등의 장은 출항검색이 끝난 후 3시간 이내에 출항할 수 없는 부득이한 사유가 생겼을 때에는 지방출입국·외국인관서의 장에게 그 사유를 보고하고 출항 직전에 다시 검색을 받아야 한다. <개정 2014·3·18>

〔전부개정 2010·5·14〕

第70조(내항 선박 등의 검색 등에 대한 준용 규정) ① 대한민국 영역에서 사람이나 물건을 수송하는 선박, 항공기, 그 밖의 교통기관이 불의의 사고나 항해상의 문제 등 특별한 사정으로 외국에 기항(寄港)한 후 입항할 경우에는 선박 등의 검색 및 선박 등의 장이나 운수업자의 책임에 관하여 제7장과 제8장을 준용한다.

② 대한민국에 입국하거나 대한민국으로부터 출국하려는 사람의 환승을 위하여 국내공항 간을 운항하는 항공기에 대해서도 항공기의 검색 및 항공기의 장이나 운수업자의 책임에 관하여 제7장과 제8장을 준용한다. 다만, 제76조제1항에 따른 송환 의무는 출발지 공항까지로 한정하며, 그 이후 대한민국 밖으로의 송환 의무는 송환 대상 외국인이 환승하기 직전에 탔던 항공기의 장이나 운수업자에게 있다. <개정 2017·12·12>

〔전부개정 2016·3·29〕

第71조(출입국의 정지 등) ① 지방출입국·외국인관서의 장은 제69조제3항에 따른 심사결과 위법한 사실을 발견하였을 때에는 관계 승무원 또는 승객의 출국이나 입국을 정지시킬 수 있다. <개정 2014·3·18>

② 제1항에 따른 출입국의 정지는 위법한 사실의 조사에 필요한 기간에만 할 수 있다.

③ 제2항에 따른 조사를 마친 뒤에도 계속하여 출입국을 금지하거나 정지시킬 필요가 있을 때에는 제4조·제11조 또는 제29조에 따른 법무부장관의 결정을 받아야 한다.

④ 지방출입국·외국인관서의 장은 제1항, 제4조 또는 제29조에 따라 승객이나 승무원의 출국을 금지하거나 정지시키기 위하여 필요하다고 인정하면 선박등에 대하여 출항의 일시정지 또는 회항(回航)을 명하거나 선박등에 출입하는 것을 제한할 수 있다. <개정 2014·3·18>

⑤ 지방출입국·외국인관서의 장은 제4항에 따라 선박등에 대하여 출항의 일시정지 또는 회항을 명하거나 출입을 제한하는 경우에는 지체 없이 그 사실을 선박등의 장이나 운수업자에게 통보하여야 한다. 출항의 일시정지·회항명령 또는 출입제한을 해제한 경우에도 또한 같다. <개정 2014·3·18>

⑥ 제4항에 따른 선박등의 출항의 일시정지 등은 직무수행에 필요한 최소한의 범위에서 하여야 한다.

〔전부개정 2010·5·14〕

第72조(승선허가) ① 출입국항 또는 출입국항이 아닌 장소에 정박하는 선박등에 출입하려는 사람은 지방출입국·외국인관서의 장의 승선허가를 받아야 한다. 다만, 그 선박등의 승무원과 승객 또는 다른 법령에 따라 출입할 수 있는 사람은 그러하지 아니하다. <개정 2014·3·18>

② 출입국관리공무원 외의 사람이 출입국심사장에 출입하려는 경우에도 제1항과 같다.

〔전부개정 2010·5·14〕

제8장 선박등의 장 및 운수업자의 책임

第73조(운수업자 등의 일반적 의무 등) 선박등의 장이나 운수업자는 다음 각 호의 사항을 지켜야 한다. <개정 2016·3·29>

1. 입국이나 상륙을 허가받지 아니한 사람의 입국·상륙 방지
2. 유효한 여권(선원의 경우에는 여권 또는 선원신분증명서를 말한다)과 필요한 사증을 지니지 아니한 사람의 탑승방지

3. 승선허가나 출국심사를 받지 아니한 사람의 탑승방지
4. 이 법에 따른 출국 또는 입국 요건을 갖추지 못하여 선박등에 탑승하기에 부적당하다고 출입국관리공무원이 통보한 사람의 탑승방지
5. 제1호부터 제4호까지에 규정된 입국·상륙·탑승의 방지를 위하여 출입국관리공무원이 요청하는 감시원의 배치
6. 이 법을 위반하여 출입국을 하려는 사람이 숨어 있는지를 확인하기 위한 선박등의 검색
7. 선박등의 검색과 출입국심사가 끝날 때까지 선박등에 무단출입하는 행위의 금지
8. 선박등의 검색과 출국심사가 끝난 후 출항하기 전까지 승무원이나 승객의 승선·하선 방지
9. 출입국관리공무원이 선박등의 검색과 출입국심사를 위한 직무수행에 특히 필요하다고 인정하여 명하는 사항

〔전부개정 2010·5·14〕

제73조의2(승객예약정보의 열람 및 제공 등) ① 운수업자는 출입국관리공무원이 다음 각 호의 어느 하나에 해당하는 업무를 수행하기 위하여 예약정보의 확인을 요청하는 경우에는 지체 없이 예약정보시스템을 열람하게 하거나 표준화된 전자문서로 제출하여야 한다. 다만, 법무부령으로 정하는 부득이한 사유로 표준화된 전자문서로 제출할 수 없을 때에는 지체 없이 그 사유를 밝히고 서류로 제출할 수 있다.

1. 제7조제1항·제7조의2 또는 제12조의3제1항을 위반하였거나 위반하였다고 의심할 만한 상당한 이유가 있는 사람에 대한 조사
2. 제11조제1항 각 호의 어느 하나에 해당하거나 해당한다고 의심할 만한 상당한 이유가 있는 사람에 대한 조사

② 제1항에 따라 열람하거나 문서로 제출받을 수 있는 자료의 범위는 다음 각 호로 한정한다.

1. 성명, 국적, 주소 및 전화번호
2. 여권번호, 여권의 유효기간 및 발급국가
3. 예약 및 탑승수속 시점
4. 여행경로와 여행사
5. 동반 탑승자와 좌석번호
6. 수하물(手荷物)
7. 항공권의 구입대금 결제방법
8. 여행출발지와 최종목적지
9. 예약번호

③ 운수업자는 출입국관리공무원이 승객의 안전과 정확하고 신속한 출입국심사를 위하여 탑승권을 발급받으려는 승객에 대한 다음 각 호의 자료를 요청하는 경우에는 지체 없이 표준화된 전자문서로 제출하여야 한다. 다만, 법무부령으로 정하는 부득이한 사유로 표준화된 전자문서로 제출할 수 없을 때에는 지체 없이 그 사유를 밝히고 서류로 제출할 수 있다. <개정 2016·3·29, 2020·6·9>

1. 성명, 성별, 생년월일 및 국적
2. 여권번호와 예약번호
3. 출항편, 출항지 및 출항시간
4. 입항지와 입항시간
5. 환승 여부
6. 생체정보

④ 제1항과 제3항에 따라 자료를 열람하거나 문서로 제출하여 줄 것을 요청할 수 있는 출입국관리공무원은 지방출입국·외국인관서의 장이 지정하는 사람으로 한정한다. <개정 2014·3·18>

⑤ 제4항에 따라 지정된 출입국관리공무원은 제출받은 자료를 검토한 결과 이 법에 따른 출국 또는 입국 요건을 갖추지 못하여 선박등에 탑승하기에 부적당한 사람이 발견된 경우에는 그 사람의 탑승을 방지하도록 선박등의 장이나 운수업자에게 통보할 수 있다. <신설 2016·3·29>

⑥ 제4항에 따라 지정된 출입국관리공무원은 직무상 알게 된 예약정보시스템의 자료를 누설하거나 권한 없이 처리하거나 다른 사람의 이용에 제공하는 등 부당한 목적을 위하여 사용하여서는 아니 된다.

⑦ 제1항과 제3항에 따른 자료의 열람과 제출 시기 등에 관한 구체적인 사항은 대통령령으로 정한다.

〔본조신설 2010·5·14〕

제74조(사전통보의 의무) 선박등이 출입국항에 출·입항하는 경우에 그 선박등의 장이나 운수업자는 지방출입국·외국인관서의 장에게 출·입항 예정일시와 그 밖에 필요한 사항을 적은 출·입항 예정통보서를 미리 제출하여야 한다. 다만, 항공기의 불시착이나 선박의 조난 등 불의의 사고가 발생한 경우에는 지체 없이 그 사실을 알려야 한다. <개정 2014·3·18>

〔전부개정 2010·5·14〕

제75조(보고의 의무) ① 출입국항이나 출입국항이 아닌 장소에 출·입항하는 선박등의 장이나 운수업자는 대통령령으로 정하는 사항을 적은 승무원명부와 승객명부를 첨부한 출·입항보고서를 지방출입국·외국인관서의 장에게 제출하여야 한다. <개정 2014·3·18>

② 제1항에 따른 출·입항보고서는 표준화된 전자문서로 제출하여야 한다. 다만, 법무부령으로 정하는 부득이한 사유로 표준화된 전자문서로 제출할 수 없을 때에는 지체 없이 그 사유를 밝히고 서류로 제출할 수 있다.

③ 제1항에 따른 출·입항보고서의 제출시기 등 그 절차에 관한 구체적인 사항은 대통령령으로 정한다.

④ 출입국항이나 출입국항이 아닌 장소에 입항하는 선박등의 장이나 운수업자는 여권(선원의 경우에는 여권 또는 선원신분증명서를 말한다)을 가지고 있지 아니한 사람이 그 선박등에 타고 있는 것을 알았을 때에는 지체 없이 지방출입국·외국인관서의 장에게 보고하고 그의 상륙을 방지하여야 한다. <개정 2014·3·18>

⑤ 출입국항이나 출입국항이 아닌 장소에서 출항하는 선박등의 장이나 운수업자는 다음 각 호의 사항을 지방출입국·외국인관서의 장에게 보고하여야 한다. <개정 2012·1·26, 2014·3·18>

1. 승무원 상륙허가를 받은 승무원 또는 관광상륙허가를 받은 승객이 선박등으로 돌아왔는지 여부
2. 정당한 출국절차를 마치지 아니하고 출국하려는 사람이 있는지 여부

〔전부개정 2010·5·14〕

제76조(송환의 의무) ① 지방출입국·외국인관서의 장이 다음 각 호의 어느 하나에 해당하는 외국인(이하 "송환대상외국인"이라 한다)의 송환을 지시한 때에는 그 송환대상외국인이 탔던 선박등의 장이나 운수업자가 그의 비용(항공운임, 선박운임 등 수송비용을 말한다)과 책임으로 송환대상외국인을 지체 없이 대한민국 밖으로 송환하여야 한다. <개정 2012·1·26, 2018·3·20, 2021·8·17>

1. 및 2. 삭제 <2021·8·17>
3. 제12조제4항에 따라 입국이 허가되지 아니한 사람
4. 제14조에 따라 상륙한 승무원 또는 제14조의2에 따라 관광상륙한 승객으로서 그가 타고 있던 선박등이 출항할 때까지 선박등으로 돌아오지 아니한 사람
5. 제46조제1항제6호 또는 제7호에 해당하는 사람으로서 강제퇴거명령을 받은 사람

② 지방출입국·외국인관서의 장이 제1항에 따라 송환을 지시할 때에는 선박등의 운항 계획, 승객예약 상황 등을 고려하여 송환기한을 지정할 수 있다. 다만, 선박등의 장이나 운수업자가 기한 내에 송환을 완료할 수 없는 불가피한 사유를 소명하는 경우에는 송환기한을 연기할 수 있다. <개정 2021·8·17>

③ 제1항에 따른 송환지시의 방법·절차 및 제2항에 따른 송환기한 지정과 그 연기에 관하여 필요한 사항은 법무부령으로 정한다. <신설 2021·8·17>

〔전부개정 2010·5·14〕

제8장의2 출국대기실 설치·운영 등

제76조의2(송환대기장소) ① 송환대상외국인은 출국하기 전까지 출국대기실에서 대기하여야 한다. 다만, 지방출입국·외국인관서의 장은 대통령령으로 정하는 바에 따라 직권으로 또는 송환대상외국인(그의 법정대리인등을 포함한다)의 신청에 따라 송환대상외국인의 상태, 신청사유, 그 밖의 사항을 고려하여 출입국항 내의 지정된 장소에서 조

건을 붙여 대기하게 할 수 있다.
② 출국대기실의 운영 및 안전대책, 출국대기실 입실 외국인의 인권존중, 급양 및 관리에 관하여는 제56조의3, 제56조의5부터 제56조의7까지 및 제57조를 준용한다. 이 경우 "피보호자"는 "송환대상외국인"으로, "보호시설"은 "출국대기실"로 본다.
③ 제 1 항에도 불구하고 출국대기실이 설치되지 않은 출입국항(항구를 말한다)의 경우 그 출입국항을 관할하는 지방출입국·외국인관서의 장은 송환대상외국인이 타고 온 선박의 장이나 운수업자에게 법무부령으로 정하는 바에 따라 송환대상외국인의 관리를 요청할 수 있다. 이 경우 관리를 요청받은 선박의 장이나 운수업자는 송환대상외국인이 출국하기 전까지 선박 내에서 관리하여야 한다.
〔본조신설 2021·8·17〕

제76조의3(관리비용의 부담) ① 국가는 송환대상외국인이 제76조의2제 1 항 또는 제 3 항의 송환대기장소에서 대기하는 경우 대통령령으로 정하는 바에 따라 송환대상외국인이 출국하기 전까지의 숙식비 등 관리비용을 부담한다.
② 제 1 항에도 불구하고 송환대상외국인이 탔던 선박등의 장 또는 운수업자가 다음 각 호의 어느 하나에 해당하는 경우에는 대통령령으로 정하는 바에 따라 숙식비 등 관리비용을 부담한다.
1. 제73조제 1 호, 제 2 호 또는 제 4 호를 위반한 경우
2. 정당한 이유 없이 제76조제 1 항 및 제 2 항에 따른 송환의무를 이행하지 않은 경우
3. 제 1 호 및 제 2 호에서 규정한 경우 외에 선박등의 장 또는 운수업자의 귀책사유로 인하여 송환대상외국인이 된 경우
〔본조신설 2021·8·17〕

제76조의4(강제력의 행사) ① 출입국관리공무원은 송환대상외국인이 다음 각 호의 어느 하나에 해당하는 경우 그 송환대상외국인에게 강제력을 행사할 수 있다. 이 경우 강제력의 행사는 송환대상외국인의 생명과 신체의 안전, 시설의 보안 및 질서유지를 위하여 필요한 최소한도에 그쳐야 한다.
1. 자살 또는 자해행위를 하려는 경우
2. 다른 사람에게 위해를 가하거나 가하려는 경우
3. 출입국관리공무원의 직무집행을 정당한 사유 없이 거부 또는 기피하거나 방해하는 경우
4. 제 1 호부터 제 3 호까지에서 규정한 경우 외에 시설 및 다른 사람의 안전과 질서를 현저히 해치는 행위를 하거나 하려는 경우
② 제 1 항에 따른 강제력의 행사에는 제56조의4제 2 항부터 제 5 항까지를 준용한다. 이 경우 "피보호자"는 "송환대상외국인"으로, "보호시설"은 "출국대기실"로 본다.
〔본조신설 2021·8·17〕

제 8 장의3 난민여행증명서 발급 등

제76조의5(난민여행증명서) ① 법무부장관은 「난민법」에 따른 난민인정자가 출국하려고 할 때에는 그의 신청에 의하여 대통령령으로 정하는 바에 따라 난민여행증명서를 발급하여야 한다. 다만, 그의 출국이 대한민국의 안전을 해칠 우려가 있다고 인정될 때에는 그러하지 아니하다. <개정 2012·2·10>
② 제 1 항에 따른 난민여행증명서의 유효기간은 3년으로 한다. <개정 2016·3·29>
③ 제 1 항에 따라 난민여행증명서를 발급받은 사람은 그 증명서의 유효기간 만료일까지 횟수에 제한 없이 대한민국에서 출국하거나 대한민국으로 입국할 수 있다. 이 경우 입국할 때에는 제30조에 따른 재입국허가를 받지 아니하여도 된다. <개정 2016·3·29>
④ 법무부장관은 제 3 항의 경우 특히 필요하다고 인정되면 3개월 이상 1년 미만의 범위에서 입국할 수 있는 기간을 제한할 수 있다.
⑤ 법무부장관은 제 1 항에 따라 난민여행증명서를 발급받고 출국한 사람이 질병이나 그 밖의 부득이한 사유로 그 증명서의 유효기간 내에 재입국할 수 없는 경우에는 그의 신청을 받아 6개월을 초과하지 아니하는 범위

에서 그 유효기간의 연장을 허가할 수 있다.
⑥ 법무부장관은 제 5 항에 따른 유효기간 연장허가에 관한 권한을 대통령령으로 정하는 바에 따라 재외공관의 장에게 위임할 수 있다.
〔전부개정 2010·5·14〕

제76조의6(난민인정증명서 등의 반납) ① 「난민법」에 따른 난민인정자는 다음 각 호의 어느 하나에 해당하면 그가 지니고 있는 난민인정증명서나 난민여행증명서를 지체 없이 지방출입국·외국인관서의 장에게 반납하여야 한다. <개정 2012·2·10, 2014·3·18>
1. 제59조제 3 항, 제68조제 4 항 또는 제85조제 1 항에 따라 강제퇴거명령서를 발급받은 경우
2. 제60조제 5 항에 따라 강제퇴거명령에 대한 이의신청이 이유 없다는 통지를 받은 경우
3. 「난민법」에 따라 난민인정결정 취소나 철회의 통지를 받은 경우

② 법무부장관은 제76조의5제 1 항에 따라 난민여행증명서를 발급받은 사람이 대한민국의 안전을 해치는 행위를 할 우려가 있다고 인정되면 그 외국인에게 14일 이내의 기간을 정하여 난민여행증명서의 반납을 명할 수 있다.
③ 제 2 항에 따라 난민여행증명서를 반납하였을 때에는 그 때에, 지정된 기한까지 반납하지 아니하였을 때에는 그 기한이 지난 때에 그 난민여행증명서는 각각 효력을 잃는다.
〔전부개정 2010·5·14〕

제76조의7(난민에 대한 체류허가의 특례) 법무부장관은 「난민법」에 따른 난민인정자가 제60조제 1 항에 따른 이의신청을 한 경우 제61조제 1 항에 규정된 사유에 해당되지 아니하고 이의신청이 이유 없다고 인정되는 경우에도 그의 체류를 허가할 수 있다. 이 경우 제61조제 2 항을 준용한다. <개정 2012·2·10>
〔전부개정 2010·5·14〕

제76조의8(난민여행증명서 발급 등 사무의 대행) 법무부장관은 난민여행증명서의 발급 및 재발급에 관한 사무의 일부를 대통령령으로 정하는 바에 따라 난민여행증명서 발급 신청인의 체류지 관할 지방출입국·외국인관서의 장에게 대행하게 할 수 있다.
〔본조신설 2016·3·29〕

제76조의9 및 **제76조의10** 삭제 <2012·2·10>

제 9 장 보칙

제77조(무기등의 휴대 및 사용) ① 출입국관리공무원은 그 직무를 집행하기 위하여 필요하면 무기 등(「경찰관 직무집행법」 제10조 및 제10조의2부터 제10조의4까지의 규정에서 정한 장비, 장구, 분사기 및 무기를 말하며, 이하 "무기등"이라 한다)을 지닐 수 있다. <개정 2014·5·20>
② 출입국관리공무원은 「경찰관 직무집행법」 제10조 및 제10조의2부터 제10조의4까지의 규정에 준하여 무기등을 사용할 수 있다. <개정 2014·5·20>
〔전부개정 2010·5·14〕

제78조(관계 기관의 협조) ① 출입국관리공무원은 다음 각 호의 조사에 필요하면 관계 기관이나 단체에 자료의 제출이나 사실의 조사 등에 대한 협조를 요청할 수 있다.
1. 제47조에 따른 조사
2. 삭제 <2012·2·10>
3. 출입국사범에 대한 조사

② 법무부장관은 다음 각 호의 직무를 수행하기 위하여 관계 기관에 해당 각 호의 정보 제공을 요청할 수 있다. <개정 2016·3·29, 2017·3·14, 2018·3·20, 2019·4·23, 2020·6·9, 2022·12·13>
1. 출입국심사(정보화기기를 이용하는 출입국심사에 관하여 외국과의 협정이 있는 경우에는 그 협정에 따른 직무수행을 포함한다) : 범죄경력정보·수사경력정보, 여권발급정보·주민등록정보, 가족관계등록 전산정보 또는 환승 승객에 대한 정보, 외국인 사망자 정보
2. 사증 및 사증발급인정서 발급 심사 : 범죄경력정보·수사경력정보, 관세사범정보, 여권발급정보·주민등록정보, 사업자의 휴업·폐

업 여부에 대한 정보, 납세증명서, 가족관계등록 전산정보 또는 국제결혼 중개업체의 현황 및 행정처분 정보, 외국인 사망자 정보
3. 외국인체류 관련 각종 허가 심사 : 범죄경력정보·수사경력정보, 범칙금 납부정보·과태료 납부정보, 여권발급정보·주민등록정보, 외국인의 자동차등록정보, 사업자의 휴업·폐업 여부에 대한 정보, 납세증명서, 외국인의 조세체납정보, 외국인의 국민건강보험 및 노인장기요양보험 관련 체납정보, 외국인의 과태료 체납정보, 가족관계등록 전산정보 또는 국제결혼 중개업체의 현황 및 행정처분 정보, 숙박업소 현황, 관광숙박업소의 현황, 외국인관광 도시민박업소의 현황, 한옥체험업소의 현황, 외국인 사망자 정보, 대통령령으로 정하는 외국인의 소득금액 정보
4. 출입국사범 조사 : 범죄경력정보·수사경력정보, 외국인의 범죄처분결과정보, 관세사범정보, 여권발급정보·주민등록정보, 외국인의 자동차등록정보, 납세증명서, 가족관계등록 전산정보 또는 국제결혼 중개업체의 현황 및 행정처분 정보, 숙박업소 현황, 관광숙박업소의 현황, 외국인관광 도시민박업소의 현황, 한옥체험업소의 현황, 외국인 사망자 정보
5. 사실증명서 발급 : 여권발급정보·주민등록정보 또는 가족관계등록 전산정보

③ 제1항에 따른 협조 요청 또는 제2항에 따른 정보제공 요청을 받은 관계 기관이나 단체는 정당한 이유 없이 요청을 거부하여서는 아니 된다. <개정 2016·3·29>

④ 제1항에 따라 제출받은 자료 또는 제2항에 따라 제공받은 정보는 「개인정보 보호법」에 따라 보유하고 관리한다. <신설 2016·3·29>

〔전부개정 2010·5·14〕

제78조의2(외국인 기본인적정보의 제공) ① 법무부장관은 「전자정부법」 제2조제2호에 따른 행정기관 및 같은 조 제3호에 따른 공공기관(이하 이 조에서 "행정기관등"이라 한다)의 장이 외국인에 대한 수사, 공소의 제기·유지 및 과세 등 관계 법령에 따른 업무에 사용할 외국인 기본인적정보의 제공을 요청하는 경우 이를 제공할 수 있다.

② 행정기관등의 장은 제1항에 따라 제공받은 외국인 기본인적정보를 「개인정보 보호법」에 따라 처리하여야 한다.

③ 제1항에 따른 외국인 기본인적정보의 제공 방법 및 절차 등에 관하여 필요한 사항은 법무부령으로 정한다.

④ 법무부장관은 외국인에 대한 수사, 공소의 제기·유지 및 과세 등 관계 법령에 따른 업무를 수행하는 행정기관등의 장에게 제1항에 따라 외국인 기본인적정보를 제공받아 해당 업무에 사용할 것을 권고할 수 있다.

〔본조신설 2024·12·20〕

제78조의3(정보시스템의 구축·운영) ① 법무부장관은 제78조에 따라 외국인에 대한 정보를 수집·보유·관리하거나 제78조의2 및 관계 법령에 따라 외국인에 대한 정보를 제공하는 데 필요한 정보시스템을 구축·운영할 수 있다.

② 제1항에 따른 정보시스템의 구축·운영 등에 필요한 사항은 법무부령으로 정한다.

〔본조신설 2024·12·20〕

제79조(허가신청 등의 의무자) 다음 각 호의 어느 하나에 해당하는 사람이 17세 미만인 경우 본인이 그 허가 등의 신청을 하지 아니하면 그의 부모나 그 밖에 대통령령으로 정하는 사람이 그 신청을 하여야 한다.
1. 제20조에 따라 체류자격 외 활동허가를 받아야 할 사람
2. 제23조에 따라 체류자격을 받아야 할 사람
3. 제24조에 따라 체류자격 변경허가를 받아야 할 사람
4. 제25조에 따라 체류기간 연장허가를 받아야 할 사람
5. 제31조에 따라 외국인등록을 하여야 할 사람
6. 제35조에 따라 외국인등록사항 변경신고를 하여야 할 사람
7. 제36조에 따라 체류지 변경신고를 하여야 할 사람

〔전부개정 2010·5·14〕

제79조의2(각종 신청 등의 대행) ① 외국인, 외국인을 고용한 자, 외국인에게 산업기술을 연수시키는 업체의 장 또는 외국인유학생이 재학 중이거나 연수 중인 학교의 장(이하 "외국인등"이라 한다)은 다음 각 호에 해당하는 업무를 외국인의 체류 관련 신청 등을 대행하는 자(이하 "대행기관"이라 한다)에게 대

행하게 할 수 있다.

1. 제9조에 따른 사증발급인정서 발급신청
2. 제19조제1항(같은 조 제2항에 따라 준용하는 경우를 포함한다)에 따른 신고
3. 제19조의4제2항에 따른 신고
4. 제20조에 따른 활동허가의 신청
5. 제21조제1항 본문에 따른 근무처 변경·추가 허가의 신청
6. 제21조제1항 단서에 따른 근무처 변경·추가의 신고
7. 제23조제1항에 따른 체류자격 부여의 신청
8. 제24조에 따른 체류자격 변경허가의 신청
9. 제25조제1항에 따른 체류기간 연장허가의 신청
10. 그 밖에 외국인등의 출입국이나 체류와 관련된 신고·신청 또는 서류 수령 업무로서 법무부령으로 정하는 업무

② 대행기관이 되려는 자는 다음 각 호의 요건을 갖추어 법무부장관에게 등록하여야 한다.

1. 변호사 또는 행정사 자격
2. 대행업무에 필요한 교육이수
3. 법인인 경우에는 제1호 및 제2호의 요건을 충족하는 인력을 갖출 것

③ 대행기관은 제1항 각 호의 업무(이하 "대행업무"라 한다)를 하는 경우 법무부령으로 정하는 대행업무처리 표준절차를 준수하여야 한다.

④ 제2항에 따른 대행기관 등록요건의 세부사항이나 등록절차 등 대행기관의 등록에 필요한 사항은 법무부령으로 정한다.

〔본조신설 2020·6·9〕

제79조의3(대행기관에 대한 등록취소 등) ① 법무부장관은 대행기관이 다음 각 호의 어느 하나에 해당하는 경우에는 등록취소, 6개월 이내의 대행업무정지 또는 시정명령을 할 수 있다. 다만, 제1호 또는 제2호에 해당하는 경우에는 대행기관의 등록을 취소하여야 한다.

1. 거짓이나 그 밖의 부정한 방법으로 등록한 경우
2. 대행업무정지 기간 중 대행업무를 한 경우
3. 제79조의2제2항에 따른 등록요건에 미달하게 된 경우
4. 제79조의2제3항에 따른 대행업무처리 표준절차를 위반한 경우
5. 시정명령을 받고도 이행하지 아니한 경우
6. 외국인등에게 과장 또는 거짓된 정보를 제공하거나 과장 또는 거짓된 정보를 제공하여 업무 대행을 의뢰받은 경우
7. 위조·변조된 서류 또는 거짓된 사실이 기재된 서류를 작성하거나 제출하는 경우
8. 외국인등이 맡긴 서류를 분실·훼손하거나 외국인등의 출입국이나 체류와 관련된 신고·신청을 위하여 제출하여야 할 서류의 작성·제출을 게을리 하는 등 선량한 관리자의 주의의무를 다하지 아니하는 경우

② 제1항에 따른 행정처분의 세부기준은 법무부령으로 정한다.

③ 법무부장관은 제1항에 따라 대행기관 등록을 취소할 경우에는 청문을 실시하여야 한다.

〔본조신설 2020·6·9〕

제80조(사실조사) ① 출입국관리공무원이나 권한 있는 공무원은 이 법에 따른 신고 또는 등록의 정확성을 유지하기 위하여 제19조·제31조·제35조 및 제36조에 따른 신고 또는 등록의 내용이 사실과 다르다고 의심할 만한 상당한 이유가 있으면 그 사실을 조사할 수 있다.

② 법무부장관은 다음 각 호에 따른 업무의 수행에 필요하다고 인정하면 출입국관리공무원에게 그 사실을 조사하게 할 수 있다.

1. 제9조에 따른 사증발급인정서의 발급
2. 제20조, 제21조, 제24조 및 제25조에 따른 허가나 제23조에 따른 체류자격 부여
3. 삭제 <2012·2·10>

③ 제1항이나 제2항에 따른 조사를 하기 위하여 필요하면 제1항이나 제2항에 따른 신고·등록 또는 신청을 한 자나 그 밖의 관계인을 출석하게 하여 질문을 하거나 문서 및 그 밖의 자료를 제출할 것을 요구할 수 있다.

〔전부개정 2010·5·14〕

제81조(출입국관리공무원 등의 외국인 동향조사) ① 출입국관리공무원과 대통령령으로 정하는 관계 기관 소속 공무원은 외국인이 이 법 또는 이 법에 따른 명령에 따라 적법하게 체류하고 있는지와 제46조제1항 각 호의 어느 하나에 해당되는지를 조사하기 위하여

다음 각 호의 어느 하나에 해당하는 자를 방문하여 질문하거나 그 밖에 필요한 자료를 제출할 것을 요구할 수 있다. <개정 2020·2·4>

1. 외국인
2. 외국인을 고용한 자
3. 외국인의 소속 단체 또는 외국인이 근무하는 업소의 대표자
4. 외국인을 숙박시킨 자

② 출입국관리공무원은 허위초청 등에 의한 외국인의 불법입국을 방지하기 위하여 필요하면 외국인의 초청이나 국제결혼 등을 알선·중개하는 자 또는 그 업소를 방문하여 질문하거나 자료를 제출할 것을 요구할 수 있다.

③ 출입국관리공무원은 거동이나 주위의 사정을 합리적으로 판단하여 이 법을 위반하였다고 의심할 만한 상당한 이유가 있는 외국인에게 정지를 요청하고 질문할 수 있다.

④ 제1항이나 제2항에 따라 질문을 받거나 자료 제출을 요구받은 자는 정당한 이유 없이 거부하여서는 아니 된다.

〔전부개정 2010·5·14〕

제81조의2(출입국관리공무원의 주재) 법무부장관은 다음 각 호의 업무에 종사하게 하기 위하여 출입국관리공무원을 재외공관 등에 주재하게 할 수 있다.

1. 제7조제1항에 따른 사증 발급사무
2. 제7조제4항에 따른 외국인입국허가서 발급사무
3. 외국인의 입국과 관련된 필요한 정보수집 및 연락 업무

〔전부개정 2010·5·14〕

제81조의3(외국인의 정보제공 의무) ① 제10조의2제1항제1호에 따른 단기체류자격을 가진 외국인(이하 "숙박외국인"이라 한다)은 「감염병의 예방 및 관리에 관한 법률」에 따른 위기경보의 발령 또는 「국민보호와 공공안전을 위한 테러방지법」에 따른 테러경보의 발령 등 법무부령으로 정하는 경우에 한정하여 다음 각 호의 어느 하나에 해당하는 자(이하 "숙박업자"라 한다)가 경영하는 숙박업소에서 머무는 경우 숙박업자에게 여권 등 법무부령으로 정하는 자료를 제공하여야 한다.

1. 「공중위생관리법」에 따라 숙박업으로 신고한 자
2. 「관광진흥법」에 따라 관광숙박업, 외국인관광 도시민박업 및 한옥체험업으로 등록한 자

② 숙박업자는 숙박외국인이 제공한 자료를 숙박한 때 또는 제1항에 따른 경보가 발령된 때부터 12시간 이내에 법무부령으로 정하는 정보통신망(이하 "정보통신망"이라 한다)을 통하여 법무부장관에게 제출하여야 한다. 다만, 통신 장애 등 부득이한 사유로 정보통신망으로 제출할 수 없을 때에는 법무부령으로 정하는 방법으로 제출할 수 있다.

③ 숙박업자는 제2항에 따른 업무를 수행하기 위하여 수집한 자료를 「개인정보 보호법」에 따라 보유하고 관리한다.

④ 법무부장관은 제2항에 따라 제출받은 숙박외국인의 자료를 「개인정보 보호법」에 따라 보유하고 관리한다.

⑤ 제2항에 따른 정보통신망의 설치·운영 및 자료 제출의 절차·방법에 관하여 필요한 사항은 법무부령으로 정한다.

〔본조신설 2020·6·9〕

제82조(증표의 휴대 및 제시) 출입국관리공무원이나 권한 있는 공무원은 다음 각 호의 어느 하나에 해당하는 직무를 집행할 때에는 그 권한을 표시하는 증표를 지니고 이를 관계인에게 내보여야 한다. <개정 2016·3·29>

1. 제50조에 따른 주거 또는 물건의 검사 및 서류나 그 밖의 물건의 제출요구
2. 제69조(제70조제1항 및 제2항에서 준용하는 경우를 포함한다)에 따른 검색 및 심사
3. 제80조와 제81조에 따른 질문이나 그 밖에 필요한 자료의 제출요구
4. 제1호부터 제3호까지의 규정에 준하는 직무수행

〔전부개정 2010·5·14〕

제83조(출입국사범의 신고) 누구든지 이 법을 위반하였다고 의심되는 사람을 발견하면 출입국관리공무원에게 신고할 수 있다.

〔전부개정 2010·5·14〕

제84조(통보의무) ① 국가나 지방자치단체의 공무원이 그 직무를 수행할 때에 제46조제1항 각 호의 어느 하나에 해당하는 사람이나 이 법에 위반된다고 인정되는 사람을 발

견하면 그 사실을 지체 없이 지방출입국·외국인관서의 장에게 알려야 한다. 다만, 공무원이 통보로 인하여 그 직무수행 본연의 목적을 달성할 수 없다고 인정되는 경우로서 대통령령으로 정하는 사유에 해당하는 때에는 그러하지 아니하다. <개정 2012·1·26, 2014·3·18>

② 교도소·소년교도소·구치소 및 그 지소·보호감호소·치료감호시설 또는 소년원의 장은 제1항에 따른 통보대상 외국인이 다음 각 호의 어느 하나에 해당하면 그 사실을 지체 없이 지방출입국·외국인관서의 장에게 알려야 한다. <개정 2014·3·18>

1. 형의 집행을 받고 형기의 만료, 형의 집행정지 또는 그 밖의 사유로 석방이 결정된 경우
2. 보호감호 또는 치료감호 처분을 받고 수용된 후 출소가 결정된 경우
3. 「소년법」에 따라 소년원에 수용된 후 퇴원이 결정된 경우

〔전부개정 2010·5·14〕

제85조(형사절차와의 관계) ① 지방출입국·외국인관서의 장은 제46조제1항 각 호의 어느 하나에 해당하는 사람이 형의 집행을 받고 있는 중에도 강제퇴거의 절차를 밟을 수 있다. <개정 2014·3·18>

② 제1항의 경우 강제퇴거명령서가 발급되면 그 외국인에 대한 형의 집행이 끝난 후에 강제퇴거명령서를 집행한다. 다만, 그 외국인의 형 집행장소를 관할하는 지방검찰청 검사장(檢事長)의 허가를 받은 경우에는 형의 집행이 끝나기 전이라도 강제퇴거명령서를 집행할 수 있다.

〔전부개정 2010·5·14〕

제86조(신병의 인도) ① 검사는 강제퇴거명령서가 발급된 구속피의자에게 불기소처분을 한 경우에는 석방과 동시에 출입국관리공무원에게 그를 인도하여야 한다.

② 교도소·소년교도소·구치소 및 그 지소·보호감호소·치료감호시설 또는 소년원의 장은 제84조제2항에 따라 지방출입국·외국인관서의 장에게 통보한 외국인에 대하여 강제퇴거명령서가 발급되면 석방·출소 또는 퇴원과 동시에 출입국관리공무원에게 그를 인도하여야 한다. <개정 2014·3·18>

〔전부개정 2010·5·14〕

제87조(출입국관리 수수료) ① 이 법에 따라 허가 등을 받는 사람은 법무부령으로 정하는 수수료를 내야 한다.

② 법무부장관은 국제관례 또는 상호주의원칙이나 그 밖에 법무부령으로 정하는 사유로 필요하다고 인정하면 제1항에 따른 수수료를 감면할 수 있고, 협정 등에 수수료에 관한 규정이 따로 있으면 그 규정에서 정하는 바에 따른다.

〔전부개정 2010·5·14〕

제88조(사실증명의 발급 및 열람) ① 지방출입국·외국인관서의 장, 시·군·구(자치구가 아닌 구를 포함한다. 이하 이 조에서 같다) 및 읍·면·동 또는 재외공관의 장은 이 법의 절차에 따라 출국 또는 입국한 사실 유무에 대하여 법무부령으로 정하는 바에 따라 출입국에 관한 사실증명을 발급할 수 있다. 다만, 출국 또는 입국한 사실이 없는 사람에 대하여는 특히 필요하다고 인정되는 경우에만 이 법의 절차에 따른 출국 또는 입국 사실이 없다는 증명을 발급할 수 있다. <개정 2012·1·26, 2014·3·18, 2016·3·29>

② 지방출입국·외국인관서의 장, 시·군·구 또는 읍·면·동의 장은 이 법의 절차에 따라 외국인등록을 한 외국인 및 그의 법정대리인 등 법무부령으로 정하는 사람에게 법무부령으로 정하는 바에 따라 외국인등록 사실증명을 발급하거나 열람하게 할 수 있다. <개정 2014·3·18, 2016·3·29>

〔전부개정 2010·5·14〕

제88조의2(외국인등록증 등과 주민등록증 등의 관계) ① 법령에 규정된 각종 절차와 거래관계 등에서 주민등록증이나 주민등록등본 또는 초본이 필요하면 외국인등록증(모바일외국인등록증을 포함한다)이나 외국인등록 사실증명으로 이를 갈음한다. <개정 2023·6·13>

② 이 법에 따른 외국인등록과 체류지 변경신고는 주민등록과 전입신고를 갈음한다.

③ 이 법 또는 다른 법률에서 실물 외국인등록증이나 외국인등록증에 기재된 성명, 사진, 외국인등록번호 등의 확인이 필요한 경우 모바일외국인등록증의 확인으로 이를 갈음할 수 있다. <신설 2023·6·13>

〔전부개정 2010·5·14〕

제88조의3(외국인체류확인서 열람·교부) ① 특정 건물 또는 시설의 소재지를 체류지로

신고한 외국인의 성명과 체류지 변경 일자를 확인할 수 있는 서류(이하 "외국인체류확인서"라 한다)를 열람하거나 교부받으려는 자는 지방출입국·외국인관서의 장이나 읍·면·동의 장 또는 출장소장에게 신청할 수 있다.

② 제1항에 따른 외국인체류확인서 열람이나 교부를 신청할 수 있는 자는 다음 각 호의 어느 하나에 해당하는 자로 한다.

1. 특정 건물이나 시설의 소유자 본인이나 그 세대원, 임차인 본인이나 그 세대원, 매매계약자 또는 임대차계약자 본인
2. 특정 건물 또는 시설의 소유자, 임차인, 매매계약자 또는 임대차계약자 본인의 위임을 받은 자
3. 다음 각 목의 어느 하나에 해당하는 사유로 열람 또는 교부를 신청하려는 자
 가. 관계 법령에 따라 경매참가자가 경매에 참가하려는 경우
 나. 「신용정보의 이용 및 보호에 관한 법률」 제2조제5호라목에 따른 신용조사회사 또는 「감정평가 및 감정평가사에 관한 법률」 제2조제4호에 따른 감정평가법인 등이 임차인의 실태 등을 확인하려는 경우
 다. 대통령령으로 정하는 금융회사 등이 담보주택의 근저당 설정을 하려는 경우
 라. 법원의 현황조사명령서에 따라 집행관이 현황조사를 하려는 경우

③ 외국인체류확인서의 기재사항, 열람·교부 신청절차, 수수료, 그 밖에 필요한 사항은 법무부령으로 정한다.

〔본조신설 2022·12·13〕

제88조의4(외국인등록증의 진위확인) ① 법무부장관은 외국인등록증의 진위 여부에 대한 확인요청이 있는 경우 그 진위를 확인하여 줄 수 있다.

② 법무부장관은 외국인등록증 진위 여부 확인에 필요한 정보시스템을 구축·운영할 수 있다.

③ 외국인등록증의 진위확인 절차, 제2항에 따른 정보시스템의 구축·운영 등에 필요한 사항은 법무부령으로 정한다.

〔본조신설 2022·12·13〕

제89조(각종 허가 등의 취소·변경) ① 법무부장관은 외국인이 다음 각 호의 어느 하나에 해당하면 제8조에 따른 사증발급, 제9조에 따른 사증발급인정서의 발급, 제12조제3항에 따른 입국허가, 제13조에 따른 조건부 입국허가, 제14조에 따른 승무원 상륙허가, 제14조의2에 따른 관광상륙허가 또는 제20조·제21조 및 제23조부터 제25조까지의 규정에 따른 체류허가 등을 취소하거나 변경할 수 있다. <개정 2012·1·26>

1. 신원보증인이 보증을 철회하거나 신원보증인이 없게 된 경우
2. 거짓이나 그 밖의 부정한 방법으로 허가 등을 받은 것이 밝혀진 경우
3. 허가조건을 위반한 경우
4. 사정 변경으로 허가상태를 더 이상 유지시킬 수 없는 중대한 사유가 발생한 경우
5. 제1호부터 제4호까지에서 규정한 경우 외에 이 법 또는 다른 법을 위반한 정도가 중대하거나 출입국관리공무원의 정당한 직무명령을 위반한 경우

② 법무부장관은 제1항에 따른 각종 허가 등의 취소나 변경에 필요하다고 인정하면 해당 외국인이나 제79조에 따른 신청인을 출석하게 하여 의견을 들을 수 있다.

③ 제2항의 경우에 법무부장관은 취소하거나 변경하려는 사유, 출석일시와 장소를 출석일 7일 전까지 해당 외국인이나 신청인에게 통지하여야 한다.

〔전부개정 2010·5·14〕

제89조의2(영주자격의 취소 특례) ① 법무부장관은 영주자격을 가진 외국인에 대해서는 제89조제1항에도 불구하고 다음 각 호의 어느 하나에 해당하는 경우에 한정하여 영주자격을 취소할 수 있다. 다만, 제1호에 해당하는 경우에는 영주자격을 취소하여야 한다.

1. 거짓이나 그 밖의 부정한 방법으로 영주자격을 취득한 경우
2. 「형법」, 「성폭력범죄의 처벌 등에 관한 특례법」 등 법무부령으로 정하는 법률에 규정된 죄를 범하여 2년 이상의 징역 또는 금고의 형이 확정된 경우
3. 최근 5년 이내에 이 법 또는 다른 법률을 위반하여 징역 또는 금고의 형을 선고받고 확정된 형기의 합산기간이 3년 이상

인 경우

4. 대한민국에 일정금액 이상 투자 상태를 유지할 것 등을 조건으로 영주자격을 취득한 사람 등 대통령령으로 정하는 사람이 해당 조건을 위반한 경우

5. 국가안보, 외교관계 및 국민경제 등에 있어서 대한민국의 국익에 반하는 행위를 한 경우

② 법무부장관은 제1항에 따라 영주자격을 취소하는 경우 대한민국에 계속 체류할 필요성이 인정되고 일반체류자격의 요건을 갖춘 경우 해당 외국인의 신청이 있는 때에는 일반체류자격을 부여할 수 있다.

③ 제1항에 따라 영주자격을 취소하는 경우에는 제89조제2항 및 제3항을 준용한다.

〔본조신설 2018·3·20〕

제90조(신원보증) ① 법무부장관은 사증발급, 사증발급인정서발급, 입국허가, 조건부 입국허가, 각종 체류허가, 외국인의 보호 또는 출입국사범의 신병인도(身柄引渡) 등과 관련하여 필요하다고 인정하면 초청자나 그 밖의 관계인에게 그 외국인(이하 "피보증외국인"이라 한다)의 신원을 보증하게 할 수 있다.

② 법무부장관은 제1항에 따라 신원보증을 한 사람(이하 "신원보증인"이라 한다)에게 피보증외국인의 체류, 보호 및 출국에 드는 비용의 전부 또는 일부를 부담하게 할 수 있다.

③ 신원보증인이 제2항에 따른 보증책임을 이행하지 아니하여 국고에 부담이 되게 한 경우에는 법무부장관은 신원보증인에게 구상권(求償權)을 행사할 수 있다.

④ 신원보증인이 제2항에 따른 비용을 부담하지 아니할 염려가 있거나 그 보증만으로는 보증목적을 달성할 수 없다고 인정될 때에는 신원보증인에게 피보증외국인 1인당 300만원 이하의 보증금을 예치하게 할 수 있다.

⑤ 신원보증인의 자격, 보증기간, 그 밖에 신원보증에 필요한 사항은 법무부령으로 정한다.

〔전부개정 2010·5·14〕

제90조의2(불법취업외국인의 출국비용 부담책임) ① 법무부장관은 취업활동을 할 수 있는 체류자격을 가지지 아니한 외국인을 고용한 자(이하 "불법고용주"라 한다)에게 그 외국인의 출국에 드는 비용의 전부 또는 일부를 부담하게 할 수 있다.

② 불법고용주가 제1항에 따른 비용 부담책임을 이행하지 아니하여 국고에 부담이 되게 한 경우에 법무부장관은 그 불법고용주에게 구상권을 행사할 수 있다.

〔전부개정 2010·5·14〕

제91조(문서 등의 송부) ① 문서 등의 송부는 이 법에 특별한 규정이 있는 경우를 제외하고는 본인, 가족, 신원보증인, 소속 단체의 장의 순으로 직접 내주거나 우편으로 보내는 방법에 따른다.

② 지방출입국·외국인관서의 장은 제1항에 따른 문서 등의 송부가 불가능하다고 인정되면 송부할 문서 등을 보관하고, 그 사유를 청사(廳舍)의 게시판에 게시하여 공시송달(公示送達)한다. <개정 2014·3·18>

③ 제2항에 따른 공시송달은 게시한 날부터 14일이 지난 날에 그 효력이 생긴다.

〔전부개정 2010·5·14〕

제91조의2(사증발급 및 체류허가 신청문서의 전자화) ① 법무부장관은 각종 발급 및 허가 업무를 효율적으로 처리하기 위하여 다음 각 호의 어느 하나에 해당하는 사항을 신청하려는 자가 제출한 문서 중 법무부령으로 정하는 문서를 「전자문서 및 전자거래 기본법」 제5조제2항에 따른 전자화문서로 변환하여 보관할 수 있다.

1. 제8조 및 제9조에 따른 사증 및 사증발급인정서 발급
2. 제20조에 따른 체류자격 외 활동허가
3. 제23조에 따른 체류자격 부여
4. 제24조에 따른 체류자격 변경허가
5. 제25조에 따른 체류기간 연장허가
6. 제31조에 따른 외국인등록
7. 그 밖에 법무부장관이 필요하다고 인정하는 사항

② 법무부장관은 제1항에 따른 전자화문서로 변환하는 업무(이하 이 조에서 "전자화업무"라 한다)를 법무부령으로 정하는 시설

및 인력을 갖춘 법인에 위탁하여 수행하게 할 수 있다. 다만, 외국에서 전자화업무를 위탁하는 경우에는 외교부장관과 협의하여야 한다.

③ 제2항에 따라 전자화업무를 위탁받은 법인(이하 "전자화기관"이라 한다)의 임직원 또는 임직원으로 재직하였던 자는 직무상 알게 된 비밀을 다른 사람에게 누설하거나 직무상 목적 외의 용도로 이용하여서는 아니 된다.

④ 법무부장관은 제1항에 따라 문서를 전자화문서로 변환하여 보관하는 때에는 법무부에서 사용하는 전산정보처리조직의 파일에 수록하여 보관한다. 이 경우 파일에 수록된 내용은 해당 문서에 적힌 내용과 같은 것으로 본다.

⑤ 법무부장관은 전자화기관이 제2항에 따른 법무부령으로 정하는 시설 및 인력기준을 충족하지 못하는 경우에는 시정조치를 요구할 수 있으며, 전자화기관이 시정조치 요구에 따르지 아니하는 경우에는 전자화업무의 위탁을 취소할 수 있다. 이 경우 미리 의견을 진술할 기회를 주어야 한다.

⑥ 제1항, 제2항 및 제5항에 따른 전자화업무의 수행방법, 위탁·지정 기간 및 절차, 관리·감독 등에 필요한 사항은 법무부령으로 정한다.

〔본조신설 2019·4·23〕

제92조(권한의 위임 및 업무의 위탁) ① 법무부장관은 이 법에 따른 권한의 일부를 대통령령으로 정하는 바에 따라 지방출입국·외국인관서의 장에게 위임할 수 있다. <개정 2014·3·18>

② 시장(특별시장과 광역시장은 제외한다)은 이 법에 따른 권한의 일부를 대통령령으로 정하는 바에 따라 구청장(자치구가 아닌 구의 구청장을 말한다)에게 위임할 수 있다. <개정 2012·1·26>

③ 이 법에 따른 법무부장관의 업무는 그 일부를 대통령령으로 정하는 바에 따라 관련 업무를 수행할 수 있는 인력이나 시설을 갖춘 법인이나 단체에 위탁할 수 있다. <신설 2020·6·9>

〔전부개정 2010·5·14〕

제92조의2(선박등의 운항 허가에 관한 협의) 국토교통부장관 및 해양수산부장관은 출입국항에 여객을 운송하는 선박등의 운항을 허가할 때에는 출입국심사업무가 원활히 수행될 수 있도록 법무부장관과 미리 협의하여야 한다.

〔본조신설 2016·3·29〕

제93조(남북한 왕래 등의 절차) ① 군사분계선 이남지역(이하 "남한"이라 한다)이나 해외에 거주하는 국민이 군사분계선 이북지역(이하 "북한"이라 한다)을 거쳐 출입국하는 경우에는 남한에서 북한으로 가기 전 또는 북한에서 남한으로 온 후에 출입국심사를 한다.

② 외국인의 남북한 왕래절차에 관하여는 법무부장관이 따로 정하는 경우를 제외하고는 이 법의 출입국절차에 관한 규정을 준용한다.

③ 외국인이 북한을 거쳐 출입국하는 경우에는 이 법의 출입국절차에 관한 규정에 따른다.

④ 제1항부터 제3항까지의 규정의 시행에 필요한 사항은 대통령령으로 정한다.

〔전부개정 2010·5·14〕

제10장 벌칙

제93조의2(벌칙) ① 다음 각 호의 어느 하나에 해당하는 사람은 7년 이하의 징역에 처한다. <개정 2014·1·7>

1. 이 법에 따라 보호되거나 일시보호된 사람으로서 다음 각 목의 어느 하나에 해당하는 사람
   가. 도주할 목적으로 보호시설 또는 기구를 손괴하거나 다른 사람을 폭행 또는 협박한 사람
   나. 2명 이상이 합동하여 도주한 사람
2. 이 법에 따른 보호나 강제퇴거를 위한 호송 중에 있는 사람으로서 다른 사람을 폭행 또는 협박하거나 2명 이상이 합동하여 도주한 사람
3. 이 법에 따라 보호·일시보호된 사람이나

보호 또는 강제퇴거를 위한 호송 중에 있는 사람을 탈취하거나 도주하게 한 사람

② 다음 각 호의 어느 하나에 해당하는 사람으로서 영리를 목적으로 한 사람은 7년 이하의 징역 또는 7천만원 이하의 벌금에 처한다. <개정 2012·1·26, 2014·1·7, 2020·3·24>

1. 제12조제1항 또는 제2항에 따라 입국심사를 받아야 하는 외국인을 집단으로 불법입국하게 하거나 이를 알선한 사람
2. 제12조의3제1항을 위반하여 외국인을 집단으로 불법입국 또는 불법출국하게 하거나 대한민국을 거쳐 다른 국가로 불법입국하게 할 목적으로 선박등이나 여권·사증, 탑승권, 그 밖에 출입국에 사용될 수 있는 서류 및 물품을 제공하거나 알선한 사람
3. 제12조의3제2항을 위반하여 불법으로 입국한 외국인을 집단으로 대한민국에서 은닉 또는 도피하게 하거나 은닉 또는 도피하게 할 목적으로 교통수단을 제공하거나 이를 알선한 사람

〔전부개정 2010·5·14〕

제93조의3(벌칙) 다음 각 호의 어느 하나에 해당하는 사람은 5년 이하의 징역 또는 5천만원 이하의 벌금에 처한다.

1. 제12조제1항 또는 제2항을 위반하여 입국심사를 받지 아니하고 입국한 사람
2. 제91조의2제3항을 위반하여 직무상 알게 된 비밀을 다른 사람에게 누설하거나 직무상 목적 외의 용도로 이용한 사람
3. 제93조의2제2항 각 호의 어느 하나에 해당하는 죄를 범한 사람(영리를 목적으로 한 사람은 제외한다)

〔전부개정 2020·3·24〕

제94조(벌칙) 다음 각 호의 어느 하나에 해당하는 사람은 3년 이하의 징역 또는 3천만원 이하의 벌금에 처한다. <개정 2012·1·26, 2014·1·7, 2016·3·29, 2018·3·20, 2019·4·23, 2020·3·24>

1. 제3조제1항을 위반하여 출국심사를 받지 아니하고 출국한 사람
2. 제7조제1항 또는 제4항을 위반하여 입국한 사람
3. 제7조의2를 위반한 사람
4. 제12조의3을 위반한 사람으로서 제93조의2제2항 또는 제93조의3제1호·제2호에 해당하지 아니하는 사람
5. 제14조제1항에 따른 승무원 상륙허가 또는 제14조의2제1항에 따른 관광상륙허가를 받지 아니하고 상륙한 사람
6. 제14조제3항에 따른 승무원 상륙허가 또는 제14조의2제3항에 따른 관광상륙허가의 조건을 위반한 사람
7. 제17조제1항을 위반하여 체류자격이나 체류기간의 범위를 벗어나서 체류한 사람
8. 제18조제1항을 위반하여 취업활동을 할 수 있는 체류자격을 받지 아니하고 취업활동을 한 사람
9. 제18조제3항을 위반하여 취업활동을 할 수 있는 체류자격을 가지지 아니한 사람을 고용한 사람
10. 제18조제4항을 위반하여 취업활동을 할 수 있는 체류자격을 가지지 아니한 외국인의 고용을 업으로 알선·권유한 사람
11. 제18조제5항을 위반하여 체류자격을 가지지 아니한 외국인을 자기 지배하에 두는 행위를 한 사람
12. 제20조를 위반하여 체류자격 외 활동허가를 받지 아니하고 다른 체류자격에 해당하는 활동을 한 사람
13. 제21조제2항을 위반하여 근무처의 변경허가 또는 추가허가를 받지 아니한 외국인의 고용을 업으로 알선한 사람
14. 제22조에 따른 제한 등을 위반한 사람
15. 제23조를 위반하여 체류자격을 받지 아니하고 체류한 사람
16. 제24조를 위반하여 체류자격 변경허가를 받지 아니하고 다른 체류자격에 해당하는 활동을 한 사람
17. 제25조를 위반하여 체류기간 연장허가를 받지 아니하고 체류기간을 초과하여 계속 체류한 사람

17의2. 제26조를 위반한 사람

18. 제28조제1항이나 제2항을 위반하여 출국심사를 받지 아니하고 출국한 사람
19. 제33조의3을 위반한 사람

20. 제69조(제70조제1항 및 제2항에서 준용하는 경우를 포함한다)를 위반한 사람

〔전부개정 2010·5·14〕

제95조(벌칙) 다음 각 호의 어느 하나에 해당하는 사람은 1년 이하의 징역 또는 1천만원 이하의 벌금에 처한다. <개정 2014·1·7>

1. 제6조제1항을 위반하여 입국심사를 받지 아니하고 입국한 사람
2. 제13조제2항에 따른 조건부 입국허가의 조건을 위반한 사람
3. 제15조제1항에 따른 긴급상륙허가, 제16조제1항에 따른 재난상륙허가 또는 제16조의2제1항에 따른 난민 임시상륙허가를 받지 아니하고 상륙한 사람
4. 제15조제2항, 제16조제2항 또는 제16조의2제2항에 따른 허가조건을 위반한 사람
5. 제18조제2항을 위반하여 지정된 근무처가 아닌 곳에서 근무한 사람
6. 제21조제1항 본문을 위반하여 허가를 받지 아니하고 근무처를 변경하거나 추가한 사람 또는 제21조제2항을 위반하여 근무처의 변경허가 또는 추가허가를 받지 아니한 외국인을 고용한 사람
7. 제31조의 등록의무를 위반한 사람
8. 제51조제1항·제3항, 제56조 또는 제63조제1항에 따라 보호 또는 일시보호된 사람으로서 도주하거나 보호 또는 강제퇴거 등을 위한 호송 중에 도주한 사람(제93조의2제1항제1호 또는 제2호에 해당하는 사람은 제외한다)
9. 제63조제5항에 따른 주거의 제한이나 그 밖의 조건을 위반한 사람
10. 삭제 <2012·2·10>

〔전부개정 2010·5·14〕

제96조(벌칙) 다음 각 호의 어느 하나에 해당하는 사람은 1천만원 이하의 벌금에 처한다. <개정 2016·3·29>

1. 제71조제4항(제70조제1항 및 제2항에서 준용하는 경우를 포함한다)에 따른 출항의 일시정지 또는 회항 명령이나 선박등의 출입 제한을 위반한 사람
2. 정당한 사유 없이 제73조(제70조제1항 및 제2항에서 준용하는 경우를 포함한다)에 따른 준수사항을 지키지 아니하였거나 제73조의2제1항(제70조제1항 및 제2항에서 준용하는 경우를 포함한다) 또는 제3항(제70조제1항 및 제2항에서 준용하는 경우를 포함한다)을 위반하여 열람 또는 문서제출 요청에 따르지 아니한 사람
3. 정당한 사유 없이 제75조제1항(제70조제1항 및 제2항에서 준용하는 경우를 포함한다) 또는 제2항(제70조제1항 및 제2항에서 준용하는 경우를 포함한다)에 따른 보고서를 제출하지 아니하거나 거짓으로 제출한 사람

〔전부개정 2010·5·14〕

제97조(벌칙) 다음 각 호의 어느 하나에 해당하는 사람은 500만원 이하의 벌금에 처한다. <개정 2016·3·29, 2017·12·12>

1. 제18조제4항을 위반하여 취업활동을 할 수 있는 체류자격을 가지지 아니한 외국인의 고용을 알선·권유한 사람(업으로 하는 사람은 제외한다)
2. 제21조제2항을 위반하여 근무처의 변경허가 또는 추가허가를 받지 아니한 외국인의 고용을 알선한 사람(업으로 하는 사람은 제외한다)
3. 제72조(제70조제1항 및 제2항에서 준용하는 경우를 포함한다)를 위반하여 허가를 받지 아니하고 선박등이나 출입국심사장에 출입한 사람
4. 제74조(제70조제1항 및 제2항에서 준용하는 경우를 포함한다)에 따른 제출 또는 통보 의무를 위반한 사람
5. 제75조제4항(제70조제1항 및 제2항에서 준용하는 경우를 포함한다) 및 제5항(제70조제1항 및 제2항에서 준용하는 경우를 포함한다)에 따른 보고 또는 방지 의무를 위반한 사람
6. 제76조제1항(제70조제1항 및 제2항에서 준용하는 경우를 포함한다)에 따른 송환의무를 위반한 사람
7. 제76조의6제1항을 위반하여 난민인정증명서 또는 난민여행증명서를 반납하지 아니하거나 같은 조 제2항에 따른 난민여

행증명서 반납명령을 위반한 사람
〔전부개정 2010·5·14〕

제98조(벌칙) 다음 각 호의 어느 하나에 해당하는 사람은 100만원 이하의 벌금에 처한다.
1. 제27조에 따른 여권등의 휴대 또는 제시 의무를 위반한 사람
2. 제36조제1항에 따른 체류지 변경신고 의무를 위반한 사람

〔전부개정 2010·5·14〕

제99조(미수범 등) ① 제93조의2, 제93조의3 제1호·제3호, 제94조제1호부터 제5호까지 또는 제18호 및 제95조제1호의 죄를 범할 목적으로 예비하거나 또는 음모한 사람과 미수범은 각각 해당하는 본죄에 준하여 처벌한다. <개정 2016·3·29, 2019·4·23, 2020·3·24>
② 제1항에 따른 행위를 교사하거나 방조한 사람은 정범(正犯)에 준하여 처벌한다.
〔전부개정 2010·5·14〕

제99조의2(난민에 대한 형의 면제) 제93조의3 제1호, 제94조제2호·제5호·제6호 및 제15호부터 제17호까지 또는 제95조제3호·제4호에 해당하는 사람이 그 위반행위를 한 후 지체 없이 지방출입국·외국인관서의 장에게 다음 각 호의 모두에 해당하는 사실을 직접 신고하는 경우에 그 사실이 증명되면 그 형을 면제한다. <개정 2012·2·10, 2014·3·18, 2019·4·23, 2020·3·24>
1. 「난민법」 제2조제1호에 규정된 이유로 그 생명·신체 또는 신체의 자유를 침해받을 공포가 있는 영역으로부터 직접 입국하거나 상륙한 난민이라는 사실
2. 제1호의 공포로 인하여 해당 위반행위를 한 사실

〔전부개정 2010·5·14〕

제99조의3(양벌규정) 법인의 대표자나 법인 또는 개인의 대리인, 사용인, 그 밖의 종업원이 그 법인 또는 개인의 업무에 관하여 다음 각 호의 어느 하나에 해당하는 위반행위를 하면 그 행위자를 벌하는 외에 그 법인 또는 개인에게도 해당 조문의 벌금형을 과(科)한다. 다만, 법인 또는 개인이 그 위반행위를 방지하기 위하여 해당 업무에 관하여 상당한 주의와 감독을 게을리하지 아니한 경우에는 그러하지 아니하다. <개정 2018·3·20, 2020·6·9>
1. 제94조제3호의 위반행위
2. 제94조제9호의 위반행위
2의2. 제94조제10호의 위반행위
3. 제94조제19호의 위반행위 중 제33조의3 제1호를 위반한 행위
4. 제94조제20호의 위반행위
5. 제95조제6호의 위반행위 중 제21조제2항을 위반하여 근무처의 변경허가 또는 추가허가를 받지 아니한 외국인을 고용하는 행위
6. 제96조제1호부터 제3호까지의 규정에 따른 위반행위
7. 제97조제4호부터 제6호까지의 규정에 따른 위반행위

〔전부개정 2010·5·14〕

제100조(과태료) ① 다음 각 호의 어느 하나에 해당하는 자에게는 200만원 이하의 과태료를 부과한다. <개정 2016·3·29, 2018·3·20>
1. 제19조의 신고의무를 위반한 자
2. 제19조의4제1항 또는 제2항 각 호의 어느 하나에 해당하는 규정을 위반한 사람
3. 제21조제1항 단서의 신고의무를 위반한 사람
4. 제33조제4항 또는 제33조의2제1항을 위반하여 영주증을 재발급받지 아니한 사람
5. 과실로 인하여 제75조제1항(제70조제1항 및 제2항에서 준용하는 경우를 포함한다) 또는 제2항(제70조제1항 및 제2항에서 준용하는 경우를 포함한다)에 따른 출·입항보고를 하지 아니하거나 출·입항보고서의 국적, 성명, 성별, 생년월일, 여권번호에 관한 항목을 최근 1년 이내에 3회 이상 사실과 다르게 보고한 자

② 다음 각 호의 어느 하나에 해당하는 자에게는 100만원 이하의 과태료를 부과한다.
1. 제35조나 제37조를 위반한 사람
2. 제79조를 위반한 사람
3. 제81조제4항에 따른 출입국관리공무원의 장부 또는 자료 제출 요구를 거부하거나 기피한 자

③ 다음 각 호의 어느 하나에 해당하는 자에게는 50만원 이하의 과태료를 부과한다. <개

정 2016·3·29, 2020·6·9>

1. 제33조제2항을 위반하여 외국인등록증 발급신청을 하지 아니한 사람

1의2. 제81조의3제1항을 위반하여 여권 등 자료를 제공하지 않은 숙박외국인

1의3. 제81조의3제2항을 위반하여 숙박외국인의 자료를 제출하지 아니하거나 허위로 제출한 숙박업자

2. 이 법에 따른 각종 신청이나 신고에서 거짓 사실을 적거나 보고한 자(제94조제17호의2에 해당하는 사람은 제외한다)

④ 제1항부터 제3항까지의 규정에 따른 과태료는 대통령령으로 정하는 바에 따라 지방출입국·외국인관서의 장이 부과·징수한다. <개정 2014·3·18>

⑤ 법무부장관은 출입국사범의 나이와 환경, 법 위반의 동기와 결과, 과태료 부담능력, 그 밖의 정상을 고려하여 이 법 위반에 따른 과태료를 면제할 수 있다. <신설 2020·3·24>

〔전부개정 2010·5·14〕

제11장 고발과 통고처분

제1절 고발

제101조(고발) ① 출입국사범에 관한 사건은 지방출입국·외국인관서의 장의 고발이 없으면 공소(公訴)를 제기할 수 없다. <개정 2014·3·18>

② 출입국관리공무원 외의 수사기관이 제1항에 해당하는 사건을 입건(立件)하였을 때에는 지체 없이 관할 지방출입국·외국인관서의 장에게 인계하여야 한다. <개정 2014·3·18>

〔전부개정 2010·5·14〕

제2절 통고처분

제102조(통고처분) ① 지방출입국·외국인관서의 장은 출입국사범에 대한 조사 결과 범죄의 확증을 얻었을 때에는 그 이유를 명확하게 적어 서면으로 벌금에 상당하는 금액(이하 "범칙금"이라 한다)을 지정한 곳에 낼 것을 통고할 수 있다. <개정 2014·3·18>

② 지방출입국·외국인관서의 장은 제1항에 따른 통고처분을 받은 자가 범칙금(犯則金)을 임시납부하려는 경우에는 임시납부하게 할 수 있다. <개정 2014·3·18>

③ 지방출입국·외국인관서의 장은 조사 결과 범죄의 정상이 금고 이상의 형에 해당할 것으로 인정되면 즉시 고발하여야 한다. <개정 2014·3·18>

④ 출입국사범에 대한 조사에 관하여는 제47조부터 제50조까지의 규정을 준용한다. 이 경우 용의자신문조서는 「형사소송법」 제244조에 따른 피의자신문조서로 본다.

〔전부개정 2010·5·14〕

제102조의2(신용카드등에 의한 범칙금의 납부) ① 범칙금은 대통령령으로 정하는 범칙금 납부대행기관을 통하여 신용카드, 직불카드 등(이하 "신용카드등"이라 한다)으로 낼 수 있다. 이 경우 "범칙금 납부대행기관"이란 정보통신망을 이용하여 신용카드등에 의한 결제를 수행하는 기관으로서 대통령령으로 정하는 바에 따라 범칙금 납부대행기관으로 지정받은 자를 말한다.

② 제1항에 따라 범칙금을 신용카드등으로 내는 경우에는 범칙금 납부대행기관의 승인일을 납부일로 본다.

③ 범칙금 납부대행기관은 납부자로부터 신용카드등에 의한 범칙금 납부대행 용역의 대가로 대통령령으로 정하는 바에 따라 납부대행 수수료를 받을 수 있다.

④ 범칙금 납부대행기관의 지정, 운영 및 납부대행 수수료 등에 관하여 필요한 사항은 대통령령으로 정한다.

〔본조신설 2020·10·20〕

제103조(범칙금의 양정기준 등) ① 범칙금의 양정기준(量定基準)은 법무부령으로 정한다.

② 법무부장관은 출입국사범의 나이와 환경, 법 위반의 동기와 결과, 범칙금 부담능력, 그 밖의 정상을 고려하여 제102조제1항에 따른 통고처분을 면제할 수 있다.

〔전부개정 2010·5·14〕

제104조(통고처분의 고지방법) 통고처분의 고지는 통고서 송달의 방법으로 한다.

〔전부개정 2010·5·14〕

제105조(통고처분의 불이행과 고발) ① 출입국사범은 통고서를 송달받으면 15일 이내에 범칙금을 내야 한다. <개정 2016·3·29>

② 지방출입국·외국인관서의 장은 출입국사범이 제1항에 따른 기간에 범칙금을 내지 아니하면 고발하여야 한다. 다만, 고발하기 전에 범칙금을 낸 경우에는 그러하지 아니하다. <개정 2014·3·18>

③ 출입국사범에 대하여 강제퇴거명령서를 발급한 경우에는 제2항 본문에도 불구하고 고발하지 아니한다.

〔전부개정 2010·5·14〕

제106조(일사부재리) 출입국사범이 통고한 대로 범칙금을 내면 동일한 사건에 대하여 다시 처벌받지 아니한다.

〔전부개정 2010·5·14〕

부　칙

제1조(시행일) 이 법은 1993년 4월 1일부터 시행한다.

제2조(사증발급인정서등에 관한 경과조치) ① 이 법 시행당시 발급된 사증발급인정서는 이 법에 의한 사증발급인정서로 본다.

② 이 법 시행당시 종전의 제29조의 규정에 의하여 근무처를 변경신고한 자는 이 법에 의한 근무처의 변경·추가의 허가를 받은 것으로 본다.

제3조(외국인등록에 관한 경과조치) ① 이 법 시행당시 종전의 규정에 의하여 시·구·읍·면의 장에게 한 외국인등록은 이 법에 의한 외국인등록으로 본다.

② 이 법 시행당시 종전의 규정에 의하여 발급된 거류신고증은 그 증을 반납 또는 갱신할 때까지 이 법에 의한 외국인등록증으로 보되, 종전의 규정에 의하여 발급된 거류신고증은 이 법 시행후 처음으로 각종 체류관련허가를 받거나 신고를 하는 때에 갱신하여야 한다.

③ 이 법 시행당시 종전의 규정에 의하여 작성된 외국인등록표는 이 법에 의한 외국인등록표로 본다.

제4조(외국인보호등에 관한 경과조치) ① 이 법 시행당시 종전의 규정에 의하여 설치한 외국인수용장·외국인수용소는 이 법에 의한 외국인보호실·외국인보호소로 본다.

② 이 법 시행당시 종전의 규정에 의한 수용은 이 법에 의한 보호로 본다.

③ 이 법 시행당시 종전의 규정에 의하여 발부된 수용명령서·출국권고서·수용일시해제취소서는 이 법에 의한 보호명령서·출국명령서·보호일시해제취소서로 본다.

제5조(벌칙에 관한 경과조치) 이 법 시행전의 행위에 대한 벌칙의 적용에 있어서는 종전의 규정에 의하되, 이 법에 의한 벌칙이 구법에서 보다 가벼운 때에는 이 법에 의한다.

제6조(다른 법률의 개정) 생략

부　칙 <1993·12·10 법4592>

①(시행일) 이 법은 1994년 7월 1일부터 시행한다.

②(경과조치) 이 법 시행전의 행위에 대한 벌칙의 적용에 있어서는 종전의 규정에 의한다.

③(다른 법률의 개정) 생략

부　칙 <1994·12·22 법4796>

제1조(시행일) 이 법은 1995년 1월 1일부터 시행한다.

제2조부터 **제4조**까지 생략

부　칙 <1996·12·12 법5176>

①(시행일) 이 법은 1997년 7월 1일부터 시행한다.

②(승무원상륙허가서에 관한 적용례) 제14조 제4항의 개정규정은 이 법 시행후 최초로 발급되는 승무원상륙허가서부터 적용한다.

③(체류기간변경허가에 관한 경과조치) 이 법 시행당시 종전의 규정에 의하여 체류기간갱신허가를 받은 자는 허가받은 기간동안 제25조의 개정규정에 의하여 체류기간연장허가를 받은 것으로 본다.

부　칙 <1997·12·13 법5434>

이 법은 공포후 3월이 경과한 날부터 시행한다.

부　칙 <1999·2·5 법5755>

이 법은 1999년 3월 1일부터 시행한다.

부　칙 <2001·12·29 법6540>

이 법은 공포후 3월이 경과한 날부터 시행한다.

부　칙 <2002·12·5 법6745>

이 법은 공포후 3월이 경과한 날부터 시행한다.

부 칙 <2003·12·31 법7034>

이 법은 공포한 날부터 시행한다.

부 칙 <2005·3·24 법7406>

①(시행일) 이 법은 공포 후 6월이 경과한 날부터 시행한다. 다만, 제2조제4호, 제3조, 제5조, 제6조, 제7조제1항, 제12조제3항제1호, 제12조의2제1항, 제12조의3, 제14조, 제27조제1항, 제28조제1항, 제73조제1항제2호 및 제75조제4항중 선원신분증명서에 관한 개정규정 및 선원수첩의 여권기능배제에 관한 개정규정은 2005년 6월 1일부터 시행한다.

②(선원신분증명서에 관한 경과조치) 선원신분증명서에 관한 개정규정 및 선원수첩의 여권기능배제에 관한 개정규정에 불구하고 이 법 시행당시 이미 출국한 내국선원 및 입국한 외국선원에 대하여는 종전의 규정에 의한다.

부 칙 <2005·8·4 법7655>

제1조(시행일) 이 법은 공포한 날부터 시행한다.

제2조부터 **제8조**까지 생략

부 칙 <2007·12·21 법8726>

①(시행일) 이 법은 공포 후 3개월이 경과한 날부터 시행한다.

②(출국금지 등에 관한 적용례) 이 법 시행 당시 종전의 규정에 따라 이미 출국금지되거나 출국금지기간이 연장된 것에 대하여도 제4조의2부터 제4조의5까지의 개정규정을 적용한다.

부 칙 <2008·12·19 법9142>

이 법은 공포 후 6개월이 경과한 날부터 시행한다.

부 칙 <2009·12·29 법9847>

제1조(시행일) 이 법은 공포 후 1년이 경과한 날부터 시행한다.

제2조부터 **제22조**까지 생략

부 칙 <2010·5·14 법10282>

제1조(시행일) 이 법은 공포 후 6개월이 경과한 날부터 시행한다. 다만, 제12조의2, 제14조제7항, 제16조의2제3항 및 제38조의 개정규정은 공포 후 3개월이 경과한 날부터 시행하고, 제11조제1항제1호의 개정규정 중 감염병환자에 관한 부분은 2010년 12월 30일부터 시행한다.

제2조(등록외국인 등의 지문 및 얼굴 정보의 제공에 관한 특례) 제38조제1항제1호의 개정규정 시행 당시 국내에서 체류하고 있는 외국인으로서 같은 개정규정에 따라 지문 및 얼굴에 관한 정보를 제공하여야 하는 사람은 같은 개정규정 시행 후 외국인등록 또는 체류기간 연장 등 신청을 할 때에 그의 체류지를 관할하는 사무소장이나 출장소장의 지문 및 얼굴에 관한 정보 제공 요청에 응하여야 한다. 다만, 대한민국에서 영주할 수 있는 체류자격을 가지고 국내에서 체류하는 사람은 같은 개정규정 시행 후 법무부장관이 정하는 시기에 그의 체류지를 관할하는 사무소장이나 출장소장에게 지문 및 얼굴에 관한 정보를 제공하여야 한다.

제3조(다른 법률의 개정) 생략

부 칙 <2011·3·29 법10465>

제1조(시행일) 이 법은 공포 후 6개월이 경과한 날부터 시행한다. 〈단서 생략〉

제2조부터 **제7조**까지 생략

부 칙 <2011·4·5 법10545>

①(시행일) 이 법은 공포한 날부터 시행한다.

②(적용례) 제25조의2의 개정규정은 이 법 시행 당시 법원의 재판, 수사기관의 수사, 그 밖의 다른 법률의 규정에 따른 권리구제 절차를 진행 중인 외국인에게도 적용한다.

부 칙 <2011·7·18 법10863>

이 법은 공포 후 6개월이 경과한 날부터 시행한다.

부 칙 <2012·1·26 법11224>

이 법은 공포 후 4개월이 경과한 날부터 시행한다. 다만, 제19조의2, 제5장제2절(제39조 및 제40조)및 제84조제1항의 개정규정은 공포 후 6개월이 경과한 날부터 시행한다.

부 칙 <2012·2·10 법11298>

제1조(시행일) 이 법은 2013년 7월 1일부터 시행한다.

제2조 및 **제3조** 생략

부 칙 <2013·3·23 법11690>

제1조(시행일) ① 이 법은 공포한 날부터 시행한다.

② 생략

제2조부터 **제7조**까지 생략

부 칙 <2014·1·7 법12195>

이 법은 공포한 날부터 시행한다.

부 칙 <2014·3·18 법12421>

제1조(시행일) 이 법은 공포 후 3개월이 경과한 날부터 시행한다.

제2조(다른 법률의 개정) 생략

제3조(다른 법령과의 관계) 이 법 시행 당시 다른 법령에서 종전의 「출입국관리법」에 따른 "출입국관리사무소나 그 출장소 또는 외국인보호소"를 인용하고 있는 경우에는 그 범위에서 이 법에 따른 "지방출입국·외국인관서"를 인용한 것으로 보며, "출입국관리사무소장, 사무소장, 출장소장 또는 외국인보호소장"을 인용하고 있는 경우에는 그 범위에서 이 법에 따른 "지방출입국·외국인관서의 장"을 인용한 것으로 본다.

부 칙 <2014·5·20 법12600>

제1조(시행일) 이 법은 공포한 날부터 시행한다. 〈단서 생략〉

제2조 생략

부 칙 <2014·10·15 법12782>

제1조(시행일) 이 법은 공포 후 6개월이 경과한 날부터 시행한다.

제2조(신고에 관한 적용례) 이 법의 개정규정은 외국인을 고용한 자가 이 법 시행 후 최초로 제19조제1항에 따른 신고를 하는 경우부터 적용한다.

부 칙 <2014·12·30 법12893>

제1조(시행일) 이 법은 공포 후 3개월이 경과한 날부터 시행한다.

제2조(출국금지결정 등의 통지에 관한 적용례) 제4조의4의 개정규정은 이 법 시행 이후 최초로 출국금지결정 등을 하는 것부터 적용한다.

제3조(성폭력피해자에 대한 적용례) 제25조의3의 개정규정은 이 법 시행 당시 법원의 재판, 수사기관의 수사, 그 밖의 다른 법률의 규정에 따른 권리구제 절차를 진행 중인 외국인에게도 적용한다.

제4조(출국금지결정 등의 통지에 관한 경과조치) 이 법 시행 당시 종전의 규정에 따라 출국금지결정 등의 통지를 하지 아니한 것은 제4조의4의 개정규정에도 불구하고 종전의 규정에 따른다.

부 칙 <2015·1·6 법12960>

제1조(시행일) 이 법은 공포 후 1년이 경과한 날부터 시행한다.

제2조부터 **제6조**까지 생략

부 칙 <2015·7·24 법13426>

제1조(시행일) 이 법은 공포 후 6개월이 경과한 날부터 시행한다. 〈단서 생략〉

제2조부터 **제39조**까지 생략

부 칙 <2015·7·24 법13440>

제1조(시행일) 이 법은 공포 후 6개월이 경과한 날부터 시행한다. 〈단서 생략〉

제2조 및 **제3조** 생략

부 칙 <2016·3·29 법14106>

제1조(시행일) 이 법은 공포 후 6개월이 경과한 날부터 시행한다.

제2조(강제퇴거에 관한 적용례) 제46조제1항제10호의2·제12호의2 및 제14호의 개정규정은 이 법 시행 후 제26조 또는 제33조의2를 위반하는 외국인부터 적용한다.

제3조(국내 거소신고자의 지문 및 얼굴 정보의 제공에 관한 특례) 제38조제1항제1호 나목의 개정규정 시행 당시 「재외동포의 출입국과 법적 지위에 관한 법률」 제6조에 따라 국내거소신고가 되어 있는 외국국적동포는 법무부장관이 정하는 시기에 그의 거소를 관할하는 지방출입국·외국인관서의 장에게 지문 및 얼굴에 관한 정보를 제공하여야 한다. 다만, 종전의 제38조제1항에 따라 지문 및 얼굴에 관한 정보를 제공한 사람은 제외한다.

제4조(난민여행증명서의 유효기간 및 그 연장에 관한 경과조치) 이 법 시행 전에 발급받은 난민여행증명서의 유효기간 및 그 연장에 관하여는 제76조의5제2항의 개정규정에도 불구하고 종전의 규정에 따른다.

제5조(과태료에 관한 경과조치) 이 법 시행 전의 행위에 대하여 과태료를 적용할 때에는 제100조제3항제2호의 개정규정에도 불구하고 종전의 규정에 따른다.

부 칙 <2017·3·14 법14585>

이 법은 공포한 날부터 시행한다.

부 칙 <2017·12·12 법15159>

이 법은 공포한 날부터 시행한다.

부　　칙 <2018·3·20 법15492>

제1조(시행일) 이 법은 공포 후 6개월이 경과한 날부터 시행한다.

제2조(체류자격에 관한 적용례) 제10조, 제10조의2 및 제10조의3의 개정규정은 이 법 시행 전에 체류자격을 신청하여 절차가 진행 중인 사람에 대하여도 적용한다.

제3조(영주증 유효기간에 관한 적용례) 제33조제3항의 개정규정은 이 법 시행 후 영주증을 발급 또는 재발급받는 사람부터 적용한다.

제4조(영주자격의 취소에 관한 적용례) 제89조의2의 개정규정은 이 법 시행 당시 제89조에 따른 영주자격의 취소절차가 진행 중인 사람에 대하여도 적용한다.

제5조(체류자격에 관한 경과조치) 이 법 시행 당시 종전의 규정에 따라 체류자격을 취득한 사람은 이 법에 따라 체류자격을 취득한 것으로 본다.

부　　칙 <2019·4·23 법16344>

제1조(시행일) 이 법은 공포한 날부터 시행한다. 다만, 제91조의2 및 제93조의3제1항의 개정규정은 공포 후 6개월이 경과한 날부터 시행한다.

제2조(적용례) 제25조의4의 개정규정은 이 법 시행 당시 법원의 재판, 수사기관의 수사, 그 밖의 다른 법률의 규정에 따른 권리구제 절차를 진행 중인 외국인 아동과 보호자에게도 적용한다.

부　　칙 <2020·2·4 법16921>

이 법은 공포 후 6개월이 경과한 날부터 시행한다. 다만, 제81조제1항의 개정규정은 공포 후 3개월이 경과한 날부터 시행한다.

부　　칙 <2020·3·24 법17089>

이 법은 공포 후 6개월이 경과한 날부터 시행한다.

부　　칙 <2020·6·9 법17365>

제1조(시행일) 이 법은 공포 후 6개월이 경과한 날부터 시행한다.

제2조(체류자격 구비 기간에 관한 적용례) 제23조제1항제2호의 개정규정은 대한민국에서 체류 중 대한민국의 국적을 상실하거나 이탈하는 등 그 밖의 사유로 체류자격을 가지지 못하게 된 외국인으로서 이 법 시행 당시 그 체류자격을 가지지 못하게 된 사유가 발생한 날부터 60일이 경과하지 아니한 사람에 대해서도 적용한다.

제3조(외국인등록사항 변경신고 등 기한에 관한 적용례) 제35조, 제36조제1항 및 제37조제5항의 개정규정은 이 법 시행 당시 해당 개정규정에 따라 15일로 연장된 신고기한이나 회수기한이 경과하지 아니한 외국인에 대해서도 적용한다.

제4조(대행기관의 등록에 관한 경과조치) 이 법 시행 당시 외국인 등의 체류 관련 민원업무의 대행기관으로 지방출입국·외국인관서의 장에게 등록된 자는 제79조의2의 개정규정에 따라 등록된 대행기관으로 본다. 다만, 이 법 시행 이후 1년 이내에 제79조의2제2항 각 호에 따른 요건을 갖추어야 한다.

부　　칙 <2020·10·20 법17509>

이 법은 공포 후 3개월이 경과한 날부터 시행한다. 다만, 제4조의6제3항 후단의 개정규정은 법률 제16924호 형사소송법 일부개정법률이 시행되는 날부터 시행한다.

부　　칙 <2021·3·16 법17934>

이 법은 공포한 날부터 시행한다.

부　　칙 <2021·7·13 법18295>

제1조(시행일) 이 법은 2021년 7월 13일부터 시행한다.

제2조(출국금지에 관한 적용례) 제4조제1항의 개정규정은 이 법 시행 이후 「양육비 이행확보 및 지원에 관한 법률」 제21조의4제1항에 따른 양육비 채무자 중 양육비이행심의위원회의 심의·의결을 거친 사람부터 적용한다.

부　　칙 <2021·8·17 법18397>

이 법은 공포 후 1년이 경과한 날부터 시행한다.

부　　칙 <2022·2·3 법18798>

이 법은 공포 후 3개월이 경과한 날부터 시행한다.

부　　칙 <2022·12·13 법19070>

제1조(시행일) 이 법은 공포 후 6개월이 경과한 날부터 시행한다. 다만, 제25조의2부터

제25조의4까지 및 제46조의2의 개정규정과 부칙 제2조 및 제3조제1항은 2023년 1월 1일부터 시행한다.

제2조(경과조치) 이 법 시행 당시 종전의 제25조의2부터 제25조의4까지의 규정에 따른 체류기간 연장 허가는 제25조의2의 개정규정에 따른 허가로 본다.

제3조(다른 법률의 개정) 생략

부 칙 <2023·6·13 법19435>

이 법은 공포 후 6개월이 경과한 날부터 시행한다.

부 칙 <2024·12·20 법20578>

이 법은 공포 후 6개월이 경과한 날부터 시행한다.

부 칙 <2025·1·21 법20677>

제1조(시행일) 이 법은 공포 후 6개월이 경과한 날부터 시행한다. 〈단서 생략〉

제2조부터 **제6조**까지 생략

●집회 및 시위에 관한 법률

〔2007·5·11 법률제8424호 전부개정〕

개정
2007·12·21 법률제 8733호(군사기지 및 군사시설 보호법)
2016· 1·27 법률제13834호
2020· 6· 9 법률제17393호
2020·12·22 법률제17689호(국가경찰과 자치경찰의 조직 및 운영에 관한 법률)

제1조(목적) 이 법은 적법한 집회(集會) 및 시위(示威)를 최대한 보장하고 위법한 시위로부터 국민을 보호함으로써 집회 및 시위의 권리 보장과 공공의 안녕질서가 적절히 조화를 이루도록 하는 것을 목적으로 한다.

제2조(정의) 이 법에서 사용하는 용어의 뜻은 다음과 같다. <개정 2020·12·22>

1. "옥외집회"란 천장이 없거나 사방이 폐쇄되지 아니한 장소에서 여는 집회를 말한다.
2. "시위"란 여러 사람이 공동의 목적을 가지고 도로, 광장, 공원 등 일반인이 자유로이 통행할 수 있는 장소를 행진하거나 위력(威力) 또는 기세(氣勢)를 보여, 불특정한 여러 사람의 의견에 영향을 주거나 제압(制壓)을 가하는 행위를 말한다.
3. "주최자(主催者)"란 자기 이름으로 자기 책임 아래 집회나 시위를 여는 사람이나 단체를 말한다. 주최자는 주관자(主管者)를 따로 두어 집회 또는 시위의 실행을 맡아 관리하도록 위임할 수 있다. 이 경우 주관자는 그 위임의 범위 안에서 주최자로 본다.
4. "질서유지인"이란 주최자가 자신을 보좌하여 집회 또는 시위의 질서를 유지하게 할 목적으로 임명한 자를 말한다.
5. "질서유지선"이란 관할 경찰서장이나 시·도경찰청장이 적법한 집회 및 시위를 보호하고 질서 유지나 원활한 교통 소통을 위하여 집회 또는 시위의 장소나 행진 구간을 일정하게 구획하여 설정한 띠, 방책(防柵), 차선(車線) 등의 경계 표지(標識)를 말한다.
6. "경찰관서"란 국가경찰관서를 말한다.

제3조(집회 및 시위에 대한 방해 금지) ① 누구든지 폭행, 협박, 그 밖의 방법으로 평화적인 집회 또는 시위를 방해하거나 질서를 문란하게 하여서는 아니 된다.

② 누구든지 폭행, 협박, 그 밖의 방법으로 집회 또는 시위의 주최자나 질서유지인의 이 법의 규정에 따른 임무 수행을 방해하여서는 아니 된다.

③ 집회 또는 시위의 주최자는 평화적인 집회 또는 시위가 방해받을 염려가 있다고 인정되면 관할 경찰관서에 그 사실을 알려 보호를 요청할 수 있다. 이 경우 관할 경찰관서의 장은 정당한 사유 없이 보호 요청을 거절하여서는 아니 된다.

제4조(특정인 참가의 배제) 집회 또는 시위의 주최자 및 질서유지인은 특정한 사람이나 단체가 집회나 시위에 참가하는 것을 막을 수 있다. 다만, 언론사의 기자는 출입이 보장되어야 하며, 이 경우 기자는 신분증을 제시하고 기자임을 표시한 완장(腕章)을 착용하여야 한다.

제5조(집회 및 시위의 금지) ① 누구든지 다음 각 호의 어느 하나에 해당하는 집회나 시위를 주최하여서는 아니 된다.

1. 헌법재판소의 결정에 따라 해산된 정당의 목적을 달성하기 위한 집회 또는 시위
2. 집단적인 폭행, 협박, 손괴(損壞), 방화 등으로 공공의 안녕 질서에 직접적인 위협을 끼칠 것이 명백한 집회 또는 시위

② 누구든지 제1항에 따라 금지된 집회 또는 시위를 할 것을 선전하거나 선동하여서는 아니 된다.

제6조(옥외집회 및 시위의 신고 등) ① 옥외집회나 시위를 주최하려는 자는 그에 관한 다음 각 호의 사항 모두를 적은 신고서를 옥외집회나 시위를 시작하기 720시간 전부터 48시간 전에 관할 경찰서장에게 제출하여야 한다. 다만, 옥외집회 또는 시위 장소가 두 곳 이상의 경찰서의 관할에 속하는 경우에는 관할 시·도경찰청장에게 제출하여야 하고, 두 곳 이상의 시·도경찰청 관할에 속하는 경우에는 주최지를 관할하는 시·도경찰

청장에게 제출하여야 한다. <개정 2020 · 12 · 22>

1. 목적
2. 일시(필요한 시간을 포함한다)
3. 장소
4. 주최자(단체인 경우에는 그 대표자를 포함한다), 연락책임자, 질서유지인에 관한 다음 각 목의 사항
   가. 주소
   나. 성명
   다. 직업
   라. 연락처
5. 참가 예정인 단체와 인원
6. 시위의 경우 그 방법(진로와 약도를 포함한다)

② 관할 경찰서장 또는 시·도경찰청장(이하 "관할경찰관서장"이라 한다)은 제 1 항에 따른 신고서를 접수하면 신고자에게 접수 일시를 적은 접수증을 즉시 내주어야 한다. <개정 2020 · 12 · 22>

③ 주최자는 제 1 항에 따라 신고한 옥외집회 또는 시위를 하지 아니하게 된 경우에는 신고서에 적힌 집회 일시 24시간 전에 그 철회사유 등을 적은 철회신고서를 관할경찰관서장에게 제출하여야 한다. <개정 2016 · 1 · 27>

④ 제 3 항에 따라 철회신고서를 받은 관할경찰관서장은 제 8 조제 3 항에 따라 금지 통고를 한 집회나 시위가 있는 경우에는 그 금지 통고를 받은 주최자에게 제 3 항에 따른 사실을 즉시 알려야 한다. <개정 2016 · 1 · 27>

⑤ 제 4 항에 따라 통지를 받은 주최자는 그 금지 통고된 집회 또는 시위를 최초에 신고한 대로 개최할 수 있다. 다만, 금지 통고 등으로 시기를 놓친 경우에는 일시를 새로 정하여 집회 또는 시위를 시작하기 24시간 전에 관할경찰관서장에게 신고서를 제출하고 집회 또는 시위를 개최할 수 있다.

제 7 조(신고서의 보완 등) ① 관할경찰관서장은 제 6 조제 1 항에 따른 신고서의 기재 사항에 미비한 점을 발견하면 접수증을 교부한 때부터 12시간 이내에 주최자에게 24시간을 기한으로 그 기재 사항을 보완할 것을 통고할 수 있다.

② 제 1 항에 따른 보완 통고는 보완할 사항을 분명히 밝혀 서면으로 주최자 또는 연락책임자에게 송달하여야 한다.

제 8 조(집회 및 시위의 금지 또는 제한 통고) ① 제 6 조제 1 항에 따른 신고서를 접수한 관할경찰관서장은 신고된 옥외집회 또는 시위가 다음 각 호의 어느 하나에 해당하는 때에는 신고서를 접수한 때부터 48시간 이내에 집회 또는 시위를 금지할 것을 주최자에게 통고할 수 있다. 다만, 집회 또는 시위가 집단적인 폭행, 협박, 손괴, 방화 등으로 공공의 안녕 질서에 직접적인 위험을 초래한 경우에는 남은 기간의 해당 집회 또는 시위에 대하여 신고서를 접수한 때부터 48시간이 지난 경우에도 금지 통고를 할 수 있다.

1. 제 5 조제 1 항, 제10조 본문 또는 제11조에 위반된다고 인정될 때
2. 제 7 조제 1 항에 따른 신고서 기재 사항을 보완하지 아니한 때
3. 제12조에 따라 금지할 집회 또는 시위라고 인정될 때

② 관할경찰관서장은 집회 또는 시위의 시간과 장소가 중복되는 2개 이상의 신고가 있는 경우 그 목적으로 보아 서로 상반되거나 방해가 된다고 인정되면 각 옥외집회 또는 시위 간에 시간을 나누거나 장소를 분할하여 개최하도록 권유하는 등 각 옥외집회 또는 시위가 서로 방해되지 아니하고 평화적으로 개최·진행될 수 있도록 노력하여야 한다. <개정 2016 · 1 · 27>

③ 관할경찰관서장은 제 2 항에 따른 권유가 받아들여지지 아니하면 뒤에 접수된 옥외집회 또는 시위에 대하여 제 1 항에 준하여 그 집회 또는 시위의 금지를 통고할 수 있다. <신설 2016 · 1 · 27>

④ 제 3 항에 따라 뒤에 접수된 옥외집회 또는 시위가 금지 통고된 경우 먼저 신고를 접수하여 옥외집회 또는 시위를 개최할 수 있는 자는 집회 시작 1시간 전에 관할경찰관서장에게 집회 개최 사실을 통지하여야 한다. <신설 2016 · 1 · 27>

⑤ 다음 각 호의 어느 하나에 해당하는 경

우로서 그 거주자나 관리자가 시설이나 장소의 보호를 요청하는 경우에는 집회나 시위의 금지 또는 제한을 통고할 수 있다. 이 경우 집회나 시위의 금지 통고에 대하여는 제 1 항을 준용한다. <개정 2007·12·21>

1. 제 6 조제 1 항의 신고서에 적힌 장소(이하 이 항에서 "신고장소"라 한다)가 다른 사람의 주거지역이나 이와 유사한 장소로서 집회나 시위로 재산 또는 시설에 심각한 피해가 발생하거나 사생활의 평온(平穩)을 뚜렷하게 해칠 우려가 있는 경우
2. 신고장소가 「초·중등교육법」 제 2 조에 따른 학교의 주변 지역으로서 집회 또는 시위로 학습권을 뚜렷이 침해할 우려가 있는 경우
3. 신고장소가 「군사기지 및 군사시설 보호법」 제 2 조제 2 호에 따른 군사시설의 주변 지역으로서 집회 또는 시위로 시설이나 군 작전의 수행에 심각한 피해가 발생할 우려가 있는 경우

⑥ 집회 또는 시위의 금지 또는 제한 통고는 그 이유를 분명하게 밝혀 서면으로 주최자 또는 연락책임자에게 송달하여야 한다.

제 9 조(집회 및 시위의 금지 통고에 대한 이의 신청 등) ① 집회 또는 시위의 주최자는 제 8 조에 따른 금지 통고를 받은 날부터 10일 이내에 해당 경찰관서의 바로 위의 상급경찰관서의 장에게 이의를 신청할 수 있다.

② 제 1 항에 따른 이의 신청을 받은 경찰관서의 장은 접수 일시를 적은 접수증을 이의 신청인에게 즉시 내주고 접수한 때부터 24시간 이내에 재결(裁決)을 하여야 한다. 이 경우 접수한 때부터 24시간 이내에 재결서를 발송하지 아니하면 관할경찰관서장의 금지 통고는 소급하여 그 효력을 잃는다.

③ 이의 신청인은 제 2 항에 따라 금지 통고가 위법하거나 부당한 것으로 재결되거나 그 효력을 잃게 된 경우 처음 신고한 대로 집회 또는 시위를 개최할 수 있다. 다만, 금지 통고 등으로 시기를 놓친 경우에는 일시를 새로 정하여 집회 또는 시위를 시작하기 24시간 전에 관할경찰관서장에게 신고함으로써 집회 또는 시위를 개최할 수 있다.

제10조(옥외집회와 시위의 금지 시간) 누구든지 해가 뜨기 전이나 해가 진 후에는 옥외집회 또는 시위를 하여서는 아니 된다. 다만, 집회의 성격상 부득이하여 주최자가 질서유지인을 두고 미리 신고한 경우에는 관할경찰관서장은 질서 유지를 위한 조건을 붙여 해가 뜨기 전이나 해가 진 후에도 옥외집회를 허용할 수 있다.

제11조(옥외집회와 시위의 금지 장소) 누구든지 다음 각 호의 어느 하나에 해당하는 청사 또는 저택의 경계 지점으로부터 100 미터 이내의 장소에서는 옥외집회 또는 시위를 하여서는 아니 된다. <개정 2020·6·9>

1. 국회의사당. 다만, 다음 각 목의 어느 하나에 해당하는 경우로서 국회의 기능이나 안녕을 침해할 우려가 없다고 인정되는 때에는 그러하지 아니하다.
   가. 국회의 활동을 방해할 우려가 없는 경우
   나. 대규모 집회 또는 시위로 확산될 우려가 없는 경우
2. 각급 법원, 헌법재판소. 다만, 다음 각 목의 어느 하나에 해당하는 경우로서 각급 법원, 헌법재판소의 기능이나 안녕을 침해할 우려가 없다고 인정되는 때에는 그러하지 아니하다.
   가. 법관이나 재판관의 직무상 독립이나 구체적 사건의 재판에 영향을 미칠 우려가 없는 경우
   나. 대규모 집회 또는 시위로 확산될 우려가 없는 경우
3. 대통령 관저(官邸), 국회의장 공관, 대법원장 공관, 헌법재판소장 공관
4. 국무총리 공관. 다만, 다음 각 목의 어느 하나에 해당하는 경우로서 국무총리 공관의 기능이나 안녕을 침해할 우려가 없다고 인정되는 때에는 그러하지 아니하다.
   가. 국무총리를 대상으로 하지 아니하는 경우
   나. 대규모 집회 또는 시위로 확산될 우려가 없는 경우
5. 국내 주재 외국의 외교기관이나 외교사절의 숙소. 다만, 다음 각 목의 어느 하나

에 해당하는 경우로서 외교기관 또는 외교사절 숙소의 기능이나 안녕을 침해할 우려가 없다고 인정되는 때에는 그러하지 아니하다.

가. 해당 외교기관 또는 외교사절의 숙소를 대상으로 하지 아니하는 경우
나. 대규모 집회 또는 시위로 확산될 우려가 없는 경우
다. 외교기관의 업무가 없는 휴일에 개최하는 경우

제12조(교통 소통을 위한 제한) ① 관할경찰관서장은 대통령령으로 정하는 주요 도시의 주요 도로에서의 집회 또는 시위에 대하여 교통 소통을 위하여 필요하다고 인정하면 이를 금지하거나 교통질서 유지를 위한 조건을 붙여 제한할 수 있다.

② 집회 또는 시위의 주최자가 질서유지인을 두고 도로를 행진하는 경우에는 제1항에 따른 금지를 할 수 없다. 다만, 해당 도로와 주변 도로의 교통 소통에 장애를 발생시켜 심각한 교통 불편을 줄 우려가 있으면 제1항에 따른 금지를 할 수 있다.

제13조(질서유지선의 설정) ① 제6조제1항에 따른 신고를 받은 관할경찰관서장은 집회 및 시위의 보호와 공공의 질서 유지를 위하여 필요하다고 인정하면 최소한의 범위를 정하여 질서유지선을 설정할 수 있다.

② 제1항에 따라 경찰관서장이 질서유지선을 설정할 때에는 주최자 또는 연락책임자에게 이를 알려야 한다.

제14조(확성기등 사용의 제한) ① 집회 또는 시위의 주최자는 확성기, 북, 징, 꽹과리 등의 기계·기구(이하 이 조에서 "확성기등"이라 한다)를 사용하여 타인에게 심각한 피해를 주는 소음으로서 대통령령으로 정하는 기준을 위반하는 소음을 발생시켜서는 아니 된다.

② 관할경찰관서장은 집회 또는 시위의 주최자가 제1항에 따른 기준을 초과하는 소음을 발생시켜 타인에게 피해를 주는 경우에는 그 기준 이하의 소음 유지 또는 확성기등의 사용 중지를 명하거나 확성기등의 일시보관 등 필요한 조치를 할 수 있다.

제15조(적용의 배제) 학문, 예술, 체육, 종교, 의식, 친목, 오락, 관혼상제(冠婚喪祭) 및 국경행사(國慶行事)에 관한 집회에는 제6조부터 제12조까지의 규정을 적용하지 아니한다.

제16조(주최자의 준수 사항) ① 집회 또는 시위의 주최자는 집회 또는 시위에 있어서의 질서를 유지하여야 한다.

② 집회 또는 시위의 주최자는 집회 또는 시위의 질서 유지에 관하여 자신을 보좌하도록 18세 이상의 사람을 질서유지인으로 임명할 수 있다.

③ 집회 또는 시위의 주최자는 제1항에 따른 질서를 유지할 수 없으면 그 집회 또는 시위의 종결(終結)을 선언하여야 한다.

④ 집회 또는 시위의 주최자는 다음 각 호의 어느 하나에 해당하는 행위를 하여서는 아니 된다.

1. 총포, 폭발물, 도검(刀劍), 철봉, 곤봉, 돌덩이 등 다른 사람의 생명을 위협하거나 신체에 해를 끼칠 수 있는 기구(器具)를 휴대하거나 사용하는 행위 또는 다른 사람에게 이를 휴대하게 하거나 사용하게 하는 행위
2. 폭행, 협박, 손괴, 방화 등으로 질서를 문란하게 하는 행위
3. 신고한 목적, 일시, 장소, 방법 등의 범위를 뚜렷이 벗어나는 행위

⑤ 옥내집회의 주최자는 확성기를 설치하는 등 주변에서의 옥외 참가를 유발하는 행위를 하여서는 아니 된다.

제17조(질서유지인의 준수 사항 등) ① 질서유지인은 주최자의 지시에 따라 집회 또는 시위 질서가 유지되도록 하여야 한다.

② 질서유지인은 제16조제4항 각 호의 어느 하나에 해당하는 행위를 하여서는 아니 된다.

③ 질서유지인은 참가자 등이 질서유지인임을 쉽게 알아볼 수 있도록 완장, 모자, 어깨띠, 상의 등을 착용하여야 한다.

④ 관할경찰관서장은 집회 또는 시위의 주최자와 협의하여 질서유지인의 수(數)를 적절하게 조정할 수 있다.

⑤ 집회나 시위의 주최자는 제4항에 따라 질서유지인의 수를 조정한 경우 집회 또는

시위를 개최하기 전에 조정된 질서유지인의 명단을 관할경찰관서장에게 알려야 한다.

제18조(참가자의 준수 사항) ① 집회나 시위에 참가하는 자는 주최자 및 질서유지인의 질서유지를 위한 지시에 따라야 한다.

② 집회나 시위에 참가하는 자는 제16조제4항제1호 및 제2호에 해당하는 행위를 하여서는 아니 된다.

제19조(경찰관의 출입) ① 경찰관은 집회 또는 시위의 주최자에게 알리고 그 집회 또는 시위의 장소에 정복(正服)을 입고 출입할 수 있다. 다만, 옥내집회 장소에 출입하는 것은 직무 집행을 위하여 긴급한 경우에만 할 수 있다.

② 집회나 시위의 주최자, 질서유지인 또는 장소관리자는 질서를 유지하기 위한 경찰관의 직무집행에 협조하여야 한다.

제20조(집회 또는 시위의 해산) ① 관할경찰관서장은 다음 각 호의 어느 하나에 해당하는 집회 또는 시위에 대하여는 상당한 시간 이내에 자진(自進) 해산할 것을 요청하고 이에 따르지 아니하면 해산(解散)을 명할 수 있다. <개정 2016·1·27>

1. 제5조제1항, 제10조 본문 또는 제11조를 위반한 집회 또는 시위
2. 제6조제1항에 따른 신고를 하지 아니하거나 제8조 또는 제12조에 따라 금지된 집회 또는 시위
3. 제8조제5항에 따른 제한, 제10조 단서 또는 제12조에 따른 조건을 위반하여 교통 소통 등 질서 유지에 직접적인 위험을 명백하게 초래한 집회 또는 시위
4. 제16조제3항에 따른 종결 선언을 한 집회 또는 시위
5. 제16조제4항 각 호의 어느 하나에 해당하는 행위로 질서를 유지할 수 없는 집회 또는 시위

② 집회 또는 시위가 제1항에 따른 해산 명령을 받았을 때에는 모든 참가자는 지체 없이 해산하여야 한다.

③ 제1항에 따른 자진 해산의 요청과 해산 명령의 고지(告知) 등에 필요한 사항은 대통령령으로 정한다.

제21조(집회·시위자문위원회) ① 집회 및 시위의 자유와 공공의 안녕 질서가 조화를 이루도록 하기 위하여 각급 경찰관서에 다음 각 호의 사항에 관하여 각급 경찰관서장의 자문 등에 응하는 집회·시위자문위원회(이하 이 조에서 "위원회"라 한다)를 둘 수 있다.

1. 제8조에 따른 집회 또는 시위의 금지 또는 제한 통고
2. 제9조제2항에 따른 이의 신청에 관한 재결
3. 집회 또는 시위에 대한 사례 검토
4. 집회 또는 시위 업무의 처리와 관련하여 필요한 사항

② 위원회에는 위원장 1명을 두되, 위원장을 포함한 5명 이상 7명 이하의 위원으로 구성된다.

③ 위원장과 위원은 각급 경찰관서장이 전문성과 공정성 등을 고려하여 다음 각 호의 사람 중에서 위촉한다.

1. 변호사
2. 교수
3. 시민단체에서 추천하는 사람
4. 관할 지역의 주민대표

④ 위원회의 구성·운영 등에 필요한 사항은 대통령령으로 정한다.

제22조(벌칙) ① 제3조제1항 또는 제2항을 위반한 자는 3년 이하의 징역 또는 300만원 이하의 벌금에 처한다. 다만, 군인·검사 또는 경찰관이 제3조제1항 또는 제2항을 위반한 경우에는 5년 이하의 징역에 처한다.

② 제5조제1항 또는 제6조제1항을 위반하거나 제8조에 따라 금지를 통고한 집회 또는 시위를 주최한 자는 2년 이하의 징역 또는 200만원 이하의 벌금에 처한다.

③ 제5조제2항 또는 제16조제4항을 위반한 자는 1년 이하의 징역 또는 100만원 이하의 벌금에 처한다.

④ 그 사실을 알면서 제5조제1항을 위반한 집회 또는 시위에 참가한 자는 6개월 이하의 징역 또는 50만원 이하의 벌금·구류 또는 과료에 처한다.

제23조(벌칙) 제10조 본문 또는 제11조를 위반한 자, 제12조에 따른 금지를 위반한 자는 다음 각 호의 구분에 따라 처벌한다.

1. 주최자는 1년 이하의 징역 또는 100만원 이하의 벌금
2. 질서유지인은 6개월 이하의 징역 또는 50만원 이하의 벌금·구류 또는 과료
3. 그 사실을 알면서 참가한 자는 50만원 이하의 벌금·구류 또는 과료

제24조(벌칙) 다음 각 호의 어느 하나에 해당하는 자는 6개월 이하의 징역 또는 50만원 이하의 벌금·구류 또는 과료에 처한다.

1. 제4조에 따라 주최자 또는 질서유지인이 참가를 배제했는데도 그 집회 또는 시위에 참가한 사람
2. 제6조제1항에 따른 신고를 거짓으로 하고 집회 또는 시위를 개최한 사람
3. 제13조에 따라 설정한 질서유지선을 경찰관의 경고에도 불구하고 정당한 사유 없이 상당 시간 침범하거나 손괴·은닉·이동 또는 제거하거나 그 밖의 방법으로 그 효용을 해친 자
4. 제14조제2항에 따른 명령을 위반하거나 필요한 조치를 거부·방해한 자
5. 제16조제5항, 제17조제2항, 제18조제2항 또는 제20조제2항을 위반한 자

제25조(단체의 대표자에 대한 벌칙 적용) 단체가 집회 또는 시위를 주최하는 경우에는 이 법의 벌칙 적용에서 그 대표자를 주최자로 본다.

제26조(과태료) ① 제8조제4항에 해당하는 먼저 신고된 옥외집회 또는 시위의 주최자가 정당한 사유 없이 제6조제3항을 위반한 경우에는 100만원 이하의 과태료를 부과한다.

② 제1항에 따른 과태료는 대통령령으로 정하는 바에 따라 시·도경찰청장 또는 경찰서장이 부과·징수한다. <개정 2020·12·22>

〔본조신설 2016·1·27〕

부 칙

①(시행일) 이 법은 공포한 날부터 시행한다.

②(처분 등에 관한 일반적 경과조치) 이 법 시행 당시 종전의 규정에 따른 행정기관의 행위나 행정기관에 대한 행위는 그에 해당하는 이 법에 따른 행정기관의 행위나 행정기관에 대한 행위로 본다.

③(벌칙에 관한 경과조치) 이 법 시행 전의 행위에 대하여 벌칙 규정을 적용할 때에는 종전의 규정에 따른다.

④(다른 법령과의 관계) 이 법 시행 당시 다른 법령에서 종전의 「집회 및 시위에 관한 법률」 또는 그 규정을 인용한 경우에 이 법 가운데 그에 해당하는 규정이 있으면 종전의 규정을 갈음하여 이 법 또는 이 법의 해당 규정을 인용한 것으로 본다.

부 칙 <2007·12·21 법8733>

제1조(시행일) 이 법은 공포 후 9개월이 경과한 날부터 시행한다. 〈단서 생략〉

제2조부터 **제11조**까지 생략

부 칙 <2016·1·27 법13834>

제1조(시행일) 이 법은 공포 후 1개월이 경과한 날부터 시행한다. 다만, 제26조의 개정규정은 공포 후 1년이 경과한 날부터 시행한다.

제2조(적용례) 제8조제4항 및 제26조의 개정규정은 각각 이 법 시행 후 최초로 접수되는 옥외집회 또는 시위의 신고분부터 적용한다.

부 칙 <2020·6·9 법17393>

이 법은 공포한 날부터 시행한다.

부 칙 <2020·12·22 법17689>

제1조(시행일) 이 법은 2021년 1월 1일부터 시행한다.

제2조부터 **제8조**까지 생략

●국가인권위원회법

〔2001·5·24 법률제6481호〕

개정
2005· 3·31 법률제 7427호(민법)
2005· 7·29 법률제 7651호
2005· 8· 4 법률제 7655호(치료감호법)
2005·12·29 법률제 7796호(국가공무원법)
2006·10· 4 법률제 8050호(국가재정법)
2007· 5·17 법률제 8435호(가족관계의 등록 등에 관한 법률)
2009· 2· 3 법률제 9402호(공직자윤리법)
2011· 5·19 법률제10679호
2012· 3·21 법률제11413호
2013· 3·23 법률제11690호(정부조직법)
2014· 3·18 법률제12500호
2016· 2· 3 법률제14028호
2020· 2· 4 법률제16928호(군인사법)
2020· 3·24 법률제17126호
2021· 7·20 법률제18298호(국가교육위원회 설치 및 운영에 관한 법률)
2022· 1· 4 법률제18721호
2022· 4·26 법률제18846호(비영리민간단체 지원법)
2024·12· 3 법률제20558호

제 1 장 총칙

제 1 조(목적) 이 법은 국가인권위원회를 설립하여 모든 개인이 가지는 불가침의 기본적 인권을 보호하고 그 수준을 향상시킴으로써 인간으로서의 존엄과 가치를 실현하고 민주적 기본질서의 확립에 이바지함을 목적으로 한다.

〔전부개정 2011·5·19〕

제 2 조(정의) 이 법에서 사용하는 용어의 뜻은 다음과 같다. <개정 2016·2·3, 2020·2·4, 2022·1·4, 2022·4·26>

1. "인권"이란 「대한민국헌법」 및 법률에서 보장하거나 대한민국이 가입·비준한 국제인권조약 및 국제관습법에서 인정하는 인간으로서의 존엄과 가치 및 자유와 권리를 말한다.
2. "구금·보호시설"이란 다음 각 목에 해당하는 시설을 말한다.
   가. 교도소·소년교도소·구치소 및 그 지소, 보호감호소, 치료감호시설, 소년원 및 소년분류심사원
   나. 경찰서 유치장 및 사법경찰관리가 직무 수행을 위하여 사람을 조사하고 유치(留置)하거나 수용하는 데에 사용하는 시설
   다. 군 교도소(지소·미결수용실을 포함한다)
   라. 외국인 보호소
   마. 다수인 보호시설(많은 사람을 보호하고 수용하는 시설로서 대통령령으로 정하는 시설을 말한다)
3. "평등권 침해의 차별행위"란 합리적인 이유 없이 성별, 종교, 장애, 나이, 사회적 신분, 출신 지역(출생지, 등록기준지, 성년이 되기 전의 주된 거주지 등을 말한다), 출신 국가, 출신 민족, 용모 등 신체 조건, 기혼·미혼·별거·이혼·사별·재혼·사실혼 등 혼인 여부, 임신 또는 출산, 가족 형태 또는 가족 상황, 인종, 피부색, 사상 또는 정치적 의견, 형의 효력이 실효된 전과(前科), 성적(性的) 지향, 학력, 병력(病歷) 등을 이유로 한 다음 각 목의 어느 하나에 해당하는 행위를 말한다. 다만, 현존하는 차별을 없애기 위하여 특정한 사람(특정한 사람들의 집단을 포함한다. 이하 이 조에서 같다)을 잠정적으로 우대하는 행위와 이를 내용으로 하는 법령의 제정·개정 및 정책의 수립·집행은 평등권 침해의 차별행위(이하 "차별행위"라 한다)로 보지 아니한다.
   가. 고용(모집, 채용, 교육, 배치, 승진, 임

금 및 임금 외의 금품 지급, 자금의 융자, 정년, 퇴직, 해고 등을 포함한다)과 관련하여 특정한 사람을 우대·배제·구별하거나 불리하게 대우하는 행위

나. 재화·용역·교통수단·상업시설·토지·주거시설의 공급이나 이용과 관련하여 특정한 사람을 우대·배제·구별하거나 불리하게 대우하는 행위

다. 교육시설이나 직업훈련기관에서의 교육·훈련이나 그 이용과 관련하여 특정한 사람을 우대·배제·구별하거나 불리하게 대우하는 행위

라. 성희롱〔업무, 고용, 그 밖의 관계에서 공공기관(국가기관, 지방자치단체, 「초·중등교육법」 제 2 조, 「고등교육법」 제 2 조와 그 밖의 다른 법률에 따라 설치된 각급 학교, 「공직자윤리법」 제 3 조의2제 1 항에 따른 공직유관단체를 말한다)의 종사자, 사용자 또는 근로자가 그 직위를 이용하여 또는 업무 등과 관련하여 성적 언동 등으로 성적 굴욕감 또는 혐오감을 느끼게 하거나 성적 언동 또는 그 밖의 요구 등에 따르지 아니한다는 이유로 고용상의 불이익을 주는 것을 말한다〕 행위

4. "장애"란 신체적·정신적·사회적 요인으로 장기간에 걸쳐 일상생활 또는 사회생활에 상당한 제약을 받는 상태를 말한다.

5. "시민사회단체"란 「비영리민간단체 지원법」 제 4 조에 따라 중앙행정기관의 장, 시·도지사나 특례시의 장에게 등록을 한 비영리민간단체, 「민법」 제32조에 따라 주무관청의 허가를 받은 비영리법인, 「공익법인의 설립·운영에 관한 법률」 제 4 조에 따라 주무관청의 설립허가를 받은 공익법인, 그 밖에 특별법에 따라 설립된 법인을 말한다.

6. "군인등"이란 다음 각 목의 어느 하나에 해당하는 사람을 말한다.

가. 「군인의 지위 및 복무에 관한 기본법」 제 2 조제 1 호에 따른 현역에 복무하는 장교·준사관·부사관 및 병(兵)

나. 「군인의 지위 및 복무에 관한 기본법」 제 3 조에 따른 사관생도·사관후보생·준사관후보생·부사관후보생, 소집되어 군에 복무하는 예비역·보충역, 군무원

7. "군인권침해"란 제30조제 1 항에 따른 인권침해나 차별행위에 해당하는 경우로서 군인등의 복무 중 업무 수행 과정 또는 병영생활(「군인의 지위 및 복무에 관한 기본법」 제 2 조제 5 호에 따른 병영생활을 말한다)에서 발생하는 인권침해나 차별행위를 말한다.

8. "군인권보호관"이란 「군인의 지위 및 복무에 관한 기본법」 제42조에 따른 군인권보호관을 말한다.

〔전부개정 2011·5·19〕

제 3 조(국가인권위원회의 설립과 독립성) ① 이 법에서 정하는 인권의 보호와 향상을 위한 업무를 수행하기 위하여 국가인권위원회(이하 "위원회"라 한다)를 둔다.

② 위원회는 그 권한에 속하는 업무를 독립하여 수행한다.

〔전부개정 2011·5·19〕

제 4 조(적용범위) 이 법은 대한민국 국민과 대한민국의 영역에 있는 외국인에 대하여 적용한다.

〔전부개정 2011·5·19〕

제 2 장 위원회의 구성과 운영

제 5 조(위원회의 구성) ① 위원회는 위원장 1명과 상임위원 3명을 포함한 11명의 인권위원(이하 "위원"이라 한다)으로 구성한다.

② 위원은 다음 각 호의 사람을 대통령이 임명한다. <개정 2016·2·3>

1. 국회가 선출하는 4명(상임위원 2명을 포함한다)

2. 대통령이 지명하는 4명(상임위원 1명을 포함한다)

3. 대법원장이 지명하는 3명

③ 위원은 인권문제에 관하여 전문적인 지식과 경험이 있고 인권의 보장과 향상을 위한 업무를 공정하고 독립적으로 수행할 수 있다고 인정되는 사람으로서 다음 각 호의 어느 하나에 해당하는 자격을 갖추어야 한

다. <신설 2016 · 2 · 3>

1. 대학이나 공인된 연구기관에서 부교수 이상의 직이나 이에 상당하는 직에 10년 이상 있거나 있었던 사람
2. 판사 · 검사 또는 변호사의 직에 10년 이상 있거나 있었던 사람
3. 인권 분야 비영리 민간단체 · 법인 · 국제기구에서 근무하는 등 인권 관련 활동에 10년 이상 종사한 경력이 있는 사람
4. 그 밖에 사회적 신망이 높은 사람으로서 시민사회단체로부터 추천을 받은 사람

④ 국회, 대통령 또는 대법원장은 다양한 사회계층으로부터 후보를 추천받거나 의견을 들은 후 인권의 보호와 향상에 관련된 다양한 사회계층의 대표성이 반영될 수 있도록 위원을 선출 · 지명하여야 한다. <신설 2016 · 2 · 3>

⑤ 위원장은 위원 중에서 대통령이 임명한다. 이 경우 위원장은 국회의 인사청문을 거쳐야 한다. <개정 2012 · 3 · 21>

⑥ 위원장과 상임위원은 정무직공무원으로 임명한다.

⑦ 위원은 특정 성(性)이 10분의 6을 초과하지 아니하도록 하여야 한다. <개정 2016 · 2 · 3>

⑧ 임기가 끝난 위원은 후임자가 임명될 때까지 그 직무를 수행한다.

〔전부개정 2011 · 5 · 19〕

제 6 조(위원장의 직무) ① 위원장은 위원회를 대표하며 위원회의 업무를 총괄한다.

② 위원장이 부득이한 사유로 직무를 수행할 수 없을 때에는 위원장이 미리 지명한 상임위원이 그 직무를 대행한다.

③ 위원장은 국회에 출석하여 위원회의 소관 사무에 관하여 의견을 진술할 수 있으며, 국회에서 요구하면 출석하여 보고하거나 답변하여야 한다.

④ 위원장은 국무회의에 출석하여 발언할 수 있으며, 소관 사무에 관하여 국무총리에게 의안(이 법의 시행에 관한 대통령령안을 포함한다) 제출을 건의할 수 있다.

⑤ 위원장은 위원회의 예산 관련 업무를 수행할 때 「국가재정법」 제 6 조제 3 항에 따른 중앙관서의 장으로 본다.

〔전부개정 2011 · 5 · 19〕

제 7 조(위원장 및 위원의 임기) ① 위원장과 위원의 임기는 3년으로 하고, 한 번만 연임할 수 있다.

② 위원 중 결원이 생기면 대통령은 결원된 날부터 30일 이내에 후임자를 임명하여야 한다.

③ 결원이 된 위원의 후임으로 임명된 위원의 임기는 새로 시작된다.

〔전부개정 2011 · 5 · 19〕

제 8 조(위원의 신분 보장) 위원은 금고 이상의 형의 선고에 의하지 아니하고는 본인의 의사에 반하여 면직되지 아니한다. 다만, 위원이 장기간의 심신쇠약으로 직무를 수행하기가 극히 곤란하게 되거나 불가능하게 된 경우에는 전체 위원 3분의 2 이상의 찬성에 의한 의결로 퇴직하게 할 수 있다. <개정 2016 · 2 · 3>

〔전부개정 2011 · 5 · 19〕

제 8 조의2(위원의 책임 면제) 위원은 위원회나 제12조에 따른 상임위원회 또는 소위원회에서 직무상 행한 발언과 의결에 관하여 고의 또는 과실이 없으면 민사상 또는 형사상의 책임을 지지 아니한다.

〔본조신설 2016 · 2 · 3〕

제 9 조(위원의 결격사유) ① 다음 각 호의 어느 하나에 해당하는 사람은 위원이 될 수 없다.

1. 대한민국 국민이 아닌 사람
2. 「국가공무원법」 제33조 각 호의 어느 하나에 해당하는 사람
3. 정당의 당원
4. 「공직선거법」에 따라 실시하는 선거에 후보자로 등록한 사람

② 위원이 제 1 항 각 호의 어느 하나에 해당하게 되면 당연히 퇴직한다.

〔전부개정 2011 · 5 · 19〕

제10조(위원의 겸직금지) ① 위원은 재직 중 다음 각 호의 직을 겸하거나 업무를 할 수 없다.

1. 국회 또는 지방의회의 의원의 직
2. 다른 국가기관 또는 지방자치단체의 공

무원(교육공무원은 제외한다)의 직
3. 그 밖에 위원회 규칙으로 정하는 직 또는 업무
② 위원은 정당에 가입하거나 정치운동에 관여할 수 없다.
〔전부개정 2011·5·19〕

제11조 삭제 <2005·7·29>

제12조(상임위원회 및 소위원회) ① 위원회는 그 업무 중 일부를 수행하게 하기 위하여 상임위원회와 침해구제위원회, 차별시정위원회 등의 소위원회(이하 "소위원회"라 한다)를 둘 수 있다.
② 상임위원회는 위원장과 상임위원으로 구성하고, 소위원회는 3명 이상 5명 이하의 위원으로 구성한다.
③ 상임위원회와 소위원회에는 심의 사항을 연구·검토하기 위하여 성·장애 등 분야별 전문위원회를 둘 수 있다.
④ 상임위원회, 소위원회 및 전문위원회의 구성·업무 및 운영과 전문위원의 자격·임기 및 위촉 등에 관하여 필요한 사항은 위원회 규칙으로 정한다.
〔전부개정 2011·5·19〕

제13조(회의 의사 및 의결정족수) ① 위원회의 회의는 위원장이 주재하며, 이 법에 특별한 규정이 없으면 재적위원 과반수의 찬성으로 의결한다.
② 상임위원회 및 소위원회의 회의는 구성위원 3명 이상의 출석과 3명 이상의 찬성으로 의결한다.
〔전부개정 2011·5·19〕

제14조(의사의 공개) 위원회의 의사는 공개한다. 다만, 위원회, 상임위원회 또는 소위원회가 필요하다고 인정하면 공개하지 아니할 수 있다.
〔전부개정 2011·5·19〕

제15조(자문기구) ① 위원회는 그 업무 수행에 필요한 사항을 자문하기 위하여 자문기구를 둘 수 있다.
② 자문기구의 조직과 운영에 필요한 사항은 위원회 규칙으로 정한다.
〔전부개정 2011·5·19〕

제16조(사무처) ① 위원회에 위원회의 사무를 처리할 사무처를 두고, 사무처에는 군인권보호관의 업무를 지원하기 위하여 지원조직을 둔다. <개정 2022·1·4>
② 사무처에 사무총장 1명과 필요한 직원을 두되 사무총장은 위원회의 심의를 거쳐 위원장의 제청으로 대통령이 임명한다.
③ 소속 직원 중 5급 이상 공무원 또는 고위공무원단에 속하는 일반직공무원은 위원장의 제청으로 대통령이 임명하며, 6급 이하 공무원은 위원장이 임명한다.
④ 사무총장은 위원장의 지휘를 받아 사무처의 사무를 관장하고 소속 직원을 지휘·감독한다.
〔전부개정 2011·5·19〕

제17조(징계위원회의 설치) ① 위원회에 위원회 직원의 징계처분을 의결할 징계위원회를 둔다.
② 징계위원회의 구성, 권한, 심의 절차, 징계의 종류 및 효력, 그 밖에 징계에 필요한 사항은 위원회 규칙으로 정한다.
〔전부개정 2011·5·19〕

제18조(위원회의 조직과 운영) ① 이 법에 규정된 사항 외에 위원회의 조직에 관하여 필요한 사항은 위원회의 독립성을 보장하고 업무를 효과적으로 수행할 수 있도록 최대한 고려하여 대통령령으로 정한다. <개정 2016·2·3>
② 이 법에 규정된 사항 외에 위원회의 운영에 필요한 사항은 위원회 규칙으로 정한다.
<신설 2016·2·3>
〔전부개정 2011·5·19〕

제3장 위원회의 업무와 권한

제19조(업무) 위원회는 다음 각 호의 업무를 수행한다. <개정 2024·12·3>
1. 인권에 관한 법령(입법과정 중에 있는 법령안을 포함한다)·제도·정책·관행의 조사와 연구 및 그 개선이 필요한 사항에 관한 권고 또는 의견의 표명
2. 인권침해행위에 대한 조사와 구제
3. 차별행위에 대한 조사와 구제
4. 인권상황에 대한 실태 조사

5. 인권에 관한 교육 및 홍보
6. 인권침해의 유형, 판단 기준 및 그 예방 조치 등에 관한 지침의 제시 및 권고
7. 국제인권조약 가입 및 그 조약의 이행에 관한 연구와 권고 또는 의견의 표명
8. 인권의 옹호와 신장을 위하여 활동하는 단체 및 개인과의 협력 및 지원
9. 인권과 관련된 국제기구 및 외국 인권기구와의 교류·협력
10. 그 밖에 인권의 보장과 향상을 위하여 필요하다고 인정하는 사항

〔전부개정 2011·5·19〕

제19조의2(보조금) 위원회는 인권 현안에 대한 시민사회단체와의 상호 협력 증진과 인권의 저변을 확대·강화할 목적으로 제19조제8호에 따른 인권의 옹호와 신장을 위하여 활동하는 단체 및 개인과의 협력 사업에 대하여 위원회 규칙으로 정하는 바에 따라 예산의 범위에서 필요한 경비의 전부 또는 일부를 보조할 수 있다.

〔본조신설 2024·12·3〕

제20조(관계기관등과의 협의) ① 관계 국가행정기관 또는 지방자치단체의 장은 인권의 보호와 향상에 영향을 미치는 내용을 포함하고 있는 법령을 제정하거나 개정하려는 경우 미리 위원회에 통지하여야 한다.

② 위원회는 그 업무를 수행하기 위하여 필요하다고 인정하면 국가기관, 지방자치단체, 그 밖의 공사(公私) 단체(이하 "관계기관등"이라 한다)에 협의를 요청할 수 있다.

③ 제2항에 따른 요청을 받은 관계기관등은 정당한 사유가 없으면 이에 성실히 협조하여야 한다.

〔전부개정 2011·5·19〕

제21조(정부보고서 작성 시 위원회 의견 청취) 국제인권규약에 따라 관계 국가행정기관이 정부보고서를 작성할 때에는 위원회의 의견을 들어야 한다.

〔전부개정 2011·5·19〕

제22조(자료제출 및 사실 조회) ① 위원회는 그 업무를 수행하기 위하여 필요하다고 인정하면 관계기관등에 필요한 자료 등의 제출이나 사실 조회를 요구할 수 있다.

② 위원회는 그 업무를 수행하기 위하여 필요한 사실을 알고 있거나 전문적 지식 또는 경험을 가지고 있다고 인정되는 사람에게 출석을 요구하여 그 진술을 들을 수 있다.

③ 제1항에 따른 요구를 받은 기관은 지체 없이 협조하여야 한다.

〔전부개정 2011·5·19〕

제23조(청문회) ① 위원회는 그 업무를 수행하기 위하여 필요하다고 인정하면 관계기관등의 대표자, 이해관계인 또는 학식과 경험이 있는 사람 등에게 출석을 요구하여 사실 또는 의견의 진술을 들을 수 있다.

② 제1항에 따라 위원회가 실시하는 청문회의 절차와 방법에 관하여는 위원회 규칙으로 정한다.

〔전부개정 2011·5·19〕

제24조(시설의 방문조사) ① 위원회(상임위원회와 소위원회를 포함한다. 이하 이 조에서 같다)는 필요하다고 인정하면 그 의결로써 구금·보호시설을 방문하여 조사할 수 있다.

② 제1항에 따른 방문조사를 하는 위원은 필요하다고 인정하면 소속 직원 및 전문가를 동반할 수 있으며, 구체적인 사항을 지정하여 소속 직원 및 전문가에게 조사를 위임할 수 있다. 이 경우 조사를 위임받은 전문가가 그 사항에 대하여 조사를 할 때에는 소속 직원을 동반하여야 한다.

③ 제2항에 따라 방문조사를 하는 위원, 소속 직원 또는 전문가(이하 이 조에서 "위원등"이라 한다)는 그 권한을 표시하는 증표를 지니고 이를 관계인에게 내보여야 하며, 방문 및 조사를 받는 구금·보호시설의 장 또는 관리인은 즉시 방문과 조사에 편의를 제공하여야 한다.

④ 제2항에 따라 방문조사를 하는 위원등은 구금·보호시설의 직원 및 구금·보호시설에 수용되어 있는 사람(이하 "시설수용자"라 한다)과 면담할 수 있고 구술 또는 서면으로 사실이나 의견을 진술하게 할 수 있다.

⑤ 구금·보호시설의 직원은 위원등이 시설수용자를 면담하는 장소에 참석할 수 있다. 다만, 대화 내용을 녹음하거나 녹취하지 못한다.

⑥ 구금·보호시설에 대한 방문조사의 절차와 방법 등에 관하여 필요한 사항은 대통령령으로 정한다.

〔전부개정 2011·5·19〕

제25조(정책과 관행의 개선 또는 시정 권고)

① 위원회는 인권의 보호와 향상을 위하여 필요하다고 인정하면 관계기관등에 정책과 관행의 개선 또는 시정을 권고하거나 의견을 표명할 수 있다.

② 제1항에 따라 권고를 받은 관계기관등의 장은 그 권고사항을 존중하고 이행하기 위하여 노력하여야 한다.

③ 제1항에 따라 권고를 받은 관계기관등의 장은 권고를 받은 날부터 90일 이내에 그 권고사항의 이행계획을 위원회에 통지하여야 한다. <개정 2012·3·21>

④ 제1항에 따라 권고를 받은 관계기관등의 장은 그 권고의 내용을 이행하지 아니할 경우에는 그 이유를 위원회에 통지하여야 한다. <신설 2012·3·21>

⑤ 위원회는 제1항에 따른 권고 또는 의견의 이행실태를 확인·점검할 수 있다. <신설 2022·1·4>

⑥ 위원회는 필요하다고 인정하면 제1항에 따른 위원회의 권고와 의견 표명, 제4항에 따라 권고를 받은 관계기관등의 장이 통지한 내용 및 제5항에 따른 이행실태의 확인·점검 결과를 공표할 수 있다. <개정 2012·3·21, 2022·1·4>

〔전부개정 2011·5·19〕

제26조(인권교육과 홍보) ① 위원회는 모든 사람의 인권 의식을 깨우치고 향상시키기 위하여 필요한 인권교육과 홍보를 하여야 한다.

② 위원회는 「초·중등교육법」 제23조에 따른 학교 교육과정에 인권에 관한 내용을 포함시키기 위하여 국가교육위원회와 협의할 수 있다. <개정 2013·3·23, 2021·7·20>

③ 위원회는 인권교육과 인권에 관한 연구의 발전을 위하여 필요한 사항을 「고등교육법」 제2조에 따라 설립된 학교의 장과 협의할 수 있다.

④ 위원회는 공무원의 채용시험, 승진시험, 연수 및 교육훈련 과정에 인권에 관한 내용을 포함시키기 위하여 국가기관 및 지방자치단체의 장과 협의할 수 있다.

⑤ 위원회는 군인권침해를 개선·예방하기 위한 인권교육을 위하여 국방부장관과 협의할 수 있다. <신설 2022·1·4>

⑥ 위원회는 「정부출연연구기관 등의 설립·운영 및 육성에 관한 법률」 제8조 및 제18조와 「과학기술분야 정부출연연구기관 등의 설립·운영 및 육성에 관한 법률」 제8조 및 제18조에 따라 설립된 연구기관 또는 연구회의 장과 협의하여 인권에 관한 연구를 요청하거나 공동으로 연구할 수 있다.

⑦ 위원회는 「평생교육법」 제2조제2호에 따른 평생교육기관의 장에 대하여 그 교육내용에 인권 관련 사항을 포함하도록 권고할 수 있다.

〔전부개정 2011·5·19〕

제26조의2(국가인권교육원) ① 인권교육에 관한 업무를 체계적이고 통합적으로 지원하기 위하여 위원회에 국가인권교육원을 둔다.

② 국가인권교육원은 다음 각 호의 업무를 수행한다.

1. 인권교육 분야의 전문가 및 강사 양성
2. 국가·지방자치단체 또는 공공기관 등에서 인권업무를 담당하는 공무원 또는 직원 등 인권 관련 업무 종사자에 대한 교육훈련
3. 위원회가 실시하는 인권교육의 지원 및 관리
4. 인권교육 전문성 제고를 위한 연구
5. 그 밖에 인권교육과 관련하여 대통령령으로 정하는 업무

③ 국가인권교육원에 원장 1명을 두되, 원장은 고위공무원단에 속하는 일반직공무원으로 보한다.

④ 원장은 위원장의 명을 받아 소관 사무를 총괄하고, 소속 공무원을 지휘·감독한다.

⑤ 그 밖에 국가인권교육원의 조직과 운영에 필요한 사항은 대통령령으로 정한다.

〔본조신설 2024·12·3〕

제27조(인권도서관) ① 위원회는 인권도서관을 둘 수 있다. <개정 2012·3·21>

② 인권도서관은 인권에 관한 국내외의 정보와 자료 등을 수집·정리·보존하여 일반인이 이용하도록 제공할 수 있다. <개정 2012·3·21>

③ 삭제 <2012·3·21>

④ 인권도서관의 설치와 운영에 필요한 사항은 위원회 규칙으로 정한다. <개정 2012·3·21>

〔전부개정 2011·5·19〕

제28조(법원 및 헌법재판소에 대한 의견 제출) ① 위원회는 인권의 보호와 향상에 중대한 영향을 미치는 재판이 계속(係屬) 중인 경우 법원 또는 헌법재판소의 요청이 있거나 필요하다고 인정할 때에는 법원의 담당 재판부 또는 헌법재판소에 법률상의 사항에 관하여 의견을 제출할 수 있다.

② 제4장 및 제4장의2에 따라 위원회 또는 제50조의3제1항에 따른 군인권보호위원회가 조사하거나 처리한 내용에 관하여 재판이 계속 중인 경우 위원회는 법원 또는 헌법재판소의 요청이 있거나 필요하다고 인정할 때에는 법원의 담당 재판부 또는 헌법재판소에 사실상 및 법률상의 사항에 관하여 의견을 제출할 수 있다. <개정 2022·1·4>

〔전부개정 2011·5·19〕

제29조(보고서 작성 등) ① 위원회는 해마다 전년도의 활동 내용과 인권 상황 및 개선 대책에 관한 보고서를 작성하여 대통령과 국회에 보고하여야 한다. 이 경우 보고서에는 군인권 관련 사항을 포함하여야 한다. <개정 2022·1·4>

② 위원회는 제1항에 따른 보고 외에도 필요하다고 인정하면 대통령과 국회에 특별보고를 할 수 있다.

③ 관계기관등은 제1항 및 제2항에 따른 보고에 관한 의견, 조치 결과 또는 조치 계획을 위원회에 제출할 수 있다.

④ 위원회는 제1항 및 제2항에 따른 보고서를 공개하여야 한다. 다만, 국가의 안전보장, 개인의 명예 또는 사생활의 보호를 위하여 필요하거나 다른 법률에 따라 공개가 제한된 사항은 공개하지 아니할 수 있다.

〔전부개정 2011·5·19〕

제4장 인권침해 및 차별행위의 조사와 구제

제30조(위원회의 조사대상) ① 다음 각 호의 어느 하나에 해당하는 경우에 인권침해나 차별행위를 당한 사람(이하 "피해자"라 한다) 또는 그 사실을 알고 있는 사람이나 단체는 위원회에 그 내용을 진정할 수 있다. <개정 2011·5·19, 2012·3·21>

1. 국가기관, 지방자치단체, 「초·중등교육법」 제2조, 「고등교육법」 제2조와 그 밖의 다른 법률에 따라 설치된 각급 학교, 「공직자윤리법」 제3조의2제1항에 따른 공직유관단체 또는 구금·보호시설의 업무 수행(국회의 입법 및 법원·헌법재판소의 재판은 제외한다)과 관련하여 「대한민국헌법」 제10조부터 제22조까지의 규정에서 보장된 인권을 침해당하거나 차별행위를 당한 경우
2. 법인, 단체 또는 사인(私人)으로부터 차별행위를 당한 경우

② 삭제 <2005·7·29>

③ 위원회는 제1항의 진정이 없는 경우에도 인권침해나 차별행위가 있다고 믿을 만한 상당한 근거가 있고 그 내용이 중대하다고 인정할 때에는 직권으로 조사할 수 있다. <개정 2011·5·19>

④ 제1항에 따른 진정의 절차와 방법에 관하여 필요한 사항은 위원회 규칙으로 정한다. <개정 2011·5·19>

제31조(시설수용자의 진정권 보장) ① 시설수용자가 위원회에 진정하려고 하면 그 시설에 소속된 공무원 또는 직원(이하 "소속공무원등"이라 한다)은 그 사람에게 즉시 진정서 작성에 필요한 시간과 장소 및 편의를 제공하여야 한다.

② 시설수용자가 위원 또는 위원회 소속 직원 앞에서 진정하기를 원하는 경우 소속공무원등은 즉시 그 뜻을 위원회에 통지하여야 한다.

③ 소속공무원등은 제1항에 따라 시설수용자가 작성한 진정서를 즉시 위원회에 보내고 위원회로부터 접수증명원을 받아 이를 진정인에게 내주어야 한다. 제2항의 통지에 대한 위원회의 확인서 및 면담일정서는 발급받는 즉시 진정을 원하는 시설수용자에게 내주어야 한다.

④ 제2항에 따라 통지를 받은 경우 또는 시설수용자가 진정을 원한다고 믿을 만한 상당한 근거가 있는 경우 위원회는 위원 또는 소속 직원으로 하여금 구금·보호시설을 방문하게 하여 진정을 원하는 시설수용자로부터 구술 또는 서면으로 진정을 접수하게 하

여야 한다. 이때 진정을 접수한 위원 또는 소속 직원은 즉시 접수증명원을 작성하여 진정인에게 내주어야 한다.

⑤ 제4항에 따른 위원 또는 소속 직원의 구금·보호시설의 방문 및 진정의 접수에 관하여는 제24조제3항 및 제4항을 준용한다.

⑥ 시설에 수용되어 있는 진정인(진정을 하려는 사람을 포함한다)과 위원 또는 위원회 소속 직원의 면담에는 구금·보호시설의 직원이 참여하거나 그 내용을 듣거나 녹취하지 못한다. 다만, 보이는 거리에서 시설수용자를 감시할 수 있다.

⑦ 소속공무원등은 시설수용자가 위원회에 제출할 목적으로 작성한 진정서 또는 서면을 열람할 수 없다.

⑧ 시설수용자의 자유로운 진정서 작성과 제출을 보장하기 위하여 구금·보호시설에서 이행하여야 할 조치와 그 밖에 필요한 절차와 방법은 대통령령으로 정한다.

〔전부개정 2011·5·19〕

제32조(진정의 각하 등) ① 위원회는 접수한 진정이 다음 각 호의 어느 하나에 해당하는 경우에는 그 진정을 각하(却下)한다.

1. 진정의 내용이 위원회의 조사대상에 해당하지 아니하는 경우
2. 진정의 내용이 명백히 거짓이거나 이유 없다고 인정되는 경우
3. 피해자가 아닌 사람이 한 진정에서 피해자가 조사를 원하지 아니하는 것이 명백한 경우
4. 진정의 원인이 된 사실이 발생한 날부터 1년 이상 지나서 진정한 경우. 다만, 진정의 원인이 된 사실에 관하여 공소시효 또는 민사상 시효가 완성되지 아니한 사건으로서 위원회가 조사하기로 결정한 경우에는 그러하지 아니하다.
5. 진정이 제기될 당시 진정의 원인이 된 사실에 관하여 법원 또는 헌법재판소의 재판, 수사기관의 수사 또는 그 밖의 법률에 따른 권리구제 절차가 진행 중이거나 종결된 경우. 다만, 수사기관이 인지하여 수사 중인 「형법」 제123조부터 제125조까지의 죄에 해당하는 사건과 같은 사안에 대하여 위원회에 진정이 접수된 경우에는 그러하지 아니하다.
6. 진정이 익명이나 가명으로 제출된 경우
7. 진정이 위원회가 조사하는 것이 적절하지 아니하다고 인정되는 경우
8. 진정인이 진정을 취하한 경우
9. 위원회가 기각한 진정과 같은 사실에 대하여 다시 진정한 경우
10. 진정의 취지가 그 진정의 원인이 된 사실에 관한 법원의 확정판결이나 헌법재판소의 결정에 반하는 경우

② 위원회는 제1항에 따라 진정을 각하하는 경우 필요하다고 인정하면 그 진정을 관계 기관에 이송할 수 있다. 이 경우 진정을 이송받은 기관은 위원회의 요청이 있으면 지체 없이 그 처리 결과를 위원회에 통지하여야 한다.

③ 위원회가 진정에 대한 조사를 시작한 후에도 그 진정이 제1항 각 호의 어느 하나에 해당하게 된 경우에는 그 진정을 각하할 수 있다.

④ 위원회는 진정을 각하하거나 이송한 경우 지체 없이 그 사유를 구체적으로 밝혀 진정인에게 통지하여야 한다.

⑤ 위원회는 제4항에 따라 진정인에게 통지하는 경우 필요하다고 인정하면 피해자 또는 진정인에게 권리를 구제받는 데에 필요한 절차와 조치에 관하여 조언할 수 있다.

〔전부개정 2011·5·19〕

제33조(다른 구제 절차와 이송) ① 진정의 내용이 다른 법률에서 정한 권리구제 절차에 따라 권한을 가진 국가기관에 제출하려는 것이 명백한 경우 위원회는 지체 없이 그 진정을 그 국가기관으로 이송하여야 한다.

② 위원회가 제30조제1항에 따라 진정에 대한 조사를 시작한 후에 진정의 원인이 된 사실과 같은 사안에 관한 수사가 피해자의 진정 또는 고소에 의하여 시작된 경우에는 그 진정을 관할 수사기관으로 이송하여야 한다.

③ 제1항과 제2항에 따라 위원회가 진정을 이송한 경우 지체 없이 그 내용을 진정인에게 통지하여야 하며, 이송받은 기관은 위원회가 요청하는 경우 그 진정에 대한 처리 결과를 위원회에 통지하여야 한다.

〔전부개정 2011·5·19〕

제34조(수사기관과 위원회의 협조) ① 진정의 원인이 된 사실이 범죄행위에 해당한다고 믿을 만한 상당한 이유가 있고 그 혐의자의 도주 또는 증거 인멸 등을 방지하거나 증거 확보를 위하여 필요하다고 인정할 경우에 위원회는 검찰총장 또는 관할 수사기관의 장에게 수사의 개시와 필요한 조치를 의뢰할 수 있다.

② 제1항에 따른 의뢰를 받은 검찰총장 또는 관할 수사기관의 장은 지체 없이 그 조치 결과를 위원회에 통지하여야 한다.

〔전부개정 2011·5·19〕

제35조(조사 목적의 한계) ① 위원회는 조사를 할 때에는 국가기관의 기능 수행에 지장을 주지 아니하도록 유의하여야 한다.

② 위원회는 개인의 사생활을 침해하거나 계속 중인 재판 또는 수사 중인 사건의 소추(訴追)에 부당하게 관여할 목적으로 조사를 하여서는 아니 된다.

〔전부개정 2011·5·19〕

제36조(조사의 방법) ① 위원회는 다음 각 호에서 정한 방법으로 진정에 관하여 조사할 수 있다.

1. 진정인·피해자·피진정인(이하 "당사자"라 한다) 또는 관계인에 대한 출석 요구, 진술 청취 또는 진술서 제출 요구
2. 당사자, 관계인 또는 관계 기관 등에 대하여 조사 사항과 관련이 있다고 인정되는 자료 등의 제출 요구
3. 조사 사항과 관련이 있다고 인정되는 장소, 시설 또는 자료 등에 대한 현장조사 또는 감정(鑑定)
4. 당사자, 관계인 또는 관계 기관 등에 대하여 조사 사항과 관련이 있다고 인정되는 사실 또는 정보의 조회

② 위원회는 조사를 위하여 필요하다고 인정하면 위원 또는 소속 직원에게 일정한 장소 또는 시설을 방문하여 장소, 시설 또는 자료 등에 대하여 현장조사 또는 감정을 하게 할 수 있다. 이 경우 위원회는 그 장소 또는 시설에 당사자나 관계인의 출석을 요구하여 진술을 들을 수 있다.

③ 제1항제1호에 따라 진술서 제출을 요구받은 사람은 14일 이내에 진술서를 제출하여야 한다.

④ 제1항과 제2항에 따른 피진정인에 대한 출석 요구는 인권침해행위나 차별행위를 한 행위당사자의 진술서만으로는 사안을 판단하기 어렵고, 제30조제1항에 따른 인권침해행위나 차별행위가 있었다고 볼 만한 상당한 이유가 있는 경우에만 할 수 있다.

⑤ 제2항에 따라 조사를 하는 위원 또는 소속 직원은 그 장소 또는 시설을 관리하는 장 또는 직원에게 필요한 자료나 물건의 제출을 요구할 수 있다.

⑥ 제2항에 따라 조사를 하는 위원 또는 소속 직원은 그 권한을 표시하는 증표를 지니고 이를 그 장소 또는 시설을 관리하는 장 또는 직원에게 내보여야 한다.

⑦ 위원회가 자료나 물건의 제출을 요구하거나 그 자료, 물건 또는 시설에 대한 현장조사 또는 감정을 하려고 하는 경우 관계 국가기관의 장은 그 자료, 물건 또는 시설이 다음 각 호의 어느 하나에 해당한다는 사실을 위원회에 소명하고 그 자료나 물건의 제출 또는 그 자료, 물건, 시설에 대한 현장조사 또는 감정을 거부할 수 있다. 이 경우 위원회는 관계 국가기관의 장에게 필요한 사항의 확인을 요구할 수 있으며, 요구를 받은 관계 국가기관의 장은 이에 성실히 협조하여야 한다.

1. 국가의 안전보장 또는 외교관계에 중대한 영향을 미치는 국가기밀 사항인 경우
2. 범죄 수사나 계속 중인 재판에 중대한 지장을 줄 우려가 있는 경우

〔전부개정 2011·5·19〕

제37조(질문·검사권) ① 위원회는 제36조의 조사에 필요한 자료 등이 있는 곳 또는 관계인에 관하여 파악하려면 그 내용을 알고 있다고 믿을 만한 상당한 이유가 있는 사람에게 질문하거나 그 내용을 포함하고 있다고 믿을 만한 상당한 이유가 있는 서류와 그 밖의 물건을 검사할 수 있다.

② 제1항의 경우에는 제36조제5항부터 제7항까지를 준용한다.

〔전부개정 2011·5·19〕

제38조(위원의 제척 등) ① 위원(제41조에 따른 조정위원을 포함한다. 이하 이 조에서

같다)은 다음 각 호의 어느 하나에 해당하는 경우에는 진정의 심의·의결에서 제척된다.

1. 위원이나 그 배우자 또는 그 배우자이었던 사람이 해당 진정의 당사자이거나 그 진정에 관하여 당사자와 공동권리자 또는 공동의무자인 경우
2. 위원이 해당 진정의 당사자와 친족이거나 친족이었던 경우
3. 위원이 해당 진정에 관하여 증언이나 감정을 한 경우
4. 위원이 해당 진정에 관하여 당사자의 대리인으로 관여하거나 관여하였던 경우
5. 위원이 해당 진정에 관하여 수사, 재판 또는 다른 법률에 따른 구제 절차에 관여하였던 경우

② 당사자는 위원에게 심의·의결의 공정을 기대하기 어려운 사정이 있는 경우에는 위원장에게 기피신청을 할 수 있으며 위원장은 당사자의 기피신청에 대하여 위원회의 의결을 거치지 아니하고 결정한다. 다만, 위원장이 결정하기에 타당하지 아니하는 경우에는 위원회의 의결로 결정한다.

③ 위원이 제1항 각 호의 어느 하나의 사유 또는 제2항의 사유에 해당하는 경우에는 스스로 그 진정의 심의·의결을 회피할 수 있다.

〔전부개정 2011·5·19〕

제39조(진정의 기각) ① 위원회는 진정을 조사한 결과 진정의 내용이 다음 각 호의 어느 하나에 해당하는 경우에는 그 진정을 기각한다.

1. 진정의 내용이 사실이 아님이 명백하거나 사실이라고 인정할 만한 객관적인 증거가 없는 경우
2. 조사 결과 제30조제1항에 따른 인권침해나 차별행위에 해당하지 아니하는 경우
3. 이미 피해 회복이 이루어지는 등 별도의 구제 조치가 필요하지 아니하다고 인정되는 경우

② 위원회는 진정을 기각하는 경우 진정의 당사자에게 그 결과와 이유를 통지하여야 한다.

〔전부개정 2011·5·19〕

제40조(합의의 권고) 위원회는 조사 중이거나 조사가 끝난 진정에 대하여 사건의 공정한 해결을 위하여 필요한 구제 조치를 당사자에게 제시하고 합의를 권고할 수 있다.

〔전부개정 2011·5·19〕

제41조(조정위원회의 설치와 구성) ① 조정의 신속하고 공정한 처리를 위하여 위원회에 성·장애 등의 분야별로 조정위원회를 둘 수 있다.

② 조정위원회의 위원(이하 "조정위원"이라 한다)은 위원회의 위원과 다음 각 호의 어느 하나에 해당하는 사람 중에서 성·장애 등의 분야별로 위원장이 위촉하는 사람이 된다.

1. 인권문제에 관하여 전문적인 지식과 경험을 가진 사람으로서 국가기관 또는 민간단체에서 인권과 관련된 분야에 10년 이상 종사한 사람
2. 판사·검사·군법무관·변호사로 10년 이상 종사한 사람
3. 대학 또는 공인된 연구기관에서 조교수 이상으로 10년 이상 재직한 사람

③ 조정위원회의 회의는 다음 각 호의 사람으로 구성한다.

1. 위원회의 위원인 조정위원 중 회의마다 위원장이 지명하는 1명
2. 제2항에 따른 분야별 조정위원 중 회의마다 위원장이 지명하는 2명

④ 조정위원의 위촉 및 임기, 조정위원회의 구성·운영, 조정의 절차 등에 관하여 필요한 사항은 위원회 규칙으로 정한다.

⑤ 조정위원회의 조정 절차에 관하여 이 법 및 위원회 규칙에 규정되지 아니한 사항은 「민사조정법」을 준용한다.

〔전부개정 2011·5·19〕

제42조(조정위원회의 조정) ① 조정위원회는 인권침해나 차별행위와 관련하여 당사자의 신청이나 위원회의 직권으로 조정위원회에 회부된 진정에 대하여 조정 절차를 시작할 수 있다.

② 조정은 조정 절차가 시작된 이후 당사자가 합의한 사항을 조정서에 적은 후 당사자가 기명날인하고 조정위원회가 이를 확인함으로써 성립한다.

③ 조정위원회는 조정 절차 중에 당사자 사이에 합의가 이루어지지 아니하는 경우 사건의 공정한 해결을 위하여 조정을 갈음하는 결정을 할 수 있다.
④ 조정을 갈음하는 결정에는 다음 각 호의 어느 하나의 사항을 포함시킬 수 있다.
1. 조사대상 인권침해나 차별행위의 중지
2. 원상회복, 손해배상, 그 밖에 필요한 구제조치
3. 동일하거나 유사한 인권침해 또는 차별행위의 재발을 방지하기 위하여 필요한 조치
⑤ 조정위원회는 조정을 갈음하는 결정을 한 경우에는 지체 없이 그 결정서를 당사자에게 송달하여야 한다.
⑥ 당사자가 제5항에 따라 결정서를 송달받은 날부터 14일 이내에 이의를 신청하지 아니하면 조정을 수락한 것으로 본다.
〔전부개정 2011·5·19〕

제43조(조정위원회의 조정의 효력) 제42조제2항에 따른 조정과 같은 조 제6항에 따라 이의를 신청하지 아니하는 경우의 조정을 갈음하는 결정은 재판상 화해와 같은 효력이 있다.
〔전부개정 2011·5·19〕

제44조(구제조치 등의 권고) ① 위원회가 진정을 조사한 결과 인권침해나 차별행위가 일어났다고 판단할 때에는 피진정인, 그 소속 기관·단체 또는 감독기관(이하 "소속기관등"이라 한다)의 장에게 다음 각 호의 사항을 권고할 수 있다. <개정 2016·2·3>
1. 제42조제4항 각 호에서 정하는 구제조치의 이행
2. 법령·제도·정책·관행의 시정 또는 개선
② 제1항에 따라 권고를 받은 소속기관등의 장에 관하여는 제25조제2항부터 제6항까지를 준용한다. <개정 2012·3·21, 2022·1·4>
〔전부개정 2011·5·19〕

제45조(고발 및 징계권고) ① 위원회는 진정을 조사한 결과 진정의 내용이 범죄행위에 해당하고 이에 대하여 형사 처벌이 필요하다고 인정하면 검찰총장에게 그 내용을 고발할 수 있다. 다만, 피고발인이 군인등인 경우에는 소속 군 참모총장 또는 국방부장관에게 고발할 수 있다. <개정 2022·1·4>
② 위원회가 진정을 조사한 결과 인권침해 및 차별행위가 있다고 인정하면 피진정인 또는 인권침해에 책임이 있는 사람을 징계할 것을 소속기관등의 장에게 권고할 수 있다.
③ 제1항에 따라 고발을 받은 검찰총장, 군 참모총장 또는 국방부장관은 고발을 받은 날부터 3개월 이내에 수사를 마치고 그 결과를 위원회에 통지하여야 한다. 다만, 3개월 이내에 수사를 마치지 못할 때에는 그 사유를 밝혀야 한다.
④ 제2항에 따라 위원회로부터 권고를 받은 소속기관등의 장은 권고를 존중하여야 하며 그 결과를 위원회에 통지하여야 한다.
〔전부개정 2011·5·19〕

제46조(의견진술의 기회 부여) ① 위원회는 제44조 또는 제45조에 따른 권고 또는 조치를 하기 전에 피진정인에게 의견을 진술할 기회를 주어야 한다.
② 제1항의 경우 당사자 또는 이해관계인은 구두 또는 서면으로 위원회에 의견을 진술하거나 필요한 자료를 제출할 수 있다.
〔전부개정 2011·5·19〕

제47조(피해자를 위한 법률구조 요청) ① 위원회는 진정에 관한 위원회의 조사, 증거의 확보 또는 피해자의 권리 구제를 위하여 필요하다고 인정하면 피해자를 위하여 대한법률구조공단 또는 그 밖의 기관에 법률구조를 요청할 수 있다.
② 제1항에 따른 법률구조 요청은 피해자의 명시한 의사에 반하여 할 수 없다.
③ 제1항에 따른 법률구조 요청의 절차·내용 및 방법에 관하여 필요한 사항은 위원회 규칙으로 정한다.
〔전부개정 2011·5·19〕

제48조(긴급구제 조치의 권고) ① 위원회는 진정을 접수한 후 조사대상 인권침해나 차별행위가 계속되고 있다는 상당한 개연성이 있고, 이를 방치할 경우 회복하기 어려운 피해가 발생할 우려가 있다고 인정하면 그 진정에 대한 결정 이전에 진정인이나 피해자의 신청에 의하여 또는 직권으로 피진정인, 그

소속기관등의 장에게 다음 각 호의 어느 하나의 조치를 하도록 권고할 수 있다.

1. 의료, 급식, 의복 등의 제공
2. 장소, 시설, 자료 등에 대한 현장조사 및 감정 또는 다른 기관이 하는 검증 및 감정에 대한 참여
3. 시설수용자의 구금 또는 수용 장소의 변경
4. 인권침해나 차별행위의 중지
5. 인권침해나 차별행위를 하고 있다고 판단되는 공무원 등을 그 직무에서 배제하는 조치
6. 그 밖에 피해자의 생명, 신체의 안전을 위하여 필요한 사항

② 위원회는 필요하다고 인정하면 당사자 또는 관계인 등의 생명과 신체의 안전, 명예의 보호, 증거의 확보 또는 증거 인멸의 방지를 위하여 필요한 조치를 하거나 관계인 및 그 소속기관등의 장에게 그 조치를 권고할 수 있다.

〔전부개정 2011·5·19〕

제49조(조사와 조정 등의 비공개) 위원회의 진정에 대한 조사·조정 및 심의는 비공개로 한다. 다만, 위원회의 의결이 있을 때에는 공개할 수 있다.

〔전부개정 2011·5·19〕

제49조의2(처리 결과 등의 공개) 위원회는 이 장에 따른 진정의 조사 및 조정의 내용과 처리 결과, 관계기관등에 대한 권고와 관계기관등이 한 조치 등을 공표할 수 있다. 다만, 다른 법률에 따라 공표가 제한되거나 사생활의 비밀이 침해될 우려가 있는 경우에는 그러하지 아니하다.

〔전부개정 2011·5·19〕

제49조의3(전산정보처리시스템의 구축·운영) ① 위원회는 제30조제1항에 따른 진정 관련 업무 등을 효율적으로 수행하기 위하여 전산정보처리시스템을 구축·운영한다.

② 제1항에 따른 전산정보처리시스템(이하 "전산정보처리시스템"이라 한다)의 운영에 필요한 사항은 위원회 규칙으로 정한다.

〔본조신설 2024·12·3〕

제49조의4(전자적 송달 등) ① 위원회(제41조에 따른 조정위원회를 포함한다. 이하 이 조에서 같다)는 진정의 당사자, 관계인 또는 관계 기관에 대하여 전산정보처리시스템 및 그와 연계된 정보통신망을 이용하여 이 법 및 위원회 규칙에 따른 각종 문서의 송달 또는 통지(이하 "전자적 송달등"이라 한다)를 할 수 있다. 다만, 진정의 당사자, 관계인 또는 관계 기관이 이에 동의하지 아니하는 경우에는 그러하지 아니하다.

② 전자적 송달등은 송달 또는 통지할 문서를 전산정보처리시스템에 등재하고 그 사실을 송달 또는 통지받을 자에게 전자적 방식으로 알리는 방법으로 한다.

③ 전자적 송달등은 서면으로 한 것과 같은 효력을 가진다.

④ 전자적 송달등은 송달 또는 통지받을 자가 제2항에 따라 등재된 문서를 확인한 때에 송달 또는 통지된 것으로 본다. 다만, 제2항에 따라 그 등재 사실을 알린 날부터 14일 이내에 확인하지 아니하였을 때에는 등재 사실을 알린 날부터 14일이 지난 날에 송달 또는 통지된 것으로 본다.

⑤ 전자적 송달등의 구체적인 방법과 그 밖에 필요한 사항은 위원회 규칙으로 정한다.

〔본조신설 2024·12·3〕

제50조 제49조의2로 이동

제4장의2 군인권보호관·군인권보호위원회 및 군인권침해의 조사·구제

제50조의2(군인권보호관) 군인권보호관은 제5조제2항제2호에 따라 대통령이 지명하는 상임위원이 겸직한다.

〔본조신설 2022·1·4〕

제50조의3(군인권보호위원회) ① 위원회는 군인권침해 예방 및 군인등의 인권 보호 관련 업무를 수행하게 하기 위하여 군인권보호위원회(이하 "군인권보호위원회"라 한다)를 둔다.

② 군인권보호위원회의 위원장은 군인권보호관으로 한다.

③ 군인권보호위원회는 제12조제1항에 따라 설치된 소위원회로 본다.

〔본조신설 2022·1·4〕

제50조의4(군부대 방문조사) ① 위원회 또는 군인권보호위원회(이하 이 장에서 "위원회등"이라 한다)는 필요하다고 인정하면 그 의결로써 군인권보호관, 위원 또는 소속 직원에게 군부대(「국군조직법」 제15조에 따라 설치된 부대와 기관을 말한다. 이하 이 조에서 같다)를 방문하여 조사하게 할 수 있다.

② 군인권보호관은 제1항에 따른 군부대 방문조사를 하려는 경우에는 해당 군부대의 장에게 그 취지, 일시, 장소 등을 미리 통지하여야 한다. 다만, 긴급을 요하거나 미리 통지를 하면 목적 달성이 어렵다고 인정되어 국방부장관에게 사전에 통지하고 군인권보호관 또는 위원이 직접 방문조사하는 경우에는 그러하지 아니하다.

③ 국방부장관은 군사·외교·대북관계의 국가기밀에 관한 사항으로서 국가안위에 중대한 영향을 주거나 국가비상사태 또는 작전임무수행에 지장을 주는 등 제1항에 따른 방문조사를 받기 어려운 특별한 사정이 있는 경우 그 이유를 소명하여 방문조사의 중단을 요구할 수 있다. 이 경우 위원회등은 그 이유가 소명된 때에는 즉시 방문조사를 중단하되, 그 사유가 해소되는 즉시 방문조사를 다시 시작할 수 있다.

④ 제1항에 따른 군부대 방문조사를 하는 군인권보호관, 위원 또는 소속 직원은 그 권한을 표시하는 증표를 지니고 이를 관계인에게 내보여야 하며, 방문조사를 받는 군부대의 장은 즉시 방문조사에 편의를 제공하여야 한다.

⑤ 제1항에 따른 군부대 방문조사를 하는 군인권보호관, 위원 또는 소속 직원은 군부대 소속의 직원 및 군인등과 면담할 수 있고 구술 또는 서면으로 사실이나 의견을 진술하게 할 수 있다.

⑥ 그 밖에 군부대 방문조사의 방법, 절차, 통지 시기 등에 관하여 필요한 사항은 대통령령으로 정한다.

〔본조신설 2022·1·4〕

제50조의5(군인등의 진정권 보장을 위한 수단 제공) 국방부장관은 군인등의 진정권을 보장하기 위하여 우편·전화·인터넷 등 위원회에 진정할 수 있는 효율적인 수단을 제공하고, 이를 널리 알려야 한다.

〔본조신설 2022·1·4〕

제50조의6(사망사건의 통보와 조사·수사의 입회) ① 국방부장관은 군인등이 복무 중 사망한 경우에는 즉시 위원회등에 사망 사실을 통보하여야 한다.

② 제1항에 따른 통보를 받은 위원회등은 필요하다고 인정하는 경우 해당 사건의 군 조사기관 또는 군 수사기관의 장(「군사법원법」 제2조제2항 각 호의 죄에 해당하는 사건을 수사하는 수사기관의 장은 제외한다)에게 진행 중인 해당 사건에 관한 조사 또는 수사에 군인권보호관 및 소속 직원의 입회를 요구할 수 있다. 이 경우 요구를 받은 군 조사기관 또는 군 수사기관의 장은 진행 중인 조사나 수사에 중대한 지장을 주지 아니하면 그 입회 요구에 따라야 한다.

〔본조신설 2022·1·4〕

제50조의7(진정의 각하에 대한 특례) ① 위원회등은 진정의 원인이 된 사실이 발생한 날부터 1년 이상 지난 군인권침해 사건 관련 진정으로서 진정을 제기하기 어려운 사정이 있었다고 인정되는 진정의 경우에는 제32조제1항제4호 본문에도 불구하고 이를 각하하지 아니하고 조사할 수 있다. 다만, 진정을 제기하기 어려운 사정이 없어진 날부터 1년 이상 지나서 진정한 경우에는 그 진정을 각하한다.

② 위원회등은 군인권침해 사건과 관련된 진정(법원이나 헌법재판소의 재판절차가 진행 중이거나 종결된 경우는 제외한다. 이하 이 조에서 같다)의 경우에는 제32조제1항제5호 본문에도 불구하고 위원회등의 의결을 거쳐 이를 각하하지 아니하고 조사할 수 있다. 다만, 「군사법원법」 제2조제2항 각 호의 죄와 관련된 진정으로서 그에 관한 수사가 진행 중이거나 종결된 경우에는 군인권침해가 있다고 믿을 만한 상당한 근거가 있고 그 내용이 중대하다고 인정할 때 위원회등의 의결을 거치고, 관계 기관의 장과 협의를 거쳐 이를 각하하지 아니하고 조사할

수 있다.
③ 제2항에 따른 조사는 진행 중인 수사나 그 밖의 법률에 따른 권리구제 절차의 진행에 지장을 주어서는 아니 된다.
〔본조신설 2022·1·4〕

제50조의8(조사의 방법에 대한 특례) ① 위원회등은 군인권침해가 있다고 믿을 만한 상당한 근거가 있고 그 내용이 중대하다고 인정할 때에는 제36조제7항제2호에도 불구하고 관계 국가기관(법원과 헌법재판소는 제외한다. 이하 이 조에서 같다)의 장과 협의를 거쳐 자료나 물건의 제출을 요구하거나 그 자료, 물건 또는 시설에 대한 현장조사 또는 감정을 할 수 있다. 이 경우 관계 국가기관의 장은 해당 사건 수사가 종결된 이후 자료 제출 등을 할 수 있다.
② 관계 국가기관의 장은 제1항에 따른 위원회등의 자료 등의 제출 요구, 현장조사 또는 감정에 특별한 사정이 없으면 성실히 협조하여야 한다.
〔본조신설 2022·1·4〕

제50조의9(피해자 보호조치) ① 위원회등은 필요하다고 인정하는 경우 국방부장관에게 군인권침해 사건의 피해자 보호를 위하여 제48조에 따른 조치를 하도록 요구할 수 있다.
② 국방부장관은 제1항에 따른 피해자 보호조치의 요구를 받은 경우 이를 이행하기 어려운 특별한 사정이 없으면 즉시 피해자 보호를 위한 조치를 취하고 위원회등에 그 결과를 통보하여야 한다.
③ 국방부장관은 제1항에 따른 피해자 보호조치의 요구를 이행할 수 없는 경우에는 그 요구를 받은 날부터 3일 이내에 위원회등에 문서로 그 사유를 통보하여야 한다.
〔본조신설 2022·1·4〕

제5장 보칙

제51조(자격 사칭의 금지) 누구든지 위원회의 위원 또는 직원의 자격을 사칭하여 위원회의 권한을 행사하여서는 아니 된다.
〔전부개정 2011·5·19〕

제52조(비밀누설의 금지) 위원, 조정위원, 자문위원 또는 직원이거나 그 직에 재직하였던 사람 및 위원회에 파견되거나 위원회의 위촉에 의하여 위원회의 업무를 수행하거나 수행하였던 사람은 업무상 알게 된 비밀을 누설하여서는 아니 된다.
〔전부개정 2011·5·19〕

제53조(유사명칭 사용의 금지) 위원회가 아닌 자는 국가인권위원회 또는 이와 유사한 명칭을 사용하지 못한다.
〔전부개정 2011·5·19〕

제54조(공무원 등의 파견) ① 위원회는 그 업무 수행을 위하여 필요하다고 인정하면 관계기관등의 장에게 그 소속 공무원 또는 직원의 파견을 요청할 수 있다.
② 제1항에 따른 요청을 받은 관계기관등의 장은 위원회와 협의하여 소속 공무원 또는 직원을 위원회에 파견할 수 있다.
③ 제2항에 따라 위원회에 파견된 공무원 또는 직원은 그 소속 기관으로부터 독립하여 위원회의 업무를 수행한다.
④ 제2항에 따라 위원회에 공무원 또는 직원을 파견한 관계기관등의 장은 위원회에 파견된 공무원 또는 직원에 대하여 인사 및 처우 등에서 불리한 조치를 하여서는 아니 된다.
〔전부개정 2011·5·19〕

제55조(불이익 금지와 지원) ① 누구든지 이 법에 따라 위원회에 진정, 진술, 증언, 자료 등의 제출 또는 답변을 하였다는 이유만으로 해고, 전보, 징계, 부당한 대우, 그 밖에 신분이나 처우와 관련하여 불이익을 받지 아니한다.
② 위원회는 인권침해나 차별행위의 진상을 밝히거나 증거 또는 자료 등을 발견하거나 제출한 사람에게 필요한 지원 또는 보상을 할 수 있다.
③ 제2항에 따른 지원 또는 보상의 내용, 절차, 그 밖에 필요한 사항은 위원회 규칙으로 정한다.
〔전부개정 2011·5·19〕

제6장 벌칙

제56조(인권옹호 업무방해) ① 다음 각 호의

어느 하나에 해당하는 사람은 5년 이하의 징역 또는 3천만원 이하의 벌금에 처한다. <개정 2022·1·4>

1. 위원회의 업무를 수행하는 위원 또는 직원을 폭행하거나 협박한 사람
2. 위원 또는 직원에게 그 업무상의 행위를 강요 또는 저지하거나 그 직을 사퇴하게 할 목적으로 폭행하거나 협박한 사람
3. 위계(僞計)로써 위원 또는 직원의 업무 수행을 방해한 사람
4. 이 법 제4장 및 제4장의2에 따라 위원회 또는 군인권보호위원회의 조사 대상이 되는 다른 사람의 인권침해나 차별행위 사건에 관한 증거를 인멸, 위조 또는 변조하거나 위조 또는 변조한 증거를 사용한 사람

② 친족이 본인을 위하여 제1항제4호의 죄를 범한 때에는 처벌하지 아니한다.

〔전부개정 2011·5·19〕

제57조(진정서 작성 등의 방해) 제31조를 위반하여 진정을 허가하지 아니하거나 방해한 사람은 3년 이하의 징역 또는 3천만원 이하의 벌금에 처한다. <개정 2014·3·18>

〔전부개정 2011·5·19〕

제58조(자격 사칭) 제51조를 위반하여 위원회의 위원 또는 직원의 자격을 사칭하여 위원회의 권한을 행사한 사람은 2년 이하의 징역 또는 700만원 이하의 벌금에 처한다.

〔전부개정 2011·5·19〕

제59조(비밀누설) 제52조를 위반하여 업무상 알게 된 비밀을 누설한 사람은 2년 이하의 징역, 5년 이하의 자격정지 또는 2천만원 이하의 벌금에 처한다. <개정 2014·3·18>

〔전부개정 2011·5·19〕

제60조(긴급구제 조치 방해) 제48조제1항 또는 제2항에 따라 위원회가 하는 조치를 방해한 사람은 1년 이하의 징역 또는 500만원 이하의 벌금에 처한다.

〔전부개정 2011·5·19〕

제61조(비밀침해) 제31조제6항 또는 제7항을 위반하여 비밀을 침해한 사람은 1년 이하의 징역 또는 3천만원 이하의 벌금에 처한다. <개정 2014·3·18>

〔전부개정 2011·5·19〕

제62조(벌칙 적용 시의 공무원 의제) 위원회의 위원 중 공무원이 아닌 사람은 「형법」과 그 밖의 법률에 따른 벌칙을 적용할 때에는 공무원으로 본다.

〔전부개정 2011·5·19〕

제63조(과태료) ① 다음 각호의 1에 해당하는 자는 1천만원 이하의 과태료에 처한다. <개정 2022·1·4>

1. 정당한 이유없이 제24조제1항 또는 제50조의4제1항에 따른 방문조사 또는 제36조의 규정에 의한 실지조사를 거부, 방해 또는 기피한 자
2. 정당한 이유없이 제36조제1항제1호 또는 제2항의 규정에 의한 위원회의 진술서 제출요구 또는 출석요구에 응하지 아니한 자
3. 정당한 이유없이 제36조제1항제2호 및 제4호 또는 제5항의 규정에 의한 자료 등의 제출요구 및 사실조회에 응하지 아니하거나 거짓의 자료 등을 제출한 자

② 제53조의 규정에 위반한 자는 300만원 이하의 과태료에 처한다.

③ 제1항 및 제2항의 규정에 의한 과태료는 대통령령으로 정하는 바에 따라 위원장이 부과·징수한다. <개정 2020·3·24>

④부터 ⑥까지 삭제 <2020·3·24>

부 칙

①(시행일) 이 법은 공포후 6월이 경과한 날부터 시행한다. 다만, 인권위원 및 소속 직원의 임명, 이 법의 시행에 관한 위원회규칙의 제정·공포, 위원회의 설립준비는 이 법 시행일 이전에 할 수 있다.

②(인권위원의 임기개시에 관한 적용례) 이 법에 의하여 최초로 임명된 인권위원의 임기는 이 법의 시행일부터 시작하는 것으로 본다.

③(대통령령의 제정) 위원장은 국무총리에게 이 법의 시행에 관한 대통령령안의 제출을 건의할 수 있다.

부 칙 <2005·3·31 법7427>

제1조(시행일) 이 법은 공포한 날부터 시행한다. 다만, …〈생략〉… 부칙 제7조(제2항 및 제29항을 제외한다)의 규정은 2008년 1

월 1일부터 시행한다.
제 2 조부터 **제 6 조**까지 생략
제 7 조(다른 법률의 개정) 생략

부 칙 <2005·7·29 법7651>

이 법은 공포한 날부터 시행한다.

부 칙 <2005·8·4 법7655>

제 1 조(시행일) 이 법은 공포한 날부터 시행한다.
제 2 조부터 **제 8 조**까지 생략

부 칙 <2005·12·29 법7796>

제 1 조(시행일) 이 법은 2006년 7월 1일부터 시행한다.
제 2 조부터 **제 6 조**까지 생략

부 칙 <2006·10·4 법8050>

제 1 조(시행일) 이 법은 2007년 1월 1일부터 시행한다. 〈단서 생략〉
제 2 조부터 **제12조**까지 생략

부 칙 <2007·5·17 법8435>

제 1 조(시행일) 이 법은 2008년 1월 1일부터 시행한다. 〈단서 생략〉
제 2 조부터 **제 9 조**까지 생략

부 칙 <2009·2·3 법9402>

제 1 조(시행일) 이 법은 공포한 날부터 시행한다. 〈단서 생략〉
제 2 조 및 **제 3 조** 생략

부 칙 <2011·5·19 법10679>

이 법은 공포한 날부터 시행한다.

부 칙 <2012·3·21 법11413>

제 1 조(시행일) 이 법은 공포한 날부터 시행한다. 다만, 제 5 조제 3 항의 개정규정은 2012년 5월 30일부터 시행한다.
제 2 조(적용례) 제25조제 3 항 및 제 4 항의 개정규정은 이 법 시행 후 최초로 권고를 받은 경우부터 적용한다.

부 칙 <2013·3·23 법11690>

제 1 조(시행일) ① 이 법은 공포한 날부터 시행한다.
② 생략
제 2 조부터 **제 7 조**까지 생략

부 칙 <2014·3·18 법12500>

이 법은 공포한 날부터 시행한다.

부 칙 <2016·2·3 법14028>

제 1 조(시행일) 이 법은 공포한 날부터 시행한다.
제 2 조(위원의 직무상 발언 등에 대한 책임의 면제에 관한 적용례) 제 8 조의2의 개정규정은 이 법 시행 후 위원이 직무상 행한 발언과 의결부터 적용한다.
제 3 조(위원의 선출·지명 및 임명에 관한 경과조치) 이 법 시행 당시 위원인 사람은 제 5 조제 3 항 및 제 4 항의 개정규정에 따라 선출·지명되거나 임명된 것으로 본다.
제 4 조(위원회의 위원 구성에 관한 경과조치 등) ① 이 법 시행 후 위원을 선출·지명하거나 임명할 당시 제 5 조제 7 항의 개정규정을 충족하지 못하는 경우(연임하는 경우는 제외한다)에는 해당 개정규정의 요건이 충족될 때까지는 특정 성(性)의 위원을 선출·지명하거나 임명하여야 한다.
② 위원회의 위원 구성에 관하여는 제 1 항에 따라 제 5 조제 7 항의 개정규정을 충족할 때까지는 종전의 제 5 조제 5 항에 따른다.

부 칙 <2020·2·4 법16928>

제 1 조(시행일) 이 법은 공포 후 6개월이 경과한 날부터 시행한다. 〈단서 생략〉
제 2 조부터 **제 4 조**까지 생략

부 칙 <2020·3·24 법17126>

이 법은 공포한 날부터 시행한다.

부 칙 <2021·7·20 법18298>

제 1 조(시행일) 이 법은 공포 후 1년이 경과한 날부터 시행한다.
제 2 조부터 **제 6 조**까지 생략

부 칙 <2022·1·4 법18721>

제 1 조(시행일) 이 법은 2022년 7월 1일부터 시행한다.
제 2 조(일반적 적용례) 이 법은 이 법 시행 당시 위원회에 접수되어 있는 진정에 대하여도 적용한다.
제 3 조(진정의 각하에 대한 특례에 관한 적용례) 제50조의7제 1 항의 개정규정은 이 법 시행 전에 발생한 군인권침해 사건으로서 이 법 시행 당시 진정의 원인이 된 사실이 발생한 날부터 1년이 지나지 아니한 경우에 대하여도 적용한다.
제 4 조(군인권보호관을 겸직하는 상임위원에 관한 경과조치) 이 법 시행 당시 대통령이 임명한 제 5 조제 2 항제 2 호에 따른 상임위원은 그 임기가 종료할 때(임기가 끝난 상임

위원이 같은 조 제 8 항에 따라 후임자가 임명될 때까지 그 직무를 수행하는 경우에는 후임자가 임명될 때를 말한다)까지 제50조의2의 개정규정에 따른 군인권보호관을 겸직한다.

부　　칙 <2022 · 4 · 26 법18846>

제 1 조(시행일) 이 법은 공포 후 1년이 경과한 날부터 시행한다.

제 2 조 및 **제 3 조** 생략

부　　칙 <2024 · 12 · 3 법20558>

이 법은 공포한 날부터 시행한다. 다만, 제26조의2의 개정규정은 공포 후 6개월이 경과한 날부터 시행한다.

●사면법

〔1948·8·30 법률제 2 호〕

개정
2007·12·21 법률제 8721호
2011· 7·18 법률제10862호
2012· 2·10 법률제11301호
2016· 1· 6 법률제13722호(군사법원법)
2021· 9·24 법률제18465호(군사법원법)

제 1 조(목적) 이 법은 사면(赦免), 감형(減刑) 및 복권(復權)에 관한 사항을 규정한다.
〔전부개정 2012·2·10〕

제 2 조(사면의 종류) 사면은 일반사면과 특별사면으로 구분한다.
〔전부개정 2012·2·10〕

제 3 조(사면 등의 대상) 사면, 감형 및 복권의 대상은 다음 각 호와 같다.
1. 일반사면 : 죄를 범한 자
2. 특별사면 및 감형 : 형을 선고받은 자
3. 복권 : 형의 선고로 인하여 법령에 따른 자격이 상실되거나 정지된 자

〔전부개정 2012·2·10〕

제 4 조(사면규정의 준용) 행정법규 위반에 대한 범칙(犯則) 또는 과벌(科罰)의 면제와 징계법규에 따른 징계 또는 징벌의 면제에 관하여는 이 법의 사면에 관한 규정을 준용한다.
〔전부개정 2012·2·10〕

제 5 조(사면 등의 효과) ① 사면, 감형 및 복권의 효과는 다음 각 호와 같다.
1. 일반사면 : 형 선고의 효력이 상실되며, 형을 선고받지 아니한 자에 대하여는 공소권(公訴權)이 상실된다. 다만, 특별한 규정이 있을 때에는 예외로 한다.
2. 특별사면 : 형의 집행이 면제된다. 다만, 특별한 사정이 있을 때에는 이후 형 선고의 효력을 상실하게 할 수 있다.
3. 일반(一般)에 대한 감형 : 특별한 규정이 없는 경우에는 형을 변경한다.
4. 특정한 자에 대한 감형 : 형의 집행을 경감한다. 다만, 특별한 사정이 있을 때에는 형을 변경할 수 있다.
5. 복권 : 형 선고의 효력으로 인하여 상실되거나 정지된 자격을 회복한다.

② 형의 선고에 따른 기성(既成)의 효과는 사면, 감형 및 복권으로 인하여 변경되지 아니한다.
〔전부개정 2012·2·10〕

제 6 조(복권의 제한) 복권은 형의 집행이 끝나지 아니한 자 또는 집행이 면제되지 아니한 자에 대하여는 하지 아니한다.
〔전부개정 2012·2·10〕

제 7 조(집행유예를 선고받은 자에 대한 사면 등) 형의 집행유예를 선고받은 자에 대하여는 형 선고의 효력을 상실하게 하는 특별사면 또는 형을 변경하는 감형을 하거나 그 유예기간을 단축할 수 있다.
〔전부개정 2012·2·10〕

제 8 조(일반사면 등의 실시) 일반사면, 죄 또는 형의 종류를 정하여 하는 감형 및 일반에 대한 복권은 대통령령으로 한다. 이 경우 일반사면은 죄의 종류를 정하여 한다.
〔전부개정 2012·2·10〕

제 9 조(특별사면 등의 실시) 특별사면, 특정한 자에 대한 감형 및 복권은 대통령이 한다.
〔전부개정 2012·2·10〕

제10조(특별사면 등의 상신) ① 법무부장관은 대통령에게 특별사면, 특정한 자에 대한 감형 및 복권을 상신(上申)한다.
② 법무부장관은 제 1 항에 따라 특별사면, 특정한 자에 대한 감형 및 복권을 상신할 때에는 제10조의2에 따른 사면심사위원회의 심사를 거쳐야 한다.
〔전부개정 2007·12·21〕

제10조의2(사면심사위원회) ① 제10조제 1 항에 따른 특별사면, 특정한 자에 대한 감형 및 복권 상신의 적정성을 심사하기 위하여 법무부장관 소속으로 사면심사위원회를 둔다. <개정 2012·2·10>
② 사면심사위원회는 위원장 1명을 포함한 9명의 위원으로 구성한다. <개정 2012·2·10>
③ 위원장은 법무부장관이 되고, 위원은 법무부장관이 임명하거나 위촉하되, 공무원이 아닌 위원을 4명 이상 위촉하여야 한다. <개정 2012·2·10>
④ 공무원이 아닌 위원의 임기는 2년으로 하

며, 한 차례만 연임할 수 있다. <개정 2012·2·10>

⑤ 사면심사위원회의 심사과정 및 심사내용의 공개범위와 공개시기는 다음 각 호와 같다. 다만, 제2호 및 제3호의 내용 중 개인의 신상을 특정할 수 있는 부분은 삭제하고 공개하되, 국민의 알권리를 충족할 필요가 있는 등의 사유가 있는 경우에는 사면심사위원회가 달리 의결할 수 있다. <개정 2011·7·18>

1. 위원의 명단과 경력사항은 임명 또는 위촉한 즉시
2. 심의서는 해당 특별사면 등을 행한 후부터 즉시
3. 회의록은 해당 특별사면 등을 행한 후 5년이 경과한 때부터

⑥ 위원은 사면심사위원회의 업무를 처리하면서 알게 된 비밀을 누설하여서는 아니 된다. <개정 2012·2·10>

⑦ 위원은 「형법」이나 그 밖의 법률에 따른 벌칙을 적용할 때에는 공무원으로 본다. <개정 2012·2·10>

⑧ 제1항부터 제7항까지에서 규정한 사항 외에 사면심사위원회에 관하여 필요한 사항은 법무부령으로 정한다. <개정 2012·2·10>

〔본조신설 2007·12·21〕

제11조(특별사면 등 상신의 신청) 검찰총장은 직권으로 또는 형의 집행을 지휘한 검찰청 검사의 보고 또는 수형자가 수감되어 있는 교정시설의 장의 보고에 의하여 법무부장관에게 특별사면 또는 특정한 자에 대한 감형을 상신할 것을 신청할 수 있다.

〔전부개정 2012·2·10〕

제12조(특별사면 등의 제청) ① 형의 집행을 지휘한 검찰청의 검사와 수형자가 수감되어 있는 교정시설의 장이 특별사면 또는 특정한 자에 대한 감형을 제청하려는 경우에는 제14조에 따른 서류를 첨부하고 제청 사유를 기재한 보고서를 검찰총장에게 제출하여야 한다.

② 교정시설의 장이 제1항의 보고서를 제출하는 경우에는 형의 집행을 지휘한 검찰청의 검사를 거쳐야 한다.

〔전부개정 2012·2·10〕

제13조(검사의 의견 첨부) 검사가 제12조제2항의 서류를 접수하였을 때에는 제14조제3호에 따른 사항을 조사하여 그에 대한 의견을 첨부하여 검찰총장에게 송부하여야 한다.

〔전부개정 2012·2·10〕

제14조(특별사면 등 상신 신청의 첨부서류) 특별사면 또는 특정한 자에 대한 감형의 상신을 신청하는 신청서에는 다음 각 호의 서류를 첨부하여야 한다.

1. 판결서의 등본 또는 초본
2. 형기(刑期) 계산서
3. 범죄의 정상(情狀), 사건 본인의 성행(性行), 수형 중의 태도, 장래의 생계, 그 밖에 참고가 될 사항에 관한 조사서류

〔전부개정 2012·2·10〕

제15조(복권 상신의 신청) ① 검찰총장은 직권으로 또는 형의 집행을 지휘한 검찰청 검사의 보고 또는 사건 본인의 출원(出願)에 의하여 법무부장관에게 특정한 자에 대한 복권을 상신할 것을 신청할 수 있다.

② 제1항에 따른 상신의 신청은 형의 집행이 끝난 날 또는 집행이 면제된 날부터 3년이 지나지 아니하면 하지 못한다.

〔전부개정 2012·2·10〕

제16조(복권 상신 신청의 첨부서류) 복권의 상신을 신청하는 신청서에는 다음 각 호의 서류를 첨부하여야 한다.

1. 판결서의 등본 또는 초본
2. 형의 집행이 끝나거나 집행이 면제된 것을 증명하는 서류
3. 형의 집행이 끝난 후 또는 집행이 면제된 후의 사건 본인의 태도, 현재와 장래의 생계, 그 밖에 참고가 될 사항에 관한 조사서류
4. 사건 본인이 출원한 경우에는 그 출원서

〔전부개정 2012·2·10〕

제17조(특정한 자격에 대한 복권의 출원) 특정한 자격에 대한 복권을 출원하는 경우에는 회복하려는 자격의 종류를 분명히 밝혀야 한다.

〔전부개정 2012·2·10〕

제18조(본인에 의한 복권의 출원) 복권을 사건

본인이 출원하는 경우에는 형의 집행을 지휘한 검찰청의 검사를 거쳐야 한다.
〔전부개정 2012·2·10〕

제19조(검사의 의견 첨부) 검사가 제18조의 서류를 접수하였을 때에는 제16조제3호에 따른 사항을 조사하여 그에 대한 의견을 첨부하여 검찰총장에게 송부하여야 한다.
〔전부개정 2012·2·10〕

제20조(상신 신청의 기각) ① 법무부장관은 특별사면, 특정한 자에 대한 감형 또는 복권 상신의 신청이 이유 없다고 인정할 때에는 그 사유를 검찰총장에게 통지한다.
② 검찰총장은 제1항에 따라 통지받은 사유를 관계 검찰청의 검사, 교정시설의 장 또는 사건 본인에게 통지하여야 한다.
〔전부개정 2012·2·10〕

제21조(사면장 등의 송부) 법무부장관은 대통령으로부터 특별사면, 특정한 자에 대한 감형 또는 복권의 명이 있을 때에는 검찰총장에게 사면장(赦免狀), 감형장 또는 복권장을 송부한다.
〔전부개정 2012·2·10〕

제22조(사면장 등의 부여) 검찰총장은 사면장, 감형장 또는 복권장을 접수하였을 때에는 관계 검찰청의 검사를 거쳐 지체 없이 이를 사건 본인에게 내준다. 이 경우 사건 본인이 수감되어 있을 때에는 교정시설의 장을 거친다.
〔전부개정 2012·2·10〕

제23조(교정시설의 장 등에의 통지) ① 검사는 집행정지 중 또는 가출소(假出所) 중에 있는 자에 대한 사면장, 감형장 또는 복권장을 접수하였을 때에는 그 사실을 사건 본인이 수감되어 있던 교정시설의 장과 감독 경찰관서에 통지하여야 한다.
② 검사는 집행유예 중에 있는 자가 특별사면 또는 감형되거나 복권된 경우에는 그 사실을 감독 경찰관서에 통지하여야 한다.
〔전부개정 2012·2·10〕

제24조(사면장 등 부여의 촉탁) ① 사건 본인이 형의 집행을 지휘한 검찰청의 관할구역이 아닌 곳에 거주하는 경우에는 사면장, 감형장 또는 복권장의 부여를 그의 거주지를 관할하는 검찰청의 검사에게 촉탁(囑託)할 수 있다.
② 제1항의 경우에 제23조에 따른 통지는 촉탁받은 검찰청의 검사가 한다.
〔전부개정 2012·2·10〕

제25조(판결원본에의 부기 등) ① 사면, 감형 또는 복권이 있을 때에는 형의 집행을 지휘한 검찰청의 검사는 판결원본에 그 사유를 덧붙여 적어야 한다.
② 특별사면, 특정한 자에 대한 감형 및 복권에 관한 서류는 소송기록에 철한다.
〔전부개정 2012·2·10〕

제26조(사면장 등 부여의 보고) 검사가 사면장, 감형장 또는 복권장을 사건 본인에게 내주었을 때에는 지체 없이 법무부장관에게 보고하여야 한다.
〔전부개정 2012·2·10〕

제27조(군사법원에서 형을 선고받은 자의 사면 등) 군사법원(「군사법원법」 제11조에 따라 군사법원에 재판권이 있는 사건을 심판하는 고등법원을 포함한다. 이하 이 조에서 같다)에서 형을 선고받은 자에 대하여는 이 법에 따른 법무부장관의 직무는 국방부장관이 수행하고, 검찰총장과 검사의 직무는 형을 선고한 군사법원에서 군검사의 직무를 수행한 군법무관이 수행한다. <개정 2016·1·6, 2021·9·24>
〔전부개정 2012·2·10〕

부 칙

본법은 공포일부터 시행한다.

부 칙 <2007·12·21 법8721>

이 법은 공포 후 3개월이 경과한 날부터 시행한다.

부 칙 <2011·7·18 법10862>

이 법은 공포한 날부터 시행한다.

부 칙 <2012·2·10 법11301>

이 법은 공포한 날부터 시행한다.

부 칙 <2016·1·6 법13722>

제1조(시행일) 이 법은 공포 후 1년 6개월이 경과한 날부터 시행한다. 〈단서 생략〉
제2조부터 **제10조**까지 생략

부 칙 <2021·9·24 법18465>

제1조(시행일) 이 법은 2022년 7월 1일부터 시행한다.
제2조부터 **제9조**까지 생략

●범죄피해자 보호법

〔2010·5·14 법률제10283호 전부개정〕

개정
2011· 7·25 법률제10898호(보조금 관리에 관한 법률)
2014· 1· 7 법률제12187호
2014·10·15 법률제12779호
2014·12·30 법률제12883호
2016·12· 2 법률제14279호
2017· 3·14 법률제14583호
2024· 9·20 법률제20433호

제1장 총칙

제1조(목적) 이 법은 범죄피해자 보호·지원의 기본 정책 등을 정하고 타인의 범죄행위로 인하여 생명·신체에 피해를 받은 사람을 구조(救助)함으로써 범죄피해자의 복지 증진에 기여함을 목적으로 한다.

제2조(기본이념) ① 범죄피해자는 범죄피해 상황에서 빨리 벗어나 인간의 존엄성을 보장받을 권리가 있다.
② 범죄피해자의 명예와 사생활의 평온은 보호되어야 한다.
③ 범죄피해자는 해당 사건과 관련하여 각종 법적 절차에 참여할 권리가 있다.

제3조(정의) ① 이 법에서 사용하는 용어의 뜻은 다음과 같다.
1. "범죄피해자"란 타인의 범죄행위로 피해를 당한 사람과 그 배우자(사실상의 혼인관계를 포함한다), 직계친족 및 형제자매를 말한다.
2. "범죄피해자 보호·지원"이란 범죄피해자의 손실 복구, 정당한 권리 행사 및 복지 증진에 기여하는 행위를 말한다. 다만, 수사·변호 또는 재판에 부당한 영향을 미치는 행위는 포함되지 아니한다.
3. "범죄피해자 지원법인"이란 범죄피해자 보호·지원을 주된 목적으로 설립된 비영리법인을 말한다.
4. "구조대상 범죄피해"란 대한민국의 영역 안에서 또는 대한민국의 영역 밖에 있는 대한민국의 선박이나 항공기 안에서 행하여진 사람의 생명 또는 신체를 해치는 죄에 해당하는 행위(「형법」 제9조, 제10조제1항, 제12조, 제22조제1항에 따라 처벌되지 아니하는 행위를 포함하며, 같은 법 제20조 또는 제21조제1항에 따라 처벌되지 아니하는 행위 및 과실에 의한 행위는 제외한다)로 인하여 사망하거나 장해 또는 중상해를 입은 것을 말한다.
5. "장해"란 범죄행위로 입은 부상이나 질병이 치료(그 증상이 고정된 때를 포함한다)된 후에 남은 신체의 장해로서 대통령령으로 정하는 경우를 말한다.
6. "중상해"란 범죄행위로 인하여 신체나 그 생리적 기능에 손상을 입은 것으로서 대통령령으로 정하는 경우를 말한다.

② 제1항제1호에 해당하는 사람 외에 범죄피해 방지 및 범죄피해자 구조 활동으로 피해를 당한 사람도 범죄피해자로 본다.

제4조(국가의 책무) 국가는 범죄피해자 보호·지원을 위하여 다음 각 호의 조치를 취하고 이에 필요한 재원을 조달할 책무를 진다.
1. 범죄피해자 보호·지원 체제의 구축 및 운영
2. 범죄피해자 보호·지원을 위한 실태조사, 연구, 교육, 홍보
3. 범죄피해자 보호·지원을 위한 관계 법령의 정비 및 각종 정책의 수립·시행

제5조(지방자치단체의 책무) ① 지방자치단체는 범죄피해자 보호·지원을 위하여 적극적

으로 노력하고, 국가의 범죄피해자 보호·지원 시책이 원활하게 시행되도록 협력하여야 한다.

② 지방자치단체는 제 1 항에 따른 책무를 다하기 위하여 필요한 재원을 조달하여야 한다. <신설 2014·12·30>

제 6 조(국민의 책무) 국민은 범죄피해자의 명예와 사생활의 평온을 해치지 아니하도록 유의하여야 하고, 국가 및 지방자치단체가 실시하는 범죄피해자를 위한 정책의 수립과 추진에 최대한 협력하여야 한다.

제 2 장 범죄피해자 보호·지원의 기본 정책

제 7 조(손실 복구 지원 등) ① 국가 및 지방자치단체는 범죄피해자의 피해정도 및 보호·지원의 필요성 등에 따라 상담, 의료제공(치료비 지원을 포함한다), 구조금 지급, 법률구조, 취업 관련 지원, 주거지원, 그 밖에 범죄피해자의 보호에 필요한 대책을 마련하여야 한다. <개정 2014·12·30>

② 국가는 범죄피해자와 그 가족에게 신체적·정신적 안정을 제공하고 사회복귀를 돕기 위하여 일시적 보호시설(이하 "보호시설"이라 한다)을 설치·운영하여야 한다. 이 경우 국가는 보호시설의 운영을 범죄피해자 지원법인, 「의료법」에 따른 종합병원, 「고등교육법」에 따른 학교를 설립·운영하는 학교법인, 그 밖에 대통령령으로 정하는 기관 또는 단체에 위탁할 수 있다. <개정 2014·12·30>

③ 국가는 범죄피해자와 그 가족의 정신적 회복을 위한 상담 및 치료 프로그램을 운영하여야 한다.

④ 보호시설의 설치·운영 기준, 입소·퇴소의 기준 및 절차, 위탁운영의 절차, 감독의 기준 및 절차와 제 3 항에 따른 상담 및 치료 프로그램의 운영 등에 관한 사항은 대통령령으로 정한다.

제 8 조(형사절차 참여 보장 등) ① 국가는 범죄피해자가 해당 사건과 관련하여 수사담당자와 상담하거나 재판절차에 참여하여 진술하는 등 형사절차상의 권리를 행사할 수 있도록 보장하여야 한다.

② 국가는 범죄피해자가 요청하면 가해자에 대한 수사 결과, 공판기일, 재판 결과, 형 집행 및 보호관찰 집행 상황 등 형사절차 관련 정보를 대통령령으로 정하는 바에 따라 제공할 수 있다.

제 8 조의2(범죄피해자에 대한 정보 제공 등) ① 국가는 수사 및 재판 과정에서 다음 각 호의 정보를 범죄피해자에게 제공하여야 한다.

1. 범죄피해자의 해당 재판절차 참여 진술권 등 형사절차상 범죄피해자의 권리에 관한 정보
2. 범죄피해 구조금 지급 및 범죄피해자 보호·지원 단체 현황 등 범죄피해자의 지원에 관한 정보
3. 그 밖에 범죄피해자의 권리보호 및 복지증진을 위하여 필요하다고 인정되는 정보

② 제 1 항에 따른 정보 제공의 구체적인 방법 및 절차 등에 필요한 사항은 대통령령으로 정한다.

〔본조신설 2014·10·15〕

제 9 조(사생활의 평온과 신변의 보호 등) ① 국가 및 지방자치단체는 범죄피해자의 명예와 사생활의 평온을 보호하기 위하여 필요한 조치를 하여야 한다.

② 국가 및 지방자치단체는 범죄피해자가 형사소송절차에서 한 진술이나 증언과 관련하여 보복을 당할 우려가 있는 등 범죄피해자를 보호할 필요가 있을 경우에는 적절한 조치를 마련하여야 한다.

제10조(교육·훈련) 국가 및 지방자치단체는 범죄피해자에 대한 이해 증진과 효율적 보호·지원 업무 수행을 위하여 범죄 수사에 종사하는 자, 범죄피해자에 관한 상담·의료 제공 등의 업무에 종사하는 자, 그 밖에 범죄피해자 보호·지원 활동과 관계가 있는 자에 대하여 필요한 교육과 훈련을 실시하여야 한다.

제11조(홍보 및 조사연구) ① 국가 및 지방자치단체는 범죄피해자에 대한 이해와 관심을

높이기 위하여 필요한 홍보를 하여야 한다.
② 국가 및 지방자치단체는 범죄피해자에 대하여 전문적 지식과 경험을 바탕으로 한 적절한 지원이 이루어질 수 있도록 범죄피해의 실태 조사, 지원정책 개발 등을 위하여 노력하여야 한다.

제11조의2(범죄피해자 인권 주간) 범죄피해자에 대한 사회적 관심을 높이고 범죄피해자의 복지를 증진하기 위하여 대통령령으로 정하는 바에 따라 1년 중 1주간을 범죄피해자 인권 주간으로 한다.
〔본조신설 2024·9·20〕

제 3 장 범죄피해자 보호·지원의 기본계획 등

제12조(기본계획 수립) ① 법무부장관은 제15조에 따른 범죄피해자 보호위원회의 심의를 거쳐 범죄피해자 보호·지원에 관한 기본계획(이하 "기본계획"이라 한다)을 5년마다 수립하여야 한다.
② 기본계획에는 다음 각 호의 사항이 포함되어야 한다.
1. 범죄피해자 보호·지원 정책의 기본방향과 추진목표
2. 범죄피해자 보호·지원을 위한 실태조사, 연구, 교육과 홍보
3. 범죄피해자 보호·지원 단체에 대한 지원과 감독
4. 범죄피해자 보호·지원과 관련된 재원의 조달과 운용
5. 그 밖에 범죄피해자를 보호·지원하기 위하여 법무부장관이 필요하다고 인정한 사항

제13조(연도별 시행계획의 수립) ① 법무부장관, 관계 중앙행정기관의 장과 특별시장·광역시장·도지사·특별자치도지사(이하 "시·도지사"라 한다)는 기본계획에 따라 연도별 시행계획(이하 "시행계획"이라 한다)을 수립·시행하여야 한다.
② 관계 중앙행정기관의 장과 시·도지사는 다음 연도의 시행계획과 전년도 추진 실적을 매년 법무부장관에게 제출하여야 한다. 이 경우 법무부장관은 그 시행계획이 부적합하다고 판단할 때에는 그 시행계획을 수립한 장에게 시행계획의 보완·조정을 요구할 수 있다.
③ 제 1 항 및 제 2 항에서 정한 사항 외에 시행계획의 수립과 시행에 필요한 사항은 대통령령으로 정한다.

제14조(관계 기관의 협조) ① 법무부장관은 기본계획과 시행계획을 수립·시행하기 위하여 필요하면 관계 중앙행정기관의 장, 지방자치단체의 장 또는 관계 공공기관의 장에게 협조를 요청할 수 있다.
② 중앙행정기관의 장 또는 시·도지사는 시행계획을 수립·시행하기 위하여 필요하면 관계 중앙행정기관의 장, 지방자치단체의 장 또는 공공기관의 장에게 협조를 요청할 수 있다.
③ 제 1 항과 제 2 항에 따른 협조요청을 받은 기관의 장이나 지방자치단체의 장은 특별한 사유가 없으면 협조하여야 한다.

제15조(범죄피해자보호위원회) ① 범죄피해자 보호·지원에 관한 기본계획 및 주요 사항 등을 심의하기 위하여 법무부장관 소속으로 범죄피해자보호위원회(이하 "보호위원회"라 한다)를 둔다.
② 보호위원회는 다음 각 호의 사항을 심의한다.
1. 기본계획 및 시행계획에 관한 사항
2. 범죄피해자 보호·지원을 위한 주요 정책의 수립·조정에 관한 사항
3. 범죄피해자 보호·지원 단체에 대한 지원·감독에 관한 사항
4. 그 밖에 위원장이 심의를 요청한 사항
③ 보호위원회는 위원장을 포함하여 20명 이내의 위원으로 구성한다.
④ 제 1 항부터 제 3 항까지의 규정에서 정한 사항 외에 보호위원회의 구성 및 운영 등에 관한 사항은 대통령령으로 정한다.

제 4 장 구조대상 범죄피해에 대한 구조

제16조(구조금의 지급요건) 국가는 구조대상

범죄피해를 받은 사람(이하 "구조피해자"라 한다)이 다음 각 호의 어느 하나에 해당하면 구조피해자 또는 그 유족에게 범죄피해 구조금(이하 "구조금"이라 한다)을 지급한다.

1. 구조피해자가 피해의 전부 또는 일부를 배상받지 못하는 경우
2. 자기 또는 타인의 형사사건의 수사 또는 재판에서 고소·고발 등 수사단서를 제공하거나 진술, 증언 또는 자료제출을 하다가 구조피해자가 된 경우

제17조(구조금의 종류 등) ① 구조금은 유족구조금·장해구조금 및 중상해구조금으로 구분한다. <개정 2024·9·20>

② 유족구조금은 구조피해자가 사망하였을 때 제18조에 따라 맨 앞의 순위인 유족에게 지급한다. 다만, 순위가 같은 유족이 2명 이상이면 똑같이 나누어 지급한다.

③ 장해구조금 및 중상해구조금은 해당 구조피해자에게 지급한다. 다만, 장해구조금 또는 중상해구조금의 지급을 신청한 구조피해자가 장해구조금 또는 중상해구조금을 지급받기 전에 사망(해당 구조대상 범죄피해의 원인이 된 범죄행위로 사망한 경우는 제외한다)한 경우에는 제18조에 따라 맨 앞의 순위인 유족에게 지급하되, 순위가 같은 유족이 2명 이상이면 똑같이 나누어 지급한다. <개정 2024·9·20>

④ 구조금은 일시금으로 지급한다. 다만, 구조피해자 또는 그 유족이 연령, 장애, 질병이나 그 밖에 대통령령으로 정하는 사유로 구조금을 관리할 능력이 부족하다고 인정되는 경우로서 다음 각 호의 어느 하나에 해당하는 경우에는 대통령령으로 정하는 바에 따라 구조금을 분할하여 지급할 수 있다. <신설 2024·9·20>

1. 구조피해자나 그 유족이 구조금의 분할 지급을 청구하여 제24조제1항에 따른 범죄피해구조심의회가 구조금의 분할 지급을 결정한 경우
2. 제24조제1항에 따른 범죄피해구조심의회가 직권으로 구조금의 분할 지급을 결정한 경우

제18조(유족의 범위 및 순위) ① 유족구조금이나 제17조제3항 단서에 따라 유족에게 지급하는 장해구조금 또는 중상해구조금(이하 "유족구조금등"이라 한다)을 지급받을 수 있는 유족은 다음 각 호의 어느 하나에 해당하는 사람으로 한다. <개정 2024·9·20>

1. 배우자(사실상 혼인관계를 포함한다) 및 구조피해자의 사망 당시 구조피해자의 수입으로 생계를 유지하고 있는 구조피해자의 자녀
2. 구조피해자의 사망 당시 구조피해자의 수입으로 생계를 유지하고 있는 구조피해자의 부모, 손자·손녀, 조부모 및 형제자매
3. 제1호 및 제2호에 해당하지 아니하는 구조피해자의 자녀, 부모, 손자·손녀, 조부모 및 형제자매

② 제1항에 따른 유족의 범위에서 태아는 구조피해자가 사망할 때 이미 출생한 것으로 본다.

③ 유족구조금등을 받을 유족의 순위는 제1항 각 호에 열거한 순서로 하고, 같은 항 제2호 및 제3호에 열거한 사람 사이에서는 해당 각 호에 열거한 순서로 하며, 부모의 경우에는 양부모를 선순위로 하고 친부모를 후순위로 한다. <개정 2024·9·20>

④ 유족이 다음 각 호의 어느 하나에 해당하면 유족구조금등을 받을 수 있는 유족으로 보지 아니한다. <개정 2024·9·20>

1. 구조피해자를 고의로 사망하게 한 경우
2. 구조피해자가 사망하기 전에 그가 사망하면 유족구조금등을 받을 수 있는 선순위 또는 같은 순위의 유족이 될 사람을 고의로 사망하게 한 경우
3. 구조피해자가 사망한 후 유족구조금등을 받을 수 있는 선순위 또는 같은 순위의 유족을 고의로 사망하게 한 경우

제19조(구조금을 지급하지 아니할 수 있는 경우) ① 범죄행위 당시 구조피해자와 가해자 사이에 다음 각 호의 어느 하나에 해당하는 친족관계가 있는 경우에는 구조금을 지급하지 아니한다.

1. 부부(사실상의 혼인관계를 포함한다)
2. 직계혈족
3. 4촌 이내의 친족
4. 동거친족

② 범죄행위 당시 구조피해자와 가해자 사이

에 제1항 각 호의 어느 하나에 해당하지 아니하는 친족관계가 있는 경우에는 구조금의 일부를 지급하지 아니한다.

③ 구조피해자가 다음 각 호의 어느 하나에 해당하는 행위를 한 때에는 구조금을 지급하지 아니한다.

1. 해당 범죄행위를 교사 또는 방조하는 행위
2. 과도한 폭행·협박 또는 중대한 모욕 등 해당 범죄행위를 유발하는 행위
3. 해당 범죄행위와 관련하여 현저하게 부정한 행위
4. 해당 범죄행위를 용인하는 행위
5. 집단적 또는 상습적으로 불법행위를 행할 우려가 있는 조직에 속하는 행위(다만, 그 조직에 속하고 있는 것이 해당 범죄피해를 당한 것과 관련이 없다고 인정되는 경우는 제외한다)
6. 범죄행위에 대한 보복으로 가해자 또는 그 친족이나 그 밖에 가해자와 밀접한 관계가 있는 사람의 생명을 해치거나 신체를 중대하게 침해하는 행위

④ 구조피해자가 다음 각 호의 어느 하나에 해당하는 행위를 한 때에는 구조금의 일부를 지급하지 아니한다.

1. 폭행·협박 또는 모욕 등 해당 범죄행위를 유발하는 행위
2. 해당 범죄피해의 발생 또는 증대에 가공(加功)한 부주의한 행위 또는 부적절한 행위

⑤ 유족구조금등을 지급하지 아니할 수 있는 경우에 관하여는 제1항부터 제4항까지를 준용한다. 이 경우 "구조피해자"는 "구조피해자 또는 맨 앞의 순위인 유족"으로 본다. <개정 2024·9·20>

⑥ 구조피해자 또는 그 유족과 가해자 사이의 관계, 그 밖의 사정을 고려하여 구조금의 전부 또는 일부를 지급하는 것이 사회통념에 위배된다고 인정될 때에는 구조금의 전부 또는 일부를 지급하지 아니할 수 있다.

⑦ 제1항부터 제6항까지의 규정에도 불구하고 구조금의 실질적인 수혜자가 가해자로 귀착될 우려가 없는 경우 등 구조금을 지급하지 아니하는 것이 사회통념에 위배된다고 인정할 만한 특별한 사정이 있는 경우에는 구조금의 전부 또는 일부를 지급할 수 있다. <개정 2014·10·15>

제20조(다른 법령에 따른 급여 등과의 관계) 구조피해자나 유족이 해당 구조대상 범죄피해를 원인으로 하여 「국가배상법」이나 그 밖의 법령에 따른 급여 등을 받을 수 있는 경우에는 대통령령으로 정하는 바에 따라 구조금을 지급하지 아니한다.

제21조(손해배상과의 관계) ① 국가는 구조피해자나 유족이 해당 구조대상 범죄피해를 원인으로 하여 손해배상을 받았으면 그 범위에서 구조금을 지급하지 아니한다.

② 국가는 지급한 구조금의 범위에서 해당 구조금을 받은 사람이 구조대상 범죄피해를 원인으로 하여 가지고 있는 손해배상청구권을 대위한다.

③ 국가는 제2항에 따라 손해배상청구권을 대위할 때 대통령령으로 정하는 바에 따라 가해자인 수형자나 보호감호대상자의 작업장려금 또는 근로보상금에서 손해배상금을 받을 수 있다.

제22조(구조금액) ① 유족구조금은 구조피해자의 사망 당시(신체에 손상을 입고 그로 인하여 사망한 경우에는 신체에 손상을 입은 당시를 말한다)의 월급액이나 월실수입액 또는 평균임금에 24개월 이상 48개월 이하의 범위에서 유족의 수와 연령 및 생계유지상황 등을 고려하여 대통령령으로 정하는 개월 수를 곱한 금액으로 한다. <개정 2014·12·30>

② 장해구조금과 중상해구조금은 구조피해자가 신체에 손상을 입은 당시의 월급액이나 월실수입액 또는 평균임금에 2개월 이상 48개월 이하의 범위에서 피해자의 장해 또는 중상해의 정도와 부양가족의 수 및 생계유지상황 등을 고려하여 대통령령으로 정한 개월 수를 곱한 금액으로 한다. <개정 2014·12·30>

③ 제1항 및 제2항에 따른 월급액이나 월실수입액 또는 평균임금 등은 피해자의 주소지를 관할하는 세무서장, 시장·군수·구청장(자치구의 구청장을 말한다) 또는 피해자의 근무기관의 장(長)의 증명이나 그 밖에 대통령령으로 정하는 공신력 있는 증명에 따른다.

④ 제1항 및 제2항에서 구조피해자의 월급액이나 월실수입액이 평균임금의 2배를 넘는 경우에는 평균임금의 2배에 해당하는 금액을 구조피해자의 월급액이나 월실수입액으로 본다.

제23조(외국인에 대한 구조) 구조피해자 또는 그 유족이 외국인인 때에는 다음 각 호의 어느 하나에 해당하는 경우에만 이 법을 적용한다.

1. 해당 국가의 상호 보증이 있는 경우
2. 해당 외국인이 구조대상 범죄피해 발생 당시 대한민국 국민의 배우자이거나 대한민국 국민과 혼인관계(사실상의 혼인관계를 포함한다)에서 출생한 자녀를 양육하고 있는 자로서 다음 각 목의 어느 하나에 해당하는 체류자격을 가지고 있는 경우
   가. 「출입국관리법」 제10조제2호의 영주자격
   나. 「출입국관리법」 제10조의2제1항제2호의 장기체류자격으로서 법무부령으로 정하는 체류자격

〔전부개정 2024·9·20〕

제24조(범죄피해구조심의회 등) ① 구조금 지급 및 제21조제2항에 따른 손해배상청구권 대위에 관한 사항을 심의·결정하기 위하여 각 지방검찰청에 범죄피해구조심의회(이하 "지구심의회"라 한다)를 두고 법무부에 범죄피해구조본부심의회(이하 "본부심의회"라 한다)를 둔다. <개정 2024·9·20>

② 지구심의회는 설치된 지방검찰청 관할 구역(지청이 있는 경우에는 지청의 관할 구역을 포함한다)의 구조금 지급 및 제21조제2항에 따른 손해배상청구권 대위에 관한 사항을 심의·결정한다. <개정 2024·9·20>

③ 본부심의회는 다음 각 호의 사항을 심의·결정한다.

1. 제27조에 따른 재심신청사건
2. 그 밖에 법령에 따라 그 소관에 속하는 사항

④ 지구심의회 및 본부심의회는 법무부장관의 지휘·감독을 받는다.

⑤ 지구심의회 및 본부심의회 위원 중 공무원이 아닌 위원은 「형법」 제127조 및 제129조부터 제132조까지의 규정을 적용할 때에는 공무원으로 본다. <신설 2017·3·14>

⑥ 지구심의회 및 본부심의회의 구성 및 운영 등에 관한 사항은 대통령령으로 정한다.

제25조(구조금의 지급신청) ① 구조금을 받으려는 사람은 법무부령으로 정하는 바에 따라 그 주소지, 거주지 또는 범죄 발생지를 관할하는 지구심의회에 신청하여야 한다.

② 제1항에 따른 신청은 해당 구조대상 범죄피해의 발생을 안 날부터 3년이 지나거나 해당 구조대상 범죄피해가 발생한 날부터 10년이 지나면 할 수 없다.

제26조(구조결정) 지구심의회는 제25조제1항에 따른 신청을 받으면 신속하게 구조금을 지급하거나 지급하지 아니한다는 결정(지급한다는 결정을 하는 경우에는 그 금액을 정하는 것을 포함한다)을 하여야 한다.

제27조(재심신청) ① 지구심의회에서 구조금 지급신청을 기각(일부기각된 경우를 포함한다) 또는 각하하면 신청인은 결정의 정본이 송달된 날부터 2주일 이내에 그 지구심의회를 거쳐 본부심의회에 재심을 신청할 수 있다.

② 제1항의 재심신청이 있으면 지구심의회는 1주일 이내에 구조금 지급신청 기록 일체를 본부심의회에 송부하여야 한다.

③ 본부심의회는 제1항의 신청에 대하여 심의를 거쳐 4주일 이내에 다시 구조결정을 하여야 한다.

④ 본부심의회는 구조금 지급신청을 각하한 지구심의회의 결정이 법령에 위반되면 사건을 그 지구심의회에 환송할 수 있다.

⑤ 본부심의회는 구조금 지급신청이 각하된 신청인이 잘못된 부분을 보정하여 재심신청을 하면 사건을 해당 지구심의회에 환송할 수 있다.

제28조(긴급구조금의 지급 등) ① 지구심의회는 제25조제1항에 따른 신청을 받았을 때 구조피해자의 장해 또는 중상해 정도가 명확하지 아니하거나 그 밖의 사유로 인하여 신속하게 결정을 할 수 없는 사정이 있으면 신청 또는 직권으로 대통령령으로 정하는 금액의 범위에서 긴급구조금을 지급하는 결정을 할 수 있다.

② 제1항에 따른 긴급구조금 지급신청은

법무부령으로 정하는 바에 따라 그 주소지, 거주지 또는 범죄 발생지를 관할하는 지구심의회에 할 수 있다.

③ 국가는 지구심의회가 긴급구조금 지급 결정을 하면 긴급구조금을 지급한다.

④ 긴급구조금을 받은 사람에 대하여 구조금을 지급하는 결정이 있으면 국가는 긴급구조금으로 지급된 금액 내에서 구조금을 지급할 책임을 면한다.

⑤ 긴급구조금을 받은 사람은 지구심의회에서 결정된 구조금의 금액이 긴급구조금으로 받은 금액보다 적을 때에는 그 차액을 국가에 반환하여야 하며, 지구심의회에서 구조금을 지급하지 아니한다는 결정을 하면 긴급구조금으로 받은 금액을 모두 반환하여야 한다.

제29조(결정을 위한 조사 등) ① 지구심의회는 구조금 지급 및 제21조제 2 항에 따른 손해배상청구권 대위에 관한 사항을 심의하기 위하여 필요하면 신청인이나 그 밖의 관계인을 조사하거나 의사의 진단을 받게 할 수 있고 행정기관, 공공기관이나 그 밖의 단체에 조회하여 필요한 사항을 보고하게 할 수 있다. <개정 2024·9·20>

② 지구심의회는 신청인이 정당한 이유 없이 제 1 항에 따른 조사에 따르지 아니하거나 의사의 진단을 거부하면 그 신청을 기각할 수 있다.

제29조의2(자료요청) ① 지구심의회는 제21조제 2 항에 따른 손해배상청구권 대위에 관한 업무와 관련하여 가해자의 손해배상금 지급능력을 조사하기 위하여 필요한 경우에는 다음 각 호의 자료를 보유하고 있는 법원행정처·행정안전부·국토교통부·국세청 등 국가기관과 지방자치단체의 장 및 「국민건강보험법」에 따른 국민건강보험공단 등 관계 기관·단체의 장(이하 이 조에서 "관계 기관의 장"이라 한다)에게 다음 각 호의 자료의 제공 또는 관계 전산망의 이용을 요청할 수 있다.

1. 가해자의 주민등록표 초본
2. 가해자의 토지·건물에 관한 부동산 등기정보자료
3. 가해자의 재산에 관한 건축물대장, 토지대장 및 임야대장
4. 가해자의 전세권에 관한 부동산 등기정보자료
5. 가해자의 자동차·건설기계·항공기 등록자료 및 선박 등기자료
6. 가해자가 임차한 주택에 관한 주택 임대차 계약의 신고 자료
7. 가해자의 입목, 광업권, 어업권, 양식업권 및 「지방세법」 제 6 조제14호부터 제18호까지의 회원권에 관한 자료
8. 「국민건강보험법」에 따른 가해자의 보수·소득 자료(가해자가 직장가입자인 경우에는 그 사용자의 성명·명칭 또는 상호와 주소에 관한 정보를 포함한다)
9. 가해자에 대한 재산세·종합부동산세 부과자료

② 제 1 항에 따른 요청을 받은 관계 기관의 장은 정당한 사유가 있는 경우를 제외하고는 그 요청에 따라야 한다.

③ 제 1 항 및 제 2 항에 따라 제공받거나 수집한 자료를 활용하여 업무를 수행하거나 수행하였던 사람은 그 자료나 해당 업무를 수행하면서 취득한 정보를 이 법에서 정한 목적 외의 다른 용도로 사용하거나 다른 자에게 제공 또는 누설하여서는 아니 된다.

④ 제 1 항 및 제 2 항에 따라 제공되는 자료에 대해서는 수수료 및 사용료 등을 면제한다.

⑤ 지구심의회는 손해배상청구권 추심이 완료되는 등 손해배상청구권 대위에 관한 업무의 목적을 달성한 경우에는 제 1 항 및 제 2 항에 따라 제공받거나 수집한 자료를 지체 없이 파기하여야 한다.

[본조신설 2024·9·20]

제29조의3(금융정보등의 제공 요청) ① 지구심의회는 제21조제 2 항에 따른 손해배상청구권 대위에 관한 업무와 관련하여 가해자에 대한 다음 각 호의 자료 또는 정보(이하 "금융정보등"이라 한다)에 의하지 아니하고는 가해자의 손해배상금 지급능력이나 재산은닉 여부를 확인할 수 없다고 인정하는 경우에는 「금융실명거래 및 비밀보장에 관한 법률」 제 4 조에도 불구하고 같은 법 제 2 조제 1 호에 따른 금융회사등의 장이나 그 특정점포에 가해자에 대한 금융정보등의 제공을 요청할 수

있다. 이 경우 금융정보등의 제공 요청은 필요한 최소한의 범위에 그쳐야 한다.

1. 「금융실명거래 및 비밀보장에 관한 법률」 제2조제2호·제3호에 따른 금융자산 및 금융거래의 내용에 대한 자료 또는 정보 중 예금·적금·저축의 잔액 또는 불입금·지급금과 유가증권 등 금융자산에 대한 증권·증서의 가액

2. 「보험업법」 제4조제1항 각 호에 따른 보험에 가입하여 납부한 보험료, 환급금 및 지급금

② 지구심의회는 다음 각 호의 어느 하나에 해당하는 경우에만 제1항에 따른 금융정보등의 제공을 요청할 수 있다.

1. 구조대상 범죄피해를 원인으로 하여 가해자에게 유죄판결이 선고되거나 약식명령이 확정된 경우

2. 구조대상 범죄피해를 원인으로 하는 수사 또는 재판 절차에서 가해자가 범죄사실 또는 공소사실을 자백하는 경우

③ 제1항에 따라 금융정보등의 제공 요청을 받은 금융회사등의 장이나 그 특정점포는 특별한 사유가 없으면 이에 따라야 한다.

④ 제1항에 따라 금융회사등의 장이나 그 특정점포에 금융정보등을 요청하는 경우에는 「금융실명거래 및 비밀보장에 관한 법률」 제4조제6항, 제4조의2제5항 및 제4조의3제3항을 준용한다.

⑤ 제1항부터 제3항까지에 따라 제공받거나 수집한 금융정보등을 활용하여 업무를 수행하거나 수행하였던 사람은 그 자료나 해당 업무를 수행하면서 취득한 정보를 이 법에서 정한 목적 외의 다른 용도로 사용하거나 다른 자에게 제공 또는 누설하여서는 아니 된다.

⑥ 제1항부터 제3항까지에 따라 제공된 금융정보등은 가해자 또는 제3자에 대한 수사 또는 형사재판에서 증거로 할 수 없다.

⑦ 지구심의회는 손해배상청구권 추심이 완료되는 등 손해배상청구권 대위에 관한 업무의 목적을 달성한 경우에는 제1항부터 제3항까지에 따라 제공받거나 수집한 금융정보등을 지체 없이 파기하여야 한다.

〔본조신설 2024·9·20〕

제30조(구조금의 환수) ① 국가는 이 법에 따라 구조금을 받은 사람이 다음 각 호의 어느 하나에 해당하면 지구심의회 또는 본부심의회의 결정을 거쳐 그가 받은 구조금의 전부 또는 일부를 환수할 수 있다.

1. 거짓이나 그 밖의 부정한 방법으로 구조금을 받은 경우

2. 구조금을 받은 후 제19조에 규정된 사유가 발견된 경우

3. 구조금이 잘못 지급된 경우

② 국가가 제1항에 따라 환수를 할 때에는 국세징수의 예에 따르고, 그 환수의 우선순위는 국세 및 지방세 다음으로 한다.

제31조(소멸시효) 구조금을 받을 권리는 그 구조결정이 해당 신청인에게 송달된 날부터 2년간 행사하지 아니하면 시효로 인하여 소멸된다.

제32조(구조금 수급권의 보호) 구조금을 받을 권리는 양도하거나 담보로 제공하거나 압류할 수 없다.

제5장 범죄피해자 보호·지원 사업의 지원 및 감독

제33조(범죄피해자 지원법인의 등록 등) ① 범죄피해자 지원법인이 이 법에 따른 지원을 받으려면 자산 및 인적 구성 등 대통령령으로 정하는 요건을 갖추고 대통령령으로 정하는 절차에 따라 법무부장관에게 등록하여야 한다.

② 범죄피해자 지원법인의 설립·운영에 관하여 이 법에 규정이 없는 사항에 대하여는 「민법」과 「공익법인의 설립·운영에 관한 법률」을 적용한다.

제34조(보조금) ① 국가 또는 지방자치단체는 제33조에 따라 등록한 범죄피해자 지원법인(이하 "등록법인"이라 한다)의 건전한 육성과 발전을 위하여 필요한 경우에는 예산의 범위에서 등록법인에 운영 또는 사업에 필요한 경비를 보조할 수 있다. <개정 2014·12·30, 2016·12·2>

② 국가는 제7조제2항 후단에 따른 위탁기관(범죄피해자 지원법인을 제외한다. 이하 "위탁기관"이라 한다)의 보호시설 운영에 필요

한 경비를 보조할 수 있다. <신설 2014·12·30>

③ 법무부장관으로부터 보조금을 받으려는 등록법인과 위탁기관은 대통령령으로 정하는 바에 따라 사업의 목적과 내용, 보조사업에 드는 경비 등 필요한 사항을 적은 신청서와 첨부서류를 법무부장관에게 제출하여야 한다. <개정 2014·12·30>

④ 제3항에 따른 보조금의 지급 기준 및 절차에 관한 사항은 대통령령으로 정한다. <개정 2014·12·30>

제35조(보조금의 목적 외 사용금지 및 반환) ① 등록법인 또는 위탁기관은 제34조에 따라 교부받은 보조금을 범죄피해자 보호·지원 또는 보호시설 운영을 위한 용도로만 사용할 수 있다. <개정 2014·12·30>

② 법무부장관은 등록법인 또는 위탁기관이 제34조제3항에 따른 신청서 등에 거짓 사실을 적거나 그 밖의 부정한 방법으로 보조금을 받은 경우 또는 교부받은 보조금을 다른 용도에 사용한 경우에는 교부한 보조금의 전부 또는 일부를 반환하게 할 수 있다. <개정 2014·12·30>

③ 보조금의 반환에 관하여는 「보조금 관리에 관한 법률」을 준용한다. <개정 2011·7·25>

제36조(감독 등) ① 법무부장관은 필요하다고 인정하면 등록법인 또는 위탁기관에 대하여 그 업무·회계 및 재산에 관한 사항을 보고하게 하거나 자료의 제출이나 그 밖에 필요한 명령을 할 수 있으며, 소속 공무원으로 하여금 그 운영 실태를 조사하게 할 수 있다. <개정 2014·12·30>

② 법무부장관은 등록법인 또는 위탁기관의 임직원이 다음 각 호의 어느 하나에 해당하면 해당 등록법인 또는 위탁기관의 대표자에게 이를 시정하게 하거나 해당 임원의 직무정지 또는 직원의 징계를 요구할 수 있으며, 해당 법인의 등록을 취소하거나 보호시설의 운영 위탁을 취소할 수 있다. <개정 2014·12·30>

1. 제1항에 따라 법무부장관이 요구하는 보고서 또는 자료를 거짓으로 작성하거나 그 보고 또는 제출을 거부한 경우
2. 제1항에 따른 검사를 거부, 방해 또는 기피한 경우
3. 법무부장관의 시정명령, 직무정지 또는 징계요구에 대한 이행을 게을리한 경우

③ 법무부장관은 제2항에 따라 등록법인의 등록을 취소할 경우 청문을 하여야 한다.

제37조(등록법인 오인 표시의 금지) 누구든지 등록법인이 아니면서 등록법인으로 표시하거나 등록법인으로 오인하게 할 수 있는 명칭을 사용하여서는 아니 된다.

제38조(재판 등에 대한 영향력 행사 금지) 범죄피해자 보호·지원 업무에 종사하는 자는 형사절차에서 가해자에 대한 처벌을 요구하거나 소송관계인에게 위력을 가하는 등 수사, 변호 또는 재판에 부당한 영향을 미치기 위한 행위를 하여서는 아니 된다.

제39조(비밀누설의 금지) 범죄피해자 보호·지원 업무에 종사하고 있거나 종사하였던 자는 그 업무를 수행하는 과정에서 알게 된 타인의 사생활에 관한 비밀을 누설하여서는 아니 되며, 범죄피해자를 보호하고 지원하는 목적으로만 그 비밀을 사용하여야 한다.

제40조(수수료 등의 금품 수수 금지) 범죄피해자 보호·지원 업무에 종사하고 있거나 종사하였던 자는 범죄피해자를 보호·지원한다는 이유로 수수료 등의 명목으로 금품을 요구하거나 받아서는 아니 된다. 다만, 다른 법률에 규정이 있는 경우에는 그러하지 아니하다. <개정 2014·12·30>

제6장 형사조정

제41조(형사조정 회부) ① 검사는 피의자와 범죄피해자(이하 "당사자"라 한다) 사이에 형사분쟁을 공정하고 원만하게 해결하여 범죄피해자가 입은 피해를 실질적으로 회복하는 데 필요하다고 인정하면 당사자의 신청 또는 직권으로 수사 중인 형사사건을 형사조정에 회부할 수 있다.

② 형사조정에 회부할 수 있는 형사사건의 구체적인 범위는 대통령령으로 정한다. 다만, 다음 각 호의 어느 하나에 해당하는 경우에는 형사조정에 회부하여서는 아니 된다.

1. 피의자가 도주하거나 증거를 인멸할 염려

가 있는 경우
2. 공소시효의 완성이 임박한 경우
3. 불기소처분의 사유에 해당함이 명백한 경우(다만, 기소유예처분의 사유에 해당하는 경우는 제외한다)

제42조(형사조정위원회) ① 제41조에 따른 형사조정을 담당하기 위하여 각급 지방검찰청 및 지청에 형사조정위원회를 둔다.
② 형사조정위원회는 2명 이상의 형사조정위원으로 구성한다.
③ 형사조정위원은 형사조정에 필요한 법적 지식 등 전문성과 덕망을 갖춘 사람 중에서 관할 지방검찰청 또는 지청의 장이 미리 위촉한다.
④ 「국가공무원법」 제33조 각 호의 어느 하나에 해당하는 사람은 형사조정위원으로 위촉될 수 없다.
⑤ 형사조정위원의 임기는 2년으로 하며, 연임할 수 있다.
⑥ 형사조정위원회의 위원장은 관할 지방검찰청 또는 지청의 장이 형사조정위원 중에서 위촉한다.
⑦ 형사조정위원에게는 예산의 범위에서 법무부령으로 정하는 바에 따라 수당을 지급할 수 있으며, 필요한 경우에는 여비, 일당 및 숙박료를 지급할 수 있다.
⑧ 제1항부터 제7항까지에서 정한 사항 외에 형사조정위원회의 구성과 운영 및 형사조정위원의 임면(任免) 등에 관한 사항은 대통령령으로 정한다.

제43조(형사조정의 절차) ① 형사조정위원회는 당사자 사이의 공정하고 원만한 화해와 범죄피해자가 입은 피해의 실질적인 회복을 위하여 노력하여야 한다.
② 형사조정위원회는 형사조정이 회부되면 지체 없이 형사조정 절차를 진행하여야 한다.
③ 형사조정위원회는 필요하다고 인정하면 형사조정의 결과에 이해관계가 있는 사람의 신청 또는 직권으로 이해관계인을 형사조정에 참여하게 할 수 있다.
④ 제1항부터 제3항까지에서 정한 사항 외에 형사조정의 절차에 관한 사항은 대통령령으로 정한다.

제44조(관련 자료의 송부 등) ① 형사조정위원회는 형사사건을 형사조정에 회부한 검사에게 해당 형사사건에 관하여 당사자가 제출한 서류, 수사서류 및 증거물 등 관련 자료의 사본을 보내 줄 것을 요청할 수 있다.
② 제1항의 요청을 받은 검사는 그 관련 자료가 형사조정에 필요하다고 판단하면 형사조정위원회에 보낼 수 있다. 다만, 당사자 또는 제3자의 사생활의 비밀이나 명예를 침해할 우려가 있거나 수사상 비밀을 유지할 필요가 있다고 인정하는 부분은 제외할 수 있다.
③ 당사자는 해당 형사사건에 관한 사실의 주장과 관련된 자료를 형사조정위원회에 제출할 수 있다.
④ 형사조정위원회는 제1항부터 제3항까지의 규정에 따른 자료의 제출자 또는 진술자의 동의를 받아 그 자료를 상대방 당사자에게 열람하게 하거나 사본을 교부 또는 송부할 수 있다.
⑤ 관련 자료의 송부나 제출 절차 및 열람 등에 대한 동의의 확인 방법 등에 관한 사항은 대통령령으로 정한다.

제45조(형사조정절차의 종료) ① 형사조정위원회는 조정기일마다 형사조정의 과정을 서면으로 작성하고, 형사조정이 성립되면 그 결과를 서면으로 작성하여야 한다.
② 형사조정위원회는 조정 과정에서 증거위조나 거짓 진술 등의 사유로 명백히 혐의가 없는 것으로 인정하는 경우에는 조정을 중단하고 담당 검사에게 회송하여야 한다.
③ 형사조정위원회는 형사조정 절차가 끝나면 제1항의 서면을 붙여 해당 형사사건을 형사조정에 회부한 검사에게 보내야 한다.
④ 검사는 형사사건을 수사하고 처리할 때 형사조정 결과를 고려할 수 있다. 다만, 형사조정이 성립되지 아니하였다는 사정을 피의자에게 불리하게 고려하여서는 아니 된다.
⑤ 형사조정의 과정 및 그 결과를 적은 서면의 서식 등에 관한 사항은 법무부령으로 정한다.

제46조(준용규정) 형사조정위원이나 형사조정위원이었던 사람에 관하여는 제38조부터 제40조까지의 규정을 준용한다.

제 7 장 보칙

제46조의2(경찰관서의 협조) 범죄피해자 지원법인의 장 또는 보호시설의 장은 피해자나 피해자의 가족구성원을 긴급히 구조할 필요가 있을 때에는 경찰관서(지구대·파출소 및 출장소를 포함한다)의 장에게 그 소속 직원의 동행을 요청할 수 있으며, 요청을 받은 경찰관서의 장은 특별한 사유가 없으면 이에 따라야 한다.
〔본조신설 2014·12·30〕

제 8 장 벌칙

제47조(벌칙) ① 제29조의3제 5 항을 위반하여 금융정보등을 사용·제공 또는 누설한 사람은 5년 이하의 징역 또는 5천만원 이하의 벌금에 처한다. <신설 2024·9·20>
② 거짓이나 그 밖의 부정한 방법으로 제34조에 따른 보조금을 받은 자는 5년 이하의 징역 또는 2천만원 이하의 벌금에 처한다.
③ 제29조의2제 3 항을 위반하여 자료 또는 정보를 사용·제공 또는 누설한 사람은 3년 이하의 징역 또는 2천만원 이하의 벌금에 처한다. <신설 2024·9·20>
④ 제35조제 1 항을 위반하여 보조금을 범죄피해자 보호·지원 외의 다른 용도로 사용한 자는 3년 이하의 징역 또는 1천만원 이하의 벌금에 처한다.

제48조(벌칙) 다음 각 호의 어느 하나에 해당하는 자는 1년 이하의 징역 또는 1천만원 이하의 벌금에 처한다. <개정 2014·1·7>
1. 제39조 또는 제46조를 위반하여 타인의 비밀을 누설하거나 범죄피해자 보호·지원 또는 형사조정 업무 외의 목적에 사용한 자
2. 제40조 또는 제46조를 위반하여 금품을 요구하거나 받은 자

제49조(양벌규정) 법인의 대표자나 법인 또는 개인의 대리인, 사용인, 그 밖의 종업원이 그 법인 또는 개인의 업무에 관하여 제47조제 2 항·제 4 항 또는 제48조의 위반행위를 하면 그 행위자를 벌하는 외에 그 법인 또는 개인에게도 해당 조문의 벌금형을 과(科)한다. 다만, 법인 또는 개인이 그 위반행위를 방지하기 위하여 해당 업무에 관하여 상당한 주의와 감독을 게을리하지 아니한 경우에는 그러하지 아니하다. <개정 2024·9·20>

제50조(과태료) ① 다음 각 호의 어느 하나에 해당하는 자에게는 300만원 이하의 과태료를 부과한다.
1. 제36조제 2 항 각 호의 어느 하나에 해당하는 자
2. 제37조를 위반하여 등록법인으로 표시하거나 등록법인으로 오인하게 할 수 있는 명칭을 사용한 자
3. 제38조 또는 제46조를 위반하여 수사, 변호 또는 재판에 부당한 영향을 미치기 위한 행위를 한 자

② 제 1 항에 따른 과태료는 대통령령으로 정하는 바에 따라 법무부장관이 부과·징수한다.

부 칙

제 1 조(시행일) 이 법은 공포 후 3개월이 경과한 날부터 시행한다.

제 2 조(다른 법률의 폐지) 범죄피해자구조법은 폐지한다.

제 3 조(일반적 경과조치) 이 법 시행 당시 종전의 「범죄피해자구조법」에 따른 처분이나 절차, 그 밖의 행위는 이 법에 따라 한 것으로 본다.

제 4 조(구조에 관한 경과조치) 이 법 시행 전에 발생한 범죄피해에 대한 구조는 종전의 「범죄피해자구조법」에 따른다.

제 5 조(다른 법령과의 관계) 이 법 시행 당시 다른 법령에서 종전의 「범죄피해자구조법」이나 종전의 「범죄피해자보호법」 또는 그 규정을 인용한 경우 이 법 가운데 그에 해당하는 규정이 있으면 종전의 규정을 갈음하여 이 법 또는 이 법의 해당 규정을 인용한 것으로 본다.

부 칙 <2011·7·25 법10898>

제 1 조(시행일) 이 법은 공포 후 3개월이 경과한 날부터 시행한다.

제 2 조부터 **제 5 조**까지 생략

부 칙 <2014·1·7 법12187>

이 법은 공포한 날부터 시행한다.

부 칙 <2014·10·15 법12779>

제 1 조(시행일) 이 법은 공포 후 6개월이 경

과한 날부터 시행한다.

제 2 조(적용례) 제19조제 7 항의 개정규정은 이 법 시행 후 최초로 구조금을 신청하는 경우부터 적용한다.

부 칙 <2014 · 12 · 30 법12883>

제 1 조(시행일) 이 법은 공포한 날부터 시행한다.

제 2 조(구조금의 지급에 관한 경과조치) 이 법 시행 전에 행하여진 범죄행위로 인한 구조금의 지급은 종전의 규정에 따른다.

부 칙 <2016 · 12 · 2 법14279>

이 법은 공포한 날부터 시행한다.

부 칙 <2017 · 3 · 14 법14583>

이 법은 공포한 날부터 시행한다.

부 칙 <2024 · 9 · 20 법20433>

제 1 조(시행일) 이 법은 공포 후 6개월이 경과한 날부터 시행한다.

제 2 조(유족에 대한 장해구조금 또는 중상해구조금 지급에 관한 적용례) 제17조제 3 항 단서, 제18조제 1 항 각 호 외의 부분, 같은 조 제 3 항, 같은 조 제 4 항 각 호 외의 부분, 같은 항 제 2 호 · 제 3 호 및 제19조제 5 항의 개정규정은 이 법 시행 전에 구조금의 지급을 신청한 구조피해자가 이 법 시행 이후 구조금을 지급받기 전에 사망하는 경우에도 적용한다.

제 3 조(구조금 분할 지급에 관한 적용례) 제17조제 4 항의 개정규정은 이 법 시행 전에 구조금의 지급을 신청한 경우로서 이 법 시행 이후 구조금을 지급하는 결정을 하는 경우에도 적용한다.

제 4 조(외국인 구조에 관한 적용례) 제23조제 2 호의 개정규정은 이 법 시행 이후 행하여진 범죄행위로 피해를 당하는 경우부터 적용한다.

●감사원법

〔1963·12·13 법률제1495호〕

개정
1970·12·31 법률제 2245호
1973· 1·25 법률제 2446호
1995· 1· 5 법률제 4937호
1999· 1·21 법률제 5681호(국가정보원법)
1999· 8·31 법률제 5998호
1999·12·31 법률제 6101호(기금관리기본법)
2002· 1·19 법률제 6622호(국가공무원법)
2004· 3· 5 법률제 7176호
2005· 3·31 법률제 7427호(민법)
2005· 5·26 법률제 7521호
2006·10· 4 법률제 8050호(국가재정법)
2006·12·28 법률제 8132호
2007· 8· 3 법률제 8635호(자본시장과 금융투자업에 관한 법률)
2008· 2·29 법률제 8875호
2009· 1·30 법률제 9399호
2012· 1·17 법률제11206호
2012·12·11 법률제11530호(국가공무원법)
2013· 3·23 법률제11690호(정부조직법)
2014· 1· 7 법률제12222호
2014·11·19 법률제12844호(정부조직법)
2015· 2· 3 법률제13204호
2020·10·20 법률제17560호

제 1 장 조직

제 1 절 총칙

제 1 조(목적) 이 법은 감사원의 조직, 직무범위, 감사위원의 임용자격, 감사 대상 기관 및 공무원의 범위와 그 밖에 필요한 사항을 규정함을 목적으로 한다.
〔전부개정 2009·1·30〕

제 2 조(지위) ① 감사원은 대통령에 소속하되, 직무에 관하여는 독립의 지위를 가진다.
② 감사원 소속 공무원의 임용, 조직 및 예산의 편성에 있어서는 감사원의 독립성이 최대한 존중되어야 한다. <개정 2020·10·20>
〔전부개정 2009·1·30〕

제 3 조(구성) 감사원은 감사원장(이하 "원장"이라 한다)을 포함한 7명의 감사위원으로 구성한다.
〔전부개정 2009·1·30〕

제 4 조(원장) ① 원장은 국회의 동의를 받아 대통령이 임명한다.
② 원장은 감사원을 대표하며 소속공무원을 지휘하고 감독한다.
③ 원장이 궐위(闕位)되거나 사고(事故)로 인하여 직무를 수행할 수 없을 때에는 감사위원으로 최장기간 재직한 감사위원이 그 권한을 대행한다. 다만, 재직기간이 같은 감사위원이 2명 이상인 경우에는 연장자가 그 권한을 대행한다. <개정 2020·10·20>
④ 원장의 자문에 응하게 하기 위하여 감사원에 자문기관을 둘 수 있다.
⑤ 제 4 항에 따른 자문기관의 구성 및 운영에 관한 사항은 감사원규칙으로 정한다.
〔전부개정 2009·1·30〕

제 2 절 감사위원

제 5 조(임명 및 보수) ① 감사위원은 원장의

제청으로 대통령이 임명한다.

② 감사위원은 정무직으로 하고 그 보수는 차관의 보수와 같은 액수로 한다. 다만, 원장인 감사위원의 보수는 국무총리의 보수와 국무위원의 보수의 범위에서 대통령령으로 정한다.

〔전부개정 2009·1·30〕

제 6 조(임기 및 정년) ① 감사위원의 임기는 4년으로 한다.

② 감사위원의 정년은 65세로 한다. 다만, 원장인 감사위원의 정년은 70세로 한다.

〔전부개정 2009·1·30〕

제 7 조(임용자격) 감사위원은 다음 각 호의 어느 하나에 해당하는 사람 중에서 임명한다. <개정 2020·10·20>

1. 「국가공무원법」 제 2 조의2에 따른 고위공무원단(제17조의2에 따른 고위감사공무원단을 포함한다)에 속하는 공무원 또는 3급 이상 공무원으로 8년 이상 재직한 사람
2. 판사·검사·군법무관 또는 변호사로 10년 이상 재직한 사람
3. 공인된 대학에서 부교수 이상으로 8년 이상 재직한 사람
4. 「자본시장과 금융투자업에 관한 법률」 제 9 조제15항제 3 호에 따른 주권상장법인 또는 「공공기관의 운영에 관한 법률」 제 5 조에 따른 공기업이나 이에 상당하다고 인정하여 감사원규칙으로 정하는 기관에서 20년 이상 근무한 사람으로서 임원으로 5년 이상 재직한 사람

〔전부개정 2009·1·30〕

제 8 조(신분보장) ① 감사위원은 다음 각 호의 어느 하나에 해당하는 경우가 아니면 본인의 의사에 반하여 면직되지 아니한다.

1. 탄핵결정이나 금고 이상의 형의 선고를 받았을 때
2. 장기(長期)의 심신쇠약으로 직무를 수행할 수 없게 된 때

② 제 1 항제 1 호의 경우에는 당연히 퇴직되며, 같은 항 제 2 호의 경우에는 감사위원회의 의결을 거쳐 원장의 제청으로 대통령이 퇴직을 명한다.

〔전부개정 2009·1·30〕

제 9 조(겸직 등의 금지) 감사위원은 재직 중 다음 각 호의 어느 하나의 직을 겸하거나 영리를 목적으로 하는 사업을 할 수 없다.

1. 국회 또는 지방의회의 의원의 직
2. 행정부서의 공무원의 직
3. 이 법에 따라 감사의 대상이 되는 단체의 임직원의 직
4. 그 밖에 보수를 받는 직

〔전부개정 2009·1·30〕

제10조(정치운동의 금지) 감사위원은 정당에 가입하거나 정치운동에 관여할 수 없다.

〔전부개정 2009·1·30〕

제 3 절 감사위원회의

제11조(의장 및 의결) ① 감사위원회의는 원장을 포함한 감사위원 전원으로 구성하며, 원장이 의장이 된다.

② 감사위원회의는 재적 감사위원 과반수의 찬성으로 의결한다.

〔전부개정 2009·1·30〕

제12조(의결사항) ① 다음 각 호의 사항은 감사위원회의에서 결정한다. <개정 2020·10·20>

1. 감사원의 감사정책 및 주요 감사계획에 관한 사항
2. 제21조에 따른 결산의 확인에 관한 사항
3. 제31조에 따른 변상책임의 판정에 관한 사항
4. 제32조에 따른 징계 및 문책 처분의 요구에 관한 사항
5. 제33조에 따른 시정 등의 요구에 관한 사항
6. 제34조에 따른 개선 요구에 관한 사항
7. 제34조의2제 1 항에 따른 권고 등에 관한 사항
8. 제36조·제38조 및 제39조에 따른 재심의에 관한 사항
9. 제41조에 따른 결산검사보고 및 제42조에 따른 중요 감사 결과 등 보고에 관한 사항
10. 제46조에 따른 심사청구결정에 관한 사항

11. 제49조에 따른 의견 표시 등에 관한 사항
12. 감사원규칙의 제정 및 개정·폐지에 관한 사항
13. 감사원의 예산 요구 및 결산에 관한 사항
14. 제28조에 따른 감사의 생략에 관한 사항
15. 제50조의2에 따른 감사사무의 대행에 관한 사항
16. 그 밖에 원장이 회의에 부친 사항

② 제1항제5호·제7호·제8호·제10호 및 제11호의 사항 중 경미한 것으로서 감사원규칙으로 정하는 사항은 원장이 처리한다.
〔전부개정 2009·1·30〕

제12조의2(분과위원회 등) ① 감사위원회의에는 분과위원회 및 소위원회를 둘 수 있다.
② 제1항에 따른 분과위원회 및 소위원회의 구성과 운영에 관한 사항은 감사원규칙으로 정한다.
〔전부개정 2009·1·30〕

제13조(의안의 작성 등) ① 사무총장은 원장의 명을 받아 의안(議案)을 작성하고 감사위원회의에 출석하여 의안을 설명하고 의견을 진술하며 회의에 관한 사무를 처리한다.
② 의안과 관계있는 직원은 감사위원회의의 승인을 받아 감사위원회의에 출석하여 의견을 진술할 수 있다.
〔전부개정 2009·1·30〕

제13조의2(관계인의 진술권) 감사위원회의는 제12조제1항제3호 및 제8호의 사항을 심의하려는 경우에는 감사원규칙으로 정하는 바에 따라 상대방 및 그 밖의 관계인에게 서면, 전자문서 또는 구술로 의견을 진술할 기회를 주어야 한다.
〔전부개정 2009·1·30〕

제14조(증인과 감정인) ① 감사위원회의는 심의에 필요하다고 인정하면 관계인 또는 증인을 출석시켜 신문(訊問)할 수 있으며, 학식·경험이 있는 자에게 감정(鑑定)을 위촉할 수 있다.
② 제1항의 증인 또는 감정인에 관하여는 「형사소송법」 제1편제12장 및 제13장을 각각 준용한다. 다만, 같은 법 제151조와 구인(拘引)에 관한 규정은 준용하지 아니한다.
〔전부개정 2009·1·30〕

제15조(감사위원의 제척) ① 감사위원은 다음 각 호의 사항에 관한 심의에 관여할 수 없다.
1. 자기와 관계있는 사항
2. 친족관계가 있거나 이러한 관계가 있었던 사람과 관계있는 사항
3. 감사위원이 해당 안건과 관계있는 사람의 증인 또는 감정인으로 된 사항
4. 감사위원이 감사위원으로 임명되기 전에 조사 또는 검사에 관여한 사항

② 감사위원이 탄핵소추의 의결을 받았거나 형사재판에 계속(係屬)되었을 때에는 그 탄핵의 결정 또는 재판이 확정될 때까지 그 권한 행사가 정지된다.
〔전부개정 2009·1·30〕

제4절 사무처

제16조(직무 및 조직) ① 원장의 지휘·감독하에 회계검사, 감찰, 심사결정 및 감사원에 관한 행정사무를 처리하기 위하여 감사원에 사무처를 둔다.
② 사무처에 실장·국장을 두되 필요한 경우에는 그 밑에 감사원규칙으로 정하는 보조기관을 둘 수 있다. 이 경우 실장·국장의 명칭은 감사원규칙으로 정하는 바에 따라 본부장·단장·부장·팀장 등으로 다르게 정할 수 있으며, 명칭을 다르게 정한 보조기관은 이 법을 적용할 때 실장·국장으로 본다.
③ 제2항에 따른 실장·국장, 그 밖의 보조기관의 설치와 사무분장은 감사원규칙으로 정한다.
④ 원장·사무총장·실장·국장 밑에 정책의 기획, 계획의 입안, 연구·조사, 심사·평가 및 홍보 등을 통하여 그를 보좌하는 보좌기관을 감사원규칙으로 정하는 바에 따라 둘 수 있다.
〔전부개정 2009·1·30〕

제16조의2(개방형 직위) ① 원장은 다음 각 호의 어느 하나의 직위에 대하여는 개방형 직위로 지정하여 운영할 수 있다. 다만, 감사원규칙에 따라 고위감사공무원단에 속하

는 공무원으로 임명할 수 있는 직위(실장·국장 밑에 두는 보조기관은 제외한다) 중 「국가공무원법」 제26조의5에 따른 임기제공무원으로도 임명할 수 있는 직위는 개방형 직위로 본다. <개정 2012·12·11>
1. 전문성이 특히 요구되어 공직 내부 또는 외부에서 적격자를 임용할 필요가 있는 직위
2. 효율적인 업무수행을 위하여 공직 내부 또는 외부에서 적격자를 임용할 필요가 있는 직위
② 원장은 제1항에 따른 개방형 직위에 대하여는 직위별로 직무의 내용·특성 등을 고려하여 직무수행 요건을 설정하고 그 요건을 갖춘 사람을 임용하거나 임용제청하여야 한다.
③ 개방형 직위를 지정 또는 변경하거나 직위별 직무수행 요건을 설정 또는 변경하려는 경우에는 감사위원회의의 의결을 거쳐야 한다.
④ 개방형 직위의 운영 등에 관하여 필요한 사항은 감사원규칙으로 정한다.
〔전부개정 2009·1·30〕
제16조의3(공모 직위) ① 원장은 업무를 효율적으로 수행하기 위하여 감사원 내부 또는 외부의 공무원 중 적격자를 임용할 필요가 있는 직위는 공모 직위로 지정하여 운영할 수 있다.
② 원장은 제1항에 따른 공모 직위에 대하여는 직위별로 직무의 내용·특성 등을 고려하여 직무수행 요건을 설정하고 그 요건을 갖춘 사람을 임용하거나 임용제청하여야 한다.
③ 공모 직위를 지정 또는 변경하거나 직위별 직무수행 요건을 설정 또는 변경하려는 경우에는 감사위원회의의 의결을 거쳐야 한다.
④ 공모 직위의 운영 등에 관하여 필요한 사항은 감사원규칙으로 정한다.
〔전부개정 2009·1·30〕
제17조(직원) ① 사무처에 사무총장 1명, 사무차장 2명과 그 밖에 필요한 직원을 둔다.
② 직원의 정원은 예산의 범위에서 대통령의 승인을 받아 감사원규칙으로 정한다.
〔전부개정 2009·1·30〕
제17조의2(고위감사공무원단의 구성·운영) ① 고위감사공무원의 인사관리를 효율적으로 함으로써 감사의 전문성과 책임성을 높이기 위하여 고위감사공무원단을 구성한다.
② "고위감사공무원단"이란 다음 각 호의 군(群)을 말한다. <개정 2012·12·11>
1. 직무의 곤란성과 책임도가 높은 감사원 사무차장·감사교육원장·감사연구원장·실장·국장
2. 제1호에 상당하는 보좌기관
3. 감사원규칙으로 고위감사공무원단에 속하는 공무원으로 임명하도록 정한 직위에 임용되어 재직 중이거나 파견·휴직 등으로 인사관리되고 있는 일반직공무원·별정직공무원
③ 원장은 고위감사공무원단에 속하는 공무원의 능력과 자질을 설정하고 이를 기준으로 고위감사공무원단 직위에 임용되려는 공무원을 평가하여 고위감사공무원단 직위에의 신규채용, 승진임용 등 인사관리에 활용할 수 있다.
④ 제2항에 따른 인사관리의 구체적 범위, 제3항에 따른 능력과 자질의 내용, 평가대상자의 범위, 평가방법 및 평가 결과의 활용 등에 관하여 필요한 사항은 감사원규칙으로 정한다.
⑤ 제1항 및 제2항에 따라 구성된 고위감사공무원단에 대하여 이 법에 특별한 규정이 있는 경우를 제외하고는 「국가공무원법」의 고위공무원단 관련 규정을 준용한다. 이 경우 "고위공무원단"은 "고위감사공무원단"으로 본다.
〔전부개정 2009·1·30〕
제17조의3(적격심사) ① 고위감사공무원단에 속하는 일반직공무원은 다음 각 호의 어느 하나에 해당하는 경우에는 고위감사공무원으로서 적격한지 여부를 심사(이하 "적격심사"라 한다)를 받아야 한다. <개정 2020·10·20>
1. 삭제 <2020·10·20>
2. 근무성적평정에서 최하위 등급의 평정을 총 2년 이상 받은 경우
3. 감사원규칙으로 정하는 정당한 사유 없

이 직위를 부여받지 못한 기간이 총 1년이 된 경우

4. 다음 각 목의 경우에 모두 해당할 경우
가. 근무성적평정에서 최하위 등급의 평정을 1년 이상 받은 경우
나. 감사원규칙으로 정하는 정당한 사유 없이 6개월 이상 직위를 부여받지 못한 경우

5. 제3항 단서에 따른 교육훈련 또는 연구과제 등의 평가결과가 미흡한 경우

② 적격심사는 제1항 각 호의 어느 하나에 해당하게 된 경우부터 6개월 이내에 실시하여야 한다. <개정 2020·10·20>

③ 적격심사는 근무성적, 능력 및 자질에 대한 평정에 따르되, 고위감사공무원의 직무를 계속 수행하는 것이 곤란하다고 판단되는 사람을 부적격자로 결정한다. 다만, 교육훈련 또는 연구과제 등을 통하여 근무성적 및 능력의 향상이 기대되는 사람은 조건부 적격자로 결정할 수 있다. <개정 2020·10·20>

④ 제3항 단서에 따른 조건부 적격자의 교육훈련 및 연구과제 등에 관한 평가 방법·절차 등 필요한 사항은 감사원규칙으로 정한다. <신설 2020·10·20>

⑤ 적격심사를 위하여 감사원에 고위감사공무원단 적격심사위원회를 둔다.

⑥ 고위감사공무원단 적격심사위원회는 감사원 소속 정무직공무원, 고위감사공무원단에 속하는 공무원, 원장이 위촉하는 외부 인사 등 5명 이상으로 구성하며 위원장은 감사원 소속 정무직공무원 중 원장이 지명한 사람이 된다. <개정 2020·10·20>

⑦ 고위감사공무원단 적격심사위원회의 구성·운영 및 적격심사 결과의 활용 등에 관하여 필요한 사항은 감사원규칙으로 정한다.

〔전부개정 2009·1·30〕

제18조(직원의 임용) ① 사무총장, 고위감사공무원단에 속하는 공무원 및 4급 이상의 공무원은 감사위원회의의 의결을 거쳐 원장의 제청으로 대통령이 임용한다. 다만, 전보·파견·휴직·복직 등 감사원규칙으로 정하는 사항에 대해서는 감사위원회의의 의결을 거치지 아니한다. <개정 2020·10·20>

② 5급 공무원은 원장의 제청으로 대통령이 임용하며, 6급 이하의 공무원은 원장이 행한다. <개정 2020·10·20>

③ 대통령은 제1항 및 제2항에 따른 임용권의 일부를 원장에게 위임할 수 있다. 이 경우 위임의 범위에 대해서는 「국가공무원법」 제32조제3항 및 공무원 임용 관계 법령을 준용한다. <신설 2020·10·20>

④ 감사원 소속 직원의 인사사무감사는 「국가공무원법」 제17조제1항에도 불구하고 원장의 명을 받아 사무총장이 실시하고, 감사 결과는 감사원이 정하는 바에 따라 처리한다.

〔전부개정 2009·1·30〕

제18조의2(징계위원회의 설치 등) ① 감사원 소속 직원의 징계처분을 의결하기 위하여 감사원에 징계위원회를 두되, 징계위원회의 구성, 종류, 권한, 심의절차, 그 밖에 필요한 사항은 감사원규칙으로 정한다.

② 직원의 징계는 징계위원회의 의결을 거쳐 원장이 한다. 다만, 고위감사공무원단에 속하는 공무원 또는 5급 이상의 직원에 대한 파면 및 해임은 징계위원회의 의결을 거쳐 원장의 제청으로 대통령이 하되, 제18조제3항에 따라 그 권한을 원장에게 위임할 수 있다. <개정 2020·10·20>

〔전부개정 2009·1·30〕

제19조(사무총장 및 사무차장) ① 사무총장은 정무직으로, 사무차장은 일반직으로 한다. <개정 2015·2·3>

② 사무총장은 원장의 명을 받아 사무처의 사무를 관장하며 소속 직원을 지휘하고 감독한다.

③ 사무차장은 사무총장을 보좌하고 사무총장이 사고로 인하여 직무를 수행할 수 없을 때에는 그 직무를 대행한다.

④ 사무총장의 봉급은 차관의 봉급과 같은 액수로 하고, 사무차장의 봉급은 차관보의 봉급과 같은 액수로 한다.

〔전부개정 2009·1·30〕

제 5 절 감사교육원

제19조의2(직무 및 조직) ① 감사원 소속 직원 및 이 법에 따른 감사대상 기관의 감사 또는 회계업무 종사자에 대한 교육을 위하여 감사원에 감사교육원을 둔다.
② 감사교육원의 조직과 운영에 필요한 사항은 감사원규칙으로 정한다.
〔전부개정 2009·1·30〕

제19조의3(직원) ① 감사교육원에 교육원장 1명과 그 밖에 필요한 직원을 둔다.
② 교육원장은 고위감사공무원단에 속하는 일반직공무원으로 임명한다.
③ 직원의 정원·임용 등에 관하여는 제16조의2, 제16조의3, 제17조제2항 및 제18조제1항·제2항을 준용한다. <개정 2020·10·20>
〔전부개정 2009·1·30〕

제 6 절 감사연구원

제19조의4(직무 및 조직) ① 감사대상 기관의 주요 정책·사업·기관운영 등의 회계검사, 성과감사 및 직무감찰과 관련된 감사제도 및 방법 등을 연구하고 개발하기 위하여 감사원에 감사연구원을 둔다.
② 감사연구원은 각종 감사제도와 방법에 관한 조사·연구 등 감사 인프라의 구축에 관한 지원을 할 수 있다.
③ 감사연구원의 조직과 운영에 필요한 사항은 감사원규칙으로 정한다.
〔전부개정 2009·1·30〕

제19조의5(직원) ① 감사연구원에 연구원장 1명과 그 밖에 필요한 직원을 둔다.
② 연구원장은 고위감사공무원단에 속하는 일반직공무원으로 임명한다. <개정 2012·12·11>
③ 직원의 정원·임용 등에 관하여는 제16조의2, 제16조의3, 제17조제2항 및 제18조제1항·제2항을 준용한다. <개정 2020·10·20>
〔전부개정 2009·1·30〕

제 2 장 권한

제 1 절 총칙

제20조(임무) 감사원은 국가의 세입·세출의 결산검사를 하고, 이 법 및 다른 법률에서 정하는 회계를 상시 검사·감독하여 그 적정을 기하며, 행정기관 및 공무원의 직무를 감찰하여 행정 운영의 개선과 향상을 기한다.
〔전부개정 2009·1·30〕

제 2 절 결산의 확인 및 회계검사의 범위

제21조(결산의 확인) 감사원은 회계검사의 결과에 따라 국가의 세입·세출의 결산을 확인한다.
〔전부개정 2009·1·30〕

제22조(필요적 검사사항) ① 감사원은 다음 각 호의 사항을 검사한다.
1. 국가의 회계
2. 지방자치단체의 회계
3. 한국은행의 회계와 국가 또는 지방자치단체가 자본금의 2분의 1 이상을 출자한 법인의 회계
4. 다른 법률에 따라 감사원의 회계검사를 받도록 규정된 단체 등의 회계

② 제1항과 제23조에 따른 회계검사에는 수입과 지출, 재산(물품·유가증권·권리 등을 포함한다)의 취득·보관·관리 및 처분 등의 검사를 포함한다.
〔전부개정 2009·1·30〕

제23조(선택적 검사사항) 감사원은 필요하다고 인정하거나 국무총리의 요구가 있는 경우에는 다음 각 호의 사항을 검사할 수 있다.
1. 국가기관 또는 지방자치단체 외의 자가 국가 또는 지방자치단체를 위하여 취급하는 국가 또는 지방자치단체의 현금·물품 또는 유가증권의 출납
2. 국가 또는 지방자치단체가 직접 또는 간접으로 보조금·장려금·조성금 및 출연금 등을 교부(交付)하거나 대부금 등 재정 원조를 제공한 자의 회계

3. 제2호에 규정된 자가 그 보조금·장려금·조성금 및 출연금 등을 다시 교부한 자의 회계
4. 국가 또는 지방자치단체가 자본금의 일부를 출자한 자의 회계
5. 제4호 또는 제22조제1항제3호에 규정된 자가 출자한 자의 회계
6. 국가 또는 지방자치단체가 채무를 보증한 자의 회계
7. 「민법」 또는 「상법」 외의 다른 법률에 따라 설립되고 그 임원의 전부 또는 일부나 대표자가 국가 또는 지방자치단체에 의하여 임명되거나 임명 승인되는 단체 등의 회계
8. 국가, 지방자치단체, 제2호부터 제6호까지 또는 제22조제1항제3호·제4호에 규정된 자와 계약을 체결한 자의 그 계약에 관련된 사항에 관한 회계
9. 「국가재정법」 제5조의 적용을 받는 기금을 관리하는 자의 회계
10. 제9호에 따른 자가 그 기금에서 다시 출연 및 보조한 단체 등의 회계

〔전부개정 2009·1·30〕

제3절 직무감찰의 범위

제24조(감찰 사항) ① 감사원은 다음 각 호의 사항을 감찰한다.
1. 「정부조직법」 및 그 밖의 법률에 따라 설치된 행정기관의 사무와 그에 소속한 공무원의 직무
2. 지방자치단체의 사무와 그에 소속한 지방공무원의 직무
3. 제22조제1항제3호 및 제23조제7호에 규정된 자의 사무와 그에 소속한 임원 및 감사원의 검사대상이 되는 회계사무와 직접 또는 간접으로 관련이 있는 직원의 직무
4. 법령에 따라 국가 또는 지방자치단체가 위탁하거나 대행하게 한 사무와 그 밖의 법령에 따라 공무원의 신분을 가지거나 공무원에 준하는 자의 직무

② 제1항제1호의 행정기관에는 군기관과 교육기관을 포함한다. 다만, 군기관에는 소장급 이하의 장교가 지휘하는 전투를 주된 임무로 하는 부대 및 중령급 이하의 장교가 지휘하는 부대는 제외한다.

③ 제1항의 공무원에는 국회·법원 및 헌법재판소에 소속한 공무원은 제외한다.

④ 제1항에 따라 감찰을 하려는 경우 다음 각 호의 어느 하나에 해당하는 사항은 감찰할 수 없다.
1. 국무총리로부터 국가기밀에 속한다는 소명이 있는 사항
2. 국방부장관으로부터 군기밀이거나 작전상 지장이 있다는 소명이 있는 사항

〔전부개정 2009·1·30〕

제4절 감사방법

제25조(계산서 등의 제출) ① 감사원의 회계검사 및 직무감찰(이하 "감사"라 한다)을 받는 자는 감사원규칙으로 정하는 바에 따라 계산서·증거서류·조서 및 그 밖의 자료를 감사원에 제출(「정보통신망 이용촉진 및 정보보호 등에 관한 법률」에 따른 정보통신망을 이용한 제출을 포함한다. 이하 같다)하여야 한다.

② 제1항의 계산서 및 증거서류 등을 제출하기 곤란할 때에는 이를 갈음하여 감사원이 지정하는 다른 자료를 제출할 수 있다.

〔전부개정 2009·1·30〕

제26조(서면감사·실지감사) 감사원은 제25조에 따라 제출된 서류에 의하여 상시 서면감사를 하는 외에 필요한 경우에는 직원을 현지에 파견하여 실지감사(實地監査)를 할 수 있다.

〔전부개정 2009·1·30〕

제27조(출석답변·자료제출·봉인 등) ① 감사원은 감사에 필요하면 다음 각 호의 조치를 할 수 있다.
1. 관계자 또는 감사사항과 관련이 있다고 인정된 자의 출석·답변의 요구(「정보통신망 이용촉진 및 정보보호 등에 관한 법률」에 따른 정보통신망을 이용한 요구를 포함한다. 이하 같다)
2. 증명서, 변명서, 그 밖의 관계 문서 및

장부, 물품 등의 제출 요구
3. 창고, 금고, 문서 및 장부, 물품 등의 봉인
② 감사원은 이 법에 따른 회계검사와 감사대상 기관인 금융기관에 대한 감사를 위하여 필요하면 다른 법률의 규정에도 불구하고 인적 사항을 적은 문서(「정보통신망 이용촉진 및 정보보호 등에 관한 법률」에 따른 전자문서를 포함한다. 이하 같다)에 의하여 금융기관의 특정 점포에 금융거래의 내용에 관한 정보 또는 자료의 제출을 요구할 수 있으며, 해당 금융기관에 종사하는 자는 이를 거부하지 못한다.
③ 제 1 항제 3 호에 따른 봉인 및 제 2 항에 따른 금융거래의 내용에 관한 정보 또는 자료의 제출 요구는 감사에 필요한 최소한도에 그쳐야 한다.
④ 제 2 항 및 제 3 항에 따라 금융거래의 내용에 관한 정보 또는 자료를 받은 자는 그 정보 또는 자료를 다른 사람에게 제공 또는 누설하거나 해당 목적 외의 용도로 이를 이용하여서는 아니 된다.
⑤ 감사원은 감사를 위하여 제출받은 개인의 신상이나 사생활에 관한 정보 또는 자료를 해당 감사 목적 외의 용도로 이용하여서는 아니 된다. 다만, 본인 또는 자료를 제출한 기관의 장의 동의가 있는 경우에는 그러하지 아니하다.
〔전부개정 2009·1·30〕

제28조(감사의 생략) ① 감사원은 각 중앙관서·지방자치단체 및 「공공기관의 운영에 관한 법률」 제 4 조에 따른 공공기관(이하 "공공기관"이라 한다)의 장이 실시한 자체감사(自體監査)의 결과를 심사하여 자체감사가 적정하게 수행되고 있다고 인정하면 결산 확인 등에 지장이 없는 범위에서 일부 기관에 대한 감사의 일부 또는 전부를 하지 아니할 수 있다. <개정 2020·10·20>
② 감사원은 제 1 항에 따라 감사를 하지 아니하기로 결정하면 이를 해당 기관의 장에게 통보(「정보통신망 이용촉진 및 정보보호 등에 관한 법률」에 따른 정보통신망을 이용한 통보를 포함한다. 이하 같다)하여야 한다.
③ 감사원은 제 1 항에 따라 감사를 하지 아니하기로 결정하면 해당 기관의 장에게 자체감사 방법에 관한 의견을 제시할 수 있다.
④ 제 1 항에 따른 기관의 장은 특별한 사유가 없으면 제 3 항에 따른 감사원의 의견을 채택하여야 한다.
⑤ 제 1 항에 따른 기관의 장은 감사원이 정하는 바에 따라 자체감사의 결과를 감사원에 보고(「정보통신망 이용촉진 및 정보보호 등에 관한 법률」에 따른 정보통신망을 이용한 보고를 포함한다. 이하 같다)하여야 한다.
⑥ 감사원은 제 1 항에 따라 감사를 하지 아니하기로 결정한 기관에 대하여도 특별한 사유가 있으면 직접 감사를 실시하거나 계산서류 등의 제출을 요구할 수 있으며, 자체감사가 적정하게 실시되지 아니하고 있다고 인정할 때에는 제 1 항의 결정을 취소할 수 있다.
〔전부개정 2009·1·30〕

제 5 절 통보와 협력

제29조(범죄 및 망실·훼손 등의 통보) ① 제22조 및 제23조에 따라 감사원의 감사를 받는 기관 등의 장은 다음 각 호의 어느 하나의 사항이 있을 때에는 지체 없이 소속 장관 또는 감독기관의 장을 거쳐 그 사실을 감사원에 통보하여야 한다.
1. 회계관계직원 및 제24조에 따라 감사원의 감찰을 받는 자의 직무에 관한 범죄의 사실이 발견되었을 때 및 징계처분이 있는 때
2. 현금·물품·유가증권이나 그 밖의 재산을 망실(亡失) 또는 훼손한 사실이 발견된 때
② 제 1 항의 통보의 절차 및 범위는 감사원규칙으로 정한다.
〔전부개정 2009·1·30〕

제30조(관계 기관의 협조) 감사원은 국가 또는 지방자치단체의 기관, 그 밖의 감사대상기관의 장에게 감사에 필요한 협조와 지원 및 그 소속 공무원 또는 임직원의 파견을 요구할 수 있다.
〔전부개정 2009·1·30〕

제30조의2(자체감사의 지원 등) ① 감사원은

자체감사업무의 발전과 효율적인 감사업무의 수행을 위하여 필요한 지원을 할 수 있다.

② 중앙행정기관, 지방자치단체(특별시·광역시·특별자치시·도 및 특별자치도만 해당한다) 및 공공기관의 장은 필요한 경우에 감사의 중복을 피하기 위하여 감사계획 등에 관하여 감사원과 협의한다. <개정 2012·1·17, 2020·10·20>

③ 감사원은 감사 결과 제2항에 따른 기관의 감사 책임자가 감사업무를 현저하게 게을리하고 있다고 인정되는 경우에는 해당 임용권자 또는 임용제청권자에게 그 교체를 권고할 수 있다.

〔전부개정 2009·1·30〕

제6절 감사 결과의 처리

제31조(변상책임의 판정 등) ① 감사원은 감사 결과에 따라 따로 법률에서 정하는 바에 따라 회계관계직원 등(제23조제7호에 해당하는 자 중 제22조제1항제3호 및 제4호 또는 제23조제1호부터 제6호까지 및 제8호부터 제10호까지에 해당하지 아니한 자의 소속 직원은 제외한다)에 대한 변상책임의 유무를 심리(審理)하고 판정한다.

② 감사원은 제1항에 따라 변상책임이 있다고 판정하면 변상책임자, 변상액 및 변상의 이유를 분명히 밝힌 변상판정서를 소속장관(국가기관만 해당한다. 이하 같다), 감독기관의 장(국가기관 외의 경우에만 해당한다. 이하 같다) 또는 해당 기관의 장(소속장관 또는 감독기관의 장이 없거나 분명하지 아니한 경우에만 해당한다. 이하 같다)에게 송부하여야 한다.

③ 제2항의 변상판정서를 받은 소속 장관, 감독기관의 장 또는 해당 기관의 장은 그 송부를 받은 날부터 20일 이내에 변상판정서를 해당 변상책임자에게 교부하여 감사원이 정한 날까지 변상하게 하여야 한다.

④ 변상책임자가 다음 각 호의 어느 하나에 해당하는 경우에는 변상판정서를 받은 소속장관, 감독기관의 장 또는 해당 기관의 장은 감사원규칙으로 정하는 바에 따라 공고하여야 하며, 그 공고한 날부터 10일이 지나면 변상판정서가 송달된 것으로 본다.

1. 변상책임자가 판정문서의 수령을 거부하였을 때
2. 변상책임자의 주소 또는 거소가 분명하지 아니하거나 변상책임자가 국내에 있지 아니한 때

⑤ 변상책임자가 감사원이 정한 날까지 변상의 책임을 이행하지 아니하였을 때에는 소속장관 또는 감독기관의 장은 관계 세무서장 또는 지방자치단체의 장에게 위탁하여 「국세징수법」 또는 「지방세징수법」 중 체납처분의 규정을 준용하여 이를 집행한다. <개정 2020·10·20>

⑥ 제5항의 위탁을 받은 세무서장 또는 지방자치단체의 장이 그 사무를 집행할 때에는 제5항의 소속 장관 또는 감독기관의 장의 감독을 받는다. <개정 2020·10·20>

⑦ 소속 장관 또는 감독기관의 장이 없거나 분명하지 아니한 경우에는 원장이 제5항에 따른 권한을 행사하며, 제6항에 따른 세무서장 또는 지방자치단체의 장에 대한 감독을 한다. <개정 2020·10·20>

〔전부개정 2009·1·30〕

제32조(징계 요구 등) ① 감사원은 「국가공무원법」과 그 밖의 법령에 규정된 징계 사유에 해당하거나 정당한 사유 없이 이 법에 따른 감사를 거부하거나 자료의 제출을 게을리한 공무원에 대하여 그 소속 장관 또는 임용권자에게 징계를 요구할 수 있다.

② 제1항에 따른 징계 요구 중 파면 요구를 받은 소속 장관 또는 임용권자는 그 요구를 받은 날부터 10일 이내에 해당 징계위원회 또는 인사위원회 등(이하 "징계위원회등"이라 한다)에 그 의결을 요구하여야 하며, 중앙징계위원회의 의결 결과에 관하여는 인사혁신처장이, 그 밖의 징계위원회등의 의결 결과에 관하여는 해당 징계위원회등이 설치된 기관의 장이 그 의결이 있은 날부터 15일 이내에 감사원에 통보하여야 한다. <개정 2013·3·23, 2014·11·19>

③ 감사원은 제1항에 따라 파면 요구를 한

사항이 파면 의결이 되지 아니한 경우에는 제 2 항의 통보를 받은 날부터 1개월 이내에 해당 징계위원회등이 설치된 기관의 바로 위 상급기관에 설치된 징계위원회등(바로 위 상급기관에 설치된 징계위원회등이 없는 경우에는 해당 징계위원회등)에 직접 그 심의 또는 재심의를 요구할 수 있다.

④ 제 3 항의 심의 또는 재심의 요구를 받은 해당 징계위원회등은 그 요구를 받은 날부터 1개월 이내에 심의 또는 재심의 의결을 하고 그 결과를 지체 없이 해당 징계위원회등의 위원장이 감사원에 통보하여야 한다.

⑤ 감사원으로부터 제 1 항에 따른 파면 요구를 받아 집행한 파면에 대한 소청(訴請) 제기로 소청심사위원회 등에서 심사 결정을 한 경우에는 해당 소청심사위원회의 위원장 등은 그 결정 결과를 그 결정이 있은 날부터 15일 이내에 감사원에 통보하여야 한다.

⑥ 감사원은 제 5 항의 통보를 받은 날부터 1개월 이내에 그 소청심사위원회 등이 설치된 기관의 장을 거쳐 소청심사위원회 등에 그 재심을 요구할 수 있다.

⑦ 제 2 항부터 제 6 항까지의 규정에 따른 기간에는 그 징계 의결이나 소청 결정은 집행이 정지된다.

⑧ 감사원은 법령에서 정하는 징계 규정의 적용을 받지 아니하는 사람으로서 법령 또는 소속 단체 등이 정한 문책 사유에 해당한 사람 또는 정당한 사유 없이 이 법에 따른 감사를 거부하거나 자료의 제출을 게을리한 사람에 대하여 그 감독기관의 장 또는 해당 기관의 장에게 문책을 요구할 수 있다.

⑨ 제 8 항의 경우에 감사원은 법령 또는 소속 단체 등이 정한 문책에 관한 규정의 적용을 받지 아니하는 단체 등의 임원이나 직원의 비위(非違)가 뚜렷하다고 인정하면 그 임용권자 또는 임용제청권자에게 해임을 요구할 수 있다.

⑩ 제 1 항 또는 제 8 항에 따라 징계 요구 또는 문책 요구를 할 때에는 그 종류를 지정할 수 있다. 문책의 종류는 징계의 종류에 준한다.

⑪ 제 1 항·제 8 항 또는 제 9 항에 따라 징계 요구 또는 문책 요구나 해임 요구를 받은 기관의 장은 감사원이 정한 날까지 해당 절차에 따라 처분을 하여야 한다.

〔전부개정 2009·1·30〕

제32조의2(징계·문책 사유의 시효 정지 등) ① 감사원이 조사 중인 특정 사건에 대하여는 제 2 항에 따른 조사 개시의 통보를 받은 날부터 징계 또는 문책 절차를 진행하지 못한다.

② 감사원은 특정 사건의 조사를 시작한 때와 마친 때에는 10일 이내에 소속 기관의 장에게 해당 사실을 통보하여야 한다.

③ 제 1 항 및 제 2 항에 따라 징계 또는 문책 절차를 진행하지 못하여 법령 또는 소속 단체 등이 정한 징계 또는 문책 사유의 시효기간이 끝나거나 그 남은 기간이 1개월 미만인 경우에는 그 시효기간은 제 2 항에 따른 조사 종료의 통보를 받은 날 또는 제32조제 1 항 또는 제 8 항에 따라 징계 또는 문책 요구를 받은 날(제36조제 2 항에 따라 재심의를 청구하는 경우에는 재심의 결정을 통보받은 날)부터 1개월이 지난 날에 끝나는 것으로 본다.

〔전부개정 2009·1·30〕

제33조(시정 등의 요구) ① 감사원은 감사 결과 위법 또는 부당하다고 인정되는 사실이 있을 때에는 소속 장관, 감독기관의 장 또는 해당 기관의 장에게 시정·주의 등을 요구할 수 있다.

② 제 1 항의 요구가 있으면 소속 장관, 감독기관의 장 또는 해당 기관의 장은 감사원이 정한 날까지 이를 이행하여야 한다.

〔전부개정 2009·1·30〕

제34조(개선 등의 요구) ① 감사원은 감사 결과 법령상·제도상 또는 행정상 모순이 있거나 그 밖에 개선할 사항이 있다고 인정할 때에는 국무총리, 소속 장관, 감독기관의 장 또는 해당 기관의 장에게 법령 등의 제정·개정 또는 폐지를 위한 조치나 제도상 또는 행정상의 개선을 요구할 수 있다.

② 제 1 항에 따라 요구를 받은 기관의 장은 그 조치 또는 개선의 결과를 감사원에 통지(「정보통신망 이용촉진 및 정보보호 등에 관

한 법률」에 따른 정보통신망을 이용한 통지를 포함한다. 이하 같다)하여야 한다.
〔전부개정 2009·1·30〕

제34조의2(권고 등) ① 감사원은 감사 결과 다음 각 호의 어느 하나에 해당하는 경우에는 소속 장관, 감독기관의 장 또는 해당 기관의 장에게 그 개선 등에 관한 사항을 권고하거나 통보할 수 있다.

1. 제32조, 제33조 및 제34조에 따른 요구를 하는 것이 부적절한 경우
2. 관계 기관의 장이 자율적으로 처리할 필요가 있다고 인정되는 경우
3. 행정운영 등의 경제성·효율성 및 공정성 등을 위하여 필요하다고 인정되는 경우

② 제1항에 따른 권고 또는 통보를 받은 소속 장관, 감독기관의 장 또는 해당 기관의 장은 그 처리 결과를 감사원에 통보하여야 한다.
〔전부개정 2009·1·30〕

제34조의3(적극행정에 대한 면책) ① 감사원 감사를 받는 사람이 불합리한 규제의 개선 등 공공의 이익을 위하여 업무를 적극적으로 처리한 결과에 대하여 그의 행위에 고의나 중대한 과실이 없는 경우에는 이 법에 따른 징계 요구 또는 문책 요구 등 책임을 묻지 아니한다.
② 제1항에 따른 면책의 구체적인 기준, 운영절차, 그 밖에 필요한 사항은 감사원규칙으로 정한다.
〔본조신설 2015·2·3〕

제35조(고발) 감사원은 감사 결과 범죄 혐의가 있다고 인정할 때에는 이를 수사기관에 고발하여야 한다.
〔전부개정 2009·1·30〕

제 7 절 재심의(再審議)

제36조(재심의 청구) ① 제31조에 따른 변상 판정에 대하여 위법 또는 부당하다고 인정하는 본인, 소속 장관·감독기관의 장 또는 해당 기관의 장은 변상판정서가 도달한 날부터 3개월 이내에 감사원에 재심의를 청구할 수 있다.
② 감사원으로부터 제32조, 제33조 및 제34조에 따른 처분을 요구받거나 제34조의2에 따른 권고·통보를 받은 소속 장관, 임용권자나 임용제청권자, 감독기관의 장 또는 해당 기관의 장은 그 처분 요구나 권고·통보가 위법 또는 부당하다고 인정할 때에는 그 처분 요구나 권고·통보를 받은 날부터 1개월 이내에 감사원에 재심의를 청구할 수 있다. <개정 2020·10·20>
③ 제1항에 따른 변상 판정에 대한 재심의 청구는 집행정지의 효력이 없다.
〔전부개정 2009·1·30〕

제37조(재심의 청구의 방법) ① 재심의를 청구할 때에는 재심의청구서에 의하여 한다.
② 제1항의 청구서에는 청구의 내용과 그 이유를 명백히 하고 계산서 및 증거서류 등을 첨부하여 감사원에 제출하여야 한다.
〔전부개정 2009·1·30〕

제38조(재심의 청구의 처리) ① 감사원은 재심의 청구가 필요한 요건을 갖추지 못하였을 때에는 이를 각하한다.
② 감사원은 재심의 청구가 이유 없다고 인정하면 이를 기각하고 재심의 청구가 이유 있다고 인정하면 그 처분 요구나 권고·통보를 취소하거나 그 내용을 변경한다. <개정 2020·10·20>
③ 감사원이 재심의 청구를 수리(受理)하였을 때에는 특별한 사유가 없으면 수리한 날부터 2개월 이내에 이를 처리하여야 한다.
〔전부개정 2009·1·30〕

제39조(직권 재심의) ① 감사원은 판정을 한 날부터 2년 이내에 계산서 및 증거서류 등의 오류·누락 등으로 그 판정이 위법 또는 부당함을 발견하였을 때에는 이를 직권으로 재심의할 수 있다.
② 감사원은 제32조, 제33조 및 제34조에 따른 처분 요구나 제34조의2에 따른 권고·통보가 위법 또는 부당함을 발견하였을 때에는 이를 직권으로 재심의할 수 있다. <신설 2020·10·20>
〔전부개정 2009·1·30〕

제40조(재심의의 효력) ① 청구에 따라 재심의

한 사건에 대하여는 또다시 재심의를 청구할 수 없다. 다만, 감사원이 직권으로 재심의한 것에 대하여는 재심의를 청구할 수 있다.

② 감사원의 재심의 판결에 대하여는 감사원을 당사자로 하여 행정소송을 제기할 수 있다. 다만, 그 효력을 정지하는 가처분결정은 할 수 없다.

〔전부개정 2009·1·30〕

제 8 절 감사보고

제41조(검사보고 사항) 「헌법」 제99조에 따라 작성하는 검사보고에는 다음 각 호의 사항을 적어야 한다.

1. 국가의 세입·세출의 결산의 확인
2. 국가의 세입·세출의 결산금액과 한국은행이 제출하는 결산서의 금액과의 부합 여부
3. 회계검사의 결과 법령 또는 예산에 위배된 사항 및 부당 사항의 유무
4. 예비비의 지출로서 국회의 승인을 받지 아니한 것의 유무
5. 유책(有責) 판정과 그 집행 상황
6. 징계 또는 문책 처분을 요구한 사항 및 그 결과
7. 시정을 요구한 사항 및 그 결과
8. 개선을 요구한 사항 및 그 결과
9. 권고 또는 통보한 사항 및 그 결과
10. 그 밖에 감사원이 필요하다고 인정한 사항

〔전부개정 2009·1·30〕

제42조(중요 감사 결과 등 보고) ① 감사원은 제41조에 따른 결산검사보고를 하며, 그 외에 감사 결과 중요하다고 인정되는 사항에 관하여 대통령에게 보고한다. 감사원의 중요한 처분 요구에 대하여 두 번 이상 독촉을 받고도 이를 집행하지 아니한 사항에 관하여도 또한 같다. <개정 2020·10·20>

② 제 1 항에 따른 보고의 대상, 절차, 방법 또는 공개 등에 필요한 사항은 감사원규칙으로 정한다. <신설 2020·10·20>

〔전부개정 2009·1·30〕

제 3 장 심사청구

제43조(심사의 청구) ① 감사원의 감사를 받는 자의 직무에 관한 처분이나 그 밖에 감사원 규칙으로 정하는 행위에 관하여 이해관계가 있는 자는 감사원에 그 심사의 청구를 할 수 있다. <개정 2020·10·20>

② 제 1 항의 심사청구는 감사원규칙으로 정하는 바에 따라 청구의 취지와 이유를 적은 심사청구서로 하되 청구의 원인이 되는 처분이나 그 밖의 행위를 한 기관(이하 "관계기관"이라 한다)의 장을 거쳐 이를 제출하여야 한다.

③ 제 2 항의 경우에 청구서를 접수한 관계기관의 장이 이를 1개월 이내에 감사원에 송부하지 아니한 경우에는 그 관계기관을 거치지 아니하고 감사원에 직접 심사를 청구할 수 있다.

〔전부개정 2009·1·30〕

제44조(제척기간) ① 이해관계인은 심사청구의 원인이 되는 행위가 있음을 안 날부터 90일 이내에, 그 행위가 있은 날부터 180일 이내에 심사의 청구를 하여야 한다.

② 제 1 항의 기간은 불변기간(不變期間)으로 한다.

〔전부개정 2009·1·30〕

제45조(심사청구의 심리) 심사청구의 심리는 심사청구서와 그 밖에 관계기관이 제출한 문서에 의하여 한다. 다만, 감사원은 필요하다고 인정하면 심사청구자나 관계자에 대하여 자료의 제출 또는 의견의 진술을 요구하거나 필요한 조사를 할 수 있다.

〔전부개정 2009·1·30〕

제46조(심사청구에 대한 결정) ① 감사원은 심사의 청구가 제43조 및 제44조와 감사원규칙으로 정하는 요건과 절차를 갖추지 못한 경우에는 이를 각하한다. 이해관계인이 아닌 자가 제출한 경우에도 또한 같다.

② 감사원은 심리 결과 심사청구의 이유가 있다고 인정하는 경우에는 관계기관의 장에게 시정이나 그 밖에 필요한 조치를 요구하고, 심사청구의 이유가 없다고 인정한 경우에는 이를 기각한다.

③ 제 1 항 및 제 2 항의 결정은 특별한 사유가 없으면 그 청구를 접수한 날부터 3개월 이내에 하여야 한다.

④ 제 2 항의 결정을 하였을 때에는 7일 이내에 심사청구자와 관계기관의 장에게 심사결정서 등본을 첨부하여 통지하여야 한다.

〔전부개정 2009·1·30〕

제46조의2(행정소송과의 관계) 청구인은 제43조 및 제46조에 따른 심사청구 및 결정을 거친 행정기관의 장의 처분에 대하여는 해당 처분청을 당사자로 하여 해당 결정의 통지를 받은 날부터 90일 이내에 행정소송을 제기할 수 있다.

〔전부개정 2009·1·30〕

제47조(관계기관의 조치) 관계기관의 장은 제46조에 따른 시정이나 그 밖에 필요한 조치를 요구하는 결정의 통지를 받으면 그 결정에 따른 조치를 하여야 한다.

〔전부개정 2009·1·30〕

제48조(일사부재리) 제46조에 따른 심사결정이 있은 사항에 대하여는 다시 심사를 청구할 수 없다. 다만, 각하한 사항에 대하여는 그러하지 아니하다.

〔전부개정 2009·1·30〕

제 4 장 보칙

제49조(회계 관계 법령 등에 대한 의견 표시 등) ① 국가의 각 기관은 다음 각 호의 경우에는 미리 해당 법령안을 감사원에 보내 그 의견을 구하여야 한다.

1. 국가의 회계 관계 법령을 제정하거나 개정·폐지하려는 경우
2. 국가의 현금, 물품 및 유가증권의 출납부기(簿記)에 관한 법령을 제정하거나 개정·폐지하려는 경우
3. 감사원의 감사를 받도록 하거나 배제·제한하는 등의 감사원의 권한에 관한 법령을 제정하거나 개정·폐지하려는 경우
4. 자체감사 업무에 관한 법령을 제정하거나 개정·폐지하려는 경우

② 감사원의 감사를 받는 회계사무 담당자가 그 직무를 집행하면서 회계 관계 법령의 해석상 의문점에 관하여 감사원에 의견을 구할 경우 감사원은 이에 대하여 해석·답변하여야 한다.

〔전부개정 2009·1·30〕

제50조(감사대상 기관 외의 자에 대한 협조 요구) ① 감사원은 필요한 경우에는 이 법에 따른 감사대상 기관 외의 자에 대하여 자료를 제출하거나 출석하여 답변할 것을 요구할 수 있다.

② 제 1 항의 요구는 감사에 필요한 최소한도에 그쳐야 한다.

③ 제 1 항의 요구를 받은 자는 정당한 사유가 없으면 그 요구에 따라야 한다.

〔전부개정 2009·1·30〕

제50조의2(감사사무의 대행) 감사원은 필요하다고 인정하면 감사원규칙으로 정하는 바에 따라 일부 감사대상 기관에 대한 감사사무(사실의 조사·확인 및 분석 등의 사무로서 국민의 권리·의무와 직접 관계되지 아니하는 사무로 한정한다) 중 일부를 각 중앙관서, 지방자치단체 및 공공기관의 장에게 대행하게 하고 그 결과를 제출하게 할 수 있다. <개정 2020·10·20>

〔전부개정 2009·1·30〕

제51조(벌칙) ① 다음 각 호의 어느 하나에 해당하는 자는 1년 이하의 징역 또는 1천만원 이하의 벌금에 처한다. <개정 2014·1·7>

1. 이 법에 따른 감사를 받는 자로서 감사를 거부하거나 자료제출 요구에 따르지 아니한 자
2. 이 법에 따른 감사를 방해한 자
3. 제27조제 2 항 및 제50조에 따른 정보 또는 자료의 제출이나 출석하여 답변할 것을 요구받고도 정당한 사유 없이 이에 따르지 아니한 자

② 제27조제 4 항을 위반한 자는 3년 이하의 징역 또는 2천만원 이하의 벌금에 처한다.

③ 제 2 항의 징역과 벌금은 병과(倂科)할 수 있다.

〔전부개정 2009·1·30〕

제52조(감사원규칙) 감사원은 감사에 관한 절차, 감사원의 내부 규율과 감사사무 처리에

관한 규칙을 제정할 수 있다.
〔전부개정 2009·1·30〕

부 칙

①(시행일) 이 법은 1963년 12월 17일부터 시행한다.

②(폐지법률) 법률 제1286호 감사원법은 이 법 시행과 동시에 이를 폐지한다.

③(경과규정) 이 법 시행전에 감사원법에 의하여 행하여진 모든 행위는 이 법에 의하여 행하여진 것으로 본다.

④(이 법 시행당시의 공무원) 이 법 시행당시의 1급 내지 5급 공무원은 각각 이 법에 의하여 임명된 것으로 본다.

부 칙 <1970·12·31 법2245>

①(시행일) 이 법은 공포한 날로부터 시행한다.

②(경과조치) 이 법 시행당시의 감사위원은 제3조의 규정에 의한 정원에 불구하고 임기만료시까지 재임한다.

부 칙 <1973·1·25 법2446>

①(시행일) 이 법은 공포한 날로부터 시행한다.

②(다른 법률과의 관계) 감사원의 감사를 배제하거나 제한하는 다른 법률의 규정은 이 법의 시행일로부터 그 효력을 상실한다. 다만, 국가정보원법 및 군수품관리법의 규정은 예외로 한다. <개정 1995·1·5, 1999·1·21>

③(국 등의 존속에 관한 경과조치 등) 이 법 시행당시 종전의 규정에 의하여 설치된 국, 실, 과는 이 법 제16조제2항의 규정에 의한 규칙에 의하여 설치된 것으로 보며, 이 법 시행당시의 사무차장은 제19조제1항의 규정에 의한 별정직으로 이 법 시행일에 임명된 것으로 본다.

부 칙 <1995·1·5 법4937>

①(시행일) 이 법은 공포한 날부터 시행한다.

②(심사청구기간에 관한 경과조치) 이 법 시행전에 행하여진 처분에 대한 심사청구기간은 종전의 규정에 의한다.

③(행정소송과의 관계에 관한 경과조치) 이 법 시행전에 감사원의 심사청구 및 결정을 거친 행정기관의 장의 처분에 대하여는 종전의 규정에 의한다.

부 칙 <1999·1·21 법5681>

제1조(시행일) 이 법은 공포한 날부터 시행한다.

제2조부터 **제4조**까지 생략

부 칙 <1999·8·31 법5998>

①(시행일) 이 법은 공포한 날부터 시행한다.

②(원장의 정년에 관한 경과조치) 이 법 시행당시의 원장에 대하여는 제6조제2항 단서의 개정규정은 이를 적용하지 아니한다.

③(징계 또는 문책사유의 시효에 관한 경과조치) 이 법 시행당시 시효기간이 1월 미만인 징계 또는 문책사유에 대하여는 제32조의2의 개정규정은 이를 적용하지 아니한다.

부 칙 <1999·12·31 법6101>

제1조(시행일) 이 법은 2000년 1월 1일부터 시행한다. 〈단서 생략〉

제2조부터 **제4조**까지 생략

부 칙 <2002·1·19 법6622>

제1조(시행일) 이 법은 공포한 날부터 시행한다. 〈단서 생략〉

제2조 및 **제3조** 생략

부 칙 <2004·3·5 법7176>

이 법은 공포한 날부터 시행한다.

부 칙 <2005·3·31 법7427>

제1조(시행일) 이 법은 공포한 날부터 시행한다. 다만, …〈생략〉… 부칙 제7조(제2항 및 제29항을 제외한다)의 규정은 2008년 1월 1일부터 시행한다.

제2조부터 **제6조**까지 생략

제7조(다른 법률의 개정) 생략

부 칙 <2005·5·26 법7521>

이 법은 공포한 날부터 시행한다.

부 칙 <2006·10·4 법8050>

제1조(시행일) 이 법은 2007년 1월 1일부터 시행한다. 〈단서 생략〉

제2조부터 **제12조**까지 생략

부 칙 <2006·12·28 법8132>

제1조(시행일) 이 법은 2007년 7월 1일부터 시행한다. 다만, 제16조의 개정규정은 공포한 날부터 시행한다.

제2조(감사위원 임용자격에 관한 경과조치) 이 법 시행 전에 1급 이상의 공무원으로 재

직한 경력이 있는 자를 감사위원으로 임명하는 경우 그 임용자격은 제 7 조제 1 호의 개정규정에 불구하고 종전의 규정에 따른다.

제 3 조(고위감사공무원단에 속하게 되는 공무원에 대한 경과조치) ① 이 법 시행 당시 감사원 사무차장·감사교육원장·평가연구원장·실장·국장 및 이에 상당하는 보좌기관과 감사원규칙에서 고위감사공무원단에 속하는 공무원으로 보하도록 정한 직위에 임용되어 재직 중이거나 파견·휴직 등으로 인사관리되고 있는 1급 내지 3급의 일반직공무원과 이에 상당하는 별정직공무원 및 계약직공무원은 이 법 시행일부터 이 법에 따른 고위감사공무원단에 속하는 것으로 본다.

② 이 법 시행 당시 종전의 규정에 따른 임용절차가 진행 중인 경우 이미 진행된 임용절차는 이 법에 따라 임용절차가 진행된 것으로 본다.

제 4 조(적격심사에 관한 경과조치) 부칙 제 3 조제 1 항에 해당하는 자에 대하여 제17조의3 제 1 항제 1 호 본문의 규정을 적용함에 있어서는 이 법 시행일을 임용된 날로 본다.

제 5 조(다른 법률과의 관계) 이 법 시행 당시 종전의 감사원 소속의 1급 내지 3급의 일반직공무원이나 이에 상당하는 별정직공무원 또는 계약직공무원을 다른 법률(「국가공무원법」을 제외한다)에서 규정하고 있는 자격요건 등에 해당하도록 하는 것이 해당 법률의 취지에 명백히 반하지 아니하는 한 그 자격요건 등에는 이 법에 따른 고위감사공무원단에 속하는 일반직공무원·별정직공무원 또는 계약직공무원이 포함되는 것으로 본다.

부 칙 <2007·8·3 법8635>

제 1 조(시행일) 이 법은 공포 후 1년 6개월이 경과한 날부터 시행한다. 〈단서 생략〉

제 2 조부터 **제44조**까지 생략

부 칙 <2008·2·29 법8875>

이 법은 공포한 날부터 시행한다.

부 칙 <2009·1·30 법9399>

이 법은 공포한 날부터 시행한다. 다만, 제 7 조제 4 호의 개정규정(「자본시장과 금융투자업에 관한 법률」 제 9 조제15항제 3 호에 따른 주권상장법인 부분만 해당한다)은 2009년 2월 4일부터 시행한다.

부 칙 <2012·1·17 법11206>

이 법은 2012년 7월 1일부터 시행한다.

부 칙 <2012·12·11 법11530>

제 1 조(시행일) 이 법은 공포 후 1년이 경과한 날부터 시행한다. 〈단서 생략〉

제 2 조부터 **제 7 조**까지 생략

부 칙 <2013·3·23 법11690>

제 1 조(시행일) ① 이 법은 공포한 날부터 시행한다.

② 생략

제 2 조부터 **제 7 조**까지 생략

부 칙 <2014·1·7 법12222>

이 법은 공포한 날부터 시행한다.

부 칙 <2014·11·19 법12844>

제 1 조(시행일) 이 법은 공포한 날부터 시행한다. 〈단서 생략〉

제 2 조부터 **제 7 조**까지 생략

부 칙 <2015·2·3 법13204>

제 1 조(시행일) 이 법은 공포한 날부터 시행한다. 다만, 제19조제 1 항의 개정규정은 공포 후 6개월이 경과한 날부터 시행한다.

제 2 조(공무원의 구분 변경에 따른 경과조치) 제19조제 1 항의 개정규정 시행 당시 종전의 제19조제 1 항에 따라 재직 중인 별정직공무원은 같은 개정규정 시행일에 일반직공무원으로 임용된 것으로 본다. 이 경우 임용되는 직군, 직렬, 계급, 직급, 직위 및 근무형태, 인사관리 등에 관한 사항은 감사원규칙으로 정한다.

부 칙 <2020·10·20 법17560>

제 1 조(시행일) 이 법은 공포한 날부터 시행한다.

제 2 조(재심의 청구에 관한 적용례) 제36조제 2 항의 개정규정은 이 법 시행 이후 제34조의2에 따라 권고하거나 통보하는 경우부터 적용한다.

제 3 조(고위감사공무원 적격심사에 관한 특례) ① 이 법 시행 당시 고위감사공무원단

에 속하는 일반직공무원은 제17조의3제 1 항의 개정규정에도 불구하고 다음 각 호의 경우에 모두 해당할 때에는 적격심사를 받아야 한다.

1. 근무성적평정에서 최하위 등급의 평정을 1년 이상 받은 경우
2. 감사원규칙으로 정하는 정당한 사유 없이 1년 6개월 이상 직위를 부여받지 못한 경우

② 제 1 항에도 불구하고 이 법 시행 이후 새로 제17조의3제 1 항제 4 호의 개정규정에 해당하게 될 때에는 적격심사를 받아야 한다.

제 4 조(고위감사공무원 적격심사에 관한 경과조치) 이 법 시행 당시 고위감사공무원단에 속하는 일반직공무원은 제17조의3제 1 항제 2 호 및 제 3 호의 개정규정에도 불구하고 종전의 규정에 따른다.

●방송법

〔2000·1·12 법률제6139호〕

개정
2002· 4·20 법률제 6690호
2002·12·18 법률제 6803호
2003· 5·10 법률제 6869호
2003· 5·29 법률제 6905호(뉴스통신진흥에관한법률)
2004· 3·11 법률제 7188호(재난및안전관리기본법)
2004· 3·12 법률제 7190호(정당법)
2004· 3·22 법률제 7213호
2005· 1·27 법률제 7370호(언론중재및피해구제등에관한법률)
2005· 5·18 법률제 7498호
2005· 8· 4 법률제 7655호(치료감호법)
2005·12·30 법률제 7815호(전파법)
2006·10· 4 법률제 8050호(국가재정법)
2006·10·27 법률제 8060호
2006·12·28 법률제 8101호(저작권법)
2007· 1·26 법률제 8301호
2007· 7·27 법률제 8568호
2008· 2·29 법률제 8867호(방송통신위원회의 설치 및 운영에 관한 법률)
2008·12·31 법률제 9280호(정부기업예산법)
2009· 7·31 법률제 9785호(신문 등의 진흥에 관한 법률)
2009· 7·31 법률제 9786호
2010· 3·22 법률제10165호(방송통신발전 기본법)
2010· 3·22 법률제10166호(전기통신사업법)
2010· 6· 8 법률제10363호
2011· 7·14 법률제10856호
2012· 1·17 법률제11199호
2012· 2·22 법률제11373호(방송광고판매대행 등에 관한 법률)
2013· 3·23 법률제11710호
2013· 8·13 법률제12033호
2013· 8·13 법률제12093호(한국교육방송공사법)
2014· 5·28 법률제12677호
2014· 6· 3 법률제12743호(지역방송발전지원 특별법)
2015· 3·13 법률제13220호
2015· 6·22 법률제13341호
2015·12· 1 법률제13519호(전파법)
2015·12·22 법률제13580호
2016· 1·27 법률제13821호
2016· 2· 3 법률제13978호(한국수화언어법)
2017· 3·14 법률제14598호
2017· 7·26 법률제14839호(정부조직법)
2018· 3·13 법률제15468호
2018·12·24 법률제16014호
2019·12·10 법률제16750호
2020· 6· 9 법률제17347호(법률용어 정비를 위한 과학기술정보방송통신위원회 소관 32개 법률 일부개정을 위한 법률)
2020·12· 8 법률제17632호
2020·12·29 법률제17799호(독점규제 및 공정거래에 관한 법률)
2021· 6· 8 법률제18225호
2021·10·19 법률제18516호
2021·12·28 법률제18648호
2022· 1·11 법률제18732호
2022· 6·10 법률제18866호
2023· 4· 6 법률제19326호
2024· 1·23 법률제20059호
2024· 1·30 법률제20147호
2024·10·22 법률제20473호

제 1 장 총칙

제 1 조(목적) 이 법은 방송의 자유와 독립을 보장하고 방송의 공적 책임을 높임으로써 시청자의 권익보호와 민주적 여론형성 및 국민문화의 향상을 도모하고 방송의 발전과 공공복리의 증진에 이바지함을 목적으로 한다.

제 2 조(정의) 이 법에서 사용하는 용어의 뜻은 다음과 같다. <개정 2004·3·22, 2006·10·27, 2007·1·26, 2011·7·14, 2013·3·23, 2015·3·13, 2015·12·1, 2015·12·22, 2016·1·27, 2020·6·9, 2022·1·11, 2024·10·22>

1. "방송"이라 함은 방송프로그램을 기획·

편성 또는 제작하여 이를 공중(개별계약에 의한 수신자를 포함하며, 이하 "시청자"라 한다)에게 전기통신설비에 의하여 송신하는 것으로서 다음 각목의 것을 말한다.

가. 텔레비전방송 : 정지 또는 이동하는 사물의 순간적 영상과 이에 따르는 음성·음향 등으로 이루어진 방송프로그램을 송신하는 방송

나. 라디오방송 : 음성·음향 등으로 이루어진 방송프로그램을 송신하는 방송

다. 데이터방송 : 방송사업자의 채널을 이용하여 데이터(문자·숫자·도형·도표·이미지 그 밖의 정보체계를 말한다)를 위주로 하여 이에 따르는 영상·음성·음향 및 이들의 조합으로 이루어진 방송프로그램을 송신하는 방송(인터넷 등 통신망을 통하여 제공하거나 매개하는 경우는 제외한다. 이하 같다)

라. 이동멀티미디어방송 : 이동중 수신을 주목적으로 다채널을 이용하여 텔레비전방송·라디오방송 및 데이터방송을 복합적으로 송신하는 방송

2. "방송사업"이라 함은 방송을 행하는 다음 각목의 사업을 말한다.

가. 지상파방송사업 : 방송을 목적으로 하는 지상의 무선국을 관리·운영하며 이를 이용하여 방송을 행하는 사업

나. 종합유선방송사업 : 종합유선방송국(다채널방송을 행하기 위한 유선방송국설비와 그 종사자의 총체를 말한다. 이하 같다)을 관리·운영하며 전송·선로설비를 이용하여 방송을 행하는 사업

다. 위성방송사업 : 인공위성의 무선설비를 소유 또는 임차하여 무선국을 관리·운영하며 이를 이용하여 방송을 행하는 사업

라. 방송채널사용사업 : 지상파방송사업자·종합유선방송사업자 또는 위성방송사업자와 특정채널의 전부 또는 일부 시간에 대한 전용사용계약을 체결하여 그 채널을 사용하는 사업

3. "방송사업자"라 함은 다음 각목의 자를 말한다.

가. 지상파방송사업자 : 지상파방송사업을 하기 위하여 제 9 조제 1 항에 따라 허가를 받은 자

나. 종합유선방송사업자 : 종합유선방송사업을 하기 위하여 제 9 조제 2 항에 따라 허가를 받은 자

다. 위성방송사업자 : 위성방송사업을 하기 위하여 제 9 조제 2 항에 따라 허가를 받은 자

라. 방송채널사용사업자 : 방송채널사용사업을 하기 위하여 제 9 조제 5 항에 따라 등록 또는 신고를 하거나 승인을 받은 자

마. 공동체라디오방송사업자 : 안테나공급전력 10와트 이하로 공익목적으로 라디오방송을 하기 위하여 제 9 조제11항에 따라 허가를 받은 자

4. "중계유선방송"이란 지상파방송(방송을 목적으로 하는 지상의 무선국을 이용하여 하는 방송을 말한다. 이하 같다) 등을 수신하여 중계송신(방송편성을 변경하지 아니하는 녹음·녹화를 포함한다. 이하 같다)하는 것을 말한다.

5. "중계유선방송사업"이라 함은 중계유선방송을 행하는 사업을 말한다.

6. "중계유선방송사업자"라 함은 중계유선방송사업을 하기 위하여 제 9 조제 2 항에 따라 허가를 받은 자를 말한다.

7. "음악유선방송"이라 함은 「음악산업진흥에 관한 법률」에 따라 판매·배포되는 음반에 수록된 음악을 송신하는 것을 말한다.

8. "음악유선방송사업"이라 함은 음악유선방송을 행하는 사업을 말한다.

9. "음악유선방송사업자"라 함은 음악유선방송사업을 하기 위하여 제 9 조제 5 항에 따라 등록을 한 자를 말한다.

10. "전광판방송"이라 함은 상시 또는 일정기간 계속하여 전광판에 보도를 포함하는 방송프로그램을 표출하는 것을 말한다.

11. "전광판방송사업"이라 함은 전광판방송을 행하는 사업을 말한다.

12. "전광판방송사업자"라 함은 전광판방송사업을 하기 위하여 제 9 조제 5 항에 따라 등록을 한 자를 말한다.

13. "전송망사업"이라 함은 방송프로그램을 종합유선방송국으로부터 시청자에게 전송하기 위하여 유·무선 전송·선로설비를 설

치·운영하는 사업을 말한다.

14. "전송망사업자"라 함은 전송망사업을 하기 위하여 제 9 조제10항에 따라 등록을 한 자를 말한다.

15. "방송편성"이라 함은 방송되는 사항의 종류·내용·분량·시각·배열을 정하는 것을 말한다.

16. "방송분야"라 함은 보도·교양·오락 등으로 방송프로그램의 영역을 분류한 것을 말한다.

17. "방송프로그램"이라 함은 방송편성의 단위가 되는 방송내용물을 말한다.

18. "종합편성"이라 함은 보도·교양·오락 등 다양한 방송분야 상호간에 조화를 이루도록 방송프로그램을 편성하는 것을 말한다.

19. "전문편성"이라 함은 특정 방송분야의 방송프로그램을 전문적으로 편성하는 것을 말한다.

20. "유료방송"이란 시청자와의 계약에 따라 여러 개의 채널단위·채널별 또는 방송프로그램별로 대가를 받고 제공하는 방송을 말한다.

20의2. "채널"이라 함은 동일한 주파수 대역을 통해서 연속적인 흐름 또는 정보체계의 형태로 제공되어지는 텔레비전방송, 라디오방송 또는 데이터방송의 단위를 말한다.

21. "방송광고"라 함은 광고를 목적으로 하는 방송내용물을 말한다.

22. "협찬고지"라 함은 타인으로부터 방송프로그램의 제작에 직접적·간접적으로 필요한 경비·물품·용역·인력 또는 장소 등을 제공받고 그 타인의 명칭 또는 상호 등을 고지하는 것을 말한다.

23. "방송편성책임자"라 함은 방송편성에 대하여 결정을 하고 책임을 지는 자를 말한다.

24. "보도"라 함은 국내외 정치·경제·사회·문화 등의 전반에 관하여 시사적인 취재보도·논평·해설 등의 방송프로그램을 편성하는 것을 말한다.

25. "보편적 시청권"이라 함은 국민적 관심이 매우 큰 체육경기대회 그 밖의 주요행사 등에 관한 방송을 일반 국민이 시청할 수 있는 권리를 말한다.

26. "기술결합서비스"란 지상파방송사업·종합유선방송사업 및 위성방송사업 상호간 또는 이들 방송사업과 「인터넷 멀티미디어 방송사업법」 제 2 조제 4 호가목에 따른 인터넷 멀티미디어 방송 제공사업 간의 전송방식을 혼합사용하여 제공하는 서비스를 말한다.

27. "외주제작사"란 「문화산업진흥 기본법」 제 2 조제20호에 따른 방송영상독립제작사, 같은 조 제21호에 따른 문화산업전문회사 등 방송사업자에게 제공할 목적으로 방송프로그램을 제작하는 자를 말한다.

제 3 조(시청자의 권익보호) 방송사업자는 시청자가 방송프로그램의 기획·편성 또는 제작에 관한 의사결정에 참여할 수 있도록 하여야 하고, 방송의 결과가 시청자의 이익에 합치하도록 하여야 한다.

제 4 조(방송편성의 자유와 독립) ① 방송편성의 자유와 독립은 보장된다.

② 누구든지 방송편성에 관하여 이 법 또는 다른 법률에 의하지 아니하고는 어떠한 규제나 간섭도 할 수 없다.

③ 방송사업자는 방송편성책임자를 선임하고, 그 성명을 방송시간내에 매일 1회 이상 공표하여야 하며, 방송편성책임자의 자율적인 방송편성을 보장하여야 한다.

④ 종합편성 또는 보도에 관한 전문편성을 행하는 방송사업자는 방송프로그램제작의 자율성을 보장하기 위하여 취재 및 제작 종사자의 의견을 들어 방송편성규약을 제정하고 이를 공표하여야 한다.

제 5 조(방송의 공적 책임) ① 방송은 인간의 존엄과 가치 및 민주적 기본질서를 존중하여야 한다.

② 방송은 국민의 화합과 조화로운 국가의 발전 및 민주적 여론형성에 이바지하여야 하며 지역간·세대간·계층간·성별간의 갈등을 조장하여서는 아니된다.

③ 방송은 타인의 명예를 훼손하거나 권리를 침해하여서는 아니된다.

④ 방송은 범죄 및 부도덕한 행위나 사행심

을 조장하여서는 아니된다.

⑤ 방송은 건전한 가정생활과 아동 및 청소년의 선도에 나쁜 영향을 끼치는 음란·퇴폐 또는 폭력을 조장하여서는 아니된다.

제 6 조(방송의 공정성과 공익성) ① 방송에 의한 보도는 공정하고 객관적이어야 한다.

② 방송은 성별·연령·직업·종교·신념·계층·지역·인종 등을 이유로 방송편성에 차별을 두어서는 아니된다. 다만, 종교의 선교에 관한 전문편성을 행하는 방송사업자가 그 방송분야의 범위 안에서 방송을 하는 경우에는 그러하지 아니하다.

③ 방송은 국민의 윤리적·정서적 감정을 존중하여야 하며, 국민의 기본권 옹호 및 국제친선의 증진에 이바지하여야 한다.

④ 방송은 국민의 알권리와 표현의 자유를 보호·신장하여야 한다.

⑤ 방송은 상대적으로 소수이거나 이익추구의 실현에 불리한 집단이나 계층의 이익을 충실하게 반영하도록 노력하여야 한다.

⑥ 방송은 지역사회의 균형 있는 발전과 민족문화의 창달에 이바지하여야 한다.

⑦ 방송은 사회교육기능을 신장하고, 유익한 생활정보를 확산·보급하며, 국민의 문화생활의 질적 향상에 이바지하여야 한다.

⑧ 방송은 표준말의 보급에 이바지하여야 하며 언어순화에 힘써야 한다.

⑨ 방송은 정부 또는 특정 집단의 정책 등을 공표하는 경우 의견이 다른 집단에 균등한 기회가 제공되도록 노력하여야 하고, 또한 각 정치적 이해당사자에 관한 방송프로그램을 편성하는 경우에도 균형성이 유지되도록 하여야 한다. <개정 2020·6·9>

제 7 조(적용범위) 방송에 관하여는 다른 법률에 특별한 규정이 있는 경우를 제외하고는 이 법에서 정하는 바에 의한다. <개정 2020·6·9>

제 2 장　방송사업자등

제 8 조(소유제한 등) ① 방송사업자가 주식을 발행하는 경우에는 기명식으로 하여야 한다.

② 누구든지 대통령령으로 정하는 특수한 관계에 있는 자(이하 "특수관계자"라 한다)가 소유하는 주식 또는 지분을 포함하여 지상파방송사업자 및 종합편성 또는 보도에 관한 전문편성을 행하는 방송채널사용사업자의 주식 또는 지분 총수의 100분의 40을 초과하여 소유할 수 없다. 다만, 다음 각 호의 어느 하나에 해당하는 경우에는 그러하지 아니하다. <개정 2004·3·22, 2006·10·27, 2009·7·31, 2020·6·9>

1. 국가 또는 지방자치단체가 방송사업자의 주식 또는 지분을 소유하는 경우
2. 「방송문화진흥회법」에 의하여 설립된 방송문화진흥회가 방송사업자의 주식 또는 지분을 소유하는 경우
3. 종교의 선교를 목적으로 하는 방송사업자에 출자하는 경우

③ 제 2 항에도 불구하고 「독점규제 및 공정거래에 관한 법률」 제 2 조제11호에 따른 기업집단중 자산총액 등 대통령령으로 정하는 기준에 해당하는 기업집단에 속하는 회사(이하 "대기업"이라 한다)와 그 계열회사(특수관계자를 포함한다) 또는 「신문 등의 진흥에 관한 법률」에 따른 일간신문(이하 "일간신문"이라 한다)이나 「뉴스통신 진흥에 관한 법률」에 따른 뉴스통신(이하 "뉴스통신"이라 한다)을 경영하는 법인(특수관계자를 포함한다)은 지상파방송사업자의 주식 또는 지분 총수의 100분의 10을 초과하여 소유할 수 없으며, 종합편성 또는 보도에 관한 전문편성을 행하는 방송채널사용사업자의 주식 또는 지분 총수의 100분의 30을 초과하여 소유할 수 없다. <개정 2002·12·18, 2003·5·29, 2004·3·22, 2009·7·31, 2016·1·27, 2020·6·9, 2020·12·29>

④ 지상파방송사업자, 종합편성 또는 보도에 관한 전문편성을 행하는 방송채널사용사업자의 주식 또는 지분을 소유하고자 하는 일간신문을 경영하는 법인(특수관계자를 포함한다)은 경영의 투명성을 위하여 대통령령으로 정하는 바에 따라 전체 발행부수, 유가 판매부수 등의 자료를 방송통신위원회에 제출하여 공개하여야 하며, 제 3 항에도 불구하고 일간신문의 구독률(대통령령으로

정하는 바에 따라 전체 가구 중 일정 기간 동안 특정 일간신문을 유료로 구독하는 가구가 차지하는 비율을 말한다. 이하 같다)이 100분의 20 이상인 경우에는 지상파방송사업 및 종합편성 또는 보도에 관한 전문편성을 행하는 방송채널사용사업을 겸영하거나 주식 또는 지분을 소유할 수 없다. <신설 2009·7·31>

⑤ 일간신문이나 뉴스통신을 경영하는 법인(각 특수관계자를 포함한다)은 종합유선방송사업자 및 위성방송사업자의 주식 또는 지분 총수의 100분의 49를 초과하여 소유할 수 없다. <개정 2007·1·26, 2009·7·31, 2016·1·27>

⑥ 지상파방송사업자·종합유선방송사업자 및 위성방송사업자는 시장점유율 또는 사업자 수 등을 고려하여 대통령령으로 정하는 범위를 초과하여 상호 겸영하거나 그 주식 또는 지분을 소유할 수 없다. <개정 2009·7·31, 2020·6·9>

⑦ 지상파방송사업자·종합유선방송사업자·위성방송사업자·방송채널사용사업자 및 전송망사업자는 시장점유율, 방송분야 또는 사업자수 등을 고려하여 대통령령으로 정하는 범위를 초과하여 상호 겸영하거나 그 주식 또는 지분을 소유할 수 없다. <개정 2006·10·27, 2020·6·9>

⑧ 지상파방송사업자·종합유선방송사업자 또는 위성방송사업자는 시장점유율 또는 사업자수 등을 고려하여 대통령령으로 정하는 범위를 초과하여 지상파방송사업자는 다른 지상파방송사업, 종합유선방송사업자는 다른 종합유선방송사업, 위성방송사업자는 다른 위성방송사업을 겸영하거나 그 주식 또는 지분을 소유할 수 없다. 다만, 「방송문화진흥회법」에 따라 설립된 방송문화진흥회가 최다출자자인 지상파방송사업자가 이 법 시행 당시 계열회사 관계에 있는 다른 지상파방송사업자의 주식 또는 지분을 소유하는 경우에는 그러하지 아니하다. <개정 2004·3·22, 2007·7·27, 2020·6·9>

⑨ 방송채널사용사업자는 시장점유율 또는 사업자수 등을 고려하여 대통령령으로 정하는 범위를 초과하여 다른 방송채널사용사업을 겸영하거나 그 주식 또는 지분을 소유할 수 없다. <개정 2020·6·9>

⑩ 정당은 방송사업자의 주식 또는 지분을 소유할 수 없다. <개정 2004·3·12>

⑪ 제 6 항부터 제 9 항까지의 규정에 의한 겸영금지 및 소유제한 대상자에는 그의 특수관계자를 포함한다. <개정 2009·7·31>

⑫ 제 2 항부터 제10항까지의 규정을 위반하여 주식 또는 지분을 소유한 자는 그 소유분 또는 초과분에 대한 의결권을 행사할 수 없다. <개정 2009·7·31, 2020·6·9>

⑬ 과학기술정보통신부장관 또는 방송통신위원회는 다음 각 호의 구분에 따라 해당 규정을 위반한 자에게 6개월 이내의 기간을 정하여 위반 사항을 시정할 것을 명할 수 있다. <개정 2013·3·23, 2017·7·26>

1. 과학기술정보통신부장관
   가. 제 5 항을 위반한 자
   나. 제 6 항부터 제 9 항까지의 규정을 위반한 자(제14조제 6 항제 2 호에 해당하는 방송사업자 외의 방송사업자와 전송망사업자로 한정한다)
2. 방송통신위원회
   가. 제 2 항부터 제 4 항까지의 규정, 제10항, 제14항 및 제15항을 위반한 자
   나. 제 6 항부터 제 9 항까지의 규정을 위반한 자(제14조제 6 항제 2 호에 해당하는 방송사업자로 한정한다)

⑭ 다음 각 호의 어느 하나에 해당하는 자는 공동체라디오방송사업자가 될 수 없다. <신설 2006·10·27>

1. 대한민국 정부
2. 지방자치단체
3. 종교단체
4. 정당
5. 영리를 목적으로 공동체라디오방송사업을 영위하려는 자

⑮ 공동체라디오방송사업자는 1개를 초과하여 방송국을 소유할 수 없다. <신설 2006·10·27>

⑯ 특정 종합유선방송사업자는 해당 사업자와 특수관계자인 다음 각 호의 방송사업자

를 합산하여 종합유선방송, 위성방송, 「인터넷 멀티미디어 방송사업법」 제 2 조제 1 호에 따른 인터넷 멀티미디어 방송을 포함한 전체 유료방송사업 가입자 수의 3분의 1을 초과하여 서비스를 제공할 수 없다. <신설 2015 · 6 · 22>

1. 종합유선방송사업자
2. 위성방송사업자
3. 「인터넷 멀티미디어 방송사업법」 제 2 조제 5 호가목에 따른 인터넷 멀티미디어 방송 제공사업자

⑰ 특정 위성방송사업자는 해당 사업자와 특수관계자인 다음 각 호의 방송사업자를 합산하여 종합유선방송, 위성방송, 「인터넷 멀티미디어 방송사업법」 제 2 조제 1 호에 따른 인터넷 멀티미디어 방송을 포함한 전체 유료방송사업 가입자 수의 3분의 1을 초과하여 서비스를 제공할 수 없다. <신설 2015 · 6 · 22>

1. 종합유선방송사업자
2. 위성방송사업자
3. 「인터넷 멀티미디어 방송사업법」 제 2 조제 5 호에 따른 인터넷 멀티미디어 방송사업자

⑱ 과학기술정보통신부장관은 도서산간 등 위성방송 수신만 가능한 지역은 제16항 및 제17항에 따른 가입자 수 산정에서 배제할 수 있는 예외지역으로 지정할 수 있다. <신설 2015 · 6 · 22, 2017 · 7 · 26>

⑲ 제16항 및 제17항에 따른 가입자 수의 산정 및 검증 등에 필요한 사항은 대통령령으로 정한다. <신설 2015 · 6 · 22>

제 9 조(허가 · 승인 · 등록 등) ① 지상파방송사업을 하고자 하는 자는 방송통신위원회의 허가를 받아야 한다. 이 경우 방송통신위원회는 과학기술정보통신부장관에게 「전파법」에 따른 무선국 개설과 관련된 기술적 심사를 의뢰하고, 과학기술정보통신부장관으로부터 송부 받은 심사 결과를 허가에 반영하여야 한다. <개정 2013 · 3 · 23, 2017 · 7 · 26>

② 위성방송사업을 하고자 하는 자는 「전파법」으로 정하는 바에 따라 과학기술정보통신부장관의 방송국 허가를 받아야 하고, 종합유선방송사업 또는 중계유선방송사업을 하고자 하는 자는 대통령령으로 정하는 기준에 적합하게 시설과 기술을 갖추어 과학기술정보통신부장관의 허가를 받아야 한다. 이 경우 과학기술정보통신부장관은 미리 방송통신위원회의 동의를 받아야 한다. <개정 2013 · 3 · 23, 2017 · 7 · 26>

③ 제 2 항에도 불구하고 대통령령으로 정하는 기준에 해당하는 중계유선방송사업자가 종합유선방송사업을 하고자 할 경우에는 과학기술정보통신부장관의 승인을 얻어야 한다. <개정 2008 · 2 · 29, 2013 · 3 · 23, 2017 · 7 · 26, 2020 · 6 · 9>

④ 제 3 항에 따라 승인을 얻은 자는 승인을 얻은 때부터 제 2 조제 3 호나목에 따른 종합유선방송사업자로 허가를 받은 것으로 본다. <개정 2020 · 6 · 9>

⑤ 방송채널사용사업을 하려는 자는 다음 각 호의 구분에 따라 과학기술정보통신부장관에게 등록하거나 신고하여야 하고, 전광판방송사업 또는 음악유선방송사업을 하려는 자는 과학기술정보통신부장관에게 등록하여야 한다. 다만, 종합편성이나 보도에 관한 전문편성을 행하는 방송채널사용사업을 하려는 자는 방송통신위원회의 승인을 받아야 하고, 상품소개와 판매에 관한 전문편성을 행하는 방송채널사용사업을 하려는 자는 과학기술정보통신부장관의 승인을 받아야 한다. <개정 2024 · 10 · 22>

1. 텔레비전방송(이 호에서만 시청자가 특정 시간 및 특정 방송프로그램을 선택하여 시청할 수 있도록 방송프로그램을 제공하는 것은 제외한다)을 하는 방송채널사용사업을 하려는 경우 : 등록
2. 다음 각 목의 방송채널사용사업을 하려는 경우 : 신고
   가. 라디오방송을 하는 방송채널사용사업을 하려는 경우
   나. 데이터방송을 하는 방송채널사용사업을 하려는 경우
   다. 텔레비전방송 중 시청자가 특정 시간 및 특정 방송프로그램을 선택하여 시청할 수 있도록 방송프로그램을 제공하는 방송채널사용사업을 하려는 경우

⑥ 외국 인공위성의 무선설비(국내에서 수신될 수 있는 것에 한정한다)를 이용하여 위성방송을 행하는 사업을 하고자 하는 자는

과학기술정보통신부장관의 승인을 얻어야 한다. <개정 2008·2·29, 2013·3·23, 2017·7·26, 2020·6·9>

⑦ 제 6 항에 따라 승인을 얻은 자에 대하여는 제 2 조제 3 호다목의 위성방송사업자에 대하여 적용되는 규정을 준용한다. <개정 2020·6·9>

⑧ 외국 인공위성의 무선국(국내에서 수신될 수 있는 것에 한정한다)의 특정 채널의 전부 또는 일부 시간에 대한 전용사용계약을 체결하여 그 채널을 사용하고자 하는 자는 과학기술정보통신부장관의 승인을 얻어야 한다. <개정 2008·2·29, 2013·3·23, 2017·7·26, 2020·6·9>

⑨ 제 8 항에 따라 승인을 얻은 자에 대하여는 제 2 조제 3 호라목의 방송채널사용사업자에 대하여 적용되는 규정을 준용한다. <개정 2020·6·9>

⑩ 전송망사업을 하려는 자는 과학기술정보통신부장관에게 등록하여야 한다. 이 경우 과학기술정보통신부장관은 등록 신청이 다음 각 호의 어느 하나에 해당하는 경우를 제외하고는 등록을 거부하지 못한다. <개정 2015·3·13, 2017·7·26>

1. 재정능력 및 기술인력 등 대통령령으로 정하는 등록요건을 갖추지 못한 경우
2. 등록을 신청한 자가 제13조제 1 항에 위반되는 경우
3. 등록을 신청한 법인의 대표자가 제13조제 3 항제 1 호부터 제 6 호까지의 어느 하나에 해당하는 경우
4. 그 밖에 이 법 또는 다른 법령에 따른 제한에 위반되는 경우

⑪ 공동체라디오방송사업을 하고자 하는 자는 방송통신위원회의 허가를 받아야 한다. 이 경우 방송통신위원회는 과학기술정보통신부장관에게 「전파법」에 따른 무선국 개설과 관련된 기술적 심사를 의뢰하고, 과학기술정보통신부장관으로부터 송부 받은 심사결과를 허가에 반영하여야 한다. 이 외의 공동체라디오방송사업자의 편성, 재원 등 운영에 필요한 세부사항은 대통령령으로 정한다. <개정 2013·3·23, 2017·7·26>

⑫ 과학기술정보통신부장관은 제 5 항제 2 호에 따라 방송채널사용사업의 신고를 받은 경우 그 내용을 검토하여 이 법에 적합하면 신고를 수리하여야 한다. <신설 2024·10·22>

⑬ 제 1 항부터 제12항까지의 규정에 따른 허가·승인·등록 및 신고의 절차 등에 관하여 필요한 사항은 대통령령으로 정한다. <개정 2006·10·27, 2007·7·27, 2008·2·29, 2020·6·9, 2024·10·22>

제 9 조의2(방송채널사용사업의 등록요건 및 신고요건) ① 제 9 조제 5 항제 1 호에 따라 방송채널사용사업의 등록을 하려는 자는 다음 각 호의 요건을 갖추어야 한다. <개정 2024·10·22>

1. 납입자본금과 실질자본금(해당 방송채널사용사업만을 위한 자본금을 말한다. 이하 이 조에서 같다)이 각각 5억원 이상일 것. 이 경우 "자본금"은 주식회사 외의 법인의 경우에는 "출자금"으로 본다.
2. 주조정실(방송프로그램의 편성 및 송출 등을 종합조정하는 장소를 말한다. 이하 같다), 부조정실(개별 방송프로그램의 제작을 조정하는 장소를 말한다. 이하 같다), 종합편집실(음성·영상·음향 등을 편집하여 개별 방송프로그램을 완성하는 장소를 말한다. 이하 같다) 및 송출시설을 갖출 것
3. 해당 방송채널사용사업을 영위할 수 있는 사무실을 보유할 것
4. 방송사업자가 사용하고 있는 다른 채널명과 동일한 채널명 또는 시청자가 동일한 채널로 오인할 수 있는 채널명을 사용하지 아니할 것

② 제 9 조제 5 항제 2 호에 따라 방송채널사용사업의 신고를 하려는 자는 다음 각 호의 요건을 갖추어야 한다. <신설 2024·10·22>

1. 납입자본금과 실질자본금이 각각 3억원 이상일 것. 이 경우 "자본금"은 주식회사 외의 법인의 경우에는 "출자금"으로 본다.
2. 주조정실, 종합편집실 및 송출시설을 갖출 것
3. 방송사업자가 사용하고 있는 다른 채널명과 동일한 채널명 또는 시청자가 동일한 채널로 오인할 수 있는 채널명을 사용하지 아니할 것

③ 동일인이 여러 개의 방송채널사용사업을 겸영(兼營)하는 경우에 제 1 항제 1 호에 따른 자본금 요건의 적용 기준 등에 관하여 필

요한 사항은 대통령령으로 정한다.
〔본조신설 2007·7·27〕

제 9 조의3(기술결합서비스의 신고 등) ① 지상파방송사업자(공동체라디오방송사업자는 제외한다. 이하 제 5 항, 제18조제 2 항 및 제19조제 2 항에서 같다)·종합유선방송사업자·위성방송사업자 또는 「인터넷 멀티미디어 방송사업법」 제 2 조제 5 호가목에 따른 인터넷 멀티미디어 방송 제공사업자(이하 "인터넷 멀티미디어 방송 제공사업자"라 한다)는 기술결합서비스를 제공하려는 경우 다음 각 호의 구분에 따라 신고하여야 한다. 신고한 기술결합서비스의 내용을 변경하려는 경우에도 또한 같다.

1. 지상파방송사업자 : 방송통신위원회에 신고
2. 종합유선방송사업자·위성방송사업자 또는 인터넷 멀티미디어 방송 제공사업자 : 과학기술정보통신부장관에게 신고

② 과학기술정보통신부장관 또는 방송통신위원회는 제 1 항에 따른 신고를 받은 경우 그 내용이 시청자의 권익보호와 공정경쟁의 촉진 등 대통령령으로 정하는 기준을 충족하면 제 1 항에 따른 신고를 받은 날부터 대통령령으로 정하는 기한 이내에 신고를 수리하여야 한다.

③ 방송통신위원회는 제 1 항에 따른 신고를 받은 경우 과학기술정보통신부장관에게 「전파법」에 따른 무선국과 관련된 기술적 심사를 의뢰하고 과학기술정보통신부장관으로부터 송부받은 심사결과를 신고 수리에 반영하여야 한다.

④ 제 1 항·제 2 항에 따른 신고 및 수리에 관한 절차 등 세부 사항은 대통령령으로 정한다.

⑤ 지상파방송사업자·종합유선방송사업자·위성방송사업자 또는 인터넷 멀티미디어 방송 제공사업자는 기술결합서비스의 제공을 중지하거나 중단하려는 경우 다음 각 호의 구분에 따라 신고하여야 한다.

1. 지상파방송사업자 : 방송통신위원회규칙으로 정하는 바에 따라 방송통신위원회에 신고
2. 종합유선방송사업자·위성방송사업자 또는 인터넷 멀티미디어 방송 제공사업자 : 과학기술정보통신부령으로 정하는 바에 따라 과학기술정보통신부장관에게 신고

⑥ 과학기술정보통신부장관 또는 방송통신위원회는 제 5 항에 따른 신고를 받은 경우 그 내용을 검토하여 이 법에 적합하면 해당 신고를 수리하여야 한다.
〔전부개정 2022·1·11〕

제 9 조의4(기술중립 서비스 제공을 위한 특례) ① 종합유선방송사업자, 위성방송사업자 또는 인터넷 멀티미디어 방송 제공사업자는 과학기술정보통신부령으로 정하는 바에 따라 상호 간에 다른 사업자의 전송방식을 이용하여 서비스를 제공할 수 있다.

② 종합유선방송사업자, 위성방송사업자 또는 인터넷 멀티미디어 방송 제공사업자가 제 1 항에 따라 다른 사업자의 전송방식으로 서비스를 제공하려는 경우에는 과학기술정보통신부령으로 정하는 바에 따라 과학기술정보통신부장관에게 신고하여야 한다.

③ 과학기술정보통신부장관은 제 2 항에 따른 신고를 받은 경우 시청자의 권익보호와 공정경쟁의 촉진 등 대통령령으로 정하는 기준을 충족하면 신고를 수리하여야 한다.
〔본조신설 2022·6·10〕

제10조(심사기준·절차) ① 과학기술정보통신부장관 또는 방송통신위원회는 제 9 조제 1 항, 제 2 항 및 제11항에 따른 허가, 같은 조 제 3 항, 제 5 항, 제 6 항 및 제 8 항에 따른 승인을 할 때에는 다음 각호의 사항을 심사하여 그 결과를 공표하여야 한다. <개정 2008·2·29, 2013·3·23, 2017·7·26, 2020·6·9>

1. 방송의 공적 책임·공정성·공익성의 실현 가능성
2. 방송프로그램의 기획·편성 및 제작계획의 적절성
3. 지역적·사회적·문화적 필요성과 타당성
4. 조직 및 인력운영 등 경영계획의 적정성
5. 재정 및 기술적 능력
6. 방송발전을 위한 지원계획
7. 그 밖에 사업수행에 필요한 사항

② 과학기술정보통신부장관 또는 방송통신위원회는 제 1 항에 따른 심사를 할 때에는 시청자의 의견을 공개적으로 청취하고, 그 의견의 반영 여부를 공표하여야 한다. <개정 2008·2·29, 2013·3·23, 2017·7·26, 2020·6·9>

③ 과학기술정보통신부장관은 종합유선방송사업을 하고자 하는 자를 허가할 때에는 특별시장·광역시장 또는 도지사(이하 "시·도지사"라 한다)의 의견을 들어야 한다. <개정 2008·2·29, 2013·3·23, 2017·7·26>

제11조(방송분야등의 고시) 과학기술정보통신부장관은 방송프로그램의 전문성과 채널의 다양성이 구현될 수 있도록 하기 위하여 전문편성의 방송분야와 방송프로그램의 종류에 따른 편성비율 등을 고시할 수 있다. <개정 2008·2·29, 2013·3·23, 2017·7·26>

제12조(지역사업권) ① 과학기술정보통신부장관은 제9조제2항에 따라 종합유선방송사업 또는 중계유선방송사업을 허가할 때에는 일정한 방송구역안에서 사업을 운영하는 권리(이하 "지역사업권"이라 한다)를 부여할 수 있다. 제9조제3항에 따라 종합유선방송사업을 승인할 때에도 또한 같다. <개정 2008·2·29, 2013·3·23, 2017·7·26, 2020·6·9>

② 제1항에 따른 방송구역과 음악유선방송의 사업구역은 행정구역을 중심으로 지역주민의 생활권 및 지리적 여건과 전기통신설비 등을 참작하여 관계중앙행정기관의 장 및 시·도지사와 협의하여 과학기술정보통신부장관이 고시한다. <개정 2008·2·29, 2013·3·23, 2017·7·26, 2020·6·9>

③ 삭제 <2005·5·18>

제13조(결격사유) ① 다음 각 호의 어느 하나에 해당하는 자는 방송사업 또는 전송망사업을 할 수 없다. <개정 2024·10·22>

1. 국가·지방자치단체 또는 법인이 아닌 자
2. 제18조에 따라 허가·승인·등록 또는 신고수리가 취소(제3항제2호 또는 제3호에 해당하여 허가·승인·등록 또는 신고수리가 취소된 경우는 제외한다)된 후 3년이 지나지 아니한 법인

② 다음 각 호의 어느 하나에 해당하는 자는 중계유선방송사업·음악유선방송사업을 할 수 없다.

1. 외국인 또는 외국의 정부나 단체
2. 미성년자 또는 피성년후견인
3. 파산선고를 받은 자로서 복권되지 아니한 자
4. 이 법을 위반하여 벌금 이상의 형을 선고받고 그 집행이 종료되거나 그 집행을 받지 아니하기로 확정된 후 3년이 지나지 아니한 자 또는 그 집행유예기간 중에 있는 자
5. 제18조에 따라 중계유선방송사업·음악유선방송사업의 허가 또는 등록이 취소(제13조제2항제2호 또는 제3호에 해당하여 허가 또는 등록이 취소된 경우는 제외한다)된 후 2년이 지나지 아니한 자

③ 다음 각 호의 어느 하나에 해당하는 자는 제9조제1항·제2항·제3항·제5항·제6항·제8항·제10항 또는 제11항에 따라 허가 또는 승인을 받거나 등록 또는 신고를 한 법인의 대표자나 방송편성책임자가 될 수 없다. <개정 2024·10·22>

1. 외국인
2. 미성년자 또는 피성년후견인
3. 파산선고를 받은 자로서 복권되지 아니한 자
4. 이 법을 위반하여 벌금 이상의 형을 선고받고 그 집행이 종료되거나 그 집행을 받지 아니하기로 확정된 후 3년이 지나지 아니한 자 또는 그 집행유예기간 중에 있는 자
5. 「형법」 제87조부터 제90조까지, 제92조, 제101조, 「군형법」 제5조부터 제8조까지, 제9조제2항, 제11조부터 제16조까지 또는 「국가보안법」 제3조부터 제9조까지의 규정에 따른 죄를 저질러 금고 이상의 실형의 선고를 받고 그 형의 집행이 종료되지 아니하거나 집행을 받지 아니하기로 확정되지 아니한 자 또는 그 집행유예기간 중에 있는 자
6. 「보안관찰법」에 따른 보안관찰처분, 종전의 「사회보호법」(법률 제7656호로 폐지되기 전의 것을 말한다)에 따른 보호감호 또는 「치료감호법」에 따른 치료감호의 집행 중에 있는 자
7. 외국의 법인 또는 단체의 대표자(전송망사업의 경우는 제외한다)

〔전부개정 2022·1·11〕

제14조(외국자본의 출자 및 출연) ① 지상파방송사업자 또는 공동체라디오방송사업자는 다음 각호에 해당하는 자로부터 재산상의 출자 또는 출연을 받을 수 없다. 다만, 방송통신위원회의 승인을 얻은 경우에는 교육·체육·종교·자선이나 그 밖의 국제적 친선을

목적으로 하는 외국의 단체로부터 재산상의 출연을 받을 수 있다. <개정 2008·2·29, 2009·7·31, 2013·3·23, 2020·6·9>

1. 외국의 정부나 단체
2. 외국인
3. 외국의 정부나 단체 또는 외국인이 대통령령으로 정하는 비율을 초과하여 주식 또는 지분을 소유하고 있는 법인

② 종합편성을 행하는 방송채널사용사업자 또는 중계유선방송사업자는 해당 법인의 주식 또는 지분 총수의 100분의 20을, 보도에 관한 전문편성을 행하는 방송채널사용사업자는 해당 법인의 주식 또는 지분 총수의 100분의 10을 초과하여 제1항 각 호에 해당하는 자로부터 재산상의 출자 또는 출연을 받을 수 없다. <개정 2009·7·31>

③ 종합유선방송사업자·위성방송사업자·방송채널사용사업자(종합편성 또는 보도에 관한 전문편성을 하는 자는 제외한다) 또는 전송망사업자는 해당 법인의 주식 또는 지분 총수의 100분의 49를 초과하여 제1항 각호에 해당하는 자로부터 재산상의 출자 또는 출연을 받을 수 없다. 다만, 방송채널사용사업자(종합편성이나 보도에 관한 전문편성 또는 상품소개와 판매에 관한 전문편성을 하는 자는 제외한다)의 경우 대한민국이 외국과 양자간(兩者間) 또는 다자간(多者間)으로 체결하여 발효된 자유무역협정 중 과학기술정보통신부장관이 정하여 고시하는 자유무역협정 체결 상대국의 정부나 단체 또는 외국인이 주식 또는 지분을 소유하고 있는 법인은 제1항제3호의 요건을 갖춘 경우에도 같은 호에 해당하는 자로 보지 아니한다. <개정 2004·3·22, 2009·7·31, 2015·3·13, 2017·7·26, 2019·12·10, 2020·6·9>

④ 제2항 및 제3항을 적용할 때 제1항 각호에 해당하는 자가 소유하고 있는 주식 또는 지분을 합산한다. <신설 2004·3·22, 2020·6·9>

⑤ 방송사업자·중계유선방송사업자 또는 전송망사업자가 제1항부터 제3항까지의 규정을 위반하게 된 경우에 위반의 원인을 제공한 주식 또는 지분의 소유자는 그 소유분 또는 초과분에 대한 의결권을 행사할 수 없다. <신설 2004·3·22, 2020·6·9>

⑥ 과학기술정보통신부장관 또는 방송통신위원회는 방송사업자·중계유선방송사업자 또는 전송망사업자가 제1항부터 제3항까지의 규정을 위반하게 된 경우에는 다음 각 호의 구분에 따른 자에게 6개월 이내의 기간을 정하여 해당 사항을 시정할 것을 명할 수 있다. <개정 2008·2·29, 2013·3·23, 2017·7·26>

1. 과학기술정보통신부장관 : 제2호에 해당하는 방송사업자 외의 방송사업자, 중계유선방송사업자 또는 전송망사업자나 위반의 원인을 제공한 주식·지분의 소유자
2. 방송통신위원회 : 지상파방송사업자, 공동체라디오방송사업자 또는 종합편성이나 보도에 관한 전문편성을 행하는 방송채널사용사업자나 위반의 원인을 제공한 주식·지분의 소유자

제15조(변경허가등) ① 방송사업자·중계유선방송사업자·음악유선방송사업자 및 전광판방송사업자는 다음 각호의 사항을 변경하려는 때에는 과학기술정보통신부장관 또는 방송통신위원회로부터 변경허가 또는 변경승인을 받거나 변경등록 또는 변경신고를 하여야 한다. 이 경우 그 절차는 제9조제1항, 제2항, 제3항, 제5항, 제6항, 제8항, 제10항부터 제12항까지를 준용한다. <개정 2002·12·18, 2008·2·29, 2013·3·23, 2017·7·26, 2019·12·10, 2020·6·9, 2024·1·23, 2024·10·22>

1. 해당 법인의 합병 및 분할. 다만, 종합유선방송사업자 및 위성방송사업자가 「독점규제 및 공정거래에 관한 법률」 제2조제12호에 따른 계열회사인 법인을 합병하려는 경우에는 대통령령으로 정하는 바에 따라 과학기술정보통신부장관에게 신고하여야 한다.
2. 개인이 영위하는 사업의 법인사업으로의 전환
3. 삭제 <2006·10·27>
4. 개인이 영위하는 사업의 양도
5. 방송분야의 변경
6. 방송구역의 변경
7. 그 밖에 대통령령으로 정하는 중요한 시설의 변경

② 지상파방송사업자 또는 공동체라디오방송사업자가 다음 각 호의 사항을 변경한 때에는 이를 지체없이 방송통신위원회에 신고

하여야 한다. <개정 2002·12·18, 2008·2·29, 2013·3·23>

1. 대표자
2. 방송편성책임자
3. 법인명 또는 상호
4. 주된 사무소의 소재지

③ 방송사업자(지상파방송사업자 및 공동체라디오방송사업자는 제외한다)·중계유선방송사업자·음악유선방송사업자 또는 전광판방송사업자가 다음 각호의 사항을 변경한 때에는 이를 지체없이 과학기술정보통신부장관에게 신고하여야 한다. 다만, 종합편성이나 보도에 관한 전문편성을 행하는 방송채널사용사업자는 방송통신위원회에 신고하여야 한다. <개정 2002·12·18, 2008·2·29, 2013·3·23, 2017·7·26, 2020·6·9>

1. 대표자
2. 방송편성책임자(방송사업자에 한정한다)
3. 법인명 또는 상호
4. 주된 사무소의 소재지

④ 과학기술정보통신부장관은 제1항제1호 단서에 따른 신고를 받은 경우 그 내용을 검토하여 신고 내용의 사실 여부 등 대통령령으로 정하는 기준에 부합하는 경우 해당 신고를 수리하여야 한다. 이 경우 수리에 관한 절차 등 세부사항은 대통령령으로 정한다. <신설 2024·1·23>

제15조의2(최다액출자자 등 변경승인 등) ① 방송사업자 또는 중계유선방송사업자의 주식 또는 지분의 취득 등을 통하여 해당 사업자의 최다액출자자(해당 사업자의 출자자 본인과 그의 특수관계자의 주식 또는 지분을 합하여 의결권이 있는 주식 또는 지분의 비율이 가장 많은 자를 말한다. 이하 같다)가 되고자 하는 자와 경영권을 실질적으로 지배하고자 하는 자는 다음 각 호의 구분에 따라 과학기술정보통신부장관 또는 방송통신위원회의 승인을 받아야 한다. 다만, 제9조제5항 본문에 따라 등록 또는 신고를 한 방송채널사용사업자의 최다액출자자가 되고자 하는 자와 경영권을 실질적으로 지배하고자 하는 자는 이를 과학기술정보통신부장관에게 신고하여야 한다. <개정 2008·2·29, 2013·3·23, 2017·7·26, 2019·12·10, 2020·6·9, 2024·10·22>

1. 제14조제6항제1호에 해당하는 방송사업자와 중계유선방송사업자의 최다액 출자자가 되려는 자와 경영권을 실질적으로 지배하려는 자 : 과학기술정보통신부장관
2. 제14조제6항제2호에 해당하는 방송사업자의 최다액 출자자가 되려는 자와 경영권을 실질적으로 지배하려는 자 : 방송통신위원회

② 과학기술정보통신부장관 또는 방송통신위원회는 제1항 본문에 따른 승인을 하고자 할 때에는 다음 각 호의 사항을 심사하여야 한다. <개정 2008·2·29, 2013·3·23, 2017·7·26, 2020·6·9>

1. 방송의 공적 책임·공정성 및 공익성의 실현가능성
2. 사회적 신용 및 재정적 능력
3. 시청자의 권익보호
4. 그 밖에 사업수행에 필요한 사항

③ 제1항 본문에 따른 승인을 받지 아니하고 최다액출자자가 되거나 경영권을 실질적으로 지배하게 된 자는 승인을 받지 아니하고 취득한 주식 또는 지분에 대한 의결권을 행사할 수 없으며, 과학기술정보통신부장관 또는 방송통신위원회는 6개월 이내의 기간을 정하여 해당 주식 또는 지분을 취득한 자에 대하여 주식 또는 지분의 처분 등 시정에 필요한 명령을 할 수 있다. <개정 2008·2·29, 2013·3·23, 2017·7·26, 2019·12·10, 2020·6·9, 2024·10·22>

④ 과학기술정보통신부장관은 제1항 단서에 따른 신고를 받은 경우 그 내용을 검토하여 이 법에 적합하면 해당 신고를 수리하여야 한다. 이 경우 신고의 효력은 「행정기본법」 제34조에도 불구하고 해당 방송채널사용사업자의 주식 또는 지분의 취득 등 신고대상 행위가 있었던 날로 소급하여 발생한다. <신설 2022·1·11>

⑤ 제1항 및 제3항에 따른 경영권을 실질적으로 지배하는 자에 해당하는 경우와 승인 및 신고의 절차 등에 관하여 필요한 사항은 대통령령으로 정한다. <개정 2020·6·9>

〔본조신설 2006·10·27〕

제16조(허가 및 승인 유효기간) 제9조제2항의 규정에 따라 허가받은 종합유선방송사업 및 중계유선방송사업과 제9조제5항 단서의 규정에 따라 승인을 받은 방송채널사용사업의 허가 또는 승인의 유효기간은 7년을 초과

하지 아니하는 범위 내에서 대통령령으로 정한다. <개정 2009·7·31, 2016·1·27, 2024·10·22>
〔전부개정 2006·10·27〕

제17조(재허가 등) ① 방송사업자(방송채널사용사업자는 제외한다) 및 중계유선방송사업자가 허가유효기간의 만료 후 계속 방송을 행하고자 하는 때에는 과학기술정보통신부장관 또는 방송통신위원회의 재허가를 받아야 한다. 이 경우 제9조제1항, 제2항 및 제11항을 준용한다. <개정 2008·2·29, 2013·3·23, 2017·7·26>

② 제9조제5항 단서에 따라 승인을 받은 방송채널사용사업자가 승인유효기간 만료 후 계속 방송을 행하고자 하는 때에는 과학기술정보통신부장관 또는 방송통신위원회의 재승인을 받아야 한다. <개정 2008·2·29, 2013·3·23, 2017·7·26, 2020·6·9, 2024·10·22>

③ 과학기술정보통신부장관 또는 방송통신위원회가 제1항 및 제2항에 따라 재허가 또는 재승인을 할 때에는 제10조제1항 각호 및 다음 각호의 사항을 심사하고 그 결과를 공표하여야 한다. <개정 2008·2·29, 2012·2·22, 2013·3·23, 2017·7·26, 2018·12·24, 2020·6·9>

1. 제31조제1항에 따른 방송평가
2. 이 법에 따른 시정명령의 횟수와 시정명령에 대한 불이행 사례

2의2. 방송의 공적 책임을 고려하여 대통령령으로 정하는 법령의 위반 여부

3. 시청자위원회의 방송프로그램 평가
4. 지역사회발전에 이바지한 정도
5. 방송발전을 위한 지원계획의 이행 여부

5의2. 「방송광고판매대행 등에 관한 법률」 제20조제2항에 따른 네트워크 지역지상파방송사업자와 중소지상파방송사업자에 대한 방송광고 판매 지원 이행 정도

6. 그 밖에 허가 또는 승인 당시의 방송사업자 준수사항 이행 여부

④ 제10조제2항 및 제3항의 규정은 제1항의 재허가 또는 제2항에 따른 재승인의 경우에 이를 준용한다. <개정 2008·2·29, 2020·6·9>

제18조(허가·승인·등록의 취소 등) ① 방송사업자·중계유선방송사업자·음악유선방송사업자·전광판방송사업자 또는 전송망사업자가 다음 각 호의 어느 하나에 해당하는 경우에는 과학기술정보통신부장관 또는 방송통신위원회가 소관 업무에 따라 허가·승인·등록 또는 신고수리를 취소하거나 6개월 이내의 기간을 정하여 그 업무의 전부 또는 일부를 정지하거나 광고의 중단 또는 제16조에 따른 허가·승인의 유효기간 단축을 명할 수 있다. 다만, 제13조제3항의 각 호의 어느 하나에 해당하는 자가 법인의 대표자 또는 방송편성책임자가 된 경우로서 3개월 이내에 그 임원을 변경하는 때에는 허가·승인·등록 또는 신고수리의 취소, 업무정지, 광고의 중단 또는 허가·승인의 유효기간 단축을 명하지 아니한다. <개정 2007·7·27, 2008·2·29, 2009·7·31, 2013·3·23, 2014·5·28, 2015·3·13, 2015·12·22, 2017·7·26, 2020·6·9, 2022·1·11, 2024·10·22>

1. 거짓이나 그 밖의 부정한 방법으로 허가·변경허가·재허가 또는 승인·변경승인·재승인을 받거나 등록·변경등록 또는 신고·변경신고를 한 때
2. 제8조의 규정에 위반하여 주식 또는 지분을 소유한 때
3. 제13조의 결격사유에 해당하게 된 때
4. 제14조의 규정에 위반하여 재산상의 출자 또는 출연을 받은 때
5. 이 법에 의한 허가 또는 승인을 받거나 등록 또는 신고한 날부터 2년 이내에 방송 또는 사업을 개시하지 아니한 때
6. 제15조제1항을 위반하여 변경허가 또는 변경승인을 받지 아니하거나 변경등록 또는 변경신고를 하지 아니한 때
7. 제77조제7항에 따른 약관변경명령 또는 재통지명령 등을 이행하지 아니한 때
8. 삭제 <2016·1·27>

8의2. 제91조의7제1항에 따른 방송의 유지·재개 명령을 이행하지 아니한 때

9. 제99조제1항에 따른 시정명령을 이행하지 아니하거나 같은 조 제2항에 따른 시설개선명령을 이행하지 아니한 때
10. 제100조제1항에 따른 제재조치명령을 이행하지 아니한 때

11. 제69조의2제 5 항에 따른 명령을 이행하지 아니한 때
12. 방송사업자가 내부·외부의 부당한 간섭으로 불공정하게 채널을 구성한 때
13. 과학기술정보통신부장관이 제85조의2제 2 항 후단에 따라 방송통신위원회로부터 통보받은 때

② 지상파방송사업자·종합유선방송사업자·위성방송사업자 또는 인터넷 멀티미디어 방송 제공사업자가 허위, 그 밖의 부정한 방법으로 제 9 조의3제 2 항에 따른 신고수리를 받은 경우에는 과학기술정보통신부장관 또는 방송통신위원회가 신고수리를 취소하거나 6개월 이내의 기간을 정하여 그 업무의 전부 또는 일부를 정지하거나 광고의 중단을 명할 수 있다. <신설 2015·12·22, 2017·7·26, 2020·6·9, 2022·1·11>

③ 과학기술정보통신부장관은 제 9 조제 5 항 본문에 따라 등록 또는 신고한 방송채널사용사업자가 다음 각 호의 어느 하나에 해당하는 경우에는 등록 또는 신고수리를 취소할 수 있다. <신설 2019·12·10, 2022·1·11, 2024·10·22>

1. 5년 이상 계속하여 방송을 행하지 아니한 경우
2. 제84조제 2 항에 따른 신고수리를 받지 아니하고 폐업한 경우

④ 제 1 항 및 제 2 항에 따른 명령의 기준·절차, 제 3 항 각 호의 사항을 확인하기 위한 방법 등에 필요한 사항은 대통령령으로 정한다. <개정 2007·7·27, 2009·7·31, 2015·12·22, 2019·12·10>

⑤ 과학기술정보통신부장관 또는 방송통신위원회는 제 1 항에 따라 허가·승인·등록 또는 신고수리를 취소하는 경우 또는 제17조에 따른 재허가·재승인을 하지 아니하는 경우 대통령령으로 정하는 바에 따라 해당 사업자에 대하여 그 사업을 승계하는 자가 방송을 개시할 때까지 12개월의 범위 내에서 기간을 정하여 방송을 계속하도록 할 수 있다. <신설 2009·7·31, 2013·3·23, 2017·7·26, 2018·3·13, 2024·10·22>

제19조(과징금 처분) ① 과학기술정보통신부장관 또는 방송통신위원회는 방송사업자·중계유선방송사업자·음악유선방송사업자·전광판방송사업자 또는 전송망사업자가 제18조제 1 항 각 호의 어느 하나에 해당하여 업무정지처분을 하여야 할 경우로서 그 업무정지처분이 시청자에게 심한 불편을 주거나 그 밖에 공익을 해할 우려가 있는 때에는 그 업무정지처분을 갈음하여 1억원 이하의 과징금을 부과할 수 있다. <개정 2008·2·29, 2013·3·23, 2017·7·26, 2020·6·9>

② 과학기술정보통신부장관 또는 방송통신위원회는 지상파방송사업자·종합유선방송사업자·위성방송사업자 또는 인터넷 멀티미디어 방송 제공사업자가 제18조제 2 항에 해당하여 업무정지처분을 하여야 할 경우로서 그 업무정지처분이 시청자에게 심한 불편을 주거나 그 밖에 공익을 해할 우려가 있는 때에는 그 업무정지처분을 갈음하여 1억원 이하의 과징금을 부과할 수 있다. <신설 2015·12·22, 2017·7·26>

③ 및 ④ 삭제 <2006·10·27>

제 3 장 소속위원회 등

제20조부터 **제30조**까지 삭제 <2008·2·29>

제31조(방송평가위원회) ① 방송통신위원회는 방송사업자의 방송프로그램 내용 및 편성과 운영 등에 관하여 종합적으로 평가할 수 있다. <개정 2008·2·29>

② 방송통신위원회는 제 1 항의 평가업무를 효율적으로 수행하기 위하여 방송평가위원회를 둘 수 있다. <개정 2008·2·29>

③ 방송평가위원회 위원은 방송통신위원회 위원장이 방송통신위원회의 동의를 얻어 위촉하며, 구성과 운영에 관하여 필요한 사항은 방송통신위원회규칙으로 정한다. <개정 2008·2·29>

제32조(방송의 공정성 및 공공성 심의) 방송통신심의위원회는 방송·중계유선방송 및 전광판방송의 내용과 그 밖에 전기통신회선을 통하여 공개를 목적으로 유통되는 정보중 방송과 유사한 것으로서 대통령령으로 정하는 정보의 내용이 공정성과 공공성을 유지하고 있는지의 여부와 공적 책임을 준수하고 있는지의 여부를 방송 또는 유통된 후

심의·의결한다. 이 경우 매체별·채널별 특성을 고려하여야 한다. <개정 2008·2·29, 2020·6·9>

제33조(심의규정) ① 방송통신심의위원회는 방송의 공정성 및 공공성을 심의하기 위하여 방송심의에 관한 규정(이하 "심의규정"이라 한다)을 제정·공표하여야 한다. <개정 2008·2·29>

② 제1항의 심의규정에는 다음 각호의 사항이 포함되어야 한다. <개정 2006·10·27, 2008·2·29, 2009·7·31, 2014·5·28, 2019·12·10, 2020·6·9>

1. 헌법의 민주적 기본질서의 유지와 인권존중에 관한 사항
2. 건전한 가정생활 보호에 관한 사항
3. 아동 및 청소년의 보호와 건전한 인격형성에 관한 사항
4. 공중도덕과 사회윤리에 관한 사항
5. 양성평등에 관한 사항
6. 국제적 우의 증진에 관한 사항
7. 장애인 등 방송소외계층의 권익증진에 관한 사항
8. 인종, 민족, 지역, 종교 등을 이유로 한 차별 금지에 관한 사항
9. 민족문화의 창달과 민족의 주체성 함양에 관한 사항
10. 보도·논평의 공정성·공공성에 관한 사항
11. 언어순화에 관한 사항
12. 자연환경 보호에 관한 사항
13. 건전한 소비생활 및 시청자의 권익보호에 관한 사항
14. 자살예방 및 생명존중문화 조성에 관한 사항
15. 법령에 따라 방송광고가 금지되는 품목이나 내용에 관한 사항
16. 방송광고 내용의 공정성·공익성에 관한 사항
17. 그 밖에 이 법의 규정에 의한 방송통신심의위원회의 심의업무에 관한 사항

③ 방송사업자·중계유선방송사업자·전광판방송사업자 및 외주제작사는 심의규정을 준수하여야 한다. <신설 2016·1·27>

④ 방송사업자는 아동과 청소년을 보호하기 위하여 방송프로그램의 폭력성 및 음란성 등의 유해정도, 시청자의 연령 등을 고려하여 방송프로그램의 등급을 분류하고 이를 방송중에 표시하여야 한다. <개정 2020·6·9>

⑤ 방송통신심의위원회는 제4항에 따른 방송프로그램 등급분류와 관련하여 분류기준 등 필요한 사항을 방송통신심의위원회규칙으로 정하여 공표하여야 한다. 이 경우 분류기준은 방송매체와 방송분야별 특성 등을 고려하여 차등을 둘 수 있다. <개정 2008·2·29, 2016·1·27>

⑥ 방송통신심의위원회는 제4항에 따라 방송사업자가 자율적으로 부여한 방송프로그램의 등급에 대하여 적절하지 아니하다고 판단되는 경우 해당 방송사업자에게 해당 방송프로그램의 등급분류를 조정하도록 요구할 수 있다. <신설 2006·10·27, 2008·2·29, 2016·1·27, 2019·12·10>

제34조 삭제 <2008·2·29>

제35조(시청자권익보호위원회) ① 방송통신위원회는 방송 및 「인터넷 멀티미디어 방송사업법」 제2조제1호에 따른 인터넷 멀티미디어 방송(이하 "인터넷 멀티미디어 방송"이라 한다)에 관한 시청자의 의견을 수렴하고 시청자의 정당한 권익 침해 등 시청자불만 및 청원사항에 관한 심의를 효율적으로 수행하기 위하여 시청자권익보호위원회를 둔다. <개정 2011·7·14, 2015·12·22>

② 시청자권익보호위원회 위원은 방송통신위원회 위원장이 방송통신위원회의 동의를 얻어 위촉한다. <개정 2008·2·29, 2011·7·14>

③ 시청자권익보호위원회의 구성과 운영, 시청자불만처리의 절차와 분쟁의 조정 등에 관하여 필요한 사항은 방송통신위원회규칙으로 정한다. <개정 2008·2·29, 2011·7·14, 2015·12·22>

제35조의2 삭제 <2010·3·22>

제35조의3(방송분쟁조정위원회 구성 및 운영) ① 방송통신위원회는 다음 각 호에 해당하는 자들 사이에서 발생한 방송에 관한 분쟁을 효율적으로 조정하기 위하여 방송분쟁조정위

원회를 둘 수 있다. 다만, 분쟁조정의 주된 대상이 저작권에 관련된 경우에는 「저작권법」에 따른다. <개정 2016·1·27>
1. 방송사업자
2. 중계유선방송사업자
3. 음악유선방송사업자
4. 전광판방송사업자
5. 전송망사업자
6. 「인터넷 멀티미디어 방송사업법」 제2조제5호에 따른 인터넷 멀티미디어 방송사업자(이하 "인터넷 멀티미디어 방송사업자"라 한다)
7. 「전기통신사업법」 제2조제8호에 따른 전기통신사업자
8. 외주제작사
② 방송분쟁조정위원회는 방송통신위원회 위원장이 지명하는 위원장 1명을 포함한 5명 이상 7명 이하의 위원으로 구성한다. <신설 2016·1·27>
③ 방송분쟁조정위원회 위원은 다음 각 호의 어느 하나에 해당하는 사람 중에서 방송통신위원회위원장이 방송통신위원회의 동의를 얻어 위촉한다. 이 경우 문화체육관광부장관이 추천하는 1명이 포함되어야 한다. <개정 2016·1·27>
1. 판사·검사 또는 변호사로 5년 이상 재직한 사람
2. 공인회계사로 5년 이상 재직한 사람
3. 법률·행정·경영·회계·신문방송 관련 학과의 대학 교수로 5년 이상 재직한 사람
4. 그 밖에 방송에 관한 지식과 경험이 풍부한 사람
④ 방송분쟁조정위원회 위원의 임기는 2년으로 하되, 한 차례만 연임할 수 있다. 다만, 보궐위원의 임기는 전임자 임기의 남은 기간으로 한다. <신설 2016·1·27>
⑤ 방송분쟁조정위원회 위원은 다음 각 호의 어느 하나에 해당하는 경우에는 방송분쟁조정위원회에 신청된 분쟁조정사건(이하 이 조에서 "사건"이라 한다)의 심의·의결에서 제척된다. <신설 2016·1·27>
1. 방송분쟁조정위원회 위원 또는 그 배우자나 배우자였던 사람이 그 사건의 당사자가 되거나 그 사건에 관하여 공동의 권리자 또는 의무자의 관계에 있는 경우
2. 방송분쟁조정위원회 위원이 그 사건의 당사자와 친족관계에 있거나 있었던 경우
3. 방송분쟁조정위원회 위원이 그 사건에 관하여 당사자의 대리인으로서 관여하거나 관여하였던 경우
4. 방송분쟁조정위원회 위원이 그 사건에 관하여 증언, 감정, 법률자문을 한 경우
⑥ 분쟁당사자는 방송분쟁조정위원회 위원에게 공정한 심의·의결을 기대하기 어려운 사정이 있는 경우에는 방송분쟁조정위원회 위원장에게 기피신청을 할 수 있다. 이 경우 위원장은 기피신청에 대하여 방송분쟁조정위원회의 의결을 거치지 아니하고 결정한다. <신설 2016·1·27>
⑦ 방송분쟁조정위원회 위원이 제5항 또는 제6항의 사유에 해당하는 경우에는 스스로 그 사건의 심의·의결에서 회피할 수 있다. <신설 2016·1·27>
⑧ 외주제작사가 분쟁의 당사자인 경우에는 분쟁 당사자 일방 또는 쌍방의 신청에 따라 제1항에 따른 방송분쟁조정위원회 또는 「콘텐츠산업 진흥법」 제29조제1항 본문에 따른 콘텐츠분쟁조정위원회가 분쟁을 조정할 수 있다. <신설 2016·1·27>
⑨ 그 밖에 방송분쟁조정위원회의 구성과 운영, 분쟁의 조정 등에 관하여 필요한 사항은 대통령령으로 정한다. <개정 2016·1·27>
[본조신설 2006·10·27]

제35조의4(미디어다양성위원회) ① 방송통신위원회는 방송의 여론 다양성을 보장하기 위하여 미디어다양성위원회를 둔다.
② 미디어다양성위원회위원은 방송통신위원회위원장이 방송통신위원회의 의결을 거쳐 위촉한다.
③ 미디어다양성위원회의 직무는 다음 각 호와 같다.
1. 제69조의2에 따른 방송사업자의 시청점유율 조사 및 산정
2. 매체간 합산 영향력지수 개발
3. 여론 다양성 증진을 위한 조사·연구
4. 그 밖에 여론 다양성 보장을 위하여 필요

한 사항으로서 대통령령으로 정하는 사항
④ 제3항제2호의 매체간 합산 영향력지수는 2012년 12월 31일까지 개발을 완료한다.
⑤ 미디어다양성위원회의 구성과 운영 등에 필요한 사항은 대통령령으로 정한다.
〔본조신설 2009·7·31〕

제35조의5(방송시장경쟁상황평가위원회) ① 방송통신위원회는 방송시장(인터넷 멀티미디어 방송을 포함한다)의 효율적인 경쟁체제 구축과 공정한 경쟁 환경을 조성하기 위하여 방송시장경쟁상황평가위원회를 둔다.
② 방송시장경쟁상황평가위원회의 위원은 9명으로 하며, 방송통신위원회 위원장이 방송통신위원회의 동의를 받아 위촉한다.
③ 방송시장경쟁상황평가위원회는 방송사업자 및 「인터넷 멀티미디어 방송사업법」 제2조제5호에 따른 인터넷 멀티미디어 방송사업자(이하 "인터넷 멀티미디어 방송사업자"라 한다)에 대하여 제1항에 따른 경쟁상황 평가를 위하여 필요한 자료의 제출을 요청할 수 있다. <개정 2015·12·22>
④ 방송통신위원회는 매년 방송시장의 경쟁상황 평가를 실시하고 평가가 종료된 후 3개월 이내에 국회에 보고하여야 한다.
⑤ 경쟁상황 평가를 위한 구체적인 평가기준·절차·방법, 방송시장경쟁상황평가위원회의 구성 및 운영 등에 관하여 필요한 사항은 대통령령으로 정한다.
〔본조신설 2011·7·14〕

제36조부터 **제40조**까지 삭제 <2010·3·22>

제41조 및 **제42조** 삭제 <2008·2·29>

제42조의2(지역방송발전위원회의 설치) 방송통신위원회에 지역방송발전위원회를 둔다.
〔전부개정 2014·6·3〕

제42조의3 및 **제42조의4** 삭제 <2014·6·3>

제4장 한국방송공사

제43조(설치 등) ① 공정하고 건전한 방송문화를 정착시키고 국내외 방송을 효율적으로 실시하기 위하여 국가기간방송으로서 한국방송공사(이하 이 장에서 "공사"라 한다)를 설립한다.
② 공사는 법인으로 한다.
③ 공사의 주된 사무소의 소재지는 정관으로 정한다.
④ 공사는 업무수행을 위하여 필요한 때에는 이사회의 의결을 거쳐 지역방송국을 둘 수 있다.
⑤ 공사의 자본금은 3천억원으로 하고 그 전액을 정부가 출자한다.
⑥ 제5항의 자본금 납입의 시기와 방법은 기획재정부장관이 정하는 바에 따른다. <개정 2008·2·29>
⑦ 공사는 주된 사무소의 소재지에서 설립등기를 함으로써 성립한다.
⑧ 제7항에 따른 설립등기와 지역방송국의 설치등기, 이전등기, 변경등기, 그 밖에 공사의 등기에 관하여 필요한 사항은 대통령령으로 정한다. <개정 2020·6·9>

제44조(공사의 공적 책임) ① 공사는 방송의 목적과 공적 책임, 방송의 공정성과 공익성을 실현하여야 한다.
② 공사는 국민이 지역과 주변 여건과 관계없이 양질의 방송서비스를 제공받을 수 있도록 노력하여야 한다. <개정 2020·6·9>
③ 공사는 시청자의 공익에 기여할 수 있는 새로운 방송프로그램·방송서비스 및 방송기술을 연구하고 개발하여야 한다.
④ 공사는 국내외를 대상으로 민족문화를 창달하고, 민족의 동질성을 확보할 수 있는 방송프로그램을 개발하여 방송하여야 한다.
⑤ 공사는 방송의 지역적 다양성을 구현하고 지역사회의 균형 있는 발전에 이바지할 수 있는 양질의 방송프로그램을 개발하여 방송하여야 한다. <신설 2022·1·11>

제45조(정관의 기재사항) ① 공사의 정관에는 다음 각호의 사항을 기재하여야 한다. <개정 2020·6·9>
1. 목적
2. 명칭
3. 주된 사무소의 소재지
4. 공사의 조직과 이사장·이사·집행기관 및 직원에 관한 사항

5. 이사회의 운영에 관한 사항
6. 업무와 그 집행에 관한 사항
7. 시청자불만처리 및 시청자보호에 관한 사항
8. 정관의 변경에 관한 사항
9. 사채발행 및 차입에 관한 사항
10. 주식 또는 출자증권에 관한 사항
11. 손익금의 처리 등 회계에 관한 사항
12. 공고방법에 관한 사항
13. 그 밖에 대통령령으로 정하는 사항

② 공사가 정관을 변경하고자 할 때에는 방송통신위원회의 인가를 받아야 한다. <개정 2008·2·29>

③ 방송통신위원회는 제2항에 따른 인가의 신청을 받은 날부터 30일 이내에 인가 여부를 공사에 통지하여야 한다. <신설 2020·12·8>

④ 방송통신위원회가 제3항에서 정한 기간 내에 인가 여부 또는 민원 처리 관련 법령에 따른 처리기간의 연장을 공사에 통지하지 아니하면 그 기간(민원 처리 관련 법령에 따라 처리기간이 연장 또는 재연장된 경우에는 해당 처리기간을 말한다)이 끝난 날의 다음 날에 인가를 한 것으로 본다. <신설 2020·12·8>

제46조(이사회의 설치 및 운영 등) ① 공사는 공사의 독립성과 공공성을 보장하기 위하여 공사 경영에 관한 최고의결기관으로 이사회를 둔다.

② 이사회는 이사장을 포함한 이사 11인으로 구성한다.

③ 이사는 각 분야의 대표성을 고려하여 방송통신위원회에서 추천하고 대통령이 임명한다. <개정 2008·2·29>

④ 이사장은 이사회에서 호선한다.

⑤ 이사장을 포함한 이사는 비상임으로 한다.

⑥ 이사장은 이사회를 소집하고 그 회의의 의장이 된다.

⑦ 이사회는 재적이사 과반수의 찬성으로 의결한다.

⑧ 이사장이 부득이한 사유로 직무를 수행할 수 없을 때에는 정관으로 정하는 바에 따라 다른 이사가 그 직무를 대행한다. <개정 2020·6·9>

⑨ 이사회의 회의는 공개한다. 다만, 다음 각 호의 어느 하나에 해당하는 경우에는 이사회의 의결로 공개하지 아니할 수 있다. <신설 2014·5·28>
1. 다른 법령에 따라 비밀로 분류되거나 공개가 제한된 내용이 포함되어 있는 경우
2. 공개하면 개인·법인 및 단체의 명예를 훼손하거나 정당한 이익을 해칠 우려가 있다고 인정되는 경우
3. 감사·인사관리 등에 관한 사항으로 공개하면 공정한 업무수행에 현저한 지장을 초래할 우려가 있는 경우

제47조(이사의 임기) ① 이사의 임기는 3년으로 한다.

② 이사의 결원이 생겼을 때에는 결원된 날부터 30일 이내에 제46조에 따라 그 보궐이사를 임명하여야 하며, 보궐이사의 임기는 전임자 임기의 남은 기간으로 한다. <개정 2019·12·10, 2020·6·9>

③ 임기가 만료된 이사는 그 후임자가 임명될 때까지 그 직무를 행한다.

제48조(이사의 결격사유) ① 다음 각 호의 어느 하나에 해당하는 사람은 공사의 이사가 될 수 없다. <개정 2020·6·9>
1. 대한민국 국적을 가지지 아니한 사람
2. 「정당법」 제22조에 따른 당원 또는 당원의 신분을 상실한 날부터 3년이 지나지 아니한 사람
3. 「국가공무원법」 제33조 각 호의 어느 하나에 해당하는 사람
4. 「공직선거법」 제2조에 따른 선거에 의하여 취임하는 공직에서 퇴직한 날부터 3년이 지나지 아니한 사람
5. 「공직선거법」 제2조에 따른 대통령선거에서 후보자의 당선을 위하여 방송, 통신, 법률, 경영 등에 대하여 자문이나 고문의 역할을 한 날부터 3년이 지나지 아니한 사람
6. 「대통령직 인수에 관한 법률」 제6조에 따른 대통령직인수위원회 위원의 신분을 상

실한 날부터 3년이 지나지 아니한 사람

② 제1항제5호에 따른 자문이나 고문의 역할을 한 사람의 구체적인 범위는 대통령령으로 정한다.

〔전부개정 2014·5·28〕

제49조(이사회의 기능) ① 이사회는 다음 각호의 사항을 심의·의결한다. <개정 2020·6·9>

1. 공사가 행하는 방송의 공적 책임에 관한 사항
2. 공사가 행하는 방송의 기본운영계획
3. 예산·자금계획
4. 예비비의 사용 및 예산의 이월
5. 결산
6. 공사의 경영평가 및 공표
7. 사장·감사의 임명제청 및 부사장 임명동의
8. 지역방송국의 설치 및 폐지
9. 기본재산의 취득 및 처분
10. 장기차입금의 차입 및 사채의 발행과 그 상환계획
11. 손익금의 처리
12. 다른 기업체에 대한 출자
13. 정관의 변경
14. 정관으로 정하는 규정의 제정·개정 및 폐지
15. 그 밖에 이사회가 특히 필요하다고 인정하는 사항

② 이사회는 특히 필요하다고 인정하는 경우에는 감사에게 공사에 대한 감사를 요청할 수 있다.

제50조(집행기관) ① 공사에 집행기관으로서 사장 1인, 2인 이내의 부사장, 8인 이내의 본부장 및 감사 1인을 둔다.

② 사장은 이사회의 제청으로 대통령이 임명한다. 이 경우 사장은 국회의 인사청문을 거쳐야 한다. <개정 2014·5·28>

③ 이사회가 제2항에 따라 사장을 제청하는 때에는 그 제청기준과 제청사유를 제시하여야 한다. <개정 2020·6·9>

④ 감사는 이사회의 제청으로 방송통신위원회에서 임명한다. <개정 2008·2·29>

⑤ 부사장과 본부장은 사장이 임명한다. 다만, 부사장을 임명할 경우에는 이사회의 동의를 얻어야 한다.

⑥ 집행기관의 임기 및 결격사유에 대하여는 제47조 및 제48조의 이사에 관한 규정을 준용한다.

제51조(집행기관의 직무등) ① 사장은 공사를 대표하고, 공사의 업무를 총괄하며, 경영성과에 대하여 책임을 진다.

② 사장이 부득이한 사유로 그 직무를 수행할 수 없을 때에는 부사장이 그 직무를 대행하고 부사장이 부득이한 사유로 그 직무를 수행할 수 없을 때에는 정관으로 정하는 자가 그 직무를 대행한다. <개정 2020·6·9>

③ 사장은 정관으로 정하는 바에 의하여 직원 중에서 공사의 업무에 관한 모든 재판상 또는 재판외의 행위를 할 수 있는 권한을 가진 대리인을 선임할 수 있다. <개정 2020·6·9>

④ 감사는 공사의 업무 및 회계에 관한 사항을 감사한다.

⑤ 사장과 감사는 이사회에 출석하여 의견을 진술할 수 있다.

제52조(직원의 임면) 공사의 직원은 정관으로 정하는 바에 따라 사장이 임면한다. <개정 2020·6·9>

제53조(이사·집행기관과 직원의 직무상 의무) ① 공사의 이사·집행기관은 공사와 거래를 할 수 없으며, 이사는 본인 또는 「민법」 제777조에 규정된 친족관계에 있는 자의 이해와 관련된 사항에 대하여는 이사회의 심의·의결에 관여할 수 없다. <신설 2007·1·26>

② 공사의 집행기관 및 직원은 그 직무외의 영리를 목적으로 하는 직무에 종사하지 못한다.

③ 공사의 집행기관 또는 직원이나 그 직에 있었던 사람은 그 직무상 알게 된 공사의 비밀을 누설하거나 도용하여서는 아니된다. <개정 2020·6·9>

제54조(업무) ① 공사는 다음 각호의 업무를 행한다. <개정 2013·8·13, 2020·6·9>

1. 라디오방송의 실시
2. 텔레비전방송의 실시

3. 위성방송 등 새로운 방송매체를 통한 방송의 실시
4. 방송시설의 설치·운영 및 관리
5. 국가에 필요한 대외방송(국제친선 및 이해증진과 문화·경제교류 등을 목적으로 하는 방송)과 사회교육방송(외국에 거주하는 한민족을 대상으로 민족의 동질성을 증진할 목적으로 하는 방송)의 실시
6. 「한국교육방송공사법」에 의한 한국교육방송공사가 행하는 방송의 송신 지원
7. 시청자 불만처리와 시청자 보호를 위한 기구의 설치 및 운영
8. 전속단체의 운영·관리
9. 방송문화행사의 수행 및 방송문화의 국제교류
10. 방송에 관한 조사·연구 및 발전
11. 제1호부터 제10호까지의 업무에 부대되는 수익사업

② 국가는 제1항제5호에 해당하는 업무에 대하여 보조금을 지원할 수 있다.

③ 공사는 이사회의 의결을 거쳐 제1항 각호에 해당하는 업무 또는 이와 유사한 업무를 행하는 법인에 대하여 그 자본금의 전부 또는 일부를 출자할 수 있다.

제55조(회계처리) ① 공사의 회계연도는 정부의 회계연도에 의한다.

② 공사의 회계처리의 기준과 절차 등에 관하여는 기업회계기준 및 「정부기업예산법」을 준용한다. <개정 2008·12·31>

제55조의2(이사·집행기관의 보수 등의 공개) 이사회는 다음 각 호의 사항을 대통령령으로 정하는 바에 따라 분기별로 홈페이지 등을 통하여 공개하여야 한다.

1. 이사·집행기관의 보수, 각종 수당 내역
2. 이사·집행기관의 업무추진비 수령 및 집행 내역
3. 그 밖에 대통령령으로 정하는 사항

〔본조신설 2021·10·19〕

제56조(재원) 공사의 경비는 제64조에 따른 텔레비전방송수신료로 충당하되, 목적업무의 적정한 수행을 위하여 필요한 경우에는 방송광고수입 등 대통령령으로 정하는 수입으로 충당할 수 있다. <개정 2020·6·9>

제57조(예산의 편성) ① 공사의 예산은 사장이 편성하고 이사회의 의결로 확정된다. 예산이 확정된 후 발생한 운영계획의 변경, 그 밖의 불가피한 사유로 인하여 예산을 변경하는 경우에도 또한 같다. <개정 2020·6·9>

② 공사의 사장은 천재·지변이나 그 밖의 부득이한 사유로 회계연도 개시 전까지 예산이 확정되지 아니한 경우에는 전년도 예산에 준하여 예산을 운영할 수 있다. 이 경우 준예산에 의하여 집행된 예산은 이를 해당연도의 예산에 의하여 집행된 것으로 본다. <개정 2019·12·10, 2020·6·9>

제58조(운영계획의 수립) ① 공사의 사장은 제57조에 따라 예산이 확정된 때에는 지체없이 이사회의 의결을 거쳐 해당연도의 예산에 따른 운영계획을 수립하여야 한다. <개정 2019·12·10, 2020·6·9>

② 공사의 사장은 제1항에 따라 수립한 해당연도의 운영계획을 예산이 확정된 후 2개월 이내에 방송통신위원회에 제출하여야 한다. <개정 2008·2·29, 2019·12·10, 2020·6·9>

제59조(결산서의 제출) ① 공사의 사장은 매 회계연도 종료 후 2개월 이내에 전 회계연도의 결산서를 방송통신위원회에 제출하여야 한다. <개정 2008·2·29, 2013·8·13, 2020·6·9>

② 제1항의 결산서에는 다음 각호의 서류로서 대통령령으로 정하는 서류를 첨부하여야 한다. <개정 2013·8·13>

1. 재무제표와 그 부속서류
2. 그 밖에 결산의 내용을 명확하게 함에 필요한 서류로서 대통령령으로 정하는 서류

③ 방송통신위원회는 매년 3월 31일까지 제1항에 따른 결산서와 제2항의 서류(이하 이 조에서 "결산서등"이라 한다)를 감사원에 제출하여야 한다. <개정 2008·2·29, 2013·8·13, 2018·3·13>

④ 감사원은 제3항에 따라 제출받은 결산서등을 검사하고 그 결과를 5월 20일까지 방송통신위원회에 송부하여야 한다. <개정 2008·2·29, 2013·8·13, 2018·3·13>

⑤ 방송통신위원회는 제3항에 따른 결산서

등에 제4항에 따른 감사원의 검사 결과를 첨부하여 5월 31일까지 국회에 제출하여야 한다. <신설 2013·8·13, 2018·3·13>
⑥ 공사의 결산은 국회의 승인을 받아 확정되고, 공사의 사장은 이를 공표하여야 한다. <신설 2013·8·13>

제60조(부동산의 취득 등의 보고) 공사가 부동산을 취득 또는 처분하거나 취득할 당시의 목적을 변경하였을 때에는 지체없이 방송통신위원회에 보고하여야 한다. <개정 2008·2·29>

제61조(보조금등) 국가는 예산의 범위안에서 대통령령으로 정하는 바에 의하여 공사의 업무에 필요한 비용의 일부를 보조하거나 재정자금을 융자할 수 있으며 공사의 사채를 인수할 수 있다. <개정 2020·6·9>

제62조(물품구매 및 공사계약의 위탁) 공사의 사장은 필요하다고 인정할 때에는 공사의 수요물자의 구매나 시설공사계약의 체결을 조달청장에게 위탁할 수 있다.

제63조(감사) ① 공사의 감사는 내부감사와 외부감사로 구분한다.
② 내부감사는 정관으로 정하는 바에 따라 공사의 감사가 이를 실시한다. <개정 2020·6·9>
③ 공사의 외부감사는 「감사원법」에서 정하는 바에 따라 감사원이 이를 실시한다. <개정 2020·6·9>

제64조(텔레비전수상기의 등록과 수신료 납부) 텔레비전방송을 수신하기 위하여 텔레비전수상기(이하 "수상기"라 한다)를 소지한 자는 대통령령으로 정하는 바에 따라 공사에 그 수상기를 등록하고 텔레비전방송수신료(이하 "수신료"라 한다)를 납부하여야 한다. 다만, 대통령령으로 정하는 수상기에 대하여는 그 등록을 면제하거나 수신료의 전부 또는 일부를 감면할 수 있다. <개정 2020·6·9>

제65조(수신료의 결정) 수신료의 금액은 이사회가 심의·의결한 후 방송통신위원회를 거쳐 국회의 승인을 얻어 확정되고, 공사가 이를 부과·징수한다. <개정 2008·2·29>

제66조(수신료등의 징수) ① 공사는 제65조에 따라 수신료를 징수하는 경우 수신료를 납부하여야 할 자가 그 납부기간내에 이를 납부하지 아니할 때에는 그 수신료의 100분의 5의 범위안에서 대통령령으로 정하는 비율에 상당하는 금액을 가산금으로 징수한다. <개정 2020·6·9>
② 공사는 제64조에 따른 등록을 하지 아니한 수상기의 소지자에 대하여 1년분의 수신료에 해당하는 추징금을 부과·징수할 수 있다. <개정 2020·6·9>
③ 공사는 제65조의 수신료와 제1항 및 제2항의 가산금 또는 추징금을 징수할 때 체납이 있는 경우에는 방송통신위원회의 승인을 얻어 국세체납처분의 예에 의하여 이를 징수할 수 있다. <개정 2008·2·29, 2020·6·9>

제67조(수상기 등록 및 징수의 위탁) ① 공사는 제66조에 따른 수신료의 징수업무를 시·도지사에게 위탁할 수 있다. <개정 2020·6·9>
② 공사는 수상기의 생산자·판매인·수입판매인 또는 공사가 지정하는 자에게 수상기의 등록업무 및 수신료의 징수업무를 위탁할 수 있다.
③ 공사가 제1항 및 제2항에 따라 수신료 징수업무를 위탁한 경우에는 대통령령으로 정하는 바에 따라 수수료를 지급하여야 한다. <개정 2020·6·9>

제68조(수신료의 사용) 공사는 제65조 및 제66조에 따라 징수된 수신료를 대통령령으로 정하는 바에 따라 「한국교육방송공사법」에 의한 한국교육방송공사의 재원으로 지원할 수 있다. <개정 2013·8·13, 2020·6·9>

제5장 방송사업의 운영 등

제69조(방송프로그램의 편성등) ① 방송사업자는 방송프로그램을 편성할 때 공정성·공공성·다양성·균형성·사실성 등에 적합하도록 하여야 한다. <개정 2020·6·9>
② 종합편성을 행하는 방송사업자는 정치·경제·사회·문화 등 각 분야의 사항이 균형있게 표현될 수 있도록 하여야 한다.
③ 종합편성을 행하는 방송사업자는 방송프로그램을 편성할 때 대통령령으로 정하는 기

준에 따라 보도·교양 및 오락에 관한 방송프로그램을 포함하여야 하고, 그 방송프로그램 상호간에 조화를 이루도록 편성하여야 한다. 이 경우 대통령령으로 정하는 주시청시간대(이하 "주시청시간대"라 한다)에는 특정 방송분야의 방송프로그램이 편중되어서는 아니된다. <개정 2020·6·9>

④ 전문편성을 하는 방송사업자는 허가 또는 승인을 받거나 등록 또는 신고를 한 주된 방송분야가 충분히 반영될 수 있도록 대통령령으로 정하는 기준에 따라 방송프로그램을 편성하여야 한다. <개정 2020·6·9, 2024·10·22>

⑤ 전문편성을 하는 방송사업자가 허가 또는 승인을 받거나 등록 또는 신고를 한 주된 방송분야 이외에 부수적으로 편성할 수 있는 방송프로그램의 범위와 종류는 대통령령으로 정한다. <신설 2006·10·27, 2024·10·22>

⑥ 한국방송공사 및 특별법에 의한 방송사업자, 방송문화진흥회법에 의한 방송문화진흥회가 출자한 방송사업자 및 그 방송사업자가 출자한 방송사업자를 제외한 지상파방송사업자는 다른 한 방송사업자의 제작물을 대통령령으로 정하는 비율 이상 편성하여서는 아니된다. <개정 2020·6·9>

⑦ 한국방송공사는 대통령령으로 정하는 바에 의하여 시청자가 직접 제작한 시청자 참여프로그램을 편성하여야 한다. <개정 2020·6·9>

⑧ 방송사업자는 장애인의 시청을 도울 수 있도록 한국수어·폐쇄자막·화면해설 등을 이용한 방송(이하 "장애인방송"이라 한다)을 하여야 한다. 이 경우 방송통신위원회는 방송사업자가 장애인방송을 하는 데 필요한 경비 및 장애인방송을 시청하기 위한 수신기의 보급에 필요한 경비의 전부 또는 일부를 「방송통신발전 기본법」 제24조에 따른 방송통신발전기금에서 지원할 수 있다. <개정 2011·7·14, 2013·3·23, 2014·5·28, 2016·2·3>

⑨ 제 8 항에 따라 장애인방송을 하여야 하는 방송사업자의 범위, 장애인방송의 대상이 되는 방송프로그램의 종류와 그 이행에 필요한 사항은 대통령령으로 정한다. <신설 2011·7·14>

⑩ 공동체라디오방송사업자는 청취자 참여프로그램을 매월 전체 방송시간의 100분의 50 범위 안에서 대통령령으로 정하는 비율 이상 편성하여야 한다. <신설 2006·10·27, 2020·6·9>

⑪ 공동체라디오방송사업자가 다른 공동체라디오방송사업자의 제작물을 편성할 수 있는 방송시간은 매월 전체 방송시간의 100분의 50 범위에서 대통령령으로 정하는 비율 이상 편성하여서는 아니 된다. <신설 2015·12·22>

⑫ 방송사업자는 우리말의 보존과 보호를 위하여 외국어 영화·애니메이션 등의 방송프로그램을 방송할 때에는 외국어로 된 대사를 한국어 음성으로 제공하도록 노력하여야 한다. 이 경우 방송통신위원회는 이에 소요되는 경비를 「방송통신발전 기본법」 제24조에 따른 방송통신발전기금에서 지원할 수 있다. <신설 2024·1·30>

제69조의2(시청점유율 제한) ① 방송사업자의 시청점유율(전체 텔레비전 방송에 대한 시청자의 총 시청시간 중 특정 방송채널에 대한 시청시간이 차지하는 비율을 말한다. 이하 같다)은 100분의 30을 초과할 수 없다. 다만, 정부 또는 지방자치단체가 전액 출자한 경우에는 그러하지 아니하다.

② 제 1 항에 따른 방송사업자의 시청점유율은 해당 방송사업자의 시청점유율에 특수관계자 등의 시청점유율(해당 방송사업자의 특수관계자의 시청점유율 및 해당 방송사업자가 주식 또는 지분을 소유하고 있는 다른 방송사업자의 시청점유율을 말한다. 이하 같다)을 합산하여 산정한다. 이 경우 특수관계자 등의 시청점유율은 가중치를 다르게 부여하여 산정할 수 있고, 일간신문을 경영하는 법인(특수관계자를 포함한다)이 방송사업을 겸영하거나 주식 또는 지분을 소유하는 경우에는 그 일간신문의 구독률을 대통령령으로 정하는 바에 따라 일정한 비율의 시청점유율로 환산하여 해당 방송사업자의 시청점유율에 합산한다.

③ 제 1 항 및 제 2 항에 따른 시청점유율 산정의 구체적인 기준·방법 등 필요한 사항은 대통령령으로 정하는 바에 따라 미디어다

양성위원회의 심의를 거쳐 방송통신위원회가 고시로 정한다.
④ 과학기술정보통신부장관 또는 방송통신위원회는 제 2 항에 따라 산정한 시청점유율을 제 9 조에 따른 허가·승인, 제15조의2에 따른 변경승인, 제17조에 따른 재허가 등의 심사에 반영하여야 한다. <개정 2013·3·23, 2017·7·26>
⑤ 방송통신위원회는 제 1 항에 따른 시청점유율을 초과하는 사업자에 대하여는 방송사업 소유제한, 방송광고시간 제한, 방송시간의 일부양도 등 필요한 조치를 명할 수 있다. 이 경우 필요한 조치의 구체적인 내용은 대통령령으로 정한다.
〔본조신설 2009·7·31〕

제70조(채널의 구성과 운용) ① 이동멀티미디어방송을 행하는 지상파방송사업자·종합유선방송사업자 및 위성방송사업자는 특정 방송분야에 편중되지 아니하고 다양성이 구현되도록 대통령령으로 정하는 바에 의하여 채널을 구성·운용하여야 한다. <개정 2004·3·22, 2020·6·9>
② 이동멀티미디어방송을 행하는 지상파방송사업자·종합유선방송사업자 및 위성방송사업자는 대통령령으로 정하는 범위를 초과하여 방송채널을 직접 사용하거나 해당 방송사업자의 특수관계자 또는 특정 방송채널사용사업자에게 채널을 임대하여서는 아니된다. <개정 2004·3·22, 2019·12·10, 2020·6·9>
③ 종합유선방송사업자 및 위성방송사업자(이동멀티미디어방송을 행하는 위성방송사업자는 제외한다)는 대통령령으로 정하는 바에 의하여 국가가 공공의 목적으로 이용할 수 있는 채널(이하 "공공채널"이라 한다), 종교의 선교목적을 지닌 채널 및 장애인의 복지를 위한 채널을 두어야 한다. <개정 2004·3·22, 2012·1·17, 2020·6·9>
④ 종합유선방송사업자는 대통령령으로 정하는 바에 의하여 지역정보 및 방송프로그램 안내와 공지사항 등을 제작·편성 및 송신하는 지역채널을 운용하여야 한다. <개정 2013·3·23, 2020·6·9, 2023·4·6>
⑤ 중계유선방송사업자는 과학기술정보통신부령으로 정하는 바에 의하여 방송프로그램 안내와 공지사항 등을 제작·편성 및 송신하는 공지채널을 운용할 수 있다. 다만, 공지채널의 경우에는 보도·논평 또는 광고에 관한 사항은 송출할 수 없다. <개정 2008·2·29, 2013·3·23, 2017·7·26>
⑥ 중계유선방송사업자가 운용할 수 있는 채널은 다음 각 호의 방송을 중계송신하는 채널로 한정한다. 다만, 하나의 중계유선방송사업자가 운용하는 전체 채널은 31개를 초과할 수 없으며, 녹음·녹화채널은 전체 운용채널의 5분의 1을 초과할 수 없다. <신설 2015·3·13, 2017·7·26>
1. 지상파방송(텔레비전방송만 해당한다)
2. 공공채널에서 하는 방송
3. 종교의 선교목적을 지닌 채널에서 하는 방송
4. 장애인의 복지를 위한 채널에서 하는 방송
5. 제 8 항에 따른 공익채널에서 하는 방송
6. 국가기관·공익법인 또는 비영리법인이 하는 방송으로서 해당 방송분야의 공익성 및 사회적 필요성을 고려하여 과학기술정보통신부장관이 방송통신위원회와 협의하여 고시하는 채널에서 하는 방송
⑦ 종합유선방송사업자 및 위성방송사업자는 과학기술정보통신부령으로 정하는 바에 의하여 시청자가 자체 제작한 방송프로그램의 방송을 요청하는 경우에는 특별한 사유가 없으면 이를 방송하여야 한다. <개정 2008·2·29, 2011·7·14, 2013·3·23, 2017·7·26, 2020·6·9>
⑧ 종합유선방송사업자, 위성방송사업자(이동멀티미디어방송을 행하는 위성방송사업자는 제외한다)는 해당 방송분야의 공익성 및 사회적 필요성을 고려하여 방송통신위원회가 고시한 방송분야에 속하는 채널(이하 "공익채널"이라 한다)을 운용하여야 한다. 이 경우 공익채널의 선정절차, 선정기준, 운용범위 그 밖의 필요한 사항은 대통령령으로 정한다. <신설 2007·1·26, 2008·2·29, 2019·12·10>
⑨ 제 4 항에 따른 지역채널에서는 지역보도 외의 보도, 특정 사안에 대한 해설·논평을 금지한다. 다만, 공공채널의 보도나 해설·논평, 그 밖의 방송프로그램을 편성·송신

하는 경우에는 그러하지 아니하다. <신설 2023·4·6>

제70조의2(디지털 방송프로그램의 음량기준 등) ① 과학기술정보통신부장관은 방송사업자가 디지털 방송프로그램(방송광고를 포함한다. 이하 이 조에서 같다)의 음량을 일정하게 유지하여 채널을 운용하도록 표준 음량기준을 정하여 고시하여야 한다. <개정 2017·7·26>

② 과학기술정보통신부장관은 디지털 방송프로그램의 음량이 제1항에 따른 표준 음량기준에 적합하지 아니한 경우에는 이의 시정이나 그 밖에 필요한 조치를 명할 수 있다. <개정 2017·7·26>

[본조신설 2014·5·28]

제71조(국내 방송프로그램의 편성) ① 방송사업자는 해당 채널의 전체 프로그램중 국내에서 제작된 방송프로그램을 대통령령으로 정하는 바에 따라 일정한 비율 이상 편성하여야 한다. <개정 2019·12·10, 2020·6·9>

② 방송사업자는 연간 방송되는 영화·애니메이션 및 대중음악중 국내에서 제작된 영화·애니메이션 및 대중음악을 대통령령으로 정하는 바에 따라 일정한 비율 이상 편성하여야 한다. <개정 2004·3·22, 2012·1·17, 2020·6·9>

③ 지상파방송사업자·종합편성을 행하는 방송채널사용사업자 및 연간 전체 방송시간 중 대통령령으로 정하는 비율 이상 애니메이션을 편성하는 방송채널사용사업자는 해당 채널에서 연간 방송되는 전체 프로그램 중 국내에서 제작된 애니메이션을 시청률, 매출액 등을 고려하여 대통령령으로 정하는 바에 따라 일정한 비율 이상 신규로 편성하여야 한다. 다만, 대통령령으로 정하는 지역을 방송구역으로 하는 지상파방송사업자는 제외한다. <신설 2012·1·17>

④ 방송사업자는 다양한 국제문화 수용을 보장하기 위하여 연간 방송되는 외국 수입 영화·애니메이션 및 대중음악 중 한 국가에서 제작한 영화·애니메이션 및 대중음악이 대통령령으로 정하는 바에 따라 일정한 비율 이상을 초과하지 아니하도록 편성하여야 한다. <개정 2012·1·17, 2020·6·9>

⑤ 방송사업자가 국내에서 제작된 애니메이션을 주시청시간대에 편성한 경우 제2항에 따른 편성비율을 산정할 때 대통령령으로 정하는 바에 따라 가중치를 둘 수 있다. <신설 2012·1·17>

⑥ 제1항부터 제4항까지의 규정에 따른 국내에서 제작된 방송프로그램 등의 구별기준은 대통령령으로 정하고, 편성비율은 방송매체와 방송분야별 특성 등을 고려하여 차등을 둘 수 있다. <개정 2012·1·17>

제72조(순수외주제작 방송프로그램의 편성) ① 방송사업자는 해당 채널의 전체 방송프로그램중 국내에서 해당 방송사업자나 그 특수관계자가 아닌 자가 제작한 방송프로그램(이하 "순수외주제작 방송프로그램"이라 한다)을 대통령령으로 정하는 바에 따라 일정한 비율 이상 편성하여야 한다. <개정 2015·6·22, 2019·12·10, 2020·6·9>

② 삭제 <2015·6·22>

③ 종합편성을 행하는 방송사업자는 순수외주제작 방송프로그램을 주시청시간대에 대통령령으로 정하는 바에 따라 일정한 비율 이상 편성하여야 한다. <개정 2015·6·22, 2020·6·9>

④ 제1항에 따른 순수외주제작 방송프로그램의 편성비율은 방송매체와 방송분야별 특성 등을 고려하여 차등을 둘 수 있다. <개정 2015·6·22, 2020·6·9>

제73조(방송광고등) ① 방송사업자는 방송광고와 방송프로그램이 혼동되지 아니하도록 명확하게 구분하여야 하며, 어린이를 주 시청대상으로 하는 방송프로그램의 방송광고시간 및 전후 토막광고시간에는 대통령령으로 정하는 바에 따라 반드시 광고임을 밝히는 자막을 표기하여 어린이가 방송프로그램과 방송광고를 구분할 수 있도록 하여야 한다. <개정 2006·10·27, 2020·6·9>

② 방송광고의 종류는 다음 각 호와 같고, 방송광고의 허용범위·시간·횟수 또는 방법 등에 관하여 필요한 사항은 대통령령으로 정한다. <개정 2005·5·18, 2009·7·31, 2016·1·27>

1. 방송프로그램광고 : 방송프로그램의 전후

(방송프로그램 시작타이틀 고지 후부터 본방송프로그램 시작 전까지 및 본방송프로그램 종료 후부터 방송프로그램 종료타이틀 고지 전까지를 말한다)에 편성되는 광고
2. 중간광고 : 1개의 동일한 방송프로그램이 시작한 후부터 종료되기 전까지 사이에 그 방송프로그램을 중단하고 편성되는 광고
3. 토막광고 : 방송프로그램과 방송프로그램 사이에 편성되는 광고
4. 자막광고 : 방송프로그램과 관계없이 문자 또는 그림으로 나타내는 광고
5. 시보광고 : 현재시간 고지 시 함께 방송되는 광고
6. 가상광고 : 방송프로그램에 컴퓨터 그래픽을 이용하여 만든 가상의 이미지를 삽입하는 형태의 광고
7. 간접광고 : 방송프로그램 안에서 상품, 상표, 회사나 서비스의 명칭이나 로고 등을 노출시키는 형태의 광고

③ 상품소개 및 판매에 관한 전문편성을 행하는 방송의 경우에는 해당 상품소개 및 판매에 관한 방송내용물은 이를 방송광고로 보지 아니한다. <개정 2019·12·10>

④ 방송사업자 및 전광판방송사업자는 공공의 이익을 증진시킬 목적으로 제작된 비상업적 공익광고를 대통령령으로 정하는 비율 이상 편성하여야 한다. <개정 2020·6·9>

⑤ 외주제작사는 방송프로그램을 제작하는 경우에 간접광고를 판매할 수 있다. <신설 2016·1·27>

⑥ 방송사업자와 외주제작사는 제5항에 따른 간접광고가 제2항 및 제33조제1항의 심의규정과 제86조에 따른 자체심의 기준을 위반하는지에 관하여 대통령령으로 정한 절차 등에 따라 간접광고 판매 위탁 또는 판매계약 체결 전까지 합의하고, 합의된 내용을 준수하여야 한다. <신설 2016·1·27>

⑦ 외주제작사는 제86조에 따른 방송사업자의 자체심의에 필요한 기간 전까지 방송사업자에게 간접광고가 포함된 방송프로그램을 제출하여야 한다. <신설 2016·1·27>

⑧ 외주제작사가 제작한 방송프로그램이 「방송광고판매대행 등에 관한 법률」 제5조제1항 및 제2항에 따른 방송광고판매대행사업자(이하 "광고판매대행자"라 한다)가 위탁하는 방송광고만 할 수 있는 방송사업자의 채널에 편성될 경우 외주제작사는 대통령령으로 정하는 바에 따라 광고판매대행자에게 간접광고 판매를 위탁하여야 한다. <신설 2016·1·27>

제73조의2(방송광고 매출현황 자료 제출) 방송통신위원회는 이 법 또는 「방송광고판매대행 등에 관한 법률」 위반 여부에 대한 조사 또는 제재를 위하여 방송사업자(광고판매대행자에게 방송광고 판매를 위탁한 방송사업자의 경우 광고판매대행자를 말한다)에게 다음 각 호의 내용을 포함하는 방송광고 매출현황 자료의 제출을 요구할 수 있다. 자료제출 요구를 받은 방송사업자 및 광고판매대행자는 이에 따라야 한다.
1. 연간 방송광고 매출현황
2. 방송광고의 광고주별, 종류별, 방송프로그램별 연간 매출액
3. 그 밖에 방송통신위원회가 고시하는 사항
〔본조신설 2016·1·27〕

제74조(협찬고지) ① 방송사업자는 대통령령으로 정하는 범위안에서 협찬고지를 할 수 있다. <개정 2020·6·9>

② 협찬고지의 세부기준 및 방법 등에 관하여 필요한 사항은 방송통신위원회규칙으로 정한다. <개정 2008·2·29>

③ 방송사업자와 외주제작사는 협찬고지 대상 방송프로그램을 제작하는 경우에는 제2항에 따른 협찬고지 규칙을 준수하여야 한다. <신설 2016·1·27>

제75조 삭제 <2010·3·22>

제76조(방송프로그램의 공급 및 보편적 시청권 등) ① 방송사업자는 다른 방송사업자에게 방송프로그램을 공급할 때에는 공정하고 합리적인 시장가격으로 차별없이 제공하여야 한다.

② 방송통신위원회는 제76조의2의 규정에 따른 보편적시청권보장위원회의 심의를 거쳐 국민적 관심이 매우 큰 체육경기대회 그 밖의 주요 행사(이하 "국민관심행사등"이라고 한다)를 고시하여야 한다. 이 경우 방송

통신위원회는 문화체육관광부장관, 방송사업자 및 시청자의 의견을 들어야 한다. <신설 2007·1·26, 2008·2·29>

③ 국민관심행사등에 대한 중계방송권자 또는 그 대리인(이하 "중계방송권자등"이라 한다)은 일반국민이 이를 시청할 수 있도록 중계방송권을 다른 방송사업자에게도 공정하고 합리적인 가격으로 차별 없이 제공하여야 한다. <신설 2007·1·26>

④ 방송사업자는 제1항 및 제3항의 규정을 위반하는 행위에 관하여 방송통신위원회에 서면으로 신고할 수 있다. <신설 2007·1·26, 2008·2·29>

⑤ 방송통신위원회는 제4항의 규정에 따른 신고를 접수한 경우에는 제35조의3의 규정에 따른 방송분쟁조정위원회의 심의를 거쳐 60일 이내에 그 결과를 통보하여야 한다. <신설 2007·1·26, 2008·2·29>

제76조의2(보편적시청권보장위원회) ① 제76조제2항의 규정에 따른 국민관심행사등의 고시 등에 관한 업무의 원활한 수행을 위하여 방송통신위원회에 보편적시청권보장위원회를 둔다. <개정 2008·2·29>

② 보편적시청권보장위원회 위원은 방송통신위원회 위원장이 방송통신위원회의 동의를 얻어 7인 이내로 위촉한다. <개정 2008·2·29>

③ 보편적시청권보장위원회의 구성과 운영에 관하여 필요한 사항은 방송통신위원회규칙으로 정한다. <개정 2008·2·29>

[본조신설 2007·1·26]

제76조의3(보편적 시청권 보장을 위한 조치 등) ① 방송사업자 및 중계방송권자등은 제76조제3항의 규정에 따른 일반국민의 보편적 시청권을 보장하기 위하여 다음 각 호의 어느 하나에 해당하는 행위(이하 이 조에서 "금지행위"라 한다)를 하거나 제3자로 하여금 이를 하도록 하여서는 아니 된다. <개정 2016·1·27>

1. 중계방송권자등으로서 국민 전체가구 중 대통령령으로 정하는 비율 이상의 가구가 국민관심행사등을 시청할 수 있는 방송수단(이하 "보편적 방송수단"이라 한다)을 확보하지 아니하는 행위
2. 중계방송권을 확보하였음에도 불구하고 정당한 사유 없이 국민관심행사등을 보편적 방송수단을 통하여 실시간으로 방송하지 아니하는 행위
3. 정당한 사유 없이 중계방송권의 판매 또는 구매를 거부하거나 지연시키는 행위
4. 정당한 사유 없이 국민관심행사등에 대한 뉴스보도나 해설 등을 위한 자료화면을 방송사업자와 인터넷 멀티미디어 방송사업자 등에게 제공하지 아니하는 행위

② 방송통신위원회는 금지행위를 하였거나 제3자로 하여금 이를 하도록 한 방송사업자 및 중계방송권자등에 대하여 금지행위의 중지 등 필요한 시정조치를 명할 수 있다. 이 경우 방송통신위원회는 시정조치를 명하기 전에 당사자에게 기간을 정하여 의견진술의 기회를 주어야 한다. 다만, 당사자가 정당한 사유 없이 이에 응하지 아니하는 때에는 그러하지 아니한다. <개정 2008·2·29, 2016·1·27>

③ 방송통신위원회는 금지행위를 하였거나 제3자로 하여금 이를 하도록 하였는지에 대한 사실관계의 조사를 위하여 필요한 경우 대통령령으로 정하는 바에 따라 방송사업자 및 중계방송권자등에게 자료제출을 요청할 수 있고, 소속 공무원으로 하여금 방송사업자 및 중계방송권자등의 사무소 또는 사업장에 출입하여 조사를 하게 할 수 있다. <개정 2008·2·29, 2013·3·23, 2016·1·27, 2020·6·9>

④ 방송통신위원회는 방송사업자 및 중계방송권자등이 정당한 사유 없이 제2항의 규정에 따른 시정조치를 이행하지 아니하는 때에는 해당 중계방송권의 총계약금액에 100분의 5를 곱한 금액을 초과하지 아니하는 범위 안에서 과징금을 부과할 수 있다. <개정 2008·2·29, 2019·12·10>

⑤ 제3항의 규정에 따라 조사를 하는 공무원은 그 권한을 표시하는 증표를 지니고 이를 관계인에게 내보여야 한다. <개정 2013·3·23>

⑥ 금지행위의 세부적인 유형 및 기준에 관

하여 필요한 사항은 대통령령으로 정한다. <신설 2016·1·27>
〔본조신설 2007·1·26〕

제76조의4(중계방송권의 공동계약 권고) 방송통신위원회는 국민관심행사등에 대한 보편적 시청권을 보장하고 중계방송권 확보에 따른 과도한 경쟁을 방지하기 위하여 중계방송권 계약과 관련하여 방송사업자 또는 중계방송권자등에게 공동계약을 권고할 수 있다. <개정 2008·2·29, 2020·6·9>
〔본조신설 2007·1·26〕

제76조의5(중계방송의 순차편성 권고 등) ① 방송사업자는 국민관심행사등에 대한 중계방송권을 사용하는 경우 과다한 중복편성으로 인하여 시청자의 권익을 침해하지 아니하도록 하여야 하며, 채널별·매체별로 순차적으로 편성하기 위하여 노력하여야 한다. <개정 2020·6·9>
② 방송통신위원회는 제1항의 채널별·매체별 순차편성이 효율적으로 이루어질 수 있도록 방송사업자에 대하여 권고할 수 있다. <개정 2008·2·29>
〔본조신설 2007·1·26〕

제77조(유료방송의 이용약관 신고 등) ① 유료방송을 하려는 방송사업자·중계유선방송사업자 및 음악유선방송사업자는 이용요금·이용조건에 관한 약관(이하 "이용약관"이라 한다)을 정하여 과학기술정보통신부장관에게 신고하여야 하며, 신고한 이용약관을 변경하려는 경우에도 또한 같다.
② 이용약관은 다음 각 호의 요건을 모두 갖추어야 한다.
1. 이용요금을 명확하게 규정할 것
2. 제85조의2제1항제3호 및 제4호를 위반하는 내용이 없을 것
③ 과학기술정보통신부장관은 제1항에 따른 이용약관의 신고 또는 변경신고를 받은 경우 그 내용을 검토하여 제2항 각 호에 따른 요건을 갖추었는지 확인한 후 해당 신고를 수리하여야 한다.
④ 제1항에도 불구하고 다음 각 호의 어느 하나에 해당하는 이용요금의 경우에는 해당 이용약관에 대하여 과학기술정보통신부장관의 승인을 받아야 하며, 승인을 받은 이용약관을 변경하려는 경우에도 또한 같다.
1. 이용약관에서 정하는 최소채널상품(방송사업자·중계유선방송사업자 및 음악유선방송사업자가 제공하는 여러 개의 채널단위로 대가를 받는 유료방송 상품 중 가장 낮은 요금의 상품을 말한다. 이하 같다)의 요금
2. 방송사업자·중계유선방송사업자 및 음악유선방송사업자가 유료방송과 「전기통신사업법」 제2조제11호에 따른 기간통신역무를 제공하는 서비스를 묶어서 판매하는 상품의 요금
⑤ 과학기술정보통신부장관은 제4항에 따른 이용약관의 승인 또는 변경승인을 하려는 경우에는 다음 각 호의 기준을 충족하는지를 고려하여야 한다.
1. 이용약관에서 정하는 최소채널상품이 특정 방송 분야에 편중되지 아니할 것
2. 이용요금이 공급비용, 수익, 서비스 제공방식에 따른 비용절감, 공정한 경쟁 환경에 미치는 영향 등을 고려하여 합리적으로 산정되었을 것
⑥ 유료방송을 하는 방송사업자·중계유선방송사업자 및 음악유선방송사업자가 제1항 또는 제4항에 따라 이용약관을 변경한 경우에는 대통령령으로 정하는 바에 따라 변경된 사실을 이용자에게 통지하여야 한다.
⑦ 과학기술정보통신부장관은 이용약관이 현저히 부당하거나 제6항에 따른 이용약관 변경 통지를 소홀히 하여 시청자의 이익을 저해한다고 판단하는 경우에는 유료방송을 하는 방송사업자·중계유선방송사업자 및 음악유선방송사업자에게 상당한 기간을 정하여 그 이용약관의 변경 또는 재통지 등을 명할 수 있다.
⑧ 제1항부터 제7항까지의 규정에 따른 신고·변경신고·승인·변경승인의 절차·방법 및 기준 등에 관한 세부 사항은 대통령령으로 정한다.
〔전부개정 2022·1·11〕

제78조(재송신) ① 종합유선방송사업자·위성방송사업자(이동멀티미디어방송을 행하는 위성방송사업자는 제외한다) 및 중계유선방송사업자는 한국방송공사 및 「한국교육방송공사법」에 의한 한국교육방송공사가 행하는 지상파방송(라디오방송은 제외한다)을 수신하여 그 방송프로그램에 변경을 가하지 아니하고 그대로 동시에 재송신(이하 "동시재송신"이라 한다)하여야 한다. 다만, 지상파방송을 행하는 해당 방송사업자의 방송구역안에 해당 종합유선방송사업자 및 중계유선방송사업자의 방송구역이 포함되지 아니하는 경우에는 그러하지 아니하다. <개정 2002·4·20, 2004·3·22, 2013·8·13, 2019·12·10, 2020·6·9>

② 제1항에 따른 지상파방송사업자가 여러 개의 지상파방송 채널을 운용하는 경우, 제1항 본문에도 불구하고 동시재송신하여야 하는 지상파방송은 과학기술정보통신부장관이 지상파방송사업자별로 방송편성 내용 등을 고려하여 지정·고시하는 1개의 지상파방송 채널에 한정한다. <신설 2002·4·20, 2008·2·29, 2013·3·23, 2017·7·26, 2020·6·9>

③ 제1항에 따른 동시재송신의 경우에는 「저작권법」 제85조의 동시중계방송권에 관한 규정은 이를 적용하지 아니한다. <개정 2006·12·28, 2020·6·9>

④ 종합유선방송사업자, 중계유선방송사업자 및 위성방송사업자는 다음 각 호의 구분에 따른 지상파방송 동시재송신을 하려면 과학기술정보통신부장관의 승인을 받아야 한다. <개정 2015·3·13, 2017·7·26>

1. 종합유선방송사업자 및 중계유선방송사업자 : 해당 방송구역 외에서 허가받은 지상파방송사업자의 지상파방송 동시재송신
2. 위성방송사업자 : 지상파방송의 방송구역 외에서의 해당 지상파방송 동시재전송(제1항 및 제2항에 따른 동시재송신은 제외한다)

⑤ 삭제 <2007·7·27>

⑥ 제4항에 따른 재송신의 유형 및 승인의 요건·절차·유효기간 등에 관하여 필요한 사항은 대통령령으로 정한다. <개정 2002·4·20, 2006·10·27, 2007·7·27>

⑦ 삭제 <2015·12·22>

제78조의2(외국방송사업자의 국내 재송신 승인 등) ① 외국방송사업자(외국에 설치된 방송송출설비 또는 외국 인공위성의 무선설비를 이용하여 국내에서 수신되는 방송을 행하는 외국인을 말하며, 조약에 따라 이 법에 따른 방송을 할 수 있는 외국인을 포함한다. 이하 같다)가 그가 행하는 방송을 국내에서 방송사업자를 통하여 재송신하려면 과학기술정보통신부장관의 승인을 받아야 한다. 이 경우 특정 방송프로그램을 일시적으로 중계 송신하는 등 대통령령으로 정하는 기준에 해당하는 경우에는 재송신으로 보지 아니한다. <개정 2008·2·29, 2013·3·23, 2017·7·26>

② 과학기술정보통신부장관은 제1항에 따라 외국방송사업자의 승인 신청을 받은 경우에는 다음 각 호의 사항을 종합적으로 심사하여야 한다. <개정 2008·2·29, 2013·3·23, 2017·7·26>

1. 방송의 공정성·공익성의 실현 가능성
2. 국내 방송 및 영상산업에 미치는 영향
3. 국내 방송 및 영상산업 발전에 대한 기여 정도
4. 문화적 다양성 및 사회적 필요성
5. 국내 지사, 국내 사무소 또는 국내 대리인이 있는지 여부 및 그 국내 지사 등이 외국방송사업자로부터 재송신에 관하여 위임받은 권리와 의무에 관한 사항
6. 국제친선과 상호 이해 증진에 대한 기여 정도
7. 방송 내용이 제33조에 따른 심의규정, 그 밖에 「형법」, 「저작권법」 등 다른 법률의 규정에 위반될 가능성

③ 제1항에 따라 승인받은 외국방송사업자는 재송신하는 방송의 내용이 제33조에 따른 심의규정에 적합하게 하여야 한다.

④ 과학기술정보통신부장관은 직무수행을 위하여 필요하면 외국방송사업자(국내 지사, 국내 사무소 및 국내 대리인을 포함한다)에

게 관련 자료의 제출을 요구할 수 있다. <개정 2008·2·29, 2013·3·23, 2017·7·26>

⑤ 과학기술정보통신부장관은 제1항에 따라 승인을 받은 외국방송사업자가 다음 각 호의 어느 하나에 해당하면 제1항에 따른 승인을 취소할 수 있다. <개정 2008·2·29, 2013·3·23, 2017·7·26>

1. 방송 내용이 제3항에 위반되는 때
2. 승인조건을 이행하지 아니한 때
3. 방송 내용이 「형법」, 「저작권법」 등 다른 법률의 규정에 위반되는 때

⑥ 제1항에 따라 승인받은 외국방송사업자의 방송을 재송신하는 방송사업자를 제외하고는 누구든지 외국방송사업자의 방송을 재송신하여서는 아니 된다.

⑦ 방송사업자가 제1항에 따라 승인을 받은 외국방송사업자의 방송을 재송신할 수 있는 범위와 기준은 대통령령으로 정한다.

⑧ 제1항 및 제5항에 따른 승인과 승인 취소의 절차 등에 관하여 필요한 사항은 대통령령으로 정한다.

〔본조신설 2007·7·27〕

제79조(유선방송국설비 등에 관한 기술기준 등) ① 과학기술정보통신부장관은 유선방송국설비(종합유선방송국 및 중계유선방송·음악유선방송을 행하기 위한 설비를 포함한다. 이하 같다)의 설치 및 유지에 관한 사항과 전송·선로설비의 분계점 등에 필요한 기술기준(이하 "기술기준"이라 한다)을 정하여 고시하여야 한다. <개정 2008·2·29, 2013·3·23, 2017·7·26>

② 종합유선방송사업자·중계유선방송사업자 및 음악유선방송사업자는 대통령령으로 정하는 기한까지 기술기준이 정하는 바에 따라 유선방송국설비를 설치하여야 한다. <개정 2022·1·11>

③ 종합유선방송사업자·중계유선방송사업자 및 음악유선방송사업자는 전송·선로설비를 자체적으로 설치하거나 전송망사업자의 전송·선로설비 또는 「전기통신사업법」에 따른 기간통신사업자의 전기통신설비를 이용할 수 있으며, 종합유선방송사업자와 중계유선방송사업자는 전송·선로설비를 상호 이용할 수 있다. <개정 2010·3·22>

④ 종합유선방송사업자·중계유선방송사업자 및 음악유선방송사업자는 천재·지변이나 그 밖의 불가피한 사유로 대통령령으로 정하는 기한까지 유선방송국설비를 설치할 수 없는 때에는 대통령령으로 정하는 바에 의하여 과학기술정보통신부장관에게 설비설치기한의 연기를 요청할 수 있다. <개정 2008·2·29, 2013·3·23, 2017·7·26, 2020·6·9>

제80조(전송·선로설비 설치의 확인) 종합유선방송사업자·중계유선방송사업자 및 음악유선방송사업자가 전송·선로설비를 자체적으로 설치하는 때 또는 전송망사업자나 기간통신사업자가 종합유선방송사업자나 중계유선방송사업자와 전송·선로설비의 이용계약을 체결한 때에는 기술기준이 정하는 바에 의하여 전송·선로설비를 설치하고 과학기술정보통신부장관의 확인을 받아야 한다. 설치한 전송·선로설비를 변경한 때에도 또한 같다. <개정 2008·2·29, 2013·3·23, 2017·7·26>

제81조 및 **제82조** 삭제 <2016·1·27>

제83조(방송내용의 기록·보존) ① 방송사업자·중계유선방송사업자·전광판방송사업자 및 음악유선방송사업자는 방송일지에 방송내용(방송프로그램 및 방송광고를 포함한다)을 기록하여 비치하여야 하며, 특별한 사유가 없으면 방송 실시결과를 방송후 1개월 이내에 다음 각 호의 구분에 따라 과학기술정보통신부장관 또는 방송통신위원회에 제출하여야 한다. <개정 2008·2·29, 2009·7·31, 2013·3·23, 2017·7·26, 2020·6·9>

1. 제14조제6항제1호에 해당하는 방송사업자·중계유선방송사업자·전광판방송사업자 및 음악유선방송사업자 : 과학기술정보통신부장관
2. 제14조제6항제2호에 해당하는 방송사업자 : 방송통신위원회

② 방송사업자는 방송(재송신은 제외한다)된 방송프로그램(예고방송을 포함한다. 이하 같다) 및 방송광고의 원본 또는 사본을 방송후 6개월간 보존하여야 한다. <개정 2006·10·27, 2009·7·31, 2020·6·9>

③ 제 1 항에 따른 방송일지의 기록 및 방송실시결과의 제출시기 등과 제 2 항에 따른 사업자별 방송프로그램 및 방송광고의 원본 또는 사본의 보존 등에 관하여 필요한 사항은 소관 업무에 따라 과학기술정보통신부령 또는 방송통신위원회규칙으로 정한다. <개정 2008·2·29, 2009·7·31, 2013·3·23, 2017·7·26, 2020·6·9>

제84조(폐업 및 휴업의 신고 등) ① 방송사업자·중계유선방송사업자·음악유선방송사업자 및 전광판방송사업자가 그 업무를 폐업하거나 휴업하고자 하는 때에는 다음 각 호의 구분에 따라 과학기술정보통신부장관 또는 방송통신위원회에 신고하여야 한다. <개정 2007·1·26, 2008·2·29, 2013·3·23, 2017·7·26>

1. 지상파방송사업자, 공동체라디오방송사업자 및 종합편성이나 보도에 관한 전문편성을 행하는 방송채널사용사업자 : 방송통신위원회
2. 제 1 호의 방송사업자를 제외한 방송사업자, 중계유선방송사업자, 음악유선방송사업자 및 전광판방송사업자 : 과학기술정보통신부장관

② 과학기술정보통신부장관 또는 방송통신위원회는 제 1 항에 따른 폐업신고 또는 휴업신고를 받은 경우 그 내용을 검토하여 이 법에 적합하면 해당 신고를 수리하여야 한다. <신설 2022·1·11>

③ 방송사업자·중계유선방송사업자 및 음악유선방송사업자는 천재·지변 등 불가피한 사유가 있는 경우에만 휴업할 수 있다. <개정 2020·6·9>

④ 제 1 항부터 제 3 항까지의 규정에 따른 폐업 및 휴업의 신고절차 등에 필요한 사항은 소관 업무에 따라 과학기술정보통신부령 또는 방송통신위원회규칙으로 정한다. <개정 2022·1·11>

제85조(방송프로그램별 유료방송등의 적용배제) 방송프로그램별 유료방송을 행하는 방송사업자에 대하여는 제71조부터 제74조까지의 규정을 적용하지 아니한다. <개정 2010·3·22>

제85조의2(금지행위) ① 방송사업자·중계유선방송사업자·음악유선방송사업자·전광판방송사업자·전송망사업자(이하 "방송사업자등"이라 한다)는 사업자 간의 공정한 경쟁 또는 시청자의 이익을 저해하거나 저해할 우려가 있는 다음 각 호의 어느 하나에 해당하는 행위(이하 "금지행위"라 한다)를 하거나 제 3 자로 하여금 이를 하게 하여서는 아니 된다. <개정 2015·3·13, 2015·12·22>

1. 정당한 사유 없이 채널·프로그램의 제공 또는 다른 방송사업자등의 서비스 제공에 필수적인 설비에 대한 접근을 거부·중단·제한하거나 채널 편성을 변경하는 행위
2. 다른 방송사업자등에게 적정한 수익배분을 거부·지연·제한하는 행위
3. 부당하게 다른 방송사업자등의 방송시청을 방해하거나 서비스 제공계약의 체결을 방해하는 행위
4. 부당하게 시청자를 차별하여 현저하게 유리하거나 불리한 요금 또는 이용조건으로 방송 서비스를 제공하는 행위
5. 이용약관을 위반하여 방송서비스를 제공하거나 이용계약과 다른 내용으로 이용요금을 청구하는 행위
6. 방송서비스의 제공 과정에서 알게 된 시청자의 정보를 부당하게 유용하는 행위
7. 상품소개와 판매에 관한 전문편성을 하는 방송채널사용사업자가 납품업자에 대하여 방송편성을 조건으로 상품판매방송의 일자, 시각, 분량 및 제작비용을 불공정하게 결정·취소 또는 변경하는 행위
8. 방송사업자의 임직원 이외의 자의 요청에 의하여, 방송프로그램에 출연을 하려는 사람과 방송사업자 이외의 자 사이의 가처분 결정, 확정판결, 조정, 중재 등의 취지에 위반하여 방송프로그램 제작과 관계없는 사유로 방송프로그램에 출연을 하려는 사람을 출연하지 못하게 하는 행위

② 방송통신위원회는 방송사업자등이 금지행위를 한 경우 해당 사업자에게 금지행위의 중지, 계약조항의 삭제 또는 변경, 금지행위로 인하여 시정조치를 명령받은 사실의 공표 등 필요한 시정조치를 명할 수 있다. 이 경

우 제1항제7호에 해당하는 때에는 과학기술정보통신부장관에게 그 사실을 통보하여야 한다. <개정 2015·3·13, 2017·7·26>

③ 방송통신위원회는 공정거래위원회와 협의하여 방송사업자등이 금지행위를 한 경우 해당 사업자에게 대통령령으로 정하는 매출액에 100분의 2를 곱한 금액을 초과하지 아니하는 범위에서 과징금을 부과할 수 있다. 다만, 사업의 미개시나 사업 중단 등으로 인하여 매출액이 없거나 매출액 산정이 어려운 경우로서 대통령령으로 정하는 경우에는 5억원 이하의 금액을 과징금으로 부과할 수 있다.

④ 방송통신위원회는 금지행위의 위반 여부에 관한 사실관계의 조사를 위하여 필요한 경우 대통령령으로 정하는 바에 따라 방송사업자등에게 자료의 제출을 요청할 수 있다.

⑤ 금지행위의 세부적인 유형 및 기준에 필요한 사항은 대통령령으로 정한다.

⑥ 제1항을 위반한 방송사업자등의 행위에 대하여 방송통신위원회가 제2항에 따라 시정조치를 명하였거나 제3항에 따라 과징금을 부과한 경우에는 그 방송사업자등의 동일한 행위에 대하여 동일한 사유로 「독점규제 및 공정거래에 관한 법률」 및 「대규모유통업에서의 거래 공정화에 관한 법률」에 따른 시정조치를 명하거나 과징금을 부과할 수 없다. <개정 2015·3·13>

〔본조신설 2011·7·14〕

제6장 시청자의 권익보호

제86조(자체심의) ① 방송사업자는 자체적으로 방송프로그램을 심의할 수 있는 기구를 두고, 방송프로그램(보도에 관한 방송프로그램은 제외한다)이 방송되기 전에 이를 심의하여야 한다. 다만, 공동체라디오방송사업자의 경우에는 방송권역 청취자가 참여하는 방송평가회를 연 1회 이상 실시하여야 한다. <개정 2020·6·9>

② 방송사업자는 허위, 과장 등 시청자가 오인할 수 있는 내용이 담긴 방송광고를 방송하여서는 아니 된다. <신설 2009·7·31>

③ 방송사업자는 방송광고가 방송되기 전에 자체적으로 심의하거나 방송통신위원회에 신고한 방송 관련 기관 또는 단체에 위탁하여 심의할 수 있다. <신설 2009·7·31>

〔전부개정 2006·10·27〕

제87조(시청자위원회) ① 다음 각 호의 어느 하나에 해당하는 방송사업자는 시청자의 권익을 보호하기 위하여 시청자위원회를 두어야 한다. <개정 2017·3·14>

1. 종합편성을 행하는 방송사업자
2. 보도전문편성을 행하는 방송사업자
3. 상품소개와 판매에 관한 전문편성을 행하는 방송사업자

② 제1항에 따른 방송사업자는 각계의 시청자를 대표할 수 있는 자중에서 방송통신위원회규칙이 정하는 단체의 추천을 받아 시청자위원회의 위원을 위촉한다. <개정 2008·2·29, 2020·6·9>

③ 시청자위원회의 구성 및 운영에 관하여 필요한 사항은 대통령령으로 정한다.

제88조(시청자위원회의 권한과 직무) ① 시청자위원회의 권한과 직무는 다음과 같다. <개정 2020·6·9>

1. 방송편성에 관한 의견제시 또는 시정요구
2. 방송사업자의 자체심의규정 및 방송프로그램 내용에 관한 의견제시 또는 시정요구
3. 시청자평가원의 선임
4. 그 밖에 시청자의 권익보호와 침해구제에 관한 업무

② 시청자위원회의 대표자는 방송통신위원회에 출석하여 의견을 진술할 수 있다. <개정 2008·2·29>

제89조(시청자 평가프로그램) ① 종합편성 또는 보도전문편성을 행하는 방송사업자는 해당 방송사업자의 방송운영과 방송프로그램에 관한 시청자의 의견을 수렴하여 주당 60분 이상의 시청자 평가프로그램을 편성하여야 한다. <개정 2019·12·10>

② 시청자 평가프로그램에는 시청자위원회가 선임하는 1인의 시청자평가원이 직접 출연하여 의견을 진술할 수 있다.

③ 정부는 시청자평가원의 원활한 업무수행을 위하여 「방송통신발전 기본법」 제24조에 따른 방송통신발전기금에서 경비를 지원할 수 있다. <개정 2008·2·29, 2010·3·22, 2013·3·23>

제90조(방송사업자의 의무) ① 다음 각 호의 어느 하나에 해당하는 방송사업자는 제88조

제1항제1호 및 제2호에 따른 시청자위원회의 의견제시 또는 시정요구를 받은 경우에는 특별한 사유가 없으면 이를 수용하여야 한다. <개정 2017·3·14, 2020·6·9>

1. 종합편성을 행하는 방송사업자
2. 보도전문편성을 행하는 방송사업자
3. 상품소개와 판매에 관한 전문편성을 행하는 방송사업자

② 시청자위원회는 방송사업자가 시청자위원회의 의견제시 또는 시정요구의 수용을 부당하게 거부하는 경우에는 방송통신위원회에 시청자 불만처리를 요청할 수 있다. <개정 2008·2·29>

③ 제1항 각 호의 어느 하나에 해당하는 방송사업자는 시청자위원회가 제88조제1항 각 호에 따른 직무를 수행하기 위하여 필요한 자료의 제출 또는 관계자의 출석·답변을 요청하는 경우에는 특별한 사유가 없으면 그 요청에 따라야 한다. <개정 2017·3·14, 2020·6·9>

④ 제1항 각 호의 어느 하나에 해당하는 방송사업자는 시청자위원회의 심의결과 및 그 처리에 관한 사항을 방송통신위원회에 보고하여야 한다. 이 경우 방송통신위원회는 상품소개와 판매에 관한 전문편성을 행하는 방송사업자로부터 보고받은 사항을 과학기술정보통신부장관에게 통지하여야 한다. <개정 2008·2·29, 2017·3·14, 2017·7·26>

⑤ 제1항 각 호의 어느 하나에 해당하는 방송사업자는 대통령령으로 정하는 바에 의하여 시청자가 요구하는 방송사업에 관한 정보를 공개하여야 한다. <개정 2017·3·14, 2020·6·9>

제90조의2(시청자미디어재단) ① 방송통신위원회는 시청자의 방송참여와 권익증진 등을 위하여 시청자미디어재단을 설립한다. <개정 2014·5·28, 2015·12·22>

② 시청자미디어재단은 법인으로 한다. <개정 2014·5·28, 2015·12·22>

③ 시청자미디어재단은 정관으로 정하는 바에 따라 임원과 필요한 직원을 둔다. <신설 2014·5·28, 2015·12·22>

④ 시청자미디어재단은 다음 각 호의 사업을 한다. <신설 2014·5·28, 2015·12·22>

1. 미디어에 관한 교육·체험 및 홍보
2. 시청자 제작 방송프로그램의 지원
3. 각종 방송제작 설비의 이용 지원
4. 그 밖에 시청자의 방송참여 및 권익증진을 위한 사업
5. 이 법이나 다른 법령에서 시청자미디어재단의 업무로 규정하거나 위탁한 사업
6. 국가나 지방자치단체로부터 위탁받은 사업

⑤ 시청자미디어재단은 제4항에 따른 사업을 수행하기 위하여 정관으로 정하는 바에 따라 필요한 곳에 시청자미디어센터를 둘 수 있다. <신설 2015·12·22>

⑥ 시청자미디어재단에 관하여 이 법에서 규정한 것 외에는 「민법」 중 재단법인에 관한 규정을 준용한다. <신설 2014·5·28, 2015·12·22>

⑦ 국가 및 지방자치단체는 시청자미디어재단의 설립 및 운영에 필요한 경비의 전부 또는 일부를 출연할 수 있다. <신설 2014·5·28, 2015·12·22>

⑧ 제1항에 따른 시청자미디어재단의 설립기준 및 운영 등에 필요한 사항은 대통령령으로 정한다. <개정 2015·12·22>

〔본조신설 2012·1·17〕

제90조의3(유료방송 서비스의 품질 평가) ① 과학기술정보통신부장관은 유료방송 서비스의 품질을 개선하고 시청자의 편익을 증진하기 위하여 종합유선방송사업자 또는 위성방송사업자가 제공하는 유료방송 서비스의 품질(이하 "유료방송 서비스품질"이라 한다)을 평가할 수 있다.

② 과학기술정보통신부장관은 제1항에 따른 유료방송 서비스품질의 평가를 위하여 종합유선방송사업자 또는 위성방송사업자에게 필요한 자료의 제출을 요청할 수 있다. 이 경우 자료 제출 요청을 받은 종합유선방송사업자 또는 위성방송사업자는 특별한 사유가 없으면 그 요청에 따라야 한다.

③ 과학기술정보통신부장관은 제1항에 따라 유료방송 서비스품질을 평가한 경우 그 결과를 공개하여야 한다.

④ 제1항에 따른 유료방송 서비스품질의

평가, 제 2 항에 따른 자료의 제출 방법·절차 및 제 3 항에 따른 유료방송 서비스품질 평가 결과의 공개에 관한 세부 사항은 대통령령으로 정한다.
〔본조신설 2022·1·11〕

제 6 장의2 방송분쟁의 해결

제 1 절 조정(調停)

제91조(조정의 개시) ① 제35조의3제 1 항에 규정된 자들 상호 간에 다음 각 호의 어느 하나에 해당하는 분쟁이 발생한 경우 각 사업자는 제35조의3에 따른 방송분쟁조정위원회(이하 "방송분쟁조정위원회"라 한다)에 조정을 신청할 수 있다. <개정 2020·12·29>

1. 방송프로그램, 채널 및 인터넷 멀티미디어 방송용 콘텐츠의 공급 및 수급과 관련된 분쟁
2. 방송 및 인터넷 멀티미디어 방송의 송출에 필요한 전기통신설비의 사용과 관련된 분쟁
3. 방송구역과 관련된 분쟁
4. 중계방송권 등 재산권적 이해와 관련된 분쟁
5. 방송사업자 또는 인터넷 멀티미디어 방송사업자의 공동사업에 관한 분쟁. 다만, 「독점규제 및 공정거래에 관한 법률」 제40조제 1 항 각 호의 어느 하나에 해당하는 사항은 제외한다.
6. 그 밖에 방송사업 및 인터넷 멀티미디어 방송사업의 운영에 관한 분쟁

② 방송분쟁조정위원회는 제 1 항에 따른 조정 신청을 받은 날부터 조정절차를 개시한다.
③ 제 1 항에 따른 신청 시 신청서의 기재사항은 대통령령으로 정한다.
〔본조신설 2015·12·22〕

제91조의2(합의 권고) ① 방송분쟁조정위원회는 제91조제 1 항에 따라 조정이 개시되는 경우 일정한 기간을 정하여 당사자에게 합의를 권고할 수 있다.
② 제 1 항에 따른 권고는 조정절차의 진행에 영향을 미치지 아니한다.
〔본조신설 2015·12·22〕

제91조의3(조정의 거부 및 중지) ① 방송분쟁조정위원회는 다음 각 호의 어느 하나에 해당하는 경우에는 제91조제 1 항에 따라 신청된 조정을 거부할 수 있다.

1. 제91조제 1 항에 해당하지 아니하는 사업자가 조정 신청을 한 경우
2. 제91조제 1 항 각 호의 조정 대상이 아닌 사안에 관하여 조정 신청을 한 경우
3. 신청인이 같은 사안에 대하여 같은 취지로 2회 이상 조정 신청을 한 경우
4. 신청의 내용이 부적법하거나 부당한 목적으로 신청하였다고 인정되는 경우
5. 그 밖에 이에 준하는 경우로서 대통령령으로 정하는 경우

② 방송분쟁조정위원회는 제91조제 1 항에 따라 개시된 조정절차의 진행 중에 한 쪽 당사자가 조정의 대상인 분쟁을 원인으로 하는 소를 제기하거나 조정 개시 전에 이미 소가 제기된 사실을 확인한 경우에는 조정절차를 중지하고 이를 당사자에게 통지하여야 한다. 다만, 소가 취하된 경우 방송분쟁조정위원회는 조정절차를 속개할 수 있다.
〔본조신설 2015·12·22〕

제91조의4(조정절차) ① 방송분쟁조정위원회는 당사자 또는 이해관계인이 의견을 진술하려는 경우에는 특별한 사유가 없으면 의견진술의 기회를 주어야 한다.
② 방송분쟁조정위원회는 분쟁의 조정을 위하여 필요하다고 인정하는 경우에는 당사자, 이해관계인 및 관계 행정기관 등에 필요한 자료의 제출을 요구할 수 있다.
③ 방송분쟁조정위원회는 조정절차를 개시한 날부터 60일 이내에 조정사건을 심사하여 조정안을 작성하여야 한다. 다만, 부득이한 사정이 있는 경우에는 한 차례만 30일의 범위에서 분쟁조정위원회의 의결로 처리기간을 연장할 수 있다.
④ 방송분쟁조정위원회는 제 3 항에 따른 조정안을 작성한 후 지체 없이 당사자에게 통지하여야 한다.

⑤ 제1항부터 제4항까지에서 규정한 사항 외에 조정의 절차와 방법 등에 관하여 필요한 사항은 대통령령으로 정한다.
〔본조신설 2015·12·22〕

제91조의5(조정의 효력 등) ① 제91조의4제4항에 따라 조정안의 통지를 받은 당사자는 통지를 받은 날부터 15일 이내에 조정안에 대한 수락 여부를 방송분쟁조정위원회에 통보하여야 한다. 이 경우 기간 내에 당사자가 수락의 의사를 표시하지 아니한 경우에는 조정을 거부한 것으로 본다.
② 조정은 제91조의4제4항에 따라 통지받은 조정안을 전원이 제1항에 따라 수락한 때에 성립하고 방송분쟁조정위원회 위원장이 지체 없이 조정조서를 작성하여 전원에게 송달하여야 한다.
③ 조정이 성립되면 재판상 화해와 같은 효력을 갖는다.
〔본조신설 2015·12·22〕

제91조의6(조정의 종결) ① 조정은 다음 각 호의 어느 하나에 해당하는 경우에 종결된다.
1. 제91조의2에 따른 합의 권고를 통하여 합의가 이루어진 경우
2. 제91조의3제1항에 따라 방송분쟁조정위원회가 조정을 거부한 경우
3. 당사자가 제91조의5제1항 후단에 따라 지정 기간 내에 조정안에 대한 수락의 의사를 표시하지 아니하거나 수락 거부의 의사를 표시한 경우
4. 제91조의5제2항에 따라 조정이 성립된 경우
5. 조정의 대상인 분쟁을 원인으로 하는 소송의 판결이 확정된 경우

② 방송분쟁조정위원회는 제1항에 따라 조정이 종결되었을 때에는 종결 사실과 그 이유를 적시하여 당사자에게 통지하여야 한다.
〔본조신설 2015·12·22〕

제2절 그 밖의 조치

제91조의7(방송의 유지·재개 명령) ① 방송통신위원회는 다음 각 호의 어느 하나에 해당하는 경우로서 시청자의 이익이 현저히 저해되거나 저해될 우려가 있는 때에는 방송사업자, 중계유선방송사업자 또는 인터넷 멀티미디어 방송사업자에게 30일 이내의 범위에서 방송통신위원회가 정하는 기간 동안 방송프로그램·채널의 공급 또는 송출을 유지하거나 재개할 것을 명할 수 있다. 다만, 그 기간이 지난 후에도 방송프로그램·채널의 공급 또는 송출을 유지하거나 재개할 필요가 있는 경우에는 한 차례만 30일 이내의 범위에서 그 기간을 연장할 수 있다. <개정 2020·6·9>
1. 제76조제2항에 따른 국민관심행사등에 관한 실시간 방송프로그램의 공급 또는 송출이 중단되거나 중단될 것으로 사업자 또는 시청자에게 통보된 경우
2. 제78조제1항 및 제2항에 따른 동시재송신 채널 외의 지상파방송 채널의 공급 또는 송출이 중단되거나 중단될 것으로 사업자 또는 시청자에게 통보된 경우

② 방송분쟁조정위원회는 조정절차 진행 중인 분쟁사건이 제1항에 해당한다고 판단되는 경우에는 방송통신위원회에 해당 사업자에 대하여 제1항에 따른 명령을 하도록 건의할 수 있다.
③ 제1항에 따른 명령은 제91조 및 제91조의2부터 제91조의6까지의 규정에 따른 조정 절차에 영향을 미치지 아니한다.
〔본조신설 2015·12·22〕

제7장 방송발전의 지원

제92조(방송발전의 지원) ① 정부는 국민이 다양한 방송을 균등하게 향유할 수 있도록 하고, 방송문화의 발전 및 진흥을 위하여 노력하여야 한다.
② 문화체육관광부장관은 방송영상산업의 진흥을 위하여 필요한 정책을 수립·시행하여야 한다. <개정 2008·2·29>
③ 과학기술정보통신부장관은 방송기술 및 시설에 관하여 필요한 정책을 수립·시행하여야 한다. <개정 2008·2·29, 2013·3·23, 2017·7·26>

제92조의2(애니메이션 제작 세제지원) 정부는 방송사업자가 애니메이션 방송프로그램을 제작하는 경우에는 「조세특례제한법」 등 조세관계 법률에서 정하는 바에 따라 조세를 감면할 수 있다.
〔본조신설 2012·1·17〕

제92조의3(중소종합유선방송사업자의 지원) 정부는 지역 시청자의 권익보호와 다른 방송사업자와의 공정한 경쟁을 위하여 「중소기업기본법」 제2조에 따른 중소기업에 해당하는 중소종합유선방송사업자에 대하여 대통령령으로 정하는 바에 따라 지역채널 등에 관하여 필요한 지원을 할 수 있다.
〔본조신설 2021·12·28〕

제93조(방송프로그램의 보관 및 활용) 방송사업자는 방송프로그램의 효율적인 수집·보관·유통 및 활용 등을 위하여 방송프로그램보관소를 공동으로 설립·운영할 수 있다.

제94조(방송전문인력의 양성등) 정부는 방송전문인력을 양성하기 위하여 전문교육기관 및 방송관련학과 등에 대한 지원 등에 필요한 시책을 수립할 수 있다.

제95조(방송제작단지 조성·지원) ① 정부는 방송사업자가 공동으로 방송제작단지를 조성하는 때에는 필요한 지원을 할 수 있다.
② 정부는 제1항에 따른 방송제작단지가 정보통신단지 또는 영상제작단지 등과 연계·운영되도록 할 수 있다. <개정 2020·6·9>

제96조(방송프로그램 유통 등 지원) ① 문화체육관광부장관은 영상·비디오 등 영상물이 방송프로그램으로 제작되어 방송매체별로 다단계로 유통·활용 또는 수출될 수 있도록 지원할 수 있다. <개정 2008·2·29>
② 과학기술정보통신부장관은 방송기술 및 시설의 개발·활용 및 수출이 촉진될 수 있도록 지원할 수 있다. <개정 2008·2·29, 2013·3·23, 2017·7·26>

제97조(방송의 국제협력) 정부 또는 방송통신위원회는 외국의 방송관련기관·단체와의 국제교류, 방송프로그램의 공동제작, 방송전문인력의 상호교류 및 방송기술의 공동개발 등 국제협력을 촉진할 수 있는 사업을 지원할 수 있다. <개정 2008·2·29>

제8장 보칙

제98조(자료제출) ① 정부 또는 방송통신위원회는 직무수행을 위하여 필요한 경우에는 방송사업자·중계유선방송사업자·전광판방송사업자·음악유선방송사업자·전송망사업자 또는 외주제작사에 관련자료의 제출을 요구할 수 있다. <개정 2008·2·29, 2016·1·27>
② 삭제 <2015·12·22>
③ 방송통신위원회는 시청률, 시청점유율 등의 조사 및 산정에 필요한 자료를 해당 개인, 법인·단체 또는 기관에 요청할 수 있다. <신설 2009·7·31>

제98조의2(재산상황의 공표) ① 방송시장의 투명한 회계정보 제공을 위하여 매년 방송사업자 및 인터넷 멀티미디어 방송사업자는 해당 법인의 재산상황을 방송통신위원회에 제출하여야 한다. 다만, 직전 사업연도의 방송사업매출액이 1억원 미만인 사업자 중 대통령령으로 정하는 사업자는 그러하지 아니하다.
② 방송통신위원회는 제1항에 따른 사업자의 재산상황을 공표하여야 한다.
③ 재산상황 제출 자료 및 시기 등 제1항에 따른 사업자가 재산상황을 제출하기 위하여 필요한 구체적인 사항은 대통령령으로 정한다.
〔본조신설 2015·12·22〕

제99조(시정명령 등) ① 과학기술정보통신부장관 또는 방송통신위원회는 소관 업무에 따라 방송사업자·중계유선방송사업자·전광판방송사업자 또는 음악유선방송사업자가 다음 각 호의 어느 하나에 해당하는 때에는 시정을 명할 수 있다. <개정 2007·7·27, 2008·2·29, 2013·3·23, 2017·7·26, 2024·10·22>
1. 정당한 사유 없이 방송을 중단하는 등 시청자의 이익을 현저히 저해하고 있다고 인정될 때
2. 이 법 또는 허가조건·승인조건·등록요건 또는 신고수리요건을 위반하고 있다고 인정될 때
② 과학기술정보통신부장관은 방송사업자(방송채널사용사업자는 제외한다)·전송망사업

자·중계유선방송사업자 또는 음악유선방송사업자가 설치한 시설이 이 법 또는 허가조건·등록요건을 위반하고 있다고 인정될 때에는 그 시설의 개선을 명할 수 있다. <개정 2008·2·29, 2013·3·23, 2017·7·26, 2020·6·9>

제100조(제재조치 등) ① 방송통신위원회는 방송사업자·중계유선방송사업자·전광판방송사업자 또는 외주제작사가 제33조의 심의규정 및 제74조제2항에 의한 협찬고지 규칙을 위반한 경우에는 5천만원 이하의 과징금을 부과하거나 위반의 사유, 정도 및 횟수 등을 고려하여 다음 각호의 제재조치를 명할 수 있다. 제35조에 따른 시청자불만처리의 결과에 따라 제재를 할 필요가 있다고 인정되는 경우에도 또한 같다. 다만, 방송통신심의위원회는 심의규정 등의 위반정도가 경미하여 제재조치를 명할 정도에 이르지 아니한 경우에는 해당 사업자·해당 방송프로그램 또는 해당 방송광고의 책임자나 관계자에 대하여 권고를 하거나 의견을 제시할 수 있다. <개정 2006·10·27, 2008·2·29, 2009·7·31, 2015·12·22, 2016·1·27>

1. 삭제 <2013·3·23>
2. 해당 방송프로그램 또는 해당 방송광고의 정정·수정 또는 중지
3. 방송편성책임자·해당 방송프로그램 또는 해당 방송광고의 관계자에 대한 징계
4. 주의 또는 경고

② 제1항에 따른 제재조치가 해당 방송프로그램의 출연자로 인하여 이루어진 경우 해당 방송사업자는 방송출연자에 대하여 경고, 출연제한 등의 적절한 조치를 취하여야 한다. <신설 2006·10·27, 2020·6·9>

③ 제1항에도 불구하고 위반의 정도가 중대하다고 인정되는 다음 각 호의 경우에 한정하여 방송통신위원회는 1억원 이하의 과징금을 부과할 수 있다. <신설 2006·10·27, 2008·2·29, 2020·6·9>

1. 음란, 퇴폐 및 폭력 등에 관한 심의규정을 위반하는 경우
2. 「마약류관리에 관한 법률」 제2조제1호에 따른 마약류 복용·투약·흡입 및 음주 후 방송출연 등으로 인한 심의규정을 위반하는 경우
3. 제1항제1호부터 제3호까지의 제재조치를 받았음에도 불구하고 대통령령으로 정하는 바에 따라 동일한 사유로 반복적으로 심의규정을 위반하는 경우

④ 방송사업자·중계유선방송사업자·전광판방송사업자 및 외주제작사는 제1항 및 제3항에 따른 과징금처분 또는 제재조치명령을 받은 경우 지체 없이 그에 관한 방송통신위원회의 결정사항전문을 방송(외주제작사는 제외한다)하고, 제재조치명령은 이를 받은 날부터 7일 이내에 이행하여야 하며, 그 이행결과를 방송통신위원회에 보고하여야 한다. <개정 2008·2·29, 2009·7·31, 2016·1·27>

⑤ 상품소개와 판매에 관한 전문편성을 행하는 방송채널사용사업자는 허위, 과장 등 시청자가 오인할 수 있는 내용으로서 제33조에 따른 심의규정으로 정하는 사항을 위반하여 제1항 및 제3항에 따른 과징금처분 또는 제재조치명령을 받은 경우 그에 관한 방송통신위원회의 결정사항전문을 대통령령으로 정하는 기준·방법에 따라 자사(자사)가 운영하는 인터넷 홈페이지에 게시하거나 우편, 전자우편 등을 통하여 해당 상품을 구매한 소비자에게 통지하여야 한다. 이 경우 상품소개와 판매에 관한 전문편성을 행하는 방송채널사용사업자는 이를 7일 이내에 이행하여야 하며, 그 이행결과를 방송통신위원회에 보고하여야 한다. <신설 2018·3·13>

⑥ 방송통신위원회는 제1항 및 제3항에 따라 과징금처분 또는 제재조치명령을 하는 경우 미리 당사자 또는 그 대리인에게 의견을 진술할 기회를 주어야 한다. 다만, 당사자 또는 그 대리인이 정당한 사유없이 이에 응하지 아니한 때에는 그러하지 아니하다. <개정 2008·2·29, 2009·7·31>

⑦ 제1항 및 제3항에 따른 과징금처분 또는 제재조치명령에 이의가 있는 자는 해당 제재조치명령을 받은 날부터 30일 이내에 방송통신위원회에 재심을 청구할 수 있다. <개정 2008·2·29, 2009·7·31, 2019·12·10>

⑧ 방송통신위원회는 제7항에 따른 방송통신위원회의 재심결과를 당사자 또는 그 대리인에게 통지하여야 한다. <개정 2006·10·27, 2008·2·29, 2018·3·13>

제101조(청문) 과학기술정보통신부장관 또는 방송통신위원회는 다음 각 호의 어느 하나에 해당하는 경우에는 청문을 실시하여야 한다. <개정 2007·7·27, 2008·2·29, 2013·3·23, 2017·7·26, 2020·6·9, 2024·10·22>

1. 제17조에 따른 재허가 또는 재승인을 거부하는 경우
2. 제18조에 따른 허가·승인·등록 또는 신고수리를 취소하는 경우
3. 제78조의2제5항에 따라 승인을 취소하는 경우

제102조(수수료) 이 법에 따른 허가·승인·등록, 변경허가·변경승인·변경등록, 재허가·재승인의 신청을 하는 자는 대통령령으로 정하는 바에 따라 수수료를 납부하여야 한다.
〔전부개정 2022·1·11〕

제103조(권한의 위임·위탁) ① 이 법에 따른 과학기술정보통신부장관 또는 방송통신위원회의 권한은 그 일부를 대통령령으로 정하는 바에 따라 그 소속 기관의 장 또는 시·도지사에게 위임할 수 있다. <개정 2013·3·23, 2017·7·26, 2021·6·8>

② 이 법에 따른 과학기술정보통신부장관 또는 방송통신위원회의 업무는 그 일부를 대통령령으로 정하는 바에 따라 「전파법」에 따른 한국방송통신전파진흥원에 위탁할 수 있다. <신설 2013·3·23, 2017·7·26, 2021·6·8>

제103조의2(규제의 재검토) 과학기술정보통신부장관은 제90조의3제2항에 따른 유료방송서비스품질의 평가를 위한 자료의 제출에 대하여 2021년 1월 1일부터 매 5년이 되는 시점까지 그 타당성을 검토하여 필요한 조치를 하여야 한다.
〔본조신설 2022·1·11〕

제104조(벌칙 적용에서 공무원 의제) ① 제35조의3제1항에 따른 방송분쟁조정위원회의 위원 중 공무원이 아닌 사람은 「형법」 제127조 및 제129조부터 제132조까지의 규정에 따른 벌칙을 적용할 때에는 공무원으로 본다. <신설 2016·1·27, 2020·6·9>

② 제103조에 따라 권한을 위탁받은 사무에 종사하는 사람은 형법이나 그 밖의 법률에 따른 벌칙을 적용할 때에는 공무원으로 본다. <개정 2020·6·9>
〔전부개정 2008·2·29〕

제9장 벌칙

제105조(벌칙) 다음 각 호의 어느 하나에 해당하는 자는 2년 이하의 징역 또는 3천만원 이하의 벌금에 처한다. <개정 2014·5·28, 2015·12·22, 2020·6·9, 2022·1·11>

1. 제4조제2항의 규정에 위반하여 방송편성에 관하여 규제나 간섭을 한 자
2. 거짓이나 그 밖의 부정한 방법으로 제9조 또는 제17조에 따른 허가 또는 재허가를 받거나 승인 또는 재승인을 받거나 등록을 하여 방송사업·중계유선방송사업·음악유선방송사업·전광판방송사업·전송망사업을 한 자
3. 제9조 또는 제17조에 따른 허가 또는 재허가를 받지 아니하거나 승인 또는 재승인을 받지 아니하거나 등록을 하지 아니하고 방송사업·중계유선방송사업·음악유선방송사업·전광판방송사업·전송망사업을 한 자
4. 제53조제3항을 위반하여 직무상 알게 된 공사의 비밀을 누설하거나 도용한 자

제106조(벌칙) ① 다음 각 호의 어느 하나에 해당하는 자는 1년 이하의 징역 또는 3천만원 이하의 벌금에 처한다. <개정 2004·3·22, 2006·10·27, 2009·7·31, 2020·6·9>

1. 제4조제4항의 규정에 위반하여 방송편성규약을 제정하지 아니하거나 공표하지 아니한 자
2. 제8조제13항에 따른 시정명령을 위반한 자
3. 제14조제6항에 따른 시정명령을 위반한 자
4. 거짓이나 그 밖의 부정한 방법으로 제15조제1항에 따른 변경허가를 받거나 변경승인을 얻거나 변경등록을 한 자

5. 제15조제1항에 따른 변경허가를 받지 아니하거나 변경승인을 얻지 아니하거나 변경등록을 하지 아니한 자
6. 제15조의2제3항의 규정에 따른 시정명령을 위반한 자

② 다음 각 호의 어느 하나에 해당하는 자는 3천만원 이하의 벌금에 처한다. <개정 2007·1·26, 2008·2·29, 2020·6·9>
1. 삭제 <2014·5·28>
2. 제100조제1항에 따른 방송통신위원회의 제재조치명령을 이행하지 아니한 자

제107조(양벌규정) 법인의 대표자나 법인 또는 개인의 대리인, 사용인, 그 밖의 종업원이 그 법인 또는 개인의 업무에 관하여 제105조 또는 제106조의 위반행위를 하면 그 행위자를 벌하는 외에 그 법인 또는 개인에게도 해당 조문의 벌금형을 과(科)한다. 다만, 법인 또는 개인이 그 위반행위를 방지하기 위하여 해당 업무에 관하여 상당한 주의와 감독을 게을리하지 아니한 경우에는 그러하지 아니하다.
〔전부개정 2010·6·8〕

제108조(과태료) ① 다음 각 호의 어느 하나에 해당하는 자에게는 3천만원 이하의 과태료를 부과한다. <개정 2002·4·20, 2004·3·22, 2005·5·18, 2006·10·27, 2007·7·27, 2008·2·29, 2009·7·31, 2011·7·14, 2012·1·17, 2014·5·28, 2015·3·13, 2015·6·22, 2015·12·22, 2016·1·27, 2018·3·13, 2019·12·10, 2020·6·9, 2022·1·11, 2023·4·6, 2024·1·23, 2024·10·22>
1. 제4조제3항의 규정에 위반하여 방송편성책임자의 성명을 방송시간내에 매일 1회 이상 공표하지 아니한 자
1의2. 제9조의3제2항에 따른 신고수리 또는 변경신고수리를 받지 아니하고 기술결합서비스를 제공한 자
1의3. 제9조의3제6항에 따른 신고수리를 받지 아니하고 기술결합서비스를 중지하거나 중단한 자
2. 제15조제1항제1호 단서에 따른 신고를 하지 아니한 자
2의2. 제15조제2항 및 제3항에 따른 신고를 하지 아니한 자
2의3. 제15조의2제1항 단서에 따른 신고를 하지 아니한 자
3. 제33조제4항을 위반하여 방송프로그램의 등급을 표시하지 아니한 자
3의2. 제35조의5제3항에 따른 자료를 제출하지 아니한 자
4. 제69조제3항부터 제6항까지의 규정을 위반하여 방송프로그램을 편성한 자
5. 제70조제1항부터 제4항까지 또는 제9항을 위반하여 채널을 구성·운용한 자
6. 제70조제5항 단서 또는 같은 조 제6항을 위반하여 채널을 운용한 자
7. 제70조제7항의 규정에 위반하여 특별한 이유없이 시청자가 자체제작한 방송프로그램을 방송하지 아니한 자
7의2. 제70조제8항을 위반하여 채널을 구성·운용한 자
7의3. 제70조의2제2항에 따른 명령을 위반한 자
8. 제71조제1항부터 제4항까지의 규정을 위반하여 방송프로그램을 편성한 자
9. 제72조제1항 및 제3항에 따른 편성비율을 위반하여 방송프로그램을 편성한 자
10. 제73조제1항·제2항 또는 제4항을 위반하여 방송광고를 한 자
10의2. 제73조제6항에 따라 정당한 사유없이 합의를 하지 아니한 방송사업자 또는 같은 항에 따른 합의 없이 간접광고를 판매한 외주제작사
10의3. 제73조제8항을 위반하여 간접광고를 판매한 자
10의4. 제73조의2를 위반하여 방송광고 매출현황 자료를 제출하지 아니하거나 거짓으로 제출한 자
11. 제74조제1항 및 제2항의 규정에 위반하여 협찬고지를 한 자
11의2. 삭제 <2010·3·22>
12. 제77조제3항 또는 제4항을 위반하여 이용약관의 신고수리 또는 변경신고수리를 받지 아니하거나 이용약관의 승인 또는 변경승인을 받지 아니하고 유료방송을 한 자
12의2. 제77조제6항을 위반하여 이용자에

게 약관 변경을 통지하지 아니한 자
13. 제78조제1항의 규정에 위반하여 동시재송신을 하지 아니한 자
14. 제78조제4항에 위반하여 재송신을 한 자 및 방송사업자로부터 업무를 위탁받아 방송을 위한 설비를 설치·운용하는 자로서 제78조제4항에 위반한 재송신을 가능하게 한 자
14의2. 외국방송사업자로서 다음 각 목의 어느 하나에 해당하는 자
가. 제78조의2제1항을 위반하여 승인받지 아니하고 재송신을 한 자
나. 제78조의2제3항을 위반하여 재송신을 한 자
다. 제78조의2제4항에 따른 자료제출 요구에 따르지 아니하거나 거짓으로 자료를 제출한 자
14의3. 제78조의2제6항을 위반하여 재송신을 하거나 같은 조 제7항에 따른 재송신의 범위와 기준을 초과하여 재송신을 한 자
15. 제80조를 위반하여 확인을 받지 아니한 자
16. 삭제 <2016·1·27>
17. 제83조제1항에 따른 방송일지를 기록하지 아니하거나 허위로 기록한 자 또는 방송실시결과를 제출하지 아니한 자
18. 제83조제2항의 규정에 위반하여 방송프로그램 및 방송광고의 원본 또는 사본을 보존하지 아니한 자
19. 제84조제2항에 따른 신고수리를 받지 아니하고 폐업하거나 휴업한 자. 다만, 제9조제5항 본문에 따라 등록 또는 신고한 방송채널사용사업자는 제외한다.
19의2. 제85조의2제4항을 위반하여 자료제출을 거부하거나 거짓자료를 제출한 자
20. 제86조제1항의 규정에 위반하여 자체심의기구를 두지 아니하거나 방송프로그램을 심의하지 아니하거나 같은 조 제2항을 위반하여 허위, 과장 등 시청자가 오인할 수 있는 내용이 담긴 방송광고를 방송한 자
21. 제87조제1항의 규정에 위반하여 시청자위원회를 두지 아니한 자
22. 제89조제1항의 규정에 위반하여 시청자 평가프로그램을 편성하지 아니한 자
23. 제90조제3항의 규정에 위반하여 필요한 자료의 제출 또는 관계자의 출석·답변을 거부한 자
24. 제90조제4항의 규정에 위반하여 시청자위원회의 심의결과 및 그 처리에 관한 사항을 방송통신위원회에 보고하지 아니한 자
25. 삭제 <2005·1·27>
25의2. 제98조제1항의 규정을 위반하여 자료제출을 하지 아니하거나 거짓으로 자료를 제출한 자
25의3. 제98조제3항에 따른 자료제출을 하지 아니하거나 거짓으로 자료를 제출한 자
26. 제98조의2제1항을 위반하여 재산상황을 제출하지 아니하거나 거짓으로 재산상황을 제출한 자
26의2. 제100조제2항의 규정을 위반한 방송출연자에 대한 경고, 출연제한 등의 조치를 취하지 아니한 자
27. 제100조제4항의 규정에 위반하여 방송통신위원회의 결정사항전문을 방송하지 아니하거나 그 결과를 방송통신위원회에 보고하지 아니한 자
28. 제100조제5항을 위반하여 방송통신위원회의 결정사항전문을 자사가 운영하는 인터넷 홈페이지에 게시하지 아니하거나 해당 상품을 구매한 소비자에게 통지하지 아니한 자 또는 그 결과를 방송통신위원회에 보고하지 아니한 자
② 제90조의3제2항을 위반하여 특별한 사유 없이 자료를 제출하지 아니한 자에게는 1천만원 이하의 과태료를 부과한다. <신설 2022·1·11>
③ 제1항 및 제2항에 따른 과태료는 대통령령으로 정하는 바에 따라 과학기술정보통신부장관 또는 방송통신위원회(이하 "부과권자"라 한다)가 부과·징수한다. <개정 2008·2·29, 2013·3·23, 2017·7·26, 2020·6·9, 2022·1·11>
④ 및 ⑤ 삭제 <2015·12·22>

제109조(과징금 부과 및 징수) ① 과학기술정보통신부장관 또는 방송통신위원회는 이 법의 규정에 의한 과징금을 부과하는 경우 다음 각 호의 사항을 참작하여야 한다. <개정 2008·2·29, 2013·3·23, 2017·7·26, 2020·6·9>

1. 위반행위의 내용 및 정도
2. 위반행위의 기간 및 횟수
3. 위반행위로 인하여 취득한 이익의 규모 등

② 과학기술정보통신부장관 또는 방송통신위원회는 이 법의 규정을 위반한 방송사업자의 합병이 있는 경우에는 해당 법인이 행한 위반행위는 합병 후 존속하거나 합병에 의해 설립된 법인이 행한 행위로 보아 과징금을 부과·징수할 수 있다. <개정 2008·2·29, 2013·3·23, 2017·7·26, 2019·12·10>

③ 과징금을 부과받은 해당 방송사업자가 합병 또는 분할합병되는 경우(부과일에 분할 또는 분할합병되는 경우를 포함한다) 그 과징금은 다음 각 호의 법인이 연대하여 납부할 책임을 진다. <개정 2019·12·10>

1. 분할되는 법인
2. 분할 또는 분할합병으로 인하여 설립되는 법인
3. 분할되는 회사의 일부가 다른 회사와 합병하여 그 다른 회사가 존속하는 경우의 그 다른 법인

④ 과징금을 부과받은 방송사업자가 분할 또는 분할합병으로 인하여 해산되는 경우(부과일에 해산되는 경우를 포함한다) 그 과징금은 다음 각 호의 법인이 연대하여 납부할 책임을 진다.

1. 분할 또는 분할합병으로 인하여 설립되는 법인
2. 분할되는 법인의 일부가 다른 법인과 합병하여 그 다른 법인이 존속하는 경우의 그 다른 법인

⑤ 과학기술정보통신부장관 또는 방송통신위원회는 과징금 납부의무자가 납부기한까지 과징금을 납부하지 아니한 때에는 기간을 정하여 독촉을 하고, 그 지정한 기간 내에 과징금을 납부하지 아니한 때에는 국세체납처분의 예에 따라 이를 징수할 수 있다. <개정 2008·2·29, 2013·3·23, 2017·7·26, 2020·6·9>

⑥ 제1항에 따른 과징금의 부과기준 및 과징금의 징수에 관하여 필요한 사항은 대통령령으로 정한다. <개정 2020·6·9>

〔본조신설 2006·10·27〕

부　칙

제1조(시행일) 이 법은 공포후 2월이 경과한 날부터 시행하되, 부칙 제4조제2항의 규정은 공포한 날부터 시행한다.

제2조(다른 법률의 폐지) 다음 각호의 법률은 이를 폐지한다.

1. 방송법
2. 종합유선방송법
3. 한국방송공사법
4. 유선방송관리법

제3조(방송위원회 등에 관한 경과조치) ① 이 법 제20조의 규정에 의한 방송위원회는 이 법의 시행일 30일전까지 구성하여야 한다.

② 이 법에 의한 방송위원회가 구성된 경우에는 종전의 방송법에 의한 방송위원회 또는 종합유선방송법에 의한 종합유선방송위원회는 해체된 것으로 본다.

③ 이 법 공포 당시 종전의 방송법에 의한 방송위원회의 위원은 이 법 시행전에 임기가 만료되더라도 이 법에 의한 방송위원회가 구성될 때까지 그 직무를 행한다.

④ 제1항의 규정에 의한 방송위원회가 구성된 경우에는 이 법 시행일전까지 종전의 방송법에 의한 방송위원회 또는 종전의 종합유선방송법에 의한 종합유선방송위원회의 직무는 방송위원회가 행한다.

제4조(한국방송공사의 정관 등에 관한 경과조치) ① 이 법 시행당시 종전의 한국방송공사법에 의한 한국방송공사는 이 법에 의한 한국방송공사로 본다. 이 경우 이 법 시행후 3월 이내에 정관을 변경하여 방송위원회의 인가를 받아야 한다.

② 1999년 12월 31일 당시 종전의 한국방송공사법에 의한 수신료의 금액은 2000년 1월 1일부터 이 법 제65조에 의한 국회의 승인을 얻은 것으로 본다.

③ 이 법에 의한 한국방송공사는 종전의 한국방송공사법에 의한 한국방송공사의 모든

권리와 의무를 승계한다.

제5조(한국방송공사의 이사회·집행기관의 구성에 관한 경과조치) ① 한국방송공사의 이사회 및 집행기관은 이 법 시행후 3월내에 이 법의 규정에 의하여 구성되어야 한다.

② 이 법 시행 당시의 한국방송공사의 이사장을 포함한 이사는 이 법에 의한 후임자가 선임될 때까지 그 직무를 행한다.

③ 이 법 시행 당시의 한국방송공사의 사장, 부사장 및 감사는 이 법에 의한 후임자가 선임 또는 임명될 때까지 그 직무를 행한다.

제6조(공익자금 및 공익자금관리위원회에 관한 경과조치) ① 이 법 시행 당시 한국방송광고공사법에 의한 한국방송광고공사가 조성 및 관리·운용하고 있는 공익자금은 이 법에 의하여 방송위원회가 조성 및 관리·운용하는 방송발전기금으로 본다.

② 이 법에 의한 방송발전기금관리위원회가 구성된 경우에는 종전의 한국방송광고공사법에 의한 공익자금관리위원회는 해체된 것으로 본다.

제7조(일반적 경과조치) ① 이 법 시행 당시 종전의 방송법·종합유선방송법·유선방송관리법 또는 한국방송공사법에 의하여 행정처분 등 행정기관·방송위원회·종합유선방송위원회의 행위와 각종 신고 등 행정기관·방송위원회·종합유선방송위원회에 대한 행위는 이 법에 의한 행위로 본다.

② 방송위원회는 이 법 제9조제3항의 규정에 의한 종합유선방송사업의 승인을 별표에서 정하는 기간동안 유예할 수 있다.

③ 종합유선방송사업자는 제2항의 유예기간동안 지상파방송사업자가 행하는 방송을 녹음·녹화하여 재송신하여서는 아니된다.

④ 제9조제5항에 의한 등록을 하여야 하는 방송채널사용사업자의 경우 2000년 12월 31일까지는 방송위원회의 승인을 얻어야 한다. 이 경우 승인의 요건과 절차에 관한 사항은 방송위원회규칙으로 정한다.

제8조(방송사업 허가 등에 관한 경과조치) ① 이 법 시행 당시 전파법에 의하여 방송국 허가를 받은 자는 이 법 제9조제1항의 규정에 의하여 허가를 받은 자로 본다.

② 이 법 시행 당시 종전의 종합유선방송법에 의하여 종합유선방송국 허가를 받은 자는 이 법 제9조제2항의 규정에 의하여 허가를 받은 자로, 프로그램공급업 허가를 받은 자는 이 법 제9조제5항의 규정에 의하여 승인을 얻거나 등록을 한 자로, 전송망사업 지정을 받은 자는 이 법 제9조제10항의 규정에 의하여 등록한 자로 본다.

③ 이 법 시행 당시 종전의 유선방송관리법에 의하여 유선방송사업자로 허가를 받은 자는 이 법 제9조제2항의 규정에 의하여 중계유선방송사업의 허가를 받은 자로, 음악유선방송사업자로 허가를 받은 자는 제9조제5항의 규정에 의하여 음악유선방송사업자로 등록한 자로 본다.

④ 이 법 시행 당시 전광판방송을 행하고 있는 자는 이 법 제9조제5항의 규정에 의하여 전광판방송사업자로 등록한 자로 본다. 다만, 이 법 시행후 6월 이내에 등록증을 교부받아야 한다.

제9조(방송사업자의 소유제한에 관한 특례) ① 이 법 시행 당시 정기간행물등록등에관한법률에 의한 일간신문을 경영하는 법인(특수관계자를 포함한다)으로서 종전의 종합유선방송법에 의한 보도프로그램공급업을 행하는 법인의 주식 또는 지분을 소유하고 있는 경우에는 이 법 제8조제3항의 규정에 불구하고 그 법인이 소유하고 있는 주식 또는 지분의 한도안에서 주식 또는 지분을 계속 소유할 수 있다.

② 이 법 시행 당시 종전의 방송법 또는 종합유선방송법에 의하여 방송사업의 허가를 받거나 그 주식 또는 지분을 소유하고 있는 자가 대기업과 그 계열회사(특수관계자를 포함한다)에 해당되게 되는 경우에는 이 법 제8조제3항 및 제4항의 규정에 불구하고 그 자가 소유하고 있는 주식 또는 지분의 한도안에서 주식 또는 지분을 계속 소유할 수 있다.

③ 이 법 시행 당시 법률 제5529호 방송법 부칙 제3조의 규정에 의하여 이 법 제8조제2항의 규정에 의한 소유한도를 초과하여 방송사업자의 주식 또는 지분을 소유하고 있는 자는 그가 소유하고 있는 주식 또는 지분의 범위안에서 주식 또는 지분을 계속하여 소유할 수 있다.

제10조(위성방송사업자에 대한 기금의 징수) 이 법 제37조제3항의 규정에 의한 위성방송사업자에 대한 기금의 징수시기는 위성방송사업자의 경영상황을 고려하여 대통령령

으로 정한다.

제11조(벌칙의 적용에 관한 경과조치) 이 법 시행전의 행위에 관한 벌칙의 적용에 있어서는 종전의 방송법·종합유선방송법·한국방송공사법 또는 유선방송관리법의 규정에 의한다.

제12조(다른 법률의 개정) 생략

제13조(다른 법률과의 관계) 이 법 시행당시 다른 법률에서 종전의 방송법·종합유선방송법·한국방송공사법 또는 유선방송관리법의 규정을 인용하고 있는 경우에 이 법 중 그에 해당하는 규정이 있는 경우에는 종전의 규정에 갈음하여 이 법의 해당규정을 인용한 것으로 본다.

부　칙 <2002·4·20 법6690>

이 법은 공포한 날부터 시행한다.

부　칙 <2002·12·18 법6803>

이 법은 2003년 1월 1일부터 시행한다.

부　칙 <2003·5·10 법6869>

이 법은 공포한 날부터 시행한다.

부　칙 <2003·5·29 법6905>

제1조(시행일) 이 법은 공포 후 3월이 경과한 날부터 시행한다.〈단서 생략〉

제2조부터 **제6조**까지 생략

부　칙 <2004·3·11 법7188>

제1조(시행일) 이 법은 공포한 날부터 3월을 넘지 아니하는 범위에서 대통령령이 정하는 날부터 시행한다.

제2조부터 **제11조**까지 생략

부　칙 <2004·3·12 법7190>

제1조(시행일) 이 법은 공포한 날부터 시행한다.〈단서 생략〉

제2조부터 **제9조**까지 생략

부　칙 <2004·3·22 법7213>

이 법은 공포한 날부터 시행한다.

부　칙 <2005·1·27 법7370>

제1조(시행일) 이 법은 공포 후 6월이 경과한 날부터 시행한다.

제2조부터 **제6조**까지 생략

부　칙 <2005·5·18 법7498>

제1조(시행일) 이 법은 공포한 날부터 시행한다.

제2조(지역사업권료 징수에 관한 경과조치) ① 종합유선방송사업자는 종전의 제12조제3항의 규정에 따라 방송위원회가 징수하는 지역사업권료를 이 법 시행일 전일까지 일수를 계산하여 납부하여야 한다.

② 방송위원회는 제1항의 규정에 따라 징수한 지역사업권료를 제36조의 규정에 의한 방송발전기금에 납입하여야 한다.

부　칙 <2005·8·4 법7655>

제1조(시행일) 이 법은 공포한 날부터 시행한다.

제2조부터 **제8조**까지 생략

부　칙 <2005·12·30 법7815>

제1조(시행일) 이 법은 공포 후 6개월이 경과한 날부터 시행한다.

제2조부터 **제6조**까지 생략

부　칙 <2006·10·4 법8050>

제1조(시행일) 이 법은 2007년 1월 1일부터 시행한다.〈단서 생략〉

제2조부터 **제12조**까지 생략

부　칙 <2006·10·27 법8060>

제1조(시행일) 이 법은 공포한 날부터 시행한다.

제2조(방송사업자의 소유제한에 관한 경과조치) 이 법 시행 당시 제8조제2항제2호의 개정규정에 적합하지 아니하게 된 자는 이 법 시행 후 1년 이내에 동 규정에 적합하게 하여야 한다.

제3조(종합유선방송사업자 등의 지상파방송 재송신 승인의 유효기간에 관한 경과조치) 이 법 시행 당시 제78조제4항 및 제5항의 규정에 의하여 각각 지상파방송 및 외국방송사업자가 행하는 방송에 대한 재송신 승인을 얻은 자는 제78조제6항의 개정규정에 의한 대통령령 시행 당시에 각각 다시 재송신 승인을 얻은 것으로 본다.

부　칙 <2006·12·28 법8101>

제1조(시행일) 이 법은 공포 후 6개월이 경과한 날부터 시행한다.〈단서 생략〉

제2조부터 **제16조**까지 생략

부　칙 <2007·1·26 법8301>

①(시행일) 이 법은 공포 후 3개월이 경과한 날부터 시행한다.

②(유효기간) 제70조제6항의 개정규정은 2010년 6월 30일까지 효력을 가진다.

부　칙 <2007·7·27 법8568>

제1조(시행일) 이 법은 공포 후 3개월이 경과한 날부터 시행한다.

제2조(지상파방송사업자 간 소유제한에 관한 경과조치) ① 이 법 시행 당시 제8조제7

항의 개정규정에 적합하지 아니하게 된 자는 이 법 시행 후 1년 이내에 같은 규정에 적합하게 하여야 한다.
② 제1항에 해당하는 기간 이내에는 제8조제11항과 제12항의 적용을 유예한다.

제3조(외국방송사업자가 행하는 방송의 재송신에 관한 경과조치) 이 법 시행 당시 종전의 규정에 따라 종합유선방송사업자 및 위성방송사업자가 재송신의 승인을 얻은 외국방송사업자의 방송은 이 법 시행일부터 1년의 기간에 한하여 외국방송사업자가 제78조의2의 개정규정에 따라 재송신의 승인을 받은 것으로 본다. 다만, 제78조의2제5항의 개정규정에 따라 승인이 취소된 때에는 그러하지 아니하다.

부 칙 <2008·2·29 법8867>

제1조(시행일 등) 이 법은 공포한 날부터 시행한다. 〈단서 생략〉

제2조부터 **제12조**까지 생략

부 칙 <2008·12·31 법9280>

제1조(시행일) 이 법은 2009년 1월 1일부터 시행한다.

제2조부터 **제6조**까지 생략

부 칙 <2009·7·31 법9785>

제1조(시행일) 이 법은 공포 후 6개월이 경과한 날부터 시행한다.

제2조부터 **제9조**까지 생략

부 칙 <2009·7·31 법9786>

제1조(시행일) 이 법은 공포 후 3개월이 경과한 날부터 시행한다. 다만, 제69조의2의 개정규정은 제35조의4제4항의 개정규정에도 불구하고 공포 후 1년이 경과한 날부터 시행한다.

제2조(허가·승인의 유효기간에 관한 경과조치) 이 법 시행 당시 종전의 규정에 따라 방송사업 등의 허가 또는 승인을 받은 자의 허가 또는 승인에 관한 유효기간은 제16조의 개정규정에도 불구하고 종전의 규정에 따른다.

제3조(방송사업자의 소유규제 적용에 관한 경과조치) ① 제8조제2항 및 제3항의 개정규정에도 불구하고 대기업과 그 계열회사(특수관계자를 포함한다) 또는 일간신문이나 뉴스통신을 경영하는 법인(특수관계자를 포함한다)은 2012년 12월 31일까지 지상파방송사업자(지역방송을 제외한다)의 최다액 출자자 또는 경영권을 실질적으로 지배하는 자가 될 수 없다. 이를 위반하는 경우에 제8조제13항의 개정규정에 따른 시정조치를 명할 수 있다.
② 이 법 시행 당시 법률 제6139호 방송법 부칙 제9조제3항에 따라 제8조제2항의 개정규정에 따른 소유한도를 초과하여 방송사업자의 주식 또는 지분을 소유하고 있는 자는 그가 소유하고 있는 주식 또는 지분의 범위에서 그 주식 또는 지분을 계속하여 소유할 수 있다.

제4조(행정명령에 관한 적용례) 제18조제1항의 개정규정은 이 법 시행 후 최초로 발생하는 같은 항 각 호의 어느 하나에 해당하는 경우부터 적용한다.

제5조(과징금부과처분에 관한 적용례) 제100조제1항 및 제4항의 개정규정은 이 법 시행 후 최초로 발생하는 과징금 부과 대상이 되는 위반행위부터 적용한다.

제6조(다른 법률의 개정) 생략

부 칙 <2010·3·22 법10165>

제1조(시행일) 이 법은 공포 후 6개월이 경과한 날부터 시행한다. 다만, …〈생략〉… 부칙 제6조 …〈생략〉… 제2항(제36조부터 제40조까지, 제69조제8항 및 제89조제3항의 개정규정에 한한다) …〈생략〉…은 2011년 1월 1일부터 시행한다.

제2조부터 **제5조**까지 생략

제6조(다른 법률의 개정) 생략

제7조 생략

부 칙 <2010·3·22 법10166>

제1조(시행일) 이 법은 공포 후 6개월이 경과한 날부터 시행한다.

제2조부터 **제9조**까지 생략

부 칙 <2010·6·8 법10363>

이 법은 공포한 날부터 시행한다.

부 칙 <2011·7·14 법10856>

이 법은 공포 후 3개월이 경과한 날부터 시행한다. 다만, 제2조제7호, 제35조, 제35조의3제1항 및 제70조제7항의 개정규정은 공포한 날부터 시행하고, 제35조의5, 제85조의2 및 제108조제1항제3호의2·제19호의2의 개정규정은 공포 후 6개월이 경과한 날부터 시행한다.

부 칙 <2012·1·17 법11199>

이 법은 공포 후 6개월이 경과한 날부터 시행한다.

부　칙 <2012·2·22 법11373>

제 1 조(시행일) 이 법은 공포 후 3개월이 경과한 날부터 시행한다. 〈단서 생략〉

제 2 조부터 **제12조**까지 생략

부　칙 <2013·3·23 법11710>

제 1 조(시행일) 이 법은 공포한 날부터 시행한다.

제 2 조(경과조치) ① 이 법 시행 전에 방송통신위원회가 행한 고시·행정처분, 그 밖의 방송통신위원회의 행위와 방송통신위원회에 대한 신청·신고, 그 밖의 행위 중 그 소관이 방송통신위원회로부터 미래창조과학부장관으로 이관되는 사항에 관한 행위는 미래창조과학부장관의 행위 또는 미래창조과학부장관에 대한 행위로 본다.

② 이 법 시행 당시 그 소관이 방송통신위원회로부터 미래창조과학부장관으로 이관되는 사항에 관한 방송통신위원회규칙은 이를 대체하는 미래창조과학부령이 제정·시행되기 전까지는 미래창조과학부령으로 본다.

부　칙 <2013·8·13 법12033>

제 1 조(시행일) 이 법은 공포한 날부터 시행한다.

제 2 조(결산서 제출 등에 관한 적용례) 제59조의 개정규정은 2013회계연도 결산부터 적용한다.

부　칙 <2013·8·13 법12093>

제 1 조(시행일) 이 법은 공포한 날부터 시행한다.

제 2 조 및 **제 3 조** 생략

부　칙 <2014·5·28 법12677>

제 1 조(시행일) 이 법은 공포 후 3개월이 경과한 날부터 시행한다. 다만, 부칙 제 2 조는 공포한 날부터 시행하고, 제18조·제70조의2제 1 항·제77조·제90조의2·제108조제 1 항제12호의2의 개정규정은 공포 후 6개월이 경과한 날부터 시행하며, 제70조의2제 2 항 및 제108조제 1 항제 7 호의2의 개정규정은 공포 후 2년이 경과한 날부터 시행한다.

제 2 조(시청자미디어센터 설립을 위한 준비행위) ① 방송통신위원회위원장은 제90조의2의 개정규정에 따른 시청자미디어센터의 설립에 필요한 사무를 처리하기 위하여 시청자미디어센터 설립위원회(이하 "설립위원회"라 한다)를 설치한다.

② 설립위원회는 방송통신위원회 위원장이 위촉하는 5명 이내의 위원으로 구성하며, 설립위원회 위원장은 설립위원회 위원 중에서 방송통신위원회 위원장이 지명한다. 설립위원회 업무 보좌를 위하여 필요한 직원을 둘 수 있다.

③ 설립위원회는 시청자미디어센터의 정관을 작성하여 방송통신위원회 위원장의 인가를 받은 후 지체 없이 시청자미디어센터의 설립등기를 하여야 한다.

④ 설립위원회 설치에 필요한 경비는 국가가 부담한다.

⑤ 설립위원회는 시청자미디어센터의 설립등기 후 시청자미디어센터의 장에게 지체 없이 업무를 인계하여야 하며, 인계가 끝난 때에는 설립위원회는 해산되고 설립위원회 위원은 해촉된 것으로 본다.

⑥ 제 3 항에 따른 설립등기가 완료된 때에는 종전의 방송통신위원회와 한국방송통신전파진흥원 간에 체결된 시청자미디어센터 운영 등 시청자 지원 사업 관련 위탁 협약은 해약된 것으로 본다. 이 경우 협약 사업비 잔액과 그 협약에 따라 형성된 자산 및 인력 등에 대한 권리·의무는 시청자미디어센터가 승계한다.

제 3 조(공사의 이사 및 집행기관의 결격사유에 관한 경과조치) 이 법 시행 당시 공사의 이사 또는 집행기관인 사람이 이 법 시행 전에 발생한 사유로 제48조제 1 항의 개정규정 및 제50조제 6 항의 준용규정에 해당하게 된 경우에는 제48조제 1 항의 개정규정 및 제50조제 6 항의 준용규정에도 불구하고 종전의 규정에 따른다.

제 4 조(사장의 국회 인사청문에 관한 적용례) 제50조제 2 항의 개정규정은 이 법 시행 후 최초로 임명되는 사장부터 적용한다.

제 5 조(다른 법률의 개정) 생략

부　칙 <2014·6·3 법12743>

제 1 조(시행일) 이 법은 공포 후 6개월이 경과한 날부터 시행한다.

제 2 조부터 **제 4 조**까지 생략

부　칙 <2015·3·13 법13220>

이 법은 공포한 날부터 시행한다. 다만, 제14조제 3 항의 개정규정은 2015년 3월 15일부터 시행하고, 제 2 조제 4 호, 제70조제 6 항 및 제108조제 1 항제 6 호의 개정규정은 공포 후 6개월이 경과한 날부터 시행하며, 법률 제12677

호 방송법 일부개정법률 제108조제1항제7호의2 및 제7호의3의 개정규정은 2016년 5월 29일부터 시행한다.

부 칙 <2015·6·22 법13341>

제1조(시행일) 이 법은 공포 후 3개월이 경과한 날부터 시행한다. 다만, 제72조 및 제108조제1항제9호의 개정규정은 공포 후 9개월이 경과한 날부터 시행한다.

제2조(유효기간) 제8조제16항제2호 및 제3호, 같은 조 제17항은 2018년 6월 27일까지 효력을 가진다.

부 칙 <2015·12·1 법13519>

제1조(시행일) 이 법은 공포 후 6개월이 경과한 날부터 시행한다.

제2조 생략

부 칙 <2015·12·22 법13580>

제1조(시행일) 이 법은 공포 후 6개월이 경과한 날부터 시행한다. 다만, 제98조 및 제98조의2의 개정규정은 2016년 1월 1일부터 시행하고, 제35조제1항·제3항, 제85조의2제1항제8호, 제90조의2, 제100조제1항 및 제108조제3항부터 제5항까지의 개정규정은 공포한 날부터 시행한다.

제2조(경과조치) 이 법 시행 당시 종전의 제90조의2에 따라 설립된 법인은 제90조의2의 개정규정에 따라 설립된 시청자미디어재단으로 본다.

제3조(다른 법률의 개정) 생략

부 칙 <2016·1·27 법13821>

제1조(시행일) 이 법은 공포 후 6개월이 경과한 날부터 시행한다. 다만, 제8조제3항·제5항, 제13조제3항제6호, 제18조제1항제8호, 제81조 및 제104조제1항의 개정규정은 공포한 날부터 시행한다.

제2조(제재조치 등에 관한 적용례) 제100조제1항의 개정규정은 이 법 시행 후 발생하는 위반행위부터 적용한다.

제3조(결격사유에 관한 경과조치) 이 법 시행 당시 제9조제11항에 따라 공동체라디오방송사업 허가를 받은 법인의 대표자 또는 방송편성책임자가 이 법 시행 전에 발생한 사유로 인하여 제13조제3항의 개정규정에 따른 결격사유에 해당하게 된 경우에는 이 법 시행일부터 6개월간은 종전의 규정에 따른다.

제4조(다른 법률의 개정) 생략

부 칙 <2016·2·3 법13978>

제1조(시행일) 이 법은 공포 후 6개월이 경과한 날부터 시행한다.

제2조 및 **제3조** 생략

부 칙 <2017·3·14 법14598>

이 법은 공포 후 6개월이 경과한 날부터 시행한다.

부 칙 <2017·7·26 법14839>

제1조(시행일) ① 이 법은 공포한 날부터 시행한다. 〈단서 생략〉

제2조부터 **제6조**까지 생략

부 칙 <2018·3·13 법15468>

제1조(시행일) 이 법은 공포한 날부터 시행한다. 다만, 제100조제5항 및 제108조제1항제28호의 개정규정은 공포 후 6개월이 경과한 날부터 시행한다.

제2조(결산서 제출 등에 관한 적용례) 제59조의 개정규정은 2017회계연도 결산부터 적용한다.

제3조(인터넷 홈페이지 게시 등에 관한 적용례) 제100조제5항의 개정규정은 상품소개와 판매에 관한 전문편성을 행하는 방송채널사용사업자가 이 법 시행 후 최초로 허위, 과장 등 시청자가 오인할 수 있는 내용으로서 제33조에 따른 심의규정으로 정하는 사항을 위반하여 과징금을 부과받거나 제재조치명령을 받은 경우부터 적용한다.

부 칙 <2018·12·24 법16014>

제1조(시행일) 이 법은 공포 후 6개월이 경과한 날부터 시행한다.

제2조(재허가·재승인의 심사사항에 관한 적용례) 제17조제3항의 개정규정은 이 법 시행 후 최초로 방송사업자·중계유선방송사업자 또는 방송채널사용사업자에 대하여 재허가 또는 재승인을 하는 경우부터 적용한다.

부 칙 <2019·12·10 법16750>

제1조(시행일) 이 법은 공포한 날부터 시행한다. 다만, 제33조제2항제14호의 개정규정은 공포 후 3개월이 경과한 날부터 시행하고, 제18조제3항 및 제4항의 개정규정은 공포 후 6개월이 경과한 날부터 시행한다.

제2조(등록취소에 관한 적용례) 제18조제3항의 개정규정은 같은 개정규정 시행일부터 5년 이상 계속하여 방송을 행하지 아니하거나, 같은 개정규정 시행일 이후에 제84조제1항에 따른 신고를 하지 아니하고 폐업한 경우부터 적용한다.

제 3 조(방송사업자의 소유제한에 관한 특례) 제18조제 3 항의 개정규정 시행 당시 종전의 규정에 따라 다른 방송사업을 겸영하거나 그 주식 또는 지분을 소유하고 있는 방송사업자는 제 8 조제 7 항에도 불구하고 같은 개정규정 시행 당시 그가 소유하고 있는 주식 또는 지분의 범위에서 그 주식 또는 지분을 계속 하여 소유할 수 있다.

제 4 조(과태료의 적용에 관한 경과조치) 이 법 시행 전의 위반행위에 대하여 과태료를 적용할 때에는 종전의 규정에 따른다.

부 칙 <2020 · 6 · 9 법17347>

이 법은 공포한 날부터 시행한다.

부 칙 <2020 · 12 · 8 법17632>

제 1 조(시행일) 이 법은 공포한 날부터 시행한다.

제 2 조(정관의 변경인가에 관한 적용례) 제45조제 3 항 및 제 4 항의 개정규정은 이 법 시행 이후 정관의 변경인가를 신청하는 경우부터 적용한다.

부 칙 <2020 · 12 · 29 법17799>

제 1 조(시행일) 이 법은 공포 후 1년이 경과한 날부터 시행한다. 〈단서 생략〉

제 2 조부터 **제26조**까지 생략

부 칙 <2021 · 6 · 8 법18225>

이 법은 공포 후 6개월이 경과한 날부터 시행한다.

부 칙 <2021 · 10 · 19 법18516>

이 법은 공포 후 6개월이 경과한 날부터 시행한다.

부 칙 <2021 · 12 · 28 법18648>

이 법은 공포 후 6개월이 경과한 날부터 시행한다.

부 칙 <2022 · 1 · 11 법18732>

제 1 조(시행일) 이 법은 공포 후 6개월이 경과한 날부터 시행한다.

제 2 조(이용약관의 신고에 관한 적용례) 제77조제 2 항의 개정규정은 이 법 시행 이후 방송사업자 · 중계유선방송사업자 및 음악유선방송사업자가 이용약관을 신고하거나 변경신고하는 경우부터 적용한다.

제 3 조(유선방송국설비의 준공검사 제도 폐지에 관한 적용례) 제79조제 2 항의 개정규정은 이 법 시행 전에 유선방송국설비를 설치하여 준공검사를 받아야 하거나 준공검사 절차가 진행 중인 경우에도 적용한다.

제 4 조(기술결합서비스의 승인 등에 관한 경과조치) ① 이 법 시행 전에 과학기술정보통신부장관 또는 방송통신위원회가 종전의 제 9 조의3제 1 항 또는 제 5 항에 따라 기술결합서비스의 승인 또는 재승인을 한 경우에는 제 9 조의3제 2 항의 개정규정에 따라 기술결합서비스의 신고를 수리한 것으로 본다.

② 이 법 시행 전에 지상파방송사업자 등이 종전의 제 9 조의3제 1 항 또는 제 5 항에 따라 기술결합서비스의 승인 또는 재승인을 신청하여 승인 · 재승인 절차가 진행 중인 경우에는 제 9 조의3제 1 항의 개정규정에 따라 이 법 시행일에 기술결합서비스의 신고를 한 것으로 보고, 그 수리여부를 결정한다.

③ 이 법 시행 전에 거짓이나 그 밖의 부정한 방법으로 종전의 제 9 조의3에 따른 승인 또는 재승인을 받아 기술결합서비스를 제공한 자에 대한 벌칙은 제105조제 2 호의 개정규정에도 불구하고 종전의 제105조제 2 호에 따른다.

④ 이 법 시행 전에 종전의 제 9 조의3에 따른 승인 또는 재승인을 받지 아니하고 기술결합서비스를 제공한 자에 대한 벌칙은 제105조제 3 호 및 제108조제 1 항제 1 호의2의 개정규정에도 불구하고 종전의 제105조제 3 호에 따른다.

부 칙 <2022 · 6 · 10 법18866>

이 법은 공포 후 6개월이 경과한 날부터 시행한다.

부 칙 <2023 · 4 · 6 법19326>

이 법은 공포한 날부터 시행한다.

부 칙 <2024 · 1 · 23 법20059>

이 법은 공포 후 6개월이 경과한 날부터 시행한다.

부 칙 <2024 · 1 · 30 법20147>

이 법은 공포 후 1년이 경과한 날부터 시행한다.

부 칙 <2024 · 10 · 22 법20473>

제 1 조(시행일) 이 법은 공포 후 6개월이 경과한 날부터 시행한다.

제 2 조(방송채널사용사업의 등록에 관한 경과조치) 이 법 시행 당시 종전의 제 9 조제 5 항 본문에 따라 등록한 방송채널사용사업자로서 제 9 조제 5 항의 개정규정에 따라 신고의 대상이 되는 방송채널사용사업자는 제 9 조제 5 항의 개정규정에 따라 신고하여 같은 조 제12항의 개정규정에 따라 과학기술정보통신부장관이 신고를 수리한 것으로 본다.

●신문 등의 진흥에 관한 법률

〔2009·7·31 법률제9785호 전부개정〕

개정
2010· 1·25 법률제 9974호(공직선거법)
2013· 3·23 법률제11690호(정부조직법)
2013· 8· 6 법률제11998호(지방세외수입금의 징수등에 관한 법률)
2014· 3·11 법률제12408호
2015· 5·18 법률제13305호
2016· 1·27 법률제13854호(외국인투자 촉진법)
2016· 2· 3 법률제13968호
2017· 3·21 법률제14631호
2019·11·26 법률제16599호
2020· 3·24 법률제17091호(지방행정제재·부과금의 징수 등에 관한 법률)
2020·12·29 법률제17799호(독점규제 및 공정거래에 관한 법률)
2021· 5·18 법률제18159호
2023· 8· 8 법률제19592호(법률용어 정비를 위한 문화체육관광위원회 소관 43개 법률 일부개정법률)

제 1 장 총칙

제 1 조(목적) 이 법은 신문 등의 발행의 자유와 독립 및 그 기능을 보장하고 사회적 책임을 높이며 신문산업을 지원·육성함으로써 언론의 자유 신장과 민주적인 여론형성에 기여함을 목적으로 한다.

제 2 조(정의) 이 법에서 사용하는 용어의 정의는 다음과 같다. <개정 2023·8·8>

1. "신문"이란 정치·경제·사회·문화·산업·과학·종교·교육·체육 등 전체 분야 또는 특정 분야에 관한 보도·논평·여론 및 정보 등을 전파하기 위하여 같은 명칭으로 월 2회 이상 발행하는 간행물로서 다음 각 목의 것을 말한다.
   가. 일반일간신문 : 정치·경제·사회·문화 등에 관한 보도·논평 및 여론 등을 전파하기 위하여 매일 발행하는 간행물
   나. 특수일간신문 : 산업·과학·종교·교육 또는 체육 등 특정 분야(정치는 제외한다)에 국한된 사항의 보도·논평 및 여론 등을 전파하기 위하여 매일 발행하는 간행물
   다. 일반주간신문 : 정치·경제·사회·문화 등에 관한 보도·논평 및 여론 등을 전파하기 위하여 매주 1회 발행하는 간행물(주 2회 또는 월 2회 이상 발행하는 것을 포함한다)
   라. 특수주간신문 : 산업·과학·종교·교육 또는 체육 등 특정 분야(정치는 제외한다)에 국한된 사항의 보도·논평 및 여론 등을 전파하기 위하여 매주 1회 발행하는 간행물(주 2회 또는 월 2회 이상 발행하는 것을 포함한다)
2. "인터넷신문"이란 컴퓨터 등 정보처리능력을 가진 장치와 통신망을 이용하여 정치·경제·사회·문화 등에 관한 보도·논평 및 여론·정보 등을 전파하기 위하여 간행하는 전자간행물로서 독자적 기사 생산과 지속적인 발행 등 대통령령으로 정하는 기준을 충족하는 것을 말한다.
3. "신문사업자"란 신문을 발행하는 자를 말한다.
4. "인터넷신문사업자"란 인터넷신문을 전자적으로 발행하는 자를 말한다.
5. "인터넷뉴스서비스"란 신문, 인터넷신문, 「뉴스통신진흥에 관한 법률」에 따른 뉴스통신, 「방송법」에 따른 방송 및 「잡지 등 정기간행물의 진흥에 관한 법률」에 따른 잡지 등의 기사를 인터넷을 통하여 계속적으로 제공하거나 매개하는 전자간행물을 말한다. 다만, 제 2 호의 인터넷신문 및 「인터넷 멀티미디어 방송사업법」 제 2 조제 1 호에 따른 인터넷 멀티미디어 방송, 그 밖에 대통령령으로 정하는 것은 제외한다.
6. "인터넷뉴스서비스사업자"란 제 5 호에 따

른 전자간행물을 경영하는 자를 말한다.
7. "발행인"이란 신문을 발행하거나 인터넷신문을 전자적으로 발행하는 대표자를 말한다.
8. "편집인"이란 신문의 편집 또는 인터넷신문의 공표에 관하여 책임을 지는 사람을 말한다.
9. "기사배열책임자"란 인터넷뉴스서비스의 기사배열에 관하여 책임을 지는 사람을 말한다.
10. "인쇄인"이란 신문사업자가 선임한 자 또는 신문사업자와 인쇄계약을 체결한 자로서 그 신문의 인쇄에 관하여 책임을 지는 자를 말한다.
11. "지사" 또는 "지국"이란 기사취재 등을 목적으로 신문의 발행소 소재지 외의 지역에 설치된 사무소를 말한다.
12. "독자"란 신문을 유상 또는 무상으로 공급받는 자와 인터넷신문 또는 인터넷뉴스서비스를 유상 또는 무상으로 이용하는 자를 말한다.

제3조(신문 등의 자유와 책임) ① 신문 및 인터넷신문에 대한 언론의 자유와 독립은 보장된다.
② 신문 및 인터넷신문은 제1항의 언론자유의 하나로서 정보원에 대하여 자유로이 접근할 권리와 그 취재한 정보를 자유로이 공표할 자유를 갖는다.
③ 신문 및 인터넷신문은 인간의 존엄과 가치 및 민주적 기본질서를 존중하여야 한다.

제4조(편집의 자유와 독립) ① 신문 및 인터넷신문의 편집의 자유와 독립은 보장된다.
② 신문사업자 및 인터넷신문사업자는 편집인의 자율적인 편집을 보장하여야 한다.

제5조(편집위원회) 일반일간신문사업자는 편집위원회를 둘 수 있다.

제6조(독자의 권리보호) ① 신문사업자·인터넷신문사업자 및 인터넷뉴스서비스사업자는 편집 또는 제작의 기본방침이 독자의 이익에 충실하도록 노력하여야 한다.
② 신문사업자·인터넷신문사업자 및 인터넷뉴스서비스사업자는 독자의 권익을 보호하기 위한 자문기구로 독자권익위원회를 둘 수 있다.
③ 신문·인터넷신문의 편집인 및 인터넷뉴스서비스의 기사배열책임자는 독자가 기사와 광고를 혼동하지 아니하도록 명확하게 구분하여 편집하여야 한다.

제7조(불공정거래행위의 금지 등) ① 신문사업자는 구독자의 의사에 반하여 구독계약을 체결·연장·해지하거나 불공정거래행위에 해당하는 무가지 및 무상의 경품을 제공하여서는 아니 된다.
② 제1항에 따른 불공정거래행위의 여부 및 그 처리 등에 관하여는 「독점규제 및 공정거래에 관한 법률」에서 정하는 바에 따른다.

제8조(연수에 대한 지원) 신문사업자·인터넷신문사업자 및 인터넷뉴스서비스사업자가 공동으로 종사자의 능력과 자질을 향상시키기 위한 연수기구를 설치·운영하는 경우 제34조에 따른 언론진흥기금에서 이를 지원할 수 있다.
〔전부개정 2016·2·3〕

제2장 신문사업 운영 등

제9조(등록) ① 신문을 발행하거나 인터넷신문 또는 인터넷뉴스서비스를 전자적으로 발행하려는 자는 대통령령으로 정하는 바에 따라 다음 각 호의 사항을 주사무소 소재지를 관할하는 특별시장·광역시장·특별자치시장·도지사 또는 특별자치도지사(이하 "시·도지사"라 한다)에게 등록하여야 한다. 등록된 사항이 변경된 때에도 또한 같다. 다만, 국가 또는 지방자치단체가 발행 또는 관리하거나 법인이나 그 밖의 단체 또는 기관이 그 소속원에게 보급할 목적으로 발행하는 경우와 대통령령으로 정하는 경우에는 그러하지 아니하다. <개정 2016·2·3, 2023·8·8>
1. 신문 및 인터넷신문의 명칭(신문 및 인터넷신문에 한정한다)
2. 인터넷뉴스서비스의 상호 및 명칭(인터넷뉴스서비스에 한정한다)
3. 종별 및 간별(신문에 한정한다)
4. 신문사업자와 신문의 발행인·편집인(외국신문의 내용을 변경하지 아니하고 국내에

서 그대로 인쇄·배포하는 경우는 제외한다. 이하 같다) 및 인쇄인의 성명·생년월일·주소(신문사업자 또는 인쇄인이 법인이나 단체인 경우에는 그 명칭, 주사무소의 소재지와 그 대표자의 성명·생년월일·주소)

5. 인터넷신문사업자와 인터넷신문의 발행인 및 편집인의 성명·생년월일·주소(인터넷신문사업자가 법인이나 단체인 경우에는 그 명칭, 주사무소의 소재지와 그 대표자의 성명·생년월일·주소)
6. 인터넷뉴스서비스사업자와 기사배열책임자의 성명·생년월일·주소(인터넷뉴스서비스사업자가 법인이나 단체인 경우에는 그 명칭, 주사무소의 소재지와 그 대표자의 성명·생년월일·주소)
7. 발행소의 소재지
8. 발행목적과 발행내용
9. 주된 보급대상 및 보급지역(신문에 한정한다)
10. 발행 구분(무가 또는 유가)
11. 인터넷 홈페이지 주소 등 전자적 발행에 관한 사항

② 제 1 항에 따라 등록을 하려는 자(인터넷뉴스서비스사업자는 제외한다)가 법인 또는 단체인 경우 대표이사 또는 대표자를 발행인으로 하여야 한다. 다만, 대표이사 또는 대표자를 발행인으로 할 수 없는 정당한 사유가 있는 경우에는 이사회의 의결을 거쳐 다른 이사나 임원을 발행인으로 할 수 있다. <개정 2023·8·8>

③ 제 1 항에 따라 신문을 등록하려는 자는 등록사항 중 간별을 다음 각 호의 구분에 따라 명시하여야 한다.

1. 일간(격일 또는 주 3회 이상 발행하는 것을 포함한다)
2. 주간(주 2회 또는 월 2회 이상 발행하는 것을 포함한다)

④ 제 1 항에 따라 신문·인터넷신문 또는 인터넷뉴스서비스를 등록한 때에는 시·도지사는 지체 없이 등록증을 내주어야 한다.

⑤ 이미 등록된 신문·인터넷신문·인터넷뉴스서비스, 「잡지 등 정기간행물의 진흥에 관한 법률」에 따라 등록 또는 신고된 정기간행물 또는 「뉴스통신진흥에 관한 법률」에 따라 등록된 뉴스통신의 명칭과 같은 명칭의 신문·인터넷신문 또는 인터넷뉴스서비스는 등록할 수 없다. 다만, 해당 사업자가 명칭 사용을 허용하는 경우에는 그러하지 아니하다.

제 9 조의2(청소년보호책임자의 지정 등) ① 인터넷신문사업자와 인터넷뉴스서비스사업자는 인터넷신문과 인터넷뉴스서비스의 음란·폭력정보 등 청소년에게 해로운 정보(이하 "청소년유해정보"라 한다)로부터 청소년을 보호하기 위하여 청소년보호책임자(이하 "청소년보호책임자"라 한다)를 지정하여야 한다. 다만, 「정보통신망 이용촉진 및 정보보호 등에 관한 법률」 제42조의3제 1 항에 따라 청소년보호책임자를 지정하여야 하는 자는 그러하지 아니하다.

② 인터넷신문사업자와 인터넷뉴스서비스사업자는 제 1 항 본문 또는 「정보통신망 이용촉진 및 정보보호 등에 관한 법률」 제42조의3제 1 항에 따라 청소년보호책임자를 지정한 경우에는 지정된 청소년보호책임자를 대통령령으로 정하는 바에 따라 공개하여야 한다.

③ 청소년보호책임자는 해당 사업자의 임원 또는 청소년보호와 관련된 업무를 담당하는 부서의 장에 해당하는 지위에 있는 사람(부서의 장에 해당하는 지위에 있는 사람이 없는 경우는 청소년보호와 관련된 업무를 담당하는 사람을 말한다) 중에서 지정한다.

④ 청소년보호책임자는 해당 인터넷신문 또는 인터넷뉴스서비스의 청소년유해정보를 차단·관리하는 등 청소년보호업무를 하여야 한다.

⑤ 그 밖에 청소년보호책임자의 지정 및 업무에 필요한 사항은 대통령령으로 정한다.

〔본조신설 2015·5·18〕

제10조(인터넷뉴스서비스사업자의 준수사항) ① 인터넷뉴스서비스사업자는 기사배열의 기본방침이 독자의 이익에 충실하도록 노력하여야 하며, 그 기본방침과 기사배열의 책임자를 대통령령으로 정하는 바에 따라 공개하여야 한다.

② 인터넷뉴스서비스사업자는 독자적으로 생산하지 아니한 기사의 제목·내용 등을 수정하려는 경우 해당 기사를 공급한 자의 동의를 받아야 한다.

③ 인터넷뉴스서비스사업자는 제공 또는 매개하는 기사와 독자가 생산한 의견 등을 혼동되지 아니하도록 대통령령으로 정하는 바에 따라 구분하여 표시하여야 한다.

④ 인터넷뉴스서비스사업자는 제공 또는 매개하는 기사의 제목·내용 등의 변경이 발생하여 이를 재전송받은 경우 인터넷뉴스서비스사업자의 인터넷홈페이지에 재전송받은 기사로 즉시 대체하여야 한다.

제11조(폐업 및 직권말소) ① 제9조에 따라 등록을 한 자가 영업을 폐쇄한 경우에는 폐쇄한 날부터 1개월 이내에 대통령령으로 정하는 바에 따라 시·도지사에게 폐업신고를 하여야 한다.

② 시·도지사는 제1항을 위반하여 폐업신고를 하지 아니한 자에 대하여는 대통령령으로 정하는 바에 따라 폐업한 사실을 확인한 후 등록사항을 직권으로 말소할 수 있다.

제12조(등록사항 등의 제출) 제9조에 따른 등록 또는 제11조에 따른 폐업신고를 받은 시·도지사는 매 분기마다 등록(변경등록을 포함한다) 및 폐업신고 사항을 문화체육관광부장관에게 제출하여야 한다.

제13조(결격사유 등) ① 다음 각 호의 어느 하나에 해당하는 사람은 신문 및 인터넷신문의 발행인 또는 편집인이 되거나 인터넷뉴스서비스의 기사배열책임자가 될 수 없다. <개정 2016·2·3, 2017·3·21, 2023·8·8>

1. 대한민국의 국민이 아닌 사람
2. 「잡지 등 정기간행물의 진흥에 관한 법률」, 「뉴스통신진흥에 관한 법률」, 「방송법」, 「인터넷 멀티미디어 방송사업법」, 「저작권법」을 위반하거나 「형법」 제87조부터 제90조까지·제92조·제101조, 「군형법」 제5조부터 제8조까지·제9조제2항·제11조부터 제16조까지 또는 「국가보안법」 제3조부터 제9조까지의 규정에 따른 죄를 저질러 금고 이상의 실형을 선고받고 그 집행이 종료(집행이 종료된 것으로 보는 경우를 포함한다)되거나 집행을 받지 아니하기로 확정된 후 1년이 지나지 아니하거나 금고 이상의 형의 집행유예를 선고받고 그 유예기간 중에 있는 사람
3. 「잡지 등 정기간행물의 진흥에 관한 법률」, 「뉴스통신진흥에 관한 법률」, 「방송법」, 「인터넷 멀티미디어 방송사업법」, 「저작권법」을 위반하거나 「형법」 제87조부터 제90조까지·제92조·제101조, 「군형법」 제5조부터 제8조까지·제9조제2항·제11조부터 제16조까지 또는 「국가보안법」 제3조부터 제9조까지의 규정에 따른 죄를 저질러 금고 이상의 형의 선고유예를 받고 그 유예기간 중에 있는 사람
4. 「보안관찰법」에 따른 보안관찰처분이나 「치료감호법」에 따른 치료감호의 집행 중에 있는 사람
5. 이 법을 위반하여 벌금 이상의 형을 선고받고 그 형의 집행이 종료되거나 형을 받지 아니하기로 확정된 날부터 2년이 지나지 아니한 사람
6. 이 법을 위반하여 등록이 취소된 신문·인터넷신문 및 인터넷뉴스서비스의 발행인·편집인 또는 기사배열책임자로서 그 등록이 취소된 날부터 2년이 지나지 아니한 사람
7. 미성년자·피성년후견인 또는 피한정후견인
8. 파산선고를 받고 복권되지 아니한 사람

② 제9조에 따라 등록한 신문·인터넷신문 또는 인터넷뉴스서비스의 발행인·편집인 또는 기사배열책임자가 제1항에 따른 결격사유에 해당하게 된 때에는 그 사유가 발생한 날부터 1개월 이내에 발행인·편집인 또는 기사배열책임자의 변경등록을 하여야 한다.

③ 법인이 아닌 자는 일간신문이나 일반주간신문을 발행할 수 없다.

④ 다음 각 호의 어느 하나에 해당하는 자는 신문을 발행할 수 없다. 다만, 그 소속원에게만 보급할 목적으로 발행하는 경우에는 그러하지 아니하다.

1. 외국정부 또는 외국의 법인이나 단체
2. 대한민국의 국민이 아닌 사람이 그 대표

자로 되어 있는 법인 또는 단체
3. 외국인 또는 외국의 법인이나 단체가 다음 각 목의 어느 하나에 해당하는 비율 이상의 주식 또는 지분을 소유하고 있는 자
가. 일간신문의 경우에는 100분의 30
나. 일간신문을 제외한 신문의 경우에는 100분의 50

제14조(사업의 승계) ① 신문사업자 또는 인터넷신문사업자가 그 사업을 양도하거나 사망한 때 또는 법인의 합병 등이 있는 때에는 그 양수인·상속인 또는 합병 후 존속하는 법인이나 합병에 의하여 설립되는 법인 등은 그 사업자의 지위를 승계한다.
② 「민사집행법」에 따른 경매, 「채무자 회생 및 파산에 관한 법률」에 따른 환가, 「국세징수법」·「관세법」 또는 「지방세법」에 따른 압류재산의 매각, 그 밖에 이에 준하는 절차에 따라 신문 또는 인터넷신문을 인수한 자는 그 사업자의 지위를 승계한다.
③ 제1항 및 제2항에 따라 신문사업자 또는 인터넷신문사업자의 지위를 승계한 자는 대통령령으로 정하는 바에 따라 관할 시·도지사에게 신고하여야 한다.

제15조(외국자금의 출자) 신문 또는 인터넷신문을 발행하거나 발행하려는 자가 외국인 또는 외국의 법인이나 단체로부터 재산의 출자를 받을 때에는 「외국인투자 촉진법」 제5조에 따라 산업통상자원부장관에게 신고한 사실을 입증하는 서류를 제9조에 따라 등록할 때나 신고한 날부터 15일 이내에 시·도지사에게 제출하여야 한다. <개정 2013·3·23, 2016·1·27>

제16조(일간신문의 주식발행) 일간신문을 경영하는 법인이 주식을 발행하는 경우에는 기명식으로 하여야 한다.

제17조(여론집중도조사 등) ① 문화체육관광부장관은 신문, 인터넷신문, 인터넷뉴스서비스, 「방송법」 제2조제1호에 따른 텔레비전방송, 라디오방송, 이동멀티미디어방송 등을 대상으로 여론집중도를 대통령령으로 정하는 바에 따라 조사하여 이를 공표할 수 있다. 이 경우 문화체육관광부장관은 미리 방송통신위원회위원장과 협의하여야 한다.
② 문화체육관광부장관은 제1항의 여론집중도조사를 위하여 필요한 자료를 개인, 단체 및 기관에 요청할 수 있다. 이 경우 요청을 받은 개인, 단체 및 기관은 이에 따라야 한다.

제18조(대기업의 일반일간신문 소유제한 등) ① 「독점규제 및 공정거래에 관한 법률」 제2조제11호에 따른 기업집단 중 자산총액 등 대통령령으로 정하는 기준에 해당하는 기업집단에 속하는 회사(이하 "대기업"이라 한다)와 그 계열회사(대통령령으로 정하는 특수한 관계에 있는 자를 포함한다)는 일반일간신문을 경영하는 법인이 발행한 주식 또는 지분의 2분의 1을 초과하여 취득 또는 소유할 수 없다. <개정 2020·12·29>
② 일반일간신문을 경영하는 법인의 이사(합명회사의 경우에는 업무집행사원, 합자회사의 경우에는 무한책임사원을 말한다) 중 그 상호 간에 「민법」 제777조에 따른 친족관계에 있는 자가 그 총수의 3분의 1을 넘지 못한다.

제19조(소유제한 위반 시 조치 등) ① 제18조를 위반하여 주식 또는 지분을 취득 또는 소유한 자는 그 초과분에 대한 의결권을 행사할 수 없다.
② 시·도지사는 제18조를 위반하여 주식 또는 지분을 취득 또는 소유한 자에 대하여 6개월 이내의 기간을 정하여 이를 시정할 것을 명하여야 한다.
③ 시·도지사는 제18조에 따른 소유제한 사실을 확인하기 위하여 대통령령으로 정하는 바에 따라 신문사업자에게 필요한 자료의 제출을 요청할 수 있다. 이 경우 해당 사업자는 이에 따라야 한다.

제20조(디지털 뉴스 분류체계 표준화 등) ① 문화체육관광부장관은 신문사업자·인터넷신문사업자 및 인터넷뉴스서비스사업자에 대하여 디지털 뉴스의 분류체계, 형식 등 대통령령으로 정하는 사항에 관한 표준을 제정할 수 있다.
② 문화체육관광부장관은 제1항에 따른 표준의 제정을 위하여 필요한 경우에는 디지털 뉴스에 관한 전문기관 또는 단체를 지정

하여 표준을 제정하도록 할 수 있다.

③ 문화체육관광부장관은 제2항에 따라 지정한 기관 또는 단체에 표준의 제정에 필요한 비용의 전부 또는 일부를 지원할 수 있다.

제21조(필요적 게재사항) 신문사업자 및 인터넷신문사업자는 해당 신문 및 인터넷신문에 그 명칭·주사무소 또는 발행소의 전화번호·등록번호·등록연월일·제호·간별·발행인·편집인·인쇄인·발행소 및 발행연월일을 독자가 알아보기 쉽게 게재 또는 공표하여야 하며, 편집인이 여럿 있는 경우에는 그 책임분야와 함께 각자의 성명을 게재 또는 공표하여야 한다. 다만, 인터넷신문의 경우 간별 및 인쇄인에 관한 사항은 그러하지 아니하다. <개정 2017·3·21>

제22조(신문등의 발행정지 및 등록취소의 심판청구) ① 시·도지사는 제9조제1항에 따라 신문·인터넷신문 또는 인터넷뉴스서비스(이하 이 조 및 제23조부터 제26조까지의 규정에서 "신문등"이라 한다)의 등록을 한 자가 다음 각 호의 어느 하나에 해당하는 경우 3개월 이내의 기간을 정하여 해당 신문등의 발행정지(기사의 제공·매개 정지를 포함한다. 이하 같다)를 명할 수 있다.

1. 제9조제1항에 따라 등록된 사항을 변경등록하지 아니하고 임의로 변경하여 그 신문등을 발행한 경우
2. 발행인·편집인 또는 기사배열책임자가 제13조에 따른 결격사유에 해당된 경우

② 시·도지사는 제9조제1항에 따라 신문등을 등록한 자가 다음 각 호의 어느 하나에 해당하는 경우 6개월 이내의 기간을 정하여 해당 신문등의 발행정지를 명하거나 법원에 신문등의 등록취소의 심판을 청구할 수 있다.

1. 거짓이나 그 밖의 부정한 방법으로 등록한 사실이 있는 경우
2. 신문등의 내용이 등록된 발행목적이나 발행내용을 현저하게 반복하여 위반한 경우
3. 음란한 내용의 신문등을 발행하여 공중도덕이나 사회윤리를 현저하게 침해한 경우

③ 제2항에 따른 심판청구에 대한 제1심 재판은 신문사업자·인터넷신문사업자 또는 인터넷뉴스서비스사업자의 보통재판적 소재지를 관할하는 지방법원합의부의 관할로 한다. 법원은 심판청구를 접수한 날부터 3개월 이내에 재판하여야 한다. 등록취소심판사건의 청구·심리·재판, 그 밖에 필요한 사항은 대법원규칙으로 정한다.

④ 등록취소심판사건에 대하여는 「비송사건절차법」을 준용한다.

제23조(직권등록취소) 시·도지사는 제9조제1항에 따라 신문등을 등록한 자가 다음 각 호의 어느 하나에 해당하는 경우에는 해당 신문등의 등록을 취소할 수 있다.

1. 정당한 사유 없이 등록 후 6개월 이내에 해당 신문등을 발행하지 아니한 경우
2. 정당한 사유 없이 1년 이상 해당 신문등의 발행을 중단한 경우

제24조(등록취소심의위원회) ① 제22조제2항에 따른 발행정지의 명령·등록취소심판의 청구 및 제23조에 따른 등록취소처분의 공정하고 객관적인 심의를 위하여 시·도지사 소속으로 등록취소심의위원회를 둔다.

② 제1항에 따른 등록취소심의위원회의 구성·심의절차, 그 밖에 필요한 사항은 대통령령으로 정한다.

제25조(청문) 시·도지사는 제23조에 따라 신문등의 등록을 취소하고자 하는 경우 청문을 실시하여야 한다.

제26조(신문등 명칭의 사용제한) 제11조에 따라 직권말소되거나 제22조제2항부터 제4항까지의 규정에 따른 등록취소심판사건에 대한 법원의 판결 또는 제23조에 따라 등록이 취소된 때에는 등록이 말소 또는 취소된 신문등의 발행인 및 그와 대통령령으로 정하는 가족관계 등 특수한 관계에 있는 자는 그 말소 또는 취소된 날부터 2년 이내에는 그 말소 또는 취소된 신문등의 명칭으로 신문등을 발행 및 등록할 수 없다. <개정 2016·2·3>

제27조(과징금 부과) ① 시·도지사는 신문사업자·인터넷신문사업자 또는 인터넷뉴스서비스사업자가 제22조에 해당하여 발행정지처분을 하여야 하는 경우로서 그 발행정지처분이 독자에게 심한 불편을 주거나 그 밖

에 공익을 해할 우려가 있는 경우에는 그 발행정지를 갈음하여 10억원 이하의 과징금을 부과·징수할 수 있다.

② 제1항에 따라 과징금을 부과하는 위반행위의 종별·정도 등에 따른 과징금의 금액과 그 부과절차 등에 필요한 사항은 대통령령으로 정한다.

③ 시·도지사는 과징금을 납부하여야 할 자가 납부기한까지 이를 납부하지 아니한 경우에는 「지방행정제재·부과금의 징수 등에 관한 법률」에 따라 징수한다. <개정 2013·8·6, 2020·3·24>

④ 시·도지사는 제1항에 따라 징수한 과징금은 제34조에 따른 언론진흥기금으로 출연하여야 한다.

제28조(외국신문의 지사 등의 설치) ① 외국신문의 지사 또는 지국을 국내에 설치하려는 자는 대통령령으로 정하는 바에 따라 문화체육관광부장관에게 등록하여야 한다.

② 문화체육관광부장관은 제1항에 따라 등록한 자가 다음 각 호의 어느 하나에 해당하는 경우에는 그 등록을 취소할 수 있다.

1. 거짓이나 그 밖의 부정한 방법으로 등록한 사실이 있는 경우
2. 지사 또는 지국이 그 설치목적을 현저히 위반한 경우
3. 해당 외국신문이 국헌을 문란하게 하거나 국가안보를 현저히 해한 기사를 게재한 경우

제 3 장 한국언론진흥재단

제29조(한국언론진흥재단의 설치 등) ① 신문 및 인터넷신문의 건전한 발전과 읽기문화 확산 및 신문 산업의 진흥을 위하여 한국언론진흥재단을 둔다.

② 한국언론진흥재단은 법인으로 한다.

③ 한국언론진흥재단은 문화체육관광부장관의 인가를 받아 주된 사무소의 소재지에서 설립등기를 함으로써 성립한다.

④ 한국언론진흥재단에 대하여 이 법에서 규정한 것 외에는 「민법」 중 재단법인에 관한 규정을 준용한다. <개정 2023·8·8>

제30조(임원) ① 한국언론진흥재단에는 이사장 1인과 상임이사 3인을 포함한 9인 이내의 이사와 비상임 감사 1인을 둔다.

② 한국언론진흥재단의 이사장은 문화체육관광부장관이 임면하고, 상임이사는 이사장이 이사회의 추천을 받은 사람 중에서 문화체육관광부장관의 승인을 받아 임면하며, 이사장 및 상임이사를 제외한 이사의 선임에 대하여는 한국언론진흥재단 정관으로 정한다. <개정 2023·8·8>

③ 이사장·상임이사·이사 및 감사의 임기는 3년으로 하되, 1회에 한정하여 연임할 수 있다.

④ 이사장은 한국언론진흥재단을 대표하고, 한국언론진흥재단의 업무를 총괄한다.

⑤ 이사장이 부득이한 사유로 직무를 수행할 수 없을 때에는 정관으로 정하는 순서에 따라 상임이사가 그 직무를 대행한다.

⑥ 감사는 한국언론진흥재단의 업무 및 회계를 감사한다.

⑦ 「국가공무원법」 제33조 각 호의 어느 하나에 해당하는 사람은 제1항에 따른 한국언론진흥재단의 임원이 될 수 없다. <개정 2023·8·8>

제31조(한국언론진흥재단의 직무) 한국언론진흥재단은 다음 각 호의 직무를 수행한다.

1. 언론산업 진흥에 필요한 사업
2. 신문의 발행·유통 등의 발전을 위한 사업
3. 한국 언론매체의 해외진출 및 국제교류 지원
4. 제34조에 따른 언론진흥기금의 조성과 관리·운용
5. 언론산업 진흥 등을 위한 조사·연구·교육·연수
6. 문화체육관광부장관이 위탁하는 사업
7. 그 밖에 한국언론진흥재단의 목적 수행을 위하여 필요한 사업

제32조(운영재원 등) ① 한국언론진흥재단의 운영재원은 제34조에 따른 언론진흥기금 등으로 하되, 국가는 한국언론진흥재단에 출연하거나 예산의 범위에서 보조금을 지급할 수 있다.

② 한국언론진흥재단은 대통령령으로 정하

는 바에 따라 매년 예산편성의 기본방향과 그 규모에 관하여 문화체육관광부장관의 승인을 받아야 한다. 승인받은 사항을 변경하려는 경우에도 또한 같다. <개정 2019·11·26>

③ 한국언론진흥재단은 사업연도가 끝난 후 2개월 이내에 전년도의 사업실적과 대차대조표 등 대통령령으로 정하는 서류를 포함한 결산보고서를 문화체육관광부장관에게 제출하여야 한다. <신설 2019·11·26>

제33조(신문유통 지원 기구) ① 한국언론진흥재단은 신문의 원활한 유통을 지원하기 위한 기구를 설립·운영할 수 있다.

② 신문유통 지원 기구의 설립·운영에 필요한 사항은 한국언론진흥재단 정관으로 정한다.

제 4 장 언론진흥기금

제34조(언론진흥기금의 설치 및 조성) ① 신문·인터넷신문·인터넷뉴스서비스 및 「잡지 등 정기간행물의 진흥에 관한 법률」에 따른 잡지(이하 "잡지"라 한다)의 진흥을 위하여 한국언론진흥재단에 언론진흥기금을 설치한다.

② 언론진흥기금은 다음 각 호의 재원으로 조성한다.

1. 정부의 출연금
2. 다른 기금으로부터의 전입금
3. 개인 또는 법인으로부터의 출연금 및 기부금품
4. 언론진흥기금의 운용으로 생기는 수익금
5. 그 밖에 대통령령으로 정하는 수입금

제35조(언론진흥기금의 용도 등) ① 언론진흥기금은 다음 각 호의 사업에 사용된다. <개정 2014·3·11>

1. 신문·인터넷신문·인터넷뉴스서비스 및 잡지의 진흥을 위한 지원
2. 신문·인터넷신문·인터넷뉴스서비스 및 잡지 관련 인력양성, 조사·연구, 정보화 사업 지원
3. 신문 및 잡지의 유통구조 개선을 위한 지원
4. 독자 권익 및 언론공익사업 지원
5. 한국언론진흥재단의 운영
6. 신문사업자, 인터넷신문사업자 및 잡지사업자에 대한 융자
7. 해외 한국어 신문·인터넷신문·인터넷뉴스서비스 및 잡지 지원
8. 그 밖에 대통령령으로 정하는 사업

② 무료로 제공할 목적으로 발행되는 신문사업자에 대하여는 기금을 지원할 수 없다.

③ 한국언론진흥재단은 언론진흥기금의 지원기준과 지원대상 등을 매년 공고하여야 한다.

제36조(언론진흥기금의 관리·운용) ① 언론진흥기금은 한국언론진흥재단이 관리·운용한다.

② 언론진흥기금의 관리·운용에 관한 종합적인 사항을 심의하게 하기 위하여 한국언론진흥재단에 언론진흥기금관리위원회를 둔다.

③ 언론진흥기금의 조성방법·관리·운용 및 언론진흥기금관리위원회의 구성·운영 등에 필요한 사항은 대통령령으로 정한다.

제37조(성과의 평가) ① 문화체육관광부장관은 제31조 각 호의 사업에 대한 기금 사용의 성과를 측정·평가하여 그 결과를 다음 연도 3월 31일까지 한국언론진흥재단에 통보하여야 한다. <개정 2023·8·8>

② 문화체육관광부장관은 제 1 항에 따른 성과를 측정·평가하기 위하여 한국언론진흥재단과 협의하여 성과목표 및 평가기준을 정하여야 한다.

③ 문화체육관광부장관은 제 1 항에 따른 성과평가결과 시정이 필요한 사항이 있다고 인정할 때에는 한국언론진흥재단에 시정을 요구할 수 있다. <개정 2023·8·8>

④ 성과의 평가방법 및 절차 등에 필요한 사항은 대통령령으로 정한다.

제 5 장 보칙

제38조(자료 제공의 요청) 시·도지사는 다음 각 호의 사실을 확인하기 위하여 필요한 경우에는 「가족관계의 등록 등에 관한 법률」 제11조제 4 항에 따른 가족관계 등록사항에 관한 전산정보자료의 제공을 법원행정처장

에게 요청할 수 있다. 이 경우 요청을 받은 법원행정처장은 특별한 사유가 없으면 협조하여야 한다.

1. 제18조에 따른 소유제한 등 위반 여부의 확인
2. 제26조에 따른 신문등 명칭의 사용제한 위반 여부의 확인

〔본조신설 2016·2·3〕

제38조의2(권한의 위임 등) ① 문화체육관광부장관은 이 법에 따른 권한의 일부를 대통령령으로 정하는 바에 따라 시·도지사 또는 한국언론진흥재단 이사장에게 위임 또는 위탁할 수 있다.

② 시·도지사는 이 법에 따른 권한의 일부를 대통령령으로 정하는 바에 따라 시장·군수 또는 구청장에게 위임할 수 있다.

제38조의3(규제의 재검토) 문화체육관광부장관은 제13조제1항에 따른 결격사유에 대하여 2016년 1월 1일을 기준으로 2년마다(매 2년이 되는 해의 1월1일 전까지를 말한다) 그 타당성을 검토하여 개선 등의 조치를 하여야 한다.

〔본조신설 2016·2·3〕

제6장 벌칙

제39조(과태료) ① 다음 각 호의 어느 하나에 해당하는 자에게는 2천만원 이하의 과태료를 부과한다. <신설 2021·5·18>

1. 제9조제1항에 따른 등록 또는 변경등록을 하지 아니하고 신문·인터넷신문 또는 인터넷뉴스서비스를 발행하거나 공표한 자
2. 거짓이나 그 밖의 부정한 방법으로 제9조제1항에 따른 등록 또는 변경등록을 하여 신문·인터넷신문 또는 인터넷뉴스서비스를 발행하거나 공표한 자
3. 제18조를 위반하여 주식 또는 지분을 소유한 자
4. 제22조제1항 또는 제2항에 따른 발행정지 처분을 위반하여 신문·인터넷신문 또는 인터넷뉴스서비스를 발행하거나 공표한 자
5. 제28조제1항에 따른 등록을 하지 아니하고 국내에 외국신문의 지사 또는 지국을 설치한 자

② 다음 각 호의 어느 하나에 해당하는 자에게는 1천만원 이하의 과태료를 부과한다. <개정 2021·5·18>

1. 제9조의2제1항을 위반하여 청소년보호책임자를 지정하지 아니한 자
2. 제10조를 위반하여 준수사항을 이행하지 아니한 자
3. 제11조를 위반하여 폐업신고를 하지 아니한 자
4. 제13조제1항 각 호의 어느 하나에 해당하는 자로서 발행인·편집인 또는 기사배열책임자로 취임한 자
5. 제13조제1항 각 호의 어느 하나에 해당하는 자를 발행인·편집인 또는 기사배열책임자로 선임한 자
6. 제14조제3항을 위반하여 신고를 하지 아니한 자
7. 제15조를 위반하여 해당 서류를 제출하지 아니한 자
8. 제17조제2항 및 제19조제3항에 따른 자료제출 요구를 받고 이를 제출하지 아니한 자
9. 제21조에 따른 필요적 게재사항을 게재 또는 공표하지 아니한 자

10.부터 13.까지 삭제 <2021·5·18>

③ 제1항 및 제2항에 따른 과태료는 대통령령으로 정하는 바에 따라 문화체육관광부장관 또는 시·도지사가 부과·징수한다. <개정 2015·5·18>

부 칙

제1조(시행일) 이 법은 공포 후 6개월이 경과한 날부터 시행한다.

제2조(설립준비) 부칙 제1조에도 불구하고 한국언론진흥재단설립추진단의 설치, 한국언론진흥재단의 정관 작성·정관인가 및 설립등기 등 한국언론진흥재단의 설립에 필요한 사항은 이 법 시행 전에 부칙 제3조에 따라 할 수 있다.

제3조(한국언론진흥재단의 설립절차 등) ① 문화체육관광부장관은 한국언론진흥재단의 설

립에 관한 사무를 처리하게 하기 위하여 한국언론진흥재단설립추진단(이하 "설립추진단"이라 한다)을 설치한다.

② 설립추진단은 문화체육관광부장관이 위촉하는 5인 이내의 설립위원으로 구성하여 운영한다.

③ 설립추진단은 한국언론진흥재단의 정관을 작성하여 문화체육관광부장관의 인가를 받아야 한다.

④ 설립추진단이 제3항에 따른 인가를 받은 경우에는 지체 없이 한국언론진흥재단의 설립등기를 하여야 한다.

⑤ 제4항에 따라 한국언론진흥재단의 설립등기를 마친 경우에는 설립추진단을 이 법에 따른 한국언론진흥재단으로 본다.

⑥ 이 법 시행 전까지 한국언론진흥재단이 설립되지 아니한 경우에는 이 법 시행일부터 한국언론진흥재단이 설립될 때까지는 설립추진단이 한국언론진흥재단의 업무를 대행한다.

제4조(종전 신문유통원 및 한국언론재단 등의 권리·의무 승계 등) ① 종전의 제37조에 따른 신문유통원 및 「민법」에 따라 설립한 재단법인 한국언론재단은 부칙 제3조에 따라 한국언론진흥재단의 설립등기를 완료한 경우에는 「민법」 중 법인의 해산 및 청산에 관한 규정에도 불구하고 해산된 것으로 본다.

② 한국언론진흥재단은 설립등기일에 종전의 제27조에 따른 신문발전위원회, 종전의 제37조에 따른 신문유통원 및 재단법인 한국언론재단의 모든 권리·의무 및 재산을 포괄승계한다. 다만, 종전의 제33조에 따른 신문발전기금은 언론진흥기금에 귀속된다.

제5조(인터넷뉴스서비스 및 외국신문 등록에 관한 경과조치) ① 이 법 시행 당시 인터넷뉴스서비스를 경영하는 인터넷뉴스서비스사업자는 이 법 시행 후 3개월 이내에 제9조에 따른 등록을 하여야 한다.

② 이 법 시행 전에 종전의 제26조에 따라 허가를 받은 경우에는 이 법에 따라 등록한 것으로 본다.

제6조(벌칙 등에 관한 경과조치) 이 법 시행 전의 행위에 대한 벌칙 또는 과태료의 적용에 있어서는 종전의 규정에 따른다.

제7조(언론진흥기금의 2010년도 기금운용계획안의 수립시기에 관한 특례) ① 한국언론진흥재단은 이 법 공포 후 지체 없이 2010년도 언론진흥기금운용계획안을 수립하고 문화체육관광부장관을 거쳐 기획재정부장관에게 제출하여야 한다.

② 정부는 제1항에 따라 마련된 2010년도 언론진흥기금운용계획안을 이 법 공포 후 60일 이내에 국회에 제출하여야 한다. 이 경우 국회는 「국회법」 제84조의2에도 불구하고 2010년도 언론진흥기금운용계획안이 국회에 제출된 날부터 60일 이내에 심의·의결하여야 한다.

③ 한국언론진흥재단은 「국가재정법」에도 불구하고 2010년도 언론진흥기금운용계획안이 국회의 의결을 거치기 전까지 부득이한 경우 문화체육관광부장관의 승인을 받아 언론진흥기금의 일부를 사용할 수 있다.

제8조(다른 법률의 개정) 생략

제9조(다른 법령과의 관계) 이 법 시행 당시 다른 법령에서 종전의 「신문 등의 자유와 기능보장에 관한 법률」 또는 그 규정을 인용한 경우 이 법 중 그에 해당하는 규정이 있을 때에는 종전의 규정을 갈음하여 이 법 또는 이 법의 해당 규정을 인용한 것으로 본다.

부 칙 <2010·1·25 법9974>

제1조(시행일) 이 법은 공포한 날부터 시행한다. 〈단서 생략〉

제2조부터 **제12조**까지 생략

부 칙 <2013·3·23 법11690>

제1조(시행일) ① 이 법은 공포한 날부터 시행한다.

② 생략

제2조부터 **제7조**까지 생략

부 칙 <2013·8·6 법11998>

제1조(시행일) 이 법은 공포 후 1년이 경과한 날부터 시행한다.

제2조 및 **제3조** 생략

부 칙 <2014·3·11 법12408>

이 법은 공포한 날부터 시행한다.

부 칙 <2015·5·18 법13305>

이 법은 공포 후 6개월이 경과한 날부터 시행한다.

부 칙 <2016·1·27 법13854>

제 1 조(시행일) 이 법은 공포 후 6개월이 경과한 날부터 시행한다.

제 2 조부터 **제 7 조**까지 생략

부 칙 <2016·2·3 법13968>

이 법은 공포 후 6개월이 경과한 날부터 시행한다.

부 칙 <2017·3·21 법14631>

제 1 조(시행일) 이 법은 공포한 날부터 시행한다. 다만, 제21조의 개정규정은 공포 후 3개월이 경과한 날부터 시행한다.

제 2 조(금치산자 등의 결격사유에 관한 경과조치) 이 법 시행 당시 이미 금치산 또는 한정치산의 선고를 받고 법률 제10429호 민법 일부개정법률 부칙 제 2 조에 따라 금치산 또는 한정치산 선고의 효력이 유지되는 사람에 대해서는 제13조제 1 항제 7 호의 개정규정에도 불구하고 종전의 규정에 따른다.

부 칙 <2019·11·26 법16599>

이 법은 공포한 날부터 시행한다.

부 칙 <2020·3·24 법17091>

제 1 조(시행일) 이 법은 공포한 날부터 시행한다. 〈단서 생략〉

제 2 조부터 **제 5 조**까지 생략

부 칙 <2020·12·29 법17799>

제 1 조(시행일) 이 법은 공포 후 1년이 경과한 날부터 시행한다. 〈단서 생략〉

제 2 조부터 **제26조**까지 생략

부 칙 <2021·5·18 법18159>

제 1 조(시행일) 이 법은 공포 후 6개월이 경과한 날부터 시행한다.

제 2 조(과태료 부과에 관한 경과조치) 이 법 시행 전의 위반행위에 대하여 과태료를 부과할 때에는 제39조의 개정규정에도 불구하고 종전의 규정에 따른다.

부 칙 <2023·8·8 법19592>

이 법은 공포한 날부터 시행한다.

●언론중재 및 피해구제 등에 관한 법률

〔2005·1·27 법률제7370호〕

개정
2008·2·29 법률제 8852호(정부조직법)
2009·2·6 법률제 9425호
2010·3·22 법률제10165호(방송통신발전 기본법)
2011·4·14 법률제10587호
2018·12·24 법률제16060호
2023·8·8 법률제19592호(법률용어 정비를 위한 문화체육관광위원회 소관 43개 법률 일부개정법률)

제1장 총칙

제1조(목적) 이 법은 언론사 등의 언론보도 또는 그 매개(媒介)로 인하여 침해되는 명예 또는 권리나 그 밖의 법익(法益)에 관한 다툼이 있는 경우 이를 조정하고 중재하는 등의 실효성 있는 구제제도를 확립함으로써 언론의 자유와 공적(公的) 책임을 조화함을 목적으로 한다.
〔전부개정 2011·4·14〕

제2조(정의) 이 법에서 사용하는 용어의 뜻은 다음과 같다. <개정 2023·8·8>

1. "언론"이란 방송, 신문, 잡지 등 정기간행물, 뉴스통신 및 인터넷신문을 말한다.
2. "방송"이란 「방송법」 제2조제1호에 따른 텔레비전방송, 라디오방송, 데이터방송 및 이동멀티미디어방송을 말한다.
3. "방송사업자"란 「방송법」 제2조제3호에 따른 지상파방송사업자, 종합유선방송사업자, 위성방송사업자 및 방송채널사용사업자를 말한다.
4. "신문"이란 「신문 등의 진흥에 관한 법률」 제2조제1호에 따른 신문을 말한다.
5. "신문사업자"란 「신문 등의 진흥에 관한 법률」 제2조제3호에 따른 신문사업자를 말한다.
6. "잡지 등 정기간행물"이란 「잡지 등 정기간행물의 진흥에 관한 법률」 제2조제1호 가목 및 라목에 따른 잡지 및 기타간행물을 말한다.
7. "잡지 등 정기간행물사업자"란 「잡지 등 정기간행물의 진흥에 관한 법률」 제2조제2호에 따른 정기간행물사업자 중 잡지 또는 기타간행물을 발행하는 자를 말한다.
8. "뉴스통신"이란 「뉴스통신 진흥에 관한 법률」 제2조제1호에 따른 뉴스통신을 말한다.
9. "뉴스통신사업자"란 「뉴스통신 진흥에 관한 법률」 제2조제3호에 따른 뉴스통신사업자를 말한다.
10. "인터넷신문"이란 「신문 등의 진흥에 관한 법률」 제2조제2호에 따른 인터넷신문을 말한다.
11. "인터넷신문사업자"란 「신문 등의 진흥에 관한 법률」 제2조제4호에 따른 인터넷신문사업자를 말한다.
12. "언론사"란 방송사업자, 신문사업자, 잡지 등 정기간행물사업자, 뉴스통신사업자 및 인터넷신문사업자를 말한다.
13. "언론사등의 대표자"란 제14조제1항에 따른 언론사등의 경영에 관하여 법률상 대표권이 있는 자 또는 그와 같은 지위에 있는 자를 말한다. 다만, 외국 신문 또는 외국 잡지 등 정기간행물로서 국내에 지사 또는 지국이 있는 경우에는 「신문 등의 진흥에 관한 법률」 제28조에 따라 등록을 한 자 또는 「잡지 등 정기간행물의 진흥에 관한 법률」 제29조에 따라 등록을 한 자를 말한다.
14. "사실적 주장"이란 증거에 의하여 그 존

재 여부를 판단할 수 있는 사실관계에 관한 주장을 말한다.

15. "언론보도"란 언론의 사실적 주장에 관한 보도를 말한다.

16. "정정보도"란 언론의 보도 내용의 전부 또는 일부가 진실하지 아니한 경우 이를 진실에 부합되게 고쳐서 보도하는 것을 말한다.

17. "반론보도"란 언론의 보도 내용의 진실 여부와 관계없이 그와 대립되는 반박적 주장을 보도하는 것을 말한다.

18. "인터넷뉴스서비스"란 언론의 기사를 인터넷을 통하여 계속적으로 제공하거나 매개하는 전자간행물을 말한다. 다만, 인터넷신문 및 인터넷 멀티미디어 방송, 그 밖에 대통령령으로 정하는 것은 제외한다.

19. "인터넷뉴스서비스사업자"란 제18호에 따른 전자간행물을 경영하는 자를 말한다.

20. "인터넷 멀티미디어 방송"이란 「인터넷 멀티미디어 방송사업법」 제 2 조제 1 호에 따른 인터넷 멀티미디어 방송을 말한다.

21. "인터넷 멀티미디어 방송사업자"란 「인터넷 멀티미디어 방송사업법」 제 2 조제 5 호에 따른 인터넷 멀티미디어 방송사업자를 말한다.

〔전부개정 2011 · 4 · 14〕

제 3 조(언론의 자유와 독립) ① 언론의 자유와 독립은 보장된다.

② 누구든지 언론의 자유와 독립에 관하여 어떠한 규제나 간섭을 할 수 없다.

③ 언론은 정보원(情報源)에 대하여 자유로이 접근할 권리와 그 취재한 정보를 자유로이 공표할 자유를 갖는다.

④ 제 1 항부터 제 3 항까지의 자유와 권리는 헌법과 법률에 의하지 아니하고는 제한받지 아니한다.

〔전부개정 2011 · 4 · 14〕

제 4 조(언론의 사회적 책임 등) ① 언론의 보도는 공정하고 객관적이어야 하고, 국민의 알권리와 표현의 자유를 보호 · 신장하여야 한다.

② 언론은 인간의 존엄과 가치를 존중하여야 하고, 타인의 명예를 훼손하거나 타인의 권리나 공중도덕 또는 사회윤리를 침해하여서는 아니 된다.

③ 언론은 공적인 관심사에 대하여 공익을 대변하며, 취재 · 보도 · 논평 또는 그 밖의 방법으로 민주적 여론형성에 이바지함으로써 그 공적 임무를 수행한다.

〔전부개정 2011 · 4 · 14〕

제 5 조(언론등에 의한 피해구제의 원칙) ① 언론, 인터넷뉴스서비스 및 인터넷 멀티미디어 방송(이하 "언론등"이라 한다)은 타인의 생명, 자유, 신체, 건강, 명예, 사생활의 비밀과 자유, 초상(肖像), 성명, 음성, 대화, 저작물 및 사적(私的) 문서, 그 밖의 인격적 가치 등에 관한 권리(이하 "인격권"이라 한다)를 침해하여서는 아니 되며, 언론등이 타인의 인격권을 침해한 경우에는 이 법에서 정한 절차에 따라 그 피해를 신속하게 구제하여야 한다.

② 인격권 침해가 사회상규(社會常規)에 반하지 아니하는 한도에서 다음 각 호의 어느 하나에 해당하는 경우에는 법률에 특별한 규정이 없으면 언론등은 그 보도 내용과 관련하여 책임을 지지 아니한다.

1. 피해자의 동의를 받아 이루어진 경우
2. 언론등의 보도가 공공의 이익에 관한 것으로서, 진실한 것이거나 진실하다고 믿는 데에 정당한 사유가 있는 경우

〔전부개정 2011 · 4 · 14〕

제 5 조의2(사망자의 인격권 보호) ① 제 5 조제 1 항의 타인에는 사망한 사람을 포함한다.

② 사망한 사람의 인격권을 침해하였거나 침해할 우려가 있는 경우에는 이에 따른 구제절차를 유족이 수행한다.

③ 제 2 항의 유족은 다른 법률에 특별한 규정이 없으면 사망한 사람의 배우자와 직계비속으로 한정하되, 배우자와 직계비속이 모두 없는 경우에는 직계존속이, 직계존속도 없는 경우에는 형제자매가 그 유족이 되며, 같은 순위의 유족이 2명 이상 있는 경우에는 각자가 단독으로 청구권을 행사한다.

④ 사망한 사람에 대한 인격권 침해에 대한 동의는 제 3 항에 따른 같은 순위의 유족 전원이 하여야 한다.

⑤ 다른 법률에 특별한 규정이 없으면 사망

후 30년이 지났을 때에는 제 2 항에 따른 구제절차를 수행할 수 없다.
〔전부개정 2011·4·14〕

제 6 조(고충처리인) ① 종합편성 또는 보도에 관한 전문편성을 하는 방송사업자, 일반일간신문(「신문 등의 진흥에 관한 법률」 제 2 조제 1 호가목에 따른 일반일간신문을 말한다)을 발행하는 신문사업자 및 뉴스통신사업자는 사내(社內)에 언론피해의 자율적 예방 및 구제를 위한 고충처리인을 두어야 한다.
② 고충처리인의 권한과 직무는 다음 각 호와 같다.
1. 언론의 침해행위에 대한 조사
2. 사실이 아니거나 타인의 명예, 그 밖의 법익을 침해하는 언론보도에 대한 시정권고
3. 구제가 필요한 피해자의 고충에 대한 정정보도, 반론보도 또는 손해배상의 권고
4. 그 밖에 독자나 시청자의 권익보호와 침해구제에 관한 자문
③ 제 1 항에 규정된 언론사는 고충처리인의 자율적 활동을 보장하여야 하고, 정당한 사유가 없으면 고충처리인의 권고를 받아들이도록 노력하여야 한다.
④ 제 1 항에 규정된 언론사는 취재 및 편집 또는 제작 종사자의 의견을 들어 고충처리인의 자격, 지위, 신분, 임기 및 보수 등에 관한 사항을 정하고, 이를 공표하여야 한다. 이를 변경할 때에도 또한 같다.
⑤ 제 1 항에 규정된 언론사는 고충처리인의 의견을 들어 고충처리인의 활동사항을 매년 공표하여야 한다.
〔전부개정 2011·4·14〕

제 2 장 언론중재위원회

제 7 조(언론중재위원회의 설치) ① 언론등의 보도 또는 매개(이하 "언론보도등"이라 한다)로 인한 분쟁의 조정·중재 및 침해사항을 심의하기 위하여 언론중재위원회(이하 "중재위원회"라 한다)를 둔다.
② 중재위원회는 다음 각 호의 사항을 심의한다.
1. 중재부의 구성에 관한 사항
2. 중재위원회규칙의 제정·개정 및 폐지에 관한 사항
3. 제11조제 2 항에 따른 사무총장의 임명 동의
4. 제32조에 따른 시정권고의 결정 및 그 취소결정
5. 그 밖에 중재위원회 위원장이 회의에 부치는 사항
③ 중재위원회는 40명 이상 90명 이내의 중재위원으로 구성하며, 중재위원은 다음 각 호의 사람 중에서 문화체육관광부장관이 위촉한다. 이 경우 제 1 호부터 제 3 호까지의 위원은 각각 중재위원 정수의 5분의 1 이상이 되어야 한다.
1. 법관의 자격이 있는 사람 중에서 법원행정처장이 추천한 사람
2. 변호사의 자격이 있는 사람 중에서 「변호사법」 제78조에 따른 대한변호사협회의 장이 추천한 사람
3. 언론사의 취재·보도 업무에 10년 이상 종사한 사람
4. 그 밖에 언론에 관하여 학식과 경험이 풍부한 사람
④ 중재위원회에 위원장 1명과 2명 이내의 부위원장 및 2명 이내의 감사를 두며, 각각 중재위원 중에서 호선(互選)한다.
⑤ 위원장·부위원장·감사 및 중재위원의 임기는 각각 3년으로 하며, 한 차례만 연임할 수 있다.
⑥ 위원장은 중재위원회를 대표하고 중재위원회의 업무를 총괄한다.
⑦ 부위원장은 위원장을 보좌하며, 위원장이 부득이한 사유로 직무를 수행할 수 없을 때에는 중재위원회규칙으로 정하는 바에 따라 그 직무를 대행한다.
⑧ 감사는 중재위원회의 업무 및 회계를 감사한다.
⑨ 중재위원회의 회의는 재적위원 과반수의 출석과 출석위원 과반수의 찬성으로 의결한다.
⑩ 중재위원은 명예직으로 한다. 다만, 대통령령으로 정하는 바에 따라 수당과 실비보상을 받을 수 있다.

⑪ 중재위원회의 구성·조직 및 운영에 필요한 사항은 중재위원회규칙으로 정한다.
〔전부개정 2011·4·14〕

제 8 조(중재위원의 직무상 독립과 결격사유) ① 중재위원은 법률과 양심에 따라 독립하여 직무를 수행하며, 직무상 어떠한 지시나 간섭도 받지 아니한다.
② 다음 각 호의 어느 하나에 해당하는 사람은 중재위원이 될 수 없다. <개정 2018·12·24>
1. 「국가공무원법」 제 2 조 및 「지방공무원법」 제 2 조에 따른 공무원(법관의 자격이 있는 사람과 교육공무원은 제외한다)
2. 「정당법」에 따른 정당의 당원
3. 「공직선거법」에 따라 실시되는 선거에 후보자로 등록한 사람
4. 언론사의 대표자와 그 임직원
5. 「국가공무원법」 제33조 각 호의 어느 하나에 해당하는 사람

③ 중재위원이 제 2 항 각 호의 어느 하나에 해당하게 된 때에는 당연히 그 직(職)에서 해촉(解囑)된다.
〔전부개정 2011·4·14〕

제 9 조(중재부) ① 중재는 5명 이내의 중재위원으로 구성된 중재부에서 하며, 중재부의 장은 법관 또는 변호사의 자격이 있는 중재위원 중에서 중재위원회 위원장이 지명한다.
② 중재부는 중재부의 장을 포함한 과반수의 출석과 출석위원 과반수의 찬성으로 의결한다.
〔전부개정 2011·4·14〕

제10조(중재위원의 제척 등) ① 중재위원회의 위원이 다음 각 호의 어느 하나에 해당하는 경우에는 그 직무의 집행에서 제척(除斥)된다.
1. 중재위원 또는 그 배우자나 배우자였던 사람이 해당 분쟁사건(이하 "사건"이라 한다)의 당사자가 되는 경우
2. 중재위원이 해당 사건의 당사자와 친족관계이거나 친족관계였던 경우
3. 중재위원이 해당 사건에 관하여 당사자의 대리인으로서 관여하거나 관여하였던 경우
4. 중재위원이 해당 사건의 원인인 보도 등에 관여한 경우

② 사건을 담당한 중재위원에게 제척의 원인이 있을 때에는 그 중재위원이 속한 중재부는 직권으로 또는 당사자의 신청을 받아 제척의 결정을 한다.
③ 당사자는 사건을 담당한 중재위원에게 공정한 직무집행을 기대하기 어려운 사정이 있는 경우에는 사건을 담당한 중재부에 기피신청을 할 수 있다.
④ 기피신청에 관한 결정은 중재위원회 위원장이 지명하는 중재부가 하고, 해당 중재위원 및 당사자 양쪽은 그 결정에 불복하지 못한다.
⑤ 중재위원은 제 1 항 또는 제 3 항의 사유에 해당하는 경우에는 해당 사건의 직무집행에서 회피하여야 한다. 이 경우 중재부의 허가를 필요로 하지 아니한다.
⑥ 제 3 항에 따른 기피신청이 있으면 해당 중재위원이 속한 중재부는 그 신청에 대한 결정이 있을 때까지 조정 또는 중재 절차를 중지하여야 한다.
⑦ 조정 또는 중재 절차에 관여하는 직원에 대하여는 제 1 항부터 제 6 항까지의 규정을 준용한다.
⑧ 제척·기피 또는 회피에 따라 중재부에 중재위원의 결원이 생긴 경우에는 중재위원회 위원장이 중재위원을 지명하여 그 중재부를 보충한다.
〔전부개정 2011·4·14〕

제11조(사무처) ① 중재위원회의 사무를 지원하고, 피해구제제도에 관한 조사·연구 등을 하기 위하여 중재위원회에 사무처를 둔다. <개정 2011·4·14>
② 사무처에 사무총장 1명을 두며, 사무총장은 중재위원회 위원장이 중재위원회의 동의를 받아 임명하고, 그 임기는 3년으로 한다. <개정 2011·4·14>
③ 삭제 <2009·2·6>
④ 사무처의 조직·운영에 관한 사항과 그 직원의 보수, 그 밖에 필요한 사항은 중재위원회규칙으로 정한다. <개정 2011·4·14>

제11조의2(중재위원회의 활동 보고) 중재위원

회는 매년 그 활동 결과를 다음 연도 2월 말까지 국회에 보고하여야 하며, 국회는 필요한 경우 중재위원회 위원장 또는 사무총장의 출석을 요구하여 그 의견을 들을 수 있다.
〔전부개정 2011·4·14〕

제12조(중재위원회의 운영 재원) 중재위원회의 운영 재원(財源)은 「방송통신발전 기본법」 제24조에 따른 방송통신발전기금으로 하되, 국가는 예산의 범위에서 중재위원회에 보조금을 지급할 수 있다.
〔전부개정 2011·4·14〕

제13조(벌칙 적용 시의 공무원 의제) 중재위원 및 직원은 「형법」이나 그 밖의 법률에 따른 벌칙을 적용할 때에는 공무원으로 본다.
〔전부개정 2011·4·14〕

제 3 장 침해에 대한 구제

제 1 절 언론사등에 대한 정정보도 청구 등

제14조(정정보도 청구의 요건) ① 사실적 주장에 관한 언론보도등이 진실하지 아니함으로 인하여 피해를 입은 자(이하 "피해자"라 한다)는 해당 언론보도등이 있음을 안 날부터 3개월 이내에 언론사, 인터넷뉴스서비스사업자 및 인터넷 멀티미디어 방송사업자(이하 "언론사등"이라 한다)에게 그 언론보도등의 내용에 관한 정정보도를 청구할 수 있다. 다만, 해당 언론보도등이 있은 후 6개월이 지났을 때에는 그러하지 아니하다.
② 제 1 항의 청구에는 언론사등의 고의·과실이나 위법성을 필요로 하지 아니한다.
③ 국가·지방자치단체, 기관 또는 단체의 장은 해당 업무에 대하여 그 기관 또는 단체를 대표하여 정정보도를 청구할 수 있다.
④ 「민사소송법」상 당사자능력이 없는 기관 또는 단체라도 하나의 생활단위를 구성하고 보도 내용과 직접적인 이해관계가 있을 때에는 그 대표자가 정정보도를 청구할 수 있다.
〔전부개정 2011·4·14〕

제15조(정정보도청구권의 행사) ① 정정보도 청구는 언론사등의 대표자에게 서면으로 하여야 하며, 청구서에는 피해자의 성명·주소·전화번호 등의 연락처를 적고, 정정의 대상인 언론보도등의 내용 및 정정을 청구하는 이유와 청구하는 정정보도문을 명시하여야 한다. 다만, 인터넷신문 및 인터넷뉴스서비스의 언론보도등의 내용이 해당 인터넷 홈페이지를 통하여 계속 보도 중이거나 매개 중인 경우에는 그 내용의 정정을 함께 청구할 수 있다.
② 제 1 항의 청구를 받은 언론사등의 대표자는 3일 이내에 그 수용 여부에 대한 통지를 청구인에게 발송하여야 한다. 이 경우 정정의 대상인 언론보도등의 내용이 방송이나 인터넷신문, 인터넷뉴스서비스 및 인터넷 멀티미디어 방송의 보도과정에서 성립한 경우에는 해당 언론사등이 그러한 사실이 없었음을 입증하지 아니하면 그 사실의 존재를 부인하지 못한다.
③ 언론사등이 제 1 항의 청구를 수용할 때에는 지체 없이 피해자 또는 그 대리인과 정정보도의 내용·크기 등에 관하여 협의한 후, 그 청구를 받은 날부터 7일 내에 정정보도문을 방송하거나 게재(인터넷신문 및 인터넷뉴스서비스의 경우 제 1 항 단서에 따른 해당 언론보도등 내용의 정정을 포함한다)하여야 한다. 다만, 신문 및 잡지 등 정기간행물의 경우 이미 편집 및 제작이 완료되어 부득이할 때에는 다음 발행 호에 이를 게재하여야 한다.
④ 다음 각 호의 어느 하나에 해당하는 사유가 있는 경우에는 언론사등은 정정보도 청구를 거부할 수 있다.
1. 피해자가 정정보도청구권을 행사할 정당한 이익이 없는 경우
2. 청구된 정정보도의 내용이 명백히 사실과 다른 경우
3. 청구된 정정보도의 내용이 명백히 위법한 내용인 경우
4. 정정보도의 청구가 상업적인 광고만을 목적으로 하는 경우
5. 청구된 정정보도의 내용이 국가·지방자치단체 또는 공공단체의 공개회의와 법원

의 공개재판절차의 사실보도에 관한 것인 경우

⑤ 언론사등이 하는 정정보도에는 원래의 보도 내용을 정정하는 사실적 진술, 그 진술의 내용을 대표할 수 있는 제목과 이를 충분히 전달하는 데에 필요한 설명 또는 해명을 포함하되, 위법한 내용은 제외한다.

⑥ 언론사등이 하는 정정보도는 공정한 여론형성이 이루어지도록 그 사실공표 또는 보도가 이루어진 같은 채널, 지면(紙面) 또는 장소에서 같은 효과를 발생시킬 수 있는 방법으로 하여야 하며, 방송의 정정보도문은 자막(라디오방송은 제외한다)과 함께 보통의 속도로 읽을 수 있게 하여야 한다. <개정 2023·8·8>

⑦ 방송사업자, 신문사업자, 잡지 등 정기간행물사업자 및 뉴스통신사업자는 공표된 방송보도(재송신은 제외한다) 및 방송프로그램, 신문, 잡지 등 정기간행물, 뉴스통신 보도의 원본 또는 사본을 공표 후 6개월간 보관하여야 한다.

⑧ 인터넷신문사업자 및 인터넷뉴스서비스사업자는 대통령령으로 정하는 바에 따라 인터넷신문 및 인터넷뉴스서비스 보도의 원본이나 사본 및 그 보도의 배열에 관한 전자기록을 6개월간 보관하여야 한다.

〔전부개정 2011·4·14〕

제16조(반론보도청구권) ① 사실적 주장에 관한 언론보도등으로 인하여 피해를 입은 자는 그 보도 내용에 관한 반론보도를 언론사등에 청구할 수 있다.

② 제1항의 청구에는 언론사등의 고의·과실이나 위법성을 필요로 하지 아니하며, 보도 내용의 진실 여부와 상관없이 그 청구를 할 수 있다.

③ 반론보도 청구에 관하여는 따로 규정된 것을 제외하고는 정정보도 청구에 관한 이 법의 규정을 준용한다.

〔전부개정 2011·4·14〕

제17조(추후보도청구권) ① 언론등에 의하여 범죄혐의가 있거나 형사상의 조치를 받았다고 보도 또는 공표된 자는 그에 대한 형사절차가 무죄판결 또는 이와 동등한 형태로 종결되었을 때에는 그 사실을 안 날부터 3개월 이내에 언론사등에 이 사실에 관한 추후보도의 게재를 청구할 수 있다.

② 제1항에 따른 추후보도에는 청구인의 명예나 권리 회복에 필요한 설명 또는 해명이 포함되어야 한다.

③ 추후보도청구권에 관하여는 제1항 및 제2항에 규정된 것을 제외하고는 정정보도청구권에 관한 이 법의 규정을 준용한다.

④ 추후보도청구권은 특별한 사정이 있는 경우를 제외하고는 이 법에 따른 정정보도청구권이나 반론보도청구권의 행사에 영향을 미치지 아니한다.

〔전부개정 2011·4·14〕

제17조의2(인터넷뉴스서비스에 대한 특칙) ① 인터넷뉴스서비스사업자는 제14조제1항에 따른 정정보도 청구, 제16조제1항에 따른 반론보도 청구 또는 제17조제1항에 따른 추후보도 청구(이하 "정정보도청구등"이라 한다)를 받은 경우 지체 없이 해당 기사에 관하여 정정보도청구등이 있음을 알리는 표시를 하고 해당 기사를 제공한 언론사등(이하 "기사제공언론사"라 한다)에 그 청구 내용을 통보하여야 한다.

② 제1항에 따라 정정보도청구등이 있음을 통보받은 경우에는 기사제공언론사도 같은 내용의 청구를 받은 것으로 본다.

③ 기사제공언론사가 제15조제2항(제16조제3항 및 제17조제3항에 따라 준용되는 경우를 포함한다)에 따라 청구에 대하여 그 청구의 수용 여부를 청구인에게 통지하는 경우에는 해당 기사를 매개한 인터넷뉴스서비스사업자에게도 통지하여야 한다.

〔전부개정 2011·4·14〕

제2절 조정

제18조(조정신청) ① 이 법에 따른 정정보도청구등과 관련하여 분쟁이 있는 경우 피해자 또는 언론사등은 중재위원회에 조정을 신청할 수 있다.

② 피해자는 언론보도등에 의한 피해의 배상에 대하여 제14조제1항의 기간 이내에 중재위원회에 조정을 신청할 수 있다. 이 경

우 피해자는 손해배상액을 명시하여야 한다.
③ 정정보도청구등과 손해배상의 조정신청은 제14조제 1 항(제16조제 3 항에 따라 준용되는 경우를 포함한다) 또는 제17조제 1 항의 기간 이내에 서면 또는 구술이나 그 밖에 대통령령으로 정하는 바에 따라 전자문서 등으로 하여야 하며, 피해자가 먼저 언론사등에 정정보도청구등을 한 경우에는 피해자와 언론사등 사이에 협의가 불성립된 날부터 14일 이내에 하여야 한다.
④ 제 3 항에 따른 조정신청을 구술로 하려는 신청인은 중재위원회의 담당 직원에게 조정신청의 내용을 진술하고 이의 대상인 보도내용과 정정보도청구등을 요청하는 정정보도문 등을 제출하여야 하며, 담당 직원은 신청인의 조정신청 내용을 적은 조정신청조서를 작성하여 신청인에게 이를 확인하게 한 다음, 그 조정신청조서에 신청인 및 담당 직원이 서명 또는 날인하여야 한다.
⑤ 중재위원회는 중재위원회규칙으로 정하는 바에 따라 조정신청에 대하여 수수료를 징수할 수 있다.
⑥ 신청인은 조정절차 계속 중에 정정보도청구등과 손해배상청구 상호간의 변경을 포함하여 신청취지를 변경할 수 있고, 이들을 병합하여 청구할 수 있다.
〔전부개정 2011 · 4 · 14〕

제19조(조정) ① 조정은 관할 중재부에서 한다. 관할구역을 같이 하는 중재부가 여럿일 경우에는 중재위원회 위원장이 중재부를 지정한다.
② 조정은 신청 접수일부터 14일 이내에 하여야 하며, 중재부의 장은 조정신청을 접수하였을 때에는 지체 없이 조정기일을 정하여 당사자에게 출석을 요구하여야 한다.
③ 제 2 항의 출석요구를 받은 신청인이 2회에 걸쳐 출석하지 아니한 경우에는 조정신청을 취하한 것으로 보며, 피신청 언론사등이 2회에 걸쳐 출석하지 아니한 경우에는 조정신청 취지에 따라 정정보도등을 이행하기로 합의한 것으로 본다.
④ 제 2 항의 출석요구를 받은 자가 천재지변이나 그 밖의 정당한 사유로 출석하지 못한 경우에는 그 사유가 소멸한 날부터 3일 이내에 해당 중재부에 이를 소명(疏明)하여 기일 속행신청을 할 수 있다. 중재부는 속행신청이 이유 없다고 인정하는 경우에는 이를 기각(棄却)하고, 이유 있다고 인정하는 경우에는 다시 조정기일을 정하고 절차를 속행하여야 한다.
⑤ 조정기일에 중재위원은 조정 대상인 분쟁에 관한 사실관계와 법률관계를 당사자들에게 설명·조언하거나 절충안을 제시하는 등 합의를 권유할 수 있다.
⑥ 변호사 아닌 자가 신청인이나 피신청인의 대리인이 되려는 경우에는 미리 중재부의 허가를 받아야 한다.
⑦ 신청인의 배우자·직계혈족·형제자매 또는 소속 직원은 신청인의 명시적인 반대의사가 없으면 제 6 항에 따른 중재부의 허가 없이도 대리인이 될 수 있다. 이 경우 대리인이 신청인과의 신분관계 및 수권관계(授權關係)를 서면으로 증명하거나 신청인이 중재부에 출석하여 대리인을 선임하였음을 확인하여야 한다.
⑧ 조정은 비공개를 원칙으로 하되, 참고인의 진술청취가 필요한 경우 등 필요하다고 인정되는 경우에는 중재위원회규칙으로 정하는 바에 따라 참석이나 방청을 허가할 수 있다.
⑨ 조정절차에 관하여는 이 법에서 규정한 것을 제외하고는 「민사조정법」을 준용한다.
⑩ 조정의 절차와 중재부의 구성방법, 그 관할, 구술신청의 방식과 절차, 그 밖에 필요한 사항은 중재위원회규칙으로 정한다.
〔전부개정 2011 · 4 · 14〕

제20조(증거조사) ① 중재부는 정정보도청구등 또는 손해배상 분쟁의 조정에 필요하다고 인정하는 경우 당사자 양쪽에게 조정 대상 표현물이나 그 밖의 관련 자료의 제출을 명하거나 증거조사를 할 수 있다.
② 제 1 항의 증거조사에 관하여는 조정의 성질에 반하지 아니하는 한도에서 「민사소송법」 제 2 편제 3 장을 준용하며, 중재부는 필요한 경우 그 위원이나 사무처 직원으로 하여금 증거자료를 수집 · 보고하게 하고,

조정기일에 그에 관하여 진술을 하도록 명할 수 있다.
③ 중재부의 장은 신속한 조정을 위하여 필요한 경우 제1회 조정기일 전이라도 제1항 및 제2항에 따른 자료의 제출이나 증거자료의 수집·보고를 명할 수 있다.
④ 중재부는 증거조사에 필요한 비용을 당사자 어느 한쪽이나 양쪽에게 부담하게 할 수 있으며, 이에 관하여는 「민사소송비용법」을 준용한다. 이 경우 「민사소송비용법」의 규정 중 "법원"은 "중재부"로, "법관"은 "중재위원"으로, "법원서기"는 "중재위원회 직원"으로 본다.
〔전부개정 2011·4·14〕

제21조(결정) ① 중재부는 조정신청이 부적법할 때에는 이를 각하(却下)하여야 한다.
② 중재부는 신청인의 주장이 이유 없음이 명백할 때에는 조정신청을 기각할 수 있다.
③ 중재부는 당사자 간 합의 불능 등 조정에 적합하지 아니한 현저한 사유가 있다고 인정될 때에는 조정절차를 종결하고 조정불성립 결정을 하여야 한다.
〔전부개정 2011·4·14〕

제22조(직권조정결정) ① 당사자 사이에 합의(제19조제3항에 따라 합의한 것으로 보는 경우를 포함한다)가 이루어지지 아니한 경우 또는 신청인의 주장이 이유 있다고 판단되는 경우 중재부는 당사자들의 이익이나 그 밖의 모든 사정을 고려하여 신청취지에 반하지 아니하는 한도에서 직권으로 조정을 갈음하는 결정(이하 "직권조정결정"이라 한다)을 할 수 있다. 이 경우 그 결정은 제19조제2항에도 불구하고 조정신청 접수일부터 21일 이내에 하여야 한다.
② 직권조정결정서에는 주문(主文)과 결정 이유를 적고 이에 관여한 중재위원 전원이 서명·날인하여야 하며, 그 정본을 지체 없이 당사자에게 송달하여야 한다.
③ 직권조정결정에 불복하는 자는 결정 정본을 송달받은 날부터 7일 이내에 불복 사유를 명시하여 서면으로 중재부에 이의신청을 할 수 있다. 이 경우 그 결정은 효력을 상실한다.
④ 제3항에 따라 직권조정결정에 관하여 이의신청이 있는 경우에는 그 이의신청이 있은 때에 제26조제1항에 따른 소(訴)가 제기된 것으로 보며, 피해자를 원고로 하고 상대방인 언론사등을 피고로 한다.
〔전부개정 2011·4·14〕

제23조(조정에 의한 합의 등의 효력) 다음 각 호의 어느 하나의 경우에는 재판상 화해와 같은 효력이 있다.
1. 조정 결과 당사자 간에 합의가 성립한 경우
2. 제19조제3항에 따라 합의가 이루어진 것으로 보는 경우
3. 제22조제1항에 따른 직권조정결정에 대하여 이의신청이 없는 경우
〔전부개정 2011·4·14〕

제3절 중재

제24조(중재) ① 당사자 양쪽은 정정보도청구 등 또는 손해배상의 분쟁에 관하여 중재부의 종국적 결정에 따르기로 합의하고 중재를 신청할 수 있다.
② 제1항의 중재신청은 조정절차 계속 중에도 할 수 있다. 이 경우 조정절차에 제출된 서면 또는 주장·입증은 중재절차에서 제출한 것으로 본다.
③ 중재절차에 관하여는 그 성질에 반하지 아니하는 한도에서 조정절차에 관한 이 법의 규정과 「민사소송법」 제34조, 제35조, 제39조 및 제41조부터 제45조까지의 규정을 준용한다.
〔전부개정 2011·4·14〕

제25조(중재결정의 효력 등) ① 중재결정은 확정판결과 동일한 효력이 있다.
② 중재결정에 대한 불복과 중재결정의 취소에 관하여는 「중재법」 제36조를 준용한다.
〔전부개정 2011·4·14〕

제4절 소송

제26조(정정보도청구등의 소) ① 피해자는 법원에 정정보도청구등의 소를 제기할 수 있다.

② 피해자는 정정보도청구등의 소를 병합하여 제기할 수 있고, 소송계속(訴訟繫屬) 중 정정보도청구등의 소 상호간에 이를 변경할 수 있다.

③ 제 1 항의 소는 제14조제 1 항(제16조제 3 항에 따라 준용되는 경우를 포함한다) 및 제17조제 1 항에 따른 기간 이내에 제기하여야 한다. 피해자는 제 1 항의 소와 동시에 그 인용(認容)을 조건으로 「민사집행법」 제261조제 1 항에 따른 간접강제의 신청을 병합하여 제기할 수 있다.

④ 제 1 항은 「민법」 제764조에 따른 권리의 행사에 영향을 미치지 아니한다.

⑤ 제 1 항에 따른 소에 대한 제 1 심 재판은 피고의 보통재판적(普通裁判籍)이 있는 곳의 지방법원 합의부가 관할한다.

⑥ 정정보도 청구의 소에 대하여는 「민사소송법」의 소송절차에 관한 규정에 따라 재판하고, 반론보도 청구 및 추후보도 청구의 소에 대하여는 「민사집행법」의 가처분절차에 관한 규정에 따라 재판한다. 다만, 「민사집행법」 제277조 및 제287조는 적용하지 아니한다.

⑦ 법원은 청구가 이유 있는 경우에는 제15조제 3 항 · 제 5 항 · 제 6 항에 따른 방법으로 정정보도 · 반론보도 또는 추후보도의 방송 · 게재 또는 공표를 명할 수 있다.

⑧ 정정보도청구등의 소의 재판에 필요한 사항은 대법원규칙으로 정한다.

〔전부개정 2011 · 4 · 14〕

제27조(재판) ① 정정보도청구등의 소는 접수 후 3개월 이내에 판결을 선고하여야 한다.

② 법원은 정정보도청구등이 이유 있다고 인정하여 정정보도 · 반론보도 또는 추후보도를 명할 때에는 방송 · 게재 또는 공표할 정정보도 · 반론보도 또는 추후보도의 내용, 크기, 시기, 횟수, 게재 위치 또는 방송 순서 등을 정하여 명하여야 한다.

③ 법원이 제 2 항의 정정보도 · 반론보도 또는 추후보도의 내용 등을 정할 때에는 청구취지에 적힌 정정보도문 · 반론보도문 또는 추후보도문을 고려하여 청구인의 명예나 권리를 최대한 회복할 수 있도록 정하여야 한다.

〔전부개정 2011 · 4 · 14〕

제28조(불복절차) ① 정정보도청구등을 인용한 재판에 대하여는 항소하는 것 외에는 불복을 신청할 수 없다.

② 제 1 항의 불복절차에서 심리한 결과 정정보도청구등의 전부 또는 일부가 기각되었어야 함이 밝혀진 경우에는 이를 인용한 재판을 취소하여야 한다. <개정 2023 · 8 · 8>

③ 제 2 항의 경우 언론사등이 이미 정정보도 · 반론보도 또는 추후보도의 의무를 이행하였을 때에는 언론사등의 청구에 따라 취소재판의 내용을 보도할 수 있음을 선고하고, 언론사등의 청구에 따라 상대방으로 하여금 언론사등이 이미 이행한 정정보도 · 반론보도 또는 추후보도와 취소재판의 보도를 위하여 필요한 비용 및 일반적인 지면게재 사용료 또는 방송 사용료로서 적정한 손해의 배상을 하도록 명하여야 한다. 이 경우 배상액은 해당된 지면 사용료 또는 방송의 일반적인 광고비를 초과할 수 없다. <개정 2023 · 8 · 8>

〔전부개정 2011 · 4 · 14〕

제29조(언론보도등 관련 소송의 우선 처리) 법원은 언론보도등에 의하여 피해를 받았음을 이유로 하는 재판은 다른 재판에 우선하여 신속히 하여야 한다.

〔전부개정 2011 · 4 · 14〕

제30조(손해의 배상) ① 언론등의 고의 또는 과실로 인한 위법행위로 인하여 재산상 손해를 입거나 인격권 침해 또는 그 밖의 정신적 고통을 받은 자는 그 손해에 대한 배상을 언론사등에 청구할 수 있다.

② 법원은 제 1 항에 따른 손해가 발생한 사실은 인정되나 손해액의 구체적인 금액을 산정(算定)하기 곤란한 경우에는 변론의 취지 및 증거조사의 결과를 고려하여 그에 상당하다고 인정되는 손해액을 산정하여야 한다.

③ 제 1 항에 따른 피해자는 인격권을 침해하는 언론사등에 침해의 정지를 청구할 수 있으며, 그 권리를 명백히 침해할 우려가 있는 언론사등에 침해의 예방을 청구할 수 있다.

④ 제 1 항에 따른 피해자는 제 3 항에 따른 청구를 하는 경우 침해행위에 제공되거나 침해행위에 의하여 만들어진 물건의 폐기나 그 밖에 필요한 조치를 청구할 수 있다.
〔전부개정 2011·4·14〕

제31조(명예훼손의 경우의 특칙) 타인의 명예를 훼손한 자에 대하여는 법원은 피해자의 청구에 의하여 손해배상을 갈음하여 또는 손해배상과 함께, 정정보도의 공표 등 명예회복에 적당한 처분을 명할 수 있다.
〔전부개정 2011·4·14〕

제 5 절 시정권고

제32조(시정권고) ① 중재위원회는 언론의 보도 내용에 의한 국가적 법익, 사회적 법익 또는 타인의 법익 침해사항을 심의하여 필요한 경우 해당 언론사에 서면으로 그 시정을 권고할 수 있다.
② 중재위원회는 시정권고의 기준을 정하여 공표하여야 한다.
③ 시정권고는 언론사에 대하여 권고적 효력을 가지는 데에 그친다.
④ 중재위원회는 각 언론사별로 시정권고한 내용을 외부에 공표할 수 있다.
⑤ 시정권고에 불복하는 언론사는 시정권고 통보를 받은 날부터 7일 이내에 중재위원회에 재심을 청구할 수 있다.
⑥ 언론사는 재심절차에 출석하여 발언하고 관련 자료를 제출할 수 있다.
⑦ 중재위원회는 재심 청구가 정당하다고 인정될 때에는 시정권고를 취소하여야 한다.
⑧ 제 1 항에 따른 시정권고의 방법·절차와 그 밖에 필요한 사항은 대통령령으로 정한다.
〔전부개정 2011·4·14〕

제33조 삭제 <2009·2·6>

제 4 장 벌칙

제34조(과태료) ① 다음 각 호의 어느 하나에 해당하는 자에게는 3천만원 이하의 과태료를 부과한다.
1. 제 6 조제 1 항 또는 제 4 항을 위반하여 고충처리인을 두지 아니하거나 고충처리인에 관한 사항을 제정하지 아니한 자
2. 제15조제 3 항(다른 규정에 따라 준용되는 경우를 포함한다)을 위반하여 정정보도문 등을 방송 또는 게재하지 아니한 자
3. 제15조제 7 항을 위반하여 공표된 보도의 원본 또는 사본을 보관하지 아니한 자
4. 제15조제 8 항을 위반하여 보도의 원본이나 사본 및 그 보도의 배열에 관한 전자기록을 보관하지 아니한 자

② 제 1 항에 따른 과태료는 대통령령으로 정하는 바에 따라 문화체육관광부장관이 부과·징수한다.
〔전부개정 2011·4·14〕

부 칙

제 1 조(시행일) 이 법은 공포 후 6월이 경과한 날부터 시행한다.

제 2 조(시행 전 언론보도에 관한 경과조치) 이 법은 이 법 시행 전에 행하여진 언론 보도에 대하여도 이를 적용한다. 다만, 언론사에 대한 정정보도·반론보도·추후보도의 청구기간, 언론중재위원회에 대한 조정 또는 중재 신청기간에 관한 제14조제 1 항, 제16조제 3 항, 제17조제 1 항 및 제18조제 3 항의 규정은 적용하지 아니하고 종전의 규정에 의한다.

제 3 조(언론중재위회 및 법원에 계류 중인 사건에 관한 경과조치) 이 법 시행 전 종전의 정기간행물의등록등에관한법률의 규정에 따라 언론중재위원회 또는 법원에 계류 중인 사건에 대하여는 종전의 규정에 따른다.

제 4 조(중재위원회에 관한 경과조치) ① 이 법 시행 당시 정기간행물의등록등에관한법률의 규정에 의한 언론중재위원회는 이 법에 의하여 설치된 것으로 본다.
② 이 법 시행 당시 정기간행물의등록등에관한법률에 의하여 위촉 또는 임명된 중재위원 및 언론중재위원회 사무총장은 그 임기만료시까지 이 법에 의하여 위촉 또는 임명된 것으로 본다.

제 5 조(다른 법률의 개정) 생략

제 6 조(다른 법령과의 관계) 이 법 시행 당시 다른 법령에서 종전의 정기간행물의등록등

에관한법률, 방송법의 규정 중 이 법에서 규정한 내용에 해당하는 규정을 인용한 경우에는 이 법 중 해당하는 규정을 인용한 것으로 본다.

부 칙 <2008 · 2 · 29 법8852>

제 1 조(시행일) 이 법은 공포한 날부터 시행한다. 〈단서 생략〉

제 2 조부터 **제 7 조**까지 생략

부 칙 <2009 · 2 · 6 법9425>

①(시행일) 이 법은 공포 후 6개월이 경과한 날부터 시행한다.

②(인터넷멀티미디어방송 및 인터넷뉴스서비스의 보도 · 매개에 대한 적용례) 인터넷멀티미디어방송 및 인터넷뉴스서비스에 대한 이 법의 적용은 이 법 시행일 이후 최초로 보도 · 매개하는 것부터 적용한다.

③(다른 법률의 개정) 생략

부 칙 <2010 · 3 · 22 법10165>

제 1 조(시행일) 이 법은 공포 후 6개월이 경과한 날부터 시행한다. 다만, …〈생략〉… 부칙 제 6 조 …〈생략〉… 제 7 항은 2011년 1월 1일부터 시행한다.

제 2 조부터 **제 5 조**까지 생략

제 6 조(다른 법률의 개정) 생략

제 7 조 생략

부 칙 <2011 · 4 · 14 법10587>

이 법은 공포한 날부터 시행한다.

부 칙 <2018 · 12 · 24 법16060>

이 법은 공포 후 3개월이 경과한 날부터 시행한다.

부 칙 <2023 · 8 · 8 법19592>

이 법은 공포한 날부터 시행한다.

●공공기관의 정보공개에 관한 법률

〔2004·1·29 법률제7127호 전부개정〕

개정
2005·12·29 법률제 7796호(국가공무원법)
2006·10·4 법률제 8026호
2007·1·3 법률제 8171호(전자정부법)
2008·2·29 법률제 8854호
2008·2·29 법률제 8871호(행정심판법)
2010·2·4 법률제10012호(전자정부법)
2013·3·23 법률제11690호(정부조직법)
2013·8·6 법률제11991호
2014·11·19 법률제12844호(정부조직법)
2016·5·29 법률제14185호
2017·7·26 법률제14839호(정부조직법)
2020·12·22 법률제17690호
2023·5·16 법률제19408호(행정기관 소속 위원회 정비를 위한 공공기관의 정보공개에 관한 법률 등 4개 법률의 일부개정에 관한 법률)

제1장 총칙

제1조(목적) 이 법은 공공기관이 보유·관리하는 정보에 대한 국민의 공개 청구 및 공공기관의 공개 의무에 관하여 필요한 사항을 정함으로써 국민의 알권리를 보장하고 국정(國政)에 대한 국민의 참여와 국정 운영의 투명성을 확보함을 목적으로 한다.
〔전부개정 2013·8·6〕

제2조(정의) 이 법에서 사용하는 용어의 뜻은 다음과 같다. <개정 2020·12·22>
1. "정보"란 공공기관이 직무상 작성 또는 취득하여 관리하고 있는 문서(전자문서를 포함한다. 이하 같다) 및 전자매체를 비롯한 모든 형태의 매체 등에 기록된 사항을 말한다.
2. "공개"란 공공기관이 이 법에 따라 정보를 열람하게 하거나 그 사본·복제물을 제공하는 것 또는 「전자정부법」 제2조제10호에 따른 정보통신망(이하 "정보통신망"이라 한다)을 통하여 정보를 제공하는 것 등을 말한다.
3. "공공기관"이란 다음 각 목의 기관을 말한다.
가. 국가기관
1) 국회, 법원, 헌법재판소, 중앙선거관리위원회
2) 중앙행정기관(대통령 소속 기관과 국무총리 소속 기관을 포함한다) 및 그 소속 기관
3) 「행정기관 소속 위원회의 설치·운영에 관한 법률」에 따른 위원회
나. 지방자치단체
다. 「공공기관의 운영에 관한 법률」 제2조에 따른 공공기관
라. 「지방공기업법」에 따른 지방공사 및 지방공단
마. 그 밖에 대통령령으로 정하는 기관
〔전부개정 2013·8·6〕

제3조(정보공개의 원칙) 공공기관이 보유·관리하는 정보는 국민의 알권리 보장 등을 위하여 이 법에서 정하는 바에 따라 적극적으로 공개하여야 한다.
〔전부개정 2013·8·6〕

제4조(적용 범위) ① 정보의 공개에 관하여는 다른 법률에 특별한 규정이 있는 경우를 제외하고는 이 법에서 정하는 바에 따른다.
② 지방자치단체는 그 소관 사무에 관하여 법령의 범위에서 정보공개에 관한 조례를 정할 수 있다.
③ 국가안전보장에 관련되는 정보 및 보안 업무를 관장하는 기관에서 국가안전보장과 관련된 정보의 분석을 목적으로 수집하거나 작성한 정보에 대해서는 이 법을 적용하지 아니한다. 다만, 제8조제1항에 따른 정보목록의 작성·비치 및 공개에 대해서는 그러하지 아니한다.
〔전부개정 2013·8·6〕

제 2 장 정보공개 청구권자와 공공기관의 의무

제 5 조(정보공개 청구권자) ① 모든 국민은 정보의 공개를 청구할 권리를 가진다.
② 외국인의 정보공개 청구에 관하여는 대통령령으로 정한다.
〔전부개정 2013·8·6〕

제 6 조(공공기관의 의무) ① 공공기관은 정보의 공개를 청구하는 국민의 권리가 존중될 수 있도록 이 법을 운영하고 소관 관계 법령을 정비하며, 정보를 투명하고 적극적으로 공개하는 조직문화 형성에 노력하여야 한다. <개정 2020·12·22>
② 공공기관은 정보의 적절한 보존 및 신속한 검색과 국민에게 유용한 정보의 분석 및 공개 등이 이루어지도록 정보관리체계를 정비하고, 정보공개 업무를 주관하는 부서 및 담당하는 인력을 적정하게 두어야 하며, 정보통신망을 활용한 정보공개시스템 등을 구축하도록 노력하여야 한다. <개정 2020·12·22>
③ 행정안전부장관은 공공기관의 정보공개에 관한 업무를 종합적·체계적·효율적으로 지원하기 위하여 통합정보공개시스템을 구축·운영하여야 한다. <신설 2020·12·22>
④ 공공기관(국회·법원·헌법재판소·중앙선거관리위원회는 제외한다)이 제 2 항에 따른 정보공개시스템을 구축하지 아니한 경우에는 제 3 항에 따라 행정안전부장관이 구축·운영하는 통합정보공개시스템을 통하여 정보공개 청구 등을 처리하여야 한다. <신설 2020·12·22>
⑤ 공공기관은 소속 공무원 또는 임직원 전체를 대상으로 국회규칙·대법원규칙·헌법재판소규칙·중앙선거관리위원회규칙 및 대통령령으로 정하는 바에 따라 이 법 및 정보공개 제도 운영에 관한 교육을 실시하여야 한다. <신설 2020·12·22>
〔전부개정 2013·8·6〕

제 6 조의2(정보공개 담당자의 의무) 공공기관의 정보공개 담당자(정보공개 청구 대상 정보와 관련된 업무 담당자를 포함한다)는 정보공개 업무를 성실하게 수행하여야 하며, 공개 여부의 자의적인 결정, 고의적인 처리 지연 또는 위법한 공개 거부 및 회피 등 부당한 행위를 하여서는 아니 된다.
〔본조신설 2020·12·22〕

제 7 조(정보의 사전적 공개 등) ① 공공기관은 다음 각 호의 어느 하나에 해당하는 정보에 대해서는 공개의 구체적 범위, 주기, 시기 및 방법 등을 미리 정하여 정보통신망 등을 통하여 알리고, 이에 따라 정기적으로 공개하여야 한다. 다만, 제 9 조제 1 항 각 호의 어느 하나에 해당하는 정보에 대해서는 그러하지 아니하다. <개정 2020·12·22>
1. 국민생활에 매우 큰 영향을 미치는 정책에 관한 정보
2. 국가의 시책으로 시행하는 공사(工事) 등 대규모 예산이 투입되는 사업에 관한 정보
3. 예산집행의 내용과 사업평가 결과 등 행정감시를 위하여 필요한 정보
4. 그 밖에 공공기관의 장이 정하는 정보

② 공공기관은 제 1 항에 규정된 사항 외에도 국민이 알아야 할 필요가 있는 정보를 국민에게 공개하도록 적극적으로 노력하여야 한다.
〔전부개정 2013·8·6〕

제 8 조(정보목록의 작성·비치 등) ① 공공기관은 그 기관이 보유·관리하는 정보에 대하여 국민이 쉽게 알 수 있도록 정보목록을 작성하여 갖추어 두고, 그 목록을 정보통신망을 활용한 정보공개시스템 등을 통하여 공개하여야 한다. 다만, 정보목록 중 제 9 조제 1 항에 따라 공개하지 아니할 수 있는 정보가 포함되어 있는 경우에는 해당 부분을 갖추어 두지 아니하거나 공개하지 아니할 수 있다.
② 공공기관은 정보의 공개에 관한 사무를 신속하고 원활하게 수행하기 위하여 정보공개 장소를 확보하고 공개에 필요한 시설을 갖추어야 한다.
〔전부개정 2013·8·6〕

제 8 조의2(공개대상 정보의 원문공개) 공공기관 중 중앙행정기관 및 대통령령으로 정하는 기관은 전자적 형태로 보유·관리하는 정보 중 공개대상으로 분류된 정보를 국민의

정보공개 청구가 없더라도 정보통신망을 활용한 정보공개시스템 등을 통하여 공개하여야 한다.
〔본조신설 2013·8·6〕

제 3 장 정보공개의 절차

제 9 조(비공개 대상 정보) ① 공공기관이 보유·관리하는 정보는 공개 대상이 된다. 다만, 다음 각 호의 어느 하나에 해당하는 정보는 공개하지 아니할 수 있다. <개정 2020·12·22>

1. 다른 법률 또는 법률에서 위임한 명령(국회규칙·대법원규칙·헌법재판소규칙·중앙선거관리위원회규칙·대통령령 및 조례로 한정한다)에 따라 비밀이나 비공개 사항으로 규정된 정보
2. 국가안전보장·국방·통일·외교관계 등에 관한 사항으로서 공개될 경우 국가의 중대한 이익을 현저히 해칠 우려가 있다고 인정되는 정보
3. 공개될 경우 국민의 생명·신체 및 재산의 보호에 현저한 지장을 초래할 우려가 있다고 인정되는 정보
4. 진행 중인 재판에 관련된 정보와 범죄의 예방, 수사, 공소의 제기 및 유지, 형의 집행, 교정(矯正), 보안처분에 관한 사항으로서 공개될 경우 그 직무수행을 현저히 곤란하게 하거나 형사피고인의 공정한 재판을 받을 권리를 침해한다고 인정할 만한 상당한 이유가 있는 정보
5. 감사·감독·검사·시험·규제·입찰계약·기술개발·인사관리에 관한 사항이나 의사결정 과정 또는 내부검토 과정에 있는 사항 등으로서 공개될 경우 업무의 공정한 수행이나 연구·개발에 현저한 지장을 초래한다고 인정할 만한 상당한 이유가 있는 정보. 다만, 의사결정 과정 또는 내부검토 과정을 이유로 비공개할 경우에는 제13조 제 5 항에 따라 통지를 할 때 의사결정 과정 또는 내부검토 과정의 단계 및 종료 예정일을 함께 안내하여야 하며, 의사결정 과정 및 내부검토 과정이 종료되면 제10조에 따른 청구인에게 이를 통지하여야 한다.
6. 해당 정보에 포함되어 있는 성명·주민등록번호 등 「개인정보 보호법」 제 2 조제 1 호에 따른 개인정보로서 공개될 경우 사생활의 비밀 또는 자유를 침해할 우려가 있다고 인정되는 정보. 다만, 다음 각 목에 열거한 사항은 제외한다.
   가. 법령에서 정하는 바에 따라 열람할 수 있는 정보
   나. 공공기관이 공표를 목적으로 작성하거나 취득한 정보로서 사생활의 비밀 또는 자유를 부당하게 침해하지 아니하는 정보
   다. 공공기관이 작성하거나 취득한 정보로서 공개하는 것이 공익이나 개인의 권리 구제를 위하여 필요하다고 인정되는 정보
   라. 직무를 수행한 공무원의 성명·직위
   마. 공개하는 것이 공익을 위하여 필요한 경우로서 법령에 따라 국가 또는 지방자치단체가 업무의 일부를 위탁 또는 위촉한 개인의 성명·직업
7. 법인·단체 또는 개인(이하 "법인등"이라 한다)의 경영상·영업상 비밀에 관한 사항으로서 공개될 경우 법인등의 정당한 이익을 현저히 해칠 우려가 있다고 인정되는 정보. 다만, 다음 각 목에 열거한 정보는 제외한다.
   가. 사업활동에 의하여 발생하는 위해(危害)로부터 사람의 생명·신체 또는 건강을 보호하기 위하여 공개할 필요가 있는 정보
   나. 위법·부당한 사업활동으로부터 국민의 재산 또는 생활을 보호하기 위하여 공개할 필요가 있는 정보
8. 공개될 경우 부동산 투기, 매점매석 등으로 특정인에게 이익 또는 불이익을 줄 우려가 있다고 인정되는 정보

② 공공기관은 제 1 항 각 호의 어느 하나에 해당하는 정보가 기간의 경과 등으로 인하여 비공개의 필요성이 없어진 경우에는 그 정보를 공개 대상으로 하여야 한다.
③ 공공기관은 제 1 항 각 호의 범위에서 해

당 공공기관의 업무 성격을 고려하여 비공개 대상 정보의 범위에 관한 세부 기준(이하 "비공개 세부 기준"이라 한다)을 수립하고 이를 정보통신망을 활용한 정보공개시스템 등을 통하여 공개하여야 한다. <개정 2020·12·22>

④ 공공기관(국회·법원·헌법재판소 및 중앙선거관리위원회는 제외한다)은 제 3 항에 따라 수립된 비공개 세부 기준이 제 1 항 각 호의 비공개 요건에 부합하는지 3년마다 점검하고 필요한 경우 비공개 세부 기준을 개선하여 그 점검 및 개선 결과를 행정안전부장관에게 제출하여야 한다. <신설 2020·12·22>

〔전부개정 2013·8·6〕

제10조(정보공개의 청구방법) ① 정보의 공개를 청구하는 자(이하 "청구인"이라 한다)는 해당 정보를 보유하거나 관리하고 있는 공공기관에 다음 각 호의 사항을 적은 정보공개 청구서를 제출하거나 말로써 정보의 공개를 청구할 수 있다. <개정 2020·12·22>

1. 청구인의 성명·생년월일·주소 및 연락처(전화번호·전자우편주소 등을 말한다. 이하 이 조에서 같다). 다만, 청구인이 법인 또는 단체인 경우에는 그 명칭, 대표자의 성명, 사업자등록번호 또는 이에 준하는 번호, 주된 사무소의 소재지 및 연락처를 말한다.
2. 청구인의 주민등록번호(본인임을 확인하고 공개 여부를 결정할 필요가 있는 정보를 청구하는 경우로 한정한다)
3. 공개를 청구하는 정보의 내용 및 공개방법

② 제 1 항에 따라 청구인이 말로써 정보의 공개를 청구할 때에는 담당 공무원 또는 담당 임직원(이하 "담당공무원등"이라 한다)의 앞에서 진술하여야 하고, 담당공무원등은 정보공개 청구조서를 작성하여 이에 청구인과 함께 기명날인하거나 서명하여야 한다. <개정 2016·5·29>

③ 제 1 항과 제 2 항에서 규정한 사항 외에 정보공개의 청구방법 등에 관하여 필요한 사항은 국회규칙·대법원규칙·헌법재판소규칙·중앙선거관리위원회규칙 및 대통령령으로 정한다.

〔전부개정 2013·8·6〕

제11조(정보공개 여부의 결정) ① 공공기관은 제10조에 따라 정보공개의 청구를 받으면 그 청구를 받은 날부터 10일 이내에 공개 여부를 결정하여야 한다.

② 공공기관은 부득이한 사유로 제 1 항에 따른 기간 이내에 공개 여부를 결정할 수 없을 때에는 그 기간이 끝나는 날의 다음 날부터 기산(起算)하여 10일의 범위에서 공개 여부 결정기간을 연장할 수 있다. 이 경우 공공기관은 연장된 사실과 연장 사유를 청구인에게 지체 없이 문서로 통지하여야 한다.

③ 공공기관은 공개 청구된 공개 대상 정보의 전부 또는 일부가 제 3 자와 관련이 있다고 인정할 때에는 그 사실을 제 3 자에게 지체 없이 통지하여야 하며, 필요한 경우에는 그의 의견을 들을 수 있다.

④ 공공기관은 다른 공공기관이 보유·관리하는 정보의 공개 청구를 받았을 때에는 지체 없이 이를 소관 기관으로 이송하여야 하며, 이송한 후에는 지체 없이 소관 기관 및 이송 사유 등을 분명히 밝혀 청구인에게 문서로 통지하여야 한다.

⑤ 공공기관은 정보공개 청구가 다음 각 호의 어느 하나에 해당하는 경우로서 「민원 처리에 관한 법률」에 따른 민원으로 처리할 수 있는 경우에는 민원으로 처리할 수 있다. <신설 2020·12·22>

1. 공개 청구된 정보가 공공기관이 보유·관리하지 아니하는 정보인 경우
2. 공개 청구의 내용이 진정·질의 등으로 이 법에 따른 정보공개 청구로 보기 어려운 경우

〔전부개정 2013·8·6〕

제11조의2(반복 청구 등의 처리) ① 공공기관은 제11조에도 불구하고 제10조제 1 항 및 제 2 항에 따른 정보공개 청구가 다음 각 호의 어느 하나에 해당하는 경우에는 정보공개 청구 대상 정보의 성격, 종전 청구와의 내용적 유사성·관련성, 종전 청구와 동일한 답변을 할 수밖에 없는 사정 등을 종합

적으로 고려하여 해당 청구를 종결 처리할 수 있다. 이 경우 종결 처리 사실을 청구인에게 알려야 한다.

1. 정보공개를 청구하여 정보공개 여부에 대한 결정의 통지를 받은 자가 정당한 사유 없이 해당 정보의 공개를 다시 청구하는 경우
2. 정보공개 청구가 제11조제5항에 따라 민원으로 처리되었으나 다시 같은 청구를 하는 경우

② 공공기관은 제11조에도 불구하고 제10조제1항 및 제2항에 따른 정보공개 청구가 다음 각 호의 어느 하나에 해당하는 경우에는 다음 각 호의 구분에 따라 안내하고, 해당 청구를 종결 처리할 수 있다.

1. 제7조제1항에 따른 정보 등 공개를 목적으로 작성되어 이미 정보통신망 등을 통하여 공개된 정보를 청구하는 경우 : 해당 정보의 소재(所在)를 안내
2. 다른 법령이나 사회통념상 청구인의 여건 등에 비추어 수령할 수 없는 방법으로 정보공개 청구를 하는 경우 : 수령이 가능한 방법으로 청구하도록 안내

〔본조신설 2020·12·22〕

제12조(정보공개심의회) ① 국가기관, 지방자치단체, 「공공기관의 운영에 관한 법률」 제5조에 따른 공기업 및 준정부기관, 「지방공기업법」에 따른 지방공사 및 지방공단(이하 "국가기관등"이라 한다)은 제11조에 따른 정보공개 여부 등을 심의하기 위하여 정보공개심의회(이하 "심의회"라 한다)를 설치·운영한다. 이 경우 국가기관등의 규모와 업무성격, 지리적 여건, 청구인의 편의 등을 고려하여 소속 상급기관(지방공사·지방공단의 경우에는 해당 지방공사·지방공단을 설립한 지방자치단체를 말한다)에서 협의를 거쳐 심의회를 통합하여 설치·운영할 수 있다. <개정 2020·12·22>

② 심의회는 위원장 1명을 포함하여 5명 이상 7명 이하의 위원으로 구성한다.

③ 심의회의 위원은 소속 공무원, 임직원 또는 외부 전문가로 지명하거나 위촉하되, 그 중 3분의 2는 해당 국가기관등의 업무 또는 정보공개의 업무에 관한 지식을 가진 외부 전문가로 위촉하여야 한다. 다만, 제9조제1항제2호 및 제4호에 해당하는 업무를 주로 하는 국가기관은 그 국가기관의 장이 외부 전문가의 위촉 비율을 따로 정하되, 최소한 3분의 1 이상은 외부 전문가로 위촉하여야 한다. <개정 2020·12·22>

④ 심의회의 위원장은 위원 중에서 국가기관등의 장이 지명하거나 위촉한다. <개정 2020·12·22>

⑤ 심의회의 위원에 대해서는 제23조제4항 및 제5항을 준용한다.

⑥ 심의회의 운영과 기능 등에 관하여 필요한 사항은 국회규칙·대법원규칙·헌법재판소규칙·중앙선거관리위원회규칙 및 대통령령으로 정한다.

〔전부개정 2013·8·6〕

제12조의2(위원의 제척·기피·회피) ① 심의회의 위원이 다음 각 호의 어느 하나에 해당하는 경우에는 심의회의 심의에서 제척(除斥)된다.

1. 위원 또는 그 배우자나 배우자이었던 사람이 해당 심의사항의 당사자(당사자가 법인·단체 등인 경우에는 그 임원 또는 직원을 포함한다. 이하 이 호 및 제2호에서 같다)이거나 그 심의사항의 당사자와 공동권리자 또는 공동의무자인 경우
2. 위원이 해당 심의사항의 당사자와 친족이거나 친족이었던 경우
3. 위원이 해당 심의사항에 대하여 증언, 진술, 자문, 연구, 용역 또는 감정을 한 경우
4. 위원이나 위원이 속한 법인 등이 해당 심의사항의 당사자의 대리인이거나 대리인이었던 경우

② 심의회의 심의사항의 당사자는 위원에게 공정한 심의를 기대하기 어려운 사정이 있는 경우에는 심의회에 기피(忌避) 신청을 할 수 있고, 심의회는 의결로 기피 여부를 결정하여야 한다. 이 경우 기피 신청의 대상인 위원은 그 의결에 참여할 수 없다.

③ 위원은 제1항 각 호에 따른 제척 사유에 해당하는 경우에는 심의회에 그 사실을 알리고 스스로 해당 안건의 심의에서 회피

(回避)하여야 한다.
④ 위원이 제1항 각 호의 어느 하나에 해당함에도 불구하고 회피신청을 하지 아니하여 심의회 심의의 공정성을 해친 경우 국가기관등의 장은 해당 위원을 해촉하거나 해임할 수 있다.
〔본조신설 2020·12·22〕

제13조(정보공개 여부 결정의 통지) ① 공공기관은 제11조에 따라 정보의 공개를 결정한 경우에는 공개의 일시 및 장소 등을 분명히 밝혀 청구인에게 통지하여야 한다.
② 공공기관은 청구인이 사본 또는 복제물의 교부를 원하는 경우에는 이를 교부하여야 한다. <개정 2020·12·22>
③ 공공기관은 공개 대상 정보의 양이 너무 많아 정상적인 업무수행에 현저한 지장을 초래할 우려가 있는 경우에는 해당 정보를 일정 기간별로 나누어 제공하거나 사본·복제물의 교부 또는 열람과 병행하여 제공할 수 있다. <신설 2020·12·22>
④ 공공기관은 제1항에 따라 정보를 공개하는 경우에 그 정보의 원본이 더럽혀지거나 파손될 우려가 있거나 그 밖에 상당한 이유가 있다고 인정할 때에는 그 정보의 사본·복제물을 공개할 수 있다.
⑤ 공공기관은 제11조에 따라 정보의 비공개 결정을 한 경우에는 그 사실을 청구인에게 지체 없이 문서로 통지하여야 한다. 이 경우 제9조제1항 각 호 중 어느 규정에 해당하는 비공개 대상 정보인지를 포함한 비공개 이유와 불복(不服)의 방법 및 절차를 구체적으로 밝혀야 한다. <개정 2020·12·22>
〔전부개정 2013·8·6〕

제14조(부분 공개) 공개 청구한 정보가 제9조제1항 각 호의 어느 하나에 해당하는 부분과 공개 가능한 부분이 혼합되어 있는 경우로서 공개 청구의 취지에 어긋나지 아니하는 범위에서 두 부분을 분리할 수 있는 경우에는 제9조제1항 각 호의 어느 하나에 해당하는 부분을 제외하고 공개하여야 한다.
〔전부개정 2013·8·6〕

제15조(정보의 전자적 공개) ① 공공기관은 전자적 형태로 보유·관리하는 정보에 대하여 청구인이 전자적 형태로 공개하여 줄 것을 요청하는 경우에는 그 정보의 성질상 현저히 곤란한 경우를 제외하고는 청구인의 요청에 따라야 한다.
② 공공기관은 전자적 형태로 보유·관리하지 아니하는 정보에 대하여 청구인이 전자적 형태로 공개하여 줄 것을 요청한 경우에는 정상적인 업무수행에 현저한 지장을 초래하거나 그 정보의 성질이 훼손될 우려가 없으면 그 정보를 전자적 형태로 변환하여 공개할 수 있다.
③ 정보의 전자적 형태의 공개 등에 필요한 사항은 국회규칙·대법원규칙·헌법재판소규칙·중앙선거관리위원회규칙 및 대통령령으로 정한다.
〔전부개정 2013·8·6〕

제16조(즉시 처리가 가능한 정보의 공개) 다음 각 호의 어느 하나에 해당하는 정보로서 즉시 또는 말로 처리가 가능한 정보에 대해서는 제11조에 따른 절차를 거치지 아니하고 공개하여야 한다.
1. 법령 등에 따라 공개를 목적으로 작성된 정보
2. 일반국민에게 알리기 위하여 작성된 각종 홍보자료
3. 공개하기로 결정된 정보로서 공개에 오랜 시간이 걸리지 아니하는 정보
4. 그 밖에 공공기관의 장이 정하는 정보
〔전부개정 2013·8·6〕

제17조(비용 부담) ① 정보의 공개 및 우송 등에 드는 비용은 실비(實費)의 범위에서 청구인이 부담한다.
② 공개를 청구하는 정보의 사용 목적이 공공복리의 유지·증진을 위하여 필요하다고 인정되는 경우에는 제1항에 따른 비용을 감면할 수 있다.
③ 제1항에 따른 비용 및 그 징수 등에 필요한 사항은 국회규칙·대법원규칙·헌법재판소규칙·중앙선거관리위원회규칙 및 대통령령으로 정한다.
〔전부개정 2013·8·6〕

제4장 불복 구제 절차

제18조(이의신청) ① 청구인이 정보공개와 관

련한 공공기관의 비공개 결정 또는 부분 공개 결정에 대하여 불복이 있거나 정보공개 청구 후 20일이 경과하도록 정보공개 결정이 없는 때에는 공공기관으로부터 정보공개 여부의 결정 통지를 받은 날 또는 정보공개 청구 후 20일이 경과한 날부터 30일 이내에 해당 공공기관에 문서로 이의신청을 할 수 있다.

② 국가기관등은 제 1 항에 따른 이의신청이 있는 경우에는 심의회를 개최하여야 한다. 다만, 다음 각 호의 어느 하나에 해당하는 경우에는 심의회를 개최하지 아니할 수 있으며 개최하지 아니하는 사유를 청구인에게 문서로 통지하여야 한다. <개정 2020·12·22>

1. 심의회의 심의를 이미 거친 사항
2. 단순·반복적인 청구
3. 법령에 따라 비밀로 규정된 정보에 대한 청구

③ 공공기관은 이의신청을 받은 날부터 7일 이내에 그 이의신청에 대하여 결정하고 그 결과를 청구인에게 지체 없이 문서로 통지하여야 한다. 다만, 부득이한 사유로 정하여진 기간 이내에 결정할 수 없을 때에는 그 기간이 끝나는 날의 다음 날부터 기산하여 7일의 범위에서 연장할 수 있으며, 연장 사유를 청구인에게 통지하여야 한다.

④ 공공기관은 이의신청을 각하(却下) 또는 기각(棄却)하는 결정을 한 경우에는 청구인에게 행정심판 또는 행정소송을 제기할 수 있다는 사실을 제 3 항에 따른 결과 통지와 함께 알려야 한다.

〔전부개정 2013·8·6〕

제19조(행정심판) ① 청구인이 정보공개와 관련한 공공기관의 결정에 대하여 불복이 있거나 정보공개 청구 후 20일이 경과하도록 정보공개 결정이 없는 때에는 「행정심판법」에서 정하는 바에 따라 행정심판을 청구할 수 있다. 이 경우 국가기관 및 지방자치단체 외의 공공기관의 결정에 대한 감독행정기관은 관계 중앙행정기관의 장 또는 지방자치단체의 장으로 한다.

② 청구인은 제18조에 따른 이의신청 절차를 거치지 아니하고 행정심판을 청구할 수 있다.

③ 행정심판위원회의 위원 중 정보공개 여부의 결정에 관한 행정심판에 관여하는 위원은 재직 중은 물론 퇴직 후에도 그 직무상 알게 된 비밀을 누설하여서는 아니 된다.

④ 제 3 항의 위원은 「형법」이나 그 밖의 법률에 따른 벌칙을 적용할 때에는 공무원으로 본다.

〔전부개정 2013·8·6〕

제20조(행정소송) ① 청구인이 정보공개와 관련한 공공기관의 결정에 대하여 불복이 있거나 정보공개 청구 후 20일이 경과하도록 정보공개 결정이 없는 때에는 「행정소송법」에서 정하는 바에 따라 행정소송을 제기할 수 있다.

② 재판장은 필요하다고 인정하면 당사자를 참여시키지 아니하고 제출된 공개 청구 정보를 비공개로 열람·심사할 수 있다.

③ 재판장은 행정소송의 대상이 제 9 조제 1 항제 2 호에 따른 정보 중 국가안전보장·국방 또는 외교관계에 관한 정보의 비공개 또는 부분 공개 결정처분인 경우에 공공기관이 그 정보에 대한 비밀 지정의 절차, 비밀의 등급·종류 및 성질과 이를 비밀로 취급하게 된 실질적인 이유 및 공개를 하지 아니하는 사유 등을 입증하면 해당 정보를 제출하지 아니하게 할 수 있다.

〔전부개정 2013·8·6〕

제21조(제 3 자의 비공개 요청 등) ① 제11조제 3 항에 따라 공개 청구된 사실을 통지받은 제 3 자는 그 통지를 받은 날부터 3일 이내에 해당 공공기관에 대하여 자신과 관련된 정보를 공개하지 아니할 것을 요청할 수 있다.

② 제 1 항에 따른 비공개 요청에도 불구하고 공공기관이 공개 결정을 할 때에는 공개 결정 이유와 공개 실시일을 분명히 밝혀 지체 없이 문서로 통지하여야 하며, 제 3 자는 해당 공공기관에 문서로 이의신청을 하거나 행정심판 또는 행정소송을 제기할 수 있다. 이 경우 이의신청은 통지를 받은 날부터 7일 이내에 하여야 한다.

③ 공공기관은 제 2 항에 따른 공개 결정일과 공개 실시일 사이에 최소한 30일의 간격을 두어야 한다.

〔전부개정 2013·8·6〕

제5장 정보공개위원회 등

제22조(정보공개위원회의 설치) 다음 각 호의 사항을 심의·조정하기 위하여 행정안전부장관 소속으로 정보공개위원회(이하 "위원회"라 한다)를 둔다. <개정 2014·11·19, 2017·7·26, 2020·12·22, 2023·5·16>

1. 정보공개에 관한 정책 수립 및 제도 개선에 관한 사항
2. 정보공개에 관한 기준 수립에 관한 사항
3. 제12조에 따른 심의회 심의결과의 조사·분석 및 심의기준 개선 관련 의견제시에 관한 사항
4. 제24조제2항 및 제3항에 따른 공공기관의 정보공개 운영실태 평가 및 그 결과 처리에 관한 사항
5. 정보공개와 관련된 불합리한 제도·법령 및 그 운영에 대한 조사 및 개선권고에 관한 사항
6. 그 밖에 정보공개에 관하여 대통령령으로 정하는 사항

〔전부개정 2013·8·6〕

제23조(위원회의 구성 등) ① 위원회는 성별을 고려하여 위원장과 부위원장 각 1명을 포함한 11명의 위원으로 구성한다. <개정 2020·12·22>

② 위원회의 위원은 다음 각 호의 사람이 된다. 이 경우 위원장을 포함한 7명은 공무원이 아닌 사람으로 위촉하여야 한다. <개정 2014·11·19, 2017·7·26, 2020·12·22, 2023·5·16>

1. 대통령령으로 정하는 관계 중앙행정기관의 차관급 공무원이나 고위공무원단에 속하는 일반직공무원
2. 정보공개에 관하여 학식과 경험이 풍부한 사람으로서 행정안전부장관이 위촉하는 사람
3. 시민단체(「비영리민간단체 지원법」 제2조에 따른 비영리민간단체를 말한다)에서 추천한 사람으로서 행정안전부장관이 위촉하는 사람

③ 위원장·부위원장 및 위원(제2항제1호의 위원은 제외한다)의 임기는 2년으로 하며, 연임할 수 있다.

④ 위원장·부위원장 및 위원은 정보공개 업무와 관련하여 알게 된 정보를 누설하거나 그 정보를 이용하여 본인 또는 타인에게 이익 또는 불이익을 주는 행위를 하여서는 아니 된다.

⑤ 위원장·부위원장 및 위원 중 공무원이 아닌 사람은 「형법」이나 그 밖의 법률에 따른 벌칙을 적용할 때에는 공무원으로 본다.

⑥ 위원회의 구성과 의결 절차 등 위원회 운영에 필요한 사항은 대통령령으로 정한다.

〔전부개정 2013·8·6〕

제24조(제도 총괄 등) ① 행정안전부장관은 이 법에 따른 정보공개제도의 정책 수립 및 제도 개선 사항 등에 관한 기획·총괄 업무를 관장한다. <개정 2014·11·19, 2017·7·26>

② 행정안전부장관은 위원회가 정보공개제도의 효율적 운영을 위하여 필요하다고 요청하면 공공기관(국회·법원·헌법재판소 및 중앙선거관리위원회는 제외한다)의 정보공개제도 운영실태를 평가할 수 있다. <개정 2014·11·19, 2017·7·26>

③ 행정안전부장관은 제2항에 따른 평가를 실시한 경우에는 그 결과를 위원회를 거쳐 국무회의에 보고한 후 공개하여야 하며, 위원회가 개선이 필요하다고 권고한 사항에 대해서는 해당 공공기관에 시정 요구 등의 조치를 하여야 한다. <개정 2014·11·19, 2017·7·26>

④ 행정안전부장관은 정보공개에 관하여 필요할 경우에 공공기관(국회·법원·헌법재판소 및 중앙선거관리위원회는 제외한다)의 장에게 정보공개 처리 실태의 개선을 권고할 수 있다. 이 경우 권고를 받은 공공기관은 이를 이행하기 위하여 성실하게 노력하여야 하며, 그 조치 결과를 행정안전부장관에게 알려야 한다. <개정 2014·11·19, 2017·7·26>

⑤ 국회·법원·헌법재판소·중앙선거관리위원회·중앙행정기관 및 지방자치단체는 그 소속 기관 및 소관 공공기관에 대하여 정보공개에 관한 의견을 제시하거나 지도·점검을 할 수 있다.

〔전부개정 2013·8·6〕

제25조(자료의 제출 요구) 국회사무총장·법원행정처장·헌법재판소사무처장·중앙선거관리위원회사무총장 및 행정안전부장관은 필요하다고 인정하면 관계 공공기관에 정보공개에 관한 자료 제출 등의 협조를 요청할 수 있다. <개정 2014·11·19, 2017·7·26>

〔전부개정 2013·8·6〕

제26조(국회에의 보고) ① 행정안전부장관은 전년도의 정보공개 운영에 관한 보고서를 매년 정기국회 개회 전까지 국회에 제출하여야 한다. <개정 2014·11·19, 2017·7·26>

② 제1항에 따른 보고서 작성에 필요한 사항은 대통령령으로 정한다.

〔전부개정 2013·8·6〕

제27조(위임규정) 이 법 시행에 필요한 사항은 국회규칙·대법원규칙·헌법재판소규칙·중앙선거관리위원회규칙 및 대통령령으로 정한다.

〔전부개정 2013·8·6〕

제28조(신분보장) 누구든지 이 법에 따른 정당한 정보공개를 이유로 징계조치 등 어떠한 신분상 불이익이나 근무조건상의 차별을 받지 아니한다.

〔본조신설 2013·8·6〕

제29조(기간의 계산) ① 이 법에 따른 기간의 계산은 「민법」에 따른다.

② 제1항에도 불구하고 다음 각 호의 기간은 "일" 단위로 계산하고 첫날을 산입하되, 공휴일과 토요일은 산입하지 아니한다.

1. 제11조제1항 및 제2항에 따른 정보공개 여부 결정기간
2. 제18조제1항, 제19조제1항 및 제20조제1항에 따른 정보공개 청구 후 경과한 기간
3. 제18조제3항에 따른 이의신청 결정기간

〔본조신설 2020·12·22〕

부 칙

①(시행일) 이 법은 공포후 6월이 경과한 날부터 시행한다. 다만, 제8조제1항의 개정규정은 공포후 1년 6월이 경과한 날부터 시행한다.

②(위원회 설치준비) 행정자치부장관은 이 법 시행전에 제22조 및 제23조의 개정규정에 의한 위원선임 등 위원회 설치에 관하여 필요한 사무를 처리할 수 있다.

③(정보공개여부 결정기간 등의 단축에 관한 적용례) 제11조의 개정규정은 이 법 시행후 정보공개청구가 있는 것부터 적용한다.

부 칙 <2005·12·29 법7796>

제1조(시행일) 이 법은 2006년 7월 1일부터 시행한다.

제2조부터 **제6조**까지 생략

부 칙 <2006·10·4 법8026>

이 법은 공포 후 3개월이 경과한 날부터 시행한다.

부 칙 <2007·1·3 법8171>

제1조(시행일) 이 법은 공포 후 6개월이 경과한 날부터 시행한다. 〈단서 생략〉

제2조부터 **제6조**까지 생략

부 칙 <2008·2·29 법8854>

제1조(시행일) 이 법은 공포한 날부터 시행한다.

제2조(경과조치) 종전의 규정에 의하여 위촉된 정보공개위원회의 위원은 이 법에 의해 행정안전부장관이 위촉한 것으로 보며, 위원의 임기는 종전의 위촉일부터 기산한다.

부 칙 <2008·2·29 법8871>

제1조(시행일) 이 법은 공포한 날부터 시행한다.

제2조부터 **제5조**까지 생략

부 칙 <2010·2·4 법10012>

제1조(시행일) 이 법은 공포 후 3개월이 경과한 날부터 시행한다. 〈단서 생략〉

제2조부터 **제6조**까지 생략

부 칙 <2013·3·23 법11690>

제1조(시행일) ① 이 법은 공포한 날부터 시행한다.

② 생략

제2조부터 **제7조**까지 생략

부 칙 <2013·8·6 법11991>

이 법은 공포 후 3개월이 경과한 날부터 시행한다. 다만, 제8조의2의 개정규정은 2014년 3월 1일부터 시행한다.

부 칙 <2014·11·19 법12844>

제1조(시행일) 이 법은 공포한 날부터 시행한다. 〈단서 생략〉

제 2 조부터 **제 7 조**까지 생략

부 칙 <2016·5·29 법14185>

이 법은 공포한 날부터 시행한다.

부 칙 <2017·7·26 법14839>

제 1 조(시행일) ① 이 법은 공포한 날부터 시행한다. 〈단서 생략〉

제 2 조부터 **제 6 조**까지 생략

부 칙 <2020·12·22 법17690>

제 1 조(시행일) 이 법은 공포한 날부터 시행한다. 다만, 제 6 조제 5 항, 제 9 조제 1 항제 5 호 단서, 제10조제 1 항제 1 호·제 2 호, 제13조제 5 항, 제18조제 2 항 단서, 제22조 및 제23조의 개정규정은 공포 후 6개월이 경과한 날부터 시행하고, 제 6 조제 3 항·제 4 항, 제12조제 1 항·제 3 항·제 4 항의 개정규정은 공포 후 1년이 경과한 날부터 시행한다.

제 2 조(일반적 적용례) 이 법 중 정보공개 청구에 관한 개정규정은 이 법 시행 이후 정보공개를 청구하는 경우부터 적용한다.

제 3 조(반복 청구 등의 처리에 관한 적용례) 제11조의2제 1 항의 개정규정은 이 법 시행 전에 정보공개를 청구하여 정보공개 여부에 대한 결정 통지를 받은 사람 또는 민원으로 처리된 사람이 이 법 시행 이후 같은 청구를 하는 경우에도 적용한다.

제 4 조(비공개 세부 기준 점검 및 개선에 관한 특례) 공공기관은 제 9 조제 4 항의 개정규정에도 불구하고 이 법 시행일부터 6개월 이내에 점검 및 개선 결과를 행정안전부장관에게 제출하여야 한다.

제 5 조(위원회의 위원에 관한 경과조치) 부칙 제 1 조 단서에 따른 제23조의 개정규정의 시행일 당시 종전의 규정에 따라 위촉되어 임기가 만료되지 아니한 위원회의 위원은 제23조의 개정규정에 따라 위촉된 것으로 본다. 이 경우 해당 위원의 임기는 종전 임기의 남은 기간으로 한다.

부 칙 <2023·5·16 법19408>

제 1 조(시행일) 이 법은 공포 후 6개월이 경과한 날부터 시행한다.

제 2 조(「공공기관의 정보공개에 관한 법률」의 개정에 관한 경과조치) ① 이 법 시행 당시 종전의 「공공기관의 정보공개에 관한 법률」 제22조에 따라 국무총리 소속으로 설치된 정보공개위원회는 같은 법 제22조의 개정규정에 따라 행정안전부장관 소속으로 설치된 정보공개위원회로 본다.

② 이 법 시행 당시 종전의 「공공기관의 정보공개에 관한 법률」 제23조에 따라 위촉되어 임기가 만료되지 아니한 정보공개위원회의 위원은 같은 법 제23조의 개정규정에 따라 위촉된 것으로 본다. 이 경우 해당 위원의 임기는 종전 임기의 남은 기간으로 한다.

제 3 조부터 **제 5 조**까지 생략

●개인정보 보호법

〔2011·3·29 법률제10465호〕

개정
2013·3·23 법률제11690호(정부조직법)
2013·8·6 법률제11990호
2014·3·24 법률제12504호
2014·11·19 법률제12844호(정부조직법)
2015·7·24 법률제13423호
2016·3·29 법률제14107호
2017·4·18 법률제14765호
2017·7·26 법률제14839호(정부조직법)
2020·2·4 법률제16930호
2023·3·14 법률제19234호

제 1 장 총칙

제 1 조(목적) 이 법은 개인정보의 처리 및 보호에 관한 사항을 정함으로써 개인의 자유와 권리를 보호하고, 나아가 개인의 존엄과 가치를 구현함을 목적으로 한다. <개정 2014·3·24>

제 2 조(정의) 이 법에서 사용하는 용어의 뜻은 다음과 같다. <개정 2014·3·24, 2020·2·4, 2023·3·14>

1. "개인정보"란 살아 있는 개인에 관한 정보로서 다음 각 목의 어느 하나에 해당하는 정보를 말한다.
가. 성명, 주민등록번호 및 영상 등을 통하여 개인을 알아볼 수 있는 정보
나. 해당 정보만으로는 특정 개인을 알아볼 수 없더라도 다른 정보와 쉽게 결합하여 알아볼 수 있는 정보. 이 경우 쉽게 결합할 수 있는지 여부는 다른 정보의 입수 가능성 등 개인을 알아보는 데 소요되는 시간, 비용, 기술 등을 합리적으로 고려하여야 한다.
다. 가목 또는 나목을 제 1 호의2에 따라 가명처리함으로써 원래의 상태로 복원하기 위한 추가 정보의 사용·결합 없이는 특정 개인을 알아볼 수 없는 정보(이하 "가명정보"라 한다)

1의2. "가명처리"란 개인정보의 일부를 삭제하거나 일부 또는 전부를 대체하는 등의 방법으로 추가 정보가 없이는 특정 개인을 알아볼 수 없도록 처리하는 것을 말한다.

2. "처리"란 개인정보의 수집, 생성, 연계, 연동, 기록, 저장, 보유, 가공, 편집, 검색, 출력, 정정(訂正), 복구, 이용, 제공, 공개, 파기(破棄), 그 밖에 이와 유사한 행위를 말한다.
3. "정보주체"란 처리되는 정보에 의하여 알아볼 수 있는 사람으로서 그 정보의 주체가 되는 사람을 말한다.
4. "개인정보파일"이란 개인정보를 쉽게 검색할 수 있도록 일정한 규칙에 따라 체계적으로 배열하거나 구성한 개인정보의 집합물(集合物)을 말한다.
5. "개인정보처리자"란 업무를 목적으로 개인정보파일을 운용하기 위하여 스스로 또는 다른 사람을 통하여 개인정보를 처리하는 공공기관, 법인, 단체 및 개인 등을 말한다.
6. "공공기관"이란 다음 각 목의 기관을 말한다.
가. 국회, 법원, 헌법재판소, 중앙선거관리위원회의 행정사무를 처리하는 기관, 중앙행정기관(대통령 소속 기관과 국무총리 소속 기관을 포함한다) 및 그 소

속 기관, 지방자치단체
나. 그 밖의 국가기관 및 공공단체 중 대통령령으로 정하는 기관
7. "고정형 영상정보처리기기"란 일정한 공간에 설치되어 지속적 또는 주기적으로 사람 또는 사물의 영상 등을 촬영하거나 이를 유·무선망을 통하여 전송하는 장치로서 대통령령으로 정하는 장치를 말한다.
7의2. "이동형 영상정보처리기기"란 사람이 신체에 착용 또는 휴대하거나 이동 가능한 물체에 부착 또는 거치(据置)하여 사람 또는 사물의 영상 등을 촬영하거나 이를 유·무선망을 통하여 전송하는 장치로서 대통령령으로 정하는 장치를 말한다.
8. "과학적 연구"란 기술의 개발과 실증, 기초연구, 응용연구 및 민간 투자 연구 등 과학적 방법을 적용하는 연구를 말한다.

제 3 조(개인정보 보호 원칙) ① 개인정보처리자는 개인정보의 처리 목적을 명확하게 하여야 하고 그 목적에 필요한 범위에서 최소한의 개인정보만을 적법하고 정당하게 수집하여야 한다.
② 개인정보처리자는 개인정보의 처리 목적에 필요한 범위에서 적합하게 개인정보를 처리하여야 하며, 그 목적 외의 용도로 활용하여서는 아니 된다.
③ 개인정보처리자는 개인정보의 처리 목적에 필요한 범위에서 개인정보의 정확성, 완전성 및 최신성이 보장되도록 하여야 한다.
④ 개인정보처리자는 개인정보의 처리 방법 및 종류 등에 따라 정보주체의 권리가 침해받을 가능성과 그 위험 정도를 고려하여 개인정보를 안전하게 관리하여야 한다.
⑤ 개인정보처리자는 제30조에 따른 개인정보 처리방침 등 개인정보의 처리에 관한 사항을 공개하여야 하며, 열람청구권 등 정보주체의 권리를 보장하여야 한다. <개정 2023·3·14>
⑥ 개인정보처리자는 정보주체의 사생활 침해를 최소화하는 방법으로 개인정보를 처리하여야 한다.
⑦ 개인정보처리자는 개인정보를 익명 또는 가명으로 처리하여도 개인정보 수집목적을 달성할 수 있는 경우 익명처리가 가능한 경우에는 익명에 의하여, 익명처리로 목적을 달성할 수 없는 경우에는 가명에 의하여 처리될 수 있도록 하여야 한다. <개정 2020·2·4>
⑧ 개인정보처리자는 이 법 및 관계 법령에서 규정하고 있는 책임과 의무를 준수하고 실천함으로써 정보주체의 신뢰를 얻기 위하여 노력하여야 한다.

제 4 조(정보주체의 권리) 정보주체는 자신의 개인정보 처리와 관련하여 다음 각 호의 권리를 가진다. <개정 2023·3·14>
1. 개인정보의 처리에 관한 정보를 제공받을 권리
2. 개인정보의 처리에 관한 동의 여부, 동의 범위 등을 선택하고 결정할 권리
3. 개인정보의 처리 여부를 확인하고 개인정보에 대한 열람(사본의 발급을 포함한다. 이하 같다) 및 전송을 요구할 권리
4. 개인정보의 처리 정지, 정정·삭제 및 파기를 요구할 권리
5. 개인정보의 처리로 인하여 발생한 피해를 신속하고 공정한 절차에 따라 구제받을 권리
6. 완전히 자동화된 개인정보 처리에 따른 결정을 거부하거나 그에 대한 설명 등을 요구할 권리

제 5 조(국가 등의 책무) ① 국가와 지방자치단체는 개인정보의 목적 외 수집, 오용·남용 및 무분별한 감시·추적 등에 따른 폐해를 방지하여 인간의 존엄과 개인의 사생활 보호를 도모하기 위한 시책을 강구하여야 한다.
② 국가와 지방자치단체는 제 4 조에 따른 정보주체의 권리를 보호하기 위하여 법령의 개선 등 필요한 시책을 마련하여야 한다.
③ 국가와 지방자치단체는 만 14세 미만 아동이 개인정보 처리가 미치는 영향과 정보주체의 권리 등을 명확하게 알 수 있도록 만 14세 미만 아동의 개인정보 보호에 필요한 시책을 마련하여야 한다. <신설 2023·3·14>
④ 국가와 지방자치단체는 개인정보의 처리에 관한 불합리한 사회적 관행을 개선하기 위하여 개인정보처리자의 자율적인 개인정보 보호 활동을 존중하고 촉진·지원하여야 한다.
⑤ 국가와 지방자치단체는 개인정보의 처리

에 관한 법령 또는 조례를 적용할 때에는 정보주체의 권리가 보장될 수 있도록 개인정보 보호 원칙에 맞게 적용하여야 한다. <개정 2023·3·14>

제 6 조(다른 법률과의 관계) ① 개인정보의 처리 및 보호에 관하여 다른 법률에 특별한 규정이 있는 경우를 제외하고는 이 법에서 정하는 바에 따른다. <개정 2014·3·24, 2023·3·14>

② 개인정보의 처리 및 보호에 관한 다른 법률을 제정하거나 개정하는 경우에는 이 법의 목적과 원칙에 맞도록 하여야 한다. <신설 2023·3·14>

제 2 장 개인정보 보호정책의 수립 등

제 7 조(개인정보 보호위원회) ① 개인정보 보호에 관한 사무를 독립적으로 수행하기 위하여 국무총리 소속으로 개인정보 보호위원회(이하 "보호위원회"라 한다)를 둔다. <개정 2020·2·4>

② 보호위원회는 「정부조직법」 제 2 조에 따른 중앙행정기관으로 본다. 다만, 다음 각 호의 사항에 대하여는 「정부조직법」 제18조를 적용하지 아니한다. <개정 2020·2·4>

1. 제 7 조의8제 1 항제 3 호 및 제 4 호의 사무
2. 제 7 조의9제 1 항의 심의·의결 사항 중 제 1 호에 해당하는 사항

③부터 ⑨까지 삭제 <2020·2·4>

제 7 조의2(보호위원회의 구성 등) ① 보호위원회는 상임위원 2명(위원장 1명, 부위원장 1명)을 포함한 9명의 위원으로 구성한다.

② 보호위원회의 위원은 개인정보 보호에 관한 경력과 전문지식이 풍부한 다음 각 호의 사람 중에서 위원장과 부위원장은 국무총리의 제청으로, 그 외 위원 중 2인은 위원장의 제청으로, 2인은 대통령이 소속되거나 소속되었던 정당의 교섭단체 추천으로, 3인은 그 외의 교섭단체 추천으로 대통령이 임명 또는 위촉한다.

1. 개인정보 보호 업무를 담당하는 3급 이상 공무원(고위공무원단에 속하는 공무원을 포함한다)의 직에 있거나 있었던 사람
2. 판사·검사·변호사의 직에 10년 이상 있거나 있었던 사람
3. 공공기관 또는 단체(개인정보처리자로 구성된 단체를 포함한다)에 3년 이상 임원으로 재직하였거나 이들 기관 또는 단체로부터 추천받은 사람으로서 개인정보 보호 업무를 3년 이상 담당하였던 사람
4. 개인정보 관련 분야에 전문지식이 있고 「고등교육법」 제 2 조제 1 호에 따른 학교에서 부교수 이상으로 5년 이상 재직하고 있거나 재직하였던 사람

③ 위원장과 부위원장은 정무직 공무원으로 임명한다.

④ 위원장, 부위원장, 제 7 조의13에 따른 사무처의 장은 「정부조직법」 제10조에도 불구하고 정부위원이 된다.

〔본조신설 2020·2·4〕

제 7 조의3(위원장) ① 위원장은 보호위원회를 대표하고, 보호위원회의 회의를 주재하며, 소관 사무를 총괄한다.

② 위원장이 부득이한 사유로 직무를 수행할 수 없을 때에는 부위원장이 그 직무를 대행하고, 위원장·부위원장이 모두 부득이한 사유로 직무를 수행할 수 없을 때에는 위원회가 미리 정하는 위원이 위원장의 직무를 대행한다.

③ 위원장은 국회에 출석하여 보호위원회의 소관 사무에 관하여 의견을 진술할 수 있으며, 국회에서 요구하면 출석하여 보고하거나 답변하여야 한다.

④ 위원장은 국무회의에 출석하여 발언할 수 있으며, 그 소관 사무에 관하여 국무총리에게 의안 제출을 건의할 수 있다.

〔본조신설 2020·2·4〕

제 7 조의4(위원의 임기) ① 위원의 임기는 3년으로 하되, 한 차례만 연임할 수 있다.

② 위원이 궐위된 때에는 지체 없이 새로운 위원을 임명 또는 위촉하여야 한다. 이 경우 후임으로 임명 또는 위촉된 위원의 임기는 새로이 개시된다.

〔본조신설 2020·2·4〕

제 7 조의5(위원의 신분보장) ① 위원은 다음 각 호의 어느 하나에 해당하는 경우를 제외

하고는 그 의사에 반하여 면직 또는 해촉되지 아니한다.

1. 장기간 심신장애로 인하여 직무를 수행할 수 없게 된 경우
2. 제 7 조의7의 결격사유에 해당하는 경우
3. 이 법 또는 그 밖의 다른 법률에 따른 직무상의 의무를 위반한 경우

② 위원은 법률과 양심에 따라 독립적으로 직무를 수행한다.

〔본조신설 2020·2·4〕

제 7 조의6(겸직금지 등) ① 위원은 재직 중 다음 각 호의 직(職)을 겸하거나 직무와 관련된 영리업무에 종사하여서는 아니 된다.

1. 국회의원 또는 지방의회의원
2. 국가공무원 또는 지방공무원
3. 그 밖에 대통령령으로 정하는 직

② 제 1 항에 따른 영리업무에 관한 사항은 대통령령으로 정한다.

③ 위원은 정치활동에 관여할 수 없다.

〔본조신설 2020·2·4〕

제 7 조의7(결격사유) ① 다음 각 호의 어느 하나에 해당하는 사람은 위원이 될 수 없다.

1. 대한민국 국민이 아닌 사람
2. 「국가공무원법」 제33조 각 호의 어느 하나에 해당하는 사람
3. 「정당법」 제22조에 따른 당원

② 위원이 제 1 항 각 호의 어느 하나에 해당하게 된 때에는 그 직에서 당연 퇴직한다. 다만, 「국가공무원법」 제33조제 2 호는 파산선고를 받은 사람으로서 「채무자 회생 및 파산에 관한 법률」에 따라 신청기한 내에 면책신청을 하지 아니하였거나 면책불허가 결정 또는 면책 취소가 확정된 경우만 해당하고, 같은 법 제33조제 5 호는 「형법」 제129조부터 제132조까지, 「성폭력범죄의 처벌 등에 관한 특례법」 제 2 조, 「아동·청소년의 성보호에 관한 법률」 제 2 조제 2 호 및 직무와 관련하여 「형법」 제355조 또는 제356조에 규정된 죄를 범한 사람으로서 금고 이상의 형의 선고유예를 받은 경우만 해당한다.

〔본조신설 2020·2·4〕

제 7 조의8(보호위원회의 소관 사무) 보호위원회는 다음 각 호의 소관 사무를 수행한다. <개정 2023·3·14>

1. 개인정보의 보호와 관련된 법령의 개선에 관한 사항
2. 개인정보 보호와 관련된 정책·제도·계획 수립·집행에 관한 사항
3. 정보주체의 권리침해에 대한 조사 및 이에 따른 처분에 관한 사항
4. 개인정보의 처리와 관련한 고충처리·권리구제 및 개인정보에 관한 분쟁의 조정
5. 개인정보 보호를 위한 국제기구 및 외국의 개인정보 보호기구와의 교류·협력
6. 개인정보 보호에 관한 법령·정책·제도·실태 등의 조사·연구, 교육 및 홍보에 관한 사항
7. 개인정보 보호에 관한 기술개발의 지원·보급, 기술의 표준화 및 전문인력의 양성에 관한 사항
8. 이 법 및 다른 법령에 따라 보호위원회의 사무로 규정된 사항

〔본조신설 2020·2·4〕

제 7 조의9(보호위원회의 심의·의결 사항 등) ① 보호위원회는 다음 각 호의 사항을 심의·의결한다. <개정 2023·3·14>

1. 제 8 조의2에 따른 개인정보 침해요인 평가에 관한 사항
2. 제 9 조에 따른 기본계획 및 제10조에 따른 시행계획에 관한 사항
3. 개인정보 보호와 관련된 정책, 제도 및 법령의 개선에 관한 사항
4. 개인정보의 처리에 관한 공공기관 간의 의견조정에 관한 사항
5. 개인정보 보호에 관한 법령의 해석·운용에 관한 사항
6. 제18조제 2 항제 5 호에 따른 개인정보의 이용·제공에 관한 사항

6의2. 제28조의9에 따른 개인정보의 국외 이전 중지 명령에 관한 사항

7. 제33조제 4 항에 따른 영향평가 결과에 관한 사항
8. 제64조의2에 따른 과징금 부과에 관한 사항
9. 제61조에 따른 의견제시 및 개선권고에 관한 사항

9의2. 제63조의2제 2 항에 따른 시정권고에

관한 사항
10. 제64조에 따른 시정조치 등에 관한 사항
11. 제65조에 따른 고발 및 징계권고에 관한 사항
12. 제66조에 따른 처리 결과의 공표 및 공표명령에 관한 사항
13. 제75조에 따른 과태료 부과에 관한 사항
14. 소관 법령 및 보호위원회 규칙의 제정·개정 및 폐지에 관한 사항
15. 개인정보 보호와 관련하여 보호위원회의 위원장 또는 위원 2명 이상이 회의에 부치는 사항
16. 그 밖에 이 법 또는 다른 법령에 따라 보호위원회가 심의·의결하는 사항

② 보호위원회는 제 1 항 각 호의 사항을 심의·의결하기 위하여 필요한 경우 다음 각 호의 조치를 할 수 있다.
1. 관계 공무원, 개인정보 보호에 관한 전문 지식이 있는 사람이나 시민사회단체 및 관련 사업자로부터의 의견 청취
2. 관계 기관 등에 대한 자료제출이나 사실조회 요구

③ 제 2 항제 2 호에 따른 요구를 받은 관계 기관 등은 특별한 사정이 없으면 이에 따라야 한다.
④ 보호위원회는 제 1 항제 3 호의 사항을 심의·의결한 경우에는 관계 기관에 그 개선을 권고할 수 있다.
⑤ 보호위원회는 제 4 항에 따른 권고 내용의 이행 여부를 점검할 수 있다.
〔본조신설 2020·2·4〕

제 7 조의10(회의) ① 보호위원회의 회의는 위원장이 필요하다고 인정하거나 재적위원 4분의 1 이상의 요구가 있는 경우에 위원장이 소집한다.
② 위원장 또는 2명 이상의 위원은 보호위원회에 의안을 제의할 수 있다.
③ 보호위원회의 회의는 재적위원 과반수의 출석으로 개의하고, 출석위원 과반수의 찬성으로 의결한다.
〔본조신설 2020·2·4〕

제 7 조의11(위원의 제척·기피·회피) ① 위원은 다음 각 호의 어느 하나에 해당하는 경우에는 심의·의결에서 제척된다.
1. 위원 또는 그 배우자나 배우자였던 자가 해당 사안의 당사자가 되거나 그 사건에 관하여 공동의 권리자 또는 의무자의 관계에 있는 경우
2. 위원이 해당 사안의 당사자와 친족이거나 친족이었던 경우
3. 위원이 해당 사안에 관하여 증언, 감정, 법률자문을 한 경우
4. 위원이 해당 사안에 관하여 당사자의 대리인으로서 관여하거나 관여하였던 경우
5. 위원이나 위원이 속한 공공기관·법인 또는 단체 등이 조언 등 지원을 하고 있는 자와 이해관계가 있는 경우

② 위원에게 심의·의결의 공정을 기대하기 어려운 사정이 있는 경우 당사자는 기피 신청을 할 수 있고, 보호위원회는 의결로 이를 결정한다.
③ 위원이 제 1 항 또는 제 2 항의 사유가 있는 경우에는 해당 사안에 대하여 회피할 수 있다.
〔본조신설 2020·2·4〕

제 7 조의12(소위원회) ① 보호위원회는 효율적인 업무 수행을 위하여 개인정보 침해 정도가 경미하거나 유사·반복되는 사항 등을 심의·의결할 소위원회를 둘 수 있다.
② 소위원회는 3명의 위원으로 구성한다.
③ 소위원회가 제 1 항에 따라 심의·의결한 것은 보호위원회가 심의·의결한 것으로 본다.
④ 소위원회의 회의는 구성위원 전원의 출석과 출석위원 전원의 찬성으로 의결한다.
〔본조신설 2020·2·4〕

제 7 조의13(사무처) 보호위원회의 사무를 처리하기 위하여 보호위원회에 사무처를 두며, 이 법에 규정된 것 외에 보호위원회의 조직에 관한 사항은 대통령령으로 정한다.
〔본조신설 2020·2·4〕

제 7 조의14(운영 등) 이 법과 다른 법령에 규정된 것 외에 보호위원회의 운영 등에 필요한 사항은 보호위원회의 규칙으로 정한다.
〔본조신설 2020·2·4〕

제 8 조 삭제 <2020·2·4>

제 8 조의2(개인정보 침해요인 평가) ① 중앙행정기관의 장은 소관 법령의 제정 또는 개정을 통하여 개인정보 처리를 수반하는 정책이나 제도를 도입·변경하는 경우에는 보호위원회에 개인정보 침해요인 평가를 요청하여야 한다.

② 보호위원회가 제 1 항에 따른 요청을 받은 때에는 해당 법령의 개인정보 침해요인을 분석·검토하여 그 법령의 소관기관의 장에게 그 개선을 위하여 필요한 사항을 권고할 수 있다.

③ 제 1 항에 따른 개인정보 침해요인 평가의 절차와 방법에 관하여 필요한 사항은 대통령령으로 정한다.

〔본조신설 2015·7·24〕

제 9 조(기본계획) ① 보호위원회는 개인정보의 보호와 정보주체의 권익 보장을 위하여 3년마다 개인정보 보호 기본계획(이하 "기본계획"이라 한다)을 관계 중앙행정기관의 장과 협의하여 수립한다. <개정 2013·3·23, 2014·11·19, 2015·7·24>

② 기본계획에는 다음 각 호의 사항이 포함되어야 한다.

1. 개인정보 보호의 기본목표와 추진방향
2. 개인정보 보호와 관련된 제도 및 법령의 개선
3. 개인정보 침해 방지를 위한 대책
4. 개인정보 보호 자율규제의 활성화
5. 개인정보 보호 교육·홍보의 활성화
6. 개인정보 보호를 위한 전문인력의 양성
7. 그 밖에 개인정보 보호를 위하여 필요한 사항

③ 국회, 법원, 헌법재판소, 중앙선거관리위원회는 해당 기관(그 소속 기관을 포함한다)의 개인정보 보호를 위한 기본계획을 수립·시행할 수 있다.

제10조(시행계획) ① 중앙행정기관의 장은 기본계획에 따라 매년 개인정보 보호를 위한 시행계획을 작성하여 보호위원회에 제출하고, 보호위원회의 심의·의결을 거쳐 시행하여야 한다.

② 시행계획의 수립·시행에 필요한 사항은 대통령령으로 정한다.

제11조(자료제출 요구 등) ① 보호위원회는 기본계획을 효율적으로 수립하기 위하여 개인정보처리자, 관계 중앙행정기관의 장, 지방자치단체의 장 및 관계 기관·단체 등에 개인정보처리자의 법규 준수 현황과 개인정보 관리 실태 등에 관한 자료의 제출이나 의견의 진술 등을 요구할 수 있다. <개정 2013·3·23, 2014·11·19, 2015·7·24>

② 보호위원회는 개인정보 보호 정책 추진, 성과평가 등을 위하여 필요한 경우 개인정보처리자, 관계 중앙행정기관의 장, 지방자치단체의 장 및 관계 기관·단체 등을 대상으로 개인정보관리 수준 및 실태파악 등을 위한 조사를 실시할 수 있다. <신설 2015·7·24, 2017·7·26, 2020·2·4>

③ 중앙행정기관의 장은 시행계획을 효율적으로 수립·추진하기 위하여 소관 분야의 개인정보처리자에게 제 1 항에 따른 자료제출 등을 요구할 수 있다.

④ 제 1 항부터 제 3 항까지에 따른 자료제출 등을 요구받은 자는 특별한 사정이 없으면 이에 따라야 한다. <개정 2015·7·24>

⑤ 제 1 항부터 제 3 항까지에 따른 자료제출 등의 범위와 방법 등 필요한 사항은 대통령령으로 정한다. <개정 2015·7·24>

제11조의2(개인정보 보호수준 평가) ① 보호위원회는 공공기관 중 중앙행정기관 및 그 소속기관, 지방자치단체, 그 밖에 대통령령으로 정하는 기관을 대상으로 매년 개인정보 보호 정책·업무의 수행 및 이 법에 따른 의무의 준수 여부 등을 평가(이하 "개인정보 보호수준 평가"라 한다)하여야 한다.

② 보호위원회는 개인정보 보호수준 평가에 필요한 경우 해당 공공기관의 장에게 관련 자료를 제출하게 할 수 있다.

③ 보호위원회는 개인정보 보호수준 평가의 결과를 인터넷 홈페이지 등을 통하여 공개할 수 있다.

④ 보호위원회는 개인정보 보호수준 평가의 결과에 따라 우수기관 및 그 소속 직원에 대하여 포상할 수 있고, 개인정보 보호를 위하여 필요하다고 인정하면 해당 공공기관의 장에게 개선을 권고할 수 있다. 이 경우

권고를 받은 공공기관의 장은 이를 이행하기 위하여 성실하게 노력하여야 하며, 그 조치 결과를 보호위원회에 알려야 한다.

⑤ 그 밖에 개인정보 보호수준 평가의 기준·방법·절차 및 제2항에 따른 자료 제출의 범위 등에 필요한 사항은 대통령령으로 정한다.

〔본조신설 2023·3·14〕

제12조(개인정보 보호지침) ① 보호위원회는 개인정보의 처리에 관한 기준, 개인정보 침해의 유형 및 예방조치 등에 관한 표준 개인정보 보호지침(이하 "표준지침"이라 한다)을 정하여 개인정보처리자에게 그 준수를 권장할 수 있다. <개정 2013·3·23, 2014·11·19, 2017·7·26, 2020·2·4>

② 중앙행정기관의 장은 표준지침에 따라 소관 분야의 개인정보 처리와 관련한 개인정보 보호지침을 정하여 개인정보처리자에게 그 준수를 권장할 수 있다.

③ 국회, 법원, 헌법재판소 및 중앙선거관리위원회는 해당 기관(그 소속 기관을 포함한다)의 개인정보 보호지침을 정하여 시행할 수 있다.

제13조(자율규제의 촉진 및 지원) 보호위원회는 개인정보처리자의 자율적인 개인정보 보호활동을 촉진하고 지원하기 위하여 다음 각 호의 필요한 시책을 마련하여야 한다. <개정 2013·3·23, 2014·11·19, 2017·7·26, 2020·2·4>

1. 개인정보 보호에 관한 교육·홍보
2. 개인정보 보호와 관련된 기관·단체의 육성 및 지원
3. 개인정보 보호 인증마크의 도입·시행 지원
4. 개인정보처리자의 자율적인 규약의 제정·시행 지원
5. 그 밖에 개인정보처리자의 자율적 개인정보 보호활동을 지원하기 위하여 필요한 사항

제13조의2(개인정보 보호의 날) ① 개인정보의 보호 및 처리의 중요성을 국민에게 알리기 위하여 매년 9월 30일을 개인정보 보호의 날로 지정한다.

② 국가와 지방자치단체는 개인정보 보호의 날이 포함된 주간에 개인정보 보호 문화 확산을 위한 각종 행사를 실시할 수 있다.

〔본조신설 2023·3·14〕

제14조(국제협력) ① 정부는 국제적 환경에서의 개인정보 보호 수준을 향상시키기 위하여 필요한 시책을 마련하여야 한다.

② 정부는 개인정보 국외 이전으로 인하여 정보주체의 권리가 침해되지 아니하도록 관련 시책을 마련하여야 한다.

제3장 개인정보의 처리

제1절 개인정보의 수집, 이용, 제공 등

제15조(개인정보의 수집·이용) ① 개인정보처리자는 다음 각 호의 어느 하나에 해당하는 경우에는 개인정보를 수집할 수 있으며 그 수집 목적의 범위에서 이용할 수 있다. <개정 2023·3·14>

1. 정보주체의 동의를 받은 경우
2. 법률에 특별한 규정이 있거나 법령상 의무를 준수하기 위하여 불가피한 경우
3. 공공기관이 법령 등에서 정하는 소관 업무의 수행을 위하여 불가피한 경우
4. 정보주체와 체결한 계약을 이행하거나 계약을 체결하는 과정에서 정보주체의 요청에 따른 조치를 이행하기 위하여 필요한 경우
5. 명백히 정보주체 또는 제3자의 급박한 생명, 신체, 재산의 이익을 위하여 필요하다고 인정되는 경우
6. 개인정보처리자의 정당한 이익을 달성하기 위하여 필요한 경우로서 명백하게 정보주체의 권리보다 우선하는 경우. 이 경우 개인정보처리자의 정당한 이익과 상당한 관련이 있고 합리적인 범위를 초과하지 아니하는 경우에 한한다.
7. 공중위생 등 공공의 안전과 안녕을 위하여 긴급히 필요한 경우

② 개인정보처리자는 제1항제1호에 따른 동의를 받을 때에는 다음 각 호의 사항을 정보주체에게 알려야 한다. 다음 각 호의 어느 하나의 사항을 변경하는 경우에도 이를 알리고 동의를 받아야 한다.

1. 개인정보의 수집·이용 목적
2. 수집하려는 개인정보의 항목

3. 개인정보의 보유 및 이용 기간
4. 동의를 거부할 권리가 있다는 사실 및 동의 거부에 따른 불이익이 있는 경우에는 그 불이익의 내용

③ 개인정보처리자는 당초 수집 목적과 합리적으로 관련된 범위 내에서 정보주체에게 불이익이 발생하는지 여부, 암호화 등 안전성 확보에 필요한 조치를 하였는지 여부 등을 고려하여 대통령령이 정하는 바에 따라 정보주체의 동의 없이 개인정보를 이용할 수 있다. <신설 2020·2·4>

제16조(개인정보의 수집 제한) ① 개인정보처리자는 제15조제1항 각 호의 어느 하나에 해당하여 개인정보를 수집하는 경우에는 그 목적에 필요한 최소한의 개인정보를 수집하여야 한다. 이 경우 최소한의 개인정보 수집이라는 입증책임은 개인정보처리자가 부담한다.

② 개인정보처리자는 정보주체의 동의를 받아 개인정보를 수집하는 경우 필요한 최소한의 정보 외의 개인정보 수집에는 동의하지 아니할 수 있다는 사실을 구체적으로 알리고 개인정보를 수집하여야 한다. <신설 2013·8·6>

③ 개인정보처리자는 정보주체가 필요한 최소한의 정보 외의 개인정보 수집에 동의하지 아니한다는 이유로 정보주체에게 재화 또는 서비스의 제공을 거부하여서는 아니 된다.

제17조(개인정보의 제공) ① 개인정보처리자는 다음 각 호의 어느 하나에 해당되는 경우에는 정보주체의 개인정보를 제3자에게 제공(공유를 포함한다. 이하 같다)할 수 있다. <개정 2020·2·4, 2023·3·14>

1. 정보주체의 동의를 받은 경우
2. 제15조제1항제2호, 제3호 및 제5호부터 제7호까지에 따라 개인정보를 수집한 목적 범위에서 개인정보를 제공하는 경우

② 개인정보처리자는 제1항제1호에 따른 동의를 받을 때에는 다음 각 호의 사항을 정보주체에게 알려야 한다. 다음 각 호의 어느 하나의 사항을 변경하는 경우에도 이를 알리고 동의를 받아야 한다.

1. 개인정보를 제공받는 자
2. 개인정보를 제공받는 자의 개인정보 이용 목적
3. 제공하는 개인정보의 항목
4. 개인정보를 제공받는 자의 개인정보 보유 및 이용 기간
5. 동의를 거부할 권리가 있다는 사실 및 동의 거부에 따른 불이익이 있는 경우에는 그 불이익의 내용

③ 삭제 <2023·3·14>

④ 개인정보처리자는 당초 수집 목적과 합리적으로 관련된 범위 내에서 정보주체에게 불이익이 발생하는지 여부, 암호화 등 안전성 확보에 필요한 조치를 하였는지 여부 등을 고려하여 대통령령으로 정하는 바에 따라 정보주체의 동의 없이 개인정보를 제공할 수 있다. <신설 2020·2·4>

제18조(개인정보의 목적 외 이용·제공 제한) ① 개인정보처리자는 개인정보를 제15조제1항에 따른 범위를 초과하여 이용하거나 제17조제1항 및 제28조의8제1항에 따른 범위를 초과하여 제3자에게 제공하여서는 아니 된다. <개정 2020·2·4, 2023·3·14>

② 제1항에도 불구하고 개인정보처리자는 다음 각 호의 어느 하나에 해당하는 경우에는 정보주체 또는 제3자의 이익을 부당하게 침해할 우려가 있을 때를 제외하고는 개인정보를 목적 외의 용도로 이용하거나 이를 제3자에게 제공할 수 있다. 다만, 제5호부터 제9호까지에 따른 경우는 공공기관의 경우로 한정한다. <개정 2020·2·4, 2023·3·14>

1. 정보주체로부터 별도의 동의를 받은 경우
2. 다른 법률에 특별한 규정이 있는 경우
3. 명백히 정보주체 또는 제3자의 급박한 생명, 신체, 재산의 이익을 위하여 필요하다고 인정되는 경우
4. 삭제 <2020·2·4>
5. 개인정보를 목적 외의 용도로 이용하거나 이를 제3자에게 제공하지 아니하면 다른 법률에서 정하는 소관 업무를 수행할 수 없는 경우로서 보호위원회의 심의·의결을 거친 경우
6. 조약, 그 밖의 국제협정의 이행을 위하여 외국정부 또는 국제기구에 제공하기 위하여 필요한 경우

7. 범죄의 수사와 공소의 제기 및 유지를 위하여 필요한 경우
8. 법원의 재판업무 수행을 위하여 필요한 경우
9. 형(刑) 및 감호, 보호처분의 집행을 위하여 필요한 경우
10. 공중위생 등 공공의 안전과 안녕을 위하여 긴급히 필요한 경우

③ 개인정보처리자는 제2항제1호에 따른 동의를 받을 때에는 다음 각 호의 사항을 정보주체에게 알려야 한다. 다음 각 호의 어느 하나의 사항을 변경하는 경우에도 이를 알리고 동의를 받아야 한다.

1. 개인정보를 제공받는 자
2. 개인정보의 이용 목적(제공 시에는 제공받는 자의 이용 목적을 말한다)
3. 이용 또는 제공하는 개인정보의 항목
4. 개인정보의 보유 및 이용 기간(제공 시에는 제공받는 자의 보유 및 이용 기간을 말한다)
5. 동의를 거부할 권리가 있다는 사실 및 동의 거부에 따른 불이익이 있는 경우에는 그 불이익의 내용

④ 공공기관은 제2항제2호부터 제6호까지, 제8호부터 제10호까지에 따라 개인정보를 목적 외의 용도로 이용하거나 이를 제3자에게 제공하는 경우에는 그 이용 또는 제공의 법적 근거, 목적 및 범위 등에 관하여 필요한 사항을 보호위원회가 고시로 정하는 바에 따라 관보 또는 인터넷 홈페이지 등에 게재하여야 한다. <개정 2013·3·23, 2014·11·19, 2017·7·26, 2020·2·4, 2023·3·14>

⑤ 개인정보처리자는 제2항 각 호의 어느 하나의 경우에 해당하여 개인정보를 목적 외의 용도로 제3자에게 제공하는 경우에는 개인정보를 제공받는 자에게 이용 목적, 이용 방법, 그 밖에 필요한 사항에 대하여 제한을 하거나, 개인정보의 안전성 확보를 위하여 필요한 조치를 마련하도록 요청하여야 한다. 이 경우 요청을 받은 자는 개인정보의 안전성 확보를 위하여 필요한 조치를 하여야 한다.

제19조(개인정보를 제공받은 자의 이용·제공 제한) 개인정보처리자로부터 개인정보를 제공받은 자는 다음 각 호의 어느 하나에 해당하는 경우를 제외하고는 개인정보를 제공받은 목적 외의 용도로 이용하거나 이를 제3자에게 제공하여서는 아니 된다.

1. 정보주체로부터 별도의 동의를 받은 경우
2. 다른 법률에 특별한 규정이 있는 경우

제20조(정보주체 이외로부터 수집한 개인정보의 수집 출처 등 통지) ① 개인정보처리자가 정보주체 이외로부터 수집한 개인정보를 처리하는 때에는 정보주체의 요구가 있으면 즉시 다음 각 호의 모든 사항을 정보주체에게 알려야 한다. <개정 2023·3·14>

1. 개인정보의 수집 출처
2. 개인정보의 처리 목적
3. 제37조에 따른 개인정보 처리의 정지를 요구하거나 동의를 철회할 권리가 있다는 사실

② 제1항에도 불구하고 처리하는 개인정보의 종류·규모, 종업원 수 및 매출액 규모 등을 고려하여 대통령령으로 정하는 기준에 해당하는 개인정보처리자가 제17조제1항제1호에 따라 정보주체 이외로부터 개인정보를 수집하여 처리하는 때에는 제1항 각 호의 모든 사항을 정보주체에게 알려야 한다. 다만, 개인정보처리자가 수집한 정보에 연락처 등 정보주체에게 알릴 수 있는 개인정보가 포함되지 아니한 경우에는 그러하지 아니하다. <신설 2016·3·29>

③ 제2항 본문에 따라 알리는 경우 정보주체에게 알리는 시기·방법 및 절차 등 필요한 사항은 대통령령으로 정한다. <신설 2016·3·29>

④ 제1항과 제2항 본문은 다음 각 호의 어느 하나에 해당하는 경우에는 적용하지 아니한다. 다만, 이 법에 따른 정보주체의 권리보다 명백히 우선하는 경우에 한한다. <개정 2016·3·29, 2023·3·14>

1. 통지를 요구하는 대상이 되는 개인정보가 제32조제2항 각 호의 어느 하나에 해당하는 개인정보파일에 포함되어 있는 경우
2. 통지로 인하여 다른 사람의 생명·신체를 해할 우려가 있거나 다른 사람의 재산과 그 밖의 이익을 부당하게 침해할 우려가 있는 경우

제20조의2(개인정보 이용·제공 내역의 통지) ① 대통령령으로 정하는 기준에 해당하는 개인정보처리자는 이 법에 따라 수집한 개인정보의 이용·제공 내역이나 이용·제공 내역을 확인할 수 있는 정보시스템에 접속하는 방법을 주기적으로 정보주체에게 통지하여야 한다. 다만, 연락처 등 정보주체에게 통지할 수 있는 개인정보를 수집·보유하지 아니한 경우에는 통지하지 아니할 수 있다.

② 제1항에 따른 통지의 대상이 되는 정보주체의 범위, 통지 대상 정보, 통지 주기 및 방법 등에 필요한 사항은 대통령령으로 정한다.

〔본조신설 2023·3·14〕

제21조(개인정보의 파기) ① 개인정보처리자는 보유기간의 경과, 개인정보의 처리 목적 달성, 가명정보의 처리 기간 경과 등 그 개인정보가 불필요하게 되었을 때에는 지체 없이 그 개인정보를 파기하여야 한다. 다만, 다른 법령에 따라 보존하여야 하는 경우에는 그러하지 아니하다. <개정 2023·3·14>

② 개인정보처리자가 제1항에 따라 개인정보를 파기할 때에는 복구 또는 재생되지 아니하도록 조치하여야 한다.

③ 개인정보처리자가 제1항 단서에 따라 개인정보를 파기하지 아니하고 보존하여야 하는 경우에는 해당 개인정보 또는 개인정보 파일을 다른 개인정보와 분리하여서 저장·관리하여야 한다.

④ 개인정보의 파기방법 및 절차 등에 필요한 사항은 대통령령으로 정한다.

제22조(동의를 받는 방법) ① 개인정보처리자는 이 법에 따른 개인정보의 처리에 대하여 정보주체(제22조의2제1항에 따른 법정대리인을 포함한다. 이하 이 조에서 같다)의 동의를 받을 때에는 각각의 동의 사항을 구분하여 정보주체가 이를 명확하게 인지할 수 있도록 알리고 동의를 받아야 한다. 이 경우 다음 각 호의 경우에는 동의 사항을 구분하여 각각 동의를 받아야 한다. <개정 2017·4·18, 2023·3·14>

1. 제15조제1항제1호에 따라 동의를 받는 경우
2. 제17조제1항제1호에 따라 동의를 받는 경우
3. 제18조제2항제1호에 따라 동의를 받는 경우
4. 제19조제1호에 따라 동의를 받는 경우
5. 제23조제1항제1호에 따라 동의를 받는 경우
6. 제24조제1항제1호에 따라 동의를 받는 경우
7. 재화나 서비스를 홍보하거나 판매를 권유하기 위하여 개인정보의 처리에 대한 동의를 받으려는 경우
8. 그 밖에 정보주체를 보호하기 위하여 동의 사항을 구분하여 동의를 받아야 할 필요가 있는 경우로서 대통령령으로 정하는 경우

② 개인정보처리자는 제1항의 동의를 서면(「전자문서 및 전자거래 기본법」 제2조제1호에 따른 전자문서를 포함한다)으로 받을 때에는 개인정보의 수집·이용 목적, 수집·이용하려는 개인정보의 항목 등 대통령령으로 정하는 중요한 내용을 보호위원회가 고시로 정하는 방법에 따라 명확히 표시하여 알아보기 쉽게 하여야 한다. <신설 2017·4·18, 2017·7·26, 2020·2·4>

③ 개인정보처리자는 정보주체의 동의 없이 처리할 수 있는 개인정보에 대해서는 그 항목과 처리의 법적 근거를 정보주체의 동의를 받아 처리하는 개인정보와 구분하여 제30조제2항에 따라 공개하거나 전자우편 등 대통령령으로 정하는 방법에 따라 정보주체에게 알려야 한다. 이 경우 동의 없이 처리할 수 있는 개인정보라는 입증책임은 개인정보처리자가 부담한다. <개정 2016·3·29, 2023·3·14>

④ 삭제 <2023·3·14>

⑤ 개인정보처리자는 정보주체가 선택적으로 동의할 수 있는 사항을 동의하지 아니하거나 제1항제3호 및 제7호에 따른 동의를 하지 아니한다는 이유로 정보주체에게 재화 또는 서비스의 제공을 거부하여서는 아니 된다. <개정 2017·4·18, 2023·3·14>

⑥ 삭제 <2023·3·14>

⑦ 제1항부터 제5항까지에서 규정한 사항 외에 정보주체의 동의를 받는 세부적인 방법

에 관하여 필요한 사항은 개인정보의 수집매체 등을 고려하여 대통령령으로 정한다. <개정 2017·4·18, 2023·3·14>

제22조의2(아동의 개인정보 보호) ① 개인정보처리자는 만 14세 미만 아동의 개인정보를 처리하기 위하여 이 법에 따른 동의를 받아야 할 때에는 그 법정대리인의 동의를 받아야 하며, 법정대리인이 동의하였는지를 확인하여야 한다.

② 제1항에도 불구하고 법정대리인의 동의를 받기 위하여 필요한 최소한의 정보로서 대통령령으로 정하는 정보는 법정대리인의 동의 없이 해당 아동으로부터 직접 수집할 수 있다.

③ 개인정보처리자는 만 14세 미만의 아동에게 개인정보 처리와 관련한 사항의 고지 등을 할 때에는 이해하기 쉬운 양식과 명확하고 알기 쉬운 언어를 사용하여야 한다.

④ 제1항부터 제3항까지에서 규정한 사항 외에 동의 및 동의 확인 방법 등에 필요한 사항은 대통령령으로 정한다.

〔본조신설 2023·3·14〕

제2절 개인정보의 처리 제한

제23조(민감정보의 처리 제한) ① 개인정보처리자는 사상·신념, 노동조합·정당의 가입·탈퇴, 정치적 견해, 건강, 성생활 등에 관한 정보, 그 밖에 정보주체의 사생활을 현저히 침해할 우려가 있는 개인정보로서 대통령령으로 정하는 정보(이하 "민감정보"라 한다)를 처리하여서는 아니 된다. 다만, 다음 각 호의 어느 하나에 해당하는 경우에는 그러하지 아니하다.

1. 정보주체에게 제15조제2항 각 호 또는 제17조제2항 각 호의 사항을 알리고 다른 개인정보의 처리에 대한 동의와 별도로 동의를 받은 경우
2. 법령에서 민감정보의 처리를 요구하거나 허용하는 경우

② 개인정보처리자가 제1항 각 호에 따라 민감정보를 처리하는 경우에는 그 민감정보가 분실·도난·유출·위조·변조 또는 훼손되지 아니하도록 제29조에 따른 안전성 확보에 필요한 조치를 하여야 한다. <신설 2016·3·29>

③ 개인정보처리자는 재화 또는 서비스를 제공하는 과정에서 공개되는 정보에 정보주체의 민감정보가 포함됨으로써 사생활 침해의 위험성이 있다고 판단하는 때에는 재화 또는 서비스의 제공 전에 민감정보의 공개 가능성 및 비공개를 선택하는 방법을 정보주체가 알아보기 쉽게 알려야 한다. <신설 2023·3·14>

제24조(고유식별정보의 처리 제한) ① 개인정보처리자는 다음 각 호의 경우를 제외하고는 법령에 따라 개인을 고유하게 구별하기 위하여 부여된 식별정보로서 대통령령으로 정하는 정보(이하 "고유식별정보"라 한다)를 처리할 수 없다.

1. 정보주체에게 제15조제2항 각 호 또는 제17조제2항 각 호의 사항을 알리고 다른 개인정보의 처리에 대한 동의와 별도로 동의를 받은 경우
2. 법령에서 구체적으로 고유식별정보의 처리를 요구하거나 허용하는 경우

② 삭제 <2013·8·6>

③ 개인정보처리자가 제1항 각 호에 따라 고유식별정보를 처리하는 경우에는 그 고유식별정보가 분실·도난·유출·위조·변조 또는 훼손되지 아니하도록 대통령령으로 정하는 바에 따라 암호화 등 안전성 확보에 필요한 조치를 하여야 한다. <개정 2015·7·24>

④ 보호위원회는 처리하는 개인정보의 종류·규모, 종업원 수 및 매출액 규모 등을 고려하여 대통령령으로 정하는 기준에 해당하는 개인정보처리자가 제3항에 따라 안전성 확보에 필요한 조치를 하였는지에 관하여 대통령령으로 정하는 바에 따라 정기적으로 조사하여야 한다. <신설 2016·3·29, 2017·7·26, 2020·2·4>

⑤ 보호위원회는 대통령령으로 정하는 전문기관으로 하여금 제4항에 따른 조사를 수행하게 할 수 있다. <신설 2016·3·29, 2017·7·26, 2020·2·4>

제24조의2(주민등록번호 처리의 제한) ① 제24조제1항에도 불구하고 개인정보처리자는 다음 각 호의 어느 하나에 해당하는 경우를

제외하고는 주민등록번호를 처리할 수 없다. <개정 2014·11·19, 2016·3·29, 2017·7·26, 2020·2·4>

1. 법률·대통령령·국회규칙·대법원규칙·헌법재판소규칙·중앙선거관리위원회규칙 및 감사원규칙에서 구체적으로 주민등록번호의 처리를 요구하거나 허용한 경우
2. 정보주체 또는 제3자의 급박한 생명, 신체, 재산의 이익을 위하여 명백히 필요하다고 인정되는 경우
3. 제1호 및 제2호에 준하여 주민등록번호 처리가 불가피한 경우로서 보호위원회가 고시로 정하는 경우

② 개인정보처리자는 제24조제3항에도 불구하고 주민등록번호가 분실·도난·유출·위조·변조 또는 훼손되지 아니하도록 암호화 조치를 통하여 안전하게 보관하여야 한다. 이 경우 암호화 적용 대상 및 대상별 적용 시기 등에 관하여 필요한 사항은 개인정보의 처리 규모와 유출 시 영향 등을 고려하여 대통령령으로 정한다. <신설 2014·3·24, 2015·7·24>

③ 개인정보처리자는 제1항 각 호에 따라 주민등록번호를 처리하는 경우에도 정보주체가 인터넷 홈페이지를 통하여 회원으로 가입하는 단계에서는 주민등록번호를 사용하지 아니하고도 회원으로 가입할 수 있는 방법을 제공하여야 한다.

④ 보호위원회는 개인정보처리자가 제3항에 따른 방법을 제공할 수 있도록 관계 법령의 정비, 계획의 수립, 필요한 시설 및 시스템의 구축 등 제반 조치를 마련·지원할 수 있다. <개정 2014·3·24, 2017·7·26, 2020·2·4>

〔본조신설 2013·8·6〕

제25조(고정형 영상정보처리기기의 설치·운영 제한) ① 누구든지 다음 각 호의 경우를 제외하고는 공개된 장소에 고정형 영상정보처리기기를 설치·운영하여서는 아니 된다. <개정 2023·3·14>

1. 법령에서 구체적으로 허용하고 있는 경우
2. 범죄의 예방 및 수사를 위하여 필요한 경우
3. 시설의 안전 및 관리, 화재 예방을 위하여 정당한 권한을 가진 자가 설치·운영하는 경우
4. 교통단속을 위하여 정당한 권한을 가진 자가 설치·운영하는 경우
5. 교통정보의 수집·분석 및 제공을 위하여 정당한 권한을 가진 자가 설치·운영하는 경우
6. 촬영된 영상정보를 저장하지 아니하는 경우로서 대통령령으로 정하는 경우

② 누구든지 불특정 다수가 이용하는 목욕실, 화장실, 발한실(發汗室), 탈의실 등 개인의 사생활을 현저히 침해할 우려가 있는 장소의 내부를 볼 수 있도록 고정형 영상정보처리기기를 설치·운영하여서는 아니 된다. 다만, 교도소, 정신보건 시설 등 법령에 근거하여 사람을 구금하거나 보호하는 시설로서 대통령령으로 정하는 시설에 대하여는 그러하지 아니하다. <개정 2023·3·14>

③ 제1항 각 호에 따라 고정형 영상정보처리기기를 설치·운영하려는 공공기관의 장과 제2항 단서에 따라 고정형 영상정보처리기기를 설치·운영하려는 자는 공청회·설명회의 개최 등 대통령령으로 정하는 절차를 거쳐 관계 전문가 및 이해관계인의 의견을 수렴하여야 한다. <개정 2023·3·14>

④ 제1항 각 호에 따라 고정형 영상정보처리기기를 설치·운영하는 자(이하 "고정형영상정보처리기기운영자"라 한다)는 정보주체가 쉽게 인식할 수 있도록 다음 각 호의 사항이 포함된 안내판을 설치하는 등 필요한 조치를 하여야 한다. 다만, 「군사기지 및 군사시설 보호법」 제2조제2호에 따른 군사시설, 「통합방위법」 제2조제13호에 따른 국가중요시설, 그 밖에 대통령령으로 정하는 시설의 경우에는 그러하지 아니하다. <개정 2016·3·29, 2023·3·14>

1. 설치 목적 및 장소
2. 촬영 범위 및 시간
3. 관리책임자의 연락처
4. 그 밖에 대통령령으로 정하는 사항

⑤ 고정형영상정보처리기기운영자는 고정형 영상정보처리기기의 설치 목적과 다른 목적으로 고정형 영상정보처리기기를 임의로 조작하거나 다른 곳을 비춰서는 아니 되며, 녹음기능

은 사용할 수 없다. <개정 2023·3·14>

⑥ 고정형영상정보처리기기운영자는 개인정보가 분실·도난·유출·위조·변조 또는 훼손되지 아니하도록 제29조에 따라 안전성 확보에 필요한 조치를 하여야 한다. <개정 2015·7·24, 2023·3·14>

⑦ 고정형영상정보처리기기운영자는 대통령령으로 정하는 바에 따라 고정형 영상정보처리기기 운영·관리 방침을 마련하여야 한다. 다만, 제30조에 따른 개인정보 처리방침을 정할 때 고정형 영상정보처리기기 운영·관리에 관한 사항을 포함시킨 경우에는 고정형 영상정보처리기기 운영·관리 방침을 마련하지 아니할 수 있다. <개정 2023·3·14>

⑧ 고정형영상정보처리기기운영자는 고정형 영상정보처리기기의 설치·운영에 관한 사무를 위탁할 수 있다. 다만, 공공기관이 고정형 영상정보처리기기 설치·운영에 관한 사무를 위탁하는 경우에는 대통령령으로 정하는 절차 및 요건에 따라야 한다. <개정 2023·3·14>

제25조의2(이동형 영상정보처리기기의 운영 제한) ① 업무를 목적으로 이동형 영상정보처리기기를 운영하려는 자는 다음 각 호의 경우를 제외하고는 공개된 장소에서 이동형 영상정보처리기기로 사람 또는 그 사람과 관련된 사물의 영상(개인정보에 해당하는 경우로 한정한다. 이하 같다)을 촬영하여서는 아니 된다.

1. 제15조제1항 각 호의 어느 하나에 해당하는 경우
2. 촬영 사실을 명확히 표시하여 정보주체가 촬영 사실을 알 수 있도록 하였음에도 불구하고 촬영 거부 의사를 밝히지 아니한 경우. 이 경우 정보주체의 권리를 부당하게 침해할 우려가 없고 합리적인 범위를 초과하지 아니하는 경우로 한정한다.
3. 그 밖에 제1호 및 제2호에 준하는 경우로서 대통령령으로 정하는 경우

② 누구든지 불특정 다수가 이용하는 목욕실, 화장실, 발한실, 탈의실 등 개인의 사생활을 현저히 침해할 우려가 있는 장소의 내부를 볼 수 있는 곳에서 이동형 영상정보처리기기로 사람 또는 그 사람과 관련된 사물의 영상을 촬영하여서는 아니 된다. 다만, 인명의 구조·구급 등을 위하여 필요한 경우로서 대통령령으로 정하는 경우에는 그러하지 아니하다.

③ 제1항 각 호에 해당하여 이동형 영상정보처리기기로 사람 또는 그 사람과 관련된 사물의 영상을 촬영하는 경우에는 불빛, 소리, 안내판 등 대통령령으로 정하는 바에 따라 촬영 사실을 표시하고 알려야 한다.

④ 제1항부터 제3항까지에서 규정한 사항 외에 이동형 영상정보처리기기의 운영에 관하여는 제25조제6항부터 제8항까지의 규정을 준용한다.

〔본조신설 2023·3·14〕

제26조(업무위탁에 따른 개인정보의 처리 제한) ① 개인정보처리자가 제3자에게 개인정보의 처리 업무를 위탁하는 경우에는 다음 각 호의 내용이 포함된 문서로 하여야 한다. <개정 2023·3·14>

1. 위탁업무 수행 목적 외 개인정보의 처리 금지에 관한 사항
2. 개인정보의 기술적·관리적 보호조치에 관한 사항
3. 그 밖에 개인정보의 안전한 관리를 위하여 대통령령으로 정한 사항

② 제1항에 따라 개인정보의 처리 업무를 위탁하는 개인정보처리자(이하 "위탁자"라 한다)는 위탁하는 업무의 내용과 개인정보 처리 업무를 위탁받아 처리하는 자(개인정보 처리 업무를 위탁받아 처리하는 자로부터 위탁받은 업무를 다시 위탁받은 제3자를 포함하며, 이하 "수탁자"라 한다)를 정보주체가 언제든지 쉽게 확인할 수 있도록 대통령령으로 정하는 방법에 따라 공개하여야 한다. <개정 2023·3·14>

③ 위탁자가 재화 또는 서비스를 홍보하거나 판매를 권유하는 업무를 위탁하는 경우에는 대통령령으로 정하는 방법에 따라 위탁하는 업무의 내용과 수탁자를 정보주체에게 알려야 한다. 위탁하는 업무의 내용이나 수탁자가 변경된 경우에도 또한 같다.

④ 위탁자는 업무 위탁으로 인하여 정보주체의 개인정보가 분실·도난·유출·위조·변조 또는 훼손되지 아니하도록 수탁자를 교육하고, 처리 현황 점검 등 대통령령으로 정하는 바에

따라 수탁자가 개인정보를 안전하게 처리하는지를 감독하여야 한다. <개정 2015·7·24>

⑤ 수탁자는 개인정보처리자로부터 위탁받은 해당 업무 범위를 초과하여 개인정보를 이용하거나 제3자에게 제공하여서는 아니 된다.

⑥ 수탁자는 위탁받은 개인정보의 처리 업무를 제3자에게 다시 위탁하려는 경우에는 위탁자의 동의를 받아야 한다. <신설 2023·3·14>

⑦ 수탁자가 위탁받은 업무와 관련하여 개인정보를 처리하는 과정에서 이 법을 위반하여 발생한 손해배상책임에 대하여는 수탁자를 개인정보처리자의 소속 직원으로 본다.

⑧ 수탁자에 관하여는 제15조부터 제18조까지, 제21조, 제22조, 제22조의2, 제23조, 제24조, 제24조의2, 제25조, 제25조의2, 제27조, 제28조, 제28조의2부터 제28조의5까지, 제28조의7부터 제28조의11까지, 제29조, 제30조, 제30조의2, 제31조, 제33조, 제34조, 제34조의2, 제35조, 제35조의2, 제36조, 제37조, 제37조의2, 제38조, 제59조, 제63조, 제63조의2 및 제64조의2를 준용한다. 이 경우 "개인정보처리자"는 "수탁자"로 본다. <개정 2023·3·14>

제27조(영업양도 등에 따른 개인정보의 이전 제한) ① 개인정보처리자는 영업의 전부 또는 일부의 양도·합병 등으로 개인정보를 다른 사람에게 이전하는 경우에는 미리 다음 각 호의 사항을 대통령령으로 정하는 방법에 따라 해당 정보주체에게 알려야 한다.

1. 개인정보를 이전하려는 사실
2. 개인정보를 이전받는 자(이하 "영업양수자등"이라 한다)의 성명(법인의 경우에는 법인의 명칭을 말한다), 주소, 전화번호 및 그 밖의 연락처
3. 정보주체가 개인정보의 이전을 원하지 아니하는 경우 조치할 수 있는 방법 및 절차

② 영업양수자등은 개인정보를 이전받았을 때에는 지체 없이 그 사실을 대통령령으로 정하는 방법에 따라 정보주체에게 알려야 한다. 다만, 개인정보처리자가 제1항에 따라 그 이전 사실을 이미 알린 경우에는 그러하지 아니하다.

③ 영업양수자등은 영업의 양도·합병 등으로 개인정보를 이전받은 경우에는 이전 당시의 본래 목적으로만 개인정보를 이용하거나 제3자에게 제공할 수 있다. 이 경우 영업양수자등은 개인정보처리자로 본다.

제28조(개인정보취급자에 대한 감독) ① 개인정보처리자는 개인정보를 처리함에 있어서 개인정보가 안전하게 관리될 수 있도록 임직원, 파견근로자, 시간제근로자 등 개인정보처리자의 지휘·감독을 받아 개인정보를 처리하는 자(이하 "개인정보취급자"라 한다)의 범위를 최소한으로 제한하고, 개인정보취급자에 대하여 적절한 관리·감독을 하여야 한다. <개정 2023·3·14>

② 개인정보처리자는 개인정보의 적정한 취급을 보장하기 위하여 개인정보취급자에게 정기적으로 필요한 교육을 실시하여야 한다.

제3절 가명정보의 처리에 관한 특례

제28조의2(가명정보의 처리 등) ① 개인정보처리자는 통계작성, 과학적 연구, 공익적 기록보존 등을 위하여 정보주체의 동의 없이 가명정보를 처리할 수 있다.

② 개인정보처리자는 제1항에 따라 가명정보를 제3자에게 제공하는 경우에는 특정 개인을 알아보기 위하여 사용될 수 있는 정보를 포함해서는 아니 된다.

〔본조신설 2020·2·4〕

제28조의3(가명정보의 결합 제한) ① 제28조의2에도 불구하고 통계작성, 과학적 연구, 공익적 기록보존 등을 위한 서로 다른 개인정보처리자 간의 가명정보의 결합은 보호위원회 또는 관계 중앙행정기관의 장이 지정하는 전문기관이 수행한다.

② 결합을 수행한 기관 외부로 결합된 정보를 반출하려는 개인정보처리자는 가명정보 또는 제58조의2에 해당하는 정보로 처리한 뒤 전문기관의 장의 승인을 받아야 한다.

③ 제1항에 따른 결합 절차와 방법, 전문기관의 지정과 지정 취소 기준·절차, 관리·감독, 제2항에 따른 반출 및 승인 기준·절차 등 필요한 사항은 대통령령으로 정한다.

〔본조신설 2020·2·4〕

제28조의4(가명정보에 대한 안전조치의무 등) ① 개인정보처리자는 제28조의2 또는 제28조의3에 따라 가명정보를 처리하는 경우에는 원래의 상태로 복원하기 위한 추가 정보를 별도로 분리하여 보관·관리하는 등 해당 정보가 분실·도난·유출·위조·변조 또는 훼손되지 않도록 대통령령으로 정하는 바에 따라 안전성 확보에 필요한 기술적·관리적 및 물리적 조치를 하여야 한다. <개정 2023·3·14>

② 개인정보처리자는 제28조의2 또는 제28조의3에 따라 가명정보를 처리하는 경우 처리목적 등을 고려하여 가명정보의 처리 기간을 별도로 정할 수 있다. <신설 2023·3·14>

③ 개인정보처리자는 제28조의2 또는 제28조의3에 따라 가명정보를 처리하고자 하는 경우에는 가명정보의 처리 목적, 제3자 제공 시 제공받는 자, 가명정보의 처리 기간(제2항에 따라 처리 기간을 별도로 정한 경우에 한한다) 등 가명정보의 처리 내용을 관리하기 위하여 대통령령으로 정하는 사항에 대한 관련 기록을 작성하여 보관하여야 하며, 가명정보를 파기한 경우에는 파기한 날부터 3년 이상 보관하여야 한다. <개정 2023·3·14>

〔본조신설 2020·2·4〕

제28조의5(가명정보 처리 시 금지의무 등) ① 제28조의2 또는 제28조의3에 따라 가명정보를 처리하는 자는 특정 개인을 알아보기 위한 목적으로 가명정보를 처리해서는 아니 된다. <개정 2023·3·14>

② 개인정보처리자는 제28조의2 또는 제28조의3에 따라 가명정보를 처리하는 과정에서 특정 개인을 알아볼 수 있는 정보가 생성된 경우에는 즉시 해당 정보의 처리를 중지하고, 지체 없이 회수·파기하여야 한다. <개정 2023·3·14>

〔본조신설 2020·2·4〕

제28조의6 삭제 <2023·3·14>

제28조의7(적용범위) 제28조의2 또는 제28조의3에 따라 처리된 가명정보는 제20조, 제20조의2, 제27조, 제34조제1항, 제35조, 제35조의2, 제36조 및 제37조를 적용하지 아니한다. <개정 2023·3·14>

〔본조신설 2020·2·4〕

제 4 절 개인정보의 국외 이전

제28조의8(개인정보의 국외 이전) ① 개인정보처리자는 개인정보를 국외로 제공(조회되는 경우를 포함한다)·처리위탁·보관(이하 이 절에서 "이전"이라 한다)하여서는 아니 된다. 다만, 다음 각 호의 어느 하나에 해당하는 경우에는 개인정보를 국외로 이전할 수 있다.

1. 정보주체로부터 국외 이전에 관한 별도의 동의를 받은 경우
2. 법률, 대한민국을 당사자로 하는 조약 또는 그 밖의 국제협정에 개인정보의 국외 이전에 관한 특별한 규정이 있는 경우
3. 정보주체와의 계약의 체결 및 이행을 위하여 개인정보의 처리위탁·보관이 필요한 경우로서 다음 각 목의 어느 하나에 해당하는 경우
   가. 제2항 각 호의 사항을 제30조에 따른 개인정보 처리방침에 공개한 경우
   나. 전자우편 등 대통령령으로 정하는 방법에 따라 제2항 각 호의 사항을 정보주체에게 알린 경우
4. 개인정보를 이전받는 자가 제32조의2에 따른 개인정보 보호 인증 등 보호위원회가 정하여 고시하는 인증을 받은 경우로서 다음 각 목의 조치를 모두 한 경우
   가. 개인정보 보호에 필요한 안전조치 및 정보주체 권리보장에 필요한 조치
   나. 인증받은 사항을 개인정보가 이전되는 국가에서 이행하기 위하여 필요한 조치
5. 개인정보가 이전되는 국가 또는 국제기구의 개인정보 보호체계, 정보주체 권리보장 범위, 피해구제 절차 등이 이 법에 따른 개인정보 보호 수준과 실질적으로 동등한 수준을 갖추었다고 보호위원회가 인정하는 경우

② 개인정보처리자는 제1항제1호에 따른 동의를 받을 때에는 미리 다음 각 호의 사항을 정보주체에게 알려야 한다.

1. 이전되는 개인정보 항목
2. 개인정보가 이전되는 국가, 시기 및 방법
3. 개인정보를 이전받는 자의 성명(법인인 경우에는 그 명칭과 연락처를 말한다)
4. 개인정보를 이전받는 자의 개인정보 이용목적 및 보유·이용 기간

5. 개인정보의 이전을 거부하는 방법, 절차 및 거부의 효과

③ 개인정보처리자는 제2항 각 호의 어느 하나에 해당하는 사항을 변경하는 경우에는 정보주체에게 알리고 동의를 받아야 한다.

④ 개인정보처리자는 제1항 각 호 외의 부분 단서에 따라 개인정보를 국외로 이전하는 경우 국외 이전과 관련한 이 법의 다른 규정, 제17조부터 제19조까지의 규정 및 제5장의 규정을 준수하여야 하고, 대통령령으로 정하는 보호조치를 하여야 한다.

⑤ 개인정보처리자는 이 법을 위반하는 사항을 내용으로 하는 개인정보의 국외 이전에 관한 계약을 체결하여서는 아니 된다.

⑥ 제1항부터 제5항까지에서 규정한 사항 외에 개인정보 국외 이전의 기준 및 절차 등에 필요한 사항은 대통령령으로 정한다.

〔본조신설 2023·3·14〕

제28조의9(개인정보의 국외 이전 중지 명령) ① 보호위원회는 개인정보의 국외 이전이 계속되고 있거나 추가적인 국외 이전이 예상되는 경우로서 다음 각 호의 어느 하나에 해당하는 경우에는 개인정보처리자에게 개인정보의 국외 이전을 중지할 것을 명할 수 있다.

1. 제28조의8제1항, 제4항 또는 제5항을 위반한 경우
2. 개인정보를 이전받는 자나 개인정보가 이전되는 국가 또는 국제기구가 이 법에 따른 개인정보 보호 수준에 비하여 개인정보를 적정하게 보호하지 아니하여 정보주체에게 피해가 발생하거나 발생할 우려가 현저한 경우

② 개인정보처리자는 제1항에 따른 국외 이전 중지 명령을 받은 경우에는 명령을 받은 날부터 7일 이내에 보호위원회에 이의를 제기할 수 있다.

③ 제1항에 따른 개인정보 국외 이전 중지 명령의 기준, 제2항에 따른 불복 절차 등에 필요한 사항은 대통령령으로 정한다.

〔본조신설 2023·3·14〕

제28조의10(상호주의) 제28조의8에도 불구하고 개인정보의 국외 이전을 제한하는 국가의 개인정보처리자에 대해서는 해당 국가의 수준에 상응하는 제한을 할 수 있다. 다만, 조약 또는 그 밖의 국제협정의 이행에 필요한 경우에는 그러하지 아니하다.

〔본조신설 2023·3·14〕

제28조의11(준용규정) 제28조의8제1항 각 호 외의 부분 단서에 따라 개인정보를 이전받은 자가 해당 개인정보를 제3국으로 이전하는 경우에 관하여는 제28조의8 및 제28조의9를 준용한다. 이 경우 "개인정보처리자"는 "개인정보를 이전받은 자"로, "개인정보를 이전받는 자"는 "제3국에서 개인정보를 이전받는 자"로 본다.

〔본조신설 2023·3·14〕

제4장 개인정보의 안전한 관리

제29조(안전조치의무) 개인정보처리자는 개인정보가 분실·도난·유출·위조·변조 또는 훼손되지 아니하도록 내부 관리계획 수립, 접속기록 보관 등 대통령령으로 정하는 바에 따라 안전성 확보에 필요한 기술적·관리적 및 물리적 조치를 하여야 한다. <개정 2015·7·24>

제30조(개인정보 처리방침의 수립 및 공개) ① 개인정보처리자는 다음 각 호의 사항이 포함된 개인정보의 처리 방침(이하 "개인정보 처리방침"이라 한다)을 정하여야 한다. 이 경우 공공기관은 제32조에 따라 등록대상이 되는 개인정보파일에 대하여 개인정보 처리방침을 정한다. <개정 2016·3·29, 2020·2·4, 2023·3·14>

1. 개인정보의 처리 목적
2. 개인정보의 처리 및 보유 기간
3. 개인정보의 제3자 제공에 관한 사항(해당되는 경우에만 정한다)

3의2. 개인정보의 파기절차 및 파기방법(제21조제1항 단서에 따라 개인정보를 보존하여야 하는 경우에는 그 보존근거와 보존하는 개인정보 항목을 포함한다)

3의3. 제23조제3항에 따른 민감정보의 공개 가능성 및 비공개를 선택하는 방법(해당되는 경우에만 정한다)

4. 개인정보처리의 위탁에 관한 사항(해당되는 경우에만 정한다)

4의2. 제28조의2 및 제28조의3에 따른 가명정보의 처리 등에 관한 사항(해당되는 경우에만 정한다)

5. 정보주체와 법정대리인의 권리·의무 및 그 행사방법에 관한 사항
6. 제31조에 따른 개인정보 보호책임자의 성명 또는 개인정보 보호업무 및 관련 고충사항을 처리하는 부서의 명칭과 전화번호 등 연락처
7. 인터넷 접속정보파일 등 개인정보를 자동으로 수집하는 장치의 설치·운영 및 그 거부에 관한 사항(해당하는 경우에만 정한다)
8. 그 밖에 개인정보의 처리에 관하여 대통령령으로 정한 사항

② 개인정보처리자가 개인정보 처리방침을 수립하거나 변경하는 경우에는 정보주체가 쉽게 확인할 수 있도록 대통령령으로 정하는 방법에 따라 공개하여야 한다.

③ 개인정보 처리방침의 내용과 개인정보처리자와 정보주체 간에 체결한 계약의 내용이 다른 경우에는 정보주체에게 유리한 것을 적용한다.

④ 보호위원회는 개인정보 처리방침의 작성지침을 정하여 개인정보처리자에게 그 준수를 권장할 수 있다. <개정 2013·3·23, 2014·11·19, 2017·7·26, 2020·2·4>

제30조의2(개인정보 처리방침의 평가 및 개선권고) ① 보호위원회는 개인정보 처리방침에 관하여 다음 각 호의 사항을 평가하고, 평가 결과 개선이 필요하다고 인정하는 경우에는 개인정보처리자에게 제61조제2항에 따라 개선을 권고할 수 있다.
1. 이 법에 따라 개인정보 처리방침에 포함하여야 할 사항을 적정하게 정하고 있는지 여부
2. 개인정보 처리방침을 알기 쉽게 작성하였는지 여부
3. 개인정보 처리방침을 정보주체가 쉽게 확인할 수 있는 방법으로 공개하고 있는지 여부

② 개인정보 처리방침의 평가 대상, 기준 및 절차 등에 필요한 사항은 대통령령으로 정한다.

〔본조신설 2023·3·14〕

제31조(개인정보 보호책임자의 지정 등) ① 개인정보처리자는 개인정보의 처리에 관한 업무를 총괄해서 책임질 개인정보 보호책임자를 지정하여야 한다. 다만, 종업원 수, 매출액 등이 대통령령으로 정하는 기준에 해당하는 개인정보처리자의 경우에는 지정하지 아니할 수 있다. <개정 2023·3·14>

② 제1항 단서에 따라 개인정보 보호책임자를 지정하지 아니하는 경우에는 개인정보처리자의 사업주 또는 대표자가 개인정보 보호책임자가 된다. <신설 2023·3·14>

③ 개인정보 보호책임자는 다음 각 호의 업무를 수행한다.
1. 개인정보 보호 계획의 수립 및 시행
2. 개인정보 처리 실태 및 관행의 정기적인 조사 및 개선
3. 개인정보 처리와 관련한 불만의 처리 및 피해 구제
4. 개인정보 유출 및 오용·남용 방지를 위한 내부통제시스템의 구축
5. 개인정보 보호 교육 계획의 수립 및 시행
6. 개인정보파일의 보호 및 관리·감독
7. 그 밖에 개인정보의 적절한 처리를 위하여 대통령령으로 정한 업무

④ 개인정보 보호책임자는 제3항 각 호의 업무를 수행함에 있어서 필요한 경우 개인정보의 처리 현황, 처리 체계 등에 대하여 수시로 조사하거나 관계 당사자로부터 보고를 받을 수 있다. <개정 2023·3·14>

⑤ 개인정보 보호책임자는 개인정보 보호와 관련하여 이 법 및 다른 관계 법령의 위반 사실을 알게 된 경우에는 즉시 개선조치를 하여야 하며, 필요하면 소속 기관 또는 단체의 장에게 개선조치를 보고하여야 한다.

⑥ 개인정보처리자는 개인정보 보호책임자가 제3항 각 호의 업무를 수행함에 있어서 정당한 이유 없이 불이익을 주거나 받게 하여서는 아니 되며, 개인정보 보호책임자가 업무를 독립적으로 수행할 수 있도록 보장하여야 한다. <개정 2023·3·14>

⑦ 개인정보처리자는 개인정보의 안전한 처리 및 보호, 정보의 교류, 그 밖에 대통령령으로 정하는 공동의 사업을 수행하기 위하여 제1항에 따른 개인정보 보호책임자를 구성원으로 하는 개인정보 보호책임자 협의회를 구성·운영할 수 있다. <신설 2023·3·14>

⑧ 보호위원회는 제7항에 따른 개인정보 보호책임자 협의회의 활동에 필요한 지원을 할 수 있다. <신설 2023·3·14>

⑨ 제1항에 따른 개인정보 보호책임자의 자격요건, 제3항에 따른 업무 및 제6항에 따른 독립성 보장 등에 필요한 사항은 매출액, 개인정보의 보유 규모 등을 고려하여 대통령령으로 정한다. <개정 2023·3·14>

제31조의2(국내대리인의 지정) ① 국내에 주소 또는 영업소가 없는 개인정보처리자로서 매출액, 개인정보의 보유 규모 등을 고려하여 대통령령으로 정하는 자는 다음 각 호의 사항을 대리하는 자(이하 "국내대리인"이라 한다)를 지정하여야 한다. 이 경우 국내대리인의 지정은 문서로 하여야 한다. <개정 2023·3·14>

1. 제31조제3항에 따른 개인정보 보호책임자의 업무
2. 제34조제1항 및 제3항에 따른 개인정보 유출 등의 통지 및 신고
3. 제63조제1항에 따른 물품·서류 등 자료의 제출

② 국내대리인은 국내에 주소 또는 영업소가 있어야 한다. <개정 2023·3·14>

③ 개인정보처리자는 제1항에 따라 국내대리인을 지정하는 경우에는 다음 각 호의 사항을 개인정보 처리방침에 포함하여야 한다. <개정 2023·3·14>

1. 국내대리인의 성명(법인의 경우에는 그 명칭 및 대표자의 성명을 말한다)
2. 국내대리인의 주소(법인의 경우에는 영업소의 소재지를 말한다), 전화번호 및 전자우편 주소

④ 국내대리인이 제1항 각 호와 관련하여 이 법을 위반한 경우에는 개인정보처리자가 그 행위를 한 것으로 본다. <개정 2023·3·14>

〔본조신설 2020·2·4〕

제32조(개인정보파일의 등록 및 공개) ① 공공기관의 장이 개인정보파일을 운용하는 경우에는 다음 각 호의 사항을 보호위원회에 등록하여야 한다. 등록한 사항이 변경된 경우에도 또한 같다. <개정 2013·3·23, 2014·11·19, 2017·7·26, 2020·2·4>

1. 개인정보파일의 명칭
2. 개인정보파일의 운영 근거 및 목적
3. 개인정보파일에 기록되는 개인정보의 항목
4. 개인정보의 처리방법
5. 개인정보의 보유기간
6. 개인정보를 통상적 또는 반복적으로 제공하는 경우에는 그 제공받는 자
7. 그 밖에 대통령령으로 정하는 사항

② 다음 각 호의 어느 하나에 해당하는 개인정보파일에 대하여는 제1항을 적용하지 아니한다. <개정 2023·3·14>

1. 국가 안전, 외교상 비밀, 그 밖에 국가의 중대한 이익에 관한 사항을 기록한 개인정보파일
2. 범죄의 수사, 공소의 제기 및 유지, 형 및 감호의 집행, 교정처분, 보호처분, 보안관찰처분과 출입국관리에 관한 사항을 기록한 개인정보파일
3. 「조세범처벌법」에 따른 범칙행위 조사 및 「관세법」에 따른 범칙행위 조사에 관한 사항을 기록한 개인정보파일
4. 일회적으로 운영되는 파일 등 지속적으로 관리할 필요성이 낮다고 인정되어 대통령령으로 정하는 개인정보파일
5. 다른 법령에 따라 비밀로 분류된 개인정보파일

③ 보호위원회는 필요하면 제1항에 따른 개인정보파일의 등록여부와 그 내용을 검토하여 해당 공공기관의 장에게 개선을 권고할 수 있다. <개정 2013·3·23, 2014·11·19, 2017·7·26, 2020·2·4, 2023·3·14>

④ 보호위원회는 정보주체의 권리 보장 등을 위하여 필요한 경우 제1항에 따른 개인정보파일의 등록 현황을 누구든지 쉽게 열람할 수 있도록 공개할 수 있다. <개정 2013·3·23, 2014·11·19, 2017·7·26, 2020·2·4, 2023·3·14>

⑤ 제1항에 따른 등록과 제4항에 따른 공개의 방법, 범위 및 절차에 관하여 필요한 사항은 대통령령으로 정한다.

⑥ 국회, 법원, 헌법재판소, 중앙선거관리위원회(그 소속 기관을 포함한다)의 개인정보파일 등록 및 공개에 관하여는 국회규칙, 대법원규칙, 헌법재판소규칙 및 중앙선거관리위원회규칙으로 정한다.

제32조의2(개인정보 보호 인증) ① 보호위원회는 개인정보처리자의 개인정보 처리 및 보호와 관련한 일련의 조치가 이 법에 부합하는지 등에 관하여 인증할 수 있다. <개정 2017·7·26, 2020·2·4>

② 제1항에 따른 인증의 유효기간은 3년으로 한다.

③ 보호위원회는 다음 각 호의 어느 하나에 해당하는 경우에는 대통령령으로 정하는 바에 따라 제1항에 따른 인증을 취소할 수 있다. 다만, 제1호에 해당하는 경우에는 취소하여야 한다. <개정 2017·7·26, 2020·2·4>

1. 거짓이나 그 밖의 부정한 방법으로 개인정보 보호 인증을 받은 경우
2. 제4항에 따른 사후관리를 거부 또는 방해한 경우
3. 제8항에 따른 인증기준에 미달하게 된 경우
4. 개인정보 보호 관련 법령을 위반하고 그 위반사유가 중대한 경우

④ 보호위원회는 개인정보 보호 인증의 실효성 유지를 위하여 연 1회 이상 사후관리를 실시하여야 한다. <개정 2017·7·26, 2020·2·4>

⑤ 보호위원회는 대통령령으로 정하는 전문기관으로 하여금 제1항에 따른 인증, 제3항에 따른 인증 취소, 제4항에 따른 사후관리 및 제7항에 따른 인증 심사원 관리 업무를 수행하게 할 수 있다. <개정 2017·7·26, 2020·2·4>

⑥ 제1항에 따른 인증을 받은 자는 대통령령으로 정하는 바에 따라 인증의 내용을 표시하거나 홍보할 수 있다.

⑦ 제1항에 따른 인증을 위하여 필요한 심사를 수행할 심사원의 자격 및 자격 취소 요건 등에 관하여는 전문성과 경력 및 그 밖에 필요한 사항을 고려하여 대통령령으로 정한다.

⑧ 그 밖에 개인정보 관리체계, 정보주체 권리보장, 안전성 확보조치가 이 법에 부합하는지 여부 등 제1항에 따른 인증의 기준·방법·절차 등 필요한 사항은 대통령령으로 정한다.

〔본조신설 2015·7·24〕

제33조(개인정보 영향평가) ① 공공기관의 장은 대통령령으로 정하는 기준에 해당하는 개인정보파일의 운용으로 인하여 정보주체의 개인정보 침해가 우려되는 경우에는 그 위험요인의 분석과 개선 사항 도출을 위한 평가(이하 "영향평가"라 한다)를 하고 그 결과를 보호위원회에 제출하여야 한다. <개정 2013·3·23, 2014·11·19, 2017·7·26, 2020·2·4, 2023·3·14>

② 보호위원회는 대통령령으로 정하는 인력·설비 및 그 밖에 필요한 요건을 갖춘 자를 영향평가를 수행하는 기관(이하 "평가기관"이라 한다)으로 지정할 수 있으며, 공공기관의 장은 영향평가를 평가기관에 의뢰하여야 한다. <신설 2023·3·14>

③ 영향평가를 하는 경우에는 다음 각 호의 사항을 고려하여야 한다.

1. 처리하는 개인정보의 수
2. 개인정보의 제3자 제공 여부
3. 정보주체의 권리를 해할 가능성 및 그 위험 정도
4. 그 밖에 대통령령으로 정한 사항

④ 보호위원회는 제1항에 따라 제출받은 영향평가 결과에 대하여 의견을 제시할 수 있다. <개정 2013·3·23, 2014·11·19, 2017·7·26, 2020·2·4>

⑤ 공공기관의 장은 제1항에 따라 영향평가를 한 개인정보파일을 제32조제1항에 따라 등록할 때에는 영향평가 결과를 함께 첨부하여야 한다.

⑥ 보호위원회는 영향평가의 활성화를 위하여 관계 전문가의 육성, 영향평가 기준의 개발·보급 등 필요한 조치를 마련하여야 한다. <개정 2013·3·23, 2014·11·19, 2017·7·26, 2020·2·4>

⑦ 보호위원회는 제2항에 따라 지정된 평가기관이 다음 각 호의 어느 하나에 해당하는 경우에는 평가기관의 지정을 취소할 수 있다. 다만, 제1호 또는 제2호에 해당하는 경우에는 평가기관의 지정을 취소하여야 한다. <신설 2023·3·14>

1. 거짓이나 그 밖의 부정한 방법으로 지정을 받은 경우
2. 지정된 평가기관 스스로 지정취소를 원하거나 폐업한 경우

3. 제2항에 따른 지정요건을 충족하지 못하게 된 경우
4. 고의 또는 중대한 과실로 영향평가업무를 부실하게 수행하여 그 업무를 적정하게 수행할 수 없다고 인정되는 경우
5. 그 밖에 대통령령으로 정하는 사유에 해당하는 경우

⑧ 보호위원회는 제7항에 따라 지정을 취소하는 경우에는 「행정절차법」에 따른 청문을 실시하여야 한다. <신설 2023·3·14>

⑨ 제1항에 따른 영향평가의 기준·방법·절차 등에 관하여 필요한 사항은 대통령령으로 정한다. <개정 2023·3·14>

⑩ 국회, 법원, 헌법재판소, 중앙선거관리위원회(그 소속 기관을 포함한다)의 영향평가에 관한 사항은 국회규칙, 대법원규칙, 헌법재판소규칙 및 중앙선거관리위원회규칙으로 정하는 바에 따른다.

⑪ 공공기관 외의 개인정보처리자는 개인정보파일 운용으로 인하여 정보주체의 개인정보 침해가 우려되는 경우에는 영향평가를 하기 위하여 적극 노력하여야 한다.

제34조(개인정보 유출 등의 통지·신고) ① 개인정보처리자는 개인정보가 분실·도난·유출(이하 이 조에서 "유출등"이라 한다)되었음을 알게 되었을 때에는 지체 없이 해당 정보주체에게 다음 각 호의 사항을 알려야 한다. 다만, 정보주체의 연락처를 알 수 없는 경우 등 정당한 사유가 있는 경우에는 대통령령으로 정하는 바에 따라 통지를 갈음하는 조치를 취할 수 있다. <개정 2023·3·14>

1. 유출등이 된 개인정보의 항목
2. 유출등이 된 시점과 그 경위
3. 유출등으로 인하여 발생할 수 있는 피해를 최소화하기 위하여 정보주체가 할 수 있는 방법 등에 관한 정보
4. 개인정보처리자의 대응조치 및 피해 구제절차
5. 정보주체에게 피해가 발생한 경우 신고 등을 접수할 수 있는 담당부서 및 연락처

② 개인정보처리자는 개인정보가 유출등이 된 경우 그 피해를 최소화하기 위한 대책을 마련하고 필요한 조치를 하여야 한다. <개정 2023·3·14>

③ 개인정보처리자는 개인정보의 유출등이 있음을 알게 되었을 때에는 개인정보의 유형, 유출등의 경로 및 규모 등을 고려하여 대통령령으로 정하는 바에 따라 제1항 각 호의 사항을 지체 없이 보호위원회 또는 대통령령으로 정하는 전문기관에 신고하여야 한다. 이 경우 보호위원회 또는 대통령령으로 정하는 전문기관은 피해 확산방지, 피해 복구 등을 위한 기술을 지원할 수 있다. <개정 2013·3·23, 2014·11·19, 2017·7·26, 2020·2·4, 2023·3·14>

④ 제1항에 따른 유출등의 통지 및 제3항에 따른 유출등의 신고의 시기, 방법, 절차 등에 필요한 사항은 대통령령으로 정한다. <개정 2023·3·14>

제34조의2(노출된 개인정보의 삭제·차단) ① 개인정보처리자는 고유식별정보, 계좌정보, 신용카드정보 등 개인정보가 정보통신망을 통하여 공중(公衆)에 노출되지 아니하도록 하여야 한다. <개정 2023·3·14>

② 개인정보처리자는 공중에 노출된 개인정보에 대하여 보호위원회 또는 대통령령으로 지정한 전문기관의 요청이 있는 경우에는 해당 정보를 삭제하거나 차단하는 등 필요한 조치를 하여야 한다. <개정 2023·3·14>
〔본조신설 2020·2·4〕

제5장 정보주체의 권리 보장

제35조(개인정보의 열람) ① 정보주체는 개인정보처리자가 처리하는 자신의 개인정보에 대한 열람을 해당 개인정보처리자에게 요구할 수 있다.

② 제1항에도 불구하고 정보주체가 자신의 개인정보에 대한 열람을 공공기관에 요구하고자 할 때에는 공공기관에 직접 열람을 요구하거나 대통령령으로 정하는 바에 따라 보호위원회를 통하여 열람을 요구할 수 있다. <개정 2013·3·23, 2014·11·19, 2017·7·26, 2020·2·4>

③ 개인정보처리자는 제1항 및 제2항에 따른 열람을 요구받았을 때에는 대통령령으

로 정하는 기간 내에 정보주체가 해당 개인정보를 열람할 수 있도록 하여야 한다. 이 경우 해당 기간 내에 열람할 수 없는 정당한 사유가 있을 때에는 정보주체에게 그 사유를 알리고 열람을 연기할 수 있으며, 그 사유가 소멸하면 지체 없이 열람하게 하여야 한다.

④ 개인정보처리자는 다음 각 호의 어느 하나에 해당하는 경우에는 정보주체에게 그 사유를 알리고 열람을 제한하거나 거절할 수 있다.

1. 법률에 따라 열람이 금지되거나 제한되는 경우
2. 다른 사람의 생명·신체를 해할 우려가 있거나 다른 사람의 재산과 그 밖의 이익을 부당하게 침해할 우려가 있는 경우
3. 공공기관이 다음 각 목의 어느 하나에 해당하는 업무를 수행할 때 중대한 지장을 초래하는 경우
   가. 조세의 부과·징수 또는 환급에 관한 업무
   나. 「초·중등교육법」 및 「고등교육법」에 따른 각급 학교, 「평생교육법」에 따른 평생교육시설, 그 밖의 다른 법률에 따라 설치된 고등교육기관에서의 성적 평가 또는 입학자 선발에 관한 업무
   다. 학력·기능 및 채용에 관한 시험, 자격 심사에 관한 업무
   라. 보상금·급부금 산정 등에 대하여 진행 중인 평가 또는 판단에 관한 업무
   마. 다른 법률에 따라 진행 중인 감사 및 조사에 관한 업무

⑤ 제1항부터 제4항까지의 규정에 따른 열람 요구, 열람 제한, 통지 등의 방법 및 절차에 관하여 필요한 사항은 대통령령으로 정한다.

제35조의2(개인정보의 전송 요구) ① 정보주체는 개인정보 처리 능력 등을 고려하여 대통령령으로 정하는 기준에 해당하는 개인정보처리자에 대하여 다음 각 호의 요건을 모두 충족하는 개인정보를 자신에게로 전송할 것을 요구할 수 있다.

1. 정보주체가 전송을 요구하는 개인정보가 정보주체 본인에 관한 개인정보로서 다음 각 목의 어느 하나에 해당하는 정보일 것
   가. 제15조제1항제1호, 제23조제1항제1호 또는 제24조제1항제1호에 따른 동의를 받아 처리되는 개인정보
   나. 제15조제1항제4호에 따라 체결한 계약을 이행하거나 계약을 체결하는 과정에서 정보주체의 요청에 따른 조치를 이행하기 위하여 처리되는 개인정보
   다. 제15조제1항제2호·제3호, 제23조제1항제2호 또는 제24조제1항제2호에 따라 처리되는 개인정보 중 정보주체의 이익이나 공익적 목적을 위하여 관계 중앙행정기관의 장의 요청에 따라 보호위원회가 심의·의결하여 전송 요구의 대상으로 지정한 개인정보
2. 전송을 요구하는 개인정보가 개인정보처리자가 수집한 개인정보를 기초로 분석·가공하여 별도로 생성한 정보가 아닐 것
3. 전송을 요구하는 개인정보가 컴퓨터 등 정보처리장치로 처리되는 개인정보일 것

② 정보주체는 매출액, 개인정보의 보유 규모, 개인정보 처리 능력, 산업별 특성 등을 고려하여 대통령령으로 정하는 기준에 해당하는 개인정보처리자에 대하여 제1항에 따른 전송 요구 대상인 개인정보를 기술적으로 허용되는 합리적인 범위에서 다음 각 호의 자에게 전송할 것을 요구할 수 있다.

1. 제35조의3제1항에 따른 개인정보관리 전문기관
2. 제29조에 따른 안전조치의무를 이행하고 대통령령으로 정하는 시설 및 기술 기준을 충족하는 자

③ 개인정보처리자는 제1항 및 제2항에 따른 전송 요구를 받은 경우에는 시간, 비용, 기술적으로 허용되는 합리적인 범위에서 해당 정보를 컴퓨터 등 정보처리장치로 처리 가능한 형태로 전송하여야 한다.

④ 제1항 및 제2항에 따른 전송 요구를 받은 개인정보처리자는 다음 각 호의 어느 하나에 해당하는 법률의 관련 규정에도 불구하고 정보주체에 관한 개인정보를 전송하여야 한다.

1. 「국세기본법」 제81조의13
2. 「지방세기본법」 제86조
3. 그 밖에 제1호 및 제2호와 유사한 규정으로서 대통령령으로 정하는 법률의 규정

⑤ 정보주체는 제1항 및 제2항에 따른 전송 요구를 철회할 수 있다.

⑥ 개인정보처리자는 정보주체의 본인 여부가 확인되지 아니하는 경우 등 대통령령으로 정하는 경우에는 제1항 및 제2항에 따른 전송 요구를 거절하거나 전송을 중단할 수 있다.

⑦ 정보주체는 제1항 및 제2항에 따른 전송 요구로 인하여 타인의 권리나 정당한 이익을 침해하여서는 아니 된다.

⑧ 제1항부터 제7항까지에서 규정한 사항 외에 전송 요구의 대상이 되는 정보의 범위, 전송 요구의 방법, 전송의 기한 및 방법, 전송 요구 철회의 방법, 전송 요구의 거절 및 전송 중단의 방법 등 필요한 사항은 대통령령으로 정한다.

〔본조신설 2023·3·14〕

제35조의3(개인정보관리 전문기관) ① 다음 각 호의 업무를 수행하려는 자는 보호위원회 또는 관계 중앙행정기관의 장으로부터 개인정보관리 전문기관의 지정을 받아야 한다.

1. 제35조의2에 따른 개인정보의 전송 요구권 행사 지원
2. 정보주체의 권리행사를 지원하기 위한 개인정보 전송시스템의 구축 및 표준화
3. 정보주체의 권리행사를 지원하기 위한 개인정보의 관리·분석
4. 그 밖에 정보주체의 권리행사를 효과적으로 지원하기 위하여 대통령령으로 정하는 업무

② 제1항에 따른 개인정보관리 전문기관의 지정요건은 다음 각 호와 같다.

1. 개인정보를 전송·관리·분석할 수 있는 기술수준 및 전문성을 갖추었을 것
2. 개인정보를 안전하게 관리할 수 있는 안전성 확보조치 수준을 갖추었을 것
3. 개인정보관리 전문기관의 안정적인 운영에 필요한 재정능력을 갖추었을 것

③ 개인정보관리 전문기관은 다음 각 호의 어느 하나에 해당하는 행위를 하여서는 아니 된다.

1. 정보주체에게 개인정보의 전송 요구를 강요하거나 부당하게 유도하는 행위
2. 그 밖에 개인정보를 침해하거나 정보주체의 권리를 제한할 우려가 있는 행위로서 대통령령으로 정하는 행위

④ 보호위원회 및 관계 중앙행정기관의 장은 개인정보관리 전문기관이 다음 각 호의 어느 하나에 해당하는 경우에는 개인정보관리 전문기관의 지정을 취소할 수 있다. 다만, 제1호에 해당하는 경우에는 지정을 취소하여야 한다.

1. 거짓이나 부정한 방법으로 지정을 받은 경우
2. 제2항에 따른 지정요건을 갖추지 못하게 된 경우

⑤ 보호위원회 및 관계 중앙행정기관의 장은 제4항에 따라 지정을 취소하는 경우에는 「행정절차법」에 따른 청문을 실시하여야 한다.

⑥ 보호위원회 및 관계 중앙행정기관의 장은 개인정보관리 전문기관에 대하여 업무수행에 필요한 지원을 할 수 있다.

⑦ 개인정보관리 전문기관은 정보주체의 요구에 따라 제1항 각 호의 업무를 수행하는 경우 정보주체로부터 그 업무 수행에 필요한 비용을 받을 수 있다.

⑧ 제1항에 따른 개인정보관리 전문기관의 지정 절차, 제2항에 따른 지정요건의 세부기준, 제4항에 따른 지정취소의 절차 등에 필요한 사항은 대통령령으로 정한다.

〔본조신설 2023·3·14〕

제35조의4(개인정보 전송 관리 및 지원) ① 보호위원회는 제35조의2제1항 및 제2항에 따른 개인정보처리자 및 제35조의3제1항에 따른 개인정보관리 전문기관 현황, 활용내역 및 관리실태 등을 체계적으로 관리·감독하여야 한다.

② 보호위원회는 개인정보가 안전하고 효율적으로 전송될 수 있도록 다음 각 호의 사항을 포함한 개인정보 전송 지원 플랫폼을 구축·운영할 수 있다.

1. 개인정보관리 전문기관 현황 및 전송 가

능한 개인정보 항목 목록
2. 정보주체의 개인정보 전송 요구·철회 내역
3. 개인정보의 전송 이력 관리 등 지원 기능
4. 그 밖에 개인정보 전송을 위하여 필요한 사항

③ 보호위원회는 제2항에 따른 개인정보 전송지원 플랫폼의 효율적 운영을 위하여 개인정보관리 전문기관에서 구축·운영하고 있는 전송 시스템을 상호 연계하거나 통합할 수 있다. 이 경우 관계 중앙행정기관의 장 및 해당 개인정보관리 전문기관과 사전에 협의하여야 한다.

④ 제1항부터 제3항까지의 규정에 따른 관리·감독과 개인정보 전송지원 플랫폼의 구축 및 운영에 필요한 사항은 대통령령으로 정한다.

〔본조신설 2023·3·14〕

제36조(개인정보의 정정·삭제) ① 제35조에 따라 자신의 개인정보를 열람한 정보주체는 개인정보처리자에게 그 개인정보의 정정 또는 삭제를 요구할 수 있다. 다만, 다른 법령에서 그 개인정보가 수집 대상으로 명시되어 있는 경우에는 그 삭제를 요구할 수 없다.

② 개인정보처리자는 제1항에 따른 정보주체의 요구를 받았을 때에는 개인정보의 정정 또는 삭제에 관하여 다른 법령에 특별한 절차가 규정되어 있는 경우를 제외하고는 지체 없이 그 개인정보를 조사하여 정보주체의 요구에 따라 정정·삭제 등 필요한 조치를 한 후 그 결과를 정보주체에게 알려야 한다.

③ 개인정보처리자가 제2항에 따라 개인정보를 삭제할 때에는 복구 또는 재생되지 아니하도록 조치하여야 한다.

④ 개인정보처리자는 정보주체의 요구가 제1항 단서에 해당될 때에는 지체 없이 그 내용을 정보주체에게 알려야 한다.

⑤ 개인정보처리자는 제2항에 따른 조사를 할 때 필요하면 해당 정보주체에게 정정·삭제 요구사항의 확인에 필요한 증거자료를 제출하게 할 수 있다.

⑥ 제1항·제2항 및 제4항에 따른 정정 또는 삭제 요구, 통지 방법 및 절차 등에 필요한 사항은 대통령령으로 정한다.

제37조(개인정보의 처리정지 등) ① 정보주체는 개인정보처리자에 대하여 자신의 개인정보 처리의 정지를 요구하거나 개인정보 처리에 대한 동의를 철회할 수 있다. 이 경우 공공기관에 대해서는 제32조에 따라 등록 대상이 되는 개인정보파일 중 자신의 개인정보에 대한 처리의 정지를 요구하거나 개인정보 처리에 대한 동의를 철회할 수 있다. <개정 2023·3·14>

② 개인정보처리자는 제1항에 따른 처리정지 요구를 받았을 때에는 지체 없이 정보주체의 요구에 따라 개인정보 처리의 전부를 정지하거나 일부를 정지하여야 한다. 다만, 다음 각 호의 어느 하나에 해당하는 경우에는 정보주체의 처리정지 요구를 거절할 수 있다. <개정 2023·3·14>
1. 법률에 특별한 규정이 있거나 법령상 의무를 준수하기 위하여 불가피한 경우
2. 다른 사람의 생명·신체를 해할 우려가 있거나 다른 사람의 재산과 그 밖의 이익을 부당하게 침해할 우려가 있는 경우
3. 공공기관이 개인정보를 처리하지 아니하면 다른 법률에서 정하는 소관 업무를 수행할 수 없는 경우
4. 개인정보를 처리하지 아니하면 정보주체와 약정한 서비스를 제공하지 못하는 등 계약의 이행이 곤란한 경우로서 정보주체가 그 계약의 해지 의사를 명확하게 밝히지 아니한 경우

③ 개인정보처리자는 정보주체가 제1항에 따라 동의를 철회한 때에는 지체 없이 수집된 개인정보를 복구·재생할 수 없도록 파기하는 등 필요한 조치를 하여야 한다. 다만, 제2항 각 호의 어느 하나에 해당하는 경우에는 동의 철회에 따른 조치를 하지 아니할 수 있다. <신설 2023·3·14>

④ 개인정보처리자는 제2항 단서에 따라 처리정지 요구를 거절하거나 제3항 단서에 따라 동의 철회에 따른 조치를 하지 아니하였을 때에는 정보주체에게 지체 없이 그 사유를 알려야 한다. <개정 2023·3·14>

⑤ 개인정보처리자는 정보주체의 요구에 따라 처리가 정지된 개인정보에 대하여 지체

없이 해당 개인정보의 파기 등 필요한 조치를 하여야 한다.

⑥ 제1항부터 제5항까지의 규정에 따른 처리정지의 요구, 동의 철회, 처리정지의 거절, 통지 등의 방법 및 절차에 필요한 사항은 대통령령으로 정한다. <개정 2023·3·14>

제37조의2(자동화된 결정에 대한 정보주체의 권리 등) ① 정보주체는 완전히 자동화된 시스템(인공지능 기술을 적용한 시스템을 포함한다)으로 개인정보를 처리하여 이루어지는 결정(「행정기본법」 제20조에 따른 행정청의 자동적 처분은 제외하며, 이하 이 조에서 "자동화된 결정"이라 한다)이 자신의 권리 또는 의무에 중대한 영향을 미치는 경우에는 해당 개인정보처리자에 대하여 해당 결정을 거부할 수 있는 권리를 가진다. 다만, 자동화된 결정이 제15조제1항제1호·제2호 및 제4호에 따라 이루어지는 경우에는 그러하지 아니하다.

② 정보주체는 개인정보처리자가 자동화된 결정을 한 경우에는 그 결정에 대하여 설명 등을 요구할 수 있다.

③ 개인정보처리자는 제1항 또는 제2항에 따라 정보주체가 자동화된 결정을 거부하거나 이에 대한 설명 등을 요구한 경우에는 정당한 사유가 없는 한 자동화된 결정을 적용하지 아니하거나 인적 개입에 의한 재처리·설명 등 필요한 조치를 하여야 한다.

④ 개인정보처리자는 자동화된 결정의 기준과 절차, 개인정보가 처리되는 방식 등을 정보주체가 쉽게 확인할 수 있도록 공개하여야 한다.

⑤ 제1항부터 제4항까지에서 규정한 사항 외에 자동화된 결정의 거부·설명 등을 요구하는 절차 및 방법, 거부·설명 등의 요구에 따른 필요한 조치, 자동화된 결정의 기준·절차 및 개인정보가 처리되는 방식의 공개 등에 필요한 사항은 대통령령으로 정한다.

〔본조신설 2023·3·14〕

제38조(권리행사의 방법 및 절차) ① 정보주체는 제35조에 따른 열람, 제35조의2에 따른 전송, 제36조에 따른 정정·삭제, 제37조에 따른 처리정지 및 동의 철회, 제37조의2에 따른 거부·설명 등의 요구(이하 "열람등요구"라 한다)를 문서 등 대통령령으로 정하는 방법·절차에 따라 대리인에게 하게 할 수 있다. <개정 2020·2·4, 2023·3·14>

② 만 14세 미만 아동의 법정대리인은 개인정보처리자에게 그 아동의 개인정보 열람등요구를 할 수 있다.

③ 개인정보처리자는 열람등요구를 하는 자에게 대통령령으로 정하는 바에 따라 수수료와 우송료(사본의 우송을 청구하는 경우에 한한다)를 청구할 수 있다. 다만, 제35조의2제2항에 따른 전송 요구의 경우에는 전송을 위해 추가로 필요한 설비 등을 함께 고려하여 수수료를 산정할 수 있다. <개정 2023·3·14>

④ 개인정보처리자는 정보주체가 열람등요구를 할 수 있는 구체적인 방법과 절차를 마련하고, 이를 정보주체가 알 수 있도록 공개하여야 한다. 이 경우 열람등요구의 방법과 절차는 해당 개인정보의 수집 방법과 절차보다 어렵지 아니하도록 하여야 한다. <개정 2023·3·14>

⑤ 개인정보처리자는 정보주체가 열람등요구에 대한 거절 등 조치에 대하여 불복이 있는 경우 이의를 제기할 수 있도록 필요한 절차를 마련하고 안내하여야 한다.

제39조(손해배상책임) ① 정보주체는 개인정보처리자가 이 법을 위반한 행위로 손해를 입으면 개인정보처리자에게 손해배상을 청구할 수 있다. 이 경우 그 개인정보처리자는 고의 또는 과실이 없음을 입증하지 아니하면 책임을 면할 수 없다.

② 삭제 <2015·7·24>

③ 개인정보처리자의 고의 또는 중대한 과실로 인하여 개인정보가 분실·도난·유출·위조·변조 또는 훼손된 경우로서 정보주체에게 손해가 발생한 때에는 법원은 그 손해액의 5배를 넘지 아니하는 범위에서 손해배상액을 정할 수 있다. 다만, 개인정보처리자가 고의 또는 중대한 과실이 없음을 증명한 경우에는 그러하지 아니하다. <신설 2015·7·24, 2023·3·14>

④ 법원은 제3항의 배상액을 정할 때에는 다음 각 호의 사항을 고려하여야 한다. <신설 2015·7·24>

1. 고의 또는 손해 발생의 우려를 인식한 정도
2. 위반행위로 인하여 입은 피해 규모
3. 위법행위로 인하여 개인정보처리자가 취득한 경제적 이익
4. 위반행위에 따른 벌금 및 과징금
5. 위반행위의 기간·횟수 등
6. 개인정보처리자의 재산상태
7. 개인정보처리자가 정보주체의 개인정보 분실·도난·유출 후 해당 개인정보를 회수하기 위하여 노력한 정도
8. 개인정보처리자가 정보주체의 피해구제를 위하여 노력한 정도

제39조의2(법정손해배상의 청구) ① 제39조제1항에도 불구하고 정보주체는 개인정보처리자의 고의 또는 과실로 인하여 개인정보가 분실·도난·유출·위조·변조 또는 훼손된 경우에는 300만원 이하의 범위에서 상당한 금액을 손해액으로 하여 배상을 청구할 수 있다. 이 경우 해당 개인정보처리자는 고의 또는 과실이 없음을 입증하지 아니하면 책임을 면할 수 없다.

② 법원은 제1항에 따른 청구가 있는 경우에 변론 전체의 취지와 증거조사의 결과를 고려하여 제1항의 범위에서 상당한 손해액을 인정할 수 있다.

③ 제39조에 따라 손해배상을 청구한 정보주체는 사실심(事實審)의 변론이 종결되기 전까지 그 청구를 제1항에 따른 청구로 변경할 수 있다.

〔본조신설 2015·7·24〕

제6장 삭제 <2023·3·14>

제39조의3(자료의 제출) ① 법원은 이 법을 위반한 행위로 인한 손해배상청구소송에서 당사자의 신청에 따라 상대방 당사자에게 해당 손해의 증명 또는 손해액의 산정에 필요한 자료의 제출을 명할 수 있다. 다만, 제출명령을 받은 자가 그 자료의 제출을 거부할 정당한 이유가 있으면 그러하지 아니하다.

② 법원은 제1항에 따른 제출명령을 받은 자가 그 자료의 제출을 거부할 정당한 이유가 있다고 주장하는 경우에는 그 주장의 당부(當否)를 판단하기 위하여 자료의 제시를 명할 수 있다. 이 경우 법원은 그 자료를 다른 사람이 보게 하여서는 아니 된다.

③ 제1항에 따라 제출되어야 할 자료가 「부정경쟁방지 및 영업비밀보호에 관한 법률」 제2조제2호에 따른 영업비밀(이하 "영업비밀"이라 한다)에 해당하나 손해의 증명 또는 손해액의 산정에 반드시 필요한 경우에는 제1항 단서에 따른 정당한 이유로 보지 아니한다. 이 경우 법원은 제출명령의 목적 내에서 열람할 수 있는 범위 또는 열람할 수 있는 사람을 지정하여야 한다.

④ 법원은 제1항에 따른 제출명령을 받은 자가 정당한 이유 없이 그 명령에 따르지 아니한 경우에는 자료의 기재에 대한 신청인의 주장을 진실한 것으로 인정할 수 있다.

⑤ 법원은 제4항에 해당하는 경우 신청인이 자료의 기재에 관하여 구체적으로 주장하기에 현저히 곤란한 사정이 있고 자료로 증명할 사실을 다른 증거로 증명하는 것을 기대하기도 어려운 경우에는 신청인이 자료의 기재로 증명하려는 사실에 관한 주장을 진실한 것으로 인정할 수 있다.

〔전부개정 2023·3·14〕

제39조의4(비밀유지명령) ① 법원은 이 법을 위반한 행위로 인한 손해배상청구소송에서 당사자의 신청에 따른 결정으로 다음 각 호의 자에게 그 당사자가 보유한 영업비밀을 해당 소송의 계속적인 수행 외의 목적으로 사용하거나 그 영업비밀에 관계된 이 항에 따른 명령을 받은 자 외의 자에게 공개하지 아니할 것을 명할 수 있다. 다만, 그 신청 시점까지 다음 각 호의 자가 준비서면의 열람이나 증거조사 외의 방법으로 그 영업비밀을 이미 취득하고 있는 경우에는 그러하지 아니하다.

1. 다른 당사자(법인인 경우에는 그 대표자를 말한다)
2. 당사자를 위하여 해당 소송을 대리하는 자
3. 그 밖에 해당 소송으로 영업비밀을 알게 된 자

② 제1항에 따른 명령(이하 "비밀유지명령"이라 한다)을 신청하는 자는 다음 각 호의

사유를 모두 소명하여야 한다.

1. 이미 제출하였거나 제출하여야 할 준비서면, 이미 조사하였거나 조사하여야 할 증거 또는 제39조의3제1항에 따라 제출하였거나 제출하여야 할 자료에 영업비밀이 포함되어 있다는 것
2. 제1호의 영업비밀이 해당 소송 수행 외의 목적으로 사용되거나 공개되면 당사자의 영업에 지장을 줄 우려가 있어 이를 방지하기 위하여 영업비밀의 사용 또는 공개를 제한할 필요가 있다는 것

③ 비밀유지명령의 신청은 다음 각 호의 사항을 적은 서면으로 하여야 한다.

1. 비밀유지명령을 받을 자
2. 비밀유지명령의 대상이 될 영업비밀을 특정하기에 충분한 사실
3. 제2항 각 호의 사유에 해당하는 사실

④ 법원은 비밀유지명령이 결정된 경우에는 그 결정서를 비밀유지명령을 받을 자에게 송달하여야 한다.

⑤ 비밀유지명령은 제4항의 결정서가 비밀유지명령을 받을 자에게 송달된 때부터 효력이 발생한다.

⑥ 비밀유지명령의 신청을 기각하거나 각하한 재판에 대해서는 즉시항고를 할 수 있다.

〔전부개정 2023·3·14〕

제39조의5(비밀유지명령의 취소) ① 비밀유지명령을 신청한 자 또는 비밀유지명령을 받은 자는 제39조의4제2항 각 호의 사유에 부합하지 아니하는 사실이나 사정이 있는 경우 소송기록을 보관하고있는 법원(소송기록을 보관하고 있는 법원이 없는 경우에는 비밀유지명령을 내린 법원을 말한다)에 비밀유지명령의 취소를 신청할 수 있다.

② 법원은 비밀유지명령의 취소신청에 대한 재판이 있는 경우에는 그 결정서를 그 신청을 한 자 및 상대방에게 송달하여야 한다.

③ 비밀유지명령의 취소신청에 대한 재판에 대해서는 즉시항고를 할 수 있다.

④ 비밀유지명령을 취소하는 재판은 확정되어야 효력이 발생한다.

⑤ 비밀유지명령을 취소하는 재판을 한 법원은 비밀유지명령의 취소신청을 한 자 또는 상대방 외에 해당 영업비밀에 관한 비밀유지명령을 받은 자가 있는 경우에는 그 자에게 즉시 비밀유지명령의 취소 재판을 한 사실을 알려야 한다.

〔전부개정 2023·3·14〕

제39조의6(소송기록 열람 등의 청구 통지 등) ① 비밀유지명령이 내려진 소송(모든 비밀유지명령이 취소된 소송은 제외한다)에 관한 소송기록에 대하여 「민사소송법」 제163조제1항에 따라 열람 등의 신청인을 당사자로 제한하는 결정이 있었던 경우로서 당사자가 같은 항에서 규정하는 비밀 기재부분의 열람 등의 청구를 하였으나 그 청구 절차를 해당 소송에서 비밀유지명령을 받지 아니한 자가 밟은 경우에는 법원서기관, 법원사무관, 법원주사 또는 법원주사보(이하 이 조에서 "법원사무관등"이라 한다)는 같은 항의 신청을 한 당사자(그 열람 등의 청구를 한 자는 제외한다. 이하 제3항에서 같다)에게 그 청구 직후에 그 열람 등의 청구가 있었다는 사실을 알려야 한다.

② 법원사무관등은 제1항의 청구가 있었던 날부터 2주일이 지날 때까지(그 청구 절차를 밟은 자에 대한 비밀유지명령 신청이 그 기간 내에 이루어진 경우에는 그 신청에 대한 재판이 확정되는 시점까지를 말한다) 그 청구 절차를 밟은 자에게 제1항의 비밀 기재부분의 열람 등을 하게 하여서는 아니 된다.

③ 제2항은 제1항의 열람 등의 청구를 한 자에게 제1항의 비밀 기재부분의 열람 등을 하게 하는 것에 대하여 「민사소송법」 제163조제1항의 신청을 한 당사자 모두가 동의하는 경우에는 적용되지 아니한다.

〔전부개정 2023·3·14〕

제39조의7(손해배상의 보장) ① 개인정보처리자로서 매출액, 개인정보의 보유 규모 등을 고려하여 대통령령으로 정하는 기준에 해당하는 자는 제39조 및 제39조의2에 따른 손해배상책임의 이행을 위하여 보험 또는 공제에 가입하거나 준비금을 적립하는 등 필요한 조치를 하여야 한다. <개정 2023·3·14>

② 제1항에도 불구하고 다음 각 호의 어느 하나에 해당하는 자는 제1항에 따른 조치

를 하지 아니할 수 있다. <개정 2023·3·14>
1. 대통령령으로 정하는 공공기관, 비영리법인 및 단체
2. 「소상공인기본법」 제2조제1항에 따른 소상공인으로서 대통령령으로 정하는 자에게 개인정보 처리를 위탁한 자
3. 다른 법률에 따라 제39조 및 제39조의2에 따른 손해배상책임의 이행을 보장하는 보험 또는 공제에 가입하거나 준비금을 적립한 개인정보처리자

③ 제1항 및 제2항에 따른 개인정보처리자의 손해배상책임 이행 기준 등에 필요한 사항은 대통령령으로 정한다. <신설 2023·3·14>
[본조신설 2020·2·4]

제7장 개인정보 분쟁조정위원회

제40조(설치 및 구성) ① 개인정보에 관한 분쟁의 조정(調停)을 위하여 개인정보 분쟁조정위원회(이하 "분쟁조정위원회"라 한다)를 둔다.

② 분쟁조정위원회는 위원장 1명을 포함한 30명 이내의 위원으로 구성하며, 위원은 당연직위원과 위촉위원으로 구성한다. <개정 2015·7·24, 2023·3·14>

③ 위촉위원은 다음 각 호의 어느 하나에 해당하는 사람 중에서 보호위원회 위원장이 위촉하고, 대통령령으로 정하는 국가기관 소속 공무원은 당연직위원이 된다. <개정 2013·3·23, 2014·11·19, 2015·7·24>
1. 개인정보 보호업무를 관장하는 중앙행정기관의 고위공무원단에 속하는 공무원으로 재직하였던 사람 또는 이에 상당하는 공공부문 및 관련 단체의 직에 재직하고 있거나 재직하였던 사람으로서 개인정보 보호업무의 경험이 있는 사람
2. 대학이나 공인된 연구기관에서 부교수 이상 또는 이에 상당하는 직에 재직하고 있거나 재직하였던 사람
3. 판사·검사 또는 변호사로 재직하고 있거나 재직하였던 사람
4. 개인정보 보호와 관련된 시민사회단체 또는 소비자단체로부터 추천을 받은 사람
5. 개인정보처리자로 구성된 사업자단체의 임원으로 재직하고 있거나 재직하였던 사람

④ 위원장은 위원 중에서 공무원이 아닌 사람으로 보호위원회 위원장이 위촉한다. <개정 2013·3·23, 2014·11·19, 2015·7·24>

⑤ 위원장과 위촉위원의 임기는 2년으로 하되, 1차에 한하여 연임할 수 있다. <개정 2015·7·24>

⑥ 분쟁조정위원회는 분쟁조정 업무를 효율적으로 수행하기 위하여 필요하면 대통령령으로 정하는 바에 따라 조정사건의 분야별로 5명 이내의 위원으로 구성되는 조정부를 둘 수 있다. 이 경우 조정부가 분쟁조정위원회에서 위임받아 의결한 사항은 분쟁조정위원회에서 의결한 것으로 본다.

⑦ 분쟁조정위원회 또는 조정부는 재적위원 과반수의 출석으로 개의하며 출석위원 과반수의 찬성으로 의결한다.

⑧ 보호위원회는 분쟁조정 접수, 사실 확인 등 분쟁조정에 필요한 사무를 처리할 수 있다. <개정 2015·7·24>

⑨ 이 법에서 정한 사항 외에 분쟁조정위원회 운영에 필요한 사항은 대통령령으로 정한다.

제41조(위원의 신분보장) 위원은 자격정지 이상의 형을 선고받거나 심신상의 장애로 직무를 수행할 수 없는 경우를 제외하고는 그의 의사에 반하여 면직되거나 해촉되지 아니한다.

제42조(위원의 제척·기피·회피) ① 분쟁조정위원회의 위원은 다음 각 호의 어느 하나에 해당하는 경우에는 제43조제1항에 따라 분쟁조정위원회에 신청된 분쟁조정사건(이하 이 조에서 "사건"이라 한다)의 심의·의결에서 제척(除斥)된다.
1. 위원 또는 그 배우자나 배우자였던 자가 그 사건의 당사자가 되거나 그 사건에 관하여 공동의 권리자 또는 의무자의 관계에 있는 경우
2. 위원이 그 사건의 당사자와 친족이거나 친족이었던 경우
3. 위원이 그 사건에 관하여 증언, 감정, 법률자문을 한 경우

4. 위원이 그 사건에 관하여 당사자의 대리인으로서 관여하거나 관여하였던 경우

② 당사자는 위원에게 공정한 심의·의결을 기대하기 어려운 사정이 있으면 위원장에게 기피신청을 할 수 있다. 이 경우 위원장은 기피신청에 대하여 분쟁조정위원회의 의결을 거치지 아니하고 결정한다.

③ 위원이 제1항 또는 제2항의 사유에 해당하는 경우에는 스스로 그 사건의 심의·의결에서 회피할 수 있다.

제43조(조정의 신청 등) ① 개인정보와 관련한 분쟁의 조정을 원하는 자는 분쟁조정위원회에 분쟁조정을 신청할 수 있다.

② 분쟁조정위원회는 당사자 일방으로부터 분쟁조정 신청을 받았을 때에는 그 신청내용을 상대방에게 알려야 한다.

③ 개인정보처리자가 제2항에 따른 분쟁조정의 통지를 받은 경우에는 특별한 사유가 없으면 분쟁조정에 응하여야 한다. <개정 2023·3·14>

제44조(처리기간) ① 분쟁조정위원회는 제43조제1항에 따른 분쟁조정 신청을 받은 날부터 60일 이내에 이를 심사하여 조정안을 작성하여야 한다. 다만, 부득이한 사정이 있는 경우에는 분쟁조정위원회의 의결로 처리기간을 연장할 수 있다.

② 분쟁조정위원회는 제1항 단서에 따라 처리기간을 연장한 경우에는 기간연장의 사유와 그 밖의 기간연장에 관한 사항을 신청인에게 알려야 한다.

제45조(자료의 요청 및 사실조사 등) ① 분쟁조정위원회는 제43조제1항에 따라 분쟁조정 신청을 받았을 때에는 해당 분쟁의 조정을 위하여 필요한 자료를 분쟁당사자에게 요청할 수 있다. 이 경우 분쟁당사자는 정당한 사유가 없으면 요청에 따라야 한다.

② 분쟁조정위원회는 분쟁의 조정을 위하여 사실 확인이 필요한 경우에는 분쟁조정위원회의 위원 또는 대통령령으로 정하는 사무기구의 소속 공무원으로 하여금 사건과 관련된 장소에 출입하여 관련 자료를 조사하거나 열람하게 할 수 있다. 이 경우 분쟁당사자는 해당 조사·열람을 거부할 정당한 사유가 있을 때에는 그 사유를 소명하고 조사·열람에 따르지 아니할 수 있다. <신설 2023·3·14>

③ 제2항에 따른 조사·열람을 하는 위원 또는 공무원은 그 권한을 표시하는 증표를 지니고 이를 관계인에게 내보여야 한다. <신설 2023·3·14>

④ 분쟁조정위원회는 분쟁의 조정을 위하여 필요하다고 인정하면 관계 기관 등에 자료 또는 의견의 제출 등 필요한 협조를 요청할 수 있다. <신설 2023·3·14>

⑤ 분쟁조정위원회는 필요하다고 인정하면 분쟁당사자나 참고인을 위원회에 출석하도록 하여 그 의견을 들을 수 있다.

제45조의2(진술의 원용 제한) 조정절차에서의 의견과 진술은 소송(해당 조정에 대한 준재심은 제외한다)에서 원용(援用)하지 못한다. [본조신설 2023·3·14]

제46조(조정 전 합의 권고) 분쟁조정위원회는 제43조제1항에 따라 분쟁조정 신청을 받았을 때에는 당사자에게 그 내용을 제시하고 조정 전 합의를 권고할 수 있다.

제47조(분쟁의 조정) ① 분쟁조정위원회는 다음 각 호의 어느 하나의 사항을 포함하여 조정안을 작성할 수 있다.

1. 조사 대상 침해행위의 중지
2. 원상회복, 손해배상, 그 밖에 필요한 구제조치
3. 같거나 비슷한 침해의 재발을 방지하기 위하여 필요한 조치

② 분쟁조정위원회는 제1항에 따라 조정안을 작성하면 지체 없이 각 당사자에게 제시하여야 한다.

③ 제2항에 따라 조정안을 제시받은 당사자가 제시받은 날부터 15일 이내에 수락 여부를 알리지 아니하면 조정을 수락한 것으로 본다. <개정 2023·3·14>

④ 당사자가 조정내용을 수락한 경우(제3항에 따라 수락한 것으로 보는 경우를 포함한다) 분쟁조정위원회는 조정서를 작성하고, 분쟁조정위원회의 위원장과 각 당사자가 기명날인 또는 서명을 한 후 조정서 정본을 지체 없이 각 당사자 또는 그 대리인에게 송달하여야 한다. 다만, 제3항에 따라 수락한 것으로 보는 경우에는 각 당사자의 기명날인

및 서명을 생략할 수 있다. <개정 2023·3·14>
⑤ 제4항에 따른 조정의 내용은 재판상 화해와 동일한 효력을 갖는다.

제48조(조정의 거부 및 중지) ① 분쟁조정위원회는 분쟁의 성질상 분쟁조정위원회에서 조정하는 것이 적합하지 아니하다고 인정하거나 부정한 목적으로 조정이 신청되었다고 인정하는 경우에는 그 조정을 거부할 수 있다. 이 경우 조정거부의 사유 등을 신청인에게 알려야 한다.
② 분쟁조정위원회는 신청된 조정사건에 대한 처리절차를 진행하던 중에 한 쪽 당사자가 소를 제기하면 그 조정의 처리를 중지하고 이를 당사자에게 알려야 한다.

제49조(집단분쟁조정) ① 국가 및 지방자치단체, 개인정보 보호단체 및 기관, 정보주체, 개인정보처리자는 정보주체의 피해 또는 권리침해가 다수의 정보주체에게 같거나 비슷한 유형으로 발생하는 경우로서 대통령령으로 정하는 사건에 대하여는 분쟁조정위원회에 일괄적인 분쟁조정(이하 "집단분쟁조정"이라 한다)을 의뢰 또는 신청할 수 있다.
② 제1항에 따라 집단분쟁조정을 의뢰받거나 신청받은 분쟁조정위원회는 그 의결로써 제3항부터 제7항까지의 규정에 따른 집단분쟁조정의 절차를 개시할 수 있다. 이 경우 분쟁조정위원회는 대통령령으로 정하는 기간 동안 그 절차의 개시를 공고하여야 한다.
③ 분쟁조정위원회는 집단분쟁조정의 당사자가 아닌 정보주체 또는 개인정보처리자로부터 그 분쟁조정의 당사자에 추가로 포함될 수 있도록 하는 신청을 받을 수 있다.
④ 분쟁조정위원회는 그 의결로써 제1항 및 제3항에 따른 집단분쟁조정의 당사자 중에서 공동의 이익을 대표하기에 가장 적합한 1인 또는 수인을 대표당사자로 선임할 수 있다.
⑤ 분쟁조정위원회는 개인정보처리자가 분쟁조정위원회의 집단분쟁조정의 내용을 수락한 경우에는 집단분쟁조정의 당사자가 아닌 자로서 피해를 입은 정보주체에 대한 보상계획서를 작성하여 분쟁조정위원회에 제출하도록 권고할 수 있다.
⑥ 제48조제2항에도 불구하고 분쟁조정위원회는 집단분쟁조정의 당사자인 다수의 정보주체 중 일부의 정보주체가 법원에 소를 제기한 경우에는 그 절차를 중지하지 아니하고, 소를 제기한 일부의 정보주체를 그 절차에서 제외한다.
⑦ 집단분쟁조정의 기간은 제2항에 따른 공고가 종료된 날의 다음 날부터 60일 이내로 한다. 다만, 부득이한 사정이 있는 경우에는 분쟁조정위원회의 의결로 처리기간을 연장할 수 있다.
⑧ 집단분쟁조정의 절차 등에 관하여 필요한 사항은 대통령령으로 정한다.

제50조(조정절차 등) ① 제43조부터 제49조까지의 규정에서 정한 것 외에 분쟁의 조정방법, 조정절차 및 조정업무의 처리 등에 필요한 사항은 대통령령으로 정한다.
② 분쟁조정위원회의 운영 및 분쟁조정 절차에 관하여 이 법에서 규정하지 아니한 사항에 대하여는 「민사조정법」을 준용한다.

제50조의2(개선의견의 통보) 분쟁조정위원회는 소관 업무 수행과 관련하여 개인정보 보호 및 정보주체의 권리 보호를 위한 개선의견을 보호위원회 및 관계 중앙행정기관의 장에게 통보할 수 있다.
[본조신설 2023·3·14]

제8장 개인정보 단체소송

제51조(단체소송의 대상 등) 다음 각 호의 어느 하나에 해당하는 단체는 개인정보처리자가 제49조에 따른 집단분쟁조정을 거부하거나 집단분쟁조정의 결과를 수락하지 아니한 경우에는 법원에 권리침해 행위의 금지·중지를 구하는 소송(이하 "단체소송"이라 한다)을 제기할 수 있다.
1. 「소비자기본법」 제29조에 따라 공정거래위원회에 등록한 소비자단체로서 다음 각 목의 요건을 모두 갖춘 단체
 가. 정관에 따라 상시적으로 정보주체의 권익증진을 주된 목적으로 하는 단체일 것
 나. 단체의 정회원수가 1천명 이상일 것
 다. 「소비자기본법」 제29조에 따른 등록

후 3년이 경과하였을 것
2. 「비영리민간단체 지원법」 제2조에 따른 비영리민간단체로서 다음 각 목의 요건을 모두 갖춘 단체
가. 법률상 또는 사실상 동일한 침해를 입은 100명 이상의 정보주체로부터 단체소송의 제기를 요청받을 것
나. 정관에 개인정보 보호를 단체의 목적으로 명시한 후 최근 3년 이상 이를 위한 활동실적이 있을 것
다. 단체의 상시 구성원수가 5천명 이상일 것
라. 중앙행정기관에 등록되어 있을 것

제52조(전속관할) ① 단체소송의 소는 피고의 주된 사무소 또는 영업소가 있는 곳, 주된 사무소나 영업소가 없는 경우에는 주된 업무담당자의 주소가 있는 곳의 지방법원 본원 합의부의 관할에 전속한다.
② 제1항을 외국사업자에 적용하는 경우 대한민국에 있는 이들의 주된 사무소·영업소 또는 업무담당자의 주소에 따라 정한다.

제53조(소송대리인의 선임) 단체소송의 원고는 변호사를 소송대리인으로 선임하여야 한다.

제54조(소송허가신청) ① 단체소송을 제기하는 단체는 소장과 함께 다음 각 호의 사항을 기재한 소송허가신청서를 법원에 제출하여야 한다.
1. 원고 및 그 소송대리인
2. 피고
3. 정보주체의 침해된 권리의 내용
② 제1항에 따른 소송허가신청서에는 다음 각 호의 자료를 첨부하여야 한다.
1. 소제기단체가 제51조 각 호의 어느 하나에 해당하는 요건을 갖추고 있음을 소명하는 자료
2. 개인정보처리자가 조정을 거부하였거나 조정결과를 수락하지 아니하였음을 증명하는 서류

제55조(소송허가요건 등) ① 법원은 다음 각 호의 요건을 모두 갖춘 경우에 한하여 결정으로 단체소송을 허가한다.
1. 개인정보처리자가 분쟁조정위원회의 조정을 거부하거나 조정결과를 수락하지 아니하였을 것
2. 제54조에 따른 소송허가신청서의 기재사항에 흠결이 없을 것
② 단체소송을 허가하거나 불허가하는 결정에 대하여는 즉시항고할 수 있다.

제56조(확정판결의 효력) 원고의 청구를 기각하는 판결이 확정된 경우 이와 동일한 사안에 관하여는 제51조에 따른 다른 단체는 단체소송을 제기할 수 없다. 다만, 다음 각 호의 어느 하나에 해당하는 경우에는 그러하지 아니하다.
1. 판결이 확정된 후 그 사안과 관련하여 국가·지방자치단체 또는 국가·지방자치단체가 설립한 기관에 의하여 새로운 증거가 나타난 경우
2. 기각판결이 원고의 고의로 인한 것임이 밝혀진 경우

제57조(「민사소송법」의 적용 등) ① 단체소송에 관하여 이 법에 특별한 규정이 없는 경우에는 「민사소송법」을 적용한다.
② 제55조에 따른 단체소송의 허가결정이 있는 경우에는 「민사집행법」 제4편에 따른 보전처분을 할 수 있다.
③ 단체소송의 절차에 관하여 필요한 사항은 대법원규칙으로 정한다.

제9장 보칙

제58조(적용의 일부 제외) ① 다음 각 호의 어느 하나에 해당하는 개인정보에 관하여는 제3장부터 제8장까지를 적용하지 아니한다. <개정 2023·3·14>
1. 삭제 <2023·3·14>
2. 국가안전보장과 관련된 정보 분석을 목적으로 수집 또는 제공 요청되는 개인정보
3. 삭제 <2023·3·14>
4. 언론, 종교단체, 정당이 각각 취재·보도, 선교, 선거 입후보자 추천 등 고유 목적을 달성하기 위하여 수집·이용하는 개인정보
② 제25조제1항 각 호에 따라 공개된 장소에 고정형 영상정보처리기기를 설치·운영하여 처리되는 개인정보에 대해서는 제15조, 제22조, 제22조의2, 제27조제1항·제2항,

제34조 및 제37조를 적용하지 아니한다. <개정 2023·3·14>

③ 개인정보처리자가 동창회, 동호회 등 친목 도모를 위한 단체를 운영하기 위하여 개인정보를 처리하는 경우에는 제15조, 제30조 및 제31조를 적용하지 아니한다.

④ 개인정보처리자는 제1항 각 호에 따라 개인정보를 처리하는 경우에도 그 목적을 위하여 필요한 범위에서 최소한의 기간에 최소한의 개인정보만을 처리하여야 하며, 개인정보의 안전한 관리를 위하여 필요한 기술적·관리적 및 물리적 보호조치, 개인정보의 처리에 관한 고충처리, 그 밖에 개인정보의 적절한 처리를 위하여 필요한 조치를 마련하여야 한다.

제58조의2(적용제외) 이 법은 시간·비용·기술 등을 합리적으로 고려할 때 다른 정보를 사용하여도 더 이상 개인을 알아볼 수 없는 정보에는 적용하지 아니한다.
〔본조신설 2020·2·4〕

제59조(금지행위) 개인정보를 처리하거나 처리하였던 자는 다음 각 호의 어느 하나에 해당하는 행위를 하여서는 아니 된다. <개정 2023·3·14>

1. 거짓이나 그 밖의 부정한 수단이나 방법으로 개인정보를 취득하거나 처리에 관한 동의를 받는 행위
2. 업무상 알게 된 개인정보를 누설하거나 권한 없이 다른 사람이 이용하도록 제공하는 행위
3. 정당한 권한 없이 또는 허용된 권한을 초과하여 다른 사람의 개인정보를 이용, 훼손, 멸실, 변경, 위조 또는 유출하는 행위

제60조(비밀유지 등) 다음 각 호의 업무에 종사하거나 종사하였던 자는 직무상 알게 된 비밀을 다른 사람에게 누설하거나 직무상 목적 외의 용도로 이용하여서는 아니 된다. 다만, 다른 법률에 특별한 규정이 있는 경우에는 그러하지 아니하다. <개정 2020·2·4, 2023·3·14>

1. 제7조의8 및 제7조의9에 따른 보호위원회의 업무
2. 제28조의3에 따른 전문기관의 지정 업무 및 전문기관의 업무
3. 제32조의2에 따른 개인정보 보호 인증 업무
4. 제33조에 따른 영향평가 업무
5. 제35조의3에 따른 개인정보관리 전문기관의 지정 업무 및 개인정보관리 전문기관의 업무
6. 제40조에 따른 분쟁조정위원회의 분쟁조정 업무

제61조(의견제시 및 개선권고) ① 보호위원회는 개인정보 보호에 영향을 미치는 내용이 포함된 법령이나 조례에 대하여 필요하다고 인정하면 심의·의결을 거쳐 관계 기관에 의견을 제시할 수 있다. <개정 2013·3·23, 2014·11·19, 2017·7·26, 2020·2·4>

② 보호위원회는 개인정보 보호를 위하여 필요하다고 인정하면 개인정보처리자에게 개인정보 처리 실태의 개선을 권고할 수 있다. 이 경우 권고를 받은 개인정보처리자는 이를 이행하기 위하여 성실하게 노력하여야 하며, 그 조치 결과를 보호위원회에 알려야 한다. <개정 2013·3·23, 2014·11·19, 2017·7·26, 2020·2·4>

③ 관계 중앙행정기관의 장은 개인정보 보호를 위하여 필요하다고 인정하면 소관 법률에 따라 개인정보처리자에게 개인정보 처리 실태의 개선을 권고할 수 있다. 이 경우 권고를 받은 개인정보처리자는 이를 이행하기 위하여 성실하게 노력하여야 하며, 그 조치 결과를 관계 중앙행정기관의 장에게 알려야 한다.

④ 중앙행정기관, 지방자치단체, 국회, 법원, 헌법재판소, 중앙선거관리위원회는 그 소속 기관 및 소관 공공기관에 대하여 개인정보 보호에 관한 의견을 제시하거나 지도·점검을 할 수 있다.

제62조(침해 사실의 신고 등) ① 개인정보처리자가 개인정보를 처리할 때 개인정보에 관한 권리 또는 이익을 침해받은 사람은 보호위원회에 그 침해 사실을 신고할 수 있다. <개정 2013·3·23, 2014·11·19, 2017·7·26, 2020·2·4>

② 보호위원회는 제1항에 따른 신고의 접수·처리 등에 관한 업무를 효율적으로 수행하기 위하여 대통령령으로 정하는 바에 따라 전문기관을 지정할 수 있다. 이 경우 전문기관은 개인정보침해 신고센터(이하 "신고센터"라 한다)

를 설치·운영하여야 한다. <개정 2013·3·23, 2014·11·19, 2017·7·26, 2020·2·4>

③ 신고센터는 다음 각 호의 업무를 수행한다.

1. 개인정보 처리와 관련한 신고의 접수·상담
2. 사실의 조사·확인 및 관계자의 의견 청취
3. 제1호 및 제2호에 따른 업무에 딸린 업무

④ 보호위원회는 제3항제2호의 사실 조사·확인 등의 업무를 효율적으로 하기 위하여 필요하면 「국가공무원법」 제32조의4에 따라 소속 공무원을 제2항에 따른 전문기관에 파견할 수 있다. <개정 2013·3·23, 2014·11·19, 2017·7·26, 2020·2·4>

제63조(자료제출 요구 및 검사) ① 보호위원회는 다음 각 호의 어느 하나에 해당하는 경우에는 개인정보처리자에게 관계 물품·서류 등 자료를 제출하게 할 수 있다. <개정 2013·3·23, 2014·11·19, 2017·7·26, 2020·2·4>

1. 이 법을 위반하는 사항을 발견하거나 혐의가 있음을 알게 된 경우
2. 이 법 위반에 대한 신고를 받거나 민원이 접수된 경우
3. 그 밖에 정보주체의 개인정보 보호를 위하여 필요한 경우로서 대통령령으로 정하는 경우

② 보호위원회는 개인정보처리자가 제1항에 따른 자료를 제출하지 아니하거나 이 법을 위반한 사실이 있다고 인정되면 소속 공무원으로 하여금 개인정보처리자 및 해당 법 위반사실과 관련한 관계인의 사무소나 사업장에 출입하여 업무 상황, 장부 또는 서류 등을 검사하게 할 수 있다. 이 경우 검사를 하는 공무원은 그 권한을 나타내는 증표를 지니고 이를 관계인에게 내보여야 한다. <개정 2013·3·23, 2014·11·19, 2015·7·24, 2017·7·26, 2020·2·4>

③ 보호위원회는 이 법 등 개인정보 보호와 관련된 법규의 위반행위로 인하여 중대한 개인정보 침해사고가 발생한 경우 신속하고 효과적인 대응을 위하여 다음 각 호의 어느 하나에 해당하는 관계 기관의 장에게 협조를 요청할 수 있다. <개정 2023·3·14>

1. 중앙행정기관
2. 지방자치단체
3. 그 밖에 법령 또는 자치법규에 따라 행정 권한을 가지고 있거나 위임 또는 위탁받은 공공기관

④ 제3항에 따라 협조를 요청받은 관계 기관의 장은 특별한 사정이 없으면 이에 따라야 한다. <개정 2023·3·14>

⑤ 제1항 및 제2항에 따른 자료제출 요구, 검사 절차 및 방법 등에 관하여 필요한 사항은 보호위원회가 정하여 고시할 수 있다. <개정 2023·3·14>

⑥ 보호위원회는 제1항 및 제2항에 따라 제출받거나 수집한 서류·자료 등을 이 법에 따른 경우를 제외하고는 제3자에게 제공하거나 일반에 공개해서는 아니 된다. <신설 2020·2·4, 2023·3·14>

⑦ 보호위원회는 정보통신망을 통하여 자료의 제출 등을 받은 경우나 수집한 자료 등을 전자화한 경우에는 개인정보·영업비밀 등이 유출되지 아니하도록 제도적·기술적 보완조치를 하여야 한다. <신설 2020·2·4, 2023·3·14>

제63조의2(사전 실태점검) ① 보호위원회는 제63조제1항 각 호에 해당하지 아니하는 경우로서 개인정보 침해사고 발생의 위험성이 높고 개인정보 보호의 취약점을 사전에 점검할 필요성이 인정되는 개인정보처리자에 대하여 개인정보 보호실태를 점검할 수 있다.

② 보호위원회는 제1항에 따른 실태점검을 실시하여 이 법을 위반하는 사항을 발견한 경우 해당 개인정보처리자에 대하여 시정방안을 정하여 이에 따를 것을 권고할 수 있다.

③ 제2항에 따른 시정권고를 받은 개인정보처리자는 이를 통보받은 날부터 10일 이내에 해당 권고를 수락하는지 여부에 관하여 보호위원회에 통지하여야 하며, 그 이행 결과를 보호위원회가 고시로 정하는 바에 따라 보호위원회에 알려야 한다.

④ 제2항에 따른 시정권고를 받은 자가 해당 권고를 수락한 때에는 제64조제1항에 따른 시정조치 명령(중앙행정기관, 지방자치단체, 국회, 법원, 헌법재판소, 중앙선거관리위원회의 경우에는 제64조제3항에 따른 권고를 말한다)을 받은 것으로 본다.

⑤ 보호위원회는 제 2 항에 따른 시정권고를 받은 자가 해당 권고를 수락하지 아니하거나 이행하지 아니한 경우 제63조제 2 항에 따른 검사를 할 수 있다.
⑥ 보호위원회는 관계 중앙행정기관의 장과 합동으로 제 1 항에 따른 개인정보 보호실태를 점검할 수 있다.
〔본조신설 2023·3·14〕

제64조(시정조치 등) ① 보호위원회는 이 법을 위반한 자(중앙행정기관, 지방자치단체, 국회, 법원, 헌법재판소, 중앙선거관리위원회는 제외한다)에 대하여 다음 각 호에 해당하는 조치를 명할 수 있다. <개정 2013·3·23, 2014·11·19, 2017·7·26, 2020·2·4, 2023·3·14>
1. 개인정보 침해행위의 중지
2. 개인정보 처리의 일시적인 정지
3. 그 밖에 개인정보의 보호 및 침해 방지를 위하여 필요한 조치

② 지방자치단체, 국회, 법원, 헌법재판소, 중앙선거관리위원회는 그 소속 기관 및 소관 공공기관이 이 법을 위반하였을 때에는 제 1 항 각 호에 해당하는 조치를 명할 수 있다.
③ 보호위원회는 중앙행정기관, 지방자치단체, 국회, 법원, 헌법재판소, 중앙선거관리위원회가 이 법을 위반하였을 때에는 해당 기관의 장에게 제 1 항 각 호에 해당하는 조치를 하도록 권고할 수 있다. 이 경우 권고를 받은 기관은 특별한 사유가 없으면 이를 존중하여야 한다.

제64조의2(과징금의 부과) ① 보호위원회는 다음 각 호의 어느 하나에 해당하는 경우에는 해당 개인정보처리자에게 전체 매출액의 100분의 3을 초과하지 아니하는 범위에서 과징금을 부과할 수 있다. 다만, 매출액이 없거나 매출액의 산정이 곤란한 경우로서 대통령령으로 정하는 경우에는 20억원을 초과하지 아니하는 범위에서 과징금을 부과할 수 있다.
1. 제15조제 1 항, 제17조제 1 항, 제18조제 1 항·제 2 항(제26조제 8 항에 따라 준용되는 경우를 포함한다) 또는 제19조를 위반하여 개인정보를 처리한 경우
2. 제22조의2제 1 항(제26조제 8 항에 따라 준용되는 경우를 포함한다)을 위반하여 법정대리인의 동의를 받지 아니하고 만 14세 미만인 아동의 개인정보를 처리한 경우
3. 제23조제 1 항제 1 호(제26조제 8 항에 따라 준용되는 경우를 포함한다)를 위반하여 정보주체의 동의를 받지 아니하고 민감정보를 처리한 경우
4. 제24조제 1 항·제24조의2제 1 항(제26조제 8 항에 따라 준용되는 경우를 포함한다)을 위반하여 고유식별정보 또는 주민등록번호를 처리한 경우
5. 제26조제 4 항에 따른 관리·감독 또는 교육을 소홀히 하여 수탁자가 이 법의 규정을 위반한 경우
6. 제28조의5제 1 항(제26조제 8 항에 따라 준용되는 경우를 포함한다)을 위반하여 특정 개인을 알아보기 위한 목적으로 정보를 처리한 경우
7. 제28조의8제 1 항(제26조제 8 항 및 제28조의11에 따라 준용되는 경우를 포함한다)을 위반하여 개인정보를 국외로 이전한 경우
8. 제28조의9제 1 항(제26조제 8 항 및 제28조의11에 따라 준용되는 경우를 포함한다)을 위반하여 국외 이전 중지 명령을 따르지 아니한 경우
9. 개인정보처리자가 처리하는 개인정보가 분실·도난·유출·위조·변조·훼손된 경우. 다만, 개인정보가 분실·도난·유출·위조·변조·훼손되지 아니하도록 개인정보처리자가 제29조(제26조제 8 항에 따라 준용되는 경우를 포함한다)에 따른 안전성 확보에 필요한 조치를 다한 경우에는 그러하지 아니하다.

② 보호위원회는 제 1 항에 따른 과징금을 부과하려는 경우 전체 매출액에서 위반행위와 관련이 없는 매출액을 제외한 매출액을 기준으로 과징금을 산정한다.
③ 보호위원회는 제 1 항에 따른 과징금을 부과하려는 경우 개인정보처리자가 정당한 사유 없이 매출액 산정자료의 제출을 거부하거나 거짓의 자료를 제출한 경우에는 해당 개인정보처리자의 전체 매출액을 기준으로 산정하되 해당 개인정보처리자 및 비슷한 규모의 개인정보처리자의 개인정보 보유

규모, 재무제표 등 회계자료, 상품·용역의 가격 등 영업현황 자료에 근거하여 매출액을 추정할 수 있다.

④ 보호위원회는 제1항에 따른 과징금을 부과하는 경우에는 위반행위에 상응하는 비례성과 침해 예방에 대한 효과성이 확보될 수 있도록 다음 각 호의 사항을 고려하여야 한다.

1. 위반행위의 내용 및 정도
2. 위반행위의 기간 및 횟수
3. 위반행위로 인하여 취득한 이익의 규모
4. 암호화 등 안전성 확보 조치 이행 노력
5. 개인정보가 분실·도난·유출·위조·변조·훼손된 경우 위반행위와의 관련성 및 분실·도난·유출·위조·변조·훼손의 규모
6. 위반행위로 인한 피해의 회복 및 피해 확산 방지 조치의 이행 여부
7. 개인정보처리자의 업무 형태 및 규모
8. 개인정보처리자가 처리하는 개인정보의 유형과 정보주체에게 미치는 영향
9. 위반행위로 인한 정보주체의 피해 규모
10. 개인정보 보호 인증, 자율적인 보호 활동 등 개인정보 보호를 위한 노력
11. 보호위원회와의 협조 등 위반행위를 시정하기 위한 조치 여부

⑤ 보호위원회는 다음 각 호의 어느 하나에 해당하는 사유가 있는 경우에는 과징금을 부과하지 아니할 수 있다.

1. 지급불능·지급정지 또는 자본잠식 등의 사유로 객관적으로 과징금을 낼 능력이 없다고 인정되는 경우
2. 본인의 행위가 위법하지 아니한 것으로 잘못 인식할 만한 정당한 사유가 있는 경우
3. 위반행위의 내용·정도가 경미하거나 산정된 과징금이 소액인 경우
4. 그 밖에 정보주체에게 피해가 발생하지 아니하였거나 경미한 경우로서 대통령령으로 정하는 사유가 있는 경우

⑥ 제1항에 따른 과징금은 제2항부터 제5항까지를 고려하여 산정하되, 구체적인 산정기준과 산정절차는 대통령령으로 정한다.

⑦ 보호위원회는 제1항에 따른 과징금을 내야 할 자가 납부기한까지 이를 내지 아니하면 납부기한의 다음 날부터 내지 아니한 과징금의 연 100분의 6에 해당하는 가산금을 징수한다. 이 경우 가산금을 징수하는 기간은 60개월을 초과하지 못한다.

⑧ 보호위원회는 제1항에 따른 과징금을 내야 할 자가 납부기한까지 내지 아니한 경우에는 기간을 정하여 독촉하고, 독촉으로 지정한 기간 내에 과징금과 제7항에 따른 가산금을 내지 아니하면 국세강제징수의 예에 따라 징수한다.

⑨ 보호위원회는 법원의 판결 등의 사유로 제1항에 따라 부과된 과징금을 환급하는 경우에는 과징금을 낸 날부터 환급하는 날까지의 기간에 대하여 금융회사 등의 예금 이자율 등을 고려하여 대통령령으로 정하는 이자율을 적용하여 계산한 환급가산금을 지급하여야 한다.

⑩ 보호위원회는 제9항에도 불구하고 법원의 판결에 따라 과징금 부과처분이 취소되어 그 판결이유에 따라 새로운 과징금을 부과하는 경우에는 당초 납부한 과징금에서 새로 부과하기로 결정한 과징금을 공제한 나머지 금액에 대해서만 환급가산금을 계산하여 지급한다.

〔본조신설 2023·3·14〕

제65조(고발 및 징계권고) ① 보호위원회는 개인정보처리자에게 이 법 등 개인정보 보호와 관련된 법규의 위반에 따른 범죄혐의가 있다고 인정될 만한 상당한 이유가 있을 때에는 관할 수사기관에 그 내용을 고발할 수 있다. <개정 2013·3·23, 2014·11·19, 2017·7·26, 2020·2·4>

② 보호위원회는 이 법 등 개인정보 보호와 관련된 법규의 위반행위가 있다고 인정될 만한 상당한 이유가 있을 때에는 책임이 있는 자(대표자 및 책임있는 임원을 포함한다)를 징계할 것을 해당 개인정보처리자에게 권고할 수 있다. 이 경우 권고를 받은 사람은 이를 존중하여야 하며 그 결과를 보호위원회에 통보하여야 한다. <개정 2013·3·23, 2013·8·6, 2014·11·19, 2017·7·26, 2020·2·4>

③ 관계 중앙행정기관의 장은 소관 법률에 따라 개인정보처리자에 대하여 제1항에 따른 고발을 하거나 소속 기관·단체 등의 장

에게 제2항에 따른 징계권고를 할 수 있다. 이 경우 제2항에 따른 권고를 받은 사람은 이를 존중하여야 하며 그 결과를 관계 중앙행정기관의 장에게 통보하여야 한다.

제66조(결과의 공표) ① 보호위원회는 제61조에 따른 개선권고, 제64조에 따른 시정조치 명령, 제64조의2에 따른 과징금의 부과, 제65조에 따른 고발 또는 징계권고 및 제75조에 따른 과태료 부과의 내용 및 결과에 대하여 공표할 수 있다. <개정 2013·3·23, 2014·11·19, 2017·7·26, 2020·2·4, 2023·3·14>

② 보호위원회는 제61조에 따른 개선권고, 제64조에 따른 시정조치 명령, 제64조의2에 따른 과징금의 부과, 제65조에 따른 고발 또는 징계권고 및 제75조에 따른 과태료 부과처분 등을 한 경우에는 처분 등을 받은 자에게 해당 처분 등을 받았다는 사실을 공표할 것을 명할 수 있다. <개정 2023·3·14>

③ 제1항 및 제2항에 따른 개선권고 사실 등의 공표 및 공표명령의 방법, 기준 및 절차 등은 대통령령으로 정한다. <개정 2023·3·14>

제67조(연차보고) ① 보호위원회는 관계 기관 등으로부터 필요한 자료를 제출받아 매년 개인정보 보호시책의 수립 및 시행에 관한 보고서를 작성하여 정기국회 개회 전까지 국회에 제출(정보통신망에 의한 제출을 포함한다)하여야 한다.

② 제1항에 따른 보고서에는 다음 각 호의 내용이 포함되어야 한다. <개정 2016·3·29, 2023·3·14>

1. 정보주체의 권리침해 및 그 구제현황
2. 개인정보 처리에 관한 실태조사 및 개인정보 보호수준 평가 등의 결과
3. 개인정보 보호시책의 추진현황 및 실적
4. 개인정보 관련 해외의 입법 및 정책 동향
5. 주민등록번호 처리와 관련된 법률·대통령령·국회규칙·대법원규칙·헌법재판소규칙·중앙선거관리위원회규칙 및 감사원규칙의 제정·개정 현황
6. 그 밖에 개인정보 보호시책에 관하여 공개 또는 보고하여야 할 사항

제68조(권한의 위임·위탁) ① 이 법에 따른 보호위원회 또는 관계 중앙행정기관의 장의 권한은 그 일부를 대통령령으로 정하는 바에 따라 특별시장, 광역시장, 도지사, 특별자치도지사 또는 대통령령으로 정하는 전문기관에 위임하거나 위탁할 수 있다. <개정 2013·3·23, 2014·11·19, 2017·7·26, 2020·2·4>

② 제1항에 따라 보호위원회 또는 관계 중앙행정기관의 장의 권한을 위임 또는 위탁받은 기관은 위임 또는 위탁받은 업무의 처리 결과를 보호위원회 또는 관계 중앙행정기관의 장에게 통보하여야 한다. <개정 2013·3·23, 2014·11·19, 2017·7·26, 2020·2·4>

③ 보호위원회는 제1항에 따른 전문기관에 권한의 일부를 위임하거나 위탁하는 경우 해당 전문기관의 업무 수행을 위하여 필요한 경비를 출연할 수 있다. <개정 2013·3·23, 2014·11·19, 2017·7·26, 2020·2·4>

제69조(벌칙 적용 시의 공무원 의제) ① 보호위원회의 위원 중 공무원이 아닌 위원 및 공무원이 아닌 직원은 「형법」이나 그 밖의 법률에 따른 벌칙을 적용할 때에는 공무원으로 본다. <신설 2020·2·4>

② 보호위원회 또는 관계 중앙행정기관의 장의 권한을 위탁한 업무에 종사하는 관계 기관의 임직원은 「형법」 제129조부터 제132조까지의 규정을 적용할 때에는 공무원으로 본다. <신설 2020·2·4>

제10장 벌칙

제70조(벌칙) 다음 각 호의 어느 하나에 해당하는 자는 10년 이하의 징역 또는 1억원 이하의 벌금에 처한다. <개정 2015·7·24>

1. 공공기관의 개인정보 처리업무를 방해할 목적으로 공공기관에서 처리하고 있는 개인정보를 변경하거나 말소하여 공공기관의 업무 수행의 중단·마비 등 심각한 지장을 초래한 자
2. 거짓이나 그 밖의 부정한 수단이나 방법으로 다른 사람이 처리하고 있는 개인정보를 취득한 후 이를 영리 또는 부정한 목적으로 제3자에게 제공한 자와 이를 교사·알선한 자

제71조(벌칙) 다음 각 호의 어느 하나에 해당

하는 자는 5년 이하의 징역 또는 5천만원 이하의 벌금에 처한다. <개정 2016·3·29, 2020·2·4, 2023·3·14>

1. 제17조제1항제2호에 해당하지 아니함에도 같은 항 제1호(제26조제8항에 따라 준용되는 경우를 포함한다)를 위반하여 정보주체의 동의를 받지 아니하고 개인정보를 제3자에게 제공한 자 및 그 사정을 알면서도 개인정보를 제공받은 자
2. 제18조제1항·제2항, 제27조제3항 또는 제28조의2(제26조제8항에 따라 준용되는 경우를 포함한다), 제19조 또는 제26조제5항을 위반하여 개인정보를 이용하거나 제3자에게 제공한 자 및 그 사정을 알면서도 영리 또는 부정한 목적으로 개인정보를 제공받은 자
3. 제22조의2제1항(제26조제8항에 따라 준용되는 경우를 포함한다)을 위반하여 법정대리인의 동의를 받지 아니하고 만 14세 미만인 아동의 개인정보를 처리한 자
4. 제23조제1항(제26조제8항에 따라 준용되는 경우를 포함한다)을 위반하여 민감정보를 처리한 자
5. 제24조제1항(제26조제8항에 따라 준용되는 경우를 포함한다)을 위반하여 고유식별정보를 처리한 자
6. 제28조의3제1항(제26조제8항에 따라 준용되는 경우를 포함한다)을 위반하여 보호위원회 또는 관계 중앙행정기관의 장으로부터 전문기관으로 지정받지 아니하고 가명정보를 결합한 자
7. 제28조의3제2항(제26조제8항에 따라 준용되는 경우를 포함한다)을 위반하여 전문기관의 장의 승인을 받지 아니하고 결합을 수행한 기관 외부로 결합된 정보를 반출하거나 이를 제3자에게 제공한 자 및 그 사정을 알면서도 영리 또는 부정한 목적으로 결합된 정보를 제공받은 자
8. 제28조의5제1항(제26조제8항에 따라 준용되는 경우를 포함한다)을 위반하여 특정 개인을 알아보기 위한 목적으로 가명정보를 처리한 자
9. 제59조제2호를 위반하여 업무상 알게 된 개인정보를 누설하거나 권한 없이 다른 사람이 이용하도록 제공한 자 및 그 사정을 알면서도 영리 또는 부정한 목적으로 개인정보를 제공받은 자
10. 제59조제3호를 위반하여 다른 사람의 개인정보를 이용, 훼손, 멸실, 변경, 위조 또는 유출한 자

제72조(벌칙) 다음 각 호의 어느 하나에 해당하는 자는 3년 이하의 징역 또는 3천만원 이하의 벌금에 처한다. <개정 2023·3·14>

1. 제25조제5항(제26조제8항에 따라 준용되는 경우를 포함한다)을 위반하여 고정형 영상정보처리기기의 설치 목적과 다른 목적으로 고정형 영상정보처리기기를 임의로 조작하거나 다른 곳을 비추는 자 또는 녹음기능을 사용한 자
2. 제59조제1호를 위반하여 거짓이나 그 밖의 부정한 수단이나 방법으로 개인정보를 취득하거나 개인정보 처리에 관한 동의를 받는 행위를 한 자 및 그 사정을 알면서도 영리 또는 부정한 목적으로 개인정보를 제공받은 자
3. 제60조를 위반하여 직무상 알게 된 비밀을 누설하거나 직무상 목적 외에 이용한 자

제73조(벌칙) ① 다음 각 호의 어느 하나에 해당하는 자는 2년 이하의 징역 또는 2천만원 이하의 벌금에 처한다.

1. 제36조제2항(제26조제8항에 따라 준용되는 경우를 포함한다)을 위반하여 정정·삭제 등 필요한 조치를 하지 아니하고 개인정보를 계속 이용하거나 이를 제3자에게 제공한 자
2. 제37조제2항(제26조제8항에 따라 준용되는 경우를 포함한다)을 위반하여 개인정보의 처리를 정지하지 아니하고 개인정보를 계속 이용하거나 제3자에게 제공한 자
3. 국내외에서 정당한 이유 없이 제39조의4에 따른 비밀유지명령을 위반한 자
4. 제63조제1항(제26조제8항에 따라 준용되는 경우를 포함한다)에 따른 자료제출 요구에 대하여 법 위반사항을 은폐 또는 축소할 목적으로 자료제출을 거부하거나 거짓의 자료를 제출한 자

5. 第63조제 2 항(제26조제 8 항에 따라 준용되는 경우를 포함한다)에 따른 출입·검사 시 자료의 은닉·폐기, 접근 거부 또는 위조·변조 등을 통하여 조사를 거부·방해 또는 기피한 자

② 제 1 항제 3 호의 죄는 비밀유지명령을 신청한 자의 고소가 없으면 공소를 제기할 수 없다.

〔전부개정 2023·3·14〕

제74조(양벌규정) ① 법인의 대표자나 법인 또는 개인의 대리인, 사용인, 그 밖의 종업원이 그 법인 또는 개인의 업무에 관하여 제70조에 해당하는 위반행위를 하면 그 행위자를 벌하는 외에 그 법인 또는 개인을 7천만원 이하의 벌금에 처한다. 다만, 법인 또는 개인이 그 위반행위를 방지하기 위하여 해당 업무에 관하여 상당한 주의와 감독을 게을리하지 아니한 경우에는 그러하지 아니하다.

② 법인의 대표자나 법인 또는 개인의 대리인, 사용인, 그 밖의 종업원이 그 법인 또는 개인의 업무에 관하여 제71조부터 제73조까지의 어느 하나에 해당하는 위반행위를 하면 그 행위자를 벌하는 외에 그 법인 또는 개인에게도 해당 조문의 벌금형을 과(科)한다. 다만, 법인 또는 개인이 그 위반행위를 방지하기 위하여 해당 업무에 관하여 상당한 주의와 감독을 게을리하지 아니한 경우에는 그러하지 아니하다.

제74조의2(몰수·추징 등) 제70조부터 제73조까지의 어느 하나에 해당하는 죄를 지은 자가 해당 위반행위와 관련하여 취득한 금품이나 그 밖의 이익은 몰수할 수 있으며, 이를 몰수할 수 없을 때에는 그 가액을 추징할 수 있다. 이 경우 몰수 또는 추징은 다른 벌칙에 부가하여 과할 수 있다.

〔본조신설 2015·7·24〕

제75조(과태료) ① 다음 각 호의 어느 하나에 해당하는 자에게는 5천만원 이하의 과태료를 부과한다.

1. 제25조제 2 항(제26조제 8 항에 따라 준용되는 경우를 포함한다)을 위반하여 고정형 영상정보처리기기를 설치·운영한 자
2. 제25조의2제 2 항(제26조제 8 항에 따라 준용되는 경우를 포함한다)을 위반하여 이동형 영상정보처리기기로 사람 또는 그 사람과 관련된 사물의 영상을 촬영한 자

② 다음 각 호의 어느 하나에 해당하는 자에게는 3천만원 이하의 과태료를 부과한다.

1. 제16조제 3 항·제22조제 5 항(제26조제8항에 따라 준용되는 경우를 포함한다)을 위반하여 재화 또는 서비스의 제공을 거부한 자
2. 제20조제 1 항·제 2 항을 위반하여 정보주체에게 같은 조 제 1 항 각 호의 사실을 알리지 아니한 자
3. 제20조의2제 1 항을 위반하여 개인정보의 이용·제공 내역이나 이용·제공 내역을 확인할 수 있는 정보시스템에 접속하는 방법을 통지하지 아니한 자
4. 제21조제 1 항(제26조제 8 항에 따라 준용되는 경우를 포함한다)을 위반하여 개인정보의 파기 등 필요한 조치를 하지 아니한 자
5. 제23조제 2 항·제24조제 3 항·제25조제6항(제25조의2제 4 항에 따라 준용되는 경우를 포함한다)·제28조의4제 1 항·제29조(제26조제 8 항에 따라 준용되는 경우를 포함한다)를 위반하여 안전성 확보에 필요한 조치를 하지 아니한 자
6. 제23조제 3 항(제26조제 8 항에 따라 준용되는 경우를 포함한다)을 위반하여 민감정보의 공개 가능성 및 비공개를 선택하는 방법을 알리지 아니한 자
7. 제24조의2제 1 항(제26조제 8 항에 따라 준용되는 경우를 포함한다)을 위반하여 주민등록번호를 처리한 자
8. 제24조의2제 2 항(제26조제 8 항에 따라 준용되는 경우를 포함한다)을 위반하여 암호화 조치를 하지 아니한 자
9. 제24조의2제 3 항(제26조제 8 항에 따라 준용되는 경우를 포함한다)을 위반하여 정보주체가 주민등록번호를 사용하지 아니할 수 있는 방법을 제공하지 아니한 자
10. 제25조제 1 항(제26조제 8 항에 따라 준용되는 경우를 포함한다)을 위반하여 고정형 영상정보처리기기를 설치·운영한 자
11. 제25조의2제 1 항(제26조제 8 항에 따라 준용되는 경우를 포함한다)을 위반하여

사람 또는 그 사람과 관련된 사물의 영상을 촬영한 자
12. 제26조제 3 항을 위반하여 정보주체에게 알려야 할 사항을 알리지 아니한 자
13. 제28조의5제 2 항(제26조제 8 항에 따라 준용되는 경우를 포함한다)을 위반하여 개인을 알아볼 수 있는 정보가 생성되었음에도 이용을 중지하지 아니하거나 이를 회수·파기하지 아니한 자
14. 제28조의8제 4 항(제26조제 8 항 및 제28조의11에 따라 준용되는 경우를 포함한다)을 위반하여 보호조치를 하지 아니한 자
15. 제32조의2제 6 항을 위반하여 인증을 받지 아니하였음에도 거짓으로 인증의 내용을 표시하거나 홍보한 자
16. 제33조제 1 항을 위반하여 영향평가를 하지 아니하거나 그 결과를 보호위원회에 제출하지 아니한 자
17. 제34조제 1 항(제26조제 8 항에 따라 준용되는 경우를 포함한다)을 위반하여 정보주체에게 같은 항 각 호의 사실을 알리지 아니한 자
18. 제34조제 3 항(제26조제 8 항에 따라 준용되는 경우를 포함한다)을 위반하여 보호위원회 또는 대통령령으로 정하는 전문기관에 신고하지 아니한 자
19. 제35조제 3 항(제26조제 8 항에 따라 준용되는 경우를 포함한다)을 위반하여 열람을 제한하거나 거절한 자
20. 제35조의3제 1 항에 따른 지정을 받지 아니하고 같은 항 제 2 호의 업무를 수행한 자
21. 제35조의3제 3 항을 위반한 자
22. 제36조제 2 항(제26조제 8 항에 따라 준용되는 경우를 포함한다)을 위반하여 정정·삭제 등 필요한 조치를 하지 아니한 자
23. 제37조제 3 항 또는 제 5 항(제26조제 8 항에 따라 준용되는 경우를 포함한다)을 위반하여 파기 등 필요한 조치를 하지 아니한 자
24. 제37조의2제 3 항(제26조제 8 항에 따라 준용되는 경우를 포함한다)을 위반하여 정당한 사유 없이 정보주체의 요구에 따르지 아니한 자
25. 제63조제 1 항(제26조제 8 항에 따라 준용되는 경우를 포함한다)에 따른 관계 물품·서류 등 자료를 제출하지 아니하거나 거짓으로 제출한 자
26. 제63조제 2 항(제26조제 8 항에 따라 준용되는 경우를 포함한다)에 따른 출입·검사를 거부·방해 또는 기피한 자
27. 제64조제 1 항에 따른 시정조치 명령에 따르지 아니한 자

③ 다음 각 호의 어느 하나에 해당하는 자에게는 2천만원 이하의 과태료를 부과한다.
1. 제26조제 6 항을 위반하여 위탁자의 동의를 받지 아니하고 제 3 자에게 다시 위탁한 자
2. 제31조의2제 1 항을 위반하여 국내대리인을 지정하지 아니한 자

④ 다음 각 호의 어느 하나에 해당하는 자에게는 1천만원 이하의 과태료를 부과한다.
1. 제11조의2제 2 항을 위반하여 정당한 사유 없이 자료를 제출하지 아니하거나 거짓으로 제출한 자
2. 제21조제 3 항(제26조제 8 항에 따라 준용되는 경우를 포함한다)을 위반하여 개인정보를 분리하여 저장·관리하지 아니한 자
3. 제22조제 1 항부터 제 3 항까지(제26조제 8 항에 따라 준용되는 경우를 포함한다)를 위반하여 동의를 받은 자
4. 제26조제 1 항을 위반하여 업무 위탁 시 같은 항 각 호의 내용이 포함된 문서로 하지 아니한 자
5. 제26조제 2 항을 위반하여 위탁하는 업무의 내용과 수탁자를 공개하지 아니한 자
6. 제27조제 1 항·제 2 항(제26조제 8 항에 따라 준용되는 경우를 포함한다)을 위반하여 정보주체에게 개인정보의 이전 사실을 알리지 아니한 자
7. 제28조의4제 3 항(제26조제 8 항에 따라 준용되는 경우를 포함한다)을 위반하여 관련 기록을 작성하여 보관하지 아니한 자
8. 제30조제 1 항 또는 제 2 항(제26조제 8 항에 따라 준용되는 경우를 포함한다)을 위반하여 개인정보 처리방침을 정하지 아니하거나 이를 공개하지 아니한 자
9. 제31조제 1 항(제26조제 8 항에 따라 준

용되는 경우를 포함한다)을 위반하여 개인정보 보호책임자를 지정하지 아니한 자

10. 제35조제 3 항·제 4 항, 제36조제 2 항·제 4 항 또는 제37조제 4 항(제26조제 8항에 따라 준용되는 경우를 포함한다)을 위반하여 정보주체에게 알려야 할 사항을 알리지 아니한 자

11. 제45조제 1 항에 따른 자료를 정당한 사유 없이 제출하지 아니하거나 거짓으로 제출한 자

12. 제45조제 2 항에 따른 출입·조사·열람을 정당한 사유 없이 거부·방해 또는 기피한 자

⑤ 제 1 항부터 제 4 항까지에 따른 과태료는 대통령령으로 정하는 바에 따라 보호위원회가 부과·징수한다. 이 경우 보호위원회는 위반행위의 정도·동기·결과, 개인정보처리자의 규모 등을 고려하여 과태료를 감경하거나 면제할 수 있다.
〔전부개정 2023·3·14〕

제76조(과태료에 관한 규정 적용의 특례) 제75조의 과태료에 관한 규정을 적용할 때 제64조의2에 따라 과징금을 부과한 행위에 대하여는 과태료를 부과할 수 없다. <개정 2023·3·14>
〔본조신설 2013·8·6〕

부 칙

제 1 조(시행일) 이 법은 공포 후 6개월이 경과한 날부터 시행한다. 다만, 제24조제 2 항 및 제75조제 2 항제 5 호는 공포 후 1년이 경과한 날부터 시행한다.

제 2 조(다른 법률의 폐지) 공공기관의 개인정보보호에 관한 법률은 폐지한다.

제 3 조(개인정보분쟁조정위원회에 관한 경과조치) 이 법 시행 당시 종전의 「정보통신망 이용촉진 및 정보보호 등에 관한 법률」에 따른 개인정보분쟁조정위원회의 행위나 개인정보분쟁조정위원회에 대한 행위는 그에 해당하는 이 법에 따른 개인정보 분쟁조정위원회의 행위나 개인정보 분쟁조정위원회에 대한 행위로 본다.

제 4 조(처리 중인 개인정보에 관한 경과조치) 이 법 시행 전에 다른 법령에 따라 적법하게 처리된 개인정보는 이 법에 따라 처리된 것으로 본다.

제 5 조(벌칙의 적용에 관한 경과조치) ① 이 법 시행 전에 종전의 「공공기관의 개인정보보호에 관한 법률」을 위반한 행위에 대하여 벌칙을 적용할 때에는 종전의 「공공기관의 개인정보보호에 관한 법률」에 따른다.
② 이 법 시행 전에 종전의 「정보통신망 이용촉진 및 정보보호 등에 관한 법률」을 위반한 행위에 대하여 벌칙을 적용할 때에는 종전의 「정보통신망 이용촉진 및 정보보호 등에 관한 법률」에 따른다.

제 6 조(다른 법률의 개정) 생략

제 7 조(다른 법령과의 관계) 이 법 시행 당시 다른 법령에서 종전의 「공공기관의 개인정보보호에 관한 법률」 또는 그 규정을 인용하고 있는 경우 이 법 중 그에 해당하는 규정이 있을 때에는 종전의 규정을 갈음하여 이 법 또는 이 법의 해당 규정을 인용한 것으로 본다.

부 칙 <2013·3·23 법11690>

제 1 조(시행일) ① 이 법은 공포한 날부터 시행한다.
② 생략

제 2 조부터 **제 7 조**까지 생략

부 칙 <2013·8·6 법11990>

제 1 조(시행일) 이 법은 공포 후 1년이 경과한 날부터 시행한다.

제 2 조(주민등록번호 처리 제한에 관한 경과조치) ① 이 법 시행 당시 주민등록번호를 처리하고 있는 개인정보처리자는 이 법 시행일부터 2년 이내에 보유하고 있는 주민등록번호를 파기하여야 한다. 다만, 제24조의2제 1 항 각 호의 개정규정의 어느 하나에 해당하는 경우는 제외한다.
② 제 1 항에 따른 기간 이내에 보유하고 있는 주민등록번호를 파기하지 아니한 경우에는 제24조의2제 1 항의 개정규정을 위반한 것으로 본다.

부 칙 <2014·3·24 법12504>

이 법은 공포한 날부터 시행한다. 다만, 법률 제11990호 개인정보 보호법 일부개정법률 제24조의2 및 제75조제 2 항제 5 호의 개정규정은 2016년 1월 1일부터 시행한다.

부 칙 <2014·11·19 법12844>

제1조(시행일) 이 법은 공포한 날부터 시행한다. 〈단서 생략〉

제2조부터 **제7조**까지 생략

부 칙 <2015·7·24 법13423>

제1조(시행일) 이 법은 공포한 날부터 시행한다. 다만, 제8조제1항, 제8조의2, 제9조, 제11조제1항, 제32조의2, 제39조제3항·제4항, 제39조의2, 제40조, 제75조제2항제7호의2의 개정규정은 공포 후 1년이 경과한 날부터, 법률 제12504호 개인정보 보호법 일부개정법률 제24조의2제2항 전단 및 제75조제2항제4호의3의 개정규정은 2016년 1월 1일부터 각각 시행한다.

제2조(손해배상에 관한 적용례) 제39조제3항·제4항 및 제39조의2의 개정규정은 이 법 시행 후에 분실·도난·유출·위조·변조 또는 훼손된 개인정보에 관한 손해배상 청구분부터 적용한다.

제3조(개인정보 보호 인증에 관한 경과조치) 이 법 시행 전에 행정자치부장관으로부터 개인정보 보호 인증을 받은 자는 제32조의2의 개정규정에 따른 개인정보 보호 인증을 받은 것으로 본다.

제4조(개인정보 인증 심사원 자격에 관한 경과조치) 이 법 시행 전에 개인정보 보호 인증 심사원의 자격을 취득한 자는 이 법에 따른 개인정보 보호 인증 심사원의 자격을 취득한 것으로 본다.

제5조(개인정보 분쟁조정위원회 위원의 임기에 관한 경과조치) 이 법 시행 전에 행정자치부장관이 임명하거나 위촉한 분쟁조정위원회 위원은 제40조의 개정규정에 따른 보호위원회가 위촉한 분쟁조정위원회 위원으로 본다.

제6조(벌칙 등에 관한 경과조치) 이 법 시행 전의 위반행위에 대하여 벌칙 또는 과태료를 적용할 때에는 종전의 규정에 따른다.

부 칙 <2016·3·29 법14107>

제1조(시행일) 이 법은 공포 후 6개월이 경과한 날부터 시행한다. 다만, 제24조의2제1항제1호 및 제67조제2항제5호의 개정규정은 공포 후 1년이 경과한 날부터 시행한다.

제2조(정보주체 이외로부터 수집한 개인정보의 수집 출처 등 고지에 관한 적용례) 제20조제2항 및 제3항의 개정규정은 이 법 시행 후 최초로 정보주체 이외로부터 개인정보를 수집하는 경우부터 적용한다.

제3조(개인정보 처리방침에 관한 경과조치) ① 이 법 시행 당시 종전의 규정에 따른 개인정보 처리방침은 제30조제1항의 개정규정에 따른 개인정보 처리방침으로 본다.

② 개인정보처리자는 이 법 시행 후 6개월 이내에 제1항에 따른 개인정보 처리방침을 제30조제1항의 개정취지에 맞도록 개정하여야 한다.

부 칙 <2017·4·18 법14765>

이 법은 공포 후 6개월이 경과한 날부터 시행한다.

부 칙 <2017·7·26 법14839>

제1조(시행일) ① 이 법은 공포한 날부터 시행한다. 〈단서 생략〉

제2조부터 **제6조**까지 생략

부 칙 <2020·2·4 법16930>

제1조(시행일) 이 법은 공포 후 6개월이 경과한 날부터 시행한다.

제2조(위원 임기에 관한 경과조치) 이 법 시행 당시 종전의 규정에 따라 임명된 보호위원회의 위원의 임기는 이 법 시행 전날 만료된 것으로 본다.

제3조(기능조정에 따른 소관 사무 등에 관한 경과조치) ① 이 법 시행 당시 「방송통신위원회의 설치 및 운영에 관한 법률」 제11조제1항의 방송통신위원회의 소관사무 중 개인정보 보호에 해당하는 사무는 보호위원회가 승계한다.

② 이 법 시행 당시 행정안전부장관의 소관사무 중 제7조의8의 개정규정에 따른 사무는 보호위원회가 승계한다.

③ 이 법 시행 전에 행정안전부장관이 행한 고시·행정처분, 그 밖에 행정안전부장관의 행위와 행정안전부장관에 대한 신청·신고, 그 밖의 행위 중 그 소관이 행정안전부장관으로부터 보호위원회로 이관되는 사항에 관한 행위는 보호위원회의 행위 또는 보호위원회에 대한 행위로 본다.

④ 이 법 시행 전에 방송통신위원회가 행한

고시 · 행정처분, 그 밖의 행위와 신고 등 방송통신위원회에 대한 행위 중 그 소관이 방송통신위원회에서 보호위원회로 이관되는 사항에 관한 행위는 이 법에 따른 보호위원회의 행위 또는 보호위원회에 대한 행위로 본다.

⑤ 이 법 시행 당시 행정안전부 · 방송통신위원회 소속 공무원 중 대통령령으로 정하는 공무원은 이 법에 따른 보호위원회 소속 공무원으로 본다.

제 4 조(보호위원회에 관한 경과조치) ① 이 법 시행 당시 종전의 규정에 따른 보호위원회의 행위나 보호위원회에 대한 행위는 이 법에 따른 보호위원회의 행위나 보호위원회에 대한 행위로 본다.

제 5 조(개인정보보호 관리체계 인증기관 등에 관한 경과조치) ① 이 법 시행 당시 「정보통신망 이용촉진 및 정보보호 등에 관한 법률」(이하 "「정보통신망법」"이라 한다) 제47조의3에 따라 인증기관 또는 심사기관으로 지정받은 자는 이 법 제32조의2에 따라 전문기관으로 지정받은 것으로 본다.

② 이 법 시행 당시 「정보통신망법」 제47조의3에 따라 개인정보보호 관리체계 인증을 받거나 인증심사원 자격을 부여받은 자는 이 법 제32조의2에 따라 개인정보보호 관리체계 인증을 받거나 인증심사원 자격을 부여받은 것으로 본다.

제 6 조(권한의 위임 · 위탁에 관한 경과조치) 이 법 시행 당시 종전의 규정에 따라 행정안전부장관의 권한 일부를 위임 또는 위탁받은 특별시장, 광역시장, 도지사, 특별자치도지사, 특별자치시장 또는 전문기관은 이 법에 따라 보호위원회의 권한 일부를 위임 또는 위탁받은 것으로 본다.

제 7 조(벌칙 및 과태료에 관한 경과조치) 이 법 시행 전의 행위에 대한 벌칙 및 과태료의 적용은 종전의 규정에 따른다.

제 8 조(과징금 부과에 관한 경과조치) 이 법 시행 전에 종료된 행위에 대한 과징금의 부과는 종전의 규정에 따른다.

제 9 조(다른 법률의 개정) 생략

제10조(다른 법령과의 관계) ① 이 법 시행 당시 다른 법령(이 법 시행 전에 공포되었으나 시행일이 도래하지 아니한 법령을 포함한다)에서 이 법에 따라 보호위원회가 승계하는 방송통신위원회 및 행정안전부의 사무와 관련하여 "방송통신위원회" 또는 "방송통신위원회 위원장"을 인용한 경우에는 그 법령에서 규정한 내용에 따라 "보호위원회" 또는 "보호위원회 위원장"을 인용한 것으로, "방송통신위원회 소속 공무원"을 인용한 경우에는 "보호위원회 소속 공무원"을 인용한 것으로 보며, "행정안전부" 또는 "행정안전부장관"을 인용한 경우에는 그 법령에서 규정한 내용에 따라 "보호위원회" 또는 "보호위원회 위원장"을 인용한 것으로, "행정안전부 소속 공무원"을 인용한 경우에는 "보호위원회 소속 공무원"을 인용한 것으로 본다.

② 이 법 시행 당시 다른 법령에서 종전의 「정보통신망법」 또는 그 규정을 인용하고 있는 경우 이 법에 그에 해당하는 규정이 있는 때에는 이 법 또는 이 법의 해당 규정을 인용한 것으로 본다.

부　칙 <2023 · 3 · 14 법19234>

제 1 조(시행일) 이 법은 공포 후 6개월이 경과한 날부터 시행한다. 다만, 다음 각 호의 개정규정은 각 호의 구분에 따른 날부터 시행한다.

1. 제11조의2, 제31조, 제35조의3, 제37조의2, 제39조의7, 제60조제 5 호, 제75조제 2 항제16호 · 제20호 · 제21호 · 제24호 및 같은 조 제 4 항제 1 호 · 제 9 호의 개정규정 : 공포 후 1년이 경과한 날
2. 제35조의2의 개정규정 : 공포 후 1년이 경과한 날부터 공포 후 2년이 넘지 아니하는 범위에서 대통령령으로 정하는 날

제 2 조(개인정보 유출 등의 통지 · 신고에 관한 적용례) 제34조의 개정규정은 이 법 시행 이후 개인정보가 분실 · 도난 · 유출되었음을 알게 된 경우부터 적용한다.

제 3 조(손해배상청구소송에서 자료의 제출 및 비밀유지 명령 등에 관한 적용례) 제39조의3부터 제39조의6까지의 개정규정은 이 법 시행 이후 손해배상청구의 소를 제기하는 경우부터 적용한다.

제 4 조(분쟁조정에 관한 적용례) 제43조제 3 항, 제45조제 2 항부터 제 4 항까지, 제45조

의2 및 제47조제3항·제4항의 개정규정은 이 법 시행 이후 분쟁조정 또는 집단분쟁조정이 신청되거나 의뢰되는 경우부터 적용한다.

제5조(적용의 일부 제외에 관한 적용례) 제58조의 개정규정은 이 법 시행 이후 개인정보를 처리하는 경우부터 적용한다.

제6조(결과의 공표에 관한 적용례) 제66조제2항의 개정규정은 이 법 시행 이후 제61조에 따른 개선권고, 제64조에 따른 시정조치 명령, 제64조의2에 따른 과징금의 부과, 제65조에 따른 고발 또는 징계권고 및 제75조에 따른 과태료 부과 처분의 대상이 되는 행위를 한 경우부터 적용한다.

제7조(연차보고에 관한 적용례) 제67조의 개정규정은 이 법 시행 이후 그 다음 연도에 작성하는 보고서부터 적용한다.

제8조(과징금 부과에 관한 경과조치 등) ① 이 법 시행 전에 종료된 위반행위에 대한 과징금의 부과는 제64조의2의 개정규정에도 불구하고 종전의 제28조의6, 제34조의2 및 제39조의15에 따른다.

② 이 법 시행 당시 종료되지 아니한 위반행위에 대한 과징금의 부과는 제64조의2의 개정규정에 따른다.

제9조(개인정보파일의 등록에 관한 경과조치) 이 법 시행 당시 종전의 제58조제1항제1호에 따른 개인정보가 포함된 개인정보파일을 운용하고 있는 공공기관의 장은 이 법 시행일부터 60일 이내에 해당 개인정보파일을 제32조의 개정규정에 따라 보호위원회에 등록을 하여야 한다.

제10조(개인정보 영향평가에 관한 경과조치) 이 법 시행 당시 종전의 제58조제1항제1호에 따른 개인정보가 포함된 개인정보파일(제33조제1항에 따른 영향평가의 대상이 되는 개인정보파일에 한정한다)을 운용하고 있는 공공기관의 장은 이 법 시행일부터 2년 이내에 영향평가를 실시하고 그 결과를 보호위원회에 제출하여야 한다.

제11조(다른 법률의 개정) 생략

●통신비밀보호법

〔1993・12・27 법률제4650호〕

개정

1997・12・13 법률제 5454호(정부부처명칭등의변경에 따른건축법등의정비에관한법률)
1999・ 1・21 법률제 5681호(국가정보원법)
2000・ 1・12 법률제 6146호(마약류관리에관한법률)
2000・12・29 법률제 6305호(관세법)
2001・ 1・ 8 법률제 6346호(전기통신사업법)
2001・12・29 법률제 6546호
2002・ 1・26 법률제 6626호(민사소송법)
2004・ 1・29 법률제 7138호
2005・ 1・27 법률제 7371호
2005・ 3・31 법률제 7428호(채무자 회생 및 파산에 관한 법률)
2005・ 5・26 법률제 7503호
2007・12・21 법률제 8728호(형의 집행 및 수용자의 처우에 관한 법률)
2007・12・21 법률제 8733호(군사기지 및 군사시설 보호법)
2008・ 2・29 법률제 8867호(방송통신위원회의 설치 및 운영에 관한 법률)
2009・ 5・28 법률제 9752호
2009・11・ 2 법률제 9819호(군에서의 형의 집행 및 군수용자의 처우에 관한 법률)
2013・ 3・23 법률제11690호(정부조직법)
2013・ 4・ 5 법률제11731호(형법)
2014・ 1・14 법률제12229호
2014・10・15 법률제12764호
2015・ 1・ 6 법률제12960호(총포・도검・화약류 등의 안전관리에 관한 법률)
2015・12・22 법률제13591호
2016・ 1・ 6 법률제13717호(특정범죄 가중처벌 등에 관한 법률)
2016・ 1・ 6 법률제13719호(형법)
2016・ 1・ 6 법률제13722호(군사법원법)
2016・ 3・ 3 법률제14071호(국민보호와 공공안전을 위한 테러방지법)
2017・ 7・26 법률제14839호(정부조직법)
2018・ 3・20 법률제15493호
2019・12・31 법률제16849호
2020・ 3・24 법률제17090호
2020・ 3・24 법률제17125호(법원조직법)
2020・ 6・ 9 법률제17347호(법률용어 정비를 위한 과학기술정보방송통신위원회 소관 32개 법률 일부개정을 위한 법률)
2021・ 1・ 5 법률제17831호
2021・ 3・16 법률제17935호
2021・ 9・24 법률제18465호(군사법원법)
2021・10・19 법률제18483호
2022・12・27 법률제19103호
2024・ 1・23 법률제20072호
2025・ 1・31 법률제20735호→2025년 8월 1일 시행

제 1 조(목적) 이 법은 통신 및 대화의 비밀과 자유에 대한 제한은 그 대상을 한정하고 엄격한 법적 절차를 거치도록 함으로써 통신비밀을 보호하고 통신의 자유를 신장함을 목적으로 한다.

제 2 조(정의) 이 법에서 사용하는 용어의 정의는 다음과 같다. <개정 2001・12・29, 2004・1・29, 2005・1・27>

1. "통신"이라 함은 우편물 및 전기통신을 말한다.
2. "우편물"이라 함은 우편법에 의한 통상우편물과 소포우편물을 말한다.
3. "전기통신"이라 함은 전화・전자우편・회원제정보서비스・모사전송・무선호출 등과 같이 유선・무선・광선 및 기타의 전자적 방식에 의하여 모든 종류의 음향・문언・부호 또는 영상을 송신하거나 수신하는 것을 말한다.
4. "당사자"라 함은 우편물의 발송인과 수취인, 전기통신의 송신인과 수신인을 말한다.
5. "내국인"이라 함은 대한민국의 통치권이 사실상 행사되고 있는 지역에 주소 또는 거소를 두고 있는 대한민국 국민을 말한다.
6. "검열"이라 함은 우편물에 대하여 당사자의 동의없이 이를 개봉하거나 기타의 방법으로 그 내용을 지득 또는 채록하거나 유치하는 것을 말한다.
7. "감청"이라 함은 전기통신에 대하여 당사자의 동의없이 전자장치・기계장치 등을 사용하여 통신의 음향・문언・부호・영상을 청취・공독하여 그 내용을 지득 또는 채록하거나 전기통신의 송・수신을 방해하는 것을 말한다.
8. "감청설비"라 함은 대화 또는 전기통신의 감청에 사용될 수 있는 전자장치・기계장치 기타 설비를 말한다. 다만, 전기통신 기계・기구 또는 그 부품으로서 일반적으로 사용되는 것 및 청각교정을 위한 보청기 또는 이와 유사한 용도로 일반적으로

사용되는 것 중에서, 대통령령이 정하는 것을 제외한다.

8의2. "불법감청설비탐지"라 함은 이 법의 규정에 의하지 아니하고 행하는 감청 또는 대화의 청취에 사용되는 설비를 탐지하는 것을 말한다.

9. "전자우편"이라 함은 컴퓨터 통신망을 통해서 메시지를 전송하는 것 또는 전송된 메시지를 말한다.

10. "회원제정보서비스"라 함은 특정의 회원이나 계약자에게 제공하는 정보서비스 또는 그와 같은 네트워크의 방식을 말한다.

11. "통신사실확인자료"라 함은 다음 각목의 어느 하나에 해당하는 전기통신사실에 관한 자료를 말한다.

가. 가입자의 전기통신일시

나. 전기통신개시·종료시간

다. 발·착신 통신번호 등 상대방의 가입자번호

라. 사용도수

마. 컴퓨터통신 또는 인터넷의 사용자가 전기통신역무를 이용한 사실에 관한 컴퓨터통신 또는 인터넷의 로그기록자료

바. 정보통신망에 접속된 정보통신기기의 위치를 확인할 수 있는 발신기지국의 위치추적자료

사. 컴퓨터통신 또는 인터넷의 사용자가 정보통신망에 접속하기 위하여 사용하는 정보통신기기의 위치를 확인할 수 있는 접속지의 추적자료

12. "단말기기 고유번호"라 함은 이동통신사업자와 이용계약이 체결된 개인의 이동전화 단말기기에 부여된 전자적 고유번호를 말한다.

제 3 조(통신 및 대화비밀의 보호) ① 누구든지 이 법과 형사소송법 또는 군사법원법의 규정에 의하지 아니하고는 우편물의 검열·전기통신의 감청 또는 통신사실확인자료의 제공을 하거나 공개되지 아니한 타인간의 대화를 녹음 또는 청취하지 못한다. 다만, 다음 각호의 경우에는 당해 법률이 정하는 바에 의한다. <개정 2000·12·29, 2001·12·29, 2004·1·29, 2005·3·31, 2007·12·21, 2009·11·2>

1. 환부우편물 등의 처리 : 우편법 제28조·제32조·제35조·제36조 등의 규정에 의하여 폭발물 등 우편금제품이 들어 있다고 의심되는 소포우편물(이와 유사한 우편물을 포함한다)을 개피하는 경우, 수취인에게 배달할 수 없거나 수취인이 수령을 거부한 우편물을 발송인에게 환부하는 경우, 발송인의 주소·성명이 누락된 우편물로서 수취인이 수취를 거부하여 환부하는 때에 그 주소·성명을 알기 위하여 개피하는 경우 또는 유가물이 든 환부불능우편물을 처리하는 경우

2. 수출입우편물에 대한 검사 : 관세법 제256조·제257조 등의 규정에 의한 신서외의 우편물에 대한 통관검사절차

3. 구속 또는 복역 중인 사람에 대한 통신 : 형사소송법 제91조, 군사법원법 제131조, 「형의 집행 및 수용자의 처우에 관한 법률」 제41조·제43조·제44조 및 「군에서의 형의 집행 및 군수용자의 처우에 관한 법률」 제42조·제44조 및 제45조에 따른 구속 또는 복역 중인 사람에 대한 통신의 관리

4. 파산선고를 받은 자에 대한 통신 : 「채무자 회생 및 파산에 관한 법률」 제484조의 규정에 의하여 파산선고를 받은 자에게 보내온 통신을 파산관재인이 수령하는 경우

5. 혼신제거 등을 위한 전파감시 : 전파법 제49조 내지 제51조의 규정에 의한 혼신제거 등 전파질서유지를 위한 전파감시의 경우

② 우편물의 검열 또는 전기통신의 감청(이하 "통신제한조치"라 한다)은 범죄수사 또는 국가안전보장을 위하여 보충적인 수단으로 이용되어야 하며, 국민의 통신비밀에 대한 침해가 최소한에 그치도록 노력하여야 한다. <신설 2001·12·29>

③ 누구든지 단말기기 고유번호를 제공하거나 제공받아서는 아니된다. 다만, 이동전화단말기 제조업체 또는 이동통신사업자가 단말기의 개통처리 및 수리 등 정당한 업무의 이행을 위하여 제공하거나 제공받는 경우에는 그러하지 아니하다. <신설 2004·1·29>

제 4 조(불법검열에 의한 우편물의 내용과 불법감청에 의한 전기통신내용의 증거사용 금지) 제 3 조의 규정에 위반하여, 불법검열에 의하여 취득한 우편물이나 그 내용 및 불법감청에 의하여 지득 또는 채록된 전기통신의 내용은 재판 또는 징계절차에서 증거로 사용할 수 없다.

제 5 조(범죄수사를 위한 통신제한조치의 허가요건) ① 통신제한조치는 다음 각호의 범죄를 계획 또는 실행하고 있거나 실행하였다고 의심할 만한 충분한 이유가 있고 다른 방법으로는 그 범죄의 실행을 저지하거나 범인의 체포 또는 증거의 수집이 어려운 경우에 한하여 허가할 수 있다. <개정 1997·12·13, 2000·1·12, 2001·12·29, 2007·12·21, 2013·4·5, 2015·1·6, 2016·1·6, 2019·12·31>

1. 형법 제 2 편중 제 1 장 내란의 죄, 제 2 장 외환의 죄중 제92조 내지 제101조의 죄, 제 4 장 국교에 관한 죄중 제107조, 제108조, 제111조 내지 제113조의 죄, 제 5장 공안을 해하는 죄중 제114조, 제115조의 죄, 제 6 장 폭발물에 관한 죄, 제 7 장공무원의 직무에 관한 죄중 제127조, 제129조 내지 제133조의 죄, 제 9 장 도주와 범인은닉의 죄, 제13장 방화와 실화의 죄중 제164조 내지 제167조·제172조 내지 제173조·제174조 및 제175조의 죄, 제17장 아편에 관한 죄, 제18장 통화에 관한 죄, 제19장 유가증권, 우표와 인지에 관한 죄중 제214조 내지 제217조, 제223조(제214조 내지 제217조의 미수범에 한한다) 및 제224조(제214조 및 제215조의 예비·음모에 한한다), 제24장 살인의 죄, 제29장 체포와 감금의 죄, 제30장 협박의 죄중 제283조제 1 항, 제284조, 제285조(제283조제 1 항, 제284조의 상습범에 한한다), 제286조[제283조제 1 항, 제284조, 제285조(제283조제 1 항, 제284조의 상습범에 한한다)의 미수범에 한한다]의 죄, 제31장 약취(略取), 유인(誘引) 및 인신매매의 죄, 제32장 강간과 추행의 죄중 제297조 내지 제301조의2, 제305조의 죄, 제34장 신용, 업무와 경매에 관한 죄중 제315조의 죄, 제37장 권리행사를 방해하는 죄중 제324조의2 내지 제324조의4·제324조의5(제324조의2 내지 제324조의4의 미수범에 한한다)의 죄, 제38장 절도와 강도의 죄중 제329조 내지 제331조, 제332조(제329조 내지 제331조의 상습범에 한한다), 제333조 내지 제341조, 제342조[제329조 내지 제331조, 제332조(제329조 내지 제331조의 상습범에 한한다), 제333조 내지 제341조의 미수범에 한한다]의 죄, 제39장 사기와 공갈의 죄 중 제350조, 제350조의2, 제351조(제350조, 제350조의2의 상습범에 한정한다), 제352조(제350조, 제350조의2의 미수범에 한정한다)의 죄, 제41장 장물에 관한 죄 중 제363조의 죄
2. 군형법 제 2 편중 제 1 장 반란의 죄, 제 2 장 이적의 죄, 제 3 장 지휘권 남용의 죄, 제 4 장 지휘관의 항복과 도피의 죄, 제 5 장 수소이탈의 죄, 제 7 장 군무태만의 죄중 제42조의 죄, 제 8 장 항명의 죄, 제 9 장 폭행·협박·상해와 살인의 죄, 제11장 군용물에 관한 죄, 제12장 위령의 죄중 제78조·제80조·제81조의 죄
3. 국가보안법에 규정된 범죄
4. 군사기밀보호법에 규정된 범죄
5. 「군사기지 및 군사시설 보호법」에 규정된 범죄
6. 마약류관리에관한법률에 규정된 범죄중 제58조 내지 제62조의 죄
7. 폭력행위등처벌에관한법률에 규정된 범죄중 제 4 조 및 제 5 조의 죄
8. 「총포·도검·화약류 등의 안전관리에 관한 법률」에 규정된 범죄중 제70조 및 제71조제 1 호 내지 제 3 호의 죄
9. 「특정범죄 가중처벌 등에 관한 법률」에 규정된 범죄중 제 2 조 내지 제 8 조, 제11조, 제12조의 죄
10. 특정경제범죄가중처벌등에관한법률에 규정된 범죄중 제 3 조 내지 제 9 조의 죄
11. 제 1 호와 제 2 호의 죄에 대한 가중처벌을 규정하는 법률에 위반하는 범죄
12. 「국제상거래에 있어서 외국공무원에 대한 뇌물방지법」에 규정된 범죄 중 제 3 조 및 제 4 조의 죄

② 통신제한조치는 제 1 항의 요건에 해당하는 자가 발송·수취하거나 송·수신하는 특정한 우편물이나 전기통신 또는 그 해당자가 일정한 기간에 걸쳐 발송·수취하거나 송·수신하는 우편물이나 전기통신을 대상으로 허가될 수 있다.

제 6 조(범죄수사를 위한 통신제한조치의 허가절차) ① 검사(군검사를 포함한다. 이하 같다)는 제 5 조제 1 항의 요건이 구비된 경우에는 법원(군사법원을 포함한다. 이하 같다)에 대하여 각 피의자별 또는 각 피내사자별로 통신제한조치를 허가하여 줄 것을 청구할 수 있다. <개정 2001·12·29, 2016·1·6>

② 사법경찰관(군사법경찰관을 포함한다. 이하 같다)은 제5조제1항의 요건이 구비된 경우에는 검사에 대하여 각 피의자별 또는 각 피내사자별로 통신제한조치에 대한 허가를 신청하고, 검사는 법원에 대하여 그 허가를 청구할 수 있다. <개정 2001·12·29>
③ 제1항 및 제2항의 통신제한조치 청구사건의 관할법원은 그 통신제한조치를 받을 통신당사자의 쌍방 또는 일방의 주소지·소재지, 범죄지 또는 통신당사자와 공범관계에 있는 자의 주소지·소재지를 관할하는 지방법원 또는 지원(군사법원을 포함한다)으로 한다. <개정 2001·12·29, 2021·9·24>
④ 제1항 및 제2항의 통신제한조치청구는 필요한 통신제한조치의 종류·그 목적·대상·범위·기간·집행장소·방법 및 당해 통신제한조치가 제5조제1항의 허가요건을 충족하는 사유 등의 청구이유를 기재한 서면(이하 "청구서"라 한다)으로 하여야 하며, 청구이유에 대한 소명자료를 첨부하여야 한다. 이 경우 동일한 범죄사실에 대하여 그 피의자 또는 피내사자에 대하여 통신제한조치의 허가를 청구하였거나 허가받은 사실이 있는 때에는 다시 통신제한조치를 청구하는 취지 및 이유를 기재하여야 한다. <개정 2001·12·29>
⑤ 법원은 청구가 이유있다고 인정하는 경우에는 각 피의자별 또는 각 피내사자별로 통신제한조치를 허가하고, 이를 증명하는 서류(이하 "허가서"라 한다)를 청구인에게 발부한다. <개정 2001·12·29>
⑥ 제5항의 허가서에는 통신제한조치의 종류·그 목적·대상·범위·기간 및 집행장소와 방법을 특정하여 기재하여야 한다. <개정 2001·12·29>
⑦ 통신제한조치의 기간은 2개월을 초과하지 못하고, 그 기간 중 통신제한조치의 목적이 달성되었을 경우에는 즉시 종료하여야 한다. 다만, 제5조제1항의 허가요건이 존속하는 경우에는 소명자료를 첨부하여 제1항 또는 제2항에 따라 2개월의 범위에서 통신제한조치기간의 연장을 청구할 수 있다. <개정 2001·12·29, 2019·12·31>
⑧ 검사 또는 사법경찰관이 제7항 단서에 따라 통신제한조치의 연장을 청구하는 경우에 통신제한조치의 총 연장기간은 1년을 초과할 수 없다. 다만, 다음 각 호의 어느 하나에 해당하는 범죄의 경우에는 통신제한조치의 총 연장기간이 3년을 초과할 수 없다. <신설 2019·12·31>
1. 「형법」 제2편 중 제1장 내란의 죄, 제2장 외환의 죄 중 제92조부터 제101조까지의 죄, 제4장 국교에 관한 죄 중 제107조, 제108조, 제111조부터 제113조까지의 죄, 제5장 공안을 해하는 죄 중 제114조, 제115조의 죄 및 제6장 폭발물에 관한 죄
2. 「군형법」 제2편 중 제1장 반란의 죄, 제2장 이적의 죄, 제11장 군용물에 관한 죄 및 제12장 위령의 죄 중 제78조·제80조·제81조의 죄
3. 「국가보안법」에 규정된 죄
4. 「군사기밀보호법」에 규정된 죄
5. 「군사기지 및 군사시설보호법」에 규정된 죄
⑨ 법원은 제1항·제2항 및 제7항 단서에 따른 청구가 이유없다고 인정하는 경우에는 청구를 기각하고 이를 청구인에게 통지한다. <개정 2019·12·31>

제7조(국가안보를 위한 통신제한조치) ① 대통령령이 정하는 정보수사기관의 장(이하 "정보수사기관의 장"이라 한다)은 국가안전보장에 상당한 위험이 예상되는 경우 또는 「국민보호와 공공안전을 위한 테러방지법」 제2조제6호의 대테러활동에 필요한 경우에 한하여 그 위해를 방지하기 위하여 이에 관한 정보수집이 특히 필요한 때에는 다음 각 호의 구분에 따라 통신제한조치를 할 수 있다. <개정 2001·12·29, 2016·3·3, 2020·3·24>
1. 통신의 일방 또는 쌍방당사자가 내국인인 때에는 고등법원 수석판사의 허가를 받아야 한다. 다만, 군용전기통신법 제2조의 규정에 의한 군용전기통신(작전수행을 위한 전기통신에 한한다)에 대하여는 그러하지 아니하다.
2. 대한민국에 적대하는 국가, 반국가활동의 혐의가 있는 외국의 기관·단체와 외국인, 대한민국의 통치권이 사실상 미치지 아니하는 한반도내의 집단이나 외국에 소재하는 그 산하단체의 구성원의 통신인 때 및 제1항제1호 단서의 경우에는 서면으로 대통령의 승인을 얻어야 한다.
② 제1항의 규정에 의한 통신제한조치의 기간은 4월을 초과하지 못하고, 그 기간중 통

신제한조치의 목적이 달성되었을 경우에는 즉시 종료하여야 하되, 제 1 항의 요건이 존속하는 경우에는 소명자료를 첨부하여 고등법원 수석판사의 허가 또는 대통령의 승인을 얻어 4월의 범위 이내에서 통신제한조치의 기간을 연장할 수 있다. 다만, 제 1 항제 1 호 단서의 규정에 의한 통신제한조치는 전시·사변 또는 이에 준하는 국가비상사태에 있어서 적과 교전상태에 있는 때에는 작전이 종료될 때까지 대통령의 승인을 얻지 아니하고 기간을 연장할 수 있다. <개정 2001·12·29, 2020·3·24>

③ 제 1 항제 1 호에 따른 허가에 관하여는 제 6 조제 2 항, 제 4 항부터 제 6 항까지 및 제 9 항을 준용한다. 이 경우 "사법경찰관(군사법경찰관을 포함한다. 이하 같다)"은 "정보수사기관의 장"으로, "법원"은 "고등법원 수석판사"로, "제 5 조제 1 항"은 "제 7 조제 1 항제 1 호 본문"으로, 제 6 조제 2 항 및 제 5 항 중 "각 피의자별 또는 각 피내사자별로 통신제한조치"는 각각 "통신제한조치"로 본다. <개정 2019·12·31, 2020·3·24>

④ 제 1 항제 2 호의 규정에 의한 대통령의 승인에 관한 절차 등 필요한 사항은 대통령령으로 정한다.

제 8 조(긴급통신제한조치) ① 검사, 사법경찰관 또는 정보수사기관의 장은 국가안보를 위협하는 음모행위, 직접적인 사망이나 심각한 상해의 위험을 야기할 수 있는 범죄 또는 조직범죄 등 중대한 범죄의 계획이나 실행 등 긴박한 상황에 있고 제 5 조제 1 항 또는 제 7 조제 1 항제 1 호의 규정에 의한 요건을 구비한 자에 대하여 제 6 조 또는 제 7 조제 1 항 및 제 3 항의 규정에 의한 절차를 거칠 수 없는 긴급한 사유가 있는 때에는 법원의 허가없이 통신제한조치를 할 수 있다.

② 검사, 사법경찰관 또는 정보수사기관의 장은 제 1 항에 따른 통신제한조치(이하 "긴급통신제한조치"라 한다)의 집행에 착수한 후 지체 없이 제 6 조(제 7 조제 3 항에서 준용하는 경우를 포함한다)에 따라 법원에 허가청구를 하여야 한다. <개정 2022·12·27>

③ 사법경찰관이 긴급통신제한조치를 할 경우에는 미리 검사의 지휘를 받아야 한다. 다만, 특히 급속을 요하여 미리 지휘를 받을 수 없는 사유가 있는 경우에는 긴급통신제한조치의 집행착수후 지체없이 검사의 승인을 얻어야 한다.

④ 검사, 사법경찰관 또는 정보수사기관의 장이 긴급통신제한조치를 하고자 하는 경우에는 반드시 긴급검열서 또는 긴급감청서(이하 "긴급감청서등"이라 한다)에 의하여야 하며 소속기관에 긴급통신제한조치대장을 비치하여야 한다.

⑤ 검사, 사법경찰관 또는 정보수사기관의 장은 긴급통신제한조치의 집행에 착수한 때부터 36시간 이내에 법원의 허가를 받지 못한 경우에는 해당 조치를 즉시 중지하고 해당 조치로 취득한 자료를 폐기하여야 한다. <개정 2022·12·27>

⑥ 검사, 사법경찰관 또는 정보수사기관의 장은 제 5 항에 따라 긴급통신제한조치로 취득한 자료를 폐기한 경우 폐기이유·폐기범위·폐기일시 등을 기재한 자료폐기결과보고서를 작성하여 폐기일부터 7일 이내에 제 2 항에 따라 허가청구를 한 법원에 송부하고, 그 부본(副本)을 피의자의 수사기록 또는 피내사자의 내사사건기록에 첨부하여야 한다. <개정 2022·12·27>

⑦ 삭제 <2022·12·27>

⑧ 정보수사기관의 장은 국가안보를 위협하는 음모행위, 직접적인 사망이나 심각한 상해의 위험을 야기할 수 있는 범죄 또는 조직범죄 등 중대한 범죄의 계획이나 실행 등 긴박한 상황에 있고 제 7 조제 1 항제 2 호에 해당하는 자에 대하여 대통령의 승인을 얻을 시간적 여유가 없거나 통신제한조치를 긴급히 실시하지 아니하면 국가안전보장에 대한 위해를 초래할 수 있다고 판단되는 때에는 소속장관(국가정보원장을 포함한다)의 승인을 얻어 통신제한조치를 할 수 있다.

⑨ 정보수사기관의 장은 제 8 항에 따른 통신제한조치의 집행에 착수한 후 지체 없이 제 7 조에 따라 대통령의 승인을 얻어야 한다. <개정 2022·12·27>

⑩ 정보수사기관의 장은 제 8 항에 따른 통신제한조치의 집행에 착수한 때부터 36시간 이내에 대통령의 승인을 얻지 못한 경우에는 해당 조치를 즉시 중지하고 해당 조치로 취득한 자료를 폐기하여야 한다. <신설 2022·12·27>

〔전부개정 2001·12·29〕

제 9 조(통신제한조치의 집행) ① 제 6 조 내지

제 8 조의 통신제한조치는 이를 청구 또는 신청한 검사·사법경찰관 또는 정보수사기관의 장이 집행한다. 이 경우 체신관서 기타 관련기관 등(이하 "통신기관등"이라 한다)에 그 집행을 위탁하거나 집행에 관한 협조를 요청할 수 있다. <개정 2001·12·29>

② 통신제한조치의 집행을 위탁하거나 집행에 관한 협조를 요청하는 자는 통신기관등에 통신제한조치허가서(제 7 조제 1 항제 2 호의 경우에는 대통령의 승인서를 말한다. 이하 이 조, 제16조제 2 항제 1 호 및 제17조제 1 항제 1 호·제 3 호에서 같다) 또는 긴급감청서등의 표지의 사본을 교부하여야 하며, 이를 위탁받거나 이에 관한 협조요청을 받은 자는 통신제한조치허가서 또는 긴급감청서등의 표지 사본을 대통령령이 정하는 기간동안 보존하여야 한다. <개정 2001·12·29>

③ 통신제한조치를 집행하는 자와 이를 위탁받거나 이에 관한 협조요청을 받은 자는 당해 통신제한조치를 청구한 목적과 그 집행 또는 협조일시 및 대상을 기재한 대장을 대통령령이 정하는 기간동안 비치하여야 한다. <신설 2001·12·29>

④ 통신기관등은 통신제한조치허가서 또는 긴급감청서등에 기재된 통신제한조치 대상자의 전화번호 등이 사실과 일치하지 않을 경우에는 그 집행을 거부할 수 있으며, 어떠한 경우에도 전기통신에 사용되는 비밀번호를 누설할 수 없다. <신설 2001·12·29>

제 9 조의2(통신제한조치의 집행에 관한 통지) ① 검사는 제 6 조제 1 항 및 제 8 조제 1 항에 따라 통신제한조치를 집행한 사건에 관하여 공소를 제기하거나, 공소의 제기 또는 입건을 하지 아니하는 처분(기소중지결정, 참고인중지결정을 제외한다)을 한 때에는 그 처분을 한 날부터 30일 이내에 우편물 검열의 경우에는 그 대상자에게, 감청의 경우에는 그 대상이 된 전기통신의 가입자에게 통신제한조치를 집행한 사실과 집행기관 및 그 기간 등을 서면으로 통지하여야 한다. 다만, 고위공직자범죄수사처(이하 "수사처"라 한다) 검사는 「고위공직자범죄수사처 설치 및 운영에 관한 법률」 제26조제 1 항에 따라 서울중앙지방검찰청 소속 검사에게 관계 서류와 증거물을 송부한 사건에 관하여 이를 처리하는 검사로부터 공소를 제기하거나 제기하지 아니하는 처분(기소중지결정, 참고인중지결정은 제외한다)의 통보를 받은 경우에도 그 통보를 받은 날부터 30일 이내에 서면으로 통지하여야 한다. <개정 2021·1·5>

② 사법경찰관은 제 6 조제 1 항 및 제 8 조제 1 항에 따라 통신제한조치를 집행한 사건에 관하여 검사로부터 공소를 제기하거나 제기하지 아니하는 처분(기소중지 또는 참고인중지 결정은 제외한다)의 통보를 받거나 검찰송치를 하지 아니하는 처분(수사중지 결정은 제외한다) 또는 내사사건에 관하여 입건하지 아니하는 처분을 한 때에는 그 날부터 30일 이내에 우편물 검열의 경우에는 그 대상자에게, 감청의 경우에는 그 대상이 된 전기통신의 가입자에게 통신제한조치를 집행한 사실과 집행기관 및 그 기간 등을 서면으로 통지하여야 한다. <개정 2021·3·16>

③ 정보수사기관의 장은 제 7 조제 1 항제 1 호 본문 및 제 8 조제 1 항의 규정에 의한 통신제한조치를 종료한 날부터 30일 이내에 우편물 검열의 경우에는 그 대상자에게, 감청의 경우에는 그 대상이 된 전기통신의 가입자에게 통신제한조치를 집행한 사실과 집행기관 및 그 기간 등을 서면으로 통지하여야 한다.

④ 제 1 항 내지 제 3 항의 규정에 불구하고 다음 각호의 1에 해당하는 사유가 있는 때에는 그 사유가 해소될 때까지 통지를 유예할 수 있다.

1. 통신제한조치를 통지할 경우 국가의 안전보장·공공의 안녕질서를 위태롭게 할 현저한 우려가 있는 때
2. 통신제한조치를 통지할 경우 사람의 생명·신체에 중대한 위험을 초래할 염려가 현저한 때

⑤ 검사 또는 사법경찰관은 제 4 항에 따라 통지를 유예하려는 경우에는 소명자료를 첨부하여 미리 관할 지방검찰청검사장의 승인을 받아야 한다. 다만, 수사처검사가 제 4 항에 따라 통지를 유예하려는 경우에는 소명자료를 첨부하여 미리 수사처장의 승인을 받아야 하고, 군검사 및 군사법경찰관이 제 4 항에 따라 통지를 유예하려는 경우에는 소명자료를 첨부하여 미리 관할 보통검찰부장의 승인을 받아야 한다. <개정 2016·1·6, 2021·1·5>

⑥ 검사, 사법경찰관 또는 정보수사기관의 장

은 제 4 항 각호의 사유가 해소된 때에는 그 사유가 해소된 날부터 30일 이내에 제 1 항 내지 제 3 항의 규정에 의한 통지를 하여야 한다.
〔본조신설 2001·12·29〕

제 9 조의3(압수·수색·검증의 집행에 관한 통지) ① 검사는 송·수신이 완료된 전기통신에 대하여 압수·수색·검증을 집행한 경우 그 사건에 관하여 공소를 제기하거나 공소의 제기 또는 입건을 하지 아니하는 처분(기소중지결정, 참고인중지결정을 제외한다)을 한 때에는 그 처분을 한 날부터 30일 이내에 수사대상이 된 가입자에게 압수·수색·검증을 집행한 사실을 서면으로 통지하여야 한다. 다만, 수사처검사는 「고위공직자범죄수사처 설치 및 운영에 관한 법률」 제26조제 1 항에 따라 서울중앙지방검찰청 소속 검사에게 관계서류와 증거물을 송부한 사건에 관하여 이를 처리하는 검사로부터 공소를 제기하거나 제기하지 아니하는 처분(기소중지결정, 참고인중지결정은 제외한다)의 통보를 받은 경우에도 그 통보를 받은 날부터 30일 이내에 서면으로 통지하여야 한다. <개정 2021·1·5>

② 사법경찰관은 송·수신이 완료된 전기통신에 대하여 압수·수색·검증을 집행한 경우 그 사건에 관하여 검사로부터 공소를 제기하거나 제기하지 아니하는 처분(기소중지 또는 참고인중지 결정은 제외한다)의 통보를 받거나 검찰송치를 하지 아니하는 처분(수사중지 결정은 제외한다) 또는 내사사건에 관하여 입건하지 아니하는 처분을 한 때에는 그 날부터 30일 이내에 수사대상이 된 가입자에게 압수·수색·검증을 집행한 사실을 서면으로 통지하여야 한다. <개정 2021·3·16>
〔본조신설 2009·5·28〕

제10조(감청설비에 대한 인가 및 인가의 취소 등) ① 감청설비를 제조·수입·판매·배포·소지·사용하거나 이를 위한 광고를 하고자 하는 자는 과학기술정보통신부장관의 인가를 받아야 한다. 다만, 국가기관의 경우에는 그러하지 아니하다. <개정 1997·12·13, 2008·2·29, 2013·3·23, 2017·7·26>

② 삭제 <2004·1·29>

③ 과학기술정보통신부장관은 제 1 항의 인가를 하는 경우에는 인가신청자, 인가연월일, 인가된 감청설비의 종류와 수량 등 필요한 사항을 대장에 기재하여 비치하여야 한다. <개정 1997·12·13, 2008·2·29, 2013·3·23, 2017·7·26>

④ 제 1 항의 인가를 받아 감청설비를 제조·수입·판매·배포·소지 또는 사용하는 자는 인가연월일, 인가된 감청설비의 종류와 수량, 비치장소 등 필요한 사항을 대장에 기재하여 비치하여야 한다. 다만, 지방자치단체의 비품으로서 그 직무수행에 제공되는 감청설비는 해당기관의 비품대장에 기재한다.

⑤ 과학기술정보통신부장관은 제 1 항에 따른 인가를 받은 자가 다음 각 호의 어느 하나에 해당하게 된 경우에는 그 인가를 취소하고, 그 뜻을 서면으로 알려야 한다. <신설 2025·1·31>
1. 거짓이나 그 밖의 부정한 방법으로 인가받은 것이 판명된 경우
2. 제 4 항을 위반한 경우

⑥ 그 밖에 인가 및 인가의 취소에 필요한 사항은 대통령령으로 정한다. <개정 2025·1·31>

제10조의2(국가기관 감청설비의 신고) ① 국가기관(정보수사기관은 제외한다)이 감청설비를 도입하는 때에는 매 반기별로 그 제원 및 성능 등 대통령령으로 정하는 사항을 과학기술정보통신부장관에게 신고하여야 한다. <개정 2008·2·29, 2013·3·23, 2017·7·26, 2020·6·9>

② 정보수사기관이 감청설비를 도입하는 때에는 매 반기별로 그 제원 및 성능 등 대통령령으로 정하는 사항을 국회정보위원회에 통보하여야 한다. <개정 2020·6·9>
〔본조신설 2001·12·29〕

제10조의3(불법감청설비탐지업의 등록 등) ① 영리를 목적으로 불법감청설비탐지업을 하고자 하는 자는 대통령령으로 정하는 바에 의하여 과학기술정보통신부장관에게 등록을 하여야 한다. <개정 2008·2·29, 2013·3·23, 2017·7·26, 2020·6·9>

② 제 1 항에 따른 등록은 법인만이 할 수 있다. <개정 2020·6·9>

③ 제 1 항에 따른 등록을 하고자 하는 자는 대통령령으로 정하는 이용자보호계획·사업계획·기술·재정능력·탐지장비 그 밖에 필요한 사항을 갖추어야 한다. <개정 2008·2·29, 2020·6·9>

④ 제 1 항에 따른 등록의 변경요건 및 절

차, 등록한 사업의 양도·양수·승계·휴업·폐업 및 그 신고, 등록업무의 위임 등에 관하여 필요한 사항은 대통령령으로 정한다. <개정 2020·6·9>
〔본조신설 2004·1·29〕

제10조의4(불법감청설비탐지업자의 결격사유) 법인의 대표자가 다음 각 호의 어느 하나에 해당하는 경우에는 제10조의3에 따른 등록을 할 수 없다. <개정 2005·3·31, 2014·10·15, 2015·12·22, 2020·6·9, 2021·10·19>
1. 피성년후견인 또는 피한정후견인
2. 파산선고를 받은 자로서 복권되지 아니한 자
3. 금고 이상의 실형을 선고받고 그 집행이 종료(집행이 종료된 것으로 보는 경우를 포함한다)되거나 집행이 면제된 날부터 3년이 지나지 아니한 자
4. 금고 이상의 형의 집행유예를 선고받고 그 유예기간 중에 있는 자
5. 법원의 판결 또는 다른 법률에 의하여 자격이 상실 또는 정지된 자
6. 제10조의5에 따라 등록이 취소(제10조의4제1호 또는 제2호에 해당하여 등록이 취소된 경우는 제외한다)된 법인의 취소당시 대표자로서 그 등록이 취소된 날부터 2년이 지나지 아니한 자

〔본조신설 2004·1·29〕

제10조의5(등록의 취소) 과학기술정보통신부장관은 불법감청설비탐지업을 등록한 자가 다음 각 호의 어느 하나에 해당하는 경우에는 그 등록을 취소하거나 6개월 이내의 기간을 정하여 그 영업의 정지를 명할 수 있다. 다만, 제1호 또는 제2호에 해당하는 경우에는 그 등록을 취소하여야 한다. <개정 2008·2·29, 2013·3·23, 2017·7·26, 2020·6·9>
1. 거짓이나 그 밖의 부정한 방법으로 등록 또는 변경등록을 한 경우
2. 제10조의4에 따른 결격사유에 해당하게 된 경우
3. 영업행위와 관련하여 알게 된 비밀을 다른 사람에게 누설한 경우
4. 불법감청설비탐지업 등록증을 다른 사람에게 대여한 경우
5. 영업행위와 관련하여 고의 또는 중대한 과실로 다른 사람에게 중대한 손해를 입힌 경우
6. 다른 법률의 규정에 의하여 국가 또는 지방자치단체로부터 등록취소의 요구가 있는 경우

〔본조신설 2004·1·29〕

제11조(비밀준수의 의무) ① 통신제한조치의 허가·집행·통보 및 각종 서류작성 등에 관여한 공무원 또는 그 직에 있었던 자는 직무상 알게 된 통신제한조치에 관한 사항을 외부에 공개하거나 누설하여서는 아니된다.
② 통신제한조치에 관여한 통신기관의 직원 또는 그 직에 있었던 자는 통신제한조치에 관한 사항을 외부에 공개하거나 누설하여서는 아니된다.
③ 제1항 및 제2항에 규정된 자 외에 누구든지 이 법에 따른 통신제한조치로 알게 된 내용을 이 법에 따라 사용하는 경우 외에는 이를 외부에 공개하거나 누설하여서는 아니 된다. <개정 2018·3·20>
④ 법원에서의 통신제한조치의 허가절차·허가여부·허가내용 등의 비밀유지에 관하여 필요한 사항은 대법원규칙으로 정한다.
〔전부개정 2001·12·29〕

제12조(통신제한조치로 취득한 자료의 사용제한) 제9조의 규정에 의한 통신제한조치의 집행으로 인하여 취득된 우편물 또는 그 내용과 전기통신의 내용은 다음 각호의 경우외에는 사용할 수 없다.
1. 통신제한조치의 목적이 된 제5조제1항에 규정된 범죄나 이와 관련되는 범죄를 수사·소추하거나 그 범죄를 예방하기 위하여 사용하는 경우
2. 제1호의 범죄로 인한 징계절차에 사용하는 경우
3. 통신의 당사자가 제기하는 손해배상소송에서 사용하는 경우
4. 기타 다른 법률의 규정에 의하여 사용하는 경우

제12조의2(범죄수사를 위하여 인터넷 회선에 대한 통신제한조치로 취득한 자료의 관리) ① 검사는 인터넷 회선을 통하여 송신·수신하는 전기통신을 대상으로 제6조 또는 제8조(제5조제1항의 요건에 해당하는 사람에 대한 긴급통신제한조치에 한정한다)에 따른 통신제한조치를 집행한 경우 그 전기통신을 제12조제1호에 따라 사용하거나 사용을 위하여 보관(이하 이 조에서 "보관등"이라 한다)하고자 하는 때에는 집행종료일부터 14

일 이내에 보관등이 필요한 전기통신을 선별하여 통신제한조치를 허가한 법원에 보관등의 승인을 청구하여야 한다.

② 사법경찰관은 인터넷 회선을 통하여 송신·수신하는 전기통신을 대상으로 제6조 또는 제8조(제5조제1항의 요건에 해당하는 사람에 대한 긴급통신제한조치에 한정한다)에 따른 통신제한조치를 집행한 경우 그 전기통신의 보관등을 하고자 하는 때에는 집행종료일부터 14일 이내에 보관등이 필요한 전기통신을 선별하여 검사에게 보관등의 승인을 신청하고, 검사는 신청일부터 7일 이내에 통신제한조치를 허가한 법원에 그 승인을 청구할 수 있다.

③ 제1항 및 제2항에 따른 승인청구는 통신제한조치의 집행 경위, 취득한 결과의 요지, 보관등이 필요한 이유를 기재한 서면으로 하여야 하며, 다음 각 호의 서류를 첨부하여야 한다.

1. 청구이유에 대한 소명자료
2. 보관등이 필요한 전기통신의 목록
3. 보관등이 필요한 전기통신. 다만, 일정 용량의 파일 단위로 분할하는 등 적절한 방법으로 정보저장매체에 저장·봉인하여 제출하여야 한다.

④ 법원은 청구가 이유 있다고 인정하는 경우에는 보관등을 승인하고 이를 증명하는 서류(이하 이 조에서 "승인서"라 한다)를 발부하며, 청구가 이유 없다고 인정하는 경우에는 청구를 기각하고 이를 청구인에게 통지한다.

⑤ 검사 또는 사법경찰관은 제1항에 따른 청구나 제2항에 따른 신청을 하지 아니하는 경우에는 집행종료일부터 14일(검사가 사법경찰관의 신청을 기각한 경우에는 그 날부터 7일) 이내에 통신제한조치로 취득한 전기통신을 폐기하여야 하고, 법원에 승인청구를 한 경우(취득한 전기통신의 일부에 대해서만 청구한 경우를 포함한다)에는 제4항에 따라 법원으로부터 승인서를 발부받거나 청구기각의 통지를 받은 날부터 7일 이내에 승인을 받지 못한 전기통신을 폐기하여야 한다.

⑥ 검사 또는 사법경찰관은 제5항에 따라 통신제한조치로 취득한 전기통신을 폐기한 때에는 폐기의 이유와 범위 및 일시 등을 기재한 폐기결과보고서를 작성하여 피의자의 수사기록 또는 피내사자의 내사사건기록에 첨부하고, 폐기일부터 7일 이내에 통신제한조치를 허가한 법원에 송부하여야 한다.

〔본조신설 2020·3·24〕

제13조(범죄수사를 위한 통신사실 확인자료제공의 절차) ① 검사 또는 사법경찰관은 수사 또는 형의 집행을 위하여 필요한 경우 전기통신사업법에 의한 전기통신사업자(이하 "전기통신사업자"라 한다)에게 통신사실 확인자료의 열람이나 제출(이하 "통신사실 확인자료제공"이라 한다)을 요청할 수 있다.

② 검사 또는 사법경찰관은 제1항에도 불구하고 수사를 위하여 통신사실확인자료 중 다음 각 호의 어느 하나에 해당하는 자료가 필요한 경우에는 다른 방법으로는 범죄의 실행을 저지하기 어렵거나 범인의 발견·확보 또는 증거의 수집·보전이 어려운 경우에만 전기통신사업자에게 해당 자료의 열람이나 제출을 요청할 수 있다. 다만, 제5조제1항 각 호의 어느 하나에 해당하는 범죄 또는 전기통신을 수단으로 하는 범죄에 대한 통신사실확인자료가 필요한 경우에는 제1항에 따라 열람이나 제출을 요청할 수 있다. <신설 2019·12·31>

1. 제2조제11호바목·사목 중 실시간 추적자료
2. 특정한 기지국에 대한 통신사실확인자료

③ 제1항 및 제2항에 따라 통신사실 확인자료제공을 요청하는 경우에는 요청사유, 해당 가입자와의 연관성 및 필요한 자료의 범위를 기록한 서면으로 관할 지방법원(군사법원을 포함한다. 이하 같다) 또는 지원의 허가를 받아야 한다. 다만, 관할 지방법원 또는 지원의 허가를 받을 수 없는 긴급한 사유가 있는 때에는 통신사실 확인자료제공을 요청한 후 지체 없이 그 허가를 받아 전기통신사업자에게 송부하여야 한다. <개정 2005·5·26, 2019·12·31, 2021·9·24>

④ 제3항 단서에 따라 긴급한 사유로 통신사실확인자료를 제공받았으나 지방법원 또는 지원의 허가를 받지 못한 경우에는 지체 없이 제공받은 통신사실확인자료를 폐기하여야 한다. <개정 2005·5·26, 2019·12·31>

⑤ 검사 또는 사법경찰관은 제3항에 따라 통신사실 확인자료제공을 받은 때에는 해당 통신사실 확인자료제공요청사실 등 필요한 사항을 기재한 대장과 통신사실 확인자료제공요청서 등 관련자료를 소속기관에 비치하여야 한다. <개정 2005·5·26, 2019·12·31>

⑥ 지방법원 또는 지원은 제3항에 따라 통신사실 확인자료제공 요청허가청구를 받은 현황, 이를 허가한 현황 및 관련된 자료를 보존하여야 한다. <개정 2005·5·26, 2019·12·31>
⑦ 전기통신사업자는 검사, 사법경찰관 또는 정보수사기관의 장에게 통신사실 확인자료를 제공한 때에는 자료제공현황 등을 연 2회 과학기술정보통신부장관에게 보고하고, 해당 통신사실 확인자료제공사실 등 필요한 사항을 기재한 대장과 통신사실 확인자료제공요청서 등 관련자료를 통신사실 확인자료를 제공한 날부터 7년간 비치하여야 한다. <개정 2008·2·29, 2013·3·23, 2017·7·26, 2019·12·31>
⑧ 과학기술정보통신부장관은 전기통신사업자가 제7항에 따라 보고한 내용의 사실여부 및 비치하여야 하는 대장 등 관련자료의 관리실태를 점검할 수 있다. <개정 2008·2·29, 2013·3·23, 2017·7·26, 2019·12·31>
⑨ 이 조에서 규정된 사항 외에 범죄수사를 위한 통신사실 확인자료제공과 관련된 사항에 관하여는 제6조(제7항 및 제8항은 제외한다)를 준용한다. <신설 2005·5·26, 2019·12·31>
[본조신설 2001·12·29]

제13조의2(법원에의 통신사실 확인자료제공) 법원은 재판상 필요한 경우에는 민사소송법 제294조 또는 형사소송법 제272조의 규정에 의하여 전기통신사업자에게 통신사실 확인자료제공을 요청할 수 있다. <개정 2002·1·26>
[본조신설 2001·12·29]

제13조의3(범죄수사를 위한 통신사실 확인자료제공의 통지) ① 검사 또는 사법경찰관은 제13조에 따라 통신사실 확인자료제공을 받은 사건에 관하여 다음 각 호의 구분에 따라 정한 기간 내에 통신사실 확인자료제공을 받은 사실과 제공요청기관 및 그 기간 등을 통신사실 확인자료제공의 대상이 된 당사자에게 서면으로 통지하여야 한다. <개정 2019·12·31, 2021·1·5, 2021·3·16>
1. 공소를 제기하거나, 공소제기·검찰송치를 하지 아니하는 처분(기소중지·참고인중지 또는 수사중지 결정은 제외한다) 또는 입건을 하지 아니하는 처분을 한 경우 : 그 처분을 한 날부터 30일 이내. 다만, 다음 각 목의 어느 하나에 해당하는 경우 그 통보를 받은 날부터 30일 이내
가. 수사처검사가 「고위공직자범죄수사처 설치 및 운영에 관한 법률」 제26조제1항에 따라 서울중앙지방검찰청 소속 검사에게 관계 서류와 증거물을 송부한 사건에 관하여 이를 처리하는 검사로부터 공소를 제기하거나 제기하지 아니하는 처분(기소중지 또는 참고인중지 결정은 제외한다)의 통보를 받은 경우
나. 사법경찰관이 「형사소송법」 제245조의5제1호에 따라 검사에게 송치한 사건으로서 검사로부터 공소를 제기하거나 제기하지 아니하는 처분(기소중지 또는 참고인중지 결정은 제외한다)의 통보를 받은 경우
2. 기소중지·참고인중지 또는 수사중지 결정을 한 경우 : 그 결정을 한 날부터 1년(제6조제8항 각 호의 어느 하나에 해당하는 범죄인 경우에는 3년)이 경과한 때부터 30일 이내. 다만, 다음 각 목의 어느 하나에 해당하는 경우 그 통보를 받은 날로부터 1년(제6조제8항 각 호의 어느 하나에 해당하는 범죄인 경우에는 3년)이 경과한 때부터 30일 이내
가. 수사처검사가 「고위공직자범죄수사처 설치 및 운영에 관한 법률」 제26조제1항에 따라 서울중앙지방검찰청 소속 검사에게 관계 서류와 증거물을 송부한 사건에 관하여 이를 처리하는 검사로부터 기소중지 또는 참고인중지 결정의 통보를 받은 경우
나. 사법경찰관이 「형사소송법」 제245조의5제1호에 따라 검사에게 송치한 사건으로서 검사로부터 기소중지 또는 참고인중지 결정의 통보를 받은 경우
3. 수사가 진행 중인 경우 : 통신사실 확인자료제공을 받은 날부터 1년(제6조제8항 각 호의 어느 하나에 해당하는 범죄인 경우에는 3년)이 경과한 때부터 30일 이내
② 제1항제2호 및 제3호에도 불구하고 다음 각 호의 어느 하나에 해당하는 사유가 있는 경우에는 그 사유가 해소될 때까지 같은 항에 따른 통지를 유예할 수 있다. <신설 2019·12·31>
1. 국가의 안전보장, 공공의 안녕질서를 위태롭게 할 우려가 있는 경우
2. 피해자 또는 그 밖의 사건관계인의 생명

이나 신체의 안전을 위협할 우려가 있는 경우
3. 증거인멸, 도주, 증인 위협 등 공정한 사법절차의 진행을 방해할 우려가 있는 경우
4. 피의자, 피해자 또는 그 밖의 사건관계인의 명예나 사생활을 침해할 우려가 있는 경우
③ 검사 또는 사법경찰관은 제2항에 따라 통지를 유예하려는 경우에는 소명자료를 첨부하여 미리 관할 지방검찰청 검사장의 승인을 받아야 한다. 다만, 수사처검사가 제2항에 따라 통지를 유예하려는 경우에는 소명자료를 첨부하여 미리 수사처장의 승인을 받아야 한다. <신설 2019·12·31, 2021·1·5>
④ 검사 또는 사법경찰관은 제2항 각 호의 사유가 해소된 때에는 그 날부터 30일 이내에 제1항에 따른 통지를 하여야 한다. <신설 2019·12·31>
⑤ 제1항 또는 제4항에 따라 검사 또는 사법경찰관으로부터 통신사실 확인자료제공을 받은 사실 등을 통지받은 당사자는 해당 통신사실 확인자료제공을 요청한 사유를 알려주도록 서면으로 신청할 수 있다. <신설 2019·12·31>
⑥ 제5항에 따른 신청을 받은 검사 또는 사법경찰관은 제2항 각 호의 어느 하나에 해당하는 경우를 제외하고는 그 신청을 받은 날부터 30일 이내에 해당 통신사실 확인자료제공 요청의 사유를 서면으로 통지하여야 한다. <신설 2019·12·31>
⑦ 제1항부터 제5항까지에서 규정한 사항 외에 통신사실 확인자료제공을 받은 사실 등에 관하여는 제9조의2(제3항은 제외한다)를 준용한다. <개정 2019·12·31>
[본조신설 2005·5·26]

제13조의4(국가안보를 위한 통신사실 확인자료제공의 절차 등) ① 정보수사기관의 장은 국가안전보장에 대한 위해를 방지하기 위하여 정보수집이 필요한 경우 전기통신사업자에게 통신사실 확인자료제공을 요청할 수 있다.
② 제7조 내지 제9조 및 제9조의2제3항·제4항·제6항의 규정은 제1항의 규정에 의한 통신사실 확인자료제공의 절차등에 관하여 이를 준용한다. 이 경우 "통신제한조치"는 "통신사실 확인자료제공 요청"으로 본다.
③ 통신사실확인자료의 폐기 및 관련 자료의 비치에 관하여는 제13조제4항 및 제5항을 준용한다. <개정 2019·12·31>
[본조신설 2005·5·26]

제13조의5(비밀준수의무 및 자료의 사용 제한) 제11조 및 제12조의 규정은 제13조의 규정에 의한 통신사실 확인자료제공 및 제13조의4의 규정에 의한 통신사실 확인자료제공에 따른 비밀준수의무 및 통신사실확인자료의 사용제한에 관하여 이를 각각 준용한다.
[본조신설 2005·5·26]

제14조(타인의 대화비밀 침해금지) ① 누구든지 공개되지 아니한 타인간의 대화를 녹음하거나 전자장치 또는 기계적 수단을 이용하여 청취할 수 없다.
② 제4조 내지 제8조, 제9조제1항 전단 및 제3항, 제9조의2, 제11조제1항·제3항·제4항 및 제12조의 규정은 제1항의 규정에 의한 녹음 또는 청취에 관하여 이를 적용한다. <개정 2001·12·29>

제15조(국회의 통제) ① 국회의 상임위원회와 국정감사 및 조사를 위한 위원회는 필요한 경우 특정한 통신제한조치 등에 대하여는 법원행정처장, 통신제한조치를 청구하거나 신청한 기관의 장 또는 이를 집행한 기관의 장에 대하여, 감청설비에 대한 인가 또는 신고내역에 관하여는 과학기술정보통신부장관에게 보고를 요구할 수 있다. <개정 2008·2·29, 2013·3·23, 2017·7·26>
② 국회의 상임위원회와 국정감사 및 조사를 위한 위원회는 그 의결로 수사관서의 감청장비보유현황, 감청집행기관 또는 감청협조기관의 교환실등 필요한 장소에 대하여 현장검증이나 조사를 실시할 수 있다. 이 경우 현장검증이나 조사에 참여한 자는 그로 인하여 알게 된 비밀을 정당한 사유없이 누설하여서는 아니된다.
③ 제2항의 규정에 의한 현장검증이나 조사는 개인의 사생활을 침해하거나 계속 중인 재판 또는 수사 중인 사건의 소추에 관여할 목적으로 행사되어서는 아니된다.
④ 통신제한조치를 집행하거나 위탁받은 기관 또는 이에 협조한 기관의 중앙행정기관의 장은 국회의 상임위원회와 국정감사 및 조사를 위한 위원회의 요구가 있는 경우 대통령령이 정하는 바에 따라 제5조 내지 제10조

와 관련한 통신제한조치보고서를 국회에 제출하여야 한다. 다만, 정보수사기관의 장은 국회정보위원회에 제출하여야 한다.
〔전부개정 2001·12·29〕

제15조의2(전기통신사업자의 협조의무) ① 전기통신사업자는 검사·사법경찰관 또는 정보수사기관의 장이 이 법에 따라 집행하는 통신제한조치 및 통신사실 확인자료제공의 요청에 협조하여야 한다.
② 제1항의 규정에 따라 통신제한조치의 집행을 위하여 전기통신사업자가 협조할 사항, 통신사실확인자료의 보관기간 그 밖에 전기통신사업자의 협조에 관하여 필요한 사항은 대통령령으로 정한다.
〔본조신설 2005·5·26〕

제15조의3(시정명령) 과학기술정보통신부장관은 제13조제7항을 위반하여 통신사실확인자료제공 현황등을 과학기술정보통신부장관에게 보고하지 아니하였거나 관련자료를 비치하지 아니한 자에게는 기간을 정하여 그 시정을 명할 수 있다.
〔본조신설 2024·1·23〕

제15조의4(이행강제금) ① 과학기술정보통신부장관은 제15조의3에 따라 시정명령을 받은 후 그 정한 기간 이내에 명령을 이행하지 아니하는 자에게는 1천만원 이하의 이행강제금을 부과할 수 있다.
② 제1항에 따른 이행강제금의 납부기한은 특별한 사유가 있는 경우를 제외하고는 시정명령에서 정한 이행기간 종료일 다음 날부터 30일 이내로 한다.
③ 과학기술정보통신부장관은 제1항에 따른 이행강제금을 부과하기 전에 이행강제금을 부과·징수한다는 것을 미리 문서로 알려주어야 한다.
④ 과학기술정보통신부장관은 제1항에 따른 이행강제금을 부과하는 경우 이행강제금의 금액, 부과사유, 납부기한, 수납기관, 이의제기 방법 등을 밝힌 문서로 하여야 한다.
⑤ 과학기술정보통신부장관은 제1항에 따른 이행강제금을 최초의 시정명령이 있었던 날을 기준으로 하여 1년에 2회 이내의 범위에서 그 시정명령이 이행될 때까지 반복하여 부과·징수할 수 있다.
⑥ 과학기술정보통신부장관은 제15조의3에 따라 시정명령을 받은 자가 이를 이행하면 새로운 이행강제금의 부과를 즉시 중지하되, 이미 부과된 이행강제금은 징수하여야 한다.
⑦ 과학기술정보통신부장관은 제1항에 따라 이행강제금 부과처분을 받은 자가 이행강제금을 기한까지 납부하지 아니하면 국세강제징수의 예에 따라 징수한다.
⑧ 제1항에 따른 이행강제금의 부과 및 징수절차 등 필요한 사항은 대통령령으로 정한다.
〔본조신설 2024·1·23〕

제16조(벌칙) ① 다음 각 호의 어느 하나에 해당하는 자는 1년 이상 10년 이하의 징역과 5년 이하의 자격정지에 처한다. <개정 2014·1·14, 2018·3·20>
1. 제3조의 규정에 위반하여 우편물의 검열 또는 전기통신의 감청을 하거나 공개되지 아니한 타인간의 대화를 녹음 또는 청취한 자
2. 제1호에 따라 알게 된 통신 또는 대화의 내용을 공개하거나 누설한 자
② 다음 각호의 1에 해당하는 자는 10년 이하의 징역에 처한다. <개정 2005·5·26>
1. 제9조제2항의 규정에 위반하여 통신제한조치허가서 또는 긴급감청서등의 표지의 사본을 교부하지 아니하고 통신제한조치의 집행을 위탁하거나 집행에 관한 협조를 요청한 자 또는 통신제한조치허가서 또는 긴급감청서등의 표지의 사본을 교부받지 아니하고 위탁받은 통신제한조치를 집행하거나 통신제한조치의 집행에 관하여 협조한 자
2. 제11조제1항(제14조제2항의 규정에 의하여 적용하는 경우 및 제13조의5의 규정에 의하여 준용되는 경우를 포함한다)의 규정에 위반한 자
③ 제11조제2항(제13조의5의 규정에 의하여 준용되는 경우를 포함한다)의 규정에 위반한 자는 7년 이하의 징역에 처한다. <개정 2005·5·26>
④ 제11조제3항(제14조제2항의 규정에 의하여 적용하는 경우 및 제13조의5의 규정에 의하여 준용되는 경우를 포함한다)의 규정에 위반한 자는 5년 이하의 징역에 처한다. <개정 2005·5·26>
〔전부개정 2001·12·29〕

제17조(벌칙) ① 다음 각 호의 어느 하나에

해당하는 자는 5년 이하의 징역 또는 3천만원 이하의 벌금에 처한다. <개정 2004·1·29, 2018·3·20>

1. 제9조제2항의 규정에 위반하여 통신제한조치허가서 또는 긴급감청서등의 표지의 사본을 보존하지 아니한 자
2. 제9조제3항(제14조제2항의 규정에 의하여 적용하는 경우를 포함한다)의 규정에 위반하여 대장을 비치하지 아니한 자
3. 제9조제4항의 규정에 위반하여 통신제한조치허가서 또는 긴급감청서등에 기재된 통신제한조치 대상자의 전화번호 등을 확인하지 아니하거나 전기통신에 사용되는 비밀번호를 누설한 자
4. 제10조제1항의 규정에 위반하여 인가를 받지 아니하고 감청설비를 제조·수입·판매·배포·소지·사용하거나 이를 위한 광고를 한 자
5. 삭제 <2024·1·23>

5의2. 제10조의3제1항의 규정에 의한 등록을 하지 아니하거나 거짓으로 등록하여 불법감청설비탐지업을 한 자

6. 삭제 <2018·3·20>

② 다음 각 호의 어느 하나에 해당하는 자는 3년 이하의 징역 또는 1천만원 이하의 벌금에 처한다. <개정 2004·1·29, 2008·2·29, 2013·3·23, 2017·7·26, 2019·12·31, 2022·12·27, 2024·1·23>

1. 제3조제3항의 규정을 위반하여 단말기 고유번호를 제공하거나 제공받은 자
2. 제8조제5항을 위반하여 긴급통신제한조치를 즉시 중지하지 아니한 자

2의2. 제8조제10항을 위반하여 같은 조 제8항에 따른 통신제한조치를 즉시 중지하지 아니한 자

3. 제9조의2(제14조제2항의 규정에 의하여 적용하는 경우를 포함한다)의 규정에 위반하여 통신제한조치의 집행에 관한 통지를 하지 아니한 자
4. 제15조의3을 위반하여 정해진 기간 내 시정명령을 이행하지 아니한 자
5. 제10조제3항 또는 제4항을 위반하여 감청설비의 인가대장을 작성 또는 비치하지 아니한 자

〔전부개정 2001·12·29〕

제18조(미수범) 제16조 및 제17조에 규정된 죄의 미수범은 처벌한다.

부 칙

①(시행일) 이 법은 공포후 6월이 경과한 날부터 시행한다.

②(폐지법률) 임시우편단속법은 이를 폐지한다.

③(경과조치) 이 법 시행당시 감청설비를 소지 또는 사용하고 있는 인가대상자는 이 법 시행일부터 3월 이내에 제10조의 규정에 의한 인가를 받아 대장을 작성하여 비치하여야 하며, 이에 위반하는 자에 대하여는 제17조제2호를 적용한다.

부 칙 <1997·12·13 법5454>

이 법은 1998년 1월 1일부터 시행한다. 〈단서 생략〉

부 칙 <1999·1·21 법5681>

제1조(시행일) 이 법은 공포한 날부터 시행한다.

제2조부터 **제4조**까지 생략

부 칙 <2000·1·12 법6146>

제1조(시행일) 이 법은 2000년 7월 1일부터 시행한다.

제2조부터 **제9조**까지 생략

부 칙 <2000·12·29 법6305>

제1조(시행일) 이 법은 2001년 1월 1일부터 시행한다.

제2조부터 **제8조**까지 생략

부 칙 <2001·1·8 법6346>

①(시행일) 이 법은 공포후 3월이 경과한 날부터 시행한다. 〈단서 생략〉

② 생략

부 칙 <2001·12·29 법6546>

제1조(시행일) 이 법은 공포후 3월이 경과한 날부터 시행한다.

제2조(적용례) ① 제5조제1항, 제6조제1항 내지 제7항, 제7조제1항 내지 제3항, 제8조, 제9조, 제9조의2 및 제14조제2항의 개정규정은 이 법 시행후 최초로 허가 또는 승인을 청구(사법경찰관이 신청하는 경우를 포함한다)하거나 집행을 개시하는 통신제한조치부터 적용한다.

② 제13조 및 제13조의2의 개정규정은 이 법 시행후 최초로 승인을 청구하거나 제공을 요청하는 통신사실확인자료제공부터 적용한다.

제3조(국가기관의 감청설비에 대한 경과조치)

이 법 시행당시 감청설비를 보유하고 있는 국가기관은 이 법 시행후 3월 이내에 제10조의2의 개정규정에 따라 정보통신부장관에게 신고 또는 국회정보위원회에 통보하여야 한다.

제 4 조(벌칙에 관한 경과조치) 이 법 시행전의 행위에 대한 벌칙의 적용에 있어서는 종전의 규정에 의한다.

부 칙 <2002 · 1 · 26 법6626>

제 1 조(시행일) 이 법은 2002년 7월 1일부터 시행한다.

제 2 조부터 **제 7 조**까지 생략

부 칙 <2004 · 1 · 29 법7138>

①(시행일) 이 법은 공포한 날부터 시행한다. 다만, 제10조의3의 개정규정은 공포후 6월이 경과한 날부터 시행한다.

②(경과조치) 이 법 시행당시 불법감청설비탐지업을 하고 있는 자는 이 법 시행일부터 6월 이내에 제10조의3의 개정규정에 의한 등록을 하여야 한다.

부 칙 <2005 · 1 · 27 법7371>

이 법은 공포한 날부터 시행한다.

부 칙 <2005 · 3 · 31 법7428>

제 1 조(시행일) 이 법은 공포 후 1년이 경과한 날부터 시행한다.

제 2 조부터 **제 6 조**까지 생략

부 칙 <2005 · 5 · 26 법7503>

이 법은 공포 후 3월이 경과한 날부터 시행한다.

부 칙 <2007 · 12 · 21 법8728>

제 1 조(시행일) 이 법은 공포 후 1년이 경과한 날부터 시행한다.

제 2 조부터 **제 6 조**까지 생략

부 칙 <2007 · 12 · 21 법8733>

제 1 조(시행일) 이 법은 공포 후 9개월이 경과한 날부터 시행한다. 〈단서 생략〉

제 2 조부터 **제11조**까지 생략

부 칙 <2008 · 2 · 29 법8867>

제 1 조(시행일 등) 이 법은 공포한 날부터 시행한다. 〈단서 생략〉

제 2 조부터 **제12조**까지 생략

부 칙 <2009 · 5 · 28 법9752>

①(시행일) 이 법은 공포한 날부터 시행한다.

②(적용례) 제 9 조의3의 개정규정은 이 법 시행 후 최초로 집행하는 압수·수색·검증부터 적용한다.

부 칙 <2009 · 11 · 2 법9819>

제 1 조(시행일) 이 법은 공포 후 6개월이 경과한 날부터 시행한다.

제 2 조부터 **제 6 조**까지 생략

부 칙 <2013 · 3 · 23 법11690>

제 1 조(시행일) ① 이 법은 공포한 날부터 시행한다.

② 생략

제 2 조부터 **제 7 조**까지 생략

부 칙 <2013 · 4 · 5 법11731>

제 1 조(시행일) 이 법은 공포한 날부터 시행한다. 〈단서 생략〉

제 2 조 및 **제 3 조** 생략

부 칙 <2014 · 1 · 14 법12229>

이 법은 공포한 날부터 시행한다.

부 칙 <2014 · 10 · 15 법12764>

제 1 조(시행일) 이 법은 공포한 날부터 시행한다.

제 2 조(금치산자 등의 결격사유에 관한 경과조치) 제10조의4제 1 호의 개정규정에도 불구하고 같은 개정규정 시행 당시 이미 금치산 또는 한정치산의 선고를 받고 법률 제10429호 민법 일부개정법률 부칙 제 2 조에 따라 금치산 또는 한정치산 선고의 효력이 유지되는 사람에 대하여는 종전의 규정에 따른다.

부 칙 <2015 · 1 · 6 법12960>

제 1 조(시행일) 이 법은 공포 후 1년이 경과한 날부터 시행한다.

제 2 조부터 **제 6 조**까지 생략

부 칙 <2015 · 12 · 22 법13591>

이 법은 공포한 날부터 시행한다.

부 칙 <2016 · 1 · 6 법13717>

제 1 조(시행일) 이 법은 공포한 날부터 시행한다.

제 2 조 및 **제 3 조** 생략

부 칙 <2016 · 1 · 6 법13719>

제 1 조(시행일) 이 법은 공포한 날부터 시행한다. 〈단서 생략〉

제 2 조 및 **제 3 조** 생략

부 칙 <2016 · 1 · 6 법13722>

제 1 조(시행일) 이 법은 공포 후 1년 6개월이 경과한 날부터 시행한다. 〈단서 생략〉

제 2 조부터 **제10조**까지 생략

부 칙 <2016 · 3 · 3 법14071>

제 1 조(시행일) 이 법은 공포한 날부터 시행한

다. 〈단서 생략〉

제 2 조 생략

부 칙 <2017·7·26 법14839>

제 1 조(시행일) ① 이 법은 공포한 날부터 시행한다. 〈단서 생략〉

제 2 조부터 **제 6 조**까지 생략

부 칙 <2018·3·20 법15493>

이 법은 공포한 날부터 시행한다.

부 칙 <2019·12·31 법16849>

제 1 조(시행일) 이 법은 공포한 날부터 시행한다.

제 2 조(통신제한조치 연장에 관한 적용례) 제6조제7항 단서 및 같은 조 제8항의 개정규정은 이 법 시행 이후 통신제한조치 연장의 허가를 청구하는 경우부터 적용한다.

제 3 조(통신사실 확인자료제공 및 제공 사실의 통지 등에 관한 적용례) 제13조제2항 및 제13조의3제1항부터 제6항까지의 개정규정은 이 법 시행 이후 통신사실 확인자료제공을 요청하는 경우부터 적용한다.

부 칙 <2020·3·24 법17090>

제 1 조(시행일) 이 법은 공포한 날부터 시행한다.

제 2 조(범죄수사를 위하여 인터넷 회선에 대한 통신제한조치로 취득한 자료의 관리에 관한 적용례) 제12조의2의 개정규정은 이 법 시행 이후 인터넷 회선을 통하여 송신·수신하는 전기통신에 대하여 통신제한조치를 청구하는 경우부터 적용한다.

부 칙 <2020·3·24 법17125>

제 1 조(시행일) 이 법은 2021년 2월 9일부터 시행한다. 〈단서 생략〉

제 2 조부터 **제 4 조**까지 생략

부 칙 <2020·6·9 법17347>

이 법은 공포한 날부터 시행한다.

부 칙 <2021·1·5 법17831>

이 법은 공포한 날부터 시행한다.

부 칙 <2021·3·16 법17935>

제 1 조(시행일) 이 법은 공포한 날부터 시행한다.

제 2 조(적용례) 제9조의2제2항, 제9조의3제2항 및 제13조의3제1항의 개정규정은 이 법 시행 전 사법경찰관이 검찰송치를 하지 아니하는 처분을 하였거나 수사중지 결정을 한 경우에도 적용한다.

부 칙 <2021·9·24 법18465>

제 1 조(시행일) 이 법은 2022년 7월 1일부터 시행한다.

제 2 조부터 **제 9 조**까지 생략

부 칙 <2021·10·19 법18483>

제 1 조(시행일) 이 법은 공포 후 1년이 경과한 날부터 시행한다.

제 2 조(불법감청설비탐지업자의 결격사유에 관한 경과조치) 이 법 시행 전에 종전의 규정에 따라 불법감청설비탐지업을 등록한 자는 제10조의4제3호의 개정규정에도 불구하고 종전의 규정에 따른다.

부 칙 <2022·12·27 법19103>

제 1 조(시행일) 이 법은 공포한 날부터 시행한다.

제 2 조(법원의 허가를 받지 못한 긴급통신제한조치로 취득한 자료의 폐기 등에 관한 적용례) 제8조제5항, 제6항 및 제10항의 개정규정 중 긴급통신제한조치(같은 조 제8항에 따른 통신제한조치를 포함한다. 이하 이 조에서 같다)로 취득한 자료의 폐기에 관한 부분은 이 법 시행 이후 긴급통신제한조치의 집행에 착수하는 경우부터 적용한다.

제 3 조(긴급통신제한조치통보서의 작성·송부 등에 관한 경과조치) 이 법 시행 전에 집행에 착수하여 36시간 이내에 종료된 긴급통신제한조치에 대한 긴급통신제한조치통보서의 작성·송부 등에 관하여는 제8조제5항부터 제7항까지의 개정규정에도 불구하고 종전의 규정에 따른다.

부 칙 <2024·1·23 법20072>

제 1 조(시행일) 이 법은 공포 후 6개월이 경과한 날부터 시행한다.

제 2 조(벌칙에 관한 경과조치) 이 법 시행 전에 제13조제7항을 위반하여 통신사실확인자료제공 현황등을 과학기술정보통신부장관에게 보고하지 아니하였거나 관련 자료를 비치하지 아니한 자에 대하여 벌칙을 적용할 때에는 종전의 규정에 따른다.

부 칙 <2025·1·31 법20735>

이 법은 공포 후 6개월이 경과한 날부터 시행한다.

●주민소환에 관한 법률

〔2006・5・24 법률제7958호〕

개정
2007・5・11 법률제 8423호(지방자치법)
2010・1・25 법률제 9974호(공직선거법)
2011・7・21 법률제10866호(고등교육법)
2012・1・26 법률제11212호(고등교육법)
2018・4・6 법률제15551호(공직선거법)
2020・6・9 법률제17386호
2020・12・8 법률제17577호
2021・1・12 법률제17893호(지방자치법)

제1장 총칙

제1조(목적) 이 법은 「지방자치법」 제25조에 따른 주민소환의 투표 청구권자・청구요건・절차 및 효력 등에 관하여 규정함으로써 지방자치에 관한 주민의 직접참여를 확대하고 지방행정의 민주성과 책임성을 제고함을 목적으로 한다. <개정 2007・5・11, 2021・1・12>

제2조(주민소환투표의 사무관리) ① 주민소환투표사무는 「공직선거법」 제13조제1항의 규정에 의하여 해당 지방자치단체의 장선거 및 지방의회의원선거의 선거구선거사무를 행하는 선거관리위원회(이하 "관할선거관리위원회"라 한다)가 관리한다.

② 제1항의 규정에 의하여 관할선거관리위원회가 주민소환투표의 사무를 관리함에 있어서는 「공직선거법」 제13조제3항 내지 제6항의 규정을 준용한다. 이 경우 "선거관리"는 "주민소환투표관리"로, "선거"는 "주민소환투표"로, "선거사무" 및 "선거구선거사무"는 각각 "주민소환투표사무"로 본다.

제3조(주민소환투표권) ① 제4조제1항의 규정에 의한 주민소환투표인명부 작성기준일 현재 다음 각 호의 어느 하나에 해당하는 자는 주민소환투표권이 있다.

1. 19세 이상의 주민으로서 당해 지방자치단체 관할구역에 주민등록이 되어 있는 자(「공직선거법」 제18조의 규정에 의하여 선거권이 없는 자를 제외한다)
2. 19세 이상의 외국인으로서 「출입국관리법」 제10조의 규정에 따른 영주의 체류자격 취득일 후 3년이 경과한 자 중 같은 법 제34조의 규정에 따라 당해 지방자치단체 관할구역의 외국인등록대장에 등재된 자

② 주민소환투표권자의 연령은 주민소환투표일 현재를 기준으로 계산한다.

제4조(주민소환투표인명부의 작성 및 확정) ① 주민소환투표를 실시하는 때에는 주민소환투표인명부 작성기준일(제12조의 규정에 의한 주민소환투표 발의일을 말한다)부터 5일 이내에 주민소환투표인명부를 작성하여야 한다.

② 주민소환투표인명부에 등재되어 있는 국내거주자 중 「공직선거법」 제38조제4항제1호부터 제5호까지에 해당하는 사람은 주민소환투표인명부 작성기간 중에 거소투표신고를 할 수 있다. <개정 2020・12・8>

③ 제1항에 따른 주민소환투표인명부의 작성・확정과 제2항에 따른 거소투표신고의 절차 및 거소투표신고인명부의 작성 등에 관하여는 「공직선거법」 제5장(선상투표에 관한 사항은 제외한다)을 준용한다. 이 경우 제9조의 규정에 의한 주민소환투표청구인대표자와 제12조제2항의 규정에 의한 주민소환투표대상자가 주민소환투표인명부(거소투표신고인명부를 포함한다)의 사본이나 전산자료 복사본의 교부 신청을 하는 경우에는 제18조제1항의 규정에 의한 주민소환투표운동기간 개시일 다음날까지 하여야 한다. <개정 2020・12・8>

제5조(주민소환투표권 행사의 보장 및 주민

소환투표 홍보·계도) ① 국가 및 지방자치단체는 주민소환투표권자가 주민소환투표권을 행사할 수 있도록 필요한 조치를 취하여야 한다.

② 관할선거관리위원회는 주민소환투표인의 투표참여를 보장하기 위하여 교통이 불편한 지역에 거주하는 주민소환투표인 또는 노약자·장애인 등 거동이 불편한 주민소환투표인에게 교통편의를 제공하거나 투표소 접근편의를 위한 제반 시설을 설치하는 등 필요한 대책을 수립·시행할 수 있다. <신설 2020·12·8>

③ 공무원·학생 또는 다른 사람에게 고용된 자가 주민소환투표인명부를 열람하거나 투표를 하기 위하여 필요한 시간은 보장되어야 하며, 이를 휴무 또는 휴업으로 보지 아니한다.

④ 관할선거관리위원회는 그 주관 하에 문서·도화·시설물·신문·방송 등의 방법으로 주민소환투표 참여·투표방법 그 밖에 주민소환투표에 관하여 필요한 계도·홍보를 실시하여야 한다.

제 6 조(다른 법률과의 관계) 주민소환에 관하여 「제주특별자치도 설치 및 국제자유도시 조성을 위한 특별법」 등 다른 법률에 특별한 규정이 있는 경우를 제외하고는 이 법이 정하는 바에 따른다.

제 2 장 주민소환투표의 청구 등

제 7 조(주민소환투표의 청구) ① 전년도 12월 31일 현재 주민등록표 및 외국인등록표에 등록된 제 3 조제 1 항제 1 호 및 제 2 호에 해당하는 자(이하 "주민소환투표청구권자"라 한다)는 해당 지방자치단체의 장 및 지방의회의원(비례대표선거구시·도의회의원 및 비례대표선거구자치구·시·군의회의원은 제외하며, 이하 "선출직 지방공직자"라 한다)에 대하여 다음 각 호에 해당하는 주민의 서명으로 그 소환사유를 서면에 구체적으로 명시하여 관할선거관리위원회에 주민소환투표의 실시를 청구할 수 있다.

1. 특별시장·광역시장·도지사(이하 "시·도지사"라 한다) : 당해 지방자치단체의 주민소환투표청구권자 총수의 100분의 10 이상
2. 시장·군수·자치구의 구청장 : 당해 지방자치단체의 주민소환투표청구권자 총수의 100분의 15 이상
3. 지역선거구시·도의회의원(이하 "지역구시·도의원"이라 한다) 및 지역선거구자치구·시·군의회의원(이하 "지역구자치구·시·군의원"이라 한다) : 당해 지방의회의원의 선거구 안의 주민소환투표청구권자 총수의 100분의 20 이상

② 제 1 항의 규정에 의하여 시·도지사에 대한 주민소환투표를 청구함에 있어서 당해 지방자치단체 관할구역 안의 시·군·자치구 전체의 수가 3개 이상인 경우에는 3분의 1 이상의 시·군·자치구에서 각각 주민소환투표청구권자 총수의 1만분의 5 이상 1천분의 10 이하의 범위 안에서 대통령령이 정하는 수 이상의 서명을 받아야 한다. 다만, 당해 지방자치단체 관할구역 안의 시·군·자치구 전체의 수가 2개인 경우에는 각각 주민소환투표청구권자 총수의 100분의 1 이상의 서명을 받아야 한다.

③ 제 1 항의 규정에 의하여 시장·군수·자치구의 구청장 및 지역구지방의회의원(지역구시·도의원과 지역구자치구·시·군의원을 말한다. 이하 같다)에 대한 주민소환투표를 청구함에 있어서 당해 시장·군수·자치구의 구청장 및 당해 지역구지방의회의원 선거구 안의 읍·면·동 전체의 수가 3개 이상인 경우에는 3분의 1 이상의 읍·면·동에서 각각 주민소환투표청구권자 총수의 1만분의 5 이상 1천분의 10 이하의 범위 안에서 대통령령이 정하는 수 이상의 서명을 받아야 한다. 다만, 당해 시장·군수·자치구의 구청장 및 당해 지역구지방의회의원 선거구 안의 읍·면·동 전체의 수가 2개인 경우에는 각각 주민소환투표청구권자 총수의 100분의 1 이상의 서명을 받아야 한다.

④ 주민소환투표청구권자 총수는 전년도 12월 31일 현재의 주민등록표 및 외국인등록표에 의하여 산정한다.

⑤ 지방자치단체의 장은 매년 1월 10일까지

제 4 항의 규정에 의하여 산정한 주민소환투표청구권자 총수를 공표하여야 한다.

제 8 조(주민소환투표의 청구제한기간) 제 7 조제 1 항 내지 제 3 항의 규정에 불구하고, 다음 각 호의 어느 하나에 해당하는 때에는 주민소환투표의 실시를 청구할 수 없다.

1. 선출직 지방공직자의 임기개시일부터 1년이 경과하지 아니한 때
2. 선출직 지방공직자의 임기만료일부터 1년 미만일 때
3. 해당 선출직 지방공직자에 대한 주민소환투표를 실시한 날부터 1년 이내인 때

제 9 조(서명요청 활동) ① 주민소환투표청구인대표자(이하 "소환청구인대표자"라 한다)와 서면에 의하여 소환청구인대표자로부터 서명요청권을 위임받은 자는 대통령령이 정하는 서명요청 활동기간 동안 주민소환투표의 청구사유가 기재되고 관할선거관리위원회가 검인하여 교부한 주민소환투표청구인서명부(이하 "소환청구인서명부"라 한다)를 사용하여 주민소환투표청구권자에게 서명할 것을 요청할 수 있다. 이 경우 제10조의 규정에 따라 서명이 제한되는 기간은 서명요청 활동기간에 산입하지 아니한다.

② 소환청구인대표자가 서명요청권을 위임하고자 할 때에는 그 때마다 인적사항 등을 기재하여 관할선거관리위원회에 신고하여야 한다.

③ 소환청구인서명부에 서명을 한 자가 그 서명을 철회하고자 하는 때에는 그 소환청구인서명부가 관할선거관리위원회에 제출되기 전에 이를 철회하여야 한다. 이 경우 소환청구인대표자는 즉시 소환청구인서명부에서 그 서명을 삭제하여야 한다.

제10조(서명요청 활동의 제한) ① 소환청구인대표자와 서면에 의하여 소환청구인대표자로부터 서명요청권을 위임받은 자(이하 "소환청구인대표자등"이라 한다)는 해당 선출직 지방공직자의 선거구의 전부 또는 일부에 대하여 「공직선거법」의 규정에 의한 선거가 실시되는 때에는 그 선거의 선거일전 60일부터 선거일까지 그 선거구에서 서명을 요청할 수 없다.

② 다음 각호의 어느 하나에 해당하는 자는 소환청구인대표자등이 될 수 없으며, 서명요청 활동을 하거나 서명요청 활동을 기획·주도하는 등 서명요청 활동에 관여할 수 없다. <개정 2011·7·21, 2012·1·26>

1. 주민소환투표권이 없는 자
2. 「국가공무원법」 제 2 조에 규정된 국가공무원과 「지방공무원법」 제 2 조에 규정된 지방공무원. 다만, 「고등교육법」 제14조제 1 항·제 2 항에 따른 교원은 제외한다.
3. 다른 법령에 규정에 따라 공무원 신분을 가진 자
4. 「공직선거법」 제60조제 1 항의 규정에 의하여 선거운동을 할 수 없는 자(제 4 호를 제외한다)
5. 선출직 지방공직자의 해당 선거에 후보자가 되고자 하는 자(이하 "입후보예정자"라 한다), 입후보예정자의 가족(배우자, 입후보예정자 또는 그 배우자의 직계존·비속과 형제자매, 입후보예정자의 직계비속 및 형제자매의 배우자를 말한다) 및 이들이 설립·운영하고 있는 기관·단체·시설의 임·직원

③ 소환청구인대표자등을 제외하고는 누구든지 서명을 요청할 수 없으며, 검인되지 아니한 소환청구인서명부에 서명을 받을 수 없다.

④ 소환청구인대표자등이 소환청구인서명부를 제시하거나 구두로 주민소환투표의 취지나 이유를 설명하는 경우를 제외하고는 누구든지 인쇄물·시설물 및 그 밖의 방법을 이용하여 서명요청 활동을 할 수 없다.

제11조(주민소환투표청구의 각하) 관할선거관리위원회는 제27조제 1 항의 규정에 의하여 준용되는 「주민투표법」 제12조제 1 항의 규정에 의하여 소환청구인대표자가 제출한 주민소환투표청구가 다음 각 호의 어느 하나에 해당하는 경우에는 이를 각하하여야 한다. 이 경우 관할선거관리위원회는 소환청구인대표자에게 그 사유를 통지하고 이를 공표하여야 한다.

1. 유효한 서명의 총수[제27조제 1 항의 규정에 의하여 준용되는 「주민투표법」 제12

조제 7 항의 규정에 의하여 보정(補正)을 요구한 때에는 그 보정된 서명을 포함한다〕가 제 7 조제 1 항 내지 제 3 항의 규정에 의한 요건에 미달되는 경우
2. 제 8 조의 규정에 의한 주민소환투표의 청구제한기간 이내에 청구한 경우
3. 주민소환투표청구서(이하 "소환청구서"라 한다)와 소환청구인서명부가 제27조제 1 항의 규정에 의하여 준용되는 「주민투표법」 제12조제 1 항의 규정에 의한 기간을 경과하여 제출된 경우
4. 제27조제 1 항의 규정에 의하여 준용되는 「주민투표법」 제12조제 7 항의 규정에 의한 보정기간 이내에 보정하지 아니한 경우

제 3 장 주민소환투표의 실시 등

제12조(주민소환투표의 발의) ① 관할선거관리위원회는 제 7 조제 1 항 내지 제 3 항의 규정에 의한 주민소환투표청구가 적법하다고 인정하는 경우에는 지체 없이 그 요지를 공표하고, 소환청구인대표자 및 해당 선출직 지방공직자에게 그 사실을 통지하여야 한다.
② 관할선거관리위원회는 제 1 항의 규정에 따른 통지를 받은 선출직 지방공직자(이하 "주민소환투표대상자"라 한다)에 대한 주민소환투표를 발의하고자 하는 때에는 제14조제 2 항의 규정에 의한 주민소환투표대상자의 소명요지 또는 소명서 제출기간이 경과한 날부터 7일 이내에 주민소환투표일과 주민소환투표안(소환청구서 요지를 포함한다)을 공고하여 주민소환투표를 발의하여야 한다.

제12조의2(주민소환투표공보) ① 관할선거관리위원회는 주민소환투표안의 내용, 주민소환투표에 부쳐진 사항에 관한 의견과 그 이유, 투표절차 및 그 밖에 필요한 사항을 게재한 책자형 주민소환투표공보를 1회 이상 발행하여야 한다.
② 관할선거관리위원회는 제 1 항에 따른 책자형 주민소환투표공보를 발행하는 경우 시각장애주민소환투표인(주민소환투표인으로서 「장애인복지법」 제32조에 따라 등록된 시각장애인을 말한다)을 위한 주민소환투표공보를 함께 발행하여야 한다. 다만, 책자형 주민소환투표공보에 그 내용이 음성·점자 등으로 출력되는 인쇄물 접근성 바코드를 표시하는 것으로 이를 대신할 수 있다.
③ 그 밖에 주민소환투표공보의 규격·작성방법·배부시기 등에 관하여 필요한 사항은 중앙선거관리위원회규칙으로 정한다.
〔본조신설 2020·12·8〕

제13조(주민소환투표의 실시) ① 주민소환투표일은 제12조제 2 항의 규정에 의한 공고일부터 20일 이상 30일 이하의 범위 안에서 관할선거관리위원회가 정한다. 다만, 주민소환투표대상자가 자진사퇴, 피선거권 상실 또는 사망 등으로 궐위된 때에는 주민소환투표를 실시하지 아니한다.
② 제12조제 2 항의 규정에 의한 주민소환투표 공고일 이후 90일 이내에 다음 각 호의 어느 하나에 해당하는 투표 또는 선거가 있을 때에는 제 1 항의 규정에 불구하고 주민소환투표를 그에 병합하거나 동시에 실시할 수 있다.
1. 「주민투표법」에 의한 주민투표
2. 「공직선거법」에 의한 선거·재선거 및 보궐선거(대통령 및 국회의원 선거를 제외한다)
3. 동일 또는 다른 선출직 지방공직자에 대한 주민소환투표

제14조(소명기회의 보장) ① 관할선거관리위원회는 제 7 조제 1 항 내지 제 3 항의 규정에 의한 주민소환투표청구가 적법하다고 인정하는 때에는 지체 없이 주민소환투표대상자에게 서면으로 소명할 것을 요청하여야 한다.
② 제 1 항의 규정에 의하여 소명요청을 받은 주민소환투표대상자는 그 요청을 받은 날부터 20일 이내에 500자 이내의 소명요지와 소명서(필요한 자료를 기재한 소명자료를 포함한다)를 관할선거관리위원회에 제출하여야 한다. 이 경우 소명서 또는 소명요지를 제출하지 아니한 때에는 소명이 없는 것으로 본다.
③ 제12조제 2 항의 규정에 의하여 주민소환

투표일과 주민소환투표안을 공고하는 때에는 제2항의 규정에 의한 소명요지를 함께 공고하여야 한다.

제15조(주민소환투표의 형식) ① 주민소환투표는 찬성 또는 반대를 선택하는 형식으로 실시한다.

② 지방자치단체의 동일 관할구역에 2인 이상의 주민소환투표대상자가 있을 때에는 관할선거관리위원회는 하나의 투표용지에 그 대상자별로 제1항의 규정에 의한 형식으로 주민소환투표를 실시할 수 있다.

제16조(주민소환투표의 실시구역) ① 지방자치단체의 장에 대한 주민소환투표는 당해 지방자치단체 관할구역 전체를 대상으로 한다.

② 지역구지방의회의원에 대한 주민소환투표는 당해 지방의회의원의 지역선거구를 대상으로 한다.

제17조(주민소환투표운동의 원칙) 이 법에서 "주민소환투표운동"이라 함은 주민소환투표에 부쳐지거나 부쳐질 사항에 관하여 찬성 또는 반대하는 행위를 말한다. 다만, 다음 각 호의 어느 하나에 해당하는 행위는 주민소환투표운동으로 보지 아니한다.

1. 주민소환투표에 부쳐지거나 부쳐질 사항에 관한 단순한 의견개진 및 의사표시
2. 주민소환투표운동에 관한 준비행위

제18조(주민소환투표운동의 기간 및 주민소환투표운동을 할 수 없는 자) ① 주민소환투표운동은 제12조제2항의 규정에 의한 주민소환투표 공고일의 다음날부터 투표일 전일까지(이하 "주민소환투표운동기간"이라 한다)할 수 있다.

② 제1항의 규정에 불구하고, 제13조제2항의 규정에 의하여 주민소환투표가 실시될 경우의 주민투표운동기간은 주민소환투표일 전 25일부터 투표일 전일까지로 한다.

③ 「공직선거법」 제60조제1항 각 호의 어느 하나에 해당하는 자는 주민소환투표운동을 할 수 없다. 다만, 당해 주민소환투표대상자는 그러하지 아니하다.

제19조(주민소환투표운동의 방법) 주민소환투표운동의 방법은 해당주민소환투표대상자의 선거에 관한 규정에 한하여 「공직선거법」 제61조·제63조(선거운동기구에 관한 사항에 한한다)·제69조·제79조·제82조(제1항 단서를 제외한다)·제82조의4 및 제82조의6의 규정을 준용한다. 이 경우 "선거운동기간"은 "주민소환투표운동기간"으로, "후보자"는 "소환청구인대표자 및 주민소환투표대상자"로, "선거"는 "주민소환투표"로, "정당추천후보자"는 "선출직 지방공직자"로, "소속정당의 정강·정책이나 후보자의 정견 기타 홍보에 필요한 사항"과 "음악(당가 등 정당이나 후보자를 홍보하는 내용의 음악을 포함한다)" 및 "소속정당의 정강·정책이나 후보자의 경력·정견·활동상황"은 각각 "주민소환투표운동에 필요한 사항"으로 본다. <개정 2010·1·25>

제20조(주민소환투표운동의 제한) ① 누구든지 주민소환투표운동기간 중 이 법에서 준용하는 「공직선거법」에 따른 선거운동기구의 설치, 신문광고, 공개장소에서의 연설·대담, 언론기관 초청 대담·토론회, 정보통신망을 이용한 선거운동 및 인터넷 광고와 제27조제1항의 규정에 의하여 준용되는 「주민투표법」 제17조의 규정에 의하여 관할선거관리위원회가 주관하는 주민소환투표공보의 발행·배부, 「공직선거법」 제8조의7의 규정에 따른 선거방송토론위원회가 중앙선거관리위원회규칙으로 정하는 방법으로 개최하는 토론회(부득이한 사유로 토론회를 개최할 수 없는 경우에는 옥내합동연설회를 말한다)를 제외하고는 어떠한 방법의 주민소환투표운동도 하여서는 아니 된다.

② 제1항의 규정에 따라 주민소환투표운동을 하는 경우에는 다음 각 호의 어느 하나에 해당하는 행위를 할 수 없다.

1. 「공직선거법」 제80조의 규정에 따른 연설금지장소에서의 연설행위
2. 「공직선거법」 제82조의5의 규정을 위반하여 전자우편을 이용한 주민소환투표운동정보를 전송하는 행위
3. 「공직선거법」 제91조에서 정하는 확성장치 및 자동차 사용제한에 관한 규정을 위반하는 행위

4. 「공직선거법」 제102조의 규정을 위반하여 야간에 연설·대담을 하는 행위
5. 「공직선거법」 제106조의 규정을 위반하여 호별방문을 하는 행위
6. 주민소환투표운동을 목적으로 서명 또는 날인을 받은 행위

③ 지위를 이용한 주민소환투표운동의 금지에 관하여는 「공직선거법」 제85조의 규정을 준용한다. 이 경우 "선거운동"은 "주민소환투표운동"으로 본다.

제 4 장 주민소환투표의 효력 및 소송 등

제21조(권한행사의 정지 및 권한대행) ① 주민소환투표대상자는 관할선거관리위원회가 제12조제 2 항의 규정에 의하여 주민소환투표안을 공고한 때부터 제22조제 3 항의 규정에 의하여 주민소환투표결과를 공표할 때까지 그 권한행사가 정지된다.

② 제 1 항의 규정에 의하여 지방자치단체의 장의 권한이 정지된 경우에는 부지사·부시장·부군수·부구청장(이하 "부단체장"이라 한다)이 「지방자치법」 제124조제 4 항의 규정을 준용하여 그 권한을 대행하고, 부단체장이 권한을 대행할 수 없는 경우에는 「지방자치법」 제124조제 5 항의 규정을 준용하여 그 권한을 대행한다. <개정 2007·5·11, 2021·1·12>

③ 제 1 항의 규정에 따라 권한행사가 정지된 지방의회의원은 그 정지기간 동안 「공직선거법」 제111조의 규정에 의한 의정활동보고를 할 수 없다. 다만, 인터넷에 의정활동보고서를 게재할 수는 있다.

제22조(주민소환투표결과의 확정) ① 주민소환은 제 3 조의 규정에 의한 주민소환투표권자(이하 "주민소환투표권자"라 한다) 총수의 3분의 1 이상의 투표와 유효투표 총수 과반수의 찬성으로 확정된다.

② 전체 주민소환투표자의 수가 주민소환투표권자 총수의 3분의 1에 미달하는 때에는 개표를 하지 아니한다.

③ 관할선거관리위원회는 개표가 끝난 때에는 지체 없이 그 결과를 공표한 후 소환청구인대표자, 주민소환투표대상자, 관계 중앙행정기관의 장, 당해 지방자치단체의 장(지방자치단체의 장이 주민소환투표대상자인 경우에는 제21조제 2 항의 규정에 의하여 권한을 대행하는 당해 지방자치단체의 부단체장 등을 말한다) 및 당해 지방의회의 의장(지방의회의원이 주민소환투표대상자인 경우에 한하며, 지방의회의 의장이 주민소환투표대상자인 경우에는 당해 지방의회의 부의장을 말한다)에게 통지하여야 한다. 제 2 항의 규정에 의하여 개표를 하지 아니한 때에도 또한 같다.

제23조(주민소환투표의 효력) ① 제22조제 1 항의 규정에 의하여 주민소환이 확정된 때에는 주민소환투표대상자는 그 결과가 공표된 시점부터 그 직을 상실한다.

② 제 1 항의 규정에 의하여 그 직을 상실한 자는 그로 인하여 실시하는 이 법 또는 「공직선거법」에 의한 해당 보궐선거에 후보자로 등록할 수 없다.

제24조(주민소환투표소송 등) ① 주민소환투표의 효력에 관하여 이의가 있는 해당 주민소환투표대상자 또는 주민소환투표권자(주민소환투표권자 총수의 100분의 1 이상의 서명을 받아야 한다)는 제22조제 3 항의 규정에 의하여 주민소환투표결과가 공표된 날부터 14일 이내에 관할선거관리위원회 위원장을 피소청인으로 하여 지역구시·도의원, 지역구자치구·시·군의원 또는 시장·군수·자치구의 구청장을 대상으로 한 주민소환투표에 있어서는 특별시·광역시·도선거관리위원회에, 시·도지사를 대상으로 한 주민소환투표에 있어서는 중앙선거관리위원회에 소청할 수 있다.

② 제 1 항의 규정에 따른 소청에 대한 결정에 관하여 불복이 있는 소청인은 관할선거관리위원회 위원장을 피고로 하여 그 결정서를 받은 날(결정서를 받지 못한 때에는 「공직선거법」 제220조제 1 항의 규정에 의한 결정기간이 종료된 날을 말한다)부터 10일 이내에 지역구시·도의원, 지역구자치구·시·군의원 또는 시장·군수·자치구의 구

청장을 대상으로 한 주민소환투표에 있어서는 그 선거구를 관할하는 고등법원에, 시·도지사를 대상으로 한 주민소환투표에 있어서는 대법원에 소를 제기할 수 있다.

③ 주민소환투표에 관한 소청 및 소송의 절차에 관하여는 이 법에 규정된 사항을 제외하고는 「공직선거법」 제219조 내지 제229조의 규정 중 지방자치단체의 장 및 지방의회의원에 관한 규정을 준용한다.

제25조(보궐선거 실시제한 등) ① 제24조의 규정에 따른 주민소환투표에 관한 소청 및 소송이 제기되거나 제27조제1항의 규정에 의하여 준용되는 「주민투표법」 제26조의 규정에 의한 재투표가 실시되는 때에는 그 결과가 확정된 후에 보궐선거를 실시하여야 한다.

② 보궐선거 및 재투표에 관하여 이 법에서 규정한 사항을 제외하고는 지방자치단체의 장 및 지방의회의원에 관한 규정에 한하여 「공직선거법」 제195조 내지 제201조를 준용한다.

제26조(주민소환투표관리경비) ① 주민소환투표사무의 관리에 필요한 다음 각 호의 비용은 당해 지방자치단체가 부담하되, 소환청구인대표자 및 주민소환투표대상자가 주민소환투표운동을 위하여 지출한 비용은 각자 부담한다.

1. 주민소환투표의 준비·관리 및 실시에 필요한 비용
2. 주민소환투표공보의 발행, 토론회 등의 개최 및 불법 주민소환투표운동의 단속에 필요한 경비
3. 주민소환투표에 관한 소청 및 소송과 관련된 경비
4. 주민소환투표결과에 대한 자료의 정리, 그 밖에 주민소환투표사무의 관리를 위한 관할선거관리위원회의 운영 및 사무처리에 필요한 경비

② 지방자치단체는 제1항의 규정에 의한 경비를 주민소환투표 발의일부터 5일 이내에 관할선거관리위원회에 납부하여야 한다.

③ 제1항의 규정에 의한 주민소환투표경비의 산출기준·납부절차·납부방법·집행·회계 및 반환 그 밖의 필요한 사항은 중앙선거관리위원회규칙으로 정한다.

제5장 「주민투표법」의 준용 등

제27조(「주민투표법」의 준용 등) ① 주민소환투표와 관련하여 이 법에 정한 사항을 제외하고는 「주민투표법」 제3조제2항, 제4조, 제10조제1항 및 제2항, 제12조(제8항을 제외한다), 제18조, 제19조, 제23조 및 제26조의 규정을 준용한다. 이 경우 "주민투표관리기관"은 "주민소환투표관리기관"으로, "지방자치단체의 장"은 "관할선거관리위원회"로, "주민투표"는 "주민소환투표"로, "주민투표사무"는 "주민소환투표사무"로, "주민투표청구권자"는"주민소환투표청구권자"로, "주민투표청구인대표자" 및 "청구인대표자"는 각각 "주민소환투표청구인대표자"로, "주민투표청구"는 "주민소환투표청구"로, "주민투표청구서"는 "주민소환투표청구서"로, "청구인대표자증명서"는 "소환청구인대표자증명서"로, "주민투표안"은 "주민소환투표안"으로, "지방자치단체의 조례" 및 "해당지방자치단체의 조례"는 각각 "대통령령"으로 보고, 같은 법 제10조제1항 중 "제9조제2항"은 "제7조"로, 같은 법 제12조제1항 중 "특별시·광역시 또는 도"는 "시·도지사"로, "자치구·시 또는 군"은 "시장·군수·자치구의 구청장, 지역구시·도의원 및 지역구자치구·시·군의원"으로, 같은 법 제26조제3항 중 "지방자치단체의 장은 관할선거관리위원회와 협의하여"는 "관할선거관리위원회는"으로 본다. <개정 2020·12·8>

② 「주민투표법」 제19조를 준용함에 있어 주민소환투표가 실시되는 구역(지역구지방의회의원 소환투표의 경우 해당 구·시·군의 관할구역을 말한다) 밖에 거소를 둔 사람도 거소투표자의 예에 따라 투표할 수 있으며, 주민소환투표의 투표시간은 오전 6시부터 저녁 8시까지로 한다. <개정 2020·12·8>

제6장 벌칙

제28조(벌칙) 제20조제3항의 규정에 의하여

준용되는 「공직선거법」 제85조제1항의 규정을 위반하여 주민소환투표운동을 하거나 하게 한 자는 5년 이하의 징역에 처한다.

제29조(벌칙) 다음 각 호의 어느 하나에 해당하는 자는 5년 이하의 징역 또는 3천만원 이하의 벌금에 처한다. <개정 2020·6·9>

1. 주민소환투표의 결과에 영향을 미치게 할 목적으로 주민소환투표인(주민소환투표인명부 작성 전에는 그 주민소환투표인명부에 오를 자격이 있는 자를 포함한다. 이하 이 조에서 같다)에게 금전·물품·거마(車馬)·향응 그 밖의 재산상의 이익이나 공사(公私)의 직을 제공하거나 그 제공의 의사를 표시하거나 또는 그 제공을 약속한 자
2. 주민소환투표운동에 이용할 목적으로 학교 그 밖의 공공기관·사회단체·종교단체·노동단체 또는 청년단체·여성단체·노인단체·재향군인단체·씨족단체 그 밖의 기관·단체·시설에 금전·물품 등 재산상의 이익을 제공하거나 그 제공의 의사를 표시하거나 그 제공을 약속한 자
3. 주민소환투표운동에 이용할 목적으로 야유회·동창회·친목회·향우회·계모임 그 밖의 선거구민의 모임이나 행사에 금전·물품·음식물 그 밖의 재산상의 이익을 제공하거나 그 제공의 의사를 표시하거나 그 제공을 약속한 자
4. 제1호 내지 제3호에 규정된 행위에 관하여 지시·권유·요구 또는 알선한 자
5. 주민소환투표인에 대하여 폭행·협박 또는 불법으로 체포·감금하거나 부정한 방법으로 주민소환투표의 자유를 방해한 자
6. 법령에 의하지 아니하고 주민소환투표함을 열거나 그 투표함(빈 투표함을 포함한다) 또는 투표함 안의 주민소환투표지를 제거·파괴·훼손·은닉 또는 탈취한 자
7. 주민소환투표의 결과에 영향을 미칠 목적으로 연설·방송·신문·통신·잡지·벽보·선전문서 그 밖의 방법으로 허위사실을 유포하거나 허위사실을 게재한 선전문서를 배포할 목적으로 소지한 자
8. 주민소환투표의 결과에 영향을 미칠 목적으로 포장된 선물 또는 돈봉투 등 다수의 주민소환투표인에게 배부하도록 구분된 형태로 되어 있는 금품을 운반한 자
9. 주민소환투표인명부 작성에 관계있는 자로서 그 직권을 남용하여 주민소환투표인명부의 열람을 방해하거나 그 열람에 관한 직무를 유기한 자

제30조(벌칙) ① 다음 각 호의 어느 하나에 해당하는 자는 3년 이하의 징역 또는 1천만원 이하의 벌금에 처한다.

1. 제29조제1호 내지 제3호에 규정된 이익이나 공사의 직을 제공받거나 그 제공의 의사표시를 승낙한 자
2. 성명의 사칭, 신분증명서의 위조 또는 변조 그 밖의 부정한 방법으로 주민소환투표를 하거나 주민소환투표를 하려고 한 자
3. 허위의 방법으로 주민소환투표인명부에 오르게 한 자
4. 주민소환투표에 관한 서명요청 활동 및 투표운동의 기회를 이용하여 특정 정당이나 「공직선거법」의 규정에 의한 공직선거의 후보자가 되고자 하는 자를 지지·추천 또는 반대하거나 그 밖의 선거운동에 이르는 행위를 한 자

② 다음 각 호의 어느 하나에 해당하는 자는 2년 이하의 징역 또는 500만원 이하의 벌금에 처한다.

1. 제20조제1항의 규정에 위반하여 주민소환투표운동을 한 자
2. 제20조제2항의 규정에 의하여 적용되는 「공직선거법」 제82조의5의 규정을 위반하여 주민소환투표운동 목적의 정보를 전송한 자

제31조(벌칙) ① 제20조제3항의 규정에 의하여 준용되는 「공직선거법」 제85조제2항 및 제3항의 규정에 위반된 행위를 하거나 하게 한 자는 3년 이하의 징역 또는 600만원 이하의 벌금에 처한다.

② 제20조제2항(제2호를 제외한다)의 규정에 의하여 적용되는 「공직선거법」 제82조의5의 규정을 위반하여 주민소환투표운동 목적의 정보를 전송한 자는 2년 이하의 징역 또는 500만원 이하의 벌금에 처한다.

제32조(벌칙) 다음 각 호의 어느 하나에 해당하는 자는 1년 이하의 징역 또는 500만원 이하의 벌금에 처한다.
1. 제10조의 규정을 위반하여 서명요청을 한 자
2. 제18조의 규정에 의한 주민소환투표운동의 제한을 위반하여 주민소환투표운동을 한 자
3. 제20조제2항의 규정을 위반하여 주민소환투표운동을 한 자

제33조(벌칙) 이 법에서 준용하는 「공직선거법」의 규정과 관련하여 다음 각 호의 어느 하나에 해당하는 자는 1년 이하의 징역 또는 500만원 이하의 벌금에 처한다. <개정 2010·1·25>
1. 「공직선거법」 제61조제5항의 규정을 위반하여 주민소환투표운동기구를 설치한 자
2. 「공직선거법」 제69조제5항을 위반하여 광고를 한 사람
3. 「공직선거법」 제79조제1항, 제3항부터 제5항까지, 제6항(표지를 부착하지 아니한 경우는 제외한다) 또는 제7항을 위반하여 공개장소에서의 연설·대담을 한 자
4. 「공직선거법」 제272조의2제3항의 규정을 위반하여 출입을 방해하거나 자료제출요구에 응하지 아니하거나 허위의 자료를 제출한 자

제34조(이익의 몰수) 제29조제1호 내지 제3호의 죄를 범한 자가 받은 이익은 이를 몰수한다. 다만, 그 전부 또는 일부를 몰수할 수 없는 때에는 그 가액을 추징한다.

제35조(주민소환투표에 관한 과태료) ① 「형사소송법」 제211조에 규정된 현행범인 또는 준현행범인으로서 이 법에서 준용하는 「공직선거법」 제272조의2제4항의 규정에 따른 동행요구에 응하지 아니한 자는 300만원 이하의 과태료에 처한다.

② 다음 각 호의 어느 하나에 해당하는 자는 이 법에 다른 규정이 있는 경우를 제외하고는 200만원 이하의 과태료에 처한다.
1. 이 법 또는 이 법에서 준용하는 「공직선거법」의 규정에 따른 신고·제출의 의무를 해태한 자
2. 학교·관공서 그 밖의 공공기관·단체의 장으로서 선거관리위원의 투표소·개표소 설치를 위한 장소협조 요구에 정당한 사유 없이 응하지 아니한 자
3. 선거관리위원회가 첩부한 주민소환투표용지 모형을 훼손·오손한 자
4. 삭제 <2010·1·25>

③ 다음 각 호의 어느 하나에 해당하는 자는 100만원 이하의 과태료에 처한다.
1. 주민소환투표사무원·부재자주민소환투표사무원·개표사무원으로 위촉된 자로서 정당한 사유 없이 그 직무수행을 거부·유기하거나 해태한 자
2. 이 법에서 준용하는 「공직선거법」 제61조제6항의 규정을 위반하여 주민소환투표운동기구에 간판·현판·현수막을 설치 또는 게시한 자
3. 이 법에서 준용하는 「공직선거법」 제79조제6항의 규정을 위반하여 표지를 부착하지 아니하고 연설·대담을 한 자
4. 이 법에서 준용하는 「공직선거법」 제272조의2제4항의 규정에 따른 출석요구에 정당한 사유 없이 응하지 아니한 자

④ 제1항부터 제3항까지의 규정에 따른 과태료의 부과·징수절차에 관하여는 「공직선거법」 제261조제7항 및 제8항을 준용한다. <개정 2010·1·25>

제7장 보칙

제36조(주민소환투표 범죄의 조사 등) ① 관할선거관리위원회는 주민소환투표를 실시하는 때마다 주민소환투표부정을 감시하기 위하여 서명요청 활동기간 개시일부터 주민소환투표일까지 해당 관할선거관리위원회에 주민소환투표부정감시단을 둔다.

② 시·도선거관리위원회는 인터넷을 이용한 주민소환투표부정을 감시하기 위하여 제1항의 규정에 따른 기간 중에 사이버주민소환투표부정감시단을 설치·운영하여야 한다.

③ 제1항 및 제2항의 규정에 따른 감시단과 관련하여 이 법에서 정한 사항을 제외하고는 「공직선거법」 제10조의2제2항 전단·

제5항 내지 제8항 및 제10조의3의 규정을 준용한다. 이 경우 "공정선거지원단"은 "주민소환투표부정감시단"으로, "사이버공정선거지원단"은 "사이버주민소환투표부정감시단"으로, "선거운동"은 "주민소환투표운동"으로, "선거부정감시사무"는 "주민소환투표부정감시사무"로 본다. <개정 2018·4·6>

④ 선거관리위원회가 이 법의 규정에 따라 주민소환투표를 실시하는 경우 이 법의 위반행위에 대한 단속 및 조사에 관하여는 「공직선거법」 제272조의2 및 「선거관리위원회법」 제14조의2의 규정을 준용한다.

제37조(주민소환투표범죄 신고자 등의 보호) 제28조 내지 제33조의 죄 및 제35조의 과태료에 해당하는 죄를 신고한 신고자 등의 보호에 관하여는 「공직선거법」 제262조의2의 규정을 준용한다.

제38조(주민소환투표범죄 신고자에 대한 포상금 지급) 각급 선거관리위원회(읍·면·동선거관리위원회를 제외한다. 이하 이 조에서 같다)는 제28조 내지 제33조의 죄 및 제35조의 과태료에 해당하는 죄를 선거관리위원회가 인지하기 전에 신고한 자에게 중앙선거관리위원회규칙이 정하는 바에 따라 포상금을 지급할 수 있다.

부 칙

이 법은 공포 후 1년이 경과한 날부터 시행한다.

부 칙 <2007·5·11 법8423>

제1조(시행일) 이 법은 공포한 날부터 시행한다. 〈단서 생략〉

제2조부터 **제13조**까지 생략

부 칙 <2010·1·25 법9974>

제1조(시행일) 이 법은 공포한 날부터 시행한다. 〈단서 생략〉

제2조부터 **제12조**까지 생략

부 칙 <2011·7·21 법10866>

제1조(시행일) 이 법은 공포한 날부터 시행한다. 다만, …〈생략〉… 부칙 제3조는 공포 후 1년이 경과한 날부터 각각 시행한다.

제2조 생략

제3조(다른 법률의 개정) 생략

제4조 생략

부 칙 <2012·1·26 법11212>

제1조(시행일) 이 법은 공포한 날부터 시행한다. 다만, …〈생략〉… 부칙 제3조는 2019년 8월 1일부터 시행한다. <개정 2012·12·11, 2014·1·1, 2015·12·31, 2017·12·30, 2018·12·18>

제2조 및 **제3조** 생략

부 칙 <2018·4·6 법15551>

제1조(시행일) 이 법은 공포한 날부터 시행한다.

제2조 및 **제3조** 생략

부 칙 <2020·6·9 법17386>

이 법은 공포한 날부터 시행한다.

부 칙 <2020·12·8 법17577>

제1조(시행일) 이 법은 공포 후 3개월이 경과한 날부터 시행한다.

제2조(주민소환투표공보에 관한 적용례) 제12조의2의 개정규정은 이 법 시행 이후 청구되는 주민소환투표부터 적용한다.

제3조(다른 법률의 개정) 생략

부 칙 <2021·1·12 법17893>

제1조(시행일) 이 법은 공포 후 1년이 경과한 날부터 시행한다.

제2조부터 **제23조**까지 생략

●국가재정법

〔2006·10·4 법률제8050호〕

개정
2006·12·30 법률제 8135호(공공자금관리기금법)
2006·12·30 법률제 8149호(국방·군사시설이전 특별회계법)
2006·12·30 법률제 8151호(군인연금법)
2006·12·30 법률제 8161호
2007· 1·26 법률제 8280호(영화 및 비디오물의 진흥에 관한 법률)
2007·12·21 법률제 8790호(양식수산물재해보험법)
2007·12·31 법률제 8836호
2008· 2·29 법률제 8852호(정부조직법)
2008· 3·28 법률제 9016호(방사성폐기물 관리법)
2008·12·11 법률제 9137호(교도작업의 운영 및 특별회계에 관한 법률)
2008·12·31 법률제 9278호
2008·12·31 법률제 9280호(정부기업예산법)
2009· 1·30 법률제 9401호(국유재산법)
2009· 2· 6 법률제 9411호
2009· 2· 6 법률제 9415호(한국장학재단 설립 등에 관한 법률)
2009· 3· 5 법률제 9477호(농어업재해보험법)
2009· 3·18 법률제 9486호
2009· 4· 1 법률제 9622호(양곡관리법)
2009· 4·22 법률제 9626호(수산업법)
2009· 5·13 법률제 9670호(금융기관부실자산 등의 효율적 처리 및 한국자산관리공사의 설립에 관한 법률)
2009· 5·21 법률제 9685호(중소기업제품 구매촉진 및 판로지원에 관한 법률)
2009· 5·22 법률제 9708호(정보통신산업 진흥법)
2009· 5·27 법률제 9712호
2009· 7·31 법률제 9785호(신문 등의 진흥에 관한 법률)
2009·10·21 법률제 9801호
2010· 3·22 법률제10155호(석면피해구제법)
2010· 3·22 법률제10165호(방송통신발전 기본법)
2010· 4· 5 법률제10228호(무역보험법)
2010· 5·17 법률제10288호
2010· 6· 8 법률제10361호(근로복지기본법)
2010·12·27 법률제10400호
2010·12·27 법률제10414호(한국장학재단 설립 등에 관한 법률)
2011· 3·30 법률제10484호
2011· 5·19 법률제10682호(금융회사부실자산 등의 효율적 처리 및 한국자산관리공사의 설립에 관한 법률)
2011· 7·21 법률제10893호(환경정책기본법)
2011· 7·25 법률제10909호(원자력 진흥법)
2012· 1·26 법률제11230호(농업소득의 보전에 관한 법률)
2012· 3·21 법률제11378호
2013· 1· 1 법률제11614호(조세특례제한법)
2013· 5·28 법률제11821호
2014· 1· 1 법률제12161호
2014· 5·28 법률제12698호(양성평등기본법)
2014·12·23 법률제12858호(산업기술혁신촉진법)
2014·12·30 법률제12861호
2015· 1· 6 법률제12989호(주택도시기금법)
2015· 7·24 법률제13448호(자본시장과 금융투자업에 관한 법률)
2015·12·15 법률제13551호
2016· 1·28 법률제13931호(보조금 관리에 관한 법률)
2016· 3·29 법률제14122호(기술보증기금법)
2016·12·20 법률제14381호
2017·12·26 법률제15284호
2018· 1·16 법률제15342호
2019· 4·23 법률제16328호
2019· 8·27 법률제16568호(양식산업발전법)
2019·11·26 법률제16652호(한국자산관리공사 설립 등에 관한 법률)
2019·12·31 법률제16832호
2019·12·31 법률제16858호(농업·농촌 공익기능 증진 직접지불제도 운영에 관한 법률)
2020· 3·31 법률제17136호
2020· 6· 9 법률제17339호(법률용어 정비를 위한 기획재정위원회 소관 33개 법률 일부개정을 위한 법률)
2020· 6· 9 법률제17344호(지능정보화 기본법)
2021· 4·20 법률제18128호(자본시장과 금융투자업에 관한 법률)
2021· 6·15 법률제18240호
2021· 9·24 법률제18469호(기후위기 대응을 위한 탄소중립·녹색성장 기본법)
2021·12·21 법률제18585호
2022·12·31 법률제19188호
2023· 5·16 법률제19409호(국가유산기본법)
2023· 6· 9 법률제19430호(지방자치분권 및 지역균형발전에 관한 특별법)
2023· 8· 8 법률제19589호(국가유산보호기금법)
2024·12·31 법률제20610호

제 1 장 총칙

제 1 조(목적) 이 법은 국가의 예산·기금·결산·성과관리 및 국가채무 등 재정에 관한 사항을 정함으로써 효율적이고 성과 지향적이며 투명한 재정운용과 건전재정의 기틀을 확립하고 재정운용의 공공성을 증진하는 것을 목적으로 한다. <개정 2020·3·31>

제 2 조(회계연도) 국가의 회계연도는 매년 1월 1일에 시작하여 12월 31일에 종료한다.

제 3 조(회계연도 독립의 원칙) 각 회계연도의 경비는 그 연도의 세입 또는 수입으로 충당하여야 한다.

제 4 조(회계구분) ① 국가의 회계는 일반회계와 특별회계로 구분한다.

② 일반회계는 조세수입 등을 주요 세입으로 하여 국가의 일반적인 세출에 충당하기 위하여 설치한다.

③ 특별회계는 국가에서 특정한 사업을 운영하고자 할 때, 특정한 자금을 보유하여 운용하고자 할 때, 특정한 세입으로 특정한 세출에 충당함으로써 일반회계와 구분하여 회계처리할 필요가 있을 때에 법률로써 설치하되, 별표1에 규정된 법률에 의하지 아니하고는 이를 설치할 수 없다. <개정 2014·1·1>

제 5 조(기금의 설치) ① 기금은 국가가 특정한 목적을 위하여 특정한 자금을 신축적으로 운용할 필요가 있을 때에 한정하여 법률로써 설치하되, 정부의 출연금 또는 법률에 따른 민간부담금을 재원으로 하는 기금은 별표2에 규정된 법률에 의하지 아니하고는 이를 설치할 수 없다. <개정 2020·6·9>

② 제 1 항의 규정에 따른 기금은 세입세출예산에 의하지 아니하고 운용할 수 있다.

제 6 조(독립기관 및 중앙관서) ① 이 법에서 "독립기관"이라 함은 국회·대법원·헌법재판소 및 중앙선거관리위원회를 말한다.

② 이 법에서 "중앙관서"라 함은 「헌법」 또는 「정부조직법」 그 밖의 법률에 따라 설치된 중앙행정기관을 말한다.

③ 국회의 사무총장, 법원행정처장, 헌법재판소의 사무처장 및 중앙선거관리위원회의 사무총장은 이 법을 적용할 때 중앙관서의 장으로 본다. <개정 2020·6·9>

제 7 조(국가재정운용계획의 수립 등) ① 정부는 재정운용의 효율화와 건전화를 위하여 매년 해당 회계연도부터 5회계연도 이상의 기간에 대한 재정운용계획(이하 "국가재정운용계획"이라 한다)을 수립하여 회계연도 개시 120일 전까지 국회에 제출하여야 한다. <개정 2013·5·28, 2020·6·9>

② 국가재정운용계획에는 다음 각 호의 사항이 포함되어야 한다. <개정 2010·5·17, 2016·12·20, 2020·3·31, 2020·6·9>

1. 재정운용의 기본방향과 목표
2. 중기 재정전망 및 근거
3. 분야별 재원배분계획 및 투자방향
4. 재정규모증가율 및 그 근거

4의2. 의무지출(재정지출 중 법률에 따라 지출의무가 발생하고 법령에 따라 지출규모가 결정되는 법정지출 및 이자지출을 말하며, 그 구체적인 범위는 대통령령으로 정한다)의 증가율 및 산출내역

4의3. 재량지출(재정지출에서 의무지출을 제외한 지출을 말한다)의 증가율에 대한 분야별 전망과 근거 및 관리계획

4의4. 세입·세외수입·기금수입 등 재정수입의 증가율 및 그 근거

5. 조세부담률 및 국민부담률 전망
6. 통합재정수지〔일반회계, 특별회계 및 기금을 통합한 재정통계로서 순(純) 수입에서 순 지출을 뺀 금액을 말한다. 이하 같다〕 전망과 관리계획. 다만, 통합재정수지에서 제외되는 기금은 국제기구에서 권고하는 기준에 준하여 대통령령으로 정한다.
7. 삭제 <2010·5·17>
8. 그 밖에 대통령령으로 정하는 사항

③ 제 1 항에 따라 국회에 제출하는 국가재정운용계획에는 다음 각 호의 서류를 첨부하여

야 한다. <신설 2010·5·17, 2014·1·1, 2020·3·31, 2021·6·15>

1. 전년도에 수립한 국가재정운용계획 대비 변동사항, 변동요인 및 관리계획 등에 대한 평가·분석보고서
2. 제73조의4에 따른 중장기 기금재정관리계획
3. 제91조에 따른 국가채무관리계획
4. 「국세기본법」 제20조의2에 따른 중장기 조세정책운용계획
5. 제 4 항에 따른 장기 재정전망 결과

④ 기획재정부장관은 40회계연도 이상의 기간을 대상으로 5년마다 장기 재정전망을 실시하여야 한다. <신설 2020·3·31>

⑤ 기획재정부장관은 국가재정운용계획을 수립하기 위하여 필요한 때에는 관계 국가기관 또는 공공단체의 장에게 중·장기 대내·외 거시경제전망 및 재정전망 등에 관하여 자료의 제출을 요청하거나, 관계 국가기관 또는 공공단체의 장과 이에 관하여 협의할 수 있다. <개정 2008·2·29, 2020·6·9>

⑥ 기획재정부장관은 국가재정운용계획을 수립하는 때에는 관계 중앙관서의 장과 협의하여야 한다. <개정 2008·2·29>

⑦ 제 1 항부터 제 6 항까지에 규정된 사항 외에 국가재정운용계획의 수립에 관하여 필요한 사항은 대통령령으로 정한다. <개정 2010·5·17, 2020·3·31>

⑧ 기획재정부장관은 제35조에 따른 수정예산안 및 제89조에 따른 추가경정예산안이 제출될 때에는 재정수지, 국가채무 등 국가재정운용계획의 재정총량에 미치는 효과 및 그 관리방안에 대하여 국회에 보고하여야 한다. <신설 2010·5·17>

⑨ 기획재정부장관은 국가재정운용계획을 국회에 제출하기 30일 전에 재정규모, 재정수지, 재원배분 등 수립 방향을 국회 소관 상임위원회에 보고하여야 한다. <신설 2010·5·17, 2014·12·30>

⑩ 각 중앙관서의 장은 재정지출을 수반하는 중·장기계획을 수립하는 때에는 미리 기획재정부장관과 협의하여야 한다. <개정 2008·2·29>

⑪ 지방자치단체의 장은 국가의 재정지원에 따라 수행되는 사업으로서 대통령령으로 정하는 규모 이상인 사업의 계획을 수립하는 때에는 미리 관계 중앙관서의 장과 협의하여야 한다. 이 경우 중앙관서의 장은 기획재정부장관과 협의하여야 한다. <개정 2008·2·29, 2020·6·9>

제 8 조 삭제 <2021·12·21>

제 8 조의2(전문적인 조사·연구기관의 지정 등) ① 기획재정부장관은 예비타당성조사 등을 적정하게 수행하기 위하여 「정부출연연구기관 등의 설립·운영 및 육성에 관한 법률」에 따라 설립된 한국개발연구원 및 한국조세재정연구원과 전문 인력 및 조사·연구 능력 등 대통령령으로 정하는 지정기준을 갖춘 기관을 전문기관으로 지정하여 다음 각 호의 업무 중 전부 또는 일부를 수행하게 할 수 있다. <개정 2016·1·28, 2020·3·31, 2021·12·21>

1. 제38조제 1 항 및 제 3 항에 따른 사업의 예비타당성조사 및 그 조사와 관련된 전문적인 조사·연구
2. 제50조제 2 항 및 제 4 항에 따른 사업의 타당성 재조사 및 그 조사와 관련된 전문적인 조사·연구
3. 제85조의8제 1 항에 따른 재정사업에 대한 성과평가 및 그 평가와 관련된 전문적인 조사·연구
4. 제82조제 2 항에 따른 기금운용평가단의 운영
5. 제85조의5제 4 항에 따른 재정성과평가단의 운영
6. 「부담금관리 기본법」 제 8 조제 4 항에 따른 부담금운용평가단의 운영
7. 「보조금 관리에 관한 법률」 제15조제 3 항에 따른 보조사업평가단의 운영
8. 「복권 및 복권기금법」 제22조제 4 항에 따라 구성하는 복권기금사업의 성과에 대한 평가단의 운영

② 기획재정부장관은 제 1 항에 따라 지정된 전문기관이 그 업무를 수행하는 데에 드는 비용을 지원하기 위하여 해당 전문기관에 출연할 수 있다.

③ 기획재정부장관은 제 1 항에 따라 지정된

전문기관이 다음 각 호의 어느 하나에 해당하는 경우에는 그 지정을 취소할 수 있다. 다만, 제 1 호에 해당하면 그 지정을 취소하여야 한다.

1. 거짓이나 그 밖의 부정한 방법으로 지정을 받은 경우
2. 제 1 항에 따른 지정기준에 적합하지 아니하게 된 경우
3. 제 1 항에 따른 업무를 적정하게 수행하지 아니하는 등 수행하는 업무가 그 지정의 목적을 벗어난 것으로 인정되는 경우

④ 기획재정부장관은 제 3 항에 따라 전문기관의 지정을 취소하려는 경우에는 청문을 하여야 한다. <신설 2021 · 12 · 21>

⑤ 제 1 항에 따른 전문기관의 지정 및 그 운영 등에 필요한 사항은 대통령령으로 정한다.

[본조신설 2014 · 1 · 1]

제 9 조(재정정보의 공표) ① 정부는 예산, 기금, 결산, 국채, 차입금, 국유재산의 현재액, 통합재정수지 및 제 2 항에 따른 일반정부 및 공공부문 재정통계, 그 밖에 대통령령으로 정하는 국가와 지방자치단체의 재정에 관한 중요한 사항을 매년 1회 이상 정보통신매체 · 인쇄물 등 적당한 방법으로 알기 쉽고 투명하게 공표하여야 한다. <개정 2020 · 3 · 31, 2020 · 6 · 9>

② 기획재정부장관은 회계연도마다 결산을 기준으로 다음 각 호의 재정상황을 종합적으로 나타내는 통계(이하 "일반정부 및 공공부문 재정통계"라 한다)를 작성하여야 한다. 이 경우 제 2 호와 제 3 호에 관하여는 해당 기관 및 관계 중앙관서의 장과 협의하여 작성하여야 한다. <신설 2020 · 3 · 31>

1. 국가 및 지방자치단체의 일반회계, 특별회계 및 기금
2. 다음 각 목의 기관 중 시장성이 없는 기관으로서 대통령령으로 정하는 기관
   가. 「공공기관의 운영에 관한 법률」에 따른 공공기관
   나. 「지방공기업법」에 따른 지방공사 · 공단
   다. 그 밖에 공영방송사 · 국립대학법인 등 공공성이 인정되는 법인
3. 제 2 호 각 목의 기관 중 시장성이 있는 기관(금융을 다루는 기관은 제외한다)으로서 대통령령으로 정하는 기관

③ 기획재정부장관은 각 중앙관서의 장, 지방자치단체의 장, 관계 기관의 장에게 제 1 항에 따른 재정정보의 공표 또는 제 2 항에 따른 일반정부 및 공공부문 재정통계의 작성을 위하여 필요한 자료의 제출을 요구할 수 있다. <개정 2020 · 3 · 31>

④ 각 중앙관서의 장은 해당 중앙관서의 세입 · 세출예산 운용상황을, 각 법률에 따라 기금을 관리 · 운용하는 자(기금의 관리 또는 운용 업무를 위탁받은 자는 제외하며, 이하 "기금관리주체"라 한다)는 해당 기금의 운용상황을 인터넷 홈페이지에 공개하여야 한다. <신설 2014 · 12 · 30, 2016 · 12 · 20, 2021 · 12 · 21>

⑤ 제 4 항의 세입 · 세출예산 운용상황 및 기금 운용상황 공개에는 각 사업별 사업설명자료가 첨부되어야 한다. 그 밖에 공개에 필요한 사항은 대통령령으로 정한다. <신설 2014 · 12 · 30, 2016 · 12 · 20, 2020 · 3 · 31>

⑥ 기획재정부장관은 제 4 항 및 제 5 항에 관한 지침을 작성하여 각 중앙관서의 장과 기금관리주체에게 각각 통보하여야 하며, 지침과 서로 다를 경우 시정 요구하여야 한다. 이 경우 각 중앙관서의 장과 기금관리주체는 다른 법령에서 별도로 규정하는 경우를 제외하고는 그 요구를 따라야 한다. <신설 2016 · 12 · 20, 2020 · 3 · 31, 2020 · 6 · 9>

제 9 조의2(재정 관련 자료의 제출) 기획재정부장관은 매년 회계연도 개시 120일 전까지 다음 각 호의 서류를 국회에 제출하여야 한다. <개정 2013 · 5 · 28>

1. 제92조에 따른 국가보증채무관리계획
2. 「공공기관의 운영에 관한 법률」 제39조의2에 따른 중장기 재무관리계획
3. 「사회기반시설에 대한 민간투자법」 제24조의2에 따른 임대형 민자사업 정부지급금 추계서

[본조신설 2010 · 5 · 17]

제10조(재정운용에 대한 의견수렴) ① 기획재정부장관은 재정운용에 대한 의견수렴을 위하여 각 중앙관서와 지방자치단체의 공무원 및 민간 전문가 등으로 구성된 재정정책자문회의(이하 "자문회의"라 한다)를 운영하여야

한다. <개정 2008·2·29, 2008·12·31>

② 기획재정부장관은 국가재정운용계획을 수립할 때, 매 회계연도의 예산안을 편성할 때와 기금운용계획안을 마련할 때에는 미리 자문회의의 의견수렴을 거쳐야 한다. <개정 2008·2·29, 2008·12·31>

③ 자문회의의 구성·기능 및 운영 등에 관하여 필요한 사항은 대통령령으로 정한다. <개정 2008·12·31>

제11조(업무의 관장) ① 예산, 결산 및 기금에 관한 사무는 기획재정부장관이 관장한다. <개정 2008·2·29>

② 각 중앙관서의 장은 제1항의 규정에 따른 사무에 관한 법령을 제정·개정 또는 폐지하거나 제1항의 규정에 따른 사무와 관련되는 사항을 다른 법령에 규정하고자 하는 때에는 기획재정부장관과 협의하여야 한다. <개정 2008·2·29>

제12조(출연금) 국가는 국가연구개발사업의 수행, 공공목적을 수행하는 기관의 운영 등 특정한 목적을 달성하기 위하여 법률에 근거가 있는 경우에는 해당 기관에 출연할 수 있다.

제13조(회계·기금 간 여유재원의 전입·전출) ① 정부는 국가재정의 효율적 운용을 위하여 필요한 경우에는 다른 법률의 규정에도 불구하고 회계 및 기금의 목적 수행에 지장을 초래하지 아니하는 범위 안에서 회계와 기금 간 또는 회계 및 기금 상호 간에 여유재원을 전입 또는 전출하여 통합적으로 활용할 수 있다. 다만, 다음 각 호의 특별회계 및 기금은 제외한다. <개정 2008·3·28, 2020·6·9>

1. 우체국보험특별회계
2. 국민연금기금
3. 공무원연금기금
4. 사립학교교직원연금기금
5. 군인연금기금
6. 고용보험기금
7. 산업재해보상보험및예방기금
8. 임금채권보장기금
9. 방사성폐기물관리기금
10. 그 밖에 차입금이나 「부담금관리기본법」 제2조의 규정에 따른 부담금 등을 주요 재원으로 하는 특별회계와 기금 중 대통령령으로 정하는 특별회계와 기금

② 기획재정부장관은 제1항의 규정에 따라 전입·전출을 하고자 하는 때에는 관계 중앙관서의 장 및 기금관리주체와 협의한 후 그 내용을 예산안 또는 기금운용계획안에 반영하여야 한다. <개정 2008·2·29>

제14조(특별회계 및 기금의 신설에 관한 심사) ① 중앙관서의 장은 소관 사무와 관련하여 특별회계 또는 기금을 신설하고자 하는 때에는 해당 법률안을 입법예고하기 전에 특별회계 또는 기금의 신설에 관한 계획서(이하 이 조에서 "계획서"라 한다)를 기획재정부장관에게 제출하여 그 신설의 타당성에 관한 심사를 요청하여야 한다. <개정 2008·2·29>

② 기획재정부장관은 제1항의 규정에 따라 심사를 요청받은 경우 기금에 대하여는 제1호부터 제4호까지의 기준에 적합한지 여부를 심사하고, 특별회계에 대하여는 제4호 및 제5호의 기준에 적합한지 여부를 심사하여야 한다. 이 경우 미리 자문회의에 자문하여야 한다. <개정 2008·2·29, 2008·12·31, 2014·1·1>

1. 부담금 등 기금의 재원이 목적사업과 긴밀하게 연계되어 있을 것
2. 사업의 특성으로 인하여 신축적인 사업추진이 필요할 것
3. 중·장기적으로 안정적인 재원조달과 사업추진이 가능할 것
4. 일반회계나 기존의 특별회계·기금보다 새로운 특별회계나 기금으로 사업을 수행하는 것이 더 효과적일 것
5. 특정한 사업을 운영하거나 특정한 세입으로 특정한 세출에 충당함으로써 일반회계와 구분하여 회계처리할 필요가 있을 것

③ 기획재정부장관은 제2항의 규정에 따른 심사 결과 특별회계 또는 기금의 신설이 제2항의 규정에 따른 심사기준에 부합하지 아니한다고 인정하는 때에는 계획서를 제출한 중앙관서의 장에게 계획서의 재검토 또는 수정을 요청할 수 있다. <개정 2008·2·29>

제15조(특별회계 및 기금의 통합·폐지) 특별회계 및 기금이 다음 각 호의 어느 하나에 해당하는 경우에는 이를 폐지하거나 다른 특

별회계 또는 기금과 통합할 수 있다.
1. 설치목적을 달성한 경우
2. 설치목적의 달성이 불가능하다고 판단되는 경우
3. 특별회계와 기금 간 또는 특별회계 및 기금 상호 간에 유사하거나 중복되게 설치된 경우
4. 그 밖에 재정운용의 효율성 및 투명성을 높이기 위하여 일반회계에서 통합 운용하는 것이 바람직하다고 판단되는 경우

제 2 장 예산

제 1 절 총칙

제16조(예산의 원칙) 정부는 예산을 편성하거나 집행할 때 다음 각 호의 원칙을 준수하여야 한다. <개정 2010·5·17, 2013·1·1, 2020·6·9, 2021·6·15, 2021·9·24, 2021·12·21>
1. 정부는 재정건전성의 확보를 위하여 최선을 다하여야 한다.
2. 정부는 국민부담의 최소화를 위하여 최선을 다하여야 한다.
3. 정부는 재정을 운용할 때 재정지출 및 「조세특례제한법」 제142조의2제 1 항에 따른 조세지출의 성과를 제고하여야 한다.
4. 정부는 예산과정의 투명성과 예산과정에의 국민참여를 제고하기 위하여 노력하여야 한다.
5. 정부는 「성별영향평가법」 제 2 조제 1 호에 따른 성별영향평가의 결과를 포함하여 예산이 여성과 남성에게 미치는 효과를 평가하고, 그 결과를 정부의 예산편성에 반영하기 위하여 노력하여야 한다.
6. 정부는 예산이 「기후위기 대응을 위한 탄소중립·녹색성장 기본법」 제 2 조제 5 호에 따른 온실가스(이하 "온실가스"라 한다) 감축에 미치는 효과를 평가하고, 그 결과를 정부의 예산편성에 반영하기 위하여 노력하여야 한다.

제17조(예산총계주의) ① 한 회계연도의 모든 수입을 세입으로 하고, 모든 지출을 세출로 한다.
② 제53조에 규정된 사항을 제외하고는 세입과 세출은 모두 예산에 계상하여야 한다.

제18조(국가의 세출재원) 국가의 세출은 국채·차입금(외국정부·국제협력기구 및 외국법인으로부터 도입되는 차입자금을 포함한다. 이하 같다) 외의 세입을 그 재원으로 한다. 다만, 부득이한 경우에는 국회의 의결을 얻은 금액의 범위 안에서 국채 또는 차입금으로써 충당할 수 있다.

제19조(예산의 구성) 예산은 예산총칙·세입세출예산·계속비·명시이월비 및 국고채무부담행위를 총칭한다.

제20조(예산총칙) ① 예산총칙에는 세입세출예산·계속비·명시이월비 및 국고채무부담행위에 관한 총괄적 규정을 두는 외에 다음 각 호의 사항을 규정하여야 한다.
1. 제18조 단서의 규정에 따른 국채와 차입금의 한도액(중앙관서의 장이 관리하는 기금의 기금운용계획안에 계상된 국채발행 및 차입금의 한도액을 포함한다)
2. 「국고금관리법」 제32조의 규정에 따른 재정증권의 발행과 일시차입금의 최고액
3. 그 밖에 예산집행에 관하여 필요한 사항

② 정부는 기존 국채를 새로운 국채로 대체하기 위하여 필요한 경우에는 제 1 항제 1 호의 한도액을 초과하여 국채를 발행할 수 있다. 이 경우 미리 국회에 이를 보고하여야 한다. <신설 2008·12·31>

제21조(세입세출예산의 구분) ① 세입세출예산은 필요한 때에는 계정으로 구분할 수 있다.
② 세입세출예산은 독립기관 및 중앙관서의 소관별로 구분한 후 소관 내에서 일반회계·특별회계로 구분한다.
③ 세입예산은 제 2 항의 규정에 따른 구분에 따라 그 내용을 성질별로 관·항으로 구분하고, 세출예산은 제 2 항의 규정에 따른 구분에 따라 그 내용을 기능별·성질별 또는 기관별로 장·관·항으로 구분한다.
④ 예산의 구체적인 분류기준 및 세항과 각 경비의 성질에 따른 목의 구분은 기획재정부장관이 정한다. <개정 2008·2·29>

제22조(예비비) ① 정부는 예측할 수 없는 예산 외의 지출 또는 예산초과지출에 충당하기 위하여 일반회계 예산총액의 100분의 1 이

내의 금액을 예비비로 세입세출예산에 계상할 수 있다. 다만, 예산총칙 등에 따라 미리 사용목적을 지정해 놓은 예비비는 본문에도 불구하고 별도로 세입세출예산에 계상할 수 있다. <개정 2020·6·9>

② 제1항 단서에도 불구하고 공무원의 보수 인상을 위한 인건비 충당을 위하여는 예비비의 사용목적을 지정할 수 없다. <개정 2020·6·9>

제23조(계속비) ① 완성에 수년이 필요한 공사나 제조 및 연구개발사업은 그 경비의 총액과 연부액(年賦額)을 정하여 미리 국회의 의결을 얻은 범위 안에서 수년도에 걸쳐서 지출할 수 있다. <개정 2020·6·9>

② 제1항의 규정에 따라 국가가 지출할 수 있는 연한은 그 회계연도부터 5년 이내로 한다. 다만, 사업규모 및 국가재원 여건을 고려하여 필요한 경우에는 예외적으로 10년 이내로 할 수 있다. <개정 2012·3·21, 2020·6·9>

③ 기획재정부장관은 필요하다고 인정하는 때에는 국회의 의결을 거쳐 제2항의 지출연한을 연장할 수 있다. <신설 2012·3·21>

제24조(명시이월비) ① 세출예산 중 경비의 성질상 연도 내에 지출을 끝내지 못할 것이 예측되는 때에는 그 취지를 세입세출예산에 명시하여 미리 국회의 승인을 얻은 후 다음 연도에 이월하여 사용할 수 있다.

② 각 중앙관서의 장은 제1항의 규정에 따른 명시이월비에 대하여 예산집행상 부득이한 사유가 있는 때에는 사항마다 사유와 금액을 명백히 하여 기획재정부장관의 승인을 얻은 범위 안에서 다음 연도에 걸쳐서 지출하여야 할 지출원인행위를 할 수 있다. <개정 2008·2·29>

③ 기획재정부장관은 제2항의 규정에 따라 다음 연도에 걸쳐서 지출하여야 할 지출원인행위를 승인한 때에는 감사원에 통지하여야 한다. <개정 2008·2·29>

제25조(국고채무부담행위) ① 국가는 법률에 따른 것과 세출예산금액 또는 계속비의 총액의 범위 안의 것 외에 채무를 부담하는 행위를 하는 때에는 미리 예산으로써 국회의 의결을 얻어야 한다.

② 국가는 제1항에 규정된 것 외에 재해복구를 위하여 필요한 때에는 회계연도마다 국회의 의결을 얻은 범위 안에서 채무를 부담하는 행위를 할 수 있다. 이 경우 그 행위는 일반회계 예비비의 사용절차에 준하여 집행한다.

③ 국고채무부담행위는 사항마다 그 필요한 이유를 명백히 하고 그 행위를 할 연도 및 상환연도와 채무부담의 금액을 표시하여야 한다.

제26조(성인지 예산서의 작성) ① 정부는 예산이 여성과 남성에게 미칠 영향을 미리 분석한 보고서[이하 "성인지(性認知) 예산서"라 한다]를 작성하여야 한다.

② 성인지 예산서에는 성평등 기대효과, 성과목표, 성별 수혜분석 등을 포함하여야 한다. <신설 2010·5·17>

③ 성인지 예산서의 작성에 관한 구체적인 사항은 대통령령으로 정한다.

제27조(온실가스감축인지 예산서의 작성) ① 정부는 예산이 온실가스 감축에 미칠 영향을 미리 분석한 보고서(이하 "온실가스감축인지 예산서"라 한다)를 작성하여야 한다.

② 온실가스감축인지 예산서에는 온실가스 감축에 대한 기대효과, 성과목표, 효과분석 등을 포함하여야 한다.

③ 온실가스감축인지 예산서의 작성에 관한 구체적인 사항은 대통령령으로 정한다.

[본조신설 2021·6·15]

제2절 예산안의 편성

제28조(중기사업계획서의 제출) 각 중앙관서의 장은 매년 1월 31일까지 해당 회계연도부터 5회계연도 이상의 기간 동안의 신규사업 및 기획재정부장관이 정하는 주요 계속사업에 대한 중기사업계획서를 기획재정부장관에게 제출하여야 한다. <개정 2008·2·29, 2020·6·9>

제29조(예산안편성지침의 통보) ① 기획재정부장관은 국무회의의 심의를 거쳐 대통령의 승인을 얻은 다음 연도의 예산안편성지침을

매년 3월 31일까지 각 중앙관서의 장에게 통보하여야 한다. <개정 2008·2·29, 2014·1·1>

② 기획재정부장관은 제7조의 규정에 따른 국가재정운용계획과 예산편성을 연계하기 위하여 제1항의 규정에 따른 예산안편성지침에 중앙관서별 지출한도를 포함하여 통보할 수 있다. <개정 2008·2·29>

제30조(예산안편성지침의 국회보고) 기획재정부장관은 제29조제1항의 규정에 따라 각 중앙관서의 장에게 통보한 예산안편성지침을 국회 예산결산특별위원회에 보고하여야 한다. <개정 2008·2·29>

제31조(예산요구서의 제출) ① 각 중앙관서의 장은 제29조의 규정에 따른 예산안편성지침에 따라 그 소관에 속하는 다음 연도의 세입세출예산·계속비·명시이월비 및 국고채무부담행위 요구서(이하 "예산요구서"라 한다)를 작성하여 매년 5월 31일까지 기획재정부장관에게 제출하여야 한다. <개정 2008·2·29, 2014·1·1>

② 예산요구서에는 대통령령으로 정하는 바에 따라 예산의 편성 및 예산관리기법의 적용에 필요한 서류를 첨부하여야 한다. <개정 2020·6·9>

③ 기획재정부장관은 제1항의 규정에 따라 제출된 예산요구서가 제29조의 규정에 따른 예산안편성지침에 부합하지 아니하는 때에는 기한을 정하여 이를 수정 또는 보완하도록 요구할 수 있다. <개정 2008·2·29>

제32조(예산안의 편성) 기획재정부장관은 제31조제1항의 규정에 따른 예산요구서에 따라 예산안을 편성하여 국무회의의 심의를 거친 후 대통령의 승인을 얻어야 한다. <개정 2008·2·29>

제33조(예산안의 국회제출) 정부는 제32조의 규정에 따라 대통령의 승인을 얻은 예산안을 회계연도 개시 120일 전까지 국회에 제출하여야 한다. <개정 2013·5·28>

제34조(예산안의 첨부서류) 제33조의 규정에 따라 국회에 제출하는 예산안에는 다음 각 호의 서류를 첨부하여야 한다. <개정 2011·3·30, 2012·3·21, 2013·1·1, 2014·1·1, 2017·12·26, 2019·4·23, 2020·6·9, 2021·6·15, 2021·12·21>

1. 세입세출예산 총계표 및 순계표
2. 세입세출예산 사업별설명서

2의2. 세입예산 추계분석보고서(세입추계 방법 및 근거, 전년도 세입예산과 세입결산 간 총액 및 세목별 차이에 대한 평가 및 원인 분석, 세입추계 개선사항을 포함한다)

3. 계속비에 관한 전년도말까지의 지출액 또는 지출추정액, 해당 연도 이후의 지출예정액과 사업전체의 계획 및 그 진행상황에 관한 명세서

3의2. 제50조에 따른 총사업비 관리대상 사업의 사업별 개요, 전년도 대비 총사업비 증감 내역과 증감 사유, 해당 연도까지의 연부액 및 해당 연도 이후의 지출예정액

4. 국고채무부담행위설명서
5. 국고채무부담행위로서 다음 연도 이후에 걸치는 것인 경우 전년도말까지의 지출액 또는 지출추정액과 해당 연도 이후의 지출예정액에 관한 명세서

5의2. 완성에 2년 이상이 소요되는 사업으로서 대통령령으로 정하는 대규모 사업의 국고채무부담행위 총규모

6. 예산정원표와 예산안편성기준단가
7. 국유재산의 전전년도 말 기준 현재액과 전년도말과 해당 연도 말 기준 현재액 추정에 관한 명세서
8. 제85조의7에 따른 성과계획서
9. 성인지 예산서

9의2. 온실가스감축인지 예산서

10. 「조세특례제한법」 제142조의2에 따른 조세지출예산서
11. 제40조제2항 및 제41조의 규정에 따라 독립기관의 세출예산요구액을 감액하거나 감사원의 세출예산요구액을 감액한 때에는 그 규모 및 이유와 감액에 대한 해당 기관의 장의 의견
12. 삭제 <2010·5·17>
13. 회계와 기금 간 또는 회계 상호 간 여유재원의 전입·전출 명세서 그 밖에 재정의 상황과 예산안의 내용을 명백히 할 수 있는 서류
14. 「국유재산특례제한법」 제10조제1항에 따른 국유재산특례지출예산서

15. 제38조제2항에 따라 예비타당성조사를 실시하지 아니한 사업의 내역 및 사유
16. 지방자치단체 국고보조사업 예산안에 따른 분야별 총 대응지방비 소요 추계서

제35조(국회제출 중인 예산안의 수정) 정부는 예산안을 국회에 제출한 후 부득이한 사유로 인하여 그 내용의 일부를 수정하고자 하는 때에는 국무회의의 심의를 거쳐 대통령의 승인을 얻은 수정예산안을 국회에 제출할 수 있다.

제36조(예산안 첨부서류의 생략) 정부는 제35조에 따른 수정예산안 또는 제89조에 따른 추가경정예산안을 편성하여 국회에 제출하는 때에는 제34조 각 호에 규정된 첨부서류의 일부를 생략할 수 있다. 다만, 제85조의7에 따른 성과계획서의 제출을 생략하는 때에는 사후에 이를 제출하여야 한다. <개정 2009·5·27, 2021·12·21>

제37조(총액계상) ① 기획재정부장관은 대통령령으로 정하는 사업으로서 세부내용을 미리 확정하기 곤란한 사업의 경우에는 이를 총액으로 예산에 계상할 수 있다. <개정 2008·2·29, 2020·6·9>

② 제1항의 규정에 따른 총액계상사업의 총규모는 매 회계연도 예산의 순계를 기준으로 대통령령으로 정하는 비율을 초과할 수 없다. <개정 2020·6·9>

③ 각 중앙관서의 장은 제1항의 규정에 따른 총액계상사업에 대하여는 예산배정 전에 예산배분에 관한 세부사업시행계획을 수립하여 기획재정부장관과 협의하여야 하며, 그 세부집행실적을 회계연도 종료 후 3개월 이내에 기획재정부장관에게 제출하여야 한다. <개정 2008·2·29>

④ 각 중앙관서의 장은 제3항의 규정에 따른 총액계상사업의 세부사업시행계획과 세부집행실적을 국회 예산결산특별위원회에 제출하여야 한다.

제38조(예비타당성조사) ① 기획재정부장관은 총사업비가 500억원 이상이고 국가의 재정지원 규모가 300억원 이상인 신규 사업으로서 다음 각 호의 어느 하나에 해당하는 대규모사업에 대한 예산을 편성하기 위하여 미리 예비타당성조사를 실시하고, 그 결과를 요약하여 국회 소관 상임위원회와 예산결산특별위원회에 제출하여야 한다. 다만, 제4호의 사업은 제28조에 따라 제출된 중기사업계획서에 의한 재정지출이 500억원 이상 수반되는 신규 사업으로 한다. <개정 2008·2·29, 2010·5·17, 2014·1·1, 2020·6·9>

1. 건설공사가 포함된 사업
2. 「지능정보화 기본법」 제14조제1항에 따른 지능정보화 사업
3. 「과학기술기본법」 제11조에 따른 국가연구개발사업
4. 그 밖에 사회복지, 보건, 교육, 노동, 문화 및 관광, 환경 보호, 농림해양수산, 산업·중소기업 분야의 사업

② 제1항에도 불구하고 다음 각 호의 어느 하나에 해당하는 사업은 대통령령으로 정하는 절차에 따라 예비타당성조사 대상에서 제외한다. <신설 2014·1·1, 2020·3·31, 2020·6·9, 2023·5·16>

1. 공공청사, 교정시설, 초·중등 교육시설의 신·증축 사업
2. 「국가유산기본법」 제3조에 따른 국가유산 복원사업
3. 국가안보와 관계되거나 보안이 필요한 국방 관련 사업
4. 남북교류협력과 관계되거나 국가 간 협약·조약에 따라 추진하는 사업
5. 도로 유지보수, 노후 상수도 개량 등 기존 시설의 효용 증진을 위한 단순개량 및 유지보수사업
6. 「재난 및 안전관리기본법」 제3조제1호에 따른 재난(이하 "재난"이라 한다)복구지원, 시설 안전성 확보, 보건·식품 안전 문제 등으로 시급한 추진이 필요한 사업
7. 재난예방을 위하여 시급한 추진이 필요한 사업으로서 국회 소관 상임위원회의 동의를 받은 사업
8. 법령에 따라 추진하여야 하는 사업
9. 출연·보조기관의 인건비 및 경상비 지원, 융자 사업 등과 같이 예비타당성조사의 실익이 없는 사업
10. 지역 균형발전, 긴급한 경제·사회적 상

황 대응 등을 위하여 국가 정책적으로 추진이 필요한 사업(종전에 경제성 부족 등을 이유로 예비타당성조사를 통과하지 못한 사업은 연계사업의 시행, 주변지역의 개발 등으로 해당 사업과 관련한 경제·사회 여건이 변동하였거나, 예비타당성조사 결과 등을 반영하여 사업을 재기획한 경우에 한정한다)으로서 다음 각 목의 요건을 모두 갖춘 사업. 이 경우, 예비타당성조사 면제 사업의 내역 및 사유를 지체없이 국회 소관 상임위원회에 보고하여야 한다.

가. 사업목적 및 규모, 추진방안 등 구체적인 사업계획이 수립된 사업

나. 국가 정책적으로 추진이 필요하여 국무회의를 거쳐 확정된 사업

③ 제1항의 규정에 따라 실시하는 예비타당성조사 대상사업은 기획재정부장관이 중앙관서의 장의 신청에 따라 또는 직권으로 선정할 수 있다. <개정 2008·2·29>

④ 기획재정부장관은 국회가 그 의결로 요구하는 사업에 대하여는 예비타당성조사를 실시하여야 한다. <개정 2008·2·29>

⑤ 기획재정부장관은 제2항제10호에 따라 예비타당성조사를 면제한 사업에 대하여 예비타당성조사 방식에 준하여 사업의 중장기 재정소요, 재원조달방안, 비용과 편익 등을 고려한 효율적 대안 등의 분석을 통하여 사업계획의 적정성을 검토하고, 그 결과를 예산편성에 반영하여야 한다. <신설 2020·3·31>

⑥ 기획재정부장관은 제1항의 규정에 따른 예비타당성조사 대상사업의 선정기준·조사수행기관·조사방법 및 절차 등에 관한 지침을 마련하여 중앙관서의 장에게 통보하여야 한다. <개정 2008·2·29>

제38조의2(예비타당성조사 결과 관련 자료의 공개) 기획재정부장관은 제38조제1항에 따른 예비타당성조사를 제8조의2제1항제1호의 업무를 수행하는 전문기관에 의뢰하여 실시할 수 있으며, 예비타당성조사를 의뢰받은 전문기관의 장은 수요예측자료 등 예비타당성조사 결과에 관한 자료를 「공공기관의 정보공개에 관한 법률」 제7조에 따라 공개하여야 한다. <개정 2021·12·21>

〔본조신설 2014·1·1〕

제38조의3(국가연구개발사업 예비타당성조사의 특례) ① 기획재정부장관은 제8조의2, 제38조 및 제38조의2에 규정된 사항 중 「과학기술기본법」 제11조에 따른 국가연구개발사업에 대한 예비타당성조사에 관해서는 대통령령으로 정하는 바에 따라 과학기술정보통신부장관에게 위탁할 수 있다.

② 제1항에 따라 예비타당성조사에 관하여 위탁받은 과학기술정보통신부장관은 제38조제2항 및 제6항과 관련한 사항의 경우 사전에 기획재정부장관과 협의하여야 한다. <개정 2020·3·31>

③ 기획재정부장관은 제1항에 따라 위탁한 예비타당성조사가 적절하게 운영되는지 등을 대통령령으로 정하는 바에 따라 평가할 수 있다.

〔본조신설 2018·1·16〕

제39조(대규모 개발사업예산의 편성) ① 각 중앙관서의 장은 대통령령으로 정하는 대규모 개발사업에 대하여는 타당성조사 및 기본설계비·실시설계비·보상비(댐수몰지역에 대하여 보상하는 경우와 공사완료 후 존속하는 어업권 또는 양식업권의 피해에 대하여 보상하는 경우는 제외한다)와 공사비의 순서에 따라 그 중 하나의 단계에 소요되는 경비의 전부 또는 일부를 해당 연도의 예산으로 요구하여야 한다. 다만, 부분완공 후 사용이 가능한 경우 등 사업의 효율적인 추진을 위하여 기획재정부장관이 불가피하다고 인정하는 사업에 대하여는 2단계 이상의 예산을 동시에 요구할 수 있다. <개정 2008·2·29, 2019·8·27, 2020·6·9>

② 기획재정부장관은 제1항에 따른 대규모 개발사업에 대하여는 같은 항에 따른 요구에 따라 단계별로 해당 연도에 필요한 예산안을 편성하여야 한다. 이 경우 다음 각 호의 어느 하나에 해당하는 사업으로서 전체 공정에 대한 실시설계가 완료되고 총사업비가 확정된 경우에는 그 사업이 지연되지 아니하도록 계속비로 예산안을 편성하여야 한다. <개정 2008·2·29, 2012·3·21>

1. 국가기간 교통망 구축을 위하여 필수적인 사업
2. 재해복구를 위하여 시급히 추진하여야 하는 사업
3. 공사가 지연될 경우 추가 재정부담이 큰 사업
4. 그 밖에 국민편익, 사업성격 및 효과 등을 고려하여 시급히 추진할 필요가 있는 사업

③ 기획재정부장관은 제2항 후단에도 불구하고 재정여건, 사업성격, 사업기간 및 규모 등을 고려하여 필요하다고 인정하는 대규모 개발사업은 계속비로 예산안을 편성하지 아니할 수 있으며 이에 대한 기준, 절차 등 구체적 사항은 대통령령으로 정한다. <신설 2012·3·21>

제40조(독립기관의 예산) ① 정부는 독립기관의 예산을 편성할 때 해당 독립기관의 장의 의견을 최대한 존중하여야 하며, 국가재정상황 등에 따라 조정이 필요한 때에는 해당 독립기관의 장과 미리 협의하여야 한다. <개정 2020·6·9>

② 정부는 제1항의 규정에 따른 협의에도 불구하고 독립기관의 세출예산요구액을 감액하고자 할 때에는 국무회의에서 해당 독립기관의 장의 의견을 들어야 하며, 정부가 독립기관의 세출예산요구액을 감액한 때에는 그 규모 및 이유, 감액에 대한 독립기관의 장의 의견을 국회에 제출하여야 한다. <개정 2020·6·9>

제41조(감사원의 예산) 정부는 감사원의 세출예산요구액을 감액하고자 할 때에는 국무회의에서 감사원장의 의견을 들어야 한다. <개정 2020·6·9>

제3절 예산의 집행

제42조(예산배정요구서의 제출) 각 중앙관서의 장은 예산이 확정된 후 사업운영계획 및 이에 따른 세입세출예산·계속비와 국고채무부담행위를 포함한 예산배정요구서를 기획재정부장관에게 제출하여야 한다. <개정 2008·2·29>

제43조(예산의 배정) ① 기획재정부장관은 제42조의 규정에 따른 예산배정요구서에 따라 분기별 예산배정계획을 작성하여 국무회의의 심의를 거친 후 대통령의 승인을 얻어야 한다. <개정 2008·2·29>

② 기획재정부장관은 각 중앙관서의 장에게 예산을 배정한 때에는 감사원에 통지하여야 한다. <개정 2008·2·29>

③ 기획재정부장관은 필요한 때에는 대통령령으로 정하는 바에 따라 회계연도 개시 전에 예산을 배정할 수 있다. <개정 2008·2·29, 2020·6·9>

④ 기획재정부장관은 예산의 효율적인 집행관리를 위하여 필요한 때에는 제1항의 규정에 따른 분기별 예산배정계획에도 불구하고 개별사업계획을 검토하여 그 결과에 따라 예산을 배정할 수 있다. <개정 2008·2·29, 2020·6·9>

⑤ 기획재정부장관은 재정수지의 적정한 관리 및 예산사업의 효율적인 집행관리 등을 위하여 필요한 때에는 제1항의 규정에 따른 분기별 예산배정계획을 조정하거나 예산배정을 유보할 수 있으며, 배정된 예산의 집행을 보류하도록 조치를 취할 수 있다. <개정 2008·2·29>

제43조의2(예산의 재배정) ① 각 중앙관서의 장은 「국고금 관리법」 제22조제1항에 따른 재무관으로 하여금 지출원인행위를 하게 할 때에는 제43조에 따라 배정된 세출예산의 범위 안에서 재무관별로 세출예산재배정계획서를 작성하고 이에 따라 세출예산을 재배정(기획재정부장관이 각 중앙관서의 장에게 배정한 예산을 각 중앙관서의 장이 재무관별로 다시 배정하는 것을 말한다. 이하 같다)하여야 한다.

② 각 중앙관서의 장은 예산집행에 필요하다고 인정할 때에는 제1항에 따라 작성한 세출예산재배정계획서를 변경할 수 있고 이에 따라 세출예산을 재배정하여야 한다.

③ 각 중앙관서의 장은 제1항 및 제2항에 따라 세출예산을 재배정한 때에는 이를 「국고금 관리법」 제22조제1항에 따른 지출관과 기획재정부장관에게 통지하여야 한다.

④ 각 중앙관서의 장은 제1항 및 제2항에 따라 세출예산을 재배정하려는 경우 대통령령으로 정하는 바에 따라 이를 「한국재정정보원법」에 따른 한국재정정보원으로 하여금 대행하게 할 수 있다.
〔본조신설 2021·12·21〕

제44조(예산집행지침의 통보) 기획재정부장관은 예산집행의 효율성을 높이기 위하여 매년 예산집행에 관한 지침을 작성하여 각 중앙관서의 장에게 통보하여야 한다. <개정 2008·2·29>

제45조(예산의 목적 외 사용금지) 각 중앙관서의 장은 세출예산이 정한 목적 외에 경비를 사용할 수 없다.

제46조(예산의 전용) ① 각 중앙관서의 장은 예산의 목적범위 안에서 재원의 효율적 활용을 위하여 대통령령으로 정하는 바에 따라 기획재정부장관의 승인을 얻어 각 세항 또는 목의 금액을 전용할 수 있다. 이 경우 사업 간의 유사성이 있는지, 재해대책 재원 등으로 사용할 시급한 필요가 있는지, 기관운영을 위한 필수적 경비의 충당을 위한 것인지 여부 등을 종합적으로 고려하여야 한다. <개정 2008·2·29, 2014·12·30, 2020·6·9>
② 각 중앙관서의 장은 제1항에도 불구하고 회계연도마다 기획재정부장관이 위임하는 범위 안에서 각 세항 또는 목의 금액을 자체적으로 전용할 수 있다. <개정 2008·2·29, 2020·6·9>
③ 제1항 및 제2항에도 불구하고 각 중앙관서의 장은 다음 각 호의 어느 하나에 해당하는 경우에는 전용할 수 없다. <신설 2014·12·30>
1. 당초 예산에 계상되지 아니한 사업을 추진하는 경우
2. 국회가 의결한 취지와 다르게 사업 예산을 집행하는 경우
④ 기획재정부장관은 제1항의 규정에 따라 전용의 승인을 한 때에는 그 전용명세서를 그 중앙관서의 장 및 감사원에 각각 송부하여야 하며, 각 중앙관서의 장은 제2항의 규정에 따라 전용을 한 때에는 전용을 한 과목별 금액 및 이유를 명시한 명세서를 기획재정부장관 및 감사원에 각각 송부하여야 한다. <개정 2008·2·29>
⑤ 각 중앙관서의 장이 제1항 또는 제2항에 따라 전용을 한 경우에는 분기별로 분기만료일이 속하는 달의 다음 달 말일까지 그 전용 내역을 국회 소관 상임위원회와 예산결산특별위원회에 제출하여야 한다. <신설 2009·3·18>
⑥ 제1항 또는 제2항의 규정에 따라 전용한 경비의 금액은 세입세출결산보고서에 이를 명백히 하고 이유를 기재하여야 한다.

제47조(예산의 이용·이체) ① 각 중앙관서의 장은 예산이 정한 각 기관 간 또는 각 장·관·항 간에 상호 이용(移用)할 수 없다. 다만, 다음 각 호의 어느 하나에 해당하는 경우에 한정하여 미리 예산으로써 국회의 의결을 얻은 때에는 기획재정부장관의 승인을 얻어 이용하거나 기획재정부장관이 위임하는 범위 안에서 자체적으로 이용할 수 있다.
<개정 2008·2·29, 2014·12·30>
1. 법령상 지출의무의 이행을 위한 경비 및 기관운영을 위한 필수적 경비의 부족액이 발생하는 경우
2. 환율변동·유가변동 등 사전에 예측하기 어려운 불가피한 사정이 발생하는 경우
3. 재해대책 재원 등으로 사용할 시급한 필요가 있는 경우
4. 그 밖에 대통령령으로 정하는 경우
② 기획재정부장관은 정부조직 등에 관한 법령의 제정·개정 또는 폐지로 인하여 중앙관서의 직무와 권한에 변동이 있는 때에는 그 중앙관서의 장의 요구에 따라 그 예산을 상호 이용하거나 이체(移替)할 수 있다. <개정 2008·2·29>
③ 각 중앙관서의 장은 제1항 단서의 규정에 따라 예산을 자체적으로 이용한 때에는 기획재정부장관 및 감사원에 각각 통지하여야 하며, 기획재정부장관은 제1항 단서의 규정에 따라 이용의 승인을 하거나 제2항의 규정에 따라 예산을 이용 또는 이체한 때에는 그 중앙관서의 장 및 감사원에 각각 통지하여야 한다. <개정 2008·2·29>
④ 각 중앙관서의 장이 제1항 또는 제2항에 따라 이용 또는 이체를 한 경우에는 분기별로 분기만료일이 속하는 달의 다음 달 말

일까지 그 이용 또는 이체 내역을 국회 소관 상임위원회와 예산결산특별위원회에 제출하여야 한다. <신설 2009·3·18>

제48조(세출예산의 이월) ① 매 회계연도의 세출예산은 다음 연도에 이월하여 사용할 수 없다.

② 제1항에도 불구하고 다음 각 호의 어느 하나에 해당하는 경비의 금액은 다음 회계연도에 이월하여 사용할 수 있다. 이 경우 이월액은 다른 용도로 사용할 수 없으며, 제2호에 해당하는 경비의 금액은 재이월할 수 없다. <개정 2020·6·9>

1. 명시이월비
2. 연도 내에 지출원인행위를 하고 불가피한 사유로 인하여 연도 내에 지출하지 못한 경비와 지출원인행위를 하지 아니한 그 부대경비
3. 지출원인행위를 위하여 입찰공고를 한 경비 중 입찰공고 후 지출원인행위까지 장기간이 소요되는 경우로서 대통령령으로 정하는 경비
4. 공익사업의 시행에 필요한 손실보상비로서 대통령령으로 정하는 경비
5. 경상적 성격의 경비로서 대통령령으로 정하는 경비

③ 제1항에도 불구하고 계속비의 연도별 연부액 중 해당 연도에 지출하지 못한 금액은 계속비사업의 완성연도까지 계속 이월하여 사용할 수 있다. <개정 2020·6·9>

④ 각 중앙관서의 장은 제2항 및 제3항의 규정에 따라 예산을 이월하는 때에는 대통령령으로 정하는 바에 따라 이월명세서를 작성하여 다음 연도 1월 31일까지 기획재정부장관 및 감사원에 각각 송부하여야 한다. <개정 2008·2·29, 2020·6·9>

⑤ 각 중앙관서의 장이 제2항 및 제3항의 규정에 따라 예산을 이월한 경우 이월하는 과목별 금액은 다음 연도의 이월예산으로 배정된 것으로 본다.

⑥ 매 회계연도 세입세출의 결산상 잉여금이 발생하는 경우에는 제2항 및 제3항의 규정에 따른 세출예산 이월액에 상당하는 금액을 다음 연도의 세입에 우선적으로 이입하여야 한다.

⑦ 기획재정부장관은 세입징수상황 등을 고려하여 필요하다고 인정하는 때에는 미리 제2항 및 제3항의 규정에 따른 세출예산의 이월사용을 제한하기 위한 조치를 취할 수 있다. <개정 2008·2·29, 2020·6·9>

제49조(예산성과금의 지급 등) ① 각 중앙관서의 장은 예산의 집행방법 또는 제도의 개선 등으로 인하여 수입이 증대되거나 지출이 절약된 때에는 이에 기여한 자에게 성과금을 지급할 수 있으며, 절약된 예산을 다른 사업에 사용할 수 있다.

② 각 중앙관서의 장은 제1항의 규정에 따라 성과금을 지급하거나 절약된 예산을 다른 사업에 사용하고자 하는 때에는 예산성과금심사위원회의 심사를 거쳐야 한다.

③ 제1항 및 제2항의 규정에 따른 성과금 지급, 절약된 예산의 다른 사업에의 사용 및 예산성과금심사위원회의 구성·운영 등에 관하여 필요한 사항은 대통령령으로 정한다.

제50조(총사업비의 관리) ① 각 중앙관서의 장은 완성에 2년 이상이 소요되는 사업으로서 대통령령으로 정하는 대규모사업에 대하여는 그 사업규모·총사업비 및 사업기간을 정하여 미리 기획재정부장관과 협의하여야 한다. 협의를 거친 사업규모·총사업비 또는 사업기간을 변경하고자 하는 때에도 또한 같다. <개정 2008·2·29, 2020·6·9>

② 기획재정부장관은 제1항의 규정에 따른 사업 중 다음 각 호의 어느 하나에 해당하는 사업 및 감사원의 감사결과에 따라 감사원이 요청하는 사업에 대하여는 사업의 타당성을 재조사(이하 "타당성재조사"라 한다)하고, 그 결과를 국회에 보고하여야 한다. <개정 2008·2·29, 2009·3·18, 2014·1·1, 2020·3·31>

1. 총사업비 또는 국가의 재정지원 규모가 예비타당성조사 대상 규모에 미달하여 예비타당성조사를 실시하지 않았으나 사업추진 과정에서 총사업비와 국가의 재정지원 규모가 예비타당성조사 대상 규모로 증가한 사업
2. 예비타당성조사 대상사업 중 예비타당성

조사를 거치지 않고 예산에 반영되어 추진 중인 사업
3. 총사업비가 대통령령으로 정하는 규모 이상 증가한 사업
4. 사업여건의 변동 등으로 해당 사업의 수요예측치가 대통령령으로 정하는 규모 이상 감소한 사업
5. 그 밖에 예산낭비 우려가 있는 등 타당성을 재조사할 필요가 있는 사업

③ 제 2 항에도 불구하고 다음 각 호의 어느 하나에 해당하는 경우에는 타당성재조사를 실시하지 아니할 수 있다. <신설 2020·3·31>
1. 사업의 상당부분이 이미 시공되어 매몰비용이 차지하는 비중이 큰 경우
2. 총사업비 증가의 주요 원인이 법정경비 반영 및 상위계획의 변경 등과 같이 타당성재조사의 실익이 없는 경우
3. 지역 균형발전, 긴급한 경제·사회적 상황에 대응할 목적으로 추진되는 사업의 경우
4. 재해예방·복구 지원 또는 안전 문제 등으로 시급한 추진이 필요한 사업의 경우

④ 기획재정부장관은 국회가 그 의결로 요구하는 사업에 대하여는 타당성재조사를 하고, 그 결과를 국회에 보고하여야 한다. <개정 2008·2·29, 2009·3·18, 2014·1·1>

⑤ 기획재정부장관은 총사업비 관리에 관한 지침을 마련하여 각 중앙관서의 장에게 통보하여야 한다. <개정 2008·2·29>

제50조의2(타당성재조사 결과 관련 자료의 공개) 기획재정부장관은 제50조에 따른 타당성재조사를 제 8 조의2제 1 항제 2 호의 업무를 수행하는 전문기관에 의뢰하여 실시할 수 있으며, 타당성재조사를 의뢰 받은 전문기관의 장은 수요예측자료 등 타당성재조사 결과에 관한 자료를 「공공기관의 정보공개에 관한 법률」 제 7 조에 따라 공개하여야 한다. <개정 2021·12·21>

〔본조신설 2014·1·1〕

제51조(예비비의 관리와 사용) ① 예비비는 기획재정부장관이 관리한다. <개정 2008·2·29>

② 각 중앙관서의 장은 예비비의 사용이 필요한 때에는 그 이유 및 금액과 추산의 기초를 명백히 한 명세서를 작성하여 기획재정부장관에게 제출하여야 한다. 다만, 대규모 재난에 따른 피해의 신속한 복구를 위하여 필요한 때에는 「재난 및 안전관리기본법」 제20조의 규정에 따른 피해상황보고를 기초로 긴급구호, 긴급구조 및 복구에 소요되는 금액을 개산(槪算)하여 예비비를 신청할 수 있다. <개정 2008·2·29, 2014·12·30>

③ 기획재정부장관은 제 2 항의 규정에 따른 예비비 신청을 심사한 후 필요하다고 인정하는 때에는 이를 조정하고 예비비사용계획명세서를 작성한 후 국무회의의 심의를 거쳐 대통령의 승인을 얻어야 한다. <개정 2008·2·29>

④ 일반회계로부터 전입받은 특별회계는 필요한 경우에는 일반회계 예비비를 전입받아 그 특별회계의 세출로 사용할 수 있다.

제52조(예비비사용명세서의 작성 및 국회제출) ① 각 중앙관서의 장은 예비비로 사용한 금액의 명세서를 작성하여 다음 연도 2월말까지 기획재정부장관에게 제출하여야 한다. <개정 2008·2·29>

② 기획재정부장관은 제 1 항의 규정에 따라 제출된 명세서에 따라 예비비로 사용한 금액의 총괄명세서를 작성한 후 국무회의의 심의를 거쳐 대통령의 승인을 얻어야 한다. <개정 2008·2·29>

③ 기획재정부장관은 제 2 항의 규정에 따라 대통령의 승인을 얻은 총괄명세서를 감사원에 제출하여야 한다. <개정 2008·2·29>

④ 정부는 예비비로 사용한 금액의 총괄명세서를 다음 연도 5월 31일까지 국회에 제출하여 그 승인을 얻어야 한다.

제53조(예산총계주의 원칙의 예외) ① 각 중앙관서의 장은 용역 또는 시설을 제공하여 발생하는 수입과 관련되는 경비로서 대통령령으로 정하는 경비(이하 "수입대체경비"라 한다)의 경우 수입이 예산을 초과하거나 초과할 것이 예상되는 때에는 그 초과수입을 대통령령으로 정하는 바에 따라 그 초과수입에 직접 관련되는 경비 및 이에 수반되는 경비에 초과지출할 수 있다. <개정 2020·6·9>

② 국가가 현물로 출자하는 경우와 외국차관

을 도입하여 전대(轉貸)하는 경우에는 이를 세입세출예산 외로 처리할 수 있다.
③ 차관물자대(借款物資貸)의 경우 전년도 인출예정분의 부득이한 이월 또는 환율 및 금리의 변동으로 인하여 세입이 그 세입예산을 초과하게 되는 때에는 그 세출예산을 초과하여 지출할 수 있다.
④ 전대차관을 상환하는 경우 환율 및 금리의 변동, 기한 전 상환으로 인하여 원리금 상환액이 그 세출예산을 초과하게 되는 때에는 초과한 범위 안에서 그 세출예산을 초과하여 지출할 수 있다.
⑤ 삭제 <2014·1·1>
⑥ 수입대체경비 등 예산총계주의 원칙의 예외에 관하여 필요한 사항은 대통령령으로 정한다.

제54조(보조금의 관리) 각 중앙관서의 장은 지방자치단체 및 민간에 지원한 국고보조금의 교부실적과 해당 보조사업자의 보조금 집행실적을 기획재정부장관, 국회 소관 상임위원회 및 예산결산특별위원회에 각각 제출하여야 한다.
〔전부개정 2010·5·17〕

제55조(예산불확정 시의 예산집행) ① 정부는 국회에서 부득이한 사유로 회계연도 개시 전까지 예산안이 의결되지 못한 때에는 「헌법」 제54조제3항의 규정에 따라 예산을 집행하여야 한다.
② 제1항의 규정에 따라 집행된 예산은 해당 연도의 예산이 확정된 때에는 그 확정된 예산에 따라 집행된 것으로 본다. <개정 2020·6·9>

제 3 장　결산

제56조(결산의 원칙) 정부는 결산이 「국가회계법」에 따라 재정에 관한 유용하고 적정한 정보를 제공할 수 있도록 객관적인 자료와 증거에 따라 공정하게 이루어지게 하여야 한다. <개정 2008·12·31>

제57조(성인지 결산서의 작성) ① 정부는 여성과 남성이 동등하게 예산의 수혜를 받고 예산이 성차별을 개선하는 방향으로 집행되었는지를 평가하는 보고서(이하 "성인지 결산서"라 한다)를 작성하여야 한다.
② 성인지 결산서에는 집행실적, 성평등 효과분석 및 평가 등을 포함하여야 한다. <신설 2010·5·17>

제57조의2(온실가스감축인지 결산서의 작성) ① 정부는 예산이 온실가스를 감축하는 방향으로 집행되었는지를 평가하는 보고서(이하 "온실가스감축인지 결산서"라 한다)를 작성하여야 한다.
② 온실가스감축인지 결산서에는 집행실적, 온실가스 감축 효과분석 및 평가 등을 포함하여야 한다.
〔본조신설 2021·6·15〕

제58조(중앙관서결산보고서의 작성 및 제출) ① 각 중앙관서의 장은 「국가회계법」에서 정하는 바에 따라 회계연도마다 작성한 결산보고서(이하 "중앙관서결산보고서"라 한다)를 다음 연도 2월 말일까지 기획재정부장관에게 제출하여야 한다. <개정 2008·12·31>
② 국회의 사무총장, 법원행정처장, 헌법재판소의 사무처장 및 중앙선거관리위원회의 사무총장은 회계연도마다 예비금사용명세서를 작성하여 다음 연도 2월말까지 기획재정부장관에게 제출하여야 한다. <개정 2008·2·29>
③ 및 ④ 삭제 <2008·12·31>

제59조(국가결산보고서의 작성 및 제출) 기획재정부장관은 「국가회계법」에서 정하는 바에 따라 회계연도마다 작성하여 대통령의 승인을 받은 국가결산보고서를 다음 연도 4월 10일까지 감사원에 제출하여야 한다.
〔전부개정 2008·12·31〕

제60조(결산검사) 감사원은 제59조에 따라 제출된 국가결산보고서를 검사하고 그 보고서를 다음 연도 5월 20일까지 기획재정부장관에게 송부하여야 한다. <개정 2008·2·29, 2008·12·31>

제61조(국가 결산보고서의 국회제출) 정부는 제60조에 따라 감사원의 검사를 거친 국가결산보고서를 다음 연도 5월 31일까지 국회에 제출하여야 한다. <개정 2008·12·31>

제 4 장 기금

제62조(기금관리 · 운용의 원칙) ① 기금관리주체는 그 기금의 설치목적과 공익에 맞게 기금을 관리 · 운용하여야 한다.
② 삭제 <2008 · 12 · 31>

제63조(기금자산운용의 원칙) ① 기금관리주체는 안정성 · 유동성 · 수익성 및 공공성을 고려하여 기금자산을 투명하고 효율적으로 운용하여야 한다.
② 기금관리주체는 제79조의 규정에 따라 작성된 자산운용지침에 따라 자산을 운용하여야 한다.
③ 기금관리주체는 「자본시장과 금융투자업에 관한 법률」에 따른 기관전용 사모집합기구의 무한책임사원이 될 수 없다. <개정 2008 · 12 · 31, 2015 · 7 · 24, 2021 · 4 · 20>

제64조(의결권 행사의 원칙) 기금관리주체는 기금이 보유하고 있는 주식의 의결권을 기금의 이익을 위하여 신의에 따라 성실하게 행사하고, 그 행사내용을 공시하여야 한다.

제65조(다른 법률과의 관계) 기금운용계획안의 작성 및 제출 등에 관하여는 다른 법률에 다른 규정이 있는 경우에도 제66조부터 제68조까지, 제68조의2, 제68조의3, 제69조부터 제72조까지의 규정을 적용한다. 다만, 기금신설로 인하여 연도 중 기금운용계획안을 수립할 때에는 제66조제 5 항, 제68조제 1 항 전단의 규정 중 제출시기에 관한 사항은 적용하지 아니한다. <개정 2008 · 12 · 31, 2010 · 5 · 17, 2021 · 6 · 15>

제66조(기금운용계획안의 수립) ① 기금관리주체는 매년 1월 31일까지 해당 회계연도부터 5회계연도 이상의 기간 동안의 신규사업 및 기획재정부장관이 정하는 주요 계속사업에 대한 중기사업계획서를 기획재정부장관에게 제출하여야 한다. <개정 2008 · 2 · 29, 2020 · 6 · 9>
② 기획재정부장관은 자문회의의 자문과 국무회의의 심의를 거쳐 대통령의 승인을 얻은 다음 연도의 기금운용계획안 작성지침을 매년 3월 31일까지 기금관리주체에게 통보하여야 한다. <개정 2008 · 2 · 29, 2008 · 12 · 31, 2014 · 1 · 1>
③ 기획재정부장관은 제 7 조의 규정에 따른 국가재정운용계획과 기금운용계획 수립을 연계하기 위하여 제 2 항의 규정에 따른 기금운용계획안 작성지침에 기금별 지출한도를 포함하여 통보할 수 있다. <개정 2008 · 2 · 29>
④ 기획재정부장관은 제 2 항의 규정에 따라 기금관리주체에게 통보한 기금운용계획안 작성지침을 국회 예산결산특별위원회에 보고하여야 한다. <개정 2008 · 2 · 29>
⑤ 기금관리주체는 제 2 항의 규정에 따른 기금운용계획안 작성지침에 따라 다음 연도의 기금운용계획안을 작성하여 매년 5월 31일까지 기획재정부장관에게 제출하여야 한다. <개정 2008 · 2 · 29, 2014 · 1 · 1>
⑥ 기획재정부장관은 제 5 항의 규정에 따라 제출된 기금운용계획안에 대하여 기금관리주체와 협의 · 조정하여 기금운용계획안을 마련한 후 국무회의의 심의를 거쳐 대통령의 승인을 얻어야 한다. <개정 2008 · 2 · 29>
⑦ 기획재정부장관은 제 6 항의 규정에 따라 기금운용계획안을 조정하는 경우 과도한 여유재원이 운용되고 있는 기금(구조적인 요인을 지닌 연금성 기금은 제외한다)에 대하여는 예산상의 지원을 중단하거나 해당 기금수입의 원천이 되는 부담금 등의 감소를 위한 조치를 취할 것을 기금관리주체에게 요구할 수 있다. 이 경우 기금관리주체가 중앙관서의 장이 아닌 경우에는 그 소관 중앙관서의 장을 거쳐야 한다. <개정 2008 · 2 · 29, 2020 · 6 · 9>
⑧ 제 1 항 · 제 5 항 및 제 6 항에 규정된 기금관리주체 중 중앙관서의 장이 아닌 기금관리주체는 각각 같은 항에 규정된 제출 · 협의 등을 하는 경우 소관 중앙관서의 장을 거쳐야 한다. <개정 2020 · 6 · 9>

제67조(기금운용계획안의 내용) ① 기금운용계획안은 운용총칙과 자금운용계획으로 구성된다.
② 운용총칙에는 기금의 사업목표, 자금의 조달과 운용(주식 및 부동산 취득한도를 포함한다) 및 자산취득에 관한 총괄적 사항을 규정한다.
③ 자금운용계획은 수입계획과 지출계획으로 구분하되, 수입계획은 성질별로 구분하고 지출계획은 성질별 또는 사업별로 주요항목 및 세부항목으로 구분한다. 이 경우 주요항목의

단위는 장·관·항으로, 세부항목의 단위는 세항목으로 각각 구분한다.

④ 기금운용계획안의 작성에 관하여 필요한 사항은 대통령령으로 정한다.

제68조(기금운용계획안의 국회제출 등) ① 정부는 제67조제 3 항의 규정에 따른 주요항목 단위로 마련된 기금운용계획안을 회계연도 개시 120일 전까지 국회에 제출하여야 한다. 이 경우 중앙관서의 장이 관리하는 기금의 기금운용계획안에 계상된 국채발행 및 차입금의 한도액은 제20조의 규정에 따른 예산총칙에 규정하여야 한다. <개정 2013·5·28>

② 기금관리주체는 기금운용계획이 확정된 때에는 기금의 월별 수입 및 지출계획서를 작성하여 회계연도 개시 전까지 기획재정부장관에게 제출하여야 한다. <개정 2008·2·29>

제68조의2(성인지 기금운용계획서의 작성) ① 정부는 기금이 여성과 남성에게 미칠 영향을 미리 분석한 보고서(이하 "성인지 기금운용계획서"라 한다)를 작성하여야 한다.

② 성인지 기금운용계획서에는 성평등 기대효과, 성과목표, 성별 수혜분석 등을 포함하여야 한다.

③ 성인지 기금운용계획서의 작성에 관한 구체적인 사항은 대통령령으로 정한다.

〔본조신설 2010·5·17〕

제68조의3(온실가스감축인지 기금운용계획서의 작성) ① 정부는 기금이 온실가스 감축에 미칠 영향을 미리 분석한 보고서(이하 "온실가스감축인지 기금운용계획서"라 한다)를 작성하여야 한다.

② 온실가스감축인지 기금운용계획서에는 온실가스 감축에 대한 기대효과, 성과목표, 효과분석 등을 포함하여야 한다.

③ 온실가스감축인지 기금운용계획서의 작성에 관한 구체적인 사항은 대통령령으로 정한다.

〔본조신설 2021·6·15〕

제69조(증액 동의) 국회는 정부가 제출한 기금운용계획안의 주요항목 지출금액을 증액하거나 새로운 과목을 설치하고자 하는 때에는 미리 정부의 동의를 얻어야 한다.

제70조(기금운용계획의 변경) ① 기금관리주체는 지출계획의 주요항목 지출금액의 범위 안에서 대통령령으로 정하는 바에 따라 세부항목 지출금액을 변경할 수 있다. <개정 2020·6·9>

② 기금관리주체(기금관리주체가 중앙관서의 장이 아닌 경우에는 소관 중앙관서의 장을 말한다)는 기금운용계획 중 주요항목 지출금액을 변경하고자 하는 때에는 기획재정부장관과 협의·조정하여 마련한 기금운용계획변경안을 국무회의의 심의를 거쳐 대통령의 승인을 얻은 후 국회에 제출하여야 한다. <개정 2008·2·29>

③ 제 2 항에도 불구하고 주요항목 지출금액이 다음 각 호의 어느 하나에 해당하는 경우에는 기금운용계획변경안을 국회에 제출하지 아니하고 대통령령으로 정하는 바에 따라 변경할 수 있다. <개정 2008·12·31, 2020·6·9>

1. 별표3에 규정된 금융성 기금 외의 기금은 주요항목 지출금액의 변경범위가 10분의 2 이하
2. 별표3에 규정된 금융성 기금은 주요항목 지출금액의 변경범위가 10분의 3 이하. 다만, 기금의 관리 및 운용에 소요되는 경상비에 해당하는 주요항목 지출금액에 대하여는 10분의 2 이하로 한다.
3. 다른 법률의 규정에 따른 의무적 지출금액
4. 다음 각 목의 어느 하나에 해당하는 지출금액
   가. 기금운용계획상 여유자금 운용으로 계상된 지출금액
   나. 수입이 기금운용계획상의 수입계획을 초과하거나 초과할 것이 예상되는 경우 그 초과수입과 직접 관련되는 지출금액
   다. 환율 및 금리의 변동, 기한 전 상환으로 인한 차입금 원리금 상환 지출금액
5. 기존 국채를 새로운 국채로 대체하기 위한 국채 원리금 상환
6. 일반회계 예산의 세입 부족을 보전하기 위한 목적으로 해당 연도에 이미 발행한 국채의 금액 범위에서 해당 연도에 예상되는 초과 조세수입을 이용한 국채 원리금 상환

④ 기금관리주체는 제 1 항부터 제 3 항까지의 규정에 따라 세부항목 또는 주요항목의

지출금액을 변경한 때에는 변경명세서를 기획재정부장관과 감사원에 각각 제출하여야 하며, 정부는 제61조에 따라 국회에 제출하는 국가결산보고서에 그 내용과 사유를 명시하여야 한다. <개정 2008·2·29, 2008·12·31>

⑤ 기금관리주체는 제3항제4호다목, 같은 항 제5호 및 제6호에 따라 지출금액을 변경한 때(주요항목 지출금액의 변경범위가 10분의 2를 초과한 경우에 한정한다)에는 변경명세서를 국회 소관 상임위원회 및 예산결산특별위원회에 제출하여야 한다. 이 경우 변경명세서에는 국채 발행 및 상환 실적을 포함하여야 한다. <신설 2008·12·31>

⑥ 각 기금관리주체가 제1항부터 제3항까지의 규정에 따라 세부항목 또는 주요항목의 지출금액을 변경한 경우에는 분기별로 분기만료일이 속하는 달의 다음 달 말일까지 그 변경 내역을 국회 소관 상임위원회와 예산결산특별위원회에 제출하여야 한다. <신설 2009·3·18>

⑦ 제2항부터 제6항까지의 경우 경유기관에 관하여는 제66조제8항의 규정을 준용한다. <개정 2008·12·31, 2009·3·18>

제71조(기금운용계획안 등의 첨부서류) 정부 또는 기금관리주체는 제68조제1항 및 제70조제2항에 따라 기금운용계획안과 기금운용계획변경안(이하 "기금운용계획안등"이라 한다)을 국회에 제출하는 경우에는 다음 각 호의 서류를 첨부하여야 한다. 다만, 기금운용계획변경안을 제출하는 경우로서 첨부서류가 이미 제출된 서류와 중복되는 때에는 이를 생략할 수 있다. <개정 2008·12·31, 2010·5·17, 2014·1·1, 2021·6·15, 2021·12·21>

1. 기금조성계획
2. 추정재정상태표 및 추정재정운영표
3. 수입지출계획의 총계표·순계표 및 주요항목별 내역서
4. 제85조의7에 따른 성과계획서
5. 기금과 회계 간 또는 기금 상호 간 여유재원의 전입·전출 명세서 그 밖에 기금운용계획안등의 내용을 명백히 할 수 있는 서류
6. 성인지 기금운용계획서

6의2. 온실가스감축인지 기금운용계획서

7. 제38조제2항(제85조에 따라 준용하는 경우를 말한다)에 따라 예비타당성조사를 실시하지 아니한 사업의 내역 및 사유

제72조(지출사업의 이월) ① 기금관리주체는 매 회계연도의 지출금액을 다음 연도에 이월하여 사용할 수 없다. 다만, 연도 내에 지출원인행위를 하고 불가피한 사유로 연도 내에 지출하지 못한 금액은 다음 연도에 이월하여 사용할 수 있다.

② 기금관리주체는 제1항 단서의 규정에 따라 지출금액을 이월하는 때에는 대통령령으로 정하는 바에 따라 이월명세서를 작성하여 다음 연도 1월 31일까지 기획재정부장관과 감사원에 각각 송부하여야 한다. 이 경우 경유기관에 관하여는 제66조제8항의 규정을 준용한다. <개정 2008·2·29, 2020·6·9>

제73조(기금결산) 각 중앙관서의 장은 「국가회계법」에서 정하는 바에 따라 회계연도마다 소관 기금의 결산보고서를 중앙관서결산보고서에 통합하여 작성한 후 제58조제1항에 따라 기획재정부장관에게 제출하여야 한다. [전부개정 2008·12·31]

제73조의2(성인지 기금결산서의 작성) ① 정부는 여성과 남성이 동등하게 기금의 수혜를 받고 기금이 성차별을 개선하는 방향으로 집행되었는지를 평가하는 보고서(이하 "성인지 기금결산서"라 한다)를 작성하여야 한다.

② 성인지 기금결산서에는 집행실적, 성평등 효과분석 및 평가 등을 포함하여야 한다. [본조신설 2010·5·17]

제73조의3(온실가스감축인지 기금결산서의 작성) ① 정부는 기금이 온실가스를 감축하는 방향으로 집행되었는지를 평가하는 보고서(이하 "온실가스감축인지 기금결산서"라 한다)를 작성하여야 한다.

② 온실가스감축인지 기금결산서에는 집행실적, 온실가스 감축 효과분석 및 평가 등을 포함하여야 한다. [본조신설 2021·6·15]

제73조의4(중장기 기금재정관리계획 등) ① 연금급여 및 보험사업 수행을 목적으로 하는 기금 또는 채권을 발행하는 기금 중 대통령령으로 정하는 기금의 관리주체는 소관 기금에 관하여 매년 해당 회계연도부터 5회계연

도 이상의 기간에 대한 중장기 기금재정관리계획(이하 "중장기 기금재정관리계획"이라 한다)을 수립하고 이를 기획재정부장관에게 제출하여야 한다. 이 경우 기금관리주체가 중앙관서의 장이 아닌 경우에는 소관 중앙관서의 장을 거쳐야 한다.

② 중장기 기금재정관리계획에는 다음 각 호의 사항이 포함되어야 한다.

1. 재정 수지 등의 전망과 근거 및 관리계획
2. 부채의 증감에 대한 전망과 근거 및 관리계획
3. 전년도 중장기 기금재정관리계획 대비 변동사항, 변동요인 및 관리계획 등에 대한 평가·분석
4. 그 밖에 대통령령으로 정하는 사항

③ 기획재정부장관은 제1항 및 제2항에 따라 수립된 중장기 기금재정관리계획을 제7조에 따른 국가재정운용계획 수립 시 반영하여야 한다.

④ 중장기 기금재정관리계획의 수립 절차 등에 관한 사항은 대통령령으로 정한다.

〔본조신설 2010·5·17〕

제74조(기금운용심의회) ① 기금관리주체는 기금의 관리·운용에 관한 중요한 사항을 심의하기 위하여 기금별로 기금운용심의회(이하 "심의회"라 한다)를 설치하여야 한다. 다만, 심의회를 설치할 필요가 없다고 인정되는 기금의 경우에는 기획재정부장관과 협의하여 설치하지 아니할 수 있다. <개정 2008·2·29>

② 다음 각 호의 사항은 심의회의 심의를 거쳐야 한다. <개정 2008·12·31, 2020·6·9>

1. 제66조제5항의 규정에 따른 기금운용계획안의 작성
2. 제70조제2항 및 제3항의 규정에 따른 주요항목 지출금액의 변경
3. 제73조에 따른 기금결산보고서의 작성
4. 제79조의 규정에 따른 자산운용지침의 제정 및 개정
5. 기금의 관리·운용에 관한 중요사항으로서 대통령령으로 정하는 사항과 기금관리주체가 필요하다고 인정하여 회의에 부치는 사항

③ 심의회의 위원장은 기금관리주체의 장이 되며, 위원은 위원장이 위촉하되, 학식과 경험이 풍부한 사람으로서 공무원이 아닌 사람을 2분의 1 이상 위촉하여야 한다. <개정 2020·6·9>

④ 그 밖에 심의회의 구성과 운영에 관하여 필요한 사항은 대통령령으로 정한다.

⑤ 기금의 관리·운용에 관한 사항을 심의하기 위하여 다른 법률에 따라 설치된 위원회 등은 이를 심의회로 보며, 그 위원회 등이 다른 법률에 따라 심의하여야 하는 사항은 제2항 각 호의 심의사항에 해당하는 것으로 본다.

제75조 삭제 <2008·12·31>

제76조(자산운용위원회) ① 기금관리주체는 자산운용에 관한 중요한 사항을 심의하기 위하여 다른 법률에서 따로 정하는 경우를 제외하고는 심의회에 자산운용위원회(이하 "자산운용위원회"라 한다)를 설치하여야 한다. 다만, 「외국환거래법」 제13조에 따른 외국환평형기금이나 기획재정부장관과 협의하여 자산운용위원회를 설치할 필요가 없다고 인정되는 기금의 경우에는 자산운용위원회를 설치하지 아니할 수 있다. <개정 2016·12·20>

② 다음 각 호의 사항은 자산운용위원회의 심의를 거쳐야 한다.

1. 제77조의 규정에 따른 자산운용 전담부서의 설치 등에 관한 사항
2. 제79조의 규정에 따른 자산운용지침의 제정 및 개정에 관한 사항
3. 자산운용 전략에 관한 사항
4. 자산운용 평가 및 위험관리에 관한 사항
5. 그 밖에 자산운용과 관련된 중요한 사항

③ 자산운용위원회의 위원장은 기금관리주체의 장이 기금의 여건 등을 고려하여 해당 기금관리주체 및 수탁기관의 임·직원 또는 공무원 중에서 선임한다. <개정 2020·6·9>

④ 자산운용위원회의 위원은 다음 각 호의 어느 하나에 해당하는 사람 중에서 기금관리주체의 장이 선임 또는 위촉한다. 이 경우 제2호에 해당하는 위원의 정수는 전체위원 정수의 과반수가 되어야 한다. <개정 2020·6·9>

1. 해당 기금관리주체 및 수탁기관의 임·직원 또는 공무원

2. 자산운용에 관한 학식과 경험이 풍부한 사람으로서 대통령령으로 정하는 자격을 갖춘 사람

⑤ 그 밖에 자산운용위원회의 구성 및 운영 등에 관하여 필요한 사항은 대통령령으로 정한다.

제77조(자산운용 전담부서의 설치 등) ① 기금관리주체는 자산운용위원회의 심의를 거쳐 자산운용을 전담하는 부서를 두어야 한다.

② 기금관리주체는 자산운용위원회의 심의를 거쳐 자산운용평가 및 위험관리를 전담하는 부서를 두거나 그 업무를 외부 전문기관에 위탁하여야 한다.

제78조(국민연금기금의 자산운용에 관한 특례) ① 제77조에도 불구하고 국민연금기금은 자산운용을 전문으로 하는 법인을 설립하여 여유자금을 운용하여야 한다. <개정 2020·6·9>

② 제1항의 규정에 따른 법인의 조직·운영 및 감독에 관하여 필요한 사항은 「국민연금법」에서 따로 정한다.

제79조(자산운용지침의 제정 등) ① 기금관리주체는 기금의 자산운용이 투명하고 효율적으로 이루어지도록 하기 위하여 자산운용업무를 수행할 때에 준수하여야 할 지침(이하 "자산운용지침"이라 한다)을 심의회의 심의를 거쳐 정하고, 이를 14일 이내에 국회 소관 상임위원회에 제출하여야 한다. 이 경우 자산운용위원회가 설치되어 있는 기금은 심의회의 심의 전에 자산운용위원회의 심의를 거쳐야 한다. <개정 2020·6·9>

② 제1항에도 불구하고 제74조제1항 단서의 규정에 따라 심의회를 설치하지 아니한 기금의 경우에는 기금관리주체가 직접 자산운용지침을 정하여야 한다. <개정 2020·6·9>

③ 자산운용지침에는 다음 각 호의 사항이 포함되어야 한다.

1. 투자결정 및 위험관리 등에 관련된 기준과 절차에 관한 사항
2. 투자자산별 배분에 관한 사항
3. 자산운용 실적의 평가 및 공시에 관한 사항
4. 보유주식의 의결권 행사에 대한 기준과 절차에 관한 사항
5. 자산운용과 관련된 부정행위 등을 방지하기 위하여 자산운용업무를 수행하는 자가 지켜야 할 사항
6. 그 밖에 자산운용과 관련하여 기금관리주체가 필요하다고 인정하는 사항

제80조(기금운용계획의 집행지침) 기획재정부장관은 기금운용계획 집행의 효율성 및 공공성을 높이기 위하여 기금운용계획의 집행에 관한 지침을 정할 수 있다. <개정 2008·2·29, 2008·12·31>

제81조(여유자금의 통합운용) 기획재정부장관은 기금 여유자금의 효율적인 관리·운용을 위하여 각 기금관리주체가 예탁하는 여유자금을 대통령령으로 정하는 기준과 절차에 따라 선정된 금융기관으로 하여금 통합하여 운용하게 할 수 있다. <개정 2008·2·29, 2020·6·9>

제82조(기금운용의 평가) ① 기획재정부장관은 회계연도마다 전체 기금 중 3분의 1 이상의 기금에 대하여 대통령령으로 정하는 바에 따라 그 운용실태를 조사·평가하여야 하며, 3년마다 전체 재정체계를 고려하여 기금의 존치 여부를 평가하여야 한다. <개정 2008·2·29, 2020·6·9>

② 기획재정부장관은 제1항의 규정에 따른 기금운용실태의 조사·평가와 기금제도에 관한 전문적·기술적인 연구 또는 자문을 위하여 기금운용평가단을 운영할 수 있다. <개정 2008·2·29>

③ 기획재정부장관은 제1항 또는 제2항에 따른 평가결과를 국무회의에 보고한 후 제61조에 따라 국회에 제출하는 국가결산보고서와 함께 국회에 제출하여야 한다. <개정 2008·2·29, 2008·12·31>

④ 제2항의 규정에 따른 기금운용평가단의 구성 및 운영에 관하여 필요한 사항은 대통령령으로 정한다.

제83조(국정감사) 이 법의 적용을 받는 기금을 운용하는 기금관리주체는 「국정감사 및 조사에 관한 법률」 제7조의 규정에 따른 감사의 대상기관으로 한다.

제84조(기금자산운용담당자의 손해배상책임)

① 기금의 자산운용을 담당하는 자는 고의 또는 중대한 과실로 법령을 위반하여 기금에 손해를 끼친 경우 그 손해를 배상할 책임이 있다.

② 공무원이 기금의 자산운용에 영향을 줄 목적으로 직권을 남용하여 기금관리주체 그 밖에 기금의 자산운용을 담당하는 자에게 부당한 영향력을 행사하여 기금에 손해를 끼친 경우 해당 공무원은 제 1 항의 규정에 따른 책임이 있는 자와 연대하여 손해를 배상하여야 한다. <개정 2020·6·9>

제85조(준용규정) 제31조제 3 항·제35조·제38조·제38조의2·제38조의3·제39조·제45조·제49조·제50조·제54조 및 제55조의 규정은 기금에 관하여 이를 준용한다. <개정 2018·1·16, 2020·3·31>

제 4 장의2 성과관리

제85조의2(재정사업의 성과관리) ① 정부는 성과중심의 재정운용을 위하여 다음 각 호의 성과목표관리 및 성과평가를 내용으로 하는 재정사업의 성과관리(이하 "재정사업 성과관리"라 한다)를 시행한다.

1. 성과목표관리 : 재정사업에 대한 성과목표, 성과지표 등의 설정 및 그 달성을 위한 집행과정·결과의 관리
2. 성과평가 : 재정사업의 계획 수립, 집행과정 및 결과 등에 대한 점검·분석·평가

② 재정사업 성과관리의 대상이 되는 재정사업의 기준은 성과관리의 비용 및 효과를 고려하여 기획재정부장관이 정한다. 다만, 개별 법령에 따라 실시되는 평가의 대상은 관계 중앙관서의 장이 별도로 정한다.

〔본조신설 2021·12·21〕

제85조의3(재정사업 성과관리의 원칙) ① 정부는 재정사업 성과관리를 통하여 재정운용에 대한 효율성과 책임성을 높이도록 노력하여야 한다.

② 정부는 재정사업 성과관리를 실시할 때 전문성과 공정성을 확보하여 평가결과에 대한 신뢰도를 높이도록 노력하여야 한다.

③ 정부는 재정사업 성과관리의 결과를 공개하여 재정운용에 대한 투명성을 확보하도록 노력하여야 한다.

〔본조신설 2021·12·21〕

제85조의4(재정사업 성과관리 기본계획의 수립 등) ① 기획재정부장관은 재정사업 성과관리를 효율적으로 실시하기 위하여 5년마다 다음 각 호의 사항을 포함하여 재정사업 성과관리 기본계획을 수립하여야 한다.

1. 재정사업 성과관리 추진의 기본방향
2. 재정사업 성과관리의 대상 및 방법에 관한 사항
3. 재정사업 성과관리 관련 연구·개발에 관한 사항
4. 재정사업 성과관리 결과의 활용 및 공개에 관한 사항
5. 재정사업 성과관리 관련 인력 및 조직의 전문성·독립성 확보에 관한 사항
6. 그 밖에 대통령령으로 정하는 재정사업 성과관리 업무의 발전에 관한 사항

② 기획재정부장관은 제 1 항에 따른 재정사업 성과관리 기본계획에 기초하여 매년 재정사업 성과관리 추진계획을 수립하여야 한다.

③ 기획재정부장관은 제 1 항 및 제 2 항에 따른 재정사업 성과관리 기본계획 및 재정사업 성과관리 추진계획을 수립한 때에는 국무회의에 보고하여야 한다.

④ 제 1 항부터 제 3 항까지에서 규정한 사항 외에 재정사업 성과관리 기본계획 및 재정사업 성과관리 추진계획의 수립에 필요한 사항은 대통령령으로 정한다.

〔본조신설 2021·12·21〕

제85조의5(재정사업 성과관리의 추진체계) ① 각 중앙관서의 장과 기금관리주체는 재정사업 성과관리를 위한 추진체계를 구축하여야 한다.

② 각 중앙관서의 장은 재정사업 성과관리 중 성과목표관리를 책임지고 담당할 공무원(이하 "재정성과책임관"이라 한다), 재정성과책임관을 보좌할 담당 공무원(이하 "재정성과운영관"이라 한다) 및 개별 재정사업이나 사업군에 대한 성과목표관리를 담당할 공무원(이하 "성과목표담당관"이라 한다)을 지정하여 재정사업 성과목표관리 업무를 효율적으로 수행하도록 하여야 한다.

③ 재정성과책임관, 재정성과운영관 및 성과

목표담당관의 역할 등에 관한 구체적인 사항은 제85조의6제 5 항에 따라 기획재정부장관이 정하는 지침으로 정한다.
④ 기획재정부장관은 재정사업 성과목표관리 등을 위하여 대통령령으로 정하는 바에 따라 재정성과평가단을 구성·운영할 수 있다.
〔본조신설 2021·12·21〕

제85조의6(성과목표관리를 위한 성과계획서 및 성과보고서의 작성) ① 각 중앙관서의 장 및 기금관리주체는 재정사업 성과목표관리를 위하여 매년 예산 및 기금에 관한 성과목표·성과지표가 포함된 성과계획서 및 성과보고서(「국가회계법」 제14조제 4 호에 따른 성과보고서를 말한다. 이하 같다)를 작성하여야 한다
② 성과목표는 기관의 임무 및 상위·하위 목표와 연계되어야 하며, 성과지표를 통하여 성과목표의 달성 여부를 측정할 수 있도록 구체적이고 결과지향적으로 설정되어야 한다.
③ 성과지표는 명확하고 구체적으로 설정되어야 하며, 성과목표의 달성을 객관적으로 제때에 측정할 수 있어야 한다.
④ 각 중앙관서의 장 및 기금관리주체는 제33조에 따른 예산안, 제35조에 따른 수정예산안, 제68조제 1 항에 따른 기금운용계획안, 제70조제 2 항에 따른 기금운용계획변경안 및 제89조제 1 항에 따른 추가경정예산안과 그에 따라 작성된 성과계획서의 사업내용 및 사업비 등이 각각 일치되도록 노력하여야 한다.
⑤ 기획재정부장관은 제 1 항에 따른 성과계획서 및 성과보고서의 작성에 관한 지침을 정하여 각 중앙관서의 장 및 기금관리주체에게 통보하여야 한다.
⑥ 기획재정부장관은 재정사업 성과목표관리의 원활한 운영을 위하여 성과지표의 개발·보급 등 필요한 조치와 지원을 하여야 한다.
〔본조신설 2021·12·21〕

제85조의7(성과계획서 및 성과보고서의 제출) 각 중앙관서의 장은 제31조제 1 항에 따라 예산요구서를 제출할 때 다음 연도 예산의 성과계획서 및 전년도 예산의 성과보고서를 함께 제출하여야 하며, 기금관리주체는 제66조제 5 항에 따라 기금운용계획안을 제출할 때 다음 연도 기금의 성과계획서 및 전년도 기금의 성과보고서를 함께 제출하여야 한다.
〔본조신설 2021·12·21〕

제85조의8(재정사업 성과평가) ① 기획재정부장관은 대통령령으로 정하는 바에 따라 재정사업에 대한 성과평가를 실시할 수 있다.
② 기획재정부장관 및 관계 중앙관서의 장등은 제 1 항에 따라 실시되는 재정사업 성과평가와 개별 법령에 따라 실시되는 평가의 대상 간 중복이 최소화되도록 노력하여야 한다.
〔본조신설 2021·12·21〕

제85조의9(자료제출 등의 요구) 기획재정부장관은 재정사업 성과관리를 할 때 필요하다고 인정하는 경우에는 관계 행정기관의 장 등에게 재정사업 성과관리에 관한 의견 또는 자료의 제출을 요구할 수 있다. 이 경우 관계 행정기관의 장 등은 특별한 사유가 없으면 이에 따라야 한다.
〔본조신설 2021·12·21〕

제85조의10(재정사업 성과관리 결과의 반영 등)
① 기획재정부장관은 매년 재정사업의 성과목표관리 결과를 종합하여 국무회의에 보고하여야 한다.
② 기획재정부장관은 재정사업의 성과평과 결과를 재정운용에 반영할 수 있다.
③ 중앙관서의 장은 재정사업 성과관리의 결과를 조직·예산·인사 및 보수체계에 연계·반영할 수 있다.
④ 정부는 재정사업 성과관리 결과 등이 우수한 중앙관서 또는 공무원에게 표창·포상 등을 할 수 있다.
〔본조신설 2021·12·21〕

제85조의11(재정사업 성과관리의 역량강화) 각 중앙관서의 장은 재정사업 성과관리 담당 공무원의 전문성 및 역량이 제고될 수 있도록 교육프로그램의 개발·운영 등에 노력하여야 하며, 기획재정부장관은 이를 위하여 필요한 지원을 할 수 있다.
〔본조신설 2021·12·21〕

제85조의12(성과정보의 관리 및 공개) ① 기획재정부장관은 재정사업 성과목표관리 및

성과평가 결과 등 성과정보(이하 이 조에서 "성과정보"라 한다)가 체계적으로 관리될 수 있도록 재정사업 성과정보관리시스템을 구축·운영하여야 하며, 성과정보가 공개될 수 있도록 필요한 조치를 마련하여야 한다.

② 기획재정부장관은 제1항에 따른 성과정보의 체계적 관리를 위하여 각 중앙관서의 장에게 소관 재정사업의 성과정보를 생산·관리하도록 요구할 수 있다. 이 경우 각 중앙관서의 장은 특별한 사유가 없으면 이에 따라야 한다.

〔본조신설 2021·12·21〕

제5장 재정건전화

제86조(재정건전화를 위한 노력) 정부는 건전재정을 유지하고 국가채권을 효율적으로 관리하며 국가채무를 적정수준으로 유지하도록 노력하여야 한다.

제87조(재정부담을 수반하는 법령의 제정 및 개정) ① 정부는 재정지출 또는 조세감면을 수반하는 법률안을 제출하고자 하는 때에는 법률이 시행되는 연도부터 5회계연도의 재정수입·지출의 증감액에 관한 추계자료와 이에 상응하는 재원조달방안을 그 법률안에 첨부하여야 한다.

② 각 중앙관서의 장은 입안하는 법령이 재정지출을 수반하는 때에는 대통령령으로 정하는 바에 따라 제1항의 규정에 따른 추계자료와 재원조달방안을 작성하여 그 법령안에 대한 입법예고 전에 기획재정부장관과 협의하여야 한다. <개정 2008·2·29, 2020·6·9>

③ 각 중앙관서의 장은 제2항에 따른 협의를 한 후 법령안의 변경으로 대통령령으로 정하는 사항이 변경되는 경우에는 그 법령안에 대하여 추계자료와 재원조달방안을 작성하여 기획재정부장관과 재협의하여야 한다. <신설 2010·5·17>

제88조(국세감면의 제한) ① 기획재정부장관은 대통령령으로 정하는 해당 연도 국세 수입총액과 국세감면액 총액을 합한 금액에서 국세감면액 총액이 차지하는 비율(이하 "국세감면율"이라 한다)이 대통령령으로 정하는 비율 이하가 되도록 노력하여야 한다. <개정 2008·2·29, 2020·6·9>

② 각 중앙관서의 장은 새로운 국세감면을 요청하는 때에는 대통령령으로 정하는 바에 따라 감면액을 보충하기 위한 기존 국세감면의 축소 또는 폐지방안이나 재정지출의 축소방안과 그 밖의 필요한 사항을 작성하여 기획재정부장관에게 제출하여야 한다. <개정 2008·2·29, 2010·5·17, 2020·6·9>

제89조(추가경정예산안의 편성) ① 정부는 다음 각 호의 어느 하나에 해당하게 되어 이미 확정된 예산에 변경을 가할 필요가 있는 경우에는 추가경정예산안을 편성할 수 있다. <개정 2009·2·6, 2015·12·15>

1. 전쟁이나 대규모 재해(「재난 및 안전관리 기본법」 제3조에서 정의한 자연재난과 사회재난의 발생에 따른 피해를 말한다)가 발생한 경우
2. 경기침체, 대량실업, 남북관계의 변화, 경제협력과 같은 대내·외 여건에 중대한 변화가 발생하였거나 발생할 우려가 있는 경우
3. 법령에 따라 국가가 지급하여야 하는 지출이 발생하거나 증가하는 경우

② 정부는 국회에서 추가경정예산안이 확정되기 전에 이를 미리 배정하거나 집행할 수 없다.

제90조(세계잉여금 등의 처리 및 사용계획) ① 일반회계 예산의 세입 부족을 보전(補塡)하기 위한 목적으로 해당 연도에 이미 발행한 국채의 금액 범위에서는 해당 연도에 예상되는 초과 조세수입을 이용하여 국채를 우선 상환할 수 있다. 이 경우 세입·세출 외로 처리할 수 있다. <신설 2008·12·31>

② 매 회계연도 세입세출의 결산상 잉여금 중 다른 법률에 따른 것과 제48조의 규정에 따른 이월액을 공제한 금액(이하 "세계잉여금"이라 한다)은 「지방교부세법」 제5조제2항의 규정에 따른 교부세의 정산 및 「지방교육재정교부금법」 제9조제3항의 규정에 따른 교부금의 정산에 사용할 수 있다.

③ 제2항의 규정에 따라 사용한 금액을 제외한 세계잉여금은 100분의 30 이상을 「공

적자금상환기금법」에 따른 공적자금상환기금에 우선적으로 출연하여야 한다. <개정 2008·12·31>

④ 제 2 항 및 제 3 항의 규정에 따라 사용하거나 출연한 금액을 제외한 세계잉여금은 100분의 30 이상을 다음 각 호의 채무를 상환하는데 사용하여야 한다. <개정 2006·12·30, 2008·12·31, 2020·6·9>

1. 국채 또는 차입금의 원리금
2. 「국가배상법」에 따라 확정된 국가배상금
3. 「공공자금관리기금법」에 따른 공공자금관리기금의 융자계정의 차입금(예수금을 포함한다)의 원리금. 다만, 2006년 12월 31일 이전의 차입금(예수금을 포함한다)에 한정한다.
4. 그 밖에 다른 법률에 따라 정부가 부담하는 채무

⑤ 제 2 항부터 제 4 항까지의 규정에 따라 사용하거나 출연한 금액을 제외한 세계잉여금은 추가경정예산의 편성에 사용할 수 있다. <개정 2008·12·31>

⑥ 제 2 항부터 제 4 항까지의 규정에 따른 세계잉여금의 사용 또는 출연은 그 세계잉여금이 발생한 다음 연도까지 그 회계의 세출예산과 관계없이 이를 하되, 국무회의의 심의를 거쳐 대통령의 승인을 얻어야 한다. <개정 2008·12·31, 2020·6·9>

⑦ 제 2 항부터 제 5 항까지의 규정에 따른 세계잉여금의 사용 또는 출연은 다른 법률의 규정에도 불구하고 「국가회계법」 제13조제 3 항에 따라 국가결산보고서에 대한 대통령의 승인을 얻은 때부터 이를 할 수 있다. <개정 2008·12·31, 2020·6·9>

⑧ 세계잉여금 중 제 2 항부터 제 5 항까지의 규정에 따라 사용하거나 출연한 금액을 공제한 잔액은 다음 연도의 세입에 이입하여야 한다. <개정 2008·12·31>

⑨ 정부는 매년 제61조에 따른 국가결산보고서의 국회제출 전까지 직전 회계연도에 발생한 세계잉여금의 내역을 산출하고 그 사용계획을 수립하여야 한다. <신설 2021·6·15>

제91조(국가채무의 관리) ① 기획재정부장관은 국가의 회계 또는 기금이 부담하는 금전채무에 대하여 매년 다음 각 호의 사항이 포함된 국가채무관리계획을 수립하여야 한다. <개정 2008·2·29, 2010·5·17, 2020·6·9>

1. 전전년도 및 전년도 국채 또는 차입금의 차입 및 상환실적
2. 해당 회계연도의 국채 발행 또는 차입금 등에 대한 추정액
3. 해당 회계연도부터 5회계연도 이상의 기간에 대한 국채 발행 계획 또는 차입 계획과 그에 따른 국채 또는 차입금의 상환계획
4. 해당 회계연도부터 5회계연도 이상의 기간에 대한 채무의 증감 전망과 근거 및 관리계획
5. 그 밖에 대통령령으로 정하는 사항

② 제 1 항의 규정에 따른 금전채무는 다음 각 호의 어느 하나에 해당하는 채무를 말한다. <개정 2020·6·9>

1. 국가의 회계 또는 기금(재원의 조성 및 운용방식 등에 따라 실질적으로 국가의 회계 또는 기금으로 보기 어려운 회계 또는 기금으로서 대통령령으로 정하는 회계 또는 기금은 제외한다. 이하 이 항에서 같다)이 발행한 채권
2. 국가의 회계 또는 기금의 차입금
3. 국가의 회계 또는 기금의 국고채무부담행위
4. 그 밖에 제 1 호 및 제 2 호에 준하는 채무로서 대통령령으로 정하는 채무

③ 제 2 항에도 불구하고 다음 각 호의 어느 하나에 해당하는 채무는 국가채무에 포함하지 아니한다. <개정 2020·6·9>

1. 「국고금관리법」 제32조제 1 항의 규정에 따른 재정증권 또는 한국은행으로부터의 일시차입금
2. 제 2 항제 1 호에 해당하는 채권 중 국가의 회계 또는 기금이 인수 또는 매입하여 보유하고 있는 채권
3. 제 2 항제 2 호에 해당하는 차입금 중 국가의 다른 회계 또는 기금으로부터의 차입금

④ 기획재정부장관은 제 1 항의 규정에 따른 국가채무관리계획을 수립하기 위하여 필요한

때에는 관계 중앙관서의 장에게 자료제출을 요청할 수 있다. <개정 2008·2·29>

제92조(국가보증채무의 부담 및 관리) ① 국가가 보증채무를 부담하고자 하는 때에는 미리 국회의 동의를 얻어야 한다.

② 기획재정부장관은 매년 제1항에 따른 국가보증채무의 부담 및 관리에 관한 국가보증채무관리계획을 작성하여야 한다. <신설 2010·5·17>

③ 제1항에 따른 보증채무의 관리 및 제2항에 따른 국가보증채무관리계획의 작성 등에 관한 사항은 대통령령으로 정한다. <개정 2010·5·17>

제6장 보칙

제93조(유가증권의 보관) ① 중앙관서의 장은 법령의 규정에 따르지 아니하고는 유가증권을 보관할 수 없다.

② 중앙관서의 장은 법령의 규정에 따라 유가증권을 보관하게 되는 때에는 한국은행 또는 대통령령으로 정하는 금융기관에 보관업무를 위탁하여야 한다. <개정 2020·6·9>

③ 제2항의 규정에 따라 한국은행 또는 대통령령으로 정하는 금융기관이 유가증권을 위탁 관리하는 때에는 「국유재산법」 제15조제2항부터 제5항까지의 규정을 준용한다. <개정 2009·1·30, 2020·6·9>

제94조(장부의 기록과 비치) 기획재정부장관, 중앙관서의 장, 제93조제2항의 규정에 따라 유가증권 보관업무를 위탁받은 한국은행 및 금융기관은 대통령령으로 정하는 바에 따라 장부를 비치하고 필요한 사항을 기록하여야 한다. <개정 2008·2·29, 2020·6·9>

제95조(자금의 보유) 국가는 법률로 정하는 경우에만 특별한 자금을 보유할 수 있다. <개정 2020·6·9>

제96조(금전채권·채무의 소멸시효) ① 금전의 급부를 목적으로 하는 국가의 권리로서 시효에 관하여 다른 법률에 규정이 없는 것은 5년 동안 행사하지 아니하면 시효로 인하여 소멸한다.

② 국가에 대한 권리로서 금전의 급부를 목적으로 하는 것도 또한 제1항과 같다.

③ 금전의 급부를 목적으로 하는 국가의 권리의 경우 소멸시효의 중단·정지 그 밖의 사항에 관하여 다른 법률의 규정이 없는 때에는 「민법」의 규정을 적용한다. 국가에 대한 권리로서 금전의 급부를 목적으로 하는 것도 또한 같다. <개정 2020·6·9>

④ 법령의 규정에 따라 국가가 행하는 납입의 고지는 시효중단의 효력이 있다.

제97조(재정집행의 관리) ① 각 중앙관서의 장과 기금관리주체는 대통령령으로 정하는 바에 따라 사업집행보고서와 예산 및 기금운용계획에 관한 집행보고서를 기획재정부장관에게 제출하여야 한다. <개정 2008·2·29, 2020·6·9>

② 기획재정부장관은 예산 및 기금의 효율적인 운용을 위하여 제1항의 규정에 따른 보고서의 내용을 분석하고 예산 및 기금의 집행상황과 낭비 실태를 확인·점검한 후 필요한 때에는 집행 애로요인의 해소와 낭비 방지를 위하여 필요한 조치를 각 중앙관서의 장과 기금관리주체에게 요구할 수 있다. <개정 2008·2·29>

제97조의2(재정업무의 정보화) ① 기획재정부장관은 재정에 관한 업무를 원활하게 수행하기 위하여 정보통신매체 및 프로그램 등을 개발하여 중앙관서의 장이 사용하게 할 수 있다. 이 경우 국가회계업무에 관한 정보통신매체 및 프로그램 등의 개발에 대하여는 감사원과 미리 협의를 하여야 한다.

② 중앙관서의 장은 제1항에도 불구하고 재정에 관한 업무를 처리하는 정보통신매체 및 프로그램 등을 직접 개발하여 사용할 수 있다. 이 경우 기획재정부장관 및 감사원(국가회계업무에 관한 정보통신매체 및 프로그램 등의 개발인 경우에 한정한다)과 미리 협의를 하여야 한다.

③ 기획재정부장관은 제1항에 따른 정보통신매체 및 프로그램 등을 통한 재정에 관한 업무를 수행하기 위하여 필요한 경우에는 관계 중앙관서의 장, 지방자치단체의 장, 제9조제2항제2호 및 제3호에 해당하는 기관 등 관계 기관에 전자적 시스템의 연계를 요청할 수 있다. 이 경우 관계 중앙관서의 장 등은 특별한 사유가 없으면 이에 따라야 한

다. <신설 2021·12·21>

④ 기획재정부장관 및 중앙관서의 장은 제1항 및 제2항에 따른 정보통신매체 및 프로그램 등을 통하여 산출되는 재정정보에 대하여 국회의 정보 제공 요구가 있는 경우에는 정당한 사유가 없으면 해당 재정정보를 제공하여야 한다. <신설 2014·12·30>

⑤ 제4항에 따른 재정정보 제공의 범위, 절차 및 방법 등에 필요한 사항은 대통령령으로 정한다. <신설 2014·12·30, 2021·12·21>

〔본조신설 2008·12·31〕

제98조(내부통제) 각 중앙관서의 장은 재정관리·재원사용의 적정성과와 집행과정에서 보고된 자료의 신빙성을 분석·평가하기 위하여 소속 공무원으로 하여금 필요한 사항에 관하여 내부통제를 하게 하여야 한다. <개정 2020·6·9>

제99조(예산 및 기금운용계획의 집행 및 결산의 감독) 기획재정부장관은 예산 및 기금운용계획의 집행 또는 결산의 적정을 도모하기 위하여 소속 공무원으로 하여금 확인·점검하게 하여야 하며, 필요한 때에는 각 중앙관서의 장에게 관련 제도의 개선을 요구하거나 국무회의 심의를 거친 후 대통령의 승인을 얻어 예산 및 기금운용계획의 집행과 결산에 관한 지시를 할 수 있다. <개정 2008·2·29, 2020·6·9>

제100조(예산·기금의 불법지출에 대한 국민감시) ① 국가의 예산 또는 기금을 집행하는 자, 재정지원을 받는 자, 각 중앙관서의 장(그 소속기관의 장을 포함한다) 또는 기금관리주체와 계약 그 밖의 거래를 하는 자가 법령을 위반함으로써 국가에 손해를 가하였음이 명백한 때에는 누구든지 집행에 책임 있는 중앙관서의 장 또는 기금관리주체에게 불법지출에 대한 증거를 제출하고 시정을 요구할 수 있다.

② 제1항의 규정에 따라 시정요구를 받은 중앙관서의 장 또는 기금관리주체는 대통령령으로 정하는 바에 따라 그 처리결과를 시정요구를 한 자에게 통지하여야 한다. <개정 2020·6·9>

③ 중앙관서의 장 또는 기금관리주체는 제2항의 규정에 따른 처리결과에 따라 수입이 증대되거나 지출이 절약된 때에는 시정요구를 한 자에게 제49조의 규정에 따른 예산성과금을 지급할 수 있다.

제101조(재정 관련 공무원의 교육) 기획재정부장관은 재정업무를 담당하는 공무원의 업무전문성 향상을 위하여 대통령령으로 정하는 바에 따라 교육을 실시할 수 있다. <개정 2008·2·29, 2020·6·9>

제7장 벌칙

제102조(벌칙) 공무원이 기금의 자산운용에 영향을 줄 목적으로 직권을 남용하여 기금관리주체 그 밖에 기금의 자산운용을 담당하는 자에게 부당한 영향력을 행사한 때에는 5년 이하의 징역, 10년 이하의 자격정지 또는 1천만원 이하의 벌금에 처한다.

부 칙

제1조(시행일) 이 법은 2007년 1월 1일부터 시행한다. 다만, 제56조의 규정은 법률에 따라 정부회계에 관한 기준이 마련되어 시행되는 회계연도부터, 부칙 제11조제14항, 동조제17항(「국유재산법」 제48조제4항 관련 규정에 한한다) 및 동조제29항(「물품관리법」 제21조 관련 규정에 한한다)의 규정은 각각 2008년 1월 1일부터 시행한다.

제2조(폐지법률) 「예산회계법」 및 「기금관리기본법」은 이를 각각 폐지한다.

제3조(국가재정운용계획 등에 관한 적용례) 제7조의 규정은 이 법 시행 후 최초로 수립하는 국가재정운용계획, 중·장기계획 등부터 적용한다.

제4조(성과계획서·성과보고서 및 성과검사보고서의 제출 등에 관한 적용례) ① 제8조제2항 및 동조제5항의 규정에 따른 성과계획서의 제출과 성과계획서에 관한 지침의 작성은 2008회계연도 예산안 및 기금운용계획안부터, 제34조제8호 및 제71조제4호의 규정에 따른 성과계획서의 국회에 대한 제출은 2009회계연도 예산안 및 기금운용계획안부터 각각 적용한다.

② 제8조제2항 및 제3항의 규정에 따른 성과보고서의 제출과 제8조제5항의 규정에 따른 성과보고서에 관한 지침의 작성은 2008회계연도 결산 및 기금결산부터, 제61

조 및 제73조제6항제7호의 규정에 따른 성과보고서의 국회에 대한 제출은 2009회계연도 결산 및 기금결산부터 각각 적용한다.

③ 제8조제4항의 규정에 따른 성과검사보고서의 기획재정부장관에 대한 송부는 2008회계연도 결산 및 기금결산부터, 국회에 대한 제출은 2009회계연도 결산 및 기금결산부터 각각 적용한다. <개정 2008·2·29>

제5조(성인지 예산서 및 성인지 결산서의 작성·제출에 관한 적용례) 제26조의 규정에 따른 성인지 예산서의 작성 및 제34조제9호의 규정에 따른 성인지 예산서의 제출, 제57조의 규정에 따른 성인지 결산서의 작성 및 제58조제1항제4호의 규정에 따른 성인지 결산서의 제출은 각각 2010회계연도 예산안 및 결산부터 적용한다.

제6조(조세지출예산서의 작성·제출에 관한 적용례 등) ① 제27조 및 제34조제10호의 규정에 따른 조세지출예산서의 작성 및 제출은 2011회계연도 예산안부터 적용한다.

② 정부는 2009회계연도까지는 대통령령이 정하는 바에 따라 국세감면금액·국세감면율 등에 관한 전년도 실적 및 당해 연도 전망보고서를 작성하여 국회에 제출하여야 한다.

제7조(중기사업계획서에 관한 적용례) 제28조 및 제66조제1항의 규정은 2008회계연도 예산안 및 기금운용계획안과 관련된 중기사업계획서부터 적용한다.

제8조(총액계상사업의 세부사업시행계획 및 세부집행실적에 관한 적용례) 제37조제3항 및 제4항의 규정은 2008회계연도 예산에 총액으로 계상된 사업에 대한 세부사업시행계획 및 세부집행실적부터 적용한다.

제9조(예비비사용총괄명세서 및 결산·기금결산의 제출시기에 관한 적용례 등) ① 제52조, 제58조 내지 제61조 및 제73조의 규정에 따른 예비비사용총괄명세서 및 결산·기금결산의 제출시기는 2007회계연도 예비비사용 승인 및 결산·기금결산부터 적용한다.

② 2006회계연도 예비비사용총괄명세서 및 결산·기금결산의 제출시기에 관하여는 종전의 「예산회계법」 및 「기금관리기본법」에 따른다.

제10조(재정부담을 수반하는 법률의 제정 및 개정에 관한 적용례) 제87조제1항의 규정은 이 법 시행 후 최초로 제출하는 법률안부터 적용한다.

제11조(다른 법률의 개정) 생략

제12조(다른 법령과의 관계) 이 법 시행 당시 다른 법령에서 「예산회계법」 또는 「기금관리기본법」 및 그 규정을 인용한 경우 이 법 중 그에 해당하는 규정이 있는 때에는 종전의 규정에 갈음하여 이 법 또는 이 법의 해당 조항을 인용한 것으로 본다.

부　칙 <2006·12·30 법8135>

제1조(시행일) 이 법은 2007년 1월 1일부터 시행한다.

제2조부터 **제9조**까지 생략

부　칙 <2006·12·30 법8149>

제1조(시행일) 이 법은 2007년 1월 1일부터 시행한다.

제2조부터 **제5조**까지 생략

부　칙 <2006·12·30 법8151>

제1조(시행일) 이 법은 2007년 1월 1일부터 시행한다.

제2조부터 **제6조**까지 생략

부　칙 <2006·12·30 법8161>

이 법은 2007년 1월 1일부터 시행한다.

부　칙 <2007·1·26 법8280>

제1조(시행일) 이 법은 공포 후 3개월이 경과한 날부터 시행한다. 〈단서 생략〉

제2조부터 **제6조**까지 생략

부　칙 <2007·12·21 법8790>

제1조(시행일) 이 법은 2008년 7월 1일부터 시행한다.

제2조 및 **제3조** 생략

부　칙 <2007·12·31 법8836>

이 법은 공포한 날부터 시행한다.

부　칙 <2008·2·29 법8852>

제1조(시행일) 이 법은 공포한 날부터 시행한다. 〈단서 생략〉

제2조부터 **제7조**까지 생략

부　칙 <2008·3·28 법9016>

제1조(시행일) 이 법은 2009년 1월 1일부터 시행한다. 〈단서 생략〉

제2조부터 **제8조**까지 생략

부　칙 <2008·12·11 법9137>

제1조(시행일) 이 법은 2010년 1월 1일부터 시행한다.

제2조부터 **제6조**까지 생략

부　칙 <2008·12·31 법9278>

제1조(시행일) 이 법은 2009년 1월 1일부터

시행한다. 다만, 제63조제 3 항의 개정규정은 2009년 2월 4일부터 시행한다.

제 2 조(결산보고서의 제출에 관한 적용례) ① 제58조부터 제61조까지 및 제73조의 개정규정은 2009회계연도 결산부터 적용한다.

② 제 1 항에도 불구하고 제59조 및 제61조의 개정규정 중 국가결산보고서의 내용에 포함되는 재무제표에 관한 부분은 2011회계연도 결산부터 적용하고, 2009회계연도 및 2010회계연도 결산 시에는 각 중앙관서의 장 및 기금관리주체 등이 소관 회계 및 기금에 대한 다음 각 호의 서류를 작성하여 다음 연도 2월 말일까지 기획재정부장관에게 제출하고 기획재정부장관은 이를 종합하여 국무회의 심의를 거쳐 대통령의 승인을 받은 후 감사원 및 국회에 제출하여야 한다. <개정 2009·1·30>

1. 각 기금의 재무제표 및 첨부서류
2. 「정부기업예산법」 제 3 조에 따른 특별회계의 재무제표 및 첨부서류
3. 「책임운영기관의 설치·운영에 관한 법률」 제27조제 1 항에 따른 책임운영기관특별회계의 재무제표 및 첨부서류
4. 종전의 제58조제 1 항제 6 호에 따른 국가채무관리보고서
5. 종전의 제58조제 1 항제 7 호에 따른 국가채권현재액보고서
6. 「국유재산법」 제69조에 따른 국유재산관리운용보고서
7. 「물품관리법」 제21조에 따른 물품증감과 현재액의 총계산서

제 3 조(결산보고서의 제출 등에 관한 특례) 2009회계연도 및 2010회계연도 결산의 경우 각 중앙관서의 장은 제58조제 1 항의 개정규정에도 불구하고 「국가회계법」 제14조제 3 호에 따른 재무제표를 다음 연도 3월 말일까지 기획재정부장관에게 제출하여야 한다.

부　　칙 <2008·12·31 법9280>

제 1 조(시행일) 이 법은 2009년 1월 1일부터 시행한다.

제 2 조부터 **제 6 조**까지 생략

부　　칙 <2009·1·30 법9401>

제 1 조(시행일) 이 법은 공포 후 6개월이 경과한 날부터 시행한다. 〈단서 생략〉

제 2 조부터 **제11조**까지 생략

부　　칙 <2009·2·6 법9411>

이 법은 공포한 날부터 시행한다.

부　　칙 <2009·2·6 법9415>

제 1 조(시행일) 이 법은 공포 후 3개월이 경과한 날부터 시행한다.

제 2 조부터 **제 8 조**까지 생략

부　　칙 <2009·3·5 법9477>

제 1 조(시행일) 이 법은 2010년 1월 1일부터 시행한다.

제 2 조부터 **제 9 조**까지 생략

부　　칙 <2009·3·18 법9486>

제 1 조(시행일) 이 법은 공포한 날부터 시행한다.

제 2 조(예산 전용 내역 등의 제출에 관한 적용례) ① 제46조제 4 항 및 제47조제 4 항의 개정규정에 따른 예산의 전용·이용 또는 이체 내역의 국회 소관 상임위원회와 예산결산특별위원회에 대한 제출은 2009회계연도 예산부터 적용한다.

② 제70조의 개정규정에 따른 기금운용계획 변경 내역의 국회 소관 상임위원회와 예산결산특별위원회에 대한 제출은 2009회계연도 기금운용계획부터 적용한다.

제 3 조(예산 전용 내역 등의 제출기한에 관한 특례) 제46조제 4 항·제47조제 4 항 및 제70조의 개정규정 및 부칙 제 2 조에도 불구하고 2009회계연도 제 1 분기의 예산 전용·이용 또는 이체 내역 및 기금운용계획 변경내역은 2009회계연도 제 2 분기 내역의 제출기한까지 제출한다.

부　　칙 <2009·4·1 법9622>

제 1 조(시행일) 이 법은 공포 후 6개월이 경과한 날부터 시행한다. 〈단서 생략〉

제 2 조부터 **제10조**까지 생략

부　　칙 <2009·4·22 법9626>

제 1 조(시행일) 이 법은 공포 후 1년이 경과한 날부터 시행한다.

제 2 조부터 **제12조**까지 생략

부　　칙 <2009·5·13 법9670>

제 1 조(시행일) 이 법은 공포한 날부터 시행한다.

제 2 조부터 **제 4 조**까지 생략

부　　칙 <2009·5·21 법9685>

제 1 조(시행일) 이 법은 공포 후 6개월이 경과한 날부터 시행한다.

제 2 조부터 **제 8 조**까지 생략

부　　칙 <2009·5·22 법9708>

제 1 조(시행일) 이 법은 공포 후 3개월이 경과한 날부터 시행한다. 〈단서 생략〉

제 2 조부터 **제12조**까지 생략

부　칙 <2009·5·27 법9712>

①(시행일) 이 법은 2010년 1월 1일부터 시행한다.

②(성과계획서 제출에 관한 적용례) 제 8 조제 9 항 및 제36조의 개정규정은 이 법 시행일이 속하는 다음 회계연도의 국회 제출 예산안 및 기금운용계획안부터 적용한다.

부　칙 <2009·7·31 법9785>

제 1 조(시행일) 이 법은 공포 후 6개월이 경과한 날부터 시행한다.

제 2 조부터 **제 9 조**까지 생략

부　칙 <2009·10·21 법9801>

이 법은 2009년 12월 10일부터 시행한다.

부　칙 <2010·3·22 법10155>

제 1 조(시행일) 이 법은 2011년 1월 1일부터 시행한다.

제 2 조 생략

부　칙 <2010·3·22 법10165>

제 1 조(시행일) 이 법은 공포 후 6개월이 경과한 날부터 시행한다. 다만, …〈생략〉… 부칙 제 6 조제 1 항 …〈생략〉… 은 2011년 1월 1일부터 시행한다.

제 2 조부터 **제 5 조**까지 생략

제 6 조(다른 법률의 개정) 생략

제 7 조 생략

부　칙 <2010·4·5 법10228>

제 1 조(시행일) 이 법은 공포 후 3개월이 경과한 날부터 시행한다.

제 2 조부터 **제 5 조**까지 생략

부　칙 <2010·5·17 법10288>

①(시행일) 이 법은 공포한 날부터 시행한다.

②(국가재정운용계획의 수립 등에 관한 적용례) 제 7 조, 제 9 조의2, 제34조, 제73조의3, 제91조 및 제92조의 개정규정은 이 법 시행 후 최초로 수립하거나 작성하는 국가재정운용계획, 임대형 민자사업 정부지급금추계서, 중장기 기금재정관리계획, 국가채무관리계획, 국가보증채무관리계획부터 각각 적용한다. 다만, 제 7 조제 2 항제 4 호의2·제 4 호의3 및 제 9 조의2제 2 호의 개정규정은 2012년에 수립하는 국가재정운용계획부터 적용한다.

③(예비타당성조사 결과 요약 제출에 관한 적용례) 제38조제 1 항의 개정규정은 이 법 시행 후 최초로 실시하는 예비타당성조사부터 적용한다.

④(성인지 기금운용계획서 및 성인지 기금결산서의 작성 및 제출에 관한 적용례) 제68조의2 및 제71조제 6 호의 개정규정은 2011회계연도 성인지 기금운용계획서부터 적용하고, 제73조의2의 개정규정은 2011회계연도 성인지 기금결산서부터 적용한다.

부　칙 <2010·6·8 법10361>

제 1 조(시행일) 이 법은 공포 후 6개월이 경과한 날부터 시행한다. 〈단서 생략〉

제 2 조부터 **제12조**까지 생략

부　칙 <2010·12·27 법10400>

이 법은 공포 후 6개월이 경과한 날부터 시행한다.

부　칙 <2010·12·27 법10414>

제 1 조(시행일) 이 법은 2011년 1월 1일부터 시행한다.

제 2 조부터 **제 5 조**까지 생략

부　칙 <2011·3·30 법10484>

제 1 조(시행일) 이 법은 2011년 4월 1일부터 시행한다.

제 2 조(국유재산특례지출예산서 첨부에 관한 적용례) 제34조제14호의 개정규정은 2016년도 예산안의 첨부서류로 국회에 제출하는 분부터 적용한다.

부　칙 <2011·5·19 법10682>

제 1 조(시행일) 이 법은 공포한 날부터 시행한다.

제 2 조 및 **제 3 조** 생략

부　칙 <2011·7·21 법10893>

제 1 조(시행일) 이 법은 공포 후 1년이 경과한 날부터 시행한다.

제 2 조부터 **제 6 조**까지 생략

부　칙 <2011·7·25 법10909>

제 1 조(시행일) 이 법은 공포 후 3개월이 경과한 날부터 시행한다.

제 2 조부터 **제 6 조**까지 생략

부　칙 <2012·1·26 법11230>

제 1 조(시행일) 이 법은 2015년 1월 1일부터 시행한다.

제 2 조부터 **제15조**까지 생략

부　칙 <2012·3·21 법11378>

제 1 조(시행일) 이 법은 2014년 1월 1일부터 시행한다.

제 2 조(대규모 개발사업예산의 계속비 편성에 관한 적용례) 제39조제 2 항의 개정규정은

이 법 시행 후 최초로 실시설계가 완료되고 총사업비가 확정되는 사업부터 적용한다.

부 칙 <2013·1·1 법11614>

제 1 조(시행일) 이 법은 2013년 1월 1일부터 시행한다. 〈단서 생략〉

제 2 조부터 **제46조**까지 생략

부 칙 <2013·5·28 법11821>

제 1 조(시행일) 이 법은 2014년 1월 1일부터 시행한다.

제 2 조(국가재정운용계획, 재정 관련 자료, 예산안 및 기금운용계획안의 국회제출에 관한 특례) ① 제 7 조제 1 항, 제 9 조의2, 제33조, 제68조제 1 항의 개정규정에도 불구하고 2014년에 제출되는 국가재정운용계획, 재정 관련 자료, 예산안 및 기금운용계획안에 대하여는 "120일"을 "100일"로, 2015년에 제출되는 국가재정운용계획, 재정 관련 자료, 예산안 및 기금운용계획안에 대하여는 "120일"을 "110일"로 본다.

② 정부는 2015년부터 매년 2월까지 당해연도 예산안의 이전년도 국회 조기제출과 관련한 성과를 평가점검하여 국회에 보고하고, 국회는 이를 토대로 필요한 조치를 취한다.

제 3 조(다른 법률의 개정) 생략

제 4 조(「국유재산법」상 국유재산종합계획의 국회제출에 관한 특례) 「국유재산법」 제 9 조제 3 항의 개정규정에도 불구하고 2014년에 제출되는 국유재산종합계획에 대하여는 "120일"을 "100일"로, 2015년에 제출되는 국유재산종합계획에 대하여는 "120일"을 "110일"로 본다.

제 5 조(「부담금관리 기본법」상 부담금운용종합계획서의 국회제출에 관한 특례) 법률 제11549호 부담금관리 기본법 일부개정법률 제 6 조의2제 2 항의 개정규정에도 불구하고 2014년에 제출되는 부담금운용종합계획서에 대하여는 "120일"을 "100일"로, 2015년에 제출되는 부담금운용종합계획서에 대하여는 "120일"을 "110일"로 본다.

제 6 조(「자유무역협정 체결에 따른 농어업인 등의 지원에 관한 특별법」상 농어업인지원 투자·융자계획의 국회제출에 관한 특례) 「자유무역협정 체결에 따른 농어업인 등의 지원에 관한 특별법」 제12조의2제 1 항 전단의 개정규정에도 불구하고 2014년에 제출되는 농어업인지원 투자·융자계획에 대하여는 "120일"을 "100일"로, 2015년에 제출되는 농어업인지원 투자·융자계획에 대하여는 "120일"을 "110일"로 본다.

부 칙 <2014·1·1 법12161>

제 1 조(시행일) 이 법은 공포한 날부터 시행한다. 다만, 제34조제15호, 제38조제 2 항 및 제71조제 7 호의 개정규정은 공포 후 3개월이 경과한 날부터 시행한다.

제 2 조(예산안 편성지침의 통보, 예산요구서의 제출 및 기금운용계획안의 수립에 관한 특례) ① 제29조제 1 항, 제66조제 2 항의 개정규정에도 불구하고 2014년에 편성되는 예산안 및 기금운용계획안에 관하여는 "3월 31일"을 "4월 20일"로 보고, 2015년에 편성되는 예산안 및 기금운용계획안에 관하여는 "3월 31일"을 "4월 10일"로 본다.

② 제31조제 1 항, 제66조제 5 항의 개정규정에도 불구하고 2014년에 편성되는 예산안 및 기금운용계획안에 관하여는 "5월 31일"을 "6월 20일"로 보고, 2015년에 편성되는 예산안 및 기금운용계획안에 관하여는 "5월 31일"을 "6월 10일"로 본다.

제 3 조(다른 법률의 개정) 생략

제 4 조(「국가균형발전 특별법」상 예산편성절차상의 특례에 관한 특례) ① 「국가균형발전 특별법」 제38조제 2 항의 개정규정에도 불구하고 2014년에 제출되는 예산신청서에 대하여는 "4월 30일"을 "5월 20일"로, 2015년에 제출되는 예산신청서에 대하여는 "4월 30일"을 "5월 10일"로 본다.

② 「국가균형발전 특별법」 제38조제 3 항·제 4 항의 개정규정에도 불구하고 2014년에 제출·통보되는 예산요구서 및 예산편성에 관한 의견에 대하여는 "5월 31일"을 "6월 20일"로, 2015년에 제출·통보되는 예산요구서 및 예산편성에 관한 의견에 대하여는 "5월 31일"을 "6월 10일"로 본다.

제 5 조(「보조금 관리에 관한 법률」상 예산계상 신청서 및 지방비 부담경비 협의 의견서 제출에 관한 특례) ① 「보조금 관리에 관한 법률」 제 4 조제 4 항의 개정규정에도 불구하고 2014년에 제출되는 예산계상 신청서에 대하여는 "4월 30일"을 "5월 20일"로, 2015년에 제출되는 예산계상 신청서에 대하여는 "4월 30일"을 "5월 10일"로 본다.

② 「보조금 관리에 관한 법률」 제 7 조제 2 항의 개정규정에도 불구하고 2014년에 제출

되는 지방비 부담경비 협의 의견서에 대하여는 "5월 20일"을 "6월 10일"로, 2015년에 제출되는 지방비 부담경비 협의 의견서에 대하여는 "5월 20일"을 "5월 31일"로 본다.

제 6 조(국가연구개발사업의 개발 성과물 사용에 따른 대가에 관한 경과조치) 이 법 시행 전에 종전의 제53조제 5 항에 따라 국가연구개발사업의 개발 성과물 사용에 따른 대가에 대하여 세입세출예산 외로 사용할 수 있도록 기획재정부장관과의 협의를 거친 경우에는 제53조제 5 항의 개정규정에도 불구하고 2014년 12월 31일까지는 종전의 규정에 따른다.

부 칙 <2014・5・28 법12698>

제 1 조(시행일) 이 법은 2015년 7월 1일부터 시행한다.

제 2 조부터 **제10조**까지 생략

부 칙 <2014・12・23 법12858>

제 1 조(시행일) 이 법은 2015년 1월 1일부터 시행한다.

제 2 조부터 **제 5 조**까지 생략

부 칙 <2014・12・30 법12861>

이 법은 공포한 날부터 시행한다. 다만, 제 9 조제 3 항 및 제 4 항, 제97조의2제 3 항 및 제 4 항의 개정규정은 공포 후 6개월이 경과한 날부터 시행하고, 별표2 제67호의 개정규정은 2015년 1월 1일부터 시행하며, 제47조제 1 항의 개정규정은 2016년 1월 1일부터 시행한다.

부 칙 <2015・1・6 법12989>

제 1 조(시행일) 이 법은 2015년 7월 1일부터 시행한다.

제 2 조부터 **제 6 조**까지 생략

부 칙 <2015・7・24 법13448>

제 1 조(시행일) 이 법은 공포 후 3개월이 경과한 날부터 시행한다. 〈단서 생략〉

제 2 조부터 **제20조**까지 생략

부 칙 <2015・12・15 법13551>

이 법은 공포한 날부터 시행한다. 다만, 별표2 제35호의 개정규정은 2015년 12월 23일부터 시행하며, 별표2 제68호의 개정규정은 2016년 1월 1일부터 시행한다.

부 칙 <2016・1・28 법13931>

제 1 조(시행일) 이 법은 공포 후 3개월이 경과한 날부터 시행한다. 〈단서 생략〉

제 2 조부터 **제12조**까지 생략

부 칙 <2016・3・29 법14122>

제 1 조(시행일) 이 법은 공포 후 6개월이 경과한 날부터 시행한다.

제 2 조부터 **제 5 조**까지 생략

부 칙 <2016・12・20 법14381>

제 1 조(시행일) 이 법은 2017년 1월 1일부터 시행한다. 다만, 제 9 조제 2 항부터 제 5 항까지의 개정규정은 공포 후 3개월이 경과한 날부터 시행하고, 제76조제 1 항의 개정규정은 공포 후 6개월이 경과한 날부터 시행한다.

제 2 조(유효기간) 별표1 제21호의 개정규정은 2019년 12월 31일까지 효력을 가진다.

부 칙 <2017・12・26 법15284>

제 1 조(시행일) 이 법은 2018년 1월 1일부터 시행한다.

제 2 조(분야별 총 대응지방비 소요 추계서 첨부에 관한 적용례) 제34조제16호의 개정규정은 2019년도 예산안의 첨부서류로 국회에 제출하는 경우부터 적용한다.

부 칙 <2018・1・16 법15342>

제 1 조(시행일) 이 법은 공포 후 3개월이 경과한 날부터 시행한다.

제 2 조(예비타당성조사를 진행 중인 사업 등에 관한 적용례) 제38조의3 및 제85조의 개정규정은 이 법 시행 당시 제38조제 3 항 또는 제85조에 따라 중앙관서의 장이 기획재정부장관에게 예비타당성조사를 신청하거나 기획재정부장관이 예비타당성조사 대상으로 선정한 사업, 제38조제 1 항・제 4 항 또는 제85조에 따라 기획재정부장관이 예비타당성조사를 실시하고 있는 사업에 대해서도 적용한다.

부 칙 <2019・4・23 법16328>

제 1 조(시행일) 이 법은 공포한 날부터 시행한다.

제 2 조(예산안의 첨부서류에 관한 적용례) 제34조제 2 호의2의 개정규정은 2020년도 예산안의 첨부서류로 국회에 제출하는 분부터 적용한다.

부 칙 <2019・8・27 법16568>

제 1 조(시행일) 이 법은 공포 후 1년이 경과한 날부터 시행한다.

제 2 조부터 **제16조**까지 생략

부 칙 <2019・11・26 법16652>

제 1 조(시행일) 이 법은 공포한 날부터 시행한다.

제 2 조 및 **제 3 조**까지 생략

부 칙 <2019・12・31 법16832>

제 1 조(시행일) 이 법은 2020년 1월 1일부터 시행한다.

제 2 조(유효기간) 별표1 제22호의 개정규정은

2029년 12월 31일까지 효력을 가진다. <개정 2024·12·31>

부 칙 <2019·12·31 법16858>

제 1 조(시행일) ① 이 법은 공포 후 4개월이 경과한 날부터 시행한다. 〈단서 생략〉

제 2 조부터 **제10조**까지 생략

부 칙 <2020·3·31 법17136>

제 1 조(시행일) 이 법은 공포 후 3개월이 경과한 날부터 시행한다. 다만, 제 8 조의2제 1 항제 3 호 및 제50조의 개정규정은 공포 후 6개월이 경과한 날부터 시행한다.

제 2 조(일반정부 및 공공부문 재정통계 작성에 관한 적용례) 제 9 조의 개정규정은 2019회계연도 결산부터 적용한다.

제 3 조(예비타당성조사 면제에 관한 적용례) 제38조제 2 항 및 제 5 항의 개정규정은 이 법 시행 후 최초로 중앙관서의 장이 기획재정부장관에게 예비타당성조사의 면제를 요구한 경우부터 적용한다.

제 4 조(보조금 교부실적 등의 제출에 관한 적용례) 제85조의 개정규정은 2020회계연도 기금결산부터 적용한다.

부 칙 <2020·6·9 법17339>

이 법은 공포한 날부터 시행한다. 〈단서 생략〉

부 칙 <2020·6·9 법17344>

제 1 조(시행일) 이 법은 공포 후 6개월이 경과한 날부터 시행한다. 〈단서 생략〉

제 2 조부터 **제 8 조**까지 생략

부 칙 <2021·4·20 법18128>

제 1 조(시행일) 이 법은 공포 후 6개월이 경과한 날부터 시행한다.

제 2 조부터 **제10조**까지 생략

부 칙 <2021·6·15 법18240>

제 1 조(시행일) 이 법은 2022년 1월 1일부터 시행한다.

제 2 조(온실가스감축인지 예산서 및 온실가스감축인지 결산서의 작성·제출에 관한 적용례) 제27조의 개정규정에 따른 온실가스감축인지 예산서의 작성, 제34조제 9 호의2의 개정규정에 따른 온실가스감축인지 예산서의 제출 및 제57조의2의 개정규정에 따른 온실가스감축인지 결산서의 작성은 각각 2023회계연도 예산안 및 결산부터 적용한다.

제 3 조(온실가스감축인지 기금운용계획서 및 온실가스감축인지 기금결산서의 작성·제출에 관한 적용례) 제68조의3의 개정규정에 따른 온실가스감축인지 기금운용계획서의 작성, 제71조제 6 호의2의 개정규정에 따른 온실가스감축인지 기금운용계획서의 제출 및 제73조의3의 개정규정에 따른 온실가스감축인지 기금결산서의 작성은 각각 2023회계연도 기금운용계획안 및 기금결산부터 적용한다.

제 4 조(세계잉여금 사용계획 수립 등에 관한 적용례) 제90조제 9 항의 개정규정은 2021회계연도 결산부터 적용한다.

부 칙 <2021·9·24 법18469>

제 1 조(시행일) 이 법은 공포 후 6개월이 경과한 날부터 시행한다. 〈단서 생략〉

제 2 조부터 **제10조**까지 생략

부 칙 <2021·12·21 법18585>

제 1 조(시행일) 이 법은 공포한 날부터 시행한다. 다만, 제16조제 5 호 및 제43조의2의 개정규정은 공포 후 3개월이 경과한 날부터 시행하고, 제85조의4 및 별표2 제71호의 개정규정은 2022년 1월 1일부터 시행하며, 제85조의10제 1 항의 개정규정은 2023년 1월 1일부터 시행한다.

제 2 조(유효기간) 별표1 제21호의 개정규정은 2025년 12월 31일까지 효력을 가진다. <개정 2022·12·31>

제 3 조(다른 법률의 개정) 생략

부 칙 <2022·12·31 법19188>

제 1 조(시행일) 이 법은 2023년 1월 1일부터 시행한다.

제 2 조(유효기간) 별표1 제23호의 개정규정은 2025년 12월 31일까지 효력을 가진다.

부 칙 <2023·5·16 법19409>

제 1 조(시행일) 이 법은 공포 후 1년이 경과한 날부터 시행한다.

제 2 조 및 **제 3 조** 생략

부 칙 <2023·6·9 법19430>

제 1 조(시행일) 이 법은 공포 후 1개월이 경과한 날부터 시행한다. 〈단서 생략〉

제 2 조부터 **제22조**까지 생략

부 칙 <2023·8·8 법19589>

제 1 조(시행일) 이 법은 2024년 5월 17일부터 시행한다.

제 2 조부터 **제 4 조**까지 생략

부 칙 <2024·12·31 법20610>

이 법은 공포한 날부터 시행한다.

●군사법원법

〔1987·12·4 법률제3993호 전부개정〕

개정
1993·12·27 법률제 4616호(군사기밀보호법)
1994· 1· 5 법률제 4704호
1999· 1·21 법률제 5681호(국가정보원법)
1999·12·28 법률제 6037호
1999·12·31 법률제 6082호(형사소송비용등에관한법률)
2000·12·26 법률제 6290호(군인사법)
2002· 1·26 법률제 6627호(민사집행법)
2004· 1·20 법률제 7078호(검찰청법)
2004·10·16 법률제 7229호
2004·12·31 법률제 7289호(디자인보호법)
2005· 3·31 법률제 7427호(민법)
2007· 5·17 법률제 8435호(가족관계의 등록 등에 관한 법률)
2008· 1·17 법률제 8842호
2009· 6· 9 법률제 9765호(아동·청소년의 성보호에 관한 법률)
2009·12·29 법률제 9841호
2011· 8· 4 법률제11002호(아동복지법)
2012·12·18 법률제11572호(아동·청소년의 성보호에 관한 법률)
2013· 4· 5 법률제11731호(형법)
2014· 1· 7 법률제12199호
2015· 2· 3 법률제13126호
2016· 1· 6 법률제13722호
2017· 3·21 법률제14609호(군인사법)
2017·12·12 법률제15165호
2018·12·18 법률제15983호
2020· 2· 4 법률제16926호
2020· 6· 9 법률제17367호
2020·12·15 법률제17646호(국가정보원법)
2021· 9·24 법률제18465호
2023·10·24 법률제19744호
2023·12·26 법률제19839호(전북특별자치도 설치 및 글로벌생명경제도시 조성을 위한 특별법)
2025· 1·31 법률제20736호→2025년 8월 1일 시행

제 1 편 군사법원 및 군검찰

제 1 장 총칙

제 1 조(목적) 이 법은 「대한민국헌법」 제110조에 따라 군사재판을 관할할 군사법원의 조직, 권한, 재판관의 자격 및 심판절차와 군검찰의 조직, 권한 및 수사절차를 정함을 목적으로 한다.

〔전부개정 2009·12·29〕

제 2 조(신분적 재판권) ① 군사법원은 다음 각 호의 어느 하나에 해당하는 사람이 범한 죄에 대하여 재판권을 가진다. <개정 2015·2·3>

1. 「군형법」 제 1 조제 1 항부터 제 4 항까지에 규정된 사람. 다만, 「군형법」 제 1 조제 4 항에 규정된 사람 중 다음 각 목의 어느 하나에 해당하는 내국인·외국인은 제외한다.
   가. 군의 공장, 전투용으로 공하는 시설, 교량 또는 군용에 공하는 물건을 저장하는 창고에 대하여 「군형법」 제66조의 죄를 범한 내국인·외국인
   나. 군의 공장, 전투용으로 공하는 시설, 교량 또는 군용에 공하는 물건을 저장하는 창고에 대하여 「군형법」 제68조의 죄를 범한 내국인·외국인
   다. 군의 공장, 전투용으로 공하는 시설, 교량, 군용에 공하는 물건을 저장하는 창고, 군용에 공하는 철도, 전선 또는 그 밖의 시설에 대하여 「군형법」 제69조의 죄를 범한 내국인·외국인
   라. 가목부터 다목까지의 규정에 따른 죄의 미수범인 내국인·외국인
   마. 국군과 공동작전에 종사하고 있는 외국군의 군용시설에 대하여 가목부터 다목까지의 규정에 따른 죄를 범한 내국인·외국인
2. 국군부대가 관리하고 있는 포로

② 제 1 항에도 불구하고 법원은 다음 각 호에 해당하는 범죄 및 그 경합범 관계에 있는 죄에 대하여 재판권을 가진다. 다만, 전시·사변 또는 이에 준하는 국가비상사태 시에는 그러하지 아니하다. <개정 2021·9·24>

1. 「군형법」 제 1 조제 1 항부터 제 3 항까지에 규정된 사람이 범한 「성폭력범죄의 처벌 등에 관한 특례법」 제 2 조의 성폭력범죄 및 같은 법 제15조의2의 죄, 「아동·청소년의 성보호에 관한 법률」 제 2 조제 2 호의 죄
2. 「군형법」 제 1 조제 1 항부터 제 3 항까지에 규정된 사람이 사망하거나 사망에 이른 경우 그 원인이 되는 범죄
3. 「군형법」 제 1 조제 1 항부터 제 3 항까지에 규정된 사람이 그 신분취득 전에 범한 죄

③ 군사법원은 공소(公訴)가 제기된 사건에 대하여 군사법원이 재판권을 가지지 아니하게 되었거나 재판권을 가지지 아니하였음이 밝혀진 경우에는 결정으로 사건을 재판권이 있는 같은 심급의 법원으로 이송(移送)한다. 이 경우 이송 전에 한 소송행위는 이송 후에도 그 효력에 영향이 없다. <개정 2021·9·24>

④ 국방부장관은 제 2 항에 해당하는 죄의 경우에도 국가안전보장, 군사기밀보호, 그 밖에 이에 준하는 사정이 있는 때에는 해당 사건을 군사법원에 기소하도록 결정할 수 있다. 다만, 해당 사건이 법원에 기소된 이후에는 그러하지 아니하다. <신설 2021·9·24>

⑤ 검찰총장 및 고소권자는 제 4 항 본문의 결정에 대하여 7일 이내에 대법원에 그 취소를 구하는 신청을 할 수 있다. <신설 2021·9·24>

⑥ 제 5 항의 신청에 따른 심리와 절차에 관하여는 그 성질에 반하지 아니하는 범위에서 제 3 조의2부터 제 3 조의7까지의 규정을 준용한다. <신설 2021·9·24>

〔전부개정 2009·12·29〕

제 3 조(그 밖의 재판권) ① 군사법원은 「계엄법」에 따른 재판권을 가진다.

② 군사법원은 「군사기밀보호법」 제13조의 죄와 그 미수범에 대하여 재판권을 가진다.

〔전부개정 2009·12·29〕

제 3 조의2(재판권 쟁의에 대한 재정의 신청) ① 법원과 군사법원 사이에서 재판권에 대한 쟁의(爭議)가 발생한 때에는 해당 사건이 계속(繫屬)되어 있는 법원 또는 군사법원이나 이 법과 「형사소송법」에 따른 해당 사건의 상소권자는 대법원에 재판권의 유무에 대한 재정(裁定)을 신청할 수 있다 <개정 2021·9·24>

② 사건이 계속된 법원 또는 군사법원은 제 1 항의 신청을 하는 경우에 이유를 갖춘 신청서와 해당 사건의 기록을 대법원에 제출한다.

③ 상소권자가 제 1 항의 신청을 할 때에는 그 이유를 갖춘 신청서를 해당 사건이 계속되어 있는 법원 또는 군사법원에 제출하고, 신청서를 받은 법원 또는 군사법원은 이를 받은 날부터 7일 이내에 신청서와 해당 사건의 기록을 대법원에 보내야 한다.

④ 재판권 쟁의에 대한 재정의 신청이 있을 때에는 해당 사건에 대한 소송절차는 그 신청에 대한 대법원의 재정이 있을 때까지 정지된다.

⑤ 제 2 항 및 제 3 항의 절차를 마친 법원 또는 군사법원은 그 사실을 7일 이내에 검찰총장에게 통보하여야 한다.

〔본조신설 2009 · 12 · 29〕

제 3 조의3(재판권 쟁의에 대한 재정의 심리) ① 대법원은 「공직선거법」 제270조에도 불구하고 제 3 조의2에 따른 재판권 쟁의에 대한 재정신청사건을 다른 사건에 우선하여 심리하여야 한다.

② 재판권의 유무는 해당 사건의 공소장에 적힌 공소사실과 소송기록에 근거하여 판단한다.

〔본조신설 2009 · 12 · 29〕

제 3 조의4(검찰총장의 의견서 제출) 검찰총장은 제 3 조의2에 따른 재판권 쟁의에 대한 의견서를 제출할 수 있다.

〔본조신설 2009 · 12 · 29〕

제 3 조의5(재정서의 송부 등) ① 제 3 조의2에 따른 재판권 쟁의에 대한 대법원의 재정서의 정본과 해당 사건의 기록은 결정일부터 2일 이내에 해당 사건이 계속된 법원 또는 군사법원에 보내야 한다.

② 계속되어 있는 해당 사건에 대하여 재판권이 없다는 재정서의 정본과 해당 사건의 기록을 받은 법원 또는 군사법원은 3일 이내에 해당 사건에 관한 기록과 증거물을 재판권이 있는 관할 법원 또는 군사법원에 보내야 한다.

〔본조신설 2009 · 12 · 29〕

제 3 조의6(재정신청 전 소송행위의 효력) 재판권이 없다는 재정결정은 해당 사건이 계속된 법원 또는 군사법원에서 제 3 조의2제 1 항의 재정이 신청되기 전에 행하여진 모든 소송행위의 효력을 상실시키지 아니한다.

〔본조신설 2009 · 12 · 29〕

제 3 조의7(피고인의 구속에 대한 처분) 재판권 쟁의에 대한 재정으로 인하여 경과되는 기간 중 피고인의 구속에 대한 처분은 해당 사건의 기록이 있는 대법원, 그 밖의 법원 또는 군사법원이 결정을 하여야 한다.

〔본조신설 2009 · 12 · 29〕

제 4 조(대법원의 규칙제정권) 대법원은 제 4 조의2에 따른 군사법원운영위원회의 의결을 거쳐 군사법원의 재판에 관한 내부규율과 사무처리에 관한 사항을 군사법원규칙으로 정한다.

〔전부개정 2021 · 9 · 24〕

제 4 조의2(군사법원운영위원회) ① 군사법원 운영에 관한 다음 각 호의 사항을 심의 · 의결하기 위하여 국방부에 군사법원운영위원회를 둔다.

1. 군판사의 임명 및 연임 동의에 관한 사항
2. 제 4 조에 따른 군사법원규칙의 제정과 개정 등에 관한 사항
3. 판례의 수집 · 간행에 관한 사항
4. 다른 법령에 따라 군사법원운영위원회의 권한에 속하는 사항
5. 군사법원 운영과 관련하여 특히 중요하다고 인정되는 사항으로서 국방부장관이 회의에 부치는 사항

② 제 1 항에 따른 군사법원운영위원회(이하 "군사법원운영위원회"라 한다)의 위원장은 국방부장관이 되고, 군사법원운영위원회의 위원은 다음 각 호의 사람이 된다.

1. 국방부장관이 지정하는 변호사 자격이 있는 고위공무원 1명
2. 군사법원장 5명
3. 「군인사법」 제21조에 따라 각 군 참모총장이 임명한 법무병과장 각 1명

③ 군사법원운영위원회는 재적위원 3분의 2 이상의 출석으로 개의(開議)하고, 출석위원 과반수의 찬성으로 의결한다.

④ 제 1 항부터 제 3 항까지에서 규정한 사항 외에 군사법원운영위원회의 운영에 필요한 사항은 대통령령으로 정한다.

〔본조신설 2021 · 9 · 24〕

제 2 장 군사법원의 설치 및 관할

제 5 조 삭제 <2021 · 9 · 24>

제 6 조(군사법원의 설치 및 관할구역) ① 군사법원은 국방부장관 소속으로 하며, 중앙지역군사법원·제 1 지역군사법원·제 2 지역군사법원·제 3 지역군사법원 및 제 4 지역군사법원으로 구분하여 설치하되, 그 소재지는 별표1과 같다.

② 군사법원의 관할구역은 별표2와 같다.

〔전부개정 2021·9·24〕

제 6 조의2(행정구역의 변경과 관할구역) 군사법원의 관할구역의 기준이 되는 행정구역이 변경된 경우에는 이 법에 따라 군사법원의 관할구역이 정하여질 때까지 그 변경으로 인한 관할구역을 대통령령으로 정할 수 있다.

〔본조신설 2021·9·24〕

제 7 조(군사법원장) ① 군사법원에 군사법원장을 둔다.

② 군사법원장은 군판사로 한다.

③ 중앙지역군사법원장은 국방부장관의 명을 받아 군사법원의 사법행정사무를 총괄하고, 각 군사법원의 사법행정사무에 관하여 직원을 지휘·감독한다.

④ 군사법원장은 그 군사법원의 사법행정사무를 관장하며, 소속 직원을 지휘·감독한다.

⑤ 군사법원장이 궐위되거나 부득이한 사유로 직무를 수행할 수 없을 때에는 그 군사법원의 선임(先任) 군판사의 순서로 그 권한을 대행한다.

〔전부개정 2021·9·24〕

제 8 조(부의 설치) ① 군사법원에 부(部)를 둔다.

② 부에 부장(部長)군판사를 둔다. 이 경우 군사법원장은 부장군판사를 겸할 수 있다.

③ 부장군판사는 그 부의 재판에서 재판장이 되며, 군사법원장의 지휘에 따라 그 부의 사무를 감독한다.

〔전부개정 2021·9·24〕

제 9 조(대법원의 심판사항) 대법원은 고등법원(제11조에 따라 군사법원에 재판권이 있는 사건을 심판하는 고등법원으로 한정한다. 이하 같다) 판결의 상고사건 및 결정·명령에 대한 재항고사건에 대하여 심판한다.

〔전부개정 2021·9·24〕

제10조(고등법원의 심판사항) ① 고등법원은 군사법원의 재판에 대한 항소사건, 항고사건 및 그 밖에 다른 법률에 따라 고등법원의 권한에 속하는 사건에 대하여 심판한다.

② 제 1 항의 고등법원은 「각급 법원의 설치와 관할구역에 관한 법률」 별표1에 따른 서울고등법원에 둔다.

〔전부개정 2021·9·24〕

제11조(군사법원의 심판사항) 군사법원은 다음 각 호의 사건을 제 1 심으로 심판한다.

1. 제 2 조 또는 제 3 조에 따라 군사법원이 재판권을 가지는 사건
2. 그 밖에 다른 법률에 따라 군사법원의 권한에 속하는 사건

〔전부개정 2021·9·24〕

제12조(계엄지역의 관할) 계엄지역에서는 국방부장관이 지정하는 군사법원이 「계엄법」에 따른 재판권을 가진다.

〔전부개정 2009·12·29〕

제12조의2(관할의 직권조사) 군사법원은 직권으로 관할을 조사하여야 한다.

〔본조신설 2021·9·24〕

제12조의3(관할구역 밖에서의 직무 수행) ① 군사법원은 사실발견을 위하여 필요하거나 긴급을 요하는 때에는 관할구역 밖에서 직무를 행하거나 사실조사에 필요한 처분을 할 수 있다.

② 제 1 항은 수명군판사(受命軍判事)에게 준용한다.

〔본조신설 2021·9·24〕

제12조의4(군사법원의 관할) ① 군사법원의 관할은 범죄지, 피고인의 근무지나 피고인이 소속된 부대 또는 기관〔국방부, 국방부 직할부대, 각 군 본부나 편제상 장성급(將星級) 장교가 지휘하는 부대 또는 기관을 말한다. 이하 "부대"라 한다〕의 소재지, 피고인의 현재지로 한다.

② 국외에 있는 대한민국 선박 내에서 범한 죄에 관하여는 제 1 항에서 규정한 관할 외에 선적지 또는 범죄 후의 선착지도 관할로 한다.

③ 국외에 있는 대한민국 항공기 내에서 범한 죄에 관하여는 제 2 항을 준용한다.

④ 중앙지역군사법원은 제 1 항에도 불구하고 장성급 장교가 피고인인 사건과 그 밖의 중요 사건을 심판할 수 있다.

〔본조신설 2021·9·24〕

제13조(관련사건 관할의 병합과 예외) 관할을 달리하는 여러 개의 사건이 관련된 경우 1개의 사건에 관하여 관할권이 있는 군사법원은 다른 사건까지 관할할 수 있다. 다만, 제12조에 따른 사건은 관련되었다는 이유로 병합관할할 수 없다.

〔전부개정 2021·9·24〕

제14조(관련사건의 심리분리) 관할을 달리하는 여러 개의 관련사건이 같은 군사법원에 계속된 경우 병합심리할 필요가 없을 때에는 그 군사법원은 군검사의 신청에 따라 결정으로 이를 분리하여 관할권이 있는 다른 군사법원에 이송할 수 있다. <개정 2016·1·6, 2021·9·24>

〔전부개정 2009·12·29〕

제14조의2(사건의 직권이송) 군사법원은 피고인이 그 관할구역 내에 현재(現在)하지 아니하는 경우에 특별한 사정이 있으면 결정으로 사건을 피고인의 현재지를 관할하는 군사법원에 이송할 수 있다.

〔본조신설 2021·9·24〕

제15조(관련사건의 병합심리) 관련사건이 각각 다른 군사법원에 계속된 경우 중앙지역군사법원은 군검사 또는 피고인의 신청에 따라 결정으로 해당 사건을 1개 군사법원이 병합심리하게 할 수 있다. <개정 2016·1·6, 2021·9·24>

〔전부개정 2009·12·29〕

제16조(관련사건의 정의) 이 법에서 "관련사건"이란 다음 각 호의 어느 하나에 해당하는 것을 말한다.

1. 1명이 범한 여러 건의 죄
2. 여러 사람이 공동으로 범한 죄
3. 여러 사람이 동시에 같은 장소에서 범한 죄
4. 범인은닉죄, 증거인멸죄, 위증죄, 허위의 감정이나 통역 및 번역죄, 장물에 관한 죄, 반란불보고죄 및 이탈자비호죄와 그 본범(本犯)의 죄

〔전부개정 2009·12·29〕

제17조(관할의 경합) 같은 사건이 여러 개의 군사법원에 계속된 경우에는 먼저 공소를 받은 군사법원이 심판한다. 다만, 중앙지역군사법원은 군검사 또는 피고인의 신청에 따라 결정으로 나중에 공소를 받은 군사법원으로 하여금 심판하게 할 수 있다. <개정 2016·1·6, 2021·9·24>

〔전부개정 2009·12·29〕

제18조 삭제 <개정 2021·9·24>

제19조(관할이전의 신청) ① 군검사는 다음 각 호의 어느 하나에 해당할 때에는 중앙지역군사법원에 관할이전을 신청할 수 있다. <개정 2016·1·6, 2021·9·24>

1. 관할 군사법원이 법률상 이유 또는 특별한 사정으로 재판권을 행사할 수 없을 때
2. 범죄의 성질, 피고인의 지위, 피고인의 소속 부대의 실정, 소송의 상황 및 그 밖의 사정으로 인하여 재판의 공정성을 유지하기 어렵거나 공공의 안녕과 질서를 해칠 우려가 있을 때

② 제1항제2호의 경우에는 피고인도 관할이전을 신청할 수 있다.

③ 제1항 및 제2항에 따른 신청을 받은 중앙지역군사법원은 지체 없이 이에 대한 결정을 하여야 한다. <개정 2021·9·24>

〔전부개정 2009·12·29〕

제19조의2(관할지정의 신청) 군검사는 다음 각 호의 어느 하나에 해당할 때에는 중앙지역군사법원에 관할지정을 신청하여야 한다.

1. 군사법원의 관할이 명확하지 아니할 때
2. 관할위반을 선고한 재판이 확정된 사건에 관하여 다른 관할 군사법원이 없을 때

〔본조신설 2021·9·24〕

제19조의3(관할의 지정 또는 이전 신청의 방식) ① 관할의 지정 또는 이전을 신청하는 경우에는 그 사유를 기재한 신청서를 중앙지역군사법원에 제출하여야 한다.

② 공소를 제기한 후 관할의 지정 또는 이전을 신청하는 경우에는 즉시 공소를 접수한 군사법원에 통지하여야 한다.

〔본조신설 2021·9·24〕

제20조(관할위반과 소송행위의 효력) 소송행위는 관할위반인 경우에도 효력에 영향을 받지 아니한다.

〔전부개정 2009·12·29〕

제3장 군사법원의 심판기관 및 직원

제21조(재판관의 독립) ① 군사법원의 재판관

은 헌법과 법률에 의하여 그 양심에 따라 독립하여 심판한다.

② 재판관은 재판에 관한 직무상의 행위로 인하여 징계나 그 밖의 어떠한 불리한 처분도 받지 아니한다. <개정 2016·1·6, 2021·9·24>

〔전부개정 2009·12·29〕

제22조(군사법원의 재판관) ① 군사법원에서는 군판사 3명을 재판관으로 한다.

② 제1항에도 불구하고 약식절차에서는 군판사 1명을 재판관으로 한다.

〔전부개정 2021·9·24〕

제22조의2(군판사인사위원회) ① 군판사의 인사에 관한 중요한 사항을 심의하기 위하여 국방부에 군판사인사위원회를 둔다.

② 제1항에 따른 군판사인사위원회(이하 "군판사인사위원회"라 한다)는 다음 각 호의 사항을 심의한다.

1. 군판사의 인사에 관한 기본계획의 수립에 관한 사항
2. 제23조에 따른 군판사의 임명에 관한 사항
3. 제27조에 따른 군판사의 연임에 관한 사항
4. 제28조에 따른 군판사의 해임에 관한 사항
5. 제29조에 따른 군판사에 대한 징계의결 요구에 관한 사항
6. 제30조에 따른 군판사에 대한 본인의 의사에 따르지 아니한 전역에 관한 사항
7. 군판사에 대한 진급 추천에 관한 사항
8. 그 밖에 군판사 인사에 관하여 국방부장관이 중요하다고 인정하여 회의에 부치는 사항

③ 군판사인사위원회는 위원장 1명을 포함한 11명의 위원으로 구성한다.

④ 군판사인사위원회의 위원은 다음 각 호에 해당하는 사람을 국방부장관이 임명하거나 위촉한다.

1. 군판사 1명
2. 대법원장이 추천하는 법관 1명
3. 법무부장관이 추천하는 검사 1명
4. 대한변호사협회의 장이 추천하는 변호사 1명
5. 사단법인 한국법학교수회 회장과 사단법인 법학전문대학원협의회 이사장이 각각 1명씩 추천하는 법학교수 2명
6. 각 군 참모총장이 각각 1명씩 추천하는 장교 3명
7. 학식과 덕망이 있고 각계 전문 분야에서 경험이 풍부한 사람으로서 변호사의 자격이 없는 사람 2명. 이 경우 1명 이상은 여성이어야 한다.

⑤ 군판사인사위원회의 위원장은 위원 중에서 국방부장관이 임명하거나 위촉한다.

⑥ 군판사인사위원회는 재적위원 과반수의 출석으로 개의하고, 출석위원 과반수의 찬성으로 의결한다.

⑦ 제1항부터 제6항까지에서 규정한 사항 외에 군판사인사위원회의 구성과 운영 등에 필요한 사항은 대통령령으로 정한다.

〔본조신설 2021·9·24〕

제23조(군판사의 임명 및 소속) ① 군판사는 군판사인사위원회의 심의를 거치고 군사법원운영위원회의 동의를 받아 국방부장관이 임명한다.

② 군판사의 소속은 국방부로 한다.

〔전부개정 2021·9·24〕

제24조(군판사의 임용자격) ① 군사법원장은 군법무관으로서 15년 이상 복무한 영관급 이상의 장교 중에서 임명한다.

② 군판사는 군법무관으로서 10년 이상 복무한 영관급 이상의 장교 중에서 임명한다. 이 경우 「군인사법」 제33조에 따른 임시계급을 포함한다.

〔전부개정 2021·9·24〕

제25조(군판사의 결격사유) 다음 각 호의 어느 하나에 해당하는 사람은 군판사로 임용할 수 없다.

1. 「군인사법」 제10조제2항의 결격사유에 해당하는 사람
2. 금고 이상의 형을 선고받은 사람

〔전부개정 2021·9·24〕

제26조(군판사의 임기·연임·정년 등) ① 군사법원장의 임기는 2년으로 하며, 연임할 수 있다.

② 군사법원장이 아닌 군판사의 임기는 5년으로 하며, 연임할 수 있다.

③ 군판사의 정년은 다음 각 호의 구분에 따른다. 이 경우 「군인사법」 제8조제1항에 따른 정년은 적용하지 아니하되, 군판사

가 제27조에 따라 연임되지 아니하거나 제28조에 따라 해임된 경우에는 그러하지 아니한다.
1. 군사법원장 : 58세
2. 군사법원장이 아닌 군판사 : 56세
④ 군판사는 군검사 등 군사법원 외의 다른 부대의 직위로 보직되지 아니한다.
〔전부개정 2021·9·24〕

제27조(군판사의 연임) ① 국방부장관은 임기가 끝난 군판사를 군판사인사위원회의 심의를 거치고 군사법원운영위원회의 동의를 받아 연임발령한다.
② 군판사는 다음 각 호의 어느 하나에 해당하는 경우에는 연임할 수 없다.
1. 신체상 또는 정신상의 장해로 군판사로서 정상적인 직무를 수행할 수 없는 경우
2. 근무성적이 현저히 불량하여 군판사로서 정상적인 직무를 수행할 수 없는 경우
3. 군판사로서의 품위를 유지하는 것이 현저히 곤란한 경우
③ 군판사의 연임절차에 관하여 필요한 사항은 대통령령으로 정한다.
〔전부개정 2021·9·24〕

제27조의2 삭제 <2021·9·24>

제28조(군판사 직에서의 해임) ① 국방부장관은 군판사가 스스로 직무를 수행하는 것이 곤란하다고 의사를 밝히는 경우 군판사인사위원회의 심의를 거쳐 해당 군판사의 직에서 해임할 수 있다.
② 국방부장관은 군판사가 제27조제2항 각 호의 어느 하나에 해당한다고 인정하는 경우에는 군판사인사위원회의 심의를 거쳐 해당 군판사의 직에서 해임할 수 있다.
③ 「군인사법」 제17조는 군판사에 대해서는 적용하지 아니한다.
〔전부개정 2021·9·24〕

제29조(군판사에 대한 징계) 군판사에 대한 징계는 군판사인사위원회의 심의를 거친 후 「군인사법」에 따라 국방부장관이 한다.
〔전부개정 2021·9·24〕

제30조(군판사에 대한 본인의 의사에 따르지 아니한 전역) 군판사에 대한 본인의 의사에 따르지 아니한 전역은 군판사인사위원회의 심의를 거친 후 「군인사법」에 따라 국방부장관이 한다.
〔전부개정 2021·9·24〕

제30조의2(「군인사법」의 적용) 군판사의 인사관리에 대하여 이 법에 규정이 없는 경우에는 「군인사법」을 적용한다.
〔본조신설 2021·9·24〕

제30조의3(군판사의 정원) ① 군판사의 정원은 대통령령으로 정한다.
② 각 군사법원에 배치할 군판사의 계급과 수는 대통령령으로 정한다.
〔본조신설 2021·9·24〕

제31조(직원) ① 군사법원에 서기와 법정경위를 둔다. <개정 2021·9·24>
② 군사법원에 통역인과 기사(技士)를 둘 수 있다.
③ 제1항 및 제2항의 직원은 국방부 소속으로 한다. <신설 2021·9·24>
〔전부개정 2009·12·29〕

제32조(서기) ① 서기는 국방부장관이 장교, 준사관, 부사관 및 군무원 중에서 임명한다. <개정 2021·9·24>
② 서기는 재판에 참여하여 재판기록과 그 밖의 서류를 작성·보관하고 법령에 따른 직무를 집행하며 상관(上官)의 명령을 받아 군사법원의 서무에 종사한다.
〔전부개정 2009·12·29〕

제33조(법정경위) ① 법정경위는 군무원, 부사관 또는 병(兵) 중에서 국방부장관이 임명한다. <개정 2021·9·24>
② 법정경위는 재판장의 명령을 받아 소송관계자의 인도, 법정의 정돈 및 그 밖에 소송진행에 필요한 사무를 집행한다. <개정 2021·9·24>
〔전부개정 2009·12·29〕

제34조(통역인) ① 통역인은 장교 또는 군무원 중에서 군사법원장이 임명한다. 다만, 특히 필요하다고 인정하면 장교 또는 군무원 외의 사람 중에서 임명할 수 있다. <개정 2021·9·24>
② 통역인은 재판장의 명령을 받아 통역과 번역에 관한 사무에 종사한다.
〔전부개정 2009·12·29〕

제35조(기사) ① 기사는 장교 또는 군무원 중에서 국방부장관이 임명한다. <개정 2021·9·24>

② 기사는 재판장의 명령을 받아 기술에 관한 사무에 종사한다.
〔전부개정 2009·12·29〕

제35조의2(위임규정) 제 2 장 및 제 3 장에서 규정한 사항 외에 군사법원의 조직과 운영에 필요한 사항은 대통령령으로 정한다.
〔본조신설 2021·9·24〕

제 4 장 검찰기관

제36조(군검찰단) ① 군검사의 사무를 관장하기 위하여 국방부장관과 각 군 참모총장 소속으로 검찰단을 설치한다.
② 국방부검찰단 및 각 군 검찰단에 각각 고등검찰부와 보통검찰부를 설치하고, 보통검찰부는 제 6 조에 따른 군사법원에 대응하여 둔다. 다만, 필요한 경우 보통검찰부를 통합하여 둘 수 있다.
③ 국방부검찰단장은 국방부장관이 장성급 장교인 군법무관 중에서 임명한다.
④ 고등검찰부의 관할은 보통검찰부의 관할 사건에 대한 항소사건·항고사건 및 그 밖에 법률에 따라 고등검찰부의 권한에 속하는 사건으로 한다. 다만, 각 군 검찰단 고등검찰부는 필요한 경우 그 권한의 일부를 국방부검찰단 고등검찰부에 위탁할 수 있다.
⑤ 국방부검찰단 및 각 군 검찰단의 보통검찰부의 관할은 다음 각 호와 같다.
1. 국방부검찰단 : 국방부 본부, 국방부 직할부대 소속의 군인 또는 군무원이 피의자인 사건. 다만, 국방부검찰단장은 필요한 경우 관할의 일부를 각 군 검찰단에 위임할 수 있다.
2. 각 군 검찰단 : 다음 각 목의 사건
가. 각 군 본부, 각 군 직할부대 소속의 군인, 군무원이 피의자인 사건
나. 각 군 부대의 작전지역·관할지역 또는 경비지역에 있는 자군(自軍)부대에 속하는 사람과 그 부대의 장의 감독을 받는 사람이 피의자인 사건
다. 각 군 부대의 작전지역·관할지역 또는 경비지역에 현존하는 사람과 그 지역에서 죄를 범한 「군형법」 제 1 조에 해당하는 사람이 피의자인 사건
⑥ 제 5 항에도 불구하고 국방부검찰단장은 범죄의 성질, 피의자의 지위 또는 소속 부대의 실정, 수사의 상황 및 그 밖의 사정으로 인하여 수사의 공정을 유지하기 어렵다고 판단되는 경우에는 직권으로 또는 각 군 검찰단 소속의 군검사의 신청에 의하여 국방부검찰단으로 그 사건의 관할을 이전할 수 있다.
⑦ 국방부검찰단은 제 5 항 및 제 6 항에도 불구하고 장성급 장교가 피의자인 사건과 그 밖의 중요 사건을 관할할 수 있다.
⑧ 국방부검찰단 및 각 군 검찰단의 조직 및 운영 등에 필요한 사항은 대통령령으로 정한다.
〔전부개정 2021·9·24〕

제37조(군검사의 직무) ① 군검사는 다음 각 호의 직무와 권한이 있다. <개정 2016·1·6, 2021·9·24, 2025·1·31>
1. 범죄 수사(재판권이 군사법원에 있지 아니한 범죄를 인지하여 이첩하는 과정을 포함한다)와 공소제기 및 그 유지(항소심을 포함한다)에 필요한 행위
1의2. 군사법원 및 고등법원에 대한 법령의 정당한 적용 청구
2. 군사법원 및 고등법원 재판집행의 지휘·감독
3. 다른 법령에 따라 그 권한에 속하는 사항
② 군검사는 그 직무를 수행할 때에는 국민 전체에 대한 봉사자로서 정치적 중립을 지켜야 하며, 부여된 권한을 남용하여서는 아니 된다. <신설 2021·9·24>
〔전부개정 2009·12·29〕

제38조(국방부장관의 군검찰사무 지휘·감독) 국방부장관은 군검찰사무의 최고감독자로서 일반적으로 군검사를 지휘·감독한다. 다만, 구체적 사건에 관하여는 각 군 참모총장과 국방부검찰단장만을 지휘·감독한다. <개정 2016·1·6, 2021·9·24>
〔전부개정 2009·12·29〕

제39조(각 군 참모총장의 검찰사무 지휘·감독) 각 군 참모총장은 각 군 검찰사무의 지휘·감독자로서 일반적으로 소속 군검사를 지휘·감독한다. 다만, 구체적 사건에 관하여는 소속 검찰단장만을 지휘·감독한다. <개정 2016·1·6, 2021·9·24>
〔전부개정 2009·12·29〕

제39조의2(지휘·감독의 원칙) ① 제38조 단서와 제39조 단서에 따라 국방부장관, 각 군 참모총장이 구체적 사건에 관하여 각 군 참모총장과 국방부검찰단장 또는 소속 검찰단장을 각각 지휘·감독하는 때에는 목적, 내용, 이유를 기재하고 서명날인한 서면으로 한다. 다만, 긴급한 때에는 구두나 전자적 방법으로 할 수 있고 이 경우 지휘·감독한 때부터 24시간 이내에 서면을 교부하여야 한다.

② 국방부장관과 각 군 참모총장은 수사와 공판 진행의 공정성을 위하여 소속 군검사가 제37조제1항의 직무를 수행할 때 독립성을 보장하여야 한다.

〔본조신설 2025·1·31〕

제40조(군검찰사무에 대한 지휘·감독) ① 군검사는 군검찰사무에 관하여 소속 상급자의 지휘·감독에 따른다.

② 군검사는 구체적인 사건과 관련하여 제1항에 따른 지휘·감독의 적법성 또는 정당성 여부에 대하여 이견이 있는 때에는 이의를 제기할 수 있다.

③ 검찰단장은 소속 군검사로 하여금 그 권한에 속하는 직무의 일부를 처리하게 할 수 있다.

④ 검찰단장은 소속 군검사의 직무를 자신이 처리하거나 다른 군검사로 하여금 처리하게 할 수 있다.

〔전부개정 2021·9·24〕

제41조(군검사의 임명) ① 군검사는 각 군 참모총장이 소속 군법무관 중에서 임명한다. 다만, 국방부검찰단의 군검사는 국방부장관이 소속 군법무관 중에서 임명한다. <개정 2016·1·6, 2021·9·24>

② 국방부장관은 제1항 본문에도 불구하고 각 군 참모총장의 의견을 들어 각 군 소속 군법무관 중에서 국방부와 각 군의 군검사를 임명할 수 있다. <개정 2016·1·6>

〔전부개정 2009·12·29〕

제41조의2(군검사의 정원) ① 군검사의 정원은 대통령령으로 정한다.

② 각 검찰단에 배치할 군검사의 계급과 수는 대통령령으로 정한다.

〔본조신설 2021·9·24〕

제42조(군검사 직무대행) 각 군 참모총장은 군법무관시보로 하여금 군검사의 직무를 대행하게 할 수 있다. <개정 2016·1·6>

〔전부개정 2009·12·29〕

제43조(군사법경찰관) 다음 각 호의 어느 하나에 해당하는 사람은 군사법경찰관으로서 범죄를 수사한다. <개정 2020·2·4, 2021·9·24>

1. 「군인사법」 제5조제2항에 따른 기본병과 중 수사 및 교정업무 등을 주로 담당하는 병과(이하 "군사경찰과"라 한다)의 장교, 준사관 및 부사관과 법령에 따라 범죄수사업무를 관장하는 부대에 소속된 군무원 중 국방부장관 또는 각 군 참모총장이 군사법경찰관으로 임명하는 사람
2. 「국군조직법」 제2조제3항에 따라 설치된 부대 중 군사보안 업무 등을 수행하는 부대로서 국군조직 관련 법령으로 정하는 부대(이하 "군사안보지원부대"라 한다)에 소속된 장교, 준사관 및 부사관과 군무원 중 국방부장관이 군사법경찰관으로 임명하는 사람
3. 삭제 <2020·12·15>
4. 검찰수사관

〔전부개정 2009·12·29〕

제44조(군사법경찰관의 직무범위) 군사법경찰관은 군사법원 관할사건을 다음 각 호의 구분에 따라 수사(재판권이 군사법원에 있지 아니한 범죄를 인지하여 이첩하는 과정을 포함한다)한다. <개정 2025·1·31>

1. 제43조제1호에 규정된 사람 : 제2호 및 제3호에 규정하는 죄 외의 죄
2. 제43조제2호에 규정된 사람 : 「형법」 제2편제1장 및 제2장의 죄, 「군형법」 제2편제1장 및 제2장의 죄, 「군형법」 제80조 및 제81조의 죄와 「국가보안법」, 「군사기밀보호법」, 「남북교류협력에 관한 법률」 및 「집회 및 시위에 관한 법률」(「국가보안법」에 규정된 죄를 범한 사람이 「집회 및 시위에 관한 법률」에 규정된 죄를 범한 경우만 해당된다)에 규정된 죄
3. 삭제 <2020·12·15>

〔전부개정 2009·12·29〕

제45조(군사법경찰관과 상관의 명령) 군사법경찰관은 범죄 수사에 관하여 직무상 상관의 명령에 복종하여야 한다.

〔전부개정 2009·12·29〕

제46조(군사법경찰리) 다음 각 호의 어느 하나에 해당하는 사람은 군사법경찰리(軍司法警察吏)로서 군검사 또는 군사법경찰관의 명령을 받아 수사를 보조한다. <개정 2016·1·6, 2020·2·4, 2021·9·24>

1. 군사경찰과의 부사관과 법령에 따라 범죄수사업무를 관장하는 부대에 소속된 군무원 중 국방부장관 또는 각 군 참모총장이 군사법경찰리로 임명하는 사람
2. 군사안보지원부대에 소속된 부사관과 군무원 중 국방부장관이 군사법경찰리로 임명하는 사람
3. 국가정보원장이 군사법경찰리로 지명하는 국가정보원 직원

〔전부개정 2009·12·29〕

제47조(군검찰단 직원·직무) ① 군검찰단에 검찰수사관과 검찰서기를 둔다. <개정 2021·9·24>

② 검찰수사관 및 검찰서기는 각 군 참모총장이 소속 장교, 준사관, 부사관 및 군무원 중에서 임명한다. 다만, 국방부검찰단의 검찰수사관 및 검찰서기는 국방부장관이 임명한다. <개정 2021·9·24>

③ 검찰수사관은 군검사를 보좌하며, 군검사의 지휘를 받아 범죄를 수사한다. <개정 2016·1·6>

④ 검찰서기는 군검사의 명령을 받아 다음 각 호의 사무에 종사한다. <개정 2016·1·6>

1. 수사에 관한 사무
2. 형사기록의 작성과 보존
3. 재판집행에 관한 사무
4. 그 밖의 검찰행정에 관한 사무

〔전부개정 2009·12·29〕

제 2 편 소송절차

제 1 장 총칙

제 1 절 제척·기피·회피

제48조(제척의 원인) 재판관이 다음 각 호의 어느 하나에 해당하는 경우에는 그 직무집행에서 제척된다. <개정 2016·1·6, 2021·9·24>

1. 재판관이 피해자인 경우
2. 재판관이 피고인이나 피해자의 친족이거나 친족이었던 경우
3. 재판관이 피고인이나 피해자의 법정대리인이거나 후견감독인인 경우
4. 재판관이 해당 사건에 관하여 증인, 감정인, 피해자의 대리인이 된 경우
5. 재판관이 해당 사건에 관하여 피고인의 대리인, 변호인, 보조인이 된 경우
6. 재판관이 해당 사건에 관하여 군검사, 검사, 군사법경찰관 또는 사법경찰관의 직무를 수행한 경우
7. 재판관이 해당 사건에 관하여 전심(前審) 재판 또는 그 기초가 되는 조사, 심리에 관여한 경우

〔전부개정 2009·12·29〕

제49조(기피의 원인과 신청권자) ① 군검사나 피고인은 다음 각 호의 어느 하나의 경우에 재판관의 기피를 신청할 수 있다. <개정 2016·1·6>

1. 재판관이 제48조 각 호의 어느 하나에 해당될 때
2. 재판관이 불공평한 재판을 할 우려가 있을 때

② 변호인은 피고인이 명시한 의사에 반하지 아니할 때에만 재판관에 대한 기피를 신청할 수 있다.

〔전부개정 2009·12·29〕

제50조 삭제 <2020·6·9>

제51조(기피신청의 관할) ① 재판관에 대한 기피는 그 재판관이 소속된 군사법원에 신청하고 수명재판관(受命裁判官) 또는 수탁재판관(受託裁判官)에 대한 기피는 해당 재판관에게 신청하여야 한다.

② 기피사유는 신청한 날부터 3일 이내에 서면으로 소명하여야 한다. <개정 2020·6·9>

〔전부개정 2009·12·29〕

제52조(기피신청 기각과 처리) ① 기피신청이 소송 지연을 목적으로 함이 명백하거나 제51조에 위반되는 때에는 신청을 받은 군사법원 또는 재판관은 결정으로 이를 기각한다. <개정 2020·6·9>

② 기피를 당한 재판관은 제 1 항의 경우를 제외하고는 지체 없이 기피신청에 대한 의견서를 제출하여야 한다.

③ 제 2 항의 경우에 기피를 당한 재판관이

기피신청을 이유 있다고 인정하면 그 신청이 이유 있다는 결정이 있는 것으로 본다.
〔전부개정 2009·12·29〕

제53조(기피신청에 대한 재판) ① 기피신청에 대한 재판은 기피를 당한 재판관의 소속 군사법원에서 결정으로 하여야 한다.
② 기피를 당한 재판관은 제1항에 따른 결정에 관여하지 못한다.
③ 기피를 당한 재판관의 소속 군사법원이 군사법원을 구성하지 못할 때에는 중앙지역군사법원이 아닌 군사법원의 경우에는 중앙지역군사법원이, 중앙지역군사법원의 경우에는 고등법원이 결정하여야 한다. <개정 2021·9·24>
〔전부개정 2009·12·29〕

제54조(기피신청과 소송의 정지) 기피신청을 받으면 제52조제1항의 경우를 제외하고는 소송진행을 정지하여야 한다. 다만, 긴급히 진행하여야 하는 경우에는 그러하지 아니하다.
〔전부개정 2009·12·29〕

제55조(기피신청 기각과 즉시항고) ① 기피신청을 기각한 결정에 대하여는 즉시항고(卽時抗告)를 할 수 있다.
② 제52조제1항의 기각결정에 대한 즉시항고는 재판의 집행을 정지하는 효력이 없다.
〔전부개정 2009·12·29〕

제56조 삭제 <2021·9·24>

제57조(회피의 원인 등) ① 재판관은 제49조제1항 각 호의 어느 하나에 해당하는 사유가 있다고 생각할 때에는 회피하여야 한다. <개정 2021·9·24>
② 회피는 소속 군사법원에 서면으로 신청하여야 한다. <개정 2021·9·24>
③ 회피의 결정에 관하여는 제53조를 준용한다. <신설 2021·9·24>
〔전부개정 2009·12·29〕

제58조(서기 등에 대한 제척·기피·회피) ① 군사법원의 서기와 통역인에 관하여는 이 절의 규정(제48조제7호는 제외한다)을 준용한다.
② 제1항에 따른 서기와 통역인에 대한 기피의 재판은 그 소속 군사법원이 결정으로 하여야 한다.
〔전부개정 2009·12·29〕

제2절 변호와 보조

제59조(변호인 선임권자) ① 피고인이나 피의자는 변호인을 선임(選任)할 수 있다.
② 피고인이나 피의자의 법정대리인, 배우자, 직계친족 및 형제자매는 독립하여 변호인을 선임할 수 있다.
〔전부개정 2009·12·29〕

제60조(변호인의 자격과 특별변호인) 변호인은 변호사 중에서 선임하여야 한다. 다만, 특별한 사정이 있을 때에는 관할 군사법원의 허가를 받아 변호사가 아닌 사람을 변호인으로 선임할 수 있다.
〔전부개정 2009·12·29〕

제61조(변호인 선임의 효력) ① 변호인의 선임은 심급마다 변호인과 연명(連名)하여 날인한 서면으로 제출하여야 한다.
② 공소제기 전의 변호인 선임은 제1심에도 그 효력이 있다.
〔전부개정 2009·12·29〕

제61조의2(대표변호인) ① 재판장은 변호인이 여러 명일 때에는 피고인, 피의자 또는 변호인의 신청에 따라 대표변호인을 지정할 수 있고 그 지정을 철회하거나 변경할 수 있다.
② 재판장은 제1항의 신청이 없을 때에는 직권으로 대표변호인을 지정할 수 있고 그 지정을 철회하거나 변경할 수 있다.
③ 대표변호인은 3명을 초과할 수 없다.
④ 대표변호인에 대한 통지 또는 서류의 송달은 모든 변호인에게 효력이 있다.
⑤ 피의자에게 변호인이 여러 명일 때에 군검사가 대표변호인을 지정하는 경우에는 제1항부터 제4항까지의 규정을 준용한다. <개정 2016·1·6>
〔전부개정 2009·12·29〕

제62조(국선변호인) ① 피고인에게 변호인이 없을 때에는 군사법원 또는 상소법원은 직권으로 변호인을 선정하여야 한다. <개정 2021·9·24>
② 제1항에 따라 선정하는 변호인은 변호사나 변호사 자격이 있는 장교 또는 군법무관시보로서 해당 사건에 관여하지 아니한 사람 중에서 선정하여야 한다. <개정 2021·9·24>
〔전부개정 2009·12·29〕

제63조(피고인·피의자와의 접견 등) 변호인 또는 변호인이 되려는 사람은 구속을 당한 피고인 또는 피의자와 접견하고 서류나 물건을 주고받을 수 있으며 의사로 하여금 진료하게 할 수 있다.
〔전부개정 2009·12·29〕

제64조(서류·증거물의 열람 및 복사) ① 피고인과 변호인은 소송계속 중의 관계 서류 또는 증거물을 열람하거나 복사할 수 있다.
② 피고인의 법정대리인, 제60조에 따른 특별변호인, 제66조에 따른 보조인 또는 피고인의 배우자·직계친족·형제자매로서 피고인의 위임장과 신분관계를 증명하는 문서를 제출한 사람도 제1항과 같다.
③ 재판장은 피해자, 증인 등 사건관계인의 생명 또는 신체의 안전을 현저히 해칠 우려가 있는 경우에는 제1항 및 제2항에 따른 열람·복사에 앞서 사건관계인의 성명 등 개인정보가 공개되지 아니하도록 보호조치를 할 수 있다. <신설 2020·6·9>
④ 제3항에 따른 개인정보 보호조치의 방법과 절차, 그 밖에 필요한 사항은 대법원규칙으로 정한다. <신설 2020·6·9>
〔전부개정 2009·12·29〕

제65조(변호인의 독립소송행위권) 변호인은 독립하여 소송행위를 할 수 있다. 다만, 법률에 다른 규정이 있을 때에는 그러하지 아니하다.
〔전부개정 2009·12·29〕

제66조(보조인) ① 피고인 또는 피의자의 법정대리인, 배우자, 직계친족 및 형제자매는 보조인이 될 수 있다.
② 보조인이 될 수 있는 사람이 없거나 장애 등의 사유로 보조인으로서 역할을 할 수 없는 경우에는 피고인 또는 피의자와 신뢰관계가 있는 사람이 보조인이 될 수 있다. <신설 2020·6·9>
③ 보조인이 되려는 사람은 심급별로 그 취지를 신고하여야 한다.
④ 보조인은 독립하여 피고인 또는 피의자가 명시한 의사에 반하지 아니하는 소송행위를 할 수 있다. 다만, 법률에 다른 규정이 있을 때에는 그러하지 아니하다.
〔전부개정 2009·12·29〕

제3절 재판

제67조(재판의 공개) ① 재판의 심리와 판결은 공개한다. 다만, 공공의 안녕과 질서를 해칠 우려가 있을 때 또는 군사기밀을 보호할 필요가 있을 때에는 군사법원의 결정으로 재판의 심리만은 공개하지 아니할 수 있다.
② 제1항 단서의 결정은 구체적인 이유를 밝혀 선고한다. <개정 2021·9·24>
③ 제1항 단서에도 불구하고 재판장은 적당한 사람이 법정에 있도록 허가할 수 있다.
〔전부개정 2009·12·29〕

제67조의2(개정의 장소) ① 공판은 법정에서 한다.
② 공판은 해당 사건이 계속되어 있는 군사법원의 관할구역 안에 설치된 법정 중에서 군사법원장이 정하는 곳을 순회하여 한다. <신설 2021·9·24>
③ 제2항에도 불구하고 군사법원장은 필요에 따라 관할구역 밖이나 법정 외의 장소에서 개정하게 할 수 있다. <개정 2021·9·24>
④ 제1항부터 제3항까지에 따른 순회재판에 관한 사항은 국방부장관이 정한다. <신설 2021·9·24>
〔본조신설 2016·1·6〕

제68조(법정의 질서유지) ① 법정의 질서유지는 재판장이 한다.
② 재판장은 법정의 존엄과 질서를 해칠 우려가 있는 사람의 입정(入廷)을 금지하거나 퇴정(退廷)을 명령하며 그 밖에 법정의 질서유지에 필요한 명령을 할 수 있다.
〔전부개정 2009·12·29〕

제68조의2(녹화 등의 금지) 누구든지 법정에서는 재판장의 허가 없이 녹화, 촬영, 중계방송 등의 행위를 하지 못한다.
〔본조신설 2009·12·29〕

제68조의3(군사경찰의 파견요구) ① 재판장은 법정에 있어서의 질서유지를 위하여 필요하다고 인정할 때에는 개정 전후를 불문하고 관할 군사경찰부대의 장에게 군사경찰과에 속하는 군인(이하 "군사경찰"이라 한다)의 파견을 요구할 수 있다. <개정 2020·2·4, 2021·9·24>
② 제1항의 요구에 의하여 파견된 군사경찰은 법정 내외의 질서유지에 관하여 재판장의 지휘를 받는다. <개정 2020·2·4>
〔본조신설 2009·12·29〕

제68조의4(감치 등) ① 군사법원은 직권으로 법정 내외에서 제68조제2항의 금지 및 명령 또는 제68조의2를 위반하는 행위를 하거나 폭언, 소란 등의 행위로 법원의 심리를 방해하거나 재판의 위신을 현저하게 훼손한 사람에 대하여 결정으로 20일 이내의 감치에 처하거나 100만원 이하의 과태료를 부과

하거나 이를 병과할 수 있다.

② 군사법원은 제1항의 감치를 위하여 군사법원 직원, 법정경위 또는 군사경찰로 하여금 즉시 행위자를 구속하게 할 수 있으며, 구속한 때부터 24시간 이내에 감치에 처하는 재판을 하여야 하고 이를 하지 아니하면 즉시 석방을 명령하여야 한다. <개정 2020·2·4, 2021·9·24>

③ 감치는 군교도소 또는 군미결수용실에 유치하여 집행한다.

④ 감치는 피감치인에 대한 다른 사건으로 인한 구속 및 형에 우선하여 집행하며, 감치의 집행 중에는 피감치인에 대한 다른 사건으로 인한 구속 및 형의 집행이 정지되고 피감치인이 당사자로 되어 있는 본래의 심판사건의 소송절차는 정지된다. 다만, 군사법원은 상당한 이유가 있는 때에는 소송절차의 속행을 명령할 수 있다.

⑤ 제1항의 재판에 대하여는 항고 또는 특별항고를 할 수 있다.

⑥ 제1항의 재판에 관한 절차와 그 밖에 필요한 사항은 대법원규칙으로 정한다.

〔본조신설 2009·12·29〕

제69조(재판의 합의) ① 재판의 합의는 공개하지 아니한다.

② 재판의 합의는 법률에 다른 규정이 없으면 재판관 과반수의 의견에 따른다.

③ 재판관의 의견이 3설(說) 이상 나누어져 각각 과반수에 이르지 못하는 경우에는 과반수에 이르기까지 피고인에게 가장 불리한 의견의 수에 차례로 유리한 의견을 더하여 그 중 가장 유리한 의견에 따른다.

〔전부개정 2009·12·29〕

제70조(의견진술의무 등) ① 재판관은 재판할 사항에 관한 자신의 의견진술을 거부할 수 없다.

② 재판관이 의견을 진술하는 순서는 계급이 낮은 재판관부터 한다. 다만, 재판할 사항에 따라 특별한 필요가 있을 때에는 재판장이 따로 정할 수 있다.

〔전부개정 2009·12·29〕

제71조(판결·결정·명령) ① 판결은 법률에 다른 규정이 없으면 구두변론(口頭辯論)을 거쳐 하여야 한다.

② 결정 또는 명령은 구두변론을 거치지 아니하고 할 수 있다.

③ 결정 또는 명령을 하는 경우 필요하면 사실을 조사할 수 있다.

④ 제3항에 따른 조사는 군판사에게 명할 수 있고 다른 군사법원의 군판사 또는 지방법원의 판사에게 촉탁할 수 있다.

〔전부개정 2009·12·29〕

제72조(재판서의 방식) 재판은 재판관인 군판사가 작성한 재판서(裁判書)로 하여야 한다. 다만, 결정 또는 명령을 고지하는 경우에는 재판서를 작성하지 아니하고 조서에만 적을 수 있다.

〔전부개정 2009·12·29〕

제73조(재판의 이유) 재판에는 이유를 구체적으로 밝혀야 한다. 다만, 상소가 허용되지 아니하는 결정 또는 명령은 그러하지 아니하다.

〔전부개정 2009·12·29〕

제73조의2(대법원 양형기준의 효력 등) ① 재판관은 형의 종류를 선택하고 형량을 정함에 있어서 「법원조직법」 제8편에 따른 양형기준을 존중하여야 한다. 다만, 양형기준은 법적 구속력을 갖지 아니한다.

② 군사법원이 양형기준을 벗어난 판결을 하는 경우에는 판결서에 양형의 이유를 기재하여야 한다. 다만, 약식절차 및 즉결심판절차에 따라 심판하는 경우에는 그러하지 아니하다.

〔본조신설 2016·1·6〕

제74조(재판서의 기재요건) ① 재판서에는 법률에 다른 규정이 없으면 재판을 받는 사람의 성명, 연령, 계급, 군번, 주민등록번호, 소속 또는 직업 및 주거(住居)를 적어야 한다.

② 판결서에는 기소한 군검사와 공판에 관여한 군검사의 관직, 계급 및 성명과 변호인의 성명을 적어야 한다. <개정 2016·1·6, 2021·9·24>

〔전부개정 2009·12·29〕

제75조(재판서의 서명 등) ① 재판서에는 재판한 재판관이 서명날인하여야 한다.

② 재판장이 서명날인할 수 없을 때에는 다른 재판관이 그 사유를 부기(附記)하고 서명날인하여야 하고, 재판장 외의 재판관이 서명날인할 수 없을 때에는 재판장이 그 사

유를 부기하고 서명날인하여야 한다.

③ 판결서와 그 밖에 대법원규칙으로 정하는 재판서를 제외한 재판서에는 제 1 항과 제 2 항의 서명날인을 갈음하여 기명날인할 수 있다.

〔전부개정 2009·12·29〕

제76조(재판의 선고·고지의 방식) 재판의 선고 또는 고지는 공판정에서는 재판서로 하여야 하고, 그 밖의 경우에는 재판서 등본의 송달 또는 다른 적당한 방법으로 하여야 한다. 다만, 법률에 다른 규정이 있을 때에는 그러하지 아니하다.

〔전부개정 2009·12·29〕

제77조(재판의 선고·고지) ① 재판의 선고 또는 고지는 재판장이 한다.

② 판결을 선고할 때에는 주문(主文)을 낭독하고 이유의 요지를 설명하여야 한다.

〔전부개정 2009·12·29〕

제78조(군검사의 집행 지휘가 필요한 사건) 군검사의 집행 지휘가 필요한 재판은 재판서 또는 재판을 적은 조서의 등본이나 초본을 재판의 선고 또는 고지를 한 때부터 10일 이내에 군검사에게 보내야 한다. 다만, 법률에 다른 규정이 있을 때에는 그러하지 아니하다. <개정 2016·1·6>

〔전부개정 2009·12·29〕

제79조(재판서 등의 등본·초본의 청구) 피고인과 그 밖의 소송관계인은 비용을 내고 재판서 또는 재판을 적은 조서의 등본이나 초본의 발급을 청구할 수 있다.

〔전부개정 2009·12·29〕

제80조(재판서 등의 등본·초본의 작성) 재판서 또는 재판을 적은 조서의 등본이나 초본은 원본에 따라 작성하여야 한다. 다만, 부득이한 사유가 있을 때에는 등본에 따라 작성할 수 있다.

〔전부개정 2009·12·29〕

제 4 절 서류

제81조(소송서류의 비공개) 소송에 관한 서류는 공판의 개정(開廷) 전에는 공익상 필요하거나 그 밖의 상당한 이유가 없으면 공개하지 못한다.

〔전부개정 2009·12·29〕

제82조(조서의 작성방법) ① 피고인, 피의자, 증인, 감정인, 통역인 또는 번역인을 신문(訊問)하는 때에는 참여한 서기가 조서를 작성하여야 한다.

② 조서에는 다음 각 호의 사항을 적어야 한다.

1. 피고인, 피의자, 증인, 감정인, 통역인 또는 번역인의 진술
2. 증인, 감정인, 통역인 또는 번역인이 선서를 하지 아니한 경우에는 그 이유

③ 조서는 진술자에게 읽어주거나 열람하게 하여 적힌 내용이 정확한지 물어야 한다.

④ 진술자가 진술 내용의 증감·변경을 청구하면 그 진술을 조서에 적어야 한다.

⑤ 신문에 참여한 군검사, 피고인, 피의자 또는 변호인이 조서에 적힌 내용의 정확성에 대하여 이의를 진술하면 그 진술의 요지를 조서에 적어야 한다. <개정 2016·1·6>

⑥ 제 5 항의 경우 재판장이나 신문한 군판사는 그 진술에 대한 의견을 적게 할 수 있다. <개정 2021·9·24>

⑦ 조서에는 진술자가 간인(間印)한 후 서명날인하도록 하여야 한다. 다만, 진술자가 서명날인을 거부할 때에는 그 사유를 적어야 한다.

〔전부개정 2009·12·29〕

제83조(검증 등의 조서) ① 검증, 압수 또는 수색에 관하여는 조서를 작성하여야 한다.

② 검증조서에는 검증목적물의 현상(現狀)을 명확하게 하기 위하여 그림, 도면 또는 사진을 첨부할 수 있다.

③ 압수조서에는 품종, 외형상의 특징 및 수량을 적어야 한다.

〔전부개정 2009·12·29〕

제84조(각종 조서의 기재요건) 제82조와 제83조에 따른 조서에는 조사나 처분을 한 연월일시와 장소를 적고 그 조사 또는 처분을 한 사람과 참여한 서기가 기명날인하거나 서명하여야 한다. 다만, 공판기일(公判期日)이 아닌 날에 군사법원이 조사나 처분을 한 때에는 재판장 또는 군판사와 참여한 서기가 기명날인하거나 서명하여야 한다.

〔전부개정 2009·12·29〕

제85조(공판조서의 기재요건) ① 공판기일의 소송절차에 관하여는 참여한 서기가 공판조서를 작성하여야 한다.

② 공판조서에는 다음 각 호의 사항과 그 밖의 모든 소송절차를 적어야 한다. <개정 2016·1·6>

1. 공판을 한 일시와 군사법원
2. 재판관, 군검사 및 서기의 관직, 계급 및 성명
3. 피고인, 대리인, 변호인, 보조인 및 통역인의 성명
4. 피고인의 출석 여부
5. 공개 여부와 공개를 금지한 경우에는 그 이유
6. 공소사실의 진술 또는 그를 변경하는 서면의 낭독
7. 피고인에게 그 권리 보호에 필요한 진술의 기회를 준 사실과 그 진술 사실
8. 제82조제2항 각 호에 규정된 사항
9. 증거조사를 한 경우에는 증거가 될 서류, 증거물 및 증거조사의 방법
10. 공판정에서 한 검증 또는 압수
11. 변론의 요지
12. 재판장 또는 군판사가 적도록 명령한 사항 또는 소송관계인의 청구를 받아 적도록 허가한 사항
13. 피고인이나 변호인에게 최종진술할 기회를 준 사실과 그 진술한 사실
14. 판결이나 그 밖의 재판을 선고 또는 고지한 사실

〔전부개정 2009·12·29〕

제86조(공판조서 작성상의 특례) 공판조서 및 공판기일 외의 증인신문조서를 작성할 때에는 제82조제3항부터 제7항까지의 규정에 따르지 아니한다. 다만, 진술자의 청구가 있을 때에는 그 진술에 관한 부분을 읽어주고, 증감·변경의 청구가 있을 때에는 그 진술을 적어야 한다.

〔전부개정 2009·12·29〕

제87조(공판조서의 서명 등) ① 공판조서에는 재판장, 군판사 및 참여한 서기가 기명날인하거나 서명하여야 한다.

② 재판장 또는 군판사가 기명날인하거나 서명할 수 없을 때에는 다른 재판관이 그 사유를 부기하고 기명날인하거나 서명하여야 하며, 재판관 전원이 기명날인하거나 서명할 수 없을 때에는 참여한 서기가 그 사유를 부기하고 기명날인하거나 서명하여야 한다.

③ 서기가 기명날인하거나 서명할 수 없을 때에는 제1항과 제2항에 따라 기명날인하거나 서명하는 사람이 그 사유를 부기하고 기명날인하거나 서명하여야 한다.

〔전부개정 2009·12·29〕

제87조의2(공판조서의 정리 등) ① 공판조서는 각 공판기일 후 신속히 정리하여야 한다.

② 다음 회의 공판기일에는 전회(前回)의 공판심리에 관한 주요 사항의 요지를 조서에 따라 고지하여야 한다. 다만, 다음 회의 공판기일까지 전회의 공판조서가 정리되지 아니한 경우에는 조서에 따르지 아니하고 고지할 수 있다.

③ 군검사, 피고인 또는 변호인은 공판조서에 적힌 내용에 대하여 변경을 청구하거나 이의를 제기할 수 있다. <개정 2016·1·6>

④ 제3항에 따른 청구나 이의가 있을 때에는 그 취지와 이에 대한 재판장의 의견을 적은 조서를 그 공판조서에 첨부하여야 한다.

〔전부개정 2009·12·29〕

제87조의3(공판정에서의 속기·녹음 및 영상녹화) ① 군사법원은 군검사, 피고인 또는 변호인의 신청이 있는 때에는 특별한 사정이 없는 한 공판정에서의 심리의 전부 또는 일부를 속기사로 하여금 속기하게 하거나 녹음장치 또는 영상녹화장치를 사용하여 녹음 또는 영상녹화(녹음이 포함된 것을 말한다. 이하 같다)하여야 하며, 필요하다고 인정하는 때에는 직권으로 이를 명할 수 있다. <개정 2016·1·6>

② 군사법원은 속기록·녹음물 또는 영상녹화물을 공판조서와 별도로 보관하여야 한다.

③ 군검사, 피고인 또는 변호인은 비용을 부담하고 제2항에 따른 속기록·녹음물 또는 영상녹화물의 사본을 청구할 수 있다. <개정 2016·1·6>

〔본조신설 2008·1·17〕

제88조 삭제 <2020·6·9>

제88조의2(피고인의 공판조서 열람권 등) ① 피고인은 공판조서의 열람 또는 복사를 청구할 수 있다.

② 피고인이 공판조서를 읽지 못할 때에는 공판조서의 낭독을 청구할 수 있다.

③ 제1항과 제2항의 청구에 따르지 아니한 때에는 그 공판조서를 유죄의 증거로 할 수 없다.

〔전부개정 2009·12·29〕

제89조(공판조서의 증명력) 공판기일의 소송절차로서 공판조서에 적힌 것은 그 조서만으로 증명한다.

〔전부개정 2009·12·29〕

제90조 삭제 <2020·6·9>

제91조(공무원의 서류 작성 시 기명날인 등) ① 공무원이 작성하는 서류에는 법률에 다른 규정이 없으면 작성 연월일과 소속 관공서를 적고 기명날인하거나 서명하여야 한다.

② 서류에는 간인하거나 이에 준하는 조치를 하여야 한다.

〔전부개정 2009·12·29〕

제92조(공무원의 서류 작성) ① 공무원은 서류를 작성할 때 글자를 고치지 못한다.

② 삽입 또는 삭제를 하거나 난을 벗어나 적은 때에는 그 곳에 날인하고 그 글자 수를 적어야 한다. 다만, 삭제한 부분은 알아볼 수 있도록 글자를 그대로 두어야 한다.

〔전부개정 2009·12·29〕

제93조(공무원 아닌 사람의 서류 작성) 공무원이 아닌 사람이 작성하는 서류에는 작성 연월일을 적고 기명날인 또는 서명하여야 한다. 도장이 없으면 손도장으로 한다. <개정 2018·12·18>

〔전부개정 2009·12·29〕

제93조의2(재판확정기록의 열람·복사) ① 누구든지 권리구제, 학술연구 또는 공익적 목적으로 재판이 확정된 사건의 소송기록을 보관하고 있는 군검찰부에 그 소송기록의 열람 또는 복사를 신청할 수 있다.

② 군검사는 다음 각 호의 어느 하나에 해당하는 경우에는 소송기록의 전부 또는 일부의 열람 또는 복사를 제한할 수 있다. 다만, 소송관계인이나 이해관계 있는 제3자가 열람 또는 복사를 할 정당한 사유가 있다고 인정되는 경우에는 그러하지 아니하다. <개정 2016·1·6>

1. 심리가 비공개로 진행된 경우
2. 소송기록을 공개하면 국가의 안전보장, 선량한 풍속, 공공의 질서유지 또는 공공복리를 현저히 해칠 우려가 있는 경우
3. 소송기록을 공개하면 사건관계인의 명예, 사생활의 비밀, 생명·신체의 안전이나 생활의 평온을 현저히 해칠 우려가 있는 경우
4. 소송기록을 공개하면 공범관계에 있는 사람 등의 증거인멸 또는 도주를 쉽게 하거나 관련 사건의 재판에 중대한 영향을 미칠 우려가 있는 경우
5. 소송기록을 공개하면 피고인의 개선이나 갱생에 현저한 지장을 줄 우려가 있는 경우
6. 소송기록을 공개하면 사건관계인의 영업비밀(「부정경쟁방지 및 영업비밀보호에 관한 법률」 제2조제2호의 영업비밀을 말한다)이 크게 침해될 우려가 있는 경우
7. 소송기록의 공개에 해당 소송관계인이 동의하지 아니하는 경우

③ 군검사는 제2항에 따라 소송기록의 열람 또는 복사를 제한하는 경우에는 신청인에게 그 사유를 밝혀 통지하여야 한다. <개정 2016·1·6>

④ 군검사는 소송기록의 보존을 위하여 필요하다고 인정하면 그 소송기록의 등본을 열람하거나 복사하게 할 수 있다. 다만, 원본의 열람 또는 복사가 필요한 경우에는 그러하지 아니하다. <개정 2016·1·6>

⑤ 소송기록을 열람하거나 복사한 사람은 열람 또는 복사를 통하여 알게 된 사항을 이용하여 다음 각 호의 행위를 하여서는 아니 된다.

1. 공공의 질서 또는 선량한 풍속을 해치는 행위
2. 피고인의 개선 및 갱생을 방해하는 행위
3. 사건관계인의 명예 또는 생활의 평온을 해치는 행위

⑥ 제1항에 따라 소송기록의 열람 또는 복사를 신청한 사람이 열람 또는 복사에 관한 군검사의 처분에 불복할 때에는 중앙지역군사법원 또는 제1지역군사법원에 그 처분의 취소 또는 변경을 신청할 수 있다. <개정 2016·1·6, 2021·9·24>

⑦ 제6항의 불복신청에 관하여는 제467조와 제468조를 준용한다.

〔전부개정 2009·12·29〕

제93조의3(확정 판결서 등의 열람·복사) ① 누구든지 판결이 확정된 사건의 판결서 또는 그 등본, 증거목록 또는 그 등본, 그 밖에 군검사·피고인 또는 변호인이 군사법원에 제출한 서류·물건의 명칭·목록 또는 이에 해당하는 정보(이하 "판결서등"이라 한다)를 보관하고 있는 군사법원에서 판결서등을 열람 및 복사(인터넷이나 그 밖의 전산정보처리시스템을 통한 전자적 방법의 열람 및 복사를 포함한다. 이하 이 조에서 같다)할 수 있다. 다만, 군사법원은 다음 각 호의 어느 하나에 해당하는 경우에는 판결서등의 열람 및 복사를 제한할 수 있다. <개정 2016·1·6>

1. 심리가 비공개로 진행된 경우
2. 「소년법」 제2조에 따른 소년에 관한 사건인 경우
3. 판결서등을 공개하면 공범관계에 있는 사람 등의 증거인멸 또는 도주를 쉽게 하거나 관련 사건의 재판에 중대한 영향을 미칠 우려가 있는 경우
4. 판결서등을 공개하면 국가의 안전보장을 현저히 해칠 우려가 명백하게 있는 경우
5. 소송관계인이 공개 제한신청을 한 경우로서 다음 각 목의 어느 하나에 해당하는 경우
   가. 판결서등을 공개하면 사건관계인의 명예, 사생활의 비밀, 생명·신체의 안전이나 생활의 평온을 현저히 해칠 우려가 있는 경우
   나. 판결서등을 공개하면 사건관계인의 영업비밀(「부정경쟁방지 및 영업비밀보호에 관한 법률」 제2조제2호의 영업비밀을 말한다)이 크게 침해될 우려가 있는 경우

② 열람 및 복사에 관하여 정당한 사유가 있는 소송관계인이나 이해관계가 있는 제3자는 제1항 단서에도 불구하고 판결서등을 보관하고 있는 군사법원의 서기에게 그 열람 및 복사를 신청할 수 있다.

③ 제2항에 따라 판결서등의 열람 및 복사를 신청한 사람이 열람 및 복사에 관한 서기의 처분에 불복하는 경우에는 판결서등을 보관하고 있는 군사법원에 서면으로 그 처분의 취소 또는 변경을 신청할 수 있다.

④ 제3항의 불복신청에 관하여는 제466조 및 제467조를 준용한다.

⑤ 서기는 제1항 및 제2항에 따른 열람 및 복사에 앞서 판결서등에 기재된 성명 등 개인정보가 공개되지 아니하도록 대법원규칙으로 정하는 보호조치를 하여야 한다.

⑥ 제5항에 따른 개인정보 보호조치를 한 서기는 고의 또는 중대한 과실이 없으면 제1항 및 제2항에 따른 열람 및 복사에 관하여 민사상 또는 형사상 책임을 지지 아니한다.

⑦ 판결서등의 열람 및 복사의 방법과 절차, 소송관계인의 공개 제한신청의 방법과 절차, 개인정보 보호조치의 방법과 절차, 그 밖에 필요한 사항은 대법원규칙으로 정한다.

〔본조신설 2014·1·7〕

제5절 송달

제94조(서기에 의한 송달) 송달에 관한 사무는 서기가 처리하며, 군사법경찰리에게 촉탁할 수 있다. 다만, 군사법경찰관이 발송하는 서류는 그 서류를 작성한 사람이 송달하게 한다.

〔전부개정 2009·12·29〕

제95조(우편에 의한 송달) 송달은 우편으로 할 수 있다. 이 경우 서류가 도달한 때 송달된 것으로 본다.

〔전부개정 2009·12·29〕

제96조(송달의 촉탁) 송달은 이를 시행할 지역을 관할하는 군사법원의 서기, 법원의 법원서기관·법원사무관·법원주사 또는 법원주사보(이하 "법원사무관등"이라 한다)에게 촉탁하여 할 수 있다. <개정 2020·6·9>

〔전부개정 2009·12·29〕

제97조(병영 등에 있는 사람에 대한 송달) ① 병영이나 그 밖의 군사용 청사나 함선에 있는 사람에 대한 송달은 그 병영, 청사 또는 함선의 장이나 그를 대리하는 사람에게 촉탁하여야 한다.

② 제2조제1항에 규정된 사람 중 제1항에 규정된 장소 외의 장소에 있는 사람에 대한 송달은 그 소속의 장, 감독자 또는 이에 준하는 사람에게 촉탁하여 할 수 있다.

③ 제 1 항과 제 2 항에 따른 송달은 서류를 본인에게 전달하였음을 표시한 증서로 증명한다.

〔전부개정 2009 · 12 · 29〕

제98조(송달을 받기 위한 신고) ① 제 2 조제 1 항에 규정된 사람 외의 사람이 피고인, 대리인, 변호인 또는 보조인인 경우에 군사법원 소재지에 서류를 송달받을 수 있는 주거나 사무소가 없을 때에는 군사법원 소재지에 주거나 사무소가 있는 사람을 송달영수인으로 선임하여 연명한 서면으로 신고하여야 한다.

② 송달영수인은 송달에 관하여 본인으로 보고 그 주거나 사무소는 본인의 주거나 사무소로 본다.

③ 제 1 항과 제 2 항은 신체를 구속당한 사람에게는 적용하지 아니한다.

〔전부개정 2009 · 12 · 29〕

제99조(군검사에 대한 송달) 군검사에게 송달하는 서류는 소속 검찰부에 보내야 한다.

<개정 2016 · 1 · 6, 2021 · 9 · 24>

〔전부개정 2009 · 12 · 29〕

제100조(공시송달의 원인) ① 피고인의 주거, 사무소 및 현재지를 알 수 없을 때에는 공시송달을 할 수 있다.

② 피고인이 재판권이 미치지 아니하는 장소에 있는 경우에 다른 방법으로 송달할 수 없을 때에도 제 1 항과 같다.

〔전부개정 2009 · 12 · 29〕

제101조(공시송달의 방법) ① 공시송달은 군사법원이 명령한 경우에만 할 수 있다.

② 공시송달은 서기가 송달할 서류를 보관하고 그 사유를 군사법원 게시장에 공시하여야 한다.

③ 군사법원은 제 2 항에 따른 사유를 일간신문 또는 관보에 공고할 수 있다.

④ 최초의 공시송달은 제 2 항에 따른 공시를 한 날부터 2주일이 지나면 효력이 생긴다. 다만, 제 2 회 이후의 공시송달은 5일이 지나면 효력이 생긴다.

〔전부개정 2009 · 12 · 29〕

제102조(「민사소송법」의 준용) 서류의 송달에 관하여 법률에 다른 규정이 없을 때에는 「민사소송법」을 준용한다.

〔전부개정 2009 · 12 · 29〕

제 6 절 기간

제103조(기간의 계산) ① 기간을 계산할 때에는 시(時)로 계산하는 것은 즉시부터 기산(起算)하고, 일 · 월 또는 연(年)으로 계산하는 것은 첫 날을 산입(算入)하지 아니한다. 다만, 시효와 구속기간을 계산할 때에는 첫 날은 시간을 계산하지 아니하고 1일로 계산한다.

② 연 또는 월로 정한 기간은 역(曆)에 따라 계산한다.

③ 기간이 끝나는 날이 공휴일 또는 토요일에 해당할 때에는 그 날은 기간에 산입하지 아니한다. 다만, 시효와 구속기간을 계산할 때에는 기간에 산입한다.

〔전부개정 2009 · 12 · 29〕

제104조(법정기간의 연장) 법정기간은 소송행위를 할 사람의 주거 또는 사무소의 소재지와 군사법원 소재지 간의 거리 및 교통통신이 불편한 정도에 따라 대법원규칙으로 연장할 수 있다.

〔전부개정 2009 · 12 · 29〕

제 7 절 피고인의 소환 · 구속

제105조(소환) 군사법원은 피고인을 소환할 수 있다.

〔전부개정 2009 · 12 · 29〕

제106조(소환장의 발부) 피고인을 소환할 때에는 소환장을 발부하여야 한다.

〔전부개정 2009 · 12 · 29〕

제107조(소환장의 방식) 소환장에는 피고인의 성명, 소속, 계급, 군번, 주민등록번호, 주거, 죄명, 출석일시 및 장소와 정당한 사유없이 출석하지 아니할 때에는 도주할 우려가 있다고 인정하여 구속영장을 발부할 수 있음을 적고 재판장, 군판사, 수탁군판사 또는 수탁판사가 기명날인 또는 서명하여야 한다.

<개정 2018 · 12 · 18>

〔전부개정 2009 · 12 · 29〕

제108조(소환장의 송달) ① 소환장은 송달하여야 한다.

② 피고인이 기일에 출석한다는 서면을 제출하거나 출석한 피고인에게 다음 번 기일을

정하여 출석을 명령한 경우에는 소환장을 송달한 것과 같은 효력이 있다.
③ 제2항에 따른 출석을 명령한 경우에는 그 요지를 조서에 적어야 한다.
④ 병영이나 그 밖의 군사용 청사 또는 함선에 있는 피고인은 그 병영, 청사 또는 함선의 장이나 그를 대리하는 사람에게 통지하여 소환한다.
⑤ 구속된 피고인은 교도관에게 통지하여 소환한다.
⑥ 제4항과 제5항의 경우 피고인이 그 병영, 청사 또는 함선의 장이나 그를 대리하는 사람 또는 교도관으로부터 소환통지를 받은 경우에는 소환장을 송달받은 것과 동일한 효력이 있다.
〔전부개정 2009·12·29〕

제109조(구속의 정의) 이 법에서 "구속"이란 구인(拘引)과 구금(拘禁)을 포함한다.
〔전부개정 2009·12·29〕

제110조(구속의 사유) ① 군사법원은 피고인이 죄를 범하였다고 의심할 만한 상당한 이유가 있고 다음 각 호의 어느 하나의 사유가 있을 때에는 피고인을 구속할 수 있다.
1. 피고인에게 일정한 주거가 없을 때
2. 피고인이 증거를 없앨 우려가 있을 때
3. 피고인이 도주하거나 도주할 우려가 있을 때
② 군사법원이 제1항의 구속사유를 심사할 때에는 범죄의 중대성, 재범의 위험성 및 피해자와 중요 참고인 등에 대한 위해(危害) 우려 등을 고려하여야 한다.
③ 다액 50만원 이하의 벌금, 구류 또는 과료에 해당하는 사건에서는 제1항제1호의 경우를 제외하고는 구속할 수 없다.
〔전부개정 2009·12·29〕

제111조(구인의 효력) 구인한 피고인을 군사법원에 인치(引致)한 경우 구금할 필요가 없다고 인정하면 인치한 때부터 24시간 이내에 석방하여야 한다.
〔전부개정 2009·12·29〕

제111조의2(구인 후의 유치) 군사법원은 인치한 피고인을 유치할 필요가 있을 때에는 군교도소 또는 군미결수용실에 유치(留置)할 수 있다. 이 경우 유치기간은 인치한 때부터 24시간을 초과할 수 없다.
〔전부개정 2009·12·29〕

제112조(구속과 이유의 고지 등) 피고인에게 범죄사실의 요지, 구속이유 및 변호인을 선임할 수 있음을 말하고 변명할 기회를 주기 전에는 구속할 수 없다. 다만, 피고인이 도주한 경우에는 구속할 수 있다.
〔전부개정 2009·12·29〕

제112조의2(수명군판사) 군사법원은 군판사로 하여금 제112조의 절차를 이행하게 할 수 있다.
〔본조신설 2020·6·9〕

제113조(구속영장의 발부) 피고인을 구인하거나 구금할 때에는 구속영장을 발부하여야 한다.
〔전부개정 2009·12·29〕

제114조(구속영장의 방식) ① 구속영장에는 피고인의 성명, 소속, 계급, 직업, 군번, 주민등록번호, 주거, 죄명, 공소사실의 요지, 인치하거나 구금할 장소, 발부 연월일 및 유효기간과 그 기간이 지나면 집행을 시작하지 못하며 영장을 반환하여야 한다는 취지를 적고 재판장이나 군판사가 서명날인하여야 한다.
② 피고인의 성명이 분명하지 아니할 때에는 인상, 체격, 그 밖에 피고인을 특정할 수 있는 사항으로 피고인을 표시할 수 있다.
③ 피고인의 주거가 분명하지 아니할 때에는 주거를 적지 아니할 수 있다.
〔전부개정 2009·12·29〕

제115조(구속의 촉탁) ① 군사법원은 피고인의 현재지의 군사법원 군판사 또는 지방법원 판사에게 피고인의 구속을 촉탁할 수 있다.
② 수탁군판사 또는 수탁판사는 피고인이 관할구역에 현재하지 아니할 때에는 그 현재지의 군사법원 군판사 또는 지방법원 판사에게 다시 촉탁할 수 있다. <개정 2021·9·24>
③ 수탁군판사 또는 수탁판사는 구속영장을 발부하여야 한다.
④ 제3항의 구속영장에 관하여는 제114조를 준용한다.
〔전부개정 2009·12·29〕

제116조(촉탁에 따른 구속절차) ① 제115조의 경우 촉탁을 받아 구속영장을 발부한 군판사 또는 지방법원 판사는 피고인을 인치한 때부터 24시간 이내에 그 피고인임이 틀림없는지 조사하여야 한다.
② 피고인임이 틀림없을 때에는 신속히 지정된 장소에 송치하여야 한다.
〔전부개정 2009·12·29〕

제117조(출석 또는 동행명령) 군사법원은 필요하면 피고인에게 지정한 장소에 출석하거나 동행할 것을 명령할 수 있다.
〔전부개정 2009·12·29〕

제118조(긴급처분) 재판장 또는 군판사는 긴급한 경우에는 제105조·제106조·제108조·제110조·제111조·제111조의2·제113조·제115조 및 제117조에 규정된 처분을 할 수 있다. <개정 2020·6·9>
〔전부개정 2009·12·29〕

제119조(구속영장의 집행) ① 구속영장은 군검사의 지휘에 따라 군사법경찰관리가 집행한다. 다만, 긴급한 경우에는 재판장, 군판사, 수탁군판사 또는 수탁판사가 집행을 지휘할 수 있다. <개정 2016·1·6>
② 제1항 단서의 경우 재판장, 군판사 또는 수탁군판사는 군사법원의 서기에게, 수탁판사는 법원사무관등에게 집행을 명령할 수 있다. 이 경우 군사법원의 서기나 법원사무관등은 그 집행을 위하여 필요하면 군사법경찰관리 또는 사법경찰관리에게 보조를 요구할 수 있으며 관할구역 밖에서도 집행할 수 있다.
③ 교도소에 있는 피고인에 대하여 발부된 구속영장은 군검사의 지휘에 따라 교도관리가 집행한다. <개정 2016·1·6>
④ 구속영장은 필요하면 사법경찰관리로 하여금 집행하게 할 수 있다.
〔전부개정 2009·12·29〕

제120조(여러 통의 구속영장의 작성) ① 구속영장은 여러 통을 작성하여 군사법경찰관리 또는 사법경찰관리 여러 명에게 줄 수 있다.
② 제1항의 경우 그 사유를 구속영장에 적어야 한다.
〔전부개정 2009·12·29〕

제121조(관할구역 밖에서의 구속영장 집행과 그 촉탁) ① 군검사는 필요하면 관할구역 밖에서 구속영장 집행을 지휘할 수 있고, 그 구역을 관할하는 군검사 또는 지방검찰청 검사에게 집행 지휘를 촉탁할 수 있다. <개정 2016·1·6>
② 군사법경찰관리 또는 사법경찰관리는 필요하면 관할구역 밖에서 구속영장을 집행할 수 있고, 그 구역을 관할하는 군사법경찰관리 또는 사법경찰관리에게 집행을 촉탁할 수 있다.
〔전부개정 2009·12·29〕

제122조(검사장에 대한 수사 등 촉탁) 피고인의 현재지가 분명하지 아니할 때에는 재판장이나 군판사는 고등검찰청 검사장 또는 지방검찰청 검사장에게 그 수사와 구속영장의 집행을 촉탁할 수 있다.
〔전부개정 2009·12·29〕

제123조(구속영장의 집행절차) ① 구속영장을 집행할 때에는 피고인에게 반드시 구속영장을 제시하여야 하며 신속히 지정된 군사법원이나 그 밖의 장소에 인치하여야 한다.
② 제115조제3항에 따른 구속영장을 집행하였을 때에는 구속영장을 발부한 군판사 또는 지방법원 판사에게 인치하여야 한다.
③ 구속영장을 지니지 아니한 경우 긴급할 때에는 피고인에 대하여 공소사실의 요지와 영장이 발부되었음을 말하고 집행할 수 있다.
④ 제3항에 따른 집행을 마친 후에는 신속히 구속영장을 제시하여야 한다.
〔전부개정 2009·12·29〕

제124조(병영 등에 있는 사람에 대한 영장의 집행절차) ① 병영이나 그 밖의 군사용 청사나 함선에 있는 사람에 대하여 구속영장을 집행하는 경우에는 그 병영·청사 또는 함선의 장이나 그를 대리하는 사람에게 구속영장을 제시하고 인도를 요구하여야 한다.
② 군사용 청사나 함선 밖에 있는 사람이라도 현재 근무 중인 사람에 대하여 구속영장을 집행할 때에는 그 소속의 장 또는 그를 대리하는 사람에게 구속영장을 제시하고 인도를 요구하여야 한다.
③ 제1항과 제2항의 요구를 받은 사람은 지체 없이 이에 협조하여야 한다.
〔전부개정 2009·12·29〕

제125조(호송 중의 임시유치) 구속영장의 집행을 받은 피고인을 호송할 경우 필요하면 가장 가까운 교도소에 임시로 유치할 수 있다.
〔전부개정 2009·12·29〕

제126조(피고인의 이감) 군검사는 군사법원(항소심의 경우에는 고등법원을 말한다)의 허가를 받아 구속된 피고인을 다른 교도소에 이감(移監)할 수 있다. <개정 2016·1·6, 2021·9·24>
〔전부개정 2009·12·29〕

제127조(구속의 통지) ① 피고인을 구속한 경우에는 소속 부대장과 변호인이 있으면 변호인에게, 변호인이 없으면 제59조제2항에 규정된 사람 중 피고인이 지정하는 사람에게 피고사건명, 구속일시, 장소, 범죄사실의 요지 및 구속이유와 변호인을 선임할 수 있음을 알려야 한다.
② 제1항의 통지는 지체 없이 서면으로 하여야 한다.
〔전부개정 2009·12·29〕

제128조(구속과 공소사실 등의 고지) 피고인을 구속한 경우에는 즉시 공소사실의 요지와 변호인을 선임할 수 있음을 알려야 한다.
〔전부개정 2009·12·29〕

제129조(구속된 피고인과의 접견 등) 구속된 피고인은 법률에서 정하는 범위에서 다른 사람과 접견하고 서류 또는 물건을 주고받으며 의사의 진료를 받을 수 있다.
〔전부개정 2009·12·29〕

제130조(변호인의 의뢰) ① 구속된 피고인은 군판사, 교도소장 또는 그 대리인에게 변호사를 지정하여 변호인의 선임을 의뢰할 수 있다.
② 제1항의 의뢰를 받은 군판사, 교도소장 또는 그 대리인은 지체 없이 피고인이 지정한 변호사에게 그 요지를 통지하여야 한다.
〔전부개정 2009·12·29〕

제131조(변호인 아닌 사람과의 접견 등의 제한) 군사법원은 도주하거나 범죄증거를 없애거나 군사상 기밀을 누설할 우려가 있다고 인정할 만한 상당한 이유가 있을 때에는 직권으로 또는 군검사의 청구에 따라 결정으로 구속된 피고인과 제63조에 규정된 사람 외의 사람과의 접견을 금하거나 주고받을 서류나 그 밖의 물건의 검열, 주고받는 행위의 금지 또는 압수를 할 수 있다. 다만, 의류·양식 또는 의료품은 주고받는 행위를 금지하거나 압수할 수 없다. <개정 2016·1·6>
〔전부개정 2009·12·29〕

제132조(구속기간과 갱신) ① 구속기간은 2개월로 한다.
② 제1항에도 불구하고 특히 구속을 계속할 필요가 있을 때에는 심급마다 2개월 단위로 두 차례만 결정으로 갱신할 수 있다. 다만, 상소심은 피고인이나 변호인이 신청한 증거의 조사, 상소이유를 보충하는 서면의 제출 등으로 추가 심리가 필요한 부득이한 경우에는 세 차례까지 갱신할 수 있다.
③ 제54조, 제355조제4항 및 제357조제1항·제2항에 따라 공판절차가 정지된 기간과 공소제기 전에 체포·구인·구금된 기간은 제1항과 제2항의 기간에 산입하지 아니한다.
〔전부개정 2009·12·29〕

제133조(구속의 취소) 구속의 사유가 없거나 소멸된 경우에는 군사법원은 직권으로 또는 군검사, 피고인, 변호인이나 제59조제2항에 규정된 사람의 청구에 따라 결정으로 구속을 취소하여야 한다. <개정 2016·1·6>
〔전부개정 2009·12·29〕

제134조(보석의 청구) 피고인과 피고인의 변호인, 법정대리인, 배우자, 직계친족, 형제자매, 가족, 동거인 또는 고용주는 군사법원에 구속된 피고인의 보석을 청구할 수 있다.
〔전부개정 2009·12·29〕

제135조(필요적 보석) 군사법원은 보석 청구가 있을 때에는 다음 각 호의 경우를 제외하고는 보석을 허가하여야 한다. <개정 2020·6·9>

1. 피고인이 사형, 무기 또는 장기 10년이 넘는 징역이나 금고에 해당하는 죄를 범한 경우
2. 피고인이 누범에 해당하거나 상습범인 경우
3. 피고인이 범죄증거를 없애거나 없앨 우려가 있다고 믿을만한 충분한 이유가 있는 경우
4. 피고인이 도주하거나 도주할 우려가 있다고 믿을만한 충분한 이유가 있는 경우

5. 피고인의 주거가 분명하지 아니한 경우
6. 피고인이 피해자, 해당 사건의 재판에 필요한 사실을 알고 있다고 인정되는 사람 또는 그 친족의 생명·신체나 재산에 해를 끼치거나 그럴 우려가 있다고 믿을 만한 충분한 이유가 있는 경우

〔전부개정 2009·12·29〕

제136조(임의적 보석) 군사법원은 제135조에도 불구하고 상당한 이유가 있을 때에는 직권으로 또는 제134조에 규정된 사람의 청구에 따라 결정으로 보석을 허가할 수 있다.

〔전부개정 2009·12·29〕

제137조(보석, 구속의 취소와 군검사의 의견)
① 보석에 관한 결정을 할 때에는 군검사의 의견을 물어야 한다. <개정 2016·1·6>
② 구속의 취소에 관한 결정을 할 때에도 제1항과 같다. 다만, 군검사의 청구가 있거나 긴급한 경우는 제외한다. <개정 2016·1·6>
③ 군검사는 제1항과 제2항에 따른 의견요청에 대하여 지체 없이 의견을 표명하여야 한다. <개정 2016·1·6>
④ 구속을 취소하는 결정에 대하여는 군검사는 즉시항고를 할 수 있다. <개정 2016·1·6>

〔전부개정 2009·12·29〕

제138조(보석조건의 결정 시 고려사항) ① 군사법원은 제139조의 조건을 정할 때 다음 각 호의 사항을 고려하여야 한다.
1. 범죄의 성질·죄상(罪狀)
2. 증거의 증명력
3. 피고인의 전과·성격·환경 및 자산
4. 피해자에 대한 배상 등 범행 후의 정황에 관련된 사항

② 군사법원은 피고인의 자금 능력 또는 자산 정도로는 이행할 수 없는 조건을 정할 수 없다.

〔전부개정 2009·12·29〕

제139조(보석의 조건) 군사법원은 보석을 허가하는 경우에는 필요하고 상당한 범위에서 다음 각 호의 조건 중 하나 이상의 조건을 정하여야 한다.
1. 군사법원이 지정하는 일시·장소에 출석하고 증거를 없애지 아니하겠다는 서약서를 제출할 것
2. 군사법원이 정하는 보증금에 상당하는 금액을 낼 것을 약속하는 약정서를 제출할 것
3. 군사법원이 지정하는 장소로 주거를 제한하고 이를 변경할 필요가 있을 때에는 군사법원의 허가를 받는 등 도주를 방지하기 위하여 하는 조치를 받아들일 것
4. 피해자, 해당 사건의 재판에 필요한 사실을 알고 있다고 인정되는 사람 또는 그 친족의 생명·신체·재산에 해를 끼치지 아니하고 주거·직장 등 그 주변에 접근하지 아니할 것
5. 피고인이 아닌 사람이 작성한 출석보증서를 제출할 것
6. 군사법원의 허가 없이 외국으로 출국하지 아니할 것을 서약할 것
7. 군사법원이 지정하는 방법으로 피해자의 권리회복에 필요한 금전을 공탁하거나 그에 상당하는 담보를 제공할 것
8. 피고인 또는 군사법원이 지정하는 사람이 보증금을 내거나 담보를 제공할 것
9. 그 밖에 피고인의 출석을 보증하기 위하여 군사법원이 정하는 적당한 조건을 이행할 것

〔전부개정 2009·12·29〕

제140조(보석의 집행절차) ① 제139조제1호·제2호·제5호·제7호 및 제8호의 조건을 이행하지 아니하면 보석허가결정을 집행하지 못하며, 군사법원은 필요하다고 인정하면 다른 조건에 관하여도 그 이행 이후 보석허가결정을 집행하도록 정할 수 있다.
② 군사법원은 보석청구자가 아닌 사람에게 보증금의 납입을 허가할 수 있다.
③ 군사법원은 유가증권 또는 피고인이 아닌 사람이 제출한 보증서로 보증금을 갈음함을 허가할 수 있다.
④ 제3항의 보증서에는 그 보증금을 언제든지 낼 것을 적어야 한다.
⑤ 군사법원은 보석허가결정에 따라 석방된 피고인이 보석조건을 지키기 위하여 필요한 범위에서 관공서나 그 밖의 공사단체(公私團體)에 대하여 적절한 조치를 할 것을 요구할 수 있다.

〔전부개정 2009·12·29〕

제140조의2(출석보증인에 대한 과태료) ① 군사법원은 제139조제5호의 조건을 정한 보석허가결정에 따라 석방된 피고인이 정당한 사유 없이 기일에 출석하지 아니하는 경우에는 결정으로 출석보증인에게 500만원 이하의 과태료를 부과할 수 있다.

② 제1항의 결정에 대하여는 즉시항고를 할 수 있다.

〔전부개정 2009·12·29〕

제141조(구속의 집행정지) ① 군사법원은 상당한 이유가 있을 때에는 결정으로 구속된 피고인에 대하여 구속 집행을 정지할 수 있다.

② 제1항의 경우 피고인이 영내거주자이면 그 소속 부대장에게 부탁하고, 영내거주자가 아니면 친족, 보호단체, 그 밖의 적당한 사람에게 부탁하거나 피고인의 주거를 제한하여 구속 집행을 정지하여야 한다.

③ 제1항의 결정을 할 때에는 군검사의 의견을 물어야 한다. 다만, 긴급한 경우에는 그러하지 아니하다. <개정 2016·1·6>

④ 삭제 <2020·6·9>

⑤ 「대한민국헌법」 제44조에 따라 구속된 국회의원에 대한 석방요구가 있으면 당연히 구속영장의 집행이 정지된다.

⑥ 제5항의 석방요구를 통고받은 고등검찰부 군검사는 즉시 석방을 지휘하고 그 사유를 수소(受訴) 군사법원에 통지하여야 한다. <개정 2016·1·6>

〔전부개정 2009·12·29〕

제142조(보석조건의 변경과 취소 등) ① 군사법원은 직권으로 또는 제134조에 규정된 사람의 신청에 따라 결정으로 피고인의 보석조건을 변경하거나 일정 기간 동안 그 조건의 이행을 유예할 수 있다.

② 피고인이 다음 각 호의 어느 하나에 해당하는 경우에는 군사법원은 직권으로 또는 군검사의 청구에 따라 결정으로 보석 또는 구속의 집행정지를 취소할 수 있다. 다만, 제141조제5항에 따른 구속영장의 집행정지는 그 회기(會期) 중에는 취소하지 못한다. <개정 2016·1·6>

1. 도주한 경우
2. 도주하거나 범죄증거를 없앨 우려가 있다고 믿을 만한 충분한 이유가 있는 경우
3. 소환을 받고 정당한 사유 없이 출석하지 아니한 경우
4. 피해자, 해당 사건의 재판에 필요한 사실을 알고 있다고 인정되는 사람 또는 그 친족의 생명·신체나 재산에 해를 끼치거나 그럴 우려가 있다고 믿을 만한 충분한 이유가 있는 경우
5. 주거의 제한이나 그 밖에 군사법원이 정한 조건을 위반한 경우

③ 군사법원은 피고인이 정당한 사유 없이 보석조건을 위반한 경우에는 결정으로 피고인에게 1천만원 이하의 과태료를 부과하거나 20일 이내의 감치에 처할 수 있다.

④ 제3항의 결정에 대하여는 즉시항고를 할 수 있다.

〔전부개정 2009·12·29〕

제143조(보증금 등의 몰취) ① 군사법원은 보석을 취소하는 때에는 직권으로 또는 군검사의 청구에 따라 결정으로 보증금이나 담보의 전부 또는 일부를 몰취(沒取)할 수 있다. <개정 2016·1·6>

② 군사법원은 보증금 납입 또는 담보제공을 조건으로 석방된 피고인이 같은 범죄사실에 관하여 형을 선고받고 그 판결이 확정된 후 집행하기 위한 소환을 받고도 정당한 사유 없이 출석하지 아니하거나 도주한 경우에는 직권으로 또는 군검사의 청구에 따라 결정으로 보증금이나 담보의 전부 또는 일부를 몰취하여야 한다. <개정 2016·1·6>

〔전부개정 2009·12·29〕

제144조(보증금의 반환) 구속 또는 보석을 취소하거나 구속영장의 효력이 소멸된 경우에는 몰취하지 아니한 보증금 또는 담보는 청구한 날부터 7일 이내에 이를 반환하여야 한다.

〔전부개정 2009·12·29〕

제144조의2(보석조건의 효력상실 등) ① 구속영장의 효력이 소멸하면 보석조건은 즉시 그 효력을 상실한다.

② 보석이 취소된 경우에도 제1항과 같다. 다만, 제139조제8호의 조건은 예외로 한다.

〔전부개정 2009·12·29〕

제145조(상소와 구속에 관한 결정) 상소기간 중이거나 상소 중인 사건에 관한 구속기간 갱신, 구속의 취소, 보석, 구속의 집행정지 및 그 정지의 취소에 대한 결정은 소송기록이 원심군사법원(상고의 경우에는 고등법원을 말한다. 이하 이 조에서 같다)에 있을 때에는 원심군사법원이 하여야 한다. <개정 2021·9·24>
〔전부개정 2009·12·29〕

제 8 절 압수와 수색

제146조(압수 등) ① 군사법원은 필요한 때에는 피고사건과 관계가 있다고 인정할 수 있는 것에 한정하여 증거물 또는 몰수될 것으로 생각되는 물건을 압수할 수 있다. 다만, 법률에 다른 규정이 있을 때에는 그러하지 아니하다. <개정 2017·12·12>
② 군사법원은 압수할 물건을 지정하여 소유자·소지자 또는 보관자에게 제출을 명령할 수 있다.
③ 군사법원은 압수의 목적물이 컴퓨터용 디스크, 그 밖에 이와 비슷한 정보저장매체(이하 "정보저장매체등"이라 한다)인 경우에는 기억된 정보의 범위를 정하여 출력하거나 복제하여 제출받아야 한다. 다만, 범위를 정하여 출력 또는 복제하는 방법이 불가능하거나 압수의 목적을 달성하기에 현저히 곤란하다고 인정되는 때에는 정보저장매체등을 압수할 수 있다. <신설 2017·12·12>
④ 군사법원은 제 3 항에 따라 정보를 제공받은 경우 「개인정보 보호법」 제 2 조제 3 호에 따른 정보주체에게 해당 사실을 지체 없이 알려야 한다. <신설 2017·12·12>
〔전부개정 2009·12·29〕

제147조(우편물의 압수) ① 군사법원은 우체물 또는 「통신비밀보호법」 제 2 조제 3 호에 따른 전기통신(이하 "전기통신"이라 한다)에 관한 것으로서 필요한 때에는 피고사건과 관계가 있다고 인정할 수 있는 것에 한정하여 체신관서나 그 밖의 관계 기관 등이 지니거나 보관하는 물건의 제출을 명령하거나 압수를 할 수 있다. <개정 2017·12·12>
② 삭제 <2017·12·12>
③ 제 1 항에 따른 처분을 할 때에는 발신인이나 수신인에게 그 취지를 통지하여야 한다. 다만, 심리에 방해가 될 우려가 있는 경우에는 그러하지 아니하다. <개정 2017·12·12>
〔전부개정 2009·12·29〕

제148조(임의제출물 등의 압수) 소유자, 소지자 또는 보관자가 임의로 제출한 물건 또는 유류(遺留)한 물건은 영장 없이 압수할 수 있다.
〔전부개정 2009·12·29〕

제149조(수색) ① 군사법원은 필요한 때에는 피고사건과 관계가 있다고 인정할 수 있는 것에 한정하여 피고인의 신체, 물건 또는 주거나 그 밖의 장소를 수색할 수 있다. <개정 2017·12·12>
② 피고인 아닌 사람의 신체, 물건 또는 주거나 그 밖의 장소에 관하여는 압수할 물건이 있음을 인정할 수 있는 경우에만 수색할 수 있다.
〔전부개정 2009·12·29〕

제150조(군사상 기밀과 압수·수색) ① 군사상 기밀이 요구되는 장소에는 그 장 또는 그를 대리하는 사람의 승낙 없이는 압수하거나 수색할 수 없다.
② 제 1 항에 따른 책임자는 국가의 중대한 이익을 해치는 경우를 제외하고는 승낙을 거부하지 못한다.
〔전부개정 2009·12·29〕

제151조(공무상 비밀과 압수) ① 공무원이거나 공무원이었던 사람이 지니거나 보관하는 물건에 관하여는 본인 또는 해당 관공서의 장이 직무상 비밀에 관한 것임을 신고한 경우에는 그 소속 관공서 또는 그 감독 관공서의 장의 승낙 없이는 압수하지 못한다.
② 제 1 항에 따른 소속 관공서 또는 감독 관공서의 장은 국가의 중대한 이익을 해치는 경우를 제외하고는 승낙을 거부하지 못한다.
〔전부개정 2009·12·29〕

제152조(업무상 비밀과 압수) 변호사, 변리사, 공증인, 공인회계사, 세무사, 관세사, 감정평가사, 법무사, 행정사, 의사, 약종상, 한약사, 치과의사, 약사, 한약업사, 조산사, 간호사,

종교의 직에 있는 사람 또는 이러한 직에 있었던 사람이 그 업무상 위탁을 받아 지니거나 보관하는 물건으로서 타인의 비밀에 관한 것은 압수를 거부할 수 있다. 다만, 그 타인의 승낙이 있거나 중대한 공익상 필요가 있을 때에는 그러하지 아니하다.
〔전부개정 2009·12·29〕

제153조(압수·수색영장) 공판정 밖에서의 압수 또는 수색은 영장을 발부하여 하여야 한다.
〔전부개정 2009·12·29〕

제154조(영장의 방식) ① 압수·수색영장에는 피고인의 성명, 죄명, 압수할 물건, 수색할 장소·신체·물건, 발부 연월일 및 유효기간과 그 기간이 지나면 집행을 시작하지 못하며 영장을 반환하여야 한다는 취지를 적고 재판장이나 군판사가 서명날인하여야 한다.
② 제1항의 압수·수색영장에 관하여는 제114조제2항을 준용한다.
〔전부개정 2009·12·29〕

제155조 삭제 <2020·6·9>

제156조(영장과 집행) ① 압수·수색영장은 군검사의 지휘에 따라 군사법경찰관리가 집행한다. 다만, 필요할 때에는 재판장이나 군판사는 서기에게 집행을 명령할 수 있다. <개정 2016·1·6>
② 압수·수색영장의 집행에 관하여는 제121조를 준용한다.
③ 압수·수색영장은 필요할 때에는 사법경찰관리로 하여금 집행하게 할 수 있다.
〔전부개정 2009·12·29〕

제157조(집행의 보조) 서기는 압수·수색영장의 집행에 필요할 때에는 군사법경찰관리에게 보조를 요구할 수 있다.
〔전부개정 2009·12·29〕

제158조(집행상의 주의) 압수·수색영장을 집행할 때에는 타인의 비밀을 지켜야 하며 처분받는 사람의 명예를 해치지 아니하도록 주의하여야 한다.
〔전부개정 2009·12·29〕

제159조(영장의 제시) 압수·수색영장은 처분을 받는 사람에게 반드시 제시하여야 한다.
〔전부개정 2009·12·29〕

제160조(집행 중의 출입금지) ① 압수·수색영장의 집행 중에는 다른 사람의 출입을 금지할 수 있다.
② 제1항을 위반한 사람에 대하여는 퇴거하게 하거나 집행을 마칠 때까지 감시인을 붙일 수 있다.
〔전부개정 2009·12·29〕

제161조(집행과 필요한 처분) ① 압수·수색영장을 집행할 때에는 자물쇠를 열거나 개봉, 그 밖에 필요한 처분을 할 수 있다.
② 제1항의 처분은 압수물에 대하여도 할 수 있다.
〔전부개정 2009·12·29〕

제162조(당사자의 참여) 군검사, 피고인 또는 변호인은 압수·수색영장의 집행에 참여할 수 있다. <개정 2016·1·6>
〔전부개정 2009·12·29〕

제163조(영장집행과 참여권자에 대한 통지) 압수·수색영장을 집행할 때에는 미리 집행 일시와 장소를 제162조에 규정된 사람에게 통지하여야 한다. 다만, 제162조에 규정된 사람이 참여하지 아니한다는 의사를 표명하거나 긴급한 경우에는 그러하지 아니하다.
〔전부개정 2009·12·29〕

제164조(영장의 집행과 책임자의 참여) ① 관공서나 병영, 그 밖의 군사용 청사, 항공기 또는 함선에서 압수·수색영장을 집행할 때에는 그 장 또는 그를 대리하는 사람에게 참여할 것을 통지하여야 한다.
② 제1항에 규정된 장소가 아닌 다른 사람의 주거나 관리자가 있는 가옥, 건조물, 항공기, 선박 또는 차량에서 압수·수색영장을 집행할 때에는 주거주(住居主)·관리자 또는 이에 준하는 사람을 참여하게 하여야 한다.
③ 제2항의 사람이 참여하지 못할 때에는 이웃사람 또는 지방공공단체의 직원을 참여하게 하여야 한다.
〔전부개정 2009·12·29〕

제165조(여자의 수색과 참여) 여자의 신체에 대하여 수색할 때에는 성년 여자를 참여하게 하여야 한다.
〔전부개정 2009·12·29〕

제166조(야간집행의 제한) 일출 전과 일몰 후에는 압수·수색영장에 야간집행을 할 수 있다고 적혀있지 아니하면 그 영장을 집행하기 위하여 다른 사람의 주거나 관리자 있

는 가옥, 건조물, 항공기, 선박 또는 차량에 들어가지 못한다.
〔전부개정 2009·12·29〕

제167조(야간집행 제한의 예외) 다음 각 호의 어느 하나에 해당하는 장소에서 압수·수색영장을 집행할 때에는 제166조의 제한을 받지 아니한다.

1. 도박이나 그 밖에 풍속을 해치는 행위에 상시 이용된다고 인정되는 장소
2. 여관, 음식점, 그 밖에 야간에 일반인이 출입할 수 있는 장소. 다만, 공개된 시간에만 집행할 수 있다.

〔전부개정 2009·12·29〕

제168조(집행중지와 필요한 처분) 압수·수색영장의 집행을 중지한 경우 필요하면 집행이 끝날 때까지 그 장소를 폐쇄하거나 감시인을 둘 수 있다.
〔전부개정 2009·12·29〕

제169조(증명서의 발급) 수색한 경우에 증거물 또는 몰수할 물건이 없을 때에는 그 취지의 증명서를 발급하여야 한다.
〔전부개정 2009·12·29〕

제170조(압수목록의 발급) 압수한 경우에는 목록을 작성하여 소유자, 소지자, 보관자 또는 그 밖에 이에 준하는 사람에게 주어야 한다.
〔전부개정 2009·12·29〕

제171조(압수물의 보관과 폐기) ① 운반하거나 보관하기 불편한 압수물에 관하여는 관리자를 두거나 소유자 또는 적당한 사람의 승낙을 받아 보관하게 할 수 있다.
② 위험이 발생할 우려가 있는 압수물은 폐기하거나 그 밖에 필요한 처분을 할 수 있다.
③ 법령상 생산·제조·소지·소유 또는 유통이 금지된 압수물로서 부패할 우려가 있거나 보관하기 어려운 것은 소유자 등 권한 있는 사람의 동의를 받아 폐기할 수 있다.
〔전부개정 2009·12·29〕

제172조(압수물 상실 등의 방지) 압수물에 대하여는 그 상실 또는 파손 등의 방지를 위하여 적절한 조치를 하여야 한다.
〔전부개정 2009·12·29〕

제173조(압수물의 대가보관) ① 몰수하여야 할 압수물이 멸실, 파손, 부패 또는 현저한 가치 감소의 우려가 있거나 보관하기 어려운 경우에는 매각하여 대가(代價)를 보관할 수 있다.
② 환부하여야 할 압수물 중 환부받을 자가 누구인지 알 수 없거나 그 소재가 분명하지 아니한 경우로서 멸실, 파손, 부패 또는 현저한 가치 감소의 우려가 있거나 보관하기 어려운 것은 매각하여 대가를 보관할 수 있다.
〔전부개정 2009·12·29〕

제174조(압수물의 환부·가환부) ① 압수를 계속할 필요가 없다고 인정되는 압수물은 피고사건이 종결되기 전이라도 결정으로 환부하여야 하며, 증거로 제공할 압수물은 소유자, 소지자, 보관자 또는 제출인의 청구에 따라 가환부(假還付)할 수 있다.
② 증거에만 제공할 목적으로 압수한 물건으로서 그 소유자 또는 소지자가 계속 사용하여야 할 물건은 사진촬영 또는 그 밖의 원형보존 조치를 하고 지체 없이 결정으로 가환부하여야 한다.
〔전부개정 2009·12·29〕

제175조(피해자에 대한 압수장물 환부) 압수장물은 피해자에게 환부할 이유가 명백할 때에는 피고사건이 종결되기 전이라도 결정으로 피해자에게 환부할 수 있다.
〔전부개정 2009·12·29〕

제176조(압수물 처분과 당사자에 대한 통지) 제173조부터 제175조까지의 결정을 할 때에는 군검사, 피해자, 피고인 또는 변호인에게 미리 통지하고 의견을 물어야 한다. <개정 2016·1·6>
〔전부개정 2009·12·29〕

제177조(수명군판사 등에 대한 압수·수색 촉탁) ① 군사법원은 압수 또는 수색을 군판사에게 명령할 수 있고 그 목적물이 있는 곳을 관할하는 군사법원의 군판사 또는 지방법원의 판사에게 촉탁할 수 있다.
② 수탁군판사 또는 수탁판사는 압수 또는 수색의 목적물이 그 관할구역에 없을 때에는 그 목적물이 있는 곳을 관할하는 군사법원의 군판사 또는 지방법원의 판사에게 다시 촉탁할 수 있다.
③ 수명군판사·수탁군판사 또는 수탁판사가 하는 압수 또는 수색에 관하여는 군사법원이 하는 압수 또는 수색에 관한 규정을 준용한다.
〔전부개정 2009·12·29〕

제178조(구속영장 집행과 수색) 군검사, 지방검찰청 검사, 군사법경찰관리, 사법경찰관리와 제119조제2항에 따른 군사법원의 서기, 법원사무관등이 구속영장을 집행할 경우 필요하면 다른 사람의 주거나 관리자가 있는 가옥, 건조물, 항공기, 선박 또는 차량에 들어가 피고인을 수색할 수 있다. <개정 2016·1·6>
〔전부개정 2009·12·29〕

제179조(준용규정) 제178조에 따른 군검사, 지방검찰청 검사, 군사법경찰관리, 사법경찰관리, 군사법원의 서기, 법원사무관등의 수색에 관하여는 제160조·제161조·제164조 및 제168조를 준용한다. <개정 2016·1·6>
〔전부개정 2009·12·29〕

제9절 검증

제180조(검증) 군사법원은 사실 발견을 위하여 필요하면 검증을 할 수 있다.
〔전부개정 2009·12·29〕

제181조(검증과 필요한 처분) 검증을 할 때에는 신체 검사, 사체 해부, 무덤 발굴, 물건 파괴 또는 그 밖에 필요한 처분을 할 수 있다.
〔전부개정 2009·12·29〕

제182조(신체 검사에 관한 주의) ① 신체를 검사할 때에는 검사를 받는 사람의 성별, 연령 및 건강상태와 그 밖의 사정을 고려하여 그 사람의 건강과 명예를 해치지 아니하도록 주의하여야 한다.
② 피고인이 아닌 사람의 신체 검사는 증거 흔적의 존재를 확인할 수 있는 현저한 사유가 있는 경우에만 할 수 있다.
③ 여자의 신체를 검사하는 경우에는 의사나 성년 여자를 참여하게 하여야 한다.
④ 사체 해부 또는 무덤 발굴을 할 때에는 예(禮)를 잃지 아니하도록 주의하고 미리 유족에게 통지하여야 한다.
〔전부개정 2009·12·29〕

제183조(신체 검사와 소환) 군사법원은 신체를 검사하기 위하여 피고인이 아닌 사람을 군사법원이나 그 밖의 지정된 장소에 소환할 수 있다.
〔전부개정 2009·12·29〕

제184조(시각의 제한) ① 일출 전과 일몰 후에는 집주인, 관리자 또는 이에 준하는 사람의 승낙이 없으면 검증을 하기 위하여 다른 사람의 주거나 관리자가 있는 가옥, 건조물, 항공기, 선박 또는 차량에 들어가지 못한다. 다만, 일출 후에는 검증의 목적을 달성할 수 없을 우려가 있는 경우에는 그러하지 아니하다.
② 일몰 전에 검증을 시작한 경우에는 일몰 후라도 검증을 계속할 수 있다.
③ 제167조 각 호에 규정된 장소에서는 제1항의 제한을 받지 아니한다.
〔전부개정 2009·12·29〕

제185조(검증의 보조) 검증을 할 때 필요하면 군사법경찰관리에게 보조를 명령할 수 있다.
〔전부개정 2009·12·29〕

제186조(준용규정) 검증에 관하여는 제150조, 제160조부터 제164조까지, 제168조 및 제177조를 준용한다.
〔전부개정 2009·12·29〕

제10절 증인신문

제187조(증인의 자격) 군사법원은 법률에 다른 규정이 없으면 누구든지 증인으로 신문할 수 있다.
〔전부개정 2009·12·29〕

제188조(공무상 비밀과 증인자격) ① 공무원이거나 공무원이었던 사람이 그 직무에 관하여 알게 된 사실에 관하여 본인 또는 해당 관공서가 직무상 비밀에 속한 사항임을 신고한 경우에는 그 소속 관공서 또는 그 감독 관공서의 장의 승낙 없이는 증인으로 신문하지 못한다.
② 제1항에 따른 소속 관공서 또는 감독 관공서의 장은 국가의 중대한 이익을 해치는 경우를 제외하고는 승낙을 거부하지 못한다.
〔전부개정 2009·12·29〕

제189조(근친자의 형사책임과 증언거부) 누구든지 자기나 다음 각 호의 어느 하나에 해당하는 관계가 있는 사람이 형사소추 또는 공소제기를 당하거나 유죄판결을 받을 사실이 드러날 우려가 있는 증언을 거부할 수 있다.

1. 친족이거나 친족이었던 사람
2. 법정대리인, 후견인

〔전부개정 2009·12·29〕

제190조(업무상 비밀과 증언거부) 제152조에 규정된 사람이 그 업무상 위탁을 받은 관계로 알게 된 사실로서 타인의 비밀에 관한 것은 증언을 거부할 수 있다. 다만, 본인의 승낙이 있거나 중대한 공익상 필요가 있을 때에는 그러하지 아니하다.

〔전부개정 2009·12·29〕

제191조(증언거부사유의 소명) 증언을 거부하는 사람은 거부사유를 소명하여야 한다.

〔전부개정 2009·12·29〕

제192조(증인의 소환) ① 군사법원은 소환장의 송달, 전화, 전자우편, 그 밖의 적절한 방법으로 증인을 소환한다. 다만, 증인이 군사법원의 구내에 있을 때에는 소환하지 아니하고 신문할 수 있다.

② 증인의 소환에 관하여는 제106조부터 제108조까지의 규정을 준용한다.

③ 증인을 신청한 사람은 증인이 출석하도록 합리적인 노력을 할 의무가 있다.

〔전부개정 2009·12·29〕

제193조(증인이 출석하지 아니한 경우의 과태료 등) ① 군사법원은 소환장을 송달받은 증인이 정당한 사유 없이 출석하지 아니하면 결정으로 그 불출석으로 인한 소송비용을 증인이 부담하도록 명령하고, 500만원 이하의 과태료를 부과할 수 있다. 제192조제2항에 따라 준용되는 제108조제2항·제6항에 따라 소환장의 송달과 같은 효력이 있는 경우에도 또한 같다.

② 군사법원은 증인이 제1항에 따른 과태료 재판을 받고도 정당한 사유 없이 다시 출석하지 아니하면 결정으로 증인을 7일 이내의 감치(監置)에 처한다.

③ 군사법원은 감치재판기일에 증인을 소환하여 제2항에 따른 정당한 사유가 있는지 심리하여야 한다.

④ 감치는 그 재판을 한 군사법원의 재판장의 명령에 따라 군사법경찰관리, 교도관, 법정경위 또는 법원서기 등이 군교도소 또는 군미결수용실에 유치하여 집행한다. <개정 2021·9·24>

⑤ 감치에 처하는 재판을 받은 증인이 제4항에 따른 감치시설에 유치된 경우 그 감치시설의 장은 즉시 그 사실을 군사법원에 통보하여야 한다.

⑥ 군사법원은 제5항의 통보를 받으면 지체 없이 증인신문기일을 열어야 한다.

⑦ 군사법원은 감치의 재판을 받은 증인이 감치의 집행 중에 증언을 한 경우에는 즉시 감치결정을 취소하고 그 증인을 석방하도록 명령하여야 한다.

⑧ 제1항과 제2항의 결정에 대하여는 즉시항고를 할 수 있다. 이 경우 제459조는 적용하지 아니한다.

〔전부개정 2009·12·29〕

제194조(소환불응과 구인) 정당한 사유 없이 소환에 따르지 아니하는 증인은 구인할 수 있다.

〔전부개정 2009·12·29〕

제195조(준용규정) 증인의 구인에 관하여는 제113조부터 제116조까지, 제119조부터 제121조까지, 제123조제1항·제2항 및 제124조를 준용한다.

〔전부개정 2009·12·29〕

제196조(증인의 선서) 증인에게는 신문 전에 선서하게 하여야 한다. 다만, 법률에 다른 규정이 있는 경우에는 그러하지 아니하다.

〔전부개정 2009·12·29〕

제197조(선서의 방식) ① 선서는 선서서(宣誓書)에 따라 하여야 한다.

② 선서서에는 「양심에 따라 숨김과 보탬이 없이 사실대로 말하고 만일 거짓말이 있으면 위증의 벌을 받기로 맹세합니다」라고 적어야 한다.

③ 재판장은 증인으로 하여금 선서서를 낭독하고 서명날인하게 하여야 한다. 다만, 증인이 선서서를 낭독하지 못하거나 서명을 하지 못하는 경우에는 참여한 서기가 대행한다.

④ 선서는 일어서서 엄숙하게 하여야 한다.

〔전부개정 2009·12·29〕

제198조(선서할 증인에 대한 경고) 재판장이나 군판사는 선서할 증인에게 선서 전에 위증의 벌에 대하여 경고하여야 한다.

〔전부개정 2009·12·29〕

제199조(선서무능력) 증인이 다음 각 호의 어느 하나에 해당할 때에는 선서하게 하지 아니하고 신문하여야 한다.
1. 16세 미만인 사람
2. 선서의 취지를 이해하지 못하는 사람
〔전부개정 2009·12·29〕

제200조(증언거부권의 고지) 증인이 제189조나 제190조에 해당하는 경우에는 재판장 또는 군판사는 신문 전에 증언을 거부할 수 있음을 설명하여야 한다.
〔전부개정 2009·12·29〕

제201조(선서·증언의 거부와 과태료) ① 증인이 정당한 사유 없이 선서나 증언을 거부하면 결정으로 50만원 이하의 과태료를 부과할 수 있다.
② 제1항의 결정에 대하여는 즉시항고를 할 수 있다.
〔전부개정 2009·12·29〕

제202조(증인신문의 방식) ① 증인신문은 증인을 신청한 군검사, 변호인 또는 피고인이 먼저 하고 다음에 다른 군검사, 변호인 또는 피고인이 한다. <개정 2016·1·6>
② 재판장은 제1항의 신문이 끝난 다음에 신문한다.
③ 재판장은 필요하다고 인정하면 제1항과 제2항에도 불구하고 어느 때나 신문할 수 있으며 제1항의 신문순서를 변경할 수 있다.
④ 군사법원이 직권으로 신문할 증인이나 제338조제1항에 따라 증인으로 신문할 피해자등에 대한 신문방식은 재판장이 정하는 바에 따른다.
⑤ 다른 재판관은 재판장에게 말하고 증인을 직접 신문할 수 있다.
〔전부개정 2009·12·29〕

제203조(개별신문과 대질) ① 증인은 개인별로 신문하여야 한다.
② 신문하지 아니한 증인이 법정에 있을 때에는 퇴정을 명령하여야 한다.
③ 신문에 필요할 때에는 증인과 다른 증인 또는 피고인을 대질하게 할 수 있다.
〔전부개정 2009·12·29〕

제204조(당사자의 참여권) ① 군검사, 피고인 또는 변호인은 증인신문에 참여할 수 있다. <개정 2016·1·6>
② 증인신문의 일시와 장소는 제1항에 따라 참여할 수 있는 사람에게 미리 통지하여야 한다. 다만, 참여하지 아니한다는 의사를 표명한 경우에는 그러하지 아니하다.
〔전부개정 2009·12·29〕

제204조의2(신뢰관계에 있는 사람의 동석) ① 군사법원은 범죄의 피해자를 증인으로 신문하는 경우 증인의 연령, 심신 상태, 그 밖의 사정을 고려하여 증인이 현저하게 불안 또는 긴장을 느낄 우려가 있다고 인정하면 직권으로 또는 피해자·법정대리인·군검사의 신청에 따라 피해자와 신뢰관계에 있는 사람을 동석하게 할 수 있다. <개정 2016·1·6>
② 군사법원은 범죄의 피해자가 13세 미만이거나 신체적 또는 정신적 장애로 사물을 변별하거나 의사를 결정할 능력이 미약한 경우에 재판에 지장을 줄 우려가 있는 등 부득이한 경우가 아니면 피해자와 신뢰관계에 있는 사람을 동석하게 하여야 한다.
③ 제1항이나 제2항에 따라 동석한 사람은 군사법원·소송관계인의 신문 또는 증인의 진술을 방해하거나 그 진술의 내용에 부당한 영향을 미칠 수 있는 행위를 하여서는 아니 된다.
④ 제1항이나 제2항에 따라 동석할 수 있는 신뢰관계에 있는 사람의 범위, 동석의 절차 및 방법 등에 필요한 사항은 대법원규칙으로 정한다.
〔전부개정 2009·12·29〕

제205조(신문의 청구) ① 군검사, 피고인 또는 변호인이 증인신문에 참여하지 아니할 때에는 군사법원에 필요한 사항의 신문을 청구할 수 있다. <개정 2016·1·6>
② 피고인이나 변호인의 참여 없이 증인을 신문할 때 피고인에게 예기하지 아니한 불이익한 증언이 진술된 경우에는 반드시 진술내용을 피고인 또는 변호인에게 알려주어야 한다.
〔전부개정 2009·12·29〕

제206조(법정이 아닌 곳에서의 증인신문) 군사법원은 증인의 연령, 직업 및 건강상태와 그 밖의 사정을 고려하여 군검사·피고인 또는 변호인의 의견을 묻고 법정이 아닌 곳에 소환하거나 현재지에서 신문할 수 있다. <개정 2016·1·6>
〔전부개정 2009·12·29〕

제206조의2(비디오 등 중계장치 등에 의한 증인신문) 군사법원은 다음 각 호의 어느 하나에 해당하는 자를 증인으로 신문하는 경우 상당하다고 인정하는 때에는 군검사와 피고인 또는 변호인의 의견을 들어 비디오 등 중계장치에 의한 중계시설을 통하여 신문하거나 차폐(遮蔽)시설 등을 설치하고 신문할 수 있다. <개정 2009·6·9, 2011·8·4, 2012·12·18, 2016·1·6>

1. 「아동복지법」 제71조제1항제1호부터 제3호까지의 규정에 해당하는 죄의 피해자
2. 「아동·청소년의 성보호에 관한 법률」 제7조, 제8조, 제11조부터 제15조까지 및 제17조제1항의 규정에 해당하는 죄의 대상이 되는 아동·청소년 또는 피해자
3. 범죄의 성질, 증인의 연령, 심신의 상태, 피고인과의 관계, 그 밖의 사정으로 인하여 피고인 등과 대면하여 진술하는 경우 심리적인 부담으로 정신의 평온을 현저하게 잃을 우려가 있다고 인정되는 자

〔본조신설 2008·1·17〕

제207조(동행명령과 구인) ① 군사법원은 필요할 때에는 결정으로 지정된 장소에 증인의 동행을 명령할 수 있다.

② 증인이 정당한 사유 없이 동행을 거부할 때에는 구인할 수 있다.

〔전부개정 2009·12·29〕

제208조(수명군판사 등에 대한 증인신문 촉탁) ① 군사법원은 군판사에게 법정이 아닌 곳에서 증인을 신문할 것을 명령할 수 있고 또한 증인의 현재지를 관할하는 군사법원의 군판사 또는 지방법원의 판사에게 그 신문을 촉탁할 수 있다.

② 수탁군판사 또는 수탁판사는 증인이 관할구역에 있지 아니한 경우에는 증인의 현재지를 관할하는 군사법원의 군판사 또는 지방법원의 판사에게 다시 촉탁할 수 있다.

③ 수명군판사, 수탁군판사 또는 수탁판사는 증인의 신문에 관하여 군사법원의 재판장 또는 군판사의 권한에 속하는 처분을 할 수 있다.

〔전부개정 2009·12·29〕

제209조(증인의 여비·일당·숙박료) 소환받은 증인은 법률에서 정하는 바에 따라 여비, 일당 및 숙박료를 청구할 수 있다. 다만, 정당한 사유 없이 선서 또는 증언을 거부한 사람은 그러하지 아니하다.

〔전부개정 2009·12·29〕

제11절 감정

제210조(감정) 군사법원은 학식과 경험이 있는 사람에게 감정을 명령할 수 있다.

〔전부개정 2009·12·29〕

제211조(선서) ① 감정인에게는 감정 전에 선서하게 하여야 한다.

② 선서는 선서서에 따라 하여야 한다.

③ 선서서에는 「양심에 따라 성실히 감정하고 만일 거짓이 있으면 허위감정의 벌을 받기로 맹세합니다」라고 적어야 한다.

④ 감정인의 선서에 관하여는 제197조제3항·제4항 및 제198조를 준용한다.

〔전부개정 2009·12·29〕

제212조(감정결과의 보고) ① 감정 결과에 관한 보고는 감정인이 서면으로 제출하게 하여야 한다.

② 감정인이 여러 사람인 때에는 각각 또는 공동으로 제1항의 보고를 제출하게 할 수 있다.

③ 감정 결과에 관한 보고에는 그 판단의 이유를 밝혀야 한다.

④ 필요할 때에는 감정인에게 설명하게 할 수 있다.

〔전부개정 2009·12·29〕

제213조(법정이 아닌 곳에서의 감정) ① 군사법원은 필요할 때에는 감정인에게 법정이 아닌 곳에서 감정하게 할 수 있다.

② 제1항의 경우 감정이 필요한 물건을 감정인에게 내줄 수 있다.

③ 군사법원은 피고인의 정신 또는 신체에 관한 감정에 필요할 때에는 기간을 정하여 병원이나 그 밖의 적당한 장소에 피고인을 유치하게 할 수 있고 감정이 끝나면 즉시 유치를 해제하여야 한다.

④ 제3항의 유치를 할 때에는 감정유치장(鑑定留置狀)을 발부하여야 한다.

⑤ 제3항의 유치를 할 때 필요하면 군사법원은 직권으로 또는 피고인을 수용할 병원, 그 밖의 장소의 관리자의 신청에 따라 군사

법경찰관리에게 피고인을 감시하도록 명령할 수 있다.

⑥ 군사법원은 필요할 때에는 유치기간을 연장하거나 단축할 수 있다.

⑦ 이 법에 특별한 규정이 없으면 제3항의 유치에 관하여는 구속에 관한 규정을 준용한다. 다만, 보석에 관한 규정은 그러하지 아니하다.

⑧ 제3항의 유치는 미결구금일수를 계산할 때 구속으로 본다.

〔전부개정 2009·12·29〕

제214조(감정유치와 구속) ① 구속 중인 피고인에 대하여 감정유치장이 집행되었을 때에는 피고인이 유치되어 있는 기간 동안 구속의 집행이 정지된 것으로 본다.

② 제1항의 경우 제213조제3항의 유치처분이 취소되거나 유치기간이 끝나면 구속의 집행정지가 취소된 것으로 본다.

〔전부개정 2009·12·29〕

제215조(감정에 필요한 처분) ① 감정인은 감정에 필요하면 군사법원의 허가를 받아 다른 사람의 주거나 관리자가 있는 가옥, 건조물, 항공기, 선박 또는 차량에 들어갈 수 있고, 신체 검사, 사체 해부, 무덤 발굴 또는 물건 파괴를 할 수 있다.

② 제1항의 허가를 할 때에는 피고인의 성명, 죄명, 들어갈 장소, 검사할 신체, 해부할 사체, 발굴할 무덤, 파괴할 물건, 감정인의 성명 및 유효기간을 적은 허가장을 발급하여야 한다.

③ 감정인은 제1항의 처분을 받는 사람에게 허가장을 보여주어야 한다.

④ 제2항과 제3항은 감정인이 공판정에서 하는 제1항의 처분에는 적용하지 아니한다.

⑤ 제1항의 경우에는 제182조 및 제184조를 준용한다.

〔전부개정 2009·12·29〕

제216조(감정인의 참여권·신문권) ① 감정인은 감정에 필요하면 재판장이나 군판사의 허가를 받아 서류와 증거물을 열람하거나 복사하고 피고인 또는 증인의 신문에 참여할 수 있다.

② 감정인은 피고인이나 증인의 신문을 요구하거나 재판장의 허가를 받아 직접 신문할 수 있다.

〔전부개정 2009·12·29〕

제217조(수명군판사) 군사법원은 군판사로 하여금 감정에 필요한 처분을 하게 할 수 있다.

〔전부개정 2009·12·29〕

제218조(당사자의 참여) ① 군검사, 피고인 또는 변호인은 감정에 참여할 수 있다. <개정 2016·1·6>

② 제1항의 경우에는 제163조를 준용한다.

〔전부개정 2009·12·29〕

제219조(준용규정) 감정에 관하여는 이 장 제10절 증인신문에 관한 규정(구인에 관한 규정은 제외한다)을 준용한다.

〔전부개정 2009·12·29〕

제220조(여비·감정료 등) 감정인은 법률에서 정하는 바에 따라 여비, 일당, 숙박료 외에 감정료와 체당금(替當金)의 지급을 청구할 수 있다.

〔전부개정 2009·12·29〕

제221조(감정증인) 특별한 지식을 통하여 알게 된 과거의 사실을 신문하는 경우에는 이 절의 규정에 따르지 아니하고 이 장 제10절 증인신문에 관한 규정에 따른다.

〔전부개정 2009·12·29〕

제221조의2(감정의 촉탁) ① 군사법원은 필요하다고 인정하면 관공서, 학교, 병원, 그 밖에 적당한 설비가 있는 단체 또는 기관에 감정을 촉탁할 수 있다. 이 경우 선서에 관한 규정은 적용하지 아니한다.

② 제1항의 경우 군사법원은 해당 관공서, 학교, 병원, 단체 또는 기관이 정한 사람이 감정서를 설명하게 할 수 있다.

〔전부개정 2009·12·29〕

제12절 통역과 번역

제222조(통역) 국어가 통하지 아니하는 사람의 진술은 통역인이 통역하게 하여야 한다.

〔전부개정 2009·12·29〕

제223조(청각 또는 언어 장애인의 통역) 듣지 못하거나 말하지 못하는 사람의 진술은 통역인이 통역하게 할 수 있다.

〔전부개정 2009·12·29〕

제224조(번역) 국어 아닌 문자 또는 부호는 번역하게 하여야 한다.
〔전부개정 2009·12·29〕

제225조(준용규정) 통역과 번역에 관하여는 이 장 제11절 감정에 관한 규정을 준용한다.
〔전부개정 2009·12·29〕

제13절 증거보전

제226조(증거보전의 청구와 그 절차) ① 군검사, 피고인, 피의자 또는 변호인은 미리 증거를 보전하지 아니하면 그 증거를 사용하기 어려운 사정이 있을 때에는 제1회 공판기일 전이라도 군판사에게 압수, 수색, 검증, 증인신문 또는 감정을 청구할 수 있다. <개정 2016·1·6>
② 제1항의 청구를 받은 군판사는 그 처분에 관하여 군사법원이나 재판장과 동일한 권한이 있다.
③ 제1항의 청구를 할 때에는 서면으로 그 사유를 소명하여야 한다.
④ 제1항의 청구를 기각하는 결정에 대하여는 3일 이내에 항고할 수 있다.
〔전부개정 2009·12·29〕

제227조(서류의 열람 등) 군검사, 피고인, 피의자 또는 변호인은 군판사의 허가를 받아 제226조에 따른 처분에 관한 서류와 증거물을 열람하거나 복사할 수 있다. <개정 2016·1·6>
〔전부개정 2009·12·29〕

제14절 소송비용

제227조의2(피고인의 소송비용 부담) ① 형을 선고할 때에는 피고인에게 소송비용의 전부 또는 일부를 부담하게 할 수 있다. 다만, 피고인이 경제적 사정으로 소송비용을 낼 수 없을 때에는 그러하지 아니하다.
② 피고인이 책임질 사유로 발생된 비용은 형을 선고하지 아니하는 경우에도 피고인에게 부담하게 할 수 있다.
〔전부개정 2009·12·29〕

제227조의3(공범의 소송비용) 공범의 소송비용은 공범들이 연대부담하게 할 수 있다.
〔전부개정 2009·12·29〕

제227조의4(고소인 등의 소송비용 부담) 고소 또는 고발에 따라 공소를 제기한 사건에 관하여 피고인이 무죄 또는 면소(免訴)의 판결을 받은 경우에 고소인 또는 고발인에게 고의 또는 중대한 과실이 있으면 그 고소인 또는 고발인에게 소송비용의 전부 또는 일부를 부담하게 할 수 있다.
〔전부개정 2009·12·29〕

제227조의5(군검사의 상소 취하 등과 소송비용 부담) 군검사만이 상소 또는 재심청구를 한 경우에 상소 또는 재심청구가 기각되거나 취하되면 피고인에게 소송비용을 부담하게 하지 못한다. <개정 2016·1·6>
〔전부개정 2009·12·29〕

제227조의6(제3자의 소송비용 부담) ① 군검사가 아닌 사람이 상소 또는 재심청구를 한 경우에 상소 또는 재심청구가 기각되거나 취하되면 그 사람에게 소송비용을 부담하게 할 수 있다. <개정 2016·1·6>
② 피고인이 아닌 사람이 피고인이 제기한 상소 또는 재심청구를 취하한 경우에도 제1항과 같다.
〔전부개정 2009·12·29〕

제227조의7(소송비용 부담의 재판) ① 재판으로 소송절차가 끝나는 경우 피고인에게 소송비용을 부담하게 할 때에는 직권으로 재판하여야 한다.
② 제1항의 재판에 대하여는 본안의 재판에 관하여 상소하는 경우에만 불복할 수 있다.
〔전부개정 2009·12·29〕

제227조의8(제3자 부담의 재판) ① 재판으로 소송절차가 끝나는 경우 피고인이 아닌 사람에게 소송비용을 부담하게 할 때에는 직권으로 결정하여야 한다.
② 제1항의 결정에 대하여는 즉시항고를 할 수 있다.
〔전부개정 2009·12·29〕

제227조의9(재판 외의 사유에 따른 절차 종료) ① 재판 외의 사유로 소송절차가 끝나는 경우 소송비용을 부담하게 할 때에는 사건이 최종 계속된 군사법원 또는 상소법원이 직권으로 결정하여야 한다. <개정 2021·9·24>
② 제1항의 결정에 대하여는 즉시항고를 할 수 있다.
〔전부개정 2009·12·29〕

제227조의10(부담액의 산정) 소송비용의 부담을 명령하는 재판에 그 금액이 표시되지 아니한 경우에는 집행을 지휘하는 군검사가 금액을 계산하여 정한다. <개정 2016·1·6>
〔전부개정 2009·12·29〕

제227조의11(무죄판결과 비용보상) ① 국가는 무죄판결이 확정된 경우에는 해당 사건의 피고인이었던 사람에게 그 재판에 사용된 비용을 보상하여야 한다.
② 다음 각 호의 어느 하나에 해당하는 경우에는 제1항에 따른 비용의 전부 또는 일부를 보상하지 아니할 수 있다.
1. 피고인이었던 사람이 수사 또는 재판을 그르칠 목적으로 거짓 자백을 하거나 다른 유죄의 증거를 만들어 기소된 것으로 인정된 경우
2. 1개의 재판으로써 경합범의 일부에 대하여 무죄판결이 확정되고 다른 부분에 대하여 유죄판결이 확정된 경우
3. 「형법」 제9조 및 제10조제1항의 사유에 따른 무죄판결이 확정된 경우
4. 그 비용이 피고인이었던 사람이 책임질 사유로 발생한 경우
〔전부개정 2009·12·29〕

제227조의12(비용보상의 절차 등) ① 제227조의11제1항에 따른 비용의 보상은 피고인이었던 사람의 청구에 따라 무죄판결을 선고한 군사법원에서 결정으로 한다.
② 제1항에 따른 청구는 무죄판결이 확정된 사실을 안 날부터 3년, 무죄판결이 확정된 날부터 5년 이내에 하여야 한다. <개정 2020·6·9>
③ 제1항의 결정에 대하여는 즉시항고를 할 수 있다.
〔전부개정 2009·12·29〕

제227조의13(비용보상의 범위) ① 제227조의11에 따른 비용보상의 범위는 피고인이었던 사람 또는 그 변호인이었던 사람이 공판준비 및 공판기일에 출석하기 위하여 사용한 여비, 일당, 숙박료와 변호인이었던 사람에 대한 보수로 한정한다. 이 경우 보상금액에 관하여는 「형사소송비용 등에 관한 법률」을 준용하되, 피고인이었던 사람에게는 증인에 관한 규정을 준용하고, 변호인이었던 사람에게는 국선변호인에 관한 규정을 준용한다.
② 군사법원은 공판준비 또는 공판기일에 출석한 변호인이 2명 이상이었던 경우에는 사건의 성질, 심리 상황, 그 밖의 사정을 고려하여 변호인이었던 사람의 여비, 일당 및 숙박료를 대표변호인이나 그 밖의 일부 변호인의 비용만으로 한정할 수 있다.
〔전부개정 2009·12·29〕

제227조의14(준용규정) 비용보상청구, 비용보상절차, 비용보상과 다른 법률에 따른 손해배상과의 관계, 보상을 받을 권리의 양도·압류 또는 피고인이었던 사람의 상속인에 대한 비용보상에 관하여 이 법에서 규정한 것을 제외하고는 「형사보상 및 명예회복에 관한 법률」에 따른 보상의 예를 따른다. <개정 2016·1·6>
〔전부개정 2009·12·29〕

제2장 제1심

제1절 수사

제228조(군검사, 군사법경찰관의 수사) ① 군검사와 군사법경찰관은 범죄 혐의가 있다고 생각될 때에는 범인, 범죄사실 및 증거를 수사하여야 한다. <개정 2016·1·6>
② 군사법경찰관이 수사를 시작하여 입건하였거나 입건된 사건을 이첩받은 경우에는 정당한 사유가 없으면 48시간 이내에 관할 검찰단에 통보하여야 한다. <개정 2021·9·24>
③부터 ⑤까지 삭제 <2025·1·31>
〔전부개정 2009·12·29〕

제228조의2(군검사와 군사법경찰관의 협조 의무) ① 군검사와 군사법경찰관은 구체적 사건의 범죄수사 및 공소유지를 위하여 상호간에 성실히 협력하여야 한다.
② 군검사와 군사법경찰관의 협조 의무에 관한 구체적인 사항은 대통령령으로 정한다.
〔본조신설 2021·9·24〕

제228조의3(재판권이 군사법원에 있지 아니한 범죄의 처리) ① 군검사와 군사법경찰관은 제286조에도 불구하고 범죄를 수사하는 과정에서 재판권이 군사법원에 있지 아니한 범죄를 인지한 경우 지체 없이 그 사건을 대검찰청, 고위공직자범죄수사처, 경찰청 또는 해양경찰청에 이첩하여야 한다.
② 대검찰청, 고위공직자범죄수사처, 경찰청 또는 해양경찰청은 각 수사기관이 관할하는

사건으로서 재판권이 군사법원에 있지 아니한 범죄를 인지한 경우 그 사건의 이첩을 군검사 또는 군사법경찰관에게 요구할 수 있고, 군검사 또는 군사법경찰관은 지체 없이 이에 따라야 한다.

③ 제1항 또는 제2항에 따라 이첩받은 사건에 관하여 검사 또는 사법경찰관은 다음 각 호의 어느 하나에 해당하는 경우에 군검사 또는 군사법경찰관에게 수사 및 영장의 집행 또는 집행지휘를 촉탁할 수 있다.

1. 공소제기 여부 결정 또는 공소의 유지에 관하여 필요한 경우
2. 영장의 신청·청구 여부 결정이나 영장의 집행을 위하여 필요한 경우

④ 군검사 또는 군사법경찰관은 제3항의 촉탁이 있는 때에는 정당한 사유가 없으면 지체 없이 이를 이행하고, 그 결과를 통보하여야 한다.

〔본조신설 2025·1·31〕

제229조(준수사항) ① 피의자에 대한 수사는 불구속 상태에서 함을 원칙으로 한다.

② 군검사, 군사법경찰관리, 그 밖에 직무상 수사와 관계있는 사람은 비밀을 엄수하며 피의자 또는 다른 사람의 인권을 존중하고 수사에 방해되는 일이 없도록 주의하여야 한다. <개정 2016·1·6>

③ 군검사·군사법경찰관리와 그 밖에 직무상 수사에 관계있는 사람은 수사과정에서 수사와 관련하여 작성하거나 취득한 서류 또는 물건에 대한 목록을 빠짐없이 작성하여야 한다. <신설 2020·6·9>

〔전부개정 2009·12·29〕

제230조(군검사의 체포·구속장소 감찰) ① 군검사는 불법체포·구속 여부를 조사하기 위하여 매월 1회 이상 관하 수사기관의 피의자 체포·구속장소를 감찰하여야 한다. 감찰하는 군검사는 체포되거나 구속된 사람을 심문(審問)하고 관련 서류를 조사하여야 한다. <개정 2016·1·6>

② 군검사는 적법한 절차에 따르지 아니하고 체포되거나 구속된 것이라고 의심할 만한 상당한 이유가 있는 경우에는 즉시 체포되거나 구속된 사람을 석방하거나 사건을 검찰기관에 송치할 것을 명령하여야 한다. <개정 2016·1·6>

〔전부개정 2009·12·29〕

제231조(수사와 필요한 조사) ① 수사의 목적을 달성하기 위하여 필요한 조사를 할 수 있다. 다만, 강제처분은 이 법에 특별한 규정이 있는 경우에만 하며, 필요한 최소한도의 범위에서만 하여야 한다.

② 수사를 할 때에는 관공서나 그 밖의 공사단체에 수사에 필요한 사항을 조회하여 보고를 요구할 수 있다.

〔전부개정 2009·12·29〕

제232조(피의자의 출석 요구) 군검사나 군사법경찰관은 수사에 필요할 때에는 피의자의 출석을 요구하여 진술을 들을 수 있다. <개정 2016·1·6>

〔전부개정 2009·12·29〕

제232조의2(영장에 의한 체포) ① 피의자가 죄를 범하였다고 의심할 만한 상당한 이유가 있고, 정당한 사유 없이 제232조에 따른 출석요구에 따르지 아니하거나 그러할 우려가 있을 때에는 군검사는 관할 군사법원 군판사에게 청구하여 체포영장을 발부받아 피의자를 체포할 수 있고, 군사법경찰관은 군검사에게 신청하여 군검사의 청구로 관할 군사법원 군판사의 체포영장을 발부받아 피의자를 체포할 수 있다. 다만, 다액 50만원 이하의 벌금, 구류 또는 과료에 해당하는 사건에 관하여는 피의자가 일정한 주거가 없는 경우 또는 정당한 사유 없이 제232조에 따른 출석 요구에 따르지 아니한 경우로 한정한다. <개정 2016·1·6, 2021·9·24>

② 제1항의 청구를 받은 군사법원 군판사는 타당하다고 인정하면 체포영장을 발부한다. 다만, 체포의 필요가 명백히 인정되지 아니하는 경우에는 그러하지 아니하다. <개정 2021·9·24>

③ 제1항의 청구를 받은 군사법원 군판사가 체포영장을 발부하지 아니할 때에는 청구서에 그 취지와 이유를 적고 서명날인하여 청구한 군검사에게 준다. <개정 2016·1·6, 2021·9·24>

④ 군검사는 제1항의 청구를 할 때 같은 범죄사실에 관하여 그 피의자에 대하여 전에 체포영장을 청구하였거나 발부받은 사실이 있을 때에는 다시 체포영장을 청구하는 취지와 이유를 적어야 한다. <개정 2016·1·6>

⑤ 체포한 피의자를 구속하려면 체포한 때부

터 48시간 이내에 제238조에 따라 구속영장을 청구하여야 하고, 그 기간에 구속영장을 청구하지 아니할 때에는 피의자를 즉시 석방하여야 한다.
〔전부개정 2009·12·29〕

제232조의3(긴급체포) ① 군검사나 군사법경찰관은 피의자가 사형, 무기 또는 장기 3년 이상의 징역이나 금고에 해당하는 죄를 범하였다고 의심할 만한 상당한 이유가 있고, 다음 각 호의 어느 하나에 해당하는 사유가 있을 때 상황이 긴급하여 군사법원 군판사의 체포영장을 받을 수 없을 때에는 그 사유를 알리고 영장 없이 피의자를 체포할 수 있다. 이 경우 "상황이 긴급하여"란 피의자를 우연히 발견한 경우 등과 같이 체포영장을 받을 시간적 여유가 없는 경우를 말한다. <개정 2016·1·6, 2021·9·24>
1. 피의자가 증거를 없앨 우려가 있을 때
2. 피의자가 도주하거나 도주할 우려가 있을 때

② 군사법경찰관은 제1항에 따라 피의자를 체포한 경우에는 즉시 군검사의 승인을 받아야 한다. <개정 2016·1·6>
③ 군검사나 군사법경찰관은 제1항에 따라 피의자를 체포한 경우에는 즉시 긴급체포서를 작성하여야 한다. <개정 2016·1·6>
④ 제3항에 따른 긴급체포서에는 범죄사실의 요지, 긴급체포의 사유 등을 적어야 한다.
〔전부개정 2009·12·29〕

제232조의4(긴급체포와 영장청구기간) ① 군검사나 군사법경찰관은 제232조의3에 따라 피의자를 체포한 경우 피의자를 구속하려면 지체 없이 군검사는 관할 군사법원 군판사에게 구속영장을 청구하여야 하고, 군사법경찰관은 군검사에게 신청하여 군검사의 청구로 관할 군사법원 군판사에게 구속영장을 청구하여야 한다. 이 경우 구속영장은 피의자를 체포한 때부터 48시간 이내에 청구하여야 하며, 제232조의3제3항에 따른 긴급체포서를 첨부하여야 한다. <개정 2016·1·6, 2021·9·24>
② 제1항에 따라 구속영장을 청구하지 아니하거나 발부받지 못하였을 때에는 피의자를 즉시 석방하여야 한다.
③ 제2항에 따라 석방된 사람은 영장 없이는 같은 범죄사실로 체포하지 못한다.
④ 군검사는 제1항에 따른 구속영장을 청구하지 아니하고 피의자를 석방한 경우에는 석방한 날부터 30일 이내에 서면으로 다음 각 호의 사항을 군사법원에 통지하여야 한다. 이 경우 긴급체포서의 사본을 첨부하여야 한다. <개정 2016·1·6>
1. 긴급체포 후 석방된 사람의 인적사항
2. 긴급체포의 일시·장소와 긴급체포하게 된 구체적 이유
3. 석방의 일시·장소 및 사유
4. 긴급체포 및 석방한 군검사 또는 군사법경찰관의 성명

⑤ 긴급체포 후 석방된 사람 또는 그 변호인, 법정대리인, 배우자, 직계친족, 형제자매는 통지서와 관련 서류를 열람하거나 복사할 수 있다.
⑥ 군사법경찰관은 긴급체포한 피의자에 대하여 구속영장을 신청하지 아니하고 석방한 경우에는 즉시 군검사에게 보고하여야 한다. <개정 2016·1·6>
〔전부개정 2009·12·29〕

제232조의5(체포와 피의사실 등의 고지) 군검사나 군사법경찰관은 피의자를 체포하는 경우 피의사실의 요지, 체포의 이유 및 변호인을 선임할 수 있음을 말하고 변명할 기회를 주어야 한다. <개정 2016·1·6>
〔전부개정 2009·12·29〕

제232조의6(준용규정) 군검사 또는 군사법경찰관이 피의자를 체포하는 경우에는 제114조, 제119조제1항 본문, 같은 조 제3항, 제120조, 제121조, 제123조제1항·제3항·제4항, 제124조부터 제127조까지, 제129조부터 제131조까지, 제133조, 제141조제5항 및 제142조제2항 단서를 준용한다. 이 경우 "구속"은 "체포"로, "구속영장"은 "체포영장"으로, "피고인"은 "피의자"로 본다. <개정 2016·1·6>
〔전부개정 2009·12·29〕

제233조(피의자신문) 군검사나 군사법경찰관은 피의자를 신문할 때 먼저 그 성명, 연령, 등록기준지, 소속, 계급, 군번, 주민등록번호, 주거 및 직업을 물어 피의자임이 틀림없는지 확인하여야 한다. <개정 2016·1·6>
〔전부개정 2009·12·29〕

제234조(피의자신문사항) 군검사나 군사법경찰관은 피의자에 대하여 범죄사실과 정상(情狀)에 관한 사항을 신문하여야 하며 그 이익이 되는 사실을 진술할 기회를 주어야 한다. <개정 2016·1·6>
〔전부개정 2009·12·29〕

제235조(피의자신문과 참여자) 군검사가 피의자를 신문할 때에는 군검찰부의 검찰수사관 또는 검찰서기를 참여하게 하여야 하고, 군사법경찰관이 피의자를 신문할 때에는 군사법경찰관리를 참여하게 하여야 한다. <개정 2016·1·6>
〔전부개정 2009·12·29〕

제235조의2(변호인의 참여 등) ① 군검사나 군사법경찰관은 피의자 또는 그 변호인, 법정대리인, 배우자, 직계친족, 형제자매의 신청에 따라 변호인을 피의자와 접견하게 하거나 정당한 사유가 없으면 피의자신문에 참여하게 하여야 한다. <개정 2016·1·6>
② 신문에 참여하려는 변호인이 2명 이상일 때에는 피의자가 신문에 참여할 변호인 1명을 지정한다. 피의자가 지정하지 아니하는 경우에는 군검사나 군사법경찰관이 지정할 수 있다. <개정 2016·1·6>
③ 신문에 참여한 변호인은 신문 후 의견을 진술할 수 있다. 다만, 신문 중이라도 부당한 신문방법에 대하여 이의를 제기할 수 있고, 군검사나 군사법경찰관의 승인을 받아 의견을 진술할 수 있다. <개정 2016·1·6>
④ 제3항에 따른 변호인의 의견이 적힌 피의자신문조서는 변호인에게 열람 후 기명날인 또는 서명하도록 하여야 한다.
⑤ 군검사나 군사법경찰관은 변호인의 신문참여 및 그 제한에 관한 사항을 피의자신문조서에 적어야 한다. <개정 2016·1·6>
〔전부개정 2009·12·29〕

제236조(피의자신문조서의 작성) ① 피의자의 진술은 조서에 적어야 한다.
② 제1항의 조서는 피의자에게 열람하게 하거나 읽어주어야 하며, 진술한 대로 적지 아니한 부분이나 사실과 다른 부분이 있는지 물어 피의자가 증감 또는 변경의 청구 등 이의를 제기하거나 의견을 진술하였을 때에는 조서에 추가로 적어야 한다. 이 경우 피의자가 이의를 제기한 부분은 읽을 수 있도록 남겨두어야 한다.
③ 피의자가 조서에 대하여 이의나 의견이 없음을 진술하였을 때에는 피의자에게 그 취지를 자필로 적게 하고 조서에 간인한 후 기명날인 또는 서명하게 한다.
〔전부개정 2009·12·29〕

제236조의2(피의자진술의 영상녹화) ① 피의자의 진술은 영상녹화할 수 있다. 이 경우 미리 영상녹화사실을 알려주어야 하며, 조사의 개시부터 종료까지의 전 과정 및 객관적 정황을 영상녹화하여야 한다.
② 제1항에 따른 영상녹화가 완료된 때에는 피의자 또는 변호인 앞에서 지체 없이 그 원본을 봉인하고 피의자로 하여금 기명날인 또는 서명하게 하여야 한다.
③ 제2항의 경우에 피의자 또는 변호인의 요구가 있는 때에는 영상녹화물을 재생하여 시청하게 하여야 한다. 이 경우 그 내용에 대하여 이의를 진술하는 때에는 그 취지를 기재한 서면을 첨부하여야 한다.
〔본조신설 2008·1·17〕

제236조의3(진술거부권 등의 고지) ① 군검사나 군사법경찰관은 피의자를 신문하기 전에 다음 각 호의 사항을 알려주어야 한다. <개정 2016·1·6>
1. 어떤 진술도 하지 아니하거나 각각의 질문에 대하여 진술하지 아니할 수 있다는 것
2. 진술하지 아니하더라도 불이익을 받지 아니한다는 것
3. 진술을 거부할 권리를 포기하고 한 진술은 법정에서 유죄의 증거로 사용될 수 있다는 것
4. 신문을 받을 때에는 변호인을 참여하게 하는 등 변호인의 도움을 받을 수 있다는 것

② 군검사나 군사법경찰관은 제1항에 따라 알려준 후 피의자가 진술을 거부할 권리와 변호인의 도움을 받을 권리를 행사할 것인지를 묻고, 이에 대한 피의자의 답변을 조서에 적어야 한다. 이 경우 피의자의 답변은 피의자에게 자필로 적게 하거나 군검사 또는 군사법경찰관이 피의자의 답변을 적고

그 부분에 피의자가 기명날인 또는 서명하게 하여야 한다. <개정 2016·1·6>
〔전부개정 2009·12·29〕

제236조의4(수사과정의 기록) ① 군검사나 군사법경찰관은 피의자가 조사장소에 도착한 시각, 조사를 시작하고 마친 시각, 그 밖에 조사과정의 진행경과를 확인하기 위하여 필요한 사항을 피의자신문조서에 적거나 별도의 서면에 적은 후 수사기록에 철하여야 한다. <개정 2016·1·6>
② 제1항의 조서 또는 서면에 관하여는 제236조제2항과 제3항을 준용한다.
③ 피의자가 아닌 사람을 조사하는 경우에는 제1항과 제2항을 준용한다.
〔전부개정 2009·12·29〕

제236조의5(장애인 등 특별히 보호하여야 할 사람에 대한 특칙) 군검사나 군사법경찰관은 피의자를 신문하는 경우 다음 각 호의 어느 하나에 해당할 때에는 직권으로 또는 피의자·법정대리인의 신청에 따라 피의자와 신뢰관계에 있는 사람을 동석하게 할 수 있다. <개정 2016·1·6>
1. 피의자가 신체적 또는 정신적 장애로 사물을 변별하거나 의사를 결정·전달할 능력이 미약할 때
2. 피의자의 연령·성별·국적 등의 사정을 고려하여 심리적 안정과 원활한 의사소통을 위하여 필요할 때
〔전부개정 2009·12·29〕

제237조(참고인과의 대질) 군검사나 군사법경찰관은 사실 발견을 위하여 필요할 때에는 피의자와 다른 피의자 또는 피의자 아닌 사람을 대질하게 할 수 있다. <개정 2016·1·6>
〔전부개정 2009·12·29〕

제238조(구속) ① 피의자가 죄를 범하였다고 의심할 만한 상당한 이유가 있고 제110조제1항 각 호의 어느 하나에 해당하는 사유가 있을 때에 군검사는 관할 군사법원 군판사에게 청구하여 구속영장을 받아 피의자를 구속할 수 있고, 군사법경찰관은 군검사에게 신청하여 군검사의 청구로 관할 군사법원 군판사의 구속영장을 받아 피의자를 구속할 수 있다. 다만, 다액 50만원 이하의 벌금, 구류 또는 과료에 해당하는 범죄의 경우에는 피의자가 일정한 주거가 없는 경우로 한정한다. <개정 2016·1·6, 2021·9·24>
② 구속영장을 청구할 때에는 구속의 필요를 인정할 수 있는 자료를 제출하여야 한다.
③ 삭제 <2021·9·24>
④ 제1항의 청구를 받은 관할 군사법원 군판사는 신속히 구속영장 발부 여부를 결정하여야 한다. <개정 2021·9·24>
⑤ 군검사로부터 제1항의 청구를 받은 관할 군사법원 군판사는 상당하다고 인정하면 구속영장을 발부한다. 구속영장을 발부하지 아니할 때에는 청구서에 그 취지 및 이유를 적고 서명날인하여 청구한 군검사에게 준다. <개정 2016·1·6, 2021·9·24>
⑥ 군검사가 제1항의 청구를 할 때 같은 범죄사실에 관하여 그 피의자에 대하여 전에 구속영장을 청구하거나 발부받은 사실이 있으면 다시 구속영장을 청구하는 취지 및 이유를 적어야 한다. <개정 2016·1·6>
〔전부개정 2009·12·29〕

제238조의2(구속영장청구와 피의자심문) ① 제232조의2·제232조의3 또는 제248조에 따라 체포된 피의자에 대하여 구속영장을 청구받은 군사법원 군판사는 지체 없이 피의자를 심문하여야 한다. 이 경우 특별한 사정이 없으면 구속영장이 청구된 날의 다음날까지 심문하여야 한다. <개정 2021·9·24>
② 제1항 외의 피의자에 대하여 구속영장을 청구받은 군사법원 군판사는 피의자가 죄를 범하였다고 의심할 만한 이유가 있는 경우에 구인을 위한 구속영장을 발부하여 피의자를 구인한 후 심문하여야 한다. 다만, 피의자가 도주하는 등의 사유로 심문할 수 없는 경우에는 그러하지 아니하다. <개정 2021·9·24>
③ 군사법원 군판사는 제1항의 경우에는 즉시, 제2항의 경우에는 피의자를 인치한 후 즉시 군검사, 피의자 및 변호인에게 심문기일과 장소를 통지하여야 한다. 이 경우 군검사는 피의자가 체포되어 있으면 심문기일에 피의자를 출석시켜야 한다. <개정 2016·1·6, 2021·9·24>
④ 군검사와 변호인은 제3항의 심문기일에

출석하여 의견을 진술할 수 있다. <개정 2016·1·6>

⑤ 군사법원 군판사는 제1항 또는 제2항에 따라 심문할 때에는 공범의 분리심문이나 그 밖에 수사상의 비밀보호를 위한 적절한 조치를 하여야 한다. <개정 2021·9·24>

⑥ 제1항 또는 제2항에 따라 피의자를 심문하는 경우 서기는 심문의 요지 등을 조서로 작성하여야 한다.

⑦ 피의자심문을 하는 경우 군사법원이 구속영장청구서·수사 관계 서류 및 증거물을 접수한 날부터 구속영장을 발부하여 군검찰부에 반환한 날까지의 기간은 제239조와 제240조를 적용할 때 구속기간에 산입하지 아니한다.

⑧ 심문할 피의자에게 변호인이 없을 때에는 군사법원 군판사는 직권으로 변호인을 선정하여야 한다. 이 경우 변호인 선정은 피의자에 대한 구속영장 청구가 기각되어 효력이 소멸한 경우를 제외하고는 제1심까지 효력이 있다. <개정 2021·9·24>

⑨ 군사법원은 변호인의 사정이나 그 밖의 사유로 변호인 선정결정이 취소되어 변호인이 없게 되었을 때에는 직권으로 변호인을 다시 선정할 수 있다.

⑩ 제2항에 따라 구인을 하는 경우에는 제111조, 제111조의2, 제114조, 제119조부터 제121조까지, 제123조제1항·제3항·제4항, 제124조, 제125조, 제127조제1항, 제129조부터 제131조까지 및 제232조의5를 준용하고, 피의자를 심문하는 경우에는 제82조·제85조·제87조·제87조의3 및 제326조의2를 준용한다.

〔전부개정 2009·12·29〕

제238조의3(소속 부대장의 의견진술권) 피의자가 소속된 부대의 장은 제238조에 따른 구속영장이 청구되었을 경우 구속에 대한 의견을 서면으로 군판사에게 제출할 수 있다.

〔본조신설 2021·9·24〕

제239조(군사법경찰관의 구속기간) 군사법경찰관은 피의자를 구속한 경우 10일 이내에 피의자를 군검사에게 인치하지 아니하면 석방하여야 한다. <개정 2016·1·6>

〔전부개정 2009·12·29〕

제240조(군검사의 구속기간) 군검사는 피의자를 구속하거나 군사법경찰관으로부터 피의자의 인치를 받았을 때에는 10일 이내에 공소를 제기하지 아니하면 석방하여야 한다. <개정 2016·1·6>

〔전부개정 2009·12·29〕

제240조의2(구속기간의 계산) 피의자가 제232조의2, 제232조의3, 제238조의2제2항 또는 제248조에 따라 체포 또는 구인된 경우에는 제239조 또는 제240조의 구속기간은 피의자를 체포 또는 구인한 날부터 기산한다.

〔전부개정 2009·12·29〕

제241조(영장발부와 군사법원에 대한 통지) 군검사는 체포영장 또는 구속영장의 발부를 받은 후 피의자를 체포 또는 구속하지 아니하거나 체포 또는 구속한 피의자를 석방하였을 때에는 지체 없이 영장을 발부한 군사법원에 그 사유를 서면으로 통지하여야 한다. <개정 2016·1·6>

〔전부개정 2009·12·29〕

제242조(구속기간의 연장) ① 군사법원 군판사는 군검사의 신청에 따라 수사를 계속할 상당한 이유가 있다고 인정하면 10일을 초과하지 아니하는 범위에서 제240조의 구속기간의 연장을 한 차례만 허가할 수 있다. <개정 2016·1·6, 2021·9·24>

② 제1항의 신청을 할 때에는 구속기간 연장의 필요를 인정할 수 있는 자료를 제출하여야 한다.

③ 삭제 <2021·9·24>

〔전부개정 2009·12·29〕

제243조 및 **제244조** 삭제 <1999·12·28>

제245조(재구속의 제한) ① 군검사나 군사법경찰관에게 구속되었다가 석방된 사람은 다른 중요한 증거를 발견한 경우를 제외하고는 같은 범죄사실로 다시 구속하지 못한다. <개정 2016·1·6>

② 제1항의 경우 1개의 목적을 위하여 동시 또는 수단·결과의 관계에서 한 행위는 같은 범죄사실로 본다.

〔전부개정 2009·12·29〕

제246조(준용규정) 군검사 또는 군사법경찰관의 피의자 구속에 관하여는 제110조제2항, 제111조, 제114조, 제119조제1항 본문, 같은 조 제3항·제4항, 제120조부터 제127조까지, 제129조부터 제131조까지, 제133조, 제141조제1항·제2항, 제142조제2항 본문(보석의 취소에 관한 부분은 제외한다) 및 제232조의5를 준용하되, 제122조에 따른 수사와 구속영장집행의 촉탁은 군검사만이 할 수 있다. <개정 2016·1·6>

〔전부개정 2009·12·29〕

제247조(현행범과 준현행범) ① 범죄 실행 중이거나 실행 직후의 사람을 현행범이라 한다.

② 다음 각 호의 어느 하나에 해당하는 사람은 현행범으로 본다.

1. 범인으로 불리어 추적되고 있는 사람
2. 장물이나 범죄에 사용되었다고 인정하기에 충분한 흉기 또는 그 밖의 물건을 지니고 있는 사람
3. 신체 또는 의복류에 뚜렷한 증거 흔적이 있는 사람
4. 누구인지 물었더니 도주하려는 사람

〔전부개정 2009·12·29〕

제248조(현행범 체포) 현행범은 누구든지 영장 없이 체포할 수 있다.

〔전부개정 2009·12·29〕

제249조(체포된 현행범의 인도) ① 군검사 또는 군사법경찰관리가 아닌 사람이 현행범을 체포한 경우에는 즉시 군검사나 군사법경찰관리에게 인도하여야 한다. <개정 2016·1·6>

② 군사법경찰관리는 현행범을 인도받았을 때에는 체포한 사람의 성명·주거 및 체포의 사유를 물어야 하고 필요하면 체포한 사람에게 군사법경찰관서에 동행할 것을 요구할 수 있다.

〔전부개정 2009·12·29〕

제250조(준용규정) 군검사나 군사법경찰관리가 현행범을 체포하거나 현행범을 인도받은 경우에는 제127조, 제129조, 제130조, 제232조의2제5항 및 제232조의5를 준용한다. <개정 2016·1·6>

〔전부개정 2009·12·29〕

제251조(경미한 사건과 현행범의 체포) 다액 50만원 이하의 벌금, 구류 또는 과료에 해당하는 죄의 현행범에 대하여는 범인의 주거가 분명하지 아니할 때에만 제248조부터 제250조까지의 규정을 적용한다.

〔전부개정 2009·12·29〕

제252조(체포와 구속의 적부심사) ① 체포되거나 구속된 피의자 또는 그 변호인, 법정대리인, 배우자, 직계친족, 형제자매, 가족, 동거인 또는 고용주는 관할 군사법원에 체포 또는 구속의 적부심사를 청구할 수 있다. <개정 2021·9·24>

② 피의자를 체포하거나 구속한 군검사 또는 군사법경찰관은 체포되거나 구속된 피의자와 제1항에 규정된 사람 중에서 피의자가 지정하는 사람에게 제1항에 따른 적부심사를 청구할 수 있음을 알려야 한다. <개정 2016·1·6>

③ 군사법원은 제1항에 따른 청구가 다음 각 호의 어느 하나에 해당할 때에는 제4항에 따른 심문 없이 결정으로 청구를 기각할 수 있다.

1. 청구권자가 아닌 사람이 청구하거나 같은 체포영장 또는 구속영장의 발부에 대하여 재청구하였을 때
2. 공범 또는 공동피의자가 차례로 청구한 것이 수사를 방해할 목적임이 명백할 때

④ 제1항의 청구를 받은 군사법원은 청구서가 접수된 때부터 48시간 이내에 체포 또는 구속된 피의자를 심문하고 수사 관계 서류 및 증거물을 조사하여 그 청구가 이유 없다고 인정하면 결정으로 기각하고, 이유 있다고 인정하면 결정으로 체포 또는 구속된 피의자의 석방을 명령하여야 한다. 심사청구 후 피의자에 대하여 공소가 제기된 경우에도 또한 같다.

⑤ 군사법원은 구속된 피의자(심사청구 후 공소제기된 사람을 포함한다)에 대하여 피의자의 출석을 보증할 만한 보증금의 납입을 조건으로 하여 결정으로 제4항의 석방을 명령할 수 있다. 다만, 다음 각 호의 어느 하나에 해당하는 경우에는 그러하지 아니하다.

1. 범죄증거를 없앨 우려가 있다고 믿을 만한 충분한 이유가 있는 경우
2. 피해자, 해당 사건의 재판에 필요한 사실을 알고 있다고 인정되는 사람 또는 그

친족의 생명·신체·재산에 해를 끼치거나 그럴 우려가 있다고 믿을 만한 충분한 이유가 있는 경우

⑥ 제5항의 석방결정을 하는 경우에는 주거의 제한, 군사법원 또는 군검사가 지정하는 일시·장소에 출석할 의무, 그 밖의 적당한 조건을 부가할 수 있다. <개정 2016·1·6>

⑦ 제5항에 따라 보증금 납입을 조건으로 석방하는 경우에는 제138조와 제140조를 준용한다.

⑧ 제3항과 제4항의 결정에 대하여는 항고하지 못한다.

⑨ 군검사, 변호인 또는 청구인은 제4항의 심문기일에 출석하여 의견을 진술할 수 있다. <개정 2016·1·6>

⑩ 체포되거나 구속된 피의자에게 변호인이 없을 때에는 제62조를 준용한다.

⑪ 군사법원은 제4항의 심문을 하는 경우 공범의 분리심문이나 그 밖에 수사상의 비밀 보호를 위한 적절한 조치를 하여야 한다.

⑫ 체포영장이나 구속영장을 발부한 군판사는 제4항부터 제6항까지의 규정에 따른 심문, 조사 및 결정에 관여하지 못한다. 다만, 체포영장이나 구속영장을 발부한 군판사 외에는 심문, 조사 및 결정을 할 군판사가 없는 경우에는 그러하지 아니하다.

⑬ 군사법원이 수사 관계 서류와 증거물을 접수한 때부터 결정 후 군검찰부에 반환할 때까지의 기간은 제232조의2제5항(제250조에 따라 준용되는 경우를 포함한다) 및 제232조의4제1항을 적용할 때에는 그 제한기간에 산입하지 아니하고, 제239조·제240조 및 제242조를 적용할 때에는 그 구속기간에 산입하지 아니한다.

⑭ 제4항에 따라 피의자를 심문하는 경우에는 제238조의2제6항을 준용한다.

〔전부개정 2009·12·29〕

제253조(재체포 및 재구속의 제한) ① 제252조제4항에 따른 체포 또는 구속적부심사 결정에 따라 석방된 피의자가 도주하거나 범죄증거를 없애는 경우를 제외하고는 같은 범죄사실로 다시 체포하거나 구속하지 못한다.

② 제252조제5항에 따라 석방된 피의자에게 다음 각 호의 어느 하나에 해당하는 사유가 있는 때를 제외하고는 같은 범죄사실로 다시 체포하거나 구속하지 못한다.

1. 도주한 때
2. 도주하거나 범죄증거를 없앨 우려가 있다고 믿을 만한 충분한 이유가 있는 때
3. 출석요구를 받고 정당한 사유 없이 출석하지 아니한 때
4. 주거의 제한 또는 그 밖에 군사법원이 정한 조건을 위반한 때

〔전부개정 2009·12·29〕

제253조의2(보증금의 몰취) ① 군사법원은 다음 각 호의 어느 하나에 해당하는 경우 직권으로 또는 군검사의 청구에 따라 결정으로 제252조제5항에 따라 납입된 보증금의 전부 또는 일부를 몰취할 수 있다. <개정 2016·1·6>

1. 제252조제5항에 따라 석방된 사람을 제253조제2항에 열거된 사유로 다시 구속할 때
2. 공소가 제기된 후 군사법원이 제252조제5항에 따라 석방된 사람을 같은 범죄사실로 다시 구속할 때

② 군사법원은 제252조제5항에 따라 석방된 사람이 같은 범죄사실로 형을 선고받고 그 판결이 확정된 후, 집행하기 위한 소환을 받고 정당한 사유 없이 출석하지 아니하거나 도주한 경우에는 직권으로 또는 군검사의 청구에 따라 결정으로 보증금의 전부 또는 일부를 몰취하여야 한다. <개정 2016·1·6>

〔전부개정 2009·12·29〕

제254조(압수·수색·검증) ① 군검사는 범죄수사에 필요할 때에는 피의자가 죄를 범하였다고 의심할 만한 정황이 있고 해당 사건과 관계가 있다고 인정할 수 있는 것에 한정하여 관할 군사법원 군판사가 발부한 영장에 따라 압수·수색 또는 검증을 할 수 있다. <개정 2016·1·6, 2020·6·9, 2021·9·24>

② 군사법경찰관은 범죄수사에 필요할 때에는 피의자가 죄를 범하였다고 의심할 만한 정황이 있고 해당 사건과 관계가 있다고 인정할 수 있는 것에 한정하여 군검사에게 신청하여 군검사의 청구로 관할 군사법원 군

판사가 발부한 압수·수색영장에 따라 압수·수색 또는 검증을 할 수 있다. <개정 2016·1·6, 2020·6·9, 2021·9·24>
〔전부개정 2009·12·29〕

제255조(영장 없이 하는 강제처분) ① 군검사나 군사법경찰관은 제232조의2·제232조의3·제238조 또는 제248조에 따라 피의자를 체포하거나 구속하는 경우에 필요하면 영장 없이 다음 각 호의 처분을 할 수 있다. <개정 2016·1·6>

1. 다른 사람의 주거나 다른 사람이 관리하는 가옥, 건조물, 항공기, 선박 또는 차량에서의 피의자 수사
2. 체포현장에서의 압수·수색·검증

② 군검사나 군사법경찰관이 피고인에 대한 구속영장을 집행하는 경우에는 제1항제2호를 준용한다. <개정 2016·1·6>
③ 범행 중 또는 범행 직후의 범죄장소에서 상황이 긴급하여 관할 군사법원 군판사의 영장을 받을 수 없을 때에는 영장 없이 압수·수색 또는 검증을 할 수 있다. 이 경우에는 사후에 지체 없이 영장을 발부받아야 한다. <개정 2021·9·24>
〔전부개정 2009·12·29〕

제256조(영장 없이 하는 강제처분) ① 군검사나 군사법경찰관은 제232조의3에 따라 체포된 사람이 소유·소지 또는 보관하는 물건을 긴급히 압수할 필요가 있는 경우에는 체포한 때부터 24시간 이내에만 영장 없이 압수·수색 또는 검증을 할 수 있다. <개정 2016·1·6>
② 군검사나 군사법경찰관은 제1항 또는 제255조제1항제2호에 따라 압수한 물건을 계속 압수할 필요가 있으면 지체 없이 압수수색영장을 청구하여야 한다. 이 경우 압수수색영장의 청구는 체포한 때부터 48시간 이내에 하여야 한다. <개정 2016·1·6>
③ 군검사나 군사법경찰관은 제2항에 따라 청구한 압수수색영장을 발부받지 못하였을 때에는 압수한 물건을 즉시 반환하여야 한다. <개정 2016·1·6, 2020·6·9>
〔전부개정 2009·12·29〕

제257조(영장 없이 하는 압수) 군검사나 군사법경찰관은 피의자 또는 그 밖의 사람의 유류품이나 소유자, 소지자 또는 보관자가 임의로 제출한 물건을 영장 없이 압수할 수 있다. <개정 2016·1·6>
〔전부개정 2009·12·29〕

제257조의2(압수물의 환부, 가환부) ① 군검사는 사본을 확보한 경우 등 압수를 계속할 필요가 없다고 인정되는 압수물 및 증거에 사용할 압수물에 대하여 공소제기 전이라도 소유자, 소지자, 보관자 또는 제출인의 청구가 있는 때에는 환부 또는 가환부하여야 한다.
② 제1항의 청구에 대하여 군검사가 이를 거부하는 경우에는 신청인은 해당 군검사의 소속 보통검찰부에 대응한 군사법원에 압수물의 환부 또는 가환부 결정을 청구할 수 있다.
③ 제2항의 청구에 대하여 군사법원이 환부 또는 가환부를 결정하면 군검사는 신청인에게 압수물을 환부 또는 가환부하여야 한다.
④ 군사법경찰관의 환부 또는 가환부 처분에 관하여는 제1항부터 제3항까지의 규정을 준용한다. 이 경우 군사법경찰관은 군검사의 동의를 받아야 한다.
〔본조신설 2020·6·9〕

제258조(준용규정) 군검사나 군사법경찰관이 이 장의 규정에 따라 압수·수색 또는 검증을 하는 경우에는 제146조, 제147조, 제149조부터 제152조까지, 제154조, 제156조제1항 본문, 같은 조 제2항·제3항, 제159조부터 제173조까지, 제175조, 제176조, 제181조, 제182조, 제390조제2항 및 제528조를 준용한다. 다만, 군사법경찰관이 제171조, 제173조 및 제175조에 따른 처분을 할 때에는 군검사의 동의를 받아야 한다. <개정 2016·1·6, 2020·6·9>
〔전부개정 2009·12·29〕

제259조(긴급처분) 제255조에 따른 처분을 할 때에 긴급한 경우에는 제164조제2항과 제166조에 따르지 아니할 수 있다.
〔전부개정 2009·12·29〕

제260조(제3자의 출석요구 등) ① 군검사나 군사법경찰관은 수사에 필요할 때에는 피의자 아닌 사람의 출석을 요구하여 진술을 들을 수 있다. 이 경우 그의 동의를 받아 영

상녹화할 수 있다. <개정 2016·1·6>
② 군검사 또는 군사법경찰관은 수사에 필요할 때에는 감정, 통역 또는 번역을 위촉할 수 있다. <개정 2016·1·6>
③ 군검사나 군사법경찰관이 범죄의 피해자를 조사하는 경우에는 제204조의2제1항부터 제3항까지의 규정을 준용한다. <개정 2016·1·6>
〔전부개정 2009·12·29〕

제260조의2(군인 등 사이에 발생한 범죄의 피해군인 등에 대한 변호사 선임의 특례) ①「군형법」 제1조제1항부터 제3항까지에 규정된 사람 사이에 발생한 범죄의 피해자 및 그 법정대리인(이하 이 조에서 "피해자등"이라 한다)은 형사절차상 입을 수 있는 피해를 방어하고 법률적 조력을 보장하기 위하여 변호사를 선임할 수 있다.
② 제1항에 따른 변호사는 군검사 또는 군사법경찰관의 피해자등에 대한 조사에 참여하여 의견을 진술할 수 있다. 다만, 조사 도중에는 군검사 또는 군사법경찰관의 승인을 받아 의견을 진술할 수 있다.
③ 제1항에 따른 변호사는 피의자에 대한 구속 전 피의자심문, 증거보전절차, 공판준비기일 및 공판절차에 출석하여 의견을 진술할 수 있다. 이 경우 필요한 절차에 관한 구체적 사항은 대법원규칙으로 정한다.
④ 제1항에 따른 변호사는 증거보전 후 관계 서류나 증거물, 소송계속 중의 관계 서류나 증거물을 열람하거나 등사할 수 있다.
⑤ 제1항에 따른 변호사는 형사절차에서 피해자등의 대리가 허용될 수 있는 모든 소송행위에 대한 포괄적인 대리권을 가진다.
⑥ 군검사는 피해자(「군형법」 제1조제1항부터 제3항까지에 규정된 사람으로 한정한다)에게 변호사가 없는 경우 국선변호사를 선정하여 형사절차에서 피해자의 권익을 보호할 수 있다.
〔본조신설 2020·6·9〕

제261조(증인신문의 청구) ① 범죄 수사에 없어서는 아니 될 사실을 안다고 명백히 인정되는 사람이 제260조에 따른 출석 또는 진술을 거부한 경우 군검사는 제1회 공판기일 전까지만 군판사에게 그에 대한 증인신문을 청구할 수 있다. <개정 2016·1·6>
② 제1항의 청구를 할 때에는 서면으로 그 사유를 소명하여야 한다.
③ 제1항의 청구를 받은 군판사는 증인신문에 관하여 군사법원과 같은 권한이 있다.
④ 군판사는 제1항의 청구에 따라 증인신문기일을 정한 경우에는 피고인, 피의자 또는 변호인에게 통지하여 증인신문에 참여할 수 있도록 하여야 한다.
⑤ 군판사는 제1항의 청구에 따른 증인신문을 하였을 때에는 지체 없이 이에 관한 서류를 군검사에게 보내야 한다. <개정 2016·1·6>
〔전부개정 2009·12·29〕

제262조(감정의 위촉과 감정유치의 청구) ① 군검사는 제260조에 따라 감정을 위촉하는 경우 제213조제3항의 유치처분이 필요하면 군판사에게 청구하여야 한다. <개정 2016·1·6>
② 군판사는 제1항의 청구가 상당하다고 인정하면 유치처분을 하여야 한다. 이 경우 제213조와 제214조를 준용한다.
〔전부개정 2009·12·29〕

제263조(감정에 필요한 처분허가장) ① 제260조에 따라 감정을 위촉받은 사람은 군판사의 허가를 받아 제215조제1항에 규정된 처분을 할 수 있다.
② 제1항의 허가의 청구는 군검사가 하여야 한다. <개정 2016·1·6>
③ 군판사는 제2항의 청구가 상당하다고 인정하면 허가장을 발급하여야 한다.
④ 제3항의 허가장에 관하여는 제215조제2항·제3항 및 제5항을 준용한다.
〔전부개정 2009·12·29〕

제264조(변사자의 검시) ① 변사자 또는 변사한 것으로 의심되는 사체가 제2조에 해당하는 사람의 사체일 때에는 군검사가 검시(檢視)하여야 한다. <개정 2016·1·6>
② 변사자 또는 변사한 것으로 의심되는 사체가 제2조에 해당하지 아니하는 사람의 사체일지라도 병영이나 그 밖의 군사용 청사, 차량, 함선 또는 항공기에서 발견되었을 때에는 군검사가 검시하여야 한다. <개정 2016·1·6>

③ 제1항 또는 제2항의 검시로 범죄의 혐의가 인정되고 긴급할 때에는 영장 없이 검증을 할 수 있다.
④ 군검사는 군사법경찰관이나 사법경찰관에게 제1항부터 제3항까지의 처분을 하게 할 수 있다. <개정 2016·1·6>
〔전부개정 2009·12·29〕

제265조(고소권자) 범죄의 피해자는 고소할 수 있다.
〔전부개정 2009·12·29〕

제266조(고소의 제한) 자기 자신이나 배우자의 직계존속을 고소하지 못한다.
〔전부개정 2009·12·29〕

제267조(피해자 아닌 고소권자) ① 피해자의 법정대리인은 독립하여 고소할 수 있다.
② 피해자가 사망하였을 때에는 그 배우자, 직계친족 또는 형제자매는 고소할 수 있다. 다만, 피해자가 명시한 의사에 반하여 고소하지 못한다.
〔전부개정 2009·12·29〕

제268조(피해자 아닌 고소권자) 피해자의 법정대리인이나 법정대리인의 친족이 피의자일 때에는 피해자의 친족은 독립하여 고소할 수 있다.
〔전부개정 2009·12·29〕

제269조(피해자 아닌 고소권자) 죽은 사람의 명예를 훼손한 범죄에 대하여는 그 친족 또는 자손은 고소할 수 있다.
〔전부개정 2009·12·29〕

제270조(고소권자의 지정) 친고죄에 대하여 고소할 사람이 없는 경우 이해관계인의 신청이 있을 때에는 군검사는 10일 이내에 고소할 수 있는 사람을 지정하여야 한다. <개정 2016·1·6>
〔전부개정 2009·12·29〕

제271조 삭제 <2016·1·6>

제272조(고소기간) ① 친고죄에 대하여는 범인을 알게 된 날부터 6개월이 지나면 고소하지 못한다. 다만, 고소할 수 없는 불가항력의 사유가 있을 때에는 그 사유가 없어진 날부터 기산한다.
② 삭제 <2013·4·5>
〔전부개정 2009·12·29〕

제273조(여러 명의 고소권자) 고소할 수 있는 사람이 여러 명인 경우 1명이 고소기간을 지키지 못하더라도 다른 사람의 고소에 영향이 없다.
〔전부개정 2009·12·29〕

제274조(고소의 취소) ① 고소는 제1심판결 선고 전까지 취소할 수 있다.
② 고소를 취소한 사람은 다시 고소하지 못한다.
③ 피해자가 명시한 의사에 반하여 죄를 물을 수 없는 사건에서 처벌을 희망하는 의사표시의 철회에 관하여도 제1항과 제2항을 준용한다.
〔전부개정 2009·12·29〕

제275조(고소의 불가분) 친고죄의 공범 중 1명 또는 여러 명에 대한 고소 또는 그 취소는 다른 공범에 대하여도 효력이 있다.
〔전부개정 2009·12·29〕

제276조(고발) ① 누구든지 범죄가 있다고 생각될 때에는 고발할 수 있다.
② 공무원은 그 직무를 수행할 때 범죄가 있다고 생각되면 고발하여야 한다.
〔전부개정 2009·12·29〕

제277조(고발의 제한) 고발에 관하여는 제266조를 준용한다.
〔전부개정 2009·12·29〕

제278조(대리고소) 고소 또는 그 취소는 대리인이 하도록 할 수 있다.
〔전부개정 2009·12·29〕

제279조(고소·고발의 방식) ① 고소나 고발은 서면 또는 말로 군검사나 군사법경찰관에게 하여야 한다. <개정 2016·1·6>
② 군검사나 군사법경찰관은 말로 한 고소 또는 고발을 받았을 때에는 조서를 작성하여야 한다. <개정 2016·1·6>
〔전부개정 2009·12·29〕

제280조(고소·고발과 군사법경찰관의 조치) 군사법경찰관은 고소나 고발을 받으면 신속히 조사하여 관계 서류와 증거물을 군검사에게 보내야 한다. <개정 2016·1·6>
〔전부개정 2009·12·29〕

제281조(고소·고발 취소와 준용규정) 고소나 고발의 취소에 관하여는 제279조와 제280조를 준용한다.
〔전부개정 2009·12·29〕

제282조(자수와 준용규정) 자수(自首)에 관하여는 제279조와 제280조를 준용한다.
〔전부개정 2009·12·29〕

제283조(군사법경찰관의 사건송치) ① 군사법경찰관은 수사를 하였을 때에는 서류와 증거물을 첨부하여 군검사에게 사건을 송치하여야 한다. <개정 2016·1·6>

② 군검사는 다음 각 호의 어느 하나에 해당하는 경우 군사법경찰관에게 보완수사를 요구할 수 있다. <신설 2021·9·24>

1. 송치사건의 공소제기 여부 결정 또는 공소의 유지에 관하여 필요한 경우
2. 군사법경찰관이 신청한 영장의 청구 여부 결정에 관하여 필요한 경우

③ 군사법경찰관은 제2항의 요구가 있는 때에는 정당한 사유가 없으면 지체 없이 이를 이행하고, 그 결과를 군검사에게 통보하여야 한다. <신설 2021·9·24>

〔전부개정 2009·12·29〕

제284조(군검사의 사건통보) 군검사는 수사를 하였거나 제283조에 따라 사건의 송치를 받았을 때에는 의견을 붙여 해당 피의자의 소속 부대의 장에게 사건의 내용을 통보하여야 한다. <개정 2016·1·6, 2021·9·24>

〔전부개정 2009·12·29〕

제285조(군검사의 사건처리) 군검사는 사건의 수사를 마쳤을 때에는 다음 각 호의 어느 하나에 해당하는 처분을 하여야 한다. <개정 2016·1·6>

1. 공소를 제기함이 상당하다고 인정할 때에는 공소의 제기
2. 범인이 체포되지 아니하였거나 공소권 또는 범죄혐의가 없다고 인정될 때 또는 「형법」 제51조 각 호의 사항을 참작하여 공소를 제기하지 아니하는 것이 상당하다고 인정할 때에는 불기소의 처분
3. 그 군검찰부에 대응하는 군사법원에 관할권이 있지 아니하거나 관할권이 있더라도 다른 관할 군사법원에서 심리하는 것이 상당하다고 인정할 때에는 관할 군사법원에 대응하는 군검찰부에 송치

〔전부개정 2009·12·29〕

제286조(검사 또는 사법경찰관에의 사건송치) 군검사는 사건에 대한 재판권이 군사법원에 있지 아니할 때에는 사건을 서류·증거물과 함께 재판권을 가진 관할 법원에 대응하는 검찰청의 검사, 고위공직자범죄수사처의 수사처검사, 경찰청 또는 해양경찰청의 사법경찰관에게 송치하여야 한다. 이 경우 송치 전에 한 소송행위의 효력은 송치 후에도 영향이 없다. <개정 2016·1·6, 2021·9·24, 2023·10·24>

〔전부개정 2009·12·29〕

제287조(사건처리 결과의 통지) 군검사는 군사법경찰관으로부터 송치받은 사건의 처리결과를 해당 군사법경찰관에게 통지하여야 한다. <개정 2016·1·6>

〔전부개정 2009·12·29〕

제288조(피의자 석방과 압수물 반환) 군검사는 불기소처분을 하였을 때에는 지체 없이 구금된 피의자를 석방하고 압수된 물건을 환부하여야 한다. 다만, 필요한 경우에는 공소시효가 완성될 때까지 압수한 물건을 환부하지 아니할 수 있다. <개정 2016·1·6>

〔전부개정 2009·12·29〕

제2절 공소

제289조(국가소추주의) 공소는 군검사가 제기하여 수행한다. <개정 2016·1·6>

〔전부개정 2009·12·29〕

제289조의2(기소편의주의) 군검사는 「형법」 제51조의 사항을 참작하여 공소를 제기하지 아니할 수 있다. <개정 2016·1·6>

〔본조신설 2008·1·17〕

제290조(공소의 효력) ① 공소는 군검사가 피고인으로 지정한 사람 외의 사람에게는 효력이 미치지 아니한다. <개정 2016·1·6>

② 범죄사실의 일부에 대한 공소는 그 효력이 전부에 미친다.

〔전부개정 2009·12·29〕

제291조(공소시효의 기간) ① 공소시효는 다음 각 호의 기간이 지나면 완성된다. <개정 2020·6·9>

1. 사형에 해당하는 범죄 : 25년
2. 무기징역 또는 무기금고에 해당하는 범죄 : 15년
3. 장기 10년 이상의 징역 또는 금고에 해당하는 범죄 : 10년
4. 장기 10년 미만의 징역 또는 금고에 해당하는 범죄 : 7년
5. 장기 5년 미만의 징역 또는 금고, 장기 10년 이상의 자격정지 또는 벌금에 해당

하는 범죄 : 5년
6. 장기 5년 이상의 자격정지에 해당하는 범죄 : 3년
7. 장기 5년 미만의 자격정지, 구류, 과료 또는 몰수에 해당하는 범죄 : 1년
② 공소가 제기된 범죄는 판결이 확정되지 아니하고 공소를 제기한 때부터 25년이 지나면 공소시효가 완성된 것으로 본다.
〔전부개정 2009 · 12 · 29〕
제292조(둘 이상의 형과 시효기간) 둘 이상의 형을 병과(倂科)하거나 둘 이상의 형에서 하나를 과할 범죄에는 무거운 형에 따라 제291조를 적용한다.
〔전부개정 2009 · 12 · 29〕
제293조(형의 가중 · 감경과 시효기간) 「형법」에 따라 형을 가중하거나 감경할 경우에는 가중하거나 감경하지 아니한 형에 따라 제291조를 적용한다.
〔전부개정 2009 · 12 · 29〕
제294조(시효의 기산점) ① 시효는 범죄행위가 끝난 때부터 진행한다.
② 공범의 경우에는 최종행위가 끝난 때부터 모든 공범에 대한 시효기간을 기산한다.
〔전부개정 2009 · 12 · 29〕
제295조(시효의 정지와 효력) ① 시효는 공소의 제기로 진행이 정지되고 관할위반 또는 공소기각의 재판이 확정된 때부터 진행한다.
② 공범 중 1명에 대한 제1항의 시효정지는 다른 공범에게 효력이 미치고 그 재판이 확정된 때부터 진행한다.
③ 범인이 형사처분을 면할 목적으로 국외에 있는 경우 그 기간 동안 공소시효는 정지된다.
〔전부개정 2009 · 12 · 29〕
제295조의2(공소시효의 적용 배제) 사람을 살해한 범죄(종범은 제외한다)로 사형에 해당하는 범죄에 대하여는 제291조부터 제295조까지에 규정된 공소시효를 적용하지 아니한다.
〔본조신설 2016 · 1 · 6〕
제296조(공소제기의 방식과 공소장) ① 공소를 제기할 때에는 공소장을 관할 군사법원에 제출하여야 한다.
② 공소장에는 피고인의 수에 맞추어 부본을 첨부하여야 한다.
③ 공소장에는 다음 각 호의 사항을 적어야 한다.
1. 피고인의 성명이나 그 밖에 피고인을 특정할 수 있는 사항
2. 죄명
3. 공소사실
4. 적용법조
④ 공소사실은 범죄의 일시, 장소와 방법을 구체적으로 밝혀 사실을 특정할 수 있도록 적어야 한다.
⑤ 여러 개의 범죄사실과 적용법조를 예비적 또는 택일적으로 적을 수 있다.
⑥ 공소장에는 재판관에게 예단(豫斷)을 하게 할 우려가 있는 서류나 그 밖의 물건을 첨부하거나 그 내용을 인용하지 못한다.
〔전부개정 2009 · 12 · 29〕
제297조(공소의 취소) ① 공소는 제1심판결이 선고되기 전까지 취소할 수 있다.
② 공소의 취소는 이유를 적은 서면으로 하여야 한다. 다만, 공판정에서는 말로 할 수 있다.
〔전부개정 2009 · 12 · 29〕
제298조(고소 등에 따른 사건의 처리) 군검사는 고소나 고발에 따라 범죄를 수사할 때에는 고소나 고발을 접수한 날부터 3개월 이내에 수사를 마치고 공소제기 여부를 결정하여야 한다. <개정 2016 · 1 · 6>
〔전부개정 2009 · 12 · 29〕
제299조(고소인 등에 대한 처분통지) ① 군검사는 고소 또는 고발이 된 사건에 관하여 공소를 제기하거나 제기하지 아니하는 처분을 한 경우, 공소를 취소한 경우 또는 제285조 제3호의 송치를 한 경우에는 그 처분을 한 날부터 7일 이내에 서면으로 고소인이나 고발인에게 그 취지를 통지하여야 한다. <개정 2016 · 1 · 6>
② 군검사는 불기소 또는 제285조제3호의 송치를 한 경우에는 피의자에게 즉시 그 취지를 통지하여야 한다. <개정 2016 · 1 · 6>
〔전부개정 2009 · 12 · 29〕
제300조(고소인 등에 대한 불기소 이유 설명) 군검사는 고소 또는 고발이 된 사건에 관하여 공소를 제기하지 아니하는 처분을 한 경우에 고소인 또는 고발인의 청구를 받으면

7일 이내에 고소인 또는 고발인에게 그 이유를 서면으로 설명하여야 한다. <개정 2016·1·6>
〔전부개정 2009·12·29〕

제300조의2(피해자 등에 대한 통지) 군검사는 범죄의 피해자 또는 그 법정대리인(피해자가 사망한 경우에는 그 배우자, 직계친족, 형제자매를 포함한다)의 신청을 받으면 해당 사건의 공소제기 여부, 공판의 일시·장소, 재판 결과, 피의자·피고인의 구속·석방 등 구금에 관한 사실 등을 신속하게 통지하여야 한다. <개정 2016·1·6>
〔전부개정 2009·12·29〕

제301조(재정신청) ① 고소나 고발을 한 사람은 군검사의 불기소처분에 불복할 때에는 고등법원에 그 당부(當否)에 관한 재정을 신청할 수 있다. <개정 2016·1·6, 2021·9·24>
② 제1항의 신청은 제299조제1항에 따른 통지를 받은 날부터 30일 이내에 서면으로 그 군검사가 소속된 보통검찰부의 장에게 제출하여야 한다. <개정 2016·1·6, 2020·6·9, 2021·9·24>
③ 재정신청서에는 재정신청의 대상이 되는 사건의 범죄사실 및 증거 등 재정신청을 이유 있게 하는 사유를 적어야 한다.
〔전부개정 2009·12·29〕

제302조(대리인의 신청과 1명의 신청의 효력 및 취소) ① 재정신청은 대리인이 할 수 있고, 공동신청권자 중 1명의 신청은 모두에게 효력이 있다.
② 재정신청은 제304조제2항에 따른 결정이 있을 때까지 취소할 수 있고, 취소한 사람은 다시 재정신청을 할 수 없다.
③ 제2항에 따른 취소는 다른 공동신청권자에게는 효력을 미치지 아니한다.
〔전부개정 2009·12·29〕

제303조(군검사 소속 군검찰부의 장의 처리) ① 재정신청을 접수한 군검사 소속 보통검찰부의 장은 군검사의 의견을 듣고 다음 각 호와 같이 처리한다. <개정 2016·1·6, 2021·9·24>
1. 신청이 이유 있는 것으로 인정할 때 : 즉시 공소제기를 명령하고 그 취지를 고등법원과 재정신청인에게 통지하여야 한다.
2. 신청이 이유 없는 것으로 인정할 때 : 그 기록에 의견서를 첨부하여 7일 이내에 고등검찰부의 장에게 송치한다.

② 제1항제2호에 따른 기록을 접수한 고등검찰부의 장은 다음 각 호와 같이 처리한다. <개정 2016·1·6, 2021·9·24>
1. 신청이 이유 있는 것으로 인정할 때 : 그 기록에 공소제기 명령서를 첨부하여 공소를 제기하지 아니한 군검사 소속 보통검찰부의 장에게 송치하고 그 취지를 고등법원과 재정신청인에게 통지하여야 한다.
2. 신청이 이유 없는 것으로 인정할 때 : 30일 이내에 그 기록을 고등법원에 송치한다.

〔전부개정 2009·12·29〕

제304조(심리와 결정) ① 고등법원은 재정신청서를 받으면 받은 날부터 10일 이내에 피의자에게 그 사실을 통지하여야 한다. <개정 2021·9·21>
② 고등법원은 재정신청서를 받은 날부터 3개월 이내에 항고의 절차에 준하여 다음 각 호의 구분에 따라 결정한다. 이 경우 필요할 때에는 증거를 조사할 수 있다. <개정 2021·9·21>
1. 신청이 법률상의 방식에 위배되거나 이유 없을 때 : 신청을 기각한다.
2. 신청이 이유 있을 때 : 해당 사건에 대한 공소제기를 결정한다.

③ 재정신청사건의 심리는 특별한 사정이 없으면 공개하지 아니한다.
④ 제2항제1호의 결정에 대하여는 제464조에 따른 즉시항고를 할 수 있고, 제2항제2호의 결정에 대하여는 불복할 수 없다. 제2항제1호의 결정이 확정된 사건에 대하여는 다른 중요한 증거를 발견한 경우를 제외하고는 소추(訴追)할 수 없다. <개정 2016·1·6>
⑤ 고등법원은 제2항의 결정을 하였을 때에는 즉시 그 정본을 재정신청인, 피의자 및 관할 군검사 소속 보통검찰부의 장에게 보내야 한다. 이 경우 제2항제2호의 결정을 하였을 때에는 군검사 소속 보통검찰부의 장에게 사건기록을 함께 보내야 한다. <개정 2016·1·6, 2021·9·24>
⑥ 제2항제2호의 결정에 따른 재정결정서

를 받은 군검사 소속 보통검찰부의 장은 지체 없이 담당 군검사를 지정하고, 지정받은 군검사는 공소를 제기하여야 한다. <개정 2016·1·6, 2021·9·24>
〔전부개정 2009·12·29〕

제305조(공소시효의 정지 등) ① 제301조에 따른 재정신청이 있으면 제304조에 따른 재정결정이 확정될 때까지 공소시효의 진행이 정지된다. <개정 2016·1·6>
② 제304조제2항제2호의 결정을 하였을 때에는 공소시효에 관하여 그 결정을 한 날에 공소가 제기된 것으로 본다.
〔전부개정 2009·12·29〕

제306조(공소취소의 제한) 군검사가 제304조제2항제2호의 결정에 따라 공소를 제기한 경우에는 공소를 취소할 수 없다. <개정 2016·1·6>
〔전부개정 2009·12·29〕

제306조의2(재정신청사건 기록의 열람·복사 제한) 재정신청사건의 심리 중에는 관련 서류 및 증거물을 열람하거나 복사할 수 없다. 다만, 고등법원은 제304조제2항 각 호 외의 부분 후단에 따른 증거조사 과정에서 작성된 서류의 전부 또는 일부의 열람이나 복사를 허가할 수 있다. <개정 2021·9·24>
〔전부개정 2009·12·29〕

제306조의3(비용부담 등) ① 고등법원은 제304조제2항제1호의 결정 또는 제302조제2항의 취소가 있는 경우에는 결정으로 재정신청인에게 신청절차에 따라 생긴 비용의 전부 또는 일부를 부담하게 할 수 있다. <개정 2021·9·24>
② 고등법원은 직권으로 또는 피의자의 신청에 따라 재정신청인에게 피의자가 재정신청절차에서 부담하였거나 부담할 변호인 선임료 등 비용의 전부 또는 일부를 지급할 것을 명령할 수 있다. <개정 2021·9·24>
③ 제1항과 제2항의 결정에 대하여는 즉시항고를 할 수 있다.
④ 제1항과 제2항에 따른 비용의 지급범위와 절차 등에 관하여는 대법원규칙으로 정한다.
〔전부개정 2009·12·29〕

제307조(군검사의 서류·증거물의 열람 및 복사) 군검사는 공소를 제기한 후에는 공소에 관한 서류나 증거물을 열람하거나 복사할 수 있다. <개정 2016·1·6>
〔전부개정 2009·12·29〕

제3절 공판

제1관 공판준비와 공판절차

제308조(공소장 부본의 송달) 군사법원은 공소가 제기되었을 때에는 제1회 공판기일 5일 전까지 공소장 부본을 피고인과 변호인에게 송달하여야 한다.
〔전부개정 2009·12·29〕

제309조(변호인 선임에 관한 고지) 군판사는 공소가 제기되었을 때에는 지체 없이 피고인에게 변호인을 선임할 수 있다는 취지와 변호인을 선임하지 아니하면 군사법원이 변호인을 선임한다는 취지를 고지하여야 한다. 다만, 피고인에게 변호인이 있을 때에는 그러하지 아니하다.
〔전부개정 2009·12·29〕

제309조의2(의견서의 제출) ① 피고인이나 변호인은 공소장 부본을 송달받은 날부터 7일 이내에 공소사실에 대한 인정 여부, 공판준비절차에 관한 의견 등을 적은 의견서를 군사법원에 제출하여야 한다. 다만, 피고인이 진술을 거부하는 경우에는 그 취지를 적은 의견서를 제출할 수 있다.
② 군사법원은 제1항의 의견서를 받으면 군검사에게 보내야 한다. <개정 2016·1·6>
〔전부개정 2009·12·29〕

제309조의3(공소제기 후 군검사가 보관하고 있는 서류 등의 열람·복사) ① 피고인이나 변호인은 군검사에게 공소가 제기된 사건에 관한 서류 또는 물건(이하 "서류등"이라 한다)의 목록과 공소사실의 인정 또는 양형(量刑)에 영향을 미칠 수 있는 다음 각 호의 서류등의 열람, 복사 또는 서면의 발급을 신청할 수 있다. 다만, 피고인에게 변호인이 있는 경우에는 피고인은 열람만을 신청할 수 있다. <개정 2016·1·6>
1. 군검사가 증거로 신청할 서류등
2. 군검사가 증인으로 신청할 사람의 성명, 사건과의 관계 등을 적은 서면 또는 그

사람이 공판기일 전에 한 진술을 적은 서류등

3. 제1호나 제2호의 서면 또는 서류등의 증명력과 관련된 서류등

4. 피고인이나 변호인이 한 법률상·사실상 주장과 관련된 서류등(관련 형사재판 확정기록, 불기소처분기록 등을 포함한다)

② 군검사는 국가안보, 증인보호의 필요성, 증거인멸의 우려, 관련 사건의 수사에 장애가 될 것으로 예상되는 구체적인 사유 등 상당한 이유가 있다고 인정하면 열람·복사 또는 서면의 발급을 거부하거나 그 범위를 제한할 수 있다. <개정 2016·1·6>

③ 군검사는 열람·복사 또는 서면의 발급을 거부하거나 그 범위를 제한할 때에는 지체 없이 그 이유를 서면으로 통지하여야 한다. <개정 2016·1·6>

④ 피고인이나 변호인은 군검사가 제1항의 신청을 받은 때부터 48시간 이내에 제3항의 통지를 하지 아니하면 제309조의4제1항의 신청을 할 수 있다. <개정 2016·1·6>

⑤ 군검사는 제2항에도 불구하고 서류등의 목록의 열람 또는 복사는 거부할 수 없다. <개정 2016·1·6>

⑥ 서류등은 도면, 사진, 녹음테이프, 비디오테이프, 컴퓨터용 디스크, 그 밖에 정보를 담기 위하여 만들어진 물건으로서 문서가 아닌 특수매체를 포함한다. 이 경우 특수매체에 대한 복사는 필요 최소한의 범위로 한정한다.

〔전부개정 2009·12·29〕

제309조의4(군사법원의 열람·복사 등에 관한 결정) ① 피고인이나 변호인은 군검사가 서류등의 열람·복사 또는 서면의 발급을 거부하거나 그 범위를 제한하였을 때에는 군사법원에 그 서류등의 열람·복사 또는 서면의 발급을 허용하도록 할 것을 신청할 수 있다. <개정 2016·1·6>

② 군사법원은 제1항의 신청을 받으면 열람·복사 또는 서면의 발급을 허용하는 경우에 생길 폐해의 유형·정도, 피고인의 방어 또는 재판의 신속한 진행을 위한 필요성 및 해당 서류등의 중요성 등을 고려하여 군검사에게 열람·복사 또는 서면의 발급을 허용할 것을 명령할 수 있다. 이 경우 열람 또는 복사의 시기와 방법을 지정하거나 조건 또는 의무를 부과할 수 있다. <개정 2016·1·6>

③ 군사법원은 제2항의 결정을 할 때에는 군검사에게 의견을 제시할 수 있는 기회를 주어야 한다. <개정 2016·1·6>

④ 군사법원은 필요하다고 인정하면 군검사에게 해당 서류등의 제시를 요구할 수 있고, 피고인이나 그 밖의 이해관계인을 심문할 수 있다. <개정 2016·1·6>

⑤ 군검사는 제2항의 열람·복사 또는 서면의 발급에 관한 군사법원의 결정을 지체 없이 이행하지 아니하면 해당 증인 및 서류등에 대한 증거신청을 할 수 없다. <개정 2016·1·6>

〔전부개정 2009·12·29〕

제309조의5(공판준비절차) ① 재판장은 효율적이고 집중적인 심리를 위하여 사건을 공판준비절차에 부칠 수 있다.

② 공판준비절차는 주장 및 입증계획 등을 서면으로 준비하게 하거나 공판준비기일을 열어 진행한다.

③ 군검사, 피고인 또는 변호인은 증거를 미리 수집·정리하는 등 공판준비절차가 원활하게 진행될 수 있도록 협력하여야 한다. <개정 2016·1·6>

〔전부개정 2009·12·29〕

제309조의6(공판준비를 위한 서면의 제출) ① 군검사, 피고인 또는 변호인은 법률상·사실상 주장의 요지 및 입증취지 등을 적은 서면을 군사법원에 제출할 수 있다. <개정 2016·1·6>

② 재판장은 군검사, 피고인 또는 변호인에게 제1항에 따른 서면의 제출을 명령할 수 있다. <개정 2016·1·6>

③ 군사법원은 제1항 또는 제2항에 따라 서면이 제출된 경우 그 부본을 상대방에게 송달하여야 한다.

④ 재판장은 군검사, 피고인 또는 변호인에게 공소장 등 군사법원에 제출된 서면에 대한 설명을 요구하거나 그 밖에 공판준비에 필요한 명령을 할 수 있다. <개정 2016·1·6>

〔전부개정 2009·12·29〕

제309조의7(공판준비기일) ① 군사법원은 군검사, 피고인 또는 변호인의 의견을 들어 공판준비기일을 지정할 수 있다. <개정 2016·1·6>
② 군검사, 피고인 또는 변호인은 군사법원에 대하여 공판준비기일의 지정을 신청할 수 있다. 이 경우 그 신청에 관한 군사법원의 결정에 대하여는 불복할 수 없다. <개정 2016·1·6>
③ 군사법원은 합의부원으로 하여금 공판준비기일을 진행하게 할 수 있다. 이 경우 수명재판관은 공판준비기일에 관하여 군사법원이나 재판장과 같은 권한이 있다.
④ 공판준비기일은 공개한다. 다만, 공개하면 절차의 진행이 방해될 우려가 있을 때에는 공개하지 아니할 수 있다.
〔전부개정 2009·12·29〕

제309조의8(군검사와 변호인 등의 출석) ① 공판준비기일에는 군검사와 변호인이 출석하여야 한다. <개정 2016·1·6>
② 공판준비기일에는 서기가 참여한다.
③ 군사법원은 군검사, 피고인 및 변호인에게 공판준비기일을 통지하여야 한다. <개정 2016·1·6>
④ 군사법원은 공판준비기일이 지정된 사건에 관하여 변호인이 없을 때에는 직권으로 변호인을 선정하여야 한다.
⑤ 군사법원은 필요하다고 인정하면 피고인을 소환할 수 있으며, 피고인은 군사법원에서 소환하지 아니하더라도 공판준비기일에 출석할 수 있다.
⑥ 재판장은 출석한 피고인에게 진술을 거부할 수 있음을 알려주어야 한다.
〔전부개정 2009·12·29〕

제309조의9(공판준비에 관한 사항) ① 군사법원은 공판준비절차에서 다음 각 호의 행위를 할 수 있다.
1. 공소사실 또는 적용법조를 명확하게 하는 행위
2. 공소사실 또는 적용법조의 추가·철회 또는 변경을 허가하는 행위
3. 공소사실과 관련하여 주장할 내용을 명확히 하여 사건의 쟁점을 정리하는 행위
4. 계산이 어렵거나 그 밖의 복잡한 내용에 관하여 설명하도록 하는 행위
5. 증거신청을 하도록 하는 행위
6. 신청된 증거와 관련하여 입증취지 및 내용 등을 명확하게 하는 행위
7. 증거신청에 관한 의견을 확인하는 행위
8. 증거 채택 여부를 결정하는 행위
9. 증거조사의 순서 및 방법을 정하는 행위
10. 서류등의 열람 또는 복사와 관련된 신청이 타당한지를 결정하는 행위
11. 공판기일을 지정하거나 변경하는 행위
12. 그 밖에 공판절차의 진행에 필요한 사항을 정하는 행위
② 공판준비절차에 관하여는 제350조를 준용한다.
〔전부개정 2009·12·29〕

제309조의10(공판준비기일 결과의 확인) ① 군사법원은 공판준비기일을 종료할 때에는 군검사, 피고인 또는 변호인에게 쟁점 및 증거에 관한 정리 결과를 고지하고, 이의가 있는지를 확인하여야 한다. <개정 2016·1·6>
② 군사법원은 쟁점 및 증거에 관한 정리 결과를 공판준비기일조서에 적어야 한다.
〔전부개정 2009·12·29〕

제309조의11(피고인이나 변호인이 보관하고 있는 서류등의 열람·복사 등) ① 군검사는 피고인 또는 변호인이 공판기일 또는 공판준비절차에서 현장부재, 심신상실 또는 심신미약 등 법률상·사실상의 주장을 하였을 때에는 피고인이나 변호인에게 다음 각 호의 서류등의 열람·복사 또는 서면의 제출을 요구할 수 있다. <개정 2016·1·6>
1. 피고인이나 변호인이 증거로 신청할 서류등
2. 피고인이나 변호인이 증인으로 신청할 사람의 성명, 사건과의 관계 등을 적은 서면
3. 제1호의 서류등 또는 제2호의 서면의 증명력과 관련된 서류등
4. 피고인이나 변호인이 한 법률상·사실상의 주장과 관련된 서류등
② 피고인이나 변호인은 군검사가 제309조의3제1항에 따른 서류등의 열람·복사 또는 서면의 발급을 거부하면 제1항에 따른 서류등의 열람·복사 또는 서면의 제출을 거부할 수 있다. 다만, 군사법원이 제309

조의4제 1 항에 따른 신청을 기각하는 결정을 하였을 때에는 그러하지 아니하다. <개정 2016·1·6>

③ 군검사는 피고인이나 변호인이 제 1 항에 따른 요구를 거부하면 군사법원에 그 서류등의 열람·복사 또는 서면의 제출을 허용할 것을 신청할 수 있다. <개정 2016·1·6>

④ 제 3 항의 신청이 있는 경우에는 제309조의4제 2 항부터 제 5 항까지의 규정을 준용한다.

⑤ 제 1 항에 따른 서류등에 관하여는 제309조의3제 6 항을 준용한다.

〔전부개정 2009·12·29〕

제309조의12(공판준비절차의 종결 사유) 군사법원은 다음 각 호의 어느 하나에 해당하는 사유가 있을 때에는 공판준비절차를 종결하여야 한다. 다만, 제 2 호 또는 제 3 호에 해당하는 경우로서 공판의 준비를 계속하여야 할 상당한 이유가 있을 때에는 그러하지 아니하다. <개정 2016·1·6>

1. 쟁점 및 증거의 정리가 끝났을 때
2. 사건을 공판준비절차에 부친 뒤 3개월이 지났을 때
3. 군검사, 변호인 또는 소환된 피고인이 출석하지 아니하였을 때

〔전부개정 2009·12·29〕

제309조의13(공판준비기일 종결의 효과) ① 공판준비기일에 신청하지 못한 증거는 다음 각 호의 어느 하나에 해당하는 경우에만 공판기일에 신청할 수 있다.

1. 그 신청으로 소송이 현저히 지연되지 아니할 때
2. 중대한 과실 없이 공판준비기일에 제출하지 못하는 등 부득이한 사유를 소명하였을 때

② 제 1 항에도 불구하고 군사법원은 직권으로 증거를 조사할 수 있다.

〔전부개정 2009·12·29〕

제309조의14(준용규정) 공판준비기일의 재개에 관하여는 제356조를 준용한다.

〔전부개정 2009·12·29〕

제309조의15(기일 간 공판준비절차) 군사법원은 쟁점과 증거를 정리하기 위하여 필요하면 제 1 회 공판기일 후에도 사건을 공판준비절차에 부칠 수 있다. 이 경우 기일 전 공판준비절차에 관한 규정을 준용한다.

〔전부개정 2009·12·29〕

제309조의16(열람·복사된 서류등의 남용 금지) ① 피고인이나 변호인(피고인이나 변호인이었던 사람을 포함한다. 이하 이 조에서 같다)은 군검사가 열람 또는 복사하도록 한 서류등의 사본을 해당 사건 또는 관련 소송의 준비에 사용할 목적이 아닌 다른 목적으로 다른 사람에게 주거나 제시(전기통신설비를 이용하여 제공하는 것을 포함한다)하여서는 아니 된다. <개정 2016·1·6>

② 피고인이나 변호인이 제 1 항을 위반하면 1년 이하의 징역 또는 1천만원 이하의 벌금에 처한다. <개정 2014·1·7>

〔전부개정 2009·12·29〕

제310조(공판기일의 지정) ① 재판장은 공판기일을 정하여야 한다.

② 공판기일에는 피고인이나 대리인을 소환하여야 한다.

③ 공판기일은 군검사, 변호인 및 보조인에게 통지하여야 한다. <개정 2016·1·6>

〔전부개정 2009·12·29〕

제310조의2(집중심리) ① 공판기일의 심리는 집중되어야 한다.

② 심리에 2일 이상이 필요한 경우에는 부득이한 사정이 없으면 매일 계속 개정하여야 한다.

③ 재판장은 여러 공판기일을 일괄하여 지정할 수 있다.

④ 재판장은 부득이한 사정으로 매일 계속 개정하지 못하는 경우에도 특별한 사정이 없으면 전회의 공판기일부터 14일 이내로 다음 공판기일을 지정하여야 한다.

⑤ 소송관계인은 기일을 준수하고 심리에 지장을 주지 아니하도록 하여야 하며, 재판장은 이에 필요한 조치를 할 수 있다.

〔전부개정 2009·12·29〕

제311조(소환장 송달의 의제) 군사법원 구내에 있는 피고인에게 공판기일을 통지하면 소환장 송달의 효력이 있다.

〔전부개정 2009·12·29〕

제312조(제1회 공판기일과 유예기간) ① 제1회 공판기일은 소환장 송달 후 5일 이상의 유예기간을 두어야 한다.
② 피고인의 이의가 없으면 제1항의 유예기간을 두지 아니할 수 있다.
〔전부개정 2009·12·29〕

제313조(공판기일의 변경) ① 재판장은 직권으로 또는 군검사, 피고인이나 변호인의 신청을 받아 공판기일을 변경할 수 있다. <개정 2016·1·6>
② 공판기일의 변경은 직권으로 하는 경우에는 군검사, 피고인 또는 변호인의 의견을 물어야 하고, 신청에 따라 하는 경우에는 상대방이나 변호인의 의견을 물어야 한다. 다만, 긴급히 변경하여야 하는 경우에는 그러하지 아니하다. <개정 2016·1·6>
③ 공판기일 변경신청을 기각하는 명령은 송달하지 아니한다.
〔전부개정 2009·12·29〕

제314조(불출석과 자료의 제출) 소환이나 통지서를 받은 사람이 질병이나 그 밖의 이유로 공판기일에 출석하지 못할 때에는 의사의 진단서나 그 밖의 자료를 제출하여야 한다.
〔전부개정 2009·12·29〕

제315조(관공서 등에 대한 조회) ① 군사법원은 직권으로 또는 군검사, 피고인이나 변호인의 신청에 따라 관공서나 공사단체에 조회하여 필요한 사항을 보고하거나 보관 서류를 보낼 것을 요구할 수 있다. <개정 2016·1·6>
② 제1항의 신청의 기각은 결정으로 하여야 한다.
〔전부개정 2009·12·29〕

제316조(공판기일 전의 증거조사) ① 군사법원은 군검사, 피고인 또는 변호인의 신청을 받고 공판준비에 필요하다고 인정하면 공판기일 전에 피고인 또는 증인의 신문이나 검증을 할 수 있고 감정 또는 번역을 명령할 수 있다. <개정 2016·1·6>
② 군사법원은 군판사로 하여금 제1항의 행위를 하게 할 수 있다.
③ 제1항의 신청의 기각은 결정으로 하여야 한다.
〔전부개정 2009·12·29〕

제316조의2(당사자의 공판기일 전 증거 제출) 군검사, 피고인 또는 변호인은 공판기일 전에 서류나 물건을 증거로 군사법원에 제출할 수 있다.
〔본조신설 2020·6·9〕

제317조부터 **제321조**까지 삭제 <2008·1·17>

제322조(공판정의 심리) ① 공판기일에서의 심리는 공판정에서 한다.
② 공판정은 재판관, 군검사, 변호인 및 서기가 출석하여 개정한다. <개정 2016·1·6>
③ 군검사의 좌석과 피고인 및 변호인의 좌석은 대등하게 법대(法臺)의 좌우측에 마주 보고 있어야 하고, 증인의 좌석은 법대의 정면에 있어야 한다. 다만, 피고인 신문을 할 때에 피고인은 증인석에 앉는다. <개정 2016·1·6>
〔전부개정 2009·12·29〕

제323조(피고인의 무죄추정) 피고인은 유죄의 판결이 확정될 때까지는 무죄로 추정된다.
〔전부개정 2009·12·29〕

제323조의2(구두변론주의) 공판정에서의 변론은 구두로 하여야 한다.
〔본조신설 2008·1·17〕

제324조(재판장의 소송지휘권) 공판기일에 소송의 지휘는 재판장이 한다.
〔전부개정 2009·12·29〕

제325조(경미사건 등과 피고인의 불출석) 다음 각 호의 어느 하나에 해당하는 사건에 관하여는 피고인이 출석할 필요가 없다. 이 경우 피고인은 대리인을 출석하게 할 수 있다.
1. 다액 500만원 이하의 벌금 또는 과료에 해당하는 사건
2. 공소기각 또는 면소의 재판을 할 것이 명백한 사건
3. 장기 3년 이하의 징역 또는 금고, 다액 500만원을 초과하는 벌금 또는 구류에 해당하는 사건에서 피고인이 불출석허가신청을 하였고 군사법원이 피고인이 출석하지 아니하여도 그의 권리 보호에 지장이 없다고 인정하여 불출석을 허가한 사건. 다만, 제329조에 따른 절차를 진행하거나 판결을 선고하는 공판기일에는 출석하여야 한다.
4. 제501조의7에 따라 피고인만이 정식재판을 청구하여 판결을 선고하는 사건
〔전부개정 2009·12·29〕

제325조의2(피고인의 출석 거부와 공판절차) ① 피고인이 출석하지 아니하면 개정하지 못하는 경우에 구속된 피고인이 정당한 사유 없이 출석을 거부하고 교도관에 의한 인치가 불가능하거나 현저히 곤란하다고 인정될 때에는 피고인의 출석 없이 공판절차를 진행할 수 있다.

② 제1항에 따라 공판절차를 진행하는 경우에는 출석한 군검사와 변호인의 의견을 들어야 한다. <개정 2016·1·6>

〔전부개정 2009·12·29〕

제326조(피고인의 출석과 개정) 제325조의 경우를 제외하고는 피고인이 공판기일에 출석하지 아니하면 개정하지 못한다.

〔전부개정 2009·12·29〕

제326조의2(장애인 등 특별히 보호하여야 할 사람에 대한 특칙) ① 재판장이나 재판관이 피고인을 신문할 때 다음 각 호의 어느 하나에 해당하는 경우에는 직권으로 또는 피고인, 법정대리인이나 군검사의 신청에 따라 피고인과 신뢰관계에 있는 사람을 동석하게 할 수 있다. <개정 2016·1·6>

1. 피고인이 신체적 또는 정신적 장애로 사물을 변별하거나 의사를 결정하고 전달할 능력이 미약한 경우
2. 피고인의 연령·성별·국적 등의 사정을 고려하여 그 심리적 안정의 도모와 원활한 의사소통을 위하여 필요한 경우

② 제1항에 따라 동석할 수 있는 신뢰관계에 있는 사람의 범위, 동석의 절차 및 방법 등에 필요한 사항은 대법원규칙으로 정한다.

〔전부개정 2009·12·29〕

제326조의3(군검사의 불출석) 군검사가 공판기일의 통지를 2회 이상 받고 출석하지 아니하거나 판결만을 선고하는 때에는 군검사의 출석 없이 개정할 수 있다.

〔본조신설 2020·6·9〕

제327조(공판정에서의 신체구속 금지) ① 공판정에서는 피고인의 신체를 구속하지 못한다. 다만, 피고인이 폭행을 하거나 도주하려고 한 경우에는 그러하지 아니하다.

② 피고인의 신체를 구속하지 아니하는 경우에도 감시인을 붙일 수 있다.

〔전부개정 2009·12·29〕

제328조(피고인의 재정의무, 법정경찰권) ① 피고인은 재판장의 허가 없이 퇴정하지 못한다.

② 재판장은 피고인의 퇴정을 제지하거나 법정 질서를 유지하기 위하여 필요한 처분을 할 수 있다.

〔전부개정 2009·12·29〕

제328조의2(피고인의 진술거부권 등) ① 피고인은 진술하지 아니하거나 각각의 질문에 대하여 진술을 거부할 수 있다.

② 재판장은 피고인에게 제1항과 같이 진술을 거부할 수 있음과 그 밖에 피고인의 권리 보호에 필요한 사항을 고지하고 피고인이나 변호인에게 유리한 사실을 진술할 기회를 주어야 한다.

〔전부개정 2009·12·29〕

제329조(인정신문) 재판장은 피고인의 성명, 연령, 등록기준지, 주거, 직업, 소속 및 계급 등을 물어 피고인이 틀림없는지 확인하여야 한다.

〔전부개정 2009·12·29〕

제330조(군검사의 모두진술) 군검사는 공소장에 따라 공소사실, 죄명 및 적용법조를 낭독하여야 한다. 다만, 재판장은 필요하다고 인정하면 군검사에게 공소의 요지를 진술하게 할 수 있다. <개정 2016·1·6>

〔전부개정 2009·12·29〕

제331조(피고인의 모두진술) ① 피고인은 군검사의 모두진술(冒頭陳述)이 끝난 뒤에 공소사실을 인정하는지를 진술하여야 한다. 다만, 피고인이 진술거부권을 행사하는 경우에는 그러하지 아니하다. <개정 2016·1·6>

② 피고인과 변호인은 유리한 사실 등을 진술할 수 있다.

〔전부개정 2009·12·29〕

제332조(재판장의 쟁점 정리 및 군검사·변호인의 증거관계 등에 대한 진술) ① 재판장은 피고인의 모두진술이 끝난 다음에 피고인이나 변호인에게 쟁점 정리를 위하여 필요한 질문을 할 수 있다.

② 재판장은 증거조사를 하기에 앞서 군검사와 변호인으로 하여금 공소사실 등의 증명과 관련된 주장 및 입증계획 등을 진술하게 할 수 있다. 다만, 증거로 할 수 없거나

증거로 신청할 의사가 없는 자료를 바탕으로 군사법원에 사건에 대한 예단 또는 편견을 발생하게 할 우려가 있는 사항은 진술할 수 없다. <개정 2016·1·6>
〔전부개정 2009·12·29〕

제333조 삭제 <2008·1·17>

제334조(증거조사) 증거조사는 제332조에 따른 절차가 끝난 후에 한다.
〔전부개정 2009·12·29〕

제335조(군검사의 입증사항 제시) 증거조사에 즈음하여 군검사는 증거에 따라 증명할 사실을 밝혀야 한다. 다만, 증거조사를 신청할 수 없거나 증거조사를 신청할 의사가 없는 자료로서 재판관에게 사건에 대한 편견이나 예단을 가지게 할 우려가 있는 사항은 진술하지 못한다. <개정 2016·1·6>
〔전부개정 2009·12·29〕

제336조(피고인측의 입증사항 제시) ① 피고인이나 변호인은 군검사의 모두진술이 끝난 후 증거에 따라 증명할 사실을 밝힐 수 있다. <개정 2016·1·6>
② 제1항의 진술에 관하여는 제335조 단서를 준용한다.
〔전부개정 2009·12·29〕

제337조(당사자의 증거신청) ① 군검사, 피고인 또는 변호인은 서류나 물건을 증거로 제출할 수 있고 증인, 감정인, 통역인 또는 번역인의 신문을 신청할 수 있다. <개정 2016·1·6>
② 군사법원은 군검사, 피고인 또는 변호인이 고의로 증거를 뒤늦게 신청함으로써 공판의 완결을 지연하는 것으로 인정하면 직권으로 또는 상대방의 신청에 따라 결정으로 신청을 각하할 수 있다. <개정 2016·1·6>
〔전부개정 2009·12·29〕

제338조(피해자등의 진술권) ① 군사법원은 범죄의 피해자 또는 그 법정대리인(피해자가 사망한 경우에는 배우자, 직계친족, 형제자매를 포함한다. 이하 이 조에서 "피해자등"이라 한다)의 신청을 받았을 때에는 그 피해자등을 증인으로 신문하여야 한다. 다만, 다음 각 호의 어느 하나에 해당하는 경우에는 그러하지 아니하다.
1. 피해자등이 이미 해당 사건에 관하여 공판절차에서 충분히 진술하여 다시 진술할 필요가 없다고 인정되는 경우
2. 피해자등의 진술로 인하여 공판절차가 현저하게 지연될 우려가 있는 경우
② 군사법원은 제1항에 따라 피해자등을 신문하는 경우에는 피해의 정도 및 결과, 피고인의 처벌에 관한 의견, 그 밖에 해당 사건에 관한 의견을 진술할 기회를 주어야 한다.
③ 군사법원은 같은 범죄사실에서 제1항에 따른 신청인이 여러 명인 경우에는 진술할 사람의 수를 제한할 수 있다.
④ 제1항에 따른 신청인이 출석통지를 받고도 정당한 사유 없이 출석하지 아니한 경우에는 그 신청을 철회한 것으로 본다.
〔전부개정 2009·12·29〕

제338조의2(피해자 진술의 비공개) ① 군사법원은 범죄의 피해자를 증인으로 신문하는 경우 그 피해자, 법정대리인 또는 군검사의 신청에 따라 피해자의 사생활의 비밀이나 신변 보호를 위하여 필요하다고 인정하면 결정으로 심리를 공개하지 아니할 수 있다. <개정 2016·1·6>
② 제1항의 결정은 이유를 붙여 고지한다.
③ 군사법원은 제1항의 결정을 한 경우에도 적당하다고 인정되는 사람이 법정에 있도록 허가할 수 있다.
〔전부개정 2009·12·29〕

제338조의3(피해자 등의 공판기록 열람·복사) ① 소송이 계속되어 있는 사건의 피해자(피해자가 사망하거나 심신에 중대한 장애가 있는 경우에는 배우자, 직계친족 및 형제자매를 포함한다), 피해자 본인의 법정대리인 또는 이들로부터 위임을 받은 피해자 본인의 배우자·직계친족·형제자매·변호사는 소송기록의 열람 또는 복사를 재판장에게 신청할 수 있다.
② 재판장은 제1항의 신청을 받으면 지체 없이 군검사, 피고인 또는 변호인에게 그 취지를 통지하여야 한다. <개정 2016·1·6>
③ 재판장은 피해자 등의 권리구제를 위하여 필요하다고 인정되거나 그 밖에 정당한 이유가 있는 경우에 범죄의 성질, 심리(審理) 상황, 그 밖의 사정을 고려하여 타당하다고 인정하면 열람 또는 복사를 허가할 수 있다.

④ 재판장은 제 3 항에 따라 복사를 허가하는 경우 복사한 소송기록의 사용 목적을 제한하거나 적당하다고 인정하는 조건을 붙일 수 있다.
⑤ 제 1 항에 따라 소송기록을 열람하거나 복사한 사람은 열람 또는 복사를 통하여 알게 된 사항을 사용할 때 부당하게 관계인의 명예나 생활의 평온을 해치거나 수사와 재판에 지장을 주지 아니하도록 하여야 한다.
⑥ 제 3 항과 제 4 항에 관한 재판에 대하여는 불복할 수 없다.
〔전부개정 2009·12·29〕

제339조(증거조사 신청의 순서) ① 군검사는 먼저 사건의 심판에 필요하다고 인정하는 모든 증거의 조사를 신청하여야 한다. <개정 2016·1·6>
② 피고인이나 변호인은 제 1 항의 신청이 끝난 후 사건의 심판에 필요하다고 인정하는 증거의 조사를 신청할 수 있다.
〔전부개정 2009·12·29〕

제340조(증거조사 신청방식) ① 증거조사를 신청할 때에는 증거와 증명할 사실의 관계를 구체적으로 밝혀야 한다.
② 증거물이 서류인 경우 조사를 신청할 때에는 특히 조사할 부분을 명확하게 하여야 한다.
〔전부개정 2009·12·29〕

제341조(증거조사 신청방식) 군검사, 피고인 또는 변호인이 증거물 또는 증거 될 서류의 조사를 신청할 때에는 미리 상대방에게 열람할 기회를 주어야 한다. 다만, 상대방의 이의가 없을 때에는 그러하지 아니하다. <개정 2016·1·6>
〔전부개정 2009·12·29〕

제342조(자백과 증거조사 신청의 제한) 피고인의 자백을 내용으로 하는 서류는 범죄사실에 관한 다른 증거를 조사하지 아니하였을 때에는 조사를 신청할 수 없다.
〔전부개정 2009·12·29〕

제343조(증거조사의 결정) 증거조사의 결정 또는 증거조사 신청의 기각은 상대방 또는 그 변호인의 의견을 물은 후 군판사가 정한다.
〔전부개정 2009·12·29〕

제344조(직권에 의한 증거조사) ① 군사법원은 필요하다고 인정하면 직권으로 증거조사를 할 수 있다.
② 제 1 항의 증거조사의 결정을 할 때에는 군검사, 피고인 또는 변호인의 의견을 물어야 한다. <개정 2016·1·6>
〔전부개정 2009·12·29〕

제345조(증거조사의 순서) ① 증거조사는 군검사가 신청한 증거를 조사한 후에 피고인이나 변호인이 신청한 증거를 조사하여야 한다. <개정 2016·1·6>
② 제 1 항의 증거조사가 끝난 후에 군사법원은 필요하다고 인정하는 증거조사를 할 수 있다.
③ 군사법원은 직권으로 또는 군검사, 피고인이나 변호인의 신청에 따라 제 1 항과 제 2 항의 순서를 변경할 수 있다. <개정 2016·1·6>
〔전부개정 2009·12·29〕

제346조(공판준비의 결과와 증거조사의 필요) 군사법원은 공판준비절차에서 한 피고인 또는 피고인이 아닌 사람에 대한 신문·검증·감정·번역·압수 또는 수색의 결과를 적은 서류와 제315조제 1 항에 따라 보내온 서류 또는 압수물에 대하여는 공판정에서 증거가 된 서류나 증거물로서 조사하여야 한다.
〔전부개정 2009·12·29〕

제347조(증거서류에 대한 조사방식) ① 군검사, 피고인 또는 변호인의 신청에 따라 증거서류를 조사할 때에는 신청인이 증거서류를 낭독하여야 한다. <개정 2016·1·6>
② 군사법원이 직권으로 증거서류를 조사할 때에는 소지인 또는 재판장이 증거서류를 낭독하여야 한다.
③ 피고인이 청구하였을 때에는 재판장은 증거서류를 열람 또는 복사하게 하거나 서기로 하여금 낭독하게 할 수 있다.
④ 재판장은 필요하다고 인정하면 제 1 항과 제 2 항에도 불구하고 내용을 고지하는 방법으로 조사할 수 있다.
⑤ 재판장은 서기로 하여금 제 1 항부터 제 4 항까지의 규정에 따른 낭독이나 고지를 하게 할 수 있다.
⑥ 재판장은 다른 방법보다 열람이 적절하다고 인정하면 증거서류를 제시하여 열람하

게 하는 방법으로 조사할 수 있다.
〔전부개정 2009·12·29〕

제348조(증거물에 대한 조사방식) ① 군검사, 피고인 또는 변호인의 신청에 따라 증거물을 조사할 때에는 신청한 사람이 증거물을 제시하여야 한다. <개정 2016·1·6>
② 군사법원이 직권으로 증거물을 조사할 때에는 소지인 또는 재판장이 증거물을 제시하여야 한다.
③ 재판장은 서기로 하여금 제1항과 제2항에 따른 제시를 하게 할 수 있다.
〔전부개정 2009·12·29〕

제348조의2(그 밖의 증거에 대한 조사방식) 도면, 사진, 녹음테이프, 비디오테이프, 컴퓨터용 디스크, 그 밖에 정보를 담기 위하여 만들어진 물건으로서 문서가 아닌 증거의 조사에 필요한 사항은 대법원규칙으로 정한다.
〔전부개정 2009·12·29〕

제348조의3(증거조사 결과와 피고인의 의견) 재판장은 피고인에게 각 증거조사의 결과에 대한 의견을 묻고 권리를 보호하는 데 필요한 증거조사를 신청할 수 있음을 고지하여야 한다.
〔본조신설 2020·6·9〕

제349조(증명력을 다투는 권리) 군판사는 군검사, 피고인 또는 변호인에게 반증(反證)의 조사신청, 그 밖의 방법으로 증거의 증명력을 다투기 위하여 필요하다고 인정하는 적당한 기회를 주어야 한다. <개정 2016·1·6>
〔전부개정 2009·12·29〕

제350조(이의신청의 사유) ① 군검사, 피고인 또는 변호인은 증거조사에 대하여 법령위반 또는 부당함을 이유로 이의를 신청할 수 있다. 다만, 증거조사에 관한 결정에 대하여는 부당함을 이유로 이의신청을 할 수 없다. <개정 2016·1·6>
② 군검사, 피고인 또는 변호인은 제1항의 경우 외에 재판장 또는 군판사의 처분에 대하여 법령위반을 이유로 이의를 신청할 수 있다. <개정 2016·1·6>
③ 군사법원은 제1항과 제2항의 이의신청에 대하여 결정을 하여야 한다.
〔전부개정 2009·12·29〕

제351조(증거의 제출) 증거조사가 끝난 증거된 서류 또는 증거물은 지체 없이 군사법원에 제출하여야 한다. 다만, 군사법원의 허가를 받은 경우에는 등본을 제출할 수 있다.
〔전부개정 2009·12·29〕

제351조의2(피고인 신문) ① 군검사나 변호인은 증거조사가 끝난 후에 차례로 피고인에게 공소사실 및 정상에 관한 사항을 신문할 수 있다. 다만, 재판장은 필요하다고 인정하면 증거조사가 끝나기 전이라도 신문을 허가할 수 있다. <개정 2016·1·6>
② 재판장은 필요하다고 인정하면 피고인을 신문할 수있다.
③ 제1항의 신문에 관하여는 제202조제1항부터 제3항까지 및 제5항을 준용한다.
〔전부개정 2009·12·29〕

제352조(피고인 등의 퇴정) ① 재판장은 직권으로 또는 군검사, 피고인이나 변호인의 신청에 따라 피고인, 증인, 감정인 또는 통역인이 어떤 방청인의 면전에서 충분한 진술을 할 수 없다고 인정하면 그를 퇴정시킨 후 진술하게 할 수 있다. <개정 2016·1·6>
② 재판장은 직권으로 또는 군검사, 피고인이나 변호인의 신청에 따라 피고인이 다른 피고인의 면전에서 또는 증인이 피고인의 면전에서 충분한 진술을 할 수 없다고 인정하면 그 피고인을 퇴정시킨 후 진술하게 할 수 있다. <개정 2016·1·6>
③ 제2항에 따라 피고인을 퇴정하게 한 경우 피고인 또는 증인의 진술이 끝나면 퇴정한 피고인을 입정하게 한 후 서기로 하여금 진술의 요지를 고지하게 하여야 한다. 이 경우 피고인은 재판장에게 말한 후 그 증인 또는 다른 피고인을 신문할 수 있다.
〔전부개정 2009·12·29〕

제353조(불필요한 신문·진술의 제한) 재판장이나 군판사는 소송관계인의 신문 또는 진술이 중복되거나 그 사건에 관계없는 사항인 경우나 그 밖에 적절하지 아니한 경우에는 소송관계인의 본질적 권리를 해치지 아니하는 한도에서 제한할 수 있다.
〔전부개정 2009·12·29〕

제354조(변론) ① 군검사는 피고인 신문과 증거조사가 끝난 후 사실과 법률 적용에 관하여 의견을 진술하여야 한다. 다만, 제326조의3의 경우에는 공소장의 기재사항에 의하

여 군검사의 의견진술이 있는 것으로 본다. <개정 2016·1·6, 2020·6·9>
② 피고인과 변호인은 의견을 진술할 수 있고 최종적으로 진술할 기회를 가진다.
〔전부개정 2009·12·29〕

제355조(공소장의 변경) ① 군검사는 군사법원의 허가를 받아 공소장에 적은 공소사실 또는 적용법조의 추가·철회 또는 변경을 할 수 있다. 이 경우 군사법원은 공소사실의 동일성을 해치지 아니하는 한도에서 허가하여야 한다. <개정 2016·1·6>
② 군사법원은 심리의 경과에 비추어 상당하다고 인정하면 공소사실 또는 적용법조의 추가 또는 변경을 요구하여야 한다.
③ 군사법원은 공소사실 또는 적용법조의 추가·철회 또는 변경을 할 때에는 그 사유를 신속히 피고인이나 변호인에게 고지하여야 한다.
④ 군사법원은 제1항부터 제3항까지의 규정에 따른 공소사실 또는 적용법조의 추가·철회 또는 변경이 피고인의 불이익을 증가시킬 우려가 있다고 인정하면 직권으로 또는 피고인이나 변호인의 청구에 따라 피고인이 필요한 방어 준비를 하게 하기 위하여 결정으로 필요한 기간 동안 공판절차를 정지할 수 있다.
〔전부개정 2009·12·29〕

제356조(변론의 분리·병합·재개) 군사법원은 필요하다고 인정하면 직권으로 또는 군검사, 피고인이나 변호인의 신청에 따라 결정으로 변론을 분리 또는 병합하거나 종결한 변론을 재개할 수 있다. <개정 2016·1·6>
〔전부개정 2009·12·29〕

제357조(공판절차의 정지) ① 피고인이 사물식별능력 또는 의사결정 능력이 없는 상태에 있을 때에는 군사법원은 군검사와 변호인의 의견을 들어 결정으로 그 상태가 계속되는 동안 공판절차를 정지하여야 한다. <개정 2016·1·6>
② 피고인이 질병으로 인하여 공판기일에 출석할 수 없을 때에는 군사법원은 군검사와 변호인의 의견을 들어 결정으로 출석할 수 있을 때까지 공판절차를 정지하여야 한다. <개정 2016·1·6>
③ 제2항에 따라 공판절차를 정지할 때에는 의사의 의견을 들어야 한다.
④ 피고사건에 대하여 무죄, 면소, 형의 면제 또는 공소기각의 재판을 할 것이 명백할 때에는 제1항이나 제2항의 사유가 있는 경우에도 피고인의 출석 없이 재판할 수 있다.
⑤ 제325조 각 호 외의 부분 후단에 따라 대리인이 출석할 수 있는 경우에는 제1항이나 제2항을 적용하지 아니한다.
〔전부개정 2009·12·29〕

제358조(공판절차의 갱신) 공판개정 후 재판관이 바뀌었을 때에는 공판절차를 갱신하여야 한다. 다만, 판결의 선고만을 하는 경우에는 그러하지 아니하다.
〔전부개정 2009·12·29〕

제2관 증거

제359조(증거재판주의) ① 사실의 인정은 증거에 따라야 한다.
② 범죄사실의 인정은 합리적인 의심이 없는 정도로 증명되어야 한다.
〔전부개정 2009·12·29〕

제359조의2(위법수집 증거의 배제) 적법한 절차에 따르지 아니하고 수집한 증거는 증거로 할 수 없다.
〔전부개정 2009·12·29〕

제360조(자유심증주의) 증거의 증명력은 재판관의 자유판단에 따른다.
〔전부개정 2009·12·29〕

제361조(강제 등 자백의 증거능력) 피고인의 자백이 고문, 폭행, 협박, 구속의 부당한 장기화 또는 속임수, 그 밖의 방법에 따라 임의로 진술한 것이 아니라고 의심할 만한 이유가 있을 때에는 유죄의 증거로 하지 못한다.
〔전부개정 2009·12·29〕

제362조(불리한 자백의 증거능력) 피고인의 자백이 피고인에게 불리한 유일한 증거일 때에는 유죄의 증거로 하지 못한다.
〔전부개정 2009·12·29〕

제363조(전문증거와 증거능력의 제한) 제364조부터 제369조까지에 규정된 것 외에는 공판준비기일 또는 공판기일의 진술을 갈음하여 진술을 기록한 서류나 공판준비기일 또

는 공판기일 외에서의 다른 사람의 진술을 내용으로 하는 진술은 증거로 할 수 없다.
〔전부개정 2009·12·29〕

제364조(군사법원 또는 군판사의 조서) 공판준비기일 또는 공판기일에 피고인이나 피고인이 아닌 사람의 진술을 적은 조서와 군사법원 또는 군판사의 검증 결과를 적은 조서는 증거로 할 수 있다. 제226조와 제261조에 따라 작성한 조서도 또한 같다.
〔전부개정 2009·12·29〕

제365조(군검사 또는 군사법경찰관의 조서) ① 군검사가 피고인이 된 피의자의 진술을 적은 조서는 적법한 절차와 방식에 따라 작성된것으로서 피고인이 진술한 내용과 같게 적혀 있음이 공판준비기일 또는 공판기일에 피고인이 한 진술에 따라 인정되고, 그 조서에 적힌 진술이 특히 신빙(信憑)할 수 있는 상태에서 이루어졌음이 증명되었을 때에만 증거로 할 수 있다. <개정 2016·1·6>
② 제1항에도 불구하고 피고인이 그 조서 성립의 진정(眞正)을 부인하는 경우에는 그 조서에 적힌 진술이 피고인이 진술한 내용과 같게 적혀 있음이 영상녹화물이나 그 밖의 객관적인 방법으로 증명되고, 그 조서에 적힌 진술이 특히 신빙할 수 있는 상태에서 이루어졌음이 증명되었을 때에만 증거로 할 수 있다.
③ 군검사 외의 수사기관이 작성한 피의자신문조서는 적법한 절차와 방식에 따라 작성된 것으로서 공판준비기일 또는 공판기일에 피의자였던 피고인이나 변호인이 그 내용을 인정할 때에만 증거로 할 수 있다. <개정 2016·1·6>
④ 군검사나 군사법경찰관이 피고인이 아닌 사람의 진술을 적은 조서는 적법한 절차와 방식에 따라 작성된 것으로서 그 조서가 군검사나 군사법경찰관 앞에서 진술한 내용과 같게 적혀 있음이 원진술자가 공판준비기일 또는 공판기일에 한 진술이나 영상녹화물 또는 그 밖의 객관적인 방법으로 증명되고, 피고인이나 변호인이 공판준비기일 또는 공판기일에 그 적힌 내용에 관하여 원진술자를 신문할 수 있었던 경우에는 증거로 할 수 있다. 다만, 그 조서에 적힌 진술이 특별히 신빙할 수 있는 상태에서 이루어졌음이 증명된 경우로 한정한다. <개정 2016·1·6>
⑤ 피고인 또는 피고인이 아닌 사람이 수사과정에서 작성한 진술서에 관하여는 제1항부터 제4항까지의 규정을 준용한다.
⑥ 군검사나 군사법경찰관이 검증 결과를 적은 조서는 적법한 절차와 방식에 따라 작성된 것으로서 공판준비기일 또는 공판기일에 작성자가 한 진술에 따라 성립의 진정이 증명된 경우에는 증거로 할 수 있다. <개정 2016·1·6>
〔전부개정 2009·12·29〕

제366조(진술서 등) ① 제364조 및 제365조 외에 피고인 또는 피고인이 아닌 사람이 작성한 진술서나 그 진술을 적은 서류로서 작성자나 진술자의 자필이거나 서명 또는 날인이 있는 것(피고인 또는 피고인이 아닌 자가 작성하였거나 진술한 내용이 포함된 문자·사진·영상 등의 정보로서 정보저장매체등에 저장된 것을 포함한다. 이하 이 조에서 같다)은 공판준비기일 또는 공판기일에 작성자 또는 진술자가 한 진술에 따라 성립의 진정이 증명된 경우에는 증거로 할 수 있다. 다만, 피고인의 진술을 적은 서류는 공판준비기일 또는 공판기일에 작성자가 한 진술에 따라 성립의 진정이 증명되고 그 진술이 특히 신빙할 수 있는 상태에서 이루어진 경우에만 피고인이 공판준비기일 또는 공판기일에 한 진술에도 불구하고 증거로 할 수 있다. <개정 2017·12·12>
② 제1항 본문에도 불구하고 진술서의 작성자가 공판준비기일 또는 공판기일에 그 성립의 진정을 부인하는 경우 과학적 분석결과에 기초한 디지털포렌식 자료, 감정 등 객관적 방법으로 성립의 진정함이 증명되는 때에는 증거로 할 수 있다. 다만, 피고인이 아닌 자가 작성한 진술서는 피고인 또는 변호인이 공판준비기일 또는 공판기일에 그 기재 내용에 관하여 작성자를 신문할 수 있었을 때에만 증거로 할 수 있다. <신설 2017·12·12>
③ 감정의 경과와 결과를 기재한 서류도 제1항 및 제2항과 같다. <개정 2017·12·12>
〔전부개정 2009·12·29〕

제367조(증거능력에 대한 예외) 제365조와 제366조의 경우 공판준비기일 또는 공판기일에 진술을 하여야 할 사람이 사망, 질병, 국외거주, 소재불명, 그 밖에 이에 준하는 사유로 인하여 진술할 수 없을 때에는 그 조서나 그 밖의 서류(피고인 또는 피고인이 아닌 자가 작성하였거나 진술한 내용이 포함된 문자·사진·영상 등의 정보로서 정보저장매체등에 저장된 것을 포함한다. 이하 이 조에서 같다)를 증거로 할 수 있다. 다만, 그 조서나 서류는 진술 또는 작성이 특별히 신빙할 수 있는 상태에서 이루졌을 때에만 증거로 할 수 있다. <개정 2017·12·12>

〔전부개정 2009·12·29〕

제368조(당연히 증거능력이 있는 서류) 다음 각 호의 서류는 증거로 할 수 있다.

1. 가족관계기록사항에 관한 증명서, 공정증서등본, 그 밖에 공무원이나 외국공무원이 직무상 증명할 수 있는 사항에 관하여 작성한 문서
2. 상업장부, 항해일지, 그 밖에 업무상 필요로 작성한 통상문서
3. 그 밖에 특히 신빙할 만한 정황에 따라 작성된 문서

〔전부개정 2009·12·29〕

제369조(전문의 진술) ① 피고인이 아닌 사람(공소제기 전에 피고인을 피의자로 조사하였거나 그 조사에 참여하였던 사람을 포함한다. 이하 이 조 및 제372조에서 같다)이 공판준비기일 또는 공판기일에 한 진술이 피고인의 진술을 내용으로 하는 것일 때에는 그 진술이 특별히 신빙할 수 있는 상태에서 이루어졌을 때에만 증거로 할 수 있다.
② 피고인이 아닌 사람이 공판준비기일 또는 공판기일에 한 진술이 피고인이 아닌 다른 사람의 진술을 그 내용으로 하는 것일 때에는 원진술자가 사망, 질병, 국외거주, 소재불명, 그 밖에 이에 준하는 사유로 진술할 수 없고 그 진술이 특별히 신빙할 수 있는 상태에서 이루어졌을 때에만 증거로 할 수 있다.

〔전부개정 2009·12·29〕

제370조(진술의 임의성) ① 피고인 또는 피고인이 아닌 사람의 진술이 임의로 된 것이 아닌 것은 증거로 할 수 없다.
② 제1항의 진술을 적은 서류는 그 작성 또는 내용인 진술이 임의로 되었다는 것이 증명된 것이 아니면 증거로 할 수 없다.
③ 검증조서의 일부가 피고인 또는 피고인이 아닌 사람의 진술을 적은 것일 때에는 그 부분에만 제1항과 제2항을 적용한다.

〔전부개정 2009·12·29〕

제371조(당사자의 동의와 증거능력) ① 군검사와 피고인이 증거로 할 수 있음에 동의한 서류나 물건은 진정한 것으로 인정하였을 때에는 증거로 할 수 있다. <개정 2016·1·6, 2020·6·9>
② 피고인의 출석 없이 증거조사를 할 수 있는 경우에 피고인이 출석하지 아니하면 제1항의 동의가 있는 것으로 본다. 다만, 대리인 또는 변호인이 출석하였을 때에는 그러하지 아니하다.

〔전부개정 2009·12·29〕

제372조(증명력을 다투기 위한 증거) ① 제365조부터 제369조까지의 규정에 따라 증거로 할 수 없는 서류나 진술이라도 공판준비기일 또는 공판기일에 피고인 또는 피고인이 아닌 사람이 한 진술의 증명력을 다투기 위한 증거로는 할 수 있다.
② 제1항에도 불구하고 피고인 또는 피고인이 아닌 사람의 진술을 내용으로 하는 영상녹화물은 공판준비기일 또는 공판기일에 피고인 또는 피고인이 아닌 사람이 진술할 때 기억이 명백하지 아니한 사항에 관하여 기억을 환기시켜야 할 필요가 있다고 인정될 때에만 피고인 또는 피고인이 아닌 사람에게 재생하여 시청하게 할 수 있다.

〔전부개정 2009·12·29〕

제3관 공판의 재판

제372조의2(판결선고기일) ① 판결의 선고는 변론을 종결한 기일에 하여야 한다. 다만, 특별한 사정이 있을 때에는 따로 선고기일을 지정할 수 있다.
② 변론을 종결한 기일에 판결을 선고하는 경우에는 판결 선고 후에 판결서를 작성할 수 있다.

③ 제1항 단서의 선고기일은 변론 종결 후 14일 이내로 지정되어야 한다.
〔전부개정 2009·12·29〕

제373조(관할위반의 재판) 피고사건에 대한 관할권이 그 군사법원에 있지 아니할 때에는 판결로 관할위반의 선고를 하여야 한다.
〔전부개정 2009·12·29〕

제374조(관할위반의 예외) ① 군사법원은 피고인의 신청이 없으면 다른 군사법원에 관할권이 있는 사건에 대하여 관할위반의 선고를 하지 못한다. <개정 2021·9·24>
② 관할위반의 신청은 피고사건에 대한 진술 전에 하여야 한다.
〔전부개정 2009·12·29〕

제375조(형의 선고와 동시에 선고될 사항) ① 피고사건에 대하여 범죄가 증명되었을 때에는 형의 면제 또는 선고유예의 경우를 제외하고는 판결로 형을 선고하여야 한다.
② 형의 집행유예, 판결 전 구금의 산입일수 및 노역장의 유치기간은 형의 선고와 동시에 판결로 선고하여야 한다.
〔전부개정 2009·12·29〕

제376조(형의 면제 또는 선고유예의 판결) 피고사건에 대하여 형의 면제 또는 선고유예를 할 때에는 판결로 선고하여야 한다.
〔전부개정 2009·12·29〕

제377조(유죄판결에 밝힐 이유) ① 형을 선고할 때에는 판결이유에 범죄가 될 사실, 증거의 요지 및 법령의 적용을 밝혀야 한다.
② 법률상 범죄의 성립을 조각(阻却)하는 이유 또는 형의 가중·감면의 이유가 되는 사실이 진술되었을 때에는 이에 대한 판단을 밝혀야 한다.
〔전부개정 2009·12·29〕

제378조(상소에 대한 고지) 형을 선고하는 경우에는 재판장은 피고인에게 상소할 기간과 상소할 법원을 고지하여야 한다. <개정 2021·9·24>
〔전부개정 2009·12·29〕

제379조 삭제 <2021·9·24>

제380조(무죄의 판결) 피고사건이 범죄가 되지 아니하거나 범죄사실이 증명되지 아니할 때에는 판결로 무죄를 선고하여야 한다.
〔전부개정 2009·12·29〕

제381조(면소의 판결) 다음 각 호의 어느 하나에 해당할 때에는 판결로 면소를 선고하여야 한다.
1. 확정판결이 있은 때
2. 사면이 있은 때
3. 공소시효가 완성되었을 때
4. 범죄 후에 법령의 개정·폐지로 형이 폐지되었을 때
〔전부개정 2009·12·29〕

제382조(공소기각의 판결) 다음 각 호의 어느 하나에 해당하는 경우에는 판결로 공소기각을 선고하여야 한다.
1. 피고인에 대하여 재판권이 없을 때
2. 공소제기의 절차가 법률의 규정을 위반하여 무효일 때
3. 공소가 제기된 사건에 대하여 다시 공소가 제기되었을 때
4. 제384조를 위반하여 공소가 제기되었을 때
5. 고소가 있어야 공소를 제기할 수 있는 사건에 대하여 고소가 취소되었을 때
6. 피해자가 명시한 의사에 반하여 공소를 제기할 수 없는 사건에 대하여 처벌을 희망하지 아니하는 의사 표시가 있거나 처벌을 희망하는 의사 표시가 철회되었을 때
〔전부개정 2009·12·29〕

제383조(공소기각의 결정) ① 다음 각 호의 어느 하나에 해당할 때에는 결정으로 공소를 기각하여야 한다.
1. 공소가 취소되었을 때
2. 피고인이 사망하였을 때
3. 제17조에 따라 재판할 수 없을 때
4. 공소장에 적힌 사실이 진실하다 하더라도 범죄가 될 만한 사실이 포함되지 아니하였을 때
② 제1항의 결정에 대하여는 즉시항고를 할 수 있다.
〔전부개정 2009·12·29〕

제384조(공소취소와 재기소) 공소취소에 따른 공소기각의 결정이 확정되었을 때에는 공소취소 후 그 범죄사실에 대한 다른 중요한 증거를 발견한 경우에만 다시 공소를 제기할 수 있다.
〔전부개정 2009·12·29〕

제385조(피고인의 진술 없이 하는 판결) 피고인이 진술하지 아니하거나 재판장의 허가

없이 퇴정하거나 재판장의 질서유지를 위한 퇴정명령을 받았을 때에는 피고인의 진술 없이 판결할 수 있다.
〔전부개정 2009·12·29〕

제386조 및 **제387조** 삭제 <2020·6·9>

제388조(무죄 등 선고와 구속영장의 효력) 무죄, 면소, 형의 면제, 형의 선고유예, 형의 집행유예, 공소기각 또는 벌금이나 과료를 과하는 판결이 선고되거나 형의 집행이 면제된 경우에는 구속영장은 효력을 잃는다.
〔전부개정 2009·12·29〕

제389조(몰수의 선고와 압수물) 압수한 서류 또는 물품에 대하여 몰수가 선고되지 아니하였을 때에는 압수를 해제한 것으로 본다.
〔전부개정 2009·12·29〕

제390조(압수장물의 환부) ① 압수한 장물로서 피해자에게 환부할 이유가 명백한 것은 판결로 피해자에게 환부하는 선고를 하여야 한다.
② 제1항의 경우 장물을 처분하였을 때에는 판결로 그 대가로 취득한 것을 피해자에게 교부하는 선고를 하여야 한다.
③ 가환부한 장물에 대하여 별도의 선고가 없을 때에는 환부를 선고한 것으로 본다.
④ 제1항부터 제3항까지의 규정은 이해관계인이 민사소송절차에 따라 그 권리를 주장할 때 영향을 미치지 아니한다.
〔전부개정 2009·12·29〕

제391조(재산형의 가납판결) ① 군사법원은 벌금, 과료 또는 추징(追徵)을 선고하는 경우 판결 확정 후에는 집행할 수 없거나 집행하기 곤란할 우려가 있다고 인정하면 직권으로 또는 군검사의 청구에 따라 피고인에게 벌금, 과료 또는 추징에 상당한 금액의 가납(假納)을 명령할 수 있다. <개정 2016·1·6>
② 제1항의 재판은 형의 선고와 동시에 판결로 선고하여야 한다.
③ 제2항의 판결은 즉시 집행할 수 있다.
〔전부개정 2009·12·29〕

제392조(형의 집행유예의 취소절차) ① 형의 집행유예를 취소할 경우에는 군검사가 피고인의 현재지나 소속 부대의 소재지를 관할하는 군사법원에 청구하여야 한다. 다만, 고등법원에서 형을 선고한 사건의 경우 관할 고등검찰부 군검사가 고등법원에 청구하여야 한다. <개정 2021·9·24>
② 제1항의 청구를 받은 군사법원 또는 고등법원은 피고인이나 대리인의 의견을 물은 후에 결정하여야 한다. <개정 2021·9·24>
③ 제2항의 결정에 대하여는 즉시항고를 할 수 있다.
④ 유예한 형을 선고하는 경우에는 제2항과 제3항을 준용한다.
〔전부개정 2009·12·29〕

제393조(경합범 중 다시 형을 정하는 절차) ①「형법」 제36조, 제39조제3항 또는 제61조에 따라 형을 정할 경우에는 군검사는 그 범죄사실에 대한 최종판결을 한 군사법원에 청구하여야 한다. 다만,「형법」 제61조에 따라 유예한 형을 선고할 때에는 제377조에 따라야 하고 선고유예를 해제하는 이유를 밝혀야 한다. <개정 2016·1·6>
② 제1항의 경우에는 제392조제2항을 준용한다.
〔전부개정 2009·12·29〕

제394조(형의 소멸의 재판) ①「형법」 제81조 또는 제82조에 따른 선고는 그 사건에 관한 기록이 보관되어 있는 군사법원에 신청하여야 한다.
② 제1항의 신청에 대한 선고는 결정으로 한다.
③ 제1항의 신청을 기각하는 결정에 대해서는 즉시항고를 할 수 있다.
〔전부개정 2009·12·29〕

제3장 상소

제1절 통칙

제395조(상소권자) 군검사나 피고인은 상소를 할 수 있다. <개정 2016·1·6>
〔전부개정 2009·12·29〕

제396조(항고권자) 군검사 또는 피고인이 아닌 사람이 결정을 받았을 때에는 항고를 할 수 있다. <개정 2016·1·6>
〔전부개정 2009·12·29〕

제397조(당사자 외의 상소권자) 피고인의 법

정대리인은 피고인을 위하여 상소할 수 있다.
〔전부개정 2009·12·29〕

제398조(당사자 외의 상소권자) ① 피고인의 배우자, 직계친족, 형제자매 또는 원심의 대리인이나 변호인은 피고인을 위하여 상소할 수 있다.
② 제1항의 상소는 피고인이 명시한 의사에 반하여 하지 못한다.
〔전부개정 2009·12·29〕

제399조(일부상소) ① 상소는 재판의 일부에 대하여 할 수 있다.
② 일부에 대한 상소는 그 일부와 불가분의 관계에 있는 부분에 대하여도 효력이 미친다.
③ 부분을 한정하지 아니하고 상소하였을 때에는 재판의 전부에 대하여 한 것으로 본다.
〔전부개정 2009·12·29〕

제400조(상소 제기기간) ① 상소의 제기는 그 기간 내에 서면으로 한다.
② 상소 제기기간은 재판을 선고하거나 고지한 날부터 진행된다. <개정 2021·9·24>
〔전부개정 2009·12·29〕

제401조(재소자에 대한 특칙) ① 교도소에 있는 피고인이 상소 제기기간 내에 상소장을 교도소장 또는 그 직무를 대리하는 사람에게 제출하였을 때에는 상소 제기기간 내에 상소한 것으로 본다.
② 제1항의 경우 피고인이 상소장을 작성할 수 없을 때에는 교도소장 또는 그 직무를 대리하는 사람은 이를 대서(代書)하거나 소속 공무원으로 하여금 대서하게 한다.
③ 교도소장 또는 그 직무를 대리하는 사람은 상소장을 원심군사법원(상고의 경우에는 고등법원을 말한다. 이하 이 절에서 같다)에 보내고, 상소장을 접수한 연월일을 원심군사법원에 통지하여야 한다. <개정 2021·9·24>
〔전부개정 2009·12·29〕

제402조(상소권회복 청구권자) 제395조부터 제398조까지의 규정에 따라 상소할 수 있는 사람은 본인 또는 대리인이 책임질 수 없는 사유로 상소 제기기간 내에 상소하지 못하였을 때에는 상소권회복 청구를 할 수 있다.
〔전부개정 2009·12·29〕

제403조(상소권회복 청구의 방식) ① 상소권회복 청구는 그 사유가 소멸한 날부터 상소 제기기간에 해당하는 기간 내에 서면으로 원심군사법원에 제출하여야 한다.
② 상소권회복의 청구를 할 때에는 원인이 된 사유를 소명하여야 한다.
③ 상소권회복의 청구를 한 사람은 청구와 동시에 상소를 제기하여야 한다.
〔전부개정 2009·12·29〕

제404조(상소권회복 청구에 대한 결정) ① 상소권회복 청구를 받은 군사법원 또는 고등법원은 청구 허가 여부에 관한 결정을 하여야 한다. <개정 2021·9·24>
② 제1항의 결정에 대하여는 즉시항고를 할 수 있다.
〔전부개정 2009·12·29〕

제405조(상소권회복 청구와 집행정지) ① 군사법원 또는 고등법원은 상소권회복 청구를 받으면 제404조제1항의 결정을 할 때까지 재판의 집행을 정지하는 결정을 하여야 한다. <개정 2021·9·24>
② 제1항의 집행정지 결정을 한 경우에 피고인을 구금할 필요가 있을 때에는 구속영장을 발부하여야 한다. 다만, 제110조의 요건이 갖추어졌을 때에만 발부한다.
〔전부개정 2009·12·29〕

제406조(상소의 포기·취하) 군검사, 피고인 또는 제396조에 규정된 사람은 상소의 포기 또는 취하를 할 수 있다. 다만, 피고인 또는 제398조에 규정된 사람은 사형, 무기징역 또는 무기금고가 선고된 판결에 대하여 상소의 포기를 할 수 없다. <개정 2016·1·6, 2020·6·9>
〔전부개정 2009·12·29〕

제407조(상소의 포기 등과 법정대리인의 동의) 법정대리인이 있는 피고인이 상소의 포기 또는 취하를 할 때에는 법정대리인의 동의를 받아야 한다. 다만, 법정대리인의 사망, 그 밖의 사유로 인하여 동의를 받을 수 없을 때에는 그러하지 아니하다.
〔전부개정 2009·12·29〕

제408조(상소의 취하와 피고인의 동의) 피고인의 법정대리인 또는 제398조에 규정된 사람은 피고인의 동의를 받아 상소를 취하할 수 있다.
〔전부개정 2009·12·29〕

제409조(상소포기 등의 방식) ① 상소의 포기 또는 취하는 서면으로 하여야 한다. 다만, 공판정에서는 말로 할 수 있다.
② 말로 상소의 포기 또는 취하를 한 경우에는 그 사유를 조서에 적어야 한다.
〔전부개정 2009·12·29〕

제410조(상소포기 등의 관할) 상소의 포기는 원심군사법원에, 상소의 취하는 상소법원에 하여야 한다. 다만, 소송기록을 상소법원에 보내지 아니하였을 때에는 상소의 취하를 원심군사법원에 할 수 있다. <개정 2021·9·24>
〔전부개정 2009·12·29〕

제411조(상소포기 후의 재상소 금지) 상소를 포기하거나 취하한 사람 또는 상소의 포기나 취하에 동의한 사람은 그 사건에 대하여 다시 상소를 하지 못한다.
〔전부개정 2009·12·29〕

제412조(재소자에 대한 특칙) 교도소에 있는 피고인이 상소권회복의 청구 또는 상소의 포기나 취하를 하는 경우에는 제401조를 준용한다.
〔전부개정 2009·12·29〕

제413조(상소포기 등의 상대방에의 통지) 상소, 상소의 포기나 취하 또는 상소권회복의 청구가 있을 때에는 군사법원 또는 상소법원은 지체 없이 상대방에게 그 사실을 통지하여야 한다. <개정 2021·9·24>
〔전부개정 2009·12·29〕

제 2 절 항소

제414조(항소할 수 있는 판결) 군사법원의 판결에 대해서는 다음 각 호의 어느 하나에 해당하는 사유가 있음을 이유로 고등법원에 항소할 수 있다. <개정 2021·9·24>
1. 헌법·법률·명령 또는 규칙의 위반이 판결에 영향을 미쳤을 때
2. 삭제 <2020·6·9>
3. 판결 후 형의 폐지나 변경 또는 사면이 있을 때
4. 관할 또는 관할위반의 인정이 법률을 위반하였을 때
5. 판결을 한 군사법원의 구성이 법률을 위반하였을 때
6. 법률상 그 재판에 관여하지 못할 재판관이 그 사건의 심판에 관여하였을 때
7. 사건의 심리에 관여하지 아니한 재판관이 그 사건의 판결에 관여하였을 때
8. 공판의 공개에 관한 규정을 위반하였을 때
9. 판결에 이유를 붙이지 아니하거나 이유에 모순이 있을 때
10. 재심청구의 사유가 있을 때
11. 사실의 오인(誤認)이 있어 판결에 영향을 미쳤을 때
12. 형의 양정(量定)이 부당하다고 인정할 사유가 있을 때

〔전부개정 2009·12·29〕

제415조(항소 제기기간) 항소의 제기기간은 7일로 한다.
〔전부개정 2009·12·29〕

제416조(항소 제기방식) 항소를 할 때에는 항소장을 원심군사법원에 제출하여야 한다.
〔전부개정 2009·12·29〕

제417조(원심군사법원에서의 기각결정) ① 항소의 제기가 법률상의 방식을 위반하거나 항소권 소멸 후인 것이 명백할 때 원심군사법원은 결정으로 항소를 기각하여야 한다.
② 제 1 항의 결정에 대하여는 즉시항고를 할 수 있다.
〔전부개정 2009·12·29〕

제418조(소송기록과 증거물의 송부) 제417조의 경우를 제외하고 원심군사법원은 항소장을 받은 날부터 14일 이내에 소송기록과 증거물을 고등법원에 보내야 한다. <개정 2021·9·24>
〔전부개정 2009·12·29〕

제419조(소송기록 등의 접수와 통지) ① 고등법원은 소송기록과 증거물을 받으면 즉시 항소인과 상대방에게 그 사실을 통지하여야 한다. <개정 2021·9·24>
② 제 1 항의 통지 전에 변호인이 선임되었을 때에는 변호인에게도 제 1 항의 통지를 하여야 하며, 변호인이 선임되지 아니하였을 때에는 고등법원은 지체 없이 국선변호인을 선정하고 제 1 항의 통지를 하여야 한다.
<개정 2021·9·24>
〔전부개정 2009·12·29〕

제420조(항소이유서) ① 항소인이나 변호인은 제419조에 따른 통지를 받은 날부터 20일 이내에 항소이유서를 고등법원에 제출하여야 한다. 이 경우 제401조를 준용한다. <개정 2021·9·24>

② 항소이유서에는 다음 각 호의 구분에 따라 항소의 이유를 밝혀야 한다. <개정 2016·1·6>

1. 제414조제1호를 이유로 항소한 경우: 그 사유가 있음을 구체적으로 표시
2. 삭제 <2020·6·9>
3. 제414조제3호·제10호를 이유로 항소한 경우: 그 사유가 있음을 증명할 수 있는 자료를 첨부
4. 제414조제4호·제9호·제11호·제12호를 이유로 항소한 경우: 소송기록과 원심군사법원의 증거조사에 표시된 사실을 인용
5. 제414조제5호부터 제8호까지를 이유로 항소한 경우: 그 사유가 있음을 충분히 증명할 수 있다는 취지의 군검사 또는 변호인의 보증서를 첨부

〔전부개정 2009·12·29〕

제421조(답변서) ① 항소이유서를 받은 고등법원은 지체 없이 그 부본 또는 등본을 상대방에게 송달하여야 한다. <개정 2021·9·24>

② 상대방은 제1항의 송달을 받은 날부터 10일 이내에 답변서를 고등법원에 제출할 수 있다. <개정 2021·9·24>

③ 답변서를 받은 고등법원은 지체 없이 그 부본 또는 등본을 항소인이나 변호인에게 송달하여야 한다. <개정 2021·9·24>

〔전부개정 2009·12·29〕

제422조(항소기각의 결정) ① 다음 각 호의 어느 하나에 해당할 때에는 고등법원은 결정으로 항소를 기각하여야 한다. <개정 2021·9·24>

1. 제417조에 해당하는 경우에 원심군사법원이 항소기각의 결정을 하지 아니할 때
2. 제420조제1항의 기간 내에 항소이유서를 제출하지 아니할 때. 다만, 항소장에 이유가 적혀 있거나 직권조사의 사유가 있을 때에는 그러하지 아니하다.

② 제1항의 결정에 대하여는 즉시항고를 할 수 있다.

〔전부개정 2009·12·29〕

제423조(변호인의 자격과 변론능력) ① 항소심에는 변호사 또는 변호사 자격이 있는 장교가 아니면 변호인으로 선임할 수 없다.

② 항소심에서는 변호인이 아니면 피고인을 위하여 변론하지 못한다.

〔전부개정 2009·12·29〕

제424조 삭제 <2021·9·24>

제425조(변론방식) 군검사와 변호인은 항소이유서에 따라 변론하여야 한다. <개정 2016·1·6>

〔전부개정 2009·12·29〕

제426조(피고인의 출석) ① 피고인이 공판기일에 출석하지 아니하면 다시 기일을 정하여야 한다.

② 피고인이 정당한 사유 없이 다시 정한 기일에 출석하지 아니하면 피고인의 진술 없이 판결할 수 있다.

〔전부개정 2009·12·29〕

제427조(조사범위) 고등법원은 항소이유서에 포함된 사유에 관하여 조사하여야 한다. <개정 2021·9·24>

〔전부개정 2009·12·29〕

제428조(직권조사 사유) 고등법원은 판결에 영향을 미친 사유가 항소이유서에 포함되어 있지 아니한 경우에도 직권으로 그 사유를 조사할 수 있다. <개정 2021·9·24>

〔전부개정 2009·12·29〕

제429조(사실의 조사) ① 고등법원은 제427조와 제428조의 조사를 할 때 필요하면 직권으로 또는 군검사, 피고인이나 변호인의 신청에 따라 사실을 조사할 수 있다. 다만, 제1심의 변론 종결 전에 조사를 신청하지 못한 증거로서 그 사유가 소명된 것에 관하여는 형의 양정의 부당함 또는 사실의 오인이 판결에 영향을 미쳤음을 증명하는데 필요할 때에만 조사하여야 한다. <개정 2016·1·6, 2021·9·24>

② 제1항의 조사는 합의부원이 하게 하거나 다른 군사법원의 군판사 또는 다른 지방법원의 판사에게 촉탁할 수 있다. 이 경우 수명법관 또는 수탁군판사, 수탁판사는 고등법원 또는 재판장과 같은 권한을 가진다. <개정 2021·9·24>

〔전부개정 2009·12·29〕

제430조(항소기각의 판결) ① 제414조 각 호의 어느 하나에 해당하는 사유가 없을 때에는 판결로 항소를 기각하여야 한다.
② 항소이유가 없음이 명백할 때에는 항소장, 항소이유서, 그 밖의 항소기록에 따라 변론 없이 판결로 항소를 기각할 수 있다.
〔전부개정 2009 · 12 · 29〕

제431조(파기의 판결) 제414조 각 호의 어느 하나에 해당하는 사유가 있을 때에는 판결로 원심판결을 파기하여야 한다.
〔전부개정 2009 · 12 · 29〕

제432조(공동피고인을 위한 파기) 피고인의 이익을 위하여 원심판결을 파기하는 경우에 파기의 사유가 항소한 공동피고인에게 공통될 때에는 공동피고인에 대하여도 원심판결을 파기하여야 한다.
〔전부개정 2009 · 12 · 29〕

제433조(파기환송) 적법한 공소를 기각하였거나 관할위반의 인정이 법률을 위반하였음을 이유로 원심판결을 파기할 때에는 판결로 사건을 원심군사법원에 돌려보내야 한다.
〔전부개정 2009 · 12 · 29〕

제434조(파기이송) 관할 인정이 법률을 위반하였음을 이유로 원심판결을 파기할 때에는 판결로 사건을 관할 군사법원에 이송하여야 한다.
〔전부개정 2009 · 12 · 29〕

제435조(파기자판) 고등법원은 원심판결을 파기하는 경우에 그 소송기록과 원심군사법원 또는 고등법원에서 조사한 증거에 따라 판결하기 충분하다고 인정하면 피고사건에 대하여 직접 판결할 수 있다. <개정 2021 · 9 · 24>
〔전부개정 2009 · 12 · 29〕

제436조(환송 또는 이송) 제433조부터 제435조까지의 경우 외에 원심판결을 파기한 경우에는 판결로 사건을 원심군사법원에 돌려보내거나 관할권이 있는 다른 군사법원에 이송하여야 한다. <개정 2021 · 9 · 24>
〔전부개정 2009 · 12 · 29〕

제437조(불이익변경의 금지) 피고인이 항소한 사건과 피고인을 위하여 항소한 사건에 대하여는 원심판결의 형보다 무거운 형을 선고하지 못한다.
〔전부개정 2009 · 12 · 29〕

제438조(공소기각의 결정) ① 제383조제1항 각 호의 어느 하나에 해당하는 사유가 있을 때에는 고등법원은 결정으로 공소를 기각하여야 한다. <개정 2020 · 6 · 9, 2021 · 9 · 24>
② 제1항의 결정에 대하여는 즉시항고를 할 수 있다.
〔전부개정 2009 · 12 · 29〕

제439조(재판서의 기재방법) 재판서에는 항소의 이유에 관한 판단을 적어야 하며 원심판결에 적힌 사실과 증거를 인용(引用)할 수 있다.
〔전부개정 2009 · 12 · 29〕

제440조(항소심 재판의 기속력) 사건의 환송 또는 이송을 받은 군사법원은 그 사건에 관하여 고등법원의 심판에서 판시된 법령의 해석에 기속된다. <개정 2021 · 9 · 24>
〔전부개정 2009 · 12 · 29〕

제441조(준용규정) ① 이 절에 특별한 규정이 없으면 항소의 심판에 관하여는 제2편제2장제3절 공판에 관한 규정을 준용한다. 이 경우 "군사법원"은 "법원"으로, "재판관"은 "법관"으로, "군판사"는 "판사"로 본다. <개정 2021 · 9 · 24>
② 항소심의 절차에 관하여 이 절에 특별한 규정이 없으면 「형사소송법」 중 항소심에 관한 규정에 따른다. <신설 2021 · 9 · 24>
〔전부개정 2009 · 12 · 29〕

제3절 상고

제442조(상고할 수 있는 판결) 고등법원의 판결에 대해서는 다음 각 호의 어느 하나에 해당하는 사유가 있음을 이유로 대법원에 상고할 수 있다. <개정 2021 · 9 · 24>
1. 헌법 · 법률 · 명령 또는 규칙의 위반이 판결에 영향을 미쳤을 때
2. 및 3. 삭제 <2020 · 6 · 9>
4. 판결 후 형의 폐지나 변경 또는 사면이 있을 때
5. 재심청구의 사유가 있을 때
6. 삭제 <2021 · 9 · 24>
7. 사형, 무기 또는 10년 이상의 징역이나 금고가 선고된 사건에서 중대한 사실의 오인이 있어 판결에 영향을 미쳤을 때 또는 형의 양정이 매우 부당하다고 인정할 현저한 사유가 있을 때
〔전부개정 2009 · 12 · 29〕

제443조(비약적 상고) ① 다음 각 호의 어느 하나에 해당하는 경우에는 군사법원의 판결에 대하여 항소를 제기하지 아니하고 상고를 할 수 있다. <개정 2021·9·24>

1. 군사법원이 인정한 사실에 대하여 법령을 적용하지 아니하였거나 법령의 적용에 착오가 있을 때
2. 군사법원의 판결 후 형의 폐지나 변경 또는 사면이 있을 때
3. 군사법원에 대한 재판권의 인정이 법률을 위반하였을 때

② 제1심판결에 대한 제1항의 상고를 한 사람이 그 사건에 대하여 항소를 하면 그 상고는 효력을 잃는다. 다만, 항소의 취하 또는 항소기각의 결정이 있을 때에는 그러하지 아니하다.

〔전부개정 2009·12·29〕

제444조(상고의 제기 기간) 상고의 제기 기간은 7일로 한다.

〔전부개정 2009·12·29〕

제445조(변론방식) ① 검사와 변호인은 상고이유서와 답변서에 따라 변론하여야 한다.

② 대법원은 필요하다고 인정하면 직권으로 또는 검사, 피고인이나 변호인의 신청에 따라 군검사 또는 원심 변호인에게 의견을 진술하게 할 수 있다. <개정 2016·1·6, 2021·9·24>

〔전부개정 2009·12·29〕

제446조(서면심리에 의한 판결) ① 대법원은 상고장, 상고이유서, 그 밖의 소송기록에 따라 변론 없이 판결할 수 있다.

② 대법원은 필요한 경우에는 특정한 사항에 관하여 변론을 열어 참고인의 진술을 들을 수 있다.

〔전부개정 2009·12·29〕

제447조(상고기각의 판결) 상고이유가 없는 것이 명백할 때에는 변론 없이 판결로 상고를 기각할 수 있다.

〔전부개정 2009·12·29〕

제448조(원심판결의 파기) 대법원은 제442조 각 호와 제443조제1항 각 호에 규정된 사유가 있을 때에는 판결로 원심판결을 파기하여야 한다.

〔전부개정 2020·6·9〕

제449조(파기이송·환송) ① 제443조제1항 각 호에 규정된 사유가 있음을 이유로 원심판결을 파기하는 경우에는 판결로 사건을 재판권이 있는 관할 군사법원 또는 관할 법원에 이송하여야 한다. <개정 2021·9·24>

② 제1항에 규정된 이유 외의 이유로 원심판결을 파기하는 경우에는 판결로 사건을 원심법원에 돌려보내야 한다. <개정 2021·9·24>

〔전부개정 2009·12·29〕

제450조(준용규정) ① 이 절에 특별한 규정이 없으면 상고의 심판에 관하여는 이 장 제2절 항소에 관한 규정을 준용한다.

② 상고심의 절차에 관하여 이 절에 특별한 규정이 없으면 「형사소송법」 중 상고심에 관한 규정에 따른다.

〔전부개정 2009·12·29〕

제451조(판결정정의 신청) ① 대법원은 그 판결의 내용에 오류가 있음을 발견하였을 때에는 직권으로 또는 검사, 상고인이나 변호인의 신청에 따라 판결로 오류를 정정(訂正)할 수 있다.

② 제1항의 신청은 판결이 선고된 날부터 10일 이내에 하여야 한다.

③ 제1항의 신청은 이유를 적은 서면으로 하여야 한다.

〔전부개정 2009·12·29〕

제452조(정정판결) ① 정정의 판결은 변론 없이 할 수 있다.

② 정정할 필요가 없다고 인정하면 지체 없이 결정으로 신청을 기각하여야 한다.

〔전부개정 2009·12·29〕

제453조(소송기록 등의 환송) 대법원은 상고기각의 판결 또는 결정을 하였을 때에는 소송기록과 증거물을 원심법원에 돌려보내야 한다. <개정 2021·9·24>

〔전부개정 2009·12·29〕

제4절 항고

제454조(항고할 수 있는 재판) 군사법원의 결정에 대하여 불복할 때에는 항고를 할 수 있다. 다만, 이 법에 특별한 규정이 있는 경우에는 그러하지 아니하다.

〔전부개정 2020·6·9〕

제454조의2(판결 전의 결정에 대한 항고) ① 군사법원의 관할 또는 판결 전의 소송절차에 관한 결정에 대해서는 특히 즉시항고를 할 수 있는 경우 외에는 항고하지 못한다.
② 제 1 항은 구금, 보석, 압수나 압수물의 환부에 관한 결정 또는 감정하기 위한 피고인의 유치에 관한 결정에 적용하지 아니한다.
〔본조신설 2020·6·9〕

제454조의3(보통항고의 시기) 항고는 즉시항고 외에는 언제든지 할 수 있다. 다만, 원심결정을 취소하여도 실익이 없게 된 때에는 예외로 한다.
〔본조신설 2020·6·9〕

제455조(즉시항고 제기 기간) 즉시항고의 제기 기간은 7일로 한다. <개정 2020·2·4>
〔전부개정 2009·12·29〕

제456조(항고의 절차) 항고를 할 때에는 항고장을 원심군사법원에 제출하여야 한다.
〔전부개정 2009·12·29〕

제457조(원심군사법원의 항고기각결정) ① 항고의 제기가 법률상의 방식을 위반하거나 항고권 소멸 후인 것이 명백할 때 원심군사법원은 결정으로 항고를 기각하여야 한다.
② 제 1 항의 결정에 대하여는 즉시항고를 할 수 있다.
〔전부개정 2009·12·29〕

제458조(원심군사법원의 경정결정) ① 원심군사법원은 항고가 이유 있다고 인정하면 결정을 경정하여야 한다.
② 항고의 전부 또는 일부가 이유 없다고 인정하면 항고장을 받은 날부터 3일 이내에 의견서를 첨부하여 항고법원에 보내야 한다. <개정 2021·9·24>
〔전부개정 2009·12·29〕

제459조(즉시항고와 집행정지) 즉시항고의 제기 기간 내와 그 제기가 있는 때에는 재판의 집행은 정지된다. <개정 2020·6·9>
〔전부개정 2009·12·29〕

제459조의2(보통항고와 집행정지) 항고는 즉시항고 외에는 재판의 집행을 정지하는 효력이 없다. 다만, 원심군사법원 또는 항고법원은 결정으로 항고에 대한 결정이 있을 때까지 집행을 정지할 수 있다. <개정 2021·9·24>
〔본조신설 2020·6·9〕

제460조(소송기록 등의 송부) ① 원심군사법원은 필요하다고 인정하면 소송기록과 증거물을 항고법원에 보내야 한다. <개정 2021·9·24>
② 항고법원은 소송기록과 증거물의 송부를 요구할 수 있다. <개정 2021·9·24>
③ 제 1 항 및 제 2 항의 경우에 항고법원이 소송기록과 증거물의 송부를 받은 날부터 5일 이내에 당사자에게 그 사유를 통지하여야 한다. <신설 2020·6·9, 2021·9·24>
〔전부개정 2009·12·29〕

제461조(군검사의 의견진술) 군검사는 항고사건에 대하여 의견을 진술할 수 있다. <개정 2016·1·6>
〔전부개정 2009·12·29〕

제462조(항고기각의 결정) 제457조에 해당하는 경우 원심군사법원이 항고기각의 결정을 하지 아니할 때에는 항고법원은 결정으로 항고를 기각하여야 한다. <개정 2021·9·24>
〔전부개정 2009·12·29〕

제463조(항고기각과 항고이유 인정) ① 항고가 이유 없다고 인정하면 결정으로 항고를 기각하여야 한다.
② 항고가 이유 있다고 인정하면 결정으로 원심결정을 취소하고 필요하면 항고사건에 대하여 직접 재판을 하여야 한다.
〔전부개정 2009·12·29〕

제464조(재항고) 항고법원이나 고등법원의 결정에 대해서는 헌법, 법률, 명령 또는 규칙의 위반이 재판에 영향을 미쳤음을 이유로 할 때에만 대법원에 즉시항고를 할 수 있다. <개정 2021·9·24>
〔전부개정 2009·12·29〕

제465조(준항고) ① 재판장이나 수명재판관·수명법관이 다음 각 호의 어느 하나에 해당하는 재판을 고지한 경우에 불복이 있으면 그 재판관 소속의 군사법원 또는 법원에 재판의 취소 또는 변경을 청구할 수 있다. <개정 2021·9·24>
1. 기피신청을 기각한 재판
2. 구류, 보석, 압수 또는 압수물 환부에 관한 재판
3. 감정하기 위하여 피고인의 유치를 명령한 재판

4. 증인, 감정인 또는 통역인에게 과태료 또는 비용의 배상을 명령한 재판

② 군사법원 또는 법원은 제1항의 청구를 받으면 결정을 하여야 한다. <개정 2021·9·24>

③ 제1항의 청구는 재판이 고지된 날부터 7일 이내에 하여야 한다. <개정 2020·2·4>

④ 제1항제4호의 경우 제3항의 청구기간 내와 그 청구가 있는 때에는 재판의 집행은 정지된다. <개정 2020·6·9>

〔전부개정 2009·12·29〕

제466조(준항고) 군검사나 군사법경찰관의 구금, 압수 또는 압수물 환부에 관한 처분과 제235조의2에 따른 변호인의 참여 등에 관한 처분에 불복할 때에는 그 직무집행지의 관할 군사법원 또는 군검사 소속 보통검찰부에 대응하는 군사법원에 그 처분의 취소 또는 변경을 청구할 수 있다. <개정 2016·1·6, 2021·9·24>

〔전부개정 2009·12·29〕

제467조(준항고의 방식) 제465조와 제466조에 따른 청구는 서면으로 관할 군사법원 또는 법원에 제출하여야 한다. <개정 2021·9·24>

〔전부개정 2009·12·29〕

제468조(준용규정) 제465조와 제466조에 따른 청구가 있는 경우에는 제459조의2 및 제462조부터 제464조까지의 규정을 준용한다. <개정 2020·6·9>

〔전부개정 2009·12·29〕

제3편 특별소송절차

제1장 재심

제469조(재심이유) 재심은 다음 각 호의 어느 하나에 해당하는 사유가 있을 때에 유죄의 확정판결에 대하여 그 선고를 받은 사람의 이익을 위하여 청구할 수 있다. <개정 2016·1·6, 2021·9·24>

1. 원판결의 증거가 된 서류 또는 증거물이 확정판결에 따라 위조 또는 변조된 것이 증명되었을 때
2. 원판결의 증거가 된 증언·감정·통역 또는 번역이 확정판결에 따라 거짓인 것이 증명되었을 때
3. 무고(誣告)로 인하여 유죄를 선고받은 경우에 그 무고의 죄가 확정판결에 따라 증명되었을 때
4. 원판결의 증거가 된 재판이 확정재판에 따라 변경되었을 때
5. 유죄를 선고받은 사람에게 무죄 또는 면소를, 형을 선고받은 사람에게 형의 면제 또는 원판결이 인정한 죄보다 가벼운 죄를 인정할 명백한 증거가 새로 발견되었을 때
6. 저작권, 특허권, 실용신안권, 디자인권 또는 상표권을 침해한 죄로 유죄를 선고받은 사건에 관하여 그 권리에 대한 무효의 심결 또는 무효의 판결이 확정되었을 때
7. 원판결, 전심판결 또는 그 판결의 기초가 된 조사에 관여한 재판관이나 법관, 공소의 제기 또는 그 공소의 기초가 된 수사에 관여한 군검사, 검사, 군사법경찰관 또는 사법경찰관이 그 직무에 관한 죄를 범한 것이 확정판결에 따라 증명되었을 때. 다만, 원판결의 선고 전에 재판관, 법관, 군검사, 검사, 군사법경찰관 또는 사법경찰관에 대하여 공소가 제기된 경우에는 원판결을 한 군사법원이나 상소법원이 그 사유를 알지 못하였을 때에만 재심을 청구할 수 있다. <개정 2021·9·24>

〔전부개정 2009·12·29〕

제470조(재심사유) ① 항소나 상고를 기각한 확정판결에 대하여는 제469조제1호·제2호 및 제7호의 사유가 있는 경우에만 그 선고를 받은 사람의 이익을 위하여 재심을 청구할 수 있다.

② 제1심 확정판결에 대한 재심청구사건의 판결이 있은 후에는 항소기각의 판결에 대하여 다시 재심을 청구하지 못한다.

③ 제1심 또는 제2심의 확정판결에 대한 재심청구사건의 판결이 있은 후에는 상고기각의 판결에 대하여 다시 재심을 청구하지 못한다.

〔전부개정 2009·12·29〕

제471조(확정판결을 갈음하는 증명) 제469조와 제470조에 따라 확정판결로써 범죄가 증명됨을 재심청구의 이유로 할 경우 그 확정판결을 얻을 수 없을 때에는 그 사실을 증

명하여 재심청구를 할 수 있다. 다만, 증거가 없다는 이유로 확정판결을 얻을 수 없을 때에는 그러하지 아니하다.
〔전부개정 2009·12·29〕

제472조(재심의 관할) 재심청구는 원판결을 한 군사법원이나 상소법원이 관할한다.
〔전부개정 2021·9·24〕

제473조(재심청구권자) 다음 각 호의 어느 하나에 해당하는 사람은 재심청구를 할 수 있다. <개정 2016·1·6>
1. 대검찰청 검사·군검사
2. 유죄를 선고받은 사람
3. 유죄를 선고받은 사람의 법정대리인
4. 유죄를 선고받은 사람이 사망하거나 심신장애가 있는 경우에는 그 배우자, 직계친족 또는 형제자매

〔전부개정 2009·12·29〕

제474조(군검사만이 청구할 수 있는 재심) 제469조제7호의 사유에 따른 재심청구는 유죄를 선고받은 사람이 그 죄를 범하게 한 경우에는 대검찰청 검사 또는 군검사가 아니면 하지 못한다. <개정 2016·1·6>
〔전부개정 2009·12·29〕

제475조(변호인의 선임) ① 대검찰청 검사 또는 군검사가 아닌 사람이 재심청구를 하는 경우에는 변호인을 선임할 수 있다. <개정 2016·1·6>
② 제1항에 따른 변호인 선임은 재심의 판결이 있을 때까지 효력이 있다.
〔전부개정 2009·12·29〕

제476조(재심청구의 시기) 재심청구는 형의 집행이 끝나거나 형의 집행을 받지 아니하게 되었을 때에도 할 수 있다.
〔전부개정 2009·12·29〕

제477조(재심청구와 집행부정지) 재심청구는 형의 집행을 정지하는 효력이 없다. 다만, 관할 군사법원에 대응하는 보통검찰부의 군검사는 재심청구에 대한 재판이 있을 때까지 형의 집행을 정지할 수 있다. <개정 2016·1·6, 2021·9·24>
〔전부개정 2009·12·29〕

제478조(재심청구의 취하) ① 재심청구는 취하할 수 있다.
② 재심청구를 취하한 사람은 같은 이유로 다시 재심을 청구하지 못한다.
〔전부개정 2009·12·29〕

제479조(재소자에 대한 특칙) 재심청구와 그 취하에 관하여는 제401조를 준용한다.
〔전부개정 2009·12·29〕

제480조(사실조사) ① 재심청구를 받은 군사법원이나 상소법원은 필요하다고 인정하면 합의부원 또는 수명군판사에게 재심청구의 이유에 대한 사실조사를 명령하거나 다른 법원의 판사 또는 다른 군사법원의 군판사에게 조사를 촉탁할 수 있다. <개정 2021·9·24>
② 제1항의 경우에 수명법관, 수명군판사, 수탁판사 또는 수탁군판사는 법원이나 군사법원 또는 재판장과 같은 권한이 있다.
〔전부개정 2009·12·29〕

제481조(재심에 대한 결정과 당사자의 의견) 재심청구에 대하여 결정을 할 때에는 청구한 사람과 상대방의 의견을 들어야 한다. 다만, 유죄를 선고받은 사람의 법정대리인이 청구한 경우에는 유죄를 선고받은 사람의 의견을 들어야 한다.
〔전부개정 2009·12·29〕

제482조(청구기각 결정) 재심청구가 법률상의 방식을 위반하거나 청구권 소멸 후인 것이 명백할 때에는 결정으로 기각하여야 한다.
〔전부개정 2009·12·29〕

제483조(청구기각 결정) ① 재심청구가 이유없다고 인정하면 결정으로 기각하여야 한다.
② 제1항의 결정이 있으면 누구든지 같은 이유로 다시 재심을 청구하지 못한다.
〔전부개정 2009·12·29〕

제484조(재심개시의 결정) ① 재심청구가 이유 있다고 인정하면 재심개시의 결정을 하여야 한다.
② 제1항의 결정을 한 때에는 결정으로 형의 집행을 정지할 수 있다.
〔전부개정 2009·12·29〕

제485조(청구의 경합과 청구기각의 결정) ① 항소기각의 확정판결과 그 판결에 따라 확정된 제1심판결에 대하여 재심이 청구된 경우에 제1심 군사법원이 재심판결을 하면 고등법원은 결정으로 재심청구를 기각하여야 한다. <개정 2021·9·24>
② 제1심 또는 제2심의 판결에 대한 상고기각의 확정판결과 그 판결에 따라 확정된 제

1심 또는 제2심의 판결에 대하여 재심이 청구된 경우에 제1심의 군사법원 또는 제2심의 고등법원이 재심판결을 하면 대법원은 결정으로 재심청구를 기각하여야 한다. <개정 2021·9·24>

〔전부개정 2009·12·29〕

제486조(즉시항고) 제482조, 제483조제1항, 제484조제1항 및 제485조제1항의 결정에 대하여는 즉시항고를 할 수 있다.

〔전부개정 2009·12·29〕

제487조(국선변호인의 선정) 재심개시가 결정된 사건에 대하여 재심을 청구한 사람이 변호인을 선임하지 아니하였을 때에는 상소법원이나 관할 군사법원은 제62조에 따라 국선변호인을 선정한다. <개정 2021·9·24>

〔전부개정 2009·12·29〕

제488조(재심의 심판) ① 재심개시 결정이 확정된 사건에 대하여는 제485조의 경우 외에는 군사법원이나 상소법원은 그 심급에 따라 다시 심판하여야 한다. <개정 2021·9·24>

② 다음 각 호의 어느 하나에 해당하는 경우에는 제357조제1항과 제383조제1항제2호를 제1항의 심판에 적용하지 아니한다.

1. 사망자나 회복할 수 없는 심신장애인을 위하여 재심이 청구되었을 때
2. 유죄를 선고받은 사람이 재심판결 전에 사망하거나 회복할 수 없는 심신장애인이 되었을 때

③ 제2항의 경우에는 피고인이 출석하지 아니하여도 심판할 수 있다. 다만, 변호인이 출석하지 아니하면 개정하지 못한다.

〔전부개정 2009·12·29〕

제489조(불이익 변경의 금지) 재심에서는 원판결의 형보다 무거운 형을 선고하지 못한다.

〔전부개정 2009·12·29〕

제490조(무죄판결의 공시) 재심에서 무죄를 선고하였을 때에는 그 판결을 관보와 일간신문에 실어 공시하여야 한다. 다만, 다음 각 호의 어느 하나에 해당하는 사람이 이를 원하지 아니하는 의사를 표시한 경우에는 그러하지 아니하다. <개정 2018·12·18>

1. 제473조제1호부터 제3호까지의 어느 하나에 해당하는 사람이 재심을 청구한 때에는 재심에서 무죄의 선고를 받은 사람
2. 제473조제4호에 해당하는 사람이 재심을 청구한 때에는 재심을 청구한 그 사람

〔전부개정 2009·12·29〕

제491조(준용규정) 대법원이 이 장의 규정에 따른 재판을 하였을 경우에는 제453조를 준용한다. <개정 2020·6·9>

〔전부개정 2009·12·29〕

제2장 비상상고

제492조(비상상고 이유) 검찰총장은 군사법원의 판결 또는 이 법에 따른 상소법원의 판결이 확정된 후 그 사건의 심판이 법률을 위반한 것을 발견하였을 때에는 대법원에 비상상고를 할 수 있다. <개정 2021·9·24>

〔전부개정 2009·12·29〕

제493조(비상상고의 제기 청구) 고등검찰부 군검사는 제492조에 규정된 이유를 서면으로 제출하여 검찰총장에게 비상상고의 제기를 청구할 수 있다. <개정 2016·1·6>

〔전부개정 2009·12·29〕

제494조(비상상고의 방식) 비상상고를 제기할 때에는 그 이유를 적은 신청서를 대법원에 제출하여야 한다.

〔전부개정 2009·12·29〕

제495조(공판기일) 공판기일에는 검사나 고등검찰부 군검사는 신청서에 따라 진술하여야 한다. <개정 2016·1·6>

〔전부개정 2009·12·29〕

제496조(조사의 범위) ① 대법원은 신청서에 포함된 사항에 대하여만 조사하여야 한다.

② 재판권, 공소의 수리(受理) 및 소송절차에 관하여는 사실조사를 할 수 있다.

③ 제2항의 경우에는 제480조를 준용한다.

〔전부개정 2009·12·29〕

제497조(기각의 판결) 비상상고가 이유 없다고 인정하면 판결로 기각하여야 한다.

〔전부개정 2009·12·29〕

제498조(파기의 판결) 비상상고가 이유 있다고 인정하면 다음 각 호의 구분에 따라야 한다. <개정 2021·9·24>

1. 원판결이 법령을 위반한 경우에는 그 위반한 부분을 파기하여야 한다. 다만, 원판결이 피고인에게 불이익한 때에는 원판결을 파기하고 피고사건에 대하여 다시 판결을 한다.
2. 원심소송절차가 법령을 위반한 경우에는 위반한 절차를 파기한다.

〔전부개정 2009·12·29〕

제499조 삭제 <2021·9·24>

제500조(판결의 효력) 제498조제1호 단서에 따른 판결을 제외한 비상상고의 판결은 그 효력이 피고인에게 미치지 아니한다. <개정 2021·9·24>

〔전부개정 2009·12·29〕

제501조(준용규정) 대법원이 제497조와 제498조제1호 본문 및 제2호의 판결을 하였을 경우에는 제453조를 준용한다.

〔전부개정 2009·12·29〕

제3장 약식절차

제501조의2(약식명령을 할 수 있는 사건) ① 군사법원은 그 관할에 속하는 사건에 대하여 군검사가 청구를 하였을 때에는 공판절차 없이 약식명령으로 피고인을 벌금, 과료 또는 몰수에 처할 수 있다. <개정 2016·1·6, 2021·9·24>

② 제1항의 경우에는 추징이나 그 밖의 부수적인 처분을 할 수 있다.

〔전부개정 2009·12·29〕

제501조의3(약식명령의 청구) 약식명령의 청구는 공소제기와 동시에 서면으로 하여야 한다.

〔전부개정 2009·12·29〕

제501조의4(보통의 심판) 약식명령의 청구가 있는 경우에 그 사건이 약식명령으로 할 수 없거나 약식명령으로 하는 것이 적당하지 아니하다고 인정하면 공판절차에 따라 심판하여야 한다.

〔전부개정 2009·12·29〕

제501조의5(약식명령의 방식) 약식명령에는 범죄사실, 적용법령, 주형(主刑), 부수 처분 및 약식명령을 고지받은 날부터 7일 이내에 정식재판을 청구할 수 있음을 밝혀야 한다.

〔전부개정 2009·12·29〕

제501조의6(약식명령의 고지) 약식명령의 고지는 군검사와 피고인에 대한 재판서의 송달로 하여야 한다. <개정 2016·1·6>

〔전부개정 2009·12·29〕

제501조의7(정식재판의 청구) ① 군검사나 피고인은 약식명령을 고지받은 날부터 7일 이내에 정식재판을 청구할 수 있다. 다만, 피고인은 정식재판의 청구를 포기할 수 없다. <개정 2016·1·6>

② 정식재판의 청구는 약식명령을 한 군사법원에 서면으로 하여야 한다.

③ 정식재판의 청구가 있을 때에는 군사법원은 지체 없이 군검사나 피고인에게 그 사유를 통지하여야 한다. <개정 2016·1·6>

〔전부개정 2009·12·29〕

제501조의8(정식재판 청구의 취하) 정식재판의 청구는 제1심판결 선고 전까지 취하할 수 있다.

〔전부개정 2009·12·29〕

제501조의9(기각의 결정) ① 정식재판의 청구가 법령상의 방식을 위반하거나 청구권 소멸 후인 것이 명백할 때에는 결정으로 기각하여야 한다.

② 제1항의 결정에 대하여는 즉시항고를 할 수 있다.

③ 정식재판의 청구가 적법할 때에는 공판절차에 따라 심판하여야 한다.

〔전부개정 2009·12·29〕

제501조의10(약식명령의 실효) 약식명령은 정식재판의 청구에 따른 판결이 있을 때에는 효력을 잃는다.

〔전부개정 2009·12·29〕

제501조의11(약식명령의 효력) 약식명령은 정식재판의 청구기간이 지나거나 청구의 취하 또는 청구기각의 결정이 확정되었을 때에는 확정판결과 같은 효력이 있다.

〔전부개정 2009·12·29〕

제501조의12(불이익 변경의 금지) 피고인이 정식재판을 청구한 사건에 대하여는 약식명령의 형보다 무거운 형을 선고하지 못한다.

〔전부개정 2009·12·29〕

제501조의13(상소 규정의 준용) ① 정식재판의 청구 또는 그 취하에 관하여는 제397조부터 제399조까지, 제402조부터 제409조까지 및 제411조를 준용한다.

② 정식재판을 청구한 피고인이 정식재판절차의 공판기일에 출석하지 아니한 경우에는 제426조를 준용한다.

〔전부개정 2009·12·29〕

제 4 장 즉결심판절차

제501조의14(즉결심판의 대상) 군사법원 군판사(이하 "군판사"라 한다)는 범죄의 증거가 명백하고 죄질이 경미한 범죄사건을 신속·적정한 절차로 심판하기 위하여 이 장에서 정한 즉결심판절차에 따라 피고인에게 20만원 이하의 벌금 또는 과료에 처할 수 있다. <개정 2021·9·24>
〔전부개정 2009·12·29〕

제501조의15(즉결심판 청구) ① 즉결심판은 관할 군사경찰부대의 장이 국방부장관 또는 소속 군 참모총장의 승인을 받아 관할 군사법원에 청구한다. <개정 2020·2·4, 2021·9·24>
② 즉결심판을 청구할 때에는 즉결심판 청구서를 제출하여야 하며, 즉결심판 청구서에는 피고인의 성명이나 그 밖에 피고인을 특정할 수 있는 사항, 죄명, 범죄사실 및 적용법조를 적어야 한다.
③ 즉결심판을 청구할 때에는 사전에 피고인에게 즉결심판의 절차를 이해하는 데 필요한 사항을 서면 또는 구두로 알려주어야 한다.
<신설 2020·6·9>
〔전부개정 2009·12·29〕

제501조의16(서류·증거물의 제출) 관할 군사경찰부대의 장은 즉결심판의 청구와 동시에 즉결심판에 필요한 서류 또는 증거물을 군판사에게 제출하여야 한다. <개정 2020·2·4>
〔전부개정 2009·12·29〕

제501조의17(청구의 기각 등) ① 군판사는 사건이 즉결심판을 할 수 없거나 즉결심판절차에 따라 심판함이 적당하지 아니하다고 인정하면 결정으로 즉결심판의 청구를 기각하여야 한다.
② 제 1 항의 결정이 있을 때에는 관할 군사경찰부대의 장은 지체 없이 사건을 관할 보통검찰부에 송치하여야 한다. <개정 2020·2·4>
〔전부개정 2009·12·29〕

제501조의18(심판) 즉결심판이 청구되었을 때에는 군판사는 제501조의17제 1 항의 경우를 제외하고 즉시 심판을 하여야 한다.
〔전부개정 2009·12·29〕

제501조의19(개정) ① 즉결심판절차에 따른 심리와 재판의 선고는 공개된 법정에서 하되, 법정은 군사경찰부대 외의 장소에 설치하여야 한다. <개정 2020·2·4>
② 법정은 군판사와 서기가 참석하여 개정한다.
③ 제 1 항과 제 2 항에도 불구하고 군판사는 상당한 이유가 있는 경우에는 개정하지 아니하고 피고인의 진술서와 제501조의16의 서류 또는 증거물에 따라 심판할 수 있다.
〔전부개정 2009·12·29〕

제501조의20(피고인의 출석) 피고인이 기일에 출석하지 아니한 때에는 이 법 또는 다른 법률에 특별한 규정이 있는 경우를 제외하고는 개정할 수 없다.
〔전부개정 2009·12·29〕

제501조의21(불출석심판) ① 피고인이나 즉결심판 출석통지서를 받은 사람(이하 "피고인등"이라 한다)은 군사법원에 불출석심판을 청구할 수 있고, 군사법원이 이를 허가하였을 때에는 피고인이 출석하지 아니하더라도 심판할 수 있다.
② 제 1 항에 따른 불출석심판의 청구와 그 허가절차에 필요한 사항은 대법원규칙으로 정한다.
〔전부개정 2009·12·29〕

제501조의22(기일의 심리) ① 군판사는 피고인에게 피고사건의 내용과 제328조의2에 규정된 진술거부권이 있음을 알리고 변명할 기회를 주어야 한다.
② 군판사는 필요하다고 인정하면 적당한 방법으로 법정에 있는 증거만을 조사할 수 있다.
③ 변호인은 기일에 출석하여 제 2 항의 증거조사에 참여하고 의견을 진술할 수 있다.
〔전부개정 2009·12·29〕

제501조의23(증거능력) 즉결심판절차에 대하여는 제362조, 제365조제 2 항 및 제366조를 적용하지 아니한다.
〔전부개정 2009·12·29〕

제501조의24(즉결심판의 선고) ① 즉결심판으로 유죄를 선고할 때에는 형, 범죄사실 및 적용법조를 밝히고 피고인은 7일 이내에 정식재판을 청구할 수 있다는 것을 고지하여야 한다.
② 참여한 서기는 제 1 항의 선고 내용을 기록하여야 한다.
③ 피고인이 군판사에게 정식재판을 청구할 의사를 표시하였을 때에는 제 2 항의 기록에

분명히 적어두어야 한다.
④ 제501조의19제 3 항 또는 제501조의21의 경우에는 서기는 7일 이내에 정식재판을 청구할 수 있음을 부기한 즉결심판서의 등본을 피고인에게 송달하여 고지한다. 다만, 제501조의21제 1 항의 경우에 피고인등이 미리 즉결심판서의 등본 송달이 필요하지 아니하다는 뜻을 표시하였을 때에는 송달하지 아니한다.
⑤ 군판사는 사건이 무죄, 면소 또는 공소기각을 함이 명백하다고 인정하면 이를 선고·고지할 수 있다.
[전부개정 2009·12·29]

제501조의25(즉결심판서) ① 유죄의 즉결심판서에는 피고인의 성명이나 그 밖에 피고인을 특정할 수 있는 사항, 주문, 범죄사실 및 적용법조를 밝히고 군판사가 서명날인하여야 한다.
② 피고인이 범죄 사실을 자백하고 정식재판의 청구를 포기한 경우에는 제501조의24의 기록 작성을 생략하고 즉결심판서에 선고한 주문과 적용법조를 밝히고 군판사가 기명날인한다.
[전부개정 2009·12·29]

제501조의26(즉결심판서 등의 보존) 즉결심판의 판결이 확정되었을 때에는 즉결심판서 및 관계 서류와 증거는 관할 군사경찰부대가 보존한다. <개정 2020·2·4>
[전부개정 2009·12·29]

제501조의27(정식재판의 청구) ① 정식재판을 청구하려는 피고인은 즉결심판의 선고·고지를 받은 날부터 7일 이내에 정식재판 청구서를 관할 군사경찰부대의 장에게 제출하여야 한다. 이 경우 군사경찰부대의 장은 지체 없이 정식재판 청구서를 군판사에게 보내야 한다. <개정 2020·2·4>
② 관할 군사경찰부대의 장은 제501조의24제 5 항의 경우 그 선고·고지를 한 날부터 7일 이내에 정식재판을 청구할 수 있다. 이 경우 군사경찰부대의 장은 관할 검찰부 군검사의 의견을 물어 정식재판 청구서를 군판사에게 제출하여야 한다. <개정 2016·1·6, 2020·2·4>
③ 군판사는 정식재판 청구서를 받은 날부터 7일 이내에 관할 군사경찰부대의 장에게 정식재판 청구서를 첨부한 사건기록과 증거물을 보내고, 군사경찰부대의 장은 지체 없이 관할 검찰부에 이를 보내야 하며, 검찰부는 지체 없이 관할 군사법원에 이를 보내야 한다. <개정 2020·2·4>
④ 정식재판의 청구 또는 그 포기·취하에 관하여는 제397조부터 제399조까지, 제401조제 1 항·제 2 항, 제402조부터 제409조까지, 제411조, 제501조의8 및 제501조의9를 준용한다.
[전부개정 2009·12·29]

제501조의28(즉결심판의 실효) 즉결심판은 정식재판의 청구에 따른 판결이 있으면 효력을 잃는다.
[전부개정 2009·12·29]

제501조의29(즉결심판의 효력) 즉결심판은 정식재판의 청구기간의 경과, 정식재판 청구권의 포기 또는 그 청구의 취하에 따라 확정판결과 같은 효력이 생긴다. 정식재판 청구를 기각하는 재판이 확정되었을 때에도 같다.
[전부개정 2009·12·29]

제501조의30(가납명령) 군판사가 즉결심판으로 유죄를 선고할 때에는 제391조를 준용한다.
[전부개정 2009·12·29]

제501조의31(형의 집행) ① 형의 집행은 관할 군사경찰부대의 장이 하고 그 집행 결과를 군검사에게 통보하여야 한다. <개정 2016·1·6, 2020·2·4>
② 벌금, 과료, 몰수는 그 집행을 마치면 지체 없이 군검사에게 이를 인계하여야 한다. 다만, 즉결심판 확정 후 상당 기간 내에 집행할 수 없을 때에는 군검사에게 통지하여야 하고, 통지를 받은 군검사는 제520조에 따라 집행할 수 있다. <개정 2016·1·6>
[전부개정 2009·12·29]

제501조의32(즉결심판 처리결과의 통보) 관할 군사경찰부대의 장은 제501조의15에 따라 즉결심판을 청구한 사건에 대하여 그 처리 결과를 군검사에게 통보하여야 한다.
<개정 2016·1·6, 2020·2·4>
[전부개정 2009·12·29]

제501조의33 삭제 <2021·9·24>

제501조의34(준용) 즉결심판절차에 대하여 이 장에 특별한 규정이 없으면 그 성질에 반하지 아니한 것은 이 장 외의 규정을 준용한다.
〔전부개정 2009·12·29〕

제 4 편 재판의 집행

제502조(재판의 확정과 집행) 재판은 이 법에 특별한 규정이 없으면 확정된 후에 집행한다.
〔전부개정 2009·12·29〕

제503조(집행 지휘) ① 재판의 집행은 그 재판을 한 군사법원에 대응하는 보통검찰부의 군검사가 지휘한다. 다만, 재판의 성질상 군사법원이나 재판관이 지휘할 경우에는 그러하지 아니하다. <개정 2016·1·6, 2021·9·24>

② 상소의 재판 또는 상소의 취하로 인하여 원심군사법원 또는 원심법원의 재판을 집행할 경우에는 관할 고등검찰부 군검사가 지휘한다. 다만, 소송기록이 군사법원에 있을 때에는 그 군사법원에 대응하는 보통검찰부의 군검사가 지휘한다. <개정 2016·1·6, 2021·9·24>

③ 「군형법」 제 1 조제 1 항부터 제 3 항까지에 규정된 사람으로서 그 신분 취득 전에 법원에서 형을 선고받고 그 형이 집행되지 아니하고 있는 사람의 재판의 집행은 검사의 촉탁에 따라 군검사가 한다. 이 경우 검사는 판결서 등본을 군사법원에 대응하는 보통검찰부의 군검사에게 송달하여야 한다. <개정 2016·1·6, 2021·9·24>
〔전부개정 2009·12·29〕

제504조(집행 지휘의 방식) 재판의 집행 지휘는 재판서 또는 재판을 적은 조서의 등본이나 초본을 첨부한 서면으로 하여야 한다. 다만, 형의 집행을 지휘하는 경우가 아니면 재판서의 원본, 등본이나 초본 또는 조서의 등본이나 초본에 이를 인정하는 날인으로 할 수 있다.
〔전부개정 2009·12·29〕

제505조(형 집행의 순서) 둘 이상의 형의 집행은 자격상실, 자격정지, 벌금, 과료 및 몰수 외에는 무거운 형을 먼저 집행한다. 다만, 군검사는 국방부장관 또는 소속 군 참모총장의 허가를 받아 무거운 형의 집행을 정지하고 다른 형의 집행을 할 수 있다. <개정 2016·1·6, 2021·9·24>
〔전부개정 2009·12·29〕

제506조(사형의 집행) 사형은 국방부장관의 명령에 따라 집행한다.
〔전부개정 2009·12·29〕

제507조(사형판결 확정과 소송기록의 제출) 사형을 선고한 판결이 확정되었을 때에는 군검사는 지체 없이 소송기록을 국방부장관에게 제출하여야 한다. <개정 2016·1·6>
〔전부개정 2009·12·29〕

제508조(사형집행명령의 기간) ① 사형집행의 명령은 판결이 확정된 날부터 6개월 이내에 하여야 한다.

② 상소권회복의 청구, 재심청구 또는 비상상고의 신청이 있을 때에는 그 절차가 끝날 때까지의 기간은 제 1 항의 기간에 산입하지 아니한다.
〔전부개정 2009·12·29〕

제509조(사형집행의 시기) 국방부장관이 사형의 집행을 명령하였을 때에는 5일 이내에 집행하여야 한다.
〔전부개정 2009·12·29〕

제510조(사형집행 참여) ① 사형의 집행에는 군검사, 검찰서기, 군의관 및 교도소장이나 그 대리자가 참여하여야 한다. <개정 2016·1·6>

② 군검사 또는 교도소장의 허가가 없으면 누구든지 형의 집행장소에 들어가지 못한다. <개정 2016·1·6>
〔전부개정 2009·12·29〕

제511조(사형집행조서) 사형의 집행에 참여한 검찰서기는 집행조서를 작성하고 군검사, 군의관 및 교도소장이나 그 대리인과 함께 기명날인 또는 서명하여야 한다. <개정 2016·1·6>
〔전부개정 2009·12·29〕

제512조(사형집행의 정지) ① 사형을 선고받은 사람이 심신장애로 인하여 의사능력이 없는 상태에 있거나 임신 중인 여자일 때에는 국방부장관의 명령으로 집행을 정지한다.

② 제 1 항에 따라 형의 집행을 정지한 경우에는 심신장애의 회복 또는 출산 후 국방부장관의 명령에 따라 형을 집행한다.
〔전부개정 2009·12·29〕

제513조(자유형집행의 정지) ① 징역, 금고 또는 구류를 선고받은 사람이 심신장애로 인하여 의사능력이 없는 상태에 있을 때에는 형을 선고한 군사법원(상소법원을 포함한다. 이하 이 편에서 같다)에 대응하는 군검찰부의 군검사 또는 형을 선고받은 사람의 현재지를 관할하는 군검찰부의 군검사의 지휘에 따라 심신장애가 회복될 때까지 형의 집행을 정지한다. 다만, 형을 선고받은 사람의 현재지를 관할하는 군검찰부가 여러 개 있는 경우에는 국방부장관이 지정하는 군검찰부의 군검사가 형 집행을 지휘한다. <개정 2016·1·6, 2021·9·24>

② 제1항에 따라 형의 집행을 정지한 경우에 군검사는 형을 선고받은 사람을 감호의무자, 지방공공단체 또는 군병원장에게 인도하여 병원이나 그 밖의 적당한 장소에 수용하게 할 수 있다. <개정 2016·1·6>

③ 형의 집행이 정지된 사람은 제2항의 처분이 있을 때까지 교도소에 구치하고 그 기간을 형기에 산입한다.

〔전부개정 2009·12·29〕

제514조(자유형집행의 정지) ① 징역, 금고 또는 구류를 선고받은 사람에게 다음 각 호의 어느 하나에 해당하는 사유가 있을 때에는 형을 선고한 군사법원에 대응하는 군검찰부의 군검사 또는 형을 선고받은 사람의 현재지를 관할하는 군검찰부 군검사의 지휘에 따라 형의 집행을 정지할 수 있다. <개정 2016·1·6, 2021·9·24>

1. 형의 집행으로 인하여 건강을 현저히 해치거나 생명을 보전할 수 없을 우려가 있을 때
2. 70세 이상일 때
3. 임신 후 6개월 이상일 때
4. 출산 후 60일이 지나지 아니하였을 때
5. 직계존속이 70세 이상이거나 중병에 걸렸거나 신체장애인으로서 보호할 다른 친족이 없을 때
6. 직계비속이 어린아이로서 보호할 다른 친족이 없을 때
7. 그 밖에 중대한 사유가 있을 때

② 군검사는 제1항의 지휘를 할 때에는 소속 검찰단장의 허가를 받아야 한다. <개정 2016·1·6, 2021·9·24>

〔전부개정 2009·12·29〕

제515조(집행하기 위한 소환) ① 사형, 징역, 금고 또는 구류를 선고받은 사람이 구금되지 아니한 때에 군검사는 형 집행을 위하여 소환하여야 한다. 다만, 형의 집행정지 중에 있는 사람의 형 집행을 위하여 소환할 때에는 해당 군검사 소속 검찰단장의 허가를 받아야 한다. <개정 2016·1·6, 2021·9·24>

② 소환에 따르지 아니할 때에는 군검사는 형집행장(刑執行狀)을 발부하여 구인하여야 한다. <개정 2016·1·6>

③ 제1항의 경우 선고를 받은 사람이 도주하거나 도주할 우려가 있을 때 또는 현재지를 알 수 없을 때에는 군검사는 소환하지 아니하고 형집행장을 발부하여 구인할 수 있다. <개정 2016·1·6>

〔전부개정 2009·12·29〕

제516조(형집행장의 방식) 제515조의 형집행장에는 형을 선고받은 사람의 성명, 소속, 계급, 군번, 주민등록번호, 주거, 연령, 형명, 형기 및 그 밖에 필요한 사항을 적어 군검사가 서명날인하여야 한다. <개정 2016·1·6>

〔전부개정 2009·12·29〕

제517조(형집행장의 효력) 형집행장은 구속영장과 같은 효력을 가진다.

〔전부개정 2009·12·29〕

제518조(형집행장의 집행) 제515조와 제516조에 따른 형집행장의 집행에 관하여는 제2편제1장제7절 중 피고인의 구속에 관한 규정을 준용한다.

〔전부개정 2009·12·29〕

제519조(자격형의 집행) 자격상실 또는 자격정지를 선고받은 사람에 대하여는 수형인명부에 그 사실을 적고 지체 없이 수형인명표를 형을 선고받은 사람의 등록기준지와 주거지의 시(구가 설치되지 아니한 시와 특별자치도의 행정시를 말한다)·구·읍·면장(도농복합형태의 시에 있어서는 동지역인 경우에는 시·구의 장, 읍·면지역인 경우에는 읍·면의 장으로 한다)에게 보내야 한다.

〔전부개정 2009·12·29〕

제520조(재산형 등의 집행) ① 벌금, 과료, 몰수, 추징, 과태료 또는 가납의 재판은 군검사의 명령에 따라 집행한다. <개정 2016·1·6>

② 제1항의 집행에 관하여 강제집행을 할 필요가 있을 때에는 병영이나 그 밖의 군사용 청사, 함선 또는 항공기에서 하는 경우를 제외하고는 군검사의 촉탁에 따라 민사재판의 강제집행을 할 권한을 가진 기관이 한다. <개정 2016·1·6>

③ 제1항의 경우 군검사의 명령은 집행력 있는 채무명의와 같은 효력이 있다. <개정 2016·1·6>

④ 제2항에 따른 재판의 집행에 대하여는 「민사집행법」의 집행에 관한 규정을 준용한다. 다만, 집행 전에 재판의 송달을 할 필요는 없다.

⑤ 제4항에도 불구하고 제1항의 재판은 「국세징수법」에 따른 국세 체납처분의 예에 따라 집행할 수 있다.

⑥ 군검사는 제1항의 재판을 집행하기 위하여 필요한 조사를 할 수 있다. 이 경우 제231조제2항을 준용한다. <개정 2016·1·6>

〔전부개정 2009·12·29〕

제521조(상속재산에 대한 집행) 몰수 또는 조세, 전매, 그 밖의 공과(公課)에 관한 법령에 따라 재판한 벌금 또는 추징은 그 재판을 받은 사람이 재판 확정 후 사망한 경우에는 그 상속재산에 대하여 집행할 수 있다.

〔전부개정 2009·12·29〕

제522조(가납집행의 조정) 제1심의 가납재판을 집행한 후에 제2심의 가납재판이 있을 때에는 제1심 재판의 집행은 제2심의 가납 금액의 한도에서 제2심 재판의 집행으로 본다.

〔전부개정 2009·12·29〕

제523조(가납집행과 본형의 집행) 가납의 재판을 집행한 후 벌금, 과료 또는 추징의 재판이 확정된 경우에는 그 금액의 한도에서 형이 집행된 것으로 본다.

〔전부개정 2009·12·29〕

제524조(판결확정 전 구금일수 등의 산입) ① 판결선고 후 판결확정 전 구금일수(판결선고 당일의 구금일수를 포함한다)는 전부를 본형에 산입한다. <개정 2020·6·9>

② 삭제 <2020·6·9>

③ 상소기각 결정 시에 송달기간이나 즉시항고기간 중의 미결구금일수는 전부를 본형에 산입한다.

④ 제1항 및 제3항의 경우에는 구금일수의 1일을 형기의 1일 또는 벌금이나 과료에 관한 유치기간의 1일로 계산한다. <개정 2020·6·9>

⑤ 삭제 <2020·6·9>

〔전부개정 2009·12·29〕

제525조(몰수물의 처분) 몰수물은 군검사가 처분하여야 한다. <개정 2016·1·6>

〔전부개정 2009·12·29〕

제526조(몰수물의 교부) ① 몰수를 집행한 후 3개월 이내에 몰수물에 대하여 정당한 권리가 있는 사람이 몰수물을 내줄 것을 청구한 경우에는 군검사는 파괴하거나 폐기할 것이 아니면 내주어야 한다. <개정 2016·1·6>

② 몰수물을 처분한 후 제1항의 청구를 받은 경우 군검사는 공매를 통하여 취득한 대가를 내주어야 한다. <개정 2016·1·6>

〔전부개정 2009·12·29〕

제527조(위조 등의 표시) ① 위조하거나 변조한 물건을 환부하는 경우에는 그 물건의 전부 또는 일부에 위조나 변조인 것을 표시하여야 한다.

② 위조하거나 변조한 물건이 압수되지 아니한 경우에는 그 물건을 제출하게 하여 제1항의 처분을 하여야 한다. 다만, 물건이 관공서에 속한 경우에는 위조나 변조의 사실을 관공서에 통지하여 적당한 처분을 하게 하여야 한다.

〔전부개정 2009·12·29〕

제528조(환부 불능과 공고) ① 압수물을 환부받을 사람의 소재가 분명하지 아니하거나 그 밖의 사유로 환부할 수 없는 경우에는 군검사는 그 사유를 관보에 공고하여야 한다. <개정 2016·1·6>

② 공고한 후 3개월 이내에 환부청구가 없을 때에는 그 물건은 국고에 귀속한다.

③ 제2항에 따른 기간 내라도 가치 없는 물건은 폐기할 수 있고 보관하기 곤란한 물건은 공매하여 그 대가를 보관할 수 있다.

〔전부개정 2009·12·29〕

제529조(의의신청) 형을 선고받은 사람은 집행에 관하여 재판의 해석에 의의(疑義)가 있을 때에는 재판을 선고한 군사법원에 의의신청을 할 수 있다.

〔전부개정 2009·12·29〕

제530조(이의신청) 재판의 집행을 받은 사람, 그 법정대리인 또는 배우자는 집행에 관한 군검사의 처분이 부당함을 이유로 재판을 선고한 군사법원에 이의(異議)신청을 할 수 있다. <개정 2016·1·6>
〔전부개정 2009·12·29〕

제531조(신청의 취하) ① 제529조와 제530조에 따른 신청은 군사법원의 결정이 있을 때까지 취하할 수 있다.
② 제529조와 제530조의 신청과 그 취하에 관하여는 제401조를 준용한다.
〔전부개정 2009·12·29〕

제532조(신청에 대한 결정) 제529조와 제530조에 따른 신청이 있을 때에는 군사법원은 결정을 하여야 한다.
〔전부개정 2009·12·29〕

제533조(노역장 유치의 집행) 벌금 또는 과료를 다 내지 못한 사람에 대한 노역장 유치의 집행에는 형의 집행에 관한 규정을 준용한다.
〔전부개정 2009·12·29〕

제 5 편 전시·사변 시의 특례

제534조(특례규정) 비상계엄이 선포된 지역에서는 다음 각 호의 어느 하나에 해당하는 사람에게는 제 2 편제 3 장 상소에 관한 규정을 적용하지 아니한다. 다만, 사형을 선고한 경우에는 그러하지 아니하다.
1. 「군형법」 제 1 조제 1 항부터 제 3 항까지에 규정된 사람
2. 「군형법」 제13조제 3 항의 죄를 범한 사람과 그 미수범
3. 「군형법」 제42조의 죄를 범한 사람
4. 「군형법」 제54조부터 제56조까지, 제58조, 제58조의2부터 제58조의6까지, 제59조 및 제78조의 죄를 범한 사람과 같은 법 제58조의2 및 제59조제 1 항의 미수범
5. 「군형법」 제87조부터 제90조까지의 죄를 범한 사람과 그 미수범

〔전부개정 2009·12·29〕

제534조의2(전시 군사법원의 종류) 전시·사변 또는 이에 준하는 국가비상사태 시의 군사법원(이하 "전시 군사법원"이라 한다)은 다음 각 호의 두 종류로 한다.
1. 고등군사법원
2. 보통군사법원

〔본조신설 2021·9·24〕

제534조의3(전시 군사법원의 설치) ① 고등군사법원은 국방부에 설치한다.
② 국방부장관은 제 6 조에도 불구하고 편제상 장성급 장교가 지휘하는 부대 또는 기관에 보통군사법원을 설치할 수 있다.
〔본조신설 2021·9·24〕

제534조의4(전시 군사법원의 관할관) ① 전시 군사법원의 행정사무를 관장하는 관할관(이하 "관할관"이라 한다)을 둔다.
② 고등군사법원의 관할관은 국방부장관으로 한다.
③ 보통군사법원의 관할관은 그 설치되는 부대와 지역의 사령관, 장 또는 책임지휘관으로 한다. 다만, 국방부 보통군사법원의 관할관은 고등군사법원의 관할관이 겸임한다.
④ 고등군사법원의 관할관은 국방부와 각 군 본부 보통군사법원의 행정사무를 지휘·감독하고, 각 군 본부 보통군사법원의 관할관은 예하부대 보통군사법원의 행정사무를 지휘·감독한다.
〔본조신설 2021·9·24〕

제534조의5(전시 군사법원의 심판사항) ① 보통군사법원은 다음 각 호의 사건을 제 1 심으로 심판한다.
1. 전시 군사법원이 설치되는 부대의 장의 직속부하와 직접 감독을 받는 사람이 피고인인 사건. 다만, 그 예하부대에 군사법원이 설치된 경우에는 그러하지 아니하다.
2. 전시 군사법원이 설치되는 부대의 작전지역·관할지역 또는 경비지역에 있는 자군부대에 속하는 사람과 그 부대의 장의 감독을 받는 사람이 피고인인 사건. 다만, 그 부대에 군사법원이 설치된 경우에는 그러하지 아니하다.
3. 전시 군사법원이 설치되는 부대의 작전지역·관할지역 또는 경비지역에 현존하는 사람과 그 지역에서 죄를 범한 「군형법」 제 1 조에 해당하는 사람이 피고인인 사건. 다만, 피고인의 소속 부대의 군사법원이 그 지역에 있거나 그 사건에 대한 관할권이 타군(他軍) 군사법원에 있는 경

우에는 그러하지 아니하다.

② 국방부 또는 각 군 본부의 보통군사법원은 제 1 항에도 불구하고 장성급 장교가 피고인인 사건과 그 밖의 중요 사건을 심판할 수 있다.

③ 고등군사법원은 보통군사법원의 재판에 대한 항소사건, 항고사건 및 그 밖에 법률에 따라 고등군사법원의 권한에 속하는 사건에 대하여 심판한다.

〔본조신설 2021·9·24〕

제534조의6(전시 관련사건 관할의 병합과 예외) ① 장성급 장교가 피고인인 사건 및 타군 전시 군사법원에 관할권이 있는 사건은 제13조에도 불구하고 서로 관련되었다는 이유로 병합관할할 수 없다.

② 고등군사법원 관할관은 제 1 항 및 제13조 단서에 해당하는 사건으로서 타군의 본부 보통군사법원 관할관으로부터 그 병합관할에 관한 신청을 받았을 때에는 제 1 항 및 제13조 단서에도 불구하고 관계 군의 본부 보통군사법원 관할관의 의견을 물어 1개의 전시 군사법원을 지정하여 병합관할하게 할 수 있다.

〔본조신설 2021·9·24〕

제534조의7(보통군사법원의 판결에 대한 관할관의 확인조치) ① 관할관은 무죄, 면소, 공소기각, 형의 면제, 형의 선고유예, 형의 집행유예의 판결을 제외한 보통군사법원의 판결을 확인하여야 하며, 「형법」 제51조 각 호의 사항을 참작하여 형이 과중하다고 인정할 만한 사유가 있을 때에는 그 형을 감경할 수 있다.

② 제 1 항의 확인조치는 판결이 선고된 날부터 10일 이내에 하여야 하며, 확인조치 후 5일 이내에 피고인과 군검사에게 송달하여야 한다. 이 경우 확인조치 기간을 넘기면 선고한 판결대로 확인한 것으로 본다.

③ 제 2 항에 따른 관할관의 확인조치와 그 송달에 걸린 기간은 형집행기간에 산입한다.

④ 제 1 항에 따라 관할관이 확인하는 판결에 대한 상소제기기간은 제400조제 2 항에도 불구하고 제 2 항에 따른 관할관의 확인조치서가 피고인 및 군검사에 대하여 송달된 날부터 각각 진행된다.

〔본조신설 2021·9·24〕

제534조의8(전시 군사법원의 구성) ① 보통군사법원은 재판관 1명 또는 3명으로 구성한다.

② 고등군사법원은 재판관 3명 또는 5명으로 구성한다.

③ 재판관은 군판사와 심판관으로 하고, 재판장은 선임 군판사가 된다.

〔본조신설 2021·9·24〕

제534조의9(전시 군판사의 임명 및 소속) ① 각 군의 군판사는 각 군 참모총장이 영관급 이상의 소속 군법무관 중에서 임명하고, 국방부의 군판사는 국방부장관이 영관급 이상의 소속 군법무관 중에서 임명한다. 이 경우 제23조제 1 항 및 제 2 항에 따른 군판사인사위원회의 심의 또는 군사법원운영위원회의 동의 등의 절차를 거치지 아니할 수 있다.

② 군판사의 소속은 국방부 또는 각 군 본부로 하고, 군판사의 파견·겸임·순회재판 등의 기준은 재판의 공정성 확보 및 군판사의 인력수급 사정 등을 고려하여 대통령령으로 정한다.

〔본조신설 2021·9·24〕

제534조의10(심판관의 임명과 자격) ① 심판관은 다음 각 호의 자격을 갖춘 영관급 이상의 장교 중에서 관할관이 임명한다.

1. 법에 관한 소양이 있는 사람
2. 재판관으로서의 인격과 학식이 충분한 사람

② 관할관의 부하가 아닌 장교를 심판관으로 할 때에는 해당 군 참모총장이 임명한다.

〔본조신설 2021·9·24〕

제534조의11(재판관의 지정) ① 재판관은 관할관이 지정한다.

② 국방부장관, 각 군 참모총장 이외의 관할관이 심판관인 재판관을 지정하는 경우에는 각 군 참모총장의 승인을 받아야 하고, 각 군 참모총장인 관할관이 심판관인 재판관을 지정하는 경우에는 국방부장관의 승인을 받아야 한다.

〔본조신설 2021·9·24〕

제534조의12(전시 군사법원의 재판관) ① 보통군사법원에서는 군판사 3명을 재판관으로 한다. 다만, 관할관이 지정한 사건에서는 군

판사 2명과 심판관 1명을 재판관으로 한다.
② 제 1 항에도 불구하고 약식절차에서는 군판사 1명을 재판관으로 한다.
③ 고등군사법원에서는 군판사 3명을 재판관으로 한다. 다만, 관할관이 지정한 사건의 경우 군판사 3명과 심판관 2명을 재판관으로 한다.
④ 관할관은 군판사인 재판관 중 1명을 주심군판사로 지정한다.
〔본조신설 2021·9·24〕

제534조의13(관할관이 지정한 사건의 정의) 제534조의12제 1 항 단서 및 같은 조 제 3 항 단서에서 "관할관이 지정한 사건"이란 각각 관할관이 다음 각 호의 어느 하나에 해당하는 죄로만 공소제기 된 사건 중 고도의 군사적 전문지식과 경험이 필요한 사건으로서 심판관을 재판관으로 임명할 필요가 있다고 지정한 사건을 말한다.
1. 「군형법」에 규정된 죄(제 2 편제15장의 강간과 추행의 죄는 제외한다)
2. 「군사기밀 보호법」에 규정된 죄
〔본조신설 2021·9·24〕

제534조의14(재판관의 계급) ① 재판관은 피고인보다 동급(同級) 이상인 사람이어야 한다. 다만, 군판사인 재판관은 그러하지 아니하다.
② 피고인이 군무원일 때에는 그 등급에 따라 제 1 항에 준한다.
③ 피고인이 포로일 때에는 제 1 항 및 제 2 항에 준한다.
④ 계급 또는 등급을 달리하는 공동피고인에 대해서는 그 계급 또는 등급이 최상급인 사람을 기준으로 재판관의 계급을 정한다.
⑤ 재판관의 계급은 피고인의 신분이동으로 인하여 영향을 받지 아니한다.
⑥ 항소 또는 재심의 심판에서 재판장은 원심군사법원의 재판장보다 동급 이상인 사람이어야 한다. 다만, 재판관이 군판사만으로 구성되는 경우에는 그러하지 아니하다.
〔본조신설 2021·9·24〕

제534조의15(전시의 서기 등) ① 전시 군사법원서기는 각 군 참모총장이 소속 장교, 준사관, 부사관 및 군무원 중에서 임명한다. 다만, 국방부의 전시 군사법원서기는 국방부장관이 임명한다.
② 법정경위는 군무원, 부사관 또는 병 중에서 관할관이 임명한다.
③ 통역인과 기사는 장교 또는 군무원 중에서 관할관이 임명한다.
〔본조신설 2021·9·24〕

제534조의16(전시 군검찰부) ① 전시·사변 또는 이에 준하는 국가비상사태 시의 검찰사무를 관장하는 군검찰부(이하 "전시 군검찰부"라 한다)는 고등검찰부와 보통검찰부로 한다.
② 고등검찰부는 국방부와 각 군 본부에 설치하고, 보통검찰부는 보통군사법원이 설치되어 있는 부대와 편제상 장성급 장교가 지휘하는 부대에 설치한다. 다만, 국방부장관은 필요할 때에는 전시 군검찰부의 설치를 보류할 수 있다.
③ 보통검찰부의 관할은 대응하는 보통군사법원의 관할에 따른다. 다만, 전시 군사법원이 설치되어 있지 아니한 부대에 설치된 보통검찰부의 관할은 다음 각 호와 같다.
1. 전시 군검찰부가 설치되는 부대의 장의 직속부하와 직접 감독을 받는 사람이 피의자인 사건
2. 전시 군검찰부가 설치되는 부대의 작전지역·관할지역 또는 경비지역에 있는 자군부대에 속하는 사람과 그 부대의 장의 감독을 받는 사람이 피의자인 사건
3. 전시 군검찰부가 설치되는 부대의 작전지역·관할지역 또는 경비지역에 현존하는 사람과 그 지역에서 죄를 범한 「군형법」 제 1 조에 해당하는 사람이 피의자인 사건
〔본조신설 2021·9·24〕

제534조의17(군검찰사무 지휘·감독) ① 국방부장관은 군검찰사무의 최고감독자로서 일반적으로 군검사를 지휘·감독한다. 다만, 구체적 사건에 관하여는 각 군 참모총장만을 지휘·감독한다.
② 각 군 참모총장은 각 군 검찰사무의 지휘·감독자로서 예하부대 보통검찰부에 관할권이 있는 군검찰사무를 총괄하며, 소속 군검사를 지휘·감독한다.
③ 전시 군검찰부가 설치되어 있는 부대의 장은 소관 군검찰사무를 관장하고, 소속 군검사를 지휘·감독한다.
〔본조신설 2021·9·24〕

제534조의18(전시 군판사·군검사의 정원과 수) 국방부장관은 전시·사변 또는 이에 준하는 국가비상사태 시에 군 사법의 원활한 운영을 위하여 제30조의3 및 제41조의2에도 불구하고 군판사·군검사의 정원, 각 전시 군사법원과 전시 군검찰부에 배치할 군판사·군검사의 계급 및 그 수를 달리 정할 수 있다.
〔본조신설 2021·9·24〕

제535조(관할관의 조치권) ① 제534조의 재판을 집행할 때에는 해당 군사법원 관할관의 확인을 받아야 한다.
② 제1항의 확인은 해당 소송기록을 심사하여 하되, 그 양형이 과중하다고 인정할 만한 사유가 있는 경우에는 그 형을 감경하거나 형의 집행을 면제할 수 있다.
〔전부개정 2009·12·29〕

제535조의2(간주규정) 이 편에서는 이 법 중 "고등법원"은 "고등군사법원"으로, "군사법원"은 "보통군사법원"으로, "상소법원"은 "고등군사법원 또는 대법원"으로, "항고법원"은 "항고군사법원"으로, "관할 검찰단"·"군사법원에 대응하는 보통검찰부"는 "관할 군검찰부"·"전시 군사법원이 설치된 부대"로, "군사법원장"·"고등검찰부의 장" 및 "보통검찰부의 장"은 각 "관할관"·"국방부장관 또는 각 군 참모총장" 및 "관할 군검찰부가 설치되어 있는 부대의 장"으로, 제501조의15제1항·제505조·제513조제1항·제514조·제515조 중 "국방부장관 또는 소속 군 참모총장"·"검찰단장"은 각 "관할 군검찰부가 설치되어 있는 부대의 장"으로 간주한다.
〔본조신설 2021·9·24〕

제6편 보칙

제536조(준용) 군사법원에서의 국선변호인, 증인, 감정인 및 통역인에 대한 일당, 여비 및 그 밖의 급여 지급에 관하여는 「형사소송비용 등에 관한 법률」을 준용한다.
〔전부개정 2009·12·29〕

부 칙

제1조(시행일) 이 법은 1988년 2월 25일부터 시행한다.

제2조(경과조치) ① 이 법 시행당시 종전의 군법회의법에 의한 군법회의·군법회의관할관·군법회의심판관·법무사·검찰관·군법회의서기·검찰서기·통역 및 기사는 각각 이 법에 의한 군사법원·군사법원관할관·군사법원심판관·군판사·검찰관·군사법원서기·검찰서기·통역인 및 기사로 본다.
② 이 법 시행당시 군법회의 또는 대법원의 심판에 계속중인 사건, 이미 군법회의 또는 대법원에서 재판이 확정된 사건에 대하여는 이 법을 적용한다. 다만, 이미 행하여진 소송행위의 효력에는 영향을 미치지 아니한다.
③ 이 법 시행당시 이미 진행이 개시된 공시송달기간에 관하여는 종전의 규정을 적용한다.
④ 이 법 시행당시 군법회의관할관이 이미 행한 처분은 이 법에 의한 군사법원관할관이 한 것으로 본다.
⑤ 이 법 시행당시 군법회의의 검찰관이 이미 행한 처분은 이 법에 의한 군사법원의 검찰관이 한 것으로 본다.
⑥ 군사법원관할관은 군사법원서기 및 검찰서기의 충원이 있을 때까지 병으로 하여금 이 법에 의한 군사법원서기 및 검찰서기의 직무를 대행하게 할 수 있다.

제3조(다른 법률의 개정) 생략

제4조(다른 법령과의 관계) 이 법 시행당시 부칙 제3조에 의하여 개정되는 법률을 제외한 다른 법령에서 군법회의법을 인용한 경우에는 군사법원법을, 군법회의를 인용한 경우에는 군사법원을, 법무사를 인용한 경우에는 군판사를 각각 인용한 것으로 본다.

부 칙 <1993·12·27 법4616>

제1조(시행일) 이 법은 공포 후 3월이 경과한 날부터 시행한다.

제2조부터 **제4조**까지 생략

부 칙 <1994·1·5 법4704>

제1조(시행일) 이 법은 1994년 7월 1일부터 시행한다.

제2조(경과조치) ① 이 법 시행당시 군사법원 또는 대법원의 심판에 계속중인 사건에 대하여는 이 법을 적용한다. 다만, 이미 행하여진 소송행위 및 검찰관 또는 관할관의 처분의 효력에 영향을 미치지 아니한다.
② 이 법 시행당시 각군고등군사법원에 계속중인 사건은 이 법에 의한 고등군사법원에 계속하는 것으로 본다.

③ 이 법 시행당시의 검찰관·검찰서기 및 군사법원서기는 이 법에 의하여 국방부장관 또는 각군참모총장이 임명한 것으로 본다.

제3조(다른 법률의 개정) 생략

제4조(다른 법령과의 관계) 이 법 시행당시 다른 법령에서 군사법원검찰관을 인용한 경우에는 군검찰부검찰관을 인용한 것으로 본다.

부 칙 <1999·1·21 법5681>

제1조(시행일) 이 법은 공포한 날부터 시행한다.

제2조부터 **제4조**까지 생략

부 칙 <1999·12·28 법6037>

①(시행일) 이 법은 2000년 5월 1일부터 시행한다.

②(경과조치) 이 법 시행당시 군사법원 또는 대법원의 재판에 계속중인 사건에 대하여는 이 법을 적용한다. 다만, 이 법 시행전에 종전의 규정에 의하여 행한 소송행위의 효력에는 영향을 미치지 아니한다.

부 칙 <1999·12·31 법6082>

제1조(시행일) 이 법은 공포한 날부터 시행한다.

제2조부터 **제4조**까지 생략

부 칙 <2000·12·26 법6290>

제1조(시행일) 이 법은 공포후 3월이 경과한 날부터 시행한다.

제2조부터 **제4조**까지 생략

부 칙 <2002·1·26 법6627>

제1조(시행일) 이 법은 2002년 7월 1일부터 시행한다.

제2조부터 **제7조**까지 생략

부 칙 <2004·1·20 법7078>

제1조(시행일) 이 법은 공포한 날부터 시행한다.

제2조 및 **제3조** 생략

부 칙 <2004·10·16 법7229>

①(시행일) 이 법은 공포한 날부터 시행한다.

②(군사법경찰관의 피의자 인치에 관한 경과조치) 이 법 시행 당시 군사법경찰관이 구속기간의 연장허가를 받아 구속하고 있는 피의자는 즉시 검찰관에게 인치하여야 한다.

부 칙 <2004·12·31 법7289>

제1조(시행일) 이 법은 공포후 6월이 경과한 날부터 시행한다.

제2조부터 **제5조**까지 생략

부 칙 <2005·3·31 법7427>

제1조(시행일) 이 법은 공포한 날부터 시행한다. 다만, …〈생략〉… 부칙 제7조(제2항 및 제29항을 제외한다)의 규정은 2008년 1월 1일부터 시행한다.

제2조부터 **제6조**까지 생략

제7조(다른 법률의 개정) 생략

부 칙 <2007·5·17 법8435>

제1조(시행일) 이 법은 2008년 1월 1일부터 시행한다. 〈단서 생략〉

제2조부터 **제9조**까지 생략

부 칙 <2008·1·17 법8842>

제1조(시행일) 이 법은 공포한 날부터 시행한다. 다만, 제87조의3, 제236조의2, 제206조의2의 개정규정은 공포 후 2년이 경과한 날부터 시행한다.

제2조(일반적 경과조치) 이 법은 이 법 시행당시 수사 중이거나 군사법원에 계속 중인 사건에도 적용한다. 다만, 이 법 시행 전에 종전의 규정에 따라 행한 행위의 효력에는 영향을 미치지 아니한다.

제3조(구속기간에 관한 경과조치) ① 제132조제2항의 개정규정은 이 법 시행 후 최초로 제기된 상소사건부터 적용한다.

② 제132조제3항의 개정규정은 이 법 시행 후 최초로 공소제기 전의 체포·구인·구금이 이루어지는 사건부터 적용한다.

제4조(과태료 등에 관한 경과조치) 제193조의 개정규정은 이 법 시행 후 소환장을 송달받은 증인이 최초로 출석하지 아니하는 분부터 적용한다.

제5조(소송비용부담에 관한 적용례) 제2편제1장제14절의 개정규정은 이 법 시행 후 최초로 공소제기되는 사건분부터 적용한다.

제6조(공소시효에 관한 경과조치) 이 법 시행 전에 범한 죄에 대하여는 종전의 규정을 적용한다.

제7조(재정신청사건에 관한 적용례) ① 이 법의 재정신청에 관한 개정규정은 이 법 시행 후 최초로 불기소처분된 사건에 대하여 적용한다.

② 이 법 시행 전에 검찰관소속부대의 장에게 재정신청서를 제출한 사건은 종전의 규정에 따른다.

제8조(상고 등에 관한 경과조치) 이 법 시행 전에 상고되거나 재항고된 사건은 종전의 규정에 따른다.

제9조(다른 법률의 개정) 생략

부 칙 <2009·6·9 법9765>

제1조(시행일) 이 법은 2010년 1월 1일부터 시행한다. 다만, …〈생략〉… 부칙 제6조 제2항은 2010년 1월 18일부터 시행한다.

제2조부터 **제5조**까지 생략

제6조(다른 법률의 개정) 생략

제7조 생략

부 칙 <2009·12·29 법9841>

제1조(시행일) 이 법은 공포 후 6개월이 경과한 날부터 시행한다. 다만, 제238조의2 제10항의 개정규정 중 제87조의3에 관한 사항은 2010년 1월 18일부터 시행한다.

제2조(다른 법률의 폐지) 군사법원의재판권에관한법률은 폐지한다.

제3조(재판권 쟁의에 관한 경과조치) 이 법 시행 당시 종전의 「군사법원의 재판권에 관한 법률」에 따라 재판권 쟁의에 관한 재정이 진행 중인 경우에는 종전의 규정에 따르되, 재판권이 결정된 경우에는 이 법에 따라 재판권이 결정된 것으로 본다.

제4조(일반적 경과조치) 이 법은 이 법 시행 당시 수사 중이거나 군사법원에 계속 중인 사건에도 적용한다. 다만, 이 법 시행 전에 종전의 규정에 따라 행한 행위의 효력에는 영향을 미치지 아니한다.

부 칙 <2011·8·4 법11002>

제1조(시행일) 이 법은 공포 후 1년이 경과한 날부터 시행한다.

제2조부터 **제7조**까지 생략

부 칙 <2012·12·18 법11572>

제1조(시행일) 이 법은 공포 후 6개월이 경과한 날부터 시행한다.

제2조부터 **제10조**까지 생략

부 칙 <2013·4·5 법11731>

제1조(시행일) 이 법은 공포한 날부터 시행한다. 〈단서 생략〉

제2조 및 **제3조** 생략

부 칙 <2014·1·7 법12199>

제1조(시행일) 이 법은 공포 후 6개월이 경과한 날부터 시행한다. 다만, 제309조의16 제2항의 개정규정은 공포한 날부터 시행하고, 제93조의3제1항 본문 및 같은 조 제2항의 개정규정에 따른 판결서등의 열람 및 복사의 방법 중 인터넷이나 그 밖의 전산정보처리시스템을 통한 전자적 방법에 의한 판결서등의 열람 및 복사에 관한 사항은 2016년 3월 1일부터 시행한다.

제2조(판결서등의 열람·복사에 관한 적용례) 제93조의3의 개정규정은 이 법 시행 후 판결이 확정되는 사건의 판결서등부터 적용한다.

부 칙 <2015·2·3 법13126>

제1조(시행일) 이 법은 공포한 날부터 시행한다.

제2조(재판권의 변경에 관한 적용례 등) 제2조제1항제1호의 개정규정은 이 법 시행 당시 수사 중이거나 군사법원에 계속 중인 사건에도 적용한다. 다만, 이 법 시행 전에 종전의 규정에 따라 행한 행위의 효력에는 영향을 미치지 아니한다.

부 칙 <2016·1·6 법13722>

제1조(시행일) 이 법은 공포 후 1년 6개월이 경과한 날부터 시행한다. 다만, 제295조의2의 개정규정은 공포한 날부터 시행한다.

제2조(재정신청사건에 관한 적용례) 제304조 제4항 및 제305조제1항의 개정규정은 이 법 시행 후 최초로 제301조제2항의 개정규정에 따라 그 군검사가 소속된 부대의 장에게 재정신청서를 제출한 사건부터 적용한다.

제3조(군판사 임기에 관한 특례) 국방부장관은 제23조제4항의 개정규정 시행일부터 5년 동안 군의 인력수급 사정 등 대통령령으로 정하는 사유를 고려하여 같은 항의 개정규정에 따른 임기를 1년 이상 3년 이내 범위에서 달리 정할 수 있다.

제4조(계속사건에 관한 경과조치) 이 법 시행 당시 제6조제2항의 개정규정에 따라 폐지되는 보통군사법원에 계속(繫屬) 중인 사건은 상급부대·기관(제6조제2항의 개정규정에 따라 보통군사법원이 설치되는 부대·기관 중 폐지된 보통군사법원이 설치되었던 부대·기관의 상급부대·기관을 말한다)에 설치되는 보통군사법원으로 이관된 것으로 본다. 이 경우 이미 행하여진 소송행위는 영향을 받지 아니한다.

제5조(군검사 명칭에 관한 경과조치) 이 법 시행 당시 검찰관은 군검사로 본다.

제6조(군판사 임명에 관한 경과조치) 이 법 시행 당시 영관급 이상이 아닌 군판사 및 심판관에 대한 그 임명 및 지정은 효력을 잃는다. 다만, 이 법 시행 당시 이미 행하여진 소송행위는 영향을 받지 아니한다.

제 7 조(공소시효의 적용 배제에 관한 경과조치) 제295조의2의 개정규정은 같은 개정규정 시행 전에 범한 범죄로 아직 공소시효가 완성되지 아니한 범죄에 대하여도 적용한다.

제 8 조(판결에 대한 관할관의 확인조치에 관한 경과조치) 이 법 시행 전에 행하여진 죄에 대해서는 제379조의 개정규정에도 불구하고 종전의 규정에 따른다.

제 9 조(다른 법률의 개정) 생략

제10조(다른 법률과의 관계) 이 법 시행 당시 다른 법률에서 "검찰관"을 인용하는 경우에는 종전의 규정을 갈음하여 "군검사"를 인용한 것으로 본다.

부 칙 <2017 · 3 · 21 법14609>

제 1 조(시행일) 이 법은 공포 후 3개월이 경과한 날부터 시행한다. 다만, …〈생략〉… 부칙 제 2 조제10항은 2017년 7월 7일부터 시행한다.

제 2 조(다른 법률의 개정) 생략

제 3 조 생략

부 칙 <2017 · 12 · 12 법15165>

제 1 조(시행일) 이 법은 공포 후 3개월이 경과한 날부터 시행한다.

제 2 조(진술서 등의 증거능력에 관한 적용례) 제366조 및 제367조 본문의 개정규정은 이 법 시행 후 최초로 공소제기되는 사건부터 적용한다.

부 칙 <2018 · 12 · 18 법15983>

제 1 조(시행일) 이 법은 공포한 날부터 시행한다. 다만, 별표 중 개정 내용은 2019년 1월 1일부터 시행한다.

제 2 조(서명에 관한 적용례) 제93조 및 제107조의 개정규정은 이 법 시행 후 최초로 공무원 아닌 사람이 이 법에 따라 서류를 작성하거나 군사법원이 피고인에게 소환장을 발부하는 경우부터 적용한다.

제 3 조(사건 관할에 관한 경과조치) 이 법 시행 당시 종전의 규정에 따라 육군 제 1 야전군사령부 보통군사법원 및 육군 제 3 야전군사령부 보통군사법원에 계속 중인 사건은 각각 이 법에 따른 육군 지상작전사령부 보통군사법원에 계속된 것으로 본다.

부 칙 <2020 · 2 · 4 법16926>

제 1 조(시행일) 이 법은 공포한 날부터 시행한다.

제 2 조(즉시항고 및 준항고 제기기간에 관한 적용례) 제455조 및 제465조제 3 항의 개정규정은 이 법 시행 당시 종전 규정에 따른 즉시항고 및 준항고의 제기기간이 지나지 않은 경우에도 적용한다.

부 칙 <2020 · 6 · 9 법17367>

제 1 조(시행일) 이 법은 공포 후 6개월이 경과한 날부터 시행한다.

제 2 조(보상청구의 기간에 관한 적용례) 제227조의12제 2 항의 개정규정은 이 법 시행 이후 확정된 무죄판결부터 적용한다.

제 3 조(재정신청기한에 관한 적용례) 제301조제 2 항의 개정규정은 이 법 시행 이후 제299조제 1 항에 따라 통지를 한 사건부터 적용한다.

제 4 조(소송기록 등 송부에 관한 적용례) 제460조제 3 항의 개정규정은 이 법 시행 이후 항고가 제기된 사건부터 적용한다.

제 5 조(공소시효의 기간에 관한 경과조치) 이 법 시행 전에 범한 죄의 공소시효에 대하여는 제291조의 개정규정에도 불구하고 종전의 규정을 적용한다.

부 칙 <2020 · 12 · 15 법17646>

제 1 조(시행일) 이 법은 2021년 1월 1일부터 시행한다. 다만, …〈생략〉… 부칙 제 5 조제 5 항 · 제 6 항 · 제 7 항의 개정규정은 2024년 1월 1일부터 시행한다.

제 2 조부터 **제 4 조**까지 생략

제 5 조(다른 법률의 개정) 생략

제 6 조 생략

부 칙 <2021 · 9 · 24 법18465>

제 1 조(시행일) 이 법은 2022년 7월 1일부터 시행한다.

제 2 조(법 시행을 위한 준비행위) 국방부장관은 군사법원운영위원회와 군판사인사위원회의 구성 · 운영, 군사법원장 및 군판사 임명 등을 위한 준비를 이 법 시행 전에 할 수 있다.

제 3 조(군사법원의 재판권 등에 관한 적용례) 제 2 조제 2 항의 개정규정은 이 법 시행 이후 저지른 범죄부터 적용한다.

제 4 조(군법무관인 군판사의 임명에 관한 특례) 국방부장관은 이 법 시행일부터 3년까지는 제24조제 2 항의 개정규정에도 불구하고 군법무관으로 7년 이상 복무 중인 영관급 이상의 장교 중에서 군판사를 임명할 수 있다.

제 5 조(일반적 경과조치) 이 법 시행 전에 종전의 「군사법원법」의 규정에 따라 행한 처

분·절차, 그 밖의 행위는 그에 해당하는 이 법의 규정에 따라 행한 것으로 본다.

제 6 조(계속사건에 대한 경과조치) ① 이 법 시행 당시 종전의 「군사법원법」에 따라 고등군사법원에 계속 중인 사건은 제10조의 개정규정에 따른 고등법원에 이관한다. 이 경우 이미 행하여진 소송행위에는 영향을 미치지 아니한다.

② 이 법 시행 당시 종전의 「군사법원법」에 따라 보통군사법원에 계속 중인 사건은 제12조의4의 개정규정에서 정하고 있는 범죄지, 피고인의 근무지나 피고인이 소속된 부대의 소재지, 피고인의 현재지를 기준으로 제 6 조의 개정규정에 따른 군사법원에 이관한다. 이 경우 이미 행하여진 소송행위에는 영향을 미치지 아니한다.

③ 이 법 시행 당시 종전의 「군사법원법」에 따라 고등검찰부에 계속 중인 사건은 제36조의 개정규정에 따른 국방부검찰단 또는 각 군 검찰단 고등검찰부에 이관한다. 이 경우 이미 행하여진 검찰사무에는 영향을 미치지 아니한다.

④ 이 법 시행 당시 종전의 「군사법원법」에 따라 보통검찰부에 계속 중인 사건은 제12조의4의 개정규정에서 정하고 있는 범죄지, 피고인의 근무지나 피고인이 소속된 부대의 소재지, 피고인의 현재지를 기준으로 제36조의 개정규정에 따른 국방부검찰단 또는 각 군 검찰단 보통검찰부에 이관한다. 이 경우 이미 행하여진 검찰사무에는 영향을 미치지 아니한다.

제 7 조(군사법경찰관리 임명에 관한 경과조치) ① 이 법 시행 당시 종전의 규정에 따라 임명된 군사법경찰관리를 제43조 및 제46조의 개정규정에 따라 군사법경찰관리로 임명하려는 경우 국방부장관 또는 각 군 참모총장은 이 법 시행 이후 30일 이내에 임명하여야 한다.

② 종전의 규정에 따라 임명된 군사법경찰관리 중 제 1 항에 따라 국방부장관 또는 각 군 참모총장의 임명을 받지 아니한 사람은 이 법 시행 이후 30일이 경과한 날에 군사법경찰관리에서 해임된 것으로 본다.

제 8 조(다른 법률의 개정) 생략

제 9 조(다른 법령과의 관계) 이 법 시행 당시 다른 법령에서 종전의 「군사법원법」의 규정을 인용한 경우 이 법 중 그에 해당하는 규정이 있는 때에는 종전의 규정을 갈음하여 이 법의 해당 규정을 인용한 것으로 본다.

부 칙 <2023·10·24 법19744>

이 법은 공포한 날부터 시행한다.

부 칙 <2023·12·26 법19839>

제 1 조(시행일) 이 법은 공포 후 1년이 경과한 날부터 시행한다. 다만, 부칙 …〈생략〉… 제 7 조는 2024년 1월 18일부터 시행한다.

제 2 조부터 **제 8 조**까지 생략

부 칙 <2025·1·31 법20736>

이 법은 공포 후 6개월이 경과한 날부터 시행한다.

●계엄법

〔1981·4·17 법률제3442호 전부개정〕

개정

1987·12· 4 법률제 3993호(군사법원법)
1997·12·13 법률제 5454호(정부부처명칭등의변경에따른건축법등의정비에관한법률)
2006·10· 4 법률제 8021호
2008· 2·29 법률제 8852호(정부조직법)
2011· 6· 9 법률제10791호
2013· 3·23 법률제11690호(정부조직법)
2014·11·19 법률제12844호(정부조직법)
2015· 1· 6 법률제12960호(총포·도검·화약류 등의 안전관리에 관한 법률)
2017· 3·21 법률제14609호(군인사법)
2017· 7·26 법률제14839호(정부조직법)

제 1 조(목적) 이 법은 계엄(戒嚴)의 선포와 그 시행 및 해제 등에 필요한 사항을 정함을 목적으로 한다.
〔전부개정 2011·6·9〕

제 2 조(계엄의 종류와 선포 등) ① 계엄은 비상계엄과 경비계엄으로 구분한다.
② 비상계엄은 대통령이 전시·사변 또는 이에 준하는 국가비상사태 시 적과 교전(交戰) 상태에 있거나 사회질서가 극도로 교란(攪亂)되어 행정 및 사법(司法) 기능의 수행이 현저히 곤란한 경우에 군사상 필요에 따르거나 공공의 안녕질서를 유지하기 위하여 선포한다.
③ 경비계엄은 대통령이 전시·사변 또는 이에 준하는 국가비상사태 시 사회질서가 교란되어 일반 행정기관만으로는 치안을 확보할 수 없는 경우에 공공의 안녕질서를 유지하기 위하여 선포한다.
④ 대통령은 계엄의 종류, 시행지역 또는 계엄사령관을 변경할 수 있다.
⑤ 대통령이 계엄을 선포하거나 변경하고자 할 때에는 국무회의의 심의를 거쳐야 한다.
⑥ 국방부장관 또는 행정안전부장관은 제 2 항 또는 제 3 항에 해당하는 사유가 발생한 경우에는 국무총리를 거쳐 대통령에게 계엄의 선포를 건의할 수 있다. <개정 2013·3·23, 2014·11·19, 2017·7·26>
〔전부개정 2011·6·9〕

제 3 조(계엄 선포의 공고) 대통령이 계엄을 선포할 때에는 그 이유, 종류, 시행일시, 시행지역 및 계엄사령관을 공고하여야 한다.
〔전부개정 2011·6·9〕

제 4 조(계엄 선포의 통고) ① 대통령이 계엄을 선포하였을 때에는 지체 없이 국회에 통고(通告)하여야 한다.
② 제 1 항의 경우에 국회가 폐회 중일 때에는 대통령은 지체 없이 국회에 집회(集會)를 요구하여야 한다.
〔전부개정 2011·6·9〕

제 5 조(계엄사령관의 임명 및 계엄사령부의 설치 등) ① 계엄사령관은 현역 장성급(將星級) 장교 중에서 국방부장관이 추천한 사람을 국무회의의 심의를 거쳐 대통령이 임명한다. <개정 2017·3·21>
② 계엄사령관의 계엄업무를 시행하기 위하여 계엄사령부를 둔다. 이 경우 계엄사령관은 계엄사령부의 장이 된다.
③ 계엄사령관은 계엄지역이 2개 이상의 도(특별시, 광역시 및 특별자치도를 포함한다)에 걸치는 경우에는 그 직무를 보조할 지구계엄사령부(地區戒嚴司令部)와 지구계엄사령부의 직무를 보조하는 지역계엄사령부를 둘 수 있다.
④ 계엄사령부의 직제는 대통령령으로 정한다.
〔전부개정 2011·6·9〕

제 6 조(계엄사령관에 대한 지휘·감독) ① 계엄사령관은 계엄의 시행에 관하여 국방부장관의 지휘·감독을 받는다. 다만, 전국을 계엄지역으로 하는 경우와 대통령이 직접 지휘·감독을 할 필요가 있는 경우에는 대통령의 지휘·감독을 받는다.
② 제 1 항에 따라 계엄사령관을 지휘·감독할 때 국가 정책에 관계되는 사항은 국무회의의 심의를 거쳐야 한다.
〔전부개정 2011·6·9〕

제 7 조(계엄사령관의 관장사항) ① 비상계엄의 선포와 동시에 계엄사령관은 계엄지역의 모든 행정사무와 사법사무를 관장한다.
② 경비계엄의 선포와 동시에 계엄사령관은

계엄지역의 군사에 관한 행정사무와 사법사무를 관장한다.
〔전부개정 2011·6·9〕

제 8 조(계엄사령관의 지휘·감독) ① 계엄지역의 행정기관(정보 및 보안 업무를 관장하는 기관을 포함한다. 이하 같다) 및 사법기관은 지체 없이 계엄사령관의 지휘·감독을 받아야 한다.
② 계엄사령관이 계엄지역의 행정기관 및 사법기관을 지휘·감독할 때 그 지역이 1개의 행정구역에 국한될 때에는 그 구역의 최고책임자를 통하여 하고, 2개 이상의 행정구역에 해당될 때에는 해당 구역의 최고책임자 또는 주무부처의 장(법원의 경우에는 법원행정처장)을 통하여 하여야 한다.
〔전부개정 2011·6·9〕

제 9 조(계엄사령관의 특별조치권) ① 비상계엄지역에서 계엄사령관은 군사상 필요할 때에는 체포·구금(拘禁)·압수·수색·거주·이전·언론·출판·집회·결사 또는 단체행동에 대하여 특별한 조치를 할 수 있다. 이 경우 계엄사령관은 그 조치내용을 미리 공고하여야 한다.
② 비상계엄지역에서 계엄사령관은 법률에서 정하는 바에 따라 동원(動員) 또는 징발을 할 수 있으며, 필요한 경우에는 군수(軍需)로 제공할 물품의 조사·등록과 반출금지를 명할 수 있다.
③ 비상계엄지역에서 계엄사령관은 작전상 부득이한 경우에는 국민의 재산을 파괴 또는 소각(燒却)할 수 있다.
④ 계엄사령관이 제 3 항에 따라 국민의 재산을 파괴 또는 소각하려는 경우에는 미리 그 사유, 지역, 대상 등 필요한 사항을 그 재산의 소재지를 관할하는 행정기관과 그 재산의 소유자, 점유자 또는 관리자에게 통보하거나 공고하여야 한다.
〔전부개정 2011·6·9〕

제 9 조의2(재산의 파괴 또는 소각에 대한 보상) ① 제 9 조제 3 항에 따라 발생한 손실에 대하여는 정당한 보상을 하여야 한다. 다만, 그 손실이 교전 상태에서 발생한 경우에는 그러하지 아니하다.
② 국방부장관은 미리 보상청구의 기간 및 절차 등 보상청구에 필요한 사항을 10일 이상의 기간을 정하여 공고하여야 한다.
③ 국방부장관은 보상금 지급결정을 하였을 때에는 지체 없이 보상대상자에게 보상금 지급통지서를 송부하여야 한다.
④ 관할 행정기관의 장은 재산의 파괴 또는 소각으로 인한 손실액을 판단하는 데에 필요한 조사서, 확인서, 사진 등 증명자료를 기록·유지하여야 한다.
⑤ 이 법에서 규정한 사항 외에 보상금 지급 등에 필요한 사항은 대통령령으로 정한다.
〔전부개정 2011·6·9〕

제 9 조의3(보상기준 등) ① 제 9 조의2제 1 항에 따른 손실보상은 다른 법률에 특별한 규정이 있는 경우를 제외하고는 현금으로 지급하여야 한다.
② 손실액의 산정은 파괴 또는 소각으로 인하여 재산이 멸실될 당시의 과세표준을 기준으로 한다.
③ 제 2 항에 따른 과세표준은 대통령령으로 정한다.
〔전부개정 2011·6·9〕

제 9 조의4(보상 제외) 파괴 또는 소각으로 인하여 멸실된 재산이 국유재산이거나 공유재산인 경우에는 제 9 조의2제 1 항에도 불구하고 보상을 하지 아니한다.
〔전부개정 2011·6·9〕

제 9 조의5(공탁) 국방부장관은 다음 각 호의 어느 하나에 해당하게 되어 보상대상자에게 보상금을 지급할 수 없을 때에는 해당 보상금을 보상대상자의 주소지를 관할하는 지방법원 또는 그 지원(支院)에 공탁(供託)하여야 한다.
1. 보상대상자가 보상금의 수령을 거부하는 경우
2. 대통령령으로 정하는 기간 이내에 제 9 조의2제 3 항에 따른 보상금 지급통지서에 응답하지 아니한 경우
〔전부개정 2011·6·9〕

제 9 조의6(보상청구권의 소멸시효) 보상청구권은 제 9 조의2제 2 항에 따른 공고기간 만료

일부터 5년간 행사하지 아니하면 시효의 완성으로 소멸한다. 다만, 공고 사실을 알지 못한 경우에는 그 사실을 안 날부터 계산한다.
〔전부개정 2011·6·9〕

제10조(비상계엄하의 군사법원 재판권) ① 비상계엄지역에서 제14조 또는 다음 각 호의 어느 하나에 해당하는 죄를 범한 사람에 대한 재판은 군사법원이 한다. 다만, 계엄사령관은 필요한 경우에는 해당 관할법원이 재판하게 할 수 있다. <개정 2015·1·6>

1. 내란(內亂)의 죄
2. 외환(外患)의 죄
3. 국교(國交)에 관한 죄
4. 공안(公安)을 해치는 죄
5. 폭발물에 관한 죄
6. 공무방해(公務妨害)에 관한 죄
7. 방화(放火)의 죄
8. 통화(通貨)에 관한 죄
9. 살인의 죄
10. 강도의 죄
11. 「국가보안법」에 규정된 죄
12. 「총포·도검·화약류 등의 안전관리에 관한 법률」에 규정된 죄
13. 군사상 필요에 의하여 제정한 법령에 규정된 죄

② 비상계엄지역에 법원이 없거나 해당 관할 법원과의 교통이 차단된 경우에는 제1항에도 불구하고 모든 형사사건에 대한 재판은 군사법원이 한다.
〔전부개정 2011·6·9〕

제11조(계엄의 해제) ① 대통령은 제2조제2항 또는 제3항에 따른 계엄 상황이 평상상태로 회복되거나 국회가 계엄의 해제를 요구한 경우에는 지체 없이 계엄을 해제하고 이를 공고하여야 한다.

② 대통령이 제1항에 따라 계엄을 해제하려는 경우에는 국무회의의 심의를 거쳐야 한다.

③ 국방부장관 또는 행정안전부장관은 제2조제2항 또는 제3항에 따른 계엄 상황이 평상상태로 회복된 경우에는 국무총리를 거쳐 대통령에게 계엄의 해제를 건의할 수 있다. <개정 2013·3·23, 2014·11·19, 2017·7·26>
〔전부개정 2011·6·9〕

제12조(행정·사법 사무의 평상화) ① 계엄이 해제된 날부터 모든 행정사무와 사법사무는 평상상태로 복귀한다.

② 비상계엄 시행 중 제10조에 따라 군사법원에 계속(係屬) 중인 재판사건의 관할은 비상계엄 해제와 동시에 일반법원에 속한다. 다만, 대통령이 필요하다고 인정할 때에는 군사법원의 재판권을 1개월의 범위에서 연기할 수 있다.
〔전부개정 2011·6·9〕

제13조(국회의원의 불체포특권) 계엄 시행 중 국회의원은 현행범인인 경우를 제외하고는 체포 또는 구금되지 아니한다.
〔전부개정 2011·6·9〕

제14조(벌칙) ① 거짓이나 그 밖의 부정한 방법으로 이 법에 따른 보상금을 받은 자 또는 그 사실을 알면서 보상금을 지급한 자는 5년 이하의 징역 또는 3천만원 이하의 벌금에 처한다. 다만, 해당 보상금의 3배의 금액이 3천만원을 초과할 때에는 그 초과 금액까지 벌금을 과(科)할 수 있다.

② 제8조제1항에 따른 계엄사령관의 지시나 제9조제1항 또는 제2항에 따른 계엄사령관의 조치에 따르지 아니하거나 이를 위반한 자는 3년 이하의 징역에 처한다.

③ 제1항에 규정된 죄의 미수범은 처벌한다.

④ 제1항의 징역형과 벌금형은 병과(倂科)할 수 있다.
〔전부개정 2011·6·9〕

부 칙

이 법은 공포한 날로부터 시행한다.

부 칙 <1987·12·14 법3993>

제1조(시행일) 이 법은 1988년 2월 25일부터 시행한다.

제2조부터 **제4조**까지 생략

부 칙 <1997·12·13 법5454>

이 법은 1998년 1월 1일부터 시행한다. 〈단서 생략〉

부 칙 <2006·10·4 법8021>

이 법은 공포한 날부터 시행한다.

부　　칙 <2008·2·29 법8852>

제1조(시행일) 이 법은 공포한 날부터 시행한다. 〈단서 생략〉

제2조부터 **제7조**까지 생략

부　　칙 <2011·6·9 법10791>

이 법은 공포한 날부터 시행한다.

부　　칙 <2013·3·23 법11690>

제1조(시행일) ① 이 법은 공포한 날부터 시행한다.

② 생략

제2조부터 **제7조**까지 생략

부　　칙 <2014·11·19 법12844>

제1조(시행일) 이 법은 공포한 날부터 시행한다. 〈단서 생략〉

제2조부터 **제7조**까지 생략

부　　칙 <2015·1·6 법12960>

제1조(시행일) 이 법은 공포 후 1년이 경과한 날부터 시행한다.

제2조부터 **제6조**까지 생략

부　　칙 <2017·3·21 법14609>

제1조(시행일) 이 법은 공포 후 3개월이 경과한 날부터 시행한다. 〈단서 생략〉

제2조 및 **제3조** 생략

부　　칙 <2017·7·26 법14839>

제1조(시행일) ① 이 법은 공포한 날부터 시행한다. 〈단서 생략〉

제2조부터 **제6조**까지 생략

●감염병의 예방 및 관리에 관한 법률

〔2009·12·29 법률제9847호 전부개정〕

개정
2010· 1·18 법률제 9932호(정부조직법)
2011· 6· 7 법률제10789호(영유아보육법)
2012· 5·23 법률제11439호
2013· 3·22 법률제11645호
2014· 3·18 법률제12444호
2015· 7· 6 법률제13392호
2015· 8·11 법률제13474호(공동주택관리법)
2015·12·29 법률제13639호
2016·12· 2 법률제14286호(주민등록법)
2016·12· 2 법률제14316호
2017·12·12 법률제15183호
2018· 3·27 법률제15534호
2018· 4·17 법률제15608호(위치정보의 보호 및 이용 등에 관한 법률)
2018·12·31 법률제16101호(부가가치세법)
2019·12· 3 법률제16725호
2020· 3· 4 법률제17067호
2020· 8·11 법률제17472호(정부조직법)
2020· 8·12 법률제17475호
2020· 9·29 법률제17491호
2020·12·15 법률제17642호
2020·12·22 법률제17653호(부가가치세법)
2020·12·22 법률제17689호(국가경찰과 자치경찰의 조직 및 운영에 관한 법률)
2021· 1·12 법률제17893호(지방자치법)
2021· 3· 9 법률제17920호
2021·10·19 법률제18507호
2021·12·21 법률제18603호
2022· 1·11 법률제18744호(전자정부법)
2022· 6·10 법률제18893호
2023· 1·17 법률제19213호(재난관리자원의 관리 등에 관한 법률)
2023· 3·28 법률제19290호
2023· 5·19 법률제19419호
2023· 6·13 법률제19441호
2023· 8· 8 법률제19603호
2023· 8·16 법률제19644호
2023· 9·14 법률제19715호
2024· 1·23 법률제20090호
2024· 1·30 법률제20171호(중앙행정권한 및 사무등의 지방 일괄이양을 위한 공중위생관리법 등 4개 법률의 일부개정에 관한 법률)→2025년 7월 31일 시행
2024· 9·20 법률제20445호(간호법)
2024·12·20 법률제20583호

제 1 장 총칙

제 1 조(목적) 이 법은 국민 건강에 위해(危害)가 되는 감염병의 발생과 유행을 방지하고, 그 예방 및 관리를 위하여 필요한 사항을 규정함으로써 국민 건강의 증진 및 유지에 이바지함을 목적으로 한다.

제 2 조(정의) 이 법에서 사용하는 용어의 뜻은 다음과 같다. <개정 2010·1·18, 2013·3·22, 2014·3·18, 2015·7·6, 2016·12·2, 2018·3·27, 2019·12·3, 2020·3·4, 2020·8·11, 2020·12·15, 2023·6·13, 2023·8·8>

1. "감염병"이란 제 1 급감염병, 제 2 급감염병, 제 3 급감염병, 제 4 급감염병, 기생충감염병, 세계보건기구 감시대상 감염병, 생물테러감염병, 성매개감염병, 인수(人獸)공통감염병 및 의료관련감염병을 말한다.
2. "제 1 급감염병"이란 생물테러감염병 또는 치명률이 높거나 집단 발생의 우려가 커서 발생 또는 유행 즉시 신고하여야 하고, 음압격리와 같은 높은 수준의 격리가 필요한 감염병으로서 다음 각 목의 감염병을 말한다. 다만, 갑작스러운 국내 유입 또는 유행이 예견되어 긴급한 예방·관리가 필요하여 질병관리청장이 보건복지부장관과 협의하여 지정하는 감염병을 포함한다.
   가. 에볼라바이러스병
   나. 마버그열
   다. 라싸열
   라. 크리미안콩고출혈열
   마. 남아메리카출혈열

바. 리프트밸리열
사. 두창
아. 페스트
자. 탄저
차. 보툴리눔독소증
카. 야토병
타. 신종감염병증후군
파. 중증급성호흡기증후군(SARS)
하. 중동호흡기증후군(MERS)
거. 동물인플루엔자 인체감염증
너. 신종인플루엔자
더. 디프테리아

3. "제2급감염병"이란 전파가능성을 고려하여 발생 또는 유행 시 24시간 이내에 신고하여야 하고, 격리가 필요한 다음 각 목의 감염병을 말한다. 다만, 갑작스러운 국내 유입 또는 유행이 예견되어 긴급한 예방·관리가 필요하여 질병관리청장이 보건복지부장관과 협의하여 지정하는 감염병을 포함한다.

가. 결핵(結核)
나. 수두(水痘)
다. 홍역(紅疫)
라. 콜레라
마. 장티푸스
바. 파라티푸스
사. 세균성이질
아. 장출혈성대장균감염증
자. A형간염
차. 백일해(百日咳)
카. 유행성이하선염(流行性耳下腺炎)
타. 풍진(風疹)
파. 폴리오
하. 수막구균 감염증
거. b형헤모필루스인플루엔자
너. 폐렴구균 감염증
더. 한센병
러. 성홍열
머. 반코마이신내성황색포도알균(VRSA) 감염증
버. 카바페넴내성장내세균목(CRE) 감염증
서. E형간염

4. "제3급감염병"이란 그 발생을 계속 감시할 필요가 있어 발생 또는 유행 시 24시간 이내에 신고하여야 하는 다음 각 목의 감염병을 말한다. 다만, 갑작스러운 국내 유입 또는 유행이 예견되어 긴급한 예방·관리가 필요하여 질병관리청장이 보건복지부장관과 협의하여 지정하는 감염병을 포함한다.

가. 파상풍(破傷風)
나. B형간염
다. 일본뇌염
라. C형간염
마. 말라리아
바. 레지오넬라증
사. 비브리오패혈증
아. 발진티푸스
자. 발진열(發疹熱)
차. 쯔쯔가무시증
카. 렙토스피라증
타. 브루셀라증
파. 공수병(恐水病)
하. 신증후군출혈열(腎症侯群出血熱)
거. 후천성면역결핍증(AIDS)
너. 크로이츠펠트-야콥병(CJD) 및 변종크로이츠펠트-야콥병(vCJD)
더. 황열
러. 뎅기열
머. 큐열(Q熱)
버. 웨스트나일열
서. 라임병
어. 진드기매개뇌염
저. 유비저(類鼻疽)
처. 치쿤구니야열
커. 중증열성혈소판감소증후군(SFTS)
터. 지카바이러스 감염증
퍼. 매독(梅毒)

5. "제4급감염병"이란 제1급감염병부터 제3급감염병까지의 감염병 외에 유행 여부를 조사하기 위하여 표본감시 활동이 필요한 다음 각 목의 감염병을 말한다. 다만, 질병관리청장이 지정하는 감염병을 포함한다.

가. 인플루엔자
나. 삭제 <2023·8·8>
다. 회충증
라. 편충증
마. 요충증
바. 간흡충증

사. 폐흡충증
아. 장흡충증
자. 수족구병
차. 임질
카. 클라미디아감염증
타. 연성하감
파. 성기단순포진
하. 첨규콘딜롬
거. 반코마이신내성장알균(VRE) 감염증
너. 메티실린내성황색포도알균(MRSA) 감염증
더. 다제내성녹농균(MRPA) 감염증
러. 다제내성아시네토박터바우마니균(MRAB) 감염증
머. 장관감염증
버. 급성호흡기감염증
서. 해외유입기생충감염증
어. 엔테로바이러스감염증
저. 사람유두종바이러스 감염증

6. "기생충감염병"이란 기생충에 감염되어 발생하는 감염병 중 질병관리청장이 고시하는 감염병을 말한다.
7. 삭제 <2018 · 3 · 27>
8. "세계보건기구 감시대상 감염병"이란 세계보건기구가 국제공중보건의 비상사태에 대비하기 위하여 감시대상으로 정한 질환으로서 질병관리청장이 고시하는 감염병을 말한다.
9. "생물테러감염병"이란 고의 또는 테러 등을 목적으로 이용된 병원체에 의하여 발생된 감염병 중 질병관리청장이 고시하는 감염병을 말한다.
10. "성매개감염병"이란 성 접촉을 통하여 전파되는 감염병 중 질병관리청장이 고시하는 감염병을 말한다.
11. "인수공통감염병"이란 동물과 사람 간에 서로 전파되는 병원체에 의하여 발생되는 감염병 중 질병관리청장이 고시하는 감염병을 말한다.
12. "의료관련감염병"이란 환자나 임산부 등이 의료행위를 적용받는 과정에서 발생한 감염병으로서 감시활동이 필요하여 질병관리청장이 고시하는 감염병을 말한다.
13. "감염병환자"란 감염병의 병원체가 인체에 침입하여 증상을 나타내는 사람으로서 제11조제 6 항의 진단 기준에 따른 의사, 치과의사 또는 한의사의 진단이나 제16조의2에 따른 감염병병원체 확인기관의 실험실 검사를 통하여 확인된 사람을 말한다.
14. "감염병의사환자"란 감염병병원체가 인체에 침입한 것으로 의심이 되나 감염병환자로 확인되기 전 단계에 있는 사람을 말한다.
15. "병원체보유자"란 임상적인 증상은 없으나 감염병병원체를 보유하고 있는 사람을 말한다.

15의2. "감염병의심자"란 다음 각 목의 어느 하나에 해당하는 사람을 말한다.

가. 감염병환자, 감염병의사환자 및 병원체보유자(이하 "감염병환자등"이라 한다)와 접촉하거나 접촉이 의심되는 사람(이하 "접촉자"라 한다)
나. 「검역법」 제 2 조제 7 호 및 제 8 호에 따른 검역관리지역 또는 중점검역관리지역에 체류하거나 그 지역을 경유한 사람으로서 감염이 우려되는 사람
다. 감염병병원체 등 위험요인에 노출되어 감염이 우려되는 사람

16. "감시"란 감염병 발생과 관련된 자료, 감염병병원체 · 매개체에 대한 자료를 체계적이고 지속적으로 수집, 분석 및 해석하고 그 결과를 제때에 필요한 사람에게 배포하여 감염병 예방 및 관리에 사용하도록 하는 일체의 과정을 말한다.

16의2. "표본감시"란 감염병 중 감염병환자의 발생빈도가 높아 전수조사가 어렵고 중증도가 비교적 낮은 감염병의 발생에 대하여 감시기관을 지정하여 정기적이고 지속적인 의과학적 감시를 실시하는 것을 말한다.

17. "역학조사"란 감염병환자등이 발생한 경우 감염병의 차단과 확산 방지 등을 위하여 감염병환자등의 발생 규모를 파악하고 감염원을 추적하는 등의 활동과 감염병 예방접종 후 이상반응 사례가 발생한 경우나 감염병 여부가 불분명하나 그 발병원인을 조사할 필요가 있는 사례가 발생한 경우

그 원인을 규명하기 위하여 하는 활동을 말한다.

18. "예방접종 후 이상반응"이란 예방접종 후 그 접종으로 인하여 발생할 수 있는 모든 증상 또는 질병으로서 해당 예방접종과 시간적 관련성이 있는 것을 말한다.
19. "고위험병원체"란 생물테러의 목적으로 이용되거나 사고 등에 의하여 외부에 유출될 경우 국민 건강에 심각한 위험을 초래할 수 있는 감염병병원체로서 보건복지부령으로 정하는 것을 말한다.
20. "관리대상 해외 신종감염병"이란 기존 감염병의 변이 및 변종 또는 기존에 알려지지 아니한 새로운 병원체에 의해 발생하여 국제적으로 보건문제를 야기하고 국내 유입에 대비하여야 하는 감염병으로서 질병관리청장이 보건복지부장관과 협의하여 지정하는 것을 말한다.
21. "의료·방역 물품"이란 「약사법」 제 2 조에 따른 의약품·의약외품, 「의료기기법」 제 2 조에 따른 의료기기 등 의료 및 방역에 필요한 물품 및 장비로서 질병관리청장이 지정하는 것을 말한다.

제 3 조(다른 법률과의 관계) 감염병의 예방 및 관리에 관하여는 다른 법률에 특별한 규정이 있는 경우를 제외하고는 이 법에 따른다.

제 4 조(국가 및 지방자치단체의 책무) ① 국가 및 지방자치단체는 감염병환자등의 인간으로서의 존엄과 가치를 존중하고 그 기본적 권리를 보호하며, 법률에 따르지 아니하고는 취업 제한 등의 불이익을 주어서는 아니 된다.

② 국가 및 지방자치단체는 감염병의 예방 및 관리를 위하여 다음 각 호의 사업을 수행하여야 한다. <개정 2014·3·18, 2015·7·6, 2020·3·4, 2020·12·15>

1. 감염병의 예방 및 방역대책
2. 감염병환자등의 진료 및 보호
3. 감염병 예방을 위한 예방접종계획의 수립 및 시행
4. 감염병에 관한 교육 및 홍보
5. 감염병에 관한 정보의 수집·분석 및 제공
6. 감염병에 관한 조사·연구
7. 감염병병원체(감염병병원체 확인을 위한 혈액, 체액 및 조직 등 검체를 포함한다) 수집·검사·보존·관리 및 약제내성 감시(藥劑耐性 監視)
8. 감염병 예방 및 관리 등을 위한 전문인력의 양성

8의2. 감염병 예방 및 관리 등의 업무를 수행한 전문인력의 보호

9. 감염병 관리정보 교류 등을 위한 국제협력
10. 감염병의 치료 및 예방을 위한 의료·방역 물품의 비축
11. 감염병 예방 및 관리사업의 평가
12. 기후변화, 저출산·고령화 등 인구변동 요인에 따른 감염병 발생조사·연구 및 예방대책 수립
13. 한센병의 예방 및 진료 업무를 수행하는 법인 또는 단체에 대한 지원
14. 감염병 예방 및 관리를 위한 정보시스템의 구축 및 운영
15. 해외 신종감염병의 국내 유입에 대비한 계획 준비, 교육 및 훈련
16. 해외 신종감염병 발생 동향의 지속적 파악, 위험성 평가 및 관리대상 해외 신종감염병의 지정
17. 관리대상 해외 신종감염병에 대한 병원체 등 정보 수집, 특성 분석, 연구를 통한 예방과 대응체계 마련, 보고서 발간 및 지침(매뉴얼을 포함한다) 고시

③ 국가·지방자치단체(교육감을 포함한다)는 감염병의 효율적 치료 및 확산방지를 위하여 질병의 정보, 발생 및 전파 상황을 공유하고 상호 협력하여야 한다. <신설 2015·7·6>

④ 국가 및 지방자치단체는 「의료법」에 따른 의료기관 및 의료인단체(「간호법」 제18조에 따른 간호사중앙회를 포함한다)와 감염병의 발생 감시·예방을 위하여 관련 정보를 공유하여야 한다. <신설 2015·7·6, 2024·9·20>

제 5 조(의료인 등의 책무와 권리) ① 「의료법」에 따른 의료인 및 의료기관의 장 등은 감염병 환자의 진료에 관한 정보를 제공받을 권리가 있고, 감염병 환자의 진단 및 치료 등으로 인하여 발생한 피해에 대하여 보상받을 수 있다.

② 「의료법」에 따른 의료인 및 의료기관의 장 등은 감염병 환자의 진단·관리·치료 등

에 최선을 다하여야 하며, 보건복지부장관, 질병관리청장 또는 지방자치단체의 장의 행정명령에 적극 협조하여야 한다. <개정 2020·8·11>

③ 「의료법」에 따른 의료인 및 의료기관의 장 등은 국가와 지방자치단체가 수행하는 감염병의 발생 감시와 예방·관리 및 역학조사 업무에 적극 협조하여야 한다.

〔전부개정 2015·7·6〕

제 6 조(국민의 권리와 의무) ① 국민은 감염병으로 격리 및 치료 등을 받은 경우 이로 인한 피해를 보상받을 수 있다. <개정 2015·7·6>

② 국민은 감염병 발생 상황, 감염병 예방 및 관리 등에 관한 정보와 대응방법을 알 권리가 있고, 국가와 지방자치단체는 신속하게 정보를 공개하여야 한다. <개정 2015·7·6>

③ 국민은 의료기관에서 이 법에 따른 감염병에 대한 진단 및 치료를 받을 권리가 있고, 국가와 지방자치단체는 이에 소요되는 비용을 부담하여야 한다. <신설 2015·7·6>

④ 국민은 치료 및 격리조치 등 국가와 지방자치단체의 감염병 예방 및 관리를 위한 활동에 적극 협조하여야 한다. <신설 2015·7·6>

제 2 장 기본계획 및 사업

제 7 조(감염병 예방 및 관리 계획의 수립 등) ① 질병관리청장은 보건복지부장관과 협의하여 감염병의 예방 및 관리에 관한 기본계획(이하 "기본계획"이라 한다)을 5년마다 수립·시행하여야 한다. <개정 2010·1·18, 2020·8·11>

② 기본계획에는 다음 각 호의 사항이 포함되어야 한다. <개정 2015·7·6, 2020·3·4, 2020·12·15, 2021·3·9>

1. 감염병 예방·관리의 기본목표 및 추진방향
2. 주요 감염병의 예방·관리에 관한 사업계획 및 추진방법

2의2. 감염병 대비 의료·방역 물품의 비축 및 관리에 관한 사항

3. 감염병 전문인력의 양성 방안

3의2. 「의료법」 제 3 조제 2 항 각 호에 따른 의료기관 종별 감염병 위기대응역량의 강화 방안

4. 감염병 통계 및 정보통신기술 등을 활용한 감염병 정보의 관리 방안
5. 감염병 관련 정보의 의료기관 간 공유 방안
6. 그 밖에 감염병의 예방 및 관리에 필요한 사항

③ 특별시장·광역시장·특별자치시장·도지사·특별자치도지사(이하 "시·도지사"라 한다)와 시장·군수·구청장(자치구의 구청장을 말한다. 이하 같다)은 기본계획에 따라 시행계획을 수립·시행하여야 한다. <개정 2023·6·13>

④ 질병관리청장, 시·도지사 또는 시장·군수·구청장은 기본계획이나 제 3 항에 따른 시행계획의 수립·시행에 필요한 자료의 제공 등을 관계 행정기관 또는 단체에 요청할 수 있다. <개정 2010·1·18, 2020·8·11>

⑤ 제 4 항에 따라 요청받은 관계 행정기관 또는 단체는 특별한 사유가 없으면 이에 따라야 한다.

제 8 조(감염병관리사업지원기구의 운영) ① 질병관리청장 및 시·도지사는 제 7 조에 따른 기본계획 및 시행계획의 시행과 국제협력 등의 업무를 지원하기 위하여 민간전문가 등으로 구성된 감염병관리사업지원기구를 둘 수 있다. <개정 2010·1·18, 2020·8·11, 2023·5·19>

② 국가 및 지방자치단체는 감염병관리사업지원기구의 운영 등에 필요한 예산을 지원할 수 있다.

③ 제 1 항 및 제 2 항에 따른 감염병관리사업지원기구의 설치·운영 및 지원 등에 필요한 사항은 대통령령으로 정한다.

제 8 조의2(감염병병원) ① 국가는 감염병의 연구·예방, 전문가 양성 및 교육, 환자의 진료 및 치료 등을 위한 시설, 인력 및 연구능력을 갖춘 중앙감염병전문병원을 설립하거나 지정하여 운영한다. <개정 2023·8·16>

② 국가는 감염병환자의 진료 및 치료 등을 위하여 권역별로 보건복지부령으로 정하는

일정규모 이상의 병상(음압병상 및 격리병상을 포함한다)을 갖춘 권역별 감염병전문병원을 설립하거나 지정하여 운영한다. 이 경우 인구 규모, 지리적 접근성 등을 고려하여 권역을 설정하여야 한다. <개정 2021·10·19, 2023·8·16>

③ 국가는 예산의 범위에서 제 1 항 및 제 2 항에 따른 중앙감염병전문병원 또는 권역별 감염병전문병원을 설립하거나 지정하여 운영하는 데 필요한 예산을 지원할 수 있다. <개정 2023·8·16>

④ 국가는 제 1 항에 따른 중앙감염병전문병원의 업무에 관한 자문 등을 수행하기 위하여 중앙감염병전문병원에 감염병임상위원회를 설치할 수 있다. <신설 2023·8·16>

⑤ 제 1 항 및 제 2 항에 따른 중앙감염병전문병원 또는 권역별 감염병전문병원을 설립하거나 지정하여 운영하는데 필요한 절차, 방법, 지원내용 등의 사항은 대통령령으로 정한다. <개정 2023·8·16>

[본조신설 2015·12·29]

제 8 조의3(내성균 관리대책) ① 보건복지부장관은 내성균 발생 예방 및 확산 방지 등을 위하여 제 9 조에 따른 감염병관리위원회의 심의를 거쳐 내성균 관리대책을 5년마다 수립·추진하여야 한다.

② 내성균 관리대책에는 정책목표 및 방향, 진료환경 개선 등 내성균 확산 방지를 위한 사항 및 감시체계 강화에 관한 사항, 그 밖에 내성균 관리대책에 필요하다고 인정되는 사항이 포함되어야 한다.

③ 내성균 관리대책의 수립 절차 등에 관하여 필요한 사항은 대통령령으로 정한다.

[본조신설 2016·12·2]

제 8 조의4(업무의 협조) ① 보건복지부장관은 내성균 관리대책의 수립·시행을 위하여 관계 공무원 또는 관계 전문가의 의견을 듣거나 관계 기관 및 단체 등에 필요한 자료제출 등 협조를 요청할 수 있다.

② 보건복지부장관은 내성균 관리대책의 작성을 위하여 관계 중앙행정기관의 장에게 내성균 관리대책의 정책목표 및 방향과 관련한 자료 또는 의견의 제출 등 필요한 협조를 요청할 수 있다.

③ 제 1 항 및 제 2 항에 따른 협조 요청을 받은 자는 정당한 사유가 없으면 이에 따라야 한다.

[본조신설 2016·12·2]

제 8 조의5(긴급상황실) ① 질병관리청장은 감염병 정보의 수집·전파, 상황관리, 감염병이 유입되거나 유행하는 긴급한 경우의 초동조치 및 지휘 등의 업무를 수행하기 위하여 상시 긴급상황실을 설치·운영하여야 한다. <개정 2020·8·11>

② 제 1 항에 따른 긴급상황실의 설치·운영에 필요한 사항은 대통령령으로 정한다.

[본조신설 2018·3·27]

제 8 조의6(감염병 연구개발 지원 등) ① 질병관리청장은 감염병에 관한 조사·연구를 위하여 감염병 연구개발 기획 및 치료제·백신 등의 연구개발에 관한 사업을 추진할 수 있다. 이 경우 질병관리청장은 예산의 범위에서 연구개발사업을 하는 기관 또는 단체에 그 연구에 드는 비용을 충당할 자금을 출연금으로 지급할 수 있다.

② 질병관리청장은 제 1 항에 따른 조사·연구를 위하여 보건복지부령으로 「국가연구개발혁신법」 제 2 조제 4 호에 따른 전문기관을 지정 또는 해제한다.

③ 제 1 항에 따른 출연금의 지급·사용·관리 및 제 2 항에 따른 전문기관의 지정·운영 등에 관하여 필요한 사항은 「보건의료기술 진흥법」을 준용한다.

④ 질병관리청장은 감염병 치료제·백신 개발 관련 연구기관·대학 및 기업 등의 의뢰를 받아 보건복지부령으로 정하는 바에 따라 감염병 치료제·백신 개발에 관한 시험·분석을 할 수 있다.

⑤ 제4항에 따라 시험·분석을 의뢰하는 자는 보건복지부령으로 정하는 바에 따라 수수료를 내야 한다.

[전부개정 2023·5·19]

제 9 조(감염병관리위원회) ① 감염병의 예방 및 관리에 관한 주요 시책을 심의하기 위하여 질병관리청에 감염병관리위원회(이하 "위원회"라 한다)를 둔다. <개정 2010·1·18, 2020·8·11>

② 위원회는 다음 각 호의 사항을 심의한다. <개정 2014·3·18, 2016·12·2, 2019·12·3, 2020·12·15, 2021·3·9, 2022·6·10>
1. 기본계획의 수립
2. 감염병 관련 의료 제공
3. 감염병에 관한 조사 및 연구
4. 감염병의 예방·관리 등에 관한 지식 보급 및 감염병환자등의 인권 증진
5. 제20조에 따른 해부명령에 관한 사항
6. 제32조제 3 항에 따른 예방접종의 실시기준과 방법에 관한 사항
6의2. 제33조의2제 1 항에 따라 제24조의 필수예방접종 및 제25조의 임시예방접종에 사용되는 의약품(이하 "필수예방접종약품등"이라 한다)의 사전 비축 및 장기 구매에 관한 사항
6의3. 제33조의2제 2 항에 따른 필수예방접종약품등의 공급의 우선순위 등 분배기준, 그 밖에 필요한 사항의 결정
7. 제34조에 따른 감염병 위기관리대책의 수립 및 시행
8. 제40조제 1 항 및 제 2 항에 따른 예방·치료 의료·방역 물품의 사전 비축, 장기 구매 및 생산에 관한 사항
8의2. 제40조의2에 따른 의료·방역 물품(「약사법」에 따른 의약품 및 「의료기기법」에 따른 의료기기로 한정한다) 공급의 우선순위 등 분배기준, 그 밖에 필요한 사항의 결정
8의3. 제40조의6에 따른 개발 중인 백신 또는 의약품의 구매 및 공급에 필요한 계약에 관한 사항
9. 제71조에 따른 예방접종 등으로 인한 피해에 대한 국가보상에 관한 사항
10. 내성균 관리대책에 관한 사항
11. 그 밖에 감염병의 예방 및 관리에 관한 사항으로서 위원장이 위원회의 회의에 부치는 사항

제10조(위원회의 구성) ① 위원회는 위원장 1명과 부위원장 1명을 포함하여 30명 이내의 위원으로 구성한다. <개정 2018·3·27>
② 위원장은 질병관리청장이 되고, 부위원장은 위원 중에서 위원장이 지명하며, 위원은 다음 각 호의 어느 하나에 해당하는 사람 중에서 위원장이 임명하거나 위촉하는 사람으로 한다. 이 경우 공무원이 아닌 위원이 전체 위원의 과반수가 되도록 하여야 한다. <개정 2010·1·18, 2015·12·29, 2018·3·27, 2019·12·3, 2020·8·11, 2021·1·12>
1. 감염병의 예방 또는 관리 업무를 담당하는 공무원
2. 감염병 또는 감염관리를 전공한 의료인
3. 감염병과 관련된 전문지식을 소유한 사람
4. 「지방자치법」 제182조에 따른 시·도지사협의체가 추천하는 사람
5 「비영리민간단체 지원법」 제 2 조에 따른 비영리민간단체가 추천하는 사람
6. 그 밖에 감염병에 관한 지식과 경험이 풍부한 사람
③ 위원회의 업무를 효율적으로 수행하기 위하여 위원회의 위원과 외부 전문가로 구성되는 분야별 전문위원회를 둘 수 있다.
④ 제 1 항부터 제 3 항까지에서 규정한 사항 외에 위원회 및 전문위원회의 구성·운영 등에 관하여 필요한 사항은 대통령령으로 정한다.

제 3 장 신고 및 보고

제11조(의사 등의 신고) ① 의사, 치과의사 또는 한의사는 다음 각 호의 어느 하나에 해당하는 사실(제16조제 6 항에 따라 표본감시 대상이 되는 제 4 급감염병으로 인한 경우는 제외한다)이 있으면 소속 의료기관의 장에게 보고하여야 하고, 해당 환자와 그 동거인에게 질병관리청장이 정하는 감염 방지 방법 등을 지도하여야 한다. 다만, 의료기관에 소속되지 아니한 의사, 치과의사 또는 한의사는 그 사실을 관할 보건소장에게 신고하여야 한다. <개정 2010·1·18, 2015·12·29, 2018·3·27, 2020·3·4, 2020·8·11>
1. 감염병환자등을 진단하거나 그 사체를 검안(檢案)한 경우
2. 예방접종 후 이상반응자를 진단하거나 그 사체를 검안한 경우
3. 감염병환자등이 제 1 급감염병부터 제 3 급감염병까지에 해당하는 감염병으로 사망한 경우

4. 감염병환자로 의심되는 사람이 감염병병원체 검사를 거부하는 경우

② 제16조의2에 따른 감염병병원체 확인기관의 소속 직원은 실험실 검사 등을 통하여 보건복지부령으로 정하는 감염병환자등을 발견한 경우 그 사실을 그 기관의 장에게 보고하여야 한다. <개정 2015·7·6, 2018·3·27, 2020·3·4>

③ 제1항 및 제2항에 따라 보고를 받은 의료기관의 장 및 제16조의2에 따른 감염병병원체 확인기관의 장은 제1급감염병의 경우에는 즉시, 제2급감염병 및 제3급감염병의 경우에는 24시간 이내에, 제4급감염병의 경우에는 7일 이내에 질병관리청장 또는 관할 보건소장에게 신고하여야 한다. <신설 2015·7·6, 2018·3·27, 2020·3·4, 2020·8·11>

④ 육군, 해군, 공군 또는 국방부 직할 부대에 소속된 군의관은 제1항 각 호의 어느 하나에 해당하는 사실(제16조제6항에 따라 표본감시 대상이 되는 제4급감염병으로 인한 경우는 제외한다)이 있으면 소속 부대장에게 보고하여야 하고, 보고를 받은 소속 부대장은 제1급감염병의 경우에는 즉시, 제2급감염병 및 제3급감염병의 경우에는 24시간 이내에 관할 보건소장에게 신고하여야 한다. <개정 2015·12·29, 2018·3·27>

⑤ 제16조제1항에 따른 감염병 표본감시기관은 제16조제6항에 따라 표본감시 대상이 되는 제4급감염병으로 인하여 제1항제1호 또는 제3호에 해당하는 사실이 있으면 보건복지부령으로 정하는 바에 따라 질병관리청장 또는 관할 보건소장에게 신고하여야 한다. <개정 2010·1·18, 2015·12·29, 2018·3·27, 2020·8·11>

⑥ 제1항부터 제5항까지의 규정에 따른 감염병환자등의 진단 기준, 신고의 방법 및 절차 등에 관하여 필요한 사항은 보건복지부령으로 정한다. <개정 2010·1·18, 2015·7·6>

제12조(그 밖의 신고의무자) ① 다음 각 호의 어느 하나에 해당하는 사람은 제1급감염병부터 제3급감염병까지에 해당하는 감염병 중 보건복지부령으로 정하는 감염병이 발생한 경우에는 의사, 치과의사 또는 한의사의 진단이나 검안을 요구하거나 해당 주소지를 관할하는 보건소장에게 신고하여야 한다. <개정 2010·1·18, 2015·7·6, 2018·3·27, 2020·12·15>

1. 일반가정에서는 세대를 같이하는 세대주. 다만, 세대주가 부재 중인 경우에는 그 세대원
2. 학교, 사회복지시설, 병원, 관공서, 회사, 공연장, 예배장소, 선박·항공기·열차 등 운송수단, 각종 사무소·사업소, 음식점, 숙박업소 또는 그 밖에 여러 사람이 모이는 장소로서 보건복지부령으로 정하는 장소의 관리인, 경영자 또는 대표자
3. 「약사법」에 따른 약사·한약사 및 약국개설자

② 제1항에 따른 신고의무자가 아니더라도 감염병환자등 또는 감염병으로 인한 사망자로 의심되는 사람을 발견하면 보건소장에게 알려야 한다.

③ 제1항에 따른 신고의 방법과 기간 및 제2항에 따른 통보의 방법과 절차 등에 관하여 필요한 사항은 보건복지부령으로 정한다. <개정 2010·1·18, 2015·7·6>

제13조(보건소장 등의 보고 등) ① 제11조 및 제12조에 따라 신고를 받은 보건소장은 그 내용을 관할 특별자치시장·특별자치도지사 또는 시장·군수·구청장에게 보고하여야 하며, 보고를 받은 특별자치시장·특별자치도지사는 질병관리청장에게, 시장·군수·구청장은 질병관리청장 및 시·도지사에게 이를 각각 보고하여야 한다. <개정 2010·1·18, 2020·8·11, 2023·6·13>

② 제1항에 따라 보고를 받은 질병관리청장, 시·도지사 또는 시장·군수·구청장은 제11조제1항제4호에 해당하는 사람(제1급감염병 환자로 의심되는 경우에 한정한다)에 대하여 감염병병원체 검사를 하게 할 수 있다. <신설 2020·3·4, 2020·8·11>

③ 제1항에 따른 보고의 방법 및 절차 등에 관하여 필요한 사항은 보건복지부령으로 정한다. <개정 2010·1·18>

제14조(인수공통감염병의 통보) ① 「가축전염병예방법」 제11조제1항제2호에 따라 신고를 받은 국립가축방역기관장, 신고대상 가축의 소재지를 관할하는 시장·군수·구청장 또는 시·도 가축방역기관의 장은 같은 법에 따른 가축전염병 중 다음 각 호의 어느 하나에 해당하는 감염병의 경우에는 즉시 질병관리청장에게 통보하여야 한다. <개정 2019·12·3, 2020·8·11>

1. 탄저
2. 고병원성조류인플루엔자
3. 광견병
4. 그 밖에 대통령령으로 정하는 인수공통감염병

② 제1항에 따른 통보를 받은 질병관리청장은 감염병의 예방 및 확산 방지를 위하여 이 법에 따른 적절한 조치를 취하여야 한다. <신설 2015·7·6, 2020·8·11>

③ 제1항에 따른 신고 또는 통보를 받은 행정기관의 장은 신고자의 요청이 있는 때에는 신고자의 신원을 외부에 공개하여서는 아니 된다.

④ 제1항에 따른 통보의 방법 및 절차 등에 관하여 필요한 사항은 보건복지부령으로 정한다. <개정 2010·1·18>

제15조(감염병환자등의 파악 및 관리) 보건소장은 관할구역에 거주하는 감염병환자등에 관하여 제11조 및 제12조에 따른 신고를 받았을 때에는 보건복지부령으로 정하는 바에 따라 기록하고 그 명부(전자문서를 포함한다)를 관리하여야 한다. <개정 2010·1·18>

제4장 감염병감시 및 역학조사 등

제16조(감염병 표본감시 등) ① 질병관리청장은 감염병의 표본감시를 위하여 질병의 특성과 지역을 고려하여 「보건의료기본법」에 따른 보건의료기관이나 그 밖의 기관 또는 단체를 감염병 표본감시기관으로 지정할 수 있다. <개정 2010·1·18, 2019·12·3, 2020·8·11>

② 질병관리청장, 시·도지사 또는 시장·군수·구청장은 제1항에 따라 지정받은 감염병 표본감시기관(이하 "표본감시기관"이라 한다)의 장에게 감염병의 표본감시와 관련하여 필요한 자료의 제출을 요구하거나 감염병의 예방·관리에 필요한 협조를 요청할 수 있다. 이 경우 표본감시기관은 특별한 사유가 없으면 이에 따라야 한다. <개정 2010·1·18, 2020·8·11>

③ 질병관리청장, 시·도지사 또는 시장·군수·구청장은 제2항에 따라 수집한 정보 중 국민 건강에 관한 중요한 정보를 관련 기관·단체·시설 또는 국민들에게 제공하여야 한다. <개정 2010·1·18, 2020·8·11>

④ 질병관리청장, 시·도지사 또는 시장·군수·구청장은 표본감시활동에 필요한 경비를 표본감시기관에 지원할 수 있다. <개정 2010·1·18, 2020·8·11>

⑤ 질병관리청장은 표본감시기관이 다음 각 호의 어느 하나에 해당하는 경우에는 그 지정을 취소할 수 있다. <개정 2015·7·6, 2019·12·3, 2020·8·11>

1. 제2항에 따른 자료 제출 요구 또는 협조 요청에 따르지 아니하는 경우
2. 폐업 등으로 감염병 표본감시 업무를 수행할 수 없는 경우
3. 그 밖에 감염병 표본감시 업무를 게을리하는 등 보건복지부령으로 정하는 경우

⑥ 제1항에 따른 표본감시의 대상이 되는 감염병은 제4급감염병으로 하고, 표본감시기관의 지정 및 지정취소의 사유 등에 관하여 필요한 사항은 보건복지부령으로 정한다. <신설 2015·7·6, 2019·3·27>

⑦ 질병관리청장은 감염병이 발생하거나 유행할 가능성이 있어 관련 정보를 확보할 긴급한 필요가 있다고 인정되는 경우 「공공기관의 운영에 관한 법률」에 따른 공공기관 중 대통령령으로 정하는 공공기관의 장에게 정보 제공을 요구할 수 있다. 이 경우 정보 제공을 요구받은 기관의 장은 정당한 사유가 없는 한 이에 따라야 한다. <개정 2020·8·11>

⑧ 제7항에 따라 제공되는 정보의 내용, 절차 및 정보의 취급에 필요한 사항은 대통령

령령으로 정한다. <개정 2015·7·6>

제16조의2(감염병병원체 확인기관) ① 다음 각 호의 기관(이하 "감염병병원체 확인기관"이라 한다)은 실험실 검사 등을 통하여 감염병병원체를 확인할 수 있다. <개정 2020·8·11, 2023·5·19>

1. 질병관리청
2. 질병대응센터
3. 「보건환경연구원법」 제2조에 따른 보건환경연구원
4. 「지역보건법」 제10조에 따른 보건소
5. 「의료법」 제3조에 따른 의료기관 중 진단검사의학과 전문의가 상근(常勤)하는 기관
6. 「고등교육법」 제4조에 따라 설립된 의과대학 중 진단검사의학과가 개설된 의과대학
7. 「결핵예방법」 제21조에 따라 설립된 대한결핵협회(결핵환자의 병원체를 확인하는 경우만 해당한다)
8. 「민법」 제32조에 따라 한센병환자 등의 치료·재활을 지원할 목적으로 설립된 기관(한센병환자의 병원체를 확인하는 경우만 해당한다)
9. 인체에서 채취한 검사물에 대한 검사를 국가, 지방자치단체, 의료기관 등으로부터 위탁받아 처리하는 기관 중 진단검사의학과 전문의가 상근하는 기관

② 질병관리청장은 감염병병원체 확인의 정확성·신뢰성을 확보하기 위하여 감염병병원체 확인기관의 실험실 검사능력을 평가하고 관리할 수 있다. <개정 2020·8·11>

③ 제2항에 따른 감염병병원체 확인기관의 실험실 검사능력 평가 및 관리에 관한 방법, 절차 등에 관하여 필요한 사항은 보건복지부령으로 정한다.

〔본조신설 2020·3·4〕

제17조(실태조사) ① 질병관리청장, 시·도지사 및 시장·군수·구청장은 감염병의 예방 및 관리에 관한 정책을 효과적으로 수립·시행하기 위하여 다음 각 호의 구분에 따라 실태조사를 실시하고, 그 결과를 공표하여야 한다. <개정 2024·1·30>

1. 감염병 및 내성균 발생 등에 대한 실태조사 : 질병관리청장 또는 시·도지사
2. 의료기관의 감염관리 현황에 대한 실태조사 : 질병관리청장, 시·도지사 또는 시장·군수·구청장

② 질병관리청장, 시·도지사 또는 시장·군수·구청장은 제1항에 따른 조사를 위하여 의료기관 등 관계 기관·법인 및 단체의 장에게 필요한 자료의 제출 또는 의견의 진술을 요청할 수 있다. 이 경우 요청을 받은 자는 정당한 사유가 없으면 이에 협조하여야 한다. <신설 2020·3·4, 2020·8·11, 2024·1·30>

③ 제1항에 따른 실태조사에 포함되어야 할 사항과 실태조사의 시기, 방법, 절차 및 공표 등에 관하여 필요한 사항은 보건복지부령으로 정한다. <개정 2010·1·18, 2020·3·4>

제18조(역학조사) ① 질병관리청장, 시·도지사 또는 시장·군수·구청장은 감염병이 발생하여 유행할 우려가 있거나, 감염병 여부가 불분명하나 발병원인을 조사할 필요가 있다고 인정하면 지체 없이 역학조사를 하여야 하고, 그 결과에 관한 정보를 필요한 범위에서 해당 의료기관에 제공하여야 한다. 다만, 지역확산 방지 등을 위하여 필요한 경우 다른 의료기관에 제공하여야 한다. <개정 2015·7·6, 2019·12·3, 2020·8·11>

② 질병관리청장, 시·도지사 또는 시장·군수·구청장은 역학조사를 하기 위하여 역학조사반을 각각 설치하여야 한다. <개정 2020·8·11>

③ 누구든지 질병관리청장, 시·도지사 또는 시장·군수·구청장이 실시하는 역학조사에서 다음 각 호의 행위를 하여서는 아니 된다. <개정 2015·7·6, 2020·8·11>

1. 정당한 사유 없이 역학조사를 거부·방해 또는 회피하는 행위
2. 거짓으로 진술하거나 거짓 자료를 제출하는 행위
3. 고의적으로 사실을 누락·은폐하는 행위

④ 제1항에 따른 역학조사의 내용과 시기·방법 및 제2항에 따른 역학조사반의 구성·임무 등에 관하여 필요한 사항은 대통령령으로 정한다.

제18조의2(역학조사의 요청) ① 「의료법」에 따른 의료인 또는 의료기관의 장은 감염병 또는 알 수 없는 원인으로 인한 질병이 발생하였거나 발생할 것이 우려되는 경우 질병관리청장, 시·도지사 또는 시장·군수·

구청장에게 제18조에 따른 역학조사를 실시할 것을 요청할 수 있다. <개정 2020·8·11, 2024·1·30>
② 제1항에 따른 요청을 받은 질병관리청장, 시·도지사 또는 시장·군수·구청장은 역학조사의 실시 여부 및 그 사유 등을 지체 없이 해당 의료인 또는 의료기관 개설자에게 통지하여야 한다. <개정 2020·8·11, 2024·1·30>
③ 제1항에 따른 역학조사 실시 요청 및 제2항에 따른 통지의 방법·절차 등 필요한 사항은 보건복지부령으로 정한다.
〔본조신설 2015·7·6〕

제18조의3(역학조사인력의 양성) ① 질병관리청장은 제60조의2에 따른 역학조사관 또는 수습역학조사관에 대하여 정기적으로 역학조사에 관한 교육·훈련을 실시할 수 있다. <개정 2020·3·4, 2020·8·11, 2023·5·19>
② 제1항에 따른 대상별 교육·훈련 과정 및 그 밖에 필요한 사항은 보건복지부령으로 정한다. <개정 2023·5·19>
〔본조신설 2015·7·6〕

제18조의4(자료제출 요구 등) ① 질병관리청장, 시·도지사 또는 시장·군수·구청장은 제18조에 따른 역학조사 등을 효율적으로 시행하기 위하여 관계 중앙행정기관의 장, 대통령령으로 정하는 기관·단체 등에 대하여 역학조사에 필요한 자료제출을 요구할 수 있다. <개정 2020·8·11, 2024·1·30>
② 질병관리청장 또는 시·도지사는 감염병과 관련하여 「재난 및 안전관리 기본법」 제38조제2항에 따른 주의 이상의 위기경보가 발령된 경우에는 제18조에 따른 역학조사를 효율적으로 시행하기 위하여 법인·단체·개인 등에 대하여 역학조사에 필요한 자료제출을 요구할 수 있다. <신설 2023·5·19>
③ 질병관리청장은 제18조에 따른 역학조사를 실시하는 경우 필요에 따라 관계 중앙행정기관의 장에게 인력 파견 등 필요한 지원을 요청할 수 있다. <개정 2020·8·11>
④ 제1항 및 제2항에 따른 자료제출 요구 및 제3항에 따른 지원 요청 등을 받은 자는 특별한 사정이 없으면 이에 따라야 한다. <개정 2023·5·19>
⑤ 제1항 및 제2항에 따른 자료제출 요구 및 제3항에 따른 지원 요청 등의 범위와 방법 등에 관하여 필요한 사항은 대통령령으로 정한다. <개정 2023·5·19>
〔본조신설 2015·7·6〕

제18조의5(감염병 교육의 실시) ① 국가기관의 장 및 지방자치단체의 장은 소속 공무원 및 직원 등에 대하여 감염병의 예방·관리 및 위기 대응을 위한 교육(이하 "감염병 교육"이라 한다)을 연 1회 이상 실시하고, 그 결과를 질병관리청장에게 제출하여야 한다.
② 「공공기관의 운영에 관한 법률」 제4조에 따른 공공기관의 장은 소속된 임직원 및 종사자에게 감염병 교육을 실시할 수 있다.
③ 질병관리청장은 제1항 및 제2항에 따른 감염병 교육을 효과적으로 실시하기 위하여 관련 교육과정을 개발하여 보급하여야 한다.
④ 제1항 및 제2항에 따른 감염병 교육의 대상과 범위, 내용 및 방법, 제3항에 따른 교육과정 개발 및 보급 등에 필요한 사항은 대통령령으로 정한다.
〔본조신설 2023·9·14〕

제19조(건강진단) 성매개감염병의 예방을 위하여 종사자의 건강진단이 필요한 직업으로 보건복지부령으로 정하는 직업에 종사하는 사람과 성매개감염병에 감염되어 그 전염을 매개할 상당한 우려가 있다고 특별자치시장·특별자치도지사 또는 시장·군수·구청장이 인정한 사람은 보건복지부령으로 정하는 바에 따라 성매개감염병에 관한 건강진단을 받아야 한다. <개정 2010·1·18, 2023·6·13>

제20조(해부명령) ① 질병관리청장은 국민 건강에 중대한 위협을 미칠 우려가 있는 감염병으로 사망한 것으로 의심이 되어 시체를 해부(解剖)하지 아니하고는 감염병 여부의 진단과 사망의 원인규명을 할 수 없다고 인정하면 그 시체의 해부를 명할 수 있다. <개정 2020·8·11>
② 제1항에 따라 해부를 하려면 미리 「장사 등에 관한 법률」 제2조제16호에 따른 연고자(같은 호 각 목에 규정된 선순위자가 없는 경우에는 그 다음 순위자를 말한다. 이하 "연고자"라 한다)의 동의를 받아야 한다. 다만, 소재불명 및 연락두절 등 미리 연고자의 동의를 받기 어려운 특별한 사정이 있고 해부가 늦어질 경우 감염병 예방과 국민 건강의 보호라는 목적을 달성하기 어렵다고 판단되는 경우에는 연고자의 동의를

받지 아니하고 해부를 명할 수 있다.

③ 질병관리청장은 감염병 전문의, 해부학, 병리학 또는 법의학을 전공한 사람을 해부를 담당하는 의사로 지정하여 해부를 하여야 한다. <개정 2020·8·11>

④ 제3항에 따른 해부는 사망자가 걸린 것으로 의심되는 감염병의 종류별로 질병관리청장이 정하여 고시한 생물학적 안전 등급을 갖춘 시설에서 실시하여야 한다. <개정 2010·1·18, 2020·8·11>

⑤ 제3항에 따른 해부를 담당하는 의사의 지정, 감염병 종류별로 갖추어야 할 시설의 기준, 해당 시체의 관리 등에 관하여 필요한 사항은 보건복지부령으로 정한다. <개정 2010·1·18>

제20조의2(시신의 장사방법 등) ① 질병관리청장은 감염병환자등이 사망한 경우(사망 후 감염병병원체를 보유하였던 것으로 확인된 사람을 포함한다) 감염병의 차단과 확산 방지 등을 위하여 필요한 범위에서 그 시신의 장사방법 등을 제한할 수 있다. <개정 2020·8·11>

② 질병관리청장은 제1항에 따른 제한을 하려는 경우 연고자에게 해당 조치의 필요성 및 구체적인 방법·절차 등을 미리 설명하여야 한다. <개정 2020·8·11>

③ 질병관리청장은 화장시설의 설치·관리자에게 제1항에 따른 조치에 협조하여 줄 것을 요청할 수 있으며, 요청을 받은 화장시설의 설치·관리자는 이에 적극 협조하여야 한다. <개정 2020·8·11>

④ 제1항에 따른 제한의 대상·방법·절차 등 필요한 사항은 보건복지부령으로 정한다.
〔본조신설 2015·12·29〕

제5장 고위험병원체

제21조(고위험병원체의 분리, 분양·이동 및 이동신고) ① 감염병환자, 식품, 동식물, 그 밖의 환경 등으로부터 고위험병원체를 분리한 자는 지체 없이 고위험병원체의 명칭, 분리된 검체명, 분리 일자 등을 질병관리청장에게 신고하여야 한다. <개정 2010·1·18, 2019·12·3, 2020·8·11>

② 고위험병원체를 분양·이동받으려는 자는 사전에 고위험병원체의 명칭, 분양 및 이동계획 등을 질병관리청장에게 신고하여야 한다. <신설 2019·12·3, 2020·8·11>

③ 고위험병원체를 이동하려는 자는 사전에 고위험병원체의 명칭과 이동계획 등을 질병관리청장에게 신고하여야 한다. <신설 2019·12·3, 2020·8·11>

④ 질병관리청장은 제1항부터 제3항까지의 신고를 받은 경우 그 내용을 검토하여 이 법에 적합하면 신고를 수리하여야 한다. <신설 2020·3·4, 2020·8·11>

⑤ 질병관리청장은 제1항에 따라 고위험병원체의 분리신고를 받은 경우 현장조사를 실시할 수 있다. <신설 2019·12·3, 2020·8·11>

⑥ 고위험병원체를 보유·관리하는 자는 매년 고위험병원체 보유현황에 대한 기록을 작성하여 질병관리청장에게 제출하여야 한다. <신설 2018·3·27, 2019·12·3, 2020·8·11>

⑦ 제1항부터 제3항까지에 따른 신고 및 제6항에 따른 기록 작성·제출의 방법 및 절차 등에 관하여 필요한 사항은 보건복지부령으로 정한다. <개정 2010·1·18, 2018·3·27, 2019·12·3, 2020·3·4>

제22조(고위험병원체의 반입 허가 등) ① 감염병의 진단 및 학술 연구 등을 목적으로 고위험병원체를 국내로 반입하려는 자는 다음 각 호의 요건을 갖추어 질병관리청장의 허가를 받아야 한다. <개정 2010·1·18, 2019·12·3, 2020·8·11, 2021·10·19>

1. 제23조제1항에 따른 고위험병원체 취급시설을 설치·운영하거나 고위험병원체 취급시설을 설치·운영하고 있는 자와 고위험병원체 취급시설을 사용하는 계약을 체결할 것
2. 고위험병원체의 안전한 수송 및 비상조치 계획을 수립할 것
3. 보건복지부령으로 정하는 요건을 갖춘 고위험병원체 전담관리자를 둘 것

② 제1항에 따라 허가받은 사항을 변경하려는 자는 질병관리청장의 허가를 받아야 한다. 다만, 대통령령으로 정하는 경미한 사항을 변경하려는 경우에는 질병관리청장에게 신고하여야 한다. <개정 2010·1·18, 2020·8·11>

③ 제1항에 따라 고위험병원체의 반입 허가를 받은 자가 해당 고위험병원체를 인수하

여 이동하려면 대통령령으로 정하는 바에 따라 그 인수 장소를 지정하고 제21조제1항에 따라 이동계획을 질병관리청장에게 미리 신고하여야 한다. 이 경우 질병관리청장은 그 내용을 검토하여 이 법에 적합하면 신고를 수리하여야 한다. <개정 2010·1·18, 2020·3·4, 2020·8·11>

④ 질병관리청장은 제1항에 따라 허가를 받은 자가 다음 각 호의 어느 하나에 해당하는 경우에는 그 허가를 취소할 수 있다. 다만, 제1호 또는 제2호에 해당하는 경우에는 그 허가를 취소하여야 한다. <신설 2021·10·19>

1. 속임수나 그 밖의 부정한 방법으로 허가를 받은 경우
2. 허가를 받은 날부터 1년 이내에 제3항에 따른 인수 신고를 하지 않은 경우
3. 제1항의 요건을 충족하지 못하는 경우

⑤ 제1항부터 제4항까지의 규정에 따른 허가, 신고 또는 허가 취소의 방법과 절차 등에 관하여 필요한 사항은 보건복지부령으로 정한다. <개정 2010·1·18, 2021·10·19>

제23조(고위험병원체의 안전관리 등) ① 고위험병원체를 검사, 보유, 관리 및 이동하려는 자는 그 검사, 보유, 관리 및 이동에 필요한 시설(이하 "고위험병원체 취급시설"이라 한다)을 설치·운영하거나 고위험병원체 취급시설을 설치·운영하고 있는 자와 고위험병원체 취급시설을 사용하는 계약을 체결하여야 한다. <개정 2021·10·19>

② 고위험병원체 취급시설을 설치·운영하려는 자는 고위험병원체 취급시설의 안전관리 등급별로 질병관리청장의 허가를 받거나 질병관리청장에게 신고하여야 한다. 이 경우 고위험병원체 취급시설을 설치·운영하려는 자가 둘 이상인 경우에는 공동으로 허가를 받거나 신고하여야 한다. <개정 2020·8·11, 2021·10·19>

③ 제2항에 따라 허가를 받은 자는 허가받은 사항을 변경하려면 변경허가를 받아야 한다. 다만, 대통령령으로 정하는 경미한 사항을 변경하려면 변경신고를 하여야 한다.

④ 제2항에 따라 신고한 자는 신고한 사항을 변경하려면 변경신고를 하여야 한다.

⑤ 제2항에 따라 허가를 받거나 신고한 자는 고위험병원체 취급시설을 폐쇄하는 경우 그 내용을 질병관리청장에게 신고하여야 한다. <개정 2020·8·11>

⑥ 질병관리청장은 제2항, 제4항 및 제5항에 따른 신고를 받은 경우 그 내용을 검토하여 이 법에 적합하면 신고를 수리하여야 한다. <개정 2020·8·11>

⑦ 제2항에 따라 허가를 받거나 신고한 자는 고위험병원체 취급시설의 안전관리 등급에 따라 대통령령으로 정하는 안전관리 준수사항을 지켜야 한다.

⑧ 질병관리청장은 고위험병원체를 검사, 보유, 관리 및 이동하는 자가 제7항에 따른 안전관리 준수사항 및 제9항에 따른 허가 및 신고 기준을 지키고 있는지 여부 등을 점검할 수 있다. <개정 2020·8·11>

⑨ 제1항부터 제5항까지의 규정에 따른 고위험병원체 취급시설의 안전관리 등급, 설치·운영 허가 및 신고의 기준과 절차, 폐쇄 신고의 기준과 절차 등에 필요한 사항은 대통령령으로 정한다.

[전부개정 2020·3·4]

제23조의2(고위험병원체 취급시설의 허가취소 등) ① 질병관리청장은 제23조제2항에 따라 고위험병원체 취급시설 설치·운영의 허가를 받거나 신고를 한 자가 다음 각 호의 어느 하나에 해당하는 경우에는 그 허가를 취소하거나 고위험병원체 취급시설의 폐쇄를 명하거나 1년 이내의 기간을 정하여 그 시설의 운영을 정지하도록 명할 수 있다. 다만, 제1호에 해당하는 경우에는 허가를 취소하거나 고위험병원체 취급시설의 폐쇄를 명하여야 한다. <개정 2020·3·4, 2020·8·11>

1. 속임수나 그 밖의 부정한 방법으로 허가를 받거나 신고한 경우
2. 제23조제3항 또는 제4항에 따른 변경허가를 받지 아니하거나 변경신고를 하지 아니하고 허가 내용 또는 신고 내용을 변경한 경우
3. 제23조제7항에 따른 안전관리 준수사항을 지키지 아니한 경우
4. 제23조제9항에 따른 허가 또는 신고의 기준에 미달한 경우

② 제1항에 따라 허가가 취소되거나 고위험병원체 취급시설의 폐쇄명령을 받은 자는

보유하고 있는 고위험병원체를 90일 이내에 폐기하고 그 결과를 질병관리청장에게 보고하여야 한다. 다만, 질병관리청장은 본문에 따라 고위험병원체를 폐기 및 보고하여야 하는 자가 천재지변 등 부득이한 사유로 기한 내에 처리할 수 없어 기한의 연장을 요청하는 경우에는 90일의 범위에서 그 기한을 연장할 수 있다. <신설 2021·10·19>

③ 제1항에 따라 허가가 취소되거나 고위험병원체 취급시설의 폐쇄명령을 받은 자가 보유하고 있는 고위험병원체를 제2항의 기한 이내에 폐기 및 보고하지 아니하는 경우에는 질병관리청장은 해당 고위험병원체를 폐기할 수 있다. <신설 2021·10·19>

④ 제2항 및 제3항에 따른 고위험병원체의 폐기 방법 및 절차 등에 필요한 사항은 보건복지부령으로 정한다. <신설 2021·10·19>

〔본조신설 2017·12·12〕

제23조의3(생물테러감염병병원체의 보유허가 등) ① 감염병의 진단 및 학술연구 등을 목적으로 생물테러감염병을 일으키는 병원체 중 보건복지부령으로 정하는 병원체(이하 "생물테러감염병병원체"라 한다)를 보유하고자 하는 자는 사전에 질병관리청장의 허가를 받아야 한다. 다만, 감염병의사환자로부터 생물테러감염병병원체를 분리한 후 보유하는 경우 등 대통령령으로 정하는 부득이한 사정으로 사전에 허가를 받을 수 없는 경우에는 보유 즉시 허가를 받아야 한다. <개정 2020·8·11>

② 제22조제1항에 따라 국내반입허가를 받은 경우에는 제1항에 따른 허가를 받은 것으로 본다.

③ 제1항에 따라 허가받은 사항을 변경하고자 하는 경우에는 질병관리청장의 변경허가를 받아야 한다. 다만, 고위험병원체를 취급하는 사람의 변경 등 대통령령으로 정하는 경미한 사항을 변경하려는 경우에는 질병관리청장에게 변경신고를 하여야 한다. <개정 2020·8·11>

④ 질병관리청장은 제1항에 따라 생물테러감염병병원체의 보유허가를 받은 자가 속임수나 그 밖의 부정한 방법으로 허가를 받은 경우에는 그 허가를 취소하여야 한다. <신설 2021·10·19>

⑤ 제1항부터 제4항까지의 규정에 따른 허가, 변경허가, 변경신고 또는 허가취소의 방법 및 절차 등에 관하여 필요한 사항은 보건복지부령으로 정한다. <개정 2021·10·19>

〔본조신설 2019·12·3〕

제23조의4(고위험병원체의 취급 기준) ① 고위험병원체는 다음 각 호의 어느 하나에 해당하는 사람만 취급할 수 있다.

1. 「고등교육법」 제2조제4호에 따른 전문대학 이상의 대학에서 보건의료 또는 생물 관련 분야를 전공하고 졸업한 사람 또는 이와 동등한 학력을 가진 사람
2. 「고등교육법」 제2조제4호에 따른 전문대학 이상의 대학을 졸업한 사람 또는 이와 동등 이상의 학력을 가진 사람으로서 보건의료 또는 생물 관련 분야 외의 분야를 전공하고 2년 이상의 보건의료 또는 생물 관련 분야의 경력이 있는 사람
3. 「초·중등교육법」 제2조제3호에 따른 고등학교·고등기술학교를 졸업한 사람 또는 이와 동등 이상의 학력을 가진 사람으로서 4년 이상의 보건의료 또는 생물 관련 분야의 경력이 있는 사람

② 누구든지 제1항 각 호의 어느 하나에 해당하지 아니하는 사람에게 고위험병원체를 취급하도록 하여서는 아니 된다.

③ 제1항 각 호의 학력 및 경력에 관한 구체적인 사항은 보건복지부령으로 정한다.

〔본조신설 2019·12·3〕

제23조의5(고위험병원체 취급 교육) ① 고위험병원체를 취급하는 사람은 고위험병원체의 안전한 취급을 위하여 매년 필요한 교육을 받아야 한다.

② 질병관리청장은 제1항에 따른 교육을 보건복지부령으로 정하는 전문 기관 또는 단체에 위탁할 수 있다. <개정 2020·8·11>

③ 제1항 및 제2항에 따른 교육 및 교육의 위탁 등에 필요한 사항은 보건복지부령으로 정한다.

〔본조신설 2019·12·3〕

제 6 장 예방접종

제24조(필수예방접종) ① 특별자치시장·특별자치도지사 또는 시장·군수·구청장은 다음 각 호의 질병에 대하여 관할 보건소를 통하여 필수예방접종(이하 "필수예방접종"이라 한다)을 실시하여야 한다. <개정 2010·1·18, 2013·3·22, 2014·3·18, 2016·12·2, 2018·3·27, 2020·8·11, 2023·3·28, 2023·6·13>

1. 디프테리아
2. 폴리오
3. 백일해
4. 홍역
5. 파상풍
6. 결핵
7. B형간염
8. 유행성이하선염
9. 풍진
10. 수두
11. 일본뇌염
12. b형헤모필루스인플루엔자
13. 폐렴구균
14. 인플루엔자
15. A형간염
16. 사람유두종바이러스 감염증
17. 그룹 A형 로타바이러스 감염증
18. 그 밖에 질병관리청장이 감염병의 예방을 위하여 필요하다고 인정하여 지정하는 감염병

② 특별자치시장·특별자치도지사 또는 시장·군수·구청장은 제 1 항에 따른 필수예방접종업무를 대통령령으로 정하는 바에 따라 관할구역 안에 있는 「의료법」에 따른 의료기관에 위탁할 수 있다. <개정 2018·3·27, 2023·6·13>

③ 특별자치시장·특별자치도지사 또는 시장·군수·구청장은 필수예방접종 대상 아동 부모(아동의 법정대리인을 포함한다)에게 보건복지부령으로 정하는 바에 따라 필수예방접종을 사전에 알려야 한다. 이 경우 「개인정보 보호법」 제24조에 따른 고유식별정보를 처리할 수 있다. <신설 2012·5·23, 2018·3·27, 2023·6·13, 2024·1·23>

제25조(임시예방접종) ① 특별자치시장·특별자치도지사 또는 시장·군수·구청장은 다음 각 호의 어느 하나에 해당하면 관할 보건소를 통하여 임시예방접종(이하 "임시예방접종"이라 한다)을 하여야 한다. <개정 2010·1·18, 2020·8·11, 2023·6·13>

1. 질병관리청장이 감염병 예방을 위하여 특별자치시장·특별자치도지사 또는 시장·군수·구청장에게 예방접종을 실시할 것을 요청한 경우
2. 특별자치시장·특별자치도지사 또는 시장·군수·구청장이 감염병 예방을 위하여 예방접종이 필요하다고 인정하는 경우

② 제 1 항에 따른 임시예방접종업무의 위탁에 관하여는 제24조제 2 항을 준용한다.

제26조(예방접종의 공고) 특별자치시장·특별자치도지사 또는 시장·군수·구청장은 임시예방접종을 할 경우에는 예방접종의 일시 및 장소, 예방접종의 종류, 예방접종을 받을 사람의 범위를 정하여 미리 인터넷 홈페이지에 공고하여야 한다. 다만, 제32조제 3 항에 따른 예방접종의 실시기준 등이 변경될 경우에는 그 변경 사항을 미리 인터넷 홈페이지에 공고하여야 한다. <개정 2021·3·9, 2023·6·13>

제26조의2(예방접종 내역의 사전확인) ① 보건소장 및 제24조제 2 항(제25조제 2 항에서 준용하는 경우를 포함한다)에 따라 예방접종업무를 위탁받은 의료기관의 장은 예방접종을 하기 전에 대통령령으로 정하는 바에 따라 예방접종을 받으려는 사람 본인 또는 법정대리인의 동의를 받아 해당 예방접종을 받으려는 사람의 예방접종 내역을 확인하여야 한다. 다만, 예방접종을 받으려는 사람 또는 법정대리인의 동의를 받지 못한 경우에는 그러하지 아니하다.

② 제 1 항 본문에 따라 예방접종을 확인하는 경우 제33조의4에 따른 예방접종통합관리시스템을 활용하여 그 내역을 확인할 수 있다. <개정 2019·12·3>

〔본조신설 2015·12·29〕

제27조(예방접종증명서) ① 질병관리청장, 특별자치시장·특별자치도지사 또는 시장·군수·구청장은 필수예방접종 또는 임시예방접종을 받은 사람 본인 또는 법정대리인에게 보건복지부령으로 정하는 바에 따라 예방접종증명서를 발급하여야 한다. <개정 2010·1·18, 2015·12·29, 2018·3·27, 2020·8·11, 2023·6·13>

② 특별자치시장·특별자치도지사 또는 시장·군수·구청장이 아닌 자가 이 법에 따

른 예방접종을 한 때에는 질병관리청장, 특별자치시장·특별자치도지사 또는 시장·군수·구청장은 보건복지부령으로 정하는 바에 따라 해당 예방접종을 한 자로 하여금 예방접종증명서를 발급하게 할 수 있다. <개정 2010·1·18, 2015·12·29, 2020·8·11, 2023·6·13>

③ 제1항 및 제2항에 따른 예방접종증명서는 전자문서를 이용하여 발급할 수 있다.

제28조(예방접종 기록의 보존 및 보고 등) ① 특별자치시장·특별자치도지사 또는 시장·군수·구청장은 필수예방접종 및 임시예방접종을 하거나, 제2항에 따라 보고를 받은 경우에는 보건복지부령으로 정하는 바에 따라 예방접종에 관한 기록을 작성·보관하여야 하고, 특별자치시장·특별자치도지사는 질병관리청장에게, 시장·군수·구청장은 질병관리청장 및 시·도지사에게 그 내용을 각각 보고하여야 한다. <개정 2010·1·18, 2018·3·27, 2020·8·11, 2023·6·13>

② 특별자치시장·특별자치도지사 또는 시장·군수·구청장이 아닌 자가 이 법에 따른 예방접종을 하면 보건복지부령으로 정하는 바에 따라 특별자치시장·특별자치도지사 또는 시장·군수·구청장에게 보고하여야 한다. <개정 2010·1·18, 2023·6·13>

제29조(예방접종에 관한 역학조사) 질병관리청장, 시·도지사 또는 시장·군수·구청장은 다음 각 호의 구분에 따라 조사를 실시하고, 예방접종 후 이상반응 사례가 발생하면 그 원인을 밝히기 위하여 제18조에 따라 역학조사를 하여야 한다. <개정 2020·8·11>

1. 질병관리청장 : 예방접종의 효과 및 예방접종 후 이상반응에 관한 조사
2. 시·도지사 또는 시장·군수·구청장 : 예방접종 후 이상반응에 관한 조사

제29조의2(예방접종 후 이상반응에 대한 검사) ①「의료법」에 따른 의료인 및 의료기관의 장은 필수예방접종 또는 임시예방접종 후 혈소판감소성 혈전증 등 보건복지부령으로 정하는 이상반응이 나타나거나 의심되는 사람을 발견한 경우에는 질병관리청장에게 이상반응에 대한 검사를 의뢰할 수 있다.

② 제1항에 따라 의뢰받은 질병관리청장은 검사를 실시하여야 한다.

③ 제1항 및 제2항에 따른 검사항목, 검사의뢰 방법 및 절차, 검사방법은 질병관리청장이 정한다.

[본조신설 2023·9·14]

제30조(예방접종피해조사반) ① 제71조제1항 및 제2항에 규정된 예방접종으로 인한 질병·장애·사망의 원인 규명 및 피해 보상 등을 조사하고 제72조제1항에 따른 제3자의 고의 또는 과실 유무를 조사하기 위하여 질병관리청에 예방접종피해조사반을 둔다. <개정 2020·8·11>

② 제1항에 따른 예방접종피해조사반의 설치 및 운영 등에 관하여 필요한 사항은 대통령령으로 정한다.

제31조(예방접종 완료 여부의 확인) ① 특별자치시장·특별자치도지사 또는 시장·군수·구청장은 초등학교와 중학교의 장에게 「학교보건법」 제10조에 따른 예방접종 완료 여부에 대한 검사 기록을 제출하도록 요청할 수 있다. <개정 2023·6·13>

② 특별자치시장·특별자치도지사 또는 시장·군수·구청장은 「유아교육법」에 따른 유치원의 장과 「영유아보육법」에 따른 어린이집의 원장에게 보건복지부령으로 정하는 바에 따라 영유아의 예방접종 여부를 확인하도록 요청할 수 있다. <개정 2010·1·18, 2011·6·7, 2023·6·13>

③ 특별자치시장·특별자치도지사 또는 시장·군수·구청장은 제1항에 따른 제출 기록 및 제2항에 따른 확인 결과를 확인하여 예방접종을 끝내지 못한 영유아, 학생 등이 있으면 그 영유아 또는 학생 등에게 예방접종을 하여야 한다. <개정 2023·6·13>

제32조(예방접종의 실시주간 및 실시기준 등) ① 질병관리청장은 국민의 예방접종에 대한 관심을 높여 감염병에 대한 예방접종을 활성화하기 위하여 예방접종주간을 설정할 수 있다. <개정 2010·1·18, 2020·8·11>

② 누구든지 거짓이나 그 밖의 부정한 방법으로 예방접종을 받아서는 아니 된다. <신설 2021·3·9>

③ 예방접종의 실시기준과 방법 등에 관하여 필요한 사항은 보건복지부령으로 정한다. <개정 2010·1·18>

제32조의2(예방접종 휴가) ① 사업주는 이 법에 따른 예방접종을 받은 근로자에게 유급휴

가를 줄 수 있다. 이 경우 국가 및 지방자치단체는 필요한 경우 사업주에게 해당 유급휴가를 위한 비용을 지원할 수 있다.
② 국가 및 지방자치단체는 「고용보험법」 제2조제1호에 따른 피보험자 등 대통령령으로 정하는 사람으로서 제1항에 따른 유급휴가를 사용하지 못하는 경우 그 비용을 지원할 수 있다.
③ 제1항 및 제2항에 따른 예방접종 및 비용의 지원 범위, 신청·지원 절차 등에 필요한 사항은 대통령령으로 정한다.
〔본조신설 2023·5·19〕

제33조(예방접종약품의 계획 생산) ① 질병관리청장은 예방접종약품의 국내 공급이 부족하다고 판단되는 경우 등 보건복지부령으로 정하는 경우에는 예산의 범위에서 감염병의 예방접종에 필요한 수량의 예방접종약품을 미리 계산하여 「약사법」 제31조에 따른 의약품 제조업자(이하 "의약품 제조업자"라 한다)에게 생산하게 할 수 있으며, 예방접종약품을 연구하는 자 등을 지원할 수 있다. <개정 2010·1·18, 2019·12·3, 2020·8·11>
② 질병관리청장은 보건복지부령으로 정하는 바에 따라 제1항에 따른 예방접종약품의 생산에 드는 비용의 전부 또는 일부를 해당 의약품 제조업자에게 미리 지급할 수 있다. <개정 2010·1·18, 2020·8·11>

제33조의2(필수예방접종약품등의 비축 등) ① 질병관리청장은 제24조에 따른 필수예방접종 및 제25조에 따른 임시예방접종이 원활하게 이루어질 수 있도록 하기 위하여 필요한 필수예방접종약품등을 위원회의 심의를 거쳐 미리 비축하거나 장기 구매를 위한 계약을 미리 할 수 있다. <개정 2020·8·11>
② 질병관리청장은 제1항에 따라 비축한 필수예방접종약품등의 공급의 우선순위 등 분배기준, 그 밖에 필요한 사항을 위원회의 심의를 거쳐 정할 수 있다. <개정 2020·8·11>
〔본조신설 2019·12·3〕

제33조의3(필수예방접종약품등의 생산 계획 등의 보고) 「약사법」 제31조 및 같은 법 제42조에 따른 품목허가를 받거나 신고를 한 자 중 필수예방접종의약품등을 생산·수입하거나 하려는 자는 보건복지부령으로 정하는 바에 따라 필수예방접종약품등의 생산·수입 계획(계획의 변경을 포함한다) 및 실적을 질병관리청장에게 보고하여야 한다. <개정 2020·8·11>
〔본조신설 2019·12·3〕

제33조의4(예방접종통합관리시스템의 구축·운영 등) ① 질병관리청장은 예방접종업무에 필요한 각종 자료 또는 정보의 효율적 처리와 기록·관리업무의 전산화를 위하여 예방접종통합관리시스템(이하 "통합관리시스템"이라 한다)을 구축·운영하여야 한다. <개정 2020·8·11>
② 질병관리청장은 통합관리시스템을 구축·운영하기 위하여 다음 각 호의 자료를 수집·관리·보유할 수 있으며, 관련 기관 및 단체에 필요한 자료의 제공을 요청할 수 있다. 이 경우 자료의 제공을 요청받은 기관 및 단체는 정당한 사유가 없으면 이에 따라야 한다. <개정 2020·8·11, 2023·3·28>
1. 예방접종 대상자의 인적사항(「개인정보 보호법」 제24조에 따른 고유식별정보 등 대통령령으로 정하는 개인정보를 포함한다)
2. 예방접종을 받은 사람의 이름, 접종명, 접종일시 등 예방접종 실시 내역
3. 예방접종 위탁 의료기관 개설 정보, 제11조 및 제13조에 따른 예방접종 후 이상반응 신고·보고 내용, 제29조에 따른 예방접종에 관한 역학조사 내용, 제71조에 따른 예방접종 피해보상 신청 내용 등 그 밖에 예방접종업무를 하는 데에 필요한 자료로서 대통령령으로 정하는 자료

③ 보건소장 및 제24조제2항(제25조제2항에서 준용하는 경우를 포함한다)에 따라 예방접종업무를 위탁받은 의료기관의 장은 이 법에 따른 예방접종을 하면 제2항제2호의 정보를 대통령령으로 정하는 바에 따라 통합관리시스템에 입력하여야 한다.
④ 질병관리청장은 대통령령으로 정하는 바에 따라 통합관리시스템을 활용하여 예방접종 대상 아동 부모에게 자녀의 예방접종 내역을 제공하거나 예방접종증명서 발급을 지원할 수 있다. 이 경우 예방접종 내역 제공 또는 예방접종증명서 발급의 적정성을 확인하기 위하여 법원행정처장에게 「가족관계의 등록 등에 관한 법률」 제11조에 따른 등록전산정보자료를 요청할 수 있으며, 법원행정처장은 정당한 사유가 없으면 이에 따라야 한다. <개정 2020·8·11>
⑤ 통합관리시스템은 예방접종업무와 관련된

다음 각 호의 정보시스템과 전자적으로 연계하여 활용할 수 있다. <개정 2022·1·11>
1. 「초·중등교육법」 제30조의4에 따른 교육정보시스템
2. 「유아교육법」 제19조의2에 따른 유아교육정보시스템
3. 「민원 처리에 관한 법률」 제12조의2제3항에 따른 통합전자민원창구 등 그 밖에 보건복지부령으로 정하는 정보시스템

⑥ 제1항부터 제5항까지의 정보의 보호 및 관리에 관한 사항은 이 법에서 규정된 것을 제외하고는 「개인정보 보호법」의 규정에 따른다.
〔본조신설 2015·12·29〕

제7장 감염 전파의 차단 조치

제34조(감염병 위기관리대책의 수립·시행) ① 보건복지부장관 및 질병관리청장은 감염병의 확산 또는 해외 신종감염병의 국내 유입으로 인한 재난상황에 대처하기 위하여 위원회의 심의를 거쳐 감염병 위기관리대책(이하 "감염병 위기관리대책"이라 한다)을 수립·시행하여야 한다. <개정 2010·1·18, 2015·7·6, 2020·8·11>

② 감염병 위기관리대책에는 다음 각 호의 사항이 포함되어야 한다. <개정 2010·1·18, 2015·7·6, 2020·8·11, 2020·9·29, 2020·12·15, 2021·3·9, 2023·9·14>
1. 재난상황 발생 및 해외 신종감염병 유입에 대한 대응체계 및 기관별 역할
2. 재난 및 위기상황의 판단, 위기경보 결정 및 관리체계
3. 감염병위기 시 동원하여야 할 의료인 등 전문인력, 시설, 의료기관의 명부 작성
4. 의료·방역 물품의 비축방안 및 조달방안
5. 재난 및 위기상황별 국민행동요령, 동원 대상 인력, 시설, 기관에 대한 교육 및 도상연습, 제1급감염병 등 긴급한 대처가 필요한 감염병에 대한 위기대응 등 실제 상황대비 훈련
5의2. 감염취약계층에 대한 유형별 보호조치 방안 및 사회복지시설의 유형별·전파상황별 대응방안
6. 그 밖에 재난상황 및 위기상황 극복을 위하여 필요하다고 보건복지부장관 및 질병관리청장이 인정하는 사항

③ 보건복지부장관 및 질병관리청장은 감염병 위기관리대책에 따른 정기적인 훈련을 실시하여야 한다. <신설 2015·7·6, 2020·8·11>

④ 감염병 위기관리대책의 수립 및 시행 등에 필요한 사항은 대통령령으로 정한다.

제34조의2(감염병위기 시 정보공개) ① 질병관리청장, 시·도지사 및 시장·군수·구청장은 국민의 건강에 위해가 되는 감염병 확산으로 인하여 「재난 및 안전관리 기본법」 제38조제2항에 따른 주의 이상의 위기경보가 발령되면 감염병 환자의 이동경로, 이동수단, 진료의료기관 및 접촉자 현황, 감염병의 지역별·연령대별 발생 및 검사 현황 등 국민들이 감염병 예방을 위하여 알아야 하는 정보를 정보통신망 게재 또는 보도자료 배포 등의 방법으로 신속히 공개하여야 한다. 다만, 성별, 나이, 그 밖에 감염병 예방과 관계없다고 판단되는 정보로서 대통령령으로 정하는 정보는 제외하여야 한다. <개정 2020·3·4, 2020·8·11, 2020·9·29, 2021·3·9>

② 질병관리청장, 시·도지사 및 시장·군수·구청장은 제1항에 따라 공개한 정보가 그 공개목적의 달성 등으로 공개될 필요가 없어진 때에는 지체 없이 그 공개된 정보를 삭제하여야 한다. <신설 2020·9·29>

③ 누구든지 제1항에 따라 공개된 사항이 다음 각 호의 어느 하나에 해당하는 경우에는 질병관리청장, 시·도지사 또는 시장·군수·구청장에게 서면이나 말로 또는 정보통신망을 이용하여 이의신청을 할 수 있다. <신설 2020·3·4, 2020·8·11, 2020·9·29>
1. 공개된 사항이 사실과 다른 경우
2. 공개된 사항에 관하여 의견이 있는 경우

④ 질병관리청장, 시·도지사 또는 시장·군수·구청장은 제3항에 따라 신청한 이의가 상당한 이유가 있다고 인정하는 경우에는 지체 없이 공개된 정보의 정정 등 필요한 조치를 하여야 한다. <신설 2020·3·4, 2020·8·11, 2020·9·29>

⑤ 제1항부터 제3항까지에 따른 정보공개 및 삭제와 이의신청의 범위, 절차 및 방법 등에 관하여 필요한 사항은 보건복지부령으로 정한다. <개정 2020·3·4, 2020·9·29>
〔본조신설 2015·7·6〕

제35조(시·도별 감염병 위기관리대책의 수립 등) ① 질병관리청장은 제34조제1항에 따라 수립한 감염병 위기관리대책을 시·도지사에게 알려야 한다. <개정 2010·1·18, 2020·8·11>

② 시·도지사는 제1항에 따라 통보된 감염병 위기관리대책에 따라 특별시·광역시·특별자치시·도·특별자치도(이하 "시·도"라 한다)별 감염병 위기관리대책을 수립·시행하여야 한다. <개정 2023·6·13>

제35조의2(재난 시 의료인에 대한 거짓 진술 등의 금지) 누구든지 감염병에 관하여 「재난 및 안전관리 기본법」 제38조제2항에 따른 주의 이상의 예보 또는 경보가 발령된 후에는 의료인에 대하여 의료기관 내원(內院)이력 및 진료이력 등 감염 여부 확인에 필요한 사실에 관하여 거짓 진술, 거짓 자료를 제출하거나 고의적으로 사실을 누락·은폐하여서는 아니 된다. <개정 2017·12·12>

[본조신설 2015·7·6]

제36조(감염병관리기관의 지정 등) ① 보건복지부장관, 질병관리청장 또는 시·도지사는 보건복지부령으로 정하는 바에 따라 「의료법」 제3조에 따른 의료기관을 감염병관리기관으로 지정하여야 한다. <신설 2020·3·4, 2020·8·11>

② 시장·군수·구청장은 보건복지부령으로 정하는 바에 따라 「의료법」에 따른 의료기관을 감염병관리기관으로 지정할 수 있다. <개정 2010·1·18, 2020·3·4>

③ 제1항 및 제2항에 따라 지정받은 의료기관(이하 "감염병관리기관"이라 한다)의 장은 감염병을 예방하고 감염병환자등을 진료하는 시설(이하 "감염병관리시설"이라 한다)을 설치하여야 한다. 이 경우 보건복지부령으로 정하는 일정규모 이상의 감염병관리기관에는 감염병의 전파를 막기 위하여 전실(前室) 및 음압시설(陰壓施設) 등을 갖춘 1인 병실을 보건복지부령으로 정하는 기준에 따라 설치하여야 한다. <개정 2010·1·18, 2015·12·29, 2020·3·4>

④ 보건복지부장관, 질병관리청장, 시·도지사 또는 시장·군수·구청장은 감염병관리시설의 설치 및 운영에 드는 비용을 감염병관리기관에 지원하여야 한다. <개정 2020·3·4, 2020·8·11>

⑤ 감염병관리기관이 아닌 의료기관이 감염병관리시설을 설치·운영하려면 보건복지부령으로 정하는 바에 따라 특별자치시장·특별자치도지사 또는 시장·군수·구청장에게 신고하여야 한다. 이 경우 특별자치시장·특별자치도지사 또는 시장·군수·구청장은 그 내용을 검토하여 이 법에 적합하면 신고를 수리하여야 한다. <개정 2010·1·18, 2020·3·4, 2023·6·13>

⑥ 보건복지부장관, 질병관리청장, 시·도지사 또는 시장·군수·구청장은 감염병 발생 등 긴급상황 발생 시 감염병관리기관에 진료개시 등 필요한 사항을 지시할 수 있다. <신설 2015·7·6, 2020·3·4, 2020·8·11>

제37조(감염병위기 시 감염병관리기관의 설치 등) ① 보건복지부장관, 질병관리청장, 시·도지사 또는 시장·군수·구청장은 감염병환자가 대량으로 발생하거나 제36조에 따라 지정된 감염병관리기관만으로 감염병환자등을 모두 수용하기 어려운 경우에는 다음 각 호의 조치를 취할 수 있다. <개정 2010·1·18, 2020·8·11>

1. 제36조에 따라 지정된 감염병관리기관이 아닌 의료기관을 일정 기간 동안 감염병관리기관으로 지정
2. 격리소·요양소 또는 진료소의 설치·운영

② 제1항제1호에 따라 지정된 감염병관리기관의 장은 보건복지부령으로 정하는 바에 따라 감염병관리시설을 설치하여야 한다. <개정 2010·1·18>

③ 보건복지부장관, 질병관리청장, 시·도지사 또는 시장·군수·구청장은 제2항에 따른 시설의 설치 및 운영에 드는 비용을 감염병관리기관에 지원하여야 한다. <개정 2010·1·18, 2020·8·11>

④ 제1항제1호에 따라 지정된 감염병관리기관의 장은 정당한 사유없이 제2항의 명령을 거부할 수 없다.

⑤ 보건복지부장관, 질병관리청장, 시·도지사 또는 시장·군수·구청장은 감염병 발생 등 긴급상황 발생 시 감염병관리기관에 진료개시 등 필요한 사항을 지시할 수 있다. <신설 2015·7·6, 2018·3·27, 2020·8·11>

제38조(감염병환자등의 입소 거부 금지) 감염병관리기관은 정당한 사유 없이 감염병환자등의 입소(入所)를 거부할 수 없다.

제39조(감염병관리시설 등의 설치 및 관리방법) 감염병관리시설 및 제37조에 따른 격리소·요양소 또는 진료소의 설치 및 관리방법 등에 관하여 필요한 사항은 보건복지부령으로 정한다. <개정 2010·1·18>

제39조의2(감염병관리시설 평가) 질병관리청장, 시·도지사 및 시장·군수·구청장은 감염병관리시설을 정기적으로 평가하고 그 결과를 시설의 감독·지원 등에 반영할 수 있다. 이 경우 평가의 방법, 절차, 시기 및 감독·지원의 내용 등은 보건복지부령으로 정한다. <개정 2020·8·11>

〔본조신설 2015·12·29〕

제39조의3(감염병의심자 격리시설 지정) ① 시·도지사 또는 시장·군수·구청장은 감염병 발생 또는 유행 시 감염병의심자를 격리하기 위한 시설(이하 "감염병의심자 격리시설"이라 한다)을 지정하여야 한다. 다만, 「의료법」 제3조에 따른 의료기관은 감염병의심자 격리시설로 지정할 수 없다. <개정 2020·12·15, 2024·1·30>

② 질병관리청장 또는 시·도지사는 감염병의심자가 대량으로 발생하거나 제1항에 따라 지정된 감염병의심자 격리시설만으로 감염병의심자를 모두 수용하기 어려운 경우에는 제1항에 따라 감염병의심자 격리시설로 지정되지 아니한 시설을 일정기간 동안 감염병의심자 격리시설로 지정할 수 있다. <개정 2020·8·11, 2020·12·15>

③ 제1항 및 제2항에 따른 감염병의심자 격리시설의 지정 및 관리 방법 등에 필요한 사항은 보건복지부령으로 정한다. <개정 2020·12·15>

〔본조신설 2018·3·27〕

제40조(생물테러감염병 등에 대비한 의료·방역 물품의 비축) ① 질병관리청장은 생물테러감염병 및 그 밖의 감염병의 대유행이 우려되면 위원회의 심의를 거쳐 예방·치료 의료·방역 물품의 품목을 정하여 미리 비축하거나 장기 구매를 위한 계약을 미리 할 수 있다. <개정 2010·1·18, 2020·8·11, 2020·12·15>

② 질병관리청장은 「약사법」 제31조제2항에도 불구하고 생물테러감염병이나 그 밖의 감염병의 대유행이 우려되면 예방·치료 의약품을 정하여 의약품 제조업자에게 생산하게 할 수 있다. <개정 2010·1·18, 2019·12·3, 2020·8·11>

③ 질병관리청장은 제2항에 따른 예방·치료 의약품의 효과와 이상반응에 관하여 조사하고, 이상반응 사례가 발생하면 제18조에 따라 역학조사를 하여야 한다. <개정 2010·1·18, 2020·8·11>

제40조의2(감염병 대비 의료·방역 물품 공급의 우선순위 등 분배기준) 질병관리청장은 생물테러감염병이나 그 밖의 감염병의 대유행에 대비하여 제40조제1항 및 제2항에 따라 비축하거나 생산한 의료·방역 물품(「약사법」에 따른 의약품 및 「의료기기법」에 따른 의료기기로 한정한다) 공급의 우선순위 등 분배기준, 그 밖에 필요한 사항을 위원회의 심의를 거쳐 정할 수 있다. 이 경우 분배기준을 정할 때에는 다음 각 호의 어느 하나에 해당하는 지역에 의료·방역 물품이 우선 분배될 수 있도록 노력하여야 한다. <개정 2020·8·11, 2020·12·15, 2022·6·10>

1. 감염병 확산으로 인하여 「재난 및 안전관리 기본법」 제60조에 따른 특별재난지역으로 선포된 지역
2. 감염병이 급속히 확산하거나 확산될 우려가 있는 지역으로서 치료병상 현황, 환자 중증도 등을 고려하여 질병관리청장이 정하는 지역

〔본조신설 2014·3·18〕

제40조의3(수출금지 등) ① 보건복지부장관은 제1급감염병의 유행으로 그 예방·방역 및 치료에 필요한 의료·방역 물품 중 보건복지부령으로 정하는 물품의 급격한 가격상승 또는 공급부족으로 국민건강을 현저하게 저해할 우려가 있을 때에는 그 물품의 수출이나 국외 반출을 금지할 수 있다. <개정 2020·12·15>

② 보건복지부장관은 제1항에 따른 금지를 하려면 미리 관계 중앙행정기관의 장과 협의하여야 하고, 금지 기간을 미리 정하여 공표하여야 한다.

〔본조신설 2020·3·4〕

제40조의4(지방자치단체의 감염병 대비 의료·방역 물품의 비축) 시·도지사 또는 시장·군수·구청장은 감염병의 확산 또는 해외 신종감염병의 국내 유입으로 인한 재난상황에 대처하기 위하여 감염병 대비 의료·방역 물품을 비축·관리하고, 재난상황 발생 시 이를 지급하는 등 필요한 조치를 취할 수 있다. <개정 2020·12·15>
〔본조신설 2020·9·29〕

제40조의5(감염병관리통합정보시스템) ① 질병관리청장은 감염병의 예방·관리·치료 업무에 필요한 각종 자료 또는 정보의 효율적 처리와 기록·관리 업무의 전산화를 위하여 감염병환자등, 「의료법」에 따른 의료인, 의약품 및 장비 등을 관리하는 감염병관리통합정보시스템(이하 "감염병정보시스템"이라 한다)을 구축·운영할 수 있다.
② 질병관리청장은 감염병정보시스템을 구축·운영하기 위하여 다음 각 호의 자료를 수집·관리·보유 및 처리할 수 있으며, 관련 기관 및 단체에 필요한 자료의 입력 또는 제출을 요청할 수 있다. 이 경우 자료의 입력 또는 제출을 요청받은 기관 및 단체는 정당한 사유가 없으면 이에 따라야 한다.
1. 감염병환자등의 인적사항(「개인정보 보호법」 제24조에 따른 고유식별정보 등 대통령령으로 정하는 개인정보를 포함한다)
2. 감염병 치료내용, 그 밖에 감염병환자등에 대한 예방·관리·치료 업무에 필요한 자료로서 대통령령으로 정하는 자료
③ 감염병정보시스템은 다음 각 호의 정보시스템과 전자적으로 연계하여 활용할 수 있다. 이 경우 연계를 통하여 수집할 수 있는 자료 또는 정보는 감염병환자등에 대한 예방·관리·치료 업무를 위한 것으로 한정한다. <개정 2023·1·17, 2023·8·16>
1. 「주민등록법」 제28조제 1 항에 따른 주민등록전산정보를 처리하는 정보시스템
2. 「지역보건법」 제 5 조제 1 항에 따른 지역보건의료정보시스템
3. 「식품안전기본법」 제24조의2에 따른 통합식품안전정보망
4. 「가축전염병 예방법」 제 3 조의3에 따른 국가가축방역통합정보시스템
5. 「재난관리자원의 관리 등에 관한 법률」 제46조에 따른 재난관리자원 통합관리시스템
6. 「결핵예방법」 제 7 조제 2 항에 따른 결핵통합관리시스템
7. 그 밖에 대통령령으로 정하는 정보시스템
④ 제 1 항에서 제 3 항까지의 규정에 따른 정보의 보호 및 관리에 관한 사항은 이 법에서 규정된 것을 제외하고는 「개인정보 보호법」 및 「공공기관의 정보공개에 관한 법률」을 따른다.
⑤ 감염병정보시스템의 구축·운영 및 감염병 관련 정보의 요청 방법 등에 관하여 필요한 사항은 보건복지부령으로 정한다.
〔본조신설 2020·9·29〕

제40조의6(생물테러감염병 등에 대비한 개발 중인 백신 및 치료제 구매 특례) ① 질병관리청장은 생물테러감염병 및 그 밖의 감염병의 대유행에 대하여 기존의 백신이나 의약품으로 대처하기 어렵다고 판단되는 경우 「국가를 당사자로 하는 계약에 관한 법률」에도 불구하고 위원회의 심의를 거쳐 개발 중인 백신이나 의약품의 구매 및 공급에 필요한 계약을 할 수 있다.
② 공무원이 제 1 항에 따른 계약 및 계약이행과 관련된 업무를 적극적으로 처리한 결과에 대하여 그의 행위에 고의나 중대한 과실이 없는 경우에는 「국가공무원법」 등 관계법령에 따른 징계 또는 문책 등 책임을 묻지 아니한다.
③ 제 1 항에 따른 계약의 대상 및 절차, 그 밖에 필요한 사항은 질병관리청장이 기획재정부장관과 협의하여 정한다.
〔본조신설 2021·3·9〕

제41조(감염병환자등의 관리) ① 감염병 중 특히 전파 위험이 높은 감염병으로서 제1급감염병 및 질병관리청장이 고시한 감염병에 걸린 감염병환자등은 감염병관리기관, 중앙감염병전문병원, 권역별 감염병전문병원 및 감염병관리시설을 갖춘 의료기관(이하 "감염병관리기관등"이라 한다)에서 입원치료를 받아야 한다. <개정 2010·1·18, 2018·3·27, 2020·8·11, 2020·8·12, 2023·8·16>

② 질병관리청장, 시·도지사 또는 시장·군수·구청장은 다음 각 호의 어느 하나에 해당하는 사람에게 자가(自家)치료, 제37조제1항제2호에 따라 설치·운영하는 시설에서의 치료(이하 "시설치료"라 한다) 또는 의료기관 입원치료를 하게 할 수 있다. <개정 2010·1·18, 2020·8·11, 2020·8·12>

1. 제1항에도 불구하고 의사가 자가치료 또는 시설치료가 가능하다고 판단하는 사람
2. 제1항에 따른 입원치료 대상자가 아닌 사람
3. 감염병의심자

③ 보건복지부장관, 질병관리청장, 시·도지사 또는 시장·군수·구청장은 다음 각 호의 어느 하나에 해당하는 경우 제1항 또는 제2항에 따라 치료 중인 사람을 다른 감염병관리기관등이나 감염병관리기관등이 아닌 의료기관으로 전원(轉院)하거나, 자가 또는 제37조제1항제2호에 따라 설치·운영하는 시설로 이송(이하 "전원등"이라 한다)하여 치료받게 할 수 있다. <신설 2020·8·12, 2020·9·29>

1. 중증도의 변경이 있는 경우
2. 의사가 입원치료의 필요성이 없다고 판단하는 경우
3. 격리병상이 부족한 경우 등 질병관리청장이 전원등의 조치가 필요하다고 인정하는 경우

④ 감염병환자등은 제3항에 따른 조치를 따라야 하며, 정당한 사유 없이 이를 거부할 경우 치료에 드는 비용은 본인이 부담한다. <신설 2020·8·12>

⑤ 제1항 및 제2항에 따른 입원치료, 자가치료, 시설치료의 방법 및 절차, 제3항에 따른 전원등의 방법 및 절차 등에 관하여 필요한 사항은 대통령령으로 정한다. <개정 2020·8·12>

제41조의2(사업주의 협조의무) ① 사업주는 근로자가 이 법에 따라 입원 또는 격리되는 경우 「근로기준법」 제60조 외에 그 입원 또는 격리기간 동안 유급휴가를 줄 수 있다. 이 경우 사업주가 국가로부터 유급휴가를 위한 비용을 지원 받을 때에는 유급휴가를 주어야 한다.

② 사업주는 제1항에 따른 유급휴가를 이유로 해고나 그 밖의 불리한 처우를 하여서는 아니 되며, 유급휴가 기간에는 그 근로자를 해고하지 못한다. 다만, 사업을 계속할 수 없는 경우에는 그러하지 아니하다.

③ 국가는 제1항에 따른 유급휴가를 위한 비용을 지원할 수 있다.

④ 제3항에 따른 비용의 지원 범위 및 신청·지원 절차 등 필요한 사항은 대통령령으로 정한다.

[본조신설 2015·12·29]

제42조(감염병에 관한 강제처분) ① 질병관리청장, 시·도지사 또는 시장·군수·구청장은 해당 공무원으로 하여금 다음 각 호의 어느 하나에 해당하는 감염병환자등이 있다고 인정되는 주거시설, 선박·항공기·열차 등 운송수단 또는 그 밖의 장소에 들어가 필요한 조사나 진찰을 하게 할 수 있으며, 그 진찰 결과 감염병환자등으로 인정될 때에는 동행하여 치료받게 하거나 입원시킬 수 있다. <개정 2010·1·18, 2018·3·27, 2020·8·11>

1. 제1급감염병
2. 제2급감염병 중 결핵, 홍역, 콜레라, 장티푸스, 파라티푸스, 세균성이질, 장출혈성대장균감염증, A형간염, 수막구균 감염증, 폴리오, 성홍열 또는 질병관리청장이 정하는 감염병
3. 삭제 <2018·3·27>
4. 제3급감염병 중 질병관리청장이 정하는 감염병
5. 세계보건기구 감시대상 감염병
6. 삭제 <2018·3·27>

② 질병관리청장, 시·도지사 또는 시장·군수·구청장은 제1급감염병이 발생한 경우 해당 공무원으로 하여금 감염병의심자에게 다음 각 호의 조치를 하게 할 수 있다. 이 경우 해당 공무원은 감염병 증상 유무를 확인하기 위하여 필요한 조사나 진찰을 할 수 있다. <신설 2020·3·4, 2020·8·11, 2020·9·29>

1. 자가(自家) 또는 시설에 격리

1의2. 제1호에 따른 격리에 필요한 이동수단의 제한

2. 유선·무선 통신, 정보통신기술을 활용한 기기 등을 이용한 감염병의 증상 유무 확인이나 위치정보의 수집. 이 경우 위치정보의 수집은 제1호에 따라 격리된 사람으로 한정한다.
3. 감염 여부 검사

③ 질병관리청장, 시·도지사 또는 시장·군수·구청장은 제2항에 따른 조사나 진찰 결과 감염병환자등으로 인정된 사람에 대해서는 해당 공무원과 동행하여 치료받게 하거나 입원시킬 수 있다. <신설 2020·3·4, 2020·8·11>

④ 질병관리청장, 시·도지사 또는 시장·군수·구청장은 제1항·제2항에 따른 조사·진찰이나 제13조제2항에 따른 검사를 거부하는 사람(이하 이 조에서 "조사거부자"라 한다)에 대해서는 해당 공무원으로 하여금 감염병관리기관에 동행하여 필요한 조사나 진찰을 받게 하여야 한다. <개정 2015·12·29, 2020·3·4, 2020·8·11>

⑤ 제1항부터 제4항까지에 따라 조사·진찰·격리·치료 또는 입원 조치를 하거나 동행하는 공무원은 그 권한을 증명하는 증표를 지니고 이를 관계인에게 보여주어야 한다. <신설 2015·12·29, 2020·3·4>

⑥ 질병관리청장, 시·도지사 또는 시장·군수·구청장은 제2항부터 제4항까지 및 제7항에 따른 조사·진찰·격리·치료 또는 입원 조치를 위하여 필요한 경우에는 관할 경찰서장에게 협조를 요청할 수 있다. 이 경우 요청을 받은 관할 경찰서장은 정당한 사유가 없으면 이에 따라야 한다. <신설 2015·12·29, 2020·3·4, 2020·8·11>

⑦ 질병관리청장, 시·도지사 또는 시장·군수·구청장은 조사거부자를 자가 또는 감염병관리시설에 격리할 수 있으며, 제4항에 따른 조사·진찰 결과 감염병환자등으로 인정될 때에는 감염병관리시설에서 치료받게 하거나 입원시켜야 한다. <신설 2015·12·29, 2020·3·4, 2020·8·11>

⑧ 질병관리청장, 시·도지사 또는 시장·군수·구청장은 감염병의심자 또는 조사거부자가 감염병환자등이 아닌 것으로 인정되면 제2항 또는 제7항에 따른 격리 조치를 즉시 해제하여야 한다. <신설 2015·12·29, 2020·3·4, 2020·8·11>

⑨ 질병관리청장, 시·도지사 또는 시장·군수·구청장은 제7항에 따라 조사거부자를 치료·입원시킨 경우 그 사실을 조사거부자의 보호자에게 통지하여야 한다. 이 경우 통지의 방법·절차 등에 관하여 필요한 사항은 제43조를 준용한다. <신설 2015·12·29, 2020·3·4, 2020·8·11>

⑩ 제8항에도 불구하고 정당한 사유 없이 격리 조치가 해제되지 아니하는 경우 감염병의심자 및 조사거부자는 구제청구를 할 수 있으며, 그 절차 및 방법 등에 대해서는 「인신보호법」을 준용한다. 이 경우 "감염병의심자 및 조사거부자"는 "피수용자"로, 격리 조치를 명한 "질병관리청장, 시·도지사 또는 시장·군수·구청장"은 "수용자"로 본다.(다만, 「인신보호법」 제6조제1항제3호는 적용을 제외한다) <신설 2015·12·29, 2020·3·4, 2020·8·11>

⑪ 제1항부터 제4항까지 및 제7항에 따라 조사·진찰·격리·치료를 하는 기관의 지정 기준, 제2항에 따른 감염병의심자에 대한 격리나 증상여부 확인 방법 등 필요한 사항은 대통령령으로 정한다. <신설 2015·12·29, 2020·3·4>

⑫ 제2항제2호에 따라 수집된 위치정보의 저장·보호·이용 및 파기 등에 관한 사항은 「위치정보의 보호 및 이용 등에 관한 법률」을 따른다. <신설 2020·9·29>

제43조(감염병환자등의 입원 통지) ① 질병관리청장, 시·도지사 또는 시장·군수·구청장은 감염병환자등이 제41조에 따른 입원치료가 필요한 경우에는 그 사실을 입원치료 대상자와 그 보호자에게 통지하여야 한다. <개정 2010·1·18, 2020·8·11>

② 제1항에 따른 통지의 방법·절차 등에 관하여 필요한 사항은 보건복지부령으로 정한다. <개정 2010·1·18>

제43조의2(격리자에 대한 격리 통지) ① 질병관리청장, 시·도지사 또는 시장·군수·구청장은 제42조제2항·제3항 및 제7항, 제47조제3호 또는 제49조제1항제14호에

따른 입원 또는 격리 조치를 할 때에는 그 사실을 입원 또는 격리 대상자와 그 보호자에게 통지하여야 한다. <개정 2020·8·11>
② 제1항에 따른 통지의 방법·절차 등에 관하여 필요한 사항은 보건복지부령으로 정한다.
〔본조신설 2020·3·4〕

제44조(수감 중인 환자의 관리) 교도소장은 수감자로서 감염병에 감염된 자에게 감염병의 전파를 차단하기 위한 조치와 적절한 의료를 제공하여야 한다.

제45조(업무 종사의 일시 제한) ① 감염병환자등은 보건복지부령으로 정하는 바에 따라 업무의 성질상 일반인과 접촉하는 일이 많은 직업에 종사할 수 없고, 누구든지 감염병환자등을 그러한 직업에 고용할 수 없다. <개정 2010·1·18>
② 제19조에 따른 성매개감염병에 관한 건강진단을 받아야 할 자가 건강진단을 받지 아니한 때에는 같은 조에 따른 직업에 종사할 수 없으며 해당 영업을 영위하는 자는 건강진단을 받지 아니한 자를 그 영업에 종사하게 하여서는 아니 된다.

제46조(건강진단 및 예방접종 등의 조치) 질병관리청장, 시·도지사 또는 시장·군수·구청장은 보건복지부령으로 정하는 바에 따라 다음 각 호의 어느 하나에 해당하는 사람에게 건강진단을 받거나 감염병 예방에 필요한 예방접종을 받게 하는 등의 조치를 할 수 있다. <개정 2010·1·18, 2015·7·6, 2020·8·11>
1. 감염병환자등의 가족 또는 그 동거인
2. 감염병 발생지역에 거주하는 사람 또는 그 지역에 출입하는 사람으로서 감염병에 감염되었을 것으로 의심되는 사람
3. 감염병환자등과 접촉하여 감염병에 감염되었을 것으로 의심되는 사람

제47조(감염병 유행에 대한 방역 조치) 질병관리청장, 시·도지사 또는 시장·군수·구청장은 감염병이 유행하면 감염병 전파를 막기 위하여 다음 각 호에 해당하는 모든 조치를 하거나 그에 필요한 일부 조치를 하여야 한다. <개정 2015·7·6, 2020·3·4, 2020·8·11>
1. 감염병환자등이 있는 장소나 감염병병원체에 오염되었다고 인정되는 장소에 대한 다음 각 목의 조치
가. 일시적 폐쇄
나. 일반 공중의 출입금지
다. 해당 장소 내 이동제한
라. 그 밖에 통행차단을 위하여 필요한 조치
2. 의료기관에 대한 업무 정지
3. 감염병의심자를 적당한 장소에 일정한 기간 입원 또는 격리시키는 것
4. 감염병병원체에 오염되었거나 오염되었다고 의심되는 물건을 사용·접수·이동하거나 버리는 행위 또는 해당 물건의 세척을 금지하거나 태우거나 폐기처분하는 것
5. 감염병병원체에 오염된 장소에 대한 소독이나 그 밖에 필요한 조치를 명하는 것
6. 일정한 장소에서 세탁하는 것을 막거나 오물을 일정한 장소에서 처리하도록 명하는 것

제48조(오염장소 등의 소독 조치) ① 육군·해군·공군 소속 부대의 장, 국방부직할부대의 장 및 제12조제1항 각 호의 어느 하나에 해당하는 사람은 감염병환자등이 발생한 장소나 감염병병원체에 오염되었다고 의심되는 장소에 대하여 의사, 한의사 또는 관계 공무원의 지시에 따라 소독이나 그 밖에 필요한 조치를 하여야 한다.
② 제1항에 따른 소독 등의 조치에 관하여 필요한 사항은 보건복지부령으로 정한다. <개정 2010·1·18>

제8장 예방 조치

제49조(감염병의 예방 조치) ① 질병관리청장, 시·도지사 또는 시장·군수·구청장은 감염병을 예방하기 위하여 다음 각 호에 해당하는 모든 조치를 하거나 그에 필요한 일부 조치를 하여야 하며, 보건복지부장관은 감염병을 예방하기 위하여 제2호, 제2호의2부터 제2호의4까지, 제12호 및 제12호의2에 해당하는 조치를 할 수 있다. <개정 2015·7·6, 2015·12·29, 2020·3·4, 2020·8·11, 2020·8·12, 2020·9·29, 2021·3·9>

1. 관할 지역에 대한 교통의 전부 또는 일부를 차단하는 것
2. 흥행, 집회, 제례 또는 그 밖의 여러 사람의 집합을 제한하거나 금지하는 것
2의2. 감염병 전파의 위험성이 있는 장소 또는 시설의 관리자·운영자 및 이용자 등에 대하여 출입자 명단 작성, 마스크 착용 등 방역지침의 준수를 명하는 것
2의3. 버스·열차·선박·항공기 등 감염병 전파가 우려되는 운송수단의 이용자에 대하여 마스크 착용 등 방역지침의 준수를 명하는 것
2의4. 감염병 전파가 우려되어 지역 및 기간을 정하여 마스크 착용 등 방역지침 준수를 명하는 것
3. 건강진단, 시체 검안 또는 해부를 실시하는 것
4. 감염병 전파의 위험성이 있는 음식물의 판매·수령을 금지하거나 그 음식물의 폐기나 그 밖에 필요한 처분을 명하는 것
5. 인수공통감염병 예방을 위하여 살처분(殺處分)에 참여한 사람 또는 인수공통감염병에 드러난 사람 등에 대한 예방조치를 명하는 것
6. 감염병 전파의 매개가 되는 물건의 소지·이동을 제한·금지하거나 그 물건에 대하여 폐기, 소각 또는 그 밖에 필요한 처분을 명하는 것
7. 선박·항공기·열차 등 운송 수단, 사업장 또는 그 밖에 여러 사람이 모이는 장소에 의사를 배치하거나 감염병 예방에 필요한 시설의 설치를 명하는 것
8. 공중위생에 관계있는 시설 또는 장소에 대한 소독이나 그 밖에 필요한 조치를 명하거나 상수도·하수도·우물·쓰레기장·화장실의 신설·개조·변경·폐지 또는 사용을 금지하는 것
9. 쥐, 위생해충 또는 그 밖의 감염병 매개동물의 구제(驅除) 또는 구제시설의 설치를 명하는 것
10. 일정한 장소에서의 어로(漁撈)·수영 또는 일정한 우물의 사용을 제한하거나 금지하는 것
11. 감염병 매개의 중간 숙주가 되는 동물류의 포획 또는 생식을 금지하는 것
12. 감염병 유행기간 중 의료인·의료업자 및 그 밖에 필요한 의료관계요원을 동원하는 것
12의2. 감염병 유행기간 중 의료기관 병상, 연수원·숙박시설 등 시설을 동원하는 것
13. 감염병병원체에 오염되었거나 오염되었을 것으로 의심되는 시설 또는 장소에 대한 소독이나 그 밖에 필요한 조치를 명하는 것
14. 감염병의심자를 적당한 장소에 일정한 기간 입원 또는 격리시키는 것

② 시·도지사 또는 시장·군수·구청장은 제1항제8호 및 제10호에 따라 식수를 사용하지 못하게 하려면 그 사용금지기간 동안 별도로 식수를 공급하여야 하며, 제1항제1호·제2호·제6호·제8호·제10호 및 제11호에 따른 조치를 하려면 그 사실을 주민에게 미리 알려야 한다.

③ 시·도지사 또는 시장·군수·구청장은 제1항제2호의2의 조치를 따르지 아니한 관리자·운영자에게 해당 장소나 시설의 폐쇄를 명하거나 3개월 이내의 기간을 정하여 운영의 중단을 명할 수 있다. 다만, 운영중단 명령을 받은 자가 그 운영중단기간 중에 운영을 계속한 경우에는 해당 장소나 시설의 폐쇄를 명하여야 한다. <신설 2020·9·29, 2021·3·9>

④ 제3항에 따라 장소나 시설의 폐쇄 또는 운영 중단 명령을 받은 관리자·운영자는 정당한 사유가 없으면 이에 따라야 한다. <신설 2021·3·9>

⑤ 시·도지사 또는 시장·군수·구청장은 제3항에 따른 폐쇄 명령에도 불구하고 관리자·운영자가 그 운영을 계속하는 경우에는 관계 공무원에게 해당 장소나 시설을 폐쇄하기 위한 다음 각 호의 조치를 하게 할 수 있다. <신설 2020·9·29, 2021·3·9>
1. 해당 장소나 시설의 간판이나 그 밖의 표지판의 제거
2. 해당 장소나 시설이 제3항에 따라 폐쇄된 장소나 시설임을 알리는 게시물 등의

부칙
⑥ 제3항에 따른 장소나 시설의 폐쇄를 명한 시·도지사 또는 시장·군수·구청장은 위기경보 또는 방역지침의 변경으로 장소 또는 시설 폐쇄의 필요성이 없어진 경우, 「재난 및 안전관리 기본법」 제11조의 지역위원회 심의를 거쳐 폐쇄 중단 여부를 결정할 수 있다. <신설 2021·3·9>
⑦ 제3항에 따른 행정처분의 기준은 그 위반행위의 종류와 위반 정도 등을 고려하여 보건복지부령으로 정한다. <신설 2020·9·29>

제49조의2(감염취약계층의 보호 조치) ① 보건복지부장관, 시·도지사 또는 시장·군수·구청장은 호흡기와 관련된 감염병으로부터 저소득층과 사회복지시설을 이용하는 어린이, 노인, 장애인 및 기타 보건복지부령으로 정하는 대상(이하 "감염취약계층"이라 한다)을 보호하기 위하여 「재난 및 안전관리 기본법」 제38조제2항에 따른 주의 이상의 위기경보가 발령된 경우 감염취약계층에게 의료·방역 물품(「약사법」에 따른 의약외품으로 한정한다) 지급 등 필요한 조치를 취할 수 있다. <개정 2020·12·15>
② 질병관리청장, 시·도지사 또는 시장·군수·구청장은 「재난 및 안전관리 기본법」 제38조제2항에 따른 주의 이상의 위기경보가 발령된 경우 감염취약계층이 이용하는 「사회복지사업법」 제2조제4호의 사회복지시설에 대하여 소독이나 그 밖에 필요한 조치를 명할 수 있다. <신설 2021·3·9>
③ 제1항에 따른 감염병의 종류, 감염취약계층의 범위 및 지급절차 등에 관하여 필요한 사항은 보건복지부령으로 정한다.
[본조신설 2020·3·4]

제49조의3(의료인, 환자 및 의료기관 보호를 위한 한시적 비대면 진료) ① 의료업에 종사하는 의료인(「의료법」 제2조에 따른 의료인 중 의사·치과의사·한의사만 해당한다. 이하 이 조에서 같다)은 감염병과 관련하여 「재난 및 안전관리 기본법」 제38조제2항에 따른 심각 단계 이상의 위기경보가 발령된 때에는 환자, 의료인 및 의료기관 등을 감염의 위험에서 보호하기 위하여 필요하다고 인정하는 경우 「의료법」 제33조제1항에도 불구하고 보건복지부장관이 정하는 범위에서 유선·무선·화상통신, 컴퓨터 등 정보통신기술을 활용하여 의료기관 외부에 있는 환자에게 건강 또는 질병의 지속적 관찰, 진단, 상담 및 처방을 할 수 있다.
② 보건복지부장관은 위원회의 심의를 거쳐 제1항에 따른 한시적 비대면 진료의 지역, 기간 등 범위를 결정한다.
[본조신설 2020·12·15]

제50조(그 밖의 감염병 예방 조치) ① 육군·해군·공군 소속 부대의 장, 국방부직할부대의 장 및 제12조제1항제2호에 해당하는 사람은 감염병환자등이 발생하였거나 발생할 우려가 있으면 소독이나 그 밖에 필요한 조치를 하여야 하고, 특별자치시장·특별자치도지사 또는 시장·군수·구청장과 협의하여 감염병 예방에 필요한 추가 조치를 하여야 한다. <개정 2023·6·13>
② 교육부장관 또는 교육감은 감염병 발생 등을 이유로 「학교보건법」 제2조제2호의 학교에 대하여 「초·중등교육법」 제64조에 따른 휴업 또는 휴교를 명령하거나 「유아교육법」 제31조에 따른 휴업 또는 휴원을 명령할 경우 질병관리청장과 협의하여야 한다. <신설 2015·7·6, 2020·8·11>

제51조(소독 의무) ① 특별자치시장·특별자치도지사 또는 시장·군수·구청장은 감염병을 예방하기 위하여 청소나 소독을 실시하거나 쥐, 위생해충 등의 구제조치(이하 "소독"이라 한다)를 하여야 한다. 이 경우 소독은 사람의 건강과 자연에 유해한 영향을 최소화하여 안전하게 실시하여야 한다. <개정 2010·1·18, 2020·3·4, 2023·6·13>
② 제1항에 따른 소독의 기준과 방법은 보건복지부령으로 정한다. <신설 2020·3·4>
③ 공동주택, 숙박업소 등 여러 사람이 거주하거나 이용하는 시설 중 대통령령으로 정하는 시설을 관리·운영하는 자는 보건복지부령으로 정하는 바에 따라 감염병 예방에 필요한 소독을 하여야 한다. <개정 2010·1·18>
④ 제3항에 따라 소독을 하여야 하는 시설의 관리·운영자는 제52조제1항에 따라 소

독업의 신고를 한 자에게 소독하게 하여야 한다. 다만, 「공동주택관리법」 제2조제1항 제15호에 따른 주택관리업자가 제52조제1항에 따른 소독장비를 갖추었을 때에는 그가 관리하는 공동주택은 직접 소독할 수 있다. <개정 2020·3·4>

제52조(소독업의 신고 등) ① 소독을 업으로 하려는 자(제51조제4항 단서에 따른 주택관리업자는 제외한다)는 보건복지부령으로 정하는 시설·장비 및 인력을 갖추어 특별자치시장·특별자치도지사 또는 시장·군수·구청장에게 신고하여야 한다. 신고한 사항을 변경하려는 경우에도 또한 같다. <개정 2010·1·18, 2020·3·4, 2023·6·13>

② 특별자치시장·특별자치도지사 또는 시장·군수·구청장은 제1항에 따른 신고를 받은 경우 그 내용을 검토하여 이 법에 적합하면 신고를 수리하여야 한다. <신설 2020·3·4, 2023·6·13>

③ 특별자치시장·특별자치도지사 또는 시장·군수·구청장은 제1항에 따라 소독업의 신고를 한 자(이하 "소독업자"라 한다)가 다음 각 호의 어느 하나에 해당하면 소독업 신고가 취소된 것으로 본다. <개정 2017·12·12, 2018·12·31, 2020·3·4, 2020·12·22, 2023·6·13>

1. 「부가가치세법」 제8조제8항에 따라 관할 세무서장에게 폐업 신고를 한 경우
2. 「부가가치세법」 제8조제9항에 따라 관할 세무서장이 사업자등록을 말소한 경우
3. 제53조제1항에 따른 휴업이나 폐업 신고를 하지 아니하고 소독업에 필요한 시설 등이 없어진 상태가 6개월 이상 계속된 경우

④ 특별자치시장·특별자치도지사 또는 시장·군수·구청장은 제3항에 따른 소독업 신고가 취소된 것으로 보기 위하여 필요한 경우 관할 세무서장에게 소독업자의 폐업 여부에 대한 정보 제공을 요청할 수 있다. 이 경우 요청을 받은 관할 세무서장은 「전자정부법」 제36조제1항에 따라 소독업자의 폐업 여부에 대한 정보를 제공하여야 한다. <신설 2017·12·12, 2020·3·4, 2023·6·13>

제53조(소독업의 휴업 등의 신고) ① 소독업자가 그 영업을 30일 이상 휴업하거나 폐업하려면 보건복지부령으로 정하는 바에 따라 특별자치시장·특별자치도지사 또는 시장·군수·구청장에게 신고하여야 한다. <개정 2010·1·18, 2020·3·4, 2023·6·13>

② 소독업자가 휴업한 후 재개업을 하려면 보건복지부령으로 정하는 바에 따라 특별자치시장·특별자치도지사 또는 시장·군수·구청장에게 신고하여야 한다. 이 경우 특별자치시장·특별자치도지사 또는 시장·군수·구청장은 그 내용을 검토하여 이 법에 적합하면 신고를 수리하여야 한다. <신설 2020·3·4, 2023·6·13>

제54조(소독의 실시 등) ① 소독업자는 보건복지부령으로 정하는 기준과 방법에 따라 소독하여야 한다. <개정 2010·1·18>

② 소독업자가 소독하였을 때에는 보건복지부령으로 정하는 바에 따라 그 소독에 관한 사항을 기록·보존하여야 한다. <개정 2010·1·18>

제55조(소독업자 등에 대한 교육) ① 소독업자(법인인 경우에는 그 대표자를 말한다. 이하 이 조에서 같다)는 소독에 관한 교육을 받아야 한다.

② 소독업자는 소독업무 종사자에게 소독에 관한 교육을 받게 하여야 한다.

③ 제1항 및 제2항에 따른 교육의 내용과 방법, 교육시간, 교육비 부담 등에 관하여 필요한 사항은 보건복지부령으로 정한다. <개정 2010·1·18>

제56조(소독업무의 대행) 특별자치시장·특별자치도지사 또는 시장·군수·구청장은 제47조제5호, 제48조제1항, 제49조제1항제8호·제9호·제13호, 제50조 및 제51조제1항·제3항에 따라 소독을 실시하여야 할 경우에는 그 소독업무를 소독업자가 대행하게 할 수 있다. <개정 2015·7·6, 2020·3·4, 2023·6·13>

제57조(서류제출 및 검사 등) ① 특별자치시장·특별자치도지사 또는 시장·군수·구청장은 소속 공무원으로 하여금 소독업자에게 소독의 실시에 관한 관계 서류의 제출을 요구하게 하거나 검사 또는 질문을 하게 할 수 있다. <개정 2023·6·13>

② 제1항에 따라 서류제출을 요구하거나 검사 또는 질문을 하려는 소속 공무원은 그 권한을 표시하는 증표를 지니고 이를 관계인에게 보여주어야 한다.

제58조(시정명령) 특별자치시장·특별자치도지사 또는 시장·군수·구청장은 소독업자가 다음 각 호의 어느 하나에 해당하면 1개월 이상의 기간을 정하여 그 위반 사항을 시정하도록 명하여야 한다. <개정 2023·6·13>

1. 제52조제1항에 따른 시설·장비 및 인력 기준을 갖추지 못한 경우
2. 제55조제1항에 따른 교육을 받지 아니하거나 소독업무 종사자에게 같은 조 제2항에 따른 교육을 받게 하지 아니한 경우

제59조(영업정지 등) ① 특별자치시장·특별자치도지사 또는 시장·군수·구청장은 소독업자가 다음 각 호의 어느 하나에 해당하면 영업소의 폐쇄를 명하거나 6개월 이내의 기간을 정하여 영업의 정지를 명할 수 있다. 다만, 제5호에 해당하는 경우에는 영업소의 폐쇄를 명하여야 한다. <개정 2020·3·4, 2023·6·13>

1. 제52조제1항 후단에 따른 변경 신고를 하지 아니하거나 제53조제1항 및 제2항에 따른 휴업, 폐업 또는 재개업 신고를 하지 아니한 경우
2. 제54조제1항에 따른 소독의 기준과 방법에 따르지 아니하고 소독을 실시하거나 같은 조 제2항을 위반하여 소독실시 사항을 기록·보존하지 아니한 경우
3. 제57조에 따른 관계 서류의 제출 요구에 따르지 아니하거나 소속 공무원의 검사 및 질문을 거부·방해 또는 기피한 경우
4. 제58조에 따른 시정명령에 따르지 아니한 경우
5. 영업정지기간 중에 소독업을 한 경우

② 특별자치시장·특별자치도지사 또는 시장·군수·구청장은 제1항에 따른 영업소의 폐쇄명령을 받고도 계속하여 영업을 하거나 제52조제1항에 따른 신고를 하지 아니하고 소독업을 하는 경우에는 관계 공무원에게 해당 영업소를 폐쇄하기 위한 다음 각 호의 조치를 하게 할 수 있다. <개정 2023·6·13>

1. 해당 영업소의 간판이나 그 밖의 영업표지 등의 제거·삭제
2. 해당 영업소가 적법한 영업소가 아님을 알리는 게시물 등의 부착

③ 제1항에 따른 행정처분의 기준은 그 위반행위의 종류와 위반 정도 등을 고려하여 보건복지부령으로 정한다. <개정 2010·1·18>

제9장 방역관, 역학조사관, 검역위원 및 예방위원 등

제60조(방역관) ① 질병관리청장 및 시·도지사는 감염병 예방 및 방역에 관한 업무를 담당하는 방역관을 소속 공무원 중에서 임명한다. 다만, 감염병 예방 및 방역에 관한 업무를 처리하기 위하여 필요한 경우에는 시장·군수·구청장이 방역관을 소속 공무원 중에서 임명할 수 있다. <개정 2020·3·4, 2020·8·11>

② 방역관은 제4조제2항제1호부터 제7호까지의 업무를 담당한다. 다만, 질병관리청 소속 방역관은 같은 항 제8호의 업무도 담당한다. <개정 2020·8·11>

③ 방역관은 감염병의 국내 유입 또는 유행이 예견되어 긴급한 대처가 필요한 경우 제4조제2항제1호 및 제2호에 따른 업무를 수행하기 위하여 통행의 제한 및 주민의 대피, 감염병의 매개가 되는 음식물·물건 등의 폐기·소각, 의료인 등 감염병 관리인력에 대한 임무부여 및 방역물자의 배치 등 감염병 발생지역의 현장에 대한 조치권한을 가진다.

④ 감염병 발생지역을 관할하는 「국가경찰과 자치경찰의 조직 및 운영에 관한 법률」 제12조 및 제13조에 따른 경찰관서 및 「소방기본법」 제3조에 따른 소방관서의 장, 「지역보건법」 제10조에 따른 보건소의 장 등 관계 공무원 및 그 지역 내의 법인·단체·개인은 정당한 사유가 없으면 제3항에 따른 방역관의 조치에 협조하여야 한다. <개정 2020·12·22>

⑤ 제1항부터 제4항까지 규정한 사항 외에 방역관의 자격·직무·조치권한의 범위 등에 관하여 필요한 사항은 대통령령으로 정한다.
〔전부개정 2015·7·6〕

제60조의2(역학조사관) ① 감염병 역학조사에 관한 사무를 처리하기 위하여 질병관리청 소속 공무원으로 100명 이상, 시·도 소속 공무원으로 각각 2명 이상의 역학조사관을 두어야 한다. 이 경우 시·도 역학조사관 중 1명 이상은 「의료법」 제2조제1항에 따른 의료인 중 의사로 임명하여야 한다. <개정 2018·3·27, 2020·3·4, 2020·8·11>

② 시장·군수·구청장은 역학조사에 관한 사무를 처리하기 위하여 필요한 경우 소속 공무원으로 역학조사관을 둘 수 있다. 다만, 인구수 등을 고려하여 보건복지부령으로 정하는 기준을 충족하는 시·군·구의 장은 소속 공무원으로 1명 이상의 역학조사관을 두어야 한다. <신설 2020·3·4>

③ 제1항 및 제2항에 따른 역학조사관은 다음 각 호의 어느 하나에 해당하는 사람으로서 제18조의3에 따른 역학조사 교육·훈련 과정을 이수한 사람 중에서 임명한다. <개정 2023·5·19>

1. 방역, 역학조사 또는 예방접종 업무를 담당하는 공무원
2. 「의료법」 제2조제1항에 따른 의료인
3. 그 밖에 「약사법」 제2조제2호에 따른 약사, 「수의사법」 제2조제1호에 따른 수의사 등 감염병·역학 관련 분야의 전문가

④ 질병관리청장, 시·도지사 또는 시장·군수·구청장은 소속 공무원을 역학조사관으로 임명하기 위하여 제18조의3에 따른 역학조사 교육·훈련 과정을 이수하도록 하여야 할 경우 해당 공무원을 수습역학조사관으로 임명하여야 한다. <신설 2023·5·19>

⑤ 역학조사관은 감염병의 확산이 예견되는 긴급한 상황으로서 즉시 조치를 취하지 아니하면 감염병이 확산되어 공중위생에 심각한 위해를 가할 것으로 우려되는 경우 일시적으로 제47조제1호 각 목의 조치를 할 수 있다. 다만, 수습역학조사관은 방역관 또는 역학조사관의 지휘를 받는 경우에 한정하여 일시적으로 제47조제1호 각 목의 조치를 할 수 있다. <개정 2023·5·19>

⑥ 「국가경찰과 자치경찰의 조직 및 운영에 관한 법률」 제12조 및 제13조에 따른 경찰관서 및 「소방기본법」 제3조에 따른 소방관서의 장, 「지역보건법」 제10조에 따른 보건소의 장 등 관계 공무원은 정당한 사유가 없으면 제5항에 따른 역학조사관 및 수습역학조사관의 조치에 협조하여야 한다. <개정 2020·3·4, 2020·12·22, 2023·5·19>

⑦ 역학조사관 및 수습역학조사관은 제5항에 따른 조치를 한 경우 즉시 질병관리청장, 시·도지사 또는 시장·군수·구청장에게 보고하여야 한다. <개정 2020·3·4, 2020·8·11, 2023·5·19>

⑧ 질병관리청장, 시·도지사 또는 시장·군수·구청장은 제1항·제2항 및 제4항에 따라 임명된 역학조사관 및 수습역학조사관에게 예산의 범위에서 직무 수행에 필요한 비용 등을 지원할 수 있다. <개정 2020·3·4, 2020·8·11, 2023·5·19>

⑨ 제1항부터 제8항까지 규정한 사항 외에 역학조사관 및 수습역학조사관의 자격·직무·권한·비용지원 등에 관하여 필요한 사항은 대통령령으로 정한다. <개정 2020·3·4, 2023·5·19>
〔본조신설 2015·7·6〕

제60조의3(한시적 종사명령) ① 질병관리청장, 시·도지사 또는 시장·군수·구청장은 감염병의 유입 또는 유행이 우려되거나 이미 발생한 경우 기간을 정하여 「의료법」 제2조제1항의 의료인에게 제36조 및 제37조에 따라 감염병관리기관으로 지정된 의료기관 또는 제8조의2에 따라 설립되거나 지정된 중앙감염병전문병원 또는 권역별 감염병전문병원에서 방역업무에 종사하도록 명할 수 있다. <개정 2020·8·11, 2023·8·16, 2024·1·30>

② 질병관리청장, 시·도지사 또는 시장·군수·구청장은 감염병이 유입되거나 유행하는 긴급한 경우 제60조의2제3항제2호 또는 제3호에 해당하는 자를 기간을 정하여 방역관으

로 임명하여 방역업무를 수행하게 할 수 있다. <개정 2020·3·4, 2020·8·11, 2020·9·29>

③ 질병관리청장, 시·도지사 또는 시장·군수·구청장은 감염병의 유입 또는 유행으로 역학조사인력이 부족한 경우 제60조의2제2항제2호 또는 제3호에 해당하는 자를 기간을 정하여 역학조사관으로 임명하여 역학조사에 관한 직무를 수행하게 할 수 있다. <개정 2020·3·4, 2020·8·11>

④ 제2항 또는 제3항에 따라 질병관리청장, 시·도지사 또는 시장·군수·구청장이 임명한 방역관 또는 역학조사관은 「국가공무원법」 제26조의5에 따른 임기제공무원으로 임용된 것으로 본다. <개정 2020·3·4, 2020·8·11>

⑤ 제1항에 따른 종사명령 및 제2항·제3항에 따른 임명의 기간·절차 등 필요한 사항은 대통령령으로 정한다.

[본조신설 2015·12·29]

제61조(검역위원) ① 시·도지사는 감염병을 예방하기 위하여 필요하면 검역위원을 두고 검역에 관한 사무를 담당하게 하며, 특별히 필요하면 운송수단 등을 검역하게 할 수 있다.

② 검역위원은 제1항에 따른 사무나 검역을 수행하기 위하여 운송수단 등에 무상으로 승선하거나 승차할 수 있다.

③ 제1항에 따른 검역위원의 임명 및 직무 등에 관하여 필요한 사항은 보건복지부령으로 정한다. <개정 2010·1·18>

제62조(예방위원) ① 특별자치시장·특별자치도지사 또는 시장·군수·구청장은 감염병이 유행하거나 유행할 우려가 있으면 특별자치시·특별자치도 또는 시·군·구(자치구를 말한다. 이하 같다)에 감염병 예방 사무를 담당하는 예방위원을 둘 수 있다. <개정 2023·6·13>

② 제1항에 따른 예방위원은 무보수로 한다. 다만, 특별자치시·특별자치도 또는 시·군·구의 인구 2만명당 1명의 비율로 유급위원을 둘 수 있다. <개정 2023·6·13>

③ 제1항에 따른 예방위원의 임명 및 직무 등에 관하여 필요한 사항은 보건복지부령으로 정한다. <개정 2010·1·18>

제63조(한국건강관리협회) ① 제2조제6호에 따른 기생충감염병에 관한 조사·연구 등 예방사업을 수행하기 위하여 한국건강관리협회(이하 "협회"라 한다)를 둔다. <개정 2018·3·27>

② 협회는 법인으로 한다.

③ 협회에 관하여는 이 법에서 정한 사항 외에는 「민법」 중 사단법인에 관한 규정을 준용한다.

제63조의2(국가첨단백신개발센터의 설립) ① 감염병을 치료하고 예방하기 위한 치료제 및 백신의 연구개발 촉진에 관한 업무를 수행하기 위하여 국가첨단백신개발센터(이하 "첨단백신센터"라 한다)를 둔다.

② 첨단백신센터는 법인으로 한다.

③ 첨단백신센터의 정관에는 다음 각 호의 사항을 기재하여야 한다.

1. 명칭
2. 목적
3. 주된 사무소가 있는 곳
4. 자산에 관한 사항
5. 임직원에 관한 사항
6. 이사회에 관한 사항
7. 업무와 그 집행에 관한 사항
8. 회계에 관한 사항
9. 공고에 관한 사항
10. 정관의 변경에 관한 사항
11. 그 밖에 첨단백신센터의 운영에 관한 사항

④ 첨단백신센터가 정관의 기재사항을 변경하는 경우에는 질병관리청장의 인가를 받아야 한다.

⑤ 첨단백신센터에 관하여 이 법에서 규정한 사항 외에는 「민법」 중 재단법인에 관한 규정을 준용한다.

⑥ 제1항에 따른 첨단백신센터의 운영 등에 필요한 사항은 대통령령으로 정한다.

[본조신설 2024·12·20]

제63조의3(첨단백신센터의 사업) ① 첨단백신센터는 다음 각 호의 사업을 수행한다.

1. 감염병의 치료제·백신 후보물질 발굴 및 연구개발
2. 감염병의 치료제·백신 비임상시료 생산
3. 감염병의 치료제·백신 항원 보존, 자원화, 분양 및 통합관리
4. 기타 대통령령으로 정하는 업무

② 첨단백신센터는 제1항 각 호의 사업에 관하여 수수료와 그 밖의 실비를 징수할 수 있다. 이 경우 수수료와 실비 징수의 방법

및 절차는 보건복지부령으로 정한다.

③ 질병관리청장은 첨단백신센터가 제 1 항 각 호에 따른 사업을 하는 경우 행정적·재정적 지원을 할 수 있다.

〔본조신설 2024·12·20〕

제10장 경비

제64조(특별자치시·특별자치도와 시·군·구가 부담할 경비) 다음 각 호의 경비는 특별자치시·특별자치도와 시·군·구가 부담한다. <개정 2015·7·6, 2015·12·29, 2020·8·12, 2020·9·29, 2023·6·13, 2024·1·30>

1. 제 4 조제 2 항제13호에 따른 한센병의 예방 및 진료 업무를 수행하는 법인 또는 단체에 대한 지원 경비의 일부
2. 제24조제 1 항 및 제25조제 1 항에 따른 예방접종에 드는 경비
3. 제24조제 2 항 및 제25조제 2 항에 따라 의료기관이 예방접종을 하는 데 드는 경비의 전부 또는 일부
4. 제36조에 따라 특별자치시장·특별자치도지사 또는 시장·군수·구청장이 지정한 감염병관리기관의 감염병관리시설의 설치·운영에 드는 경비
5. 제37조에 따라 특별자치시장·특별자치도지사 또는 시장·군수·구청장이 설치한 격리소·요양소 또는 진료소 및 같은 조에 따라 지정된 감염병관리기관의 감염병관리시설 설치·운영에 드는 경비

5의2. 제39조의3에 따라 시장·군수·구청장이 지정한 감염병의심자 격리시설의 설치·운영에 드는 경비

6. 제47조제 1 호 및 제 3 호에 따른 교통차단 또는 입원으로 인하여 생업이 어려운 사람에 대한 「국민기초생활 보장법」 제 2 조제 6 호에 따른 최저보장수준 지원
7. 제47조, 제48조, 제49조제 1 항제 8 호·제 9 호·제13호 및 제51조제 1 항에 따라 특별자치시·특별자치도와 시·군·구에서 실시하는 소독이나 그 밖의 조치에 드는 경비
8. 제49조제 1 항제 7 호 및 제12호에 따라 특별자치시장·특별자치도지사 또는 시장·군수·구청장이 의사를 배치하거나 의료인·의료업자·의료관계요원 등을 동원하는 데 드는 수당·치료비 또는 조제료

8의2. 제49조제 1 항제12호의2에 따라 특별자치시장·특별자치도지사 또는 시장·군수·구청장이 동원한 의료기관 병상, 연수원·숙박시설 등 시설의 운영비 등 경비

9. 제49조제 2 항에 따른 식수 공급에 드는 경비

9의2. 제60조의3제 1 항부터 제 3 항까지에 따라 시장·군수·구청장이 의료인 등을 방역업무에 종사하게 하는 데 드는 수당 등 경비

10. 제62조에 따른 예방위원의 배치에 드는 경비

10의2. 제70조의6제 1 항에 따라 특별자치시장·특별자치도지사 또는 시장·군수·구청장이 실시하는 심리지원에 드는 경비

10의3. 제70조의6제 2 항에 따라 특별자치시장·특별자치도지사 또는 시장·군수·구청장이 위탁하여 관계 전문기관이 심리지원을 실시하는 데 드는 경비

11. 그 밖에 이 법에 따라 특별자치시·특별자치도와 시·군·구가 실시하는 감염병 예방 사무에 필요한 경비

제65조(시·도가 부담할 경비) 다음 각 호의 경비는 시·도가 부담한다. <개정 2015·12·29, 2018·3·27, 2020·8·12, 2020·9·29, 2020·12·15, 2023·9·14, 2024·1·30>

1. 제 4 조제 2 항제13호에 따른 한센병의 예방 및 진료 업무를 수행하는 법인 또는 단체에 대한 지원 경비의 일부

1의2. 제35조제 2 항에 따른 시·도의 위기대응 훈련에 드는 경비

2. 제36조에 따라 시·도지사가 지정한 감염병관리기관의 감염병관리시설의 설치·운영에 드는 경비
3. 제37조에 따른 시·도지사가 설치한 격리소·요양소 또는 진료소 및 같은 조에 따라 지정된 감염병관리기관의 감염병관리시설 설치·운영에 드는 경비

3의2. 제39조의3에 따라 시·도지사가 지정한 감염병의심자 격리시설의 설치·운영에 드는 경비

4. 제41조 및 제42조에 따라 내국인 감염병환자등의 입원치료, 조사, 진찰 등에 드는 경비
5. 제46조에 따른 건강진단, 예방접종 등에 드는 경비

6. 제49조제 1 항제 1 호에 따른 교통 차단으로 생업이 어려운 자에 대한 「국민기초생활 보장법」 제 2 조제 6 호에 따른 최저보장수준 지원
6의2. 제49조제 1 항제12호에 따라 시·도지사가 의료인·의료업자·의료관계요원 등을 동원하는 데 드는 수당·치료비 또는 조제료
6의3. 제49조제 1 항제12호의2에 따라 시·도지사가 동원한 의료기관 병상, 연수원·숙박시설 등 시설의 운영비 등 경비
7. 제49조제 2 항에 따른 식수 공급에 드는 경비
7의2. 제60조의3제 1 항부터 제 3 항까지에 따라 시·도지사가 의료인 등을 방역업무에 종사하게 하는 데 드는 수당 등 경비
8. 제61조에 따른 검역위원의 배치에 드는 경비
8의2. 제70조의6제 1 항에 따라 시·도지사가 실시하는 심리지원에 드는 경비
8의3. 제70조의6제 2 항에 따라 시·도지사가 위탁하여 관계 전문기관이 심리지원을 실시하는 데 드는 경비
9. 그 밖에 이 법에 따라 시·도가 실시하는 감염병 예방 사무에 필요한 경비

제66조(시·도가 보조할 경비) 시·도(특별자치시·특별자치도는 제외한다)는 제64조에 따라 시·군·구가 부담할 경비에 관하여 대통령령으로 정하는 바에 따라 보조하여야 한다. <개정 2023·6·13>

제67조(국고 부담 경비) 다음 각 호의 경비는 국가가 부담한다. <개정 2010·1·18, 2015·7·6, 2015·12·29, 2018·3·27, 2019·12·3, 2020·3·4, 2020·8·11, 2020·8·12, 2020·9·29, 2020·12·15, 2023·9·14>
1. 제 4 조제 2 항제 2 호에 따른 감염병환자 등의 진료 및 보호에 드는 경비
2. 제 4 조제 2 항제 4 호에 따른 감염병 교육 및 홍보를 위한 경비
3. 제 4 조제 2 항제 8 호에 따른 감염병 예방을 위한 전문인력의 양성에 드는 경비
4. 제16조제 4 항에 따른 표본감시활동에 드는 경비
4의2. 제18조의3에 따른 교육·훈련에 드는 경비
5. 제20조에 따른 해부에 필요한 시체의 운송과 해부 후 처리에 드는 경비
5의2. 제20조의2에 따라 시신의 장사를 치르는 데 드는 경비
6. 제33조에 따른 예방접종약품의 생산 및 연구 등에 드는 경비
6의2. 제33조의2제 1 항에 따른 필수예방접종약품등의 비축에 드는 경비
6의3. 제34조제 2 항제 5 호에 따른 국가의 위기대응 훈련에 드는 경비
6의4. 제36조제 1 항에 따라 보건복지부장관 또는 질병관리청장이 지정한 감염병관리기관의 감염병관리시설의 설치·운영에 드는 경비
7. 제37조에 따라 보건복지부장관 및 질병관리청장이 설치한 격리소·요양소 또는 진료소 및 같은 조에 따라 지정된 감염병관리기관의 감염병관리시설 설치·운영에 드는 경비
7의2. 제39조의3에 따라 질병관리청장이 지정한 감염병의심자 격리시설의 설치·운영에 드는 경비
8. 제40조제 1 항에 따라 위원회의 심의를 거친 품목의 비축 또는 장기구매를 위한 계약에 드는 경비
9. 삭제 <2020·8·12>
9의2. 제49조제 1 항제12호에 따라 국가가 의료인·의료업자·의료관계요원 등을 동원하는 데 드는 수당·치료비 또는 조제료
9의3. 제49조제 1 항제12호의2에 따라 국가가 동원한 의료기관 병상, 연수원·숙박시설 등 시설의 운영비 등 경비
9의4. 제60조의3제 1 항부터 제 3 항까지에 따라 국가가 의료인 등을 방역업무에 종사하게 하는 데 드는 수당 등 경비
9의5. 제70조의6제 1항에 따라 국가가 실시하는 심리지원에 드는 경비
9의6. 제70조의6제 2 항에 따라 국가가 위탁하여 관계 전문기관이 심리지원을 실시하는 데 드는 경비
10. 제71조에 따른 예방접종 등으로 인한 피해보상을 위한 경비

제68조(국가가 보조할 경비) 국가는 다음 각 호의 경비를 보조하여야 한다.
1. 제 4 조제 2 항제13호에 따른 한센병의 예방 및 진료 업무를 수행하는 법인 또는 단체에 대한 지원 경비의 일부
2. 제65조 및 제66조에 따라 시·도가 부담할 경비의 2분의 1 이상

제69조(본인으로부터 징수할 수 있는 경비) 특별자치시장·특별자치도지사 또는 시장·군수·구청장은 보건복지부령으로 정하는 바에 따라 제41조 및 제42조에 따른 입원치료비 외에 본인의 지병이나 본인에게 새로 발병한 질환 등으로 입원, 진찰, 검사 및 치료 등에 드는 경비를 본인이나 그 보호자로부터 징수할 수 있다. <개정 2010·1·18, 2023·6·13>

제69조의2(외국인의 비용 부담) 질병관리청장은 국제관례 또는 상호주의 원칙 등을 고려하여 외국인인 감염병환자등 및 감염병의심자에 대한 다음 각 호의 경비를 본인에게 전부 또는 일부 부담하게 할 수 있다. 다만, 국내에서 감염병에 감염된 것으로 확인된 외국인에 대해서는 그러하지 아니하다.

1. 제41조에 따른 치료비
2. 제42조에 따른 조사·진찰·치료·입원 및 격리에 드는 경비

[본조신설 2020·8·12]

제70조(손실보상) ① 보건복지부장관, 시·도지사 및 시장·군수·구청장은 다음 각 호의 어느 하나에 해당하는 손실을 입은 자에게 제70조의2의 손실보상심의위원회의 심의·의결에 따라 그 손실을 보상하여야 한다. <개정 2015·12·29, 2018·3·27, 2020·8·11, 2020·8·12, 2020·12·15>

1. 제36조 및 제37조에 따른 감염병관리기관의 지정 또는 격리소 등의 설치·운영으로 발생한 손실

1의2. 제39조의3에 따른 감염병의심자 격리시설의 설치·운영으로 발생한 손실

2. 이 법에 따른 조치에 따라 감염병환자, 감염병의사환자 등을 진료한 의료기관의 손실
3. 이 법에 따른 의료기관의 폐쇄 또는 업무정지 등으로 의료기관에 발생한 손실
4. 제47조제1호, 제4호 및 제5호, 제48조제1항, 제49조제1항제4호, 제6호부터 제10호까지, 제12호, 제12호의2 및 제13호에 따른 조치로 인하여 발생한 손실
5. 감염병환자등이 발생·경유하거나 질병관리청장, 시·도지사 또는 시장·군수·구청장이 그 사실을 공개하여 발생한 「국민건강보험법」 제42조에 따른 요양기관의 손실로서 제1호부터 제4호까지의 손실에 준하고, 제70조의2에 따른 손실보상심의위원회가 심의·의결하는 손실

② 제1항에 따른 손실보상금을 받으려는 자는 보건복지부령으로 정하는 바에 따라 손실보상 청구서에 관련 서류를 첨부하여 보건복지부장관, 시·도지사 또는 시장·군수·구청장에게 청구하여야 한다. <개정 2015·12·29>

③ 제1항에 따른 보상액을 산정함에 있어 손실을 입은 자가 이 법 또는 관련 법령에 따른 조치의무를 위반하여 그 손실을 발생시켰거나 확대시킨 경우에는 보상금을 지급하지 아니하거나 보상금을 감액하여 지급할 수 있다. <신설 2015·12·29>

④ 제1항에 따른 보상의 대상·범위와 보상액의 산정, 제3항에 따른 지급 제외 및 감액의 기준 등에 관하여 필요한 사항은 대통령령으로 정한다. <신설 2015·12·29>

제70조의2(손실보상심의위원회) ① 제70조에 따른 손실보상에 관한 사항을 심의·의결하기 위하여 보건복지부 및 시·도에 손실보상심의위원회(이하 "심의위원회"라 한다)를 둔다.

② 위원회는 위원장 2인을 포함한 20인 이내의 위원으로 구성하되, 보건복지부에 설치된 심의위원회의 위원장은 보건복지부차관과 민간위원이 공동으로 되며, 시·도에 설치된 심의위원회의 위원장은 부시장 또는 부지사와 민간위원이 공동으로 된다.

③ 심의위원회 위원은 관련 분야에 대한 학식과 경험이 풍부한 사람과 관계 공무원 중에서 대통령령으로 정하는 바에 따라 보건복지부장관 또는 시·도지사가 임명하거나 위촉한다.

④ 심의위원회는 제1항에 따른 심의·의결을 위하여 필요한 경우 관계자에게 출석 또는 자료의 제출 등을 요구할 수 있다.

⑤ 그 밖의 심의위원회의 구성과 운영 등에 관하여 필요한 사항은 대통령령으로 정한다.

[본조신설 2015·12·29]

제70조의3(보건의료인력 등에 대한 재정적 지원) ① 질병관리청장, 시·도지사 및 시장·군수·구청장은 이 법에 따른 감염병의 발생 감시, 예방·관리 및 역학조사업무에 조력한 의료인, 의료기관 개설자 또는 약사에 대하여 예산의 범위에서 재정적 지원을 할 수 있다. <개정 2020·8·11, 2020·12·15>

② 질병관리청장, 시·도지사 및 시장·군수·구청장은 감염병 확산으로 인하여 「재난 및 안전관리 기본법」 제38조제2항에 따른 심각 단계 이상의 위기경보가 발령되는 경우 이 법에 따른 감염병의 발생 감시, 예방·방

역·검사·치료·관리 및 역학조사 업무에 조력한 보건의료인력 및 보건의료기관 종사자(「보건의료인력지원법」 제2조제3호에 따른 보건의료인력 및 같은 조 제4호에 따른 보건의료기관 종사자를 말한다)에 대하여 예산의 범위에서 재정적 지원을 할 수 있다. <신설 2021·12·21>

③ 제1항 및 제2항에 따른 지원 내용, 절차, 방법 등 지원에 필요한 사항은 대통령령으로 정한다. <개정 2021·12·21>

[본조신설 2015·12·29]

제70조의4(감염병환자등에 대한 생활지원) ① 질병관리청장, 시·도지사 및 시장·군수·구청장은 이 법에 따라 입원 또는 격리된 사람에 대하여 예산의 범위에서 치료비, 생활지원 및 그 밖의 재정적 지원을 할 수 있다. <개정 2020·8·11>

② 시·도지사 및 시장·군수·구청장은 제1항에 따른 사람 및 제70조의3제1항에 따른 의료인이 입원 또는 격리조치, 감염병의 발생 감시, 예방·관리 및 역학조사업무에 조력 등으로 자녀에 대한 돌봄 공백이 발생한 경우 「아이돌봄 지원법」에 따른 아이돌봄서비스를 제공하는 등 필요한 조치를 하여야 한다.

③ 제1항 및 제2항에 따른 지원·제공을 위하여 필요한 사항은 대통령령으로 정한다.

[본조신설 2015·12·29]

제70조의5(손실보상금의 긴급지원) 보건복지부장관, 시·도지사 및 시장·군수·구청장은 심의위원회의 심의·의결에 따라 제70조제1항 각 호의 어느 하나에 해당하는 손실을 입은 자로서 경제적 어려움으로 자금의 긴급한 지원이 필요한 자에게 제70조제1항에 따른 손실보상금의 일부를 우선 지급할 수 있다.

[본조신설 2020·9·29]

제70조의6(심리지원) ① 보건복지부장관, 시·도지사 또는 시장·군수·구청장은 감염병환자등과 그 가족, 감염병의심자, 감염병 대응 의료인, 그 밖의 현장대응인력에 대하여 「정신건강증진 및 정신질환자 복지서비스 지원에 관한 법률」 제15조의2에 따른 심리지원(이하 "심리지원"이라 한다)을 할 수 있다.

② 보건복지부장관, 시·도지사 또는 시장·군수·구청장은 심리지원을 「정신건강증진 및 정신질환자 복지서비스 지원에 관한 법률」 제15조의2에 따른 국가트라우마센터 또는 대통령령으로 정하는 관계 전문기관에 위임 또는 위탁할 수 있다.

③ 제1항에 따른 현장대응인력의 범위와 제1항 및 제2항에 따른 심리지원에 관하여 필요한 사항은 대통령령으로 정한다.

[본조신설 2020·9·29]

제71조(예방접종 등에 따른 피해의 국가보상) ① 국가는 제24조 및 제25조에 따라 예방접종을 받은 사람 또는 제40조제2항에 따라 생산된 예방·치료 의약품을 투여받은 사람이 그 예방접종 또는 예방·치료 의약품으로 인하여 질병에 걸리거나 장애인이 되거나 사망하였을 때에는 대통령령으로 정하는 기준과 절차에 따라 다음 각 호의 구분에 따른 보상을 하여야 한다.

1. 질병으로 진료를 받은 사람 : 진료비 전액 및 정액 간병비
2. 장애인이 된 사람 : 일시보상금
3. 사망한 사람 : 대통령령으로 정하는 유족에 대한 일시보상금 및 장제비

② 제1항에 따라 보상받을 수 있는 질병, 장애 또는 사망은 예방접종약품의 이상이나 예방접종 행위자 및 예방·치료 의약품 투여자 등의 과실 유무에 관계없이 해당 예방접종 또는 예방·치료 의약품을 투여받은 것으로 인하여 발생한 피해로서 질병관리청장이 인정하는 경우로 한다. <개정 2010·1·18, 2020·8·11>

③ 질병관리청장은 제1항에 따른 보상청구가 있은 날부터 120일 이내에 제2항에 따른 질병, 장애 또는 사망에 해당하는지를 결정하여야 한다. 이 경우 미리 위원회의 의견을 들어야 한다. <개정 2010·1·18, 2020·8·11>

④ 제1항에 따른 보상의 청구, 제3항에 따른 결정의 방법과 절차 등에 관하여 필요한 사항은 대통령령으로 정한다.

제72조(손해배상청구권과의 관계 등) ① 국가는 예방접종약품의 이상이나 예방접종 행위자, 예방·치료 의약품의 투여자 등 제3자의 고의 또는 과실로 인하여 제71조에 따른 피해보상을 하였을 때에는 보상액의 범위에서 보상을 받은 사람이 제3자에 대하여 가지는 손해배상청구권을 대위한다.

② 예방접종을 받은 자, 예방·치료 의약품을 투여받은 자 또는 제71조제1항제3호에 따른 유족이 제3자로부터 손해배상을 받았을 때에는 국가는 그 배상액의 범위에서 제

71조에 따른 보상금을 지급하지 아니하며, 보상금을 잘못 지급하였을 때에는 해당 금액을 국세 징수의 예에 따라 징수할 수 있다.

제72조의2(손해배상청구권) 보건복지부장관, 질병관리청장, 시·도지사 및 시장·군수·구청장은 이 법을 위반하여 감염병을 확산시키거나 확산 위험성을 증대시킨 자에 대하여 입원치료비, 격리비, 진단검사비, 손실보상금 등 이 법에 따른 예방 및 관리 등을 위하여 지출된 비용에 대해 손해배상을 청구할 권리를 갖는다.

〔본조신설 2021·3·9〕

제73조(국가보상을 받을 권리의 양도 등 금지) 제70조 및 제71조에 따라 보상받을 권리는 양도하거나 압류할 수 없다.

제11장 보칙

제74조(비밀누설의 금지) 이 법에 따라 건강진단, 입원치료, 진단 등 감염병 관련 업무에 종사하는 자 또는 종사하였던 자는 그 업무상 알게 된 비밀을 다른 사람에게 누설하거나 업무목적 외의 용도로 사용하여서는 아니 된다. <개정 2020·9·29>

제74조의2(자료의 제공 요청 및 검사) ① 질병관리청장, 시·도지사 또는 시장·군수·구청장은 감염병관리기관의 장 등에게 감염병관리시설, 제37조에 따른 격리소·요양소 또는 진료소, 제39조의3에 따른 감염병의심자 격리시설의 설치 및 운영에 관한 자료의 제공을 요청할 수 있으며, 소속 공무원으로 하여금 해당 시설에 출입하여 관계 서류나 시설·장비 등을 검사하게 하거나 관계인에게 질문을 하게 할 수 있다. <개정 2018·3·27, 2020·8·11, 2020·12·15>

② 제1항에 따라 출입·검사를 행하는 공무원은 그 권한을 표시하는 증표를 지니고 이를 관계인에게 제시하여야 한다.

〔본조신설 2015·7·6〕

제75조(청문) 시·도지사 또는 시장·군수·구청장은 다음 각 호의 어느 하나에 해당하는 처분을 하려면 청문을 실시하여야 한다.

1. 제49조제3항에 따른 장소나 시설의 폐쇄 명령
2. 제59조제1항에 따른 영업소의 폐쇄 명령

〔전부개정 2021·3·9〕

제76조(위임 및 위탁) ① 이 법에 따른 보건복지부장관의 권한 또는 업무는 대통령령으로 정하는 바에 따라 그 일부를 질병관리청장 또는 시·도지사에게 위임하거나 관련 기관 또는 관련 단체에 위탁할 수 있다.

② 이 법에 따른 질병관리청장의 권한 또는 업무는 대통령령으로 정하는 바에 따라 그 일부를 시·도지사에게 위임하거나 관련 기관 또는 관련 단체에 위탁할 수 있다.

〔전부개정 2020·8·11〕

제76조의2(정보 제공 요청 및 정보 확인 등) ① 질병관리청장 또는 시·도지사는 감염병 예방·관리 및 감염 전파의 차단을 위하여 필요한 경우 관계 중앙행정기관(그 소속기관 및 책임운영기관을 포함한다)의 장, 지방자치단체의 장(「지방교육자치에 관한 법률」 제18조에 따른 교육감을 포함한다), 「공공기관의 운영에 관한 법률」 제4조에 따른 공공기관, 의료기관 및 약국, 법인·단체·개인에 대하여 감염병환자등, 감염병의심자 및 예방접종을 받은 자에 관한 다음 각 호의 정보 제공을 요청할 수 있으며, 요청을 받은 자는 이에 따라야 한다. <개정 2016·12·2, 2020·3·4, 2020·8·11, 2020·9·29, 2023·3·28>

1. 성명, 「주민등록법」 제7조의2제1항에 따른 주민등록번호, 주소 및 전화번호(휴대전화번호를 포함한다) 등 인적사항
2. 「의료법」 제17조에 따른 처방전 및 같은 법 제22조에 따른 진료기록부등
3. 「국민건강보험법」 제5조에 따른 가입자 및 피부양자 또는 「의료급여법」 제3조에 따른 수급권자에 관한 정보 중 장애중증도, 장애유형, 소득분위 등 감염병 예방·관리를 위하여 필요한 정보로서 대통령령으로 정하는 정보
4. 진료이력, 투약정보, 상병내역 등 「국민건강보험법」 제47조에 따른 요양급여비용의 청구와 지급에 관한 정보 및 「의료급여법」 제11조에 따른 급여비용의 청구와 지급에 관한 정보로서 대통령령으로 정하는 정보
5. 질병관리청장이 정하는 기간의 출입국관리기록
6. 그 밖에 이동경로를 파악하기 위하여 대통령령으로 정하는 정보

② 질병관리청장, 시·도지사 또는 시장·군수·구청장은 감염병 예방·관리 및 감염 전파의 차단을 위하여 필요한 경우 감염병환자등 및 감염병의심자의 위치정보를 「국가경찰

과 자치경찰의 조직 및 운영에 관한 법률」에 따른 경찰청, 시·도경찰청 및 경찰서(이하 이 조에서 "경찰관서"라 한다)의 장에게 요청할 수 있다. 이 경우 질병관리청장, 시·도지사 또는 시장·군수·구청장의 요청을 받은 경찰관서의 장은 「위치정보의 보호 및 이용 등에 관한 법률」 제15조 및 「통신비밀보호법」 제3조에도 불구하고 「위치정보의 보호 및 이용 등에 관한 법률」 제5조제7항에 따른 개인위치정보사업자, 「전기통신사업법」 제2조제8호에 따른 전기통신사업자에게 감염병환자등 및 감염병의심자의 위치정보를 요청할 수 있고, 요청을 받은 위치정보사업자와 전기통신사업자는 정당한 사유가 없으면 이에 따라야 한다. <개정 2015·12·29, 2018·4·17, 2020·3·4, 2020·8·11, 2020·12·22, 2023·3·28>

③ 질병관리청장은 제1항 및 제2항에 따라 수집한 정보를 관련 중앙행정기관의 장, 지방자치단체의 장, 국민건강보험공단 이사장, 건강보험심사평가원 원장, 「보건의료기본법」 제3조제4호의 보건의료기관(이하 "보건의료기관"이라 한다) 및 그 밖의 단체 등에게 제공할 수 있다. 이 경우 보건의료기관 등에 제공하는 정보는 감염병 예방·관리 및 감염 전파의 차단을 위하여 해당 기관의 업무에 관련된 정보로 한정한다. <개정 2020·3·4, 2020·8·11, 2023·3·28>

④ 질병관리청장은 감염병 예방·관리 및 감염 전파의 차단을 위하여 필요한 경우 제3항 전단에도 불구하고 다음 각 호의 정보시스템을 활용하여 보건의료기관에 제1항제5호에 따른 정보 및 같은 항 제6호에 따른 이동경로 정보를 제공하여야 한다. 이 경우 보건의료기관에 제공하는 정보는 해당 기관의 업무에 관련된 정보로 한정한다. <신설 2020·3·4, 2020·8·11, 2023·3·28>

1. 국민건강보험공단의 정보시스템
2. 건강보험심사평가원의 정보시스템
3. 감염병의 국내 유입 및 확산 방지를 위하여 질병관리청장이 필요하다고 인정하여 지정하는 기관의 정보시스템

⑤ 의료인, 약사 및 보건의료기관의 장은 의료행위를 하거나 의약품을 처방·조제하는 경우 제4항 각 호의 어느 하나에 해당하는 정보시스템을 통하여 같은 항에 따라 제공된 정보를 확인하여야 한다. <신설 2020·3·4>

⑥ 제3항 및 제4항에 따라 정보를 제공받은 자는 이 법에 따른 감염병 관련 업무 이외의 목적으로 정보를 사용할 수 없으며, 업무 종료 시 지체 없이 파기하고 질병관리청장에게 통보하여야 한다. <개정 2020·3·4, 2020·8·11>

⑦ 질병관리청장, 시·도지사 또는 시장·군수·구청장은 제1항 및 제2항에 따라 수집된 정보의 주체(이하 "정보주체"라 한다)에게 다음 각 호의 사실을 통지하여야 한다. <개정 2020·3·4, 2020·8·11, 2023·3·28, 2024·1·23>

1. 감염병 예방·관리 및 감염 전파의 차단을 위하여 필요한 정보가 수집되었다는 사실
2. 제1호의 정보가 다른 기관에 제공되었을 경우 그 사실
3. 제2호의 경우에도 이 법에 따른 감염병 관련 업무 이외의 목적으로 정보를 사용할 수 없으며, 업무 종료 시 지체 없이 파기된다는 사실

⑧ 제3항 및 제4항에 따라 정보를 제공받은 자가 이 법의 규정을 위반하여 해당 정보를 처리한 경우에는 「개인정보 보호법」에 따른다. <개정 2020·3·4>

⑨ 제3항에 따른 정보 제공의 대상·범위 및 제7항에 따른 통지의 방법 등에 관하여 필요한 사항은 보건복지부령으로 정한다. <개정 2020·3·4>

〔본조신설 2015·7·6〕

제76조의3(개인정보처리 보고서 작성 및 공개) ① 질병관리청장은 제76조의2제7항에 따른 정보주체에 대한 통지 등 개인정보처리에 관한 보고서(이하 "개인정보처리 보고서"라 한다)를 매년 작성하여야 한다.

② 시·도지사 또는 시장·군수·구청장은 제76조의2제7항에 따른 정보주체에 대한 통지 관련 자료를 질병관리청장에게 제출하여야 한다.

③ 질병관리청장은 제1항에 따라 작성된 개인정보처리 보고서를 보건복지부령으로 정하는 바에 따라 다음 연도 상반기까지 질병관리청의 인터넷 홈페이지에 공개하여야 한다.

④ 개인정보처리 보고서의 작성 및 자료제출에 필요한 사항은 보건복지부령으로 정한다.

〔본조신설 2024·1·23〕

제76조의4(감염병 정보의 분석 및 연구) ① 질병관리청장은 감염병 예방·관리 및 감염

전파의 차단을 위하여 필요한 경우 다음 각 호의 정보를 분석하거나 감염병 관련 연구에 이용할 수 있다.
1. 제11조제5항에 따른 신고 및 제13조에 따른 보고를 통하여 수집한 정보
2. 제18조에 따른 역학조사 정보
3. 제28조의 예방접종 기록 정보
4. 제29조의 예방접종에 관한 역학조사 정보
5. 제76조의2제1항 및 제2항에 따라 제공받은 정보
6. 그 밖에 감염병 예방·관리 및 감염 전파의 차단을 위하여 필요한 정보로서 질병관리청장이 정하는 정보

② 질병관리청장이 제1항에 따라 개인정보를 이용하는 경우에는 「개인정보 보호법」 제2조제1호의2에 따른 가명처리(이하 이 조에서 "가명처리"라 한다)를 하여야 한다. 다만, 다음 각 호의 어느 하나에 해당하는 경우에는 그러하지 아니하다.
1. 병상배정 등 긴급한 조치가 필요하여 가명처리를 할 시간적 여유가 없는 경우
2. 예방접종 후 이상반응 대응, 감염병 후유증 관리, 감염취약계층 지원 등 가명처리한 개인정보로는 원활한 업무 수행이 어려운 경우

③ 제1항에 따라 개인정보를 이용하는 경우에는 그 법적 근거, 목적 및 범위 등에 관하여 필요한 사항을 「개인정보 보호법」 제18조제4항에 따라 관보 또는 인터넷 홈페이지 등에 게재하여야 한다. 다만, 제2항 각 호 외의 부분 본문에 따라 가명처리하여 이용하는 경우에는 그러하지 아니하다.
〔본조신설 2023·3·28〕

제76조의5(준용규정) 제42조제6항은 제41조제1항, 제47조제3호, 제49조제1항제14호에 따른 입원 또는 격리에 관하여도 준용한다. <개정 2020·8·12>
〔본조신설 2020·3·4〕

제76조의6(벌칙 적용에서 공무원 의제) 다음 각 호의 어느 하나에 해당하는 사람은 「형법」 제127조 및 제129조부터 제132조까지의 규정을 적용할 때에는 공무원으로 본다. <개정 2024·12·20>
1. 첨단백신센터에 근무하는 임직원
2. 심의위원회 위원 중 공무원이 아닌 사람
〔본조신설 2020·3·4〕

제12장 벌칙

제77조(벌칙) 다음 각 호의 어느 하나에 해당하는 자는 5년 이하의 징역 또는 5천만원 이하의 벌금에 처한다. <개정 2020·12·15>
1. 제22조제1항 또는 제2항을 위반하여 고위험병원체의 반입 허가를 받지 아니하고 반입한 자
2. 제23조의3제1항을 위반하여 보유허가를 받지 아니하고 생물테러감염병병원체를 보유한 자
3. 제40조의3제1항을 위반하여 의료·방역 물품을 수출하거나 국외로 반출한 자
〔전부개정 2020·3·4〕

제78조(벌칙) 다음 각 호의 어느 하나에 해당하는 자는 3년 이하의 징역 또는 3천만원 이하의 벌금에 처한다. <개정 2017·12·12, 2019·12·3, 2020·9·29>
1. 제23조제2항에 따른 허가를 받지 아니하거나 같은 조 제3항 본문에 따른 변경허가를 받지 아니하고 고위험병원체 취급시설을 설치·운영한 자
2. 제23조의3제3항에 따른 변경허가를 받지 아니한 자
3. 제74조를 위반하여 업무상 알게 된 비밀을 누설하거나 업무목적 외의 용도로 사용한 자

제79조(벌칙) 다음 각 호의 어느 하나에 해당하는 자는 2년 이하의 징역 또는 2천만원 이하의 벌금에 처한다. <개정 2015·7·6, 2017·12·12, 2019·12·3, 2020·3·4, 2021·3·9>
1. 제18조제3항을 위반한 자
2. 제21조제1항부터 제3항까지 또는 제22조제3항에 따른 신고를 하지 아니하거나 거짓으로 신고한 자
2의2. 제21조제5항에 따른 현장조사를 정당한 사유 없이 거부·방해 또는 기피한 자
2의3. 제23조제2항에 따른 신고를 하지 아니하고 고위험병원체 취급시설을 설치·운영한 자
3. 제23조제8항에 따른 안전관리 점검을 거부·방해 또는 기피한 자
3의2. 제23조의2에 따른 고위험병원체 취급시설의 폐쇄명령 또는 운영정지명령을 위반한 자

3의3. 제49조제 4 항을 위반하여 정당한 사유 없이 폐쇄 명령에 따르지 아니한 자
4. 제60조제 4 항을 위반한 자(다만, 공무원은 제외한다)
5. 제76조의2제 6 항을 위반한 자

제79조의2(벌칙) 다음 각 호의 어느 하나에 해당하는 자는 1년 이하의 징역 또는 2천만원 이하의 벌금에 처한다. <개정 2019・12・3, 2020・9・29, 2023・5・19>
1. 제18조의4제 4 항을 위반하여 같은 조 제 2 항에 따른 질병관리청장 또는 시・도지사의 자료제출 요구를 받고 이를 거부・방해・회피하거나, 거짓자료를 제출하거나 또는 고의적으로 사실을 누락・은폐한 자
2. 제23조의4제 1 항을 위반하여 고위험병원체를 취급한 자
3. 제23조의4제 2 항을 위반하여 고위험병원체를 취급하게 한 자
4. 제76조의2제 1 항을 위반하여 질병관리청장 또는 시・도지사의 요청을 거부하거나 거짓자료를 제공한 의료기관 및 약국, 법인・단체・개인
5. 제76조의2제 2 항 후단을 위반하여 경찰관서의 장의 요청을 거부하거나 거짓자료를 제공한 자

〔본조신설 2015・12・29〕

제79조의3(벌칙) 다음 각 호의 어느 하나에 해당하는 자는 1년 이하의 징역 또는 1천만원 이하의 벌금에 처한다. <개정 2020・8・12>
1. 제41조제 1 항을 위반하여 입원치료를 받지 아니한 자
2. 삭제 <2020・8・12>
3. 제41조제 2 항을 위반하여 자가치료 또는 시설치료 및 의료기관 입원치료를 거부한 자
4. 제42조제 1 항・제 2 항제 1 호・제 3 항 또는 제 7 항에 따른 입원 또는 격리 조치를 거부한 자
5. 제47조제 3 호 또는 제49조제 1 항제14호에 따른 입원 또는 격리 조치를 위반한 자

〔본조신설 2020・3・4〕

제79조의4(벌칙) 다음 각 호의 어느 하나에 해당하는 자는 500만원 이하의 벌금에 처한다.
1. 제 1 급감염병 및 제 2 급감염병에 대하여 제11조에 따른 보고 또는 신고 의무를 위반하거나 거짓으로 보고 또는 신고한 의사, 치과의사, 한의사, 군의관, 의료기관의 장 또는 감염병병원체 확인기관의 장
2. 제 1 급감염병 및 제 2 급감염병에 대하여 제11조에 따른 의사, 치과의사, 한의사, 군의관, 의료기관의 장 또는 감염병병원체 확인기관의 장의 보고 또는 신고를 방해한 자

〔본조신설 2018・3・27〕

제80조(벌칙) 다음 각 호의 어느 하나에 해당하는 자는 300만원 이하의 벌금에 처한다. <개정 2018・3・27, 2020・3・4, 2020・8・12>
1. 제 3 급감염병 및 제 4 급감염병에 대하여 제11조에 따른 보고 또는 신고 의무를 위반하거나 거짓으로 보고 또는 신고한 의사, 치과의사, 한의사, 군의관, 의료기관의 장, 감염병병원체 확인기관의 장 또는 감염병 표본감시기관
2. 제 3 급감염병 및 제 4 급감염병에 대하여 제11조에 따른 의사, 치과의사, 한의사, 군의관, 의료기관의 장, 감염병병원체 확인기관의 장 또는 감염병 표본감시기관의 보고 또는 신고를 방해한 자

2의2. 제13조제 2 항에 따른 감염병병원체 검사를 거부한 자
3 제37조제 4 항을 위반하여 감염병관리시설을 설치하지 아니한 자
4. 삭제 <2020・3・4>
5. 제42조에 따른 강제처분에 따르지 아니한 자(제42조제 1 항・제 2 항제 1 호・제 3 항 및 제 7 항에 따른 입원 또는 격리 조치를 거부한 자는 제외한다)
6. 제45조를 위반하여 일반인과 접촉하는 일이 많은 직업에 종사한 자 또는 감염병환자등을 그러한 직업에 고용한 자
7. 제47조(같은 조 제 3 호는 제외한다) 또는 제49조제 1 항(같은 항 제 2 호의2부터 제 2 호의4까지 및 제 3 호 중 건강진단에 관한 사항과 같은 항 제14호는 제외한다)에 따른 조치에 위반한 자
8. 제52조제 1 항에 따른 소독업 신고를 하

지 아니하거나 거짓이나 그 밖의 부정한 방법으로 신고하고 소독업을 영위한 자
9. 제54조제1항에 따른 기준과 방법에 따라 소독하지 아니한 자

제81조(벌칙) 다음 각 호의 어느 하나에 해당하는 자는 200만원 이하의 벌금에 처한다. <개정 2015·7·6, 2019·12·3, 2021·3·9>
1. 및 2. 삭제 <2018·3·27>
3. 제12조제1항에 따른 신고를 게을리한 자
4. 세대주, 관리인 등으로 하여금 제12조제1항에 따른 신고를 하지 아니하도록 한 자
5. 삭제 <2015·7·6>
6. 제20조에 따른 해부명령을 거부한 자
7. 제27조에 따른 예방접종증명서를 거짓으로 발급한 자
8. 제29조를 위반하여 역학조사를 거부·방해 또는 기피한 자
8의2. 제32조제2항을 위반하여 거짓이나 그 밖의 부정한 방법으로 예방접종을 받은 사람
9. 제45조제2항을 위반하여 성매개감염병에 관한 건강진단을 받지 아니한 자를 영업에 종사하게 한 자
10. 제46조 또는 제49조제1항제3호에 따른 건강진단을 거부하거나 기피한 자
11. 정당한 사유 없이 제74조의2제1항에 따른 자료 제공 요청에 따르지 아니하거나 거짓 자료를 제공한 자, 검사나 질문을 거부·방해 또는 기피한 자

제81조의2(형의 가중처벌) ① 단체나 다중(多衆)의 위력(威力)을 통하여 조직적·계획적으로 제79조제1호의 죄를 범한 경우 그 죄에서 정한 형의 2분의 1까지 가중한다.
② 제79조의3 각 호의 죄를 범하여 고의 또는 중과실로 타인에게 감염병을 전파시킨 경우 그 죄에서 정한 형의 2분의 1까지 가중한다.
〔본조신설 2021·3·9〕

제82조(양벌규정) 법인의 대표자나 법인 또는 개인의 대리인, 사용인, 그 밖의 종업원이 그 법인 또는 개인의 업무에 관하여 제77조부터 제81조까지의 어느 하나에 해당하는 위반행위를 하면 그 행위자를 벌하는 외에 그 법인 또는 개인에게도 해당 조문의 벌금형을 과(科)한다. 다만, 법인 또는 개인이 그 위반행위를 방지하기 위하여 해당 업무에 관하여 상당한 주의와 감독을 게을리하지 아니한 경우에는 그러하지 아니하다.

제83조(과태료) ① 다음 각 호의 어느 하나에 해당하는 자에게는 1천만원 이하의 과태료를 부과한다. <신설 2015·7·6, 2017·12·12, 2019·12·3>
1. 제23조제3항 단서 또는 같은 조 제4항에 따른 변경신고를 하지 아니한 자
2. 제23조제5항에 따른 신고를 하지 아니한 자
3. 제23조의3제3항 단서에 따른 변경신고를 하지 아니한 자
4. 제35조의2를 위반하여 거짓 진술, 거짓 자료를 제출하거나 고의적으로 사실을 누락·은폐한 자

② 제49조제1항제2호의2의 조치를 따르지 아니한 관리자·운영자에게는 300만원 이하의 과태료를 부과한다. <신설 2020·8·12>
③ 다음 각 호의 어느 하나에 해당하는 자에게는 100만원 이하의 과태료를 부과한다. <개정 2019·12·3, 2020·3·4, 2020·8·12>
1. 제28조제2항에 따른 보고를 하지 아니하거나 거짓으로 보고한 자
2. 제33조의3에 따른 보고를 하지 아니하거나 거짓으로 보고한 자
2의2. 제41조제3항에 따른 전원등의 조치를 거부한 자
3. 제51조제3항에 따른 소독을 하지 아니한 자
4. 제53조제1항 및 제2항에 따른 휴업·폐업 또는 재개업 신고를 하지 아니한 자
5. 제54조제2항에 따른 소독에 관한 사항을 기록·보존하지 아니하거나 거짓으로 기록한 자

④ 다음 각 호의 어느 하나에 해당하는 자에게는 10만원 이하의 과태료를 부과한다. <신설 2020·8·12>
1. 제49조제1항제2호의2 또는 제2호의3

의 조치를 따르지 아니한 이용자
2. 제49조제1항제2호의4의 조치를 따르지 아니한 자
⑤ 제1항부터 제4항까지에 따른 과태료는 대통령령으로 정하는 바에 따라 보건복지부장관, 질병관리청장, 관할 시·도지사 또는 시장·군수·구청장이 부과·징수한다. <개정 2015·7·6, 2020·8·11, 2020·8·12, 2023·6·13>

부　칙

제1조(시행일) 이 법은 공포 후 1년이 경과한 날부터 시행한다.

제2조(다른 법률의 폐지) 기생충질환예방법은 폐지한다.

제3조(의사 등의 신고 등에 관한 적용례) 제11조의 개정규정은 이 법 시행 후 최초로 제11조제1항·제3항 또는 제4항의 개정규정에서 각각 정하고 있는 사실이 발생한 경우부터 적용한다.

제4조(고위험병원체의 분리 및 이동 신고에 관한 적용례) 제21조의 개정규정은 이 법 시행 후 최초로 고위험병원체를 분리하거나 이미 분리된 고위험병원체를 이동하려는 경우부터 적용한다.

제5조(고위험병원체의 반입 허가 등에 관한 적용례) 제22조의 개정규정은 이 법 시행 후 최초로 고위험병원체를 국내로 반입하려는 경우부터 적용한다.

제6조(국가 및 지방자치단체 등이 부담 또는 보조할 경비에 관한 적용례) 제64조부터 제68조까지의 개정규정은 국가 및 지방자치단체가 부담하거나 보조하여야 하는 2011년도 비용분부터 적용한다.

제7조(처분 등에 관한 일반적 경과조치) 이 법 시행 당시 종전의 「기생충질환예방법」 및 종전의 「전염병예방법」에 따라 행한 행정처분이나 그 밖의 행정기관의 행위와 행정기관에 대한 행위는 그에 해당하는 이 법에 따른 행정기관의 행위 또는 행정기관에 대한 행위로 본다.

제8조(전염병 등에 관한 경과조치) 이 법 시행 당시 종전의 「전염병예방법」에 따른 전염병은 이 법에 따른 감염병으로 본다.

제9조(기생충질환 검사 등에 따른 손실보상에 관한 경과조치) 이 법 시행 전에 종전의 「기생충질환예방법」 제4조제1항에 따른 물건의 수거로 발생한 손실에 대한 보상은 종전의 「기생충질환예방법」에 따른다.

제10조(표본감시의료기관에 관한 경과조치) 이 법 시행 당시 종전의 「전염병예방법」에 따라 지정된 표본감시의료기관은 제16조의 개정규정에 따라 지정된 표본감시기관으로 본다.

제11조(예방접종증명서에 관한 경과조치) 이 법 시행 당시 종전의 「전염병예방법」에 따른 예방접종증명서는 제27조의 개정규정에 따른 예방접종증명서로 본다.

제12조(예방접종피해조사반에 관한 경과조치) 이 법 시행 당시 종전의 「전염병예방법」에 따른 예방접종피해조사반은 제30조의 개정규정에 따른 예방접종피해조사반으로 본다.

제13조(전염병예방시설의 지정에 관한 경과조치) 이 법 시행 당시 종전의 「전염병예방법」에 따라 시·도지사 또는 시장·군수·구청장이 설치하거나 보건복지가족부장관이 지정한 전염병예방시설은 제36조의 개정규정에 따라 감염병관리기관으로 지정된 것으로 본다.

제14조(소독업의 신고 등에 관한 경과조치) ① 이 법 시행 당시 종전의 「전염병예방법」에 따른 소독업 신고는 제52조제1항의 개정규정에 따른 소독업 신고로 본다.
② 이 법 시행 당시 종전의 「전염병예방법」에 따른 소독업의 휴업·폐업 또는 재개업 신고는 제53조의 개정규정에 따른 소독업의 휴업·폐업 또는 재개업 신고로 본다.

제15조(소독업자 등에 대한 교육에 관한 경과조치) 이 법 시행 당시 종전의 「전염병예방법」에 따라 소독업자와 소독업무 종사자가 받은 교육은 제55조의 개정규정에 따라 교육을 받은 것으로 본다.

제16조(소독업무의 대행에 관한 경과조치) 이 법 시행 당시 종전의 「전염병예방법」에 따라 소독업무를 대행하고 있는 소독업자는 제56조의 개정규정에 따라 소독업무를 대행하는 것으로 본다.

제17조(방역관 등에 관한 경과조치) 이 법 시행 당시 종전의 「전염병예방법」에 따른 방역관, 검역위원 또는 예방위원은 제60조부터 제62조까지의 개정규정에 따른 방역관, 검역위원 또는 예방위원으로 본다.

제18조(기생충질환예방협회에 관한 경과조치) ① 이 법 시행 당시 종전의 「기생충질환예방법」에 따라 설치된 기생충질환예방협회는 제63조의 개정규정에 따른 한국건강관리협회로 본다.

② 이 법 시행 당시 등기부나 그 밖의 공부상에 표시된 기생충질환예방협회의 명의는 제63조의 개정규정에 따른 한국건강관리협회의 명의로 본다.

제19조(예방접종 등으로 인한 피해에 대한 국가보상에 관한 경과조치) 이 법 시행 당시 종전의 「전염병예방법」에 따라 예방접종 등으로 발생한 피해에 대한 보상신청을 한 사람은 제71조의 개정규정에 따라 보상청구를 한 것으로 본다.

제20조(벌칙에 관한 경과조치) 이 법 시행 전의 행위에 대하여 벌칙을 적용할 때에는 종전의 「기생충질환예방법」 및 종전의 「전염병예방법」에 따른다.

제21조(다른 법률의 개정) 생략

제22조(다른 법령과의 관계) 이 법 시행 당시 다른 법령에서 종전의 「기생충질환예방법」 및 종전의 「전염병예방법」 또는 그 규정을 인용한 경우에 이 법 가운데 그에 해당하는 규정이 있으면 종전의 규정을 갈음하여 이 법 또는 이 법의 해당 규정을 인용한 것으로 본다.

부 칙 <2010·1·18 법9932>

제 1 조(시행일) 이 법은 공포 후 2개월이 경과한 날부터 시행한다. 다만, 부칙 제 4 조 …〈생략〉… 제107항은 2010년 12월 30일부터 …〈생략〉… 시행한다.

제 2 조 및 **제 3 조** 생략

제 4 조(다른 법률의 개정) 생략

제 5 조 생략

부 칙 <2011·6·7 법10789>

제 1 조(시행일) 이 법은 공포 후 6개월이 경과한 날부터 시행한다. 〈단서 생략〉

제 2 조부터 **제 6 조**까지 생략

부 칙 <2012·5·23 법11439>

이 법은 공포 후 6개월이 경과한 날부터 시행한다.

부 칙 <2013·3·22 법11645>

이 법은 공포 후 6개월이 경과한 날부터 시행한다.

부 칙 <2014·3·18 법12444>

이 법은 공포 후 6개월이 경과한 날부터 시행한다.

부 칙 <2015·7·6 법13392>

이 법은 공포 후 6개월이 경과한 날부터 시행한다. 다만, 제 2 조, 제 4 조부터 제 7 조까지, 제14조, 제16조부터 제18조까지, 제34조, 제46조, 제47조, 제49조, 제50조, 제67조, 제74조의2의 개정규정은 공포한 날부터 시행한다.

부 칙 <2015·8·11 법13474>

제 1 조(시행일) 이 법은 공포 후 1년이 경과한 날부터 시행한다.

제 2 조부터 **제36조**까지 생략

부 칙 <2015·12·29 법13639>

제 1 조(시행일) 이 법은 공포 후 6개월이 경과한 날부터 시행한다. 다만, 제64조제 6 호 및 제65조제 6 호의 개정규정은 2016년 1월 1일부터 시행하고, 제76조의2 및 제79조의2의 개정규정은 2016년 1월 7일부터 시행한다.

제 2 조(감염병병원의 설립을 위한 준비행위) 보건복지부장관은 이 법 시행 전에 제 8 조의2에 따른 감염병병원의 설립을 위하여 원장의 임명 등 필요한 준비행위를 할 수 있다. 이 경우 보건복지부장관은 관계 중앙행정기관의 장, 지방자치단체의 장, 국립·공립 병원, 보건소, 민간의료시설, 그 밖의 공공단체 및 관계 전문가에게 필요한 협조를 요청할 수 있다.

제 3 조(손실보상을 위한 준비행위) 보건복지부장관, 시·도지사 또는 시장·군수·구청장은 이 법에 따른 손실보상을 위하여 필요하다고 인정되는 경우 이 법 시행 전에 다음 각호의 행위를 할 수 있다.

1. 제70조의 개정규정에 따른 손실보상의 신청·결정 및 지급 등에 필요한 조치
2. 제70조의2의 개정규정에 따른 심의위원회의 구성·운영을 위한 준비행위 및 관계자에 대한 자료의 제출 요구

제 4 조(시신의 장사방법 등에 관한 적용례) 제20조의2의 개정규정은 이 법 시행 후 최초로 감염병환자등이 사망한 경우부터 적용한다.

제 5 조(사업주의 협조의무에 관한 적용례) 제41조의2의 개정규정은 이 법 시행 전 제 2 조제 5 호머목에 따른 중동 호흡기 증후군(MERS)으로 인하여 이 법에 따라 입원 또는 격리된 근로자에게 유급휴가를 준 사업주에 대하여도 적용한다.

제 6 조(손실보상에 관한 적용례) 제70조의 개정규정은 이 법 시행 전 제 2 조제 5 호머목에 따른 중동 호흡기 증후군(MERS)으로 인하여 손실을 입은 자에 대하여도 적용한다.

제 7 조(의료인 및 감염병환자등에 대한 재정적 지원에 관한 적용례) 제70조의3 및 제70조의4의 개정규정은 이 법 시행 전 제 2 조제 5 호머목에 따른 중동 호흡기 증후군(MERS)

으로 인하여 재정적 지원이 필요하게 된 경우에도 적용한다.

제8조(중복지원에 관한 적용례) 제70조 및 제70조의3의 개정규정에 따른 손실보상 및 재정적 지원을 하는 경우 이 법 시행 당시 제2조제5호머목에 따른 중동 호흡기 증후군(MERS)으로 같은 내용의 보상 또는 지원을 받은 자에 대하여는 해당 부분을 제외하고 지원한다.

부　칙 <2016·12·2 법14286>

제1조(시행일) 이 법은 공포 후 1년이 경과한 날부터 시행한다. 다만, …<생략>… 부칙 제3조제1항 및 제3항은 2017년 5월 30일부터 시행한다.

제2조 생략

제3조(다른 법률의 개정) 생략

부　칙 <2016·12·2 법14316>

이 법은 공포 후 6개월이 경과한 날부터 시행한다.

부　칙 <2017·12·12 법15183>

제1조(시행일) 이 법은 공포 후 6개월이 경과한 날부터 시행한다.

제2조(고위험병원체 취급시설의 설치·운영 허가·신고에 관한 경과조치) 이 법 시행 당시 종전의 규정에 따라 질병관리본부장에게 고위험병원체 취급시설 설치·운영 허가를 받거나 신고를 한 자 및 고위험병원체를 검사, 보존, 관리 및 이동하는 자로서 「유전자변형생물체의 국가간 이동 등에 관한 법률」 제22조제1항에 따른 연구시설의 설치·운영 허가를 받거나 신고를 한 자는 제23조제2항의 개정규정에 따른 허가를 받거나 신고를 한 것으로 본다.

부　칙 <2018·3·27 법15534>

제1조(시행일) 이 법은 2020년 1월 1일부터 시행한다. 다만, 제8조의5, 제10조, 제37조제5항의 개정규정은 공포한 날부터 시행하고, 제21조, 제24조, 제27조제1항, 제28조제1항, 제39조의3, 제65조제3호의2, 제67조제7호의2, 제70조제1항제1호의2, 제74조의2제1항의 개정규정 및 부칙 제2조제5항은 공포 후 6개월이 경과한 날부터 시행한다.

제2조(다른 법률의 개정) 생략

부　칙 <2018·4·17 법15608>

제1조(시행일) 이 법은 공포 후 6개월이 경과한 날부터 시행한다.

제2조부터 **제7조**까지 생략

부　칙 <2018·12·31 법16101>

제1조(시행일) 이 법은 2019년 1월 1일부터 시행한다. <단서 생략>

제2조부터 **제11조**까지 생략

부　칙 <2019·12·3 법16725>

제1조(시행일) 이 법은 공포 후 6개월이 경과한 날부터 시행한다. 다만, 제9조제2항제6호의2·제6호의3, 제33조의2 및 제67조제6호의2의 개정규정은 공포한 날부터, 제10조제2항 후단의 개정규정은 공포 후 3개월이 경과한 날부터, 법률 제15534호 감염병의 예방 및 관리에 관한 법률 일부개정법률 제2조제3호서목의 개정규정은 2020년 7월 1일부터 시행한다.

제2조(위원회의 구성에 관한 경과조치) ① 이 법 시행 후 위원을 임명 또는 위촉할 당시 제10조제2항 후단의 개정규정을 충족하지 못하는 경우에는 해당 개정규정이 충족될 때까지는 공무원이 아닌 위원을 위촉하여야 한다.
② 위원회의 위원 구성에 관하여는 제1항에 따라 제10조제2항 후단의 개정규정을 충족할 때까지는 종전의 규정에 따른다.

부　칙 <2020·3·4 법17067>

제1조(시행일) 이 법은 공포 후 6개월이 경과한 날부터 시행한다. 다만, 다음 각 호의 사항은 그 구분에 따른 날부터 시행한다.
1. 제2조·제11조제1항·제13조·제16조의2제1항·제22조·제23조·제23조의2·제34조의2·제40조의3·제42조·제47조·제49조·제52조제2항부터 제4항까지·제53조·제59조·제60조·제60조의3(시장·군수·구청장에 관한 부분으로 한정한다)·제76조의2·제76조의3·제79조제3호·제5호 및 제83조제2항제3호의 개정규정 : 공포한 날
2. 제7조·제49조의2·제51조·제52조제1항·제56조 및 제76조의4의 개정규정과 법률 제16725호 감염병의 예방 및 관리에 관한 법률 일부개정법률 제83조제2항제3호의 개정규정 : 공포 후 3개월이 경과한 날
3. 법률 제16725호 감염병의 예방 및 관리에 관한 법률 일부개정법률 제21조·제23조·제77조 및 제79조제2호의2의 개정규정 : 2020년 6월 4일
4. 제77조·제79조의3·제79조의4 및 제80조의 개정규정 : 공포 후 1개월이 경과한 날

제2조(역학조사관에 관한 경과조치) 이 법 시

행 당시 종전의 규정에 따라 시·도지사가 시·군·구에 둔 역학조사관은 제60조의2의 개정규정에 따라 시장·군수·구청장이 임명한 역학조사관으로 본다.

부 칙 <2020·8·11 법17472>

제 1 조(시행일) 이 법은 공포 후 1개월이 경과한 날부터 시행한다. 〈단서 생략〉

제 2 조부터 **제 5 조**까지 생략

부 칙 <2020·8·12 법17475>

제 1 조(시행일) 이 법은 공포한 날부터 시행한다. 다만, 제41조·제76조의3·제79조의3 및 제83조의 개정규정은 공포 후 2개월이 경과한 날부터 시행한다.

제 2 조(외국인의 비용 부담에 관한 적용례) 제69조의2의 개정규정은 이 법 시행 후 국내에 입국하는 외국인부터 적용한다.

제 3 조(질병관리청장에 관한 경과조치) 제41조제 3 항 및 제69조의2의 개정규정 중 "질병관리청장"은 2020년 9월 11일까지는 "보건복지부장관"으로 본다.

제 4 조(벌칙에 관한 경과조치) 이 법 시행 전의 위반행위에 대하여 벌칙을 적용할 때에는 제41조제 2 항 및 제79조의3제 2 호의 개정규정에도 불구하고 종전의 규정에 따른다.

부 칙 <2020·9·29 법17491>

이 법은 공포한 날부터 시행한다. 다만, 제40조의5, 제49조제 3 항부터 제 5 항까지, 제64조, 제65조, 제67조 및 제70조의6의 개정규정은 공포 후 3개월이 경과한 날부터 시행하고, 법률 제17475호 감염병의 예방 및 관리에 관한 법률 일부개정법률 제41조제 3 항의 개정규정은 2020년 10월 13일부터 시행한다.

부 칙 <2020·12·15 법17642>

제 1 조(시행일) 이 법은 공포 후 6개월이 경과한 날부터 시행한다. 다만, 제49조의3의 개정규정은 공포한 날부터 시행한다.

제 2 조(감염병 발생 신고에 관한 적용례) 제12조제 1 항제 2 호 및 제 3 호의 개정규정은 이 법 시행 이후 같은 항에 따라 신고하여야 하는 감염병이 발생한 경우부터 적용한다.

제 3 조(감염병의심자 격리시설 지정에 대한 경과조치) 이 법 시행 이전에 접촉자 격리시설로 지정된 시설은 제39조의3의 개정규정에 따라 감염병의심자 격리시설로 지정된 것으로 본다.

부 칙 <2020·12·22 법17653>

제 1 조(시행일) 이 법은 2021년 1월 1일부터 시행한다. 〈단서 생략〉

제 2 조부터 **제14조**까지 생략

부 칙 <2020·12·22 법17689>

제 1 조(시행일) 이 법은 2021년 1월 1일부터 시행한다. 〈단서 생략〉

제 2 조부터 **제 8 조**까지 생략

부 칙 <2021·1·12 법17893>

제 1 조(시행일) 이 법은 공포 후 1년이 경과한 날부터 시행한다.

제 2 조부터 **제23조**까지 생략

부 칙 <2021·3·9 법17920>

제 1 조(시행일) 이 법은 공포한 날부터 시행한다. 다만, 제34조 및 제49조의2의 개정규정은 공포 후 6개월이 경과한 날부터 시행한다.

제 2 조(생물테러감염병 등에 대비한 개발 중인 백신 및 치료제 구매 특례에 대한 경과조치) 이 법 시행 전에 생물테러감염병 및 그 밖의 감염병의 대유행에 대처하기 위해 체결한 개발 중인 백신이나 의약품의 구매 및 공급에 필요한 계약은 제40조의6의 개정규정에 따라 체결된 계약으로 본다.

제 3 조(손해배상에 관한 적용례) 제72조의2의 개정규정은 이 법 시행 후 이 법을 위반하여 감염병을 확산시키거나 확산 위험성을 증대시킨 경우부터 적용한다.

부 칙 <2021·10·19 법18507>

제 1 조(시행일) 이 법은 공포 후 6개월이 경과한 날부터 시행한다. 다만, 제 8 조의2의 개정규정은 공포한 날부터 시행한다.

제 2 조(고위험병원체 반입 허가 취소에 관한 적용례) ① 제22조제 4 항제 1 호 및 제 3 호의 개정규정은 이 법 시행 전의 위반행위에 대하여도 적용한다.

② 제22조제 4 항제 2 호의 개정규정은 이 법 시행 전에 고위험병원체 반입 허가를 받은 자가 이 법 시행 이후 1년 이내에 인수 신고를 하지 않은 경우에 대하여도 적용한다.

제 3 조(고위험병원체 폐기에 관한 적용례) 제23조의2제 2 항 및 제 3 항의 개정규정은 이 법 시행 당시 고위험병원체 취급시설의 허가가 취소되거나 폐쇄명령을 받은 자가 보유하고 있는 고위험병원체의 경우에 대하여도 적용한다.

제 4 조(생물테러감염병병원체의 보유허가 취소에 관한 적용례) 제23조의3제 4 항의 개정규정은 이 법 시행 전에 속임수나 그 밖의 부정한 방법으로 생물테러감염병병원체의 보유허가를 받은 자에 대하여도 적용한다.

부 칙 <2021·12·21 법18603>

이 법은 공포 후 3개월이 경과한 날부터 시행한다.

부 칙 <2022·1·11 법18744>

제1조(시행일) 이 법은 공포 후 6개월이 경과한 날부터 시행한다.

제2조 생략

부 칙 <2022·6·10 법18893>

이 법은 공포 후 6개월이 경과한 날부터 시행한다.

부 칙 <2023·1·17 법19213>

제1조(시행일) 이 법은 공포 후 1년이 경과한 날부터 시행한다.

제2조부터 **제6조**까지 생략

부 칙 <2023·3·28 법19290>

이 법은 공포 후 6개월이 경과한 날부터 시행한다. 다만, 제24조제1항의 개정규정은 공포 후 3개월이 경과한 날부터 시행한다.

부 칙 <2023·5·19 법19419>

이 법은 공포한 날부터 시행한다. 다만, 제32조의2의 개정규정은 공포 후 3개월이 경과한 날부터 시행하고, 제8조의6제4항 및 제5항의 개정규정은 공포 후 6개월이 경과한 날부터 시행한다.

부 칙 <2023·6·13 법19441>

이 법은 공포한 날부터 시행한다. 다만, 제2조의 개정규정은 공포 후 6개월이 경과한 날부터 시행한다.

부 칙 <2023·8·8 법19603>

이 법은 2024년 1월 1일부터 시행한다. 다만, 제2조제5호 각 목 외의 부분 단서의 개정규정은 공포한 날부터 시행한다.

부 칙 <2023·8·16 법19644>

제1조(시행일) 이 법은 공포 후 6개월이 경과한 날부터 시행한다.

제2조(중앙감염병병원에 관한 경과조치) 이 법 시행 전에 종전의 제8조의2제1항에 따라 지정된 중앙감염병병원은 같은 항의 개정규정에 따른 중앙감염병전문병원으로 본다.

부 칙 <2023·9·14 법19715>

제1조(시행일) 이 법은 공포 후 3개월이 경과한 날부터 시행한다. 다만, 제18조의5의 개정규정은 공포 후 1년이 경과한 날부터 시행하고, 제34조제2항, 제65조 및 제67조의 개정규정은 2024년 1월 1일부터 시행한다.

제2조(검사의뢰에 관한 적용례) 제29조의2제1항의 개정규정은 이 법 시행 이후 의료인 및 의료기관의 장이 질병관리청장에게 이상반응에 대한 검사를 의뢰한 경우부터 적용한다.

부 칙 <2024·1·23 법20090>

이 법은 공포 후 6개월이 경과한 날부터 시행한다. 다만, 제24조제3항의 개정규정은 공포 후 3개월이 경과한 날부터 시행한다.

부 칙 <2024·1·30 법20171>

제1조(시행일) 이 법은 공포 후 1년 6개월이 경과한 날부터 시행한다.

제2조 생략

부 칙 <2024·9·20 법20445>

제1조(시행일) 이 법은 공포 후 9개월이 경과한 날부터 시행한다. 〈단서 생략〉

제2조부터 **제10조**까지 생략

부 칙 <2024·12·20 법20583>

제1조(시행일) 이 법은 공포 후 6개월이 경과한 날부터 시행한다.

제2조(국가첨단백신개발센터에 관한 경과조치) ① 이 법 시행 당시 「민법」 제32조에 따라 설립된 국가첨단백신개발센터(이하 "구법인"이라 한다)는 이 법에 따라 설립된 국가첨단백신개발센터(이하 "신법인"이라 한다)로 본다. 이 경우 구법인은 이 법 시행일부터 3개월 이내에 이 법의 요건에 부합하도록 정관을 변경하여 제63조의2제4항의 개정규정에 따른 인가를 받아야 한다.

② 제1항에 따라 질병관리청장의 인가를 받은 구법인은 신법인의 설립과 동시에 「민법」 중 법인의 해산 및 청산에 관한 규정에도 불구하고 해산된 것으로 보며, 구법인에 속하였던 모든 소관 업무, 권리·의무 및 재산은 신법인이 승계한다.

③ 제2항에 따라 신법인에 승계될 재산의 가액은 신법인 설립등기일 전일의 장부가액으로 한다.

④ 신법인 설립 당시 등기부나 그 밖의 공부(公簿)에 표시된 구법인의 명의는 신법인의 명의로 본다.

⑤ 신법인 설립 당시 구법인의 임직원은 신법인의 임직원으로 보며, 임직원의 임기는 종전의 임명일부터 기산한다.

⑥ 신법인의 설립 이전에 구법인이 행한 행위 또는 구법인에 대하여 행하여진 행위는 신법인이 행한 행위 또는 신법인에 대하여 행하여진 행위로 본다.

●모자보건법

〔1986·5·10 법률제3824호 전부개정〕

개정
1987·11·28 법률제 3948호(의료법)
1994·12·22 법률제 4791호(기금관리기본법)
1997·12·13 법률제 5454호(정부부처명칭등의변경에따르는건축법등의정비에관한법률)
1999·2·8 법률제 5859호
2005·12·7 법률제 7703호
2007·4·11 법률제 8366호(의료법)
2008·2·29 법률제 8852호(정부조직법)
2009·1·7 법률제 9333호
2010·1·18 법률제 9932호(정부조직법)
2012·5·23 법률제11441호
2013·8·6 법률제11998호(지방세외수입금의 징수 등에 관한 법률)
2015·1·28 법률제13104호
2015·7·24 법률제13426호(제주특별자치도 설치 및 국제자유도시 조성을 위한 특별법)
2015·12·22 법률제13597호
2016·12·2 법률제14323호
2017·12·12 법률제15186호
2018·3·13 법률제15444호
2019·1·15 법률제16245호
2019·4·23 법률제16370호
2020·2·18 법률제17007호(중앙행정권한 및 사무 등의 지방 일괄 이양을 위한 물가안정에 관한 법률 등 46개 법률 일부개정을 위한 법률)
2020·3·24 법률제17091호(지방행정제재·부과금의 징수 등에 관한 법률)
2021·12·21 법률제18612호
2024·1·2 법률제19890호
2024·1·23 법률제20094호
2024·2·6 법률제20215호

제 1 조(목적) 이 법은 모성(母性) 및 영유아(嬰幼兒)의 생명과 건강을 보호하고 건전한 자녀의 출산과 양육을 도모함으로써 국민보건 향상에 이바지함을 목적으로 한다.
〔전부개정 2009·1·7〕

제 2 조(정의) 이 법에서 사용하는 용어의 뜻은 다음과 같다. <개정 2015·12·22, 2019·4·23>
1. "임산부"란 임신 중이거나 분만 후 6개월 미만인 여성을 말한다.
2. "모성"이란 임산부와 가임기(可妊期) 여성을 말한다.
3. "영유아"란 출생 후 6년 미만인 사람을 말한다.
4. "신생아"란 출생 후 28일 이내의 영유아를 말한다.
5. "미숙아(未熟兒)"란 신체의 발육이 미숙한 채로 출생한 영유아로서 대통령령으로 정하는 기준에 해당하는 영유아를 말한다.
6. "선천성이상아(先天性異常兒)"란 선천성 기형(奇形) 또는 변형(變形)이 있거나 염색체에 이상이 있는 영유아로서 대통령령으로 정하는 기준에 해당하는 영유아를 말한다.
7. "인공임신중절수술"이란 태아가 모체 밖에서는 생명을 유지할 수 없는 시기에 태아와 그 부속물을 인공적으로 모체 밖으로 배출시키는 수술을 말한다.
8. "모자보건사업"이란 모성과 영유아에게 전문적인 보건의료서비스 및 그와 관련된 정보를 제공하고, 모성의 생식건강(生殖健康) 관리와 임신·출산·양육 지원을 통하여 이들이 신체적·정신적·사회적으로 건강을 유지하게 하는 사업을 말한다.
9. 삭제 <2017·12·12>
10. "산후조리업(産後調理業)"이란 산후조리 및 요양 등에 필요한 인력과 시설을 갖춘 곳(이하 "산후조리원"이라 한다)에서 분만 직후의 임산부나 출생 직후의 영유아에게 급식·요양과 그 밖에 일상생활에 필요한 편의를 제공하는 업(業)을 말한다.
11. "난임(難妊)"이란 부부(사실상의 혼인관계에 있는 경우를 포함한다. 이하 이 호에서 같다)가 피임을 하지 아니한 상태에서 부부간 정상적인 성생활을 하고 있음에도 불구하고 1년이 지나도 임신이 되지 아니하는 상태를 말한다.
12. "보조생식술"이란 임신을 목적으로 자연적인 생식과정에 인위적으로 개입하는 의료행위로서 인간의 정자와 난자의 채취 등 보건복지부령으로 정하는 시술을 말한다.

〔전부개정 2009·1·7〕

제 3 조(국가와 지방자치단체의 책임) ① 국가와 지방자치단체는 모성과 영유아의 건강을 유지·증진하기 위한 조사·연구와 그 밖에 필요한 조치를 하여야 한다.
② 국가와 지방자치단체는 모자보건사업에 관

한 시책을 마련하고 모성과 영유아의 보호자에게 적극적으로 홍보하여 국민보건 향상에 이바지하도록 노력하여야 한다. <개정 2017·12·12, 2021·12·21>

〔전부개정 2009·1·7〕

제 3 조의2(임산부의 날) 임신과 출산의 중요성을 북돋우기 위하여 10월 10일을 임산부의 날로 정한다.

〔전부개정 2009·1·7〕

제 3 조의3(결혼이민자에 대한 적용) 이 법은 「재한외국인 처우 기본법」 제 2 조제 3 호의 결혼이민자에 대하여도 적용한다.

〔본조신설 2009·1·7〕

제 4 조(모성 등의 의무) ① 모성은 임신·분만·수유 및 생식과 관련하여 자신의 건강에 대한 올바른 이해와 관심을 가지고 그 건강관리에 노력하여야 한다.

② 영유아의 친권자·후견인이나 그 밖에 영유아를 보호하고 있는 자(이하 "보호자"라 한다)는 육아에 대한 올바른 이해를 가지고 영유아의 건강을 유지·증진하는 데에 적극적으로 노력하여야 한다.

〔전부개정 2009·1·7〕

제 5 조(사업계획의 수립 및 조정) ① 보건복지부장관은 대통령령으로 정하는 바에 따라 모자보건사업에 관한 시책을 종합·조정하고 그에 관한 기본계획을 세워야 한다. <개정 2010·1·18, 2017·12·12>

② 관계 중앙행정기관의 장과 지방자치단체의 장은 제 1 항의 기본계획을 시행하는 데에 필요한 세부계획을 수립·시행하여야 한다.

〔전부개정 2009·1·7〕

제 6 조 삭제 <2015·12·22>

제 7 조(모자보건기구의 설치) ① 국가와 지방자치단체는 모자보건사업에 관한 다음 각 호의 사항을 관장하기 위하여 모자보건기구를 설치·운영할 수 있다. 이 경우 지방자치단체가 모자보건기구를 설치할 때에는 그 지방자치단체가 설치한 보건소에 설치함을 원칙으로 한다. <개정 2017·12·12>

1. 임산부의 산전(産前)·산후(産後)관리 및 분만관리와 응급처치에 관한 사항
2. 영유아의 건강관리와 예방접종 등에 관한 사항
3. 모성의 생식건강 관리와 건강 증진 프로그램 개발 등에 관한 사항
4. 부인과(婦人科) 질병 및 그에 관련되는 질병의 예방에 관한 사항
5. 심신장애아의 발생 예방과 건강관리에 관한 사항
6. 성교육·성상담 및 보건에 관한 지도·교육·연구·홍보 및 통계관리 등에 관한 사항

② 제 1 항에 따른 모자보건기구의 설치기준과 운영에 필요한 사항은 대통령령으로 정한다.

③ 국가와 지방자치단체는 제 1 항 각 호의 사항을 대통령령으로 정하는 바에 따라 의료법인이나 비영리법인에 위탁하여 수행할 수 있다.

〔전부개정 2009·1·7〕

제 8 조(임산부의 신고 등) ① 임산부가 이 법에 따른 보호를 받으려면 본인이나 그 보호자가 보건복지부령으로 정하는 바에 따라 「의료법」 제 3 조에 따른 의료기관(이하 "의료기관"이라 한다) 또는 보건소에 임신 또는 분만 사실을 신고하여야 한다. <개정 2010·1·18>

② 의료기관의 장 또는 보건소장은 제 1 항에 따른 신고를 받으면 이를 종합하여 보건복지부령으로 정하는 바에 따라 특별자치시장·특별자치도지사 또는 시장(「제주특별자치도 설치 및 국제자유도시 조성을 위한 특별법」 제10조제 2 항에 따른 행정시의 시장은 제외한다. 이하 같다)·군수·구청장(자치구의 구청장을 말한다. 이하 같다)에게 보고하여야 한다. <개정 2010·1·18, 2015·1·28, 2015·7·24>

③ 의료기관의 장 또는 보건소장은 해당 의료기관이나 보건소에서 임산부가 사망하거나 사산(死産)하였을 때 또는 신생아가 사망하였을 때에는 보건복지부령으로 정하는 바에 따라 특별자치시장·특별자치도지사 또는 시장·군수·구청장에게 보고하여야 한다. <개정 2010·1·18, 2015·1·28>

④ 의료기관의 장은 해당 의료기관에서 미숙아나 선천성이상아가 출생하면 보건복지부령으로 정하는 바에 따라 보건소장에게 보고하여야 한다. <개정 2010·1·18>

⑤ 제 4 항에 따른 미숙아 또는 선천성이상아(이하 "미숙아등"이라 한다)의 출생을 보고받은 보건소장은 그 보호자가 해당 관할 구

역에 주소를 가지고 있지 아니하면 그 보호자의 주소지를 관할하는 보건소장에게 그 출생보고를 이송하여야 한다.
〔전부개정 2009·1·7〕

제 9 조(모자보건수첩의 발급) ① 특별자치시장·특별자치도지사 또는 시장·군수·구청장은 제 8 조제 1 항에 따라 신고된 임산부나 영유아에 대하여 모자보건수첩을 발급하여야 한다. <개정 2015·1·28>
② 제 1 항에 따른 모자보건수첩의 발급 절차 등에 필요한 사항은 보건복지부령으로 정한다. <개정 2010·1·18>
〔전부개정 2009·1·7〕

제 9 조의2(미숙아등의 정보 기록·관리) 제 8 조제 4 항과 제 5 항에 따라 미숙아등의 출생보고를 받은 보건소장은 보건복지부령으로 정하는 바에 따라 미숙아등에 대한 정보를 기록·관리하여야 한다. <개정 2010·1·18, 2015·12·22>
〔전부개정 2009·1·7〕

제10조(임산부·영유아·미숙아등의 건강관리 등) ① 국가와 지방자치단체는 임산부·영유아·미숙아등에 대하여 대통령령으로 정하는 바에 따라 정기적으로 건강진단·예방접종을 실시하거나 모자보건전문가(의사·한의사·조산사·간호사의 면허를 받은 사람 또는 간호조무사의 자격을 인정받은 사람으로서 모자보건사업에 종사하는 사람을 말한다)에게 그 가정을 방문하여 보건진료를 하게 하는 등 보건관리에 필요한 조치를 하여야 한다. <개정 2015·1·28, 2015·12·22, 2017·12·12, 2024·2·6>
② 국가와 지방자치단체는 임산부·영유아·미숙아등 중 입원진료가 필요한 사람에게 다음 각 호의 의료 지원을 할 수 있다. <개정 2015·1·28, 2024·2·6>
1. 진찰
2. 약제나 치료재료의 지급
3. 처치(處置), 수술, 그 밖의 치료
4. 의료시설에의 수용
5. 간호
6. 이송
〔전부개정 2009·1·7〕

제10조의2(고위험 임산부와 신생아 집중치료 시설 등의 지원) 국가와 지방자치단체는 고위험 임산부와 미숙아등의 건강을 보호·증진하기 위하여 필요한 의료를 적절하게 제공할 수 있는 고위험 임산부와 신생아 집중치료 시설 및 장비 등을 지원할 수 있다. <개정 2016·12·2>
〔본조신설 2009·1·7〕

제10조의3(모유수유시설의 설치 등) ① 국가와 지방자치단체는 영유아의 건강을 유지·증진하기 위하여 필요한 모유수유시설 및 영유아를 동반한 사람 등이 이용할 수 있는 수유시설의 설치를 지원할 수 있다. <개정 2021·12·21>
② 국가와 지방자치단체는 모유수유를 권장하기 위하여 필요한 자료조사·홍보·교육 등을 적극 추진하여야 한다.
③ 산후조리원, 의료기관 및 보건소는 모유수유에 관한 지식과 정보를 임산부에게 충분히 제공하는 등 모유수유를 적극적으로 권장하여야 하고, 임산부가 영유아에게 모유를 먹일 수 있도록 임산부와 영유아가 함께 있을 수 있는 시설을 설치하기 위하여 노력하여야 한다.
〔본조신설 2009·1·7〕

제10조의4(다태아 임산부 등에 대한 지원) 국가와 지방자치단체는 다태아(多胎兒) 임산부의 건강하고 안전한 임신·출산 및 다태아로 태어난 영유아의 건강을 유지·증진하기 위하여 필요한 지원을 할 수 있다.
〔본조신설 2015·12·22〕

제10조의5(임산부의 정신건강 증진을 위한 지원) ① 국가와 지방자치단체는 임산부가 임신 또는 출산으로 인하여 겪는 우울, 불안 등 심리적 증상(이하 "산전·산후우울증"이라 한다)을 극복하기 위한 지원을 할 수 있다.
② 제 1 항에 따른 지원에는 다음 각 호의 내용이 포함되어야 한다.
1. 산전·산후우울증 검사에 관한 지원
2. 임산부 및 그 배우자에 대한 산전·산후우울증 관련 상담·교육
3. 산전·산후우울증 관련 정보 제공 및 예방을 위한 홍보
4. 그 밖에 산전·산후우울증 예방 및 극복을 위하여 보건복지부장관이 필요하다고 인정하는 사업
〔전부개정 2024·1·2〕

제10조의6(중앙모자의료센터) ① 보건복지부

장관은 고위험 임산부 및 미숙아등의 의료 지원에 필요한 다음 각 호의 업무를 수행하게 하기 위하여 「공공보건의료에 관한 법률」 제2조제3호에 따른 공공보건의료기관 중에서 중앙모자의료센터를 지정할 수 있다.

1. 고위험 임산부 및 신생아 집중치료 시설에 대한 지원 및 평가
2. 고위험 임산부 및 신생아 집중치료 시설 간의 연계 및 업무조정
3. 고위험 임산부 및 신생아 집중치료 시설 종사자에 대한 교육훈련
4. 고위험 임산부 및 미숙아등 관련 사례 분석 및 통계 작성
5. 그 밖에 고위험 임산부 및 신생아 집중치료 시설의 지원에 관하여 보건복지부장관이 정하는 업무

② 보건복지부장관은 중앙모자의료센터로 지정받은 의료기관이 다음 각 호의 어느 하나에 해당하는 경우에는 그 지정을 취소할 수 있다. 다만, 제1호에 해당하는 경우에는 지정을 취소하여야 한다.

1. 거짓이나 그 밖의 부정한 방법으로 지정을 받은 경우
2. 제3항에 따른 지정 기준에 미치지 못하게 된 경우
3. 지정받은 사항을 위반하여 업무를 수행한 경우

③ 중앙모자의료센터의 지정 기준 및 절차, 지정 취소 등에 필요한 사항은 보건복지부령으로 정한다.

〔본조신설 2018·3·13〕

제11조(난임·유산·사산 극복 지원사업) ① 국가와 지방자치단체는 난임, 유산·사산 등 생식건강 문제를 극복하기 위한 지원을 할 수 있다. <개정 2012·5·23, 2024·1·2>

② 난임극복 지원에는 다음 각 호의 내용이 포함되어야 한다. <신설 2015·12·22, 2024·2·6>

1. 난임치료를 위한 시술비 지원. 이 경우 「한의약 육성법」 제2조제1호에 따른 한방의료를 통하여 난임을 치료하는 한방난임치료(이하 "한방난임치료"라 한다) 비용의 지원을 포함할 수 있다.
2. 난임 관련 상담 및 교육
3. 난임 예방 및 관련 정보 제공
4. 그 밖에 보건복지부장관이 필요하다고 인정하는 사업

③ 유산·사산 극복 지원에는 다음 각 호의 내용이 포함되어야 한다. <신설 2024·1·2>

1. 유산·사산 관련 상담 및 심리지원
2. 유산·사산 예방을 위한 교육 및 관련 정보 제공
3. 그 밖에 유산·사산 극복을 위하여 보건복지부장관이 필요하다고 인정하는 사업

〔전부개정 2009·1·7〕

제11조의2(난임치료의 기준 고시) 보건복지부장관은 난임시술 의료기관의 보조생식술, 한방난임치료 등 난임치료에 관한 의학적·한의학적 기준을 정하여 고시할 수 있다. <개정 2024·2·6>

〔본조신설 2015·12·22〕

제11조의3(난임시술 의료기관의 지정 등) ① 보건복지부장관은 「의료법」 제3조제2항제1호가목·다목 및 같은 항 제3호가목·다목·마목에 따른 의료기관 중 보조생식술 등 난임시술이 가능한 의료기관을 난임시술 의료기관으로 지정할 수 있다.

② 제1항에 따른 난임시술 의료기관은 보건복지부령으로 정하는 시설·장비 및 전문인력 등을 갖추어야 한다.

③ 보건복지부 장관은 제1항에 따라 지정된 난임시술 의료기관(이하 "지정의료기관"이라 한다)에 대하여 3년마다 제2항의 기준 및 실적 등에 대한 평가를 실시하고 평가 결과에 따라 그 지정을 취소할 수 있다

④ 보건복지부장관은 제3항에 따른 평가업무를 관계 전문기관 또는 단체에 위탁할 수 있다.

⑤ 보건복지부장관은 제3항에 따른 평가결과를 공개하여야 한다. <개정 2018·3·13>

⑥ 제1항 및 제3항에 따른 난임시술 의료기관 지정의 기준·절차, 제4항에 따른 위탁, 제5항에 따른 평가결과의 공개방법 등에 필요한 사항은 보건복지부령으로 정한다.

〔본조신설 2015·12·22〕

제11조의4(난임·임산부심리상담센터의 설치·운영 등) ① 보건복지부장관은 난임 극복, 산전·산후우울증 극복 및 유산·사산 예방을 위한 다음 각 호의 업무를 전문적이고 체계적으로 수행하기 위하여 중앙난임·임산부심리상담센터(이하 "중앙상담센터"라 한다)를

설치·운영할 수 있다. <개정 2024·1·2>

1. 산전·산후우울증 관련 검사
2. 난임 극복, 산전·산후우울증 극복 및 유산·사산 예방 관련 상담 및 교육
3. 제2항에 따른 권역별 난임·임산부심리상담센터 종사자에 대한 교육
4. 제2항에 따른 권역별 난임·임산부심리상담센터와의 정보 교류 및 협력
5. 난임 극복, 산전·산후우울증 극복 및 유산·사산 예방을 위한 조사 및 연구
6. 그 밖에 난임 극복, 산전·산후우울증 극복 및 유산·사산 예방을 위하여 보건복지부장관이 정하는 업무

② 특별시장·광역시장·특별자치시장·도지사 또는 특별자치도지사(이하 "시·도지사"라 한다)는 난임 극복, 산전·산후우울증 극복 및 유산·사산 예방 관련 상담 및 교육 등의 업무를 전문적으로 수행하기 위하여 권역별 난임·임산부심리상담센터(이하 "권역별 상담센터"라 한다)를 설치·운영할 수 있다. <개정 2024·1·2>

③ 보건복지부장관과 시·도지사는 제1항 및 제2항에 따른 상담센터의 설치·운영을 보건복지부령으로 정하는 전문인력과 시설을 갖춘 기관에 위탁할 수 있다. <개정 2024·1·2>

④ 그 밖에 제1항 및 제2항에 따른 상담센터의 설치·운영과 제3항에 따른 위탁에 필요한 사항은 보건복지부령으로 정한다. <개정 2024·1·2>

〔본조신설 2016·12·2〕

제11조의5(청문) 보건복지부장관은 제11조의3 제3항에 따라 지정의료기관의 지정을 취소하고자 할 때에는 청문을 하여야 한다.

〔본조신설 2015·12·22〕

제11조의6(통계관리 등) ① 보건복지부장관은 난임 극복 지원을 효율적으로 하기 위하여 보조생식술 등 난임시술현황 및 그에 따른 임신·출산 등에 대한 통계 및 정보 등의 자료를 수집·분석하고 관리(이하 "통계관리"라 한다)하여야 한다.

② 제1항에 따른 자료는 다음 각 호의 내용을 포함하여야 한다.

1. 인구통계학적 특성
2. 산과 및 의학적 과거력
3. 난임의 원인
4. 난임시술의 과정 및 임신·출산 등 난임시술의 결과
5. 난임시술로 태어난 출생아의 건강 정보
6. 난임시술 의료기관의 정보
7. 그 밖에 난임시술의 통계관리에 필요한 자료로서 보건복지부령으로 정하는 사항

③ 보건복지부장관은 통계관리를 보건복지부령으로 정하는 기관에 위탁·운영할 수 있다.

④ 보건복지부장관은 통계관리에 필요한 경우 난임환자를 진단·치료하는 의료인 또는 의료기관, 「국민건강보험법」에 따른 국민건강보험공단 및 건강보험심사평가원, 그 밖에 난임극복에 관한 사업을 하는 법인·기관·단체 등에 자료를 요청할 수 있다. 이 경우 자료요청을 받은 자는 특별한 사유가 없으면 요구에 따라야 한다.

⑤ 제3항에 따른 위탁 등에 필요한 사항은 보건복지부령으로 정한다.

〔본조신설 2015·12·22〕

제11조의7(생식세포 동결·보존 등을 위한 지원) ① 국가와 지방자치단체는 난소 또는 고환 절제 등 대통령령으로 정하는 의학적 사유에 의한 치료로 인하여 생식건강의 손상으로 영구적인 불임이 예상되어 생식세포의 동결·보존을 통한 가임력 보전이 필요한 사람의 생식세포 보존을 위한 지원을 할 수 있다.

② 제1항에 따른 지원의 내용 및 방법 등에 필요한 사항은 보건복지부령으로 정한다.

〔본조신설 2024·1·23〕

제12조(인공임신중절 예방 등의 사업) ① 국가와 지방자치단체는 여성의 건강보호 및 생명존중 분위기를 조성하기 위하여 인공임신중절의 예방 등 필요한 사업을 실시할 수 있다.

② 특별자치시장·특별자치도지사 또는 시장·군수·구청장은 보건복지부령으로 정하는 바에 따라 원하는 사람에게 피임약제나 피임용구를 보급할 수 있다. <개정 2015·1·28, 2020·2·18>

〔전부개정 2012·5·23〕

제13조 삭제 <2009·1·7>

제14조(인공임신중절수술의 허용한계) ① 의사

는 다음 각 호의 어느 하나에 해당되는 경우에만 본인과 배우자(사실상의 혼인관계에 있는 사람을 포함한다. 이하 같다)의 동의를 받아 인공임신중절수술을 할 수 있다.

1. 본인이나 배우자가 대통령령으로 정하는 우생학적(優生學的) 또는 유전학적 정신장애나 신체질환이 있는 경우
2. 본인이나 배우자가 대통령령으로 정하는 전염성 질환이 있는 경우
3. 강간 또는 준강간(準强姦)에 의하여 임신된 경우
4. 법률상 혼인할 수 없는 혈족 또는 인척 간에 임신된 경우
5. 임신의 지속이 보건의학적 이유로 모체의 건강을 심각하게 해치고 있거나 해칠 우려가 있는 경우

② 제1항의 경우에 배우자의 사망·실종·행방불명, 그 밖에 부득이한 사유로 동의를 받을 수 없으면 본인의 동의만으로 그 수술을 할 수 있다.

③ 제1항의 경우 본인이나 배우자가 심신장애로 의사표시를 할 수 없을 때에는 그 친권자나 후견인의 동의로, 친권자나 후견인이 없을 때에는 부양의무자의 동의로 각각 그 동의를 갈음할 수 있다.

〔전부개정 2009·1·7〕

제15조(산후조리업의 신고) ① 산후조리업을 하려는 자는 산후조리원 운영에 필요한 간호사 또는 간호조무사 등의 인력과 시설을 갖추고 책임보험에 가입하여 특별자치시장·특별자치도지사 또는 시장·군수·구청장에게 신고하여야 한다. 신고한 사항 중 보건복지부령으로 정하는 중요 사항을 변경하려는 경우에도 또한 같다. <개정 2010·1·18, 2015·1·28>

② 제1항에 따른 인력·시설의 기준, 신고의 방법 및 절차는 보건복지부령으로 정한다. <개정 2010·1·18>

〔전부개정 2009·1·7〕

제15조의2(결격사유) 다음 각 호의 어느 하나에 해당하는 자는 산후조리원을 설치·운영하거나 이에 종사할 수 없다. <개정 2015·1·28, 2015·12·22, 2018·3·13>

1. 18세 미만인 자, 피성년후견인 또는 피한정후견인
2. 「정신건강증진 및 정신질환자 복지서비스 지원에 관한 법률」 제3조제1호에 따른 정신질환자
3. 「마약류관리에 관한 법률」에 따른 마약류 중독자
4. 이 법을 위반하여 금고 이상의 실형을 선고받고 그 집행이 끝나거나(집행이 끝난 것으로 보는 경우를 포함한다) 집행이 면제된 날부터 3년이 지나지 아니한 자
5. 이 법을 위반하여 형의 집행유예를 선고받고 그 유예기간 중에 있는 자
6. 제15조의9에 따라 산후조리원의 폐쇄명령(제1호부터 제3호까지의 어느 하나에 해당하여 폐쇄명령을 받은 경우는 제외한다)을 받고 1년이 지나지 아니한 자
7. 대표자가 제1호부터 제6호까지의 어느 하나에 해당하는 법인

〔전부개정 2009·1·7〕

제15조의3(산후조리업의 승계) ① 다음 각 호의 어느 하나에 해당하는 자는 제15조제1항에 따라 산후조리업을 신고한 자(이하 "산후조리업자"라 한다)의 지위를 승계한다.

1. 산후조리업자가 사망한 경우 그 상속인
2. 산후조리업자가 산후조리업을 양도한 경우 그 양수인
3. 법인인 산후조리업자가 합병한 경우 합병 후 신설되거나 존속하는 법인

② 제1항에 따라 산후조리업자의 지위를 승계한 자는 보건복지부령으로 정하는 바에 따라 승계한 날부터 1개월 이내에 특별자치시장·특별자치도지사 또는 시장·군수·구청장에게 신고하여야 한다. <개정 2010·1·18, 2015·1·28>

〔전부개정 2009·1·7〕

제15조의4(산후조리업자의 준수사항) 산후조리업자는 임산부 및 영유아의 건강·위생관리와 위해(危害) 방지 등을 위하여 다음 각 호에서 정하는 사항을 지켜야 한다. <개정 2010·1·18, 2019·1·15>

1. 보건복지부령으로 정하는 바에 따라 건강기록부를 갖추어 임산부와 영유아의 건강상태를 기록하고 관리할 것
2. 감염이나 질병을 예방하기 위하여 다음

각 목의 사항에 관하여 보건복지부령으로 정하는 조치를 할 것
가. 소독 등의 환경관리
나. 임산부·영유아의 건강관리
다. 종사자·방문객의 위생관리
3. 임산부나 영유아에게 감염 또는 질병이 의심되거나 발생한 경우 또는 화재·누전 등의 안전사고로 인한 인적 피해가 발생한 경우에는 즉시 의료기관으로 이송하는 등 필요한 조치를 할 것
4. 제3호에 따라 감염 또는 질병이 의심되거나 발생하여 이송한 경우 임산부 또는 보호자로부터 그 감염 또는 질병의 종류를 통보받아 확인하고 확산을 방지하기 위하여 소독 및 격리 등 필요한 조치를 할 것
5. 제3호에 따라 이송한 경우 그 이송 사실 및 제4호에 따른 조치내역을 지체 없이 산후조리원의 소재지를 관할하는 보건소장에게 보고할 것
〔전부개정 2009·1·7〕

제15조의5(건강진단 등) ① 다음 각 호의 어느 하나에 해당하는 사람은 건강진단 및 예방접종(이하 "건강진단 등"이라 한다)을 받아야 한다. 다만, 다른 법령에 따라 같은 내용의 건강진단 등을 받은 경우에는 이 법에 따른 건강진단 등을 받은 것으로 갈음할 수 있다. <개정 2015·12·22, 2019·1·15>
1. 산후조리업자
2. 제15조제1항에 따라 산후조리업의 신고를 하려는 자
3. 산후조리업에 종사하는 사람
② 산후조리업자는 제1항에 따른 건강진단 등을 받지 아니한 사람과 다른 사람에게 위해를 끼칠 우려가 있는 질병이 있거나 질병이 있는 것으로 의심되는 사람에게 격리 등 근무제한 조치를 하여야 한다. <개정 2015·12·22, 2019·1·15>
③ 산후조리업에 종사하는 사람은 제2항에 따른 질병과 관련하여 「의료법」 제3조에 따른 의료기관 및 「지역보건법」 제2조제1호에 따른 지역보건의료기관에서 「감염병의 예방 및 관리에 관한 법률」 제2조제13호에 따른 감염병환자 또는 같은 조 제14호에 따른 감염병의사환자라는 진단을 받은 경우에는 그 사실을 지체 없이 산후조리업자에게 알려야 한다. <신설 2019·1·15>
④ 제1항에 따른 산후조리업에 종사하는 사람의 범위, 건강진단 등의 실시방법 및 제2항에 따른 질병의 종류, 의심되는 사람의 범위는 각각 대통령령으로 정한다. <개정 2015·12·22, 2019·1·15>
〔전부개정 2009·1·7〕

제15조의6(감염 예방 등에 관한 교육) ① 산후조리업자와 산후조리업에 종사하는 사람은 보건복지부령으로 정하는 바에 따라 감염 예방 등에 관한 교육을 정기적으로 받아야 한다. <개정 2010·1·18, 2015·12·22, 2019·1·15>
② 제15조제1항에 따라 산후조리업의 신고를 하려는 자는 미리 제1항에 따른 교육을 받아야 한다. 다만, 질병이나 부상으로 입원 중인 경우 등 부득이한 사유로 신고 전에 교육을 받을 수 없는 경우에는 보건복지부령으로 정하는 바에 따라 그 산후조리업을 시작한 후 교육을 받아야 한다. <개정 2010·1·18>
③ 제1항과 제2항에도 불구하고 산후조리업자와 산후조리업의 신고를 하려는 자 중 산후조리업에 직접 종사하지 아니하거나 둘 이상의 장소에서 산후조리업을 하려는 자는 종사자 중 임산부와 영유아의 건강관리를 위한 책임자(「의료법」 제2조제1항에 따른 의료인으로 한정한다)를 지정한 경우 그 책임자에게 해당 교육을 받게 할 수 있다. <개정 2019·1·15>
④ 산후조리업자는 산후조리업에 종사하는 사람이 제1항에 따른 교육을 받도록 하여야 한다. <신설 2019·1·15>
〔전부개정 2009·1·7〕

제15조의7(보고·출입·검사 등) ① 특별자치시장·특별자치도지사 또는 시장·군수·구청장은 필요하다고 인정하면 산후조리업자에게 필요한 보고를 하도록 할 수 있고, 소속 공무원에게 산후조리원에 출입하여 산후조리업자의 준수사항 이행 등에 대하여 검사하도록 하거나 건강기록부 등의 서류를 열람하도록 할 수 있다. <개정 2015·1·28>
② 제1항에 따라 출입·검사 또는 열람하려는 공무원은 그 권한을 표시하는 증표를

지니고 이를 관계인에게 내보여야 한다.
③ 제1항에 따른 보고 또는 검사의 범위·시기·내용·절차·방법 등에 관련하여 이 법으로 정하는 사항 이외의 사항은 「행정조사기본법」에서 정하는 바에 따른다. <신설 2015·12·22>
〔전부개정 2009·1·7〕

제15조의8(시정명령) 특별자치시장·특별자치도지사 또는 시장·군수·구청장은 산후조리업자가 다음 각 호의 어느 하나에 해당하면 보건복지부령으로 정하는 바에 따라 산후조리업자에게 3개월 이내의 기간을 정하여 시정을 명할 수 있다. <개정 2010·1·18, 2015·1·28, 2015·12·22, 2019·1·15>
1. 제15조에 따른 인력과 시설을 갖추지 아니한 경우
2. 제15조의2를 위반하여 결격사유가 있는 사람을 종사하게 한 경우
3. 제15조의4 제1호부터 제3호까지의 규정에 따른 준수사항을 지키지 아니한 경우
4. 제15조의5제2항을 위반하여 건강진단 등을 받지 아니한 사람과 다른 사람에게 위해를 끼칠 우려가 있는 질병이 있거나 질병이 있는 것으로 의심되는 사람에게 격리 등 근무제한 조치를 하지 아니한 경우
5. 제15조의14제1항을 위반하여 "산후조리원"이라는 글자를 사용하지 아니한 경우
6. 제15조의15제2항을 위반하여 책임보험에 가입하지 아니한 경우
7. 제15조의16제1항을 위반하여 서비스의 내용과 요금체계 및 중도해약 시 환불기준을 게시하지 아니하거나 거짓으로 게시한 경우

〔전부개정 2009·1·7〕

제15조의9(산후조리원의 폐쇄 등) ① 특별자치시장·특별자치도지사 또는 시장·군수·구청장은 산후조리업자가 다음 각 호의 어느 하나에 해당하는 경우에는 6개월 이내의 기간을 정하여 산후조리업의 정지를 명하거나 산후조리원의 폐쇄를 명할 수 있다. <개정 2015·1·28, 2019·1·15>
1. 제15조의8에 따른 시정명령을 위반한 경우
2. 산후조리원을 이용하는 임산부나 영유아를 사망하게 하거나 임산부나 영유아의 신체에 보건복지부령으로 정하는 중대한 피해를 입힌 경우
3. 제15조의4제4호에 따른 소독 및 격리 등 필요한 조치를 하지 아니한 경우

② 특별자치시장·특별자치도지사 또는 시장·군수·구청장은 산후조리업자가 다음 각 호의 어느 하나에 해당하면 산후조리원의 폐쇄를 명하여야 한다. <개정 2015·1·28>
1. 제1항에 따른 정지기간 중에 산후조리업을 계속한 경우
2. 제15조의2 각 호의 어느 하나에 해당하는 경우. 다만, 제15조의2제7호에 해당하게 된 법인이 3개월 이내에 그 대표자를 변경하는 경우에는 그러하지 아니하다.

③ 특별자치시장·특별자치도지사 또는 시장·군수·구청장은 산후조리업자가 제1항과 제2항에 따라 폐쇄명령을 받은 후 계속하여 산후조리업을 할 때에는 그 업소를 폐쇄하기 위하여 관계 공무원에게 다음 각 호의 조치를 하도록 할 수 있다. <개정 2015·1·28>
1. 해당 산후조리원의 간판이나 그 밖의 업소표지물의 제거
2. 해당 산후조리원이 위법한 업소임을 알리는 게시물 등의 부착
3. 해당 산후조리업을 하기 위하여 필수불가결한 기구나 시설물을 사용할 수 없게 하는 봉인

④ 제1항과 제2항에 따라 산후조리원의 폐쇄명령을 받은 후 6개월이 지나지 아니한 경우에는 누구든지 같은 장소에서 산후조리업을 할 수 없다.
⑤ 제1항과 제2항에 따른 산후조리업 정지명령과 산후조리원 폐쇄명령의 세부적인 기준은 그 위반행위의 종류와 위반 정도 등을 고려하여 대통령령으로 정한다.
〔전부개정 2009·1·7〕

제15조의10(산후조리업의 폐업·휴업 및 재개의 신고) 산후조리업자가 산후조리업을 폐업·휴업 또는 재개(再開)하려면 보건복지부령으로 정하는 바에 따라 특별자치시장·특별자치도지사 또는 시장·군수·구청장에게 미리 신고하여야 한다. <개정 2010·1·18, 2015·1·28>
〔전부개정 2009·1·7〕

제15조의11(과징금) ① 특별자치시장·특별자치도지사 또는 시장·군수·구청장은 제15조의9제1항에 따른 산후조리업 정지명령이 산후조리원 이용자에게 심한 불편을 주거나 줄 우려가 있는 경우에는 산후조리업 정지명령을 갈음하여 3천만원 이하의 과징금을 부과·징수할 수 있다. <개정 2015·1·28>
② 제1항에 따라 과징금을 부과하는 위반행위의 종류와 위반 정도 등에 따른 과징금의 금액과 그 밖에 필요한 사항은 대통령령으로 정한다.
③ 특별자치시장·특별자치도지사 또는 시장·군수·구청장은 제1항에 따라 과징금의 부과처분을 받은 자가 과징금을 납부기한까지 내지 아니하면 「지방행정제재·부과금의 징수 등에 관한 법률」에 따라 징수한다. <개정 2013·8·6, 2015·1·28, 2020·3·24>
〔전부개정 2009·1·7〕

제15조의12(행정제재처분 효과의 승계) ① 다음 각 호의 어느 하나에 해당하는 자는 제15조의9에 따라 종전의 산후조리업자에게 한 행정제재처분의 효과를 승계한다.
1. 산후조리업자가 사망한 경우 그 상속인
2. 산후조리업자가 산후조리업을 양도한 경우 그 양수인
3. 법인인 산후조리업자가 합병한 경우 합병 후 신설되거나 존속하는 법인
② 제1항 각 호의 어느 하나에 해당하는 자에 대하여는 제15조의9에 따라 종전의 산후조리업자에게 진행 중이던 행정제재처분의 절차를 계속 진행할 수 있다.
③ 제1항과 제2항에도 불구하고 상속인·양수인 또는 합병 후 신설되거나 존속하는 법인이 상속·양수 또는 합병할 때에 그 처분이나 위반사실을 알지 못하였음을 증명하면 그러하지 아니하다.
〔전부개정 2009·1·7〕

제15조의13(청문) 특별자치시장·특별자치도지사 또는 시장·군수·구청장은 제15조의9에 따라 산후조리원의 폐쇄명령을 하려면 청문을 하여야 한다. <개정 2015·1·28>
〔전부개정 2009·1·7〕

제15조의14(명칭 사용의 제한 등) ① 산후조리업자는 산후조리업을 하기 위하여 명칭을 사용할 때에는 "산후조리원"이라는 글자를 사용하여야 한다.
② 이 법에 따라 개설된 산후조리원이 아니면 산후조리원 또는 이와 유사한 명칭을 사용하지 못한다.
〔전부개정 2009·1·7〕

제15조의15(손해배상책임의 보장) ① 산후조리업자는 산후조리원 이용으로 인한 감염 등으로 이용자에게 손해를 입힌 경우에는 그 손해를 배상할 책임이 있다.
② 산후조리업자는 제1항에 따른 손해배상책임을 보장하기 위하여 책임보험에 가입하여야 한다.
③ 제2항에 따른 책임보험의 가입금액과 그 밖에 필요한 사항은 대통령령으로 정한다.
〔본조신설 2015·1·28〕

제15조의16(이용요금 등의 공개) ① 산후조리업자는 해당 산후조리원 이용 시 제공되는 서비스의 내용과 요금체계 및 중도해약 시 환불기준을 그 산후조리원 및 인터넷홈페이지 등에 게시하여야 한다. <개정 2015·12·22>
② 제1항에 따라 게시하여야 할 사항의 게시 방법 및 시기 등은 보건복지부령으로 정한다.
〔본조신설 2015·1·28〕

제15조의17(지방자치단체의 산후조리원 설치) ① 시·도지사 또는 시장·군수·구청장은 관할 구역 내 산후조리원의 수요와 공급실태 등을 고려하여 임산부의 산후조리를 위한 산후조리원(이하 이 조에서 "공공산후조리원"이라 한다)을 설치·운영할 수 있다. <개정 2017·12·12, 2021·12·21>
② 공공산후조리원 설치·운영 시 감염 및 안전관리 대책 마련, 모자동실 설치·운영, 이용자 부담 및 저소득 취약계층 우선이용 여부 등 설치기준과 운영에 필요한 사항은 대통령령으로 정한다. <개정 2017·12·12, 2021·12·21>
〔본조신설 2015·12·22〕

제15조의18(산후조리도우미의 지원) ① 국가 또는 지방자치단체는 임산부와 신생아의 건강관리를 위하여 출산 후 가정에서 산후조리를 하고자 하는 임산부가 신청을 하는 경우 해당 임산부의 가정을 방문하여 산후조리를

돕는 도우미(이하 "산후조리도우미"라 한다)의 이용을 지원할 수 있다.

② 산후조리도우미의 신청 방법·절차, 지원 기준·방법 등에 필요한 사항은 대통령령으로 정한다. <개정 2021·12·21>

〔본조신설 2015·12·22〕

제15조의19(산후조리도우미의 자격) ① 산후조리도우미는 「사회서비스 이용 및 이용권 관리에 관한 법률」 제2조제4호에 따른 사회서비스 제공자(이하 "사회서비스 제공자"라 한다)에 소속된 사람으로서 「아동복지법」 제26조의2제2항에 따른 아동학대 예방교육 및 보건복지부장관이 고시하는 교육과정을 수료한 사람으로 한다.

② 다음 각 호의 어느 하나에 해당하는 사람은 산후조리도우미로 활동할 수 없다.

1. 미성년자·피성년후견인 또는 피한정후견인
2. 「정신건강증진 및 정신질환자 복지서비스 지원에 관한 법률」 제3조제1호에 따른 정신질환자. 다만, 정신건강의학과전문의가 산후조리도우미로서 직무를 수행할 수 있다고 인정하는 사람은 그러하지 아니하다.
3. 마약·대마 또는 향정신성의약품 중독자
4. 금고 이상의 실형을 선고받고 그 집행이 종료(집행이 종료된 것으로 보는 경우를 포함한다)되거나 집행이 면제된 날부터 3년이 경과되지 아니한 사람
5. 금고 이상의 형의 집행유예를 선고받고 그 유예기간 중에 있는 사람
6. 「아동복지법」 제17조 위반에 따른 같은 법 제71조제1항의 죄, 「성폭력범죄의 처벌 등에 관한 특례법」 제2조에 따른 성폭력범죄 또는 「아동·청소년의 성보호에 관한 법률」 제2조제2호에 따른 아동·청소년대상 성범죄를 범하여 형 또는 치료감호를 선고받고 그 형 또는 치료감호의 전부 또는 일부의 집행이 종료되거나 집행이 유예·면제된 날부터 10년이 지나지 아니한 사람
7. 「아동복지법」 제3조제7호의2에 따른 아동학대관련범죄로 금고 이상의 실형을 선고받고 그 집행이 종료되거나 집행이 면제된 날부터 20년이 지나지 아니한 사람
8. 「아동복지법」 제3조제7호의2에 따른 아동학대관련범죄로 금고 이상의 형의 집행유예를 선고받고 그 집행유예가 확정된 날부터 20년이 지나지 아니한 사람
9. 「아동복지법」 제3조제7호의2에 따른 아동학대관련범죄로 벌금형이 확정된 날부터 10년이 지나지 아니한 사람

③ 산후조리도우미가 소속되어 있는 사회서비스 제공자는 소속 산후조리도우미가 제2항에 따른 결격사유에 해당하는지를 확인하기 위하여 본인의 동의를 받아 소재지를 관할하는 시·도경찰청장 또는 경찰서장에게 「형의 실효 등에 관한 법률」 제6조에 따른 범죄경력조회를 요청하여야 한다.

④ 제3항에 따라 범죄경력조회를 요청받은 시·도경찰청장 또는 경찰서장은 정당한 사유가 없으면 이에 따라야 한다.

〔본조신설 2021·12·21〕

제15조의20(산후조리원 평가) ① 보건복지부장관은 산후조리 서비스의 질적 수준을 향상시키기 위하여 산후조리원의 시설·서비스 수준 및 종사자의 전문성 등을 평가할 수 있다.

② 보건복지부장관은 제1항에 따른 평가 업무를 대통령령으로 정하는 기관 또는 단체에 위탁할 수 있다.

③ 보건복지부장관은 제1항에 따른 산후조리원 평가의 결과를 보건복지부령으로 정하는 바에 따라 공표할 수 있다.

④ 제1항에 따른 산후조리원 평가의 실시 등에 필요한 사항은 보건복지부령으로 정한다.

〔본조신설 2015·12·22〕

제15조의21(산후조리 관련 실태조사) ① 국가와 지방자치단체는 임산부와 신생아의 건강과 안전을 위하여 3년마다 산후조리와 관련된 실태조사를 실시하여야 한다.

② 국가 및 지방자치단체는 제1항에 따른 실태조사를 위하여 필요한 경우에는 관계 중앙행정기관의 장, 지방자치단체의 장, 「공공기관 운영에 관한 법률」에 따른 공공기관의 장 및 관계 기관·법인의 장에게 관련 자료의 제출 등 협조를 요청할 수 있다. 이 경우 자료의 제출 등 협조를 요청받은 자는 특별한 사유가 없으면 이에 따라야 한다. <신설 2021·12·21>

③ 제 1 항에 따른 실태조사의 내용 · 방법 등에 필요한 사항은 대통령령으로 정한다.
〔본조신설 2015 · 12 · 22〕

제15조의22(모자동실 운영) 산후조리업자는 임산부와 영유아의 정서안정을 도모하고, 감염이나 질병을 예방하기 위하여 임산부와 영유아가 같은 공간에서 함께 지낼 수 있는 모자동실을 적정하게 제공할 수 있도록 노력하여야 한다.
〔본조신설 2019 · 1 · 15〕

제16조(협회) ① 모자보건사업 및 출산 지원에 관한 조사 · 연구 · 교육 및 홍보 등의 업무를 하기 위하여 인구보건복지협회(이하 "협회"라 한다)를 둔다.
② 협회의 회원이 될 수 있는 사람은 협회의 설립취지와 사업에 찬성하는 사람으로 한다.
③ 협회는 법인으로 한다.
④ 협회의 정관 기재사항과 업무에 관하여 필요한 사항은 대통령령으로 정한다.
⑤ 협회에 관하여 이 법에 규정되지 아니한 사항은 「민법」 중 사단법인에 관한 규정을 준용한다.
〔전부개정 2009 · 1 · 7〕

제17조 및 **제18조** 삭제 <1999 · 2 · 8>

제19조 삭제 <1994 · 12 · 22>

제20조(동일명칭의 사용 금지) 이 법에 따른 협회가 아닌 자는 인구보건복지협회와 같은 명칭을 사용하지 못한다.
〔전부개정 2009 · 1 · 7〕

제21조(경비의 보조) ① 국가는 예산의 범위에서 다음 각 호의 경비를 보조할 수 있다. <개정 2015 · 12 · 22, 2016 · 12 · 2, 2021 · 12 · 21, 2024 · 1 · 2>
1. 모자보건기구(국가가 설치하는 경우는 제외한다. 이하 같다)의 설치비용 및 부대비용의 3분의 2 이내
2. 모자보건기구 운영비의 2분의 1 이내
3. 제 7 조제 3 항에 따라 업무를 위탁받은 자의 위탁받은 업무수행 경비
4. 제10조제 1 항에 따른 건강진단 등의 경비
5. 제10조의2에 따른 신생아 집중치료 시설 및 장비 지원 경비
6. 제10조의3에 따른 모유수유시설 및 수유시설 설치 지원 경비
7. 제11조의3제 4 항에 따라 평가업무를 위탁받은 자의 위탁받은 업무수행 경비
8. 제11조의4제 3 항에 따라 중앙상담센터 및 권역별 상담센터의 업무를 위탁받은 자의 위탁받은 업무수행 경비
9. 제11조의6제 3 항에 따라 통계관리업무를 위탁받은 자의 운영에 필요한 경비

② 지방자치단체는 예산의 범위에서 제 1 항 제 4 호부터 제 6 호까지 및 제 8 호의 경비 중 국가에서 보조하는 부분 외의 경비를 보조한다. <개정 2016 · 12 · 2>
〔전부개정 2009 · 1 · 7〕

제22조(국유재산의 무상 대여) 국가는 필요하다고 인정할 때에는 협회에 국유재산을 무상으로 대여할 수 있다.
〔전부개정 2009 · 1 · 7〕

제23조(위반사실 등의 공표) ① 특별자치시장 · 특별자치도지사 또는 시장 · 군수 · 구청장은 산후조리업자가 다음 각 호의 어느 하나에 해당하여 그 처분이나 형이 확정된 경우에는 그 위반사실, 처분내용, 해당 산후조리원의 명칭 및 주소, 산후조리업자의 성명(법인인 경우에는 법인명을 말한다), 그 밖에 대통령령으로 정하는 사항을 공표할 수 있다. <개정 2019 · 1 · 15>
1. 제15조의8제 3 호 · 제 4 호에 따른 시정명령을 위반하여 제15조의9제 1 항제 1 호에 따른 산후조리업 정지명령 또는 산후조리원 폐쇄명령을 받은 경우
2. 제15조의9제 1 항제 2 호 및 제 3 호에 따른 산후조리업 정지 명령 또는 산후조리원 폐쇄 명령을 받은 경우
3. 제15조의11제 1 항에 따라 제 1 호 및 제 2 호의 산후조리업 정지명령을 갈음하여 과징금을 부과받은 경우
4. 제26조제 2 항 또는 같은 조 제 3 항제 2 호에 따라 징역형 또는 벌금형을 선고 받은 경우

② 특별자치시장 · 특별자치도지사 또는 시장 · 군수 · 구청장은 제 1 항에 따른 공표를 실시하기 전에 공표 대상자에게 그 사실을 통지하여 소명자료를 제출하거나 출석하여 의견진술을 할 수 있는 기회를 부여하여야 한다.

③ 제1항에 따른 공표의 절차 및 방법 등 필요한 사항은 대통령령으로 정한다.
〔본조신설 2018·3·13〕

제24조(비밀 누설의 금지) 모자보건사업에 종사하는 사람은 이 법 또는 다른 법령에서 특별히 규정된 경우를 제외하고는 그 업무수행상 알게 된 다른 사람의 비밀을 누설하거나 공표하여서는 아니 된다. <개정 2017·12·12>
〔전부개정 2009·1·7〕

제25조(권한의 위임 및 업무의 위탁) ① 이 법에 따른 보건복지부장관의 권한은 대통령령으로 정하는 바에 따라 그 일부를 시·도지사에게 위임할 수 있다. <개정 2010·1·18, 2015·1·28, 2016·12·2>
② 보건복지부장관은 대통령령으로 정하는 바에 따라 제15조의6에 따른 감염 예방 등에 관한 교육의 실시에 관한 업무를 협회 등에 위탁할 수 있다. <신설 2015·12·22>
〔전부개정 2009·1·7〕

제26조(벌칙) ① 다음 각 호의 어느 하나에 해당하는 자는 1년 이하의 징역 또는 1천만원 이하의 벌금에 처한다.
1. 제15조제1항을 위반하여 신고 또는 변경신고를 하지 아니하고 산후조리업을 한 자
2. 삭제 <2019·1·15>
3. 제15조의9제1항 또는 제2항에 따른 산후조리업 정지명령 또는 산후조리원 폐쇄명령을 받고도 계속하여 산후조리업을 한 자
4. 제24조를 위반하여 비밀을 누설하거나 공표한 자
② 제15조의4제3호를 위반하여 필요한 조치를 하지 아니한 자는 500만원 이하의 벌금에 처한다. <신설 2019·1·15>
③ 다음 각 호의 어느 하나에 해당하는 자는 300만원 이하의 벌금에 처한다. <개정 2019·1·15>
1. 제15조의3제2항을 위반하여 승계 사실을 신고하지 아니한 자
2. 제15조의4제4호를 위반하여 필요한 조치를 하지 아니한 자
〔전부개정 2009·1·7〕

제26조의2(양벌규정) 법인의 대표자나 법인 또는 개인의 대리인, 사용인, 그 밖의 종업원이 그 법인 또는 개인의 업무에 관하여 제26조의 위반행위를 하면 그 행위자를 벌하는 외에 그 법인 또는 개인에게도 해당 조문의 벌금형을 과(科)한다. 다만, 법인 또는 개인이 그 위반행위를 방지하기 위하여 해당 업무에 관하여 상당한 주의와 감독을 게을리하지 아니한 경우에는 그러하지 아니하다.
〔전부개정 2009·1·7〕

제27조(과태료) ① 다음 각 호의 어느 하나에 해당하는 자에게는 200만원 이하의 과태료를 부과한다. <개정 2015·1·28, 2015·12·22, 2018·3·13, 2019·1·15>
1. 제15조의4제1호 또는 제2호를 위반한 자
1의2. 제15조의4제5호를 위반하여 의료기관으로 이송한 사실 및 조치내역을 지체 없이 보고하지 아니한 자
2. 제15조의5제1항을 위반하여 건강진단 등을 받지 아니한 산후조리업자 및 같은 조 제2항을 위반하여 건강진단 등을 받지 아니한 사람에게 격리 등 근무제한 조치를 하지 아니한 산후조리업자
2의2. 제15조의5제2항을 위반하여 질병이 있거나 질병이 있는 것으로 의심되는 사람에게 격리 등 근무제한 조치를 하지 아니한 산후조리업자
3. 제15조의6제1항 또는 제2항을 위반하여 감염 예방 등에 관한 교육을 받지 아니한 자
3의2. 제15조의6제4항을 위반하여 산후조리업에 종사하는 사람을 교육받도록 하지 아니한 산후조리업자
4. 제15조의7제1항에 따른 보고를 하지 아니하거나 거짓으로 보고한 자 또는 공무원의 출입·검사 또는 열람을 거부·방해 또는 기피한 자
5. 제15조의16에 따른 서비스의 내용과 요금체계 및 중도해약 시 환불기준을 게시하지 아니하거나 거짓으로 게시한 자
② 다음 각 호의 어느 하나에 해당하는 자에게는 100만원 이하의 과태료를 부과한다. <개정 2015·12·22, 2018·3·13, 2019·1·15>
1. 제8조제3항을 위반하여 임산부의 사망·사산 또는 신생아의 사망 사실을 보고

하지 아니한 의료기관의 장 또는 보건소장
2. 제15조의5제3항을 위반하여 해당 사실을 지체 없이 산후조리업자에게 알리지 아니하거나 거짓으로 알린 자
3. 제15조의10을 위반하여 산후조리업의 폐업·휴업 또는 재개를 신고하지 아니한 산후조리업자
4. 제15조의14에 따른 명칭 사용에 관한 규정을 위반한 자
5. 제15조의15를 위반하여 책임보험에 가입하지 아니한 자
6. 제20조를 위반하여 인구보건복지협회와 같은 명칭을 사용한 자
③ 제1항과 제2항에 따른 과태료는 다음 각 호의 구분에 따라 부과·징수하되 대통령령으로 정하는 바에 따른다. <개정 2010·1·18, 2015·1·28, 2018·3·13, 2019·1·15>
1. 제1항 및 제2항제1호부터 제5호까지의 규정에 해당하는 경우 : 특별자치시장·특별자치도지사 또는 시장·군수·구청장이 부과·징수한다.
2. 제2항제6호에 해당하는 경우 : 보건복지부장관이 부과·징수한다.
〔전부개정 2009·1·7〕

제28조(「형법」의 적용 배제) 이 법에 따른 인공임신중절수술을 받은 자와 수술을 한 자는 「형법」 제269조제1항·제2항 및 제270조제1항에도 불구하고 처벌하지 아니한다.
〔전부개정 2009·1·7〕

제29조 삭제 <2009·1·7>

부 칙

제1조(시행일) 이 법은 공포후 6월이 경과한 날로부터 시행한다.

제2조(대한가족계획협회에 관한 경과조치) 이 법 시행당시의 사단법인 대한가족계획협회는 이 법에 의하여 설립된 대한가족계획협회로 본다. 다만, 제16조의 규정에 의한 협회의 정관기재사항을 정하는 대통령령의 시행후 3월 이내에 그에 맞도록 정관을 변경하고 기타 필요한 요건을 갖추어야 한다.

부 칙 <1987·11·28 법3948>

제1조(시행일) 이 법은 공포후 4월이 경과한 날로부터 시행한다.

제2조부터 **제4조**까지 생략

부 칙 <1994·12·22 법4791>

제1조(시행일) 이 법은 1995년 1월 1일부터 시행한다.

제2조 생략

부 칙 <1997·12·13 법5454>

이 법은 1998년 1월 1일부터 시행한다. 〈단서 생략〉

부 칙 <1999·2·8 법5859>

①(시행일) 이 법은 공포한 날부터 시행한다.
②(대한가족계획협회의 명칭변경에 따른 경과조치) 이 법 시행당시 종전의 규정에 의하여 설립된 대한가족계획협회는 이 법에 의하여 설립된 대한가족보건복지협회로 본다.

부 칙 <2005·12·7 법7703>

①(시행일) 이 법은 공포 후 6월이 경과한 날부터 시행한다. 다만, 제3조의2·제16조 및 제20조의 개정규정은 각각 공포한 날부터 시행한다.
②(산후조리업의 신고에 관한 경과조치) 이 법 시행 당시 산후조리업을 영위하고 있는 자는 이 법 시행 후 6월 이내에 이 법에 따른 인력 및 시설을 갖추어 제15조제1항의 개정규정에 따라 산후조리업의 신고를 하여야 한다.
③(대한가족보건복지협회의 명칭변경에 따른 경과조치) 이 법 시행 당시 종전의 규정에 따라 설립된 대한가족보건복지협회는 이 법에 따라 설립된 인구보건복지협회로 본다. 이 경우 인구보건복지협회는 이 법 시행 후 1월 이내에 정관을 변경하여 등기하여야 한다.

부 칙 <2007·4·11 법8366>

제1조(시행일) 이 법은 공포한 날부터 시행한다. 〈단서 생략〉

제2조부터 **제21조**까지 생략

부 칙 <2008·2·29 법8852>

제1조(시행일) 이 법은 공포한 날부터 시행한다. 〈단서 생략〉

제2조부터 **제7조**까지 생략

부 칙 <2009·1·7 법9333>

제1조(시행일) 이 법은 공포 후 6개월이 경과한 날부터 시행한다.

제2조(산후조리업자의 준수사항에 관한 적용례) ① 제15조의4제3호의 개정규정은 이 법 시행 후 최초로 안전사고로 인한 인적 피해가 발생한 것부터 적용한다.

② 제15조의4제4호의 개정규정은 이 법 시행 후 최초로 제15조의4제3호의 개정규정에 따라 의료기관으로 이송한 것부터 적용한다.

제3조(피임시술행위에 관한 경과조치) 이 법 시행 당시 종전의 제13조에 따라 소정의 교육과정을 마친 조산사 또는 간호사는 제13조와 제29조의 개정규정에도 불구하고 종전의 규정에 따라 피임시술행위를 할 수 있다.

제4조(다른 법령과의 관계) 이 법 시행 당시 다른 법령에서 종전의 「모자보건법」의 규정을 인용한 경우에 이 법 가운데 그에 해당하는 규정이 있으면 종전의 규정을 갈음하여 이 법의 해당 조항을 인용한 것으로 본다.

부 칙 <2010·1·18 법9932>

제1조(시행일) 이 법은 공포 후 2개월이 경과한 날부터 시행한다. 〈단서 생략〉

제2조부터 **제5조**까지 생략

부 칙 <2012·5·23 법11441>

이 법은 공포 후 3개월이 경과한 날부터 시행한다.

부 칙 <2013·8·6 법11998>

제1조(시행일) 이 법은 공포 후 1년이 경과한 날부터 시행한다.

제2조 및 **제3조** 생략

부 칙 <2015·1·28 법13104>

제1조(시행일) 이 법은 공포 후 6개월이 경과한 날부터 시행한다.

제2조(신고요건으로서 책임보험 가입에 관한 적용례) 제15조제1항의 개정규정 중 신고요건으로서 책임보험 가입에 관한 사항은 이 법 시행 후 산후조리원 설치·운영을 신고하는 자부터 적용한다.

제3조(금치산자 및 한정치산자에 대한 경과조치) 제15조의2의 개정규정에 따른 피성년후견인 및 피한정후견인에는 법률 제10429호 민법 일부개정법률 부칙 제2조에 따라 금치산 및 한정치산 선고의 효력이 유지되는 사람을 포함하는 것으로 본다.

부 칙 <2015·7·24 법13426>

제1조(시행일) 이 법은 공포 후 6개월이 경과한 날부터 시행한다. 〈단서 생략〉

제2조부터 **제39조**까지 생략

부 칙 <2015·12·22 법13597>

이 법은 공포 후 6개월이 경과한 날부터 시행한다.

부 칙 <2016·12·2 법14323>

이 법은 공포 후 6개월이 경과한 날부터 시행한다.

부 칙 <2017·12·12 법15186>

이 법은 공포 후 3개월이 경과한 날부터 시행한다. 다만, 제15조의17의 개정규정은 공포 후 6개월이 경과한 날부터 시행한다.

부 칙 <2018·3·13 법15444>

제1조(시행일) 이 법은 공포 후 6개월이 경과한 날부터 시행한다. 다만, 제15조의2제2호의 개정규정은 공포한 날부터 시행한다.

제2조(위반사실 공표에 관한 적용례) 제23조의 개정규정은 이 법 시행 후 최초의 위반행위부터 적용한다.

부 칙 <2019·1·15 법16245>

제1조(시행일) 이 법은 공포 후 1년이 경과한 날부터 시행한다.

제2조(시정명령 등에 관한 적용례) 제15조의8제4호·제7호, 제15조의9제1항제2호·제3호 및 제23조의 개정규정은 이 법 시행 후 최초의 위반행위부터 적용한다.

제3조(벌칙이나 과태료에 관한 경과조치) 이 법 시행 전의 위반행위에 대하여 벌칙이나 과태료를 적용할 때에는 종전의 규정에 따른다.

부 칙 <2019·4·23 법16370>

이 법은 공포 후 6개월이 경과한 날부터 시행한다.

부 칙 <2020·2·18 법17007>

제1조(시행일) 이 법은 2021년 1월 1일부터 시행한다. 〈단서 생략〉

제2조(사무이양을 위한 사전조치) ① 관계 중앙행정기관의 장은 이 법에 따른 중앙행정권한 및 사무의 지방 일괄 이양에 필요한 인력 및 재정 소요 사항을 지원하기 위하여 필요한 조치를 마련하여 이 법에 따른 시행일 3개월 전까지 국회 소관 상임위원회에 보고하여야 한다.

② 「지방자치분권 및 지방행정체제개편에 관한 특별법」 제44조에 따른 자치분권위원회는 제1항에 따른 인력 및 재정 소요 사항을 사전에 전문적으로 조사·평가할 수 있다.

제3조(행정처분 등에 관한 일반적 경과조치)

이 법 시행 당시 종전의 규정에 따라 행정기관이 행한 처분 또는 그 밖의 행위는 이 법의 규정에 따라 행정기관이 행한 처분 또는 그 밖의 행위로 보고, 종전의 규정에 따라 행정기관에 대하여 행한 신청・신고, 그 밖의 행위는 이 법의 규정에 따라 행정기관에 대하여 행한 신청・신고, 그 밖의 행위로 본다.

제 4 조 생략

부 칙 <2020・3・24 법17091>

제 1 조(시행일) 이 법은 공포한 날부터 시행한다. 〈단서 생략〉

제 2 조부터 **제 5 조**까지 생략

부 칙 <2021・12・21 법18612>

제 1 조(시행일) 이 법은 공포 후 6개월이 경과한 날부터 시행한다. 다만, 제 3 조, 제15조의21제 2 항 및 제 3 항의 개정규정은 공포한 날부터 시행한다.

제 2 조(산후조리도우미의 자격에 관한 경과조치) 이 법 시행 당시 종전의 제15조의18에 따라 산후조리도우미의 자격이 있던 사람은 제15조의19제 1 항의 개정규정에도 불구하고 산후조리도우미의 자격이 있는 것으로 본다. 다만, 이 법 시행 후 1년 이내에 같은 개정규정에 따른 요건을 갖추어야 한다.

부 칙 <2024・1・2 법19890>

제 1 조(시행일) 이 법은 공포 후 1년이 경과한 날부터 시행한다.

제 2 조(난임・임산부심리상담센터의 설치・운영 등에 관한 경과조치) 이 법 시행 당시 종전의 규정에 따라 설치・운영되고 있는 난임전문상담센터는 이 법에 따른 난임・임산부심리상담센터로 본다.

부 칙 <2024・1・23 법20094>

이 법은 공포 후 1년이 경과한 날부터 시행한다.

부 칙 <2024・2・6 법20215>

이 법은 공포한 날부터 시행한다. 다만, 제11조제 2 항제 1 호 및 제11조의2의 개정규정은 공포 후 6개월이 경과한 날부터 시행한다.

●근로기준법

〔2007·4·11 법률제8372호 전부개정〕

개정
2007· 5·17 법률제 8435호(가족관계의 등록 등에 관한 법률)
2007· 7·27 법률제 8561호
2007·12·21 법률제 8781호(남녀고용평등과 일·가정 양립 지원에 관한 법률)
2008· 3·21 법률제 8960호
2008· 3·28 법률제 9038호
2009· 5·21 법률제 9699호
2010· 5·17 법률제10303호(은행법)
2010· 5·25 법률제10319호
2010· 6· 4 법률제10339호(정부조직법)
2010· 6·10 법률제10366호(동산·채권 등의 담보에 관한 법률)
2011· 5·24 법률제10719호(건설산업기본법)
2012· 2· 1 법률제11270호
2014· 1·21 법률제12325호
2014· 3·24 법률제12527호
2017·11·28 법률제15108호
2018· 3·20 법률제15513호
2019· 1·15 법률제16270호
2019· 1·15 법률제16272호(산업안전보건법)
2019· 4·30 법률제16415호(건설산업기본법)
2020· 3·31 법률제17185호
2020· 5·26 법률제17326호(법률용어 정비를 위한 환경노동위원회 소관 65개 법률 일부개정을 위한 법률)
2021· 1· 5 법률제17862호
2021· 4·13 법률제18037호
2021· 5·18 법률제18176호
2024·10·22 법률제20520호→시행일 부칙 참조. 2025년 10월 23일 시행하는 부분은 추후 수록

제 1 장 총칙

제 1 조(목적) 이 법은 헌법에 따라 근로조건의 기준을 정함으로써 근로자의 기본적 생활을 보장, 향상시키며 균형 있는 국민경제의 발전을 꾀하는 것을 목적으로 한다.

제 2 조(정의) ① 이 법에서 사용하는 용어의 뜻은 다음과 같다. <개정 2018·3·20, 2019·1·15, 2020·5·26>

1. "근로자"란 직업의 종류와 관계없이 임금을 목적으로 사업이나 사업장에 근로를 제공하는 사람을 말한다.
2. "사용자"란 사업주 또는 사업 경영 담당자, 그 밖에 근로자에 관한 사항에 대하여 사업주를 위하여 행위하는 자를 말한다.
3. "근로"란 정신노동과 육체노동을 말한다.
4. "근로계약"이란 근로자가 사용자에게 근로를 제공하고 사용자는 이에 대하여 임금을 지급하는 것을 목적으로 체결된 계약을 말한다.
5. "임금"이란 사용자가 근로의 대가로 근로자에게 임금, 봉급, 그 밖에 어떠한 명칭으로든지 지급하는 모든 금품을 말한다.
6. "평균임금"이란 이를 산정하여야 할 사유가 발생한 날 이전 3개월 동안에 그 근로자에게 지급된 임금의 총액을 그 기간의 총일수로 나눈 금액을 말한다. 근로자가 취업한 후 3개월 미만인 경우도 이에 준한다.
7. "1주"란 휴일을 포함한 7일을 말한다.
8. "소정(所定)근로시간"이란 제50조, 제69조 본문 또는 「산업안전보건법」 제139조제1항에 따른 근로시간의 범위에서 근로자와 사용자 사이에 정한 근로시간을 말한다.
9. "단시간근로자"란 1주 동안의 소정근로시간이 그 사업장에서 같은 종류의 업무에 종사하는 통상 근로자의 1주 동안의 소정근로시간에 비하여 짧은 근로자를 말한다.

② 제 1 항제 6 호에 따라 산출된 금액이 그 근로자의 통상임금보다 적으면 그 통상임금

액을 평균임금으로 한다.

제 3 조(근로조건의 기준) 이 법에서 정하는 근로조건은 최저기준이므로 근로 관계 당사자는 이 기준을 이유로 근로조건을 낮출 수 없다.

제 4 조(근로조건의 결정) 근로조건은 근로자와 사용자가 동등한 지위에서 자유의사에 따라 결정하여야 한다.

제 5 조(근로조건의 준수) 근로자와 사용자는 각자가 단체협약, 취업규칙과 근로계약을 지키고 성실하게 이행할 의무가 있다.

제 6 조(균등한 처우) 사용자는 근로자에 대하여 남녀의 성(性)을 이유로 차별적 대우를 하지 못하고, 국적·신앙 또는 사회적 신분을 이유로 근로조건에 대한 차별적 처우를 하지 못한다.

제 7 조(강제 근로의 금지) 사용자는 폭행, 협박, 감금, 그 밖에 정신상 또는 신체상의 자유를 부당하게 구속하는 수단으로써 근로자의 자유의사에 어긋나는 근로를 강요하지 못한다.

제 8 조(폭행의 금지) 사용자는 사고의 발생이나 그 밖의 어떠한 이유로도 근로자에게 폭행을 하지 못한다.

제 9 조(중간착취의 배제) 누구든지 법률에 따르지 아니하고는 영리로 다른 사람의 취업에 개입하거나 중간인으로서 이익을 취득하지 못한다.

제10조(공민권 행사의 보장) 사용자는 근로자가 근로시간 중에 선거권, 그 밖의 공민권(公民權) 행사 또는 공(公)의 직무를 집행하기 위하여 필요한 시간을 청구하면 거부하지 못한다. 다만, 그 권리 행사나 공(公)의 직무를 수행하는 데에 지장이 없으면 청구한 시간을 변경할 수 있다.

제11조(적용 범위) ① 이 법은 상시 5명 이상의 근로자를 사용하는 모든 사업 또는 사업장에 적용한다. 다만, 동거하는 친족만을 사용하는 사업 또는 사업장과 가사(家事) 사용인에 대하여는 적용하지 아니한다.

② 상시 4명 이하의 근로자를 사용하는 사업 또는 사업장에 대하여는 대통령령으로 정하는 바에 따라 이 법의 일부 규정을 적용할 수 있다.

③ 이 법을 적용하는 경우에 상시 사용하는 근로자 수를 산정하는 방법은 대통령령으로 정한다. <신설 2008·3·21>

제12조(적용 범위) 이 법과 이 법에 따른 대통령령은 국가, 특별시·광역시·도, 시·군·구, 읍·면·동, 그 밖에 이에 준하는 것에 대하여도 적용된다.

제13조(보고, 출석의 의무) 사용자 또는 근로자는 이 법의 시행에 관하여 고용노동부장관·「노동위원회법」에 따른 노동위원회(이하 "노동위원회"라 한다) 또는 근로감독관의 요구가 있으면 지체 없이 필요한 사항에 대하여 보고하거나 출석하여야 한다. <개정 2010·6·4>

제14조(법령 주요 내용 등의 게시) ① 사용자는 이 법과 이 법에 따른 대통령령의 주요 내용과 취업규칙을 근로자가 자유롭게 열람할 수 있는 장소에 항상 게시하거나 갖추어 두어 근로자에게 널리 알려야 한다. <개정 2021·1·5>

② 사용자는 제 1 항에 따른 대통령령 중 기숙사에 관한 규정과 제99조제 1 항에 따른 기숙사규칙을 기숙사에 게시하거나 갖추어 두어 기숙(寄宿)하는 근로자에게 널리 알려야 한다.

제 2 장 근로계약

제15조(이 법을 위반한 근로계약) ① 이 법에서 정하는 기준에 미치지 못하는 근로조건을 정한 근로계약은 그 부분에 한정하여 무효로 한다. <개정 2020·5·26>

② 제 1 항에 따라 무효로 된 부분은 이 법에서 정한 기준에 따른다.

제16조(계약기간) 근로계약은 기간을 정하지 아니한 것과 일정한 사업의 완료에 필요한 기간을 정한 것 외에는 그 기간은 1년을 초과하지 못한다.

제17조(근로조건의 명시) ① 사용자는 근로계약을 체결할 때에 근로자에게 다음 각 호의 사항을 명시하여야 한다. 근로계약 체결 후 다음 각 호의 사항을 변경하는 경우에도 또

한 같다. <개정 2010·5·25>
1. 임금
2. 소정근로시간
3. 제55조에 따른 휴일
4. 제60조에 따른 연차 유급휴가
5. 그 밖에 대통령령으로 정하는 근로조건

② 사용자는 제1항제1호와 관련한 임금의 구성항목·계산방법·지급방법 및 제2호부터 제4호까지의 사항이 명시된 서면(「전자문서 및 전자거래 기본법」 제2조제1호에 따른 전자문서를 포함한다)을 근로자에게 교부하여야 한다. 다만, 본문에 따른 사항이 단체협약 또는 취업규칙의 변경 등 대통령령으로 정하는 사유로 인하여 변경되는 경우에는 근로자의 요구가 있으면 그 근로자에게 교부하여야 한다. <신설 2010·5·25, 2021·1·5>

제18조(단시간근로자의 근로조건) ① 단시간근로자의 근로조건은 그 사업장의 같은 종류의 업무에 종사하는 통상 근로자의 근로시간을 기준으로 산정한 비율에 따라 결정되어야 한다.

② 제1항에 따라 근로조건을 결정할 때에 기준이 되는 사항이나 그 밖에 필요한 사항은 대통령령으로 정한다.

③ 4주 동안(4주 미만으로 근로하는 경우에는 그 기간)을 평균하여 1주 동안의 소정근로시간이 15시간 미만인 근로자에 대하여는 제55조와 제60조를 적용하지 아니한다. <개정 2008·3·21>

제19조(근로조건의 위반) ① 제17조에 따라 명시된 근로조건이 사실과 다를 경우에 근로자는 근로조건 위반을 이유로 손해의 배상을 청구할 수 있으며 즉시 근로계약을 해제할 수 있다.

② 제1항에 따라 근로자가 손해배상을 청구할 경우에는 노동위원회에 신청할 수 있으며, 근로계약이 해제되었을 경우에는 사용자는 취업을 목적으로 거주를 변경하는 근로자에게 귀향 여비를 지급하여야 한다.

제20조(위약 예정의 금지) 사용자는 근로계약 불이행에 대한 위약금 또는 손해배상액을 예정하는 계약을 체결하지 못한다.

제21조(전차금 상계의 금지) 사용자는 전차금(前借金)이나 그 밖에 근로할 것을 조건으로 하는 전대(前貸)채권과 임금을 상계하지 못한다.

제22조(강제 저금의 금지) ① 사용자는 근로계약에 덧붙여 강제 저축 또는 저축금의 관리를 규정하는 계약을 체결하지 못한다.

② 사용자가 근로자의 위탁으로 저축을 관리하는 경우에는 다음 각 호의 사항을 지켜야 한다.
1. 저축의 종류·기간 및 금융기관을 근로자가 결정하고, 근로자 본인의 이름으로 저축할 것
2. 근로자가 저축증서 등 관련 자료의 열람 또는 반환을 요구할 때에는 즉시 이에 따를 것

제23조(해고 등의 제한) ① 사용자는 근로자에게 정당한 이유 없이 해고, 휴직, 정직, 전직, 감봉, 그 밖의 징벌(懲罰)(이하 "부당해고등"이라 한다)을 하지 못한다.

② 사용자는 근로자가 업무상 부상 또는 질병의 요양을 위하여 휴업한 기간과 그 후 30일 동안 또는 산전(産前)·산후(産後)의 여성이 이 법에 따라 휴업한 기간과 그 후 30일 동안은 해고하지 못한다. 다만, 사용자가 제84조에 따라 일시보상을 하였을 경우 또는 사업을 계속할 수 없게 된 경우에는 그러하지 아니하다.

제24조(경영상 이유에 의한 해고의 제한) ① 사용자가 경영상 이유에 의하여 근로자를 해고하려면 긴박한 경영상의 필요가 있어야 한다. 이 경우 경영 악화를 방지하기 위한 사업의 양도·인수·합병은 긴박한 경영상의 필요가 있는 것으로 본다.

② 제1항의 경우에 사용자는 해고를 피하기 위한 노력을 다하여야 하며, 합리적이고 공정한 해고의 기준을 정하고 이에 따라 그 대상자를 선정하여야 한다. 이 경우 남녀의 성을 이유로 차별하여서는 아니 된다.

③ 사용자는 제2항에 따른 해고를 피하기 위한 방법과 해고의 기준 등에 관하여 그 사업 또는 사업장에 근로자의 과반수로 조직된 노동조합이 있는 경우에는 그 노동조합(근로자의 과반수로 조직된 노동조합이 없는 경우에는 근로자의 과반수를 대표하는

자를 말한다. 이하 "근로자대표"라 한다)에 해고를 하려는 날의 50일 전까지 통보하고 성실하게 협의하여야 한다.

④ 사용자는 제1항에 따라 대통령령으로 정하는 일정한 규모 이상의 인원을 해고하려면 대통령령으로 정하는 바에 따라 고용노동부장관에게 신고하여야 한다. <개정 2010·6·4>

⑤ 사용자가 제1항부터 제3항까지의 규정에 따른 요건을 갖추어 근로자를 해고한 경우에는 제23조제1항에 따른 정당한 이유가 있는 해고를 한 것으로 본다.

제25조(우선 재고용 등) ① 제24조에 따라 근로자를 해고한 사용자는 근로자를 해고한 날부터 3년 이내에 해고된 근로자가 해고 당시 담당하였던 업무와 같은 업무를 할 근로자를 채용하려고 할 경우 제24조에 따라 해고된 근로자가 원하면 그 근로자를 우선적으로 고용하여야 한다.

② 정부는 제24조에 따라 해고된 근로자에 대하여 생계안정, 재취업, 직업훈련 등 필요한 조치를 우선적으로 취하여야 한다.

제26조(해고의 예고) 사용자는 근로자를 해고(경영상 이유에 의한 해고를 포함한다)하려면 적어도 30일 전에 예고를 하여야 하고, 30일 전에 예고를 하지 아니하였을 때에는 30일분 이상의 통상임금을 지급하여야 한다. 다만, 다음 각 호의 어느 하나에 해당하는 경우에는 그러하지 아니하다. <개정 2010·6·4, 2019·1·15>

1. 근로자가 계속 근로한 기간이 3개월 미만인 경우
2. 천재·사변, 그 밖의 부득이한 사유로 사업을 계속하는 것이 불가능한 경우
3. 근로자가 고의로 사업에 막대한 지장을 초래하거나 재산상 손해를 끼친 경우로서 고용노동부령으로 정하는 사유에 해당하는 경우

제27조(해고사유 등의 서면통지) ① 사용자는 근로자를 해고하려면 해고사유와 해고시기를 서면으로 통지하여야 한다.

② 근로자에 대한 해고는 제1항에 따라 서면으로 통지하여야 효력이 있다.

③ 사용자가 제26조에 따른 해고의 예고를 해고사유와 해고시기를 명시하여 서면으로 한 경우에는 제1항에 따른 통지를 한 것으로 본다. <신설 2014·3·24>

제28조(부당해고등의 구제신청) ① 사용자가 근로자에게 부당해고등을 하면 근로자는 노동위원회에 구제를 신청할 수 있다.

② 제1항에 따른 구제신청은 부당해고등이 있었던 날부터 3개월 이내에 하여야 한다.

제29조(조사 등) ① 노동위원회는 제28조에 따른 구제신청을 받으면 지체 없이 필요한 조사를 하여야 하며 관계 당사자를 심문하여야 한다.

② 노동위원회는 제1항에 따라 심문을 할 때에는 관계 당사자의 신청이나 직권으로 증인을 출석하게 하여 필요한 사항을 질문할 수 있다.

③ 노동위원회는 제1항에 따라 심문을 할 때에는 관계 당사자에게 증거 제출과 증인에 대한 반대심문을 할 수 있는 충분한 기회를 주어야 한다.

④ 제1항에 따른 노동위원회의 조사와 심문에 관한 세부절차는 「노동위원회법」에 따른 중앙노동위원회(이하 "중앙노동위원회"라 한다)가 정하는 바에 따른다.

제30조(구제명령 등) ① 노동위원회는 제29조에 따른 심문을 끝내고 부당해고등이 성립한다고 판정하면 사용자에게 구제명령을 하여야 하며, 부당해고등이 성립하지 아니한다고 판정하면 구제신청을 기각하는 결정을 하여야 한다.

② 제1항에 따른 판정, 구제명령 및 기각결정은 사용자와 근로자에게 각각 서면으로 통지하여야 한다.

③ 노동위원회는 제1항에 따른 구제명령(해고에 대한 구제명령만을 말한다)을 할 때에 근로자가 원직복직(原職復職)을 원하지 아니하면 원직복직을 명하는 대신 근로자가 해고기간 동안 근로를 제공하였더라면 받을 수 있었던 임금 상당액 이상의 금품을 근로자에게 지급하도록 명할 수 있다.

④ 노동위원회는 근로계약기간의 만료, 정년의 도래 등으로 근로자가 원직복직(해고 이외의 경우는 원상회복을 말한다)이 불가능한 경우에도 제1항에 따른 구제명령이나 기각

결정을 하여야 한다. 이 경우 노동위원회는 부당해고등이 성립한다고 판정하면 근로자가 해고기간 동안 근로를 제공하였더라면 받을 수 있었던 임금 상당액에 해당하는 금품(해고 이외의 경우에는 원상회복에 준하는 금품을 말한다)을 사업주가 근로자에게 지급하도록 명할 수 있다. <신설 2021·5·18>

제31조(구제명령 등의 확정) ① 「노동위원회법」에 따른 지방노동위원회의 구제명령이나 기각결정에 불복하는 사용자나 근로자는 구제명령서나 기각결정서를 통지받은 날부터 10일 이내에 중앙노동위원회에 재심을 신청할 수 있다.

② 제1항에 따른 중앙노동위원회의 재심판정에 대하여 사용자나 근로자는 재심판정서를 송달받은 날부터 15일 이내에 「행정소송법」의 규정에 따라 소(訴)를 제기할 수 있다.

③ 제1항과 제2항에 따른 기간 이내에 재심을 신청하지 아니하거나 행정소송을 제기하지 아니하면 그 구제명령, 기각결정 또는 재심판정은 확정된다.

제32조(구제명령 등의 효력) 노동위원회의 구제명령, 기각결정 또는 재심판정은 제31조에 따른 중앙노동위원회에 대한 재심 신청이나 행정소송 제기에 의하여 그 효력이 정지되지 아니한다.

제33조(이행강제금) ① 노동위원회는 구제명령(구제명령을 내용으로 하는 재심판정을 포함한다. 이하 이 조에서 같다)을 받은 후 이행기한까지 구제명령을 이행하지 아니한 사용자에게 3천만원 이하의 이행강제금을 부과한다. <개정 2021·5·18>

② 노동위원회는 제1항에 따른 이행강제금을 부과하기 30일 전까지 이행강제금을 부과·징수한다는 뜻을 사용자에게 미리 문서로써 알려주어야 한다.

③ 제1항에 따른 이행강제금을 부과할 때에는 이행강제금의 액수, 부과 사유, 납부기한, 수납기관, 이의제기방법 및 이의제기기관 등을 명시한 문서로써 하여야 한다.

④ 제1항에 따라 이행강제금을 부과하는 위반행위의 종류와 위반정도에 따른 금액, 부과·징수된 이행강제금의 반환절차, 그 밖에 필요한 사항은 대통령령으로 정한다.

⑤ 노동위원회는 최초의 구제명령을 한 날을 기준으로 매년 2회의 범위에서 구제명령이 이행될 때까지 반복하여 제1항에 따른 이행강제금을 부과·징수할 수 있다. 이 경우 이행강제금은 2년을 초과하여 부과·징수하지 못한다.

⑥ 노동위원회는 구제명령을 받은 자가 구제명령을 이행하면 새로운 이행강제금을 부과하지 아니하되, 구제명령을 이행하기 전에 이미 부과된 이행강제금을 징수하여야 한다.

⑦ 노동위원회는 이행강제금 납부의무자가 납부기한까지 이행강제금을 내지 아니하면 기간을 정하여 독촉을 하고 지정된 기간에 제1항에 따른 이행강제금을 내지 아니하면 국세 체납처분의 예에 따라 징수할 수 있다.

⑧ 근로자는 구제명령을 받은 사용자가 이행기한까지 구제명령을 이행하지 아니하면 이행기한이 지난 때부터 15일 이내에 그 사실을 노동위원회에 알려줄 수 있다.

제34조(퇴직급여 제도) 사용자가 퇴직하는 근로자에게 지급하는 퇴직급여 제도에 관하여는 「근로자퇴직급여 보장법」이 정하는 대로 따른다.

제35조 삭제 <2019·1·15>

제36조(금품 청산) 사용자는 근로자가 사망 또는 퇴직한 경우에는 그 지급 사유가 발생한 때부터 14일 이내에 임금, 보상금, 그 밖의 모든 금품을 지급하여야 한다. 다만, 특별한 사정이 있을 경우에는 당사자 사이의 합의에 의하여 기일을 연장할 수 있다. <개정 2020·5·26>

제37조(미지급 임금에 대한 지연이자) ① 사용자는 제36조에 따라 지급하여야 하는 임금 및 「근로자퇴직급여 보장법」 제2조제5호에 따른 급여(일시금만 해당된다)의 전부 또는 일부를 그 지급 사유가 발생한 날부터 14일 이내에 지급하지 아니한 경우 그 다음 날부터 지급하는 날까지의 지연 일수에 대하여 연 100분의 40 이내의 범위에서 「은행법」에 따른 은행이 적용하는 연체금리 등 경제 여건을 고려하여 대통령령으로 정하는 이율에 따른 지연이자를 지급하여야 한다. <개정 2010·5·17>

② 제1항은 사용자가 천재·사변, 그 밖에

대통령령으로 정하는 사유에 따라 임금 지급을 지연하는 경우 그 사유가 존속하는 기간에 대하여는 적용하지 아니한다.

제38조(임금채권의 우선변제) ① 임금, 재해보상금, 그 밖에 근로 관계로 인한 채권은 사용자의 총재산에 대하여 질권(質權)·저당권 또는 「동산·채권 등의 담보에 관한 법률」에 따른 담보권에 따라 담보된 채권 외에는 조세·공과금 및 다른 채권에 우선하여 변제되어야 한다. 다만, 질권·저당권 또는 「동산·채권 등의 담보에 관한 법률」에 따른 담보권에 우선하는 조세·공과금에 대하여는 그러하지 아니하다. <개정 2010·6·10>

② 제1항에도 불구하고 다음 각 호의 어느 하나에 해당하는 채권은 사용자의 총재산에 대하여 질권·저당권 또는 「동산·채권 등의 담보에 관한 법률」에 따른 담보권에 따라 담보된 채권, 조세·공과금 및 다른 채권에 우선하여 변제되어야 한다. <개정 2010·6·10>

1. 최종 3개월분의 임금
2. 재해보상금

제39조(사용증명서) ① 사용자는 근로자가 퇴직한 후라도 사용 기간, 업무 종류, 지위와 임금, 그 밖에 필요한 사항에 관한 증명서를 청구하면 사실대로 적은 증명서를 즉시 내주어야 한다.

② 제1항의 증명서에는 근로자가 요구한 사항만을 적어야 한다.

제40조(취업 방해의 금지) 누구든지 근로자의 취업을 방해할 목적으로 비밀 기호 또는 명부를 작성·사용하거나 통신을 하여서는 아니 된다.

제41조(근로자의 명부) ① 사용자는 각 사업장별로 근로자 명부를 작성하고 근로자의 성명, 생년월일, 이력, 그 밖에 대통령령으로 정하는 사항을 적어야 한다. 다만, 대통령령으로 정하는 일용근로자에 대해서는 근로자 명부를 작성하지 아니할 수 있다. <개정 2021·1·5>

② 제1항에 따라 근로자 명부에 적을 사항이 변경된 경우에는 지체 없이 정정하여야 한다.

제42조(계약 서류의 보존) 사용자는 근로자 명부와 대통령령으로 정하는 근로계약에 관한 중요한 서류를 3년간 보존하여야 한다.

제3장 임금

제43조(임금 지급) ① 임금은 통화(通貨)로 직접 근로자에게 그 전액을 지급하여야 한다. 다만, 법령 또는 단체협약에 특별한 규정이 있는 경우에는 임금의 일부를 공제하거나 통화 이외의 것으로 지급할 수 있다.

② 임금은 매월 1회 이상 일정한 날짜를 정하여 지급하여야 한다. 다만, 임시로 지급하는 임금, 수당, 그 밖에 이에 준하는 것 또는 대통령령으로 정하는 임금에 대하여는 그러하지 아니하다.

제43조의2(체불사업주 명단 공개) ① 고용노동부장관은 제36조, 제43조, 제51조의3, 제52조제2항제2호, 제56조에 따른 임금, 보상금, 수당, 그 밖의 모든 금품(이하 "임금등"이라 한다)을 지급하지 아니한 사업주(법인인 경우에는 그 대표자를 포함한다. 이하 "체불사업주"라 한다)가 명단 공개 기준일 이전 3년 이내 임금등을 체불하여 2회 이상 유죄가 확정된 자로서 명단 공개 기준일 이전 1년 이내 임금등의 체불총액이 3천만원 이상인 경우에는 그 인적사항 등을 공개할 수 있다. 다만, 체불사업주의 사망·폐업으로 명단 공개의 실효성이 없는 경우 등 대통령령으로 정하는 사유가 있는 경우에는 그러하지 아니하다. <개정 2020·5·26, 2021·1·5>

② 고용노동부장관은 제1항에 따라 명단 공개를 할 경우에 체불사업주에게 3개월 이상의 기간을 정하여 소명 기회를 주어야 한다.

③ 제1항에 따른 체불사업주의 인적사항 등에 대한 공개 여부를 심의하기 위하여 고용노동부에 임금체불정보심의위원회(이하 이 조에서 "위원회"라 한다)를 둔다. 이 경우 위원회의 구성·운영 등 필요한 사항은 고용노동부령으로 정한다.

④ 제1항에 따른 명단 공개의 구체적인 내용, 기간 및 방법 등 명단 공개에 필요한 사항은 대통령령으로 정한다.

[본조신설 2012·2·1]

제43조의3(임금등 체불자료의 제공) ① 고용노동부장관은 「신용정보의 이용 및 보호에 관한 법률」 제25조제2항제1호에 따른 종합신

용정보집중기관이 임금등 체불자료 제공일 이전 3년 이내 임금등을 체불하여 2회 이상 유죄가 확정된 자로서 임금등 체불자료 제공일 이전 1년 이내 임금등의 체불총액이 2천만원 이상인 체불사업주의 인적사항과 체불액 등에 관한 자료(이하 "임금등 체불자료"라 한다)를 요구할 때에는 임금등의 체불을 예방하기 위하여 필요하다고 인정하는 경우에 그 자료를 제공할 수 있다. 다만, 체불사업주의 사망·폐업으로 임금등 체불자료 제공의 실효성이 없는 경우 등 대통령령으로 정하는 사유가 있는 경우에는 그러하지 아니하다.

② 제1항에 따라 임금등 체불자료를 받은 자는 이를 체불사업주의 신용도·신용거래능력 판단과 관련한 업무 외의 목적으로 이용하거나 누설하여서는 아니 된다.

③ 제1항에 따른 임금등 체불자료의 제공 절차 및 방법 등 임금등 체불자료의 제공에 필요한 사항은 대통령령으로 정한다.

〔본조신설 2012·2·1〕

제44조(도급 사업에 대한 임금 지급) ① 사업이 한 차례 이상의 도급에 따라 행하여지는 경우에 하수급인(下受給人)(도급이 한 차례에 걸쳐 행하여진 경우에는 수급인을 말한다)이 직상(直上) 수급인(도급이 한 차례에 걸쳐 행하여진 경우에는 도급인을 말한다)의 귀책사유로 근로자에게 임금을 지급하지 못한 경우에는 그 직상 수급인은 그 하수급인과 연대하여 책임을 진다. 다만, 직상 수급인의 귀책사유가 그 상위 수급인의 귀책사유에 의하여 발생한 경우에는 그 상위 수급인도 연대하여 책임을 진다. <개정 2012·2·1, 2020·3·31>

② 제1항의 귀책사유 범위는 대통령령으로 정한다. <개정 2012·2·1>

제44조의2(건설업에서의 임금 지급 연대책임) ① 건설업에서 사업이 2차례 이상 「건설산업기본법」 제2조제11호에 따른 도급(이하 "공사도급"이라 한다)이 이루어진 경우에 같은 법 제2조제7호에 따른 건설사업자가 아닌 하수급인이 그가 사용한 근로자에게 임금(해당 건설공사에서 발생한 임금으로 한정한다)을 지급하지 못한 경우에는 그 직상 수급인은 하수급인과 연대하여 하수급인이 사용한 근로자의 임금을 지급할 책임을 진다. <개정 2011·5·24, 2019·4·30>

② 제1항의 직상 수급인이 「건설산업기본법」 제2조제7호에 따른 건설사업자가 아닌 때에는 그 상위 수급인 중에서 최하위의 같은 호에 따른 건설사업자를 직상 수급인으로 본다. <개정 2011·5·24, 2019·4·30>

〔본조신설 2007·7·27〕

제44조의3(건설업의 공사도급에 있어서의 임금에 관한 특례) ① 공사도급이 이루어진 경우로서 다음 각 호의 어느 하나에 해당하는 때에는 직상 수급인은 하수급인에게 지급하여야 하는 하도급 대금 채무의 부담 범위에서 그 하수급인이 사용한 근로자가 청구하면 하수급인이 지급하여야 하는 임금(해당 건설공사에서 발생한 임금으로 한정한다)에 해당하는 금액을 근로자에게 직접 지급하여야 한다.

1. 직상 수급인이 하수급인을 대신하여 하수급인이 사용한 근로자에게 지급하여야 하는 임금을 직접 지급할 수 있다는 뜻과 그 지급 방법 및 절차에 관하여 직상 수급인과 하수급인이 합의한 경우
2. 「민사집행법」 제56조제3호에 따른 확정된 지급명령, 하수급인의 근로자에게 하수급인에 대하여 임금채권이 있음을 증명하는 같은 법 제56조제4호에 따른 집행증서, 「소액사건심판법」 제5조의7에 따라 확정된 이행권고결정, 그 밖에 이에 준하는 집행권원이 있는 경우
3. 하수급인이 그가 사용한 근로자에 대하여 지급하여야 할 임금채무가 있음을 직상 수급인에게 알려주고, 직상 수급인이 파산 등의 사유로 하수급인이 임금을 지급할 수 없는 명백한 사유가 있다고 인정하는 경우

② 「건설산업기본법」 제2조제10호에 따른 발주자의 수급인(이하 "원수급인"이라 한다)으로부터 공사도급이 2차례 이상 이루어진 경우로서 하수급인(도급받은 하수급인으로부터 재하도급 받은 하수급인을 포함한다. 이하 이 항에서 같다)이 사용한 근로자에게 그 하수급인에 대한 제1항제2호에 따른 집행권원이 있는 경우에는 근로자는 하수급인이 지급하여야 하는 임금(해당 건설공사

에서 발생한 임금으로 한정한다)에 해당하는 금액을 원수급인에게 직접 지급할 것을 요구할 수 있다. 원수급인은 근로자가 자신에 대하여 「민법」 제404조에 따른 채권자대위권을 행사할 수 있는 금액의 범위에서 이에 따라야 한다. <개정 2011·5·24>

③ 직상 수급인 또는 원수급인이 제1항 및 제2항에 따라 하수급인이 사용한 근로자에게 임금에 해당하는 금액을 지급한 경우에는 하수급인에 대한 하도급 대금 채무는 그 범위에서 소멸한 것으로 본다.

[본조신설 2007·7·27]

제45조(비상시 지급) 사용자는 근로자가 출산, 질병, 재해, 그 밖에 대통령령으로 정하는 비상(非常)한 경우의 비용에 충당하기 위하여 임금 지급을 청구하면 지급기일 전이라도 이미 제공한 근로에 대한 임금을 지급하여야 한다.

제46조(휴업수당) ① 사용자의 귀책사유로 휴업하는 경우에 사용자는 휴업기간 동안 그 근로자에게 평균임금의 100분의 70 이상의 수당을 지급하여야 한다. 다만, 평균임금의 100분의 70에 해당하는 금액이 통상임금을 초과하는 경우에는 통상임금을 휴업수당으로 지급할 수 있다.

② 제1항에도 불구하고 부득이한 사유로 사업을 계속하는 것이 불가능하여 노동위원회의 승인을 받은 경우에는 제1항의 기준에 못 미치는 휴업수당을 지급할 수 있다.

제47조(도급 근로자) 사용자는 도급이나 그 밖에 이에 준하는 제도로 사용하는 근로자에게 근로시간에 따라 일정액의 임금을 보장하여야 한다.

제48조(임금대장 및 임금명세서) ① 사용자는 각 사업장별로 임금대장을 작성하고 임금과 가족수당 계산의 기초가 되는 사항, 임금액, 그 밖에 대통령령으로 정하는 사항을 임금을 지급할 때마다 적어야 한다.

② 사용자는 임금을 지급하는 때에는 근로자에게 임금의 구성항목·계산방법, 제43조제1항 단서에 따라 임금의 일부를 공제한 경우의 내역 등 대통령령으로 정하는 사항을 적은 임금명세서를 서면(「전자문서 및 전자거래 기본법」 제2조제1호에 따른 전자문서를 포함한다)으로 교부하여야 한다. <신설 2021·5·18>

제49조(임금의 시효) 이 법에 따른 임금채권은 3년간 행사하지 아니하면 시효로 소멸한다.

제4장 근로시간과 휴식

제50조(근로시간) ① 1주 간의 근로시간은 휴게시간을 제외하고 40시간을 초과할 수 없다.

② 1일의 근로시간은 휴게시간을 제외하고 8시간을 초과할 수 없다.

③ 제1항 및 제2항에 따라 근로시간을 산정하는 경우 작업을 위하여 근로자가 사용자의 지휘·감독 아래에 있는 대기시간 등은 근로시간으로 본다. <신설 2012·2·1, 2020·5·26>

제51조(3개월 이내의 탄력적 근로시간제) ① 사용자는 취업규칙(취업규칙에 준하는 것을 포함한다)에서 정하는 바에 따라 2주 이내의 일정한 단위기간을 평균하여 1주간의 근로시간이 제50조제1항의 근로시간을 초과하지 아니하는 범위에서 특정한 주에 제50조제1항의 근로시간을, 특정한 날에 제50조제2항의 근로시간을 초과하여 근로하게 할 수 있다. 다만, 특정한 주의 근로시간은 48시간을 초과할 수 없다.

② 사용자는 근로자대표와의 서면 합의에 따라 다음 각 호의 사항을 정하면 3개월 이내의 단위기간을 평균하여 1주 간의 근로시간이 제50조제1항의 근로시간을 초과하지 아니하는 범위에서 특정한 주에 제50조제1항의 근로시간을, 특정한 날에 제50조제2항의 근로시간을 초과하여 근로하게 할 수 있다. 다만, 특정한 주의 근로시간은 52시간을, 특정한 날의 근로시간은 12시간을 초과할 수 없다.

1. 대상 근로자의 범위
2. 단위기간(3개월 이내의 일정한 기간으로 정하여야 한다)
3. 단위기간의 근로일과 그 근로일별 근로시간
4. 그 밖에 대통령령으로 정하는 사항

③ 제1항과 제2항은 15세 이상 18세 미만의 근로자와 임신 중인 여성 근로자에 대하여는 적용하지 아니한다.

④ 사용자는 제1항 및 제2항에 따라 근로자를 근로시킬 경우에는 기존의 임금 수준이 낮아지지 아니하도록 임금보전방안(賃金補塡方案)을 강구하여야 한다.

제51조의2(3개월을 초과하는 탄력적 근로시간제) ① 사용자는 근로자대표와의 서면 합의에 따라 다음 각 호의 사항을 정하면 3개월을 초과하고 6개월 이내의 단위기간을 평균하여 1주간의 근로시간이 제50조제1항의 근로시간을 초과하지 아니하는 범위에서 특정한 주에 제50조제1항의 근로시간을, 특정한 날에 제50조제2항의 근로시간을 초과하여 근로하게 할 수 있다. 다만, 특정한 주의 근로시간은 52시간을, 특정한 날의 근로시간은 12시간을 초과할 수 없다.

1. 대상 근로자의 범위
2. 단위기간(3개월을 초과하고 6개월 이내의 일정한 기간으로 정하여야 한다)
3. 단위기간의 주별 근로시간
4. 그 밖에 대통령령으로 정하는 사항

② 사용자는 제1항에 따라 근로자를 근로시킬 경우에는 근로일 종료 후 다음 근로일 개시 전까지 근로자에게 연속하여 11시간 이상의 휴식 시간을 주어야 한다. 다만, 천재지변 등 대통령령으로 정하는 불가피한 경우에는 근로자대표와의 서면 합의가 있으면 이에 따른다.

③ 사용자는 제1항제3호에 따른 각 주의 근로일이 시작되기 2주 전까지 근로자에게 해당 주의 근로일별 근로시간을 통보하여야 한다.

④ 사용자는 제1항에 따른 근로자대표와의 서면 합의 당시에는 예측하지 못한 천재지변, 기계 고장, 업무량 급증 등 불가피한 사유가 발생한 때에는 제1항제2호에 따른 단위기간 내에서 평균하여 1주간의 근로시간이 유지되는 범위에서 근로자대표와의 협의를 거쳐 제1항제3호의 사항을 변경할 수 있다. 이 경우 해당 근로자에게 변경된 근로일이 개시되기 전에 변경된 근로일별 근로시간을 통보하여야 한다.

⑤ 사용자는 제1항에 따라 근로자를 근로시킬 경우에는 기존의 임금 수준이 낮아지지 아니하도록 임금항목을 조정 또는 신설하거나 가산임금 지급 등의 임금보전방안(賃金補塡方案)을 마련하여 고용노동부장관에게 신고하여야 한다. 다만, 근로자대표와의 서면합의로 임금보전방안을 마련한 경우에는 그러하지 아니하다.

⑥ 제1항부터 제5항까지의 규정은 15세 이상 18세 미만의 근로자와 임신 중인 여성 근로자에 대해서는 적용하지 아니한다.

〔본조신설 2021·1·5〕

제51조의3(근로한 기간이 단위기간보다 짧은 경우의 임금 정산) 사용자는 제51조 및 제51조의2에 따른 단위기간 중 근로자가 근로한 기간이 그 단위기간보다 짧은 경우에는 그 단위기간 중 해당 근로자가 근로한 기간을 평균하여 1주간에 40시간을 초과하여 근로한 시간 전부에 대하여 제56조제1항에 따른 가산임금을 지급하여야 한다.

〔본조신설 2021·1·5〕

제52조(선택적 근로시간제) ① 사용자는 취업규칙(취업규칙에 준하는 것을 포함한다)에 따라 업무의 시작 및 종료 시각을 근로자의 결정에 맡기기로 한 근로자에 대하여 근로자대표와의 서면 합의에 따라 다음 각 호의 사항을 정하면 1개월(신상품 또는 신기술의 연구개발 업무의 경우에는 3개월로 한다) 이내의 정산기간을 평균하여 1주 간의 근로시간이 제50조제1항의 근로시간을 초과하지 아니하는 범위에서 1주 간에 제50조제1항의 근로시간을, 1일에 제50조제2항의 근로시간을 초과하여 근로하게 할 수 있다. <개정 2021·1·5>

1. 대상 근로자의 범위(15세 이상 18세 미만의 근로자는 제외한다)
2. 정산기간
3. 정산기간의 총 근로시간
4. 반드시 근로하여야 할 시간대를 정하는 경우에는 그 시작 및 종료 시각
5. 근로자가 그의 결정에 따라 근로할 수 있는 시간대를 정하는 경우에는 그 시작 및 종료 시각
6. 그 밖에 대통령령으로 정하는 사항

② 사용자는 제1항에 따라 1개월을 초과하는 정산기간을 정하는 경우에는 다음 각 호의 조치를 하여야 한다. <신설 2021·1·5>

1. 근로일 종료 후 다음 근로일 시작 전까지 근로자에게 연속하여 11시간 이상의 휴식시간을 줄 것. 다만, 천재지변 등 대통령령으로 정하는 불가피한 경우에는 근로자대표와의 서면 합의가 있으면 이에 따른다.
2. 매 1개월마다 평균하여 1주간의 근로시간이 제50조제1항의 근로시간을 초과한 시간에 대해서는 통상임금의 100분의 50 이상을 가산하여 근로자에게 지급할 것. 이 경우 제56조제1항은 적용하지 아니한다.

제53조(연장 근로의 제한) ① 당사자 간에 합의하면 1주 간에 12시간을 한도로 제50조의 근로시간을 연장할 수 있다.

② 당사자 간에 합의하면 1주 간에 12시간을 한도로 제51조 및 제51조의2의 근로시간을 연장할 수 있고, 제52조제1항제2호의 정산기간을 평균하여 1주 간에 12시간을 초과하지 아니하는 범위에서 제52조제1항의 근로시간을 연장할 수 있다. <개정 2021·1·5>

③ 상시 30명 미만의 근로자를 사용하는 사용자는 다음 각 호에 대하여 근로자대표와 서면으로 합의한 경우 제1항 또는 제2항에 따라 연장된 근로시간에 더하여 1주 간에 8시간을 초과하지 아니하는 범위에서 근로시간을 연장할 수 있다. <신설 2018·3·20>

1. 제1항 또는 제2항에 따라 연장된 근로시간을 초과할 필요가 있는 사유 및 그 기간
2. 대상 근로자의 범위

④ 사용자는 특별한 사정이 있으면 고용노동부장관의 인가와 근로자의 동의를 받아 제1항과 제2항의 근로시간을 연장할 수 있다. 다만, 사태가 급박하여 고용노동부장관의 인가를 받을 시간이 없는 경우에는 사후에 지체 없이 승인을 받아야 한다. <개정 2010·6·4>

⑤ 고용노동부장관은 제4항에 따른 근로시간의 연장이 부적당하다고 인정하면 그 후 연장시간에 상당하는 휴게시간이나 휴일을 줄 것을 명할 수 있다. <개정 2010·6·4, 2018·3·20>

⑥ 제3항은 15세 이상 18세 미만의 근로자에 대하여는 적용하지 아니한다. <신설 2018·3·20>

⑦ 사용자는 제4항에 따라 연장 근로를 하는 근로자의 건강 보호를 위하여 건강검진 실시 또는 휴식시간 부여 등 고용노동부장관이 정하는 바에 따라 적절한 조치를 하여야 한다. <신설 2021·1·5>

제54조(휴게) ① 사용자는 근로시간이 4시간인 경우에는 30분 이상, 8시간인 경우에는 1시간 이상의 휴게시간을 근로시간 도중에 주어야 한다.

② 휴게시간은 근로자가 자유롭게 이용할 수 있다.

제55조(휴일) ① 사용자는 근로자에게 1주에 평균 1회 이상의 유급휴일을 보장하여야 한다. <개정 2018·3·20>

② 사용자는 근로자에게 대통령령으로 정하는 휴일을 유급으로 보장하여야 한다. 다만, 근로자대표와 서면으로 합의한 경우 특정한 근로일로 대체할 수 있다. <신설 2018·3·20>

제56조(연장·야간 및 휴일 근로) ① 사용자는 연장근로(제53조·제59조 및 제69조 단서에 따라 연장된 시간의 근로를 말한다)에 대하여는 통상임금의 100분의 50 이상을 가산하여 근로자에게 지급하여야 한다. <개정 2018·3·20>

② 제1항에도 불구하고 사용자는 휴일근로에 대하여는 다음 각 호의 기준에 따른 금액 이상을 가산하여 근로자에게 지급하여야 한다. <신설 2018·3·20>

1. 8시간 이내의 휴일근로 : 통상임금의 100분의 50
2. 8시간을 초과한 휴일근로 : 통상임금의 100분의 100

③ 사용자는 야간근로(오후 10시부터 다음 날 오전 6시 사이의 근로를 말한다)에 대하여는 통상임금의 100분의 50 이상을 가산하여 근로자에게 지급하여야 한다. <신설 2018·3·20>

제57조(보상 휴가제) 사용자는 근로자대표와의 서면 합의에 따라 제51조의3, 제52조제2항제2호 및 제56조에 따른 연장근로·야간근로 및 휴일근로 등에 대하여 임금을 지급하는 것을 갈음하여 휴가를 줄 수 있다. <개정 2021·1·5>

제58조(근로시간 계산의 특례) ① 근로자가 출장이나 그 밖의 사유로 근로시간의 전부 또는 일부를 사업장 밖에서 근로하여 근로시간을 산정하기 어려운 경우에는 소정근로시간

을 근로한 것으로 본다. 다만, 그 업무를 수행하기 위하여 통상적으로 소정근로시간을 초과하여 근로할 필요가 있는 경우에는 그 업무의 수행에 통상 필요한 시간을 근로한 것으로 본다.
② 제1항 단서에도 불구하고 그 업무에 관하여 근로자대표와의 서면 합의를 한 경우에는 그 합의에서 정하는 시간을 그 업무의 수행에 통상 필요한 시간으로 본다.
③ 업무의 성질에 비추어 업무 수행 방법을 근로자의 재량에 위임할 필요가 있는 업무로서 대통령령으로 정하는 업무는 사용자가 근로자대표와 서면 합의로 정한 시간을 근로한 것으로 본다. 이 경우 그 서면 합의에는 다음 각 호의 사항을 명시하여야 한다.
1. 대상 업무
2. 사용자가 업무의 수행 수단 및 시간 배분 등에 관하여 근로자에게 구체적인 지시를 하지 아니한다는 내용
3. 근로시간의 산정은 그 서면 합의로 정하는 바에 따른다는 내용
④ 제1항과 제3항의 시행에 필요한 사항은 대통령령으로 정한다.

제59조(근로시간 및 휴게시간의 특례) ① 「통계법」 제22조제1항에 따라 통계청장이 고시하는 산업에 관한 표준의 중분류 또는 소분류 중 다음 각 호의 어느 하나에 해당하는 사업에 대하여 사용자가 근로자대표와 서면으로 합의한 경우에는 제53조제1항에 따른 주(週) 12시간을 초과하여 연장근로를 하게 하거나 제54조에 따른 휴게시간을 변경할 수 있다.
1. 육상운송 및 파이프라인 운송업. 다만, 「여객자동차 운수사업법」 제3조제1항제1호에 따른 노선(路線) 여객자동차운송사업은 제외한다.
2. 수상운송업
3. 항공운송업
4. 기타 운송관련 서비스업
5. 보건업
② 제1항의 경우 사용자는 근로일 종료 후 다음 근로일 개시 전까지 근로자에게 연속하여 11시간 이상의 휴식 시간을 주어야 한다.
〔전부개정 2018·3·20〕

제60조(연차 유급휴가) ① 사용자는 1년간 80퍼센트 이상 출근한 근로자에게 15일의 유급휴가를 주어야 한다. <개정 2012·2·1>
② 사용자는 계속하여 근로한 기간이 1년 미만인 근로자 또는 1년간 80퍼센트 미만 출근한 근로자에게 1개월 개근 시 1일의 유급휴가를 주어야 한다. <개정 2012·2·1>
③ 삭제 <2017·11·28>
④ 사용자는 3년 이상 계속하여 근로한 근로자에게는 제1항에 따른 휴가에 최초 1년을 초과하는 계속 근로 연수 매 2년에 대하여 1일을 가산한 유급휴가를 주어야 한다. 이 경우 가산휴가를 포함한 총 휴가 일수는 25일을 한도로 한다.
⑤ 사용자는 제1항부터 제4항까지의 규정에 따른 휴가를 근로자가 청구한 시기에 주어야 하고, 그 기간에 대하여는 취업규칙 등에서 정하는 통상임금 또는 평균임금을 지급하여야 한다. 다만, 근로자가 청구한 시기에 휴가를 주는 것이 사업 운영에 막대한 지장이 있는 경우에는 그 시기를 변경할 수 있다.
⑥ 제1항 및 제2항을 적용하는 경우 다음 각 호의 어느 하나에 해당하는 기간은 출근한 것으로 본다. <개정 2012·2·1, 2017·11·28, 2024·10·22>
1. 근로자가 업무상의 부상 또는 질병으로 휴업한 기간
2. 임신 중의 여성이 제74조제1항부터 제3항까지의 규정에 따른 휴가로 휴업한 기간
3. 「남녀고용평등과 일·가정 양립 지원에 관한 법률」 제19조제1항에 따른 육아휴직으로 휴업한 기간
4. 「남녀고용평등과 일·가정 양립 지원에 관한 법률」 제19조의2제1항에 따른 육아기 근로시간 단축을 사용하여 단축된 근로시간
5. 제74조제7항에 따른 임신기 근로시간 단축을 사용하여 단축된 근로시간
⑦ 제1항·제2항 및 제4항에 따른 휴가는 1년간(계속하여 근로한 기간이 1년 미만인 근로자의 제2항에 따른 유급휴가는 최초 1년의 근로가 끝날 때까지의 기간을 말한다) 행사하지 아니하면 소멸된다. 다만, 사용자의 귀책사유로 사용하지 못한 경우에는 그러하지 아니하다. <개정 2020·3·31>

제61조(연차 유급휴가의 사용 촉진) ① 사용

자가 제60조제1항·제2항 및 제4항에 따른 유급휴가(계속하여 근로한 기간이 1년 미만인 근로자의 제60조제2항에 따른 유급휴가는 제외한다)의 사용을 촉진하기 위하여 다음 각 호의 조치를 하였음에도 불구하고 근로자가 휴가를 사용하지 아니하여 제60조제7항 본문에 따라 소멸된 경우에는 사용자는 그 사용하지 아니한 휴가에 대하여 보상할 의무가 없고, 제60조제7항 단서에 따른 사용자의 귀책사유에 해당하지 아니하는 것으로 본다. <개정 2012·2·1, 2017·11·28, 2020·3·31>

1. 제60조제7항 본문에 따른 기간이 끝나기 6개월 전을 기준으로 10일 이내에 사용자가 근로자별로 사용하지 아니한 휴가 일수를 알려주고, 근로자가 그 사용 시기를 정하여 사용자에게 통보하도록 서면으로 촉구할 것
2. 제1호에 따른 촉구에도 불구하고 근로자가 촉구를 받은 때부터 10일 이내에 사용하지 아니한 휴가의 전부 또는 일부의 사용 시기를 정하여 사용자에게 통보하지 아니하면 제60조제7항 본문에 따른 기간이 끝나기 2개월 전까지 사용자가 사용하지 아니한 휴가의 사용 시기를 정하여 근로자에게 서면으로 통보할 것

② 사용자가 계속하여 근로한 기간이 1년 미만인 근로자의 제60조제2항에 따른 유급휴가의 사용을 촉진하기 위하여 다음 각 호의 조치를 하였음에도 불구하고 근로자가 휴가를 사용하지 아니하여 제60조제7항 본문에 따라 소멸된 경우에는 사용자는 그 사용하지 아니한 휴가에 대하여 보상할 의무가 없고, 같은 항 단서에 따른 사용자의 귀책사유에 해당하지 아니하는 것으로 본다. <신설 2020·3·31>

1. 최초 1년의 근로기간이 끝나기 3개월 전을 기준으로 10일 이내에 사용자가 근로자별로 사용하지 아니한 휴가 일수를 알려주고, 근로자가 그 사용 시기를 정하여 사용자에게 통보하도록 서면으로 촉구할 것. 다만, 사용자가 서면 촉구한 후 발생한 휴가에 대해서는 최초 1년의 근로기간이 끝나기 1개월 전을 기준으로 5일 이내에 촉구하여야 한다.
2. 제1호에 따른 촉구에도 불구하고 근로자가 촉구를 받은 때부터 10일 이내에 사용하지 아니한 휴가의 전부 또는 일부의 사용시기를 정하여 사용자에게 통보하지 아니하면 최초 1년의 근로기간이 끝나기 1개월 전까지 사용자가 사용하지 아니한 휴가의 사용시기를 정하여 근로자에게 서면으로 통보할 것. 다만, 제1호 단서에 따라 촉구한 휴가에 대해서는 최초 1년의 근로기간이 끝나기 10일 전까지 서면으로 통보하여야 한다.

제62조(유급휴가의 대체) 사용자는 근로자대표와의 서면 합의에 따라 제60조에 따른 연차 유급휴가일을 갈음하여 특정한 근로일에 근로자를 휴무시킬 수 있다.

제63조(적용의 제외) 이 장과 제5장에서 정한 근로시간, 휴게와 휴일에 관한 규정은 다음 각 호의 어느 하나에 해당하는 근로자에 대하여는 적용하지 아니한다. <개정 2010·6·4, 2020·5·26, 2021·1·5>

1. 토지의 경작·개간, 식물의 식재(植栽)·재배·채취 사업, 그 밖의 농림 사업
2. 동물의 사육, 수산 동식물의 채취·포획·양식 사업, 그 밖의 축산, 양잠, 수산 사업
3. 감시(監視) 또는 단속적(斷續的)으로 근로에 종사하는 사람으로서 사용자가 고용노동부장관의 승인을 받은 사람
4. 대통령령으로 정하는 업무에 종사하는 근로자

제5장 여성과 소년

제64조(최저 연령과 취직인허증) ① 15세 미만인 사람(「초·중등교육법」에 따른 중학교에 재학 중인 18세 미만인 사람을 포함한다)은 근로자로 사용하지 못한다. 다만, 대통령령으로 정하는 기준에 따라 고용노동부장관이 발급한 취직인허증(就職認許證)을 지닌 사람은 근로자로 사용할 수 있다. <개정 2010·6·4, 2020·5·26>

② 제1항의 취직인허증은 본인의 신청에 따라 의무교육에 지장이 없는 경우에는 직종(職種)을 지정하여서만 발행할 수 있다.

③ 고용노동부장관은 거짓이나 그 밖의 부정한 방법으로 제1항 단서의 취직인허증을 발급받은 사람에게는 그 인허를 취소하여야 한다. <개정 2010·6·4, 2020·5·26>

제65조(사용 금지) ① 사용자는 임신 중이거나 산후 1년이 지나지 아니한 여성(이하 "임산부"라 한다)과 18세 미만자를 도덕상 또는 보건상 유해·위험한 사업에 사용하지 못한다.

② 사용자는 임산부가 아닌 18세 이상의 여성을 제1항에 따른 보건상 유해·위험한 사업 중 임신 또는 출산에 관한 기능에 유해·위험한 사업에 사용하지 못한다.

③ 제1항 및 제2항에 따른 금지 직종은 대통령령으로 정한다.

제66조(연소자 증명서) 사용자는 18세 미만인 사람에 대하여는 그 연령을 증명하는 가족관계기록사항에 관한 증명서와 친권자 또는 후견인의 동의서를 사업장에 갖추어 두어야 한다. <개정 2007·5·17, 2020·5·26>

제67조(근로계약) ① 친권자나 후견인은 미성년자의 근로계약을 대리할 수 없다.

② 친권자, 후견인 또는 고용노동부장관은 근로계약이 미성년자에게 불리하다고 인정하는 경우에는 이를 해지할 수 있다. <개정 2010·6·4>

③ 사용자는 18세 미만인 사람과 근로계약을 체결하는 경우에는 제17조에 따른 근로조건을 서면(「전자문서 및 전자거래 기본법」 제2조제1호에 따른 전자문서를 포함한다)으로 명시하여 교부하여야 한다. <신설 2007·7·27, 2020·5·26, 2021·1·5>

제68조(임금의 청구) 미성년자는 독자적으로 임금을 청구할 수 있다.

제69조(근로시간) 15세 이상 18세 미만인 사람의 근로시간은 1일에 7시간, 1주에 35시간을 초과하지 못한다. 다만, 당사자 사이의 합의에 따라 1일에 1시간, 1주에 5시간을 한도로 연장할 수 있다. <개정 2018·3·20, 2020·5·26>

제70조(야간근로와 휴일근로의 제한) ① 사용자는 18세 이상의 여성을 오후 10시부터 오전 6시까지의 시간 및 휴일에 근로시키려면 그 근로자의 동의를 받아야 한다.

② 사용자는 임산부와 18세 미만자를 오후 10시부터 오전 6시까지의 시간 및 휴일에 근로시키지 못한다. 다만, 다음 각 호의 어느 하나에 해당하는 경우로서 고용노동부장관의 인가를 받으면 그러하지 아니하다. <개정 2010·6·4>

1. 18세 미만자의 동의가 있는 경우
2. 산후 1년이 지나지 아니한 여성의 동의가 있는 경우
3. 임신 중의 여성이 명시적으로 청구하는 경우

③ 사용자는 제2항의 경우 고용노동부장관의 인가를 받기 전에 근로자의 건강 및 모성 보호를 위하여 그 시행 여부와 방법 등에 관하여 그 사업 또는 사업장의 근로자대표와 성실하게 협의하여야 한다. <개정 2010·6·4>

제71조(시간외근로) 사용자는 산후 1년이 지나지 아니한 여성에 대하여는 단체협약이 있는 경우라도 1일에 2시간, 1주에 6시간, 1년에 150시간을 초과하는 시간외근로를 시키지 못한다. <개정 2018·3·20>

제72조(갱내근로의 금지) 사용자는 여성과 18세 미만인 사람을 갱내(坑內)에서 근로시키지 못한다. 다만, 보건·의료, 보도·취재 등 대통령령으로 정하는 업무를 수행하기 위하여 일시적으로 필요한 경우에는 그러하지 아니하다. <개정 2020·5·26>

제73조(생리휴가) 사용자는 여성 근로자가 청구하면 월 1일의 생리휴가를 주어야 한다.

제74조(임산부의 보호) ① 사용자는 임신 중의 여성에게 출산 전과 출산 후를 통하여 90일(미숙아를 출산한 경우에는 100일, 한 번에 둘 이상 자녀를 임신한 경우에는 120일)의 출산전후휴가를 주어야 한다. 이 경우 휴가 기간의 배정은 출산 후에 45일(한 번에 둘 이상 자녀를 임신한 경우에는 60일) 이상이 되어야 하고, 미숙아의 범위, 휴가 부여 절차 등에 필요한 사항은 고용노동부령으로 정한다. <개정 2012·2·1, 2014·1·21, 2024·10·22>

② 사용자는 임신 중인 여성 근로자가 유산의 경험 등 대통령령으로 정하는 사유로 제1항의 휴가를 청구하는 경우 출산 전 어느 때라도 휴가를 나누어 사용할 수 있도록 하여야 한다. 이 경우 출산 후의 휴가 기간은 연속하여 45일(한 번에 둘 이상 자녀를 임신한 경우에는 60일) 이상이 되어야 한다.

<신설 2012·2·1, 2014·1·21>
③ 사용자는 임신 중인 여성이 유산 또는 사산한 경우로서 그 근로자가 청구하면 대통령령으로 정하는 바에 따라 유산·사산 휴가를 주어야 한다. 다만, 인공 임신중절 수술(「모자보건법」 제14조제1항에 따른 경우는 제외한다)에 따른 유산의 경우는 그러하지 아니하다. <개정 2012·2·1>
④ 제1항부터 제3항까지의 규정에 따른 휴가 중 최초 60일(한 번에 둘 이상 자녀를 임신한 경우에는 75일)은 유급으로 한다. 다만, 「남녀고용평등과 일·가정 양립 지원에 관한 법률」 제18조에 따라 출산전후휴가급여 등이 지급된 경우에는 그 금액의 한도에서 지급의 책임을 면한다. <개정 2007·12·21, 2012·2·1, 2014·1·21>
⑤ 사용자는 임신 중의 여성 근로자에게 시간외근로를 하게 하여는 아니 되며, 그 근로자의 요구가 있는 경우에는 쉬운 종류의 근로로 전환하여야 한다.
⑥ 사업주는 제1항에 따른 출산전후휴가 종료 후에는 휴가 전과 동일한 업무 또는 동등한 수준의 임금을 지급하는 직무에 복귀시켜야 한다. <신설 2008·3·28, 2012·2·1>
⑦ 사용자는 임신 후 12주 이내 또는 32주 이후에 있는 여성 근로자(고용노동부령으로 정하는 유산, 조산 등 위험이 있는 여성 근로자의 경우 임신 전 기간)가 1일 2시간의 근로시간 단축을 신청하는 경우 이를 허용하여야 한다. 다만, 1일 근로시간이 8시간 미만인 근로자에 대하여는 1일 근로시간이 6시간이 되도록 근로시간 단축을 허용할 수 있다. <신설 2014·3·24, 2024·10·22>
⑧ 사용자는 제7항에 따른 근로시간 단축을 이유로 해당 근로자의 임금을 삭감하여서는 아니 된다. <신설 2014·3·24>
⑨ 사용자는 임신 중인 여성 근로자가 1일 소정근로시간을 유지하면서 업무의 시작 및 종료 시각의 변경을 신청하는 경우 이를 허용하여야 한다. 다만, 정상적인 사업 운영에 중대한 지장을 초래하는 경우 등 대통령령으로 정하는 경우에는 그러하지 아니하다. <신설 2021·5·18>
⑩ 제7항에 따른 근로시간 단축의 신청방법 및 절차, 제9항에 따른 업무의 시작 및 종료 시각 변경의 신청방법 및 절차 등에 관하여 필요한 사항은 대통령령으로 정한다. <신설 2014·3·24, 2021·5·18>

제74조의2(태아검진 시간의 허용 등) ① 사용자는 임신한 여성근로자가 「모자보건법」 제10조에 따른 임산부 정기건강진단을 받는데 필요한 시간을 청구하는 경우 이를 허용하여 주어야 한다.
② 사용자는 제1항에 따른 건강진단 시간을 이유로 그 근로자의 임금을 삭감하여서는 아니 된다.
〔본조신설 2008·3·21〕

제75조(육아 시간) 생후 1년 미만의 유아(乳兒)를 가진 여성 근로자가 청구하면 1일 2회 각각 30분 이상의 유급 수유 시간을 주어야 한다.

제6장 안전과 보건

제76조(안전과 보건) 근로자의 안전과 보건에 관하여는 「산업안전보건법」에서 정하는 바에 따른다.

제6장의2 직장 내 괴롭힘의 금지

제76조의2(직장 내 괴롭힘의 금지) 사용자 또는 근로자는 직장에서의 지위 또는 관계 등의 우위를 이용하여 업무상 적정범위를 넘어 다른 근로자에게 신체적·정신적 고통을 주거나 근무환경을 악화시키는 행위(이하 "직장 내 괴롭힘"이라 한다)를 하여서는 아니 된다.
〔본조신설 2019·1·15〕

제76조의3(직장 내 괴롭힘 발생 시 조치) ① 누구든지 직장 내 괴롭힘 발생 사실을 알게 된 경우 그 사실을 사용자에게 신고할 수 있다.
② 사용자는 제1항에 따른 신고를 접수하거나 직장 내 괴롭힘 발생 사실을 인지한 경우에는 지체 없이 당사자 등을 대상으로 그 사실 확인을 위하여 객관적으로 조사를 실시하여야 한다. <개정 2021·4·13>
③ 사용자는 제2항에 따른 조사 기간 동안 직장 내 괴롭힘과 관련하여 피해를 입은 근로자 또는 피해를 입었다고 주장하는 근로자(이하 "피해근로자등"이라 한다)를 보호하

기 위하여 필요한 경우 해당 피해근로자등에 대하여 근무장소의 변경, 유급휴가 명령 등 적절한 조치를 하여야 한다. 이 경우 사용자는 피해근로자등의 의사에 반하는 조치를 하여서는 아니 된다.

④ 사용자는 제2항에 따른 조사 결과 직장 내 괴롭힘 발생 사실이 확인된 때에는 피해근로자가 요청하면 근무장소의 변경, 배치전환, 유급휴가의 명령 등 적절한 조치를 하여야 한다.

⑤ 사용자는 제2항에 따른 조사 결과 직장 내 괴롭힘 발생 사실이 확인된 때에는 지체 없이 행위자에 대하여 징계, 근무장소의 변경 등 필요한 조치를 하여야 한다. 이 경우 사용자는 징계 등의 조치를 하기 전에 그 조치에 대하여 피해근로자의 의견을 들어야 한다.

⑥ 사용자는 직장 내 괴롭힘 발생 사실을 신고한 근로자 및 피해근로자등에게 해고나 그 밖의 불리한 처우를 하여서는 아니 된다.

⑦ 제2항에 따라 직장 내 괴롭힘 발생 사실을 조사한 사람, 조사 내용을 보고받은 사람 및 그 밖에 조사 과정에 참여한 사람은 해당 조사 과정에서 알게 된 비밀을 피해근로자등의 의사에 반하여 다른 사람에게 누설하여서는 아니 된다. 다만, 조사와 관련된 내용을 사용자에게 보고하거나 관계 기관의 요청에 따라 필요한 정보를 제공하는 경우는 제외한다. <신설 2021·4·13>

〔본조신설 2019·1·15〕

제7장 기능 습득

第77條(기능 습득자의 보호) 사용자는 양성공, 수습, 그 밖의 명칭을 불문하고 기능의 습득을 목적으로 하는 근로자를 혹사하거나 가사, 그 밖의 기능 습득과 관계없는 업무에 종사시키지 못한다. <개정 2020·5·26>

제8장 재해보상

第78條(요양보상) ① 근로자가 업무상 부상 또는 질병에 걸리면 사용자는 그 비용으로 필요한 요양을 행하거나 필요한 요양비를 부담하여야 한다.

② 제1항에 따른 업무상 질병과 요양의 범위 및 요양보상의 시기는 대통령령으로 정한다. <개정 2008·3·21>

第79條(휴업보상) ① 사용자는 제78조에 따라 요양 중에 있는 근로자에게 그 근로자의 요양 중 평균임금의 100분의 60의 휴업보상을 하여야 한다.

② 제1항에 따른 휴업보상을 받을 기간에 그 보상을 받을 사람이 임금의 일부를 지급받은 경우에는 사용자는 평균임금에서 그 지급받은 금액을 뺀 금액의 100분의 60의 휴업보상을 하여야 한다. <신설 2008·3·21, 2020·5·26>

③ 휴업보상의 시기는 대통령령으로 정한다. <신설 2008·3·21>

第80條(장해보상) ① 근로자가 업무상 부상 또는 질병에 걸리고, 완치된 후 신체에 장해가 있으면 사용자는 그 장해 정도에 따라 평균임금에 별표에서 정한 일수를 곱한 금액의 장해보상을 하여야 한다.

② 이미 신체에 장해가 있는 사람이 부상 또는 질병으로 인하여 같은 부위에 장해가 더 심해진 경우에 그 장해에 대한 장해보상 금액은 장해 정도가 더 심해진 장해등급에 해당하는 장해보상의 일수에서 기존의 장해등급에 해당하는 장해보상의 일수를 뺀 일수에 보상청구사유 발생 당시의 평균임금을 곱하여 산정한 금액으로 한다. <신설 2008·3·21, 2020·5·26>

③ 장해보상을 하여야 하는 신체장해 등급의 결정 기준과 장해보상의 시기는 대통령령으로 정한다. <신설 2008·3·21>

第81條(휴업보상과 장해보상의 예외) 근로자가 중대한 과실로 업무상 부상 또는 질병에 걸리고 또한 사용자가 그 과실에 대하여 노동위원회의 인정을 받으면 휴업보상이나 장해보상을 하지 아니하여도 된다.

第82條(유족보상) ① 근로자가 업무상 사망한 경우에는 사용자는 근로자가 사망한 후 지체 없이 그 유족에게 평균임금 1,000일분의 유족보상을 하여야 한다. <개정 2008·3·21>

② 제1항에서의 유족의 범위, 유족보상의 순위 및 보상을 받기로 확정된 사람이 사망

한 경우의 유족보상의 순위는 대통령령으로 정한다. <신설 2008·3·21, 2020·5·26>

제83조(장례비) 근로자가 업무상 사망한 경우에는 사용자는 근로자가 사망한 후 지체 없이 평균임금 90일분의 장례비를 지급하여야 한다. <개정 2008·3·21, 2021·1·5>

제84조(일시보상) 제78조에 따라 보상을 받는 근로자가 요양을 시작한 지 2년이 지나도 부상 또는 질병이 완치되지 아니하는 경우에는 사용자는 그 근로자에게 평균임금 1,340일분의 일시보상을 하여 그 후의 이 법에 따른 모든 보상책임을 면할 수 있다.

제85조(분할보상) 사용자는 지급 능력이 있는 것을 증명하고 보상을 받는 사람의 동의를 받으면 제80조, 제82조 또는 제84조에 따른 보상금을 1년에 걸쳐 분할보상을 할 수 있다. <개정 2020·5·26>

제86조(보상 청구권) 보상을 받을 권리는 퇴직으로 인하여 변경되지 아니하고, 양도나 압류하지 못한다.

제87조(다른 손해배상과의 관계) 보상을 받게 될 사람이 동일한 사유에 대하여 「민법」이나 그 밖의 법령에 따라 이 법의 재해보상에 상당한 금품을 받으면 그 가액(價額)의 한도에서 사용자는 보상의 책임을 면한다. <개정 2020·5·26>

제88조(고용노동부장관의 심사와 중재) ① 업무상의 부상, 질병 또는 사망의 인정, 요양의 방법, 보상금액의 결정, 그 밖에 보상의 실시에 관하여 이의가 있는 자는 고용노동부장관에게 심사나 사건의 중재를 청구할 수 있다. <개정 2010·6·4>

② 제1항의 청구가 있으면 고용노동부장관은 1개월 이내에 심사나 중재를 하여야 한다. <개정 2010·6·4>

③ 고용노동부장관은 필요에 따라 직권으로 심사나 사건의 중재를 할 수 있다. <개정 2010·6·4>

④ 고용노동부장관은 심사나 중재를 위하여 필요하다고 인정하면 의사에게 진단이나 검안을 시킬 수 있다. <개정 2010·6·4>

⑤ 제1항에 따른 심사나 중재의 청구와 제2항에 따른 심사나 중재의 시작은 시효의 중단에 관하여는 재판상의 청구로 본다.

제89조(노동위원회의 심사와 중재) ① 고용노동부장관이 제88조제2항의 기간에 심사 또는 중재를 하지 아니하거나 심사와 중재의 결과에 불복하는 자는 노동위원회에 심사나 중재를 청구할 수 있다. <개정 2010·6·4>

② 제1항의 청구가 있으면 노동위원회는 1개월 이내에 심사나 중재를 하여야 한다.

제90조(도급 사업에 대한 예외) ① 사업이 여러 차례의 도급에 따라 행하여지는 경우의 재해보상에 대하여는 원수급인(元受給人)을 사용자로 본다.

② 제1항의 경우에 원수급인이 서면상 계약으로 하수급인에게 보상을 담당하게 하는 경우에는 그 수급인도 사용자로 본다. 다만, 2명 이상의 하수급인에게 똑같은 사업에 대하여 중복하여 보상을 담당하게 하지 못한다.

③ 제2항의 경우에 원수급인이 보상의 청구를 받으면 보상을 담당한 하수급인에게 우선 최고(催告)할 것을 청구할 수 있다. 다만, 그 하수급인이 파산의 선고를 받거나 행방이 알려지지 아니하는 경우에는 그러하지 아니하다.

제91조(서류의 보존) 사용자는 재해보상에 관한 중요한 서류를 재해보상이 끝나지 아니하거나 제92조에 따라 재해보상 청구권이 시효로 소멸되기 전에 폐기하여서는 아니 된다. <개정 2008·3·21>

제92조(시효) 이 법의 규정에 따른 재해보상 청구권은 3년간 행사하지 아니하면 시효로 소멸한다.

제9장 취업규칙

제93조(취업규칙의 작성·신고) 상시 10명 이상의 근로자를 사용하는 사용자는 다음 각 호의 사항에 관한 취업규칙을 작성하여 고용노동부장관에게 신고하여야 한다. 이를 변경하는 경우에도 또한 같다. <개정 2008·3·28, 2010·6·4, 2012·2·1, 2019·1·15>

1. 업무의 시작과 종료 시각, 휴게시간, 휴일, 휴가 및 교대 근로에 관한 사항

2. 임금의 결정·계산·지급 방법, 임금의 산정기간·지급시기 및 승급(昇給)에 관한 사항
3. 가족수당의 계산·지급 방법에 관한 사항
4. 퇴직에 관한 사항
5. 「근로자퇴직급여 보장법」 제4조에 따라 설정된 퇴직급여, 상여 및 최저임금에 관한 사항
6. 근로자의 식비, 작업 용품 등의 부담에 관한 사항
7. 근로자를 위한 교육시설에 관한 사항
8. 출산전후휴가·육아휴직 등 근로자의 모성 보호 및 일·가정 양립 지원에 관한 사항
9. 안전과 보건에 관한 사항
9의2. 근로자의 성별·연령 또는 신체적 조건 등의 특성에 따른 사업장 환경의 개선에 관한 사항
10. 업무상과 업무 외의 재해부조(災害扶助)에 관한 사항
11. 직장 내 괴롭힘의 예방 및 발생 시 조치 등에 관한 사항
12. 표창과 제재에 관한 사항
13. 그 밖에 해당 사업 또는 사업장의 근로자 전체에 적용될 사항

제94조(규칙의 작성, 변경 절차) ① 사용자는 취업규칙의 작성 또는 변경에 관하여 해당 사업 또는 사업장에 근로자의 과반수로 조직된 노동조합이 있는 경우에는 그 노동조합, 근로자의 과반수로 조직된 노동조합이 없는 경우에는 근로자의 과반수의 의견을 들어야 한다. 다만, 취업규칙을 근로자에게 불리하게 변경하는 경우에는 그 동의를 받아야 한다.

② 사용자는 제93조에 따라 취업규칙을 신고할 때에는 제1항의 의견을 적은 서면을 첨부하여야 한다.

제95조(제재 규정의 제한) 취업규칙에서 근로자에 대하여 감급(減給)의 제재를 정할 경우에 그 감액은 1회의 금액이 평균임금의 1일분의 2분의 1을, 총액이 1임금지급기의 임금 총액의 10분의 1을 초과하지 못한다.

제96조(단체협약의 준수) ① 취업규칙은 법령이나 해당 사업 또는 사업장에 대하여 적용되는 단체협약과 어긋나서는 아니 된다.

② 고용노동부장관은 법령이나 단체협약에 어긋나는 취업규칙의 변경을 명할 수 있다. <개정 2010·6·4>

제97조(위반의 효력) 취업규칙에서 정한 기준에 미달하는 근로조건을 정한 근로계약은 그 부분에 관하여는 무효로 한다. 이 경우 무효로 된 부분은 취업규칙에 정한 기준에 따른다.

제10장 기숙사

제98조(기숙사 생활의 보장) ① 사용자는 사업 또는 사업장의 부속 기숙사에 기숙하는 근로자의 사생활의 자유를 침해하지 못한다.

② 사용자는 기숙사 생활의 자치에 필요한 임원 선거에 간섭하지 못한다.

제99조(규칙의 작성과 변경) ① 부속 기숙사에 근로자를 기숙시키는 사용자는 다음 각 호의 사항에 관하여 기숙사규칙을 작성하여야 한다.
1. 기상(起床), 취침, 외출과 외박에 관한 사항
2. 행사에 관한 사항
3. 식사에 관한 사항
4. 안전과 보건에 관한 사항
5. 건설물과 설비의 관리에 관한 사항
6. 그 밖에 기숙사에 기숙하는 근로자 전체에 적용될 사항

② 사용자는 제1항에 따른 규칙의 작성 또는 변경에 관하여 기숙사에 기숙하는 근로자의 과반수를 대표하는 자의 동의를 받아야 한다.

③ 사용자와 기숙사에 기숙하는 근로자는 기숙사규칙을 지켜야 한다.

제100조(부속 기숙사의 설치·운영 기준) 사용자는 부속 기숙사를 설치·운영할 때 다음 각 호의 사항에 관하여 대통령령으로 정하는 기준을 충족하도록 하여야 한다.
1. 기숙사의 구조와 설비
2. 기숙사의 설치 장소
3. 기숙사의 주거 환경 조성
4. 기숙사의 면적
5. 그 밖에 근로자의 안전하고 쾌적한 주거를 위하여 필요한 사항

〔전부개정 2019·1·15〕

제100조의2(부속 기숙사의 유지관리 의무) 사용자는 제100조에 따라 설치한 부속 기숙사에 대하여 근로자의 건강 유지, 사생활 보호 등을 위한 조치를 마련하여야 한다.
〔본조신설 2019·1·15〕

제11장 근로감독관 등

제101조(감독 기관) ① 근로조건의 기준을 확보하기 위하여 고용노동부와 그 소속 기관에 근로감독관을 둔다. <개정 2010·6·4>
② 근로감독관의 자격, 임면(任免), 직무 배치에 관한 사항은 대통령령으로 정한다.

제102조(근로감독관의 권한) ① 근로감독관은 사업장, 기숙사, 그 밖의 부속 건물을 현장조사하고 장부와 서류의 제출을 요구할 수 있으며 사용자와 근로자에 대하여 심문(尋問)할 수 있다. <개정 2017·11·28>
② 의사인 근로감독관이나 근로감독관의 위촉을 받은 의사는 취업을 금지하여야 할 질병에 걸릴 의심이 있는 근로자에 대하여 검진할 수 있다.
③ 제1항 및 제2항의 경우에 근로감독관이나 그 위촉을 받은 의사는 그 신분증명서와 고용노동부장관의 현장조사 또는 검진지령서(檢診指令書)를 제시하여야 한다. <개정 2010·6·4, 2017·11·28>
④ 제3항의 현장조사 또는 검진지령서에는 그 일시, 장소 및 범위를 분명하게 적어야 한다. <개정 2017·11·28>
⑤ 근로감독관은 이 법이나 그 밖의 노동 관계 법령 위반의 죄에 관하여 「사법경찰관리의 직무를 행할 자와 그 직무범위에 관한 법률」에서 정하는 바에 따라 사법경찰관의 직무를 수행한다.

제103조(근로감독관의 의무) 근로감독관은 직무상 알게 된 비밀을 엄수하여야 한다. 근로감독관을 그만 둔 경우에도 또한 같다.

제104조(감독 기관에 대한 신고) ① 사업 또는 사업장에서 이 법 또는 이 법에 따른 대통령령을 위반한 사실이 있으면 근로자는 그 사실을 고용노동부장관이나 근로감독관에게 통보할 수 있다. <개정 2010·6·4>
② 사용자는 제1항의 통보를 이유로 근로자에게 해고나 그 밖에 불리한 처우를 하지 못한다.

제105조(사법경찰권 행사자의 제한) 이 법이나 그 밖의 노동 관계 법령에 따른 현장조사, 서류의 제출, 심문 등의 수사는 검사와 근로감독관이 전담하여 수행한다. 다만, 근로감독관의 직무에 관한 범죄의 수사는 그러하지 아니하다. <개정 2017·11·28>

제106조(권한의 위임) 이 법에 따른 고용노동부장관의 권한은 대통령령으로 정하는 바에 따라 그 일부를 지방고용노동관서의 장에게 위임할 수 있다. <개정 2010·6·4>

제12장 벌칙

제107조(벌칙) 제7조, 제8조, 제9조, 제23조제2항 또는 제40조를 위반한 자는 5년 이하의 징역 또는 5천만원 이하의 벌금에 처한다. <개정 2017·11·28>

제108조(벌칙) 근로감독관이 이 법을 위반한 사실을 고의로 묵과하면 3년 이하의 징역 또는 5년 이하의 자격정지에 처한다.

제109조(벌칙) ① 제36조, 제43조, 제44조, 제44조의2, 제46조, 제51조의3, 제52조제2항제2호, 제56조, 제65조, 제72조 또는 제76조의3제6항을 위반한 자는 3년 이하의 징역 또는 3천만원 이하의 벌금에 처한다. <개정 2007·7·27, 2017·11·28, 2019·1·15, 2021·1·5>
② 제36조, 제43조, 제44조, 제44조의2, 제46조, 제51조의3, 제52조제2항제2호 또는 제56조를 위반한 자에 대하여는 피해자의 명시적인 의사와 다르게 공소를 제기할 수 없다. <개정 2007·7·27, 2021·1·5>

제110조(벌칙) 다음 각 호의 어느 하나에 해당하는 자는 2년 이하의 징역 또는 2천만원 이하의 벌금에 처한다. <개정 2009·5·21, 2012·2·1, 2017·11·28, 2018·3·20, 2021·1·5>
1. 제10조, 제22조제1항, 제26조, 제50조, 제51조의2제2항, 제52조제2항제1호, 제53조제1항·제2항, 같은 조 제3항 본문·제7항, 제54조, 제55조, 제59조제2항, 제60조제1항·제2항·제4항 및 제5항, 제64조제1항, 제69조, 제70

조제1항·제2항, 제71조, 제74조제1항부터 제5항까지, 제75조, 제78조부터 제80조까지, 제82조, 제83조 및 제104조제2항을 위반한 자
2. 제53조제5항에 따른 명령을 위반한 자

제111조(벌칙) 제31조제3항에 따라 확정되거나 행정소송을 제기하여 확정된 구제명령 또는 구제명령을 내용으로 하는 재심판정을 이행하지 아니한 자는 1년 이하의 징역 또는 1천만원 이하의 벌금에 처한다.

제112조(고발) ① 제111조의 죄는 노동위원회의 고발이 있어야 공소를 제기할 수 있다.
② 검사는 제1항에 따른 죄에 해당하는 위반행위가 있음을 노동위원회에 통보하여 고발을 요청할 수 있다.

제113조(벌칙) 제45조를 위반한 자는 1천만원 이하의 벌금에 처한다.

제114조(벌칙) 다음 각 호의 어느 하나에 해당하는 자는 500만원 이하의 벌금에 처한다. <개정 2007·7·27, 2008·3·28, 2009·5·21, 2012·2·1, 2018·3·20>
1. 제6조, 제16조, 제17조, 제20조, 제21조, 제22조제2항, 제47조, 제53조제4항 단서, 제67조제1항·제3항, 제70조제3항, 제73조, 제74조제6항, 제77조, 제94조, 제95조, 제100조 및 제103조를 위반한 자
2. 제96조제2항에 따른 명령을 위반한 자

제115조(양벌규정) 사업주의 대리인, 사용인, 그 밖의 종업원이 해당 사업의 근로자에 관한 사항에 대하여 제107조, 제109조부터 제111조까지, 제113조 또는 제114조의 위반행위를 하면 그 행위자를 벌하는 외에 그 사업주에게도 해당 조문의 벌금형을 과(科)한다. 다만, 사업주가 그 위반행위를 방지하기 위하여 해당 업무에 관하여 상당한 주의와 감독을 게을리하지 아니한 경우에는 그러하지 아니하다.
〔전부개정 2009·5·21〕

제116조(과태료) ① 사용자(사용자의 「민법」 제767조에 따른 친족 중 대통령령으로 정하는 사람이 해당 사업 또는 사업장의 근로자인 경우를 포함한다)가 제76조의2를 위반하여 직장 내 괴롭힘을 한 경우에는 1천만원 이하의 과태료를 부과한다. <신설 2021·4·13>
② 다음 각 호의 어느 하나에 해당하는 자에게는 500만원 이하의 과태료를 부과한다. <개정 2009·5·21, 2010·6·4, 2014·3·24, 2017·11·28, 2021·1·5, 2021·4·13, 2021·5·18>
1. 제13조에 따른 고용노동부장관, 노동위원회 또는 근로감독관의 요구가 있는 경우에 보고 또는 출석을 하지 아니하거나 거짓된 보고를 한 자
2. 제14조, 제39조, 제41조, 제42조, 제48조, 제66조, 제74조제7항·제9항, 제76조의3제2항·제4항·제5항·제7항, 제91조, 제93조, 제98조제2항 및 제99조를 위반한 자
3. 제51조의2제5항에 따른 임금보전방안을 신고하지 아니한 자
4. 제102조에 따른 근로감독관 또는 그 위촉을 받은 의사의 현장조사나 검진을 거절, 방해 또는 기피하고 그 심문에 대하여 진술을 하지 아니하거나 거짓된 진술을 하며 장부·서류를 제출하지 아니하거나 거짓 장부·서류를 제출한 자

③ 제1항 및 제2항에 따른 과태료는 대통령령으로 정하는 바에 따라 고용노동부장관이 부과·징수한다. <개정 2010·6·4, 2021·4·13>
④ 및 ⑤ 삭제 <2009·5·21>

부 칙

제1조(시행일) 이 법은 공포한 날부터 시행한다. 다만, 부칙 제16조제24항의 개정규정은 2007년 4월 12일부터 시행하고, 제12조, 제13조, 제17조, 제21조, 제23조제1항, 제24조제3항, 제25조제1항, 제27조부터 제33조까지, 제37조제1항, 제38조, 제43조, 제45조, 제64조제3항, 제77조, 제107조, 제110조제1호, 제111조, 제112조, 제114조, 제116조 및 부칙 제16조제9항의 개정규정은 2007년 7월 1일부터 시행하며, 부칙 제16조제21항의 개정규정은 2007년 7월 20일부터 시행한다.

제2조(시행일에 관한 경과조치) 부칙 제1조 단서에 따라 제12조, 제13조, 제17조, 제21조, 제23조제1항, 제24조제3항, 제25조제1항, 제28조, 제37조제1항, 제38조, 제43조, 제45조, 제77조, 제107조, 제110조제1호 및 제114조의 개정규정이 시행되기 전까지는 그에 해당하는 종전의 제11조, 제12조, 제24조, 제28조, 제30조제1항, 제31조제3항, 제31조의2제1항, 제33조, 제

36조의2제1항, 제37조, 제42조, 제44조, 제77조, 제110조, 제113조제1호 및 제115조를 적용한다.

제3조(유효기간) 제16조의 개정규정은 2007년 6월 30일까지 효력을 가진다.

제4조(법률 제6974호 근로기준법중개정법률의 시행일) 법률 제6974호 근로기준법중개정법률의 시행일은 다음 각 호와 같다.

1. 금융·보험업, 「정부투자기관 관리기본법」 제2조에 따른 정부투자기관, 「지방공기업법」 제49조 및 같은 법 제76조에 따른 지방공사 및 지방공단, 국가·지방자치단체 또는 정부투자기관이 자본금의 2분의 1 이상을 출자하거나 기본재산의 2분의 1 이상을 출연한 기관·단체와 그 기관·단체가 자본금의 2분의 1 이상을 출자하거나 기본재산의 2분의 1 이상을 출연한 기관·단체 및 상시 1,000명 이상의 근로자를 사용하는 사업 또는 사업장 : 2004년 7월 1일
2. 상시 300명 이상 1,000명 미만의 근로자를 사용하는 사업 또는 사업장 : 2005년 7월 1일
3. 상시 100명 이상 300명 미만의 근로자를 사용하는 사업 또는 사업장 : 2006년 7월 1일
4. 상시 50명 이상 100명 미만의 근로자를 사용하는 사업 또는 사업장 : 2007년 7월 1일
5. 상시 20명 이상 50명 미만의 근로자를 사용하는 사업 또는 사업장 : 2008년 7월 1일
6. 상시 20명 미만의 근로자를 사용하는 사업 또는 사업장, 국가 및 지방자치단체의 기관 : 2011년을 초과하지 아니하는 기간 이내에서 대통령령으로 정하는 날

제5조(법률 제6974호 근로기준법중개정법률의 적용에 관한 특례) 사용자가 부칙 제4조에 따른 시행일 전에 근로자의 과반수로 조직된 노동조합이 있는 경우에는 그 노동조합, 근로자의 과반수로 조직된 노동조합이 없는 경우에는 근로자의 과반수의 동의를 얻어 노동부령으로 정하는 바에 따라 노동부장관에게 신고한 경우에는 부칙 제4조에 따른 시행일 전이라도 이를 적용할 수 있다.

제5조의2(건설공사 등의 근로시간 적용의 특례) 부칙 제4조제6호에도 불구하고 다음 각 호의 공사 전부 또는 일부가 포함된 공사로서 공사의 발주자가 같고 공사의 목적, 장소 및 공기(工期) 등에 비추어 하나의 일관된 체계에 따라 시공되는 것으로 인정되는 공사(이하 이 조에서 "관련공사"라 한다)에 사용되는 모든 근로자에 대하여는 관련공사의 발주 시 총 공사 계약금액을 바탕으로 대통령령으로 정하는 바에 따라 산정한 관련공사의 상시 근로자 수를 기준으로 제50조에 따른 근로시간을 적용할지를 결정한다.

1. 「건설산업기본법」에 따른 건설공사
2. 「전기공사업법」에 따른 전기공사
3. 「정보통신공사업법」에 따른 정보통신공사
4. 「소방시설공사업법」에 따른 소방시설공사
5. 「문화재보호법」에 따른 문화재수리공사

〔본조신설 2008·3·21〕

제6조(연장근로에 관한 특례) ① 부칙 제4조 각 호의 시행일(부칙 제5조에 따라 노동부장관에게 신고한 경우에는 적용일을 말한다. 이하 같다)부터 3년간은 제53조제1항 및 제59조제1항을 적용할 때 "12시간"을 각각 "16시간"으로 본다.

② 제1항을 적용할 때 최초의 4시간에 대하여는 제56조 중 "100분의 50"을 "100분의 25"로 본다.

제7조(임금보전 및 단체협약의 변경 등) ① 사용자는 법률 제6974호 근로기준법중개정법률의 시행으로 인하여 기존의 임금수준 및 시간당 통상임금이 저하되지 아니하도록 하여야 한다.

② 근로자·노동조합 및 사용자는 법률 제6974호 근로기준법중개정법률의 시행과 관련하여 단체협약 유효기간의 만료 여부를 불문하고 가능한 빠른 시일 내에 단체협약, 취업규칙 등에 임금보전방안 및 같은 법의 개정사항이 반영되도록 하여야 한다.

③ 제1항 및 제2항을 적용할 때 임금항목 또는 임금 조정방법은 단체협약, 취업규칙 등을 통하여 근로자·노동조합 및 사용자가 자율적으로 정한다.

제8조(연차 및 월차 유급휴가에 관한 경과조치) 법률 제6974호 근로기준법중개정법률

시행일 전에 발생한 월차유급휴가 및 연차유급휴가에 대하여는 종전의 규정에 따른다.

제 9 조(지연이자에 관한 적용례) 법률 제7465호 근로기준법 일부개정법률 제36조의2의 개정규정은 같은 법 시행 후 최초로 지급사유가 발생하는 경우부터 적용한다.

제10조(유산 또는 사산에 따른 보호휴가 등에 관한 적용례) 법률 제7566호 근로기준법 일부개정법률 제72조제 2 항 및 제 3 항의 개정규정은 같은 법 시행 후 최초로 출산·유산 또는 사산하는 여성 근로자부터 적용한다.

제11조(우선 재고용등에 관한 적용례) 제25조제 1 항의 개정규정은 법률 제8293호 근로기준법 일부개정법률의 시행일인 2007년 7월 1일 이후 최초로 발생한 경영상 이유에 따른 해고부터 적용한다.

제12조(부당해고등에 대한 구제에 관한 적용례) 제28조부터 제33조까지, 제111조 및 제112조의 개정규정은 법률 제8293호 근로기준법 일부개정법률의 시행일인 2007년 7월 1일 이후 최초로 발생한 부당해고등부터 적용한다.

제13조(임금채권 우선변제에 관한 경과조치) ① 법률 제5473호 근로기준법중개정법률 제37조제 2 항제 2 호의 개정규정에도 불구하고 같은 법 시행 전에 퇴직한 근로자의 경우에는 1989년 3월 29일 이후의 계속 근로연수에 대한 퇴직금을 우선변제의 대상으로 한다.

② 법률 제5473호 근로기준법중개정법률 제37조제 2 항제 2 호의 개정규정에도 불구하고 같은 법 시행 전에 채용된 근로자로서 같은 법 시행 후 퇴직하는 근로자의 경우에는 1989년 3월 29일 이후부터 같은 법 시행 전까지의 계속 근로연수에 대한 퇴직금에 같은 법 시행 후의 계속 근로연수에 대하여 발생하는 최종 3년 간의 퇴직금을 합산한 금액을 우선변제의 대상으로 한다.

③ 제 1 항 및 제 2 항에 따라 우선변제의 대상이 되는 퇴직금은 계속 근로연수 1년에 대하여 30일분의 평균임금으로 계산한 금액으로 한다.

④ 제 1 항 및 제 2 항에 따라 우선변제의 대상이 되는 퇴직금은 250일분의 평균임금을 초과할 수 없다.

제14조(처분 등에 관한 일반적 경과조치) 이 법 시행 당시 종전의 규정에 따른 행정기관의 행위나 행정기관에 대한 행위는 그에 해당하는 이 법에 따른 행정기관의 행위나 행정기관에 대한 행위로 본다.

제15조(벌칙에 관한 경과조치) 이 법 시행 전의 행위에 대하여 벌칙 규정을 적용할 때에는 종전의 규정에 따른다.

제16조(다른 법률의 개정) 생략

제17조(다른 법령과의 관계) 이 법 시행 당시 다른 법령에서 종전의 「근로기준법」 또는 그 규정을 인용한 경우에 이 법 가운데 그에 해당하는 규정이 있으면 종전의 규정을 갈음하여 이 법 또는 이 법의 해당 규정을 인용한 것으로 본다.

부 칙 <2007·5·17 법8435>

제 1 조(시행일) 이 법은 2008년 1월 1일부터 시행한다. 〈단서 생략〉

제 2 조부터 **제 9 조**까지 생략

부 칙 <2007·7·27 법8561>

이 법은 공포 후 6개월이 경과한 날부터 시행한다.

부 칙 <2007·12·21 법8781>

제 1 조(시행일) 이 법은 공포 후 6개월이 경과한 날부터 시행한다. 〈단서 생략〉

제 2 조 및 **제 3 조** 생략

부 칙 <2008·3·21 법8960>

제 1 조(시행일) 이 법은 2008년 7월 1일부터 시행한다.

제 2 조(태아검진 시간의 허용 등에 관한 적용례) 제74조의2의 개정규정은 이 법 시행 당시 임신 중인 여성근로자부터 적용한다.

제 3 조(근로시간 적용 특례의 적용례) 법률 제8372호 근로기준법 전부개정법률 부칙 제 5 조의2의 개정규정은 이 법 시행 후 최초로 계약이 체결되는 관련공사에 사용되는 근로자부터 적용한다.

부 칙 <2008·3·28 법9038>

①(시행일) 이 법은 공포한 날부터 시행한다. 다만, 제93조제 8 호 및 제 9 호의2의 개정규정은 공포 후 3개월이 경과한 날부터 시행한다.

②(산전후휴가 종료 후 업무 등 복귀에 관한 적용례) 제74조제 5 항의 개정규정은 이 법 시행 당시 산전후휴가 중인 근로자부터 적용한다.

③(취업규칙의 작성·신고에 관한 적용례) 제93조제 8 호 및 제 9 호의2의 개정규정은 이 법 시행 후 최초로 신고하는 취업규칙부터 적용한다.

부 칙 <2009·5·21 법9699>

①(시행일) 이 법은 공포 후 3개월이 경과한 날부터 시행한다.

②(벌칙에 관한 경과조치) 이 법 시행 전의 행위에 관하여 벌칙을 적용할 때에는 종전의 규정에 따른다.

부 칙 <2010·5·17 법10303>

제 1 조(시행일) 이 법은 공포 후 6개월이 경과한 날부터 시행한다. 〈단서 생략〉

제 2 조부터 **제10조**까지 생략

부 칙 <2010·5·25 법10319>

이 법은 2012년 1월 1일부터 시행한다.

부 칙 <2010·6·4 법10339>

제 1 조(시행일) 이 법은 공포 후 1개월이 경과한 날부터 시행한다. 〈단서 생략〉

제 2 조부터 **제 5 조**까지 생략

부 칙 <2010·6·10 법10366>

제 1 조(시행일) 이 법은 공포 후 2년이 경과한 날부터 시행한다.

제 2 조부터 **제 4 조**까지 생략

부 칙 <2011·5·24 법10719>

제 1 조(시행일) 이 법은 공포 후 6개월이 경과한 날부터 시행한다. 〈단서 생략〉

제 2 조부터 **제 6 조**까지 생략

부 칙 <2012·2·1 법11270>

제 1 조(시행일) 이 법은 공포 후 6개월이 경과한 날부터 시행한다.

제 2 조(체불사업주 명단 공개에 관한 적용례) 제43조의2제 1 항의 개정규정 중 명단 공개 기준일 이전 1년 이내 임금등의 체불총액이 3천만원 이상인 경우는 이 법 시행 후 최초로 고용노동부장관이 임금등의 체불을 확인한 경우부터 적용한다.

제 3 조(임금등 체불자료의 제공에 관한 적용례) 제43조의3제 1 항의 개정규정 중 임금등 체불자료 제공일 이전 1년 이내 임금등의 체불총액이 2천만원 이상인 경우는 이 법 시행 후 최초로 고용노동부장관이 임금등의 체불을 확인한 경우부터 적용한다.

제 4 조(연차 유급휴가에 관한 적용례) 제60조 제 2 항의 개정규정은 이 법 시행 후의 근로기간이 최초로 1년이 되는 근로자로서 그 1년간 출근 기간이 80퍼센트 미만에 해당하는 근로자부터 적용한다.

제 5 조(출산전후휴가 분할사용에 관한 적용례) 제74조제 2 항의 개정규정은 이 법 시행 후 최초로 출산전후휴가 분할사용을 신청한 근로자부터 적용한다.

제 6 조(유산·사산 휴가에 관한 적용례) 제74조제 3 항의 개정규정은 이 법 시행 후 최초로 유산·사산 휴가를 신청한 근로자부터 적용한다.

제 7 조(다른 법률의 개정) 생략

부 칙 <2014·1·21 법12325>

제 1 조(시행일) 이 법은 2014년 7월 1일부터 시행한다.

제 2 조(출산전후휴가에 관한 적용례) 제74조의 개정규정은 이 법 시행 후 출산하는 근로자부터 적용한다.

부 칙 <2014·3·24 법12527>

제 1 조(시행일) 이 법은 공포한 날부터 시행한다. 다만, 제74조제 7 항부터 제 9 항까지의 개정규정은 다음 각 호의 구분에 따른 날부터 시행한다.

1. 상시 300명 이상의 근로자를 사용하는 사업 또는 사업장 : 공포 후 6개월이 경과한 날
2. 상시 300명 미만의 근로자를 사용하는 사업 또는 사업장 : 공포 후 2년이 경과한 날

제 2 조(해고 예고의 해고사유 등 서면통지 의제에 관한 적용례) 제27조제 3 항의 개정규정은 이 법 시행 후 최초로 해고를 예고하는 경우부터 적용한다.

제 3 조(근로시간 단축에 관한 적용례) 제74조제 7 항의 개정규정은 같은 개정규정 시행 후 최초로 근로시간 단축을 신청한 근로자부터 적용한다.

부 칙 <2017·11·28 법15108>

제 1 조(시행일) 이 법은 공포 후 6개월이 경과한 날부터 시행한다.

제 2 조(연차 유급휴가에 관한 적용례) 제60조제 6 항제 3 호의 개정규정은 이 법 시행 후 최초로 육아휴직을 신청하는 근로자부터 적용한다.

부 칙 <2018·3·20 법15513>

제 1 조(시행일) ① 이 법은 2018년 7월 1일부터 시행한다.

② 제 2 조제 1 항의 개정규정은 다음 각 호의 구분에 따른 날부터 시행한다.

1. 상시 300명 이상의 근로자를 사용하는 사업 또는 사업장, 「공공기관의 운영에 관한

법률」 제4조에 따른 공공기관, 「지방공기업법」 제49조 및 같은 법 제76조에 따른 지방공사 및 지방공단, 국가·지방자치단체 또는 정부투자기관이 자본금의 2분의 1 이상을 출자하거나 기본재산의 2분의 1 이상을 출연한 기관·단체와 그 기관·단체가 자본금의 2분의 1 이상을 출자하거나 기본재산의 2분의 1 이상을 출연한 기관·단체, 국가 및 지방자치단체의 기관 : 2018년 7월 1일(제59조의 개정규정에 따라 근로시간 및 휴게시간의 특례를 적용받지 아니하게 되는 업종의 경우 2019년 7월 1일)

2. 상시 50명 이상 300명 미만의 근로자를 사용하는 사업 또는 사업장 : 2020년 1월 1일

3. 상시 5명 이상 50명 미만의 근로자를 사용하는 사업 또는 사업장 : 2021년 7월 1일

③ 제53조제3항 및 제6항, 제110조제1호 및 제2호, 제114조제1호의 개정규정은 2021년 7월 1일부터 시행한다. 다만, 제110조제1호의 개정규정 중 제59조제2항의 개정규정과 관련한 부분은 2018년 9월 1일부터 시행한다.

④ 제55조제2항의 개정규정은 다음 각 호의 구분에 따른 날부터 시행한다.

1. 상시 300명 이상의 근로자를 사용하는 사업 또는 사업장, 「공공기관의 운영에 관한 법률」 제4조에 따른 공공기관, 「지방공기업법」 제49조 및 같은 법 제76조에 따른 지방공사 및 지방공단, 국가·지방자치단체 또는 정부투자기관이 자본금의 2분의 1 이상을 출자하거나 기본재산의 2분의 1 이상을 출연한 기관·단체와 그 기관·단체가 자본금의 2분의 1 이상을 출자하거나 기본재산의 2분의 1 이상을 출연한 기관·단체, 국가 및 지방자치단체의 기관 : 2020년 1월 1일

2. 상시 30명 이상 300명 미만의 근로자를 사용하는 사업 또는 사업장 : 2021년 1월 1일

3. 상시 5인 이상 30명 미만의 근로자를 사용하는 사업 또는 사업장 : 2022년 1월 1일

⑤ 제56조의 개정규정은 공포한 날부터 시행한다.

⑥ 제59조제2항의 개정규정은 2018년 9월 1일부터 시행한다.

제2조(유효기간 등) 제53조제3항 및 제6항의 개정규정은 2022년 12월 31일까지 효력을 가진다.

제3조(탄력적 근로시간제 개선을 위한 준비행위) 고용노동부장관은 2022년 12월 31일까지 탄력적 근로시간제의 단위기간 확대 등 제도개선을 위한 방안을 준비하여야 한다.

제4조(관공서 공휴일 적용을 위한 준비행위) 고용노동부장관은 사업 또는 사업장의 공휴일 적용 실태를 조사하여 그 결과를 2018년 12월 31일까지 국회에 보고한다.

부　칙 <2019·1·15 법16270>

제1조(시행일) 이 법은 공포 후 6개월이 경과한 날부터 시행한다. 다만, 제26조 및 제35조의 개정규정은 공포한 날부터 시행한다.

제2조(예고해고의 적용 예외에 관한 적용례) 제26조제1호의 개정규정은 같은 개정규정 시행 후 근로계약을 체결한 근로자부터 적용한다.

제3조(직장 내 괴롭힘 발생 시 조치에 관한 적용례) 제76조의3의 개정규정은 이 법 시행 후 발생한 직장 내 괴롭힘의 경우부터 적용한다.

부　칙 <2019·1·15 법16272>

제1조(시행일) 이 법은 공포 후 1년이 경과한 날부터 시행한다. 〈단서 생략〉

제2조부터 **제21조**까지 생략

부　칙 <2019·4·30 법16415>

제1조(시행일) ① 이 법은 공포 후 6개월이 경과한 날부터 시행한다. 〈단서 생략〉

② 생략

제2조 및 **제3조** 생략

부　칙 <2020·3·31 법17185>

제1조(시행일) 이 법은 공포한 날부터 시행한다.

제2조(연차 유급휴가에 관한 경과조치) 이 법 시행 전에 발생한 연차 유급휴가에 대해서는 종전의 규정에 따른다.

부　칙 <2020·5·26 법17326>

이 법은 공포한 날부터 시행한다. 〈단서 생략〉

부　칙 <2021·1·5 법17862>

제1조(시행일) 이 법은 공포한 날부터 시행한다. 다만, 제53조제7항의 개정규정 및 제110조제1호의 개정규정 중 "제53조제7항"에 관한 부분은 공포 후 3개월이 경과한 날부터 시행하고, 제43조의2제1항, 제51조의2, 제51조의3, 제52조, 제53조제2항, 제57조, 제109조 및 제116조의 개정규정

및 제110조제 1 호의 개정규정 중 "제51조의2제 2 항 또는 제52조제 2 항제 1 호"에 관한 부분은 다음 각 호의 구분에 따른 날부터 시행한다.

1. 상시 50명 이상의 근로자를 사용하는 사업 또는 사업장, 「공공기관의 운영에 관한 법률」 제 4 조에 따른 공공기관, 「지방공기업법」 제49조 및 같은 법 제76조에 따른 지방공사 및 지방공단, 국가·지방자치단체 또는 정부투자기관이 자본금의 2분의 1 이상을 출자하거나 기본재산의 2분의 1 이상을 출연한 기관·단체와 그 기관·단체가 자본금의 2분의 1 이상을 출자하거나 기본재산의 2분의 1 이상을 출연한 기관·단체, 국가 및 지방자치단체의 기관 : 공포 후 3개월이 경과한 날
2. 상시 5명 이상 50명 미만의 근로자를 사용하는 사업 또는 사업장 : 2021년 7월 1일

제 2 조(3개월을 초과하는 탄력적 근로시간제 도입을 위한 준비행위) 사용자는 이 법 시행 전에 3개월을 초과하는 탄력적 근로시간제 도입을 위하여 근로자대표와의 서면 합의 등 필요한 준비행위를 할 수 있다.

제 3 조(1개월을 초과하는 선택적 근로시간제 도입을 위한 준비행위) 사용자는 이 법 시행 전에 1개월을 초과하는 선택적 근로시간제 도입을 위하여 근로자대표와의 서면 합의 등 필요한 준비행위를 할 수 있다.

제 4 조(이 법 시행을 위한 준비행위) 고용노동부장관은 탄력적 근로시간제 및 선택적 근로시간제의 원활한 시행 등을 위하여 실태를 조사·파악할 수 있다.

부 칙 <2021·4·13 법18037>

제 1 조(시행일) 이 법은 공포 후 6개월이 경과한 날부터 시행한다.

제 2 조(직장 내 괴롭힘 발생 시 조치에 관한 적용례) 제76조의3제 2 항 및 제 7 항의 개정규정은 이 법 시행 후 발생한 직장 내 괴롭힘의 경우부터 적용한다.

부 칙 <2021·5·18 법18176>

제 1 조(시행일) 이 법은 공포 후 6개월이 경과한 날부터 시행한다.

제 2 조(근로계약기간의 만료 등에 따른 구제명령 등에 관한 적용례) 제30조제 4 항의 개정규정은 이 법 시행 후 노동위원회가 같은 조 제 1 항에 따라 구제명령이나 기각결정을 하는 경우부터 적용한다.

제 3 조(이행강제금에 관한 적용례) 제33조제 1 항의 개정규정은 이 법 시행 후 발생한 부당해고등부터 적용한다.

부 칙 <2024·10·22 법20520>

제 1 조(시행일) 이 법은 공포 후 1년이 경과한 날부터 시행한다. 다만, 다음 각 호의 사항은 그 구분에 따른 날부터 시행한다.

1. 제60조제 6 항의 개정규정 : 공포한 날
2. 제74조제 1 항 및 제 7 항의 개정규정 : 공포 후 4개월이 경과한 날

제 2 조(재직 중인 근로자에 대한 미지급 임금의 지연이자에 관한 적용례) 제37조의 개정규정은 이 법 시행 이후 제37조제 1 항제 2 호의 개정규정에 따른 지연이자 지급사유가 발생하는 경우부터 적용한다.

제 3 조(상습체불사업주의 체불횟수 및 체불액 산정에 관한 적용례) 제43조의4의 개정규정에 따라 고용노동부장관이 상습체불사업주를 정하는 경우 임금등 체불자료 제공일이 속하는 연도의 직전 연도 1년간 체불횟수와 체불액은 이 법 시행 이후 고용노동부장관이 임금등의 체불을 확인한 경우부터 산정한다.

제 4 조(출국금지 요청에 관한 적용례) 제43조의7의 개정규정은 이 법 시행 이후 제43조의2에 따라 명단 공개가 결정된 체불사업주부터 적용한다.

제 5 조(체불 임금등에 대한 손해배상청구에 관한 적용례) 제43조의8의 개정규정은 이 법 시행 이후 사업주가 같은 개정규정 각 호의 어느 하나에 해당하는 경우부터 적용한다.

제 6 조(연차 유급휴가에 관한 적용례) 제60조제 6 항제 4 호 및 제 5 호의 개정규정은 부칙 제 1 조제 1 호에 따른 시행일 이후 육아기 근로시간 단축 또는 임신기 근로시간 단축을 시작하는 경우부터 적용한다.

제 7 조(출산전후휴가에 관한 적용례) 제74조제 1 항의 개정규정은 부칙 제 1 조제 2 호에 따른 시행일 이후 출산하는 근로자부터 적용한다.

제 8 조(벌칙에 관한 적용례) 제109조제 2 항의 개정규정은 이 법 시행 이후 발생한 위반행위부터 적용한다.

●노동조합 및 노동관계조정법

〔1997·3·13 법률제5310호〕

개정
1998· 2·20 법률제 5511호
2001· 3·28 법률제 6456호
2006· 1· 2 법률제 7845호(방위사업법)
2006·12·30 법률제 8158호
2008· 3·28 법률제 9041호
2010· 1· 1 법률제 9930호
2010· 6· 4 법률제10339호(정부조직법)
2014· 5·20 법률제12630호
2018·10·16 법률제15849호
2020· 6· 9 법률제17432호
2021· 1· 5 법률제17864호

제1장 총칙

제1조(목적) 이 법은 헌법에 의한 근로자의 단결권·단체교섭권 및 단체행동권을 보장하여 근로조건의 유지·개선과 근로자의 경제적·사회적 지위의 향상을 도모하고, 노동관계를 공정하게 조정하여 노동쟁의를 예방·해결함으로써 산업평화의 유지와 국민경제의 발전에 이바지함을 목적으로 한다.

제2조(정의) 이 법에서 사용하는 용어의 정의는 다음과 같다. <개정 2021·1·5>

1. "근로자"라 함은 직업의 종류를 불문하고 임금·급료 기타 이에 준하는 수입에 의하여 생활하는 자를 말한다.
2. "사용자"라 함은 사업주, 사업의 경영담당자 또는 그 사업의 근로자에 관한 사항에 대하여 사업주를 위하여 행동하는 자를 말한다.
3. "사용자단체"라 함은 노동관계에 관하여 그 구성원인 사용자에 대하여 조정 또는 규제할 수 있는 권한을 가진 사용자의 단체를 말한다.
4. "노동조합"이라 함은 근로자가 주체가 되어 자주적으로 단결하여 근로조건의 유지·개선 기타 근로자의 경제적·사회적 지위의 향상을 도모함을 목적으로 조직하는 단체 또는 그 연합단체를 말한다. 다만, 다음 각목의 1에 해당하는 경우에는 노동조합으로 보지 아니한다.
   가. 사용자 또는 항상 그의 이익을 대표하여 행동하는 자의 참가를 허용하는 경우
   나. 경비의 주된 부분을 사용자로부터 원조받는 경우
   다. 공제·수양 기타 복리사업만을 목적으로 하는 경우
   라. 근로자가 아닌 자의 가입을 허용하는 경우
   마. 주로 정치운동을 목적으로 하는 경우
5. "노동쟁의"라 함은 노동조합과 사용자 또는 사용자단체(이하 "노동관계 당사자"라 한다)간에 임금·근로시간·복지·해고 기타 대우등 근로조건의 결정에 관한 주장의 불일치로 인하여 발생한 분쟁상태를 말한다. 이 경우 주장의 불일치라 함은 당사자간에 합의를 위한 노력을 계속하여도 더이상 자주적 교섭에 의한 합의의 여지가 없는 경우를 말한다.
6. "쟁의행위"라 함은 파업·태업·직장폐쇄 기타 노동관계 당사자가 그 주장을 관철할 목적으로 행하는 행위와 이에 대항하는 행위로서 업무의 정상적인 운영을 저

해하는 행위를 말한다.

제 3 조(손해배상 청구의 제한) 사용자는 이 법에 의한 단체교섭 또는 쟁의행위로 인하여 손해를 입은 경우에 노동조합 또는 근로자에 대하여 그 배상을 청구할 수 없다.

제 4 조(정당행위) 형법 제20조의 규정은 노동조합이 단체교섭·쟁의행위 기타의 행위로서 제 1 조의 목적을 달성하기 위하여 한 정당한 행위에 대하여 적용된다. 다만, 어떠한 경우에도 폭력이나 파괴행위는 정당한 행위로 해석되어서는 아니된다.

제 2 장 노동조합

제 1 절 통칙

제 5 조(노동조합의 조직·가입·활동) ① 근로자는 자유로이 노동조합을 조직하거나 이에 가입할 수 있다. 다만, 공무원과 교원에 대하여는 따로 법률로 정한다.

② 사업 또는 사업장에 종사하는 근로자(이하 "종사근로자"라 한다)가 아닌 노동조합의 조합원은 사용자의 효율적인 사업 운영에 지장을 주지 아니하는 범위에서 사업 또는 사업장 내에서 노동조합 활동을 할 수 있다. <신설 2021·1·5>

③ 종사근로자인 조합원이 해고되어 노동위원회에 부당노동행위의 구제신청을 한 경우에는 중앙노동위원회의 재심판정이 있을 때까지는 종사근로자로 본다. <신설 2021·1·5>

제 6 조(법인격의 취득) ① 노동조합은 그 규약이 정하는 바에 의하여 법인으로 할 수 있다.

② 노동조합은 당해 노동조합을 법인으로 하고자 할 경우에는 대통령령이 정하는 바에 의하여 등기를 하여야 한다.

③ 법인인 노동조합에 대하여는 이 법에 규정된 것을 제외하고는 민법중 사단법인에 관한 규정을 적용한다.

제 7 조(노동조합의 보호요건) ① 이 법에 의하여 설립된 노동조합이 아니면 노동위원회에 노동쟁의의 조정 및 부당노동행위의 구제를 신청할 수 없다.

② 제 1 항의 규정은 제81조제 1 항제 1 호·제 2 호 및 제 5 호의 규정에 의한 근로자의 보호를 부인하는 취지로 해석되어서는 아니된다. <개정 2021·1·5>

③ 이 법에 의하여 설립된 노동조합이 아니면 노동조합이라는 명칭을 사용할 수 없다.

제 8 조(조세의 면제) 노동조합에 대하여는 그 사업체를 제외하고는 세법이 정하는 바에 따라 조세를 부과하지 아니한다.

제 9 조(차별대우의 금지) 노동조합의 조합원은 어떠한 경우에도 인종, 종교, 성별, 연령, 신체적 조건, 고용형태, 정당 또는 신분에 의하여 차별대우를 받지 아니한다. <개정 2008·3·28>

제 2 절 노동조합의 설립

제10조(설립의 신고) ① 노동조합을 설립하고자 하는 자는 다음 각호의 사항을 기재한 신고서에 제11조의 규정에 의한 규약을 첨부하여 연합단체인 노동조합과 2 이상의 특별시·광역시·특별자치시·도·특별자치도에 걸치는 단위노동조합은 고용노동부장관에게, 2 이상의 시·군·구(자치구를 말한다)에 걸치는 단위노동조합은 특별시장·광역시장·도지사에게, 그 외의 노동조합은 특별자치시장·특별자치도지사·시장·군수·구청장(자치구의 구청장을 말한다. 이하 제12조제 1 항에서 같다)에게 제출하여야 한다. <개정 1998·2·20, 2006·12·30, 2010·6·4, 2014·5·20>

1. 명칭
2. 주된 사무소의 소재지
3. 조합원수
4. 임원의 성명과 주소
5. 소속된 연합단체가 있는 경우에는 그 명칭
6. 연합단체인 노동조합에 있어서는 그 구성노동단체의 명칭, 조합원수, 주된 사무소의 소재지 및 임원의 성명·주소

② 제 1 항의 규정에 의한 연합단체인 노동조합은 동종산업의 단위노동조합을 구성원으로 하는 산업별 연합단체와 산업별 연합단체 또는 전국규모의 산업별 단위노동조합을 구성원으로 하는 총연합단체를 말한다.

제11조(규약) 노동조합은 그 조직의 자주적·

민주적 운영을 보장하기 위하여 당해 노동조합의 규약에 다음 각 호의 사항을 기재하여야 한다. <개정 2006·12·30>
1. 명칭
2. 목적과 사업
3. 주된 사무소의 소재지
4. 조합원에 관한 사항(연합단체인 노동조합에 있어서는 그 구성단체에 관한 사항)
5. 소속된 연합단체가 있는 경우에는 그 명칭
6. 대의원회를 두는 경우에는 대의원회에 관한 사항
7. 회의에 관한 사항
8. 대표자와 임원에 관한 사항
9. 조합비 기타 회계에 관한 사항
10. 규약변경에 관한 사항
11. 해산에 관한 사항
12. 쟁의행위와 관련된 찬반투표 결과의 공개, 투표자 명부 및 투표용지 등의 보존·열람에 관한 사항
13. 대표자와 임원의 규약위반에 대한 탄핵에 관한 사항
14. 임원 및 대의원의 선거절차에 관한 사항
15. 규율과 통제에 관한 사항

제12조(신고증의 교부) ① 고용노동부장관, 특별시장·광역시장·특별자치시장·도지사·특별자치도지사 또는 시장·군수·구청장(이하 "행정관청"이라 한다)은 제10조제1항의 규정에 의한 설립신고서를 접수한 때에는 제2항 전단 및 제3항의 경우를 제외하고는 3일 이내에 신고증을 교부하여야 한다. <개정 1998·2·20, 2006·12·30, 2010·6·4, 2014·5·20>

② 행정관청은 설립신고서 또는 규약이 기재사항의 누락등으로 보완이 필요한 경우에는 대통령령이 정하는 바에 따라 20일 이내의 기간을 정하여 보완을 요구하여야 한다. 이 경우 보완된 설립신고서 또는 규약을 접수한 때에는 3일 이내에 신고증을 교부하여야 한다. <개정 1998·2·20>

③ 행정관청은 설립하고자 하는 노동조합이 다음 각호의 1에 해당하는 경우에는 설립신고서를 반려하여야 한다. <개정 1998·2·20>
1. 제2조제4호 각목의 1에 해당하는 경우
2. 제2항의 규정에 의하여 보완을 요구하였음에도 불구하고 그 기간내에 보완을 하지 아니하는 경우

④ 노동조합이 신고증을 교부받은 경우에는 설립신고서가 접수된 때에 설립된 것으로 본다.

제13조(변경사항의 신고등) ① 노동조합은 제10조제1항의 규정에 의하여 설립신고된 사항중 다음 각호의 1에 해당하는 사항에 변경이 있는 때에는 그 날부터 30일 이내에 행정관청에게 변경신고를 하여야 한다. <개정 1998·2·20, 2001·3·28>
1. 명칭
2. 주된 사무소의 소재지
3. 대표자의 성명
4. 소속된 연합단체의 명칭

② 노동조합은 매년 1월 31일까지 다음 각호의 사항을 행정관청에게 통보하여야 한다. 다만, 제1항의 규정에 의하여 전년도에 변경신고된 사항은 그러하지 아니하다. <개정 1998·2·20, 2001·3·28>
1. 전년도에 규약의 변경이 있는 경우에는 변경된 규약내용
2. 전년도에 임원의 변경이 있는 경우에는 변경된 임원의 성명
3. 전년도 12월 31일 현재의 조합원수(연합단체인 노동조합에 있어서는 구성단체별 조합원수)

제3절 노동조합의 관리

제14조(서류비치등) ① 노동조합은 조합설립일부터 30일 이내에 다음 각호의 서류를 작성하여 그 주된 사무소에 비치하여야 한다.
1. 조합원 명부(연합단체인 노동조합에 있어서는 그 구성단체의 명칭)
2. 규약
3. 임원의 성명·주소록
4. 회의록
5. 재정에 관한 장부와 서류

② 제1항제4호 및 제5호의 서류는 3년간 보존하여야 한다.

제15조(총회의 개최) ① 노동조합은 매년 1회

이상 총회를 개최하여야 한다.

② 노동조합의 대표자는 총회의 의장이 된다.

제16조(총회의 의결사항) ① 다음 각호의 사항은 총회의 의결을 거쳐야 한다.

1. 규약의 제정과 변경에 관한 사항
2. 임원의 선거와 해임에 관한 사항
3. 단체협약에 관한 사항
4. 예산·결산에 관한 사항
5. 기금의 설치·관리 또는 처분에 관한 사항
6. 연합단체의 설립·가입 또는 탈퇴에 관한 사항
7. 합병·분할 또는 해산에 관한 사항
8. 조직형태의 변경에 관한 사항
9. 기타 중요한 사항

② 총회는 재적조합원 과반수의 출석과 출석조합원 과반수의 찬성으로 의결한다. 다만, 규약의 제정·변경, 임원의 해임, 합병·분할·해산 및 조직형태의 변경에 관한 사항은 재적조합원 과반수의 출석과 출석조합원 3분의 2 이상의 찬성이 있어야 한다.

③ 임원의 선거에 있어서 출석조합원 과반수의 찬성을 얻은 자가 없는 경우에는 제2항 본문의 규정에 불구하고 규약이 정하는 바에 따라 결선투표를 실시하여 다수의 찬성을 얻은 자를 임원으로 선출할 수 있다.

④ 규약의 제정·변경과 임원의 선거·해임에 관한 사항은 조합원의 직접·비밀·무기명투표에 의하여야 한다.

제17조(대의원회) ① 노동조합은 규약으로 총회에 갈음할 대의원회를 둘 수 있다.

② 대의원은 조합원의 직접·비밀·무기명투표에 의하여 선출되어야 한다.

③ 하나의 사업 또는 사업장을 대상으로 조직된 노동조합의 대의원은 그 사업 또는 사업장에 종사하는 조합원 중에서 선출하여야 한다. <신설 2021·1·5>

④ 대의원의 임기는 규약으로 정하되 3년을 초과할 수 없다.

⑤ 대의원회를 둔 때에는 총회에 관한 규정은 대의원회에 이를 준용한다.

제18조(임시총회등의 소집) ① 노동조합의 대표자는 필요하다고 인정할 때에는 임시총회 또는 임시대의원회를 소집할 수 있다.

② 노동조합의 대표자는 조합원 또는 대의원의 3분의 1 이상(연합단체인 노동조합에 있어서는 그 구성단체의 3분의 1 이상)이 회의에 부의할 사항을 제시하고 회의의 소집을 요구한 때에는 지체없이 임시총회 또는 임시대의원회를 소집하여야 한다.

③ 행정관청은 노동조합의 대표자가 제2항의 규정에 의한 회의의 소집을 고의로 기피하거나 이를 해태하여 조합원 또는 대의원의 3분의 1 이상이 소집권자의 지명을 요구한 때에는 15일 이내에 노동위원회의 의결을 요청하고 노동위원회의 의결이 있는 때에는 지체없이 회의의 소집권자를 지명하여야 한다. <개정 1998·2·20>

④ 행정관청은 노동조합에 총회 또는 대의원회의 소집권자가 없는 경우에 조합원 또는 대의원의 3분의 1 이상이 회의에 부의할 사항을 제시하고 소집권자의 지명을 요구한 때에는 15일 이내에 회의의 소집권자를 지명하여야 한다. <개정 1998·2·20>

제19조(소집의 절차) 총회 또는 대의원회는 회의개최일 7일전까지 그 회의에 부의할 사항을 공고하고 규약에 정한 방법에 의하여 소집하여야 한다. 다만, 노동조합이 동일한 사업장내의 근로자로 구성된 경우에는 그 규약으로 공고기간을 단축할 수 있다.

제20조(표결권의 특례) 노동조합이 특정 조합원에 관한 사항을 의결할 경우에는 그 조합원은 표결권이 없다.

제21조(규약 및 결의처분의 시정) ① 행정관청은 노동조합의 규약이 노동관계법령에 위반한 경우에는 노동위원회의 의결을 얻어 그 시정을 명할 수 있다. <개정 1998·2·20>

② 행정관청은 노동조합의 결의 또는 처분이 노동관계법령 또는 규약에 위반된다고 인정할 경우에는 노동위원회의 의결을 얻어 그 시정을 명할 수 있다. 다만, 규약위반시의 시정명령은 이해관계인의 신청이 있는 경우에 한한다. <개정 1998·2·20>

③ 제1항 또는 제2항의 규정에 의하여 시정명령을 받은 노동조합은 30일 이내에 이를 이행하여야 한다. 다만, 정당한 사유가 있는 경우에는 그 기간을 연장할 수 있다.

제22조(조합원의 권리와 의무) 노동조합의 조합원은 균등하게 그 노동조합의 모든 문제에 참여할 권리와 의무를 가진다. 다만, 노동조합은 그 규약으로 조합비를 납부하지 아니하는 조합원의 권리를 제한할 수 있다.

제23조(임원의 자격 등) ① 노동조합의 임원 자격은 규약으로 정한다. 이 경우 하나의 사업 또는 사업장을 대상으로 조직된 노동조합의 임원은 그 사업 또는 사업장에 종사하는 조합원 중에서 선출하도록 정한다. <개정 2021·1·5>

② 임원의 임기는 규약으로 정하되 3년을 초과할 수 없다.

제24조(근로시간 면제 등) ① 근로자는 단체협약으로 정하거나 사용자의 동의가 있는 경우에는 사용자 또는 노동조합으로부터 급여를 지급받으면서 근로계약 소정의 근로를 제공하지 아니하고 노동조합의 업무에 종사할 수 있다. <개정 2021·1·5>

② 제1항에 따라 사용자로부터 급여를 지급받는 근로자(이하 "근로시간면제자"라 한다)는 사업 또는 사업장별로 종사근로자인 조합원 수 등을 고려하여 제24조의2에 따라 결정된 근로시간 면제 한도(이하 "근로시간 면제 한도"라 한다)를 초과하지 아니하는 범위에서 임금의 손실 없이 사용자와의 협의·교섭, 고충처리, 산업안전 활동 등 이 법 또는 다른 법률에서 정하는 업무와 건전한 노사관계 발전을 위한 노동조합의 유지·관리업무를 할 수 있다. <개정 2021·1·5>

③ 사용자는 제1항에 따라 노동조합의 업무에 종사하는 근로자의 정당한 노동조합 활동을 제한해서는 아니 된다. <신설 2010·1·1, 2021·1·5>

④ 제2항을 위반하여 근로시간 면제 한도를 초과하는 내용을 정한 단체협약 또는 사용자의 동의는 그 부분에 한정하여 무효로 한다. <개정 2021·1·5>

⑤ 삭제 <2021·1·5>

제24조의2(근로시간면제심의위원회) ① 근로시간면제자에 대한 근로시간 면제 한도를 정하기 위하여 근로시간면제심의위원회(이하 이 조에서 "위원회"라 한다)를 「경제사회노동위원회법」에 따른 경제사회노동위원회(이하 "경제사회노동위원회"라 한다)에 둔다. <개정 2010·6·4, 2021·1·5>

② 위원회는 근로시간 면제 한도를 심의·의결하고, 3년마다 그 적정성 여부를 재심의하여 의결할 수 있다. <개정 2010·6·4, 2021·1·5>

③ 경제사회노동위원회 위원장은 제2항에 따라 위원회가 의결한 사항을 고용노동부장관에게 즉시 통보하여야 한다. <개정 2021·1·5>

④ 고용노동부장관은 제3항에 따라 경제사회노동위원회 위원장이 통보한 근로시간 면제 한도를 고시하여야 한다. <신설 2021·1·5>

⑤ 위원회는 다음 각 호의 구분에 따라 근로자를 대표하는 위원과 사용자를 대표하는 위원 및 공익을 대표하는 위원 각 5명씩 성별을 고려하여 구성한다. <신설 2021·1·5>

1. 근로자를 대표하는 위원 : 전국적 규모의 노동단체가 추천하는 사람
2. 사용자를 대표하는 위원 : 전국적 규모의 경영자단체가 추천하는 사람
3. 공익을 대표하는 위원 : 경제사회노동위원회 위원장이 추천한 15명 중에서 제1호에 따른 노동단체와 제2호에 따른 경영자단체가 순차적으로 배제하고 남은 사람

⑥ 위원회의 위원장은 제5항제3호에 따른 위원 중에서 위원회가 선출한다. <개정 2021·1·5>

⑦ 위원회는 재적위원 과반수의 출석과 출석위원 과반수의 찬성으로 의결한다.

⑧ 위원의 자격, 위촉과 위원회의 운영 등에 필요한 사항은 대통령령으로 정한다.

[본조신설 2010·1·1]

제25조(회계감사) ① 노동조합의 대표자는 그 회계감사원으로 하여금 6월에 1회 이상 당해 노동조합의 모든 재원 및 용도, 주요한 기부자의 성명, 현재의 경리상황 등에 대한 회계감사를 실시하게 하고 그 내용과 감사결과를 전체 조합원에게 공개하여야 한다.

② 노동조합의 회계감사원은 필요하다고 인정할 경우에는 당해 노동조합의 회계감사를 실시하고 그 결과를 공개할 수 있다.

제26조(운영상황의 공개) 노동조합의 대표자는

회계연도마다 결산결과와 운영상황을 공표하여야 하며 조합원의 요구가 있을 때에는 이를 열람하게 하여야 한다.

제27조(자료의 제출) 노동조합은 행정관청이 요구하는 경우에는 결산결과와 운영상황을 보고하여야 한다. <개정 1998·2·20>

제 4 절 노동조합의 해산

제28조(해산사유) ① 노동조합은 다음 각호의 1에 해당하는 경우에는 해산한다. <개정 1998·2·20>

1. 규약에서 정한 해산사유가 발생한 경우
2. 합병 또는 분할로 소멸한 경우
3. 총회 또는 대의원회의 해산결의가 있는 경우
4. 노동조합의 임원이 없고 노동조합으로서의 활동을 1년 이상 하지 아니한 것으로 인정되는 경우로서 행정관청이 노동위원회의 의결을 얻은 경우

② 제 1 항제 1 호 내지 제 3 호의 사유로 노동조합이 해산한 때에는 그 대표자는 해산한 날부터 15일 이내에 행정관청에게 이를 신고하여야 한다. <개정 1998·2·20>

제 3 장 단체교섭 및 단체협약

제29조(교섭 및 체결권한) ① 노동조합의 대표자는 그 노동조합 또는 조합원을 위하여 사용자나 사용자단체와 교섭하고 단체협약을 체결할 권한을 가진다.

② 제29조의2에 따라 결정된 교섭대표노동조합(이하 "교섭대표노동조합"이라 한다)의 대표자는 교섭을 요구한 모든 노동조합 또는 조합원을 위하여 사용자와 교섭하고 단체협약을 체결할 권한을 가진다. <신설 2010·1·1>

③ 노동조합과 사용자 또는 사용자단체로부터 교섭 또는 단체협약의 체결에 관한 권한을 위임받은 자는 그 노동조합과 사용자 또는 사용자단체를 위하여 위임받은 범위안에서 그 권한을 행사할 수 있다.

④ 노동조합과 사용자 또는 사용자단체는 제 3 항에 따라 교섭 또는 단체협약의 체결에 관한 권한을 위임한 때에는 그 사실을 상대방에게 통보하여야 한다. <개정 2010·1·1>

제29조의2(교섭창구 단일화 절차) ① 하나의 사업 또는 사업장에서 조직형태에 관계없이 근로자가 설립하거나 가입한 노동조합이 2개 이상인 경우 노동조합은 교섭대표노동조합(2개 이상의 노동조합 조합원을 구성원으로 하는 교섭대표기구를 포함한다. 이하 같다)을 정하여 교섭을 요구하여야 한다. 다만, 제 3 항에 따라 교섭대표노동조합을 자율적으로 결정하는 기한 내에 사용자가 이 조에서 정하는 교섭창구 단일화 절차를 거치지 아니하기로 동의한 경우에는 그러하지 아니하다. <개정 2021·1·5>

② 제 1 항 단서에 해당하는 경우 사용자는 교섭을 요구한 모든 노동조합과 성실히 교섭하여야 하고, 차별적으로 대우해서는 아니 된다. <신설 2021·1·5>

③ 교섭대표노동조합 결정 절차(이하 "교섭창구 단일화 절차"라 한다)에 참여한 모든 노동조합은 대통령령으로 정하는 기한 내에 자율적으로 교섭대표노동조합을 정한다.

④ 제 3 항에 따른 기한까지 교섭대표노동조합을 정하지 못하고 제 1 항 단서에 따른 사용자의 동의를 얻지 못한 경우에는 교섭창구 단일화 절차에 참여한 노동조합의 전체 조합원 과반수로 조직된 노동조합(2개 이상의 노동조합이 위임 또는 연합 등의 방법으로 교섭창구 단일화 절차에 참여한 노동조합 전체 조합원의 과반수가 되는 경우를 포함한다)이 교섭대표노동조합이 된다. <개정 2021·1·5>

⑤ 제 3 항 및 제 4 항에 따라 교섭대표노동조합을 결정하지 못한 경우에는 교섭창구 단일화 절차에 참여한 모든 노동조합은 공동으로 교섭대표단(이하 이 조에서 "공동교섭대표단"이라 한다)을 구성하여 사용자와 교섭하여야 한다. 이 때 공동교섭대표단에 참여할 수 있는 노동조합은 그 조합원 수가 교섭창구 단일화 절차에 참여한 노동조합의 전체 조합원 100분의 10 이상인 노동조합으로 한다. <개정 2021·1·5>

⑥ 제5항에 따른 공동교섭대표단의 구성에 합의하지 못할 경우에 노동위원회는 해당 노동조합의 신청에 따라 조합원 비율을 고려하여 이를 결정할 수 있다. <개정 2021·1·5>

⑦ 제1항 및 제3항부터 제5항까지에 따른 교섭대표노동조합을 결정함에 있어 교섭요구 사실, 조합원 수 등에 대한 이의가 있는 때에는 노동위원회는 대통령령으로 정하는 바에 따라 노동조합의 신청을 받아 그 이의에 대한 결정을 할 수 있다. <개정 2021·1·5>

⑧ 제6항 및 제7항에 따른 노동위원회의 결정에 대한 불복절차 및 효력은 제69조와 제70조제2항을 준용한다. <개정 2021·1·5>

⑨ 노동조합의 교섭요구·참여 방법, 교섭대표노동조합 결정을 위한 조합원 수 산정 기준 등 교섭창구 단일화 절차와 교섭비용 증가 방지 등에 관하여 필요한 사항은 대통령령으로 정한다.

⑩ 제4항부터 제7항까지 및 제9항의 조합원 수 산정은 종사근로자인 조합원을 기준으로 한다. <신설 2021·1·5>

[본조신설 2010·1·1]

제29조의3(교섭단위 결정) ① 제29조의2에 따라 교섭대표노동조합을 결정하여야 하는 단위(이하 "교섭단위"라 한다)는 하나의 사업 또는 사업장으로 한다.

② 제1항에도 불구하고 하나의 사업 또는 사업장에서 현격한 근로조건의 차이, 고용형태, 교섭 관행 등을 고려하여 교섭단위를 분리하거나 분리된 교섭단위를 통합할 필요가 있다고 인정되는 경우에 노동위원회는 노동관계 당사자의 양쪽 또는 어느 한쪽의 신청을 받아 교섭단위를 분리하거나 분리된 교섭단위를 통합하는 결정을 할 수 있다. <개정 2021·1·5>

③ 제2항에 따른 노동위원회의 결정에 대한 불복절차 및 효력은 제69조와 제70조제2항을 준용한다.

④ 교섭단위를 분리하거나 분리된 교섭단위를 통합하기 위한 신청 및 노동위원회의 결정 기준·절차 등에 관하여 필요한 사항은 대통령령으로 정한다. <개정 2021·1·5>

[본조신설 2010·1·1]

제29조의4(공정대표의무 등) ① 교섭대표노동조합과 사용자는 교섭창구 단일화 절차에 참여한 노동조합 또는 그 조합원 간에 합리적 이유 없이 차별을 하여서는 아니 된다.

② 노동조합은 교섭대표노동조합과 사용자가 제1항을 위반하여 차별한 경우에는 그 행위가 있은 날(단체협약의 내용의 일부 또는 전부가 제1항에 위반되는 경우에는 단체협약 체결일을 말한다)부터 3개월 이내에 대통령령으로 정하는 방법과 절차에 따라 노동위원회에 그 시정을 요청할 수 있다.

③ 노동위원회는 제2항에 따른 신청에 대하여 합리적 이유 없이 차별하였다고 인정한 때에는 그 시정에 필요한 명령을 하여야 한다.

④ 제3항에 따른 노동위원회의 명령 또는 결정에 대한 불복절차 등에 관하여는 제85조 및 제86조를 준용한다.

[본조신설 2010·1·1]

제29조의5(그 밖의 교섭창구 단일화 관련 사항) 교섭대표노동조합이 있는 경우에 제2조제5호, 제29조제3항·제4항, 제30조, 제37조제2항·제3항, 제38조제3항, 제42조의6제1항, 제44조제2항, 제46조제1항, 제55조제3항, 제72조제3항 및 제81조제1항제3호 중 "노동조합"은 "교섭대표노동조합"으로 본다. <개정 2021·1·5>

[본조신설 2010·1·1]

제30조(교섭등의 원칙) ① 노동조합과 사용자 또는 사용자단체는 신의에 따라 성실히 교섭하고 단체협약을 체결하여야 하며 그 권한을 남용하여서는 아니된다.

② 노동조합과 사용자 또는 사용자단체는 정당한 이유없이 교섭 또는 단체협약의 체결을 거부하거나 해태하여서는 아니된다.

③ 국가 및 지방자치단체는 기업·산업·지역별 교섭 등 다양한 교섭방식을 노동관계 당사자가 자율적으로 선택할 수 있도록 지원하고 이에 따른 단체교섭이 활성화될 수 있도록 노력하여야 한다. <신설 2021·1·5>

제31조(단체협약의 작성) ① 단체협약은 서면으로 작성하여 당사자 쌍방이 서명 또는 날인하여야 한다. <개정 2006·12·30>

② 단체협약의 당사자는 단체협약의 체결일부터 15일 이내에 이를 행정관청에게 신고하여야 한다. <개정 1998·2·20>
③ 행정관청은 단체협약중 위법한 내용이 있는 경우에는 노동위원회의 의결을 얻어 그 시정을 명할 수 있다. <개정 1998·2·20>

제32조(단체협약 유효기간의 상한) ① 단체협약의 유효기간은 3년을 초과하지 않는 범위에서 노사가 합의하여 정할 수 있다. <개정 2021·1·5>
② 단체협약에 그 유효기간을 정하지 아니한 경우 또는 제 1 항의 기간을 초과하는 유효기간을 정한 경우에 그 유효기간은 3년으로 한다. <개정 2021·1·5>
③ 단체협약의 유효기간이 만료되는 때를 전후하여 당사자 쌍방이 새로운 단체협약을 체결하고자 단체교섭을 계속하였음에도 불구하고 새로운 단체협약이 체결되지 아니한 경우에는 별도의 약정이 있는 경우를 제외하고는 종전의 단체협약은 그 효력만료일부터 3월까지 계속 효력을 갖는다. 다만, 단체협약에 그 유효기간이 경과한 후에도 새로운 단체협약이 체결되지 아니한 때에는 새로운 단체협약이 체결될 때까지 종전 단체협약의 효력을 존속시킨다는 취지의 별도의 약정이 있는 경우에는 그에 따르되, 당사자 일방은 해지하고자 하는 날의 6월전까지 상대방에게 통고함으로써 종전의 단체협약을 해지할 수 있다. <개정 1998·2·20>

제33조(기준의 효력) ① 단체협약에 정한 근로조건 기타 근로자의 대우에 관한 기준에 위반하는 취업규칙 또는 근로계약의 부분은 무효로 한다.
② 근로계약에 규정되지 아니한 사항 또는 제 1 항의 규정에 의하여 무효로 된 부분은 단체협약에 정한 기준에 의한다.

제34조(단체협약의 해석) ① 단체협약의 해석 또는 이행방법에 관하여 관계 당사자간에 의견의 불일치가 있는 때에는 당사자 쌍방 또는 단체협약에 정하는 바에 의하여 어느 일방이 노동위원회에 그 해석 또는 이행방법에 관한 견해의 제시를 요청할 수 있다.
② 노동위원회는 제 1 항의 규정에 의한 요청을 받은 때에는 그 날부터 30일 이내에 명확한 견해를 제시하여야 한다.
③ 제 2 항의 규정에 의하여 노동위원회가 제시한 해석 또는 이행방법에 관한 견해는 중재재정과 동일한 효력을 가진다.

제35조(일반적 구속력) 하나의 사업 또는 사업장에 상시 사용되는 동종의 근로자 반수 이상이 하나의 단체협약의 적용을 받게 된 때에는 당해 사업 또는 사업장에 사용되는 다른 동종의 근로자에 대하여도 당해 단체협약이 적용된다.

제36조(지역적 구속력) ① 하나의 지역에 있어서 종업하는 동종의 근로자 3분의 2 이상이 하나의 단체협약의 적용을 받게 된 때에는 행정관청은 당해 단체협약의 당사자의 쌍방 또는 일방의 신청에 의하거나 그 직권으로 노동위원회의 의결을 얻어 당해 지역에서 종업하는 다른 동종의 근로자와 그 사용자에 대하여도 당해 단체협약을 적용한다는 결정을 할 수 있다. <개정 1998·2·20>
② 행정관청이 제 1 항의 규정에 의한 결정을 한 때에는 지체없이 이를 공고하여야 한다. <개정 1998·2·20>

제 4 장 쟁의행위

제37조(쟁의행위의 기본원칙) ① 쟁의행위는 그 목적·방법 및 절차에 있어서 법령 기타 사회질서에 위반되어서는 아니된다.
② 조합원은 노동조합에 의하여 주도되지 아니한 쟁의행위를 하여서는 아니된다.
③ 노동조합은 사용자의 점유를 배제하여 조업을 방해하는 형태로 쟁의행위를 해서는 아니 된다. <신설 2021·1·5>

제38조(노동조합의 지도와 책임) ① 쟁의행위는 그 쟁의행위와 관계없는 자 또는 근로를 제공하고자 하는 자의 출입·조업 기타 정상적인 업무를 방해하는 방법으로 행하여져서는 아니되며 쟁의행위의 참가를 호소하거나 설득하는 행위로서 폭행·협박을 사용하여서는 아니된다.
② 작업시설의 손상이나 원료·제품의 변질 또는 부패를 방지하기 위한 작업은 쟁의행

위 기간 중에도 정상적으로 수행되어야 한다.
③ 노동조합은 쟁의행위가 적법하게 수행될 수 있도록 지도·관리·통제할 책임이 있다.

제39조(근로자의 구속제한) 근로자는 쟁의행위 기간 중에는 현행범외에는 이 법 위반을 이유로 구속되지 아니한다.

제40조 삭제 <2006·12·30>

제41조(쟁의행위의 제한과 금지) ① 노동조합의 쟁의행위는 그 조합원(제29조의2에 따라 교섭대표노동조합이 결정된 경우에는 그 절차에 참여한 노동조합의 전체 조합원)의 직접·비밀·무기명투표에 의한 조합원 과반수의 찬성으로 결정하지 아니하면 이를 행할 수 없다. 이 경우 조합원 수 산정은 종사근로자인 조합원을 기준으로 한다. <개정 2021·1·5>
② 「방위사업법」에 의하여 지정된 주요방위산업체에 종사하는 근로자중 전력, 용수 및 주로 방산물자를 생산하는 업무에 종사하는 자는 쟁의행위를 할 수 없으며 주로 방산물자를 생산하는 업무에 종사하는 자의 범위는 대통령령으로 정한다. <개정 2006·1·2>

제42조(폭력행위등의 금지) ① 쟁의행위는 폭력이나 파괴행위 또는 생산 기타 주요업무에 관련되는 시설과 이에 준하는 시설로서 대통령령이 정하는 시설을 점거하는 형태로 이를 행할 수 없다.
② 사업장의 안전보호시설에 대하여 정상적인 유지·운영을 정지·폐지 또는 방해하는 행위는 쟁의행위로서 이를 행할 수 없다.
③ 행정관청은 쟁의행위가 제2항의 행위에 해당한다고 인정하는 경우에는 노동위원회의 의결을 얻어 그 행위를 중지할 것을 통보하여야 한다. 다만, 사태가 급박하여 노동위원회의 의결을 얻을 시간적 여유가 없을 때에는 그 의결을 얻지 아니하고 즉시 그 행위를 중지할 것을 통보할 수 있다. <개정 1998·2·20, 2006·12·30>
④ 제3항 단서의 경우에 행정관청은 지체없이 노동위원회의 사후승인을 얻어야 하며 그 승인을 얻지 못한 때에는 그 통보는 그 때부터 효력을 상실한다. <개정 1998·2·20, 2006·12·30>

제42조의2(필수유지업무에 대한 쟁의행위의 제한) ① 이 법에서 "필수유지업무"라 함은 제71조제2항의 규정에 따른 필수공익사업의 업무 중 그 업무가 정지되거나 폐지되는 경우 공중의 생명·건강 또는 신체의 안전이나 공중의 일상생활을 현저히 위태롭게 하는 업무로서 대통령령이 정하는 업무를 말한다.
② 필수유지업무의 정당한 유지·운영을 정지·폐지 또는 방해하는 행위는 쟁의행위로서 이를 행할 수 없다.
[본조신설 2006·12·30]

제42조의3(필수유지업무협정) 노동관계 당사자는 쟁의행위 기간 동안 필수유지업무의 정당한 유지·운영을 위하여 필수유지업무의 필요 최소한의 유지·운영 수준, 대상직무 및 필요인원 등을 정한 협정(이하 "필수유지업무협정"이라 한다)을 서면으로 체결하여야 한다. 이 경우 필수유지업무협정에는 노동관계 당사자 쌍방이 서명 또는 날인하여야 한다.
[본조신설 2006·12·30]

제42조의4(필수유지업무 유지·운영 수준 등의 결정) ① 노동관계 당사자 쌍방 또는 일방은 필수유지업무협정이 체결되지 아니하는 때에는 노동위원회에 필수유지업무의 필요 최소한의 유지·운영 수준, 대상직무 및 필요인원 등의 결정을 신청하여야 한다.
② 제1항의 규정에 따른 신청을 받은 노동위원회는 사업 또는 사업장별 필수유지업무의 특성 및 내용 등을 고려하여 필수유지업무의 필요 최소한의 유지·운영 수준, 대상직무 및 필요인원 등을 결정할 수 있다.
③ 제2항의 규정에 따른 노동위원회의 결정은 제72조의 규정에 따른 특별조정위원회가 담당한다.
④ 제2항의 규정에 따른 노동위원회의 결정에 대한 해석 또는 이행방법에 관하여 관계 당사자간에 의견이 일치하지 아니하는 경우에는 특별조정위원회의 해석에 따른다. 이 경우 특별조정위원회의 해석은 제2항의 규정에 따른 노동위원회의 결정과 동일한 효력이 있다.
⑤ 제2항의 규정에 따른 노동위원회의 결정에 대한 불복절차 및 효력에 관하여는 제

69조와 제70조제 2 항의 규정을 준용한다.
〔본조신설 2006·12·30〕

제42조의5(노동위원회의 결정에 따른 쟁의행위) 제42조의4제 2 항의 규정에 따라 노동위원회의 결정이 있는 경우 그 결정에 따라 쟁의행위를 한 때에는 필수유지업무를 정당하게 유지·운영하면서 쟁의행위를 한 것으로 본다.
〔본조신설 2006·12·30〕

제42조의6(필수유지업무 근무 근로자의 지명) ① 노동조합은 필수유지업무협정이 체결되거나 제42조의4제 2 항의 규정에 따른 노동위원회의 결정이 있는 경우 사용자에게 필수유지업무에 근무하는 조합원 중 쟁의행위 기간 동안 근무하여야 할 조합원을 통보하여야 하며, 사용자는 이에 따라 근로자를 지명하고 이를 노동조합과 그 근로자에게 통보하여야 한다. 다만, 노동조합이 쟁의행위 개시 전까지 이를 통보하지 아니한 경우에는 사용자가 필수유지업무에 근무하여야 할 근로자를 지명하고 이를 노동조합과 그 근로자에게 통보하여야 한다.

② 제 1 항에 따른 통보·지명시 노동조합과 사용자는 필수유지업무에 종사하는 근로자가 소속된 노동조합이 2개 이상인 경우에는 각 노동조합의 해당 필수유지업무에 종사하는 조합원 비율을 고려하여야 한다. <신설 2010·1·1>
〔본조신설 2006·12·30〕

제43조(사용자의 채용제한) ① 사용자는 쟁의행위 기간중 그 쟁의행위로 중단된 업무의 수행을 위하여 당해 사업과 관계없는 자를 채용 또는 대체할 수 없다.

② 사용자는 쟁의행위기간중 그 쟁의행위로 중단된 업무를 도급 또는 하도급 줄 수 없다.

③ 제 1 항 및 제 2 항의 규정은 필수공익사업의 사용자가 쟁의행위 기간 중에 한하여 당해 사업과 관계 없는 자를 채용 또는 대체하거나 그 업무를 도급 또는 하도급 주는 경우에는 적용하지 아니한다. <신설 2006·12·30>

④ 제 3 항의 경우 사용자는 당해 사업 또는 사업장 파업참가자의 100분의 50을 초과하지 않는 범위 안에서 채용 또는 대체하거나 도급 또는 하도급 줄 수 있다. 이 경우 파업참가자 수의 산정 방법 등은 대통령령으로 정한다. <신설 2006·12·30>

제44조(쟁의행위 기간중의 임금지급 요구의 금지) ① 사용자는 쟁의행위에 참가하여 근로를 제공하지 아니한 근로자에 대하여는 그 기간 중의 임금을 지급할 의무가 없다.

② 노동조합은 쟁의행위 기간에 대한 임금의 지급을 요구하여 이를 관철할 목적으로 쟁의행위를 하여서는 아니된다.

제45조(조정의 전치) ① 노동관계 당사자는 노동쟁의가 발생한 때에는 어느 일방이 이를 상대방에게 서면으로 통보하여야 한다.

② 쟁의행위는 제 5 장제 2 절 내지 제 4 절의 규정에 의한 조정절차(제61조의2의 규정에 따른 조정종료 결정 후의 조정절차를 제외한다)를 거치지 아니하면 이를 행할 수 없다. 다만, 제54조의 규정에 의한 기간내에 조정이 종료되지 아니하거나 제63조의 규정에 의한 기간내에 중재재정이 이루어지지 아니한 경우에는 그러하지 아니하다. <개정 2006·12·30>

제46조(직장폐쇄의 요건) ① 사용자는 노동조합이 쟁의행위를 개시한 이후에만 직장폐쇄를 할 수 있다.

② 사용자는 제 1 항의 규정에 의한 직장폐쇄를 할 경우에는 미리 행정관청 및 노동위원회에 각각 신고하여야 한다. <개정 1998·2·20>

제 5 장 노동쟁의의 조정

제 1 절 통칙

제47조(자주적 조정의 노력) 이 장의 규정은 노동관계 당사자가 직접 로사협의 또는 단체교섭에 의하여 근로조건 기타 노동관계에 관한 사항을 정하거나 노동관계에 관한 주장의 불일치를 조정하고 이에 필요한 노력을 하는 것을 방해하지 아니한다.

제48조(당사자의 책무) 노동관계 당사자는 단체협약에 노동관계의 적정화를 위한 노사협의 기타 단체교섭의 절차와 방식을 규정하

고 노동쟁의가 발생한 때에는 이를 자주적으로 해결하도록 노력하여야 한다.

제49조(국가등의 책무) 국가 및 지방자치단체는 노동관계 당사자간에 노동관계에 관한 주장이 일치하지 아니할 경우에 노동관계 당사자가 이를 자주적으로 조정할 수 있도록 조력함으로써 쟁의행위를 가능한 한 예방하고 노동쟁의의 신속·공정한 해결에 노력하여야 한다.

제50조(신속한 처리) 이 법에 의하여 노동관계의 조정을 할 경우에는 노동관계 당사자와 노동위원회 기타 관계기관은 사건을 신속히 처리하도록 노력하여야 한다.

제51조(공익사업등의 우선적 취급) 국가·지방자치단체·국공영기업체·방위산업체 및 공익사업에 있어서의 노동쟁의의 조정은 우선적으로 취급하고 신속히 처리하여야 한다.

제52조(사적 조정·중재) ① 제2절 및 제3절의 규정은 노동관계 당사자가 쌍방의 합의 또는 단체협약이 정하는 바에 따라 각각 다른 조정 또는 중재방법(이하 이 조에서 "사적조정 등"이라 한다)에 의하여 노동쟁의를 해결하는 것을 방해하지 아니한다. <개정 2006·12·30>

② 노동관계 당사자는 제1항의 규정에 의하여 노동쟁의를 해결하기로 한 때에는 이를 노동위원회에 신고하여야 한다.

③ 제1항의 규정에 의하여 노동쟁의를 해결하기로 한 때에는 다음 각호의 규정이 적용된다.

1. 조정에 의하여 해결하기로 한 때에는 제45조제2항 및 제54조의 규정. 이 경우 조정기간은 조정을 개시한 날부터 기산한다.
2. 중재에 의하여 해결하기로 한 때에는 제63조의 규정. 이 경우 쟁의행위의 금지기간은 중재를 개시한 날부터 기산한다.

④ 제1항의 규정에 의하여 조정 또는 중재가 이루어진 경우에 그 내용은 단체협약과 동일한 효력을 가진다.

⑤ 사적조정등을 수행하는 자는 「노동위원회법」 제8조제2항제2호 각 목의 자격을 가진 자로 한다. 이 경우 사적조정등을 수행하는 자는 노동관계 당사자로부터 수수료, 수당 및 여비 등을 받을 수 있다. <신설 2006·12·30>

제2절 조정

제53조(조정의 개시) ① 노동위원회는 관계 당사자의 일방이 노동쟁의의 조정을 신청한 때에는 지체없이 조정을 개시하여야 하며 관계 당사자 쌍방은 이에 성실히 임하여야 한다.

② 노동위원회는 제1항의 규정에 따른 조정신청 전이라도 원활한 조정을 위하여 교섭을 주선하는 등 관계 당사자의 자주적인 분쟁해결을 지원할 수 있다. <신설 2006·12·30>

제54조(조정기간) ① 조정은 제53조의 규정에 의한 조정의 신청이 있은 날부터 일반사업에 있어서는 10일, 공익사업에 있어서는 15일 이내에 종료하여야 한다.

② 제1항의 규정에 의한 조정기간은 관계 당사자간의 합의로 일반사업에 있어서는 10일, 공익사업에 있어서는 15일 이내에서 연장할 수 있다.

제55조(조정위원회의 구성) ① 노동쟁의의 조정을 위하여 노동위원회에 조정위원회를 둔다.

② 제1항의 규정에 의한 조정위원회는 조정위원 3인으로 구성한다.

③ 제2항의 규정에 의한 조정위원은 당해 노동위원회의 위원 중에서 사용자를 대표하는 자, 근로자를 대표하는 자 및 공익을 대표하는 자 각 1인을 그 노동위원회의 위원장이 지명하되, 근로자를 대표하는 조정위원은 사용자가, 사용자를 대표하는 조정위원은 노동조합이 각각 추천하는 노동위원회의 위원 중에서 지명하여야 한다. 다만, 조정위원회의 회의 3일전까지 관계당사자가 추천하는 위원의 명단제출이 없을 때에는 당해 위원을 위원장이 따로 지명할 수 있다.

④ 노동위원회의 위원장은 근로자를 대표하는 위원 또는 사용자를 대표하는 위원의 불참 등으로 인하여 제3항의 규정에 따른 조정위원회의 구성이 어려운 경우 노동위원회의 공익을 대표하는 위원 중에서 3인을 조정위원으로 지명할 수 있다. 다만, 관계당사자 쌍방의 합의로 선정한 노동위원회의

위원이 있는 경우에는 그 위원을 조정위원으로 지명한다. <신설 2006 · 12 · 30>

제56조(조정위원회의 위원장) ① 조정위원회에 위원장을 둔다.

② 위원장은 공익을 대표하는 조정위원이 된다. 다만, 제55조제 4 항의 규정에 따른 조정위원회의 위원장은 조정위원 중에서 호선한다. <개정 2006 · 12 · 30>

제57조(단독조정) ① 노동위원회는 관계 당사자 쌍방의 신청이 있거나 관계 당사자 쌍방의 동의를 얻은 경우에는 조정위원회에 갈음하여 단독조정인에게 조정을 행하게 할 수 있다.

② 제 1 항의 규정에 의한 단독조정인은 당해 노동위원회의 위원 중에서 관계 당사자의 쌍방의 합의로 선정된 자를 그 노동위원회의 위원장이 지명한다.

제58조(주장의 확인등) 조정위원회 또는 단독조정인은 기일을 정하여 관계 당사자 쌍방을 출석하게 하여 주장의 요점을 확인하여야 한다.

제59조(출석금지) 조정위원회의 위원장 또는 단독조정인은 관계 당사자와 참고인외의 자의 출석을 금할 수 있다.

제60조(조정안의 작성) ① 조정위원회 또는 단독조정인은 조정안을 작성하여 이를 관계 당사자에게 제시하고 그 수락을 권고하는 동시에 그 조정안에 이유를 붙여 공표할 수 있으며, 필요한 때에는 신문 또는 방송에 보도 등 협조를 요청할 수 있다.

② 조정위원회 또는 단독조정인은 관계 당사자가 수락을 거부하여 더 이상 조정이 이루어질 여지가 없다고 판단되는 경우에는 조정의 종료를 결정하고 이를 관계 당사자 쌍방에 통보하여야 한다.

③ 제 1 항의 규정에 의한 조정안이 관계 당사자의 쌍방에 의하여 수락된 후 그 해석 또는 이행방법에 관하여 관계 당사자간에 의견의 불일치가 있는 때에는 관계 당사자는 당해 조정위원회 또는 단독조정인에게 그 해석 또는 이행방법에 관한 명확한 견해의 제시를 요청하여야 한다.

④ 조정위원회 또는 단독조정인은 제 3 항의 규정에 의한 요청을 받은 때에는 그 요청을 받은 날부터 7일 이내에 명확한 견해를 제시하여야 한다.

⑤ 제 3 항 및 제 4 항의 해석 또는 이행방법에 관한 견해가 제시될 때까지는 관계 당사자는 당해 조정안의 해석 또는 이행에 관하여 쟁의행위를 할 수 없다.

제61조(조정의 효력) ① 제60조제 1 항의 규정에 의한 조정안이 관계 당사자에 의하여 수락된 때에는 조정위원 전원 또는 단독조정인은 조정서를 작성하고 관계 당사자와 함께 서명 또는 날인하여야 한다. <개정 2006 · 12 · 30>

② 조정서의 내용은 단체협약과 동일한 효력을 가진다.

③ 제60조제 4 항의 규정에 의하여 조정위원회 또는 단독조정인이 제시한 해석 또는 이행방법에 관한 견해는 중재재정과 동일한 효력을 가진다.

제61조의2(조정종료 결정 후의 조정) ① 노동위원회는 제60조제 2 항의 규정에 따른 조정의 종료가 결정된 후에도 노동쟁의의 해결을 위하여 조정을 할 수 있다.

② 제 1 항의 규정에 따른 조정에 관하여는 제55조 내지 제61조의 규정을 준용한다.

〔본조신설 2006 · 12 · 30〕

제 3 절 중재

제62조(중재의 개시) 노동위원회는 다음 각 호의 어느 하나에 해당하는 때에는 중재를 행한다. <개정 2006 · 12 · 30>

1. 관계 당사자의 쌍방이 함께 중재를 신청한 때
2. 관계 당사자의 일방이 단체협약에 의하여 중재를 신청한 때
3. 삭제 <2006 · 12 · 30>

제63조(중재시의 쟁의행위의 금지) 노동쟁의가 중재에 회부된 때에는 그 날부터 15일간은 쟁의행위를 할 수 없다.

제64조(중재위원회의 구성) ① 노동쟁의의 중재 또는 재심을 위하여 노동위원회에 중재위원회를 둔다.

② 제 1 항의 규정에 의한 중재위원회는 중

재위원 3인으로 구성한다.

③ 제 2 항의 중재위원은 당해 노동위원회의 공익을 대표하는 위원 중에서 관계 당사자의 합의로 선정한 자에 대하여 그 노동위원회의 위원장이 지명한다. 다만, 관계 당사자간에 합의가 성립되지 아니한 경우에는 노동위원회의 공익을 대표하는 위원중에서 지명한다.

제65조(중재위원회의 위원장) ① 중재위원회에 위원장을 둔다.

② 위원장은 중재위원중에서 호선한다.

제66조(주장의 확인등) ① 중재위원회는 기일을 정하여 관계 당사자 쌍방 또는 일방을 중재위원회에 출석하게 하여 주장의 요점을 확인하여야 한다.

② 관계 당사자가 지명한 노동위원회의 사용자를 대표하는 위원 또는 근로자를 대표하는 위원은 중재위원회의 동의를 얻어 그 회의에 출석하여 의견을 진술할 수 있다.

제67조(출석금지) 중재위원회의 위원장은 관계 당사자와 참고인외의 자의 회의출석을 금할 수 있다.

제68조(중재재정) ① 중재재정은 서면으로 작성하여 이를 행하며 그 서면에는 효력발생 기일을 명시하여야 한다.

② 제 1 항의 규정에 의한 중재재정의 해석 또는 이행방법에 관하여 관계 당사자간에 의견의 불일치가 있는 때에는 당해 중재위원회의 해석에 따르며 그 해석은 중재재정과 동일한 효력을 가진다.

제69조(중재재정등의 확정) ① 관계 당사자는 지방노동위원회 또는 특별노동위원회의 중재재정이 위법이거나 월권에 의한 것이라고 인정하는 경우에는 그 중재재정서의 송달을 받은 날부터 10일 이내에 중앙노동위원회에 그 재심을 신청할 수 있다.

② 관계 당사자는 중앙노동위원회의 중재재정이나 제 1 항의 규정에 의한 재심결정이 위법이거나 월권에 의한 것이라고 인정하는 경우에는 행정소송법 제20조의 규정에 불구하고 그 중재재정서 또는 재심결정서의 송달을 받은 날부터 15일 이내에 행정소송을 제기할 수 있다.

③ 제 1 항 및 제 2 항에 규정된 기간내에 재심을 신청하지 아니하거나 행정소송을 제기하지 아니한 때에는 그 중재재정 또는 재심결정은 확정된다.

④ 제 3 항의 규정에 의하여 중재재정이나 재심결정이 확정된 때에는 관계 당사자는 이에 따라야 한다.

제70조(중재재정 등의 효력) ① 제68조제 1 항의 규정에 따른 중재재정의 내용은 단체협약과 동일한 효력을 가진다.

② 노동위원회의 중재재정 또는 재심결정은 제69조제 1 항 및 제 2 항의 규정에 따른 중앙노동위원회에의 재심신청 또는 행정소송의 제기에 의하여 그 효력이 정지되지 아니한다.
〔전부개정 2006 · 12 · 30〕

제 4 절 공익사업등의 조정에 관한 특칙

제71조(공익사업의 범위등) ① 이 법에서 "공익사업"이라 함은 공중의 일상생활과 밀접한 관련이 있거나 국민경제에 미치는 영향이 큰 사업으로서 다음 각호의 사업을 말한다.
<개정 2006 · 12 · 30>

1. 정기노선 여객운수사업 및 항공운수사업
2. 수도사업, 전기사업, 가스사업, 석유정제사업 및 석유공급사업
3. 공중위생사업, 의료사업 및 혈액공급사업
4. 은행 및 조폐사업
5. 방송 및 통신사업

② 이 법에서 "필수공익사업"이라 함은 제 1 항의 공익사업으로서 그 업무의 정지 또는 폐지가 공중의 일상생활을 현저히 위태롭게 하거나 국민경제를 현저히 저해하고 그 업무의 대체가 용이하지 아니한 다음 각호의 사업을 말한다. <개정 2006 · 12 · 30>

1. 철도사업, 도시철도사업 및 항공운수사업
2. 수도사업, 전기사업, 가스사업, 석유정제사업 및 석유공급사업
3. 병원사업 및 혈액공급사업
4. 한국은행사업
5. 통신사업

제72조(특별조정위원회의 구성) ① 공익사업의 노동쟁의의 조정을 위하여 노동위원회에 특

별조정위원회를 둔다.

② 제1항의 규정에 의한 특별조정위원회는 특별조정위원 3인으로 구성한다.

③ 제2항의 규정에 의한 특별조정위원은 그 노동위원회의 공익을 대표하는 위원 중에서 노동조합과 사용자가 순차적으로 배제하고 남은 4인 내지 6인 중에서 노동위원회의 위원장이 지명한다. 다만, 관계 당사자가 합의로 당해 노동위원회의 위원이 아닌 자를 추천하는 경우에는 그 추천된 자를 지명한다. <개정 2006·12·30>

제73조(특별조정위원회의 위원장) ① 특별조정위원회에 위원장을 둔다.

② 위원장은 공익을 대표하는 노동위원회의 위원인 특별조정위원 중에서 호선하고, 당해 노동위원회의 위원이 아닌 자만으로 구성된 경우에는 그중에서 호선한다. 다만, 공익을 대표하는 위원인 특별조정위원이 1인인 경우에는 당해 위원이 위원장이 된다.

제74조 및 **제75조** 삭제 <2006·12·30>

제5절 긴급조정

제76조(긴급조정의 결정) ① 고용노동부장관은 쟁의행위가 공익사업에 관한 것이거나 그 규모가 크거나 그 성질이 특별한 것으로서 현저히 국민경제를 해하거나 국민의 일상생활을 위태롭게 할 위험이 현존하는 때에는 긴급조정의 결정을 할 수 있다. <개정 2010·6·4>

② 고용노동부장관은 긴급조정의 결정을 하고자 할 때에는 미리 중앙노동위원회 위원장의 의견을 들어야 한다. <개정 2010·6·4>

③ 고용노동부장관은 제1항 및 제2항의 규정에 의하여 긴급조정을 결정한 때에는 지체없이 그 이유를 붙여 이를 공표함과 동시에 중앙노동위원회와 관계 당사자에게 각각 통고하여야 한다. <개정 2010·6·4>

제77조(긴급조정시의 쟁의행위 중지) 관계 당사자는 제76조제3항의 규정에 의한 긴급조정의 결정이 공표된 때에는 즉시 쟁의행위를 중지하여야 하며, 공표일부터 30일이 경과하지 아니하면 쟁의행위를 재개할 수 없다.

제78조(중앙노동위원회의 조정) 중앙노동위원회는 제76조제3항의 규정에 의한 통고를 받은 때에는 지체없이 조정을 개시하여야 한다.

제79조(중앙노동위원회의 중재회부 결정권) ① 중앙노동위원회의 위원장은 제78조의 규정에 의한 조정이 성립될 가망이 없다고 인정한 경우에는 공익위원의 의견을 들어 그 사건을 중재에 회부할 것인가의 여부를 결정하여야 한다.

② 제1항의 규정에 의한 결정은 제76조제3항의 규정에 의한 통고를 받은 날부터 15일 이내에 하여야 한다.

제80조(중앙노동위원회의 중재) 중앙노동위원회는 당해 관계 당사자의 일방 또는 쌍방으로부터 중재신청이 있거나 제79조의 규정에 의한 중재회부의 결정을 한 때에는 지체없이 중재를 행하여야 한다.

제6장 부당노동행위

제81조(부당노동행위) ① 사용자는 다음 각 호의 어느 하나에 해당하는 행위(이하 "부당노동행위"라 한다)를 할 수 없다. <개정 2006·12·30, 2010·1·1, 2020·6·9, 2021·1·5>

1. 근로자가 노동조합에 가입 또는 가입하려고 하였거나 노동조합을 조직하려고 하였거나 기타 노동조합의 업무를 위한 정당한 행위를 한 것을 이유로 그 근로자를 해고하거나 그 근로자에게 불이익을 주는 행위
2. 근로자가 어느 노동조합에 가입하지 아니할 것 또는 탈퇴할 것을 고용조건으로 하거나 특정한 노동조합의 조합원이 될 것을 고용조건으로 하는 행위. 다만, 노동조합이 당해 사업장에 종사하는 근로자의 3분의 2 이상을 대표하고 있을 때에는 근로자가 그 노동조합의 조합원이 될 것을 고용조건으로 하는 단체협약의 체결은 예외로 하며, 이 경우 사용자는 근로자가 그 노동조합에서 제명된 것 또는 그 노동조합을 탈퇴하여 새로 노동조합을 조직하거나 다른 노동조합에 가입한 것을 이유로 근로자에게 신분상 불이익한 행위를 할 수 없다.

3. 노동조합의 대표자 또는 노동조합으로부터 위임을 받은 자와의 단체협약체결 기타의 단체교섭을 정당한 이유없이 거부하거나 해태하는 행위
4. 근로자가 노동조합을 조직 또는 운영하는 것을 지배하거나 이에 개입하는 행위와 근로시간 면제한도를 초과하여 급여를 지급하거나 노동조합의 운영비를 원조하는 행위. 다만, 근로자가 근로시간 중에 제24조제2항에 따른 활동을 하는 것을 사용자가 허용함은 무방하며, 또한 근로자의 후생자금 또는 경제상의 불행 그 밖에 재해의 방지와 구제 등을 위한 기금의 기부와 최소한의 규모의 노동조합사무소의 제공 및 그 밖에 이에 준하여 노동조합의 자주적인 운영 또는 활동을 침해할 위험이 없는 범위에서의 운영비 원조행위는 예외로 한다.
5. 근로자가 정당한 단체행위에 참가한 것을 이유로 하거나 또는 노동위원회에 대하여 사용자가 이 조의 규정에 위반한 것을 신고하거나 그에 관한 증언을 하거나 기타 행정관청에 증거를 제출한 것을 이유로 그 근로자를 해고하거나 그 근로자에게 불이익을 주는 행위

② 제1항제4호단서에 따른 "노동조합의 자주적 운영 또는 활동을 침해할 위험" 여부를 판단할 때에는 다음 각 호의 사항을 고려하여야 한다. <신설 2020·6·9>
1. 운영비 원조의 목적과 경위
2. 원조된 운영비 횟수와 기간
3. 원조된 운영비 금액과 원조방법
4. 원조된 운영비가 노동조합의 총수입에서 차지하는 비율
5. 원조된 운영비의 관리방법 및 사용처 등

제82조(구제신청) ① 사용자의 부당노동행위로 인하여 그 권리를 침해당한 근로자 또는 노동조합은 노동위원회에 그 구제를 신청할 수 있다.
② 제1항의 규정에 의한 구제의 신청은 부당노동행위가 있은 날(계속하는 행위는 그 종료일)부터 3월 이내에 이를 행하여야 한다.

제83조(조사등) ① 노동위원회는 제82조의 규정에 의한 구제신청을 받은 때에는 지체없이 필요한 조사와 관계 당사자의 심문을 하여야 한다.
② 노동위원회는 제1항의 규정에 의한 심문을 할 때에는 관계당사자의 신청에 의하거나 그 직권으로 증인을 출석하게 하여 필요한 사항을 질문할 수 있다.
③ 노동위원회는 제1항의 규정에 의한 심문을 함에 있어서는 관계당사자에 대하여 증거의 제출과 증인에 대한 반대심문을 할 수 있는 충분한 기회를 주어야 한다.
④ 제1항의 규정에 의한 노동위원회의 조사와 심문에 관한 절차는 중앙노동위원회가 따로 정하는 바에 의한다.

제84조(구제명령) ① 노동위원회는 제83조의 규정에 의한 심문을 종료하고 부당노동행위가 성립한다고 판정한 때에는 사용자에게 구제명령을 발하여야 하며, 부당노동행위가 성립되지 아니한다고 판정한 때에는 그 구제신청을 기각하는 결정을 하여야 한다.
② 제1항의 규정에 의한 판정·명령 및 결정은 서면으로 하되, 이를 당해 사용자와 신청인에게 각각 교부하여야 한다.
③ 관계 당사자는 제1항의 규정에 의한 명령이 있을 때에는 이에 따라야 한다.

제85조(구제명령의 확정) ① 지방노동위원회 또는 특별노동위원회의 구제명령 또는 기각결정에 불복이 있는 관계 당사자는 그 명령서 또는 결정서의 송달을 받은 날부터 10일 이내에 중앙노동위원회에 그 재심을 신청할 수 있다.
② 제1항의 규정에 의한 중앙노동위원회의 재심판정에 대하여 관계 당사자는 그 재심판정서의 송달을 받은 날부터 15일 이내에 행정소송법이 정하는 바에 의하여 소를 제기할 수 있다.
③ 제1항 및 제2항에 규정된 기간내에 재심을 신청하지 아니하거나 행정소송을 제기하지 아니한 때에는 그 구제명령·기각결정 또는 재심판정은 확정된다.
④ 제3항의 규정에 의하여 기각결정 또는 재심판정이 확정된 때에는 관계 당사자는 이에 따라야 한다.

⑤ 사용자가 제2항의 규정에 의하여 행정소송을 제기한 경우에 관할법원은 중앙노동위원회의 신청에 의하여 결정으로써, 판결이 확정될 때까지 중앙노동위원회의 구제명령의 전부 또는 일부를 이행하도록 명할 수 있으며, 당사자의 신청에 의하여 또는 직권으로 그 결정을 취소할 수 있다.

제86조(구제명령등의 효력) 노동위원회의 구제명령·기각결정 또는 재심판정은 제85조의 규정에 의한 중앙노동위원회에의 재심신청이나 행정소송의 제기에 의하여 그 효력이 정지되지 아니한다.

제7장 보칙

제87조(권한의 위임) 이 법에 의한 고용노동부장관의 권한은 대통령령이 정하는 바에 따라 그 일부를 지방고용노동관서의 장에게 위임할 수 있다. <개정 2010·6·4>

제8장 벌칙

제88조(벌칙) 제41조제2항의 규정에 위반한 자는 5년 이하의 징역 또는 5천만원 이하의 벌금에 처한다.

제89조(벌칙) 다음 각 호의 어느 하나에 해당하는 자는 3년 이하의 징역 또는 3천만원 이하의 벌금에 처한다. <개정 2006·12·30, 2010·1·1>

1. 제37조제2항, 제38조제1항, 제42조제1항 또는 제42조의2제2항의 규정에 위반한 자
2. 제85조제3항(제29조의4제4항에서 준용하는 경우를 포함한다)에 따라 확정되거나 행정소송을 제기하여 확정된 구제명령에 위반한 자

제90조(벌칙) 제44조제2항, 제69조제4항, 제77조 또는 제81조제1항의 규정에 위반한 자는 2년 이하의 징역 또는 2천만원 이하의 벌금에 처한다. <개정 2021·1·5>

제91조(벌칙) 제38조제2항, 제41조제1항, 제42조제2항, 제43조제1항·제2항·제4항, 제45조제2항 본문, 제46조제1항 또는 제63조의 규정을 위반한 자는 1년 이하의 징역 또는 1천만원 이하의 벌금에 처한다. 〔전부개정 2006·12·30〕

제92조(벌칙) 다음 각호의 1에 해당하는 자는 1천만원 이하의 벌금에 처한다. <개정 2001·3·28, 2010·1·1>

1. 삭제 <2021·1·5>
2. 제31조제1항의 규정에 의하여 체결된 단체협약의 내용중 다음 각목의 1에 해당하는 사항을 위반한 자
   가. 임금·복리후생비, 퇴직금에 관한 사항
   나. 근로 및 휴게시간, 휴일, 휴가에 관한 사항
   다. 징계 및 해고의 사유와 중요한 절차에 관한 사항
   라. 안전보건 및 재해부조에 관한 사항
   마. 시설·편의제공 및 근무시간중 회의참석에 관한 사항
   바. 쟁의행위에 관한 사항
3. 제61조제1항의 규정에 의한 조정서의 내용 또는 제68조제1항의 규정에 의한 중재재정서의 내용을 준수하지 아니한 자

제93조(벌칙) 다음 각호의 1에 해당하는 자는 500만원 이하의 벌금에 처한다.

1. 제7조제3항의 규정에 위반한 자
2. 제21조제1항·제2항 또는 제31조제3항의 규정에 의한 명령에 위반한 자

제94조(양벌규정) 법인 또는 단체의 대표자, 법인·단체 또는 개인의 대리인·사용인 기타의 종업원이 그 법인·단체 또는 개인의 업무에 관하여 제88조 내지 제93조의 위반행위를 한 때에는 행위자를 벌하는 외에 그 법인·단체 또는 개인에 대하여도 각 해당조의 벌금형을 과한다. 다만, 법인·단체 또는 개인이 그 위반행위를 방지하기 위하여 해당 업무에 관하여 상당한 주의와 감독을 게을리하지 아니한 경우에는 그러하지 아니하다. <개정 2020·6·9>

제95조(과태료) 제85조제5항의 규정에 의한 법원의 명령에 위반한 자는 500만원 이하의 금액(당해 명령이 작위를 명하는 것일 때에는 그 명령의 불이행 일수 1일에 50만원 이하의 비율로 산정한 금액)의 과태료에 처한다.

제96조(과태료) ① 다음 각호의 1에 해당하는

자는 500만원 이하의 과태료에 처한다.
1. 제14조의 규정에 의한 서류를 비치 또는 보존하지 아니한 자
2. 제27조의 규정에 의한 보고를 하지 아니하거나 허위의 보고를 한 자
3. 제46조제 2 항의 규정에 의한 신고를 하지 아니한 자

② 제13조, 제28조제 2 항 또는 제31조제 2 항의 규정에 의한 신고 또는 통보를 하지 아니한 자는 300만원 이하의 과태료에 처한다.

③ 제 1 항 및 제 2 항의 규정에 의한 과태료는 대통령령이 정하는 바에 의하여 행정관청이 부과·징수한다. <개정 1998·2·20>

④부터 ⑥까지 삭제 <2018·10·16>

부 칙

제 1 조(시행일) 이 법은 공포한 날부터 시행한다.

제 2 조(적용시한) 제71조제 2 항의 규정중 제 1 호의 시내버스 운송사업에 관한 규정 및 제 4 호의 은행사업(한국은행법에 의한 한국은행은 제외한다)에 관한 규정은 2000년 12월 31일까지 적용한다.

제 3 조(노동조합에 관한 경과조치) 이 법 시행당시 종전의 규정에 의하여 설립신고증을 교부받은 노동조합은 이 법에 의하여 설립된 노동조합으로 본다.

제 4 조(해고자에 관한 경과조치) 이 법 시행당시 해고의 효력을 다투고 있는 자는 제 2 조제 4 호라목 단서의 규정에 불구하고 근로자가 아닌 자로 해석하여서는 아니된다.

제 5 조 삭제 <2010·1·1>

제 6 조(노동조합 전임자에 관한 적용의 특례)
① 삭제 <2010·1·1>
② 노동조합과 사용자는 전임자에 대한 급여지원 규모를 노사협의에 의하여 점진적으로 축소하도록 노력하되, 이 경우 그 재원을 노동조합의 재정자립에 사용하도록 한다. <개정 2001·3·28>

제 7 조(단체협약의 효력에 관한 경과조치) 이 법 시행당시 종전의 규정에 의하여 체결한 단체협약은 이 법에 의하여 행한 것으로 본다.

제 8 조(노동쟁의의 조정에 관한 경과조치) ① 이 법 시행당시 종전의 규정에 의하여 신청한 사적조정·중재는 이 법에 의한 사적조정·중재를 신청한 것으로 본다.
② 이 법 시행당시 종전의 규정에 의하여 노동위원회에 신청한 조정·중재는 이 법에 의한 조정·중재를 신청한 것으로 본다. 이 경우 조정기간을 산정함에 있어서는 제54조의 규정에도 불구하고 종전의 규정에 의한다.
③ 이 법 시행당시 종전의 규정에 의하여 조정이 종료된 노동쟁의는 제45조의 규정을 적용함에 있어서 조정을 거친 것으로 본다.

제 9 조(노동조합업무 등에 관한 경과조치) ① 이 법 시행당시 종전의 규정에 의하여 근로자, 노동조합 또는 사용자가 노동부장관, 행정관청 또는 노동위원회에 행한 신고, 신청, 요구 등은 각각 이 법에 의하여 행한 것으로 본다.
② 이 법 시행당시 종전의 규정에 의하여 노동부장관 또는 행정관청이 노동위원회에 행한 요청 등은 각각 이 법에 의하여 행한 것으로 본다.
③ 이 법 시행당시 종전의 규정에 의하여 노동부장관 또는 행정관청이 행한 명령, 지명, 결정 등은 각각 이 법에 의하여 행한 것으로 본다.

제10조(벌칙에 관한 경과조치) 이 법 시행 전의 행위에 대한 벌칙의 적용에 있어서는 종전의 규정에 의한다.

제11조(다른 법률과의 관계) 이 법 시행당시 다른 법령에서 종전의 노동조합및노동관계조정법 또는 그 규정을 인용한 것은 이 법 중 그에 해당하는 규정이 있는 경우에는 이 법 또는 이 법의 해당 조항을 인용한 것으로 본다.

부 칙 <1998·2·20 법5511>

제 1 조(시행일) 이 법은 1998년 5월 1일부터 시행한다.

제 2 조(일방해지에 관한 경과조치) 이 법 시행당시 종전의 제32조제 3 항의 규정에 의하여 단체협약을 일방해지한 경우에는 종전의 규정에 의한다.

제 3 조(권한변경에 따른 경과조치) ① 이 법 시행당시 종전의 규정에 의하여 노동부장관이 행한 신고증의 교부·명령 기타의 행위(연합

단체인 노동조합과 2 이상의 특별시·광역시·도에 걸치는 단위노동조합 외의 노동조합에 관한 사항에 한한다)는 이 법에 의한 특별시장·광역시장·도지사가 행한 행위로 본다.

② 이 법 시행당시 종전의 규정에 의하여 노동부장관에 대하여 행한 신고·신청 기타의 행위(연합단체인 노동조합과 2 이상의 특별시·광역시·도에 걸치는 단위노동조합 외의 노동조합에 관한 사항에 한한다)는 이 법에 의한 특별시장·광역시장·도지사에 대하여 행한 행위로 본다.

부 칙 <2001·3·28 법6456>

①(시행일) 이 법은 공포한 날부터 시행한다. 다만, 제13조의 개정규정은 공포후 6월이 경과한 날부터 시행한다.

②(다른 법률의 개정) 생략

부 칙 <2006·1·2 법7845>

제1조(시행일) 이 법은 공포한 날부터 시행한다. 〈단서 생략〉

제2조부터 **제16조**까지 생략

부 칙 <2006·12·30 법8158>

제1조(시행일) 이 법은 2007년 7월 1일부터 시행한다. 다만, 제42조의2 내지 제42조의6, 제43조제3항·제4항, 제62조제3호, 제71조, 제74조, 제75조, 제89조제1호(필수유지업무에 대한 쟁위행위의 제한에 관한 부분에 한한다)의 개정규정은 2008년 1월 1일부터, 제81조제2호의 개정규정은 2011년 7월 1일부터, 법률 제5310호 노동조합및노동관계조정법 부칙(법률 제6456호 노동조합및노동관계조정법중개정법률에 따라 개정된 내용을 포함한다) 제5조제1항·제3항 및 제6조제1항의 개정규정은 2007년 1월 1일부터 시행한다. <개정 2010·1·1>

제2조(필수유지업무 도입을 위한 준비행위) 노동관계 당사자 또는 노동위원회는 필수유지업무의 도입을 위하여 필요한 다음 각 호의 사항에 대하여는 이 법 시행 전에 할 수 있다.

1. 필수유지업무협정의 체결
2. 제42조의4제2항의 결정

제3조(권한변경에 따른 경과조치) ① 이 법 시행 당시 종전의 규정에 따라 특별시장·광역시장·도지사가 행한 신고증의 교부, 명령 그 밖의 행위(2 이상의 시·군·구에 걸치는 단위노동조합 외의 노동조합에 관한 사항에 한한다)는 이 법에 따른 특별자치도지사·시장·군수·구청장이 행한 행위로 본다.

② 이 법 시행 당시 종전의 규정에 따라 특별시장·광역시장·도지사에 대하여 행한 신고·신청 그 밖의 행위(2 이상의 시·군·구에 걸치는 단위노동조합 외의 노동조합에 관한 사항에 한한다)는 이 법에 따른 특별자치도지사·시장·군수·구청장에 대하여 행한 행위로 본다.

제4조(필수공익사업의 조정사건에 관한 경과조치) 부칙 제1조 단서의 규정에 따른 제62조제3호, 제71조, 제74조 및 제75조의 개정규정의 시행 전에 노동위원회에 신청한 필수공익사업에 대한 조정사건에 대하여는 종전의 규정에 따른다.

제5조(벌칙에 관한 경과조치) 이 법 시행 전에 행한 행위에 대한 벌칙의 적용에 있어서는 종전의 규정에 따른다. 다만, 제42조제3항의 규정에 따른 명령에 위반한 행위에 대한 벌칙의 적용에 관하여는 그러하지 아니하다.

부 칙 <2008·3·28 법9041>

이 법은 공포한 날부터 시행한다.

부 칙 <2010·1·1 법9930>

제1조(시행일) 이 법은 2010년 1월 1일부터 시행한다. 다만, 제24조제3항·제4항·제5항, 제81조제4호, 제92조의 개정규정은 2010년 7월 1일부터, 제29조제2항·제3항·제4항, 제29조의2부터 제29조의5까지, 제41조제1항 후단, 제42조의6, 제89조제2호의 개정규정은 2011년 7월 1일부터 시행한다.

제2조(최초로 시행되는 근로시간 면제 한도의 결정에 관한 경과조치) ① 근로시간면제심의위원회는 이 법 시행 후 최초로 시행될 근로시간 면제 한도를 2010년 4월 30일까지 심의·의결하여야 한다.

② 근로시간면제심의위원회가 제1항에 따른 기한까지 심의·의결을 하지 못한 때에는 제24조의2제5항에도 불구하고 국회의 의견을 들어 공익위원만으로 심의·의결할 수 있다.

제3조(단체협약에 관한 경과조치) 이 법 시행일 당시 유효한 단체협약은 이 법에 따라 체

결된 것으로 본다. 다만, 이 법 시행에 따라 그 전부 또는 일부 내용이 제24조를 위반하는 경우에는 이 법 시행에도 불구하고 해당 단체협약의 체결 당시 유효기간까지는 효력이 있는 것으로 본다.

제4조(교섭 중인 노동조합에 관한 경과조치) 이 법 시행일 당시 단체교섭 중인 노동조합은 이 법에 따른 교섭대표노동조합으로 본다.

제5조(필수유지업무협정 또는 노동위원회의 필수유지업무 유지·운영 수준 등의 결정에 관한 경과조치) 이 법 시행일 당시 유효한 필수유지업무협정 또는 노동위원회의 필수유지업무 유지·운영 수준 등의 결정은 이 법에 따라 체결된 것으로 본다.

제6조(하나의 사업 또는 사업장에 2개 이상의 노동조합이 있는 경우의 경과조치) 2009년 12월 31일 현재 하나의 사업 또는 사업장에 조직형태를 불문하고 근로자가 설립하거나 가입한 노동조합이 2개 이상 있는 경우에 해당 사업 또는 사업장에 대하여는 제29조제2항·제3항·제4항, 제29조의2부터 제29조의5까지, 제41조제1항 후단, 제89조제2호의 개정규정은 2012년 7월 1일부터 적용한다.

제7조(노동조합 설립에 관한 경과조치) ① 하나의 사업 또는 사업장에 노동조합이 조직되어 있는 경우에는 제5조에도 불구하고 2011년 6월 30일까지는 그 노동조합과 조직대상을 같이 하는 새로운 노동조합을 설립할 수 없다.

② 행정관청은 설립하고자 하는 노동조합이 제1항을 위반한 경우에는 그 설립신고서를 반려하여야 한다.

제8조(노동조합 전임자에 관한 적용 특례) 제24조제2항 및 제81조제4호(노동조합의 전임자에 대한 급여지원에 관한 규정에 한한다)는 2010년 6월 30일까지 적용하지 아니한다.

부　　칙 <2010·6·4 법10339>

제1조(시행일) 이 법은 공포 후 1개월이 경과한 날부터 시행한다. 〈단서 생략〉

제2조부터 **제5조**까지 생략

부　　칙 <2014·5·20 법12630>

이 법은 공포한 날부터 시행한다.

부　　칙 <2018·10·16 법15849>

이 법은 공포한 날부터 시행한다.

부　　칙 <2020·6·9 법17432>

이 법은 공포한 날부터 시행한다.

부　　칙 <2021·1·5 법17864>

제1조(시행일) 이 법은 공포 후 6개월이 경과한 날부터 시행한다.

제2조(단체협약의 유효기간에 관한 경과조치) 이 법 시행 전에 체결한 단체협약의 유효기간에 대해서는 제32조제1항 및 제2항의 개정규정에도 불구하고 종전의 규정에 따른다.

제3조(근로시간면제심의위원회 이관에 관한 준비행위) ① 경제사회노동위원회는 제24조의2에 따른 근로시간면제심의위원회 구성을 위한 위원 위촉 등 필요한 절차를 이 법 시행 전에 진행할 수 있다.

② 경제사회노동위원회는 이 법 시행 즉시 근로시간면제심의위원회가 조합원 수, 조합원의 지역별 분포, 건전한 노사관계 발전을 위한 연합단체에서의 활동 등 운영실태를 고려하여 근로시간면제한도 심의에 착수한다.

제4조(다른 법률의 개정) 생략

●공무원의 노동조합 설립 및 운영 등에 관한 법률

〔2005・1・27 법률제7380호〕

개정

2008・ 2・29 법률제 8852호(정부조직법)
2010・ 3・17 법률제10133호
2010・ 6・ 4 법률제10339호(정부조직법)
2011・ 5・23 법률제10699호(국가공무원법)
2012・12・11 법률제11530호(국가공무원법)
2013・ 3・23 법률제11690호(정부조직법)
2014・ 5・20 법률제12623호
2014・11・19 법률제12844호(정부조직법)
2020・ 5・26 법률제17326호(법률용어 정비를 위한 환경노동위원회 소관 65개 법률 일부개정을 위한 법률)
2021・ 1・ 5 법률제17860호
2022・ 6・10 법률제18922호

제 1 조(목적) 이 법은 「대한민국헌법」 제33조제 2 항에 따른 공무원의 노동기본권을 보장하기 위하여 「노동조합 및 노동관계조정법」 제 5 조제 1 항 단서에 따라 공무원의 노동조합 설립 및 운영 등에 관한 사항을 정함을 목적으로 한다. <개정 2021・1・5>
〔전부개정 2010・3・17〕

제 2 조(정의) 이 법에서 "공무원"이란 「국가공무원법」 제 2 조 및 「지방공무원법」 제 2 조에서 규정하고 있는 공무원을 말한다. 다만, 「국가공무원법」 제66조제 1 항 단서 및 「지방공무원법」 제58조제 1 항 단서에 따른 사실상 노무에 종사하는 공무원과 「교원의 노동조합 설립 및 운영 등에 관한 법률」의 적용을 받는 교원인 공무원은 제외한다.
〔전부개정 2010・3・17〕

제 3 조(노동조합 활동의 보장 및 한계) ① 이 법에 따른 공무원의 노동조합(이하 "노동조합"이라 한다)의 조직, 가입 및 노동조합과 관련된 정당한 활동에 대하여는 「국가공무원법」 제66조제 1 항 본문 및 「지방공무원법」 제58조제 1 항 본문을 적용하지 아니한다.
② 공무원은 노동조합 활동을 할 때 다른 법령에서 규정하는 공무원의 의무에 반하는 행위를 하여서는 아니 된다.
〔전부개정 2010・3・17〕

제 4 조(정치활동의 금지) 노동조합과 그 조합원은 정치활동을 하여서는 아니 된다.
〔전부개정 2010・3・17〕

제 5 조(노동조합의 설립) ① 공무원이 노동조합을 설립하려는 경우에는 국회・법원・헌법재판소・선거관리위원회・행정부・특별시・광역시・특별자치시・도・특별자치도・시・군・구(자치구를 말한다) 및 특별시・광역시・특별자치시・도・특별자치도의 교육청을 최소 단위로 한다. <개정 2014・5・20>
② 노동조합을 설립하려는 사람은 고용노동부장관에게 설립신고서를 제출하여야 한다. <개정 2010・6・4>
〔전부개정 2010・3・17〕

제 6 조(가입 범위) ① 노동조합에 가입할 수 있는 사람의 범위는 다음 각 호와 같다. <개정 2011・5・23, 2012・12・11, 2021・1・5>
1. 일반직공무원
2. 특정직공무원 중 외무영사직렬・외교정보기술직렬 외무공무원, 소방공무원 및 교육공무원(다만, 교원은 제외한다)
3. 별정직공무원
4. 제 1 호부터 제 3 호까지의 어느 하나에 해당하는 공무원이었던 사람으로서 노동조합 규약으로 정하는 사람
5. 삭제 <2011・5・23>

② 제 1 항에도 불구하고 다음 각 호의 어느 하나에 해당하는 공무원은 노동조합에 가입할 수 없다. <개정 2021・1・5>
1. 업무의 주된 내용이 다른 공무원에 대하여 지휘・감독권을 행사하거나 다른 공무원의 업무를 총괄하는 업무에 종사하는 공무원
2. 업무의 주된 내용이 인사・보수 또는 노동관계의 조정・감독 등 노동조합의 조합원 지위를 가지고 수행하기에 적절하지 아니한 업무에 종사하는 공무원
3. 교정・수사 등 공공의 안녕과 국가안전보장에 관한 업무에 종사하는 공무원
4. 삭제 <2021・1・5>

③ 삭제 <2021・1・5>
④ 제 2 항에 따른 공무원의 범위는 대통령

령으로 정한다.
〔전부개정 2010·3·17〕

제 7 조(노동조합 전임자의 지위) ① 공무원은 임용권자의 동의를 받아 노동조합으로부터 급여를 지급받으면서 노동조합의 업무에만 종사할 수 있다. <개정 2022·6·10>
② 제 1 항에 따른 동의를 받아 노동조합의 업무에만 종사하는 사람〔이하 "전임자"(專任者)라 한다〕에 대하여는 그 기간 중 「국가공무원법」 제71조 또는 「지방공무원법」 제63조에 따라 휴직명령을 하여야 한다.
③ 삭제 <2022·6·10>
④ 국가와 지방자치단체는 공무원이 전임자임을 이유로 승급이나 그 밖에 신분과 관련하여 불리한 처우를 하여서는 아니 된다.
〔전부개정 2010·3·17〕

제 7 조의2(근무시간 면제자 등) ① 공무원은 단체협약으로 정하거나 제 8 조제 1 항의 정부교섭대표(이하 이 조 및 제 7 조의3에서 "정부교섭대표"라 한다)가 동의하는 경우 제 2 항 및 제 3 항에 따라 결정된 근무시간 면제 한도를 초과하지 아니하는 범위에서 보수의 손실 없이 정부교섭대표와의 협의·교섭, 고충처리, 안전·보건활동 등 이 법 또는 다른 법률에서 정하는 업무와 건전한 노사관계 발전을 위한 노동조합의 유지·관리업무를 할 수 있다.
② 근무시간 면제 시간 및 사용인원의 한도(이하 "근무시간 면제 한도"라 한다)를 정하기 위하여 공무원근무시간면제심의위원회(이하 이 조에서 "심의위원회"라 한다)를 「경제사회노동위원회법」에 따른 경제사회노동위원회에 둔다.
③ 심의위원회는 제 5 조제 1 항에 따른 노동조합 설립 최소 단위를 기준으로 조합원(제 6 조제 1 항제 1 호부터 제 3 호까지의 규정에 해당하는 조합원을 말한다)의 수를 고려하되 노동조합의 조직형태, 교섭구조·범위 등 공무원 노사관계의 특성을 반영하여 근무시간 면제 한도를 심의·의결하고, 3년마다 그 적정성 여부를 재심의하여 의결할 수 있다.
④ 제 1 항을 위반하여 근무시간 면제 한도를 초과하는 내용을 정한 단체협약 또는 정부교섭대표의 동의는 그 부분에 한정하여 무효로 한다.
〔본조신설 2022·6·10〕

제 7 조의3(근무시간 면제 사용의 정보 공개) 정부교섭대표는 국민이 알 수 있도록 전년도에 노동조합별로 근무시간을 면제받은 시간 및 사용인원, 지급된 보수 등에 관한 정보를 대통령령으로 정하는 바에 따라 공개하여야 한다. 이 경우 정부교섭대표가 아닌 임용권자는 정부교섭대표에게 해당 기관의 근무시간 면제 관련 자료를 제출하여야 한다.
〔본조신설 2022·6·10〕

제 8 조(교섭 및 체결 권한 등) ① 노동조합의 대표자는 그 노동조합에 관한 사항 또는 조합원의 보수·복지, 그 밖의 근무조건에 관하여 국회사무총장·법원행정처장·헌법재판소사무처장·중앙선거관리위원회사무총장·인사혁신처장(행정부를 대표한다)·특별시장·광역시장·특별자치시장·도지사·특별자치도지사·시장·군수·구청장(자치구의 구청장을 말한다) 또는 특별시·광역시·특별자치시·도·특별자치도의 교육감 중 어느 하나에 해당하는 사람(이하 "정부교섭대표"라 한다)과 각각 교섭하고 단체협약을 체결할 권한을 가진다. 다만, 법령 등에 따라 국가나 지방자치단체가 그 권한으로 행하는 정책결정에 관한 사항, 임용권의 행사 등 그 기관의 관리·운영에 관한 사항으로서 근무조건과 직접 관련되지 아니하는 사항은 교섭의 대상이 될 수 없다. <개정 2013·3·23, 2014·5·20, 2014·11·19>
② 정부교섭대표는 법령 등에 따라 스스로 관리하거나 결정할 수 있는 권한을 가진 사항에 대하여 노동조합이 교섭을 요구할 때에는 정당한 사유가 없으면 그 요구에 따라야 한다. <개정 2020·5·26>
③ 정부교섭대표는 효율적인 교섭을 위하여 필요한 경우 다른 정부교섭대표와 공동으로 교섭하거나, 다른 정부교섭대표에게 교섭 및 단체협약 체결 권한을 위임할 수 있다.
④ 정부교섭대표는 효율적인 교섭을 위하여

필요한 경우 정부교섭대표가 아닌 관계 기관의 장으로 하여금 교섭에 참여하게 할 수 있고, 다른 기관의 장이 관리하거나 결정할 권한을 가진 사항에 대하여는 해당 기관의 장에게 교섭 및 단체협약 체결 권한을 위임할 수 있다.

⑤ 제 2 항부터 제 4 항까지의 규정에 따라 정부교섭대표 또는 다른 기관의 장이 단체교섭을 하는 경우 소속 공무원으로 하여금 교섭 및 단체협약 체결을 하게 할 수 있다.

〔전부개정 2010 · 3 · 17〕

제 9 조(교섭의 절차) ① 노동조합은 제 8 조에 따른 단체교섭을 위하여 노동조합의 대표자와 조합원으로 교섭위원을 구성하여야 한다.

② 노동조합의 대표자는 제 8 조에 따라 정부교섭대표와 교섭하려는 경우에는 교섭하려는 사항에 대하여 권한을 가진 정부교섭대표에게 서면으로 교섭을 요구하여야 한다.

③ 정부교섭대표는 제 2 항에 따라 노동조합으로부터 교섭을 요구받았을 때에는 교섭을 요구받은 사실을 공고하여 관련된 노동조합이 교섭에 참여할 수 있도록 하여야 한다.

④ 정부교섭대표는 제 2 항과 제 3 항에 따라 교섭을 요구하는 노동조합이 둘 이상인 경우에는 해당 노동조합에 교섭창구를 단일화하도록 요청할 수 있다. 이 경우 교섭창구가 단일화된 때에는 교섭에 응하여야 한다. <개정 2021 · 1 · 5>

⑤ 정부교섭대표는 제 1 항부터 제 4 항까지의 규정에 따라 관련된 노동조합과 단체협약을 체결한 경우 그 유효기간 중에는 그 단체협약의 체결에 참여하지 아니한 노동조합이 교섭을 요구하더라도 이를 거부할 수 있다.

⑥ 제 1 항부터 제 5 항까지의 규정에 따른 단체교섭의 절차 등에 관하여 필요한 사항은 대통령령으로 정한다.

〔전부개정 2010 · 3 · 17〕

제10조(단체협약의 효력) ① 제 9 조에 따라 체결된 단체협약의 내용 중 법령 · 조례 또는 예산에 의하여 규정되는 내용과 법령 또는 조례에 의하여 위임을 받아 규정되는 내용은 단체협약으로서의 효력을 가지지 아니한다.

② 정부교섭대표는 제 1 항에 따라 단체협약으로서의 효력을 가지지 아니하는 내용에 대하여는 그 내용이 이행될 수 있도록 성실하게 노력하여야 한다.

〔전부개정 2010 · 3 · 17〕

제11조(쟁의행위의 금지) 노동조합과 그 조합원은 파업, 태업 또는 그 밖에 업무의 정상적인 운영을 방해하는 어떠한 행위도 하여서는 아니 된다. <개정 2020 · 5 · 26>

〔전부개정 2010 · 3 · 17〕

제12조(조정신청 등) ① 제 8 조에 따른 단체교섭이 결렬(決裂)된 경우에는 당사자 어느 한쪽 또는 양쪽은 「노동위원회법」 제 2 조에 따른 중앙노동위원회(이하 "중앙노동위원회"라 한다)에 조정(調停)을 신청할 수 있다. <개정 2021 · 1 · 5>

② 중앙노동위원회는 제 1 항에 따라 당사자 어느 한쪽 또는 양쪽이 조정을 신청하면 지체 없이 조정을 시작하여야 한다. 이 경우 당사자 양쪽은 조정에 성실하게 임하여야 한다.

③ 중앙노동위원회는 조정안을 작성하여 관계 당사자에게 제시하고 수락을 권고하는 동시에 그 조정안에 이유를 붙여 공표할 수 있다. 이 경우 필요하면 신문 또는 방송에 보도 등 협조를 요청할 수 있다.

④ 조정은 제 1 항에 따른 조정신청을 받은 날부터 30일 이내에 마쳐야 한다. 다만, 당사자들이 합의한 경우에는 30일 이내의 범위에서 조정기간을 연장할 수 있다.

〔전부개정 2010 · 3 · 17〕

제13조(중재의 개시 등) 중앙노동위원회는 다음 각 호의 어느 하나에 해당하는 경우에는 지체 없이 중재(仲裁)를 한다.

1. 제 8 조에 따른 단체교섭이 결렬되어 관계 당사자 양쪽이 함께 중재를 신청한 경우
2. 제12조에 따른 조정이 이루어지지 아니하여 제14조에 따른 공무원 노동관계 조정위원회 전원회의에서 중재 회부를 결정한 경우

〔전부개정 2010 · 3 · 17〕

제14조(공무원 노동관계 조정위원회의 구성) ① 제 8 조에 따른 단체교섭이 결렬된 경우 이를 조정 · 중재하기 위하여 중앙노동위원회에 공

무원 노동관계 조정위원회(이하 "위원회"라 한다)를 둔다.

② 위원회는 공무원 노동관계의 조정·중재를 전담하는 7명 이내의 공익위원으로 구성한다.

③ 제2항에 따른 공익위원은 「노동위원회법」 제6조 및 같은 법 제8조에도 불구하고 공무원 문제 또는 노동 문제에 관한 지식과 경험을 갖춘 사람 또는 사회적 덕망이 있는 사람 중에서 중앙노동위원회 위원장의 추천과 고용노동부장관의 제청으로 대통령이 위촉한다. <개정 2010·6·4>

④ 제3항에 따라 공익위원을 위촉하는 경우에는 「노동위원회법」 제6조제2항에도 불구하고 그 공익위원에 해당하는 정원이 따로 있는 것으로 본다.

〔전부개정 2010·3·17〕

제15조(회의의 운영) ① 위원회에는 전원회의와 소위원회를 둔다.

② 전원회의는 제14조제2항에 따른 공익위원 전원으로 구성하며, 다음 각 호의 사항을 담당한다.

1. 전국에 걸친 노동쟁의의 조정사건
2. 중재 회부의 결정
3. 중재재정(仲裁裁定)

③ 소위원회는 위원회의 위원장이 중앙노동위원회 위원장과 협의하여 지명하는 3명으로 구성하며, 전원회의에서 담당하지 아니하는 조정사건을 담당한다.

〔전부개정 2010·3·17〕

제16조(중재재정의 확정 등) ① 관계 당사자는 중앙노동위원회의 중재재정이 위법하거나 월권(越權)에 의한 것이라고 인정하는 경우에는 「행정소송법」 제20조에도 불구하고 중재재정서를 송달받은 날부터 15일 이내에 중앙노동위원회 위원장을 피고로 하여 행정소송을 제기할 수 있다.

② 제1항의 기간 이내에 행정소송을 제기하지 아니하면 그 중재재정은 확정된다.

③ 제2항에 따라 중재재정이 확정되면 관계 당사자는 이에 따라야 한다.

④ 중앙노동위원회의 중재재정은 제1항에 따른 행정소송의 제기에 의하여 그 효력이 정지되지 아니한다.

⑤ 제2항에 따라 확정된 중재재정의 내용은 제10조에 따른 단체협약과 같은 효력을 가진다.

⑥ 중앙노동위원회는 필요한 경우 확정된 중재재정의 내용을 국회, 지방의회, 지방자치단체의 장 등에게 통보할 수 있다.

〔전부개정 2010·3·17〕

제17조(다른 법률과의 관계) ① 이 법의 규정은 공무원이 「공무원직장협의회의 설립·운영에 관한 법률」에 따라 직장협의회를 설립·운영하는 것을 방해하지 아니한다.

② 공무원(제6조제1항제4호에 해당하는 사람을 포함한다)에게 적용할 노동조합 및 노동관계 조정에 관하여 이 법에서 정하지 아니한 사항에 대해서는 제3항에서 정하는 경우를 제외하고는 「노동조합 및 노동관계조정법」에서 정하는 바에 따른다. 이 경우 「노동조합 및 노동관계조정법」 제3조 중 "단체교섭 또는 쟁의행위"는 "단체교섭"으로, 제4조 본문 중 "단체교섭·쟁의행위"는 "단체교섭"으로, 제10조제1항 각 호 외의 부분 중 "연합단체인 노동조합과 2 이상의 특별시·광역시·특별자치시·도·특별자치도에 걸치는 단위노동조합은 고용노동부장관에게, 2 이상의 시·군·구(자치구를 말한다)에 걸치는 단위노동조합은 특별시장·광역시장·도지사에게, 그 외의 노동조합은 특별자치시장·특별자치도지사·시장·군수·구청장(자치구의 구청장을 말한다. 이하 제12조제1항에서 같다)에게"는 "고용노동부장관에게"로, 제12조제1항 중 "고용노동부장관, 특별시장·광역시장·특별자치시장·도지사·특별자치도지사 또는 시장·군수·구청장(이하 "행정관청"이라 한다)"은 "고용노동부장관"으로, 제24조의2제3항부터 제8항까지 중 "위원회"는 "심의위원회"로, "근로자"는 "공무원"으로, "노동단체"는 "노동단체 또는 공무원 노동단체"로, "사용자", "전국적 규모의 경영자단체" 및 "경영자단체"는 각각 "정부교섭대표"로, 제30조제1항 및 제2항 중 "사용자"는 "정부교섭대표"로, 제58조, 제60조제2항부터 제4항까지 및

제61조제 3 항 중 "조정위원회 또는 단독조정인"은 "공무원 노동관계 조정위원회"로, 제59조 중 "조정위원회의 위원장 또는 단독조정인"은 "공무원 노동관계 조정위원회 위원장"으로, 제60조제 3 항 중 "제 1 항의 규정에 의한 조정안"은 "조정안"으로, 제61조제 1 항 중 "조정위원 전원 또는 단독조정인"은 "공무원 노동관계 조정위원회 위원 전원"으로, 제66조제 1 항, 제67조 및 제68조제 2 항 중 "중재위원회"는 "공무원 노동관계 조정위원회"로, 제94조 중 "제88조 내지 제93조"는 "제93조"로 보고, 같은 법 중 "근로자"는 "공무원(제 6 조제 1 항제 4 호에 해당하는 사람을 포함한다)"으로, "사용자"(같은 법 제30조의 "사용자"는 제외한다)는 "기관의 장, 공무원에 관한 사항에 대하여 기관의 장을 위하여 행동하는 사람"으로, "행정관청"은 "고용노동부장관"으로 본다. <개정 2010·6·4, 2014·5·20, 2021·1·5, 2022·6·10>

③ 「노동조합 및 노동관계조정법」 제 2 조제 4 호라목, 제24조, 제24조의2제 1 항·제 2 항, 제29조, 제29조의2부터 제29조의5까지, 제36조부터 제39조까지, 제41조, 제42조, 제42조의2부터 제42조의6까지, 제43조부터 제46조까지, 제51조부터 제57조까지, 제60조제 1 항·제 5 항, 제62조부터 제65조까지, 제66조제 2 항, 제69조부터 제73조까지, 제76조부터 제80조까지, 제81조제 1 항제 2 호 단서, 제88조부터 제92조까지 및 제96조제 1 항제 3 호는 이 법에 따른 노동조합에 대해서는 적용하지 아니한다. <개정 2021·1·5, 2022·6·10>

〔전부개정 2010·3·17〕

제18조(벌칙) 제11조를 위반하여 파업, 태업 또는 그 밖에 업무의 정상적인 운영을 방해하는 행위를 한 자는 5년 이하의 징역 또는 5천만원 이하의 벌금에 처한다.

〔전부개정 2010·3·17〕

부 칙

제 1 조(시행일) 이 법은 공포후 1년이 경과한 날부터 시행한다.

제 2 조(다른 법률의 개정) 생략

부 칙 <2008·2·29 법8852>

제 1 조(시행일) 이 법은 공포한 날부터 시행한다. 〈단서 생략〉

제 2 조부터 **제 7 조**까지 생략

부 칙 <2010·3·17 법10133>

이 법은 공포한 날부터 시행한다.

부 칙 <2010·6·4 법10339>

제 1 조(시행일) 이 법은 공포 후 1개월이 경과한 날부터 시행한다. 〈단서 생략〉

제 2 조부터 **제 5 조**까지 생략

부 칙 <2011·5·23 법10699>

제 1 조(시행일) 이 법은 공포 후 3개월이 경과한 날부터 시행한다. 〈단서 생략〉

제 2 조부터 **제 7 조**까지 생략

부 칙 <2012·12·11 법11530>

제 1 조(시행일) 이 법은 공포 후 1년이 경과한 날부터 시행한다. 〈단서 생략〉

제 2 조부터 **제 7 조**까지 생략

부 칙 <2013·3·23 법11690>

제 1 조(시행일) ① 이 법은 공포한 날부터 시행한다.

② 생략

제 2 조부터 **제 7 조**까지 생략

부 칙 <2014·5·20 법12623>

이 법은 공포한 날부터 시행한다.

부 칙 <2014·11·19 법12844>

제 1 조(시행일) 이 법은 공포한 날부터 시행한다. 〈단서 생략〉

제 2 조부터 **제 7 조**까지 생략

부 칙 <2020·5·26 법17326>

이 법은 공포한 날부터 시행한다. 〈단서 생략〉

부 칙 <2021·1·5 법17860>

이 법은 공포 후 6개월이 경과한 날부터 시행한다.

부 칙 <2022·6·10 법18922>

제 1 조(시행일) 이 법은 공포 후 1년 6개월이 경과한 날부터 시행한다.

제 2 조(근무시간 면제 심의 준비) 경제사회노동위원회는 제 7 조의2의 개정규정에 따른 공무원근무시간면제심의위원회의 구성을 위한 위원 위촉 및 심의 등에 필요한 사항을 이 법 시행 전에 진행할 수 있다.

●남녀고용평등과 일·가정 양립 지원에 관한 법률

〔2001·8·14 법률제6508호 전부개정〕

개정
2005· 5·31 법률제 7564호
2005·12·30 법률제 7822호
2007· 4·11 법률제 8372호(근로기준법)
2007·12·21 법률제 8781호
2009·10· 9 법률제 9792호(고용정책 기본법)
2009·10· 9 법률제 9795호(직업안정법)
2010· 2· 4 법률제 9998호
2010· 6· 4 법률제10339호(정부조직법)
2011· 6· 7 법률제10789호(영유아보육법)
2012· 2· 1 법률제11274호
2012· 6· 1 법률제11461호(전자문서 및 전자거래 기본법)
2014· 1·14 법률제12244호
2014· 5·20 법률제12628호
2015· 1·20 법률제13043호
2016· 1·28 법률제13932호
2017·11·28 법률제15109호
2019· 1·15 법률제16271호
2019· 4·30 법률제16413호(파견근로자 보호 등에 관한 법률)
2019· 8·27 법률제16558호
2020· 5·26 법률제17326호(법률용어 정비를 위한 환경노동위원회 소관 65개 법률 일부개정을 위한 법률)
2020· 9· 8 법률제17489호
2020·12· 8 법률제17602호
2021· 5·18 법률제18178호
2024·10·22 법률제20521호

제1장 총칙

제1조(목적) 이 법은 「대한민국헌법」의 평등이념에 따라 고용에서 남녀의 평등한 기회와 대우를 보장하고 모성 보호와 여성 고용을 촉진하여 남녀고용평등을 실현함과 아울러 근로자의 일과 가정의 양립을 지원함으로써 모든 국민의 삶의 질 향상에 이바지하는 것을 목적으로 한다.
〔전부개정 2007·12·21〕

제2조(정의) 이 법에서 사용하는 용어의 뜻은 다음과 같다. <개정 2017·11·28, 2020·5·26>

1. "차별"이란 사업주가 근로자에게 성별, 혼인, 가족 안에서의 지위, 임신 또는 출산 등의 사유로 합리적인 이유 없이 채용 또는 근로의 조건을 다르게 하거나 그 밖의 불리한 조치를 하는 경우〔사업주가 채용조건이나 근로조건은 동일하게 적용하더라도 그 조건을 충족할 수 있는 남성 또는 여성이 다른 한 성(性)에 비하여 현저히 적고 그에 따라 특정 성에게 불리한 결과를 초래하며 그 조건이 정당한 것임을 증명할 수 없는 경우를 포함한다〕를 말한다. 다만, 다음 각 목의 어느 하나에 해당하는 경우는 제외한다.
   가. 직무의 성격에 비추어 특정 성이 불가피하게 요구되는 경우
   나. 여성 근로자의 임신·출산·수유 등 모성보호를 위한 조치를 하는 경우
   다. 그 밖에 이 법 또는 다른 법률에 따라 적극적 고용개선조치를 하는 경우
2. "직장 내 성희롱"이란 사업주·상급자 또는 근로자가 직장 내의 지위를 이용하거나 업무와 관련하여 다른 근로자에게 성적 언동 등으로 성적 굴욕감 또는 혐오감을 느끼게 하거나 성적 언동 또는 그 밖의 요구

등에 따르지 아니하였다는 이유로 근로조건 및 고용에서 불이익을 주는 것을 말한다.

3. "적극적 고용개선조치"란 현존하는 남녀 간의 고용차별을 없애거나 고용평등을 촉진하기 위하여 잠정적으로 특정 성을 우대하는 조치를 말한다.

4. "근로자"란 사업주에게 고용된 사람과 취업할 의사를 가진 사람을 말한다.

〔전부개정 2007·12·21〕

제 3 조(적용 범위) ① 이 법은 근로자를 사용하는 모든 사업 또는 사업장(이하 "사업"이라 한다)에 적용한다. 다만, 대통령령으로 정하는 사업에 대하여는 이 법의 전부 또는 일부를 적용하지 아니할 수 있다.

② 남녀고용평등의 실현과 일·가정의 양립에 관하여 다른 법률에 특별한 규정이 있는 경우 외에는 이 법에 따른다.

〔전부개정 2007·12·21〕

제 4 조(국가와 지방자치단체의 책무) ① 국가와 지방자치단체는 이 법의 목적을 실현하기 위하여 국민의 관심과 이해를 증진시키고 여성의 직업능력 개발 및 고용 촉진을 지원하여야 하며, 남녀고용평등의 실현에 방해가 되는 모든 요인을 없애기 위하여 필요한 노력을 하여야 한다.

② 국가와 지방자치단체는 일·가정의 양립을 위한 근로자와 사업주의 노력을 지원하여야 하며 일·가정의 양립 지원에 필요한 재원을 조성하고 여건을 마련하기 위하여 노력하여야 한다.

〔전부개정 2007·12·21〕

제 5 조(근로자 및 사업주의 책무) ① 근로자는 상호 이해를 바탕으로 남녀가 동등하게 존중받는 직장문화를 조성하기 위하여 노력하여야 한다.

② 사업주는 해당 사업장의 남녀고용평등의 실현에 방해가 되는 관행과 제도를 개선하여 남녀근로자가 동등한 여건에서 자신의 능력을 발휘할 수 있는 근로환경을 조성하기 위하여 노력하여야 한다.

③ 사업주는 일·가정의 양립을 방해하는 사업장 내의 관행과 제도를 개선하고 일·가정의 양립을 지원할 수 있는 근무환경을 조성하기 위하여 노력하여야 한다.

〔전부개정 2007·12·21〕

제 6 조(정책의 수립 등) ① 고용노동부장관은 남녀고용평등과 일·가정의 양립을 실현하기 위하여 다음 각 호의 정책을 수립·시행하여야 한다. <개정 2010·6·4>

1. 남녀고용평등 의식 확산을 위한 홍보
2. 남녀고용평등 우수기업(제17조의4에 따른 적극적 고용개선조치 우수기업을 포함한다)의 선정 및 행정적·재정적 지원
3. 남녀고용평등 강조 기간의 설정·추진
4. 남녀차별 개선과 여성취업 확대를 위한 조사·연구
5. 모성보호와 일·가정 양립을 위한 제도개선 및 행정적·재정적 지원
6. 그 밖에 남녀고용평등의 실현과 일·가정의 양립을 지원하기 위하여 필요한 사항

② 고용노동부장관은 제 1 항에 따른 정책의 수립·시행을 위하여 관계자의 의견을 반영하도록 노력하여야 하며 필요하다고 인정되는 경우 관계 행정기관 및 지방자치단체, 그 밖의 공공단체의 장에게 협조를 요청할 수 있다. <개정 2010·6·4>

〔전부개정 2007·12·21〕

제 6 조의2(기본계획 수립) ① 고용노동부장관은 남녀고용평등 실현과 일·가정의 양립에 관한 기본계획(이하 "기본계획"이라 한다)을 5년마다 수립하여야 한다. <개정 2010·6·4, 2016·1·28>

② 기본계획에는 다음 각 호의 사항이 포함되어야 한다. <개정 2010·6·4, 2016·1·28>

1. 여성취업의 촉진에 관한 사항
2. 남녀의 평등한 기회보장 및 대우에 관한 사항
3. 동일 가치 노동에 대한 동일 임금 지급의 정착에 관한 사항
4. 여성의 직업능력 개발에 관한 사항
5. 여성 근로자의 모성 보호에 관한 사항
6. 일·가정의 양립 지원에 관한 사항
7. 여성 근로자를 위한 복지시설의 설치 및 운영에 관한 사항
8. 직전 기본계획에 대한 평가
9. 그 밖에 남녀고용평등의 실현과 일·가정의 양립 지원을 위하여 고용노동부장관이 필요하다고 인정하는 사항

③ 고용노동부장관은 필요하다고 인정하면 관계 행정기관 또는 공공기관의 장에게 기본계획 수립에 필요한 자료의 제출을 요청할 수 있다. <신설 2016·1·28>

④ 고용노동부장관이 기본계획을 수립한 때에는 지체 없이 소관 상임위원회에 보고하여야 한다. <신설 2016·1·28>

[본조신설 2007·12·21]

제 6 조의3(실태조사 실시) ① 고용노동부장관은 사업 또는 사업장의 남녀차별개선, 모성보호, 일·가정의 양립 실태를 파악하기 위하여 정기적으로 조사를 실시하여야 한다. <개정 2010·6·4>

② 제 1 항에 따른 실태조사의 대상, 시기, 내용 등 필요한 사항은 고용노동부령으로 정한다. <개정 2010·6·4>

[본조신설 2007·12·21]

제 2 장 고용에서 남녀의 평등한 기회보장 및 대우 등

제 1 절 남녀의 평등한 기회보장 및 대우

제 7 조(모집과 채용) ① 사업주는 근로자를 모집하거나 채용할 때 남녀를 차별하여서는 아니 된다.

② 사업주는 근로자를 모집·채용할 때 그 직무의 수행에 필요하지 아니한 용모·키·체중 등의 신체적 조건, 미혼 조건, 그 밖에 고용노동부령으로 정하는 조건을 제시하거나 요구하여서는 아니 된다. <개정 2010·6·4, 2021·5·18>

[전부개정 2007·12·21]

제 8 조(임금) ① 사업주는 동일한 사업 내의 동일 가치 노동에 대하여는 동일한 임금을 지급하여야 한다.

② 동일 가치 노동의 기준은 직무 수행에서 요구되는 기술, 노력, 책임 및 작업 조건 등으로 하고, 사업주가 그 기준을 정할 때에는 제25조에 따른 노사협의회의 근로자를 대표하는 위원의 의견을 들어야 한다.

③ 사업주가 임금차별을 목적으로 설립한 별개의 사업은 동일한 사업으로 본다.

[전부개정 2007·12·21]

제 9 조(임금 외의 금품 등) 사업주는 임금 외에 근로자의 생활을 보조하기 위한 금품의 지급 또는 자금의 융자 등 복리후생에서 남녀를 차별하여서는 아니 된다.

[전부개정 2007·12·21]

제10조(교육·배치 및 승진) 사업주는 근로자의 교육·배치 및 승진에서 남녀를 차별하여서는 아니 된다.

[전부개정 2007·12·21]

제11조(정년·퇴직 및 해고) ① 사업주는 근로자의 정년·퇴직 및 해고에서 남녀를 차별하여서는 아니 된다.

② 사업주는 여성 근로자의 혼인, 임신 또는 출산을 퇴직 사유로 예정하는 근로계약을 체결하여서는 아니 된다.

[전부개정 2007·12·21]

제 2 절 직장 내 성희롱의 금지 및 예방

제12조(직장 내 성희롱의 금지) 사업주, 상급자 또는 근로자는 직장 내 성희롱을 하여서는 아니 된다.

[전부개정 2007·12·21]

제13조(직장 내 성희롱 예방 교육 등) ① 사업주는 직장 내 성희롱을 예방하고 근로자가 안전한 근로환경에서 일할 수 있는 여건을 조성하기 위하여 직장 내 성희롱의 예방을 위한 교육(이하 "성희롱 예방 교육"이라 한다)을 매년 실시하여야 한다. <개정 2017·11·28>

② 사업주 및 근로자는 제 1 항에 따른 성희롱 예방 교육을 받아야 한다. <신설 2014·1·14>

③ 사업주는 성희롱 예방 교육의 내용을 근로자가 자유롭게 열람할 수 있는 장소에 항상 게시하거나 갖추어 두어 근로자에게 널리 알려야 한다. <신설 2017·11·28>

④ 사업주는 고용노동부령으로 정하는 기준에 따라 직장 내 성희롱 예방 및 금지를 위한 조치를 하여야 한다. <신설 2017·11·28>

⑤ 제 1 항 및 제 2 항에 따른 성희롱 예방교육의 내용·방법 및 횟수 등에 관하여 필요한 사항은 대통령령으로 정한다. <개정 2014·1·14>

〔전부개정 2007·12·21〕

제13조의2(성희롱 예방 교육의 위탁) ① 사업주는 성희롱 예방 교육을 고용노동부장관이 지정하는 기관(이하 "성희롱 예방 교육기관"이라 한다)에 위탁하여 실시할 수 있다. <개정 2010·6·4>

② 사업주가 성희롱 예방 교육기관에 위탁하여 성희롱 예방 교육을 하려는 경우에는 제13조제5항에 따라 대통령령으로 정하는 내용을 성희롱 예방 교육기관에 미리 알려 그 사항이 포함되도록 하여야 한다. <신설 2017·11·28>

③ 성희롱 예방 교육기관은 고용노동부령으로 정하는 기관 중에서 지정하되, 고용노동부령으로 정하는 강사를 1명 이상 두어야 한다. <개정 2010·6·4>

④ 성희롱 예방 교육기관은 고용노동부령으로 정하는 바에 따라 교육을 실시하고 교육이수증이나 이수자 명단 등 교육 실시 관련 자료를 보관하며 사업주나 교육 대상자에게 그 자료를 내주어야 한다. <개정 2010·6·4, 2020·5·26>

⑤ 고용노동부장관은 성희롱 예방 교육기관이 다음 각 호의 어느 하나에 해당하면 그 지정을 취소할 수 있다. <개정 2010·6·4, 2017·11·28>

1. 거짓이나 그 밖의 부정한 방법으로 지정을 받은 경우
2. 정당한 사유 없이 제3항에 따른 강사를 3개월 이상 계속하여 두지 아니한 경우
3. 2년 동안 직장 내 성희롱 예방 교육 실적이 없는 경우

⑥ 고용노동부장관은 제5항에 따라 성희롱 예방 교육기관의 지정을 취소하려면 청문을 하여야 한다. <신설 2014·5·20, 2017·11·28>

〔전부개정 2007·12·21〕

제14조(직장 내 성희롱 발생 시 조치) ① 누구든지 직장 내 성희롱 발생 사실을 알게 된 경우 그 사실을 해당 사업주에게 신고할 수 있다.

② 사업주는 제1항에 따른 신고를 받거나 직장 내 성희롱 발생 사실을 알게 된 경우에는 지체 없이 그 사실 확인을 위한 조사를 하여야 한다. 이 경우 사업주는 직장 내 성희롱과 관련하여 피해를 입은 근로자 또는 피해를 입었다고 주장하는 근로자(이하 "피해근로자등"이라 한다)가 조사 과정에서 성적 수치심 등을 느끼지 아니하도록 하여야 한다.

③ 사업주는 제2항에 따른 조사 기간 동안 피해근로자등을 보호하기 위하여 필요한 경우 해당 피해근로자등에 대하여 근무장소의 변경, 유급휴가 명령 등 적절한 조치를 하여야 한다. 이 경우 사업주는 피해근로자등의 의사에 반하는 조치를 하여서는 아니 된다.

④ 사업주는 제2항에 따른 조사 결과 직장 내 성희롱 발생 사실이 확인된 때에는 피해근로자가 요청하면 근무장소의 변경, 배치전환, 유급휴가 명령 등 적절한 조치를 하여야 한다.

⑤ 사업주는 제2항에 따른 조사 결과 직장 내 성희롱 발생 사실이 확인된 때에는 지체 없이 직장 내 성희롱 행위를 한 사람에 대하여 징계, 근무장소의 변경 등 필요한 조치를 하여야 한다. 이 경우 사업주는 징계 등의 조치를 하기 전에 그 조치에 대하여 직장 내 성희롱 피해를 입은 근로자의 의견을 들어야 한다.

⑥ 사업주는 성희롱 발생 사실을 신고한 근로자 및 피해근로자등에게 다음 각 호의 어느 하나에 해당하는 불리한 처우를 하여서는 아니 된다.

1. 파면, 해임, 해고, 그 밖에 신분상실에 해당하는 불이익 조치
2. 징계, 정직, 감봉, 강등, 승진 제한 등 부당한 인사조치
3. 직무 미부여, 직무 재배치, 그 밖에 본인의 의사에 반하는 인사조치
4. 성과평가 또는 동료평가 등에서 차별이나 그에 따른 임금 또는 상여금 등의 차별 지급
5. 직업능력 개발 및 향상을 위한 교육훈련 기회의 제한
6. 집단 따돌림, 폭행 또는 폭언 등 정신적·신체적 손상을 가져오는 행위를 하거나 그 행위의 발생을 방치하는 행위
7. 그 밖에 신고를 한 근로자 및 피해근로자

등의 의사에 반하는 불리한 처우

⑦ 제2항에 따라 직장 내 성희롱 발생 사실을 조사한 사람, 조사 내용을 보고 받은 사람 또는 그 밖에 조사 과정에 참여한 사람은 해당 조사 과정에서 알게 된 비밀을 피해근로자등의 의사에 반하여 다른 사람에게 누설하여서는 아니 된다. 다만, 조사와 관련된 내용을 사업주에게 보고하거나 관계 기관의 요청에 따라 필요한 정보를 제공하는 경우는 제외한다.

〔전부개정 2017·11·28〕

제14조의2(고객 등에 의한 성희롱 방지) ① 사업주는 고객 등 업무와 밀접한 관련이 있는 사람이 업무수행 과정에서 성적인 언동 등을 통하여 근로자에게 성적 굴욕감 또는 혐오감 등을 느끼게 하여 해당 근로자가 그로 인한 고충 해소를 요청할 경우 근무 장소 변경, 배치전환, 유급휴가의 명령 등 적절한 조치를 하여야 한다. <개정 2017·11·28, 2020·5·26>

② 사업주는 근로자가 제1항에 따른 피해를 주장하거나 고객 등으로부터의 성적 요구 등에 따르지 아니하였다는 것을 이유로 해고나 그 밖의 불이익한 조치를 하여서는 아니 된다. <개정 2020·5·26>

〔본조신설 2007·12·21〕

제3절 여성의 직업능력 개발 및 고용 촉진

제15조(직업 지도) 「직업안정법」 제2조의2제1호에 따른 직업안정기관은 여성이 적성, 능력, 경력 및 기능의 정도에 따라 직업을 선택하고, 직업에 적응하는 것을 쉽게 하기 위하여 고용정보와 직업에 관한 조사·연구자료를 제공하는 등 직업 지도에 필요한 조치를 하여야 한다. <개정 2009·10·9>

〔전부개정 2007·12·21〕

제16조(직업능력 개발) 국가, 지방자치단체 및 사업주는 여성의 직업능력 개발 및 향상을 위하여 모든 직업능력 개발 훈련에서 남녀에게 평등한 기회를 보장하여야 한다.

〔전부개정 2007·12·21〕

제17조(여성 고용 촉진) ① 고용노동부장관은 여성의 고용 촉진을 위한 시설을 설치·운영하는 비영리법인과 단체에 대하여 필요한 비용의 전부 또는 일부를 지원할 수 있다. <개정 2010·6·4>

② 고용노동부장관은 여성의 고용 촉진을 위한 사업을 실시하는 사업주 또는 여성휴게실과 수유시설을 설치하는 등 사업장 내의 고용환경을 개선하고자 하는 사업주에게 필요한 비용의 전부 또는 일부를 지원할 수 있다. <개정 2010·6·4>

〔전부개정 2007·12·21〕

제17조의2(경력단절여성의 능력개발과 고용촉진지원) ① 고용노동부장관은 임신·출산·육아 등의 이유로 직장을 그만두었으나 재취업할 의사가 있는 경력단절여성(이하 "경력단절여성"이라 한다)을 위하여 취업유망 직종을 선정하고, 특화된 훈련과 고용촉진 프로그램을 개발하여야 한다. <개정 2010·6·4>

② 고용노동부장관은 「직업안정법」 제2조의2 제1호에 따른 직업안정기관을 통하여 경력단절여성에게 직업정보, 직업훈련정보 등을 제공하고 전문화된 직업지도, 직업상담 등의 서비스를 제공하여야 한다. <개정 2009·10·9, 2010·6·4>

〔본조신설 2007·12·21〕

제4절 적극적 고용개선조치

제17조의3(적극적 고용개선조치 시행계획의 수립·제출 등) ① 고용노동부장관은 다음 각 호의 어느 하나에 해당하는 사업주로서 고용하고 있는 직종별 여성 근로자의 비율이 산업별·규모별로 고용노동부령으로 정하는 고용 기준에 미달하는 사업주에 대하여는 차별적 고용관행 및 제도 개선을 위한 적극적 고용개선조치 시행계획(이하 "시행계획"이라 한다)을 수립하여 제출할 것을 요구할 수 있다. 이 경우 해당 사업주는 시행계획을 제출하여야 한다. <개정 2010·6·4>

1. 대통령령으로 정하는 공공기관·단체의 장
2. 대통령령으로 정하는 규모 이상의 근로자를 고용하는 사업의 사업주

② 제1항 각 호의 어느 하나에 해당하는

사업주는 직종별·직급별 남녀 근로자 현황과 남녀 근로자 임금 현황을 고용노동부장관에게 제출하여야 한다. <개정 2010·6·4, 2019·1·15>

③ 제1항 각 호의 어느 하나에 해당하지 아니하는 사업주로서 적극적 고용개선조치를 하려는 사업주는 직종별·직급별 남녀 근로자 현황, 남녀 근로자 임금 현황과 시행계획을 작성하여 고용노동부장관에게 제출할 수 있다. <개정 2010·6·4, 2019·1·15>

④ 고용노동부장관은 제1항과 제3항에 따라 제출된 시행계획을 심사하여 그 내용이 명확하지 아니하거나 차별적 고용관행을 개선하려는 노력이 부족하여 시행계획으로서 적절하지 아니하다고 인정되면 해당 사업주에게 시행계획의 보완을 요구할 수 있다. <개정 2010·6·4>

⑤ 제1항과 제2항에 따른 시행계획과 남녀 근로자 현황, 남녀 근로자 임금 현황의 기재 사항, 제출 시기, 제출 절차 등에 관하여 필요한 사항은 고용노동부령으로 정한다. <개정 2010·6·4, 2019·1·15>

〔전부개정 2007·12·21〕

제17조의4(이행실적의 평가 및 지원 등) ① 제17조의3제1항 및 제3항에 따라 시행계획을 제출한 자는 그 이행실적을 고용노동부장관에게 제출하여야 한다. <개정 2010·6·4>

② 고용노동부장관은 제1항에 따라 제출된 이행실적을 평가하고, 그 결과를 사업주에게 통보하여야 한다. <개정 2010·6·4>

③ 고용노동부장관은 제2항에 따른 평가 결과 이행실적이 우수한 기업(이하 "적극적 고용개선조치 우수기업"이라 한다)에 표창을 할 수 있다. <개정 2010·6·4>

④ 국가와 지방자치단체는 적극적 고용개선조치 우수기업에 행정적·재정적 지원을 할 수 있다.

⑤ 고용노동부장관은 제2항에 따른 평가 결과 이행실적이 부진한 사업주에게 시행계획의 이행을 촉구할 수 있다. <개정 2010·6·4>

⑥ 고용노동부장관은 제2항에 따른 평가 업무를 대통령령으로 정하는 기관이나 단체에 위탁할 수 있다. <개정 2010·6·4>

⑦ 제1항에 따른 이행실적의 기재 사항, 제출 시기 및 제출 절차와 제2항에 따른 평가 결과의 통보 절차 등에 관하여 필요한 사항은 고용노동부령으로 정한다. <개정 2010·6·4>

〔전부개정 2007·12·21〕

제17조의5(적극적 고용개선조치 미이행 사업주 명단 공표) ① 고용노동부장관은 명단 공개 기준일 이전에 3회 연속하여 제17조의3제1항의 기준에 미달한 사업주로서 제17조의4제5항의 이행촉구를 받고 이에 따르지 아니한 경우 그 명단을 공표할 수 있다. 다만, 사업주의 사망·기업의 소멸 등 대통령령으로 정하는 사유가 있는 경우에는 그러하지 아니하다.

② 제1항에 따른 공표의 구체적인 기준·내용 및 방법 등 공표에 필요한 사항은 대통령령으로 정한다.

〔본조신설 2014·1·14〕

제17조의6(시행계획 등의 게시) 제17조의3제1항에 따라 시행계획을 제출한 사업주는 시행계획 및 제17조의4제1항에 따른 이행실적을 근로자가 열람할 수 있도록 게시하는 등 필요한 조치를 하여야 한다.

〔전부개정 2007·12·21〕

제17조의7(적극적 고용개선조치에 관한 협조) 고용노동부장관은 적극적 고용개선조치의 효율적 시행을 위하여 필요하다고 인정하면 관계 행정기관의 장에게 차별의 시정 또는 예방을 위하여 필요한 조치를 하여 줄 것을 요청할 수 있다. 이 경우 관계 행정기관의 장은 특별한 사유가 없으면 요청에 따라야 한다. <개정 2010·6·4>

〔전부개정 2007·12·21〕

제17조의8(적극적 고용개선조치에 관한 중요 사항 심의) 적극적 고용개선조치에 관한 다음 각 호의 사항은 「고용정책 기본법」 제10조에 따른 고용정책심의회의 심의를 거쳐야 한다. <개정 2014·1·14>

1. 제17조의3제1항에 따른 여성 근로자 고용기준에 관한 사항
2. 제17조의3제4항에 따른 시행계획의 심사에 관한 사항
3. 제17조의4제2항에 따른 적극적 고용개

선조치 이행실적의 평가에 관한 사항
4. 제17조의4제 3 항 및 제 4 항에 따른 적극적 고용개선조치 우수기업의 표창 및 지원에 관한 사항
5. 제17조의5제 1 항에 따른 공표 여부에 관한 사항
6. 그 밖에 적극적 고용개선조치에 관하여 고용정책심의회의 위원장이 회의에 부치는 사항

〔전부개정 2009·10·9〕

제17조의9(적극적 고용개선조치의 조사·연구 등) ① 고용노동부장관은 적극적 고용개선조치에 관한 업무를 효율적으로 수행하기 위하여 조사·연구·교육·홍보 등의 사업을 할 수 있다. <개정 2010·6·4>
② 고용노동부장관은 필요하다고 인정하면 제 1 항에 따른 업무의 일부를 대통령령으로 정하는 자에게 위탁할 수 있다. <개정 2010·6·4>
〔전부개정 2007·12·21〕

제 3 장 모성 보호

제18조(출산전후휴가 등에 대한 지원) ① 국가는 제18조의2에 따른 배우자 출산휴가, 제18조의3에 따른 난임치료휴가, 「근로기준법」 제74조에 따른 출산전후휴가 또는 유산·사산 휴가를 사용한 근로자 중 일정한 요건에 해당하는 사람에게 그 휴가기간에 대하여 통상임금에 상당하는 금액(이하 "출산전후휴가급여등"이라 한다)을 지급할 수 있다. <개정 2012·2·1, 2019·8·27, 2020·5·26, 2024·10·22>
② 제 1 항에 따라 지급된 출산전후휴가급여등은 그 금액의 한도에서 제18조의2제 1 항, 제18조의3제 1 항 본문 또는 「근로기준법」 제74조제 4 항에 따라 사업주가 지급한 것으로 본다. <개정 2012·2·1, 2019·8·27, 2024·10·22>
③ 출산전후휴가급여등을 지급하기 위하여 필요한 비용은 국가재정이나 「사회보장기본법」에 따른 사회보험에서 분담할 수 있다. <개정 2012·2·1>
④ 근로자가 출산전후휴가급여등을 받으려는 경우 사업주는 관계 서류의 작성·확인 등 모든 절차에 적극 협력하여야 한다. <개정 2012·2·1, 2019·8·27>
⑤ 출산전후휴가급여등의 지급요건, 지급기간 및 절차 등에 관하여 필요한 사항은 따로 법률로 정한다. <개정 2012·2·1>
〔전부개정 2007·12·21〕

제18조의2(배우자 출산휴가) ① 사업주는 근로자가 배우자의 출산을 이유로 휴가(이하 "배우자 출산휴가"라 한다)를 고지하는 경우에 20일의 휴가를 주어야 한다. 이 경우 사용한 휴가기간은 유급으로 한다. <개정 2012·2·1, 2019·8·27, 2024·10·22>
② 제 1 항 후단에도 불구하고 출산전후휴가급여등이 지급된 경우에는 그 금액의 한도에서 지급의 책임을 면한다. <신설 2019·8·27>
③ 배우자 출산휴가는 근로자의 배우자가 출산한 날부터 120일이 지나면 사용할 수 없다. <개정 2019·8·27, 2024·10·22>
④ 배우자 출산휴가는 3회에 한정하여 나누어 사용할 수 있다. <신설 2019·8·27, 2024·10·22>
⑤ 사업주는 배우자 출산휴가를 이유로 근로자를 해고하거나 그 밖의 불리한 처우를 하여서는 아니 된다. <신설 2019·8·27>
〔본조신설 2007·12·21〕

제18조의3(난임치료휴가) ① 사업주는 근로자가 인공수정 또는 체외수정 등 난임치료를 받기 위하여 휴가(이하 "난임치료휴가"라 한다)를 청구하는 경우에 연간 6일 이내의 휴가를 주어야 하며, 이 경우 최초 2일은 유급으로 한다. 다만, 근로자가 청구한 시기에 휴가를 주는 것이 정상적인 사업 운영에 중대한 지장을 초래하는 경우에는 근로자와 협의하여 그 시기를 변경할 수 있다. <개정 2024·10·22>
② 사업주는 난임치료휴가를 이유로 해고, 징계 등 불리한 처우를 하여서는 아니 된다.
③ 사업주는 제 1 항에 따라 난임치료휴가의 청구 업무를 처리하는 과정에서 알게 된 사실을 난임치료휴가를 신청한 근로자의 의사에 반하여 다른 사람에게 누설하여서는 아니 된다. <개정 2024·10·22>
④ 난임치료휴가의 신청방법 및 절차 등은 대통령령으로 정한다. <신설 2024·10·22>
〔본조신설 2017·11·28〕

제 3 장의2 일·가정의 양립 지원

제19조(육아휴직) ① 사업주는 임신 중인 여성 근로자가 모성을 보호하거나 근로자가 만 8세 이하 또는 초등학교 2학년 이하의 자녀(입양한 자녀를 포함한다. 이하 같다)를 양육하기 위하여 휴직(이하 "육아휴직"이라 한다)을 신청하는 경우에 이를 허용하여야 한다. 다만, 대통령령으로 정하는 경우에는 그러하지 아니하다. <개정 2010·2·4, 2014·1·14, 2019·8·27, 2021·5·18>

② 육아휴직의 기간은 1년 이내로 한다. 다만, 다음 각 호의 어느 하나에 해당하는 근로자의 경우 6개월 이내에서 추가로 육아휴직을 사용할 수 있다. <개정 2024·10·22>

1. 같은 자녀를 대상으로 부모가 모두 육아휴직을 각각 3개월 이상 사용한 경우의 부 또는 모
2. 「한부모가족지원법」 제 4 조제 1 호의 부 또는 모
3. 고용노동부령으로 정하는 장애아동의 부 또는 모

③ 사업주는 육아휴직을 이유로 해고나 그 밖의 불리한 처우를 하여서는 아니 되며, 육아휴직 기간에는 그 근로자를 해고하지 못한다. 다만, 사업을 계속할 수 없는 경우에는 그러하지 아니하다.

④ 사업주는 육아휴직을 마친 후에는 휴직 전과 같은 업무 또는 같은 수준의 임금을 지급하는 직무에 복귀시켜야 한다. 또한 제 2 항의 육아휴직 기간은 근속기간에 포함한다.

⑤ 기간제근로자 또는 파견근로자의 육아휴직 기간은 「기간제 및 단시간근로자 보호 등에 관한 법률」 제 4 조에 따른 사용기간 또는 「파견근로자 보호 등에 관한 법률」 제 6 조에 따른 근로자파견기간에서 제외한다. <신설 2012·2·1, 2019·4·30, 2020·5·26>

⑥ 육아휴직의 신청방법 및 절차 등에 관하여 필요한 사항은 대통령령으로 정한다.

〔전부개정 2007·12·21〕

제19조의2(육아기 근로시간 단축) ① 사업주는 근로자가 만 12세 이하 또는 초등학교 6학년 이하의 자녀를 양육하기 위하여 근로시간의 단축(이하 "육아기 근로시간 단축"이라 한다)을 신청하는 경우에 이를 허용하여야 한다. 다만, 대체인력 채용이 불가능한 경우, 정상적인 사업 운영에 중대한 지장을 초래하는 경우 등 대통령령으로 정하는 경우에는 그러하지 아니하다. <개정 2012·2·1, 2019·8·27, 2024·10·22>

② 제 1 항 단서에 따라 사업주가 육아기 근로시간 단축을 허용하지 아니하는 경우에는 해당 근로자에게 그 사유를 서면으로 통보하고 육아휴직을 사용하게 하거나 출근 및 퇴근 시간 조정 등 다른 조치를 통하여 지원할 수 있는지를 해당 근로자와 협의하여야 한다. <개정 2012·2·1, 2019·8·27>

③ 사업주가 제 1 항에 따라 해당 근로자에게 육아기 근로시간 단축을 허용하는 경우 단축 후 근로시간은 주당 15시간 이상이어야 하고 35시간을 넘어서는 아니 된다. <개정 2019·8·27>

④ 육아기 근로시간 단축의 기간은 1년 이내로 한다. 다만, 근로자가 제19조제 2 항 본문에 따른 육아휴직 기간 중 사용하지 아니한 기간이 있으면 그 기간의 두 배를 가산한 기간 이내로 한다. <개정 2019·8·27, 2024·10·22>

⑤ 사업주는 육아기 근로시간 단축을 이유로 해당 근로자에게 해고나 그 밖의 불리한 처우를 하여서는 아니 된다.

⑥ 사업주는 근로자의 육아기 근로시간 단축 기간이 끝난 후에 그 근로자를 육아기 근로시간 단축 전과 같은 업무 또는 같은 수준의 임금을 지급하는 직무에 복귀시켜야 한다.

⑦ 육아기 근로시간 단축의 신청방법 및 절차 등에 관하여 필요한 사항은 대통령령으로 정한다.

〔본조신설 2007·12·21〕

제19조의3(육아기 근로시간 단축 중 근로조건 등) ① 사업주는 제19조의2에 따라 육아기 근로시간 단축을 하고 있는 근로자에 대하여 근로시간에 비례하여 적용하는 경우 외에는 육아기 근로시간 단축을 이유로 그 근로조건을 불리하게 하여서는 아니 된다.

② 제19조의2에 따라 육아기 근로시간 단축을 한 근로자의 근로조건(육아기 근로시간 단축 후 근로시간을 포함한다)은 사업주와 그 근로자 간에 서면으로 정한다.

③ 사업주는 제19조의2에 따라 육아기 근로시간 단축을 하고 있는 근로자에게 단축된 근로시간 외에 연장근로를 요구할 수 없다.

다만, 그 근로자가 명시적으로 청구하는 경우에는 사업주는 주 12시간 이내에서 연장근로를 시킬 수 있다.
④ 육아기 근로시간 단축을 한 근로자에 대하여 「근로기준법」 제2조제6호에 따른 평균임금을 산정하는 경우에는 그 근로자의 육아기 근로시간 단축 기간을 평균임금 산정기간에서 제외한다.
〔본조신설 2007·12·21〕

제19조의4(육아휴직과 육아기 근로시간 단축의 사용형태) ① 근로자는 육아휴직을 3회에 한정하여 나누어 사용할 수 있다. 이 경우 임신 중인 여성 근로자가 모성보호를 위하여 육아휴직을 사용한 횟수는 육아휴직을 나누어 사용한 횟수에 포함하지 아니한다. <개정 2020·12·8, 2021·5·18, 2024·10·22>
② 근로자는 육아기 근로시간 단축을 나누어 사용할 수 있다. 이 경우 나누어 사용하는 1회의 기간은 1개월(근로계약기간의 만료로 1개월 이상 근로시간 단축을 사용할 수 없는 기간제근로자에 대해서는 남은 근로계약기간을 말한다) 이상이 되어야 한다. <개정 2024·10·22>
〔전부개정 2019·8·27〕

제19조의5(육아지원을 위한 그 밖의 조치) ① 사업주는 만 8세 이하 또는 초등학교 2학년 이하의 자녀를 양육하는 근로자의 육아를 지원하기 위하여 다음 각 호의 어느 하나에 해당하는 조치를 하도록 노력하여야 한다. <개정 2015·1·20, 2019·8·27>
1. 업무를 시작하고 마치는 시간 조정
2. 연장근로의 제한
3. 근로시간의 단축, 탄력적 운영 등 근로시간 조정
4. 그 밖에 소속 근로자의 육아를 지원하기 위하여 필요한 조치

② 고용노동부장관은 사업주가 제1항에 따른 조치를 할 경우 고용 효과 등을 고려하여 필요한 지원을 할 수 있다. <개정 2010·6·4>
〔본조신설 2007·12·21〕

제19조의6(직장복귀를 위한 사업주의 지원) 사업주는 이 법에 따라 육아휴직 중인 근로자에 대한 직업능력 개발 및 향상을 위하여 노력하여야 하고 출산전후휴가, 육아휴직 또는 육아기 근로시간 단축을 마치고 복귀하는 근로자가 쉽게 직장생활에 적응할 수 있도록 지원하여야 한다. <개정 2012·2·1>
〔본조신설 2007·12·21〕

제20조(일·가정의 양립을 위한 지원) ① 국가는 사업주가 근로자에게 육아휴직이나 육아기 근로시간 단축을 허용한 경우 그 근로자의 생계비용과 사업주의 고용유지비용의 일부를 지원할 수 있다.
② 국가는 육아기 재택근무 등 소속 근로자의 일·가정의 양립을 지원하기 위한 조치를 도입하는 사업주에게 세제 및 재정을 통한 지원을 할 수 있다. <개정 2024·10·22>
〔전부개정 2007·12·21〕

제21조(직장어린이집 설치 및 지원 등) ① 사업주는 근로자의 취업을 지원하기 위하여 수유·탁아 등 육아에 필요한 어린이집(이하 "직장어린이집"이라 한다)을 설치하여야 한다. <개정 2011·6·7>
② 직장어린이집을 설치하여야 할 사업주의 범위 등 직장어린이집의 설치 및 운영에 관한 사항은 「영유아보육법」에 따른다. <개정 2011·6·7>
③ 고용노동부장관은 근로자의 고용을 촉진하기 위하여 직장어린이집의 설치·운영에 필요한 지원 및 지도를 하여야 한다. <개정 2010·6·4, 2011·6·7>
④ 사업주는 직장어린이집을 운영하는 경우 근로자의 고용형태에 따라 차별해서는 아니 된다. <신설 2019·8·27>
〔본조신설 2007·12·21〕

제21조의2(그 밖의 보육 관련 지원) 고용노동부장관은 제21조에 따라 직장어린이집을 설치하여야 하는 사업주 외의 사업주가 직장어린이집을 설치하려는 경우에는 직장어린이집의 설치·운영에 필요한 정보 제공, 상담 및 비용의 일부 지원 등 필요한 지원을 할 수 있다. <개정 2010·6·4, 2011·6·7>
〔본조신설 2007·12·21〕

제22조(공공복지시설의 설치) ① 국가 또는 지방자치단체는 여성 근로자를 위한 교육·육아·주택 등 공공복지시설을 설치할 수 있다.
② 제1항에 따른 공공복지시설의 기준과 운영에 필요한 사항은 고용노동부장관이 정한다. <개정 2010·6·4>
〔전부개정 2007·12·21〕

제22조의2(근로자의 가족 돌봄 등을 위한 지원) ① 사업주는 근로자가 조부모, 부모, 배

우자, 배우자의 부모, 자녀 또는 손자녀(이하 "가족"이라 한다)의 질병, 사고, 노령으로 인하여 그 가족을 돌보기 위한 휴직(이하 "가족돌봄휴직"이라 한다)을 신청하는 경우 이를 허용하여야 한다. 다만, 대체인력 채용이 불가능한 경우, 정상적인 사업 운영에 중대한 지장을 초래하는 경우, 본인 외에도 조부모의 직계비속 또는 손자녀의 직계존속이 있는 경우 등 대통령령으로 정하는 경우에는 그러하지 아니하다. <개정 2012·2·1, 2019·8·27>

② 사업주는 근로자가 가족(조부모 또는 손자녀의 경우 근로자 본인 외에도 직계비속 또는 직계존속이 있는 등 대통령령으로 정하는 경우는 제외한다)의 질병, 사고, 노령 또는 자녀의 양육으로 인하여 긴급하게 그 가족을 돌보기 위한 휴가(이하 "가족돌봄휴가"라 한다)를 신청하는 경우 이를 허용하여야 한다. 다만, 근로자가 청구한 시기에 가족돌봄휴가를 주는 것이 정상적인 사업 운영에 중대한 지장을 초래하는 경우에는 근로자와 협의하여 그 시기를 변경할 수 있다. <신설 2019·8·27>

③ 제1항 단서에 따라 사업주가 가족돌봄휴직을 허용하지 아니하는 경우에는 해당 근로자에게 그 사유를 서면으로 통보하고, 다음 각 호의 어느 하나에 해당하는 조치를 하도록 노력하여야 한다. <신설 2012·2·1>

1. 업무를 시작하고 마치는 시간 조정
2. 연장근로의 제한
3. 근로시간의 단축, 탄력적 운영 등 근로시간의 조정
4. 그 밖에 사업장 사정에 맞는 지원조치

④ 가족돌봄휴직 및 가족돌봄휴가의 사용기간과 분할횟수 등은 다음 각 호에 따른다. <신설 2019·8·27, 2020·9·8>

1. 가족돌봄휴직 기간은 연간 최장 90일로 하며, 이를 나누어 사용할 수 있을 것. 이 경우 나누어 사용하는 1회의 기간은 30일 이상이 되어야 한다.
2. 가족돌봄휴가 기간은 연간 최장 10일[제3호에 따라 가족돌봄휴가 기간이 연장되는 경우 20일(「한부모가족지원법」 제4조제1호의 모 또는 부에 해당하는 근로자의 경우 25일) 이내]로 하며, 일단위로 사용할 수 있을 것. 다만, 가족돌봄휴가 기간은 가족돌봄휴직 기간에 포함된다.
3. 고용노동부장관은 감염병의 확산 등을 원인으로 「재난 및 안전관리 기본법」 제38조에 따른 심각단계의 위기경보가 발령되거나, 이에 준하는 대규모 재난이 발생한 경우로서 근로자에게 가족을 돌보기 위한 특별한 조치가 필요하다고 인정되는 경우 「고용정책 기본법」 제10조에 따른 고용정책심의회의 심의를 거쳐 가족돌봄휴가 기간을 연간 10일(「한부모가족지원법」 제4조제1호에 따른 모 또는 부에 해당하는 근로자의 경우 15일)의 범위에서 연장할 수 있을 것. 이 경우 고용노동부장관은 지체 없이 기간 및 사유 등을 고시하여야 한다.

⑤ 제4항제3호에 따라 연장된 가족돌봄휴가는 다음 각 호의 어느 하나에 해당하는 경우에만 사용할 수 있다. <신설 2020·9·8>

1. 감염병 확산을 사유로 「재난 및 안전관리 기본법」 제38조에 따른 심각단계의 위기경보가 발령된 경우로서 가족이 위기경보가 발령된 원인이 되는 감염병의 「감염병의 예방 및 관리에 관한 법률」 제2조제13호부터 제15호까지의 감염병환자, 감염병의사환자, 병원체보유자인 경우 또는 같은 법 제2조제15호의2의 감염병의심자 중 유증상자 등으로 분류되어 돌봄이 필요한 경우
2. 자녀가 소속된 「초·중등교육법」 제2조의 학교, 「유아교육법」 제2조제2호의 유치원 또는 「영유아보육법」 제2조제3호의 어린이집(이하 이 조에서 "학교등"이라 한다)에 대한 「초·중등교육법」 제64조에 따른 휴업명령 또는 휴교처분, 「유아교육법」 제31조에 따른 휴업 또는 휴원 명령이나 「영유아보육법」 제43조의2에 따른 휴원명령으로 자녀의 돌봄이 필요한 경우
3. 자녀가 제1호에 따른 감염병으로 인하여 「감염병의 예방 및 관리에 관한 법률」 제42조제2항제1호에 따른 자가(自家) 격리 대상이 되거나 학교등에서 등교 또는 등원 중지 조치를 받아 돌봄이 필요한 경우
4. 그 밖에 근로자의 가족돌봄에 관하여 고용노동부장관이 정하는 사유에 해당하는 경우

⑥ 사업주는 가족돌봄휴직 또는 가족돌봄휴가를 이유로 해당 근로자를 해고하거나 근로조건을 악화시키는 등 불리한 처우를 하여서는 아니 된다. <신설 2012·2·1, 2019·8·27>

⑦ 가족돌봄휴직 및 가족돌봄휴가 기간은 근속기간에 포함한다. 다만, 「근로기준법」 제2조제1항제6호에 따른 평균임금 산정기간에서는 제외한다. <신설 2012·2·1, 2019·8·27>

⑧ 사업주는 소속 근로자가 건전하게 직장과 가정을 유지하는 데에 도움이 될 수 있도록 필요한 심리상담 서비스를 제공하도록 노력하여야 한다.

⑨ 고용노동부장관은 사업주가 제1항 또는 제2항에 따른 조치를 하는 경우에는 고용효과 등을 고려하여 필요한 지원을 할 수 있다. <개정 2010·6·4, 2019·8·27>

⑩ 가족돌봄휴직 및 가족돌봄휴가의 신청방법 및 절차 등에 관하여 필요한 사항은 대통령령으로 정한다. <신설 2012·2·1, 2019·8·27>

〔본조신설 2007·12·21〕

제22조의3(가족돌봄 등을 위한 근로시간 단축) ① 사업주는 근로자가 다음 각 호의 어느 하나에 해당하는 사유로 근로시간의 단축을 신청하는 경우에 이를 허용하여야 한다. 다만, 대체인력 채용이 불가능한 경우, 정상적인 사업 운영에 중대한 지장을 초래하는 경우 등 대통령령으로 정하는 경우에는 그러하지 아니하다.

1. 근로자가 가족의 질병, 사고, 노령으로 인하여 그 가족을 돌보기 위한 경우
2. 근로자 자신의 질병이나 사고로 인한 부상 등의 사유로 자신의 건강을 돌보기 위한 경우
3. 55세 이상의 근로자가 은퇴를 준비하기 위한 경우
4. 근로자의 학업을 위한 경우

② 제1항 단서에 따라 사업주가 근로시간 단축을 허용하지 아니하는 경우에는 해당 근로자에게 그 사유를 서면으로 통보하고 휴직을 사용하게 하거나 그 밖의 조치를 통하여 지원할 수 있는지를 해당 근로자와 협의하여야 한다.

③ 사업주가 제1항에 따라 해당 근로자에게 근로시간 단축을 허용하는 경우 단축 후 근로시간은 주당 15시간 이상이어야 하고 30시간을 넘어서는 아니 된다.

④ 근로시간 단축의 기간은 1년 이내로 한다. 다만, 제1항제1호부터 제3호까지의 어느 하나에 해당하는 근로자는 합리적 이유가 있는 경우에 추가로 2년의 범위 안에서 근로시간 단축의 기간을 연장할 수 있다.

⑤ 사업주는 근로시간 단축을 이유로 해당 근로자에게 해고나 그 밖의 불리한 처우를 하여서는 아니 된다.

⑥ 사업주는 근로자의 근로시간 단축기간이 끝난 후에 그 근로자를 근로시간 단축 전과 같은 업무 또는 같은 수준의 임금을 지급하는 직무에 복귀시켜야 한다.

⑦ 근로시간 단축의 신청방법 및 절차 등에 필요한 사항은 대통령령으로 정한다.

〔본조신설 2019·8·27〕

제22조의4(가족돌봄 등을 위한 근로시간 단축 중 근로조건 등) ① 사업주는 제22조의3에 따라 근로시간 단축을 하고 있는 근로자에게 근로시간에 비례하여 적용하는 경우 외에는 가족돌봄 등을 위한 근로시간 단축을 이유로 그 근로조건을 불리하게 하여서는 아니 된다.

② 제22조의3에 따라 근로시간 단축을 한 근로자의 근로조건(근로시간 단축 후 근로시간을 포함한다)은 사업주와 그 근로자 간에 서면으로 정한다.

③ 사업주는 제22조의3에 따라 근로시간 단축을 하고 있는 근로자에게 단축된 근로시간 외에 연장근로를 요구할 수 없다. 다만, 그 근로자가 명시적으로 청구하는 경우에는 사업주는 주 12시간 이내에서 연장근로를 시킬 수 있다.

④ 근로시간 단축을 한 근로자에 대하여 「근로기준법」 제2조제6호에 따른 평균임금을 산정하는 경우에는 그 근로자의 근로시간 단축 기간을 평균임금 산정기간에서 제외한다.

〔본조신설 2019·8·27〕

제22조의5(일·가정 양립 지원 기반 조성) ① 고용노동부장관은 일·가정 양립프로그램의 도입·확산, 모성보호 조치의 원활한 운영

등을 지원하기 위하여 조사·연구 및 홍보 등의 사업을 하고, 전문적인 상담 서비스와 관련 정보 등을 사업주와 근로자에게 제공하여야 한다. <개정 2010·6·4>

② 고용노동부장관은 제1항에 따른 업무와 제21조와 제21조의2에 따른 직장보육시설 설치·운영의 지원에 관한 업무를 대통령령으로 정하는 바에 따라 공공기관 또는 민간에 위탁하여 수행할 수 있다. <개정 2010·6·4>

③ 고용노동부장관은 제2항에 따라 업무를 위탁받은 기관에 업무수행에 사용되는 경비를 지원할 수 있다. <개정 2010·6·4>

〔본조신설 2007·12·21〕

제4장 분쟁의 예방과 해결

제23조(상담지원) ① 고용노동부장관은 차별, 직장내 성희롱, 모성보호 및 일·가정 양립 등에 관한 상담을 실시하는 민간단체에 필요한 비용의 일부를 예산의 범위에서 지원할 수 있다. <개정 2010·6·4>

② 제1항에 따른 단체의 선정요건, 비용의 지원기준과 지원절차 및 지원의 중단 등에 필요한 사항은 고용노동부령으로 정한다. <개정 2010·6·4>

〔전부개정 2007·12·21〕

제24조(명예고용평등감독관) ① 고용노동부장관은 사업장의 남녀고용평등 이행을 촉진하기 위하여 그 사업장 소속 근로자 중 노사가 추천하는 사람을 명예고용평등감독관(이하 "명예감독관"이라 한다)으로 위촉할 수 있다. <개정 2010·6·4, 2020·5·26>

② 명예감독관은 다음 각 호의 업무를 수행한다. <개정 2010·6·4>

1. 해당 사업장의 차별 및 직장 내 성희롱 발생 시 피해 근로자에 대한 상담·조언
2. 해당 사업장의 고용평등 이행상태 자율점검 및 지도 시 참여
3. 법령위반 사실이 있는 사항에 대하여 사업주에 대한 개선 건의 및 감독기관에 대한 신고
4. 남녀고용평등 제도에 대한 홍보·계몽
5. 그 밖에 남녀고용평등의 실현을 위하여 고용노동부장관이 정하는 업무

③ 사업주는 명예감독관으로서 정당한 임무 수행을 한 것을 이유로 해당 근로자에게 인사상 불이익 등의 불리한 조치를 하여서는 아니 된다.

④ 명예감독관의 위촉과 해촉 등에 필요한 사항은 고용노동부령으로 정한다. <개정 2010·6·4>

〔전부개정 2007·12·21〕

제25조(분쟁의 자율적 해결) 사업주는 제7조부터 제13조까지, 제13조의2, 제14조, 제14조의2, 제18조제4항, 제18조의2, 제19조, 제19조의2부터 제19조의6까지, 제21조 및 제22조의2에 따른 사항에 관하여 근로자가 고충을 신고하였을 때에는 「근로자참여 및 협력증진에 관한 법률」에 따라 해당 사업장에 설치된 노사협의회에 고충의 처리를 위임하는 등 자율적인 해결을 위하여 노력하여야 한다.

〔전부개정 2007·12·21〕

제26조(차별적 처우등의 시정신청) ① 근로자는 사업주로부터 다음 각 호의 어느 하나에 해당하는 차별적 처우 등(이하 "차별적 처우등"이라 한다)을 받은 경우 「노동위원회법」 제1조에 따른 노동위원회(이하 "노동위원회"라 한다)에 그 시정을 신청할 수 있다. 다만, 차별적 처우등을 받은 날(제1호 및 제3호에 따른 차별적 처우등이 계속되는 경우에는 그 종료일)부터 6개월이 지난 때에는 그러하지 아니하다.

1. 제7조부터 제11조까지 중 어느 하나를 위반한 행위(이하 "차별적 처우"라 한다)
2. 제14조제4항 또는 제14조의2제1항에 따른 적절한 조치를 하지 아니한 행위
3. 제14조제6항을 위반한 불리한 처우 또는 제14조의2제2항을 위반한 해고나 그 밖의 불이익한 조치

② 근로자가 제1항에 따른 시정신청을 하는 경우에는 차별적 처우등의 내용을 구체적으로 명시하여야 한다.

③ 제1항 및 제2항에 따른 시정신청의 절차·방법 등에 관하여 필요한 사항은 「노동위원회법」 제2조제1항에 따른 중앙노동위원회(이하 "중앙노동위원회"라 한다)가

따로 정하여 고시한다.
〔본조신설 2021·5·18〕

제27조(조사·심문 등) ① 노동위원회는 제26조에 따른 시정신청을 받은 때에는 지체 없이 필요한 조사와 관계 당사자에 대한 심문을 하여야 한다.
② 노동위원회는 제1항에 따른 심문을 하는 때에는 관계 당사자의 신청 또는 직권으로 증인을 출석하게 하여 필요한 사항을 질문할 수 있다.
③ 노동위원회는 제1항 및 제2항에 따른 심문을 할 때에는 관계 당사자에게 증거의 제출과 증인에 대한 반대심문을 할 수 있는 충분한 기회를 주어야 한다.
④ 제1항부터 제3항까지에 따른 조사·심문의 방법 및 절차 등에 관하여 필요한 사항은 중앙노동위원회가 따로 정하여 고시한다.
⑤ 노동위원회는 차별적 처우등 시정사무에 관한 전문적인 조사·연구업무를 수행하기 위하여 전문위원을 둘 수 있다. 이 경우 전문위원의 수·자격 및 보수 등에 관하여 필요한 사항은 대통령령으로 정한다.
〔본조신설 2021·5·18〕

제28조(조정·중재) ① 노동위원회는 제27조에 따른 심문 과정에서 관계 당사자 쌍방 또는 일방의 신청이나 직권으로 조정(調停)절차를 개시할 수 있고, 관계 당사자가 미리 노동위원회의 중재(仲裁)결정에 따르기로 합의하여 중재를 신청한 경우에는 중재를 할 수 있다.
② 제1항에 따른 조정 또는 중재의 신청은 제26조에 따른 시정신청을 한 날부터 14일 이내에 하여야 한다. 다만, 노동위원회가 정당한 사유로 그 기간에 신청할 수 없었다고 인정하는 경우에는 14일 후에도 신청할 수 있다.
③ 노동위원회는 조정 또는 중재를 하는 경우 관계 당사자의 의견을 충분히 들어야 한다.
④ 노동위원회는 특별한 사유가 없으면 조정절차를 개시하거나 중재신청을 받은 날부터 60일 이내에 조정안을 제시하거나 중재결정을 하여야 한다.
⑤ 노동위원회는 관계 당사자 쌍방이 조정안을 받아들이기로 한 경우에는 조정조서를 작성하여야 하고, 중재결정을 한 경우에는 중재결정서를 작성하여야 한다.
⑥ 조정조서에는 관계 당사자와 조정에 관여한 위원 전원이 서명 또는 날인을 하여야 하고, 중재결정서에는 관여한 위원 전원이 서명 또는 날인을 하여야 한다.
⑦ 제5항 및 제6항에 따른 조정 또는 중재결정은 「민사소송법」에 따른 재판상 화해와 동일한 효력을 갖는다.
⑧ 제1항부터 제7항까지에 따른 조정·중재의 방법, 조정조서·중재결정서의 작성 등에 필요한 사항은 중앙노동위원회가 따로 정하여 고시한다.
〔본조신설 2021·5·18〕

제29조(시정명령 등) ① 노동위원회는 제27조에 따른 조사·심문을 끝내고 차별적 처우등에 해당된다고 판정한 때에는 해당 사업주에게 시정명령을 하여야 하고, 차별적 처우등에 해당하지 아니한다고 판정한 때에는 그 시정신청을 기각하는 결정을 하여야 한다.
② 제1항에 따른 판정, 시정명령 또는 기각결정은 서면으로 하되, 그 이유를 구체적으로 명시하여 관계 당사자에게 각각 통보하여야 한다. 이 경우 시정명령을 하는 때에는 시정명령의 내용 및 이행기한 등을 구체적으로 적어야 한다.
〔본조신설 2021·5·18〕

제29조의2(조정·중재 또는 시정명령의 내용) ① 제28조에 따른 조정·중재 또는 제29조에 따른 시정명령의 내용에는 차별적 처우등의 중지, 임금 등 근로조건의 개선(취업규칙, 단체협약 등의 제도개선 명령을 포함한다) 또는 적절한 배상 등의 시정조치 등을 포함할 수 있다.
② 제1항에 따라 배상을 하도록 한 경우 그 배상액은 차별적 처우등으로 근로자에게 발생한 손해액을 기준으로 정한다. 다만, 노동위원회는 사업주의 차별적 처우등에 명백한 고의가 인정되거나 차별적 처우등이 반복되는 경우에는 그 손해액을 기준으로 3배를 넘지 아니하는 범위에서 배상을 명령할 수 있다.

〔본조신설 2021·5·18〕

제29조의3(시정명령 등의 확정) ① 「노동위원회법」 제2조제1항에 따른 지방노동위원회의 시정명령 또는 기각결정에 불복하는 관계 당사자는 시정명령서 또는 기각결정서를 송달받은 날부터 10일 이내에 중앙노동위원회에 재심을 신청할 수 있다.

② 제1항에 따른 중앙노동위원회의 재심결정에 불복하는 관계 당사자는 재심결정서를 송달받은 날부터 15일 이내에 행정소송을 제기할 수 있다.

③ 제1항에 따른 기간에 재심을 신청하지 아니하거나 제2항에 따른 기간에 행정소송을 제기하지 아니한 때에는 그 시정명령, 기각결정 또는 재심결정은 확정된다.

〔본조신설 2021·5·18〕

제29조의4(시정명령 이행상황의 제출요구 등) ① 고용노동부장관은 확정된 시정명령에 대하여 사업주에게 이행상황을 제출할 것을 요구할 수 있다.

② 시정신청을 한 근로자는 사업주가 확정된 시정명령을 이행하지 아니하는 경우 이를 고용노동부장관에게 신고할 수 있다.

〔본조신설 2021·5·18〕

제29조의5(고용노동부장관의 차별적 처우 시정요구 등) ① 고용노동부장관은 사업주가 차별적 처우를 한 경우에는 그 시정을 요구할 수 있다.

② 고용노동부장관은 사업주가 제1항에 따른 시정요구에 따르지 아니할 경우에는 차별적 처우의 내용을 구체적으로 명시하여 노동위원회에 통보하여야 한다. 이 경우 고용노동부장관은 해당 사업주 및 근로자에게 그 사실을 알려야 한다.

③ 노동위원회는 제2항에 따라 고용노동부장관의 통보를 받은 때에는 지체 없이 차별적 처우가 있는지 여부를 심리하여야 한다. 이 경우 노동위원회는 해당 사업주 및 근로자에게 의견을 진술할 수 있는 기회를 주어야 한다.

④ 제3항에 따른 노동위원회의 심리, 시정절차 및 노동위원회 결정에 대한 효력 등에 관하여는 제26조부터 제29조까지 및 제29조의2부터 제29조의4까지를 준용한다. 이 경우 "시정신청을 한 날"은 "통보를 받은 날"로, "기각결정"은 "차별적 처우가 없다는 결정"으로, "관계 당사자"는 "해당 사업주 또는 근로자"로, "시정신청을 한 근로자"는 "해당 근로자"로 본다.

⑤ 제3항 및 제4항에 따른 노동위원회의 심리 등에 관하여 필요한 사항은 중앙노동위원회가 따로 정하여 고시한다.

〔본조신설 2021·5·18〕

제29조의6(확정된 시정명령의 효력 확대) ① 고용노동부장관은 제29조의3(제29조의5제4항에 따라 준용되는 경우를 포함한다)에 따라 확정된 시정명령을 이행할 의무가 있는 사업주의 사업 또는 사업장에서 해당 시정명령의 효력이 미치는 근로자 외의 근로자에 대해서도 차별적 처우가 있는지를 조사하여 차별적 처우가 있는 경우에는 그 시정을 요구할 수 있다.

② 고용노동부장관은 사업주가 제1항에 따른 시정요구에 따르지 아니하는 경우 노동위원회에 통보하여야 하고, 노동위원회는 지체 없이 차별적 처우가 있는지 여부를 심리하여야 한다.

③ 제2항에 따른 통보 및 심리에 관하여는 제29조의5제2항부터 제5항까지를 준용한다.

〔본조신설 2021·5·18〕

제29조의7(차별적 처우등의 시정신청 등으로 인한 불리한 처우의 금지) 사업주는 근로자가 다음 각 호의 어느 하나에 해당하는 행위를 한 것을 이유로 해고나 그 밖의 불리한 처우를 하지 못한다.

1. 제26조에 따른 차별적 처우등의 시정신청, 제27조에 따른 노동위원회에의 참석 및 진술, 제29조의3에 따른 재심신청 또는 행정소송의 제기
2. 제29조의4제2항에 따른 시정명령 불이행의 신고

〔본조신설 2021·5·18〕

제30조(입증책임) 이 법과 관련한 분쟁해결(제26조부터 제29조까지 및 제29조의2부터 제29조의7까지를 포함한다)에서 입증책임은 사업주가 부담한다. <개정 2021·5·18>

〔전부개정 2007·12·21〕

제 5 장 보칙

제31조(보고 및 검사 등) ① 고용노동부장관은 이 법 시행을 위하여 필요한 경우에는 사업주에게 보고와 관계 서류의 제출을 명령하거나 관계 공무원이 사업장에 출입하여 관계인에게 질문하거나 관계 서류를 검사하도록 할 수 있다. <개정 2010·6·4>
② 제 1 항의 경우에 관계 공무원은 그 권한을 표시하는 증표를 지니고 이를 관계인에게 내보여야 한다.
〔전부개정 2007·12·21〕

제31조의2(자료 제공의 요청) ① 고용노동부장관은 다음 각 호의 업무를 수행하기 위하여 보건복지부장관 또는 「국민건강보험법」에 따른 국민건강보험공단에 같은 법 제50조에 따른 임신·출산 진료비의 신청과 관련된 자료의 제공을 요청할 수 있다. 이 경우 해당 자료의 제공을 요청받은 기관의 장은 정당한 사유가 없으면 그 요청에 따라야 한다.
1. 제 3 장에 따른 모성 보호에 관한 업무
2. 제 3 장의2에 따른 일·가정의 양립 지원에 관한 업무
3. 제 3 장에 따른 모성 보호, 제 3 장의2에 따른 일·가정의 양립 지원에 관한 안내
4. 제31조에 따른 보고 및 검사 등
② 고용노동부장관은 제 1 항에 따라 제공 받은 자료를 「고용정책 기본법」 제15조의2제 1 항에 따른 고용정보시스템을 통하여 처리할 수 있다. <개정 2021·5·18>
〔본조신설 2016·1·28〕

제32조(고용평등 이행실태 등의 공표) 고용노동부장관은 이 법 시행의 실효성을 확보하기 위하여 필요하다고 인정하면 고용평등 이행실태나 그 밖의 조사결과 등을 공표할 수 있다. 다만, 다른 법률에 따라 공표가 제한되어 있는 경우에는 그러하지 아니하다. <개정 2010·6·4>
〔전부개정 2007·12·21〕

제33조(관계 서류의 보존) 사업주는 이 법의 규정에 따른 사항에 관하여 대통령령으로 정하는 서류를 3년간 보존하여야 한다. 이 경우 대통령령으로 정하는 서류는 「전자문서 및 전자거래 기본법」 제 2 조제 1 호에 따른 전자문서로 작성·보존할 수 있다. <개정 2010·2·4, 2012·6·1>
〔전부개정 2007·12·21〕

제34조(파견근로에 대한 적용) 「파견근로자 보호 등에 관한 법률」에 따라 파견근로가 이루어지는 사업장에 제13조제 1 항을 적용할 때에는 「파견근로자 보호 등에 관한 법률」 제 2 조제 4 호에 따른 사용사업주를 이 법에 따른 사업주로 본다. <개정 2019·4·30>
〔전부개정 2007·12·21〕

제35조(경비보조) ① 국가, 지방자치단체 및 공공단체는 여성의 취업촉진과 복지증진에 관련되는 사업에 대하여 예산의 범위에서 그 경비의 전부 또는 일부를 보조할 수 있다.
② 국가, 지방자치단체 및 공공단체는 제 1 항에 따라 보조를 받은 자가 다음 각 호의 어느 하나에 해당하면 보조금 지급결정의 전부 또는 일부를 취소하고, 지급된 보조금의 전부 또는 일부를 반환하도록 명령할 수 있다.
1. 사업의 목적 외에 보조금을 사용한 경우
2. 보조금의 지급결정의 내용(그에 조건을 붙인 경우에는 그 조건을 포함한다)을 위반한 경우
3. 거짓이나 그 밖의 부정한 방법으로 보조금을 받은 경우
〔전부개정 2007·12·21〕

제36조(권한의 위임 및 위탁) 고용노동부장관은 대통령령으로 정하는 바에 따라 이 법에 따른 권한의 일부를 지방고용노동행정기관의 장 또는 지방자치단체의 장에게 위임하거나 공공단체에 위탁할 수 있다. <개정 2010·6·4>
〔전부개정 2007·12·21〕

제36조의2(규제의 재검토) 고용노동부장관은 제31조의2에 따른 임신·출산 진료비의 신청과 관련된 자료 제공의 요청에 대하여 2016년 1월 1일을 기준으로 5년마다(매 5년이 되는 해의 1월 1일 전까지를 말한다) 그 타당성을 검토하여 개선 등의 조치를 하여야 한다.
〔본조신설 2016·1·28〕

제 6 장 벌칙

제37조(벌칙) ① 사업주가 제11조를 위반하여 근로자의 정년·퇴직 및 해고에서 남녀를 차별하거나 여성 근로자의 혼인, 임신 또는 출산을 퇴직사유로 예정하는 근로계약을 체결하는 경우에는 5년 이하의 징역 또는 3천만원 이하의 벌금에 처한다.

② 사업주가 다음 각 호의 어느 하나에 해당하는 위반행위를 한 경우에는 3년 이하의 징역 또는 3천만원 이하의 벌금에 처한다. <개정 2012·2·1, 2017·11·28, 2019·8·27, 2020·9·8, 2021·5·18>

1. 제 8 조제 1 항을 위반하여 동일한 사업 내의 동일 가치의 노동에 대하여 동일한 임금을 지급하지 아니한 경우
2. 제14조제 6 항을 위반하여 직장 내 성희롱 발생 사실을 신고한 근로자 및 피해근로자등에게 불리한 처우를 한 경우

2의2. 제18조의2제 5 항을 위반하여 배우자 출산휴가를 이유로 해고나 그 밖의 불리한 처우를 한 경우

3. 제19조제 3 항을 위반하여 육아휴직을 이유로 해고나 그 밖의 불리한 처우를 하거나, 같은 항 단서의 사유가 없는데도 육아휴직 기간동안 해당 근로자를 해고한 경우
4. 제19조의2제 5 항을 위반하여 육아기 근로시간 단축을 이유로 해당 근로자에 대하여 해고나 그 밖의 불리한 처우를 한 경우
5. 제19조의3제 1 항을 위반하여 육아기 근로시간 단축을 하고 있는 근로자에 대하여 근로시간에 비례하여 적용하는 경우 외에 육아기 근로시간 단축을 이유로 그 근로조건을 불리하게 한 경우
6. 제22조의2제 6 항을 위반하여 가족돌봄휴직 또는 가족돌봄휴가(같은 조 제 4 항제 3 호에 따라 기간이 연장된 경우를 포함한다)를 이유로 해당 근로자를 해고하거나 근로조건을 악화시키는 등 불리한 처우를 한 경우
7. 제22조의3제 5 항을 위반하여 근로시간 단축을 이유로 해당 근로자에게 해고나 그 밖의 불리한 처우를 한 경우
8. 제22조의4제 1 항을 위반하여 근로시간 단축을 하고 있는 근로자에게 근로시간에 비례하여 적용하는 경우 외에 가족돌봄 등을 위한 근로시간 단축을 이유로 그 근로조건을 불리하게 한 경우
9. 제29조의7을 위반하여 근로자에게 해고나 그 밖의 불리한 처우를 한 경우

③ 사업주가 제19조의3제 3 항 또는 제22조의4제 3 항을 위반하여 해당 근로자가 명시적으로 청구하지 아니하였는데도 육아기 또는 가족돌봄 등을 위한 근로시간 단축을 하고 있는 근로자에게 단축된 근로시간 외에 연장근로를 요구한 경우에는 1천만원 이하의 벌금에 처한다. <개정 2019·8·27>

④ 사업주가 다음 각 호의 어느 하나에 해당하는 위반행위를 한 경우에는 500만원 이하의 벌금에 처한다. <개정 2021·5·18>

1. 제 7 조를 위반하여 근로자의 모집 및 채용에서 남녀를 차별하거나, 근로자를 모집·채용할 때 그 직무의 수행에 필요하지 아니한 용모·키·체중 등의 신체적 조건, 미혼 조건 등을 제시하거나 요구한 경우
2. 제 9 조를 위반하여 임금 외에 근로자의 생활을 보조하기 위한 금품의 지급 또는 자금의 융자 등 복리후생에서 남녀를 차별한 경우
3. 제10조를 위반하여 근로자의 교육·배치 및 승진에서 남녀를 차별한 경우
4. 제19조제 1 항·제 4 항을 위반하여 근로자의 육아휴직 신청을 받고 육아휴직을 허용하지 아니하거나, 육아휴직을 마친 후 휴직 전과 같은 업무 또는 같은 수준의 임금을 지급하는 직무에 복귀시키지 아니한 경우
5. 제19조의2제 6 항을 위반하여 육아기 근로시간 단축기간이 끝난 후에 육아기 근로시간 단축 전과 같은 업무 또는 같은 수준의 임금을 지급하는 직무에 복귀시키지 아니한 경우
6. 제24조제 3 항을 위반하여 명예감독관으로서 정당한 임무 수행을 한 것을 이유로 해당 근로자에게 인사상 불이익 등의 불리한 조치를 한 경우

〔전부개정 2007·12·21〕

제38조(양벌규정) 법인의 대표자나 법인 또는 개인의 대리인, 사용인, 그 밖의 종업원이 그 법인 또는 개인의 업무에 관하여 제37조의 위반행위를 하면 그 행위자를 벌하는 외에 그 법인 또는 개인에게도 해당 조문의 벌금형을 과(科)한다. 다만, 법인 또는 개인이 그 위반행위를 방지하기 위하여 해당 업무에 관하여 상당한 주의와 감독을 게을리하지 아니한 경우에는 그러하지 아니하다.

〔전부개정 2010·2·4〕

제39조(과태료) ① 사업주가 제29조의3(제29조의5제4항 및 제29조의6제3항에 따라 준용되는 경우를 포함한다)에 따라 확정된 시정명령을 정당한 이유 없이 이행하지 아니한 경우에는 1억원 이하의 과태료를 부과한다. <신설 2021·5·18>

② 사업주가 제12조를 위반하여 직장 내 성희롱을 한 경우에는 1천만원 이하의 과태료를 부과한다.

③ 사업주가 다음 각 호의 어느 하나에 해당하는 위반행위를 한 경우에는 500만원 이하의 과태료를 부과한다. <개정 2012·2·1, 2017·11·28, 2019·8·27, 2020·5·26, 2020·9·8, 2021·5·18, 2024·10·22>

1. 삭제 <2017·11·28>

1의2. 제13조제1항을 위반하여 성희롱 예방 교육을 하지 아니한 경우

1의3. 제13조제3항을 위반하여 성희롱 예방 교육의 내용을 근로자가 자유롭게 열람할 수 있는 장소에 항상 게시하거나 갖추어 두지 아니한 경우

1의4. 제14조제2항 전단을 위반하여 직장 내 성희롱 발생 사실 확인을 위한 조사를 하지 아니한 경우

1의5. 제14조제4항을 위반하여 근무장소의 변경 등 적절한 조치를 하지 아니한 경우

1의6. 제14조제5항 전단을 위반하여 징계, 근무장소의 변경 등 필요한 조치를 하지 아니한 경우

1의7. 제14조제7항을 위반하여 직장 내 성희롱 발생 사실 조사 과정에서 알게 된 비밀을 다른 사람에게 누설한 경우

2. 제14조의2제2항을 위반하여 근로자가 고객 등에 의한 성희롱 피해를 주장하거나 고객 등으로부터의 성적 요구 등에 따르지 아니하였다는 이유로 해고나 그 밖의 불이익한 조치를 한 경우

3. 제18조의2제1항을 위반하여 근로자가 배우자의 출산을 이유로 휴가를 고지하였는데도 휴가를 주지 아니하거나 근로자가 사용한 휴가를 유급으로 하지 아니한 경우

3의2. 제18조의3제1항을 위반하여 난임치료휴가를 주지 아니한 경우

4. 제19조의2제2항을 위반하여 육아기 근로시간 단축을 허용하지 아니하였으면서도 해당 근로자에게 그 사유를 서면으로 통보하지 아니하거나, 육아휴직의 사용 또는 그 밖의 조치를 통한 지원 여부에 관하여 해당 근로자와 협의하지 아니한 경우

5. 제19조의3제2항을 위반하여 육아기 근로시간 단축을 한 근로자의 근로조건을 서면으로 정하지 아니한 경우

6. 제19조의2제1항을 위반하여 육아기 근로시간 단축 신청을 받고 육아기 근로시간 단축을 허용하지 아니한 경우

7. 제22조의2제1항을 위반하여 가족돌봄휴직의 신청을 받고 가족돌봄휴직을 허용하지 아니한 경우

8. 제22조의2제2항(같은 조 제4항제3호에 따라 기간이 연장된 경우를 포함한다)을 위반하여 가족돌봄휴가의 신청을 받고 가족돌봄휴가를 허용하지 아니한 경우

9. 제29조의4제1항(제29조의5제4항 및 제29조의6제3항에 따라 준용되는 경우를 포함한다)을 위반하여 정당한 이유 없이 고용노동부장관의 시정명령에 대한 이행상황의 제출요구에 따르지 아니한 경우

④ 다음 각 호의 어느 하나에 해당하는 자에게는 300만원 이하의 과태료를 부과한다. <개정 2017·11·28>

1. 삭제 <2017·11·28>

1의2. 제14조의2제1항을 위반하여 근무 장소 변경, 배치전환, 유급휴가의 명령 등 적절한 조치를 하지 아니한 경우

2. 제17조의3제1항을 위반하여 시행계획을

제출하지 아니한 자
3. 제17조의3제2항을 위반하여 남녀 근로자 현황을 제출하지 아니하거나 거짓으로 제출한 자
4. 제17조의4제1항을 위반하여 이행실적을 제출하지 아니하거나 거짓으로 제출한 자(제17조의3제3항에 따라 시행계획을 제출한 자가 이행실적을 제출하지 아니하는 경우는 제외한다)
5. 제18조제4항을 위반하여 관계 서류의 작성·확인 등 모든 절차에 적극 협력하지 아니한 자
6. 제31조제1항에 따른 보고 또는 관계 서류의 제출을 거부하거나 거짓으로 보고 또는 제출한 자
7. 제31조제1항에 따른 검사를 거부, 방해 또는 기피한 자
8. 제33조를 위반하여 관계 서류를 3년간 보존하지 아니한 자

⑤ 제1항부터 제4항까지의 규정에 따른 과태료는 대통령령으로 정하는 바에 따라 고용노동부장관이 부과·징수한다. <개정 2010·6·4, 2021·5·18>

⑥ 및 ⑦ 삭제 <2016·1·28>

〔전부개정 2007·12·21〕

부 칙

①(시행일) 이 법은 2001년 11월 1일부터 시행한다.

②(벌칙 등에 관한 경과조치) 이 법 시행전의 행위에 대한 벌칙 또는 과태료의 적용에 있어서는 종전의 규정에 의한다.

③(고용평등위원회에 관한 경과조치) 이 법 시행 당시 종전의 규정에 의하여 설치된 고용평등위원회는 이 법에 의한 고용평등위원회로 본다.

④(다른 법률과의 관계) 이 법 시행 당시 다른 법령에서 남녀고용평등법의 규정을 인용한 경우에 이 법중 그에 해당하는 규정이 있는 때에는 종전의 규정에 갈음하여 이 법의 해당 규정을 인용한 것으로 본다.

부 칙 <2005·5·31 법7564>

①(시행일) 이 법은 2006년 1월 1일부터 시행한다.

②(산전후휴가급여등에 관한 적용례) 산전후휴가급여등에 관한 제18조제1항의 개정규정은 이 법 시행 후 최초로 출산·유산 또는 사산하는 여성근로자부터 적용한다.

부 칙 <2005·12·30 법7822>

제1조(시행일) 이 법은 2006년 3월 1일부터 시행한다.

제2조(분쟁조정신청에 관한 경과조치) ① 이 법 시행 당시 종전의 규정에 의하여 고용평등위원회에 접수된 분쟁조정신청에 대하여는 종전의 규정에 의한다.

② 제26조 내지 제29조의 개정규정에도 불구하고 종전의 규정에 의한 고용평등위원회는 제1항의 규정에 의한 분쟁의 조정에 한하여 존속하는 것으로 본다.

제3조(육아휴직 신청요건 완화에 따른 경과조치) 제19조의 개정규정은 2008년 1월 1일 이후 출생한 영유아부터 적용한다.

부 칙 <2007·4·11 법8372>

제1조(시행일) 이 법은 공포한 날부터 시행한다. 〈단서 생략〉

제2조부터 **제17조**까지 생략

부 칙 <2007·12·21 법8781>

제1조(시행일) 이 법은 공포 후 6개월이 경과한 날부터 시행한다. 다만, 제39조제2항 제3호부터 제5호까지의 개정규정은 공포 후 1년 6개월이 경과한 날부터 시행한다.

제2조(다른 법률의 개정) 생략

제3조(다른 법령과의 관계) 이 법 시행 당시 다른 법령에서 종전의 「남녀고용평등법」 또는 그 규정을 인용한 경우에 이 법 가운데 그에 해당하는 규정이 있는 때에는 종전의 규정을 갈음하여 이 법 또는 이 법의 해당 규정을 인용한 것으로 본다.

부 칙 <2009·10·9 법9792>

제1조(시행일) 이 법은 2010년 1월 1일부터 시행한다.

제2조 및 **제3조** 생략

부 칙 <2009·10·9 법9795>

제1조(시행일) 이 법은 공포 후 3개월이 경과한 날부터 시행한다.

제2조부터 **제6조**까지 생략

부 칙 <2010·2·4 법9998>

①(시행일) 이 법은 공포한 날부터 시행한다.

②(육아휴직 신청요건 완화에 따른 적용례) 제19조의 개정규정은 다음 각 호의 어느 하나에

해당하는 경우에 적용한다.
1. 2008년 1월 1일 이후 출생한 영유아가 있는 근로자
2. 2008년 1월 1일 이후 입양한 자녀가 있는 근로자

부 칙 <2010·6·4 법10339>

제1조(시행일) 이 법은 공포 후 1개월이 경과한 날부터 시행한다. 〈단서 생략〉

제2조부터 **제5조**까지 생략

부 칙 <2011·6·7 법10789>

제1조(시행일) 이 법은 공포 후 6개월이 경과한 날부터 시행한다. 〈단서 생략〉

제2조부터 **제6조**까지 생략

부 칙 <2012·2·1 법11274>

제1조(시행일) 이 법은 공포 후 6개월이 경과한 날부터 시행한다. 다만, 상시 300명 미만의 근로자를 사용하는 사업 또는 사업장에 대하여는 제18조의2, 제22조의2, 제37조제2항제6호, 제39조제2항제3호 및 제7호의 개정규정은 공포 후 1년이 경과한 날부터 시행한다.

제2조(적용례) ① 제18조의2제1항의 개정규정은 이 법 시행 후 최초로 배우자 출산휴가를 청구한 근로자부터 적용한다.

② 제19조제5항의 개정규정은 이 법 시행 후 최초로 육아휴직을 신청한 기간제근로자 또는 파견근로자부터 적용한다.

③ 제19조의2의 개정규정은 이 법 시행 후 최초로 육아기 근로시간 단축을 신청한 근로자부터 적용한다.

④ 제22조의2의 개정규정은 이 법 시행 후 최초로 가족돌봄휴직을 신청한 근로자부터 적용한다.

제3조(다른 법률의 개정) 생략

부 칙 <2012·6·1 법11461>

제1조(시행일) 이 법은 공포 후 3개월이 경과한 날부터 시행한다.

제2조부터 **제10조**까지 생략

부 칙 <2014·1·14 법12244>

제1조(시행일) 이 법은 공포한 날부터 시행한다. 다만, 제17조의5부터 제17조의9까지의 개정규정은 2015년 1월 1일부터 시행한다.

제2조(적극적 고용개선조치 미이행 사업주 명단 공표에 관한 적용례) 제17조의5의 개정규정은 이 법 시행 후 최초로 시행계획을 제출하는 경우부터 적용한다.

제3조(육아휴직 신청요건 완화에 관한 적용례) 제19조제1항의 개정규정은 이 법 시행 후 육아휴직을 신청한 근로자부터 적용한다.

제4조(다른 법률의 개정) 생략

부 칙 <2014·5·20 법12628>

이 법은 공포 후 6개월이 경과한 날부터 시행한다.

부 칙 <2015·1·20 법13043>

이 법은 공포한 날부터 시행한다.

부 칙 <2016·1·28 법13932>

이 법은 공포한 날부터 시행한다.

부 칙 <2017·11·28 법15109>

이 법은 공포 후 6개월이 경과한 날부터 시행한다.

부 칙 <2019·1·15 법16271>

이 법은 공포 후 6개월이 경과한 날부터 시행한다.

부 칙 <2019·4·30 법16413>

제1조(시행일) 이 법은 공포한 날부터 시행한다.

제2조 생략

부 칙 <2019·8·27 법16558>

제1조(시행일) 이 법은 2019년 10월 1일부터 시행한다. 다만, 제22조의2, 제37조제2항제6호 및 제39조제2항제8호의 개정규정은 2020년 1월 1일부터 시행한다.

제2조(가족돌봄 등을 위한 근로시간 단축 등에 관한 적용례) 제22조의3, 제22조의4, 제37조제2항제7호·제8호 및 제37조제3항의 개정규정은 다음 각 호의 구분에 따른 날부터 적용한다.
1. 상시 300명 이상의 근로자를 사용하는 사업 또는 사업장, 「공공기관의 운영에 관한 법률」 제4조에 따른 공공기관, 「지방공기업법」 제49조 및 같은 법 제76조에 따른 지방공사 및 지방공단, 국가·지방자치단체 또는 정부투자기관이 자본금의 2분의 1 이상을 출자하거나 기본재산의 2분의 1 이상을 출연한 기관·단체와 그 기관·단체가 자본금의 2분의 1 이상을 출자하거나 기본재산의 2분의 1 이상을 출연한 기관·단체, 국가 및 지방자치단체의 기관 : 2020년 1월 1일
2. 상시 30명 이상 300명 미만의 근로자를

사용하는 사업 또는 사업장 : 2021년 1월 1일
3. 상시 30명 미만의 근로자를 사용하는 사업 또는 사업장 : 2022년 1월 1일

제 3 조(배우자 출산휴가에 관한 적용례) 제18조, 제18조의2, 제37조제 2 항제 2 호의2 및 제39조제 2 항제 3 호의 개정규정은 이 법 시행 후 최초로 배우자 출산휴가를 사용하는 근로자부터 적용한다.

제 4 조 삭제 <2024·10·22>

부 칙 <2020·5·26 법17326>

이 법은 공포한 날부터 시행한다. 〈단서 생략〉

부 칙 <2020·9·8 법17489>

제 1 조(시행일) 이 법은 공포한 날부터 시행한다.

제 2 조(가족돌봄휴가에 관한 적용례) 제22조의2의 개정규정은 종전의 규정에 따라 2020년 1월 1일 이후 가족돌봄휴가를 모두 사용한 근로자에게도 적용한다.

부 칙 <2020·12·8 법17602>

제 1 조(시행일) 이 법은 공포한 날부터 시행한다.

제 2 조(육아휴직에 관한 적용례) 제19조의4제 1 항의 개정규정은 이 법 시행 당시 종전의 규정에 따라 휴직하였거나 휴직 중인 사람에 대해서도 적용한다.

부 칙 <2021·5·18 법18178>

제 1 조(시행일) 이 법은 공포 후 1년이 경과한 날부터 시행한다. 다만, 제31조의2제 2 항의 개정규정은 공포한 날부터 시행하고, 제 7 조제 2 항 및 제37조제 4 항제 1 호의 개정규정은 공포 후 3개월이 경과한 날부터 시행하며, 제19조제 1 항 본문 및 제19조의4 제 1 항 후단의 개정규정은 공포 후 6개월이 경과한 날부터 시행한다.

제 2 조(차별적 처우등의 시정신청에 관한 적용례) 제26조의 개정규정은 이 법 시행 이후 발생한 차별적 처우등(이 법 시행 전에 발생하여 이 법 시행 이후에도 계속되는 차별적 처우등을 포함한다)부터 적용한다.

부 칙 <2024·10·22 법20521>

제 1 조(시행일) 이 법은 공포 후 4개월이 경과한 날부터 시행한다. 다만, 제18조의3제 3 항 및 제20조제 2 항의 개정규정은 공포한 날부터 시행한다.

제 2 조(배우자 출산휴가에 관한 적용례) 제18조의2의 개정규정은 이 법 시행 당시 종전의 규정에 따른 배우자 출산휴가를 사용하였으나 청구기한이 남아있는 근로자 또는 사용 중인 근로자에게도 적용한다.

제 3 조(난임치료휴가에 관한 적용례) 제18조의3의 개정규정은 이 법 시행 당시 종전의 규정에 따른 난임치료휴가를 사용하였거나 사용 중인 사람에게도 적용한다. 다만, 개정규정 중 유급기간에 관한 규정은 이 법 시행 전에 종전의 규정에 따른 난임치료휴가를 2일 이상 사용한 경우에는 적용하지 아니한다.

제 4 조(육아휴직에 관한 적용례) 제19조 및 제19조의4제 1 항의 개정규정은 이 법 시행 당시 종전의 규정에 따른 육아휴직을 사용하였거나 사용 중인 근로자에게도 적용한다.

제 5 조(육아기 근로시간 단축에 관한 적용례) 제19조의2제 4 항 단서는 이 법 시행 전에 육아기 근로시간 단축을 허용받아 사용 중인 경우에도 적용하되, 이 법 시행 이후 남아있는 육아휴직 기간에 대해서만 적용한다.

●국가공무원법

〔1963·4·17 법률제1325호〕

개정
1963·12·16 법률제 1521호
1964· 5·26 법률제 1638호
1965·10·20 법률제 1711호
1973· 2· 5 법률제 2460호
1978·12· 5 법률제 3150호
1981· 4·20 법률제 3447호
1981·12·31 법률제 3518호(정부조직법)
1982·12·28 법률제 3584호
1986·12·31 법률제 3917호
1988· 8· 5 법률제 4017호(헌법재판소법)
1990·12·27 법률제 4268호(정부조직법)
1991· 5·31 법률제 4384호
1991·11·30 법률제 4408호(헌법재판소법)
1994· 7·20 법률제 4763호(국회사무처법)
1994·12·22 법률제 4829호
1996· 8· 8 법률제 5153호(정부조직법)
1997·12·13 법률제 5452호
1997·12·13 법률제 5455호(국회사무처법)
1998· 2·24 법률제 5527호
1998· 2·28 법률제 5529호(정부조직법)
1999· 1·21 법률제 5681호(국가정보원법)
1999· 2· 5 법률제 5809호(해양사고의조사및심판에관한법률)
1999· 5·24 법률제 5983호
1999·12·31 법률제 6089호
2002· 1·19 법률제 6622호
2002·12·18 법률제 6788호
2003· 2· 4 법률제 6855호(국회법)
2004· 3·11 법률제 7187호
2005· 1·27 법률제 7380호(공무원의노동조합설립및운영등에관한법률)
2005· 3·24 법률제 7407호
2005· 7·28 법률제 7614호(국회법)
2005·12·29 법률제 7796호
2006·12·20 법률제 8069호(지방교육자치에 관한 법률)
2007· 3·29 법률제 8330호
2007· 5·11 법률제 8423호(지방자치법)
2008· 2·29 법률제 8857호
2008· 3·28 법률제 8996호
2008· 6·13 법률제 9113호
2008·12·31 법률제 9296호
2009· 2· 6 법률제 9419호
2010· 3·22 법률제10148호
2010· 6· 8 법률제10342호
2011· 3·29 법률제10465호(개인정보 보호법)
2011· 5·23 법률제10699호
2012· 3·21 법률제11392호
2012·10·22 법률제11489호
2012·12·11 법률제11530호
2013· 3·23 법률제11690호(정부조직법)
2013· 8· 6 법률제11992호
2014· 1· 7 법률제12202호
2014· 1·14 법률제12234호
2014·10·15 법률제12792호
2014·11·19 법률제12844호(정부조직법)
2015· 5·18 법률제13288호
2015·12·24 법률제13618호
2016· 5·29 법률제14183호(병역법)
2017· 7·26 법률제14839호(정부조직법)
2018· 3·20 법률제15522호(공무원 재해보상법)
2018·10·16 법률제15857호
2020· 1·29 법률제16905호
2021· 1·12 법률제17893호(지방자치법)
2021· 1·12 법률제17894호(피후견인 결격조항 정비를 위한 경비업법 등 10개 법률의 일부개정에 관한 법률)
2021· 6· 8 법률제18237호
2021· 7·20 법률제18308호(장애인고용촉진 및 직업재활법)
2022·12·27 법률제19147호
2023· 3· 4 법률제19228호(정부조직법)
2023· 4·11 법률제19341호
2024·12·31 법률제20627호→2024년 12월 31일 및 2025년 7월 1일 시행

제 1 장 총칙

제 1 조(목적) 이 법은 각급 기관에서 근무하는 모든 국가공무원에게 적용할 인사행정의

근본 기준을 확립하여 그 공정을 기함과 아울러 국가공무원에게 국민 전체의 봉사자로서 행정의 민주적이며 능률적인 운영을 기하게 하는 것을 목적으로 한다.
〔전부개정 2008·3·28〕

제 2 조(공무원의 구분) ① 국가공무원(이하 "공무원"이라 한다)은 경력직공무원과 특수경력직공무원으로 구분한다.
② "경력직공무원"이란 실적과 자격에 따라 임용되고 그 신분이 보장되며 평생 동안(근무기간을 정하여 임용하는 공무원의 경우에는 그 기간 동안을 말한다) 공무원으로 근무할 것이 예정되는 공무원을 말하며, 그 종류는 다음 각 호와 같다. <개정 2012·12·11, 2020·1·29>
1. 일반직공무원 : 기술·연구 또는 행정 일반에 대한 업무를 담당하는 공무원
2. 특정직공무원 : 법관, 검사, 외무공무원, 경찰공무원, 소방공무원, 교육공무원, 군인, 군무원, 헌법재판소 헌법연구관, 국가정보원의 직원, 경호공무원과 특수 분야의 업무를 담당하는 공무원으로서 다른 법률에서 특정직공무원으로 지정하는 공무원
3. 삭제 <2012·12·11>

③ "특수경력직공무원"이란 경력직공무원 외의 공무원을 말하며, 그 종류는 다음 각 호와 같다. <개정 2012·12·11, 2013·3·23>
1. 정무직공무원
가. 선거로 취임하거나 임명할 때 국회의 동의가 필요한 공무원
나. 고도의 정책결정 업무를 담당하거나 이러한 업무를 보조하는 공무원으로서 법률이나 대통령령(대통령비서실 및 국가안보실의 조직에 관한 대통령령만 해당한다)에서 정무직으로 지정하는 공무원
2. 별정직공무원 : 비서관·비서 등 보좌업무 등을 수행하거나 특정한 업무 수행을 위하여 법령에서 별정직으로 지정하는 공무원
3. 삭제 <2012·12·11>
4. 삭제 <2011·5·23>

④ 제 3 항에 따른 별정직공무원의 채용조건·임용절차·근무상한연령, 그 밖에 필요한 사항은 국회규칙, 대법원규칙, 헌법재판소규칙, 중앙선거관리위원회규칙 또는 대통령령(이하 "대통령령등"이라 한다)으로 정한다. <개정 2011·5·23, 2012·12·11, 2015·5·18>
〔전부개정 2008·3·28〕

제 2 조의2(고위공무원단) ① 국가의 고위공무원을 범정부적 차원에서 효율적으로 인사관리하여 정부의 경쟁력을 높이기 위하여 고위공무원단을 구성한다.
② 제 1 항의 "고위공무원단"이란 직무의 곤란성과 책임도가 높은 다음 각 호의 직위(이하 "고위공무원단 직위"라 한다)에 임용되어 재직 중이거나 파견·휴직 등으로 인사관리되고 있는 일반직공무원, 별정직공무원 및 특정직공무원(특정직공무원은 다른 법률에서 고위공무원단에 속하는 공무원으로 임용할 수 있도록 규정하고 있는 경우만 해당한다)의 군(群)을 말한다. <개정 2012·12·11, 2021·1·12>
1. 「정부조직법」 제 2 조에 따른 중앙행정기관의 실장·국장 및 이에 상당하는 보좌기관
2. 행정부 각급 기관(감사원은 제외한다)의 직위 중 제 1 호의 직위에 상당하는 직위
3. 「지방자치법」 제123조제 2 항·제125조제 5 항 및 「지방교육자치에 관한 법률」 제33조제 2 항에 따라 국가공무원으로 보하는 지방자치단체 및 지방교육행정기관의 직위 중 제 1 호의 직위에 상당하는 직위
4. 그 밖에 다른 법령에서 고위공무원단에 속하는 공무원으로 임용할 수 있도록 정한 직위

③ 인사혁신처장은 고위공무원단에 속하는 공무원이 갖추어야 할 능력과 자질을 설정하고 이를 기준으로 고위공무원단 직위에 임용되려는 자를 평가하여 신규채용·승진임용 등 인사관리에 활용할 수 있다. <개정 2013·3·23, 2014·11·19>
④ 제 2 항에 따른 인사관리의 구체적인 범위, 제 3 항에 따른 능력과 자질의 내용, 평가 대상자의 범위, 평가 방법 및 평가 결과의 활용 등에 필요한 사항은 대통령령으로 정한다.
〔전부개정 2008·3·28〕

제 3 조(적용 범위) ① 특수경력직공무원에 대하여는 이 법 또는 다른 법률에 특별한 규정이

없으면 제33조, 제43조제1항, 제44조, 제45조, 제45조의2, 제45조의3, 제46조부터 제50조까지, 제50조의2, 제51조부터 제59조까지, 제59조의2, 제60조부터 제67조까지, 제69조, 제84조 및 제84조의2에 한정하여 이 법을 적용한다. <개정 2015·5·18, 2021·6·8>

② 제1항에도 불구하고 제2조제3항제1호의 정무직공무원에 대하여는 제33조와 제69조를 적용하지 아니하고, 대통령령으로 정하는 특수경력직공무원에 대하여는 제65조와 제66조를 적용하지 아니한다.

③ 제26조의2와 제26조의3은 대통령령등으로 정하는 공무원에게만 적용한다. <개정 2015·5·18>

④ 제26조의5에 따라 근무기간을 정하여 임용하는 공무원에 대하여는 이 법 또는 다른 법률에 특별한 규정이 없으면 제28조의2, 제28조의3, 제32조의2, 제32조의4, 제40조, 제40조의2부터 제40조의4까지, 제41조, 제73조의4, 제74조 및 제74조의2를 적용하지 아니한다.

〔전부개정 2012·12·11〕

제4조(일반직공무원의 계급 구분 등) ① 일반직공무원은 1급부터 9급까지의 계급으로 구분하며, 직군(職群)과 직렬(職列)별로 분류한다. 다만, 고위공무원단에 속하는 공무원은 그러하지 아니하다. <개정 2010·6·8, 2011·5·23, 2012·12·11>

② 다음 각 호의 공무원에 대하여는 대통령령등으로 정하는 바에 따라 제1항에 따른 계급 구분이나 직군 및 직렬의 분류를 적용하지 아니할 수 있다. <개정 2011·5·23, 2012·12·11, 2015·5·18>

1. 특수 업무 분야에 종사하는 공무원
2. 연구·지도·특수기술 직렬의 공무원
3. 인사관리의 효율성과 기관성과를 높이기 위하여 제1항의 계급 구분이나 직군 및 직렬의 분류를 달리 적용하는 것이 특히 필요하다고 인정되는 기관에 속한 공무원

③ 삭제 <2010·6·8>

④ 제1항 및 제2항에 따른 각 계급의 직무의 종류별 명칭은 대통령령등으로 정한다. <개정 2010·6·8, 2015·5·18>

〔전부개정 2008·3·28〕

제5조(정의) 이 법에서 사용하는 용어의 뜻은 다음과 같다.

1. "직위(職位)"란 1명의 공무원에게 부여할 수 있는 직무와 책임을 말한다.
2. "직급(職級)"이란 직무의 종류·곤란성과 책임도가 상당히 유사한 직위의 군을 말한다.
3. "정급(定級)"이란 직위를 직급 또는 직무등급에 배정하는 것을 말한다.
4. "강임(降任)"이란 같은 직렬 내에서 하위 직급에 임명하거나 하위 직급이 없어 다른 직렬의 하위 직급으로 임명하거나 고위공무원단에 속하는 일반직공무원(제4조제2항에 따라 같은 조 제1항의 계급 구분을 적용하지 아니하는 공무원은 제외한다)을 고위공무원단 직위가 아닌 하위 직위에 임명하는 것을 말한다.
5. "전직(轉職)"이란 직렬을 달리하는 임명을 말한다.
6. "전보(轉補)"란 같은 직급 내에서의 보직 변경 또는 고위공무원단 직위 간의 보직 변경(제4조제2항에 따라 같은 조 제1항의 계급 구분을 적용하지 아니하는 공무원은 고위공무원단 직위와 대통령령으로 정하는 직위 간의 보직 변경을 포함한다)을 말한다.
7. "직군(職群)"이란 직무의 성질이 유사한 직렬의 군을 말한다.
8. "직렬(職列)"이란 직무의 종류가 유사하고 그 책임과 곤란성의 정도가 서로 다른 직급의 군을 말한다.
9. "직류(職類)"란 같은 직렬 내에서 담당 분야가 같은 직무의 군을 말한다.
10. "직무등급"이란 직무의 곤란성과 책임도가 상당히 유사한 직위의 군을 말한다.

〔전부개정 2008·3·28〕

제2장 중앙인사관장기관

제6조(중앙인사관장기관) ① 인사행정에 관한 기본 정책의 수립과 이 법의 시행·운영에 관한 사무는 다음 각 호의 구분에 따라 관장(管掌)한다. <개정 2013·3·23, 2014·11·19>

1. 국회는 국회사무총장
2. 법원은 법원행정처장

3. 헌법재판소는 헌법재판소사무처장
4. 선거관리위원회는 중앙선거관리위원회사무총장
5. 행정부는 인사혁신처장

② 중앙인사관장기관의 장(행정부의 경우에는 인사혁신처장을 말한다. 이하 같다)은 각 기관의 균형적인 인사 운영을 도모하고 인력의 효율적인 활용과 능력 개발을 위하여 법령으로 정하는 바에 따라 인사관리에 관한 총괄적인 사항을 관장한다. <개정 2013·3·23, 2014·11·19>

③ 중앙인사관장기관의 장은 다음 각 호의 어느 하나에 해당하는 경우에는 그 초과된 현원을 총괄하여 관리할 수 있다. 이 경우 결원이 있는 기관의 장은 중앙인사관장기관의 장과 협의하여 결원을 보충하여야 한다.
1. 조직의 개편 등으로 현원이 정원을 초과하는 경우
2. 행정기관별로 고위공무원단에 속하는 공무원의 현원이 정원을 초과하는 경우

④ 행정부 내 각급 기관은 공무원의 임용·인재개발·보수 등 인사 관계 법령(특정직공무원의 인사 관계 법령을 포함하되, 총리령·부령을 제외한다)의 제정 또는 개폐 시에는 인사혁신처장과 협의하여야 한다. <개정 2013·3·23, 2014·11·19, 2015·12·24>
〔전부개정 2008·3·28〕

⑤ 인사혁신처장은 행정부 내 각급 기관의 유연하고 원활한 적재·적소·적시 인사 운영을 지원하여야 한다. <신설 2023·4·11>

제 7 조부터 **제 8 조의2**까지 삭제 <2008·2·29>

제 8 조의3(관계 기관 등에 대한 협조 요청) ① 인사혁신처장은 소관 업무를 수행하기 위하여 필요하면 행정기관·공공단체, 그 밖의 관련 기관에 자료·정보의 제공이나 의견 제출 등의 협조를 요청할 수 있다. <개정 2013·3·23, 2014·11·19>

② 제 1 항에 따라 협조를 요청받은 기관은 특별한 사유가 없으면 이에 따라야 한다.
〔전부개정 2008·3·28〕

제 8 조의4 삭제 <2008·2·29>

제 9 조(소청심사위원회의 설치) ① 행정기관 소속 공무원의 징계처분, 그 밖에 그 의사에 반하는 불리한 처분이나 부작위에 대한 소청을 심사·결정하게 하기 위하여 인사혁신처에 소청심사위원회를 둔다. <개정 2013·3·23, 2014·11·19>

② 국회, 법원, 헌법재판소 및 선거관리위원회 소속 공무원의 소청에 관한 사항을 심사·결정하게 하기 위하여 국회사무처, 법원행정처, 헌법재판소사무처 및 중앙선거관리위원회사무처에 각각 해당 소청심사위원회를 둔다.

③ 국회사무처, 법원행정처, 헌법재판소사무처 및 중앙선거관리위원회사무처에 설치된 소청심사위원회는 위원장 1명을 포함한 위원 5명 이상 7명 이하의 비상임위원으로 구성하고, 인사혁신처에 설치된 소청심사위원회는 위원장 1명을 포함한 5명 이상 7명 이하의 상임위원과 상임위원 수의 2분의 1 이상인 비상임위원으로 구성하되, 위원장은 정무직으로 보한다. <개정 2011·5·23, 2013·3·23, 2014·11·19, 2015·5·18>

④ 제 1 항에 따라 설치된 소청심사위원회는 다른 법률로 정하는 바에 따라 특정직공무원의 소청을 심사·결정할 수 있다.

⑤ 소청심사위원회의 조직에 관하여 필요한 사항은 대통령령등으로 정한다. <개정 2015·5·18>
〔전부개정 2008·3·28〕

제10조(소청심사위원회위원의 자격과 임명) ① 소청심사위원회의 위원(위원장을 포함한다. 이하 같다)은 다음 각 호의 어느 하나에 해당하고 인사행정에 관한 식견이 풍부한 자 중에서 국회사무총장, 법원행정처장, 헌법재판소사무처장, 중앙선거관리위원회사무총장 또는 인사혁신처장의 제청으로 국회의장, 대법원장, 헌법재판소장, 중앙선거관리위원회위원장 또는 대통령이 임명한다. 이 경우 인사혁신처장이 위원을 임명제청하는 때에는 국무총리를 거쳐야 하고, 인사혁신처에 설치된 소청심사위원회의 위원 중 비상임위원은 제 1 호 및 제 2 호의 어느 하나에 해당하는 자 중에서 임명하여야 한다. <개정 2008·3·28, 2011·5·23, 2013·3·23, 2014·11·19>
1. 법관·검사 또는 변호사의 직에 5년 이상 근무한 자
2. 대학에서 행정학·정치학 또는 법률학을 담당한 부교수 이상의 직에 5년 이상 근무한 자

3. 3급 이상 공무원 또는 고위공무원단에 속하는 공무원으로 3년 이상 근무한 자

② 소청심사위원회의 상임위원의 임기는 3년으로 하며, 한 번만 연임할 수 있다. <개정 2008·3·28>

③ 삭제 <1973·2·5>

④ 소청심사위원회의 상임위원은 다른 직무를 겸할 수 없다. <개정 2008·3·28>

⑤ 소청심사위원회의 공무원이 아닌 위원은 「형법」이나 그 밖의 법률에 따른 벌칙을 적용할 때 공무원으로 본다. <신설 2008·3·28>

제10조의2(소청심사위원회위원의 결격사유) ① 다음 각 호의 어느 하나에 해당하는 자는 소청심사위원회의 위원이 될 수 없다.

1. 제33조 각 호의 어느 하나에 해당하는 자
2. 「정당법」에 따른 정당의 당원
3. 「공직선거법」에 따라 실시하는 선거에 후보자로 등록한 자

② 소청심사위원회위원이 제1항 각 호의 어느 하나에 해당하게 된 때에는 당연히 퇴직한다.

〔본조신설 2008·3·28〕

제11조(소청심사위원회위원의 신분 보장) 소청심사위원회의 위원은 금고 이상의 형벌이나 장기의 심신 쇠약으로 직무를 수행할 수 없게 된 경우 외에는 본인의 의사에 반하여 면직되지 아니한다.

〔전부개정 2008·3·28〕

제12조(소청심사위원회의 심사) ① 소청심사위원회는 이 법에 따른 소청을 접수하면 지체 없이 심사하여야 한다.

② 소청심사위원회는 제1항에 따른 심사를 할 때 필요하면 검증(檢證)·감정(鑑定), 그 밖의 사실조사를 하거나 증인을 소환하여 질문하거나 관계 서류를 제출하도록 명할 수 있다.

③ 소청심사위원회가 소청 사건을 심사하기 위하여 징계 요구 기관이나 관계 기관의 소속 공무원을 증인으로 소환하면 해당 기관의 장은 이에 따라야 한다.

④ 소청심사위원회는 필요하다고 인정하면 소속 직원에게 사실조사를 하게 하거나 특별한 학식·경험이 있는 자에게 검증이나 감정을 의뢰할 수 있다.

⑤ 소청심사위원회가 증인을 소환하여 질문할 때에는 대통령령등으로 정하는 바에 따라 일당과 여비를 지급하여야 한다. <개정 2015·5·18>

〔전부개정 2008·3·28〕

제13조(소청인의 진술권) ① 소청심사위원회가 소청 사건을 심사할 때에는 대통령령등으로 정하는 바에 따라 소청인 또는 제76조 제1항 후단에 따른 대리인에게 진술 기회를 주어야 한다. <개정 2015·5·18>

② 제1항에 따른 진술 기회를 주지 아니한 결정은 무효로 한다.

〔전부개정 2008·3·28〕

제14조(소청심사위원회의 결정) ① 소청 사건의 결정은 재적 위원 3분의 2 이상의 출석과 출석 위원 과반수의 합의에 따르되, 의견이 나뉘어 출석 위원 과반수의 합의에 이르지 못하였을 때에는 과반수에 이를 때까지 소청인에게 가장 불리한 의견에 차례로 유리한 의견을 더하여 그 중 가장 유리한 의견을 합의된 의견으로 본다. <개정 2008·3·28, 2021·6·8>

② 제1항에도 불구하고 파면·해임·강등 또는 정직에 해당하는 징계처분을 취소 또는 변경하려는 경우와 효력 유무 또는 존재 여부에 대한 확인을 하려는 경우에는 재적 위원 3분의 2 이상의 출석과 출석 위원 3분의 2 이상의 합의가 있어야 한다. 이 경우 구체적인 결정의 내용은 출석 위원 과반수의 합의에 따르되, 의견이 나뉘어 출석 위원 과반수의 합의에 이르지 못하였을 때에는 과반수에 이를 때까지 소청인에게 가장 불리한 의견에 차례로 유리한 의견을 더하여 그 중 가장 유리한 의견을 합의된 의견으로 본다. <신설 2021·6·8>

③ 소청심사위원회의 위원은 그 위원회에 계류(繫留)된 소청 사건의 증인이 될 수 없으며, 다음 각 호의 사항에 관한 소청 사건의 심사·결정에서 제척된다. <개정 2008·3·28, 2011·5·23>

1. 위원 본인과 관계있는 사항
2. 위원 본인과 친족 관계에 있거나 친족 관계에 있었던 자와 관계있는 사항

④ 소청 사건의 당사자는 다음 각 호의 어느 하나에 해당하는 때에는 그 이유를 구체적으로 밝혀 그 위원에 대한 기피를 신청할 수 있고, 소청심사위원회는 해당 위원의 기

피 여부를 결정하여야 한다. 이 경우 기피 신청을 받은 위원은 그 기피 여부에 대한 결정에 참여할 수 없다. <신설 2011·5·23, 2021·6·8>

1. 소청심사위원회의 위원에게 제3항에 따른 제척사유가 있는 경우
2. 심사·결정의 공정을 기대하기 어려운 사정이 있는 경우

⑤ 소청심사위원회 위원은 제4항에 따른 기피사유에 해당하는 때에는 스스로 그 사건의 심사·결정에서 회피할 수 있다. <신설 2011·5·23, 2021·6·8>

⑥ 소청심사위원회의 결정은 다음과 같이 구분한다. <개정 2008·3·28>

1. 심사 청구가 이 법이나 다른 법률에 적합하지 아니한 것이면 그 청구를 각하(却下)한다.
2. 심사 청구가 이유 없다고 인정되면 그 청구를 기각(棄却)한다.
3. 처분의 취소 또는 변경을 구하는 심사 청구가 이유 있다고 인정되면 처분을 취소 또는 변경하거나 처분 행정청에 취소 또는 변경할 것을 명한다.
4. 처분의 효력 유무 또는 존재 여부에 대한 확인을 구하는 심사 청구가 이유 있다고 인정되면 처분의 효력 유무 또는 존재 여부를 확인한다.
5. 위법 또는 부당한 거부처분이나 부작위에 대하여 의무 이행을 구하는 심사 청구가 이유 있다고 인정되면 지체 없이 청구에 따른 처분을 하거나 이를 할 것을 명한다.

⑦ 소청심사위원회의 취소명령 또는 변경명령 결정은 그에 따른 징계나 그 밖의 처분이 있을 때까지는 종전에 행한 징계처분 또는 제78조의2에 따른 징계부가금(이하 "징계부가금"이라 한다) 부과처분에 영향을 미치지 아니한다. <개정 2008·12·31, 2010·3·22>

⑧ 소청심사위원회가 징계처분 또는 징계부가금 부과처분(이하 "징계처분등"이라 한다)을 받은 자의 청구에 따라 소청을 심사할 경우에는 원징계처분보다 무거운 징계 또는 원징계부가금 부과처분보다 무거운 징계부가금을 부과하는 결정을 하지 못한다. <개정 2010·3·22>

⑨ 소청심사위원회의 결정은 그 이유를 구체적으로 밝힌 결정서로 하여야 한다. <개정 2008·3·28>

⑩ 소청의 제기·심리 및 결정, 그 밖에 소청 절차에 필요한 사항은 대통령령등으로 정한다. <개정 2008·3·28, 2015·5·18>

제14조의2(임시위원의 임명) ① 제14조제3항부터 제5항까지의 규정에 따른 소청심사위원회 위원의 제척·기피 또는 회피 등으로 심사·결정에 참여할 수 있는 위원 수가 3명 미만이 된 경우에는 3명이 될 때까지 국회사무총장, 법원행정처장, 헌법재판소사무처장, 중앙선거관리위원회사무총장 또는 인사혁신처장은 임시위원을 임명하여 해당 사건의 심사·결정에 참여하도록 하여야 한다. <개정 2013·3·23, 2014·11·19, 2021·6·8>

② 임시위원의 자격 등에 관하여는 제10조제1항 각 호 및 같은 조 제5항을, 결격사유에 관하여는 제10조의2를 준용한다.

〔본조신설 2011·5·23〕

제15조(결정의 효력) 제14조에 따른 소청심사위원회의 결정은 처분 행정청을 기속(羈束)한다.

〔전부개정 2008·3·28〕

제16조(행정소송과의 관계) ① 제75조에 따른 처분, 그 밖에 본인의 의사에 반한 불리한 처분이나 부작위(不作爲)에 관한 행정소송은 소청심사위원회의 심사·결정을 거치지 아니하면 제기할 수 없다.

② 제1항에 따른 행정소송을 제기할 때에는 대통령의 처분 또는 부작위의 경우에는 소속 장관(대통령령으로 정하는 기관의 장을 포함한다. 이하 같다)을, 중앙선거관리위원회위원장의 처분 또는 부작위의 경우에는 중앙선거관리위원회사무총장을 각각 피고로 한다.

〔전부개정 2008·3·28〕

제17조(인사에 관한 감사) ① 인사혁신처장은 대통령령으로 정하는 바에 따라 행정기관의 인사행정 운영의 적정 여부를 정기 또는 수시로 감사할 수 있으며, 필요하면 관계 서류를 제출하도록 요구할 수 있다. <개정 2013·3·23, 2014·11·19>

② 국회·법원·헌법재판소 및 선거관리위원회 소속 공무원의 인사 사무에 대한 감사는 국회의장, 대법원장, 헌법재판소장 또는 중앙선거관리위원회위원장의 명을 받아 국

회사무총장, 법원행정처장, 헌법재판소사무처장 및 중앙선거관리위원회사무총장이 각각 실시한다.
③ 제1항과 제2항에 따른 감사 결과 위법 또는 부당한 사실이 발견되면 지체 없이 관계 기관의 장에게 그 시정(是正)과 관계 공무원의 징계를 요구하여야 하며, 관계 기관의 장은 지체 없이 시정하고 관계 공무원을 징계처분하여야 한다.
④ 인사혁신처장은 제1항에 따른 감사 결과 다음 각 호의 어느 하나에 해당하는 사실이 확인된 경우에는 해당 기관의 기관명과 각 호의 사실을 대통령령으로 정하는 바에 따라 공표할 수 있다. <신설 2018·10·16>
1. 주요 비위 발생의 원인이 행정기관의 장의 지시 또는 중대한 관리 감독 소홀에 기인한 경우
2. 제76조의2제1항에 따른 신고를 받고도 이를 묵인 또는 은폐하거나 필요한 조치를 하지 아니한 경우
3. 제76조의2제1항을 위반하여 불이익한 처분이나 대우를 한 경우
4. 감사 결과 중대한 위법 또는 현저히 부당한 사실이 발견되어 인사혁신처장이 공표가 필요하다고 인정하는 경우

〔전부개정 2008·3·28〕

제17조의2(위법·부당한 인사행정 신고) ① 누구든지 위법 또는 부당한 인사행정 운영이 발생하였거나 발생할 우려가 있다고 인정되는 경우에는 중앙인사관장기관의 장에게 신고할 수 있다.
② 누구든지 제1항에 따른 신고를 하지 못하도록 방해하거나 신고를 취하하도록 강요해서는 아니 되며, 신고자에게 신고를 이유로 불이익조치를 해서는 아니 된다.
③ 제1항 및 제2항에 따른 신고의 절차·방법 및 신고의 처리 등에 필요한 사항은 대통령령등으로 정한다.

〔본조신설 2020·1·29〕

제17조의3(공익신고 등 신고자 등에 대한 보호) ① 누구든지 공무원이 다음 각 호의 신고를 하지 못하도록 방해하거나 신고를 취소하도록 강요하여서는 아니 되며, 신고자에게 신고나 이와 관련한 진술, 그 밖에 자료 제출 등을 이유로 불이익조치를 하여서는 아니 된다.
1. 「공익신고자 보호법」 제2조제3호에 따른 공익신고등
2. 「공직자의 이해충돌 방지법」 제18조에 따른 위반행위의 신고
3. 「부정청탁 및 금품등 수수의 금지에 관한 법률」 제13조 또는 제13조의2에 따른 위반행위의 신고
4. 「부패방지 및 국민권익위원회의 설치와 운영에 관한 법률」 제55조 또는 제58조의2에 따른 부패행위의 신고
5. 그 밖에 다른 법령에서 정한 공공의 이익을 침해하는 위법행위에 대한 신고로서 신고자의 보호가 필요하다고 인정되는 신고

② 누구든지 제1항 각 호의 신고를 한 공무원의 인적사항이나 그가 신고자임을 미루어 알 수 있는 사실을 본인의 동의 없이 다른 사람에게 알리거나 공개하여서는 아니 된다.

〔본조신설 2023·4·11〕

제18조(통계 보고) ① 국회사무총장, 법원행정처장, 헌법재판소사무처장, 중앙선거관리위원회사무총장 또는 인사혁신처장은 국회·법원·헌법재판소·선거관리위원회 또는 행정 각 기관의 인사에 관한 통계보고 제도를 정하여 실시하고 정기 또는 수시로 필요한 보고를 받을 수 있다. <개정 2013·3·23, 2014·11·19>
② 제1항의 인사에 관한 통계보고 제도에 관한 사항은 대통령령등으로 정한다. <개정 2015·5·18>

〔전부개정 2008·3·28〕

제19조(인사기록) ① 국가기관의 장은 그 소속 공무원의 인사기록을 작성·유지·보관하여야 한다.
② 제1항의 인사기록에 관한 사항은 대통령령등으로 정한다. <개정 2015·5·18>

〔전부개정 2008·3·28〕

제19조의2(인사관리의 전자화) ① 국회사무총장, 법원행정처장, 헌법재판소사무처장, 중앙선거관리위원회사무총장 및 인사혁신처장은 공무원의 인사관리를 과학화하기 위하여 공무원의 인사기록을 데이터베이스화하여 관리하고 인사 업무를 전자적으로 처리할 수 있는 시스템을 구축하여 운영할 수 있다. <개정 2013·3·23, 2014·11·19>

② 제1항에 따른 시스템의 구축·운영 등에 필요한 사항은 대통령령등으로 정한다. <개정 2015·5·18>

[전부개정 2008·3·28]

제19조의3(공직후보자 등의 관리) ① 인사혁신처장은 정무직공무원(선거로 취임하는 공무원은 제외한다), 공무원 채용시험 위원, 위원회 위원 및 제28조의4에 따른 개방형 직위에 관한 일정한 자격을 갖춘 후보자 등 공직에서의 직무수행과 관련된 전문분야의 지식·기술·경험 등을 보유하고 있는 사람(이하 "공직후보자등"이라 한다)을 체계적으로 관리하기 위하여 공직후보자등에 관한 정보를 수집하여 관리할 수 있다. <개정 2020·1·29>

② 인사혁신처장은 제1항에 따라 공직후보자등에 관한 정보를 수집·관리하는 경우 미리 서면이나 전자 매체로 본인의 동의를 받아야 하며, 본인이 요구하면 관리하는 정보를 폐기하여야 한다. 다만, 본인이 직접 제공한 기관 외의 다른 기관에 제공하는 것을 동의한 정보와 공공 기록물, 출판물, 인터넷 및 언론 보도 등으로 일반에게 공개되고 불특정 다수인이 구입하여 열람할 수 있는 정보는 그러하지 아니하다. <개정 2013·3·23, 2014·11·19, 2020·1·29>

③ 인사혁신처장은 제2항에도 불구하고 공직후보자등의 관리를 위하여 필요하면 「개인정보 보호법」 제2조제6호에 따른 공공기관에 재직 중인 자이거나 재직하였던 자에 관한 인사 또는 성과평가 등에 관한 자료를 해당 공공기관에 요청할 수 있다. <개정 2011·3·29, 2013·3·23, 2014·11·19, 2020·1·29>

④ 국가기관, 지방자치단체 및 대통령령으로 정하는 기관의 장(이하 "국가기관등의 장"이라 한다)은 인사상 목적 또는 공직에서의 직무수행과 관련된 전문분야의 지식·기술·경험 등의 활용을 위하여 필요한 경우에는 제1항에 따른 공직후보자등에 관한 정보를 인사혁신처장에게 요청하여 제공받거나 해당 정보를 직접 열람할 수 있다. 이 경우 인사혁신처장은 「개인정보 보호법」 등 관계 법령에 위배되지 아니하는 범위에서 해당 정보를 제공하거나 열람할 수 있도록 필요한 조치를 취하여야 한다. <개정 2020·1·29>

⑤ 인사혁신처장은 공직후보자등에 관한 정보를 수집하는 경우 그 목적에 필요한 최소한의 범위에서 수집하여야 하며, 목적 외의 용도로 활용해서는 아니 된다. <개정 2020·1·29>

⑥ 제4항에 따라 정보를 제공하거나 열람한 국가기관등의 장은 그 정보를 목적 외의 용도로 활용하여서는 아니 된다. <개정 2020·1·29>

⑦ 제1항부터 제6항까지의 규정에 따른 수집 정보의 범위와 수집 절차, 직접 열람할 수 있는 정보의 범위 및 정보의 활용·보호 등에 필요한 사항은 대통령령으로 정한다. <신설 2020·1·29>

[전부개정 2008·3·28]

제19조의4(인사업무의 전문성 확보) ① 소속 장관은 각 기관의 직무 및 인력 특성을 반영한 전략적 인사운영을 위하여 인사업무 담당 조직의 전문성이 확보될 수 있는 방안을 마련하여야 한다.

② 소속 장관은 인사혁신처장이 정하는 바에 따라 인사 담당 공무원의 보직기준 등 필요한 인사관리기준을 정하여 인사업무에 대한 전문성 및 자격을 갖춘 사람을 인사 담당 공무원으로 임용하여야 한다.

[본조신설 2015·12·24]

제20조(권한 위탁) 국회사무총장, 법원행정처장, 헌법재판소사무처장, 중앙선거관리위원회 사무총장 또는 인사혁신처장은 이 법에 따른 권한의 일부를 대통령령등으로 정하는 바에 따라 다른 기관에 위탁할 수 있다. <개정 2013·3·23, 2014·11·19, 2015·5·18>

[전부개정 2008·3·28]

제3장 직위분류제

제21조(직위분류제의 확립) 직위분류제에 관하여는 이 법에 규정한 것 외에는 대통령령으로 정한다.

[전부개정 2008·3·28]

제22조(직위분류제의 원칙) 직위분류를 할 때에는 모든 대상 직위를 직무의 종류와 곤란성 및 책임도에 따라 직군·직렬·직급 또는 직무등급별로 분류하되, 같은 직급이나

같은 직무등급에 속하는 직위에 대하여는 동일하거나 유사한 보수가 지급되도록 분류하여야 한다.

〔전부개정 2008·3·28〕

제22조의2(직무분석) ① 중앙인사관장기관의 장 또는 소속 장관은 합리적인 인사관리를 위하여 필요하면 직무분석을 실시할 수 있다. 다만, 행정부의 경우 인사혁신처장은 법률에 따라 새로 설치되는 기관의 직위에 대하여 직무분석을 실시하는 등 대통령령으로 정하는 경우에는 그 실시대상 직위 및 실시방법 등에 대하여 행정안전부장관과 협의하여야 한다. <개정 2014·11·19, 2017·7·26>

② 제1항에 따른 직무분석의 실시와 그 결과의 활용 등에 필요한 사항은 대통령령등으로 정한다. <개정 2015·5·18>

〔전부개정 2008·3·28〕

제23조(직위의 정급) ① 국회사무총장, 법원행정처장, 헌법재판소사무처장, 중앙선거관리위원회사무총장 또는 인사혁신처장은 법령(국회규칙, 대법원규칙, 헌법재판소규칙 및 중앙선거관리위원회규칙을 포함한다)으로 정하는 바에 따라 직위분류제의 적용을 받는 모든 직위를 어느 하나의 직급 또는 직무등급에 배정하여야 한다. <개정 2013·3·23, 2014·11·19>

② 국회사무총장, 법원행정처장, 헌법재판소사무처장, 중앙선거관리위원회사무총장 또는 인사혁신처장은 법령(국회규칙, 대법원규칙, 헌법재판소규칙 및 중앙선거관리위원회규칙을 포함한다)으로 정하는 바에 따라 제1항에 따른 정급(定級)을 재심사하고, 필요하다고 인정하면 이를 개정하여야 한다. <개정 2013·3·23, 2014·11·19>

③ 행정부의 경우 인사혁신처장은 제1항 및 제2항에 따라 정급을 실시하거나 재심사·개정하는 경우에는 대통령령으로 정하는 바에 따라 행정안전부장관과 협의하여야 한다. <신설 2014·11·19, 2017·7·26>

〔전부개정 2008·3·28〕

제24조(직위분류제의 실시) 직위분류제는 대통령령으로 정하는 바에 따라 그 실시가 쉬운 기관, 직무의 종류 및 직위부터 단계적으로 실시할 수 있다.

〔전부개정 2008·3·28〕

제25조 삭제 <1973·2·5>

제4장 임용과 시험

제26조(임용의 원칙) 공무원의 임용은 시험성적·근무성적, 그 밖의 능력의 실증에 따라 행한다. 다만, 국가기관의 장은 대통령령등으로 정하는 바에 따라 장애인·이공계전공자·저소득층·다자녀양육자 등에 대한 채용·승진·전보 등 인사관리상의 우대와 실질적인 양성 평등을 구현하기 위한 적극적인 정책을 실시할 수 있다. <개정 2008·12·31, 2015·5·18, 2024·12·31>

〔전부개정 2008·3·28〕

제26조의2(근무시간의 단축 임용 등) 국가기관의 장은 업무의 특성이나 기관의 사정 등을 고려하여 소속 공무원을 대통령령등으로 정하는 바에 따라 통상적인 근무시간보다 짧게 근무하는 공무원으로 임용 또는 지정할 수 있다. <개정 2015·5·18, 2023·4·11>

〔전부개정 2008·3·28〕

제26조의3(외국인과 복수국적자의 임용) ① 국가기관의 장은 국가안보 및 보안·기밀에 관계되는 분야를 제외하고 대통령령등으로 정하는 바에 따라 외국인을 공무원으로 임용할 수 있다. <개정 2015·5·18>

② 국가기관의 장은 다음 각 호의 어느 하나에 해당하는 분야로서 대통령령등으로 정하는 분야에는 복수국적자(대한민국 국적과 외국 국적을 함께 가진 사람을 말한다. 이하 같다)의 임용을 제한할 수 있다. <신설 2011·5·23, 2015·5·18>

1. 국가의 존립과 헌법 기본질서의 유지를 위한 국가안보 분야
2. 내용이 누설되는 경우 국가의 이익을 해하게 되는 보안·기밀 분야
3. 외교, 국가 간 이해관계와 관련된 정책결정 및 집행 등 복수국적자의 임용이 부적합한 분야

〔전부개정 2008·3·28〕

제26조의4(지역 인재의 추천 채용 및 수습근무) ① 임용권자는 우수한 인재를 공직에 유치하기 위하여 학업 성적 등이 뛰어난 고등학교 이상 졸업자나 졸업 예정자를 추천·선발하여 3년의 범위에서 수습으로 근

무하게 하고, 그 근무기간 동안 근무성적과 자질이 우수하다고 인정되는 자는 6급 이하의 공무원(제4조제2항에 따라 같은 조 제1항의 계급 구분이나 직군 및 직렬의 분류를 적용하지 아니하는 공무원 중 6급 이하에 상당하는 공무원을 포함한다. 이하 같다)으로 임용할 수 있다. <개정 2010·3·22, 2011·5·23, 2012·12·11, 2015·5·18>

② 제33조 각 호의 어느 하나에 해당하는 사람은 제1항에 따른 수습근무를 할 수 없으며, 수습으로 근무 중인 사람이 제33조 각 호의 어느 하나에 해당하게 된 때에는 수습으로 근무할 수 있는 자격을 상실한다. <신설 2015·5·18>

③ 제1항에 따라 공무원을 임용하려는 경우에는 행정 분야와 과학기술 분야별로 적정한 구성을 유지하고 지역별 균형을 이루도록 하여야 한다. <개정 2010·3·22, 2012·12·11, 2015·5·18, 2024·12·31>

④ 제1항에 따라 수습으로 근무하는 자는 직무상 행위를 하거나 「형법」, 그 밖의 법률에 따른 벌칙을 적용할 때 공무원으로 본다. <개정 2015·5·18>

⑤ 제1항에 따른 추천·선발 방법, 수습근무 기간, 임용 직급 등에 관한 사항은 대통령령으로 정한다. <신설 2010·3·22, 2015·5·18>

〔전부개정 2008·3·28〕

제26조의5(근무기간을 정하여 임용하는 공무원) ① 임용권자는 전문지식·기술이 요구되거나 임용관리에 특수성이 요구되는 업무를 담당하게 하기 위하여 경력직공무원을 임용할 때에 일정기간을 정하여 근무하는 공무원(이하 "임기제공무원"이라 한다)을 임용할 수 있다.

② 임기제공무원의 임용요건, 임용절차, 근무상한연령 및 그 밖에 필요한 사항은 대통령령등으로 정한다. <개정 2015·5·18>

〔본조신설 2012·12·11〕

제26조의6(차별금지) 국가기관의 장은 소속 공무원을 임용할 때 합리적인 이유 없이 성별, 종교 또는 사회적 신분 등을 이유로 차별해서는 아니 된다.

〔본조신설 2020·1·29〕

제27조(결원 보충 방법) 국가기관의 결원은 신규채용·승진임용·강임·전직 또는 전보의 방법으로 보충한다.

〔전부개정 2008·3·28〕

제28조(신규채용) ① 공무원은 공개경쟁 채용시험으로 채용한다. <개정 2011·5·23>

② 제1항에도 불구하고 다음 각 호의 어느 하나에 해당하는 경우에는 경력 등 응시요건을 정하여 같은 사유에 해당하는 다수인을 대상으로 경쟁의 방법으로 채용하는 시험(이하 "경력경쟁채용시험"이라 한다)으로 공무원을 채용할 수 있다. 다만, 제1호, 제3호부터 제5호까지, 제7호 및 제11호의 어느 하나에 해당하는 경우 중 다수인을 대상으로 시험을 실시하는 것이 적당하지 아니하여 대통령령등으로 정하는 경우에는 다수인을 대상으로 하지 아니한 시험으로 공무원을 채용할 수 있다. <개정 2010·3·22, 2011·5·23, 2012·10·22, 2012·12·11, 2013·3·23, 2014·11·19, 2015·5·18, 2018·3·20, 2022·12·27, 2024·12·31>

1. 제70조제1항제3호의 사유로 퇴직하거나 제71조제1항제1호의 휴직 기간 만료로 퇴직한 경력직공무원을 퇴직한 날부터 3년(「공무원 재해보상법」에 따른 공무상 부상 또는 질병으로 인한 휴직의 경우에는 5년) 이내에 퇴직 시에 재직한 직급(고위공무원단에 속하는 공무원은 퇴직 시에 재직한 직위와 곤란성과 책임도가 유사한 직위를 말한다. 이하 이 호에서 같다)의 경력직공무원으로 재임용하는 경우 또는 경력직공무원으로 재직하던 중 특수경력직공무원이나 다른 종류의 경력직공무원이 되기 위하여 퇴직한 자를 퇴직 시에 재직한 직급의 경력직공무원으로 재임용하는 경우
2. 공개경쟁 채용시험으로 임용하는 것이 부적당한 경우에 같은 종류의 직무에 관한 자격증 소지자를 임용하는 경우
3. 임용예정 직급·직위와 같은 직급·직위(고위공무원단에 속하는 일반직공무원은 임용예정 직위와 곤란성·책임도가 유사한 직위를 말한다)에서의 근무경력 또는 임용예정 직급·직위에 상응하는 근무기간이나 연구 경력이 대통령령등으로 정하는 기간 이상인 사람을 임용하는 경우
4. 임용 예정직에 관련된 특수 목적을 위하

여 설립된 학교(대학원을 포함한다) 중 대통령령으로 정하는 학교의 졸업자로서 각급 기관에서 실무 수습을 마친 자를 임용하는 경우

5. 1급 공무원을 임용하거나 제23조에 따라 배정된 직무등급이 가장 높은 등급의 직위에 고위공무원단에 속하는 일반직공무원을 임용하는 경우
6. 공개경쟁 채용시험으로 결원을 보충하기 곤란한 특수한 직무분야·환경 또는 섬, 외딴 곳 등 특수한 지역에 근무할 자를 임용하는 경우
7. 지방공무원을 그 직급·직위에 해당하는 국가공무원(고위공무원단에 속하는 일반직공무원으로 임용하는 경우에는 해당 직위와 곤란성과 책임도가 유사한 직위의 국가공무원을 말한다)으로 임용하는 경우
8. 외국어에 능통하고 국제적 소양과 전문지식을 지닌 자를 임용하는 경우
9. 임용 예정직에 관련된 전문계·예능계 및 사학계(史學系)의 고등학교·전문대학 및 대학(대학원을 포함한다)의 학과 중 대통령령으로 정하는 학과의 졸업자로서 인사혁신처장이 정하는 바에 따라 해당 학교장의 추천을 받은 자를 연구 또는 과학기술 직렬의 공무원으로 임용하는 경우
10. 대통령령등으로 정하는 임용 예정직에 관련된 과학기술 분야 또는 공개경쟁 채용시험으로 결원 보충이 곤란한 특수 전문분야의 연구나 근무경력이 있는 자를 임용하는 경우
11. 제26조의4에 따라 수습근무를 마친 사람을 임용하는 경우
12. 연고지나 그 밖에 지역적 특수성을 고려하여 일정한 지역에 거주하는 자를 그 지역에 소재하는 기관에 임용하는 경우
13. 「국적법」 제4조 및 제8조에 따라 대한민국 국적을 취득한 사람 또는 「북한이탈주민의 보호 및 정착지원에 관한 법률」 제2조제1호에 따른 북한이탈주민을 임용하는 경우

③ 삭제 <2011·5·23>

④ 경력경쟁채용시험 및 제2항 각 호 외의 부분 단서에 따른 시험(이하 이 조에서 "경력경쟁채용시험등"이라 한다)의 경우에는 제70조제1항제3호의 사유로 퇴직한 사람을 우선하여 채용할 수 있으며, 경력경쟁채용시험등으로 임용할 수 있는 공무원의 직급 또는 직위, 직급별 또는 직위별 응시 자격 및 시험 등에 필요한 사항은 대통령령등으로 정한다. <개정 2011·5·23, 2012·12·11, 2014·1·7, 2015·5·18>

⑤ 제2항제6호·제8호 또는 제12호에 따라 경력경쟁채용시험으로 채용된 자는 정원조정·직제개편 등 대통령령등으로 정하는 경우 외에는 5년간 전직이나 해당 기관 외의 기관으로 전보될 수 없으며, 5년 이내에 퇴직하면 그 근무경력은 제2항제3호의 경력경쟁채용시험 응시에 필요한 근무 또는 연구 실적에 넣어 계산하지 아니한다. <개정 2011·5·23, 2015·5·18>

〔전부개정 2008·3·28〕

제28조의2(전입) 국회, 법원, 헌법재판소, 선거관리위원회 및 행정부 상호 간에 다른 기관 소속 공무원을 전입하려는 때에는 시험을 거쳐 임용하여야 한다. 이 경우 임용 자격 요건 또는 승진소요최저연수·시험과목이 같을 때에는 대통령령등으로 정하는 바에 따라 그 시험의 일부나 전부를 면제할 수 있다. <개정 2015·5·18>

〔전부개정 2008·3·28〕

제28조의3(전직) 공무원을 전직 임용하려는 때에는 전직시험을 거쳐야 한다. 다만, 대통령령등으로 정하는 전직의 경우에는 시험의 일부나 전부를 면제할 수 있다. <개정 2015·5·18>

〔전부개정 2008·3·28〕

제28조의4(개방형 직위) ① 임용권자나 임용제청권자는 해당 기관의 직위 중 전문성이 특히 요구되거나 효율적인 정책 수립을 위하여 필요하다고 판단되어 공직 내부나 외부에서 적격자를 임용할 필요가 있는 직위에 대하여는 개방형 직위로 지정하여 운영할 수 있다. <개정 2012·12·11, 2024·12·31>

② 임용권자나 임용제청권자는 제1항에 따른 개방형 직위에 대하여는 직위별로 직무의 내용·특성 등을 고려하여 직무수행요건을 설정하고 그 요건을 갖춘 자를 임용하거

나 임용제청하여야 한다.
③ 삭제 <2008 · 12 · 31>
④ 개방형 직위의 운영 등에 필요한 사항은 대통령령등으로 정한다. <개정 2015 · 5 · 18>
〔전부개정 2008 · 3 · 28〕

제28조의5(공모 직위) ① 임용권자나 임용제청권자는 해당 기관의 직위 중 효율적인 정책 수립 또는 관리를 위하여 해당 기관 내부 또는 외부의 공무원 중에서 적격자를 임용할 필요가 있는 직위에 대하여는 공모 직위(公募 職位)로 지정하여 운영할 수 있다.
② 임용권자나 임용제청권자는 제1항에 따른 공모 직위에 대하여는 직위별로 직무의 내용·특성 등을 고려하여 직무수행요건을 설정하고 그 요건을 갖춘 자를 임용하거나 임용제청하여야 한다.
③ 삭제 <2008 · 12 · 31>
④ 중앙인사관장기관의 장은 공모 직위를 운영할 때 각 기관간 인력의 이동과 배치가 적절한 균형을 유지할 수 있도록 관계 기관의 장과 협의하여 이를 조정할 수 있다.
⑤ 공모 직위의 운영 등에 필요한 사항은 대통령령등으로 정한다. <개정 2015 · 5 · 18>
〔전부개정 2008 · 3 · 28〕

제28조의6(고위공무원단에 속하는 공무원으로의 임용 등) ① 고위공무원단에 속하는 공무원의 채용과 고위공무원단 직위로의 승진임용, 고위공무원으로서 적격한지 여부 및 그 밖에 고위공무원 임용 제도와 관련하여 대통령령으로 정하는 사항을 심사하기 위하여 인사혁신처에 고위공무원임용심사위원회를 둔다. <개정 2013 · 3 · 23, 2014 · 11 · 19, 2015 · 12 · 24>
② 고위공무원임용심사위원회는 위원장을 포함하여 5명 이상 9명 이하의 위원으로 구성하며, 위원장은 인사혁신처장이 된다. <개정 2013 · 3 · 23, 2014 · 11 · 19, 2015 · 12 · 24>
③ 임용권자 또는 임용제청권자는 고위공무원단에 속하는 공무원의 채용 또는 고위공무원단 직위로 승진임용하고자 하는 경우 임용대상자를 선정하여 고위공무원임용심사위원회의 심사를 거쳐 임용 또는 임용제청하여야 한다. 다만, 고위공무원단에 속하는 공무원의 채용에 있어서는 임용절차 간소화, 직무의 특수성 등을 고려하여 경력직 고위공무원을 특수경력직 또는 다른 경력직 고위공무원으로 채용하는 경우 등 대통령령으로 정하는 경우에는 고위공무원임용심사위원회의 심사를 생략할 수 있다. <개정 2008 · 12 · 31>
④ 고위공무원임용심사위원회의 위원 중 공무원이 아닌 위원은 「형법」이나 그 밖의 법률에 따른 벌칙을 적용할 때에는 공무원으로 본다. <신설 2021 · 6 · 8>
⑤ 제1항부터 제3항까지에 따른 고위공무원임용심사위원회의 구성 및 운영, 위원자격 등에 관하여 필요한 사항은 대통령령으로 정한다.
〔본조신설 2008 · 2 · 29〕

제29조(시보 임용) ① 5급 공무원(제4조제2항에 따라 같은 조 제1항의 계급 구분이나 직군 및 직렬의 분류를 적용하지 아니하는 공무원 중 5급에 상당하는 공무원을 포함한다. 이하 같다)을 신규 채용하는 경우에는 1년, 6급 이하의 공무원을 신규 채용하는 경우에는 6개월간 각각 시보(試補)로 임용하고 그 기간의 근무성적·교육훈련성적과 공무원으로서의 자질을 고려하여 정규 공무원으로 임용한다. 다만, 대통령령등으로 정하는 경우에는 시보 임용을 면제하거나 그 기간을 단축할 수 있다. <개정 2011 · 5 · 23, 2012 · 12 · 11, 2015 · 5 · 18>
② 휴직한 기간, 직위해제 기간 및 징계에 따른 정직이나 감봉 처분을 받은 기간은 제1항의 시보 임용 기간에 넣어 계산하지 아니한다.
③ 시보 임용 기간 중에 있는 공무원이 근무성적·교육훈련성적이 나쁘거나 이 법 또는 이 법에 따른 명령을 위반하여 공무원으로서의 자질이 부족하다고 판단되는 경우에는 제68조와 제70조에도 불구하고 면직시키거나 면직을 제청할 수 있다. 이 경우 구체적인 사유 및 절차 등에 필요한 사항은 대통령령등으로 정한다. <개정 2015 · 5 · 18>
〔전부개정 2008 · 3 · 28〕

제30조 삭제 <1981·4·20>

제31조(경쟁시험 합격자의 우선임용 및 결원 보충의 조정) ① 임용권자나 임용제청권자는 결원을 보충할 때 공개경쟁 채용시험 합격자와 공개경쟁 승진시험 합격자를 우선하여 임용하거나 임용제청하여야 한다.

② 중앙인사관장기관의 장은 각급 기관의 5급 이상 공무원(제4조제2항에 따라 같은 조 제1항의 계급 구분을 적용하지 아니하는 공무원 중 5급 이상에 상당하는 공무원을 포함한다. 이하 같다)의 결원을 보충할 때 공개경쟁 채용시험 합격자, 공개경쟁 승진시험 합격자 및 일반 승진시험 합격자의 보충임용이 적절한 균형을 유지할 수 있도록 조정하고 규제하여야 한다.

〔전부개정 2008·3·28〕

제31조의2(국무위원 임명 전 인사청문 실시) 대통령이 국무위원을 임명하려면 미리 국회의 인사청문을 거쳐야 한다.

〔전부개정 2008·3·28〕

제32조(임용권자) ① 행정기관 소속 5급 이상 공무원 및 고위공무원단에 속하는 일반직공무원은 소속 장관의 제청으로 인사혁신처장과 협의를 거친 후에 국무총리를 거쳐 대통령이 임용하되, 고위공무원단에 속하는 일반직공무원의 경우 소속 장관은 해당 기관에 소속되지 아니한 공무원에 대하여도 임용제청할 수 있다. 이 경우 국세청장은 국회의 인사청문을 거쳐 대통령이 임명한다. <개정 2013·3·23, 2014·11·19>

② 소속 장관은 소속 공무원에 대하여 제1항 외의 모든 임용권을 가진다.

③ 대통령은 대통령령으로 정하는 바에 따라 제1항에 따른 임용권의 일부를 소속 장관에게 위임할 수 있으며, 소속 장관은 대통령령으로 정하는 바에 따라 제2항에 따른 임용권의 일부와 대통령으로부터 위임받은 임용권의 일부를 그 보조기관 또는 소속 기관의 장에게 위임하거나 재위임할 수 있다.

④ 국회 소속 공무원은 국회의장이 임용하되, 국회규칙으로 정하는 바에 따라 그 임용권의 일부를 소속 기관의 장에게 위임할 수 있다.

⑤ 법원 소속 공무원은 대법원장이 임용하되, 대법원규칙으로 정하는 바에 따라 그 임용권의 일부를 소속 기관의 장에게 위임할 수 있다.

⑥ 헌법재판소 소속 공무원은 헌법재판소장이 임용하되, 헌법재판소규칙으로 정하는 바에 따라 그 임용권의 일부를 헌법재판소사무처장에게 위임할 수 있다.

⑦ 선거관리위원회 소속 5급 이상 공무원은 중앙선거관리위원회의 의결을 거쳐 중앙선거관리위원회위원장이 임용하고, 6급 이하의 공무원은 중앙선거관리위원회사무총장이 임용한다. 이 경우 중앙선거관리위원회위원장은 중앙선거관리위원회규칙으로 정하는 바에 따라 중앙선거관리위원회 상임위원·사무총장 및 시·도선거관리위원회위원장에게, 중앙선거관리위원회사무총장은 시·도선거관리위원회위원장에게 그 임용권의 일부를 각각 위임할 수 있다. <개정 2012·12·11>

〔전부개정 2008·3·28〕

제32조의2(인사교류) 인사혁신처장은 행정기관 상호간, 행정기관과 교육·연구기관 또는 공공기관 간에 인사교류가 필요하다고 인정하면 인사교류계획을 수립하고, 국무총리의 승인을 받아 이를 실시할 수 있다. <개정 2012·10·22, 2013·3·23, 2014·11·19>

〔전부개정 2008·12·31〕

제32조의3(겸임) 직위와 직무 내용이 유사하고 담당 직무 수행에 지장이 없다고 인정하면 대통령령등으로 정하는 바에 따라 경력직공무원 상호 간에 겸임하게 하거나 경력직공무원과 대통령령으로 정하는 관련 교육·연구기관, 그 밖의 기관·단체의 임직원 간에 서로 겸임하게 할 수 있다. <개정 2012·12·11, 2015·5·18, 2021·6·8>

〔전부개정 2008·3·28〕

제32조의4(파견근무) ① 국가기관의 장은 국가적 사업의 수행 또는 그 업무 수행과 관련된 행정 지원이나 연수, 그 밖에 능력 개발 등을 위하여 필요하면 소속 공무원을 다른 국가기관·공공단체·국내외의 교육기관·연구기관, 그 밖의 기관에 일정 기간 파견근무하게 할 수 있으며, 국가적 사업의 공동

행정

수행 또는 전문성이 특히 요구되는 특수 업무의 효율적 수행 등을 위하여 필요하면 국가기관 외의 기관·단체의 임직원을 파견받아 근무하게 할 수 있다. <개정 2023·4·11>

② 파견권자는 파견 사유가 소멸하거나 파견 목적이 달성될 가망이 없으면 그 공무원을 지체 없이 원래의 소속 기관에 복귀시켜야 한다.

③ 제1항에 따라 국가기관 외의 기관·단체에서 파견된 임직원은 직무상 행위를 하거나 「형법」, 그 밖의 법률에 따른 벌칙을 적용할 때 공무원으로 본다.

④ 공무원을 파견근무하게 하거나 국가기관 외의 기관·단체의 임직원을 파견받아 근무하게 하는 경우 그 사유·기간·절차, 파견된 자의 인사교류를 위한 신규 채용, 파견된 자의 승진임용, 파견근무 중 복무, 그 밖에 필요한 사항은 대통령령등으로 정한다. <개정 2015·5·18>

〔전부개정 2008·3·28〕

제32조의5(보직관리의 원칙) ① 임용권자나 임용제청권자는 법령으로 따로 정하는 경우 외에는 소속 공무원의 직급과 직류를 고려하여 그 직급에 상응하는 일정한 직위를 부여하여야 한다. 다만, 고위공무원단에 속하는 일반직공무원과 제4조제2항제1호에 따른 공무원 중 계급 구분 및 직군·직렬의 분류가 적용되지 아니하는 공무원에 대하여는 자격·경력 등을 고려하여 그에 상응하는 일정한 직위를 부여하여야 한다. <개정 2012·12·11>

② 소속 공무원을 보직할 때에는 그 공무원의 전공분야·훈련·근무경력·전문성·적성 등을 고려하여 적격한 직위에 임용하여야 한다. 이 경우 보직관리 기준에 필요한 사항은 대통령령등으로 정한다. <개정 2015·5·18>

〔전부개정 2008·3·28〕

제33조(결격사유) 다음 각 호의 어느 하나에 해당하는 자는 공무원으로 임용될 수 없다. <개정 2010·3·22, 2013·8·6, 2015·12·24, 2018·10·16, 2021·1·12, 2022·12·27, 2023·4·11, 2024·12·31>

1. 피성년후견인
2. 파산선고를 받고 복권되지 아니한 자
3. 금고 이상의 실형을 선고받고 그 집행이 끝나거나(집행이 끝난 것으로 보는 경우를 포함한다) 집행이 면제된 날부터 5년이 지나지 아니한 자
4. 금고 이상의 형의 집행유예를 선고받고 그 유예기간이 끝난 날부터 2년이 지나지 아니한 자
5. 금고 이상의 형의 선고유예를 받은 경우에 그 선고유예 기간 중에 있는 자
6. 법원의 판결 또는 다른 법률에 따라 자격이 상실되거나 정지된 자

6의2. 공무원으로 재직기간 중 직무와 관련하여 「형법」 제355조 및 제356조에 규정된 죄를 범한 자로서 300만원 이상의 벌금형을 선고받고 그 형이 확정된 후 2년이 지나지 아니한 자

6의3. 다음 각 목의 어느 하나에 해당하는 죄를 범한 사람으로서 100만원 이상의 벌금형을 선고받고 그 형이 확정된 후 3년이 지나지 아니한 사람

가. 「성폭력범죄의 처벌 등에 관한 특례법」 제2조에 따른 성폭력범죄
나. 「정보통신망 이용촉진 및 정보보호 등에 관한 법률」 제74조제1항제2호 및 제3호에 규정된 죄
다. 「스토킹범죄의 처벌 등에 관한 법률」 제2조제2호에 따른 스토킹범죄

6의4. 미성년자에 대하여 「성폭력범죄의 처벌 등에 관한 특례법」 제2조에 따른 성폭력범죄 또는 「아동·청소년의 성보호에 관한 법률」 제2조제2호에 따른 아동·청소년대상 성범죄를 범한 사람으로서 다음 각 목의 어느 하나에 해당하는 날부터 20년이 지나지 아니한 사람

가. 금고 이상의 실형을 선고받고 그 집행이 끝나거나(집행이 끝난 것으로 보는 경우를 포함한다) 집행이 면제된 날
나. 금고 이상의 형의 집행유예를 선고받고 그 집행유예가 확정된 날
다. 벌금 이하의 형을 선고받고 그 형이 확정된 날
라. 치료감호를 선고받고 그 집행이 끝나거나 집행이 면제된 날
마. 징계로 파면처분 또는 해임처분을 받은 날

7. 징계로 파면처분을 받은 때부터 5년이 지나지 아니한 자
8. 징계로 해임처분을 받은 때부터 3년이 지나지 아니한 자

〔전부개정 2008·3·28〕

제33조의2(벌금형의 분리 선고) 「형법」 제38조에도 불구하고 제33조제6호의2 또는 제6호의3 각 목에 규정된 죄와 다른 죄의 경합범(競合犯)에 대하여 벌금형을 선고하는 경우에는 이를 분리 선고하여야 한다. <개정 2015·12·24, 2022·12·27>

〔본조신설 2014·1·7〕

제34조(시험 실시기관) ① 행정기관 소속 공무원의 채용시험·승진시험, 그 밖의 시험은 인사혁신처장 또는 인사혁신처장이 지정하는 소속기관의 장이 실시한다. 다만, 인사혁신처장 또는 그 소속기관의 장이 단독으로 실시하기 곤란하면 관계 기관과 공동으로 실시할 수 있으며, 인사혁신처장은 대통령령으로 정하는 바에 따라 그 시험의 일부를 다른 행정기관의 장에게 위임하여 실시할 수 있다. <개정 2008·3·28, 2013·3·23, 2014·11·19, 2015·12·24>

② 삭제 <2004·3·11>

③ 국회 및 법원 소속 공무원의 채용시험·승진시험, 그 밖의 시험은 국회사무처 또는 법원행정처에서 실시한다. 이 경우 국회사무총장 또는 법원행정처장은 국회규칙 또는 대법원규칙으로 정하는 바에 따라 그 시험의 일부를 소속기관에 위임하여 실시할 수 있다. <개정 2008·3·28>

④ 헌법재판소 소속 공무원의 채용시험·승진시험, 그 밖의 시험은 헌법재판소사무처에서 실시한다. 다만, 헌법재판소사무처장은 그 시험의 전부나 일부를 인사혁신처장 또는 법원행정처장에게 위탁하여 실시할 수 있다. <개정 2008·3·28, 2013·3·23, 2014·11·19>

⑤ 선거관리위원회 소속 공무원의 채용시험·승진시험, 그 밖의 시험은 중앙선거관리위원회사무처에서 실시하되, 중앙선거관리위원회규칙으로 정하는 바에 따라 그 시험의 일부를 시·도선거관리위원회에 위임하여 실시할 수 있다. 다만, 중앙선거관리위원회 사무총장은 시험의 전부나 일부를 인사혁신처장에게 위탁하여 실시하거나 인사혁신처장이 실시한 공개경쟁 채용시험에 합격한 자를 선거관리위원회에서 실시한 공개경쟁 채용시험에 합격한 자로 보아 임용할 수 있다. <개정 2008·3·28, 2013·3·23, 2014·11·19>

제35조(평등의 원칙) 공개경쟁에 따른 채용시험은 같은 자격을 가진 모든 국민에게 평등하게 공개하여야 하며 시험의 시기와 장소는 응시자의 편의를 고려하여 결정한다.

〔전부개정 2008·3·28〕

제36조(응시 자격) 각종 시험에 있어서 담당할 직무 수행에 필요한 최소한도의 자격요건은 대통령령등으로 정한다. <개정 2015·5·18>

〔전부개정 2008·3·28〕

제36조의2(채용시험의 가점) ① 다음 각 호의 어느 하나에 해당하는 사람이 공무원 채용시험에 응시하면 일정한 점수를 가산할 수 있다.

1. 「국가기술자격법」이나 그 밖의 법령에 따른 자격을 취득한 사람
2. 「의사상자 등 예우 및 지원에 관한 법률」 제2조제2호에 따른 의사자의 배우자 또는 자녀
3. 「의사상자 등 예우 및 지원에 관한 법률」 제2조제3호에 따른 의상자 및 그 배우자 또는 자녀

② 제1항에 따라 가산할 수 있는 구체적 대상, 가산 점수, 가산 방법 등에 필요한 사항은 대통령령등으로 정한다.

〔전부개정 2015·5·18〕

제37조(시험의 공고) ① 공개경쟁 채용시험, 공개경쟁 승진시험 또는 경력경쟁채용시험을 실시할 때에는 임용예정 직급·직위, 응시 자격, 선발 예정 인원, 시험의 방법·시기·장소, 그 밖에 필요한 사항을 대통령령등으로 정하는 바에 따라 공고하여야 한다. 다만, 제28조제2항 단서에 따라 다수인을 대상으로 하지 아니한 시험의 경우에는 공고하지 아니할 수 있다. <개정 2011·5·23, 2012·12·11, 2015·5·18>

② 원활한 결원 보충을 위하여 필요하면 근무예정 지역 또는 근무예정 기관을 미리 정하여 공개경쟁 채용시험을 실시할 수 있다. 이 경우 그 시험에 따라 채용된 공무원은 대통령령등으로 정하는 기간 동안 해당 근무 지역 또는 근무 기관에 근무하여야 한다. <개정 2015·5·18>

〔전부개정 2008·3·28〕

제38조(채용후보자 명부) ① 시험 실시기관의

장은 공개경쟁 채용시험에 합격한 사람을 대통령령등으로 정하는 바에 따라 채용후보자 명부에 등재하여야 한다. <개정 2013·8·6, 2015·5·18>

② 제28조제1항에 따른 공무원 공개경쟁 채용시험에 합격한 사람의 채용후보자 명부의 유효기간은 2년의 범위에서 대통령령등으로 정한다. 다만, 시험 실시기관의 장은 필요에 따라 1년의 범위에서 그 기간을 연장할 수 있다. <개정 2013·8·6, 2015·5·18>

③ 다음 각 호의 기간은 제2항에 따른 기간에 넣어 계산하지 아니한다. <개정 2015·5·18>

1. 공개경쟁 채용시험 합격자가 채용후보자 명부에 등재된 후 그 유효기간 내에 「병역법」에 따른 병역 복무를 위하여 군에 입대한 경우(대학생 군사훈련 과정 이수자를 포함한다)의 의무복무 기간
2. 대통령령등으로 정하는 사유로 임용되지 못한 기간

④ 제2항에 따라 시험 실시기관의 장이 채용후보자 명부의 유효기간을 연장하기로 결정하면 지체 없이 이를 공고하여야 한다.

〔전부개정 2008·3·28〕

제39조(채용후보자의 임용 절차) ① 시험 실시기관의 장은 채용후보자 명부에 등재된 채용후보자를 대통령령등으로 정하는 바에 따라 임용권이나 임용제청권을 갖는 기관에 추천하여야 한다. 다만, 공개경쟁 채용시험 합격자의 우선임용을 위하여 필요하면 인사혁신처장이 채용후보자를 제32조제1항부터 제3항까지의 규정에도 불구하고 근무할 기관을 지정하여 임용하거나 임용제청할 수 있다. <개정 2013·3·23, 2014·11·19, 2015·5·18>

② 각 임용권자나 임용제청권자는 제1항에 따라 추천받은 채용후보자를 임용한 때에는 그 결과를 시험 실시기관의 장에게 지체 없이 알려야 한다.

③ 채용후보자가 다음 각 호의 어느 하나에 해당하면 채용후보자로서의 자격을 잃는다. <개정 2015·5·18, 2022·12·27>

1. 제1항에 따라 추천받은 기관의 임용 또는 임용제청에 따르지 아니한 경우
2. 제50조에 따른 시보 공무원이 될 자에 대한 교육훈련에 따르지 아니한 경우
3. 훈련 성적이 나쁘거나 본인의 귀책사유로 교육훈련을 계속 받을 수 없게 되거나 채용후보자로서 품위를 크게 손상하는 행위를 하는 등 공무원으로서 직무를 수행하기 곤란하다고 판단되는 경우. 이 경우 구체적인 사유 및 절차 등에 필요한 사항은 대통령령등으로 정한다.

④ 임용권자는 채용후보자에 대하여 임용 전에 실무 수습을 실시할 수 있다. 이 경우 실무 수습 중인 채용후보자는 그 직무상 행위를 하거나 「형법」 또는 그 밖의 법률에 따른 벌칙을 적용할 때에는 공무원으로 본다. <신설 2012·10·22>

〔전부개정 2008·3·28〕

제40조(승진) ① 승진임용은 근무성적평정·경력평정, 그 밖에 능력의 실증에 따른다. 다만, 1급부터 3급까지의 공무원으로의 승진임용 및 고위공무원단 직위로의 승진임용의 경우에는 능력과 경력 등을 고려하여 임용하며, 5급 공무원으로의 승진임용의 경우에는 승진시험을 거치도록 하되, 필요하다고 인정하면 대통령령등으로 정하는 바에 따라 승진심사위원회의 심사를 거쳐 임용할 수 있다. <개정 2015·5·18>

② 6급 이하 공무원으로의 승진임용의 경우 필요하다고 인정하면 대통령령등으로 정하는 바에 따라 승진시험을 병용(竝用)할 수 있다. <개정 2015·5·18>

③ 승진에 필요한 계급별 최저 근무연수, 승진 제한, 그 밖에 승진에 필요한 사항은 대통령령등으로 정한다. <개정 2015·5·18>

〔전부개정 2008·3·28〕

제40조의2(승진임용의 방법) ① 1급 공무원으로의 승진은 바로 하급 공무원 중에서, 2급 및 3급 공무원으로의 승진은 같은 직군 내의 바로 하급 공무원 중에서 각각 임용하거나 임용제청하며, 고위공무원단 직위로의 승진임용은 대통령령으로 정하는 자격·경력 등을 갖춘 자 중에서 임용하거나 임용제청한다.

② 승진시험에 따른 승진은 승진시험 합격자 중에서 대통령령등으로 정하는 승진임용 순위에 따라 임용하거나 임용제청한다. 다만, 공개경쟁 승진시험에 합격하여 승진후보자 명부에

등재된 자의 임용방법에 관하여는 제39조제1항과 제2항을 준용한다. <개정 2015·5·18>

③ 제1항과 제2항 외의 승진은 같은 직렬의 바로 하급 공무원 중에서 임용하되, 임용하려는 결원의 수에 대하여 승진후보자 명부의 높은 순위에 있는 자부터 차례로 대통령령등으로 정하는 범위에서 임용하거나 임용제청하여야 한다. <개정 2015·5·18>

④ 각급 기관의 장은 대통령령등으로 정하는 바에 따라 근무성적·경력평정, 그 밖에 능력의 실증에 따른 순위에 따라 직급별로 승진후보자 명부를 작성한다. <개정 2015·5·18>

⑤ 5급 공무원 공개경쟁 승진시험에 합격한 자의 승진후보자 명부는 국회사무총장, 법원행정처장, 헌법재판소사무처장, 중앙선거관리위원회사무총장 또는 인사혁신처장이 작성한다. <개정 2013·3·23, 2014·11·19>

〔전부개정 2008·3·28〕

제40조의3(승진 심사) ① 제40조의2제1항·제3항 또는 제40조의4제1항제1호부터 제3호까지의 규정에 따라 임용하거나 임용제청을 할 때에는 미리 승진심사위원회의 심사를 거쳐야 한다.

② 제1항에 따른 승진 심사를 위하여 국회사무총장, 법원행정처장, 헌법재판소사무처장 또는 중앙선거관리위원회사무총장 소속으로 중앙승진심사위원회를 두고, 행정부 소속 공무원의 승진 심사는 제28조의6제3항에 따라 고위공무원임용심사위원회가 담당하며, 각 임용권자나 임용제청권자 단위별로 보통승진심사위원회를 둔다.

③ 승진심사위원회의 구성·권한 및 운영, 그 밖에 필요한 사항은 대통령령등으로 정한다. <개정 2015·5·18>

〔전부개정 2008·3·28〕

제40조의4(우수 공무원 등의 특별승진) ① 공무원이 다음 각 호의 어느 하나에 해당하면 제40조 및 제40조의2에도 불구하고 특별승진임용하거나 일반 승진시험에 우선 응시하게 할 수 있다.

1. 청렴하고 투철한 봉사 정신으로 직무에 모든 힘을 다하여 공무 집행의 공정성을 유지하고 깨끗한 공직 사회를 구현하는 데에 다른 공무원의 귀감(龜鑑)이 되는 자
2. 직무수행 능력이 탁월하여 행정 발전에 큰 공헌을 한 자
3. 제53조에 따른 제안의 채택·시행으로 국가 예산을 절감하는 등 행정 운영 발전에 뚜렷한 실적이 있는 자
4. 재직 중 공적이 특히 뚜렷한 자가 제74조의2에 따라 명예퇴직 할 때
5. 재직 중 공적이 특히 뚜렷한 자가 공무로 사망한 때

② 특별승진의 요건, 그 밖에 필요한 사항은 대통령령등으로 정한다. <개정 2015·5·18>

〔전부개정 2008·3·28〕

제41조(승진시험 방법) ① 승진시험은 일반 승진시험과 공개경쟁 승진시험으로 구분한다.

② 일반 승진시험은 승진후보자 명부의 높은 순위에 있는 자부터 차례로 임용하려는 결원 또는 결원과 예상 결원을 합한 총결원의 2배수 이상 5배수 이내 범위의 자에 대하여 실시하며, 시험성적 점수와 승진후보자 명부에 따른 평정 점수를 합산한 종합성적에 따라 합격자를 결정한다. 다만, 유능한 공무원을 발탁하기 위하여 승진기회의 확대가 필요한 경우에는 대통령령으로 정하는 바에 따라 배수의 범위를 달리하여 시험을 실시할 수 있다. <개정 2011·5·23>

③ 공개경쟁 승진시험은 5급 공무원 승진에 한정하되, 기관간 승진기회의 균형을 유지하고 유능한 공무원을 발탁하기 위하여 필요한 경우에 실시하며, 시험성적에 따라 합격자를 결정한다.

④ 제2항과 제3항에 따른 승진시험의 응시 대상자, 응시 방법, 합격자 결정 방법, 합격의 효력, 그 밖에 승진시험에 필요한 사항은 대통령령등으로 정한다. <개정 2015·5·18>

〔전부개정 2008·3·28〕

제42조(국가유공자 우선 임용) ① 공무원을 임용할 때에는 법령으로 정하는 바에 따라 국가유공자를 우선 임용하여야 한다.

② 제1항에 따른 우선 임용에 관한 사항은 국회사무총장, 법원행정처장, 헌법재판소사무처장, 중앙선거관리위원회사무총장 또는 인사혁신처장이 관장한다. 다만, 그 임용에 관한 법령의 제정·개폐 또는 중요 정책에 관하여는 국가보훈부장관과 협의한다. <개

정 2013·3·23, 2014·11·19, 2023·3·4>
〔전부개정 2008·3·28〕

제43조(휴직·파견 등의 결원보충 등) ① 공무원이 제71조제1항제1호·제3호·제5호·제6호, 제71조제2항 또는 제73조의2에 따라 6개월 이상 휴직하면 휴직일부터 그 휴직자의 직급·직위 또는 상당 계급(고위공무원단에 속하는 공무원은 해당 휴직자의 직위와 곤란성과 책임도가 유사한 직위를 말한다)에 해당하는 정원이 따로 있는 것으로 보고 결원을 보충할 수 있다. 다만, 휴직기간 중에 당초 휴직 사유와 같은 사유로 휴직기간을 연장하는 경우로서 휴직기간 연장을 명한 날부터 최종 휴직기간이 끝나는 날까지의 기간이 6개월 이상인 경우에는 휴직기간 연장을 명한 날부터 결원을 보충할 수 있다. <개정 2008·12·31, 2011·5·23, 2012·12·11, 2015·5·18, 2023·4·11>

② 제1항에도 불구하고 다음 각 호의 어느 하나에 해당하는 경우 대통령령등으로 정하는 경우에 한정하여 그 휴가 또는 휴직의 시작일부터 결원을 보충할 수 있다. <신설 2023·4·11>

1. 병가와 제71조제1항제1호에 따른 휴직을 연속하여 6개월 이상 사용하는 경우
2. 출산휴가와 제71조제2항제4호에 따른 휴직을 연속하여 6개월 이상 사용하는 경우

③ 공무원을 제32조의4에 따라 파견하는 경우에는 대통령령등으로 정하는 바에 따라 파견 기간 중 그 파견하는 직급(고위공무원단에 속하는 일반직공무원은 그 파견하는 직위와 곤란성과 책임도가 유사한 직위를 말한다. 이하 이 조에서 같다)에 해당하는 정원이 따로 있는 것으로 보고 결원을 보충할 수 있다. 다만, 남은 파견기간이 2개월 이하인 경우에는 그러하지 아니하다. <개정 2015·5·18>

④ 파면처분·해임처분·면직처분 또는 강등처분에 대하여 소청심사위원회나 법원에서 무효나 취소의 결정 또는 판결을 하면 그 파면처분·해임처분·면직처분 또는 강등처분에 따라 결원을 보충하였던 때부터 파면처분·해임처분·면직처분 또는 강등처분을 받은 사람의 처분 전 직급·직위에 해당하는 정원이 따로 있는 것으로 본다. <개정 2011·5·23, 2012·12·11>

⑤ 제73조의3제1항제3호·제4호 또는 제6호에 따라 직위해제를 한 경우로서 직위해제 기간이 6개월을 경과하면 직위해제된 사람의 직급·직위 또는 상당 계급(고위공무원단에 속하는 공무원은 해당 직위해제된 사람의 직위와 곤란성과 책임도가 유사한 직위를 말한다. 이하 이 항에서 같다)에 해당하는 정원이 따로 있는 것으로 보고 결원을 보충할 수 있다. 다만, 다음 각 호의 어느 하나에 해당하는 경우에는 해당 호에서 정하는 때에 그 정원이 따로 있는 것으로 보고 결원을 보충할 수 있다. <개정 2021·6·8, 2024·12·31>

1. 제78조의4제3항에 따라 징계의결이 요구되어 제73조의3제1항제3호에 따른 직위해제를 하는 경우에는 해당 직위해제를 한 때
2. 제73조의3제1항제4호 또는 제6호에 따라 직위해제를 한 경우(해당 직위해제에 연속하여 동일한 비위행위로 같은 항 제3호의 직위해제를 한 경우를 포함한다)로서 다음 각 목의 요건을 모두 충족하는 경우에는 직위해제를 한 날부터 3개월이 경과한 때
   가. 직위해제된 사람의 직급·직위 또는 상당 계급의 직무 특성에 비추어 해당 기관의 정상적인 업무수행에 현저한 지장을 초래할 우려가 있을 것
   나. 인사혁신처장과의 협의 결과 긴급한 결원 보충의 필요성이 인정될 것

⑥ 제1항부터 제4항까지 및 제5항 본문에 따른 정원은 다음 각 호의 어느 하나에 해당하는 사유가 발생한 이후 그 직급·직위에 최초로 결원이 발생한 때에 각각 소멸된 것으로 본다. 다만, 제1항에 따른 특수경력직공무원의 정원은 제1호의 사유가 발생한 때에 소멸된 것으로 본다. <개정 2011·5·23, 2012·12·11, 2021·6·8, 2023·4·11>

1. 휴직자의 복직
2. 파견된 자의 복귀
3. 파면·해임·면직된 사람의 복귀 또는 강등된 사람의 처분 전 직급 회복
4. 직위해제된 사람에 대한 직위 부여

〔전부개정 2008·3·28〕

제43조의2 및 **제43조의3** 삭제 <1978·12·5>

제44조(시험 또는 임용의 방해행위 금지) 누구든지 시험 또는 임용에 관하여 고의로 방

해하거나 부당한 영향을 주는 행위를 하여서는 아니 된다.
〔전부개정 2008·3·28〕

제45조(인사에 관한 부정행위 금지) 누구든지 채용시험·승진·임용, 그 밖에 인사기록에 관하여 거짓이나 부정하게 진술·기재·증명·채점 또는 보고하여서는 아니 된다.
〔전부개정 2008·3·28〕

제45조의2(채용시험 등 부정행위자에 대한 조치) ① 시험실시기관의 장은 채용시험·승진시험, 그 밖의 시험에서 다른 사람에게 대신하여 응시하게 하는 행위 등 대통령령으로 정하는 부정행위를 한 사람에 대하여 대통령령으로 정하는 바에 따라 해당 시험의 정지·무효 또는 합격 취소 처분을 할 수 있다. 이 경우 처분을 받은 사람에 대하여는 처분이 있은 날부터 5년의 범위에서 대통령령으로 정하는 기간 동안 채용시험·승진시험, 그 밖의 시험의 응시자격을 정지할 수 있다.
② 시험실시기관의 장은 제 1 항에 따른 처분(시험의 정지는 제외한다)을 하려는 때에는 미리 그 처분 내용과 사유를 당사자에게 통지하여 소명할 기회를 주어야 한다.
〔본조신설 2015·5·18〕

제45조의3(채용 비위 관련자의 합격 등 취소) ① 시험실시기관의 장 또는 임용권자는 누구든지 공무원 채용과 관련하여 대통령령등으로 정하는 비위를 저질러 유죄판결이 확정된 경우에는 그 비위 행위로 인하여 채용시험에 합격하거나 임용된 사람에 대하여 대통령령등으로 정하는 바에 따라 합격 또는 임용을 취소할 수 있다. 이 경우 취소 처분을 하기 전에 미리 그 내용과 사유를 당사자에게 통지하고 소명할 기회를 주어야 한다.
② 제1항에 따른 취소 처분은 합격 또는 임용 당시로 소급하여 효력이 발생한다.
〔본조신설 2021·6·8〕

제 5 장 보수

제46조(보수 결정의 원칙) ① 공무원의 보수는 직무의 곤란성과 책임의 정도에 맞도록 계급별·직위별 또는 직무등급별로 정한다. 다만, 다음 각 호의 어느 하나에 해당하는 공무원의 보수는 따로 정할 수 있다. <개정 2012·12·11>
1. 직무의 곤란성과 책임도가 매우 특수하거나 결원을 보충하는 것이 곤란한 직무에 종사하는 공무원
2. 제 4 조제 2 항에 따라 같은 조 제 1 항의 계급 구분이나 직군 및 직렬의 분류를 적용하지 아니하는 공무원
3. 임기제공무원
② 공무원의 보수는 일반의 표준 생계비, 물가 수준, 그 밖의 사정을 고려하여 정하되, 민간 부문의 임금 수준과 적절한 균형을 유지하도록 노력하여야 한다.
③ 경력직공무원 간의 보수 및 경력직공무원과 특수경력직공무원 간의 보수는 균형을 도모하여야 한다.
④ 공무원의 보수 중 봉급에 관하여는 법률로 정한 것 외에는 대통령령으로 정한다.
⑤ 이 법이나 그 밖의 법률에 따른 보수에 관한 규정에 따르지 아니하고는 어떠한 금전이나 유가물(有價物)도 공무원의 보수로 지급할 수 없다.
〔전부개정 2008·3·28〕

제47조(보수에 관한 규정) ① 공무원의 보수에 관한 다음 각 호의 사항은 대통령령으로 정한다.
1. 봉급·호봉 및 승급에 관한 사항
2. 수당에 관한 사항
3. 보수 지급 방법, 보수의 계산, 그 밖에 보수 지급에 관한 사항
② 제 1 항에도 불구하고 특수 수당과 제51조제 2 항에 따른 상여금(賞與金)의 지급 또는 특별승급에 관한 사항은 대통령령등으로 정한다. <개정 2015·5·18>
③ 제 1 항에 따른 보수를 거짓이나 그 밖의 부정한 방법으로 수령한 경우에는 수령한 금액의 5배의 범위에서 가산하여 징수할 수 있다. <신설 2008·12·31, 2021·6·8>
④ 제 3 항에 따라 가산하여 징수할 수 있는 보수의 종류, 가산금액 등에 관한 사항은 대통령령으로 정한다. <신설 2008·12·31, 2012·12·11>
〔전부개정 2008·3·28〕

제48조(실비 변상 등) ① 공무원은 보수 외에 대통령령등으로 정하는 바에 따라 직무수행에 필요한 실비(實費) 변상을 받을 수 있다. <개정 2015·5·18>
② 공무원이 소속 기관장의 허가를 받아 본

래의 업무 수행에 지장이 없는 범위에서 담당 직무 외의 특수한 연구과제를 위탁받아 처리하면 그 보상을 지급받을 수 있다.
③ 제1항 및 제2항에 따른 실비 변상이나 보상을 거짓이나 그 밖의 부정한 방법으로 수령한 경우에는 수령한 금액의 5배의 범위에서 가산하여 징수할 수 있다. <신설 2012·12·11, 2021·6·8>
④ 제3항에 따라 가산하여 징수할 수 있는 실비 변상 및 보상의 종류, 가산금액 등에 관한 사항은 대통령령으로 정한다. <신설 2012·12·11>
〔전부개정 2008·3·28〕

제49조(국가기관 외의 기관 등에서 파견된 자의 보수) 제32조의4제1항에 따라 국가기관 외의 기관·단체에서 파견된 임직원의 보수는 파견한 기관이 지급하며, 파견받은 기관은 제48조를 준용하여 실비 변상 등을 할 수 있다. 다만, 특히 필요한 경우 파견받은 기관은 파견한 기관과 협의하여 보수를 지급할 수 있다.
〔전부개정 2008·3·28〕

제6장 능률

제50조(인재개발) ① 모든 공무원과 시보 공무원이 될 사람은 국민 전체에 대한 봉사자로서 갖추어야 할 공직가치를 확립하고, 담당 직무를 효과적으로 수행할 수 있는 미래지향적 역량과 전문성을 배양하기 위하여 법령으로 정하는 바에 따라 교육훈련을 받고 자기 개발 학습을 하여야 한다. <개정 2015·12·24>
② 국회사무총장, 법원행정처장, 헌법재판소 사무처장, 중앙선거관리위원회사무총장 또는 인사혁신처장은 각 기관의 협조를 받아 인재개발에 관한 종합적인 기획 및 조정을 한다. <개정 2013·3·23, 2014·11·19, 2015·12·24>
③ 각 기관의 장과 관리직위에 있는 공무원은 지속적인 인재개발을 통하여 소속 직원의 공직가치를 확립하고 미래지향적 역량과 전문성을 향상시킬 책임을 진다. <개정 2015·12·24>
④ 교육훈련 실적은 인사관리에 반영하여야 한다.
〔전부개정 2008·3·28〕

제50조의2(적극행정의 장려) ① 각 기관의 장은 소속 공무원의 적극행정(공무원이 불합리한 규제의 개선 등 공공의 이익을 위해 업무를 적극적으로 처리하는 행위를 말한다. 이하 이 조에서 같다)을 장려하기 위하여 대통령령등으로 정하는 바에 따라 인사상 우대 및 교육의 실시 등에 관한 계획을 수립·시행할 수 있다.
② 적극행정 추진에 관한 다음 각 호의 사항을 심의하기 위하여 각 기관에 적극행정위원회를 설치·운영할 수 있다.
1. 제1항에 따른 계획 수립에 관한 사항
2. 공무원이 불합리한 규제의 개선 등 공공의 이익을 위해 업무를 적극적으로 추진하기 위하여 해당 업무의 처리 기준, 절차, 방법 등에 관한 의견 제시를 요청한 사항
3. 그 밖에 적극행정 추진을 위하여 필요하다고 대통령령등으로 정하는 사항
③ 공무원이 적극행정을 추진한 결과에 대하여 해당 공무원의 행위에 고의 또는 중대한 과실이 없다고 인정되는 경우에는 대통령령등으로 정하는 바에 따라 이 법 또는 다른 공무원 인사 관계 법령에 따른 징계 또는 징계부가금 부과 의결을 하지 아니한다.
④ 인사혁신처장은 각 기관의 적극행정 문화 조성을 위하여 필요한 사업을 발굴하고 추진할 수 있다.
⑤ 적극행정위원회의 구성·운영 및 적극행정을 한 공무원에 대한 인사상 우대 등 적극행정을 장려하기 위하여 필요한 사항은 대통령령등으로 정한다.
〔본조신설 2021·6·8〕

제51조(근무성적의 평정) ① 각 기관의 장은 정기 또는 수시로 소속 공무원의 근무성적을 객관적이고 엄정하게 평정하여 인사관리에 반영하여야 한다.
② 제1항에 따른 근무성적평정 결과 근무성적이 우수한 자에 대하여는 상여금을 지급하거나 특별승급시킬 수 있다.
③ 제1항의 근무성적평정에 관한 사항은 대통령령등으로 정한다. <개정 2015·5·18>
〔전부개정 2008·3·28〕

제52조(능률 증진을 위한 실시사항) ① 중앙인사관장기관의 장은 공무원의 근무능률을 높이기 위하여 공무원의 보건·휴양·안전·후생, 그 밖에 필요한 사항에 대한 기준을 설정하여야 하며, 각 기관의 장은 이를 실시하여야 한다. <개정 2013·3·23, 2014·11·19, 2015·5·18>

② 중앙인사관장기관의 장은 장애인 공무원의 원활한 직무수행을 위하여 「장애인고용촉진 및 직업재활법」 제19조의2에 따른 근로지원인 서비스의 제공(중증장애인 공무원에 대한 것으로 한정한다) 또는 같은 법 제21조제1항제2호에 따른 작업 보조 공학기기 또는 장비 등의 제공 등에 필요한 지원을 할 수 있다. <개정 2021·7·20>

③ 중앙인사관장기관의 장은 제2항에 따른 지원업무를 효율적으로 추진하기 위하여 전문기관을 지정하여 수행하게 할 수 있고, 그 지원업무 수행에 필요한 경비의 전부 또는 일부를 출연하거나 보조할 수 있다. <신설 2015·5·18>

④ 제2항에 따른 지원의 세부내용 및 방법 등과 제3항에 따른 전문기관의 지정 기준, 지정 및 지정취소의 절차 등에 필요한 사항은 대통령령등으로 정한다. <신설 2015·5·18>

〔전부개정 2008·3·28〕

第53조(제안 제도) ① 행정 운영의 능률화와 경제화를 위한 공무원의 창의적인 의견이나 고안(考案)을 계발하고 이를 채택하여 행정 운영의 개선에 반영하도록 하기 위하여 제안 제도를 둔다.

② 제안이 채택되고 시행되어 국가 예산을 절약하는 등 행정 운영 발전에 뚜렷한 실적이 있는 자에게는 상여금을 지급할 수 있으며 특별승진이나 특별승급을 시킬 수 있다.

③ 제2항에 따른 상여금이나 그 밖에 제안 제도의 운영에 필요한 사항은 대통령령으로 정한다.

〔전부개정 2008·3·28〕

第54조(상훈 제도) ① 공무원으로서 직무에 힘을 다하거나 사회에 공헌한 공적이 뚜렷한 자에게는 훈장 또는 포장을 수여하거나 표창을 한다.

② 제1항에 따른 훈장·포장 및 표창에 관한 사항은 법률로 정한 것 외에는 대통령령으로 정한다. 다만, 표창에 관한 사항은 국회규칙, 대법원규칙, 헌법재판소규칙 또는 중앙선거관리위원회규칙으로도 정할 수 있다.

〔전부개정 2008·3·28〕

제7장 복무

第55조(선서) 공무원은 취임할 때에 소속 기관장 앞에서 대통령령등으로 정하는 바에 따라 선서(宣誓)하여야 한다. 다만, 불가피한 사유가 있으면 취임 후에 선서하게 할 수 있다. <개정 2015·5·18>

〔전부개정 2008·3·28〕

第56조(성실 의무) 모든 공무원은 법령을 준수하며 성실히 직무를 수행하여야 한다.

〔전부개정 2008·3·28〕

第57조(복종의 의무) 공무원은 직무를 수행할 때 소속 상관의 직무상 명령에 복종하여야 한다.

〔전부개정 2008·3·28〕

第58조(직장 이탈 금지) ① 공무원은 소속 상관의 허가 또는 정당한 사유가 없으면 직장을 이탈하지 못한다.

② 수사기관이 공무원을 구속하려면 그 소속 기관의 장에게 미리 통보하여야 한다. 다만, 현행범은 그러하지 아니하다.

〔전부개정 2008·3·28〕

第59조(친절·공정의 의무) 공무원은 국민 전체의 봉사자로서 친절하고 공정하게 직무를 수행하여야 한다.

〔전부개정 2008·3·28〕

第59조의2(종교중립의 의무) ① 공무원은 종교에 따른 차별 없이 직무를 수행하여야 한다.

② 공무원은 소속 상관이 제1항에 위배되는 직무상 명령을 한 경우에는 이에 따르지 아니할 수 있다.

〔본조신설 2009·2·6〕

第60조(비밀 엄수의 의무) 공무원은 재직 중은 물론 퇴직 후에도 직무상 알게 된 비밀을 엄수(嚴守)하여야 한다.

〔전부개정 2008·3·28〕

第61조(청렴의 의무) ① 공무원은 직무와 관련하여 직접적이든 간접적이든 사례·증여 또는 향응을 주거나 받을 수 없다.

② 공무원은 직무상의 관계가 있든 없든 그 소속 상관에게 증여하거나 소속 공무원으로부터 증여를 받아서는 아니 된다.

〔전부개정 2008·3·28〕

第62조(외국 정부의 영예 등을 받을 경우) 공무원이 외국 정부로부터 영예나 증여를 받을 경우에는 대통령의 허가를 받아야 한다.

〔전부개정 2008·3·28〕

第63조(품위 유지의 의무) 공무원은 직무의

내외를 불문하고 그 품위가 손상되는 행위를 하여서는 아니 된다.

〔전부개정 2008·3·28〕

제64조(영리 업무 및 겸직 금지) ① 공무원은 공무 외에 영리를 목적으로 하는 업무에 종사하지 못하며 소속 기관장의 허가 없이 다른 직무를 겸할 수 없다.

② 제1항에 따른 영리를 목적으로 하는 업무의 한계는 대통령령등으로 정한다. <개정 2015·5·18>

〔전부개정 2008·3·28〕

제65조(정치 운동의 금지) ① 공무원은 정당이나 그 밖의 정치단체의 결성에 관여하거나 이에 가입할 수 없다.

② 공무원은 선거에서 특정 정당 또는 특정인을 지지 또는 반대하기 위한 다음의 행위를 하여서는 아니 된다.

1. 투표를 하거나 하지 아니하도록 권유 운동을 하는 것
2. 서명 운동을 기도(企圖)·주재(主宰)하거나 권유하는 것
3. 문서나 도서를 공공시설 등에 게시하거나 게시하게 하는 것
4. 기부금을 모집 또는 모집하게 하거나, 공공자금을 이용 또는 이용하게 하는 것
5. 타인에게 정당이나 그 밖의 정치단체에 가입하게 하거나 가입하지 아니하도록 권유 운동을 하는 것

③ 공무원은 다른 공무원에게 제1항과 제2항에 위배되는 행위를 하도록 요구하거나, 정치적 행위에 대한 보상 또는 보복으로서 이익 또는 불이익을 약속하여서는 아니 된다.

④ 제3항 외에 정치적 행위의 금지에 관한 한계는 대통령령등으로 정한다. <개정 2015·5·18>

〔전부개정 2008·3·28〕

제66조(집단 행위의 금지) ① 공무원은 노동운동이나 그 밖에 공무 외의 일을 위한 집단 행위를 하여서는 아니 된다. 다만, 사실상 노무에 종사하는 공무원은 예외로 한다.

② 제1항 단서의 사실상 노무에 종사하는 공무원의 범위는 대통령령등으로 정한다. <개정 2015·5·18>

③ 제1항 단서에 규정된 공무원으로서 노동조합에 가입된 자가 조합 업무에 전임하려면 소속 장관의 허가를 받아야 한다.

④ 제3항에 따른 허가에는 필요한 조건을 붙일 수 있다.

〔전부개정 2008·3·28〕

제67조(위임 규정) 공무원의 복무에 관하여 필요한 사항은 이 법에 규정한 것 외에는 대통령령등으로 정한다. <개정 2015·5·18>

〔전부개정 2008·3·28〕

제8장 신분 보장

제68조(의사에 반한 신분 조치) 공무원은 형의 선고, 징계처분 또는 이 법에서 정하는 사유에 따르지 아니하고는 본인의 의사에 반하여 휴직·강임 또는 면직을 당하지 아니한다. 다만, 1급 공무원과 제23조에 따라 배정된 직무등급이 가장 높은 등급의 직위에 임용된 고위공무원단에 속하는 공무원은 그러하지 아니하다.

〔전부개정 2010·3·22〕

제69조(당연퇴직) 공무원이 다음 각 호의 어느 하나에 해당할 때에는 당연히 퇴직한다. <개정 2015·5·18, 2015·12·24, 2018·10·16, 2022·12·27, 2024·12·31>

1. 제33조제2호부터 제6호까지, 제6호의2부터 제6호의4까지, 제7호 및 제8호 중 어느 하나에 해당하는 경우. 다만, 제33조제2호는 파산선고를 받은 사람으로서 「채무자 회생 및 파산에 관한 법률」에 따라 신청기한 내에 면책신청을 하지 아니하였거나 면책불허가 결정 또는 면책 취소가 확정된 경우만 해당하고, 제33조제5호는 「형법」 제129조부터 제132조까지, 「성폭력범죄의 처벌 등에 관한 특례법」 제2조, 「정보통신망 이용촉진 및 정보보호 등에 관한 법률」 제74조제1항제2호·제3호, 「스토킹범죄의 처벌 등에 관한 법률」 제2조제2호, 「아동·청소년의 성보호에 관한 법률」 제2조제2호 및 직무와 관련하여 「형법」 제355조 또는 제356조에 규정된 죄를 범한 사람으로서 금고 이상의 형의 선고유예를 받은 경우만 해당한다.
2. 임기제공무원의 근무기간이 만료된 경우

〔전부개정 2012·12·11〕

제70조(직권 면직) ① 임용권자는 공무원이

다음 각 호의 어느 하나에 해당하면 직권으로 면직시킬 수 있다. <개정 2008·3·28, 2012·12·11, 2016·5·29>

1. 및 2. 삭제 <1991·5·31>
3. 직제와 정원의 개폐 또는 예산의 감소 등에 따라 폐직(廢職) 또는 과원(過員)이 되었을 때
4. 휴직 기간이 끝나거나 휴직 사유가 소멸된 후에도 직무에 복귀하지 아니하거나 직무를 감당할 수 없을 때
5. 제73조의3제3항에 따라 대기 명령을 받은 자가 그 기간에 능력 또는 근무성적의 향상을 기대하기 어렵다고 인정된 때
6. 전직시험에서 세 번 이상 불합격한 자로서 직무수행 능력이 부족하다고 인정된 때
7. 병역판정검사·입영 또는 소집의 명령을 받고 정당한 사유 없이 이를 기피하거나 군복무를 위하여 휴직 중에 있는 자가 군복무 중 군무(軍務)를 이탈하였을 때
8. 해당 직급·직위에서 직무를 수행하는데 필요한 자격증의 효력이 없어지거나 면허가 취소되어 담당 직무를 수행할 수 없게 된 때
9. 고위공무원단에 속하는 공무원이 제70조의2에 따른 적격심사 결과 부적격 결정을 받은 때

② 임용권자는 제1항제3호부터 제8호까지의 규정에 따라 면직시킬 경우에는 미리 관할 징계위원회의 의견을 들어야 한다. 다만, 제1항제5호에 따라 면직시킬 경우에는 징계위원회의 동의를 받아야 한다. <개정 2008·3·28>

③ 임용권자나 임용제청권자는 제1항제3호에 따라 소속 공무원을 면직시킬 때에는 임용 형태, 업무 실적, 직무수행 능력, 징계처분 사실 등을 고려하여 면직 기준을 정하여야 한다. <개정 2008·3·28>

④ 제3항에 따른 면직 기준을 정하거나 제1항제3호에 따라 면직 대상자를 결정할 때에는 임용권자 또는 임용제청권자(임용권자나 임용제청권자가 분명하지 아니하면 중앙인사관장기관의 장을 말한다)별로 심사위원회를 구성하여 그 심사위원회의 심의·의결을 거쳐야 한다. <개정 2008·3·28>

⑤ 제4항에 따른 심사위원회의 위원장은 임용권자 또는 임용제청권자가 되며, 위원은 면직 대상자보다 상위 계급자 또는 고위공무원단에 속하는 일반직공무원 중에서 위원장이 지명하는 5명 이상 7명 이하로 구성하되, 면직 대상자의 상위 계급자 또는 고위공무원단에 속하는 일반직공무원을 우선하여 지명하여야 한다. 다만, 상위 계급자 또는 고위공무원단에 속하는 일반직공무원이 부족하면 4명 이내로 구성할 수 있다. <개정 2008·3·28, 2015·5·18>

⑥ 제1항제4호에 따른 직권 면직일은 휴직 기간이 끝난 날 또는 휴직 사유가 소멸한 날로 한다. <개정 2008·3·28>

제70조의2(적격심사) ① 고위공무원단에 속하는 일반직공무원은 다음 각 호의 어느 하나에 해당하면 고위공무원으로서 적격한지 여부에 대한 심사(이하 "적격심사"라 한다)를 받아야 한다. <개정 2010·3·22, 2012·12·11, 2014·1·7>

1. 삭제 <2014·1·7>
2. 근무성적평정에서 최하위 등급의 평정을 총 2년 이상 받은 때. 이 경우 고위공무원단에 속하는 일반직공무원으로 임용되기 전에 고위공무원단에 속하는 별정직공무원으로 재직한 경우에는 그 재직기간 중에 받은 최하위등급의 평정을 포함한다.
3. 대통령령으로 정하는 정당한 사유 없이 직위를 부여받지 못한 기간이 총 1년에 이른 때
4. 다음 각 목의 경우에 모두 해당할 때
   가. 근무성적평정에서 최하위 등급을 1년 이상 받은 사실이 있는 경우. 이 경우 고위공무원단에 속하는 일반직공무원으로 임용되기 전에 고위공무원단에 속하는 별정직공무원으로 재직한 경우에는 그 재직기간 중에 받은 최하위 등급을 포함한다.
   나. 대통령령으로 정하는 정당한 사유 없이 6개월 이상 직위를 부여받지 못한 사실이 있는 경우
5. 제3항 단서에 따른 조건부 적격자가 교육훈련을 이수하지 아니하거나 연구과제를 수행하지 아니한 때

② 적격심사는 제1항 각 호의 어느 하나에

해당하게 된 때부터 6개월 이내에 실시하여야 한다. <개정 2014·1·7>
③ 적격심사는 근무성적, 능력 및 자질의 평정에 따르되, 고위공무원의 직무를 계속 수행하게 하는 것이 곤란하다고 판단되는 사람을 부적격자로 결정한다. 다만, 교육훈련 또는 연구과제 등을 통하여 근무성적 및 능력의 향상이 기대되는 사람은 조건부 적격자로 결정할 수 있다. <개정 2014·1·7>
④ 제3항 단서에 따른 조건부 적격자의 교육훈련 이수 및 연구과제 수행에 관한 확인 방법·절차 등 필요한 사항은 대통령령으로 정한다. <신설 2014·1·7>
⑤ 제1항부터 제3항까지의 규정에 따른 적격심사는 제28조의6제1항에 따른 고위공무원임용심사위원회에서 실시한다. <개정 2011·5·23>
⑥ 소속 장관은 소속 공무원이 제1항 각 호의 어느 하나에 해당되면 지체 없이 인사혁신처장에게 적격심사를 요구하여야 한다. <개정 2013·3·23, 2014·11·19>
[전부개정 2008·3·28]

제71조(휴직) ① 공무원이 다음 각 호의 어느 하나에 해당하면 임용권자는 본인의 의사에도 불구하고 휴직을 명하여야 한다. <개정 2008·3·28>
1. 신체·정신상의 장애로 장기 요양이 필요할 때
2. 삭제 <1978·12·5>
3. 「병역법」에 따른 병역 복무를 마치기 위하여 징집 또는 소집된 때
4. 천재지변이나 전시·사변, 그 밖의 사유로 생사(生死) 또는 소재(所在)가 불명확하게 된 때
5. 그 밖에 법률의 규정에 따른 의무를 수행하기 위하여 직무를 이탈하게 된 때
6. 「공무원의 노동조합 설립 및 운영 등에 관한 법률」 제7조에 따라 노동조합 전임자로 종사하게 된 때

② 임용권자는 공무원이 다음 각 호의 어느 하나에 해당하는 사유로 휴직을 원하면 휴직을 명할 수 있다. 다만, 제4호의 경우에는 대통령령으로 정하는 특별한 사정이 없으면 휴직을 명하여야 한다. <개정 2008·3·28, 2011·5·23, 2013·8·6, 2015·5·18, 2015·12·24, 2021·6·8, 2024·12·31>
1. 국제기구, 외국 기관, 국내외의 대학·연구기관, 다른 국가기관 또는 대통령령으로 정하는 민간기업, 그 밖의 기관에 임시로 채용될 때
2. 국외 유학을 하게 된 때
3. 중앙인사관장기관의 장이 지정하는 연구기관이나 교육기관 등에서 연수하게 된 때
4. 8세 이하 또는 초등학교 2학년 이하의 자녀를 양육하기 위하여 필요하거나 여성공무원이 임신 또는 출산하게 된 때
5. 조부모, 부모(배우자의 부모를 포함한다), 배우자, 자녀 또는 손자녀를 부양하거나 돌보기 위하여 필요한 경우. 다만, 조부모나 손자녀의 돌봄을 위하여 휴직할 수 있는 경우는 본인 외에 돌볼 사람이 없는 등 대통령령등으로 정하는 요건을 갖춘 경우로 한정한다.
6. 외국에서 근무·유학 또는 연수하게 되는 배우자를 동반하게 된 때
7. 대통령령등으로 정하는 기간 동안 재직한 공무원이 직무 관련 연구과제 수행 또는 자기개발을 위하여 학습·연구 등을 하게 된 때

③ 임기제공무원에 대하여는 제1항제1호·제3호 및 제2항제4호에 한정하여 제1항 및 제2항을 적용한다. <신설 2012·12·11, 2020·1·29>
④ 임용권자는 제2항제4호에 따른 휴직을 이유로 인사에 불리한 처우를 하여서는 아니 된다. <개정 2008·3·28>
⑤ 제1항부터 제4항까지의 규정에 따른 휴직 제도 운영에 관하여 필요한 사항은 대통령령등으로 정한다. <개정 2008·3·28, 2012·12·11, 2015·5·18>

제72조(휴직 기간) 휴직 기간은 다음과 같다. <개정 2011·5·23, 2013·8·6, 2015·5·18, 2015·12·24, 2018·3·20, 2021·6·8>
1. 제71조제1항제1호에 따른 휴직기간은 1년 이내로 하되, 부득이한 경우 1년의 범위에서 연장할 수 있다. 다만, 다음 각 목의 어느 하나에 해당하는 공무상 질병 또는 부상으로 인한 휴직기간은 3년 이내로 하되, 의학적 소견 등을 고려하여 대통

령령등으로 정하는 바에 따라 2년의 범위에서 연장할 수 있다.

가. 「공무원 재해보상법」 제22조제1항에 따른 요양급여 지급 대상 부상 또는 질병

나. 「산업재해보상보험법」 제40조에 따른 요양급여 결정 대상 질병 또는 부상

2. 제71조제1항제3호와 제5호에 따른 휴직 기간은 그 복무 기간이 끝날 때까지로 한다.
3. 제71조제1항제4호에 따른 휴직 기간은 3개월 이내로 한다.
4. 제71조제2항제1호에 따른 휴직 기간은 그 채용 기간으로 한다. 다만, 민간기업이나 그 밖의 기관에 채용되면 3년 이내로 한다.
5. 제71조제2항제2호와 제6호에 따른 휴직 기간은 3년 이내로 하되, 부득이한 경우에는 2년의 범위에서 연장할 수 있다.
6. 제71조제2항제3호에 따른 휴직 기간은 2년 이내로 한다.
7. 제71조제2항제4호에 따른 휴직기간은 자녀 1명에 대하여 3년 이내로 한다.
8. 제71조제2항제5호에 따른 휴직 기간은 1년 이내로 하되, 재직 기간 중 총 3년을 넘을 수 없다.
9. 제71조제1항제6호에 따른 휴직 기간은 그 전임 기간으로 한다.
10. 제71조제2항제7호에 따른 휴직 기간은 1년 이내로 한다.

〔전부개정 2008·3·28〕

제73조(휴직의 효력) ① 휴직 중인 공무원은 신분은 보유하나 직무에 종사하지 못한다.

② 휴직 기간 중 그 사유가 없어지면 30일 이내에 임용권자 또는 임용제청권자에게 신고하여야 하며, 임용권자는 지체 없이 복직을 명하여야 한다.

③ 휴직 기간이 끝난 공무원이 30일 이내에 복귀 신고를 하면 당연히 복직된다.

〔전부개정 2008·3·28〕

제73조의2(특수경력직공무원의 휴직) ① 정무직공무원에 대하여는 제71조제1항제3호, 같은 조 제2항제4호, 같은 조 제4항, 제72조제2호·제7호 및 제73조를 준용한다.

② 별정직공무원에 대하여는 제71조제1항제1호·제3호·제4호, 같은 조 제2항제4호·제5호, 같은 조 제4항, 제72조제1호부터 제3호까지, 같은 조 제7호·제8호 및 제73조를 준용한다.

③ 삭제 <2012·12·11>

④ 특수경력직공무원의 휴직에 대하여 다른 법률에 특별한 규정이 있는 경우에는 그 규정에 따른다.

〔전부개정 2011·5·23〕

제73조의3(직위해제) ① 임용권자는 다음 각 호의 어느 하나에 해당하는 자에게는 직위를 부여하지 아니할 수 있다. <개정 2008·3·28, 2010·3·22, 2014·1·7, 2015·5·18>

1. 삭제 <1973·2·5>
2. 직무수행 능력이 부족하거나 근무성적이 극히 나쁜 자
3. 파면·해임·강등 또는 정직에 해당하는 징계 의결이 요구 중인 자
4. 형사 사건으로 기소된 자(약식명령이 청구된 자는 제외한다)
5. 고위공무원단에 속하는 일반직공무원으로서 제70조의2제1항제2호부터 제5호까지의 사유로 적격심사를 요구받은 자
6. 금품비위, 성범죄 등 대통령령으로 정하는 비위행위로 인하여 감사원 및 검찰·경찰 등 수사기관에서 조사나 수사 중인 자로서 비위의 정도가 중대하고 이로 인하여 정상적인 업무수행을 기대하기 현저히 어려운 자

② 제1항에 따라 직위를 부여하지 아니한 경우에 그 사유가 소멸되면 임용권자는 지체 없이 직위를 부여하여야 한다. <개정 2008·3·28>

③ 임용권자는 제1항제2호에 따라 직위해제된 자에게 3개월의 범위에서 대기를 명한다. <개정 2008·3·28>

④ 임용권자 또는 임용제청권자는 제3항에 따라 대기 명령을 받은 자에게 능력 회복이나 근무성적의 향상을 위한 교육훈련 또는 특별한 연구과제의 부여 등 필요한 조치를 하여야 한다. <개정 2008·3·28>

⑤ 공무원에 대하여 제1항제2호의 직위해제 사유와 같은 항 제3호·제4호 또는 제6호의 직위해제 사유가 경합(競合)할 때

에는 같은 항 제 3 호·제 4 호 또는 제 6 호의 직위해제 처분을 하여야 한다. <개정 2015·5·18>

〔본조신설 1965·10·20〕

제73조의4(강임) ① 임용권자는 직제 또는 정원의 변경이나 예산의 감소 등으로 직위가 폐직되거나 하위의 직위로 변경되어 과원이 된 경우 또는 본인이 동의한 경우에는 소속 공무원을 강임할 수 있다. <개정 2010·3·22>

② 제 1 항에 따라 강임된 공무원은 상위 직급 또는 고위공무원단 직위에 결원이 생기면 제40조·제40조의2·제40조의4 및 제41조에도 불구하고 우선 임용된다. 다만, 본인이 동의하여 강임된 공무원은 본인의 경력과 해당 기관의 인력 사정 등을 고려하여 우선 임용될 수 있다.

〔전부개정 2008·3·28〕

제74조(정년) ① 공무원의 정년은 다른 법률에 특별한 규정이 있는 경우를 제외하고는 60세로 한다. <개정 2008·6·13>

② 삭제 <2008·6·13>

③ 삭제 <1998·2·24>

④ 공무원은 그 정년에 이른 날이 1월부터 6월 사이에 있으면 6월 30일에, 7월부터 12월 사이에 있으면 12월 31일에 각각 당연히 퇴직된다. <개정 2008·3·28>

제74조의2(명예퇴직 등) ① 공무원으로 20년 이상 근속(勤續)한 자가 정년 전에 스스로 퇴직(임기제공무원이 아닌 경력직공무원이 임기제공무원으로 임용되어 퇴직하는 경우로서 대통령령으로 정하는 경우를 포함한다)하면 예산의 범위에서 명예퇴직 수당을 지급할 수 있다. <개정 2012·12·11>

② 직제와 정원의 개폐 또는 예산의 감소 등에 따라 폐직 또는 과원이 되었을 때에 20년 미만 근속한 자가 정년 전에 스스로 퇴직하면 예산의 범위에서 수당을 지급할 수 있다.

③ 제 1 항에 따라 명예퇴직수당을 지급받은 자가 다음 각 호의 어느 하나에 해당하는 경우에는 명예퇴직수당을 지급한 국가기관의 장이 그 명예퇴직 수당을 환수하여야 한다. 다만, 제 2 호에 해당하는 경우로서 국가공무원으로 재임용된 경우에는 재임용한 국가기관의 장이 환수하여야 한다. <개정 2008·12·31, 2012·10·22, 2015·5·18>

1. 재직 중의 사유로 금고 이상의 형을 받은 경우

1의2. 재직 중에 「형법」 제129조부터 제132조까지에 규정된 죄를 범하여 금고 이상의 형의 선고유예를 받은 경우

1의3. 재직 중에 직무와 관련하여 「형법」 제355조 또는 제356조에 규정된 죄를 범하여 300만원 이상의 벌금형을 선고받고 그 형이 확정되거나 금고 이상의 형의 선고유예를 받은 경우

2. 경력직공무원, 그 밖에 대통령령등으로 정하는 공무원으로 재임용되는 경우

3. 명예퇴직 수당을 초과하여 지급받거나 그 밖에 명예퇴직 수당의 지급 대상이 아닌 자가 지급받은 경우

④ 제 3 항에 따라 명예퇴직수당을 환수하여야 하는 국가기관의 장은 환수 대상자가 납부기한까지 환수금을 납부하지 아니하면 국세강제징수의 예에 따라 징수할 수 있다. 이 경우 체납액의 징수가 사실상 곤란하다고 판단되는 경우에는 징수 대상자의 주소지를 관할하는 세무서장에게 징수를 위탁한다. <개정 2021·6·8>

⑤ 제 1 항에 따른 명예퇴직 수당과 제 2 항에 따른 수당의 지급대상범위·지급액·지급절차와 제 3 항 및 제 4 항에 따른 명예퇴직 수당의 환수액·환수절차 등에 필요한 사항은 대통령령등으로 정한다. <개정 2012·10·22, 2015·5·18>

〔전부개정 2008·3·28〕

제74조의3(별정직공무원의 자진퇴직에 따른 수당) ① 다른 법률에 특별한 규정이 있는 경우 외에는 별정직공무원(비서관·비서는 제외한다)이 직제와 정원의 개폐 또는 예산의 감소 등으로 폐직 또는 과원이 되었을 때에 스스로 퇴직하면 예산의 범위에서 수당을 지급할 수 있다. <개정 2011·5·23>

② 제 1 항에 따른 수당의 지급대상범위·지급액·지급절차 등에 필요한 사항은 대통령령등으로 정한다. <개정 2015·5·18>

〔전부개정 2008·3·28〕

제 9 장 권익의 보장

제75조(처분사유 설명서의 교부) ① 공무원에 대하여 징계처분등을 할 때나 강임·휴직·직위해제 또는 면직처분을 할 때에는 그 처분권자 또는 처분제청권자는 처분사유를 적은 설명서를 교부(交付)하여야 한다. 다만, 본인의 원(願)에 따른 강임·휴직 또는 면직처분은 그러하지 아니하다. <개정 2010·3·22>

② 처분권자 또는 처분제청권자는 피해자가 요청하는 경우 다음 각 호의 어느 하나에 해당하는 사유로 처분사유 설명서를 교부할 때에는 그 징계처분결과를 피해자에게 함께 통보하여야 한다. <신설 2018·10·16, 2023·4·11, 2024·12·31>

1. 「성폭력범죄의 처벌 등에 관한 특례법」 제 2 조에 따른 성폭력범죄
2. 「양성평등기본법」 제 3 조제 2 호에 따른 성희롱
3. 직장에서의 지위나 관계 등의 우위를 이용하여 업무상 적정범위를 넘어 다른 공무원 등에게 부당한 행위를 하거나 신체적·정신적 고통을 주는 등의 행위로서 대통령령등으로 정하는 행위

〔전부개정 2008·3·28〕

제76조(심사청구와 후임자 보충 발령) ① 제75조에 따른 처분사유 설명서를 받은 공무원이 그 처분에 불복할 때에는 그 설명서를 받은 날부터, 공무원이 제75조에서 정한 처분 외에 본인의 의사에 반한 불리한 처분을 받았을 때에는 그 처분이 있은 것을 안 날부터 각각 30일 이내에 소청심사위원회에 이에 대한 심사를 청구할 수 있다. 이 경우 변호사를 대리인으로 선임할 수 있다.

② 본인의 의사에 반하여 파면 또는 해임이나 제70조제 1 항제 5 호에 따른 면직처분을 하면 그 처분을 한 날부터 40일 이내에는 후임자의 보충발령을 하지 못한다. 다만, 인력 관리상 후임자를 보충하여야 할 불가피한 사유가 있고, 제 3 항에 따른 소청심사위원회의 임시결정이 없는 경우에는 국회사무총장, 법원행정처장, 헌법재판소사무처장, 중앙선거관리위원회사무총장 또는 인사혁신처장과 협의를 거쳐 후임자의 보충발령을 할 수 있다. <개정 2013·3·23, 2014·11·19>

③ 소청심사위원회는 제 1 항에 따른 소청심사청구가 파면 또는 해임이나 제70조제 1 항제 5 호에 따른 면직처분으로 인한 경우에는 그 청구를 접수한 날부터 5일 이내에 해당 사건의 최종 결정이 있을 때까지 후임자의 보충발령을 유예하게 하는 임시결정을 할 수 있다.

④ 제 3 항에 따라 소청심사위원회가 임시결정을 한 경우에는 임시결정을 한 날부터 20일 이내에 최종 결정을 하여야 하며 각 임용권자는 그 최종 결정이 있을 때까지 후임자를 보충발령하지 못한다.

⑤ 소청심사위원회는 제 3 항에 따른 임시결정을 한 경우 외에는 소청심사청구를 접수한 날부터 60일 이내에 이에 대한 결정을 하여야 한다. 다만, 불가피하다고 인정되면 소청심사위원회의 의결로 30일을 연장할 수 있다.

⑥ 공무원은 제 1 항의 심사청구를 이유로 불이익한 처분이나 대우를 받지 아니한다.

〔전부개정 2008·3·28〕

제76조의2(고충 처리) ① 공무원은 인사·조직·처우 등 각종 직무 조건과 그 밖에 신상 문제와 관련한 고충에 대하여 상담을 신청하거나 심사를 청구할 수 있으며, 누구나 기관 내 성폭력 범죄 또는 성희롱 발생 사실을 알게 된 경우 이를 신고할 수 있다. 이 경우 상담 신청이나 심사 청구 또는 신고를 이유로 불이익한 처분이나 대우를 받지 아니한다. <개정 2018·10·16>

② 중앙인사관장기관의 장, 임용권자 또는 임용제청권자는 제 1 항에 따른 상담을 신청받은 경우에는 소속 공무원을 지정하여 상담하게 하고, 심사를 청구받은 경우에는 제 4 항에 따른 관할 고충심사위원회에 부쳐 심사하도록 하여야 하며, 그 결과에 따라 고충의 해소 등 공정한 처리를 위하여 노력하여야 한다. <개정 2018·10·16>

③ 중앙인사관장기관의 장, 임용권자 또는 임용제청권자는 기관 내 성폭력 범죄 또는 성희롱 발생 사실의 신고를 받은 경우에는 지체 없이 사실 확인을 위한 조사를 하고 그에 따라 필요한 조치를 하여야 한다. <신설 2018·10·16>

④ 공무원의 고충을 심사하기 위하여 중앙

인사관장기관에 중앙고충심사위원회를, 임용권자 또는 임용제청권자 단위로 보통고충심사위원회를 두되, 중앙고충심사위원회의 기능은 소청심사위원회에서 관장한다.

⑤ 중앙고충심사위원회는 보통고충심사위원회의 심사를 거친 재심청구와 5급 이상 공무원 및 고위공무원단에 속하는 일반직공무원의 고충을, 보통고충심사위원회는 소속 6급 이하의 공무원의 고충을 각각 심사한다. 다만, 6급 이하의 공무원의 고충이 성폭력범죄 또는 성희롱 사실에 관한 고충 등 보통고충심사위원회에서 심사하는 것이 부적당하다고 대통령령등으로 정한 사안이거나 임용권자를 달리하는 둘 이상의 기관에 관련된 경우에는 중앙고충심사위원회에서, 원소속 기관의 보통고충심사위원회에서 고충을 심사하는 것이 부적당하다고 인정될 경우에는 직근 상급기관의 보통고충심사위원회에서 각각 심사할 수 있다. <개정 2012·12·11, 2018·10·16>

⑥ 이 법의 적용을 받는 자와 다른 법률의 적용을 받는 자가 서로 관련되는 고충의 심사청구에 대하여는 이 법의 규정에 따라 설치된 고충심사위원회가 대통령령등으로 정하는 바에 따라 심사할 수 있다. <개정 2015·5·18>

⑦ 중앙인사관장기관의 장, 임용권자 또는 임용제청권자는 심사 결과 필요하다고 인정되면 처분청이나 관계 기관의 장에게 그 시정을 요청할 수 있으며, 요청받은 처분청이나 관계 기관의 장은 특별한 사유가 없으면 이를 이행하고, 그 처리 결과를 알려야 한다. 다만, 부득이한 사유로 이행하지 못하면 그 사유를 알려야 한다.

⑧ 고충상담 신청, 성폭력 범죄 또는 성희롱 발생 사실의 신고에 대한 처리절차, 고충심사위원회의 구성·권한·심사절차, 그 밖에 필요한 사항은 대통령령등으로 정한다. <개정 2015·5·18, 2018·10·16>

〔전부개정 2008·3·28〕

제76조의3(특수경력직공무원의 고충 처리) 다른 법률에 특별한 규정이 있는 경우 외에는 특수경력직공무원에 대하여도 대통령령등으로 정하는 바에 따라 제76조의2를 준용할 수 있다. <개정 2015·5·18>

〔전부개정 2008·3·28〕

제77조(사회보장) ① 공무원이 질병·부상·장해·퇴직·사망 또는 재해를 입으면 본인이나 유족에게 법률로 정하는 바에 따라 적절한 급여를 지급한다. <개정 2023·4·11>

② 제1항의 법률에는 다음 각 호의 사항을 규정하여야 한다. <개정 2023·4·11>

1. 공무원이 상당한 기간 근무하여 퇴직하거나 사망한 경우에 본인이나 그 유족에게 연금 또는 일시금을 지급하는 사항
2. 공무로 인한 부상이나 질병으로 인하여 사망하거나 퇴직한 공무원 또는 그 유족에게 연금 또는 보상을 지급하는 사항
3. 공무상의 부상·질병으로 인하여 요양하는 동안 소득 능력에 장애를 받을 경우 공무원이 받는 손실 보상에 관한 사항
4. 공무로 인하지 아니한 사망·장해·부상·질병·출산, 그 밖의 사고에 대한 급여 지급 사항

③ 정부는 제2항 외에 법률로 정하는 바에 따라 공무원의 복리와 이익의 적절하고 공정한 보호를 위하여 그 대책을 수립·실시하여야 한다.

〔전부개정 2008·3·28〕

제10장 징계

제78조(징계 사유) ① 공무원이 다음 각 호의 어느 하나에 해당하면 징계 의결을 요구하여야 하고 그 징계 의결의 결과에 따라 징계처분을 하여야 한다.

1. 이 법 및 이 법에 따른 명령을 위반한 경우
2. 직무상의 의무(다른 법령에서 공무원의 신분으로 인하여 부과된 의무를 포함한다)를 위반하거나 직무를 태만히 한 때
3. 직무의 내외를 불문하고 그 체면 또는 위신을 손상하는 행위를 한 때

② 공무원(특수경력직공무원 및 지방공무원을 포함한다)이었던 사람이 다시 공무원으로 임용된 경우에 재임용 전에 적용된 법령에 따른 징계 사유는 그 사유가 발생한 날부터 이 법에 따른 징계 사유가 발생한 것으로 본다. <개정 2021·6·8>

③ 삭제 <2021·6·8>
④ 제1항의 징계 의결 요구는 5급 이상 공무원 및 고위공무원단에 속하는 일반직공무원은 소속 장관이, 6급 이하의 공무원은 소속 기관의 장 또는 소속 상급기관의 장이 한다. 다만, 국무총리·인사혁신처장 및 대통령령등으로 정하는 각급 기관의 장은 다른 기관 소속 공무원이 징계 사유가 있다고 인정하면 관계 공무원에 대하여 관할 징계위원회에 직접 징계를 요구할 수 있다. <개정 2012·12·11, 2013·3·23, 2014·11·19, 2015·5·18>
⑤ 제1항의 징계 의결을 요구하는 경우 제50조의2제3항에 따른 징계 등의 면제 사유가 있는지를 사전에 검토하여야 한다. <신설 2022·12·27>
〔전부개정 2008·3·28〕

제78조의2(징계부가금) ① 제78조에 따라 공무원의 징계 의결을 요구하는 경우 그 징계 사유가 다음 각 호의 어느 하나에 해당하는 경우에는 해당 징계 외에 다음 각 호의 행위로 취득하거나 제공한 금전 또는 재산상 이득(금전이 아닌 재산상 이득의 경우에는 금전으로 환산한 금액을 말한다)의 5배 내의 징계부가금 부과 의결을 징계위원회에 요구하여야 한다. <개정 2015·5·18>
1. 금전, 물품, 부동산, 향응 또는 그 밖에 대통령령으로 정하는 재산상 이익을 취득하거나 제공한 경우
2. 다음 각 목에 해당하는 것을 횡령(橫領), 배임(背任), 절도, 사기 또는 유용(流用)한 경우
가. 「국가재정법」에 따른 예산 및 기금
나. 「지방재정법」에 따른 예산 및 「지방자치단체 기금관리기본법」에 따른 기금
다. 「국고금 관리법」 제2조제1호에 따른 국고금
라. 「보조금 관리에 관한 법률」 제2조제1호에 따른 보조금
마. 「국유재산법」 제2조제1호에 따른 국유재산 및 「물품관리법」 제2조제1항에 따른 물품
바. 「공유재산 및 물품 관리법」 제2조제1호 및 제2호에 따른 공유재산 및 물품
사. 그 밖에 가목부터 바목까지에 준하는 것으로서 대통령령으로 정하는 것

② 징계위원회는 징계부가금 부과 의결을 하기 전에 징계부가금 부과 대상자가 제1항 각 호의 어느 하나에 해당하는 사유로 다른 법률에 따라 형사처벌을 받거나 변상책임 등을 이행한 경우(몰수나 추징을 당한 경우를 포함한다) 또는 다른 법령에 따른 환수나 가산징수 절차에 따라 환수금이나 가산징수금을 납부한 경우에는 대통령령으로 정하는 바에 따라 조정된 범위에서 징계부가금 부과를 의결하여야 한다. <개정 2015·5·18>
③ 징계위원회는 징계부가금 부과 의결을 한 후에 징계부가금 부과 대상자가 형사처벌을 받거나 변상책임 등을 이행한 경우(몰수나 추징을 당한 경우를 포함한다) 또는 환수금이나 가산징수금을 납부한 경우에는 대통령령으로 정하는 바에 따라 이미 의결된 징계부가금의 감면 등의 조치를 하여야 한다. <신설 2015·5·18>
④ 제1항에 따라 징계부가금 부과처분을 받은 사람이 납부기간 내에 그 부가금을 납부하지 아니한 때에는 처분권자(대통령이 처분권자인 경우에는 처분 제청권자)는 국세강제징수의 예에 따라 징수할 수 있다. 이 경우 체납액의 징수가 사실상 곤란하다고 판단되는 경우에는 징수 대상자의 주소지를 관할하는 세무서장에게 징수를 위탁한다. <개정 2015·12·24, 2021·6·8>
⑤ 처분권자(대통령이 처분권자인 경우에는 처분 제청권자)는 제4항 단서에 따라 관할 세무서장에게 징계부가금 징수를 의뢰한 후 체납일부터 5년이 지난 후에도 징수가 불가능하다고 인정될 때에는 관할 징계위원회에 징계부가금 감면의결을 요청할 수 있다. <신설 2015·12·24>
〔본조신설 2010·3·22〕

제78조의3(재징계의결 등의 요구) ① 처분권자(대통령이 처분권자인 경우에는 처분 제청권자)는 다음 각 호에 해당하는 사유로 소청심사위원회 또는 법원에서 징계처분등의 무효 또는 취소(취소명령 포함)의 결정이나 판결을 받은 경우에는 다시 징계 의결 또는 징계부가금 부과 의결(이하 "징계의결등"이라 한다)을 요구하여야 한다. 다만, 제3호의 사유로 무효 또는 취소(취소명령 포

함)의 결정이나 판결을 받은 감봉·견책처분에 대하여는 징계의결을 요구하지 아니할 수 있다. <개정 2010·3·22>

1. 법령의 적용, 증거 및 사실 조사에 명백한 흠이 있는 경우
2. 징계위원회의 구성 또는 징계의결등, 그 밖에 절차상의 흠이 있는 경우
3. 징계양정 및 징계부가금이 과다(過多)한 경우

② 처분권자는 제1항에 따른 징계의결등을 요구하는 경우에는 소청심사위원회의 결정 또는 법원의 판결이 확정된 날부터 3개월 이내에 관할 징계위원회에 징계의결등을 요구하여야 하며, 관할 징계위원회에서는 다른 징계사건에 우선하여 징계의결등을 하여야 한다. <개정 2010·3·22>

〔본조신설 2008·12·31〕

제78조의4(퇴직을 희망하는 공무원의 징계사유 확인 및 퇴직 제한 등) ① 임용권자 또는 임용제청권자는 공무원이 퇴직을 희망하는 경우에는 제78조제1항에 따른 징계사유가 있는지 및 제2항 각 호의 어느 하나에 해당하는지 여부를 감사원과 검찰·경찰 등 조사 및 수사기관(이하 이 조에서 "조사 및 수사기관"이라 한다)의 장에게 확인하여야 한다. <개정 2020·1·29>

② 제1항에 따른 확인 결과 퇴직을 희망하는 공무원이 파면, 해임, 강등 또는 정직에 해당하는 징계사유가 있거나 다음 각 호의 어느 하나에 해당하는 경우(제1호·제3호 및 제4호의 경우에는 해당 공무원이 파면·해임·강등 또는 정직의 징계에 해당한다고 판단되는 경우에 한정한다) 제78조제4항에 따른 소속 장관 등은 지체 없이 징계의결등을 요구하여야 하고, 퇴직을 허용하여서는 아니 된다. <개정 2020·1·29>

1. 비위(非違)와 관련하여 형사사건으로 기소된 때
2. 징계위원회에 파면·해임·강등 또는 정직에 해당하는 징계 의결이 요구 중인 때
3. 조사 및 수사기관에서 비위와 관련하여 조사 또는 수사 중인 때
4. 각급 행정기관의 감사부서 등에서 비위와 관련하여 내부 감사 또는 조사 중인 때

③ 제2항에 따라 징계의결등을 요구한 경우 임용권자는 제73조의3제1항제3호에 따라 해당 공무원에게 직위를 부여하지 아니할 수 있다. <신설 2020·1·29>

④ 관할 징계위원회는 제2항에 따라 징계의결등이 요구된 경우 다른 징계사건에 우선하여 징계의결등을 하여야 한다.

⑤ 그 밖에 퇴직을 제한하는 절차 등 필요한 사항은 대통령령등으로 정한다. <신설 2020·1·29>

〔본조신설 2015·12·24〕

제79조(징계의 종류) 징계는 파면·해임·강등·정직·감봉·견책(譴責)으로 구분한다. <개정 2008·12·31, 2020·1·29>

〔전부개정 2008·3·28〕

제80조(징계의 효력) ① 강등은 1계급 아래로 직급을 내리고(고위공무원단에 속하는 공무원은 3급으로 임용하고, 연구관 및 지도관은 연구사 및 지도사로 한다) 공무원신분은 보유하나 3개월간 직무에 종사하지 못하며 그 기간 중 보수는 전액을 감한다. 다만, 제4조제2항에 따라 계급을 구분하지 아니하는 공무원과 임기제공무원에 대해서는 강등을 적용하지 아니한다. <신설 2008·12·31, 2014·1·7, 2015·12·24>

② 제1항에도 불구하고 이 법의 적용을 받는 특정직공무원 중 외무공무원과 교육공무원의 강등의 효력은 다음 각 호와 같다. <신설 2008·12·31, 2014·1·7, 2015·12·24>

1. 외무공무원의 강등은 「외무공무원법」 제20조의2에 따라 배정받은 직무등급을 1등급 아래로 내리고(14등급 외무공무원은 고위공무원단 직위로 임용하고, 고위공무원단에 속하는 외무공무원은 9등급으로 임용하며, 8등급부터 6등급까지의 외무공무원은 5등급으로 임용한다) 공무원신분은 보유하나 3개월간 직무에 종사하지 못하며 그 기간 중 보수는 전액을 감한다.
2. 교육공무원의 강등은 「교육공무원법」 제2조제10항에 따라 동종의 직무 내에서 하위의 직위에 임명하고, 공무원신분은 보유하나 3개월간 직무에 종사하지 못하며 그 기간 중 보수는 전액을 감한다. 다만, 「고등교육법」 제14조에 해당하는 교원 및 조교에 대하여는 강등을 적용하지 아니한다.

③ 정직은 1개월 이상 3개월 이하의 기간으로 하고, 정직 처분을 받은 자는 그 기간 중 공무원의 신분은 보유하나 직무에 종사하

지 못하며 보수는 전액을 감한다. <개정 2008·3·28, 2015·12·24>

④ 감봉은 1개월 이상 3개월 이하의 기간 동안 보수의 3분의 1을 감한다. <개정 2008·3·28>

⑤ 견책(譴責)은 전과(前過)에 대하여 훈계하고 회개하게 한다. <개정 2008·3·28>

⑥ 강등(3개월간 직무에 종사하지 못하는 효력 및 그 기간 중 보수는 전액을 감하는 효력으로 한정한다), 정직 및 감봉의 징계처분은 휴직기간 중에는 그 집행을 정지한다. <신설 2023·4·11>

⑦ 공무원으로서 징계처분을 받은 자에 대하여는 그 처분을 받은 날 또는 그 집행이 끝난 날부터 대통령령등으로 정하는 기간 동안 승진임용 또는 승급할 수 없다. 다만, 징계처분을 받은 후 직무수행의 공적으로 포상 등을 받은 공무원에 대하여는 대통령령등으로 정하는 바에 따라 승진임용이나 승급을 제한하는 기간을 단축하거나 면제할 수 있다. <개정 2008·3·28, 2015·5·18>

⑧ 공무원(특수경력직공무원 및 지방공무원을 포함한다)이었던 사람이 다시 공무원이 된 경우에는 재임용 전에 적용된 법령에 따라 받은 징계처분은 그 처분일부터 이 법에 따른 징계처분을 받은 것으로 본다. 다만, 제79조에서 정한 징계의 종류 외의 징계처분의 효력에 관하여는 대통령령등으로 정한다. <개정 2008·3·28, 2015·5·18, 2021·6·8>

第81條(징계위원회의 설치) ① 공무원의 징계처분등을 의결하게 하기 위하여 대통령령등으로 정하는 기관에 징계위원회를 둔다. <개정 2010·3·22, 2015·5·18>

② 징계위원회의 종류·구성·권한·심의절차 및 징계 대상자의 진술권에 필요한 사항은 대통령령등으로 정한다. <개정 2015·5·18>

③ 징계의결등에 관하여는 제13조제2항을 준용한다. <개정 2010·3·22>

[전부개정 2008·3·28]

第82條(징계 등 절차) ① 공무원의 징계처분등은 징계위원회의 의결을 거쳐 징계위원회가 설치된 소속 기관의 장이 하되, 국무총리 소속으로 설치된 징계위원회(국회·법원·헌법재판소·선거관리위원회에 있어서는 해당 중앙인사관장기관에 설치된 상급 징계위원회를 말한다. 이하 같다)에서 한 징계의결등에 대하여는 중앙행정기관의 장이 한다. 다만, 파면과 해임은 징계위원회의 의결을 거쳐 각 임용권자 또는 임용권을 위임한 상급 감독기관의 장이 한다. <개정 2010·3·22>

② 징계의결등을 요구한 기관의 장은 징계위원회의 의결이 가볍다고 인정하면 그 처분을 하기 전에 다음 각 호의 구분에 따라 심사나 재심사를 청구할 수 있다. 이 경우 소속 공무원을 대리인으로 지정할 수 있다. <개정 2020·1·29>

1. 국무총리 소속으로 설치된 징계위원회의 의결 : 해당 징계위원회에 재심사를 청구
2. 중앙행정기관에 설치된 징계위원회(중앙행정기관의 소속기관에 설치된 징계위원회는 제외한다)의 의결 : 국무총리 소속으로 설치된 징계위원회에 심사를 청구
3. 제1호 및 제2호 외의 징계위원회의 의결 : 직근 상급기관에 설치된 징계위원회에 심사를 청구

③ 징계위원회는 제2항에 따라 심사나 재심사가 청구된 경우에는 다른 징계 사건에 우선하여 심사나 재심사를 하여야 한다. <신설 2020·1·29>

[전부개정 2008·3·28]

第83條(감사원의 조사와의 관계 등) ① 감사원에서 조사 중인 사건에 대하여는 제3항에 따른 조사개시 통보를 받은 날부터 징계 의결의 요구나 그 밖의 징계 절차를 진행하지 못한다.

② 검찰·경찰, 그 밖의 수사기관에서 수사 중인 사건에 대하여는 제3항에 따른 수사개시 통보를 받은 날부터 징계 의결의 요구나 그 밖의 징계 절차를 진행하지 아니할 수 있다.

③ 감사원과 검찰·경찰, 그 밖의 수사기관은 조사나 수사를 시작한 때와 이를 마친 때에는 10일 내에 소속 기관의 장에게 그 사실을 통보하여야 한다.

④ 제3항에 따른 조사 또는 수사 종료의 통보를 받은 소속 기관의 장은 징계의결의 요구나 그 밖의 징계 절차를 위하여 감사원 또는 검찰·경찰, 그 밖의 수사기관에 대통령령으로 정하는 조사·수사 자료를 징계 절차에 필요한 범위에서 요청할 수 있다. 이 경우 요청을 받은 감사원 또는 검찰·경찰, 그 밖의 수사기관은 특별한 사유가 없으면 이에 협조하여야 한다. <신설 2024·12·31>

〔전부개정 2008·3·28〕

제83조의2(징계 및 징계부가금 부과 사유의 시효) ① 징계의결등의 요구는 징계 등 사유가 발생한 날부터 다음 각 호의 구분에 따른 기간이 지나면 하지 못한다. <개정 2021·6·8>

1. 징계 등 사유가 다음 각 목의 어느 하나에 해당하는 경우 : 10년
   가. 「성매매알선 등 행위의 처벌에 관한 법률」 제4조에 따른 금지행위
   나. 「성폭력범죄의 처벌 등에 관한 특례법」 제2조에 따른 성폭력범죄
   다. 「아동·청소년의 성보호에 관한 법률」 제2조제2호에 따른 아동·청소년대상 성범죄
   라. 「양성평등기본법」 제3조제2호에 따른 성희롱
2. 징계 등 사유가 제78조의2제1항 각 호의 어느 하나에 해당하는 경우 : 5년
3. 그 밖의 징계 등 사유에 해당하는 경우 : 3년

② 제83조제1항 및 제2항에 따라 징계절차를 진행하지 못하여 제1항의 기간이 지나거나 그 남은 기간이 1개월 미만인 경우에는 제1항의 기간은 제83조제3항에 따른 조사나 수사의 종료 통보를 받은 날부터 1개월이 지난 날에 끝나는 것으로 본다.

③ 징계위원회의 구성·징계의결등, 그 밖에 절차상의 흠이나 징계양정 및 징계부가금의 과다(過多)를 이유로 소청심사위원회 또는 법원에서 징계처분등의 무효 또는 취소의 결정이나 판결을 한 경우에는 제1항의 기간이 지나거나 그 남은 기간이 3개월 미만인 경우에도 그 결정 또는 판결이 확정된 날부터 3개월 이내에는 다시 징계의결등을 요구할 수 있다. <개정 2010·3·22>

〔전부개정 2008·3·28〕

제83조의3(특수경력직공무원의 징계) 다른 법률에 특별한 규정이 있는 경우 외에는 특수경력직공무원에 대하여도 대통령령등으로 정하는 바에 따라 이 장을 준용할 수 있다. <개정 2015·5·18>

〔전부개정 2008·3·28〕

제11장 벌칙

제84조(정치 운동죄) ① 제65조를 위반한 자는 3년 이하의 징역과 3년 이하의 자격정지에 처한다.

② 제1항에 규정된 죄에 대한 공소시효의 기간은 「형사소송법」 제249조제1항에도 불구하고 10년으로 한다.

〔본조신설 2014·1·14〕

제84조의2(벌칙) 제44조·제45조 또는 제66조를 위반한 자는 다른 법률에 특별히 규정된 경우 외에는 1년 이하의 징역 또는 1천만원 이하의 벌금에 처한다. <개정 2010·3·22, 2014·1·14, 2014·10·15>

〔전부개정 2008·3·28〕

제12장 보칙

제85조 삭제 <2022·12·27>

제85조의2(수수료) ① 제28조에 따라 공무원 신규 채용시험에 응시하려는 사람은 대통령령등으로 정하는 바에 따라 수수료를 내야 한다. 이 경우 수수료 금액은 실비의 범위에서 정하여야 한다.

② 수수료를 과오납한 경우 등 대통령령등으로 정하는 경우에는 제1항에 따라 납부한 수수료를 반환받을 수 있다.

③ 시험실시기관의 장은 제1항에도 불구하고 「국민기초생활 보장법」에 따른 수급자 등 대통령령등으로 정하는 사람에 대하여는 수수료를 감면할 수 있다.

〔본조신설 2015·5·18〕

부 칙

제1조(시행일) 이 법은 1963년 6월 1일부터 시행한다.

제2조(폐지법률) 종전의 "국가공무원법·최고회의직원법·법원직원법 및 비상시경찰관특별징계령"은 이 법 시행과 동시에 이를 폐지한다.

제3조(경과조치) ① 이 법 시행당시의 법령에 의한 징계처분은 그 효력이 존속하며 항고심사 중에 있는 사건은 종전의 규정에 의하여 처리한다.

② 이 법 시행당시의 법령에 의하여 징계처분을 받고 그 항고제기기간 중에 있는 자는 이 법 시행일로부터 10일 이내에 이 법에 의한 소청심사위원회에 심사를 청구할 수 있다.

제 4 조(동전) ① 종전의 군사원호대상자임용법에 의한 소청위원회가 접수하여 미처리 중에 있는 소청사건은 이 법 시행과 동시에 이 법에 의한 소청심사위원회에 이관하여야 한다.

② 군사원호대상자임용법의 적용을 받는 자로서 1963년 3월 1일부터 이 법 시행일까지의 사이에 각종의 채용시험에 있어서 불공평한 취급을 받았다고 인정하거나 부당하게 감원된 때에는 이 법 제76조제 1 항의 규정에 불구하고 이 법 시행일로부터 10일 이내에 이 법에 의한 소청심사위원회에 그 심사를 청구할 수 있다.

제 5 조(종전 고등고시행정과 및 보통고시합격자의 채용) 1963년 6월 1일 이전에 시행한 고등고시행정과 및 보통고시의 합격자는 국회규칙·대법원규칙 또는 대통령령이 정하는 바에 따라 채용할 수 있다.
〔전부개정 1964·5·26〕

제 6 조(이 법 시행당시의 공무원) ① 이 법 시행당시의 1급 내지 5급공무원은 각각 이 법에 의한 1급 내지 5급공무원으로 임명된 것으로 본다.

② 이 법 시행당시의 공무원에 대한 이 법의 적용에 관한 경과적 특례는 국가재건최고회의규칙·대법원규칙 또는 각령으로 정한다.

제 7 조(다른 법률과의 관계) "법원조직법·감사원법·교육공무원법·검찰청법·원호처설치법" 기타 법률중 이 법에 저촉되는 규정은 이 법의 시행과 동시에 그 효력을 상실한다.

제 8 조(초대소청심사위원의 임기) 초대소청심사위원중 2인은 5년, 2인은 4년, 기타 3인은 각각 3년·2년·1년의 임기로 임명한다.

제 9 조(외무공무원결격사유에 대한 예외) 이 법 시행당시 제33조제 2 항제 3 호에 해당하는 자로서 외무공무원으로 재직 중인 자에 대하여는 동단서에 규정된 외무부장관의 승인이 있는 것으로 본다.

부 칙 <1963·12·16 법1521>

①(시행일) 이 법은 1963년 12월 17일부터 시행한다.

②(경과조치) 이 법 시행당시에 이 법 제29조에 규정된 조건부임용기간 또는 시보기간을 초과하여 근무한 자는 이 법 시행일에 해당직무의 시보 또는 정규공무원으로 임용된 것으로 본다.

③(동전) 이 법 시행당시의 공무원은 이 법에 의하여 임명된 것으로 본다.

부 칙 <1964·5·26 법1638>

①(시행일) 이 법은 공포한 날로부터 시행한다.

②(경과조치) 이 법 시행당시 국회 및 법원에 추천할 목적으로 채용 또는 승진시험을 실시하여 총무처에 임용후보자로 보유되어 있는 자는 이 법 시행일로부터 1월 이내에 국회사무처·법원행정처에 이관하여야 한다.

③(동전) 이 법 시행당시의 인사규칙은 이 법에 의하여 총리령이 제정될 때까지 그 효력을 가진다.

④(경과적특례) 국회 및 법원 소속공무원에 대하여는 이 법시행을 위한 국회규칙 또는 대법원규칙이 제정될 때까지 대통령령 및 총리령을 준용한다.

⑤(특혜조치) 이 법 시행당시의 공무원으로서 이 법 시행당시에 재직한 직급과 동일한 직급으로 타부에 전입할 경우에는 제28조의2의 규정에 불구하고 시험없이 이를 임용할 수 있다.

부 칙 <1965·10·20 법1711>

①(시행일) 이 법은 공포한 날로부터 시행한다.

②(경과조치) 이 법 시행당시 소청심사위원회의 위원으로 재직 중인 자는 이법에 의하여 임용된 것으로 보되, 임기는 기임용된 날로부터 계산한다.

③(동전) 이 법 시행당시 정직 또는 근신의 처분을 받은 자의 정직 또는 근신의 효력은 종전의 규정에 의한다.

④(동전) 이 법 시행당시 법원에 계속 중인 사건으로서 제16조에 해당하는 것은 그 피고를 총무처장관으로 경정한 것으로 본다.

⑤(동전) 이 법 시행당시 제76조제 5 항 단서의 규정에 의하여 소청심사위원회에서 심사 중인 사건은 종전의 규정에 의하여 심사결정한다.

부 칙 <1973·2·5 법2460>

제1조(시행일) 이 법은 1973년 4월 1일부터 시행한다.

제2조(폐지법령) 법률 제1434호 "직위분류법"은 이 법 시행과 동시에 이를 폐지한다.

제3조(소청심사위원회상임위원의 임기) 이 법 시행당시 소청심사위원회의 상임위원의 임기는 종전의 규정에 의한다.

제4조(법원에 계속 중인 사건의 피고) 이 법 시행당시 법원에 계속 중인 사건에 대하여는 이 법 제16조의 규정에 불구하고 당해 사건의 피고는 종전의 규정에 의한다.

제5조(경력에 대한 특례) 이 법 시행당시 종전의 법령에 의하여 제28조제2항제3호의 규정에 관한 특례가 인정된 자는 종전의 법령의 규정에 의한다.

제6조(조건부 임용 중의 4급 이하 공무원) 이 법 시행당시 조건부 임용 중에 있는 4급 이하 공무원에 대하여는 조건부 임용을 이 법에 의한 시보임용으로 보며 그 기간은 6월로 한다.

제7조(조건부 또는 시보임용 중의 3급공무원) ① 이 법 시행당시 조건부 또는 시보임용 중에 있는 3급공무원은 이 법에 의한 시보임용으로 보며 그 기간은 1년으로 하되 1년이 경과된 자는 이 법 시행일에 정규공무원으로 임용된 것으로 본다.

② 이 법 시행당시 시보임용 중에 있는 3급공무원은 전항의 규정에 의하여 시보공무원이 된 경우에도 이 법 제29조제3항을 적용받지 아니한다.

제8조(4, 5급공무원의 채용시험실시기관) 이 법 시행당시 시험이 진행중에 있는 4급 및 5급공무원의 채용시험은 이 법 제34조제1항 단서의 규정에 불구하고 당해 기관에서 계속 시험을 실시완료한다.

제9조(기한부공무원) 이 법 시행당시 기한부로 임용되어 있는 공무원에 대하여는 종전의 규정을 적용한다.

제10조(잡급직원의 임용) 이 법 시행당시 시험실시기관에서 특별채용시험이 진행 중인 잡급직원에 대하여는 이 법 제43조의2제2항을 적용받지 아니한다.

제11조(노조전임 공무원의 허가) 이 법 시행당시 노동조합업무에 전임하고 있는 공무원에 대하여는 이 법 시행일로부터 1월 이내에 이 법 제66조제3항의 규정에 의하여 소속장관의 허가를 받아야 한다.

제12조(직위해제 중의 공무원) 이 법 시행당시 제73조의2제1항제2호 및 제5호의 규정에 의하여 직위해제된 자는 종전의 규정에 의하되 이 법 시행일로부터 6월이 경과하여도 직위를 부여받지 못할 경우에는 6월이 경과한 날에 당연 퇴직된다.

부 칙 <1978·12·5 법3150>

제1조(시행일) 이 법은 1979년 1월 1일부터 시행한다.

제2조(소청심사위원회 상임위원의 임기에 관한 경과조치) 이 법 시행당시 소청심사위원회의 상임위원의 임기는 종전의 규정에 의한다.

제3조(법원에 계속 중인 사건의 피고에 관한 경과조치) 이 법 시행당시 법원에 계속 중인 사건에 대하여는 종전의 규정에 의한다.

제4조(시보임용 중의 4·5급과 기능직공무원에 관한 경과조치) 이 법 시행당시 시보임용 중에 있는 4·5급공무원과 기능직공무원은 이 법에 의한 시보임용으로 보며 그 기간은 6월로 하되, 6월이 경과된 자는 이 법 시행일에 정규공무원으로 임용된 것으로 본다.

제5조(채용후보자명부에 관한 경과조치) 이 법 시행당시의 채용후보자명부의 유효기간은 이 법에 의한다.

부 칙 <1981·4·20 법3447>

제1조(시행일) 이 법은 공포후 40일이 경과한 날로부터 시행한다. 다만, 제2조제3항제3호의 규정은 공포후 6월이 경과한 날로부터 시행한다.

제2조(일반직공무원의 계급 구분 등에 대한 경과조치) ① 이 법 시행당시 다음 표의 좌란에 게기된 계급에 재직 중인 1급 내지 5급을류의 일반직공무원은 각각 이 법 시행일에 같은 표의 우란에 게기된 계급으로 임용된 것으로 보며, 이 법 시행당시 재직 중인 기능직공무원은 이 법 시행일에 이 법에 의한 기능직공무원으로 임용된 것으로 본다.

1급	1급
2급갑류	2급
2급을류	3급
3급갑류	4급
3급을류	5급
4급갑류	6급
4급을류	7급
5급갑류	8급
5급을류	9급

② 이 법 시행당시 각급 채용시험에 합격한 공무원채용후보자는 각각 이 법에 의하여 제1항의 표에 좌란에 게기된 계급에 상응하는 우란에 게기된 계급의 채용시험에 합격한 것으로 본다.

제3조(별정직공무원의 계급구분 등에 대한 경과조치) ① 이 법 시행당시 재직 중인 제2조제3항제1호가목 내지 라목의 공무원과 차관급상당 이상의 보수를 받는 공무원(특정직공무원을 제외한다)은 각각 이 법 시행일에 이 법에 의한 정무직공무원으로 임용된 것으로 본다.

② 이 법 시행당시 재직 중인 일반직 1급 내지 5급을류상당 별정직공무원은 각각 이 법 시행일에 부칙 제2조제1항의 표의 그에 상응하는 계급에 상당하는 별정직공무원으로 임용된 것으로 본다.

③ 이 법 시행당시 재직 중인 단순한 노무에 종사하는 공무원은 이 법 시행일에 이 법에 의한 고용직공무원으로 임용된 것으로 본다.

제4조(전문직원 및 잡급직원에 대한 경과조치) 이 법 시행당시 재직 중인 전문직원은 국회규칙, 대법원규칙 또는 대통령령이 정하는 바에 따라 이 법 부칙 제1조 단서에 규정된 시행일에 전문직공무원으로 임용된 것으로 보며, 잡급직원은 1981년 12월 31일까지 종전의 규정에 의하여 재직할 수 있다.

제5조(징계처분 및 직위해제 중인 공무원에 대한 경과조치) 이 법 시행당시 징계처분 중에 있는 자와 종전의 제73조의2제1항제2호 또는 제5호의 규정에 의하여 직위해제된 자에 대하여는 종전의 규정을 적용한다.

제6조(보직 등에 대한 경과조치) ① 이 법 시행당시의 법령중 이 법 부칙 제2조제1항의 표의 좌란에 게기된 직위의 계급 또는 계급상당의 보직은 같은 표의 그에 상응하는 우란의 계급 또는 계급상당의 보직으로 본다.

② 이 법 시행당시의 법령중 제2조제3항제1호가목 내지 라목의 공무원과 차관급상당 이상의 보수를 받는 공무원(특정직공무원을 제외한다)에 대한 보직은 이 법에 의한 정무직공무원의 보직으로 본다.

부 칙 <1981·12·31 법3518>

제1조(시행일) 이 법은 공포한 날로부터 시행한다. 〈단서 생략〉

제2조 생략

부 칙 <1982·12·28 법3584>

①(시행일) 이 법은 공포한 날로부터 시행한다.

②(경과조치) 이 법 시행당시 형사사건으로 약식명령이 청구된 자에 대하여도 제73조의2제1항제4호의 개정규정을 적용한다.

부 칙 <1986·12·31 법3917>

①(시행일) 이 법은 1987년 1월 1일부터 시행한다.

②(정년의 연장을 받은 자에 대한 적용례) 제74조제1항의 개정규정은 이 법 시행전에 종전의 규정에 의하여 정년의 연장을 받은 자에 대하여도 이를 적용한다.

부 칙 <1988·8·5 법4017>

제1조(시행일) 이 법은 1988년 9월 1일부터 시행한다. 〈단서 생략〉

제2조부터 **제8조**까지 생략

부 칙 <1990·12·27 법4268>

제1조(시행일) 이 법은 공포한 날부터 시행한다. 〈단서 생략〉

제2조부터 **제10조**까지 생략

부 칙 <1991·5·31 법4384>

제1조(시행일) 이 법은 공포한 날부터 시행한다.

제2조(승진심사위원회에 대한 경과조치) 이 법 시행당시 이미 설치된 승진임용심의위원회는 이 법에 의한 승진심사위원회로 본다.

제3조(항임된 공무원에 대한 경과조치) 이 법 시행전에 본인의 동의에 의하여 항임된 공무원에 대하여는 제73조의3제2항 단서의 개정규정에 불구하고 종전의 규정에 의한다.

제4조(정년연장에 대한 경과조치) 이 법 시행

당시 재직중인 6급 이하 공무원의 정년을 연장함에 있어서는 제74조제 3 항의 개정규정에 불구하고 1991년이 정년인 자의 경우에는 정년퇴직일부터 1년의 범위내에서, 1992년이 정년인 자의 경우에는 정년퇴직일부터 2년의 범위내에서 각각 이를 연장할 수 있다.

제 5 조(징계사유의 시효에 대한 경과조치) 이 법 시행전에 징계사유가 발생한 자에 대한 징계의결의 요구에 대하여는 제83조의2제 1 항의 개정규정에 불구하고 종전의 규정에 의한다.

부 칙 <1991 · 11 · 30 법4408>

제 1 조 (시행일) 이 법은 공포한 날부터 시행한다.

제 2 조 및 **제 3 조** 생략

부 칙 <1994 · 7 · 20 법4763>

①(시행일) 이 법은 공포한 날부터 시행한다.
② 및 ③ 생략

부 칙 <1994 · 12 · 22 법4829>

①(시행일) 이 법은 1995년 1월 1일부터 시행한다. 다만, 제 2 조제 3 항제 1 호다목의 개정규정은 선거에 의하여 취임하는 최초의 지방자치단체의 장의 임기개시일부터, 제40조 · 제40조의3 · 제40조의4 및 제41조의 개정규정(헌법재판소규칙 · 중앙선거관리위원회규칙 및 헌법재판소사무처장 · 중앙선거관리위원회 사무총장에 관한 사항을 제외한다)은 1996년 1월 1일부터 시행한다.

②(직위해제 중인 공무원에 대한 경과조치) 이 법 시행당시 형사사건으로 기소되어 직위해제된 자에 대하여는 제73조의2제 1 항 단서의 개정규정의 시행일부터 1월 이내에 재심사하여 직위해제를 계속할 필요가 없다고 인정되는 자에 대하여는 지체없이 직위를 부여하여야 한다.

부 칙 <1996 · 8 · 8 법5153>

제 1 조(시행일) 이 법은 공포후 30일 이내에 제41조의 개정규정에 의한 해양수산부와 해양경찰청의 조직에 관한 대통령령의 시행일부터 시행한다.

제 2 조부터 **제 4 조**까지 생략

부 칙 <1997 · 12 · 13 법5452>

이 법은 공포한 날부터 시행한다. 다만, 제32조의4 및 제49조의 개정규정은 1998년 1월 1일부터 시행한다.

부 칙 <1997 · 12 · 13 법5455>

①(시행일) 이 법은 공포한 날부터 시행한다.
② 및 ③ 생략

부 칙 <1998 · 2 · 24 법5527>

제 1 조(시행일) 이 법은 공포한 날부터 시행한다.

제 2 조(공무원 구분의 변경에 따른 경과조치) 이 법 시행당시 전문직공무원은 이 법에 의한 계약직공무원으로 본다.

제 3 조(정년에 관한 경과조치) ① 이 법 시행당시 재직 중인 공무원중 종전의 제74조제 1 항 · 제 2 항 및 제 4 항의 규정에 의한 정년퇴직일이 1998년 6월 30일인 자와 1998년 12월 31일인 자는 각 해당일자에, 1999년 6월 30일인 자는 1998년 12월 31일에, 1999년 12월 31일인 자는 1999년 3월 31일에 각각 당연퇴직된다.

② 제74조제 2 항 및 종전의 제74조제 3 항의 규정에 의하여 정년을 연장받아 재직 중인 자의 정년연장기간은 1998년 6월 30일에 종료된다.

③ 이 법 시행당시 제 4 조제 2 항의 규정에 의하여 계급구분을 달리하는 일반직공무원과 기능직공무원의 정년이 제74조제 1 항제 2 호 및 제 3 호의 개정규정의 정년보다 낮게 정하여진 경우에는 그 공무원의 정년을 높게 변경할 수 없다.

제 4 조(명예퇴직수당에 관한 경과조치) 1999년 12월 31일 이전에 자진하여 정년전에 퇴직하는 공무원의 명예퇴직수당의 지급대상 및 지급액에 관하여는 제74조제 1 항의 개정규정에 불구하고 종전의 정년을 적용한다.

제 5 조(다른 법령과의 관계) 이 법 시행당시 다른 법령에서 국가공무원법의 전문직공무원을 인용한 경우에는 계약직공무원을 인용한 것으로 본다.

부 칙 <1998 · 2 · 28 법5529>

제 1 조(시행일) 이 법은 공포한 날부터 시행한다. 〈단서 생략〉

제 2 조부터 **제 7 조**까지 생략

부 칙 <1999 · 1 · 21 법5681>

제 1 조(시행일) 이 법은 공포한 날부터 시행한다.

제 2 조부터 **제 4 조**까지 생략

부 칙 <1999·2·5 법5809>

제 1 조(시행일) 이 법은 공포후 6월이 경과한 날부터 시행한다. 〈단서 생략〉

제 2 조부터 **제 6 조**까지 생략

부 칙 <1999·5·24 법5983>

이 법은 공포한 날부터 시행한다.

부 칙 <1999·12·31 법6089>

이 법은 공포한 날부터 시행한다.

부 칙 <2002·1·19 법6622>

제 1 조(시행일) 이 법은 공포한 날부터 시행한다. 다만, 제 3 조, 제19조의2, 제26조의2, 제26조의3, 제32조제 3 항, 제71조제 2 항제 1 호 및 제 3 항, 제72조제 4 호, 제74조의2제 3 항 및 제 4 항, 제74조의3의 개정규정은 2002년 7월 1일부터, 제28조제 3 항 및 제37조제 1 항의 개정규정은 2003년 1월 1일부터 각각 시행한다.

제 2 조(명예퇴직수당의 환수에 관한 적용례) 제74조의2제 3 항의 개정규정에 의한 명예퇴직수당의 환수는 동항제 1 호 및 제 3 호의 경우에는 2002년 7월 1일 이후 명예퇴직수당을 지급받은 자부터 적용하고, 동항제 2 호의 경우에는 2002년 7월 1일 이후 국회규칙·대법원규칙·헌법재판소규칙·중앙선거관리위원회규칙 또는 대통령령에서 정하는 환수대상 공무원으로 재임용된 자부터 적용한다.

제 3 조(다른 법률의 개정) 생략

부 칙 <2002·12·18 법6788>

이 법은 공포한 날부터 시행한다.

부 칙 <2003·2·4 법6855>

제 1 조(시행일) 이 법은 공포한 날부터 시행한다. 〈단서 생략〉

제 2 조 생략

부 칙 <2004·3·11 법7187>

제 1 조(시행일) 이 법은 공포후 3월이 경과한 날부터 시행한다. 다만, 제 2 조제 3 항제 1 호나목의 개정규정 및 부칙 제 2 조는 공포한 날부터 시행한다.

제 2 조(정무직공무원에 대한 경과조치) 제 2 조제 3 항제 1 호나목의 개정규정에 해당하지 아니하는 대통령령에 의한 정무직공무원은 같은 개정규정에 불구하고 이 법 시행일부터 1년 이내의 범위에서 정무직공무원으로 본다.

제 3 조(소청심사위원회 결정에 대한 재심요구에 관한 경과조치) 이 법 시행당시 재심이 진행 중인 결정에 대하여는 종전 제14조의2의 규정을 적용한다.

제 4 조(다른 법률의 개정) 생략

제 5 조(다른 법령과의 관계) 이 법 시행 당시 다른 법령에서 중앙인사위원회가 승계하는 행정자치부장관의 소관사무와 관련하여 "행정자치부" 또는 "행정자치부장관"을 인용한 경우에는 "중앙인사위원회"를 인용한 것으로 본다.

부 칙 <2005·1·27 법7380>

제 1 조(시행일) 이 법은 공포후 1년이 경과한 날부터 시행한다.

제 2 조 생략

부 칙 <2005·3·24 법7407>

이 법은 공포한 날부터 시행한다. 다만, 제 7 조제 2 항의 개정규정은 2005년 5월 24일부터 시행한다.

부 칙 <2005·7·28 법7614>

제 1 조(시행일) 이 법은 공포한 날부터 시행한다. 〈단서 생략〉

제 2 조 및 **제 3 조** 생략

부 칙 <2005·12·29 법7796>

제 1 조(시행일) 이 법은 2006년 7월 1일부터 시행한다.

제 2 조(적격심사에 관한 적용례) ① 제70조의2제 1 항제 2 호의 규정은 이 법 시행 이후의 기간에 대한 근무성적 평정부터 적용한다.

② 제70조의2제 1 항제 3 호의 규정은 이 법 시행 이후 보직을 받지 못하게 된 경우부터 적용한다.

제 3 조(고위공무원단에 속하게 되는 공무원에 관한 경과조치) ① 이 법 시행 당시 제 2 조의2제 2 항 각 호의 직위에 임용되어 재직 중이거나 파견·휴직 등으로 인사관리되고 있는 1급 내지 3급의 일반직공무원과 이에 상당하는 별정직공무원 및 계약직공무원은 이 법 시행일부터 이 법에 의한 고위공무원단에 속하는 것으로 본다.

② 이 법 시행 당시 종전의 규정에 의한 임용절차가 진행 중인 경우 이미 진행된 임용절차는 이 법에 의하여 임용절차가 진행된

것으로 본다.

제 4 조(적격심사에 관한 경과조치) 부칙 제3조제 1 항의 규정에 해당하는 자에 대하여 제70조의2제 1 항제 1 호 본문의 규정을 적용함에 있어서는 이 법 시행일을 임용된 날로 본다.

제 5 조(공무원을 자격요건으로 하는 규정에 관한 경과조치) 이 법 시행 당시 다른 법령에 규정된 자격요건 등에 행정부의 1급 내지 3급의 일반직공무원이나 이에 상당하는 별정직공무원 또는 계약직공무원(「지방자치법」 제101조제 2 항 · 제102조제 5 항 및 「지방교육자치에 관한 법률」 제35조제 2 항의 규정에 의하여 지방자치단체 또는 지방교육행정기관에 두는 국가공무원을 포함한다. 이하 이 조에서 같다)이 포함되어 있는 경우 그 법령을 적용함에 있어서 이 법 시행 후 최초로 그 법령이 개정될 때까지는 고위공무원단에 속하는 일반직공무원 · 별정직공무원 또는 계약직공무원이 포함되는 것으로 본다. 이 경우 재직기간을 산정하는 때에는 고위공무원단에 속하는 일반직공무원 · 별정직공무원 또는 계약직공무원으로 재직한 기간은 각각 행정부의 1급 내지 3급의 일반직공무원이나 이에 상당하는 별정직공무원 또는 계약직공무원으로 재직한 기간으로 본다. <개정 2007 · 3 · 29>

제 6 조(다른 법률의 개정) 생략

부 칙 <2006 · 12 · 20 법8069>

제 1 조(시행일) 이 법은 2007년 1월 1일부터 시행한다. 〈단서 생략〉

제 2 조부터 **제 9 조**까지 생략

부 칙 <2007 · 3 · 29 법8330>

이 법은 공포한 날부터 시행한다. 다만, 제71조제 2 항제 4 호 및 제72조제 7 호의 개정규정은 2008년 1월 1일부터 시행한다.

부 칙 <2007 · 5 · 11 법8423>

제 1 조(시행일) 이 법은 공포한 날부터 시행한다. 〈단서 생략〉

제 2 조부터 **제13조**까지 생략

부 칙 <2008 · 2 · 29 법8857>

제 1 조(시행일) 이 법은 공포한 날부터 시행한다.

제 2 조(다른 법률의 개정) 생략

제 3 조(다른 법령과의 관계) 이 법 시행 당시 다른 법령에서 행정안전부장관이 승계하는 중앙인사위원회의 소관사무와 관련하여 "중앙인사위원회"를 인용한 경우에는 "행정안전부장관"을 인용한 것으로 본다.

제 4 조(조직 폐지에 따른 소속공무원에 대한 경과조치) ① 이 법 시행 당시 중앙인사위원회 소속 공무원은 행정안전부 소속 공무원으로 본다.

② 이 법 시행 전에 중앙인사위원회가 실시하였던 시험에 합격한 자는 이 법에 의하여 행정안전부장관이 실시한 시험에 합격한 자로 본다.

제 5 조(종전의 법률에 따른 고시 · 처분 및 계속 중인 행위에 관한 경과조치) 이 법 시행 전에 부칙 제 2 조에서 개정되는 법률에 따라 행정기관이 행한 고시 · 행정처분 그 밖의 행정기관의 행위와 행정기관에 대한 신청 · 신고 그 밖의 행위는 각각 부칙 제2조에서 개정되는 법률에 따라 해당 사무를 승계하는 행정기관의 행위 또는 행정기관에 대한 행위로 본다.

부 칙 <2008 · 3 · 28 법8996>

제 1 조(시행일) 이 법은 공포한 날부터 시행한다. 다만, 제36조의 개정규정은 2009년 1월 1일부터 시행하고, 제43조제 2 항의 개정규정은 공포 후 3개월이 경과한 날부터 시행한다.

제 2 조(소청심사 결정에 관한 적용례) 제14조제 1 항의 개정규정은 이 법 시행 후 최초로 접수되는 소청 사건부터 적용한다.

제 3 조(공무상 질병 또는 부상으로 인한 휴직기간의 확대에 따른 경과조치) 제72조제 1 호의 개정규정은 이 법 시행 전에 공무상 질병 또는 부상으로 휴직하였거나 이 법 시행 당시 휴직 중에 있는 자에게도 적용한다.

제 4 조(가결정에 관한 경과조치) 이 법 시행 당시 종전의 규정에 따라 소청심사위원회가 행한 가결정은 이 법에 따른 임시결정으로 본다.

제 5 조(다른 법률의 개정) 생략

부 칙 <2008 · 6 · 13 법9113>

①(시행일) 이 법은 2009년 1월 1일부터 시행한다.

②(6급 이하 공무원 등의 정년연장에 따른 경과조치) 6급 이하 일반직 공무원, 연구사, 지도사 및 기능직 공무원의 정년은 제74조제1항의 개정규정에도 불구하고 2009년부터 2010년까지는 58세로, 2011년부터 2012년까지는 59세로, 2013년부터 60세로 한다. 다만, 기능직 공무원 중 방호직렬, 등대직렬 및 경비관리직렬 공무원은 2009년부터 2012년까지는 59세로, 2013년부터 60세로 한다.

부 칙 <2008·12·31 법9296>

제1조(시행일) 이 법은 공포한 날부터 시행한다. 다만, 제28조의6제3항 및 제47조제3항·제4항의 개정규정은 공포 후 2개월이 경과한 날부터 시행하고, 제14조제4항, 제78조의2, 제79조, 제80조제1항·제2항 및 제83조의2제1항의 개정규정은 공포 후 3개월이 경과한 날부터 시행한다.

제2조(휴직 등으로 인한 결원 보충에 관한 적용례) 제43조제1항의 개정규정은 이 법 시행 후 최초로 휴직되는 경우부터 적용하되, 이 법 시행 당시 휴직 중인 경우에는 그 남은 기간이 6개월 이상인 경우에 적용한다.

제3조(보수 부정 수령자에 대한 가산징수에 관한 적용례) 제47조제3항 및 제4항의 개정규정은 이 법 시행 후 최초로 보수를 거짓이나 그 밖의 부정한 방법으로 수령하는 사람부터 적용한다.

제4조(징계종류의 변경에 관한 적용례) 제79조 및 제80조의 개정규정은 이 법 시행 후 최초로 징계사유가 발생하는 때부터 적용한다.

제5조(징계시효 연장에 관한 경과조치) 이 법 시행 전에 징계사유가 발생한 자에 대하여는 제83조의2제1항의 개정규정에도 불구하고 종전의 규정에 따른다.

부 칙 <2009·2·6 법9419>

이 법은 공포한 날부터 시행한다.

부 칙 <2010·3·22 법10148>

제1조(시행일) 이 법은 공포한 날부터 시행한다.

제2조(임용결격 및 당연 퇴직에 관한 적용례) 제33조 및 제69조의 개정규정은 이 법 시행 후 발생한 범죄행위로 형벌을 받은 자부터 적용한다.

제3조(징계부가금에 관한 적용례) 제78조의2의 개정규정은 이 법 시행 후 최초로 징계사유가 발생한 경우부터 적용한다.

제4조(적격심사에 대한 특례) 제70조의2의 개정규정에도 불구하고 이 법 시행 전에 근무성적평정에서 최하위 등급의 평정을 1년 받은 사람은 이 법 시행 후 2년 이상, 2년 받은 사람은 이법 시행 후 1년 이상 최하위 등급의 평정을 받는 경우에 적격심사를 받는다.

제5조(다른법률의 개정) 생략

부 칙 <2010·6·8 법10342>

이 법은 공포 후 6개월이 경과한 날부터 시행한다.

부 칙 <2011·3·29 법10465>

제1조(시행일) 이 법은 공포 후 6개월이 경과한 날부터 시행한다. 〈단서 생략〉

제2조부터 **제7조**까지 생략

부 칙 <2011·5·23 법10699>

제1조(시행일) 이 법은 공포 후 3개월이 경과한 날부터 시행한다. 다만 제3조제1항, 제26조의3제2항, 제43조, 제71조제2항제4호, 제72조제7호 및 제73조의2의 개정규정은 공포한 날부터 시행하고, 제28조, 제37조제1항의 개정규정 및 부칙 제6조제3항부터 제5항까지의 규정은 2012년 1월 1일부터 시행하며, 제4조제1항의 개정규정은 공포 후 1년이 경과한 날부터 시행한다.

제2조(육아휴직자의 결원보충에 관한 적용례) 제43조제1항 단서의 개정규정은 부칙 제1조 단서에 따른 제43조제1항 단서의 개정규정 시행 당시 출산휴가 중인 사람에 대하여도 적용한다.

제3조(기능10급으로 재직 중인 공무원에 대한 경과조치) 부칙 제1조 단서에 따른 제4조제1항의 개정규정 시행 당시의 기능10급 공무원은 기능9급 공무원으로 부칙 제1조 단서에 따른 제4조제1항의 개정규정 시행일에 임용된 것으로 본다.

제4조(복수국적자의 임용분야 제한에 따른 경과조치) 부칙 제1조 단서에 따른 제26조의3제2항의 개정규정 시행 당시 제26조의3제2항의 개정규정에 따라 복수국적자가 임용

될 수 없는 분야에 임용되어 재직 중인 복수국적자는 부칙 제1조의 단서에 따른 제26조의3제2항의 개정규정 시행 후 6개월 이내에 복수국적자를 임용할 수 있는 분야에 임용되거나 외국 국적을 포기하여야 한다.

제5조(진행 중인 시험에 관한 경과조치) 부칙 제1조의 단서에 따른 제28조 및 제37조제1항의 개정규정 시행 당시 진행 중인 시험에 대하여는 종전의 규정에 따른다.

제6조(다른 법률의 개정) 생략

제7조(다른 법령과의 관계) 이 법 시행 당시 다른 법령에서 종전의 「국가공무원법」의 규정을 인용한 경우 이 법 중 그에 해당하는 규정이 있는 때에는 종전의 규정을 갈음하여 이 법의 해당 규정을 인용한 것으로 본다.

부 칙 <2012·3·21 법11392>

제1조(시행일) 이 법은 공포 후 3개월이 경과한 날부터 시행한다.

제2조(징계시효 연장에 관한 경과조치) 이 법 시행 전에 징계사유가 발생한 사람에 대하여는 제83조의2제1항의 개정규정에도 불구하고 종전의 규정에 따른다.

부 칙 <2012·10·22 법11489>

제1조(시행일) 이 법은 공포 후 6개월이 경과한 날부터 시행한다.

제2조(명예퇴직 수당의 환수에 관한 적용례) 제74조의2제3항제1호의2 및 제1호의3의 개정규정에 따른 명예퇴직 수당의 환수는 이 법 시행 후 명예퇴직 수당을 지급받는 사람부터 적용한다.

부 칙 <2012·12·11 법11530>

제1조(시행일) 이 법은 공포 후 1년이 경과한 날부터 시행한다. 다만, 제48조제3항 및 제4항의 개정규정은 공포 후 6개월이 경과한 날부터 시행한다.

제2조(실비 변상 등을 부정 수령한 사람에 대한 가산징수에 관한 적용례) 제48조제3항의 개정규정에 따른 가산징수는 같은 개정규정 시행 후 최초로 실비 변상 등을 거짓이나 그 밖의 부정한 방법으로 수령하는 사람부터 적용한다.

제3조(공무원의 구분 변경에 따른 경과조치) ① 이 법 시행 당시 재직 중인 기능직공무원은 이 법 시행일에 일반직공무원으로 임용된 것으로 본다. 이 경우 임용되는 직군, 직렬, 계급 및 직급 등에 대한 사항은 국회규칙, 대법원규칙, 헌법재판소규칙, 중앙선거관리위원회규칙 또는 대통령령으로 정한다.

② 이 법 시행 당시 재직 중인 별정직공무원 중 이 법 시행 후 제2조제3항제2호의 개정규정에 해당하지 아니하게 되는 공무원은 이 법 시행일에 일반직공무원으로 임용된 것으로 본다. 이 경우 임용되는 직군, 직렬, 계급, 직급, 직위 및 근무형태, 인사관리 등에 관한 사항은 국회규칙, 대법원규칙, 헌법재판소규칙, 중앙선거관리위원회규칙 또는 대통령령으로 정한다.

③ 이 법 시행 당시 재직 중인 계약직공무원 중 비서관·비서 등 정무직공무원을 보조·보좌하기 위하여 채용된 공무원은 이 법 시행일에 별정직공무원으로 임용된 것으로 보고, 그 밖의 계약직공무원은 국회규칙, 대법원규칙, 헌법재판소규칙, 중앙선거관리위원회규칙 또는 대통령령으로 정하는 임용예정 직군, 직렬, 계급 및 직급 등 인사 관련 규정에 따라 이 법 시행일에 일반직공무원 중 임기제공무원으로 임용된 것으로 본다. 이 경우 임기제공무원으로서의 근무기간은 계약직공무원으로 채용될 당시에 계약한 기간의 잔여기간으로 하고, 해당 기간 동안의 보수는 채용될 당시의 계약에 따른다.

④ 국회, 법원, 헌법재판소 및 각급 선거관리위원회 소속 공무원에 대하여는 이 법 시행을 위한 국회규칙, 대법원규칙, 헌법재판소규칙 및 중앙선거관리위원회규칙이 제정되거나 개정될 때까지는 대통령령을 준용한다.

제4조(진행 중인 시험에 관한 경과조치) ① 이 법 시행 당시 진행 중인 기능직공무원 임용시험, 비서관·비서를 제외한 계약직공무원의 채용시험 및 부칙 제3조제2항 전단에 해당하는 별정직공무원의 임용시험에 합격한 사람은 각각 일반직공무원 임용시험에 합격한 사람으로 본다.

② 이 법 시행 전에 제1항에 따른 시험에 합격하였으나 이 법 시행 당시 아직 임용되지 아니한 사람은 일반직공무원 임용시험에 합격한 것으로 본다. 이 경우 임용되는 사항에 대하여는 부칙 제3조제1항 후단을

준용한다.

제 5 조(적격심사의 대상에 관한 경과조치) 제70조의2제 1 항제 2 호 후단의 개정규정에도 불구하고 고위공무원단에 속하는 일반직공무원으로 임용되기 전에 고위공무원단에 속하는 별정직공무원 또는 계약직공무원으로 재직한 사람이 재직기간 중에 받은 최하위 등급의 평정은 제70조의2제 1 항제 2 호 전단에 따른 평정대상 기간이 경과할 때까지 같은 호 후단에 따른 평정으로 본다.

제 6 조(다른 법률의 개정) 생략

제 7 조(다른 법령과의 관계) 이 법 시행 당시 다른 법령에서 종전의 「국가공무원법」의 규정을 인용한 경우 이 법 중 그에 해당하는 규정이 있는 때에는 종전의 규정을 갈음하여 이 법의 해당 규정을 인용한 것으로 본다.

부　칙 <2013·3·23 법11690>

제 1 조(시행일) ① 이 법은 공포한 날부터 시행한다.

② 생략

제 2 조부터 **제 7 조**까지 생략

부　칙 <2013·8·6 법11992>

제 1 조(시행일) 이 법은 공포 후 6개월이 경과한 날부터 시행한다. 다만, 제33조제 1 호의 개정규정 및 부칙 제 3 조는 공포한 날부터 시행한다.

제 2 조(질병 등으로 인한 휴직기간에 관한 적용례) 제72조제 1 호 본문의 개정규정은 이 법 시행 당시 제71조제 1 항제 1 호에 따라 휴직 중인 공무원에 대해서도 적용한다.

제 3 조(금치산자 등에 대한 경과조치) 제33조제 1 호의 개정규정에도 불구하고 같은 개정규정 시행 당시 이미 금치산 또는 한정치산의 선고를 받고 법률 제10429호 민법 일부개정법률 부칙 제 2 조에 따라 금치산 또는 한정치산 선고의 효력이 유지되는 사람에 대해서는 종전의 규정에 따른다.

제 4 조(5급 공무원 공개경쟁 채용시험 합격자의 채용후보자 명부 유효기간 단축에 따른 경과조치) 제38조제 2 항 본문의 개정규정에도 불구하고 2015년 1월 1일 전에 시행되는 5급 공무원 공개경쟁 채용시험의 합격자에 대한 채용후보자 명부의 유효기간은 종전의 규정에 따라 5년으로 한다.

부　칙 <2014·1·7 법12202>

제 1 조(시행일) 이 법은 공포 후 3개월이 경과한 날부터 시행한다. 다만, 제80조제 1 항 단서의 개정규정은 공포한 날부터 시행한다.

제 2 조(벌금형의 분리 선고에 관한 적용례) 제33조의2의 개정규정은 이 법 시행 후 발생한 범죄행위로 형벌을 받는 사람부터 적용한다.

제 3 조(외무공무원 강등에 관한 적용례) 제80조제 2 항제 1 호의 개정규정은 이 법 시행 후 발생한 사유로 징계를 받는 사람부터 적용한다.

제 4 조(고위공무원 적격심사에 관한 특례) ① 이 법 시행 당시 고위공무원단에 속하는 공무원은 제70조의2제 1 항제 4 호의 개정규정에도 불구하고 다음 각 호의 경우에 모두 해당할 때에는 적격심사를 받아야 한다.

1. 근무성적평정에서 최하위 등급을 1년 이상 받은 사실이 있는 경우. 이 경우 고위공무원단에 속하는 일반직공무원으로 임용되기 전에 고위공무원단에 속하는 별정직공무원 또는 계약직공무원으로 재직한 경우에는 그 재직기간 중에 받은 최하위 등급을 포함한다.
2. 대통령령으로 정하는 정당한 사유 없이 1년 6개월 이상 직위를 부여받지 못한 사실이 있는 경우

② 제 1 항에도 불구하고 이 법 시행 후에 새로 제70조의2제 1 항제 4 호가목 및 나목의 개정규정의 요건에 모두 해당할 때에는 적격심사를 받아야 한다.

제 5 조(고위공무원 적격심사에 관한 경과조치) 이 법 시행 당시 고위공무원단에 속하는 공무원은 제70조의2제 1 항제 3 호의 개정규정에도 불구하고 종전의 규정에 따른다.

부　칙 <2014·1·14 법12234>

이 법은 공포한 날부터 시행한다.

부　칙 <2014·10·15 법12792>

이 법은 공포한 날부터 시행한다.

부　칙 <2014·11·19 법12844>

제 1 조(시행일) 이 법은 공포한 날부터 시행한다. 〈단서 생략〉

제 2 조부터 **제 7 조**까지 생략

부　칙 <2015·5·18 법13288>

제 1 조(시행일) 이 법은 공포 후 6개월이 경과

한 날부터 시행한다. 다만, 제3조제1항, 제26조의4, 제28조제2항제11호, 제69조제1호, 제71조제2항제4호, 제72조제7호의 개정규정 및 부칙 제9조는 공포한 날부터 시행하고, 제52조제2항부터 제4항까지의 개정규정은 공포 후 4개월이 경과한 날부터 시행한다.

제2조(채용시험의 가점 부여에 관한 적용례) 제36조의2의 개정규정은 이 법 시행 후 최초로 공고된 채용시험부터 적용한다.

제3조(파산선고를 받은 사람의 당연퇴직에 관한 적용례) 제69조제1호 단서의 개정규정은 이 법 시행 후 최초로 파산선고를 받은 사람부터 적용한다.

제4조(공무상 질병휴직 및 육아휴직에 관한 적용례) ① 제72조제1호의 개정규정은 이 법 시행 당시 휴직 중인 사람에 대해서도 적용한다.

② 제72조제7호의 개정규정은 이 법 시행 전에 휴직하였거나 이 법 시행 당시 휴직 중인 사람에 대해서도 적용한다.

제5조(직위해제 대상에 관한 적용례) 제73조의3제1항제6호의 개정규정은 이 법 시행 후 발생한 비위행위에 대하여 감사원 및 검찰·경찰 등 수사기관에서 조사나 수사 중인 사람부터 적용한다.

제6조(징계부가금 대상 확대에 관한 적용례) 제78조의2제1항의 개정규정은 이 법 시행 후 징계 사유가 발생한 경우부터 적용한다.

제7조(시효에 관한 경과조치) 이 법 시행 전에 징계 및 징계부가금 부과 사유가 발생한 사람에 대하여는 제83조의2제1항의 개정규정에도 불구하고 종전의 규정에 따른다.

제8조(견습근무 중인 사람에 대한 경과조치) 부칙 제1조 단서에 따른 시행일 당시 종전의 제26조의4에 따라 견습근무 중인 사람은 제26조의4의 개정규정에 따라 수습근무 중인 사람으로 본다.

제9조(다른 법률의 개정) 생략

부 칙 <2015·12·24 법13618>

제1조(시행일) 이 법은 공포한 날부터 시행한다. 다만, 제28조의6제1항, 제71조제2항제7호, 제72조제10호 및 제80조제1항부터 제3항까지의 개정규정은 공포 후 6개월이 경과한 날부터 시행하고, 제6조제4항 및 제50조의 개정규정은 2016년 1월 1일부터 시행한다.

제2조(결격사유 및 당연퇴직 등에 관한 적용례) 제33조, 제33조의2 및 제69조의 개정규정은 이 법 시행 후 발생한 범죄행위로 형벌을 받는 사람부터 적용한다.

제3조(직위해제된 사람의 결원보충에 관한 적용례) 제43조제4항의 개정규정은 이 법 시행 당시 직위해제 중인 사람에 대해서도 적용한다.

제4조(징계부가금 징수 의뢰에 관한 적용례) 제78조의2제4항의 개정규정은 이 법 시행 전에 징계부가금 부과 의결이 된 경우에 대해서도 적용한다.

제5조(징계의 효력에 관한 경과조치) 부칙 제1조 단서에 따른 시행일 전에 발생한 사유로 징계를 받는 사람에 대해서는 제80조제1항부터 제3항까지의 개정규정에도 불구하고 종전의 규정에 따른다.

부 칙 <2016·5·29 법14183>

제1조(시행일) 이 법은 공포 후 6개월이 경과한 날부터 시행한다. 〈단서 생략〉

제2조부터 **제5조**까지 생략

부 칙 <2017·7·26 법14839>

제1조(시행일) ① 이 법은 공포한 날부터 시행한다. 〈단서 생략〉

제2조부터 **제6조**까지 생략

부 칙 <2018·3·20 법15522>

제1조(시행일) 이 법은 공포 후 6개월이 경과한 날부터 시행한다. 〈단서 생략〉

제2조부터 **제30조**까지 생략

부 칙 <2018·10·16 법15857>

제1조(시행일) 이 법은 공포 후 6개월이 경과한 날부터 시행한다.

제2조(결격사유 및 당연퇴직에 관한 적용례) 제33조제6호의3·제6호의4 및 제69조제1호의 개정규정은 이 법 시행 후 저지른 죄로 형 또는 치료감호를 받거나 파면·해임된 사람부터 적용한다.

제3조(징계처분결과 통보에 관한 적용례) 제75조제2항의 개정규정은 이 법 시행 후 성폭력 범죄 및 성희롱에 해당하는 사유로 징계처분을 하는 경우부터 적용한다.

부 칙 <2020·1·29 법16905>

제1조(시행일) 이 법은 공포 후 6개월이 경

과한 날부터 시행한다. 다만, 제2조제2항, 제26조의6 및 제71조제3항의 개정규정은 공포한 날부터 시행한다.

제2조(퇴직의 제한에 관한 적용례) 제78조의4의 개정규정은 이 법 시행 후 최초로 퇴직을 신청한 공무원부터 적용한다.

제3조(징계위원회의 재심사 등 관할에 관한 적용례) ① 제82조제2항의 개정규정은 이 법 시행 당시 징계의결이 진행 중인 사건에 대해서도 적용한다.

② 제1항에도 불구하고 이 법 시행 당시 종전의 제82조제2항에 따른 징계위원회에 청구된 재심사 사건은 종전의 제82조제2항에 따른 징계위원회에서 심사한다.

부 칙 <2021·1·12 법17893>

제1조(시행일) 이 법은 공포 후 1년이 경과한 날부터 시행한다.

제2조부터 **제23조**까지 생략

부 칙 <2021·1·12 법17894>

이 법은 공포한 날부터 시행한다. 〈단서 생략〉

부 칙 <2021·6·8 법18237>

제1조(시행일) 이 법은 공포 후 6개월이 경과한 날부터 시행한다. 다만, 제28조의6제4항·제5항, 제78조제2항·제3항, 제80조제7항·제8항의 개정규정은 공포한 날부터 시행한다.

제2조(직위해제에 따른 결원보충에 관한 적용례) 제43조제4항 및 제5항의 개정규정은 이 법 시행 당시 직위해제 중인 사람이 있는 경우에도 적용한다.

제3조(채용비위 관련자 합격취소에 관한 적용례) 제45조의3의 개정규정은 이 법 시행 이후 공무원 채용과 관련하여 비위를 저지른 경우부터 적용한다.

제4조(공무상 질병 또는 부상으로 인한 휴직기간의 연장에 관한 적용례) 제72조제1호 단서의 개정규정은 이 법 시행 당시 종전의 규정에 따라 휴직하였거나 휴직 중인 사람에 대해서도 적용한다.

제5조(소청심사위원회의 결정에 관한 경과조치) 이 법 시행 전에 청구되어 계속 중인 소청사건에 대해서는 제14조제2항의 개정규정에도 불구하고 종전의 규정에 따른다.

제6조(보수 및 실비 변상 등 부정 수령자에 대한 가산징수에 관한 경과조치) 이 법 시행 전에 보수 및 실비 변상 등을 거짓이나 그 밖의 부정한 방법으로 수령한 경우 그 가산징수에 관하여는 제47조제3항 및 제48조제3항의 개정규정에도 불구하고 종전의 규정에 따른다.

제7조(징계시효 연장에 관한 경과조치) 이 법 시행 전에 징계 등 사유가 발생한 경우 그 징계시효에 관하여는 제83조의2제1항의 개정규정에도 불구하고 종전의 규정에 따른다.

부 칙 <2021·7·20 법18308>

제1조(시행일) 이 법은 공포한 날부터 시행한다. 다만, …〈생략〉… 부칙 제5조는 공포 후 6개월이 경과한 날부터 시행하고, …〈생략〉… 시행한다.

제2조부터 **제4조**까지 생략

제5조(다른 법률의 개정) 생략

부 칙 <2022·12·27 법19147>

제1조(시행일) 이 법은 공포한 날부터 시행한다.

제2조(결격사유 및 당연퇴직에 관한 적용례) 제33조제6호의3 및 제69조제1호 단서의 개정규정은 이 법 시행 이후 발생한 범죄행위로 형벌을 받는 사람부터 적용한다.

제3조(장학지원 채용에 관한 경과조치) 이 법 시행 당시 종전의 규정에 따라 장학금 지급 대상이었던 사람에게는 제28조제2항제11호 및 제85조의 개정규정에도 불구하고 종전의 규정을 적용한다.

부 칙 <2023·3·4 법19228>

제1조(시행일) 이 법은 공포 후 3개월이 경과한 날부터 시행한다. 다만, 부칙 제7조에 따라 개정되는 법률 중 이 법 시행 전에 공포되었으나 시행일이 도래하지 아니한 법률을 개정한 부분은 각각 해당 법률의 시행일부터 시행한다.

제2조부터 **제6조**까지 생략

제7조(다른 법률의 개정) 생략

제8조 생략

부 칙 <2023·4·11 법19341>

제1조(시행일) 이 법은 공포 후 6개월이 경과한 날부터 시행한다. 다만, 제6조제5항, 제17조의3, 제26조의2, 제32조의4제1항,

제33조제 3 호 · 제 4 호, 제77조제 1 항 및 같은 조 제 2 항제 4 호의 개정규정은 공포한 날부터 시행한다.

제 2 조(휴직 등으로 인한 결원보충에 관한 적용례) ① 제43조제 1 항 단서의 개정규정은 같은 개정규정 시행 이후 휴직을 연장하는 경우로서 휴직기간 연장을 명한 날부터 최종 휴직기간이 끝나는 날까지의 기간이 6개월 이상인 경우부터 적용한다.

② 제43조제 2 항제 1 호의 개정규정은 같은 개정규정 시행 이후 병가와 제71조제 1 항제 1 호에 따른 휴직을 연속하여 6개월 이상 사용하는 경우부터 적용한다.

③ 제43조제 2 항제 2 호의 개정규정은 같은 개정규정 시행 당시 출산휴가 또는 제71조제 2 항제 4 호에 따른 휴직 중인 사람에 대해서도 적용한다.

제 3 조(징계처분결과의 통보에 관한 적용례) 제75조제 2 항제 3 호의 개정규정은 같은 개정규정 시행 전에 발생한 사유로 같은 개정규정 시행 이후 징계처분을 하는 경우에도 적용한다.

제 4 조(징계의 집행정지에 관한 적용례) 제80조제 6 항의 개정규정은 같은 개정규정 시행 이후 징계 사유가 발생한 경우부터 적용한다.

제 5 조(다른 법률의 개정) 생략

부 칙 <2024 · 12 · 31 법20627>

제 1 조(시행일) 이 법은 공포한 날부터 시행한다. 다만, 제83조제 4 항의 개정규정은 공포 후 6개월이 경과한 날부터 시행한다.

제 2 조(결격사유 및 당연퇴직에 관한 적용례 등) ① 제33조제 6 호의4 및 제69조제 1 호(제33조제 6 호의4에 관한 개정부분으로 한정한다)의 개정규정은 법률 제15857호 국가공무원법 일부개정법률의 시행일인 2019년 4월 17일 이후 저지른 죄로 형 또는 치료감호를 선고받거나 징계로 파면 · 해임된 사람부터 적용한다.

② 2024년 6월 1일부터 이 법 시행일 전까지 임용된 일반직공무원으로서 2019년 4월 17일 이후 저지른 다음 각 호의 어느 하나에 해당하는 죄로 형을 선고받아 그 형이 이 법 시행일 전에 확정된 사람에 대해서는 제33조제 6 호의4 및 제69조제 1 호(제33조제 6 호의4에 관한 개정부분으로 한정한다)의 개정규정을 적용하되, 이 법 시행일에 당연히 퇴직한다.

1. 「아동복지법」 제17조제 2 호 가운데 '아동을 대상으로 하는 성희롱 등의 성적 학대행위'〔종전의 「아동복지법」(법률 제19895호로 개정되기 전의 것을 말한다) 제17조제 2 호 가운데 '아동에게 성적 수치심을 주는 성희롱 등의 성적 학대행위'를 포함한다〕
2. 「아동 · 청소년의 성보호에 관한 법률」 제11조제 5 항 가운데 '아동 · 청소년성착취물임을 알면서 이를 소지한 죄'〔종전의 「아동 · 청소년의 성보호에 관한 법률」(법률 제17338호로 개정되기 전의 것을 말한다) 제11조제 5 항 가운데 '아동 · 청소년이용음란물임을 알면서 이를 소지한 죄'를 포함한다〕

③ 2024년 6월 1일 전에 임용된 일반직공무원으로서 2019년 4월 17일 이후 저지른 다음 각 호의 어느 하나에 해당하는 죄로 형을 선고받아 그 형이 2024년 6월 1일부터 이 법 시행일 전에 확정된 사람에 대해서는 제33조제 6 호의4 및 제69조제 1 호(제33조제 6 호의4에 관한 개정부분으로 한정한다)의 개정규정을 적용하되, 이 법 시행일에 당연히 퇴직한다.

1. 「아동복지법」 제17조제 2 호 가운데 '아동을 대상으로 하는 성희롱 등의 성적 학대행위'〔종전의 「아동복지법」(법률 제19895호로 개정되기 전의 것을 말한다) 제17조제 2 호 가운데 '아동에게 성적 수치심을 주는 성희롱 등의 성적 학대행위'를 포함한다〕
2. 「아동 · 청소년의 성보호에 관한 법률」 제11조제 5 항 가운데 '아동 · 청소년성착취물임을 알면서 이를 소지한 죄'〔종전의 「아동 · 청소년의 성보호에 관한 법률」(법률 제17338호로 개정되기 전의 것을 말한다) 제11조제 5 항 가운데 '아동 · 청소년이용음란물임을 알면서 이를 소지한 죄'를 포함한다〕

제 3 조(직위해제에 따른 결원 보충에 관한 적용례) 제43조제 5 항제 2 호의 개정규정은 이

법 시행 이후 제73조의3제1항제4호 또는 제6호에 따라 직위해제를 하는 경우부터 적용한다.

제4조(조사·수사 자료의 제공 요청에 관한 적용례) 제83조제4항의 개정규정은 부칙 제1조 단서에 따른 시행일 전에 제83조제3항에 따른 조사 또는 수사 종료 통보를 받은 경우에 대해서도 적용한다.

제5조(개방형 직위 지정에 관한 경과조치) ① 이 법 시행 당시 개방형 직위로 지정된 것으로 보는 직위에 대하여 임용절차가 진행 중인 경우에는 제28조의4제1항 후단의 개정규정에도 불구하고 종전의 규정에 따른다.

② 이 법 시행 당시 개방형 직위로 지정된 것으로 보는 직위에 임용된 사람(제1항에 따라 임용된 사람을 포함한다)에 대해서는 제28조의4제1항 후단의 개정규정에도 불구하고 그 임용기간이 만료될 때까지 개방형 직위에 임용된 사람으로 본다.

제6조(다른 법률의 개정) 생략

●행정기본법

〔2021・3・23 법률제17979호〕

개정
2022・12・27　법률제19148호
2024・ 1・16　법률제20056호

제 1 장　총칙

제 1 절　목적 및 정의 등

제 1 조(목적) 이 법은 행정의 원칙과 기본사항을 규정하여 행정의 민주성과 적법성을 확보하고 적정성과 효율성을 향상시킴으로써 국민의 권익 보호에 이바지함을 목적으로 한다.

제 2 조(정의) 이 법에서 사용하는 용어의 뜻은 다음과 같다.
1. "법령등"이란 다음 각 목의 것을 말한다.
　가. 법령 : 다음의 어느 하나에 해당하는 것
　　1) 법률 및 대통령령・총리령・부령
　　2) 국회규칙・대법원규칙・헌법재판소규칙・중앙선거관리위원회규칙 및 감사원규칙
　　3) 1) 또는 2)의 위임을 받아 중앙행정기관(「정부조직법」 및 그 밖의 법률에 따라 설치된 중앙행정기관을 말한다. 이하 같다)의 장이 정한 훈령・예규 및 고시 등 행정규칙
　나. 자치법규 : 지방자치단체의 조례 및 규칙
2. "행정청"이란 다음 각 목의 자를 말한다.
　가. 행정에 관한 의사를 결정하여 표시하는 국가 또는 지방자치단체의 기관
　나. 그 밖에 법령등에 따라 행정에 관한 의사를 결정하여 표시하는 권한을 가지고 있거나 그 권한을 위임 또는 위탁받은 공공단체 또는 그 기관이나 사인(私人)
3. "당사자"란 처분의 상대방을 말한다.
4. "처분"이란 행정청이 구체적 사실에 관하여 행하는 법 집행으로서 공권력의 행사 또는 그 거부와 그 밖에 이에 준하는 행정작용을 말한다.
5. "제재처분"이란 법령등에 따른 의무를 위반하거나 이행하지 아니하였음을 이유로 당사자에게 의무를 부과하거나 권익을 제한하는 처분을 말한다. 다만, 제30조제1항 각 호에 따른 행정상 강제는 제외한다.

제 3 조(국가와 지방자치단체의 책무) ① 국가와 지방자치단체는 국민의 삶의 질을 향상시키기 위하여 적법절차에 따라 공정하고 합리적인 행정을 수행할 책무를 진다.
② 국가와 지방자치단체는 행정의 능률과 실효성을 높이기 위하여 지속적으로 법령등과 제도를 정비・개선할 책무를 진다.

제 4 조(행정의 적극적 추진) ① 행정은 공공의 이익을 위하여 적극적으로 추진되어야 한다.
② 국가와 지방자치단체는 소속 공무원이 공공의 이익을 위하여 적극적으로 직무를 수행할 수 있도록 제반 여건을 조성하고, 이와 관련된 시책 및 조치를 추진하여야 한다.
③ 제 1 항 및 제 2 항에 따른 행정의 적극적 추진 및 적극행정 활성화를 위한 시책의 구체적인 사항 등은 대통령령으로 정한다.

제 5 조(다른 법률과의 관계) ① 행정에 관하여 다른 법률에 특별한 규정이 있는 경우를 제외하고는 이 법에서 정하는 바에 따른다.
② 행정에 관한 다른 법률을 제정하거나 개정하는 경우에는 이 법의 목적과 원칙, 기준 및 취지에 부합되도록 노력하여야 한다.

제 2 절　기간 및 나이의 계산

제 6 조(행정에 관한 기간의 계산) ① 행정에 관한 기간의 계산에 관하여는 이 법 또는 다른 법령등에 특별한 규정이 있는 경우를

제외하고는 「민법」을 준용한다.

② 법령등 또는 처분에서 국민의 권익을 제한하거나 의무를 부과하는 경우 권익이 제한되거나 의무가 지속되는 기간의 계산은 다음 각 호의 기준에 따른다. 다만, 다음 각 호의 기준에 따르는 것이 국민에게 불리한 경우에는 그러하지 아니하다.

1. 기간을 일, 주, 월 또는 연으로 정한 경우에는 기간의 첫날을 산입한다.
2. 기간의 말일이 토요일 또는 공휴일인 경우에도 기간은 그 날로 만료한다.

제 7 조(법령등 시행일의 기간 계산) 법령등(훈령·예규·고시·지침 등을 포함한다. 이하 이 조에서 같다)의 시행일을 정하거나 계산할 때에는 다음 각 호의 기준에 따른다.

1. 법령등을 공포한 날부터 시행하는 경우에는 공포한 날을 시행일로 한다.
2. 법령등을 공포한 날부터 일정 기간이 경과한 날부터 시행하는 경우 법령등을 공포한 날을 첫날에 산입하지 아니한다.
3. 법령등을 공포한 날부터 일정 기간이 경과한 날부터 시행하는 경우 그 기간의 말일이 토요일 또는 공휴일인 때에는 그 말일로 기간이 만료한다.

제 7 조의2(행정에 관한 나이의 계산 및 표시) 행정에 관한 나이는 다른 법령등에 특별한 규정이 있는 경우를 제외하고는 출생일을 산입하여 만(滿) 나이로 계산하고, 연수(年數)로 표시한다. 다만, 1세에 이르지 아니한 경우에는 월수(月數)로 표시할 수 있다.

〔본조신설 2022·12·27〕

제 2 장 행정의 법 원칙

제 8 조(법치행정의 원칙) 행정작용은 법률에 위반되어서는 아니 되며, 국민의 권리를 제한하거나 의무를 부과하는 경우와 그 밖에 국민생활에 중요한 영향을 미치는 경우에는 법률에 근거하여야 한다.

제 9 조(평등의 원칙) 행정청은 합리적 이유 없이 국민을 차별하여서는 아니 된다.

제10조(비례의 원칙) 행정작용은 다음 각 호의 원칙에 따라야 한다.

1. 행정목적을 달성하는 데 유효하고 적절할 것
2. 행정목적을 달성하는 데 필요한 최소한도에 그칠 것
3. 행정작용으로 인한 국민의 이익 침해가 그 행정작용이 의도하는 공익보다 크지 아니할 것

제11조(성실의무 및 권한남용금지의 원칙) ① 행정청은 법령등에 따른 의무를 성실히 수행하여야 한다.

② 행정청은 행정권한을 남용하거나 그 권한의 범위를 넘어서는 아니 된다.

제12조(신뢰보호의 원칙) ① 행정청은 공익 또는 제 3 자의 이익을 현저히 해칠 우려가 있는 경우를 제외하고는 행정에 대한 국민의 정당하고 합리적인 신뢰를 보호하여야 한다.

② 행정청은 권한 행사의 기회가 있음에도 불구하고 장기간 권한을 행사하지 아니하여 국민이 그 권한이 행사되지 아니할 것으로 믿을 만한 정당한 사유가 있는 경우에는 그 권한을 행사해서는 아니 된다. 다만, 공익 또는 제 3 자의 이익을 현저히 해칠 우려가 있는 경우는 예외로 한다.

제13조(부당결부금지의 원칙) 행정청은 행정작용을 할 때 상대방에게 해당 행정작용과 실질적인 관련이 없는 의무를 부과해서는 아니 된다.

제 3 장 행정작용

제 1 절 처분

제14조(법 적용의 기준) ① 새로운 법령등은 법령등에 특별한 규정이 있는 경우를 제외하고는 그 법령등의 효력 발생 전에 완성되거나 종결된 사실관계 또는 법률관계에 대해서는 적용되지 아니한다.

② 당사자의 신청에 따른 처분은 법령등에 특별한 규정이 있거나 처분 당시의 법령등을 적용하기 곤란한 특별한 사정이 있는 경우를 제외하고는 처분 당시의 법령등에 따른다.

③ 법령등을 위반한 행위의 성립과 이에 대한 제재처분은 법령등에 특별한 규정이 있는 경우를 제외하고는 법령등을 위반한 행위 당시의 법령등에 따른다. 다만, 법령등을 위반한 행위 후 법령등의 변경에 의하여 그 행위가 법령등을 위반한 행위에 해당하지 아니하거나 제재처분 기준이 가벼워진

경우로서 해당 법령등에 특별한 규정이 없는 경우에는 변경된 법령등을 적용한다.

제15조(처분의 효력) 처분은 권한이 있는 기관이 취소 또는 철회하거나 기간의 경과 등으로 소멸되기 전까지는 유효한 것으로 통용된다. 다만, 무효인 처분은 처음부터 그 효력이 발생하지 아니한다.

제16조(결격사유) ① 자격이나 신분 등을 취득 또는 부여할 수 없거나 인가, 허가, 지정, 승인, 영업등록, 신고 수리 등(이하 "인허가"라 한다)을 필요로 하는 영업 또는 사업 등을 할 수 없는 사유(이하 이 조에서 "결격사유"라 한다)는 법률로 정한다.

② 결격사유를 규정할 때에는 다음 각 호의 기준에 따른다.

1. 규정의 필요성이 분명할 것
2. 필요한 항목만 최소한으로 규정할 것
3. 대상이 되는 자격, 신분, 영업 또는 사업 등과 실질적인 관련이 있을 것
4. 유사한 다른 제도와 균형을 이룰 것

제17조(부관) ① 행정청은 처분에 재량이 있는 경우에는 부관(조건, 기한, 부담, 철회권의 유보 등을 말한다. 이하 이 조에서 같다)을 붙일 수 있다.

② 행정청은 처분에 재량이 없는 경우에는 법률에 근거가 있는 경우에 부관을 붙일 수 있다.

③ 행정청은 부관을 붙일 수 있는 처분이 다음 각 호의 어느 하나에 해당하는 경우에는 그 처분을 한 후에도 부관을 새로 붙이거나 종전의 부관을 변경할 수 있다.

1. 법률에 근거가 있는 경우
2. 당사자의 동의가 있는 경우
3. 사정이 변경되어 부관을 새로 붙이거나 종전의 부관을 변경하지 아니하면 해당 처분의 목적을 달성할 수 없다고 인정되는 경우

④ 부관은 다음 각 호의 요건에 적합하여야 한다.

1. 해당 처분의 목적에 위배되지 아니할 것
2. 해당 처분과 실질적인 관련이 있을 것
3. 해당 처분의 목적을 달성하기 위하여 필요한 최소한의 범위일 것

제18조(위법 또는 부당한 처분의 취소) ① 행정청은 위법 또는 부당한 처분의 전부나 일부를 소급하여 취소할 수 있다. 다만, 당사자의 신뢰를 보호할 가치가 있는 등 정당한 사유가 있는 경우에는 장래를 향하여 취소할 수 있다.

② 행정청은 제 1 항에 따라 당사자에게 권리나 이익을 부여하는 처분을 취소하려는 경우에는 취소로 인하여 당사자가 입게 될 불이익을 취소로 달성되는 공익과 비교·형량(衡量)하여야 한다. 다만, 다음 각 호의 어느 하나에 해당하는 경우에는 그러하지 아니하다.

1. 거짓이나 그 밖의 부정한 방법으로 처분을 받은 경우
2. 당사자가 처분의 위법성을 알고 있었거나 중대한 과실로 알지 못한 경우

제19조(적법한 처분의 철회) ① 행정청은 적법한 처분이 다음 각 호의 어느 하나에 해당하는 경우에는 그 처분의 전부 또는 일부를 장래를 향하여 철회할 수 있다.

1. 법률에서 정한 철회 사유에 해당하게 된 경우
2. 법령등의 변경이나 사정변경으로 처분을 더 이상 존속시킬 필요가 없게 된 경우
3. 중대한 공익을 위하여 필요한 경우

② 행정청은 제 1 항에 따라 처분을 철회하려는 경우에는 철회로 인하여 당사자가 입게 될 불이익을 철회로 달성되는 공익과 비교·형량하여야 한다.

제20조(자동적 처분) 행정청은 법률로 정하는 바에 따라 완전히 자동화된 시스템(인공지능 기술을 적용한 시스템을 포함한다)으로 처분을 할 수 있다. 다만, 처분에 재량이 있는 경우는 그러하지 아니하다.

제21조(재량행사의 기준) 행정청은 재량이 있는 처분을 할 때에는 관련 이익을 정당하게 형량하여야 하며, 그 재량권의 범위를 넘어서는 아니 된다.

제22조(제재처분의 기준) ① 제재처분의 근거가 되는 법률에는 제재처분의 주체, 사유, 유형 및 상한을 명확하게 규정하여야 한다. 이 경우 제재처분의 유형 및 상한을 정할 때에는 해당 위반행위의 특수성 및 유사한 위반행위와의 형평성 등을 종합적으로 고려하여야 한다.

② 행정청은 재량이 있는 제재처분을 할 때에는 다음 각 호의 사항을 고려하여야 한다.

1. 위반행위의 동기, 목적 및 방법
2. 위반행위의 결과
3. 위반행위의 횟수
4. 그 밖에 제 1 호부터 제 3 호까지에 준하는 사항으로서 대통령령으로 정하는 사항

제23조(제재처분의 제척기간) ① 행정청은 법령등의 위반행위가 종료된 날부터 5년이 지나면 해당 위반행위에 대하여 제재처분(인허가의 정지·취소·철회, 등록 말소, 영업소 폐쇄와 정지를 갈음하는 과징금 부과를 말한다. 이하 이 조에서 같다)을 할 수 없다.
② 다음 각 호의 어느 하나에 해당하는 경우에는 제1항을 적용하지 아니한다.
1. 거짓이나 그 밖의 부정한 방법으로 인허가를 받거나 신고를 한 경우
2. 당사자가 인허가나 신고의 위법성을 알고 있었거나 중대한 과실로 알지 못한 경우
3. 정당한 사유 없이 행정청의 조사·출입·검사를 기피·방해·거부하여 제척기간이 지난 경우
4. 제재처분을 하지 아니하면 국민의 안전·생명 또는 환경을 심각하게 해치거나 해칠 우려가 있는 경우
③ 행정청은 제1항에도 불구하고 행정심판의 재결이나 법원의 판결에 따라 제재처분이 취소·철회된 경우에는 재결이나 판결이 확정된 날부터 1년(합의제행정기관은 2년)이 지나기 전까지는 그 취지에 따른 새로운 제재처분을 할 수 있다.
④ 다른 법률에서 제1항 및 제3항의 기간보다 짧거나 긴 기간을 규정하고 있으면 그 법률에서 정하는 바에 따른다.

제2절 인허가의제

제24조(인허가의제의 기준) ① 이 절에서 "인허가의제"란 하나의 인허가(이하 "주된 인허가"라 한다)를 받으면 법률로 정하는 바에 따라 그와 관련된 여러 인허가(이하 "관련 인허가"라 한다)를 받은 것으로 보는 것을 말한다.
② 인허가의제를 받으려면 주된 인허가를 신청할 때 관련 인허가에 필요한 서류를 함께 제출하여야 한다. 다만, 불가피한 사유로 함께 제출할 수 없는 경우에는 주된 인허가 행정청이 별도로 정하는 기한까지 제출할 수 있다.
③ 주된 인허가 행정청은 주된 인허가를 하기 전에 관련 인허가에 관하여 미리 관련 인허가 행정청과 협의하여야 한다.
④ 관련 인허가 행정청은 제3항에 따른 협의를 요청받으면 그 요청을 받은 날부터 20일 이내(제5항 단서에 따른 절차에 걸리는 기간은 제외한다)에 의견을 제출하여야 한다. 이 경우 전단에서 정한 기간(민원 처리 관련 법령에 따라 의견을 제출하여야 하는 기간을 연장한 경우에는 그 연장한 기간을 말한다) 내에 협의 여부에 관하여 의견을 제출하지 아니하면 협의가 된 것으로 본다.
⑤ 제3항에 따라 협의를 요청받은 관련 인허가 행정청은 해당 법령을 위반하여 협의에 응해서는 아니 된다. 다만, 관련 인허가에 필요한 심의, 의견 청취 등 절차에 관하여는 법률에 인허가의제 시에도 해당 절차를 거친다는 명시적인 규정이 있는 경우에만 이를 거친다.

제25조(인허가의제의 효과) ① 제24조제3항·제4항에 따라 협의가 된 사항에 대해서는 주된 인허가를 받았을 때 관련 인허가를 받은 것으로 본다.
② 인허가의제의 효과는 주된 인허가의 해당 법률에 규정된 관련 인허가에 한정된다.

제26조(인허가의제의 사후관리 등) ① 인허가의제의 경우 관련 인허가 행정청은 관련 인허가를 직접 한 것으로 보아 관계 법령에 따른 관리·감독 등 필요한 조치를 하여야 한다.
② 주된 인허가가 있은 후 이를 변경하는 경우에는 제24조·제25조 및 이 조 제1항을 준용한다.
③ 이 절에서 규정한 사항 외에 인허가의제의 방법, 그 밖에 필요한 세부 사항은 대통령령으로 정한다.

제3절 공법상 계약

제27조(공법상 계약의 체결) ① 행정청은 법령등을 위반하지 아니하는 범위에서 행정목적을 달성하기 위하여 필요한 경우에는 공법상 법률관계에 관한 계약(이하 "공법상 계약"이라 한다)을 체결할 수 있다. 이 경우 계약의 목적 및 내용을 명확하게 적은 계약서를 작성하여야 한다.
② 행정청은 공법상 계약의 상대방을 선정하고 계약 내용을 정할 때 공법상 계약의 공공성과 제3자의 이해관계를 고려하여야 한다.

제 4 절 과징금

제28조(과징금의 기준) ① 행정청은 법령등에 따른 의무를 위반한 자에 대하여 법률로 정하는 바에 따라 그 위반행위에 대한 제재로서 과징금을 부과할 수 있다.

② 과징금의 근거가 되는 법률에는 과징금에 관한 다음 각 호의 사항을 명확하게 규정하여야 한다.

1. 부과·징수 주체
2. 부과 사유
3. 상한액
4. 가산금을 징수하려는 경우 그 사항
5. 과징금 또는 가산금 체납 시 강제징수를 하려는 경우 그 사항

제29조(과징금의 납부기한 연기 및 분할 납부) 과징금은 한꺼번에 납부하는 것을 원칙으로 한다. 다만, 행정청은 과징금을 부과받은 자가 다음 각 호의 어느 하나에 해당하는 사유로 과징금 전액을 한꺼번에 내기 어렵다고 인정될 때에는 그 납부기한을 연기하거나 분할 납부하게 할 수 있으며, 이 경우 필요하다고 인정하면 담보를 제공하게 할 수 있다.

1. 재해 등으로 재산에 현저한 손실을 입은 경우
2. 사업 여건의 악화로 사업이 중대한 위기에 처한 경우
3. 과징금을 한꺼번에 내면 자금 사정에 현저한 어려움이 예상되는 경우
4. 그 밖에 제 1 호부터 제 3 호까지에 준하는 경우로서 대통령령으로 정하는 사유가 있는 경우

제 5 절 행정상 강제

제30조(행정상 강제) ① 행정청은 행정목적을 달성하기 위하여 필요한 경우에는 법률로 정하는 바에 따라 필요한 최소한의 범위에서 다음 각 호의 어느 하나에 해당하는 조치를 할 수 있다.

1. 행정대집행 : 의무자가 행정상 의무(법령등에서 직접 부과하거나 행정청이 법령등에 따라 부과한 의무를 말한다. 이하 이 절에서 같다)로서 타인이 대신하여 행할 수 있는 의무를 이행하지 아니하는 경우 법률로 정하는 다른 수단으로는 그 이행을 확보하기 곤란하고 그 불이행을 방치하면 공익을 크게 해칠 것으로 인정될 때에 행정청이 의무자가 하여야 할 행위를 스스로 하거나 제 3 자에게 하게 하고 그 비용을 의무자로부터 징수하는 것
2. 이행강제금의 부과 : 의무자가 행정상 의무를 이행하지 아니하는 경우 행정청이 적절한 이행기간을 부여하고, 그 기한까지 행정상 의무를 이행하지 아니하면 금전급부의무를 부과하는 것
3. 직접강제 : 의무자가 행정상 의무를 이행하지 아니하는 경우 행정청이 의무자의 신체나 재산에 실력을 행사하여 그 행정상 의무의 이행이 있었던 것과 같은 상태를 실현하는 것
4. 강제징수 : 의무자가 행정상 의무 중 금전급부의무를 이행하지 아니하는 경우 행정청이 의무자의 재산에 실력을 행사하여 그 행정상 의무가 실현된 것과 같은 상태를 실현하는 것
5. 즉시강제 : 현재의 급박한 행정상의 장해를 제거하기 위한 경우로서 다음 각 목의 어느 하나에 해당하는 경우에 행정청이 곧바로 국민의 신체 또는 재산에 실력을 행사하여 행정목적을 달성하는 것
   가. 행정청이 미리 행정상 의무 이행을 명할 시간적 여유가 없는 경우
   나. 그 성질상 행정상 의무의 이행을 명하는 것만으로는 행정목적 달성이 곤란한 경우

② 행정상 강제 조치에 관하여 이 법에서 정한 사항 외에 필요한 사항은 따로 법률로 정한다.

③ 형사(刑事), 행형(行刑) 및 보안처분 관계 법령에 따라 행하는 사항이나 외국인의 출입국·난민인정·귀화·국적회복에 관한 사항에 관하여는 이 절을 적용하지 아니한다.

제31조(이행강제금의 부과) ① 이행강제금 부과의 근거가 되는 법률에는 이행강제금에 관한 다음 각 호의 사항을 명확하게 규정하여야 한다. 다만, 제 4 호 또는 제 5 호를 규정할 경우 입법목적이나 입법취지를 훼손할 우려가 크다고 인정되는 경우로서 대통령령으로 정하는 경우는 제외한다.

1. 부과·징수 주체
2. 부과 요건
3. 부과 금액
4. 부과 금액 산정기준
5. 연간 부과 횟수나 횟수의 상한

② 행정청은 다음 각 호의 사항을 고려하여 이행강제금의 부과 금액을 가중하거나 감경할 수 있다.
1. 의무 불이행의 동기, 목적 및 결과
2. 의무 불이행의 정도 및 상습성
3. 그 밖에 행정목적을 달성하는 데 필요하다고 인정되는 사유

③ 행정청은 이행강제금을 부과하기 전에 미리 의무자에게 적절한 이행기간을 정하여 그 기한까지 행정상 의무를 이행하지 아니하면 이행강제금을 부과한다는 뜻을 문서로 계고(戒告)하여야 한다.

④ 행정청은 의무자가 제 3 항에 따른 계고에서 정한 기한까지 행정상 의무를 이행하지 아니한 경우 이행강제금의 부과 금액·사유·시기를 문서로 명확하게 적어 의무자에게 통지하여야 한다.

⑤ 행정청은 의무자가 행정상 의무를 이행할 때까지 이행강제금을 반복하여 부과할 수 있다. 다만, 의무자가 의무를 이행하면 새로운 이행강제금의 부과를 즉시 중지하되, 이미 부과한 이행강제금은 징수하여야 한다.

⑥ 행정청은 이행강제금을 부과받은 자가 납부기한까지 이행강제금을 내지 아니하면 국세강제징수의 예 또는 「지방행정제재·부과금의 징수 등에 관한 법률」에 따라 징수한다.

第32条(직접강제) ① 직접강제는 행정대집행이나 이행강제금 부과의 방법으로는 행정상 의무 이행을 확보할 수 없거나 그 실현이 불가능한 경우에 실시하여야 한다.

② 직접강제를 실시하기 위하여 현장에 파견되는 집행책임자는 그가 집행책임자임을 표시하는 증표를 보여 주어야 한다.

③ 직접강제의 계고 및 통지에 관하여는 제31조제 3 항 및 제 4 항을 준용한다.

第33条(즉시강제) ① 즉시강제는 다른 수단으로는 행정 목적을 달성할 수 없는 경우에만 허용되며, 이 경우에도 최소한으로만 실시하여야 한다.

② 즉시강제를 실시하기 위하여 현장에 파견되는 집행책임자는 그가 집행책임자임을 표시하는 증표를 보여 주어야 하며, 즉시강제의 이유와 내용을 고지하여야 한다.

③ 제 2 항에도 불구하고 집행책임자는 즉시강제를 하려는 재산의 소유자 또는 점유자를 알 수 없거나 현장에서 그 소재를 즉시 확인하기 어려운 경우에는 즉시강제를 실시한 후 집행책임자의 이름 및 그 이유와 내용을 고지할 수 있다. 다만, 다음 각 호에 해당하는 경우에는 게시판이나 인터넷 홈페이지에 게시하는 등 적절한 방법에 의한 공고로써 고지를 갈음할 수 있다. <신설 2024·1·16>
1. 즉시강제를 실시한 후에도 재산의 소유자 또는 점유자를 알 수 없는 경우
2. 재산의 소유자 또는 점유자가 국외에 거주하거나 행방을 알 수 없는 경우
3. 그 밖에 대통령령으로 정하는 불가피한 사유로 고지할 수 없는 경우

제 6 절 그 밖의 행정작용

第34条(수리 여부에 따른 신고의 효력) 법령등으로 정하는 바에 따라 행정청에 일정한 사항을 통지하여야 하는 신고로서 법률에 신고의 수리가 필요하다고 명시되어 있는 경우(행정기관의 내부 업무 처리 절차로서 수리를 규정한 경우는 제외한다)에는 행정청이 수리하여야 효력이 발생한다.

第35条(수수료 및 사용료) ① 행정청은 특정인을 위한 행정서비스를 제공받는 자에게 법령으로 정하는 바에 따라 수수료를 받을 수 있다.

② 행정청은 공공시설 및 재산 등의 이용 또는 사용에 대하여 사전에 공개된 금액이나 기준에 따라 사용료를 받을 수 있다.

③ 제 1 항 및 제 2 항에도 불구하고 지방자치단체의 경우에는 「지방자치법」에 따른다.

제 7 절 처분에 대한 이의신청 및 재심사

第36条(처분에 대한 이의신청) ① 행정청의 처분(「행정심판법」 제 3 조에 따라 같은 법에 따른 행정심판의 대상이 되는 처분을 말한다. 이하 이 조에서 같다)에 이의가 있는 당사자는 처분을 받은 날부터 30일 이내에 해당 행정청에 이의신청을 할 수 있다.

② 행정청은 제 1 항에 따른 이의신청을 받으면 그 신청을 받은 날부터 14일 이내에 그 이의신청에 대한 결과를 신청인에게 통지하여야 한다. 다만, 부득이한 사유로 14일 이내에 통지할 수 없는 경우에는 그 기

간을 만료일 다음 날부터 기산하여 10일의 범위에서 한 차례 연장할 수 있으며, 연장 사유를 신청인에게 통지하여야 한다.
③ 제1항에 따라 이의신청을 한 경우에도 그 이의신청과 관계없이 「행정심판법」에 따른 행정심판 또는 「행정소송법」에 따른 행정소송을 제기할 수 있다.
④ 이의신청에 대한 결과를 통지받은 후 행정심판 또는 행정소송을 제기하려는 자는 그 결과를 통지받은 날(제2항에 따른 통지기간 내에 결과를 통지받지 못한 경우에는 같은 항에 따른 통지기간이 만료되는 날의 다음 날을 말한다)부터 90일 이내에 행정심판 또는 행정소송을 제기할 수 있다.
⑤ 다른 법률에서 이의신청과 이에 준하는 절차에 대하여 정하고 있는 경우에도 그 법률에서 규정하지 아니한 사항에 관하여는 이 조에서 정하는 바에 따른다.
⑥ 제1항부터 제5항까지에서 규정한 사항 외에 이의신청의 방법 및 절차 등에 관한 사항은 대통령령으로 정한다.
⑦ 다음 각 호의 어느 하나에 해당하는 사항에 관하여는 이 조를 적용하지 아니한다.
1. 공무원 인사 관계 법령에 따른 징계 등 처분에 관한 사항
2. 「국가인권위원회법」 제30조에 따른 진정에 대한 국가인권위원회의 결정
3. 「노동위원회법」 제2조의2에 따라 노동위원회의 의결을 거쳐 행하는 사항
4. 형사, 행형 및 보안처분 관계 법령에 따라 행하는 사항
5. 외국인의 출입국·난민인정·귀화·국적회복에 관한 사항
6. 과태료 부과 및 징수에 관한 사항

제37조(처분의 재심사) ① 당사자는 처분(제재처분 및 행정상 강제는 제외한다. 이하 이 조에서 같다)이 행정심판, 행정소송 및 그 밖의 쟁송을 통하여 다툴 수 없게 된 경우(법원의 확정판결이 있는 경우는 제외한다)라도 다음 각 호의 어느 하나에 해당하는 경우에는 해당 처분을 한 행정청에 처분을 취소·철회하거나 변경하여 줄 것을 신청할 수 있다.
1. 처분의 근거가 된 사실관계 또는 법률관계가 추후에 당사자에게 유리하게 바뀐 경우
2. 당사자에게 유리한 결정을 가져다주었을 새로운 증거가 있는 경우
3. 「민사소송법」 제451조에 따른 재심사유에 준하는 사유가 발생한 경우 등 대통령령으로 정하는 경우
② 제1항에 따른 신청은 해당 처분의 절차, 행정심판, 행정소송 및 그 밖의 쟁송에서 당사자가 중대한 과실 없이 제1항 각 호의 사유를 주장하지 못한 경우에만 할 수 있다.
③ 제1항에 따른 신청은 당사자가 제1항 각 호의 사유를 안 날부터 60일 이내에 하여야 한다. 다만, 처분이 있은 날부터 5년이 지나면 신청할 수 없다.
④ 제1항에 따른 신청을 받은 행정청은 특별한 사정이 없으면 신청을 받은 날부터 90일(합의제행정기관은 180일) 이내에 처분의 재심사 결과(재심사 여부와 처분의 유지·취소·철회·변경 등에 대한 결정을 포함한다)를 신청인에게 통지하여야 한다. 다만, 부득이한 사유로 90일(합의제행정기관은 180일) 이내에 통지할 수 없는 경우에는 그 기간을 만료일 다음 날부터 기산하여 90일(합의제행정기관은 180일)의 범위에서 한 차례 연장할 수 있으며, 연장 사유를 신청인에게 통지하여야 한다.
⑤ 제4항에 따른 처분의 재심사 결과 중 처분을 유지하는 결과에 대해서는 행정심판, 행정소송 및 그 밖의 쟁송수단을 통하여 불복할 수 없다.
⑥ 행정청의 제18조에 따른 취소와 제19조에 따른 철회는 처분의 재심사에 의하여 영향을 받지 아니한다.
⑦ 제1항부터 제6항까지에서 규정한 사항 외에 처분의 재심사의 방법 및 절차 등에 관한 사항은 대통령령으로 정한다.
⑧ 다음 각 호의 어느 하나에 해당하는 사항에 관하여는 이 조를 적용하지 아니한다.
1. 공무원 인사 관계 법령에 따른 징계 등 처분에 관한 사항
2. 「노동위원회법」 제2조의2에 따라 노동위원회의 의결을 거쳐 행하는 사항
3. 형사, 행형 및 보안처분 관계 법령에 따라 행하는 사항
4. 외국인의 출입국·난민인정·귀화·국적회복에 관한 사항
5. 과태료 부과 및 징수에 관한 사항
6. 개별 법률에서 그 적용을 배제하고 있는 경우

제 4 장 행정의 입법활동 등

제38조(행정의 입법활동) ① 국가나 지방자치단체가 법령등을 제정·개정·폐지하고자 하거나 그와 관련된 활동(법률안의 국회 제출과 조례안의 지방의회 제출을 포함하며, 이하 이 장에서 "행정의 입법활동"이라 한다)을 할 때에는 헌법과 상위 법령을 위반해서는 아니 되며, 헌법과 법령등에서 정한 절차를 준수하여야 한다.

② 행정의 입법활동은 다음 각 호의 기준에 따라야 한다.

1. 일반 국민 및 이해관계자로부터 의견을 수렴하고 관계 기관과 충분한 협의를 거쳐 책임 있게 추진되어야 한다.
2. 법령등의 내용과 규정은 다른 법령등과 조화를 이루어야 하고, 법령등 상호 간에 중복되거나 상충되지 아니하여야 한다.
3. 법령등은 일반 국민이 그 내용을 쉽고 명확하게 이해할 수 있도록 알기 쉽게 만들어져야 한다.

③ 정부는 매년 해당 연도에 추진할 법령안 입법계획(이하 "정부입법계획"이라 한다)을 수립하여야 한다.

④ 행정의 입법활동의 절차 및 정부입법계획의 수립에 관하여 필요한 사항은 정부의 법제업무에 관한 사항을 규율하는 대통령령으로 정한다.

제39조(행정법제의 개선) ① 정부는 권한 있는 기관에 의하여 위헌으로 결정되어 법령이 헌법에 위반되거나 법률에 위반되는 것이 명백한 경우 등 대통령령으로 정하는 경우에는 해당 법령을 개선하여야 한다.

② 정부는 행정 분야의 법제도 개선 및 일관된 법 적용 기준 마련 등을 위하여 필요한 경우 대통령령으로 정하는 바에 따라 관계 기관 협의 및 관계 전문가 의견 수렴을 거쳐 개선조치를 할 수 있으며, 이를 위하여 현행 법령에 관한 분석을 실시할 수 있다.

제40조(법령해석) ① 누구든지 법령등의 내용에 의문이 있으면 법령을 소관하는 중앙행정기관의 장(이하 "법령소관기관"이라 한다)과 자치법규를 소관하는 지방자치단체의 장에게 법령해석을 요청할 수 있다.

② 법령소관기관과 자치법규를 소관하는 지방자치단체의 장은 각각 소관 법령등을 헌법과 해당 법령등의 취지에 부합되게 해석·집행할 책임을 진다.

③ 법령소관기관이나 법령소관기관의 해석에 이의가 있는 자는 대통령령으로 정하는 바에 따라 법령해석업무를 전문으로 하는 기관에 법령해석을 요청할 수 있다.

④ 법령해석의 절차에 관하여 필요한 사항은 대통령령으로 정한다.

부　칙

제 1 조(시행일) 이 법은 공포한 날부터 시행한다. 다만, 제22조, 제29조, 제38조부터 제40조까지는 공포 후 6개월이 경과한 날부터 시행하고, 제23조부터 제26조까지, 제30조부터 제34조까지, 제36조 및 제37조는 공포 후 2년이 경과한 날부터 시행한다.

제 2 조(제재처분에 관한 법령등 변경에 관한 적용례) 제14조제 3 항 단서의 규정은 이 법 시행일 이후 제재처분에 관한 법령등이 변경된 경우부터 적용한다.

제 3 조(제재처분의 제척기간에 관한 적용례) 제23조는 부칙 제 1 조 단서에 따른 시행일 이후 발생하는 위반행위부터 적용한다.

제 4 조(공법상 계약에 관한 적용례) 제27조는 이 법 시행 이후 공법상 계약을 체결하는 경우부터 적용한다.

제 5 조(행정상 강제 조치에 관한 적용례) ① 제31조는 부칙 제 1 조 단서에 따른 시행일 이후 이행강제금을 부과하는 경우부터 적용한다.

② 제32조 및 제33조는 부칙 제 1 조 단서에 따른 시행일 이후 직접강제나 즉시강제를 하는 경우부터 적용한다.

제 6 조(처분에 대한 이의신청에 관한 적용례) 제36조는 부칙 제 1 조 단서에 따른 시행일 이후에 하는 처분부터 적용한다.

제 7 조(처분의 재심사에 관한 적용례) 제37조는 부칙 제 1 조 단서에 따른 시행일 이후에 하는 처분부터 적용한다.

부　칙 <2022·12·27 법19148>

이 법은 공포 후 6개월이 경과한 날부터 시행한다.

부　칙 <2024·1·16 법20056>

이 법은 공포한 날부터 시행한다.

●행정절차법

〔1996·12·31 법률제5241호〕

개정
1999· 2· 5 법률제 5809호(해양사고의조사및심판에관한법률)
2002·12·30 법률제 6839호
2006· 3·24 법률제 7904호
2007· 5·17 법률제 8451호
2008· 2·29 법률제 8852호(정부조직법)
2011·12· 2 법률제11109호
2012·10·22 법률제11498호
2013· 3·23 법률제11690호(정부조직법)
2014· 1·28 법률제12347호
2014·11·19 법률제12844호(정부조직법)
2014·12·30 법률제12923호
2017· 7·26 법률제14839호(정부조직법)
2019·12·10 법률제16778호
2022· 1·11 법률제18748호

제 1 장 총칙

제 1 절 목적, 정의 및 적용 범위 등

제 1 조(목적) 이 법은 행정절차에 관한 공통적인 사항을 규정하여 국민의 행정 참여를 도모함으로써 행정의 공정성·투명성 및 신뢰성을 확보하고 국민의 권익을 보호함을 목적으로 한다.
〔전부개정 2012·10·22〕

제 2 조(정의) 이 법에서 사용하는 용어의 뜻은 다음과 같다.
1. "행정청"이란 다음 각 목의 자를 말한다.
가. 행정에 관한 의사를 결정하여 표시하는 국가 또는 지방자치단체의 기관
나. 그 밖에 법령 또는 자치법규(이하 "법령등"이라 한다)에 따라 행정권한을 가지고 있거나 위임 또는 위탁받은 공공단체 또는 그 기관이나 사인(私人)
2. "처분"이란 행정청이 행하는 구체적 사실에 관한 법 집행으로서의 공권력의 행사 또는 그 거부와 그 밖에 이에 준하는 행정작용(行政作用)을 말한다.
3. "행정지도"란 행정기관이 그 소관 사무의 범위에서 일정한 행정목적을 실현하기 위하여 특정인에게 일정한 행위를 하거나 하지 아니하도록 지도, 권고, 조언 등을 하는 행정작용을 말한다.
4. "당사자등"이란 다음 각 목의 자를 말한다.
가. 행정청의 처분에 대하여 직접 그 상대가 되는 당사자
나. 행정청이 직권으로 또는 신청에 따라 행정절차에 참여하게 한 이해관계인
5. "청문"이란 행정청이 어떠한 처분을 하기 전에 당사자등의 의견을 직접 듣고 증거를 조사하는 절차를 말한다.
6. "공청회"란 행정청이 공개적인 토론을 통하여 어떠한 행정작용에 대하여 당사자등, 전문지식과 경험을 가진 사람, 그 밖의 일반인으로부터 의견을 널리 수렴하는 절차를 말한다.
7. "의견제출"이란 행정청이 어떠한 행정작용을 하기 전에 당사자등이 의견을 제시하는 절차로서 청문이나 공청회에 해당하지 아니하는 절차를 말한다.
8. "전자문서"란 컴퓨터 등 정보처리능력을 가진 장치에 의하여 전자적인 형태로 작성되어 송신·수신 또는 저장된 정보를 말한다.
9. "정보통신망"이란 전기통신설비를 활용하

거나 전기통신설비와 컴퓨터 및 컴퓨터 이용기술을 활용하여 정보를 수집·가공·저장·검색·송신 또는 수신하는 정보통신체제를 말한다.

〔전부개정 2012·10·22〕

제 3 조(적용 범위) ① 처분, 신고, 확약, 위반사실 등의 공표, 행정계획, 행정상 입법예고, 행정예고 및 행정지도의 절차(이하 "행정절차"라 한다)에 관하여 다른 법률에 특별한 규정이 있는 경우를 제외하고는 이 법에서 정하는 바에 따른다. <개정 2022·1·11>

② 이 법은 다음 각 호의 어느 하나에 해당하는 사항에 대하여는 적용하지 아니한다.

1. 국회 또는 지방의회의 의결을 거치거나 동의 또는 승인을 받아 행하는 사항
2. 법원 또는 군사법원의 재판에 의하거나 그 집행으로 행하는 사항
3. 헌법재판소의 심판을 거쳐 행하는 사항
4. 각급 선거관리위원회의 의결을 거쳐 행하는 사항
5. 감사원이 감사위원회의의 결정을 거쳐 행하는 사항
6. 형사(刑事), 행형(行刑) 및 보안처분 관계 법령에 따라 행하는 사항
7. 국가안전보장·국방·외교 또는 통일에 관한 사항 중 행정절차를 거칠 경우 국가의 중대한 이익을 현저히 해칠 우려가 있는 사항
8. 심사청구, 해양안전심판, 조세심판, 특허심판, 행정심판, 그 밖의 불복절차에 따른 사항
9. 「병역법」에 따른 징집·소집, 외국인의 출입국·난민인정·귀화, 공무원 인사 관계 법령에 따른 징계와 그 밖의 처분, 이해 조정을 목적으로 하는 법령에 따른 알선·조정·중재(仲裁)·재정(裁定) 또는 그 밖의 처분 등 해당 행정작용의 성질상 행정절차를 거치기 곤란하거나 거칠 필요가 없다고 인정되는 사항과 행정절차에 준하는 절차를 거친 사항으로서 대통령령으로 정하는 사항

〔전부개정 2012·10·22〕

제 4 조(신의성실 및 신뢰보호) ① 행정청은 직무를 수행할 때 신의(信義)에 따라 성실히 하여야 한다.

② 행정청은 법령등의 해석 또는 행정청의 관행이 일반적으로 국민들에게 받아들여졌을 때에는 공익 또는 제 3 자의 정당한 이익을 현저히 해칠 우려가 있는 경우를 제외하고는 새로운 해석 또는 관행에 따라 소급하여 불리하게 처리하여서는 아니 된다.

〔전부개정 2012·10·22〕

제 5 조(투명성) ① 행정청이 행하는 행정작용은 그 내용이 구체적이고 명확하여야 한다.

② 행정작용의 근거가 되는 법령등의 내용이 명확하지 아니한 경우 상대방은 해당 행정청에 그 해석을 요청할 수 있으며, 해당 행정청은 특별한 사유가 없으면 그 요청에 따라야 한다.

③ 행정청은 상대방에게 행정작용과 관련된 정보를 충분히 제공하여야 한다.

〔전부개정 2019·12·10〕

제 5 조의2(행정업무 혁신) ① 행정청은 모든 국민이 균등하고 질 높은 행정서비스를 누릴 수 있도록 노력하여야 한다.

② 행정청은 정보통신기술을 활용하여 행정절차를 적극적으로 혁신하도록 노력하여야 한다. 이 경우 행정청은 국민이 경제적·사회적·지역적 여건 등으로 인하여 불이익을 받지 아니하도록 하여야 한다.

③ 행정청은 행정청이 생성하거나 취득하여 관리하고 있는 데이터(정보처리능력을 갖춘 장치를 통하여 생성 또는 처리되어 기계에 의한 판독이 가능한 형태로 존재하는 정형 또는 비정형의 정보를 말한다)를 행정과정에 활용하도록 노력하여야 한다.

④ 행정청은 행정업무 혁신 추진에 필요한 행정적·재정적·기술적 지원방안을 마련하여야 한다.

〔본조신설 2022·1·11〕

제 2 절 행정청의 관할 및 협조

제 6 조(관할) ① 행정청이 그 관할에 속하지 아니하는 사안을 접수하였거나 이송받은 경우에는 지체 없이 이를 관할 행정청에 이송하여야 하고 그 사실을 신청인에게 통지하여야 한다. 행정청이 접수하거나 이송받은 후 관할이 변경된 경우에도 또한 같다.

② 행정청의 관할이 분명하지 아니한 경우

에는 해당 행정청을 공통으로 감독하는 상급 행정청이 그 관할을 결정하며, 공통으로 감독하는 상급 행정청이 없는 경우에는 각 상급 행정청이 협의하여 그 관할을 결정한다.
〔전부개정 2012·10·22〕

제 7 조(행정청 간의 협조 등) ① 행정청은 행정의 원활한 수행을 위하여 서로 협조하여야 한다.

② 행정청은 업무의 효율성을 높이고 행정서비스에 대한 국민의 만족도를 높이기 위하여 필요한 경우 행정협업(다른 행정청과 공동의 목표를 설정하고 행정청 상호 간의 기능을 연계하거나 시설·장비 및 정보 등을 공동으로 활용하는 것을 말한다. 이하 같다)의 방식으로 적극적으로 협조하여야 한다.

③ 행정청은 행정협업을 활성화하기 위한 시책을 마련하고 그 추진에 필요한 행정적·재정적 지원방안을 마련하여야 한다.

④ 행정협업의 촉진 등에 필요한 사항은 대통령령으로 정한다.
〔전부개정 2022·1·11〕

제 8 조(행정응원) ① 행정청은 다음 각 호의 어느 하나에 해당하는 경우에는 다른 행정청에 행정응원(行政應援)을 요청할 수 있다.

1. 법령등의 이유로 독자적인 직무 수행이 어려운 경우
2. 인원·장비의 부족 등 사실상의 이유로 독자적인 직무 수행이 어려운 경우
3. 다른 행정청에 소속되어 있는 전문기관의 협조가 필요한 경우
4. 다른 행정청이 관리하고 있는 문서(전자문서를 포함한다. 이하 같다)·통계 등 행정자료가 직무 수행을 위하여 필요한 경우
5. 다른 행정청의 응원을 받아 처리하는 것이 보다 능률적이고 경제적인 경우

② 제 1 항에 따라 행정응원을 요청받은 행정청은 다음 각 호의 어느 하나에 해당하는 경우에는 응원을 거부할 수 있다.

1. 다른 행정청이 보다 능률적이거나 경제적으로 응원할 수 있는 명백한 이유가 있는 경우
2. 행정응원으로 인하여 고유의 직무 수행이 현저히 지장받을 것으로 인정되는 명백한 이유가 있는 경우

③ 행정응원은 해당 직무를 직접 응원할 수 있는 행정청에 요청하여야 한다.

④ 행정응원을 요청받은 행정청은 응원을 거부하는 경우 그 사유를 응원을 요청한 행정청에 통지하여야 한다.

⑤ 행정응원을 위하여 파견된 직원은 응원을 요청한 행정청의 지휘·감독을 받는다. 다만, 해당 직원의 복무에 관하여 다른 법령등에 특별한 규정이 있는 경우에는 그에 따른다.

⑥ 행정응원에 드는 비용은 응원을 요청한 행정청이 부담하며, 그 부담금액 및 부담방법은 응원을 요청한 행정청과 응원을 하는 행정청이 협의하여 결정한다.
〔전부개정 2012·10·22〕

제 3 절 당사자등

제 9 조(당사자등의 자격) 다음 각 호의 어느 하나에 해당하는 자는 행정절차에서 당사자등이 될 수 있다.

1. 자연인
2. 법인, 법인이 아닌 사단 또는 재단(이하 "법인등"이라 한다)
3. 그 밖에 다른 법령등에 따라 권리·의무의 주체가 될 수 있는 자

〔전부개정 2012·10·22〕

제10조(지위의 승계) ① 당사자등이 사망하였을 때의 상속인과 다른 법령등에 따라 당사자등의 권리 또는 이익을 승계한 자는 당사자등의 지위를 승계한다.

② 당사자등인 법인등이 합병하였을 때에는 합병 후 존속하는 법인등이나 합병 후 새로 설립된 법인등이 당사자등의 지위를 승계한다.

③ 제 1 항 및 제 2 항에 따라 당사자등의 지위를 승계한 자는 행정청에 그 사실을 통지하여야 한다.

④ 처분에 관한 권리 또는 이익을 사실상 양수한 자는 행정청의 승인을 받아 당사자등의 지위를 승계할 수 있다.

⑤ 제 3 항에 따른 통지가 있을 때까지 사망자 또는 합병 전의 법인등에 대하여 행정청이 한 통지는 제 1 항 또는 제 2 항에 따라 당사자등의 지위를 승계한 자에게도 효력이

있다.
〔전부개정 2012·10·22〕

제11조(대표자) ① 다수의 당사자등이 공동으로 행정절차에 관한 행위를 할 때에는 대표자를 선정할 수 있다.
② 행정청은 제1항에 따라 당사자등이 대표자를 선정하지 아니하거나 대표자가 지나치게 많아 행정절차가 지연될 우려가 있는 경우에는 그 이유를 들어 상당한 기간 내에 3인 이내의 대표자를 선정할 것을 요청할 수 있다. 이 경우 당사자등이 그 요청에 따르지 아니하였을 때에는 행정청이 직접 대표자를 선정할 수 있다.
③ 당사자등은 대표자를 변경하거나 해임할 수 있다.
④ 대표자는 각자 그를 대표자로 선정한 당사자등을 위하여 행정절차에 관한 모든 행위를 할 수 있다. 다만, 행정절차를 끝맺는 행위에 대하여는 당사자등의 동의를 받아야 한다.
⑤ 대표자가 있는 경우에는 당사자등은 그 대표자를 통하여서만 행정절차에 관한 행위를 할 수 있다.
⑥ 다수의 대표자가 있는 경우 그중 1인에 대한 행정청의 행위는 모든 당사자등에게 효력이 있다. 다만, 행정청의 통지는 대표자 모두에게 하여야 그 효력이 있다.
〔전부개정 2012·10·22〕

제12조(대리인) ① 당사자등은 다음 각 호의 어느 하나에 해당하는 자를 대리인으로 선임할 수 있다.
1. 당사자등의 배우자, 직계 존속·비속 또는 형제자매
2. 당사자등이 법인등인 경우 그 임원 또는 직원
3. 변호사
4. 행정청 또는 청문 주재자(청문의 경우만 해당한다)의 허가를 받은 자
5. 법령등에 따라 해당 사안에 대하여 대리인이 될 수 있는 자

② 대리인에 관하여는 제11조제3항·제4항 및 제6항을 준용한다.
〔전부개정 2012·10·22〕

제13조(대표자·대리인의 통지) ① 당사자등이 대표자 또는 대리인을 선정하거나 선임하였을 때에는 지체 없이 그 사실을 행정청에 통지하여야 한다. 대표자 또는 대리인을 변경하거나 해임하였을 때에도 또한 같다.
② 제1항에도 불구하고 제12조제1항제4호에 따라 청문 주재자가 대리인의 선임을 허가한 경우에는 청문 주재자가 그 사실을 행정청에 통지하여야 한다. <신설 2014·1·28>
〔전부개정 2012·10·22〕

제4절 송달 및 기간·기한의 특례

제14조(송달) ① 송달은 우편, 교부 또는 정보통신망 이용 등의 방법으로 하되, 송달받을 자(대표자 또는 대리인을 포함한다. 이하 같다)의 주소·거소(居所)·영업소·사무소 또는 전자우편주소(이하 "주소등"이라 한다)로 한다. 다만, 송달받을 자가 동의하는 경우에는 그를 만나는 장소에서 송달할 수 있다.
② 교부에 의한 송달은 수령확인서를 받고 문서를 교부함으로써 하며, 송달하는 장소에서 송달받을 자를 만나지 못한 경우에는 그 사무원·피용자(被傭者) 또는 동거인으로서 사리를 분별할 지능이 있는 사람(이하 이 조에서 "사무원등"이라 한다)에게 문서를 교부할 수 있다. 다만, 문서를 송달받을 자 또는 그 사무원등이 정당한 사유 없이 송달받기를 거부하는 때에는 그 사실을 수령확인서에 적고, 문서를 송달할 장소에 놓아둘 수 있다. <개정 2014·1·28>
③ 정보통신망을 이용한 송달은 송달받을 자가 동의하는 경우에만 한다. 이 경우 송달받을 자는 송달받을 전자우편주소 등을 지정하여야 한다.
④ 다음 각 호의 어느 하나에 해당하는 경우에는 송달받을 자가 알기 쉽도록 관보, 공보, 게시판, 일간신문 중 하나 이상에 공고하고 인터넷에도 공고하여야 한다.
1. 송달받을 자의 주소등을 통상적인 방법으로 확인할 수 없는 경우
2. 송달이 불가능한 경우

⑤ 제4항에 따른 공고를 할 때에는 민감정보 및 고유식별정보 등 송달받을 자의 개인정보를 「개인정보 보호법」에 따라 보호하여야 한다. <신설 2022·1·11>

⑥ 행정청은 송달하는 문서의 명칭, 송달받는 자의 성명 또는 명칭, 발송방법 및 발송 연월일을 확인할 수 있는 기록을 보존하여야 한다.
〔전부개정 2012·10·22〕

제15조(송달의 효력 발생) ① 송달은 다른 법령등에 특별한 규정이 있는 경우를 제외하고는 해당 문서가 송달받을 자에게 도달됨으로써 그 효력이 발생한다.
② 제14조제3항에 따라 정보통신망을 이용하여 전자문서로 송달하는 경우에는 송달받을 자가 지정한 컴퓨터 등에 입력된 때에 도달된 것으로 본다.
③ 제14조제4항의 경우에는 다른 법령등에 특별한 규정이 있는 경우를 제외하고는 공고일부터 14일이 지난 때에 그 효력이 발생한다. 다만, 긴급히 시행하여야 할 특별한 사유가 있어 효력 발생 시기를 달리 정하여 공고한 경우에는 그에 따른다.
〔전부개정 2012·10·22〕

제16조(기간 및 기한의 특례) ① 천재지변이나 그 밖에 당사자등에게 책임이 없는 사유로 기간 및 기한을 지킬 수 없는 경우에는 그 사유가 끝나는 날까지 기간의 진행이 정지된다.
② 외국에 거주하거나 체류하는 자에 대한 기간 및 기한은 행정청이 그 우편이나 통신에 걸리는 일수(日數)를 고려하여 정하여야 한다.
〔전부개정 2012·10·22〕

제2장 처분

제1절 통칙

제17조(처분의 신청) ① 행정청에 처분을 구하는 신청은 문서로 하여야 한다. 다만, 다른 법령등에 특별한 규정이 있는 경우와 행정청이 미리 다른 방법을 정하여 공시한 경우에는 그러하지 아니하다.
② 제1항에 따라 처분을 신청할 때 전자문서로 하는 경우에는 행정청의 컴퓨터 등에 입력된 때에 신청한 것으로 본다.
③ 행정청은 신청에 필요한 구비서류, 접수기관, 처리기간, 그 밖에 필요한 사항을 게시(인터넷 등을 통한 게시를 포함한다)하거나 이에 대한 편람을 갖추어 두고 누구나 열람할 수 있도록 하여야 한다.
④ 행정청은 신청을 받았을 때에는 다른 법령등에 특별한 규정이 있는 경우를 제외하고는 그 접수를 보류 또는 거부하거나 부당하게 되돌려 보내서는 아니 되며, 신청을 접수한 경우에는 신청인에게 접수증을 주어야 한다. 다만, 대통령령으로 정하는 경우에는 접수증을 주지 아니할 수 있다.
⑤ 행정청은 신청에 구비서류의 미비 등 흠이 있는 경우에는 보완에 필요한 상당한 기간을 정하여 지체 없이 신청인에게 보완을 요구하여야 한다.
⑥ 행정청은 신청인이 제5항에 따른 기간 내에 보완을 하지 아니하였을 때에는 그 이유를 구체적으로 밝혀 접수된 신청을 되돌려 보낼 수 있다.
⑦ 행정청은 신청인의 편의를 위하여 다른 행정청에 신청을 접수하게 할 수 있다. 이 경우 행정청은 다른 행정청에 접수할 수 있는 신청의 종류를 미리 정하여 공시하여야 한다.
⑧ 신청인은 처분이 있기 전에는 그 신청의 내용을 보완·변경하거나 취하(取下)할 수 있다. 다만, 다른 법령등에 특별한 규정이 있거나 그 신청의 성질상 보완·변경하거나 취하할 수 없는 경우에는 그러하지 아니하다.
〔전부개정 2012·10·22〕

제18조(다수의 행정청이 관여하는 처분) 행정청은 다수의 행정청이 관여하는 처분을 구하는 신청을 접수한 경우에는 관계 행정청과의 신속한 협조를 통하여 그 처분이 지연되지 아니하도록 하여야 한다.
〔전부개정 2012·10·22〕

제19조(처리기간의 설정·공표) ① 행정청은 신청인의 편의를 위하여 처분의 처리기간을 종류별로 미리 정하여 공표하여야 한다.
② 행정청은 부득이한 사유로 제1항에 따른 처리기간 내에 처분을 처리하기 곤란한 경우에는 해당 처분의 처리기간의 범위에서 한 번만 그 기간을 연장할 수 있다.

③ 행정청은 제2항에 따라 처리기간을 연장할 때에는 처리기간의 연장 사유와 처리 예정 기한을 지체 없이 신청인에게 통지하여야 한다.
④ 행정청이 정당한 처리기간 내에 처리하지 아니하였을 때에는 신청인은 해당 행정청 또는 그 감독 행정청에 신속한 처리를 요청할 수 있다.
⑤ 제1항에 따른 처리기간에 산입하지 아니하는 기간에 관하여는 대통령령으로 정한다.
〔전부개정 2012·10·22〕

제20조(처분기준의 설정·공표) ① 행정청은 필요한 처분기준을 해당 처분의 성질에 비추어 되도록 구체적으로 정하여 공표하여야 한다. 처분기준을 변경하는 경우에도 또한 같다.
②「행정기본법」제24조에 따른 인허가의제의 경우 관련 인허가 행정청은 관련 인허가의 처분기준을 주된 인허가 행정청에 제출하여야 하고, 주된 인허가 행정청은 제출받은 관련 인허가의 처분기준을 통합하여 공표하여야 한다. 처분기준을 변경하는 경우에도 또한 같다. <신설 2022·1·11>
③ 제1항에 따른 처분기준을 공표하는 것이 해당 처분의 성질상 현저히 곤란하거나 공공의 안전 또는 복리를 현저히 해치는 것으로 인정될 만한 상당한 이유가 있는 경우에는 처분기준을 공표하지 아니할 수 있다.
④ 당사자등은 공표된 처분기준이 명확하지 아니한 경우 해당 행정청에 그 해석 또는 설명을 요청할 수 있다. 이 경우 해당 행정청은 특별한 사정이 없으면 그 요청에 따라야 한다.
〔전부개정 2012·10·22〕

제21조(처분의 사전 통지) ① 행정청은 당사자에게 의무를 부과하거나 권익을 제한하는 처분을 하는 경우에는 미리 다음 각 호의 사항을 당사자등에게 통지하여야 한다.
1. 처분의 제목
2. 당사자의 성명 또는 명칭과 주소
3. 처분하려는 원인이 되는 사실과 처분의 내용 및 법적 근거
4. 제3호에 대하여 의견을 제출할 수 있다는 뜻과 의견을 제출하지 아니하는 경우의 처리방법
5. 의견제출기관의 명칭과 주소
6. 의견제출기한
7. 그 밖에 필요한 사항
② 행정청은 청문을 하려면 청문이 시작되는 날부터 10일 전까지 제1항 각 호의 사항을 당사자등에게 통지하여야 한다. 이 경우 제1항제4호부터 제6호까지의 사항은 청문 주재자의 소속·직위 및 성명, 청문의 일시 및 장소, 청문에 응하지 아니하는 경우의 처리방법 등 청문에 필요한 사항으로 갈음한다.
③ 제1항제6호에 따른 기한은 의견제출에 필요한 기간을 10일 이상으로 고려하여 정하여야 한다. <개정 2019·12·10>
④ 다음 각 호의 어느 하나에 해당하는 경우에는 제1항에 따른 통지를 하지 아니할 수 있다.
1. 공공의 안전 또는 복리를 위하여 긴급히 처분을 할 필요가 있는 경우
2. 법령등에서 요구된 자격이 없거나 없어지게 되면 반드시 일정한 처분을 하여야 하는 경우에 그 자격이 없거나 없어지게 된 사실이 법원의 재판 등에 의하여 객관적으로 증명된 경우
3. 해당 처분의 성질상 의견청취가 현저히 곤란하거나 명백히 불필요하다고 인정될 만한 상당한 이유가 있는 경우
⑤ 처분의 전제가 되는 사실이 법원의 재판 등에 의하여 객관적으로 증명된 경우 등 제4항에 따른 사전 통지를 하지 아니할 수 있는 구체적인 사항은 대통령령으로 정한다. <신설 2014·1·28>
⑥ 제4항에 따라 사전 통지를 하지 아니하는 경우 행정청은 처분을 할 때 당사자등에게 통지를 하지 아니한 사유를 알려야 한다. 다만, 신속한 처분이 필요한 경우에는 처분 후 그 사유를 알릴 수 있다. <신설 2014·12·30>
⑦ 제6항에 따라 당사자등에게 알리는 경우에는 제24조를 준용한다. <신설 2014·12·

30>
〔전부개정 2012·10·22〕

제22조(의견청취) ① 행정청이 처분을 할 때 다음 각 호의 어느 하나에 해당하는 경우에는 청문을 한다. <개정 2014·1·28, 2022·1·11>

1. 다른 법령등에서 청문을 하도록 규정하고 있는 경우
2. 행정청이 필요하다고 인정하는 경우
3. 다음 각 목의 처분을 하는 경우
   가. 인허가 등의 취소
   나. 신분·자격의 박탈
   다. 법인이나 조합 등의 설립허가의 취소

② 행정청이 처분을 할 때 다음 각 호의 어느 하나에 해당하는 경우에는 공청회를 개최한다. <개정 2019·12·10>

1. 다른 법령등에서 공청회를 개최하도록 규정하고 있는 경우
2. 해당 처분의 영향이 광범위하여 널리 의견을 수렴할 필요가 있다고 행정청이 인정하는 경우
3. 국민생활에 큰 영향을 미치는 처분으로서 대통령령으로 정하는 처분에 대하여 대통령령으로 정하는 수 이상의 당사자등이 공청회 개최를 요구하는 경우

③ 행정청이 당사자에게 의무를 부과하거나 권익을 제한하는 처분을 할 때 제 1 항 또는 제 2 항의 경우 외에는 당사자등에게 의견제출의 기회를 주어야 한다.

④ 제 1 항부터 제 3 항까지의 규정에도 불구하고 제21조제 4 항 각 호의 어느 하나에 해당하는 경우와 당사자가 의견진술의 기회를 포기한다는 뜻을 명백히 표시한 경우에는 의견청취를 하지 아니할 수 있다.

⑤ 행정청은 청문·공청회 또는 의견제출을 거쳤을 때에는 신속히 처분하여 해당 처분이 지연되지 아니하도록 하여야 한다.

⑥ 행정청은 처분 후 1년 이내에 당사자등이 요청하는 경우에는 청문·공청회 또는 의견제출을 위하여 제출받은 서류나 그 밖의 물건을 반환하여야 한다.

〔전부개정 2012·10·22〕

제23조(처분의 이유 제시) ① 행정청은 처분을 할 때에는 다음 각 호의 어느 하나에 해당하는 경우를 제외하고는 당사자에게 그 근거와 이유를 제시하여야 한다.

1. 신청 내용을 모두 그대로 인정하는 처분인 경우
2. 단순·반복적인 처분 또는 경미한 처분으로서 당사자가 그 이유를 명백히 알 수 있는 경우
3. 긴급히 처분을 할 필요가 있는 경우

② 행정청은 제 1 항제 2 호 및 제 3 호의 경우에 처분 후 당사자가 요청하는 경우에는 그 근거와 이유를 제시하여야 한다.

〔전부개정 2012·10·22〕

제24조(처분의 방식) ① 행정청이 처분을 할 때에는 다른 법령등에 특별한 규정이 있는 경우를 제외하고는 문서로 하여야 하며, 다음 각 호의 어느 하나에 해당하는 경우에는 전자문서로 할 수 있다. <개정 2022·1·11>

1. 당사자등의 동의가 있는 경우
2. 당사자가 전자문서로 처분을 신청한 경우

② 제 1 항에도 불구하고 공공의 안전 또는 복리를 위하여 긴급히 처분을 할 필요가 있거나 사안이 경미한 경우에는 말, 전화, 휴대전화를 이용한 문자 전송, 팩스 또는 전자우편 등 문서가 아닌 방법으로 처분을 할 수 있다. 이 경우 당사자가 요청하면 지체 없이 처분에 관한 문서를 주어야 한다. <신설 2022·1·11>

③ 처분을 하는 문서에는 그 처분 행정청과 담당자의 소속·성명 및 연락처(전화번호, 팩스번호, 전자우편주소 등을 말한다)를 적어야 한다.

〔전부개정 2012·10·22〕

제25조(처분의 정정) 행정청은 처분에 오기(誤記), 오산(誤算) 또는 그 밖에 이에 준하는 명백한 잘못이 있을 때에는 직권으로 또는 신청에 따라 지체 없이 정정하고 그 사실을 당사자에게 통지하여야 한다.

〔전부개정 2012·10·22〕

제26조(고지) 행정청이 처분을 할 때에는 당사자에게 그 처분에 관하여 행정심판 및 행정소송을 제기할 수 있는지 여부, 그 밖에 불복을 할 수 있는지 여부, 청구절차 및 청구기간, 그 밖에 필요한 사항을 알려야 한다.

〔전부개정 2012·10·22〕

제 2 절 의견제출 및 청문

제27조(의견제출) ① 당사자등은 처분 전에 그 처분의 관할 행정청에 서면이나 말로 또는 정보통신망을 이용하여 의견제출을 할 수 있다.
② 당사자등은 제 1 항에 따라 의견제출을 하는 경우 그 주장을 입증하기 위한 증거자료 등을 첨부할 수 있다.
③ 행정청은 당사자등이 말로 의견제출을 하였을 때에는 서면으로 그 진술의 요지와 진술자를 기록하여야 한다.
④ 당사자등이 정당한 이유 없이 의견제출 기한까지 의견제출을 하지 아니한 경우에는 의견이 없는 것으로 본다.
〔전부개정 2012 · 10 · 22〕

제27조의2(제출 의견의 반영 등) ① 행정청은 처분을 할 때에 당사자등이 제출한 의견이 상당한 이유가 있다고 인정하는 경우에는 이를 반영하여야 한다.
② 행정청은 당사자등이 제출한 의견을 반영하지 아니하고 처분을 한 경우 당사자등이 처분이 있음을 안 날부터 90일 이내에 그 이유의 설명을 요청하면 서면으로 그 이유를 알려야 한다. 다만, 당사자등이 동의하면 말, 정보통신망 또는 그 밖의 방법으로 알릴 수 있다. <신설 2019 · 12 · 10>
〔전부개정 2012 · 10 · 22〕

제28조(청문 주재자) ① 행정청은 소속 직원 또는 대통령령으로 정하는 자격을 가진 사람 중에서 청문 주재자를 공정하게 선정하여야 한다. <개정 2019 · 12 · 10>
② 행정청은 다음 각 호의 어느 하나에 해당하는 처분을 하려는 경우에는 청문 주재자를 2명 이상으로 선정할 수 있다. 이 경우 선정된 청문 주재자 중 1명이 청문 주재자를 대표한다. <신설 2022 · 1 · 11>
1. 다수 국민의 이해가 상충되는 처분
2. 다수 국민에게 불편이나 부담을 주는 처분
3. 그 밖에 전문적이고 공정한 청문을 위하여 행정청이 청문 주재자를 2명 이상으로 선정할 필요가 있다고 인정하는 처분

③ 행정청은 청문이 시작되는 날부터 7일 전까지 청문 주재자에게 청문과 관련한 필요한 자료를 미리 통지하여야 한다. <신설 2014 · 1 · 28>
④ 청문 주재자는 독립하여 공정하게 직무를 수행하며, 그 직무 수행을 이유로 본인의 의사에 반하여 신분상 어떠한 불이익도 받지 아니한다.
⑤ 제 1 항 또는 제 2 항에 따라 선정된 청문 주재자는 「형법」이나 그 밖의 다른 법률에 따른 벌칙을 적용할 때에는 공무원으로 본다. <개정 2022 · 1 · 11>
⑥ 제 1 항부터 제 5 항까지에서 규정한 사항 외에 청문 주재자의 선정 등에 필요한 사항은 대통령령으로 정한다. <신설 2022 · 1 · 11>
〔전부개정 2012 · 10 · 22〕

제29조(청문 주재자의 제척 · 기피 · 회피) ① 청문 주재자가 다음 각 호의 어느 하나에 해당하는 경우에는 청문을 주재할 수 없다. <개정 2019 · 12 · 10>
1. 자신이 당사자등이거나 당사자등과 「민법」 제777조 각 호의 어느 하나에 해당하는 친족관계에 있거나 있었던 경우
2. 자신이 해당 처분과 관련하여 증언이나 감정(鑑定)을 한 경우
3. 자신이 해당 처분의 당사자등의 대리인으로 관여하거나 관여하였던 경우
4. 자신이 해당 처분업무를 직접 처리하거나 처리하였던 경우
5. 자신이 해당 처분업무를 처리하는 부서에 근무하는 경우. 이 경우 부서의 구체적인 범위는 대통령령으로 정한다.

② 청문 주재자에게 공정한 청문 진행을 할 수 없는 사정이 있는 경우 당사자등은 행정청에 기피신청을 할 수 있다. 이 경우 행정청은 청문을 정지하고 그 신청이 이유가 있다고 인정할 때에는 해당 청문 주재자를 지체 없이 교체하여야 한다.
③ 청문 주재자는 제 1 항 또는 제 2 항의 사유에 해당하는 경우에는 행정청의 승인을 받아 스스로 청문의 주재를 회피할 수 있다.
〔전부개정 2012 · 10 · 22〕

제30조(청문의 공개) 청문은 당사자가 공개를 신청하거나 청문 주재자가 필요하다고 인정

하는 경우 공개할 수 있다. 다만, 공익 또는 제 3 자의 정당한 이익을 현저히 해칠 우려가 있는 경우에는 공개하여서는 아니 된다.
〔전부개정 2012·10·22〕

제31조(청문의 진행) ① 청문 주재자가 청문을 시작할 때에는 먼저 예정된 처분의 내용, 그 원인이 되는 사실 및 법적 근거 등을 설명하여야 한다.
② 당사자등은 의견을 진술하고 증거를 제출할 수 있으며, 참고인이나 감정인 등에게 질문할 수 있다.
③ 당사자등이 의견서를 제출한 경우에는 그 내용을 출석하여 진술한 것으로 본다.
④ 청문 주재자는 청문의 신속한 진행과 질서유지를 위하여 필요한 조치를 할 수 있다.
⑤ 청문을 계속할 경우에는 행정청은 당사자등에게 다음 청문의 일시 및 장소를 서면으로 통지하여야 하며, 당사자등이 동의하는 경우에는 전자문서로 통지할 수 있다. 다만, 청문에 출석한 당사자등에게는 그 청문일에 청문 주재자가 말로 통지할 수 있다.
〔전부개정 2012·10·22〕

제32조(청문의 병합·분리) 행정청은 직권으로 또는 당사자의 신청에 따라 여러 개의 사안을 병합하거나 분리하여 청문을 할 수 있다.
〔전부개정 2012·10·22〕

제33조(증거조사) ① 청문 주재자는 직권으로 또는 당사자의 신청에 따라 필요한 조사를 할 수 있으며, 당사자등이 주장하지 아니한 사실에 대하여도 조사할 수 있다.
② 증거조사는 다음 각 호의 어느 하나에 해당하는 방법으로 한다.
1. 문서·장부·물건 등 증거자료의 수집
2. 참고인·감정인 등에 대한 질문
3. 검증 또는 감정·평가
4. 그 밖에 필요한 조사
③ 청문 주재자는 필요하다고 인정할 때에는 관계 행정청에 필요한 문서의 제출 또는 의견의 진술을 요구할 수 있다. 이 경우 관계 행정청은 직무 수행에 특별한 지장이 없으면 그 요구에 따라야 한다.
〔전부개정 2012·10·22〕

제34조(청문조서) ① 청문 주재자는 다음 각 호의 사항이 적힌 청문조서(聽聞調書)를 작성하여야 한다.
1. 제목
2. 청문 주재자의 소속, 성명 등 인적사항
3. 당사자등의 주소, 성명 또는 명칭 및 출석 여부
4. 청문의 일시 및 장소
5. 당사자등의 진술의 요지 및 제출된 증거
6. 청문의 공개 여부 및 공개하거나 제30조 단서에 따라 공개하지 아니한 이유
7. 증거조사를 한 경우에는 그 요지 및 첨부된 증거
8. 그 밖에 필요한 사항
② 당사자등은 청문조서의 내용을 열람·확인할 수 있으며, 이의가 있을 때에는 그 정정을 요구할 수 있다.
〔전부개정 2012·10·22〕

제34조의2(청문 주재자의 의견서) 청문 주재자는 다음 각 호의 사항이 적힌 청문 주재자의 의견서를 작성하여야 한다.
1. 청문의 제목
2. 처분의 내용, 주요 사실 또는 증거
3. 종합의견
4. 그 밖에 필요한 사항
〔전부개정 2012·10·22〕

제35조(청문의 종결) ① 청문 주재자는 해당 사안에 대하여 당사자등의 의견진술, 증거조사가 충분히 이루어졌다고 인정하는 경우에는 청문을 마칠 수 있다.
② 청문 주재자는 당사자등의 전부 또는 일부가 정당한 사유 없이 청문기일에 출석하지 아니하거나 제31조제 3 항에 따른 의견서를 제출하지 아니한 경우에는 이들에게 다시 의견진술 및 증거제출의 기회를 주지 아니하고 청문을 마칠 수 있다.
③ 청문 주재자는 당사자등의 전부 또는 일부가 정당한 사유로 청문기일에 출석하지 못하거나 제31조제 3 항에 따른 의견서를 제출하지 못한 경우에는 10일 이상의 기간을 정하여 이들에게 의견진술 및 증거제출을 요구하여야 하며, 해당 기간이 지났을 때에 청문을 마칠 수 있다. <개정 2019·12·10>
④ 청문 주재자는 청문을 마쳤을 때에는 청문조서, 청문 주재자의 의견서, 그 밖의 관

계 서류 등을 행정청에 지체 없이 제출하여야 한다.
〔전부개정 2012·10·22〕

제35조의2(청문결과의 반영) 행정청은 처분을 할 때에 제35조제4항에 따라 받은 청문조서, 청문 주재자의 의견서, 그 밖의 관계 서류 등을 충분히 검토하고 상당한 이유가 있다고 인정하는 경우에는 청문결과를 반영하여야 한다.
〔전부개정 2012·10·22〕

제36조(청문의 재개) 행정청은 청문을 마친 후 처분을 할 때까지 새로운 사정이 발견되어 청문을 재개(再開)할 필요가 있다고 인정할 때에는 제35조제4항에 따라 받은 청문조서 등을 되돌려 보내고 청문의 재개를 명할 수 있다. 이 경우 제31조제5항을 준용한다.
〔전부개정 2012·10·22〕

제37조(문서의 열람 및 비밀유지) ① 당사자등은 의견제출의 경우에는 처분의 사전 통지가 있는 날부터 의견제출기한까지, 청문의 경우에는 청문의 통지가 있는 날부터 청문이 끝날 때까지 행정청에 해당 사안의 조사결과에 관한 문서와 그 밖에 해당 처분과 관련되는 문서의 열람 또는 복사를 요청할 수 있다. 이 경우 행정청은 다른 법령에 따라 공개가 제한되는 경우를 제외하고는 그 요청을 거부할 수 없다. <개정 2022·1·11>

② 행정청은 제1항의 열람 또는 복사의 요청에 따르는 경우 그 일시 및 장소를 지정할 수 있다.

③ 행정청은 제1항 후단에 따라 열람 또는 복사의 요청을 거부하는 경우에는 그 이유를 소명(疎明)하여야 한다.

④ 제1항에 따라 열람 또는 복사를 요청할 수 있는 문서의 범위는 대통령령으로 정한다.

⑤ 행정청은 제1항에 따른 복사에 드는 비용을 복사를 요청한 자에게 부담시킬 수 있다.

⑥ 누구든지 의견제출 또는 청문을 통하여 알게 된 사생활이나 경영상 또는 거래상의 비밀을 정당한 이유 없이 누설하거나 다른 목적으로 사용하여서는 아니 된다. <개정 2022·1·11>
〔전부개정 2012·10·22〕

제3절 공청회

제38조(공청회 개최의 알림) 행정청은 공청회를 개최하려는 경우에는 공청회 개최 14일 전까지 다음 각 호의 사항을 당사자등에게 통지하고 관보, 공보, 인터넷 홈페이지 또는 일간신문 등에 공고하는 등의 방법으로 널리 알려야 한다. 다만, 공청회 개최를 알린 후 예정대로 개최하지 못하여 새로 일시 및 장소 등을 정한 경우에는 공청회 개최 7일 전까지 알려야 한다. <개정 2019·12·10>

1. 제목
2. 일시 및 장소
3. 주요 내용
4. 발표자에 관한 사항
5. 발표신청 방법 및 신청기한
6. 정보통신망을 통한 의견제출
7. 그 밖에 공청회 개최에 필요한 사항

〔전부개정 2012·10·22〕

제38조의2(온라인공청회) ① 행정청은 제38조에 따른 공청회와 병행하여서만 정보통신망을 이용한 공청회(이하 "온라인공청회"라 한다)를 실시할 수 있다. <개정 2022·1·11>

② 제1항에도 불구하고 다음 각 호의 어느 하나에 해당하는 경우에는 온라인공청회를 단독으로 개최할 수 있다. <신설 2022·1·11>

1. 국민의 생명·신체·재산의 보호 등 국민의 안전 또는 권익보호 등의 이유로 제38조에 따른 공청회를 개최하기 어려운 경우
2. 제38조에 따른 공청회가 행정청이 책임질 수 없는 사유로 개최되지 못하거나 개최는 되었으나 정상적으로 진행되지 못하고 무산된 횟수가 3회 이상인 경우
3. 행정청이 널리 의견을 수렴하기 위하여 온라인공청회를 단독으로 개최할 필요가 있다고 인정하는 경우. 다만, 제22조제2항제1호 또는 제3호에 따라 공청회를 실시하는 경우는 제외한다.

③ 행정청은 온라인공청회를 실시하는 경우 의견제출 및 토론 참여가 가능하도록 적절한 전자적 처리능력을 갖춘 정보통신망을 구축·운영하여야 한다. <개정 2022·1·11>

④ 온라인공청회를 실시하는 경우에는 누구

든지 정보통신망을 이용하여 의견을 제출하거나 제출된 의견 등에 대한 토론에 참여할 수 있다. <개정 2022·1·11>

⑤ 제 1 항부터 제 4 항까지에서 규정한 사항 외에 온라인공청회의 실시 방법 및 절차에 관하여 필요한 사항은 대통령령으로 정한다. <개정 2022·1·11>

〔전부개정 2012·10·22〕

제38조의3(공청회의 주재자 및 발표자의 선정) ① 행정청은 해당 공청회의 사안과 관련된 분야에 전문적 지식이 있거나 그 분야에 종사한 경험이 있는 사람으로서 대통령령으로 정하는 자격을 가진 사람 중에서 공청회의 주재자를 선정한다. <개정 2019·12·10>

② 공청회의 발표자는 발표를 신청한 사람 중에서 행정청이 선정한다. 다만, 발표를 신청한 사람이 없거나 공청회의 공정성을 확보하기 위하여 필요하다고 인정하는 경우에는 다음 각 호의 사람 중에서 지명하거나 위촉할 수 있다.

1. 해당 공청회의 사안과 관련된 당사자등
2. 해당 공청회의 사안과 관련된 분야에 전문적 지식이 있는 사람
3. 해당 공청회의 사안과 관련된 분야에 종사한 경험이 있는 사람

③ 행정청은 공청회의 주재자 및 발표자를 지명 또는 위촉하거나 선정할 때 공정성이 확보될 수 있도록 하여야 한다.

④ 공청회의 주재자, 발표자, 그 밖에 자료를 제출한 전문가 등에게는 예산의 범위에서 수당 및 여비와 그 밖에 필요한 경비를 지급할 수 있다.

〔전부개정 2012·10·22〕

제39조(공청회의 진행) ① 공청회의 주재자는 공청회를 공정하게 진행하여야 하며, 공청회의 원활한 진행을 위하여 발표 내용을 제한할 수 있고, 질서유지를 위하여 발언 중지 및 퇴장 명령 등 행정안전부장관이 정하는 필요한 조치를 할 수 있다. <개정 2013·3·23, 2014·11·19, 2017·7·26>

② 발표자는 공청회의 내용과 직접 관련된 사항에 대하여만 발표하여야 한다.

③ 공청회의 주재자는 발표자의 발표가 끝난 후에는 발표자 상호간에 질의 및 답변을 할 수 있도록 하여야 하며, 방청인에게도 의견을 제시할 기회를 주어야 한다.

〔전부개정 2012·10·22〕

제39조의2(공청회 및 온라인공청회 결과의 반영) 행정청은 처분을 할 때에 공청회, 온라인공청회 및 정보통신망 등을 통하여 제시된 사실 및 의견이 상당한 이유가 있다고 인정하는 경우에는 이를 반영하여야 한다. <개정 2022·1·11>

〔전부개정 2012·10·22〕

제39조의3(공청회의 재개최) 행정청은 공청회를 마친 후 처분을 할 때까지 새로운 사정이 발견되어 공청회를 다시 개최할 필요가 있다고 인정할 때에는 공청회를 다시 개최할 수 있다.

〔본조신설 2019·12·10〕

제 3 장 신고, 확약 및 위반사실 등의 공표 등

제40조(신고) ① 법령등에서 행정청에 일정한 사항을 통지함으로써 의무가 끝나는 신고를 규정하고 있는 경우 신고를 관장하는 행정청은 신고에 필요한 구비서류, 접수기관, 그 밖에 법령등에 따른 신고에 필요한 사항을 게시(인터넷 등을 통한 게시를 포함한다)하거나 이에 대한 편람을 갖추어 두고 누구나 열람할 수 있도록 하여야 한다.

② 제 1 항에 따른 신고가 다음 각 호의 요건을 갖춘 경우에는 신고서가 접수기관에 도달된 때에 신고 의무가 이행된 것으로 본다.

1. 신고서의 기재사항에 흠이 없을 것
2. 필요한 구비서류가 첨부되어 있을 것
3. 그 밖에 법령등에 규정된 형식상의 요건에 적합할 것

③ 행정청은 제 2 항 각 호의 요건을 갖추지 못한 신고서가 제출된 경우에는 지체 없이 상당한 기간을 정하여 신고인에게 보완을 요구하여야 한다.

④ 행정청은 신고인이 제 3 항에 따른 기간 내에 보완을 하지 아니하였을 때에는 그 이유를 구체적으로 밝혀 해당 신고서를 되돌려 보내야 한다.

〔전부개정 2012·10·22〕

제40조의2(확약) ① 법령등에서 당사자가 신청할 수 있는 처분을 규정하고 있는 경우 행정청은 당사자의 신청에 따라 장래에 어떤 처분을 하거나 하지 아니할 것을 내용으로 하는 의사표시(이하 "확약"이라 한다)를 할 수 있다.
② 확약은 문서로 하여야 한다.
③ 행정청은 다른 행정청과의 협의 등의 절차를 거쳐야 하는 처분에 대하여 확약을 하려는 경우에는 확약을 하기 전에 그 절차를 거쳐야 한다.
④ 행정청은 다음 각 호의 어느 하나에 해당하는 경우에는 확약에 기속되지 아니한다.
1. 확약을 한 후에 확약의 내용을 이행할 수 없을 정도로 법령등이나 사정이 변경된 경우
2. 확약이 위법한 경우
⑤ 행정청은 확약이 제4항 각 호의 어느 하나에 해당하여 확약을 이행할 수 없는 경우에는 지체 없이 당사자에게 그 사실을 통지하여야 한다.
〔본조신설 2022·1·11〕

제40조의3(위반사실 등의 공표) ① 행정청은 법령에 따른 의무를 위반한 자의 성명·법인명, 위반사실, 의무 위반을 이유로 한 처분사실 등(이하 "위반사실등"이라 한다)을 법률로 정하는 바에 따라 일반에게 공표할 수 있다.
② 행정청은 위반사실등의 공표를 하기 전에 사실과 다른 공표로 인하여 당사자의 명예·신용 등이 훼손되지 아니하도록 객관적이고 타당한 증거와 근거가 있는지를 확인하여야 한다.
③ 행정청은 위반사실등의 공표를 할 때에는 미리 당사자에게 그 사실을 통지하고 의견제출의 기회를 주어야 한다. 다만, 다음 각 호의 어느 하나에 해당하는 경우에는 그러하지 아니하다.
1. 공공의 안전 또는 복리를 위하여 긴급히 공표를 할 필요가 있는 경우
2. 해당 공표의 성질상 의견청취가 현저히 곤란하거나 명백히 불필요하다고 인정될 만한 타당한 이유가 있는 경우
3. 당사자가 의견진술의 기회를 포기한다는 뜻을 명백히 밝힌 경우
④ 제3항에 따라 의견제출의 기회를 받은 당사자는 공표 전에 관할 행정청에 서면이나 말 또는 정보통신망을 이용하여 의견을 제출할 수 있다.
⑤ 제4항에 따른 의견제출의 방법과 제출 의견의 반영 등에 관하여는 제27조 및 제27조의2를 준용한다. 이 경우 "처분"은 "위반사실등의 공표"로 본다.
⑥ 위반사실등의 공표는 관보, 공보 또는 인터넷 홈페이지 등을 통하여 한다.
⑦ 행정청은 위반사실등의 공표를 하기 전에 당사자가 공표와 관련된 의무의 이행, 원상회복, 손해배상 등의 조치를 마친 경우에는 위반사실등의 공표를 하지 아니할 수 있다.
⑧ 행정청은 공표된 내용이 사실과 다른 것으로 밝혀지거나 공표에 포함된 처분이 취소된 경우에는 그 내용을 정정하여, 정정한 내용을 지체 없이 해당 공표와 같은 방법으로 공표된 기간 이상 공표하여야 한다. 다만, 당사자가 원하지 아니하면 공표하지 아니할 수 있다.
〔본조신설 2022·1·11〕

제40조의4(행정계획) 행정청은 행정청이 수립하는 계획 중 국민의 권리·의무에 직접 영향을 미치는 계획을 수립하거나 변경·폐지할 때에는 관련된 여러 이익을 정당하게 형량하여야 한다.
〔본조신설 2022·1·11〕

제4장 행정상 입법예고

제41조(행정상 입법예고) ① 법령등을 제정·개정 또는 폐지(이하 "입법"이라 한다)하려는 경우에는 해당 입법안을 마련한 행정청은 이를 예고하여야 한다. 다만, 다음 각 호의 어느 하나에 해당하는 경우에는 예고를 하지 아니할 수 있다. <개정 2012·10·22>
1. 신속한 국민의 권리 보호 또는 예측 곤란한 특별한 사정의 발생 등으로 입법이 긴급을 요하는 경우
2. 상위 법령등의 단순한 집행을 위한 경우
3. 입법내용이 국민의 권리·의무 또는 일

상생활과 관련이 없는 경우
4. 단순한 표현·자구를 변경하는 경우 등 입법내용의 성질상 예고의 필요가 없거나 곤란하다고 판단되는 경우
5. 예고함이 공공의 안전 또는 복리를 현저히 해칠 우려가 있는 경우
② 삭제 <2002·12·30>
③ 법제처장은 입법예고를 하지 아니한 법령안의 심사 요청을 받은 경우에 입법예고를 하는 것이 적당하다고 판단할 때에는 해당 행정청에 입법예고를 권고하거나 직접 예고할 수 있다. <개정 2012·10·22>
④ 입법안을 마련한 행정청은 입법예고 후 예고내용에 국민생활과 직접 관련된 내용이 추가되는 등 대통령령으로 정하는 중요한 변경이 발생하는 경우에는 해당 부분에 대한 입법예고를 다시 하여야 한다. 다만, 제1항 각 호의 어느 하나에 해당하는 경우에는 예고를 하지 아니할 수 있다. <신설 2012·10·22>
⑤ 입법예고의 기준·절차 등에 관하여 필요한 사항은 대통령령으로 정한다. <개정 2012·10·22>

제42조(예고방법) ① 행정청은 입법안의 취지, 주요 내용 또는 전문(全文)을 다음 각 호의 구분에 따른 방법으로 공고하여야 하며, 추가로 인터넷, 신문 또는 방송 등을 통하여 공고할 수 있다. <개정 2019·12·10>
1. 법령의 입법안을 입법예고하는 경우 : 관보 및 법제처장이 구축·제공하는 정보시스템을 통한 공고
2. 자치법규의 입법안을 입법예고하는 경우 : 공보를 통한 공고
② 행정청은 대통령령을 입법예고하는 경우 국회 소관 상임위원회에 이를 제출하여야 한다.
③ 행정청은 입법예고를 할 때에 입법안과 관련이 있다고 인정되는 중앙행정기관, 지방자치단체, 그 밖의 단체 등이 예고사항을 알 수 있도록 예고사항을 통지하거나 그 밖의 방법으로 알려야 한다.
④ 행정청은 제1항에 따라 예고된 입법안에 대하여 온라인공청회 등을 통하여 널리 의견을 수렴할 수 있다. 이 경우 제38조의2 제3항부터 제5항까지의 규정을 준용한다. <개정 2022·1·11>
⑤ 행정청은 예고된 입법안의 전문에 대한 열람 또는 복사를 요청받았을 때에는 특별한 사유가 없으면 그 요청에 따라야 한다.
⑥ 행정청은 제5항에 따른 복사에 드는 비용을 복사를 요청한 자에게 부담시킬 수 있다.
〔전부개정 2012·10·22〕

제43조(예고기간) 입법예고기간은 예고할 때 정하되, 특별한 사정이 없으면 40일(자치법규는 20일) 이상으로 한다.
〔전부개정 2012·10·22〕

제44조(의견제출 및 처리) ① 누구든지 예고된 입법안에 대하여 의견을 제출할 수 있다.
② 행정청은 의견접수기관, 의견제출기간, 그 밖에 필요한 사항을 해당 입법안을 예고할 때 함께 공고하여야 한다.
③ 행정청은 해당 입법안에 대한 의견이 제출된 경우 특별한 사유가 없으면 이를 존중하여 처리하여야 한다.
④ 행정청은 의견을 제출한 자에게 그 제출된 의견의 처리결과를 통지하여야 한다.
⑤ 제출된 의견의 처리방법 및 처리결과의 통지에 관하여는 대통령령으로 정한다.
〔전부개정 2012·10·22〕

제45조(공청회) ① 행정청은 입법안에 관하여 공청회를 개최할 수 있다.
② 공청회에 관하여는 제38조, 제38조의2, 제38조의3, 제39조 및 제39조의2를 준용한다.
〔전부개정 2012·10·22〕

제5장 행정예고

제46조(행정예고) ① 행정청은 정책, 제도 및 계획(이하 "정책등"이라 한다)을 수립·시행하거나 변경하려는 경우에는 이를 예고하여야 한다. 다만, 다음 각 호의 어느 하나에 해당하는 경우에는 예고를 하지 아니할 수 있다. <개정 2019·12·10>
1. 신속하게 국민의 권리를 보호하여야 하거나 예측이 어려운 특별한 사정이 발생하는 등 긴급한 사유로 예고가 현저히 곤란한 경우
2. 법령등의 단순한 집행을 위한 경우
3. 정책등의 내용이 국민의 권리·의무 또

는 일상생활과 관련이 없는 경우
4. 정책등의 예고가 공공의 안전 또는 복리를 현저히 해칠 우려가 상당한 경우
② 제1항에도 불구하고 법령등의 입법을 포함하는 행정예고는 입법예고로 갈음할 수 있다.
③ 행정예고기간은 예고 내용의 성격 등을 고려하여 정하되, 20일 이상으로 한다. <개정 2022·1·11>
④ 제3항에도 불구하고 행정목적을 달성하기 위하여 긴급한 필요가 있는 경우에는 행정예고기간을 단축할 수 있다. 이 경우 단축된 행정예고기간은 10일 이상으로 한다. <신설 2022·1·11>
〔전부개정 2012·10·22〕

제46조의2(행정예고 통계 작성 및 공고) 행정청은 매년 자신이 행한 행정예고의 실시 현황과 그 결과에 관한 통계를 작성하고, 이를 관보·공보 또는 인터넷 등의 방법으로 널리 공고하여야 한다.
〔본조신설 2014·1·28〕

제47조(예고방법 등) ① 행정청은 정책등안(案)의 취지, 주요 내용 등을 관보·공보나 인터넷·신문·방송 등을 통하여 공고하여야 한다.
② 행정예고의 방법, 의견제출 및 처리, 공청회 및 온라인공청회에 관하여는 제38조, 제38조의2, 제38조의3, 제39조, 제39조의2, 제39조의3, 제42조(제1항·제2항 및 제4항은 제외한다), 제44조제1항부터 제3항까지 및 제45조제1항을 준용한다. 이 경우 "입법안"은 "정책등안"으로, "입법예고"는 "행정예고"로, "처분을 할 때"는 "정책등을 수립·시행하거나 변경할 때"로 본다. <개정 2022·1·11>
〔전부개정 2019·12·10〕

제6장 행정지도

제48조(행정지도의 원칙) ① 행정지도는 그 목적 달성에 필요한 최소한도에 그쳐야 하며, 행정지도의 상대방의 의사에 반하여 부당하게 강요하여서는 아니 된다.
② 행정기관은 행정지도의 상대방이 행정지도에 따르지 아니하였다는 것을 이유로 불이익한 조치를 하여서는 아니 된다.
〔전부개정 2012·10·22〕

제49조(행정지도의 방식) ① 행정지도를 하는 자는 그 상대방에게 그 행정지도의 취지 및 내용과 신분을 밝혀야 한다.
② 행정지도가 말로 이루어지는 경우에 상대방이 제1항의 사항을 적은 서면의 교부를 요구하면 그 행정지도를 하는 자는 직무 수행에 특별한 지장이 없으면 이를 교부하여야 한다.
〔전부개정 2012·10·22〕

제50조(의견제출) 행정지도의 상대방은 해당 행정지도의 방식·내용 등에 관하여 행정기관에 의견제출을 할 수 있다.
〔전부개정 2012·10·22〕

제51조(다수인을 대상으로 하는 행정지도) 행정기관이 같은 행정목적을 실현하기 위하여 많은 상대방에게 행정지도를 하려는 경우에는 특별한 사정이 없으면 행정지도에 공통적인 내용이 되는 사항을 공표하여야 한다.
〔전부개정 2012·10·22〕

제7장 국민참여의 확대

제52조(국민참여 활성화) ① 행정청은 행정과정에서 국민의 의견을 적극적으로 청취하고 이를 반영하도록 노력하여야 한다.
② 행정청은 국민에게 다양한 참여방법과 협력의 기회를 제공하도록 노력하여야 하며, 구체적인 참여방법을 공표하여야 한다.
③ 행정청은 국민참여 수준을 향상시키기 위하여 노력하여야 하며 필요한 경우 국민참여 수준에 대한 자체진단을 실시하고, 그 결과를 행정안전부장관에게 제출하여야 한다.
④ 행정청은 제3항에 따라 자체진단을 실시한 경우 그 결과를 공개할 수 있다.
⑤ 행정청은 국민참여를 활성화하기 위하여 교육·홍보, 예산·인력 확보 등 필요한 조치를 할 수 있다.
⑥ 행정안전부장관은 국민참여 확대를 위하여 행정청에 교육·홍보, 포상, 예산·인력 확보 등을 지원할 수 있다.
〔전부개정 2022·1·11〕

제52조의2(국민제안의 처리) ① 행정청(국회사무총장·법원행정처장·헌법재판소사무처장 및 중앙선거관리위원회사무총장은 제외한다)은 정부시책이나 행정제도 및 그 운영의 개선에 관한 국민의 창의적인 의견이나 고안(이하 "국민제안"이라 한다)을 접수·처리하여야 한다.
② 제1항에 따른 국민제안의 운영 및 절차 등에 필요한 사항은 대통령령으로 정한다.
〔본조신설 2022·1·11〕

제52조의3(국민참여 창구) 행정청은 주요 정책 등에 관한 국민과 전문가의 의견을 듣거나 국민이 참여할 수 있는 온라인 또는 오프라인 창구를 설치·운영할 수 있다.
〔본조신설 2022·1·11〕

제53조(온라인 정책토론) ① 행정청은 국민에게 영향을 미치는 주요 정책 등에 대하여 국민의 다양하고 창의적인 의견을 널리 수렴하기 위하여 정보통신망을 이용한 정책토론(이하 이 조에서 "온라인 정책토론"이라 한다)을 실시할 수 있다. <개정 2022·1·11>
② 행정청은 효율적인 온라인 정책토론을 위하여 과제별로 한시적인 토론 패널을 구성하여 해당 토론에 참여시킬 수 있다. 이 경우 패널의 구성에 있어서는 공정성 및 객관성이 확보될 수 있도록 노력하여야 한다. <개정 2022·1·11>
③ 행정청은 온라인 정책토론이 공정하고 중립적으로 운영되도록 하기 위하여 필요한 조치를 할 수 있다. <개정 2022·1·11>
④ 토론 패널의 구성, 운영방법, 그 밖에 온라인 정책토론의 운영을 위하여 필요한 사항은 대통령령으로 정한다. <개정 2022·1·11>
〔본조신설 2014·1·28〕

제8장 보칙

제54조(비용의 부담) 행정절차에 드는 비용은 행정청이 부담한다. 다만, 당사자등이 자기를 위하여 스스로 지출한 비용은 그러하지 아니하다.
〔전부개정 2012·10·22〕

제55조(참고인 등에 대한 비용 지급) ① 행정청은 행정절차의 진행에 필요한 참고인이나 감정인 등에게 예산의 범위에서 여비와 일당을 지급할 수 있다.
② 제1항에 따른 비용의 지급기준 등에 관하여는 대통령령으로 정한다.
〔전부개정 2012·10·22〕

제56조(협조 요청 등) 행정안전부장관(제4장의 경우에는 법제처장을 말한다)은 이 법의 효율적인 운영을 위하여 노력하여야 하며, 필요한 경우에는 그 운영 상황과 실태를 확인할 수 있고, 관계 행정청에 관련 자료의 제출 등 협조를 요청할 수 있다. <개정 2013·3·23, 2014·11·19, 2017·7·26>
〔전부개정 2012·10·22〕

부 칙

①(시행일) 이 법은 공포후 1년이 경과한 날부터 시행한다.
②(적용례) 이 법 시행당시 진행 중인 처분·신고·행정상 입법예고·행정예고 및 행정지도에 관하여는 이 법을 적용하지 아니한다.

부 칙 <1999·2·5 법5809>

제1조(시행일) 이 법은 공포후 6월이 경과한 날부터 시행한다. 〈단서 생략〉
제2조부터 **제6조**까지 생략

부 칙 <2002·12·30 법6839>

①(시행일) 이 법은 공포후 6월이 경과한 날부터 시행한다.
②(경과조치) 이 법 시행당시 진행 중인 행정절차에 관하여는 종전의 규정에 의한다.

부 칙 <2006·3·24 법7904>

이 법은 공포한 날부터 시행한다.

부 칙 <2007·5·17 법8451>

①(시행일) 이 법은 공포 후 6개월이 경과한 날부터 시행한다.
②(경과조치) 이 법 시행 당시 진행 중인 행정절차에 관하여는 종전의 규정에 따른다.

부 칙 <2008·2·29 법8852>

제1조(시행일) 이 법은 공포한 날부터 시행한다. 〈단서 생략〉
제2조부터 **제7조**까지 생략

부 칙 <2011·12·2 법11109>

제1조(시행일) 이 법은 「대한민국과 미합중국 간의 자유무역협정 및 대한민국과 미합중국 간의 자유무역협정에 관한 서한교환」이 발효되는 날부터 시행한다.
〔발효일 2012·3·15〕

제 2 조(입법예고기간 확대에 따른 적용례) 제43조의 개정규정은 이 법 시행 후 최초로 입법예고를 하는 법령부터 적용한다.

부 칙 <2012·10·22 법11498>

이 법은 공포한 날부터 시행한다. 다만, 제41조제 1 항 및 제 4 항의 개정규정은 공포 후 3개월이 경과한 날부터 시행한다.

부 칙 <2013·3·23 법11690>

제 1 조(시행일) ① 이 법은 공포한 날부터 시행한다.
② 생략

제 2 조부터 **제 7 조**까지 생략

부 칙 <2014·1·28 법12347>

제 1 조(시행일) 이 법은 공포 후 1개월이 경과한 날부터 시행한다. 다만, 제14조제 2 항, 제21조제 5 항 및 제53조제 4 항의 개정규정은 공포 후 6개월이 경과한 날부터 시행한다.

제 2 조(경과조치) 이 법 시행 당시 진행 중인 행정절차에 관하여는 종전의 규정에 따른다.

부 칙 <2014·11·19 법12844>

제 1 조(시행일) 이 법은 공포한 날부터 시행한다. 〈단서 생략〉

제 2 조부터 **제 7 조**까지 생략

부 칙 <2014·12·30 법12923>

제 1 조(시행일) 이 법은 공포 후 3개월이 경과한 날부터 시행한다.

제 2 조(사유의 통지에 관한 적용례) 제21조제 6 항의 개정규정은 이 법 시행 후 최초로 행하는 처분부터 적용한다.

부 칙 <2017·7·26 법14839>

제 1 조(시행일) ① 이 법은 공포한 날부터 시행한다. 〈단서 생략〉

제 2 조부터 **제 6 조**까지 생략

부 칙 <2019·12·10 법16778>

제 1 조(시행일) 이 법은 공포 후 6개월이 경과한 날부터 시행한다.

제 2 조(처분의 사전 통지에 관한 적용례) 제21조제 3 항의 개정규정은 이 법 시행 이후 처분의 사전 통지를 하는 경우부터 적용한다.

제 3 조(제출 의견의 반영 등에 관한 적용례) 제27조의2제 2 항의 개정규정은 이 법 시행 이후 당사자등이 의견을 제출하는 경우부터 적용한다.

제 4 조(청문에 관한 적용례) ① 제29조제 1 항제 5 호의 개정규정은 이 법 시행 이후 청문 주재자를 선정하는 경우부터 적용한다.
② 제35조제 3 항의 개정규정은 이 법 시행 이후 시작하는 청문부터 적용한다.

제 5 조(공청회 주재자의 선정에 관한 적용례) 제38조의3제 1 항의 개정규정은 이 법 시행 이후 공청회 주재자를 선정하는 경우부터 적용한다.

제 6 조(행정예고에 관한 적용례) 제46조제 1 항의 개정규정은 이 법 시행 이후 정책등을 수립·시행하거나 변경하는 경우부터 적용한다.

부 칙 <2022·1·11 법18748>

제 1 조(시행일) 이 법은 공포 후 6개월이 경과한 날부터 시행한다. 다만, 제20조제 2 항부터 제 4 항까지의 개정규정은 2023년 3월 24일부터 시행한다.

제 2 조(청문에 관한 적용례) 제22조제 1 항제 3 호의 개정규정은 이 법 시행 이후 같은 호 각 목의 처분에 관하여 제21조에 따라 사전 통지를 하는 처분부터 적용한다.

제 3 조(온라인공청회에 관한 적용례) 제38조의2제 2 항제 2 호의 개정규정은 이 법 시행 이후 공청회가 행정청이 책임질 수 없는 사유로 개최되지 못하거나 개최는 되었으나 정상적으로 진행되지 못하고 무산된 횟수가 3회 이상인 경우부터 적용한다.

제 4 조(확약에 관한 적용례) 제40조의2의 개정규정은 이 법 시행 이후 확약을 신청하는 경우부터 적용한다.

제 5 조(위반사실등의 공표에 관한 적용례) 제40조의3의 개정규정은 이 법 시행 이후 위반사실등의 공표를 하는 경우부터 적용한다.

제 6 조(행정예고에 관한 적용례) 제46조제 3 항 및 제 4 항의 개정규정은 이 법 시행 이후 행정예고를 하는 경우부터 적용한다.

제 7 조(다른 법률의 개정) 생략

●행정심판법

〔2010·1·25 법률제9968호 전부개정〕

개정
2012· 2·17 법률제11328호
2014· 5·28 법률제12718호
2016· 3·29 법률제14146호
2017· 4·18 법률제14832호
2017·10·31 법률제15025호
2020· 6· 9 법률제17354호(전자서명법)
2023· 3·21 법률제19269호

제1장 총칙

제1조(목적) 이 법은 행정심판 절차를 통하여 행정청의 위법 또는 부당한 처분(處分)이나 부작위(不作爲)로 침해된 국민의 권리 또는 이익을 구제하고, 아울러 행정의 적정한 운영을 꾀함을 목적으로 한다.

제2조(정의) 이 법에서 사용하는 용어의 뜻은 다음과 같다.

1. "처분"이란 행정청이 행하는 구체적 사실에 관한 법집행으로서의 공권력의 행사 또는 그 거부, 그 밖에 이에 준하는 행정작용을 말한다.
2. "부작위"란 행정청이 당사자의 신청에 대하여 상당한 기간 내에 일정한 처분을 하여야 할 법률상 의무가 있는데도 처분을 하지 아니하는 것을 말한다.
3. "재결(裁決)"이란 행정심판의 청구에 대하여 제6조에 따른 행정심판위원회가 행하는 판단을 말한다.
4. "행정청"이란 행정에 관한 의사를 결정하여 표시하는 국가 또는 지방자치단체의 기관, 그 밖에 법령 또는 자치법규에 따라 행정권한을 가지고 있거나 위탁을 받은 공공단체나 그 기관 또는 사인(私人)을 말한다.

제3조(행정심판의 대상) ① 행정청의 처분 또는 부작위에 대하여는 다른 법률에 특별한 규정이 있는 경우 외에는 이 법에 따라 행정심판을 청구할 수 있다.

② 대통령의 처분 또는 부작위에 대하여는 다른 법률에서 행정심판을 청구할 수 있도록 정한 경우 외에는 행정심판을 청구할 수 없다.

제4조(특별행정심판 등) ① 사안(事案)의 전문성과 특수성을 살리기 위하여 특히 필요한 경우 외에는 이 법에 따른 행정심판을 갈음하는 특별한 행정불복절차(이하 "특별행정심판"이라 한다)나 이 법에 따른 행정심판 절차에 대한 특례를 다른 법률로 정할 수 없다.

② 다른 법률에서 특별행정심판이나 이 법에 따른 행정심판 절차에 대한 특례를 정한 경우에도 그 법률에서 규정하지 아니한 사항에 관하여는 이 법에서 정하는 바에 따른다.

③ 관계 행정기관의 장이 특별행정심판 또는 이 법에 따른 행정심판 절차에 대한 특례를 신설하거나 변경하는 법령을 제정·개정할 때에는 미리 중앙행정심판위원회와 협의하여야 한다.

제5조(행정심판의 종류) 행정심판의 종류는 다음 각 호와 같다.

1. 취소심판 : 행정청의 위법 또는 부당한 처분을 취소하거나 변경하는 행정심판
2. 무효등확인심판 : 행정청의 처분의 효력 유무 또는 존재 여부를 확인하는 행정심판
3. 의무이행심판 : 당사자의 신청에 대한 행정청의 위법 또는 부당한 거부처분이나 부작위에 대하여 일정한 처분을 하도록 하는 행정심판

제2장 심판기관

제6조(행정심판위원회의 설치) ① 다음 각 호의 행정청 또는 그 소속 행정청(행정기관의 계층구조와 관계없이 그 감독을 받거나 위탁을 받은 모든 행정청을 말하되, 위탁을

받은 행정청은 그 위탁받은 사무에 관하여는 위탁한 행정청의 소속 행정청으로 본다. 이하 같다)의 처분 또는 부작위에 대한 행정심판의 청구(이하 "심판청구"라 한다)에 대하여는 다음 각 호의 행정청에 두는 행정심판위원회에서 심리·재결한다. <개정 2016·3·29>

1. 감사원, 국가정보원장, 그 밖에 대통령령으로 정하는 대통령 소속기관의 장
2. 국회사무총장·법원행정처장·헌법재판소사무처장 및 중앙선거관리위원회사무총장
3. 국가인권위원회, 그 밖에 지위·성격의 독립성과 특수성 등이 인정되어 대통령령으로 정하는 행정청

② 다음 각 호의 행정청의 처분 또는 부작위에 대한 심판청구에 대하여는 「부패방지 및 국민권익위원회의 설치와 운영에 관한 법률」에 따른 국민권익위원회(이하 "국민권익위원회"라 한다)에 두는 중앙행정심판위원회에서 심리·재결한다. <개정 2012·2·17>

1. 제 1 항에 따른 행정청 외의 국가행정기관의 장 또는 그 소속 행정청
2. 특별시장·광역시장·특별자치시장·도지사·특별자치도지사(특별시·광역시·특별자치시·도 또는 특별자치도의 교육감을 포함한다. 이하 "시·도지사"라 한다) 또는 특별시·광역시·특별자치시·도·특별자치도(이하 "시·도"라 한다)의 의회(의장, 위원회의 위원장, 사무처장 등 의회 소속 모든 행정청을 포함한다)
3. 「지방자치법」에 따른 지방자치단체조합 등 관계 법률에 따라 국가·지방자치단체·공공법인 등이 공동으로 설립한 행정청. 다만, 제 3 항제 3 호에 해당하는 행정청은 제외한다.

③ 다음 각 호의 행정청의 처분 또는 부작위에 대한 심판청구에 대하여는 시·도지사 소속으로 두는 행정심판위원회에서 심리·재결한다.

1. 시·도 소속 행정청
2. 시·도의 관할구역에 있는 시·군·자치구의 장, 소속 행정청 또는 시·군·자치구의 의회(의장, 위원회의 위원장, 사무국장, 사무과장 등 의회 소속 모든 행정청을 포함한다)
3. 시·도의 관할구역에 있는 둘 이상의 지방자치단체(시·군·자치구를 말한다)·공공법인 등이 공동으로 설립한 행정청

④ 제 2 항제 1 호에도 불구하고 대통령령으로 정하는 국가행정기관 소속 특별지방행정기관의 장의 처분 또는 부작위에 대한 심판청구에 대하여는 해당 행정청의 직근 상급행정기관에 두는 행정심판위원회에서 심리·재결한다.

제 7 조(행정심판위원회의 구성) ① 행정심판위원회(중앙행정심판위원회는 제외한다. 이하 이 조에서 같다)는 위원장 1명을 포함하여 50명 이내의 위원으로 구성한다. <개정 2016·3·29>

② 행정심판위원회의 위원장은 그 행정심판위원회가 소속된 행정청이 되며, 위원장이 없거나 부득이한 사유로 직무를 수행할 수 없거나 위원장이 필요하다고 인정하는 경우에는 다음 각 호의 순서에 따라 위원이 위원장의 직무를 대행한다.

1. 위원장이 사전에 지명한 위원
2. 제 4 항에 따라 지명된 공무원인 위원(2명 이상인 경우에는 직급 또는 고위공무원단에 속하는 공무원의 직무등급이 높은 위원 순서로, 직급 또는 직무등급도 같은 경우에는 위원 재직기간이 긴 위원 순서로, 재직기간도 같은 경우에는 연장자 순서로 한다)

③ 제 2 항에도 불구하고 제 6 조제 3 항에 따라 시·도지사 소속으로 두는 행정심판위원회의 경우에는 해당 지방자치단체의 조례로 정하는 바에 따라 공무원이 아닌 위원을 위원장으로 정할 수 있다. 이 경우 위원장은 비상임으로 한다.

④ 행정심판위원회의 위원은 해당 행정심판위원회가 소속된 행정청이 다음 각 호의 어느 하나에 해당하는 사람 중에서 성별을 고려하여 위촉하거나 그 소속 공무원 중에서 지명한다. <개정 2016·3·29>

1. 변호사 자격을 취득한 후 5년 이상의 실무 경험이 있는 사람
2. 「고등교육법」 제 2 조제 1 호부터 제 6 호까지의 규정에 따른 학교에서 조교수 이상으로 재직하거나 재직하였던 사람
3. 행정기관의 4급 이상 공무원이었거나

고위공무원단에 속하는 공무원이었던 사람
4. 박사학위를 취득한 후 해당 분야에서 5년 이상 근무한 경험이 있는 사람
5. 그 밖에 행정심판과 관련된 분야의 지식과 경험이 풍부한 사람
⑤ 행정심판위원회의 회의는 위원장과 위원장이 회의마다 지정하는 8명의 위원(그 중 제 4 항에 따른 위촉위원은 6명 이상으로 하되, 제 3 항에 따라 위원장이 공무원이 아닌 경우에는 5명 이상으로 한다)으로 구성한다. 다만, 국회규칙, 대법원규칙, 헌법재판소규칙, 중앙선거관리위원회규칙 또는 대통령령(제 6 조제 3 항에 따라 시·도지사 소속으로 두는 행정심판위원회의 경우에는 해당 지방자치단체의 조례)으로 정하는 바에 따라 위원장과 위원장이 회의마다 지정하는 6명의 위원(그중 제 4 항에 따른 위촉위원은 5명 이상으로 하되, 제 3 항에 따라 공무원이 아닌 위원이 위원장인 경우에는 4명 이상으로 한다)으로 구성할 수 있다.
⑥ 행정심판위원회는 제 5 항에 따른 구성원 과반수의 출석과 출석위원 과반수의 찬성으로 의결한다.
⑦ 행정심판위원회의 조직과 운영, 그 밖에 필요한 사항은 국회규칙, 대법원규칙, 헌법재판소규칙, 중앙선거관리위원회규칙 또는 대통령령으로 정한다.

제 8 조(중앙행정심판위원회의 구성) ① 중앙행정심판위원회는 위원장 1명을 포함하여 70명 이내의 위원으로 구성하되, 위원 중 상임위원은 4명 이내로 한다. <개정 2016·3·29>
② 중앙행정심판위원회의 위원장은 국민권익위원회의 부위원장 중 1명이 되며, 위원장이 없거나 부득이한 사유로 직무를 수행할 수 없거나 위원장이 필요하다고 인정하는 경우에는 상임위원(상임으로 재직한 기간이 긴 위원 순서로, 재직기간이 같은 경우에는 연장자 순서로 한다)이 위원장의 직무를 대행한다.
③ 중앙행정심판위원회의 상임위원은 일반직 공무원으로서 「국가공무원법」 제26조의5에 따른 임기제공무원으로 임명하되, 3급 이상 공무원 또는 고위공무원단에 속하는 일반직 공무원으로 3년 이상 근무한 사람이나 그 밖에 행정심판에 관한 지식과 경험이 풍부한 사람 중에서 중앙행정심판위원회 위원장의 제청으로 국무총리를 거쳐 대통령이 임명한다. <개정 2014·5·28>
④ 중앙행정심판위원회의 비상임위원은 제 7 조제 4 항 각 호의 어느 하나에 해당하는 사람 중에서 중앙행정심판위원회 위원장의 제청으로 국무총리가 성별을 고려하여 위촉한다. <개정 2016·3·29>
⑤ 중앙행정심판위원회의 회의(제 6 항에 따른 소위원회 회의는 제외한다)는 위원장, 상임위원 및 위원장이 회의마다 지정하는 비상임위원을 포함하여 총 9명으로 구성한다.
⑥ 중앙행정심판위원회는 심판청구사건(이하 "사건"이라 한다) 중 「도로교통법」에 따른 자동차운전면허 행정처분에 관한 사건(소위원회가 중앙행정심판위원회에서 심리·의결하도록 결정한 사건은 제외한다)을 심리·의결하게 하기 위하여 4명의 위원으로 구성하는 소위원회를 둘 수 있다.
⑦ 중앙행정심판위원회 및 소위원회는 각각 제 5 항 및 제 6 항에 따른 구성원 과반수의 출석과 출석위원 과반수의 찬성으로 의결한다.
⑧ 중앙행정심판위원회는 위원장이 지정하는 사건을 미리 검토하도록 필요한 경우에는 전문위원회를 둘 수 있다.
⑨ 중앙행정심판위원회, 소위원회 및 전문위원회의 조직과 운영 등에 필요한 사항은 대통령령으로 정한다.

제 9 조(위원의 임기 및 신분보장 등) ① 제 7 조제 4 항에 따라 지명된 위원은 그 직에 재직하는 동안 재임한다.
② 제 8 조제 3 항에 따라 임명된 중앙행정심판위원회 상임위원의 임기는 3년으로 하며, 1차에 한하여 연임할 수 있다.
③ 제 7 조제 4 항 및 제 8 조제 4 항에 따라 위촉된 위원의 임기는 2년으로 하되, 2차에 한하여 연임할 수 있다. 다만, 제 6 조제 1 항제 2 호에 규정된 기관에 두는 행정심판위원회의 위촉위원의 경우에는 각각 국회규칙, 대법원규칙, 헌법재판소규칙 또는 중앙선거관리위원회규칙으로 정하는 바에 따른다.
④ 다음 각 호의 어느 하나에 해당하는 사람

은 제6조에 따른 행정심판위원회(이하 "위원회"라 한다)의 위원이 될 수 없으며, 위원이 이에 해당하게 된 때에는 당연히 퇴직한다.
1. 대한민국 국민이 아닌 사람
2. 「국가공무원법」 제33조 각 호의 어느 하나에 해당하는 사람
⑤ 제7조제4항 및 제8조제4항에 따라 위촉된 위원은 금고(禁錮) 이상의 형을 선고받거나 부득이한 사유로 장기간 직무를 수행할 수 없게 되는 경우 외에는 임기 중 그의 의사와 다르게 해촉(解囑)되지 아니한다.

제10조(위원의 제척·기피·회피) ① 위원회의 위원은 다음 각 호의 어느 하나에 해당하는 경우에는 그 사건의 심리·의결에서 제척(除斥)된다. 이 경우 제척결정은 위원회의 위원장(이하 "위원장"이라 한다)이 직권으로 또는 당사자의 신청에 의하여 한다.
1. 위원 또는 그 배우자나 배우자이었던 사람이 사건의 당사자이거나 사건에 관하여 공동 권리자 또는 의무자인 경우
2. 위원이 사건의 당사자와 친족이거나 친족이었던 경우
3. 위원이 사건에 관하여 증언이나 감정(鑑定)을 한 경우
4. 위원이 당사자의 대리인으로서 사건에 관여하거나 관여하였던 경우
5. 위원이 사건의 대상이 된 처분 또는 부작위에 관여한 경우
② 당사자는 위원에게 공정한 심리·의결을 기대하기 어려운 사정이 있으면 위원장에게 기피신청을 할 수 있다.
③ 위원에 대한 제척신청이나 기피신청은 그 사유를 소명(疏明)한 문서로 하여야 한다. 다만, 불가피한 경우에는 신청한 날부터 3일 이내에 신청 사유를 소명할 수 있는 자료를 제출하여야 한다. <개정 2016·3·29>
④ 제척신청이나 기피신청이 제3항을 위반하였을 때에는 위원장은 결정으로 이를 각하한다. <신설 2016·3·29>
⑤ 위원장은 제척신청이나 기피신청의 대상이 된 위원에게서 그에 대한 의견을 받을 수 있다.
⑥ 위원장은 제척신청이나 기피신청을 받으면 제척 또는 기피 여부에 대한 결정을 하고, 지체 없이 신청인에게 결정서 정본(正本)을 송달하여야 한다.
⑦ 위원회의 회의에 참석하는 위원이 제척사유 또는 기피사유에 해당되는 것을 알게 되었을 때에는 스스로 그 사건의 심리·의결에서 회피할 수 있다. 이 경우 회피하고자 하는 위원은 위원장에게 그 사유를 소명하여야 한다.
⑧ 사건의 심리·의결에 관한 사무에 관여하는 위원 아닌 직원에게도 제1항부터 제7항까지의 규정을 준용한다. <개정 2016·3·29>

제11조(벌칙 적용 시의 공무원 의제) 위원 중 공무원이 아닌 위원은 「형법」과 그 밖의 법률에 따른 벌칙을 적용할 때에는 공무원으로 본다.

제12조(위원회의 권한 승계) ① 당사자의 심판청구 후 위원회가 법령의 개정·폐지 또는 제17조제5항에 따른 피청구인의 경정 결정에 따라 그 심판청구에 대하여 재결할 권한을 잃게 된 경우에는 해당 위원회는 심판청구서와 관계 서류, 그 밖의 자료를 새로 재결할 권한을 갖게 된 위원회에 보내야 한다.
② 제1항의 경우 송부를 받은 위원회는 지체 없이 그 사실을 다음 각 호의 자에게 알려야 한다.
1. 행정심판 청구인(이하 "청구인"이라 한다)
2. 행정심판 피청구인(이하 "피청구인"이라 한다)
3. 제20조 또는 제21조에 따라 심판참가를 하는 자(이하 "참가인"이라 한다)

제3장 당사자와 관계인

제13조(청구인 적격) ① 취소심판은 처분의 취소 또는 변경을 구할 법률상 이익이 있는 자가 청구할 수 있다. 처분의 효과가 기간의 경과, 처분의 집행, 그 밖의 사유로 소멸된 뒤에도 그 처분의 취소로 회복되는 법률상 이익이 있는 자의 경우에도 또한 같다.
② 무효등확인심판은 처분의 효력 유무 또는 존재 여부의 확인을 구할 법률상 이익이 있는 자가 청구할 수 있다.
③ 의무이행심판은 처분을 신청한 자로서 행정청의 거부처분 또는 부작위에 대하여 일정한 처분을 구할 법률상 이익이 있는 자가

청구할 수 있다.

제14조(법인이 아닌 사단 또는 재단의 청구인 능력) 법인이 아닌 사단 또는 재단으로서 대표자나 관리인이 정하여져 있는 경우에는 그 사단이나 재단의 이름으로 심판청구를 할 수 있다.

제15조(선정대표자) ① 여러 명의 청구인이 공동으로 심판청구를 할 때에는 청구인들 중에서 3명 이하의 선정대표자를 선정할 수 있다.

② 청구인들이 제1항에 따라 선정대표자를 선정하지 아니한 경우에 위원회는 필요하다고 인정하면 청구인들에게 선정대표자를 선정할 것을 권고할 수 있다.

③ 선정대표자는 다른 청구인들을 위하여 그 사건에 관한 모든 행위를 할 수 있다. 다만, 심판청구를 취하하려면 다른 청구인들의 동의를 받아야 하며, 이 경우 동의받은 사실을 서면으로 소명하여야 한다.

④ 선정대표자가 선정되면 다른 청구인들은 그 선정대표자를 통해서만 그 사건에 관한 행위를 할 수 있다.

⑤ 선정대표자를 선정한 청구인들은 필요하다고 인정하면 선정대표자를 해임하거나 변경할 수 있다. 이 경우 청구인들은 그 사실을 지체 없이 위원회에 서면으로 알려야 한다.

제16조(청구인의 지위 승계) ① 청구인이 사망한 경우에는 상속인이나 그 밖에 법령에 따라 심판청구의 대상에 관계되는 권리나 이익을 승계한 자가 청구인의 지위를 승계한다.

② 법인인 청구인이 합병(合併)에 따라 소멸하였을 때에는 합병 후 존속하는 법인이나 합병에 따라 설립된 법인이 청구인의 지위를 승계한다.

③ 제1항과 제2항에 따라 청구인의 지위를 승계한 자는 위원회에 서면으로 그 사유를 신고하여야 한다. 이 경우 신고서에는 사망 등에 의한 권리·이익의 승계 또는 합병 사실을 증명하는 서면을 함께 제출하여야 한다.

④ 제1항 또는 제2항의 경우에 제3항에 따른 신고가 있을 때까지 사망자나 합병 전의 법인에 대하여 한 통지 또는 그 밖의 행위가 청구인의 지위를 승계한 자에게 도달하면 지위를 승계한 자에 대한 통지 또는 그 밖의 행위로서의 효력이 있다.

⑤ 심판청구의 대상과 관계되는 권리나 이익을 양수한 자는 위원회의 허가를 받아 청구인의 지위를 승계할 수 있다.

⑥ 위원회는 제5항의 지위 승계 신청을 받으면 기간을 정하여 당사자와 참가인에게 의견을 제출하도록 할 수 있으며, 당사자와 참가인이 그 기간에 의견을 제출하지 아니하면 의견이 없는 것으로 본다.

⑦ 위원회는 제5항의 지위 승계 신청에 대하여 허가 여부를 결정하고, 지체 없이 신청인에게는 결정서 정본을, 당사자와 참가인에게는 결정서 등본을 송달하여야 한다.

⑧ 신청인은 위원회가 제5항의 지위 승계를 허가하지 아니하면 결정서 정본을 받은 날부터 7일 이내에 위원회에 이의신청을 할 수 있다.

제17조(피청구인의 적격 및 경정) ① 행정심판은 처분을 한 행정청(의무이행심판의 경우에는 청구인의 신청을 받은 행정청)을 피청구인으로 하여 청구하여야 한다. 다만, 심판청구의 대상과 관계되는 권한이 다른 행정청에 승계된 경우에는 권한을 승계한 행정청을 피청구인으로 하여야 한다.

② 청구인이 피청구인을 잘못 지정한 경우에는 위원회는 직권으로 또는 당사자의 신청에 의하여 결정으로써 피청구인을 경정(更正)할 수 있다.

③ 위원회는 제2항에 따라 피청구인을 경정하는 결정을 하면 결정서 정본을 당사자(종전의 피청구인과 새로운 피청구인을 포함한다. 이하 제6항에서 같다)에게 송달하여야 한다.

④ 제2항에 따른 결정이 있으면 종전의 피청구인에 대한 심판청구는 취하되고 종전의 피청구인에 대한 행정심판이 청구된 때에 새로운 피청구인에 대한 행정심판이 청구된 것으로 본다.

⑤ 위원회는 행정심판이 청구된 후에 제1항 단서의 사유가 발생하면 직권으로 또는 당사자의 신청에 의하여 결정으로써 피청구인을 경정한다. 이 경우에는 제3항과 제4항을 준용한다.

⑥ 당사자는 제2항 또는 제5항에 따른 위원회의 결정에 대하여 결정서 정본을 받은 날부터 7일 이내에 위원회에 이의신청을 할 수 있다.

제18조(대리인의 선임) ① 청구인은 법정대리인 외에 다음 각 호의 어느 하나에 해당하는 자를 대리인으로 선임할 수 있다.

1. 청구인의 배우자, 청구인 또는 배우자의 사촌 이내의 혈족
2. 청구인이 법인이거나 제14조에 따른 청구인 능력이 있는 법인이 아닌 사단 또는 재단인 경우 그 소속 임직원
3. 변호사
4. 다른 법률에 따라 심판청구를 대리할 수 있는 자
5. 그 밖에 위원회의 허가를 받은 자

② 피청구인은 그 소속 직원 또는 제1항제3호부터 제5호까지의 어느 하나에 해당하는 자를 대리인으로 선임할 수 있다.

③ 제1항과 제2항에 따른 대리인에 관하여는 제15조제3항 및 제5항을 준용한다.

제18조의2(국선대리인) ① 청구인이 경제적 능력으로 인해 대리인을 선임할 수 없는 경우에는 위원회에 국선대리인을 선임하여 줄 것을 신청할 수 있다.

② 위원회는 제1항의 신청에 따른 국선대리인 선정 여부에 대한 결정을 하고, 지체 없이 청구인에게 그 결과를 통지하여야 한다. 이 경우 위원회는 심판청구가 명백히 부적법하거나 이유 없는 경우 또는 권리의 남용이라고 인정되는 경우에는 국선대리인을 선정하지 아니할 수 있다.

③ 국선대리인 신청절차, 국선대리인 지원 요건, 국선대리인의 자격·보수 등 국선대리인 운영에 필요한 사항은 국회규칙, 대법원규칙, 헌법재판소규칙, 중앙선거관리위원회규칙 또는 대통령령으로 정한다.

〔본조신설 2017·10·31〕

제19조(대표자 등의 자격) ① 대표자·관리인·선정대표자 또는 대리인의 자격은 서면으로 소명하여야 한다.

② 청구인이나 피청구인은 대표자·관리인·선정대표자 또는 대리인이 그 자격을 잃으면 그 사실을 서면으로 위원회에 신고하여야 한다. 이 경우 소명 자료를 함께 제출하여야 한다.

제20조(심판참가) ① 행정심판의 결과에 이해관계가 있는 제3자나 행정청은 해당 심판청구에 대한 제7조제6항 또는 제8조제7항에 따른 위원회나 소위원회의 의결이 있기 전까지 그 사건에 대하여 심판참가를 할 수 있다.

② 제1항에 따른 심판참가를 하려는 자는 참가의 취지와 이유를 적은 참가신청서를 위원회에 제출하여야 한다. 이 경우 당사자의 수만큼 참가신청서 부본을 함께 제출하여야 한다.

③ 위원회는 제2항에 따라 참가신청서를 받으면 참가신청서 부본을 당사자에게 송달하여야 한다.

④ 제3항의 경우 위원회는 기간을 정하여 당사자와 다른 참가인에게 제3자의 참가신청에 대한 의견을 제출하도록 할 수 있으며, 당사자와 다른 참가인이 그 기간에 의견을 제출하지 아니하면 의견이 없는 것으로 본다.

⑤ 위원회는 제2항에 따라 참가신청을 받으면 허가 여부를 결정하고, 지체 없이 신청인에게는 결정서 정본을, 당사자와 다른 참가인에게는 결정서 등본을 송달하여야 한다.

⑥ 신청인은 제5항에 따라 송달을 받은 날부터 7일 이내에 위원회에 이의신청을 할 수 있다.

제21조(심판참가의 요구) ① 위원회는 필요하다고 인정하면 그 행정심판 결과에 이해관계가 있는 제3자나 행정청에 그 사건 심판에 참가할 것을 요구할 수 있다.

② 제1항의 요구를 받은 제3자나 행정청은 지체 없이 그 사건 심판에 참가할 것인지 여부를 위원회에 통지하여야 한다.

제22조(참가인의 지위) ① 참가인은 행정심판 절차에서 당사자가 할 수 있는 심판절차상의 행위를 할 수 있다.

② 이 법에 따라 당사자가 위원회에 서류를 제출할 때에는 참가인의 수만큼 부본을 제출하여야 하고, 위원회가 당사자에게 통지를 하거나 서류를 송달할 때에는 참가인에게도 통지하거나 송달하여야 한다.

③ 참가인의 대리인 선임과 대표자 자격 및 서류 제출에 관하여는 제18조, 제19조 및

이 조 제2항을 준용한다.

제4장 행정심판 청구

제23조(심판청구서의 제출) ① 행정심판을 청구하려는 자는 제28조에 따라 심판청구서를 작성하여 피청구인이나 위원회에 제출하여야 한다. 이 경우 피청구인의 수만큼 심판청구서 부본을 함께 제출하여야 한다.

② 행정청이 제58조에 따른 고지를 하지 아니하거나 잘못 고지하여 청구인이 심판청구서를 다른 행정기관에 제출한 경우에는 그 행정기관은 그 심판청구서를 지체 없이 정당한 권한이 있는 피청구인에게 보내야 한다.

③ 제2항에 따라 심판청구서를 보낸 행정기관은 지체 없이 그 사실을 청구인에게 알려야 한다.

④ 제27조에 따른 심판청구 기간을 계산할 때에는 제1항에 따른 피청구인이나 위원회 또는 제2항에 따른 행정기관에 심판청구서가 제출되었을 때에 행정심판이 청구된 것으로 본다.

제24조(피청구인의 심판청구서 등의 접수·처리) ① 피청구인이 제23조제1항·제2항 또는 제26조제1항에 따라 심판청구서를 접수하거나 송부받으면 10일 이내에 심판청구서(제23조제1항·제2항의 경우만 해당된다)와 답변서를 위원회에 보내야 한다. 다만, 청구인이 심판청구를 취하한 경우에는 그러하지 아니하다.

② 제1항에도 불구하고 심판청구가 그 내용이 특정되지 아니하는 등 명백히 부적법하다고 판단되는 경우에 피청구인은 답변서를 위원회에 보내지 아니할 수 있다. 이 경우 심판청구서를 접수하거나 송부받은 날부터 10일 이내에 그 사유를 위원회에 문서로 통보하여야 한다. <신설 2023·3·21>

③ 제2항에도 불구하고 위원장이 심판청구에 대하여 답변서 제출을 요구하면 피청구인은 위원장으로부터 답변서 제출을 요구받은 날부터 10일 이내에 위원회에 답변서를 제출하여야 한다. <신설 2023·3·21>

④ 피청구인은 처분의 상대방이 아닌 제3자가 심판청구를 한 경우에는 지체 없이 처분의 상대방에게 그 사실을 알려야 한다. 이 경우 심판청구서 사본을 함께 송달하여야 한다.

⑤ 피청구인이 제1항 본문에 따라 심판청구서를 보낼 때에는 심판청구서에 위원회가 표시되지 아니하였거나 잘못 표시된 경우에도 정당한 권한이 있는 위원회에 보내야 한다.

⑥ 피청구인은 제1항 본문 또는 제3항에 따라 답변서를 보낼 때에는 청구인의 수만큼 답변서 부본을 함께 보내되, 답변서에는 다음 각 호의 사항을 명확하게 적어야 한다. <개정 2023·3·21>

1. 처분이나 부작위의 근거와 이유
2. 심판청구의 취지와 이유에 대응하는 답변
3. 제4항에 해당하는 경우에는 처분의 상대방의 이름·주소·연락처와 제4항의 의무 이행 여부

⑦ 제4항과 제5항의 경우에 피청구인은 송부 사실을 지체 없이 청구인에게 알려야 한다. <개정 2023·3·21>

⑧ 중앙행정심판위원회에서 심리·재결하는 사건인 경우 피청구인은 제1항 또는 제3항에 따라 위원회에 심판청구서 또는 답변서를 보낼 때에는 소관 중앙행정기관의 장에게도 그 심판청구·답변의 내용을 알려야 한다. <개정 2023·3·21>

제25조(피청구인의 직권취소등) ① 제23조제1항·제2항 또는 제26조제1항에 따라 심판청구서를 받은 피청구인은 그 심판청구가 이유 있다고 인정하면 심판청구의 취지에 따라 직권으로 처분을 취소·변경하거나 확인을 하거나 신청에 따른 처분(이하 이 조에서 "직권취소등"이라 한다)을 할 수 있다. 이 경우 서면으로 청구인에게 알려야 한다.

② 피청구인은 제1항에 따라 직권취소등을 하였을 때에는 청구인이 심판청구를 취하한 경우가 아니면 제24조제1항 본문에 따라 심판청구서·답변서를 보내거나 같은 조 제3항에 따라 답변서를 보낼 때 직권취소등의 사실을 증명하는 서류를 위원회에 함께 제출하여야 한다. <개정 2023·3·21>

제26조(위원회의 심판청구서 등의 접수·처리) ① 위원회는 제23조제1항에 따라 심판청구서를 받으면 지체 없이 피청구인에게 심판청구서 부본을 보내야 한다.

② 위원회는 제24조제1항 본문 또는 제3항에 따라 피청구인으로부터 답변서가 제출된 경우 답변서 부본을 청구인에게 송달하여야 한다. <개정 2023·3·21>

제27조(심판청구의 기간) ① 행정심판은 처분이 있음을 알게 된 날부터 90일 이내에 청구하여야 한다.

② 청구인이 천재지변, 전쟁, 사변(事變), 그 밖의 불가항력으로 인하여 제1항에서 정한 기간에 심판청구를 할 수 없었을 때에는 그 사유가 소멸한 날부터 14일 이내에 행정심판을 청구할 수 있다. 다만, 국외에서 행정심판을 청구하는 경우에는 그 기간을 30일로 한다.

③ 행정심판은 처분이 있었던 날부터 180일이 지나면 청구하지 못한다. 다만, 정당한 사유가 있는 경우에는 그러하지 아니하다.

④ 제1항과 제2항의 기간은 불변기간(不變期間)으로 한다.

⑤ 행정청이 심판청구 기간을 제1항에 규정된 기간보다 긴 기간으로 잘못 알린 경우 그 잘못 알린 기간에 심판청구가 있으면 그 행정심판은 제1항에 규정된 기간에 청구된 것으로 본다.

⑥ 행정청이 심판청구 기간을 알리지 아니한 경우에는 제3항에 규정된 기간에 심판청구를 할 수 있다.

⑦ 제1항부터 제6항까지의 규정은 무효등확인심판청구와 부작위에 대한 의무이행심판청구에는 적용하지 아니한다.

제28조(심판청구의 방식) ① 심판청구는 서면으로 하여야 한다.

② 처분에 대한 심판청구의 경우에는 심판청구서에 다음 각 호의 사항이 포함되어야 한다.

1. 청구인의 이름과 주소 또는 사무소(주소 또는 사무소 외의 장소에서 송달받기를 원하면 송달장소를 추가로 적어야 한다)
2. 피청구인과 위원회
3. 심판청구의 대상이 되는 처분의 내용
4. 처분이 있음을 알게 된 날
5. 심판청구의 취지와 이유
6. 피청구인의 행정심판 고지 유무와 그 내용

③ 부작위에 대한 심판청구의 경우에는 제2항제1호·제2호·제5호의 사항과 그 부작위의 전제가 되는 신청의 내용과 날짜를 적어야 한다.

④ 청구인이 법인이거나 제14조에 따른 청구인 능력이 있는 법인이 아닌 사단 또는 재단이거나 행정심판이 선정대표자나 대리인에 의하여 청구되는 것일 때에는 제2항 또는 제3항의 사항과 함께 그 대표자·관리인·선정대표자 또는 대리인의 이름과 주소를 적어야 한다.

⑤ 심판청구서에는 청구인·대표자·관리인·선정대표자 또는 대리인이 서명하거나 날인하여야 한다.

제29조(청구의 변경) ① 청구인은 청구의 기초에 변경이 없는 범위에서 청구의 취지나 이유를 변경할 수 있다.

② 행정심판이 청구된 후에 피청구인이 새로운 처분을 하거나 심판청구의 대상인 처분을 변경한 경우에는 청구인은 새로운 처분이나 변경된 처분에 맞추어 청구의 취지나 이유를 변경할 수 있다.

③ 제1항 또는 제2항에 따른 청구의 변경은 서면으로 신청하여야 한다. 이 경우 피청구인과 참가인의 수만큼 청구변경신청서 부본을 함께 제출하여야 한다.

④ 위원회는 제3항에 따른 청구변경신청서 부본을 피청구인과 참가인에게 송달하여야 한다.

⑤ 제4항의 경우 위원회는 기간을 정하여 피청구인과 참가인에게 청구변경 신청에 대한 의견을 제출하도록 할 수 있으며, 피청구인과 참가인이 그 기간에 의견을 제출하지 아니하면 의견이 없는 것으로 본다.

⑥ 위원회는 제1항 또는 제2항의 청구변경 신청에 대하여 허가할 것인지 여부를 결정하고, 지체 없이 신청인에게는 결정서 정본을, 당사자 및 참가인에게는 결정서 등본을 송달하여야 한다.

⑦ 신청인은 제6항에 따라 송달을 받은 날부터 7일 이내에 위원회에 이의신청을 할 수 있다.

⑧ 청구의 변경결정이 있으면 처음 행정심판이 청구되었을 때부터 변경된 청구의 취지나 이유로 행정심판이 청구된 것으로 본다.

제30조(집행정지) ① 심판청구는 처분의 효력이나 그 집행 또는 절차의 속행(續行)에 영

향을 주지 아니한다.

② 위원회는 처분, 처분의 집행 또는 절차의 속행 때문에 중대한 손해가 생기는 것을 예방할 필요성이 긴급하다고 인정할 때에는 직권으로 또는 당사자의 신청에 의하여 처분의 효력, 처분의 집행 또는 절차의 속행의 전부 또는 일부의 정지(이하 "집행정지"라 한다)를 결정할 수 있다. 다만, 처분의 효력정지는 처분의 집행 또는 절차의 속행을 정지함으로써 그 목적을 달성할 수 있을 때에는 허용되지 아니한다.

③ 집행정지는 공공복리에 중대한 영향을 미칠 우려가 있을 때에는 허용되지 아니한다.

④ 위원회는 집행정지를 결정한 후에 집행정지가 공공복리에 중대한 영향을 미치거나 그 정지사유가 없어진 경우에는 직권으로 또는 당사자의 신청에 의하여 집행정지 결정을 취소할 수 있다.

⑤ 집행정지 신청은 심판청구와 동시에 또는 심판청구에 대한 제7조제6항 또는 제8조제7항에 따른 위원회나 소위원회의 의결이 있기 전까지, 집행정지 결정의 취소신청은 심판청구에 대한 제7조제6항 또는 제8조제7항에 따른 위원회나 소위원회의 의결이 있기 전까지 신청의 취지와 원인을 적은 서면을 위원회에 제출하여야 한다. 다만, 심판청구서를 피청구인에게 제출한 경우로서 심판청구와 동시에 집행정지 신청을 할 때에는 심판청구서 사본과 접수증명서를 함께 제출하여야 한다.

⑥ 제2항과 제4항에도 불구하고 위원회의 심리·결정을 기다릴 경우 중대한 손해가 생길 우려가 있다고 인정되면 위원장은 직권으로 위원회의 심리·결정을 갈음하는 결정을 할 수 있다. 이 경우 위원장은 지체 없이 위원회에 그 사실을 보고하고 추인(追認)을 받아야 하며, 위원회의 추인을 받지 못하면 위원장은 집행정지 또는 집행정지 취소에 관한 결정을 취소하여야 한다.

⑦ 위원회는 집행정지 또는 집행정지의 취소에 관하여 심리·결정하면 지체 없이 당사자에게 결정서 정본을 송달하여야 한다.

제31조(임시처분) ① 위원회는 처분 또는 부작위가 위법·부당하다고 상당히 의심되는 경우로서 처분 또는 부작위 때문에 당사자가 받을 우려가 있는 중대한 불이익이나 당사자에게 생길 급박한 위험을 막기 위하여 임시지위를 정하여야 할 필요가 있는 경우에는 직권으로 또는 당사자의 신청에 의하여 임시처분을 결정할 수 있다.

② 제1항에 따른 임시처분에 관하여는 제30조제3항부터 제7항까지를 준용한다. 이 경우 같은 조 제6항 전단 중 "중대한 손해가 생길 우려"는 "중대한 불이익이나 급박한 위험이 생길 우려"로 본다.

③ 제1항에 따른 임시처분은 제30조제2항에 따른 집행정지로 목적을 달성할 수 있는 경우에는 허용되지 아니한다.

제5장 심리

제32조(보정) ① 위원회는 심판청구가 적법하지 아니하나 보정(補正)할 수 있다고 인정하면 기간을 정하여 청구인에게 보정할 것을 요구할 수 있다. 다만, 경미한 사항은 직권으로 보정할 수 있다.

② 청구인은 제1항의 요구를 받으면 서면으로 보정하여야 한다. 이 경우 다른 당사자의 수만큼 보정서 부본을 함께 제출하여야 한다.

③ 위원회는 제2항에 따라 제출된 보정서 부본을 지체 없이 다른 당사자에게 송달하여야 한다.

④ 제1항에 따른 보정을 한 경우에는 처음부터 적법하게 행정심판이 청구된 것으로 본다.

⑤ 제1항에 따른 보정기간은 제45조에 따른 재결 기간에 산입하지 아니한다.

⑥ 위원회는 청구인이 제1항에 따른 보정기간 내에 그 흠을 보정하지 아니한 경우에는 그 심판청구를 각하할 수 있다. <신설 2023·3·21>

제32조의2(보정할 수 없는 심판청구의 각하) 위원회는 심판청구서에 타인을 비방하거나 모욕하는 내용 등이 기재되어 청구 내용을 특정할 수 없고 그 흠을 보정할 수 없다고 인정되는 경우에는 제32조제1항에 따른 보정요구 없이 그 심판청구를 각하할 수 있다.
〔본조신설 2023·3·21〕

제33조(주장의 보충) ① 당사자는 심판청구서·보정서·답변서·참가신청서 등에서 주장한 사실을 보충하고 다른 당사자의 주장을 다시 반박하기 위하여 필요하면 위원회에 보충서면을 제출할 수 있다. 이 경우 다른 당사자의 수만큼 보충서면 부본을 함께 제출하여야 한다.
② 위원회는 필요하다고 인정하면 보충서면의 제출기한을 정할 수 있다.
③ 위원회는 제1항에 따라 보충서면을 받으면 지체 없이 다른 당사자에게 그 부본을 송달하여야 한다.

제34조(증거서류 등의 제출) ① 당사자는 심판청구서·보정서·답변서·참가신청서·보충서면 등에 덧붙여 그 주장을 뒷받침하는 증거서류나 증거물을 제출할 수 있다.
② 제1항의 증거서류에는 다른 당사자의 수만큼 증거서류 부본을 함께 제출하여야 한다.
③ 위원회는 당사자가 제출한 증거서류의 부본을 지체 없이 다른 당사자에게 송달하여야 한다.

제35조(자료의 제출 요구 등) ① 위원회는 사건 심리에 필요하면 관계 행정기관이 보관 중인 관련 문서, 장부, 그 밖에 필요한 자료를 제출할 것을 요구할 수 있다.
② 위원회는 필요하다고 인정하면 사건과 관련된 법령을 주관하는 행정기관이나 그 밖의 관계 행정기관의 장 또는 그 소속 공무원에게 위원회 회의에 참석하여 의견을 진술할 것을 요구하거나 의견서를 제출할 것을 요구할 수 있다.
③ 관계 행정기관의 장은 특별한 사정이 없으면 제1항과 제2항에 따른 위원회의 요구에 따라야 한다.
④ 중앙행정심판위원회에서 심리·재결하는 심판청구의 경우 소관 중앙행정기관의 장은 의견서를 제출하거나 위원회에 출석하여 의견을 진술할 수 있다.

제36조(증거조사) ① 위원회는 사건을 심리하기 위하여 필요하면 직권으로 또는 당사자의 신청에 의하여 다음 각 호의 방법에 따라 증거조사를 할 수 있다.
1. 당사자나 관계인(관계 행정기관 소속 공무원을 포함한다. 이하 같다)을 위원회의 회의에 출석하게 하여 신문(訊問)하는 방법
2. 당사자나 관계인이 가지고 있는 문서·장부·물건 또는 그 밖의 증거자료의 제출을 요구하고 영치(領置)하는 방법
3. 특별한 학식과 경험을 가진 제3자에게 감정을 요구하는 방법
4. 당사자 또는 관계인의 주소·거소·사업장이나 그 밖의 필요한 장소에 출입하여 당사자 또는 관계인에게 질문하거나 서류·물건 등을 조사·검증하는 방법

② 위원회는 필요하면 위원회가 소속된 행정청의 직원이나 다른 행정기관에 촉탁하여 제1항의 증거조사를 하게 할 수 있다.
③ 제1항에 따른 증거조사를 수행하는 사람은 그 신분을 나타내는 증표를 지니고 당사자나 관계인에게 내보여야 한다.
④ 제1항에 따른 당사자 등은 위원회의 조사나 요구 등에 성실하게 협조하여야 한다.

제37조(절차의 병합 또는 분리) 위원회는 필요하면 관련되는 심판청구를 병합하여 심리하거나 병합된 관련 청구를 분리하여 심리할 수 있다.

제38조(심리기일의 지정과 변경) ① 심리기일은 위원회가 직권으로 지정한다.
② 심리기일의 변경은 직권으로 또는 당사자의 신청에 의하여 한다.
③ 위원회는 심리기일이 변경되면 지체 없이 그 사실과 사유를 당사자에게 알려야 한다.
④ 심리기일의 통지나 심리기일 변경의 통지는 서면으로 하거나 심판청구서에 적힌 전화, 휴대전화를 이용한 문자전송, 팩시밀리 또는 전자우편 등 간편한 통지 방법(이하 "간이통지방법"이라 한다)으로 할 수 있다.

제39조(직권심리) 위원회는 필요하면 당사자가 주장하지 아니한 사실에 대하여도 심리할 수 있다.

제40조(심리의 방식) ① 행정심판의 심리는 구술심리나 서면심리로 한다. 다만, 당사자가 구술심리를 신청한 경우에는 서면심리만으로 결정할 수 있다고 인정되는 경우 외에는 구술심리를 하여야 한다.
② 위원회는 제1항 단서에 따라 구술심리 신청을 받으면 그 허가 여부를 결정하여 신청인에게 알려야 한다.
③ 제2항의 통지는 간이통지방법으로 할 수 있다.

제41조(발언 내용 등의 비공개) 위원회에서 위원이 발언한 내용이나 그 밖에 공개되면 위원회의 심리·재결의 공정성을 해칠 우려가 있는 사항으로서 대통령령으로 정하는 사항은 공개하지 아니한다.

제42조(심판청구 등의 취하) ① 청구인은 심판청구에 대하여 제7조제6항 또는 제8조제7항에 따른 의결이 있을 때까지 서면으로 심판청구를 취하할 수 있다.

② 참가인은 심판청구에 대하여 제7조제6항 또는 제8조제7항에 따른 의결이 있을 때까지 서면으로 참가신청을 취하할 수 있다.

③ 제1항 또는 제2항에 따른 취하서에는 청구인이나 참가인이 서명하거나 날인하여야 한다.

④ 청구인 또는 참가인은 취하서를 피청구인 또는 위원회에 제출하여야 한다. 이 경우 제23조제2항부터 제4항까지의 규정을 준용한다.

⑤ 피청구인 또는 위원회는 계속 중인 사건에 대하여 제1항 또는 제2항에 따른 취하서를 받으면 지체 없이 다른 관계 기관, 청구인, 참가인에게 취하 사실을 알려야 한다.

제6장 재결

제43조(재결의 구분) ① 위원회는 심판청구가 적법하지 아니하면 그 심판청구를 각하(却下)한다.

② 위원회는 심판청구가 이유가 없다고 인정하면 그 심판청구를 기각(棄却)한다.

③ 위원회는 취소심판의 청구가 이유가 있다고 인정하면 처분을 취소 또는 다른 처분으로 변경하거나 처분을 다른 처분으로 변경할 것을 피청구인에게 명한다.

④ 위원회는 무효등확인심판의 청구가 이유가 있다고 인정하면 처분의 효력 유무 또는 처분의 존재 여부를 확인한다.

⑤ 위원회는 의무이행심판의 청구가 이유가 있다고 인정하면 지체 없이 신청에 따른 처분을 하거나 처분을 할 것을 피청구인에게 명한다.

제43조의2(조정) ① 위원회는 당사자의 권리 및 권한의 범위에서 당사자의 동의를 받아 심판청구의 신속하고 공정한 해결을 위하여 조정을 할 수 있다. 다만, 그 조정이 공공복리에 적합하지 아니하거나 해당 처분의 성질에 반하는 경우에는 그러하지 아니하다.

② 위원회는 제1항의 조정을 함에 있어서 심판청구된 사건의 법적·사실적 상태와 당사자 및 이해관계자의 이익 등 모든 사정을 참작하고, 조정의 이유와 취지를 설명하여야 한다.

③ 조정은 당사자가 합의한 사항을 조정서에 기재한 후 당사자가 서명 또는 날인하고 위원회가 이를 확인함으로써 성립한다.

④ 제3항에 따른 조정에 대하여는 제48조부터 제50조까지, 제50조의2, 제51조의 규정을 준용한다.

〔본조신설 2017·10·31〕

제44조(사정재결) ① 위원회는 심판청구가 이유가 있다고 인정하는 경우에도 이를 인용(認容)하는 것이 공공복리에 크게 위배된다고 인정하면 그 심판청구를 기각하는 재결을 할 수 있다. 이 경우 위원회는 재결의 주문(主文)에서 그 처분 또는 부작위가 위법하거나 부당하다는 것을 구체적으로 밝혀야 한다.

② 위원회는 제1항에 따른 재결을 할 때에는 청구인에 대하여 상당한 구제방법을 취하거나 상당한 구제방법을 취할 것을 피청구인에게 명할 수 있다.

③ 제1항과 제2항은 무효등확인심판에는 적용하지 아니한다.

제45조(재결 기간) ① 재결은 제23조에 따라 피청구인 또는 위원회가 심판청구서를 받은 날부터 60일 이내에 하여야 한다. 다만, 부득이한 사정이 있는 경우에는 위원장이 직권으로 30일을 연장할 수 있다.

② 위원장은 제1항 단서에 따라 재결 기간을 연장할 경우에는 재결 기간이 끝나기 7일 전까지 당사자에게 알려야 한다.

제46조(재결의 방식) ① 재결은 서면으로 한다.

② 제1항에 따른 재결서에는 다음 각 호의 사항이 포함되어야 한다.

1. 사건번호와 사건명
2. 당사자·대표자 또는 대리인의 이름과 주소
3. 주문

4. 청구의 취지
5. 이유
6. 재결한 날짜

③ 재결서에 적는 이유에는 주문 내용이 정당하다는 것을 인정할 수 있는 정도의 판단을 표시하여야 한다.

제47조(재결의 범위) ① 위원회는 심판청구의 대상이 되는 처분 또는 부작위 외의 사항에 대하여는 재결하지 못한다.

② 위원회는 심판청구의 대상이 되는 처분보다 청구인에게 불리한 재결을 하지 못한다.

제48조(재결의 송달과 효력 발생) ① 위원회는 지체 없이 당사자에게 재결서의 정본을 송달하여야 한다. 이 경우 중앙행정심판위원회는 재결 결과를 소관 중앙행정기관의 장에게도 알려야 한다.

② 재결은 청구인에게 제1항 전단에 따라 송달되었을 때에 그 효력이 생긴다.

③ 위원회는 재결서의 등본을 지체 없이 참가인에게 송달하여야 한다.

④ 처분의 상대방이 아닌 제3자가 심판청구를 한 경우 위원회는 재결서의 등본을 지체 없이 피청구인을 거쳐 처분의 상대방에게 송달하여야 한다.

제49조(재결의 기속력 등) ① 심판청구를 인용하는 재결은 피청구인과 그 밖의 관계 행정청을 기속(羈束)한다.

② 재결에 의하여 취소되거나 무효 또는 부존재로 확인되는 처분이 당사자의 신청을 거부하는 것을 내용으로 하는 경우에는 그 처분을 한 행정청은 재결의 취지에 따라 다시 이전의 신청에 대한 처분을 하여야 한다. <신설 2017·4·18>

③ 당사자의 신청을 거부하거나 부작위로 방치한 처분의 이행을 명하는 재결이 있으면 행정청은 지체 없이 이전의 신청에 대하여 재결의 취지에 따라 처분을 하여야 한다.

④ 신청에 따른 처분이 절차의 위법 또는 부당을 이유로 재결로써 취소된 경우에는 제2항을 준용한다.

⑤ 법령의 규정에 따라 공고하거나 고시한 처분이 재결로써 취소되거나 변경되면 처분을 한 행정청은 지체 없이 그 처분이 취소 또는 변경되었다는 것을 공고하거나 고시하여야 한다.

⑥ 법령의 규정에 따라 처분의 상대방 외의 이해관계인에게 통지된 처분이 재결로써 취소되거나 변경되면 처분을 한 행정청은 지체 없이 그 이해관계인에게 그 처분이 취소 또는 변경되었다는 것을 알려야 한다.

제50조(위원회의 직접 처분) ① 위원회는 피청구인이 제49조제3항에도 불구하고 처분을 하지 아니하는 경우에는 당사자가 신청하면 기간을 정하여 서면으로 시정을 명하고 그 기간에 이행하지 아니하면 직접 처분을 할 수 있다. 다만, 그 처분의 성질이나 그 밖의 불가피한 사유로 위원회가 직접 처분을 할 수 없는 경우에는 그러하지 아니하다. <개정 2017·4·18>

② 위원회는 제1항 본문에 따라 직접 처분을 하였을 때에는 그 사실을 해당 행정청에 통보하여야 하며, 그 통보를 받은 행정청은 위원회가 한 처분을 자기가 한 처분으로 보아 관계 법령에 따라 관리·감독 등 필요한 조치를 하여야 한다.

제50조의2(위원회의 간접강제) ① 위원회는 피청구인이 제49조제2항(제49조제4항에서 준용하는 경우를 포함한다) 또는 제3항에 따른 처분을 하지 아니하면 청구인의 신청에 의하여 결정으로 상당한 기간을 정하고 피청구인이 그 기간 내에 이행하지 아니하는 경우에는 그 지연기간에 따라 일정한 배상을 하도록 명하거나 즉시 배상을 할 것을 명할 수 있다.

② 위원회는 사정의 변경이 있는 경우에는 당사자의 신청에 의하여 제1항에 따른 결정의 내용을 변경할 수 있다.

③ 위원회는 제1항 또는 제2항에 따른 결정을 하기 전에 신청 상대방의 의견을 들어야 한다.

④ 청구인은 제1항 또는 제2항에 따른 결정에 불복하는 경우 그 결정에 대하여 행정소송을 제기할 수 있다.

⑤ 제1항 또는 제2항에 따른 결정의 효력은 피청구인인 행정청이 소속된 국가·지방자치단체 또는 공공단체에 미치며, 결정서 정본은 제4항에 따른 소송제기와 관계없이 「민사집행법」에 따른 강제집행에 관하여는 집행권원과 같은 효력을 가진다. 이

경우 집행문은 위원장의 명에 따라 위원회가 소속된 행정청 소속 공무원이 부여한다.
⑥ 간접강제 결정에 기초한 강제집행에 관하여 이 법에 특별한 규정이 없는 사항에 대하여는 「민사집행법」의 규정을 준용한다. 다만, 「민사집행법」 제33조(집행문부여의 소), 제34조(집행문부여 등에 관한 이의신청), 제44조(청구에 관한 이의의 소) 및 제45조(집행문부여에 대한 이의의 소)에서 관할 법원은 피청구인의 소재지를 관할하는 행정법원으로 한다.
〔본조신설 2017·4·18〕

제51조(행정심판 재청구의 금지) 심판청구에 대한 재결이 있으면 그 재결 및 같은 처분 또는 부작위에 대하여 다시 행정심판을 청구할 수 없다.

제 7 장 전자정보처리조직을 통한 행정심판 절차의 수행

제52조(전자정보처리조직을 통한 심판청구 등)
① 이 법에 따른 행정심판 절차를 밟는 자는 심판청구서와 그 밖의 서류를 전자문서화하고 이를 정보통신망을 이용하여 위원회에서 지정·운영하는 전자정보처리조직(행정심판 절차에 필요한 전자문서를 작성·제출·송달할 수 있도록 하는 하드웨어, 소프트웨어, 데이터베이스, 네트워크, 보안요소 등을 결합하여 구축한 정보처리능력을 갖춘 전자적 장치를 말한다. 이하 같다)을 통하여 제출할 수 있다.
② 제1항에 따라 제출된 전자문서는 이 법에 따라 제출된 것으로 보며, 부본을 제출할 의무는 면제된다.
③ 제1항에 따라 제출된 전자문서는 그 문서를 제출한 사람이 정보통신망을 통하여 전자정보처리조직에서 제공하는 접수번호를 확인하였을 때에 전자정보처리조직에 기록된 내용으로 접수된 것으로 본다.
④ 전자정보처리조직을 통하여 접수된 심판청구의 경우 제27조에 따른 심판청구 기간을 계산할 때에는 제3항에 따른 접수가 되었을 때 행정심판이 청구된 것으로 본다.
⑤ 전자정보처리조직의 지정내용, 전자정보처리조직을 이용한 심판청구서 등의 접수와 처리 등에 관하여 필요한 사항은 국회규칙, 대법원규칙, 헌법재판소규칙, 중앙선거관리위원회규칙 또는 대통령령으로 정한다.

제53조(전자서명등) ① 위원회는 전자정보처리조직을 통하여 행정심판 절차를 밟으려는 자에게 본인(本人)임을 확인할 수 있는 「전자서명법」 제2조제2호에 따른 전자서명(서명자의 실지명의를 확인할 수 있는 것을 말한다)이나 그 밖의 인증(이하 이 조에서 "전자서명등"이라 한다)을 요구할 수 있다. <개정 2020·6·9>
② 제1항에 따라 전자서명등을 한 자는 이 법에 따른 서명 또는 날인을 한 것으로 본다.
③ 전자서명등에 필요한 사항은 국회규칙, 대법원규칙, 헌법재판소규칙, 중앙선거관리위원회규칙 또는 대통령령으로 정한다.

제54조(전자정보처리조직을 이용한 송달 등)
① 피청구인 또는 위원회는 제52조제1항에 따라 행정심판을 청구하거나 심판참가를 한 자에게 전자정보처리조직과 그와 연계된 정보통신망을 이용하여 재결서나 이 법에 따른 각종 서류를 송달할 수 있다. 다만, 청구인이나 참가인이 동의하지 아니하는 경우에는 그러하지 아니하다.
② 제1항 본문의 경우 위원회는 송달하여야 하는 재결서 등 서류를 전자정보처리조직에 입력하여 등재한 다음 그 등재 사실을 국회규칙, 대법원규칙, 헌법재판소규칙, 중앙선거관리위원회규칙 또는 대통령령으로 정하는 방법에 따라 전자우편 등으로 알려야 한다.
③ 제1항에 따른 전자정보처리조직을 이용한 서류 송달은 서면으로 한 것과 같은 효력을 가진다.
④ 제1항에 따른 서류의 송달은 청구인이 제2항에 따라 등재된 전자문서를 확인한 때에 전자정보처리조직에 기록된 내용으로 도달한 것으로 본다. 다만, 제2항에 따라 그 등재사실을 통지한 날부터 2주 이내(재결서 외의 서류는 7일 이내)에 확인하지 아니하였을 때에는 등재사실을 통지한 날부터 2주가 지난 날(재결서 외의 서류는 7일이 지난 날)에 도달한 것으로 본다.
⑤ 서면으로 심판청구 또는 심판참가를 한 자

가 전자정보처리조직의 이용을 신청한 경우에는 제52조·제53조 및 이 조를 준용한다.

⑥ 위원회, 피청구인, 그 밖의 관계 행정기관 간의 서류의 송달 등에 관하여는 제52조·제53조 및 이 조를 준용한다.

⑦ 제1항 본문에 따른 송달의 방법이나 그 밖에 필요한 사항은 국회규칙, 대법원규칙, 헌법재판소규칙, 중앙선거관리위원회규칙 또는 대통령령으로 정한다.

제8장 보칙

제55조(증거서류 등의 반환) 위원회는 재결을 한 후 증거서류 등의 반환 신청을 받으면 신청인이 제출한 문서·장부·물건이나 그 밖의 증거자료의 원본(原本)을 지체 없이 제출자에게 반환하여야 한다.

제56조(주소 등 송달장소 변경의 신고의무) 당사자, 대리인, 참가인 등은 주소나 사무소 또는 송달장소를 바꾸면 그 사실을 바로 위원회에 서면으로 또는 전자정보처리조직을 통하여 신고하여야 한다. 제54조제2항에 따른 전자우편주소 등을 바꾼 경우에도 또한 같다.

제57조(서류의 송달) 이 법에 따른 서류의 송달에 관하여는 「민사소송법」 중 송달에 관한 규정을 준용한다.

제58조(행정심판의 고지) ① 행정청이 처분을 할 때에는 처분의 상대방에게 다음 각 호의 사항을 알려야 한다.

1. 해당 처분에 대하여 행정심판을 청구할 수 있는지
2. 행정심판을 청구하는 경우의 심판청구 절차 및 심판청구 기간

② 행정청은 이해관계인이 요구하면 다음 각 호의 사항을 지체 없이 알려 주어야 한다. 이 경우 서면으로 알려 줄 것을 요구받으면 서면으로 알려 주어야 한다.

1. 해당 처분이 행정심판의 대상이 되는 처분인지
2. 행정심판의 대상이 되는 경우 소관 위원회 및 심판청구 기간

제59조(불합리한 법령 등의 개선) ① 중앙행정심판위원회는 심판청구를 심리·재결할 때에 처분 또는 부작위의 근거가 되는 명령등(대통령령·총리령·부령·훈령·예규·고시·조례·규칙 등을 말한다. 이하 같다)이 법령에 근거가 없거나 상위 법령에 위배되거나 국민에게 과도한 부담을 주는 등 크게 불합리하면 관계 행정기관에 그 명령 등의 개정·폐지 등 적절한 시정조치를 요청할 수 있다. 이 경우 중앙행정심판위원회는 시정조치를 요청한 사실을 법제처장에게 통보하여야 한다. <개정 2016·3·29>

② 제1항에 따른 요청을 받은 관계 행정기관은 정당한 사유가 없으면 이에 따라야 한다.

제60조(조사·지도 등) ① 중앙행정심판위원회는 행정청에 대하여 다음 각 호의 사항 등을 조사하고, 필요한 지도를 할 수 있다.

1. 위원회 운영 실태
2. 재결 이행 상황
3. 행정심판의 운영 현황

② 행정청은 이 법에 따른 행정심판을 거쳐 「행정소송법」에 따른 항고소송이 제기된 사건에 대하여 그 내용이나 결과 등 대통령령으로 정하는 사항을 반기마다 그 다음 달 15일까지 해당 심판청구에 대한 재결을 한 중앙행정심판위원회 또는 제6조제3항에 따라 시·도지사 소속으로 두는 행정심판위원회에 알려야 한다.

③ 제6조제3항에 따라 시·도지사 소속으로 두는 행정심판위원회는 중앙행정심판위원회가 요청하면 제2항에 따라 수집한 자료를 제출하여야 한다.

제61조(권한의 위임) 이 법에 따른 위원회의 권한 중 일부를 국회규칙, 대법원규칙, 헌법재판소규칙, 중앙선거관리위원회규칙 또는 대통령령으로 정하는 바에 따라 위원장에게 위임할 수 있다.

부 칙

제1조(시행일) 이 법은 공포 후 6개월이 경과한 날부터 시행한다. 다만, 제60조제2항 및 제3항의 개정규정은 공포한 날부터 시행한다.

제2조(특별행정심판 신설 등의 사전협의에 관한 적용례) 제4조제3항의 개정규정은 이 법 시행 후 최초로 입법예고를 하는 법령안부터 적용한다.

제3조(위원회 위원의 자격에 관한 적용례) 제

7조제4항 및 제8조제4항의 개정규정은 이 법 시행 후 최초로 위촉하는 위원부터 적용한다.

제4조(조사·지도 등에 관한 특례) ① 행정청은 제60조제2항의 개정규정에 따라 최초로 관련 자료를 제출할 때에는 같은 항에도 불구하고 2009년도분의 관련 자료를 2010년 3월 31일까지 제출하여야 한다.

② 제60조제2항 및 제3항의 개정규정을 적용할 때 부칙 제1조 본문에 따른 이 법 시행일의 전날까지는 제60조제2항 및 제3항의 개정규정 중 "중앙행정심판위원회"를 각각 "국무총리행정심판위원회"로 본다.

제5조(위원회에 관한 경과조치) 이 법 시행 당시 종전의 규정에 따른 위원회는 이 법에 따른 위원회로 본다.

제6조(위원에 관한 경과조치) 이 법 시행 당시 종전의 규정에 따른 위원회 위원은 이 법에 따라 위원회 위원으로 임명 또는 위촉된 것으로 본다. 이 경우 위원의 임기는 잔여기간으로 한다.

제7조(계속 중인 사건에 관한 경과조치) ① 이법은 이 법 또는 다른 법률에 특별한 규정이 없으면 이 법 시행 전에 청구되어 계속 중인 사건에도 적용한다. 다만, 종전의 규정에 따라 이미 효력이 발생한 사항에는 영향을 미치지 아니한다.

② 제1항 본문에도 불구하고 이법 시행 전에 종전의 제6 조제6항 및 제6조의2제7항에 따른 위원회의 의결이 있었던 사건에 대하여는 종전의 위원회에서 재결한다.

③ 제1항 본문에도 불구하고 이 법 시행 전에 청구되어 계속 중인 사건에 대하여 피청구인은 위원회로부터 요청을 받은 경우에만 제24조제2항의 개정규정에 따른 의무를 이행한다.

제8조(다른 법률의 개정) 생략

제9조(다른 법령과의 관계) ① 이 법 시행 당시 다른 법령에서 종전의 「행정심판법」의 규정을 인용하고 있는 경우 이 법에 그에 해당하는 규정이 있으면 종전의 규정을 갈음하여 이 법의 해당 규정을 인용한 것으로 본다.

② 이 법 시행 당시 다른 법령에서 "국무총리행정심판위원회"를 인용하고 있는 경우에는 이 법에 따른 "중앙행정심판위원회"를 인용한 것으로 본다.

부 칙 <2012·2·17 법11328>

이 법은 2012년 7월 1일부터 시행한다.

부 칙 <2014·5·28 법12718>

제1조(시행일) 이 법은 공포한 날부터 시행한다.

제2조(공무원의 구분 변경에 따른 경과조치) 이 법 시행 당시 종전의 규정에 따라 중앙행정심판위원회 상임위원으로 재직 중인 별정직공무원은 이 법 시행일에 「국가공무원법」 제26조의5에 따른 임기제공무원으로 임용된 것으로 본다. 이 경우 그 임기는 상임위원으로 임명될 당시 임기의 남은 기간으로 한다.

부 칙 <2016·3·29 법14146>

이 법은 공포한 날부터 시행한다.

부 칙 <2017·4·18 법14832>

제1조(시행일) 이 법은 공포 후 6개월이 경과한 날부터 시행한다.

제2조(취소재결 등의 기속력 및 간접강제에 관한 적용례) 제49조제2항 및 제50조의2의 개정규정은 이 법 시행 이후 재결하는 경우부터 적용한다.

부 칙 <2017·10·31 법15025>

제1조(시행일) 이 법은 공포 후 6개월이 경과한 날부터 시행한다. 다만, 제18조의2의 개정규정은 공포 후 1년이 경과한 날부터 시행한다.

제2조(국선대리인 및 조정에 관한 적용례) ① 제43조의2의 개정규정은 이 법 시행 이전에 청구된 사건이라도 적용할 수 있다.

② 제18조의2의 개정규정은 같은 개정규정 시행 이전에 청구된 사건이라도 적용할 수 있다.

부 칙 <2020·6·9 법17354>

제1조(시행일) 이 법은 공포 후 6개월이 경과한 날부터 시행한다. 〈단서 생략〉

제2조부터 **제8조**까지 생략

부 칙 <2023·3·21 법19269>

제1조(시행일) 이 법은 공포한 날부터 시행한다.

제2조(행정심판 청구 사건에 대한 적용례) 이 법은 이 법 시행 이후 청구되는 행정심판부터 적용한다.

●행정대집행법

〔1954·3·18 법률제314호〕

개정
1984·12·15 법률제 3755호(행정심판법)
2010· 1·25 법률제 9968호(행정심판법)
2015· 5·18 법률제13295호

제 1 조(목적) 행정의무의 이행확보에 관하여서는 따로 법률로써 정하는 것을 제외하고는 본법의 정하는 바에 의한다.

제 2 조(대집행과 그 비용징수) 법률(법률의 위임에 의한 명령, 지방자치단체의 조례를 포함한다. 이하 같다)에 의하여 직접명령되었거나 또는 법률에 의거한 행정청의 명령에 의한 행위로서 타인이 대신하여 행할 수 있는 행위를 의무자가 이행하지 아니하는 경우, 다른 수단으로써 그 이행을 확보하기 곤란하고 또한 그 불이행을 방치함이 심히 공익을 해할 것으로 인정될 때에는 당해 행정청은 스스로 의무자가 하여야 할 행위를 하거나 또는 제삼자로 하여금 이를 하게 하여 그 비용을 의무자로부터 징수할 수 있다.

제 3 조(대집행의 절차) ① 전조의 규정에 의한 처분(이하 대집행이라 한다)을 하려함에 있어서는 상당한 이행기한을 정하여 그 기한까지 이행되지 아니할 때에는 대집행을 한다는 뜻을 미리 문서로써 계고하여야 한다. 이 경우 행정청은 상당한 이행기한을 정함에 있어 의무의 성질·내용 등을 고려하여 사회통념상 해당 의무를 이행하는 데 필요한 기간이 확보되도록 하여야 한다. <개정 2015·5·18>

② 의무자가 전항의 계고를 받고 지정기한까지 그 의무를 이행하지 아니할 때에는 당해 행정청은 대집행영장으로써 대집행을 할 시기, 대집행을 시키기 위하여 파견하는 집행책임자의 성명과 대집행에 요하는 비용의 개산에 의한 견적액을 의무자에게 통지하여야 한다.

③ 비상시 또는 위험이 절박한 경우에 있어서 당해 행위의 급속한 실시를 요하여 전 2 항에 규정한 수속을 취할 여유가 없을 때에는 그 수속을 거치지 아니하고 대집행을 할 수 있다.

제 4 조(대집행의 실행 등) ① 행정청(제 2 조에 따라 대집행을 실행하는 제 3 자를 포함한다. 이하 이 조에서 같다)은 해가 뜨기 전이나 해가 진 후에는 대집행을 하여서는 아니 된다. 다만, 다음 각 호의 어느 하나에 해당하는 경우에는 그러하지 아니하다. <신설 2015·5·18>

1. 의무자가 동의한 경우
2. 해가 지기 전에 대집행을 착수한 경우
3. 해가 뜬 후부터 해가 지기 전까지 대집행을 하는 경우에는 대집행의 목적 달성이 불가능한 경우
4. 그 밖에 비상시 또는 위험이 절박한 경우

② 행정청은 대집행을 할 때 대집행 과정에서의 안전 확보를 위하여 필요하다고 인정하는 경우 현장에 긴급 의료장비나 시설을 갖추는 등 필요한 조치를 하여야 한다. <신설 2015·5·18>

③ 대집행을 하기 위하여 현장에 파견되는 집행책임자는 그가 집행책임자라는 것을 표시한 증표를 휴대하여 대집행시에 이해관계인에게 제시하여야 한다.

제 5 조(비용납부명령서) 대집행에 요한 비용의 징수에 있어서는 실제에 요한 비용액과 그 납기일을 정하여 의무자에게 문서로써 그 납부를 명하여야 한다.

제 6 조(비용징수) ① 대집행에 요한 비용은 국세징수법의 예에 의하여 징수할 수 있다.

② 대집행에 요한 비용에 대하여서는 행정청은 사무비의 소속에 따라 국세에 다음가는 순위의 선취득권을 가진다.

③ 대집행에 요한 비용을 징수하였을 때에는 그 징수금은 사무비의 소속에 따라 국고 또는 지방자치단체의 수입으로 한다.

제 7 조(행정심판) 대집행에 대하여는 행정심판을 제기할 수 있다.
〔전부개정 2010·1·25〕

제 8 조(출소권리의 보장) 전조의 규정은 법원에 대한 출소의 권리를 방해하지 아니한다.

제 9 조(시행령) 본법 시행에 관하여 필요한

사항은 대통령령으로 정한다.

부 칙

본법은 공포 후 30일을 경과하여 시행한다.

부 칙 <1984·12·15 법3755>

제1조(시행일) 이 법은 1985년 10월 1일부터 시행한다.

제2조부터 **제4조**까지 생략

부 칙 <2010·1·25 법9968>

제1조(시행일) 이 법은 공포 후 6개월이 경과한 날부터 시행한다. 〈단서 생략〉

제2조부터 **제9조**까지 생략

부 칙 <2015·5·18 법13295>

제1조(시행일) 이 법은 공포 후 6개월이 경과한 날부터 시행한다.

제2조(대집행 절차에 관한 적용례) 제3조의 개정규정은 이 법 시행 후 최초로 계고하는 분부터 적용한다.

제3조(대집행 실행 시간에 관한 적용례) 제4조제1항의 개정규정은 이 법 시행 후 의무자에게 최초로 대집행영장을 통지하는 분부터 적용한다.

제4조(대집행 시 안전 확보에 관한 적용례) 제4조제2항의 개정규정은 이 법 시행 후 최초로 실행하는 대집행부터 적용한다.

●행정규제기본법

〔1997・8・22 법률제5368호〕

개정
1998・2・28 법률제 5529호(정부조직법)
2005・12・29 법률제 7797호
2008・2・29 법률제 8852호(정부조직법)
2009・3・25 법률제 9532호(기업활동 규제완화에 관한 특별조치법)
2010・1・25 법률제 9965호
2013・3・23 법률제11690호(정부조직법)
2013・7・16 법률제11935호
2015・5・18 법률제13329호
2016・5・29 법률제14184호(예비군법)
2017・11・28 법률제15037호
2018・4・17 법률제15609호
2019・4・16 법률제16322호
2020・2・4 법률제16954호(소상공인기본법)
2022・1・4 법률제18682호(비상대비에 관한 법률)
2023・1・17 법률제19213호(재난관리자원의 관리 등에 관한 법률)
2023・7・11 법률제19530호

제 1 장 총칙

제 1 조(목적) 이 법은 행정규제에 관한 기본적인 사항을 규정하여 불필요한 행정규제를 폐지하고 비효율적인 행정규제의 신설을 억제함으로써 사회・경제활동의 자율과 창의를 촉진하여 국민의 삶의 질을 높이고 국가경쟁력이 지속적으로 향상되도록 함을 목적으로 한다.
〔전부개정 2010・1・25〕

제 2 조(정의) ① 이 법에서 사용하는 용어의 뜻은 다음과 같다.
1. "행정규제"(이하 "규제"라 한다)란 국가나 지방자치단체가 특정한 행정 목적을 실현하기 위하여 국민(국내법을 적용받는 외국인을 포함한다)의 권리를 제한하거나 의무를 부과하는 것으로서 법령등이나 조례・규칙에 규정되는 사항을 말한다.
2. "법령등"이란 법률・대통령령・총리령・부령과 그 위임을 받는 고시(告示) 등을 말한다.
3. "기존규제"란 이 법 시행 당시 다른 법률에 근거하여 규정된 규제와 이 법 시행 후 이 법에서 정한 절차에 따라 규정된 규제를 말한다.
4. "행정기관"이란 법령등 또는 조례・규칙에 따라 행정 권한을 가지는 기관과 그 권한을 위임받거나 위탁받은 법인・단체 또는 그 기관이나 개인을 말한다.
5. "규제영향분석"이란 규제로 인하여 국민의 일상생활과 사회・경제・행정 등에 미치는 여러 가지 영향을 객관적이고 과학적인 방법을 사용하여 미리 예측・분석함으로써 규제의 타당성을 판단하는 기준을 제시하는 것을 말한다.

② 규제의 구체적 범위는 대통령령으로 정한다.
〔전부개정 2010・1・25〕

제 3 조(적용 범위) ① 규제에 관하여 다른 법률에 특별한 규정이 있는 경우를 제외하고는 이 법에서 정하는 바에 따른다.
② 다음 각 호의 어느 하나에 해당하는 사항에 대하여는 이 법을 적용하지 아니한다.
<개정 2016・5・29, 2017・11・28, 2022・1・4, 2023・1・17, 2023・7・11>
1. 국회, 법원, 헌법재판소, 선거관리위원회 및 감사원이 하는 사무
2. 형사(刑事), 행형(行刑) 및 보안처분에 관한 사무
2의2. 과징금, 과태료의 부과 및 징수에 관한 사항
3. 「국가정보원법」에 따른 정보・보안 업무에 관한 사항
4. 「병역법」, 「대체역의 편입 및 복무 등에 관한 법률」, 「통합방위법」, 「예비군법」, 「민방위기본법」, 「비상대비에 관한 법률」, 「재난 및 안전관리기본법」 및 「재난관리자원의 관리 등에 관한 법률」에 규정된 징집・

소집 · 동원 · 훈련에 관한 사항
5. 군사시설, 군사기밀 보호 및 방위사업에 관한 사항
6. 조세(租稅)의 종목 · 세율 · 부과 및 징수에 관한 사항
③ 지방자치단체는 이 법에서 정하는 취지에 따라 조례 · 규칙에 규정된 규제의 등록 및 공표(公表), 규제의 신설이나 강화에 대한 심사, 기존규제의 정비, 규제심사기구의 설치 등에 필요한 조치를 하여야 한다.
〔전부개정 2010 · 1 · 25〕

제 4 조(규제 법정주의) ① 규제는 법률에 근거하여야 하며, 그 내용은 알기 쉬운 용어로 구체적이고 명확하게 규정되어야 한다.
② 규제는 법률에 직접 규정하되, 규제의 세부적인 내용은 법률 또는 상위법령(上位法令)에서 구체적으로 범위를 정하여 위임한 바에 따라 대통령령 · 총리령 · 부령 또는 조례 · 규칙으로 정할 수 있다. 다만, 법령에서 전문적 · 기술적 사항이나 경미한 사항으로서 업무의 성질상 위임이 불가피한 사항에 관하여 구체적으로 범위를 정하여 위임한 경우에는 고시 등으로 정할 수 있다.
③ 행정기관은 법률에 근거하지 아니한 규제로 국민의 권리를 제한하거나 의무를 부과할 수 없다.
〔전부개정 2010 · 1 · 25〕

제 5 조(규제의 원칙) ① 국가나 지방자치단체는 국민의 자유와 창의를 존중하여야 하며, 규제를 정하는 경우에도 그 본질적 내용을 침해하지 아니하도록 하여야 한다.
② 국가나 지방자치단체가 규제를 정할 때에는 국민의 생명 · 인권 · 보건 및 환경 등의 보호와 식품 · 의약품의 안전을 위한 실효성이 있는 규제가 되도록 하여야 한다.
③ 규제의 대상과 수단은 규제의 목적 실현에 필요한 최소한의 범위에서 가장 효과적인 방법으로 객관성 · 투명성 및 공정성이 확보되도록 설정되어야 한다.
〔전부개정 2010 · 1 · 25〕

제 5 조의2(우선허용 · 사후규제 원칙) ① 국가나 지방자치단체가 신기술을 활용한 새로운 서비스 또는 제품(이하 "신기술 서비스 · 제품"이라 한다)과 관련된 규제를 법령등이나 조례 · 규칙에 규정할 때에는 다음 각 호의 어느 하나의 규정 방식을 우선적으로 고려하여야 한다.
1. 규제로 인하여 제한되는 권리나 부과되는 의무는 한정적으로 열거하고 그 밖의 사항은 원칙적으로 허용하는 규정 방식
2. 서비스와 제품의 인정 요건 · 개념 등을 장래의 신기술 발전에 따른 새로운 서비스와 제품도 포섭될 수 있도록 하는 규정 방식
3. 서비스와 제품에 관한 분류기준을 장래의 신기술 발전에 따른 서비스와 제품도 포섭될 수 있도록 유연하게 정하는 규정 방식
4. 그 밖에 신기술 서비스 · 제품과 관련하여 출시 전에 권리를 제한하거나 의무를 부과하지 아니하고 필요에 따라 출시 후에 권리를 제한하거나 의무를 부과하는 규정 방식
② 국가와 지방자치단체는 신기술 서비스 · 제품과 관련된 규제를 점검하여 해당 규제를 제 1 항에 따른 규정 방식으로 개선하는 방안을 강구하여야 한다.
〔본조신설 2019 · 4 · 16〕

제 6 조(규제의 등록 및 공표) ① 중앙행정기관의 장은 소관 규제의 명칭 · 내용 · 근거 · 처리기관 등을 제23조에 따른 규제개혁위원회(이하 "위원회"라 한다)에 등록하여야 한다.
② 위원회는 제 1 항에 따라 등록된 규제사무 목록을 작성하여 공표하고, 매년 6월 말일까지 국회에 제출하여야 한다.
③ 위원회는 직권으로 조사하여 등록되지 아니한 규제가 있는 경우에는 관계 중앙행정기관의 장에게 지체 없이 위원회에 등록하게 하거나 그 규제를 폐지하는 법령등의 정비계획을 제출하도록 요구하여야 하며, 관계 중앙행정기관의 장은 특별한 사유가 없으면 그 요구에 따라야 한다.
④ 제 1 항부터 제 3 항까지의 규정에 따른 규제의 등록 · 공표의 방법과 절차 등에 관하여 필요한 사항은 대통령령으로 정한다.
〔전부개정 2010 · 1 · 25〕

제 2 장 규제의 신설 · 강화에 대한 원칙과 심사

제 7 조(규제영향분석 및 자체심사) ① 중앙행정기관의 장은 규제를 신설하거나 강화(규제의 존속기한 연장을 포함한다. 이하

같다)하려면 다음 각 호의 사항을 종합적으로 고려하여 규제영향분석을 하고 규제영향분석서를 작성하여야 한다. <개정 2015·5·18, 2023·7·11>

1. 규제의 신설 또는 강화의 필요성
2. 규제 목적의 실현 가능성
3. 규제 외의 대체 수단 존재 여부 및 기존규제와의 중복 여부
4. 규제의 시행에 따라 규제를 받는 집단과 국민이 부담하여야 할 비용과 편익의 비교 분석
5. 규제의 시행이 「중소기업기본법」 제 2 조에 따른 중소기업에 미치는 영향
6. 「국가표준기본법」 제 3 조제 8 호 및 제19호에 따른 기술규정 및 적합성평가의 시행이 기업에 미치는 영향
7. 경쟁 제한적 요소의 포함 여부
8. 규제 내용의 객관성과 명료성
9. 규제의 존속기한·재검토기한(일정기간마다 그 규제의 시행상황에 관한 점검결과에 따라 폐지 또는 완화 등의 조치를 할 필요성이 인정되는 규제에 한정하여 적용되는 기한을 말한다. 이하 같다)의 설정 근거 또는 미설정 사유
10. 규제의 신설 또는 강화에 따른 행정기구·인력 및 예산의 소요
11. 규제의 신설 또는 강화에 따른 부담을 경감하기 위하여 폐지·완화가 필요한 기존규제 대상
12. 관련 민원사무의 구비서류 및 처리절차 등의 적정 여부

② 중앙행정기관의 장은 제 1 항에 따른 규제영향분석서를 입법예고 기간 동안 국민에게 공표하여야 하고, 제출된 의견을 검토하여 규제영향분석서를 보완하며, 의견을 제출한 자에게 제출된 의견의 처리 결과를 알려야 한다.

③ 중앙행정기관의 장은 제 1 항에 따른 규제영향분석의 결과를 기초로 규제의 대상·범위·방법 등을 정하고 자체규제심사위원회의 심의를 거쳐 그 타당성에 대하여 자체심사를 하여야 한다. 이 경우 관계 전문가 등의 의견을 충분히 수렴하여 심사에 반영하여야 한다. <개정 2023·7·11>

④ 규제영향분석의 방법·절차와 규제영향분석서의 작성지침 및 공표방법, 자체규제심사위원회의 구성, 자체심사의 기준 및 절차 등에 관하여 필요한 사항은 대통령령으로 정한다. <개정 2023·7·11>

〔전부개정 2010·1·25〕

제 8 조(규제의 존속기한 및 재검토기한 명시) ① 중앙행정기관의 장은 규제를 신설하거나 강화하려는 경우에 존속시켜야 할 명백한 사유가 없는 규제는 존속기한 또는 재검토기한을 설정하여 그 법령등에 규정하여야 한다. <개정 2013·7·16, 2023·7·11>

② 규제의 존속기한 또는 재검토기한은 규제의 목적을 달성하기 위하여 필요한 최소한의 기간 내에서 설정되어야 하며, 그 기간은 원칙적으로 5년을 초과할 수 없다. <개정 2013·7·16>

③ 중앙행정기관의 장은 규제의 존속기한 또는 재검토기한을 연장할 필요가 있을 때에는 그 규제의 존속기한 또는 재검토기한의 6개월 전까지 제10조에 따라 위원회에 심사를 요청하여야 한다. <개정 2013·7·16>

④ 위원회는 제12조와 제13조에 따른 심사 시 필요하다고 인정하면 관계 중앙행정기관의 장에게 그 규제의 존속기한 또는 재검토기한을 설정할 것을 권고할 수 있다. <개정 2013·7·16>

⑤ 중앙행정기관의 장은 법률에 규정된 규제의 존속기한 또는 재검토기한을 연장할 필요가 있을 때에는 그 규제의 존속기한 또는 재검토기한의 3개월 전까지 규제의 존속기한 또는 재검토기한 연장을 내용으로 하는 개정안을 국회에 제출하여야 한다. <개정 2013·7·16>

〔전부개정 2010·1·25〕

제 8 조의2(규제의 재검토) ① 중앙행정기관의 장은 규제의 재검토기한이 도래하는 경우 제 7 조제 4 항에 따른 자체규제심사위원회의 심의를 거쳐 해당 규제의 시행상황을 점검하는 방법 등으로 규제의 재검토를 실시하고 그 결과에 따라 규제의 폐지 또는 완화 등 필요한 조치를 하여야 한다.

② 중앙행정기관의 장은 제 1 항에 따른 재검토의 결과보고서를 작성·보존 및 공개하고, 다음 재검토를 실시할 때 그 내용을 반영하여야 한다.

③ 규제의 재검토의 실시 절차, 결과보고서의 작성·보존 및 공개 등에 필요한 사항은

대통령령으로 정한다.
〔본조신설 2023·7·11〕

제 8 조의3(소상공인 등에 대한 규제 형평) ① 중앙행정기관의 장은 규제를 신설하거나 강화하려는 경우 「소상공인기본법」 제 2 조에 따른 소상공인 및 「중소기업기본법」 제 2 조 제 2 항에 따른 소기업에 대하여 해당 규제를 적용하는 것이 적절하지 아니하거나 과도한 부담을 줄 우려가 있다고 판단되면 규제의 전부 또는 일부의 적용을 면제하거나 일정기간 유예하는 등의 방안을 검토하여야 한다. <개정 2020·2·4>

② 중앙행정기관의 장은 제 1 항을 적용하는 것이 적절하지 아니하다고 판단될 경우에는 제10조제 1 항에 따라 위원회에 심사를 요청할 때에 그 판단의 근거를 제시하여야 한다.
〔본조신설 2018·4·17〕

제 9 조(의견 수렴) 중앙행정기관의 장은 규제를 신설하거나 강화하려면 공청회, 행정상 입법예고 등의 방법으로 행정기관·민간단체·이해관계인·연구기관·전문가 등의 의견을 충분히 수렴하여야 한다.
〔전부개정 2010·1·25〕

제10조(심사 요청) ① 중앙행정기관의 장은 규제를 신설하거나 강화하려면 위원회에 심사를 요청하여야 한다. 이 경우 법령안(法令案)에 대하여는 법제처장에게 법령안 심사를 요청하기 전에 하여야 한다.

② 중앙행정기관의 장은 제 1 항에 따라 심사를 요청할 때에는 규제안에 다음 각 호의 사항을 첨부하여 위원회에 제출하여야 한다.

1. 제 7 조제 1 항에 따른 규제영향분석서
2. 제 7 조제 3 항에 따른 자체심사 의견
3. 제 9 조에 따른 행정기관·이해관계인 등의 제출의견 요지

③ 위원회는 제 1 항에 따라 규제심사를 요청받은 경우에는 그 법령에 대한 규제정비 계획을 제출하게 할 수 있다.
〔전부개정 2010·1·25〕

제11조(예비심사) ① 위원회는 제10조에 따라 심사를 요청받은 날부터 10일 이내에 그 규제가 국민의 일상생활과 사회·경제활동에 미치는 파급 효과를 고려하여 제12조에 따른 심사를 받아야 할 규제(이하 "중요규제"라 한다)인지를 결정하여야 한다.

② 제 1 항에 따라 위원회가 중요규제가 아니라고 결정한 규제는 위원회의 심사를 받은 것으로 본다.

③ 위원회는 제 1 항에 따라 결정을 하였을 때에는 지체 없이 그 결과를 관계 중앙행정기관의 장에게 통보하여야 한다.
〔전부개정 2010·1·25〕

제12조(심사) ① 위원회는 제11조제 1 항에 따라 중요규제라고 결정한 규제에 대하여는 심사 요청을 받은 날부터 45일 이내에 심사를 끝내야 한다. 다만, 심사기간의 연장이 불가피한 경우에는 위원회의 결정으로 15일을 넘지 아니하는 범위에서 한 차례만 연장할 수 있다.

② 위원회는 관계 중앙행정기관의 자체심사가 신뢰할 수 있는 자료와 근거에 의하여 적절한 절차에 따라 적정하게 이루어졌는지 심사하여야 한다.

③ 위원회는 제10조제 2 항 각 호의 첨부서류 중 보완이 필요한 사항에 대하여는 관계 중앙행정기관의 장에게 보완할 것을 요구할 수 있다. 이 경우 보완하는 데에 걸린 기간은 제 1 항에 따른 심사기간에 포함하지 아니한다.

④ 위원회는 제 1 항에 따라 심사를 마쳤을 때에는 지체 없이 그 결과를 관계 중앙행정기관의 장에게 통보하여야 한다.
〔전부개정 2010·1·25〕

제13조(긴급한 규제의 신설·강화 심사) ① 중앙행정기관의 장은 긴급하게 규제를 신설하거나 강화하여야 할 특별한 사유가 있는 경우에는 제 7 조, 제 8 조제 3 항, 제 9 조 및 제10조의 절차를 거치지 아니하고 위원회에 심사를 요청할 수 있다. 이 경우 그 사유를 제시하여야 한다.

② 위원회는 제 1 항에 따라 심사 요청된 규제의 긴급성이 인정된다고 결정하면 심사를 요청받은 날부터 20일 이내에 규제의 신설 또는 강화의 타당성을 심사하고 그 결과를 관계 중앙행정기관의 장에게 통보하여야 한다. 이 경우 관계 중앙행정기관의 장은 위원회의 심사 결과를 통보받은 날부터 60일 이내에 위원회에 규제영향분석서를 제출하여야 한다.

③ 위원회는 제 1 항에 따라 심사 요청된 규제의 긴급성이 인정되지 아니한다고 결정하면 심사를 요청받은 날부터 10일 이내에 관계 중앙행정기관의 장에게 제 7 조부터 제

10조까지의 규정에 따른 절차를 거치도록 요구할 수 있다.
〔전부개정 2010·1·25〕

제14조(개선 권고) ① 위원회는 제12조와 제13조에 따른 심사 결과 필요하다고 인정하면 관계 중앙행정기관의 장에게 그 규제의 신설 또는 강화를 철회하거나 개선하도록 권고할 수 있다.
② 제1항에 따라 권고를 받은 관계 중앙행정기관의 장은 특별한 사유가 없으면 이에 따라야 하며, 그 처리 결과를 대통령령으로 정하는 바에 따라 위원회에 제출하여야 한다.
〔전부개정 2010·1·25〕

제15조(재심사) ① 중앙행정기관의 장은 위원회의 심사 결과에 이의가 있거나 위원회의 권고대로 조치하기가 곤란하다고 판단되는 특별한 사정이 있는 경우에는 대통령령으로 정하는 바에 따라 위원회에 재심사(再審査)를 요청할 수 있다.
② 위원회는 제1항에 따른 재심사 요청을 받으면 그 요청받은 날부터 15일 이내에 재심사를 끝내고 그 결과를 관계 중앙행정기관의 장에게 통보하여야 한다.
③ 제2항에 따른 재심사는 제14조를 준용한다.
〔전부개정 2010·1·25〕

제16조(심사절차의 준수) ① 중앙행정기관의 장은 위원회의 심사를 받지 아니하고 규제를 신설하거나 강화하여서는 아니 된다.
② 중앙행정기관의 장은 법제처장에게 신설되거나 강화되는 규제를 포함하는 법령안의 심사를 요청할 때에는 그 규제에 대한 위원회의 심사의견을 첨부하여야 한다. 법령안을 국무회의에 상정(上程)하는 경우에도 또한 같다.
〔전부개정 2010·1·25〕

제3장 기존규제의 정비

제17조(규제 정비의 요청) ① 누구든지 위원회에 고시(告示) 등 기존규제의 폐지 또는 개선(이하 "정비"라 한다)을 요청할 수 있다.
② 위원회는 제1항에 따라 정비 요청을 받으면 해당 규제의 소관 행정기관의 장에게 지체 없이 통보하여야 하고, 통보를 받은 행정기관의 장은 책임자 실명으로 성실히 답변하여야 한다.
③ 위원회는 제2항의 답변과 관련하여 필요한 경우 해당 행정기관의 장에게 규제 존치의 필요성 등에 대하여 소명할 것을 요청할 수 있다.
④ 제3항에 따라 소명을 요청받은 행정기관의 장은 특별한 사유가 없으면 이에 따라야 한다.
⑤ 제1항부터 제4항까지의 규정에 따른 기존규제의 정비 요청, 답변·소명의 기한 및 절차 등에 필요한 사항은 대통령령으로 정한다.
〔전부개정 2018·4·17〕

제17조의2(다른 행정기관 소관의 규제에 관한 의견 제출) 중앙행정기관의 장은 규제 개선 또는 소관 정책의 목적을 효과적으로 달성하기 위하여 다른 중앙행정기관의 소관 규제를 개선할 필요가 있다고 판단하는 경우에는 그에 관한 의견을 위원회에 제출할 수 있다.
〔본조신설 2018·4·17〕

제18조(기존규제의 심사) ① 위원회는 다음 각 호의 어느 하나에 해당하는 경우 기존규제의 정비에 관하여 심사할 수 있다. <개정 2005·12·29, 2010·1·25, 2018·4·17>
1. 제17조에 따른 정비 요청 및 제17조의2에 따라 제출된 의견을 위원회에서 심사할 필요가 있다고 인정한 경우
2. 삭제 <2009·3·25>
3. 그 밖에 위원회가 이해관계인·전문가 등의 의견을 수렴한 결과 특정한 기존규제에 대한 심사가 필요하다고 인정한 경우

② 제1항의 심사는 제14조와 제15조를 준용한다. <개정 2010·1·25>

제19조(기존규제의 자체정비) ① 중앙행정기관의 장은 매년 소관 기존규제에 대하여 이해관계인·전문가 등의 의견을 수렴하여 정비가 필요한 규제를 선정하여 정비하여야 한다.
② 중앙행정기관의 장은 제1항에 따른 정비 결과를 대통령령으로 정하는 바에 따라 위원회에 제출하여야 한다.
〔전부개정 2010·1·25〕

제19조의2(기존규제의 존속기한 및 재검토기한 명시) ① 중앙행정기관의 장은 기존규제에 대한 점검결과 존속시켜야 할 명백한 사유가 없는 규제는 존속기한 또는 재검토기한을 설정하여 그 법령등에 규정하여야 한다.

② 제 1 항에 따른 기존규제의 존속기한 또는 재검토기한 설정에 관하여는 제 8 조제 2 항부터 제 5 항까지를 준용한다.
〔본조신설 2013·7·16〕

제19조의3(신기술 서비스·제품 관련 규제의 정비 및 특례) ① 중앙행정기관의 장은 신기술 서비스·제품과 관련된 규제와 관련하여 규제의 적용 또는 존재 여부에 대하여 국민이 확인을 요청하는 경우 신기술 서비스·제품에 대한 규제 특례를 부여하는 관계 법률로 정하는 바에 따라 이를 지체 없이 확인하여 통보하여야 한다.
② 중앙행정기관의 장은 신기술 서비스·제품과 관련된 규제와 관련하여 다음 각 호의 어느 하나에 해당하여 신기술 서비스·제품의 육성을 저해하는 경우에는 해당 규제를 신속하게 정비하여야 한다.
1. 기존 규제를 해당 신기술 서비스·제품에 적용하는 것이 곤란하거나 맞지 아니한 경우
2. 해당 신기술 서비스·제품에 대하여 명확히 규정되어 있지 아니한 경우
③ 중앙행정기관의 장은 제 2 항에 따라 규제를 정비하여야 하는 경우로서 필요한 경우에는 해당 규제가 정비되기 전이라도 신기술 서비스·제품과 관련된 규제 특례를 부여하는 관계 법률로서 대통령령으로 정하는 법률(이하 "규제 특례 관계법률"이라 한다)로 정하는 바에 따라 해당 규제의 적용을 면제하거나 완화할 수 있다. <개정 2023·7·11>
④ 중앙행정기관의 장은 규제 특례 관계법률에 규제의 적용을 면제하거나 완화하는 규정을 두는 경우에는 다음 각 호의 사항을 종합적으로 고려하여야 한다. <개정 2023·7·11>
1. 국민의 안전·생명·건강에 위해가 되거나 환경 및 지역균형발전을 저해하는지 여부와 개인정보의 안전한 보호 및 처리 여부
2. 해당 신기술 서비스·제품의 혁신성 및 안전성과 그에 따른 이용자의 편익
3. 규제의 적용 면제 또는 완화로 인하여 발생할 수 있는 부작용에 대한 사후 책임 확보 방안
⑤ 신기술 서비스·제품과 관련된 규제 특례를 부여받고자 하는 자의 신청을 받은 중앙행정기관의 장(이하 "규제 특례 주관기관"이라 한다)은 신기술 서비스·제품 관련 규제 특례에 관한 사항을 심의·의결하기 위하여 규제 특례 관계법률에 따라 설치된 위원회(이하 "규제 특례 위원회"라 한다)의 심의·의결을 거쳐 제 3 항에 따른 규제 특례를 부여하려는 경우에는 대통령령으로 정하는 기간 이내에 규제 특례 위원회에 신청된 사항을 상정하여야 한다. <신설 2023·7·11>
⑥ 제 3 항에 따른 규제 특례 부여가 규제특례 위원회에서 부결된 경우에는 규제특례의 부여를 신청한 자는 대통령령으로 정하는 바에 따라 규제 특례 주관기관의 장에게 재심의를 신청할 수 있다. <신설 2023·7·11>
⑦ 신기술 서비스·제품과 관련된 규제 특례를 부여받은 자는 사정의 변경 등 정당한 사유가 있는 경우 규제 특례 주관기관의 장에게 규제 특례의 내용·조건 등의 변경을 신청할 수 있다. <신설 2023·7·11>
⑧ 신기술 서비스·제품의 규제 특례와 관련된 규제 법령을 소관하는 중앙행정기관의 장은 대통령령으로 정하는 바에 따라 규제특례와 관련된 법령의 정비 여부 및 사유, 정비 계획 등에 대해 규제 특례를 부여받은 자 및 규제 특례 주관기관의 장에게 통보하여야 한다. <신설 2023·7·11>
⑨ 그 밖에 법령정비 등 신기술 서비스·제품과 관련된 규제 특례 제도운영에 필요한 사항은 대통령령으로 정한다. <신설 2023·7·11>
〔본조신설 2019·4·16〕

제19조의4(신산업 규제정비 기본계획의 수립 및 시행) ① 위원회는 신산업을 육성하고 촉진하기 위하여 신산업 분야의 규제정비에 관한 기본계획을 3년마다 수립·시행하여야 한다.
② 제 1 항에 따른 기본계획에는 다음 각 호의 사항이 포함되어야 한다.
1. 신산업 분야의 규제정비의 목표와 기본방향
2. 신산업 분야 육성을 위한 규제정비에 관한 사항

3. 신산업 분야 규제의 우선허용·사후규제 방식으로의 전환에 관한 사항
4. 신산업 분야의 규제정비와 관련하여 관계 중앙행정기관 간 정책 및 업무 협력에 관한 사항
5. 그 밖에 신산업 분야의 규제정비에 필요한 사항

③ 위원회는 제1항에 따른 기본계획이 수립된 때에는 지체 없이 이를 관계 중앙행정기관의 장에게 통보하여야 한다.

④ 관계 중앙행정기관의 장은 제1항에 따른 기본계획에 따라 연도별 시행계획을 제20조에 따른 규제정비 계획에 반영하여야 한다.

〔본조신설 2019·4·16〕

제20조(규제정비 종합계획의 수립) ① 위원회는 매년 중점적으로 추진할 규제분야나 특정한 기존규제를 선정하여 기존규제의 정비지침을 작성하고 위원회의 의결을 거쳐 중앙행정기관의 장에게 통보하여야 한다. 이 경우 위원회는 필요하다고 인정하면 정비지침에 특정한 기존규제에 대한 정비의 기한을 정할 수 있다.

② 중앙행정기관의 장은 제1항에 따른 정비지침에 따라 그 기관의 규제정비 계획을 수립하여 위원회에 제출하여야 한다.

③ 위원회는 제2항에 따른 중앙행정기관별 규제정비 계획을 종합하여 정부의 규제정비 종합계획을 수립하고, 국무회의의 심의를 거쳐 대통령에게 보고한 후 그 내용을 공표하여야 한다.

④ 규제정비 종합계획의 수립·공표의 방법 및 절차는 대통령령으로 정한다.

〔전부개정 2010·1·25〕

제21조(규제정비 종합계획의 시행) ① 중앙행정기관의 장은 제20조에 따라 수립·공표된 정부의 규제정비 종합계획에 따라 소관 기존규제를 정비하고 그 결과를 대통령령으로 정하는 바에 따라 위원회에 제출하여야 한다.

② 중앙행정기관의 장은 제20조제1항 후단에 따라 위원회가 정비의 기한을 정하여 통보한 특정한 기존규제에 대하여는 그 기한까지 정비를 끝내고 그 결과를 위원회에 통보하여야 한다. 다만, 위원회가 정한 기한까지 정비를 끝내지 못한 경우에는 지체 없이 그 사유를 구체적으로 밝혀 위원회에 그 기존규제의 정비 계획을 제출하고, 정비를 끝낸 후 그 결과를 통보하여야 한다.

〔전부개정 2010·1·25〕

제22조(조직 정비 등) ① 위원회는 기존규제가 정비된 경우 정부의 조직과 예산을 관장하는 관계 중앙행정기관의 장에게 이를 통보하여야 한다.

② 제1항에 따라 통보를 받은 관계 중앙행정기관의 장은 기존규제의 정비에 따른 정부의 조직 또는 예산의 합리화 방안을 마련하여야 한다.

〔전부개정 2010·1·25〕

제4장 규제개혁위원회

제23조(설치) 정부의 규제정책을 심의·조정하고 규제의 심사·정비 등에 관한 사항을 종합적으로 추진하기 위하여 대통령 소속으로 규제개혁위원회를 둔다.

〔전부개정 2010·1·25〕

제24조(기능) ① 위원회는 다음 각 호의 사항을 심의·조정한다. <개정 2019·4·16>

1. 규제정책의 기본방향과 규제제도의 연구·발전에 관한 사항
2. 규제의 신설·강화 등에 대한 심사에 관한 사항
3. 기존규제의 심사, 신산업 규제정비 기본계획 및 규제정비 종합계획의 수립·시행에 관한 사항
4. 규제의 등록·공표에 관한 사항
5. 규제 개선에 관한 의견 수렴 및 처리에 관한 사항
6. 각급 행정기관의 규제 개선 실태에 대한 점검·평가에 관한 사항
7. 그 밖에 위원장이 위원회의 심의·조정이 필요하다고 인정하는 사항

② 위원회는 규제 특례 위원회에 의견을 제출하거나, 필요한 경우 권고할 수 있다. 이 경우 권고를 받은 규제 특례 위원회는 권고사항에 대한 처리결과를 위원회에 제출하여야 한다. <신설 2019·4·16, 2023·7·11>

〔전부개정 2010·1·25〕

제25조(구성 등) ① 위원회는 위원장 2명을 포함한 20명 이상 25명 이하의 위원으로

구성한다.
② 위원장은 국무총리와 학식과 경험이 풍부한 사람 중에서 대통령이 위촉하는 사람이 된다.
③ 위원은 학식과 경험이 풍부한 사람 중에서 대통령이 위촉하는 사람과 대통령령으로 정하는 공무원이 된다. 이 경우 공무원이 아닌 위원이 전체위원의 과반수가 되어야 한다.
④ 위원회에 간사 1명을 두되, 공무원이 아닌 위원 중에서 국무총리가 아닌 위원장이 지명하는 사람이 된다.
⑤ 위원 중 공무원이 아닌 위원의 임기는 2년으로 하되, 한 차례만 연임할 수 있다.
⑥ 위원장 모두가 부득이한 사유로 직무를 수행할 수 없을 때에는 국무총리가 지명한 위원이 그 직무를 대행한다.
〔전부개정 2010·1·25〕

제26조(의결 정족수) 위원회의 회의는 재적위원 과반수의 출석으로 개의하고, 재적위원 과반수의 찬성으로 의결한다. <개정 2023·7·11>
〔전부개정 2010·1·25〕

제26조의2(회의록의 작성·공개) ① 위원회는 회의 일시, 장소, 참석자, 안건, 토의 내용 및 의결 사항 등을 기록한 회의록을 작성·보존하여야 한다.
② 회의록은 공개한다. 다만, 위원장이 공익보호나 그 밖의 사유로 필요하다고 인정하는 때에는 위원회의 의결로 공개하지 아니할 수 있다.
〔본조신설 2018·4·17〕

제27조(위원의 신분보장) 위원은 다음 각 호의 어느 하나에 해당하는 경우를 제외하고는 본인의 의사와 관계없이 면직되거나 해촉(解囑)되지 아니한다.
1. 금고 이상의 형을 선고받은 경우
2. 장기간의 심신쇠약으로 직무를 수행할 수 없게 된 경우
〔전부개정 2010·1·25〕

제28조(분과위원회) ① 위원회의 업무를 효율적으로 수행하기 위하여 위원회에 분야별로 분과위원회를 둘 수 있다.
② 분과위원회가 위원회로부터 위임받은 사항에 관하여 심의·의결한 것은 위원회가 심의·의결한 것으로 본다.
〔전부개정 2010·1·25〕

제29조(전문위원 등) 위원회에는 업무에 관한 전문적인 조사·연구 업무를 담당할 전문위원과 조사요원을 둘 수 있다.
〔전부개정 2010·1·25〕

제30조(조사 및 의견청취 등) ① 위원회는 제24조에 따른 기능을 수행할 때 필요하다고 인정하면 다음 각 호의 조치를 할 수 있다.
1. 관계 행정기관에 대한 설명 또는 자료·서류 등의 제출 요구
2. 이해관계인·참고인 또는 관계 공무원의 출석 및 의견진술 요구
3. 관계 행정기관 등에 대한 현지조사
② 관계 행정기관의 장은 규제의 심사 등과 관련하여 소속 공무원이나 관계 전문가를 위원회에 출석시켜 의견을 진술하게 하거나 필요한 자료를 제출할 수 있다.
〔전부개정 2010·1·25〕

제31조(위원회의 사무처리 등) ① 위원회의 사무처리를 위하여 전문성을 갖춘 사무기구를 둔다.
② 위원회의 전문적인 심사사항을 지원하기 위하여 전문 연구기관을 지정할 수 있다.
〔전부개정 2010·1·25〕

제32조(벌칙 적용 시의 공무원 의제) 위원회의 위원 중 공무원이 아닌 위원·전문위원 및 조사요원은 「형법」이나 그 밖의 법률에 따른 벌칙을 적용할 때에는 공무원으로 본다.
〔전부개정 2010·1·25〕

제33조(조직 및 운영) 이 법에서 정한 것 외에 위원회의 조직·운영 등에 필요한 사항은 대통령령으로 정한다.
〔전부개정 2010·1·25〕

제 5 장 보칙

제34조(규제 개선 점검·평가) ① 위원회는 효과적인 규제 개선을 위하여 각급 행정기관의 규제제도의 운영 실태와 개선사항을 확인·점검하여야 한다.
② 위원회는 제 1 항에 따른 확인·점검 결과를 평가하여 국무회의와 대통령에게 보고하여야 한다.
③ 위원회는 제 1 항과 제 2 항에 따른 확

인·점검 및 평가를 객관적으로 하기 위하여 관련 전문기관 등에 제도·기반연구 또는 여론조사를 의뢰할 수 있다. <개정 2023·7·11>

④ 위원회는 제1항과 제2항에 따른 확인·점검 및 평가 결과 규제 개선에 소극적이거나 이행 상태가 불량하다고 판단되는 경우 대통령에게 그 시정에 필요한 조치를 건의할 수 있다.

〔전부개정 2010·1·25〕

제35조(규제개혁 백서) 위원회는 매년 정부의 주요 규제개혁 추진상황에 관한 백서(白書)를 발간하여 국민에게 공표하여야 한다.

〔전부개정 2010·1·25〕

제36조(행정지원 등) 국무조정실장은 규제 관련 제도를 연구하고 위원회의 운영에 필요한 지원을 하여야 한다. <개정 2013·3·23>

〔전부개정 2010·1·25〕

제37조(공무원의 책임 등) ① 공무원이 규제 개선 업무를 능동적으로 추진함에 따라 발생한 결과에 대하여 그 공무원의 행위에 고의나 중대한 과실이 없는 경우에는 불리한 처분이나 부당한 대우를 받지 아니한다.

② 중앙행정기관의 장은 규제 개선 업무 추진에 뚜렷한 공로가 있는 공무원은 포상하고, 인사상 우대조치 등을 하여야 한다.

〔전부개정 2010·1·25〕

부　칙

제1조(시행일) 이 법은 공포한 날부터 1년을 넘지 아니하는 범위내에서 대통령령이 정하는 날부터 시행한다.

제2조(다른 법률의 폐지) 법률 제4735호 행정규제관리법은 이를 폐지한다.

제3조(법 시행 당시 기존규제의 자체정비에 대한 특례) ① 중앙행정기관의 장은 대통령령이 정하는 바에 따라 이 법 시행후 5년이 경과한 날이 속하는 해의 12월 31일까지는 제19조의 규정에 의한 기존규제의 자체정비에 갈음하여 이 법 시행당시 모든 소관 규제에 대한 연차별정비계획을 수립하여 시행하여야 한다.

② 중앙행정기관의 장은 대통령령이 정하는 바에 따라 제1항의 규정에 의한 연차별정비계획 및 그 시행 결과를 위원회에 제출하여야 한다.

제4조(훈령·고시 등의 재검토) ① 중앙행정기관의 장 또는 지방자치단체의 장은 이 법 시행후 1년 이내에 이 법 시행당시 시행 중인 훈령·예규·지침·고시 등에 규정된 규제에 대하여 제4조의 규정에 의하여 법령 또는 조례·규칙에 근거하였는지 여부를 재검토하여야 한다.

② 중앙행정기관의 장 또는 지방자치단체의 장은 제1항의 규정에 의한 재검토 결과 제4조의 규정에 의하여 법령 또는 조례·규칙에 근거하지 아니한 훈령·예규·지침·고시등에 규정된 규제는 이를 지체없이 폐지하거나 관계법령 또는 조례·규칙에 그 근거를 정하여야 한다.

제5조(다른 법률의 개정) 생략

부　칙 <1998·2·28 법5529>

제1조(시행일) 이 법은 공포한 날부터 시행한다. 〈단서 생략〉

제2조부터 **제7조**까지 생략

부　칙 <2005·12·29 법7797>

이 법은 공포 후 6월이 경과한 날부터 시행한다.

부　칙 <2008·2·29 법8852>

제1조(시행일) 이 법은 공포한 날부터 시행한다. 〈단서 생략〉

제2조부터 **제7조**까지 생략

부　칙 <2009·3·25 법9532>

제1조(시행일) 이 법은 공포한 날부터 시행한다.

제2조 및 **제3조** 생략

부　칙 <2010·1·25 법9965>

이 법은 공포한 날부터 시행한다.

부　칙 <2013·3·23 법11690>

제1조(시행일) ① 이 법은 공포한 날부터 시행한다.

② 생략

제2조부터 **제7조**까지 생략

부　칙 <2013·7·16 법11935>

이 법은 공포 후 1개월이 경과한 날부터 시행한다.

부　칙 <2015·5·18 법13329>

이 법은 공포한 날부터 시행한다.

부　칙 <2016·5·29 법14184>

제1조(시행일) 이 법은 공포 후 6개월이 경과한 날부터 시행한다.

제2조 생략

부 칙 <2017·11·28 법15037>

이 법은 공포 후 3개월이 경과한 날부터 시행한다.

부 칙 <2018·4·17 법15609>

이 법은 공포 후 6개월이 경과한 날부터 시행한다.

부 칙 <2019·4·16 법16322>

이 법은 공포 후 3개월이 경과한 날부터 시행한다.

부 칙 <2020·2·4 법16954>

제1조(시행일) 이 법은 공포 후 1년이 경과한 날부터 시행한다.

제2조부터 **제8조**까지 생략

부 칙 <2022·1·4 법18682>

제1조(시행일) 이 법은 공포 후 6개월이 경과한 날부터 시행한다.

제2조 및 **제3조** 생략

부 칙 <2023·1·17 법19213>

제1조(시행일) 이 법은 공포 후 1년이 경과한 날부터 시행한다.

제2조부터 **제6조**까지 생략

부 칙 <2023·7·11 법19530>

제1조(시행일) 이 법은 공포 후 6개월이 경과한 날부터 시행한다.

제2조(규제영향분석 및 자체심사에 관한 적용례) 제7조의 개정규정은 이 법 시행 이후 규제영향분석을 실시하는 경우부터 적용한다.

제3조(규제의 재검토에 관한 적용례) 제8조의2의 개정규정은 이 법 시행 이후 규제의 재검토기한이 도래하는 경우부터 적용한다.

●행정소송법

〔1984·12·15 법률제3754호 전부개정〕

개정
1988· 8· 5 법률제 4017호(헌법재판소법)
1994· 7·27 법률제 4770호
2002· 1·26 법률제 6626호(민사소송법)
2002· 1·26 법률제 6627호(민사집행법)
2013· 3·23 법률제11690호(정부조직법)
2014· 5·20 법률제12596호
2014·11·19 법률제12844호(정부조직법)
2017· 7·26 법률제14839호(정부조직법)

제 1 장 총칙

제 1 조(목적) 이 법은 행정소송절차를 통하여 행정청의 위법한 처분 그 밖에 공권력의 행사·불행사 등으로 인한 국민의 권리 또는 이익의 침해를 구제하고, 공법상의 권리관계 또는 법적용에 관한 다툼을 적정하게 해결함을 목적으로 한다.

제 2 조(정의) ① 이 법에서 사용하는 용어의 정의는 다음과 같다.

1. "처분등"이라 함은 행정청이 행하는 구체적 사실에 관한 법집행으로서의 공권력의 행사 또는 그 거부와 그 밖에 이에 준하는 행정작용(이하 "처분"이라 한다) 및 행정심판에 대한 재결을 말한다.
2. "부작위"라 함은 행정청이 당사자의 신청에 대하여 상당한 기간내에 일정한 처분을 하여야 할 법률상 의무가 있음에도 불구하고 이를 하지 아니하는 것을 말한다.

② 이 법을 적용함에 있어서 행정청에는 법령에 의하여 행정권한의 위임 또는 위탁을 받은 행정기관, 공공단체 및 그 기관 또는 사인이 포함된다.

제 3 조(행정소송의 종류) 행정소송은 다음의 네가지로 구분한다. <개정 1988·8·5>

1. 항고소송 : 행정청의 처분등이나 부작위에 대하여 제기하는 소송
2. 당사자소송 : 행정청의 처분등을 원인으로 하는 법률관계에 관한 소송 그 밖에 공법상의 법률관계에 관한 소송으로서 그 법률관계의 한쪽 당사자를 피고로 하는 소송
3. 민중소송 : 국가 또는 공공단체의 기관이 법률에 위반되는 행위를 한 때에 직접 자기의 법률상 이익과 관계없이 그 시정을 구하기 위하여 제기하는 소송
4. 기관소송 : 국가 또는 공공단체의 기관상호간에 있어서의 권한의 존부 또는 그 행사에 관한 다툼이 있을 때에 이에 대하여 제기하는 소송. 다만, 헌법재판소법 제 2 조의 규정에 의하여 헌법재판소의 관장사항으로 되는 소송은 제외한다.

제 4 조(항고소송) 항고소송은 다음과 같이 구분한다.

1. 취소소송 : 행정청의 위법한 처분등을 취소 또는 변경하는 소송
2. 무효등확인소송 : 행정청의 처분등의 효력 유무 또는 존재 여부를 확인하는 소송
3. 부작위위법확인소송 : 행정청의 부작위가 위법하다는 것을 확인하는 소송

제 5 조(국외에서의 기간) 이 법에 의한 기간의 계산에 있어서 국외에서의 소송행위추완에 있어서는 그 기간을 14일에서 30일로, 제 3 자에 의한 재심청구에 있어서는 그 기간을 30일에서 60일로, 소의 제기에 있어서는 그 기간을 60일에서 90일로 한다.

제 6 조(명령·규칙의 위헌판결 등 공고) ① 행정소송에 대한 대법원판결에 의하여 명령·규칙이 헌법 또는 법률에 위반된다는 것이 확정된 경우에는 대법원은 지체없이 그 사유를 행정안전부장관에게 통보하여야 한다. <개정 2013·3·23, 2014·11·19, 2017·7·26>

② 제 1 항의 규정에 의한 통보를 받은 행정안전부장관은 지체없이 이를 관보에 게재하여야 한다. <개정 2013·3·23, 2014·11·19, 2017·7·26>

제 7 조(사건의 이송) 민사소송법 제34조제 1 항의 규정은 원고의 고의 또는 중대한 과실없이 행정소송이 심급을 달리하는 법원에 잘못 제기된 경우에도 적용한다. <개정 2002·1·26 법6626>

제 8 조(법적용례) ① 행정소송에 대하여는 다른 법률에 특별한 규정이 있는 경우를 제외하고는 이 법이 정하는 바에 의한다.

② 행정소송에 관하여 이 법에 특별한 규정이 없는 사항에 대하여는 법원조직법과 민사소송법 및 민사집행법의 규정을 준용한다. <개정 2002·1·26 법6627>

제 2 장 취소소송

제 1 절 재판관할

제 9 조(재판관할) ① 취소소송의 제 1 심 관할법원은 피고의 소재지를 관할하는 행정법원으로 한다. <개정 2014·5·20>

② 제 1 항에도 불구하고 다음 각 호의 어느 하나에 해당하는 피고에 대하여 취소소송을 제기하는 경우에는 대법원소재지를 관할하는 행정법원에 제기할 수 있다. <신설 2014·5·20>

1. 중앙행정기관, 중앙행정기관의 부속기관과 합의제행정기관 또는 그 장
2. 국가의 사무를 위임 또는 위탁받은 공공단체 또는 그 장

③ 토지의 수용 기타 부동산 또는 특정의 장소에 관계되는 처분등에 대한 취소소송은 그 부동산 또는 장소의 소재지를 관할하는 행정법원에 이를 제기할 수 있다.

〔전부개정 1994·7·27〕

제10조(관련청구소송의 이송 및 병합) ① 취소소송과 다음 각호의 1에 해당하는 소송(이하 "관련청구소송"이라 한다)이 각각 다른 법원에 계속되고 있는 경우에 관련청구소송이 계속된 법원이 상당하다고 인정하는 때에는 당사자의 신청 또는 직권에 의하여 이를 취소소송이 계속된 법원으로 이송할 수 있다.

1. 당해 처분등과 관련되는 손해배상·부당이득반환·원상회복 등 청구소송
2. 당해 처분등과 관련되는 취소소송

② 취소소송에는 사실심의 변론종결시까지 관련청구소송을 병합하거나 피고외의 자를 상대로 한 관련청구소송을 취소소송이 계속된 법원에 병합하여 제기할 수 있다.

제11조(선결문제) ① 처분등의 효력 유무 또는 존재 여부가 민사소송의 선결문제로 되어 당해 민사소송의 수소법원이 이를 심리·판단하는 경우에는 제17조, 제25조, 제26조 및 제33조의 규정을 준용한다.

② 제 1 항의 경우 당해 수소법원은 그 처분등을 행한 행정청에게 그 선결문제로 된 사실을 통지하여야 한다.

제 2 절 당사자

제12조(원고적격) 취소소송은 처분등의 취소를 구할 법률상 이익이 있는 자가 제기할 수 있다. 처분등의 효과가 기간의 경과, 처분등의 집행 그 밖의 사유로 인하여 소멸된 뒤에도 그 처분등의 취소로 인하여 회복되는 법률상 이익이 있는 자의 경우에는 또한 같다.

제13조(피고적격) ① 취소소송은 다른 법률에 특별한 규정이 없는 한 그 처분등을 행한 행정청을 피고로 한다. 다만, 처분등이 있은 뒤에 그 처분등에 관계되는 권한이 다른 행정청에 승계된 때에는 이를 승계한 행정청을 피고로 한다.

② 제 1 항의 규정에 의한 행정청이 없게 된 때에는 그 처분등에 관한 사무가 귀속되는 국가 또는 공공단체를 피고로 한다.

제14조(피고경정) ① 원고가 피고를 잘못 지정한 때에는 법원은 원고의 신청에 의하여 결정으로써 피고의 경정을 허가할 수 있다.

② 법원은 제 1 항의 규정에 의한 결정의 정본을 새로운 피고에게 송달하여야 한다.

③ 제 1 항의 규정에 의한 신청을 각하하는 결정에 대하여는 즉시항고할 수 있다.

④ 제 1 항의 규정에 의한 결정이 있은 때

에는 새로운 피고에 대한 소송은 처음에 소를 제기한 때에 제기된 것으로 본다.

⑤ 제1항의 규정에 의한 결정이 있은 때에는 종전의 피고에 대한 소송은 취하된 것으로 본다.

⑥ 취소소송이 제기된 후에 제13조제1항 단서 또는 제13조제2항에 해당하는 사유가 생긴 때에는 법원은 당사자의 신청 또는 직권에 의하여 피고를 경정한다. 이 경우에는 제4항 및 제5항의 규정을 준용한다.

제15조(공동소송) 수인의 청구 또는 수인에 대한 청구가 처분등의 취소청구와 관련되는 청구인 경우에 한하여 그 수인은 공동소송인이 될 수 있다.

제16조(제3자의 소송참가) ① 법원은 소송의 결과에 따라 권리 또는 이익의 침해를 받을 제3자가 있는 경우에는 당사자 또는 제3자의 신청 또는 직권에 의하여 결정으로써 그 제3자를 소송에 참가시킬 수 있다.

② 법원이 제1항의 규정에 의한 결정을 하고자 할 때에는 미리 당사자 및 제3자의 의견을 들어야 한다.

③ 제1항의 규정에 의한 신청을 한 제3자는 그 신청을 각하한 결정에 대하여 즉시 항고할 수 있다.

④ 제1항의 규정에 의하여 소송에 참가한 제3자에 대하여는 민사소송법 제67조의 규정을 준용한다. <개정 2002·1·26 법6626>

제17조(행정청의 소송참가) ① 법원은 다른 행정청을 소송에 참가시킬 필요가 있다고 인정할 때에는 당사자 또는 당해 행정청의 신청 또는 직권에 의하여 결정으로써 그 행정청을 소송에 참가시킬 수 있다.

② 법원은 제1항의 규정에 의한 결정을 하고자 할 때에는 당사자 및 당해 행정청의 의견을 들어야 한다.

③ 제1항의 규정에 의하여 소송에 참가한 행정청에 대하여는 민사소송법 제76조의 규정을 준용한다. <개정 2002·1·26 법6626>

제3절 소의 제기

제18조(행정심판과의 관계) ① 취소소송은 법령의 규정에 의하여 당해 처분에 대한 행정심판을 제기할 수 있는 경우에도 이를 거치지 아니하고 제기할 수 있다. 다만, 다른 법률에 당해 처분에 대한 행정심판의 재결을 거치지 아니하면 취소소송을 제기할 수 없다는 규정이 있는 때에는 그러하지 아니하다. <개정 1994·7·27>

② 제1항 단서의 경우에도 다음 각호의 1에 해당하는 사유가 있는 때에는 행정심판의 재결을 거치지 아니하고 취소소송을 제기할 수 있다. <개정 1994·7·27>

1. 행정심판청구가 있은 날로부터 60일이 지나도 재결이 없는 때
2. 처분의 집행 또는 절차의 속행으로 생길 중대한 손해를 예방하여야 할 긴급한 필요가 있는 때
3. 법령의 규정에 의한 행정심판기관이 의결 또는 재결을 하지 못할 사유가 있는 때
4. 그 밖의 정당한 사유가 있는 때

③ 제1항 단서의 경우에 다음 각호의 1에 해당하는 사유가 있는 때에는 행정심판을 제기함이 없이 취소소송을 제기할 수 있다. <개정 1994·7·27>

1. 동종사건에 관하여 이미 행정심판의 기각재결이 있은 때
2. 서로 내용상 관련되는 처분 또는 같은 목적을 위하여 단계적으로 진행되는 처분중 어느 하나가 이미 행정심판의 재결을 거친 때
3. 행정청이 사실심의 변론종결후 소송의 대상인 처분을 변경하여 당해 변경된 처분에 관하여 소를 제기하는 때
4. 처분을 행한 행정청이 행정심판을 거칠 필요가 없다고 잘못 알린 때

④ 제2항 및 제3항의 규정에 의한 사유는 이를 소명하여야 한다.

제19조(취소소송의 대상) 취소소송은 처분등을 대상으로 한다. 다만, 재결취소소송의 경우에는 재결 자체에 고유한 위법이 있음을 이유로 하는 경우에 한한다.

제20조(제소기간) ① 취소소송은 처분등이 있음을 안 날부터 90일 이내에 제기하여야 한다. 다만, 제18조제1항 단서에 규정한 경우와 그 밖에 행정심판청구를 할 수 있는 경우 또는 행정청이 행정심판청구를 할 수

있다고 잘못 알린 경우에 행정심판청구가 있은 때의 기간은 재결서의 정본을 송달받은 날부터 기산한다.
② 취소소송은 처분등이 있은 날부터 1년(제1항 단서의 경우는 재결이 있은 날부터 1년)을 경과하면 이를 제기하지 못한다. 다만, 정당한 사유가 있는 때에는 그러하지 아니하다.
③ 제1항의 규정에 의한 기간은 불변기간으로 한다.
〔전부개정 1994·7·27〕

제21조(소의 변경) ① 법원은 취소소송을 당해 처분등에 관계되는 사무가 귀속하는 국가 또는 공공단체에 대한 당사자소송 또는 취소소송외의 항고소송으로 변경하는 것이 상당하다고 인정할 때에는 청구의 기초에 변경이 없는 한 사실심의 변론종결시까지 원고의 신청에 의하여 결정으로써 소의 변경을 허가할 수 있다.
② 제1항의 규정에 의한 허가를 하는 경우 피고를 달리하게 될 때에는 법원은 새로이 피고로 될 자의 의견을 들어야 한다.
③ 제1항의 규정에 의한 허가결정에 대하여는 즉시항고할 수 있다.
④ 제1항의 규정에 의한 허가결정에 대하여는 제14조제2항·제4항 및 제5항의 규정을 준용한다.

제22조(처분변경으로 인한 소의 변경) ① 법원은 행정청이 소송의 대상인 처분을 소가 제기된 후 변경한 때에는 원고의 신청에 의하여 결정으로써 청구의 취지 또는 원인의 변경을 허가할 수 있다.
② 제1항의 규정에 의한 신청은 처분의 변경이 있음을 안 날로부터 60일 이내에 하여야 한다.
③ 제1항의 규정에 의하여 변경되는 청구는 제18조제1항 단서의 규정에 의한 요건을 갖춘 것으로 본다. <개정 1994·7·27>

제23조(집행정지) ① 취소소송의 제기는 처분등의 효력이나 그 집행 또는 절차의 속행에 영향을 주지 아니한다.
② 취소소송이 제기된 경우에 처분등이나 그 집행 또는 절차의 속행으로 인하여 생길 회복하기 어려운 손해를 예방하기 위하여 긴급한 필요가 있다고 인정할 때에는 본안이 계속되고 있는 법원은 당사자의 신청 또는 직권에 의하여 처분등의 효력이나 그 집행 또는 절차의 속행의 전부 또는 일부의 정지(이하 "집행정지"라 한다)를 결정할 수 있다. 다만, 처분의 효력정지는 처분등의 집행 또는 절차의 속행을 정지함으로써 목적을 달성할 수 있는 경우에는 허용되지 아니한다.
③ 집행정지는 공공복리에 중대한 영향을 미칠 우려가 있을 때에는 허용되지 아니한다.
④ 제2항의 규정에 의한 집행정지의 결정을 신청함에 있어서는 그 이유에 대한 소명이 있어야 한다.
⑤ 제2항의 규정에 의한 집행정지의 결정 또는 기각의 결정에 대하여는 즉시항고할 수 있다. 이 경우 집행정지의 결정에 대한 즉시항고에는 결정의 집행을 정지하는 효력이 없다.
⑥ 제30조제1항의 규정은 제2항의 규정에 의한 집행정지의 결정에 이를 준용한다.

제24조(집행정지의 취소) ① 집행정지의 결정이 확정된 후 집행정지가 공공복리에 중대한 영향을 미치거나 그 정지사유가 없어진 때에는 당사자의 신청 또는 직권에 의하여 결정으로써 집행정지의 결정을 취소할 수 있다.
② 제1항의 규정에 의한 집행정지결정의 취소결정과 이에 대한 불복의 경우에는 제23조제4항 및 제5항의 규정을 준용한다.

제4절 심리

제25조(행정심판기록의 제출명령) ① 법원은 당사자의 신청이 있는 때에는 결정으로써 재결을 행한 행정청에 대하여 행정심판에 관한 기록의 제출을 명할 수 있다.
② 제1항의 규정에 의한 제출명령을 받은 행정청은 지체없이 당해 행정심판에 관한 기록을 법원에 제출하여야 한다.

제26조(직권심리) 법원은 필요하다고 인정할 때에는 직권으로 증거조사를 할 수 있고, 당사자가 주장하지 아니한 사실에 대하여도 판단할 수 있다.

제 5 절 재판

제27조(재량처분의 취소) 행정청의 재량에 속하는 처분이라도 재량권의 한계를 넘거나 그 남용이 있는 때에는 법원은 이를 취소할 수 있다.

제28조(사정판결) ① 원고의 청구가 이유있다고 인정하는 경우에도 처분등을 취소하는 것이 현저히 공공복리에 적합하지 아니하다고 인정하는 때에는 법원은 원고의 청구를 기각할 수 있다. 이 경우 법원은 그 판결의 주문에서 그 처분등이 위법함을 명시하여야 한다.

② 법원이 제 1 항의 규정에 의한 판결을 함에 있어서는 미리 원고가 그로 인하여 입게 될 손해의 정도와 배상방법 그 밖의 사정을 조사하여야 한다.

③ 원고는 피고인 행정청이 속하는 국가 또는 공공단체를 상대로 손해배상, 제해시설의 설치 그 밖에 적당한 구제방법의 청구를 당해 취소소송 등이 계속된 법원에 병합하여 제기할 수 있다.

제29조(취소판결 등의 효력) ① 처분등을 취소하는 확정판결은 제 3 자에 대하여도 효력이 있다.

② 제 1 항의 규정은 제23조의 규정에 의한 집행정지의 결정 또는 제24조의 규정에 의한 그 집행정지결정의 취소결정에 준용한다.

제30조(취소판결 등의 기속력) ① 처분등을 취소하는 확정판결은 그 사건에 관하여 당사자인 행정청과 그 밖의 관계행정청을 기속한다.

② 판결에 의하여 취소되는 처분이 당사자의 신청을 거부하는 것을 내용으로 하는 경우에는 그 처분을 행한 행정청은 판결의 취지에 따라 다시 이전의 신청에 대한 처분을 하여야 한다.

③ 제 2 항의 규정은 신청에 따른 처분이 절차의 위법을 이유로 취소되는 경우에 준용한다.

제 6 절 보칙

제31조(제 3 자에 의한 재심청구) ① 처분등을 취소하는 판결에 의하여 권리 또는 이익의 침해를 받은 제 3 자는 자기에게 책임없는 사유로 소송에 참가하지 못함으로써 판결의 결과에 영향을 미칠 공격 또는 방어방법을 제출하지 못한 때에는 이를 이유로 확정된 종국판결에 대하여 재심의 청구를 할 수 있다.

② 제 1 항의 규정에 의한 청구는 확정판결이 있음을 안 날로부터 30일 이내, 판결이 확정된 날로부터 1년 이내에 제기하여야 한다.

③ 제 2 항의 규정에 의한 기간은 불변기간으로 한다.

제32조(소송비용의 부담) 취소청구가 제28조의 규정에 의하여 기각되거나 행정청이 처분등을 취소 또는 변경함으로 인하여 청구가 각하 또는 기각된 경우에는 소송비용은 피고의 부담으로 한다.

제33조(소송비용에 관한 재판의 효력) 소송비용에 관한 재판이 확정된 때에는 피고 또는 참가인이었던 행정청이 소속하는 국가 또는 공공단체에 그 효력을 미친다.

제34조(거부처분취소판결의 간접강제) ① 행정청이 제30조제 2 항의 규정에 의한 처분을 하지 아니하는 때에는 제 1 심수소법원은 당사자의 신청에 의하여 결정으로써 상당한 기간을 정하고 행정청이 그 기간내에 이행하지 아니하는 때에는 그 지연기간에 따라 일정한 배상을 할 것을 명하거나 즉시 손해배상을 할 것을 명할 수 있다.

② 제33조와 민사집행법 제262조의 규정은 제 1 항의 경우에 준용한다. <개정 2002·1·26 법6627>

제 3 장 취소소송외의 항고소송

제35조(무효등확인소송의 원고적격) 무효등확인소송은 처분등의 효력 유무 또는 존재 여부의 확인을 구할 법률상 이익이 있는 자가 제기할 수 있다.

제36조(부작위위법확인소송의 원고적격) 부작위위법확인소송은 처분의 신청을 한 자로서 부작위의 위법의 확인을 구할 법률상 이익이 있는 자만이 제기할 수 있다.

제37조(소의 변경) 제21조의 규정은 무효등확인소송이나 부작위위법확인소송을 취소소송 또는 당사자소송으로 변경하는 경우에 준용한다.

제38조(준용규정) ① 제 9 조, 제10조, 제13조 내지 제17조, 제19조, 제22조 내지 제26조, 제29조 내지 제31조 및 제33조의 규정은 무효등확인소송의 경우에 준용한다.

② 제 9 조, 제10조, 제13조 내지 제19조, 제20조, 제25조 내지 제27조, 제29조 내지 제31조, 제33조 및 제34조의 규정은 부작위위법확인소송의 경우에 준용한다. <개정 1994·7·27>

제 4 장 당사자소송

제39조(피고적격) 당사자소송은 국가·공공단체 그 밖의 권리주체를 피고로 한다.

제40조(재판관할) 제 9 조의 규정은 당사자소송의 경우에 준용한다. 다만, 국가 또는 공공단체가 피고인 경우에는 관계행정청의 소주지를 피고의 소재지로 본다.

제41조(제소기간) 당사자소송에 관하여 법령에 제소기간이 정하여져 있는 때에는 그 기간은 불변기간으로 한다.

제42조(소의 변경) 제21조의 규정은 당사자소송을 항고소송으로 변경하는 경우에 준용한다.

제43조(가집행선고의 제한) 국가를 상대로 하는 당사자소송의 경우에는 가집행선고를 할 수 없다.

제44조(준용규정) ① 제14조 내지 제17조, 제22조, 제25조, 제26조, 제30조제 1 항, 제32조 및 제33조의 규정은 당사자소송의 경우에 준용한다.

② 제10조의 규정은 당사자소송과 관련청구소송이 각각 다른 법원에 계속되고 있는 경우의 이송과 이들 소송의 병합의 경우에 준용한다.

제 5 장 민중소송 및 기관소송

제45조(소의 제기) 민중소송 및 기관소송은 법률이 정한 경우에 법률에 정한 자에 한하여 제기할 수 있다.

제46조(준용규정) ① 민중소송 또는 기관소송으로서 처분등의 취소를 구하는 소송에는 그 성질에 반하지 아니하는 한 취소소송에 관한 규정을 준용한다.

② 민중소송 또는 기관소송으로서 처분등의 효력 유무 또는 존재 여부나 부작위의 위법의 확인을 구하는 소송에는 그 성질에 반하지 아니하는 한 각각 무효등확인소송 또는 부작위위법확인소송에 관한 규정을 준용한다.

③ 민중소송 또는 기관소송으로서 제 1 항 및 제 2 항에 규정된 소송외의 소송에는 그 성질에 반하지 아니하는 한 당사자소송에 관한 규정을 준용한다.

부 칙

제 1 조(시행일) 이 법은 1985년 10월 1일부터 시행한다.

제 2 조(종전의 사항에 관한 경과조치) 이 법은 다른 법률에 특별한 규정이 있는 경우를 제외하고는 이 법 시행전에 생긴 사항에 관하여도 이를 적용한다. 다만, 이 법 시행전에 종전의 규정에 의하여 이미 생긴 효력에는 영향을 미치지 아니한다.

제 3 조(제소기간이 경과된 종전 처분에 관한 경과조치) 이 법 시행당시 소송이 제기되지 아니한 처분등으로서 이미 종전의 규정에 의한 제소기간이 경과된 처분에 대하여는 이 법에 의한 취소소송을 제기할 수 없다. 제소기간이 정하여진 당사자소송의 경우에도 또한 같다.

제 4 조(계속 중인 행정소송에 관한 경과조치) 이 법 시행당시 법원에 계속 중인 행정소송은 이 법에 의하여 제기된 것으로 본다.

제 5 조(소원 등에 대한 재결 등의 효력에 관한 경과조치) 이 법 시행당시 종전의 소원법 그 밖의 법률의 규정에 의한 소원·심사청구·이의신청 그 밖에 행정청에 대한 불복신청 또는 그에 대한 재결·결정 등은 각각 이 법을 적용함에 있어서는 행정심판청구 또는 그에 대한 재결로 본다.

제 6 조(다른 법률의 개정) 생략

부 칙 <1988·8·5 법4017>

제 1 조(시행일) 이 법은 1988년 9월 1일부

터 시행한다. 〈단서 생략〉

제 2 조부터 **제 8 조**까지 생략

부 칙 <1994·7·27 법4770>

제 1 조(시행일) 이 법은 1998년 3월 1일부터 시행한다.

제 2 조(경과조치) ① 이 법은 이 부칙에 특별히 정한 경우를 제외하고는 이 법 시행전에 행하여진 처분등에 관한 행정소송에 대하여도 적용한다. 다만, 이 법 시행당시 계속중인 행정소송에 대하여는 종전의 예에 의한다.

② 이 법 시행당시 이미 종전의 규정에 의한 제소기간이 경과된 경우 이 법에 의하여 처분등에 대한 취소소송이나 부작위위법확인소송을 제기할 수 없다.

③ 법령의 규정에 의하여 행정심판청구를 할 수 있는 처분에 있어서 행정심판청구를 하지 아니하고 이 법 시행전에 그 심판청구기간이 경과된 경우의 취소소송의 제기에 관하여는 종전의 제18조의 예에 의한다.

④ 이 법 시행당시 종전의 제20조제2항 본문 전단에 해당하는 경우에 있어서의 제소기간은 종전의 예에 의한다.

부 칙 <2002·1·26 법6626>

제 1 조(시행일) 이 법은 2002년 7월 1일부터 시행한다.

제 2 조부터 **제 7 조**까지 생략

부 칙 <2002·1·26 법6627>

제 1 조(시행일) 이 법은 2002년 7월 1일부터 시행한다.

제 2 조부터 **제 7 조**까지 생략

부 칙 <2013·3·23 법11690>

제 1 조(시행일) ① 이 법은 공포한 날부터 시행한다.

② 생략

제 2 조부터 **제 7 조**까지 생략

부 칙 <2014·5·20 법12596>

제 1 조(시행일) 이 법은 공포한 날부터 시행한다.

제 2 조(재판관할에 관한 적용례) 제 9 조의 개정규정은 이 법 시행 후 최초로 취소소송을 제기하는 경우부터 적용한다.

부 칙 <2014·11·19 법12844>

제 1 조(시행일) 이 법은 공포한 날부터 시행한다. 〈단서 생략〉

제 2 조부터 **제 7 조**까지 생략

부 칙 <2017·7·26 법14839>

제 1 조(시행일) ① 이 법은 공포한 날부터 시행한다. 〈단서 생략〉

제 2 조부터 **제 6 조**까지 생략

●행정소송규칙

〔2023·8·31 대법원규칙제3108호〕

개정
2024· 2·22 대법원규칙제3132호

제 1 장 총칙

제 1 조(목적) 이 규칙은 「행정소송법」(이하 "법"이라 한다)에 따른 행정소송절차에 관하여 필요한 사항을 규정함을 목적으로 한다.

제 2 조(명령·규칙의 위헌판결 등 통보) ① 대법원은 재판의 전제가 된 명령·규칙이 헌법 또는 법률에 위배된다는 것이 법원의 판결에 의하여 확정된 경우에는 그 취지를 해당 명령·규칙의 소관 행정청에 통보하여야 한다.

② 대법원 외의 법원이 제 1 항과 같은 취지의 재판을 하였을 때에는 해당 재판서 정본을 지체 없이 대법원에 송부하여야 한다.

제 3 조(소송수행자의 지정) 소송수행자는 그 직위나 업무, 전문성 등에 비추어 해당 사건의 소송수행에 적합한 사람이 지정되어야 한다.

제 4 조(준용규정) 행정소송절차에 관하여는 법 및 이 규칙에 특별한 규정이 있는 경우를 제외하고는 그 성질에 반하지 않는 한 「민사소송규칙」 및 「민사집행규칙」의 규정을 준용한다.

제 2 장 취소소송

제 5 조(재판관할) ① 국가의 사무를 위임 또는 위탁받은 공공단체 또는 그 장에 대하여 그 지사나 지역본부 등 종된 사무소의 업무와 관련이 있는 소를 제기하는 경우에는 그 종된 사무소의 소재지를 관할하는 행정법원에 제기할 수 있다.

② 법 제 9 조제 3 항의 '기타 부동산 또는 특정의 장소에 관계되는 처분등'이란 부동산에 관한 권리의 설정, 변경 등을 목적으로 하는 처분, 부동산에 관한 권리행사의 강제, 제한, 금지 등을 명령하거나 직접 실현하는 처분, 특정구역에서 일정한 행위를 할 수 있는 권리나 자유를 부여하는 처분, 특정구역을 정하여 일정한 행위의 제한·금지를 하는 처분 등을 말한다.

제 6 조(피고경정) 법 제14조제 1 항에 따른 피고경정은 사실심 변론을 종결할 때까지 할 수 있다.

제 7 조(명령·규칙 소관 행정청에 대한 소송통지) ① 법원은 명령·규칙의 위헌 또는 위법 여부가 쟁점이 된 사건에서 그 명령·규칙 소관 행정청이 피고와 동일하지 아니한 경우에는 해당 명령·규칙의 소관 행정청에 소송계속 사실을 통지할 수 있다.

② 제 1 항에 따른 통지를 받은 행정청은 법원에 해당 명령·규칙의 위헌 또는 위법 여부에 관한 의견서를 제출할 수 있다.

제 8 조(답변서의 제출) ① 피고가 원고의 청구를 다투는 경우에는 소장의 부본을 송달받은 날부터 30일 이내에 다음 각 호의 사항이 포함된 답변서를 제출하여야 한다.

1. 사건의 표시
2. 피고의 명칭과 주소 또는 소재지
3. 대리인의 이름과 주소 또는 소송수행자의 이름과 직위
4. 청구의 취지에 대한 답변
5. 처분등에 이른 경위와 그 사유
6. 관계 법령
7. 소장에 기재된 개개의 사실에 대한 인정 여부
8. 항변과 이를 뒷받침하는 구체적 사실
9. 제 7 호 및 제 8 호에 관한 피고의 증거방법과 원고의 증거방법에 대한 의견
10. 덧붙인 서류의 표시
11. 작성한 날짜
12. 법원의 표시

② 답변서에는 제 1 항제 9 호에 따른 증거방법 중 증명이 필요한 사실에 관한 중요한 서증의 사본을 첨부하여야 한다.

③ 제 1 항 및 제 2 항의 규정에 어긋나는 답변서가 제출된 때에는 재판장은 법원사무관등으로 하여금 방식에 맞는 답변서의 제출을 촉구하게 할 수 있다.

④ 재판장은 필요한 경우 제 1 항제 5 호 및 제 6 호의 사항을 각각 별지로 작성하여 따로 제출하도록 촉구할 수 있다.

제 9 조(처분사유의 추가·변경) 행정청은 사실심 변론을 종결할 때까지 당초의 처분사유와 기본적 사실관계가 동일한 범위 내에서 처분사유를 추가 또는 변경할 수 있다.

제10조(집행정지의 종기) 법원이 법 제23조 제 2 항에 따른 집행정지를 결정하는 경우 그 종기는 본안판결 선고일부터 30일 이내의 범위에서 정한다. 다만, 법원은 당사자의 의사, 회복하기 어려운 손해의 내용 및 그 성질, 본안 청구의 승소가능성 등을 고려하여 달리 정할 수 있다.

제10조의2(「학교폭력예방 및 대책에 관한 법률」 제17조의4에 따른 집행정지 시 의견 청취) ① 법원이 「학교폭력예방 및 대책에 관한 법률」 제17조의4제 1 항에 따라 집행정지 결정을 하기 위하여 피해학생 또는 그 보호자(이하 이 조에서 "피해학생등"이라 한다)의 의견을 청취하여야 하는 경우에는 심문기일을 지정하여 피해학생등의 의견을 청취하는 방법으로 한다. 다만, 특별한 사정이 있는 경우에는 기한을 정하여 피해학생등에게 의견의 진술을 갈음하는 의견서를 제출하게 하는 방법으로 할 수 있다.

② 법원은 제 1 항에 따른 의견청취 절차를 진행하기 위하여 필요한 경우에는 집행정지 결정의 대상이 되는 처분등을 한 행정청에 피해학생등의 송달받을 장소나 연락처, 의견진술 관련 의사 등에 관한 자료를 제출할 것을 요구할 수 있다.

③ 법원은 제 1 항 본문에 따라 심문기일을 지정하였을 때에는 당사자와 피해학생등에게 서면, 전화, 휴대전화 문자전송, 전자우편, 팩시밀리 또는 그 밖에 적당하다고 인정되는 방법으로 그 심문기일을 통지하여야 한다.

④ 법원은 필요하다고 인정하는 경우에는 비디오 등 중계장치에 의한 중계시설을 통하거나 인터넷 화상장치를 이용하여 제 1 항 본문의 심문기일을 열 수 있다.

⑤ 법원은 필요하다고 인정하는 경우에는 가해학생 또는 그 보호자를 퇴정하게 하거나 가림시설 등을 이용하여 피해학생등의 의견을 청취할 수 있다.

⑥ 제 3 항에 따라 심문기일을 통지받은 피해학생등은 해당 사건에 대한 의견 등을 기재한 서면을 법원에 제출할 수 있다.

⑦ 피해학생등이 제 1 항 단서의 의견서 또는 제 6 항의 서면을 제출한 경우 법원은 당사자에게 피해학생등의 의견서 또는 서면이 제출되었다는 취지를 서면, 전화, 휴대전화 문자전송, 전자우편, 팩시밀리 또는 그 밖에 적당하다고 인정되는 방법으로 통지하여야 한다.

⑧ 법원은 다음 각 호의 어느 하나에 해당하는 경우에는 피해학생등의 의견을 청취하지 아니할 수 있다.

1. 피해학생등이 의견진술의 기회를 포기한다는 뜻을 명백히 표시한 경우
2. 피해학생등이 정당한 사유 없이 심문기일에 출석하지 아니하거나 제 1 항 단서에서 정한 기한 내에 의견의 진술을 갈음하는 의견서를 제출하지 아니하는 경우
3. 피해학생등의 의견을 청취하기 위하여 임시로 집행정지를 하는 경우
4. 그 밖에 피해학생등의 의견을 청취하기 어려운 부득이한 사유가 있는 경우

⑨ 당사자와 소송관계인은 청취한 피해학생등의 의견을 이용하여 피해학생등의 명예 또는 생활의 평온을 해치는 행위를 하여서는 아니 된다.

〔본조신설 2024·2·22〕

제11조(비공개 정보의 열람·심사) ① 재판장은 「공공기관의 정보공개에 관한 법률」 제20조제 1 항에 따른 취소소송 사건, 같은 법 제21조제 2 항에 따른 취소소송이나 이를 본안으로 하는 집행정지신청 사건의 심리를 위해 같은 법 제20조제 2 항에 따른

비공개 열람·심사를 하는 경우 피고에게 공개 청구된 정보의 원본 또는 사본·복제물의 제출을 명할 수 있다.

② 제1항에 따른 제출 명령을 받은 피고는 변론기일 또는 심문기일에 해당 자료를 제출하여야 한다. 다만, 특별한 사정이 있으면 재판장은 그 자료를 다른 적당한 방법으로 제출할 것을 명할 수 있고, 이 경우 자료를 제출받은 재판장은 지체 없이 원고에게 제1항의 명령에 따른 자료를 제출받은 사실을 통지하여야 한다.

③ 제2항에 따라 제출된 자료는 소송기록과 분리하여 해당 사건을 심리하는 법관만이 접근할 수 있는 방법으로 보관한다.

④ 법원은 제1항의 취소소송이나 집행정지신청 사건에 대한 재판이 확정된 경우 제2항에 따라 제출받은 자료를 반환한다. 다만, 법원은 당사자가 그 자료를 반환받지 아니한다는 의견을 표시한 경우 또는 위 확정일부터 30일이 지났음에도 해당 자료를 반환받지 아니하는 경우에는 그 자료를 적당한 방법으로 폐기할 수 있다.

⑤ 당사자가 제1항의 취소소송이나 집행정지신청 사건의 재판에 관하여 불복하는 경우 법원은 제2항에 따라 제출받은 자료를 제3항에 따른 방법으로 상소법원에 송부한다.

제12조(행정청의 비공개 처리) ① 피고 또는 관계행정청이 「민사소송법」 제163조제1항 각 호의 어느 하나에 해당하는 정보 또는 법령에 따라 비공개 대상인 정보가 적혀 있는 서면 또는 증거를 제출·제시하는 경우에는 해당 정보가 공개되지 아니하도록 비실명 또는 공란으로 표시하거나 그 밖의 적절한 방법으로 제3자가 인식하지 못하도록 처리(이하 "비공개 처리"라 한다)할 수 있다.

② 법원은 피고 또는 관계행정청이 제1항에 따라 비공개 처리를 한 경우에도 사건의 심리를 위해 필요하다고 인정하는 경우에는 다음 각 호의 어느 하나를 제출·제시할 것을 명할 수 있다.

1. 비공개 처리된 정보의 내용
2. 비공개 처리를 하지 않은 서면 또는 증거

③ 법원은 제2항 각 호의 자료를 다른 사람이 보도록 하여서는 안 된다. 다만, 당사자는 법원에 해당 자료의 열람·복사를 신청할 수 있다.

④ 제3항의 열람·복사 신청에 관한 결정에 대해서는 즉시항고를 할 수 있다.

⑤ 제3항의 신청을 인용하는 결정은 확정되어야 효력을 가진다.

제13조(피해자의 의견 청취) ① 법원은 필요하다고 인정하는 경우에는 해당 처분의 처분사유와 관련하여 다음 각 호에 해당하는 사람(이하 '피해자'라 한다)으로부터 그 처분에 관한 의견을 기재한 서면을 제출받는 등의 방법으로 피해자의 의견을 청취할 수 있다. <개정 2024·2·22>

1. 「성폭력방지 및 피해자보호 등에 관한 법률」 제2조제3호의 성폭력피해자
2. 「양성평등기본법」 제3조제2호의 성희롱으로 인하여 피해를 입은 사람
3. 「학교폭력예방 및 대책에 관한 법률」 제2조제4호의 피해학생 또는 그 보호자

② 당사자와 소송관계인은 제1항에 따라 청취한 피해자의 의견을 이용하여 피해자의 명예 또는 생활의 평온을 해치는 행위를 하여서는 아니 된다.

③ 제1항에 따라 청취한 의견은 처분사유의 인정을 위한 증거로 할 수 없다.

제14조(사정판결) 법원이 법 제28조제1항에 따른 판결을 할 때 그 처분등을 취소하는 것이 현저히 공공복리에 적합하지 아니한지 여부는 사실심 변론을 종결할 때를 기준으로 판단한다.

제15조(조정권고) ① 재판장은 신속하고 공정한 분쟁 해결과 국민의 권익 구제를 위하여 필요하다고 인정하는 경우에는 소송계속 중인 사건에 대하여 직권으로 소의 취하, 처분등의 취소 또는 변경, 그 밖에 다툼을 적정하게 해결하기 위해 필요한 사항을 서면으로 권고할 수 있다.

② 재판장은 제1항의 권고를 할 때에는 권고의 이유나 필요성 등을 기재할 수 있다.

③ 재판장은 제1항의 권고를 위하여 필요한 경우에는 당사자, 이해관계인, 그 밖의 참고인을 심문할 수 있다.

제 3 장 취소소송외의 항고소송

제16조(무효확인소송에서 석명권의 행사) 재판장은 무효확인소송이 법 제20조에 따른 기간 내에 제기된 경우에는 원고에게 처분등의 취소를 구하지 아니하는 취지인지를 명확히 하도록 촉구할 수 있다. 다만, 원고가 처분등의 취소를 구하지 아니함을 밝힌 경우에는 그러하지 아니하다.

제17조(부작위위법확인소송의 소송비용부담) 법원은 부작위위법확인소송 계속 중 행정청이 당사자의 신청에 대하여 상당한 기간이 지난 후 처분등을 함에 따라 소를 각하하는 경우에는 소송비용의 전부 또는 일부를 피고가 부담하게 할 수 있다.

제18조(준용규정) ① 제 5 조부터 제13조까지 및 제15조는 무효등 확인소송의 경우에 준용한다.

② 제 5 조부터 제 8 조까지, 제11조, 제12조 및 제15조는 부작위위법확인소송의 경우에 준용한다.

제 4 장 당사자소송

제19조(당사자소송의 대상) 당사자소송은 다음 각 호의 소송을 포함한다.

1. 다음 각 목의 손실보상금에 관한 소송
   가. 「공익사업을 위한 토지 등의 취득 및 보상에 관한 법률」 제78조제 1 항 및 제 6 항에 따른 이주정착금, 주거이전비 등에 관한 소송
   나. 「공익사업을 위한 토지 등의 취득 및 보상에 관한 법률」 제85조제 2 항에 따른 보상금의 증감(增減)에 관한 소송
   다. 「하천편입토지 보상 등에 관한 특별조치법」 제 2 조에 따른 보상금에 관한 소송
2. 그 존부 또는 범위가 구체적으로 확정된 공법상 법률관계 그 자체에 관한 다음 각 목의 소송
   가. 납세의무 존부의 확인
   나. 「부가가치세법」 제59조에 따른 환급청구
   다. 「석탄산업법」 제39조의3제 1 항 및 같은 법 시행령 제41조제 4 항제 5 호에 따른 재해위로금 지급청구
   라. 「5·18민주화운동 관련자 보상 등에 관한 법률」 제 5 조, 제 6 조 및 제 7 조에 따른 관련자 또는 유족의 보상금 등 지급청구
   마. 공무원의 보수·퇴직금·연금 등 지급청구
   바. 공법상 신분·지위의 확인
3. 처분에 이르는 절차적 요건의 존부나 효력 유무에 관한 다음 각 목의 소송
   가. 「도시 및 주거환경정비법」 제35조제 5 항에 따른 인가 이전 조합설립변경에 대한 총회결의의 효력 등을 다투는 소송
   나. 「도시 및 주거환경정비법」 제50조제 1 항에 따른 인가 이전 사업시행계획에 대한 총회결의의 효력 등을 다투는 소송
   다. 「도시 및 주거환경정비법」 제74조제 1 항에 따른 인가 이전 관리처분계획에 대한 총회결의의 효력 등을 다투는 소송
4. 공법상 계약에 따른 권리·의무의 확인 또는 이행청구 소송

제20조(준용규정) 제 5 조부터 제 8 조까지, 제12조 및 제13조는 당사자소송의 경우에 준용한다.

부 칙

제 1 조(시행일) 이 규칙은 공포한 날부터 시행한다.

제 2 조(계속사건에 관한 적용례) 이 규칙은 이 규칙 시행 당시 법원에 계속 중인 사건에 대해서도 적용한다.

부 칙 <2024·2·22 대법원규칙3132>

이 규칙은 2024년 3월 1일부터 시행한다.

●지방자치법

〔2021·1·12 법률제17893호 전부개정〕

개정
2021·4·13 법률제18049호(빈집 및 소규모주택 정비에 관한 특례법 일부개정법률)
2021·4·20 법률제18092호
2021·10·19 법률제18497호
2021·12·28 법률제18661호(중소기업창업 지원법)
2023·3·21 법률제19241호
2023·6·7 법률제19428호
2023·6·9 법률제19430호(지방자치분권 및 지역균형발전에 관한 특별법)
2023·8·8 법률제19590호(문화유산의 보존 및 활용에 관한 법률)
2023·9·14 법률제19699호
2024·1·9 법률제19951호(문화유산의 보존 및 활용에 관한 법률)

제1장 총강(總綱)

제1절 총칙

제1조(목적) 이 법은 지방자치단체의 종류와 조직 및 운영, 주민의 지방자치행정 참여에 관한 사항과 국가와 지방자치단체 사이의 기본적인 관계를 정함으로써 지방자치행정을 민주적이고 능률적으로 수행하고, 지방

을 균형 있게 발전시키며, 대한민국을 민주적으로 발전시키려는 것을 목적으로 한다.

제 2 조(지방자치단체의 종류) ① 지방자치단체는 다음의 두 가지 종류로 구분한다.

1. 특별시, 광역시, 특별자치시, 도, 특별자치도
2. 시, 군, 구

② 지방자치단체인 구(이하 "자치구"라 한다)는 특별시와 광역시의 관할 구역의 구만을 말하며, 자치구의 자치권의 범위는 법령으로 정하는 바에 따라 시·군과 다르게 할 수 있다.

③ 제 1 항의 지방자치단체 외에 특정한 목적을 수행하기 위하여 필요하면 따로 특별지방자치단체를 설치할 수 있다. 이 경우 특별지방자치단체의 설치 등에 관하여는 제12장에서 정하는 바에 따른다.

제 3 조(지방자치단체의 법인격과 관할) ① 지방자치단체는 법인으로 한다.

② 특별시, 광역시, 특별자치시, 도, 특별자치도(이하 "시·도"라 한다)는 정부의 직할(直轄)로 두고, 시는 도 또는 특별자치도의 관할 구역 안에, 군은 광역시·도 또는 특별자치도의 관할 구역 안에 두며, 자치구는 특별시와 광역시의 관할 구역 안에 둔다. 다만, 특별자치도의 경우에는 법률이 정하는 바에 따라 관할 구역 안에 시 또는 군을 두지 아니할 수 있다. <개정 2023·6·7>

③ 특별시·광역시 또는 특별자치시가 아닌 인구 50만 이상의 시에는 자치구가 아닌 구를 둘 수 있고, 군에는 읍·면을 두며, 시와 구(자치구를 포함한다)에는 동을, 읍·면에는 리를 둔다.

④ 제10조제 2 항에 따라 설치된 시에는 도시의 형태를 갖춘 지역에는 동을, 그 밖의 지역에는 읍·면을 두되, 자치구가 아닌 구를 둘 경우에는 그 구에 읍·면·동을 둘 수 있다.

⑤ 특별자치시와 관할 구역 안에 시 또는 군을 두지 아니하는 특별자치도의 하부행정기관에 관한 사항은 따로 법률로 정한다. <개정 2023·6·7>

제 4 조(지방자치단체의 기관구성 형태의 특례) ① 지방자치단체의 의회(이하 "지방의회"라 한다)와 집행기관에 관한 이 법의 규정에도 불구하고 따로 법률로 정하는 바에 따라 지방자치단체의 장의 선임방법을 포함한 지방자치단체의 기관구성 형태를 달리 할 수 있다.

② 제 1 항에 따라 지방의회와 집행기관의 구성을 달리하려는 경우에는 「주민투표법」에 따른 주민투표를 거쳐야 한다.

제 2 절 지방자치단체의 관할 구역

제 5 조(지방자치단체의 명칭과 구역) ① 지방자치단체의 명칭과 구역은 종전과 같이 하고, 명칭과 구역을 바꾸거나 지방자치단체를 폐지하거나 설치하거나 나누거나 합칠 때에는 법률로 정한다.

② 제 1 항에도 불구하고 지방자치단체의 구역변경 중 관할 구역 경계변경(이하 "경계변경"이라 한다)과 지방자치단체의 한자 명칭의 변경은 대통령령으로 정한다. 이 경우 경계변경의 절차는 제 6 조에서 정한 절차에 따른다.

③ 다음 각 호의 어느 하나에 해당할 때에는 관계 지방의회의 의견을 들어야 한다. 다만, 「주민투표법」 제 8 조에 따라 주민투표를 한 경우에는 그러하지 아니하다.

1. 지방자치단체를 폐지하거나 설치하거나 나누거나 합칠 때
2. 지방자치단체의 구역을 변경할 때(경계변경을 할 때는 제외한다)
3. 지방자치단체의 명칭을 변경할 때(한자 명칭을 변경할 때를 포함한다)

④ 제 1 항 및 제 2 항에도 불구하고 다음 각 호의 지역이 속할 지방자치단체는 제 5 항부터 제 8 항까지의 규정에 따라 행정안전부장관이 결정한다.

1. 「공유수면 관리 및 매립에 관한 법률」에 따른 매립지
2. 「공간정보의 구축 및 관리 등에 관한 법률」 제 2 조제19호의 지적공부(이하 "지적공부"라 한다)에 등록이 누락된 토지

⑤ 제 4 항제 1 호의 경우에는 「공유수면 관리 및 매립에 관한 법률」 제28조에 따른 매립면허관청(이하 이 조에서 "면허관청"이라 한다) 또는 관련 지방자치단체의 장이 같은 법 제45조에 따른 준공검사를 하기 전에, 제 4 항제 2 호의 경우에는 「공간정보의 구축 및 관리 등에 관한 법률」 제 2 조제18호에 따른 지적소관청(이하 이 조에서

"지적소관청"이라 한다)이 지적공부에 등록하기 전에 각각 해당 지역의 위치, 귀속희망 지방자치단체(복수인 경우를 포함한다) 등을 명시하여 행정안전부장관에게 그 지역이 속할 지방자치단체의 결정을 신청하여야 한다. 이 경우 제 4 항제 1 호에 따른 매립지의 매립면허를 받은 자는 면허관청에 해당 매립지가 속할 지방자치단체의 결정 신청을 요구할 수 있다.

⑥ 행정안전부장관은 제 5 항에 따른 신청을 받은 후 지체 없이 제 5 항에 따른 신청내용을 20일 이상 관보나 인터넷 홈페이지에 게재하는 등의 방법으로 널리 알려야 한다. 이 경우 알리는 방법, 의견 제출 등에 관하여는 「행정절차법」 제42조·제44조 및 제45조를 준용한다.

⑦ 행정안전부장관은 제 6 항에 따른 기간이 끝나면 다음 각 호에서 정하는 바에 따라 결정하고, 그 결과를 면허관청이나 지적소관청, 관계 지방자치단체의 장 등에게 통보하고 공고하여야 한다.

1. 제 6 항에 따른 기간 내에 신청내용에 대하여 이의가 제기된 경우 : 제166조에 따른 지방자치단체중앙분쟁조정위원회(이하 이 조 및 제 6 조에서 "위원회"라 한다)의 심의·의결에 따라 제 4 항 각 호의 지역이 속할 지방자치단체를 결정
2. 제 6 항에 따른 기간 내에 신청내용에 대하여 이의가 제기되지 아니한 경우 : 위원회의 심의·의결을 거치지 아니하고 신청내용에 따라 제 4 항 각 호의 지역이 속할 지방자치단체를 결정

⑧ 위원회의 위원장은 제 7 항제 1 호에 따른 심의과정에서 필요하다고 인정되면 관계 중앙행정기관 및 지방자치단체의 공무원 또는 관련 전문가를 출석시켜 의견을 듣거나 관계 기관이나 단체에 자료 및 의견 제출 등을 요구할 수 있다. 이 경우 관계 지방자치단체의 장에게는 의견을 진술할 기회를 주어야 한다.

⑨ 관계 지방자치단체의 장은 제 4 항부터 제 7 항까지의 규정에 따른 행정안전부장관의 결정에 이의가 있으면 그 결과를 통보받은 날부터 15일 이내에 대법원에 소송을 제기할 수 있다.

⑩ 행정안전부장관은 제 9 항에 따른 소송 결과 대법원의 인용결정이 있으면 그 취지에 따라 다시 결정하여야 한다.

⑪ 행정안전부장관은 제 4 항 각 호의 지역이 속할 지방자치단체 결정과 관련하여 제 7 항제 1 호에 따라 위원회의 심의를 할 때 같은 시·도 안에 있는 관계 시·군 및 자치구 상호 간 매립지 조성 비용 및 관리 비용 부담 등에 관한 조정(調整)이 필요한 경우 제165조제 1 항부터 제 3 항까지의 규정에도 불구하고 당사자의 신청 또는 직권으로 위원회의 심의·의결에 따라 조정할 수 있다. 이 경우 그 조정 결과의 통보 및 조정 결정 사항의 이행은 제165조제 4 항부터 제 7 항까지의 규정에 따른다.

제 6 조(지방자치단체의 관할 구역 경계변경 등) ① 지방자치단체의 장은 관할 구역과 생활권과의 불일치 등으로 인하여 주민생활에 불편이 큰 경우 등 대통령령으로 정하는 사유가 있는 경우에는 행정안전부장관에게 경계변경이 필요한 지역 등을 명시하여 경계변경에 대한 조정을 신청할 수 있다. 이 경우 지방자치단체의 장은 지방의회 재적의원 과반수의 출석과 출석의원 3분의 2 이상의 동의를 받아야 한다.

② 관계 중앙행정기관의 장 또는 둘 이상의 지방자치단체에 걸친 개발사업 등의 시행자는 대통령령으로 정하는 바에 따라 관계 지방자치단체의 장에게 제 1 항에 따른 경계변경에 대한 조정을 신청하여 줄 것을 요구할 수 있다.

③ 행정안전부장관은 제 1 항에 따른 경계변경에 대한 조정 신청을 받으면 지체 없이 그 신청 내용을 관계 지방자치단체의 장에게 통지하고, 20일 이상 관보나 인터넷 홈페이지에 게재하는 등의 방법으로 널리 알려야 한다. 이 경우 알리는 방법, 의견의 제출 등에 관하여는 「행정절차법」 제42조·제44조 및 제45조를 준용한다.

④ 행정안전부장관은 제 3 항에 따른 기간이 끝난 후 지체 없이 대통령령으로 정하는 바에 따라 관계 지방자치단체 등 당사자 간 경계변경에 관한 사항을 효율적으로 협의할

수 있도록 경계변경자율협의체(이하 이 조에서 "협의체"라 한다)를 구성·운영할 것을 관계 지방자치단체의 장에게 요청하여야 한다.

⑤ 관계 지방자치단체는 제 4 항에 따른 협의체 구성·운영 요청을 받은 후 지체 없이 협의체를 구성하고, 경계변경 여부 및 대상 등에 대하여 같은 항에 따른 행정안전부장관의 요청을 받은 날부터 120일 이내에 협의를 하여야 한다. 다만, 대통령령으로 정하는 부득이한 사유가 있는 경우에는 30일의 범위에서 그 기간을 연장할 수 있다.

⑥ 제 5 항에 따라 협의체를 구성한 지방자치단체의 장은 같은 항에 따른 협의 기간 이내에 협의체의 협의 결과를 행정안전부장관에게 알려야 한다.

⑦ 행정안전부장관은 다음 각 호의 어느 하나에 해당하는 경우에는 위원회의 심의·의결을 거쳐 경계변경에 대하여 조정할 수 있다.

1. 관계 지방자치단체가 제 4 항에 따른 행정안전부장관의 요청을 받은 날부터 120일 이내에 협의체를 구성하지 못한 경우
2. 관계 지방자치단체가 제 5 항에 따른 협의 기간 이내에 경계변경 여부 및 대상 등에 대하여 합의를 하지 못한 경우

⑧ 위원회는 제 7 항에 따라 경계변경에 대한 사항을 심의할 때에는 관계 지방의회의 의견을 들어야 하며, 관련 전문가 및 지방자치단체의 장의 의견 청취 등에 관하여는 제 5 조제 8 항을 준용한다.

⑨ 행정안전부장관은 다음 각 호의 어느 하나에 해당하는 경우 지체 없이 그 내용을 검토한 후 이를 반영하여 경계변경에 관한 대통령령안을 입안하여야 한다.

1. 제 5 항에 따른 협의체의 협의 결과 관계 지방자치단체 간 경계변경에 합의를 하고, 관계 지방자치단체의 장이 제 6 항에 따라 그 내용을 각각 알린 경우
2. 위원회가 제 7 항에 따른 심의 결과 경계변경이 필요하다고 의결한 경우

⑩ 행정안전부장관은 경계변경의 조정과 관련하여 제 7 항에 따라 위원회의 심의를 할 때 같은 시·도 안에 있는 관계 시·군 및 자치구 상호 간 경계변경에 관련된 비용 부담, 행정적·재정적 사항 등에 관하여 조정이 필요한 경우 제165조제 1 항부터 제 3 항까지의 규정에도 불구하고 당사자의 신청 또는 직권으로 위원회의 심의·의결에 따라 조정할 수 있다. 이 경우 그 조정 결과의 통보 및 조정 결정 사항의 이행은 제165조제 4 항부터 제 7 항까지의 규정에 따른다.

제 7 조(자치구가 아닌 구와 읍·면·동 등의 명칭과 구역) ① 자치구가 아닌 구와 읍·면·동의 명칭과 구역은 종전과 같이 하고, 자치구가 아닌 구와 읍·면·동을 폐지하거나 설치하거나 나누거나 합칠 때에는 행정안전부장관의 승인을 받아 그 지방자치단체의 조례로 정한다. 다만, 명칭과 구역의 변경은 그 지방자치단체의 조례로 정하고, 그 결과를 특별시장·광역시장·도지사에게 보고하여야 한다.

② 리의 구역은 자연 촌락을 기준으로 하되, 그 명칭과 구역은 종전과 같이 하고, 명칭과 구역을 변경하거나 리를 폐지하거나 설치하거나 나누거나 합칠 때에는 그 지방자치단체의 조례로 정한다.

③ 인구 감소 등 행정여건 변화로 인하여 필요한 경우 그 지방자치단체의 조례로 정하는 바에 따라 2개 이상의 면을 하나의 면으로 운영하는 등 행정 운영상 면[이하 "행정면"(行政面)이라 한다]을 따로 둘 수 있다.

④ 동·리에서는 행정 능률과 주민의 편의를 위하여 그 지방자치단체의 조례로 정하는 바에 따라 하나의 동·리를 2개 이상의 동·리로 운영하거나 2개 이상의 동·리를 하나의 동·리로 운영하는 등 행정 운영상 동(이하 "행정동"이라 한다)·리(이하 "행정리"라 한다)를 따로 둘 수 있다. <개정 2021·4·20>

⑤ 행정동에 그 지방자치단체의 조례로 정하는 바에 따라 통 등 하부 조직을 둘 수 있다. <개정 2021·4·20>

⑥ 행정리에 그 지방자치단체의 조례로 정하는 바에 따라 하부 조직을 둘 수 있다. <신설 2021·4·20>

제 8 조(구역의 변경 또는 폐지·설치·분리·합병 시의 사무와 재산의 승계) ① 지방자치단체의 구역을 변경하거나 지방자치단체

를 폐지하거나 설치하거나 나누거나 합칠 때에는 새로 그 지역을 관할하게 된 지방자치단체가 그 사무와 재산을 승계한다.
② 제 1 항의 경우에 지역으로 지방자치단체의 사무와 재산을 구분하기 곤란하면 시·도에서는 행정안전부장관이, 시·군 및 자치구에서는 특별시장·광역시장·특별자치시장·도지사·특별자치도지사(이하 "시·도지사"라 한다)가 그 사무와 재산의 한계 및 승계할 지방자치단체를 지정한다.

제 9 조(사무소의 소재지) ① 지방자치단체의 사무소 소재지와 자치구가 아닌 구 및 읍·면·동의 사무소 소재지는 종전과 같이 하고, 이를 변경하거나 새로 설정하려면 지방자치단체의 조례로 정한다. 이 경우 면·동은 행정면·행정동(行政洞)을 말한다.
② 제 1 항의 사항을 조례로 정할 때에는 그 지방의회의 재적의원 과반수의 찬성이 있어야 한다.

제10조(시·읍의 설치기준 등) ① 시는 그 대부분이 도시의 형태를 갖추고 인구 5만 이상이 되어야 한다.
② 다음 각 호의 어느 하나에 해당하는 지역은 도농(都農) 복합형태의 시로 할 수 있다.
1. 제 1 항에 따라 설치된 시와 군을 통합한 지역
2. 인구 5만 이상의 도시 형태를 갖춘 지역이 있는 군
3. 인구 2만 이상의 도시 형태를 갖춘 2개 이상의 지역 인구가 5만 이상인 군. 이 경우 군의 인구는 15만 이상으로서 대통령령으로 정하는 요건을 갖추어야 한다.
4. 국가의 정책으로 인하여 도시가 형성되고, 제128조에 따라 도의 출장소가 설치된 지역으로서 그 지역의 인구가 3만 이상이며, 인구 15만 이상의 도농 복합형태의 시의 일부인 지역
③ 읍은 그 대부분이 도시의 형태를 갖추고 인구 2만 이상이 되어야 한다. 다만, 다음 각 호의 어느 하나에 해당하면 인구 2만 미만인 경우에도 읍으로 할 수 있다.
1. 군사무소 소재지의 면
2. 읍이 없는 도농 복합형태의 시에서 그 시에 있는 면 중 1개 면
④ 시·읍의 설치에 관한 세부기준은 대통령령으로 정한다.

제 3 절 지방자치단체의 기능과 사무

제11조(사무배분의 기본원칙) ① 국가는 지방자치단체가 사무를 종합적·자율적으로 수행할 수 있도록 국가와 지방자치단체 간 또는 지방자치단체 상호 간의 사무를 주민의 편익증진, 집행의 효과 등을 고려하여 서로 중복되지 아니하도록 배분하여야 한다.
② 국가는 제 1 항에 따라 사무를 배분하는 경우 지역주민생활과 밀접한 관련이 있는 사무는 원칙적으로 시·군 및 자치구의 사무로, 시·군 및 자치구가 처리하기 어려운 사무는 시·도의 사무로, 시·도가 처리하기 어려운 사무는 국가의 사무로 각각 배분하여야 한다.
③ 국가가 지방자치단체에 사무를 배분하거나 지방자치단체가 사무를 다른 지방자치단체에 재배분할 때에는 사무를 배분받거나 재배분받는 지방자치단체가 그 사무를 자기의 책임하에 종합적으로 처리할 수 있도록 관련 사무를 포괄적으로 배분하여야 한다.

제12조(사무처리의 기본원칙) ① 지방자치단체는 사무를 처리할 때 주민의 편의와 복리증진을 위하여 노력하여야 한다.
② 지방자치단체는 조직과 운영을 합리적으로 하고 규모를 적절하게 유지하여야 한다.
③ 지방자치단체는 법령을 위반하여 사무를 처리할 수 없으며, 시·군 및 자치구는 해당 구역을 관할하는 시·도의 조례를 위반하여 사무를 처리할 수 없다.

제13조(지방자치단체의 사무 범위) ① 지방자치단체는 관할 구역의 자치사무와 법령에 따라 지방자치단체에 속하는 사무를 처리한다.
② 제 1 항에 따른 지방자치단체의 사무를 예시하면 다음 각 호와 같다. 다만, 법률에 이와 다른 규정이 있으면 그러하지 아니하다. <개정 2023·8·8, 2024·1·9>
1. 지방자치단체의 구역, 조직, 행정관리 등
가. 관할 구역 안 행정구역의 명칭·위치

및 구역의 조정
나. 조례·규칙의 제정·개정·폐지 및 그 운영·관리
다. 산하(傘下) 행정기관의 조직관리
라. 산하 행정기관 및 단체의 지도·감독
마. 소속 공무원의 인사·후생복지 및 교육
바. 지방세 및 지방세 외 수입의 부과 및 징수
사. 예산의 편성·집행 및 회계감사와 재산관리
아. 행정장비관리, 행정전산화 및 행정관리개선
자. 공유재산(公有財産) 관리
차. 주민등록 관리
카. 지방자치단체에 필요한 각종 조사 및 통계의 작성
2. 주민의 복지증진
가. 주민복지에 관한 사업
나. 사회복지시설의 설치·운영 및 관리
다. 생활이 어려운 사람의 보호 및 지원
라. 노인·아동·장애인·청소년 및 여성의 보호와 복지증진
마. 공공보건의료기관의 설립·운영
바. 감염병과 그 밖의 질병의 예방과 방역
사. 묘지·화장장(火葬場) 및 봉안당의 운영·관리
아. 공중접객업소의 위생을 개선하기 위한 지도
자. 청소, 생활폐기물의 수거 및 처리
차. 지방공기업의 설치 및 운영
3. 농림·수산·상공업 등 산업 진흥
가. 못·늪지·보(洑) 등 농업용수시설의 설치 및 관리
나. 농산물·임산물·축산물·수산물의 생산 및 유통 지원
다. 농업자재의 관리
라. 복합영농의 운영·지도
마. 농업 외 소득사업의 육성·지도
바. 농가 부업의 장려
사. 공유림 관리
아. 소규모 축산 개발사업 및 낙농 진흥사업
자. 가축전염병 예방
차. 지역산업의 육성·지원
카. 소비자 보호 및 저축 장려
타. 중소기업의 육성
파. 지역특화산업의 개발과 육성·지원
하. 우수지역특산품 개발과 관광민예품 개발
4. 지역개발과 자연환경보전 및 생활환경시설의 설치·관리
가. 지역개발사업
나. 지방 토목·건설사업의 시행
다. 도시·군계획사업의 시행
라. 지방도(地方道), 시도(市道)·군도(郡道)·구도(區道)의 신설·개선·보수 및 유지
마. 주거생활환경 개선의 장려 및 지원
바. 농어촌주택 개량 및 취락구조 개선
사. 자연보호활동
아. 지방하천 및 소하천의 관리
자. 상수도·하수도의 설치 및 관리
차. 소규모급수시설의 설치 및 관리
카. 도립공원, 광역시립공원, 군립공원, 시립공원 및 구립공원 등의 지정 및 관리
타. 도시공원 및 공원시설, 녹지, 유원지 등과 그 휴양시설의 설치 및 관리
파. 관광지, 관광단지 및 관광시설의 설치 및 관리
하. 지방 궤도사업의 경영
거. 주차장·교통표지 등 교통편의시설의 설치 및 관리
너. 재해대책의 수립 및 집행
더. 지역경제의 육성 및 지원
5. 교육·체육·문화·예술의 진흥
가. 어린이집·유치원·초등학교·중학교·고등학교 및 이에 준하는 각종 학교의 설치·운영·지도
나. 도서관·운동장·광장·체육관·박물관·공연장·미술관·음악당 등 공공교육·체육·문화시설의 설치 및 관리
다. 시·도유산의 지정·등록·보존 및 관리
라. 지방문화·예술의 진흥
마. 지방문화·예술단체의 육성
6. 지역민방위 및 지방소방

가. 지역 및 직장 민방위조직(의용소방대를 포함한다)의 편성과 운영 및 지도·감독

나. 지역의 화재예방·경계·진압·조사 및 구조·구급

7. 국제교류 및 협력

가. 국제기구·행사·대회의 유치·지원

나. 외국 지방자치단체와의 교류·협력

제14조(지방자치단체의 종류별 사무배분기준) ① 제13조에 따른 지방자치단체의 사무를 지방자치단체의 종류별로 배분하는 기준은 다음 각 호와 같다. 다만, 제13조제2항제1호의 사무는 각 지방자치단체에 공통된 사무로 한다.

1. 시·도

가. 행정처리 결과가 2개 이상의 시·군 및 자치구에 미치는 광역적 사무

나. 시·도 단위로 동일한 기준에 따라 처리되어야 할 성질의 사무

다. 지역적 특성을 살리면서 시·도 단위로 통일성을 유지할 필요가 있는 사무

라. 국가와 시·군 및 자치구 사이의 연락·조정 등의 사무

마. 시·군 및 자치구가 독자적으로 처리하기 어려운 사무

바. 2개 이상의 시·군 및 자치구가 공동으로 설치하는 것이 적당하다고 인정되는 규모의 시설을 설치하고 관리하는 사무

2. 시·군 및 자치구

제1호에서 시·도가 처리하는 것으로 되어 있는 사무를 제외한 사무. 다만, 인구 50만 이상의 시에 대해서는 도가 처리하는 사무의 일부를 직접 처리하게 할 수 있다.

② 제1항의 배분기준에 따른 지방자치단체의 종류별 사무는 대통령령으로 정한다.

③ 시·도와 시·군 및 자치구는 사무를 처리할 때 서로 겹치지 아니하도록 하여야 하며, 사무가 서로 겹치면 시·군 및 자치구에서 먼저 처리한다.

제15조(국가사무의 처리 제한) 지방자치단체는 다음 각 호의 국가사무를 처리할 수 없다. 다만, 법률에 이와 다른 규정이 있는 경우에는 국가사무를 처리할 수 있다.

1. 외교, 국방, 사법(司法), 국세 등 국가의 존립에 필요한 사무

2. 물가정책, 금융정책, 수출입정책 등 전국적으로 통일적 처리를 할 필요가 있는 사무

3. 농산물·임산물·축산물·수산물 및 양곡의 수급조절과 수출입 등 전국적 규모의 사무

4. 국가종합경제개발계획, 국가하천, 국유림, 국토종합개발계획, 지정항만, 고속국도·일반국도, 국립공원 등 전국적 규모나 이와 비슷한 규모의 사무

5. 근로기준, 측량단위 등 전국적으로 기준을 통일하고 조정하여야 할 필요가 있는 사무

6. 우편, 철도 등 전국적 규모나 이와 비슷한 규모의 사무

7. 고도의 기술이 필요한 검사·시험·연구, 항공관리, 기상행정, 원자력개발 등 지방자치단체의 기술과 재정능력으로 감당하기 어려운 사무

제2장 주민

제16조(주민의 자격) 지방자치단체의 구역에 주소를 가진 자는 그 지방자치단체의 주민이 된다.

제17조(주민의 권리) ① 주민은 법령으로 정하는 바에 따라 주민생활에 영향을 미치는 지방자치단체의 정책의 결정 및 집행 과정에 참여할 권리를 가진다.

② 주민은 법령으로 정하는 바에 따라 소속 지방자치단체의 재산과 공공시설을 이용할 권리와 그 지방자치단체로부터 균등하게 행정의 혜택을 받을 권리를 가진다.

③ 주민은 법령으로 정하는 바에 따라 그 지방자치단체에서 실시하는 지방의회의원과 지방자치단체의 장의 선거(이하 "지방선거"라 한다)에 참여할 권리를 가진다.

제18조(주민투표) ① 지방자치단체의 장은 주민에게 과도한 부담을 주거나 중대한 영향을 미치는 지방자치단체의 주요 결정사항

등에 대하여 주민투표에 부칠 수 있다.
② 주민투표의 대상·발의자·발의요건, 그 밖에 투표절차 등에 관한 사항은 따로 법률로 정한다.

제19조(조례의 제정과 개정·폐지 청구) ① 주민은 지방자치단체의 조례를 제정하거나 개정하거나 폐지할 것을 청구할 수 있다.
② 조례의 제정·개정 또는 폐지 청구의 청구권자·청구대상·청구요건 및 절차 등에 관한 사항은 따로 법률로 정한다.

제20조(규칙의 제정과 개정·폐지 의견 제출) ① 주민은 제29조에 따른 규칙(권리·의무와 직접 관련되는 사항으로 한정한다)의 제정, 개정 또는 폐지와 관련된 의견을 해당 지방자치단체의 장에게 제출할 수 있다.
② 법령이나 조례를 위반하거나 법령이나 조례에서 위임한 범위를 벗어나는 사항은 제1항에 따른 의견 제출 대상에서 제외한다.
③ 지방자치단체의 장은 제1항에 따라 제출된 의견에 대하여 의견이 제출된 날부터 30일 이내에 검토 결과를 그 의견을 제출한 주민에게 통보하여야 한다.
④ 제1항에 따른 의견 제출, 제3항에 따른 의견의 검토와 결과 통보의 방법 및 절차는 해당 지방자치단체의 조례로 정한다.

제21조(주민의 감사 청구) ① 지방자치단체의 18세 이상의 주민으로서 다음 각 호의 어느 하나에 해당하는 사람(「공직선거법」 제18조에 따른 선거권이 없는 사람은 제외한다. 이하 이 조에서 "18세 이상의 주민"이라 한다)은 시·도는 300명, 제198조에 따른 인구 50만 이상 대도시는 200명, 그 밖의 시·군 및 자치구는 150명 이내에서 그 지방자치단체의 조례로 정하는 수 이상의 18세 이상의 주민이 연대 서명하여 그 지방자치단체와 그 장의 권한에 속하는 사무의 처리가 법령에 위반되거나 공익을 현저히 해친다고 인정되면 시·도의 경우에는 주무부장관에게, 시·군 및 자치구의 경우에는 시·도지사에게 감사를 청구할 수 있다.
1. 해당 지방자치단체의 관할 구역에 주민등록이 되어 있는 사람
2. 「출입국관리법」 제10조에 따른 영주(永住)할 수 있는 체류자격 취득일 후 3년이 경과한 외국인으로서 같은 법 제34조에 따라 해당 지방자치단체의 외국인등록대장에 올라 있는 사람

② 다음 각 호의 사항은 감사 청구의 대상에서 제외한다.
1. 수사나 재판에 관여하게 되는 사항
2. 개인의 사생활을 침해할 우려가 있는 사항
3. 다른 기관에서 감사하였거나 감사 중인 사항. 다만, 다른 기관에서 감사한 사항이라도 새로운 사항이 발견되거나 중요 사항이 감사에서 누락된 경우와 제22조제1항에 따라 주민소송의 대상이 되는 경우에는 그러하지 아니하다.
4. 동일한 사항에 대하여 제22조제2항 각 호의 어느 하나에 해당하는 소송이 진행 중이거나 그 판결이 확정된 사항

③ 제1항에 따른 청구는 사무처리가 있었던 날이나 끝난 날부터 3년이 지나면 제기할 수 없다.
④ 지방자치단체의 18세 이상의 주민이 제1항에 따라 감사를 청구하려면 청구인의 대표자를 선정하여 청구인명부에 적어야 하며, 청구인의 대표자는 감사청구서를 작성하여 주무부장관 또는 시·도지사에게 제출하여야 한다.
⑤ 주무부장관이나 시·도지사는 제1항에 따른 청구를 받으면 청구를 받은 날부터 5일 이내에 그 내용을 공표하여야 하며, 청구를 공표한 날부터 10일간 청구인명부나 그 사본을 공개된 장소에 갖추어 두어 열람할 수 있도록 하여야 한다.
⑥ 청구인명부의 서명에 관하여 이의가 있는 사람은 제5항에 따른 열람기간에 해당 주무부장관이나 시·도지사에게 이의를 신청할 수 있다.
⑦ 주무부장관이나 시·도지사는 제6항에 따른 이의신청을 받으면 제5항에 따른 열람기간이 끝난 날부터 14일 이내에 심사·결정하되, 그 신청이 이유 있다고 결정한 경우에는 청구인명부를 수정하고, 그 사실을 이의신청을 한 사람과 제4항에 따른 청구인의 대표자에게 알려야 하며, 그 이의신청

이 이유없다고 결정한 경우에는 그 사실을 즉시 이의신청을 한 사람에게 알려야 한다.

⑧ 주무부장관이나 시·도지사는 제6항에 따른 이의신청이 없는 경우 또는 제6항에 따라 제기된 모든 이의신청에 대하여 제7항에 따른 결정이 끝난 경우로서 제1항부터 제3항까지의 규정에 따른 요건을 갖춘 경우에는 청구를 수리하고, 그러하지 아니한 경우에는 청구를 각하하되, 수리 또는 각하 사실을 청구인의 대표자에게 알려야 한다.

⑨ 주무부장관이나 시·도지사는 감사 청구를 수리한 날부터 60일 이내에 감사 청구된 사항에 대하여 감사를 끝내야 하며, 감사 결과를 청구인의 대표자와 해당 지방자치단체의 장에게 서면으로 알리고, 공표하여야 한다. 다만, 그 기간에 감사를 끝내기가 어려운 정당한 사유가 있으면 그 기간을 연장할 수 있으며, 기간을 연장할 때에는 미리 청구인의 대표자와 해당 지방자치단체의 장에게 알리고, 공표하여야 한다.

⑩ 주무부장관이나 시·도지사는 주민이 감사를 청구한 사항이 다른 기관에서 이미 감사한 사항이거나 감사 중인 사항이면 그 기관에서 한 감사 결과 또는 감사 중인 사실과 감사가 끝난 후 그 결과를 알리겠다는 사실을 청구인의 대표자와 해당 기관에 지체 없이 알려야 한다.

⑪ 주무부장관이나 시·도지사는 주민 감사 청구를 처리(각하를 포함한다)할 때 청구인의 대표자에게 반드시 증거 제출 및 의견 진술의 기회를 주어야 한다.

⑫ 주무부장관이나 시·도지사는 제9항에 따른 감사 결과에 따라 기간을 정하여 해당 지방자치단체의 장에게 필요한 조치를 요구할 수 있다. 이 경우 그 지방자치단체의 장은 이를 성실히 이행하여야 하고, 그 조치 결과를 지방의회와 주무부장관 또는 시·도지사에게 보고하여야 한다.

⑬ 주무부장관이나 시·도지사는 제12항에 따른 조치 요구 내용과 지방자치단체의 장의 조치 결과를 청구인의 대표자에게 서면으로 알리고, 공표하여야 한다.

⑭ 제1항부터 제13항까지에서 규정한 사항 외에 18세 이상의 주민의 감사 청구에 필요한 사항은 대통령령으로 정한다.

제22조(주민소송) ① 제21조제1항에 따라 공금의 지출에 관한 사항, 재산의 취득·관리·처분에 관한 사항, 해당 지방자치단체를 당사자로 하는 매매·임차·도급 계약이나 그 밖의 계약의 체결·이행에 관한 사항 또는 지방세·사용료·수수료·과태료 등 공금의 부과·징수를 게을리한 사항을 감사 청구한 주민은 다음 각 호의 어느 하나에 해당하는 경우에 그 감사 청구한 사항과 관련이 있는 위법한 행위나 업무를 게을리한 사실에 대하여 해당 지방자치단체의 장(해당 사항의 사무처리에 관한 권한을 소속 기관의 장에게 위임한 경우에는 그 소속 기관의 장을 말한다. 이하 이 조에서 같다)을 상대방으로 하여 소송을 제기할 수 있다.

1. 주무부장관이나 시·도지사가 감사 청구를 수리한 날부터 60일(제21조제9항 단서에 따라 감사기간이 연장된 경우에는 연장된 기간이 끝난 날을 말한다)이 지나도 감사를 끝내지 아니한 경우
2. 제21조제9항 및 제10항에 따른 감사 결과 또는 같은 조 제12항에 따른 조치 요구에 불복하는 경우
3. 제21조제12항에 따른 주무부장관이나 시·도지사의 조치 요구를 지방자치단체의 장이 이행하지 아니한 경우
4. 제21조제12항에 따른 지방자치단체의 장의 이행 조치에 불복하는 경우

② 제1항에 따라 주민이 제기할 수 있는 소송은 다음 각 호와 같다.

1. 해당 행위를 계속하면 회복하기 어려운 손해를 발생시킬 우려가 있는 경우에는 그 행위의 전부나 일부를 중지할 것을 요구하는 소송
2. 행정처분인 해당 행위의 취소 또는 변경을 요구하거나 그 행위의 효력 유무 또는 존재 여부의 확인을 요구하는 소송
3. 게을리한 사실의 위법 확인을 요구하는 소송
4. 해당 지방자치단체의 장 및 직원, 지방

의회의원, 해당 행위와 관련이 있는 상대방에게 손해배상청구 또는 부당이득반환청구를 할 것을 요구하는 소송. 다만, 그 지방자치단체의 직원이 「회계관계직원 등의 책임에 관한 법률」 제4조에 따른 변상책임을 져야 하는 경우에는 변상명령을 할 것을 요구하는 소송을 말한다.

③ 제2항제1호의 중지청구소송은 해당 행위를 중지할 경우 생명이나 신체에 중대한 위해가 생길 우려가 있거나 그 밖에 공공복리를 현저하게 해칠 우려가 있으면 제기할 수 없다.

④ 제2항에 따른 소송은 다음 각 호의 구분에 따른 날부터 90일 이내에 제기하여야 한다.

1. 제1항제1호 : 해당 60일이 끝난 날(제21조제9항 단서에 따라 감사기간이 연장된 경우에는 연장기간이 끝난 날을 말한다)
2. 제1항제2호 : 해당 감사 결과나 조치 요구 내용에 대한 통지를 받은 날
3. 제1항제3호 : 해당 조치를 요구할 때에 지정한 처리기간이 끝난 날
4. 제1항제4호 : 해당 이행 조치 결과에 대한 통지를 받은 날

⑤ 제2항 각 호의 소송이 진행 중이면 다른 주민은 같은 사항에 대하여 별도의 소송을 제기할 수 없다.

⑥ 소송의 계속(繫屬) 중에 소송을 제기한 주민이 사망하거나 제16조에 따른 주민의 자격을 잃으면 소송절차는 중단된다. 소송대리인이 있는 경우에도 또한 같다.

⑦ 감사 청구에 연대 서명한 다른 주민은 제6항에 따른 사유가 발생한 사실을 안 날부터 6개월 이내에 소송절차를 수계(受繼)할 수 있다. 이 기간에 수계절차가 이루어지지 아니할 경우 그 소송절차는 종료된다.

⑧ 법원은 제6항에 따라 소송이 중단되면 감사 청구에 연대 서명한 다른 주민에게 소송절차를 중단한 사유와 소송절차 수계방법을 지체 없이 알려야 한다. 이 경우 법원은 감사 청구에 적힌 주소로 통지서를 우편으로 보낼 수 있고, 우편물이 통상 도달할 수 있을 때에 감사 청구에 연대 서명한 다른 주민은 제6항의 사유가 발생한 사실을 안 것으로 본다.

⑨ 제2항에 따른 소송은 해당 지방자치단체의 사무소 소재지를 관할하는 행정법원(행정법원이 설치되지 아니한 지역에서는 행정법원의 권한에 속하는 사건을 관할하는 지방법원 본원을 말한다)의 관할로 한다.

⑩ 해당 지방자치단체의 장은 제2항제1호부터 제3호까지의 규정에 따른 소송이 제기된 경우 그 소송결과에 따라 권리나 이익의 침해를 받을 제3자가 있으면 그 제3자에 대하여, 제2항제4호에 따른 소송이 제기된 경우 그 직원, 지방의회의원 또는 상대방에 대하여 소송고지를 해 줄 것을 법원에 신청하여야 한다.

⑪ 제2항제4호에 따른 소송이 제기된 경우에 지방자치단체의 장이 한 소송고지신청은 그 소송에 관한 손해배상청구권 또는 부당이득반환청구권의 시효중단에 관하여 「민법」 제168조제1호에 따른 청구로 본다.

⑫ 제11항에 따른 시효중단의 효력은 그 소송이 끝난 날부터 6개월 이내에 재판상 청구, 파산절차참가, 압류 또는 가압류, 가처분을 하지 아니하면 효력이 생기지 아니한다.

⑬ 국가, 상급 지방자치단체 및 감사 청구에 연대 서명한 다른 주민과 제10항에 따라 소송고지를 받은 자는 법원에서 계속 중인 소송에 참가할 수 있다.

⑭ 제2항에 따른 소송에서 당사자는 법원의 허가를 받지 아니하고는 소의 취하, 소송의 화해 또는 청구의 포기를 할 수 없다.

⑮ 법원은 제14항에 따른 허가를 하기 전에 감사 청구에 연대 서명한 다른 주민에게 그 사실을 알려야 하며, 알린 때부터 1개월 이내에 허가 여부를 결정하여야 한다. 이 경우 통지방법 등에 관하여는 제8항 후단을 준용한다.

⑯ 제2항에 따른 소송은 「민사소송 등 인지법」 제2조제4항에 따른 비재산권을 목적으로 하는 소송으로 본다.

⑰ 소송을 제기한 주민은 승소(일부 승소를 포함한다)한 경우 그 지방자치단체에 대하여 변호사 보수 등의 소송비용, 감사 청구절차

의 진행 등을 위하여 사용된 여비, 그 밖에 실제로 든 비용을 보상할 것을 청구할 수 있다. 이 경우 지방자치단체는 청구된 금액의 범위에서 그 소송을 진행하는 데 객관적으로 사용된 것으로 인정되는 금액을 지급하여야 한다.

⑱ 제 1 항에 따른 소송에 관하여 이 법에 규정된 것 외에는 「행정소송법」에 따른다.

제23조(손해배상금 등의 지급청구 등) ① 지방자치단체의 장(해당 사항의 사무처리에 관한 권한을 소속 기관의 장에게 위임한 경우에는 그 소속 기관의 장을 말한다. 이하 이 조에서 같다)은 제22조제 2 항제 4 호 본문에 따른 소송에 대하여 손해배상청구나 부당이득반환청구를 명하는 판결이 확정되면 판결이 확정된 날부터 60일 이내를 기한으로 하여 당사자에게 그 판결에 따라 결정된 손해배상금이나 부당이득반환금의 지급을 청구하여야 한다. 다만, 손해배상금이나 부당이득반환금을 지급하여야 할 당사자가 지방자치단체의 장이면 지방의회의 의장이 지급을 청구하여야 한다.

② 지방자치단체는 제 1 항에 따라 지급청구를 받은 자가 같은 항의 기한까지 손해배상금이나 부당이득반환금을 지급하지 아니하면 손해배상·부당이득반환의 청구를 목적으로 하는 소송을 제기하여야 한다. 이 경우 그 소송의 상대방이 지방자치단체의 장이면 그 지방의회의 의장이 그 지방자치단체를 대표한다.

제24조(변상명령 등) ① 지방자치단체의 장은 제22조제 2 항제 4 호 단서에 따른 소송에 대하여 변상할 것을 명하는 판결이 확정되면 판결이 확정된 날부터 60일 이내를 기한으로 하여 당사자에게 그 판결에 따라 결정된 금액을 변상할 것을 명령하여야 한다.

② 제 1 항에 따라 변상할 것을 명령받은 자가 같은 항의 기한까지 변상금을 지급하지 아니하면 지방세 체납처분의 예에 따라 징수할 수 있다. <개정 2021·10·19>

③ 제 1 항에 따라 변상할 것을 명령받은 자는 그 명령에 불복하는 경우 행정소송을 제기할 수 있다. 다만, 「행정심판법」에 따른 행정심판청구는 제기할 수 없다.

제25조(주민소환) ① 주민은 그 지방자치단체의 장 및 지방의회의원(비례대표 지방의회의원은 제외한다)을 소환할 권리를 가진다.

② 주민소환의 투표 청구권자·청구요건·절차 및 효력 등에 관한 사항은 따로 법률로 정한다.

제26조(주민에 대한 정보공개) ① 지방자치단체는 사무처리의 투명성을 높이기 위하여 「공공기관의 정보공개에 관한 법률」에서 정하는 바에 따라 지방의회의 의정활동, 집행기관의 조직, 재무 등 지방자치에 관한 정보(이하 "지방자치정보"라 한다)를 주민에게 공개하여야 한다.

② 행정안전부장관은 주민의 지방자치정보에 대한 접근성을 높이기 위하여 이 법 또는 다른 법령에 따라 공개된 지방자치정보를 체계적으로 수집하고 주민에게 제공하기 위한 정보공개시스템을 구축·운영할 수 있다.

제27조(주민의 의무) 주민은 법령으로 정하는 바에 따라 소속 지방자치단체의 비용을 분담하여야 하는 의무를 진다.

제 3 장 조례와 규칙

제28조(조례) ① 지방자치단체는 법령의 범위에서 그 사무에 관하여 조례를 제정할 수 있다. 다만, 주민의 권리 제한 또는 의무 부과에 관한 사항이나 벌칙을 정할 때에는 법률의 위임이 있어야 한다.

② 법령에서 조례로 정하도록 위임한 사항은 그 법령의 하위 법령에서 그 위임의 내용과 범위를 제한하거나 직접 규정할 수 없다.

제29조(규칙) 지방자치단체의 장은 법령 또는 조례의 범위에서 그 권한에 속하는 사무에 관하여 규칙을 제정할 수 있다.

제30조(조례와 규칙의 입법한계) 시·군 및 자치구의 조례나 규칙은 시·도의 조례나 규칙을 위반해서는 아니 된다.

제31조(지방자치단체를 신설하거나 격을 변경할 때의 조례·규칙 시행) 지방자치단체

를 나누거나 합하여 새로운 지방자치단체가 설치되거나 지방자치단체의 격이 변경되면 그 지방자치단체의 장은 필요한 사항에 관하여 새로운 조례나 규칙이 제정·시행될 때까지 종래 그 지역에 시행되던 조례나 규칙을 계속 시행할 수 있다.

제32조(조례와 규칙의 제정 절차 등) ① 조례안이 지방의회에서 의결되면 지방의회의 의장은 의결된 날부터 5일 이내에 그 지방자치단체의 장에게 이송하여야 한다.

② 지방자치단체의 장은 제1항의 조례안을 이송받으면 20일 이내에 공포하여야 한다.

③ 지방자치단체의 장은 이송받은 조례안에 대하여 이의가 있으면 제2항의 기간에 이유를 붙여 지방의회로 환부(還付)하고, 재의(再議)를 요구할 수 있다. 이 경우 지방자치단체의 장은 조례안의 일부에 대하여 또는 조례안을 수정하여 재의를 요구할 수 없다.

④ 지방의회는 제3항에 따라 재의 요구를 받으면 조례안을 재의에 부치고 재적의원 과반수의 출석과 출석의원 3분의 2 이상의 찬성으로 전(前)과 같은 의결을 하면 그 조례안은 조례로서 확정된다.

⑤ 지방자치단체의 장이 제2항의 기간에 공포하지 아니하거나 재의 요구를 하지 아니하더라도 그 조례안은 조례로서 확정된다.

⑥ 지방자치단체의 장은 제4항 또는 제5항에 따라 확정된 조례를 지체 없이 공포하여야 한다. 이 경우 제5항에 따라 조례가 확정된 후 또는 제4항에 따라 확정된 조례가 지방자치단체의 장에게 이송된 후 5일 이내에 지방자치단체의 장이 공포하지 아니하면 지방의회의 의장이 공포한다.

⑦ 제2항 및 제6항 전단에 따라 지방자치단체의 장이 조례를 공포하였을 때에는 즉시 해당 지방의회의 의장에게 통지하여야 하며, 제6항 후단에 따라 지방의회의 의장이 조례를 공포하였을 때에는 그 사실을 즉시 해당 지방자치단체의 장에게 통지하여야 한다.

⑧ 조례와 규칙은 특별한 규정이 없으면 공포한 날부터 20일이 지나면 효력을 발생한다.

제33조(조례와 규칙의 공포 방법 등) ① 조례와 규칙의 공포는 해당 지방자치단체의 공보에 게재하는 방법으로 한다. 다만, 제32조제6항 후단에 따라 지방의회의 의장이 조례를 공포하는 경우에는 공보나 일간신문에 게재하거나 게시판에 게시한다.

② 제1항에 따른 공보는 종이로 발행되는 공보(이하 이 조에서 "종이공보"라 한다) 또는 전자적인 형태로 발행되는 공보(이하 이 조에서 "전자공보"라 한다)로 운영한다.

③ 공보의 내용 해석 및 적용 시기 등에 대하여 종이공보와 전자공보는 동일한 효력을 가진다.

④ 조례와 규칙의 공포에 관하여 그 밖에 필요한 사항은 대통령령으로 정한다.

제34조(조례 위반에 대한 과태료) ① 지방자치단체는 조례를 위반한 행위에 대하여 조례로써 1천만원 이하의 과태료를 정할 수 있다.

② 제1항에 따른 과태료는 해당 지방자치단체의 장이나 그 관할 구역의 지방자치단체의 장이 부과·징수한다.

제35조(보고) 조례나 규칙을 제정하거나 개정하거나 폐지할 경우 조례는 지방의회에서 이송된 날부터 5일 이내에, 규칙은 공포 예정일 15일 전에 시·도지사는 행정안전부장관에게, 시장·군수 및 자치구의 구청장은 시·도지사에게 그 전문(全文)을 첨부하여 각각 보고하여야 하며, 보고를 받은 행정안전부장관은 그 내용을 관계 중앙행정기관의 장에게 통보하여야 한다.

제4장 선거

제36조(지방선거에 관한 법률의 제정) 지방선거에 관하여 이 법에서 정한 것 외에 필요한 사항은 따로 법률로 정한다.

제5장 지방의회

제1절 조직

제37조(의회의 설치) 지방자치단체에 주민의

대의기관인 의회를 둔다.

제38조(지방의회의원의 선거) 지방의회의원은 주민이 보통·평등·직접·비밀선거로 선출한다.

제 2 절 지방의회의원

제39조(의원의 임기) 지방의회의원의 임기는 4년으로 한다.

제40조(의원의 의정활동비 등) ① 지방의회의원에게는 다음 각 호의 비용을 지급한다.

1. 의정(議政) 자료를 수집하고 연구하거나 이를 위한 보조 활동에 사용되는 비용을 보전(補塡)하기 위하여 매월 지급하는 의정활동비
2. 지방의회의원의 직무활동에 대하여 지급하는 월정수당
3. 본회의 의결, 위원회 의결 또는 지방의회 의장의 명에 따라 공무로 여행할 때 지급하는 여비

② 제 1 항 각 호에 규정된 비용은 대통령령으로 정하는 기준을 고려하여 해당 지방자치단체의 의정비심의위원회에서 결정하는 금액 이내에서 지방자치단체의 조례로 정한다. 다만, 제 1 항제 3 호에 따른 비용은 의정비심의위원회 결정 대상에서 제외한다.

③ 의정비심의위원회의 구성·운영 등에 필요한 사항은 대통령령으로 정한다.

제41조(의원의 정책지원 전문인력) ① 지방의회의원의 의정활동을 지원하기 위하여 지방의회의원 정수의 2분의 1 범위에서 해당 지방자치단체의 조례로 정하는 바에 따라 지방의회에 정책지원 전문인력을 둘 수 있다.

② 정책지원 전문인력은 지방공무원으로 보하며, 직급·직무 및 임용절차 등 운영에 필요한 사항은 대통령령으로 정한다.

제42조(상해·사망 등의 보상) ① 지방의회의원이 직무로 인하여 신체에 상해를 입거나 사망한 경우와 그 상해나 직무로 인한 질병으로 사망한 경우에는 보상금을 지급할 수 있다.

② 제 1 항의 보상금의 지급기준은 대통령령으로 정하는 범위에서 해당 지방자치단체의 조례로 정한다.

제43조(겸직 등 금지) ① 지방의회의원은 다음 각 호의 어느 하나에 해당하는 직(職)을 겸할 수 없다.

1. 국회의원, 다른 지방의회의원
2. 헌법재판소 재판관, 각급 선거관리위원회 위원
3. 「국가공무원법」 제 2 조에 따른 국가공무원과 「지방공무원법」 제 2 조에 따른 지방공무원(「정당법」 제22조에 따라 정당의 당원이 될 수 있는 교원은 제외한다)
4. 「공공기관의 운영에 관한 법률」 제 4 조에 따른 공공기관(한국방송공사, 한국교육방송공사 및 한국은행을 포함한다)의 임직원
5. 「지방공기업법」 제 2 조에 따른 지방공사와 지방공단의 임직원
6. 농업협동조합, 수산업협동조합, 산림조합, 엽연초생산협동조합, 신용협동조합, 새마을금고(이들 조합·금고의 중앙회와 연합회를 포함한다)의 임직원과 이들 조합·금고의 중앙회장이나 연합회장
7. 「정당법」 제22조에 따라 정당의 당원이 될 수 없는 교원
8. 다른 법령에 따라 공무원의 신분을 가지는 직
9. 그 밖에 다른 법률에서 겸임할 수 없도록 정하는 직

② 「정당법」 제22조에 따라 정당의 당원이 될 수 있는 교원이 지방의회의원으로 당선되면 임기 중 그 교원의 직은 휴직된다.

③ 지방의회의원이 당선 전부터 제 1 항 각 호의 직을 제외한 다른 직을 가진 경우에는 임기 개시 후 1개월 이내에, 임기 중 그 다른 직에 취임한 경우에는 취임 후 15일 이내에 지방의회의 의장에게 서면으로 신고하여야 하며, 그 방법과 절차는 해당 지방자치단체의 조례로 정한다.

④ 지방의회의 의장은 제 3 항에 따라 지방의회의원의 겸직신고를 받으면 그 내용을 연 1회 이상 해당 지방의회의 인터넷 홈페이지에 게시하거나 지방자치단체의 조례로 정하는 방법에 따라 공개하여야 한다.

⑤ 지방의회의원이 다음 각 호의 기관·단체 및 그 기관·단체가 설립·운영하는 시

설의 대표, 임원, 상근직원 또는 그 소속 위원회(자문위원회는 제외한다)의 위원이 된 경우에는 그 겸한 직을 사임하여야 한다.

1. 해당 지방자치단체가 출자·출연(재출자·재출연을 포함한다)한 기관·단체
2. 해당 지방자치단체의 사무를 위탁받아 수행하고 있는 기관·단체
3. 해당 지방자치단체로부터 운영비, 사업비 등을 지원받고 있는 기관·단체
4. 법령에 따라 해당 지방자치단체의 장의 인가를 받아 설립된 조합(조합설립을 위한 추진위원회 등 준비단체를 포함한다)의 임직원

⑥ 지방의회의 의장은 지방의회의원이 다음 각 호의 어느 하나에 해당하는 경우에는 그 겸한 직을 사임할 것을 권고하여야 한다. 이 경우 지방의회의 의장은 제66조에 따른 윤리심사자문위원회의 의견을 들어야 하며 그 의견을 존중하여야 한다.

1. 제5항에 해당하는 데도 불구하고 겸한 직을 사임하지 아니할 때
2. 다른 직을 겸하는 것이 제44조제2항에 위반된다고 인정될 때

⑦ 지방의회의 의장은 지방의회의원의 행위 또는 양수인이나 관리인의 지위가 제5항 또는 제6항에 따라 제한되는지와 관련하여 제66조에 따른 윤리심사자문위원회의 의견을 들을 수 있다.

제44조(의원의 의무) ① 지방의회의원은 공공의 이익을 우선하여 양심에 따라 그 직무를 성실히 수행하여야 한다.

② 지방의회의원은 청렴의 의무를 지며, 지방의회의원으로서의 품위를 유지하여야 한다.

③ 지방의회의원은 지위를 남용하여 재산상의 권리·이익 또는 직위를 취득하거나 다른 사람을 위하여 그 취득을 알선해서는 아니 된다.

④ 지방의회의원은 해당 지방자치단체, 제43조제5항 각 호의 어느 하나에 해당하는 기관·단체 및 그 기관·단체가 설립·운영하는 시설과 영리를 목적으로 하는 거래를 하여서는 아니 된다.

⑤ 지방의회의원은 소관 상임위원회의 직무와 관련된 영리행위를 할 수 없으며, 그 범위는 해당 지방자치단체의 조례로 정한다.

제45조(의원체포 및 확정판결의 통지) ① 수사기관의 장은 체포되거나 구금된 지방의회의원이 있으면 지체 없이 해당 지방의회의 의장에게 영장의 사본을 첨부하여 그 사실을 알려야 한다.

② 각급 법원장은 지방의회의원이 형사사건으로 공소(公訴)가 제기되어 판결이 확정되면 지체 없이 해당 지방의회의 의장에게 그 사실을 알려야 한다.

제46조(지방의회의 의무 등) ① 지방의회는 지방의회의원이 준수하여야 할 지방의회의원의 윤리강령과 윤리실천규범을 조례로 정하여야 한다.

② 지방의회는 소속 의원(「공직선거법」 제190조 및 제190조의2에 따라 지방의회의원당선인으로 결정된 사람을 포함한다)들이 의정활동에 필요한 전문성을 확보하도록 노력하여야 한다. <개정 2023·9·14>

제3절 권한

제47조(지방의회의 의결사항) ① 지방의회는 다음 각 호의 사항을 의결한다.

1. 조례의 제정·개정 및 폐지
2. 예산의 심의·확정
3. 결산의 승인
4. 법령에 규정된 것을 제외한 사용료·수수료·분담금·지방세 또는 가입금의 부과와 징수
5. 기금의 설치·운용
6. 대통령령으로 정하는 중요 재산의 취득·처분
7. 대통령령으로 정하는 공공시설의 설치·처분
8. 법령과 조례에 규정된 것을 제외한 예산 외의 의무부담이나 권리의 포기
9. 청원의 수리와 처리
10. 외국 지방자치단체와의 교류·협력
11. 그 밖에 법령에 따라 그 권한에 속하는 사항

② 지방자치단체는 제1항 각 호의 사항 외에 조례로 정하는 바에 따라 지방의회에서 의결되어야 할 사항을 따로 정할 수 있다.

제47조의2(인사청문회) ① 지방자치단체의 장은 다음 각 호의 어느 하나에 해당하는 직위 중 조례로 정하는 직위의 후보자에 대하여

지방의회에 인사청문을 요청할 수 있다.

1. 제123조제2항에 따라 정무직 국가공무원으로 보하는 부시장·부지사
2. 「제주특별자치도 설치 및 국제자유도시 조성을 위한 특별법」 제11조에 따른 행정시장
3. 「지방공기업법」 제49조에 따른 지방공사의 사장과 같은 법 제76조에 따른 지방공단의 이사장
4. 「지방자치단체 출자·출연 기관의 운영에 관한 법률」 제2조제1항 전단에 따른 출자·출연 기관의 기관장

② 지방의회의 의장은 제1항에 따른 인사청문 요청이 있는 경우 인사청문회를 실시한 후 그 경과를 지방자치단체의 장에게 송부하여야 한다.

③ 그 밖에 인사청문회의 절차 및 운영 등에 필요한 사항은 조례로 정한다.

〔본조신설 2023·3·21〕

제48조(서류제출 요구) ① 본회의나 위원회는 그 의결로 안건의 심의와 직접 관련된 서류의 제출을 해당 지방자치단체의 장에게 요구할 수 있다.

② 위원회가 제1항의 요구를 할 때에는 지방의회의 의장에게 그 사실을 보고하여야 한다.

③ 제1항에도 불구하고 폐회 중에는 지방의회의 의장이 서류의 제출을 해당 지방자치단체의 장에게 요구할 수 있다.

④ 제1항 또는 제3항에 따라 서류제출을 요구할 때에는 서면, 전자문서 또는 컴퓨터의 자기테이프·자기디스크, 그 밖에 이와 유사한 매체에 기록된 상태 등 제출 형식을 지정할 수 있다.

제49조(행정사무 감사권 및 조사권) ① 지방의회는 매년 1회 그 지방자치단체의 사무에 대하여 시·도에서는 14일의 범위에서, 시·군 및 자치구에서는 9일의 범위에서 감사를 실시하고, 지방자치단체의 사무 중 특정 사안에 관하여 본회의 의결로 본회의나 위원회에서 조사하게 할 수 있다.

② 제1항의 조사를 발의할 때에는 이유를 밝힌 서면으로 하여야 하며, 재적의원 3분의 1 이상의 찬성이 있어야 한다.

③ 지방자치단체 및 그 장이 위임받아 처리하는 국가사무와 시·도의 사무에 대하여 국회와 시·도의회가 직접 감사하기로 한 사무 외에는 그 감사를 각각 해당 시·도의회와 시·군 및 자치구의회가 할 수 있다. 이 경우 국회와 시·도의회는 그 감사 결과에 대하여 그 지방의회에 필요한 자료를 요구할 수 있다.

④ 제1항의 감사 또는 조사와 제3항의 감사를 위하여 필요하면 현지확인을 하거나 서류제출을 요구할 수 있으며, 지방자치단체의 장 또는 관계 공무원이나 그 사무에 관계되는 사람을 출석하게 하여 증인으로서 선서한 후 증언하게 하거나 참고인으로서 의견을 진술하도록 요구할 수 있다.

⑤ 제4항에 따른 증언에서 거짓증언을 한 사람은 고발할 수 있으며, 제4항에 따라 서류제출을 요구받은 자가 정당한 사유 없이 서류를 정해진 기한까지 제출하지 아니한 경우, 같은 항에 따라 출석요구를 받은 증인이 정당한 사유 없이 출석하지 아니하거나 선서 또는 증언을 거부한 경우에는 500만원 이하의 과태료를 부과할 수 있다.

⑥ 제5항에 따른 과태료 부과절차는 제34조를 따른다.

⑦ 제1항의 감사 또는 조사와 제3항의 감사를 위하여 필요한 사항은 「국정감사 및 조사에 관한 법률」에 준하여 대통령령으로 정하고, 제4항과 제5항의 선서·증언·감정 등에 관한 절차는 「국회에서의 증언·감정 등에 관한 법률」에 준하여 대통령령으로 정한다.

제50조(행정사무 감사 또는 조사 보고의 처리) ① 지방의회는 본회의의 의결로 감사 또는 조사 결과를 처리한다.

② 지방의회는 감사 또는 조사 결과 해당 지방자치단체나 기관의 시정이 필요한 사유가 있을 때에는 시정을 요구하고, 지방자치단체나 기관에서 처리함이 타당하다고 인정되는 사항은 그 지방자치단체나 기관으로 이송한다.

③ 지방자치단체나 기관은 제2항에 따라 시정 요구를 받거나 이송받은 사항을 지체 없이 처리하고 그 결과를 지방의회에 보고하여야 한다.

제51조(행정사무처리상황의 보고와 질의응답)

① 지방자치단체의 장이나 관계 공무원은 지방의회나 그 위원회에 출석하여 행정사무의 처리상황을 보고하거나 의견을 진술하고 질문에 답변할 수 있다.
② 지방자치단체의 장이나 관계 공무원은 지방의회나 그 위원회가 요구하면 출석·답변하여야 한다. 다만, 특별한 이유가 있으면 지방자치단체의 장은 관계 공무원에게 출석·답변하게 할 수 있다.
③ 제1항이나 제2항에 따라 지방의회나 그 위원회에 출석하여 답변할 수 있는 관계 공무원은 조례로 정한다.

제52조(의회규칙) 지방의회는 내부운영에 관하여 이 법에서 정한 것 외에 필요한 사항을 규칙으로 정할 수 있다.

제4절 소집과 회기

제53조(정례회) ① 지방의회는 매년 2회 정례회를 개최한다.
② 정례회의 집회일, 그 밖에 정례회 운영에 필요한 사항은 해당 지방자치단체의 조례로 정한다.

제54조(임시회) ① 지방의회의원 총선거 후 최초로 집회되는 임시회는 지방의회 사무처장·사무국장·사무과장이 지방의회의원 임기 개시일부터 25일 이내에 소집한다.
② 지방자치단체를 폐지하거나 설치하거나 나누거나 합쳐 새로운 지방자치단체가 설치된 경우에 최초의 임시회는 지방의회 사무처장·사무국장·사무과장이 해당 지방자치단체가 설치되는 날에 소집한다.
③ 지방의회의 의장은 지방자치단체의 장이나 조례로 정하는 수 이상의 지방의회의원이 요구하면 15일 이내에 임시회를 소집하여야 한다. 다만, 지방의회의 의장과 부의장이 부득이한 사유로 임시회를 소집할 수 없을 때에는 지방의회의원 중 최다선의원이, 최다선의원이 2명 이상인 경우에는 그 중 연장자의 순으로 소집할 수 있다.
④ 임시회 소집은 집회일 3일 전에 공고하여야 한다. 다만, 긴급할 때에는 그러하지 아니하다.

제55조(제출안건의 공고) 지방자치단체의 장이 지방의회에 제출할 안건은 지방자치단체의 장이 미리 공고하여야 한다. 다만, 회의 중 긴급한 안건을 제출할 때에는 그러하지 아니하다. <개정 2021·10·19>

제56조(개회·휴회·폐회와 회의일수) ① 지방의회의 개회·휴회·폐회와 회기는 지방의회가 의결로 정한다.
② 연간 회의 총일수와 정례회 및 임시회의 회기는 해당 지방자치단체의 조례로 정한다.

제5절 의장과 부의장

제57조(의장·부의장의 선거와 임기) ① 지방의회는 지방의회의원 중에서 시·도의 경우 의장 1명과 부의장 2명을, 시·군 및 자치구의 경우 의장과 부의장 각 1명을 무기명투표로 선출하여야 한다.
② 지방의회의원 총선거 후 처음으로 선출하는 의장·부의장 선거는 최초집회일에 실시한다.
③ 의장과 부의장의 임기는 2년으로 한다.

제58조(의장의 직무) 지방의회의 의장은 의회를 대표하고 의사(議事)를 정리하며, 회의장 내의 질서를 유지하고 의회의 사무를 감독한다.

제59조(의장 직무대리) 지방의회의 의장이 부득이한 사유로 직무를 수행할 수 없을 때에는 부의장이 그 직무를 대리한다.

제60조(임시의장) 지방의회의 의장과 부의장이 모두 부득이한 사유로 직무를 수행할 수 없을 때에는 임시의장을 선출하여 의장의 직무를 대행하게 한다.

제61조(보궐선거) ① 지방의회의 의장이나 부의장이 궐위(闕位)된 경우에는 보궐선거를 실시한다.
② 보궐선거로 당선된 의장이나 부의장의 임기는 전임자 임기의 남은 기간으로 한다.

제62조(의장·부의장 불신임의 의결) ① 지방의회의 의장이나 부의장이 법령을 위반하거나 정당한 사유 없이 직무를 수행하지 아니하면 지방의회는 불신임을 의결할 수 있다.
② 제1항의 불신임 의결은 재적의원 4분의 1 이상의 발의와 재적의원 과반수의 찬성으로 한다.
③ 제2항의 불신임 의결이 있으면 지방의회

의 의장이나 부의장은 그 직에서 해임된다.

제63조(의장 등을 선거할 때의 의장 직무 대행) 제57조제1항, 제60조 또는 제61조제1항에 따른 선거(이하 이 조에서 "의장등의 선거"라 한다)를 실시할 때 의장의 직무를 수행할 사람이 없으면 출석의원 중 최다선 의원이, 최다선의원이 2명 이상이면 그 중 연장자가 그 직무를 대행한다. 이 경우 직무를 대행하는 지방의회의원이 정당한 사유 없이 의장등의 선거를 실시할 직무를 이행하지 아니할 때에는 다음 순위의 지방의회의원이 그 직무를 대행한다.

제6절 교섭단체 및 위원회

제63조의2(교섭단체) ① 지방의회에 교섭단체를 둘 수 있다. 이 경우 조례로 정하는 수 이상의 소속의원을 가진 정당은 하나의 교섭단체가 된다.

② 제1항 후단에도 불구하고 다른 교섭단체에 속하지 아니하는 의원 중 조례로 정하는 수 이상의 의원은 따로 교섭단체를 구성할 수 있다.

③ 그 밖에 교섭단체의 구성 및 운영 등에 필요한 사항은 조례로 정한다.

〔본조신설 2023·3·21〕

제64조(위원회의 설치) ① 지방의회는 조례로 정하는 바에 따라 위원회를 둘 수 있다.

② 위원회의 종류는 다음 각 호와 같다.

1. 소관 의안(議案)과 청원 등을 심사·처리하는 상임위원회
2. 특정한 안건을 심사·처리하는 특별위원회

③ 위원회의 위원은 본회의에서 선임한다.

제65조(윤리특별위원회) ① 지방의회의원의 윤리강령과 윤리실천규범 준수 여부 및 징계에 관한 사항을 심사하기 위하여 윤리특별위원회를 둔다.

② 제1항에 따른 윤리특별위원회(이하 "윤리특별위원회"라 한다)는 지방의회의원의 윤리강령과 윤리실천규범 준수 여부 및 지방의회의원의 징계에 관한 사항을 심사하기 전에 제66조에 따른 윤리심사자문위원회의 의견을 들어야 하며 그 의견을 존중하여야 한다.

제66조(윤리심사자문위원회) ① 지방의회의원의 겸직 및 영리행위 등에 관한 지방의회의 의장의 자문과 지방의회의원의 윤리강령과 윤리실천규범 준수 여부 및 징계에 관한 윤리특별위원회의 자문에 응하기 위하여 윤리특별위원회에 윤리심사자문위원회를 둔다.

② 윤리심사자문위원회의 위원은 민간전문가 중에서 지방의회의 의장이 위촉한다.

③ 제1항 및 제2항에서 규정한 사항 외에 윤리심사자문위원회의 구성 및 운영에 필요한 사항은 회의규칙으로 정한다.

제67조(위원회의 권한) 위원회는 그 소관에 속하는 의안과 청원 등 또는 지방의회가 위임한 특정한 안건을 심사한다.

제68조(전문위원) ① 위원회에는 위원장과 위원의 자치입법활동을 지원하기 위하여 지방의회의원이 아닌 전문지식을 가진 위원(이하 "전문위원"이라 한다)을 둔다.

② 전문위원은 위원회에서 의안과 청원 등의 심사, 행정사무감사 및 조사, 그 밖의 소관 사항과 관련하여 검토보고 및 관련 자료의 수집·조사·연구를 한다.

③ 위원회에 두는 전문위원의 직급과 수 등에 관하여 필요한 사항은 대통령령으로 정한다.

제69조(위원회에서의 방청 등) ① 위원회에서 해당 지방의회의원이 아닌 사람은 위원회의 위원장(이하 이 장에서 "위원장"이라 한다)의 허가를 받아 방청할 수 있다.

② 위원장은 질서를 유지하기 위하여 필요할 때에는 방청인의 퇴장을 명할 수 있다.

제70조(위원회의 개회) ① 위원회는 본회의의 의결이 있거나 지방의회의 의장 또는 위원장이 필요하다고 인정할 때, 재적위원 3분의 1 이상이 요구할 때에 개회한다.

② 폐회 중에는 지방자치단체의 장도 지방의회의 의장 또는 위원장에게 이유서를 붙여 위원회 개회를 요구할 수 있다.

제71조(위원회에 관한 조례) 위원회에 관하여 이 법에서 정한 것 외에 필요한 사항은 조례로 정한다.

제7절 회의

제72조(의사정족수) ① 지방의회는 재적의원 3분의 1 이상의 출석으로 개의(開議)한다.

② 회의 참석 인원이 제 1 항의 정족수에 미치지 못할 때에는 지방의회의 의장은 회의를 중지하거나 산회(散會)를 선포한다.

제73조(의결정족수) ① 회의는 이 법에 특별히 규정된 경우 외에는 재적의원 과반수의 출석과 출석의원 과반수의 찬성으로 의결한다.

② 지방의회의 의장은 의결에서 표결권을 가지며, 찬성과 반대가 같으면 부결된 것으로 본다.

제74조(표결방법) 본회의에서 표결할 때에는 조례 또는 회의규칙으로 정하는 표결방식에 의한 기록표결로 가부(可否)를 결정한다. 다만, 다음 각 호의 어느 하나에 해당하는 경우에는 무기명투표로 표결한다.

1. 제57조에 따른 의장·부의장 선거
2. 제60조에 따른 임시의장 선출
3. 제62조에 따른 의장 부의장 불신임 의결
4. 제92조에 따른 자격상실 의결
5. 제100조에 따른 징계 의결
6. 제32조, 제120조 또는 제121조, 제192조에 따른 재의 요구에 관한 의결
7. 그 밖에 지방의회에서 하는 각종 선거 및 인사에 관한 사항

제75조(회의의 공개 등) ① 지방의회의 회의는 공개한다. 다만, 지방의회의원 3명 이상이 발의하고 출석의원 3분의 2 이상이 찬성한 경우 또는 지방의회의 의장이 사회의 안녕질서 유지를 위하여 필요하다고 인정하는 경우에는 공개하지 아니할 수 있다.

② 지방의회의 의장은 공개된 회의의 방청 허가를 받은 장애인에게 정당한 편의를 제공하여야 한다.

제76조(의안의 발의) ① 지방의회에서 의결할 의안은 지방자치단체의 장이나 조례로 정하는 수 이상의 지방의회의원의 찬성으로 발의한다.

② 위원회는 그 직무에 속하는 사항에 관하여 의안을 제출할 수 있다.

③ 제 1 항 및 제 2 항의 의안은 그 안을 갖추어 지방의회의 의장에게 제출하여야 한다.

④ 제 1 항에 따라 지방의회의원이 조례안을 발의하는 경우에는 발의 의원과 찬성 의원을 구분하되, 해당 조례안의 제명의 부제로 발의 의원의 성명을 기재하여야 한다. 다만, 발의 의원이 2명 이상인 경우에는 대표발의 의원 1명을 명시하여야 한다.

⑤ 지방의회의원이 발의한 제정조례안 또는 전부개정조례안 중 지방의회에서 의결된 조례안을 공표하거나 홍보하는 경우에는 해당 조례안의 부제를 함께 표기할 수 있다.

제77조(조례안 예고) ① 지방의회는 심사대상인 조례안에 대하여 5일 이상의 기간을 정하여 그 취지, 주요 내용, 전문을 공보나 인터넷 홈페이지 등에 게재하는 방법으로 예고할 수 있다.

② 조례안 예고의 방법, 절차, 그 밖에 필요한 사항은 회의규칙으로 정한다.

제78조(의안에 대한 비용추계 자료 등의 제출) ① 지방자치단체의 장이 예산상 또는 기금상의 조치가 필요한 의안을 제출할 경우에는 그 의안의 시행에 필요할 것으로 예상되는 비용에 대한 추계서와 그에 따른 재원조달방안에 관한 자료를 의안에 첨부하여야 한다. <개정 2021·10·19>

② 제 1 항에 따른 비용의 추계 및 재원조달방안에 관한 자료의 작성 및 제출절차 등에 관하여 필요한 사항은 해당 지방자치단체의 조례로 정한다.

제79조(회기계속의 원칙) 지방의회에 제출된 의안은 회기 중에 의결되지 못한 것 때문에 폐기되지 아니한다. 다만, 지방의회의원의 임기가 끝나는 경우에는 그러하지 아니하다.

제80조(일사부재의의 원칙) 지방의회에서 부결된 의안은 같은 회기 중에 다시 발의하거나 제출할 수 없다.

제81조(위원회에서 폐기된 의안) ① 위원회에서 본회의에 부칠 필요가 없다고 결정된 의안은 본회의에 부칠 수 없다. 다만, 위원회의 결정이 본회의에 보고된 날부터 폐회나 휴회 중의 기간을 제외한 7일 이내에 지방의회의 의장이나 재적의원 3분의 1 이상이 요구하면 그 의안을 본회의에 부쳐야 한다.

② 제 1 항 단서의 요구가 없으면 그 의안은 폐기된다.

제82조(의장이나 의원의 제척) 지방의회의 의장이나 지방의회의원은 본인·배우자·직계존비속(直系尊卑屬) 또는 형제자매와 직접 이해관계가 있는 안건에 관하여는 그 의사에 참여할 수 없다. 다만, 의회의 동의가

있으면 의회에 출석하여 발언할 수 있다.

제83조(회의규칙) 지방의회는 회의 운영에 관하여 이 법에서 정한 것 외에 필요한 사항을 회의규칙으로 정한다.

제84조(회의록) ① 지방의회는 회의록을 작성하고 회의의 진행내용 및 결과와 출석의원의 성명을 적어야 한다.

② 회의록에는 지방의회의 의장과 지방의회에서 선출한 지방의회의원 2명 이상이 서명하여야 한다.

③ 지방의회의 의장은 회의록 사본을 첨부하여 회의 결과를 그 지방자치단체의 장에게 알려야 한다.

④ 지방의회의 의장은 회의록을 지방의회의원에게 배부하고, 주민에게 공개한다. 다만, 비밀로 할 필요가 있다고 지방의회의 의장이 인정하거나 지방의회에서 의결한 사항은 공개하지 아니한다.

제 8 절 청원

제85조(청원서의 제출) ① 지방의회에 청원을 하려는 자는 지방의회의원의 소개를 받아 청원서를 제출하여야 한다.

② 청원서에는 청원자의 성명(법인인 경우에는 그 명칭과 대표자의 성명을 말한다) 및 주소를 적고 서명·날인하여야 한다.

제86조(청원의 불수리) 재판에 간섭하거나 법령에 위배되는 내용의 청원은 수리하지 아니한다.

제87조(청원의 심사·처리) ① 지방의회의 의장은 청원서를 접수하면 소관 위원회나 본회의에 회부하여 심사를 하게 한다.

② 청원을 소개한 지방의회의원은 소관 위원회나 본회의가 요구하면 청원의 취지를 설명하여야 한다.

③ 위원회가 청원을 심사하여 본회의에 부칠 필요가 없다고 결정하면 그 처리 결과를 지방의회의 의장에게 보고하고, 지방의회의 의장은 청원한 자에게 알려야 한다.

제88조(청원의 이송과 처리보고) ① 지방의회가 채택한 청원으로서 그 지방자치단체의 장이 처리하는 것이 타당하다고 인정되는 청원은 의견서를 첨부하여 지방자치단체의 장에게 이송한다.

② 지방자치단체의 장은 제 1 항의 청원을 처리하고 그 처리결과를 지체 없이 지방의회에 보고하여야 한다.

제 9 절 의원의 사직·퇴직과 자격심사

제89조(의원의 사직) 지방의회는 그 의결로 소속 지방의회의원의 사직을 허가할 수 있다. 다만, 폐회 중에는 지방의회의 의장이 허가할 수 있다.

제90조(의원의 퇴직) 지방의회의원이 다음 각 호의 어느 하나에 해당될 때에는 지방의회의원의 직에서 퇴직한다.

1. 제43조제 1 항 각 호의 어느 하나에 해당하는 직에 취임할 때
2. 피선거권이 없게 될 때(지방자치단체의 구역변경이나 없어지거나 합한 것 외의 다른 사유로 그 지방자치단체의 구역 밖으로 주민등록을 이전하였을 때를 포함한다)
3. 징계에 따라 제명될 때

제91조(의원의 자격심사) ① 지방의회의원은 다른 의원의 자격에 대하여 이의가 있으면 재적의원 4분의 1 이상의 찬성으로 지방의회의 의장에게 자격심사를 청구할 수 있다.

② 심사 대상인 지방의회의원은 자기의 자격심사에 관한 회의에 출석하여 의견을 진술할 수 있으나, 의결에는 참가할 수 없다.

제92조(자격상실 의결) ① 제91조제 1 항의 심사 대상인 지방의회의원에 대한 자격상실 의결은 재적의원 3분의 2 이상의 찬성이 있어야 한다.

② 심사 대상인 지방의회의원은 제 1 항에 따라 자격상실이 확정될 때까지는 그 직을 상실하지 아니한다.

제93조(결원의 통지) 지방의회의 의장은 지방의회의원의 결원이 생겼을 때에는 15일 이내에 그 지방자치단체의 장과 관할 선거관리위원회에 알려야 한다.

제10절 질서

제94조(회의의 질서유지) ① 지방의회의 의장이나 위원장은 지방의회의원이 본회의나

위원회의 회의장에서 이 법이나 회의규칙에 위배되는 발언이나 행위를 하여 회의장의 질서를 어지럽히면 경고 또는 제지를 하거나 발언의 취소를 명할 수 있다.

② 지방의회의 의장이나 위원장은 제1항의 명에 따르지 아니한 지방의회의원이 있으면 그 지방의회의원에 대하여 당일의 회의에서 발언하는 것을 금지하거나 퇴장시킬 수 있다.

③ 지방의회의 의장이나 위원장은 회의장이 소란하여 질서를 유지하기 어려우면 회의를 중지하거나 산회를 선포할 수 있다.

제95조(모욕 등 발언의 금지) ① 지방의회의원은 본회의나 위원회에서 다른 사람을 모욕하거나 다른 사람의 사생활에 대하여 발언해서는 아니 된다.

② 본회의나 위원회에서 모욕을 당한 지방의회의원은 모욕을 한 지방의회의원에 대하여 지방의회에 징계를 요구할 수 있다.

제96조(발언 방해 등의 금지) 지방의회의원은 회의 중에 폭력을 행사하거나 소란한 행위를 하여 다른 사람의 발언을 방해할 수 없으며, 지방의회의 의장이나 위원장의 허가 없이 연단(演壇)이나 단상(壇上)에 올라가서는 아니 된다.

제97조(방청인의 단속) ① 방청인은 의안에 대하여 찬성·반대를 표명하거나 소란한 행위를 하여서는 아니 된다.

② 지방의회의 의장은 회의장의 질서를 방해하는 방청인의 퇴장을 명할 수 있으며, 필요하면 경찰관서에 인도할 수 있다.

③ 지방의회의 의장은 방청석이 소란하면 모든 방청인을 퇴장시킬 수 있다.

④ 제1항부터 제3항까지에서 규정한 사항 외에 방청인 단속에 필요한 사항은 회의규칙으로 정한다.

제11절 징계

제98조(징계의 사유) 지방의회는 지방의회의원이 이 법이나 자치법규에 위배되는 행위를 하면 윤리특별위원회의 심사를 거쳐 의결로써 징계할 수 있다.

제99조(징계의 요구) ① 지방의회의 의장은 제98조에 따른 징계대상 지방의회의원이 있어 징계 요구를 받으면 윤리특별위원회에 회부한다.

② 제95조제1항을 위반한 지방의회의원에 대하여 모욕을 당한 지방의회의원이 징계를 요구하려면 징계사유를 적은 요구서를 지방의회의 의장에게 제출하여야 한다.

③ 지방의회의 의장은 제2항의 징계 요구를 받으면 윤리특별위원회에 회부한다.

제100조(징계의 종류와 의결) ① 징계의 종류는 다음과 같다.

1. 공개회의에서의 경고
2. 공개회의에서의 사과
3. 30일 이내의 출석정지
4. 제명

② 제1항제4호에 따른 제명 의결에는 재적의원 3분의 2 이상의 찬성이 있어야 한다.

제101조(징계에 관한 회의규칙) 징계에 관하여 이 법에서 정한 사항 외에 필요한 사항은 회의규칙으로 정한다.

제12절 사무기구와 직원

제102조(사무처 등의 설치) ① 시·도의회에는 사무를 처리하기 위하여 조례로 정하는 바에 따라 사무처를 둘 수 있으며, 사무처에는 사무처장과 직원을 둔다.

② 시·군 및 자치구의회에는 사무를 처리하기 위하여 조례로 정하는 바에 따라 사무국이나 사무과를 둘 수 있으며, 사무국·사무과에는 사무국장 또는 사무과장과 직원을 둘 수 있다.

③ 제1항과 제2항에 따른 사무처장·사무국장·사무과장 및 직원(이하 제103조, 제104조 및 제118조에서 "사무직원"이라 한다)은 지방공무원으로 보한다.

제103조(사무직원의 정원과 임면 등) ① 지방의회에 두는 사무직원의 수는 인건비 등 대통령령으로 정하는 기준에 따라 조례로 정한다.

② 지방의회의 의장은 지방의회 사무직원을 지휘·감독하고 법령과 조례·의회규칙으로 정하는 바에 따라 그 임면·교육·훈련·복

무·징계 등에 관한 사항을 처리한다.

제104조(사무직원의 직무와 신분보장 등) ① 사무처장·사무국장 또는 사무과장은 지방의회의 의장의 명을 받아 의회의 사무를 처리한다.

② 사무직원의 임용·보수·복무·신분보장·징계 등에 관하여는 이 법에서 정한 것 외에는 「지방공무원법」을 적용한다.

제6장 집행기관

제1절 지방자치단체의 장

제1관 지방자치단체의 장의 직 인수위원회

제105조(지방자치단체의 장의 직 인수위원회) ① 「공직선거법」 제191조에 따른 지방자치단체의 장의 당선인(같은 법 제14조제3항 단서에 따라 당선이 결정된 사람을 포함하며, 이하 이 조에서 "당선인"이라 한다)은 이 법에서 정하는 바에 따라 지방자치단체의 장의 직 인수를 위하여 필요한 권한을 갖는다.

② 당선인을 보좌하여 지방자치단체의 장의 직 인수와 관련된 업무를 담당하기 위하여 당선이 결정된 때부터 해당 지방자치단체에 지방자치단체의 장의 직 인수위원회(이하 이 조에서 "인수위원회"라 한다)를 설치할 수 있다.

③ 인수위원회는 당선인으로 결정된 때부터 지방자치단체의 장의 임기 시작일 이후 20일의 범위에서 존속한다.

④ 인수위원회는 다음 각 호의 업무를 수행한다.

1. 해당 지방자치단체의 조직·기능 및 예산현황의 파악
2. 해당 지방자치단체의 정책기조를 설정하기 위한 준비
3. 그 밖에 지방자치단체의 장의 직 인수에 필요한 사항

⑤ 인수위원회는 위원장 1명 및 부위원장 1명을 포함하여 다음 각 호의 구분에 따른 위원으로 구성한다.

1. 시·도 : 20명 이내
2. 시·군 및 자치구 : 15명 이내

⑥ 위원장·부위원장 및 위원은 명예직으로 하고, 당선인이 임명하거나 위촉한다.

⑦ 「지방공무원법」 제31조 각 호의 어느 하나에 해당하는 사람은 인수위원회의 위원장·부위원장 및 위원이 될 수 없다.

⑧ 인수위원회의 위원장·부위원장 및 위원과 그 직에 있었던 사람은 그 직무와 관련하여 알게 된 비밀을 다른 사람에게 누설하거나 지방자치단체의 장의 직 인수 업무 외의다른 목적으로 이용할 수 없으며, 직권을 남용해서는 아니 된다.

⑨ 인수위원회의 위원장·부위원장 및 위원과 그 직에 있었던 사람 중 공무원이 아닌 사람은 인수위원회의 업무와 관련하여 「형법」이나 그 밖의 법률에 따른 벌칙을 적용할 때에는 공무원으로 본다.

⑩ 제1항부터 제9항까지에서 규정한 사항 외에 인수위원회의 구성·운영 및 인력·예산 지원 등에 필요한 사항은 해당 지방자치단체의 조례로 정한다.

제2관 지방자치단체의 장의 지위

제106조(지방자치단체의 장) 특별시에 특별시장, 광역시에 광역시장, 특별자치시에 특별자치시장, 도와 특별자치도에 도지사를 두고, 시에 시장, 군에 군수, 자치구에 구청장을 둔다.

제107조(지방자치단체의 장의 선거) 지방자치단체의 장은 주민이 보통·평등·직접·비밀선거로 선출한다.

제108조(지방자치단체의 장의 임기) 지방자치단체의 장의 임기는 4년으로 하며, 3기 내에서만 계속 재임(在任)할 수 있다.

제109조(겸임 등의 제한) ① 지방자치단체의 장은 다음 각 호의 어느 하나에 해당하는 직을 겸임할 수 없다.

1. 대통령, 국회의원, 헌법재판소 재판관, 각급 선거관리위원회 위원, 지방의회의원
2. 「국가공무원법」 제2조에 따른 국가공무원과 「지방공무원법」 제2조에 따른 지방

공무원
3. 다른 법령에 따라 공무원의 신분을 가지는 직
4. 「공공기관의 운영에 관한 법률」 제4조에 따른 공공기관(한국방송공사, 한국교육방송공사 및 한국은행을 포함한다)의 임직원
5. 농업협동조합, 수산업협동조합, 산림조합, 엽연초생산협동조합, 신용협동조합 및 새마을금고(이들 조합·금고의 중앙회와 연합회를 포함한다)의 임직원
6. 교원
7. 「지방공기업법」 제2조에 따른 지방공사와 지방공단의 임직원
8. 그 밖에 다른 법률에서 겸임할 수 없도록 정하는 직

② 지방자치단체의 장은 재임 중 그 지방자치단체와 영리를 목적으로 하는 거래를 하거나 그 지방자치단체와 관계있는 영리사업에 종사할 수 없다.

제110조(지방자치단체의 폐지·설치·분리·합병과 지방자치단체의 장) 지방자치단체를 폐지하거나 설치하거나 나누거나 합쳐 새로 지방자치단체의 장을 선출하여야 하는 경우에는 그 지방자치단체의 장이 선출될 때까지 시·도지사는 행정안전부장관이, 시장·군수 및 자치구의 구청장은 시·도지사가 각각 그 직무를 대행할 사람을 지정하여야 한다. 다만, 둘 이상의 동격의 지방자치단체를 통폐합하여 새로운 지방자치단체를 설치하는 경우에는 종전의 지방자치단체의 장 중에서 해당 지방자치단체의 장의 직무를 대행할 사람을 지정한다.

제111조(지방자치단체의 장의 사임) ① 지방자치단체의 장은 그 직을 사임하려면 지방의회의 의장에게 미리 사임일을 적은 서면(이하 "사임통지서"라 한다)으로 알려야 한다.

② 지방자치단체의 장은 사임통지서에 적힌 사임일에 사임한다. 다만, 사임통지서에 적힌 사임일까지 지방의회의 의장에게 사임통지가 되지 아니하면 지방의회의 의장에게 사임통지가 된 날에 사임한다.

제112조(지방자치단체의 장의 퇴직) 지방자치단체의 장이 다음 각 호의 어느 하나에 해당될 때에는 그 직에서 퇴직한다.
1. 지방자치단체의 장이 겸임할 수 없는 직에 취임할 때
2. 피선거권이 없게 될 때. 이 경우 지방자치단체의 구역이 변경되거나 없어지거나 합한 것 외의 다른 사유로 그 지방자치단체의 구역 밖으로 주민등록을 이전하였을 때를 포함한다.
3. 제110조에 따라 지방자치단체의 장의 직을 상실할 때

제113조(지방자치단체의 장의 체포 및 확정판결의 통지) ① 수사기관의 장은 체포되거나 구금된 지방자치단체의 장이 있으면 지체 없이 영장의 사본을 첨부하여 해당 지방자치단체에 알려야 한다. 이 경우 통지를 받은 지방자치단체는 그 사실을 즉시 행정안전부장관에게 보고하여야 하며, 시·군 및 자치구가 행정안전부장관에게 보고할 때에는 시·도지사를 거쳐야 한다.

② 각급 법원장은 지방자치단체의 장이 형사사건으로 공소가 제기되어 판결이 확정되면 지체 없이 해당 지방자치단체에 알려야 한다. 이 경우 통지를 받은 지방자치단체는 그 사실을 즉시 행정안전부장관에게 보고하여야 하며, 시·군 및 자치구가 행정안전부장관에게 보고할 때에는 시·도지사를 거쳐야 한다.

제3관 지방자치단체의 장의 권한

제114조(지방자치단체의 통할대표권) 지방자치단체의 장은 지방자치단체를 대표하고, 그 사무를 총괄한다.

제115조(국가사무의 위임) 시·도와 시·군 및 자치구에서 시행하는 국가사무는 시·도지사와 시장·군수 및 자치구의 구청장에게 위임하여 수행하는 것을 원칙으로 한다. 다만, 법령에 다른 규정이 있는 경우에는 그러하지 아니하다.

제116조(사무의 관리 및 집행권) 지방자치단체의 장은 그 지방자치단체의 사무와 법령에 따라 그 지방자치단체의 장에게 위임된 사무를 관리하고 집행한다.

제117조(사무의 위임 등) ① 지방자치단체의 장은 조례나 규칙으로 정하는 바에 따라 그 권한에 속하는 사무의 일부를 보조기관, 소속 행정기관 또는 하부행정기관에 위임할 수 있다.
② 지방자치단체의 장은 조례나 규칙으로 정하는 바에 따라 그 권한에 속하는 사무의 일부를 관할 지방자치단체나 공공단체 또는 그 기관(사업소·출장소를 포함한다)에 위임하거나 위탁할 수 있다.
③ 지방자치단체의 장은 조례나 규칙으로 정하는 바에 따라 그 권한에 속하는 사무 중 조사·검사·검정·관리업무 등 주민의 권리·의무와 직접 관련되지 아니하는 사무를 법인·단체 또는 그 기관이나 개인에게 위탁할 수 있다.
④ 지방자치단체의 장이 위임받거나 위탁받은 사무의 일부를 제 1 항부터 제 3 항까지의 규정에 따라 다시 위임하거나 위탁하려면 미리 그 사무를 위임하거나 위탁한 기관의 장의 승인을 받아야 한다.

제118조(직원에 대한 임면권 등) 지방자치단체의 장은 소속 직원(지방의회의 사무직원은 제외한다)을 지휘·감독하고 법령과 조례·규칙으로 정하는 바에 따라 그 임면·교육훈련·복무·징계 등에 관한 사항을 처리한다.

제119조(사무인계) 지방자치단체의 장이 퇴직할 때에는 소관 사무 일체를 후임자에게 인계하여야 한다.

제 4 관 지방의회와의 관계

제120조(지방의회의 의결에 대한 재의 요구와 제소) ① 지방자치단체의 장은 지방의회의 의결이 월권이거나 법령에 위반되거나 공익을 현저히 해친다고 인정되면 그 의결사항을 이송받은 날부터 20일 이내에 이유를 붙여 재의를 요구할 수 있다.
② 제 1 항의 요구에 대하여 재의한 결과 재적의원 과반수의 출석과 출석의원 3분의 2 이상의 찬성으로 전과 같은 의결을 하면 그 의결사항은 확정된다.
③ 지방자치단체의 장은 제 2 항에 따라 재의결된 사항이 법령에 위반된다고 인정되면 대법원에 소(訴)를 제기할 수 있다. 이 경우에는 제192조제 4 항을 준용한다.

제121조(예산상 집행 불가능한 의결의 재의 요구) ① 지방자치단체의 장은 지방의회의 의결이 예산상 집행할 수 없는 경비를 포함하고 있다고 인정되면 그 의결사항을 이송받은 날부터 20일 이내에 이유를 붙여 재의를 요구할 수 있다.
② 지방의회가 다음 각 호의 어느 하나에 해당하는 경비를 줄이는 의결을 할 때에도 제 1 항과 같다.
1. 법령에 따라 지방자치단체에서 의무적으로 부담하여야 할 경비
2. 비상재해로 인한 시설의 응급 복구를 위하여 필요한 경비
③ 제 1 항과 제 2 항의 경우에는 제120조제 2 항을 준용한다.

제122조(지방자치단체의 장의 선결처분) ① 지방자치단체의 장은 지방의회가 지방의회의원이 구속되는 등의 사유로 제73조에 따른 의결정족수에 미달될 때와 지방의회의 의결사항 중 주민의 생명과 재산 보호를 위하여 긴급하게 필요한 사항으로서 지방의회를 소집할 시간적 여유가 없거나 지방의회에서 의결이 지체되어 의결되지 아니할 때에는 선결처분(先決處分)을 할 수 있다.
② 제 1 항에 따른 선결처분은 지체 없이 지방의회에 보고하여 승인을 받아야 한다.
③ 지방의회에서 제 2 항의 승인을 받지 못하면 그 선결처분은 그때부터 효력을 상실한다.
④ 지방자치단체의 장은 제 2 항이나 제 3 항에 관한 사항을 지체 없이 공고하여야 한다.

제 2 절 보조기관

제123조(부지사·부시장·부군수·부구청장) ① 특별시·광역시 및 특별자치시에 부시장, 도와 특별자치도에 부지사, 시에 부시장, 군에 부군수, 자치구에 부구청장을 두며, 그 수는 다음 각 호의 구분과 같다.

1. 특별시의 부시장의 수 : 3명을 넘지 아니하는 범위에서 대통령령으로 정한다.
2. 광역시와 특별자치시의 부시장 및 도와 특별자치도의 부지사의 수 : 2명(인구 800만 이상의 광역시나 도는 3명)을 넘지 아니하는 범위에서 대통령령으로 정한다.
3. 시의 부시장, 군의 부군수 및 자치구의 부구청장의 수 : 1명으로 한다.

② 특별시·광역시 및 특별자치시의 부시장, 도와 특별자치도의 부지사는 대통령령으로 정하는 바에 따라 정무직 또는 일반직 국가공무원으로 보한다. 다만, 제1항제1호 및 제2호에 따라 특별시·광역시 및 특별자치시의 부시장, 도와 특별자치도의 부지사를 2명이나 3명 두는 경우에 1명은 대통령령으로 정하는 바에 따라 정무직·일반직 또는 별정직 지방공무원으로 보하되, 정무직과 별정직 지방공무원으로 보할 때의 자격기준은 해당 지방자치단체의 조례로 정한다.

③ 제2항의 정무직 또는 일반직 국가공무원으로 보하는 부시장·부지사는 시·도지사의 제청으로 행정안전부장관을 거쳐 대통령이 임명한다. 이 경우 제청된 사람에게 법적 결격사유가 없으면 시·도지사가 제청한 날부터 30일 이내에 임명절차를 마쳐야 한다.

④ 시의 부시장, 군의 부군수, 자치구의 부구청장은 일반직 지방공무원으로 보하되, 그 직급은 대통령령으로 정하며 시장·군수·구청장이 임명한다.

⑤ 시·도의 부시장과 부지사, 시의 부시장·부군수·부구청장은 해당 지방자치단체의 장을 보좌하여 사무를 총괄하고, 소속 직원을 지휘·감독한다.

⑥ 제1항제1호 및 제2호에 따라 시·도의 부시장과 부지사를 2명이나 3명 두는 경우에 그 사무 분장은 대통령령으로 정한다. 이 경우 부시장·부지사를 3명 두는 시·도에서는 그중 1명에게 특정지역의 사무를 담당하게 할 수 있다.

제124조(지방자치단체의 장의 권한대행 등) ① 지방자치단체의 장이 다음 각 호의 어느 하나에 해당되면 부지사·부시장·부군수·부구청장(이하 이 조에서 "부단체장"이라 한다)이 그 권한을 대행한다.
1. 궐위된 경우
2. 공소 제기된 후 구금상태에 있는 경우
3. 「의료법」에 따른 의료기관에 60일 이상 계속하여 입원한 경우

② 지방자치단체의 장이 그 직을 가지고 그 지방자치단체의 장 선거에 입후보하면 예비후보자 또는 후보자로 등록한 날부터 선거일까지 부단체장이 그 지방자치단체의 장의 권한을 대행한다.

③ 지방자치단체의 장이 출장·휴가 등 일시적 사유로 직무를 수행할 수 없으면 부단체장이 그 직무를 대리한다.

④ 제1항부터 제3항까지의 경우에 부지사나 부시장이 2명 이상인 시·도에서는 대통령령으로 정하는 순서에 따라 그 권한을 대행하거나 직무를 대리한다.

⑤ 제1항부터 제3항까지의 규정에 따라 권한을 대행하거나 직무를 대리할 부단체장이 부득이한 사유로 직무를 수행할 수 없으면 그 지방자치단체의 규칙에 정해진 직제 순서에 따른 공무원이 그 권한을 대행하거나 직무를 대리한다.

제125조(행정기구와 공무원) ① 지방자치단체는 그 사무를 분장하기 위하여 필요한 행정기구와 지방공무원을 둔다.

② 제1항에 따른 행정기구의 설치와 지방공무원의 정원은 인건비 등 대통령령으로 정하는 기준에 따라 그 지방자치단체의 조례로 정한다.

③ 행정안전부장관은 지방자치단체의 행정기구와 지방공무원의 정원이 적절하게 운영되고 다른 지방자치단체와의 균형이 유지되도록 하기 위하여 필요한 사항을 권고할 수 있다.

④ 지방공무원의 임용과 시험·자격·보수·복무·신분보장·징계·교육·훈련 등에 관한 사항은 따로 법률로 정한다.

⑤ 지방자치단체에는 제1항에도 불구하고 법률로 정하는 바에 따라 국가공무원을 둘 수 있다.

⑥ 제5항에 규정된 국가공무원의 경우 「국가공무원법」 제32조제1항부터 제3항까지의 규정에도 불구하고 5급 이상의 국가공무

원이나 고위공무원단에 속하는 공무원은 해당 지방자치단체의 장의 제청으로 소속 장관을 거쳐 대통령이 임명하고, 6급 이하의 국가공무원은 그 지방자치단체의 장의 제청으로 소속 장관이 임명한다.

제 3 절 소속 행정기관

제126조(직속기관) 지방자치단체는 소관 사무의 범위에서 필요하면 대통령령이나 대통령령으로 정하는 범위에서 그 지방자치단체의 조례로 자치경찰기관(제주특별자치도만 해당한다), 소방기관, 교육훈련기관, 보건진료기관, 시험연구기관 및 중소기업지도기관 등을 직속기관으로 설치할 수 있다.

제127조(사업소) 지방자치단체는 특정 업무를 효율적으로 수행하기 위하여 필요하면 대통령령으로 정하는 범위에서 그 지방자치단체의 조례로 사업소를 설치할 수 있다.

제128조(출장소) 지방자치단체는 외진 곳의 주민의 편의와 특정지역의 개발 촉진을 위하여 필요하면 대통령령으로 정하는 범위에서 그 지방자치단체의 조례로 출장소를 설치할 수 있다.

제129조(합의제행정기관) ① 지방자치단체는 소관 사무의 일부를 독립하여 수행할 필요가 있으면 법령이나 그 지방자치단체의 조례로 정하는 바에 따라 합의제행정기관을 설치할 수 있다.

② 제 1 항의 합의제행정기관의 설치·운영에 필요한 사항은 대통령령이나 그 지방자치단체의 조례로 정한다.

제130조(자문기관의 설치 등) ① 지방자치단체는 소관 사무의 범위에서 법령이나 그 지방자치단체의 조례로 정하는 바에 따라 자문기관(소관 사무에 대한 자문에 응하거나 협의, 심의 등을 목적으로 하는 심의회, 위원회 등을 말한다. 이하 같다)을 설치·운영할 수 있다.

② 자문기관은 법령이나 조례에 규정된 기능과 권한을 넘어서 주민의 권리를 제한하거나 의무를 부과하는 내용으로 자문 또는 심의 등을 하여서는 아니 된다.

③ 자문기관의 설치 요건·절차, 구성 및 운영 등에 관한 사항은 대통령령으로 정한다. 다만, 다른 법령에서 지방자치단체에 둘 수 있는 자문기관의 설치 요건·절차, 구성 및 운영 등을 따로 정한 경우에는 그 법령에서 정하는 바에 따른다.

④ 지방자치단체는 자문기관 운영의 효율성 향상을 위하여 해당 지방자치단체에 설치된 다른 자문기관과 성격·기능이 중복되는 자문기관을 설치·운영해서는 아니 되며, 지방자치단체의 조례로 정하는 바에 따라 성격과 기능이 유사한 다른 자문기관의 기능을 포함하여 운영할 수 있다.

⑤ 지방자치단체의 장은 자문기관 운영의 효율성 향상을 위한 자문기관 정비계획 및 조치 결과 등을 종합하여 작성한 자문기관 운영현황을 매년 해당 지방의회에 보고하여야 한다.

제 4 절 하부행정기관

제131조(하부행정기관의 장) 자치구가 아닌 구에 구청장, 읍에 읍장, 면에 면장, 동에 동장을 둔다. 이 경우 면·동은 행정면·행정동을 말한다.

제132조(하부행정기관의 장의 임명) ① 자치구가 아닌 구의 구청장은 일반직 지방공무원으로 보하되, 시장이 임명한다.

② 읍장·면장·동장은 일반직 지방공무원으로 보하되, 시장·군수 또는 자치구의 구청장이 임명한다.

제133조(하부행정기관의 장의 직무권한) 자치구가 아닌 구의 구청장은 시장, 읍장·면장은 시장이나 군수, 동장은 시장(구가 없는 시의 시장을 말한다)이나 구청장(자치구의 구청장을 포함한다)의 지휘·감독을 받아 소관 국가사무와 지방자치단체의 사무를 맡아 처리하고 소속 직원을 지휘·감독한다.

제134조(하부행정기구) 지방자치단체는 조례로 정하는 바에 따라 자치구가 아닌 구와 읍·면·동에 소관 행정사무를 분장하기 위하여 필요한 행정기구를 둘 수 있다. 이 경우 면·동은 행정면·행정동을 말한다.

제 5 절 교육·과학 및 체육에 관한 기관

제135조(교육·과학 및 체육에 관한 기관) ① 지방자치단체의 교육·과학 및 체육에 관한 사무를 분장하기 위하여 별도의 기관을 둔다.
② 제 1 항에 따른 기관의 조직과 운영에 필요한 사항은 따로 법률로 정한다.

제 7 장 재무

제 1 절 재정 운영의 기본원칙

제136조(지방재정의 조정) 국가와 지방자치단체는 지역 간 재정불균형을 해소하기 위하여 국가와 지방자치단체 간, 지방자치단체 상호 간에 적절한 재정 조정을 하도록 노력하여야 한다.

제137조(건전재정의 운영) ① 지방자치단체는 그 재정을 수지균형의 원칙에 따라 건전하게 운영하여야 한다.
② 국가는 지방재정의 자주성과 건전한 운영을 장려하여야 하며, 국가의 부담을 지방자치단체에 넘겨서는 아니 된다.
③ 국가는 다음 각 호의 어느 하나에 해당하는 기관의 신설·확장·이전·운영과 관련된 비용을 지방자치단체에 부담시켜서는 아니 된다.
1. 「정부조직법」과 다른 법률에 따라 설치된 국가행정기관 및 그 소속 기관
2. 「공공기관의 운영에 관한 법률」 제 4 조에 따른 공공기관
3. 국가가 출자·출연한 기관(재단법인, 사단법인 등을 포함한다)
4. 국가가 설립·조성·관리하는 시설 또는 단지 등을 지원하기 위하여 설치된 기관(재단법인, 사단법인 등을 포함한다)

④ 국가는 제 3 항 각 호의 기관을 신설하거나 확장하거나 이전하는 위치를 선정할 경우 지방자치단체의 재정적 부담을 입지 선정의 조건으로 하거나 입지 적합성의 선정항목으로 이용해서는 아니 된다.

제138조(국가시책의 구현) ① 지방자치단체는 국가시책을 달성하기 위하여 노력하여야 한다.
② 제 1 항에 따라 국가시책을 달성하기 위하여 필요한 경비의 국고보조율과 지방비부담률은 법령으로 정한다.

제139조(지방채무 및 지방채권의 관리) ① 지방자치단체의 장이나 지방자치단체조합은 따로 법률로 정하는 바에 따라 지방채를 발행할 수 있다.
② 지방자치단체의 장은 따로 법률로 정하는 바에 따라 지방자치단체의 채무부담의 원인이 될 계약의 체결이나 그 밖의 행위를 할 수 있다.
③ 지방자치단체의 장은 공익을 위하여 필요하다고 인정하면 미리 지방의회의 의결을 받아 보증채무부담행위를 할 수 있다.
④ 지방자치단체는 조례나 계약에 의하지 아니하고는 채무의 이행을 지체할 수 없다.
⑤ 지방자치단체는 법령이나 조례의 규정에 따르거나 지방의회의 의결을 받지 아니하고는 채권에 관하여 채무를 면제하거나 그 효력을 변경할 수 없다.

제 2 절 예산과 결산

제140조(회계연도) 지방자치단체의 회계연도는 매년 1월 1일에 시작하여 그 해 12월 31일에 끝난다.

제141조(회계의 구분) ① 지방자치단체의 회계는 일반회계와 특별회계로 구분한다.
② 특별회계는 법률이나 지방자치단체의 조례로 설치할 수 있다.

제142조(예산의 편성 및 의결) ① 지방자치단체의 장은 회계연도마다 예산안을 편성하여 시·도는 회계연도 시작 50일 전까지, 시·군 및 자치구는 회계연도 시작 40일 전까지 지방의회에 제출하여야 한다.
② 시·도의회는 제 1 항의 예산안을 회계연도 시작 15일 전까지, 시·군 및 자치구의회는 회계연도 시작 10일 전까지 의결하여야 한다.

③ 지방의회는 지방자치단체의 장의 동의 없이 지출예산 각 항의 금액을 증가시키거나 새로운 비용항목을 설치할 수 없다.

④ 지방자치단체의 장은 제1항의 예산안을 제출한 후 부득이한 사유로 그 내용의 일부를 수정하려면 수정예산안을 작성하여 지방의회에 다시 제출할 수 있다.

제143조(계속비) 지방자치단체의 장은 한 회계연도를 넘어 계속하여 경비를 지출할 필요가 있으면 그 총액과 연도별 금액을 정하여 계속비로서 지방의회의 의결을 받아야 한다.

제144조(예비비) ① 지방자치단체는 예측할 수 없는 예산 외의 지출이나 예산초과지출에 충당하기 위하여 세입·세출예산에 예비비를 계상하여야 한다.

② 예비비의 지출은 다음 해 지방의회의 승인을 받아야 한다.

제145조(추가경정예산) ① 지방자치단체의 장은 예산을 변경할 필요가 있으면 추가경정예산안을 편성하여 지방의회의 의결을 받아야 한다.

② 제1항의 경우에는 제142조제3항 및 제4항을 준용한다.

제146조(예산이 성립하지 아니할 때의 예산 집행) 지방의회에서 새로운 회계연도가 시작될 때까지 예산안이 의결되지 못하면 지방자치단체의 장은 지방의회에서 예산안이 의결될 때까지 다음 각 호의 목적을 위한 경비를 전년도 예산에 준하여 집행할 수 있다.

1. 법령이나 조례에 따라 설치된 기관이나 시설의 유지·운영
2. 법령상 또는 조례상 지출의무의 이행
3. 이미 예산으로 승인된 사업의 계속

제147조(지방자치단체를 신설할 때의 예산) ① 지방자치단체를 폐지하거나 설치하거나 나누거나 합쳐 새로운 지방자치단체가 설치된 경우에는 지체 없이 그 지방자치단체의 예산을 편성하여야 한다.

② 제1항의 경우에 해당 지방자치단체의 장은 예산이 성립될 때까지 필요한 경상적 수입과 지출을 할 수 있다. 이 경우 수입과 지출은 새로 성립될 예산에 포함시켜야 한다.

제148조(재정부담이 따르는 조례 제정 등) 지방의회는 새로운 재정부담이 따르는 조례나 안건을 의결하려면 미리 지방자치단체의 장의 의견을 들어야 한다.

제149조(예산의 이송·고시 등) ① 지방의회의 의장은 예산안이 의결되면 그날부터 3일 이내에 지방자치단체의 장에게 이송하여야 한다.

② 지방자치단체의 장은 제1항에 따라 예산을 이송받으면 지체 없이 시·도에서는 행정안전부장관에게, 시·군 및 자치구에서는 시·도지사에게 각각 보고하고, 그 내용을 고시하여야 한다. 다만, 제121조에 따른 재의 요구를 할 때에는 그러하지 아니하다.

제150조(결산) ① 지방자치단체의 장은 출납 폐쇄 후 80일 이내에 결산서와 증명서류를 작성하고 지방의회가 선임한 검사위원의 검사의견서를 첨부하여 다음 해 지방의회의 승인을 받아야 한다. 결산의 심사 결과 위법하거나 부당한 사항이 있는 경우에 지방의회는 본회의 의결 후 지방자치단체 또는 해당 기관에 변상 및 징계 조치 등 그 시정을 요구하고, 지방자치단체 또는 해당 기관은 시정 요구를 받은 사항을 지체 없이 처리하여 그 결과를 지방의회에 보고하여야 한다.

② 지방자치단체의 장은 제1항에 따른 승인을 받으면 그날부터 5일 이내에 시·도에서는 행정안전부장관에게, 시·군 및 자치구에서는 시·도지사에게 각각 보고하고, 그 내용을 고시하여야 한다.

③ 제1항에 따른 검사위원의 선임과 운영에 필요한 사항은 대통령령으로 정한다.

제151조(지방자치단체가 없어졌을 때의 결산) ① 지방자치단체를 폐지하거나 설치하거나 나누거나 합쳐 없어진 지방자치단체의 수입과 지출은 없어진 날로 마감하되, 그 지방자치단체의 장이었던 사람이 결산하여야 한다.

② 제1항의 결산은 제150조제1항에 따라 사무를 인수한 지방자치단체의 의회의 승인을 받아야 한다.

제 3 절 수입과 지출

제152조(지방세) 지방자치단체는 법률로 정하는 바에 따라 지방세를 부과·징수할 수 있다.

제153조(사용료) 지방자치단체는 공공시설의 이용 또는 재산의 사용에 대하여 사용료를 징수할 수 있다.

제154조(수수료) ① 지방자치단체는 그 지방자치단체의 사무가 특정인을 위한 것이면 그 사무에 대하여 수수료를 징수할 수 있다.

② 지방자치단체는 국가나 다른 지방자치단체의 위임사무가 특정인을 위한 것이면 그 사무에 대하여 수수료를 징수할 수 있다.

③ 제 2 항에 따른 수수료는 그 지방자치단체의 수입으로 한다. 다만, 법령에 달리 정해진 경우에는 그러하지 아니하다.

제155조(분담금) 지방자치단체는 그 재산 또는 공공시설의 설치로 주민의 일부가 특히 이익을 받으면 이익을 받는 자로부터 그 이익의 범위에서 분담금을 징수할 수 있다.

제156조(사용료의 징수조례 등) ① 사용료·수수료 또는 분담금의 징수에 관한 사항은 조례로 정한다. 다만, 국가가 지방자치단체나 그 기관에 위임한 사무와 자치사무의 수수료 중 전국적으로 통일할 필요가 있는 수수료는 다른 법령의 규정에도 불구하고 대통령령으로 정하는 표준금액으로 징수하되, 지방자치단체가 다른 금액으로 징수하려는 경우에는 표준금액의 50퍼센트 범위에서 조례로 가감 조정하여 징수할 수 있다.

② 사기나 그 밖의 부정한 방법으로 사용료·수수료 또는 분담금의 징수를 면한 자에게는 그 징수를 면한 금액의 5배 이내의 과태료를, 공공시설을 부정사용한 자에게는 50만원 이하의 과태료를 부과하는 규정을 조례로 정할 수 있다.

③ 제 2 항에 따른 과태료의 부과·징수, 재판 및 집행 등의 절차에 관한 사항은 「질서위반행위규제법」에 따른다.

제157조(사용료 등의 부과·징수, 이의신청) ① 사용료·수수료 또는 분담금은 공평한 방법으로 부과하거나 징수하여야 한다.

② 사용료·수수료 또는 분담금의 부과나 징수에 대하여 이의가 있는 자는 그 처분을 통지받은 날부터 90일 이내에 그 지방자치단체의 장에게 이의신청할 수 있다.

③ 지방자치단체의 장은 제 2 항의 이의신청을 받은 날부터 60일 이내에 결정을 하여 알려야 한다.

④ 사용료·수수료 또는 분담금의 부과나 징수에 대하여 행정소송을 제기하려면 제 3 항에 따른 결정을 통지받은 날부터 90일 이내에 처분청을 당사자로 하여 소를 제기하여야 한다.

⑤ 제 3 항에 따른 결정기간에 결정의 통지를 받지 못하면 제 4 항에도 불구하고 그 결정기간이 지난 날부터 90일 이내에 소를 제기할 수 있다.

⑥ 제 2 항과 제 3 항에 따른 이의신청의 방법과 절차 등에 관하여는 「지방세기본법」 제90조와 제94조부터 제100조까지의 규정을 준용한다.

⑦ 지방자치단체의 장은 사용료·수수료 또는 분담금을 내야 할 자가 납부기한까지 그 사용료·수수료 또는 분담금을 내지 아니하면 지방세 체납처분의 예에 따라 징수할 수 있다.

제158조(경비의 지출) 지방자치단체는 자치사무 수행에 필요한 경비와 위임된 사무에 필요한 경비를 지출할 의무를 진다. 다만, 국가사무나 지방자치단체사무를 위임할 때에는 사무를 위임한 국가나 지방자치단체에서 그 경비를 부담하여야 한다.

제 4 절 재산 및 공공시설

제159조(재산과 기금의 설치) ① 지방자치단체는 행정목적을 달성하기 위한 경우나 공익상 필요한 경우에는 재산(현금 외의 모든 재산적 가치가 있는 물건과 권리를 말한다)을 보유하거나 특정한 자금을 운용하기 위한 기금을 설치할 수 있다.

② 제 1 항의 재산의 보유, 기금의 설치·운용에 필요한 사항은 조례로 정한다.

제160조(재산의 관리와 처분) 지방자치단체의

재산은 법령이나 조례에 따르지 아니하고는 교환·양여(讓與)·대여하거나 출자 수단 또는 지급 수단으로 사용할 수 없다.

제161조(공공시설) ① 지방자치단체는 주민의 복지를 증진하기 위하여 공공시설을 설치할 수 있다.

② 제1항의 공공시설의 설치와 관리에 관하여 다른 법령에 규정이 없으면 조례로 정한다.

③ 제1항의 공공시설은 관계 지방자치단체의 동의를 받아 그 지방자치단체의 구역 밖에 설치할 수 있다.

제5절 보칙

제162조(지방재정 운영에 관한 법률의 제정) 지방자치단체의 재정에 관하여 이 법에서 정한 것 외에 필요한 사항은 따로 법률로 정한다.

제163조(지방공기업의 설치·운영) ① 지방자치단체는 주민의 복리증진과 사업의 효율적 수행을 위하여 지방공기업을 설치·운영할 수 있다.

② 지방공기업의 설치·운영에 필요한 사항은 따로 법률로 정한다.

제8장 지방자치단체 상호 간의 관계

제1절 지방자치단체 간의 협력과 분쟁조정

제164조(지방자치단체 상호 간의 협력) ① 지방자치단체는 다른 지방자치단체로부터 사무의 공동처리에 관한 요청이나 사무처리에 관한 협의·조정·승인 또는 지원의 요청을 받으면 법령의 범위에서 협력하여야 한다.

② 관계 중앙행정기관의 장은 지방자치단체 간의 협력 활성화를 위하여 필요한 지원을 할 수 있다.

제165조(지방자치단체 상호 간의 분쟁조정) ① 지방자치단체 상호 간 또는 지방자치단체의 장 상호 간에 사무를 처리할 때 의견이 달라 다툼(이하 "분쟁"이라 한다)이 생기면 다른 법률에 특별한 규정이 없으면 행정안전부장관이나 시·도지사가 당사자의 신청을 받아 조정할 수 있다. 다만, 그 분쟁이 공익을 현저히 해쳐 조속한 조정이 필요하다고 인정되면 당사자의 신청이 없어도 직권으로 조정할 수 있다.

② 제1항 단서에 따라 행정안전부장관이나 시·도지사가 분쟁을 조정하는 경우에는 그 취지를 미리 당사자에게 알려야 한다.

③ 행정안전부장관이나 시·도지사가 제1항의 분쟁을 조정하려는 경우에는 관계 중앙행정기관의 장과의 협의를 거쳐 제166조에 따른 지방자치단체중앙분쟁조정위원회나 지방자치단체지방분쟁조정위원회의 의결에 따라 조정을 결정하여야 한다.

④ 행정안전부장관이나 시·도지사는 제3항에 따라 조정을 결정하면 서면으로 지체 없이 관계 지방자치단체의 장에게 통보하여야 하며, 통보를 받은 지방자치단체의 장은 그 조정 결정 사항을 이행하여야 한다.

⑤ 제3항에 따른 조정 결정 사항 중 예산이 필요한 사항에 대해서는 관계 지방자치단체는 필요한 예산을 우선적으로 편성하여야 한다. 이 경우 연차적으로 추진하여야 할 사항은 연도별 추진계획을 행정안전부장관이나 시·도지사에게 보고하여야 한다.

⑥ 행정안전부장관이나 시·도지사는 제3항의 조정 결정에 따른 시설의 설치 또는 서비스의 제공으로 이익을 얻거나 그 원인을 일으켰다고 인정되는 지방자치단체에 대해서는 그 시설비나 운영비 등의 전부나 일부를 행정안전부장관이 정하는 기준에 따라 부담하게 할 수 있다.

⑦ 행정안전부장관이나 시·도지사는 제4항부터 제6항까지의 규정에 따른 조정 결정 사항이 성실히 이행되지 아니하면 그 지방자치단체에 대하여 제189조를 준용하여 이행하게 할 수 있다.

제166조(지방자치단체중앙분쟁조정위원회 등의 설치와 구성 등) ① 제165조제1항에 따른 분쟁의 조정과 제173조제1항에 따른 협의

사항의 조정에 필요한 사항을 심의·의결하기 위하여 행정안전부에 지방자치단체중앙분쟁조정위원회(이하 "중앙분쟁조정위원회"라 한다)를, 시·도에 지방자치단체지방분쟁조정위원회(이하 "지방분쟁조정위원회"라 한다)를 둔다.

② 중앙분쟁조정위원회는 다음 각 호의 분쟁을 심의·의결한다.

1. 시·도 간 또는 그 장 간의 분쟁
2. 시·도를 달리하는 시·군 및 자치구 간 또는 그 장 간의 분쟁
3. 시·도와 시·군 및 자치구 간 또는 그 장 간의 분쟁
4. 시·도와 지방자치단체조합 간 또는 그 장 간의 분쟁
5. 시·도를 달리하는 시·군 및 자치구와 지방자치단체조합 간 또는 그 장 간의 분쟁
6. 시·도를 달리하는 지방자치단체조합 간 또는 그 장 간의 분쟁

③ 지방분쟁조정위원회는 제2항 각 호에 해당하지 아니하는 지방자치단체·지방자치단체조합 간 또는 그 장 간의 분쟁을 심의·의결한다.

④ 중앙분쟁조정위원회와 지방분쟁조정위원회(이하 "분쟁조정위원회"라 한다)는 각각 위원장 1명을 포함하여 11명 이내의 위원으로 구성한다.

⑤ 중앙분쟁조정위원회의 위원장과 위원 중 5명은 다음 각 호의 사람 중에서 행정안전부장관의 제청으로 대통령이 임명하거나 위촉하고, 대통령령으로 정하는 중앙행정기관 소속 공무원은 당연직위원이 된다.

1. 대학에서 부교수 이상으로 3년 이상 재직 중이거나 재직한 사람
2. 판사·검사 또는 변호사의 직에 6년 이상 재직 중이거나 재직한 사람
3. 그 밖에 지방자치사무에 관한 학식과 경험이 풍부한 사람

⑥ 지방분쟁조정위원회의 위원장과 위원 중 5명은 제5항 각 호의 사람 중에서 시·도지사가 임명하거나 위촉하고, 조례로 정하는 해당 지방자치단체 소속 공무원은 당연직위원이 된다.

⑦ 공무원이 아닌 위원장 및 위원의 임기는 3년으로 하며, 연임할 수 있다. 다만, 보궐위원의 임기는 전임자 임기의 남은 기간으로 한다.

제167조(분쟁조정위원회의 운영 등) ① 분쟁조정위원회는 위원장을 포함한 위원 7명 이상의 출석으로 개의하고, 출석위원 3분의 2 이상의 찬성으로 의결한다.

② 분쟁조정위원회의 위원장은 분쟁의 조정과 관련하여 필요하다고 인정하면 관계 공무원, 지방자치단체조합의 직원 또는 관계 전문가를 출석시켜 의견을 듣거나 관계 기관이나 단체에 대하여 자료 및 의견 제출 등을 요구할 수 있다. 이 경우 분쟁의 당사자에게는 의견을 진술할 기회를 주어야 한다.

③ 이 법에서 정한 사항 외에 분쟁조정위원회의 구성과 운영 등에 필요한 사항은 대통령령으로 정한다.

제168조(사무의 위탁) ① 지방자치단체나 그 장은 소관 사무의 일부를 다른 지방자치단체나 그 장에게 위탁하여 처리하게 할 수 있다.

② 지방자치단체나 그 장은 제1항에 따라 사무를 위탁하려면 관계 지방자치단체와의 협의에 따라 규약을 정하여 고시하여야 한다.

③ 제2항의 사무위탁에 관한 규약에는 다음 각 호의 사항이 포함되어야 한다.

1. 사무를 위탁하는 지방자치단체와 사무를 위탁받는 지방자치단체
2. 위탁사무의 내용과 범위
3. 위탁사무의 관리와 처리방법
4. 위탁사무의 관리와 처리에 드는 경비의 부담과 지출방법
5. 그 밖에 사무위탁에 필요한 사항

④ 지방자치단체나 그 장은 사무위탁을 변경하거나 해지하려면 관계 지방자치단체나 그 장과 협의하여 그 사실을 고시하여야 한다.

⑤ 사무가 위탁된 경우 위탁된 사무의 관리와 처리에 관한 조례나 규칙은 규약에 다르게 정해진 경우 외에는 사무를 위탁받은 지방자치단체에 대해서도 적용한다.

제 2 절 행정협의회

제169조(행정협의회의 구성) ① 지방자치단체는 2개 이상의 지방자치단체에 관련된 사무의 일부를 공동으로 처리하기 위하여 관계 지방자치단체 간의 행정협의회(이하 "협의회"라 한다)를 구성할 수 있다. 이 경우 지방자치단체의 장은 시·도가 구성원이면 행정안전부장관과 관계 중앙행정기관의 장에게, 시·군 또는 자치구가 구성원이면 시·도지사에게 이를 보고하여야 한다.

② 지방자치단체는 협의회를 구성하려면 관계 지방자치단체 간의 협의에 따라 규약을 정하여 관계 지방의회에 각각 보고한 다음 고시하여야 한다.

③ 행정안전부장관이나 시·도지사는 공익상 필요하면 관계 지방자치단체에 대하여 협의회를 구성하도록 권고할 수 있다.

제170조(협의회의 조직) ① 협의회는 회장과 위원으로 구성한다.

② 회장과 위원은 규약으로 정하는 바에 따라 관계 지방자치단체의 직원 중에서 선임한다.

③ 회장은 협의회를 대표하며 회의를 소집하고 협의회의 사무를 총괄한다.

제171조(협의회의 규약) 협의회의 규약에는 다음 각 호의 사항이 포함되어야 한다.

1. 협의회의 명칭
2. 협의회를 구성하는 지방자치단체
3. 협의회가 처리하는 사무
4. 협의회의 조직과 회장 및 위원의 선임방법
5. 협의회의 운영과 사무처리에 필요한 경비의 부담이나 지출방법
6. 그 밖에 협의회의 구성과 운영에 필요한 사항

제172조(협의회의 자료제출 요구 등) 협의회는 사무를 처리하기 위하여 필요하다고 인정하면 관계 지방자치단체의 장에게 자료제출, 의견 제시, 그 밖에 필요한 협조를 요구할 수 있다.

제173조(협의사항의 조정) ① 협의회에서 합의가 이루어지지 아니한 사항에 대하여 관계 지방자치단체의 장이 조정을 요청하면 시·도 간의 협의사항에 대해서는 행정안전부장관이, 시·군 및 자치구 간의 협의사항에 대해서는 시·도지사가 조정할 수 있다. 다만, 관계되는 시·군 및 자치구가 2개 이상의 시·도에 걸쳐 있는 경우에는 행정안전부장관이 조정할 수 있다.

② 행정안전부장관이나 시·도지사가 제 1 항에 따라 조정을 하려면 관계 중앙행정기관의 장과의 협의를 거쳐 분쟁조정위원회의 의결에 따라 조정하여야 한다.

제174조(협의회의 협의 및 사무처리의 효력) ① 협의회를 구성한 관계 지방자치단체는 협의회가 결정한 사항이 있으면 그 결정에 따라 사무를 처리하여야 한다.

② 제173조제 1 항에 따라 행정안전부장관이나 시·도지사가 조정한 사항에 관하여는 제165조제 3 항부터 제 6 항까지의 규정을 준용한다.

③ 협의회가 관계 지방자치단체나 그 장의 명의로 한 사무의 처리는 관계 지방자치단체나 그 장이 한 것으로 본다.

제175조(협의회의 규약변경 및 폐지) 지방자치단체가 협의회의 규약을 변경하거나 협의회를 없애려는 경우에는 제169조제 1 항 및 제 2 항을 준용한다.

제 3 절 지방자치단체조합

제176조(지방자치단체조합의 설립) ① 2개 이상의 지방자치단체가 하나 또는 둘 이상의 사무를 공동으로 처리할 필요가 있을 때에는 규약을 정하여 지방의회의 의결을 거쳐 시·도는 행정안전부장관의 승인, 시·군 및 자치구는 시·도지사의 승인을 받아 지방자치단체조합을 설립할 수 있다. 다만, 지방자치단체조합의 구성원인 시·군 및 자치구가 2개 이상의 시·도에 걸쳐 있는 지방자치단체조합은 행정안전부장관의 승인을 받아야 한다.

② 지방자치단체조합은 법인으로 한다.

제177조(지방자치단체조합의 조직) ① 지방자치단체조합에는 지방자치단체조합회의와

지방자치단체조합장 및 사무직원을 둔다.

② 지방자치단체조합회의의 위원과 지방자치단체조합장 및 사무직원은 지방자치단체조합규약으로 정하는 바에 따라 선임한다.

③ 관계 지방의회의원과 관계 지방자치단체의 장은 제43조제1항과 제109조제1항에도 불구하고 지방자치단체조합회의의 위원이나 지방자치단체조합장을 겸할 수 있다.

제178조(지방자치단체조합회의와 지방자치단체조합장의 권한) ① 지방자치단체조합회의는 지방자치단체조합의 규약으로 정하는 바에 따라 지방자치단체조합의 중요 사무를 심의·의결한다.

② 지방자치단체조합회의는 지방자치단체조합이 제공하는 서비스에 대한 사용료·수수료 또는 분담금을 제156조제1항에 따른 조례로 정한 범위에서 정할 수 있다.

③ 지방자치단체조합장은 지방자치단체조합을 대표하며 지방자치단체조합의 사무를 총괄한다.

제179조(지방자치단체조합의 규약) 지방자치단체조합의 규약에는 다음 각 호의 사항이 포함되어야 한다.

1. 지방자치단체조합의 명칭
2. 지방자치단체조합을 구성하는 지방자치단체
3. 사무소의 위치
4. 지방자치단체조합의 사무
5. 지방자치단체조합회의의 조직과 위원의 선임방법
6. 집행기관의 조직과 선임방법
7. 지방자치단체조합의 운영 및 사무처리에 필요한 경비의 부담과 지출방법
8. 그 밖에 지방자치단체조합의 구성과 운영에 관한 사항

제180조(지방자치단체조합의 지도·감독) ① 시·도가 구성원인 지방자치단체조합은 행정안전부장관, 시·군 및 자치구가 구성원인 지방자치단체조합은 1차로 시·도지사, 2차로 행정안전부장관의 지도·감독을 받는다. 다만, 지방자치단체조합의 구성원인 시·군 및 자치구가 2개 이상의 시·도에 걸쳐 있는 지방자치단체조합은 행정안전부장관의 지도·감독을 받는다.

② 행정안전부장관은 공익상 필요하면 지방자치단체조합의 설립이나 해산 또는 규약 변경을 명할 수 있다.

제181조(지방자치단체조합의 규약 변경 및 해산) ① 지방자치단체조합의 규약을 변경하거나 지방자치단체조합을 해산하려는 경우에는 제176조제1항을 준용한다.

② 지방자치단체조합을 해산한 경우에 그 재산의 처분은 관계 지방자치단체의 협의에 따른다.

제 4 절 지방자치단체의 장 등의 협의체

제182조(지방자치단체의 장 등의 협의체) ① 지방자치단체의 장이나 지방의회의 의장은 상호 간의 교류와 협력을 증진하고, 공동의 문제를 협의하기 위하여 다음 각 호의 구분에 따라 각각 전국적 협의체를 설립할 수 있다.

1. 시·도지사
2. 시·도의회의 의장
3. 시장·군수 및 자치구의 구청장
4. 시·군 및 자치구의회의 의장

② 제1항 각 호의 전국적 협의체는 그들 모두가 참가하는 지방자치단체 연합체를 설립할 수 있다.

③ 제1항에 따른 협의체나 제2항에 따른 연합체를 설립하였을 때에는 그 협의체·연합체의 대표자는 지체 없이 행정안전부장관에게 신고하여야 한다.

④ 제1항에 따른 협의체나 제2항에 따른 연합체는 지방자치에 직접적인 영향을 미치는 법령 등에 관한 의견을 행정안전부장관에게 제출할 수 있으며, 행정안전부장관은 제출된 의견을 관계 중앙행정기관의 장에게 통보하여야 한다.

⑤ 관계 중앙행정기관의 장은 제4항에 따라 통보된 내용에 대하여 통보를 받은 날부터 2개월 이내에 타당성을 검토하여 행정안전부장관에게 결과를 통보하여야 하고, 행정안전부장관은 통보받은 검토 결과를 해당 협의체나 연합체에 지체 없이 통보하여야

한다. 이 경우 관계 중앙행정기관의 장은 검토 결과 타당성이 없다고 인정하면 구체적인 사유 및 내용을 밝혀 통보하여야 하며, 타당하다고 인정하면 관계 법령에 그 내용이 반영될 수 있도록 적극 협력하여야 한다.

⑥ 제 1 항에 따른 협의체나 제 2 항에 따른 연합체는 지방자치와 관련된 법률의 제정·개정 또는 폐지가 필요하다고 인정하는 경우에는 국회에 서면으로 의견을 제출할 수 있다.

⑦ 제 1 항에 따른 협의체나 제 2 항에 따른 연합체의 설립신고와 운영, 그 밖에 필요한 사항은 대통령령으로 정한다.

제 9 장 국가와 지방자치단체 간의 관계

제183조(국가와 지방자치단체의 협력 의무) 국가와 지방자치단체는 주민에 대한 균형적인 공공서비스 제공과 지역 간 균형발전을 위하여 협력하여야 한다.

제184조(지방자치단체의 사무에 대한 지도와 지원) ① 중앙행정기관의 장이나 시·도지사는 지방자치단체의 사무에 관하여 조언 또는 권고하거나 지도할 수 있으며, 이를 위하여 필요하면 지방자치단체에 자료 제출을 요구할 수 있다.

② 국가나 시·도는 지방자치단체가 그 지방자치단체의 사무를 처리하는 데 필요하다고 인정하면 재정지원이나 기술지원을 할 수 있다.

③ 지방자치단체의 장은 제 1 항의 조언·권고 또는 지도와 관련하여 중앙행정기관의 장이나 시·도지사에게 의견을 제출할 수 있다.

제185조(국가사무나 시·도 사무 처리의 지도·감독) ① 지방자치단체나 그 장이 위임받아 처리하는 국가사무에 관하여 시·도에서는 주무부장관, 시·군 및 자치구에서는 1차로 시·도지사, 2차로 주무부장관의 지도·감독을 받는다.

② 시·군 및 자치구나 그 장이 위임받아 처리하는 시·도의 사무에 관하여는 시·도지사의 지도·감독을 받는다.

제186조(중앙지방협력회의의 설치) ① 국가와 지방자치단체 간의 협력을 도모하고 지방자치 발전과 지역 간 균형발전에 관련되는 중요 정책을 심의하기 위하여 중앙지방협력회의를 둔다.

② 제 1 항에 따른 중앙지방협력회의의 구성과 운영에 관한 사항은 따로 법률로 정한다.

제187조(중앙행정기관과 지방자치단체 간 협의·조정) ① 중앙행정기관의 장과 지방자치단체의 장이 사무를 처리할 때 의견을 달리하는 경우 이를 협의·조정하기 위하여 국무총리 소속으로 행정협의조정위원회를 둔다.

② 행정협의조정위원회는 위원장 1명을 포함하여 13명 이내의 위원으로 구성한다.

③ 행정협의조정위원회의 위원은 다음 각 호의 사람이 되고, 위원장은 제 3 호의 위촉위원 중에서 국무총리가 위촉한다.

1. 기획재정부장관, 행정안전부장관, 국무조정실장 및 법제처장
2. 안건과 관련된 중앙행정기관의 장과 시·도지사 중 위원장이 지명하는 사람
3. 그 밖에 지방자치에 관한 학식과 경험이 풍부한 사람 중에서 국무총리가 위촉하는 사람 4명

④ 제 1 항부터 제 3 항까지에서 규정한 사항 외에 행정협의조정위원회의 구성과 운영 등에 필요한 사항은 대통령령으로 정한다.

제188조(위법·부당한 명령이나 처분의 시정) ① 지방자치단체의 사무에 관한 지방자치단체의 장(제103조제 2 항에 따른 사무의 경우에는 지방의회의 의장을 말한다. 이하 이 조에서 같다)의 명령이나 처분이 법령에 위반되거나 현저히 부당하여 공익을 해친다고 인정되면 시·도에 대해서는 주무부장관이, 시·군 및 자치구에 대해서는 시·도지사가 기간을 정하여 서면으로 시정할 것을 명하고, 그 기간에 이행하지 아니하면 이를 취소하거나 정지할 수 있다.

② 주무부장관은 지방자치단체의 사무에 관한 시장·군수 및 자치구의 구청장의 명령이나 처분이 법령에 위반되거나 현저히 부당하여 공익을 해침에도 불구하고 시·도지

사가 제1항에 따른 시정명령을 하지 아니하면 시·도지사에게 기간을 정하여 시정명령을 하도록 명할 수 있다.

③ 주무부장관은 시·도지사가 제2항에 따른 기간에 시정명령을 하지 아니하면 제2항에 따른 기간이 지난 날부터 7일 이내에 직접 시장·군수 및 자치구의 구청장에게 기간을 정하여 서면으로 시정할 것을 명하고, 그 기간에 이행하지 아니하면 주무부장관이 시장·군수 및 자치구의 구청장의 명령이나 처분을 취소하거나 정지할 수 있다.

④ 주무부장관은 시·도지사가 시장·군수 및 자치구의 구청장에게 제1항에 따라 시정명령을 하였으나 이를 이행하지 아니한데 따른 취소·정지를 하지 아니하는 경우에는 시·도지사에게 기간을 정하여 시장·군수 및 자치구의 구청장의 명령이나 처분을 취소하거나 정지할 것을 명하고, 그 기간에 이행하지 아니하면 주무부장관이 이를 직접 취소하거나 정지할 수 있다.

⑤ 제1항부터 제4항까지의 규정에 따른 자치사무에 관한 명령이나 처분에 대한 주무부장관 또는 시·도지사의 시정명령, 취소 또는 정지는 법령을 위반한 것에 한정한다.

⑥ 지방자치단체의 장은 제1항, 제3항 또는 제4항에 따른 자치사무에 관한 명령이나 처분의 취소 또는 정지에 대하여 이의가 있으면 그 취소처분 또는 정지처분을 통보받은 날부터 15일 이내에 대법원에 소를 제기할 수 있다.

제189조(지방자치단체의 장에 대한 직무이행명령) ① 지방자치단체의 장이 법령에 따라 그 의무에 속하는 국가위임사무나 시·도위임사무의 관리와 집행을 명백히 게을리하고 있다고 인정되면 시·도에 대해서는 주무부장관이, 시·군 및 자치구에 대해서는 시·도지사가 기간을 정하여 서면으로 이행할 사항을 명령할 수 있다.

② 주무부장관이나 시·도지사는 해당 지방자치단체의 장이 제1항의 기간에 이행명령을 이행하지 아니하면 그 지방자치단체의 비용부담으로 대집행 또는 행정상·재정상 필요한 조치(이하 이 조에서 "대집행등"이라 한다)를 할 수 있다. 이 경우 행정대집행에 관하여는 「행정대집행법」을 준용한다.

③ 주무부장관은 시장·군수 및 자치구의 구청장이 법령에 따라 그 의무에 속하는 국가위임사무의 관리와 집행을 명백히 게을리하고 있다고 인정됨에도 불구하고 시·도지사가 제1항에 따른 이행명령을 하지 아니하는 경우 시·도지사에게 기간을 정하여 이행명령을 하도록 명할 수 있다.

④ 주무부장관은 시·도지사가 제3항에 따른 기간에 이행명령을 하지 아니하면 제3항에 따른 기간이 지난 날부터 7일 이내에 직접 시장·군수 및 자치구의 구청장에게 기간을 정하여 이행명령을 하고, 그 기간에 이행하지 아니하면 주무부장관이 직접 대집행등을 할 수 있다.

⑤ 주무부장관은 시·도지사가 시장·군수 및 자치구의 구청장에게 제1항에 따라 이행명령을 하였으나 이를 이행하지 아니한데 따른 대집행등을 하지 아니하는 경우에는 시·도지사에게 기간을 정하여 대집행등을 하도록 명하고, 그 기간에 대집행등을 하지 아니하면 주무부장관이 직접 대집행등을 할 수 있다.

⑥ 지방자치단체의 장은 제1항 또는 제4항에 따른 이행명령에 이의가 있으면 이행명령서를 접수한 날부터 15일 이내에 대법원에 소를 제기할 수 있다. 이 경우 지방자치단체의 장은 이행명령의 집행을 정지하게 하는 집행정지결정을 신청할 수 있다.

제190조(지방자치단체의 자치사무에 대한 감사) ① 행정안전부장관이나 시·도지사는 지방자치단체의 자치사무에 관하여 보고를 받거나 서류·장부 또는 회계를 감사할 수 있다. 이 경우 감사는 법령 위반사항에 대해서만 한다.

② 행정안전부장관 또는 시·도지사는 제1항에 따라 감사를 하기 전에 해당 사무의 처리가 법령에 위반되는지 등을 확인하여야 한다.

제191조(지방자치단체에 대한 감사 절차 등) ① 주무부장관, 행정안전부장관 또는 시·도지사는 이미 감사원 감사 등이 실시된 사

안에 대해서는 새로운 사실이 발견되거나 중요한 사항이 누락된 경우 등 대통령령으로 정하는 경우를 제외하고는 감사 대상에서 제외하고 종전의 감사 결과를 활용하여야 한다.

② 주무부장관과 행정안전부장관은 다음 각 호의 어느 하나에 해당하는 감사를 하려고 할 때에는 지방자치단체의 수감부담을 줄이고 감사의 효율성을 높이기 위하여 같은 기간 동안 함께 감사를 할 수 있다.

1. 제185조에 따른 주무부장관의 위임사무 감사
2. 제190조에 따른 행정안전부장관의 자치사무 감사

③ 제185조, 제190조 및 이 조 제2항에 따른 감사의 절차·방법 등에 관하여 필요한 사항은 대통령령으로 정한다.

제192조(지방의회 의결의 재의와 제소) ① 지방의회의 의결이 법령에 위반되거나 공익을 현저히 해친다고 판단되면 시·도에 대해서는 주무부장관이, 시·군 및 자치구에 대해서는 시·도지사가 해당 지방자치단체의 장에게 재의를 요구하게 할 수 있고, 재의 요구 지시를 받은 지방자치단체의 장은 의결사항을 이송받은 날부터 20일 이내에 지방의회에 이유를 붙여 재의를 요구하여야 한다.

② 시·군 및 자치구의회의 의결이 법령에 위반된다고 판단됨에도 불구하고 시·도지사가 제1항에 따라 재의를 요구하게 하지 아니한 경우 주무부장관이 직접 시장·군수 및 자치구의 구청장에게 재의를 요구하게 할 수 있고, 재의 요구 지시를 받은 시장·군수 및 자치구의 구청장은 의결사항을 이송받은 날부터 20일 이내에 지방의회에 이유를 붙여 재의를 요구하여야 한다.

③ 제1항 또는 제2항의 요구에 대하여 재의한 결과 재적의원 과반수의 출석과 출석의원 3분의 2 이상의 찬성으로 전과 같은 의결을 하면 그 의결사항은 확정된다.

④ 지방자치단체의 장은 제3항에 따라 재의결된 사항이 법령에 위반된다고 판단되면 재의결된 날부터 20일 이내에 대법원에 소를 제기할 수 있다. 이 경우 필요하다고 인정되면 그 의결의 집행을 정지하게 하는 집행정지결정을 신청할 수 있다.

⑤ 주무부장관이나 시·도지사는 재의결된 사항이 법령에 위반된다고 판단됨에도 불구하고 해당 지방자치단체의 장이 소를 제기하지 아니하면 시·도에 대해서는 주무부장관이, 시·군 및 자치구에 대해서는 시·도지사(제2항에 따라 주무부장관이 직접 재의 요구 지시를 한 경우에는 주무부장관을 말한다. 이하 이 조에서 같다)가 그 지방자치단체의 장에게 제소를 지시하거나 직접 제소 및 집행정지결정을 신청할 수 있다.

⑥ 제5항에 따른 제소의 지시는 제4항의 기간이 지난 날부터 7일 이내에 하고, 해당 지방자치단체의 장은 제소 지시를 받은 날부터 7일 이내에 제소하여야 한다.

⑦ 주무부장관이나 시·도지사는 제6항의 기간이 지난 날부터 7일 이내에 제5항에 따른 직접 제소 및 집행정지결정을 신청할 수 있다.

⑧ 제1항 또는 제2항에 따라 지방의회의 의결이 법령에 위반된다고 판단되어 주무부장관이나 시·도지사로부터 재의 요구 지시를 받은 해당 지방자치단체의 장이 재의를 요구하지 아니하는 경우(법령에 위반되는 지방의회의 의결사항이 조례안인 경우로서 재의 요구 지시를 받기 전에 그 조례안을 공포한 경우를 포함한다)에는 주무부장관이나 시·도지사는 제1항 또는 제2항에 따른 기간이 지난 날부터 7일 이내에 대법원에 직접 제소 및 집행정지 결정을 신청할 수 있다.

⑨ 제1항 또는 제2항에 따른 지방의회의 의결이나 제3항에 따라 재의결된 사항이 둘 이상의 부처와 관련되거나 주무부장관이 불분명하면 행정안전부장관이 재의 요구 또는 제소를 지시하거나 직접 제소 및 집행정지 결정을 신청할 수 있다.

제10장 국제교류·협력

제193조(지방자치단체의 역할) 지방자치단체

는 국가의 외교·통상 정책과 배치되지 아니하는 범위에서 국제교류·협력, 통상·투자유치를 위하여 외국의 지방자치단체, 민간기관, 국제기구(국제연합과 그 산하기구·전문기구를 포함한 정부 간 기구, 지방자치단체 간 기구를 포함한 준정부 간 기구, 국제비정부기구 등을 포함한다. 이하 같다)와 협력을 추진할 수 있다.

제194조(지방자치단체의 국제기구 지원) 지방자치단체는 국제기구 설립·유치 또는 활동 지원을 위하여 국제기구에 공무원을 파견하거나 운영비용 등 필요한 비용을 보조할 수 있다.

제195조(해외사무소 설치·운영) ① 지방자치단체는 국제교류·협력 등의 업무를 원활히 수행하기 위하여 필요한 곳에 단독 또는 지방자치단체 간 협력을 통해 공동으로 해외사무소를 설치할 수 있다.

② 지방자치단체는 해외사무소가 효율적으로 운영될 수 있도록 노력해야 한다.

제11장 서울특별시 및 대도시 등과 세종특별자치시 및 제주특별자치도의 행정특례

제196조(자치구의 재원) 특별시장이나 광역시장은 「지방재정법」에서 정하는 바에 따라 해당 지방자치단체의 관할 구역의 자치구 상호 간의 재원을 조정하여야 한다.

제197조(특례의 인정) ① 서울특별시의 지위·조직 및 운영에 대해서는 수도로서의 특수성을 고려하여 법률로 정하는 바에 따라 특례를 둘 수 있다.

② 세종특별자치시와 제주특별자치도의 지위·조직 및 행정·재정 등의 운영에 대해서는 행정체제의 특수성을 고려하여 법률로 정하는 바에 따라 특례를 둘 수 있다.

제198조(대도시 등에 대한 특례 인정) ① 서울특별시·광역시 및 특별자치시를 제외한 인구 50만 이상 대도시의 행정, 재정 운영 및 국가의 지도·감독에 대해서는 그 특성을 고려하여 관계 법률로 정하는 바에 따라 특례를 둘 수 있다.

② 제1항에도 불구하고 서울특별시·광역시 및 특별자치시를 제외한 다음 각 호의 어느 하나에 해당하는 대도시 및 시·군·구의 행정, 재정 운영 및 국가의 지도·감독에 대해서는 그 특성을 고려하여 관계 법률로 정하는 바에 따라 추가로 특례를 둘 수 있다. <개정 2023·6·9>

1. 인구 100만 이상 대도시(이하 "특례시"라 한다)
2. 실질적인 행정수요, 지역균형발전 및 지방소멸위기 등을 고려하여 대통령령으로 정하는 기준과 절차에 따라 행정안전부장관이 지정하는 시·군·구

③ 제1항에 따른 인구 50만 이상 대도시와 제2항제1호에 따른 특례시의 인구 인정기준은 대통령령으로 정한다.

제12장 특별지방자치단체

제1절 설치

제199조(설치) ① 2개 이상의 지방자치단체가 공동으로 특정한 목적을 위하여 광역적으로 사무를 처리할 필요가 있을 때에는 특별지방자치단체를 설치할 수 있다. 이 경우 특별지방자치단체를 구성하는 지방자치단체(이하 "구성 지방자치단체"라 한다)는 상호 협의에 따른 규약을 정하여 구성 지방자치단체의 지방의회 의결을 거쳐 행정안전부장관의 승인을 받아야 한다.

② 행정안전부장관은 제1항 후단에 따라 규약에 대하여 승인하는 경우 관계 중앙행정기관의 장 또는 시·도지사에게 그 사실을 알려야 한다.

③ 특별지방자치단체는 법인으로 한다.

④ 특별지방자치단체를 설치하기 위하여 국가 또는 시·도 사무의 위임이 필요할 때에는 구성 지방자치단체의 장이 관계 중앙행정기관의 장 또는 시·도지사에게 그 사무의 위임을 요청할 수 있다.

⑤ 행정안전부장관이 국가 또는 시·도 사

무의 위임이 포함된 규약에 대하여 승인할 때에는 사전에 관계 중앙행정기관의 장 또는 시·도지사와 협의하여야 한다.

⑥ 구성 지방자치단체의 장이 제1항 후단에 따라 행정안전부장관의 승인을 받았을 때에는 규약의 내용을 지체 없이 고시하여야 한다. 이 경우 구성 지방자치단체의 장이 시장·군수 및 자치구의 구청장일 때에는 그 승인사항을 시·도지사에게 알려야 한다.

제200조(설치 권고 등) 행정안전부장관은 공익상 필요하다고 인정할 때에는 관계 지방자치단체에 대하여 특별지방자치단체의 설치, 해산 또는 규약 변경을 권고할 수 있다. 이 경우 행정안전부장관의 권고가 국가 또는 시·도 사무의 위임을 포함하고 있을 때에는 사전에 관계 중앙행정기관의 장 또는 시·도지사와 협의하여야 한다.

제201조(구역) 특별지방자치단체의 구역은 구성 지방자치단체의 구역을 합한 것으로 한다. 다만, 특별지방자치단체의 사무가 구성 지방자치단체 구역의 일부에만 관계되는 등 특별한 사정이 있을 때에는 해당 지방자치단체 구역의 일부만을 구역으로 할 수 있다.

제2절 규약과 기관 구성

제202조(규약 등) ① 특별지방자치단체의 규약에는 법령의 범위에서 다음 각 호의 사항이 포함되어야 한다.

1. 특별지방자치단체의 목적
2. 특별지방자치단체의 명칭
3. 구성 지방자치단체
4. 특별지방자치단체의 관할 구역
5. 특별지방자치단체의 사무소의 위치
6. 특별지방자치단체의 사무
7. 특별지방자치단체의 사무처리를 위한 기본계획에 포함되어야 할 사항
8. 특별지방자치단체의 지방의회의 조직, 운영 및 의원의 선임방법
9. 특별지방자치단체의 집행기관의 조직, 운영 및 장의 선임방법
10. 특별지방자치단체의 운영 및 사무처리에 필요한 경비의 부담 및 지출방법
11. 특별지방자치단체의 사무처리 개시일
12. 그 밖에 특별지방자치단체의 구성 및 운영에 필요한 사항

② 구성 지방자치단체의 장은 제1항의 규약을 변경하려는 경우에는 구성 지방자치단체의 지방의회 의결을 거쳐 행정안전부장관의 승인을 받아야 한다. 이 경우 국가 또는 시·도 사무의 위임에 관하여는 제199조제4항 및 제5항을 준용한다.

③ 구성 지방자치단체의 장은 제2항에 따라 행정안전부장관의 승인을 받았을 때에는 지체 없이 그 사실을 고시하여야 한다. 이 경우 구성 지방자치단체의 장이 시장·군수 및 자치구의 구청장일 때에는 그 승인사항을 시·도지사에게 알려야 한다.

제203조(기본계획 등) ① 특별지방자치단체의 장은 소관 사무를 처리하기 위한 기본계획(이하 "기본계획"이라 한다)을 수립하여 특별지방자치단체 의회의 의결을 받아야 한다. 기본계획을 변경하는 경우에도 또한 같다.

② 특별지방자치단체는 기본계획에 따라 사무를 처리하여야 한다.

③ 특별지방자치단체의 장은 구성 지방자치단체의 사무처리가 기본계획의 시행에 지장을 주거나 지장을 줄 우려가 있을 때에는 특별지방자치단체의 의회 의결을 거쳐 구성 지방자치단체의 장에게 필요한 조치를 요청할 수 있다.

제204조(의회의 조직 등) ① 특별지방자치단체의 의회는 규약으로 정하는 바에 따라 구성 지방자치단체의 의회 의원으로 구성한다.

② 제1항의 지방의회의원은 제43조제1항에도 불구하고 특별지방자치단체의 의회 의원을 겸할 수 있다.

③ 특별지방자치단체의 의회가 의결하여야 할 안건 중 대통령령으로 정하는 중요한 사항에 대해서는 특별지방자치단체의 장에게 미리 통지하고, 특별지방자치단체의 장은 그 내용을 구성 지방자치단체의 장에게 통지하여야 한다. 그 의결의 결과에 대해서도 또한 같다.

제205조(집행기관의 조직 등) ① 특별지방자치단체의 장은 규약으로 정하는 바에 따라 특별지방자치단체의 의회에서 선출한다.

② 구성 지방자치단체의 장은 제109조에도

불구하고 특별지방자치단체의 장을 겸할 수 있다.

③ 특별지방자치단체의 의회 및 집행기관의 직원은 규약으로 정하는 바에 따라 특별지방자치단체 소속인 지방공무원과 구성 지방자치단체의 지방공무원 중에서 파견된 사람으로 구성한다.

제 3 절 운영

제206조(경비의 부담) ① 특별지방자치단체의 운영 및 사무처리에 필요한 경비는 구성 지방자치단체의 인구, 사무처리의 수혜범위 등을 고려하여 규약으로 정하는 바에 따라 구성 지방자치단체가 분담한다.

② 구성 지방자치단체는 제 1 항의 경비에 대하여 특별회계를 설치하여 운영하여야 한다.

③ 국가 또는 시·도가 사무를 위임하는 경우에는 사무를 위임한 국가 또는 시·도가 그 사무를 수행하는 데 필요한 경비를 부담하여야 한다. <개정 2023·9·14>

제207조(사무처리상황 등의 통지) 특별지방자치단체의 장은 대통령령으로 정하는 바에 따라 사무처리 상황 등을 구성 지방자치단체의 장 및 행정안전부장관(시·군 및 자치구만으로 구성하는 경우에는 시·도지사를 포함한다)에게 통지하여야 한다.

제208조(가입 및 탈퇴) ① 특별지방자치단체에 가입하거나 특별지방자치단체에서 탈퇴하려는 지방자치단체의 장은 해당 지방의회의 의결을 거쳐 특별지방자치단체의 장에게 가입 또는 탈퇴를 신청하여야 한다.

② 제 1 항에 따른 가입 또는 탈퇴의 신청을 받은 특별지방자치단체의 장은 특별지방자치단체 의회의 동의를 받아 신청의 수용 여부를 결정하되, 특별한 사유가 없으면 가입하거나 탈퇴하려는 지방자치단체의 의견을 존중하여야 한다.

③ 제 2 항에 따른 가입 및 탈퇴에 관하여는 제199조를 준용한다.

제209조(해산) ① 구성 지방자치단체는 특별지방자치단체가 그 설치 목적을 달성하는 등 해산의 사유가 있을 때에는 해당 지방의회의 의결을 거쳐 행정안전부장관의 승인을 받아 특별지방자치단체를 해산하여야 한다.

② 구성 지방자치단체는 제 1 항에 따라 특별지방자치단체를 해산할 경우에는 상호 협의에 따라 그 재산을 처분하고 사무와 직원의 재배치를 하여야 하며, 국가 또는 시·도 사무를 위임받았을 때에는 관계 중앙행정기관의 장 또는 시·도지사와 협의하여야 한다. 다만, 협의가 성립하지 아니할 때에는 당사자의 신청을 받아 행정안전부장관이 조정할 수 있다.

제210조(지방자치단체에 관한 규정의 준용) 시·도, 시·도와 시·군 및 자치구 또는 2개 이상의 시·도에 걸쳐 있는 시·군 및 자치구로 구성되는 특별지방자치단체는 시·도에 관한 규정을, 시·군 및 자치구로 구성하는 특별지방자치단체는 시·군 및 자치구에 관한 규정을 준용한다. 다만, 제 3 조, 제 1 장제 2 절, 제11조부터 제14조까지, 제17조제 3 항, 제25조, 제 4 장, 제38조, 제39조, 제40조제 1 항제 1 호 및 제 2 호, 같은 조 제 3 항, 제41조, 제 6 장제 1 절제 1관, 제106조부터 제108조까지, 제110조, 제112조제 2 호 후단, 같은 조 제 3 호, 제123조, 제124조, 제 6 장제 3 절(제130조는 제외한다)부터 제 5 절까지, 제152조, 제166조, 제167조 및 제 8 장제 2 절부터 제 4 절까지, 제11장에 관하여는 그러하지 아니하다.

제211조(다른 법률과의 관계) ① 다른 법률에서 지방자치단체 또는 지방자치단체의 장을 인용하고 있는 경우에는 제202조제 1 항에 따른 규약으로 정하는 사무를 처리하기 위한 범위에서는 특별지방자치단체 또는 특별지방자치단체의 장을 인용한 것으로 본다.

② 다른 법률에서 시·도 또는 시·도지사를 인용하고 있는 경우에는 제202조제 1 항에 따른 규약으로 정하는 사무를 처리하기 위한 범위에서는 시·도, 시·도와 시·군 및 자치구 또는 2개 이상의 시·도에 걸쳐 있는 시·군 및 자치구로 구성하는 특별지방자치단체 또는 특별지방자치단체의 장을 인용한 것으로 본다.

③ 다른 법률에서 시·군 및 자치구 또는 시장·군수 및 자치구의 구청장을 인용하고 있는 경우에는 제202조제 1 항에 따른 규약으로 정하는 사무를 처리하기 위한 범위에서는 동일한 시·도 관할 구역의 시·군 및 자치구로 구성하는 특별지방자치단체 또는

특별지방자치단체의 장을 인용한 것으로 본다.

부 칙

제 1 조(시행일) 이 법은 공포 후 1년이 경과한 날부터 시행한다.

제 2 조(매립지가 속할 지방자치단체의 결정에 관한 적용례) 법률 제9577호 지방자치법 일부개정법률 제 4 조제 4 항의 개정규정은 같은 일부개정법률 시행일인 2009년 4월 1일 전에 종전의 「공유수면매립법」 제25조에 따른 준공검사를 받은 매립지에 대하여 시장·군수 및 자치구의 구청장이 2009년 4월 1일 이후 지적공부에 등록하는 경우에도 적용한다.

제 3 조(조례의 제정범위를 제한하는 하위 법령 금지에 관한 적용례) 제28조제 2 항의 개정규정은 이 법 시행 이후 최초로 제정·개정되는 하위 법령부터 적용한다.

제 4 조(지방자치단체의 장의 위법·부당한 명령이나 처분 등에 관한 적용례) ① 제188조제 2 항의 개정규정은 이 법 시행 이후 시장·군수 및 자치구의 구청장이 하는 명령이나 처분부터 적용한다.

② 제192조제 2 항의 개정규정은 이 법 시행 이후 시·군 및 자치구의회가 하는 의결부터 적용한다.

제 5 조(감사 청구에 관한 특례) 이 법 시행 당시 해당 지방자치단체의 조례로 정하는 감사 청구 주민 수 기준이 제21조제 1 항의 개정규정에 따른 기준에 맞지 아니하는 경우에는 그 기준에 맞는 조례가 제정되거나 그 기준에 맞게 개정될 때까지는 다음 각 호의 구분에 따른 수의 18세 이상 주민의 연서로 제21조의 개정규정에 따른 주민감사를 청구할 수 있다.

1. 시·도 : 300명 이상
2. 인구 50만 이상 대도시 : 200명 이상
3. 그 밖의 시·군 및 자치구 : 150명 이상

제 6 조(정책지원 전문인력 도입규모에 관한 특례) 지방의회에 정책지원 전문인력을 두는 경우 그 규모는 2022년 12월 31일까지는 지방의회의원 정수의 4분의 1 범위에서, 2023년 12월 31일까지는 지방의회의원 정수의 2분의 1 범위에서 연차적으로 도입한다.

제 7 조(일반적 경과조치) 이 법 시행 당시 종전의 규정에 따른 행정기관의 행위나 행정기관에 대하여 한 행위는 그에 해당하는 이 법에 따른 행정기관의 행위나 행정기관에 대하여 한 행위로 본다.

제 8 조(조례 등의 효력에 관한 경과조치) 법률 제4004호 지방자치법개정법률 시행일인 1988년 5월 1일 당시의 지방자치단체의 조례 및 규칙은 같은 개정법률에 따라 성립된 것으로 본다.

제 9 조(행정기관에 관한 경과조치) 법률 제4004호 지방자치법개정법률 시행일인 1988년 5월 1일 당시의 종전 법령, 조례 또는 규칙에 따라 설치된 행정기구는 같은 개정법률에 따라 설치된 것으로 본다.

제10조(공무원의 지위에 관한 경과조치) 법률 제4004호 지방자치법개정법률의 개정에 따라 임명방법이나 임명권자가 달라진 공무원은 같은 개정법률에 따라 임명된 것으로 본다.

제11조(하부행정기구에 관한 경과조치) 법률 제7846호 지방자치법 일부개정법률 시행일인 2006년 1월 11일 전에 종전의 「지방자치법」(법률 제7846호로 개정되기 전의 것을 말한다) 제111조에 따라 설치된 행정기구는 그 설치를 위한 조례가 새로 제정·시행될 때까지 유효한 것으로 본다.

제12조(매립지 귀속 지방자치단체 결정 등에 관한 경과조치) 이 법 시행 전에 종전의 제 4 조제 3 항 각 호의 지역이 속할 지방자치단체의 결정을 신청한 경우에는 제 5 조제 6 항부터 제11항까지의 개정규정에도 불구하고 종전의 규정에 따른다.

제13조(경계변경에 관한 경과조치) 이 법 시행 전에 종전의 제 4 조에 따라 경계변경에 합의한 경우에는 제 6 조의 개정규정에도 불구하고 종전의 규정에 따른다.

제14조(조례의 제정과 개정·폐지 청구에 관한 경과조치) 조례의 제정과 개정·폐지 청구에 관하여는 제19조제 2 항의 개정규정에 따른 법률이 시행되기 전까지 종전의 규정에 따른다.

제15조(감사 청구기간에 관한 경과조치) 이 법 시행 당시 해당 사무처리가 있었던 날이나 끝난 날부터 2년이 경과한 경우에는 제21조제 3 항의 개정규정에도 불구하고 종전의 규정에 따른다.

제16조(지방의회의원의 상해·사망 등의 보상에 관한 경과조치) 이 법 시행 전에 지방의회의원이 신체에 상해를 입거나 사망한 경

우와 그 상해나 직무로 인한 질병으로 사망한 경우에 대한 보상금 지급에 관하여는 제42조의 개정규정에도 불구하고 종전의 규정에 따른다.

제17조(지방의회의원 겸직금지 등에 관한 경과조치) ① 지방의회의 의장은 이 법 시행 전에 종전의 제35조제3항에 따른 겸직신고를 받은 경우로서 이 법 시행 당시 겸직하고 있는 지방의회의원에 대해서는 이 법 시행일부터 6개월 이내에 제43조제4항의 개정규정에 따른 조치를 하여야 한다.

② 지방의회의 의장은 이 법 시행 당시 제43조제5항의 개정규정에 따른 겸직금지 대상이 된 지방의회의원 중 같은 항에 따라 사임하지 아니한 지방의회의원이나 제44조제2항에 위반된다고 인정되는 지방의회의원에 대하여 이 법 시행일부터 6개월 이내에 제43조제6항의 개정규정에 따른 조치를 하여야 한다.

제18조(임시회 소집 요구 등에 관한 경과조치) 임시회 소집 요구 및 의안의 발의 등에 관하여는 제54조제3항 및 제76조제1항의 개정규정에 따라 해당 지방자치단체의 조례가 제정·개정되기 전까지는 종전의 규정에 따른다.

제19조(지방의회의원의 징계에 관한 경과조치) 이 법 시행 전에 지방의회의원의 징계 요구에 대하여 지방의회의 의장이 본회의에 회부하였을 때에는 제98조 및 제99조의 개정규정에도 불구하고 종전의 규정에 따른다.

제20조(지방의회 사무직원에 관한 경과조치) 이 법 시행 당시의 지방의회 사무직원에 대한 임면·교육·훈련·복무·징계 등에 관하여 지방자치단체의 장이 한 행위는 제103조제2항의 개정규정에 따라 지방의회의 의장이 한 행위로 본다.

제21조(종전 부칙의 적용범위에 관한 경과조치) 종전의 「지방자치법」의 개정에 따라 규정하였던 종전의 부칙은 이 법 시행 전에 그 효력이 이미 상실된 경우를 제외하고는 이 법의 규정에 위배되지 아니하는 범위에서 이 법 시행 이후에도 계속하여 적용한다.

제22조(다른 법률의 개정) 생략

제23조(다른 법령과의 관계) 이 법 시행 당시 다른 법령에서 종전의 「지방자치법」의 규정을 인용하고 있는 경우에는 이 법 가운데 그에 해당하는 규정이 있으면 종전의 규정을 갈음하여 이 법의 해당 규정을 인용한 것으로 본다.

부 칙 <2021·4·13 법18049>

제1조(시행일) 이 법은 공포 후 6개월이 경과한 날부터 시행한다. 〈단서 생략〉

제2조 및 **제3조** 생략

부 칙 <2021·4·20 법18092>

이 법은 공포 후 6개월이 경과한 날부터 시행한다. 다만, 법률 제17893호 지방자치법 전부개정법률 제7조제4항부터 제6항까지의 개정규정은 2022년 1월 13일부터 시행한다.

부 칙 <2021·10·19 법18497>

이 법은 공포한 날부터 시행한다. 다만, 법률 제17893호 지방자치법 전부개정법률 제24조제2항·제55조 및 제78조제1항의 개정규정은 2022년 1월 13일부터 시행한다.

부 칙 <2021·12·28 법18661>

제1조(시행일) 이 법은 공포 후 6개월이 경과한 날부터 시행한다. 다만, …〈생략〉… 부칙 제7조제27항은 2022년 1월 13일부터 시행한다.

제2조부터 **제6조**까지 생략

제7조(다른 법률의 개정) 생략

제8조 생략

부 칙 <2023·3·21 법19241>

제1조(시행일) 이 법은 공포 후 6개월이 경과한 날부터 시행한다.

제2조(다른 법률의 개정) 생략

부 칙 <2023·6·7 법19428>

이 법은 공포한 날부터 시행한다.

부 칙 <2023·6·9 법19430>

제1조(시행일) 이 법은 공포 후 1개월이 경과한 날부터 시행한다. 〈단서 생략〉

제2조부터 **제22조**까지 생략

부 칙 <2023·8·8 법19590>

제1조(시행일) 이 법은 2024년 5월 17일부터 시행한다.

제2조부터 **제10조**까지 생략

부 칙 <2023·9·14 법19699>

이 법은 공포한 날부터 시행한다.

부 칙 <2024·1·9 법19951>

제1조(시행일) 이 법은 2024년 5월 17일부터 시행한다.

제2조 및 **제3조** 생략

●경찰관 직무집행법

〔1981·4·13 법률제3427호 전부개정〕

개정
1988·12·31 법률제 4048호
1989· 6·16 법률제 4130호
1991· 3· 8 법률제 4336호
1996· 8· 8 법률제 5153호(정부조직법)
1999· 5·24 법률제 5988호
2004·12·23 법률제 7247호(경찰법)
2006· 2·21 법률제 7849호(제주특별자치도 설치 및 국제자유도시 조성을 위한 특별법)
2011· 8· 4 법률제11031호
2013· 4· 5 법률제11736호
2014· 5·20 법률제12600호
2014·11·19 법률제12844호(정부조직법)
2015· 1· 6 법률제12960호(총포·도검·화약류 등의 안전관리에 관한 법률)
2016· 1·27 법률제13825호
2017· 7·26 법률제14839호(정부조직법)
2018· 4·17 법률제15565호
2018·12·24 법률제16036호
2020·12·22 법률제17688호
2020·12·22 법률제17689호(국가경찰과 자치경찰의 조직 및 운영에 관한 법률)
2021·10·19 법률제18488호
2022· 2· 3 법률제18807호
2024· 1·30 법률제20153호
2024· 3·19 법률제20374호

제 1 조(목적) ① 이 법은 국민의 자유와 권리 및 모든 개인이 가지는 불가침의 기본적 인권을 보호하고 사회공공의 질서를 유지하기 위한 경찰관(경찰공무원만 해당한다. 이하 같다)의 직무 수행에 필요한 사항을 규정함을 목적으로 한다. <개정 2020·12·22>

② 이 법에 규정된 경찰관의 직권은 그 직무 수행에 필요한 최소한도에서 행사되어야 하며 남용되어서는 아니 된다.

〔전부개정 2014·5·20〕

제 2 조(직무의 범위) 경찰관은 다음 각 호의 직무를 수행한다. <개정 2018·4·17, 2020·12·22>

1. 국민의 생명·신체 및 재산의 보호
2. 범죄의 예방·진압 및 수사
2의2. 범죄피해자 보호
3. 경비, 주요 인사(人士) 경호 및 대간첩·대테러 작전 수행
4. 공공안녕에 대한 위험의 예방과 대응을 위한 정보의 수집·작성 및 배포
5. 교통 단속과 교통 위해(危害)의 방지
6. 외국 정부기관 및 국제기구와의 국제협력
7. 그 밖에 공공의 안녕과 질서 유지

〔전부개정 2014·5·20〕

제 3 조(불심검문) ① 경찰관은 다음 각 호의 어느 하나에 해당하는 사람을 정지시켜 질문할 수 있다.

1. 수상한 행동이나 그 밖의 주위 사정을 합리적으로 판단하여 볼 때 어떠한 죄를 범하였거나 범하려 하고 있다고 의심할 만한 상당한 이유가 있는 사람
2. 이미 행하여진 범죄나 행하여지려고 하는 범죄행위에 관한 사실을 안다고 인정되는 사람

② 경찰관은 제 1 항에 따라 같은 항 각 호의 사람을 정지시킨 장소에서 질문을 하는 것이 그 사람에게 불리하거나 교통에 방해가 된다고 인정될 때에는 질문을 하기 위하여 가까운 경찰서·지구대·파출소 또는 출장소(지방해양경찰관서를 포함하며, 이하 "경찰관서"라 한다)로 동행할 것을 요구할 수 있다. 이 경우 동행을 요구받은 사람은 그 요구를 거절할 수 있다. <개정 2014·11·19, 2017·7·26>

③ 경찰관은 제 1 항 각 호의 어느 하나에 해당하는 사람에게 질문을 할 때에 그 사람이 흉기를 가지고 있는지를 조사할 수 있다.

④ 경찰관은 제 1 항이나 제 2 항에 따라 질문을 하거나 동행을 요구할 경우 자신의 신분을 표시하는 증표를 제시하면서 소속과 성명을 밝히고 질문이나 동행의 목적과 이유를 설명하여야 하며, 동행을 요구하는 경우에는 동행 장소를 밝혀야 한다.

⑤ 경찰관은 제 2 항에 따라 동행한 사람의 가족이나 친지 등에게 동행한 경찰관의 신분, 동행 장소, 동행 목적과 이유를 알리거나 본인으로 하여금 즉시 연락할 수 있는 기회를 주어야 하며, 변호인의 도움을 받을 권리가 있음을 알려야 한다.

⑥ 경찰관은 제 2 항에 따라 동행한 사람을 6시간을 초과하여 경찰관서에 머물게 할 수 없다.

⑦ 제1항부터 제3항까지의 규정에 따라 질문을 받거나 동행을 요구받은 사람은 형사소송에 관한 법률에 따르지 아니하고는 신체를 구속당하지 아니하며, 그 의사에 반하여 답변을 강요당하지 아니한다.
〔전부개정 2014·5·20〕

제4조(보호조치 등) ① 경찰관은 수상한 행동이나 그 밖의 주위 사정을 합리적으로 판단해 볼 때 다음 각 호의 어느 하나에 해당하는 것이 명백하고 응급구호가 필요하다고 믿을 만한 상당한 이유가 있는 사람(이하 "구호대상자"라 한다)을 발견하였을 때에는 보건의료기관이나 공공구호기관에 긴급구호를 요청하거나 경찰관서에 보호하는 등 적절한 조치를 할 수 있다.
1. 정신착란을 일으키거나 술에 취하여 자신 또는 다른 사람의 생명·신체·재산에 위해를 끼칠 우려가 있는 사람
2. 자살을 시도하는 사람
3. 미아, 병자, 부상자 등으로서 적당한 보호자가 없으며 응급구호가 필요하다고 인정되는 사람. 다만, 본인이 구호를 거절하는 경우는 제외한다.

② 제1항에 따라 긴급구호를 요청받은 보건의료기관이나 공공구호기관은 정당한 이유 없이 긴급구호를 거절할 수 없다.
③ 경찰관은 제1항의 조치를 하는 경우에 구호대상자가 휴대하고 있는 무기·흉기 등 위험을 일으킬 수 있는 것으로 인정되는 물건을 경찰관서에 임시로 영치(領置)하여 놓을 수 있다.
④ 경찰관은 제1항의 조치를 하였을 때에는 지체 없이 구호대상자의 가족, 친지 또는 그 밖의 연고자에게 그 사실을 알려야 하며, 연고자가 발견되지 아니할 때에는 구호대상자를 적당한 공공보건의료기관이나 공공구호기관에 즉시 인계하여야 한다.
⑤ 경찰관은 제4항에 따라 구호대상자를 공공보건의료기관이나 공공구호기관에 인계하였을 때에는 즉시 그 사실을 소속 경찰서장이나 해양경찰서장에게 보고하여야 한다.
<개정 2014·11·19, 2017·7·26>
⑥ 제5항에 따라 보고를 받은 소속 경찰서장이나 해양경찰서장은 대통령령으로 정하는 바에 따라 구호대상자를 인계한 사실을 지체 없이 해당 공공보건의료기관 또는 공공구호기관의 장 및 그 감독행정청에 통보하여야 한다. <개정 2014·11·19, 2017·7·26>
⑦ 제1항에 따라 구호대상자를 경찰관서에서 보호하는 기간은 24시간을 초과할 수 없고, 제3항에 따라 물건을 경찰관서에 임시로 영치하는 기간은 10일을 초과할 수 없다.
〔전부개정 2014·5·20〕

제5조(위험 발생의 방지 등) ① 경찰관은 사람의 생명 또는 신체에 위해를 끼치거나 재산에 중대한 손해를 끼칠 우려가 있는 천재(天災), 사변(事變), 인공구조물의 파손이나 붕괴, 교통사고, 위험물의 폭발, 위험한 동물 등의 출현, 극도의 혼잡, 그 밖의 위험한 사태가 있을 때에는 다음 각 호의 조치를 할 수 있다.
1. 그 장소에 모인 사람, 사물(事物)의 관리자, 그 밖의 관계인에게 필요한 경고를 하는 것
2. 매우 긴급한 경우에는 위해를 입을 우려가 있는 사람을 필요한 한도에서 억류하거나 피난시키는 것
3. 그 장소에 있는 사람, 사물의 관리자, 그 밖의 관계인에게 위해를 방지하기 위하여 필요하다고 인정되는 조치를 하게 하거나 직접 그 조치를 하는 것

② 경찰관서의 장은 대간첩 작전의 수행이나 소요(騷擾) 사태의 진압을 위하여 필요하다고 인정되는 상당한 이유가 있을 때에는 대간첩 작전지역이나 경찰관서·무기고 등 국가중요시설에 대한 접근 또는 통행을 제한하거나 금지할 수 있다.
③ 경찰관은 제1항의 조치를 하였을 때에는 지체 없이 그 사실을 소속 경찰관서의 장에게 보고하여야 한다.
④ 제2항의 조치를 하거나 제3항의 보고를 받은 경찰관서의 장은 관계 기관의 협조를 구하는 등 적절한 조치를 하여야 한다.
〔전부개정 2014·5·20〕

제6조(범죄의 예방과 제지) 경찰관은 범죄행위가 목전(目前)에 행하여지려고 하고 있다고 인정될 때에는 이를 예방하기 위하여 관계인에게 필요한 경고를 하고, 그 행위로 인하여 사람의 생명·신체에 위해를 끼치거나 재산에 중대한 손해를 끼칠 우려가 있는 긴급한 경우에는 그 행위를 제지할 수 있다.
〔전부개정 2014·5·20〕

제 7 조(위험 방지를 위한 출입) ① 경찰관은 제 5 조제 1 항·제 2 항 및 제 6 조에 따른 위험한 사태가 발생하여 사람의 생명·신체 또는 재산에 대한 위해가 임박한 때에 그 위해를 방지하거나 피해자를 구조하기 위하여 부득이하다고 인정하면 합리적으로 판단하여 필요한 한도에서 다른 사람의 토지·건물·배 또는 차에 출입할 수 있다.

② 흥행장(興行場), 여관, 음식점, 역, 그 밖에 많은 사람이 출입하는 장소의 관리자나 그에 준하는 관계인은 경찰관이 범죄나 사람의 생명·신체·재산에 대한 위해를 예방하기 위하여 해당 장소의 영업시간이나 해당 장소가 일반인에게 공개된 시간에 그 장소에 출입하겠다고 요구하면 정당한 이유 없이 그 요구를 거절할 수 없다.

③ 경찰관은 대간첩 작전 수행에 필요할 때에는 작전지역에서 제 2 항에 따른 장소를 검색할 수 있다.

④ 경찰관은 제 1 항부터 제 3 항까지의 규정에 따라 필요한 장소에 출입할 때에는 그 신분을 표시하는 증표를 제시하여야 하며, 함부로 관계인이 하는 정당한 업무를 방해해서는 아니 된다.

〔전부개정 2014·5·20〕

제 8 조(사실의 확인 등) ① 경찰관서의 장은 직무 수행에 필요하다고 인정되는 상당한 이유가 있을 때에는 국가기관이나 공사(公私) 단체 등에 직무 수행에 관련된 사실을 조회할 수 있다. 다만, 긴급한 경우에는 소속 경찰관으로 하여금 현장에 나가 해당 기관 또는 단체의 장의 협조를 받아 그 사실을 확인하게 할 수 있다.

② 경찰관은 다음 각 호의 직무를 수행하기 위하여 필요하면 관계인에게 출석하여야 하는 사유·일시 및 장소를 명확히 적은 출석 요구서를 보내 경찰관서에 출석할 것을 요구할 수 있다.

1. 미아를 인수할 보호자 확인
2. 유실물을 인수할 권리자 확인
3. 사고로 인한 사상자(死傷者) 확인
4. 행정처분을 위한 교통사고 조사에 필요한 사실 확인

〔전부개정 2014·5·20〕

제 8 조의2(정보의 수집 등) ① 경찰관은 범죄·재난·공공갈등 등 공공안녕에 대한 위험의 예방과 대응을 위한 정보의 수집·작성·배포와 이에 수반되는 사실의 확인을 할 수 있다.

② 제 1 항에 따른 정보의 구체적인 범위와 처리 기준, 정보의 수집·작성·배포에 수반되는 사실의 확인 절차와 한계는 대통령령으로 정한다.

〔본조신설 2020·12·22〕

제 8 조의3(국제협력) 경찰청장 또는 해양경찰청장은 이 법에 따른 경찰관의 직무수행을 위하여 외국 정부기관, 국제기구 등과 자료 교환, 국제협력 활동 등을 할 수 있다. <개정 2014·11·19, 2017·7·26>

〔본조신설 2014·5·20〕

제 9 조(유치장) 법률에서 정한 절차에 따라 체포·구속된 사람 또는 신체의 자유를 제한하는 판결이나 처분을 받은 사람을 수용하기 위하여 경찰서와 해양경찰서에 유치장을 둔다. <개정 2014·11·19, 2017·7·26>

〔전부개정 2014·5·20〕

제10조(경찰장비의 사용 등) ① 경찰관은 직무수행 중 경찰장비를 사용할 수 있다. 다만, 사람의 생명이나 신체에 위해를 끼칠 수 있는 경찰장비(이하 이 조에서 "위해성 경찰장비"라 한다)를 사용할 때에는 필요한 안전교육과 안전검사를 받은 후 사용하여야 한다.

② 제 1 항 본문에서 "경찰장비"란 무기, 경찰장구(警察裝具), 경찰착용기록장치, 최루제(催淚劑)와 그 발사장치, 살수차, 감식기구(鑑識機具), 해안 감시기구, 통신기기, 차량·선박·항공기 등 경찰이 직무를 수행할 때 필요한 장치와 기구를 말한다. <개정 2024·1·30>

③ 경찰관은 경찰장비를 함부로 개조하거나 경찰장비에 임의의 장비를 부착하여 일반적인 사용법과 달리 사용함으로써 다른 사람의 생명·신체에 위해를 끼쳐서는 아니 된다.

④ 위해성 경찰장비는 필요한 최소한도에서 사용하여야 한다.

⑤ 경찰청장은 위해성 경찰장비를 새로 도입하려는 경우에는 대통령령으로 정하는 바에 따라 안전성 검사를 실시하여 그 안전성 검사의 결과보고서를 국회 소관 상임위원회에 제출하여야 한다. 이 경우 안전성 검사에는 외부 전문가를 참여시켜야 한다.

⑥ 위해성 경찰장비의 종류 및 그 사용기준,

안전교육·안전검사의 기준 등은 대통령령으로 정한다.
〔전부개정 2014·5·20〕

제10조의2(경찰장구의 사용) ① 경찰관은 다음 각 호의 직무를 수행하기 위하여 필요하다고 인정되는 상당한 이유가 있을 때에는 그 사태를 합리적으로 판단하여 필요한 한도에서 경찰장구를 사용할 수 있다.
1. 현행범이나 사형·무기 또는 장기 3년 이상의 징역이나 금고에 해당하는 죄를 범한 범인의 체포 또는 도주 방지
2. 자신이나 다른 사람의 생명·신체의 방어 및 보호
3. 공무집행에 대한 항거(抗拒) 제지

② 제1항에서 "경찰장구"란 경찰관이 휴대하여 범인 검거와 범죄 진압 등의 직무 수행에 사용하는 수갑, 포승(捕繩), 경찰봉, 방패 등을 말한다.
〔전부개정 2014·5·20〕

제10조의3(분사기 등의 사용) 경찰관은 다음 각 호의 직무를 수행하기 위하여 부득이한 경우에는 현장책임자가 판단하여 필요한 최소한의 범위에서 분사기(「총포·도검·화약류 등의 안전관리에 관한 법률」에 따른 분사기를 말하며, 그에 사용하는 최루 등의 작용제를 포함한다. 이하 같다) 또는 최루탄을 사용할 수 있다. <개정 2015·1·6>
1. 범인의 체포 또는 범인의 도주 방지
2. 불법집회·시위로 인한 자신이나 다른 사람의 생명·신체와 재산 및 공공시설 안전에 대한 현저한 위해의 발생 억제

〔전부개정 2014·5·20〕

제10조의4(무기의 사용) ① 경찰관은 범인의 체포, 범인의 도주 방지, 자신이나 다른 사람의 생명·신체의 방어 및 보호, 공무집행에 대한 항거의 제지를 위하여 필요하다고 인정되는 상당한 이유가 있을 때에는 그 사태를 합리적으로 판단하여 필요한 한도에서 무기를 사용할 수 있다. 다만, 다음 각 호의 어느 하나에 해당할 때를 제외하고는 사람에게 위해를 끼쳐서는 아니 된다.
1. 「형법」에 규정된 정당방위와 긴급피난에 해당할 때
2. 다음 각 목의 어느 하나에 해당하는 때에 그 행위를 방지하거나 그 행위자를 체포하기 위하여 무기를 사용하지 아니하고는 다른 수단이 없다고 인정되는 상당한 이유가 있을 때
   가. 사형·무기 또는 장기 3년 이상의 징역이나 금고에 해당하는 죄를 범하거나 범하였다고 의심할 만한 충분한 이유가 있는 사람이 경찰관의 직무집행에 항거하거나 도주하려고 할 때
   나. 체포·구속영장과 압수·수색영장을 집행하는 과정에서 경찰관의 직무집행에 항거하거나 도주하려고 할 때
   다. 제3자가 가목 또는 나목에 해당하는 사람을 도주시키려고 경찰관에게 항거할 때
   라. 범인이나 소요를 일으킨 사람이 무기·흉기 등 위험한 물건을 지니고 경찰관으로부터 3회 이상 물건을 버리라는 명령이나 항복하라는 명령을 받고도 따르지 아니하면서 계속 항거할 때
3. 대간첩 작전 수행 과정에서 무장간첩이 항복하라는 경찰관의 명령을 받고도 따르지 아니할 때

② 제1항에서 "무기"란 사람의 생명이나 신체에 위해를 끼칠 수 있도록 제작된 권총·소총·도검 등을 말한다.
③ 대간첩·대테러 작전 등 국가안전에 관련되는 작전을 수행할 때에는 개인화기(個人火器) 외에 공용화기(共用火器)를 사용할 수 있다.
〔전부개정 2014·5·20〕

제10조의5(경찰착용기록장치의 사용) ① 경찰관은 다음 각 호의 어느 하나에 해당하는 직무 수행을 위하여 필요한 경우에는 필요한 최소한의 범위에서 경찰착용기록장치를 사용할 수 있다.
1. 경찰관이 「형사소송법」 제200조의2, 제200조의3, 제201조 또는 제212조에 따라 피의자를 체포 또는 구속하는 경우
2. 범죄 수사를 위하여 필요한 경우로서 다음 각 목의 요건을 모두 갖춘 경우
   가. 범행 중이거나 범행 직전 또는 직후일 것
   나. 증거보전의 필요성 및 긴급성이 있을 것
3. 제5조제1항에 따른 인공구조물의 파손이나 붕괴 등의 위험한 사태가 발생한 경우

4. 경찰착용기록장치에 기록되는 대상자(이하 이 조에서 "기록대상자"라 한다)로부터 그 기록의 요청 또는 동의를 받은 경우
5. 제4조제1항 각 호에 해당하는 것이 명백하고 응급구호가 필요하다고 믿을 만한 상당한 이유가 있는 경우
6. 제6조에 따라 사람의 생명·신체에 위해를 끼치거나 재산에 중대한 손해를 끼칠 우려가 있는 범죄행위를 긴급하게 예방 및 제지하는 경우
7. 경찰관이 「해양경비법」 제12조 또는 제13조에 따라 해상검문검색 또는 추적·나포하는 경우
8. 경찰관이 「수상에서의 수색·구조 등에 관한 법률」에 따라 같은 법 제2조제4호의 수난구호 업무 시 수색 또는 구조를 하는 경우
9. 그 밖에 제1호부터 제8호까지에 준하는 경우로서 대통령령으로 정하는 경우

② 이 법에서 "경찰착용기록장치"란 경찰관이 신체에 착용 또는 휴대하여 직무수행 과정을 근거리에서 영상·음성으로 기록할 수 있는 기록장치 또는 그 밖에 이와 유사한 기능을 갖춘 기계장치를 말한다.
〔본조신설 2024·1·30〕

제10조의6(경찰착용기록장치의 사용 고지 등) ① 경찰관이 경찰착용기록장치를 사용하여 기록하는 경우로서 이동형 영상정보처리기기로 사람 또는 그 사람과 관련된 사물의 영상을 촬영하는 때에는 불빛, 소리, 안내판 등 대통령령으로 정하는 바에 따라 촬영사실을 표시하고 알려야 한다.
② 제1항에도 불구하고 제10조의5제1항 각 호에 따른 경우로서 불가피하게 고지가 곤란한 경우에는 제3항에 따라 영상음성기록을 전송·저장하는 때에 그 고지를 못한 사유를 기록하는 것으로 대체할 수 있다.
③ 경찰착용기록장치로 기록을 마친 영상음성기록은 지체 없이 제10조의7에 따른 영상음성기록정보 관리체계를 이용하여 영상음성기록정보 데이터베이스에 전송·저장하도록 하여야 하며, 영상음성기록을 임의로 편집·복사하거나 삭제하여서는 아니 된다.
④ 그 밖에 경찰착용기록장치의 사용기준 및 관리 등에 필요한 사항은 대통령령으로 정한다.
〔본조신설 2024·1·30〕

제10조의7(영상음성기록정보 관리체계의 구축·운영) 경찰청장 및 해양경찰청장은 경찰착용기록장치로 기록한 영상·음성을 저장하고 데이터베이스로 관리하는 영상음성기록정보 관리체계를 구축·운영하여야 한다.
〔본조신설 2024·1·30〕

제11조(사용기록의 보관) 제10조제2항에 따른 살수차, 제10조의3에 따른 분사기, 최루탄 또는 제10조의4에 따른 무기를 사용하는 경우 그 책임자는 사용 일시·장소·대상, 현장책임자, 종류, 수량 등을 기록하여 보관하여야 한다.
〔전부개정 2014·5·20〕

제11조의2(손실보상) ① 국가는 경찰관의 적법한 직무집행으로 인하여 다음 각 호의 어느 하나에 해당하는 손실을 입은 자에 대하여 정당한 보상을 하여야 한다. <개정 2018·12·24>
1. 손실발생의 원인에 대하여 책임이 없는 자가 생명·신체 또는 재산상의 손실을 입은 경우(손실발생의 원인에 대하여 책임이 없는 자가 경찰관의 직무집행에 자발적으로 협조하거나 물건을 제공하여 생명·신체 또는 재산상의 손실을 입은 경우를 포함한다)
2. 손실발생의 원인에 대하여 책임이 있는 자가 자신의 책임에 상응하는 정도를 초과하는 생명·신체 또는 재산상의 손실을 입은 경우

② 제1항에 따른 보상을 청구할 수 있는 권리는 손실이 있음을 안 날부터 3년, 손실이 발생한 날부터 5년간 행사하지 아니하면 시효의 완성으로 소멸한다.
③ 제1항에 따른 손실보상신청 사건을 심의하기 위하여 손실보상심의위원회를 둔다.
④ 경찰청장, 해양경찰청장, 시·도경찰청장 또는 지방해양경찰청장은 제3항의 손실보상심의위원회의 심의·의결에 따라 보상금을 지급하고, 거짓 또는 부정한 방법으로 보상금을 받은 사람에 대하여는 해당 보상금을 환수하여야 한다. <개정 2018·12·24, 2020·12·22, 2024·3·19>
⑤ 보상금이 지급된 경우 손실보상심의위원회는 대통령령으로 정하는 바에 따라 국가경찰위원회 또는 해양경찰위원회에 심사자

료와 결과를 보고하여야 한다. 이 경우 국가경찰위원회 또는 해양경찰위원회는 손실보상의 적법성 및 적정성 확인을 위하여 필요한 자료의 제출을 요구할 수 있다. <신설 2018·12·24, 2020·12·22, 2024·3·19>

⑥ 경찰청장, 해양경찰청장, 시·도경찰청장 또는 지방해양경찰청장은 제4항에 따라 보상금을 반환하여야 할 사람이 대통령령으로 정한 기한까지 그 금액을 납부하지 아니한 때에는 국세강제징수의 예에 따라 징수할 수 있다. <신설 2018·12·24, 2020·12·22, 2024·3·19>

⑦ 제1항에 따른 손실보상의 기준, 보상금액, 지급 절차 및 방법, 제3항에 따른 손실보상심의위원회의 구성 및 운영, 제4항 및 제6항에 따른 환수절차, 그 밖에 손실보상에 관하여 필요한 사항은 대통령령으로 정한다. <신설 2018·12·24>

〔본조신설 2013·4·5〕

제11조의3(범인검거 등 공로자 보상) ① 경찰청장, 해양경찰청장, 시·도경찰청장, 지방해양경찰청장, 경찰서장 또는 해양경찰서장(이하 이 조에서 "경찰청장등"이라 한다)은 다음 각 호의 어느 하나에 해당하는 사람에게 보상금을 지급할 수 있다. <개정 2020·12·22, 2024·3·19>

1. 범인 또는 범인의 소재를 신고하여 검거하게 한 사람
2. 범인을 검거하여 경찰공무원에게 인도한 사람
3. 테러범죄의 예방활동에 현저한 공로가 있는 사람
4. 그 밖에 제1호부터 제3호까지의 규정에 준하는 사람으로서 대통령령으로 정하는 사람

② 경찰청장등은 제1항에 따른 보상금 지급의 심사를 위하여 대통령령으로 정하는 바에 따라 각각 보상금심사위원회를 설치·운영하여야 한다. <개정 2020·12·22, 2024·3·19>

③ 제2항에 따른 보상금심사위원회는 위원장 1명을 포함한 5명 이내의 위원으로 구성한다.

④ 제2항에 따른 보상금심사위원회의 위원은 소속 경찰공무원 중에서 경찰청장등이 임명한다. <개정 2020·12·22, 2024·3·19>

⑤ 경찰청장등은 제2항에 따른 보상금심사위원회의 심사·의결에 따라 보상금을 지급하고, 거짓 또는 부정한 방법으로 보상금을 받은 사람에 대하여는 해당 보상금을 환수한다. <개정 2020·12·22, 2024·3·19>

⑥ 경찰청장등은 제5항에 따라 보상금을 반환하여야 할 사람이 대통령령으로 정한 기한까지 그 금액을 납부하지 아니한 때에는 국세강제징수의 예에 따라 징수할 수 있다. <개정 2018·12·24, 2020·12·22, 2024·3·19>

⑦ 제1항에 따른 보상 대상, 보상금의 지급 기준 및 절차, 제2항 및 제3항에 따른 보상금심사위원회의 구성 및 심사사항, 제5항 및 제6항에 따른 환수절차, 그 밖에 보상금 지급에 관하여 필요한 사항은 대통령령으로 정한다. <신설 2018·12·24>

〔본조신설 2016·1·27〕

제11조의4(소송 지원) 경찰청장과 해양경찰청장은 경찰관이 제2조 각 호에 따른 직무의 수행으로 인하여 민·형사상 책임과 관련된 소송을 수행할 경우 변호인 선임 등 소송 수행에 필요한 지원을 할 수 있다.

〔본조신설 2021·10·19〕

제11조의5(직무 수행으로 인한 형의 감면) 다음 각 호의 범죄가 행하여지려고 하거나 행하여지고 있어 타인의 생명·신체에 대한 위해 발생의 우려가 명백하고 긴급한 상황에서, 경찰관이 그 위해를 예방하거나 진압하기 위한 행위 또는 범인의 검거 과정에서 경찰관을 향한 직접적인 유형력 행사에 대응하는 행위를 하여 그로 인하여 타인에게 피해가 발생한 경우, 그 경찰관의 직무수행이 불가피한 것이고 필요한 최소한의 범위에서 이루어졌으며 해당 경찰관에게 고의 또는 중대한 과실이 없는 때에는 그 정상을 참작하여 형을 감경하거나 면제할 수 있다.

1. 「형법」 제2편 제24장 살인의 죄, 제25장 상해와 폭행의 죄, 제32장 강간과 추행의 죄 중 강간에 관한 범죄, 제38장 절도와 강도의 죄 중 강도에 관한 범죄 및 이에 대하여 다른 법률에 따라 가중처벌하는 범죄
2. 「가정폭력범죄의 처벌 등에 관한 특례법」에 따른 가정폭력범죄, 「아동학대범죄의 처벌 등에 관한 특례법」에 따른 아동학대범죄

〔본조신설 2022·2·3〕

제12조(벌칙) 이 법에 규정된 경찰관의 의무를 위반하거나 직권을 남용하여 다른 사람에게 해를 끼친 사람은 1년 이하의 징역이나 금고 또는 300만원 이하의 벌금에 처한다. <개정 2024·1·30>

〔전부개정 2014·5·20〕

제13조 삭제 <2014·5·20>

부 칙

이 법은 공포한 날로부터 시행한다.

부 칙 <1988·12·31 법4048>

이 법은 공포후 30일이 경과한 날로부터 시행한다.

부 칙 <1989·6·16 법4130>

이 법은 공포한 날부터 시행한다.

부 칙 <1991·3·8 법4336>

이 법은 공포한 날부터 시행한다.

부 칙 <1996·8·8 법5153>

제1조(시행일) 이 법은 공포후 30일 이내에 제41조의 개정규정에 의한 해양수산부와 해양경찰청의 조직에 관한 대통령령의 시행일부터 시행한다.

제2조부터 **제4조**까지 생략

부 칙 <1999·5·24 법5988>

①(시행일) 이 법은 공포후 6월이 경과한 날부터 시행한다.

②(벌칙에 관한 경과조치) 이 법 시행전의 행위에 대한 벌칙의 적용에 있어서는 종전의 규정에 의한다.

부 칙 <2004·12·23 법7247>

제1조(시행일) 이 법은 공포한 날부터 시행한다.

제2조 생략

부 칙 <2006·2·21 법7849>

제1조(시행일) 이 법은 2006년 7월 1일부터 시행한다. 〈단서 생략〉

제2조부터 **제41조**까지 생략

부 칙 <2011·8·4 법11031>

이 법은 공포한 날부터 시행한다.

부 칙 <2013·4·5 법11736>

이 법은 공포 후 1년이 경과한 날부터 시행한다.

부 칙 <2014·5·20 법12600>

제1조(시행일) 이 법은 공포한 날부터 시행한다. 다만, 제10조제5항의 개정규정은 공포 후 6개월이 경과한 날부터 시행한다.

제2조(다른 법률의 개정) 생략

부 칙 <2014·11·19 법12844>

제1조(시행일) 이 법은 공포한 날부터 시행한다. 〈단서 생략〉

제2조부터 **제7조**까지 생략

부 칙 <2015·1·6 법12960>

제1조(시행일) 이 법은 공포 후 1년이 경과한 날부터 시행한다.

제2조부터 **제6조**까지 생략

부 칙 <2016·1·27 법13825>

이 법은 공포 후 6개월이 경과한 날부터 시행한다.

부 칙 <2017·7·26 법14839>

제1조(시행일) ① 이 법은 공포한 날부터 시행한다. 〈단서 생략〉

제2조부터 **제6조**까지 생략

부 칙 <2018·4·17 법15565>

이 법은 공포한 날부터 시행한다.

부 칙 <2018·12·24 법16036>

제1조(시행일) 이 법은 공포 후 6개월이 경과한 날부터 시행한다.

제2조(생명 또는 신체상의 손실보상에 관한 적용례) 제11조의2제1항제1호 및 제2호의 개정규정은 이 법 시행 후 최초로 경찰관의 적법한 직무집행으로 인하여 생명 또는 신체상의 손실을 입은 사람부터 적용한다.

부 칙 <2020·12·22 법17688>

이 법은 2021년 1월 1일부터 시행한다. 다만, 제8조의2의 개정규정은 공포 후 3개월이 경과한 날부터 시행한다.

부 칙 <2020·12·22 법17689>

제1조(시행일) 이 법은 2021년 1월 1일부터 시행한다.

제2조부터 **제8조**까지 생략

부 칙 <2021·10·19 법18488>

이 법은 공포한 날부터 시행한다.

부 칙 <2022·2·3 법18807>

이 법은 공포한 날부터 시행한다.

부 칙 <2024·1·30 법20153>

이 법은 공포 후 6개월이 경과한 날부터 시행한다. 다만, 제12조의 개정규정은 공포한 날부터 시행한다.

부 칙 <2024·3·19 법20374>

제1조(시행일) 이 법은 공포 후 6개월이 경과한 날부터 시행한다.

제2조(다른 법률의 개정) 생략

●공익사업을 위한 토지 등의 취득 및 보상에 관한 법률

〔2002·2·4 법률제6656호〕

개정
2003· 5·29 법률제 6916호(주택법)
2004·12·31 법률제 7304호(철도건설법)
2005· 1·14 법률제 7335호(부동산가격공시및감정평가에관한법률)
2005· 3·31 법률제 7475호
2005·12·23 법률제 7758호
2005·12·29 법률제 7773호(정부조직법)
2005·12·29 법률제 7796호(국가공무원법)
2005·12·30 법률제 7835호
2007·10·17 법률제 8665호
2008· 2·29 법률제 8852호(정부조직법)
2008· 3·28 법률제 9053호
2009· 4· 1 법률제 9595호
2010· 4· 5 법률제10239호
2010· 5·17 법률제10303호(은행법)
2011· 8· 4 법률제11017호
2012· 6· 1 법률제11468호
2013· 3·23 법률제11690호(정부조직법)
2014· 3·18 법률제12471호
2015· 1· 6 법률제12972호
2015· 1· 6 법률제12989호(주택도시기금법)
2015·12·29 법률제13677호
2016· 1·19 법률제13782호(감정평가 및 감정평가사에 관한 법률)
2016· 1·19 법률제13796호(부동산 가격공시에 관한 법률)
2016·12·20 법률제14452호(항만법)
2017· 3·21 법률제14711호
2017·12·26 법률제15309호(혁신도시 조성 및 발전에 관한 특별법)
2018· 3·13 법률제15460호(철도의 건설 및 철도시설 유지관리에 관한 법률)
2018·12·31 법률제16138호
2019· 8·27 법률제16568호(양식산업발전법)
2020· 1·29 법률제16902호(항만법)
2020· 1·29 법률제16904호(항만 재개발 및 주변지역 발전에 관한 법률)
2020· 4· 7 법률제17219호(감정평가 및 감정평가사에 관한 법률)
2020· 4· 7 법률제17225호
2020· 6· 9 법률제17453호(법률용어 정비를 위한 국토교통위원회 소관 78개 법률 일부개정을 위한 법률)
2021· 1· 5 법률제17868호
2021· 4·13 법률제18044호
2021· 6·15 법률제18284호(댐건설·관리 및 주변지역지원 등에 관한 법률)
2021· 7·20 법률제18312호
2021· 8·10 법률제18386호
2022· 2· 3 법률제18828호
2023· 4·18 법률제19370호
2023· 8· 8 법률제19590호(문화유산의 보존 및 활용에 관한 법률)
2023·10·24 법률제19765호
2024· 1· 9 법률제19969호
2024· 9·20 법률제20452호

제1장 총칙

제1조(목적) 이 법은 공익사업에 필요한 토지 등을 협의 또는 수용에 의하여 취득하거나 사용함에 따른 손실의 보상에 관한 사항을 규정함으로써 공익사업의 효율적인 수행을 통하여 공공복리의 증진과 재산권의 적정한 보호를 도모하는 것을 목적으로 한다.
〔전부개정 2011·8·4〕

제2조(정의) 이 법에서 사용하는 용어의 뜻은 다음과 같다.

1. "토지등"이란 제3조 각 호에 해당하는 토지·물건 및 권리를 말한다.
2. "공익사업"이란 제4조 각 호의 어느 하나에 해당하는 사업을 말한다.
3. "사업시행자"란 공익사업을 수행하는 자를 말한다.
4. "토지소유자"란 공익사업에 필요한 토지의 소유자를 말한다.

5. "관계인"이란 사업시행자가 취득하거나 사용할 토지에 관하여 지상권·지역권·전세권·저당권·사용대차 또는 임대차에 따른 권리 또는 그 밖에 토지에 관한 소유권 외의 권리를 가진 자나 그 토지에 있는 물건에 관하여 소유권이나 그 밖의 권리를 가진 자를 말한다. 다만, 제22조에 따른 사업인정의 고시가 된 후에 권리를 취득한 자는 기존의 권리를 승계한 자를 제외하고는 관계인에 포함되지 아니한다.
6. "가격시점"이란 제67조제 1 항에 따른 보상액 산정(算定)의 기준이 되는 시점을 말한다.
7. "사업인정"이란 공익사업을 토지등을 수용하거나 사용할 사업으로 결정하는 것을 말한다.

〔전부개정 2011·8·4〕

제 3 조(적용 대상) 사업시행자가 다음 각 호에 해당하는 토지·물건 및 권리를 취득하거나 사용하는 경우에는 이 법을 적용한다. <개정 2019·8·27>
1. 토지 및 이에 관한 소유권 외의 권리
2. 토지와 함께 공익사업을 위하여 필요한 입목(立木), 건물, 그 밖에 토지에 정착된 물건 및 이에 관한 소유권 외의 권리
3. 광업권·어업권·양식업권 또는 물의 사용에 관한 권리
4. 토지에 속한 흙·돌·모래 또는 자갈에 관한 권리

〔전부개정 2011·8·4〕

제 4 조(공익사업) 이 법에 따라 토지등을 취득하거나 사용할 수 있는 사업은 다음 각 호의 어느 하나에 해당하는 사업이어야 한다. <개정 2014·3·18, 2015·12·29>
1. 국방·군사에 관한 사업
2. 관계 법률에 따라 허가·인가·승인·지정 등을 받아 공익을 목적으로 시행하는 철도·도로·공항·항만·주차장·공영차고지·화물터미널·궤도(軌道)·하천·제방·댐·운하·수도·하수도·하수종말처리·폐수처리·사방(砂防)·방풍(防風)·방화(防火)·방조(防潮)·방수(防水)·저수지·용수로·배수로·석유비축·송유·폐기물처리·전기·전기통신·방송·가스 및 기상 관측에 관한 사업
3. 국가나 지방자치단체가 설치하는 청사·공장·연구소·시험소·보건시설·문화시설·공원·수목원·광장·운동장·시장·묘지·화장장·도축장 또는 그 밖의 공공용 시설에 관한 사업
4. 관계 법률에 따라 허가·인가·승인·지정 등을 받아 공익을 목적으로 시행하는 학교·도서관·박물관 및 미술관 건립에 관한 사업
5. 국가, 지방자치단체, 「공공기관의 운영에 관한 법률」 제 4 조에 따른 공공기관, 「지방공기업법」에 따른 지방공기업 또는 국가나 지방자치단체가 지정한 자가 임대나 양도의 목적으로 시행하는 주택 건설 또는 택지 및 산업단지 조성에 관한 사업
6. 제 1 호부터 제 5 호까지의 사업을 시행하기 위하여 필요한 통로, 교량, 전선로, 재료 적치장 또는 그 밖의 부속시설에 관한 사업
7. 제 1 호부터 제 5 호까지의 사업을 시행하기 위하여 필요한 주택, 공장 등의 이주단지 조성에 관한 사업
8. 그 밖에 별표에 규정된 법률에 따라 토지등을 수용하거나 사용할 수 있는 사업

〔전부개정 2011·8·4〕

제 4 조의2(토지등의 수용·사용에 관한 특례의 제한) ① 이 법에 따라 토지등을 수용하거나 사용할 수 있는 사업은 제 4 조 또는 별표에 규정된 법률에 따르지 아니하고는 정할 수 없다.
② 별표는 이 법 외의 다른 법률로 개정할 수 없다.
③ 국토교통부장관은 제 4 조제 8 호에 따른 사업의 공공성, 수용의 필요성 등을 5년마다 재검토하여 폐지, 변경 또는 유지 등을 위한 조치를 하여야 한다. <신설 2021·4·13>

〔본조신설 2015·12·29〕

제 4 조의3(공익사업 신설 등에 대한 개선요구 등) ① 제49조에 따른 중앙토지수용위원회는 제 4 조제 8 호에 따른 사업의 신설, 변경 및 폐지, 그 밖에 필요한 사항에 관하여 심의를 거쳐 관계 중앙행정기관의 장에게 개선을 요구하거나 의견을 제출할 수 있다.
② 제 1 항에 따라 개선요구나 의견제출을 받은 관계 중앙행정기관의 장은 정당한 사유가 없으면 이를 반영하여야 한다.
③ 제49조에 따른 중앙토지수용위원회는 제 1 항에 따른 개선요구·의견제출을 위하

여 필요한 경우 관계 기관 소속 직원 또는 관계 전문기관이나 전문가로 하여금 위원회에 출석하여 그 의견을 진술하게 하거나 필요한 자료를 제출하게 할 수 있다.

〔본조신설 2018·12·31〕

제 5 조(권리·의무 등의 승계) ① 이 법에 따른 사업시행자의 권리·의무는 그 사업을 승계한 자에게 이전한다.

② 이 법에 따라 이행한 절차와 그 밖의 행위는 사업시행자, 토지소유자 및 관계인의 승계인에게도 그 효력이 미친다.

〔전부개정 2011·8·4〕

제 6 조(기간의 계산방법 등) 이 법에서 기간의 계산방법은 「민법」에 따르며, 통지 및 서류의 송달에 필요한 사항은 대통령령으로 정한다.

〔전부개정 2011·8·4〕

제 7 조(대리인) 사업시행자, 토지소유자 또는 관계인은 사업인정의 신청, 재결(裁決)의 신청, 의견서 제출 등의 행위를 할 때 변호사나 그 밖의 자를 대리인으로 할 수 있다.

〔전부개정 2011·8·4〕

제 8 조(서류의 발급신청) ① 사업시행자는 대통령령으로 정하는 바에 따라 해당 공익사업의 수행을 위하여 필요한 서류의 발급을 국가나 지방자치단체에 신청할 수 있으며, 국가나 지방자치단체는 해당 서류를 발급하여야 한다.

② 국가나 지방자치단체는 제 1 항에 따라 발급하는 서류에는 수수료를 부과하지 아니한다.

〔전부개정 2011·8·4〕

제 2 장 공익사업의 준비

제 9 조(사업 준비를 위한 출입의 허가 등) ① 사업시행자는 공익사업을 준비하기 위하여 타인이 점유하는 토지에 출입하여 측량하거나 조사할 수 있다.

② 사업시행자(특별자치도, 시·군 또는 자치구가 사업시행자인 경우는 제외한다)는 제 1 항에 따라 측량이나 조사를 하려면 사업의 종류와 출입할 토지의 구역 및 기간을 정하여 특별자치도지사, 시장·군수 또는 구청장(자치구의 구청장을 말한다. 이하 같다)의 허가를 받아야 한다. 다만, 사업시행자가 국가일 때에는 그 사업을 시행할 관계 중앙행정기관의 장이 특별자치도지사, 시장·군수 또는 구청장에게 통지하고, 사업시행자가 특별시·광역시 또는 도일 때에는 특별시장·광역시장 또는 도지사가 시장·군수 또는 구청장에게 통지하여야 한다.

③ 특별자치도지사, 시장·군수 또는 구청장은 다음 각 호의 어느 하나에 해당할 때에는 사업시행자, 사업의 종류와 출입할 토지의 구역 및 기간을 공고하고 이를 토지점유자에게 통지하여야 한다.

1. 제 2 항 본문에 따라 허가를 한 경우
2. 제 2 항 단서에 따라 통지를 받은 경우
3. 특별자치도, 시·군 또는 구(자치구를 말한다. 이하 같다)가 사업시행자인 경우로서 제 1 항에 따라 타인이 점유하는 토지에 출입하여 측량이나 조사를 하려는 경우

④ 사업시행자는 제 1 항에 따라 타인이 점유하는 토지에 출입하여 측량·조사함으로써 발생하는 손실을 보상하여야 한다.

⑤ 제 4 항에 따른 손실의 보상은 손실이 있음을 안 날부터 1년이 지났거나 손실이 발생한 날부터 3년이 지난 후에는 청구할 수 없다.

⑥ 제 4 항에 따른 손실의 보상은 사업시행자와 손실을 입은 자가 협의하여 결정한다.

⑦ 제 6 항에 따른 협의가 성립되지 아니하면 사업시행자나 손실을 입은 자는 대통령령으로 정하는 바에 따라 제51조에 따른 관할 토지수용위원회(이하 "관할 토지수용위원회"라 한다)에 재결을 신청할 수 있다.

〔전부개정 2011·8·4〕

제10조(출입의 통지) ① 제 9 조제 2 항에 따라 타인이 점유하는 토지에 출입하려는 자는 출입하려는 날의 5일 전까지 그 일시 및 장소를 특별자치도지사, 시장·군수 또는 구청장에게 통지하여야 한다.

② 특별자치도지사, 시장·군수 또는 구청장은 제 1 항에 따른 통지를 받은 경우 또는 특별자치도, 시·군 또는 구가 사업시행자인 경우에 특별자치도지사, 시장·군수 또는 구청장이 타인이 점유하는 토지에 출입하려는 경우에는 지체 없이 이를 공고하고 그 토지점유자에게 통지하여야 한다.

③ 해가 뜨기 전이나 해가 진 후에는 토지

점유자의 승낙 없이 그 주거(住居)나 경계표·담 등으로 둘러싸인 토지에 출입할 수 없다.
〔전부개정 2011·8·4〕

제11조(토지점유자의 인용의무) 토지점유자는 정당한 사유 없이 사업시행자가 제10조에 따라 통지하고 출입·측량 또는 조사하는 행위를 방해하지 못한다.
〔전부개정 2011·8·4〕

제12조(장해물 제거등) ① 사업시행자는 제9조에 따라 타인이 점유하는 토지에 출입하여 측량 또는 조사를 할 때 장해물을 제거하거나 토지를 파는 행위(이하 "장해물 제거등"이라 한다)를 하여야 할 부득이한 사유가 있는 경우에는 그 소유자 및 점유자의 동의를 받아야 한다. 다만, 그 소유자 및 점유자의 동의를 받지 못하였을 때에는 사업시행자(특별자치도, 시·군 또는 구가 사업시행자인 경우는 제외한다)는 특별자치도지사, 시장·군수 또는 구청장의 허가를 받아 장해물 제거등을 할 수 있으며, 특별자치도, 시·군 또는 구가 사업시행자인 경우에 특별자치도지사, 시장·군수 또는 구청장은 허가 없이 장해물 제거등을 할 수 있다.
② 특별자치도지사, 시장·군수 또는 구청장은 제1항 단서에 따라 허가를 하거나 장해물 제거등을 하려면 미리 그 소유자 및 점유자의 의견을 들어야 한다.
③ 제1항에 따라 장해물 제거등을 하려는 자는 장해물 제거등을 하려는 날의 3일 전까지 그 소유자 및 점유자에게 통지하여야 한다.
④ 사업시행자는 제1항에 따라 장해물 제거등을 함으로써 발생하는 손실을 보상하여야 한다.
⑤ 제4항에 따른 손실보상에 관하여는 제9조제5항부터 제7항까지의 규정을 준용한다.
〔전부개정 2011·8·4〕

제13조(증표 등의 휴대) ① 제9조제2항 본문에 따라 특별자치도지사, 시장·군수 또는 구청장의 허가를 받고 타인이 점유하는 토지에 출입하려는 사람과 제12조에 따라 장해물 제거등을 하려는 사람(특별자치도, 시·군 또는 구가 사업시행자인 경우는 제외한다)은 그 신분을 표시하는 증표와 특별자치도지사, 시장·군수 또는 구청장의 허가증을 지녀야 한다.
② 제9조제2항 단서에 따라 특별자치도지사, 시장·군수 또는 구청장에게 통지하고 타인이 점유하는 토지에 출입하려는 사람과 사업시행자가 특별자치도, 시·군 또는 구인 경우로서 제9조제3항제3호 또는 제12조제1항 단서에 따라 타인이 점유하는 토지에 출입하거나 장해물 제거등을 하려는 사람은 그 신분을 표시하는 증표를 지녀야 한다.
③ 제1항과 제2항에 따른 증표 및 허가증은 토지 또는 장해물의 소유자 및 점유자, 그 밖의 이해관계인에게 이를 보여주어야 한다.
④ 제1항과 제2항에 따른 증표 및 허가증의 서식에 관하여 필요한 사항은 국토교통부령으로 정한다. <개정 2013·3·23>
〔전부개정 2011·8·4〕

제3장 협의에 의한 취득 또는 사용

제14조(토지조서 및 물건조서의 작성) ① 사업시행자는 공익사업의 수행을 위하여 제20조에 따른 사업인정 전에 협의에 의한 토지등의 취득 또는 사용이 필요할 때에는 토지조서와 물건조서를 작성하여 서명 또는 날인을 하고 토지소유자와 관계인의 서명 또는 날인을 받아야 한다. 다만, 다음 각 호의 어느 하나에 해당하는 경우에는 그러하지 아니하다. 이 경우 사업시행자는 해당 토지조서와 물건조서에 그 사유를 적어야 한다.
1. 토지소유자 및 관계인이 정당한 사유 없이 서명 또는 날인을 거부하는 경우
2. 토지소유자 및 관계인을 알 수 없거나 그 주소·거소를 알 수 없는 등의 사유로 서명 또는 날인을 받을 수 없는 경우

② 토지와 물건의 소재지, 토지소유자 및 관계인 등 토지조서 및 물건조서의 기재사항과 그 작성에 필요한 사항은 대통령령으로 정한다.
〔전부개정 2011·8·4〕

제15조(보상계획의 열람 등) ① 사업시행자는 제14조에 따라 토지조서와 물건조서를 작성하였을 때에는 공익사업의 개요, 토지조

서 및 물건조서의 내용과 보상의 시기·방법 및 절차 등이 포함된 보상계획을 전국을 보급지역으로 하는 일간신문에 공고하고, 토지소유자 및 관계인에게 각각 통지하여야 하며, 제2항 단서에 따라 열람을 의뢰하는 사업시행자를 제외하고는 특별자치도지사, 시장·군수 또는 구청장에게도 통지하여야 한다. 다만, 토지소유자와 관계인이 20인 이하인 경우에는 공고를 생략할 수 있다.

② 사업시행자는 제1항에 따른 공고나 통지를 하였을 때에는 그 내용을 14일 이상 일반인이 열람할 수 있도록 하여야 한다. 다만, 사업지역이 둘 이상의 시·군 또는 구에 걸쳐 있거나 사업시행자가 행정청이 아닌 경우에는 해당 특별자치도지사, 시장·군수 또는 구청장에게도 그 사본을 송부하여 열람을 의뢰하여야 한다.

③ 제1항에 따라 공고되거나 통지된 토지조서 및 물건조서의 내용에 대하여 이의(異議)가 있는 토지소유자 또는 관계인은 제2항에 따른 열람기간 이내에 사업시행자에게 서면으로 이의를 제기할 수 있다. 다만, 사업시행자가 고의 또는 과실로 토지소유자 또는 관계인에게 보상계획을 통지하지 아니한 경우 해당 토지소유자 또는 관계인은 제16조에 따른 협의가 완료되기 전까지 서면으로 이의를 제기할 수 있다. <개정 2018·12·31>

④ 사업시행자는 해당 토지조서 및 물건조서에 제3항에 따라 제기된 이의를 부기(附記)하고 그 이의가 이유 있다고 인정할 때에는 적절한 조치를 하여야 한다.

〔전부개정 2011·8·4〕

제16조(협의) 사업시행자는 토지등에 대한 보상에 관하여 토지소유자 및 관계인과 성실하게 협의하여야 하며, 협의의 절차 및 방법 등 협의에 필요한 사항은 대통령령으로 정한다.

〔전부개정 2011·8·4〕

제17조(계약의 체결) 사업시행자는 제16조에 따른 협의가 성립되었을 때에는 토지소유자 및 관계인과 계약을 체결하여야 한다.

〔전부개정 2011·8·4〕

제18조 삭제 <2007·10·17>

제4장 수용에 의한 취득 또는 사용

제1절 수용 또는 사용의 절차

제19조(토지등의 수용 또는 사용) ① 사업시행자는 공익사업의 수행을 위하여 필요하면 이 법에서 정하는 바에 따라 토지등을 수용하거나 사용할 수 있다.

② 공익사업에 수용되거나 사용되고 있는 토지등은 특별히 필요한 경우가 아니면 다른 공익사업을 위하여 수용하거나 사용할 수 없다.

〔전부개정 2011·8·4〕

제20조(사업인정) ① 사업시행자는 제19조에 따라 토지등을 수용하거나 사용하려면 대통령령으로 정하는 바에 따라 국토교통부장관의 사업인정을 받아야 한다. <개정 2013·3·23>

② 제1항에 따른 사업인정을 신청하려는 자는 국토교통부령으로 정하는 수수료를 내야 한다. <개정 2013·3·23>

〔전부개정 2011·8·4〕

제21조(협의 및 의견청취 등) ① 국토교통부장관은 사업인정을 하려면 관계 중앙행정기관의 장 및 특별시장·광역시장·도지사·특별자치도지사(이하 "시·도지사"라 한다) 및 제49조에 따른 중앙토지수용위원회와 협의하여야 하며, 대통령령으로 정하는 바에 따라 미리 사업인정에 이해관계가 있는 자의 의견을 들어야 한다. <개정 2013·3·23, 2018·12·31>

② 별표에 규정된 법률에 따라 사업인정이 있는 것으로 의제되는 공익사업의 허가·인가·승인권자 등은 사업인정이 의제되는 지구지정·사업계획승인 등을 하려는 경우 제1항에 따라 제49조에 따른 중앙토지수용위원회와 협의하여야 하며, 대통령령으로 정하는 바에 따라 사업인정에 이해관계가 있는 자의 의견을 들어야 한다. <신설 2015·12·29, 2018·12·31>

③ 제49조에 따른 중앙토지수용위원회는 제1항 또는 제2항에 따라 협의를 요청받은 경우 사업인정에 이해관계가 있는 자에 대한 의견 수렴 절차 이행 여부, 허가·인가·승인대상 사업의 공공성, 수용의 필요성, 그 밖에 대통령령으로 정하는 사항을 검토하여야 한다. <신설 2015·12·29, 2018·12·31>

④ 제49조에 따른 중앙토지수용위원회는 제 3 항의 검토를 위하여 필요한 경우 관계 전문기관이나 전문가에게 현지조사를 의뢰하거나 그 의견을 들을 수 있고, 관계 행정기관의 장에게 관련 자료의 제출을 요청할 수 있다. <신설 2018·12·31>

⑤ 제49조에 따른 중앙토지수용위원회는 제 1 항 또는 제 2 항에 따라 협의를 요청받은 날부터 30일 이내에 의견을 제시하여야 한다. 다만, 그 기간 내에 의견을 제시하기 어려운 경우에는 한 차례만 30일의 범위에서 그 기간을 연장할 수 있다. <신설 2018·12·31>

⑥ 제49조에 따른 중앙토지수용위원회는 제 3 항의 사항을 검토한 결과 자료 등을 보완할 필요가 있는 경우에는 해당 허가·인가·승인권자에게 14일 이내의 기간을 정하여 보완을 요청할 수 있다. 이 경우 그 기간은 제 5 항의 기간에서 제외한다. <신설 2018·12·31, 2020·6·9>

⑦ 제49조에 따른 중앙토지수용위원회가 제 5 항에서 정한 기간 내에 의견을 제시하지 아니하는 경우에는 협의가 완료된 것으로 본다. <신설 2018·12·31>

⑧ 그 밖에 제 1 항 또는 제 2 항의 협의에 관하여 필요한 사항은 국토교통부령으로 정한다. <신설 2018·12·31>

〔전부개정 2011·8·4〕

제22조(사업인정의 고시) ① 국토교통부장관은 제20조에 따른 사업인정을 하였을 때에는 지체 없이 그 뜻을 사업시행자, 토지소유자 및 관계인, 관계 시·도지사에게 통지하고 사업시행자의 성명이나 명칭, 사업의 종류, 사업지역 및 수용하거나 사용할 토지의 세목을 관보에 고시하여야 한다. <개정 2013·3·23>

② 제 1 항에 따라 사업인정의 사실을 통지받은 시·도지사(특별자치도지사는 제외한다)는 관계 시장·군수 및 구청장에게 이를 통지하여야 한다.

③ 사업인정은 제 1 항에 따라 고시한 날부터 그 효력이 발생한다.

〔전부개정 2011·8·4〕

제23조(사업인정의 실효) ① 사업시행자가 제22조제 1 항에 따른 사업인정의 고시(이하 "사업인정고시"라 한다)가 된 날부터 1년 이내에 제28조제 1 항에 따른 재결신청을 하지 아니한 경우에는 사업인정고시가 된 날부터 1년이 되는 날의 다음 날에 사업인정은 그 효력을 상실한다.

② 사업시행자는 제 1 항에 따라 사업인정이 실효됨으로 인하여 토지소유자나 관계인이 입은 손실을 보상하여야 한다.

③ 제 2 항에 따른 손실보상에 관하여는 제 9 조제 5 항부터 제 7 항까지의 규정을 준용한다.

〔전부개정 2011·8·4〕

제24조(사업의 폐지 및 변경) ① 사업인정고시가 된 후 사업의 전부 또는 일부를 폐지하거나 변경함으로 인하여 토지등의 전부 또는 일부를 수용하거나 사용할 필요가 없게 되었을 때에는 사업시행자는 지체 없이 사업지역을 관할하는 시·도지사에게 신고하고, 토지소유자 및 관계인에게 이를 통지하여야 한다.

② 시·도지사는 제 1 항에 따른 신고를 받으면 사업의 전부 또는 일부가 폐지되거나 변경된 내용을 관보에 고시하여야 한다.

③ 시·도지사는 제 1 항에 따른 신고가 없는 경우에도 사업시행자가 사업의 전부 또는 일부를 폐지하거나 변경함으로 인하여 토지를 수용하거나 사용할 필요가 없게 된 것을 알았을 때에는 미리 사업시행자의 의견을 듣고 제 2 항에 따른 고시를 하여야 한다.

④ 시·도지사는 제 2 항 및 제 3 항에 따른 고시를 하였을 때에는 지체 없이 그 사실을 국토교통부장관에게 보고하여야 한다. <개정 2013·3·23>

⑤ 별표에 규정된 법률에 따라 제20조에 따른 사업인정이 있는 것으로 의제되는 사업이 해당 법률에서 정하는 바에 따라 해당 사업의 전부 또는 일부가 폐지되거나 변경된 내용이 고시·공고된 경우에는 제 2 항에 따른 고시가 있는 것으로 본다. <신설 2021·8·10>

⑥ 제 2 항 및 제 3 항에 따른 고시가 된 날부터 그 고시된 내용에 따라 사업인정의 전부 또는 일부는 그 효력을 상실한다.

⑦ 사업시행자는 제 1 항에 따라 사업의 전부 또는 일부를 폐지·변경함으로 인하여 토지소유자 또는 관계인이 입은 손실을 보

상하여야 한다.

⑧ 제7항에 따른 손실보상에 관하여는 제9조제5항부터 제7항까지의 규정을 준용한다. <개정 2021·8·10>

〔전부개정 2011·8·4〕

제24조의2(사업의 완료) ① 사업이 완료된 경우 사업시행자는 지체 없이 사업시행자의 성명이나 명칭, 사업의 종류, 사업지역, 사업인정고시일 및 취득한 토지의 세목을 사업지역을 관할하는 시·도지사에게 신고하여야 한다.

② 시·도지사는 제1항에 따른 신고를 받으면 사업시행자의 성명이나 명칭, 사업의 종류, 사업지역 및 사업인정고시일을 관보에 고시하여야 한다.

③ 시·도지사는 제1항에 따른 신고가 없는 경우에도 사업이 완료된 것을 알았을 때에는 미리 사업시행자의 의견을 듣고 제2항에 따른 고시를 하여야 한다.

④ 별표에 규정된 법률에 따라 제20조에 따른 사업인정이 있는 것으로 의제되는 사업이 해당 법률에서 정하는 바에 따라 해당 사업의 준공·완료·사용개시 등이 고시·공고된 경우에는 제2항에 따른 고시가 있는 것으로 본다.

〔본조신설 2021·8·10〕

제25조(토지등의 보전) ① 사업인정고시가 된 후에는 누구든지 고시된 토지에 대하여 사업에 지장을 줄 우려가 있는 형질의 변경이나 제3조제2호 또는 제4호에 규정된 물건을 손괴하거나 수거하는 행위를 하지 못한다.

② 사업인정고시가 된 후에 고시된 토지에 건축물의 건축·대수선, 공작물(工作物)의 설치 또는 물건의 부가(附加)·증치(增置)를 하려는 자는 특별자치도지사, 시장·군수 또는 구청장의 허가를 받아야 한다. 이 경우 특별자치도지사, 시장·군수 또는 구청장은 미리 사업시행자의 의견을 들어야 한다.

③ 제2항을 위반하여 건축물의 건축·대수선, 공작물의 설치 또는 물건의 부가·증치를 한 토지소유자 또는 관계인은 해당 건축물·공작물 또는 물건을 원상으로 회복하여야 하며 이에 관한 손실의 보상을 청구할 수 없다.

〔전부개정 2011·8·4〕

제26조(협의 등 절차의 준용) ① 제20조에 따른 사업인정을 받은 사업시행자는 토지조서 및 물건조서의 작성, 보상계획의 공고·통지 및 열람, 보상액의 산정과 토지소유자 및 관계인과의 협의 절차를 거쳐야 한다. 이 경우 제14조부터 제16조까지 및 제68조를 준용한다.

② 사업인정 이전에 제14조부터 제16조까지 및 제68조에 따른 절차를 거쳤으나 협의가 성립되지 아니하고 제20조에 따른 사업인정을 받은 사업으로서 토지조서 및 물건조서의 내용에 변동이 없을 때에는 제1항에도 불구하고 제14조부터 제16조까지의 절차를 거치지 아니할 수 있다. 다만, 사업시행자나 토지소유자 및 관계인이 제16조에 따른 협의를 요구할 때에는 협의하여야 한다.

〔전부개정 2011·8·4〕

제27조(토지 및 물건에 관한 조사권 등) ① 사업인정의 고시가 된 후에는 사업시행자 또는 제68조에 따라 감정평가를 의뢰받은 감정평가법인등(「감정평가 및 감정평가사에 관한 법률」에 따른 감정평가사 또는 감정평가법인을 말한다. 이하 "감정평가법인등"이라 한다)은 다음 각 호에 해당하는 경우에는 제9조에도 불구하고 해당 토지나 물건에 출입하여 측량하거나 조사할 수 있다. 이 경우 사업시행자는 해당 토지나 물건에 출입하려는 날의 5일 전까지 그 일시 및 장소를 토지점유자에게 통지하여야 한다. <개정 2016·1·19, 2018·12·31, 2020·4·7>

1. 사업시행자가 사업의 준비나 토지조서 및 물건조서를 작성하기 위하여 필요한 경우
2. 감정평가법인등이 감정평가를 의뢰받은 토지등의 감정평가를 위하여 필요한 경우

② 제1항에 따른 출입·측량·조사에 관하여는 제10조제3항, 제11조 및 제13조를 준용한다. <신설 2018·12·31>

③ 사업인정고시가 된 후에는 제26조제1항에서 준용되는 제15조제3항에 따라 토지소유자나 관계인이 토지조서 및 물건조서의 내용에 대하여 이의를 제기하는 경우를 제외하고는 제26조제1항에서 준용되는 제14조에 따라 작성된 토지조서 및 물건조서의 내용에 대하여 이의를 제기할 수 없다. 다만, 토지조서 및 물건조서의 내용이 진실

과 다르다는 것을 입증할 때에는 그러하지 아니하다. <개정 2018·12·31>

④ 사업시행자는 제1항에 따라 타인이 점유하는 토지에 출입하여 측량·조사함으로써 발생하는 손실(감정평가법인등이 제1항 제2호에 따른 감정평가를 위하여 측량·조사함으로써 발생하는 손실을 포함한다)을 보상하여야 한다. <개정 2020·4·7>

⑤ 제4항에 따른 손실보상에 관하여는 제9조제5항부터 제7항까지의 규정을 준용한다. <개정 2018·12·31>

[전부개정 2011·8·4]

제28조(재결의 신청) ① 제26조에 따른 협의가 성립되지 아니하거나 협의를 할 수 없을 때(제26조제2항 단서에 따른 협의 요구가 없을 때를 포함한다)에는 사업시행자는 사업인정고시가 된 날부터 1년 이내에 대통령령으로 정하는 바에 따라 관할 토지수용위원회에 재결을 신청할 수 있다.

② 제1항에 따라 재결을 신청하는 자는 국토교통부령으로 정하는 바에 따라 수수료를 내야 한다. <개정 2013·3·23>

[전부개정 2011·8·4]

제29조(협의 성립의 확인) ① 사업시행자와 토지소유자 및 관계인 간에 제26조에 따른 절차를 거쳐 협의가 성립되었을 때에는 사업시행자는 제28조제1항에 따른 재결 신청기간 이내에 해당 토지소유자 및 관계인의 동의를 받아 대통령령으로 정하는 바에 따라 관할 토지수용위원회에 협의 성립의 확인을 신청할 수 있다.

② 제1항에 따른 협의 성립의 확인에 관하여는 제28조제2항, 제31조, 제32조, 제34조, 제35조, 제52조제7항, 제53조제5항, 제57조 및 제58조를 준용한다. <개정 2023·4·18>

③ 사업시행자가 협의가 성립된 토지의 소재지·지번·지목 및 면적 등 대통령령으로 정하는 사항에 대하여 「공증인법」에 따른 공증을 받아 제1항에 따른 협의 성립의 확인을 신청하였을 때에는 관할 토지수용위원회가 이를 수리함으로써 협의 성립이 확인된 것으로 본다.

④ 제1항 및 제3항에 따른 확인은 이 법에 따른 재결로 보며, 사업시행자, 토지소유자 및 관계인은 그 확인된 협의의 성립이나 내용을 다툴 수 없다.

[전부개정 2011·8·4]

제30조(재결 신청의 청구) ① 사업인정고시가 된 후 협의가 성립되지 아니하였을 때에는 토지소유자와 관계인은 대통령령으로 정하는 바에 따라 서면으로 사업시행자에게 재결을 신청할 것을 청구할 수 있다.

② 사업시행자는 제1항에 따른 청구를 받았을 때에는 그 청구를 받은 날부터 60일 이내에 대통령령으로 정하는 바에 따라 관할 토지수용위원회에 재결을 신청하여야 한다. 이 경우 수수료에 관하여는 제28조제2항을 준용한다.

③ 사업시행자가 제2항에 따른 기간을 넘겨서 재결을 신청하였을 때에는 그 지연된 기간에 대하여 「소송촉진 등에 관한 특례법」 제3조에 따른 법정이율을 적용하여 산정한 금액을 관할 토지수용위원회에서 재결한 보상금에 가산(加算)하여 지급하여야 한다.

[전부개정 2011·8·4]

제31조(열람) ① 제49조에 따른 중앙토지수용위원회 또는 지방토지수용위원회(이하 "토지수용위원회"라 한다)는 제28조제1항에 따라 재결신청서를 접수하였을 때에는 대통령령으로 정하는 바에 따라 지체 없이 이를 공고하고, 공고한 날부터 14일 이상 관계 서류의 사본을 일반인이 열람할 수 있도록 하여야 한다.

② 토지수용위원회가 제1항에 따른 공고를 하였을 때에는 관계 서류의 열람기간 중에 토지소유자 또는 관계인은 의견을 제시할 수 있다.

[전부개정 2011·8·4]

제32조(심리) ① 토지수용위원회는 제31조제1항에 따른 열람기간이 지났을 때에는 지체 없이 해당 신청에 대한 조사 및 심리를 하여야 한다.

② 토지수용위원회는 심리를 할 때 필요하다고 인정하면 사업시행자, 토지소유자 및 관계인을 출석시켜 그 의견을 진술하게 할 수 있다.

③ 토지수용위원회는 제2항에 따라 사업시행자, 토지소유자 및 관계인을 출석하게 하는 경우에는 사업시행자, 토지소유자 및 관계인에게 미리 그 심리의 일시 및 장소를

통지하여야 한다.
〔전부개정 2011·8·4〕

제33조(화해의 권고) ① 토지수용위원회는 그 재결이 있기 전에는 그 위원 3명으로 구성되는 소위원회로 하여금 사업시행자, 토지소유자 및 관계인에게 화해를 권고하게 할 수 있다. 이 경우 소위원회는 위원장이 지명하거나 위원회에서 선임한 위원으로 구성하며, 그 밖에 그 구성에 필요한 사항은 대통령령으로 정한다.
② 제1항에 따른 화해가 성립되었을 때에는 해당 토지수용위원회는 화해조서를 작성하여 화해에 참여한 위원, 사업시행자, 토지소유자 및 관계인이 서명 또는 날인을 하도록 하여야 한다.
③ 제2항에 따라 화해조서에 서명 또는 날인이 된 경우에는 당사자 간에 화해조서와 동일한 내용의 합의가 성립된 것으로 본다.
〔전부개정 2011·8·4〕

제34조(재결) ① 토지수용위원회의 재결은 서면으로 한다.
② 제1항에 따른 재결서에는 주문 및 그 이유와 재결일을 적고, 위원장 및 회의에 참석한 위원이 기명날인한 후 그 정본(正本)을 사업시행자, 토지소유자 및 관계인에게 송달하여야 한다.
〔전부개정 2011·8·4〕

제35조(재결기간) 토지수용위원회는 제32조에 따른 심리를 시작한 날부터 14일 이내에 재결을 하여야 한다. 다만, 특별한 사유가 있을 때에는 14일의 범위에서 한 차례만 연장할 수 있다.
〔전부개정 2011·8·4〕

제36조(재결의 경정) ① 재결에 계산상 또는 기재상의 잘못이나 그 밖에 이와 비슷한 잘못이 있는 것이 명백할 때에는 토지수용위원회는 직권으로 또는 당사자의 신청에 의하여 경정재결(更正裁決)을 할 수 있다.
② 경정재결은 원재결서(原裁決書)의 원본과 정본에 부기하여야 한다. 다만, 정본에 부기할 수 없을 때에는 경정재결의 정본을 작성하여 당사자에게 송달하여야 한다.
〔전부개정 2011·8·4〕

제37조(재결의 유탈) 토지수용위원회가 신청의 일부에 대한 재결을 빠뜨린 경우에 그 빠뜨린 부분의 신청은 계속하여 그 토지수용위원회에 계속(係屬)된다.
〔전부개정 2011·8·4〕

제38조(천재지변 시의 토지의 사용) ① 천재지변이나 그 밖의 사변(事變)으로 인하여 공공의 안전을 유지하기 위한 공익사업을 긴급히 시행할 필요가 있을 때에는 사업시행자는 대통령령으로 정하는 바에 따라 특별자치도지사, 시장·군수 또는 구청장의 허가를 받아 즉시 타인의 토지를 사용할 수 있다. 다만, 사업시행자가 국가일 때에는 그 사업을 시행할 관계 중앙행정기관의 장이 특별자치도지사, 시장·군수 또는 구청장에게, 사업시행자가 특별시·광역시 또는 도일 때에는 특별시장·광역시장 또는 도지사가 시장·군수 또는 구청장에게 각각 통지하고 사용할 수 있으며, 사업시행자가 특별자치도, 시·군 또는 구일 때에는 특별자치도지사, 시장·군수 또는 구청장이 허가나 통지 없이 사용할 수 있다.
② 특별자치도지사, 시장·군수 또는 구청장은 제1항에 따라 허가를 하거나 통지를 받은 경우 또는 특별자치도지사, 시장·군수·구청장이 제1항 단서에 따라 타인의 토지를 사용하려는 경우에는 대통령령으로 정하는 사항을 즉시 토지소유자 및 토지점유자에게 통지하여야 한다.
③ 제1항에 따른 토지의 사용기간은 6개월을 넘지 못한다.
④ 사업시행자는 제1항에 따라 타인의 토지를 사용함으로써 발생하는 손실을 보상하여야 한다.
⑤ 제4항에 따른 손실보상에 관하여는 제9조제5항부터 제7항까지의 규정을 준용한다.
〔전부개정 2011·8·4〕

제39조(시급한 토지 사용에 대한 허가) ① 제28조에 따른 재결신청을 받은 토지수용위원회는 그 재결을 기다려서는 재해를 방지하기 곤란하거나 그 밖에 공공의 이익에 현저한 지장을 줄 우려가 있다고 인정할 때에는 사업시행자의 신청을 받아 대통령령으로 정하는 바에 따라 담보를 제공하게 한 후 즉시 해당 토지의 사용을 허가할 수 있다. 다만, 국가나 지방자치단체가 사업시행자인 경우에는 담보를 제공하지 아니할 수 있다.

② 제1항에 따른 토지의 사용기간은 6개월을 넘지 못한다.
③ 토지수용위원회가 제1항에 따른 허가를 하였을 때에는 제38조제2항을 준용한다.
〔전부개정 2011·8·4〕

제2절 수용 또는 사용의 효과

제40조(보상금의 지급 또는 공탁) ① 사업시행자는 제38조 또는 제39조에 따른 사용의 경우를 제외하고는 수용 또는 사용의 개시일(토지수용위원회가 재결로써 결정한 수용 또는 사용을 시작하는 날을 말한다. 이하 같다)까지 관할 토지수용위원회가 재결한 보상금을 지급하여야 한다.
② 사업시행자는 다음 각 호의 어느 하나에 해당할 때에는 수용 또는 사용의 개시일까지 수용하거나 사용하려는 토지등의 소재지의 공탁소에 보상금을 공탁(供託)할 수 있다.
1. 보상금을 받을 자가 그 수령을 거부하거나 보상금을 수령할 수 없을 때
2. 사업시행자의 과실 없이 보상금을 받을 자를 알 수 없을 때
3. 관할 토지수용위원회가 재결한 보상금에 대하여 사업시행자가 불복할 때
4. 압류나 가압류에 의하여 보상금의 지급이 금지되었을 때
③ 사업인정고시가 된 후 권리의 변동이 있을 때에는 그 권리를 승계한 자가 제1항에 따른 보상금 또는 제2항에 따른 공탁금을 받는다.
④ 사업시행자는 제2항제3호의 경우 보상금을 받을 자에게 자기가 산정한 보상금을 지급하고 그 금액과 토지수용위원회가 재결한 보상금과의 차액(差額)을 공탁하여야 한다. 이 경우 보상금을 받을 자는 그 불복의 절차가 종결될 때까지 공탁된 보상금을 수령할 수 없다.
〔전부개정 2011·8·4〕

제41조(시급한 토지 사용에 대한 보상) ① 제39조에 따라 토지를 사용하는 경우 토지수용위원회의 재결이 있기 전에 토지소유자나 관계인이 청구할 때에는 사업시행자는 자기가 산정한 보상금을 토지소유자나 관계인에게 지급하여야 한다.
② 토지소유자나 관계인은 사업시행자가 토지수용위원회의 재결에 따른 보상금의 지급시기까지 보상금을 지급하지 아니하면 제39조에 따라 제공된 담보의 전부 또는 일부를 취득한다.
〔전부개정 2011·8·4〕

제42조(재결의 실효) ① 사업시행자가 수용 또는 사용의 개시일까지 관할 토지수용위원회가 재결한 보상금을 지급하거나 공탁하지 아니하였을 때에는 해당 토지수용위원회의 재결은 효력을 상실한다.
② 사업시행자는 제1항에 따라 재결의 효력이 상실됨으로 인하여 토지소유자 또는 관계인이 입은 손실을 보상하여야 한다.
③ 제2항에 따른 손실보상에 관하여는 제9조제5항부터 제7항까지의 규정을 준용한다.
〔전부개정 2011·8·4〕

제43조(토지 또는 물건의 인도 등) 토지소유자 및 관계인과 그 밖에 토지소유자나 관계인에 포함되지 아니하는 자로서 수용하거나 사용할 토지나 그 토지에 있는 물건에 관한 권리를 가진 자는 수용 또는 사용의 개시일까지 그 토지나 물건을 사업시행자에게 인도하거나 이전하여야 한다.
〔전부개정 2011·8·4〕

제44조(인도 또는 이전의 대행) ① 특별자치도지사, 시장·군수 또는 구청장은 다음 각 호의 어느 하나에 해당할 때에는 사업시행자의 청구에 의하여 토지나 물건의 인도 또는 이전을 대행하여야 한다.
1. 토지나 물건을 인도하거나 이전하여야 할 자가 고의나 과실 없이 그 의무를 이행할 수 없을 때
2. 사업시행자가 과실 없이 토지나 물건을 인도하거나 이전하여야 할 의무가 있는 자를 알 수 없을 때
② 제1항에 따라 특별자치도지사, 시장·군수 또는 구청장이 토지나 물건의 인도 또는 이전을 대행하는 경우 그로 인한 비용은 그 의무자가 부담한다.
〔전부개정 2011·8·4〕

제45조(권리의 취득·소멸 및 제한) ① 사업시행자는 수용의 개시일에 토지나 물건의 소유권을 취득하며, 그 토지나 물건에 관한

다른 권리는 이와 동시에 소멸한다.
② 사업시행자는 사용의 개시일에 토지나 물건의 사용권을 취득하며, 그 토지나 물건에 관한 다른 권리는 사용 기간 중에는 행사하지 못한다.
③ 토지수용위원회의 재결로 인정된 권리는 제1항 및 제2항에도 불구하고 소멸되거나 그 행사가 정지되지 아니한다.
〔전부개정 2011·8·4〕

제46조(위험부담) 토지수용위원회의 재결이 있은 후 수용하거나 사용할 토지나 물건이 토지소유자 또는 관계인의 고의나 과실 없이 멸실되거나 훼손된 경우 그로 인한 손실은 사업시행자가 부담한다.
〔전부개정 2011·8·4〕

제47조(담보물권과 보상금) 담보물권의 목적물이 수용되거나 사용된 경우 그 담보물권은 그 목적물의 수용 또는 사용으로 인하여 채무자가 받을 보상금에 대하여 행사할 수 있다. 다만, 그 보상금이 채무자에게 지급되기 전에 압류하여야 한다.
〔전부개정 2011·8·4〕

제48조(반환 및 원상회복의 의무) ① 사업시행자는 토지나 물건의 사용기간이 끝났을 때나 사업의 폐지·변경 또는 그 밖의 사유로 사용할 필요가 없게 되었을 때에는 지체 없이 그 토지나 물건을 그 토지나 물건의 소유자 또는 그 승계인에게 반환하여야 한다.
② 제1항의 경우에 사업시행자는 토지소유자가 원상회복을 청구하면 미리 그 손실을 보상한 경우를 제외하고는 그 토지를 원상으로 회복하여 반환하여야 한다.
〔전부개정 2011·8·4〕

제5장 토지수용위원회

제49조(설치) 토지등의 수용과 사용에 관한 재결을 하기 위하여 국토교통부에 중앙토지수용위원회를 두고, 특별시·광역시·도·특별자치도(이하 "시·도"라 한다)에 지방토지수용위원회를 둔다. <개정 2013·3·23>
〔전부개정 2011·8·4〕

제50조(재결사항) ① 토지수용위원회의 재결사항은 다음 각 호와 같다.
1. 수용하거나 사용할 토지의 구역 및 사용방법
2. 손실보상
3. 수용 또는 사용의 개시일과 기간
4. 그 밖에 이 법 및 다른 법률에서 규정한 사항

② 토지수용위원회는 사업시행자, 토지소유자 또는 관계인이 신청한 범위에서 재결하여야 한다. 다만, 제1항제2호의 손실보상의 경우에는 증액재결(增額裁決)을 할 수 있다.
〔전부개정 2011·8·4〕

제51조(관할) ① 제49조에 따른 중앙토지수용위원회(이하 "중앙토지수용위원회"라 한다)는 다음 각 호의 사업의 재결에 관한 사항을 관장한다.
1. 국가 또는 시·도가 사업시행자인 사업
2. 수용하거나 사용할 토지가 둘 이상의 시·도에 걸쳐 있는 사업

② 제49조에 따른 지방토지수용위원회(이하 "지방토지수용위원회"라 한다)는 제1항 각 호 외의 사업의 재결에 관한 사항을 관장한다.
〔전부개정 2011·8·4〕

제52조(중앙토지수용위원회) ① 중앙토지수용위원회는 위원장 1명을 포함한 20명 이내의 위원으로 구성하며, 위원 중 대통령령으로 정하는 수의 위원은 상임(常任)으로 한다.
② 중앙토지수용위원회의 위원장은 국토교통부장관이 되며, 위원장이 부득이한 사유로 직무를 수행할 수 없을 때에는 위원장이 지명하는 위원이 그 직무를 대행한다. <개정 2013·3·23>
③ 중앙토지수용위원회의 위원장은 위원회를 대표하며, 위원회의 업무를 총괄한다.
④ 중앙토지수용위원회의 상임위원은 다음 각 호의 어느 하나에 해당하는 사람 중에서 국토교통부장관의 제청으로 대통령이 임명한다. <개정 2013·3·23>
1. 판사·검사 또는 변호사로 15년 이상 재직하였던 사람
2. 대학에서 법률학 또는 행정학을 가르치는 부교수 이상으로 5년 이상 재직하였던 사람
3. 행정기관의 3급 공무원 또는 고위공무원단에 속하는 일반직공무원으로 2년 이상 재직하였던 사람

⑤ 중앙토지수용위원회의 비상임위원은 토지 수용에 관한 학식과 경험이 풍부한 사람 중에서 국토교통부장관이 위촉한다. <개정 2013·3·23>

⑥ 중앙토지수용위원회의 회의는 위원장이 소집하며, 위원장 및 상임위원 1명과 위원장이 회의마다 지정하는 위원 7명으로 구성한다. 다만, 위원장이 필요하다고 인정하는 경우에는 위원장 및 상임위원을 포함하여 10명 이상 20명 이내로 구성할 수 있다. <개정 2018·12·31>

⑦ 중앙토지수용위원회의 회의는 제6항에 따른 구성원 과반수의 출석과 출석위원 과반수의 찬성으로 의결한다.

⑧ 중앙토지수용위원회의 사무를 처리하기 위하여 사무기구를 둔다.

⑨ 중앙토지수용위원회의 상임위원의 계급 등과 사무기구의 조직에 관한 사항은 대통령령으로 정한다.

〔전부개정 2011·8·4〕

제53조(지방토지수용위원회) ① 지방토지수용위원회는 위원장 1명을 포함한 20명 이내의 위원으로 구성한다. <개정 2012·6·1>

② 지방토지수용위원회의 위원장은 시·도지사가 되며, 위원장이 부득이한 사유로 직무를 수행할 수 없을 때에는 위원장이 지명하는 위원이 그 직무를 대행한다.

③ 지방토지수용위원회의 위원은 시·도지사가 소속 공무원 중에서 임명하는 사람 1명을 포함하여 토지 수용에 관한 학식과 경험이 풍부한 사람 중에서 위촉한다. <개정 2012·6·1>

④ 지방토지수용위원회의 회의는 위원장이 소집하며, 위원장과 위원장이 회의마다 지정하는 위원 8명으로 구성한다. 다만, 위원장이 필요하다고 인정하는 경우에는 위원장을 포함하여 10명 이상 20명 이내로 구성할 수 있다. <개정 2012·6·1, 2018·12·31>

⑤ 지방토지수용위원회의 회의는 제4항에 따른 구성원 과반수의 출석과 출석위원 과반수의 찬성으로 의결한다. <신설 2012·6·1>

⑥ 지방토지수용위원회에 관하여는 제52조 제3항을 준용한다.

〔전부개정 2011·8·4〕

제54조(위원의 결격사유) ① 다음 각 호의 어느 하나에 해당하는 사람은 토지수용위원회의 위원이 될 수 없다. <개정 2015·12·29>

1. 피성년후견인, 피한정후견인 또는 파산선고를 받고 복권되지 아니한 사람
2. 금고 이상의 실형을 선고받고 그 집행이 끝나거나(집행이 끝난 것으로 보는 경우를 포함한다) 집행이 면제된 날부터 2년이 지나지 아니한 사람
3. 금고 이상의 형의 집행유예를 선고받고 그 유예기간 중에 있는 사람
4. 벌금형을 선고받고 2년이 지나지 아니한 사람

② 위원이 제1항 각 호의 어느 하나에 해당하게 되면 당연히 퇴직한다.

〔전부개정 2011·8·4〕

제55조(임기) 토지수용위원회의 상임위원 및 위촉위원의 임기는 각각 3년으로 하며, 연임할 수 있다.

제56조(신분 보장) 위촉위원은 해당 토지수용위원회의 의결로 다음 각 호의 어느 하나에 해당하는 사유가 있다고 인정된 경우를 제외하고는 재임 중 그 의사에 반하여 해임되지 아니한다.

1. 신체상 또는 정신상의 장해로 그 직무를 수행할 수 없을 때
2. 직무상의 의무를 위반하였을 때

〔전부개정 2011·8·4〕

제57조(위원의 제척·기피·회피) ① 토지수용위원회의 위원으로서 다음 각 호의 어느 하나에 해당하는 사람은 그 토지수용위원회의 회의에 참석할 수 없다.

1. 사업시행자, 토지소유자 또는 관계인
2. 사업시행자, 토지소유자 또는 관계인의 배우자·친족 또는 대리인
3. 사업시행자, 토지소유자 및 관계인이 법인인 경우에는 그 법인의 임원 또는 그 직무를 수행하는 사람

② 사업시행자, 토지소유자 및 관계인은 위원에게 공정한 심리·의결을 기대하기 어려운 사정이 있는 경우에는 그 사유를 적어 기피(忌避) 신청을 할 수 있다. 이 경우 토지수용위원회의 위원장은 기피 신청에 대하여 위원회의 의결을 거치지 아니하고 기피 여부를 결정한다.

③ 위원이 제1항 또는 제2항의 사유에 해당할 때에는 스스로 그 사건의 심리·의결에서 회피할 수 있다.

④ 사건의 심리·의결에 관한 사무에 관여하는 위원 아닌 직원에 대하여는 제 1 항부터 제 3 항까지의 규정을 준용한다.
〔전부개정 2011·8·4〕

제57조의2(벌칙 적용에서 공무원 의제) 토지수용위원회의 위원 중 공무원이 아닌 사람은 「형법」이나 그 밖의 법률에 따른 벌칙을 적용할 때에는 공무원으로 본다.
〔본조신설 2017·3·21〕

제58조(심리조사상의 권한) ① 토지수용위원회는 심리에 필요하다고 인정할 때에는 다음 각 호의 행위를 할 수 있다. <개정 2020·4·7>

1. 사업시행자, 토지소유자, 관계인 또는 참고인에게 토지수용위원회에 출석하여 진술하게 하거나 그 의견서 또는 자료의 제출을 요구하는 것
2. 감정평가법인등이나 그 밖의 감정인에게 감정평가를 의뢰하거나 토지수용위원회에 출석하여 진술하게 하는 것
3. 토지수용위원회의 위원 또는 제52조제 8 항에 따른 사무기구의 직원이나 지방토지수용위원회의 업무를 담당하는 직원으로 하여금 실지조사를 하게 하는 것

② 제 1 항제 3 호에 따라 위원 또는 직원이 실지조사를 하는 경우에는 제13조를 준용한다.
③ 토지수용위원회는 제 1 항에 따른 참고인 또는 감정평가법인등이나 그 밖의 감정인에게는 국토교통부령으로 정하는 바에 따라 사업시행자의 부담으로 일당, 여비 및 감정수수료를 지급할 수 있다. <개정 2013·3·23, 2020·4·7>
〔전부개정 2011·8·4〕

제59조(위원 등의 수당 및 여비) 토지수용위원회는 위원에게 국토교통부령으로 정하는 바에 따라 수당과 여비를 지급할 수 있다. 다만, 공무원인 위원이 그 직무와 직접 관련하여 출석한 경우에는 그러하지 아니하다. <개정 2013·3·23>
〔전부개정 2011·8·4〕

제60조(운영세칙) 토지수용위원회의 운영 등에 필요한 사항은 대통령령으로 정한다.
〔전부개정 2011·8·4〕

제60조의2(재결정보체계의 구축·운영 등) ① 국토교통부장관은 시·도지사와 협의하여 토지등의 수용과 사용에 관한 재결업무의 효율적인 수행과 관련 정보의 체계적인 관리를 위하여 재결정보체계를 구축·운영할 수 있다.
② 국토교통부장관은 제 1 항에 따른 재결정보체계의 구축·운영에 관한 업무를 대통령령으로 정하는 법인, 단체 또는 기관에 위탁할 수 있다. 이 경우 위탁관리에 드는 경비의 전부 또는 일부를 지원할 수 있다.
③ 재결정보체계의 구축 및 운영에 필요한 사항은 국토교통부령으로 정한다.
〔본조신설 2017·3·21〕

제 6 장 손실보상 등

제 1 절 손실보상의 원칙

제61조(사업시행자 보상) 공익사업에 필요한 토지등의 취득 또는 사용으로 인하여 토지소유자나 관계인이 입은 손실은 사업시행자가 보상하여야 한다.
〔전부개정 2011·8·4〕

제62조(사전보상) 사업시행자는 해당 공익사업을 위한 공사에 착수하기 이전에 토지소유자와 관계인에게 보상액 전액(全額)을 지급하여야 한다. 다만, 제38조에 따른 천재지변 시의 토지 사용과 제39조에 따른 시급한 토지 사용의 경우 또는 토지소유자 및 관계인의 승낙이 있는 경우에는 그러하지 아니하다.
〔전부개정 2011·8·4〕

제63조(현금보상 등) ① 손실보상은 다른 법률에 특별한 규정이 있는 경우를 제외하고는 현금으로 지급하여야 한다. 다만, 토지소유자가 원하는 경우로서 사업시행자가 해당 공익사업의 합리적인 토지이용계획과 사업계획 등을 고려하여 토지로 보상이 가능한 경우에는 토지소유자가 받을 보상금 중 본문에 따른 현금 또는 제 7 항 및 제 8 항에 따른 채권으로 보상받는 금액을 제외한 부분에 대하여 다음 각 호에서 정하는 기준과 절차에 따라 그 공익사업의 시행으로 조성한 토지로 보상할 수 있다. <개정 2022·2·3>

1. 토지로 보상받을 수 있는 자 : 토지의 보유기간 등 대통령령으로 정하는 요건을 갖춘 자로서 「건축법」 제57조제 1 항에 따른 대지의 분할 제한 면적 이상의 토지를

사업시행자에게 양도한 자(공익사업을 위한 관계 법령에 따른 고시 등이 있은 날 당시 다음 각 목의 어느 하나에 해당하는 기관에 종사하는 자 및 종사하였던 날부터 10년이 경과하지 아니한 자는 제외한다)가 된다. 이 경우 대상자가 경합(競合)할 때에는 제7항제2호에 따른 부재부동산(不在不動産) 소유자가 아닌 자 중 해당 공익사업지구 내 거주하는 자로서 토지 보유기간이 오래된 자 순으로 토지로 보상하며, 그 밖의 우선순위 및 대상자 결정방법 등은 사업시행자가 정하여 공고한다.

가. 국토교통부

나. 사업시행자

다. 제21조제2항에 따라 협의하거나 의견을 들어야 하는 공익사업의 허가·인가·승인 등을 하는 기관

라. 공익사업을 위한 관계 법령에 따른 고시 등이 있기 전에 관계 법령에 따라 실시한 협의, 의견청취 등의 대상인 중앙행정기관, 지방자치단체, 「공공기관의 운영에 관한 법률」 제4조에 따른 공공기관 및 「지방공기업법」에 따른 지방공기업

2. 보상하는 토지가격의 산정 기준금액 : 다른 법률에 특별한 규정이 있는 경우를 제외하고는 일반 분양가격으로 한다.

3. 보상기준 등의 공고 : 제15조에 따라 보상계획을 공고할 때에 토지로 보상하는 기준을 포함하여 공고하거나 토지로 보상하는 기준을 따로 일간신문에 공고할 것이라는 내용을 포함하여 공고한다.

② 제1항 단서에 따라 토지소유자에게 토지로 보상하는 면적은 사업시행자가 그 공익사업의 토지이용계획과 사업계획 등을 고려하여 정한다. 이 경우 그 보상면적은 주택용지는 990제곱미터, 상업용지는 1천100제곱미터를 초과할 수 없다.

③ 제1항 단서에 따라 토지로 보상받기로 결정된 권리(제4항에 따라 현금으로 보상받을 권리를 포함한다)는 그 보상계약의 체결일부터 소유권이전등기를 마칠 때까지 전매(매매, 증여, 그 밖에 권리의 변동을 수반하는 모든 행위를 포함하되, 상속 및 「부동산투자회사법」에 따른 개발전문 부동산투자회사에 현물출자를 하는 경우는 제외한다)할 수 없으며, 이를 위반하거나 해당 공익사업과 관련하여 다음 각 호의 어느 하나에 해당하는 경우에 사업시행자는 토지로 보상하기로 한 보상금을 현금으로 보상하여야 한다. 이 경우 현금보상액에 대한 이자율은 제9항제1호가목에 따른 이자율의 2분의 1로 한다. <개정 2020·4·7, 2022·2·3>

1. 제93조, 제96조 및 제97조제2호의 어느 하나에 해당하는 위반행위를 한 경우
2. 「농지법」 제57조부터 제61조까지의 어느 하나에 해당하는 위반행위를 한 경우
3. 「산지관리법」 제53조, 제54조제1호·제2호·제3호의2·제4호부터 제8호까지 및 제55조제1호·제2호·제4호부터 제10호까지의 어느 하나에 해당하는 위반행위를 한 경우
4. 「공공주택 특별법」 제57조제1항 및 제58조제1항제1호의 어느 하나에 해당하는 위반행위를 한 경우
5. 「한국토지주택공사법」 제28조의 위반행위를 한 경우

④ 제1항 단서에 따라 토지소유자가 토지로 보상받기로 한 경우 그 보상계약 체결일부터 1년이 지나면 이를 현금으로 전환하여 보상하여 줄 것을 요청할 수 있다. 이 경우 현금보상액에 대한 이자율은 제9항제2호가목에 따른 이자율로 한다.

⑤ 사업시행자는 해당 사업계획의 변경 등 국토교통부령으로 정하는 사유로 보상하기로 한 토지의 전부 또는 일부를 토지로 보상할 수 없는 경우에는 현금으로 보상할 수 있다. 이 경우 현금보상액에 대한 이자율은 제9항제2호가목에 따른 이자율로 한다. <개정 2013·3·23>

⑥ 사업시행자는 토지소유자가 다음 각 호의 어느 하나에 해당하여 토지로 보상받기로 한 보상금에 대하여 현금보상을 요청한 경우에는 현금으로 보상하여야 한다. 이 경우 현금보상액에 대한 이자율은 제9항제2호가목에 따른 이자율로 한다. <개정 2013·3·23>

1. 국세 및 지방세의 체납처분 또는 강제집

행을 받는 경우
2. 세대원 전원이 해외로 이주하거나 2년 이상 해외에 체류하려는 경우
3. 그 밖에 제1호·제2호와 유사한 경우로서 국토교통부령으로 정하는 경우
⑦ 사업시행자가 국가, 지방자치단체, 그 밖에 대통령령으로 정하는 「공공기관의 운영에 관한 법률」에 따라 지정·고시된 공공기관 및 공공단체인 경우로서 다음 각 호의 어느 하나에 해당되는 경우에는 제1항 본문에도 불구하고 해당 사업시행자가 발행하는 채권으로 지급할 수 있다.
1. 토지소유자나 관계인이 원하는 경우
2. 사업인정을 받은 사업의 경우에는 대통령령으로 정하는 부재부동산 소유자의 토지에 대한 보상금이 대통령령으로 정하는 일정 금액을 초과하는 경우로서 그 초과하는 금액에 대하여 보상하는 경우
⑧ 토지투기가 우려되는 지역으로서 대통령령으로 정하는 지역에서 다음 각 호의 어느 하나에 해당하는 공익사업을 시행하는 자 중 대통령령으로 정하는 「공공기관의 운영에 관한 법률」에 따라 지정·고시된 공공기관 및 공공단체는 제7항에도 불구하고 제7항제2호에 따른 부재부동산 소유자의 토지에 대한 보상금 중 대통령령으로 정하는 1억원 이상의 일정 금액을 초과하는 부분에 대하여는 해당 사업시행자가 발행하는 채권으로 지급하여야 한다.
1. 「택지개발촉진법」에 따른 택지개발사업
2. 「산업입지 및 개발에 관한 법률」에 따른 산업단지개발사업
3. 그 밖에 대규모 개발사업으로서 대통령령으로 정하는 사업
⑨ 제7항 및 제8항에 따라 채권으로 지급하는 경우 채권의 상환 기한은 5년을 넘지 아니하는 범위에서 정하여야 하며, 그 이자율은 다음 각 호와 같다.
1. 제7항제2호 및 제8항에 따라 부재부동산 소유자에게 채권으로 지급하는 경우
가. 상환기한이 3년 이하인 채권 : 3년 만기 정기예금 이자율(채권발행일 전달의 이자율로서, 「은행법」에 따라 설립된 은행 중 전국을 영업구역으로 하는 은행이 적용하는 이자율을 평균한 이자율로 한다)
나. 상환기한이 3년 초과 5년 이하인 채권 : 5년 만기 국고채 금리(채권발행일 전달의 국고채 평균 유통금리로 한다)
2. 부재부동산 소유자가 아닌 자가 원하여 채권으로 지급하는 경우
가. 상환기한이 3년 이하인 채권 : 3년 만기 국고채 금리(채권발행일 전달의 국고채 평균 유통금리로 한다)로 하되, 제1호가목에 따른 3년 만기 정기예금 이자율이 3년 만기 국고채 금리보다 높은 경우에는 3년 만기 정기예금 이자율을 적용한다.
나. 상환기한이 3년 초과 5년 이하인 채권 : 5년 만기 국고채 금리(채권발행일 전달의 국고채 평균 유통금리로 한다)

〔전부개정 2011·8·4〕

제64조(개인별 보상) 손실보상은 토지소유자나 관계인에게 개인별로 하여야 한다. 다만, 개인별로 보상액을 산정할 수 없을 때에는 그러하지 아니하다.

〔전부개정 2011·8·4〕

제65조(일괄보상) 사업시행자는 동일한 사업지역에 보상시기를 달리하는 동일인 소유의 토지등이 여러 개 있는 경우 토지소유자나 관계인이 요구할 때에는 한꺼번에 보상금을 지급하도록 하여야 한다.

〔전부개정 2011·8·4〕

제66조(사업시행 이익과의 상계금지) 사업시행자는 동일한 소유자에게 속하는 일단(一團)의 토지의 일부를 취득하거나 사용하는 경우 해당 공익사업의 시행으로 인하여 잔여지(殘餘地)의 가격이 증가하거나 그 밖의 이익이 발생한 경우에도 그 이익을 그 취득 또는 사용으로 인한 손실과 상계(相計)할 수 없다.

〔전부개정 2011·8·4〕

제67조(보상액의 가격시점 등) ① 보상액의 산정은 협의에 의한 경우에는 협의 성립 당시의 가격을, 재결에 의한 경우에는 수용 또는 사용의 재결 당시의 가격을 기준으로 한다.
② 보상액을 산정할 경우에 해당 공익사업으로 인하여 토지등의 가격이 변동되었을 때에는 이를 고려하지 아니한다.

〔전부개정 2011·8·4〕

제68조(보상액의 산정) ① 사업시행자는 토지등에 대한 보상액을 산정하려는 경우에는 감

정평가법인등 3인(제2항에 따라 시·도지사와 토지소유자가 모두 감정평가법인등을 추천하지 아니하거나 시·도지사 또는 토지소유자 어느 한쪽이 감정평가법인등을 추천하지 아니하는 경우에는 2인)을 선정하여 토지등의 평가를 의뢰하여야 한다. 다만, 사업시행자가 국토교통부령으로 정하는 기준에 따라 직접 보상액을 산정할 수 있을 때에는 그러하지 아니하다. <개정 2012·6·1, 2013·3·23, 2020·4·7>

② 제1항 본문에 따라 사업시행자가 감정평가법인등을 선정할 때 해당 토지를 관할하는 시·도지사와 토지소유자는 대통령령으로 정하는 바에 따라 감정평가법인등을 각 1인씩 추천할 수 있다. 이 경우 사업시행자는 추천된 감정평가법인등을 포함하여 선정하여야 한다. <개정 2012·6·1, 2020·4·7>

③ 제1항 및 제2항에 따른 평가 의뢰의 절차 및 방법, 보상액의 산정기준 등에 관하여 필요한 사항은 국토교통부령으로 정한다. <개정 2013·3·23>

〔전부개정 2011·8·4〕

제69조(보상채권의 발행) ① 국가는 「도로법」에 따른 도로공사, 「산업입지 및 개발에 관한 법률」에 따른 산업단지개발사업, 「철도의 건설 및 철도시설 유지관리에 관한 법률」에 따른 철도의 건설사업, 「항만법」에 따른 항만개발사업, 그 밖에 대통령령으로 정하는 공익사업을 위한 토지등의 취득 또는 사용으로 인하여 토지소유자 및 관계인이 입은 손실을 보상하기 위하여 제63조제7항에 따라 채권으로 지급하는 경우에는 다음 각 호의 회계의 부담으로 보상채권을 발행할 수 있다. <개정 2018·3·13, 2020·1·29>

1. 일반회계
2. 교통시설특별회계

② 보상채권은 제1항 각 호의 회계를 관리하는 관계 중앙행정기관의 장의 요청으로 기획재정부장관이 발행한다.

③ 기획재정부장관은 보상채권을 발행하려는 경우에는 회계별로 국회의 의결을 받아야 한다.

④ 보상채권은 토지소유자 및 관계인에게 지급함으로써 발행한다.

⑤ 보상채권은 양도하거나 담보로 제공할 수 있다.

⑥ 보상채권의 발행방법, 이자율의 결정방법, 상환방법, 그 밖에 보상채권 발행에 필요한 사항은 대통령령으로 정한다.

⑦ 보상채권의 발행에 관하여 이 법에 특별한 규정이 있는 경우를 제외하고는 「국채법」에서 정하는 바에 따른다.

〔전부개정 2011·8·4〕

제2절 손실보상의 종류와 기준 등

제70조(취득하는 토지의 보상) ① 협의나 재결에 의하여 취득하는 토지에 대하여는 「부동산 가격공시에 관한 법률」에 따른 공시지가를 기준으로 하여 보상하되, 그 공시기준일부터 가격시점까지의 관계 법령에 따른 그 토지의 이용계획, 해당 공익사업으로 인한 지가의 영향을 받지 아니하는 지역의 대통령령으로 정하는 지가변동률, 생산자물가상승률(「한국은행법」 제86조에 따라 한국은행이 조사·발표하는 생산자물가지수에 따라 산정된 비율을 말한다)과 그 밖에 그 토지의 위치·형상·환경·이용상황 등을 고려하여 평가한 적정가격으로 보상하여야 한다. <개정 2016·1·19>

② 토지에 대한 보상액은 가격시점에서의 현실적인 이용상황과 일반적인 이용방법에 의한 객관적 상황을 고려하여 산정하되, 일시적인 이용상황과 토지소유자나 관계인이 갖는 주관적 가치 및 특별한 용도에 사용할 것을 전제로 한 경우 등은 고려하지 아니한다.

③ 사업인정 전 협의에 의한 취득의 경우에 제1항에 따른 공시지가는 해당 토지의 가격시점 당시 공시된 공시지가 중 가격시점과 가장 가까운 시점에 공시된 공시지가로 한다.

④ 사업인정 후의 취득의 경우에 제1항에 따른 공시지가는 사업인정고시일 전의 시점을 공시기준일로 하는 공시지가로서, 해당 토지에 관한 협의의 성립 또는 재결 당시 공시된 공시지가 중 그 사업인정고시일과 가장 가까운 시점에 공시된 공시지가로 한다.

⑤ 제3항 및 제4항에도 불구하고 공익사업의 계획 또는 시행이 공고되거나 고시됨으

로 인하여 취득하여야 할 토지의 가격이 변동되었다고 인정되는 경우에는 제 1 항에 따른 공시지가는 해당 공고일 또는 고시일 전의 시점을 공시기준일로 하는 공시지가로서 그 토지의 가격시점 당시 공시된 공시지가 중 그 공익사업의 공고일 또는 고시일과 가장 가까운 시점에 공시된 공시지가로 한다.

⑥ 취득하는 토지와 이에 관한 소유권 외의 권리에 대한 구체적인 보상액 산정 및 평가방법은 투자비용, 예상수익 및 거래가격 등을 고려하여 국토교통부령으로 정한다. <개정 2013·3·23>

〔전부개정 2011·8·4〕

제71조(사용하는 토지의 보상 등) ① 협의 또는 재결에 의하여 사용하는 토지에 대하여는 그 토지와 인근 유사토지의 지료(地料), 임대료, 사용방법, 사용기간 및 그 토지의 가격 등을 고려하여 평가한 적정가격으로 보상하여야 한다.

② 사용하는 토지와 그 지하 및 지상의 공간 사용에 대한 구체적인 보상액 산정 및 평가방법은 투자비용, 예상수익 및 거래가격 등을 고려하여 국토교통부령으로 정한다. <개정 2013·3·23>

〔전부개정 2011·8·4〕

제72조(사용하는 토지의 매수청구 등) 사업인정고시가 된 후 다음 각 호의 어느 하나에 해당할 때에는 해당 토지소유자는 사업시행자에게 해당 토지의 매수를 청구하거나 관할 토지수용위원회에 그 토지의 수용을 청구할 수 있다. 이 경우 관계인은 사업시행자나 관할 토지수용위원회에 그 권리의 존속(存續)을 청구할 수 있다.

1. 토지를 사용하는 기간이 3년 이상인 경우
2. 토지의 사용으로 인하여 토지의 형질이 변경되는 경우
3. 사용하려는 토지에 그 토지소유자의 건축물이 있는 경우

〔전부개정 2011·8·4〕

제73조(잔여지의 손실과 공사비 보상) ① 사업시행자는 동일한 소유자에게 속하는 일단의 토지의 일부가 취득되거나 사용됨으로 인하여 잔여지의 가격이 감소하거나 그 밖의 손실이 있을 때 또는 잔여지에 통로·도랑·담장 등의 신설이나 그 밖의 공사가 필요할 때에는 국토교통부령으로 정하는 바에 따라 그 손실이나 공사의 비용을 보상하여야 한다. 다만, 잔여지의 가격 감소분과 잔여지에 대한 공사의 비용을 합한 금액이 잔여지의 가격보다 큰 경우에는 사업시행자는 그 잔여지를 매수할 수 있다. <개정 2013·3·23>

② 제 1 항 본문에 따른 손실 또는 비용의 보상은 관계 법률에 따라 사업이 완료된 날 또는 제24조의2에 따른 사업완료의 고시가 있는 날(이하 "사업완료일"이라 한다)부터 1년이 지난 후에는 청구할 수 없다. <개정 2021·8·10>

③ 사업인정고시가 된 후 제 1 항 단서에 따라 사업시행자가 잔여지를 매수하는 경우 그 잔여지에 대하여는 제20조에 따른 사업인정 및 제22조에 따른 사업인정고시가 된 것으로 본다.

④ 제 1 항에 따른 손실 또는 비용의 보상이나 토지의 취득에 관하여는 제 9 조제 6 항 및 제 7 항을 준용한다.

⑤ 제 1 항 단서에 따라 매수하는 잔여지 및 잔여지에 있는 물건에 대한 구체적인 보상액 산정 및 평가방법 등에 대하여는 제70조, 제75조, 제76조, 제77조, 제78조제 4 항, 같은 조 제 6 항 및 제 7 항을 준용한다. <개정 2022·2·3>

〔전부개정 2011·8·4〕

제74조(잔여지 등의 매수 및 수용 청구) ① 동일한 소유자에게 속하는 일단의 토지의 일부가 협의에 의하여 매수되거나 수용됨으로 인하여 잔여지를 종래의 목적에 사용하는 것이 현저히 곤란할 때에는 해당 토지소유자는 사업시행자에게 잔여지를 매수하여 줄 것을 청구할 수 있으며, 사업인정 이후에는 관할 토지수용위원회에 수용을 청구할 수 있다. 이 경우 수용의 청구는 매수에 관한 협의가 성립되지 아니한 경우에만 할 수 있으며, 사업완료일까지 하여야 한다. <개정 2021·8·10>

② 제 1 항에 따라 매수 또는 수용의 청구가 있는 잔여지 및 잔여지에 있는 물건에 관하여 권리를 가진 자는 사업시행자나 관할 토지수용위원회에 그 권리의 존속을 청구할 수 있다.

③ 제 1 항에 따른 토지의 취득에 관하여는 제73조제 3 항을 준용한다.

④ 잔여지 및 잔여지에 있는 물건에 대한

구체적인 보상액 산정 및 평가방법 등에 대하여는 제70조, 제75조, 제76조, 제77조, 제78조제4항, 같은 조 제6항 및 제7항을 준용한다. <개정 2022·2·3>
〔전부개정 2011·8·4〕

제75조(건축물등 물건에 대한 보상) ① 건축물·입목·공작물과 그 밖에 토지에 정착한 물건(이하 "건축물등"이라 한다)에 대하여는 이전에 필요한 비용(이하 "이전비"라 한다)으로 보상하여야 한다. 다만, 다음 각 호의 어느 하나에 해당하는 경우에는 해당 물건의 가격으로 보상하여야 한다.

1. 건축물등을 이전하기 어렵거나 그 이전으로 인하여 건축물등을 종래의 목적대로 사용할 수 없게 된 경우
2. 건축물등의 이전비가 그 물건의 가격을 넘는 경우
3. 사업시행자가 공익사업에 직접 사용할 목적으로 취득하는 경우

② 농작물에 대한 손실은 그 종류와 성장의 정도 등을 종합적으로 고려하여 보상하여야 한다.
③ 토지에 속한 흙·돌·모래 또는 자갈(흙·돌·모래 또는 자갈이 해당 토지와 별도로 취득 또는 사용의 대상이 되는 경우만 해당한다)에 대하여는 거래가격 등을 고려하여 평가한 적정가격으로 보상하여야 한다.
④ 분묘에 대하여는 이장(移葬)에 드는 비용 등을 산정하여 보상하여야 한다.
⑤ 사업시행자는 사업예정지에 있는 건축물등이 제1항제1호 또는 제2호에 해당하는 경우에는 관할 토지수용위원회에 그 물건의 수용 재결을 신청할 수 있다.
⑥ 제1항부터 제4항까지의 규정에 따른 물건 및 그 밖의 물건에 대한 보상액의 구체적인 산정 및 평가방법과 보상기준은 국토교통부령으로 정한다. <개정 2013·3·23>
〔전부개정 2011·8·4〕

제75조의2(잔여 건축물의 손실에 대한 보상 등) ① 사업시행자는 동일한 소유자에게 속하는 일단의 건축물의 일부가 취득되거나 사용됨으로 인하여 잔여 건축물의 가격이 감소하거나 그 밖의 손실이 있을 때에는 국토교통부령으로 정하는 바에 따라 그 손실을 보상하여야 한다. 다만, 잔여 건축물의 가격 감소분과 보수비(건축물의 나머지 부분을 종래의 목적대로 사용할 수 있도록 그 유용성을 동일하게 유지하는 데에 일반적으로 필요하다고 볼 수 있는 공사에 사용되는 비용을 말한다. 다만, 「건축법」 등 관계 법령에 따라 요구되는 시설 개선에 필요한 비용은 포함하지 아니한다)를 합한 금액이 잔여 건축물의 가격보다 큰 경우에는 사업시행자는 그 잔여 건축물을 매수할 수 있다. <개정 2013·3·23>
② 동일한 소유자에게 속하는 일단의 건축물의 일부가 협의에 의하여 매수되거나 수용됨으로 인하여 잔여 건축물을 종래의 목적에 사용하는 것이 현저히 곤란할 때에는 그 건축물소유자는 사업시행자에게 잔여 건축물을 매수하여 줄 것을 청구할 수 있으며, 사업인정 이후에는 관할 토지수용위원회에 수용을 청구할 수 있다. 이 경우 수용 청구는 매수에 관한 협의가 성립되지 아니한 경우에만 하되, 사업완료일까지 하여야 한다. <개정 2021·8·10>
③ 제1항에 따른 보상 및 잔여 건축물의 취득에 관하여는 제9조제6항 및 제7항을 준용한다.
④ 제1항 본문에 따른 보상에 관하여는 제73조제2항을 준용하고, 제1항 단서 및 제2항에 따른 잔여 건축물의 취득에 관하여는 제73조제3항을 준용한다.
⑤ 제1항 단서 및 제2항에 따라 취득하는 잔여 건축물에 대한 구체적인 보상액 산정 및 평가방법 등에 대하여는 제70조, 제75조, 제76조, 제77조, 제78조제4항, 같은 조 제6항 및 제7항을 준용한다. <개정 2022·2·3>
〔전부개정 2011·8·4〕

제76조(권리의 보상) ① 광업권·어업권·양식업권 및 물(용수시설을 포함한다) 등의 사용에 관한 권리에 대하여는 투자비용, 예상 수익 및 거래가격 등을 고려하여 평가한 적정가격으로 보상하여야 한다. <개정 2019·8·27>
② 제1항에 따른 보상액의 구체적인 산정 및 평가방법은 국토교통부령으로 정한다. <개정 2013·3·23>
〔전부개정 2011·8·4〕

제77조(영업의 손실 등에 대한 보상) ① 영업을 폐업하거나 휴업함에 따른 영업손실에 대하여는 영업이익과 시설의 이전비용 등을 고려하여 보상하여야 한다. <개정 2020·6·9>

② 농업의 손실에 대하여는 농지의 단위면적당 소득 등을 고려하여 실제 경작자에게 보상하여야 한다. 다만, 농지소유자가 해당 지역에 거주하는 농민인 경우에는 농지소유자와 실제 경작자가 협의하는 바에 따라 보상할 수 있다.

③ 휴직하거나 실직하는 근로자의 임금손실에 대하여는 「근로기준법」에 따른 평균임금 등을 고려하여 보상하여야 한다.

④ 제1항부터 제3항까지의 규정에 따른 보상액의 구체적인 산정 및 평가 방법과 보상기준, 제2항에 따른 실제 경작자 인정기준에 관한 사항은 국토교통부령으로 정한다. <개정 2013·3·23>

〔전부개정 2011·8·4〕

제78조(이주대책의 수립 등) ① 사업시행자는 공익사업의 시행으로 인하여 주거용 건축물을 제공함에 따라 생활의 근거를 상실하게 되는 자(이하 "이주대책대상자"라 한다)를 위하여 대통령령으로 정하는 바에 따라 이주대책을 수립·실시하거나 이주정착금을 지급하여야 한다.

② 사업시행자는 제1항에 따라 이주대책을 수립하려면 미리 관할 지방자치단체의 장과 협의하여야 한다.

③ 국가나 지방자치단체는 이주대책의 실시에 따른 주택지의 조성 및 주택의 건설에 대하여는 「주택도시기금법」에 따른 주택도시기금을 우선적으로 지원하여야 한다. <개정 2015·1·6>

④ 이주대책의 내용에는 이주정착지(이주대책의 실시로 건설하는 주택단지를 포함한다)에 대한 도로, 급수시설, 배수시설, 그 밖의 공공시설 등 통상적인 수준의 생활기본시설이 포함되어야 하며, 이에 필요한 비용은 사업시행자가 부담한다. 다만, 행정청이 아닌 사업시행자가 이주대책을 수립·실시하는 경우에 지방자치단체는 비용의 일부를 보조할 수 있다.

⑤ 제1항에 따라 이주대책의 실시에 따른 주택지 또는 주택을 공급받기로 결정된 권리는 소유권이전등기를 마칠 때까지 전매(매매, 증여, 그 밖에 권리의 변동을 수반하는 모든 행위를 포함하되, 상속은 제외한다)할 수 없으며, 이를 위반하거나 해당 공익사업과 관련하여 다음 각 호의 어느 하나에 해당하는 경우에 사업시행자는 이주대책의 실시가 아닌 이주정착금으로 지급하여야 한다. <신설 2022·2·3>

1. 제93조, 제96조 및 제97조제2호의 어느 하나에 해당하는 위반행위를 한 경우
2. 「공공주택 특별법」 제57조제1항 및 제58조제1항제1호의 어느 하나에 해당하는 위반행위를 한 경우
3. 「한국토지주택공사법」 제28조의 위반행위를 한 경우

⑥ 주거용 건물의 거주자에 대하여는 주거 이전에 필요한 비용과 가재도구 등 동산의 운반에 필요한 비용을 산정하여 보상하여야 한다.

⑦ 공익사업의 시행으로 인하여 영위하던 농업·어업을 계속할 수 없게 되어 다른 지역으로 이주하는 농민·어민이 받을 보상금이 없거나 그 총액이 국토교통부령으로 정하는 금액에 미치지 못하는 경우에는 그 금액 또는 그 차액을 보상하여야 한다. <개정 2013·3·23>

⑧ 사업시행자는 해당 공익사업이 시행되는 지역에 거주하고 있는 「국민기초생활 보장법」 제2조제1호·제11호에 따른 수급권자 및 차상위계층이 취업을 희망하는 경우에는 그 공익사업과 관련된 업무에 우선적으로 고용할 수 있으며, 이들의 취업 알선을 위하여 노력하여야 한다.

⑨ 제4항에 따른 생활기본시설에 필요한 비용의 기준은 대통령령으로 정한다.

⑩ 제5항 및 제6항에 따른 보상에 대하여는 국토교통부령으로 정하는 기준에 따른다. <개정 2013·3·23>

〔전부개정 2011·8·4〕

제78조의2(공장의 이주대책 수립 등) 사업시행자는 대통령령으로 정하는 공익사업의 시행으로 인하여 공장부지가 협의 양도되거나 수용됨에 따라 더 이상 해당 지역에서 공장(「산업집적활성화 및 공장설립에 관한 법률」 제2조제1호에 따른 공장을 말한다)을 가동할 수 없게 된 자가 희망하는 경우 「산업

입지 및 개발에 관한 법률」에 따라 지정·개발된 인근 산업단지에 입주하게 하는 등 대통령령으로 정하는 이주대책에 관한 계획을 수립하여야 한다.

〔전부개정 2011·8·4〕

제79조(그 밖의 토지에 관한 비용보상 등) ① 사업시행자는 공익사업의 시행으로 인하여 취득하거나 사용하는 토지(잔여지를 포함한다) 외의 토지에 통로·도랑·담장 등의 신설이나 그 밖의 공사가 필요할 때에는 그 비용의 전부 또는 일부를 보상하여야 한다. 다만, 그 토지에 대한 공사의 비용이 그 토지의 가격보다 큰 경우에는 사업시행자는 그 토지를 매수할 수 있다.

② 공익사업이 시행되는 지역 밖에 있는 토지등이 공익사업의 시행으로 인하여 본래의 기능을 다할 수 없게 되는 경우에는 국토교통부령으로 정하는 바에 따라 그 손실을 보상하여야 한다. <개정 2013·3·23>

③ 사업시행자는 제2항에 따른 보상이 필요하다고 인정하는 경우에는 제15조에 따라 보상계획을 공고할 때에 보상을 청구할 수 있다는 내용을 포함하여 공고하거나 대통령령으로 정하는 바에 따라 제2항에 따른 보상에 관한 계획을 공고하여야 한다.

④ 제1항부터 제3항까지에서 규정한 사항 외에 공익사업의 시행으로 인하여 발생하는 손실의 보상 등에 대하여는 국토교통부령으로 정하는 기준에 따른다. <개정 2013·3·23>

⑤ 제1항 본문 및 제2항에 따른 비용 또는 손실의 보상에 관하여는 제73조제2항을 준용한다.

⑥ 제1항 단서에 따른 토지의 취득에 관하여는 제73조제3항을 준용한다.

⑦ 제1항 단서에 따라 취득하는 토지에 대한 구체적인 보상액 산정 및 평가 방법 등에 대하여는 제70조, 제75조, 제76조, 제77조, 제78조제4항, 같은 조 제6항 및 제7항을 준용한다. <개정 2022·2·3>

〔전부개정 2011·8·4〕

제80조(손실보상의 협의·재결) ① 제79조제1항 및 제2항에 따른 비용 또는 손실이나 토지의 취득에 대한 보상은 사업시행자와 손실을 입은 자가 협의하여 결정한다.

② 제1항에 따른 협의가 성립되지 아니하였을 때에는 사업시행자나 손실을 입은 자는 대통령령으로 정하는 바에 따라 관할 토지수용위원회에 재결을 신청할 수 있다.

〔전부개정 2011·8·4〕

제81조(보상업무 등의 위탁) ① 사업시행자는 보상 또는 이주대책에 관한 업무를 다음 각 호의 기관에 위탁할 수 있다.

1. 지방자치단체
2. 보상실적이 있거나 보상업무에 관한 전문성이 있는 「공공기관의 운영에 관한 법률」 제4조에 따른 공공기관 또는 「지방공기업법」에 따른 지방공사로서 대통령령으로 정하는 기관

② 제1항에 따른 위탁 시 업무범위, 수수료 등에 관하여 필요한 사항은 대통령령으로 정한다.

〔전부개정 2011·8·4〕

제82조(보상협의회) ① 공익사업이 시행되는 해당 지방자치단체의 장은 필요한 경우에는 다음 각 호의 사항을 협의하기 위하여 보상협의회를 둘 수 있다. 다만, 대통령령으로 정하는 규모 이상의 공익사업을 시행하는 경우에는 대통령령으로 정하는 바에 따라 보상협의회를 두어야 한다.

1. 보상액 평가를 위한 사전 의견수렴에 관한 사항
2. 잔여지의 범위 및 이주대책 수립에 관한 사항
3. 해당 사업지역 내 공공시설의 이전 등에 관한 사항
4. 토지소유자나 관계인 등이 요구하는 사항 중 지방자치단체의 장이 필요하다고 인정하는 사항
5. 그 밖에 지방자치단체의 장이 회의에 부치는 사항

② 보상협의회 위원은 다음 각 호의 사람 중에서 해당 지방자치단체의 장이 임명하거나 위촉한다. 다만, 제1항 각 호 외의 부분 단서에 따라 보상협의회를 설치하는 경우에는 대통령령으로 정하는 사람이 임명하거나 위촉한다.

1. 토지소유자 및 관계인
2. 법관, 변호사, 공증인 또는 감정평가나 보상업무에 5년 이상 종사한 경험이 있는 사람
3. 해당 지방자치단체의 공무원
4. 사업시행자

③ 보상협의회의 설치·구성 및 운영 등에 필요한 사항은 대통령령으로 정한다.
〔전부개정 2011·8·4〕

제 7 장 이의신청 등

제83조(이의의 신청) ① 중앙토지수용위원회의 제34조에 따른 재결에 이의가 있는 자는 중앙토지수용위원회에 이의를 신청할 수 있다.
② 지방토지수용위원회의 제34조에 따른 재결에 이의가 있는 자는 해당 지방토지수용위원회를 거쳐 중앙토지수용위원회에 이의를 신청할 수 있다.
③ 제 1 항 및 제 2 항에 따른 이의의 신청은 재결서의 정본을 받은 날부터 30일 이내에 하여야 한다.
〔전부개정 2011·8·4〕

제84조(이의신청에 대한 재결) ① 중앙토지수용위원회는 제83조에 따른 이의신청을 받은 경우 제34조에 따른 재결이 위법하거나 부당하다고 인정할 때에는 그 재결의 전부 또는 일부를 취소하거나 보상액을 변경할 수 있다.
② 제 1 항에 따라 보상금이 늘어난 경우 사업시행자는 재결의 취소 또는 변경의 재결서 정본을 받은 날부터 30일 이내에 보상금을 받을 자에게 그 늘어난 보상금을 지급하여야 한다. 다만, 제40조제 2 항제 1 호·제 2 호 또는 제 4 호에 해당할 때에는 그 금액을 공탁할 수 있다.
〔전부개정 2011·8·4〕

제85조(행정소송의 제기) ① 사업시행자, 토지소유자 또는 관계인은 제34조에 따른 재결에 불복할 때에는 재결서를 받은 날부터 90일 이내에, 이의신청을 거쳤을 때에는 이의신청에 대한 재결서를 받은 날부터 60일 이내에 각각 행정소송을 제기할 수 있다. 이 경우 사업시행자는 행정소송을 제기하기 전에 제84조에 따라 늘어난 보상금을 공탁하여야 하며, 보상금을 받을 자는 공탁된 보상금을 소송이 종결될 때까지 수령할 수 없다. <개정 2018·12·31>
② 제 1 항에 따라 제기하려는 행정소송이 보상금의 증감(增減)에 관한 소송인 경우 그 소송을 제기하는 자가 토지소유자 또는 관계인일 때에는 사업시행자를, 사업시행자일 때에는 토지소유자 또는 관계인을 각각 피고로 한다.
〔전부개정 2011·8·4〕

제86조(이의신청에 대한 재결의 효력) ① 제85조제 1 항에 따른 기간 이내에 소송이 제기되지 아니하거나 그 밖의 사유로 이의신청에 대한 재결이 확정된 때에는 「민사소송법」상의 확정판결이 있은 것으로 보며, 재결서 정본은 집행력 있는 판결의 정본과 동일한 효력을 가진다.
② 사업시행자, 토지소유자 또는 관계인은 이의신청에 대한 재결이 확정되었을 때에는 관할 토지수용위원회에 대통령령으로 정하는 바에 따라 재결확정증명서의 발급을 청구할 수 있다.
〔전부개정 2011·8·4〕

제87조(법정이율에 따른 가산지급) 사업시행자는 제85조제 1 항에 따라 사업시행자가 제기한 행정소송이 각하·기각 또는 취하된 경우 다음 각 호의 어느 하나에 해당하는 날부터 판결일 또는 취하일까지의 기간에 대하여 「소송촉진 등에 관한 특례법」 제 3 조에 따른 법정이율을 적용하여 산정한 금액을 보상금에 가산하여 지급하여야 한다.
1. 재결이 있은 후 소송을 제기하였을 때에는 재결서 정본을 받은 날
2. 이의신청에 대한 재결이 있은 후 소송을 제기하였을 때에는 그 재결서 정본을 받은 날
〔전부개정 2011·8·4〕

제88조(처분효력의 부정지) 제83조에 따른 이의의 신청이나 제85조에 따른 행정소송의 제기는 사업의 진행 및 토지의 수용 또는 사용을 정지시키지 아니한다.
〔전부개정 2011·8·4〕

제89조(대집행) ① 이 법 또는 이 법에 따른 처분으로 인한 의무를 이행하여야 할 자가 그 정하여진 기간 이내에 의무를 이행하지 아니하거나 완료하기 어려운 경우 또는 그로 하여금 그 의무를 이행하게 하는 것이 현저히 공익을 해친다고 인정되는 사유가 있는 경우에는 사업시행자는 시·도지사나 시장·군수 또는 구청장에게 「행정대집행법」에서 정하는 바에 따라 대집행을 신청할 수 있다. 이 경우 신청을 받은 시·도지사나 시장·군수 또는 구청장은 정당한 사유가

없으면 이에 따라야 한다.

② 사업시행자가 국가나 지방자치단체인 경우에는 제1항에도 불구하고 「행정대집행법」에서 정하는 바에 따라 직접 대집행을 할 수 있다.

③ 사업시행자가 제1항에 따라 대집행을 신청하거나 제2항에 따라 직접 대집행을 하려는 경우에는 국가나 지방자치단체는 의무를 이행하여야 할 자를 보호하기 위하여 노력하여야 한다.

〔전부개정 2011·8·4〕

제90조(강제징수) 특별자치도지사, 시장·군수 또는 구청장은 제44조제2항에 따른 의무자가 그 비용을 내지 아니할 때에는 지방세 체납처분의 예에 따라 징수할 수 있다.

〔전부개정 2011·8·4〕

제8장 환매권

제91조(환매권) ① 공익사업의 폐지·변경 또는 그 밖의 사유로 취득한 토지의 전부 또는 일부가 필요 없게 된 경우 토지의 협의취득일 또는 수용의 개시일(이하 이 조에서 "취득일"이라 한다) 당시의 토지소유자 또는 그 포괄승계인(이하 "환매권자"라 한다)은 다음 각 호의 구분에 따른 날부터 10년 이내에 그 토지에 대하여 받은 보상금에 상당하는 금액을 사업시행자에게 지급하고 그 토지를 환매할 수 있다. <개정 2021·8·10>

1. 사업의 폐지·변경으로 취득한 토지의 전부 또는 일부가 필요 없게 된 경우 : 관계 법률에 따라 사업이 폐지·변경된 날 또는 제24조에 따른 사업의 폐지·변경 고시가 있는 날
2. 그 밖의 사유로 취득한 토지의 전부 또는 일부가 필요 없게 된 경우 : 사업완료일

② 취득일부터 5년 이내에 취득한 토지의 전부를 해당 사업에 이용하지 아니하였을 때에는 제1항을 준용한다. 이 경우 환매권은 취득일부터 6년 이내에 행사하여야 한다.

③ 제74조제1항에 따라 매수하거나 수용한 잔여지는 그 잔여지에 접한 일단의 토지가 필요 없게 된 경우가 아니면 환매할 수 없다.

④ 토지의 가격이 취득일 당시에 비하여 현저히 변동된 경우 사업시행자와 환매권자는 환매금액에 대하여 서로 협의하되, 협의가 성립되지 아니하면 그 금액의 증감을 법원에 청구할 수 있다.

⑤ 제1항부터 제3항까지의 규정에 따른 환매권은 「부동산등기법」에서 정하는 바에 따라 공익사업에 필요한 토지의 협의취득 또는 수용의 등기가 되었을 때에는 제3자에게 대항할 수 있다.

⑥ 국가, 지방자치단체 또는 「공공기관의 운영에 관한 법률」 제4조에 따른 공공기관 중 대통령령으로 정하는 공공기관이 사업인정을 받아 공익사업에 필요한 토지를 협의취득하거나 수용한 후 해당 공익사업이 제4조 제1호부터 제5호까지에 규정된 다른 공익사업(별표에 따른 사업이 제4조제1호부터 제5호까지에 규정된 공익사업에 해당하는 경우를 포함한다)으로 변경된 경우 제1항 및 제2항에 따른 환매권 행사기간은 관보에 해당 공익사업의 변경을 고시한 날부터 기산(起算)한다. 이 경우 국가, 지방자치단체 또는 「공공기관의 운영에 관한 법률」 제4조에 따른 공공기관 중 대통령령으로 정하는 공공기관은 공익사업이 변경된 사실을 대통령령으로 정하는 바에 따라 환매권자에게 통지하여야 한다. <개정 2015·12·29>

〔전부개정 2011·8·4〕

제92조(환매권의 통지 등) ① 사업시행자는 제91조제1항 및 제2항에 따라 환매할 토지가 생겼을 때에는 지체 없이 그 사실을 환매권자에게 통지하여야 한다. 다만, 사업시행자가 과실 없이 환매권자를 알 수 없을 때에는 대통령령으로 정하는 바에 따라 공고하여야 한다.

② 환매권자는 제1항에 따른 통지를 받은 날 또는 공고를 한 날부터 6개월이 지난 후에는 제91조제1항 및 제2항에도 불구하고 환매권을 행사하지 못한다.

〔전부개정 2011·8·4〕

제9장 벌칙

제93조(벌칙) ① 거짓이나 그 밖의 부정한 방법으로 보상금을 받은 자 또는 그 사실을 알면서 보상금을 지급한 자는 5년 이하의 징역 또는 3천만원 이하의 벌금에 처한다.

② 제1항에 규정된 죄의 미수범은 처벌한다.

〔전부개정 2011·8·4〕

제93조의2(벌칙) 제63조제3항을 위반하여 토지로 보상받기로 결정된 권리(제63조제4항에 따라 현금으로 보상받을 권리를 포함한다)를 전매한 자는 3년 이하의 징역 또는 1억원 이하의 벌금에 처한다.

〔본조신설 2020·4·7〕

제94조 삭제 <2007·10·17>

제95조(벌칙) 제58조제1항제2호에 따라 감정평가를 의뢰받은 감정평가법인등이나 그 밖의 감정인으로서 거짓이나 그 밖의 부정한 방법으로 감정평가를 한 자는 2년 이하의 징역 또는 1천만원 이하의 벌금에 처한다.

<개정 2020·4·7>

〔전부개정 2011·8·4〕

제95조의2(벌칙) 다음 각 호의 어느 하나에 해당하는 자는 1년 이하의 징역 또는 1천만원 이하의 벌금에 처한다.

1. 제12조제1항을 위반하여 장해물 제거등을 한 자
2. 제43조를 위반하여 토지 또는 물건을 인도하거나 이전하지 아니한 자

〔본조신설 2015·1·6〕

제96조(벌칙) 제25조제1항 또는 제2항 전단을 위반한 자는 1년 이하의 징역 또는 500만원 이하의 벌금에 처한다.

〔전부개정 2011·8·4〕

제97조(벌칙) 다음 각 호의 어느 하나에 해당하는 자는 200만원 이하의 벌금에 처한다.

<개정 2018·12·31, 2020·4·7>

1. 제9조제2항 본문을 위반하여 특별자치도지사, 시장·군수 또는 구청장의 허가를 받지 아니하고 타인이 점유하는 토지에 출입하거나 출입하게 한 사업시행자
2. 제11조(제27조제2항에 따라 준용되는 경우를 포함한다)를 위반하여 사업시행자 또는 감정평가법인등의 행위를 방해한 토지점유자
3. 및 4. 삭제 <2015·1·6>

〔전부개정 2011·8·4〕

제98조(양벌규정) 법인의 대표자나 법인 또는 개인의 대리인, 사용인, 그 밖의 종업원이 그 법인 또는 개인의 업무에 관하여 제93조, 제93조의2, 제95조, 제95조의2, 제96조 또는 제97조의 어느 하나에 해당하는 위반행위를 하면 그 행위자를 벌하는 외에 그 법인 또는 개인에게도 해당 조문의 벌금형을 과(科)한다. 다만, 법인이나 개인이 그 위반행위를 방지하기 위하여 해당 업무에 관하여 상당한 주의와 감독을 게을리하지 아니한 경우에는 그러하지 아니하다. <개정 2015·1·6, 2022·2·3>

〔전부개정 2011·8·4〕

제99조(과태료) ① 다음 각 호의 어느 하나에 해당하는 자에게는 200만원 이하의 과태료를 부과한다. <개정 2020·4·7>

1. 제58조제1항제1호에 규정된 자로서 정당한 사유 없이 출석이나 진술을 하지 아니하거나 거짓으로 진술한 자
2. 제58조제1항제1호에 따라 의견서 또는 자료 제출을 요구받고 정당한 사유 없이 이를 제출하지 아니하거나 거짓 의견서 또는 자료를 제출한 자
3. 제58조제1항제2호에 따라 감정평가를 의뢰받거나 출석 또는 진술을 요구받고 정당한 사유 없이 이에 따르지 아니한 감정평가법인등이나 그 밖의 감정인
4. 제58조제1항제3호에 따른 실지조사를 거부, 방해 또는 기피한 자

② 제1항에 따른 과태료는 대통령령으로 정하는 바에 따라 국토교통부장관이나 시·도지사가 부과·징수한다. <개정 2013·3·23>

〔전부개정 2011·8·4〕

부　칙

제1조(시행일) 이 법은 2003년 1월 1일부터 시행한다.

제2조(다른 법률의 폐지) 토지수용법 및 공공용지의취득및손실보상에관한특례법은 이를 폐지한다.

제3조(일반적 경과조치) 이 법 시행당시 종전의 토지수용법령 및 공공용지의취득및손실보상에관한특례법령에 의하여 행하여진 처분·절차 그 밖의 행위는 이 법의 규정에 의하여 행하여진 것으로 본다.

제4조(공익사업에 관한 경과조치) 이 법 시행전에 종전의 규정에 의한 공익사업에 해당되어 공고·고시되거나 시행되는 사업은 이를 제4조의 규정에 의한 공익사업으로 본다.

제5조(사업인정전의 보상절차에 관한 적용례 및 경과조치) 제14조 내지 제16조의 규정은 이 법 시행후 공고·고시되거나 시행되는 공익사업부터 적용하되, 이 법 시행당시 이미 공고·고시되거나 시행되고 있는 공익사업에 관하여는 종전의 공공용지의취득및손실보상에관한특례법령의 규정에 의한다.

제6조(사업인정후의 보상절차에 관한 적용례 및 경과조치) 제26조 내지 제29조의 규정은

이 법 시행후 사업인정을 받은 사업부터 적용하되, 이 법 시행당시 이미 사업인정을 받은 사업은 종전의 토지수용법령의 규정에 의한다.

제 7 조(종전의 재결에 관한 경과조치) 이 법 시행당시 소송이 제기되지 아니한 재결로서 이미 종전의 규정에 의한 이의신청 기간이 지난 재결에 대하여는 제85조의 규정에 의한 소송을 제기할 수 없다.

제 8 조(계속중인 소송의 피고적격에 관한 경과조치) 이 법 시행 당시 법원에 계속중인 보상금 증감에 관한 소송사건의 피고적격에 있어서는 제85조제 2 항의 규정에 불구하고 종전의 토지수용법의 규정에 의한다.

제 9 조(환매에 관한 경과조치) 이 법 시행당시 환매금액에 대한 협의가 성립되지 아니하여 관할 토지수용위원회에 재결을 신청한 경우에는 종전의 공공용지의취득및손실보상에관한특례법의 규정에 의한다.

제10조(벌칙에 관한 경과조치) 이 법 시행전의 행위에 대한 벌칙과 과태료의 적용에 있어서는 종전의 토지수용법의 규정에 의한다.

제11조(다른 법률의 개정) 생략

제12조(다른 법률과의 관계) 이 법 시행당시 다른 법률에서 종전의 공공용지의취득및손실보상에관한특례법·토지수용법 또는 그 규정을 인용하고 있는 경우 이 법중 그에 해당하는 규정이 있는 때에는 이 법 또는 이 법의 해당 규정을 인용한 것으로 본다.

부 칙 <2003·5·29 법6916>

제 1 조(시행일) 이 법은 공포후 6월이 경과한 날부터 시행한다. 〈단서 생략〉

제 2 조부터 **제13조**까지 생략

부 칙 <2004·12·31 법7304>

제 1 조(시행일) 이 법은 공포후 6월이 경과한 날부터 시행한다.

제 2 조부터 **제10조**까지 생략

부 칙 <2005·1·14 법7335>

제 1 조(시행일) 이 법은 공포한 날부터 시행한다.

제 2 조부터 **제12조**까지 생략

부 칙 <2005·3·31 법7475>

이 법은 공포 후 3월이 경과한 날부터 시행한다.

부 칙 <2005·12·23 법7758>

①(시행일) 이 법은 공포 후 3월이 경과한 날부터 시행한다.

②(부재부동산소유자에 대한 채권보상에 관한 적용례) 제63조제 3 항의 개정규정은 이 법 시행 후 제15조의 규정에 의하여 보상계획을 공고하거나 토지소유자 및 관계인에게 보상계획을 통지하는 사업부터 적용한다.

부 칙 <2005·12·29 법7773>

제 1 조(시행일) 이 법은 2006년 7월 1일부터 시행한다.

제 2 조 생략

부 칙 <2005·12·29 법7796>

제 1 조(시행일) 이 법은 2006년 7월 1일부터 시행한다.

제 2 조부터 **제 6 조**까지 생략

부 칙 <2005·12·30 법7835>

이 법은 공포한 날부터 시행한다.

부 칙 <2007·10·17 법8665>

①(시행일) 이 법은 공포 후 6개월이 경과한 날부터 시행한다. 다만, 제63조제 1 항 단서·제 2 항부터 제 5 항까지·제70조제 5 항 및 제78조제 7 항의 개정규정은 공포한 날부터 시행한다.

②(잔여지 등의 매수 및 수용청구 등에 관한 적용례) 제70조제 5 항, 제73조제 1 항 단서·제 2 항·제 3 항·제 5 항, 제74조제 1 항, 제75조의2, 제78조제 4 항·제 8 항, 제78조의2, 제79조제 1 항 단서·제 3 항·제 5 항부터 제 7 항까지 및 제82조제 1 항 단서·제 2 항 단서의 개정규정은 이 법 시행 후 제15조(제26조제 1 항에 따라 준용되는 경우를 포함한다)에 따라 보상계획을 공고하고 토지소유자 및 관계인에게 보상계획을 통지하는 분부터 적용한다. 다만, 제70조제 5 항의 개정규정 중 제70조제 4 항에 따라 사업인정 후 취득하는 토지에 대하여는 이 법 시행 후 공익사업의 계획 또는 시행이 공고 또는 고시되는 사업분부터 적용한다.

③(보존등기 등이 되어 있지 아니한 토지등에 대한 보상의 특례에 관한 경과조치) 이 법 시행 전에 종전의 제18조에 따라 확인서를 발급받았거나 발급신청을 한 경우에는 제18조의 개정규정에도 불구하고 종전의 규정에 따른다.

④(벌칙에 관한 경과조치) 이 법 시행 전의 행위(부칙 제 3 항에 따라 확인서를 발급받거나 이를 행사한 경우를 포함한다)에 대한 벌칙의 적용에 있어서는 종전의 규정에 따른다.

부 칙 <2008·2·29 법8852>

제 1 조(시행일) 이 법은 공포한 날부터 시행한다. 〈단서 생략〉

제 2 조부터 **제 7 조**까지 생략

부 칙 <2008·3·28 법9053>

①(시행일) 이 법은 2008년 4월 18일부터 시행한다.

②(적용례) 제63조제8항제2호의 개정규정은 이 법 시행 후 채권으로 보상받는 분부터 적용한다.

부 칙 <2009·4·1 법9595>

이 법은 공포한 날부터 시행한다.

부 칙 <2010·4·5 법10239>

①(시행일) 이 법은 공포한 날부터 시행한다.
②(토지로 보상하는 면적에 관한 적용례) 제63조제2항의 개정규정은 이 법 시행 후 최초로 보상계획을 공고하는 분부터 적용한다.
③(토지로 보상받는 권리의 전매행위 제한 예외에 관한 적용례) 토지로 보상받기로 결정된 권리를 개발전문 부동산투자회사에 현물출자하는 경우 전매 제한을 배제하는 제63조제3항의 개정규정은 이 법 시행 당시 보상계약을 체결하였으나 보상대상 토지가 확정되지 아니한 경우부터 적용한다.

부 칙 <2010·5·17 법10303>

제1조(시행일) 이 법은 공포 후 6개월이 경과한 날부터 시행한다.〈단서 생략〉
제2조부터 **제10조**까지 생략

부 칙 <2011·8·4 법11017>

이 법은 공포한 날부터 시행한다.

부 칙 <2012·6·1 법11468>

제1조(시행일) 이 법은 공포 후 6개월이 경과한 날부터 시행한다.
제2조(보상액 산정에 관한 적용례) 제68조의 개정규정은 이 법 시행 후 최초로 제15조(제26조제1항에 따라 준용되는 경우를 포함한다)에 따라 보상계획을 공고하고 토지소유자 및 관계인에게 보상계획을 통지하는 분부터 적용한다.

부 칙 <2013·3·23 법11690>

제1조(시행일) ① 이 법은 공포한 날부터 시행한다.
② 생략
제2조부터 **제7조**까지 생략

부 칙 <2014·3·18 법12471>

이 법은 공포한 날부터 시행한다.

부 칙 <2015·1·6 법12972>

이 법은 공포한 날부터 시행한다.

부 칙 <2015·1·6 법12989>

제1조(시행일) 이 법은 2015년 7월 1일부터 시행한다.
제2조부터 **제6조**까지 생략

부 칙 <2015·12·29 법13677>

제1조(시행일) 이 법은 공포한 날부터 시행한다. 다만, 제21조의 개정규정은 공포 후 6개월이 경과한 날부터 시행한다.
제2조(의견청취에 관한 적용례) 제21조제2항의 개정규정은 같은 개정규정 시행 후 최초로 관계 법률에 따라 사업인정이 의제되는 지구지정·사업계획승인 등을 하는 경우부터 적용한다.
제3조(공익사업에 관한 경과조치) 이 법 시행 당시 다른 법률에 따라 토지등을 수용하거나 사용할 수 있는 사업은 제4조제8호의 개정규정에도 불구하고 같은 개정규정에 따라 별표에 규정된 사업으로 본다.
제4조(결격사유에 관한 경과조치) 제54조제1항제1호의 개정규정에도 불구하고 법률 제10429호 민법 일부개정법률 부칙 제2조에 따라 금치산 또는 한정치산 선고의 효력이 유지되는 사람에 대하여는 종전의 규정을 적용한다.

부 칙 <2016·1·19 법13782>

제1조(시행일) 이 법은 2016년 9월 1일부터 시행한다.
제2조부터 **제8조**까지 생략

부 칙 <2016·1·19 법13796>

제1조(시행일) 이 법은 2016년 9월 1일부터 시행한다.
제2조부터 **제4조**까지 생략

부 칙 <2016·12·20 법14452>

제1조(시행일) 이 법은 공포 후 6개월이 경과한 날부터 시행한다.
제2조 생략

부 칙 <2017·3·21 법14711>

이 법은 공포한 날부터 시행한다. 다만, 제60조의2의 개정규정은 공포 후 3개월이 경과한 날부터 시행한다.

부 칙 <2017·12·26 법15309>

제1조(시행일) 이 법은 공포 후 3개월이 경과한 날부터 시행한다.〈단서 생략〉
제2조부터 **제4조**까지 생략

부 칙 <2018·3·13 법15460>

제1조(시행일) 이 법은 공포 후 1년이 경과한 날부터 시행한다.
제2조 및 **제3조** 생략

부 칙 <2018·12·31 법16138>

제1조(시행일) 이 법은 공포 후 6개월이 경과한 날부터 시행한다. 다만, 제27조(제3항의 개정규정은 제외한다), 제52조제6항 단서, 제53조제4항 단서 및 제97조제2호의 개정규정은 공포한 날부터 시행한다.
제2조(보상계획의 열람 등에 관한 적용례)

제15조제3항 단서 및 제27조제3항의 개정규정은 이 법 시행 후 최초로 보상계획을 공고 또는 통지하는 경우부터 적용한다.

제3조(협의 및 의견청취 등에 관한 적용례) 제21조의 개정규정은 이 법 시행 후 최초로 제20조에 따른 사업인정을 하거나 관계 법률에 따라 사업인정이 의제되는 지구지정·사업계획승인 등을 하는 경우부터 적용한다.

제4조(행정소송의 제기에 관한 적용례) 제85조제1항의 개정규정은 이 법 시행 후 최초로 제34조 또는 제84조에 따른 재결서 정본을 받은 자부터 적용한다.

부 칙 <2019·8·27 법16568>

제1조(시행일) 이 법은 공포 후 1년이 경과한 날부터 시행한다.

제2조부터 **제16조**까지 생략

부 칙 <2020·1·29 법16902>

제1조(시행일) 이 법은 공포 후 6개월이 경과한 날부터 시행한다.

제2조부터 **제20조**까지 생략

부 칙 <2020·1·29 법16904>

제1조(시행일) 이 법은 공포 후 6개월이 경과한 날부터 시행한다.

제2조부터 **제7조**까지 생략

부 칙 <2020·4·7 법17219>

제1조(시행일) 이 법은 공포 후 3개월이 경과한 날부터 시행한다.

제2조 및 **제3조** 생략

부 칙 <2020·4·7 법17225>

이 법은 공포 후 6개월이 경과한 날부터 시행한다.

부 칙 <2020·6·9 법17453>

이 법은 공포한 날부터 시행한다. 〈단서 생략〉

부 칙 <2021·1·5 법17868>

제1조(시행일) 이 법은 공포한 날부터 시행한다. 다만, 별표 제111호의 개정규정은 공포 후 6개월이 경과한 날부터 시행한다.

제2조(공공주택건설사업에 관한 적용례) 별표 제11호의 개정규정은 이 법 시행 후 최초로 주택건설사업계획의 승인고시가 있는 경우부터 적용한다.

부 칙 <2021·4·13 법18044>

이 법은 공포 후 6개월이 경과한 날부터 시행한다.

부 칙 <2021·6·15 법18284>

제1조(시행일) 이 법은 공포 후 1년이 경과한 날부터 시행한다. 〈단서 생략〉

제2조부터 **제5조**까지 생략

부 칙 <2021·7·20 법18312>

이 법은 공포 후 2개월이 경과한 날부터 시행한다. 다만, 법률 제18044호 공익사업을 위한 토지 등의 취득 및 보상에 관한 법률 일부개정법률 별표 제2호의 개정규정은 2021년 10월 14일부터 시행한다.

부 칙 <2021·8·10 법18386>

제1조(시행일) 이 법은 공포한 날부터 시행한다.

제2조(사업의 완료 신고에 관한 적용례) 제24조의2의 개정규정은 이 법 시행 당시 시행 중인 공익사업에도 적용한다.

제3조(환매권의 발생 및 행사기간에 관한 적용례) 제91조제1항의 개정규정은 이 법 시행 당시 환매권을 행사할 수 있는 경우에도 적용한다.

부 칙 <2022·2·3 법18828>

제1조(시행일) 이 법은 공포 후 6개월이 경과한 날부터 시행한다.

제2조(토지로 보상받을 수 있는 자에 관한 적용례) ① 제63조제1항의 개정규정은 이 법 시행 후 최초로 제15조(제26조제1항에 따라 준용되는 경우를 포함한다)에 따라 보상계획을 공고하거나 토지소유자 및 관계인에게 보상계획을 통지하는 경우부터 적용한다.

② 제63조제3항의 개정규정은 이 법 시행 당시 보상계약을 체결하였으나 보상대상 토지가 확정되지 아니한 경우부터 적용한다.

제3조(이주대책에 관한 적용례) 제78조제5항의 개정규정은 이 법 시행 당시 이주대책의 실시에 따른 주택지 또는 주택을 공급받기로 결정되었으나 공급대상 주택지 또는 주택이 확정되지 아니한 경우부터 적용한다.

부 칙 <2023·4·18 법19370>

이 법은 공포한 날부터 시행한다.

부 칙 <2023·8·8 법19590>

제1조(시행일) 이 법은 2024년 5월 17일부터 시행한다.

제2조부터 **제10조**까지 생략

부 칙 <2023·10·24 법19765>

이 법은 공포 후 6개월이 경과한 날부터 시행한다.

부 칙 <2024·1·9 법19969>

이 법은 공포한 날부터 시행한다.

부 칙 <2024·9·20 법20452>

이 법은 공포한 날부터 시행한다.

민 사 법 편

민법분야 · 상법분야 · 민사소송법분야

민사법편 목차

민법 분야

상법 분야

민사소송법 분야

●민법

〔1958・2・22 법률제471호〕

개정
1962・12・29 법률제 1237호
1962・12・31 법률제 1250호
1964・12・31 법률제 1668호
1970・6・18 법률제 2200호
1977・12・31 법률제 3051호
1984・4・10 법률제 3723호
1990・1・13 법률제 4199호
1997・12・13 법률제 5431호(국적법)
1997・12・13 법률제 5454호(정부부처명칭등의변경에따른건축법등의정비에관한법률)
2001・12・29 법률제 6544호
2002・1・14 법률제 6951호
2005・3・31 법률제 7427호
2005・3・31 법률제 7428호(채무자 회생 및 파산에 관한 법률)
2005・12・29 법률제 7765호
2007・5・17 법률제 8435호(가족관계의 등록 등에 관한 법률)
2007・12・21 법률제 8720호
2009・5・8 법률제 9650호
2011・3・7 법률제10429호
2011・5・19 법률제10645호
2012・2・10 법률제11300호
2013・4・5 법률제11728호
2014・10・15 법률제12777호
2014・12・30 법률제12881호
2015・2・3 법률제13124호(가족관계의 등록 등에 관한 법률)
2015・2・3 법률제13125호
2016・1・6 법률제13710호
2016・12・2 법률제14278호
2016・12・20 법률제14409호
2017・10・31 법률제14965호
2020・10・20 법률제17503호
2021・1・26 법률제17905호
2022・12・13 법률제19069호
2022・12・27 법률제19098호
2023・5・16 법률제19409호(국가유산기본법)
2024・9・20 법률제20432호→2025년 1월 31일 및 2026년 1월 1일 시행

제 1 편 총칙

제 1 장 통칙

제 1 조(법원) 민사에 관하여 법률에 규정이 없으면 관습법에 의하고 관습법이 없으면 조리에 의한다.

제 2 조(신의성실) ① 권리의 행사와 의무의 이행은 신의에 좇아 성실히 하여야 한다.
② 권리는 남용하지 못한다.

제 2 장 인

제 1 절 능력

제 3 조(권리능력의 존속기간) 사람은 생존한 동안 권리와 의무의 주체가 된다.

제 4 조(성년) 사람은 19세로 성년에 이르게 된다.
〔전부개정 2011·3·7〕

제 5 조(미성년자의 능력) ① 미성년자가 법률행위를 함에는 법정대리인의 동의를 얻어야 한다. 그러나 권리만을 얻거나 의무만을 면하는 행위는 그러하지 아니하다.
② 전항의 규정에 위반한 행위는 취소할 수 있다.

제 6 조(처분을 허락한 재산) 법정대리인이 범위를 정하여 처분을 허락한 재산은 미성년자가 임의로 처분할 수 있다.

제 7 조(동의와 허락의 취소) 법정대리인은 미성년자가 아직 법률행위를 하기 전에는 전 2 조의 동의와 허락을 취소할 수 있다.

제 8 조(영업의 허락) ① 미성년자가 법정대리인으로부터 허락을 얻은 특정한 영업에 관하여는 성년자와 동일한 행위능력이 있다.
② 법정대리인은 전항의 허락을 취소 또는 제한할 수 있다. 그러나 선의의 제삼자에게 대항하지 못한다.

제 9 조(성년후견개시의 심판) ① 가정법원은 질병, 장애, 노령, 그 밖의 사유로 인한 정신적 제약으로 사무를 처리할 능력이 지속적으로 결여된 사람에 대하여 본인, 배우자, 4촌 이내의 친족, 미성년후견인, 미성년후견감독인, 한정후견인, 한정후견감독인, 특정후견인, 특정후견감독인, 검사 또는 지방자치단체의 장의 청구에 의하여 성년후견개시의 심판을 한다.
② 가정법원은 성년후견개시의 심판을 할 때 본인의 의사를 고려하여야 한다.
〔전부개정 2011·3·7〕

제10조(피성년후견인의 행위와 취소) ① 피성년후견인의 법률행위는 취소할 수 있다.
② 제 1 항에도 불구하고 가정법원은 취소할 수 없는 피성년후견인의 법률행위의 범위를 정할 수 있다.
③ 가정법원은 본인, 배우자, 4촌 이내의 친족, 성년후견인, 성년후견감독인, 검사 또는 지방자치단체의 장의 청구에 의하여 제 2 항의 범위를 변경할 수 있다.
④ 제 1 항에도 불구하고 일용품의 구입 등 일상생활에 필요하고 그 대가가 과도하지 아니한 법률행위는 성년후견인이 취소할 수 없다.
〔전부개정 2011·3·7〕

제11조(성년후견종료의 심판) 성년후견개시의 원인이 소멸된 경우에는 가정법원은 본인, 배우자, 4촌 이내의 친족, 성년후견인, 성년후견감독인, 검사 또는 지방자치단체의 장의 청구에 의하여 성년후견종료의 심판을 한다.
〔전부개정 2011·3·7〕

제12조(한정후견개시의 심판) ① 가정법원은 질병, 장애, 노령, 그 밖의 사유로 인한 정신적 제약으로 사무를 처리할 능력이 부족한 사람에 대하여 본인, 배우자, 4촌 이내의 친족, 미성년후견인, 미성년후견감독인, 성년후견인, 성년후견감독인, 특정후견인, 특정후견감독인, 검사 또는 지방자치단체의 장의 청구에 의하여 한정후견개시의 심판을 한다.
② 한정후견개시의 경우에 제 9 조제 2 항을 준용한다.
〔전부개정 2011·3·7〕

제13조(피한정후견인의 행위와 동의) ① 가정법원은 피한정후견인이 한정후견인의 동의를 받아야 하는 행위의 범위를 정할 수 있다.
② 가정법원은 본인, 배우자, 4촌 이내의 친족, 한정후견인, 한정후견감독인, 검사 또는

지방자치단체의 장의 청구에 의하여 제 1 항에 따른 한정후견인의 동의를 받아야만 할 수 있는 행위의 범위를 변경할 수 있다.
③ 한정후견인의 동의를 필요로 하는 행위에 대하여 한정후견인이 피한정후견인의 이익이 침해될 염려가 있음에도 그 동의를 하지 아니하는 때에는 가정법원은 피한정후견인의 청구에 의하여 한정후견인의 동의를 갈음하는 허가를 할 수 있다.
④ 한정후견인의 동의가 필요한 법률행위를 피한정후견인이 한정후견인의 동의 없이 하였을 때에는 그 법률행위를 취소할 수 있다. 다만, 일용품의 구입 등 일상생활에 필요하고 그 대가가 과도하지 아니한 법률행위에 대하여는 그러하지 아니하다.
〔전부개정 2011·3·7〕

제14조(한정후견종료의 심판) 한정후견개시의 원인이 소멸된 경우에는 가정법원은 본인, 배우자, 4촌 이내의 친족, 한정후견인, 한정후견감독인, 검사 또는 지방자치단체의 장의 청구에 의하여 한정후견종료의 심판을 한다.
〔전부개정 2011·3·7〕

제14조의2(특정후견의 심판) ① 가정법원은 질병, 장애, 노령, 그 밖의 사유로 인한 정신적 제약으로 일시적 후원 또는 특정한 사무에 관한 후원이 필요한 사람에 대하여 본인, 배우자, 4촌 이내의 친족, 미성년후견인, 미성년후견감독인, 검사 또는 지방자치단체의 장의 청구에 의하여 특정후견의 심판을 한다.
② 특정후견은 본인의 의사에 반하여 할 수 없다.
③ 특정후견의 심판을 하는 경우에는 특정후견의 기간 또는 사무의 범위를 정하여야 한다.
〔본조신설 2011·3·7〕

제14조의3(심판 사이의 관계) ① 가정법원이 피한정후견인 또는 피특정후견인에 대하여 성년후견개시의 심판을 할 때에는 종전의 한정후견 또는 특정후견의 종료 심판을 한다.
② 가정법원이 피성년후견인 또는 피특정후견인에 대하여 한정후견개시의 심판을 할 때에는 종전의 성년후견 또는 특정후견의 종료 심판을 한다.
〔본조신설 2011·3·7〕

제15조(제한능력자의 상대방의 확답을 촉구할 권리) ① 제한능력자의 상대방은 제한능력자가 능력자가 된 후에 그에게 1개월 이상의 기간을 정하여 그 취소할 수 있는 행위를 추인할 것인지 여부의 확답을 촉구할 수 있다. 능력자로 된 사람이 그 기간 내에 확답을 발송하지 아니하면 그 행위를 추인한 것으로 본다.
② 제한능력자가 아직 능력자가 되지 못한 경우에는 그의 법정대리인에게 제 1 항의 촉구를 할 수 있고, 법정대리인이 그 정하여진 기간 내에 확답을 발송하지 아니한 경우에는 그 행위를 추인한 것으로 본다.
③ 특별한 절차가 필요한 행위는 그 정하여진 기간 내에 그 절차를 밟은 확답을 발송하지 아니하면 취소한 것으로 본다.
〔전부개정 2011·3·7〕

제16조(제한능력자의 상대방의 철회권과 거절권) ① 제한능력자가 맺은 계약은 추인이 있을 때까지 상대방이 그 의사표시를 철회할 수 있다. 다만, 상대방이 계약 당시에 제한능력자임을 알았을 경우에는 그러하지 아니하다.
② 제한능력자의 단독행위는 추인이 있을 때까지 상대방이 거절할 수 있다.
③ 제 1 항의 철회나 제 2 항의 거절의 의사표시는 제한능력자에게도 할 수 있다.
〔전부개정 2011·3·7〕

제17조(제한능력자의 속임수) ① 제한능력자가 속임수로써 자기를 능력자로 믿게 한 경우에는 그 행위를 취소할 수 없다.
② 미성년자나 피한정후견인이 속임수로써 법정대리인의 동의가 있는 것으로 믿게 한 경우에도 제 1 항과 같다.
〔전부개정 2011·3·7〕

제 2 절 주소

제18조(주소) ① 생활의 근거되는 곳을 주소로 한다.
② 주소는 동시에 두 곳 이상 있을 수 있다.

제19조(거소) 주소를 알 수 없으면 거소를 주소로 본다.

제20조(거소) 국내에 주소없는 자에 대하여는 국내에 있는 거소를 주소로 본다.

제21조(가주소) 어느 행위에 있어서 가주소를 정한 때에는 그 행위에 관하여는 이를 주소로 본다.

제 3 절 부재와 실종

제22조(부재자의 재산의 관리) ① 종래의 주소나 거소를 떠난 자가 재산관리인을 정하지 아니한 때에는 법원은 이해관계인이나 검사의 청구에 의하여 재산관리에 관하여 필요한 처분을 명하여야 한다. 본인의 부재 중 재산관리인의 권한이 소멸한 때에도 같다.

② 본인이 그 후에 재산관리인을 정한 때에는 법원은 본인, 재산관리인, 이해관계인 또는 검사의 청구에 의하여 전항의 명령을 취소하여야 한다.

제23조(관리인의 개임) 부재자가 재산관리인을 정한 경우에 부재자의 생사가 분명하지 아니한 때에는 법원은 재산관리인, 이해관계인 또는 검사의 청구에 의하여 재산관리인을 개임할 수 있다.

제24조(관리인의 직무) ① 법원이 선임한 재산관리인은 관리할 재산목록을 작성하여야 한다.

② 법원은 그 선임한 재산관리인에 대하여 부재자의 재산을 보존하기 위하여 필요한 처분을 명할 수 있다.

③ 부재자의 생사가 분명하지 아니한 경우에 이해관계인이나 검사의 청구가 있는 때에는 법원은 부재자가 정한 재산관리인에게 전 2 항의 처분을 명할 수 있다.

④ 전 3 항의 경우에 그 비용은 부재자의 재산으로써 지급한다.

제25조(관리인의 권한) 법원이 선임한 재산관리인이 제118조에 규정한 권한을 넘는 행위를 함에는 법원의 허가를 얻어야 한다. 부재자의 생사가 분명하지 아니한 경우에 부재자가 정한 재산관리인이 권한을 넘는 행위를 할 때에도 같다.

제26조(관리인의 담보제공, 보수) ① 법원은 그 선임한 재산관리인으로 하여금 재산의 관리 및 반환에 관하여 상당한 담보를 제공하게 할 수 있다.

② 법원은 그 선임한 재산관리인에 대하여 부재자의 재산으로 상당한 보수를 지급할 수 있다.

③ 전 2 항의 규정은 부재자의 생사가 분명하지 아니한 경우에 부재자가 정한 재산관리인에 준용한다.

제27조(실종의 선고) ① 부재자의 생사가 5년간 분명하지 아니한 때에는 법원은 이해관계인이나 검사의 청구에 의하여 실종선고를 하여야 한다.

② 전지에 임한 자, 침몰한 선박 중에 있던 자, 추락한 항공기 중에 있던 자 기타 사망의 원인이 될 위난을 당한 자의 생사가 전쟁종지후 또는 선박의 침몰, 항공기의 추락 기타 위난이 종료한 후 1년간 분명하지 아니한 때에도 제 1 항과 같다. <개정 1984·4·10>

제28조(실종선고의 효과) 실종선고를 받은 자는 전조의 기간이 만료한 때에 사망한 것으로 본다.

제29조(실종선고의 취소) ① 실종자의 생존한 사실 또는 전조의 규정과 상이한 때에 사망한 사실의 증명이 있으면 법원은 본인, 이해관계인 또는 검사의 청구에 의하여 실종선고를 취소하여야 한다. 그러나 실종선고후 그 취소전에 선의로 한 행위의 효력에 영향을 미치지 아니한다.

② 실종선고의 취소가 있을 때에 실종의 선고를 직접원인으로 하여 재산을 취득한 자가 선의인 경우에는 그 받은 이익이 현존하는 한도에서 반환할 의무가 있고 악의인 경우에는 그 받은 이익에 이자를 붙여서 반환하고 손해가 있으면 이를 배상하여야 한다.

제30조(동시사망) 2인 이상이 동일한 위난으로 사망한 경우에는 동시에 사망한 것으로 추정한다.

제 3 장 법인

제 1 절 총칙

제31조(법인성립의 준칙) 법인은 법률의 규정에 의함이 아니면 성립하지 못한다.

제32조(비영리법인의 설립과 허가) 학술, 종교, 자선, 기예, 사교 기타 영리아닌 사업을 목적으로 하는 사단 또는 재단은 주무관청의 허가를 얻어 이를 법인으로 할 수 있다.

제33조(법인설립의 등기) 법인은 그 주된 사무소의 소재지에서 설립등기를 함으로써 성립한다.

제34조(법인의 권리능력) 법인은 법률의 규정에 좇아 정관으로 정한 목적의 범위내에서 권리와 의무의 주체가 된다.

제35조(법인의 불법행위능력) ① 법인은 이사 기타 대표자가 그 직무에 관하여 타인에게 가한 손해를 배상할 책임이 있다. 이사 기타 대표자는 이로 인하여 자기의 손해배상책임을 면하지 못한다.

② 법인의 목적범위외의 행위로 인하여 타인에게 손해를 가한 때에는 그 사항의 의결에 찬성하거나 그 의결을 집행한 사원, 이사 및 기타 대표자가 연대하여 배상하여야 한다.

제36조(법인의 주소) 법인의 주소는 그 주된 사무소의 소재지에 있는 것으로 한다.

제37조(법인의 사무의 검사, 감독) 법인의 사무는 주무관청이 검사, 감독한다.

제38조(법인의 설립허가의 취소) 법인이 목적이외의 사업을 하거나 설립허가의 조건에 위반하거나 기타 공익을 해하는 행위를 한 때에는 주무관청은 그 허가를 취소할 수 있다.

제39조(영리법인) ① 영리를 목적으로 하는 사단은 상사회사설립의 조건에 좇아 이를 법인으로 할 수 있다.

② 전항의 사단법인에는 모두 상사회사에 관한 규정을 준용한다.

제 2 절 설립

제40조(사단법인의 정관) 사단법인의 설립자는 다음 각호의 사항을 기재한 정관을 작성하여 기명날인하여야 한다.

1. 목적
2. 명칭
3. 사무소의 소재지
4. 자산에 관한 규정
5. 이사의 임면에 관한 규정
6. 사원자격의 득실에 관한 규정
7. 존립시기나 해산사유를 정하는 때에는 그 시기 또는 사유

제41조(이사의 대표권에 대한 제한) 이사의 대표권에 대한 제한은 이를 정관에 기재하지 아니하면 그 효력이 없다.

제42조(사단법인의 정관의 변경) ① 사단법인의 정관은 총사원 3분의 2 이상의 동의가 있는 때에 한하여 이를 변경할 수 있다. 그러나 정수에 관하여 정관에 다른 규정이 있는 때에는 그 규정에 의한다.

② 정관의 변경은 주무관청의 허가를 얻지 아니하면 그 효력이 없다.

제43조(재단법인의 정관) 재단법인의 설립자는 일정한 재산을 출연하고 제40조제 1 호 내지 제 5 호의 사항을 기재한 정관을 작성하여 기명날인하여야 한다.

제44조(재단법인의 정관의 보충) 재단법인의 설립자가 그 명칭, 사무소소재지 또는 이사 임면의 방법을 정하지 아니하고 사망한 때에는 이해관계인 또는 검사의 청구에 의하여 법원이 이를 정한다.

제45조(재단법인의 정관변경) ① 재단법인의 정관은 그 변경방법을 정관에 정한 때에 한하여 변경할 수 있다.

② 재단법인의 목적달성 또는 그 재산의 보전을 위하여 적당한 때에는 전항의 규정에 불구하고 명칭 또는 사무소의 소재지를 변경할 수 있다.

③ 제42조제 2 항의 규정은 전 2 항의 경우에 준용한다.

제46조(재단법인의 목적 기타의 변경) 재단법인의 목적을 달성할 수 없는 때에는 설립자나 이사는 주무관청의 허가를 얻어 설립의 취지를 참작하여 그 목적 기타 정관의 규정을 변경할 수 있다.

제47조(증여, 유증에 관한 규정의 준용) ① 생전처분으로 재단법인을 설립하는 때에는 증여에 관한 규정을 준용한다.

② 유언으로 재단법인을 설립하는 때에는 유증에 관한 규정을 준용한다.

제48조(출연재산의 귀속시기) ① 생전처분으로 재단법인을 설립하는 때에는 출연재산은 법인이 성립된 때로부터 법인의 재산이 된다.

② 유언으로 재단법인을 설립하는 때에는 출연재산은 유언의 효력이 발생한 때로부터 법인에 귀속한 것으로 본다.

제49조(법인의 등기사항) ① 법인설립의 허가가 있는 때에는 3주간내에 주된 사무소소재

민법

지에서 설립등기를 하여야 한다.
② 전항의 등기사항은 다음과 같다.
1. 목적
2. 명칭
3. 사무소
4. 설립허가의 연월일
5. 존립시기나 해산사유를 정한 때에는 그 시기 또는 사유
6. 자산의 총액
7. 출자의 방법을 정한 때에는 그 방법
8. 이사의 성명, 주소
9. 이사의 대표권을 제한한 때에는 그 제한

제50조[분사무소(分事務所) 설치의 등기] 법인이 분사무소를 설치한 경우에는 주사무소(主事務所)의 소재지에서 3주일 내에 분사무소 소재지와 설치 연월일을 등기하여야 한다.
〔전부개정 2024·9·20〕

제51조(사무소 이전의 등기) ① 법인이 주사무소를 이전한 경우에는 종전 소재지 또는 새 소재지에서 3주일 내에 새 소재지와 이전 연월일을 등기하여야 한다.
② 법인이 분사무소를 이전한 경우에는 주사무소 소재지에서 3주일 내에 새 소재지와 이전 연월일을 등기하여야 한다.
〔전부개정 2024·9·20〕

제52조(변경등기) 제49조제 2 항의 사항 중에 변경이 있는 때에는 3주간내에 변경등기를 하여야 한다.

제52조의2(직무집행정지 등 가처분의 등기) 이사의 직무집행을 정지하거나 직무대행자를 선임하는 가처분을 하거나 그 가처분을 변경·취소하는 경우에는 주사무소가 있는 곳의 등기소에서 이를 등기하여야 한다. <개정 2024·9·20>
〔본조신설 2001·12·29〕

제53조(등기기간의 기산) 전 3 조의 규정에 의하여 등기할 사항으로 관청의 허가를 요하는 것은 그 허가서가 도착한 날로부터 등기의 기간을 기산한다.

제54조(설립등기 이외의 등기의 효력과 등기사항의 공고) ① 설립등기 이외의 본절의 등기사항은 그 등기후가 아니면 제삼자에게 대항하지 못한다.
② 등기한 사항은 법원이 지체없이 공고하여야 한다.

제55조(재산목록과 사원명부) ① 법인은 성립한 때 및 매년 3월내에 재산목록을 작성하여 사무소에 비치하여야 한다. 사업연도를 정한 법인은 성립한 때 및 그 연도말에 이를 작성하여야 한다.
② 사단법인은 사원명부를 비치하고 사원의 변경이 있는 때에는 이를 기재하여야 한다.

제56조(사원권의 양도, 상속금지) 사단법인의 사원의 지위는 양도 또는 상속할 수 없다.

제 3 절 기관

제57조(이사) 법인은 이사를 두어야 한다.

제58조(이사의 사무집행) ① 이사는 법인의 사무를 집행한다.
② 이사가 수인인 경우에는 정관에 다른 규정이 없으면 법인의 사무집행은 이사의 과반수로써 결정한다.

제59조(이사의 대표권) ① 이사는 법인의 사무에 관하여 각자 법인을 대표한다. 그러나 정관에 규정한 취지에 위반할 수 없고 특히 사단법인은 총회의 의결에 의하여야 한다.
② 법인의 대표에 관하여는 대리에 관한 규정을 준용한다.

제60조(이사의 대표권에 대한 제한의 대항요건) 이사의 대표권에 대한 제한은 등기하지 아니하면 제삼자에게 대항하지 못한다.

제60조의2(직무대행자의 권한) ① 제52조의2의 직무대행자는 가처분명령에 다른 정함이 있는 경우외에는 법인의 통상사무에 속하지 아니한 행위를 하지 못한다. 다만, 법원의 허가를 얻은 경우에는 그러하지 아니하다.
② 직무대행자가 제 1 항의 규정에 위반한 행위를 한 경우에도 법인은 선의의 제 3 자에 대하여 책임을 진다.
〔본조신설 2001·12·29〕

제61조(이사의 주의의무) 이사는 선량한 관리자의 주의로 그 직무를 행하여야 한다.

제62조(이사의 대리인 선임) 이사는 정관 또는 총회의 결의로 금지하지 아니한 사항에 한하여 타인으로 하여금 특정한 행위를 대리하게 할 수 있다.

제63조(임시이사의 선임) 이사가 없거나 결원이 있는 경우에 이로 인하여 손해가 생길 염려있는 때에는 법원은 이해관계인이나 검사의 청구에 의하여 임시이사를 선임하여야 한다.

제64조(특별대리인의 선임) 법인과 이사의 이익이 상반하는 사항에 관하여는 이사는 대표권이 없다. 이 경우에는 전조의 규정에 의하여 특별대리인을 선임하여야 한다.

제65조(이사의 임무해태) 이사가 그 임무를 해태한 때에는 그 이사는 법인에 대하여 연대하여 손해배상의 책임이 있다.

제66조(감사) 법인은 정관 또는 총회의 결의로 감사를 둘 수 있다.

제67조(감사의 직무) 감사의 직무는 다음과 같다.

1. 법인의 재산상황을 감사하는 일
2. 이사의 업무집행의 상황을 감사하는 일
3. 재산상황 또는 업무집행에 관하여 부정, 불비한 것이 있음을 발견한 때에는 이를 총회 또는 주무관청에 보고하는 일
4. 전호의 보고를 하기 위하여 필요있는 때에는 총회를 소집하는 일

제68조(총회의 권한) 사단법인의 사무는 정관으로 이사 또는 기타 임원에게 위임한 사항외에는 총회의 결의에 의하여야 한다.

제69조(통상총회) 사단법인의 이사는 매년 1회 이상 통상총회를 소집하여야 한다.

제70조(임시총회) ① 사단법인의 이사는 필요하다고 인정한 때에는 임시총회를 소집할 수 있다.

② 총사원의 5분의 1 이상으로부터 회의의 목적사항을 제시하여 청구한 때에는 이사는 임시총회를 소집하여야 한다. 이 정수는 정관으로 증감할 수 있다.

③ 전항의 청구있는 후 2주간내에 이사가 총회소집의 절차를 밟지 아니한 때에는 청구한 사원은 법원의 허가를 얻어 이를 소집할 수 있다.

제71조(총회의 소집) 총회의 소집은 1주간전에 그 회의의 목적사항을 기재한 통지를 발하고 기타 정관에 정한 방법에 의하여야 한다.

제72조(총회의 결의사항) 총회는 전조의 규정에 의하여 통지한 사항에 관하여서만 결의할 수 있다. 그러나 정관에 다른 규정이 있는 때에는 그 규정에 의한다.

제73조(사원의 결의권) ① 각 사원의 결의권은 평등으로 한다.

② 사원은 서면이나 대리인으로 결의권을 행사할 수 있다.

③ 전 2 항의 규정은 정관에 다른 규정이 있는 때에는 적용하지 아니한다.

제74조(사원이 결의권없는 경우) 사단법인과 어느 사원과의 관계사항을 의결하는 경우에는 그 사원은 결의권이 없다.

제75조(총회의 결의방법) ① 총회의 결의는 본법 또는 정관에 다른 규정이 없으면 사원 과반수의 출석과 출석사원의 결의권의 과반수로써 한다.

② 제73조제 2 항의 경우에는 당해사원은 출석한 것으로 한다.

제76조(총회의 의사록) ① 총회의 의사에 관하여는 의사록을 작성하여야 한다.

② 의사록에는 의사의 경과, 요령 및 결과를 기재하고 의장 및 출석한 이사가 기명날인하여야 한다.

③ 이사는 의사록을 주된 사무소에 비치하여야 한다.

제 4 절 해산

제77조(해산사유) ① 법인은 존립기간의 만료, 법인의 목적의 달성 또는 달성의 불능 기타 정관에 정한 해산사유의 발생, 파산 또는 설립허가의 취소로 해산한다.

② 사단법인은 사원이 없게 되거나 총회의 결의로도 해산한다.

제78조(사단법인의 해산결의) 사단법인은 총사원 4분의 3 이상의 동의가 없으면 해산을 결의하지 못한다. 그러나 정관에 다른 규정이 있는 때에는 그 규정에 의한다.

제79조(파산신청) 법인이 채무를 완제하지 못하게 된 때에는 이사는 지체없이 파산신청을 하여야 한다.

제80조(잔여재산의 귀속) ① 해산한 법인의 재산은 정관으로 지정한 자에게 귀속한다.

② 정관으로 귀속권리자를 지정하지 아니하거나 이를 지정하는 방법을 정하지 아니한 때에는 이사 또는 청산인은 주무관청의 허가를 얻어 그 법인의 목적에 유사한 목적을 위하여 그 재산을 처분할 수 있다. 그러나 사단법인에 있어서는 총회의 결의가 있어야 한다.

③ 전 2 항의 규정에 의하여 처분되지 아니한 재산은 국고에 귀속한다.

제81조(청산법인) 해산한 법인은 청산의 목적범위내에서만 권리가 있고 의무를 부담한다.

제82조(청산인) 법인이 해산한 때에는 파산의 경우를 제하고는 이사가 청산인이 된다. 그러나 정관 또는 총회의 결의로 달리 정한 바가 있으면 그에 의한다.

제83조(법원에 의한 청산인의 선임) 전조의 규정에 의하여 청산인이 될 자가 없거나 청산인의 결원으로 인하여 손해가 생길 염려가 있는 때에는 법원은 직권 또는 이해관계인이나 검사의 청구에 의하여 청산인을 선임할 수 있다.

제84조(법원에 의한 청산인의 해임) 중요한 사유가 있는 때에는 법원은 직권 또는 이해관계인이나 검사의 청구에 의하여 청산인을 해임할 수 있다.

제85조(해산등기) ① 청산인은 법인이 파산으로 해산한 경우가 아니면 취임 후 3주일 내에 다음 각 호의 사항을 주사무소 소재지에서 등기하여야 한다.

1. 해산 사유와 해산 연월일
2. 청산인의 성명과 주소
3. 청산인의 대표권을 제한한 경우에는 그 제한

② 제 1 항의 등기에 관하여는 제52조를 준용한다.

〔전부개정 2024·9·20〕

제86조(해산신고) ① 청산인은 파산의 경우를 제하고는 그 취임후 3주간내에 전조제 1 항의 사항을 주무관청에 신고하여야 한다.

② 청산 중에 취임한 청산인은 그 성명 및 주소를 신고하면 된다.

제87조(청산인의 직무) ① 청산인의 직무는 다음과 같다.

1. 현존사무의 종결
2. 채권의 추심 및 채무의 변제
3. 잔여재산의 인도

② 청산인은 전항의 직무를 행하기 위하여 필요한 모든 행위를 할 수 있다.

제88조(채권신고의 공고) ① 청산인은 취임한 날로부터 2월내에 3회 이상의 공고로 채권자에 대하여 일정한 기간내에 그 채권을 신고할 것을 최고하여야 한다. 그 기간은 2월 이상이어야 한다.

② 전항의 공고에는 채권자가 기간내에 신고하지 아니하면 청산으로부터 제외될 것을 표시하여야 한다.

③ 제 1 항의 공고는 법원의 등기사항의 공고와 동일한 방법으로 하여야 한다.

제89조(채권신고의 최고) 청산인은 알고 있는 채권자에게 대하여는 각각 그 채권신고를 최고하여야 한다. 알고 있는 채권자는 청산으로부터 제외하지 못한다.

제90조(채권신고기간내의 변제금지) 청산인은 제88조제 1 항의 채권신고기간내에는 채권자에 대하여 변제하지 못한다. 그러나 법인은 채권자에 대한 지연손해배상의 의무를 면하지 못한다.

제91조(채권변제의 특례) ① 청산 중의 법인은 변제기에 이르지 아니한 채권에 대하여도 변제할 수 있다.

② 전항의 경우에는 조건있는 채권, 존속기간의 불확정한 채권 기타 가액의 불확정한 채권에 관하여는 법원이 선임한 감정인의 평가에 의하여 변제하여야 한다.

제92조(청산으로부터 제외된 채권) 청산으로부터 제외된 채권자는 법인의 채무를 완제한 후 귀속권리자에게 인도하지 아니한 재산에 대하여서만 변제를 청구할 수 있다.

제93조(청산 중의 파산) ① 청산중 법인의 재산이 그 채무를 완제하기에 부족한 것이 분명하게 된 때에는 청산인은 지체없이 파산선고를 신청하고 이를 공고하여야 한다.

② 청산인은 파산관재인에게 그 사무를 인계함으로써 그 임무가 종료한다.

③ 제88조제 3 항의 규정은 제 1 항의 공고에 준용한다.

제94조(청산종결의 등기와 신고) 청산이 종결한 때에는 청산인은 3주간내에 이를 등기하고 주무관청에 신고하여야 한다.

제95조(해산, 청산의 검사, 감독) 법인의 해산 및 청산은 법원이 검사, 감독한다.

제96조(준용규정) 제58조제 2 항, 제59조 내지 제62조, 제64조, 제65조 및 제70조의 규정은 청산인에 이를 준용한다.

제 5 절 벌칙

제97조(벌칙) 법인의 이사, 감사 또는 청산인은 다음 각호의 경우에는 500만원 이하의

과태료에 처한다. <개정 2007·12·21>
1. 본장에 규정한 등기를 해태한 때
2. 제55조의 규정에 위반하거나 재산목록 또는 사원명부에 부정기재를 한 때
3. 제37조, 제95조에 규정한 검사, 감독을 방해한 때
4. 주무관청 또는 총회에 대하여 사실아닌 신고를 하거나 사실을 은폐한 때
5. 제76조와 제90조의 규정에 위반한 때
6. 제79조, 제93조의 규정에 위반하여 파산선고의 신청을 해태한 때
7. 제88조, 제93조에 정한 공고를 해태하거나 부정한 공고를 한 때

제 4 장 물건

제98조(물건의 정의) 본법에서 물건이라 함은 유체물 및 전기 기타 관리할 수 있는 자연력을 말한다.

제99조(부동산, 동산) ① 토지 및 그 정착물은 부동산이다.
② 부동산 이외의 물건은 동산이다.

제100조(주물, 종물) ① 물건의 소유자가 그 물건의 상용에 공하기 위하여 자기소유인 다른 물건을 이에 부속하게 한 때에는 그 부속물은 종물이다.
② 종물은 주물의 처분에 따른다.

제101조(천연과실, 법정과실) ① 물건의 용법에 의하여 수취하는 산출물은 천연과실이다.
② 물건의 사용대가로 받는 금전 기타의 물건은 법정과실로 한다.

제102조(과실의 취득) ① 천연과실은 그 원물로부터 분리하는 때에 이를 수취할 권리자에게 속한다.
② 법정과실은 수취할 권리의 존속기간일수의 비율로 취득한다.

제 5 장 법률행위

제 1 절 총칙

제103조(반사회질서의 법률행위) 선량한 풍속 기타 사회질서에 위반한 사항을 내용으로 하는 법률행위는 무효로 한다.

제104조(불공정한 법률행위) 당사자의 궁박, 경솔 또는 무경험으로 인하여 현저하게 공정을 잃은 법률행위는 무효로 한다.

제105조(임의규정) 법률행위의 당사자가 법령중의 선량한 풍속 기타 사회질서에 관계없는 규정과 다른 의사를 표시한 때에는 그 의사에 의한다.

제106조(사실인 관습) 법령 중의 선량한 풍속 기타 사회질서에 관계없는 규정과 다른 관습이 있는 경우에 당사자의 의사가 명확하지 아니한 때에는 그 관습에 의한다.

제 2 절 의사표시

제107조(진의아닌 의사표시) ① 의사표시는 표의자가 진의아님을 알고 한 것이라도 그 효력이 있다. 그러나 상대방이 표의자의 진의아님을 알았거나 이를 알 수 있었을 경우에는 무효로 한다.
② 전항의 의사표시의 무효는 선의의 제삼자에게 대항하지 못한다.

제108조(통정한 허위의 의사표시) ① 상대방과 통정한 허위의 의사표시는 무효로 한다.
② 전항의 의사표시의 무효는 선의의 제삼자에게 대항하지 못한다.

제109조(착오로 인한 의사표시) ① 의사표시는 법률행위의 내용의 중요부분에 착오가 있는 때에는 취소할 수 있다. 그러나 그 착오가 표의자의 중대한 과실로 인한 때에는 취소하지 못한다.
② 전항의 의사표시의 취소는 선의의 제삼자에게 대항하지 못한다.

제110조(사기, 강박에 의한 의사표시) ① 사기나 강박에 의한 의사표시는 취소할 수 있다.
② 상대방있는 의사표시에 관하여 제삼자가 사기나 강박을 행한 경우에는 상대방이 그 사실을 알았거나 알 수 있었을 경우에 한하여 그 의사표시를 취소할 수 있다.
③ 전 2 항의 의사표시의 취소는 선의의 제삼자에게 대항하지 못한다.

제111조(의사표시의 효력발생시기) ① 상대방이 있는 의사표시는 상대방에게 도달한 때에 그 효력이 생긴다.
② 의사표시자가 그 통지를 발송한 후 사망하거나 제한능력자가 되어도 의사표시의 효력에 영향을 미치지 아니한다.
〔전부개정 2011·3·7〕

제112조(제한능력자에 대한 의사표시의 효력) 의사표시의 상대방이 의사표시를 받은 때에 제한능력자인 경우에는 의사표시자는 그 의사표시로써 대항할 수 없다. 다만, 그 상대방의 법정대리인이 의사표시가 도달한 사실을 안 후에는 그러하지 아니하다.
〔전부개정 2011·3·7〕

제113조(의사표시의 공시송달) 표의자가 과실없이 상대방을 알지 못하거나 상대방의 소재를 알지 못하는 경우에는 의사표시는 민사소송법 공시송달의 규정에 의하여 송달할 수 있다.

제 3 절 대리

제114조(대리행위의 효력) ① 대리인이 그 권한내에서 본인을 위한 것임을 표시한 의사표시는 직접 본인에게 대하여 효력이 생긴다.
② 전항의 규정은 대리인에게 대한 제삼자의 의사표시에 준용한다.

제115조(본인을 위한 것임을 표시하지 아니한 행위) 대리인이 본인을 위한 것임을 표시하지 아니한 때에는 그 의사표시는 자기를 위한 것으로 본다. 그러나 상대방이 대리인으로서 한 것임을 알았거나 알 수 있었을 때에는 전조제 1 항의 규정을 준용한다.

제116조(대리행위의 하자) ① 의사표시의 효력이 의사의 흠결, 사기, 강박 또는 어느 사정을 알았거나 과실로 알지 못한 것으로 인하여 영향을 받을 경우에 그 사실의 유무는 대리인을 표준하여 결정한다.
② 특정한 법률행위를 위임한 경우에 대리인이 본인의 지시에 좇아 그 행위를 한 때에는 본인은 자기가 안 사정 또는 과실로 인하여 알지 못한 사정에 관하여 대리인의 부지를 주장하지 못한다.

제117조(대리인의 행위능력) 대리인은 행위능력자임을 요하지 아니한다.

제118조(대리권의 범위) 권한을 정하지 아니한 대리인은 다음 각호의 행위만을 할 수 있다.
1. 보존행위
2. 대리의 목적인 물건이나 권리의 성질을 변하지 아니하는 범위에서 그 이용 또는 개량하는 행위

제119조(각자대리) 대리인이 수인인 때에는 각자가 본인을 대리한다. 그러나 법률 또는 수권행위에 다른 정한 바가 있는 때에는 그러하지 아니하다.

제120조(임의대리인의 복임권) 대리권이 법률행위에 의하여 부여된 경우에는 대리인은 본인의 승낙이 있거나 부득이한 사유있는 때가 아니면 복대리인을 선임하지 못한다.

제121조(임의대리인의 복대리인선임의 책임) ① 전조의 규정에 의하여 대리인이 복대리인을 선임한 때에는 본인에게 대하여 그 선임감독에 관한 책임이 있다.
② 대리인이 본인의 지명에 의하여 복대리인을 선임한 경우에는 그 부적임 또는 불성실함을 알고 본인에게 대한 통지나 그 해임을 태만한 때가 아니면 책임이 없다.

제122조(법정대리인의 복임권과 그 책임) 법정대리인은 그 책임으로 복대리인을 선임할 수 있다. 그러나 부득이한 사유로 인한 때에는 전조제 1 항에 정한 책임만이 있다.

제123조(복대리인의 권한) ① 복대리인은 그 권한내에서 본인을 대리한다.
② 복대리인은 본인이나 제삼자에 대하여 대리인과 동일한 권리의무가 있다.

제124조(자기계약, 쌍방대리) 대리인은 본인의 허락이 없으면 본인을 위하여 자기와 법률행위를 하거나 동일한 법률행위에 관하여 당사자쌍방을 대리하지 못한다. 그러나 채무의 이행은 할 수 있다.

제125조(대리권수여의 표시에 의한 표현대리) 제삼자에 대하여 타인에게 대리권을 수여함을 표시한 자는 그 대리권의 범위내에서 행한 그 타인과 그 제삼자간의 법률행위에 대하여 책임이 있다. 그러나 제삼자가 대리권없음을 알았거나 알 수 있었을 때에는 그러하지 아니하다.

제126조(권한을 넘은 표현대리) 대리인이 그 권한외의 법률행위를 한 경우에 제삼자가 그 권한이 있다고 믿을 만한 정당한 이유가 있는 때에는 본인은 그 행위에 대하여 책임이 있다.

제127조(대리권의 소멸사유) 대리권은 다음 각호의 어느 하나에 해당하는 사유가 있으면 소멸된다.

1. 본인의 사망
2. 대리인의 사망, 성년후견의 개시 또는 파산

〔전부개정 2011·3·7〕

제128조(임의대리의 종료) 법률행위에 의하여 수여된 대리권은 전조의 경우외에 그 원인된 법률관계의 종료에 의하여 소멸한다. 법률관계의 종료전에 본인이 수권행위를 철회한 경우에도 같다.

제129조(대리권소멸후의 표현대리) 대리권의 소멸은 선의의 제삼자에게 대항하지 못한다. 그러나 제삼자가 과실로 인하여 그 사실을 알지 못한 때에는 그러하지 아니하다.

제130조(무권대리) 대리권없는 자가 타인의 대리인으로 한 계약은 본인이 이를 추인하지 아니하면 본인에 대하여 효력이 없다.

제131조(상대방의 최고권) 대리권없는 자가 타인의 대리인으로 계약을 한 경우에 상대방은 상당한 기간을 정하여 본인에게 그 추인여부의 확답을 최고할 수 있다. 본인이 그 기간내에 확답을 발하지 아니한 때에는 추인을 거절한 것으로 본다.

제132조(추인, 거절의 상대방) 추인 또는 거절의 의사표시는 상대방에 대하여 하지 아니하면 그 상대방에 대항하지 못한다. 그러나 상대방이 그 사실을 안 때에는 그러하지 아니하다.

제133조(추인의 효력) 추인은 다른 의사표시가 없는 때에는 계약시에 소급하여 그 효력이 생긴다. 그러나 제삼자의 권리를 해하지 못한다.

제134조(상대방의 철회권) 대리권없는 자가 한 계약은 본인의 추인이 있을 때까지 상대방은 본인이나 그 대리인에 대하여 이를 철회할 수 있다. 그러나 계약당시에 상대방이 대리권없음을 안 때에는 그러하지 아니하다.

제135조(상대방에 대한 무권대리인의 책임) ① 다른 자의 대리인으로서 계약을 맺은 자가 그 대리권을 증명하지 못하고 또 본인의 추인을 받지 못한 경우에는 그는 상대방의 선택에 따라 계약을 이행할 책임 또는 손해를 배상할 책임이 있다.

② 대리인으로서 계약을 맺은 자에게 대리권이 없다는 사실을 상대방이 알았거나 알 수 있었을 때 또는 대리인으로서 계약을 맺은 사람이 제한능력자일 때에는 제1항을 적용하지 아니한다.

〔전부개정 2011·3·7〕

제136조(단독행위와 무권대리) 단독행위에는 그 행위당시에 상대방이 대리인이라 칭하는 자의 대리권없는 행위에 동의하거나 그 대리권을 다투지 아니한 때에 한하여 전6조의 규정을 준용한다. 대리권없는 자에 대하여 그 동의를 얻어 단독행위를 한 때에도 같다.

제4절 무효와 취소

제137조(법률행위의 일부무효) 법률행위의 일부분이 무효인 때에는 그 전부를 무효로 한다. 그러나 그 무효부분이 없더라도 법률행위를 하였을 것이라고 인정될 때에는 나머지 부분은 무효가 되지 아니한다.

제138조(무효행위의 전환) 무효인 법률행위가 다른 법률행위의 요건을 구비하고 당사자가 그 무효를 알았더라면 다른 법률행위를 하는 것을 의욕하였으리라고 인정될 때에는 다른 법률행위로서 효력을 가진다.

제139조(무효행위의 추인) 무효인 법률행위는 추인하여도 그 효력이 생기지 아니한다. 그러나 당사자가 그 무효임을 알고 추인한 때에는 새로운 법률행위로 본다.

제140조(법률행위의 취소권자) 취소할 수 있는 법률행위는 제한능력자, 착오로 인하거나 사기·강박에 의하여 의사표시를 한 자, 그의 대리인 또는 승계인만이 취소할 수 있다.

〔전부개정 2011·3·7〕

제141조(취소의 효과) 취소된 법률행위는 처음부터 무효인 것으로 본다. 다만, 제한능력자는 그 행위로 인하여 받은 이익이 현존하는 한도에서 상환(償還)할 책임이 있다.

〔전부개정 2011·3·7〕

제142조(취소의 상대방) 취소할 수 있는 법률행위의 상대방이 확정한 경우에는 그 취소는 그 상대방에 대한 의사표시로 하여야 한다.

제143조(추인의 방법, 효과) ① 취소할 수 있는 법률행위는 제140조에 규정한 자가 추인할 수 있고 추인후에는 취소하지 못한다.

② 전조의 규정은 전항의 경우에 준용한다.

제144조(추인의 요건) ① 추인은 취소의 원인이 소멸된 후에 하여야만 효력이 있다.

② 제1항은 법정대리인 또는 후견인이 추인하는 경우에는 적용하지 아니한다.
〔전부개정 2011·3·7〕

제145조(법정추인) 취소할 수 있는 법률행위에 관하여 전조의 규정에 의하여 추인할 수 있는 후에 다음 각호의 사유가 있으면 추인한 것으로 본다. 그러나 이의를 보류한 때에는 그러하지 아니하다.
1. 전부나 일부의 이행
2. 이행의 청구
3. 경개
4. 담보의 제공
5. 취소할 수 있는 행위로 취득한 권리의 전부나 일부의 양도
6. 강제집행

제146조(취소권의 소멸) 취소권은 추인할 수 있는 날로부터 3년내에 법률행위를 한 날로부터 10년내에 행사하여야 한다.

제5절 조건과 기한

제147조(조건성취의 효과) ① 정지조건있는 법률행위는 조건이 성취한 때로부터 그 효력이 생긴다.
② 해제조건있는 법률행위는 조건이 성취한 때로부터 그 효력을 잃는다.
③ 당사자가 조건성취의 효력을 그 성취전에 소급하게 할 의사를 표시한 때에는 그 의사에 의한다.

제148조(조건부권리의 침해금지) 조건있는 법률행위의 당사자는 조건의 성부가 미정한 동안에 조건의 성취로 인하여 생길 상대방의 이익을 해하지 못한다.

제149조(조건부권리의 처분 등) 조건의 성취가 미정한 권리의무는 일반규정에 의하여 처분, 상속, 보존 또는 담보로 할 수 있다.

제150조(조건성취, 불성취에 대한 반신의행위) ① 조건의 성취로 인하여 불이익을 받을 당사자가 신의성실에 반하여 조건의 성취를 방해한 때에는 상대방은 그 조건이 성취한 것으로 주장할 수 있다.
② 조건의 성취로 인하여 이익을 받을 당사자가 신의성실에 반하여 조건을 성취시킨 때에는 상대방은 그 조건이 성취하지 아니한 것으로 주장할 수 있다.

제151조(불법조건, 기성조건) ① 조건이 선량한 풍속 기타 사회질서에 위반한 것인 때에는 그 법률행위는 무효로 한다.
② 조건이 법률행위의 당시 이미 성취한 것인 경우에는 그 조건이 정지조건이면 조건없는 법률행위로 하고 해제조건이면 그 법률행위는 무효로 한다.
③ 조건이 법률행위의 당시에 이미 성취할 수 없는 것인 경우에는 그 조건이 해제조건이면 조건없는 법률행위로 하고 정지조건이면 그 법률행위는 무효로 한다.

제152조(기한도래의 효과) ① 시기있는 법률행위는 기한이 도래한 때로부터 그 효력이 생긴다.
② 종기있는 법률행위는 기한이 도래한 때로부터 그 효력을 잃는다.

제153조(기한의 이익과 그 포기) ① 기한은 채무자의 이익을 위한 것으로 추정한다.
② 기한의 이익은 이를 포기할 수 있다. 그러나 상대방의 이익을 해하지 못한다.

제154조(기한부권리와 준용규정) 제148조와 제149조의 규정은 기한있는 법률행위에 준용한다.

제6장 기간

제155조(본장의 적용범위) 기간의 계산은 법령, 재판상의 처분 또는 법률행위에 다른 정한 바가 없으면 본장의 규정에 의한다.

제156조(기간의 기산점) 기간을 시, 분, 초로 정한 때에는 즉시로부터 기산한다.

제157조(기간의 기산점) 기간을 일, 주, 월 또는 연으로 정한 때에는 기간의 초일은 산입하지 아니한다. 그러나 그 기간이 오전 영시로부터 시작하는 때에는 그러하지 아니하다.

제158조(나이의 계산과 표시) 나이는 출생일을 산입하여 만(滿) 나이로 계산하고, 연수(年數)로 표시한다. 다만, 1세에 이르지 아니한 경우에는 월수(月數)로 표시할 수 있다.
〔전부개정 2022·12·27〕

제159조(기간의 만료점) 기간을 일, 주, 월 또는 연으로 정한 때에는 기간말일의 종료로 기간이 만료한다.

제160조(역에 의한 계산) ① 기간을 주, 월 또

는 연으로 정한 때에는 역에 의하여 계산한다.
② 주, 월 또는 연의 처음으로부터 기간을 기산하지 아니하는 때에는 최후의 주, 월 또는 연에서 그 기산일에 해당한 날의 전일로 기간이 만료한다.
③ 월 또는 연으로 정한 경우에 최종의 월에 해당일이 없는 때에는 그 월의 말일로 기간이 만료한다.

제161조(공휴일 등과 기간의 만료점) 기간의 말일이 토요일 또는 공휴일에 해당한 때에는 기간은 그 익일로 만료한다. <개정 2007·12·21>

제 7 장 소멸시효

제162조(채권, 재산권의 소멸시효) ① 채권은 10년간 행사하지 아니하면 소멸시효가 완성한다.
② 채권 및 소유권 이외의 재산권은 20년간 행사하지 아니하면 소멸시효가 완성한다.

제163조(3년의 단기소멸시효) 다음 각호의 채권은 3년간 행사하지 아니하면 소멸시효가 완성한다. <개정 1997·12·13 법5454>
1. 이자, 부양료, 급료, 사용료 기타 1년 이내의 기간으로 정한 금전 또는 물건의 지급을 목적으로 한 채권
2. 의사, 조산사, 간호사 및 약사의 치료, 근로 및 조제에 관한 채권
3. 도급받은 자, 기사 기타 공사의 설계 또는 감독에 종사하는 자의 공사에 관한 채권
4. 변호사, 변리사, 공증인, 공인회계사 및 법무사에 대한 직무상 보관한 서류의 반환을 청구하는 채권
5. 변호사, 변리사, 공증인, 공인회계사 및 법무사의 직무에 관한 채권
6. 생산자 및 상인이 판매한 생산물 및 상품의 대가
7. 수공업자 및 제조자의 업무에 관한 채권

제164조(1년의 단기소멸시효) 다음 각호의 채권은 1년간 행사하지 아니하면 소멸시효가 완성한다.
1. 여관, 음식점, 대석, 오락장의 숙박료, 음식료, 대석료, 입장료, 소비물의 대가 및 체당금의 채권
2. 의복, 침구, 장구 기타 동산의 사용료의 채권
3. 노역인, 연예인의 임금 및 그에 공급한 물건의 대금채권
4. 학생 및 수업자의 교육, 의식 및 유숙에 관한 교주, 숙주, 교사의 채권

제165조(판결 등에 의하여 확정된 채권의 소멸시효) ① 판결에 의하여 확정된 채권은 단기의 소멸시효에 해당한 것이라도 그 소멸시효는 10년으로 한다.
② 파산절차에 의하여 확정된 채권 및 재판상의 화해, 조정 기타 판결과 동일한 효력이 있는 것에 의하여 확정된 채권도 전항과 같다.
③ 전 2항의 규정은 판결확정당시에 변제기가 도래하지 아니한 채권에 적용하지 아니한다.

제166조(소멸시효의 기산점) ① 소멸시효는 권리를 행사할 수 있는 때로부터 진행한다.
② 부작위를 목적으로 하는 채권의 소멸시효는 위반행위를 한 때로부터 진행한다.

제167조(소멸시효의 소급효) 소멸시효는 그 기산일에 소급하여 효력이 생긴다.

제168조(소멸시효의 중단사유) 소멸시효는 다음 각호의 사유로 인하여 중단된다.
1. 청구
2. 압류 또는 가압류, 가처분
3. 승인

제169조(시효중단의 효력) 시효의 중단은 당사자 및 그 승계인간에만 효력이 있다.

제170조(재판상의 청구와 시효중단) ① 재판상의 청구는 소송의 각하, 기각 또는 취하의 경우에는 시효중단의 효력이 없다.
② 전항의 경우에 6월내에 재판상의 청구, 파산절차참가, 압류 또는 가압류, 가처분을 한 때에는 시효는 최초의 재판상 청구로 인하여 중단된 것으로 본다.

제171조(파산절차참가와 시효중단) 파산절차참가는 채권자가 이를 취소하거나 그 청구가 각하된 때에는 시효중단의 효력이 없다.

제172조(지급명령과 시효중단) 지급명령은 채권자가 법정기간내에 가집행신청을 하지 아니함으로 인하여 그 효력을 잃은 때에는 시효중단의 효력이 없다.

제173조(화해를 위한 소환, 임의출석과 시효중단) 화해를 위한 소환은 상대방이 출석하지 아니하거나 화해가 성립되지 아니한 때

에는 1월내에 소를 제기하지 아니하면 시효중단의 효력이 없다. 임의출석의 경우에 화해가 성립되지 아니한 때에도 그러하다.

제174조(최고와 시효중단) 최고는 6월내에 재판상의 청구, 파산절차참가, 화해를 위한 소환, 임의출석, 압류 또는 가압류, 가처분을 하지 아니하면 시효중단의 효력이 없다.

제175조(압류, 가압류, 가처분과 시효중단) 압류, 가압류 및 가처분은 권리자의 청구에 의하여 또는 법률의 규정에 따르지 아니함으로 인하여 취소된 때에는 시효중단의 효력이 없다.

제176조(압류, 가압류, 가처분과 시효중단) 압류, 가압류 및 가처분은 시효의 이익을 받은 자에 대하여 하지 아니한 때에는 이를 그에게 통지한 후가 아니면 시효중단의 효력이 없다.

제177조(승인과 시효중단) 시효중단의 효력있는 승인에는 상대방의 권리에 관한 처분의 능력이나 권한있음을 요하지 아니한다.

제178조(중단후에 시효진행) ① 시효가 중단된 때에는 중단까지에 경과한 시효기간은 이를 산입하지 아니하고 중단사유가 종료한 때로부터 새로이 진행한다.

② 재판상의 청구로 인하여 중단한 시효는 전항의 규정에 의하여 재판이 확정된 때로부터 새로이 진행한다.

제179조(제한능력자의 시효정지) 소멸시효의 기간만료 전 6개월 내에 제한능력자에게 법정대리인이 없는 경우에는 그가 능력자가 되거나 법정대리인이 취임한 때부터 6개월 내에는 시효가 완성되지 아니한다.

〔전부개정 2011·3·7〕

제180조(재산관리자에 대한 제한능력자의 권리, 부부 사이의 권리와 시효정지) ① 재산을 관리하는 아버지, 어머니 또는 후견인에 대한 제한능력자의 권리는 그가 능력자가 되거나 후임 법정대리인이 취임한 때부터 6개월 내에는 소멸시효가 완성되지 아니한다.

② 부부 중 한쪽이 다른 쪽에 대하여 가지는 권리는 혼인관계가 종료된 때부터 6개월 내에는 소멸시효가 완성되지 아니한다.

〔전부개정 2011·3·7〕

제181조(상속재산에 관한 권리와 시효정지) 상속재산에 속한 권리나 상속재산에 대한 권리는 상속인의 확정, 관리인의 선임 또는 파산선고가 있는 때로부터 6월내에는 소멸시효가 완성하지 아니한다.

제182조(천재 기타 사변과 시효정지) 천재 기타 사변으로 인하여 소멸시효를 중단할 수 없을 때에는 그 사유가 종료한 때로부터 1월내에는 시효가 완성하지 아니한다.

제183조(종속된 권리에 대한 소멸시효의 효력) 주된 권리의 소멸시효가 완성한 때에는 종속된 권리에 그 효력이 미친다.

제184조(시효의 이익의 포기 기타) ① 소멸시효의 이익은 미리 포기하지 못한다.

② 소멸시효는 법률행위에 의하여 이를 배제, 연장 또는 가중할 수 없으나 이를 단축 또는 경감할 수 있다.

제 2 편 물권

제 1 장 총칙

제185조(물권의 종류) 물권은 법률 또는 관습법에 의하는 외에는 임의로 창설하지 못한다.

제186조(부동산물권변동의 효력) 부동산에 관한 법률행위로 인한 물권의 득실변경은 등기하여야 그 효력이 생긴다.

제187조(등기를 요하지 아니하는 부동산물권취득) 상속, 공용징수, 판결, 경매 기타 법률의 규정에 의한 부동산에 관한 물권의 취득은 등기를 요하지 아니한다. 그러나 등기를 하지 아니하면 이를 처분하지 못한다.

제188조(동산물권양도의 효력, 간이인도) ① 동산에 관한 물권의 양도는 그 동산을 인도하여야 효력이 생긴다.

② 양수인이 이미 그 동산을 점유한 때에는 당사자의 의사표시만으로 그 효력이 생긴다.

제189조(점유개정) 동산에 관한 물권을 양도하는 경우에 당사자의 계약으로 양도인이 그 동산의 점유를 계속하는 때에는 양수인이 인도받은 것으로 본다.

제190조(목적물반환청구권의 양도) 제삼자가 점유하고 있는 동산에 관한 물권을 양도하는 경우에는 양도인이 그 제삼자에 대한 반환청구권을 양수인에게 양도함으로써 동산을 인도한 것으로 본다.

제191조(혼동으로 인한 물권의 소멸) ① 동일한 물건에 대한 소유권과 다른 물권이 동일한 사람에게 귀속한 때에는 다른 물권은 소멸한다. 그러나 그 물권이 제삼자의 권리의 목적이 된 때에는 소멸하지 아니한다.
② 전항의 규정은 소유권 이외의 물권과 그를 목적으로 하는 다른 권리가 동일한 사람에게 귀속한 경우에 준용한다.
③ 점유권에 관하여는 전 2 항의 규정을 적용하지 아니한다.

제 2 장 점유권

제192조(점유권의 취득과 소멸) ① 물건을 사실상 지배하는 자는 점유권이 있다.
② 점유자가 물건에 대한 사실상의 지배를 상실한 때에는 점유권이 소멸한다. 그러나 제204조의 규정에 의하여 점유를 회수한 때에는 그러하지 아니하다.

제193조(상속으로 인한 점유권의 이전) 점유권은 상속인에 이전한다.

제194조(간접점유) 지상권, 전세권, 질권, 사용대차, 임대차, 임치 기타의 관계로 타인으로 하여금 물건을 점유하게 한 자는 간접으로 점유권이 있다.

제195조(점유보조자) 가사상, 영업상 기타 유사한 관계에 의하여 타인의 지시를 받어 물건에 대한 사실상의 지배를 하는 때에는 그 타인만을 점유자로 한다.

제196조(점유권의 양도) ① 점유권의 양도는 점유물의 인도로 그 효력이 생긴다.
② 전항의 점유권의 양도에는 제188조제 2 항, 제189조, 제190조의 규정을 준용한다.

제197조(점유의 태양) ① 점유자는 소유의 의사로 선의, 평온 및 공연하게 점유한 것으로 추정한다.
② 선의의 점유자라도 본권에 관한 소에 패소한 때에는 그 소가 제기된 때로부터 악의의 점유자로 본다.

제198조(점유계속의 추정) 전후양시에 점유한 사실이 있는 때에는 그 점유는 계속한 것으로 추정한다.

제199조(점유의 승계의 주장과 그 효과) ① 점유자의 승계인은 자기의 점유만을 주장하거나 자기의 점유와 전점유자의 점유를 아울러 주장할 수 있다.
② 전점유자의 점유를 아울러 주장하는 경우에는 그 하자도 계승한다.

제200조(권리의 적법의 추정) 점유자가 점유물에 대하여 행사하는 권리는 적법하게 보유한 것으로 추정한다.

제201조(점유자와 과실) ① 선의의 점유자는 점유물의 과실을 취득한다.
② 악의의 점유자는 수취한 과실을 반환하여야 하며 소비하였거나 과실로 인하여 훼손 또는 수취하지 못한 경우에는 그 과실의 대가를 보상하여야 한다.
③ 전항의 규정은 폭력 또는 은비에 의한 점유자에 준용한다.

제202조(점유자의 회복자에 대한 책임) 점유물이 점유자의 책임있는 사유로 인하여 멸실 또는 훼손한 때에는 악의의 점유자는 그 손해의 전부를 배상하여야 하며 선의의 점유자는 이익이 현존하는 한도에서 배상하여야 한다. 소유의 의사가 없는 점유자는 선의인 경우에도 손해의 전부를 배상하여야 한다.

제203조(점유자의 상환청구권) ① 점유자가 점유물을 반환할 때에는 회복자에 대하여 점유물을 보존하기 위하여 지출한 금액 기타 필요비의 상환을 청구할 수 있다. 그러나 점유자가 과실을 취득한 경우에는 통상의 필요비는 청구하지 못한다.
② 점유자가 점유물을 개량하기 위하여 지출한 금액 기타 유익비에 관하여는 그 가액의 증가가 현존한 경우에 한하여 회복자의 선택에 좇아 그 지출금액이나 증가액의 상환을 청구할 수 있다.
③ 전항의 경우에 법원은 회복자의 청구에 의하여 상당한 상환기간을 허여할 수 있다.

제204조(점유의 회수) ① 점유자가 점유의 침탈을 당한 때에는 그 물건의 반환 및 손해의 배상을 청구할 수 있다.
② 전항의 청구권은 침탈자의 특별승계인에 대하여는 행사하지 못한다. 그러나 승계인이 악의인 때에는 그러하지 아니하다.
③ 제 1 항의 청구권은 침탈을 당한 날로부터 1년내에 행사하여야 한다.

제205조(점유의 보유) ① 점유자가 점유의 방해를 받은 때에는 그 방해의 제거 및 손해의 배상을 청구할 수 있다.
② 전항의 청구권은 방해가 종료한 날로부터 1년내에 행사하여야 한다.
③ 공사로 인하여 점유의 방해를 받은 경우에는 공사착수후 1년을 경과하거나 그 공사가 완성한 때에는 방해의 제거를 청구하지 못한다.

제206조(점유의 보전) ① 점유자가 점유의 방해를 받을 염려가 있는 때에는 그 방해의 예방 또는 손해배상의 담보를 청구할 수 있다.
② 공사로 인하여 점유의 방해를 받을 염려가 있는 경우에는 전조제3항의 규정을 준용한다.

제207조(간접점유의 보호) ① 전3조의 청구권은 제194조의 규정에 의한 간접점유자도 이를 행사할 수 있다.
② 점유자가 점유의 침탈을 당한 경우에 간접점유자는 그 물건을 점유자에게 반환할 것을 청구할 수 있고 점유자가 그 물건의 반환을 받을 수 없거나 이를 원하지 아니하는 때에는 자기에게 반환할 것을 청구할 수 있다.

제208조(점유의 소와 본권의 소와의 관계) ① 점유권에 기인한 소와 본권에 기인한 소는 서로 영향을 미치지 아니한다.
② 점유권에 기인한 소는 본권에 관한 이유로 재판하지 못한다.

제209조(자력구제) ① 점유자는 그 점유를 부정히 침탈 또는 방해하는 행위에 대하여 자력으로써 이를 방위할 수 있다.
② 점유물이 침탈되었을 경우에 부동산일 때에는 점유자는 침탈후 즉시 가해자를 배제하여 이를 탈환할 수 있고 동산일 때에는 점유자는 현장에서 또는 추적하여 가해자로부터 이를 탈환할 수 있다.

제210조(준점유) 본장의 규정은 재산권을 사실상 행사하는 경우에 준용한다.

제3장 소유권

제1절 소유권의 한계

제211조(소유권의 내용) 소유자는 법률의 범위내에서 그 소유물을 사용, 수익, 처분할 권리가 있다.

제212조(토지소유권의 범위) 토지의 소유권은 정당한 이익있는 범위내에서 토지의 상하에 미친다.

제213조(소유물반환청구권) 소유자는 그 소유에 속한 물건을 점유한 자에 대하여 반환을 청구할 수 있다. 그러나 점유자가 그 물건을 점유할 권리가 있는 때에는 반환을 거부할 수 있다.

제214조(소유물방해제거, 방해예방청구권) 소유자는 소유권을 방해하는 자에 대하여 방해의 제거를 청구할 수 있고 소유권을 방해할 염려있는 행위를 하는 자에 대하여 그 예방이나 손해배상의 담보를 청구할 수 있다.

제215조(건물의 구분소유) ① 수인이 한 채의 건물을 구분하여 각각 그 일부분을 소유한 때에는 건물과 그 부속물중 공용하는 부분은 그의 공유로 추정한다.
② 공용부분의 보존에 관한 비용 기타의 부담은 각자의 소유부분의 가액에 비례하여 분담한다.

제216조(인지사용청구권) ① 토지소유자는 경계나 그 근방에서 담 또는 건물을 축조하거나 수선하기 위하여 필요한 범위내에서 이웃 토지의 사용을 청구할 수 있다. 그러나 이웃 사람의 승낙이 없으면 그 주거에 들어가지 못한다.
② 전항의 경우에 이웃 사람이 손해를 받은 때에는 보상을 청구할 수 있다.

제217조(매연 등에 의한 인지에 대한 방해금지) ① 토지소유자는 매연, 열기체, 액체, 음향, 진동, 기타 이에 유사한 것으로 이웃 토지의 사용을 방해하거나 이웃 거주자의 생활에 고통을 주지 아니하도록 적당한 조처를 할 의무가 있다.
② 이웃 거주자는 전항의 사태가 이웃 토지의 통상의 용도에 적당한 것인 때에는 이를 인용할 의무가 있다.

제218조(수도 등 시설권) ① 토지소유자는 타인의 토지를 통과하지 아니하면 필요한 수도, 소수관, 까스관, 전선 등을 시설할 수 없거나 과다한 비용을 요하는 경우에는 타인의 토지를 통과하여 이를 시설할 수 있다. 그러나 이로 인한 손해가 가장 적은 장소와 방법을 선택하여 이를 시설할 것이며 타토

지의 소유자의 요청에 의하여 손해를 보상하여야 한다.

② 전항에 의한 시설을 한 후 사정의 변경이 있는 때에는 타토지의 소유자는 그 시설의 변경을 청구할 수 있다. 시설변경의 비용은 토지소유자가 부담한다.

제219조(주위토지통행권) ① 어느 토지와 공로사이에 그 토지의 용도에 필요한 통로가 없는 경우에 그 토지소유자는 주위의 토지를 통행 또는 통로로 하지 아니하면 공로에 출입할 수 없거나 과다한 비용을 요하는 때에는 그 주위의 토지를 통행할 수 있고 필요한 경우에는 통로를 개설할 수 있다. 그러나 이로 인한 손해가 가장 적은 장소와 방법을 선택하여야 한다.

② 전항의 통행권자는 통행지소유자의 손해를 보상하여야 한다.

제220조(분할, 일부양도와 주위통행권) ① 분할로 인하여 공로에 통하지 못하는 토지가 있는 때에는 그 토지소유자는 공로에 출입하기 위하여 다른 분할자의 토지를 통행할 수 있다. 이 경우에는 보상의 의무가 없다.

② 전항의 규정은 토지소유자가 그 토지의 일부를 양도한 경우에 준용한다.

제221조(자연유수의 승수의무와 권리) ① 토지소유자는 이웃 토지로부터 자연히 흘러오는 물을 막지 못한다.

② 고지소유자는 이웃 저지에 자연히 흘러내리는 이웃 저지에서 필요한 물을 자기의 정당한 사용범위를 넘어서 이를 막지 못한다.

제222조(소통공사권) 흐르는 물이 저지에서 폐색된 때에는 고지소유자는 자비로 소통에 필요한 공사를 할 수 있다.

제223조(저수, 배수, 인수를 위한 공작물에 대한 공사청구권) 토지소유자가 저수, 배수 또는 인수하기 위하여 공작물을 설치한 경우에 공작물의 파손 또는 폐색으로 타인의 토지에 손해를 가하거나 가할 염려가 있는 때에는 타인은 그 공작물의 보수, 폐색의 소통 또는 예방에 필요한 청구를 할 수 있다.

제224조(관습에 의한 비용부담) 전2조의 경우에 비용부담에 관한 관습이 있으면 그 관습에 의한다.

제225조(처마물에 대한 시설의무) 토지소유자는 처마물이 이웃에 직접 낙하하지 아니하도록 적당한 시설을 하여야 한다.

제226조(여수소통권) ① 고지소유자는 침수지를 건조하기 위하여 또는 가용이나 농, 공업용의 여수를 소통하기 위하여 공로, 공류 또는 하수도에 달하기까지 저지에 물을 통과하게 할 수 있다.

② 전항의 경우에는 저지의 손해가 가장 적은 장소와 방법을 선택하여야 하며 손해를 보상하여야 한다.

제227조(유수용공작물의 사용권) ① 토지소유자는 그 소유지의 물을 소통하기 위하여 이웃 토지소유자의 시설한 공작물을 사용할 수 있다.

② 전항의 공작물을 사용하는 자는 그 이익을 받는 비율로 공작물의 설치와 보존의 비용을 분담하여야 한다.

제228조(여수급여청구권) 토지소유자는 과다한 비용이나 노력을 요하지 아니하고는 가용이나 토지이용에 필요한 물을 얻기 곤란한 때에는 이웃 토지소유자에게 보상하고 여수의 급여를 청구할 수 있다.

제229조(수류의 변경) ① 구거 기타 수류지의 소유자는 대안의 토지가 타인의 소유인 때에는 그 수로나 수류의 폭을 변경하지 못한다.

② 양안의 토지가 수류지소유자의 소유인 때에는 소유자는 수로와 수류의 폭을 변경할 수 있다. 그러나 하류는 자연의 수로와 일치하도록 하여야 한다.

③ 전2항의 규정은 다른 관습이 있으면 그 관습에 의한다.

제230조(언의 설치, 이용권) ① 수류지의 소유자가 언을 설치할 필요가 있는 때에는 그 언을 대안에 접촉하게 할 수 있다. 그러나 이로 인한 손해를 보상하여야 한다.

② 대안의 소유자는 수류지의 일부가 자기소유인 때에는 그 언을 사용할 수 있다. 그러나 그 이익을 받는 비율로 언의 설치, 보존의 비용을 분담하여야 한다.

제231조(공유하천용수권) ① 공유하천의 연안에서 농, 공업을 경영하는 자는 이에 이용하기 위하여 타인의 용수를 방해하지 아니하는 범위내에서 필요한 인수를 할 수 있다.

② 전항의 인수를 하기 위하여 필요한 공작물을 설치할 수 있다.

제232조(하류 연안의 용수권보호) 전조의 인수나 공작물로 인하여 하류연안의 용수권을 방해하는 때에는 그 용수권자는 방해의 제거 및 손해의 배상을 청구할 수 있다.

제233조(용수권의 승계) 농, 공업의 경영에 이용하는 수로 기타 공작물의 소유자나 몽리자의 특별승계인은 그 용수에 관한 전소유자나 몽리자의 권리의무를 승계한다.

제234조(용수권에 관한 다른 관습) 전 3 조의 규정은 다른 관습이 있으면 그 관습에 의한다.

제235조(공용수의 용수권) 상린자는 그 공용에 속하는 원천이나 수도를 각 수요의 정도에 응하여 타인의 용수를 방해하지 아니하는 범위내에서 각각 용수할 권리가 있다.

제236조(용수장해의 공사와 손해배상, 원상회복) ① 필요한 용도나 수익이 있는 원천이나 수도가 타인의 건축 기타 공사로 인하여 단수, 감수 기타 용도에 장해가 생긴 때에는 용수권자는 손해배상을 청구할 수 있다.
② 전항의 공사로 인하여 음료수 기타 생활상 필요한 용수에 장해가 있을 때에는 원상회복을 청구할 수 있다.

제237조(경계표, 담의 설치권) ① 인접하여 토지를 소유한 자는 공동비용으로 통상의 경계표나 담을 설치할 수 있다.
② 전항의 비용은 쌍방이 절반하여 부담한다. 그러나 측량비용은 토지의 면적에 비례하여 부담한다.
③ 전 2 항의 규정은 다른 관습이 있으면 그 관습에 의한다.

제238조(담의 특수시설권) 인지소유자는 자기의 비용으로 담의 재료를 통상보다 양호한 것으로 할 수 있으며 그 높이를 통상보다 높게 할 수 있고 또는 방화벽 기타 특수시설을 할 수 있다.

제239조(경계표 등의 공유추정) 경계에 설치된 경계표, 담, 구거 등은 상린자의 공유로 추정한다. 그러나 경계표, 담, 구거 등이 상린자일방의 단독비용으로 설치되었거나 담이 건물의 일부인 경우에는 그러하지 아니하다.

제240조(수지, 목근의 제거권) ① 인접지의 수목가지가 경계를 넘은 때에는 그 소유자에 대하여 가지의 제거를 청구할 수 있다.
② 전항의 청구에 응하지 아니한 때에는 청구자가 그 가지를 제거할수 있다.
③ 인접지의 수목뿌리가 경계를 넘은 때에는 임의로 제거할 수 있다.

제241조(토지의 심굴금지) 토지소유자는 인접지의 지반이 붕괴할 정도로 자기의 토지를 심굴하지 못한다. 그러나 충분한 방어공사를 한 때에는 그러하지 아니하다.

제242조(경계선부근의 건축) ① 건물을 축조함에는 특별한 관습이 없으면 경계로부터 반미터 이상의 거리를 두어야 한다.
② 인접지소유자는 전항의 규정에 위반한 자에 대하여 건물의 변경이나 철거를 청구할 수 있다. 그러나 건축에 착수한 후 1년을 경과하거나 건물이 완성된 후에는 손해배상만을 청구할 수 있다.

제243조(차면시설의무) 경계로부터 2미터 이내의 거리에서 이웃 주택의 내부를 관망할 수 있는 창이나 마루를 설치하는 경우에는 적당한 차면시설을 하여야 한다.

제244조(지하시설 등에 대한 제한) ① 우물을 파거나 용수, 하수 또는 오물 등을 저치할 지하시설을 하는 때에는 경계로부터 2미터 이상의 거리를 두어야 하며 저수지, 구거 또는 지하실공사에는 경계로부터 그 깊이의 반 이상의 거리를 두어야 한다.
② 전항의 공사를 함에는 토사가 붕괴하거나 하수 또는 오액이 이웃에 흐르지 아니하도록 적당한 조치를 하여야 한다.

제 2 절 소유권의 취득

제245조(점유로 인한 부동산소유권의 취득기간) ① 20년간 소유의 의사로 평온, 공연하게 부동산을 점유하는 자는 등기함으로써 그 소유권을 취득한다.
② 부동산의 소유자로 등기한 자가 10년간 소유의 의사로 평온, 공연하게 선의이며 과실없이 그 부동산을 점유한 때에는 소유권을 취득한다.

제246조(점유로 인한 동산소유권의 취득기간) ① 10년간 소유의 의사로 평온, 공연하게 동산을 점유한 자는 그 소유권을 취득한다.

② 전항의 점유가 선의이며 과실없이 개시된 경우에는 5년을 경과함으로써 그 소유권을 취득한다.

제247조(소유권취득의 소급효, 중단사유) ① 전2조의 규정에 의한 소유권취득의 효력은 점유를 개시한 때에 소급한다.

② 소멸시효의 중단에 관한 규정은 전2조의 소유권취득기간에 준용한다.

제248조(소유권 이외의 재산권의 취득시효) 전3조의 규정은 소유권 이외의 재산권의 취득에 준용한다.

제249조(선의취득) 평온, 공연하게 동산을 양수한 자가 선의이며 과실없이 그 동산을 점유한 경우에는 양도인이 정당한 소유자가 아닌 때에도 즉시 그 동산의 소유권을 취득한다.

제250조(도품, 유실물에 대한 특례) 전조의 경우에 그 동산이 도품이나 유실물인 때에는 피해자 또는 유실자는 도난 또는 유실한 날로부터 2년내에 그 물건의 반환을 청구할 수 있다. 그러나 도품이나 유실물이 금전인 때에는 그러하지 아니하다.

제251조(도품, 유실물에 대한 특례) 양수인이 도품 또는 유실물을 경매나 공개시장에서 또는 동종류의 물건을 판매하는 상인에게서 선의로 매수한 때에는 피해자 또는 유실자는 양수인이 지급한 대가를 변상하고 그 물건의 반환을 청구할 수 있다.

제252조(무주물의 귀속) ① 무주의 동산을 소유의 의사로 점유한 자는 그 소유권을 취득한다.

② 무주의 부동산은 국유로 한다.

③ 야생하는 동물은 무주물로 하고 사양하는 야생동물도 다시 야생상태로 돌아가면 무주물로 한다.

제253조(유실물의 소유권취득) 유실물은 법률에 정한 바에 의하여 공고한 후 6개월 내에 그 소유자가 권리를 주장하지 아니하면 습득자가 그 소유권을 취득한다. <개정 2013·4·5>

제254조(매장물의 소유권취득) 매장물은 법률에 정한 바에 의하여 공고한 후 1년내에 그 소유자가 권리를 주장하지 아니하면 발견자가 그 소유권을 취득한다. 그러나 타인의 토지 기타 물건으로부터 발견한 매장물은 그 토지 기타 물건의 소유자와 발견자가 절반하여 취득한다.

제255조(「국가유산기본법」 제3조에 따른 국가유산의 국유) ① 학술, 기예 또는 고고의 중요한 재료가 되는 물건에 대하여는 제252조제1항 및 전2조의 규정에 의하지 아니하고 국유로 한다.

② 전항의 경우에 습득자, 발견자 및 매장물이 발견된 토지 기타 물건의 소유자는 국가에 대하여 적당한 보상을 청구할 수 있다.

제256조(부동산에의 부합) 부동산의 소유자는 그 부동산에 부합한 물건의 소유권을 취득한다. 그러나 타인의 권원에 의하여 부속된 것은 그러하지 아니하다.

제257조(동산간의 부합) 동산과 동산이 부합하여 훼손하지 아니하면 분리할 수 없거나 그 분리에 과다한 비용을 요할 경우에는 그 합성물의 소유권은 주된 동산의 소유자에게 속한다. 부합한 동산의 주종을 구별할 수 없는 때에는 동산의 소유자는 부합당시의 가액의 비율로 합성물을 공유한다.

제258조(혼화) 전조의 규정은 동산과 동산이 혼화하여 식별할 수 없는 경우에 준용한다.

제259조(가공) ① 타인의 동산에 가공한 때에는 그 물건의 소유권은 원재료의 소유자에게 속한다. 그러나 가공으로 인한 가액의 증가가 원재료의 가액보다 현저히 다액인 때에는 가공자의 소유로 한다.

② 가공자가 재료의 일부를 제공하였을 때에는 그 가액은 전항의 증가액에 가산한다.

제260조(첨부의 효과) ① 전4조의 규정에 의하여 동산의 소유권이 소멸한 때에는 그 동산을 목적으로 한 다른 권리도 소멸한다.

② 동산의 소유자가 합성물, 혼화물 또는 가공물의 단독소유자가 된 때에는 전항의 권리는 합성물, 혼화물 또는 가공물에 존속하고 그 공유자가 된 때에는 그 지분에 존속한다.

제261조(첨부로 인한 구상권) 전5조의 경우에 손해를 받은 자는 부당이득에 관한 규정에 의하여 보상을 청구할 수 있다.

제3절 공동소유

제262조(물건의 공유) ① 물건이 지분에 의하여 수인의 소유로 된 때에는 공유로 한다.

② 공유자의 지분은 균등한 것으로 추정한다.

제263조(공유지분의 처분과 공유물의 사용, 수익) 공유자는 그 지분을 처분할 수 있고 공유물 전부를 지분의 비율로 사용, 수익할 수 있다.

제264조(공유물의 처분, 변경) 공유자는 다른 공유자의 동의없이 공유물을 처분하거나 변경하지 못한다.

제265조(공유물의 관리, 보존) 공유물의 관리에 관한 사항은 공유자의 지분의 과반수로써 결정한다. 그러나 보존행위는 각자가 할 수 있다.

제266조(공유물의 부담) ① 공유자는 그 지분의 비율로 공유물의 관리비용 기타 의무를 부담한다.

② 공유자가 1년 이상 전항의 의무이행을 지체한 때에는 다른 공유자는 상당한 가액으로 지분을 매수할 수 있다.

제267조(지분포기 등의 경우의 귀속) 공유자가 그 지분을 포기하거나 상속인없이 사망한 때에는 그 지분은 다른 공유자에게 각 지분의 비율로 귀속한다.

제268조(공유물의 분할청구) ① 공유자는 공유물의 분할을 청구할 수 있다. 그러나 5년내의 기간으로 분할하지 아니할 것을 약정할 수 있다.

② 전항의 계약을 갱신한 때에는 그 기간은 갱신한 날로부터 5년을 넘지 못한다.

③ 전2항의 규정은 제215조, 제239조의 공유물에는 적용하지 아니한다.

제269조(분할의 방법) ① 분할의 방법에 관하여 협의가 성립되지 아니한 때에는 공유자는 법원에 그 분할을 청구할 수 있다.

② 현물로 분할할 수 없거나 분할로 인하여 현저히 그 가액이 감손될 염려가 있는 때에는 법원은 물건의 경매를 명할 수 있다.

제270조(분할로 인한 담보책임) 공유자는 다른 공유자가 분할로 인하여 취득한 물건에 대하여 그 지분의 비율로 매도인과 동일한 담보책임이 있다.

제271조(물건의 합유) ① 법률의 규정 또는 계약에 의하여 수인이 조합체로서 물건을 소유하는 때에는 합유로 한다. 합유자의 권리는 합유물 전부에 미친다.

② 합유에 관하여는 전항의 규정 또는 계약에 의하는 외에 다음 3조의 규정에 의한다.

제272조(합유물의 처분, 변경과 보존) 합유물을 처분 또는 변경함에는 합유자 전원의 동의가 있어야 한다. 그러나 보존행위는 각자가 할 수 있다.

제273조(합유지분의 처분과 합유물의 분할금지) ① 합유자는 전원의 동의없이 합유물에 대한 지분을 처분하지 못한다.

② 합유자는 합유물의 분할을 청구하지 못한다.

제274조(합유의 종료) ① 합유는 조합체의 해산 또는 합유물의 양도로 인하여 종료한다.

② 전항의 경우에 합유물의 분할에 관하여는 공유물의 분할에 관한 규정을 준용한다.

제275조(물건의 총유) ① 법인이 아닌 사단의 사원이 집합체로서 물건을 소유할 때에는 총유로 한다.

② 총유에 관하여는 사단의 정관 기타 규약에 의하는 외에 다음 2조의 규정에 의한다.

제276조(총유물의 관리, 처분과 사용, 수익) ① 총유물의 관리 및 처분은 사원총회의 결의에 의한다.

② 각 사원은 정관 기타의 규약에 좇아 총유물을 사용, 수익할 수 있다.

제277조(총유물에 관한 권리의무의 득상) 총유물에 관한 사원의 권리의무는 사원의 지위를 취득상실함으로써 취득상실된다.

제278조(준공동소유) 본절의 규정은 소유권이외의 재산권에 준용한다. 그러나 다른 법률에 특별한 규정이 있으면 그에 의한다.

제4장 지상권

제279조(지상권의 내용) 지상권자는 타인의 토지에 건물 기타 공작물이나 수목을 소유하기 위하여 그 토지를 사용하는 권리가 있다.

제280조(존속기간을 약정한 지상권) ① 계약으로 지상권의 존속기간을 정하는 경우에는 그 기간은 다음 연한보다 단축하지 못한다.

1. 석조, 석회조, 연와조 또는 이와 유사한 견고한 건물이나 수목의 소유를 목적으로 하는 때에는 30년
2. 전호 이외의 건물의 소유를 목적으로 하는 때에는 15년
3. 건물 이외의 공작물의 소유를 목적으로

하는 때에는 5년
② 전항의 기간보다 단축한 기간을 정한 때에는 전항의 기간까지 연장한다.

제281조(존속기간을 약정하지 아니한 지상권) ① 계약으로 지상권의 존속기간을 정하지 아니한 때에는 그 기간은 전조의 최단존속기간으로 한다.
② 지상권설정당시에 공작물의 종류와 구조를 정하지 아니한 때에는 지상권은 전조제2호의 건물의 소유를 목적으로 한 것으로 본다.

제282조(지상권의 양도, 임대) 지상권자는 타인에게 그 권리를 양도하거나 그 권리의 존속기간내에서 그 토지를 임대할 수 있다.

제283조(지상권자의 갱신청구권, 매수청구권) ① 지상권이 소멸한 경우에 건물 기타 공작물이나 수목이 현존한 때에는 지상권자는 계약의 갱신을 청구할 수 있다.
② 지상권설정자가 계약의 갱신을 원하지 아니하는 때에는 지상권자는 상당한 가액으로 전항의 공작물이나 수목의 매수를 청구할 수 있다.

제284조(갱신과 존속기간) 당사자가 계약을 갱신하는 경우에는 지상권의 존속기간은 갱신한 날로부터 제280조의 최단존속기간보다 단축하지 못한다. 그러나 당사자는 이보다 장기의 기간을 정할 수 있다.

제285조(수거의무, 매수청구권) ① 지상권이 소멸한 때에는 지상권자는 건물 기타 공작물이나 수목을 수거하여 토지를 원상에 회복하여야 한다.
② 전항의 경우에 지상권설정자가 상당한 가액을 제공하여 그 공작물이나 수목의 매수를 청구한 때에는 지상권자는 정당한 이유없이 이를 거절하지 못한다.

제286조(지료증감청구권) 지료가 토지에 관한 조세 기타 부담의 증감이나 지가의 변동으로 인하여 상당하지 아니하게 된 때에는 당사자는 그 증감을 청구할 수 있다.

제287조(지상권소멸청구권) 지상권자가 2년 이상의 지료를 지급하지 아니한 때에는 지상권설정자는 지상권의 소멸을 청구할 수 있다.

제288조(지상권소멸청구와 저당권자에 대한 통지) 지상권이 저당권의 목적인 때 또는 그 토지에 있는 건물, 수목이 저당권의 목적이 된 때에는 전조의 청구는 저당권자에게 통지한 후 상당한 기간이 경과함으로써 그 효력이 생긴다.

제289조(강행규정) 제280조 내지 제287조의 규정에 위반되는 계약으로 지상권자에게 불리한 것은 그 효력이 없다.

제289조의2(구분지상권) ① 지하 또는 지상의 공간은 상하의 범위를 정하여 건물 기타 공작물을 소유하기 위한 지상권의 목적으로 할 수 있다. 이 경우 설정행위로써 지상권의 행사를 위하여 토지의 사용을 제한할 수 있다.
② 제1항의 규정에 의한 구분지상권은 제3자가 토지를 사용·수익할 권리를 가진 때에도 그 권리자 및 그 권리를 목적으로 하는 권리를 가진 자 전원의 승낙이 있으면 이를 설정할 수 있다. 이 경우 토지를 사용·수익할 권리를 가진 제3자는 그 지상권의 행사를 방해하여서는 아니된다.
〔본조신설 1984·4·10〕

제290조(준용규정) ① 제213조, 제214조, 제216조 내지 제244조의 규정은 지상권자간 또는 지상권자와 인지소유자간에 이를 준용한다.
② 제280조 내지 제289조 및 제1항의 규정은 제289조의2의 규정에 의한 구분지상권에 관하여 이를 준용한다. <신설 1984·4·10>

제5장 지역권

제291조(지역권의 내용) 지역권자는 일정한 목적을 위하여 타인의 토지를 자기토지의 편익에 이용하는 권리가 있다.

제292조(부종성) ① 지역권은 요역지소유권에 부종하여 이전하며 또는 요역지에 대한 소유권 이외의 권리의 목적이 된다. 그러나 다른 약정이 있는 때에는 그 약정에 의한다.
② 지역권은 요역지와 분리하여 양도하거나 다른 권리의 목적으로 하지 못한다.

제293조(공유관계, 일부양도와 불가분성) ① 토지공유자의 1인은 지분에 관하여 그 토지를 위한 지역권 또는 그 토지가 부담한 지역권을 소멸하게 하지 못한다.
② 토지의 분할이나 토지의 일부양도의 경

우에는 지역권은 요역지의 각 부분을 위하여 또는 그 승역지의 각 부분에 존속한다. 그러나 지역권이 토지의 일부분에만 관한 것인 때에는 다른 부분에 대하여는 그러하지 아니하다.

제294조(지역권취득기간) 지역권은 계속되고 표현된 것에 한하여 제245조의 규정을 준용한다.

제295조(취득과 불가분성) ① 공유자의 1인이 지역권을 취득한 때에는 다른 공유자도 이를 취득한다.

② 점유로 인한 지역권취득기간의 중단은 지역권을 행사하는 모든 공유자에 대한 사유가 아니면 그 효력이 없다.

제296조(소멸시효의 중단, 정지와 불가분성) 요역지가 수인의 공유인 경우에 그 1인에 의한 지역권소멸시효의 중단 또는 정지는 다른 공유자를 위하여 효력이 있다.

제297조(용수지역권) ① 용수승역지의 수량이 요역지 및 승역지의 수요에 부족한 때에는 그 수요정도에 의하여 먼저 가용에 공급하고 다른 용도에 공급하여야 한다. 그러나 설정행위에 다른 약정이 있는 때에는 그 약정에 의한다.

② 승역지에 수개의 용수지역권이 설정된 때에는 후순위의 지역권자는 선순위의 지역권자의 용수를 방해하지 못한다.

제298조(승역지소유자의 의무와 승계) 계약에 의하여 승역지소유자가 자기의 비용으로 지역권의 행사를 위하여 공작물의 설치 또는 수선의 의무를 부담한 때에는 승역지소유자의 특별승계인도 그 의무를 부담한다.

제299조(위기에 의한 부담면제) 승역지의 소유자는 지역권에 필요한 부분의 토지소유권을 지역권자에게 위기하여 전조의 부담을 면할 수 있다.

제300조(공작물의 공동사용) ① 승역지의 소유자는 지역권의 행사를 방해하지 아니하는 범위내에서 지역권자가 지역권의 행사를 위하여 승역지에 설치한 공작물을 사용할 수 있다.

② 전항의 경우에 승역지의 소유자는 수익정도의 비율로 공작물의 설치, 보존의 비용을 분담하여야 한다.

제301조(준용규정) 제214조의 규정은 지역권에 준용한다.

제302조(특수지역권) 어느 지역의 주민이 집합체의 관계로 각자가 타인의 토지에서 초목, 야생물 및 토사의 채취, 방목 기타의 수익을 하는 권리가 있는 경우에는 관습에 의하는 외에 본장의 규정을 준용한다.

제 6 장 전세권

제303조(전세권의 내용) ① 전세권자는 전세금을 지급하고 타인의 부동산을 점유하여 그 부동산의 용도에 좇아 사용·수익하며, 그 부동산 전부에 대하여 후순위권리자 기타 채권자보다 전세금의 우선변제를 받을 권리가 있다. <개정 1984·4·10>

② 농경지는 전세권의 목적으로 하지 못한다.

제304조(건물의 전세권, 지상권, 임차권에 대한 효력) ① 타인의 토지에 있는 건물에 전세권을 설정한 때에는 전세권의 효력은 그 건물의 소유를 목적으로 한 지상권 또는 임차권에 미친다.

② 전항의 경우에 전세권설정자는 전세권자의 동의없이 지상권 또는 임차권을 소멸하게 하는 행위를 하지 못한다.

제305조(건물의 전세권과 법정지상권) ① 대지와 건물이 동일한 소유자에 속한 경우에 건물에 전세권을 설정한 때에는 그 대지소유권의 특별승계인은 전세권설정자에 대하여 지상권을 설정한 것으로 본다. 그러나 지료는 당사자의 청구에 의하여 법원이 이를 정한다.

② 전항의 경우에 대지소유자는 타인에게 그 대지를 임대하거나 이를 목적으로 한 지상권 또는 전세권을 설정하지 못한다.

제306조(전세권의 양도, 임대 등) 전세권자는 전세권을 타인에게 양도 또는 담보로 제공할 수 있고 그 존속기간내에서 그 목적물을 타인에게 전전세 또는 임대할 수 있다. 그러나 설정행위로 이를 금지한 때에는 그러하지 아니하다.

제307조(전세권양도의 효력) 전세권양수인은 전세권설정자에 대하여 전세권양도인과 동일한 권리의무가 있다.

제308조(전전세 등의 경우의 책임) 전세권의 목적물을 전전세 또는 임대한 경우에는 전세권자는 전전세 또는 임대하지 아니하였으면 면할 수 있는 불가항력으로 인한 손해에 대하여 그 책임을 부담한다.

제309조(전세권자의 유지, 수선의무) 전세권자는 목적물의 현상을 유지하고 그 통상의 관리에 속한 수선을 하여야 한다.

제310조(전세권자의 상환청구권) ① 전세권자가 목적물을 개량하기 위하여 지출한 금액 기타 유익비에 관하여는 그 가액의 증가가 현존한 경우에 한하여 소유자의 선택에 좇아 그 지출액이나 증가액의 상환을 청구할 수 있다.

② 전항의 경우에 법원은 소유자의 청구에 의하여 상당한 상환기간을 허여할 수 있다.

제311조(전세권의 소멸청구) ① 전세권자가 전세권설정계약 또는 그 목적물의 성질에 의하여 정하여진 용법으로 이를 사용, 수익하지 아니한 경우에는 전세권설정자는 전세권의 소멸을 청구할 수 있다.

② 전항의 경우에는 전세권설정자는 전세권자에 대하여 원상회복 또는 손해배상을 청구할 수 있다.

제312조(전세권의 존속기간) ① 전세권의 존속기간은 10년을 넘지 못한다. 당사자의 약정기간이 10년을 넘는 때에는 이를 10년으로 단축한다.

② 건물에 대한 전세권의 존속기간을 1년 미만으로 정한 때에는 이를 1년으로 한다. <신설 1984·4·10>

③ 전세권의 설정은 이를 갱신할 수 있다. 그 기간은 갱신한 날로부터 10년을 넘지 못한다.

④ 건물의 전세권설정자가 전세권의 존속기간 만료전 6월부터 1월까지 사이에 전세권자에 대하여 갱신거절의 통지 또는 조건을 변경하지 아니하면 갱신하지 아니한다는 뜻의 통지를 하지 아니한 경우에는 그 기간이 만료된 때에 전전세권과 동일한 조건으로 다시 전세권을 설정한 것으로 본다. 이 경우 전세권의 존속기간은 그 정함이 없는 것으로 본다. <신설 1984·4·10>

제312조의2(전세금 증감청구권) 전세금이 목적 부동산에 관한 조세·공과금 기타 부담의 증감이나 경제사정의 변동으로 인하여 상당하지 아니하게 된 때에는 당사자는 장래에 대하여 그 증감을 청구할 수 있다. 그러나 증액의 경우에는 대통령령이 정하는 기준에 따른 비율을 초과하지 못한다.
〔본조신설 1984·4·10〕

제313조(전세권의 소멸통고) 전세권의 존속기간을 약정하지 아니한 때에는 각 당사자는 언제든지 상대방에 대하여 전세권의 소멸을 통고할 수 있고 상대방이 이 통고를 받은 날로부터 6월이 경과하면 전세권은 소멸한다.

제314조(불가항력으로 인한 멸실) ① 전세권의 목적물의 전부 또는 일부가 불가항력으로 인하여 멸실된 때에는 그 멸실된 부분의 전세권은 소멸한다.

② 전항의 일부멸실의 경우에 전세권자가 그 잔존부분으로 전세권의 목적을 달성할 수 없는 때에는 전세권설정자에 대하여 전세권전부의 소멸을 통고하고 전세금의 반환을 청구할 수 있다.

제315조(전세권자의 손해배상책임) ① 전세권의 목적물의 전부 또는 일부가 전세권자에 책임있는 사유로 인하여 멸실된 때에는 전세권자는 손해를 배상할 책임이 있다.

② 전항의 경우에 전세권설정자는 전세권이 소멸된 후 전세금으로써 손해의 배상에 충당하고 잉여가 있으면 반환하여야 하며 부족이 있으면 다시 청구할 수 있다.

제316조(원상회복의무, 매수청구권) ① 전세권이 그 존속기간의 만료로 인하여 소멸한 때에는 전세권자는 그 목적물을 원상에 회복하여야 하며 그 목적물에 부속시킨 물건은 수거할 수 있다. 그러나 전세권설정자가 그 부속물건의 매수를 청구한 때에는 전세권자는 정당한 이유없이 거절하지 못한다.

② 전항의 경우에 그 부속물건이 전세권설정자의 동의를 얻어 부속시킨 것인 때에는 전세권자는 전세권설정자에 대하여 그 부속물건의 매수를 청구할 수 있다. 그 부속물건이 전세권설정자로부터 매수한 것인 때에도 같다.

제317조(전세권의 소멸과 동시이행) 전세권이 소멸한 때에는 전세권설정자는 전세권자로부터 그 목적물의 인도 및 전세권설정등기

의 말소등기에 필요한 서류의 교부를 받는 동시에 전세금을 반환하여야 한다.

제318조(전세권자의 경매청구권) 전세권설정자가 전세금의 반환을 지체한 때에는 전세권자는 민사집행법의 정한 바에 의하여 전세권의 목적물의 경매를 청구할 수 있다. <개정 1997·12·13 법5454, 2001·12·29>

제319조(준용규정) 제213조, 제214조, 제216조 내지 제244조의 규정은 전세권자간 또는 전세권자와 인지소유자 및 지상권자간에 이를 준용한다.

제7장　유치권

제320조(유치권의 내용) ① 타인의 물건 또는 유가증권을 점유한 자는 그 물건이나 유가증권에 관하여 생긴 채권이 변제기에 있는 경우에는 변제를 받을 때까지 그 물건 또는 유가증권을 유치할 권리가 있다.

② 전항의 규정은 그 점유가 불법행위로 인한 경우에 적용하지 아니한다.

제321조(유치권의 불가분성) 유치권자는 채권전부의 변제를 받을 때까지 유치물전부에 대하여 그 권리를 행사할 수 있다.

제322조(경매, 간이변제충당) ① 유치권자는 채권의 변제를 받기 위하여 유치물을 경매할 수 있다.

② 정당한 이유있는 때에는 유치권자는 감정인의 평가에 의하여 유치물로 직접 변제에 충당할 것을 법원에 청구할 수 있다. 이 경우에는 유치권자는 미리 채무자에게 통지하여야 한다.

제323조(과실수취권) ① 유치권자는 유치물의 과실을 수취하여 다른 채권보다 먼저 그 채권의 변제에 충당할 수 있다. 그러나 과실이 금전이 아닌 때에는 경매하여야 한다.

② 과실은 먼저 채권의 이자에 충당하고 그 잉여가 있으면 원본에 충당한다.

제324조(유치권자의 선관의무) ① 유치권자는 선량한 관리자의 주의로 유치물을 점유하여야 한다.

② 유치권자는 채무자의 승낙없이 유치물의 사용, 대여 또는 담보제공을 하지 못한다. 그러나 유치물의 보존에 필요한 사용은 그러하지 아니하다.

③ 유치권자가 전2항의 규정에 위반한 때에는 채무자는 유치권의 소멸을 청구할 수 있다.

제325조(유치권자의 상환청구권) ① 유치권자가 유치물에 관하여 필요비를 지출한 때에는 소유자에게 그 상환을 청구할 수 있다.

② 유치권자가 유치물에 관하여 유익비를 지출한 때에는 그 가액의 증가가 현존한 경우에 한하여 소유자의 선택에 좇아 그 지출한 금액이나 증가액의 상환을 청구할 수 있다. 그러나 법원은 소유자의 청구에 의하여 상당한 상환기간을 허여할 수 있다.

제326조(피담보채권의 소멸시효) 유치권의 행사는 채권의 소멸시효의 진행에 영향을 미치지 아니한다.

제327조(타담보제공과 유치권소멸) 채무자는 상당한 담보를 제공하고 유치권의 소멸을 청구할 수 있다.

제328조(점유상실과 유치권소멸) 유치권은 점유의 상실로 인하여 소멸한다.

제8장　질권

제1절　동산질권

제329조(동산질권의 내용) 동산질권자는 채권의 담보로 채무자 또는 제삼자가 제공한 동산을 점유하고 그 동산에 대하여 다른 채권자보다 자기채권의 우선변제를 받을 권리가 있다.

제330조(설정계약의 요물성) 질권의 설정은 질권자에게 목적물을 인도함으로써 그 효력이 생긴다.

제331조(질권의 목적물) 질권은 양도할 수 없는 물건을 목적으로 하지 못한다.

제332조(설정자에 의한 대리점유의 금지) 질권자는 설정자로 하여금 질물의 점유를 하게 하지 못한다.

제333조(동산질권의 순위) 수개의 채권을 담보하기 위하여 동일한 동산에 수개의 질권을 설정한 때에는 그 순위는 설정의 선후에 의한다.

제334조(피담보채권의 범위) 질권은 원본, 이자, 위약금, 질권실행의 비용, 질물보존의 비용 및 채무불이행 또는 질물의 하자로 인

한 손해배상의 채권을 담보한다. 그러나 다른 약정이 있는 때에는 그 약정에 의한다.

제335조(유치적효력) 질권자는 전조의 채권의 변제를 받을 때까지 질물을 유치할 수 있다. 그러나 자기보다 우선권이 있는 채권자에게 대항하지 못한다.

제336조(전질권) 질권자는 그 권리의 범위내에서 자기의 책임으로 질물을 전질할 수 있다. 이 경우에는 전질을 하지 아니하였으면 면할 수 있는 불가항력으로 인한 손해에 대하여도 책임을 부담한다.

제337조(전질의 대항요건) ① 전조의 경우에 질권자가 채무자에게 전질의 사실을 통지하거나 채무자가 이를 승낙함이 아니면 전질로써 채무자, 보증인, 질권설정자 및 그 승계인에게 대항하지 못한다.

② 채무자가 전항의 통지를 받거나 승낙을 한 때에는 전질권자의 동의없이 질권자에게 채무를 변제하여도 이로써 전질권자에게 대항하지 못한다.

제338조(경매, 간이변제충당) ① 질권자는 채권의 변제를 받기 위하여 질물을 경매할 수 있다.

② 정당한 이유있는 때에는 질권자는 감정인의 평가에 의하여 질물로 직접 변제에 충당할 것을 법원에 청구할 수 있다. 이 경우에는 질권자는 미리 채무자 및 질권설정자에게 통지하여야 한다.

제339조(유질계약의 금지) 질권설정자는 채무변제기전의 계약으로 질권자에게 변제에 갈음하여 질물의 소유권을 취득하게 하거나 법률에 정한 방법에 의하지 아니하고 질물을 처분할 것을 약정하지 못한다. <개정 2014·12·30>

제340조(질물 이외의 재산으로부터의 변제) ① 질권자는 질물에 의하여 변제를 받지 못한 부분의 채권에 한하여 채무자의 다른 재산으로부터 변제를 받을 수 있다.

② 전항의 규정은 질물보다 먼저 다른 재산에 관한 배당을 실시하는 경우에는 적용하지 아니한다. 그러나 다른 채권자는 질권자에게 그 배당금액의 공탁을 청구할 수 있다.

제341조(물상보증인의 구상권) 타인의 채무를 담보하기 위한 질권설정자가 그 채무를 변제하거나 질권의 실행으로 인하여 질물의 소유권을 잃은 때에는 보증채무에 관한 규정에 의하여 채무자에 대한 구상권이 있다.

제342조(물상대위) 질권은 질물의 멸실, 훼손 또는 공용징수로 인하여 질권설정자가 받을 금전 기타 물건에 대하여도 이를 행사할 수 있다. 이 경우에는 그 지급 또는 인도전에 압류하여야 한다.

제343조(준용규정) 제249조 내지 제251조, 제321조 내지 제325조의 규정은 동산질권에 준용한다.

제344조(타법률에 의한 질권) 본절의 규정은 다른 법률의 규정에 의하여 설정된 질권에 준용한다.

제 2 절 권리질권

제345조(권리질권의 목적) 질권은 재산권을 그 목적으로 할 수 있다. 그러나 부동산의 사용, 수익을 목적으로 하는 권리는 그러하지 아니하다.

제346조(권리질권의 설정방법) 권리질권의 설정은 법률에 다른 규정이 없으면 그 권리의 양도에 관한 방법에 의하여야 한다.

제347조(설정계약의 요물성) 채권을 질권의 목적으로 하는 경우에 채권증서가 있는 때에는 질권의 설정은 그 증서를 질권자에게 교부함으로써 그 효력이 생긴다.

제348조(저당채권에 대한 질권과 부기등기) 저당권으로 담보한 채권을 질권의 목적으로 한 때에는 그 저당권등기에 질권의 부기등기를 하여야 그 효력이 저당권에 미친다.

제349조(지명채권에 대한 질권의 대항요건) ① 지명채권을 목적으로 한 질권의 설정은 설정자가 제450조의 규정에 의하여 제삼채무자에게 질권설정의 사실을 통지하거나 제삼채무자가 이를 승낙함이 아니면 이로써 제삼채무자 기타 제삼자에게 대항하지 못한다.

② 제451조의 규정은 전항의 경우에 준용한다.

제350조(지시채권에 대한 질권의 설정방법) 지시채권을 질권의 목적으로 한 질권의 설정은 증서에 배서하여 질권자에게 교부함으로써 그 효력이 생긴다.

제351조(무기명채권에 대한 질권의 설정방법) 무기명채권을 목적으로 한 질권의 설정은 증서를 질권자에게 교부함으로써 그 효력이 생긴다.

제352조(질권설정자의 권리처분제한) 질권설정자는 질권자의 동의없이 질권의 목적된 권리를 소멸하게 하거나 질권자의 이익을 해하는 변경을 할 수 없다.

제353조(질권의 목적이 된 채권의 실행방법) ① 질권자는 질권의 목적이 된 채권을 직접 청구할 수 있다.

② 채권의 목적물이 금전인 때에는 질권자는 자기채권의 한도에서 직접 청구할 수 있다.

③ 전항의 채권의 변제기가 질권자의 채권의 변제기보다 먼저 도래한 때에는 질권자는 제삼채무자에 대하여 그 변제금액의 공탁을 청구할 수 있다. 이 경우에 질권은 그 공탁금에 존재한다.

④ 채권의 목적물이 금전 이외의 물건인 때에는 질권자는 그 변제를 받은 물건에 대하여 질권을 행사할 수 있다.

제354조(동전) 질권자는 전조의 규정에 의하는 외에 민사집행법에 정한 집행방법에 의하여 질권을 실행할 수 있다. <개정 2001·12·29>

제355조(준용규정) 권리질권에는 본절의 규정외에 동산질권에 관한 규정을 준용한다.

제 9 장 저당권

제356조(저당권의 내용) 저당권자는 채무자 또는 제삼자가 점유를 이전하지 아니하고 채무의 담보로 제공한 부동산에 대하여 다른 채권자보다 자기채권의 우선변제를 받을 권리가 있다.

제357조(근저당) ① 저당권은 그 담보할 채무의 최고액만을 정하고 채무의 확정을 장래에 보류하여 이를 설정할 수 있다. 이 경우에는 그 확정될 때까지의 채무의 소멸 또는 이전은 저당권에 영향을 미치지 아니한다.

② 전항의 경우에는 채무의 이자는 최고액중에 산입한 것으로 본다.

제358조(저당권의 효력의 범위) 저당권의 효력은 저당부동산에 부합된 물건과 종물에 미친다. 그러나 법률에 특별한 규정 또는 설정행위에 다른 약정이 있으면 그러하지 아니하다.

제359조(과실에 대한 효력) 저당권의 효력은 저당부동산에 대한 압류가 있은 후에 저당권설정자가 그 부동산으로부터 수취한 과실 또는 수취할 수 있는 과실에 미친다. 그러나 저당권자가 그 부동산에 대한 소유권, 지상권 또는 전세권을 취득한 제삼자에 대하여는 압류한 사실을 통지한 후가 아니면 이로써 대항하지 못한다.

제360조(피담보채권의 범위) 저당권은 원본, 이자, 위약금, 채무불이행으로 인한 손해배상 및 저당권의 실행비용을 담보한다. 그러나 지연배상에 대하여는 원본의 이행기일을 경과한 후의 1년분에 한하여 저당권을 행사할 수 있다.

제361조(저당권의 처분제한) 저당권은 그 담보한 채권과 분리하여 타인에게 양도하거나 다른 채권의 담보로 하지 못한다.

제362조(저당물의 보충) 저당권설정자의 책임있는 사유로 인하여 저당물의 가액이 현저히 감소된 때에는 저당권자는 저당권설정자에 대하여 그 원상회복 또는 상당한 담보제공을 청구할 수 있다.

제363조(저당권자의 경매청구권, 경매인) ① 저당권자는 그 채권의 변제를 받기 위하여 저당물의 경매를 청구할 수 있다.

② 저당물의 소유권을 취득한 제삼자도 경매인이 될 수 있다.

제364조(제삼취득자의 변제) 저당부동산에 대하여 소유권, 지상권 또는 전세권을 취득한 제삼자는 저당권자에게 그 부동산으로 담보된 채권을 변제하고 저당권의 소멸을 청구할 수 있다.

제365조(저당지상의 건물에 대한 경매청구권) 토지를 목적으로 저당권을 설정한 후 그 설정자가 그 토지에 건물을 축조한 때에는 저당권자는 토지와 함께 그 건물에 대하여도 경매를 청구할 수 있다. 그러나 그 건물의 경매대가에 대하여는 우선변제를 받을 권리가 없다.

제366조(법정지상권) 저당물의 경매로 인하여 토지와 그 지상건물이 다른 소유자에 속한 경우에는 토지소유자는 건물소유자에 대하여 지상권을 설정한 것으로 본다. 그러나 지료는 당사자의 청구에 의하여 법원이 이를 정한다.

제367조(제삼취득자의 비용상환청구권) 저당물의 제삼취득자가 그 부동산의 보존, 개량을 위하여 필요비 또는 유익비를 지출한 때에는 제203조제1항, 제2항의 규정에 의하여 저당물의 경매대가에서 우선상환을 받을 수 있다.

제368조(공동저당과 대가의 배당, 차순위자의 대위) ① 동일한 채권의 담보로 수개의 부동산에 저당권을 설정한 경우에 그 부동산의 경매대가를 동시에 배당하는 때에는 각 부동산의 경매대가에 비례하여 그 채권의 분담을 정한다.

② 전항의 저당부동산중 일부의 경매대가를 먼저 배당하는 경우에는 그 대가에서 그 채권전부의 변제를 받을 수 있다. 이 경우에 그 경매한 부동산의 차순위저당권자는 선순위저당권자가 전항의 규정에 의하여 다른 부동산의 경매대가에서 변제를 받을 수 있는 금액의 한도에서 선순위자를 대위하여 저당권을 행사할 수 있다.

제369조(부종성) 저당권으로 담보한 채권이 시효의 완성 기타 사유로 인하여 소멸한 때에는 저당권도 소멸한다.

제370조(준용규정) 제214조, 제321조, 제333조, 제340조, 제341조 및 제342조의 규정은 저당권에 준용한다.

제371조(지상권, 전세권을 목적으로 하는 저당권) ① 본장의 규정은 지상권 또는 전세권을 저당권의 목적으로 한 경우에 준용한다.

② 지상권 또는 전세권을 목적으로 저당권을 설정한 자는 저당권자의 동의없이 지상권 또는 전세권을 소멸하게 하는 행위를 하지 못한다.

제372조(타법률에 의한 저당권) 본장의 규정은 다른 법률에 의하여 설정된 저당권에 준용한다.

제3편 채권

제1장 총칙

제1절 채권의 목적

제373조(채권의 목적) 금전으로 가액을 산정할 수 없는 것이라도 채권의 목적으로 할 수 있다.

제374조(특정물인도채무자의 선관의무) 특정물의 인도가 채권의 목적인 때에는 채무자는 그 물건을 인도하기까지 선량한 관리자의 주의로 보존하여야 한다.

제375조(종류채권) ① 채권의 목적을 종류로만 지정한 경우에 법률행위의 성질이나 당사자의 의사에 의하여 품질을 정할 수 없는 때에는 채무자는 중등품질의 물건으로 이행하여야 한다.

② 전항의 경우에 채무자가 이행에 필요한 행위를 완료하거나 채권자의 동의를 얻어 이행할 물건을 지정한 때에는 그때로부터 그 물건을 채권의 목적물로 한다.

제376조(금전채권) 채권의 목적이 어느 종류의 통화로 지급할 것인 경우에 그 통화가 변제기에 강제통용력을 잃은 때에는 채무자는 다른 통화로 변제하여야 한다.

제377조(외화채권) ① 채권의 목적이 다른 나라 통화로 지급할 것인 경우에는 채무자는 자기가 선택한 그 나라의 각 종류의 통화로 변제할 수 있다.

② 채권의 목적이 어느 종류의 다른 나라 통화로 지급할 것인 경우에 그 통화가 변제기에 강제통용력을 잃은 때에는 그 나라의 다른 통화로 변제하여야 한다.

제378조(동전) 채권액이 다른 나라 통화로 지정된 때에는 채무자는 지급할 때에 있어서의 이행지의 환금시가에 의하여 우리나라 통화로 변제할 수 있다.

제379조(법정이율) 이자있는 채권의 이율은 다른 법률의 규정이나 당사자의 약정이 없으면 연 5분으로 한다.

제380조(선택채권) 채권의 목적이 수개의 행위 중에서 선택에 좇아 확정될 경우에 다른 법률의 규정이나 당사자의 약정이 없으면 선택권은 채무자에게 있다.

제381조(선택권의 이전) ① 선택권행사의 기간이 있는 경우에 선택권자가 그 기간내에 선택권을 행사하지 아니하는 때에는 상대방은 상당한 기간을 정하여 그 선택을 최고할 수 있고 선택권자가 그 기간내에 선택하지 아니하면 선택권은 상대방에게 있다.

② 선택권행사의 기간이 없는 경우에 채권의 기한이 도래한 후 상대방이 상당한 기간

을 정하여 그 선택을 최고하여도 선택권자가 그 기간내에 선택하지 아니할 때에도 전항과 같다.

제382조(당사자의 선택권의 행사) ① 채권자나 채무자가 선택하는 경우에는 그 선택은 상대방에 대한 의사표시로 한다.

② 전항의 의사표시는 상대방의 동의가 없으면 철회하지 못한다.

제383조(제삼자의 선택권의 행사) ① 제삼자가 선택하는 경우에는 그 선택은 채무자 및 채권자에 대한 의사표시로 한다.

② 전항의 의사표시는 채권자 및 채무자의 동의가 없으면 철회하지 못한다.

제384조(제삼자의 선택권의 이전) ① 선택할 제삼자가 선택할 수 없는 경우에는 선택권은 채무자에게 있다.

② 제삼자가 선택하지 아니하는 경우에는 채권자나 채무자는 상당한 기간을 정하여 그 선택을 최고할 수 있고 제삼자가 그 기간내에 선택하지 아니하면 선택권은 채무자에게 있다.

제385조(불능으로 인한 선택채권의 특정) ① 채권의 목적으로 선택할 수개의 행위 중에 처음부터 불능한 것이나 또는 후에 이행불능하게 된 것이 있으면 채권의 목적은 잔존한 것에 존재한다.

② 선택권없는 당사자의 과실로 인하여 이행불능이 된 때에는 전항의 규정을 적용하지 아니한다.

제386조(선택의 소급효) 선택의 효력은 그 채권이 발생한 때에 소급한다. 그러나 제삼자의 권리를 해하지 못한다.

제 2 절 채권의 효력

제387조(이행기와 이행지체) ① 채무이행의 확정한 기한이 있는 경우에는 채무자는 기한이 도래한 때로부터 지체책임이 있다. 채무이행의 불확정한 기한이 있는 경우에는 채무자는 기한이 도래함을 안 때로부터 지체책임이 있다.

② 채무이행의 기한이 없는 경우에는 채무자는 이행청구를 받은 때로부터 지체책임이 있다.

제388조(기한의 이익의 상실) 채무자는 다음 각호의 경우에는 기한의 이익을 주장하지 못한다.

1. 채무자가 담보를 손상, 감소 또는 멸실하게 한 때
2. 채무자가 담보제공의 의무를 이행하지 아니한 때

제389조(강제이행) ① 채무자가 임의로 채무를 이행하지 아니한 때에는 채권자는 그 강제이행을 법원에 청구할 수 있다. 그러나 채무의 성질이 강제이행을 하지 못할 것인 때에는 그러하지 아니하다.

② 전항의 채무가 법률행위를 목적으로 한 때에는 채무자의 의사표시에 갈음할 재판을 청구할 수 있고 채무자의 일신에 전속하지 아니한 작위를 목적으로 한 때에는 채무자의 비용으로 제삼자에게 이를 하게 할 것을 법원에 청구할 수 있다. <개정 2014 · 12 · 30>

③ 그 채무가 부작위를 목적으로 한 경우에 채무자가 이에 위반한 때에는 채무자의 비용으로써 그 위반한 것을 제각하고 장래에 대한 적당한 처분을 법원에 청구할 수 있다.

④ 전 3 항의 규정은 손해배상의 청구에 영향을 미치지 아니한다.

제390조(채무불이행과 손해배상) 채무자가 채무의 내용에 좇은 이행을 하지 아니한 때에는 채권자는 손해배상을 청구할 수 있다. 그러나 채무자의 고의나 과실없이 이행할 수 없게 된 때에는 그러하지 아니하다.

제391조(이행보조자의 고의, 과실) 채무자의 법정대리인이 채무자를 위하여 이행하거나 채무자가 타인을 사용하여 이행하는 경우에는 법정대리인 또는 피용자의 고의나 과실은 채무자의 고의나 과실로 본다.

제392조(이행지체 중의 손해배상) 채무자는 자기에게 과실이 없는 경우에도 그 이행지체 중에 생긴 손해를 배상하여야 한다. 그러나 채무자가 이행기에 이행하여도 손해를 면할 수 없는 경우에는 그러하지 아니하다.

제393조(손해배상의 범위) ① 채무불이행으로 인한 손해배상은 통상의 손해를 그 한도로 한다.

② 특별한 사정으로 인한 손해는 채무자가 그 사정을 알았거나 알 수 있었을 때에 한하여 배상의 책임이 있다.

제394조(손해배상의 방법) 다른 의사표시가 없으면 손해는 금전으로 배상한다.

제395조(이행지체와 전보배상) 채무자가 채무의 이행을 지체한 경우에 채권자가 상당한 기간을 정하여 이행을 최고하여도 그 기간 내에 이행하지 아니하거나 지체후의 이행이 채권자에게 이익이 없는 때에는 채권자는 수령을 거절하고 이행에 갈음한 손해배상을 청구할 수 있다. <개정 2014·12·30>

제396조(과실상계) 채무불이행에 관하여 채권자에게 과실이 있는 때에는 법원은 손해배상의 책임 및 그 금액을 정함에 이를 참작하여야 한다.

제397조(금전채무불이행에 대한 특칙) ① 금전채무불이행의 손해배상액은 법정이율에 의한다. 그러나 법령의 제한에 위반하지 아니한 약정이율이 있으면 그 이율에 의한다.

② 전항의 손해배상에 관하여는 채권자는 손해의 증명을 요하지 아니하고 채무자는 과실없음을 항변하지 못한다.

제398조(배상액의 예정) ① 당사자는 채무불이행에 관한 손해배상액을 예정할 수 있다.

② 손해배상의 예정액이 부당히 과다한 경우에는 법원은 적당히 감액할 수 있다.

③ 손해배상액의 예정은 이행의 청구나 계약의 해제에 영향을 미치지 아니한다.

④ 위약금의 약정은 손해배상액의 예정으로 추정한다.

⑤ 당사자가 금전이 아닌 것으로써 손해의 배상에 충당할 것을 예정한 경우에도 전4항의 규정을 준용한다.

제399조(손해배상자의 대위) 채권자가 그 채권의 목적인 물건 또는 권리의 가액전부를 손해배상으로 받은 때에는 채무자는 그 물건 또는 권리에 관하여 당연히 채권자를 대위한다.

제400조(채권자지체) 채권자가 이행을 받을 수 없거나 받지 아니한 때에는 이행의 제공있는 때로부터 지체책임이 있다.

제401조(채권자지체와 채무자의 책임) 채권자지체 중에는 채무자는 고의 또는 중대한 과실이 없으면 불이행으로 인한 모든 책임이 없다.

제402조(동전) 채권자지체 중에는 이자있는 채권이라도 채무자는 이자를 지급할 의무가 없다.

제403조(채권자지체와 채권자의 책임) 채권자지체로 인하여 그 목적물의 보관 또는 변제의 비용이 증가된 때에는 그 증가액은 채권자의 부담으로 한다.

제404조(채권자대위권) ① 채권자는 자기의 채권을 보전하기 위하여 채무자의 권리를 행사할 수 있다. 그러나 일신에 전속한 권리는 그러하지 아니하다.

② 채권자는 그 채권의 기한이 도래하기 전에는 법원의 허가없이 전항의 권리를 행사하지 못한다. 그러나 보전행위는 그러하지 아니하다.

제405조(채권자대위권행사의 통지) ① 채권자가 전조제1항의 규정에 의하여 보전행위 이외의 권리를 행사한 때에는 채무자에게 통지하여야 한다.

② 채무자가 전항의 통지를 받은 후에는 그 권리를 처분하여도 이로써 채권자에게 대항하지 못한다.

제406조(채권자취소권) ① 채무자가 채권자를 해함을 알고 재산권을 목적으로 한 법률행위를 한 때에는 채권자는 그 취소 및 원상회복을 법원에 청구할 수 있다. 그러나 그 행위로 인하여 이익을 받은 자나 전득한 자가 그 행위 또는 전득당시에 채권자를 해함을 알지 못한 경우에는 그러하지 아니하다.

② 전항의 소는 채권자가 취소원인을 안 날로부터 1년, 법률행위있은 날로부터 5년내에 제기하여야 한다.

제407조(채권자취소의 효력) 전조의 규정에 의한 취소와 원상회복은 모든 채권자의 이익을 위하여 그 효력이 있다.

제3절 수인의 채권자 및 채무자

제1관 총칙

제408조(분할채권관계) 채권자나 채무자가 수인인 경우에 특별한 의사표시가 없으면 각 채권자 또는 각 채무자는 균등한 비율로 권리가 있고 의무를 부담한다.

제2관 불가분채권과 불가분채무

제409조(불가분채권) 채권의 목적이 그 성질 또는 당사자의 의사표시에 의하여 불가분인

경우에 채권자가 수인인 때에는 각 채권자는 모든 채권자를 위하여 이행을 청구할 수 있고 채무자는 모든 채권자를 위하여 각 채권자에게 이행할 수 있다.

제410조(1인의 채권자에 생긴 사항의 효력) ① 전조의 규정에 의하여 모든 채권자에게 효력이 있는 사항을 제외하고는 불가분채권자중 1인의 행위나 1인에 관한 사항은 다른 채권자에게 효력이 없다.
② 불가분채권자 중의 1인과 채무자간에 경개나 면제있는 경우에 채무전부의 이행을 받은 다른 채권자는 그 1인이 권리를 잃지 아니하였으면 그에게 분급할 이익을 채무자에게 상환하여야 한다.

제411조(불가분채무와 준용규정) 수인이 불가분채무를 부담한 경우에는 제413조 내지 제415조, 제422조, 제424조 내지 제427조 및 전조의 규정을 준용한다.

제412조(가분채권, 가분채무에의 변경) 불가분채권이나 불가분채무가 가분채권 또는 가분채무로 변경된 때에는 각 채권자는 자기부분만의 이행을 청구할 권리가 있고 각 채무자는 자기부담부분만을 이행할 의무가 있다.

제 3 관　연대채무

제413조(연대채무의 내용) 수인의 채무자가 채무전부를 각자 이행할 의무가 있고 채무자 1인의 이행으로 다른 채무자도 그 의무를 면하게 되는 때에는 그 채무는 연대채무로 한다.

제414조(각 연대채무자에 대한 이행청구) 채권자는 어느 연대채무자에 대하여 또는 동시나 순차로 모든 연대채무자에 대하여 채무의 전부나 일부의 이행을 청구할 수 있다.

제415조(채무자에 생긴 무효, 취소) 어느 연대채무자에 대한 법률행위의 무효나 취소의 원인은 다른 연대채무자의 채무에 영향을 미치지 아니한다.

제416조(이행청구의 절대적 효력) 어느 연대채무자에 대한 이행청구는 다른 연대채무자에게도 효력이 있다.

제417조(경개의 절대적 효력) 어느 연대채무자와 채권자간에 채무의 경개가 있는 때에는 채권은 모든 연대채무자의 이익을 위하여 소멸한다.

제418조(상계의 절대적 효력) ① 어느 연대채무자가 채권자에 대하여 채권이 있는 경우에 그 채무자가 상계한 때에는 채권은 모든 연대채무자의 이익을 위하여 소멸한다.
② 상계할 채권이 있는 연대채무자가 상계하지 아니한 때에는 그 채무자의 부담부분에 한하여 다른 연대채무자가 상계할 수 있다.

제419조(면제의 절대적 효력) 어느 연대채무자에 대한 채무면제는 그 채무자의 부담부분에 한하여 다른 연대채무자의 이익을 위하여 효력이 있다.

제420조(혼동의 절대적 효력) 어느 연대채무자와 채권자간에 혼동이 있는 때에는 그 채무자의 부담부분에 한하여 다른 연대채무자도 의무를 면한다.

제421조(소멸시효의 절대적 효력) 어느 연대채무자에 대하여 소멸시효가 완성한 때에는 그 부담부분에 한하여 다른 연대채무자도 의무를 면한다.

제422조(채권자지체의 절대적 효력) 어느 연대채무자에 대한 채권자의 지체는 다른 연대채무자에게도 효력이 있다.

제423조(효력의 상대성의 원칙) 전 7 조의 사항외에는 어느 연대채무자에 관한 사항은 다른 연대채무자에게 효력이 없다.

제424조(부담부분의 균등) 연대채무자의 부담부분은 균등한 것으로 추정한다.

제425조(출재채무자의 구상권) ① 어느 연대채무자가 변제 기타 자기의 출재로 공동면책이 된 때에는 다른 연대채무자의 부담부분에 대하여 구상권을 행사할 수 있다.
② 전항의 구상권은 면책된 날 이후의 법정이자 및 피할 수 없는 비용 기타 손해배상을 포함한다.

제426조(구상요건으로서의 통지) ① 어느 연대채무자가 다른 연대채무자에게 통지하지 아니하고 변제 기타 자기의 출재로 공동면책이 된 경우에 다른 연대채무자가 채권자에게 대항할 수 있는 사유가 있었을 때에는 그 부담부분에 한하여 이 사유로 면책행위를 한 연대채무자에게 대항할 수 있고 그 대항사유가 상계인 때에는 상계로 소멸할

채권은 그 연대채무자에게 이전된다.
② 어느 연대채무자가 변제 기타 자기의 출재로 공동면책되었음을 다른 연대채무자에게 통지하지 아니한 경우에 다른 연대채무자가 선의로 채권자에게 변제 기타 유상의 면책행위를 한 때에는 그 연대채무자는 자기의 면책행위의 유효를 주장할 수 있다.

제427조(상환무자력자의 부담부분) ① 연대채무자 중에 상환할 자력이 없는 자가 있는 때에는 그 채무자의 부담부분은 구상권자 및 다른 자력이 있는 채무자가 그 부담부분에 비례하여 분담한다. 그러나 구상권자에게 과실이 있는 때에는 다른 연대채무자에 대하여 분담을 청구하지 못한다.
② 전항의 경우에 상환할 자력이 없는 채무자의 부담부분을 분담할 다른 채무자가 채권자로부터 연대의 면제를 받은 때에는 그 채무자의 분담할 부분은 채권자의 부담으로 한다.

제 4 관 보증채무

제428조(보증채무의 내용) ① 보증인은 주채무자가 이행하지 아니하는 채무를 이행할 의무가 있다.
② 보증은 장래의 채무에 대하여도 할 수 있다.

제428조의2(보증의 방식) ① 보증은 그 의사가 보증인의 기명날인 또는 서명이 있는 서면으로 표시되어야 효력이 발생한다. 다만, 보증의 의사가 전자적 형태로 표시된 경우에는 효력이 없다.
② 보증채무를 보증인에게 불리하게 변경하는 경우에도 제 1 항과 같다.
③ 보증인이 보증채무를 이행한 경우에는 그 한도에서 제 1 항과 제 2 항에 따른 방식의 하자를 이유로 보증의 무효를 주장할 수 없다.
〔본조신설 2015・2・3〕

제428조의3(근보증) ① 보증은 불확정한 다수의 채무에 대해서도 할 수 있다. 이 경우 보증하는 채무의 최고액을 서면으로 특정하여야 한다.
② 제 1 항의 경우 채무의 최고액을 제428조의2제 1 항에 따른 서면으로 특정하지 아니한 보증계약은 효력이 없다.
〔본조신설 2015・2・3〕

제429조(보증채무의 범위) ① 보증채무는 주채무의 이자, 위약금, 손해배상 기타 주채무에 종속한 채무를 포함한다.
② 보증인은 그 보증채무에 관한 위약금 기타 손해배상액을 예정할 수 있다.

제430조(목적, 형태상의 부종성) 보증인의 부담이 주채무의 목적이나 형태보다 중한 때에는 주채무의 한도로 감축한다.

제431조(보증인의 조건) ① 채무자가 보증인을 세울 의무가 있는 경우에는 그 보증인은 행위능력 및 변제자력이 있는 자로 하여야 한다.
② 보증인이 변제자력이 없게 된 때에는 채권자는 보증인의 변경을 청구할 수 있다.
③ 채권자가 보증인을 지명한 경우에는 전 2 항의 규정을 적용하지 아니한다.

제432조(타담보의 제공) 채무자는 다른 상당한 담보를 제공함으로써 보증인을 세울 의무를 면할 수 있다.

제433조(보증인과 주채무자항변권) ① 보증인은 주채무자의 항변으로 채권자에게 대항할 수 있다.
② 주채무자의 항변포기는 보증인에게 효력이 없다.

제434조(보증인과 주채무자상계권) 보증인은 주채무자의 채권에 의한 상계로 채권자에게 대항할 수 있다.

제435조(보증인과 주채무자의 취소권 등) 주채무자가 채권자에 대하여 취소권 또는 해제권이나 해지권이 있는 동안은 보증인은 채권자에 대하여 채무의 이행을 거절할 수 있다.

제436조 삭제 <2015・2・3>

제436조의2(채권자의 정보제공의무와 통지의무 등) ① 채권자는 보증계약을 체결할 때 보증계약의 체결 여부 또는 그 내용에 영향을 미칠 수 있는 주채무자의 채무 관련 신용정보를 보유하고 있거나 알고 있는 경우에는 보증인에게 그 정보를 알려야 한다. 보증계약을 갱신할 때에도 또한 같다.
② 채권자는 보증계약을 체결한 후에 다음 각 호의 어느 하나에 해당하는 사유가 있는 경우에는 지체 없이 보증인에게 그 사실을 알려야 한다.
1. 주채무자가 원본, 이자, 위약금, 손해배

상 또는 그 밖에 주채무에 종속한 채무를 3개월 이상 이행하지 아니하는 경우
2. 주채무자가 이행기에 이행할 수 없음을 미리 안 경우
3. 주채무자의 채무 관련 신용정보에 중대한 변화가 생겼음을 알게 된 경우
③ 채권자는 보증인의 청구가 있으면 주채무의 내용 및 그 이행 여부를 알려야 한다.
④ 채권자가 제 1 항부터 제 3 항까지의 규정에 따른 의무를 위반하여 보증인에게 손해를 입힌 경우에는 법원은 그 내용과 정도 등을 고려하여 보증채무를 감경하거나 면제할 수 있다.
〔본조신설 2015·2·3〕

제437조(보증인의 최고, 검색의 항변) 채권자가 보증인에게 채무의 이행을 청구한 때에는 보증인은 주채무자의 변제자력이 있는 사실 및 그 집행이 용이할 것을 증명하여 먼저 주채무자에게 청구할 것과 그 재산에 대하여 집행할 것을 항변할 수 있다. 그러나 보증인이 주채무자와 연대하여 채무를 부담한 때에는 그러하지 아니하다.

제438조(최고, 검색의 해태의 효과) 전조의 규정에 의한 보증인의 항변에 불구하고 채권자의 해태로 인하여 채무자로부터 전부나 일부의 변제를 받지 못한 경우에는 채권자가 해태하지 아니하였으면 변제받았을 한도에서 보증인은 그 의무를 면한다.

제439조(공동보증의 분별의 이익) 수인의 보증인이 각자의 행위로 보증채무를 부담한 경우에도 제408조의 규정을 적용한다.

제440조(시효중단의 보증인에 대한 효력) 주채무자에 대한 시효의 중단은 보증인에 대하여 그 효력이 있다.

제441조(수탁보증인의 구상권) ① 주채무자의 부탁으로 보증인이 된 자가 과실없이 변제 기타의 출재로 주채무를 소멸하게 한 때에는 주채무자에 대하여 구상권이 있다.
② 제425조제 2 항의 규정은 전항의 경우에 준용한다.

제442조(수탁보증인의 사전구상권) ① 주채무자의 부탁으로 보증인이 된 자는 다음 각호의 경우에 주채무자에 대하여 미리 구상권을 행사할 수 있다.
1. 보증인이 과실없이 채권자에게 변제할 재판을 받은 때
2. 주채무자가 파산선고를 받은 경우에 채권자가 파산재단에 가입하지 아니한 때
3. 채무의 이행기가 확정되지 아니하고 그 최장기도 확정할 수 없는 경우에 보증계약후 5년을 경과한 때
4. 채무의 이행기가 도래한 때
② 전항제 4 호의 경우에는 보증계약후에 채권자가 주채무자에게 허여한 기한으로 보증인에게 대항하지 못한다.

제443조(주채무자의 면책청구) 전조의 규정에 의하여 주채무자가 보증인에게 배상하는 경우에 주채무자는 자기를 면책하게 하거나 자기에게 담보를 제공할 것을 보증인에게 청구할 수 있고 또는 배상할 금액을 공탁하거나 담보를 제공하거나 보증인을 면책하게 함으로써 그 배상의무를 면할 수 있다.

제444조(부탁없는 보증인의 구상권) ① 주채무자의 부탁없이 보증인이 된 자가 변제 기타 자기의 출재로 주채무를 소멸하게 한 때에는 주채무자는 그 당시에 이익을 받은 한도에서 배상하여야 한다.
② 주채무자의 의사에 반하여 보증인이 된 자가 변제 기타 자기의 출재로 주채무를 소멸하게 한 때에는 주채무자는 현존이익의 한도에서 배상하여야 한다.
③ 전항의 경우에 주채무자가 구상한 날 이전에 상계원인이 있음을 주장한 때에는 그 상계로 소멸할 채권은 보증인에게 이전된다.

제445조(구상요건으로서의 통지) ① 보증인이 주채무자에게 통지하지 아니하고 변제 기타 자기의 출재로 주채무를 소멸하게 한 경우에 주채무자가 채권자에게 대항할 수 있는 사유가 있었을 때에는 이 사유로 보증인에게 대항할 수 있고 그 대항사유가 상계인 때에는 상계로 소멸할 채권은 보증인에게 이전된다.
② 보증인이 변제 기타 자기의 출재로 면책되었음을 주채무자에게 통지하지 아니한 경우에 주채무자가 선의로 채권자에게 변제 기타 유상의 면책행위를 한 때에는 주채무자는 자기의 면책행위의 유효를 주장할 수 있다.

제446조(주채무자의 보증인에 대한 면책통지의무) 주채무자가 자기의 행위로 면책하였음을 그 부탁으로 보증인이 된 자에게 통지하지 아니한 경우에 보증인이 선의로 채권자에게 변제 기타 유상의 면책행위를 한 때에는 보증인은 자기의 면책행위의 유효를 주장할 수 있다.

제447조(연대, 불가분채무의 보증인의 구상권) 어느 연대채무자나 어느 불가분채무자를 위하여 보증인이 된 자는 다른 연대채무자나 다른 불가분채무자에 대하여 그 부담부분에 한하여 구상권이 있다.

제448조(공동보증인간의 구상권) ① 수인의 보증인이 있는 경우에 어느 보증인이 자기의 부담부분을 넘은 변제를 한 때에는 제444조의 규정을 준용한다.
② 주채무가 불가분이거나 각 보증인이 상호연대로 또는 주채무자와 연대로 채무를 부담한 경우에 어느 보증인이 자기의 부담부분을 넘은 변제를 한 때에는 제425조 내지 제427조의 규정을 준용한다.

제 4 절 채권의 양도

제449조(채권의 양도성) ① 채권은 양도할 수 있다. 그러나 채권의 성질이 양도를 허용하지 아니하는 때에는 그러하지 아니하다.
② 채권은 당사자가 반대의 의사를 표시한 경우에는 양도하지 못한다. 그러나 그 의사표시로써 선의의 제삼자에게 대항하지 못한다.

제450조(지명채권양도의 대항요건) ① 지명채권의 양도는 양도인이 채무자에게 통지하거나 채무자가 승낙하지 아니하면 채무자 기타 제삼자에게 대항하지 못한다.
② 전항의 통지나 승낙은 확정일자있는 증서에 의하지 아니하면 채무자 이외의 제삼자에게 대항하지 못한다.

제451조(승낙, 통지의 효과) ① 채무자가 이의를 보류하지 아니하고 전조의 승낙을 한 때에는 양도인에게 대항할 수 있는 사유로써 양수인에게 대항하지 못한다. 그러나 채무자가 채무를 소멸하게 하기 위하여 양도인에게 급여한 것이 있으면 이를 회수할 수 있고 양도인에 대하여 부담한 채무가 있으면 그 성립되지 아니함을 주장할 수 있다.
② 양도인이 양도통지만을 한 때에는 채무자는 그 통지를 받은 때까지 양도인에 대하여 생긴 사유로써 양수인에게 대항할 수 있다.

제452조(양도통지와 금반언) ① 양도인이 채무자에게 채권양도를 통지한 때에는 아직 양도하지 아니하였거나 그 양도가 무효인 경우에도 선의인 채무자는 양수인에게 대항할 수 있는 사유로 양도인에게 대항할 수 있다.
② 전항의 통지는 양수인의 동의가 없으면 철회하지 못한다.

제 5 절 채무의 인수

제453조(채권자와의 계약에 의한 채무인수) ① 제삼자는 채권자와의 계약으로 채무를 인수하여 채무자의 채무를 면하게 할 수 있다. 그러나 채무의 성질이 인수를 허용하지 아니하는 때에는 그러하지 아니하다.
② 이해관계없는 제삼자는 채무자의 의사에 반하여 채무를 인수하지 못한다.

제454조(채무자와의 계약에 의한 채무인수) ① 제삼자가 채무자와의 계약으로 채무를 인수한 경우에는 채권자의 승낙에 의하여 그 효력이 생긴다.
② 채권자의 승낙 또는 거절의 상대방은 채무자나 제삼자이다.

제455조(승낙여부의 최고) ① 전조의 경우에 제삼자나 채무자는 상당한 기간을 정하여 승낙여부의 확답을 채권자에게 최고할 수 있다.
② 채권자가 그 기간내에 확답을 발송하지 아니한 때에는 거절한 것으로 본다.

제456조(채무인수의 철회, 변경) 제삼자와 채무자간의 계약에 의한 채무인수는 채권자의 승낙이 있을 때까지 당사자는 이를 철회하거나 변경할 수 있다.

제457조(채무인수의 소급효) 채권자의 채무인수에 대한 승낙은 다른 의사표시가 없으면 채무를 인수한 때에 소급하여 그 효력이 생긴다. 그러나 제삼자의 권리를 침해하지 못한다.

제458조(전채무자의 항변사유) 인수인은 전채무자의 항변할 수 있는 사유로 채권자에게 대항할 수 있다.

제459조(채무인수와 보증, 담보의 소멸) 전채무자의 채무에 대한 보증이나 제삼자가 제공한 담보는 채무인수로 인하여 소멸한다. 그러나 보증인이나 제삼자가 채무인수에 동의한 경우에는 그러하지 아니하다.

제6절 채권의 소멸

제1관 변제

제460조(변제제공의 방법) 변제는 채무내용에 좇은 현실제공으로 이를 하여야 한다. 그러나 채권자가 미리 변제받기를 거절하거나 채무의 이행에 채권자의 행위를 요하는 경우에는 변제준비의 완료를 통지하고 그 수령을 최고하면 된다.

제461조(변제제공의 효과) 변제의 제공은 그 때로부터 채무불이행의 책임을 면하게 한다.

제462조(특정물의 현상인도) 특정물의 인도가 채권의 목적인 때에는 채무자는 이행기의 현상대로 그 물건을 인도하여야 한다.

제463조(변제로서의 타인의 물건의 인도) 채무의 변제로 타인의 물건을 인도한 채무자는 다시 유효한 변제를 하지 아니하면 그 물건의 반환을 청구하지 못한다.

제464조(양도능력없는 소유자의 물건인도) 양도할 능력없는 소유자가 채무의 변제로 물건을 인도한 경우에는 그 변제가 취소된 때에도 다시 유효한 변제를 하지 아니하면 그 물건의 반환을 청구하지 못한다.

제465조(채권자의 선의소비, 양도와 구상권) ① 전2조의 경우에 채권자가 변제로 받은 물건을 선의로 소비하거나 타인에게 양도한 때에는 그 변제는 효력이 있다.

② 전항의 경우에 채권자가 제삼자로부터 배상의 청구를 받은 때에는 채무자에 대하여 구상권을 행사할 수 있다.

제466조(대물변제) 채무자가 채권자의 승낙을 얻어 본래의 채무이행에 갈음하여 다른 급여를 한 때에는 변제와 같은 효력이 있다. <개정 2014·12·30>

제467조(변제의 장소) ① 채무의 성질 또는 당사자의 의사표시로 변제장소를 정하지 아니한 때에는 특정물의 인도는 채권성립당시에 그 물건이 있던 장소에서 하여야 한다.

② 전항의 경우에 특정물인도 이외의 채무변제는 채권자의 현주소에서 하여야 한다. 그러나 영업에 관한 채무의 변제는 채권자의 현영업소에서 하여야 한다.

제468조(변제기전의 변제) 당사자의 특별한 의사표시가 없으면 변제기전이라도 채무자는 변제할 수 있다. 그러나 상대방의 손해는 배상하여야 한다.

제469조(제삼자의 변제) ① 채무의 변제는 제삼자도 할 수 있다. 그러나 채무의 성질 또는 당사자의 의사표시로 제삼자의 변제를 허용하지 아니하는 때에는 그러하지 아니하다.

② 이해관계없는 제삼자는 채무자의 의사에 반하여 변제하지 못한다.

제470조(채권의 준점유자에 대한 변제) 채권의 준점유자에 대한 변제는 변제자가 선의이며 과실없는 때에 한하여 효력이 있다.

제471조(영수증소지자에 대한 변제) 영수증을 소지한 자에 대한 변제는 그 소지자가 변제를 받을 권한이 없는 경우에도 효력이 있다. 그러나 변제자가 그 권한없음을 알았거나 알 수 있었을 경우에는 그러하지 아니하다.

제472조(권한없는 자에 대한 변제) 전2조의 경우외에 변제받을 권한없는 자에 대한 변제는 채권자가 이익을 받은 한도에서 효력이 있다.

제473조(변제비용의 부담) 변제비용은 다른 의사표시가 없으면 채무자의 부담으로 한다. 그러나 채권자의 주소이전 기타의 행위로 인하여 변제비용이 증가된 때에는 그 증가액은 채권자의 부담으로 한다.

제474조(영수증청구권) 변제자는 변제를 받는 자에게 영수증을 청구할 수 있다.

제475조(채권증서반환청구권) 채권증서가 있는 경우에 변제자가 채무전부를 변제한 때에는 채권증서의 반환을 청구할 수 있다. 채권이 변제 이외의 사유로 전부 소멸한 때에도 같다.

제476조(지정변제충당) ① 채무자가 동일한 채권자에 대하여 같은 종류를 목적으로 한 수개의 채무를 부담한 경우에 변제의 제공이 그 채무전부를 소멸하게 하지 못하는 때에는 변제자는 그 당시 어느 채무를 지정하여 그 변제에 충당할 수 있다.

② 변제자가 전항의 지정을 하지 아니할 때에는 변제받는 자는 그 당시 어느 채무를 지정하여 변제에 충당할 수 있다. 그러나 변제자가 그 충당에 대하여 즉시 이의를 한 때에는 그러하지 아니하다.

③ 전 2 항의 변제충당은 상대방에 대한 의사표시로써 한다.

제477조(법정변제충당) 당사자가 변제에 충당할 채무를 지정하지 아니한 때에는 다음 각 호의 규정에 의한다.

1. 채무 중에 이행기가 도래한 것과 도래하지 아니한 것이 있으면 이행기가 도래한 채무의 변제에 충당한다.
2. 채무전부의 이행기가 도래하였거나 도래하지 아니한 때에는 채무자에게 변제이익이 많은 채무의 변제에 충당한다.
3. 채무자에게 변제이익이 같으면 이행기가 먼저 도래한 채무나 먼저 도래할 채무의 변제에 충당한다.
4. 전 2 호의 사항이 같은 때에는 그 채무액에 비례하여 각 채무의 변제에 충당한다.

제478조(부족변제의 충당) 1개의 채무에 수개의 급여를 요할 경우에 변제자가 그 채무전부를 소멸하게 하지 못한 급여를 한 때에는 전 2 조의 규정을 준용한다.

제479조(비용, 이자, 원본에 대한 변제충당의 순서) ① 채무자가 1개 또는 수개의 채무의 비용 및 이자를 지급할 경우에 변제자가 그 전부를 소멸하게 하지 못한 급여를 한 때에는 비용, 이자, 원본의 순서로 변제에 충당하여야 한다.

② 전항의 경우에 제477조의 규정을 준용한다.

제480조(변제자의 임의대위) ① 채무자를 위하여 변제한 자는 변제와 동시에 채권자의 승낙을 얻어 채권자를 대위할 수 있다.

② 전항의 경우에 제450조 내지 제452조의 규정을 준용한다.

제481조(변제자의 법정대위) 변제할 정당한 이익이 있는 자는 변제로 당연히 채권자를 대위한다.

제482조(변제자대위의 효과, 대위자간의 관계) ① 전 2 조의 규정에 의하여 채권자를 대위한 자는 자기의 권리에 의하여 구상할 수 있는 범위에서 채권 및 그 담보에 관한 권리를 행사할 수 있다.

② 전항의 권리행사는 다음 각호의 규정에 의하여야 한다.

1. 보증인은 미리 전세권이나 저당권의 등기에 그 대위를 부기하지 아니하면 전세물이나 저당물에 권리를 취득한 제삼자에 대하여 채권자를 대위하지 못한다.
2. 제삼취득자는 보증인에 대하여 채권자를 대위하지 못한다.
3. 제삼취득자 중의 1인은 각 부동산의 가액에 비례하여 다른 제삼취득자에 대하여 채권자를 대위한다.
4. 자기의 재산을 타인의 채무의 담보로 제공한 자가 수인인 경우에는 전호의 규정을 준용한다.
5. 자기의 재산을 타인의 채무의 담보로 제공한 자와 보증인간에는 그 인원수에 비례하여 채권자를 대위한다. 그러나 자기의 재산을 타인의 채무의 담보로 제공한 자가 수인인 때에는 보증인의 부담부분을 제외하고 그 잔액에 대하여 각 재산의 가액에 비례하여 대위한다. 이 경우에 그 재산이 부동산인 때에는 제 1 호의 규정을 준용한다.

제483조(일부의 대위) ① 채권의 일부에 대하여 대위변제가 있는 때에는 대위자는 그 변제한 가액에 비례하여 채권자와 함께 그 권리를 행사한다.

② 전항의 경우에 채무불이행을 원인으로 하는 계약의 해지 또는 해제는 채권자만이 할 수 있고 채권자는 대위자에게 그 변제한 가액과 이자를 상환하여야 한다.

제484조(대위변제와 채권증서, 담보물) ① 채권전부의 대위변제를 받은 채권자는 그 채권에 관한 증서 및 점유한 담보물을 대위자에게 교부하여야 한다.

② 채권의 일부에 대한 대위변제가 있는 때에는 채권자는 채권증서에 그 대위를 기입하고 자기가 점유한 담보물의 보존에 관하여 대위자의 감독을 받아야 한다.

제485조(채권자의 담보상실, 감소행위와 법정대위자의 면책) 제481조의 규정에 의하여 대위할 자가 있는 경우에 채권자의 고의나 과실로 담보가 상실되거나 감소된 때에는 대위할 자는 그 상실 또는 감소로 인하여 상환을 받을 수 없는 한도에서 그 책임을 면한다.

제486조(변제 이외의 방법에 의한 채무소멸과 대위) 제삼자가 공탁 기타 자기의 출재로 채무자의 채무를 면하게 한 경우에도 전6조의 규정을 준용한다.

제2관 공탁

제487조(변제공탁의 요건, 효과) 채권자가 변제를 받지 아니하거나 받을 수 없는 때에는 변제자는 채권자를 위하여 변제의 목적물을 공탁하여 그 채무를 면할 수 있다. 변제자가 과실없이 채권자를 알 수 없는 경우에도 같다.

제488조(공탁의 방법) ① 공탁은 채무이행지의 공탁소에 하여야 한다.
② 공탁소에 관하여 법률에 특별한 규정이 없으면 법원은 변제자의 청구에 의하여 공탁소를 지정하고 공탁물보관자를 선임하여야 한다.
③ 공탁자는 지체없이 채권자에게 공탁통지를 하여야 한다.

제489조(공탁물의 회수) ① 채권자가 공탁을 승인하거나 공탁소에 대하여 공탁물을 받기를 통고하거나 공탁유효의 판결이 확정되기까지는 변제자는 공탁물을 회수할 수 있다. 이 경우에는 공탁하지 아니한 것으로 본다.
② 전항의 규정은 질권 또는 저당권이 공탁으로 인하여 소멸한 때에는 적용하지 아니한다.

제490조(자조매각금의 공탁) 변제의 목적물이 공탁에 적당하지 아니하거나 멸실 또는 훼손될 염려가 있거나 공탁에 과다한 비용을 요하는 경우에는 변제자는 법원의 허가를 얻어 그 물건을 경매하거나 시가로 방매하여 대금을 공탁할 수 있다.

제491조(공탁물수령과 상대의무이행) 채무자가 채권자의 상대의무이행과 동시에 변제할 경우에는 채권자는 그 의무이행을 하지 아니하면 공탁물을 수령하지 못한다.

제3관 상계

제492조(상계의 요건) ① 쌍방이 서로 같은 종류를 목적으로 한 채무를 부담한 경우에 그 쌍방의 채무의 이행기가 도래한 때에는 각 채무자는 대등액에 관하여 상계할 수 있다. 그러나 채무의 성질이 상계를 허용하지 아니할 때에는 그러하지 아니하다.
② 전항의 규정은 당사자가 다른 의사를 표시한 경우에는 적용하지 아니한다. 그러나 그 의사표시로써 선의의 제삼자에게 대항하지 못한다.

제493조(상계의 방법, 효과) ① 상계는 상대방에 대한 의사표시로 한다. 이 의사표시에는 조건 또는 기한을 붙이지 못한다.
② 상계의 의사표시는 각 채무가 상계할 수 있는 때에 대등액에 관하여 소멸한 것으로 본다.

제494조(이행지를 달리하는 채무의 상계) 각 채무의 이행지가 다른 경우에도 상계할 수 있다. 그러나 상계하는 당사자는 상대방에게 상계로 인한 손해를 배상하여야 한다.

제495조(소멸시효완성된 채권에 의한 상계) 소멸시효가 완성된 채권이 그 완성전에 상계할 수 있었던 것이면 그 채권자는 상계할 수 있다.

제496조(불법행위채권을 수동채권으로 하는 상계의 금지) 채무가 고의의 불법행위로 인한 것인 때에는 그 채무자는 상계로 채권자에게 대항하지 못한다.

제497조(압류금지채권을 수동채권으로 하는 상계의 금지) 채권이 압류하지 못할 것인 때에는 그 채무자는 상계로 채권자에게 대항하지 못한다.

제498조(지급금지채권을 수동채권으로 하는 상계의 금지) 지급을 금지하는 명령을 받은 제삼채무자는 그 후에 취득한 채권에 의한 상계로 그 명령을 신청한 채권자에게 대항하지 못한다.

제499조(준용규정) 제476조 내지 제479조의 규정은 상계에 준용한다.

제4관 경개

제500조(경개의 요건, 효과) 당사자가 채무의 중요한 부분을 변경하는 계약을 한 때에는 구채무는 경개로 인하여 소멸한다.

제501조(채무자변경으로 인한 경개) 채무자의 변경으로 인한 경개는 채권자와 신채무자간의 계약으로 이를 할 수 있다. 그러나 구채무자의 의사에 반하여 이를 하지 못한다.

제502조(채권자변경으로 인한 경개) 채권자의 변경으로 인한 경개는 확정일자있는 증서로 하지 아니하면 이로써 제삼자에게 대항하지 못한다.

제503조(채권자변경의 경개와 채무자승낙의 효과) 제451조제1항의 규정은 채권자의 변경으로 인한 경개에 준용한다.

제504조(구채무불소멸의 경우) 경개로 인한 신채무가 원인의 불법 또는 당사자가 알지 못한 사유로 인하여 성립되지 아니하거나 취소된 때에는 구채무는 소멸되지 아니한다.

제505조(신채무에의 담보이전) 경개의 당사자는 구채무의 담보를 그 목적의 한도에서 신채무의 담보로 할 수 있다. 그러나 제삼자가 제공한 담보는 그 승낙을 얻어야 한다.

제5관 면제

제506조(면제의 요건, 효과) 채권자가 채무자에게 채무를 면제하는 의사를 표시한 때에는 채권은 소멸한다. 그러나 면제로써 정당한 이익을 가진 제삼자에게 대항하지 못한다.

제6관 혼동

제507조(혼동의 요건, 효과) 채권과 채무가 동일한 주체에 귀속한 때에는 채권은 소멸한다. 그러나 그 채권이 제삼자의 권리의 목적인 때에는 그러하지 아니하다.

제7절 지시채권

제508조(지시채권의 양도방식) 지시채권은 그 증서에 배서하여 양수인에게 교부하는 방식으로 양도할 수 있다.

제509조(환배서) ① 지시채권은 그 채무자에 대하여도 배서하여 양도할 수 있다.
② 배서로 지시채권을 양수한 채무자는 다시 배서하여 이를 양도할 수 있다.

제510조(배서의 방식) ① 배서는 증서 또는 그 보충지에 그 뜻을 기재하고 배서인이 서명 또는 기명날인함으로써 이를 한다.
② 배서는 피배서인을 지정하지 아니하고 할 수 있으며 또 배서인의 서명 또는 기명날인만으로 할 수 있다.

제511조(약식배서의 처리방식) 배서가 전조제2항의 약식에 의한 때에는 소지인은 다음 각호의 방식으로 처리할 수 있다.
1. 자기나 타인의 명칭을 피배서인으로 기재할 수 있다.
2. 약식으로 또는 타인을 피배서인으로 표시하여 다시 증서에 배서할 수 있다.
3. 피배서인을 기재하지 아니하고 배서없이 증서를 제삼자에게 교부하여 양도할 수 있다.

제512조(소지인출급배서의 효력) 소지인출급의 배서는 약식배서와 같은 효력이 있다.

제513조(배서의 자격수여력) ① 증서의 점유자가 배서의 연속으로 그 권리를 증명하는 때에는 적법한 소지인으로 본다. 최후의 배서가 약식인 경우에도 같다.
② 약식배서 다음에 다른 배서가 있으면 그 배서인은 약식배서로 증서를 취득한 것으로 본다.
③ 말소된 배서는 배서의 연속에 관하여 그 기재가 없는 것으로 본다.

제514조(동전-선의취득) 누구든지 증서의 적법한 소지인에 대하여 그 반환을 청구하지 못한다. 그러나 소지인이 취득한 때에 양도인이 권리없음을 알았거나 중대한 과실로 알지 못한 때에는 그러하지 아니하다.

제515조(이전배서와 인적항변) 지시채권의 채무자는 소지인의 전자에 대한 인적관계의 항변으로 소지인에게 대항하지 못한다. 그러나 소지인이 그 채무자를 해함을 알고 지시채권을 취득한 때에는 그러하지 아니하다.

제516조(변제의 장소) 증서에 변제장소를 정하지 아니한 때에는 채무자의 현영업소를 변제장소로 한다. 영업소가 없는 때에는 현주소를 변제장소로 한다.

제517조(증서의 제시와 이행지체) 증서에 변제기한이 있는 경우에도 그 기한이 도래한 후에 소지인이 증서를 제시하여 이행을 청구한 때로부터 채무자는 지체책임이 있다.

제518조(채무자의 조사권리의무) 채무자는 배서의 연속여부를 조사할 의무가 있으며 배서인의 서명 또는 날인의 진위나 소지인의 진위를 조사할 권리는 있으나 의무는 없다. 그러나 채무자가 변제하는 때에 소지인이

권리자아님을 알았거나 중대한 과실로 알지 못한 때에는 그 변제는 무효로 한다.

제519조(변제와 증서교부) 채무자는 증서와 교환하여서만 변제할 의무가 있다.

제520조(영수의 기입청구권) ① 채무자는 변제하는 때에 소지인에 대하여 증서에 영수를 증명하는 기재를 할 것을 청구할 수 있다.

② 일부변제의 경우에 채무자의 청구가 있으면 채권자는 증서에 그 뜻을 기재하여야 한다.

제521조(공시최고절차에 의한 증서의 실효) 멸실한 증서나 소지인의 점유를 이탈한 증서는 공시최고의 절차에 의하여 무효로 할 수 있다.

제522조(공시최고절차에 의한 공탁, 변제) 공시최고의 신청이 있는 때에는 채무자로 하여금 채무의 목적물을 공탁하게 할 수 있고 소지인이 상당한 담보를 제공하면 변제하게 할 수 있다.

제 8 절 무기명채권

제523조(무기명채권의 양도방식) 무기명채권은 양수인에게 그 증서를 교부함으로써 양도의 효력이 있다.

제524조(준용규정) 제514조 내지 제522조의 규정은 무기명채권에 준용한다.

제525조(지명소지인출급채권) 채권자를 지정하고 소지인에게도 변제할 것을 부기한 증서는 무기명채권과 같은 효력이 있다.

제526조(면책증서) 제516조, 제517조 및 제520조의 규정은 채무자가 증서소지인에게 변제하여 그 책임을 면할 목적으로 발행한 증서에 준용한다.

제 2 장 계약

제 1 절 총칙

제 1 관 계약의 성립

제527조(계약의 청약의 구속력) 계약의 청약은 이를 철회하지 못한다.

제528조(승낙기간을 정한 계약의 청약) ① 승낙의 기간을 정한 계약의 청약은 청약자가 그 기간내에 승낙의 통지를 받지 못한 때에는 그 효력을 잃는다.

② 승낙의 통지가 전항의 기간후에 도달한 경우에 보통 그 기간내에 도달할 수 있는 발송인 때에는 청약자는 지체없이 상대방에게 그 연착의 통지를 하여야 한다. 그러나 그 도달전에 지연의 통지를 발송한 때에는 그러하지 아니하다.

③ 청약자가 전항의 통지를 하지 아니한 때에는 승낙의 통지는 연착되지 아니한 것으로 본다.

제529조(승낙기간을 정하지 아니한 계약의 청약) 승낙의 기간을 정하지 아니한 계약의 청약은 청약자가 상당한 기간내에 승낙의 통지를 받지 못한 때에는 그 효력을 잃는다.

제530조(연착된 승낙의 효력) 전 2 조의 경우에 연착된 승낙은 청약자가 이를 새 청약으로 볼 수 있다.

제531조(격지자간의 계약성립시기) 격지자간의 계약은 승낙의 통지를 발송한 때에 성립한다.

제532조(의사실현에 의한 계약성립) 청약자의 의사표시나 관습에 의하여 승낙의 통지가 필요하지 아니한 경우에는 계약은 승낙의 의사표시로 인정되는 사실이 있는 때에 성립한다.

제533조(교차청약) 당사자간에 동일한 내용의 청약이 상호교차된 경우에는 양청약이 상대방에게 도달한 때에 계약이 성립한다.

제534조(변경을 가한 승낙) 승낙자가 청약에 대하여 조건을 붙이거나 변경을 가하여 승낙한 때에는 그 청약의 거절과 동시에 새로 청약한 것으로 본다.

제535조(계약체결상의 과실) ① 목적이 불능한 계약을 체결할 때에 그 불능을 알았거나 알 수 있었을 자는 상대방이 그 계약의 유효를 믿었음으로 인하여 받은 손해를 배상하여야 한다. 그러나 그 배상액은 계약이 유효함으로 인하여 생길 이익액을 넘지 못한다.

② 전항의 규정은 상대방이 그 불능을 알았거나 알 수 있었을 경우에는 적용하지 아니한다.

제2관 계약의 효력

제536조(동시이행의 항변권) ① 쌍무계약의 당사자 일방은 상대방이 그 채무이행을 제공할 때까지 자기의 채무이행을 거절할 수 있다. 그러나 상대방의 채무가 변제기에 있지 아니하는 때에는 그러하지 아니하다.

② 당사자 일방이 상대방에게 먼저 이행하여야 할 경우에 상대방의 이행이 곤란할 현저한 사유가 있는 때에는 전항 본문과 같다.

제537조(채무자위험부담주의) 쌍무계약의 당사자 일방의 채무가 당사자쌍방의 책임없는 사유로 이행할 수 없게 된 때에는 채무자는 상대방의 이행을 청구하지 못한다.

제538조(채권자귀책사유로 인한 이행불능) ① 쌍무계약의 당사자 일방의 채무가 채권자의 책임있는 사유로 이행할 수 없게 된 때에는 채무자는 상대방의 이행을 청구할 수 있다. 채권자의 수령지체 중에 당사자쌍방의 책임없는 사유로 이행할 수 없게 된 때에도 같다.

② 전항의 경우에 채무자는 자기의 채무를 면함으로써 이익을 얻은 때에는 이를 채권자에게 상환하여야 한다.

제539조(제삼자를 위한 계약) ① 계약에 의하여 당사자 일방이 제삼자에게 이행할 것을 약정한 때에는 그 제삼자는 채무자에게 직접 그 이행을 청구할 수 있다.

② 전항의 경우에 제삼자의 권리는 그 제삼자가 채무자에 대하여 계약의 이익을 받을 의사를 표시한 때에 생긴다.

제540조(채무자의 제삼자에 대한 최고권) 전조의 경우에 채무자는 상당한 기간을 정하여 계약의 이익의 향수여부의 확답을 제삼자에게 최고할 수 있다. 채무자가 그 기간내에 확답을 받지 못한 때에는 제삼자가 계약의 이익을 받을 것을 거절한 것으로 본다.

제541조(제삼자의 권리의 확정) 제539조의 규정에 의하여 제삼자의 권리가 생긴 후에는 당사자는 이를 변경 또는 소멸시키지 못한다.

제542조(채무자의 항변권) 채무자는 제539조의 계약에 기한 항변으로 그 계약의 이익을 받을 제삼자에게 대항할 수 있다.

제3관 계약의 해지, 해제

제543조(해지, 해제권) ① 계약 또는 법률의 규정에 의하여 당사자의 일방이나 쌍방이 해지 또는 해제의 권리가 있는 때에는 그 해지 또는 해제는 상대방에 대한 의사표시로 한다.

② 전항의 의사표시는 철회하지 못한다.

제544조(이행지체와 해제) 당사자 일방이 그 채무를 이행하지 아니하는 때에는 상대방은 상당한 기간을 정하여 그 이행을 최고하고 그 기간내에 이행하지 아니한 때에는 계약을 해제할 수 있다. 그러나 채무자가 미리 이행하지 아니할 의사를 표시한 경우에는 최고를 요하지 아니한다.

제545조(정기행위와 해제) 계약의 성질 또는 당사자의 의사표시에 의하여 일정한 시일 또는 일정한 기간내에 이행하지 아니하면 계약의 목적을 달성할 수 없을 경우에 당사자 일방이 그 시기에 이행하지 아니한 때에는 상대방은 전조의 최고를 하지 아니하고 계약을 해제할 수 있다.

제546조(이행불능과 해제) 채무자의 책임있는 사유로 이행이 불능하게 된 때에는 채권자는 계약을 해제할 수 있다.

제547조(해지, 해제권의 불가분성) ① 당사자의 일방 또는 쌍방이 수인인 경우에는 계약의 해지나 해제는 그 전원으로부터 또는 전원에 대하여 하여야 한다.

② 전항의 경우에 해지나 해제의 권리가 당사자 1인에 대하여 소멸한 때에는 다른 당사자에 대하여도 소멸한다.

제548조(해제의 효과, 원상회복의무) ① 당사자 일방이 계약을 해제한 때에는 각 당사자는 그 상대방에 대하여 원상회복의 의무가 있다. 그러나 제삼자의 권리를 해하지 못한다.

② 전항의 경우에 반환할 금전에는 그 받은 날로부터 이자를 가하여야 한다.

제549조(원상회복의무와 동시이행) 제536조의 규정은 전조의 경우에 준용한다.

제550조(해지의 효과) 당사자 일방이 계약을 해지한 때에는 계약은 장래에 대하여 그 효력을 잃는다.

제551조(해지, 해제와 손해배상) 계약의 해지 또는 해제는 손해배상의 청구에 영향을 미치지 아니한다.

제552조(해제권행사여부의 최고권) ① 해제권의 행사의 기간을 정하지 아니한 때에는 상대방은 상당한 기간을 정하여 해제권행사여부의 확답을 해제권자에게 최고할 수 있다.
② 전항의 기간내에 해제의 통지를 받지 못한 때에는 해제권은 소멸한다.

제553조(훼손 등으로 인한 해제권의 소멸) 해제권자의 고의나 과실로 인하여 계약의 목적물이 현저히 훼손되거나 이를 반환할 수 없게 된 때 또는 가공이나 개조로 인하여 다른 종류의 물건으로 변경된 때에는 해제권은 소멸한다.

제 2 절 증여

제554조(증여의 의의) 증여는 당사자 일방이 무상으로 재산을 상대방에 수여하는 의사를 표시하고 상대방이 이를 승낙함으로써 그 효력이 생긴다.

제555조(서면에 의하지 아니한 증여와 해제) 증여의 의사가 서면으로 표시되지 아니한 경우에는 각 당사자는 이를 해제할 수 있다.

제556조(수증자의 행위와 증여의 해제) ① 수증자가 증여자에 대하여 다음 각호의 사유가 있는 때에는 증여자는 그 증여를 해제할 수 있다.
1. 증여자 또는 그 배우자나 직계혈족에 대한 범죄행위가 있는 때
2. 증여자에 대하여 부양의무있는 경우에 이를 이행하지 아니하는 때
② 전항의 해제권은 해제원인있음을 안 날로부터 6월을 경과하거나 증여자가 수증자에 대하여 용서의 의사를 표시한 때에는 소멸한다.

제557조(증여자의 재산상태변경과 증여의 해제) 증여계약후에 증여자의 재산상태가 현저히 변경되고 그 이행으로 인하여 생계에 중대한 영향을 미칠 경우에는 증여자는 증여를 해제할 수 있다.

제558조(해제와 이행완료부분) 전 3 조의 규정에 의한 계약의 해제는 이미 이행한 부분에 대하여는 영향을 미치지 아니한다.

제559조(증여자의 담보책임) ① 증여자는 증여의 목적인 물건 또는 권리의 하자나 흠결에 대하여 책임을 지지 아니한다. 그러나 증여자가 그 하자나 흠결을 알고 수증자에게 고지하지 아니한 때에는 그러하지 아니하다.
② 상대부담있는 증여에 대하여는 증여자는 그 부담의 한도에서 매도인과 같은 담보의 책임이 있다.

제560조(정기증여와 사망으로 인한 실효) 정기의 급여를 목적으로 한 증여는 증여자 또는 수증자의 사망으로 인하여 그 효력을 잃는다.

제561조(부담부증여) 상대부담있는 증여에 대하여는 본절의 규정외에 쌍무계약에 관한 규정을 적용한다.

제562조(사인증여) 증여자의 사망으로 인하여 효력이 생길 증여에는 유증에 관한 규정을 준용한다.

제 3 절 매매

제 1 관 총칙

제563조(매매의 의의) 매매는 당사자 일방이 재산권을 상대방에게 이전할 것을 약정하고 상대방이 그 대금을 지급할 것을 약정함으로써 그 효력이 생긴다.

제564조(매매의 일방예약) ① 매매의 일방예약은 상대방이 매매를 완결할 의사를 표시하는 때에 매매의 효력이 생긴다.
② 전항의 의사표시의 기간을 정하지 아니한 때에는 예약자는 상당한 기간을 정하여 매매완결여부의 확답을 상대방에게 최고할 수 있다.
③ 예약자가 전항의 기간내에 확답을 받지 못한 때에는 예약은 그 효력을 잃는다.

제565조(해약금) ① 매매의 당사자 일방이 계약당시에 금전 기타 물건을 계약금, 보증금등의 명목으로 상대방에게 교부한 때에는 당사자간에 다른 약정이 없는 한 당사자의 일방이 이행에 착수할 때까지 교부자는 이를 포기하고 수령자는 그 배액을 상환하여 매매계약을 해제할 수 있다.
② 제551조의 규정은 전항의 경우에 이를 적용하지 아니한다.

제566조(매매계약의 비용의 부담) 매매계약에 관한 비용은 당사자 쌍방이 균분하여 부담한다.

제567조(유상계약에의 준용) 본절의 규정은 매매 이외의 유상계약에 준용한다. 그러나 그 계약의 성질이 이를 허용하지 아니하는 때에는 그러하지 아니하다.

제 2 관 매매의 효력

제568조(매매의 효력) ① 매도인은 매수인에 대하여 매매의 목적이 된 권리를 이전하여야 하며 매수인은 매도인에게 그 대금을 지급하여야 한다.
② 전항의 쌍방의무는 특별한 약정이나 관습이 없으면 동시에 이행하여야 한다.

제569조(타인의 권리의 매매) 매매의 목적이 된 권리가 타인에게 속한 경우에는 매도인은 그 권리를 취득하여 매수인에게 이전하여야 한다.

제570조(동전 - 매도인의 담보책임) 전조의 경우에 매도인이 그 권리를 취득하여 매수인에게 이전할 수 없는 때에는 매수인은 계약을 해제할 수 있다. 그러나 매수인이 계약당시 그 권리가 매도인에게 속하지 아니함을 안 때에는 손해배상을 청구하지 못한다.

제571조(동전 - 선의의 매도인의 담보책임) ① 매도인이 계약당시에 매매의 목적이 된 권리가 자기에게 속하지 아니함을 알지 못한 경우에 그 권리를 취득하여 매수인에게 이전할 수 없는 때에는 매도인은 손해를 배상하고 계약을 해제할 수 있다.
② 전항의 경우에 매수인이 계약당시 그 권리가 매도인에게 속하지 아니함을 안 때에는 매도인은 매수인에 대하여 그 권리를 이전할 수 없음을 통지하고 계약을 해제할 수 있다.

제572조(권리의 일부가 타인에게 속한 경우와 매도인의 담보책임) ① 매매의 목적이 된 권리의 일부가 타인에게 속함으로 인하여 매도인이 그 권리를 취득하여 매수인에게 이전할 수 없는 때에는 매수인은 그 부분의 비율로 대금의 감액을 청구할 수 있다.
② 전항의 경우에 잔존한 부분만이면 매수인이 이를 매수하지 아니하였을 때에는 선의의 매수인은 계약전부를 해제할 수 있다.
③ 선의의 매수인은 감액청구 또는 계약해제외에 손해배상을 청구할 수 있다.

제573조(전조의 권리행사의 기간) 전조의 권리는 매수인이 선의인 경우에는 사실을 안 날로부터, 악의인 경우에는 계약한 날로부터 1년내에 행사하여야 한다.

제574조(수량부족, 일부멸실의 경우와 매도인의 담보책임) 전 2 조의 규정은 수량을 지정한 매매의 목적물이 부족되는 경우와 매매목적물의 일부가 계약당시에 이미 멸실된 경우에 매수인이 그 부족 또는 멸실을 알지 못한 때에 준용한다.

제575조(제한물권있는 경우와 매도인의 담보책임) ① 매매의 목적물이 지상권, 지역권, 전세권, 질권 또는 유치권의 목적이 된 경우에 매수인이 이를 알지 못한 때에는 이로 인하여 계약의 목적을 달성할 수 없는 경우에 한하여 매수인은 계약을 해제할 수 있다. 기타의 경우에는 손해배상만을 청구할 수 있다.
② 전항의 규정은 매매의 목적이 된 부동산을 위하여 존재할 지역권이 없거나 그 부동산에 등기된 임대차계약이 있는 경우에 준용한다.
③ 전 2 항의 권리는 매수인이 그 사실을 안 날로부터 1년내에 행사하여야 한다.

제576조(저당권, 전세권의 행사와 매도인의 담보책임) ① 매매의 목적이 된 부동산에 설정된 저당권 또는 전세권의 행사로 인하여 매수인이 그 소유권을 취득할 수 없거나 취득한 소유권을 잃은 때에는 매수인은 계약을 해제할 수 있다.
② 전항의 경우에 매수인의 출재로 그 소유권을 보존한 때에는 매도인에 대하여 그 상환을 청구할 수 있다.
③ 전 2 항의 경우에 매수인이 손해를 받은 때에는 그 배상을 청구할 수 있다.

제577조(저당권의 목적이 된 지상권, 전세권의 매매와 매도인의 담보책임) 전조의 규정은 저당권의 목적이 된 지상권 또는 전세권이 매매의 목적이 된 경우에 준용한다.

제578조(경매와 매도인의 담보책임) ① 경매의 경우에는 경락인은 전 8 조의 규정에 의하여 채무자에게 계약의 해제 또는 대금감

액의 청구를 할 수 있다.
② 전항의 경우에 채무자가 자력이 없는 때에는 경락인은 대금의 배당을 받은 채권자에 대하여 그 대금전부나 일부의 반환을 청구할 수 있다.
③ 전 2 항의 경우에 채무자가 물건 또는 권리의 흠결을 알고 고지하지 아니하거나 채권자가 이를 알고 경매를 청구한 때에는 경락인은 그 흠결을 안 채무자나 채권자에 대하여 손해배상을 청구할 수 있다.

제579조(채권매매와 매도인의 담보책임) ① 채권의 매도인이 채무자의 자력을 담보한 때에는 매매계약당시의 자력을 담보한 것으로 추정한다.
② 변제기에 도달하지 아니한 채권의 매도인이 채무자의 자력을 담보한 때에는 변제기의 자력을 담보한 것으로 추정한다.

제580조(매도인의 하자담보책임) ① 매매의 목적물에 하자가 있는 때에는 제575조제 1 항의 규정을 준용한다. 그러나 매수인이 하자있는 것을 알았거나 과실로 인하여 이를 알지 못한 때에는 그러하지 아니하다.
② 전항의 규정은 경매의 경우에 적용하지 아니한다.

제581조(종류매매와 매도인의 담보책임) ① 매매의 목적물을 종류로 지정한 경우에도 그 후 특정된 목적물에 하자가 있는 때에는 전조의 규정을 준용한다.
② 전항의 경우에 매수인은 계약의 해제 또는 손해배상의 청구를 하지 아니하고 하자없는 물건을 청구할 수 있다.

제582조(전 2 조의 권리행사기간) 전 2 조에 의한 권리는 매수인이 그 사실을 안 날로부터 6월내에 행사하여야 한다.

제583조(담보책임과 동시이행) 제536조의 규정은 제572조 내지 제575조, 제580조 및 제581조의 경우에 준용한다.

제584조(담보책임면제의 특약) 매도인은 전 15조에 의한 담보책임을 면하는 특약을 한 경우에도 매도인이 알고 고지하지 아니한 사실 및 제삼자에게 권리를 설정 또는 양도한 행위에 대하여는 책임을 면하지 못한다.

제585조(동일기한의 추정) 매매의 당사자 일방에 대한 의무이행의 기한이 있는 때에는 상대방의 의무이행에 대하여도 동일한 기한이 있는 것으로 추정한다.

제586조(대금지급장소) 매매의 목적물의 인도와 동시에 대금을 지급할 경우에는 그 인도장소에서 이를 지급하여야 한다.

제587조(과실의 귀속, 대금의 이자) 매매계약있은 후에도 인도하지 아니한 목적물로부터 생긴 과실은 매도인에게 속한다. 매수인은 목적물의 인도를 받은 날로부터 대금의 이자를 지급하여야 한다. 그러나 대금의 지급에 대하여 기한이 있는 때에는 그러하지 아니하다.

제588조(권리주장자가 있는 경우와 대금지급거절권) 매매의 목적물에 대하여 권리를 주장하는 자가 있는 경우에 매수인이 매수한 권리의 전부나 일부를 잃을 염려가 있는 때에는 매수인은 그 위험의 한도에서 대금의 전부나 일부의 지급을 거절할 수 있다. 그러나 매도인이 상당한 담보를 제공한 때에는 그러하지 아니하다.

제589조(대금공탁청구권) 전조의 경우에 매도인은 매수인에 대하여 대금의 공탁을 청구할 수 있다.

제 3 관 환매

제590조(환매의 의의) ① 매도인이 매매계약과 동시에 환매할 권리를 보류한 때에는 그 영수한 대금 및 매수인이 부담한 매매비용을 반환하고 그 목적물을 환매할 수 있다.
② 전항의 환매대금에 관하여 특별한 약정이 있으면 그 약정에 의한다.
③ 전 2 항의 경우에 목적물의 과실과 대금의 이자는 특별한 약정이 없으면 이를 상계한 것으로 본다.

제591조(환매기간) ① 환매기간은 부동산은 5년, 동산은 3년을 넘지 못한다. 약정기간이 이를 넘는 때에는 부동산은 5년, 동산은 3년으로 단축한다.
② 환매기간을 정한 때에는 다시 이를 연장하지 못한다.
③ 환매기간을 정하지 아니한 때에는 그 기간은 부동산은 5년, 동산은 3년으로 한다.

제592조(환매등기) 매매의 목적물이 부동산인 경우에 매매등기와 동시에 환매권의 보류를 등기한 때에는 제삼자에 대하여 그 효력이 있다.

제593조(환매권의 대위행사와 매수인의 권리) 매도인의 채권자가 매도인을 대위하여 환매하고자 하는 때에는 매수인은 법원이 선정한 감정인의 평가액에서 매도인이 반환할 금액을 공제한 잔액으로 매도인의 채무를 변제하고 잉여액이 있으면 이를 매도인에게 지급하여 환매권을 소멸시킬 수 있다.

제594조(환매의 실행) ① 매도인은 기간내에 대금과 매매비용을 매수인에게 제공하지 아니하면 환매할 권리를 잃는다.

② 매수인이나 전득자가 목적물에 대하여 비용을 지출한 때에는 매도인은 제203조의 규정에 의하여 이를 상환하여야 한다. 그러나 유익비에 대하여는 법원은 매도인의 청구에 의하여 상당한 상환기간을 허여할 수 있다.

제595조(공유지분의 환매) 공유자의 1인이 환매할 권리를 보류하고 그 지분을 매도한 후 그 목적물의 분할이나 경매가 있는 때에는 매도인은 매수인이 받은 또는 받을 부분이나 대금에 대하여 환매권을 행사할 수 있다. 그러나 매도인에게 통지하지 아니한 매수인은 그 분할이나 경매로써 매도인에게 대항하지 못한다.

제 4 절 교환

제596조(교환의 의의) 교환은 당사자 쌍방이 금전 이외의 재산권을 상호이전할 것을 약정함으로써 그 효력이 생긴다.

제597조(금전의 보충지급의 경우) 당사자 일방이 전조의 재산권이전과 금전의 보충지급을 약정한 때에는 그 금전에 대하여는 매매대금에 관한 규정을 준용한다.

제 5 절 소비대차

제598조(소비대차의 의의) 소비대차는 당사자 일방이 금전 기타 대체물의 소유권을 상대방에게 이전할 것을 약정하고 상대방은 그와 같은 종류, 품질 및 수량으로 반환할 것을 약정함으로써 그 효력이 생긴다.

제599조(파산과 소비대차의 실효) 대주가 목적물을 차주에게 인도하기 전에 당사자 일방이 파산선고를 받은 때에는 소비대차는 그 효력을 잃는다.

제600조(이자계산의 시기) 이자있는 소비대차는 차주가 목적물의 인도를 받은 때로부터 이자를 계산하여야 하며 차주가 그 책임있는 사유로 수령을 지체할 때에는 대주가 이행을 제공한 때로부터 이자를 계산하여야 한다.

제601조(무이자소비대차와 해제권) 이자없는 소비대차의 당사자는 목적물의 인도전에는 언제든지 계약을 해제할 수 있다. 그러나 상대방에게 생긴 손해가 있는 때에는 이를 배상하여야 한다.

제602조(대주의 담보책임) ① 이자있는 소비대차의 목적물에 하자가 있는 경우에는 제580조 내지 제582조의 규정을 준용한다.

② 이자없는 소비대차의 경우에는 차주는 하자있는 물건의 가액으로 반환할 수 있다. 그러나 대주가 그 하자를 알고 차주에게 고지하지 아니한 때에는 전항과 같다.

제603조(반환시기) ① 차주는 약정시기에 차용물과 같은 종류, 품질 및 수량의 물건을 반환하여야 한다.

② 반환시기의 약정이 없는 때에는 대주는 상당한 기간을 정하여 반환을 최고하여야 한다. 그러나 차주는 언제든지 반환할 수 있다.

제604조(반환불능으로 인한 시가상환) 차주가 차용물과 같은 종류, 품질 및 수량의 물건을 반환할 수 없는 때에는 그때의 시가로 상환하여야 한다. 그러나 제376조 및 제377조 제 2 항의 경우에는 그러하지 아니하다.

제605조(준소비대차) 당사자 쌍방이 소비대차에 의하지 아니하고 금전 기타의 대체물을 지급할 의무가 있는 경우에 당사자가 그 목적물을 소비대차의 목적으로 할 것을 약정한 때에는 소비대차의 효력이 생긴다.

제606조(대물대차) 금전대차의 경우에 차주가 금전에 갈음하여 유가증권 기타 물건의 인도를 받은 때에는 그 인도시의 가액으로써 차용액으로 한다. <개정 2014·12·30>

제607조(대물반환의 예약) 차용물의 반환에 관하여 차주가 차용물에 갈음하여 다른 재산권을 이전할 것을 예약한 경우에는 그 재산의 예약당시의 가액이 차용액 및 이에 붙인 이자의 합산액을 넘지 못한다. <개정 2014·12·30>

제608조(차주에 불이익한 약정의 금지) 전 2 조의 규정에 위반한 당사자의 약정으로서 차주에 불리한 것은 환매 기타 여하한 명목이라도 그 효력이 없다.

제 6 절 사용대차

제609조(사용대차의 의의) 사용대차는 당사자 일방이 상대방에게 무상으로 사용, 수익하게 하기 위하여 목적물을 인도할 것을 약정하고 상대방은 이를 사용, 수익한 후 그 물건을 반환할 것을 약정함으로써 그 효력이 생긴다.

제610조(차주의 사용, 수익권) ① 차주는 계약 또는 그 목적물의 성질에 의하여 정하여진 용법으로 이를 사용, 수익하여야 한다.

② 차주는 대주의 승낙이 없으면 제삼자에게 차용물을 사용, 수익하게 하지 못한다.

③ 차주가 전 2 항의 규정에 위반한 때에는 대주는 계약을 해지할 수 있다.

제611조(비용의 부담) ① 차주는 차용물의 통상의 필요비를 부담한다.

② 기타의 비용에 대하여는 제594조제 2 항의 규정을 준용한다.

제612조(준용규정) 제559조, 제601조의 규정은 사용대차에 준용한다.

제613조(차용물의 반환시기) ① 차주는 약정시기에 차용물을 반환하여야 한다.

② 시기의 약정이 없는 경우에는 차주는 계약 또는 목적물의 성질에 의한 사용, 수익이 종료한 때에 반환하여야 한다. 그러나 사용, 수익에 족한 기간이 경과한 때에는 대주는 언제든지 계약을 해지할 수 있다.

제614조(차주의 사망, 파산과 해지) 차주가 사망하거나 파산선고를 받은 때에는 대주는 계약을 해지할 수 있다.

제615조(차주의 원상회복의무와 철거권) 차주가 차용물을 반환하는 때에는 이를 원상에 회복하여야 한다. 이에 부속시킨 물건은 철거할 수 있다.

제616조(공동차주의 연대의무) 수인이 공동하여 물건을 차용한 때에는 연대하여 그 의무를 부담한다.

제617조(손해배상, 비용상환청구의 기간) 계약 또는 목적물의 성질에 위반한 사용, 수익으로 인하여 생긴 손해배상의 청구와 차주가 지출한 비용의 상환청구는 대주가 물건의 반환을 받은 날로부터 6월내에 하여야 한다.

제 7 절 임대차

제618조(임대차의 의의) 임대차는 당사자 일방이 상대방에게 목적물을 사용, 수익하게 할 것을 약정하고 상대방이 이에 대하여 차임을 지급할 것을 약정함으로써 그 효력이 생긴다.

제619조(처분능력, 권한없는 자의 할 수 있는 단기임대차) 처분의 능력 또는 권한없는 자가 임대차를 하는 경우에는 그 임대차는 다음 각호의 기간을 넘지 못한다.

1. 식목, 채염 또는 석조, 석회조, 연와조 및 이와 유사한 건축을 목적으로 한 토지의 임대차는 10년
2. 기타 토지의 임대차는 5년
3. 건물 기타 공작물의 임대차는 3년
4. 동산의 임대차는 6월

제620조(단기임대차의 갱신) 전조의 기간은 갱신할 수 있다. 그러나 그 기간만료전 토지에 대하여는 1년, 건물 기타 공작물에 대하여는 3월, 동산에 대하여는 1월내에 갱신하여야 한다.

제621조(임대차의 등기) ① 부동산임차인은 당사자간에 반대약정이 없으면 임대인에 대하여 그 임대차등기절차에 협력할 것을 청구할 수 있다.

② 부동산임대차를 등기한 때에는 그때부터 제삼자에 대하여 효력이 생긴다.

제622조(건물등기있는 차지권의 대항력) ① 건물의 소유를 목적으로 한 토지임대차는 이를 등기하지 아니한 경우에도 임차인이 그 지상건물을 등기한 때에는 제삼자에 대하여 임대차의 효력이 생긴다.

② 건물이 임대차기간만료전에 멸실 또는 후폐한 때에는 전항의 효력을 잃는다.

제623조(임대인의 의무) 임대인은 목적물을 임차인에게 인도하고 계약존속중 그 사용, 수익에 필요한 상태를 유지하게 할 의무를 부담한다.

제624조(임대인의 보존행위, 인용의무) 임대인이 임대물의 보존에 필요한 행위를 하는 때에는 임차인은 이를 거절하지 못한다.

제625조(임차인의 의사에 반하는 보존행위와 해지권) 임대인이 임차인의 의사에 반하여 보존행위를 하는 경우에 임차인이 이로 인하여 임차의 목적을 달성할 수 없는 때에는 계약을 해지할 수 있다.

제626조(임차인의 상환청구권) ① 임차인이 임차물의 보존에 관한 필요비를 지출한 때에는 임대인에 대하여 그 상환을 청구할 수 있다.

② 임차인이 유익비를 지출한 경우에는 임대인은 임대차종료시에 그 가액의 증가가 현존한 때에 한하여 임차인의 지출한 금액이나 그 증가액을 상환하여야 한다. 이 경우에 법원은 임대인의 청구에 의하여 상당한 상환기간을 허여할 수 있다.

제627조(일부멸실 등과 감액청구, 해지권) ① 임차물의 일부가 임차인의 과실없이 멸실 기타 사유로 인하여 사용, 수익할 수 없는 때에는 임차인은 그 부분의 비율에 의한 차임의 감액을 청구할 수 있다.

② 전항의 경우에 그 잔존부분으로 임차의 목적을 달성할 수 없는 때에는 임차인은 계약을 해지할 수 있다.

제628조(차임증감청구권) 임대물에 대한 공과부담의 증감 기타 경제사정의 변동으로 인하여 약정한 차임이 상당하지 아니하게 된 때에는 당사자는 장래에 대한 차임의 증감을 청구할 수 있다.

제629조(임차권의 양도, 전대의 제한) ① 임차인은 임대인의 동의없이 그 권리를 양도하거나 임차물을 전대하지 못한다.

② 임차인이 전항의 규정에 위반한 때에는 임대인은 계약을 해지할 수 있다.

제630조(전대의 효과) ① 임차인이 임대인의 동의를 얻어 임차물을 전대한 때에는 전차인은 직접 임대인에 대하여 의무를 부담한다. 이 경우에 전차인은 전대인에 대한 차임의 지급으로써 임대인에게 대항하지 못한다.

② 전항의 규정은 임대인의 임차인에 대한 권리행사에 영향을 미치지 아니한다.

제631조(전차인의 권리의 확정) 임차인이 임대인의 동의를 얻어 임차물을 전대한 경우에는 임대인과 임차인의 합의로 계약을 종료한 때에도 전차인의 권리는 소멸하지 아니한다.

제632조(임차건물의 소부분을 타인에게 사용케 하는 경우) 전 3 조의 규정은 건물의 임차인이 그 건물의 소부분을 타인에게 사용하게 하는 경우에 적용하지 아니한다.

제633조(차임지급의 시기) 차임은 동산, 건물이나 대지에 대하여는 매월말에, 기타 토지에 대하여는 매년말에 지급하여야 한다. 그러나 수확기있는 것에 대하여는 그 수확후 지체없이 지급하여야 한다.

제634조(임차인의 통지의무) 임차물의 수리를 요하거나 임차물에 대하여 권리를 주장하는 자가 있는 때에는 임차인은 지체없이 임대인에게 이를 통지하여야 한다. 그러나 임대인이 이미 이를 안 때에는 그러하지 아니하다.

제635조(기간의 약정없는 임대차의 해지통고) ① 임대차기간의 약정이 없는 때에는 당사자는 언제든지 계약해지의 통고를 할 수 있다.

② 상대방이 전항의 통고를 받은 날로부터 다음 각호의 기간이 경과하면 해지의 효력이 생긴다.

1. 토지, 건물 기타 공작물에 대하여는 임대인이 해지를 통고한 경우에는 6월, 임차인이 해지를 통고한 경우에는 1월
2. 동산에 대하여는 5일

제636조(기간의 약정있는 임대차의 해지통고) 임대차기간의 약정이 있는 경우에도 당사자일방 또는 쌍방이 그 기간내에 해지할 권리를 보류한 때에는 전조의 규정을 준용한다.

제637조(임차인의 파산과 해지통고) ① 임차인이 파산선고를 받은 경우에는 임대차기간의 약정이 있는 때에도 임대인 또는 파산관재인은 제635조의 규정에 의하여 계약해지의 통고를 할 수 있다.

② 전항의 경우에 각 당사자는 상대방에 대하여 계약해지로 인하여 생긴 손해의 배상을 청구하지 못한다.

제638조(해지통고의 전차인에 대한 통지) ① 임대차계약이 해지의 통고로 인하여 종료된 경우에 그 임대물이 적법하게 전대되었을 때에는 임대인은 전차인에 대하여 그 사유를 통지하지 아니하면 해지로써 전차인에게

대항하지 못한다.
② 전차인이 전항의 통지를 받은 때에는 제635조제2항의 규정을 준용한다.

제639조(묵시의 갱신) ① 임대차기간이 만료한 후 임차인이 임차물의 사용, 수익을 계속하는 경우에 임대인이 상당한 기간내에 이의를 하지 아니한 때에는 전임대차와 동일한 조건으로 다시 임대차한 것으로 본다. 그러나 당사자는 제635조의 규정에 의하여 해지의 통고를 할 수 있다.
② 전항의 경우에 전임대차에 대하여 제삼자가 제공한 담보는 기간의 만료로 인하여 소멸한다.

제640조(차임연체와 해지) 건물 기타 공작물의 임대차에는 임차인의 차임연체액이 2기의 차임액에 달하는 때에는 임대인은 계약을 해지할 수 있다.

제641조(동전) 건물 기타 공작물의 소유 또는 식목, 채염, 목축을 목적으로 한 토지임대차의 경우에도 전조의 규정을 준용한다.

제642조(토지임대차의 해지와 지상건물 등에 대한 담보물권자에의 통지) 전조의 경우에 그 지상에 있는 건물 기타 공작물이 담보물권의 목적이 된 때에는 제288조의 규정을 준용한다.

제643조(임차인의 갱신청구권, 매수청구권) 건물 기타 공작물의 소유 또는 식목, 채염, 목축을 목적으로 한 토지임대차의 기간이 만료한 경우에 건물, 수목 기타 지상시설이 현존한 때에는 제283조의 규정을 준용한다.

제644조(전차인의 임대청구권, 매수청구권) ① 건물 기타 공작물의 소유 또는 식목, 채염, 목축을 목적으로 한 토지임차인이 적법하게 그 토지를 전대한 경우에 임대차 및 전대차의 기간이 동시에 만료되고 건물, 수목 기타 지상시설이 현존한 때에는 전차인은 임대인에 대하여 전전대차와 동일한 조건으로 임대할 것을 청구할 수 있다.
② 전항의 경우에 임대인이 임대할 것을 원하지 아니하는 때에는 제283조제2항의 규정을준용한다.

제645조(지상권목적토지의 임차인의 임대청구권, 매수청구권) 전조의 규정은 지상권자가 그 토지를 임대한 경우에 준용한다.

제646조(임차인의 부속물매수청구권) ① 건물 기타 공작물의 임차인이 그 사용의 편익을 위하여 임대인의 동의를 얻어 이에 부속한 물건이 있는 때에는 임대차의 종료시에 임대인에 대하여 그 부속물의 매수를 청구할 수 있다.
② 임대인으로부터 매수한 부속물에 대하여도 전항과 같다.

제647조(전차인의 부속물매수청구권) ① 건물 기타 공작물의 임차인이 적법하게 전대한 경우에 전차인이 그 사용의 편익을 위하여 임대인의 동의를 얻어 이에 부속한 물건이 있는 때에는 전대차의 종료시에 임대인에 대하여 그 부속물의 매수를 청구할 수 있다.
② 임대인으로부터 매수하였거나 그 동의를 얻어 임차인으로부터 매수한 부속물에 대하여도 전항과 같다.

제648조(임차지의 부속물, 과실 등에 대한 법정질권) 토지임대인이 임대차에 관한 채권에 의하여 임차지에 부속 또는 그 사용의 편익에 공용한 임차인의 소유동산 및 그 토지의 과실을 압류한 때에는 질권과 동일한 효력이 있다.

제649조(임차지상의 건물에 대한 법정저당권) 토지임대인이 변제기를 경과한 최후 2년의 차임채권에 의하여 그 지상에 있는 임차인소유의 건물을 압류한 때에는 저당권과 동일한 효력이 있다.

제650조(임차건물 등의 부속물에 대한 법정질권) 건물 기타 공작물의 임대인이 임대차에 관한 채권에 의하여 그 건물 기타 공작물에 부속한 임차인소유의 동산을 압류한 때에는 질권과 동일한 효력이 있다.

제651조 삭제 <2016·1·6>

제652조(강행규정) 제627조, 제628조, 제631조, 제635조, 제638조, 제640조, 제641조, 제643조 내지 제647조의 규정에 위반하는 약정으로 임차인이나 전차인에게 불리한 것은 그 효력이 없다.

제653조(일시사용을 위한 임대차의 특례) 제628조, 제638조, 제640조, 제646조 내지 제648조, 제650조 및 전조의 규정은 일시사용하기 위한 임대차 또는 전대차인 것이 명백한 경우에는 적용하지 아니한다.

제654조(준용규정) 제610조제1항, 제615조 내지 제617조의 규정은 임대차에 이를 준용한다.

제 8 절 고용

제655조(고용의 의의) 고용은 당사자 일방이 상대방에 대하여 노무를 제공할 것을 약정하고 상대방이 이에 대하여 보수를 지급할 것을 약정함으로써 그 효력이 생긴다.

제656조(보수액과 그 지급시기) ① 보수 또는 보수액의 약정이 없는 때에는 관습에 의하여 지급하여야 한다.

② 보수는 약정한 시기에 지급하여야 하며 시기의 약정이 없으면 관습에 의하고 관습이 없으면 약정한 노무를 종료한 후 지체없이 지급하여야 한다.

제657조(권리의무의 전속성) ① 사용자는 노무자의 동의없이 그 권리를 제삼자에게 양도하지 못한다.

② 노무자는 사용자의 동의없이 제삼자로 하여금 자기에 갈음하여 노무를 제공하게 하지 못한다. <개정 2014·12·30>

③ 당사자 일방이 전 2 항의 규정에 위반한 때에는 상대방은 계약을 해지할 수 있다.

제658조(노무의 내용과 해지권) ① 사용자가 노무자에 대하여 약정하지 아니한 노무의 제공을 요구한 때에는 노무자는 계약을 해지할 수 있다.

② 약정한 노무가 특수한 기능을 요하는 경우에 노무자가 그 기능이 없는 때에는 사용자는 계약을 해지할 수 있다.

제659조(3년 이상의 경과와 해지통고권) ① 고용의 약정기간이 3년을 넘거나 당사자의 일방 또는 제삼자의 종신까지로 된 때에는 각 당사자는 3년을 경과한 후 언제든지 계약해지의 통고를 할 수 있다.

② 전항의 경우에는 상대방이 해지의 통고를 받은 날로부터 3월이 경과하면 해지의 효력이 생긴다.

제660조(기간의 약정이 없는 고용의 해지통고) ① 고용기간의 약정이 없는 때에는 당사자는 언제든지 계약해지의 통고를 할 수 있다.

② 전항의 경우에는 상대방이 해지의 통고를 받은 날로부터 1월이 경과하면 해지의 효력이 생긴다.

③ 기간으로 보수를 정한 때에는 상대방이 해지의 통고를 받은 당기후의 일기를 경과함으로써 해지의 효력이 생긴다.

제661조(부득이한 사유와 해지권) 고용기간의 약정이 있는 경우에도 부득이한 사유있는 때에는 각 당사자는 계약을 해지할 수 있다. 그러나 그 사유가 당사자 일방의 과실로 인하여 생긴 때에는 상대방에 대하여 손해를 배상하여야 한다.

제662조(묵시의 갱신) ① 고용기간이 만료한 후 노무자가 계속하여 그 노무를 제공하는 경우에 사용자가 상당한 기간내에 이의를 하지 아니한 때에는 전고용과 동일한 조건으로 다시 고용한 것으로 본다. 그러나 당사자는 제660조의 규정에 의하여 해지의 통고를 할 수 있다.

② 전항의 경우에는 전고용에 대하여 제삼자가 제공한 담보는 기간의 만료로 인하여 소멸한다.

제663조(사용자파산과 해지통고) ① 사용자가 파산선고를 받은 경우에는 고용기간의 약정이 있는 때에도 노무자 또는 파산관재인은 계약을 해지할 수 있다.

② 전항의 경우에는 각 당사자는 계약해지로 인한 손해의 배상을 청구하지 못한다.

제 9 절 도급

제664조(도급의 의의) 도급은 당사자 일방이 어느 일을 완성할 것을 약정하고 상대방이 그 일의 결과에 대하여 보수를 지급할 것을 약정함으로써 그 효력이 생긴다.

제665조(보수의 지급시기) ① 보수는 그 완성된 목적물의 인도와 동시에 지급하여야 한다. 그러나 목적물의 인도를 요하지 아니하는 경우에는 그 일을 완성한 후 지체없이 지급하여야 한다.

② 전항의 보수에 관하여는 제656조제 2 항의 규정을 준용한다.

제666조(수급인의 목적부동산에 대한 저당권설정청구권) 부동산공사의 수급인은 전조의 보수에 관한 채권을 담보하기 위하여 그 부동산을 목적으로 한 저당권의 설정을 청구할 수 있다.

제667조(수급인의 담보책임) ① 완성된 목적물 또는 완성전의 성취된 부분에 하자가 있는 때에는 도급인은 수급인에 대하여 상당

한 기간을 정하여 그 하자의 보수를 청구할 수 있다. 그러나 하자가 중요하지 아니한 경우에 그 보수에 과다한 비용을 요할 때에는 그러하지 아니하다.
② 도급인은 하자의 보수에 갈음하여 또는 보수와 함께 손해배상을 청구할 수 있다. <개정 2014·12·30>
③ 전항의 경우에는 제536조의 규정을 준용한다.

제668조(동전-도급인의 해제권) 도급인이 완성된 목적물의 하자로 인하여 계약의 목적을 달성할 수 없는 때에는 계약을 해제할 수 있다. 그러나 건물 기타 토지의 공작물에 대하여는 그러하지 아니하다.

제669조(동전-하자가 도급인의 제공한 재료 또는 지시에 기인한 경우의 면책) 전2조의 규정은 목적물의 하자가 도급인이 제공한 재료의 성질 또는 도급인의 지시에 기인한 때에는 적용하지 아니한다. 그러나 수급인이 그 재료 또는 지시의 부적당함을 알고 도급인에게 고지하지 아니한 때에는 그러하지 아니하다.

제670조(담보책임의 존속기간) ① 전3조의 규정에 의한 하자의 보수, 손해배상의 청구 및 계약의 해제는 목적물의 인도를 받은 날로부터 1년내에 하여야 한다.
② 목적물의 인도를 요하지 아니하는 경우에는 전항의 기간은 일의 종료한 날로부터 기산한다.

제671조(수급인의 담보책임-토지, 건물 등에 대한 특칙) ① 토지, 건물 기타 공작물의 수급인은 목적물 또는 지반공사의 하자에 대하여 인도후 5년간 담보의 책임이 있다. 그러나 목적물이 석조, 석회조, 연와조, 금속 기타 이와 유사한 재료로 조성된 것인 때에는 그 기간을 10년으로 한다.
② 전항의 하자로 인하여 목적물이 멸실 또는 훼손된 때에는 도급인은 그 멸실 또는 훼손된 날로부터 1년내에 제667조의 권리를 행사하여야 한다.

제672조(담보책임면제의 특약) 수급인은 제667조, 제668조의 담보책임이 없음을 약정한 경우에도 알고 고지하지 아니한 사실에 대하여는 그 책임을 면하지 못한다.

제673조(완성전의 도급인의 해제권) 수급인이 일을 완성하기 전에는 도급인은 손해를 배상하고 계약을 해제할 수 있다.

제674조(도급인의 파산과 해제권) ① 도급인이 파산선고를 받은 때에는 수급인 또는 파산관재인은 계약을 해제할 수 있다. 이 경우에는 수급인은 일의 완성된 부분에 대한 보수 및 보수에 포함되지 아니한 비용에 대하여 파산재단의 배당에 가입할 수 있다.
② 전항의 경우에는 각 당사자는 상대방에 대하여 계약해제로 인한 손해의 배상을 청구하지 못한다.

제9절의2 여행계약

제674조의2(여행계약의 의의) 여행계약은 당사자 한쪽이 상대방에게 운송, 숙박, 관광 또는 그 밖의 여행 관련 용역을 결합하여 제공하기로 약정하고 상대방이 그 대금을 지급하기로 약정함으로써 효력이 생긴다.
〔본조신설 2015·2·3〕

제674조의3(여행 개시 전의 계약 해제) 여행자는 여행을 시작하기 전에는 언제든지 계약을 해제할 수 있다. 다만, 여행자는 상대방에게 발생한 손해를 배상하여야 한다.
〔본조신설 2015·2·3〕

제674조의4(부득이한 사유로 인한 계약 해지) ① 부득이한 사유가 있는 경우에는 각 당사자는 계약을 해지할 수 있다. 다만, 그 사유가 당사자 한쪽의 과실로 인하여 생긴 경우에는 상대방에게 손해를 배상하여야 한다.
② 제1항에 따라 계약이 해지된 경우에도 계약상 귀환운송(歸還運送) 의무가 있는 여행주최자는 여행자를 귀환운송할 의무가 있다.
③ 제1항의 해지로 인하여 발생하는 추가 비용은 그 해지 사유가 어느 당사자의 사정에 속하는 경우에는 그 당사자가 부담하고, 누구의 사정에도 속하지 아니하는 경우에는 각 당사자가 절반씩 부담한다.
〔본조신설 2015·2·3〕

제674조의5(대금의 지급시기) 여행자는 약정한 시기에 대금을 지급하여야 하며, 그 시기의 약정이 없으면 관습에 따르고, 관습이 없으면 여행의 종료 후 지체 없이 지급하여야 한다.
〔본조신설 2015·2·3〕

제674조의6(여행주최자의 담보책임) ① 여행에 하자가 있는 경우에는 여행자는 여행주최자에게 하자의 시정 또는 대금의 감액을 청구할 수 있다. 다만, 그 시정에 지나치게 많은 비용이 들거나 그 밖에 시정을 합리적으로 기대할 수 없는 경우에는 시정을 청구할 수 없다.

② 제1항의 시정 청구는 상당한 기간을 정하여 하여야 한다. 다만, 즉시 시정할 필요가 있는 경우에는 그러하지 아니하다.

③ 여행자는 시정 청구, 감액 청구를 갈음하여 손해배상을 청구하거나 시정 청구, 감액 청구와 함께 손해배상을 청구할 수 있다.

〔본조신설 2015·2·3〕

제674조의7(여행주최자의 담보책임과 여행자의 해지권) ① 여행자는 여행에 중대한 하자가 있는 경우에 그 시정이 이루어지지 아니하거나 계약의 내용에 따른 이행을 기대할 수 없는 경우에는 계약을 해지할 수 있다.

② 계약이 해지된 경우에는 여행주최자는 대금청구권을 상실한다. 다만, 여행자가 실행된 여행으로 이익을 얻은 경우에는 그 이익을 여행주최자에게 상환하여야 한다.

③ 여행주최자는 계약의 해지로 인하여 필요하게 된 조치를 할 의무를 지며, 계약상 귀환운송 의무가 있으면 여행자를 귀환운송하여야 한다. 이 경우 상당한 이유가 있는 때에는 여행주최자는 여행자에게 그 비용의 일부를 청구할 수 있다.

〔본조신설 2015·2·3〕

제674조의8(담보책임의 존속기간) 제674조의6과 제674조의7에 따른 권리는 여행 기간 중에도 행사할 수 있으며, 계약에서 정한 여행 종료일부터 6개월 내에 행사하여야 한다.

〔본조신설 2015·2·3〕

제674조의9(강행규정) 제674조의3, 제674조의4 또는 제674조의6부터 제674조의8까지의 규정을 위반하는 약정으로서 여행자에게 불리한 것은 효력이 없다.

〔본조신설 2015·2·3〕

제10절 현상광고

제675조(현상광고의 의의) 현상광고는 광고자가 어느 행위를 한 자에게 일정한 보수를 지급할 의사를 표시하고 이에 응한 자가 그 광고에 정한 행위를 완료함으로써 그 효력이 생긴다.

제676조(보수수령권자) ① 광고에 정한 행위를 완료한 자가 수인인 경우에는 먼저 그 행위를 완료한 자가 보수를 받을 권리가 있다.

② 수인이 동시에 완료한 경우에는 각각 균등한 비율로 보수를 받을 권리가 있다. 그러나 보수가 그 성질상 분할할 수 없거나 광고에 1인만이 보수를 받을 것으로 정한 때에는 추첨에 의하여 결정한다.

제677조(광고부지의 행위) 전조의 규정은 광고있음을 알지 못하고 광고에 정한 행위를 완료한 경우에 준용한다.

제678조(우수현상광고) ① 광고에 정한 행위를 완료한 자가 수인인 경우에 그 우수한 자에 한하여 보수를 지급할 것을 정하는 때에는 그 광고에 응모기간을 정한 때에 한하여 그 효력이 생긴다.

② 전항의 경우에 우수의 판정은 광고 중에 정한 자가 한다. 광고 중에 판정자를 정하지 아니한 때에는 광고자가 판정한다.

③ 우수한 자 없다는 판정은 이를 할 수 없다. 그러나 광고 중에 다른 의사표시가 있거나 광고의 성질상 판정의 표준이 정하여져 있는 때에는 그러하지 아니하다.

④ 응모자는 전2항의 판정에 대하여 이의를 하지 못한다.

⑤ 수인의 행위가 동등으로 판정된 때에는 제676조제2항의 규정을 준용한다.

제679조(현상광고의 철회) ① 광고에 그 지정한 행위의 완료기간을 정한 때에는 그 기간만료전에 광고를 철회하지 못한다.

② 광고에 행위의 완료기간을 정하지 아니한 때에는 그 행위를 완료한 자 있기 전에는 그 광고와 동일한 방법으로 광고를 철회할 수 있다.

③ 전광고와 동일한 방법으로 철회할 수 없는 때에는 그와 유사한 방법으로 철회할 수 있다. 이 철회는 철회한 것을 안 자에 대하여만 그 효력이 있다.

제11절 위임

제680조(위임의 의의) 위임은 당사자 일방이 상대방에 대하여 사무의 처리를 위탁하고 상대방이 이를 승낙함으로써 그 효력이 생긴다.

제681조(수임인의 선관의무) 수임인은 위임의 본지에 따라 선량한 관리자의 주의로써 위임사무를 처리하여야 한다.

제682조(복임권의 제한) ① 수임인은 위임인의 승낙이나 부득이한 사유없이 제삼자로 하여금 자기에 갈음하여 위임사무를 처리하게 하지 못한다. <개정 2014·12·30>
② 수임인이 전항의 규정에 의하여 제삼자에게 위임사무를 처리하게 한 경우에는 제121조, 제123조의 규정을 준용한다.

제683조(수임인의 보고의무) 수임인은 위임인의 청구가 있는 때에는 위임사무의 처리상황을 보고하고 위임이 종료한 때에는 지체없이 그 전말을 보고하여야 한다.

제684조(수임인의 취득물 등의 인도, 이전의무) ① 수임인은 위임사무의 처리로 인하여 받은 금전 기타의 물건 및 그 수취한 과실을 위임인에게 인도하여야 한다.
② 수임인이 위임인을 위하여 자기의 명의로 취득한 권리는 위임인에게 이전하여야 한다.

제685조(수임인의 금전소비의 책임) 수임인이 위임인에게 인도할 금전 또는 위임인의 이익을 위하여 사용할 금전을 자기를 위하여 소비한 때에는 소비한 날 이후의 이자를 지급하여야 하며 그 외의 손해가 있으면 배상하여야 한다.

제686조(수임인의 보수청구권) ① 수임인은 특별한 약정이 없으면 위임인에 대하여 보수를 청구하지 못한다.
② 수임인이 보수를 받을 경우에는 위임사무를 완료한 후가 아니면 이를 청구하지 못한다. 그러나 기간으로 보수를 정한 때에는 그 기간이 경과한 후에 이를 청구할 수 있다.
③ 수임인이 위임사무를 처리하는 중에 수임인의 책임없는 사유로 인하여 위임이 종료된 때에는 수임인은 이미 처리한 사무의 비율에 따른 보수를 청구할 수 있다.

제687조(수임인의 비용선급청구권) 위임사무의 처리에 비용을 요하는 때에는 위임인은 수임인의 청구에 의하여 이를 선급하여야 한다.

제688조(수임인의 비용상환청구권 등) ① 수임인이 위임사무의 처리에 관하여 필요비를 지출한 때에는 위임인에 대하여 지출한 날 이후의 이자를 청구할 수 있다.
② 수임인이 위임사무의 처리에 필요한 채무를 부담한 때에는 위임인에게 자기에 갈음하여 이를 변제하게 할 수 있고 그 채무가 변제기에 있지 아니한 때에는 상당한 담보를 제공하게 할 수 있다. <개정 2014·12·30>
③ 수임인이 위임사무의 처리를 위하여 과실없이 손해를 받은 때에는 위임인에 대하여 그 배상을 청구할 수 있다.

제689조(위임의 상호해지의 자유) ① 위임계약은 각 당사자가 언제든지 해지할 수 있다.
② 당사자 일방이 부득이한 사유없이 상대방의 불리한 시기에 계약을 해지한 때에는 그 손해를 배상하여야 한다.

제690조(사망·파산 등과 위임의 종료) 위임은 당사자 한쪽의 사망이나 파산으로 종료된다. 수임인이 성년후견개시의 심판을 받은 경우에도 이와 같다.
〔전부개정 2011·3·7〕

제691조(위임종료시의 긴급처리) 위임종료의 경우에 급박한 사정이 있는 때에는 수임인, 그 상속인이나 법정대리인은 위임인, 그 상속인이나 법정대리인이 위임사무를 처리할 수 있을 때까지 그 사무의 처리를 계속하여야 한다. 이 경우에는 위임의 존속과 동일한 효력이 있다.

제692조(위임종료의 대항요건) 위임종료의 사유는 이를 상대방에게 통지하거나 상대방이 이를 안 때가 아니면 이로써 상대방에게 대항하지 못한다.

제12절 임치

제693조(임치의 의의) 임치는 당사자일방이 상대방에 대하여 금전이나 유가증권 기타 물건의 보관을 위탁하고 상대방이 이를 승낙함으로써 효력이 생긴다.

제694조(수치인의 임치물사용금지) 수치인은 임치인의 동의없이 임치물을 사용하지 못한다.

제695조(무상수치인의 주의의무) 보수없이 임치를 받은 자는 임치물을 자기재산과 동일한 주의로 보관하여야 한다.

제696조(수치인의 통지의무) 임치물에 대한 권리를 주장하는 제삼자가 수치인에 대하여 소를 제기하거나 압류한 때에는 수치인은 지체없이 임치인에게 이를 통지하여야 한다.

제697조(임치물의 성질, 하자로 인한 임치인의 손해배상의무) 임치인은 임치물의 성질 또는 하자로 인하여 생긴 손해를 수치인에게 배상하여야 한다. 그러나 수치인이 그 성질 또는 하자를 안 때에는 그러하지 아니하다.

제698조(기간의 약정있는 임치의 해지) 임치기간의 약정이 있는 때에는 수치인은 부득이한 사유없이 그 기간만료전에 계약을 해지하지 못한다. 그러나 임치인은 언제든지 계약을 해지할 수 있다.

제699조(기간의 약정없는 임치의 해지) 임치기간의 약정이 없는 때에는 각 당사자는 언제든지 계약을 해지할 수 있다.

제700조(임치물의 반환장소) 임치물은 그 보관한 장소에서 반환하여야 한다. 그러나 수치인이 정당한 사유로 인하여 그 물건을 전치한 때에는 현존하는 장소에서 반환할 수 있다.

제701조(준용규정) 제682조, 제684조 내지 제687조 및 제688조제1항, 제2항의 규정은 임치에 준용한다.

제702조(소비임치) 수치인이 계약에 의하여 임치물을 소비할 수 있는 경우에는 소비대차에 관한 규정을 준용한다. 그러나 반환시기의 약정이 없는 때에는 임치인은 언제든지 그 반환을 청구할 수 있다.

제13절 조합

제703조(조합의 의의) ① 조합은 2인 이상이 상호출자하여 공동사업을 경영할 것을 약정함으로써 그 효력이 생긴다.

② 전항의 출자는 금전 기타 재산 또는 노무로 할 수 있다.

제704조(조합재산의 합유) 조합원의 출자 기타 조합재산은 조합원의 합유로 한다.

제705조(금전출자지체의 책임) 금전을 출자의 목적으로 한 조합원이 출자시기를 지체한 때에는 연체이자를 지급하는 외에 손해를 배상하여야 한다.

제706조(사무집행의 방법) ① 조합계약으로 업무집행자를 정하지 아니한 경우에는 조합원의 3분의 2 이상의 찬성으로써 이를 선임한다.

② 조합의 업무집행은 조합원의 과반수로써 결정한다. 업무집행자 수인인 때에는 그 과반수로써 결정한다.

③ 조합의 통상사무는 전항의 규정에 불구하고 각 조합원 또는 각 업무집행자가 전행할 수 있다. 그러나 그 사무의 완료전에 다른 조합원 또는 다른 업무집행자의 이의가 있는 때에는 즉시 중지하여야 한다.

제707조(준용규정) 조합업무를 집행하는 조합원에는 제681조 내지 제688조의 규정을 준용한다.

제708조(업무집행자의 사임, 해임) 업무집행자인 조합원은 정당한 사유없이 사임하지 못하며 다른 조합원의 일치가 아니면 해임하지 못한다.

제709조(업무집행자의 대리권추정) 조합의 업무를 집행하는 조합원은 그 업무집행의 대리권있는 것으로 추정한다.

제710조(조합원의 업무, 재산상태검사권) 각 조합원은 언제든지 조합의 업무 및 재산상태를 검사할 수 있다.

제711조(손익분배의 비율) ① 당사자가 손익분배의 비율을 정하지 아니한 때에는 각 조합원의 출자가액에 비례하여 이를 정한다.

② 이익 또는 손실에 대하여 분배의 비율을 정한 때에는 그 비율은 이익과 손실에 공통된 것으로 추정한다.

제712조(조합원에 대한 채권자의 권리행사) 조합채권자는 그 채권발생 당시에 조합원의 손실부담의 비율을 알지 못한 때에는 각 조합원에게 균분하여 그 권리를 행사할 수 있다.

제713조(무자력조합원의 채무와 타조합원의 변제책임) 조합원 중에 변제할 자력없는 자가 있는 때에는 그 변제할 수 없는 부분은 다른 조합원이 균분하여 변제할 책임이 있다.

제714조(지분에 대한 압류의 효력) 조합원의 지분에 대한 압류는 그 조합원의 장래의 이익배당 및 지분의 반환을 받을 권리에 대하여 효력이 있다.

제715조(조합채무자의 상계의 금지) 조합의 채무자는 그 채무와 조합원에 대한 채권으로 상계하지 못한다.

제716조(임의탈퇴) ① 조합계약으로 조합의 존속기간을 정하지 아니하거나 조합원의 종신까지 존속할 것을 정한 때에는 각 조합원은 언제든지 탈퇴할 수 있다. 그러나 부득이한 사유없이 조합의 불리한 시기에 탈퇴하지 못한다.

② 조합의 존속기간을 정한 때에도 조합원은 부득이한 사유가 있으면 탈퇴할 수 있다.

제717조(비임의 탈퇴) 제716조의 경우 외에 조합원은 다음 각 호의 어느 하나에 해당하는 사유가 있으면 탈퇴된다.

1. 사망
2. 파산
3. 성년후견의 개시
4. 제명(除名)

〔전부개정 2011·3·7〕

제718조(제명) ① 조합원의 제명은 정당한 사유있는 때에 한하여 다른 조합원의 일치로써 이를 결정한다.

② 전항의 제명결정은 제명된 조합원에게 통지하지 아니하면 그 조합원에게 대항하지 못한다.

제719조(탈퇴조합원의 지분의 계산) ① 탈퇴한 조합원과 다른 조합원간의 계산은 탈퇴당시의 조합재산상태에 의하여 한다.

② 탈퇴한 조합원의 지분은 그 출자의 종류여하에 불구하고 금전으로 반환할 수 있다.

③ 탈퇴당시에 완결되지 아니한 사항에 대하여는 완결후에 계산할 수 있다.

제720조(부득이한 사유로 인한 해산청구) 부득이한 사유가 있는 때에는 각 조합원은 조합의 해산을 청구할 수 있다.

제721조(청산인) ① 조합이 해산한 때에는 청산은 총조합원 공동으로 또는 그들이 선임한 자가 그 사무를 집행한다.

② 전항의 청산인의 선임은 조합원의 과반수로써 결정한다.

제722조(청산인의 업무집행방법) 청산인이 수인인 때에는 제706조제2항 후단의 규정을 준용한다.

제723조(조합원인 청산인의 사임, 해임) 조합원 중에서 청산인을 정한 때에는 제708조의 규정을 준용한다.

제724조(청산인의 직무, 권한과 잔여재산의 분배) ① 청산인의 직무 및 권한에 관하여는 제87조의 규정을 준용한다.

② 잔여재산은 각 조합원의 출자가액에 비례하여 이를 분배한다.

제14절 종신정기금

제725조(종신정기금계약의 의의) 종신정기금계약은 당사자 일방이 자기, 상대방 또는 제삼자의 종신까지 정기로 금전 기타의 물건을 상대방 또는 제삼자에게 지급할 것을 약정함으로써 그 효력이 생긴다.

제726조(종신정기금의 계산) 종신정기금은 일수로 계산한다.

제727조(종신정기금계약의 해제) ① 정기금채무자가 정기금채무의 원본을 받은 경우에 그 정기금채무의 지급을 해태하거나 기타 의무를 이행하지 아니한 때에는 정기금채권자는 원본의 반환을 청구할 수 있다. 그러나 이미 지급을 받은 채무액에서 그 원본의 이자를 공제한 잔액을 정기금채무자에게 반환하여야 한다.

② 전항의 규정은 손해배상의 청구에 영향을 미치지 아니한다.

제728조(해제와 동시이행) 제536조의 규정은 전조의 경우에 준용한다.

제729조(채무자귀책사유로 인한 사망과 채권존속선고) ① 사망이 정기금채무자의 책임있는 사유로 인한 때에는 법원은 정기금채권자 또는 그 상속인의 청구에 의하여 상당한 기간 채권의 존속을 선고할 수 있다.

② 전항의 경우에도 제727조의 권리를 행사할 수 있다.

제730조(유증에 의한 종신정기금) 본절의 규정은 유증에 의한 종신정기금채권에 준용한다.

제15절 화해

제731조(화해의 의의) 화해는 당사자가 상호 양보하여 당사자간의 분쟁을 종지할 것을 약정함으로써 그 효력이 생긴다.

제732조(화해의 창설적효력) 화해계약은 당사자 일방이 양보한 권리가 소멸되고 상대방이 화해로 인하여 그 권리를 취득하는 효력이 있다.

제733조(화해의 효력과 착오) 화해계약은 착오를 이유로 하여 취소하지 못한다. 그러나 화해당사자의 자격 또는 화해의 목적인 분쟁 이외의 사항에 착오가 있는 때에는 그러하지 아니하다.

제 3 장 사무관리

제734조(사무관리의 내용) ① 의무없이 타인을 위하여 사무를 관리하는 자는 그 사무의 성질에 좇아 가장 본인에게 이익되는 방법으로 이를 관리하여야 한다.

② 관리자가 본인의 의사를 알거나 알 수 있는 때에는 그 의사에 적합하도록 관리하여야 한다.

③ 관리자가 전 2 항의 규정에 위반하여 사무를 관리한 경우에는 과실없는 때에도 이로 인한 손해를 배상할 책임이 있다. 그러나 그 관리행위가 공공의 이익에 적합한 때에는 중대한 과실이 없으면 배상할 책임이 없다.

제735조(긴급사무관리) 관리자가 타인의 생명, 신체, 명예 또는 재산에 대한 급박한 위해를 면하게 하기 위하여 그 사무를 관리한 때에는 고의나 중대한 과실이 없으면 이로 인한 손해를 배상할 책임이 없다.

제736조(관리자의 통지의무) 관리자가 관리를 개시한 때에는 지체없이 본인에게 통지하여야 한다. 그러나 본인이 이미 이를 안 때에는 그러하지 아니하다.

제737조(관리자의 관리계속의무) 관리자는 본인, 그 상속인이나 법정대리인이 그 사무를 관리하는 때까지 관리를 계속하여야 한다. 그러나 관리의 계속이 본인의 의사에 반하거나 본인에게 불리함이 명백한 때에는 그러하지 아니하다.

제738조(준용규정) 제683조 내지 제685조의 규정은 사무관리에 준용한다.

제739조(관리자의 비용상환청구권) ① 관리자가 본인을 위하여 필요비 또는 유익비를 지출한 때에는 본인에 대하여 그 상환을 청구할 수 있다.

② 관리자가 본인을 위하여 필요 또는 유익한 채무를 부담한 때에는 제688조제 2 항의 규정을 준용한다.

③ 관리자가 본인의 의사에 반하여 관리한 때에는 본인의 현존이익의 한도에서 전 2 항의 규정을 준용한다.

제740조(관리자의 무과실손해보상청구권) 관리자가 사무관리를 함에 있어서 과실없이 손해를 받은 때에는 본인의 현존이익의 한도에서 그 손해의 보상을 청구할 수 있다.

제 4 장 부당이득

제741조(부당이득의 내용) 법률상 원인없이 타인의 재산 또는 노무로 인하여 이익을 얻고 이로 인하여 타인에게 손해를 가한 자는 그 이익을 반환하여야 한다.

제742조(비채변제) 채무없음을 알고 이를 변제한 때에는 그 반환을 청구하지 못한다.

제743조(기한전의 변제) 변제기에 있지 아니한 채무를 변제한 때에는 그 반환을 청구하지 못한다. 그러나 채무자가 착오로 인하여 변제한 때에는 채권자는 이로 인하여 얻은 이익을 반환하여야 한다.

제744조(도의관념에 적합한 비채변제) 채무없는 자가 착오로 인하여 변제한 경우에 그 변제가 도의관념에 적합한 때에는 그 반환을 청구하지 못한다.

제745조(타인의 채무의 변제) ① 채무자아닌 자가 착오로 인하여 타인의 채무를 변제한 경우에 채권자가 선의로 증서를 훼멸하거나 담보를 포기하거나 시효로 인하여 그 채권을 잃은 때에는 변제자는 그 반환을 청구하지 못한다.

② 전항의 경우에 변제자는 채무자에 대하여 구상권을 행사할 수 있다.

제746조(불법원인급여) 불법의 원인으로 인하여 재산을 급여하거나 노무를 제공한 때에는 그 이익의 반환을 청구하지 못한다. 그러나 그 불법원인이 수익자에게만 있는 때에는 그러하지 아니하다.

제747조(원물반환불능한 경우와 가액반환, 전득자의 책임) ① 수익자가 그 받은 목적물을 반환할 수 없는 때에는 그 가액을 반환하여야 한다.

② 수익자가 그 이익을 반환할 수 없는 경우에는 수익자로부터 무상으로 그 이익의 목적물을 양수한 악의의 제삼자는 전항의 규정에 의하여 반환할 책임이 있다.

제748조(수익자의 반환범위) ① 선의의 수익자는 그 받은 이익이 현존한 한도에서 전조의 책임이 있다.

② 악의의 수익자는 그 받은 이익에 이자를 붙여 반환하고 손해가 있으면 이를 배상하여야 한다.

제749조(수익자의 악의인정) ① 수익자가 이익을 받은 후 법률상 원인없음을 안 때에는 그때부터 악의의 수익자로서 이익반환의 책임이 있다.

② 선의의 수익자가 패소한 때에는 그 소를 제기한 때부터 악의의 수익자로 본다.

제 5 장　불법행위

제750조(불법행위의 내용) 고의 또는 과실로 인한 위법행위로 타인에게 손해를 가한 자는 그 손해를 배상할 책임이 있다.

제751조(재산 이외의 손해의 배상) ① 타인의 신체, 자유 또는 명예를 해하거나 기타 정신상 고통을 가한 자는 재산 이외의 손해에 대하여도 배상할 책임이 있다.

② 법원은 전항의 손해배상을 정기금채무로 지급할 것을 명할 수 있고 그 이행을 확보하기 위하여 상당한 담보의 제공을 명할 수 있다.

제752조(생명침해로 인한 위자료) 타인의 생명을 해한 자는 피해자의 직계존속, 직계비속 및 배우자에 대하여는 재산상의 손해없는 경우에도 손해배상의 책임이 있다.

제753조(미성년자의 책임능력) 미성년자가 타인에게 손해를 가한 경우에 그 행위의 책임을 변식할 지능이 없는 때에는 배상의 책임이 없다.

제754조(심신상실자의 책임능력) 심신상실 중에 타인에게 손해를 가한 자는 배상의 책임이 없다. 그러나 고의 또는 과실로 인하여 심신상실을 초래한 때에는 그러하지 아니하다.

제755조(감독자의 책임) ① 다른 자에게 손해를 가한 사람이 제753조 또는 제754조에 따라 책임이 없는 경우에는 그를 감독할 법정의무가 있는 자가 그 손해를 배상할 책임이 있다. 다만, 감독의무를 게을리하지 아니한 경우에는 그러하지 아니하다.

② 감독의무자를 갈음하여 제753조 또는 제754조에 따라 책임이 없는 사람을 감독하는 자도 제 1 항의 책임이 있다.

〔전부개정 2011・3・7〕

제756조(사용자의 배상책임) ① 타인을 사용하여 어느 사무에 종사하게 한 자는 피용자가 그 사무집행에 관하여 제삼자에게 가한 손해를 배상할 책임이 있다. 그러나 사용자가 피용자의 선임 및 그 사무감독에 상당한 주의를 한 때 또는 상당한 주의를 하여도 손해가 있을 경우에는 그러하지 아니하다.

② 사용자에 갈음하여 그 사무를 감독하는 자도 전항의 책임이 있다. <개정 2014・12・30>

③ 전 2 항의 경우에 사용자 또는 감독자는 피용자에 대하여 구상권을 행사할 수 있다.

제757조(도급인의 책임) 도급인은 수급인이 그 일에 관하여 제삼자에게 가한 손해를 배상할 책임이 없다. 그러나 도급 또는 지시에 관하여 도급인에게 중대한 과실이 있는 때에는 그러하지 아니하다.

제758조(공작물 등의 점유자, 소유자의 책임) ① 공작물의 설치 또는 보존의 하자로 인하여 타인에게 손해를 가한 때에는 공작물점유자가 손해를 배상할 책임이 있다. 그러나 점유자가 손해의 방지에 필요한 주의를 해태하지 아니한 때에는 그 소유자가 손해를 배상할 책임이 있다.

② 전항의 규정은 수목의 재식 또는 보존에 하자있는 경우에 준용한다.

③ 전 2 항의 경우 점유자 또는 소유자는 그 손해의 원인에 대한 책임있는 자에 대하여 구상권을 행사할 수 있다. <개정 2022・12・13>

제759조(동물의 점유자의 책임) ① 동물의 점유자는 그 동물이 타인에게 가한 손해를 배상할 책임이 있다. 그러나 동물의 종류와 성질에 따라 그 보관에 상당한 주의를 해태하지 아니한 때에는 그러하지 아니하다.
② 점유자에 갈음하여 동물을 보관한 자도 전항의 책임이 있다. <개정 2014 · 12 · 30>

제760조(공동불법행위자의 책임) ① 수인이 공동의 불법행위로 타인에게 손해를 가한 때에는 연대하여 그 손해를 배상할 책임이 있다.
② 공동아닌 수인의 행위중 어느 자의 행위가 그 손해를 가한 것인지를 알 수 없는 때에도 전항과 같다.
③ 교사자나 방조자는 공동행위자로 본다.

제761조(정당방위, 긴급피난) ① 타인의 불법행위에 대하여 자기 또는 제삼자의 이익을 방위하기 위하여 부득이 타인에게 손해를 가한 자는 배상할 책임이 없다. 그러나 피해자는 불법행위에 대하여 손해의 배상을 청구할 수 있다.
② 전항의 규정은 급박한 위난을 피하기 위하여 부득이 타인에게 손해를 가한 경우에 준용한다.

제762조(손해배상청구권에 있어서의 태아의 지위) 태아는 손해배상의 청구권에 관하여는 이미 출생한 것으로 본다.

제763조(준용규정) 제393조, 제394조, 제396조, 제399조의 규정은 불법행위로 인한 손해배상에 준용한다.

제764조(명예훼손의 경우의 특칙) 타인의 명예를 훼손한 자에 대하여는 법원은 피해자의 청구에 의하여 손해배상에 갈음하거나 손해배상과 함께 명예회복에 적당한 처분을 명할 수 있다. <개정 2014 · 12 · 30>

제765조(배상액의 경감청구) ① 본장의 규정에 의한 배상의무자는 그 손해가 고의 또는 중대한 과실에 의한 것이 아니고 그 배상으로 인하여 배상자의 생계에 중대한 영향을 미치게 될 경우에는 법원에 그 배상액의 경감을 청구할 수 있다.
② 법원은 전항의 청구가 있는 때에는 채권자 및 채무자의 경제상태와 손해의 원인 등을 참작하여 배상액을 경감할 수 있다.

제766조(손해배상청구권의 소멸시효) ① 불법행위로 인한 손해배상의 청구권은 피해자나 그 법정대리인이 그 손해 및 가해자를 안 날로부터 3년간 이를 행사하지 아니하면 시효로 인하여 소멸한다.
② 불법행위를 한 날로부터 10년을 경과한 때에도 전항과 같다.
③ 미성년자가 성폭력, 성추행, 성희롱, 그 밖의 성적(性的) 침해를 당한 경우에 이로 인한 손해배상청구권의 소멸시효는 그가 성년이 될 때까지는 진행되지 아니한다. <신설 2020 · 10 · 20>

제 4 편 친족

제 1 장 총칙

제767조(친족의 정의) 배우자, 혈족 및 인척을 친족으로 한다.

제768조(혈족의 정의) 자기의 직계존속과 직계비속을 직계혈족이라 하고 자기의 형제자매와 형제자매의 직계비속, 직계존속의 형제자매 및 그 형제자매의 직계비속을 방계혈족이라 한다. <개정 1990 · 1 · 13>

제769조(인척의 계원) 혈족의 배우자, 배우자의 혈족, 배우자의 혈족의 배우자를 인척으로 한다. <개정 1990 · 1 · 13>

제770조(혈족의 촌수의 계산) ① 직계혈족은 자기로부터 직계존속에 이르고 자기로부터 직계비속에 이르러 그 세수를 정한다.
② 방계혈족은 자기로부터 동원의 직계존속에 이르는 세수와 그 동원의 직계존속으로부터 그 직계비속에 이르는 세수를 통산하여 그 촌수를 정한다.

제771조(인척의 촌수의 계산) 인척은 배우자의 혈족에 대하여는 배우자의 그 혈족에 대한 촌수에 따르고, 혈족의 배우자에 대하여는 그 혈족에 대한 촌수에 따른다.
〔전부개정 1990 · 1 · 13〕

제772조(양자와의 친계와 촌수) ① 양자와 양부모 및 그 혈족, 인척사이의 친계와 촌수는 입양한 때로부터 혼인 중의 출생자와 동일한 것으로 본다.
② 양자의 배우자, 직계비속과 그 배우자는 전항의 양자의 친계를 기준으로 하여 촌수를 정한다.

제773조 및 **제774조** 삭제 <1990·1·13>

제775조(인척관계 등의 소멸) ① 인척관계는 혼인의 취소 또는 이혼으로 인하여 종료한다. <개정 1990·1·13>

② 부부의 일방이 사망한 경우 생존 배우자가 재혼한 때에도 제1항과 같다. <개정 1990·1·13>

제776조(입양으로 인한 친족관계의 소멸) 입양으로 인한 친족관계는 입양의 취소 또는 파양으로 인하여 종료한다.

제777조(친족의 범위) 친족관계로 인한 법률상 효력은 이 법 또는 다른 법률에 특별한 규정이 없는 한 다음 각호에 해당하는 자에 미친다.

1. 8촌 이내의 혈족
2. 4촌 이내의 인척
3. 배우자

〔전부개정 1990·1·13〕

제2장 가족의 범위와 자의 성과 본

제778조 삭제 <2005·3·31 법7427>

제779조(가족의 범위) ① 다음의 자는 가족으로 한다.

1. 배우자, 직계혈족 및 형제자매
2. 직계혈족의 배우자, 배우자의 직계혈족 및 배우자의 형제자매

② 제1항제2호의 경우에는 생계를 같이 하는 경우에 한한다.

〔전부개정 2005·3·31 법7427〕

제780조 삭제 <2005·3·31 법7427>

제781조(자의 성과 본) ① 자는 부의 성과 본을 따른다. 다만, 부모가 혼인신고시 모의 성과 본을 따르기로 협의한 경우에는 모의 성과 본을 따른다.

② 부가 외국인인 경우에는 자는 모의 성과 본을 따를 수 있다.

③ 부를 알 수 없는 자는 모의 성과 본을 따른다.

④ 부모를 알 수 없는 자는 법원의 허가를 받아 성과 본을 창설한다. 다만, 성과 본을 창설한 후 부 또는 모를 알게 된 때에는 부 또는 모의 성과 본을 따를 수 있다.

⑤ 혼인외의 출생자가 인지된 경우 자는 부모의 협의에 따라 종전의 성과 본을 계속 사용할 수 있다. 다만, 부모가 협의할 수 없거나 협의가 이루어지지 아니한 경우에는 자는 법원의 허가를 받아 종전의 성과 본을 계속 사용할 수 있다.

⑥ 자의 복리를 위하여 자의 성과 본을 변경할 필요가 있을 때에는 부, 모 또는 자의 청구에 의하여 법원의 허가를 받아 이를 변경할 수 있다. 다만, 자가 미성년자이고 법정대리인이 청구할 수 없는 경우에는 제777조의 규정에 따른 친족 또는 검사가 청구할 수 있다.

〔전부개정 2005·3·31 법7427〕

제782조부터 **제789조**까지 삭제 <2005·3·31 법7427>

제790조 삭제 <1990·1·13>

제791조 삭제 <2005·3·31 법7427>

제792조 삭제 <1990·1·13>

제793조부터 **제796조**까지 삭제 <2005·3·31 법7427>

제797조부터 **제799조**까지 삭제 <1990·1·13>

제3장 혼인

제1절 약혼

제800조(약혼의 자유) 성년에 달한 자는 자유로 약혼할 수 있다.

제801조(약혼 나이) 18세가 된 사람은 부모나 미성년후견인의 동의를 받아 약혼할 수 있다. 이 경우 제808조를 준용한다.

〔전부개정 2011·3·7〕

제802조(성년후견과 약혼) 피성년후견인은 부모나 성년후견인의 동의를 받아 약혼할 수 있다. 이 경우 제808조를 준용한다.

〔전부개정 2011·3·7〕

제803조(약혼의 강제이행금지) 약혼은 강제이행을 청구하지 못한다.

제804조(약혼해제의 사유) 당사자 한쪽에 다음 각 호의 어느 하나에 해당하는 사유가 있는 경우에는 상대방은 약혼을 해제할 수 있다.

1. 약혼 후 자격정지 이상의 형을 선고받은 경우

2. 약혼 후 성년후견개시나 한정후견개시의 심판을 받은 경우
3. 성병, 불치의 정신병, 그 밖의 불치의 병질(病疾)이 있는 경우
4. 약혼 후 다른 사람과 약혼이나 혼인을 한 경우
5. 약혼 후 다른 사람과 간음(姦淫)한 경우
6. 약혼 후 1년 이상 생사(生死)가 불명한 경우
7. 정당한 이유 없이 혼인을 거절하거나 그 시기를 늦추는 경우
8. 그 밖에 중대한 사유가 있는 경우

〔전부개정 2011·3·7〕

제805조(약혼해제의 방법) 약혼의 해제는 상대방에 대한 의사표시로 한다. 그러나 상대방에 대하여 의사표시를 할 수 없는 때에는 그 해제의 원인있음을 안 때에 해제된 것으로 본다.

제806조(약혼해제와 손해배상청구권) ① 약혼을 해제한 때에는 당사자 일방은 과실있는 상대방에 대하여 이로 인한 손해의 배상을 청구할 수 있다.

② 전항의 경우에는 재산상 손해외에 정신상 고통에 대하여도 손해배상의 책임이 있다.

③ 정신상 고통에 대한 배상청구권은 양도 또는 승계하지 못한다. 그러나 당사자간에 이미 그 배상에 관한 계약이 성립되거나 소를 제기한 후에는 그러하지 아니하다.

제 2 절 혼인의 성립

제807조(혼인적령) 18세가 된 사람은 혼인할 수 있다. <개정 2022·12·27>

〔전부개정 2007·12·21〕

제808조(동의가 필요한 혼인) ① 미성년자가 혼인을 하는 경우에는 부모의 동의를 받아야 하며, 부모 중 한쪽이 동의권을 행사할 수 없을 때에는 다른 한쪽의 동의를 받아야 하고, 부모가 모두 동의권을 행사할 수 없을 때에는 미성년후견인의 동의를 받아야 한다.

② 피성년후견인은 부모나 성년후견인의 동의를 받아 혼인할 수 있다.

〔전부개정 2011·3·7〕

제809조(근친혼 등의 금지) ① 8촌 이내의 혈족(친양자의 입양 전의 혈족을 포함한다) 사이에서는 혼인하지 못한다.

② 6촌 이내의 혈족의 배우자, 배우자의 6촌 이내의 혈족, 배우자의 4촌 이내의 혈족의 배우자인 인척이거나 이러한 인척이었던 자 사이에서는 혼인하지 못한다.

③ 6촌 이내의 양부모계(養父母系)의 혈족이었던 자와 4촌 이내의 양부모계의 인척이었던 자 사이에서는 혼인하지 못한다.

〔전부개정 2005·3·31 법7427〕

제810조(중혼의 금지) 배우자있는 자는 다시 혼인하지 못한다.

제811조 삭제 <2005·3·31 법7427>

제812조(혼인의 성립) ① 혼인은 「가족관계의 등록 등에 관한 법률」에 정한 바에 의하여 신고함으로써 그 효력이 생긴다. <개정 2007·5·17>

② 전항의 신고는 당사자 쌍방과 성년자인 증인 2인의 연서한 서면으로 하여야 한다.

제813조(혼인신고의 심사) 혼인의 신고는 그 혼인이 제807조 내지 제810조 및 제812조 제2항의 규정 기타 법령에 위반함이 없는 때에는 이를 수리하여야 한다. <개정 2005·3·31>

제814조(외국에서의 혼인신고) ① 외국에 있는 본국민사이의 혼인은 그 외국에 주재하는 대사, 공사 또는 영사에게 신고할 수 있다.

② 제1항의 신고를 수리한 대사, 공사 또는 영사는 지체없이 그 신고서류를 본국의 재외국민 가족관계등록사무소에 송부하여야 한다. <개정 2005·3·31, 2007·5·17, 2015·2·3>

제 3 절 혼인의 무효와 취소

제815조(혼인의 무효) 혼인은 다음 각 호의 어느 하나의 경우에는 무효로 한다. <개정 2005·3·31 법7427>

1. 당사자간에 혼인의 합의가 없는 때
2. 혼인이 제809조제1항의 규정을 위반한 때
3. 당사자간에 직계인척관계(直系姻戚關係)가 있거나 있었던 때
4. 당사자간에 양부모계의 직계혈족관계가 있었던 때

제816조(혼인취소의 사유) 혼인은 다음 각 호의 어느 하나의 경우에는 법원에 그 취소를 청구할 수 있다. <개정 1990・1・13, 2005・3・31>
1. 혼인이 제807조 내지 제809조(제815조의 규정에 의하여 혼인의 무효사유에 해당하는 경우를 제외한다. 이하 제817조 및 제820조에서 같다) 또는 제810조의 규정에 위반한 때
2. 혼인당시 당사자 일방에 부부생활을 계속할 수 없는 악질 기타 중대 사유있음을 알지 못한 때
3. 사기 또는 강박으로 인하여 혼인의 의사표시를 한 때

제817조(나이위반 혼인 등의 취소청구권자) 혼인이 제807조, 제808조의 규정에 위반한 때에는 당사자 또는 그 법정대리인이 그 취소를 청구할 수 있고 제809조의 규정에 위반한 때에는 당사자, 그 직계존속 또는 4촌 이내의 방계혈족이 그 취소를 청구할 수 있다. <개정 2005・3・31 법7427>

제818조(중혼의 취소청구권자) 당사자 및 그 배우자, 직계혈족, 4촌 이내의 방계혈족 또는 검사는 제810조를 위반한 혼인의 취소를 청구할 수 있다.
〔전부개정 2012・2・10〕

제819조(동의 없는 혼인의 취소청구권의 소멸) 제808조를 위반한 혼인은 그 당사자가 19세가 된 후 또는 성년후견종료의 심판이 있은 후 3개월이 지나거나 혼인 중에 임신한 경우에는 그 취소를 청구하지 못한다.
〔전부개정 2011・3・7〕

제820조(근친혼등의 취소청구권의 소멸) 제809조의 규정에 위반한 혼인은 그 당사자간에 혼인중 포태(胞胎)한 때에는 그 취소를 청구하지 못한다. <개정 2005・3・31 법7427>

제821조 삭제 <2005・3・31 법7427>

제822조(악질 등 사유에 의한 혼인취소청구권의 소멸) 제816조제2호의 규정에 해당하는 사유있는 혼인은 상대방이 그 사유있음을 안 날로부터 6월을 경과한 때에는 그 취소를 청구하지 못한다.

제823조(사기, 강박으로 인한 혼인취소청구권의 소멸) 사기 또는 강박으로 인한 혼인은 사기를 안 날 또는 강박을 면한 날로부터 3월을 경과한 때에는 그 취소를 청구하지 못한다.

제824조(혼인취소의 효력) 혼인의 취소의 효력은 기왕에 소급하지 아니한다.

제824조의2(혼인의 취소와 자의 양육 등) 제837조 및 제837조의2의 규정은 혼인의 취소의 경우에 자의 양육책임과 면접교섭권에 관하여 이를 준용한다.
〔본조신설 2005・3・31 법7427〕

제825조(혼인취소와 손해배상청구권) 제806조의 규정은 혼인의 무효 또는 취소의 경우에 준용한다.

제4절 혼인의 효력

제1관 일반적 효력

제826조(부부간의 의무) ① 부부는 동거하며 서로 부양하고 협조하여야 한다. 그러나 정당한 이유로 일시적으로 동거하지 아니하는 경우에는 서로 인용하여야 한다.
② 부부의 동거장소는 부부의 협의에 따라 정한다. 그러나 협의가 이루어지지 아니하는 경우에는 당사자의 청구에 의하여 가정법원이 이를 정한다. <개정 1990・1・13>
③ 및 ④ 삭제 <2005・3・31 법7427>

제826조의2(성년의제) 미성년자가 혼인을 한 때에는 성년자로 본다.
〔본조신설 1977・12・31〕

제827조(부부간의 가사대리권) ① 부부는 일상의 가사에 관하여 서로 대리권이 있다.
② 전항의 대리권에 가한 제한은 선의의 제삼자에게 대항하지 못한다.

제828조 삭제 <2012・2・10>

제2관 재산상 효력

제829조(부부재산의 약정과 그 변경) ① 부부가 혼인성립전에 그 재산에 관하여 따로 약정을 하지 아니한 때에는 그 재산관계는 본관중 다음 각조에 정하는 바에 의한다.
② 부부가 혼인성립전에 그 재산에 관하여 약정한 때에는 혼인중 이를 변경하지 못한다. 그러나 정당한 사유가 있는 때에는 법원에 허가를 얻어 변경할 수 있다.
③ 전항의 약정에 의하여 부부의 일방이 다른 일방의 재산을 관리하는 경우에 부적당

한 관리로 인하여 그 재산을 위태하게 한 때에는 다른 일방은 자기가 관리할 것을 법원에 청구할 수 있고 그 재산이 부부의 공유인 때에는 그 분할을 청구할 수 있다.

④ 부부가 그 재산에 관하여 따로 약정을 한 때에는 혼인성립까지에 그 등기를 하지 아니하면 이로써 부부의 승계인 또는 제삼자에게 대항하지 못한다.

⑤ 제 2 항, 제 3 항의 규정이나 약정에 의하여 관리자를 변경하거나 공유재산을 분할하였을 때에는 그 등기를 하지 아니하면 이로써 부부의 승계인 또는 제삼자에게 대항하지 못한다.

제830조(특유재산과 귀속불명재산) ① 부부의 일방이 혼인전부터 가진 고유재산과 혼인중 자기의 명의로 취득한 재산은 그 특유재산으로 한다.

② 부부의 누구에게 속한 것인지 분명하지 아니한 재산은 부부의 공유로 추정한다. <개정 1977 · 12 · 31>

제831조(특유재산의 관리 등) 부부는 그 특유재산을 각자 관리, 사용, 수익한다.

제832조(가사로 인한 채무의 연대책임) 부부의 일방이 일상의 가사에 관하여 제삼자와 법률행위를 한 때에는 다른 일방은 이로 인한 채무에 대하여 연대책임이 있다. 그러나 이미 제삼자에 대하여 다른 일방의 책임없음을 명시한 때에는 그러하지 아니하다.

제833조(생활비용) 부부의 공동생활에 필요한 비용은 당사자간에 특별한 약정이 없으면 부부가 공동으로 부담한다.

〔전부개정 1990 · 1 · 13〕

제 5 절 이혼

제 1 관 협의상 이혼

제834조(협의상 이혼) 부부는 협의에 의하여 이혼할 수 있다.

제835조(성년후견과 협의상 이혼) 피성년후견인의 협의상 이혼에 관하여는 제808조제 2 항을 준용한다.

〔전부개정 2011 · 3 · 7〕

제836조(이혼의 성립과 신고방식) ① 협의상 이혼은 가정법원의 확인을 받아 「가족관계의 등록 등에 관한 법률」의 정한 바에 의하여 신고함으로써 그 효력이 생긴다. <개정 1977 · 12 · 31, 2007 · 5 · 17>

② 전항의 신고는 당사자 쌍방과 성년자인 증인 2인의 연서한 서면으로 하여야 한다.

제836조의2(이혼의 절차) ① 협의상 이혼을 하려는 자는 가정법원이 제공하는 이혼에 관한 안내를 받아야 하고, 가정법원은 필요한 경우 당사자에게 상담에 관하여 전문적인 지식과 경험을 갖춘 전문상담인의 상담을 받을 것을 권고할 수 있다.

② 가정법원에 이혼의사의 확인을 신청한 당사자는 제 1 항의 안내를 받은 날부터 다음 각 호의 기간이 지난 후에 이혼의사의 확인을 받을 수 있다.

1. 양육하여야 할 자(포태 중인 자를 포함한다. 이하 이 조에서 같다)가 있는 경우에는 3개월
2. 제 1 호에 해당하지 아니하는 경우에는 1개월

③ 가정법원은 폭력으로 인하여 당사자 일방에게 참을 수 없는 고통이 예상되는 등 이혼을 하여야 할 급박한 사정이 있는 경우에는 제 2 항의 기간을 단축 또는 면제할 수 있다.

④ 양육하여야 할 자가 있는 경우 당사자는 제837조에 따른 자(子)의 양육과 제909조제 4 항에 따른 자(子)의 친권자결정에 관한 협의서 또는 제837조 및 제909조제 4 항에 따른 가정법원의 심판정본을 제출하여야 한다.

⑤ 가정법원은 당사자가 협의한 양육비부담에 관한 내용을 확인하는 양육비부담조서를 작성하여야 한다. 이 경우 양육비부담조서의 효력에 대하여는 「가사소송법」 제41조를 준용한다. <신설 2009 · 5 · 8>

〔본조신설 2007 · 12 · 21〕

제837조(이혼과 자의 양육책임) ① 당사자는 그 자의 양육에 관한 사항을 협의에 의하여 정한다. <개정 1990 · 1 · 13>

② 제 1 항의 협의는 다음의 사항을 포함하여야 한다. <개정 2007 · 12 · 21>

1. 양육자의 결정
2. 양육비용의 부담
3. 면접교섭권의 행사 여부 및 그 방법

③ 제 1 항에 따른 협의가 자(子)의 복리에

반하는 경우에는 가정법원은 보정을 명하거나 직권으로 그 자(子)의 의사(意思)·나이와 부모의 재산상황, 그 밖의 사정을 참작하여 양육에 필요한 사항을 정한다. <개정 2007·12·21, 2022·12·27>

④ 양육에 관한 사항의 협의가 이루어지지 아니하거나 협의할 수 없는 때에는 가정법원은 직권으로 또는 당사자의 청구에 따라 이에 관하여 결정한다. 이 경우 가정법원은 제3항의 사정을 참작하여야 한다. <신설 2007·12·21>

⑤ 가정법원은 자(子)의 복리를 위하여 필요하다고 인정하는 경우에는 부·모·자(子) 및 검사의 청구 또는 직권으로 자(子)의 양육에 관한 사항을 변경하거나 다른 적당한 처분을 할 수 있다. <신설 2007·12·21>

⑥ 제3항부터 제5항까지의 규정은 양육에 관한 사항 외에는 부모의 권리의무에 변경을 가져오지 아니한다. <신설 2007·12·21>

제837조의2(면접교섭권) ① 자(子)를 직접 양육하지 아니하는 부모의 일방과 자(子)는 상호 면접교섭할 수 있는 권리를 가진다. <개정 2007·12·21>

② 자(子)를 직접 양육하지 아니하는 부모 일방의 직계존속은 그 부모 일방이 사망하였거나 질병, 외국거주, 그 밖에 불가피한 사정으로 자(子)를 면접교섭할 수 없는 경우 가정법원에 자(子)와의 면접교섭을 청구할 수 있다. 이 경우 가정법원은 자(子)의 의사(意思), 면접교섭을 청구한 사람과 자(子)의 관계, 청구의 동기, 그 밖의 사정을 참작하여야 한다. <신설 2016·12·2>

③ 가정법원은 자의 복리를 위하여 필요한 때에는 당사자의 청구 또는 직권에 의하여 면접교섭을 제한·배제·변경할 수 있다. <개정 2005·3·31 법7427, 2016·12·2>

〔본조신설 1990·1·13〕

제838조(사기, 강박으로 인한 이혼의 취소청구권) 사기 또는 강박으로 인하여 이혼의 의사표시를 한 자는 그 취소를 가정법원에 청구할 수 있다. <개정 1990·1·13>

제839조(준용규정) 제823조의 규정은 협의상 이혼에 준용한다.

제839조의2(재산분할청구권) ① 협의상 이혼한 자의 일방은 다른 일방에 대하여 재산분할을 청구할 수 있다.

② 제1항의 재산분할에 관하여 협의가 되지 아니하거나 협의할 수 없는 때에는 가정법원은 당사자의 청구에 의하여 당사자 쌍방의 협력으로 이룩한 재산의 액수 기타 사정을 참작하여 분할의 액수와 방법을 정한다.

③ 제1항의 재산분할청구권은 이혼한 날부터 2년을 경과한 때에는 소멸한다.

〔본조신설 1990·1·13〕

제839조의3(재산분할청구권 보전을 위한 사해행위취소권) ① 부부의 일방이 다른 일방의 재산분할청구권 행사를 해함을 알면서도 재산권을 목적으로 하는 법률행위를 한 때에는 다른 일방은 제406조제1항을 준용하여 그 취소 및 원상회복을 가정법원에 청구할 수 있다.

② 제1항의 소는 제406조제2항의 기간 내에 제기하여야 한다.

〔본조신설 2007·12·21〕

제2관 재판상 이혼

제840조(재판상 이혼원인) 부부의 일방은 다음 각호의 사유가 있는 경우에는 가정법원에 이혼을 청구할 수 있다. <개정 1990·1·13>

1. 배우자에 부정한 행위가 있었을 때
2. 배우자가 악의로 다른 일방을 유기한 때
3. 배우자 또는 그 직계존속으로부터 심히 부당한 대우를 받았을 때
4. 자기의 직계존속이 배우자로부터 심히 부당한 대우를 받았을 때
5. 배우자의 생사가 3년 이상 분명하지 아니한 때
6. 기타 혼인을 계속하기 어려운 중대한 사유가 있을 때

제841조(부정으로 인한 이혼청구권의 소멸) 전조제1호의 사유는 다른 일방이 사전동의나 사후 용서를 한 때 또는 이를 안 날로부터 6월, 그 사유있은 날로부터 2년을 경과한 때에는 이혼을 청구하지 못한다.

제842조(기타 원인으로 인한 이혼청구권의 소멸) 제840조제6호의 사유는 다른 일방이 이를 안 날로부터 6월, 그 사유있은 날로부터 2년을 경과하면 이혼을 청구하지 못한다.

제843조(준용규정) 재판상 이혼에 따른 손해배상책임에 관하여는 제806조를 준용하고, 재판상 이혼에 따른 자녀의 양육책임 등에 관하여는 제837조를 준용하며, 재판상 이혼에 따른 면접교섭권에 관하여는 제837조의2를 준용하고, 재판상 이혼에 따른 재산분할청구권에 관하여는 제839조의2를 준용하며, 재판상 이혼에 따른 재산분할청구권 보전을 위한 사해행위취소권에 관하여는 제839조의3을 준용한다.
〔전부개정 2012·2·10〕

제 4 장 부모와 자

제 1 절 친생자

제844조(남편의 친생자의 추정) ① 아내가 혼인 중에 임신한 자녀는 남편의 자녀로 추정한다.
② 혼인이 성립한 날부터 200일 후에 출생한 자녀는 혼인 중에 임신한 것으로 추정한다.
③ 혼인관계가 종료된 날부터 300일 이내에 출생한 자녀는 혼인 중에 임신한 것으로 추정한다.
〔전부개정 2017·10·31〕

제845조(법원에 의한 부의 결정) 재혼한 여자가 해산한 경우에 제844조의 규정에 의하여 그 자의 부를 정할 수 없는 때에는 법원이 당사자의 청구에 의하여 이를 정한다. <개정 2005·3·31 법7427>

제846조(자의 친생부인) 부부의 일방은 제844조의 경우에 그 자가 친생자임을 부인하는 소를 제기할 수 있다. <개정 2005·3·31 법7427>

제847조(친생부인의 소) ① 친생부인(親生否認)의 소(訴)는 부(夫) 또는 처(妻)가 다른 일방 또는 자(子)를 상대로 하여 그 사유가 있음을 안 날부터 2년내에 이를 제기하여야 한다.
② 제 1 항의 경우에 상대방이 될 자가 모두 사망한 때에는 그 사망을 안 날부터 2년내에 검사를 상대로 하여 친생부인의 소를 제기할 수 있다.
〔전부개정 2005·3·31 법7427〕

제848조(성년후견과 친생부인의 소) ① 남편이나 아내가 피성년후견인인 경우에는 그의 성년후견인이 성년후견감독인의 동의를 받아 친생부인의 소를 제기할 수 있다. 성년후견감독인이 없거나 동의할 수 없을 때에는 가정법원에 그 동의를 갈음하는 허가를 청구할 수 있다.
② 제 1 항의 경우 성년후견인이 친생부인의 소를 제기하지 아니하는 경우에는 피성년후견인은 성년후견종료의 심판이 있은 날부터 2년 내에 친생부인의 소를 제기할 수 있다.
〔전부개정 2011·3·7〕

제849조(자사망후의 친생부인) 자가 사망한 후에도 그 직계비속이 있는 때에는 그 모를 상대로, 모가 없으면 검사를 상대로 하여 부인의 소를 제기할 수 있다.

제850조(유언에 의한 친생부인) 부(夫) 또는 처(妻)가 유언으로 부인의 의사를 표시한 때에는 유언집행자는 친생부인의 소를 제기하여야 한다. <개정 2005·3·31 법7427>

제851조(부의 자 출생 전 사망 등과 친생부인) 부(夫)가 자(子)의 출생 전에 사망하거나 부(夫) 또는 처(妻)가 제847조제 1 항의 기간내에 사망한 때에는 부(夫) 또는 처(妻)의 직계존속이나 직계비속에 한하여 그 사망을 안 날부터 2년내에 친생부인의 소를 제기할 수 있다.
〔전부개정 2005·3·31 법7427〕

제852조(친생부인권의 소멸) 자의 출생 후에 친생자(親生子)임을 승인한 자는 다시 친생부인의 소를 제기하지 못한다.
〔전부개정 2005·3·31 법7427〕

제853조 삭제 <2005·3·31 법7427>

제854조(사기, 강박으로 인한 승인의 취소) 제852조의 승인이 사기 또는 강박으로 인한 때에는 이를 취소할 수 있다. <개정 2005·3·31 법7427>

제854조의2(친생부인의 허가 청구) ① 어머니 또는 어머니의 전(前) 남편은 제844조제 3 항의 경우에 가정법원에 친생부인의 허가를 청구할 수 있다. 다만, 혼인 중의 자녀로 출생신고가 된 경우에는 그러하지 아니하다.
② 제 1 항의 청구가 있는 경우에 가정법원은 혈액채취에 의한 혈액형 검사, 유전인자의 검사 등 과학적 방법에 따른 검사결과 또는 장기간의 별거 등 그 밖의 사정을 고려하여 허가 여부를 정한다.

③ 제1항 및 제2항에 따른 허가를 받은 경우에는 제844조제1항 및 제3항의 추정이 미치지 아니한다.
〔본조신설 2017·10·31〕

제855조(인지) ① 혼인외의 출생자는 그 생부나 생모가 이를 인지할 수 있다. 부모의 혼인이 무효인 때에는 출생자는 혼인외의 출생자로 본다.
② 혼인외의 출생자는 그 부모가 혼인한 때에는 그때로부터 혼인 중의 출생자로 본다.

제855조의2(인지의 허가 청구) ① 생부(生父)는 제844조제3항의 경우에 가정법원에 인지의 허가를 청구할 수 있다. 다만, 혼인 중의 자녀로 출생신고가 된 경우에는 그러하지 아니하다.
② 제1항의 청구가 있는 경우에 가정법원은 혈액채취에 의한 혈액형 검사, 유전인자의 검사 등 과학적 방법에 따른 검사결과 또는 장기간의 별거 등 그 밖의 사정을 고려하여 허가 여부를 정한다.
③ 제1항 및 제2항에 따라 허가를 받은 생부가 「가족관계의 등록 등에 관한 법률」 제57조제1항에 따른 신고를 하는 경우에는 제844조제1항 및 제3항의 추정이 미치지 아니한다.
〔본조신설 2017·10·31〕

제856조(피성년후견인의 인지) 아버지가 피성년후견인인 경우에는 성년후견인의 동의를 받아 인지할 수 있다.
〔전부개정 2011·3·7〕

제857조(사망자의 인지) 자가 사망한 후에도 그 직계비속이 있는 때에는 이를 인지할 수 있다.

제858조(포태 중인 자의 인지) 부는 포태 중에 있는 자에 대하여도 이를 인지할 수 있다.

제859조(인지의 효력발생) ① 인지는 「가족관계의 등록 등에 관한 법률」의 정하는 바에 의하여 신고함으로써 그 효력이 생긴다. <개정 2007·5·17>
② 인지는 유언으로도 이를 할 수 있다. 이 경우에는 유언집행자가 이를 신고하여야 한다.

제860조(인지의 소급효) 인지는 그 자의 출생시에 소급하여 효력이 생긴다. 그러나 제삼자의 취득한 권리를 해하지 못한다.

제861조(인지의 취소) 사기, 강박 또는 중대한 착오로 인하여 인지를 한 때에는 사기나 착오를 안 날 또는 강박을 면한 날로부터 6월내에 가정법원에 그 취소를 청구할 수 있다. <개정 2005·3·31 법7427>

제862조(인지에 대한 이의의 소) 자 기타 이해관계인은 인지의 신고있음을 안 날로부터 1년내에 인지에 대한 이의의 소를 제기할 수 있다.

제863조(인지청구의 소) 자와 그 직계비속 또는 그 법정대리인은 부 또는 모를 상대로 하여 인지청구의 소를 제기할 수 있다.

제864조(부모의 사망과 인지청구의 소) 제862조 및 제863조의 경우에 부 또는 모가 사망한 때에는 그 사망을 안 날로부터 2년내에 검사를 상대로 하여 인지에 대한 이의 또는 인지청구의 소를 제기할 수 있다. <개정 2005·3·31 법7427>

제864조의2(인지와 자의 양육책임 등) 제837조 및 제837조의2의 규정은 자가 인지된 경우에 자의 양육책임과 면접교섭권에 관하여 이를 준용한다.
〔본조신설 2005·3·31 법7427〕

제865조(다른 사유를 원인으로 하는 친생관계존부확인의 소) ① 제845조, 제846조, 제848조, 제850조, 제851조, 제862조와 제863조의 규정에 의하여 소를 제기할 수 있는 자는 다른 사유를 원인으로 하여 친생자관계존부의 확인의 소를 제기할 수 있다.
② 제1항의 경우에 당사자 일방이 사망한 때에는 그 사망을 안 날로부터 2년내에 검사를 상대로 하여 소를 제기할 수 있다. <개정 2005·3·31 법7427>

제2절 양자(養子)

제1관 입양의 요건과 효력

제866조(입양을 할 능력) 성년이 된 사람은 입양(入養)을 할 수 있다.
〔전부개정 2012·2·10〕

제867조(미성년자의 입양에 대한 가정법원의 허가) ① 미성년자를 입양하려는 사람은 가정법원의 허가를 받아야 한다.
② 가정법원은 양자가 될 미성년자의 복리를 위하여 그 양육 상황, 입양의 동기, 양

부모(養父母)의 양육능력, 그 밖의 사정을 고려하여 제1항에 따른 입양의 허가를 하지 아니할 수 있다.
〔본조신설 2012·2·10〕

제868조 삭제 <1990·1·13>

제869조(입양의 의사표시) ① 양자가 될 사람이 13세 이상의 미성년자인 경우에는 법정대리인의 동의를 받아 입양을 승낙한다.
② 양자가 될 사람이 13세 미만인 경우에는 법정대리인이 그를 갈음하여 입양을 승낙한다.
③ 가정법원은 다음 각 호의 어느 하나에 해당하는 경우에는 제1항에 따른 동의 또는 제2항에 따른 승낙이 없더라도 제867조제1항에 따른 입양의 허가를 할 수 있다.
1. 법정대리인이 정당한 이유 없이 동의 또는 승낙을 거부하는 경우. 다만, 법정대리인이 친권자인 경우에는 제870조제2항의 사유가 있어야 한다.
2. 법정대리인의 소재를 알 수 없는 등의 사유로 동의 또는 승낙을 받을 수 없는 경우
④ 제3항제1호의 경우 가정법원은 법정대리인을 심문하여야 한다.
⑤ 제1항에 따른 동의 또는 제2항에 따른 승낙은 제867조제1항에 따른 입양의 허가가 있기 전까지 철회할 수 있다.
〔전부개정 2012·2·10〕

제870조(미성년자 입양에 대한 부모의 동의) ① 양자가 될 미성년자는 부모의 동의를 받아야 한다. 다만, 다음 각 호의 어느 하나에 해당하는 경우에는 그러하지 아니하다.
1. 부모가 제869조제1항에 따른 동의를 하거나 같은 조 제2항에 따른 승낙을 한 경우
2. 부모가 친권상실의 선고를 받은 경우
3. 부모의 소재를 알 수 없는 등의 사유로 동의를 받을 수 없는 경우
② 가정법원은 다음 각 호의 어느 하나에 해당하는 사유가 있는 경우에는 부모가 동의를 거부하더라도 제867조제1항에 따른 입양의 허가를 할 수 있다. 이 경우 가정법원은 부모를 심문하여야 한다.
1. 부모가 3년 이상 자녀에 대한 부양의무를 이행하지 아니한 경우
2. 부모가 자녀를 학대 또는 유기(遺棄)하거나 그 밖에 자녀의 복리를 현저히 해친 경우
③ 제1항에 따른 동의는 제867조제1항에 따른 입양의 허가가 있기 전까지 철회할 수 있다.
〔전부개정 2012·2·10〕

제871조(성년자 입양에 대한 부모의 동의) ① 양자가 될 사람이 성년인 경우에는 부모의 동의를 받아야 한다. 다만, 부모의 소재를 알 수 없는 등의 사유로 동의를 받을 수 없는 경우에는 그러하지 아니하다.
② 가정법원은 부모가 정당한 이유 없이 동의를 거부하는 경우에 양부모가 될 사람이나 양자가 될 사람의 청구에 따라 부모의 동의를 갈음하는 심판을 할 수 있다. 이 경우 가정법원은 부모를 심문하여야 한다.
〔전부개정 2012·2·10〕

제872조 삭제 <2012·2·10>

제873조(피성년후견인의 입양) ① 피성년후견인은 성년후견인의 동의를 받아 입양을 할 수 있고 양자가 될 수 있다.
② 피성년후견인이 입양을 하거나 양자가 되는 경우에는 제867조를 준용한다.
③ 가정법원은 성년후견인이 정당한 이유 없이 제1항에 따른 동의를 거부하거나 피성년후견인의 부모가 정당한 이유 없이 제871조제1항에 따른 동의를 거부하는 경우에 그 동의가 없어도 입양을 허가할 수 있다. 이 경우 가정법원은 성년후견인 또는 부모를 심문하여야 한다.
〔전부개정 2012·2·10〕

제874조(부부의 공동 입양 등) ① 배우자가 있는 사람은 배우자와 공동으로 입양하여야 한다.
② 배우자가 있는 사람은 그 배우자의 동의를 받아야만 양자가 될 수 있다.
〔전부개정 2012·2·10〕

제875조 및 **제876조** 삭제 <1990·1·13>

제877조(입양의 금지) 존속이나 연장자를 입양할 수 없다.
〔전부개정 2012·2·10〕

제878조(입양의 성립) 입양은 「가족관계의 등록 등에 관한 법률」에서 정한 바에 따라 신고함으로써 그 효력이 생긴다.
〔전부개정 2012·2·10〕

제879조 및 **제880조** 삭제 <1990·1·13>

제881조(입양 신고의 심사) 제866조, 제867조, 제869조부터 제871조까지, 제873조, 제874조, 제877조, 그 밖의 법령을 위반하지 아니한 입양 신고는 수리하여야 한다.
〔전부개정 2012·2·10〕

제882조(외국에서의 입양 신고) 외국에서 입양 신고를 하는 경우에는 제814조를 준용한다.
〔전부개정 2012·2·10〕

제882조의2(입양의 효력) ① 양자는 입양된 때부터 양부모의 친생자와 같은 지위를 가진다.
② 양자의 입양 전의 친족관계는 존속한다.
〔본조신설 2012·2·10〕

제 2 관 입양의 무효와 취소

제883조(입양 무효의 원인) 다음 각 호의 어느 하나에 해당하는 입양은 무효이다.
1. 당사자 사이에 입양의 합의가 없는 경우
2. 제867조제 1 항(제873조제 2 항에 따라 준용되는 경우를 포함한다), 제869조제 2 항, 제877조를 위반한 경우

〔전부개정 2012·2·10〕

제884조(입양 취소의 원인) ① 입양이 다음 각 호의 어느 하나에 해당하는 경우에는 가정법원에 그 취소를 청구할 수 있다.
1. 제866조, 제869조제 1 항, 같은 조 제 3 항제 2 호, 제870조제 1 항, 제871조제 1 항, 제873조제 1 항, 제874조를 위반한 경우
2. 입양 당시 양부모와 양자 중 어느 한쪽에게 악질(惡疾)이나 그 밖에 중대한 사유가 있음을 알지 못한 경우
3. 사기 또는 강박으로 인하여 입양의 의사표시를 한 경우

② 입양 취소에 관하여는 제867조제 2 항을 준용한다.
〔전부개정 2012·2·10〕

제885조(입양 취소 청구권자) 양부모, 양자와 그 법정대리인 또는 직계혈족은 제866조를 위반한 입양의 취소를 청구할 수 있다.
〔전부개정 2012·2·10〕

제886조(입양 취소 청구권자) 양자나 동의권자는 제869조제 1 항, 같은 조 제 3 항제 2 호, 제870조제 1 항을 위반한 입양의 취소를 청구할 수 있고, 동의권자는 제871조제 1 항을 위반한 입양의 취소를 청구할 수 있다.
〔전부개정 2012·2·10〕

제887조(입양 취소 청구권자) 피성년후견인이나 성년후견인은 제873조제 1 항을 위반한 입양의 취소를 청구할 수 있다.
〔전부개정 2012·2·10〕

제888조(입양 취소 청구권자) 배우자는 제874조를 위반한 입양의 취소를 청구할 수 있다.
〔전부개정 2012·2·10〕

제889조(입양 취소 청구권의 소멸) 양부모가 성년이 되면 제866조를 위반한 입양의 취소를 청구하지 못한다.
〔전부개정 2012·2·10〕

제890조 삭제 <1990·1·13>

제891조(입양 취소 청구권의 소멸) ① 양자가 성년이 된 후 3개월이 지나거나 사망하면 제869조제 1 항, 같은 조 제 3 항제 2 호, 제870조제 1 항을 위반한 입양의 취소를 청구하지 못한다.
② 양자가 사망하면 제871조제 1 항을 위반한 입양의 취소를 청구하지 못한다.
〔전부개정 2012·2·10〕

제892조 삭제 <2012·2·10>

제893조(입양 취소 청구권의 소멸) 성년후견개시의 심판이 취소된 후 3개월이 지나면 제873조제 1 항을 위반한 입양의 취소를 청구하지 못한다.
〔전부개정 2012·2·10〕

제894조(입양 취소 청구권의 소멸) 제869조제 1 항, 같은 조 제 3 항제 2 호, 제870조제 1 항, 제871조제 1 항, 제873조제 1 항, 제874조를 위반한 입양은 그 사유가 있음을 안 날부터 6개월, 그 사유가 있었던 날부터 1년이 지나면 그 취소를 청구하지 못한다.
〔전부개정 2012·2·10〕

제895조 삭제 <1990·1·13>

제896조(입양 취소 청구권의 소멸) 제884조제 1 항제 2 호에 해당하는 사유가 있는 입양은 양부모와 양자 중 어느 한 쪽이 그 사유가 있음을 안 날부터 6개월이 지나면 그 취소를 청구하지 못한다.
〔전부개정 2012·2·10〕

제897조(준용규정) 입양의 무효 또는 취소에 따른 손해배상책임에 관하여는 제806조를 준용하고, 사기 또는 강박으로 인한 입양

취소 청구권의 소멸에 관하여는 제823조를 준용하며, 입양 취소의 효력에 관하여는 제824조를 준용한다.
〔전부개정 2012·2·10〕

제 3 관 파양(罷養)

제 1 항 협의상 파양

제898조(협의상 파양) 양부모와 양자는 협의하여 파양(罷養)할 수 있다. 다만, 양자가 미성년자 또는 피성년후견인인 경우에는 그러하지 아니하다.
〔전부개정 2012·2·10〕

제899조부터 **제901조**까지 삭제 <2012·2·10>

제902조(피성년후견인의 협의상 파양) 피성년후견인인 양부모는 성년후견인의 동의를 받아 파양을 협의할 수 있다.
〔전부개정 2012·2·10〕

제903조(파양 신고의 심사) 제898조, 제902조, 그 밖의 법령을 위반하지 아니한 파양 신고는 수리하여야 한다.
〔전부개정 2012·2·10〕

제904조(준용규정) 사기 또는 강박으로 인한 파양 취소 청구권의 소멸에 관하여는 제823조를 준용하고, 협의상 파양의 성립에 관하여는 제878조를 준용한다.
〔전부개정 2012·2·10〕

제 2 항 재판상 파양

제905조(재판상 파양의 원인) 양부모, 양자 또는 제906조에 따른 청구권자는 다음 각 호의 어느 하나에 해당하는 경우에는 가정법원에 파양을 청구할 수 있다.
1. 양부모가 양자를 학대 또는 유기하거나 그 밖에 양자의 복리를 현저히 해친 경우
2. 양부모가 양자로부터 심히 부당한 대우를 받은 경우
3. 양부모나 양자의 생사가 3년 이상 분명하지 아니한 경우
4. 그 밖에 양친자관계를 계속하기 어려운 중대한 사유가 있는 경우

〔전부개정 2012·2·10〕

제906조(파양 청구권자) ① 양자가 13세 미만인 경우에는 제869조제 2 항에 따른 승낙을 한 사람이 양자를 갈음하여 파양을 청구할 수 있다. 다만, 파양을 청구할 수 있는 사람이 없는 경우에는 제777조에 따른 양자의 친족이나 이해관계인이 가정법원의 허가를 받아 파양을 청구할 수 있다.
② 양자가 13세 이상의 미성년자인 경우에는 제870조제 1 항에 따른 동의를 한 부모의 동의를 받아 파양을 청구할 수 있다. 다만, 부모가 사망하거나 그 밖의 사유로 동의할 수 없는 경우에는 동의 없이 파양을 청구할 수 있다.
③ 양부모나 양자가 피성년후견인인 경우에는 성년후견인의 동의를 받아 파양을 청구할 수 있다.
④ 검사는 미성년자나 피성년후견인인 양자를 위하여 파양을 청구할 수 있다.
〔전부개정 2012·2·10〕

제907조(파양 청구권의 소멸) 파양 청구권자는 제905조제 1 호·제 2 호·제 4 호의 사유가 있음을 안 날부터 6개월, 그 사유가 있었던 날부터 3년이 지나면 파양을 청구할 수 없다.
〔전부개정 2012·2·10〕

제908조(준용규정) 재판상 파양에 따른 손해배상책임에 관하여는 제806조를 준용한다.
〔전부개정 2012·2·10〕

제 4 관 친양자

제908조의2(친양자 입양의 요건 등) ① 친양자(親養子)를 입양하려는 사람은 다음 각 호의 요건을 갖추어 가정법원에 친양자 입양을 청구하여야 한다.
1. 3년 이상 혼인 중인 부부로서 공동으로 입양할 것. 다만, 1년 이상 혼인 중인 부부의 한쪽이 그 배우자의 친생자를 친양자로 하는 경우에는 그러하지 아니하다.
2. 친양자가 될 사람이 미성년자일 것
3. 친양자가 될 사람의 친생부모가 친양자 입양에 동의할 것. 다만, 부모가 친권상실의 선고를 받거나 소재를 알 수 없거나 그 밖의 사유로 동의할 수 없는 경우에는 그러하지 아니하다.
4. 친양자가 될 사람이 13세 이상인 경우

에는 법정대리인의 동의를 받아 입양을 승낙할 것
5. 친양자가 될 사람이 13세 미만인 경우에는 법정대리인이 그를 갈음하여 입양을 승낙할 것
② 가정법원은 다음 각 호의 어느 하나에 해당하는 경우에는 제1항제3호·제4호에 따른 동의 또는 같은 항 제5호에 따른 승낙이 없어도 제1항의 청구를 인용할 수 있다. 이 경우 가정법원은 동의권자 또는 승낙권자를 심문하여야 한다.
1. 법정대리인이 정당한 이유 없이 동의 또는 승낙을 거부하는 경우. 다만, 법정대리인이 친권자인 경우에는 제2호 또는 제3호의 사유가 있어야 한다.
2. 친생부모가 자신에게 책임이 있는 사유로 3년 이상 자녀에 대한 부양의무를 이행하지 아니하고 면접교섭을 하지 아니한 경우
3. 친생부모가 자녀를 학대 또는 유기하거나 그 밖에 자녀의 복리를 현저히 해친 경우
③ 가정법원은 친양자가 될 사람의 복리를 위하여 그 양육상황, 친양자 입양의 동기, 양부모의 양육능력, 그 밖의 사정을 고려하여 친양자 입양이 적당하지 아니하다고 인정하는 경우에는 제1항의 청구를 기각할 수 있다.
〔전부개정 2012·2·10〕

제908조의3(친양자 입양의 효력) ① 친양자는 부부의 혼인중 출생자로 본다.
② 친양자의 입양 전의 친족관계는 제908조의2제1항의 청구에 의한 친양자 입양이 확정된 때에 종료한다. 다만, 부부의 일방이 그 배우자의 친생자를 단독으로 입양한 경우에 있어서의 배우자 및 그 친족과 친생자간의 친족관계는 그러하지 아니하다.
〔본조신설 2005·3·31 법7427〕

제908조의4(친양자 입양의 취소 등) ① 친양자로 될 사람의 친생(親生)의 아버지 또는 어머니는 자신에게 책임이 없는 사유로 인하여 제908조의2제1항제3호 단서에 따른 동의를 할 수 없었던 경우에 친양자 입양의 사실을 안 날부터 6개월 안에 가정법원에 친양자 입양의 취소를 청구할 수 있다.
② 친양자 입양에 관하여는 제883조, 제884조를 적용하지 아니한다.
〔전부개정 2012·2·10〕

제908조의5(친양자의 파양) ① 양친, 친양자, 친생의 부 또는 모나 검사는 다음 각 호의 어느 하나의 사유가 있는 경우에는 가정법원에 친양자의 파양(罷養)을 청구할 수 있다.
1. 양친이 친양자를 학대 또는 유기(遺棄)하거나 그 밖에 친양자의 복리를 현저히 해하는 때
2. 친양자의 양친에 대한 패륜(悖倫)행위로 인하여 친양자관계를 유지시킬 수 없게 된 때
② 제898조 및 제905조의 규정은 친양자의 파양에 관하여 이를 적용하지 아니한다.
〔본조신설 2005·3·31 법7427〕

제908조의6(준용규정) 제908조의2제3항은 친양자 입양의 취소 또는 제908조의5제1항제2호에 따른 파양의 청구에 관하여 이를 준용한다. <개정 2012·2·10>
〔본조신설 2005·3·31 법7427〕

제908조의7(친양자 입양의 취소·파양의 효력) ① 친양자 입양이 취소되거나 파양된 때에는 친양자관계는 소멸하고 입양 전의 친족관계는 부활한다.
② 제1항의 경우에 친양자 입양의 취소의 효력은 소급하지 아니한다.
〔본조신설 2005·3·31 법7427〕

제908조의8(준용규정) 친양자에 관하여 이 관에 특별한 규정이 있는 경우를 제외하고는 그 성질에 반하지 아니하는 범위 안에서 양자에 관한 규정을 준용한다.
〔본조신설 2005·3·31 법7427〕

제3절 친권

제1관 총칙

제909조(친권자) ① 부모는 미성년자인 자의 친권자가 된다. 양자의 경우에는 양부모(養父母)가 친권자가 된다. <개정 2005·3·31 법7427>
② 친권은 부모가 혼인 중인 때에는 부모가 공동으로 이를 행사한다. 그러나 부모의 의견이 일치하지 아니하는 경우에는 당사자의 청구에 의하여 가정법원이 이를 정한다.
③ 부모의 일방이 친권을 행사할 수 없을 때에는 다른 일방이 이를 행사한다.
④ 혼인외의 자가 인지된 경우와 부모가 이

혼하는 경우에는 부모의 협의로 친권자를 정하여야 하고, 협의할 수 없거나 협의가 이루어지지 아니하는 경우에는 가정법원은 직권으로 또는 당사자의 청구에 따라 친권자를 지정하여야 한다. 다만, 부모의 협의가 자(子)의 복리에 반하는 경우에는 가정법원은 보정을 명하거나 직권으로 친권자를 정한다. <개정 2005·3·31, 2007·12·21>

⑤ 가정법원은 혼인의 취소, 재판상 이혼 또는 인지청구의 소의 경우에는 직권으로 친권자를 정한다. <개정 2005·3·31>

⑥ 가정법원은 자의 복리를 위하여 필요하다고 인정되는 경우에는 자의 4촌 이내의 친족의 청구에 의하여 정하여진 친권자를 다른 일방으로 변경할 수 있다. <신설 2005·3·31 법7427>

〔전부개정 1990·1·13〕

제909조의2(친권자의 지정 등) ① 제909조제4항부터 제6항까지의 규정에 따라 단독 친권자로 정하여진 부모의 일방이 사망한 경우 생존하는 부 또는 모, 미성년자, 미성년자의 친족은 그 사실을 안 날부터 1개월, 사망한 날부터 6개월 내에 가정법원에 생존하는 부 또는 모를 친권자로 지정할 것을 청구할 수 있다.

② 입양이 취소되거나 파양된 경우 또는 양부모가 모두 사망한 경우 친생부모 일방 또는 쌍방, 미성년자, 미성년자의 친족은 그 사실을 안 날부터 1개월, 입양이 취소되거나 파양된 날 또는 양부모가 모두 사망한 날부터 6개월 내에 가정법원에 친생부모 일방 또는 쌍방을 친권자로 지정할 것을 청구할 수 있다. 다만, 친양자의 양부모가 사망한 경우에는 그러하지 아니하다.

③ 제1항 또는 제2항의 기간 내에 친권자 지정의 청구가 없을 때에는 가정법원은 직권으로 또는 미성년자, 미성년자의 친족, 이해관계인, 검사, 지방자치단체의 장의 청구에 의하여 미성년후견인을 선임할 수 있다. 이 경우 생존하는 부 또는 모, 친생부모 일방 또는 쌍방의 소재를 모르거나 그가 정당한 사유 없이 소환에 응하지 아니하는 경우를 제외하고 그에게 의견을 진술할 기회를 주어야 한다.

④ 가정법원은 제1항 또는 제2항에 따른 친권자 지정 청구나 제3항에 따른 후견인 선임 청구가 생존하는 부 또는 모, 친생부모 일방 또는 쌍방의 양육의사 및 양육능력, 청구 동기, 미성년자의 의사, 그 밖의 사정을 고려하여 미성년자의 복리를 위하여 적절하지 아니하다고 인정하면 청구를 기각할 수 있다. 이 경우 가정법원은 직권으로 미성년후견인을 선임하거나 생존하는 부 또는 모, 친생부모 일방 또는 쌍방을 친권자로 지정하여야 한다.

⑤ 가정법원은 다음 각 호의 어느 하나에 해당하는 경우에 직권으로 또는 미성년자, 미성년자의 친족, 이해관계인, 검사, 지방자치단체의 장의 청구에 의하여 제1항부터 제4항까지의 규정에 따라 친권자가 지정되거나 미성년후견인이 선임될 때까지 그 임무를 대행할 사람을 선임할 수 있다. 이 경우 그 임무를 대행할 사람에 대하여는 제25조 및 제954조를 준용한다.

1. 단독 친권자가 사망한 경우
2. 입양이 취소되거나 파양된 경우
3. 양부모가 모두 사망한 경우

⑥ 가정법원은 제3항 또는 제4항에 따라 미성년후견인이 선임된 경우라도 미성년후견인 선임 후 양육상황이나 양육능력의 변동, 미성년자의 의사, 그 밖의 사정을 고려하여 미성년자의 복리를 위하여 필요하면 생존하는 부 또는 모, 친생부모 일방 또는 쌍방, 미성년자의 청구에 의하여 후견을 종료하고 생존하는 부 또는 모, 친생부모 일방 또는 쌍방을 친권자로 지정할 수 있다.

〔본조신설 2011·5·19〕

제910조(자의 친권의 대행) 친권자는 그 친권에 따르는 자에 갈음하여 그 자에 대한 친권을 행사한다. <개정 2005·3·31 법7427>

제911조(미성년자인 자의 법정대리인) 친권을 행사하는 부 또는 모는 미성년자인 자의 법정대리인이 된다.

제912조(친권 행사와 친권자 지정의 기준) ① 친권을 행사함에 있어서는 자의 복리를 우선적으로 고려하여야 한다.

② 가정법원이 친권자를 지정함에 있어서는 자(子)의 복리를 우선적으로 고려하여야 한다. 이를 위하여 가정법원은 관련 분야의 전문가나 사회복지기관으로부터 자문을 받을 수 있다. <신설 2011·5·19>

〔본조신설 2005·3·31 법7427〕

제2관 친권의 효력

제913조(보호, 교양의 권리의무) 친권자는 자를 보호하고 교양할 권리의무가 있다.

제914조(거소지정권) 자는 친권자의 지정한 장소에 거주하여야 한다.

제915조 삭제 <2021·1·26>

제916조(자의 특유재산과 그 관리) 자가 자기의 명의로 취득한 재산은 그 특유재산으로 하고 법정대리인인 친권자가 이를 관리한다.

제917조 삭제 <1990·1·13>

제918조(제삼자가 무상으로 자에게 수여한 재산의 관리) ① 무상으로 자에게 재산을 수여한 제삼자가 친권자의 관리에 반대하는 의사를 표시한 때에는 친권자는 그 재산을 관리하지 못한다.

② 전항의 경우에 제삼자가 그 재산관리인을 지정하지 아니한 때에는 법원은 재산의 수여를 받은 자 또는 제777조의 규정에 의한 친족의 청구에 의하여 관리인을 선임한다.

③ 제삼자의 지정한 관리인의 권한이 소멸하거나 관리인을 개임할 필요있는 경우에 제삼자가 다시 관리인을 지정하지 아니한 때에도 전항과 같다.

④ 제24조제1항, 제2항, 제4항, 제25조 전단 및 제26조제1항, 제2항의 규정은 전2항의 경우에 준용한다.

제919조(위임에 관한 규정의 준용) 제691조, 제692조의 규정은 전3조의 재산관리에 준용한다.

제920조(자의 재산에 관한 친권자의 대리권) 법정대리인인 친권자는 자의 재산에 관한 법률행위에 대하여 그 자를 대리한다. 그러나 그 자의 행위를 목적으로 하는 채무를 부담할 경우에는 본인의 동의를 얻어야 한다.

제920조의2(공동친권자의 일방이 공동명의로 한 행위의 효력) 부모가 공동으로 친권을 행사하는 경우 부모의 일방이 공동명의로 자를 대리하거나 자의 법률행위에 동의한 때에는 다른 일방의 의사에 반하는 때에도 그 효력이 있다. 그러나 상대방이 악의인 때에는 그러하지 아니한다.

〔본조신설 1990·1·13〕

제921조(친권자와 그 자간 또는 수인의 자간의 이해상반행위) ① 법정대리인인 친권자와 그 자 사이에 이해상반되는 행위를 함에는 친권자는 법원에 그 자의 특별대리인의 선임을 청구하여야 한다.

② 법정대리인인 친권자가 그 친권에 따르는 수인의 자 사이에 이해상반되는 행위를 함에는 법원에 그 자 일방의 특별대리인의 선임을 청구하여야 한다. <개정 2005·3·31 법7427>

제922조(친권자의 주의의무) 친권자가 그 자에 대한 법률행위의 대리권 또는 재산관리권을 행사함에는 자기의 재산에 관한 행위와 동일한 주의를 하여야 한다.

제922조의2(친권자의 동의를 갈음하는 재판) 가정법원은 친권자의 동의가 필요한 행위에 대하여 친권자가 정당한 이유 없이 동의하지 아니함으로써 자녀의 생명, 신체 또는 재산에 중대한 손해가 발생할 위험이 있는 경우에는 자녀, 자녀의 친족, 검사 또는 지방자치단체의 장의 청구에 의하여 친권자의 동의를 갈음하는 재판을 할 수 있다.

〔본조신설 2014·10·15〕

제923조(재산관리의 계산) ① 법정대리인인 친권자의 권한이 소멸한 때에는 그 자의 재산에 대한 관리의 계산을 하여야 한다.

② 전항의 경우에 그 자의 재산으로부터 수취한 과실은 그 자의 양육, 재산관리의 비용과 상계한 것으로 본다. 그러나 무상으로 자에게 재산을 수여한 제삼자가 반대의 의사를 표시한 때에는 그 재산에 관하여는 그러하지 아니하다.

제3관 친권의 상실, 일시 정지 및 일부 제한

제924조(친권의 상실 또는 일시 정지의 선고) ① 가정법원은 부 또는 모가 친권을 남용하여 자녀의 복리를 현저히 해치거나 해칠 우려가 있는 경우에는 자녀, 자녀의 친족, 검사 또는 지방자치단체의 장의 청구에 의하여 그 친권의 상실 또는 일시 정지를 선고할 수 있다.

② 가정법원은 친권의 일시 정지를 선고할 때에는 자녀의 상태, 양육상황, 그 밖의 사정을 고려하여 그 기간을 정하여야 한다. 이 경우 그 기간은 2년을 넘을 수 없다.

③ 가정법원은 자녀의 복리를 위하여 친권

의 일시 정지 기간의 연장이 필요하다고 인정하는 경우에는 자녀, 자녀의 친족, 검사, 지방자치단체의 장, 미성년후견인 또는 미성년후견감독인의 청구에 의하여 2년의 범위에서 그 기간을 한 차례만 연장할 수 있다.
〔전부개정 2014·10·15〕

제924조의2(친권의 일부 제한의 선고) 가정법원은 거소의 지정이나 그 밖의 신상에 관한 결정 등 특정한 사항에 관하여 친권자가 친권을 행사하는 것이 곤란하거나 부적당한 사유가 있어 자녀의 복리를 해치거나 해칠 우려가 있는 경우에는 자녀, 자녀의 친족, 검사 또는 지방자치단체의 장의 청구에 의하여 구체적인 범위를 정하여 친권의 일부 제한을 선고할 수 있다. <개정 2021·1·26>
〔본조신설 2014·10·15〕

제925조(대리권, 재산관리권 상실의 선고) 가정법원은 법정대리인인 친권자가 부적당한 관리로 인하여 자녀의 재산을 위태롭게 한 경우에는 자녀의 친족, 검사 또는 지방자치단체의 장의 청구에 의하여 그 법률행위의 대리권과 재산관리권의 상실을 선고할 수 있다. <개정 2014·10·15>
〔전부개정 2012·2·10〕

제925조의2(친권 상실 선고 등의 판단 기준) ① 제924조에 따른 친권 상실의 선고는 같은 조에 따른 친권의 일시 정지, 제924조의2에 따른 친권의 일부 제한, 제925조에 따른 대리권·재산관리권의 상실 선고 또는 그 밖의 다른 조치에 의해서는 자녀의 복리를 충분히 보호할 수 없는 경우에만 할 수 있다.
② 제924조에 따른 친권의 일시 정지, 제924조의2에 따른 친권의 일부 제한 또는 제925조에 따른 대리권·재산관리권의 상실 선고는 제922조의2에 따른 동의를 갈음하는 재판 또는 그 밖의 다른 조치에 의해서는 자녀의 복리를 충분히 보호할 수 없는 경우에만 할 수 있다.
〔본조신설 2014·10·15〕

제925조의3(부모의 권리와 의무) 제924조와 제924조의2, 제925조에 따라 친권의 상실, 일시 정지, 일부 제한 또는 대리권과 재산관리권의 상실이 선고된 경우에도 부모의 자녀에 대한 그 밖의 권리와 의무는 변경되지 아니한다.
〔본조신설 2014·10·15〕

제926조(실권 회복의 선고) 가정법원은 제924조, 제924조의2 또는 제925조에 따른 선고의 원인이 소멸된 경우에는 본인, 자녀, 자녀의 친족, 검사 또는 지방자치단체의 장의 청구에 의하여 실권(失權)의 회복을 선고할 수 있다.
〔전부개정 2014·10·15〕

제927조(대리권, 관리권의 사퇴와 회복) ① 법정대리인인 친권자는 정당한 사유가 있는 때에는 법원의 허가를 얻어 그 법률행위의 대리권과 재산관리권을 사퇴할 수 있다.
② 전항의 사유가 소멸한 때에는 그 친권자는 법원의 허가를 얻어 사퇴한 권리를 회복할 수 있다.

제927조의2(친권의 상실, 일시 정지 또는 일부 제한과 친권자의 지정 등) ① 제909조제4항부터 제6항까지의 규정에 따라 단독 친권자가 된 부 또는 모, 양부모(친양자의 양부모를 제외한다) 쌍방에게 다음 각 호의 어느 하나에 해당하는 사유가 있는 경우에는 제909조의2제1항 및 제3항부터 제5항까지의 규정을 준용한다. 다만, 제1호의3·제2호 및 제3호의 경우 새로 정하여진 친권자 또는 미성년후견인의 임무는 제한된 친권의 범위에 속하는 행위에 한정된다. <개정 2014·10·15>

1. 제924조에 따른 친권상실의 선고가 있는 경우
1의2. 제924조에 따른 친권 일시 정지의 선고가 있는 경우
1의3. 제924조의2에 따른 친권 일부 제한의 선고가 있는 경우
2. 제925조에 따른 대리권과 재산관리권 상실의 선고가 있는 경우
3. 제927조제1항에 따라 대리권과 재산관리권을 사퇴한 경우
4. 소재불명 등 친권을 행사할 수 없는 중대한 사유가 있는 경우

② 가정법원은 제1항에 따라 친권자가 지정되거나 미성년후견인이 선임된 후 단독 친권자이었던 부 또는 모, 양부모 일방 또는 쌍방에게 다음 각 호의 어느 하나에 해당하는 사유가 있는 경우에는 그 부모 일방 또는 쌍방, 미성년자, 미성년자의 친족의 청구에 의하여 친권자를 새로 지정할 수 있다.

1. 제926조에 따라 실권의 회복이 선고된 경우
2. 제927조제 2 항에 따라 사퇴한 권리를 회복한 경우
3. 소재불명이던 부 또는 모가 발견되는 등 친권을 행사할 수 있게 된 경우

〔본조신설 2011·5·19〕

제 5 장 후견

제 1 절 미성년후견과 성년후견

제 1 관 후견인

제928조(미성년자에 대한 후견의 개시) 미성년자에게 친권자가 없거나 친권자가 제924조, 제924조의2, 제925조 또는 제927조제 1 항에 따라 친권의 전부 또는 일부를 행사할 수 없는 경우에는 미성년후견인을 두어야 한다. <개정 2014·10·15>

〔전부개정 2011·3·7〕

제929조(성년후견심판에 의한 후견의 개시) 가정법원의 성년후견개시심판이 있는 경우에는 그 심판을 받은 사람의 성년후견인을 두어야 한다.

〔전부개정 2011·3·7〕

제930조(후견인의 수와 자격) ① 미성년후견인의 수(數)는 한 명으로 한다.

② 성년후견인은 피성년후견인의 신상과 재산에 관한 모든 사정을 고려하여 여러 명을 둘 수 있다.

③ 법인도 성년후견인이 될 수 있다.

〔전부개정 2011·3·7〕

제931조(유언에 의한 미성년후견인의 지정 등) ① 미성년자에게 친권을 행사하는 부모는 유언으로 미성년후견인을 지정할 수 있다. 다만, 법률행위의 대리권과 재산관리권이 없는 친권자는 그러하지 아니하다.

② 가정법원은 제 1 항에 따라 미성년후견인이 지정된 경우라도 미성년자의 복리를 위하여 필요하면 생존하는 부 또는 모, 미성년자의 청구에 의하여 후견을 종료하고 생존하는 부 또는 모를 친권자로 지정할 수 있다.

〔전부개정 2011·5·19〕

제932조(미성년후견인의 선임) ① 가정법원은 제931조에 따라 지정된 미성년후견인이 없는 경우에는 직권으로 또는 미성년자, 친족, 이해관계인, 검사, 지방자치단체의 장의 청구에 의하여 미성년후견인을 선임한다. 미성년후견인이 없게 된 경우에도 또한 같다.

② 가정법원은 제924조, 제924조의2 및 제925조에 따른 친권의 상실, 일시 정지, 일부 제한의 선고 또는 법률행위의 대리권이나 재산관리권 상실의 선고에 따라 미성년후견인을 선임할 필요가 있는 경우에는 직권으로 미성년후견인을 선임한다. <개정 2014·10·15>

③ 친권자가 대리권 및 재산관리권을 사퇴한 경우에는 지체 없이 가정법원에 미성년후견인의 선임을 청구하여야 한다.

〔전부개정 2011·3·7〕

제933조부터 **제935조**까지 삭제 <2011·3·7>

제936조(성년후견인의 선임) ① 제929조에 따른 성년후견인은 가정법원이 직권으로 선임한다.

② 가정법원은 성년후견인이 사망, 결격, 그 밖의 사유로 없게 된 경우에도 직권으로 또는 피성년후견인, 친족, 이해관계인, 검사, 지방자치단체의 장의 청구에 의하여 성년후견인을 선임한다.

③ 가정법원은 성년후견인이 선임된 경우에도 필요하다고 인정하면 직권으로 또는 제 2 항의 청구권자나 성년후견인의 청구에 의하여 추가로 성년후견인을 선임할 수 있다.

④ 가정법원이 성년후견인을 선임할 때에는 피성년후견인의 의사를 존중하여야 하며, 그 밖에 피성년후견인의 건강, 생활관계, 재산상황, 성년후견인이 될 사람의 직업과 경험, 피성년후견인과의 이해관계의 유무(법인이 성년후견인이 될 때에는 사업의 종류와 내용, 법인이나 그 대표자와 피성년후견인 사이의 이해관계의 유무를 말한다) 등의 사정도 고려하여야 한다.

〔전부개정 2011·3·7〕

제937조(후견인의 결격사유) 다음 각 호의 어느 하나에 해당하는 자는 후견인이 되지 못한다. <개정 2016·12·20>

1. 미성년자
2. 피성년후견인, 피한정후견인, 피특정후견인, 피임의후견인
3. 회생절차개시결정 또는 파산선고를 받은 자

4. 자격정지 이상의 형의 선고를 받고 그 형기(刑期) 중에 있는 사람
5. 법원에서 해임된 법정대리인
6. 법원에서 해임된 성년후견인, 한정후견인, 특정후견인, 임의후견인과 그 감독인
7. 행방이 불분명한 사람
8. 피후견인을 상대로 소송을 하였거나 하고 있는 사람
9. 제 8 호에서 정한 사람의 배우자와 직계혈족. 다만, 피후견인의 직계비속은 제외한다.

〔전부개정 2011·3·7〕

제938조(후견인의 대리권 등) ① 후견인은 피후견인의 법정대리인이 된다.
② 가정법원은 성년후견인이 제 1 항에 따라 가지는 법정대리권의 범위를 정할 수 있다.
③ 가정법원은 성년후견인이 피성년후견인의 신상에 관하여 결정할 수 있는 권한의 범위를 정할 수 있다.
④ 제 2 항 및 제 3 항에 따른 법정대리인의 권한의 범위가 적절하지 아니하게 된 경우에 가정법원은 본인, 배우자, 4촌 이내의 친족, 성년후견인, 성년후견감독인, 검사 또는 지방자치단체의 장의 청구에 의하여 그 범위를 변경할 수 있다.
〔전부개정 2011·3·7〕

제939조(후견인의 사임) 후견인은 정당한 사유가 있는 경우에는 가정법원의 허가를 받아 사임할 수 있다. 이 경우 그 후견인은 사임청구와 동시에 가정법원에 새로운 후견인의 선임을 청구하여야 한다.
〔전부개정 2011·3·7〕

제940조(후견인의 변경) 가정법원은 피후견인의 복리를 위하여 후견인을 변경할 필요가 있다고 인정하면 직권으로 또는 피후견인, 친족, 후견감독인, 검사, 지방자치단체의 장의 청구에 의하여 후견인을 변경할 수 있다.
〔전부개정 2011·3·7〕

제 2 관 후견감독인

제940조의2(미성년후견감독인의 지정) 미성년후견인을 지정할 수 있는 사람은 유언으로 미성년후견감독인을 지정할 수 있다.
〔본조신설 2011·3·7〕

제940조의3(미성년후견감독인의 선임) ① 가정법원은 제940조의2에 따라 지정된 미성년후견감독인이 없는 경우에 필요하다고 인정하면 직권으로 또는 미성년자, 친족, 미성년후견인, 검사, 지방자치단체의 장의 청구에 의하여 미성년후견감독인을 선임할 수 있다.
② 가정법원은 미성년후견감독인이 사망, 결격, 그 밖의 사유로 없게 된 경우에는 직권으로 또는 미성년자, 친족, 미성년후견인, 검사, 지방자치단체의 장의 청구에 의하여 미성년후견감독인을 선임한다.
〔본조신설 2011·3·7〕

제940조의4(성년후견감독인의 선임) ① 가정법원은 필요하다고 인정하면 직권으로 또는 피성년후견인, 친족, 성년후견인, 검사, 지방자치단체의 장의 청구에 의하여 성년후견감독인을 선임할 수 있다.
② 가정법원은 성년후견감독인이 사망, 결격, 그 밖의 사유로 없게 된 경우에는 직권으로 또는 피성년후견인, 친족, 성년후견인, 검사, 지방자치단체의 장의 청구에 의하여 성년후견감독인을 선임한다.
〔본조신설 2011·3·7〕

제940조의5(후견감독인의 결격사유) 제779조에 따른 후견인의 가족은 후견감독인이 될 수 없다.
〔본조신설 2011·3·7〕

제940조의6(후견감독인의 직무) ① 후견감독인은 후견인의 사무를 감독하며, 후견인이 없는 경우 지체 없이 가정법원에 후견인의 선임을 청구하여야 한다.
② 후견감독인은 피후견인의 신상이나 재산에 대하여 급박한 사정이 있는 경우 그의 보호를 위하여 필요한 행위 또는 처분을 할 수 있다.
③ 후견인과 피후견인 사이에 이해가 상반되는 행위에 관하여는 후견감독인이 피후견인을 대리한다.
〔본조신설 2011·3·7〕

제940조의7(위임 및 후견인 규정의 준용) 후견감독인에 대하여는 제681조, 제691조, 제692조, 제930조제 2 항·제 3 항, 제936조제 3 항·제 4 항, 제937조, 제939조, 제940조, 제947조의2제 3 항부터 제 5 항까지, 제949조의2, 제955조 및 제955조의2를 준용한다.
〔본조신설 2011·3·7〕

제 3 관 후견인의 임무

제941조(재산조사와 목록작성) ① 후견인은 지체 없이 피후견인의 재산을 조사하여 2개월 내에 그 목록을 작성하여야 한다. 다만, 정당한 사유가 있는 경우에는 법원의 허가를 받아 그 기간을 연장할 수 있다.
② 후견감독인이 있는 경우 제 1 항에 따른 재산조사와 목록작성은 후견감독인의 참여가 없으면 효력이 없다.
〔전부개정 2011·3·7〕

제942조(후견인의 채권·채무의 제시) ① 후견인과 피후견인 사이에 채권·채무의 관계가 있고 후견감독인이 있는 경우에는 후견인은 재산목록의 작성을 완료하기 전에 그 내용을 후견감독인에게 제시하여야 한다.
② 후견인이 피후견인에 대한 채권이 있음을 알고도 제 1 항에 따른 제시를 게을리한 경우에는 그 채권을 포기한 것으로 본다.
〔전부개정 2011·3·7〕

제943조(목록작성전의 권한) 후견인은 재산조사와 목록작성을 완료하기까지는 긴급 필요한 경우가 아니면 그 재산에 관한 권한을 행사하지 못한다. 그러나 이로써 선의의 제삼자에게 대항하지 못한다.

제944조(피후견인이 취득한 포괄적 재산의 조사 등) 전 3 조의 규정은 후견인의 취임후에 피후견인이 포괄적 재산을 취득한 경우에 준용한다.

제945조(미성년자의 신분에 관한 후견인의 권리·의무) 미성년후견인은 제913조 및 제914조에서 규정한 사항에 관하여는 친권자와 동일한 권리와 의무가 있다. 다만, 다음 각 호의 어느 하나에 해당하는 경우에는 미성년후견감독인이 있으면 그의 동의를 받아야 한다. <개정 2021·1·26>
1. 친권자가 정한 교육방법, 양육방법 또는 거소를 변경하는 경우
2. 삭제 <2021·1·26>
3. 친권자가 허락한 영업을 취소하거나 제한하는 경우

〔전부개정 2011·3·7〕

제946조(친권 중 일부에 한정된 후견) 미성년자의 친권자가 제924조의2, 제925조 또는 제927조제 1 항에 따라 친권 중 일부에 한정하여 행사할 수 없는 경우에 미성년후견인의 임무는 제한된 친권의 범위에 속하는 행위에 한정된다.
〔전부개정 2014·10·15〕

제947조(피성년후견인의 복리와 의사존중) 성년후견인은 피성년후견인의 재산관리와 신상보호를 할 때 여러 사정을 고려하여 그의 복리에 부합하는 방법으로 사무를 처리하여야 한다. 이 경우 성년후견인은 피성년후견인의 복리에 반하지 아니하면 피성년후견인의 의사를 존중하여야 한다.
〔전부개정 2011·3·7〕

제947조의2(피성년후견인의 신상결정 등) ① 피성년후견인은 자신의 신상에 관하여 그의 상태가 허락하는 범위에서 단독으로 결정한다.
② 성년후견인이 피성년후견인을 치료 등의 목적으로 정신병원이나 그 밖의 다른 장소에 격리하려는 경우에는 가정법원의 허가를 받아야 한다.
③ 피성년후견인의 신체를 침해하는 의료행위에 대하여 피성년후견인이 동의할 수 없는 경우에는 성년후견인이 그를 대신하여 동의할 수 있다.
④ 제 3 항의 경우 피성년후견인이 의료행위의 직접적인 결과로 사망하거나 상당한 장애를 입을 위험이 있을 때에는 가정법원의 허가를 받아야 한다. 다만, 허가절차로 의료행위가 지체되어 피성년후견인의 생명에 위험을 초래하거나 심신상의 중대한 장애를 초래할 때에는 사후에 허가를 청구할 수 있다.
⑤ 성년후견인이 피성년후견인을 대리하여 피성년후견인이 거주하고 있는 건물 또는 그 대지에 대하여 매도, 임대, 전세권 설정, 저당권 설정, 임대차의 해지, 전세권의 소멸, 그 밖에 이에 준하는 행위를 하는 경우에는 가정법원의 허가를 받아야 한다.
〔본조신설 2011·3·7〕

제948조(미성년자의 친권의 대행) ① 미성년후견인은 미성년자를 갈음하여 미성년자의 자녀에 대한 친권을 행사한다.
② 제 1 항의 친권행사에는 미성년후견인의 임무에 관한 규정을 준용한다.
〔전부개정 2011·3·7〕

제949조(재산관리권과 대리권) ① 후견인은 피후견인의 재산을 관리하고 그 재산에 관한 법률행위에 대하여 피후견인을 대리한다.

② 제920조 단서의 규정은 전항의 법률행위에 준용한다.

제949조의2(성년후견인이 여러 명인 경우 권한의 행사 등) ① 가정법원은 직권으로 여러 명의 성년후견인이 공동으로 또는 사무를 분장하여 그 권한을 행사하도록 정할 수 있다.

② 가정법원은 직권으로 제1항에 따른 결정을 변경하거나 취소할 수 있다.

③ 여러 명의 성년후견인이 공동으로 권한을 행사하여야 하는 경우에 어느 성년후견인이 피성년후견인의 이익이 침해될 우려가 있음에도 법률행위의 대리 등 필요한 권한 행사에 협력하지 아니할 때에는 가정법원은 피성년후견인, 성년후견인, 후견감독인 또는 이해관계인의 청구에 의하여 그 성년후견인의 의사표시를 갈음하는 재판을 할 수 있다.

〔본조신설 2011·3·7〕

제949조의3(이해상반행위) 후견인에 대하여는 제921조를 준용한다. 다만, 후견감독인이 있는 경우에는 그러하지 아니하다.

〔본조신설 2011·3·7〕

제950조(후견감독인의 동의를 필요로 하는 행위) ① 후견인이 피후견인을 대리하여 다음 각 호의 어느 하나에 해당하는 행위를 하거나 미성년자의 다음 각 호의 어느 하나에 해당하는 행위에 동의를 할 때는 후견감독인이 있으면 그의 동의를 받아야 한다.

1. 영업에 관한 행위
2. 금전을 빌리는 행위
3. 의무만을 부담하는 행위
4. 부동산 또는 중요한 재산에 관한 권리의 득실변경을 목적으로 하는 행위
5. 소송행위
6. 상속의 승인, 한정승인 또는 포기 및 상속재산의 분할에 관한 협의

② 후견감독인의 동의가 필요한 행위에 대하여 후견감독인이 피후견인의 이익이 침해될 우려가 있음에도 동의를 하지 아니하는 경우에는 가정법원은 후견인의 청구에 의하여 후견감독인의 동의를 갈음하는 허가를 할 수 있다.

③ 후견감독인의 동의가 필요한 법률행위를 후견인이 후견감독인의 동의 없이 하였을 때에는 피후견인 또는 후견감독인이 그 행위를 취소할 수 있다.

〔전부개정 2011·3·7〕

제951조(피후견인의 재산 등의 양수에 대한 취소) ① 후견인이 피후견인에 대한 제3자의 권리를 양수(讓受)하는 경우에는 피후견인은 이를 취소할 수 있다.

② 제1항에 따른 권리의 양수의 경우 후견감독인이 있으면 후견인은 후견감독인의 동의를 받아야 하고, 후견감독인의 동의가 없는 경우에는 피후견인 또는 후견감독인이 이를 취소할 수 있다.

〔전부개정 2011·3·7〕

제952조(상대방의 추인 여부 최고) 제950조 및 제951조의 경우에는 제15조를 준용한다.

〔전부개정 2011·3·7〕

제953조(후견감독인의 후견사무의 감독) 후견감독인은 언제든지 후견인에게 그의 임무 수행에 관한 보고와 재산목록의 제출을 요구할 수 있고 피후견인의 재산상황을 조사할 수 있다.

〔전부개정 2011·3·7〕

제954조(가정법원의 후견사무에 관한 처분) 가정법원은 직권으로 또는 피후견인, 후견감독인, 제777조에 따른 친족, 그 밖의 이해관계인, 검사, 지방자치단체의 장의 청구에 의하여 피후견인의 재산상황을 조사하고, 후견인에게 재산관리 등 후견임무 수행에 관하여 필요한 처분을 명할 수 있다.

〔전부개정 2011·3·7〕

제955조(후견인에 대한 보수) 법원은 후견인의 청구에 의하여 피후견인의 재산상태 기타 사정을 참작하여 피후견인의 재산 중에서 상당한 보수를 후견인에게 수여할 수 있다.

제955조의2(지출금액의 예정과 사무비용) 후견인이 후견사무를 수행하는 데 필요한 비용은 피후견인의 재산 중에서 지출한다.

〔본조신설 2011·3·7〕

제956조(위임과 친권의 규정의 준용) 제681조 및 제918조의 규정은 후견인에게 이를 준용한다.

제4관 후견의 종료

제957조(후견사무의 종료와 관리의 계산) ① 후견인의 임무가 종료된 때에는 후견인 또

는 그 상속인은 1개월 내에 피후견인의 재산에 관한 계산을 하여야 한다. 다만, 정당한 사유가 있는 경우에는 법원의 허가를 받아 그 기간을 연장할 수 있다.
② 제 1 항의 계산은 후견감독인이 있는 경우에는 그가 참여하지 아니하면 효력이 없다.
〔전부개정 2011·3·7〕

제958조(이자의 부가와 금전소비에 대한 책임) ① 후견인이 피후견인에게 지급할 금액이나 피후견인이 후견인에게 지급할 금액에는 계산종료의 날로부터 이자를 부가하여야 한다.
② 후견인이 자기를 위하여 피후견인의 금전을 소비한 때에는 그 소비한 날로부터 이자를 부가하고 피후견인에게 손해가 있으면 이를 배상하여야 한다.

제959조(위임규정의 준용) 제691조, 제692조의 규정은 후견의 종료에 이를 준용한다.

제 2 절 한정후견과 특정후견

제959조의2(한정후견의 개시) 가정법원의 한정후견개시의 심판이 있는 경우에는 그 심판을 받은 사람의 한정후견인을 두어야 한다.
〔본조신설 2011·3·7〕

제959조의3(한정후견인의 선임 등) ① 제959조의2에 따른 한정후견인은 가정법원이 직권으로 선임한다.
② 한정후견인에 대하여는 제930조제 2 항·제 3 항, 제936조제 2 항부터 제 4 항까지, 제937조, 제939조, 제940조 및 제949조의3을 준용한다.
〔본조신설 2011·3·7〕

제959조의4(한정후견인의 대리권 등) ① 가정법원은 한정후견인에게 대리권을 수여하는 심판을 할 수 있다.
② 한정후견인의 대리권 등에 관하여는 제938조제 3 항 및 제 4 항을 준용한다.
〔본조신설 2011·3·7〕

제959조의5(한정후견감독인) ① 가정법원은 필요하다고 인정하면 직권으로 또는 피한정후견인, 친족, 한정후견인, 검사, 지방자치단체의 장의 청구에 의하여 한정후견감독인을 선임할 수 있다.
② 한정후견감독인에 대하여는 제681조, 제691조, 제692조, 제930조제 2 항·제 3 항, 제936조제 3 항·제 4 항, 제937조, 제939조, 제940조, 제940조의3제 2 항, 제940조의5, 제940조의6, 제947조의2제 3 항부터 제 5 항까지, 제949조의2, 제955조 및 제955조의2를 준용한다. 이 경우 제940조의6제 3 항 중 "피후견인을 대리한다"는 "피한정후견인을 대리하거나 피한정후견인이 그 행위를 하는 데 동의한다"로 본다.
〔본조신설 2011·3·7〕

제959조의6(한정후견사무) 한정후견의 사무에 관하여는 제681조, 제920조 단서, 제947조, 제947조의2, 제949조, 제949조의2, 제949조의3, 제950조부터 제955조까지 및 제955조의2를 준용한다.
〔본조신설 2011·3·7〕

제959조의7(한정후견인의 임무의 종료 등) 한정후견인의 임무가 종료한 경우에 관하여는 제691조, 제692조, 제957조 및 제958조를 준용한다.
〔본조신설 2011·3·7〕

제959조의8(특정후견에 따른 보호조치) 가정법원은 피특정후견인의 후원을 위하여 필요한 처분을 명할 수 있다.
〔본조신설 2011·3·7〕

제959조의9(특정후견인의 선임 등) ① 가정법원은 제959조의8에 따른 처분으로 피특정후견인을 후원하거나 대리하기 위한 특정후견인을 선임할 수 있다.
② 특정후견인에 대하여는 제930조제 2 항·제 3 항, 제936조제 2 항부터 제 4 항까지, 제937조, 제939조 및 제940조를 준용한다.
〔본조신설 2011·3·7〕

제959조의10(특정후견감독인) ① 가정법원은 필요하다고 인정하면 직권으로 또는 피특정후견인, 친족, 특정후견인, 검사, 지방자치단체의 장의 청구에 의하여 특정후견감독인을 선임할 수 있다.
② 특정후견감독인에 대하여는 제681조, 제691조, 제692조, 제930조제 2 항·제 3 항, 제936조제 3 항·제 4 항, 제937조, 제939조, 제940조, 제940조의5, 제940조의6, 제949조의2, 제955조 및 제955조의2를 준용한다.
〔본조신설 2011·3·7〕

제959조의11(특정후견인의 대리권) ① 피특정후견인의 후원을 위하여 필요하다고 인정하면 가정법원은 기간이나 범위를 정하여

특정후견인에게 대리권을 수여하는 심판을 할 수 있다.
② 제 1 항의 경우 가정법원은 특정후견인의 대리권 행사에 가정법원이나 특정후견감독인의 동의를 받도록 명할 수 있다.
〔본조신설 2011·3·7〕

제959조의12(특정후견사무) 특정후견의 사무에 관하여는 제681조, 제920조 단서, 제947조, 제949조의2, 제953조부터 제955조까지 및 제955조의2를 준용한다.
〔본조신설 2011·3·7〕

제959조의13(특정후견인의 임무의 종료 등) 특정후견인의 임무가 종료한 경우에 관하여는 제691조, 제692조, 제957조 및 제958조를 준용한다.
〔본조신설 2011·3·7〕

제 3 절 후견계약

제959조의14(후견계약의 의의와 체결방법 등) ① 후견계약은 질병, 장애, 노령, 그 밖의 사유로 인한 정신적 제약으로 사무를 처리할 능력이 부족한 상황에 있거나 부족하게 될 상황에 대비하여 자신의 재산관리 및 신상보호에 관한 사무의 전부 또는 일부를 다른 자에게 위탁하고 그 위탁사무에 관하여 대리권을 수여하는 것을 내용으로 한다.
② 후견계약은 공정증서로 체결하여야 한다.
③ 후견계약은 가정법원이 임의후견감독인을 선임한 때부터 효력이 발생한다.
④ 가정법원, 임의후견인, 임의후견감독인 등은 후견계약을 이행·운영할 때 본인의 의사를 최대한 존중하여야 한다.
〔본조신설 2011·3·7〕

제959조의15(임의후견감독인의 선임) ① 가정법원은 후견계약이 등기되어 있고, 본인이 사무를 처리할 능력이 부족한 상황에 있다고 인정할 때에는 본인, 배우자, 4촌 이내의 친족, 임의후견인, 검사 또는 지방자치단체의 장의 청구에 의하여 임의후견감독인을 선임한다.
② 제 1 항의 경우 본인이 아닌 자의 청구에 의하여 가정법원이 임의후견감독인을 선임할 때에는 미리 본인의 동의를 받아야 한다. 다만, 본인이 의사를 표시할 수 없는 때에는 그러하지 아니하다.
③ 가정법원은 임의후견감독인이 없게 된 경우에는 직권으로 또는 본인, 친족, 임의후견인, 검사 또는 지방자치단체의 장의 청구에 의하여 임의후견감독인을 선임한다.
④ 가정법원은 임의후견감독인이 선임된 경우에도 필요하다고 인정하면 직권으로 또는 제 3 항의 청구권자의 청구에 의하여 임의후견감독인을 추가로 선임할 수 있다.
⑤ 임의후견감독인에 대하여는 제940조의5를 준용한다.
〔본조신설 2011·3·7〕

제959조의16(임의후견감독인의 직무 등) ① 임의후견감독인은 임의후견인의 사무를 감독하며 그 사무에 관하여 가정법원에 정기적으로 보고하여야 한다.
② 가정법원은 필요하다고 인정하면 임의후견감독인에게 감독사무에 관한 보고를 요구할 수 있고 임의후견인의 사무 또는 본인의 재산상황에 대한 조사를 명하거나 그 밖에 임의후견감독인의 직무에 관하여 필요한 처분을 명할 수 있다.
③ 임의후견감독인에 대하여는 제940조의6 제 2 항·제 3 항, 제940조의7 및 제953조를 준용한다.
〔본조신설 2011·3·7〕

제959조의17(임의후견개시의 제한 등) ① 임의후견인이 제937조 각 호에 해당하는 자 또는 그 밖에 현저한 비행을 하거나 후견계약에서 정한 임무에 적합하지 아니한 사유가 있는 자인 경우에는 가정법원은 임의후견감독인을 선임하지 아니한다.
② 임의후견감독인을 선임한 이후 임의후견인이 현저한 비행을 하거나 그 밖에 그 임무에 적합하지 아니한 사유가 있게 된 경우에는 가정법원은 임의후견감독인, 본인, 친족, 검사 또는 지방자치단체의 장의 청구에 의하여 임의후견인을 해임할 수 있다.
〔본조신설 2011·3·7〕

제959조의18(후견계약의 종료) ① 임의후견감독인의 선임 전에는 본인 또는 임의후견인은 언제든지 공증인의 인증을 받은 서면으로 후견계약의 의사표시를 철회할 수 있다.
② 임의후견감독인의 선임 이후에는 본인 또는 임의후견인은 정당한 사유가 있는 때

에만 가정법원의 허가를 받아 후견계약을 종료할 수 있다.

〔본조신설 2011·3·7〕

제959조의19(임의후견인의 대리권 소멸과 제3자와의 관계) 임의후견인의 대리권 소멸은 등기하지 아니하면 선의의 제3자에게 대항할 수 없다.

〔본조신설 2011·3·7〕

제959조의20(후견계약과 성년후견·한정후견·특정후견의 관계) ① 후견계약이 등기되어 있는 경우에는 가정법원은 본인의 이익을 위하여 특별히 필요할 때에만 임의후견인 또는 임의후견감독인의 청구에 의하여 성년후견, 한정후견 또는 특정후견의 심판을 할 수 있다. 이 경우 후견계약은 본인이 성년후견 또는 한정후견 개시의 심판을 받은 때 종료된다.

② 본인이 피성년후견인, 피한정후견인 또는 피특정후견인인 경우에 가정법원은 임의후견감독인을 선임함에 있어서 종전의 성년후견, 한정후견 또는 특정후견의 종료 심판을 하여야 한다. 다만, 성년후견 또는 한정후견 조치의 계속이 본인의 이익을 위하여 특별히 필요하다고 인정하면 가정법원은 임의후견감독인을 선임하지 아니한다.

〔본조신설 2011·3·7〕

제6장 (제960조부터 제973조까지)

삭제 <2011·3·7>

제7장 부양

제974조(부양의무) 다음 각호의 친족은 서로 부양의 의무가 있다.

1. 직계혈족 및 그 배우자간
2. 삭제 <1990·1·13>
3. 기타 친족간(생계를 같이 하는 경우에 한한다)

제975조(부양의무와 생활능력) 부양의 의무는 부양을 받을 자가 자기의 자력 또는 근로에 의하여 생활을 유지할 수 없는 경우에 한하여 이를 이행할 책임이 있다.

제976조(부양의 순위) ① 부양의 의무있는 자가 수인인 경우에 부양을 할 자의 순위에 관하여 당사자간에 협정이 없는 때에는 법원은 당사자의 청구에 의하여 이를 정한다. 부양을 받을 권리자가 수인인 경우에 부양의무자의 자력이 그 전원을 부양할 수 없는 때에도 같다.

② 전항의 경우에 법원은 수인의 부양의무자 또는 권리자를 선정할 수 있다.

제977조(부양의 정도, 방법) 부양의 정도 또는 방법에 관하여 당사자간에 협정이 없는 때에는 법원은 당사자의 청구에 의하여 부양을 받을 자의 생활정도와 부양의무자의 자력 기타 제반사정을 참작하여 이를 정한다.

제978조(부양관계의 변경 또는 취소) 부양을 할 자 또는 부양을 받을 자의 순위, 부양의 정도 또는 방법에 관한 당사자의 협정이나 법원의 판결이 있은 후 이에 관한 사정변경이 있는 때에는 법원은 당사자의 청구에 의하여 그 협정이나 판결을 취소 또는 변경할 수 있다.

제979조(부양청구권처분의 금지) 부양을 받을 권리는 이를 처분하지 못한다.

제8장 (제980조부터 제996조까지)

삭제 <2005·3·31>

제5편 상속

제1장 상속

제1절 총칙

제997조(상속개시의 원인) 상속은 사망으로 인하여 개시된다. <개정 1990·1·13>

제998조(상속개시의 장소) 상속은 피상속인의 주소지에서 개시한다.

〔전부개정 1990·1·13〕

제998조의2(상속비용) 상속에 관한 비용은 상속재산 중에서 지급한다.

〔본조신설 1990·1·13〕

제999조(상속회복청구권) ① 상속권이 참칭상속권자로 인하여 침해된 때에는 상속권자 또는 그 법정대리인은 상속회복의 소를 제기할 수 있다.

② 제1항의 상속회복청구권은 그 침해를 안 날부터 3년, 상속권의 침해행위가 있은 날부터 10년을 경과하면 소멸된다. <개정 2002·1·14>

〔전부개정 1990·1·13〕

제 2 절 상속인

제1000조(상속의 순위) ① 상속에 있어서는 다음 순위로 상속인이 된다. <개정 1990·1·13>
1. 피상속인의 직계비속
2. 피상속인의 직계존속
3. 피상속인의 형제자매
4. 피상속인의 4촌 이내의 방계혈족

② 전항의 경우에 동순위의 상속인이 수인인 때에는 최근친을 선순위로 하고 동친등의 상속인이 수인인 때에는 공동상속인이 된다.
③ 태아는 상속순위에 관하여는 이미 출생한 것으로 본다. <개정 1990·1·13>

제1001조(대습상속) 전조제 1 항제 1 호와 제 3 호의 규정에 의하여 상속인이 될 직계비속 또는 형제자매가 상속개시전에 사망하거나 결격자가 된 경우에 그 직계비속이 있는 때에는 그 직계비속이 사망하거나 결격된 자의 순위에 갈음하여 상속인이 된다. <개정 2014·12·30>

제1002조 삭제 <1990·1·13>

제1003조(배우자의 상속순위) ① 피상속인의 배우자는 제1000조제 1 항제 1 호와 제 2 호의 규정에 의한 상속인이 있는 경우에는 그 상속인과 동순위로 공동상속인이 되고 그 상속인이 없는 때에는 단독상속인이 된다. <개정 1990·1·13>
② 제1001조의 경우에 상속개시전에 사망 또는 결격된 자의 배우자는 동조의 규정에 의한 상속인과 동순위로 공동상속인이 되고 그 상속인이 없는 때에는 단독상속인이 된다. <개정 1990·1·13>

제1004조(상속인의 결격사유) 다음 각 호의 어느 하나에 해당한 자는 상속인이 되지 못한다. <개정 1990·1·13, 2005·3·31 법7427>
1. 고의로 직계존속, 피상속인, 그 배우자 또는 상속의 선순위나 동순위에 있는 자를 살해하거나 살해하려 한 자
2. 고의로 직계존속, 피상속인과 그 배우자에게 상해를 가하여 사망에 이르게 한 자
3. 사기 또는 강박으로 피상속인의 상속에 관한 유언 또는 유언의 철회를 방해한 자
4. 사기 또는 강박으로 피상속인의 상속에 관한 유언을 하게 한 자
5. 피상속인의 상속에 관한 유언서를 위조·변조·파기 또는 은닉한 자

제1004조의2(상속권 상실 선고) ① 피상속인은 상속인이 될 사람이 피상속인의 직계존속으로서 다음 각 호의 어느 하나에 해당하는 경우에는 제1068조에 따른 공정증서에 의한 유언으로 상속권 상실의 의사를 표시할 수 있다. 이 경우 유언집행자는 가정법원에 그 사람의 상속권 상실을 청구하여야 한다.
1. 피상속인에 대한 부양의무(미성년자에 대한 부양의무로 한정한다)를 중대하게 위반한 경우
2. 피상속인 또는 그 배우자나 피상속인의 직계비속에게 중대한 범죄행위(제1004조의 경우는 제외한다)를 하거나 그 밖에 심히 부당한 대우를 한 경우

② 제 1 항의 유언에 따라 상속권 상실의 대상이 될 사람은 유언집행자가 되지 못한다.
③ 제 1 항에 따른 유언이 없었던 경우 공동상속인은 피상속인의 직계존속으로서 다음 각 호의 사유가 있는 사람이 상속인이 되었음을 안 날부터 6개월 이내에 가정법원에 그 사람의 상속권 상실을 청구할 수 있다.
1. 피상속인에 대한 부양의무(미성년자에 대한 부양의무로 한정한다)를 중대하게 위반한 경우
2. 피상속인에게 중대한 범죄행위(제1004조의 경우는 제외한다)를 하거나 그 밖에 심히 부당한 대우를 한 경우

④ 제 3 항의 청구를 할 수 있는 공동상속인이 없거나 모든 공동상속인에게 제 3 항 각 호의 사유가 있는 경우에는 상속권 상실 선고의 확정에 의하여 상속인이 될 사람이 이를 청구할 수 있다.
⑤ 가정법원은 상속권 상실을 청구하는 원인이 된 사유의 경위와 정도, 상속인과 피상속인의 관계, 상속재산의 규모와 형성 과정 및 그 밖의 사정을 종합적으로 고려하여 제 1 항, 제 3 항 또는 제 4 항에 따른 청구를 인용하거나 기각할 수 있다.
⑥ 상속개시 후에 상속권 상실의 선고가

확정된 경우 그 선고를 받은 사람은 상속이 개시된 때에 소급하여 상속권을 상실한다. 다만, 이로써 해당 선고가 확정되기 전에 취득한 제3자의 권리를 해치지 못한다.
⑦ 가정법원은 제1항, 제3항 또는 제4항에 따른 상속권 상실의 청구를 받은 경우 이해관계인 또는 검사의 청구에 따라 상속재산관리인을 선임하거나 그 밖에 상속재산의 보존 및 관리에 필요한 처분을 명할 수 있다.
⑧ 가정법원이 제7항에 따라 상속재산관리인을 선임한 경우 상속재산관리인의 직무, 권한, 담보제공 및 보수 등에 관하여는 제24조부터 제26조까지를 준용한다.
〔본조신설 2024·9·20; 시행일 2026·1·1〕

제3절 상속의 효력

제1관 일반적 효력

제1005조(상속과 포괄적 권리의무의 승계) 상속인은 상속개시된 때로부터 피상속인의 재산에 관한 포괄적 권리의무를 승계한다. 그러나 피상속인의 일신에 전속한 것은 그러하지 아니하다. <개정 1990·1·13>

제1006조(공동상속과 재산의 공유) 상속인이 수인인 때에는 상속재산은 그 공유로 한다. <개정 1990·1·13>

제1007조(공동상속인의 권리의무승계) 공동상속인은 각자의 상속분에 응하여 피상속인의 권리의무를 승계한다.

제1008조(특별수익자의 상속분) 공동상속인 중에 피상속인으로부터 재산의 증여 또는 유증을 받은 자가 있는 경우에 그 수증재산이 자기의 상속분에 달하지 못한 때에는 그 부족한 부분의 한도에서 상속분이 있다. <개정 1977·12·31>

제1008조의2(기여분) ① 공동상속인 중에 상당한 기간 동거·간호 그 밖의 방법으로 피상속인을 특별히 부양하거나 피상속인의 재산의 유지 또는 증가에 특별히 기여한 자가 있을 때에는 상속개시 당시의 피상속인의 재산가액에서 공동상속인의 협의로 정한 그 자의 기여분을 공제한 것을 상속재산으로 보고 제1009조 및 제1010조에 의하여 산정한 상속분에 기여분을 가산한 액으로써 그 자의 상속분으로 한다. <개정 2005·3·31 법7427>
② 제1항의 협의가 되지 아니하거나 협의할 수 없는 때에는 가정법원은 제1항에 규정된 기여자의 청구에 의하여 기여의 시기·방법 및 정도와 상속재산의 액 기타의 사정을 참작하여 기여분을 정한다.
③ 기여분은 상속이 개시된 때의 피상속인의 재산가액에서 유증의 가액을 공제한 액을 넘지 못한다.
④ 제2항의 규정에 의한 청구는 제1013조 제2항의 규정에 의한 청구가 있을 경우 또는 제1014조에 규정하는 경우에 할 수 있다.
〔본조신설 1990·1·13〕

제1008조의3(분묘 등의 승계) 분묘에 속한 1정보 이내의 금양임야와 600평 이내의 묘토인 농지, 족보와 제구의 소유권은 제사를 주재하는 자가 이를 승계한다.
〔본조신설 1990·1·13〕

제2관 상속분

제1009조(법정상속분) ① 동순위의 상속인이 수인인 때에는 그 상속분은 균분으로 한다. <개정 1977·12·31, 1990·1·13>
② 피상속인의 배우자의 상속분은 직계비속과 공동으로 상속하는 때에는 직계비속의 상속분의 5할을 가산하고, 직계존속과 공동으로 상속하는 때에는 직계존속의 상속분의 5할을 가산한다. <개정 1990·1·13>
③ 삭제 <1990·1·13>

제1010조(대습상속분) ① 제1001조의 규정에 의하여 사망 또는 결격된 자에 갈음하여 상속인이 된 자의 상속분은 사망 또는 결격된 자의 상속분에 의한다. <개정 2014·12·30>
② 전항의 경우에 사망 또는 결격된 자의 직계비속이 수인인 때에는 그 상속분은 사망 또는 결격된 자의 상속분의 한도에서 제1009조의 규정에 의하여 이를 정한다. 제1003조제2항의 경우에도 또한 같다.

제1011조(공동상속분의 양수) ① 공동상속인 중에 그 상속분을 제삼자에게 양도한 자가 있는 때에는 다른 공동상속인은 그 가액과

양도비용을 상환하고 그 상속분을 양수할 수 있다.
② 전항의 권리는 그 사유를 안 날로부터 3월, 그 사유있은 날로부터 1년내에 행사하여야 한다.

제 3 관 상속재산의 분할

제1012조(유언에 의한 분할방법의 지정, 분할금지) 피상속인은 유언으로 상속재산의 분할방법을 정하거나 이를 정할 것을 제삼자에게 위탁할 수 있고 상속개시의 날로부터 5년을 초과하지 아니하는 기간내의 그 분할을 금지할 수 있다.

제1013조(협의에 의한 분할) ① 전조의 경우외에는 공동상속인은 언제든지 그 협의에 의하여 상속재산을 분할할 수 있다.
② 제269조의 규정은 전항의 상속재산의 분할에 준용한다.

제1014조(분할후의 피인지자 등의 청구권) 상속개시후의 인지 또는 재판의 확정에 의하여 공동상속인이 된 자가 상속재산의 분할을 청구할 경우에 다른 공동상속인이 이미 분할 기타 처분을 한 때에는 그 상속분에 상당한 가액의 지급을 청구할 권리가 있다.

제1015조(분할의 소급효) 상속재산의 분할은 상속개시된 때에 소급하여 그 효력이 있다. 그러나 제삼자의 권리를 해하지 못한다.

제1016조(공동상속인의 담보책임) 공동상속인은 다른 공동상속인이 분할로 인하여 취득한 재산에 대하여 그 상속분에 응하여 매도인과 같은 담보책임이 있다.

제1017조(상속채무자의 자력에 대한 담보책임) ① 공동상속인은 다른 상속인이 분할로 인하여 취득한 채권에 대하여 분할당시의 채무자의 자력을 담보한다.
② 변제기에 달하지 아니한 채권이나 정지조건있는 채권에 대하여는 변제를 청구할 수 있는 때의 채무자의 자력을 담보한다.

제1018조(무자력공동상속인의 담보책임의 분담) 담보책임있는 공동상속인 중에 상환의 자력이 없는 자가 있는 때에는 그 부담부분은 구상권자와 자력있는 다른 공동상속인이 그 상속분에 응하여 분담한다. 그러나 구상권자의 과실로 인하여 상환을 받지 못한 때에는 다른 공동상속인에게 분담을 청구하지 못한다.

제 4 절 상속의 승인 및 포기

제 1 관 총칙

제1019조(승인, 포기의 기간) ① 상속인은 상속개시있음을 안 날로부터 3월내에 단순승인이나 한정승인 또는 포기를 할 수 있다. 그러나 그 기간은 이해관계인 또는 검사의 청구에 의하여 가정법원이 이를 연장할 수 있다. <개정 1990·1·13>
② 상속인은 제 1 항의 승인 또는 포기를 하기 전에 상속재산을 조사할 수 있다. <개정 2002·1·14>
③ 제 1 항에도 불구하고 상속인은 상속채무가 상속재산을 초과하는 사실(이하 이 조에서 "상속채무 초과사실"이라 한다)을 중대한 과실 없이 제 1 항의 기간 내에 알지 못하고 단순승인(제1026조제 1 호 및 제 2 호에 따라 단순승인한 것으로 보는 경우를 포함한다. 이하 이 조에서 같다)을 한 경우에는 그 사실을 안 날부터 3개월 내에 한정승인을 할 수 있다. <개정 2022·12·13>
④ 제 1 항에도 불구하고 미성년자인 상속인이 상속채무가 상속재산을 초과하는 상속을 성년이 되기 전에 단순승인한 경우에는 성년이 된 후 그 상속의 상속채무 초과사실을 안 날부터 3개월 내에 한정승인을 할 수 있다. 미성년자인 상속인이 제 3 항에 따른 한정승인을 하지 아니하였거나 할 수 없었던 경우에도 또한 같다. <신설 2022·12·13>

제1020조(제한능력자의 승인·포기의 기간) 상속인이 제한능력자인 경우에는 제1019조제 1 항의 기간은 그의 친권자 또는 후견인이 상속이 개시된 것을 안 날부터 기산(起算)한다. 〔전부개정 2011·3·7〕

제1021조(승인, 포기기간의 계산에 관한 특칙) 상속인이 승인이나 포기를 하지 아니하고 제1019조제 1 항의 기간내에 사망한 때에는 그의 상속인이 그 자기의 상속개시있음을 안 날로부터 제1019조제 1 항의 기간을 기산한다.

제1022조(상속재산의 관리) 상속인은 그 고유재산에 대하는 것과 동일한 주의로 상속

재산을 관리하여야 한다. 그러나 단순승인 또는 포기한 때에는 그러하지 아니하다.

제1023조(상속재산보존에 필요한 처분) ① 법원은 이해관계인 또는 검사의 청구에 의하여 상속재산의 보존에 필요한 처분을 명할 수 있다.

② 법원이 재산관리인을 선임한 경우에는 제24조 내지 제26조의 규정을 준용한다.

제1024조(승인, 포기의 취소금지) ① 상속의 승인이나 포기는 제1019조제1항의 기간내에도 이를 취소하지 못한다. <개정 1990·1·13>

② 전항의 규정은 총칙편의 규정에 의한 취소에 영향을 미치지 아니한다. 그러나 그 취소권은 추인할 수 있는 날로부터 3월, 승인 또는 포기한 날로부터 1년내에 행사하지 아니하면 시효로 인하여 소멸된다.

제2관 단순승인

제1025조(단순승인의 효과) 상속인이 단순승인을 한 때에는 제한없이 피상속인의 권리의무를 승계한다. <개정 1990·1·13>

제1026조(법정단순승인) 다음 각호의 사유가 있는 경우에는 상속인이 단순승인을 한 것으로 본다. <개정 2002·1·14>

1. 상속인이 상속재산에 대한 처분행위를 한 때
2. 상속인이 제1019조제1항의 기간내에 한정승인 또는 포기를 하지 아니한 때
3. 상속인이 한정승인 또는 포기를 한 후에 상속재산을 은닉하거나 부정소비하거나 고의로 재산목록에 기입하지 아니한 때

제1027조(법정단순승인의 예외) 상속인이 상속을 포기함으로 인하여 차순위 상속인이 상속을 승인한 때에는 전조 제3호의 사유는 상속의 승인으로 보지 아니한다.

제3관 한정승인

제1028조(한정승인의 효과) 상속인은 상속으로 인하여 취득할 재산의 한도에서 피상속인의 채무와 유증을 변제할 것을 조건으로 상속을 승인할 수 있다. <개정 1990·1·13>

제1029조(공동상속인의 한정승인) 상속인이 수인인 때에는 각 상속인은 그 상속분에 응하여 취득할 재산의 한도에서 그 상속분에 의한 피상속인의 채무와 유증을 변제할 것을 조건으로 상속을 승인할 수 있다.

제1030조(한정승인의 방식) ① 상속인이 한정승인을 할 때에는 제1019조제1항·제3항 또는 제4항의 기간내에 상속재산의 목록을 첨부하여 법원에 한정승인의 신고를 하여야 한다. <개정 2005·3·31 법7427, 2022·12·13>

② 제1019조제3항 또는 제4항에 따라 한정승인을 한 경우 상속재산 중 이미 처분한 재산이 있는 때에는 그 목록과 가액을 함께 제출하여야 한다. <신설 2005·3·31 법7427, 2022·12·13>

제1031조(한정승인과 재산상 권리의무의 불소멸) 상속인이 한정승인을 한 때에는 피상속인에 대한 상속인의 재산상 권리의무는 소멸하지 아니한다.

제1032조(채권자에 대한 공고, 최고) ① 한정승인자는 한정승인을 한 날로부터 5일내에 일반상속채권자와 유증받은 자에 대하여 한정승인의 사실과 일정한 기간내에 그 채권 또는 수증을 신고할 것을 공고하여야 한다. 그 기간은 2월 이상이어야 한다.

② 제88조제2항, 제3항과 제89조의 규정은 전항의 경우에 준용한다.

제1033조(최고기간 중의 변제거절) 한정승인자는 전조제1항의 기간만료전에는 상속채권의 변제를 거절할 수 있다.

제1034조(배당변제) ① 한정승인자는 제1032조제1항의 기간만료후에 상속재산으로서 그 기간내에 신고한 채권자와 한정승인자가 알고 있는 채권자에 대하여 각 채권액의 비율로 변제하여야 한다. 그러나 우선권있는 채권자의 권리를 해하지 못한다.

② 제1019조제3항 또는 제4항에 따라 한정승인을 한 경우에는 그 상속인은 상속재산 중에서 남아있는 상속재산과 함께 이미 처분한 재산의 가액을 합하여 제1항의 변제를 하여야 한다. 다만, 한정승인을 하기 전에 상속채권자나 유증받은 자에 대하여 변제한 가액은 이미 처분한 재산의 가액에서 제외한다. <신설 2005·3·31 법7427, 2022·12·13>

제1035조(변제기전의 채무 등의 변제) ① 한정승인자는 변제기에 이르지 아니한 채권에 대하여도 전조의 규정에 의하여 변제하여야 한다.
② 조건있는 채권이나 존속기간의 불확정한 채권은 법원의 선임한 감정인의 평가에 의하여 변제하여야 한다.

제1036조(수증자에의 변제) 한정승인자는 전 2 조의 규정에 의하여 상속채권자에 대한 변제를 완료한 후가 아니면 유증받은 자에게 변제하지 못한다.

제1037조(상속재산의 경매) 전 3 조의 규정에 의한 변제를 하기 위하여 상속재산의 전부나 일부를 매각할 필요가 있는 때에는 민사집행법에 의하여 경매하여야 한다. <개정 1997·12·13 법5454, 2001·12·29>

제1038조(부당변제 등으로 인한 책임) ① 한정승인자가 제1032조의 규정에 의한 공고나 최고를 해태하거나 제1033조 내지 제1036조의 규정에 위반하여 어느 상속채권자나 유증받은 자에게 변제함으로 인하여 다른 상속채권자나 유증받은 자에 대하여 변제할 수 없게 된 때에는 한정승인자는 그 손해를 배상하여야 한다. 제1019조제 3 항의 규정에 의하여 한정승인을 한 경우 그 이전에 상속채무가 상속재산을 초과함을 알지 못한 데 과실이 있는 상속인이 상속채권자나 유증받은 자에게 변제한 때에도 또한 같다. <개정 2005·3·31>
② 제 1 항 전단의 경우에 변제를 받지 못한 상속채권자나 유증받은 자는 그 사정을 알고 변제를 받은 상속채권자나 유증받은 자에 대하여 구상권을 행사할 수 있다. 제1019조제 3 항 또는 제 4 항에 따라 한정승인을 한 경우 그 이전에 상속채무가 상속재산을 초과함을 알고 변제받은 상속채권자나 유증받은 자가 있는 때에도 또한 같다. <개정 2005·3·31, 2022·12·13>
③ 제766조의 규정은 제 1 항 및 제 2 항의 경우에 준용한다. <개정 2005·3·31>

제1039조(신고하지 않은 채권자 등) 제1032조제 1 항의 기간내에 신고하지 아니한 상속채권자 및 유증받은 자로서 한정승인자가 알지 못한 자는 상속재산의 잔여가 있는 경우에 한하여 그 변제를 받을 수 있다. 그러나 상속재산에 대하여 특별담보권있는 때에는 그러하지 아니하다.

제1040조(공동상속재산과 그 관리인의 선임) ① 상속인이 수인인 경우에는 법원은 각 상속인 기타 이해관계인의 청구에 의하여 공동상속인 중에서 상속재산관리인을 선임할 수 있다.
② 법원이 선임한 관리인은 공동상속인을 대표하여 상속재산의 관리와 채무의 변제에 관한 모든 행위를 할 권리의무가 있다.
③ 제1022조, 제1032조 내지 전조의 규정은 전항의 관리인에 준용한다. 그러나 제1032조의 규정에 의하여 공고할 5일의 기간은 관리인이 그 선임을 안 날로부터 기산한다.

제 4 관 포기

제1041조(포기의 방식) 상속인이 상속을 포기할 때에는 제1019조제 1 항의 기간내에 가정법원에 포기의 신고를 하여야 한다. <개정 1990·1·13>

제1042조(포기의 소급효) 상속의 포기는 상속개시된 때에 소급하여 그 효력이 있다.

제1043조(포기한 상속재산의 귀속) 상속인이 수인인 경우에 어느 상속인이 상속을 포기한 때에는 그 상속분은 다른 상속인의 상속분의 비율로 그 상속인에게 귀속된다.

제1044조(포기한 상속재산의 관리계속의무) ① 상속을 포기한 자는 그 포기로 인하여 상속인이 된 자가 상속재산을 관리할 수 있을 때까지 그 재산의 관리를 계속하여야 한다.
② 제1022조와 제1023조의 규정은 전항의 재산관리에 준용한다.

제 5 절 재산의 분리

제1045조(상속재산의 분리청구권) ① 상속채권자나 유증받은 자 또는 상속인의 채권자는 상속개시된 날로부터 3월내에 상속재산과 상속인의 고유재산의 분리를 법원에 청구할 수 있다.
② 상속인이 상속의 승인이나 포기를 하지 아니한 동안은 전항의 기간경과후에도 재산의 분리를 청구할 수 있다. <개정 1990·1·13>

제1046조(분리명령과 채권자 등에 대한 공고, 최고) ① 법원이 전조의 청구에 의하여 재산

의 분리를 명한 때에는 그 청구자는 5일내에 일반상속채권자와 유증받은 자에 대하여 재산분리의 명령있은 사실과 일정한 기간내에 그 채권 또는 수증을 신고할 것을 공고하여야 한다. 그 기간은 2월 이상이어야 한다.

② 제88조제2항, 제3항과 제89조의 규정은 전항의 경우에 준용한다.

제1047조(분리후의 상속재산의 관리) ① 법원이 재산의 분리를 명한 때에는 상속재산의 관리에 관하여 필요한 처분을 명할 수 있다.

② 법원이 재산관리인을 선임한 경우에는 제24조 내지 제26조의 규정을 준용한다.

제1048조(분리후의 상속인의 관리의무) ① 상속인이 단순승인을 한 후에도 재산분리의 명령이 있는 때에는 상속재산에 대하여 자기의 고유재산과 동일한 주의로 관리하여야 한다.

② 제683조 내지 제685조 및 제688조제1항, 제2항의 규정은 전항의 재산관리에 준용한다.

제1049조(재산분리의 대항요건) 재산의 분리는 상속재산인 부동산에 관하여는 이를 등기하지 아니하면 제삼자에게 대항하지 못한다.

제1050조(재산분리와 권리의무의 불소멸) 재산분리의 명령이 있는 때에는 피상속인에 대한 상속인의 재산상 권리의무는 소멸하지 아니한다.

제1051조(변제의 거절과 배당변제) ① 상속인은 제1045조 및 제1046조의 기간만료전에는 상속채권자와 유증받은 자에 대하여 변제를 거절할 수 있다.

② 전항의 기간만료후에 상속인은 상속재산으로써 재산분리의 청구 또는 그 기간내에 신고한 상속채권자, 유증받은 자와 상속인이 알고 있는 상속채권자, 유증받은 자에 대하여 각 채권액 또는 수증액의 비율로 변제하여야 한다. 그러나 우선권있는 채권자의 권리를 해하지 못한다.

③ 제1035조 내지 제1038조의 규정은 전항의 경우에 준용한다.

제1052조(고유재산으로부터의 변제) ① 전조의 규정에 의한 상속채권자와 유증받은 자는 상속재산으로써 전액의 변제를 받을 수 없는 경우에 한하여 상속인의 고유재산으로부터 그 변제를 받을 수 있다.

② 전항의 경우에 상속인의 채권자는 그 상속인의 고유재산으로부터 우선변제를 받을 권리가 있다.

제6절 상속인의 부존재

제1053조(상속인없는 재산의 관리인) ① 상속인의 존부가 분명하지 아니한 때에는 법원은 제777조의 규정에 의한 피상속인의 친족 기타 이해관계인 또는 검사의 청구에 의하여 상속재산관리인을 선임하고 지체없이 이를 공고하여야 한다. <개정 1990·1·13>

② 제24조 내지 제26조의 규정은 전항의 재산관리인에 준용한다.

제1054조(재산목록제시와 상황보고) 관리인은 상속채권자나 유증받은 자의 청구가 있는 때에는 언제든지 상속재산의 목록을 제시하고 그 상황을 보고하여야 한다.

제1055조(상속인의 존재가 분명하여진 경우)

① 관리인의 임무는 그 상속인이 상속의 승인을 한 때에 종료한다.

② 전항의 경우에는 관리인은 지체없이 그 상속인에 대하여 관리의 계산을 하여야 한다.

제1056조(상속인없는 재산의 청산) ① 제1053조제1항의 공고있은 날로부터 3월내에 상속인의 존부를 알 수 없는 때에는 관리인은 지체없이 일반상속채권자와 유증받은 자에 대하여 일정한 기간내에 그 채권 또는 수증을 신고할 것을 공고하여야 한다. 그 기간은 2월 이상이어야 한다.

② 제88조제2항, 제3항, 제89조, 제1033조 내지 제1039조의 규정은 전항의 경우에 준용한다.

제1057조(상속인수색의 공고) 제1056조제1항의 기간이 경과하여도 상속인의 존부를 알 수 없는 때에는 법원은 관리인의 청구에 의하여 상속인이 있으면 일정한 기간내에 그 권리를 주장할 것을 공고하여야 한다. 그 기간은 1년 이상이어야 한다. <개정 2005·3·31 법7427>

제1057조의2(특별연고자에 대한 분여) ① 제1057조의 기간내에 상속권을 주장하는 자가 없는 때에는 가정법원은 피상속인과 생계를 같이 하고 있던 자, 피상속인의 요양간호를 한 자 기타 피상속인과 특별한 연고가 있던 자의 청구에 의하여 상속재산의 전

부 또는 일부를 분여할 수 있다. <개정 2005·3·31 법7427>

② 제1항의 청구는 제1057조의 기간의 만료후 2월 이내에 하여야 한다. <개정 2005·3·31 법7427>

〔본조신설 1990·1·13〕

제1058조(상속재산의 국가귀속) ① 제1057조의2의 규정에 의하여 분여(分與)되지 아니한 때에는 상속재산은 국가에 귀속한다. <개정 2005·3·31 법7427>

② 제1055조제2항의 규정은 제1항의 경우에 준용한다. <개정 2005·3·31 법7427>

제1059조(국가귀속재산에 대한 변제청구의 금지) 전조제1항의 경우에는 상속재산으로 변제를 받지 못한 상속채권자나 유증을 받은 자가 있는 때에도 국가에 대하여 그 변제를 청구하지 못한다.

제2장 유언

제1절 총칙

제1060조(유언의 요식성) 유언은 본법의 정한 방식에 의하지 아니하면 효력이 생하지 아니한다.

제1061조(유언적령) 17세에 달하지 못한 자는 유언을 하지 못한다. <개정 2022·12·27>

제1062조(제한능력자의 유언) 유언에 관하여는 제5조, 제10조 및 제13조를 적용하지 아니한다.

〔전부개정 2011·3·7〕

제1063조(피성년후견인의 유언능력) ① 피성년후견인은 의사능력이 회복된 때에만 유언을 할 수 있다.

② 제1항의 경우에는 의사가 심신 회복의 상태를 유언서에 부기(附記)하고 서명날인하여야 한다.

〔전부개정 2011·3·7〕

제1064조(유언과 태아, 상속결격자) 제1000조제3항, 제1004조의 규정은 수증자에 준용한다. <개정 1990·1·13>

제2절 유언의 방식

제1065조(유언의 보통방식) 유언의 방식은 자필증서, 녹음, 공정증서, 비밀증서와 구수증서의 5종으로 한다.

제1066조(자필증서에 의한 유언) ① 자필증서에 의한 유언은 유언자가 그 전문과 연월일, 주소, 성명을 자서하고 날인하여야 한다.

② 전항의 증서에 문자의 삽입, 삭제 또는 변경을 함에는 유언자가 이를 자서하고 날인하여야 한다.

제1067조(녹음에 의한 유언) 녹음에 의한 유언은 유언자가 유언의 취지, 그 성명과 연월일을 구술하고 이에 참여한 증인이 유언의 정확함과 그 성명을 구술하여야 한다.

제1068조(공정증서에 의한 유언) 공정증서에 의한 유언은 유언자가 증인 2인이 참여한 공증인의 면전에서 유언의 취지를 구수하고 공증인이 이를 필기낭독하여 유언자와 증인이 그 정확함을 승인한 후 각자 서명 또는 기명날인하여야 한다.

제1069조(비밀증서에 의한 유언) ① 비밀증서에 의한 유언은 유언자가 필자의 성명을 기입한 증서를 엄봉날인하고 이를 2인 이상의 증인의 면전에 제출하여 자기의 유언서임을 표시한 후 그 봉서표면에 제출연월일을 기재하고 유언자와 증인이 각자 서명 또는 기명날인하여야 한다.

② 전항의 방식에 의한 유언봉서는 그 표면에 기재된 날로부터 5일내에 공증인 또는 법원서기에게 제출하여 그 봉인상에 확정일자인을 받아야 한다.

제1070조(구수증서에 의한 유언) ① 구수증서에 의한 유언은 질병 기타 급박한 사유로 인하여 전4조의 방식에 의할 수 없는 경우에 유언자가 2인 이상의 증인의 참여로 그 1인에게 유언의 취지를 구수하고 그 구수를 받은 자가 이를 필기낭독하여 유언자의 증인이 그 정확함을 승인한 후 각자 서명 또는 기명날인하여야 한다.

② 전항의 방식에 의한 유언은 그 증인 또는 이해관계인이 급박한 사유의 종료한 날로부터 7일내에 법원에 그 검인을 신청하여야 한다.

③ 제1063조제2항의 규정은 구수증서에 의한 유언에 적용하지 아니한다.

제1071조(비밀증서에 의한 유언의 전환) 비밀증서에 의한 유언이 그 방식에 흠결이 있는 경우에 그 증서가 자필증서의 방식에 적합한 때에는 자필증서에 의한 유언으로 본다.

제1072조(증인의 결격사유) ① 다음 각 호의 어느 하나에 해당하는 사람은 유언에 참여하는 증인이 되지 못한다.

1. 미성년자
2. 피성년후견인과 피한정후견인
3. 유언으로 이익을 받을 사람, 그의 배우자와 직계혈족

② 공정증서에 의한 유언에는 「공증인법」에 따른 결격자는 증인이 되지 못한다.

〔전부개정 2011·3·7〕

제 3 절 유언의 효력

제1073조(유언의 효력발생시기) ① 유언은 유언자가 사망한 때로부터 그 효력이 생긴다.

② 유언에 정지조건이 있는 경우에 그 조건이 유언자의 사망후에 성취한 때에는 그 조건성취한 때로부터 유언의 효력이 생긴다.

제1074조(유증의 승인, 포기) ① 유증을 받을 자는 유언자의 사망후에 언제든지 유증을 승인 또는 포기할 수 있다.

② 전항의 승인이나 포기는 유언자의 사망한 때에 소급하여 그 효력이 있다.

제1075조(유증의 승인, 포기의 취소금지) ① 유증의 승인이나 포기는 취소하지 못한다.

② 제1024조제 2 항의 규정은 유증의 승인과 포기에 준용한다.

제1076조(수증자의 상속인의 승인, 포기) 수증자가 승인이나 포기를 하지 아니하고 사망한 때에는 그 상속인은 상속분의 한도에서 승인 또는 포기할 수 있다. 그러나 유언자가 유언으로 다른 의사를 표시한 때에는 그 의사에 의한다.

제1077조(유증의무자의 최고권) ① 유증의무자나 이해관계인은 상당한 기간을 정하여 그 기간내에 승인 또는 포기를 확답할 것을 수증자 또는 그 상속인에게 최고할 수 있다.

② 전항의 기간내에 수증자 또는 상속인이 유증의무자에 대하여 최고에 대한 확답을 하지 아니한 때에는 유증을 승인한 것으로 본다.

제1078조(포괄적 수증자의 권리의무) 포괄적 유증을 받은 자는 상속인과 동일한 권리의무가 있다. <개정 1990·1·13>

제1079조(수증자의 과실취득권) 수증자는 유증의 이행을 청구할 수 있는 때로부터 그 목적물의 과실을 취득한다. 그러나 유언자가 유언으로 다른 의사를 표시한 때에는 그 의사에 의한다.

제1080조(과실수취비용의 상환청구권) 유증의무자가 유언자의 사망후에 그 목적물의 과실을 수취하기 위하여 필요비를 지출한 때에는 그 과실의 가액의 한도에서 과실을 취득한 수증자에게 상환을 청구할 수 있다.

제1081조(유증의무자의 비용상환청구권) 유증의무자가 유증자의 사망후에 그 목적물에 대하여 비용을 지출한 때에는 제325조의 규정을 준용한다.

제1082조(불특정물유증의무자의 담보책임) ① 불특정물을 유증의 목적으로 한 경우에는 유증의무자는 그 목적물에 대하여 매도인과 같은 담보책임이 있다.

② 전항의 경우에 목적물에 하자가 있는 때에는 유증의무자는 하자없는 물건으로 인도하여야 한다.

제1083조(유증의 물상대위성) 유증자가 유증목적물의 멸실, 훼손 또는 점유의 침해로 인하여 제삼자에게 손해배상을 청구할 권리가 있는 때에는 그 권리를 유증의 목적으로 한 것으로 본다.

제1084조(채권의 유증의 물상대위성) ① 채권을 유증의 목적으로 한 경우에 유언자가 그 변제를 받은 물건이 상속재산 중에 있는 때에는 그 물건을 유증의 목적으로 한 것으로 본다.

② 전항의 채권이 금전을 목적으로 한 경우에는 그 변제받은 채권액에 상당한 금전이 상속재산 중에 없는 때에도 그 금액을 유증의 목적으로 한 것으로 본다.

제1085조(제삼자의 권리의 목적인 물건 또는 권리의 유증) 유증의 목적인 물건이나 권리가 유언자의 사망 당시에 제삼자의 권리의 목적인 경우에는 수증자는 유증의무자에 대하여 그 제삼자의 권리를 소멸시킬 것을 청구하지 못한다.

제1086조(유언자가 다른 의사표시를 한 경우) 전 3 조의 경우에 유언자가 유언으로 다른 의사를 표시한 때에는 그 의사에 의한다.

제1087조(상속재산에 속하지 아니한 권리의 유증) ① 유언의 목적이 된 권리가 유언자의 사망당시에 상속재산에 속하지 아니한

때에는 유언은 그 효력이 없다. 그러나 유언자가 자기의 사망당시에 그 목적물이 상속재산에 속하지 아니한 경우에도 유언의 효력이 있게 할 의사인 때에는 유증의무자는 그 권리를 취득하여 수증자에게 이전할 의무가 있다.

② 전항 단서의 경우에 그 권리를 취득할 수 없거나 그 취득에 과다한 비용을 요할 때에는 그 가액으로 변상할 수 있다.

제1088조(부담있는 유증과 수증자의 책임) ① 부담있는 유증을 받은 자는 유증의 목적의 가액을 초과하지 아니한 한도에서 부담한 의무를 이행할 책임이 있다.

② 유증의 목적의 가액이 한정승인 또는 재산분리로 인하여 감소된 때에는 수증자는 그 감소된 한도에서 부담할 의무를 면한다.

제1089조(유증효력발생전의 수증자의 사망) ① 유증은 유언자의 사망전에 수증자가 사망한 때에는 그 효력이 생기지 아니한다.

② 정지조건있는 유증은 수증자가 그 조건성취전에 사망한 때에는 그 효력이 생기지 아니한다.

제1090조(유증의 무효, 실효의 경우와 목적재산의 귀속) 유증이 그 효력이 생기지 아니하거나 수증자가 이를 포기한 때에는 유증의 목적인 재산은 상속인에게 귀속한다. 그러나 유언자가 유언으로 다른 의사를 표시한 때에는 그 의사에 의한다.

제 4 절 유언의 집행

제1091조(유언증서, 녹음의 검인) ① 유언의 증서나 녹음을 보관한 자 또는 이를 발견한 자는 유언자의 사망후 지체없이 법원에 제출하여 그 검인을 청구하여야 한다.

② 전항의 규정은 공정증서나 구수증서에 의한 유언에 적용하지 아니한다.

제1092조(유언증서의 개봉) 법원이 봉인된 유언증서를 개봉할 때에는 유언자의 상속인, 그 대리인 기타 이해관계인의 참여가 있어야 한다.

제1093조(유언집행자의 지정) 유언자는 유언으로 유언집행자를 지정할 수 있고 그 지정을 제삼자에게 위탁할 수 있다.

제1094조(위탁에 의한 유언집행자의 지정) ① 전조의 위탁을 받은 제삼자는 그 위탁있음을 안 후 지체없이 유언집행자를 지정하여 상속인에게 통지하여야 하며 그 위탁을 사퇴할 때에는 이를 상속인에게 통지하여야 한다.

② 상속인 기타 이해관계인은 상당한 기간을 정하여 그 기간내에 유언집행자를 지정할 것을 위탁받은 자에게 최고할 수 있다. 그 기간내에 지정의 통지를 받지 못한 때에는 그 지정의 위탁을 사퇴한 것으로 본다.

제1095조(지정유언집행자가 없는 경우) 전2조의 규정에 의하여 지정된 유언집행자가 없는 때에는 상속인이 유언집행자가 된다.

제1096조(법원에 의한 유언집행자의 선임) ① 유언집행자가 없거나 사망, 결격 기타 사유로 인하여 없게 된 때에는 법원은 이해관계인의 청구에 의하여 유언집행자를 선임하여야 한다.

② 법원이 유언집행자를 선임한 경우에는 그 임무에 관하여 필요한 처분을 명할 수 있다.

제1097조(유언집행자의 승낙, 사퇴) ① 지정에 의한 유언집행자는 유언자의 사망후 지체없이 이를 승낙하거나 사퇴할 것을 상속인에게 통지하여야 한다.

② 선임에 의한 유언집행자는 선임의 통지를 받은 후 지체없이 이를 승낙하거나 사퇴할 것을 법원에 통지하여야 한다.

③ 상속인 기타 이해관계인은 상당한 기간을 정하여 그 기간내에 승낙여부를 확답할 것을 지정 또는 선임에 의한 유언집행자에게 최고할 수 있다. 그 기간내에 최고에 대한 확답을 받지 못한 때에는 유언집행자가 그 취임을 승낙한 것으로 본다.

제1098조(유언집행자의 결격사유) 제한능력자와 파산선고를 받은 자는 유언집행자가 되지 못한다.
〔전부개정 2011·3·7〕

제1099조(유언집행자의 임무착수) 유언집행자가 그 취임을 승낙한 때에는 지체없이 그 임무를 이행하여야 한다.

제1100조(재산목록작성) ① 유언이 재산에 관한 것인 때에는 지정 또는 선임에 의한 유언집행자는 지체없이 그 재산목록을 작성하여 상속인에게 교부하여야 한다.

② 상속인의 청구가 있는 때에는 전항의 재산목록작성에 상속인을 참여하게 하여야 한다.

제1101조(유언집행자의 권리의무) 유언집행자는 유증의 목적인 재산의 관리 기타 유언의 집행에 필요한 행위를 할 권리의무가 있다.

제1102조(공동유언집행) 유언집행자가 수인인 경우에는 임무의 집행은 그 과반수의 찬성으로써 결정한다. 그러나 보존행위는 각자가 이를 할 수 있다.

제1103조(유언집행자의 지위) ① 지정 또는 선임에 의한 유언집행자는 상속인의 대리인으로 본다.

② 제681조 내지 제685조, 제687조, 제691조와 제692조의 규정은 유언집행자에 준용한다.

제1104조(유언집행자의 보수) ① 유언자가 유언으로 그 집행자의 보수를 정하지 아니한 경우에는 법원은 상속재산의 상황 기타 사정을 참작하여 지정 또는 선임에 의한 유언집행자의 보수를 정할 수 있다.

② 유언집행자가 보수를 받는 경우에는 제686조제2항, 제3항의 규정을 준용한다.

제1105조(유언집행자의 사퇴) 지정 또는 선임에 의한 유언집행자는 정당한 사유있는 때에는 법원의 허가를 얻어 그 임무를 사퇴할 수 있다.

제1106조(유언집행자의 해임) 지정 또는 선임에 의한 유언집행자에 그 임무를 해태하거나 적당하지 아니한 사유가 있는 때에는 법원은 상속인 기타 이해관계인의 청구에 의하여 유언집행자를 해임할 수 있다.

제1107조(유언집행의 비용) 유언의 집행에 관한 비용은 상속재산 중에서 이를 지급한다.

제5절 유언의 철회

제1108조(유언의 철회) ① 유언자는 언제든지 유언 또는 생전행위로써 유언의 전부나 일부를 철회할 수 있다.

② 유언자는 그 유언을 철회할 권리를 포기하지 못한다.

제1109조(유언의 저촉) 전후의 유언이 저촉되거나 유언후의 생전행위가 유언과 저촉되는 경우에는 그 저촉된 부분의 전유언은 이를 철회한 것으로 본다.

제1110조(파훼로 인한 유언의 철회) 유언자가 고의로 유언증서 또는 유증의 목적물을 파훼한 때에는 그 파훼한 부분에 관한 유언은 이를 철회한 것으로 본다.

제1111조(부담있는 유언의 취소) 부담있는 유증을 받은 자가 그 부담의무를 이행하지 아니한 때에는 상속인 또는 유언집행자는 상당한 기간을 정하여 이행할 것을 최고하고 그 기간내에 이행하지 아니한 때에는 법원에 유언의 취소를 청구할 수 있다. 그러나 제삼자의 이익을 해하지 못한다.

제3장 유류분

제1112조(유류분의 권리자와 유류분) 상속인의 유류분은 다음 각 호에 의한다. <개정 2024·9·20>

1. 피상속인의 직계비속은 그 법정상속분의 2분의 1
2. 피상속인의 배우자는 그 법정상속분의 2분의 1
3. 피상속인의 직계존속은 그 법정상속분의 3분의 1
4. 삭제 <2024·9·20>

〔본조신설 1977·12·31〕

제1113조(유류분의 산정) ① 유류분은 피상속인의 상속개시시에 있어서 가진 재산의 가액에 증여재산의 가액을 가산하고 채무의 전액을 공제하여 이를 산정한다.

② 조건부의 권리 또는 존속기간이 불확정한 권리는 가정법원이 선임한 감정인의 평가에 의하여 그 가격을 정한다.

〔본조신설 1977·12·31〕

제1114조(산입될 증여) 증여는 상속개시전의 1년간에 행한 것에 한하여 제1113조의 규정에 의하여 그 가액을 산정한다. 당사자 쌍방이 유류분권리자에 손해를 가할 것을 알고 증여를 한 때에는 1년전에 한 것도 같다.

〔본조신설 1977·12·31〕

제1115조(유류분의 보전) ① 유류분권리자가 피상속인의 제1114조에 규정된 증여 및 유증으로 인하여 그 유류분에 부족이 생긴 때에는 부족한 한도에서 그 재산의 반환을 청구할 수 있다.

② 제1항의 경우에 증여 및 유증을 받은 자가 수인인 때에는 각자가 얻은 유증가액

의 비례로 반환하여야 한다.
〔본조신설 1977·12·31〕

제1116조(반환의 순서) 증여에 대하여는 유증을 반환받은 후가 아니면 이것을 청구할 수 없다.
〔본조신설 1977·12·31〕

제1117조(소멸시효) 반환의 청구권은 유류분권리자가 상속의 개시와 반환하여야 할 증여 또는 유증을 한 사실을 안 때로부터 1년내에 하지 아니하면 시효에 의하여 소멸한다. 상속이 개시한 때로부터 10년을 경과한 때도 같다.
〔본조신설 1977·12·31〕

제1118조(준용규정) 제1001조, 제1008조, 제1010조의 규정은 유류분에 이를 준용한다.
〔본조신설 1977·12·31〕

부 칙

제 1 조(구법의 정의) 부칙에서 구법이라 함은 본법에 의하여 폐지되는 법령 또는 법령 중의 조항을 말한다.

제 2 조(본법의 소급효) 본법은 특별한 규정있는 경우외에는 본법 시행일전의 사항에 대하여도 이를 적용한다. 그러나 이미 구법에 의하여 생긴 효력에 영향을 미치지 아니한다.

제 3 조(공증력있는 문서와 그 작성) ① 공증인 또는 법원서기의 확정일자인있는 사문서는 그 작성일자에 대한 공증력이 있다.
② 일자확정의 청구를 받은 공증인 또는 법원서기는 확정일자부에 청구자의 주소, 성명 및 문서명목을 기재하고 그 문서에 기부번호를 기입한 후 일자인을 찍고 장부와 문서에 계인을 하여야 한다.
③ 일자확정을 공증인에게 청구하는 자는 법무부령이, 법원서기에게 청구하는 자는 대법원규칙이 각각 정하는 바에 의하여 수수료를 납부하여야 한다. <개정 1970·6·18>
④ 공정증서에 기입한 일자 또는 공무소에서 사문서에 어느 사항을 증명하고 기입한 일자는 확정일자로 한다.

제 4 조(구법에 의한 한정치산자) ① 구법에 의하여 심신모약자 또는 낭비자로 준금치산선고를 받은 자는 본법 시행일로부터 본법의 규정에 의한 한정치산자로 본다.
② 구법에 의하여 농자, 아자 또는 맹자로 준금치산선고를 받은 자는 본법 시행일로부터 능력을 회복한다.

제 5 조(부의 취소권에 관한 경과규정) 구법에 의하여 처가 부의 허가를 요할 사항에 관하여 허가없이 그 행위를 한 경우에도 본법 시행일후에는 이를 취소하지 못한다.

제 6 조(법인의 등기기간) 법인의 등기사항에 관한 등기기간은 본법 시행일전의 사항에 대하여도 본법의 규정에 의한다.

제 7 조(벌칙에 관한 불소급) ① 구법에 의하여 과료에 처할 행위로 본법 시행당시 재판을 받지 아니한 자에 대하여는 본법에 의하여 과태료에 처할 경우에 한하여 이를 재판한다.
② 전항의 과태료는 구법의 과료액을 초과하지 못한다.

제 8 조(시효에 관한 경과규정) ① 본법 시행당시에 구법의 규정에 의한 시효기간을 경과한 권리는 본법의 규정에 의하여 취득 또는 소멸한 것으로 본다.
② 본법 시행당시에 구법에 의한 소멸시효의 기간을 경과하지 아니한 권리에는 본법의 시효에 관한 규정을 적용한다.
③ 본법 시행당시에 구법에 의한 취득시효의 기간을 경과하지 아니한 권리에는 본법의 소유권취득에 관한 규정을 적용한다.
④ 제 1 항과 제 2 항의 규정은 시효기간이 아닌 법정기간에 이를 준용한다.

제 9 조(효력을 상실할 물권) 구법에 의하여 규정된 물권이라도 본법에 규정한 물권이 아니면 본법 시행일로부터 물권의 효력을 잃는다. 그러나 본법 또는 다른 법률에 특별한 규정이 있는 경우에는 그러하지 아니하다.

제10조(소유권이전에 관한 경과규정) ① 본법 시행일전의 법률행위로 인한 부동산에 관한 물권의 득실변경은 이 법 시행일로부터 6년내에 등기하지 아니하면 그 효력을 잃는다.
<개정 1962·12·31, 1964·12·31>
② 본법 시행일전의 동산에 관한 물권의 양도는 본법 시행일로부터 1년내에 인도를 받지 못하면 그 효력을 잃는다.
③ 본법 시행일전의 시효완성으로 인하여 물권을 취득한 경우에도 제 1 항과 같다.

제11조(구관에 의한 전세권의 등기) 본법 시행일전에 관습에 의하여 취득한 전세권은

본법 시행일로부터 1년내에 등기함으로써 물권의 효력을 갖는다.

제12조(판결에 의한 소유권이전의 경우) 소송으로 부칙 제10조의 규정에 의한 등기 또는 인도를 청구한 경우에는 그 판결확정의 날로부터 6월내에 등기를 하지 아니하거나 3월내에 인도를 받지 못하거나 강제집행의 절차를 취하지 아니한 때에는 물권변동의 효력을 잃는다.

제13조(지상권존속기간에 관한 경과규정) 본법 시행일전에 지상권설정행위로 정한 존속기간이 본법 시행 당시에 만료하지 아니한 경우에는 그 존속기간에는 본법의 규정을 적용한다. 설정행위로 지상권의 존속기간을 정하지 아니한 경우에도 같다.

제14조(존속되는 물권) 본법 시행일전에 설정한 영소작권 또는 부동산질권에 관하여는 구법의 규정을 적용한다. 그러나 본법 시행일후에는 이를 갱신하지 못한다.

제15조(임대차기간에 관한 경과규정) 본법 시행일전의 임대차계약에 약정기간이 있는 경우에도 그 기간이 본법 시행당시에 만료하지 아니한 때에는 그 존속기간에는 본법의 규정을 적용한다.

제16조(선취특권의 실효) 본법 시행일전에 구법에 의하여 취득한 선취특권은 본법 시행일로부터 그 효력을 잃는다.

제17조(처의 재산에 대한 부의 권리) 본법 시행일전의 혼인으로 인하여 부가 처의 재산을 관리, 사용 또는 수익하는 경우에도 본법 시행일로부터 부는 그 권리를 잃는다.

제18조(혼인, 입양의 무효, 취소에 관한 경과규정) ① 본법 시행일전의 혼인 또는 입양에 본법에 의하여 무효의 원인이 되는 사유가 있는 때에는 이를 무효로 하고 취소의 원인이 되는 사유가 있는 때에는 본법의 규정에 의하여 이를 취소할 수 있다. 이 경우에 취소기간이 있는 때에는 그 기간은 본법 시행일로부터 기산한다.

② 본법 시행일전의 혼인 또는 입양에 구법에 의한 취소의 원인이 되는 사유가 있는 경우에도 본법의 규정에 의하여 취소의 원인이 되지 아니할 때에는 본법 시행일후에는 이를 취소하지 못한다.

제19조(이혼, 파양에 관한 경과규정) ① 본법 시행일전의 혼인 또는 입양에 본법에 의하여 이혼 또는 파양의 원인이 되는 사유가 있는 때에는 본법의 규정에 의하여 재판상의 이혼 또는 파양의 청구를 할 수 있다. 이 경우에 그 청구기간이 있는 때에는 그 기간은 본법 시행일로부터 기산한다.

② 본법 시행일전의 혼인 또는 입양에 구법에 의하여 이혼 또는 파양의 원인이 되는 사유가 있는 경우에도 본법의 규정에 의하여 이혼 또는 파양의 원인이 되지 아니하는 때에는 본법 시행일후에는 재판상의 이혼 또는 파양의 청구를 하지 못한다.

제20조(친권) 성년에 달한 자는 본법 시행일로부터 친권에 복종하지 아니한다.

제21조(모의 친권행사에 관한 제한의 폐지) 구법에 의하여 친권자인 모가 친족회의 동의를 요할 사항에 관하여 그 동의없이 미성년자를 대리한 행위나 미성년자의 행위에 대한 동의를 한 경우에도 본법 시행일후에는 이를 취소하지 못한다.

제22조(후견인에 관한 경과규정) ① 구법에 의하여 미성년자 또는 금치산자에 대한 후견이 개시된 경우에도 그 후견인의 순위, 선임, 임무 및 결격에 관한 사항에는 본법 시행일로부터 본법의 규정을 적용한다.

② 구법에 의하여 준금치산선고를 받은 자에 대하여도 그 후견에 관한 사항은 전항과 같다.

제23조(보좌인 등에 관한 경과규정) 구법에 의한 보좌인, 후견감독인 및 친족회원은 본법 시행일로부터 그 지위를 잃는다. 그러나 본법 시행일전에 구법의 규정에 의한 보좌인, 후견감독인 또는 친족회가 행한 동의는 그 효력을 잃지 아니한다.

제24조(부양의무에 관한 본법 적용) 구법에 의하여 부양의무가 개시된 경우에도 그 순위, 선임 및 방법에 관한 사항에는 본법 시행일로부터 본법의 규정을 적용한다.

제25조(상속에 관한 경과규정) ① 본법 시행일전에 개시된 상속에 관하여는 본법 시행일후에도 구법의 규정을 적용한다.

② 실종선고로 인하여 호주 또는 재산상속이 개시되는 경우에 그 실종기간이 구법 시행기간 중에 만료하는 때에도 그 실종이 본법 시행일후에 선고된 때에는 그 상속순위,

상속분 기타 상속에 관하여는 본법의 규정을 적용한다.

제26조(유언에 관한 경과규정) 본법 시행일전의 관습에 의한 유언이 본법에 규정한 방식에 적합하지 아니한 경우에라도 유언자가 본법 시행일로부터 유언의 효력발생일까지 그 의사표시를 할 수 없는 상태에 있는 때에는 그 효력을 잃지 아니한다.

제27조(폐지법령) 다음 각호의 법령은 이를 폐지한다.

1. 조선민사령 제1조의 규정에 의하여 의용된 민법, 민법시행법, 연령계산에관한법률
2. 조선민사령과 동령 제1조에 의하여 의용된 법령중 본법의 규정과 저촉되는 법조
3. 군정법령중 본법의 규정과 저촉되는 법조

제28조(시행일) 본법은 단기 4293년 1월 1일부터 시행한다.

부 칙 <1962·12·29 법1237>

본법은 1963년 3월 1일부터 시행한다.

부 칙 <1962·12·31 법1250>

본법은 1963년 1월 1일부터 시행한다.

부 칙 <1964·12·31 법1668>

이 법은 1965년 1월 1일부터 시행한다.

부 칙 <1970·6·18 법2200>

이 법은 공포한 날로부터 시행한다.

부 칙 <1977·12·31 법3051>

① 이 법은 공포후 1년이 경과한 날로부터 시행한다.

② 이 법은 종전의 법률에 의하여 생긴 효력에 대하여 영향을 미치지 아니한다.

③ 이 법 시행일전에 혼인한 자가 20세에 달한 때에는 그 혼인이 종전의 법 제808조제1항의 규정에 위반한 때에도 그 취소를 청구할 수 없다.

④ 이 법 시행일전에 혼인한 자가 미성년자인 때에는 이 법 시행일로부터 성년자로 한다.

⑤ 이 법 시행일전에 개시된 상속에 관하여는 이 법 시행일후에도 종전의 규정을 적용한다.

⑥ 실종선고로 인하여 상속이 개시되는 경우에 그 실종기간이 이 법 시행일 후에 만료된 때에는 그 상속에 관하여 이 법의 규정을 적용한다.

부 칙 <1984·4·10 법3723>

①(시행일) 이 법은 1984년 9월 1일부터 시행한다.

②(경과조치의 원칙) 이 법은 특별한 규정이 있는 경우를 제외하고는 이 법 시행전에 생긴 사항에 대하여도 이를 적용한다. 그러나 종전의 규정에 의하여 생긴 효력에는 영향을 미치지 아니한다.

③(실종선고에 관한 경과조치) 제27조제2항의 개정규정은 이 법 시행전에 사망의 원인이 될 위난이 발생한 경우에도 이를 적용한다.

④(전세권에 관한 경과조치) 제303조제1항, 제312조제2항·제4항 및 제312조의2의 개정규정은 이 법 시행전에 성립한 전세권으로서 이 법 시행당시 존속기간이 3월 이상 남아 있는 전세권과 존속기간을 정하지 아니한 전세권에도 이를 적용한다. 그러나 이 법 시행전에 전세금의 증액청구가 있은 경우에는 제312조의2 단서의 개정규정은 이를 적용하지 아니한다.

부 칙 <1990·1·13 법4199>

제1조(시행일) 이 법은 1991년 1월 1일부터 시행한다.

제2조(이 법의 효력의 불소급) 이 법에 특별한 규정이 있는 경우를 제외하고는 이미 구법(민법중 이 법에 의하여 개정 또는 폐지되는 종전의 조항을 말한다. 이하 같다)에 의하여 생긴 효력에 영향을 미치지 아니한다.

제3조(친족에 관한 경과조치) 구법에 의하여 친족이었던 자가 이 법에 의하여 친족이 아닌 경우에는 이 법 시행일부터 친족으로서의 지위를 잃는다.

제4조(모와 자기의 출생아닌 자에 관한 경과조치) 이 법 시행일전에 발생한 전처의 출생자와 계모 및 그 혈족·인척 사이의 친족관계와 혼인외의 출생자와 부의 배우자 및 그 혈족·인척 사이의 친족관계는 이 법 시행일부터 소멸한다.

제5조(약혼의 해제에 관한 경과조치) ① 이 법 시행일전의 약혼에 이 법에 의하여 해제의 원인이 되는 사유가 있는 때에는 이 법의 규정에 의하여 이를 해제할 수 있다.

② 이 법 시행일전의 약혼에 구법에 의하여 해제의 원인이 되는 사유가 있는 경우에도 이 법의 규정에 의하여 해제의 원인이 되지 아니할 때에는 이 법 시행일후에는 해제를 하지 못한다.

제6조(부부간의 재산관계에 관한 이 법의 적

용) 이 법 시행일전의 혼인으로 인하여 인정되었던 부부간의 재산관계에 관하여는 이 법 시행일부터 이 법의 규정을 적용한다.

제 7 조(입양의 취소에 관한 경과조치) 이 법 시행일전의 입양에 구법에 의하여 취소의 원인이 되는 사유가 있는 경우에도 이 법의 규정에 의하여 취소의 원인이 되지 아니할 때에는 이 법 시행일후에는 취소를 청구하지 못한다.

제 8 조(파양에 관한 경과조치) ① 이 법 시행일전의 입양에 이 법에 의하여 파양의 원인이 되는 사유가 있는 때에는 이 법의 규정에 의하여 재판상 파양의 청구를 할 수 있다.

② 이 법 시행일전의 입양에 구법에 의하여 파양의 원인이 되는 사유가 있는 경우에도 이 법의 규정에 의하여 파양의 원인이 되지 아니할 때에는 이 법 시행일후에는 재판상 파양의 청구를 하지 못한다.

제 9 조(친권에 관한 이 법의 적용) 구법에 의하여 개시된 친권에 관하여도 이 법 시행일부터 이 법의 규정을 적용한다.

제10조(후견인에 관한 이 법의 적용) 구법에 의하여 미성년자나 한정치산자 또는 금치산자에 대한 후견이 개시된 경우에도 그 후견인의 순위 및 선임에 관한 사항에는 이 법 시행일부터 이 법의 규정을 적용한다.

제11조(부양의무에 관한 이 법의 적용) 구법에 의하여 부양의무가 개시된 경우에도 이 법 시행일부터 이 법의 규정을 적용한다.

제12조(상속에 관한 경과조치) ① 이 법 시행일전에 개시된 상속에 관하여는 이 법 시행일후에도 구법의 규정을 적용한다.

② 실종선고로 인하여 상속이 개시되는 경우에 그 실종기간이 구법 시행기간 중에 만료되는 때에도 그 실종이 이 법 시행일후에 선고된 때에는 상속에 관하여는 이 법의 규정을 적용한다.

제13조(다른 법령과의 관계) 이 법 시행당시 다른 법령에서 호주상속 또는 호주상속인을 인용한 경우에는 호주승계 또는 호주승계인을, 재산상속 또는 재산상속인을 인용한 경우에는 상속 또는 상속인을 각 인용한 것으로 본다.

부　　칙 <1997·12·13 법5431>

제 1 조(시행일) 이 법은 공포후 6월이 경과한 날부터 시행한다.

제 2 조부터 **제 8 조**까지 생략

부　　칙 <1997·12·13 법5454>

이 법은 1998년 1월 1일부터 시행한다. 〈단서 생략〉

부　　칙 <2001·12·29 법6544>

이 법은 2002년 7월 1일부터 시행한다.

부　　칙 <2002·1·14 법6591>

①(시행일) 이 법은 공포한 날부터 시행한다.

②(이 법의 효력의 불소급) 이 법은 종전의 규정에 의하여 생긴 효력에 영향을 미치지 아니한다.

③(한정승인에 관한 경과조치) 1998년 5월 27일부터 이 법 시행전까지 상속개시가 있음을 안 자중 상속채무가 상속재산을 초과하는 사실을 중대한 과실없이 제1019조제 1 항의 기간내에 알지 못하다가 이 법 시행전에 그 사실을 알고도 한정승인신고를 하지 아니한 자는 이 법 시행일부터 3월내에 제1019조제 3 항의 개정규정에 의한 한정승인을 할 수 있다. 다만, 당해 기간내에 한정승인을 하지 아니한 경우에는 단순승인을 한 것으로 본다.

④(한정승인에 관한 특례) 1998년 5월 27일 전에 상속 개시가 있음을 알았으나 상속채무가 상속재산을 초과하는 사실(이하 "상속채무초과사실"이라 한다)을 중대한 과실 없이 제1019조제 1 항의 기간 이내에 알지 못하다가 1998년 5월 27일 이후 상속채무 초과사실을 안 자는 다음 각 호의 구분에 따라 제1019조제 3 항의 규정에 의한 한정승인을 할 수 있다. 다만, 각 호의 기간 이내에 한정승인을 하지 아니한 경우에는 단순승인을 한 것으로 본다. <신설 2005·12·29>

1. 법률 제7765호 민법 일부개정법률(이하 "개정법률"이라 한다) 시행 전에 상속채무초과사실을 알고도 한정승인을 하지 아니한 자는 개정법률 시행일부터 3월 이내
2. 개정법률 시행 이후 상속채무 초과사실을 알게 된 자는 그 사실을 안 날부터 3월 이내

부　　칙 <2005·3·31 법7427>

제 1 조(시행일) 이 법은 공포한 날부터 시행한다. 다만, 제 4 편제 2 장(제778조 내지 제789조, 제791조 및 제793조 내지 제796조), 제826조제 3 항 및 제 4 항, 제908조의2 내지 제908조의8, 제963조, 제966조, 제968조, 제 4 편제 8 장(제980조 내지

제982조, 제984조 내지 제987조, 제989조 및 제991조 내지 제995조)의 개정규정과 부칙 제7조(제2항 및 제29항을 제외한다)의 규정은 2008년 1월 1일부터 시행한다.

제2조(이 법의 효력의 불소급) 이 법은 종전의 규정에 의하여 생긴 효력에 영향을 미치지 아니한다.

제3조(친생부인의 소에 관한 경과조치) ① 제847조제1항의 개정규정에 의한 기간이 이 법 시행일부터 30일 이내에 만료되는 경우에는 이 법 시행일부터 30일 이내에 친생부인의 소를 제기할 수 있다.
② 제847조제1항의 개정규정이 정한 기간을 계산함에 있어서는 1997년 3월 27일부터 이 법 시행일 전일까지의 기간은 이를 산입하지 아니한다.

제4조(혼인의 무효·취소에 관한 경과조치) 이 법 시행 전의 혼인에 종전의 규정에 의하여 혼인의 무효 또는 취소의 원인이 되는 사유가 있는 경우에도 이 법의 규정에 의하여 혼인의 무효 또는 취소의 원인이 되지 아니하는 경우에는 이 법 시행 후에는 혼인의 무효를 주장하거나 취소를 청구하지 못한다.

제5조(친양자에 관한 경과조치) 종전의 규정에 의하여 입양된 자를 친양자로 하려는 자는 제908조의2제1항제1호 내지 제4호의 요건을 갖춘 경우에는 가정법원에 친양자 입양을 청구할 수 있다.

제6조(기간에 관한 경과조치) 이 법에 의하여 기간이 변경된 경우에 이 법 시행당시 종전의 규정에 의한 기간이 경과되지 아니한 때에는 이 법의 개정규정과 종전의 규정 중 그 기간이 장기인 규정을 적용한다.

제7조(다른 법률의 개정) 생략

부 칙 <2005·3·31 법7428>

제1조(시행일) 이 법은 공포 후 1년이 경과한 날부터 시행한다.

제2조부터 **제6조**까지 생략

부 칙 <2005·12·29 법7765>

①(시행일) 이 법은 공포한 날부터 시행한다.

②(한정승인에 관한 경과조치) 이 법의 한정승인에 관한 특례대상에 해당하는 자가 이 법 시행 전에 한정승인 신고를 하여 법원에 계속중이거나 수리된 경우 그 신고 또는 법원의 수리결정은 효력이 있다.

부 칙 <2007·5·17 법8435>

제1조(시행일) 이 법은 2008년 1월 1일부터 시행한다. 〈단서 생략〉

제2조부터 **제9조**까지 생략

부 칙 <2007·12·21 법8720>

제1조(시행일) 이 법은 공포한 날부터 시행한다. 다만, 제97조 및 제161조의 개정규정은 공포 후 3개월이 경과한 날부터 시행하고, 제836조의2, 제837조제2항부터 제6항까지 및 제909조제4항의 개정규정은 공포 후 6개월이 경과한 날부터 시행한다.

제2조(효력의 불소급) 이 법은 종전의 규정에 따라 생긴 효력에 영향을 미치지 아니한다.

제3조(경과조치) ① 이 법 시행 당시 법원에 계속 중인 사건에 관하여는 이 법(제837조의 개정규정을 제외한다)을 적용하지 아니한다.
② 이 법 시행 전의 행위에 대한 과태료의 적용에 있어서는 종전의 규정에 따른다.
③ 이 법 시행 당시 만 16세가 된 여자는 제801조 및 제807조의 개정규정에도 불구하고 약혼 또는 혼인할 수 있다.

부 칙 <2009·5·8 법9650>

①(시행일) 이 법은 공포 후 3개월이 경과한 날부터 시행한다.

②(양육비부담조서 작성의 적용례) 제836조의2 제5항의 개정규정은 이 법 시행 당시 계속 중인 협의이혼사건에도 적용한다.

부 칙 <2011·3·7 법10429>

제1조(시행일) 이 법은 2013년 7월 1일부터 시행한다.

제2조(금치산자 등에 관한 경과조치) ① 이 법 시행 당시 이미 금치산 또는 한정치산의 선고를 받은 사람에 대하여는 종전의 규정을 적용한다.
② 제1항의 금치산자 또는 한정치산자에 대하여 이 법에 따라 성년후견, 한정후견, 특정후견이 개시되거나 임의후견감독인이 선임된 경우 또는 이 법 시행일부터 5년이 경과한 때에는 그 금치산 또는 한정치산의 선고는 장래를 향하여 그 효력을 잃는다.

제3조(다른 법령과의 관계) 이 법 시행 당시 다른 법령에서 "금치산" 또는 "한정치산"을 인용한 경우에는 성년후견 또는 한정후견을

받는 사람에 대하여 부칙 제2조제2항에 따른 5년의 기간에 한정하여 "성년후견" 또는 "한정후견"을 인용한 것으로 본다.

부 칙 <2011·5·19 법10645>

이 법은 2013년 7월 1일부터 시행한다.

부 칙 <2012·2·10 법11300>

제1조(시행일) 이 법은 2013년 7월 1일부터 시행한다. 다만, 제818조, 제828조, 제843조 및 제925조의 개정규정은 공포한 날부터 시행한다.

제2조(이 법의 효력의 불소급) 이 법은 종전의 규정에 따라 생긴 효력에 영향을 미치지 아니한다.

제3조(종전의 규정에 따른 입양 및 파양에 관한 경과조치) 이 법 시행 전에 제878조 또는 제904조에 따라 입양 또는 파양의 신고가 접수된 입양 또는 파양에 관하여는 종전의 규정에 따른다.

제4조(재판상 파양 원인에 관한 경과조치) 제905조의 개정규정에도 불구하고 이 법 시행 전에 종전의 규정에 따라 가정법원에 파양을 청구한 경우에 재판상 파양 원인에 관하여는 종전의 규정에 따른다.

제5조(친양자 입양의 요건에 관한 경과조치) 제908조의2제1항 및 제2항의 개정규정에도 불구하고 이 법 시행 전에 종전의 규정에 따라 가정법원에 친양자 입양을 청구한 경우에 친양자 입양의 요건에 관하여는 종전의 규정에 따른다.

부 칙 <2013·4·5 법11728>

이 법은 2013년 7월 1일부터 시행한다.

부 칙 <2014·10·15 법12777>

제1조(시행일) 이 법은 공포 후 1년이 경과한 날부터 시행한다.

제2조(친권 상실의 선고 및 친권의 상실 선고 등의 판단 기준에 관한 경과조치) 이 법 시행 당시 가정법원에 진행 중인 친권의 상실 선고 청구 사건에 대해서는 제924조 및 제925조의2의 개정규정에도 불구하고 종전의 규정에 따른다.

부 칙 <2014·12·30 법12881>

이 법은 공포한 날부터 시행한다.

부 칙 <2015·2·3 법13124>

제1조(시행일) 이 법은 2015년 7월 1일부터 시행한다.

제2조 및 **제3조** 생략

부 칙 <2015·2·3 법13125>

제1조(시행일) 이 법은 공포 후 1년이 경과한 날부터 시행한다.

제2조(효력의 불소급) 이 법은 종전의 규정에 따라 생긴 효력에 영향을 미치지 아니한다.

제3조(보증의 방식 등에 관한 적용례) 제428조의2, 제428조의3 및 제436조의2의 개정규정은 이 법 시행 후 체결하거나 기간을 갱신하는 보증계약부터 적용한다.

제4조(여행계약의 효력·해제 등에 관한 적용례) 제3편제2장제9절의2(제674조의2부터 제674조의9까지)의 개정규정은 이 법 시행 후 체결하는 여행계약부터 적용한다.

제5조(다른 법률의 개정) 생략

제6조(「보증인 보호를 위한 특별법」의 개정에 따른 경과조치) 부칙 제5조에 따라 개정되는 「보증인 보호를 위한 특별법」의 개정규정에도 불구하고 이 법 시행 전에 체결되거나 기간이 갱신된 「보증인 보호를 위한 특별법」의 적용 대상인 보증계약에 대해서는 종전의 「보증인 보호를 위한 특별법」 제3조에 따른다.

부 칙 <2016·1·6 법13710>

이 법은 공포한 날부터 시행한다.

부 칙 <2016·12·2 법14278>

제1조(시행일) 이 법은 공포 후 6개월이 경과한 날부터 시행한다.

제2조(다른 법률의 개정) 생략

부 칙 <2016·12·20 법14409>

제1조(시행일) 이 법은 공포한 날부터 시행한다.

제2조(적용례) 제937조제9호의 개정규정은 이 법 시행 당시 법원에 계속 중인 사건에도 적용한다.

부 칙 <2017·10·31 법14965>

제1조(시행일) 이 법은 공포 후 3개월이 경과한 날부터 시행한다.

제2조(남편의 친생자의 추정에 관한 적용례) 제854조의2 및 제855조의2의 개정규정은 이 법 시행 전에 발생한 부모와 자녀의 관계에 대해서도 적용한다. 다만, 이 법 시행 전에 판결에 따라 생긴 효력에는 영향을 미치지 아니한다.

부 칙 <2020·10·20 법17503>

제 1 조(시행일) 이 법은 공포한 날부터 시행한다.

제 2 조(성적 침해를 당한 미성년자의 손해배상청구권의 소멸시효에 관한 적용례) 제766조제 3 항의 개정규정은 이 법 시행 전에 행하여진 성적 침해로 발생하여 이 법 시행 당시 소멸시효가 완성되지 아니한 손해배상청구권에도 적용한다.

부 칙 <2021·1·26 법17905>

제 1 조(시행일) 이 법은 공포한 날부터 시행한다.

제 2 조(감화 또는 교정기관 위탁에 관한 경과조치) 이 법 시행 전에 법원의 허가를 받아 이 법 시행 당시 감화 또는 교정기관에 위탁 중인 경우와 이 법 시행 전에 감화 또는 교정기관 위탁에 대한 허가를 신청하여 이 법 시행 당시 법원에 사건이 계속 중인 경우에는 제915조 및 제945조의 개정규정에도 불구하고 종전의 규정에 따른다.

제 3 조(다른 법률의 개정) 생략

제 4 조(「가사소송법」의 개정에 관한 경과조치) 이 법 시행 전에 법원에 감화 또는 교정기관 위탁에 대한 허가를 신청하여 이 법 시행 당시 법원에 계속 중인 사건에 관하여는 부칙 제 3 조에 따라 개정되는 「가사소송법」 제 2 조제 1 항제 2 호가목14)의 개정규정에도 불구하고 종전의 규정에 따른다.

부 칙 <2022·12·13 법19069>

제 1 조(시행일) 이 법은 공포한 날부터 시행한다.

제 2 조(미성년자인 상속인의 한정승인에 관한 적용례 및 특례) ① 제1019조제 4 항의 개정규정은 이 법 시행 이후 상속이 개시된 경우부터 적용한다.

② 제 1 항에도 불구하고 이 법 시행 전에 상속이 개시된 경우로서 다음 각 호의 어느 하나에 해당하는 경우에는 제1019조제 4 항의 개정규정에 따른 한정승인을 할 수 있다.

1. 미성년자인 상속인으로서 이 법 시행 당시 미성년자인 경우
2. 미성년자인 상속인으로서 이 법 시행 당시 성년자이나 성년이 되기 전에 제1019조제 1 항에 따른 단순승인(제1026조제 1 호 및 제 2 호에 따라 단순승인을 한 것으로 보는 경우를 포함한다)을 하고, 이 법 시행 이후에 상속채무가 상속재산을 초과하는 사실을 알게 된 경우에는 그 사실을 안 날부터 3개월 내

부 칙 <2022·12·27 법19098>

이 법은 공포 후 6개월이 경과한 날부터 시행한다.

부 칙 <2023·5·16 법19409>

제 1 조(시행일) 이 법은 공포 후 1년이 경과한 날부터 시행한다.

제 2 조 및 **제 3 조** 생략

부 칙 <2024·9·20 법20432>

제 1 조(시행일) 이 법은 2025년 1월 31일부터 시행한다. 다만, 제1004조의2의 개정규정 및 부칙 제 4 조는 2026년 1월 1일부터 시행한다.

제 2 조(상속권 상실 선고에 관한 적용례) 제1004조의2의 개정규정은 2024년 4월 25일 이후 상속이 개시되는 경우로서 같은 개정규정 시행 전에 같은 조 제 1 항 또는 제 3 항 각 호에 해당하는 행위가 있었던 경우에 대해서도 적용한다.

제 3 조(상속권 상실 선고에 관한 특례) 2024년 4월 25일 이후 제1004조의2의 개정규정의 시행일인 2026년 1월 1일 전에 상속이 개시된 경우로서 제1004조의2제 3 항 각 호의 사유가 있는 사람이 상속인이 되었음을 같은 개정규정 시행 전에 안 공동상속인은 같은 조 제 3 항 각 호 외의 부분에도 불구하고 같은 개정규정 시행일부터 6개월 이내에 상속권 상실 청구를 할 수 있다. 같은 조 제 4 항에 따라 상속인이 될 사람 또한 같다.

제 4 조(다른 법률의 개정) 생략

●민법제312조의2단서의시행에 관한규정

〔1984·9·1 대통령령제11493호〕

제 1 조(목적) 이 영은 민법 제312조의2 단서의 규정에 의하여 전세금의 증액을 청구하는 경우 그 증액청구의 기준에 관한 사항을 정함을 목적으로 한다.

제 2 조(증액청구의 비율) 전세금의 증액청구의 비율은 약정한 전세금의 20분의 1을 초과하지 못한다.

제 3 조(증액청구의 제한) 전세금의 증액청구는 전세권설정계약이 있은 날 또는 약정한 전세금의 증액이 있은 날로부터 1년 이내에는 이를 하지 못한다.

부 칙

이 영은 1984년 9월 1일부터 시행한다.

●가족관계의 등록 등에 관한 법률

〔2007・5・17 법률제8435호〕

개정
2007・ 7・23 법률제 8541호(국민연금법)
2009・12・29 법률제 9832호
2010・ 5・ 4 법률제10275호(국적법)
2010・ 5・ 4 법률제10279호
2013・ 3・23 법률제11690호(정부조직법)
2013・ 7・30 법률제11950호
2014・ 1・ 7 법률제12183호
2014・10・15 법률제12774호
2014・12・30 법률제12878호
2015・ 2・ 3 법률제13124호
2015・ 5・18 법률제13285호
2016・ 5・29 법률제14169호
2017・10・31 법률제14963호
2020・ 2・ 4 법률제16907호
2020・12・22 법률제17689호(국가경찰과 자치경찰의 조직 및 운영에 관한 법률)
2021・ 3・16 법률제17928호
2021・12・28 법률제18651호
2023・ 7・18 법률제19547호
2023・12・26 법률제19841호(주민등록법)

제 1 장 총칙

제 1 조(목적) 이 법은 국민의 출생・혼인・사망 등 가족관계의 발생 및 변동사항에 관한 등록과 그 증명에 관한 사항을 규정함을 목적으로 한다.

제 2 조(관장) 가족관계의 발생 및 변동사항에 관한 등록과 그 증명에 관한 사무(이하 "등록사무"라 한다)는 대법원이 관장한다.

제 3 조(권한의 위임) ① 대법원장은 등록사무의 처리에 관한 권한을 시・읍・면의 장(도농복합형태의 시에 있어서 동지역에 대하여는 시장, 읍・면지역에 대하여는 읍・면장으로 한다. 이하 같다)에게 위임한다.

② 특별시 및 광역시와 구를 둔 시에 있어서는 이 법 중 시, 시장 또는 시의 사무소라 함은 각각 구, 구청장 또는 구의 사무소를 말한다. 다만, 광역시에 있어서 군지역에 대하여는 읍・면, 읍・면의 장 또는 읍・면의 사무소를 말한다.

③ 대법원장은 등록사무의 감독에 관한 권한을 시・읍・면의 사무소 소재지를 관할하는 가정법원장에게 위임한다. 다만, 가정법원지원장은 가정법원장의 명을 받아 그 관할 구역 내의 등록사무를 감독한다.

제 4 조(등록사무처리) 제 3 조에 따른 등록사무는 가족관계의 발생 및 변동사항의 등록(이하 "등록"이라 한다)에 관한 신고 등을 접수하거나 수리한 신고지의 시・읍・면의 장이 처리한다.

제 4 조의2(재외국민 등록사무처리에 관한 특례) ① 제 3 조 및 제 4 조에도 불구하고, 대법원장은 외국에 거주하거나 체류하는 대한민국 국민(이하 "재외국민"이라 한다)에 관한 등록사무를 법원서기관, 법원사무관, 법원주사 또는 법원주사보(이하 "가족관계등록관"이라 한다)로 하여금 처리하게 할 수 있다.

② 재외국민에 관한 등록사무의 처리 및 지원을 위하여 법원행정처에 재외국민 가족관계등록사무소를 두고, 그 구성, 운영 등 필요한 사항은 대법원규칙으로 정한다.

③ 재외국민 가족관계등록사무소 가족관계등록관의 등록사무처리에 관하여는 시·읍·면의 장의 등록사무처리에 관한 규정 중 제3조제3항, 제5조, 제11조, 제14조, 제18조, 제22조, 제23조의3, 제29조, 제31조, 제38조부터 제43조까지, 제109조부터 제111조까지, 제114조부터 제116조까지를 준용한다. 〔본조신설 2015·2·3〕

제5조(직무의 제한) ① 시·읍·면의 장은 등록에 관한 증명서 발급사무를 제외하고 자기 또는 자기와 4촌 이내의 친족에 관한 등록사건에 관하여는 그 직무를 행할 수 없다.

② 등록사건 처리에 관하여 시·읍·면의 장을 대리하는 사람도 제1항과 같다.

제6조(수수료 등의 귀속) ① 이 법의 규정에 따라 납부하는 수수료 및 과태료는 등록사무를 처리하는 해당 지방자치단체의 수입으로 한다. 다만, 다음 각 호의 어느 하나에 해당하는 경우에는 그러하지 아니하다. <개정 2015·2·3>

1. 제12조제2항에 따라 전산정보중앙관리소 소속 공무원이 증명서를 발급하는 경우

1의2. 제4조의2에 따른 재외국민 가족관계등록사무소에 수수료를 납부하는 경우

2. 제120조 및 제123조에 따라 가정법원이 과태료를 부과하는 경우

3. 제124조제3항에 따라 가정법원이 「비송사건절차법」에 따른 과태료의 재판을 하는 경우

② 제1항의 수수료의 금액은 대법원규칙으로 정한다.

제7조(비용의 부담) 제3조에 따라 시·읍·면의 장에게 위임한 등록사무에 드는 비용은 국가가 부담한다.

제8조(대법원규칙) 이 법 시행에 관하여 필요한 사항은 대법원규칙으로 정한다.

제2장 가족관계등록부의 작성과 등록사무의 처리

제9조(가족관계등록부의 작성 및 기록사항) ① 가족관계등록부(이하 "등록부"라 한다)는 전산정보처리조직에 의하여 입력·처리된 가족관계 등록사항(이하 "등록사항"이라 한다)에 관한 전산정보자료를 제10조의 등록기준지에 따라 개인별로 구분하여 작성한다.

② 등록부에는 다음 사항을 기록하여야 한다. <개정 2010·5·4>

1. 등록기준지
2. 성명·본·성별·출생연월일 및 주민등록번호
3. 출생·혼인·사망 등 가족관계의 발생 및 변동에 관한 사항
4. 가족으로 기록할 자가 대한민국 국민이 아닌 사람(이하 "외국인"이라 한다)인 경우에는 성명·성별·출생연월일·국적 및 외국인등록번호(외국인등록을 하지 아니한 외국인의 경우에는 대법원규칙으로 정하는 바에 따른 국내거소신고번호 등을 말한다. 이하 같다)
5. 그 밖에 가족관계에 관한 사항으로서 대법원규칙으로 정하는 사항

제10조(등록기준지의 결정) ① 출생 또는 그 밖의 사유로 처음으로 등록을 하는 경우에는 등록기준지를 정하여 신고하여야 한다.

② 등록기준지는 대법원규칙으로 정하는 절차에 따라 변경할 수 있다.

제11조(전산정보처리조직에 의한 등록사무의 처리 등) ① 시·읍·면의 장은 등록사무를 전산정보처리조직에 의하여 처리하여야 한다.

② 본인이 사망하거나 실종선고·부재선고를 받은 때, 국적을 이탈하거나 상실한 때 또는 그 밖에 대법원규칙으로 정한 사유가 발생한 때에는 등록부를 폐쇄한다.

③ 등록부와 제2항에 따라 폐쇄한 등록부(이하 "폐쇄등록부"라 한다)는 법원행정처장이 보관·관리한다.

④ 법원행정처장은 등록부 또는 폐쇄등록부(이하 "등록부등"이라 한다)에 기록되어 있는 등록사항과 동일한 전산정보자료를 따로 작성하여 관리하여야 한다.

⑤ 등록부등의 전부 또는 일부가 손상되거나 손상될 염려가 있는 때에는 법원행정처장은 대법원규칙으로 정하는 바에 따라 등록부등의 복구 등 필요한 처분을 명할 수 있다.

⑥ 등록부등을 관리하는 사람 또는 등록사무를 처리하는 사람은 이 법이나 그 밖의 법에서 규정하는 사유가 아닌 다른 사유로 등록부등에 기록된 등록사항에 관한 전산정보자료(이하 "등록전산정보자료"라 한다)

를 이용하거나 다른 사람(법인을 포함한다)에게 자료를 제공하여서는 아니 된다.

제12조(전산정보중앙관리소의 설치 등) ① 등록부등의 보관과 관리, 전산정보처리조직에 의한 등록사무처리의 지원 및 등록전산정보자료의 효율적인 활용을 위하여 법원행정처에 전산정보중앙관리소(이하 "중앙관리소"라 한다)를 둔다. 이 경우 국적 관련 통보에 따른 등록사무처리에 관하여는 대법원규칙으로 정하는 바에 따라 법무부와 전산정보처리조직을 연계하여 운영한다.

② 법원행정처장은 필요한 경우 중앙관리소 소속 공무원으로 하여금 제15조에 규정된 증명서의 발급사무를 하게 할 수 있다.

제13조(등록전산정보자료의 이용 등) ① 등록전산정보자료를 이용 또는 활용하고자 하는 사람은 관계 중앙행정기관의 장의 심사를 거쳐 법원행정처장의 승인을 받아야 한다. 다만, 중앙행정기관의 장이 등록전산정보자료를 이용하거나 활용하고자 하는 경우에는 법원행정처장과 협의하여야 한다.

② 제1항에 따라 등록전산정보자료를 이용 또는 활용하고자 하는 사람은 본래의 목적 외의 용도로 이용하거나 활용하여서는 아니 된다.

③ 제1항에 따른 등록전산정보자료의 이용 또는 활용과 그 사용료 등에 관하여 필요한 사항은 대법원규칙으로 정한다.

제14조(증명서의 교부 등) ① 본인 또는 배우자, 직계혈족(이하 "본인등"이라 한다)은 제15조에 규정된 등록부등의 기록사항에 관하여 발급할 수 있는 증명서(이하 "등록사항별 증명서"라 한다)의 교부를 청구할 수 있고, 본인등의 대리인이 청구하는 경우에는 본인등의 위임을 받아야 한다. 다만, 다음 각 호의 어느 하나에 해당하는 경우에는 본인등이 아닌 경우에도 교부를 신청할 수 있다. <개정 2017·10·31, 2021·12·28>

1. 국가 또는 지방자치단체가 직무상 필요에 따라 문서로 신청하는 경우
2. 소송·비송·민사집행의 각 절차에서 필요한 경우
3. 다른 법령에서 본인등에 관한 증명서를 제출하도록 요구하는 경우
4. 그 밖에 대법원규칙으로 정하는 정당한 이해관계가 있는 사람이 신청하는 경우

② 제15조제1항제5호의 친양자입양관계증명서는 다음 각 호의 어느 하나에 해당하는 경우에 한하여 교부를 청구할 수 있다.

1. 친양자가 성년이 되어 신청하는 경우
2. 혼인당사자가 「민법」 제809조의 친족관계를 파악하고자 하는 경우
3. 법원의 사실조회촉탁이 있거나 수사기관이 수사상 필요에 따라 문서로 신청하는 경우
4. 그 밖에 대법원규칙으로 정하는 경우

③ 제1항 및 제2항에 따라 증명서의 교부를 청구하는 사람은 수수료를 납부하여야 하며, 증명서의 송부를 신청하는 경우에는 우송료를 따로 납부하여야 한다.

④ 시·읍·면의 장은 제1항 및 제2항의 청구가 등록부에 기록된 사람에 대한 사생활의 비밀을 침해하는 등 부당한 목적에 의한 것이 분명하다고 인정되는 때에는 증명서의 교부를 거부할 수 있다.

⑤ 등록사항별 증명서를 제출할 것을 요구하는 자는 사용목적에 필요한 최소한의 등록사항이 기록된 일반증명서 또는 특정증명서를 요구하여야 하며, 상세증명서를 요구하는 경우에는 그 이유를 설명하여야 한다. 제출받은 증명서를 사용목적 외의 용도로 사용하여서는 아니 된다. <신설 2009·12·29, 2016·5·29, 2021·12·28>

⑥ 제1항부터 제5항까지의 규정은 폐쇄등록부에 관한 증명서 교부의 경우에도 준용한다. <개정 2009·12·29>

⑦ 본인 또는 배우자, 부모, 자녀는 대법원규칙으로 정하는 바에 따라 등록부등의 기록사항의 전부 또는 일부에 대하여 전자적 방법에 의한 열람을 청구할 수 있다. 다만, 친양자입양관계증명서의 기록사항에 대하여는 친양자가 성년이 된 이후에만 청구할 수 있다. <신설 2013·7·30>

⑧ 「가정폭력범죄의 처벌 등에 관한 특례법」 제2조제5호에 따른 피해자(이하 "가정폭력피해자"라 한다) 또는 그 대리인은 가정폭력피해자의 배우자 또는 직계혈족을 지정(이하 "교부제한대상자"라 한다)하여 시·읍·면의 장에게 제1항 및 제2항에 따른 가정폭력피해자 본인의 등록사항별 증명서의 교부를 제한하거나 그 제한을 해지하도록 신청할 수 있다. <신설 2021·12·28>

⑨ 시·읍·면의 장은 제8항에 따른 신청을 받은 때에는 제1항 및 제2항에도 불

구하고 교부제한대상자 또는 그 대리인에게 가정폭력피해자 본인의 등록사항별 증명서를 교부하지 아니할 수 있다. <신설 2021·12·28>

⑩ 제9항에 따른 교부제한대상자에게는 제7항에도 불구하고 가정폭력피해자 본인의 등록부등의 기록사항을 열람하게 하지 아니한다. <신설 2021·12·28>

⑪ 제8항 및 제9항에 따른 신청·해지 절차, 제출 서류 등에 필요한 구체적인 사항은 대법원규칙으로 정한다. <신설 2021·12·28>

제14조의2(인터넷에 의한 증명서 발급) ① 등록사항별 증명서의 발급사무는 인터넷을 이용하여 처리할 수 있다.

② 제1항에 따른 발급은 본인 또는 배우자, 부모, 자녀가 신청할 수 있다.

③ 제1항 및 제2항에도 불구하고 제14조제9항에 따른 교부제한대상자에게는 가정폭력피해자 본인의 등록사항별 증명서를 발급하지 아니한다. <신설 2021·12·28>

④ 제1항에 따른 발급의 범위, 절차 및 방법 등 필요한 사항은 대법원규칙으로 정한다.

〔본조신설 2013·7·30〕

제14조의3(무인증명서발급기에 의한 증명서 발급) ① 시·읍·면의 장은 신청인 스스로 입력하여 등록사항별 증명서를 발급받을 수 있는 장치를 이용하여 증명서의 발급사무를 처리할 수 있다.

② 제1항에 따른 발급은 본인에게만 할 수 있다.

③ 제1항에 따른 발급의 범위, 절차 및 방법 등 필요한 사항은 대법원규칙으로 정한다.

〔본조신설 2013·7·30〕

제15조(증명서의 종류 및 기록사항) ① 등록부등의 기록사항은 다음 각 호의 증명서별로 제2항에 따른 일반증명서와 제3항에 따른 상세증명서로 발급한다. 다만, 외국인의 기록사항에 관하여는 성명·성별·출생연월일·국적 및 외국인등록번호를 기재하여 증명서를 발급하여야 한다. <개정 2009·12·29, 2010·5·4, 2016·5·29>

1. 가족관계증명서
2. 기본증명서
3. 혼인관계증명서
4. 입양관계증명서
5. 친양자입양관계증명서

② 제1항 각 호의 증명서에 대한 일반증명서의 기재사항은 다음 각 호와 같다. <개정 2016·5·29>

1. 가족관계증명서
   가. 본인의 등록기준지·성명·성별·본·출생연월일 및 주민등록번호
   나. 부모의 성명·성별·본·출생연월일 및 주민등록번호(입양의 경우 양부모를 부모로 기록한다. 다만, 단독입양한 양부가 친생모와 혼인관계에 있는 때에는 양부와 친생모를, 단독입양한 양모가 친생부와 혼인관계에 있는 때에는 양모와 친생부를 각각 부모로 기록한다)
   다. 배우자, 생존한 현재의 혼인 중의 자녀의 성명·성별·본·출생연월일 및 주민등록번호
2. 기본증명서
   가. 본인의 등록기준지·성명·성별·본·출생연월일 및 주민등록번호
   나. 본인의 출생, 사망, 국적상실에 관한 사항
3. 혼인관계증명서
   가. 본인의 등록기준지·성명·성별·본·출생연월일 및 주민등록번호
   나. 배우자의 성명·성별·본·출생연월일 및 주민등록번호
   다. 현재의 혼인에 관한 사항
4. 입양관계증명서
   가. 본인의 등록기준지·성명·성별·본·출생연월일 및 주민등록번호
   나. 친생부모·양부모 또는 양자의 성명·성별·본·출생연월일 및 주민등록번호
   다. 현재의 입양에 관한 사항
5. 친양자입양관계증명서
   가. 본인의 등록기준지·성명·성별·본·출생연월일 및 주민등록번호
   나. 친생부모·양부모 또는 친양자의 성명·성별·본·출생연월일 및 주민등록번호
   다. 현재의 친양자 입양에 관한 사항

③ 제1항 각 호의 증명서에 대한 상세증명서의 기재사항은 제2항에 따른 일반증명서의 기재사항에 다음 각 호의 사항을 추가한 것으로 한다. <신설 2016·5·29>

1. 가족관계증명서 : 모든 자녀의 성명·성별·본·출생연월일 및 주민등록번호
2. 기본증명서 : 국적취득 및 회복 등에 관한 사항
3. 혼인관계증명서 : 혼인 및 이혼에 관한 사항
4. 입양관계증명서 : 입양 및 파양에 관한 사항

5. 친양자입양관계증명서 : 친양자 입양 및 파양에 관한 사항

④ 제1항에도 불구하고 같은 항 각 호의 증명서 중 대법원규칙으로 정하는 증명서에 대해서는 해당 증명서의 상세증명서 기재사항 중 신청인이 대법원규칙으로 정하는 바에 따라 선택한 사항을 기재한 특정증명서를 발급한다. <신설 2016·5·29>

⑤ 제2항부터 제4항까지의 규정에 따른 일반증명서·상세증명서·특정증명서, 가족관계에 관한 그 밖의 증명서 및 가족관계 기록사항에 관하여 필요한 사항은 대법원규칙으로 정한다. <개정 2016·5·29>

제15조의2(가정폭력피해자에 관한 기록사항의 공시 제한) ① 가정폭력피해자 또는 그 대리인은 가정폭력피해자의 배우자 또는 직계혈족(배우자 또는 직계혈족이었던 사람을 포함한다)을 지정(이하 "공시제한대상자"라 한다)하여 시·읍·면의 장에게 등록부등 중 가정폭력피해자에 관한 기록사항을 가리도록 제한하거나 그 제한을 해지하도록 신청할 수 있다.

② 시·읍·면의 장은 제1항에 따른 신청을 받은 때에는 다음 각 호의 구분에 따른 사람에게 제14조제1항 및 제2항에 따른 등록사항별 증명서를 교부하거나 제14조의3에 따른 등록사항별 증명서를 발급할 때 가정폭력피해자에 관한 기록사항을 가리고 교부하거나 발급할 수 있다. 다만, 제14조제1항 각 호에 해당하여 등록사항별 증명서를 교부할 때에는 해당 사항을 가리지 아니하고 교부할 수 있다.

1. 공시제한대상자의 등록사항별 증명서 : 공시제한대상자 본인등 또는 그 대리인
2. 공시제한대상자의 배우자 또는 직계혈족으로서 가정폭력피해자가 아닌 사람의 등록사항별 증명서 : 공시제한대상자 또는 그 대리인

③ 제2항 각 호의 구분에 따른 사람에게 제14조제7항에 따라 등록부등의 기록사항을 열람하게 하거나 제14조의2에 따라 등록사항별 증명서를 발급하는 경우에는 가정폭력피해자에 관한 기록사항을 가리고 열람하게 하거나 해당 사항을 가리고 발급한다.

④ 제1항부터 제3항까지의 규정에 따른 공시의 제한·해지 신청, 공시 제한 범위·방법 등에 필요한 구체적인 사항은 대법원규칙으로 정한다.

〔본조신설 2021·12·28〕

제3장 등록부의 기록

제16조(등록부의 기록절차) 등록부는 신고, 통보, 신청, 증서의 등본, 항해일지의 등본 또는 재판서에 의하여 기록한다.

제17조(등록부가 없는 사람) 가족관계등록이 되어 있지 아니한 사람에 대하여 등록사항을 기록하여야 할 때에는 새로 등록부를 작성한다.

제18조(등록부의 정정) ① 등록부의 기록이 법률상 무효인 것이거나 그 기록에 착오 또는 누락이 있음을 안 때에는 시·읍·면의 장은 지체 없이 신고인 또는 신고사건의 본인에게 그 사실을 통지하여야 한다. 다만, 그 착오 또는 누락이 시·읍·면의 장의 잘못으로 인한 것인 때에는 그러하지 아니하다.

② 제1항 본문의 통지를 할 수 없을 때 또는 통지를 하였으나 정정신청을 하는 사람이 없는 때 또는 그 기록의 착오 또는 누락이 시·읍·면의 장의 잘못으로 인한 것인 때에는 시·읍·면의 장은 감독법원의 허가를 받아 직권으로 정정할 수 있다. 다만, 대법원규칙으로 정하는 경미한 사항인 경우에는 시·읍·면의 장이 직권으로 정정하고, 감독법원에 보고하여야 한다. <개정 2013·7·30>

③ 국가 또는 지방자치단체의 공무원이 그 직무상 등록부의 기록에 착오 또는 누락이 있음을 안 때에는 지체 없이 신고사건의 본인의 등록기준지의 시·읍·면의 장에게 통지하여야 한다. 이 경우 통지를 받은 시·읍·면의 장은 제1항 및 제2항에 따라 처리한다.

제19조(등록부의 행정구역, 명칭 등의 변경) ① 행정구역 또는 토지의 명칭이 변경된 때에는 등록부의 기록은 정정된 것으로 본다. 이 경우 시·읍·면의 장은 그 기록사항을 경정하여야 한다.

② 시·읍·면의 장은 지번의 변경이 있을 때에는 등록부의 기록을 경정하여야 한다.

제 4 장 신고

제 1 절 통칙

제20조(신고의 장소) ① 이 법에 따른 신고는 신고사건 본인의 등록기준지 또는 신고인의 주소지나 현재지에서 할 수 있다. 다만, 재외국민에 관한 신고는 재외국민 가족관계등록사무소에서도 할 수 있다. <개정 2015·2·3>
② 외국인에 관한 신고는 그 거주지 또는 신고인의 주소지나 현재지에서 할 수 있다. <개정 2010·5·4>

제21조(출생·사망의 동 경유 신고 등) ① 시에 있어서 출생·사망의 신고는 그 신고의 장소가 신고사건 본인의 주민등록지 또는 주민등록을 할 지역과 같은 경우에는 신고사건 본인의 주민등록지 또는 주민등록을 할 지역을 관할하는 동을 거쳐 할 수 있다.
② 제 1 항의 경우 동장은 소속 시장을 대행하여 신고서를 수리하고, 동이 속하는 시의 장에게 신고서를 송부하며, 그 밖에 대법원규칙으로 정하는 등록사무를 처리한다.

제22조(신고 후 등록되어 있음이 판명된 때 등) 등록되어 있는지가 분명하지 아니한 사람 또는 등록되어 있지 아니하거나 등록할 수 없는 사람에 관한 신고가 수리된 후 그 사람에 관하여 등록되어 있음이 판명된 때 또는 등록할 수 있게 된 때에는 신고인 또는 신고사건의 본인은 그 사실을 안 날부터 1개월 이내에 수리된 신고사건을 표시하여 처음 그 신고를 수리한 시·읍·면의 장에게 그 사실을 신고하여야 한다.

제23조(신고방법) ① 신고는 서면이나 말로 할 수 있다.
② 신고로 인하여 효력이 발생하는 등록사건에 관하여 신고사건 본인이 시·읍·면에 출석하지 아니하는 경우에는 신고사건 본인의 주민등록증(모바일 주민등록증을 포함한다)·운전면허증·여권, 그 밖에 대법원규칙으로 정하는 신분증명서(이하 이 항에서 "신분증명서"라 한다)를 제시하거나 신고서에 신고사건 본인의 인감증명서를 첨부하여야 한다. 이 경우 본인의 신분증명서를 제시하지 아니하거나 본인의 인감증명서를 첨부하지 아니한 때에는 신고서를 수리하여서는 아니 된다. <개정 2023·12·26>

제23조의2(전자문서를 이용한 신고) ① 제23조에도 불구하고 대법원규칙으로 정하는 등록에 관한 신고는 전산정보처리조직을 이용하여 전자문서로 할 수 있다. <개정 2020·2·4>
② 제 1 항에 따른 신고는 신고사건 본인의 등록기준지 시·읍·면의 장이 처리한다. 다만, 신고사건 본인의 등록기준지가 없는 경우에는 신고인의 주소지 시·읍·면의 장이 처리하고, 재외국민에 관한 신고인 경우에는 재외국민 가족관계등록사무소의 가족관계등록관이 처리하며, 외국인에 관한 신고인 경우에는 그 거주지 시·읍·면의 장이 처리한다. <개정 2015·2·3>
③ 제 2 항에도 불구하고 제 1 항에 따른 신고는 신고 처리의 편의를 위하여 대법원규칙으로 정하는 바에 따라 다른 시·읍·면의 장이 처리할 수 있다. <신설 2020·2·4>
④ 시에 있어서 제 2 항 및 제 3 항에 따른 신고 처리는 대법원규칙으로 정하는 바에 따라 동장이 소속 시장을 대행하여 할 수 있다. <신설 2020·2·4>
⑤ 제 1 항에 따른 신고는 이 법 및 대법원규칙으로 정하는 정보가 전산정보처리조직에 저장된 때에 접수된 것으로 본다.
⑥ 제 1 항에 따른 신고의 불수리 통지는 제43조에도 불구하고 전산정보처리조직을 이용하여 전자문서로 할 수 있다.
〔본조신설 2013·7·30〕

제23조의3(첨부서류의 전자적 확인) ① 시·읍·면의 장이 등록사무를 처리하는 전산정보처리조직을 통하여 첨부서류에 대한 정보를 확인할 수 있는 경우에는 그 확인으로 해당 서류의 첨부를 갈음한다.
② 제 1 항에 따라 확인이 가능한 첨부서류의 종류는 대법원규칙으로 정한다.
〔본조신설 2013·7·30〕

제24조(신고서 양식) 신고서 양식은 대법원예규로 정한다. 이 경우 가족관계에 관한 등록신고가 다른 법령으로 규정한 신고를 갈음하는 경우에 당해 신고서 양식을 정함에 있어서는 미리 관계 부처의 장과 협의하여야 한다.

제25조(신고서 기재사항) ① 신고서에는 다음 사항을 기재하고 신고인이 서명하거나 기명날인하여야 한다.
1. 신고사건
2. 신고연월일
3. 신고인의 출생연월일·주민등록번호·등

록기준지 및 주소
4. 신고인과 신고사건의 본인이 다른 때에는 신고사건의 본인의 등록기준지·주소·성명·출생연월일 및 주민등록번호와 신고인의 자격
② 이 법에 따라 신고서류를 작성한 경우 그 신고서류에 주민등록번호를 기재한 때에는 출생연월일의 기재를 생략할 수 있다.

제26조(신고하여야 할 사람이 미성년자 또는 피성년후견인인 경우) ① 신고하여야 할 사람이 미성년자 또는 피성년후견인인 경우에는 친권자, 미성년후견인 또는 성년후견인을 신고의무자로 한다. 다만, 미성년자 또는 피성년후견인 본인이 신고를 하여도 된다.
② 제1항 본문에 따라 친권자, 미성년후견인 또는 성년후견인이 신고하는 경우에는 신고서에 다음 각 호의 사항을 적어야 한다.
1. 신고하여야 할 미성년자 또는 피성년후견인의 성명·출생연월일·주민등록번호 및 등록기준지
2. 신고하여야 할 사람이 미성년자 또는 피성년후견인이라는 사실
3. 신고인이 친권자, 미성년후견인 또는 성년후견인이라는 사실
〔전부개정 2013·7·30〕

제27조(동의가 불필요한 미성년자 또는 피성년후견인의 신고) ① 미성년자 또는 피성년후견인이 그 법정대리인의 동의 없이 할 수 있는 행위에 관하여는 미성년자 또는 피성년후견인이 신고하여야 한다.
② 피성년후견인이 신고하는 경우에는 신고서에 신고사건의 성질 및 효과를 이해할 능력이 있음을 증명할 수 있는 진단서를 첨부하여야 한다.
〔전부개정 2013·7·30〕

제28조(증인을 필요로 하는 신고) 증인을 필요로 하는 사건의 신고에 있어서는 증인은 신고서에 주민등록번호 및 주소를 기재하고 서명하거나 기명날인하여야 한다.

제29조(부존재 또는 부지의 사항) 신고서에 기재하여야 할 사항으로서 존재하지 아니하거나 알지 못하는 것이 있을 때에는 그 취지를 기재하여야 한다. 다만, 시·읍·면의 장은 법률상 기재하여야 할 사항으로서 특히 중요하다고 인정되는 사항을 기재하지 아니한 신고서는 수리하여서는 아니 된다.

제30조(법령 규정사항 이외의 기재사항) 신고서에는 이 법 또는 다른 법령으로 정하는 사항 외에 등록부에 기록하여야 할 사항을 더욱 분명하게 하기 위하여 필요한 사항이 있으면 이러한 사항도 기재하여야 한다.

제31조(말로 하는 신고 등) ① 말로 신고하려 할 때에는 신고인은 시·읍·면의 사무소에 출석하여 신고서에 기재하여야 할 사항을 진술하여야 한다.
② 시·읍·면의 장은 신고인의 진술 및 신고연월일을 기록하여 신고인에게 읽어 들려주고 신고인으로 하여금 그 서면에 서명하거나 기명날인하게 하여야 한다.
③ 제1항 및 제2항의 경우에 신고인이 질병 또는 그 밖의 사고로 출석할 수 없는 때에는 대리인으로 하여금 신고하게 할 수 있다. 다만, 제55조, 제56조, 제61조, 제63조, 제71조 및 제74조의 신고는 그러하지 아니하다.

제32조(동의, 승낙 또는 허가를 요하는 사건의 신고) ① 신고사건에서 부모 또는 다른 사람의 동의나 승낙이 필요한 경우에는 신고서에 그 동의나 승낙을 증명하는 서면을 첨부하여야 한다. 이 경우 동의나 승낙을 한 사람으로 하여금 신고서에 그 사유를 적고 서명 또는 기명날인하게 함으로써 그 서면의 첨부를 갈음할 수 있다. <개정 2013·7·30>
② 신고사건, 신고인 또는 신고사항 등에 있어서 재판 또는 관공서의 허가를 요하는 사항이 있는 경우에는 신고서에 그 재판서 또는 허가서의 등본을 첨부하여야 한다.

제33조(신고서에 관한 준용규정) 신고서에 관한 규정은 제31조제2항 및 제32조제1항의 서면에 준용한다.

제34조(외국에서 하는 신고) 재외국민은 이 법에서 정하는 바에 따라 그 지역을 관할하는 대한민국재외공관(이하 "재외공관"이라 한다)의 장에게 신고하거나 신청을 할 수 있다.
<개정 2015·2·3>

제35조(외국의 방식에 따른 증서의 등본) ① 재외국민이 그 나라의 방식에 따라 신고사건에 관한 증서를 작성한 경우에는 3개월 이내에 그 지역을 관할하는 재외공관의 장에게 그 증서의 등본을 제출하여야 한다.
<개정 2015·2·3>
② 대한민국의 국민이 있는 지역이 재외공관의 관할에 속하지 아니하는 경우에는 3개월 이내에 등록기준지의 시·읍·면의 장 또는

재외국민 가족관계등록사무소의 가족관계등록관에게 증서의 등본을 발송하여야 한다. <개정 2015·2·3>

제36조(외국에서 수리한 서류의 송부) ① 재외공관의 장은 제34조 및 제35조에 따라 서류를 수리한 때에는 1개월 이내에 외교부장관을 경유하여 재외국민 가족관계등록사무소의 가족관계등록관에게 송부하여야 한다. <개정 2013·3·23, 2015·2·3>

② 제1항에 따른 서류의 송부는 대법원규칙으로 정하는 바에 따라 전산정보처리조직을 이용하여 할 수 있다. 이 경우 해당 서류 원본의 보존, 그 밖에 필요한 사항은 대법원규칙으로 정한다. <신설 2015·2·3>

제37조(신고기간의 기산점) ① 신고기간은 신고사건 발생일부터 기산한다.

② 재판의 확정일부터 기간을 기산하여야 할 경우에 재판이 송달 또는 교부 전에 확정된 때에는 그 송달 또는 교부된 날부터 기산한다.

제38조(신고의 최고) ① 시·읍·면의 장은 신고를 게을리 한 사람을 안 때에는 상당한 기간을 정하여 신고의무자에 대하여 그 기간 내에 신고할 것을 최고(催告)하여야 한다. <개정 2023·7·18>

② 신고의무자가 제1항의 기간 내에 신고를 하지 아니한 때에는 시·읍·면의 장은 다시 상당한 기간을 정하여 최고할 수 있다.

③ 제18조제2항은 제2항의 최고를 할 수 없는 때 및 최고를 하여도 신고를 하지 아니한 때에, 같은 조 제3항은 국가 또는 지방자치단체의 공무원이 신고를 게을리 한 사람이 있음을 안 때에 준용한다.

제39조(신고의 추후 보완) 시·읍·면의 장은 신고를 수리한 경우에 흠이 있어 등록부에 기록을 할 수 없을 때에는 신고인 또는 신고의무자로 하여금 보완하게 하여야 한다. 이 경우 제38조를 준용한다.

제40조(기간경과 후의 신고) 시·읍·면의 장은 신고기간이 경과한 후의 신고라도 수리하여야 한다.

제41조(사망 후에 도달한 신고) ① 신고인의 생존 중에 우송한 신고서는 그 사망 후라도 시·읍·면의 장은 수리하여야 한다.

② 제1항에 따라 신고서가 수리된 때에는 신고인의 사망시에 신고한 것으로 본다.

제42조(수리, 불수리증명서와 서류의 열람) ① 신고인은 신고의 수리 또는 불수리의 증명서를 청구할 수 있다.

② 이해관계인은 시·읍·면의 장에게 신고서나 그 밖에 수리한 서류의 열람 또는 그 서류에 기재한 사항에 관하여 증명서를 청구할 수 있다.

③ 증명서를 청구할 때에는 수수료를 납부하여야 한다.

④ 이해관계인은 법원에 보관되어 있는 신고서류에 대한 열람을 청구할 수 있다.

⑤ 제2항 및 제4항의 이해관계인의 자격과 범위 등에 관하여는 제14조제1항부터 제4항까지의 규정을 준용한다.

제43조(신고불수리의 통지) 시·읍·면의 장이 신고를 수리하지 아니한 때에는 그 사유를 지체 없이 신고인에게 서면으로 통지하여야 한다.

제2절 출생

제44조(출생신고의 기재사항) ① 출생의 신고는 출생 후 1개월 이내에 하여야 한다.

② 신고서에는 다음 사항을 기재하여야 한다. <개정 2010·5·4>

1. 자녀의 성명·본·성별 및 등록기준지
2. 자녀의 혼인 중 또는 혼인 외의 출생자의 구별
3. 출생의 연월일시 및 장소
4. 부모의 성명·본·등록기준지 및 주민등록번호(부 또는 모가 외국인인 때에는 그 성명·출생연월일·국적 및 외국인등록번호)
5. 「민법」 제781조제1항 단서에 따른 협의가 있는 경우 그 사실
6. 자녀가 복수국적자(複數國籍者)인 경우 그 사실 및 취득한 외국 국적

③ 자녀의 이름에는 한글 또는 통상 사용되는 한자를 사용하여야 한다. 통상 사용되는 한자의 범위는 대법원규칙으로 정한다.

④ 출생신고서에는 의사나 조산사가 작성한 출생증명서를 첨부하여야 한다. 다만, 다음 각 호의 어느 하나에 해당하는 서면을 첨부하는 경우에는 그러하지 아니하다. <개정 2016·5·29, 2023·7·18>

1. 분만에 직접 관여한 자가 모의 출산사실을 증명할 수 있는 자료 등을 첨부하여 작성한 출생사실을 증명하는 서면

2. 국내 또는 외국의 권한 있는 기관에서 발행한 출생사실을 증명하는 서면
3. 모의 출산사실을 증명할 수 있는 「119구조·구급에 관한 법률」 제22조에 따른 구조·구급활동상황일지

⑤ 제4항 단서에 따라 첨부하는 서면에 관한 구체적인 사항은 대법원규칙으로 정한다. <신설 2016·5·29>

제44조의2(출생증명서가 없는 경우의 출생신고) ① 제44조제4항에 따른 출생증명서 또는 서면을 첨부할 수 없는 경우에는 가정법원의 출생확인을 받고 그 확인서를 받은 날부터 1개월 이내에 출생의 신고를 하여야 한다.

② 가정법원은 제1항의 출생확인을 위하여 필요한 경우에는 직권으로 사실을 조사할 수 있으며, 지방자치단체의 장, 국가경찰관서의 장 등 행정기관이나 그 밖에 상당하다고 인정되는 단체 또는 개인에게 필요한 사항을 보고하게 하거나 자료의 제출을 요청할 수 있다.

③ 가정법원의 출생확인 절차와 신고에 필요한 사항은 대법원규칙으로 정한다.

[본조신설 2016·5·29]

제44조의3(출생사실의 통보) ① 「의료법」 제3조에 따른 의료기관(이하 "의료기관"이라 한다)에 종사하는 의료인은 해당 의료기관에서 출생이 있는 경우 출생사실을 확인하기 위하여 다음 각 호의 사항(이하 "출생정보"라 한다)을 해당 의료기관에서 관리하는 출생자 모의 진료기록부 또는 조산기록부(전자적 형태로 바꾼 문서를 포함한다. 이하 같다)에 기재하여야 한다.

1. 출생자의 모에 관한 다음 각 목의 사항
   가. 성명
   나. 주민등록번호 또는 외국인등록번호(모가 외국인인 경우로 한정한다). 다만, 주민등록번호 또는 외국인등록번호를 확인할 수 없는 경우에는 「사회보장기본법」 제37조제2항에 따른 사회보장정보시스템에서의 의료급여 자격관리를 위한 번호를 기재하여야 한다.
2. 출생자의 성별, 수(數) 및 출생 연월일시
3. 그 밖에 의료기관의 주소 등 출생사실을 확인하기 위하여 대법원규칙으로 정하는 사항

② 의료기관의 장은 출생일부터 14일 이내에 출생정보를 「국민건강보험법」 제62조에 따른 건강보험심사평가원(이하 "심사평가원"이라 한다)에 제출하여야 한다. 이 경우 보건복지부장관이 출생사실의 통보 및 관리를 목적으로 구축하여 심사평가원에 위탁 운영하는 전산정보시스템을 이용하여 제출하여야 한다.

③ 심사평가원은 제2항에 따라 출생정보를 제출받은 경우 출생자 모의 주소지를 관할하는 시·읍·면의 장(모의 주소지를 확인할 수 없는 경우에는 출생지를 관할하는 시·읍·면의 장을 말한다)에게 해당 출생정보를 포함한 출생사실을 지체 없이 통보하여야 한다. 이 경우 심사평가원은 「전자정부법」 제37조에 따른 행정정보 공동이용센터를 통하여 전자적인 방법으로 출생사실을 통보할 수 있다.

④ 그 밖에 출생정보를 포함한 출생사실의 통보, 제2항에 따른 전산정보시스템의 이용 방법 및 절차 등에 관하여 필요한 사항은 대법원규칙으로 정한다.

[본조신설 2023·7·18]

제44조의4(출생신고의 확인·최고 및 직권 출생 기록) ① 제44조의3제3항에 따른 통보를 받은 시·읍·면의 장은 제44조제1항에 따른 신고기간 내에 출생자에 대한 출생신고가 되었는지를 확인하여야 한다.

② 시·읍·면의 장은 제44조제1항에 따른 신고기간이 지나도록 제44조의3제3항에 따라 통보받은 출생자에 대한 출생신고가 되지 아니한 경우에는 즉시 제46조제1항 및 제2항에 따른 신고의무자에게 7일 이내에 출생신고를 할 것을 최고하여야 한다.

③ 시·읍·면의 장은 다음 각 호의 어느 하나에 해당하는 경우 제44조의3제3항에 따라 통보받은 자료를 첨부하여 감독법원의 허가를 받아 해당 출생자에 대하여 직권으로 등록부에 출생을 기록하여야 한다.

1. 제46조제1항 및 제2항에 따른 신고의무자가 제2항의 최고기간 내에 출생신고를 하지 아니한 경우
2. 제46조제1항 및 제2항에 따른 신고의무자를 특정할 수 없는 등의 이유로 제2항에 따라 신고의무자에게 최고할 수 없는 경우

④ 제1항부터 제3항까지에서 규정한 사항 외에 출생신고 확인, 출생신고 최고, 출

생자의 성명·본 및 등록기준지의 결정 방법 등에 관하여 필요한 사항은 대법원규칙으로 정한다.
〔본조신설 2023·7·18〕

제44조의5(자료제공의 요청) 시·읍·면의 장은 제44조의4에 따른 등록사무처리를 위하여 필요한 경우 대법원규칙으로 정하는 자료를 관계 기관의 장에게 요청할 수 있고, 해당 기관의 장은 특별한 사유가 없으면 요청에 따라야 한다. 다만, 「전자정부법」 제36조제1항에 따른 행정정보 공동이용을 통하여 확인할 수 있는 사항은 예외로 한다.
〔본조신설 2023·7·18〕

제45조(출생신고의 장소) ① 출생의 신고는 출생지에서 할 수 있다.
② 기차나 그 밖의 교통기관 안에서 출생한 때에는 모가 교통기관에서 내린 곳, 항해일지가 비치되지 아니한 선박 안에서 출생한 때에는 그 선박이 최초로 입항한 곳에서 신고할 수 있다.

제46조(신고의무자) ① 혼인 중 출생자의 출생의 신고는 부 또는 모가 하여야 한다.
② 혼인 외 출생자의 신고는 모가 하여야 한다.
③ 제1항 및 제2항에 따라 신고를 하여야 할 사람이 신고를 할 수 없는 경우에는 다음 각 호의 어느 하나에 해당하는 사람이 각 호의 순위에 따라 신고를 하여야 한다.
1. 동거하는 친족
2. 분만에 관여한 의사·조산사 또는 그 밖의 사람
④ 신고의무자가 제44조제1항에 따른 기간 내에 신고를 하지 아니하여 자녀의 복리가 위태롭게 될 우려가 있는 경우에는 검사 또는 지방자치단체의 장이 출생의 신고를 할 수 있다. <신설 2016·5·29>

제47조(친생부인의 소를 제기한 때) 친생부인의 소를 제기한 때에도 출생신고를 하여야 한다.

제48조(법원이 부를 정하는 때) ① 「민법」 제845조에 따라 법원이 부(父)를 정하여야 할 때에는 출생의 신고는 모가 하여야 한다.
② 제46조제3항은 제1항의 경우에 준용한다.

제49조(항해 중의 출생) ① 항해 중에 출생이 있는 때에는 선장은 24시간 이내에 제44조제2항에서 정한 사항을 항해일지에 기재하고 서명 또는 기명날인하여야 한다.
② 제1항의 절차를 밟은 후 선박이 대한민국의 항구에 도착하였을 때에는 선장은 지체 없이 출생에 관한 항해일지의 등본을 그 곳의 시·읍·면의 장 또는 재외국민 가족관계등록사무소의 가족관계등록관에게 발송하여야 한다. <개정 2015·2·3>
③ 선박이 외국의 항구에 도착하였을 때에는 선장은 지체 없이 제2항의 등본을 그 지역을 관할하는 재외공관의 장에게 발송하고 재외공관의 장은 지체 없이 외교부장관을 경유하여 재외국민 가족관계등록사무소의 가족관계등록관에게 발송하여야 한다. <개정 2013·3·23, 2015·2·3>
④ 제3항에 따른 서류의 송부는 대법원규칙으로 정하는 바에 따라 전산정보처리조직을 이용하여 할 수 있다. 이 경우 해당 서류 원본의 보존, 그 밖에 필요한 사항은 대법원규칙으로 정한다. <신설 2015·2·3>

제50조(공공시설에서의 출생) 병원, 교도소, 그 밖의 시설에서 출생이 있었을 경우에 부모가 신고할 수 없는 때에는 당해 시설의 장 또는 관리인이 신고를 하여야 한다.

제51조(출생신고 전에 사망한 때) 출생의 신고 전에 자녀가 사망한 때에는 출생의 신고와 동시에 사망의 신고를 하여야 한다.

제52조(기아) ① 기아(棄兒)를 발견한 사람 또는 기아발견의 통지를 받은 경찰공무원은 24시간 이내에 그 사실을 시·읍·면의 장에게 통보하여야 한다. <개정 2020·12·22>
② 제1항의 통보를 받은 시·읍·면의 장은 소지품, 발견장소, 발견연월일시, 그 밖의 상황, 성별, 출생의 추정연월일을 조서에 기재하여야 한다. 이 경우 그 조서를 신고서로 본다.
③ 시·읍·면의 장은 「민법」 제781조제4항에 따라 기아의 성과 본을 창설한 후 이름과 등록기준지를 정하여 등록부에 기록하여야 한다.

제53조(부모가 기아를 찾은 때) ① 부 또는 모가 기아를 찾은 때에는 1개월 이내에 출생의 신고를 하고 등록부의 정정을 신청하여야 한다.
② 제1항의 경우에는 시·읍·면의 장이 확인하여야 한다.

제54조(기아가 사망한 때) 제52조제1항 또는 제53조의 절차를 밟기 전에 기아가 사망하였을 때에는 사망의 신고와 동시에 그 절차를 밟아야 한다.

제3절 인지

제55조(인지신고의 기재사항) ① 인지의 신고서에는 다음 사항을 기재하여야 한다. <개정 2010·5·4>

1. 자녀의 성명·성별·출생연월일·주민등록번호 및 등록기준지(자가 외국인인 때에는 그 성명·성별·출생연월일·국적 및 외국인등록번호)
2. 사망한 자녀를 인지할 때에는 사망연월일, 그 직계비속의 성명·출생연월일·주민등록번호 및 등록기준지
3. 부가 인지할 때에는 모의 성명·등록기준지 및 주민등록번호
4. 인지 전의 자녀의 성과 본을 유지할 경우 그 취지와 내용
5. 「민법」 제909조제4항 또는 제5항에 따라 친권자가 정하여진 때에는 그 취지와 내용

② 제1항제4호 및 제5호의 경우에는 신고서에 그 내용을 증명하는 서면을 첨부하여야 한다. 다만, 가정법원의 성·본 계속사용허가심판 또는 친권자를 정하는 재판이 확정된 때에는 제58조를 준용한다.

제56조(태아의 인지) 태내에 있는 자녀를 인지할 때에는 신고서에 그 취지, 모의 성명 및 등록기준지를 기재하여야 한다.

제57조(친생자출생의 신고에 의한 인지) ① 부가 혼인 외의 자녀에 대하여 친생자출생의 신고를 한 때에는 그 신고는 인지의 효력이 있다. 다만, 모가 특정됨에도 불구하고 부가 본문에 따른 신고를 함에 있어 모의 소재불명 또는 모가 정당한 사유 없이 출생신고에 필요한 서류 제출에 협조하지 아니하는 등의 장애가 있는 경우에는 부의 등록기준지 또는 주소지를 관할하는 가정법원의 확인을 받아 신고를 할 수 있다. <개정 2021·3·16>

② 모의 성명·등록기준지 및 주민등록번호의 전부 또는 일부를 알 수 없어 모를 특정할 수 없는 경우 또는 모가 공적 서류·증명서·장부 등에 의하여 특정될 수 없는 경우에는 부의 등록기준지 또는 주소지를 관할하는 가정법원의 확인을 받아 제1항에 따른 신고를 할 수 있다. <신설 2015·5·18, 2021·3·16>

③ 가정법원은 제1항 단서 및 제2항에 따른 확인을 위하여 필요한 사항을 직권으로 조사할 수 있고, 지방자치단체, 국가경찰관서 및 행정기관이나 그 밖의 단체 또는 개인에게 필요한 사항을 보고하게 하거나 자료의 제출을 요구할 수 있다. <신설 2015·5·18, 2021·3·16>

④ 다음 각 호의 어느 하나에 해당하는 경우에는 신고의무자가 1개월 이내에 출생의 신고를 하고 등록부의 정정을 신청하여야 한다. 이 경우 시·읍·면의 장이 확인하여야 한다. <신설 2015·5·18>

1. 출생자가 제3자로부터 「민법」 제844조의 친생자 추정을 받고 있음이 밝혀진 경우
2. 그 밖에 대법원규칙으로 정하는 사유에 해당하는 경우

⑤ 확인절차 및 신고에 필요한 사항은 대법원규칙으로 정한다. <신설 2015·5·18>

제58조(재판에 의한 인지) ① 인지의 재판이 확정된 경우에 소를 제기한 사람은 재판의 확정일부터 1개월 이내에 재판서의 등본 및 확정증명서를 첨부하여 그 취지를 신고하여야 한다.

② 제1항의 신고서에는 재판확정일을 기재하여야 한다.

③ 제1항의 경우에는 그 소의 상대방도 재판서의 등본 및 확정증명서를 첨부하여 인지의 재판이 확정된 취지를 신고할 수 있다. 이 경우 제2항을 준용한다.

제59조(유언에 의한 인지) 유언에 의한 인지의 경우에는 유언집행자는 그 취임일부터 1개월 이내에 인지에 관한 유언서등본 또는 유언녹음을 기재한 서면을 첨부하여 제55조 또는 제56조에 따라 신고를 하여야 한다.

제60조(인지된 태아의 사산) 인지된 태아가 사체로 분만된 경우에 출생의 신고의무자는 그 사실을 안 날부터 1개월 이내에 그 사실을 신고하여야 한다. 다만, 유언집행자가 제59조의 신고를 하였을 경우에는 유언집행자가 그 신고를 하여야 한다.

제4절 입양

제61조(입양신고의 기재사항) 입양의 신고서

에는 다음 사항을 기재하여야 한다. <개정 2010·5·4>

1. 당사자의 성명·본·출생연월일·주민등록번호·등록기준지(당사자가 외국인인 때에는 그 성명·출생연월일·국적 및 외국인등록번호) 및 양자의 성별
2. 양자의 친생부모의 성명·주민등록번호 및 등록기준지

제62조(입양의 신고) ① 양자가 13세 미만인 경우에는 「민법」 제869조제2항에 따라 입양을 승낙한 법정대리인이 신고하여야 한다.

② 「민법」 제867조에 따라 미성년자를 입양하는 경우 또는 같은 법 제873조에 따라 피성년후견인이 입양을 하거나 양자가 되는 경우에는 가정법원의 허가서를 첨부하여야 한다.

③ 「민법」 제871조제2항에 따라 부모의 동의를 갈음하는 심판이 있는 경우에는 가정법원의 심판서를 첨부하여야 한다.

〔전부개정 2013·7·30〕

제5절 파양

제63조(파양신고의 기재사항) 파양의 신고서에는 다음 사항을 기재하여야 한다. <개정 2010·5·4>

1. 당사자의 성명·본·출생연월일·주민등록번호 및 등록기준지(당사자가 외국인인 때에는 그 성명·출생연월일·국적 및 외국인등록번호)
2. 양자의 친생부모의 성명·등록기준지 및 주민등록번호

제64조 삭제 <2013·7·30>

제65조(준용규정) ① 제63조는 입양취소의 신고에 준용한다.

② 제58조는 입양취소의 재판이 확정된 경우에 준용한다.

제66조(준용규정) 제58조는 파양의 재판이 확정된 경우에 준용한다.

제6절 친양자의 입양 및 파양

제67조(친양자의 입양신고) ① 「민법」 제908조의2에 따라 친양자를 입양하고자 하는 사람은 친양자 입양재판의 확정일부터 1개월 이내에 재판서의 등본 및 확정증명서를 첨부하여 제61조의 신고를 하여야 한다.

② 제1항의 신고서에는 재판확정일을 기재하여야 한다.

제68조(준용규정) 제58조는 친양자의 입양신고에 준용한다.

제69조(친양자의 파양신고) ① 「민법」 제908조의5에 따라 친양자 파양의 재판이 확정된 경우 소를 제기한 사람은 재판의 확정일부터 1개월 이내에 재판서의 등본 및 확정증명서를 첨부하여 제63조의 신고를 하여야 한다.

② 제1항의 신고서에는 재판확정일을 기재하여야 한다.

③ 제1항의 경우에는 그 소의 상대방도 재판서의 등본 및 확정증명서를 첨부하여 친양자 파양의 재판이 확정된 취지를 신고할 수 있다. 이 경우 제2항을 준용한다.

제70조(준용규정) 제69조는 친양자의 입양취소의 재판이 확정된 경우에 준용한다.

제7절 혼인

제71조(혼인신고의 기재사항 등) 혼인의 신고서에는 다음 사항을 기재하여야 한다. 다만, 제3호의 경우에는 혼인당사자의 협의서를 첨부하여야 한다. <개정 2010·5·4>

1. 당사자의 성명·본·출생연월일·주민등록번호 및 등록기준지(당사자가 외국인인 때에는 그 성명·출생연월일·국적 및 외국인등록번호)
2. 당사자의 부모와 양부모의 성명·등록기준지 및 주민등록번호
3. 「민법」 제781조제1항 단서에 따른 협의가 있는 경우 그 사실
4. 「민법」 제809조제1항에 따른 근친혼에 해당되지 아니한다는 사실

제72조(재판에 의한 혼인) 사실상 혼인관계 존재확인의 재판이 확정된 경우에는 소를 제기한 사람은 재판의 확정일부터 1개월 이내에 재판서의 등본 및 확정증명서를 첨부하여 제71조의 신고를 하여야 한다.

제73조(준용규정) 제58조는 혼인취소의 재판이 확정된 경우에 준용한다.

제8절 이혼

제74조(이혼신고의 기재사항) 이혼의 신고서

에는 다음 사항을 기재하여야 한다. <개정 2010·5·4>
1. 당사자의 성명·본·출생연월일·주민등록번호 및 등록기준지(당사자가 외국인인 때에는 그 성명·국적 및 외국인등록번호)
2. 당사자의 부모와 양부모의 성명·등록기준지 및 주민등록번호
3. 「민법」 제909조제4항 또는 제5항에 따라 친권자가 정하여진 때에는 그 내용

제75조(협의상 이혼의 확인) ① 협의상 이혼을 하고자 하는 사람은 등록기준지 또는 주소지를 관할하는 가정법원의 확인을 받아 신고하여야 한다. 다만, 국내에 거주하지 아니하는 경우에 그 확인은 서울가정법원의 관할로 한다.
② 제1항의 신고는 협의상 이혼을 하고자 하는 사람이 가정법원으로부터 확인서등본을 교부 또는 송달받은 날부터 3개월 이내에 그 등본을 첨부하여 행하여야 한다.
③ 제2항의 기간이 경과한 때에는 그 가정법원의 확인은 효력을 상실한다.
④ 가정법원의 확인 절차와 신고에 관하여 필요한 사항은 대법원규칙으로 정한다.

제76조(간주규정) 협의이혼신고서에 가정법원의 이혼의사확인서등본을 첨부한 경우에는 「민법」 제836조제2항에서 정한 증인 2인의 연서가 있는 것으로 본다.

제77조(준용규정) 제74조는 혼인취소의 신고에 준용한다.

제78조(준용규정) 제58조는 이혼의 재판이 확정된 경우에 준용한다.

제9절 친권 및 미성년후견

제79조(친권자 지정 및 변경 신고 등) ① 부모가 「민법」 제909조제4항에 따라 친권자를 정한 때에는 1개월 이내에 그 사실을 신고하여야 한다. 부모 중 일방이 신고하는 경우에는 그 사실을 증명하는 서면을 첨부하여야 한다.
② 다음 각 호의 재판이 확정된 경우에는 그 재판을 청구한 사람이나 그 재판으로 친권자 또는 그 임무를 대행할 사람으로 정하여진 사람이 그 내용을 신고하여야 한다. 이 경우 신고기간, 신고서의 첨부서류 등에 관하여는 제58조를 준용한다. <개정 2013·7·30, 2014·10·15>
1. 「민법」 제909조제4항부터 제6항까지의 규정에 따라 친권자를 정하거나 변경하는 재판
2. 「민법」 제909조의2(「민법」 제927조의2제1항에 따라 준용되는 경우를 포함한다), 제927조의2제2항 및 제931조제2항에 따라 친권자 또는 그 임무를 대행할 사람을 지정하거나 선임하는 재판
3. 「민법」 제924조, 제924조의2 및 제926조에 따른 친권의 상실, 일시 정지, 일부 제한 및 그 회복에 관한 재판
4. 「민법」 제925조, 제926조 및 제927조에 따른 법률행위의 대리권이나 재산관리권의 상실·사퇴 및 그 회복에 관한 재판

제80조(미성년후견 개시신고의 기재사항) ① 미성년후견 개시의 신고는 미성년후견인이 그 취임일부터 1개월 이내에 하여야 한다.
② 신고서에는 다음 각 호의 사항을 적어야 한다.
1. 미성년자와 미성년후견인의 성명·출생연월일·주민등록번호 및 등록기준지(당사자가 외국인인 때에는 그 성명·출생연월일·국적 및 외국인등록번호)
2. 미성년후견 개시의 원인 및 연월일
3. 미성년후견인이 취임한 연월일

〔전부개정 2013·7·30〕

제81조(미성년후견인 경질신고 등) ① 미성년후견인이 경질된 경우에는 후임자는 취임일부터 1개월 이내에 그 취지를 신고하여야 한다. <개정 2013·7·30>
② 제1항의 신고에는 제80조제2항을 준용한다.
③ 「민법」 제939조 또는 제940조에 따라 미성년후견인이 사임하거나 변경된 경우 신고인, 신고기간과 신고서의 첨부서류 등에 관하여는 제79조제2항을 준용한다. 이 경우 "친권자 또는 그 임무를 대행할 사람으로 정하여진 사람"은 "선임된 미성년후견인"으로 본다. <개정 2013·7·30>

제82조(유언 또는 재판에 따른 미성년후견인의 선정) ① 유언에 의하여 미성년후견인을 지정한 경우에는 지정에 관한 유언서 그 등본 또는 유언녹음을 기재한 서면을 신고서에 첨부하여야 한다. <개정 2013·7·30>
② 미성년후견인 선임의 재판이 있는 경우에는 재판서의 등본을 신고서에 첨부하여야 한다. <개정 2013·7·30>

제83조(미성년후견 종료신고) ① 미성년후견 종료의 신고는 미성년후견인이 1개월 이내에 하여야 한다. 다만, 미성년자가 성년이 되어 미성년후견이 종료된 경우에는 그러하지 아니하다.

② 신고서에는 다음 각 호의 사항을 적어야 한다.

1. 미성년자와 미성년후견인의 성명·등록기준지 및 주민등록번호(당사자가 외국인인 때에는 그 성명·국적 및 외국인등록번호)
2. 미성년후견 종료의 원인 및 연월일

〔전부개정 2013·7·30〕

제83조의2(미성년후견감독 개시신고) ① 미성년후견감독 개시의 신고는 미성년후견감독인이 그 취임일부터 1개월 이내에 하여야 한다.

② 신고서에는 다음 각 호의 사항을 적어야 한다.

1. 미성년후견감독인, 미성년후견인 및 미성년자의 성명·출생연월일·주민등록번호 및 등록기준지(당사자가 외국인인 때에는 그 성명·출생연월일·국적 및 외국인등록번호)
2. 미성년후견감독 개시의 원인 및 연월일
3. 미성년후견감독인이 취임한 연월일

〔본조신설 2013·7·30〕

제83조의3(미성년후견감독인의 경질신고 등) ① 미성년후견감독인이 경질된 경우에는 후임자는 취임일부터 1개월 이내에 그 취지를 신고하여야 한다.

② 제1항의 신고에 관하여는 제83조의2제2항을 준용한다.

③ 「민법」 제940조의7에 따라 준용되는 같은 법 제939조 또는 제940조에 따라 미성년후견감독인이 사임하거나 변경된 경우 신고인, 신고기간과 신고서의 첨부서류 등에 관하여는 제79조제2항을 준용한다. 이 경우 "친권자 또는 그 임무를 대행할 사람으로 정하여진 사람"은 "선임된 미성년후견감독인"으로 본다.

〔본조신설 2013·7·30〕

제83조의4(유언 또는 재판에 따른 미성년후견감독인의 선정) 유언으로 미성년후견감독인을 지정한 경우 또는 미성년후견감독인 선임의 재판이 있는 경우에 신고서의 첨부서류에 관하여는 제82조를 준용한다.

〔본조신설 2013·7·30〕

제83조의5(미성년후견감독 종료신고) ① 미성년후견감독 종료의 신고는 미성년후견감독인이 1개월 이내에 하여야 한다. 다만, 미성년자가 성년이 되어 미성년후견감독이 종료된 경우에는 그러하지 아니하다.

② 신고서에는 다음 각 호의 사항을 적어야 한다.

1. 미성년후견감독인, 미성년후견인 및 미성년자의 성명·출생연월일·주민등록번호 및 등록기준지(당사자가 외국인인 경우에는 그 성명·출생연월일·국적 및 외국인등록번호)
2. 미성년후견감독 종료의 원인 및 연월일

〔본조신설 2013·7·30〕

제10절 사망과 실종

제84조(사망신고와 그 기재사항) ① 사망의 신고는 제85조에 규정한 사람이 사망의 사실을 안 날부터 1개월 이내에 진단서 또는 검안서를 첨부하여 하여야 한다.

② 신고서에는 다음 사항을 기재하여야 한다.

1. 사망자의 성명, 성별, 등록기준지 및 주민등록번호
2. 사망의 연월일시 및 장소

③ 부득이한 사유로 제2항의 신고서에 제1항의 진단서나 검안서를 첨부할 수 없는 때에는 사망의 사실을 증명할 만한 서면으로서 대법원규칙으로 정하는 서면을 첨부하여야 한다. 이 경우 제2항의 신고서에 진단서 또는 검안서를 첨부할 수 없는 사유를 기재하여야 한다. <개정 2016·5·29>

제85조(사망신고의무자) ① 사망의 신고는 동거하는 친족이 하여야 한다.

② 친족·동거자 또는 사망장소를 관리하는 사람, 사망장소의 동장 또는 통·이장도 사망의 신고를 할 수 있다.

제86조(사망신고의 장소) 사망의 신고는 사망지·매장지 또는 화장지에서 할 수 있다. 다만, 사망지가 분명하지 아니한 때에는 사체가 처음 발견된 곳에서, 기차나 그 밖의 교통기관 안에서 사망이 있었을 때에는 그 사체를 교통기관에서 내린 곳에서, 항해일지를 비치하지 아니한 선박 안에서 사망한 때에는 그 선박이 최초로 입항한 곳에서 할 수 있다.

제87조(재난 등으로 인한 사망) 수해, 화재나 그 밖의 재난으로 인하여 사망한 사람이 있는 경우에는 이를 조사한 관공서는 지체 없이 사망지의 시·읍·면의 장에게 통보하여야 한다. 다만, 외국에서 사망한 때에는 사망자의 등록기준지의 시·읍·면의 장 또는 재외국민 가족관계등록사무소의 가족관계등록관에게 통보하여야 한다. <개정 2015·2·3>

제88조(사형, 재소 중 사망) ① 사형의 집행이 있는 때에는 교도소장은 지체 없이 교도소 소재지의 시·읍·면의 장에게 사망의 통보를 하여야 한다.

② 제1항은 재소 중 사망한 사람의 사체를 찾아갈 사람이 없는 경우에 준용한다. 이 경우 통보서에 진단서 또는 검안서를 첨부하여야 한다.

제88조의2(무연고자 등의 사망) 「장사 등에 관한 법률」 제12조에 따라 시장등이 무연고 사망자 등을 처리한 경우에는 지체 없이 사망지·매장지 또는 화장지의 시·읍·면의 장에게 통보하여야 한다.

〔본조신설 2014·12·30〕

제89조(통보서의 기재사항) 제87조, 제88조 및 제88조의2에서 규정한 통보서에는 제84조제2항에서 정한 사항을 기재하여야 한다. <개정 2014·12·30>

제90조(등록불명자 등의 사망) ① 사망자에 대하여 등록이 되어 있는지 여부가 분명하지 아니하거나 사망자를 인식할 수 없는 때에는 경찰공무원은 검시조서를 작성·첨부하여 지체 없이 사망지의 시·읍·면의 장에게 사망의 통보를 하여야 한다. <개정 2020·12·22>

② 사망자가 등록이 되어 있음이 판명되었거나 사망자의 신원을 알 수 있게 된 때에는 경찰공무원은 지체 없이 사망지의 시·읍·면의 장에게 그 취지를 통보하여야 한다. <개정 2020·12·22>

③ 제1항의 통보가 있은 후에 제85조에서 정한 사람이 사망자의 신원을 안 때에는 그 날부터 10일 이내에 사망의 신고를 하여야 한다.

제91조(준용규정) 제49조 및 제50조는 사망의 신고에 준용한다.

제92조(실종선고의 신고) ① 실종선고의 신고는 그 선고를 청구한 사람이 재판확정일부터 1개월 이내에 재판서의 등본 및 확정증명서를 첨부하여 하여야 한다.

② 실종선고의 신고서에는 다음 사항을 기재하여야 한다.

1. 실종자의 성명·성별·등록기준지 및 주민등록번호
2. 「민법」 제27조에서 정한 기간의 만료일

③ 제58조는 실종선고취소의 재판이 확정된 경우에 그 재판을 청구한 사람에게 준용한다.

제11절 국적의 취득과 상실

제93조(인지 등에 따른 국적취득의 통보 등) ① 법무부장관은 「국적법」 제3조제1항 또는 같은 법 제11조제1항에 따라 대한민국의 국적을 취득한 사람이 있는 경우 지체 없이 국적을 취득한 사람이 정한 등록기준지의 시·읍·면의 장에게 대법원규칙으로 정하는 사항을 통보하여야 한다.

② 제1항의 통보를 받은 시·읍·면의 장은 국적을 취득한 사람의 등록부를 작성한다.

제94조(귀화허가의 통보 등) ① 법무부장관은 「국적법」 제4조에 따라 외국인을 대한민국 국민으로 귀화허가한 경우 지체 없이 귀화허가를 받은 사람이 정한 등록기준지의 시·읍·면의 장에게 대법원규칙으로 정하는 사항을 통보하여야 한다.

② 제1항의 통보를 받은 시·읍·면의 장은 귀화허가를 받은 사람의 등록부를 작성한다.

제95조(국적회복허가의 통보 등) ① 법무부장관은 「국적법」 제9조에 따라 대한민국의 국적회복을 허가한 경우 지체 없이 국적회복을 한 사람이 정한 등록기준지의 시·읍·면의 장에게 대법원규칙으로 정하는 사항을 통보하여야 한다.

② 제1항의 통보를 받은 시·읍·면의 장은 국적회복을 한 사람의 등록부를 작성한다. 다만, 국적회복을 한 사람의 등록부등이 있는 경우에는 등록부등에 기재된 등록기준지의 시·읍·면의 장에게 그 사항을 통보하여야 한다.

제96조(국적취득자의 성과 본의 창설 신고) ① 외국의 성을 쓰는 국적취득자가 그 성을 쓰지 아니하고 새로이 성(姓)·본(本)을 정하고자 하는 경우에는 그 등록기준지·주소지 또는 등록기준지로 하고자 하는 곳을 관

할하는 가정법원의 허가를 받고 그 등본을 받은 날부터 1개월 이내에 그 성과 본을 신고하여야 한다.
② 대한민국의 국적을 회복하거나 재취득하는 경우에는 종전에 사용하던 대한민국식 성명으로 국적회복신고 또는 국적재취득신고를 할 수 있다.
③ 제2항의 경우 신고서에는 종전에 사용하던 대한민국식 성명을 소명하여야 한다.
④ 신고서에는 다음 사항을 기재하여야 한다.
1. 종전의 성
2. 창설한 성·본
3. 허가의 연월일
⑤ 제4항의 신고서에는 제1항에 따른 허가의 등본을 첨부하여야 한다.
⑥ 제1항의 경우에 가정법원은 심리(審理)를 위하여 국가경찰관서의 장에게 성·본 창설허가 신청인의 범죄경력 조회를 요청할 수 있고, 그 요청을 받은 국가경찰관서의 장은 지체 없이 그 결과를 회보하여야 한다. <신설 2013·7·30>

제97조(국적상실신고의 기재사항) ① 국적상실의 신고는 배우자 또는 4촌 이내의 친족이 그 사실을 안 날부터 1개월 이내에 하여야 한다.
② 신고서에는 다음 각 호의 사항을 기재하여야 한다.
1. 국적상실자의 성명·주민등록번호 및 등록기준지
2. 국적상실의 원인 및 연월일
3. 새로 외국국적을 취득한 때에는 그 국적
③ 제2항의 신고서에는 국적상실을 증명하는 서면을 첨부하여야 한다.
④ 국적상실자 본인도 국적상실의 신고를 할 수 있다.

제98조(국적선택 등의 통보) ① 법무부장관은 다음 각 호의 어느 하나에 해당하는 사유가 발생한 경우 그 사람의 등록기준지(등록기준지가 없는 경우에는 그 사람이 정한 등록기준지)의 시·읍·면의 장에게 대법원규칙으로 정하는 사항을 통보하여야 한다. <개정 2010·5·4>
1. 「국적법」 제13조에 따라 복수국적자로부터 대한민국의 국적을 선택한다는 신고를 수리한 때
2. 「국적법」 제14조제1항에 따라 국적이탈 신고를 수리한 때
3. 「국적법」 제20조에 따라 대한민국 국민으로 판정한 때
② 대한민국 국민으로 판정받은 사람이 등록되어 있지 아니한 때에는 그 통보를 받은 시·읍·면의 장은 등록부를 작성한다.

제12절 개명 및 성(姓)·본(本) 변경

제99조(개명신고) ① 개명하고자 하는 사람은 주소지(재외국민의 경우 등록기준지)를 관할하는 가정법원의 허가를 받고 그 허가서의 등본을 받은 날부터 1개월 이내에 신고를 하여야 한다.
② 신고서에는 다음 사항을 기재하여야 한다.
1. 변경 전의 이름
2. 변경한 이름
3. 허가연월일
③ 제2항의 신고서에는 허가서의 등본을 첨부하여야 한다.
④ 제1항의 경우에 가정법원의 심리에 관하여는 제96조제6항을 준용한다. <신설 2013·7·30>

제100조(성·본 변경신고) ① 「민법」 제781조제6항에 따라 자녀의 성(姓)·본(本)을 변경하고자 하는 사람은 재판확정일부터 1개월 이내에 재판서의 등본 및 확정증명서를 첨부하여 신고하여야 한다.
② 신고서에는 다음 사항을 기재하여야 한다.
1. 변경 전의 성·본
2. 변경한 성·본
3. 재판확정일

제13절 가족관계 등록 창설

제101조(가족관계 등록 창설신고) ① 등록이 되어 있지 아니한 사람은 등록을 하려는 곳을 관할하는 가정법원의 허가를 받고 그 등본을 받은 날부터 1개월 이내에 가족관계 등록 창설(이하 "등록창설"이라 한다)의 신고를 하여야 한다.
② 신고서에는 제9조제2항에 규정된 사항 외에 등록창설허가의 연월일을 기재하여야 한다.
③ 제2항의 신고서에는 등록창설허가의 등본을 첨부하여야 한다.
④ 제1항의 경우에 가정법원의 심리에 관하여는 제96조제6항을 준용한다. <신설 2013·7·30>

제102조(직계혈족에 의한 등록창설신고) 등록창설허가의 재판을 얻은 사람이 등록창설의 신고를 하지 아니한 때에는 배우자 또는 직계혈족이 할 수 있다.

제103조(판결에 의한 등록창설의 신고) ① 확정판결에 의하여 등록창설의 신고를 하여야 할 경우에는 판결확정일부터 1개월 이내에 하여야 한다.
② 신고서에는 제9조제2항에 규정된 사항 외에 판결확정일을 기재하여야 한다.
③ 제2항의 신고서에는 판결의 등본 및 확정증명서를 첨부하여야 한다.

제5장 등록부의 정정

제104조(위법한 가족관계 등록기록의 정정) ① 등록부의 기록이 법률상 허가될 수 없는 것 또는 그 기재에 착오나 누락이 있다고 인정한 때에는 이해관계인은 사건 본인의 등록기준지를 관할하는 가정법원의 허가를 받아 등록부의 정정을 신청할 수 있다.
② 제1항의 경우에 가정법원의 심리에 관하여는 제96조제6항을 준용한다. <신설 2013·7·30>

제105조(무효인 행위의 가족관계등록기록의 정정) ① 신고로 인하여 효력이 발생하는 행위에 관하여 등록부에 기록하였으나 그 행위가 무효임이 명백한 때에는 신고인 또는 신고사건의 본인은 사건 본인의 등록기준지를 관할하는 가정법원의 허가를 받아 등록부의 정정을 신청할 수 있다.
② 제1항의 경우에 가정법원의 심리에 관하여는 제96조제6항을 준용한다. <신설 2013·7·30>

제106조(정정신청의 의무) 제104조 및 제105조에 따라 허가의 재판이 있었을 때에는 재판서의 등본을 받은 날부터 1개월 이내에 그 등본을 첨부하여 등록부의 정정을 신청하여야 한다.

제107조(판결에 의한 등록부의 정정) 확정판결로 인하여 등록부를 정정하여야 할 때에는 소를 제기한 사람은 판결확정일부터 1개월 이내에 판결의 등본 및 그 확정증명서를 첨부하여 등록부의 정정을 신청하여야 한다.

제108조(준용규정) 제20조제1항, 제22조, 제23조제1항, 제23조의2, 제23조의3, 제25조부터 제27조까지, 제29조부터 제33조까지 및 제37조부터 제42조까지의 규정은 등록부의 정정신청에 준용한다. <개정 2020·2·4>

제6장 불복절차

제109조(불복의 신청) ① 등록사건에 관하여 이해관계인은 시·읍·면의 장의 위법 또는 부당한 처분에 대하여 관할 가정법원에 불복의 신청을 할 수 있다.
② 제1항의 신청을 받은 가정법원은 신청에 관한 서류를 시·읍·면의 장에게 송부하며 그 의견을 구할 수 있다.

제110조(불복신청에 대한 시·읍·면의 조치) ① 시·읍·면의 장은 그 신청이 이유 있다고 인정하는 때에는 지체 없이 처분을 변경하고 그 취지를 법원과 신청인에게 통지하여야 한다.
② 신청이 이유 없다고 인정하는 때에는 의견을 붙여 지체 없이 그 서류를 법원에 반환하여야 한다.

제111조(불복신청에 대한 법원의 결정) ① 가정법원은 신청이 이유 없는 때에는 각하하고 이유 있는 때에는 시·읍·면의 장에게 상당한 처분을 명하여야 한다.
② 신청의 각하 또는 처분을 명하는 재판은 결정으로써 하고, 시·읍·면의 장 및 신청인에게 송달하여야 한다.

제112조(항고) 가정법원의 결정에 대하여는 법령을 위반한 재판이라는 이유로만 「비송사건절차법」에 따라 항고할 수 있다.

제113조(불복신청의 비용) 불복신청의 비용에 관하여는 「비송사건절차법」의 규정을 준용한다.

제7장 신고서류의 송부와 법원의 감독

제114조(신고서류 등의 송부) 시·읍·면의 장은 등록부에 기록할 수 없는 등록사건을 제외하고는 대법원규칙으로 정하는 바에 따라 등록부에 기록을 마친 신고서류 등을 관할 법원에 송부하여야 한다.

제115조(신고서류 등의 조사 및 시정지시) ① 법원은 시·읍·면의 장으로부터 신고서류 등을 송부받은 때에는 지체 없이 등록부의 기록사항과 대조하고 조사하여야 한다.

② 법원은 제1항의 조사결과 그 신고서류 등에 위법·부당한 사실이 발견된 경우에는 시·읍·면의 장에 대하여 시정지시 등 필요한 처분을 명할 수 있다.
③ 신고서류조사 또는 시정지시 및 신고서류 보관절차에 관하여 필요한 사항은 대법원규칙으로 정한다.

제116조(각종 보고의 명령 등) 법원은 시·읍·면의 장에 대하여 등록사무에 관한 각종 보고를 명하는 등 감독상 필요한 조치를 취할 수 있다.

제8장 벌칙

제117조(벌칙) 다음 각 호의 어느 하나에 해당하는 사람은 3년 이하의 징역 또는 1천만원 이하의 벌금에 처한다. <개정 2013·7·30>
1. 제11조제6항을 위반한 사람
2. 제13조제2항을 위반한 사람
3. 제14조제1항·제2항·제7항, 제14조의2 및 제14조의3을 위반하여 거짓이나 그 밖의 부정한 방법으로 다른 사람의 등록부등의 기록사항을 열람하거나 증명서를 교부받은 사람

3의2. 제42조를 위반하여 거짓이나 그 밖의 부정한 방법으로 다른 사람의 신고서류를 열람하거나 신고서류에 기재되어 있는 사항에 관한 증명서를 교부받은 사람

4. 이 법에 따른 등록사무처리의 권한에 관한 승인절차 없이 전산정보처리조직에 가족관계 등록정보를 입력·변경하여 정보처리를 하거나 기술적 수단을 이용하여 가족관계 등록정보를 알아낸 사람

제118조(벌칙) ① 등록부의 기록을 요하지 아니하는 사항에 관하여 거짓의 신고를 한 사람 및 등록의 신고와 관련된 사항에 관하여 거짓으로 보증을 한 사람은 1년 이하의 징역 또는 1천만원 이하의 벌금에 처한다. <개정 2014·1·7>
② 외국인에 대한 사항에 관하여 거짓의 신고를 한 사람도 제1항과 같다.

제119조(양벌규정) 법인의 대표자나 법인 또는 개인의 대리인, 사용인, 그 밖의 종업원이 그 법인 또는 개인의 업무에 관하여 제117조 또는 제118조의 위반행위를 하면 그 행위자를 벌하는 외에 그 법인 또는 개인에게도 해당 조문의 벌금형을 과(科)한다. 다만, 법인 또는 개인이 그 위반행위를 방지하기 위하여 해당 업무에 관하여 상당한 주의와 감독을 게을리하지 아니한 경우에는 그러하지 아니하다.
〔전부개정 2010·5·4〕

제120조(과태료) 다음 각 호의 어느 하나에 해당하는 시·읍·면의 장에게는 50만원 이하의 과태료를 부과한다.
1. 제115조제2항에 따른 명령을 위반한 때
2. 제116조에 따른 명령을 위반한 때

제121조(과태료) 시·읍·면의 장이 제38조 또는 제108조에 따라 기간을 정하여 신고 또는 신청의 최고를 한 경우에 정당한 사유 없이 그 기간 내에 신고 또는 신청을 하지 아니한 사람에게는 10만원 이하의 과태료를 부과한다.

제122조(과태료) 이 법에 따른 신고의 의무가 있는 사람이 정당한 사유 없이 기간 내에 하여야 할 신고 또는 신청을 하지 아니한 때에는 5만원 이하의 과태료를 부과한다.

제123조(과태료 재판) 제120조의 과태료 재판은 과태료를 부과할 시·읍·면의 장의 사무소 소재지를 관할하는 가정법원이 「비송사건절차법」에 따라 행한다.

제124조(과태료 부과·징수) ① 제121조 및 제122조에 따른 과태료는 대법원규칙으로 정하는 바에 따라 시·읍·면의 장(제21조제2항에 해당하는 때에는 출생·사망의 신고를 받는 동의 관할 시장·구청장을 말한다. 이하 이 조에서 같다)이 부과·징수한다. 다만, 재외국민 가족관계등록사무소의 가족관계등록관이 과태료 부과 대상이 있음을 안 때에는 신고의무자의 등록기준지 시·읍·면의 장에게 그 사실을 통지하고, 통지를 받은 시·읍·면의 장이 과태료를 부과·징수한다. <개정 2015·2·3>
② 제1항에 따른 과태료 처분에 불복하는 사람은 30일 이내에 해당 시·읍·면의 장에게 이의를 제기할 수 있다.
③ 제1항에 따라 시·읍·면의 장으로부터 과태료 처분을 받은 사람이 제2항에 따라 이의를 제기한 때에는 당해 시·읍·면의 장은 지체 없이 과태료 처분을 받은 사람의 주소 또는 거소를 관할하는 가정법원에 그 사실을 통보하여야 하며, 그 통보를 받은 가정법원은 「비송사건절차법」에 따른 과태료 재판을 한다.

④ 제2항에 따른 기간 이내에 이의를 제기하지 아니하고 과태료를 납부하지 아니한 때에는 지방세 체납처분의 예에 따라 징수한다.

부 칙

제1조(시행일) 이 법은 2008년 1월 1일부터 시행한다. 다만, 제93조부터 제95조까지 및 제98조의 개정규정은 2008년 9월 1일부터 시행한다.

제2조(폐지법률) 호적법은 폐지한다. 다만, 2008년 8월 31일까지 대한민국의 국적을 취득·회복하거나 대한민국 국민으로 귀화한 사람의 신고 및 「국적법」 제14조제1항에 따른 국적이탈자에 대한 법무부장관의 통보는 종전의 「호적법」 제109조, 제109조의2, 제110조 및 제112조의2를 적용하되, 위 「호적법」 조항들을 적용할 때 「호적법」 제15조는 이 법 제9조로, 본적은 등록기준지로 본다.

제3조(등록부의 작성 등) ① 이 법 제9조에 따른 등록부는 종전의 「호적법」 제124조의3에 따라 편제된 전산호적부를 대상으로, 이 법 시행 당시 기록된 사항을 기준으로 하여 그 호적전산자료를 개인별로 구분·작성하는 방법에 따른다.

② 종전의 「호적법」 제124조의3에 따라 편제된 전산호적부는 이 법 시행과 동시에 제적된다.

③ 대법원규칙 제1911호 호적법시행규칙중개정규칙 부칙 제2조 및 제3조에 따라 전산 이기된 호적부(이하 "이미지 전산호적부"라 한다)는 제1항의 규정에도 불구하고 이 법 시행과 동시에 제적된다. 다만, 신고사건 등이 발생한 때에는 그 제적자에 대하여 새로 등록부를 작성하여야 한다.

④ 제1항 및 제3항 단서에 따라 등록부를 작성한 경우에 종전 호적에 기재된 본적은 이 법 제10조에 따른 최초의 등록기준지로 본다.

⑤ 종전의 「호적법」 규정에 따른 신고 등이 있었으나 제2항에 따라 제적된 후 이 법 시행 당시 등록부에 그 기록이 누락되었음이 발견된 때에는 제1항에 따라 새로 작성된 등록부를 폐쇄함과 동시에 제2항 및 제3항에 따른 제적을 부활한다.

⑥ 제5항에 따라 부활한 호적에 그 기록을 완료한 때에는 다시 제1항부터 제3항까지의 규정에 따른다.

제4조(제적부등에 관한 경과조치) 종전의 「호적법」 규정에 따른 제적부 또는 부칙 제3조에 따라 제적된 전산호적부 및 이미지 전산호적부(이하 "제적부등"이라 한다)에 관한 등록사무의 처리는 종전의 「호적법」 규정에 따르고, 이에 따른 등록부 정정에 관한 구체적인 절차는 대법원규칙으로 정한다. 다만, 제적부등에 관한 열람 또는 등본·초본의 교부청구권자에 관하여는 제14조제1항을 준용한다.

제5조(사실상 혼인관계 존재확인판결에 관한 경과조치) 이 법 시행 전에 사실상 혼인관계 존재확인의 재판이 확정된 경우에 대하여도 제72조를 적용한다. 다만, 종전의 「호적법」의 규정에 따라 발생한 효력에 대하여는 영향을 미치지 아니한다.

제6조(과태료에 관한 경과조치) 이 법 시행 전에 부과된 과태료의 징수와 재판절차는 종전의 「호적법」의 규정에 따른다.

제7조(일반적 경과조치) 이 법 시행 당시 종전의 「호적법」에 따라 행한 처분, 재판, 그 밖의 행위 및 절차는 이 법 중 그에 해당하는 규정이 있는 때에는 이 법의 적용에 관하여는 이 법의 해당 규정에 따라 한 것으로 본다.

제8조(다른 법률의 개정) 생략

제9조(다른 법령과의 관계) 이 법 시행 당시 다른 법령에서 종전의 「호적법」 또는 그 규정을 인용한 경우 이 법 중 그에 해당하는 규정이 있는 때에는 종전의 규정에 갈음하여 이 법 또는 이 법의 해당조항을 인용한 것으로 본다.

부 칙 <2007·7·23 법8541>

제1조(시행일) 이 법은 공포한 날부터 시행한다. 〈단서 생략〉

제2조부터 **제43조**까지 생략

부 칙 <2009·12·29 법9832>

①(시행일) 이 법은 공포 후 6개월이 경과한 날부터 시행한다. 다만, 제15조제2항의 개정규정은 공포 후 2년이 경과한 날부터 시행한다.

②(적용례) 제14조 및 제15조의 개정규정은 이 법 시행 전에 기록된 가족관계등록부의 증명서의 종류와 기록사항에 대하여도 적용한다.

부 칙 <2010·5·4 법10275>

제1조(시행일) 이 법은 2011년 1월 1일부터 시행한다. 다만, …〈생략〉… 부칙 제4조제1항은 공포한 날부터 시행한다.

제2조 및 **제3조** 생략

제 4 조(다른 법률의 개정) 생략

부　　칙 <2010·5·4 법10279>

이 법은 공포 후 3개월이 경과한 날부터 시행한다.

부　　칙 <2013·3·23 법11690>

제 1 조(시행일) ① 이 법은 공포한 날부터 시행한다.

② 생략

제 2 조부터 **제 7 조**까지 생략

부　　칙 <2013·7·30 법11950>

제 1 조(시행일) 이 법은 공포한 날부터 시행한다. 다만, 제14조제 7 항, 제23조의2 및 제23조의3 및 제117조(제14조제 7 항과 관련한 사항에 한정한다)의 개정규정은 공포 후 1년이 경과한 날부터 시행한다.

제 2 조(금치산자 등에 대한 경과조치) 이 법 시행 당시 이미 금치산 또는 한정치산의 선고를 받은 사람에 대하여는 「민법」에 따라 성년후견, 한정후견, 특정후견이 개시되거나 임의후견감독인이 선임되거나 법률 제10429호 민법 일부개정법률 부칙 제 1 조에 따른 시행일부터 5년이 경과할 때까지는 종전의 규정을 적용한다.

부　　칙 <2014·1·7 법12183>

이 법은 공포한 날부터 시행한다.

부　　칙 <2014·10·15 법12774>

이 법은 공포 후 1년이 경과한 날부터 시행한다.

부　　칙 <2014·12·30 법12878>

제 1 조(시행일) 이 법은 공포 후 6개월이 경과한 날부터 시행한다.

제 2 조(무연고자 등의 사망 통보에 관한 적용례) 이 법의 개정규정은 이 법 시행 후 최초로 사망한 무연고자 등의 경우부터 적용한다.

부　　칙 <2015·2·3 법13124>

제 1 조(시행일) 이 법은 2015년 7월 1일부터 시행한다.

제 2 조(경과조치) 이 법 시행 당시 이미 재외공관에 수리된 재외국민 가족관계등록 사건에 관하여는 종전의 규정을 적용한다.

제 3 조(다른 법률의 개정) 생략

부　　칙 <2015·5·18 법13285>

이 법은 공포 후 6개월이 경과한 날부터 시행한다.

부　　칙 <2016·5·29 법14169>

이 법은 공포 후 6개월이 경과한 날부터 시행한다. 다만, 제14조제 5 항 전단 및 제15조의 개정규정 중 특정증명서에 관한 부분은 이 법 공포 후 5년의 범위에서 대법원규칙으로 정하는 날부터 시행한다.

부　　칙 <2017·10·31 법14963>

이 법은 공포한 날부터 시행한다.

부　　칙 <2020·2·4 법16907>

이 법은 공포 후 6개월이 경과한 날부터 시행한다.

부　　칙 <2020·12·22 법17689>

제 1 조(시행일) 이 법은 2021년 1월 1일부터 시행한다.

제 2 조부터 **제 8 조**까지 생략

부　　칙 <2021·3·16 법17928>

이 법은 공포 후 1개월이 경과한 날부터 시행한다.

부　　칙 <2021·12·28 법18651>

제 1 조(시행일) 이 법은 2022년 1월 1일부터 시행한다.

제 2 조(가정폭력피해자의 등록사항별 증명서 교부 제한 등에 관한 적용례) 제14조제 8 항부터 제11항까지, 제14조의2제 3 항 및 제15조의2의 개정규정은 이 법 시행 전에 발생한 「가정폭력범죄의 처벌 등에 관한 특례법」 제 2 조제 3 호에 따른 가정폭력범죄로 인하여 피해를 입은 경우에 대하여도 적용한다.

부　　칙 <2023·7·18 법19547>

제 1 조(시행일) 이 법은 공포 후 1년이 경과한 날부터 시행한다.

제 2 조(출생사실 통보에 관한 적용례) 제44조의3의 개정규정은 이 법 시행 이후 출생이 있는 경우부터 적용한다.

부　　칙 <2023·12·26 법19841>

제 1 조(시행일) 이 법은 공포 후 1년이 경과한 날부터 시행한다. 〈단서 생략〉

제 2 조 및 **제 3 조** 생략

●가등기담보 등에 관한 법률

〔1983 · 12 · 30 법률제3681호〕

개정

1997 · 12 · 13 법률제 5454호(정부부처명칭등의변경에따른건축법등의정비에관한법률)
2002 · 1 · 26 법률제 6627호(민사집행법)
2005 · 3 · 31 법률제 7428호(채무자 회생 및 파산에 관한 법률)
2008 · 3 · 21 법률제 8919호
2010 · 3 · 31 법률제10219호(지방세기본법)
2010 · 6 · 10 법률제10366호(동산 · 채권 등의 담보에 관한 법률)
2016 · 12 · 27 법률제14474호(지방세기본법)

제 1 조(목적) 이 법은 차용물(借用物)의 반환에 관하여 차주(借主)가 차용물을 갈음하여 다른 재산권을 이전할 것을 예약할 때 그 재산의 예약 당시 가액(價額)이 차용액(借用額)과 이에 붙인 이자를 합산한 액수를 초과하는 경우에 이에 따른 담보계약(擔保契約)과 그 담보의 목적으로 마친 가등기(假登記) 또는 소유권이전등기(所有權移轉登記)의 효력을 정함을 목적으로 한다.
〔전부개정 2008 · 3 · 21〕

제 2 조(정의) 이 법에서 사용하는 용어의 뜻은 다음과 같다.

1. "담보계약"이란 「민법」 제608조에 따라 그 효력이 상실되는 대물반환(代物返還)의 예약〔환매(還買), 양도담보(讓渡擔保) 등 명목(名目)이 어떠하든 그 모두를 포함한다〕에 포함되거나 병존(竝存)하는 채권담보(債權擔保) 계약을 말한다.
2. "채무자등"이란 다음 각 목의 자를 말한다.
   가. 채무자
   나. 담보가등기목적 부동산의 물상보증인(物上保證人)
   다. 담보가등기 후 소유권을 취득한 제삼자
3. "담보가등기(擔保假登記)"란 채권담보의 목적으로 마친 가등기를 말한다.
4. "강제경매등"이란 강제경매(强制競賣)와 담보권의 실행 등을 위한 경매를 말한다.
5. "후순위권리자(後順位權利者)"란 담보가등기 후에 등기된 저당권자 · 전세권자 및 담보가등기권리자를 말한다.

〔전부개정 2008 · 3 · 21〕

제 3 조(담보권 실행의 통지와 청산기간) ① 채권자가 담보계약에 따른 담보권을 실행하여 그 담보목적부동산의 소유권을 취득하기 위하여는 그 채권(債權)의 변제기(辨濟期) 후에 제 4 조의 청산금(淸算金)의 평가액을 채무자등에게 통지하고, 그 통지가 채무자등에게 도달한 날부터 2개월(이하 "청산기간"이라 한다)이 지나야 한다. 이 경우 청산금이 없다고 인정되는 경우에는 그 뜻을 통지하여야 한다.
② 제 1 항에 따른 통지에는 통지 당시의 담보목적부동산의 평가액과 「민법」 제360조에 규정된 채권액을 밝혀야 한다. 이 경우 부동산이 둘 이상인 경우에는 각 부동산의 소유권이전에 의하여 소멸시키려는 채권과 그 비용을 밝혀야 한다.
〔전부개정 2008 · 3 · 21〕

제 4 조(청산금의 지급과 소유권의 취득) ① 채권자는 제 3 조제 1 항에 따른 통지 당시의 담보목적부동산의 가액에서 그 채권액을 뺀 금액(이하 "청산금"이라 한다)을 채무자등에게 지급하여야 한다. 이 경우 담보목적부동산에 선순위담보권(先順位擔保權) 등의 권리가 있을 때에는 그 채권액을 계산할 때에 선순위담보 등에 의하여 담보된 채권액을 포함한다.
② 채권자는 담보목적부동산에 관하여 이미 소유권이전등기를 마친 경우에는 청산기간이 지난 후 청산금을 채무자등에게 지급한 때에 담보목적부동산의 소유권을 취득하며, 담보가등기를 마친 경우에는 청산기간이 지나야 그 가등기에 따른 본등기(本登記)를 청구할 수 있다.
③ 청산금의 지급채무와 부동산의 소유권이전등기 및 인도채무(引渡債務)의 이행에 관하여는 동시이행의 항변권(抗辯權)에 관한 「민법」 제536조를 준용한다.
④ 제 1 항부터 제 3 항까지의 규정에 어긋나는 특약(特約)으로서 채무자등에게 불리한 것은 그 효력이 없다. 다만, 청산기간이 지난 후에 행하여진 특약으로서 제삼자의 권리를 침해하지 아니하는 것은 그러하지 아니하다.

〔전부개정 2008·3·21〕

제 5 조(후순위권리자의 권리행사) ① 후순위권리자는 그 순위에 따라 채무자등이 지급받을 청산금에 대하여 제 3 조제 1 항에 따라 통지된 평가액의 범위에서 청산금이 지급될 때까지 그 권리를 행사할 수 있고, 채권자는 후순위권리자의 요구가 있는 경우에는 청산금을 지급하여야 한다.

② 후순위권리자는 제 1 항의 권리를 행사할 때에는 그 피담보채권(被擔保債權)의 범위에서 그 채권의 명세와 증서를 채권자에게 교부하여야 한다.

③ 채권자가 제 2 항의 명세와 증서를 받고 후순위권리자에게 청산금을 지급한 때에는 그 범위에서 청산금채무는 소멸한다.

④ 제 1 항의 권리행사를 막으려는 자는 청산금을 압류(押留)하거나 가압류(假押留)하여야 한다.

⑤ 담보가등기 후에 대항력(對抗力) 있는 임차권(賃借權)을 취득한 자에게는 청산금의 범위에서 동시이행의 항변권에 관한 「민법」 제536조를 준용한다.

〔전부개정 2008·3·21〕

제 6 조(채무자등 외의 권리자에 대한 통지) ① 채권자는 제 3 조제 1 항에 따른 통지가 채무자등에게 도달하면 지체 없이 후순위권리자에게 그 통지의 사실과 내용 및 도달일을 통지하여야 한다.

② 제 3 조제 1 항에 따른 통지가 채무자등에게 도달한 때에는 담보가등기 후에 등기한 제삼자(제 1 항에 따라 통지를 받을 자를 제외하고, 대항력 있는 임차권자를 포함한다)가 있으면 채권자는 지체 없이 그 제삼자에게 제 3 조제 1 항에 따른 통지를 한 사실과 그 채권액을 통지하여야 한다.

③ 제 1 항과 제 2 항에 따른 통지는 통지를 받을 자의 등기부상의 주소로 발송함으로써 그 효력이 있다. 그러나 대항력 있는 임차권자에게는 그 담보목적부동산의 소재지로 발송하여야 한다.

〔전부개정 2008·3·21〕

제 7 조(청산금에 대한 처분 제한) ① 채무자가 청산기간이 지나기 전에 한 청산금에 관한 권리의 양도나 그 밖의 처분은 이로써 후순위권리자에게 대항하지 못한다.

② 채권자가 청산기간이 지나기 전에 청산금을 지급한 경우 또는 제 6 조제 1 항에 따른 통지를 하지 아니하고 청산금을 지급한 경우에도 제 1 항과 같다.

〔전부개정 2008·3·21〕

제 8 조(청산금의 공탁) ① 청산금채권이 압류되거나 가압류된 경우에 채권자는 청산기간이 지난 후 이에 해당하는 청산금을 채무이행지(債務履行地)를 관할하는 지방법원이나 지원(支院)에 공탁(供託)하여 그 범위에서 채무를 면(免)할 수 있다.

② 제 1 항에 따라 공탁이 있는 경우에는 채무자등의 공탁금출급청구권(供託金出給請求權)이 압류되거나 가압류된 것으로 본다.

③ 채권자는 제14조에 따른 경우 외에는 공탁금의 회수(回收)를 청구할 수 없다.

④ 채권자는 제 1 항에 따라 공탁을 한 경우에는 채무자등과 압류채권자 또는 가압류채권자에게 지체 없이 공탁의 통지를 하여야 한다.

〔전부개정 2008·3·21〕

제 9 조(통지의 구속력) 채권자는 제 3 조제 1 항에 따라 그가 통지한 청산금의 금액에 관하여 다툴 수 없다.

〔전부개정 2008·3·21〕

제10조(법정지상권) 토지와 그 위의 건물이 동일한 소유자에게 속하는 경우 그 토지나 건물에 대하여 제 4 조제 2 항에 따른 소유권을 취득하거나 담보가등기에 따른 본등기가 행하여진 경우에는 그 건물의 소유를 목적으로 그 토지 위에 지상권(地上權)이 설정된 것으로 본다. 이 경우 그 존속기간과 지료(地料)는 당사자의 청구에 의하여 법원이 정한다.

〔전부개정 2008·3·21〕

제11조(채무자등의 말소청구권) 채무자등은 청산금채권을 변제받을 때까지 그 채무액(반환할 때까지의 이자와 손해금을 포함한다)을 채권자에게 지급하고 그 채권담보의 목적으로 마친 소유권이전등기의 말소를 청구할 수 있다. 다만, 그 채무의 변제기가 지난 때부터 10년이 지나거나 선의의 제삼자가 소유권을 취득한 경우에는 그러하지 아니하다.

〔전부개정 2008·3·21〕

제12조(경매의 청구) ① 담보가등기권리자는 그 선택에 따라 제 3 조에 따른 담보권을 실

행하거나 담보목적부동산의 경매를 청구할 수 있다. 이 경우 경매에 관하여는 담보가등기권리를 저당권으로 본다.

② 후순위권리자는 청산기간에 한정하여 그 피담보채권의 변제기 도래 전이라도 담보목적부동산의 경매를 청구할 수 있다.

〔전부개정 2008·3·21〕

제13조(우선변제청구권) 담보가등기를 마친 부동산에 대하여 강제경매등이 개시된 경우에 담보가등기권리자는 다른 채권자보다 자기채권을 우선변제 받을 권리가 있다. 이 경우 그 순위에 관하여는 그 담보가등기권리를 저당권으로 보고, 그 담보가등기를 마친 때에 그 저당권의 설정등기(設定登記)가 행하여진 것으로 본다.

〔전부개정 2008·3·21〕

제14조(강제경매등의 경우의 담보가등기) 담보가등기를 마친 부동산에 대하여 강제경매등의 개시 결정이 있는 경우에 그 경매의 신청이 청산금을 지급하기 전에 행하여진 경우(청산금이 없는 경우에는 청산기간이 지나기 전)에는 담보가등기권리자는 그 가등기에 따른 본등기를 청구할 수 없다.

〔전부개정 2008·3·21〕

제15조(담보가등기권리의 소멸) 담보가등기를 마친 부동산에 대하여 강제경매등이 행하여진 경우에는 담보가등기권리는 그 부동산의 매각에 의하여 소멸한다.

〔전부개정 2008·3·21〕

제16조(강제경매등에 관한 특칙) ① 법원은 소유권의 이전에 관한 가등기가 되어 있는 부동산에 대한 강제경매등의 개시결정(開始決定)이 있는 경우에는 가등기권리자에게 다음 각 호의 구분에 따른 사항을 법원에 신고하도록 적당한 기간을 정하여 최고(催告)하여야 한다.

1. 해당 가등기가 담보가등기인 경우 : 그 내용과 채권〔이자나 그 밖의 부수채권(附隨債權)을 포함한다〕의 존부(存否)·원인 및 금액
2. 해당 가등기가 담보가등기가 아닌 경우 : 해당 내용

② 압류등기 전에 이루어진 담보가등기권리가 매각에 의하여 소멸되면 제1항의 채권신고를 한 경우에만 그 채권자는 매각대금을 배당받거나 변제금을 받을 수 있다. 이 경우 그 담보가등기의 말소에 관하여는 매수인이 인수하지 아니한 부동산의 부담에 관한 기입을 말소하는 등기의 촉탁에 관한 「민사집행법」 제144조제1항제2호를 준용한다.

③ 소유권의 이전에 관한 가등기권리자는 강제경매등 절차의 이해관계인으로 본다.

〔전부개정 2008·3·21〕

제17조(파산 등 경우의 담보가등기) ① 파산재단(破産財團)에 속하는 부동산에 설정한 담보가등기권리에 대하여는 「채무자 회생 및 파산에 관한 법률」 중 저당권에 관한 규정을 적용한다.

② 파산재단에 속하지 아니하는 파산자의 부동산에 대하여 설정되어 있는 담보가등기권리자에 관하여는 준별제권자(準別除權者)에 관한 「채무자 회생 및 파산에 관한 법률」 제414조를 준용한다.

③ 담보가등기권리는 「국세기본법」, 「국세징수법」, 「지방세기본법」, 「지방세징수법」, 「채무자 회생 및 파산에 관한 법률」을 적용할 때에는 저당권으로 본다. <개정 2010·3·31, 2016·12·27>

〔전부개정 2008·3·21〕

제18조(다른 권리를 목적으로 하는 계약에의 준용) 등기 또는 등록할 수 있는 부동산소유권 외의 권리〔질권(質權)·저당권 및 전세권은 제외한다〕의 취득을 목적으로 하는 담보계약에 관하여는 제3조부터 제17조까지의 규정을 준용한다. 다만, 「동산·채권 등의 담보에 관한 법률」에 따라 담보등기를 마친 경우에는 그러하지 아니하다. <개정 2010·6·10>

〔전부개정 2008·3·21〕

부 칙

①(시행일) 이 법은 1984년 1월 1일부터 시행한다.

②(경과조치) 이 법 시행전에 성립한 담보계약에 대하여는 이 법을 적용하지 아니한다.

부 칙 <1997·12·13 법5454>

이 법은 1998년 1월 1일부터 시행한다. 〈단서 생략〉

부 칙 <2002·1·26 법6627>

제1조(시행일) 이 법은 2002년 7월 1일부터 시행한다.

제 2 조부터 **제 7 조**까지 생략

부　　칙 <2005·3·31 법7428>

제 1 조(시행일) 이 법은 공포 후 1년이 경과한 날부터 시행한다.

제 2 조부터 **제 6 조**까지 생략

부　　칙 <2008·3·21 법8919>

이 법은 공포한 날부터 시행한다.

부　　칙 <2010·3·31 법10219>

제 1 조(시행일) 이 법은 2011년 1월 1일부터 시행한다.

제 2 조부터 **제12조**까지 생략

부　　칙 <2010·6·10 법10366>

제 1 조(시행일) 이 법은 공포 후 2년이 경과한 날부터 시행한다.

제 2 조부터 **제 4 조**까지 생략

부　　칙 <2016·12·27 법14474>

제 1 조(시행일) 이 법은 공포 후 3개월이 경과한 날부터 시행한다.

제 2 조부터 **제14조**까지 생략

●동산·채권 등의 담보에 관한 법률

〔2010·6·10 법률제10366호〕

개정
2011·4·12 법률제10580호(부동산등기법)
2011·5·19 법률제10629호(지식재산 기본법)
2014·5·20 법률제12592호(상업등기법)
2016·2·3 법률제13953호(법무사법)
2020·10·20 법률제17502호

제1장 총칙

제1조(목적) 이 법은 동산·채권·지식재산권을 목적으로 하는 담보권과 그 등기 또는 등록에 관한 사항을 규정하여 자금조달을 원활하게 하고 거래의 안전을 도모하며 국민경제의 건전한 발전에 이바지함을 목적으로 한다. <개정 2011·5·19>

제2조(정의) 이 법에서 사용하는 용어의 뜻은 다음과 같다. <개정 2011·5·19, 2020·10·20>

1. "담보약정"은 양도담보 등 명목을 묻지 아니하고 이 법에 따라 동산·채권·지식재산권을 담보로 제공하기로 하는 약정을 말한다.
2. "동산담보권"은 담보약정에 따라 동산(여러 개의 동산 또는 장래에 취득할 동산을 포함한다)을 목적으로 등기한 담보권을 말한다.
3. "채권담보권"은 담보약정에 따라 금전의 지급을 목적으로 하는 지명채권(여러 개의 채권 또는 장래에 발생할 채권을 포함한다)을 목적으로 등기한 담보권을 말한다.
4. "지식재산권담보권"은 담보약정에 따라 특허권, 실용신안권, 디자인권, 상표권, 저작권, 반도체집적회로의 배치설계권 등 지식재산권〔법률에 따라 질권(質權)을 설정할 수 있는 경우로 한정한다. 이하 같다〕을 목적으로 그 지식재산권을 규율하는 개별 법률에 따라 등록한 담보권을 말한다.
5. "담보권설정자"는 이 법에 따라 동산·채권·지식재산권에 담보권을 설정한 자를 말한다. 다만, 동산·채권을 담보로 제공하는 경우에는 법인(상사법인, 민법법인, 특별법에 따른 법인, 외국법인을 말한다. 이하 같다) 또는 「부가가치세법」에 따라 사업자등록을 한 사람으로 한정한다.
6. "담보권자"는 이 법에 따라 동산·채권·지식재산권을 목적으로 하는 담보권을 취득한 자를 말한다.
7. "담보등기"는 이 법에 따라 동산·채권을 담보로 제공하기 위하여 이루어진 등기를 말한다.
8. "담보등기부"는 전산정보처리조직에 의하여 입력·처리된 등기사항에 관한 전산정보자료를 담보권설정자별로 저장한 보조기억장치(자기디스크, 자기테이프, 그 밖에 이와 유사한 방법으로 일정한 등기사항을 기록·보존할 수 있는 전자적 정보저장매체를 포함한다. 이하 같다)를 말하고, 동산담보등기부와 채권담보등기부로 구분한다.
9. "채무자 등"은 채무자, 담보목적물의 물상보증인(物上保證人), 담보목적물의 제3취득자를 말한다.
10. "이해관계인"은 채무자 등과 담보목적물에 대한 권리자로서 담보등기부에 기록되어 있거나 그 권리를 증명한 자, 압류 및 가압류 채권자, 집행력 있는 정본(正本)에 의하여 배당을 요구한 채권자를 말한다.
11. "등기필정보"는 담보등기부에 새로운 권리자가 기록되는 경우 그 권리자를 확인하기 위하여 지방법원, 그 지원 또는 등기소에 근무하는 법원서기관, 등기사무관, 등기주사 또는 등기주사보 중에서 지방법원장(등기소의 사무를 지원장이 관장하는

경우에는 지원장을 말한다)이 지정하는 사람(이하 "등기관"이라 한다)이 작성한 정보를 말한다.

제 2 장 동산담보권

제 3 조(동산담보권의 목적물) ① 법인 또는 「부가가치세법」에 따라 사업자등록을 한 사람(이하 "법인 등"이라 한다)이 담보약정에 따라 동산을 담보로 제공하는 경우에는 담보등기를 할 수 있다. <개정 2020·10·20>

② 여러 개의 동산(장래에 취득할 동산을 포함한다)이더라도 목적물의 종류, 보관장소, 수량을 정하거나 그 밖에 이와 유사한 방법으로 특정할 수 있는 경우에는 이를 목적으로 담보등기를 할 수 있다.

③ 제1항 및 제2항에도 불구하고 다음 각 호의 어느 하나에 해당하는 경우에는 이를 목적으로 하여 담보등기를 할 수 없다.

1. 「선박등기법」에 따라 등기된 선박, 「자동차 등 특정동산 저당법」에 따라 등록된 건설기계·자동차·항공기·소형선박, 「공장 및 광업재단 저당법」에 따라 등기된 기업재산, 그 밖에 다른 법률에 따라 등기되거나 등록된 동산
2. 화물상환증, 선하증권, 창고증권이 작성된 동산
3. 무기명채권증서 등 대통령령으로 정하는 증권

제 4 조(담보권설정자의 사업자등록 말소와 동산담보권의 효력) 담보권설정자의 사업자등록이 말소된 경우에도 이미 설정된 동산담보권의 효력에는 영향을 미치지 아니한다. <개정 2020·10·20>

제 5 조(근담보권) ① 동산담보권은 그 담보할 채무의 최고액만을 정하고 채무의 확정을 장래에 보류하여 설정할 수 있다. 이 경우 그 채무가 확정될 때까지 채무의 소멸 또는 이전은 이미 설정된 동산담보권에 영향을 미치지 아니한다.

② 제1항의 경우 채무의 이자는 최고액 중에 포함된 것으로 본다.

제 6 조(동산담보권을 설정하려는 자의 명시의무) 동산담보권을 설정하려는 자는 담보약정을 할 때 다음 각 호의 사항을 상대방에게 명시하여야 한다.

1. 담보목적물의 소유 여부
2. 담보목적물에 관한 다른 권리의 존재 유무

제 7 조(담보등기의 효력) ① 약정에 따른 동산담보권의 득실변경(得失變更)은 담보등기부에 등기를 하여야 그 효력이 생긴다.

② 동일한 동산에 설정된 동산담보권의 순위는 등기의 순서에 따른다.

③ 동일한 동산에 관하여 담보등기부의 등기와 인도(「민법」에 규정된 간이인도, 점유개정, 목적물반환청구권의 양도를 포함한다)가 행하여진 경우에 그에 따른 권리 사이의 순위는 법률에 다른 규정이 없으면 그 선후(先後)에 따른다.

제 8 조(동산담보권의 내용) 담보권자는 채무자 또는 제3자가 제공한 담보목적물에 대하여 다른 채권자보다 자기채권을 우선변제받을 권리가 있다.

제 9 조(동산담보권의 불가분성) 담보권자는 채권 전부를 변제받을 때까지 담보목적물 전부에 대하여 그 권리를 행사할 수 있다.

제10조(동산담보권 효력의 범위) 동산담보권의 효력은 담보목적물에 부합된 물건과 종물(從物)에 미친다. 다만, 법률에 다른 규정이 있거나 설정행위에 다른 약정이 있으면 그러하지 아니하다.

제11조(과실에 대한 효력) 동산담보권의 효력은 담보목적물에 대한 압류 또는 제25조제2항의 인도 청구가 있은 후에 담보권설정자가 그 담보목적물로부터 수취한 과실(果實) 또는 수취할 수 있는 과실에 미친다.

제12조(피담보채권의 범위) 동산담보권은 원본(原本), 이자, 위약금, 담보권실행의 비용, 담보목적물의 보존비용 및 채무불이행 또는 담보목적물의 흠으로 인한 손해배상의 채권을 담보한다. 다만, 설정행위에 다른 약정이 있는 경우에는 그 약정에 따른다.

제13조(동산담보권의 양도) 동산담보권은 피담보채권과 분리하여 타인에게 양도할 수 없다.

제14조(물상대위) 동산담보권은 담보목적물의 매각, 임대, 멸실, 훼손 또는 공용징수 등으

로 인하여 담보권설정자가 받을 금전이나 그 밖의 물건에 대하여도 행사할 수 있다. 이 경우 그 지급 또는 인도 전에 압류하여야 한다.

제15조(담보목적물이 아닌 재산으로부터의 변제) ① 담보권자는 담보목적물로부터 변제를 받지 못한 채권이 있는 경우에만 채무자의 다른 재산으로부터 변제를 받을 수 있다.
② 제1항은 담보목적물보다 먼저 다른 재산을 대상으로 하여 배당이 실시되는 경우에는 적용하지 아니한다. 다만, 다른 채권자는 담보권자에게 그 배당금액의 공탁을 청구할 수 있다.

제16조(물상보증인의 구상권) 타인의 채무를 담보하기 위한 담보권설정자가 그 채무를 변제하거나 동산담보권의 실행으로 인하여 담보목적물의 소유권을 잃은 경우에는 「민법」의 보증채무에 관한 규정에 따라 채무자에 대한 구상권이 있다.

제17조(담보목적물에 대한 현황조사 및 담보목적물의 보충) ① 담보권설정자는 정당한 사유 없이 담보권자의 담보목적물에 대한 현황조사 요구를 거부할 수 없다. 이 경우 담보목적물의 현황을 조사하기 위하여 약정에 따라 전자적으로 식별할 수 있는 표지를 부착하는 등 필요한 조치를 할 수 있다.
② 담보권설정자에게 책임이 있는 사유로 담보목적물의 가액(價額)이 현저히 감소된 경우에는 담보권자는 담보권설정자에게 그 원상회복 또는 적당한 담보의 제공을 청구할 수 있다.

제18조(제3취득자의 비용상환청구권) 담보목적물의 제3취득자가 그 담보목적물의 보존·개량을 위하여 필요비 또는 유익비를 지출한 경우에는 「민법」 제203조제1항 또는 제2항에 따라 담보권자가 담보목적물을 실행하고 취득한 대가에서 우선하여 상환받을 수 있다.

제19조(담보목적물 반환청구권) ① 담보권자는 담보목적물을 점유한 자에 대하여 담보권설정자에게 반환할 것을 청구할 수 있다.
② 담보권자가 담보목적물을 점유할 권원(權原)이 있거나 담보권설정자가 담보목적물을 반환받을 수 없는 사정이 있는 경우에 담보권자는 담보목적물을 점유한 자에 대하여 자신에게 담보목적물을 반환할 것을 청구할 수 있다.
③ 제1항 및 제2항에도 불구하고 점유자가 그 물건을 점유할 권리가 있는 경우에는 반환을 거부할 수 있다.

제20조(담보목적물의 방해제거청구권 및 방해예방청구권) 담보권자는 동산담보권을 방해하는 자에게 방해의 제거를 청구할 수 있고, 동산담보권을 방해할 우려가 있는 행위를 하는 자에게 방해의 예방이나 손해배상의 담보를 청구할 수 있다.

제21조(동산담보권의 실행방법) ① 담보권자는 자기의 채권을 변제받기 위하여 담보목적물의 경매를 청구할 수 있다.
② 정당한 이유가 있는 경우 담보권자는 담보목적물로써 직접 변제에 충당하거나 담보목적물을 매각하여 그 대금을 변제에 충당할 수 있다. 다만, 선순위권리자(담보등기부에 등기되어 있거나 담보권자가 알고 있는 경우로 한정한다)가 있는 경우에는 그의 동의를 받아야 한다.

제22조(담보권 실행을 위한 경매절차) ① 제21조제1항에 따른 경매절차는 「민사집행법」 제264조, 제271조 및 제272조를 준용한다.
② 담보권설정자가 담보목적물을 점유하는 경우에 경매절차는 압류에 의하여 개시한다.

제23조(담보목적물의 직접 변제충당 등의 절차) ① 제21조제2항에 따라 담보권자가 담보목적물로써 직접 변제에 충당하거나 담보목적물을 매각하기 위하여는 그 채권의 변제기 후에 동산담보권 실행의 방법을 채무자 등과 담보권자가 알고 있는 이해관계인에게 통지하고, 그 통지가 채무자 등과 담보권자가 알고 있는 이해관계인에게 도달한 날부터 1개월이 지나야 한다. 다만, 담보목적물이 멸실 또는 훼손될 염려가 있거나 가치가 급속하게 감소될 우려가 있는 경우에는 그러하지 아니하다.
② 제1항의 통지에는 피담보채권의 금액, 담보목적물의 평가액 또는 예상매각대금, 담보목적물로써 직접 변제에 충당하거나 담보목적물을 매각하려는 이유를 명시하여야 한다.
③ 담보권자는 담보목적물의 평가액 또는

매각대금(이하 "매각대금 등"이라 한다)에서 그 채권액을 뺀 금액(이하 "청산금"이라 한다)을 채무자 등에게 지급하여야 한다. 이 경우 담보목적물에 선순위의 동산담보권 등이 있을 때에는 그 채권액을 계산할 때 선순위의 동산담보권 등에 의하여 담보된 채권액을 포함한다.

④ 담보권자가 담보목적물로써 직접 변제에 충당하는 경우 청산금을 채무자 등에게 지급한 때에 담보목적물의 소유권을 취득한다.

⑤ 다음 각 호의 구분에 따라 정한 기간 내에 담보목적물에 대하여 경매가 개시된 경우에는 담보권자는 직접 변제충당 등의 절차를 중지하여야 한다.

1. 담보목적물을 직접 변제에 충당하는 경우 : 청산금을 지급하기 전 또는 청산금이 없는 경우 제 1 항의 기간이 지나기 전
2. 담보목적물을 매각하여 그 대금을 변제에 충당하는 경우 : 담보권자가 제 3 자와 매매계약을 체결하기 전

⑥ 제 1 항 및 제 2 항에 따른 통지의 내용과 방식에 관하여는 대통령령으로 정한다.

제24조(담보목적물 취득자 등의 지위) 제21조제 2 항에 따른 동산담보권의 실행으로 담보권자나 매수인이 담보목적물의 소유권을 취득하면 그 담보권자의 권리와 그에 대항할 수 없는 권리는 소멸한다.

제25조(담보목적물의 점유) ① 담보권자가 담보목적물을 점유한 경우에는 피담보채권을 전부 변제받을 때까지 담보목적물을 유치할 수 있다. 다만, 선순위권리자에게 대항하지 못한다.

② 담보권자가 담보권을 실행하기 위하여 필요한 경우에는 채무자 등에게 담보목적물의 인도를 청구할 수 있다.

③ 담보권자가 담보목적물을 점유하는 경우에 담보권자는 선량한 관리자의 주의로 담보목적물을 관리하여야 한다.

④ 제 3 항의 경우에 담보권자는 담보목적물의 과실을 수취하여 다른 채권자보다 먼저 그 채권의 변제에 충당할 수 있다. 다만, 과실이 금전이 아닌 경우에는 제21조에 따라 그 과실을 경매하거나 그 과실로써 직접 변제에 충당하거나 그 과실을 매각하여 그 대금으로 변제에 충당할 수 있다.

제26조(후순위권리자의 권리행사) ① 후순위권리자는 제23조제 3 항에 따라 채무자 등이 받을 청산금에 대하여 그 순위에 따라 청산금이 지급될 때까지 그 권리를 행사할 수 있고, 담보권자는 후순위권리자가 요구하는 경우에는 청산금을 지급하여야 한다.

② 제21조제 2 항에 따른 동산담보권 실행의 경우에 후순위권리자는 제23조제 5 항 각 호의 구분에 따라 정한 기간 전까지 담보목적물의 경매를 청구할 수 있다. 다만, 그 피담보채권의 변제기가 되기 전에는 제23조제 1 항의 기간에만 경매를 청구할 수 있다.

③ 후순위권리자는 제 1 항의 권리를 행사할 때에는 그 피담보채권의 범위에서 그 채권의 명세와 증서를 담보권자에게 건네주어야 한다.

④ 담보권자가 제 3 항의 채권 명세와 증서를 받고 후순위권리자에게 청산금을 지급한 때에는 그 범위에서 채무자 등에 대한 청산금 지급채무가 소멸한다.

⑤ 제 1 항의 권리행사를 막으려는 자는 청산금을 압류하거나 가압류하여야 한다.

제27조(매각대금 등의 공탁) ① 담보목적물의 매각대금 등이 압류되거나 가압류된 경우 또는 담보목적물의 매각대금 등에 관하여 권리를 주장하는 자가 있는 경우에 담보권자는 그 전부 또는 일부를 담보권설정자의 주소(법인인 경우에는 본점 또는 주된 사무소 소재지를 말한다. 이하 같다)를 관할하는 법원에 공탁할 수 있다. 이 경우 담보권자는 공탁사실을 즉시 담보등기부에 등기되어 있거나 담보권자가 알고 있는 이해관계인과 담보목적물의 매각대금 등을 압류 또는 가압류하거나 그에 관하여 권리를 주장하는 자에게 통지하여야 한다. <개정 2020·10·20>

② 담보목적물의 매각대금 등에 대한 압류 또는 가압류가 있은 후에 제 1 항에 따라 담보목적물의 매각대금 등을 공탁한 경우에는 채무자 등의 공탁금출급청구권이 압류되거나 가압류된 것으로 본다.

③ 담보권자는 공탁금의 회수를 청구할 수 없다.

제28조(변제와 실행 중단) ① 동산담보권의 실행의 경우에 채무자 등은 제23조제5항 각 호의 구분에 따라 정한 기간까지 피담보채무액을 담보권자에게 지급하고 담보등기의 말소를 청구할 수 있다. 이 경우 담보권자는 동산담보권의 실행을 즉시 중지하여야 한다.

② 제1항에 따라 동산담보권의 실행을 중지함으로써 담보권자에게 손해가 발생하는 경우에 채무자 등은 그 손해를 배상하여야 한다.

제29조(공동담보와 배당, 후순위자의 대위) ① 동일한 채권의 담보로 여러 개의 담보목적물에 동산담보권을 설정한 경우에 그 담보목적물의 매각대금을 동시에 배당할 때에는 각 담보목적물의 매각대금에 비례하여 그 채권의 분담을 정한다.

② 제1항의 담보목적물 중 일부의 매각대금을 먼저 배당하는 경우에는 그 대가에서 그 채권 전부를 변제받을 수 있다. 이 경우 경매된 동산의 후순위담보권자는 선순위담보권자가 다른 담보목적물의 동산담보권 실행으로 변제받을 수 있는 금액의 한도에서 선순위담보권자를 대위(代位)하여 담보권을 행사할 수 있다.

③ 담보권자가 제21조제2항에 따라 동산담보권을 실행하는 경우에는 제1항과 제2항을 준용한다. 다만, 제1항에 따라 각 담보목적물의 매각대금을 정할 수 없는 경우에는 제23조제2항에 따른 통지에 명시된 각 담보목적물의 평가액 또는 예상매각대금에 비례하여 그 채권의 분담을 정한다.

제30조(이해관계인의 가처분신청 등) ① 이해관계인은 담보권자가 위법하게 동산담보권을 실행하는 경우에 담보권설정자의 주소를 관할하는 법원에 제21조제2항에 따른 동산담보권 실행의 중지 등 필요한 조치를 명하는 가처분을 신청할 수 있다. <개정 2020·10·20>

② 법원은 제1항의 신청에 대한 결정을 하기 전에 이해관계인에게 담보를 제공하게 하거나 제공하지 아니하고 집행을 일시 정지하도록 명하거나 담보권자에게 담보를 제공하고 그 집행을 계속하도록 명하는 등 잠정처분을 할 수 있다.

③ 담보권 실행을 위한 경매에 대하여 이해관계인은 「민사집행법」에 따라 이의신청을 할 수 있다.

제31조(동산담보권 실행에 관한 약정) ① 담보권자와 담보권설정자는 이 법에서 정한 실행절차와 다른 내용의 약정을 할 수 있다. 다만, 제23조제1항에 따른 통지가 없거나 통지 후 1개월이 지나지 아니한 경우에도 통지 없이 담보권자가 담보목적물을 처분하거나 직접 변제에 충당하기로 하는 약정은 효력이 없다.

② 제1항 본문의 약정에 의하여 이해관계인의 권리를 침해하지 못한다.

제32조(담보목적물의 선의취득) 이 법에 따라 동산담보권이 설정된 담보목적물의 소유권·질권을 취득하는 경우에는 「민법」 제249조부터 제251조까지의 규정을 준용한다.

제33조(준용규정) 동산담보권에 관하여는 「민법」 제331조 및 제369조를 준용한다.

제3장 채권담보권

제34조(채권담보권의 목적) ① 법인 등이 담보약정에 따라 금전의 지급을 목적으로 하는 지명채권을 담보로 제공하는 경우에는 담보등기를 할 수 있다.

② 여러 개의 채권(채무자가 특정되었는지 여부를 묻지 아니하고 장래에 발생할 채권을 포함한다)이더라도 채권의 종류, 발생 원인, 발생 연월일을 정하거나 그 밖에 이와 유사한 방법으로 특정할 수 있는 경우에는 이를 목적으로 하여 담보등기를 할 수 있다.

제35조(담보등기의 효력) ① 약정에 따른 채권담보권의 득실변경은 담보등기부에 등기한 때에 지명채권의 채무자(이하 "제3채무자"라 한다) 외의 제3자에게 대항할 수 있다.

② 담보권자 또는 담보권설정자(채권담보권 양도의 경우에는 그 양도인 또는 양수인을 말한다)는 제3채무자에게 제52조의 등기사항증명서를 건네주는 방법으로 그 사실을 통지하거나 제3채무자가 이를 승낙하지 아니하면 제3채무자에게 대항하지 못한다.

③ 동일한 채권에 관하여 담보등기부의 등기와 「민법」 제349조 또는 제450조제2항에 따른 통지 또는 승낙이 있는 경우에 담보권자 또는 담보의 목적인 채권의 양수인은 법률에 다른 규정이 없으면 제3채무자 외의 제3자에게 등기와 그 통지의 도달 또는 승낙의 선후에 따라 그 권리를 주장할 수 있다.

④ 제2항의 통지, 승낙에 관하여는 「민법」 제451조 및 제452조를 준용한다.

제36조(채권담보권의 실행) ① 담보권자는 피담보채권의 한도에서 채권담보권의 목적이 된 채권을 직접 청구할 수 있다.

② 채권담보권의 목적이 된 채권이 피담보채권보다 먼저 변제기에 이른 경우에는 담보권자는 제3채무자에게 그 변제금액의 공탁을 청구할 수 있다. 이 경우 제3채무자가 변제금액을 공탁한 후에는 채권담보권은 그 공탁금에 존재한다.

③ 담보권자는 제1항 및 제2항에 따른 채권담보권의 실행방법 외에 「민사집행법」에서 정한 집행방법으로 채권담보권을 실행할 수 있다.

제37조(준용규정) 채권담보권에 관하여는 그 성질에 반하지 아니하는 범위에서 동산담보권에 관한 제2장과 「민법」 제348조 및 제352조를 준용한다.

제4장 담보등기

제38조(등기할 수 있는 권리) 담보등기는 동산담보권이나 채권담보권의 설정, 이전, 변경, 말소 또는 연장에 대하여 한다.

제39조(관할 등기소) ① 제38조의 등기에 관한 사무(이하 "등기사무"라 한다)는 대법원장이 지정·고시하는 지방법원, 그 지원 또는 등기소에서 취급한다.

② 등기사무에 관하여는 제1항에 따라 대법원장이 지정·고시한 지방법원, 그 지원 또는 등기소 중 담보권설정자의 주소를 관할하는 지방법원, 그 지원 또는 등기소를 관할 등기소로 한다. <개정 2014·5·20, 2020·10·20>

③ 대법원장은 어느 등기소의 관할에 속하는 사무를 다른 등기소에 위임할 수 있다.

제40조(등기사무의 처리) ① 등기사무는 등기관이 처리한다.

② 등기관은 접수번호의 순서에 따라 전산정보처리조직에 의하여 담보등기부에 등기사항을 기록하는 방식으로 등기사무를 처리하여야 한다.

③ 등기관이 등기사무를 처리할 때에는 대법원규칙으로 정하는 바에 따라 등기관의 식별부호를 기록하는 등 등기사무를 처리한 등기관을 확인할 수 있는 조치를 하여야 한다.

제41조(등기신청인) ① 담보등기는 법률에 다른 규정이 없으면 등기권리자와 등기의무자가 공동으로 신청한다.

② 등기명의인 표시의 변경 또는 경정(更正)의 등기는 등기명의인 단독으로 신청할 수 있다.

③ 판결에 의한 등기는 승소한 등기권리자 또는 등기의무자 단독으로 신청할 수 있고, 상속이나 그 밖의 포괄승계로 인한 등기는 등기권리자 단독으로 신청할 수 있다.

제42조(등기신청의 방법) 담보등기는 다음 각 호의 어느 하나에 해당하는 방법으로 신청한다. <개정 2016·2·3>

1. 방문신청 : 신청인 또는 그 대리인이 등기소에 출석하여 서면으로 신청. 다만, 대리인이 변호사 또는 법무사[법무법인, 법무법인(유한), 법무조합, 법무사법인 또는 법무사법인(유한)을 포함한다]인 경우에는 대법원규칙으로 정하는 사무원을 등기소에 출석하게 하여 등기를 신청할 수 있다.
2. 전자신청 : 대법원규칙으로 정하는 바에 따라 전산정보처리조직을 이용하여 신청

제43조(등기신청에 필요한 서면 또는 전자문서 및 신청서의 기재사항 및 방식) ① 담보등기를 신청할 때에는 다음 각 호의 서면 또는 전자문서(이하 "서면 등"이라 한다)를 제출 또는 송신하여야 한다.

1. 대법원규칙으로 정하는 방식에 따른 신청서
2. 등기원인을 증명하는 서면 등
3. 등기원인에 대하여 제3자의 허가, 동의 또는 승낙이 필요할 때에는 이를 증명하

는 서면 등
4. 대리인이 등기를 신청할 때에는 그 권한을 증명하는 서면 등
5. 그 밖에 당사자의 특정 등을 위하여 대법원규칙으로 정하는 서면 등

② 제1항제1호에 따른 신청서에는 다음 각 호의 사항을 기록하고 신청인이 기명날인하거나 서명 또는 「전자서명법」 제2조제2호에 따른 전자서명을 하여야 한다. <개정 2016·2·3>
1. 제47조제2항제1호부터 제9호까지의 규정에서 정한 사항
2. 대리인이 등기를 신청할 경우 대리인의 성명〔대리인이 법무법인, 법무법인(유한), 법무조합, 법무사법인 또는 법무사법인(유한)인 경우에는 그 명칭을 말한다〕, 주소(법인이나 조합인 경우는 본점 또는 주된 사무소를 말한다)
3. 등기권리자와 등기의무자가 공동으로 신청하는 경우 및 승소한 등기의무자가 단독으로 등기를 신청하는 경우에 등기의무자의 등기필정보. 다만, 최초 담보권설정등기의 경우에는 기록하지 아니한다.
4. 등기소의 표시
5. 연월일

제44조(신청수수료) 담보등기부에 등기를 하려는 자는 대법원규칙으로 정하는 바에 따라 수수료를 내야 한다.

제45조(등기신청의 접수) ① 등기신청은 등기의 목적, 신청인의 성명 또는 명칭, 그 밖에 대법원규칙으로 정하는 등기신청정보가 전산정보처리조직에 전자적으로 기록된 때에 접수된 것으로 본다.

② 등기관이 등기를 마친 경우 그 등기는 접수한 때부터 효력을 발생한다.

제46조(신청의 각하) 등기관은 다음 각 호의 어느 하나에 해당하는 경우에만 이유를 적은 결정으로써 신청을 각하하여야 한다. 다만, 신청의 잘못된 부분이 보정(補正)될 수 있는 경우에 신청인이 당일 이를 보정하였을 때에는 그러하지 아니하다.
1. 사건이 그 등기소의 관할이 아닌 경우
2. 사건이 등기할 것이 아닌 경우
3. 권한이 없는 자가 신청한 경우
4. 방문신청의 경우 당사자나 그 대리인이 출석하지 아니한 경우
5. 신청서가 대법원규칙으로 정하는 방식에 맞지 아니한 경우
6. 신청서에 기록된 사항이 첨부서면과 들어맞지 아니한 경우
7. 신청서에 필요한 서면 등을 첨부하지 아니한 경우
8. 신청의 내용이 이미 담보등기부에 기록되어 있던 사항과 일치하지 아니한 경우
9. 제44조에 따른 신청수수료를 내지 아니하거나 등기신청과 관련하여 다른 법률에 따라 부과된 의무를 이행하지 아니한 경우

제47조(등기부의 작성 및 기록사항) ① 담보등기부는 담보목적물인 동산 또는 채권의 등기사항에 관한 전산정보자료를 전산정보처리조직에 의하여 담보권설정자별로 구분하여 작성한다.

② 담보등기부에 기록할 사항은 다음 각 호와 같다. <개정 2014·5·20, 2020·10·20>
1. 담보권설정자의 성명, 주소 및 주민등록번호(법인인 경우에는 상호 또는 명칭, 본점 또는 주된 사무소 및 법인등록번호를 말한다)
2. 채무자의 성명과 주소(법인인 경우에는 상호 또는 명칭 및 본점 또는 주된 사무소를 말한다)
3. 담보권자의 성명, 주소 및 주민등록번호(법인인 경우에는 상호 또는 명칭, 본점 또는 주된 사무소 및 법인등록번호를 말한다)

3의2. 담보권설정자나 담보권자가 주민등록번호가 없는 재외국민이거나 외국인인 경우에는 「부동산등기법」 제49조제1항제2호 또는 제4호에 따라 부여받은 부동산등기용등록번호

4. 담보권설정자나 채무자 또는 담보권자가 외국법인인 경우 국내의 영업소 또는 사무소. 다만, 국내에 영업소 또는 사무소가 없는 경우에는 대법원규칙으로 정하는 사항
5. 담보등기의 등기원인 및 그 연월일
6. 담보등기의 목적물인 동산, 채권을 특정

하는 데 필요한 사항으로서 대법원규칙으로 정한 사항
7. 피담보채권액 또는 그 최고액
8. 제10조 단서 또는 제12조 단서의 약정이 있는 경우 그 약정
9. 담보권의 존속기간
10. 접수번호
11. 접수연월일

제48조(등기필정보의 통지) 등기관이 담보권의 설정 또는 이전등기를 마쳤을 때에는 등기필정보를 등기권리자에게 통지하여야 한다. 다만, 최초 담보권설정등기의 경우에는 담보권설정자에게도 등기필정보를 통지하여야 한다.

제49조(담보권의 존속기간 및 연장등기) ① 이 법에 따른 담보권의 존속기간은 5년을 초과할 수 없다. 다만, 5년을 초과하지 않는 기간으로 이를 갱신할 수 있다.
② 담보권설정자와 담보권자는 제 1 항의 존속기간을 갱신하려면 그 만료 전에 연장등기를 신청하여야 한다.
③ 제 2 항의 연장등기를 위하여 담보등기부에 다음 사항을 기록하여야 한다.
1. 존속기간을 연장하는 취지
2. 연장 후의 존속기간
3. 접수번호
4. 접수연월일

제50조(말소등기) ① 담보권설정자와 담보권자는 다음 각 호의 어느 하나에 해당하는 경우에 말소등기를 신청할 수 있다.
1. 담보약정의 취소, 해제 또는 그 밖의 원인으로 효력이 발생하지 아니하거나 효력을 상실한 경우
2. 담보목적물인 동산이 멸실되거나 채권이 소멸한 경우
3. 그 밖에 담보권이 소멸한 경우
② 제 1 항의 말소등기를 하기 위하여 담보등기부에 다음 각 호의 사항을 기록하여야 한다.
1. 담보등기를 말소하는 취지. 다만, 담보등기의 일부를 말소하는 경우에는 그 취지와 말소등기의 대상
2. 말소등기의 등기원인 및 그 연월일
3. 접수번호
4. 접수연월일

제51조(등기의 경정 등) ① 담보등기부에 기록된 사항에 오기(誤記)나 누락(漏落)이 있는 경우 담보권설정자 또는 담보권자는 경정등기를 신청할 수 있다. 다만, 오기나 누락이 등기관의 잘못으로 인한 경우에는 등기관이 직권으로 경정할 수 있다.
② 담보등기부에 기록된 담보권설정자의 법인등기부상 상호, 명칭, 본점 또는 주된 사무소(이하 "상호 등"이라 한다)가 변경된 경우 담보등기를 담당하는 등기관은 담보등기부의 해당 사항을 직권으로 변경할 수 있다. <개정 2020·10·20>
③ 제 2 항의 직권변경을 위하여 담보권설정자의 법인등기를 담당하는 등기관은 담보권설정자의 상호 등에 대한 변경등기를 마친 후 지체 없이 담보등기를 담당하는 등기관에게 이를 통지하여야 한다. <개정 2020·10·20>

제52조(담보등기부의 열람 및 증명서의 발급) ① 누구든지 수수료를 내고 등기사항을 열람하거나 그 전부 또는 일부를 증명하는 서면의 발급을 청구할 수 있다.
② 제 1 항에 따른 등기부의 열람 또는 발급의 범위 및 방식, 수수료에 관하여는 대법원규칙으로 정한다.

제53조(이의신청 등) ① 등기관의 결정 또는 처분에 이의가 있는 자는 관할 지방법원에 이의신청을 할 수 있다.
② 제 1 항에 따른 이의신청서는 등기소에 제출한다.
③ 제 1 항의 이의신청은 집행정지의 효력이 없다.

제54조(이의신청 사유의 제한) 새로운 사실이나 새로운 증거방법을 근거로 제53조에 따른 이의신청을 할 수 없다.

제55조(등기관의 조치) ① 등기관은 이의가 이유 있다고 인정하면 그에 해당하는 처분을 하여야 한다.
② 등기관은 이의가 이유 없다고 인정하면 3일 이내에 의견서를 붙여 사건을 관할 지방법원에 송부하여야 한다.
③ 등기를 완료한 후에 이의신청이 있는 경우 등기관은 다음 각 호의 구분에 따른 당

사자에게 이의신청 사실을 통지하고, 제 2 항의 조치를 하여야 한다.

1. 제 3 자가 이의신청한 경우 : 담보권설정자 및 담보권자
2. 담보권설정자 또는 담보권자가 이의신청한 경우 : 그 상대방

제56조(이의에 대한 결정과 항고) ① 관할 지방법원은 이의에 대하여 이유를 붙인 결정을 하여야 한다. 이 경우 이의가 이유 있다고 인정하면 등기관에게 그에 해당하는 처분을 명하고 그 뜻을 이의신청인 및 제55조제 3 항의 당사자에게 통지하여야 한다.

② 제 1 항의 결정에 대하여는 「비송사건절차법」에 따라 항고할 수 있다.

제57조(준용규정) 담보등기에 관하여는 이 법에 특별한 규정이 있는 경우를 제외하고는 그 성질에 반하지 아니하는 범위에서 「부동산등기법」을 준용한다.

제 5 장 지식재산권의 담보에 관한 특례

제58조(지식재산권담보권 등록) ① 지식재산권자가 약정에 따라 동일한 채권을 담보하기 위하여 2개 이상의 지식재산권을 담보로 제공하는 경우에는 특허원부, 저작권등록부 등 그 지식재산권을 등록하는 공적(公的) 장부(이하 "등록부"라 한다)에 이 법에 따른 담보권을 등록할 수 있다. <개정 2011·5·19>

② 제 1 항의 경우에 담보의 목적이 되는 지식재산권은 그 등록부를 관장하는 기관이 동일하여야 하고, 지식재산권의 종류와 대상을 정하거나 그 밖에 이와 유사한 방법으로 특정할 수 있어야 한다. <개정 2011·5·19>

제59조(등록의 효력) ① 약정에 따른 지식재산권담보권의 득실변경은 그 등록을 한 때에 그 지식재산권에 대한 질권의 득실변경을 등록한 것과 동일한 효력이 생긴다. <개정 2011·5·19>

② 동일한 지식재산권에 관하여 이 법에 따른 담보권 등록과 그 지식재산권을 규율하는 개별 법률에 따른 질권 등록이 이루어진 경우에 그 순위는 법률에 다른 규정이 없으면 그 선후에 따른다. <개정 2011·5·19>

제60조(지식재산권담보권자의 권리행사) 담보권자는 지식재산권을 규율하는 개별 법률에 따라 담보권을 행사할 수 있다. <개정 2011·5·19>

제61조(준용규정) 지식재산권담보권에 관하여는 그 성질에 반하지 아니하는 범위에서 동산담보권에 관한 제 2 장과 「민법」 제352조를 준용한다. 다만, 제21조제 2 항과 지식재산권에 관하여 규율하는 개별 법률에서 다르게 정한 경우에는 그러하지 아니하다. <개정 2011·5·19>

제 6 장 보칙

제62조(등기필정보의 안전 확보) ① 등기관은 취급하는 등기필정보의 누설, 멸실 또는 훼손의 방지와 그 밖에 등기필정보의 안전관리에 필요한 적절한 조치를 마련하여야 한다.

② 등기관과 그 밖에 등기소에서 등기사무에 종사하는 사람이나 그 직(職)에 있었던 사람은 그 직무로 인하여 알게 된 등기필정보의 작성이나 관리에 관한 비밀을 누설하여서는 아니 된다.

③ 누구든지 등기를 신청하거나 촉탁하여 담보등기부에 불실등기(不實登記)를 하도록 할 목적으로 등기필정보를 취득하거나 그 사정을 알면서 등기필정보를 제공하여서는 아니 된다.

제63조(대법원규칙) 이 법에서 규정한 사항 외에 이 법의 시행에 필요한 사항은 대법원규칙으로 정한다.

제 7 장 벌칙

제64조(벌칙) 다음 각 호의 어느 하나에 해당하는 사람은 2년 이하의 징역 또는 1천만원 이하의 벌금에 처한다.

1. 제62조제 2 항을 위반하여 등기필정보의 작성이나 관리에 관한 비밀을 누설한 사람
2. 제62조제 3 항을 위반하여 담보등기부에 불실등기를 하도록 할 목적으로 등기필정보를 취득한 사람 또는 그 사정을 알면서

등기필정보를 제공한 사람
3. 부정하게 취득한 등기필정보를 제2호의 목적으로 보관한 사람

부 칙

제1조(시행일) 이 법은 공포 후 2년이 경과한 날부터 시행한다.
제2조(적용례) 이 법은 이 법 시행 후 최초로 체결한 담보약정부터 적용한다.
제3조(다른 법률의 개정) 생략
제4조(등기관 지정에 관한 경과조치) 이 법 시행 당시 법원에 재직 중인 법원사무직류의 일반직공무원(2002년 1월 1일 이후 시행한 채용시험에 합격하여 임용된 사람은 제외한다)은 제2조제11호에도 불구하고 등기관으로 지정될 수 있다.

부 칙 <2011·4·12 법10580>

제1조(시행일) 이 법은 공포 후 6개월이 경과한 날부터 시행한다. 다만, …〈생략〉… 부칙 제4조제17항은 2012년 6월 11일부터 시행한다.
제2조 및 **제3조** 생략
제4조(다른 법률의 개정) 생략
제5조 생략

부 칙 <2011·5·19 법10629>

제1조(시행일) 이 법은 공포 후 2개월이 경과한 날부터 시행한다. 다만, 부칙 제2조제9항은 2012년 6월 11일부터 시행한다.
제2조(다른 법률의 개정) 생략

부 칙 <2014·5·20 법12592>

제1조(시행일) 이 법은 공포 후 6개월이 경과한 날부터 시행한다.
제2조부터 **제5조**까지 생략

부 칙 <2016·2·3 법13953>

제1조(시행일) 이 법은 공포 후 6개월이 경과한 날부터 시행한다.
제2조부터 **제8조**까지 생략

부 칙 <2020·10·20 법17502>

제1조(시행일) 이 법은 공포 후 1년 6개월이 경과한 날부터 시행한다.
제2조(계속사건의 관할에 관한 경과조치) 이 법 시행 전에 접수한 사건의 관할에 대해서는 종전의 규정에 따른다.

●보증인 보호를 위한 특별법

〔2008·3·21 법률제8918호〕

개정
2009· 2· 6 법률제 9418호(채권의 공정한 추심에 관한 법률)
2010· 3·24 법률제10186호
2010· 5·17 법률제10303호(은행법)
2011· 3·31 법률제10522호(농업협동조합법)
2011· 5·19 법률제10689호(신용보증기금법)
2015· 2· 3 법률제13125호(민법)
2016· 1· 6 법률제13711호
2016· 5·29 법률제14242호(수산업협동조합법)
2020· 2·11 법률제16998호(벤처투자 촉진에 관한 법률)
2023· 6·20 법률제19504호(벤처투자 촉진에 관한 법률)

제 1 조(목적) 이 법은 보증에 관하여 「민법」에 대한 특례를 규정함으로써 아무런 대가 없이 호의(好意)로 이루어지는 보증으로 인한 보증인의 경제적·정신적 피해를 방지하고, 금전채무에 대한 합리적인 보증계약 관행을 확립함으로써 신용사회 정착에 이바지함을 목적으로 한다.

제 2 조(정의) 이 법에서 사용하는 용어의 뜻은 다음과 같다. <개정 2010·5·17, 2011·3·31, 2011·5·19, 2016·1·6, 2016·5·29, 2020·2·11, 2023·6·20>

1. "보증인"이란 「민법」 제429조제 1 항에 따른 보증채무(이하 "보증채무"라 한다)를 부담하는 자로서 다음 각 목에서 정하는 경우를 제외한 자를 말한다.
   가. 「신용보증기금법」 제 2 조제 1 호에 따른 기업(이하 "기업"이라 한다)이 영위하는 사업과 관련된 타인의 채무에 대하여 보증채무를 부담하는 경우
   나. 기업의 대표자, 이사, 무한책임사원, 「국세기본법」 제39조제 2 항에 따른 과점주주(寡占株主) 또는 기업의 경영을 사실상 지배하는 자가 그 기업의 채무에 대하여 보증채무를 부담하는 경우
   다. 기업의 대표자, 이사, 무한책임사원, 「국세기본법」 제39조제 2 항에 따른 과점주주 또는 기업의 경영을 사실상 지배하는 자의 배우자, 직계 존속·비속 등 특수한 관계에 있는 자가 기업과 경제적 이익을 공유하거나 기업의 경영에 직접·간접적으로 영향을 미치면서 그 기업의 채무에 대하여 보증채무를 부담하는 경우
   라. 채무자와 동업 관계에 있는 자가 동업과 관련한 동업자의 채무를 부담하는 경우
   마. 나목부터 라목까지의 어느 하나에 해당하는 경우로서 기업의 채무에 대하여 그 기업의 채무를 인수한 다른 기업을 위하여 보증채무를 부담하는 경우
   바. 기업 또는 개인의 신용을 보증하기 위하여 법률에 따라 설치된 기금 또는 그 관리기관이 보증채무를 부담하는 경우
2. "보증계약"이란 그 형식이나 명칭에 관계없이 채무자가 채권자에 대한 금전채무를 이행하지 아니하는 경우에 보증인이 그 채무를 이행하기로 하는 채권자와 보증인 사이의 계약을 말한다.
3. "금융기관"이란 다음 각 목에서 정하는 것을 말한다.
   가. 「은행법」에 따른 인가를 받아 설립된 은행(같은 법 제59조에 따라 은행으로 보는 자를 포함한다)
   나. 「한국산업은행법」에 따라 설립된 한국산업은행
   다. 「한국수출입은행법」에 따라 설립된 한국수출입은행
   라. 「중소기업은행법」에 따라 설립된 중소기업은행
   마. 「자본시장과 금융투자업에 관한 법률」에 따른 투자매매업자·투자중개업자·집합투자업자·증권금융회사·종합금융회사
   바. 「상호저축은행법」에 따른 상호저축은행
   사. 「농업협동조합법」에 따른 조합과 농협은행
   아. 「수산업협동조합법」에 따른 조합과 수협은행
   자. 「산림조합법」에 따른 조합
   차. 「신용협동조합법」에 따른 신용협동조합

카. 「새마을금고법」에 따른 금고 및 그 연합회
타. 삭제 <2016·1·6>
파. 「보험업법」에 따른 보험회사
하. 「여신전문금융업법」에 따른 여신전문금융회사(같은 법 제 3 조제 3 항제 1 호에 따라 허가를 받거나 등록을 한 자를 포함한다)
거. 삭제 <2016·1·6>
너. 「벤처투자 촉진에 관한 법률」에 따른 벤처투자회사 및 벤처투자조합
더. 「우체국예금·보험에 관한 법률」에 따른 체신관서
러. 「중소기업협동조합법」에 따른 중소기업협동조합

4. "채무관련 신용정보"란 대출정보, 채무보증정보, 연체정보, 대위변제(代位辨濟)·대지급정보(代支給情報) 및 부도정보(不渡情報)를 말한다.

제 3 조 삭제 <2015·2·3>

제 4 조(보증채무 최고액의 특정) 보증계약을 체결할 때에는 보증채무의 최고액(最高額)을 서면으로 특정(特定)하여야 한다. 보증기간을 갱신할 때에도 또한 같다.

제 5 조(채권자의 통지의무 등) ① 채권자는 주채무자가 원본, 이자 그 밖의 채무를 3개월 이상 이행하지 아니하는 경우 또는 주채무자가 이행기에 이행할 수 없음을 미리 안 경우에는 지체 없이 보증인에게 그 사실을 알려야 한다.

② 채권자로서 보증계약을 체결한 금융기관은 주채무자가 원본, 이자 그 밖의 채무를 1개월 이상 이행하지 아니하는 경우에는 지체 없이 그 사실을 보증인에게 알려야 한다.

③ 채권자는 보증인의 청구가 있으면 주채무의 내용 및 그 이행 여부를 보증인에게 알려야 한다.

④ 채권자가 제 1 항부터 제 3 항까지의 규정에 따른 의무를 위반한 경우에는 보증인은 그로 인하여 손해를 입은 한도에서 채무를 면한다. <신설 2010·3·24>

제 6 조(근보증) ① 보증은 채권자와 주채무자 사이의 특정한 계속적 거래계약이나 그 밖의 일정한 종류의 거래로부터 발생하는 채무 또는 특정한 원인에 기하여 계속적으로 발생하는 채무에 대하여도 할 수 있다. 이 경우 그 보증하는 채무의 최고액을 서면으로 특정하여야 한다.

② 제 1 항의 경우 채무의 최고액을 서면으로 특정하지 아니한 보증계약은 효력이 없다.

제 7 조(보증기간 등) ① 보증기간의 약정이 없는 때에는 그 기간을 3년으로 본다.

② 보증기간은 갱신할 수 있다. 이 경우 보증기간의 약정이 없는 때에는 계약체결 시의 보증기간을 그 기간으로 본다. <개정 2010·3·24>

③ 제 1 항 및 제 2 항에서 간주되는 보증기간은 계약을 체결하거나 갱신하는 때에 채권자가 보증인에게 고지하여야 한다. <신설 2010·3·24>

④ 보증계약 체결 후 채권자가 보증인의 승낙 없이 채무자에 대하여 변제기를 연장하여 준 경우에는 채권자나 채무자는 보증인에게 그 사실을 알려야 한다. 이 경우 보증인은 즉시 보증채무를 이행할 수 있다.

제 8 조(금융기관 보증계약의 특칙) ① 금융기관이 채권자로서 보증계약을 체결할 때에는 「신용정보의 이용 및 보호에 관한 법률」에 따라 종합신용정보집중기관으로부터 제공받은 채무자의 채무관련 신용정보를 보증인에게 제시하고 그 서면에 보증인의 기명날인이나 서명을 받아야 한다. 보증기간을 갱신할 때에도 또한 같다.

② 금융기관이 제 1 항에 따라 채무자의 채무관련 신용정보를 보증인에게 제시할 때에는 채무자의 동의를 받아야 한다.

③ 금융기관이 제 1 항에 따라 보증인에게 채무관련 신용정보를 제시하지 아니한 경우에는 보증인은 금융기관에 대하여 보증계약 체결 당시 채무자의 채무관련 신용정보를 제시하여 줄 것을 요구할 수 있다.

④ 금융기관이 제 3 항에 따라 채무관련 신용정보의 제시요구를 받은 날부터 7일 이내에 그 요구에 응하지 아니하는 경우에는 보증인은 그 사실을 안 날부터 1개월 이내에 보증계약의 해지를 통고할 수 있다. 이 경우 금융기관이 해지통고를 받은 날부터 1개

월이 경과하면 해지의 효력이 생긴다.

제 9 조 및 **제10조** 삭제 <2009·2·6>

제11조(편면적 강행규정) 이 법에 위반하는 약정으로서 보증인에게 불리한 것은 효력이 없다.

부 칙

①(시행일) 이 법은 공포 후 6개월이 경과한 날부터 시행한다.

②(적용례) 제 3 조부터 제 8 조까지 및 제11조는 이 법 시행 후 최초로 체결하거나 기간을 갱신하는 보증계약부터 적용한다.

부 칙 <2009·2·6 법9418>

제 1 조(시행일) 이 법은 공포 후 6개월이 경과한 날부터 시행한다.

제 2 조부터 **제 5 조**까지 생략

부 칙 <2010·3·24 법10186>

제 1 조(시행일) 이 법은 공포 후 3개월이 경과한 날부터 시행한다.

제 2 조(경과조치) ① 제 5 조제 4 항의 개정규정은 이 법 시행 전에 같은 조 제 1 항부터 제 3 항까지의 규정에 따른 의무를 위반한 채권자에 대하여는 적용하지 아니한다.

② 제 7 조제 2 항 및 제 3 항의 개정규정은 이 법 시행 후 최초로 체결하거나 기간을 갱신하는 보증계약부터 적용한다.

부 칙 <2010·5·17 법10303>

제 1 조(시행일) 이 법은 공포 후 6개월이 경과한 날부터 시행한다. 〈단서 생략〉

제 2 조부터 **제10조**까지 생략

부 칙 <2011·3·31 법10522>

제 1 조(시행일) 이 법은 2012년 3월 2일부터 시행한다. 〈단서 생략〉

제 2 조부터 **제28조**까지 생략

부 칙 <2011·5·19 법10689>

제 1 조(시행일) 이 법은 공포한 날부터 시행한다.

제 2 조 생략

부 칙 <2015·2·3 법13125>

제 1 조(시행일) 이 법은 공포 후 1년이 경과한 날부터 시행한다.

제 2 조부터 **제 5 조**까지 생략

제 6 조(「보증인 보호를 위한 특별법」의 개정에 따른 경과조치) 부칙 제 5 조에 따라 개정되는 「보증인 보호를 위한 특별법」의 개정규정에도 불구하고 이 법 시행 전에 체결되거나 기간이 갱신된 「보증인 보호를 위한 특별법」의 적용 대상인 보증계약에 대해서는 종전의 「보증인 보호를 위한 특별법」 제 3 조에 따른다.

부 칙 <2016·1·6 법13711>

이 법은 공포한 날부터 시행한다.

부 칙 <2016·5·29 법14242>

제 1 조(시행일) 이 법은 2016년 12월 1일부터 시행한다. 〈단서 생략〉

제 2 조부터 **제22조**까지 생략

부 칙 <2020·2·11 법16998>

제 1 조(시행일) 이 법은 공포 후 6개월이 경과한 날부터 시행한다.

제 2 조부터 **제11조**까지 생략

부 칙 <2023·6·20 법19504>

제 1 조(시행일) 이 법은 공포 후 6개월이 경과한 날부터 시행한다.

제 2 조부터 **제 7 조**까지 생략

●신원보증법

〔2002·1·14 법률제6592호 전부개정〕

개정
2009· 1·30 법률제9363호

제 1 조(목적) 이 법은 신원보증 관계를 적절히 규율함을 목적으로 한다.
〔전부개정 2009·1·30〕

제 2 조(정의) 이 법에서 "신원보증계약"이란 피용자(被傭者)가 업무를 수행하는 과정에서 그에게 책임 있는 사유로 사용자(使用者)에게 손해를 입힌 경우에 그 손해를 배상할 채무를 부담할 것을 약정하는 계약을 말한다.
〔전부개정 2009·1·30〕

제 3 조(신원보증계약의 존속기간 등) ① 기간을 정하지 아니한 신원보증계약은 그 성립일부터 2년간 효력을 가진다.
② 신원보증계약의 기간은 2년을 초과하지 못한다. 이보다 장기간으로 정한 경우에는 그 기간을 2년으로 단축한다.
③ 신원보증계약은 갱신할 수 있다. 다만, 그 기간은 갱신한 날부터 2년을 초과하지 못한다.
〔전부개정 2009·1·30〕

제 4 조(사용자의 통지의무) ① 사용자는 다음 각 호의 어느 하나에 해당하는 경우에는 지체 없이 신원보증인에게 통지하여야 한다.
1. 피용자가 업무상 부적격자이거나 불성실한 행적이 있어 이로 인하여 신원보증인의 책임을 야기할 우려가 있음을 안 경우
2. 피용자의 업무 또는 업무수행의 장소를 변경함으로써 신원보증인의 책임이 가중되거나 업무 감독이 곤란하게 될 경우
② 사용자가 고의 또는 중과실로 제 1 항의 통지의무를 게을리하여 신원보증인이 제 5 조에 따른 해지권을 행사하지 못한 경우 신원보증인은 그로 인하여 발생한 손해의 한도에서 의무를 면한다.
〔전부개정 2009·1·30〕

제 5 조(신원보증인의 계약해지권) 신원보증인은 다음 각 호의 어느 하나에 해당하는 사유가 있는 경우에는 계약을 해지할 수 있다.
1. 사용자로부터 제 4 조제 1 항의 통지를 받거나 신원보증인이 스스로 제 4 조제 1 항 각 호의 어느 하나에 해당하는 사유가 있음을 안 경우
2. 피용자의 고의 또는 과실로 인한 행위로 발생한 손해를 신원보증인이 배상한 경우
3. 그 밖에 계약의 기초가 되는 사정에 중대한 변경이 있는 경우
〔전부개정 2009·1·30〕

제 6 조(신원보증인의 책임) ① 신원보증인은 피용자의 고의 또는 중과실로 인한 행위로 발생한 손해를 배상할 책임이 있다.
② 신원보증인이 2명 이상인 경우에는 특별한 의사표시가 없으면 각 신원보증인은 같은 비율로 의무를 부담한다.
③ 법원은 신원보증인의 손해배상액을 산정하는 경우 피용자의 감독에 관한 사용자의 과실 유무, 신원보증을 하게 된 사유 및 이를 할 때 주의를 한 정도, 피용자의 업무 또는 신원의 변화, 그 밖의 사정을 고려하여야 한다.
〔전부개정 2009·1·30〕

제 7 조(신원보증계약의 종료) 신원보증계약은 신원보증인의 사망으로 종료된다.
〔전부개정 2009·1·30〕

제 8 조(불이익금지) 이 법의 규정에 반하는 특약으로서 어떠한 명칭이나 내용으로든지 신원보증인에게 불리한 것은 효력이 없다.
〔전부개정 2009·1·30〕

부 칙

①(시행일) 이 법은 공포한 날부터 시행한다.
②(적용례) 이 법은 이 법 시행 후 최초로 약정하거나 갱신하는 신원보증계약부터 이를 적용한다.

부 칙 <2009·1·30 법9363>

이 법은 공포한 날부터 시행한다.

●이자제한법

〔2007·3·29 법률제8322호〕

개정

2009·1·21 법률제 9344호(대부업 등의 등록 및 금융이용자 보호에 관한 법률)
2011·7·25 법률제10925호
2014·1·14 법률제12227호
2025·1·21 법률제20714호(대부업 등의 등록 및 금융이용자 보호에 관한 법률)→2025년 7월 22일 시행

제 1 조(목적) 이 법은 이자의 적정한 최고한도를 정함으로써 국민경제생활의 안정과 경제정의의 실현을 목적으로 한다.

제 2 조(이자의 최고한도) ① 금전대차에 관한 계약상의 최고이자율은 연 25퍼센트를 초과하지 아니하는 범위 안에서 대통령령으로 정한다. <개정 2011·7·25, 2014·1·14>

② 제 1 항에 따른 최고이자율은 약정한 때의 이자율을 말한다.

③ 계약상의 이자로서 제 1 항에서 정한 최고이자율을 초과하는 부분은 무효로 한다.

④ 채무자가 최고이자율을 초과하는 이자를 임의로 지급한 경우에는 초과 지급된 이자 상당금액은 원본에 충당되고, 원본이 소멸한 때에는 그 반환을 청구할 수 있다.

⑤ 대차원금이 10만원 미만인 대차의 이자에 관하여는 제 1 항을 적용하지 아니한다.

제 3 조(이자의 사전공제) 선이자를 사전공제한 경우에는 그 공제액이 채무자가 실제 수령한 금액을 원본으로 하여 제 2 조제 1 항에서 정한 최고이자율에 따라 계산한 금액을 초과하는 때에는 그 초과부분은 원본에 충당한 것으로 본다.

제 4 조(간주이자) ① 예금(禮金), 할인금, 수수료, 공제금, 체당금(替當金), 그 밖의 명칭에도 불구하고 금전의 대차와 관련하여 채권자가 받은 것은 이를 이자로 본다.

② 채무자가 금전대차와 관련하여 금전지급의무를 부담하기로 약정하는 경우 의무 발생의 원인 및 근거법령, 의무의 내용, 거래상 일반원칙 등에 비추어 그 의무가 원래 채권자가 부담하여야 할 성질인 때에는 이를 이자로 본다. <신설 2011·7·25>

제 5 조(복리약정제한) 이자에 대하여 다시 이자를 지급하기로 하는 복리약정은 제 2 조제 1 항에서 정한 최고이자율을 초과하는 부분에 해당하는 금액에 대하여는 무효로 본다.

제 6 조(배상액의 감액) 법원은 당사자가 금전을 목적으로 한 채무의 불이행에 관하여 예정한 배상액을 부당하다고 인정한 때에는 상당한 액까지 이를 감액할 수 있다.

제 7 조(적용범위) 다른 법률에 따라 인가·허가·등록을 마친 금융업 및 대부업과 「대부업 등의 등록 및 금융이용자 보호에 관한 법률」 제 2 조제 7 호에 따른 불법사금융업자에 대하여는 이 법을 적용하지 아니한다. <개정 2009·1·21, 2025·1·21>

제 8 조(벌칙) ① 제 2 조제 1 항에서 정한 최고이자율을 초과하여 이자를 받은 자는 1년 이하의 징역 또는 1천만원 이하의 벌금에 처한다.

② 제 1 항의 징역형과 벌금형은 병과(併科)할 수 있다.

〔본조신설 2011·7·25〕

부　칙

①(시행일) 이 법은 공포 후 3개월이 경과한 날부터 시행한다.

②(경과조치) 이 법 시행 전에 성립한 대차관계에 관한 계약상의 이자율에 관하여도 이 법 시행일 이후부터는 이 법에 따라 이자율을 계산한다.

부　칙 <2009·1·21 법9344>

제 1 조(시행일) 이 법은 공포 후 3개월이 경과한 날부터 시행한다. 〈단서 생략〉

제 2 조부터 **제 9 조**까지 생략

부　칙 <2011·7·25 법10925>

①(시행일) 이 법은 공포 후 3개월이 경과한 날부터 시행한다.

②(적용례) 이 법 시행 전에 성립한 금전대차에 관한 계약상의 이자율에 관하여도 이 법 시행일 이후에는 이 법에 따라 이자율을 계산한다.

부　칙 <2014·1·14 법12227>

제 1 조(시행일) 이 법은 공포 후 6개월이 경과한 날부터 시행한다.

제 2 조(적용례) 제 2 조제 1 항의 개정규정은 이 법 시행 후 최초로 계약을 체결하거나 갱신하는 분부터 적용한다.

부　칙 <2025·1·21 법20714>

제 1 조(시행일) 이 법은 공포 후 6개월이 경과한 날부터 시행한다.

제 2 조부터 **제 6 조**까지 생략

●이자제한법 제 2 조제 1 항의 최고이자율에 관한 규정

〔2007 · 6 · 28 대통령령제20118호〕

개정
2014 · 6 · 11 대통령령제25376호
2017 · 11 · 7 대통령령제28413호
2021 · 4 · 6 대통령령제31593호

「이자제한법」 제 2 조제 1 항에 따른 금전대차에 관한 계약상의 최고이자율은 연 20퍼센트로 한다. <개정 2014 · 6 · 11, 2017 · 11 · 7, 2021 · 4 · 6>

부　칙

이 영은 2007년 6월 30일부터 시행한다.

부　칙 <2014 · 6 · 11 대령25376>

제 1 조(시행일) 이 영은 2014년 7월 15일부터 시행한다.

제 2 조(적용례) 이 영은 이 영 시행 후 최초로 계약을 체결하거나 갱신하는 분부터 적용한다.

부　칙 <2017 · 11 · 7 대령28413>

제 1 조(시행일) 이 영은 공포 후 3개월이 경과한 날부터 시행한다.

제 2 조(적용례) 이 영은 이 영 시행 이후 계약을 체결하거나 갱신하는 분부터 적용한다.

부　칙 <2021 · 4 · 6 대령31593>

제 1 조(시행일) 이 영은 공포 후 3개월이 경과한 날부터 시행한다.

제 2 조(적용례) 이 영은 이 영 시행 이후 계약을 체결하거나 갱신하는 분부터 적용한다.

●약관의 규제에 관한 법률

〔1986・12・31 법률제3922호〕

개정
1992・12・ 8 법률제 4515호
1997・12・31 법률제 5491호(한국은행법)
2001・ 3・28 법률제 6459호
2004・ 1・20 법률제 7108호
2005・ 3・31 법률제 7491호
2006・ 9・27 법률제 7988호(소비자기본법)
2007・ 8・ 3 법률제 8632호
2008・ 2・29 법률제 8863호(금융위원회의 설치 등에 관한 법률)
2010・ 3・22 법률제10169호
2010・ 5・17 법률제10303호(은행법)
2011・ 3・29 법률제10474호
2012・ 2・17 법률제11325호
2013・ 5・28 법률제11840호
2016・ 3・29 법률제14141호
2018・ 6・12 법률제15697호
2020・12・29 법률제17799호(독점규제 및 공정거래에 관한 법률)
2023・ 6・20 법률제19512호
2023・ 8・ 8 법률제19618호
2024・ 2・ 6 법률제20239호(독점규제 및 공정거래에 관한 법률)
2024・ 2・ 6 법률제20240호

제 1 장　총칙

제 1 조(목적) 이 법은 사업자가 그 거래상의 지위를 남용하여 불공정한 내용의 약관(約款)을 작성하여 거래에 사용하는 것을 방지하고 불공정한 내용의 약관을 규제함으로써 건전한 거래질서를 확립하고, 이를 통하여 소비자를 보호하고 국민생활을 균형 있게 향상시키는 것을 목적으로 한다.
〔전부개정 2010・3・22〕

제 2 조(정의) 이 법에서 사용하는 용어의 정의는 다음과 같다.
1. "약관"이란 그 명칭이나 형태 또는 범위에 상관없이 계약의 한쪽 당사자가 여러 명의 상대방과 계약을 체결하기 위하여 일정한 형식으로 미리 마련한 계약의 내용을 말한다.
2. "사업자"란 계약의 한쪽 당사자로서 상대 당사자에게 약관을 계약의 내용으로 할 것을 제안하는 자를 말한다.
3. "고객"이란 계약의 한쪽 당사자로서 사업자로부터 약관을 계약의 내용으로 할 것을 제안받은 자를 말한다.

〔전부개정 2010・3・22〕

제 3 조(약관의 작성 및 설명의무 등) ① 사업자는 고객이 약관의 내용을 쉽게 알 수 있도록 한글로 작성하고, 표준화・체계화된 용어를 사용하며, 약관의 중요한 내용을 부호, 색채, 굵고 큰 문자 등으로 명확하게 표시하여 알아보기 쉽게 약관을 작성하여야 한다. <개정 2011・3・29>
② 사업자는 계약을 체결할 때에는 고객에게 약관의 내용을 계약의 종류에 따라 일반적으로 예상되는 방법으로 분명하게 밝히고, 고객이 요구할 경우 그 약관의 사본을 고객에게 내주어 고객이 약관의 내용을 알 수 있게 하여야 한다. 다만, 다음 각 호의 어느 하나에 해당하는 업종의 약관에 대하여는 그러하지 아니하다. <개정 2011・3・29>
1. 여객운송업
2. 전기・가스 및 수도사업
3. 우편업
4. 공중전화 서비스 제공 통신업

③ 사업자는 약관에 정하여져 있는 중요한 내용을 고객이 이해할 수 있도록 설명하여야 한다. 다만, 계약의 성질상 설명하는 것이 현저하게 곤란한 경우에는 그러하지 아니하다.
④ 사업자가 제 2 항 및 제 3 항을 위반하여 계약을 체결한 경우에는 해당 약관을 계약의 내용으로 주장할 수 없다.
〔전부개정 2010・3・22〕

제 4 조(개별 약정의 우선) 약관에서 정하고 있는 사항에 관하여 사업자와 고객이 약관

의 내용과 다르게 합의한 사항이 있을 때에는 그 합의 사항은 약관보다 우선한다.
〔전부개정 2010·3·22〕

제 5 조(약관의 해석) ① 약관은 신의성실의 원칙에 따라 공정하게 해석되어야 하며 고객에 따라 다르게 해석되어서는 아니 된다.
② 약관의 뜻이 명백하지 아니한 경우에는 고객에게 유리하게 해석되어야 한다.
〔전부개정 2010·3·22〕

제 2 장 불공정약관조항

제 6 조(일반원칙) ① 신의성실의 원칙을 위반하여 공정성을 잃은 약관 조항은 무효이다.
② 약관의 내용 중 다음 각 호의 어느 하나에 해당하는 내용을 정하고 있는 조항은 공정성을 잃은 것으로 추정된다.
1. 고객에게 부당하게 불리한 조항
2. 고객이 계약의 거래형태 등 관련된 모든 사정에 비추어 예상하기 어려운 조항
3. 계약의 목적을 달성할 수 없을 정도로 계약에 따르는 본질적 권리를 제한하는 조항

〔전부개정 2010·3·22〕

제 7 조(면책조항의 금지) 계약 당사자의 책임에 관하여 정하고 있는 약관의 내용 중 다음 각 호의 어느 하나에 해당하는 내용을 정하고 있는 조항은 무효로 한다.
1. 사업자, 이행 보조자 또는 피고용자의 고의 또는 중대한 과실로 인한 법률상의 책임을 배제하는 조항
2. 상당한 이유 없이 사업자의 손해배상 범위를 제한하거나 사업자가 부담하여야 할 위험을 고객에게 떠넘기는 조항
3. 상당한 이유 없이 사업자의 담보책임을 배제 또는 제한하거나 그 담보책임에 따르는 고객의 권리행사의 요건을 가중하는 조항
4. 상당한 이유 없이 계약목적물에 관하여 견본이 제시되거나 품질·성능 등에 관한 표시가 있는 경우 그 보장된 내용에 대한 책임을 배제 또는 제한하는 조항

〔전부개정 2010·3·22〕

제 8 조(손해배상액의 예정) 고객에게 부당하게 과중한 지연 손해금 등의 손해배상 의무를 부담시키는 약관 조항은 무효로 한다.
〔전부개정 2010·3·22〕

제 9 조(계약의 해제·해지) 계약의 해제·해지에 관하여 정하고 있는 약관의 내용 중 다음 각 호의 어느 하나에 해당되는 내용을 정하고 있는 조항은 무효로 한다.
1. 법률에 따른 고객의 해제권 또는 해지권을 배제하거나 그 행사를 제한하는 조항
2. 사업자에게 법률에서 규정하고 있지 아니하는 해제권 또는 해지권을 부여하여 고객에게 부당하게 불이익을 줄 우려가 있는 조항
3. 법률에 따른 사업자의 해제권 또는 해지권의 행사 요건을 완화하여 고객에게 부당하게 불이익을 줄 우려가 있는 조항
4. 계약의 해제 또는 해지로 인한 원상회복의무를 상당한 이유 없이 고객에게 과중하게 부담시키거나 고객의 원상회복 청구권을 부당하게 포기하도록 하는 조항
5. 계약의 해제 또는 해지로 인한 사업자의 원상회복의무나 손해배상의무를 부당하게 경감하는 조항
6. 계속적인 채권관계의 발생을 목적으로 하는 계약에서 그 존속기간을 부당하게 단기 또는 장기로 하거나 묵시적인 기간의 연장 또는 갱신이 가능하도록 정하여 고객에게 부당하게 불이익을 줄 우려가 있는 조항

〔전부개정 2010·3·22〕

제10조(채무의 이행) 채무의 이행에 관하여 정하고 있는 약관의 내용 중 다음 각 호의 어느 하나에 해당하는 내용을 정하고 있는 조항은 무효로 한다.
1. 상당한 이유 없이 급부(給付)의 내용을 사업자가 일방적으로 결정하거나 변경할 수 있도록 권한을 부여하는 조항
2. 상당한 이유 없이 사업자가 이행하여야 할 급부를 일방적으로 중지할 수 있게 하거나 제 3 자에게 대행할 수 있게 하는 조항

〔전부개정 2010·3·22〕

제11조(고객의 권익 보호) 고객의 권익에 관하여 정하고 있는 약관의 내용 중 다음 각 호의 어느 하나에 해당하는 내용을 정하고 있는 조항은 무효로 한다.
1. 법률에 따른 고객의 항변권(抗辯權), 상

계권(相計權) 등의 권리를 상당한 이유 없이 배제하거나 제한하는 조항

2. 고객에게 주어진 기한의 이익을 상당한 이유 없이 박탈하는 조항

3. 고객이 제3자와 계약을 체결하는 것을 부당하게 제한하는 조항

4. 사업자가 업무상 알게 된 고객의 비밀을 정당한 이유 없이 누설하는 것을 허용하는 조항

〔전부개정 2010·3·22〕

제12조(의사표시의 의제) 의사표시에 관하여 정하고 있는 약관의 내용 중 다음 각 호의 어느 하나에 해당하는 내용을 정하고 있는 조항은 무효로 한다.

1. 일정한 작위(作爲) 또는 부작위(不作爲)가 있을 경우 고객의 의사표시가 표명되거나 표명되지 아니한 것으로 보는 조항. 다만, 고객에게 상당한 기한 내에 의사표시를 하지 아니하면 의사표시가 표명되거나 표명되지 아니한 것으로 본다는 뜻을 명확하게 따로 고지한 경우이거나 부득이한 사유로 그러한 고지를 할 수 없는 경우에는 그러하지 아니하다.

2. 고객의 의사표시의 형식이나 요건에 대하여 부당하게 엄격한 제한을 두는 조항

3. 고객의 이익에 중대한 영향을 미치는 사업자의 의사표시가 상당한 이유 없이 고객에게 도달된 것으로 보는 조항

4. 고객의 이익에 중대한 영향을 미치는 사업자의 의사표시 기한을 부당하게 길게 정하거나 불확정하게 정하는 조항

〔전부개정 2010·3·22〕

제13조(대리인의 책임 가중) 고객의 대리인에 의하여 계약이 체결된 경우 고객이 그 의무를 이행하지 아니하는 경우에는 대리인에게 그 의무의 전부 또는 일부를 이행할 책임을 지우는 내용의 약관 조항은 무효로 한다.

〔전부개정 2010·3·22〕

제14조(소송 제기의 금지 등) 소송 제기 등과 관련된 약관의 내용 중 다음 각 호의 어느 하나에 해당하는 조항은 무효로 한다.

1. 고객에게 부당하게 불리한 소송 제기 금지 조항 또는 재판관할의 합의 조항

2. 상당한 이유 없이 고객에게 입증책임을 부담시키는 약관 조항

〔전부개정 2010·3·22〕

제15조(적용의 제한) 국제적으로 통용되는 약관이나 그 밖에 특별한 사정이 있는 약관으로서 대통령령으로 정하는 경우에는 제7조부터 제14조까지의 규정을 적용하는 것을 조항별·업종별로 제한할 수 있다.

〔전부개정 2010·3·22〕

제16조(일부 무효의 특칙) 약관의 전부 또는 일부의 조항이 제3조제4항에 따라 계약의 내용이 되지 못하는 경우나 제6조부터 제14조까지의 규정에 따라 무효인 경우 계약은 나머지 부분만으로 유효하게 존속한다. 다만, 유효한 부분만으로는 계약의 목적 달성이 불가능하거나 그 유효한 부분이 한쪽 당사자에게 부당하게 불리한 경우에는 그 계약은 무효로 한다.

〔전부개정 2010·3·22〕

제3장 약관의 규제

제17조(불공정약관조항의 사용금지) 사업자는 제6조부터 제14조까지의 규정에 해당하는 불공정한 약관 조항(이하 "불공정약관조항"이라 한다)을 계약의 내용으로 하여서는 아니 된다.

〔전부개정 2010·3·22〕

제17조의2(시정 조치) ① 공정거래위원회는 사업자가 제17조를 위반한 경우에는 사업자에게 해당 불공정약관조항의 삭제·수정 등 시정에 필요한 조치를 권고할 수 있다.

② 공정거래위원회는 제17조를 위반한 사업자가 다음 각 호의 어느 하나에 해당하는 경우에는 사업자에게 해당 불공정약관조항의 삭제·수정, 시정명령을 받은 사실의 공표, 그 밖에 약관을 시정하기 위하여 필요한 조치를 명할 수 있다. <개정 2013·5·28, 2020·12·29>

1. 사업자가 「독점규제 및 공정거래에 관한 법률」 제2조제3호의 시장지배적사업자인 경우

2. 사업자가 자기의 거래상의 지위를 부당하게 이용하여 계약을 체결하는 경우

3. 사업자가 일반 공중에게 물품·용역을 공급하는 계약으로서 계약 체결의 긴급성·신속성으로 인하여 고객이 계약을 체결할 때에 약관 조항의 내용을 변경하기

곤란한 경우
4. 사업자의 계약 당사자로서의 지위가 현저하게 우월하거나 고객이 다른 사업자를 선택할 범위가 제한되어 있어 약관을 계약의 내용으로 하는 것이 사실상 강제되는 경우
5. 계약의 성질상 또는 목적상 계약의 취소·해제 또는 해지가 불가능하거나 계약을 취소·해제 또는 해지하면 고객에게 현저한 재산상의 손해가 발생하는 경우
6. 사업자가 제1항에 따른 권고를 정당한 사유 없이 따르지 아니하여 여러 고객에게 피해가 발생하거나 발생할 우려가 현저한 경우

③ 공정거래위원회는 제1항 및 제2항에 따른 시정권고 또는 시정명령을 할 때 필요하면 해당 사업자와 같은 종류의 사업을 하는 다른 사업자에게 같은 내용의 불공정약관조항을 사용하지 말 것을 권고할 수 있다.
〔전부개정 2010·3·22〕

제18조(관청 인가 약관 등) ① 공정거래위원회는 행정관청이 작성한 약관이나 다른 법률에 따라 행정관청의 인가를 받은 약관이 제6조부터 제14조까지의 규정에 해당된다고 인정할 때에는 해당 행정관청에 그 사실을 통보하고 이를 시정하기 위하여 필요한 조치를 하도록 요청할 수 있다.

② 공정거래위원회는 「은행법」에 따른 은행의 약관이 제6조부터 제14조까지의 규정에 해당된다고 인정할 때에는 「금융위원회의 설치 등에 관한 법률」에 따라 설립된 금융감독원에 그 사실을 통보하고 이를 시정하기 위하여 필요한 조치를 권고할 수 있다. <개정 2010·5·17>

③ 제1항에 따라 행정관청에 시정을 요청한 경우 공정거래위원회는 제17조의2제1항 및 제2항에 따른 시정권고 또는 시정명령은 하지 아니한다.
〔전부개정 2010·3·22〕

제19조(약관의 심사청구) ① 다음 각 호의 자는 약관 조항이 이 법에 위반되는지 여부에 관한 심사를 공정거래위원회에 청구할 수 있다.
1. 약관의 조항과 관련하여 법률상의 이익이 있는 자
2. 「소비자기본법」 제29조에 따라 등록된 소비자단체
3. 「소비자기본법」 제33조에 따라 설립된 한국소비자원
4. 사업자단체

② 제1항에 따른 약관의 심사청구는 공정거래위원회에 서면이나 전자문서로 제출하여야 한다.
〔전부개정 2010·3·22〕

제19조의2(약관변경으로 인한 심사대상의 변경) 공정거래위원회는 심사대상인 약관 조항이 변경된 때에는 직권으로 또는 심사청구인의 신청에 의하여 심사대상을 변경할 수 있다.
〔본조신설 2012·2·17〕

제19조의3(표준약관) ① 사업자 및 사업자단체는 건전한 거래질서를 확립하고 불공정한 내용의 약관이 통용되는 것을 방지하기 위하여 일정한 거래 분야에서 표준이 될 약관의 제정·개정안을 마련하여 그 내용이 이 법에 위반되는지 여부에 관하여 공정거래위원회에 심사를 청구할 수 있다. <개정 2016·3·29>

② 「소비자기본법」 제29조에 따라 등록된 소비자단체 또는 같은 법 제33조에 따라 설립된 한국소비자원(이하 "소비자단체등"이라 한다)은 소비자 피해가 자주 일어나는 거래 분야에서 표준이 될 약관을 제정 또는 개정할 것을 공정거래위원회에 요청할 수 있다. <개정 2016·3·29>

③ 공정거래위원회는 다음 각 호의 어느 하나에 해당하는 경우에 사업자 및 사업자단체에 대하여 표준이 될 약관의 제정·개정안을 마련하여 심사 청구할 것을 권고할 수 있다. <개정 2016·3·29>
1. 소비자단체등의 요청이 있는 경우
2. 일정한 거래 분야에서 여러 고객에게 피해가 발생하거나 발생할 우려가 있는 경우에 관련 상황을 조사하여 약관이 없거나 불공정약관조항이 있는 경우
3. 법률의 제정·개정·폐지 등으로 약관을 정비할 필요가 발생한 경우

④ 공정거래위원회는 사업자 및 사업자단체가 제3항의 권고를 받은 날부터 4개월 이내에 필요한 조치를 하지 아니하면 관련 분야의 거래 당사자 및 소비자단체등의 의견을 듣고 관계 부처의 협의를 거쳐 표준이

될 약관을 제정 또는 개정할 수 있다. <개정 2016·3·29>

⑤ 공정거래위원회는 제1항 또는 제4항에 따라 심사하거나 제정·개정한 약관(이하 "표준약관"이라 한다)을 공시(公示)하고 사업자 및 사업자단체에 표준약관을 사용할 것을 권장할 수 있다. <개정 2016·3·29>

⑥ 공정거래위원회로부터 표준약관의 사용을 권장받은 사업자 및 사업자단체는 표준약관과 다른 약관을 사용하는 경우 표준약관과 다르게 정한 주요 내용을 고객이 알기 쉽게 표시하여야 한다.

⑦ 공정거래위원회는 표준약관의 사용을 활성화하기 위하여 표준약관 표지(標識)를 정할 수 있고, 사업자 및 사업자단체는 표준약관을 사용하는 경우 공정거래위원회가 고시하는 바에 따라 표준약관 표지를 사용할 수 있다.

⑧ 사업자 및 사업자단체는 표준약관과 다른 내용을 약관으로 사용하는 경우 표준약관 표지를 사용하여서는 아니 된다.

⑨ 사업자 및 사업자단체가 제8항을 위반하여 표준약관 표지를 사용하는 경우 표준약관의 내용보다 고객에게 더 불리한 약관의 내용은 무효로 한다.

〔전부개정 2010·3·22〕

제20조(조사) ① 공정거래위원회는 다음 각 호의 어느 하나의 경우 약관이 이 법에 위반된 사실이 있는지 여부를 확인하기 위하여 필요한 조사를 할 수 있다.

1. 제17조의2제1항 또는 제2항에 따른 시정권고 또는 시정명령을 하기 위하여 필요하다고 인정되는 경우
2. 제19조에 따라 약관의 심사청구를 받은 경우

② 제1항에 따라 조사를 하는 공무원은 그 권한을 표시하는 증표를 지니고 이를 관계인에게 내보여야 한다.

〔전부개정 2010·3·22〕

제21조 삭제 <2010·3·22>

제22조(의견 진술) ① 공정거래위원회는 약관의 내용이 이 법에 위반되는지 여부에 대하여 심의하기 전에 그 약관에 따라 거래를 한 사업자 또는 이해관계인에게 그 약관이 심사 대상이 되었다는 사실을 알려야 한다.

② 제1항에 따라 통지를 받은 당사자 또는 이해관계인은 공정거래위원회의 회의에 출석하여 의견을 진술하거나 필요한 자료를 제출할 수 있다.

③ 공정거래위원회는 심사 대상이 된 약관이 다른 법률에 따라 행정관청의 인가를 받았거나 받아야 할 것인 경우에는 심의에 앞서 그 행정관청에 의견을 제출하도록 요구할 수 있다.

〔전부개정 2010·3·22〕

제23조(불공정약관조항의 공개) 공정거래위원회는 이 법에 위반된다고 심의·의결한 약관 조항의 목록을 인터넷 홈페이지에 공개하여야 한다. <개정 2011·3·29>

〔전부개정 2010·3·22〕

제4장 분쟁의 조정 등

제24조(약관 분쟁조정협의회의 설치 및 구성) ① 제17조를 위반한 약관 또는 이와 비슷한 유형의 약관으로서 대통령령으로 정하는 약관과 관련된 분쟁을 조정하기 위하여 「독점규제 및 공정거래에 관한 법률」 제72조제1항에 따른 한국공정거래조정원(이하 "조정원"이라 한다)에 약관 분쟁조정협의회(이하 "협의회"라 한다)를 둔다. <개정 2020·12·29>

② 협의회는 위원장 1명을 포함한 9명의 위원으로 구성하며, 위원장은 상임으로 한다. <개정 2023·8·8>

③ 협의회 위원장은 조정원의 장의 제청으로 공정거래위원회 위원장이 위촉한다.

④ 협의회 위원장이 사고로 직무를 수행할 수 없을 때에는 협의회의 위원장이 지명하는 협의회 위원이 그 직무를 대행한다.

⑤ 협의회 위원은 약관규제·소비자 분야에 경험 또는 전문지식이 있는 사람으로서 다음 각 호의 어느 하나에 해당하는 사람 중에서 조정원의 장의 제청으로 공정거래위원회 위원장이 임명하거나 위촉한다. <개정 2023·8·8>

1. 공정거래 및 소비자보호 업무에 관한 경험이 있는 4급 이상 공무원(고위공무원단에 속하는 일반직공무원을 포함한다)의 직에 있거나 있었던 사람
2. 판사·검사 직에 있거나 있었던 사람 또

는 변호사의 자격이 있는 사람
3. 대학에서 법률학·경제학·경영학 또는 소비자 관련 분야 학문을 전공한 사람으로서 「고등교육법」 제2조제1호·제2호·제4호 또는 제5호에 따른 학교나 공인된 연구기관에서 부교수 이상의 직 또는 이에 상당하는 직에 있거나 있었던 사람
4. 그 밖에 기업경영, 소비자권익 및 분쟁조정과 관련된 업무에 관한 학식과 경험이 풍부한 사람

⑥ 협의회 위원의 임기는 3년으로 하되, 연임할 수 있다.

⑦ 협의회 위원 중 결원이 생긴 때에는 제5항에 따라 보궐위원을 위촉하여야 하며, 그 보궐위원의 임기는 전임자의 남은 임기로 한다.

⑧ 협의회의 회의 등 업무지원을 위하여 별도 사무지원 조직을 조정원 내에 둔다.

⑨ 협의회 위원장은 그 직무 외에 영리를 목적으로 하는 업무에 종사하지 못한다. <신설 2024·2·6>

⑩ 제9항에 따른 영리를 목적으로 하는 업무의 범위에 관하여는 「공공기관의 운영에 관한 법률」 제37조제3항을 준용한다. <신설 2024·2·6>

⑪ 협의회 위원장은 제10항에 따른 영리를 목적으로 하는 업무에 해당하는지에 대한 공정거래위원회 위원장의 심사를 거쳐 비영리 목적의 업무를 겸할 수 있다. <신설 2024·2·6>

〔본조신설 2012·2·17〕

제25조(협의회의 회의) ① 협의회의 회의는 위원 전원으로 구성되는 회의(이하 "전체회의"라 한다)와 위원장이 지명하는 3명의 위원(위원장을 포함할 수 있다)으로 구성되는 회의(이하 "분과회의"라 한다)로 구분된다. <개정 2023·8·8>

② 분과회의는 전체회의로부터 위임받은 사항에 관하여 심의·의결한다.

③ 전체회의는 위원장이 주재하며, 재적위원 과반수의 출석으로 개의하고, 출석위원 과반수의 찬성으로 의결한다.

④ 분과회의는 위원장 또는 위원장이 지명하는 위원이 주재하며, 구성위원 전원의 출석과 출석위원 전원의 찬성으로 의결한다. 이 경우 분과회의의 의결은 협의회의 의결로 보되, 회의의 결과를 전체회의에 보고하여야 한다. <개정 2023·8·8>

⑤ 조정의 대상이 된 분쟁의 당사자인 고객(「소비자기본법」 제2조제1호에 따른 소비자는 제외한다. 이하 이 장에서 같다)과 사업자(이하 "분쟁당사자"라 한다)는 협의회의 회의에 출석하여 의견을 진술하거나 관계 자료를 제출할 수 있다.

〔본조신설 2012·2·17〕

제26조(협의회 위원의 제척·기피·회피) ① 협의회 위원은 다음 각 호의 어느 하나에 해당하는 경우에는 해당 분쟁조정사항의 조정에서 제척된다.
1. 협의회 위원 또는 그 배우자나 배우자였던 사람이 해당 분쟁조정사항의 분쟁당사자가 되거나 공동권리자 또는 의무자의 관계에 있는 경우
2. 협의회 위원이 해당 분쟁조정사항의 분쟁당사자와 친족관계에 있거나 있었던 경우
3. 협의회 위원 또는 협의회 위원이 속한 법인이 분쟁당사자의 법률·경영 등에 대하여 자문이나 고문의 역할을 하고 있는 경우
4. 협의회 위원 또는 협의회 위원이 속한 법인이 해당 분쟁조정사항에 대하여 분쟁당사자의 대리인으로 관여하거나 관여하였던 경우 및 증언 또는 감정을 한 경우

② 분쟁당사자는 협의회 위원에게 협의회의 조정에 공정을 기하기 어려운 사정이 있는 때에 협의회에 해당 협의회 위원에 대한 기피신청을 할 수 있다.

③ 협의회 위원이 제1항 또는 제2항의 사유에 해당하는 경우에는 스스로 해당 분쟁조정사항의 조정에서 회피할 수 있다.

〔본조신설 2012·2·17〕

제27조(분쟁조정의 신청 등) ① 제17조를 위반한 약관 또는 이와 비슷한 유형의 약관으로서 대통령령으로 정하는 약관으로 인하여 피해를 입은 고객은 대통령령으로 정하는 사항을 기재한 서면(이하 "분쟁조정 신청서"라 한다)을 협의회에 제출함으로써 분쟁조정을 신청할 수 있다. 다만, 다음 각 호의 어느 하나에 해당하는 경우에는 그러하지 아니하다.

1. 분쟁조정 신청이 있기 이전에 공정거래위원회가 조사 중인 사건
2. 분쟁조정 신청의 내용이 약관의 해석이나 그 이행을 요구하는 사건
3. 약관의 무효판정을 요구하는 사건
4. 삭제 <2023·6·20>
5. 그 밖에 분쟁조정에 적합하지 아니한 것으로 대통령령으로 정하는 사건

② 공정거래위원회는 제 1 항에 따른 분쟁조정을 협의회에 의뢰할 수 있다.
③ 협의회는 제 1 항에 따라 분쟁조정 신청서를 접수하거나 제 2 항에 따라 분쟁조정을 의뢰받은 경우에는 즉시 분쟁당사자에게 통지하여야 한다.
〔본조신설 2012·2·17〕

제27조의2(조정 등) ① 협의회는 분쟁당사자에게 분쟁조정사항을 스스로 조정하도록 권고하거나 조정안을 작성하여 이를 제시할 수 있다.
② 협의회는 해당 분쟁조정사항에 관한 사실을 확인하기 위하여 필요한 경우 조사를 하거나 분쟁당사자에게 관련 자료의 제출이나 출석을 요구할 수 있다.
③ 협의회는 제27조제 1 항 각 호의 어느 하나에 해당하는 사건에 대하여는 조정신청을 각하하여야 한다.
④ 협의회는 다음 각 호의 어느 하나에 해당하는 경우에는 조정절차를 종료하여야 한다. <개정 2023·6·20>
1. 분쟁당사자가 협의회의 권고 또는 조정안을 수락하거나 스스로 조정하는 등 조정이 성립된 경우
2. 조정을 신청 또는 의뢰받은 날부터 60일(분쟁당사자 쌍방이 기간연장에 동의한 경우에는 90일로 한다)이 경과하여도 조정이 성립되지 아니한 경우
3. 분쟁당사자의 일방이 조정을 거부하는 등 조정절차를 진행할 실익이 없는 경우

⑤ 협의회는 제 3 항에 따라 조정신청을 각하하거나 제 4 항에 따라 조정절차를 종료한 경우에는 대통령령으로 정하는 바에 따라 공정거래위원회에 조정신청 각하 또는 조정절차 종료의 사유 등과 관계 서류를 서면으로 지체 없이 보고하여야 하고 분쟁당사자에게 그 사실을 통보하여야 한다.
〔본조신설 2012·2·17〕

제27조의3(소송과의 관계) ① 제27조제 1 항에 따라 분쟁조정이 신청된 사건에 대하여 신청 전 또는 신청 후 소가 제기되어 소송이 진행 중일 때에는 수소법원(受訴法院)은 조정이 있을 때까지 소송절차를 중지할 수 있다.
② 협의회는 제 1 항에 따라 소송절차가 중지되지 아니하는 경우에는 해당 사건의 조정절차를 중지하여야 한다.
③ 협의회는 조정이 신청된 사건과 동일한 원인으로 다수인이 관련되는 동종·유사 사건에 대한 소송이 진행 중인 경우에는 협의회의 결정으로 조정절차를 중지할 수 있다.
〔본조신설 2023·6·20〕

제28조(조정조서의 작성과 그 효력) ① 협의회는 분쟁조정사항의 조정이 성립된 경우 조정에 참가한 위원과 분쟁당사자가 기명날인하거나 서명한 조정조서를 작성한다. 이 경우 분쟁당사자 간에 조정조서와 동일한 내용의 합의가 성립된 것으로 본다. <개정 2018·6·12>
② 협의회는 조정절차를 개시하기 전에 분쟁당사자가 분쟁조정사항을 스스로 조정하고 조정조서의 작성을 요청하는 경우에는 그 조정조서를 작성한다.
〔본조신설 2012·2·17〕

제28조의2(분쟁조정의 특례) ① 제27조제 1 항에도 불구하고 공정거래위원회, 고객 또는 사업자는 제28조에 따라 조정이 성립된 사항과 같거나 비슷한 유형의 피해가 다수 고객에게 발생할 가능성이 크다고 판단한 경우로서 대통령령으로 정하는 사건에 대하여는 협의회에 일괄적인 분쟁조정(이하 "집단분쟁조정"이라 한다)을 의뢰하거나 신청할 수 있다.
② 제 1 항에 따라 집단분쟁조정을 의뢰받거나 신청받은 협의회는 협의회의 의결로서 제 3 항부터 제 7 항까지의 규정에 따른 집단분쟁조정의 절차를 개시할 수 있다. 이 경우 협의회는 분쟁조정된 사안 중 집단분쟁조정신청에 필요한 사항에 대하여 대통령령으로 정하는 방법에 따라 공표하고, 대통령령으로 정하는 기간 동안 그 절차의 개시를 공고하여야 한다.
③ 협의회는 집단분쟁조정의 당사자가 아닌 고객으로부터 그 분쟁조정의 당사자에 추가로 포함될 수 있도록 하는 신청을 받을 수 있다.

④ 협의회는 협의회의 의결로써 제 1 항 및 제 3 항에 따른 집단분쟁조정의 당사자 중에서 공동의 이익을 대표하기에 가장 적합한 1인 또는 수인을 대표당사자로 선임할 수 있다.
⑤ 협의회는 사업자가 협의회의 집단분쟁조정의 내용을 수락한 경우에는 집단분쟁조정의 당사자가 아닌 자로서 피해를 입은 고객에 대한 보상계획서를 작성하여 협의회에 제출하도록 권고할 수 있다.
⑥ 협의회는 집단분쟁조정의 당사자인 다수의 고객 중 일부의 고객이 법원에 소를 제기한 경우에는 그 절차를 중지하지 아니하고 소를 제기한 일부의 고객은 그 절차에서 제외한다.
⑦ 집단분쟁조정의 기간은 제 2 항에 따른 공고가 종료된 날의 다음 날부터 기산한다.
⑧ 집단분쟁조정의 절차 등에 관하여 필요한 사항은 대통령령으로 정한다.
⑨ 조정원은 집단분쟁조정 대상 발굴, 조정에 의한 피해구제 사례 연구 등 집단분쟁조정 활성화에 필요한 연구를 하며, 연구결과를 인터넷 홈페이지에 공개한다.
〔본조신설 2012·2·17〕

제29조(협의회의 조직·운영 등) 제24조부터 제27조까지, 제27조의2, 제27조의3, 제28조 및 제28조의2 외에 협의회의 조직·운영·조정절차 등에 필요한 사항은 대통령령으로 정한다. <개정 2023·6·20>
〔본조신설 2012·2·17〕

제29조의2(협의회의 재원) 정부는 협의회의 운영, 업무 및 관련 연구에 필요한 경비를 조정원에 출연한다.
〔본조신설 2012·2·17〕

제 5 장　보칙

제30조(적용 범위) ① 약관이 「상법」 제 3 편, 「근로기준법」 또는 그 밖에 대통령령으로 정하는 비영리사업의 분야에 속하는 계약에 관한 것일 경우에는 이 법을 적용하지 아니한다.
② 특정한 거래 분야의 약관에 대하여 다른 법률에 특별한 규정이 있는 경우를 제외하고는 이 법에 따른다.
〔전부개정 2010·3·22〕

제30조의2(「독점규제 및 공정거래에 관한 법률」의 준용) ① 이 법에 따른 공정거래위원회의 심의·의결에 관하여는 「독점규제 및 공정거래에 관한 법률」 제64조부터 제68조까지의 규정을 준용한다. <개정 2020·12·29>
② 이 법에 따른 공정거래위원회의 처분에 대한 이의신청, 소송 제기 및 불복 소송의 전속관할(專屬管轄)에 대하여는 「독점규제 및 공정거래에 관한 법률」 제96조부터 제98조까지, 제98조의2, 제98조의3 및 제99조부터 제101조까지를 준용한다. <개정 2020·12·29, 2024·2·6>
〔전부개정 2010·3·22〕

제31조(인가·심사의 기준) 행정관청이 다른 법률에 따라 약관을 인가하거나 다른 법률에 따라 특정한 거래 분야에 대하여 설치된 심사기구에서 약관을 심사하는 경우에는 제 6 조부터 제14조까지의 규정을 그 인가·심사의 기준으로 하여야 한다.
〔전부개정 2010·3·22〕

제31조의2(자문위원) ① 공정거래위원회는 이 법에 따른 약관 심사 업무를 수행하기 위하여 필요하다고 인정하면 자문위원을 위촉할 수 있다.
② 제 1 항에 따른 자문위원의 위촉과 그 밖에 필요한 사항은 대통령령으로 정한다.
〔전부개정 2010·3·22〕

제 6 장　벌칙

제32조(벌칙) 제17조의2제 2 항에 따른 명령을 이행하지 아니한 자는 2년 이하의 징역 또는 1억원 이하의 벌금에 처한다.
〔전부개정 2010·3·22〕

제33조(양벌규정) 법인의 대표자나 법인 또는 개인의 대리인, 사용인, 그 밖의 종업원이 그 법인 또는 개인의 업무에 관하여 제32조의 위반행위를 하면 그 행위자를 벌하는 외에 그 법인 또는 개인에게도 해당 조문의 벌금형을 과(科)한다. 다만, 법인 또는 개인이 그 위반행위를 방지하기 위하여 해당 업무에 관하여 상당한 주의와 감독을 게을리하지 아니한 경우에는 그러하지 아니하다.
〔전부개정 2010·3·22〕

제34조(과태료) ① 다음 각 호의 어느 하나에 해당하는 자에게는 5천만원 이하의 과태료를 부과한다. <개정 2012 · 2 · 17, 2018 · 6 · 12>

1. 제19조의3제 8 항을 위반하여 표준약관과 다른 내용을 약관으로 사용하면서 표준약관 표지를 사용한 자
2. 제20조제 1 항에 따른 조사를 거부 · 방해 또는 기피한 사업자 또는 사업자단체

② 사업자 또는 사업자단체의 임원 또는 종업원, 그 밖의 이해관계인이 제20조제 1 항에 따른 조사를 거부 · 방해 또는 기피한 경우에는 1천만원 이하의 과태료를 부과한다. <신설 2018 · 6 · 12>

③ 다음 각 호의 어느 하나에 해당하는 자에게는 500만원 이하의 과태료를 부과한다. <개정 2012 · 2 · 17>

1. 제 3 조제 2 항을 위반하여 고객에게 약관의 내용을 밝히지 아니하거나 그 약관의 사본을 내주지 아니한 자
2. 제 3 조제 3 항을 위반하여 고객에게 약관의 중요한 내용을 설명하지 아니한 자
3. 제19조의3제 6 항을 위반하여 표준약관과 다르게 정한 주요 내용을 고객이 알기 쉽게 표시하지 아니한 자

④ 제30조의2제 1 항에 따라 준용되는 「독점규제 및 공정거래에 관한 법률」 제66조를 위반하여 질서유지의 명령을 따르지 아니한 자에게는 100만원 이하의 과태료를 부과한다. <신설 2018 · 6 · 12, 2020 · 12 · 29>

⑤ 제 1 항부터 제 4 항까지의 규정에 따른 과태료는 대통령령으로 정하는 바에 따라 공정거래위원회가 부과 · 징수한다. <개정 2018 · 6 · 12>

〔전부개정 2010 · 3 · 22〕

부 칙

제 1 조(시행일) 이 법은 1987년 7월 1일부터 시행한다.

제 2 조(경과조치) 이 법은 이 법 시행후에 최초로 약관에 의하여 체결되는 계약분부터 적용된다.

제 3 조(계속적 계약에 관한 경과조치) 계속적인 채권관계의 발생을 목적으로 하는 계약에 관한 약관에 의하여 이 법 시행후 이행될 분에 대하여는 이 법을 적용한다.

부 칙 <1992 · 12 · 8 법4515>

①(시행일) 이 법은 1993년 3월 1일부터 시행한다.

②(경과조치) 이 법 시행당시 종전의 규정에 의한 경제기획원장관의 시정권고 또는 경제기획원장관에게 요청한 심사청구는 이 법의 규정에 의한 공정거래위원회의 시정권고 또는 공정거래위원회에 요청한 심사청구로 본다.

부 칙 <1997 · 12 · 31 법5491>

제 1 조(시행일) 이 법은 1998년 4월 1일부터 시행한다.

제 2 조부터 **제 8 조**까지 생략

부 칙 <2001 · 3 · 28 법6459>

①(시행일) 이 법은 공포한 날부터 시행한다.

②(적용례) 제17조의2제 2 항제 6 호의 개정규정은 이 법 시행후 최초로 체결된 계약부터 적용한다.

부 칙 <2004 · 1 · 20 법7108>

①(시행일) 이 법은 공포한 날부터 시행한다.

②(표준약관에 관한 경과조치) 이 법 시행 당시 종전의 규정에 의하여 공정거래위원회의 심사를 받은 표준약관은 이 법에 의한 표준약관으로 본다.

부 칙 <2005 · 3 · 31 법7491>

이 법은 공포한 날부터 시행한다.

부 칙 <2006 · 9 · 27 법7988>

제 1 조(시행일) 이 법은 공포 후 6개월이 경과한 날부터 시행한다. 〈단서 생략〉

제 2 조부터 **제13조**까지 생략

부 칙 <2007 · 8 · 3 법8632>

이 법은 공포한 날부터 시행한다.

부 칙 <2008 · 2 · 29 법8863>

제 1 조(시행일) 이 법은 공포한 날부터 시행한다.

제 2 조부터 **제 5 조**까지 생략

부 칙 <2010 · 3 · 22 법10169>

이 법은 공포한 날부터 시행한다.

부 칙 <2010 · 5 · 17 법10303>

제 1 조(시행일) 이 법은 공포 후 6개월이 경과한 날부터 시행한다. 〈단서 생략〉

제 2 조부터 **제10조**까지 생략

부 칙 <2011 · 3 · 29 법10474>

이 법은 공포 후 3개월이 경과한 날부터 시행한다.

부 칙 <2012·2·17 법11325>

이 법은 공포 후 6개월이 경과한 날부터 시행한다.

부 칙 <2013·5·28 법11840>

이 법은 공포한 날부터 시행한다.

부 칙 <2016·3·29 법14141>

이 법은 공포한 날부터 시행한다.

부 칙 <2018·6·12 법15697>

제1조(시행일) 이 법은 공포 후 6개월이 경과한 날부터 시행한다. 다만, 제28조제1항 전단의 개정규정은 공포한 날부터 시행한다.

제2조(조사 거부·방해행위에 대한 과태료 부과에 관한 적용례) 제34조제1항제2호 및 제2항의 개정규정은 이 법 시행 후 최초로 제20조에 따라 실시하는 공정거래위원회의 조사부터 적용한다.

부 칙 <2020·12·29 법17799>

제1조(시행일) 이 법은 공포 후 1년이 경과한 날부터 시행한다. 〈단서 생략〉

제2조부터 **제26조**까지 생략

부 칙 <2023·6·20 법19512>

제1조(시행일) 이 법은 공포 후 6개월이 경과한 날부터 시행한다.

제2조(소송·조정절차 중지에 관한 적용례) 제27조의3의 개정규정은 이 법 시행 이후 조정을 신청한 경우부터 적용한다.

부 칙 <2023·8·8 법19618>

제1조(시행일) 이 법은 공포 후 6개월이 경과한 날부터 시행한다.

제2조(협의회에 관한 적용례) 이 법은 이 법 시행 이후 새로 구성되는 협의회부터 적용한다.

부 칙 <2024·2·6 법20239>

제1조(시행일) 이 법은 공포 후 6개월이 경과한 날부터 시행한다. 〈단서 생략〉

제2조부터 **제6조**까지 생략

부 칙 <2024·2·6 법20240>

제1조(시행일) 이 법은 2024년 2월 9일부터 시행한다.

제2조(적용례) 이 법은 이 법 시행 이후 새로 구성되는 협의회의 위원장부터 적용한다.

●국가배상법

〔1967・3・3 법률제1899호〕

개정
1973・ 2・ 5 법률제 2459호
1980・ 1・ 4 법률제 3235호
1981・12・17 법률제 3464호
1997・12・13 법률제 5433호
2000・12・29 법률제 6310호
2005・ 7・13 법률제 7584호
2008・ 3・14 법률제 8897호
2009・10・21 법률제 9803호
2016・ 5・29 법률제14184호(예비군법)
2017・10・31 법률제14964호
2025・ 1・ 7 법률제20635호

제 1 조(목적) 이 법은 국가나 지방자치단체의 손해배상(損害賠償)의 책임과 배상절차를 규정함을 목적으로 한다.
〔전부개정 2008・3・14〕

제 2 조(배상책임) ① 국가나 지방자치단체는 공무원 또는 공무를 위탁받은 사인(이하 "공무원"이라 한다)이 직무를 집행하면서 고의 또는 과실로 법령을 위반하여 타인에게 손해를 입히거나, 「자동차손해배상 보장법」에 따라 손해배상의 책임이 있을 때에는 이 법에 따라 그 손해를 배상하여야 한다. 다만, 군인・군무원・경찰공무원 또는 예비군대원이 전투・훈련 등 직무 집행과 관련하여 전사(戰死)・순직(殉職)하거나 공상(公傷)을 입은 경우에 본인이나 그 유족이 다른 법령에 따라 재해보상금・유족연금・상이연금 등의 보상을 지급받을 수 있을 때에는 이 법 및 「민법」에 따른 손해배상을 청구할 수 없다. <개정 2009・10・21, 2016・5・29>
② 제 1 항 본문의 경우에 공무원에게 고의 또는 중대한 과실이 있으면 국가나 지방자치단체는 그 공무원에게 구상(求償)할 수 있다.
③ 제 1 항 단서에도 불구하고 전사하거나 순직한 군인・군무원・경찰공무원 또는 예비군대원의 유족은 자신의 정신적 고통에 대한 위자료를 청구할 수 있다. <신설 2025・1・7>
〔전부개정 2008・3・14〕

제 3 조(배상기준) ① 제 2 조제 1 항을 적용할 때 타인을 사망하게 한 경우(타인의 신체에 해를 입혀 그로 인하여 사망하게 한 경우를 포함한다) 피해자의 상속인(이하 "유족"이라 한다)에게 다음 각 호의 기준에 따라 배상한다.
1. 사망 당시(신체에 해를 입고 그로 인하여 사망한 경우에는 신체에 해를 입은 당시를 말한다)의 월급액이나 월실수입액(月實收入額) 또는 평균임금에 장래의 취업가능기간을 곱한 금액의 유족배상(遺族賠償)
2. 대통령령으로 정하는 장례비

② 제 2 조제 1 항을 적용할 때 타인의 신체에 해를 입힌 경우에는 피해자에게 다음 각 호의 기준에 따라 배상한다.
1. 필요한 요양을 하거나 이를 대신할 요양비
2. 제 1 호의 요양으로 인하여 월급액이나 월실수입액 또는 평균임금의 수입에 손실이 있는 경우에는 요양기간 중 그 손실액의 휴업배상(休業賠償)
3. 피해자가 완치 후 신체에 장해(障害)가 있는 경우에는 그 장해로 인한 노동력 상실 정도에 따라 피해를 입은 당시의 월급액이나 월실수입액 또는 평균임금에 장래의 취업가능기간을 곱한 금액의 장해배상(障害賠償)

③ 제 2 조제 1 항을 적용할 때 타인의 물건을 멸실・훼손한 경우에는 피해자에게 다음 각 호의 기준에 따라 배상한다.
1. 피해를 입은 당시의 그 물건의 교환가액 또는 필요한 수리를 하거나 이를 대신할 수리비
2. 제 1 호의 수리로 인하여 수입에 손실이 있는 경우에는 수리기간 중 그 손실액의 휴업배상

④ 생명・신체에 대한 침해와 물건의 멸실・훼손으로 인한 손해 외의 손해는 불법행위와 상당한 인과관계가 있는 범위에서 배상한다.
⑤ 사망하거나 신체의 해를 입은 피해자의 직계존속(直系尊屬)・직계비속(直系卑屬) 및 배우자, 신체의 해나 그 밖의 해를 입은 피해자에게는 대통령령으로 정하는 기준 내에서 피해자의 사회적 지위, 과실(過失)의 정도, 생계 상태, 손해배상액 등을 고려하여 그 정신적 고통에 대한 위자료를 배상하여야 한다.
⑥ 제 1 항제 1 호 및 제 2 항제 3 호에 따른 취업가능기간과 장해의 등급 및 노동력 상실률은 대통령령으로 정한다.

⑦ 제 1 항부터 제 3 항까지의 규정에 따른 월급액이나 월실수입액 또는 평균임금 등은 피해자의 주소지를 관할하는 세무서장 또는 시장 · 군수 · 구청장(자치구의 구청장을 말한다)과 피해자의 근무처의 장의 증명이나 그 밖의 공신력 있는 증명에 의하고, 이를 증명할 수 없을 때에는 대통령령으로 정하는 바에 따른다.
〔전부개정 2008 · 3 · 14〕

제 3 조의2(공제액) ① 제 2 조제 1 항을 적용할 때 피해자가 손해를 입은 동시에 이익을 얻은 경우에는 손해배상액에서 그 이익에 상당하는 금액을 빼야 한다.
② 제 3 조제 1 항의 유족배상과 같은 조 제 2 항의 장해배상 및 장래에 필요한 요양비 등을 한꺼번에 신청하는 경우에는 중간이자를 빼야 한다.
③ 제 2 항의 중간이자를 빼는 방식은 대통령령으로 정한다.
〔전부개정 2008 · 3 · 14〕

제 4 조(양도 등 금지) 생명 · 신체의 침해로 인한 국가배상을 받을 권리는 양도하거나 압류하지 못한다.
〔전부개정 2008 · 3 · 14〕

제 5 조(공공시설 등의 하자로 인한 책임) ① 도로 · 하천, 그 밖의 공공의 영조물(營造物)의 설치나 관리에 하자(瑕疵)가 있기 때문에 타인에게 손해를 발생하게 하였을 때에는 국가나 지방자치단체는 그 손해를 배상하여야 한다. 이 경우 제 2 조제 1 항 단서, 제 3 조 및 제 3 조의2를 준용한다.
② 제 1 항을 적용할 때 손해의 원인에 대하여 책임을 질 자가 따로 있으면 국가나 지방자치단체는 그 자에게 구상할 수 있다.
〔전부개정 2008 · 3 · 14〕

제 6 조(비용부담자 등의 책임) ① 제 2 조 · 제 3 조 및 제 5 조에 따라 국가나 지방자치단체가 손해를 배상할 책임이 있는 경우에 공무원의 선임 · 감독 또는 영조물의 설치 · 관리를 맡은 자와 공무원의 봉급 · 급여, 그 밖의 비용 또는 영조물의 설치 · 관리 비용을 부담하는 자가 동일하지 아니하면 그 비용을 부담하는 자도 손해를 배상하여야 한다.
② 제 1 항의 경우에 손해를 배상한 자는 내부관계에서 그 손해를 배상할 책임이 있는 자에게 구상할 수 있다.
〔전부개정 2008 · 3 · 14〕

제 7 조(외국인에 대한 책임) 이 법은 외국인이 피해자인 경우에는 해당 국가와 상호 보증이 있을 때에만 적용한다.
〔전부개정 2008 · 3 · 14〕

제 8 조(다른 법률과의 관계) 국가나 지방자치단체의 손해배상 책임에 관하여는 이 법에 규정된 사항 외에는 「민법」에 따른다. 다만, 「민법」 외의 법률에 다른 규정이 있을 때에는 그 규정에 따른다.
〔전부개정 2008 · 3 · 14〕

제 9 조(소송과 배상신청의 관계) 이 법에 따른 손해배상의 소송은 배상심의회(이하 "심의회"라 한다)에 배상신청을 하지 아니하고도 제기할 수 있다.
〔전부개정 2008 · 3 · 14〕

제10조(배상심의회) ① 국가나 지방자치단체에 대한 배상신청사건을 심의하기 위하여 법무부에 본부심의회를 둔다. 다만, 군인이나 군무원이 타인에게 입힌 손해에 대한 배상신청사건을 심의하기 위하여 국방부에 특별심의회를 둔다.
② 본부심의회와 특별심의회는 대통령령으로 정하는 바에 따라 지구심의회(地區審議會)를 둔다.
③ 본부심의회와 특별심의회와 지구심의회는 법무부장관의 지휘를 받아야 한다.
④ 각 심의회에는 위원장을 두며, 위원장은 심의회의 업무를 총괄하고 심의회를 대표한다.
⑤ 각 심의회의 위원 중 공무원이 아닌 위원은 「형법」 제127조 및 제129조부터 제132조까지의 규정을 적용할 때에는 공무원으로 본다. <신설 2017 · 10 · 31>
⑥ 각 심의회의 관할 · 구성 · 운영과 그 밖에 필요한 사항은 대통령령으로 정한다.
〔전부개정 2008 · 3 · 14〕

제11조(각급 심의회의 권한) ① 본부심의회와 특별심의회는 다음 각 호의 사항을 심의 · 처리한다.
1. 제13조제 6 항에 따라 지구심의회로부터 송부받은 사건
2. 제15조의2에 따른 재심신청사건
3. 그 밖에 법령에 따라 그 소관에 속하는 사항
② 각 지구심의회는 그 관할에 속하는 국가나 지방자치단체에 대한 배상신청사건을 심의 · 처리한다.
〔전부개정 2008 · 3 · 14〕

제12조(배상신청) ① 이 법에 따라 배상금을 지급받으려는 자는 그 주소지·소재지 또는 배상원인 발생지를 관할하는 지구심의회에 배상신청을 하여야 한다.

② 손해배상의 원인을 발생하게 한 공무원의 소속 기관의 장은 피해자나 유족을 위하여 제1항의 신청을 권장하여야 한다.

③ 심의회의 위원장은 배상신청이 부적법하지만 보정(補正)할 수 있다고 인정하는 경우에는 상당한 기간을 정하여 보정을 요구하여야 한다.

④ 제3항에 따른 보정을 하였을 때에는 처음부터 적법하게 배상신청을 한 것으로 본다.

⑤ 제3항에 따른 보정기간은 제13조제1항에 따른 배상결정 기간에 산입하지 아니한다.

〔전부개정 2008·3·14〕

제13조(심의와 결정) ① 지구심의회는 배상신청을 받으면 지체 없이 증인신문(證人訊問)·감정(鑑定)·검증(檢證) 등 증거조사를 한 후 그 심의를 거쳐 4주일 이내에 배상금 지급결정, 기각결정 또는 각하결정(이하 "배상결정"이라 한다)을 하여야 한다.

② 지구심의회는 긴급한 사유가 있다고 인정할 때에는 제3조제1항제2호, 같은 조 제2항제1호 및 같은 조 제3항제1호에 따른 장례비·요양비 및 수리비의 일부를 사전에 지급하도록 결정할 수 있다. 사전에 지급을 한 경우에는 배상결정 후 배상금을 지급할 때에 그 금액을 빼야 한다.

③ 제2항 전단에 따른 사전 지급의 기준·방법 및 절차 등에 관하여 필요한 사항은 대통령령으로 정한다.

④ 제2항에도 불구하고 지구심의회의 회의를 소집할 시간적 여유가 없거나 그 밖의 부득이한 사유가 있으면 지구심의회의 위원장은 직권으로 사전 지급을 결정할 수 있다. 이 경우 위원장은 지구심의회에 그 사실을 보고하고 추인(追認)을 받아야 하며, 지구심의회의 추인을 받지 못하면 그 결정은 효력을 잃는다.

⑤ 심의회는 제3조와 제3조의2의 기준에 따라 배상금 지급을 심의·결정하여야 한다.

⑥ 지구심의회는 배상신청사건을 심의한 결과 그 사건이 다음 각 호의 어느 하나에 해당한다고 인정되면 지체 없이 사건기록에 심의 결과를 첨부하여 본부심의회나 특별심의회에 송부하여야 한다.

1. 배상금의 개산액(概算額)이 대통령령으로 정하는 금액 이상인 사건
2. 그 밖에 대통령령으로 본부심의회나 특별심의회에서 심의·결정하도록 한 사건

⑦ 본부심의회나 특별심의회는 제6항에 따라 사건기록을 송부받으면 4주일 이내에 배상결정을 하여야 한다.

⑧ 심의회는 다음 각 호의 어느 하나에 해당하면 배상신청을 각하(却下)한다.

1. 신청인이 이전에 동일한 신청원인으로 배상신청을 하여 배상금 지급(賠償金 支給) 또는 기각(棄却)의 결정을 받은 경우. 다만, 기각결정을 받은 신청인이 중요한 증거가 새로 발견되었음을 소명(疏明)하는 경우에는 그러하지 아니하다.
2. 신청인이 이전에 동일한 청구원인으로 이 법에 따른 손해배상의 소송을 제기하여 배상금지급 또는 기각의 확정판결을 받은 경우
3. 그 밖에 배상신청이 부적법하고 그 잘못된 부분을 보정할 수 없거나 제12조제3항에 따른 보정 요구에 응하지 아니한 경우

〔전부개정 2008·3·14〕

제14조(결정서의 송달) ① 심의회는 배상결정을 하면 그 결정을 한 날부터 1주일 이내에 그 결정정본(決定正本)을 신청인에게 송달하여야 한다.

② 제1항의 송달에 관하여는 「민사소송법」의 송달에 관한 규정을 준용한다.

〔전부개정 2008·3·14〕

제15조(신청인의 동의와 배상금 지급) ① 배상결정을 받은 신청인은 지체 없이 그 결정에 대한 동의서를 첨부하여 국가나 지방자치단체에 배상금 지급을 청구하여야 한다.

② 배상금 지급에 관한 절차, 지급기관, 지급시기, 그 밖에 필요한 사항은 대통령령으로 정한다.

③ 배상결정을 받은 신청인이 배상금 지급을 청구하지 아니하거나 지방자치단체가 대통령령으로 정하는 기간 내에 배상금을 지급하지 아니하면 그 결정에 동의하지 아니한 것으로 본다.

〔전부개정 2008·3·14〕

제15조의2(재심신청) ① 지구심의회에서 배상신청이 기각(일부기각된 경우를 포함한다) 또는 각하된 신청인은 결정정본이 송달된 날부터 2주일 이내에 그 심의회를 거쳐 본부심의회나 특별심의회에 재심(再審)을 신청할 수 있다.

② 재심신청을 받은 지구심의회는 1주일 이내에 배상신청기록 일체를 본부심의회나 특별심의회에 송부하여야 한다.
③ 본부심의회나 특별심의회는 제1항의 신청에 대하여 심의를 거쳐 4주일 이내에 다시 배상결정을 하여야 한다.
④ 본부심의회나 특별심의회는 배상신청을 각하한 지구심의회의 결정이 법령에 위반되면 사건을 그 지구심의회에 환송(還送)할 수 있다.
⑤ 본부심의회나 특별심의회는 배상신청이 각하된 신청인이 잘못된 부분을 보정하여 재심신청을 하면 사건을 해당 지구심의회에 환송할 수 있다.
⑥ 재심신청사건에 대한 본부심의회나 특별심의회의 배상결정에는 제14조와 제15조를 준용한다.
〔전부개정 2008·3·14〕

제16조 삭제 <1997·12·13>

제17조 삭제 <2008·3·14>

부 칙

①(시행일) 이 법은 공포후 30일이 경과한 날로부터 시행한다.
②(폐지법률) 국가배상법과 국가배상금청구에 관한절차법은 이를 폐지한다.
③(경과규정) 이 법 시행당시 법원에 계속 중인 소송사건에 대하여는 제9조의 규정을 적용하지 아니한다.
④(동전) 종전의 법령에 의하여 설치된 심의회에 계속 중인 배상금지급신청사건은 이 법 시행일로부터 이 법에 의한 기간이 진행한다.

부 칙 <1973·2·5 법2459>

이 법은 공포한 날로부터 시행한다.

부 칙 <1980·1·4 법3235>

①(시행일) 이 법은 1980년 2월 1일부터 시행한다.
②(심의회의 관할에 관한 경과조치) 이 법 시행당시 종전의 본부심의회와 특별심의회에 계속중인 사건은 배상금지급신청이 있는 날로부터 이 법에 의하여 관할권이 있는 심의회에 계속된 것으로 보며 동 심의회에 즉시 이송하여야 한다.
③(배상결정에 관한 경과조치) 이 법 시행당시 종전의 본부심의회와 특별심의회에서 배상결정한 사건은 이 법에 의하여 관할권이 있는 심의회에서 결정한 것으로 본다.

부 칙 <1981·12·17 법3464>

①(시행일) 이 법은 1982년 2월 1일부터 시행한다.
②(경과조치) 이 법 시행당시 본부심의회 또는 특별심의회에 승인요청 중인 사건에 관하여는 이 법이 정하는 바에 의하여 본부심의회 또는 특별심의회에서 심의처리한다.

부 칙 <1997·12·13 법5433>

①(시행일) 이 법은 1998년 3월 1일부터 시행한다.
②(경과조치) 이 법 시행당시 본부심의회 및 지구심의회와 특별심의회에 계속 중인 사건에 관하여는 개정규정이 정하는 바에 의하여 심의·처리한다.

부 칙 <2000·12·29 법6310>

①(시행일) 이 법은 공포한 날부터 시행한다.
②(경과조치) 이 법 시행당시 심의회에 계속 중인 사건과 법원에 계속 중인 손해배상의 소송사건에 대하여는 이 법의 개정규정을 적용한다.

부 칙 <2005·7·13 법7584>

이 법은 공포한 날부터 시행한다.

부 칙 <2008·3·14 법8897>

이 법은 공포한 날부터 시행한다.

부 칙 <2009·10·21 법9803>

이 법은 공포한 날부터 시행한다.

부 칙 <2016·5·29 법14184>

제1조(시행일) 이 법은 공포 후 6개월이 경과한 날부터 시행한다.

제2조 생략

부 칙 <2017·10·31 법14964>

이 법은 공포한 날부터 시행한다.

부 칙 <2025·1·7 법20635>

제1조(시행일) 이 법은 공포한 날부터 시행한다.

제2조(유족의 위자료에 관한 적용례) ① 제2조제3항의 개정규정은 이 법 시행 이후 군인·군무원·경찰공무원 또는 예비군대원이 전투·훈련 등 직무 집행과 관련하여 전사하거나 순직한 것으로 인정되는 경우부터 적용한다.
② 제1항에도 불구하고 이 법 시행 당시 본부심의회, 특별심의회 또는 지구심의회에 계속 중인 사건과 법원에 계속 중인 소송사건에 대해서는 제2조제3항의 개정규정을 적용한다.

●제조물 책임법

〔2000·1·12 법률제6109호〕

개정
2013· 5·22 법률제11813호
2017· 4·18 법률제14764호

제 1 조(목적) 이 법은 제조물의 결함으로 발생한 손해에 대한 제조업자 등의 손해배상책임을 규정함으로써 피해자 보호를 도모하고 국민생활의 안전 향상과 국민경제의 건전한 발전에 이바지함을 목적으로 한다.
〔전부개정 2013·5·22〕

제 2 조(정의) 이 법에서 사용하는 용어의 뜻은 다음과 같다.

1. "제조물"이란 제조되거나 가공된 동산(다른 동산이나 부동산의 일부를 구성하는 경우를 포함한다)을 말한다.
2. "결함"이란 해당 제조물에 다음 각 목의 어느 하나에 해당하는 제조상·설계상 또는 표시상의 결함이 있거나 그 밖에 통상적으로 기대할 수 있는 안전성이 결여되어 있는 것을 말한다.
   가. "제조상의 결함"이란 제조업자가 제조물에 대하여 제조상·가공상의 주의의무를 이행하였는지에 관계없이 제조물이 원래 의도한 설계와 다르게 제조·가공됨으로써 안전하지 못하게 된 경우를 말한다.
   나. "설계상의 결함"이란 제조업자가 합리적인 대체설계(代替設計)를 채용하였더라면 피해나 위험을 줄이거나 피할 수 있었음에도 대체설계를 채용하지 아니하여 해당 제조물이 안전하지 못하게 된 경우를 말한다.
   다. "표시상의 결함"이란 제조업자가 합리적인 설명·지시·경고 또는 그 밖의 표시를 하였더라면 해당 제조물에 의하여 발생할 수 있는 피해나 위험을 줄이거나 피할 수 있었음에도 이를 하지 아니한 경우를 말한다.
3. "제조업자"란 다음 각 목의 자를 말한다.
   가. 제조물의 제조·가공 또는 수입을 업(業)으로 하는 자
   나. 제조물에 성명·상호·상표 또는 그 밖에 식별(識別) 가능한 기호 등을 사용하여 자신을 가목의 자로 표시한 자 또는 가목의 자로 오인(誤認)하게 할 수 있는 표시를 한 자

〔전부개정 2013·5·22〕

제 3 조(제조물 책임) ① 제조업자는 제조물의 결함으로 생명·신체 또는 재산에 손해(그 제조물에 대하여만 발생한 손해는 제외한다)를 입은 자에게 그 손해를 배상하여야 한다.

② 제 1 항에도 불구하고 제조업자가 제조물의 결함을 알면서도 그 결함에 대하여 필요한 조치를 취하지 아니한 결과로 생명 또는 신체에 중대한 손해를 입은 자가 있는 경우에는 그 자에게 발생한 손해의 3배를 넘지 아니하는 범위에서 배상책임을 진다. 이 경우 법원은 배상액을 정할 때 다음 각 호의 사항을 고려하여야 한다. <신설 2017·4·18>

1. 고의성의 정도
2. 해당 제조물의 결함으로 인하여 발생한 손해의 정도
3. 해당 제조물의 공급으로 인하여 제조업자가 취득한 경제적 이익
4. 해당 제조물의 결함으로 인하여 제조업자가 형사처벌 또는 행정처분을 받은 경우 그 형사처벌 또는 행정처분의 정도
5. 해당 제조물의 공급이 지속된 기간 및 공급 규모
6. 제조업자의 재산상태
7. 제조업자가 피해구제를 위하여 노력한 정도

③ 피해자가 제조물의 제조업자를 알 수 없는 경우에 그 제조물을 영리 목적으로 판매·대여 등의 방법으로 공급한 자는 제 1 항에 따른 손해를 배상하여야 한다. 다만, 피해자 또는 법정대리인의 요청을 받고 상당한 기간 내에 그 제조업자 또는 공급한 자를 그 피해자 또는 법정대리인에게 고지(告知)한 때에는 그러하지 아니하다. <개정 2017·4·18>
〔전부개정 2013·5·22〕

제 3 조의2(결함 등의 추정) 피해자가 다음 각 호의 사실을 증명한 경우에는 제조물을 공

급할 당시 해당 제조물에 결함이 있었고 그 제조물의 결함으로 인하여 손해가 발생한 것으로 추정한다. 다만, 제조업자가 제조물의 결함이 아닌 다른 원인으로 인하여 그 손해가 발생한 사실을 증명한 경우에는 그러하지 아니하다.

1. 해당 제조물이 정상적으로 사용되는 상태에서 피해자의 손해가 발생하였다는 사실
2. 제 1 호의 손해가 제조업자의 실질적인 지배영역에 속한 원인으로부터 초래되었다는 사실
3. 제 1 호의 손해가 해당 제조물의 결함 없이는 통상적으로 발생하지 아니한다는 사실

〔본조신설 2017 · 4 · 18〕

제 4 조(면책사유) ① 제 3 조에 따라 손해배상책임을 지는 자가 다음 각 호의 어느 하나에 해당하는 사실을 입증한 경우에는 이 법에 따른 손해배상책임을 면(免)한다.

1. 제조업자가 해당 제조물을 공급하지 아니하였다는 사실
2. 제조업자가 해당 제조물을 공급한 당시의 과학·기술 수준으로는 결함의 존재를 발견할 수 없었다는 사실
3. 제조물의 결함이 제조업자가 해당 제조물을 공급한 당시의 법령에서 정하는 기준을 준수함으로써 발생하였다는 사실
4. 원재료나 부품의 경우에는 그 원재료나 부품을 사용한 제조물 제조업자의 설계 또는 제작에 관한 지시로 인하여 결함이 발생하였다는 사실

② 제 3 조에 따라 손해배상책임을 지는 자가 제조물을 공급한 후에 그 제조물에 결함이 존재한다는 사실을 알거나 알 수 있었음에도 그 결함으로 인한 손해의 발생을 방지하기 위한 적절한 조치를 하지 아니한 경우에는 제 1 항제 2 호부터 제 4 호까지의 규정에 따른 면책을 주장할 수 없다.

〔전부개정 2013 · 5 · 22〕

제 5 조(연대책임) 동일한 손해에 대하여 배상할 책임이 있는 자가 2인 이상인 경우에는 연대하여 그 손해를 배상할 책임이 있다.

〔전부개정 2013 · 5 · 22〕

제 6 조(면책특약의 제한) 이 법에 따른 손해배상책임을 배제하거나 제한하는 특약(特約)은 무효로 한다. 다만, 자신의 영업에 이용하기 위하여 제조물을 공급받은 자가 자신의 영업용 재산에 발생한 손해에 관하여 그와 같은 특약을 체결한 경우에는 그러하지 아니하다.

〔전부개정 2013 · 5 · 22〕

제 7 조(소멸시효 등) ① 이 법에 따른 손해배상의 청구권은 피해자 또는 그 법정대리인이 다음 각 호의 사항을 모두 알게 된 날부터 3년간 행사하지 아니하면 시효의 완성으로 소멸한다.

1. 손해
2. 제 3 조에 따라 손해배상책임을 지는 자

② 이 법에 따른 손해배상의 청구권은 제조업자가 손해를 발생시킨 제조물을 공급한 날부터 10년 이내에 행사하여야 한다. 다만, 신체에 누적되어 사람의 건강을 해치는 물질에 의하여 발생한 손해 또는 일정한 잠복기간(潛伏期間)이 지난 후에 증상이 나타나는 손해에 대하여는 그 손해가 발생한 날부터 기산(起算)한다.

〔전부개정 2013 · 5 · 22〕

제 8 조(「민법」의 적용) 제조물의 결함으로 인한 손해배상책임에 관하여 이 법에 규정된 것을 제외하고는 「민법」에 따른다.

〔전부개정 2013 · 5 · 22〕

부 칙

①(시행일) 이 법은 2002년 7월 1일부터 시행한다.

②(적용례) 이 법은 이 법 시행후 제조업자가 최초로 공급한 제조물부터 적용한다.

부 칙 <2013 · 5 · 22 법11813>

이 법은 공포한 날부터 시행한다.

부 칙 <2017 · 4 · 18 법14764>

제 1 조(시행일) 이 법은 공포 후 1년이 경과한 날부터 시행한다.

제 2 조(적용례) 제 3 조제 2 항 · 제 3 항 및 제 3 조의2의 개정규정은 이 법 시행 후 최초로 공급하는 제조물부터 적용한다.

●자동차손해배상 보장법

〔2008·3·28 법률제9065호 전부개정〕

개정
2009· 2· 6 법률제 9449호(자동차관리법)
2009· 2· 6 법률제 9450호
2009· 5·27 법률제 9738호
2012· 2·22 법률제11369호
2013· 3·23 법률제11690호(정부조직법)
2013· 8· 6 법률제12021호
2015· 1· 6 법률제12987호
2015· 6·22 법률제13377호
2016· 3·22 법률제14092호
2016·12·20 법률제14450호
2017·10·24 법률제14939호(한국교통안전공단법)
2017·11·28 법률제15118호
2019·11·26 법률제16635호
2020· 4· 7 법률제17236호
2020· 6· 9 법률제17453호(법률용어 정비를 위한 국토교통위원회 소관 78개 법률 일부개정을 위한 법률)
2021· 1·26 법률제17911호(생활물류서비스산업발전법)
2021· 3·16 법률제17948호
2021· 7·27 법률제18347호
2021·12· 7 법률제18560호
2022·11·15 법률제19055호
2024· 1· 9 법률제19981호
2024· 1· 9 법률제19986호(행정기관 소속 위원회 정비를 위한 공항시설법 등 9개 법률의 일부개정에 관한 법률)
2024· 1·16 법률제20046호
2024· 2·20 법률제20340호
2024·12· 3 법률제20555호

제 1 장 총칙

제 1 조(목적) 이 법은 자동차의 운행으로 사람이 사망 또는 부상하거나 재물이 멸실 또는 훼손된 경우에 손해배상을 보장하는 제도를 확립하여 피해자를 보호하고, 자동차사고로 인한 사회적 손실을 방지함으로써 자동차운송의 건전한 발전을 촉진함을 목적으로 한다. <개정 2013·8·6>

제 2 조(정의) 이 법에서 사용하는 용어의 뜻은 다음과 같다. <개정 2009·2·6, 2013·8·6, 2016·3·22, 2020·4·7, 2021·1·26>

1. "자동차"란 「자동차관리법」의 적용을 받는 자동차와 「건설기계관리법」의 적용을 받는 건설기계 중 대통령령으로 정하는 것을 말한다.

1의2. "자율주행자동차"란 「자동차관리법」 제 2 조제 1 호의3에 따른 자율주행자동차를 말한다.

2. "운행"이란 사람 또는 물건의 운송 여부와 관계없이 자동차를 그 용법에 따라 사용하거나 관리하는 것을 말한다.
3. "자동차보유자"란 자동차의 소유자나 자동차를 사용할 권리가 있는 자로서 자기를 위하여 자동차를 운행하는 자를 말한다.
4. "운전자"란 다른 사람을 위하여 자동차를 운전하거나 운전을 보조하는 일에 종사하는 자를 말한다.
5. "책임종사하는 보험"이란 자동차보유자와 「보험업법」에 따라 허가를 받아 보험업을 영위하는 자(이하 "보험회사"라 한다)가 자동차의 운행으로 다른 사람이 사망하거나 부상한 경우 이 법에 따른 손해배상책임을 보장하는 내용을 약정하는 보험을 말한다.
6. "책임공제(責任共濟)"란 사업용 자동차의 보유자와 「여객자동차 운수사업법」, 「화물자동차 운수사업법」, 「건설기계관리법」 또는 「생활물류서비스산업발전법」에 따라 공제사업을 하는 자(이하 "공제사업자"라 한다)가 자동차의 운행으로 다른 사람이 사

망하거나 부상한 경우 이 법에 따른 손해배상책임을 보장하는 내용을 약정하는 공제를 말한다.

7. "자동차보험진료수가(診療酬價)"란 자동차의 운행으로 사고를 당한 자(이하 "교통사고환자"라 한다)가 「의료법」에 따른 의료기관(이하 "의료기관"이라 한다)에서 진료를 받음으로써 발생하는 비용으로서 다음 각 목의 어느 하나의 경우에 적용되는 금액을 말한다.
   가. 보험회사(공제사업자를 포함한다. 이하 "보험회사등"이라 한다)의 보험금(공제금을 포함한다. 이하 "보험금등"이라 한다)으로 해당 비용을 지급하는 경우
   나. 제30조에 따른 자동차손해배상 보장사업의 보상금으로 해당 비용을 지급하는 경우
   다. 교통사고환자에 대한 배상(제30조에 따른 보상을 포함한다)이 종결된 후 해당 교통사고로 발생한 치료비를 교통사고환자가 의료기관에 지급하는 경우

8. "자동차사고 피해지원사업"이란 자동차사고로 인한 피해를 구제하거나 예방하기 위한 사업을 말하며, 다음 각 목과 같이 구분한다.
   가. 자동차손해배상 보장사업 : 제30조에 따라 국토교통부장관이 자동차사고 피해를 보상하는 사업
   나. 자동차사고 피해예방사업 : 제30조의2에 따라 국토교통부장관이 자동차사고 피해예방을 지원하는 사업
   다. 자동차사고 피해자 가족 등 지원사업 : 제30조제 2 항에 따라 국토교통부장관이 자동차사고 피해자 및 가족을 지원하는 사업
   라. 자동차사고 후유장애인 재활지원사업 : 제31조에 따라 국토교통부장관이 자동차사고 후유장애인 등의 재활을 지원하는 사업

9. "자율주행자동차사고"란 자율주행자동차의 운행 중에 그 운행과 관련하여 발생한 자동차사고를 말한다.

제 3 조(자동차손해배상책임) 자기를 위하여 자동차를 운행하는 자는 그 운행으로 다른 사람을 사망하게 하거나 부상하게 한 경우에는 그 손해를 배상할 책임을 진다. 다만, 다음 각 호의 어느 하나에 해당하면 그러하지 아니하다.

1. 승객이 아닌 자가 사망하거나 부상한 경우에 자기와 운전자가 자동차의 운행에 주의를 게을리 하지 아니하였고, 피해자 또는 자기 및 운전자 외의 제 3 자에게 고의 또는 과실이 있으며, 자동차의 구조상의 결함이나 기능상의 장해가 없었다는 것을 증명한 경우
2. 승객이 고의나 자살행위로 사망하거나 부상한 경우

제 4 조(「민법」의 적용) 자기를 위하여 자동차를 운행하는 자의 손해배상책임에 대하여는 제 3 조에 따른 경우 외에는 「민법」에 따른다.

제 2 장 손해배상을 위한 보험 가입 등

제 5 조(보험 등의 가입 의무) ① 자동차보유자는 자동차의 운행으로 다른 사람이 사망하거나 부상한 경우에 피해자(피해자가 사망한 경우에는 손해배상을 받을 권리를 가진 자를 말한다. 이하 같다)에게 대통령령으로 정하는 금액을 지급할 책임을 지는 책임보험이나 책임공제(이하 "책임보험등"이라 한다)에 가입하여야 한다.

② 자동차보유자는 책임보험등에 가입하는 것 외에 자동차의 운행으로 다른 사람의 재물이 멸실되거나 훼손된 경우에 피해자에게 대통령령으로 정하는 금액을 지급할 책임을 지는 「보험업법」에 따른 보험이나 「여객자동차 운수사업법」, 「화물자동차 운수사업법」, 「건설기계관리법」 및 「생활물류서비스산업발전법」에 따른 공제에 가입하여야 한다. <개정 2021·1·26>

③ 다음 각 호의 어느 하나에 해당하는 자는 책임보험등에 가입하는 것 외에 자동차 운행으로 인하여 다른 사람이 사망하거나 부상한 경우에 피해자에게 책임보험등의 배상책임한도를 초과하여 대통령령으로 정하는 금액을 지급할 책임을 지는 「보험업법」에 따른 보험이나 「여객자동차 운수사업법」, 「화물자동차 운수사업법」, 「건설기계관리법」

및 「생활물류서비스산업발전법」에 따른 공제에 가입하여야 한다. <개정 2021 · 1 · 26>
1. 「여객자동차 운수사업법」 제 4 조제 1 항에 따라 면허를 받거나 등록한 여객자동차 운송사업자
2. 「여객자동차 운수사업법」 제28조제 1 항에 따라 등록한 자동차 대여사업자
3. 「화물자동차 운수사업법」 제 3 조 및 제29조에 따라 허가를 받은 화물자동차 운송사업자 및 화물자동차 운송가맹사업자
4. 「건설기계관리법」 제21조제 1 항에 따라 등록한 건설기계 대여업자
5. 「생활물류서비스산업발전법」 제 2 조제 4 호나목에 따른 소화물배송대행서비스인증사업자

④ 제 1 항 및 제 2 항은 대통령령으로 정하는 자동차와 도로(「도로교통법」 제 2 조제 1 호에 따른 도로를 말한다. 이하 같다)가 아닌 장소에서만 운행하는 자동차에 대하여는 적용하지 아니한다.
⑤ 제 1 항의 책임보험등과 제 2 항 및 제 3 항의 보험 또는 공제에는 각 자동차별로 가입하여야 한다.

제 5 조의2(보험 등의 가입 의무 면제) ① 자동차보유자는 보유한 자동차(제 5 조제 3 항 각 호의 자가 면허 등을 받은 사업에 사용하는 자동차는 제외한다)를 해외체류 등으로 3개월 이상 2년 이하의 범위에서 일정 기간 운행할 수 없는 경우로서 대통령령으로 정하는 경우에는 그 자동차의 등록업무를 관할하는 특별시장 · 광역시장 · 특별자치시장 · 도지사 · 특별자치도지사(자동차의 등록업무가 시장 · 군수 · 구청장에게 위임된 경우에는 시장 · 군수 · 구청장을 말한다. 이하 "시 · 도지사"라 한다)의 승인을 받아 그 운행중지기간에 한정하여 제 5 조제 1 항 및 제 2 항에 따른 보험 또는 공제에의 가입 의무를 면제받을 수 있다. 이 경우 자동차보유자는 해당 자동차등록증 및 자동차등록번호판을 시 · 도지사에게 보관하여야 한다. <개정 2020 · 6 · 9, 2021 · 7 · 27, 2024 · 1 · 16>
② 제 1 항에 따라 보험 또는 공제에의 가입 의무를 면제받은 자는 면제기간 중에는 해당 자동차를 도로에서 운행하여서는 아니 된다.
③ 보험회사등은 자기와 제 1 항에 따라 보험 또는 공제에의 가입 의무를 면제받은 자가 체결한 보험 또는 공제의 계약기간을 국토교통부령으로 정하는 바에 따라 그 운행중지기간 내에서 유예할 수 있다. <신설 2024 · 1 · 16>
④ 제 1 항에 따른 보험 또는 공제에의 가입 의무를 면제받을 수 있는 승인 기준 및 신청 절차 등 필요한 사항은 국토교통부령으로 정한다. <개정 2013 · 3 · 23>
〔본조신설 2012 · 2 · 22〕

제 6 조(의무보험 미가입자에 대한 조치 등) ① 보험회사등은 자기와 제 5 조제 1 항부터 제 3 항까지의 규정에 따라 자동차보유자가 가입하여야 하는 보험 또는 공제(이하 "의무보험"이라 한다)의 계약을 체결하고 있는 자동차보유자에게 그 계약 종료일의 75일 전부터 30일 전까지의 기간 및 30일 전부터 10일 전까지의 기간에 각각 그 계약이 끝난다는 사실을 알려야 한다. 다만, 보험회사등은 보험기간이 1개월 이내인 계약인 경우와 자동차보유자가 자기와 다시 계약을 체결하거나 다른 보험회사등과 새로운 계약을 체결한 사실을 안 경우에는 통지를 생략할 수 있다. <개정 2009 · 2 · 6>
② 보험회사등은 의무보험에 가입하여야 할 자가 다음 각 호의 어느 하나에 해당하면 그 사실을 국토교통부령으로 정하는 기간 내에 특별자치시장 · 특별자치도지사 · 시장 · 군수 또는 구청장(자치구의 구청장을 말하며, 이하 "시장 · 군수 · 구청장"이라 한다)에게 알려야 한다. <개정 2013 · 3 · 23, 2021 · 7 · 27>
1. 자기와 의무보험 계약을 체결한 경우
2. 자기와 의무보험 계약을 체결한 후 계약 기간이 끝나기 전에 그 계약을 해지한 경우
3. 자기와 의무보험 계약을 체결한 자가 그 계약 기간이 끝난 후 자기와 다시 계약을 체결하지 아니한 경우

③ 제 2 항에 따른 통지를 받은 시장 · 군수 · 구청장은 의무보험에 가입하지 아니한 자동차보유자에게 지체 없이 10일 이상 15일 이하의 기간을 정하여 의무보험에 가입하고 그 사실을 증명할 수 있는 서류를 제출할 것을 명하여야 한다.
④ 시장 · 군수 · 구청장은 의무보험에 가입

되지 아니한 자동차의 등록번호판(이륜자동차 번호판 및 건설기계의 등록번호표를 포함한다. 이하 같다)을 영치할 수 있다.

⑤ 시장·군수·구청장은 제 4 항에 따라 의무보험에 가입되지 아니한 자동차의 등록번호판을 영치하기 위하여 필요하면 경찰서장에게 협조를 요청할 수 있다. 이 경우 협조를 요청받은 경찰서장은 특별한 사유가 없으면 이에 따라야 한다.

⑥ 시장·군수·구청장은 제 4 항에 따라 의무보험에 가입되지 아니한 자동차의 등록번호판을 영치하면 「자동차관리법」이나 「건설기계관리법」에 따라 그 자동차의 등록업무를 관할하는 시·도지사와 그 자동차보유자에게 그 사실을 통보하여야 한다. <개정 2012·2·22>

⑦ 제 1 항과 제 2 항에 따른 통지의 방법과 절차에 관하여 필요한 사항, 제 4 항에 따른 자동차 등록번호판의 영치 및 영치 해제의 방법·절차 등에 관하여 필요한 사항은 국토교통부령으로 정한다. <개정 2013·3·23>

제 7 조(의무보험 가입관리전산망의 구성·운영 등) ① 국토교통부장관은 의무보험에 가입하지 아니한 자동차보유자를 효율적으로 관리하기 위하여 「자동차관리법」 제69조제 1 항에 따른 전산정보처리조직과 「보험업법」 제176조에 따른 보험요율산출기관(이하 "보험요율산출기관"이라 한다)이 관리·운영하는 전산정보처리조직을 연계하여 의무보험 가입관리전산망(이하 "가입관리전산망"이라 한다)을 구성하여 운영할 수 있다. <개정 2013·3·23>

② 국토교통부장관은 관계 중앙행정기관의 장, 지방자치단체의 장, 「공공기관의 운영에 관한 법률」 제 4 조에 따른 공공기관의 장, 「유료도로법」에 따른 유료도로관리청 및 유료도로관리권자, 보험회사 및 보험 관련 단체의 장에게 가입관리전산망을 구성·운영하기 위하여 대통령령으로 정하는 정보의 제공을 요청할 수 있다. 이 경우 관련 정보의 제공을 요청받은 자는 특별한 사유가 없으면 요청에 따라야 한다. <개정 2009·2·6, 2013·3·23, 2024·1·9>

③ 삭제 <2009·2·6>

④ 가입관리전산망의 운영에 필요한 사항은 대통령령으로 정한다.

제 8 조(운행의 금지) 의무보험에 가입되어 있지 아니한 자동차는 도로에서 운행하여서는 아니 된다. 다만, 제 5 조제 4 항에 따라 대통령령으로 정하는 자동차는 운행할 수 있다.

제 9 조(의무보험의 가입증명서 발급 청구) 의무보험에 가입한 자와 그 의무보험 계약의 피보험자(이하 "보험가입자등"이라 한다) 및 이해관계인은 권리의무 또는 사실관계를 증명하기 위하여 필요하면 보험회사등에게 의무보험에 가입한 사실을 증명하는 서류의 발급을 청구할 수 있다.

제10조(보험금등의 청구) ① 보험가입자등에게 제 3 조에 따른 손해배상책임이 발생하면 그 피해자는 대통령령으로 정하는 바에 따라 보험회사등에게 「상법」 제724조제 2 항에 따라 보험금등을 자기에게 직접 지급할 것을 청구할 수 있다. 이 경우 피해자는 자동차보험진료수가에 해당하는 금액은 진료한 의료기관에 직접 지급하여 줄 것을 청구할 수 있다.

② 보험가입자등은 보험회사등이 보험금등을 지급하기 전에 피해자에게 손해에 대한 배상금을 지급한 경우에는 보험회사등에게 보험금등의 보상한도에서 그가 피해자에게 지급한 금액의 지급을 청구할 수 있다.

제11조(피해자에 대한 가불금) ① 보험가입자등이 자동차의 운행으로 다른 사람을 사망하게 하거나 부상하게 한 경우에는 피해자는 대통령령으로 정하는 바에 따라 보험회사등에게 자동차보험진료수가에 대하여는 그 전액을, 그 외의 보험금등에 대하여는 대통령령으로 정한 금액을 제10조에 따른 보험금등을 지급하기 위한 가불금(假拂金)으로 지급할 것을 청구할 수 있다.

② 보험회사등은 제 1 항에 따른 청구를 받으면 국토교통부령으로 정하는 기간에 그 청구받은 가불금을 지급하여야 한다. <개정 2013·3·23>

③ 보험회사등은 제 2 항에 따라 지급한 가불금이 지급하여야 할 보험금등을 초과하면 가불금을 지급받은 자에게 그 초과액의 반환을 청구할 수 있다.

④ 보험회사등은 제 2 항에 따라 가불금을 지급한 후 보험가입자등에게 손해배상책임

이 없는 것으로 밝혀진 경우에는 가불금을 지급받은 자에게 그 지급액의 반환을 청구할 수 있다. <개정 2020·6·9>

⑤ 보험회사등은 제3항 및 제4항에 따른 반환 청구에도 불구하고 가불금을 반환받지 못하는 경우로서 대통령령으로 정하는 요건을 갖추면 반환받지 못한 가불금의 보상을 정부에 청구할 수 있다. <개정 2009·2·6, 2016·12·20>

제12조(자동차보험진료수가의 청구 및 지급) ① 보험회사등은 보험가입자등 또는 제10조제1항 후단에 따른 피해자가 청구하거나 그 밖의 원인으로 교통사고환자가 발생한 것을 안 경우에는 지체 없이 그 교통사고환자를 진료하는 의료기관에 해당 진료에 따른 자동차보험진료수가의 지급 의사 유무와 지급 한도를 알려야 한다. <개정 2009·2·6>

② 제1항에 따라 보험회사등으로부터 자동차보험진료수가의 지급 의사와 지급 한도를 통지받은 의료기관은 그 보험회사등에게 제15조에 따라 국토교통부장관이 고시한 기준에 따라 자동차보험진료수가를 청구할 수 있다. <개정 2013·3·23>

③ 의료기관이 제2항에 따라 보험회사등에게 자동차보험진료수가를 청구하는 경우에는 「의료법」 제22조에 따른 진료기록부의 진료기록에 따라 청구하여야 한다.

④ 제2항에 따라 의료기관이 자동차보험진료수가를 청구하면 보험회사등은 30일 이내에 그 청구액을 지급하여야 한다. 다만, 보험회사등이 제12조의2제1항에 따라 위탁한 경우 전문심사기관이 심사결과를 통지한 날부터 14일 이내에 심사결과에 따라 자동차보험진료수가를 지급하여야 한다. <개정 2015·6·22>

⑤ 의료기관은 제2항에 따라 보험회사등에게 자동차보험진료수가를 청구할 수 있는 경우에는 교통사고환자(환자의 보호자를 포함한다)에게 이에 해당하는 진료비를 청구하여서는 아니 된다. 다만, 다음 각 호의 어느 하나에 해당하는 경우에는 해당 진료비를 청구할 수 있다. <개정 2013·3·23>

1. 보험회사등이 지급 의사가 없다는 사실을 알리거나 지급 의사를 철회한 경우
2. 보험회사등이 보상하여야 할 대상이 아닌 비용의 경우
3. 제1항에 따라 보험회사등이 알린 지급 한도를 초과한 진료비의 경우
4. 제10조제1항 또는 제11조제1항에 따라 피해자가 보험회사등에게 자동차보험진료수가를 자기에게 직접 지급할 것을 청구한 경우
5. 그 밖에 국토교통부령으로 정하는 사유에 해당하는 경우

제12조의2(업무의 위탁) ① 보험회사등은 제12조제4항에 따라 의료기관이 청구하는 자동차보험진료수가의 심사·조정 업무 등을 대통령령으로 정하는 전문심사기관(이하 "전문심사기관"이라 한다)에 위탁할 수 있다.

② 전문심사기관은 제1항에 따라 의료기관이 청구한 자동차보험진료수가가 제15조에 따른 자동차보험진료수가에 관한 기준에 적합한지를 심사한다.

③ 삭제 <2015·6·22>

④ 제1항에 따라 전문심사기관에 위탁한 경우 청구, 심사, 이의제기 등의 방법 및 절차 등은 국토교통부령으로 정한다. <개정 2013·3·23, 2015·6·22>

[본조신설 2012·2·22]

제12조의3(전문심사기관의 조정 및 정산 등) ① 전문심사기관은 전문심사기관의 심사결과에 따라 자동차보험진료수가가 지급된 이후에도, 다음 각 호의 어느 하나에 해당하는 경우에는 제19조제3항에도 불구하고 지급된 자동차보험진료수가를 확인·조정하여 보험회사등과 의료기관에 통보할 수 있다. 이 경우 보험회사등과 의료기관은 전문심사기관의 조정결과에 따라 자동차보험진료수가를 상호 정산하여야 한다.

1. 거짓이나 부정한 방법으로 자동차보험진료수가를 지급받은 경우
2. 착오 등으로 자동차보험진료수가가 잘못 지급된 경우
3. 그 밖에 자동차보험진료수가가 잘못 지급된 경우로서 대통령령으로 정하는 경우

② 전문심사기관이 제1항에 따라 자동차보험진료수가를 확인·조정할 수 있는 기간은 제12조제2항에 따라 의료기관이 보험회사등에 해당 자동차보험진료수가를 청구한 날로부터 5년 이내로 한다.

③ 제1항에 따른 자동차보험진료수가의 확인·조정, 상호 정산 등의 방법 및 절차 등은 국토교통부령으로 정한다.
〔본조신설 2024·1·9〕

제13조(입원환자의 관리 등) ① 제12조제2항에 따라 보험회사등에 자동차보험진료수가를 청구할 수 있는 의료기관은 교통사고로 입원한 환자(이하 "입원환자"라 한다)의 외출이나 외박에 관한 사항을 기록·관리하여야 한다.
② 입원환자는 외출하거나 외박하려면 의료기관의 허락을 받아야 한다.
③ 제12조제1항에 따라 자동차보험진료수가의 지급 의사 유무 및 지급 한도를 통지한 보험회사등은 입원환자의 외출이나 외박에 관한 기록의 열람을 청구할 수 있다. 이 경우 의료기관은 정당한 사유가 없으면 청구에 따라야 한다.

제13조의2(교통사고환자의 퇴원·전원 지시) ① 의료기관은 입원 중인 교통사고환자가 수술·처치 등의 진료를 받은 후 상태가 호전되어 더 이상 입원진료가 필요하지 아니한 경우에는 그 환자에게 퇴원하도록 지시할 수 있고, 생활근거지에서 진료할 필요가 있는 경우 등 대통령령으로 정하는 경우에는 대통령령으로 정하는 다른 의료기관으로 전원(轉院)하도록 지시할 수 있다. 이 경우 의료기관은 해당 환자와 제12조제1항에 따라 자동차보험진료수가의 지급 의사를 통지한 해당 보험회사등에게 그 사유와 일자를 지체없이 통보하여야 한다.
② 제1항에 따라 교통사고환자에게 다른 의료기관으로 전원하도록 지시한 의료기관이 다른 의료기관이나 담당의사로부터 진료기록, 임상소견서 및 치료경위서의 열람이나 송부 등 진료에 관한 정보의 제공을 요청받으면 지체 없이 이에 따라야 한다.
〔본조신설 2009·2·6〕

제14조(진료기록의 열람 등) ① 보험회사등은 의료기관으로부터 제12조제2항에 따라 자동차보험진료수가를 청구받으면 그 의료기관에 대하여 관계 진료기록의 열람을 청구할 수 있다. <개정 2012·2·22>
② 제12조의2에 따라 심사 등을 위탁받은 전문심사기관은 심사 등에 필요한 진료기록·주민등록·출입국관리 등의 자료로서 대통령령으로 정하는 자료(이하 "진료기록등"이라 한다)의 제공을 국가, 지방자치단체, 의료기관, 보험회사등, 보험요율산출기관, 「공공기관의 운영에 관한 법률」에 따른 공공기관 및 그 밖의 공공단체 등에 요청할 수 있다. <신설 2012·2·22, 2021·7·27>
③ 제1항에 따른 청구를 받은 의료기관 및 제2항에 따른 요청을 받은 기관은 정당한 사유가 없으면 이에 따라야 한다. <신설 2012·2·22, 2020·6·9, 2021·7·27>
④ 보험회사등은 보험금 지급 청구를 받은 경우 대통령령으로 정하는 바에 따라 경찰청 등 교통사고 조사기관에 대하여 교통사고 관련 조사기록의 열람을 청구할 수 있다. 이 경우 경찰청 등 교통사고 조사기관은 특별한 사정이 없으면 열람하게 하여야 한다. <신설 2012·2·22, 2020·6·9>
⑤ 국토교통부장관은 보험회사등이 의무보험의 보험료(공제계약의 경우에는 공제분담금을 말한다) 산출 및 보험금등의 지급업무에 활용하기 위하여 필요한 경우 음주운전 등 교통법규 위반 또는 운전면허(「건설기계관리법」 제26조제1항 본문에 따른 건설기계조종사면허를 포함한다. 이하 같다)의 효력에 관한 개인정보를 제공하여 줄 것을 보유기관의 장에게 요청할 수 있다. 이 경우 제공 요청을 받은 보유기관의 장은 특별한 사정이 없으면 이에 따라야 한다. <신설 2019·11·26>
⑥ 국토교통부장관은 제5항에 따른 교통법규 위반 또는 운전면허의 효력에 관한 개인정보를 제39조의3에 따른 자동차손해배상진흥원을 통하여 보험회사등에게 제공할 수 있다. 이 경우 그 개인정보 제공의 범위·절차 및 방법에 관한 사항은 대통령령으로 정한다. <신설 2019·11·26>
⑦ 자동차손해배상진흥원은 제5항 및 제6항에 따라 보험회사등이 의무보험의 보험료 산출 및 보험금등의 지급 업무에 활용하기 위하여 필요한 경우 외에는 제6항에 따라 제공받아 보유하는 개인정보를 타인에게 제공할 수 없다. <신설 2019·11·26>
⑧ 보험회사등, 전문심사기관 및 자동차손해배상진흥원에 종사하거나 종사한 자는 제1항부터 제4항까지에 따른 진료기록등 또

는 교통사고 관련 조사기록의 열람으로 알게 된 다른 사람의 비밀이나 제 6 항에 따라 제공받은 개인정보를 누설하거나 직무상 목적 외의 용도로 이용 또는 제3자에게 제공하여서는 아니 된다. <개정 2012·2·22, 2019·11·26, 2021·7·27>

⑨ 전문심사기관은 의료기관, 보험회사등 및 보험요율산출기관에 제 2 항에 따른 자료의 제공을 요청하는 경우 자료 제공 요청 근거 및 사유, 자료 제공 대상자, 대상기간, 자료 제공 기한, 제공 자료 등이 기재된 자료제공요청서를 발송하여야 한다. <신설 2021·7·27>

⑩ 제 2 항에 따른 국가, 지방자치단체, 의료기관, 보험요율산출기관, 공공기관 및 그 밖의 공공단체가 전문심사기관에 제공하는 자료에 대하여는 사용료와 수수료를 면제한다. <신설 2021·7·27>

제14조의2(책임보험등의 보상한도를 초과하는 경우에의 준용) 자동차보유자가 책임보험등의 보상한도를 초과하는 손해를 보상하는 보험 또는 공제에 가입한 경우 피해자가 책임보험등의 보상한도 및 이를 초과하는 손해를 보상하는 보험 또는 공제의 보상한도의 범위에서 자동차보험진료수가를 청구할 경우에도 제10조부터 제13조까지, 제13조의2 및 제14조를 준용한다.
[본조신설 2009·2·6]

제 3 장 자동차보험진료수가 기준 및 분쟁 조정

제15조(자동차보험진료수가 등) ① 국토교통부장관은 교통사고환자에 대한 적절한 진료를 보장하고 보험회사등, 의료기관 및 교통사고환자 간의 진료비에 관한 분쟁을 방지하기 위하여 자동차보험진료수가에 관한 기준(이하 "자동차보험진료수가기준"이라 한다)을 정하여 고시하여야 한다. <개정 2009·2·6 법9450, 2013·3·23, 2021·7·27>

② 자동차보험진료수가기준에는 자동차보험진료수가의 인정범위·청구절차 및 지급절차, 그 밖에 국토교통부령으로 정하는 사항이 포함되어야 한다. <개정 2013·3·23>

③ 국토교통부장관은 자동차보험진료수가기준을 정하거나 변경하는 경우 제17조에 따른 자동차보험진료수가분쟁심의회의 심의를 거쳐 결정한다. <개정 2012·2·22, 2013·3·23, 2021·7·27>

제15조의2(자동차보험정비협의회) ① 보험회사등과 자동차정비업자는 자동차보험 정비요금에 대한 분쟁의 예방·조정 및 상호 간의 협력을 위하여 다음 각 호의 사항을 협의하는 자동차보험정비협의회(이하 "협의회"라 한다)를 구성하여야 한다.

1. 정비요금(표준 작업시간과 공임 등을 포함한다)의 산정에 관한 사항
2. 제 1 호에 따른 정비요금의 조사·연구 및 연구결과의 갱신 등에 관한 사항
3. 그 밖에 보험회사등과 자동차정비업자의 상호 협력을 위하여 필요한 사항

② 협의회는 위원장 1명을 포함한 다음 각 호의 위원으로 구성하며, 위원은 국토교통부령으로 정하는 바에 따라 국토교통부장관이 위촉한다.

1. 보험업계를 대표하는 위원 5명
2. 정비업계를 대표하는 위원 5명
3. 공익을 대표하는 위원 5명

③ 협의회의 위원장은 제 2 항제 3 호에 해당하는 위원 중에서 위원 과반수의 동의로 선출한다.

④ 협의회 위원의 임기는 3년으로 한다. 다만, 위원의 사임 등으로 인하여 새로 위촉된 위원의 임기는 전임위원의 남은 임기로 한다.

⑤ 협의회는 제 1 항 각 호의 사항을 협의하기 위하여 매년 1회 이상 회의를 개최하여야 한다.

⑥ 협의회는 매년 9월 30일까지 제 1 항제 1 호에 따른 정비요금의 산정에 관한 사항을 정하여야 한다. <신설 2024·2·20>

⑦ 제 6 항에 따른 기한으로부터 60일을 경과하고서도 정비요금의 산정에 관한 사항이 정하여지지 아니한 경우 협의회의 위원장은 국토교통부령으로 정하는 바에 따라 정비요금에 대한 심의촉진안을 표결에 부칠 수 있다. <신설 2024·2·20>

⑧ 협의회는 제 1 항 각 호의 사항에 대한 협의를 도출하기 위하여 필요하다고 인정하면 국내외 연구기관, 대학, 전문단체 또는 산업체에 연구용역을 의뢰할 수 있다. <신

설 2024·2·20>

⑨ 제1항제1호에 따른 정비요금의 산정에 관한 사항은 보험회사등과 자동차정비업자 간의 정비요금에 대한 계약을 체결하는 데 참고자료로 사용할 수 있다.

⑩ 제1항부터 제9항까지에서 규정한 사항 외에 협의회의 구성·운영 및 조사·연구 등에 필요한 사항은 대통령령으로 정한다. <개정 2024·2·20>

〔본조신설 2020·4·7〕

제16조 삭제 <2020·4·7>

제17조(자동차보험진료수가분쟁심의회) ① 보험회사등과 의료기관은 서로 협의하여 자동차보험진료수가와 관련된 분쟁의 예방 및 신속한 해결을 위한 다음 각 호의 업무를 수행하기 위하여 자동차보험진료수가분쟁심의회(이하 "심의회"라 한다)를 구성하여야 한다. <개정 2021·7·27>

1. 자동차보험진료수가에 관한 분쟁의 심사·조정
2. 자동차보험진료수가기준의 제정·변경 등에 관한 심의
3. 제1호 및 제2호의 업무와 관련된 조사·연구

② 심의회는 위원장을 포함한 18명의 위원으로 구성한다.

③ 위원은 국토교통부장관이 위촉하되, 6명은 보험회사등의 단체가 추천한 자 중에서, 6명은 의료사업자단체가 추천한 자 중에서, 6명은 대통령령으로 정하는 요건을 갖춘 자 중에서 각각 위촉한다. 이 중 대통령령으로 정하는 요건을 갖추어 국토교통부장관이 위촉한 위원은 보험회사등 및 의료기관의 자문위원 등 심의회 업무의 공정성을 해칠 수 있는 직을 겸하여서는 아니 된다. <개정 2012·2·22, 2013·3·23>

④ 위원장은 위원 중에서 호선한다.

⑤ 위원의 임기는 2년으로 하되, 연임할 수 있다. 다만, 보궐위원의 임기는 전임자의 남은 임기로 한다.

⑥ 심의회의 구성·운영 등에 필요한 세부 사항은 대통령령으로 정한다.

제18조(운영비용) 심의회의 운영을 위하여 필요한 운영비용은 보험회사등과 의료기관이 부담한다.

제19조(자동차보험진료수가의 심사 청구 등) ① 보험회사등과 의료기관은 제12조의2제2항에 따른 심사결과 또는 제12조의3제1항에 따른 조정결과에 이의가 있는 때에는 이의제기 결과를 통보받은 날부터 30일 이내에 심의회에 그 심사를 청구할 수 있다. <개정 2013·8·6, 2020·6·9, 2024·1·9>

② 삭제 <2013·8·6>

③ 전문심사기관의 심사결과 또는 조정결과를 통지받은 보험회사등 및 의료기관은 제1항의 기간에 심사를 청구하지 아니하면 그 기간이 끝나는 날에 의료기관이 지급 청구한 내용, 심사결과 또는 조정결과에 합의한 것으로 본다. <개정 2013·8·6, 2024·1·9>

④ 및 ⑤ 삭제 <2013·8·6>

⑥ 제1항에 따른 심사 청구의 대상 및 절차 등은 대통령령으로 정한다. <신설 2013·8·6>

제20조(심사·결정 절차 등) ① 심의회는 제19조제1항에 따른 심사청구가 있으면 자동차보험진료수가기준에 따라 이를 심사·결정하여야 한다. 다만, 그 심사 청구 사건이 자동차보험진료수가기준에 따라 심사·결정할 수 없는 경우에는 당사자에게 합의를 권고할 수 있다.

② 심의회의 심사·결정 절차 등에 필요한 사항은 심의회가 정하여 국토교통부장관의 승인을 받아야 한다. <개정 2013·3·23>

제21조(심사와 결정의 효력 등) ① 심의회는 제19조제1항의 심사청구에 대하여 결정한 때에는 지체 없이 그 결과를 당사자에게 알려야 한다.

② 제1항에 따라 통지를 받은 당사자가 심의회의 결정 내용을 받아들인 경우에는 그 수락 의사를 표시한 날에, 통지를 받은 날부터 30일 이내에 소(訴)를 제기하지 아니한 경우에는 그 30일이 지난 날의 다음 날에 당사자 간에 결정내용과 같은 내용의 합의가 성립된 것으로 본다. 이 경우 당사자는 합의가 성립된 것으로 보는 날부터 7일 이내에 심의회의 결정 내용에 따라 상호 정산하여야 한다. <개정 2015·6·22>

제22조(심의회의 권한) 심의회는 제20조제1항에 따른 심사·결정을 위하여 필요하다고

인정하면 보험회사등·의료기관·보험사업자단체 또는 의료사업자단체에 필요한 서류를 제출하게 하거나 의견을 진술 또는 보고하게 하거나 관계 전문가에게 진단 또는 검안 등을 하게 할 수 있다.

제22조의2(자료의 제공) 심의회는 제20조제1항에 따른 심사·결정을 위하여 전문심사기관에 필요한 자료 및 의견서를 제출하게 할 수 있다. 이 경우 요청을 받은 전문심사기관은 특별한 사유가 없으면 이에 협조하여야 한다.

〔본조신설 2016·3·22〕

제23조(위법 사실의 통보 등) 심의회는 심사청구 사건의 심사나 그 밖의 업무를 처리할 때 당사자 또는 관계인이 법령을 위반한 사실이 확인되면 관계 기관에 이를 통보하여야 한다.

제23조의2(심의회 운영에 대한 점검) ① 국토교통부장관은 필요한 경우 심의회의 운영 및 심사기준의 운용과 관련한 자료를 제출받아 이를 점검할 수 있다. <개정 2013·3·23>

② 심의회는 제1항에 따라 자료의 제출 또는 보고를 요구받은 때에는 특별한 사유가 없으면 그 요구를 따라야 한다. <개정 2020·6·9>

〔본조신설 2012·2·22〕

제3장의2 자동차손해배상보장위원회

제23조의3(자동차손해배상보장위원회의 설치) ① 자동차 사고와 관련된 이해관계자의 손해배상 및 사회복귀 지원 등과 관련된 사항을 심의·의결 또는 조정하기 위하여 국토교통부장관 소속으로 자동차손해배상보장위원회를 둔다.

② 자동차손해배상보장위원회는 다음 각 호의 사항을 심의·의결 또는 조정한다.

1. 제31조제1항에 따른 재활시설의 설치 및 재활사업의 운영 등에 관한 다음 각 목의 사항
   가. 재활시설의 설치와 관리에 관한 사항
   나. 재활사업의 운영에 관한 사항
   다. 재활시설운영자의 지정과 지정 취소에 관한 사항
   라. 재활시설운영자의 사업계획과 예산에 관한 사항
   마. 그 밖에 재활시설과 재활사업의 관리·운영에 관한 사항으로서 대통령령으로 정하는 사항
2. 제39조제1항 및 제2항에 따른 채권의 결손처분과 관련된 사항
3. 다음 각 목의 조합 등과 자동차사고 피해자나 그 밖의 이해관계인 사이에서 발생하는 분쟁의 조정에 관한 사항
   가. 「여객자동차 운수사업법」 제60조에 따라 공제사업을 하는 조합 및 연합회
   나. 「여객자동차 운수사업법」 제61조에 따른 공제조합
   다. 「화물자동차 운수사업법」 제51조에 따라 공제사업을 하는 자
   라. 「생활물류서비스산업발전법」 제41조에 따른 공제조합
4. 그 밖에 자동차손해배상보장과 관련하여 국토교통부장관이 필요하다고 인정하는 사항

〔본조신설 2024·1·9〕

제23조의4(자동차손해배상보장위원회의 구성 등) ① 자동차손해배상보장위원회는 위원장 1명을 포함한 50명 이내의 위원으로 구성한다.

② 자동차손해배상보장위원회의 업무를 효율적으로 수행하기 위하여 다음 각 호의 분과위원회를 둘 수 있으며, 분과위원회에서 심의·의결 또는 조정한 사항은 자동차손해배상보장위원회에서 심의·의결 또는 조정한 것으로 본다.

1. 공제분쟁조정분과위원회
2. 재활시설운영심의분과위원회
3. 채권정리분과위원회

③ 제2항제1호에 따른 공제분쟁조정분과위원회는 제23조의3제2항제3호에 따른 분쟁 당사자의 조정 신청을 받아 조정안을 작성한 경우 각 당사자에게 이를 지체 없이 제시하여야 한다. 이 경우 각 당사자가 조정안을 수락한 경우에는 당사자 간에 조정조서와 동일한 내용의 합의가 성립된 것으로 본다.

④ 국토교통부장관은 대통령령으로 정하는 바에 따라 자동차손해배상보장위원회의 운영 및 사무 처리에 관한 업무(제45조제2

항에 따라 한국교통안전공단에 위탁하는 업무에 관한 사항은 제외한다)의 일부를 제39조의3에 따른 자동차손해배상진흥원에 위탁할 수 있다.

⑤ 제1항부터 제4항까지에서 규정한 사항 외에 자동차손해배상위원회·분과위원회의 구성·운영 및 조정의 절차 등에 관하여 필요한 사항은 대통령령으로 정한다.

〔본조신설 2024·1·9〕

제4장 책임보험등 사업

제24조(계약의 체결 의무) ① 보험회사등은 자동차보유자가 제5조제1항부터 제3항까지의 규정에 따른 보험 또는 공제에 가입하려는 때에는 대통령령으로 정하는 사유가 있는 경우 외에는 계약의 체결을 거부할 수 없다.

② 자동차보유자가 교통사고를 발생시킬 개연성이 높은 경우 등 국토교통부령으로 정하는 사유에 해당하면 제1항에도 불구하고 다수의 보험회사가 공동으로 제5조제1항부터 제3항까지의 규정에 따른 보험 또는 공제의 계약을 체결할 수 있다. 이 경우 보험회사는 자동차보유자에게 공동계약체결의 절차 및 보험료에 대한 안내를 하여야 한다. <개정 2013·3·23>

제25조(보험 계약의 해제 등) 보험가입자와 보험회사등은 다음 각 호의 어느 하나에 해당하는 경우 외에는 의무보험의 계약을 해제하거나 해지하여서는 아니 된다. <개정 2013·3·23, 2017·11·28>

1. 「자동차관리법」 제13조 또는 「건설기계관리법」 제6조에 따라 자동차의 말소등록(抹消登錄)을 한 경우
2. 「자동차관리법」 제58조제5항제1호에 따라 자동차해체재활용업자가 해당 자동차·자동차등록증·등록번호판 및 봉인을 인수하고 그 사실을 증명하는 서류를 발급한 경우
3. 「건설기계관리법」 제25조의2에 따라 건설기계해체재활용업자가 해당 건설기계와 등록번호표를 인수하고 그 사실을 증명하는 서류를 발급한 경우
4. 해당 자동차가 제5조제4항의 자동차로 된 경우
5. 해당 자동차가 다른 의무보험에 이중으로 가입되어 하나의 가입 계약을 해제하거나 해지하려는 경우
6. 해당 자동차를 양도한 경우
7. 천재지변·교통사고·화재·도난, 그 밖의 사유로 자동차를 더 이상 운행할 수 없게 된 사실을 증명한 경우
8. 그 밖에 국토교통부령으로 정하는 경우

제26조(의무보험 계약의 승계) ① 의무보험에 가입된 자동차가 양도된 경우에 그 자동차의 양도일(양수인이 매매대금을 지급하고 현실적으로 자동차의 점유를 이전받은 날을 말한다)부터 「자동차관리법」 제12조에 따른 자동차소유권 이전등록 신청기간이 끝나는 날(자동차소유권 이전등록 신청기간이 끝나기 전에 양수인이 새로운 책임보험등의 계약을 체결한 경우에는 그 계약 체결일)까지의 기간은 「상법」 제726조의4에도 불구하고 자동차의 양수인이 의무보험의 계약에 관한 양도인의 권리의무를 승계한다.

② 제1항의 경우 양도인은 양수인에게 그 승계기간에 해당하는 의무보험의 보험료(공제계약의 경우에는 공제분담금을 말한다. 이하 같다)의 반환을 청구할 수 있다.

③ 제2항에 따라 양수인이 의무보험의 승계기간에 해당하는 보험료를 양도인에게 반환한 경우에는 그 금액의 범위에서 양수인은 보험회사등에게 보험료의 지급의무를 지지 아니한다.

제27조(의무보험 사업의 구분경리) 보험회사등은 의무보험에 따른 사업에 대하여는 다른 보험사업·공제사업이나 그 밖의 다른 사업과 구분하여 경리하여야 한다.

제28조(사전협의) 금융위원회는 「보험업법」 제4조제1항제2호다목에 따른 자동차보험의 보험약관(책임보험이 포함되는 경우에 한정한다)을 작성하거나 변경하려는 경우에는 국토교통부장관과 미리 협의하여야 한다.

〔전부개정 2015·6·22〕

제29조(보험금등의 지급 등) ① 다음 각 호의 어느 하나에 해당하는 사유로 다른 사람이 사망 또는 부상하거나 다른 사람의 재물이 멸실되거나 훼손되어 보험회사등이 피해자에게 보험금등을 지급한 경우에는 보험회사등

은 해당 보험금등에 상당하는 금액을 법률상 손해배상책임이 있는 자에게 구상(求償)할 수 있다. <개정 2013·3·23, 2017·11·28, 2021·7·27, 2021·12·7, 2024·2·20>

1. 「도로교통법」에 따른 운전면허 또는 「건설기계관리법」에 따른 건설기계조종사면허 등 자동차를 운행할 수 있는 자격을 갖추지 아니한 상태(자격의 효력이 정지된 경우를 포함한다)에서 자동차를 운행하다가 일으킨 사고
2. 「도로교통법」 제44조제1항을 위반하여 술에 취한 상태에서 자동차를 운행하거나 같은 법 제45조를 위반하여 약물의 영향으로 정상적으로 운전하지 못할 우려가 있는 상태에서 자동차를 운행하다가 일으킨 사고(사고 발생 후 「도로교통법」 제44조제2항에 따른 경찰공무원의 호흡조사 측정에 응하지 아니하는 경우를 포함한다)
3. 「도로교통법」 제54조제1항에 따른 조치를 하지 아니한 사고(「도로교통법」 제156조제10호에 해당하는 경우는 제외한다)

② 제5조제1항에 따른 책임보험등의 보험금등을 변경하는 것을 내용으로 하는 대통령령을 개정할 때 그 변경 내용이 보험가입자등에게 유리하게 되는 경우에는 그 변경 전에 체결된 계약 내용에도 불구하고 보험회사등에게 변경된 보험금등을 지급하도록 하는 다음 각 호의 사항을 규정할 수 있다.

1. 종전의 계약을 새로운 계약으로 갱신하지 아니하더라도 이미 계약된 종전의 보험금등을 변경된 보험금등으로 볼 수 있도록 하는 사항
2. 그 밖에 보험금등의 변경에 필요한 사항이나 변경된 보험금등의 지급에 필요한 사항

제29조의2(자율주행자동차사고 보험금등의 지급 등) 자율주행자동차의 결함으로 인하여 발생한 자율주행자동차사고로 다른 사람이 사망 또는 부상하거나 다른 사람의 재물이 멸실 또는 훼손되어 보험회사등이 피해자에게 보험금등을 지급한 경우에는 보험회사등은 법률상 손해배상책임이 있는 자에게 그 금액을 구상할 수 있다.

〔본조신설 2020·4·7〕

제5장 자동차사고 피해지원사업

제30조(자동차손해배상 보장사업) ① 정부는 다음 각 호의 어느 하나에 해당하는 경우에는 피해자의 청구에 따라 책임보험의 보험금 한도에서 그가 입은 피해를 보상한다. 다만, 정부는 피해자가 청구하지 아니한 경우에도 직권으로 조사하여 책임보험의 보험금 한도에서 그가 입은 피해를 보상할 수 있다. <개정 2012·2·22, 2021·7·27>

1. 자동차보유자를 알 수 없는 자동차의 운행으로 사망하거나 부상한 경우
2. 보험가입자등이 아닌 자가 제3조에 따라 손해배상의 책임을 지게 되는 경우. 다만, 제5조제4항에 따른 자동차의 운행으로 인한 경우는 제외한다.
3. 자동차보유자를 알 수 없는 자동차의 운행 중 해당 자동차로부터 낙하된 물체로 인하여 사망하거나 부상한 경우

② 정부는 자동차의 운행으로 인한 사망자나 대통령령으로 정하는 중증 후유장애인(重症 後遺障礙人)의 유자녀(幼子女) 및 피부양가족이 경제적으로 어려워 생계가 곤란하거나 학업을 중단하여야 하는 문제 등을 해결하고 중증 후유장애인이 재활할 수 있도록 지원할 수 있다.

③ 국토교통부장관은 제1항 및 제2항에 따른 업무를 수행하기 위하여 다음 각 호의 기관에 대통령령에 따른 정보의 제공을 요청하고 수집·이용할 수 있으며, 요청받은 기관은 특별한 사유가 없으면 관련 정보를 제공하여야 한다. <신설 2012·2·22, 2013·3·23, 2016·3·22, 2021·7·27>

1. 행정안전부장관
2. 보건복지부장관
3. 여성가족부장관
4. 경찰청장
5. 특별시장·광역시장·특별자치시장·도지사·특별자치도지사·시장·군수·구청장
6. 보험요율산출기관

④ 정부는 제11조제5항에 따른 보험회사등의 청구에 따라 보상을 실시한다.

⑤ 제1항·제2항 및 제4항에 따른 정부의 보상 또는 지원의 대상·기준·금액·방

법 및 절차 등에 필요한 사항은 대통령령으로 정한다. <개정 2012·2·22>

⑥ 제1항·제2항 및 제4항에 따른 정부의 보상사업(이하 "자동차손해배상 보장사업"이라 한다)에 관한 업무는 국토교통부장관이 행한다. <개정 2012·2·22, 2013·3·23>

제30조의2(자동차사고 피해예방사업) ① 국토교통부장관은 자동차사고로 인한 피해 등을 예방하기 위하여 다음 각 호의 사업을 수행할 수 있다.

1. 자동차사고 피해예방을 위한 교육 및 홍보 또는 이와 관련한 시설 및 장비의 지원
2. 자동차사고 피해예방을 위한 기기 및 장비 등의 개발·보급
3. 그 밖에 자동차사고 피해예방을 위한 연구·개발 등 대통령령으로 정하는 사항

② 제1항에 따른 자동차사고 피해예방사업의 기준·금액·방법 및 절차 등에 관하여 필요한 사항은 대통령령으로 정한다.

〔본조신설 2013·8·6〕

제31조(후유장애인 등의 재활 지원) ① 국토교통부장관은 자동차사고 부상자나 부상으로 인한 후유장애인의 재활을 지원하기 위한 의료재활시설 및 직업재활시설(이하 "재활시설"이라 한다)을 설치하여 그 재활에 필요한 다음 각 호의 사업(이하 "재활사업"이라 한다)을 수행할 수 있다. <개정 2013·3·23, 2016·3·22>

1. 의료재활사업 및 그에 딸린 사업으로서 대통령령으로 정하는 사업
2. 직업재활사업(직업재활상담을 포함한다) 및 그에 딸린 사업으로서 대통령령으로 정하는 사업

② 삭제 <2016·12·20>

③ 재활시설의 용도로 건설되거나 조성되는 건축물, 토지, 그 밖의 시설물 등은 국가에 귀속된다.

④ 국토교통부장관이 재활시설을 설치하는 경우에는 그 규모와 설계 등에 관한 중요 사항에 대하여 자동차사고 후유장애인단체의 의견을 들어야 한다. <개정 2013·3·23>

제32조(재활시설운영자의 지정) ① 국토교통부장관은 다음 각 호의 구분에 따라 그 요건을 갖춘 자 중 국토교통부장관의 지정을 받은 자에게 재활시설이나 재활사업의 관리·운영을 위탁할 수 있다. <개정 2009·5·27, 2013·3·23, 2015·6·22>

1. 의료재활시설 및 제31조제1항제1호에 따른 재활사업 : 「의료법」 제33조에 따라 의료기관의 개설허가를 받고 재활 관련 진료과목을 개설한 자로서 같은 법 제3조제3항에 따른 종합병원을 운영하고 있는 자
2. 직업재활시설 및 제31조제1항제2호에 따른 재활사업 : 다음 각 목의 어느 하나에 해당하는 자
   가. 자동차사고 후유장애인단체 중에서 「민법」 제32조에 따라 국토교통부장관의 허가를 받은 법인으로서 대통령령으로 정하는 요건을 갖춘 법인
   나. 자동차사고 후유장애인단체 중에서 「협동조합 기본법」에 따라 설립된 사회적 협동조합으로서 대통령령으로 정하는 요건을 갖춘 법인

② 제1항에 따라 지정을 받으려는 자는 대통령령으로 정하는 바에 따라 국토교통부장관에게 신청하여야 한다. <개정 2009·5·27, 2013·3·23>

③ 제1항에 따라 지정을 받은 자로서 재활시설이나 재활사업의 관리·운영을 위탁받은 자(이하 "재활시설운영자"라 한다)는 재활시설이나 재활사업의 관리·운영에 관한 업무를 수행할 때에는 별도의 회계를 설치하고 다른 사업과 구분하여 경리하여야 한다. <개정 2009·5·27>

④ 재활시설운영자의 지정 절차 및 그에 대한 감독 등에 관해 필요한 사항은 대통령령으로 정한다.

제33조(재활시설운영자의 지정 취소) ① 국토교통부장관은 재활시설운영자가 다음 각 호의 어느 하나에 해당하면 그 지정을 취소할 수 있다. 다만, 제1호 또는 제2호에 해당하면 그 지정을 취소하여야 한다. <개정 2013·3·23>

1. 거짓이나 그 밖의 부정한 방법으로 지정을 받은 경우
2. 제32조제1항 각 호의 요건에 맞지 아니하게 된 경우
3. 제32조제3항을 위반하여 다른 사업과 구분하여 경리하지 아니한 경우
4. 정당한 사유 없이 제43조제4항에 따른

시정명령을 3회 이상 이행하지 아니한 경우
5. 법인의 해산 등 사정의 변경으로 재활시설이나 재활사업의 관리·운영에 관한 업무를 계속 수행하는 것이 불가능하게 된 경우

② 국토교통부장관은 제 1 항에 따라 재활시설운영자의 지정을 취소한 경우로서 다음 각 호에 모두 해당하는 경우에는 새로운 재활시설운영자가 지정될 때까지 그 기간 및 관리·운영조건을 정하여 지정이 취소된 자에게 재활시설이나 재활사업의 관리·운영업무를 계속하게 할 수 있다. 이 경우 지정이 취소된 자는 그 계속하는 업무의 범위에서 재활시설운영자로 본다. <개정 2013·3·23>
1. 지정취소일부터 새로운 재활시설운영자를 정할 수 없는 경우
2. 계속하여 재활시설이나 재활사업의 관리·운영이 필요한 경우

③ 제 1 항에 따라 지정이 취소된 자는 그 지정이 취소된 날(제 2 항에 따라 업무를 계속한 경우에는 그 계속된 업무가 끝난 날을 말한다)부터 2년 이내에는 재활시설운영자로 다시 지정받을 수 없다.

제34조 삭제 <2024·1·9>

제35조(준용) ① 제30조제 1 항에 따른 피해자의 보상금 청구에 관하여는 제10조부터 제13조까지, 제13조의2 및 제14조를 준용한다. 이 경우 "보험회사등"은 "자동차손해배상 보장사업을 하는 자"로, "보험금등"은 "보상금"으로 본다. <개정 2009·2·6>
② 제30조제 1 항에 따른 보상금 중 피해자의 진료수가에 대한 심사청구 등에 관하여는 제19조 및 제20조를 준용한다. 이 경우 "보험회사등"은 "자동차손해배상 보장사업을 하는 자"로 본다.

제36조(다른 법률에 따른 배상 등과의 조정) ① 정부는 피해자가 「국가배상법」, 「산업재해보상보험법」, 그 밖에 대통령령으로 정하는 법률에 따라 제30조제 1 항의 손해에 대하여 배상 또는 보상을 받으면 그가 배상 또는 보상받는 금액의 범위에서 제30조제 1 항에 따른 보상 책임을 지지 아니한다.
② 정부는 피해자가 제 3 조의 손해배상책임이 있는 자로부터 제30조제 1 항의 손해에 대하여 배상을 받으면 그가 배상받는 금액의 범위에서 제30조제 1 항에 따른 보상 책임을 지지 아니한다.
③ 정부는 제30조제 2 항에 따라 지원받을 자가 다른 법률에 따라 같은 사유로 지원을 받으면 그 지원을 받는 범위에서 제30조제 2 항에 따른 지원을 하지 아니할 수 있다.

제37조(자동차사고 피해지원사업 분담금) ① 제 5 조제 1 항에 따라 책임보험등에 가입하여야 하는 자와 제 5 조제 4 항에 따른 자동차 중 대통령령으로 정하는 자동차보유자는 자동차사고 피해지원사업 및 관련 사업을 위한 분담금을 국토교통부장관에게 내야 한다. <개정 2013·8·6, 2016·12·20>
② 제 1 항에 따른 분담금은 책임보험등의 보험료(책임공제의 경우에는 책임공제분담금을 말한다)에 해당하는 금액의 100분의 5를 초과하지 아니하는 범위에서 대통령령으로 정한다. <신설 2022·11·15>
③ 제 1 항에 따라 분담금을 내야 할 자 중 제 5 조제 1 항에 따라 책임보험등에 가입하여야 하는 자의 분담금은 책임보험등의 계약을 체결하는 보험회사등이 해당 납부 의무자와 계약을 체결할 때에 징수하여 정부에 내야 한다.
④ 국토교통부장관은 제30조제 1 항제 1 호 및 제 2 호의 경우에 해당하는 사고를 일으킨 자에게는 제 1 항에 따른 분담금의 3배의 범위에서 대통령령으로 정하는 바에 따라 분담금을 추가로 징수할 수 있다. <신설 2016·3·22, 2020·6·9>
⑤ 제 1 항에 따른 분담금의 납부 방법 및 관리 등에 필요한 사항은 대통령령으로 정한다. <개정 2016·12·20, 2022·11·15>

제38조(분담금의 체납처분) ① 국토교통부장관은 제37조에 따른 분담금을 납부기간에 내지 아니한 자에 대하여는 10일 이상의 기간을 정하여 분담금을 낼 것을 독촉하여야 한다. <개정 2013·3·23>
② 국토교통부장관은 제 1 항에 따라 분담금 납부를 독촉받은 자가 그 기한까지 분담금을 내지 아니하면 국세 체납처분의 예에 따라 징수한다. <개정 2013·3·23>

제39조(청구권 등의 대위) ① 정부는 제30조제 1 항에 따라 피해를 보상한 경우에는 그 보상금액의 한도에서 제 3 조에 따른 손해배상책임이 있는 자에 대한 피해자의 손해배상 청구권을 대위행사(代位行使)할 수 있다.

② 정부는 제30조제4항에 따라 보험회사등에게 보상을 한 경우에는 제11조제3항 및 제4항에 따른 가불금을 지급받은 자에 대한 보험회사등의 반환청구권을 대위행사할 수 있다. <개정 2012·2·22>

③ 정부는 다음 각 호의 어느 하나에 해당하는 때에는 제23조의3에 따른 자동차손해배상보장위원회의 의결에 따라 제1항 및 제2항에 따른 청구권의 대위행사를 중지할 수 있으며, 구상금 또는 미반환가불금 등의 채권을 결손처분할 수 있다. <신설 2009·2·6, 2024·1·9>

1. 해당 권리에 대한 소멸시효가 완성된 때
2. 그 밖에 채권을 회수할 가능성이 없다고 인정되는 경우로서 대통령령으로 정하는 경우

제39조의2 삭제 <2024·1·9>

제6장 자동차손해배상진흥원

제39조의3(자동차손해배상진흥원의 설립) ① 국토교통부장관은 자동차손해배상 보장사업의 체계적인 지원 및 공제사업자에 대한 검사 업무 등을 수행하기 위하여 자동차손해배상진흥원을 설립할 수 있다.

② 자동차손해배상진흥원은 법인으로 한다.

③ 자동차손해배상진흥원은 주된 사무소의 소재지에서 설립등기를 함으로써 성립한다.

④ 자동차손해배상진흥원의 정관에는 다음 각 호의 사항이 포함되어야 한다.

1. 목적
2. 명칭
3. 사무소에 관한 사항
4. 임직원에 관한 사항
5. 업무와 그 집행에 관한 사항
6. 예산과 회계에 관한 사항
7. 이사회에 관한 사항
8. 정관의 변경에 관한 사항

⑤ 자동차손해배상진흥원은 정관을 작성하고 변경할 때에는 국토교통부장관의 승인을 받아야 한다.

[본조신설 2015·6·22]

제39조의4(업무 등) ① 자동차손해배상진흥원은 다음 각 호의 업무를 수행한다. <개정 2021·3·16>

1. 제2항의 검사 대상 기관의 업무 및 재산 상황 검사
2. 자동차손해배상 및 보상 정책의 수립·추진 지원
3. 자동차손해배상 및 보상 정책 관련 연구
4. 이 법 또는 다른 법령에 따라 위탁받은 업무
5. 그 밖에 국토교통부령으로 정하는 업무

② 자동차손해배상진흥원의 검사를 받는 기관은 다음 각 호와 같다. <개정 2021·3·16>

1. 「여객자동차 운수사업법」에 따른 인가·허가를 받아 공제사업을 하는 기관
2. 「화물자동차 운수사업법」에 따른 인가·허가를 받아 공제사업을 하는 기관
3. 그 밖에 국토교통부령으로 정하는 기관

[본조신설 2015·6·22]

제39조의5(임원 등) ① 자동차손해배상진흥원에 원장 1명, 이사장 1명을 포함한 12명 이내의 이사, 감사 1명을 둔다. <개정 2021·7·27>

② 원장은 자동차손해배상진흥원을 대표하고, 그 업무를 총괄하며, 제5항에 따른 이사회에서 추천을 받아 국토교통부장관이 임명한다.

③ 감사는 자동차손해배상진흥원의 업무와 회계를 감사하며, 국토교통부장관이 임명한다.

④ 원장 외의 임원은 비상근으로 한다.

⑤ 자동차손해배상진흥원은 제39조의4제1항의 업무에 관한 사항을 심의·의결하기 위하여 이사회를 둘 수 있다.

⑥ 이사회는 원장, 이사장, 이사로 구성하되, 그 수는 13명 이내로 한다. <개정 2021·7·27>

⑦ 이사회의 구성과 운영에 관하여 필요한 사항은 국토교통부령으로 정한다.

[본조신설 2015·6·22]

제39조의6(유사명칭의 사용 금지) 이 법에 따른 자동차손해배상진흥원이 아닌 자는 자동차손해배상진흥원 또는 이와 유사한 명칭을 사용할 수 없다.

[본조신설 2015·6·22]

제39조의7(재원) ① 자동차손해배상진흥원은 제39조의4제2항 각 호의 기관으로부터 같은 조 제1항제1호의 검사 업무에 따른 소요 비용을 받을 수 있다.

② 자동차손해배상진흥원은 제39조의4제2항 각 호의 기관으로부터 검사 업무 이외에

필요한 운영비용을 받을 수 있다.
③ 자동차손해배상진흥원은 다음 각 호의 재원으로 그 경비를 충당한다.
1. 제 1 항에 따른 수입금
2. 제 2 항에 따른 수입금
3. 그 밖의 수입금
④ 제 3 항에 따른 수입금의 한도 및 관리 등에 필요한 사항은 대통령령으로 정한다.
〔본조신설 2015·6·22〕

제39조의8(자료의 제출요구 등) ① 원장은 업무 수행에 필요하다고 인정할 때에는 제39조의4제 2 항 각 호의 기관에 대하여 업무 또는 재산에 관한 자료의 제출요구, 검사 및 질문 등을 할 수 있다.
② 제 1 항에 따라 검사 또는 질문을 하는 자는 그 권한을 표시하는 증표를 지니고 이를 관계인에게 내보여야 한다.
③ 원장은 제 1 항에 따른 업무 등으로 인한 검사결과를 국토교통부장관에게 지체 없이 보고하여야 한다.
〔본조신설 2015·6·22〕

제39조의9 삭제 <2020·4·7>

제39조의10(예산과 결산) ① 자동차손해배상진흥원의 예산은 국토교통부장관의 승인을 받아야 한다.
② 자동차손해배상진흥원의 회계연도는 정부의 회계연도에 따른다.
③ 자동차손해배상진흥원은 회계연도 개시 60일 전까지 국토교통부장관에게 예산서를 제출하여야 한다.
④ 원장은 회계연도 종료 후 2개월 이내에 해당 연도의 결산서를 국토교통부장관에게 제출하여야 한다.
〔본조신설 2015·6·22〕

제 6 장의2 자동차사고 피해지원기금

제39조의11(자동차사고 피해지원기금의 설치) 국토교통부장관은 자동차사고 피해지원사업 및 관련 사업에 필요한 재원을 확보하기 위하여 자동차사고 피해지원기금(이하 "기금"이라 한다)을 설치한다.
〔본조신설 2016·12·20〕

제39조의12(기금의 조성 및 용도) ① 기금은 다음 각 호의 재원으로 조성한다.
1. 제37조에 따른 분담금
2. 기금의 운용으로 생기는 수익금
② 기금은 다음 각 호의 어느 하나에 해당하는 용도에 사용한다. <개정 2020·6·9, 2024·1·9>
1. 제 7 조제 1 항에 따른 가입관리전산망의 구성·운영
1의2. 제23조의4제 2 항제 3 호에 따른 채권정리분과위원회의 운영
2. 제30조제 1 항에 따른 보상
3. 제30조제 2 항에 따른 지원
4. 제30조제 4 항에 따른 미반환 가불금의 보상
5. 제30조의2제 1 항에 따른 자동차사고 피해예방사업
6. 제31조제 1 항에 따른 재활시설의 설치
7. 제32조제 1 항에 따른 재활시설 및 재활사업의 관리·운영
8. 제39조제 1 항 및 제 2 항에 따른 청구권의 대위행사
9. 삭제 <2024·1·9>
10. 제39조의3제 1 항에 따른 자동차손해배상진흥원의 운영 및 지원
11. 삭제 <2021·12·7>
12. 자동차사고 피해지원사업과 관련된 연구·조사
13. 자동차사고 피해지원사업과 관련된 전문인력 양성을 위한 국내외 교육훈련
14. 분담금의 수납·관리 등 기금의 조성 및 기금 운용을 위하여 필요한 경비
〔본조신설 2016·12·20〕

제39조의13(기금의 관리·운용) ① 기금은 국토교통부장관이 관리·운용한다.
② 기금의 관리·운용에 관한 국토교통부장관의 사무는 대통령령으로 정하는 바에 따라 그 일부를 제39조의3에 따라 설립된 자동차손해배상진흥원, 보험회사등 또는 보험 관련 단체에 위탁할 수 있다.
③ 제 1 항 및 제 2 항에서 규정한 사항 외에 기금의 관리 및 운용에 필요한 사항은 대통령령으로 정한다.
〔본조신설 2016·12·20〕

제 6 장의3 자율주행자동차사고조사위원회

제39조의14(자율주행자동차사고조사위원회의 설치 등) ① 국토교통부장관은 제39조의17 제 1 항에 따른 자율주행정보 기록장치(이하

"자율주행정보 기록장치"라 한다)에 기록된 자율주행정보 기록의 수집·분석을 통하여 사고원인을 규명하고, 자율주행자동차사고 관련 정보를 제공하기 위하여 필요한 경우 자율주행자동차사고조사위원회(이하 "사고조사위원회"라 한다)를 구성·운영할 수 있다. <개정 2024·1·9>

② 국토교통부장관은 사고조사위원회의 구성 목적을 달성하였다고 인정하는 경우에는 사고조사위원회를 해산할 수 있다. <신설 2024·1·9>

③ 사고조사위원회의 구성 및 운영에 필요한 사항은 대통령령으로 정한다.

〔본조신설 2020·4·7〕

제39조의15(사고조사위원회의 업무 등) ① 사고조사위원회는 다음 각 호의 업무를 수행한다.

1. 자율주행자동차사고 조사
2. 그 밖에 자율주행자동차사고 조사에 필요한 업무로서 대통령령으로 정하는 업무

② 사고조사위원회는 제1항의 업무를 수행하기 위하여 사고가 발생한 자율주행자동차에 부착된 자율주행정보 기록장치를 확보하고 기록된 정보를 수집·이용 및 제공할 수 있다.

③ 사고조사위원회는 제1항의 업무를 수행하기 위하여 사고가 발생한 자율주행자동차의 보유자, 운전자, 피해자, 사고 목격자 및 해당 자율주행자동차를 제작·조립 또는 수입한 자(판매를 위탁받은 자를 포함한다. 이하 "제작자등"이라 한다) 등 그 밖에 해당 사고와 관련된 자에게 필요한 사항을 통보하거나 관계 서류를 제출하게 할 수 있다. 이 경우 관계 서류의 제출을 요청받은 자는 정당한 사유가 없으면 요청에 따라야 한다.

④ 제2항에 따른 정보의 수집·이용 및 제공은 「개인정보 보호법」 및 「위치정보의 보호 및 이용 등에 관한 법률」에 따라야 한다.

⑤ 사고조사위원회의 업무를 수행하거나 수행하였던 자는 그 직무상 알게 된 비밀을 누설해서는 아니 된다.

⑥ 사고조사위원회가 자율주행자동차사고의 조사를 위하여 수집한 정보는 사고가 발생한 날부터 3년간 보관한다.

〔본조신설 2020·4·7〕

제39조의16(관계 행정기관 등의 협조) 사고조사위원회는 신속하고 정확한 조사를 수행하기 위하여 관계 행정기관의 장, 관계 지방자치단체의 장, 그 밖의 단체의 장(이하 "관계기관의 장"이라 한다)에게 해당 자율주행자동차사고와 관련된 자료·정보의 제공 등 그 밖의 필요한 협조를 요청할 수 있다. 이 경우 관계기관의 장은 정당한 사유가 없으면 이에 따라야 한다.

〔본조신설 2020·4·7〕

제39조의17(이해관계자의 의무 등) ① 자율주행자동차의 제작자등은 제작·조립·수입·판매하고자 하는 자율주행자동차에 대통령령으로 정하는 자율주행과 관련된 정보를 기록할 수 있는 자율주행정보 기록장치를 부착하여야 한다.

② 자율주행자동차사고의 통보를 받거나 인지한 보험회사등은 사고조사위원회에 사고사실을 지체 없이 알려야 한다.

③ 자율주행자동차의 보유자는 자율주행정보 기록장치에 기록된 내용을 1년의 범위에서 대통령령으로 정하는 기간 동안 보관하여야 한다. 이 경우 자율주행정보 기록장치 또는 자율주행정보 기록장치에 기록된 내용을 훼손해서는 아니 된다.

④ 자율주행자동차사고로 인한 피해자, 해당 자율주행자동차의 제작자등 또는 자율주행자동차사고로 인하여 피해자에게 보험금등을 지급한 보험회사등은 대통령령으로 정하는 바에 따라 사고조사위원회에 대하여 사고조사위원회가 확보한 자율주행정보 기록장치에 기록된 내용 및 분석·조사 결과의 열람 및 제공을 요구할 수 있다.

⑤ 제4항에 따른 열람 및 제공에 드는 비용은 청구인이 부담하여야 한다.

〔본조신설 2020·4·7〕

제7장 보칙

제40조(압류 등의 금지) ① 제10조제1항, 제11조제1항 또는 제30조제1항에 따른 청구권은 압류하거나 양도할 수 없다.

② 제30조제2항에 따라 지급된 지원금은

압류하거나 양도할 수 없다. <신설 2021·7·27>

제41조(시효) 제10조, 제11조제1항, 제29조제1항 또는 제30조제1항에 따른 청구권은 3년간 행사하지 아니하면 시효로 소멸한다. <개정 2009·2·6>

제42조(의무보험 미가입자에 대한 등록 등 처분의 금지) ① 제5조제1항부터 제3항까지의 규정에 따라 의무보험 가입이 의무화된 자동차가 다음 각 호의 어느 하나에 해당하는 경우에는 관할 관청(해당 업무를 위탁받은 자를 포함한다. 이하 같다)은 그 자동차가 의무보험에 가입하였는지를 확인하여 의무보험에 가입된 경우에만 등록·허가·검사·해제를 하거나 신고를 받아야 한다.

1. 「자동차관리법」 제8조, 제12조, 제27조, 제43조제1항제2호, 제43조의2제1항, 제48조제1항부터 제3항까지 또는 「건설기계관리법」 제3조 및 제13조제1항제2호에 따라 등록·허가·검사의 신청 또는 신고가 있는 경우
2. 「자동차관리법」 제37조제3항 또는 「지방세법」 제131조에 따라 영치(領置)된 자동차등록번호판을 해제하는 경우

② 제1항제1호를 적용하는 경우 「자동차관리법」 제8조에 따라 자동차를 신규로 등록할 때에는 해당 자동차가 같은 법 제27조에 따른 임시운행허가 기간이 만료된 이후에 발생한 손해배상책임을 보장하는 의무보험에 가입된 경우에만 의무보험에 가입된 것으로 본다.

③ 제1항 및 제2항에 따른 의무보험 가입의 확인 방법 및 절차 등에 관하여 필요한 사항은 국토교통부령으로 정한다. <개정 2013·3·23>

〔전부개정 2012·2·22〕

제43조(검사·질문 등) ① 국토교통부장관은 필요하다고 인정하면 소속 공무원에게 재활시설, 자동차보험 진료수가를 청구하는 의료기관 또는 제45조제1항부터 제6항까지의 규정에 따라 권한을 위탁받은 자의 사무소 등에 출입하여 다음 각 호의 행위를 하게 할 수 있다. 다만, 자동차보험진료수가를 청구한 의료기관에 대하여는 제1호 및 제3호의 행위에 한정한다. <개정 2009·5·27, 2013·3·23, 2013·8·6, 2020·4·7, 2020·6·9>

1. 이 법에 규정된 업무의 처리 상황에 관한 장부 등 서류의 검사
2. 그 업무·회계 및 재산에 관한 사항을 보고받는 행위
3. 관계인에 대한 질문

② 국토교통부장관은 이 법에 규정된 보험사업에 관한 업무의 처리 상황을 파악하거나 자동차손해배상 보장사업을 효율적으로 운영하기 위하여 필요하면 관계 중앙행정기관, 지방자치단체, 금융감독원 등에 필요한 자료의 제출을 요청할 수 있다. 이 경우 자료 제출을 요청받은 중앙행정기관, 지방자치단체, 금융감독원 등은 정당한 사유가 없으면 요청에 따라야 한다. <개정 2013·3·23>

③ 제1항에 따라 검사 또는 질문을 하는 공무원은 그 권한을 표시하는 증표를 지니고 이를 관계인에게 내보여야 한다.

④ 국토교통부장관은 제1항에 따라 검사를 하거나 보고를 받은 결과 법령을 위반한 사실이나 부당한 사실이 있으면 재활시설운영자나 권한을 위탁받은 자에게 시정하도록 명할 수 있다. <개정 2013·3·23>

제43조의2 삭제 <2021·12·7>

제43조의3(보험료 할인의 권고) ① 국토교통부장관은 자동차사고의 예방 및 원인 파악에 효과적인 자동차 운행 안전장치 및 기록장치를 장착한 자동차의 보험료 할인을 확대하도록 보험회사등에 권고할 수 있다. <개정 2024·12·3>

② 제1항에 따른 자동차 운행 안전장치 및 사고원인 파악을 위한 기록장치의 종류에 대해서는 대통령령으로 정한다. <개정 2024·12·3>

〔본조신설 2016·3·22〕

제44조(권한의 위임) 국토교통부장관은 이 법에 따른 권한의 일부를 대통령령으로 정하는 바에 따라 특별시장·광역시장·특별자치시장·도지사·특별자치도지사·시장·군수 또는 구청장에게 위임할 수 있다. <개정 2013·3·23, 2021·7·27>

제45조(권한의 위탁 등) ① 국토교통부장관은 대통령령으로 정하는 바에 따라 다음 각 호의 업무를 보험회사등, 보험 관련 단체 또는 자동차손해배상진흥원에 위탁할 수 있다. 이 경우 금융위원회와 협의하여야 한다. <개정 2012·2·22, 2013·3·23, 2016·12·20, 2019·11·26>

1. 제30조제 1 항에 따른 보상에 관한 업무
2. 제35조에 따라 자동차손해배상 보장사업을 하는 자를 보험회사등으로 보게 됨으로써 자동차손해배상 보장사업을 하는 자가 가지는 권리와 의무의 이행을 위한 업무
3. 제37조에 따른 분담금의 수납·관리에 관한 업무
4. 제39조제 1 항에 따른 손해배상 청구권의 대위행사에 관한 업무
5. 삭제 <2024·1·9>
6. 삭제 <2021·12·7>

② 국토교통부장관은 대통령령으로 정하는 바에 따라 제30조제 2 항에 따른 지원에 관한 업무 및 재활시설의 설치에 관한 업무를 「한국교통안전공단법」에 따라 설립된 한국교통안전공단 또는 자동차손해배상진흥원에 위탁할 수 있다. <개정 2013·3·23, 2017·10·24, 2024·2·20>

③ 국토교통부장관은 제 7 조에 따른 가입관리전산망의 구성·운영에 관한 업무를 보험요율산출기관에 위탁할 수 있다. <개정 2013·3·23>

④ 국토교통부장관은 제30조제 4 항에 따른 보상 업무와 제39조제 2 항에 따른 반환 청구에 관한 업무를 보험 관련 단체 또는 특별법에 따라 설립된 특수법인에 위탁할 수 있다. <개정 2012·2·22, 2013·3·23>

⑤ 국토교통부장관은 제30조의2제 1 항에 따른 자동차사고 피해예방사업에 관한 업무를 「한국교통안전공단법」에 따라 설립된 한국교통안전공단 및 보험 관련 단체에 위탁할 수 있다. <신설 2013·8·6, 2017·10·24>

⑥ 국토교통부장관은 제39조의14에 따른 사고조사위원회의 운영 및 사무처리에 관한 사무의 일부를 대통령령으로 정하는 바에 따라 「공공기관의 운영에 관한 법률」에 따른 공공기관에 위탁할 수 있다. <신설 2020·4·7>

⑦ 국토교통부장관은 제 1 항 또는 제 2 항에 따라 권한을 위탁받은 자에게 그가 지급할 보상금 또는 지원금에 충당하기 위하여 예산의 범위에서 보조금을 지급할 수 있다. <개정 2013·8·6>

⑧ 제 1 항부터 제 6 항까지의 규정에 따라 권한을 위탁받은 자는 「형법」 제129조부터 제132조까지의 규정을 적용할 때에는 공무원으로 본다. <신설 2009·2·6, 2013·8·6, 2020·4·7>

⑨ 삭제 <2016·12·20>

제45조의2(정보의 제공 및 관리) ① 제45조제 3 항에 따라 업무를 위탁받은 보험요율산출기관은 같은 조 제 1 항에 따라 업무를 위탁받은 자의 요청이 있는 경우 제공할 정보의 내용 등 대통령령으로 정하는 범위에서 가입관리전산망에서 관리되는 정보를 제공할 수 있다.

② 제 1 항에 따라 정보를 제공하는 경우 제45조제 3 항에 따라 업무를 위탁받은 보험요율산출기관은 정보제공 대상자, 제공한 정보의 내용, 정보를 요청한 자, 제공 목적을 기록한 자료를 3년간 보관하여야 한다.

〔본조신설 2009·2·6〕

제45조의3(정보 이용자의 의무) 제45조제 3 항에 따라 업무를 위탁받은 보험요율산출기관과 제45조의2제 1 항에 따라 정보를 제공받은 자는 그 직무상 알게 된 정보를 누설하거나 다른 사람의 이용에 제공하는 등 부당한 목적을 위하여 사용하여서는 아니 된다.

〔본조신설 2009·2·6〕

제45조의4(벌칙 적용에서 공무원 의제) 다음 각 호의 어느 하나에 해당하는 사람은 「형법」 제129조부터 제132조까지의 규정을 적용할 때에는 공무원으로 본다. <개정 2024·1·9>

1. 제23조의3에 따른 자동차손해배상보장위원회의 위원 중 공무원이 아닌 위원
2. 자동차손해배상진흥원의 임직원

〔본조신설 2020·4·7〕

제 8 장 벌칙

제46조(벌칙) ① 제14조제 8 항을 위반하여 진료기록등 또는 교통사고 관련 조사기록의 열람으로 알게 된 다른 사람의 비밀이나 제공받은 개인정보를 누설하거나 직무상 목적 외의 용도로 이용 또는 제 3 자에게 제공한 자는 5년 이하의 징역 또는 5천만원 이하의 벌금에 처한다. 이 경우 고소가 있어야 공소를 제기할 수 있다. <신설 2021·7·27>

② 다음 각 호의 어느 하나에 해당하는 자

는 3년 이하의 징역 또는 3천만원 이하의 벌금에 처한다. <개정 2009·2·6, 2012·2·22, 2015·1·6, 2019 ·11·26, 2020·4·7, 2021·7·27>
1. 삭제 <2021·7·27>
2. 제27조를 위반하여 의무보험 사업을 구분 경리하지 아니한 보험회사등
3. 제32조제3항을 위반하여 다른 사업과 구분하여 경리하지 아니한 재활시설운영자
3의2. 제39조의15제5항을 위반하여 직무상 알게 된 비밀을 누설한 자
4. 제45조의3을 위반하여 정보를 누설하거나 다른 사람의 이용에 제공한 자
③ 다음 각 호의 어느 하나에 해당하는 자는 1년 이하의 징역 또는 1천만원 이하의 벌금에 처한다. <개정 2012·2·22, 2015·1·6>
1. 제5조의2제2항을 위반하여 가입 의무 면제기간 중에 자동차를 운행한 자동차보유자
2. 제8조 본문을 위반하여 의무보험에 가입되어 있지 아니한 자동차를 운행한 자동차보유자
④ 제12조제3항을 위반하여 진료기록부의 진료기록과 다르게 자동차보험진료수가를 청구하거나 이를 청구할 목적으로 거짓의 진료기록을 작성한 의료기관에 대하여는 5천만원 이하의 벌금에 처한다.

제47조(양벌규정) 법인의 대표자나 법인 또는 개인의 대리인, 사용인, 그 밖의 종업원이 그 법인 또는 개인의 업무에 관하여 제46조의 위반행위를 하면 그 행위자를 벌하는 외에 그 법인 또는 개인에게도 해당 조문의 벌금형을 과(科)한다. 다만, 법인 또는 개인이 그 위반행위를 방지하기 위하여 해당 업무에 관하여 상당한 주의와 감독을 게을리하지 아니한 경우에는 그러하지 아니하다.
[전부개정 2009·2·6]

제48조(과태료) ① 삭제 <2013·8·6>
② 다음 각 호의 어느 하나에 해당하는 자에게는 2천만원 이하의 과태료를 부과한다. <개정 2020·4·7>
1. 제11조제2항을 위반하여 피해자가 청구한 가불금의 지급을 거부한 보험회사등
2. 제12조제5항을 위반하여 자동차보험진료수가를 교통사고환자(환자의 보호자를 포함한다)에게 청구한 의료기관의 개설자
3. 제24조제1항을 위반하여 제5조제1항부터 제3항까지의 규정에 따른 보험 또는 공제에 가입하려는 자와의 계약 체결을 거부한 보험회사등
4. 제25조를 위반하여 의무보험의 계약을 해제하거나 해지한 보험회사등
5. 제39조의15제3항을 위반하여 정당한 사유 없이 사고조사위원회의 요청에 따르지 아니한 자
6. 제39조의17제1항을 위반하여 자율주행정보 기록장치를 부착하지 아니한 자율주행자동차를 제작·조립·수입·판매한 자
7. 제39조의17제3항을 위반하여 자율주행정보 기록장치에 기록된 내용을 정하여진 기간 동안 보관하지 아니하거나 훼손한 자
③ 다음 각 호의 어느 하나에 해당하는 자에게는 300만원 이하의 과태료를 부과한다. <개정 2009·5·27>
1. 제5조제1항부터 제3항까지의 규정에 따른 의무보험에 가입하지 아니한 자
2. 제6조제1항 또는 제2항을 위반하여 통지를 하지 아니한 보험회사등
3. 제13조제1항을 위반하여 입원환자의 외출이나 외박에 관한 사항을 기록·관리하지 아니하거나 거짓으로 기록·관리한 의료기관의 개설자
3의2. 제13조제3항을 위반하여 기록의 열람 청구에 따르지 아니한 자
3의3. 제43조제1항에 따른 검사·보고요구·질문에 정당한 사유 없이 따르지 아니하거나 이를 방해 또는 기피한 자
4. 제43조제4항에 따른 시정명령을 이행하지 아니한 자
④ 제39조의6을 위반하여 자동차손해배상진흥원 또는 이와 유사한 명칭을 사용한 자에게는 500만원 이하의 과태료를 부과한다. <신설 2015·6·22>
⑤ 제2항(제5호부터 제7호까지는 제외한다) 및 제3항에 따른 과태료는 대통령령으로 정하는 바에 따라 시장·군수·구청장이, 제2항제5호부터 제7호까지 및 제4항에 따른 과태료는 국토교통부장관이 각각 부과·징수한다. <신설 2009·2·6, 2015·6·22, 2020·4·7>

제49조 삭제 <2009·2·6>

제 9 장 범칙행위에 관한 처리의 특례

제50조(통칙) ① 이 장에서 "범칙행위"란 제46조제 3 항의 죄에 해당하는 위반행위(의무보험에 가입되어 있지 아니한 자동차를 운행하다가 교통사고를 일으킨 경우는 제외한다)를 뜻하며, 그 구체적인 범위는 대통령령으로 정한다. <개정 2012·2·22, 2021·7·27>

② 이 장에서 "범칙자"란 범칙행위를 한 자로서 다음 각 호의 어느 하나에 해당하지 아니하는 자를 뜻한다.

1. 범칙행위를 상습적으로 하는 자
2. 죄를 범한 동기·수단 및 결과 등을 헤아려 통고처분을 하는 것이 상당하지 아니하다고 인정되는 자

③ 이 장에서 "범칙금"이란 범칙자가 제51조에 따른 통고처분에 의하여 국고 또는 특별자치도·시·군 또는 구(자치구를 말한다)의 금고에 내야 할 금전을 뜻한다. <개정 2012·2·22>

④ 국토교통부장관은 사법경찰관 또는 「사법경찰관리의 직무를 수행할 자와 그 직무범위에 관한 법률」 제 5 조제35호에 따라 지명을 받은 공무원이 범칙행위에 대한 수사를 원활히 수행할 수 있도록 대통령령으로 정하는 범위에서 가입관리전산망에서 관리하는 정보를 시·도지사, 시장·군수·구청장 또는 경찰청장에게 제공할 수 있다. <개정 2012·2·22, 2013·3·23, 2024·1·9>

제51조(통고처분) ① 시장·군수·구청장 또는 경찰서장은 범칙자로 인정되는 자에게는 그 이유를 분명하게 밝힌 범칙금 납부통고서로 범칙금을 낼 것을 통고할 수 있다. 다만, 다음 각 호의 어느 하나에 해당하는 자에게는 그러하지 아니하다. <개정 2012·2·22>

1. 성명이나 주소가 확실하지 아니한 자
2. 범칙금 납부통고서를 받기를 거부한 자

② 제 1 항에 따라 통고할 범칙금의 액수는 차종과 위반 정도에 따라 제46조제 3 항에 따른 벌금액의 범위에서 대통령령으로 정한다. <개정 2021·7·27>

제52조(범칙금의 납부) ① 제51조에 따라 범칙금 납부통고서를 받은 자는 범칙금 납부통고서를 받은 날부터 10일 이내에 시장·군수·구청장 또는 경찰서장이 지정하는 수납기관에 범칙금을 내야 한다. 다만, 천재지변이나 그 밖의 부득이한 사유로 그 기간에 범칙금을 낼 수 없을 때에는 그 사유가 없어진 날부터 5일 이내에 내야 한다. <개정 2012·2·22>

② 제 1 항에 따른 범칙금 납부통고서에 불복하는 자는 그 납부기간에 시장·군수·구청장 또는 경찰서장에게 이의를 제기할 수 있다. <개정 2012·2·22>

제53조(통고처분의 효과) ① 제51조제 1 항에 따라 범칙금을 낸 자는 그 범칙행위에 대하여 다시 벌 받지 아니한다.

② 특별사법경찰관리(「사법경찰관리의 직무를 수행할 자와 그 직무범위에 관한 법률」 제 5 조제35호에 따라 지명받은 공무원을 말한다) 또는 사법경찰관은 다음 각 호의 어느 하나에 해당하는 경우에는 지체 없이 관할 지방검찰청 또는 지방검찰청 지청에 사건을 송치하여야 한다. <개정 2012·2·22>

1. 제50조제 2 항 각 호의 어느 하나에 해당하는 경우
2. 제51조제 1 항 각 호의 어느 하나에 해당하는 경우
3. 제52조제 1 항에 따른 납부기간에 범칙금을 내지 아니한 경우
4. 제52조제 2 항에 따라 이의를 제기한 경우

부 칙

제 1 조(시행일) 이 법은 공포 후 6개월이 경과한 날부터 시행한다.

제 2 조(처분 등에 관한 일반적 경과조치) 이 법 시행 당시 종전의 규정에 따른 행정기관의 행위나 행정기관에 대한 행위는 그에 해당하는 이 법에 따른 행정기관의 행위나 행정기관에 대한 행위로 본다.

제 3 조(벌칙이나 과태료에 관한 경과조치) 이 법 시행 전의 행위에 대하여 벌칙이나 과태료 규정을 적용할 때에는 종전의 규정에 따른다.

제 4 조(다른 법률의 개정) 생략

제 5 조(다른 법령과의 관계) 이 법 시행 당시 다른 법령에서 종전의 「자동차손해배상 보장법」의 규정을 인용한 경우에 이 법 가운데 그에 해당하는 규정이 있으면 종전의 규정을 갈음하여 이 법의 해당 규정을 인용한 것으로 본다.

부 칙 <2009·2·6 법9449>

제1조(시행일) 이 법은 공포 후 1년이 경과한 날부터 시행한다. 다만, …<생략>… 부칙 제6조 …<생략>… 제3항의 개정규정 중 자동차종합검사와 관련된 부분은 2009년 3월 29일부터 시행한다.

제2조부터 **제5조**까지 생략

제6조(다른 법률의 개정) 생략

부 칙 <2009·2·6 법9450>

제1조(시행일) 이 법은 공포 후 1년이 경과한 날부터 시행한다.

제2조(자동차보험진료수가에 관한 적용례) 제2조제7호다목의 개정규정은 이 법 시행 후 최초로 교통사고환자가 의료기관에 지급하는 분부터 적용한다.

제3조(피해자에게 지급한 가불금에 대한 보험회사등의 보상청구에 관한 적용례) 제11조제5항의 개정규정은 이 법 시행 후 최초로 피해자에게 지급한 가불금에 대한 보상청구분부터 적용한다.

제4조(보험회사등의 구상권 소멸시효에 관한 적용례) 제41조의 개정규정은 이 법 시행 후 최초로 보험회사등이 피해자에게 보험금등을 지급하는 분부터 적용한다.

부 칙 <2009·5·27 법9738>

이 법은 공포 후 3개월이 경과한 날부터 시행한다. 다만, 제32조의 개정규정은 공포한 날부터 시행한다.

부 칙 <2012·2·22 법11369>

제1조(시행일) 이 법은 공포 후 6개월이 경과한 날부터 시행한다. 다만, 제17조제3항의 개정규정은 공포 후 3개월이 경과한 날부터 시행한다.

제2조(자동차등록번호판 영치 해제에 관한 적용례) 제42조제1항제2호의 개정규정은 이 법 시행 후 최초로 「자동차관리법」 또는 「지방세법」에 따라 자동차등록번호판을 영치하는 경우부터 적용한다.

부 칙 <2013·3·23 법11690>

제1조(시행일) ① 이 법은 공포한 날부터 시행한다.
② 생략

제2조부터 **제7조**까지 생략

부 칙 <2013·8·6 법12021>

이 법은 공포 후 6개월이 경과한 날부터 시행한다.

부 칙 <2015·1·6 법12987>

이 법은 공포한 날부터 시행한다.

부 칙 <2015·6·22 법13377>

제1조(시행일) 이 법은 공포 후 6개월이 경과한 날부터 시행한다. 다만, 제32조제1항제2호의 개정규정은 공포한 날부터 시행한다.

제2조(자동차보험진료수가 지급에 관한 적용례) 제12조제4항 단서의 개정규정은 이 법 시행 후 최초로 보험회사등이 제12조의2제1항에 따라 위탁한 경우부터 적용한다.

제3조(상호 정산 기한에 관한 적용례) 제21조제2항 후단의 개정규정은 이 법 시행 후 최초로 보험회사등과 의료기관 간에 심의회의 결정내용과 같은 내용의 합의가 성립된 것으로 보는 경우부터 적용한다.

부 칙 <2016·3·22 법14092>

제1조(시행일) 이 법은 공포 후 6개월이 경과한 날부터 시행한다.

제2조(분담금의 추가 징수에 관한 적용례) 제37조제3항의 개정규정은 이 법 시행 이후 제30조제1항제1호 또는 제2호의 경우에 해당하는 사고를 야기한 자부터 적용한다.

부 칙 <2016·12·20 법14450>

이 법은 2017년 1월 1일부터 시행한다.

부 칙 <2017·10·24 법14939>

제1조(시행일) 이 법은 2018년 1월 1일부터 시행한다.

제2조 및 **제3조** 생략

부 칙 <2017·11·28 법15118>

제1조(시행일) 이 법은 공포 후 6개월이 경과한 날부터 시행한다.

제2조(보험회사등의 손해배상책임이 있는 자에 대한 구상에 관한 적용례) 제29조제1항제3호의 개정규정은 이 법 시행 후 최초로 「도로교통법」 제54조제1항에 따른 필요한 조치를 하지 아니한 사고로 다른 사람이 사망 또는 부상하거나 다른 사람의 재물이 멸실되거나 훼손된 경우부터 적용한다.

부 칙 <2019·11·26 법16635>

이 법은 공포 후 3개월이 경과한 날부터 시행한다.

부 칙 <2020·4·7 법17236>

이 법은 공포 후 6개월이 경과한 날부터 시행한다.

부 칙 <2020·6·9 법17453>

이 법은 공포한 날부터 시행한다. 〈단서 생략〉

부 칙 <2021 · 1 · 26 법17911>

제 1 조(시행일) 이 법은 공포 후 6개월이 경과한 날부터 시행한다.

제 2 조부터 **제 6 조**까지 생략

부 칙 <2021 · 3 · 16 법17948>

이 법은 공포 후 3개월이 경과한 날부터 시행한다.

부 칙 <2021 · 7 · 27 법18347>

제 1 조(시행일) 이 법은 공포 후 6개월이 경과한 날부터 시행한다. 다만, 제29조제 1 항의 개정규정은 공포 후 1년이 경과한 날부터 시행한다.

제 2 조(보험금등의 구상에 관한 적용례) 제29조제 1 항의 개정규정은 같은 개정규정 시행 이후 발생한 자동차사고로 인하여 보험회사등이 법률상 손해배상책임이 있는 자에게 구상하는 경우부터 적용한다.

제 3 조(자동차손해배상 보장사업에 관한 적용례) 제30조제 1 항제 3 호의 개정규정은 이 법 시행 이후 자동차보유자를 알 수 없는 자동차의 운행 중 해당 자동차로부터 낙하된 물체로 인하여 사망하거나 부상하는 경우부터 적용한다.

부 칙 <2021 · 12 · 7 법18560>

제 1 조(시행일) 이 법은 공포 후 3개월이 경과한 날부터 시행한다. 다만, 제29조제 1 항제 2 호의 개정규정은 공포 후 6개월이 경과한 날부터 시행한다.

제 2 조(보험금등의 구상에 관한 적용례) 제29조제 1 항제 2 호의 개정규정은 같은 개정규정 시행 이후 발생한 자동차사고부터 적용한다.

부 칙 <2022 · 11 · 15 법19055>

이 법은 공포 후 6개월이 경과한 날부터 시행한다.

부 칙 <2024 · 1 · 9 법19981>

제 1 조(시행일) 이 법은 공포 후 6개월이 경과한 날부터 시행한다.

제 2 조(전문심사기관의 조정 및 정산 등에 관한 적용례) 제12조의3 및 제19조의 개정규정은 이 법 시행 이후 의료기관이 제12조에 따라 청구한 자동차보험진료수가에 대하여 전문심사기관이 심사하여 지급된 경우부터 적용한다.

부 칙 <2024 · 1 · 9 법19986>

제 1 조(시행일) 이 법은 공포 후 6개월이 경과한 날부터 시행한다.

제 2 조 생략

제 3 조(「여객자동차 운수사업법」 및 「자동차손해배상 보장법」의 개정에 관한 경과조치) ① 이 법 시행 당시 종전의 「여객자동차 운수사업법」 제70조에 따른 공제분쟁조정위원회, 종전의 「자동차손해배상 보장법」 제34조에 따른 재활시설운영심의위원회 및 같은 법 제39조의2에 따른 자동차손해배상보장사업 채권정리위원회(이하 이 조에서 "종전위원회"라 한다)의 위원으로 위촉되거나 지명된 위원은 「자동차손해배상 보장법」 제23조의3의 개정규정에 따른 자동차손해배상보장위원회의 위원으로 위촉되거나 지명된 것으로 본다. 이 경우 위촉위원의 임기는 종전 임기의 남은 기간으로 한다.

② 이 법 시행 전에 종전위원회에 심의 · 의결 또는 조정 요청된 사항은 「자동차손해배상 보장법」 제23조의3의 개정규정에 따른 자동차손해배상보장위원회에 심의 · 의결 또는 조정 요청된 것으로 본다.

③ 이 법 시행 전의 행위에 대하여 벌칙을 적용할 때 다음 각 호에 따른 위원회 위원 중 공무원이 아닌 위원의 공무원 의제에 관하여는 「여객자동차 운수사업법」 제71조제 5 항 및 「자동차손해배상 보장법」 제45조의4제 1 호의 개정규정에도 불구하고 종전의 규정에 따른다.

1. 종전의 「여객자동차 운수사업법」 제70조제 1 항에 따른 공제분쟁조정위원회
2. 종전의 「자동차손해배상 보장법」 제34조제 1 항에 따른 재활시설운영심의위원회

부 칙 <2024 · 1 · 16 법20046>

이 법은 공포 후 1년이 경과한 날부터 시행한다.

부 칙 <2024 · 2 · 20 법20340>

제 1 조(시행일) 이 법은 공포 후 6개월이 경과한 날부터 시행한다. 다만, 제29조제 1 항제 2 호의 개정규정은 공포한 날부터 시행한다.

제 2 조(보험금등의 구상에 관한 적용례) 제29조제 1 항제 2 호의 개정규정은 같은 개정규정 시행 이후 발생한 자동차사고부터 적용한다.

부 칙 <2024 · 12 · 3 법20555>

이 법은 공포 후 6개월이 경과한 날부터 시행한다.

●주택임대차보호법

〔1981·3·5 법률제3379호〕

개정
1983·12·30 법률제 3682호
1989·12·30 법률제 4188호
1997·12·13 법률제 5454호(정부부처명칭등의변경에따른건축법등의정비에관한법률)
1999·1·21 법률제 5641호
2001·12·29 법률제 6541호
2002·1·26 법률제 6627호(민사집행법)
2005·1·27 법률제 7358호(민사집행법)
2007·8·3 법률제 8583호
2008·3·21 법률제 8923호
2009·5·8 법률제 9653호
2010·5·17 법률제10303호(은행법)
2011·4·12 법률제10580호(부동산등기법)
2013·3·23 법률제11690호(정부조직법)
2013·8·13 법률제12043호
2015·1·6 법률제12989호(주택도시기금법)
2016·5·29 법률제14175호
2016·5·29 법률제14242호(수산업협동조합법)
2018·10·16 법률제15791호(상가건물 임대차보호법)
2020·2·4 법률제16912호(부동산등기법)
2020·6·9 법률제17363호
2020·7·31 법률제17470호
2023·4·18 법률제19356호
2023·7·11 법률제19520호

제 1 조(목적) 이 법은 주거용 건물의 임대차(賃貸借)에 관하여 「민법」에 대한 특례를 규정함으로써 국민 주거생활의 안정을 보장함을 목적으로 한다.
〔전부개정 2008·3·21〕

제 2 조(적용 범위) 이 법은 주거용 건물(이하 "주택"이라 한다)의 전부 또는 일부의 임대차에 관하여 적용한다. 그 임차주택(賃借住宅)의 일부가 주거 외의 목적으로 사용되는 경우에도 또한 같다.
〔전부개정 2008·3·21〕

제 3 조(대항력 등) ① 임대차는 그 등기(登記)가 없는 경우에도 임차인(賃借人)이 주택의 인도(引渡)와 주민등록을 마친 때에는 그 다음 날부터 제삼자에 대하여 효력이 생긴다. 이 경우 전입신고를 한 때에 주민등록이 된 것으로 본다.
② 주택도시기금을 재원으로 하여 저소득층 무주택자에게 주거생활 안정을 목적으로 전세임대주택을 지원하는 법인이 주택을 임차한 후 지방자치단체의 장 또는 그 법인이 선정한 입주자가 그 주택을 인도받고 주민등록을 마쳤을 때에는 제 1 항을 준용한다. 이 경우 대항력이 인정되는 법인은 대통령령으로 정한다. <개정 2015·1·6>
③ 「중소기업기본법」 제 2 조에 따른 중소기업에 해당하는 법인이 소속 직원의 주거용으로 주택을 임차한 후 그 법인이 선정한 직원이 해당 주택을 인도받고 주민등록을 마쳤을 때에는 제 1 항을 준용한다. 임대차가 끝나기 전에 그 직원이 변경된 경우에는 그 법인이 선정한 새로운 직원이 주택을 인도받고 주민등록을 마친 다음 날부터 제삼자에 대하여 효력이 생긴다. <신설 2013·8·13>
④ 임차주택의 양수인(讓受人)(그 밖에 임대할 권리를 승계한 자를 포함한다)은 임대인(賃貸人)의 지위를 승계한 것으로 본다.
⑤ 이 법에 따라 임대차의 목적이 된 주택이 매매나 경매의 목적물이 된 경우에는 「민법」 제575조제 1 항·제 3 항 및 같은 법 제578조를 준용한다.
⑥ 제 5 항의 경우에는 동시이행의 항변권(抗辯權)에 관한 「민법」 제536조를 준용한다.
<개정 2013·8·13>
〔전부개정 2008·3·21〕

제 3 조의2(보증금의 회수) ① 임차인(제 3 조제 2 항 및 제 3 항의 법인을 포함한다. 이하 같다)이 임차주택에 대하여 보증금반환청구소송의 확정판결이나 그 밖에 이에 준하는 집행권원(執行權原)에 따라서 경매를 신청하는 경우에는 집행개시(執行開始)요건에 관한 「민사집행법」 제41조에도 불구하고 반대의무(反對義務)의 이행이나 이행의 제공을 집행개시의 요건으로 하지 아니한다. <개정 2013·8·13>
② 제 3 조제 1 항·제 2 항 또는 제 3 항의 대항요건(對抗要件)과 임대차계약증서(제 3 조제 2 항 및 제 3 항의 경우에는 법인과 임대인 사이의 임대차계약증서를 말한다)상의 확정일자(確定日字)를 갖춘 임차인은 「민사집행법」에 따른 경매 또는 「국세징수법」에 따른 공매(公賣)를 할 때에 임차주택(대지를

포함한다)의 환가대금(換價代金)에서 후순위권리자(後順位權利者)나 그 밖의 채권자보다 우선하여 보증금을 변제(辨濟)받을 권리가 있다. <개정 2013·8·13>

③ 임차인은 임차주택을 양수인에게 인도하지 아니하면 제 2 항에 따른 보증금을 받을 수 없다.

④ 제 2 항 또는 제 7 항에 따른 우선변제의 순위와 보증금에 대하여 이의가 있는 이해관계인은 경매법원이나 체납처분청에 이의를 신청할 수 있다. <개정 2013·8·13>

⑤ 제4항에 따라 경매법원에 이의를 신청하는 경우에는 「민사집행법」 제152조부터 제161조까지의 규정을 준용한다.

⑥ 제4항에 따라 이의신청을 받은 체납처분청은 이해관계인이 이의신청일부터 7일 이내에 임차인 또는 제 7 항에 따라 우선변제권을 승계한 금융기관 등을 상대로 소(訴)를 제기한 것을 증명하면 해당 소송이 끝날 때까지 이의가 신청된 범위에서 임차인 또는 제 7 항에 따라 우선변제권을 승계한 금융기관 등에 대한 보증금의 변제를 유보(留保)하고 남은 금액을 배분하여야 한다. 이 경우 유보된 보증금은 소송의 결과에 따라 배분한다. <개정 2013·8·13>

⑦ 다음 각 호의 금융기관 등이 제 2 항, 제 3 조의3제 5 항, 제 3 조의4제 1 항에 따른 우선변제권을 취득한 임차인의 보증금반환채권을 계약으로 양수한 경우에는 양수한 금액의 범위에서 우선변제권을 승계한다. <신설 2013·8·13, 2015·1·6, 2016·5·29>

1. 「은행법」에 따른 은행
2. 「중소기업은행법」에 따른 중소기업은행
3. 「한국산업은행법」에 따른 한국산업은행
4. 「농업협동조합법」에 따른 농협은행
5. 「수산업협동조합법」에 따른 수협은행
6. 「우체국예금·보험에 관한 법률」에 따른 체신관서
7. 「한국주택금융공사법」에 따른 한국주택금융공사
8. 「보험업법」 제4 조제 1 항제 2 호라목의 보증보험을 보험종목으로 허가받은 보험회사
9. 「주택도시기금법」에 따른 주택도시보증공사
10. 그 밖에 제 1 호부터 제 9 호까지에 준하는 것으로서 대통령령으로 정하는 기관

⑧ 제 7 항에 따라 우선변제권을 승계한 금융기관 등(이하 "금융기관등"이라 한다)은 다음 각 호의 어느 하나에 해당하는 경우에는 우선변제권을 행사할 수 없다. <신설 2013·8·13>

1. 임차인이 제 3 조제 1 항·제 2 항 또는 제 3 항의 대항요건을 상실한 경우
2. 제 3 조의3제 5 항에 따른 임차권등기가 말소된 경우
3. 「민법」 제621조에 따른 임대차등기가 말소된 경우

⑨ 금융기관등은 우선변제권을 행사하기 위하여 임차인을 대리하거나 대위하여 임대차를 해지할 수 없다. <신설 2013·8·13>

〔전부개정 2008·3·21〕

제 3 조의3(임차권등기명령) ① 임대차가 끝난 후 보증금이 반환되지 아니한 경우 임차인은 임차주택의 소재지를 관할하는 지방법원·지방법원지원 또는 시·군 법원에 임차권등기명령을 신청할 수 있다. <개정 2013·8·13>

② 임차권등기명령의 신청서에는 다음 각 호의 사항을 적어야 하며, 신청의 이유와 임차권등기의 원인이 된 사실을 소명(疎明)하여야 한다. <개정 2013·8·13>

1. 신청의 취지 및 이유
2. 임대차의 목적인 주택(임대차의 목적이 주택의 일부분인 경우에는 해당 부분의 도면을 첨부한다)
3. 임차권등기의 원인이 된 사실(임차인이 제 3 조제 1 항·제 2 항 또는 제 3 항에 따른 대항력을 취득하였거나 제 3 조의2제 2 항에 따른 우선변제권을 취득한 경우에는 그 사실)
4. 그 밖에 대법원규칙으로 정하는 사항

③ 다음 각 호의 사항 등에 관하여는 「민사집행법」 제280조제 1 항, 제281조, 제283조, 제285조, 제286조, 제288조제 1 항, 같은 조 제 2 항 본문, 제289조, 제290조제 2 항 중 제288조제 1 항에 대한 부분, 제291조, 제292조제 3 항 및 제293조를 준용한다. 이 경우 "가압류"는 "임차권등기"로, "채권자"는 "임차인"으로, "채무자"는 "임대인"으로 본다. <개정 2023·4·18>

1. 임차권등기명령의 신청에 대한 재판
2. 임차권등기명령의 결정에 대한 임대인의

이의신청 및 그에 대한 재판
3. 임차권등기명령의 취소신청 및 그에 대한 재판
4. 임차권등기명령의 집행
④ 임차권등기명령의 신청을 기각(棄却)하는 결정에 대하여 임차인은 항고(抗告)할 수 있다.
⑤ 임차인은 임차권등기명령의 집행에 따른 임차권등기를 마치면 제 3 조제 1 항·제 2 항 또는 제 3 항에 따른 대항력과 제 3 조의2제 2 항에 따른 우선변제권을 취득한다. 다만, 임차인이 임차권등기 이전에 이미 대항력이나 우선변제권을 취득한 경우에는 그 대항력이나 우선변제권은 그대로 유지되며, 임차권등기 이후에는 제 3 조제 1 항·제 2 항 또는 제 3 항의 대항요건을 상실하더라도 이미 취득한 대항력이나 우선변제권을 상실하지 아니한다. <개정 2013·8·13>
⑥ 임차권등기명령의 집행에 따른 임차권등기가 끝난 주택(임대차의 목적이 주택의 일부분인 경우에는 해당 부분으로 한정한다)을 그 이후에 임차한 임차인은 제 8 조에 따른 우선변제를 받을 권리가 없다.
⑦ 임차권등기의 촉탁(囑託), 등기관의 임차권등기 기입(記入) 등 임차권등기명령을 시행하는 데에 필요한 사항은 대법원규칙으로 정한다. <개정 2011·4·12>
⑧ 임차인은 제 1 항에 따른 임차권등기명령의 신청과 그에 따른 임차권등기와 관련하여 든 비용을 임대인에게 청구할 수 있다.
⑨ 금융기관등은 임차인을 대위하여 제 1 항의 임차권등기명령을 신청할 수 있다. 이 경우 제 3 항·제 4 항 및 제 8 항의 "임차인"은 "금융기관등"으로 본다. <신설 2013·8·13>
〔전부개정 2008·3·21〕

제 3 조의4(「민법」에 따른 주택임대차등기의 효력 등) ① 「민법」 제621조에 따른 주택임대차등기의 효력에 관하여는 제 3 조의3제 5 항 및 제 6 항을 준용한다.
② 임차인이 대항력이나 우선변제권을 갖추고 「민법」 제621조제 1 항에 따라 임대인의 협력을 얻어 임대차등기를 신청하는 경우에는 신청서에 「부동산등기법」 제74조 제 1 호부터 제 6 호까지의 사항 외에 다음 각 호의 사항을 적어야 하며, 이를 증명할 수 있는 서면(임대차의 목적이 주택의 일부분인 경우에는 해당 부분의 도면을 포함한다)을 첨부하여야 한다. <개정 2011·4·12, 2020·2·4>
1. 주민등록을 마친 날
2. 임차주택을 점유(占有)한 날
3. 임대차계약증서상의 확정일자를 받은 날
〔전부개정 2008·3·21〕

제 3 조의5(경매에 의한 임차권의 소멸) 임차권은 임차주택에 대하여 「민사집행법」에 따른 경매가 행하여진 경우에는 그 임차주택의 경락(競落)에 따라 소멸한다. 다만, 보증금이 모두 변제되지 아니한, 대항력이 있는 임차권은 그러하지 아니하다.
〔전부개정 2008·3·21〕

제 3 조의6(확정일자 부여 및 임대차 정보제공 등) ① 제 3 조의2제 2 항의 확정일자는 주택 소재지의 읍·면사무소, 동 주민센터 또는 시(특별시·광역시·특별자치시는 제외하고, 특별자치도는 포함한다)·군·구(자치구를 말한다)의 출장소, 지방법원 및 그 지원과 등기소 또는 「공증인법」에 따른 공증인(이하 이 조에서 "확정일자부여기관"이라 한다)이 부여한다.
② 확정일자부여기관은 해당 주택의 소재지, 확정일자 부여일, 차임 및 보증금 등을 기재한 확정일자부를 작성하여야 한다. 이 경우 전산처리정보조직을 이용할 수 있다.
③ 주택의 임대차에 이해관계가 있는 자는 확정일자부여기관에 해당 주택의 확정일자 부여일, 차임 및 보증금 등 정보의 제공을 요청할 수 있다. 이 경우 요청을 받은 확정일자부여기관은 정당한 사유 없이 이를 거부할 수 없다.
④ 임대차계약을 체결하려는 자는 임대인의 동의를 받아 확정일자부여기관에 제 3 항에 따른 정보제공을 요청할 수 있다.
⑤ 제 1 항·제 3 항 또는 제 4 항에 따라 확정일자를 부여받거나 정보를 제공받으려는 자는 수수료를 내야 한다.
⑥ 확정일자부에 기재하여야 할 사항, 주택의 임대차에 이해관계가 있는 자의 범위, 확정일자부여기관에 요청할 수 있는 정보의 범위 및 수수료, 그 밖에 확정일자부여사무와 정보제공 등에 필요한 사항은 대통령령 또는 대법원규칙으로 정한다.
〔본조신설 2013·8·13〕

제 3 조의7(임대인의 정보 제시 의무) 임대차계약을 체결할 때 임대인은 다음 각 호의 사항을 임차인에게 제시하여야 한다.

1. 제 3 조의6제 3 항에 따른 해당 주택의 확정일자 부여일, 차임 및 보증금 등 정보. 다만, 임대인이 임대차계약을 체결하기 전에 제 3 조의6제 4 항에 따라 동의함으로써 이를 갈음할 수 있다.
2. 「국세징수법」 제108조에 따른 납세증명서 및 「지방세징수법」 제 5 조제 2 항에 따른 납세증명서. 다만, 임대인이 임대차계약을 체결하기 전에 「국세징수법」 제109조제 1 항에 따른 미납국세와 체납액의 열람 및 「지방세징수법」 제 6 조제 1 항에 따른 미납지방세의 열람에 각각 동의함으로써 이를 갈음할 수 있다.

〔본조신설 2023・4・18〕

제 4 조(임대차기간 등) ① 기간을 정하지 아니하거나 2년 미만으로 정한 임대차는 그 기간을 2년으로 본다. 다만, 임차인은 2년 미만으로 정한 기간이 유효함을 주장할 수 있다.

② 임대차기간이 끝난 경우에도 임차인이 보증금을 반환받을 때까지는 임대차관계가 존속되는 것으로 본다.

〔전부개정 2008・3・21〕

제 5 조 삭제 <1989・12・30>

제 6 조(계약의 갱신) ① 임대인이 임대차기간이 끝나기 6개월 전부터 2개월 전까지의 기간에 임차인에게 갱신거절(更新拒絶)의 통지를 하지 아니하거나 계약조건을 변경하지 아니하면 갱신하지 아니한다는 뜻의 통지를 하지 아니한 경우에는 그 기간이 끝난 때에 전 임대차와 동일한 조건으로 다시 임대차한 것으로 본다. 임차인이 임대차기간이 끝나기 2개월 전까지 통지하지 아니한 경우에도 또한 같다. <개정 2020・6・9>

② 제 1 항의 경우 임대차의 존속기간은 2년으로 본다. <개정 2009・5・8>

③ 2기(期)의 차임액(借賃額)에 달하도록 연체하거나 그 밖에 임차인으로서의 의무를 현저히 위반한 임차인에 대하여는 제 1 항을 적용하지 아니한다.

〔전부개정 2008・3・21〕

제 6 조의2(묵시적 갱신의 경우 계약의 해지) ① 제 6 조제 1 항에 따라 계약이 갱신된 경우 같은 조 제 2 항에도 불구하고 임차인은 언제든지 임대인에게 계약해지(契約解止)를 통지할 수 있다. <개정 2009・5・8>

② 제 1 항에 따른 해지는 임대인이 그 통지를 받은 날부터 3개월이 지나면 그 효력이 발생한다.

〔전부개정 2008・3・21〕

제 6 조의3(계약갱신 요구 등) ① 제 6 조에도 불구하고 임대인은 임차인이 제 6 조제 1 항 전단의 기간 이내에 계약갱신을 요구할 경우 정당한 사유 없이 거절하지 못한다. 다만, 다음 각 호의 어느 하나에 해당하는 경우에는 그러하지 아니하다.

1. 임차인이 2기의 차임액에 해당하는 금액에 이르도록 차임을 연체한 사실이 있는 경우
2. 임차인이 거짓이나 그 밖의 부정한 방법으로 임차한 경우
3. 서로 합의하여 임대인이 임차인에게 상당한 보상을 제공한 경우
4. 임차인이 임대인의 동의 없이 목적 주택의 전부 또는 일부를 전대(轉貸)한 경우
5. 임차인이 임차한 주택의 전부 또는 일부를 고의나 중대한 과실로 파손한 경우
6. 임차한 주택의 전부 또는 일부가 멸실되어 임대차의 목적을 달성하지 못할 경우
7. 임대인이 다음 각 목의 어느 하나에 해당하는 사유로 목적 주택의 전부 또는 대부분을 철거하거나 재건축하기 위하여 목적 주택의 점유를 회복할 필요가 있는 경우
   가. 임대차계약 체결 당시 공사시기 및 소요기간 등을 포함한 철거 또는 재건축 계획을 임차인에게 구체적으로 고지하고 그 계획에 따르는 경우
   나. 건물이 노후・훼손 또는 일부 멸실되는 등 안전사고의 우려가 있는 경우
   다. 다른 법령에 따라 철거 또는 재건축이 이루어지는 경우
8. 임대인(임대인의 직계존속・직계비속을 포함한다)이 목적 주택에 실제 거주하려는 경우
9. 그 밖에 임차인이 임차인으로서의 의무를 현저히 위반하거나 임대차를 계속하기 어려운 중대한 사유가 있는 경우

② 임차인은 제 1 항에 따른 계약갱신요구권을 1회에 한하여 행사할 수 있다. 이 경우

갱신되는 임대차의 존속기간은 2년으로 본다.

③ 갱신되는 임대차는 전 임대차와 동일한 조건으로 다시 계약된 것으로 본다. 다만, 차임과 보증금은 제 7 조의 범위에서 증감할 수 있다.

④ 제 1 항에 따라 갱신되는 임대차의 해지에 관하여는 제 6 조의2를 준용한다.

⑤ 임대인이 제 1 항제 8 호의 사유로 갱신을 거절하였음에도 불구하고 갱신요구가 거절되지 아니하였더라면 갱신되었을 기간이 만료되기 전에 정당한 사유 없이 제 3 자에게 목적 주택을 임대한 경우 임대인은 갱신거절로 인하여 임차인이 입은 손해를 배상하여야 한다.

⑥ 제 5 항에 따른 손해배상액은 거절 당시 당사자 간에 손해배상액의 예정에 관한 합의가 이루어지지 않는 한 다음 각 호의 금액 중 큰 금액으로 한다.

1. 갱신거절 당시 월차임(차임 외에 보증금이 있는 경우에는 그 보증금을 제 7 조의2 각 호 중 낮은 비율에 따라 월 단위의 차임으로 전환한 금액을 포함한다. 이하 "환산월차임"이라 한다)의 3개월분에 해당하는 금액
2. 임대인이 제 3 자에게 임대하여 얻은 환산월차임과 갱신거절 당시 환산월차임 간 차액의 2년분에 해당하는 금액
3. 제 1 항제 8 호의 사유로 인한 갱신거절로 인하여 임차인이 입은 손해액

〔본조신설 2020 · 7 · 31〕

제 7 조(차임 등의 증감청구권) ① 당사자는 약정한 차임이나 보증금이 임차주택에 관한 조세, 공과금, 그 밖의 부담의 증감이나 경제사정의 변동으로 인하여 적절하지 아니하게 된 때에는 장래에 대하여 그 증감을 청구할 수 있다. 이 경우 증액청구는 임대차계약 또는 약정한 차임이나 보증금의 증액이 있은 후 1년 이내에는 하지 못한다. <개정 2020 · 7 · 31>

② 제 1 항에 따른 증액청구는 약정한 차임이나 보증금의 20분의 1의 금액을 초과하지 못한다. 다만, 특별시 · 광역시 · 특별자치시 · 도 및 특별자치도는 관할 구역 내의 지역별 임대차 시장 여건 등을 고려하여 본문의 범위에서 증액청구의 상한을 조례로 달리 정할 수 있다. <신설 2020 · 7 · 31>

〔전부개정 2008 · 3 · 21〕

제 7 조의2(월차임 전환 시 산정률의 제한) 보증금의 전부 또는 일부를 월 단위의 차임으로 전환하는 경우에는 그 전환되는 금액에 다음 각 호 중 낮은 비율을 곱한 월차임(月借賃)의 범위를 초과할 수 없다. <개정 2010 · 5 · 17, 2013 · 8 · 13, 2016 · 5 · 29>

1. 「은행법」에 따른 은행에서 적용하는 대출금리와 해당 지역의 경제 여건 등을 고려하여 대통령령으로 정하는 비율
2. 한국은행에서 공시한 기준금리에 대통령령으로 정하는 이율을 더한 비율

〔전부개정 2008 · 3 · 21〕

제 8 조(보증금 중 일정액의 보호) ① 임차인은 보증금 중 일정액을 다른 담보물권자(擔保物權者)보다 우선하여 변제받을 권리가 있다. 이 경우 임차인은 주택에 대한 경매신청의 등기 전에 제 3 조제 1 항의 요건을 갖추어야 한다.

② 제 1 항의 경우에는 제 3 조의2제 4 항부터 제 6 항까지의 규정을 준용한다.

③ 제 1 항에 따라 우선변제를 받을 임차인 및 보증금 중 일정액의 범위와 기준은 제 8 조의2에 따른 주택임대차위원회의 심의를 거쳐 대통령령으로 정한다. 다만, 보증금 중 일정액의 범위와 기준은 주택가액(대지의 가액을 포함한다)의 2분의 1을 넘지 못한다. <개정 2009 · 5 · 8>

〔전부개정 2008 · 3 · 21〕

제 8 조의2(주택임대차위원회) ① 제 8 조에 따라 우선변제를 받을 임차인 및 보증금 중 일정액의 범위와 기준을 심의하기 위하여 법무부에 주택임대차위원회(이하 "위원회"라 한다)를 둔다.

② 위원회는 위원장 1명을 포함한 9명 이상 15명 이하의 위원으로 성별을 고려하여 구성한다. <개정 2020 · 7 · 31>

③ 위원회의 위원장은 법무부차관이 된다.

④ 위원회의 위원은 다음 각 호의 어느 하나에 해당하는 사람 중에서 위원장이 임명하거나 위촉하되, 제 1 호부터 제 5 호까지에 해당하는 위원을 각각 1명 이상 임명하거나 위촉하여야 하고, 위원 중 2분의 1 이상은 제 1 호 · 제 2 호 또는 제 6 호에 해당하는 사람을 위촉하여야 한다. <개정 2013 · 3 · 23, 2020 · 7 · 31>

1. 법학 · 경제학 또는 부동산학 등을 전공하고 주택임대차 관련 전문지식을 갖춘 사람으로서 공인된 연구기관에서 조교수 이

상 또는 이에 상당하는 직에 5년 이상 재직한 사람
2. 변호사·감정평가사·공인회계사·세무사 또는 공인중개사로서 5년 이상 해당 분야에서 종사하고 주택임대차 관련 업무경험이 풍부한 사람
3. 기획재정부에서 물가 관련 업무를 담당하는 고위공무원단에 속하는 공무원
4. 법무부에서 주택임대차 관련 업무를 담당하는 고위공무원단에 속하는 공무원(이에 상당하는 특정직 공무원을 포함한다)
5. 국토교통부에서 주택사업 또는 주거복지 관련 업무를 담당하는 고위공무원단에 속하는 공무원
6. 그 밖에 주택임대차 관련 학식과 경험이 풍부한 사람으로서 대통령령으로 정하는 사람

⑤ 그 밖에 위원회의 구성 및 운영 등에 필요한 사항은 대통령령으로 정한다.
〔본조신설 2009·5·8〕

제 9 조(주택 임차권의 승계) ① 임차인이 상속인 없이 사망한 경우에는 그 주택에서 가정공동생활을 하던 사실상의 혼인관계에 있는 자가 임차인의 권리와 의무를 승계한다.
② 임차인이 사망한 때에 사망 당시 상속인이 그 주택에서 가정공동생활을 하고 있지 아니한 경우에는 그 주택에서 가정공동생활을 하던 사실상의 혼인 관계에 있는 자와 2촌 이내의 친족이 공동으로 임차인의 권리와 의무를 승계한다.
③ 제 1 항과 제 2 항의 경우에 임차인이 사망한 후 1개월 이내에 임대인에게 제 1 항과 제 2 항에 따른 승계 대상자가 반대의사를 표시한 경우에는 그러하지 아니하다.
④ 제 1 항과 제 2 항의 경우에 임대차 관계에서 생긴 채권·채무는 임차인의 권리의무를 승계한 자에게 귀속된다.
〔전부개정 2008·3·21〕

제10조(강행규정) 이 법에 위반된 약정(約定)으로서 임차인에게 불리한 것은 그 효력이 없다.
〔전부개정 2008·3·21〕

제10조의2(초과 차임 등의 반환청구) 임차인이 제 7 조에 따른 증액비율을 초과하여 차임 또는 보증금을 지급하거나 제 7 조의2에 따른 월차임 산정률을 초과하여 차임을 지급한 경우에는 초과 지급된 차임 또는 보증금 상당금액의 반환을 청구할 수 있다.
〔본조신설 2013·8·13〕

제11조(일시사용을 위한 임대차) 이 법은 일시사용하기 위한 임대차임이 명백한 경우에는 적용하지 아니한다.
〔전부개정 2008·3·21〕

제12조(미등기 전세에의 준용) 주택의 등기를 하지 아니한 전세계약에 관하여는 이 법을 준용한다. 이 경우 "전세금"은 "임대차의 보증금"으로 본다.
〔전부개정 2008·3·21〕

제13조(「소액사건심판법」의 준용) 임차인이 임대인에 대하여 제기하는 보증금반환청구소송에 관하여는 「소액사건심판법」 제 6 조, 제 7 조, 제10조 및 제11조의2를 준용한다.
〔전부개정 2008·3·21〕

제14조(주택임대차분쟁조정위원회) ① 이 법의 적용을 받는 주택임대차와 관련된 분쟁을 심의·조정하기 위하여 대통령령으로 정하는 바에 따라 「법률구조법」 제 8 조에 따른 대한법률구조공단(이하 "공단"이라 한다)의 지부, 「한국토지주택공사법」에 따른 한국토지주택공사(이하 "공사"라 한다)의 지사 또는 사무소 및 「한국감정원법」에 따른 한국감정원(이하 "감정원"이라 한다)의 지사 또는 사무소에 주택임대차분쟁조정위원회(이하 "조정위원회"라 한다)를 둔다. 특별시·광역시·특별자치시·도 및 특별자치도(이하 "시·도"라 한다)는 그 지방자치단체의 실정을 고려하여 조정위원회를 둘 수 있다.
<개정 2020·7·31>
② 조정위원회는 다음 각 호의 사항을 심의·조정한다.
1. 차임 또는 보증금의 증감에 관한 분쟁
2. 임대차 기간에 관한 분쟁
3. 보증금 또는 임차주택의 반환에 관한 분쟁
4. 임차주택의 유지·수선 의무에 관한 분쟁
5. 그 밖에 대통령령으로 정하는 주택임대차에 관한 분쟁

③ 조정위원회의 사무를 처리하기 위하여 조정위원회에 사무국을 두고, 사무국의 조직 및 인력 등에 필요한 사항은 대통령령으로 정한다.
④ 사무국의 조정위원회 업무담당자는 「상가건물 임대차보호법」 제20조에 따른 상가

건물임대차분쟁조정위원회 사무국의 업무를 제외하고 다른 직위의 업무를 겸직하여서는 아니 된다. <개정 2018·10·16>
〔본조신설 2016·5·29〕

제15조(예산의 지원) 국가는 조정위원회의 설치·운영에 필요한 예산을 지원할 수 있다.
〔본조신설 2016·5·29〕

제16조(조정위원회의 구성 및 운영) ① 조정위원회는 위원장 1명을 포함하여 5명 이상 30명 이하의 위원으로 성별을 고려하여 구성한다. <개정 2020·7·31>
② 조정위원회의 위원은 조정위원회를 두는 기관에 따라 공단 이사장, 공사 사장, 감정원 원장 또는 조정위원회를 둔 지방자치단체의 장이 각각 임명하거나 위촉한다. <개정 2020·7·31>
③ 조정위원회의 위원은 주택임대차에 관한 학식과 경험이 풍부한 사람으로서 다음 각 호의 어느 하나에 해당하는 사람으로 한다. 이 경우 제1호부터 제4호까지에 해당하는 위원을 각 1명 이상 위촉하여야 하고, 위원 중 5분의 2 이상은 제2호에 해당하는 사람이어야 한다.
1. 법학·경제학 또는 부동산학 등을 전공하고 대학이나 공인된 연구기관에서 부교수 이상 또는 이에 상당하는 직에 재직한 사람
2. 판사·검사 또는 변호사로 6년 이상 재직한 사람
3. 감정평가사·공인회계사·법무사 또는 공인중개사로서 주택임대차 관계 업무에 6년 이상 종사한 사람
4. 「사회복지사업법」에 따른 사회복지법인과 그 밖의 비영리법인에서 주택임대차분쟁에 관한 상담에 6년 이상 종사한 경력이 있는 사람
5. 해당 지방자치단체에서 주택임대차 관련 업무를 담당하는 4급 이상의 공무원
6. 그 밖에 주택임대차 관련 학식과 경험이 풍부한 사람으로서 대통령령으로 정하는 사람

④ 조정위원회의 위원장은 제3항제2호에 해당하는 위원 중에서 위원들이 호선한다.
⑤ 조정위원회위원장은 조정위원회를 대표하여 그 직무를 총괄한다.
⑥ 조정위원회위원장이 부득이한 사유로 직무를 수행할 수 없는 경우에는 조정위원회위원장이 미리 지명한 조정위원이 그 직무를 대행한다.
⑦ 조정위원의 임기는 3년으로 하되 연임할 수 있으며, 보궐위원의 임기는 전임자의 남은 임기로 한다.
⑧ 조정위원회는 조정위원회위원장 또는 제3항제2호에 해당하는 조정위원 1명 이상을 포함한 재적위원 과반수의 출석과 출석위원 과반수의 찬성으로 의결한다.
⑨ 그 밖에 조정위원회의 설치, 구성 및 운영 등에 필요한 사항은 대통령령으로 정한다.
〔본조신설 2016·5·29〕

제17조(조정부의 구성 및 운영) ① 조정위원회는 분쟁의 효율적 해결을 위하여 3명의 조정위원으로 구성된 조정부를 둘 수 있다.
② 조정부에는 제16조제3항제2호에 해당하는 사람이 1명 이상 포함되어야 하며, 그 중에서 조정위원회위원장이 조정부의 장을 지명한다.
③ 조정부는 다음 각 호의 사항을 심의·조정한다.
1. 제14조제2항에 따른 주택임대차분쟁 중 대통령령으로 정하는 금액 이하의 분쟁
2. 조정위원회가 사건을 특정하여 조정부에 심의·조정을 위임한 분쟁

④ 조정부는 조정부의 장을 포함한 재적위원 과반수의 출석과 출석위원 과반수의 찬성으로 의결한다.
⑤ 제4항에 따라 조정부가 내린 결정은 조정위원회가 결정한 것으로 본다.
⑥ 그 밖에 조정부의 설치, 구성 및 운영 등에 필요한 사항은 대통령령으로 정한다.
〔본조신설 2016·5·29〕

제18조(조정위원의 결격사유) 「국가공무원법」 제33조 각 호의 어느 하나에 해당하는 사람은 조정위원이 될 수 없다.
〔본조신설 2016·5·29〕

제19조(조정위원의 신분보장) ① 조정위원은 자신의 직무를 독립적으로 수행하고 주택임대차분쟁의 심리 및 판단에 관하여 어떠한 지시에도 구속되지 아니한다.
② 조정위원은 다음 각 호의 어느 하나에 해당하는 경우를 제외하고는 그 의사에 반하여 해임 또는 해촉되지 아니한다.
1. 제18조에 해당하는 경우
2. 신체상 또는 정신상의 장애로 직무를 수행할 수 없게 된 경우
〔본조신설 2016·5·29〕

제20조(조정위원의 제척 등) ① 조정위원이 다음 각 호의 어느 하나에 해당하는 경우 그 직무의 집행에서 제척된다.

1. 조정위원 또는 그 배우자나 배우자이었던 사람이 해당 분쟁사건의 당사자가 되는 경우
2. 조정위원이 해당 분쟁사건의 당사자와 친족관계에 있거나 있었던 경우
3. 조정위원이 해당 분쟁사건에 관하여 진술, 감정 또는 법률자문을 한 경우
4. 조정위원이 해당 분쟁사건에 관하여 당사자의 대리인으로서 관여하거나 관여하였던 경우

② 사건을 담당한 조정위원에게 제척의 원인이 있는 경우에는 조정위원회는 직권 또는 당사자의 신청에 따라 제척의 결정을 한다.

③ 당사자는 사건을 담당한 조정위원에게 공정한 직무집행을 기대하기 어려운 사정이 있는 경우 조정위원회에 기피신청을 할 수 있다.

④ 기피신청에 관한 결정은 조정위원회가 하고, 해당 조정위원 및 당사자 쌍방은 그 결정에 불복하지 못한다.

⑤ 제3항에 따른 기피신청이 있는 때에는 조정위원회는 그 신청에 대한 결정이 있을 때까지 조정절차를 정지하여야 한다.

⑥ 조정위원은 제1항 또는 제3항에 해당하는 경우 조정위원회의 허가를 받지 아니하고 해당 분쟁사건의 직무집행에서 회피할 수 있다.

〔본조신설 2016·5·29〕

제21조(조정의 신청 등) ① 제14조제2항 각 호의 어느 하나에 해당하는 주택임대차분쟁의 당사자는 해당 주택이 소재하는 지역을 관할하는 조정위원회에 분쟁의 조정을 신청할 수 있다. <개정 2020·7·31>

② 조정위원회는 신청인이 조정을 신청할 때 조정 절차 및 조정의 효력 등 분쟁조정에 관하여 대통령령으로 정하는 사항을 안내하여야 한다.

③ 조정위원회의 위원장은 다음 각 호의 어느 하나에 해당하는 경우 신청을 각하한다. 이 경우 그 사유를 신청인에게 통지하여야 한다. <개정 2020·6·9>

1. 이미 해당 분쟁조정사항에 대하여 법원에 소가 제기되거나 조정 신청이 있은 후 소가 제기된 경우
2. 이미 해당 분쟁조정사항에 대하여 「민사조정법」에 따른 조정이 신청된 경우나 조정신청이 있은 후 같은 법에 따른 조정이 신청된 경우
3. 이미 해당 분쟁조정사항에 대하여 이 법에 따른 조정위원회에 조정이 신청된 경우나 조정신청이 있은 후 조정이 성립된 경우
4. 조정신청 자체로 주택임대차에 관한 분쟁이 아님이 명백한 경우
5. 피신청인이 조정절차에 응하지 아니한다는 의사를 통지한 경우
6. 신청인이 정당한 사유 없이 조사에 응하지 아니하거나 2회 이상 출석요구에 응하지 아니한 경우

〔본조신설 2016·5·29〕

제22조(조정절차) ① 조정위원회의 위원장은 신청인으로부터 조정신청을 접수한 때에는 지체 없이 조정절차를 개시하여야 한다. <개정 2020·6·9>

② 조정위원회의 위원장은 제1항에 따라 조정신청을 접수하면 피신청인에게 조정신청서를 송달하여야 한다. 이 경우 제21조제2항을 준용한다. <개정 2020·6·9>

③ 조정서류의 송달 등 조정절차에 관하여 필요한 사항은 대통령령으로 정한다.

〔본조신설 2016·5·29〕

제23조(처리기간) ① 조정위원회는 분쟁의 조정신청을 받은 날부터 60일 이내에 그 분쟁조정을 마쳐야 한다. 다만, 부득이한 사정이 있는 경우에는 조정위원회의 의결을 거쳐 30일의 범위에서 그 기간을 연장할 수 있다.

② 조정위원회는 제1항 단서에 따라 기간을 연장한 경우에는 기간 연장의 사유와 그 밖에 기간 연장에 관한 사항을 당사자에게 통보하여야 한다.

〔본조신설 2016·5·29〕

제24조(조사 등) ① 조정위원회는 조정을 위하여 필요하다고 인정하는 경우 신청인, 피신청인, 분쟁 관련 이해관계인 또는 참고인에게 출석하여 진술하게 하거나 조정에 필요한 자료나 물건 등을 제출하도록 요구할 수 있다.

② 조정위원회는 조정을 위하여 필요하다고 인정하는 경우 조정위원 또는 사무국의 직

원으로 하여금 조정 대상물 및 관련 자료에 대하여 조사하게 하거나 자료를 수집하게 할 수 있다. 이 경우 조정위원이나 사무국의 직원은 그 권한을 표시하는 증표를 지니고 이를 관계인에게 내보여야 한다.

③ 조정위원회위원장은 특별시장, 광역시장, 특별자치시장, 도지사 및 특별자치도지사(이하 "시·도지사"라 한다)에게 해당 조정업무에 참고하기 위하여 인근지역의 확정일자 자료, 보증금의 월차임 전환율 등 적정 수준의 임대료 산정을 위한 자료를 요청할 수 있다. 이 경우 시·도지사는 정당한 사유가 없으면 조정위원회위원장의 요청에 따라야 한다.

〔본조신설 2016·5·29〕

제25조(조정을 하지 아니하는 결정) ① 조정위원회는 해당 분쟁이 그 성질상 조정을 하기에 적당하지 아니하다고 인정하거나 당사자가 부당한 목적으로 조정을 신청한 것으로 인정할 때에는 조정을 하지 아니할 수 있다.

② 조정위원회는 제1항에 따라 조정을 하지 아니하기로 결정하였을 때에는 그 사실을 당사자에게 통지하여야 한다.

〔본조신설 2016·5·29〕

제26조(조정의 성립) ① 조정위원회가 조정안을 작성한 경우에는 그 조정안을 지체 없이 각 당사자에게 통지하여야 한다.

② 제1항에 따라 조정안을 통지받은 당사자가 통지받은 날부터 14일 이내에 수락의 의사를 서면으로 표시하지 아니한 경우에는 조정을 거부한 것으로 본다. <개정 2020·6·9>

③ 제2항에 따라 각 당사자가 조정안을 수락한 경우에는 조정안과 동일한 내용의 합의가 성립된 것으로 본다.

④ 제3항에 따른 합의가 성립한 경우 조정위원회위원장은 조정안의 내용을 조정서로 작성한다. 조정위원회위원장은 각 당사자 간에 금전, 그 밖의 대체물의 지급 또는 부동산의 인도에 관하여 강제집행을 승낙하는 취지의 합의가 있는 경우에는 그 내용을 조정서에 기재하여야 한다.

〔본조신설 2016·5·29〕

제27조(집행력의 부여) 제26조제4항 후단에 따라 강제집행을 승낙하는 취지의 내용이 기재된 조정서의 정본은 「민사집행법」 제56조에도 불구하고 집행력 있는 집행권원과 같은 효력을 가진다. 다만, 청구에 관한 이의의 주장에 대하여는 같은 법 제44조제2항을 적용하지 아니한다.

〔본조신설 2016·5·29〕

제28조(비밀유지의무) 조정위원, 사무국의 직원 또는 그 직에 있었던 자는 다른 법률에 특별한 규정이 있는 경우를 제외하고는 직무상 알게 된 정보를 타인에게 누설하거나 직무상 목적 외에 사용하여서는 아니 된다.

〔본조신설 2016·5·29〕

제29조(다른 법률의 준용) 조정위원회의 운영 및 조정절차에 관하여 이 법에서 규정하지 아니한 사항에 대하여는 「민사조정법」을 준용한다.

〔본조신설 2016·5·29〕

제30조(주택임대차표준계약서 사용) 주택임대차계약을 서면으로 체결할 때에는 법무부장관이 국토교통부장관과 협의하여 정하는 주택임대차표준계약서를 우선적으로 사용한다. 다만, 당사자가 다른 서식을 사용하기로 합의한 경우에는 그러하지 아니하다. <개정 2020·7·31>

〔본조신설 2016·5·29〕

제31조(벌칙 적용에서 공무원 의제) 공무원이 아닌 주택임대차위원회의 위원 및 주택임대차분쟁조정위원회의 위원은 「형법」 제127조, 제129조부터 제132조까지의 규정을 적용할 때에는 공무원으로 본다.

〔본조신설 2016·5·29〕

부 칙

①(시행일) 이 법은 공포한 날로부터 시행한다.

②(경과조치) 이 법은 이 법 시행후 체결되거나 갱신된 임대차에 이를 적용한다. 다만, 제3조의 규정은 이 법 시행당시 존속 중인 임대차에 대하여도 이를 적용하되 이 법 시행전에 물권을 취득한 제3자에 대하여는 그 효력이 없다.

부 칙 <1983·12·30 법3682>

①(시행일) 이 법은 1984년 1월 1일부터 시행한다.

②(경과조치의 원칙) 이 법은 특별한 규정이 있는 경우를 제외하고는 이 법 시행전에 생긴 사항에 대하여도 이를 적용한다. 그러나 종전의 규정에 의하여 생긴 효력에는 영향을 미치지 아니한다.

③(차임등의 증액청구에 관한 경과조치) 제7조 단서의 개정규정은 이 법 시행전에 차임

등의 증액청구가 있은 경우에는 이를 적용하지 아니한다.

④(소액보증금의 보호에 관한 경과조치) 제8조의 개정규정은 이 법 시행전에 임차주택에 대하여 담보물권을 취득한 자에 대하여는 이를 적용하지 아니한다.

부 칙 <1989·12·30 법4188>

①(시행일) 이 법은 공포한 날부터 시행한다.

②(존속중인 임대차에 관한 경과조치) 이 법은 특별한 규정이 있는 경우를 제외하고는 이 법 시행 당시에 존속중인 임대차에 대하여도 이를 적용한다.

③(담보물권자에 대한 경과조치) 이 법 시행전에 임차주택에 대하여 담보물권을 취득한 자에 대하여는 종전의 규정에 의한다.

④(임대차기간에 대한 경과조치) 이 법 시행 당시 존속중인 임대차의 기간에 대하여는 종전의 규정에 의한다.

⑤(소액보증금에 관한 경과조치) 이 법 시행 당시 종전의 제8조의 규정에 의한 소액보증금에 해당하는 경우에는 종전의 규정에 의한다.

부 칙 <1997·12·13 법5454>

이 법은 1998년 1월 1일부터 시행한다.〈단서 생략〉

부 칙 <1999·1·21 법5641>

①(시행일) 이 법은 1999년 3월 1일부터 시행한다.

②(존속중인 임대차에 관한 경과조치) 이 법은 특별한 규정이 있는 경우를 제외하고는 이 법 시행당시 존속중인 임대차에 대하여도 이를 적용한다.

③(임대차등기에 관한 경과조치) 제3조의4의 개정규정은 이 법 시행전에 이미 경료된 임대차등기에 대하여는 이를 적용하지 아니한다.

부 칙 <2001·12·29 법6541>

이 법은 공포후 6월이 경과한 날부터 시행한다.

부 칙 <2002·1·26 법6627>

제1조(시행일) 이 법은 2002년 7월 1일부터 시행한다.

제2조부터 **제7조**까지 생략

부 칙 <2005·1·27 법7358>

제1조(시행일) 이 법은 공포 후 6월이 경과한 날부터 시행한다.

제2조부터 **제4조**까지 생략

부 칙 <2007·8·3 법8583>

이 법은 공포 후 3개월이 경과한 날부터 시행한다.

부 칙 <2008·3·21 법8923>

이 법은 공포한 날부터 시행한다.

부 칙 <2009·5·8 법9653>

이 법은 공포 후 3개월이 경과한 날부터 시행한다.

부 칙 <2010·5·17 법10303>

제1조(시행일) 이 법은 공포 후 6개월이 경과한 날부터 시행한다.〈단서 생략〉

제2조부터 **제10조**까지 생략

부 칙 <2011·4·12 법10580>

제1조(시행일) 이 법은 공포 후 6개월이 경과한 날부터 시행한다.〈단서 생략〉

제2조부터 **제5조**까지 생략

부 칙 <2013·3·23 법11690>

제1조(시행일) ① 이 법은 공포한 날부터 시행한다.

② 생략

제2조부터 **제7조**까지 생략

부 칙 <2013·8·13 법12043>

제1조(시행일) 이 법은 2014년 1월 1일부터 시행한다. 다만, 제3조의2제4항, 제6항부터 제9항까지, 제3조의3제1항 및 제9항, 제10조의2의 개정규정은 공포한 날부터 시행한다.

제2조(일반적 적용례) 이 법은 이 법 시행 후 최초로 체결되거나 갱신되는 임대차부터 적용한다.

제3조(중소기업 법인의 대항력에 관한 적용례 및 경과조치) ① 제3조제3항의 개정규정은 법인(「중소기업기본법」 제2조에 따른 중소기업인 법인에 한정한다)이 임차인인 이 법 시행 당시 존속 중인 임대차에 대하여도 적용하되, 이 법 시행 전에 물권을 취득한 제3자에 대하여는 그 효력이 없다.

② 제1항에도 불구하고 이 법 시행 당시 존속 중인 임대차의 기간에 대하여는 종전의 규정에 따른다.

제4조(금융기관등의 우선변제권에 관한 적용례) 제3조의2제4항, 제6항부터 제9항까지, 제3조의3제1항 및 제9항의 개정규정은 같은 개정규정 시행 당시 존속 중인 임대차에 대하여도 적용하되, 같은 개정규정 시행 후 최초로 보증금반환채권을 양수한 경우부터 적용한다.

제5조(월차임 전환 시 산정률의 제한에 관한 적용례) 제7조의2의 개정규정은 이 법 시행 당시 존속 중인 임대차에 대하여도 적용하되, 이 법 시행 후 최초로 보증금의 전부

또는 일부를 월 단위 차임으로 전환하는 경우부터 적용한다.

부 칙 <2015·1·6 법12989>

제1조(시행일) 이 법은 2015년 7월 1일부터 시행한다.

제2조부터 **제6조**까지 생략

부 칙 <2016·5·29 법14175>

제1조(시행일) 이 법은 공포 후 6개월이 경과한 날부터 시행한다. 다만, 제14조부터 제29조까지 및 제31조(주택임대차분쟁조정위원회에 관한 부분만 해당한다)의 개정규정은 공포 후 1년이 경과한 날부터 시행한다.

제2조(월차임 전환율에 관한 적용례) 제7조의2의 개정규정은 이 법 시행 당시 존속 중인 임대차에 대하여도 적용하되, 이 법 시행 후 최초로 보증금의 전부 또는 일부를 월 단위 차임으로 전환하는 경우부터 적용한다.

부 칙 <2016·5·29 법14242>

제1조(시행일) 이 법은 2016년 12월 1일부터 시행한다. 〈단서 생략〉

제2조부터 **제22조**까지 생략

부 칙 <2018·10·16 법15791>

제1조(시행일) 이 법은 공포한 날부터 시행한다. 〈단서 생략〉

제2조부터 **제5조**까지 생략

부 칙 <2020·2·4 법16912>

제1조(시행일) 이 법은 공포 후 6개월이 경과한 날부터 시행한다.

제2조부터 **제4조**까지 생략

부 칙 <2020·6·9 법17363>

제1조(시행일) 이 법은 공포 후 6개월이 경과한 날부터 시행한다.

제2조(계약 갱신에 관한 적용례) 제6조제1항의 개정규정은 이 법 시행 후 최초로 체결되거나 갱신된 임대차부터 적용한다.

제3조(조정절차 등에 관한 적용례) 제21조제3항제5호, 제22조제1항·제2항 및 제26조제2항의 개정규정은 이 법 시행 후 최초로 주택임대차분쟁조정위원회에 접수되는 조정신청부터 적용한다.

부 칙 <2020·7·31 법17470>

제1조(시행일) 이 법은 공포한 날부터 시행한다. 다만, 제8조의2제2항·제4항, 제14조제1항, 제16조제1항·제2항, 제21조제1항 및 제30조의 개정규정은 공포 후 3개월이 경과한 날부터 시행한다.

제2조(계약갱신 요구 등에 관한 적용례) ① 제6조의3 및 제7조의 개정규정은 이 법 시행 당시 존속 중인 임대차에 대하여도 적용한다.

② 제1항에도 불구하고 이 법 시행 전에 임대인이 갱신을 거절하고 제3자와 임대차계약을 체결한 경우에는 이를 적용하지 아니한다.

부 칙 <2023·4·18 법19356>

제1조(시행일) 이 법은 공포 후 3개월이 경과한 날부터 시행한다. 다만, 제3조의7의 개정규정은 공포한 날부터 시행한다. <개정 2023·7·11>

제2조(임차권등기명령의 집행에 관한 적용례) 제3조의3제3항 각 호 외의 부분 전단의 개정규정은 이 법 시행 전에 내려져 이 법 시행 당시 임대인에게 송달되지 아니한 임차권등기명령에 대해서도 적용한다.

제3조(임대인의 정보 제시 의무에 관한 적용례) 제3조의7의 개정규정은 같은 개정규정 시행 이후 임대차계약을 체결하는 경우부터 적용한다.

부 칙 <2023·7·11 법19520>

이 법은 공포한 날부터 시행한다.

●상가건물 임대차보호법

〔2001·12·29 법률제6542호〕

개정
2002· 8·26 법률제 6718호
2005· 1·27 법률제 7358호(민사집행법)
2009· 1·30 법률제 9361호
2009· 5· 8 법률제 9649호
2010· 5·17 법률제10303호(은행법)
2011· 4·12 법률제10580호(부동산등기법)
2013· 6· 7 법률제11873호(부가가치세법)
2013· 8·13 법률제12042호
2015· 5·13 법률제13284호
2016· 5·29 법률제14242호(수산업협동조합법)
2018·10·16 법률제15791호
2020· 2· 4 법률제16912호(부동산등기법)
2020· 7·31 법률제17471호
2020· 9·29 법률제17490호
2022· 1· 4 법률제18675호

제 1 조(목적) 이 법은 상가건물 임대차에 관하여 「민법」에 대한 특례를 규정하여 국민 경제생활의 안정을 보장함을 목적으로 한다.
〔전부개정 2009·1·30〕

제 2 조(적용범위) ① 이 법은 상가건물(제 3 조제 1 항에 따른 사업자등록의 대상이 되는 건물을 말한다)의 임대차(임대차 목적물의 주된 부분을 영업용으로 사용하는 경우를 포함한다)에 대하여 적용한다. 다만, 제14조의2에 따른 상가건물임대차위원회의 심의를 거쳐 대통령령으로 정하는 보증금액을 초과하는 임대차에 대하여는 그러하지 아니하다. <개정 2020·7·31>

② 제 1 항 단서에 따른 보증금액을 정할 때에는 해당 지역의 경제 여건 및 임대차 목적물의 규모 등을 고려하여 지역별로 구분하여 규정하되, 보증금 외에 차임이 있는 경우에는 그 차임액에 「은행법」에 따른 은행의 대출금리 등을 고려하여 대통령령으로 정하는 비율을 곱하여 환산한 금액을 포함하여야 한다. <개정 2010·5·17>

③ 제 1 항 단서에도 불구하고 제 3 조, 제10조제 1 항, 제 2 항, 제 3 항 본문, 제10조의2부터 제10조의9까지의 규정, 제11조의2 및 제19조는 제 1 항 단서에 따른 보증금액을 초과하는 임대차에 대하여도 적용한다. <신설 2013·8·13, 2015·5·13, 2020·9·29, 2022·1·4>
〔전부개정 2009·1·30〕

제 3 조(대항력 등) ① 임대차는 그 등기가 없는 경우에도 임차인이 건물의 인도와 「부가가치세법」 제 8 조, 「소득세법」 제168조 또는 「법인세법」 제111조에 따른 사업자등록을 신청하면 그 다음 날부터 제 3 자에 대하여 효력이 생긴다. <개정 2013·6·7>

② 임차건물의 양수인(그 밖에 임대할 권리를 승계한 자를 포함한다)은 임대인의 지위를 승계한 것으로 본다.

③ 이 법에 따라 임대차의 목적이 된 건물이 매매 또는 경매의 목적물이 된 경우에는 「민법」 제575조제 1 항·제 3 항 및 제578조를 준용한다.

④ 제 3 항의 경우에는 「민법」 제536조를 준용한다.
〔전부개정 2009·1·30〕

제 4 조(확정일자 부여 및 임대차정보 제공 등) ① 제 5 조제 2 항의 확정일자는 상가건물의 소재지 관할 세무서장이 부여한다.

② 관할 세무서장은 해당 상가건물의 소재지, 확정일자 부여일, 차임 및 보증금 등을 기재한 확정일자부를 작성하여야 한다. 이 경우 전산정보처리조직을 이용할 수 있다.

③ 상가건물의 임대차에 이해관계가 있는 자는 관할 세무서장에게 해당 상가건물의 확정일자 부여일, 차임 및 보증금 등 정보의 제공을 요청할 수 있다. 이 경우 요청을 받은 관할 세무서장은 정당한 사유 없이 이를 거부할 수 없다.

④ 임대차계약을 체결하려는 자는 임대인의 동의를 받아 관할 세무서장에게 제 3 항에 따른 정보제공을 요청할 수 있다.

⑤ 확정일자부에 기재하여야 할 사항, 상가건물의 임대차에 이해관계가 있는 자의 범위, 관할 세무서장에게 요청할 수 있는 정보의 범위 및 그 밖에 확정일자 부여사무와 정보제공 등에 필요한 사항은 대통령령으로 정한다.
〔전부개정 2015·5·13〕

제5조(보증금의 회수) ① 임차인이 임차건물에 대하여 보증금반환청구소송의 확정판결, 그 밖에 이에 준하는 집행권원에 의하여 경매를 신청하는 경우에는 「민사집행법」 제41조에도 불구하고 반대의무의 이행이나 이행의 제공을 집행개시의 요건으로 하지 아니한다.

② 제3조제1항의 대항요건을 갖추고 관할 세무서장으로부터 임대차계약서상의 확정일자를 받은 임차인은 「민사집행법」에 따른 경매 또는 「국세징수법」에 따른 공매 시 임차건물(임대인 소유의 대지를 포함한다)의 환가대금에서 후순위권리자나 그 밖의 채권자보다 우선하여 보증금을 변제받을 권리가 있다.

③ 임차인은 임차건물을 양수인에게 인도하지 아니하면 제2항에 따른 보증금을 받을 수 없다.

④ 제2항 또는 제7항에 따른 우선변제의 순위와 보증금에 대하여 이의가 있는 이해관계인은 경매법원 또는 체납처분청에 이의를 신청할 수 있다. <개정 2013·8·13>

⑤ 제4항에 따라 경매법원에 이의를 신청하는 경우에는 「민사집행법」 제152조부터 제161조까지의 규정을 준용한다.

⑥ 제4항에 따라 이의신청을 받은 체납처분청은 이해관계인이 이의신청일부터 7일 이내에 임차인 또는 제7항에 따라 우선변제권을 승계한 금융기관 등을 상대로 소(訴)를 제기한 것을 증명한 때에는 그 소송이 종결될 때까지 이의가 신청된 범위에서 임차인 또는 제7항에 따라 우선변제권을 승계한 금융기관 등에 대한 보증금의 변제를 유보(留保)하고 남은 금액을 배분하여야 한다. 이 경우 유보된 보증금은 소송 결과에 따라 배분한다. <개정 2013·8·13>

⑦ 다음 각 호의 금융기관 등이 제2항, 제6조제5항 또는 제7조제1항에 따른 우선변제권을 취득한 임차인의 보증금반환채권을 계약으로 양수한 경우에는 양수한 금액의 범위에서 우선변제권을 승계한다. <신설 2013·8·13, 2016·5·29>

1. 「은행법」에 따른 은행
2. 「중소기업은행법」에 따른 중소기업은행
3. 「한국산업은행법」에 따른 한국산업은행
4. 「농업협동조합법」에 따른 농협은행
5. 「수산업협동조합법」에 따른 수협은행
6. 「우체국예금·보험에 관한 법률」에 따른 체신관서
7. 「보험업법」 제4조제1항제2호라목의 보증보험을 보험종목으로 허가받은 보험회사
8. 그 밖에 제1호부터 제7호까지에 준하는 것으로서 대통령령으로 정하는 기관

⑧ 제7항에 따라 우선변제권을 승계한 금융기관 등(이하 "금융기관등"이라 한다)은 다음 각 호의 어느 하나에 해당하는 경우에는 우선변제권을 행사할 수 없다. <신설 2013·8·13>

1. 임차인이 제3조제1항의 대항요건을 상실한 경우
2. 제6조제5항에 따른 임차권등기가 말소된 경우
3. 「민법」 제621조에 따른 임대차등기가 말소된 경우

⑨ 금융기관등은 우선변제권을 행사하기 위하여 임차인을 대리하거나 대위하여 임대차를 해지할 수 없다. <신설 2013·8·13>

[전부개정 2009·1·30]

제6조(임차권등기명령) ① 임대차가 종료된 후 보증금이 반환되지 아니한 경우 임차인은 임차건물의 소재지를 관할하는 지방법원, 지방법원지원 또는 시·군법원에 임차권등기명령을 신청할 수 있다. <개정 2013·8·13>

② 임차권등기명령을 신청할 때에는 다음 각 호의 사항을 기재하여야 하며, 신청 이유 및 임차권등기의 원인이 된 사실을 소명하여야 한다.

1. 신청 취지 및 이유
2. 임대차의 목적인 건물(임대차의 목적이 건물의 일부분인 경우에는 그 부분의 도면을 첨부한다)
3. 임차권등기의 원인이 된 사실(임차인이 제3조제1항에 따른 대항력을 취득하였거나 제5조제2항에 따른 우선변제권을 취득한 경우에는 그 사실)
4. 그 밖에 대법원규칙으로 정하는 사항

③ 임차권등기명령의 신청에 대한 재판, 임차권등기명령의 결정에 대한 임대인의 이의

신청 및 그에 대한 재판, 임차권등기명령의 취소신청 및 그에 대한 재판 또는 임차권등기명령의 집행 등에 관하여는 「민사집행법」 제280조제 1 항, 제281조, 제283조, 제285조, 제286조, 제288조제 1 항 · 제 2 항 본문, 제289조, 제290조제 2 항 중 제288조제 1 항에 대한 부분, 제291조, 제293조를 준용한다. 이 경우 "가압류"는 "임차권등기"로, "채권자"는 "임차인"으로, "채무자"는 "임대인"으로 본다.

④ 임차권등기명령신청을 기각하는 결정에 대하여 임차인은 항고할 수 있다.

⑤ 임차권등기명령의 집행에 따른 임차권등기를 마치면 임차인은 제 3 조제 1 항에 따른 대항력과 제 5 조제 2 항에 따른 우선변제권을 취득한다. 다만, 임차인이 임차권등기 이전에 이미 대항력 또는 우선변제권을 취득한 경우에는 그 대항력 또는 우선변제권이 그대로 유지되며, 임차권등기 이후에는 제 3 조제 1 항의 대항요건을 상실하더라도 이미 취득한 대항력 또는 우선변제권을 상실하지 아니한다.

⑥ 임차권등기명령의 집행에 따른 임차권등기를 마친 건물(임대차의 목적이 건물의 일부분인 경우에는 그 부분으로 한정한다)을 그 이후에 임차한 임차인은 제14조에 따른 우선변제를 받을 권리가 없다.

⑦ 임차권등기의 촉탁, 등기관의 임차권등기 기입 등 임차권등기명령의 시행에 관하여 필요한 사항은 대법원규칙으로 정한다.

⑧ 임차인은 제 1 항에 따른 임차권등기명령의 신청 및 그에 따른 임차권등기와 관련하여 든 비용을 임대인에게 청구할 수 있다.

⑨ 금융기관등은 임차인을 대위하여 제 1 항의 임차권등기명령을 신청할 수 있다. 이 경우 제 3 항 · 제 4 항 및 제 8 항의 "임차인"은 "금융기관등"으로 본다. <신설 2013 · 8 · 13>

〔전부개정 2009 · 1 · 30〕

제 7 조(「민법」에 따른 임대차등기의 효력 등) ① 「민법」 제621조에 따른 건물임대차등기의 효력에 관하여는 제 6 조제 5 항 및 제 6 항을 준용한다.

② 임차인이 대항력 또는 우선변제권을 갖추고 「민법」 제621조제 1 항에 따라 임대인의 협력을 얻어 임대차등기를 신청하는 경우에는 신청서에 「부동산등기법」 제74조제 1 호부터 제 6 호까지의 사항 외에 다음 각 호의 사항을 기재하여야 하며, 이를 증명할 수 있는 서면(임대차의 목적이 건물의 일부분인 경우에는 그 부분의 도면을 포함한다)을 첨부하여야 한다. <개정 2011 · 4 · 12, 2020 · 2 · 4>

1. 사업자등록을 신청한 날
2. 임차건물을 점유한 날
3. 임대차계약서상의 확정일자를 받은 날

〔전부개정 2009 · 1 · 30〕

제 8 조(경매에 의한 임차권의 소멸) 임차권은 임차건물에 대하여 「민사집행법」에 따른 경매가 실시된 경우에는 그 임차건물이 매각되면 소멸한다. 다만, 보증금이 전액 변제되지 아니한 대항력이 있는 임차권은 그러하지 아니하다.

〔전부개정 2009 · 1 · 30〕

제 9 조(임대차기간 등) ① 기간을 정하지 아니하거나 기간을 1년 미만으로 정한 임대차는 그 기간을 1년으로 본다. 다만, 임차인은 1년 미만으로 정한 기간이 유효함을 주장할 수 있다.

② 임대차가 종료한 경우에도 임차인이 보증금을 돌려받을 때까지는 임대차 관계는 존속하는 것으로 본다.

〔전부개정 2009 · 1 · 30〕

제10조(계약갱신 요구 등) ① 임대인은 임차인이 임대차기간이 만료되기 6개월 전부터 1개월 전까지 사이에 계약갱신을 요구할 경우 정당한 사유 없이 거절하지 못한다. 다만, 다음 각 호의 어느 하나의 경우에는 그러하지 아니하다. <개정 2013 · 8 · 13>

1. 임차인이 3기의 차임액에 해당하는 금액에 이르도록 차임을 연체한 사실이 있는 경우
2. 임차인이 거짓이나 그 밖의 부정한 방법으로 임차한 경우
3. 서로 합의하여 임대인이 임차인에게 상당한 보상을 제공한 경우
4. 임차인이 임대인의 동의 없이 목적 건물의 전부 또는 일부를 전대(轉貸)한 경우
5. 임차인이 임차한 건물의 전부 또는 일부

를 고의나 중대한 과실로 파손한 경우
6. 임차한 건물의 전부 또는 일부가 멸실되어 임대차의 목적을 달성하지 못할 경우
7. 임대인이 다음 각 목의 어느 하나에 해당하는 사유로 목적 건물의 전부 또는 대부분을 철거하거나 재건축하기 위하여 목적 건물의 점유를 회복할 필요가 있는 경우
가. 임대차계약 체결 당시 공사시기 및 소요기간 등을 포함한 철거 또는 재건축 계획을 임차인에게 구체적으로 고지하고 그 계획에 따르는 경우
나. 건물이 노후·훼손 또는 일부 멸실되는 등 안전사고의 우려가 있는 경우
다. 다른 법령에 따라 철거 또는 재건축이 이루어지는 경우
8. 그 밖에 임차인이 임차인으로서의 의무를 현저히 위반하거나 임대차를 계속하기 어려운 중대한 사유가 있는 경우

② 임차인의 계약갱신요구권은 최초의 임대차기간을 포함한 전체 임대차기간이 10년을 초과하지 아니하는 범위에서만 행사할 수 있다. <개정 2018·10·16>

③ 갱신되는 임대차는 전 임대차와 동일한 조건으로 다시 계약된 것으로 본다. 다만, 차임과 보증금은 제11조에 따른 범위에서 증감할 수 있다.

④ 임대인이 제1항의 기간 이내에 임차인에게 갱신 거절의 통지 또는 조건 변경의 통지를 하지 아니한 경우에는 그 기간이 만료된 때에 전 임대차와 동일한 조건으로 다시 임대차한 것으로 본다. 이 경우에 임대차의 존속기간은 1년으로 본다. <개정 2009·5·8>

⑤ 제4항의 경우 임차인은 언제든지 임대인에게 계약해지의 통고를 할 수 있고, 임대인이 통고를 받은 날부터 3개월이 지나면 효력이 발생한다.

〔전부개정 2009·1·30〕

제10조의2(계약갱신의 특례) 제2조제1항 단서에 따른 보증금액을 초과하는 임대차의 계약갱신의 경우에는 당사자는 상가건물에 관한 조세, 공과금, 주변 상가건물의 차임 및 보증금, 그 밖의 부담이나 경제사정의 변동 등을 고려하여 차임과 보증금의 증감을 청구할 수 있다.

〔본조신설 2013·8·13〕

제10조의3(권리금의 정의 등) ① 권리금이란 임대차 목적물인 상가건물에서 영업을 하는 자 또는 영업을 하려는 자가 영업시설·비품, 거래처, 신용, 영업상의 노하우, 상가건물의 위치에 따른 영업상의 이점 등 유형·무형의 재산적 가치의 양도 또는 이용대가로서 임대인, 임차인에게 보증금과 차임 이외에 지급하는 금전 등의 대가를 말한다.

② 권리금 계약이란 신규임차인이 되려는 자가 임차인에게 권리금을 지급하기로 하는 계약을 말한다.

〔본조신설 2015·5·13〕

제10조의4(권리금 회수기회 보호 등) ① 임대인은 임대차기간이 끝나기 6개월 전부터 임대차 종료 시까지 다음 각 호의 어느 하나에 해당하는 행위를 함으로써 권리금 계약에 따라 임차인이 주선한 신규임차인이 되려는 자로부터 권리금을 지급받는 것을 방해하여서는 아니 된다. 다만, 제10조제1항 각 호의 어느 하나에 해당하는 사유가 있는 경우에는 그러하지 아니하다. <개정 2018·10·16>
1. 임차인이 주선한 신규임차인이 되려는 자에게 권리금을 요구하거나 임차인이 주선한 신규임차인이 되려는 자로부터 권리금을 수수하는 행위
2. 임차인이 주선한 신규임차인이 되려는 자로 하여금 임차인에게 권리금을 지급하지 못하게 하는 행위
3. 임차인이 주선한 신규임차인이 되려는 자에게 상가건물에 관한 조세, 공과금, 주변 상가건물의 차임 및 보증금, 그 밖의 부담에 따른 금액에 비추어 현저히 고액의 차임과 보증금을 요구하는 행위
4. 그 밖에 정당한 사유 없이 임대인이 임차인이 주선한 신규임차인이 되려는 자와 임대차계약의 체결을 거절하는 행위

② 다음 각 호의 어느 하나에 해당하는 경우에는 제1항제4호의 정당한 사유가 있는 것으로 본다.
1. 임차인이 주선한 신규임차인이 되려는 자가 보증금 또는 차임을 지급할 자력이 없

는 경우

2. 임차인이 주선한 신규임차인이 되려는 자가 임차인으로서의 의무를 위반할 우려가 있거나 그 밖에 임대차를 유지하기 어려운 상당한 사유가 있는 경우
3. 임대차 목적물인 상가건물을 1년 6개월 이상 영리목적으로 사용하지 아니한 경우
4. 임대인이 선택한 신규임차인이 임차인과 권리금 계약을 체결하고 그 권리금을 지급한 경우

③ 임대인이 제1항을 위반하여 임차인에게 손해를 발생하게 한 때에는 그 손해를 배상할 책임이 있다. 이 경우 그 손해배상액은 신규임차인이 임차인에게 지급하기로 한 권리금과 임대차 종료 당시의 권리금 중 낮은 금액을 넘지 못한다.

④ 제3항에 따라 임대인에게 손해배상을 청구할 권리는 임대차가 종료한 날부터 3년 이내에 행사하지 아니하면 시효의 완성으로 소멸한다.

⑤ 임차인은 임대인에게 임차인이 주선한 신규임차인이 되려는 자의 보증금 및 차임을 지급할 자력 또는 그 밖에 임차인으로서의 의무를 이행할 의사 및 능력에 관하여 자신이 알고 있는 정보를 제공하여야 한다.

〔본조신설 2015·5·13〕

제10조의5(권리금 적용 제외) 제10조의4는 다음 각 호의 어느 하나에 해당하는 상가건물 임대차의 경우에는 적용하지 아니한다. <개정 2018·10·16>

1. 임대차 목적물인 상가건물이 「유통산업발전법」 제2조에 따른 대규모점포 또는 준대규모점포의 일부인 경우(다만, 「전통시장 및 상점가 육성을 위한 특별법」 제2조제1호에 따른 전통시장은 제외한다)
2. 임대차 목적물인 상가건물이 「국유재산법」에 따른 국유재산 또는 「공유재산 및 물품 관리법」에 따른 공유재산인 경우

〔본조신설 2015·5·13〕

제10조의6(표준권리금계약서의 작성 등) 국토교통부장관은 법무부장관과 협의를 거쳐 임차인과 신규임차인이 되려는 자의 권리금 계약 체결을 위한 표준권리금계약서를 정하여 그 사용을 권장할 수 있다. <개정 2020·7·31>

〔본조신설 2015·5·13〕

제10조의7(권리금 평가기준의 고시) 국토교통부장관은 권리금에 대한 감정평가의 절차와 방법 등에 관한 기준을 고시할 수 있다.

〔본조신설 2015·5·13〕

제10조의8(차임연체와 해지) 임차인의 차임연체액이 3기의 차임액에 달하는 때에는 임대인은 계약을 해지할 수 있다.

〔본조신설 2015·5·13〕

제10조의9(계약 갱신요구 등에 관한 임시 특례) 임차인이 이 법(법률 제17490호 상가건물 임대차보호법 일부개정법률을 말한다) 시행일부터 6개월까지의 기간 동안 연체한 차임액은 제10조제1항제1호, 제10조의4 제1항 단서 및 제10조의8의 적용에 있어서는 차임연체액으로 보지 아니한다. 이 경우 연체한 차임액에 대한 임대인의 그 밖의 권리는 영향을 받지 아니한다.

〔본조신설 2020·9·29〕

제11조(차임 등의 증감청구권) ① 차임 또는 보증금이 임차건물에 관한 조세, 공과금, 그 밖의 부담의 증감이나 「감염병의 예방 및 관리에 관한 법률」 제2조제2호에 따른 제1급감염병 등에 의한 경제사정의 변동으로 인하여 상당하지 아니하게 된 경우에는 당사자는 장래의 차임 또는 보증금에 대하여 증감을 청구할 수 있다. 그러나 증액의 경우에는 대통령령으로 정하는 기준에 따른 비율을 초과하지 못한다. <개정 2020·9·29>

② 제1항에 따른 증액 청구는 임대차계약 또는 약정한 차임 등의 증액이 있은 후 1년 이내에는 하지 못한다.

③ 「감염병의 예방 및 관리에 관한 법률」 제2조제2호에 따른 제1급감염병에 의한 경제사정의 변동으로 차임 등이 감액된 후 임대인이 제1항에 따라 증액을 청구하는 경우에는 증액된 차임 등이 감액 전 차임 등의 금액에 달할 때까지는 같은 항 단서를 적용하지 아니한다. <신설 2020·9·29>

〔전부개정 2009·1·30〕

제11조의2(폐업으로 인한 임차인의 해지권) ① 임차인은 「감염병의 예방 및 관리에 관한 법률」 제49조제1항제2호에 따른 집합제한 또는 금지 조치(같은 항 제2호의2에

따라 운영시간을 제한한 조치를 포함한다)를 총 3개월 이상 받음으로써 발생한 경제사정의 중대한 변동으로 폐업한 경우에는 임대차계약을 해지할 수 있다.

② 제1항에 따른 해지는 임대인이 계약해지의 통고를 받은 날부터 3개월이 지나면 효력이 발생한다.

〔본조신설 2022·1·4〕

제12조(월 차임 전환 시 산정률의 제한) 보증금의 전부 또는 일부를 월 단위의 차임으로 전환하는 경우에는 그 전환되는 금액에 다음 각 호 중 낮은 비율을 곱한 월 차임의 범위를 초과할 수 없다. <개정 2010·5·17, 2013·8·13>

1. 「은행법」에 따른 은행의 대출금리 및 해당 지역의 경제 여건 등을 고려하여 대통령령으로 정하는 비율
2. 한국은행에서 공시한 기준금리에 대통령령으로 정하는 배수를 곱한 비율

〔전부개정 2009·1·30〕

제13조(전대차관계에 대한 적용 등) ① 제10조, 제10조의2, 제10조의8, 제10조의9(제10조 및 제10조의8에 관한 부분으로 한정한다), 제11조 및 제12조는 전대인(轉貸人)과 전차인(轉借人)의 전대차관계에 적용한다. <개정 2015·5·13, 2020·9·29>

② 임대인의 동의를 받고 전대차계약을 체결한 전차인은 임차인의 계약갱신요구권 행사기간 이내에 임차인을 대위(代位)하여 임대인에게 계약갱신요구권을 행사할 수 있다.

〔전부개정 2009·1·30〕

제14조(보증금 중 일정액의 보호) ① 임차인은 보증금 중 일정액을 다른 담보물권자보다 우선하여 변제받을 권리가 있다. 이 경우 임차인은 건물에 대한 경매신청의 등기 전에 제3조제1항의 요건을 갖추어야 한다.

② 제1항의 경우에 제5조제4항부터 제6항까지의 규정을 준용한다.

③ 제1항에 따라 우선변제를 받을 임차인 및 보증금 중 일정액의 범위와 기준은 임대건물가액(임대인 소유의 대지가액을 포함한다)의 2분의 1 범위에서 해당 지역의 경제 여건, 보증금 및 차임 등을 고려하여 제14조의2에 따른 상가건물임대차위원회의 심의를 거쳐 대통령령으로 정한다. <개정 2013·8·13, 2020·7·31>

〔전부개정 2009·1·30〕

제14조의2(상가건물임대차위원회) ① 상가건물 임대차에 관한 다음 각 호의 사항을 심의하기 위하여 법무부에 상가건물임대차위원회(이하 "위원회"라 한다)를 둔다.

1. 제2조제1항 단서에 따른 보증금액
2. 제14조에 따라 우선변제를 받을 임차인 및 보증금 중 일정액의 범위와 기준

② 위원회는 위원장 1명을 포함한 10명 이상 15명 이하의 위원으로 성별을 고려하여 구성한다.

③ 위원회의 위원장은 법무부차관이 된다.

④ 위원회의 위원은 다음 각 호의 어느 하나에 해당하는 사람 중에서 위원장이 임명하거나 위촉하되, 제1호부터 제6호까지에 해당하는 위원을 각각 1명 이상 임명하거나 위촉하여야 하고, 위원 중 2분의 1 이상은 제1호·제2호 또는 제7호에 해당하는 사람을 위촉하여야 한다.

1. 법학·경제학 또는 부동산학 등을 전공하고 상가건물 임대차 관련 전문지식을 갖춘 사람으로서 공인된 연구기관에서 조교수 이상 또는 이에 상당하는 직에 5년 이상 재직한 사람
2. 변호사·감정평가사·공인회계사·세무사 또는 공인중개사로서 5년 이상 해당 분야에서 종사하고 상가건물 임대차 관련 업무경험이 풍부한 사람
3. 기획재정부에서 물가 관련 업무를 담당하는 고위공무원단에 속하는 공무원
4. 법무부에서 상가건물 임대차 관련 업무를 담당하는 고위공무원단에 속하는 공무원(이에 상당하는 특정직공무원을 포함한다)
5. 국토교통부에서 상가건물 임대차 관련 업무를 담당하는 고위공무원단에 속하는 공무원
6. 중소벤처기업부에서 소상공인 관련 업무를 담당하는 고위공무원단에 속하는 공무원
7. 그 밖에 상가건물 임대차 관련 학식과 경험이 풍부한 사람으로서 대통령령으로

정하는 사람

⑤ 그 밖에 위원회의 구성 및 운영 등에 필요한 사항은 대통령령으로 정한다.

〔본조신설 2020·7·31〕

제15조(강행규정) 이 법의 규정에 위반된 약정으로서 임차인에게 불리한 것은 효력이 없다.

〔전부개정 2009·1·30〕

제16조(일시사용을 위한 임대차) 이 법은 일시사용을 위한 임대차임이 명백한 경우에는 적용하지 아니한다.

〔전부개정 2009·1·30〕

제17조(미등기전세에의 준용) 목적건물을 등기하지 아니한 전세계약에 관하여 이 법을 준용한다. 이 경우 "전세금"은 "임대차의 보증금"으로 본다.

〔전부개정 2009·1·30〕

제18조(「소액사건심판법」의 준용) 임차인이 임대인에게 제기하는 보증금반환청구소송에 관하여는 「소액사건심판법」 제 6 조·제 7 조·제10조 및 제11조의2를 준용한다.

〔전부개정 2009·1·30〕

제19조(표준계약서의 작성 등) 법무부장관은 국토교통부장관과 협의를 거쳐 보증금, 차임액, 임대차기간, 수선비 분담 등의 내용이 기재된 상가건물임대차표준계약서를 정하여 그 사용을 권장할 수 있다. <개정 2020·7·31>

〔본조신설 2015·5·13〕

제20조(상가건물임대차분쟁조정위원회) ① 이 법의 적용을 받는 상가건물 임대차와 관련된 분쟁을 심의·조정하기 위하여 대통령령으로 정하는 바에 따라 「법률구조법」 제 8 조에 따른 대한법률구조공단의 지부, 「한국토지주택공사법」에 따른 한국토지주택공사의 지사 또는 사무소 및 「한국감정원법」에 따른 한국감정원의 지사 또는 사무소에 상가건물임대차분쟁조정위원회(이하 "조정위원회"라 한다)를 둔다. 특별시·광역시·특별자치시·도 및 특별자치도는 그 지방자치단체의 실정을 고려하여 조정위원회를 둘 수 있다. <개정 2020·7·31>

② 조정위원회는 다음 각 호의 사항을 심의·조정한다.

1. 차임 또는 보증금의 증감에 관한 분쟁
2. 임대차 기간에 관한 분쟁
3. 보증금 또는 임차상가건물의 반환에 관한 분쟁
4. 임차상가건물의 유지·수선 의무에 관한 분쟁
5. 권리금에 관한 분쟁
6. 그 밖에 대통령령으로 정하는 상가건물 임대차에 관한 분쟁

③ 조정위원회의 사무를 처리하기 위하여 조정위원회에 사무국을 두고, 사무국의 조직 및 인력 등에 필요한 사항은 대통령령으로 정한다.

④ 사무국의 조정위원회 업무담당자는 「주택임대차보호법」 제14조에 따른 주택임대차분쟁조정위원회 사무국의 업무를 제외하고 다른 직위의 업무를 겸직하여서는 아니 된다.

〔본조신설 2018·10·16〕

제21조(주택임대차분쟁조정위원회 준용) 조정위원회에 대하여는 이 법에 규정한 사항 외에는 주택임대차분쟁조정위원회에 관한 「주택임대차보호법」 제14조부터 제29조까지의 규정을 준용한다. 이 경우 "주택임대차분쟁조정위원회"는 "상가건물임대차분쟁조정위원회"로 본다.

〔본조신설 2018·10·16〕

제22조(벌칙 적용에서 공무원 의제) 공무원이 아닌 상가건물임대차위원회의 위원 및 상가건물임대차분쟁조정위원회의 위원은 「형법」 제127조, 제129조부터 제132조까지의 규정을 적용할 때에는 공무원으로 본다. <개정 2020·7·31>

〔본조신설 2018·10·16〕

부　칙

①(시행일) 이 법은 2002년 11월 1일부터 시행한다. <개정 2002·8·26>

②(적용례) 이 법은 이 법 시행후 체결되거나 갱신된 임대차부터 적용한다. 다만, 제 3 조·제 5 조 및 제14조의 규정은 이 법 시행 당시 존속중인 임대차에 대하여도 이를 적용하되, 이 법 시행전에 물권을 취득한 제 3 자에 대하여는 그 효력이 없다.

③(기존 임차인의 확정일자 신청에 대한 경과조치) 이 법 시행 당시의 임차인으로서 제 5

조의 규정에 의한 보증금 우선변제의 보호를 받고자 하는 자는 이 법 시행전에 대통령령이 정하는 바에 따라 건물의 소재지 관할 세무서장에게 임대차계약서상의 확정일자를 신청할 수 있다.

부 칙 <2002·8·26 법6718>

이 법은 공포한 날부터 시행한다.

부 칙 <2005·1·27 법7358>

제 1 조(시행일) 이 법은 공포 후 6월이 경과한 날부터 시행한다.

제 2 조부터 **제 4 조**까지 생략

부 칙 <2009·1·30 법9361>

이 법은 공포한 날부터 시행한다.

부 칙 <2009·5·8 법9649>

이 법은 공포한 날부터 시행한다.

부 칙 <2010·5·17 법10303>

제 1 조(시행일) 이 법은 공포 후 6개월이 경과한 날부터 시행한다. 〈단서 생략〉

제 2 조부터 **제10조**까지 생략

부 칙 <2011·4·12 법10580>

제 1 조(시행일) 이 법은 공포 후 6개월이 경과한 날부터 시행한다. 〈단서 생략〉

제 2 조부터 **제 5 조**까지 생략

부 칙 <2013·6·7 법11873>

제 1 조(시행일) 이 법은 2013년 7월 1일부터 시행한다.

제 2 조부터 **제19조**까지 생략

부 칙 <2013·8·13 법12042>

제 1 조(시행일) 이 법은 공포한 날부터 시행한다. 다만, 제12조, 제14조제 3 항의 개정규정은 2014년 1월 1일부터 시행한다.

제 2 조(일반적 적용례) 이 법은 이 법 시행 후 최초로 체결되거나 갱신되는 임대차부터 적용한다.

제 3 조(금융기관등의 우선변제권에 관한 적용례) 제 5 조제 4 항, 같은 조 제 6 항부터 제 9 항까지, 제 6 조제 1 항 및 제 9 항의 개정규정은 이 법 시행 당시 존속 중인 임대차에 대하여도 적용하되, 이 법 시행 후 최초로 보증금반환채권을 양수한 경우부터 적용한다.

제 4 조(월 차임 전환 시 산정률의 제한에 관한 적용례) 제12조의 개정규정은 같은 개정규정 시행 당시 존속 중인 임대차에 대하여도 적용하되, 같은 개정규정 시행 후 최초로 보증금의 전부 또는 일부를 월 단위 차임으로 전환하는 경우부터 적용한다.

제 5 조(소액보증금 보호에 관한 적용례) 제14조제 3 항의 개정규정은 같은 개정규정 시행 당시 존속 중인 임대차에 대하여도 이를 적용하되, 같은 개정규정 시행 전에 물권을 취득한 제 3 자에 대하여는 그 효력이 없다.

부 칙 <2015·5·13 법13284>

제 1 조(시행일) 이 법은 공포한 날부터 시행한다. 다만, 제 4 조의 개정규정은 공포 후 6개월이 경과한 날부터 시행한다.

제 2 조(대항력에 관한 적용례) 제 2 조제 3 항의 개정규정 중 제 3 조 대항력에 관한 규정은 이 법 시행 후 최초로 계약이 체결되거나 갱신되는 임대차부터 적용한다.

제 3 조(권리금 회수기회 보호 등에 관한 적용례) 제10조의4의 개정규정은 이 법 시행 당시 존속 중인 임대차부터 적용한다.

부 칙 <2016·5·29 법14242>

제 1 조(시행일) 이 법은 2016년 12월 1일부터 시행한다. 〈단서 생략〉

제 2 조부터 **제22조**까지 생략

부 칙 <2018·10·16 법15791>

제 1 조(시행일) 이 법은 공포한 날부터 시행한다. 다만, 제20조부터 제22조까지의 개정규정은 공포 후 6개월이 경과한 날부터 시행한다.

제 2 조(계약갱신요구 기간의 적용례) 제10조제 2 항의 개정규정은 이 법 시행 후 최초로 체결되거나 갱신되는 임대차부터 적용한다.

제 3 조(권리금 회수기회 보호 등에 관한 적용례) 제10조의4제 1 항의 개정규정은 이 법 시행 당시 존속 중인 임대차에 대하여도 적용한다.

제 4 조(권리금 적용 제외에 관한 적용례) 제10조의5제 1 호의 개정규정은 이 법 시행 당시 존속 중인 임대차에 대하여도 적용한다.

제 5 조(다른 법률의 개정) 생략

부 칙 <2020·2·4 법16912>

제 1 조(시행일) 이 법은 공포 후 6개월이 경과한 날부터 시행한다.

제 2 조부터 **제 4 조**까지 생략

부 칙 <2020·7·31 법17471>

제 1 조(시행일) 이 법은 공포 후 3개월이 경

과한 날부터 시행한다.

제 2 조(위원회의 심의 사항에 관한 특례) ① 이 법 시행 당시 종전의 제 2 조제 1 항 단서에 따라 대통령령으로 정한 보증금액은 같은 항 단서의 개정규정에 따라 위원회의 심의를 거쳐 대통령령으로 정하기 전까지는 같은 개정규정에 따라 위원회의 심의를 거쳐 대통령령으로 정한 보증금액으로 본다.

② 이 법 시행 당시 종전의 제14조제 3 항에 따라 대통령령으로 정한 우선변제를 받을 임차인 및 보증금 중 일정액의 범위와 기준은 같은 항의 개정규정에 따라 위원회의 심의를 거쳐 대통령령으로 정하기 전까지는 같은 개정규정에 따라 위원회의 심의를 거쳐 대통령령으로 정한 범위와 기준으로 본다.

부 칙 <2020 · 9 · 29 법17490>

제 1 조(시행일) 이 법은 공포한 날부터 시행한다.

제 2 조(계약 갱신요구 등의 임시 특례 등에 관한 적용례) 제 2 조제 3 항, 제10조의9, 제11조제 1 항 · 제 3 항 및 제13조제 1 항의 개정규정은 이 법 시행 당시 존속 중인 임대차에 대하여도 적용한다.

부 칙 <2022 · 1 · 4 법18675>

제 1 조(시행일) 이 법은 공포한 날부터 시행한다.

제 2 조(임차인의 해지권에 관한 적용례) 제11조의2의 개정규정은 이 법 시행 당시 존속 중인 임대차에 대해서도 적용한다.

●부동산 실권리자명의 등기에 관한 법률

〔1995・3・30 법률제4944호〕

개정

1996・12・30 법률제 5193호(상속세및증여세법)
1997・ 8・22 법률제 5371호(금융기관부실자산등의효율적처리및성업공사의설립에관한법률)
1997・12・13 법률제 5453호(행정절차법의시행에따른공인회계사법등의정비에관한법률)
1998・12・28 법률제 5582호(상속세및증여세법)
1998・12・28 법률제 5592호(부동산등기법)
1999・12・31 법률제 6073호(금융기관부실자산등의효율적처리및한국자산관리공사의설립에관한법률)
2002・ 3・30 법률제 6683호
2007・ 5・11 법률제 8418호
2007・ 8・ 3 법률제 8635호(자본시장과 금융투자업에 관한 법률)
2010・ 3・31 법률제10203호
2011・ 5・19 법률제10682호(금융회사부실자산 등의 효율적 처리 및 한국자산관리공사의 설립에 관한 법률)
2013・ 7・12 법률제11884호
2013・ 8・ 6 법률제11998호(지방세외수입금의 징수 등에 관한 법률)
2016・ 1・ 6 법률제13713호
2019・11・26 법률제16652호(한국자산관리공사 설립 등에 관한 법률)
2020・ 3・24 법률제17091호(지방행정제재・부과금의 징수 등에 관한 법률)

제 1 조(목적) 이 법은 부동산에 관한 소유권과 그 밖의 물권을 실체적 권리관계와 일치하도록 실권리자 명의(名義)로 등기하게 함으로써 부동산등기제도를 악용한 투기・탈세・탈법행위 등 반사회적 행위를 방지하고 부동산 거래의 정상화와 부동산 가격의 안정을 도모하여 국민경제의 건전한 발전에 이바지함을 목적으로 한다.

〔전부개정 2010・3・31〕

제 2 조(정의) 이 법에서 사용하는 용어의 뜻은 다음과 같다.

1. "명의신탁약정"(名義信託約定)이란 부동산에 관한 소유권이나 그 밖의 물권(이하 "부동산에 관한 물권"이라 한다)을 보유한 자 또는 사실상 취득하거나 취득하려고 하는 자〔이하 "실권리자"(實權利者)라 한다〕가 타인과의 사이에서 대내적으로는 실권리자가 부동산에 관한 물권을 보유하거나 보유하기로 하고 그에 관한 등기(가등기를 포함한다. 이하 같다)는 그 타인의 명의로 하기로 하는 약정〔위임・위탁매매의 형식에 의하거나 추인(追認)에 의한 경우를 포함한다〕을 말한다. 다만, 다음 각 목의 경우는 제외한다.
   가. 채무의 변제를 담보하기 위하여 채권자가 부동산에 관한 물권을 이전(移轉)받거나 가등기하는 경우
   나. 부동산의 위치와 면적을 특정하여 2인 이상이 구분소유하기로 하는 약정을 하고 그 구분소유자의 공유로 등기하는 경우
   다. 「신탁법」 또는 「자본시장과 금융투자업에 관한 법률」에 따른 신탁재산인 사실을 등기한 경우
2. "명의신탁자"(名義信託者)란 명의신탁약정에 따라 자신의 부동산에 관한 물권을 타인의 명의로 등기하게 하는 실권리자를 말한다.
3. "명의수탁자"(名義受託者)란 명의신탁약정에 따라 실권리자의 부동산에 관한 물권을 자신의 명의로 등기하는 자를 말한다.
4. "실명등기"(實名登記)란 법률 제4944호 부동산실권리자명의등기에관한법률 시행 전에 명의신탁약정에 따라 명의수탁자의 명의로 등기된 부동산에 관한 물권을 법률 제4944호 부동산실권리자명의등기에관한법률 시행일 이후 명의신탁자의 명의로 등기하는 것을 말한다.

〔전부개정 2010・3・31〕

제 3 조(실권리자명의 등기의무 등) ① 누구든지 부동산에 관한 물권을 명의신탁약정에 따라 명의수탁자의 명의로 등기하여서는 아니 된다.

② 채무의 변제를 담보하기 위하여 채권자가 부동산에 관한 물권을 이전받는 경우에는 채무자, 채권금액 및 채무변제를 위한 담보라는 뜻이 적힌 서면을 등기신청서와 함께 등기관에게 제출하여야 한다.

〔전부개정 2010·3·31〕

제 4 조(명의신탁약정의 효력) ① 명의신탁약정은 무효로 한다.

② 명의신탁약정에 따른 등기로 이루어진 부동산에 관한 물권변동은 무효로 한다. 다만, 부동산에 관한 물권을 취득하기 위한 계약에서 명의수탁자가 어느 한쪽 당사자가 되고 상대방 당사자는 명의신탁약정이 있다는 사실을 알지 못한 경우에는 그러하지 아니하다.

③ 제 1 항 및 제 2 항의 무효는 제 3 자에게 대항하지 못한다.

〔전부개정 2010·3·31〕

제 5 조(과징금) ① 다음 각 호의 어느 하나에 해당하는 자에게는 해당 부동산 가액(價額)의 100분의 30에 해당하는 금액의 범위에서 과징금을 부과한다.

1. 제 3 조제 1 항을 위반한 명의신탁자
2. 제 3 조제 2 항을 위반한 채권자 및 같은 항에 따른 서면에 채무자를 거짓으로 적어 제출하게 한 실채무자(實債務者)

② 제 1 항의 부동산 가액은 과징금을 부과하는 날 현재의 다음 각 호의 가액에 따른다. 다만, 제 3 조제 1 항 또는 제11조제 1 항을 위반한 자가 과징금을 부과받은 날 이미 명의신탁관계를 종료하였거나 실명등기를 하였을 때에는 명의신탁관계 종료 시점 또는 실명등기 시점의 부동산 가액으로 한다.

1. 소유권의 경우에는 「소득세법」 제99조에 따른 기준시가
2. 소유권 외의 물권의 경우에는 「상속세 및 증여세법」 제61조제 5 항 및 제66조에 따라 대통령령으로 정하는 방법으로 평가한 금액

③ 제 1 항에 따른 과징금의 부과기준은 제 2 항에 따른 부동산 가액(이하 "부동산평가액"이라 한다), 제 3 조를 위반한 기간, 조세를 포탈하거나 법령에 따른 제한을 회피할 목적으로 위반하였는지 여부 등을 고려하여 대통령령으로 정한다.

④ 제 1 항에 따른 과징금이 대통령령으로 정하는 금액을 초과하는 경우에는 그 초과하는 부분은 대통령령으로 정하는 바에 따라 물납(物納)할 수 있다.

⑤ 제 1 항에 따른 과징금은 해당 부동산의 소재지를 관할하는 특별자치도지사·특별자치시장·시장·군수 또는 구청장이 부과·징수한다. 이 경우 과징금은 위반사실이 확인된 후 지체 없이 부과하여야 한다. <개정 2016·1·6>

⑥ 제 1 항에 따른 과징금을 납부기한까지 내지 아니하면 「지방행정제재·부과금의 징수 등에 관한 법률」에 따라 징수한다. <개정 2013·8·6, 2020·3·24>

⑦ 제 1 항에 따른 과징금의 부과 및 징수 등에 필요한 사항은 대통령령으로 정한다.

〔전부개정 2010·3·31〕

제 5 조의2(과징금 납부기한의 연장 및 분할 납부) ① 특별자치도지사·특별자치시장·시장·군수 또는 구청장은 제 5 조제 1 항에 따른 과징금을 부과받은 자(이하 이 조에서 "과징금 납부의무자"라 한다)가 과징금의 금액이 대통령령으로 정하는 기준을 초과하는 경우로서 다음 각 호의 어느 하나에 해당하여 과징금의 전액을 일시에 납부하기가 어렵다고 인정할 때에는 그 납부기한을 연장하거나 분할 납부하게 할 수 있다. 이 경우 필요하다고 인정할 때에는 대통령령으로 정하는 바에 따라 담보를 제공하게 할 수 있다.

1. 재해 또는 도난 등으로 재산에 현저한 손실을 입은 경우
2. 사업 여건의 악화로 사업이 중대한 위기에 처한 경우
3. 과징금을 일시에 내면 자금사정에 현저한 어려움이 예상되는 경우
4. 과징금 납부의무자 또는 동거 가족이 질병이나 중상해(重傷害)로 장기 치료가 필요한 경우
5. 그 밖에 제 1 호부터 제 4 호까지의 규정에 준하는 사유가 있는 경우

② 과징금 납부의무자가 제 1 항에 따른 과징금 납부기한의 연장 또는 분할 납부를 신청하려는 경우에는 과징금 납부를 통지받은 날부터 30일 이내에 특별자치도지사·특별자치시장·시장·군수 또는 구청장에게 신청하여야 한다.

③ 특별자치도지사·특별자치시장·시장·군수 또는 구청장은 제 1 항에 따라 납부기한이 연장되거나 분할 납부가 허용된 과징금 납부의무자가 다음 각 호의 어느 하나에 해당하게 된 때에는 그 납부기한의 연장 또는 분할 납부 결정을 취소하고 일시에 징수할

수 있다.

1. 납부기한의 연장 또는 분할 납부 결정된 과징금을 그 납부기한 내에 납부하지 아니한 때
2. 담보의 변경, 그 밖에 담보 보전에 필요한 특별자치도지사·특별자치시장·시장·군수 또는 구청장의 요구를 이행하지 아니한 때
3. 강제집행, 경매의 개시, 파산선고, 법인의 해산, 국세 또는 지방세의 체납처분을 받은 때 등 과징금의 전부 또는 잔여분을 징수할 수 없다고 인정되는 때

④ 제 1 항부터 제 3 항까지의 규정에 따른 과징금 납부기한의 연장, 분할 납부 또는 담보의 제공 등에 필요한 사항은 대통령령으로 정한다.

〔본조신설 2016·1·6〕

제 6 조(이행강제금) ① 제 5 조제 1 항제 1 호에 따른 과징금을 부과받은 자는 지체 없이 해당 부동산에 관한 물권을 자신의 명의로 등기하여야 한다. 다만, 제 4 조제 2 항 단서에 해당하는 경우에는 그러하지 아니하며, 자신의 명의로 등기할 수 없는 정당한 사유가 있는 경우에는 그 사유가 소멸된 후 지체 없이 자신의 명의로 등기하여야 한다.

② 제 1 항을 위반한 자에 대하여는 과징금 부과일(제 1 항 단서 후단의 경우에는 등기할 수 없는 사유가 소멸한 때를 말한다)부터 1년이 지난 때에 부동산평가액의 100분의 10에 해당하는 금액을, 다시 1년이 지난 때에 부동산평가액의 100분의 20에 해당하는 금액을 각각 이행강제금으로 부과한다.

③ 이행강제금에 관하여는 제 5 조제 4 항부터 제 7 항까지의 규정을 준용한다.

〔전부개정 2010·3·31〕

제 7 조(벌칙) ① 다음 각 호의 어느 하나에 해당하는 자는 5년 이하의 징역 또는 2억원 이하의 벌금에 처한다. <개정 2016·1·6>

1. 제 3 조제 1 항을 위반한 명의신탁자
2. 제 3 조제 2 항을 위반한 채권자 및 같은 항에 따른 서면에 채무자를 거짓으로 적어 제출하게 한 실채무자

② 제 3 조제 1 항을 위반한 명의수탁자는 3년 이하의 징역 또는 1억원 이하의 벌금에 처한다. <개정 2016·1·6>

③ 삭제 <2016·1·6>

〔전부개정 2010·3·31〕

제 8 조(종중, 배우자 및 종교단체에 대한 특례) 다음 각 호의 어느 하나에 해당하는 경우로서 조세 포탈, 강제집행의 면탈(免脫) 또는 법령상 제한의 회피를 목적으로 하지 아니하는 경우에는 제 4 조부터 제 7 조까지 및 제12조제 1 항부터 제 3 항까지를 적용하지 아니한다. <개정 2013·7·12>

1. 종중(宗中)이 보유한 부동산에 관한 물권을 종중(종중과 그 대표자를 같이 표시하여 등기한 경우를 포함한다) 외의 자의 명의로 등기한 경우
2. 배우자 명의로 부동산에 관한 물권을 등기한 경우
3. 종교단체의 명의로 그 산하 조직이 보유한 부동산에 관한 물권을 등기한 경우

〔전부개정 2010·3·31〕

제 9 조(조사 등) ① 특별자치도지사·특별자치시장·시장·군수 또는 구청장은 필요하다고 인정하는 경우에는 제 3 조, 제10조부터 제12조까지 및 제14조를 위반하였는지를 확인하기 위한 조사를 할 수 있다. <개정 2016·1·6>

② 국세청장은 탈세 혐의가 있다고 인정하는 경우에는 제 3 조, 제10조부터 제12조까지 및 제14조를 위반하였는지를 확인하기 위한 조사를 할 수 있다.

③ 공무원이 그 직무를 수행할 때에 제 3 조, 제10조부터 제12조까지 및 제14조를 위반한 사실을 알게 된 경우에는 국세청장과 해당 부동산의 소재지를 관할하는 특별자치도지사·특별자치시장·시장·군수 또는 구청장에게 그 사실을 통보하여야 한다. <개정 2016·1·6>

〔전부개정 2010·3·31〕

제10조(장기미등기자에 대한 벌칙 등) ① 「부동산등기 특별조치법」 제 2 조제 1 항, 제11조 및 법률 제4244호 부동산등기특별조치법 부칙 제 2 조를 적용받는 자로서 다음 각 호의 어느 하나에 해당하는 날부터 3년 이내에 소유권이전등기를 신청하지 아니한 등기권리자(이하 "장기미등기자"라 한다)에게는 부동산평가액의 100분의 30의 범위에서 과징금(「부동산등기 특별조치법」 제11조에 따른 과태료가 이미 부과된 경우에는 그 과태

료에 상응하는 금액을 뺀 금액을 말한다)을 부과한다. 다만, 제4조제2항 본문 및 제12조제1항에 따라 등기의 효력이 발생하지 아니하여 새로 등기를 신청하여야 할 사유가 발생한 경우와 등기를 신청하지 못할 정당한 사유가 있는 경우에는 그러하지 아니하다.

1. 계약당사자가 서로 대가적(代價的)인 채무를 부담하는 경우에는 반대급부의 이행이 사실상 완료된 날
2. 계약당사자의 어느 한쪽만이 채무를 부담하는 경우에는 그 계약의 효력이 발생한 날

② 제1항에 따른 과징금의 부과기준은 부동산평가액, 소유권이전등기를 신청하지 아니한 기간, 조세를 포탈하거나 법령에 따른 제한을 회피할 목적으로 하였는지 여부, 「부동산등기 특별조치법」 제11조에 따른 과태료가 부과되었는지 여부 등을 고려하여 대통령령으로 정한다.

③ 제1항의 과징금에 관하여는 제5조제4항부터 제7항까지 및 제5조의2를 준용한다. <개정 2016·1·6>

④ 장기미등기자가 제1항에 따라 과징금을 부과받고도 소유권이전등기를 신청하지 아니하면 제6조제2항 및 제3항을 준용하여 이행강제금을 부과한다.

⑤ 장기미등기자(제1항 단서에 해당하는 자는 제외한다)는 5년 이하의 징역 또는 2억원 이하의 벌금에 처한다. <개정 2016·1·6>

〔전부개정 2010·3·31〕

제11조(기존 명의신탁약정에 따른 등기의 실명등기 등) ① 법률 제4944호 부동산실권리자명의등기에관한법률 시행 전에 명의신탁약정에 따라 부동산에 관한 물권을 명의수탁자의 명의로 등기하거나 등기하도록 한 명의신탁자(이하 "기존 명의신탁자"라 한다)는 법률 제4944호 부동산실권리자명의등기에관한법률 시행일부터 1년의 기간(이하 "유예기간"이라 한다) 이내에 실명등기하여야 한다. 다만, 공용징수, 판결, 경매 또는 그 밖에 법률에 따라 명의수탁자로부터 제3자에게 부동산에 관한 물권이 이전된 경우(상속에 의한 이전은 제외한다)와 종교단체, 향교 등이 조세 포탈, 강제집행의 면탈을 목적으로 하지 아니하고 명의신탁한 부동산으로서 대통령령으로 정하는 경우는 그러하지 아니하다.

② 다음 각 호의 어느 하나에 해당하는 경우에는 제1항에 따라 실명등기를 한 것으로 본다. <개정 2011·5·19, 2016·1·6, 2019·11·26>

1. 기존 명의신탁자가 해당 부동산에 관한 물권에 대하여 매매나 그 밖의 처분행위를 하고 유예기간 이내에 그 처분행위로 인한 취득자에게 직접 등기를 이전한 경우
2. 기존 명의신탁자가 유예기간 이내에 다른 법률에 따라 해당 부동산의 소재지를 관할하는 특별자치도지사·특별자치시장·시장·군수 또는 구청장에게 매각을 위탁하거나 대통령령으로 정하는 바에 따라 「한국자산관리공사 설립 등에 관한 법률」에 따라 설립된 한국자산관리공사에 매각을 의뢰한 경우. 다만, 매각위탁 또는 매각의뢰를 철회한 경우에는 그러하지 아니하다.

③ 실권리자의 귀책사유 없이 다른 법률에 따라 제1항 및 제2항에 따른 실명등기 또는 매각처분 등을 할 수 없는 경우에는 그 사유가 소멸한 때부터 1년 이내에 실명등기 또는 매각처분 등을 하여야 한다.

④ 법률 제4944호 부동산실권리자명의등기에관한법률 시행 전 또는 유예기간 중에 부동산물권에 관한 쟁송이 법원에 제기된 경우에는 그 쟁송에 관한 확정판결(이와 동일한 효력이 있는 경우를 포함한다)이 있은 날부터 1년 이내에 제1항 및 제2항에 따른 실명등기 또는 매각처분 등을 하여야 한다.

〔전부개정 2010·3·31〕

제12조(실명등기의무 위반의 효력 등) ① 제11조에 규정된 기간 이내에 실명등기 또는 매각처분 등을 하지 아니한 경우 그 기간이 지난 날 이후의 명의신탁약정 등의 효력에 관하여는 제4조를 적용한다.

② 제11조를 위반한 자에 대하여는 제3조제1항을 위반한 자에 준하여 제5조, 제5조의2 및 제6조를 적용한다. <개정 2016·1·6>

③ 법률 제4944호 부동산실권리자명의등기에관한법률 시행 전에 명의신탁약정에 따른 등기를 한 사실이 없는 자가 제11조에 따른 실명등기를 가장하여 등기한 경우에는 5년 이하의 징역 또는 2억원 이하의 벌금에 처한다.

〔전부개정 2010·3·31〕

제12조의2(양벌규정) 법인 또는 단체의 대표자나 법인·단체 또는 개인의 대리인·사용인 및 그 밖의 종업원이 그 법인·단체 또는 개인의 업무에 관하여 제7조, 제10조제5항 또는 제12조제3항의 위반행위를 하면 그 행위자를 벌하는 외에 그 법인·단체 또는 개인에게도 해당 조문의 벌금형을 과한다. 다만, 법인·단체 또는 개인이 그 위반행위를 방지하기 위하여 해당 업무에 관하여 상당한 주의와 감독을 게을리하지 아니한 경우에는 그러하지 아니하다.
〔본조신설 2016·1·6〕

제13조(실명등기에 대한 조세부과의 특례) ① 제11조에 따라 실명등기를 한 부동산이 1건이고 그 가액이 5천만원 이하인 경우로서 다음 각 호의 어느 하나에 해당하는 경우에는 이미 면제되거나 적게 부과된 조세 또는 부과되지 아니한 조세는 추징(追徵)하지 아니한다. 이 경우 실명등기를 한 부동산의 범위 및 가액의 계산에 대하여는 대통령령으로 정한다.

1. 종전의 「소득세법」(법률 제4803호로 개정되기 전의 법률을 말한다) 제5조제6호에 따라 명의신탁자 및 그와 생계를 같이 하는 1세대(世帶)가 법률 제4944호 부동산실권리자명의등기에관한법률 시행 전에 1세대1주택 양도에 따른 비과세를 받은 경우로서 실명등기로 인하여 해당 주택을 양도한 날에 비과세에 해당하지 아니하게 되는 경우
2. 종전의 「상속세법」(법률 제5193호로 개정되기 전의 법률을 말한다) 제32조의2에 따라 명의자에게 법률 제4944호 부동산실권리자명의등기에관한법률 시행 전에 납세의무가 성립된 증여세를 부과하는 경우

② 실명등기를 한 부동산이 비업무용 부동산에 해당하는 경우로서 유예기간(제11조제3항 및 제4항의 경우에는 그 사유가 소멸한 때부터 1년의 기간을 말한다) 종료 시까지 해당 법인의 고유업무에 직접 사용할 때에는 법률 제6312호 지방세법중개정법률 부칙 제10조에도 불구하고 종전의 「지방세법」(법률 제6312호로 개정되기 전의 법률을 말한다) 제112조제2항의 세율을 적용하지 아니한다.
〔전부개정 2010·3·31〕

제14조(기존 양도담보권자의 서면 제출 의무 등) ① 법률 제4944호 부동산실권리자명의등기에관한법률 시행 전에 채무의 변제를 담보하기 위하여 채권자가 부동산에 관한 물권을 이전받은 경우에는 법률 제4944호 부동산실권리자명의등기에관한법률 시행일부터 1년 이내에 채무자, 채권금액 및 채무변제를 위한 담보라는 뜻이 적힌 서면을 등기관에게 제출하여야 한다.
② 제1항을 위반한 채권자 및 제1항에 따른 서면에 채무자를 거짓으로 적어 제출하게 한 실채무자에 대하여는 해당 부동산평가액의 100분의 30의 범위에서 과징금을 부과한다.
③ 제2항에 따른 과징금의 부과기준은 부동산평가액, 제1항을 위반한 기간, 조세를 포탈하거나 법령에 따른 제한을 회피할 목적으로 위반하였는지 여부 등을 고려하여 대통령령으로 정한다.
④ 제2항에 따른 과징금에 관하여는 제5조제4항부터 제7항까지 및 제5조의2를 준용한다. <개정 2016·1·6>
〔전부개정 2010·3·31〕

제15조 삭제 <1997·12·13>

부 칙

제1조(시행일) 이 법은 1995년 7월 1일부터 시행한다.

제2조(적용례) ① 제3조 및 제13조의 규정은 이 법 시행후 등기하는 분부터 적용한다.
② 제4조의 규정은 이 법 시행전에 명의신탁약정을 하고 이 법 시행후에 이에 의한 등기를 한 경우에도 이를 적용한다.

제3조(장기미등기자에 관한 경과조치) 이 법 시행전에 제10조제1항 각호에 규정하는 날이 경과한 경우에는 동조동항에 규정한 3년의 기간은 이 법 시행일부터 기산한다.

제4조(다른 법률의 개정) 생략

제5조(다른 법률의 개정에 따른 벌칙에 관한 경과조치) 이 법 시행전에 종전의 부동산등기특별조치법 제7조의 규정을 위반한 자에 대한 벌칙의 적용에 있어서는 종전의 규정에 의한다.

부 칙 <1996·12·30 법5193>

제1조(시행일) 이 법은 1997년 1월 1일부터 시행한다.

제2조부터 **제15조**까지 생략

부　칙 <1997·8·22 법5371>

제1조(시행일) 이 법은 공포후 3월이 경과한 날부터 시행한다.

제2조부터 **제9조**까지 생략

부　칙 <1997·12·13 법5453>

제1조(시행일) 이 법은 1998년 1월 1일부터 시행한다. 〈단서 생략〉

제2조 생략

부　칙 <1998·12·28 법5582>

①(시행일) 이 법은 1999년 1월 1일부터 시행한다.

②부터 ⑤까지 생략

부　칙 <1998·12·28 법5592>

제1조(시행일) 이 법은 공포한 날부터 시행한다.

제2조 및 **제3조** 생략

부　칙 <1999·12·31 법6073>

제1조(시행일) 이 법은 공포한 날부터 시행한다.

제2조 및 **제3조** 생략

부　칙 <2002·3·30 법6683>

①(시행일) 이 법은 공포한 날부터 시행한다.

②(적용례) 제5조제1항·제3항(제12조제2항의 규정에 의하여 적용되는 경우를 포함한다), 제10조제1항·제2항 및 제14조제2항·제3항의 개정규정은 이 법 시행후 최초로 과징금을 부과하는 분부터 적용한다. 다만, 종전의 규정에 의하여 부과된 과징금처분(행정심판 또는 행정소송이 제기된 것에 한한다)에 대하여도 이를 적용한다.

부　칙 <2007·5·11 법8418>

①(시행일) 이 법은 공포한 날부터 시행한다.

②(적용례) 제5조제2항(제12조제2항의 규정에 따라 적용되는 경우를 포함한다)의 개정규정은 이 법 시행 후 최초로 과징금을 부과하는 분부터 적용한다. 다만, 종전의 규정에 따라 부과된 과징금처분(행정심판 또는 행정소송이 제기되어 그 절차가 종료되지 아니한 것에 한한다)에 대하여도 이를 적용한다.

부　칙 <2007·8·3 법8635>

제1조(시행일) 이 법은 공포 후 1년 6개월이 경과한 날부터 시행한다. 〈단서 생략〉

제2조부터 **제44조**까지 생략

부　칙 <2010·3·31 법10203>

이 법은 공포한 날부터 시행한다.

부　칙 <2011·5·19 법10682>

제1조(시행일) 이 법은 공포한 날부터 시행한다.

제2조 및 **제3조** 생략

부　칙 <2013·7·12 법11884>

제1조(시행일) 이 법은 공포한 날부터 시행한다.

제2조(종교단체에 대한 특례 규정의 적용례) 제8조제3호의 개정규정은 이 법 시행 전에 종교단체의 명의로 그 산하 조직이 보유한 부동산에 관한 물권을 등기한 경우로서 조세 포탈, 강제집행의 면탈 또는 법령상 제한의 회피를 목적으로 하지 아니하는 경우에는 법률 제4944호 부동산실권리자명의등기에관한법률의 시행일로 소급하여 적용한다.

부　칙 <2013·8·6 법11998>

제1조(시행일) 이 법은 공포 후 1년이 경과한 날부터 시행한다.

제2조 및 **제3조** 생략

부　칙 <2016·1·6 법13713>

이 법은 공포 후 1년이 경과한 날부터 시행한다.

부　칙 <2019·11·26 법16652>

제1조(시행일) 이 법은 공포한 날부터 시행한다.

제2조 및 **제3조** 생략

부　칙 <2020·3·24 법17091>

제1조(시행일) 이 법은 공포한 날부터 시행한다. 〈단서 생략〉

제2조부터 **제5조**까지 생략

●부동산등기법

〔2011・4・12 법률제10580호 전부개정〕

개정
2011・5・19 법률제10693호(주택저당채권유동화회사법)
2011・7・25 법률제10924호(신탁법)
2013・3・23 법률제11690호(정부조직법)
2013・5・28 법률제11826호
2014・3・18 법률제12420호(공익신탁법)
2014・3・18 법률제12421호(출입국관리법)
2014・6・3 법률제12738호(공간정보의 구축 및 관리 등에 관한 법률)
2015・7・24 법률제13426호(제주특별자치도 설치 및 국제자유도시 조성을 위한 특별법)
2015・7・24 법률제13435호(주택법)
2016・1・19 법률제13797호(부동산 거래신고 등에 관한 법률)
2016・2・3 법률제13953호(법무사법)
2017・10・13 법률제14901호
2020・2・4 법률제16912호
2024・9・20 법률제20435호

제 1 장 총칙

제 1 조(목적) 이 법은 부동산등기(不動産登記)에 관한 사항을 규정함을 목적으로 한다.

제 2 조(정의) 이 법에서 사용하는 용어의 뜻은 다음과 같다.
1. "등기부"란 전산정보처리조직에 의하여 입력・처리된 등기정보자료를 대법원규칙으로 정하는 바에 따라 편성한 것을 말한다.
2. "등기부부본자료"(登記簿副本資料)란 등기부와 동일한 내용으로 보조기억장치에 기록된 자료를 말한다.
3. "등기기록"이란 1필의 토지 또는 1개의 건물에 관한 등기정보자료를 말한다.
4. "등기필정보"(登記畢情報)란 등기부에 새로운 권리자가 기록되는 경우에 그 권리자를 확인하기 위하여 제11조제 1 항에 따른 등기관이 작성한 정보를 말한다.

제 3 조(등기할 수 있는 권리 등) 등기는 부동산의 표시(表示)와 다음 각 호의 어느 하나에 해당하는 권리의 보존, 이전, 설정, 변경, 처분의 제한 또는 소멸에 대하여 한다.
1. 소유권(所有權)
2. 지상권(地上權)
3. 지역권(地役權)
4. 전세권(傳貰權)
5. 저당권(抵當權)
6. 권리질권(權利質權)
7. 채권담보권(債權擔保權)
8. 임차권(賃借權)

제 4 조(권리의 순위) ① 같은 부동산에 관하여 등기한 권리의 순위는 법률에 다른 규정이 없으면 등기한 순서에 따른다.
② 등기의 순서는 등기기록 중 같은 구(區)에서 한 등기 상호간에는 순위번호에 따르고, 다른 구에서 한 등기 상호간에는 접수번호에 따른다.

제 5 조(부기등기의 순위) 부기등기(附記登記)의 순위는 주등기(主登記)의 순위에 따른다. 다만, 같은 주등기에 관한 부기등기 상호간의 순위는 그 등기 순서에 따른다.

제 6 조(등기신청의 접수시기 및 등기의 효력발생시기) ① 등기신청은 대법원규칙으로

정하는 등기신청정보가 전산정보처리조직에 저장된 때 접수된 것으로 본다.

② 제11조제 1 항에 따른 등기관이 등기를 마친 경우 그 등기는 접수한 때부터 효력을 발생한다.

제 2 장 등기소와 등기관

제 7 조(관할 등기소) ① 등기사무는 부동산의 소재지를 관할하는 지방법원, 그 지원(支院) 또는 등기소(이하 "등기소"라 한다)에서 담당한다.

② 부동산이 여러 등기소의 관할구역에 걸쳐 있을 때에는 대법원규칙으로 정하는 바에 따라 각 등기소를 관할하는 상급법원의 장이 관할 등기소를 지정한다.

제 7 조의2(관련 사건의 관할에 관한 특례) ① 제 7 조에도 불구하고 관할 등기소가 다른 여러 개의 부동산과 관련하여 등기목적과 등기원인이 동일하거나 그 밖에 대법원규칙으로 정하는 등기신청이 있는 경우에는 그 중 하나의 관할 등기소에서 해당 신청에 따른 등기사무를 담당할 수 있다.

② 제 7 조에도 불구하고 제11조제 1 항에 따른 등기관이 당사자의 신청이나 직권에 의한 등기를 하고 제71조, 제78조제 4 항(제72조제 2 항에서 준용하는 경우를 포함한다) 또는 대법원규칙으로 정하는 바에 따라 다른 부동산에 대하여 등기를 하여야 하는 경우에는 그 부동산의 관할 등기소가 다른 때에도 해당 등기를 할 수 있다.

③ 제 1 항의 등기를 신청하는 경우의 신청정보 제공방법과 같은 항 및 제 2 항에 따른 등기사무의 처리 절차 및 방법 등에 관하여 필요한 사항은 대법원규칙으로 정한다.

〔본조신설 2024 · 9 · 20〕

제 7 조의3(상속 · 유증 사건의 관할에 관한 특례) ① 제 7 조에도 불구하고 상속 또는 유증으로 인한 등기신청의 경우에는 부동산의 관할 등기소가 아닌 등기소도 그 신청에 따른 등기사무를 담당할 수 있다.

② 제 1 항에 따른 등기신청의 유형과 등기사무의 처리 절차 및 방법 등에 관하여 필요한 사항은 대법원규칙으로 정한다.

〔본조신설 2024 · 9 · 20〕

제 8 조(관할의 위임) 대법원장은 어느 등기소의 관할에 속하는 사무를 다른 등기소에 위임하게 할 수 있다.

제 9 조(관할의 변경) 어느 부동산의 소재지가 다른 등기소의 관할로 바뀌었을 때에는 종전의 관할 등기소는 전산정보처리조직을 이용하여 그 부동산에 관한 등기기록의 처리권한을 다른 등기소로 넘겨주는 조치를 하여야 한다.

제10조(등기사무의 정지 등) ① 대법원장은 다음 각 호의 어느 하나에 해당하는 경우로서 등기소에서 정상적인 등기사무의 처리가 어려운 경우에는 기간을 정하여 등기사무의 정지를 명령하거나 대법원규칙으로 정하는 바에 따라 등기사무의 처리를 위하여 필요한 처분을 명령할 수 있다.

1. 「재난 및 안전관리 기본법」 제 3 조제 1 호의 재난이 발생한 경우
2. 정전 또는 정보통신망의 장애가 발생한 경우
3. 그 밖에 제 1 호 또는 제 2 호에 준하는 사유가 발생한 경우

② 대법원장은 대법원규칙으로 정하는 바에 따라 제 1 항의 정지명령에 관한 권한을 법원행정처장에게, 제 1 항의 처분명령에 관한 권한을 법원행정처장 또는 지방법원장에게 위임할 수 있다.

〔전부개정 2024 · 9 · 20〕

제11조(등기사무의 처리) ① 등기사무는 등기소에 근무하는 법원서기관 · 등기사무관 · 등기주사 또는 등기주사보(법원사무관 · 법원주사 또는 법원주사보 중 2001년 12월 31일 이전에 시행한 채용시험에 합격하여 임용된 사람을 포함한다) 중에서 지방법원장(등기소의 사무를 지원장이 관장하는 경우에는 지원장을 말한다. 이하 같다)이 지정하는 자〔이하 "등기관"(登記官)이라 한다〕가 처리한다.

② 등기관은 등기사무를 전산정보처리조직을 이용하여 등기부에 등기사항을 기록하는 방식으로 처리하여야 한다.

③ 등기관은 접수번호의 순서에 따라 등기사무를 처리하여야 한다.

④ 등기관이 등기사무를 처리한 때에는 등기사무를 처리한 등기관이 누구인지 알 수 있는 조치를 하여야 한다.

제12조(등기관의 업무처리의 제한) ① 등기관은 자기, 배우자 또는 4촌 이내의 친족(이하 "배우자등"이라 한다)이 등기신청인인 때에는 그 등기소에서 소유권등기를 한 성년자로서 등기관의 배우자등이 아닌 자 2명 이상의 참여가 없으면 등기를 할 수 없다. 배우자등의 관계가 끝난 후에도 같다.

② 등기관은 제1항의 경우에 조서를 작성하여 참여인과 같이 기명날인 또는 서명을 하여야 한다.

제13조(재정보증) 법원행정처장은 등기관의 재정보증(財政保證)에 관한 사항을 정하여 운용할 수 있다.

제3장 등기부 등

제14조(등기부의 종류 등) ① 등기부는 토지등기부(土地登記簿)와 건물등기부(建物登記簿)로 구분한다.

② 등기부는 영구(永久)히 보존하여야 한다.

③ 등기부는 대법원규칙으로 정하는 장소에 보관·관리하여야 하며, 전쟁·천재지변이나 그 밖에 이에 준하는 사태를 피하기 위한 경우 외에는 그 장소 밖으로 옮기지 못한다.

④ 등기부의 부속서류는 전쟁·천재지변이나 그 밖에 이에 준하는 사태를 피하기 위한 경우 외에는 등기소 밖으로 옮기지 못한다. 다만, 신청서나 그 밖의 부속서류에 대하여는 법원의 명령 또는 촉탁(囑託)이 있거나 법관이 발부한 영장에 의하여 압수하는 경우에는 그러하지 아니하다.

제15조(물적 편성주의) ① 등기부를 편성할 때에는 1필의 토지 또는 1개의 건물에 대하여 1개의 등기기록을 둔다. 다만, 1동의 건물을 구분한 건물에 있어서는 1동의 건물에 속하는 전부에 대하여 1개의 등기기록을 사용한다.

② 등기기록에는 부동산의 표시에 관한 사항을 기록하는 표제부와 소유권에 관한 사항을 기록하는 갑구(甲區) 및 소유권 외의 권리에 관한 사항을 기록하는 을구(乙區)를 둔다.

제16조(등기부부본자료의 작성) 등기관이 등기를 마쳤을 때에는 등기부부본자료를 작성하여야 한다.

제17조(등기부의 손상과 복구) ① 등기부의 전부 또는 일부가 손상되거나 손상될 염려가 있을 때에는 대법원장은 대법원규칙으로 정하는 바에 따라 등기부의 복구·손상방지 등 필요한 처분을 명령할 수 있다.

② 대법원장은 대법원규칙으로 정하는 바에 따라 제1항의 처분명령에 관한 권한을 법원행정처장 또는 지방법원장에게 위임할 수 있다.

제18조(부속서류의 손상 등 방지처분) ① 등기부의 부속서류가 손상·멸실(滅失)의 염려가 있을 때에는 대법원장은 그 방지를 위하여 필요한 처분을 명령할 수 있다.

② 제1항에 따른 처분명령에는 제17조제2항을 준용한다.

제19조(등기사항의 열람과 증명) ① 누구든지 수수료를 내고 대법원규칙으로 정하는 바에 따라 등기기록에 기록되어 있는 사항의 전부 또는 일부의 열람(閱覽)과 이를 증명하는 등기사항증명서의 발급을 청구할 수 있다. 다만, 등기기록의 부속서류에 대하여는 이해관계 있는 부분만 열람을 청구할 수 있다.

② 제1항에 따른 등기기록의 열람 및 등기사항증명서의 발급 청구는 관할 등기소가 아닌 등기소에 대하여도 할 수 있다.

③ 제1항에 따른 수수료의 금액과 면제의 범위는 대법원규칙으로 정한다.

제20조(등기기록의 폐쇄) ① 등기관이 등기기록에 등기된 사항을 새로운 등기기록에 옮겨 기록한 때에는 종전 등기기록을 폐쇄(閉鎖)하여야 한다.

② 폐쇄한 등기기록은 영구히 보존하여야 한다.

③ 폐쇄한 등기기록에 관하여는 제19조를 준용한다.

제21조(중복등기기록의 정리) ① 등기관이 같은 토지에 관하여 중복하여 마쳐진 등기기록을 발견한 경우에는 대법원규칙으로 정하는 바에 따라 중복등기기록 중 어느 하나의 등기기록을 폐쇄하여야 한다.

② 제1항에 따라 폐쇄된 등기기록의 소유권의 등기명의인 또는 등기상 이해관계인은 대법원규칙으로 정하는 바에 따라 그 토지가 폐쇄된 등기기록의 소유권의 등기명의인의 소유임을 증명하여 폐쇄된 등기기록의 부활을 신청할 수 있다.

제 4 장 등기절차

제 1 절 총칙

제22조(신청주의) ① 등기는 당사자의 신청 또는 관공서의 촉탁에 따라 한다. 다만, 법률에 다른 규정이 있는 경우에는 그러하지 아니하다.

② 촉탁에 따른 등기절차는 법률에 다른 규정이 없는 경우에는 신청에 따른 등기에 관한 규정을 준용한다.

③ 등기를 하려고 하는 자는 대법원규칙으로 정하는 바에 따라 수수료를 내야 한다.

제23조(등기신청인) ① 등기는 법률에 다른 규정이 없는 경우에는 등기권리자(登記權利者)와 등기의무자(登記義務者)가 공동으로 신청한다.

② 소유권보존등기(所有權保存登記) 또는 소유권보존등기의 말소등기(抹消登記)는 등기명의인으로 될 자 또는 등기명의인이 단독으로 신청한다.

③ 상속, 법인의 합병, 그 밖에 대법원규칙으로 정하는 포괄승계에 따른 등기는 등기권리자가 단독으로 신청한다.

④ 등기절차의 이행 또는 인수를 명하는 판결에 의한 등기는 승소한 등기권리자 또는 등기의무자가 단독으로 신청하고, 공유물을 분할하는 판결에 의한 등기는 등기권리자 또는 등기의무자가 단독으로 신청한다. <개정 2020·2·4>

⑤ 부동산표시의 변경이나 경정(更正)의 등기는 소유권의 등기명의인이 단독으로 신청한다.

⑥ 등기명의인표시의 변경이나 경정의 등기는 해당 권리의 등기명의인이 단독으로 신청한다.

⑦ 신탁재산에 속하는 부동산의 신탁등기는 수탁자(受託者)가 단독으로 신청한다. <신설 2013·5·28>

⑧ 수탁자가 「신탁법」 제 3 조제 5 항에 따라 타인에게 신탁재산에 대하여 신탁을 설정하는 경우 해당 신탁재산에 속하는 부동산에 관한 권리이전등기에 대하여는 새로운 신탁의 수탁자를 등기권리자로 하고 원래 신탁의 수탁자를 등기의무자로 한다. 이 경우 해당 신탁재산에 속하는 부동산의 신탁등기는 제 7 항에 따라 새로운 신탁의 수탁자가 단독으로 신청한다. <신설 2013·5·28>

제24조(등기신청의 방법) ① 등기는 다음 각 호의 어느 하나에 해당하는 방법으로 신청한다. <개정 2016·2·3, 2024·9·20>

1. 방문신청 : 신청인 또는 그 대리인(代理人)이 등기소에 출석하여 신청정보 및 첨부정보를 적은 서면을 제출하는 방법. 다만, 대리인이 변호사〔법무법인, 법무법인(유한) 및 법무조합을 포함한다. 이하 같다〕나 법무사〔법무사법인 및 법무사법인(유한)을 포함한다. 이하 같다〕인 경우에는 대법원규칙으로 정하는 사무원을 등기소에 출석하게 하여 그 서면을 제출할 수 있다.
2. 전자신청 : 전산정보처리조직을 이용〔이동통신단말장치에서 사용되는 애플리케이션(Application)을 통하여 이용하는 경우를 포함한다〕하여 신청정보 및 첨부정보를 보내는 방법. 전자신청이 가능한 등기유형에 관한 사항과 전자신청의 방법은 대법원규칙으로 정한다.

② 신청인이 제공하여야 하는 신청정보 및 첨부정보는 대법원규칙으로 정한다.

제25조(신청정보의 제공방법) 등기의 신청은 1건당 1개의 부동산에 관한 신청정보를 제공하는 방법으로 하여야 한다. 다만, 등기목적과 등기원인이 동일하거나 그 밖에 대법원규칙으로 정하는 경우에는 여러 개의 부동산에 관한 신청정보를 일괄하여 제공하는 방법으로 할 수 있다. <개정 2024·9·20>

제26조(법인 아닌 사단 등의 등기신청) ① 종중(宗中), 문중(門中), 그 밖에 대표자나 관리인이 있는 법인 아닌 사단(社團)이나 재단(財團)에 속하는 부동산의 등기에 관하여는 그 사단이나 재단을 등기권리자 또는 등기의무자로 한다.

② 제 1 항의 등기는 그 사단이나 재단의 명의로 그 대표자나 관리인이 신청한다.

제27조(포괄승계인에 의한 등기신청) 등기원인이 발생한 후에 등기권리자 또는 등기의무자에 대하여 상속이나 그 밖의 포괄승계가 있는 경우에는 상속인이나 그 밖의 포괄승계인이 그 등기를 신청할 수 있다.

제28조(채권자대위권에 의한 등기신청) ① 채권자는 「민법」 제404조에 따라 채무자를 대위(代位)하여 등기를 신청할 수 있다.

② 등기관이 제 1 항 또는 다른 법령에 따른 대위신청에 의하여 등기를 할 때에는 대위자의 성명 또는 명칭, 주소 또는 사무소 소재지 및 대위원인을 기록하여야 한다.

제29조(신청의 각하) 등기관은 다음 각 호의 어느 하나에 해당하는 경우에만 이유를 적은 결정으로 신청을 각하(却下)하여야 한다. 다만, 신청의 잘못된 부분이 보정(補正)될 수 있는 경우로서 신청인이 등기관이 보정을 명한 날의 다음 날까지 그 잘못된 부분을 보정하였을 때에는 그러하지 아니하다. <개정 2024·9·20>

1. 사건이 그 등기소의 관할이 아닌 경우
2. 사건이 등기할 것이 아닌 경우
3. 신청할 권한이 없는 자가 신청한 경우
4. 제24조제 1 항제 1 호에 따라 등기를 신청할 때에 당사자나 그 대리인이 출석하지 아니한 경우
5. 신청정보의 제공이 대법원규칙으로 정한 방식에 맞지 아니한 경우
6. 신청정보의 부동산 또는 등기의 목적인 권리의 표시가 등기기록과 일치하지 아니한 경우
7. 신청정보의 등기의무자의 표시가 등기기록과 일치하지 아니한 경우. 다만, 다음 각 목의 어느 하나에 해당하는 경우는 제외한다.
   가. 제27조에 따라 포괄승계인이 등기신청을 하는 경우
   나. 신청정보와 등기기록의 등기의무자가 동일인임을 대법원규칙으로 정하는 바에 따라 확인할 수 있는 경우
8. 신청정보와 등기원인을 증명하는 정보가 일치하지 아니한 경우
9. 등기에 필요한 첨부정보를 제공하지 아니한 경우
10. 취득세(「지방세법」 제20조의2에 따라 분할납부하는 경우에는 등기하기 이전에 분할납부하여야 할 금액을 말한다), 등록면허세(등록에 대한 등록면허세만 해당한다) 또는 수수료를 내지 아니하거나 등기신청과 관련하여 다른 법률에 따라 부과된 의무를 이행하지 아니한 경우
11. 신청정보 또는 등기기록의 부동산의 표시가 토지대장·임야대장 또는 건축물대장과 일치하지 아니한 경우

제30조(등기완료의 통지) 등기관이 등기를 마쳤을 때에는 대법원규칙으로 정하는 바에 따라 신청인 등에게 그 사실을 알려야 한다.

제31조(행정구역의 변경) 행정구역 또는 그 명칭이 변경되었을 때에는 등기기록에 기록된 행정구역 또는 그 명칭에 대하여 변경등기가 있는 것으로 본다.

제32조(등기의 경정) ① 등기관이 등기를 마친 후 그 등기에 착오(錯誤)나 빠진 부분이 있음을 발견하였을 때에는 지체 없이 그 사실을 등기권리자와 등기의무자에게 알려야 하고, 등기권리자와 등기의무자가 없는 경우에는 등기명의인에게 알려야 한다. 다만, 등기권리자, 등기의무자 또는 등기명의인이 각 2인 이상인 경우에는 그 중 1인에게 통지하면 된다.

② 등기관이 등기의 착오나 빠진 부분이 등기관의 잘못으로 인한 것임을 발견한 경우에는 지체 없이 그 등기를 직권으로 경정하여야 한다. 다만, 등기상 이해관계 있는 제 3 자가 있는 경우에는 제 3 자의 승낙이 있어야 한다.

③ 등기관이 제 2 항에 따라 경정등기를 하였을 때에는 그 사실을 등기권리자, 등기의무자 또는 등기명의인에게 알려야 한다. 이 경우 제 1 항 단서를 준용한다.

④ 채권자대위권에 의하여 등기가 마쳐진 때에는 제 1 항 및 제 3 항의 통지를 그 채권자에게도 하여야 한다. 이 경우 제 1 항 단서를 준용한다.

제33조(새 등기기록에의 이기) 등기기록에 기록된 사항이 많아 취급하기에 불편하게 되는 등 합리적 사유로 등기기록을 옮겨 기록할 필요가 있는 경우에 등기관은 현재 효력이 있는 등기만을 새로운 등기기록에 옮겨 기록할 수 있다.

제 2 절 표시에 관한 등기

제 1 관 토지의 표시에 관한 등기

제34조(등기사항) 등기관은 토지 등기기록의 표제부에 다음 각 호의 사항을 기록하여야 한다.

1. 표시번호
2. 접수연월일
3. 소재와 지번(地番)
4. 지목(地目)
5. 면적
6. 등기원인

제35조(변경등기의 신청) 토지의 분할, 합병이 있는 경우와 제34조의 등기사항에 변경이 있는 경우에는 그 토지 소유권의 등기명의인은 그 사실이 있는 때부터 1개월 이내에 그 등기를 신청하여야 한다.

제36조(직권에 의한 표시변경등기) ① 등기관이 지적(地籍)소관청으로부터 「공간정보의 구축 및 관리 등에 관한 법률」 제88조제3항의 통지를 받은 경우에 제35조의 기간 이내에 등기명의인으로부터 등기신청이 없을 때에는 그 통지서의 기재내용에 따른 변경의 등기를 직권으로 하여야 한다. <개정 2014·6·3>

② 제1항의 등기를 하였을 때에는 등기관은 지체 없이 그 사실을 지적소관청과 소유권의 등기명의인에게 알려야 한다. 다만, 등기명의인이 2인 이상인 경우에는 그 중 1인에게 통지하면 된다.

제37조(합필 제한) ① 합필(合筆)하려는 토지에 다음 각 호의 등기 외의 권리에 관한 등기가 있는 경우에는 합필의 등기를 할 수 없다. <개정 2020·2·4>

1. 소유권·지상권·전세권·임차권 및 승역지(承役地 : 편익제공지)에 하는 지역권의 등기
2. 합필하려는 모든 토지에 있는 등기원인 및 그 연월일과 접수번호가 동일한 저당권에 관한 등기
3. 합필하려는 모든 토지에 있는 제81조제1항 각 호의 등기사항이 동일한 신탁등기

② 등기관이 제1항을 위반한 등기의 신청을 각하하면 지체 없이 그 사유를 지적소관청에 알려야 한다.

제38조(합필의 특례) ① 「공간정보의 구축 및 관리 등에 관한 법률」에 따른 토지합병절차를 마친 후 합필등기(合筆登記)를 하기 전에 합병된 토지 중 어느 토지에 관하여 소유권이전등기가 된 경우라 하더라도 이해관계인의 승낙이 있으면 해당 토지의 소유권의 등기명의인들은 합필 후의 토지를 공유(共有)로 하는 합필등기를 신청할 수 있다. <개정 2014·6·3>

② 「공간정보의 구축 및 관리 등에 관한 법률」에 따른 토지합병절차를 마친 후 합필등기를 하기 전에 합병된 토지 중 어느 토지에 관하여 제37조제1항에서 정한 합필등기의 제한 사유에 해당하는 권리에 관한 등기가 된 경우라 하더라도 이해관계인의 승낙이 있으면 해당 토지의 소유권의 등기명의인은 그 권리의 목적물을 합필 후의 토지에 관한 지분으로 하는 합필등기를 신청할 수 있다. 다만, 요역지(要役地 : 편익필요지)에 하는 지역권의 등기가 있는 경우에는 합필 후의 토지 전체를 위한 지역권으로 하는 합필등기를 신청하여야 한다. <개정 2014·6·3>

제39조(멸실등기의 신청) 토지가 멸실된 경우에는 그 토지 소유권의 등기명의인은 그 사실이 있는 때부터 1개월 이내에 그 등기를 신청하여야 한다.

제2관 건물의 표시에 관한 등기

제40조(등기사항) ① 등기관은 건물 등기기록의 표제부에 다음 각 호의 사항을 기록하여야 한다. <개정 2024·9·20>

1. 표시번호
2. 접수연월일
3. 소재, 지번, 건물명칭(건축물대장에 건물명칭이 기재되어 있는 경우만 해당한다. 이하 이 조에서 같다) 및 번호. 다만, 같은 지번 위에 1개의 건물만 있는 경우에는 건물번호는 기록하지 아니한다.
4. 건물의 종류, 구조와 면적. 부속건물이 있는 경우에는 부속건물의 종류, 구조와 면적도 함께 기록한다.
5. 등기원인
6. 도면의 번호〔같은 지번 위에 여러 개의 건물이 있는 경우와 「집합건물의 소유 및 관리에 관한 법률」 제2조제1호의 구분소유권(區分所有權)의 목적이 되는 건물(이하 "구분건물"이라 한다)인 경우로 한정한다〕

② 등기할 건물이 구분건물(區分建物)인 경우에 등기관은 1동 건물의 등기기록의 표제

부에는 소재와 지번, 건물명칭 및 번호를 기록하고 전유부분의 등기기록의 표제부에는 건물번호를 기록하여야 한다. <개정 2024·9·20>

③ 구분건물에 「집합건물의 소유 및 관리에 관한 법률」 제2조제6호의 대지사용권(垈地使用權)으로서 건물과 분리하여 처분할 수 없는 것〔이하 "대지권"(垈地權)이라 한다〕이 있는 경우에는 등기관은 제2항에 따라 기록하여야 할 사항 외에 1동 건물의 등기기록의 표제부에 대지권의 목적인 토지의 표시에 관한 사항을 기록하고 전유부분의 등기기록의 표제부에는 대지권의 표시에 관한 사항을 기록하여야 한다.

④ 등기관이 제3항에 따라 대지권등기를 하였을 때에는 직권으로 대지권의 목적인 토지의 등기기록에 소유권, 지상권, 전세권 또는 임차권이 대지권이라는 뜻을 기록하여야 한다.

제41조(변경등기의 신청) ① 건물의 분할, 구분, 합병이 있는 경우와 제40조의 등기사항에 변경이 있는 경우에는 그 건물 소유권의 등기명의인은 그 사실이 있는 때부터 1개월 이내에 그 등기를 신청하여야 한다.

② 구분건물로서 표시등기만 있는 건물에 관하여는 제65조 각 호의 어느 하나에 해당하는 자가 제1항의 등기를 신청하여야 한다.

③ 구분건물로서 그 대지권의 변경이나 소멸이 있는 경우에는 구분건물의 소유권의 등기명의인은 1동의 건물에 속하는 다른 구분건물의 소유권의 등기명의인을 대위하여 그 등기를 신청할 수 있다.

④ 건물이 구분건물인 경우에 그 건물의 등기기록 중 1동 표제부에 기록하는 등기사항에 관한 변경등기는 그 구분건물과 같은 1동의 건물에 속하는 다른 구분건물에 대하여도 변경등기로서의 효력이 있다.

제42조(합병 제한) ① 합병하려는 건물에 다음 각 호의 등기 외의 권리에 관한 등기가 있는 경우에는 합병의 등기를 할 수 없다. <개정 2020·2·4>

1. 소유권·전세권·임차권의 등기
2. 합병하려는 모든 건물에 있는 등기원인 및 그 연월일과 접수번호가 동일한 저당권에 관한 등기
3. 합병하려는 모든 건물에 있는 제81조제1항 각 호의 등기사항이 동일한 신탁등기

② 등기관이 제1항을 위반한 등기의 신청을 각하하면 지체 없이 그 사유를 건축물대장 소관청에 알려야 한다.

제43조(멸실등기의 신청) ① 건물이 멸실된 경우에는 그 건물 소유권의 등기명의인은 그 사실이 있는 때부터 1개월 이내에 그 등기를 신청하여야 한다. 이 경우 제41조제2항을 준용한다.

② 제1항의 경우 그 소유권의 등기명의인이 1개월 이내에 멸실등기를 신청하지 아니하면 그 건물대지의 소유자가 건물 소유권의 등기명의인을 대위하여 그 등기를 신청할 수 있다.

③ 구분건물로서 그 건물이 속하는 1동 전부가 멸실된 경우에는 그 구분건물의 소유권의 등기명의인은 1동의 건물에 속하는 다른 구분건물의 소유권의 등기명의인을 대위하여 1동 전부에 대한 멸실등기를 신청할 수 있다.

제44조(건물의 부존재) ① 존재하지 아니하는 건물에 대한 등기가 있을 때에는 그 소유권의 등기명의인은 지체 없이 그 건물의 멸실등기를 신청하여야 한다.

② 그 건물 소유권의 등기명의인이 제1항에 따라 등기를 신청하지 아니하는 경우에는 제43조제2항을 준용한다.

③ 존재하지 아니하는 건물이 구분건물인 경우에는 제43조제3항을 준용한다.

제45조(등기상 이해관계인이 있는 건물의 멸실) ① 소유권 외의 권리가 등기되어 있는 건물에 대한 멸실등기의 신청이 있는 경우에 등기관은 그 권리의 등기명의인에게 1개월 이내의 기간을 정하여 그 기간까지 이의(異議)를 진술하지 아니하면 멸실등기를 한다는 뜻을 알려야 한다. 다만, 건축물대장에 건물멸실의 뜻이 기록되어 있거나 소유권 외의 권리의 등기명의인이 멸실등기에 동의한 경우에는 그러하지 아니하다.

② 제1항 본문의 경우에는 제58조제2항부터 제4항까지를 준용한다.

제46조(구분건물의 표시에 관한 등기) ① 1동의 건물에 속하는 구분건물 중 일부만에 관하여 소유권보존등기를 신청하는 경우에

는 나머지 구분건물의 표시에 관한 등기를 동시에 신청하여야 한다.

② 제1항의 경우에 구분건물의 소유자는 1동에 속하는 다른 구분건물의 소유자를 대위하여 그 건물의 표시에 관한 등기를 신청할 수 있다.

③ 구분건물이 아닌 건물로 등기된 건물에 접속하여 구분건물을 신축한 경우에 그 신축건물의 소유권보존등기를 신청할 때에는 구분건물이 아닌 건물을 구분건물로 변경하는 건물의 표시변경등기를 동시에 신청하여야 한다. 이 경우 제2항을 준용한다.

제47조(규약상 공용부분의 등기와 규약폐지에 따른 등기) ①「집합건물의 소유 및 관리에 관한 법률」제3조제4항에 따른 공용부분(共用部分)이라는 뜻의 등기는 소유권의 등기명의인이 신청하여야 한다. 이 경우 공용부분인 건물에 소유권 외의 권리에 관한 등기가 있을 때에는 그 권리의 등기명의인의 승낙이 있어야 한다.

② 공용부분이라는 뜻을 정한 규약을 폐지한 경우에 공용부분의 취득자는 지체 없이 소유권보존등기를 신청하여야 한다.

제3절 권리에 관한 등기

제1관 통칙

제48조(등기사항) ① 등기관이 갑구 또는 을구에 권리에 관한 등기를 할 때에는 다음 각 호의 사항을 기록하여야 한다.

1. 순위번호
2. 등기목적
3. 접수연월일 및 접수번호
4. 등기원인 및 그 연월일
5. 권리자

② 제1항제5호의 권리자에 관한 사항을 기록할 때에는 권리자의 성명 또는 명칭 외에 주민등록번호 또는 부동산등기용등록번호와 주소 또는 사무소 소재지를 함께 기록하여야 한다.

③ 제26조에 따라 법인 아닌 사단이나 재단 명의의 등기를 할 때에는 그 대표자나 관리인의 성명, 주소 및 주민등록번호를 함께 기록하여야 한다.

④ 제1항제5호의 권리자가 2인 이상인 경우에는 권리자별 지분을 기록하여야 하고 등기할 권리가 합유(合有)인 때에는 그 뜻을 기록하여야 한다.

제49조(등록번호의 부여절차) ① 제48조제2항에 따른 부동산등기용등록번호(이하 "등록번호"라 한다)는 다음 각 호의 방법에 따라 부여한다. <개정 2013·3·23, 2014·3·18, 2015·7·24>

1. 국가·지방자치단체·국제기관 및 외국정부의 등록번호는 국토교통부장관이 지정·고시한다.
2. 주민등록번호가 없는 재외국민의 등록번호는 대법원 소재지 관할 등기소의 등기관이 부여하고, 법인의 등록번호는 주된 사무소(회사의 경우에는 본점, 외국법인의 경우에는 국내에 최초로 설치 등기를 한 영업소나 사무소를 말한다) 소재지 관할 등기소의 등기관이 부여한다.
3. 법인 아닌 사단이나 재단 및 국내에 영업소나 사무소의 설치 등기를 하지 아니한 외국법인의 등록번호는 시장(「제주특별자치도 설치 및 국제자유도시 조성을 위한 특별법」제10조제2항에 따른 행정시의 시장을 포함하며, 「지방자치법」제3조제3항에 따라 자치구가 아닌 구를 두는 시의 시장은 제외한다), 군수 또는 구청장(자치구가 아닌 구의 구청장을 포함한다)이 부여한다.
4. 외국인의 등록번호는 체류지(국내에 체류지가 없는 경우에는 대법원 소재지에 체류지가 있는 것으로 본다)를 관할하는 지방출입국·외국인관서의 장이 부여한다.

② 제1항제2호에 따른 등록번호의 부여절차는 대법원규칙으로 정하고, 제1항제3호와 제4호에 따른 등록번호의 부여절차는 대통령령으로 정한다.

제50조(등기필정보) ① 등기관이 새로운 권리에 관한 등기를 마쳤을 때에는 등기필정보를 작성하여 등기권리자에게 통지하여야 한다. 다만, 다음 각 호의 어느 하나에 해당하는 경우에는 그러하지 아니하다.

1. 등기권리자가 등기필정보의 통지를 원하지 아니하는 경우
2. 국가 또는 지방자치단체가 등기권리자인 경우

3. 제1호 및 제2호에서 규정한 경우 외에 대법원규칙으로 정하는 경우

② 등기권리자와 등기의무자가 공동으로 권리에 관한 등기를 신청하는 경우에 신청인은 그 신청정보와 함께 제1항에 따라 통지받은 등기의무자의 등기필정보를 등기소에 제공하여야 한다. 승소한 등기의무자가 단독으로 권리에 관한 등기를 신청하는 경우에도 또한 같다.

제51조(등기필정보가 없는 경우) 제50조제2항의 경우에 등기의무자의 등기필정보가 없을 때에는 등기의무자 또는 그 법정대리인(이하 "등기의무자등"이라 한다)이 등기소에 출석하여 등기관으로부터 등기의무자등임을 확인받아야 한다. 다만, 등기신청인의 대리인(변호사나 법무사만을 말한다)이 등기의무자등으로부터 위임받았음을 확인한 경우 또는 신청서(위임에 의한 대리인이 신청하는 경우에는 그 권한을 증명하는 서면을 말한다) 중 등기의무자등의 작성부분에 관하여 공증(公證)을 받은 경우에는 그러하지 아니하다.

제52조(부기로 하는 등기) 등기관이 다음 각 호의 등기를 할 때에는 부기로 하여야 한다. 다만, 제5호의 등기는 등기상 이해관계 있는 제3자의 승낙이 없는 경우에는 그러하지 아니하다.

1. 등기명의인표시의 변경이나 경정의 등기
2. 소유권 외의 권리의 이전등기
3. 소유권 외의 권리를 목적으로 하는 권리에 관한 등기
4. 소유권 외의 권리에 대한 처분제한 등기
5. 권리의 변경이나 경정의 등기
6. 제53조의 환매특약등기
7. 제54조의 권리소멸약정등기
8. 제67조제1항 후단의 공유물 분할금지의 약정등기
9. 그 밖에 대법원규칙으로 정하는 등기

제53조(환매특약의 등기) 등기관이 환매특약의 등기를 할 때에는 다음 각 호의 사항을 기록하여야 한다. 다만, 제3호는 등기원인에 그 사항이 정하여져 있는 경우에만 기록한다.

1. 매수인이 지급한 대금
2. 매매비용
3. 환매기간

제54조(권리소멸약정의 등기) 등기원인에 권리의 소멸에 관한 약정이 있을 경우 신청인은 그 약정에 관한 등기를 신청할 수 있다.

제55조(사망 등으로 인한 권리의 소멸과 말소등기) 등기명의인인 사람의 사망 또는 법인의 해산으로 권리가 소멸한다는 약정이 등기되어 있는 경우에 사람의 사망 또는 법인의 해산으로 그 권리가 소멸하였을 때에는, 등기권리자는 그 사실을 증명하여 단독으로 해당 등기의 말소를 신청할 수 있다.

제56조(등기의무자의 소재불명과 말소등기) ① 등기권리자가 등기의무자의 소재불명으로 인하여 공동으로 등기의 말소를 신청할 수 없을 때에는 「민사소송법」에 따라 공시최고(公示催告)를 신청할 수 있다.

② 제1항의 경우에 제권판결(除權判決)이 있으면 등기권리자가 그 사실을 증명하여 단독으로 등기의 말소를 신청할 수 있다.

제57조(이해관계 있는 제3자가 있는 등기의 말소) ① 등기의 말소를 신청하는 경우에 그 말소에 대하여 등기상 이해관계 있는 제3자가 있을 때에는 제3자의 승낙이 있어야 한다.

② 제1항에 따라 등기를 말소할 때에는 등기상 이해관계 있는 제3자 명의의 등기는 등기관이 직권으로 말소한다.

제58조(직권에 의한 등기의 말소) ① 등기관이 등기를 마친 후 그 등기가 제29조제1호 또는 제2호에 해당된 것임을 발견하였을 때에는 등기권리자, 등기의무자와 등기상 이해관계 있는 제3자에게 1개월 이내의 기간을 정하여 그 기간에 이의를 진술하지 아니하면 등기를 말소한다는 뜻을 통지하여야 한다.

② 제1항의 경우 통지를 받을 자의 주소 또는 거소(居所)를 알 수 없으면 제1항의 통지를 갈음하여 제1항의 기간 동안 등기소 게시장에 이를 게시하거나 대법원규칙으로 정하는 바에 따라 공고하여야 한다.

③ 등기관은 제1항의 말소에 관하여 이의를 진술한 자가 있으면 그 이의에 대한 결정을 하여야 한다.

④ 등기관은 제1항의 기간 이내에 이의를 진술한 자가 없거나 이의를 각하한 경우에

는 제1항의 등기를 직권으로 말소하여야 한다.

제59조(말소등기의 회복) 말소된 등기의 회복(回復)을 신청하는 경우에 등기상 이해관계 있는 제3자가 있을 때에는 그 제3자의 승낙이 있어야 한다.

제60조(대지사용권의 취득) ① 구분건물을 신축한 자가 「집합건물의 소유 및 관리에 관한 법률」 제2조제6호의 대지사용권을 가지고 있는 경우에 대지권에 관한 등기를 하지 아니하고 구분건물에 관하여만 소유권이전등기를 마쳤을 때에는 현재의 구분건물의 소유명의인과 공동으로 대지사용권에 관한 이전등기를 신청할 수 있다.

② 구분건물을 신축하여 양도한 자가 그 건물의 대지사용권을 나중에 취득하여 이전하기로 약정한 경우에는 제1항을 준용한다.

③ 제1항 및 제2항에 따른 등기는 대지권에 관한 등기와 동시에 신청하여야 한다.

제61조(구분건물의 등기기록에 대지권등기가 되어 있는 경우) ① 대지권을 등기한 후에 한 건물의 권리에 관한 등기는 대지권에 대하여 동일한 등기로서 효력이 있다. 다만, 그 등기에 건물만에 관한 것이라는 뜻의 부기가 되어 있을 때에는 그러하지 아니하다.

② 제1항에 따라 대지권에 대한 등기로서의 효력이 있는 등기와 대지권의 목적인 토지의 등기기록 중 해당 구에 한 등기의 순서는 접수번호에 따른다.

③ 대지권이 등기된 구분건물의 등기기록에는 건물만에 관한 소유권이전등기 또는 저당권설정등기, 그 밖에 이와 관련이 있는 등기를 할 수 없다.

④ 토지의 소유권이 대지권인 경우에 대지권이라는 뜻의 등기가 되어 있는 토지의 등기기록에는 소유권이전등기, 저당권설정등기, 그 밖에 이와 관련이 있는 등기를 할 수 없다.

⑤ 지상권, 전세권 또는 임차권이 대지권인 경우에는 제4항을 준용한다.

제62조(소유권변경 사실의 통지) 등기관이 다음 각 호의 등기를 하였을 때에는 지체 없이 그 사실을 토지의 경우에는 지적소관청에, 건물의 경우에는 건축물대장 소관청에 각각 알려야 한다.

1. 소유권의 보존 또는 이전
2. 소유권의 등기명의인표시의 변경 또는 경정
3. 소유권의 변경 또는 경정
4. 소유권의 말소 또는 말소회복

제63조(과세자료의 제공) 등기관이 소유권의 보존 또는 이전의 등기〔가등기(假登記)를 포함한다〕를 하였을 때에는 대법원규칙으로 정하는 바에 따라 지체 없이 그 사실을 부동산 소재지 관할 세무서장에게 통지하여야 한다.

제2관 소유권에 관한 등기

제64조(소유권보존등기의 등기사항) 등기관이 소유권보존등기를 할 때에는 제48조제1항 제4호에도 불구하고 등기원인과 그 연월일을 기록하지 아니한다.

제65조(소유권보존등기의 신청인) 미등기의 토지 또는 건물에 관한 소유권보존등기는 다음 각 호의 어느 하나에 해당하는 자가 신청할 수 있다.

1. 토지대장, 임야대장 또는 건축물대장에 최초의 소유자로 등록되어 있는 자 또는 그 상속인, 그 밖의 포괄승계인
2. 확정판결에 의하여 자기의 소유권을 증명하는 자
3. 수용(收用)으로 인하여 소유권을 취득하였음을 증명하는 자
4. 특별자치도지사, 시장, 군수 또는 구청장(자치구의 구청장을 말한다)의 확인에 의하여 자기의 소유권을 증명하는 자(건물의 경우로 한정한다)

제66조(미등기부동산의 처분제한의 등기와 직권보존) ① 등기관이 미등기부동산에 대하여 법원의 촉탁에 따라 소유권의 처분제한의 등기를 할 때에는 직권으로 소유권보존등기를 하고, 처분제한의 등기를 명하는 법원의 재판에 따라 소유권의 등기를 한다는 뜻을 기록하여야 한다.

② 등기관이 제1항에 따라 건물에 대한 소유권보존등기를 하는 경우에는 제65조를 적용하지 아니한다. 다만, 그 건물이 「건축법」상 사용승인을 받아야 할 건물임에도 사용승인을 받지 아니하였다면 그 사실을 표제

부에 기록하여야 한다.

③ 제2항 단서에 따라 등기된 건물에 대하여 「건축법」상 사용승인이 이루어진 경우에는 그 건물 소유권의 등기명의인은 1개월 이내에 제2항 단서의 기록에 대한 말소등기를 신청하여야 한다.

제67조(소유권의 일부이전) ① 등기관이 소유권의 일부에 관한 이전등기를 할 때에는 이전되는 지분을 기록하여야 한다. 이 경우 등기원인에 「민법」 제268조제1항 단서의 약정이 있을 때에는 그 약정에 관한 사항도 기록하여야 한다.

② 제1항 후단의 약정의 변경등기는 공유자 전원이 공동으로 신청하여야 한다.

제68조(거래가액의 등기) 등기관이 「부동산 거래신고 등에 관한 법률」 제3조제1항에서 정하는 계약을 등기원인으로 한 소유권이전등기를 하는 경우에는 대법원규칙으로 정하는 바에 따라 거래가액을 기록한다.
<개정 2015·7·24, 2016·1·19>

제3관 용익권(用益權)에 관한 등기

제69조(지상권의 등기사항) 등기관이 지상권설정의 등기를 할 때에는 제48조에서 규정한 사항 외에 다음 각 호의 사항을 기록하여야 한다. 다만, 제3호부터 제5호까지는 등기원인에 그 약정이 있는 경우에만 기록한다.

1. 지상권설정의 목적
2. 범위
3. 존속기간
4. 지료와 지급시기
5. 「민법」 제289조의2제1항 후단의 약정
6. 지상권설정의 범위가 토지의 일부인 경우에는 그 부분을 표시한 도면의 번호

제70조(지역권의 등기사항) 등기관이 승역지의 등기기록에 지역권설정의 등기를 할 때에는 제48조제1항제1호부터 제4호까지에서 규정한 사항 외에 다음 각 호의 사항을 기록하여야 한다. 다만, 제4호는 등기원인에 그 약정이 있는 경우에만 기록한다.

1. 지역권설정의 목적
2. 범위
3. 요역지
4. 「민법」 제292조제1항 단서, 제297조제1항 단서 또는 제298조의 약정
5. 승역지의 일부에 지역권설정의 등기를 할 때에는 그 부분을 표시한 도면의 번호

제71조(요역지지역권의 등기사항) ① 등기관이 승역지에 지역권설정의 등기를 하였을 때에는 직권으로 요역지의 등기기록에 다음 각 호의 사항을 기록하여야 한다.

1. 순위번호
2. 등기목적
3. 승역지
4. 지역권설정의 목적
5. 범위
6. 등기연월일

② 및 ③ 삭제 <2024·9·20>

④ 등기관이 승역지에 지역권변경 또는 말소의 등기를 하였을 때에는 직권으로 요역지의 등기기록에 변경 또는 말소의 등기를 하여야 한다. <개정 2024·9·20>

제72조(전세권 등의 등기사항) ① 등기관이 전세권설정이나 전전세(轉傳貰)의 등기를 할 때에는 제48조에서 규정한 사항 외에 다음 각 호의 사항을 기록하여야 한다. 다만, 제3호부터 제5호까지는 등기원인에 그 약정이 있는 경우에만 기록한다.

1. 전세금 또는 전전세금
2. 범위
3. 존속기간
4. 위약금 또는 배상금
5. 「민법」 제306조 단서의 약정
6. 전세권설정이나 전전세의 범위가 부동산의 일부인 경우에는 그 부분을 표시한 도면의 번호

② 여러 개의 부동산에 관한 권리를 목적으로 하는 전세권설정의 등기를 하는 경우에는 제78조를 준용한다.

제73조(전세금반환채권의 일부양도에 따른 전세권 일부이전등기) ① 등기관이 전세금반환채권의 일부 양도를 원인으로 한 전세권 일부이전등기를 할 때에는 양도액을 기록한다.

② 제1항의 전세권 일부이전등기의 신청은 전세권의 존속기간의 만료 전에는 할 수 없다. 다만, 존속기간 만료 전이라도 해당 전세권이 소멸하였음을 증명하여 신청하는 경우에는 그러하지 아니하다.

제74조(임차권 등의 등기사항) 등기관이 임차권 설정 또는 임차물 전대(轉貸)의 등기를 할 때에는 제48조에서 규정한 사항 외에 다음 각 호의 사항을 기록하여야 한다. 다만, 제3호부터 제6호까지는 등기원인에 그 사항이 있는 경우에만 기록한다. <개정 2020·2·4>

1. 차임(借賃)
2. 범위
3. 차임지급시기
4. 존속기간. 다만, 처분능력 또는 처분권한 없는 임대인에 의한 「민법」 제619조의 단기임대차인 경우에는 그 뜻도 기록한다.
5. 임차보증금
6. 임차권의 양도 또는 임차물의 전대에 대한 임대인의 동의
7. 임차권설정 또는 임차물전대의 범위가 부동산의 일부인 때에는 그 부분을 표시한 도면의 번호

제4관 담보권에 관한 등기

제75조(저당권의 등기사항) ① 등기관이 저당권설정의 등기를 할 때에는 제48조에서 규정한 사항 외에 다음 각 호의 사항을 기록하여야 한다. 다만, 제3호부터 제8호까지는 등기원인에 그 약정이 있는 경우에만 기록한다.

1. 채권액
2. 채무자의 성명 또는 명칭과 주소 또는 사무소 소재지
3. 변제기(辨濟期)
4. 이자 및 그 발생기·지급시기
5. 원본(元本) 또는 이자의 지급장소
6. 채무불이행(債務不履行)으로 인한 손해배상에 관한 약정
7. 「민법」 제358조 단서의 약정
8. 채권의 조건

② 등기관은 제1항의 저당권의 내용이 근저당권(根抵當權)인 경우에는 제48조에서 규정한 사항 외에 다음 각 호의 사항을 기록하여야 한다. 다만, 제3호 및 제4호는 등기원인에 그 약정이 있는 경우에만 기록한다.

1. 채권의 최고액
2. 채무자의 성명 또는 명칭과 주소 또는 사무소 소재지
3. 「민법」 제358조 단서의 약정
4. 존속기간

제76조(저당권부채권에 대한 질권 등의 등기사항) ① 등기관이 「민법」 제348조에 따라 저당권부채권(抵當權附債權)에 대한 질권의 등기를 할 때에는 제48조에서 규정한 사항 외에 다음 각 호의 사항을 기록하여야 한다.

1. 채권액 또는 채권최고액
2. 채무자의 성명 또는 명칭과 주소 또는 사무소 소재지
3. 변제기와 이자의 약정이 있는 경우에는 그 내용

② 등기관이 「동산·채권 등의 담보에 관한 법률」 제37조에서 준용하는 「민법」 제348조에 따른 채권담보권의 등기를 할 때에는 제48조에서 정한 사항 외에 다음 각 호의 사항을 기록하여야 한다.

1. 채권액 또는 채권최고액
2. 채무자의 성명 또는 명칭과 주소 또는 사무소 소재지
3. 변제기와 이자의 약정이 있는 경우에는 그 내용

제77조(피담보채권이 금액을 목적으로 하지 아니하는 경우) 등기관이 일정한 금액을 목적으로 하지 아니하는 채권을 담보하기 위한 저당권설정의 등기를 할 때에는 그 채권의 평가액을 기록하여야 한다.

제78조(공동저당의 등기) ① 등기관이 동일한 채권에 관하여 여러 개의 부동산에 관한 권리를 목적으로 하는 저당권설정의 등기를 할 때에는 각 부동산의 등기기록에 그 부동산에 관한 권리가 다른 부동산에 관한 권리와 함께 저당권의 목적으로 제공된 뜻을 기록하여야 한다.

② 등기관은 제1항의 경우에 부동산이 5개 이상일 때에는 공동담보목록을 작성하여야 한다.

③ 제2항의 공동담보목록은 등기기록의 일부로 본다.

④ 등기관이 1개 또는 여러 개의 부동산에 관한 권리를 목적으로 하는 저당권설정의 등기를 한 후 동일한 채권에 대하여 다른 1개 또는 여러 개의 부동산에 관한 권리를

목적으로 하는 저당권설정의 등기를 할 때에는 그 등기와 종전의 등기에 각 부동산에 관한 권리가 함께 저당권의 목적으로 제공된 뜻을 기록하여야 한다. 이 경우 제2항 및 제3항을 준용한다.
⑤ 삭제 <2024·9·20>

제79조(채권일부의 양도 또는 대위변제로 인한 저당권 일부이전등기의 등기사항) 등기관이 채권의 일부에 대한 양도 또는 대위변제(代位辨濟)로 인한 저당권 일부이전등기를 할 때에는 제48조에서 규정한 사항 외에 양도액 또는 변제액을 기록하여야 한다.

제80조(공동저당의 대위등기) ① 등기관이 「민법」 제368조제2항 후단의 대위등기를 할 때에는 제48조에서 규정한 사항 외에 다음 각 호의 사항을 기록하여야 한다.
1. 매각 부동산(소유권 외의 권리가 저당권의 목적일 때에는 그 권리를 말한다)
2. 매각대금
3. 선순위 저당권자가 변제받은 금액
② 제1항의 등기에는 제75조를 준용한다.

제5관 신탁에 관한 등기

제81조(신탁등기의 등기사항) ① 등기관이 신탁등기를 할 때에는 다음 각 호의 사항을 기록한 신탁원부(信託原簿)를 작성하고, 등기기록에는 제48조에서 규정한 사항 외에 그 신탁원부의 번호 및 신탁재산에 속하는 부동산의 거래에 관한 주의사항을 기록하여야 한다. <개정 2014·3·18, 2024·9·20>
1. 위탁자(委託者), 수탁자 및 수익자(受益者)의 성명 및 주소(법인인 경우에는 그 명칭 및 사무소 소재지를 말한다)
2. 수익자를 지정하거나 변경할 수 있는 권한을 갖는 자를 정한 경우에는 그 자의 성명 및 주소(법인인 경우에는 그 명칭 및 사무소 소재지를 말한다)
3. 수익자를 지정하거나 변경할 방법을 정한 경우에는 그 방법
4. 수익권의 발생 또는 소멸에 관한 조건이 있는 경우에는 그 조건
5. 신탁관리인이 선임된 경우에는 신탁관리인의 성명 및 주소(법인인 경우에는 그 명칭 및 사무소 소재지를 말한다)
6. 수익자가 없는 특정의 목적을 위한 신탁인 경우에는 그 뜻
7. 「신탁법」 제3조제5항에 따라 수탁자가 타인에게 신탁을 설정하는 경우에는 그 뜻
8. 「신탁법」 제59조제1항에 따른 유언대용신탁인 경우에는 그 뜻
9. 「신탁법」 제60조에 따른 수익자연속신탁인 경우에는 그 뜻
10. 「신탁법」 제78조에 따른 수익증권발행신탁인 경우에는 그 뜻
11. 「공익신탁법」에 따른 공익신탁인 경우에는 그 뜻
12. 「신탁법」 제114조제1항에 따른 유한책임신탁인 경우에는 그 뜻
13. 신탁의 목적
14. 신탁재산의 관리, 처분, 운용, 개발, 그 밖에 신탁 목적의 달성을 위하여 필요한 방법
15. 신탁종료의 사유
16. 그 밖의 신탁 조항
② 제1항제5호, 제6호, 제10호 및 제11호의 사항에 관하여 등기를 할 때에는 수익자의 성명 및 주소를 기재하지 아니할 수 있다.
③ 제1항의 신탁원부는 등기기록의 일부로 본다.
④ 제1항 각 호 외의 부분에 따른 주의사항의 내용 및 등기방법 등에 관하여 필요한 사항은 대법원규칙으로 정한다. <신설 2024·9·20>
〔전부개정 2013·5·28〕

제82조(신탁등기의 신청방법) ① 신탁등기의 신청은 해당 부동산에 관한 권리의 설정등기, 보존등기, 이전등기 또는 변경등기의 신청과 동시에 하여야 한다.
② 수익자나 위탁자는 수탁자를 대위하여 신탁등기를 신청할 수 있다. 이 경우 제1항은 적용하지 아니한다.
③ 제2항에 따른 대위등기의 신청에 관하여는 제28조제2항을 준용한다.
〔전부개정 2013·5·28〕

제82조의2(신탁의 합병·분할 등에 따른 신탁등기의 신청) ① 신탁의 합병 또는 분할로 인하여 하나의 신탁재산에 속하는 부동산에

관한 권리가 다른 신탁의 신탁재산에 귀속되는 경우 신탁등기의 말소등기 및 새로운 신탁등기의 신청은 신탁의 합병 또는 분할로 인한 권리변경등기의 신청과 동시에 하여야 한다.

② 「신탁법」 제34조제1항제3호 및 같은 조 제2항에 따라 여러 개의 신탁을 인수한 수탁자가 하나의 신탁재산에 속하는 부동산에 관한 권리를 다른 신탁의 신탁재산에 귀속시키는 경우 신탁등기의 신청방법에 관하여는 제1항을 준용한다.

〔본조신설 2013·5·28〕

제83조(수탁자의 임무 종료에 의한 등기) 다음 각 호의 어느 하나에 해당하여 수탁자의 임무가 종료된 경우 신수탁자는 단독으로 신탁재산에 속하는 부동산에 관한 권리이전등기를 신청할 수 있다. <개정 2014·3·18>

1. 「신탁법」 제12조제1항 각 호의 어느 하나에 해당하여 수탁자의 임무가 종료된 경우
2. 「신탁법」 제16조제1항에 따라 수탁자를 해임한 경우
3. 「신탁법」 제16조제3항에 따라 법원이 수탁자를 해임한 경우
4. 「공익신탁법」 제27조에 따라 법무부장관이 직권으로 공익신탁의 수탁자를 해임한 경우

〔전부개정 2013·5·28〕

제84조(수탁자가 여러 명인 경우) ① 수탁자가 여러 명인 경우 등기관은 신탁재산이 합유인 뜻을 기록하여야 한다.

② 여러 명의 수탁자 중 1인이 제83조 각 호의 어느 하나의 사유로 그 임무가 종료된 경우 다른 수탁자는 단독으로 권리변경등기를 신청할 수 있다. 이 경우 다른 수탁자가 여러 명일 때에는 그 전원이 공동으로 신청하여야 한다.

〔전부개정 2013·5·28〕

제84조의2(신탁재산에 관한 등기신청의 특례) 다음 각 호의 어느 하나에 해당하는 경우 수탁자는 단독으로 해당 신탁재산에 속하는 부동산에 관한 권리변경등기를 신청할 수 있다.

1. 「신탁법」 제3조제1항제3호에 따라 신탁을 설정하는 경우
2. 「신탁법」 제34조제2항 각 호의 어느 하나에 해당하여 다음 각 목의 어느 하나의 행위를 하는 것이 허용된 경우
   가. 수탁자가 신탁재산에 속하는 부동산에 관한 권리를 고유재산에 귀속시키는 행위
   나. 수탁자가 고유재산에 속하는 부동산에 관한 권리를 신탁재산에 귀속시키는 행위
   다. 여러 개의 신탁을 인수한 수탁자가 하나의 신탁재산에 속하는 부동산에 관한 권리를 다른 신탁의 신탁재산에 귀속시키는 행위
3. 「신탁법」 제90조 또는 제94조에 따라 수탁자가 신탁을 합병, 분할 또는 분할합병하는 경우

〔본조신설 2013·5·28〕

제85조(촉탁에 의한 신탁변경등기) ① 법원은 다음 각 호의 어느 하나에 해당하는 재판을 한 경우 지체 없이 신탁원부 기록의 변경등기를 등기소에 촉탁하여야 한다.

1. 수탁자 해임의 재판
2. 신탁관리인의 선임 또는 해임의 재판
3. 신탁 변경의 재판

② 법무부장관은 다음 각 호의 어느 하나에 해당하는 경우 지체 없이 신탁원부 기록의 변경등기를 등기소에 촉탁하여야 한다. <개정 2014·3·18>

1. 수탁자를 직권으로 해임한 경우
2. 신탁관리인을 직권으로 선임하거나 해임한 경우
3. 신탁내용의 변경을 명한 경우

③ 등기관이 제1항제1호 및 제2항제1호에 따라 법원 또는 주무관청의 촉탁에 의하여 수탁자 해임에 관한 신탁원부 기록의 변경등기를 하였을 때에는 직권으로 등기기록에 수탁자 해임의 뜻을 부기하여야 한다.

〔전부개정 2013·5·28〕

제85조의2(직권에 의한 신탁변경등기) 등기관이 신탁재산에 속하는 부동산에 관한 권리에 대하여 다음 각 호의 어느 하나에 해당하는 등기를 할 경우 직권으로 그 부동산에 관한 신탁원부 기록의 변경등기를 하여야 한다.

1. 수탁자의 변경으로 인한 이전등기

2. 여러 명의 수탁자 중 1인의 임무 종료로 인한 변경등기
3. 수탁자인 등기명의인의 성명 및 주소(법인인 경우에는 그 명칭 및 사무소 소재지를 말한다)에 관한 변경등기 또는 경정등기

〔본조신설 2013·5·28〕

제86조(신탁변경등기의 신청) 수탁자는 제85조 및 제85조의2에 해당하는 경우를 제외하고 제81조제1항 각 호의 사항이 변경되었을 때에는 지체 없이 신탁원부 기록의 변경등기를 신청하여야 한다. <개정 2013·5·28>

제87조(신탁등기의 말소) ① 신탁재산에 속한 권리가 이전, 변경 또는 소멸됨에 따라 신탁재산에 속하지 아니하게 된 경우 신탁등기의 말소신청은 신탁된 권리의 이전등기, 변경등기 또는 말소등기의 신청과 동시에 하여야 한다.

② 신탁종료로 인하여 신탁재산에 속한 권리가 이전 또는 소멸된 경우에는 제1항을 준용한다.

③ 신탁등기의 말소등기는 수탁자가 단독으로 신청할 수 있다.

④ 신탁등기의 말소등기의 신청에 관하여는 제82조제2항 및 제3항을 준용한다.

〔전부개정 2013·5·28〕

제87조의2(담보권신탁에 관한 특례) ① 위탁자가 자기 또는 제3자 소유의 부동산에 채권자가 아닌 수탁자를 저당권자로 하여 설정한 저당권을 신탁재산으로 하고 채권자를 수익자로 지정한 신탁의 경우 등기관은 그 저당권에 의하여 담보되는 피담보채권이 여럿이고 각 피담보채권별로 제75조에 따른 등기사항이 다를 때에는 제75조에 따른 등기사항을 각 채권별로 구분하여 기록하여야 한다.

② 제1항에 따른 신탁의 신탁재산에 속하는 저당권에 의하여 담보되는 피담보채권이 이전되는 경우 수탁자는 신탁원부 기록의 변경등기를 신청하여야 한다.

③ 제1항에 따른 신탁의 신탁재산에 속하는 저당권의 이전등기를 하는 경우에는 제79조를 적용하지 아니한다.

〔본조신설 2013·5·28〕

제87조의3(신탁재산관리인이 선임된 신탁의 등기) 「신탁법」 제17조제1항 또는 제18조제1항에 따라 신탁재산관리인이 선임된 신탁의 경우 제23조제7항·제8항, 제81조, 제82조, 제82조의2, 제84조제1항, 제84조의2, 제85조제1항·제2항, 제85조의2제3호, 제86조, 제87조 및 제87조의2를 적용할 때에는 "수탁자"는 "신탁재산관리인"으로 본다.

〔본조신설 2013·5·28〕

제6관 가등기

제88조(가등기의 대상) 가등기는 제3조 각 호의 어느 하나에 해당하는 권리의 설정, 이전, 변경 또는 소멸의 청구권(請求權)을 보전(保全)하려는 때에 한다. 그 청구권이 시기부(始期附) 또는 정지조건부(停止條件附)일 경우나 그 밖에 장래에 확정될 것인 경우에도 같다.

제89조(가등기의 신청방법) 가등기권리자는 제23조제1항에도 불구하고 가등기의무자의 승낙이 있거나 가등기를 명하는 법원의 가처분명령(假處分命令)이 있을 때에는 단독으로 가등기를 신청할 수 있다.

제90조(가등기를 명하는 가처분명령) ① 제89조의 가등기를 명하는 가처분명령은 부동산의 소재지를 관할하는 지방법원이 가등기권리자의 신청으로 가등기 원인사실의 소명이 있는 경우에 할 수 있다.

② 제1항의 신청을 각하한 결정에 대하여는 즉시항고(卽時抗告)를 할 수 있다.

③ 제2항의 즉시항고에 관하여는 「비송사건절차법」을 준용한다.

제91조(가등기에 의한 본등기의 순위) 가등기에 의한 본등기(本登記)를 한 경우 본등기의 순위는 가등기의 순위에 따른다.

제92조(가등기에 의하여 보전되는 권리를 침해하는 가등기 이후 등기의 직권말소) ① 등기관은 가등기에 의한 본등기를 하였을 때에는 대법원규칙으로 정하는 바에 따라 가등기 이후에 된 등기로서 가등기에 의하여 보전되는 권리를 침해하는 등기를 직권으로 말소하여야 한다.

② 등기관이 제1항에 따라 가등기 이후의 등기를 말소하였을 때에는 지체 없이 그 사실을 말소된 권리의 등기명의인에게 통지하여야 한다.

제93조(가등기의 말소) ① 가등기명의인은 제23조제 1 항에도 불구하고 단독으로 가등기의 말소를 신청할 수 있다.
② 가등기의무자 또는 가등기에 관하여 등기상 이해관계 있는 자는 제23조제 1 항에도 불구하고 가등기명의인의 승낙을 받아 단독으로 가등기의 말소를 신청할 수 있다.

제 7 관 가처분에 관한 등기

제94조(가처분등기 이후의 등기 등의 말소) ①「민사집행법」 제305조제 3 항에 따라 권리의 이전, 말소 또는 설정등기청구권을 보전하기 위한 처분금지가처분등기가 된 후 가처분채권자가 가처분채무자를 등기의무자로 하여 권리의 이전, 말소 또는 설정의 등기를 신청하는 경우에는, 대법원규칙으로 정하는 바에 따라 그 가처분등기 이후에 된 등기로서 가처분채권자의 권리를 침해하는 등기의 말소를 단독으로 신청할 수 있다.
② 등기관이 제 1 항의 신청에 따라 가처분등기 이후의 등기를 말소할 때에는 직권으로 그 가처분등기도 말소하여야 한다. 가처분등기 이후의 등기가 없는 경우로서 가처분채무자를 등기의무자로 하는 권리의 이전, 말소 또는 설정의 등기만을 할 때에도 또한 같다. <개정 2020·2·4>
③ 등기관이 제 1 항의 신청에 따라 가처분등기 이후의 등기를 말소하였을 때에는 지체 없이 그 사실을 말소된 권리의 등기명의인에게 통지하여야 한다.

제95조(가처분에 따른 소유권 외의 권리 설정등기) 등기관이 제94조제 1 항에 따라 가처분채권자 명의의 소유권 외의 권리 설정등기를 할 때에는 그 등기가 가처분에 기초한 것이라는 뜻을 기록하여야 한다.

제 8 관 관공서가 촉탁하는 등기 등

제96조(관공서가 등기명의인 등을 갈음하여 촉탁할 수 있는 등기) 관공서가 체납처분(滯納處分)으로 인한 압류등기(押留登記)를 촉탁하는 경우에는 등기명의인 또는 상속인, 그 밖의 포괄승계인을 갈음하여 부동산의 표시, 등기명의인의 표시의 변경, 경정 또는 상속, 그 밖의 포괄승계로 인한 권리이전(權利移轉)의 등기를 함께 촉탁할 수 있다.

제97조(공매처분으로 인한 등기의 촉탁) 관공서가 공매처분(公賣處分)을 한 경우에 등기권리자의 청구를 받으면 지체 없이 다음 각 호의 등기를 등기소에 촉탁하여야 한다. <개정 2020·2·4>
1. 공매처분으로 인한 권리이전의 등기
2. 공매처분으로 인하여 소멸한 권리등기(權利登記)의 말소
3. 체납처분에 관한 압류등기 및 공매공고등기의 말소

제98조(관공서의 촉탁에 따른 등기) ① 국가 또는 지방자치단체가 등기권리자인 경우에는 국가 또는 지방자치단체는 등기의무자의 승낙을 받아 해당 등기를 지체 없이 등기소에 촉탁하여야 한다.
② 국가 또는 지방자치단체가 등기의무자인 경우에는 국가 또는 지방자치단체는 등기권리자의 청구에 따라 지체 없이 해당 등기를 등기소에 촉탁하여야 한다.

제99조(수용으로 인한 등기) ① 수용으로 인한 소유권이전등기는 제23조제 1 항에도 불구하고 등기권리자가 단독으로 신청할 수 있다.
② 등기권리자는 제 1 항의 신청을 하는 경우에 등기명의인이나 상속인, 그 밖의 포괄승계인을 갈음하여 부동산의 표시 또는 등기명의인의 표시의 변경, 경정 또는 상속, 그 밖의 포괄승계로 인한 소유권이전의 등기를 신청할 수 있다.
③ 국가 또는 지방자치단체가 제 1 항의 등기권리자인 경우에는 국가 또는 지방자치단체는 지체 없이 제 1 항과 제 2 항의 등기를 등기소에 촉탁하여야 한다.
④ 등기관이 제 1 항과 제 3 항에 따라 수용으로 인한 소유권이전등기를 하는 경우 그 부동산의 등기기록 중 소유권, 소유권 외의 권리, 그 밖의 처분제한에 관한 등기가 있으면 그 등기를 직권으로 말소하여야 한다. 다만, 그 부동산을 위하여 존재하는 지역권의 등기 또는 토지수용위원회의 재결(裁決)로써 존속(存續)이 인정된 권리의 등기는 그러하지 아니하다.
⑤ 부동산에 관한 소유권 외의 권리의 수용으로 인한 권리이전등기에 관하여는 제 1 항부터 제 4 항까지의 규정을 준용한다.

제 5 장 이의

제100조(이의신청과 그 관할) 등기관의 결정 또는 처분에 이의가 있는 자는 그 결정 또는 처분을 한 등기관이 속한 지방법원(이하 이 장에서 "관할 지방법원"이라 한다)에 이의신청을 할 수 있다. <개정 2024·9·20>

제101조(이의신청의 방법) 제100조에 따른 이의신청(이하 이 장에서 "이의신청"이라 한다)은 대법원규칙으로 정하는 바에 따라 결정 또는 처분을 한 등기관이 속한 등기소에 이의신청서를 제출하거나 전산정보처리조직을 이용하여 이의신청정보를 보내는 방법으로 한다.
〔전부개정 2024·9·20〕

제102조(새로운 사실에 의한 이의 금지) 새로운 사실이나 새로운 증거방법을 근거로 이의신청을 할 수는 없다.

제103조(등기관의 조치) ① 등기관은 이의가 이유 있다고 인정하면 그에 해당하는 처분을 하여야 한다.
② 등기관은 이의가 이유 없다고 인정하면 이의신청일부터 3일 이내에 의견을 붙여 이의신청서 또는 이의신청정보를 관할 지방법원에 보내야 한다. <개정 2024·9·20>
③ 등기를 마친 후에 이의신청이 있는 경우에는 3일 이내에 의견을 붙여 이의신청서 또는 이의신청정보를 관할 지방법원에 보내고 등기상 이해관계 있는 자에게 이의신청 사실을 알려야 한다. <개정 2024·9·20>

제104조(집행 부정지) 이의에는 집행정지(執行停止)의 효력이 없다.

제105조(이의에 대한 결정과 항고) ① 관할 지방법원은 이의에 대하여 이유를 붙여 결정을 하여야 한다. 이 경우 이의가 이유 있다고 인정하면 등기관에게 그에 해당하는 처분을 명령하고 그 뜻을 이의신청인과 등기상 이해관계 있는 자에게 알려야 한다.
② 제 1 항의 결정에 대하여는 「비송사건절차법」에 따라 항고할 수 있다.

제106조(처분 전의 가등기 및 부기등기의 명령) 관할 지방법원은 이의신청에 대하여 결정하기 전에 등기관에게 가등기 또는 이의가 있다는 뜻의 부기등기를 명령할 수 있다.

제107조(관할 법원의 명령에 따른 등기) 등기관이 관할 지방법원의 명령에 따라 등기를 할 때에는 명령을 한 지방법원, 명령의 연월일 및 명령에 따라 등기를 한다는 뜻을 기록하여야 한다. <개정 2020·2·4>

제108조(송달) 송달에 대하여는 「민사소송법」을 준용하고, 이의의 비용에 대하여는 「비송사건절차법」을 준용한다.

제 6 장 보칙

제109조(등기사무의 처리에 필요한 전산정보자료의 제공 요청) 법원행정처장은 「전자정부법」 제 2 조제 2 호에 따른 행정기관 및 같은 조 제 3 호에 따른 공공기관(이하 "행정기관등"이라 한다)의 장에게 등기사무의 처리에 필요한 전산정보자료의 제공을 요청할 수 있다.
〔전부개정 2020·2·4〕

제109조의2(등기정보자료의 제공 등) ① 행정기관등의 장은 소관업무의 처리를 위하여 필요한 경우에 관계 중앙행정기관의 장의 심사를 거치고 법원행정처장의 승인을 받아 등기정보자료의 제공을 요청할 수 있다. 다만, 중앙행정기관의 장은 법원행정처장과 협의를 하여 협의가 성립되는 때에 등기정보자료의 제공을 요청할 수 있다.
② 행정기관등의 장이 아닌 자는 수수료를 내고 대법원규칙으로 정하는 바에 따라 등기정보자료를 제공받을 수 있다. 다만, 등기명의인별로 작성되어 있거나 그 밖에 등기명의인을 알아볼 수 있는 사항을 담고 있는 등기정보자료는 다른 법률에 특별한 규정이 있는 경우를 제외하고는 해당 등기명의인이나 그 포괄승계인만이 제공받을 수 있다.
③ 제 1 항 및 제 2 항에 따른 등기정보자료의 제공 절차, 제 2 항에 따른 수수료의 금액 및 그 면제 범위는 대법원규칙으로 정한다.
〔본조신설 2020·2·4〕

제110조(등기필정보의 안전확보) ① 등기관은 취급하는 등기필정보의 누설·멸실 또는 훼손의 방지와 그 밖에 등기필정보의 안전관리를 위하여 필요하고도 적절한 조치를 마련하여야 한다.

② 등기관과 그 밖에 등기소에서 부동산등기사무에 종사하는 사람이나 그 직에 있었던 사람은 그 직무로 인하여 알게 된 등기필정보의 작성이나 관리에 관한 비밀을 누설하여서는 아니 된다.

③ 누구든지 부실등기를 하도록 등기의 신청이나 촉탁에 제공할 목적으로 등기필정보를 취득하거나 그 사정을 알면서 등기필정보를 제공하여서는 아니 된다.

제111조(벌칙) 다음 각 호의 어느 하나에 해당하는 사람은 2년 이하의 징역 또는 1천만원 이하의 벌금에 처한다.

1. 제110조제2항을 위반하여 등기필정보의 작성이나 관리에 관한 비밀을 누설한 사람
2. 제110조제3항을 위반하여 등기필정보를 취득한 사람 또는 그 사정을 알면서 등기필정보를 제공한 사람
3. 부정하게 취득한 등기필정보를 제2호의 목적으로 보관한 사람

제112조 삭제 <2017·10·13>

제113조(대법원규칙에의 위임) 이 법 시행에 필요한 사항은 대법원규칙으로 정한다.

부 칙

제1조(시행일) 이 법은 공포 후 6개월이 경과한 날부터 시행한다. 다만, 제3조제7호 및 제76조제2항의 개정규정과 부칙 제4조 제17항은 2012년 6월 11일부터 시행한다.

제2조(등기필증에 관한 경과조치) 이 법 시행 전에 권리취득의 등기를 한 후 종전의 제67조제1항에 따라 등기필증을 발급받거나 종전의 제68조제1항에 따라 등기완료의 통지를 받은 자는 이 법 시행 후 등기의무자가 되어 제24조제1항제1호의 개정규정에 따라 등기신청을 할 때에는 제50조제2항의 개정규정에 따른 등기필정보의 제공을 갈음하여 신청서에 종전의 제67조제1항에 따른 등기필증 또는 종전의 제68조제1항에 따른 등기완료통지서를 첨부할 수 있다.

제3조(예고등기에 관한 경과조치) ① 이 법 시행 당시 마쳐져 있는 예고등기의 말소절차에 관하여는 종전의 규정에 따른다.

② 제1항에도 불구하고 법률 제16912호 부동산등기법 일부개정법률의 시행일까지 말소되지 아니한 예고등기는 등기관이 직권으로 말소한다. <신설 2020·2·4>

제4조(다른 법률의 개정) 생략

제5조(다른 법령과의 관계) ① 이 법 시행 당시 다른 법령에서 등기부등본 또는 초본을 인용한 경우에는 등기사항증명서를 인용한 것으로, 등기필증을 인용한 경우에는 등기필증 외에 등기완료통지서나 등기필정보통지서도 인용한 것으로 본다.

② 이 법 시행 당시 다른 법령에서 종전의 「부동산등기법」의 규정을 인용한 경우에 이 법 가운데 그에 해당하는 규정이 있을 때에는 종전의 규정을 갈음하여 이 법의 해당 규정을 인용한 것으로 본다.

부 칙 <2011·5·19 법10693>

제1조(시행일) 이 법은 공포한 날부터 시행한다.

제2조 생략

부 칙 <2011·7·25 법10924>

제1조(시행일) 이 법은 공포 후 1년이 경과한 날부터 시행한다.

제2조부터 **제4조**까지 생략

부 칙 <2013·3·23 법11690>

제1조(시행일) ① 이 법은 공포한 날부터 시행한다.

② 생략

제2조부터 **제7조**까지 생략

부 칙 <2013·5·28 법11826>

제1조(시행일) 이 법은 공포 후 3개월이 경과한 날부터 시행한다.

제2조(적용례) 이 법은 이 법 시행 후 접수된 등기사건부터 적용한다.

제3조(경과조치) ① 이 법 시행 당시 종전의 규정에 따라 한 신탁에 관한 등기는 이 법에 따라 한 것으로 본다.

② 이 법 시행 당시 종전의 규정에 따라 편성한 신탁에 관한 등기부는 이 법 시행 후 그대로 사용한다.

부 칙 <2014·3·18 법12420>

제1조(시행일) 이 법은 공포 후 1년이 경과한 날부터 시행한다.

제2조부터 **제4조**까지 생략

부 칙 <2014·3·18 법12421>

제1조(시행일) 이 법은 공포 후 3개월이 경과한 날부터 시행한다.

제2조 및 **제3조** 생략

부 칙 <2014·6·3 법12738>

제1조(시행일) 이 법은 공포 후 1년이 경과한 날부터 시행한다. 〈단서 생략〉

제2조 및 **제3조** 생략

부 칙 <2015·7·24 법13426>

제1조(시행일) 이 법은 공포 후 6개월이 경과한 날부터 시행한다. 〈단서 생략〉

제2조부터 **제39조**까지 생략

부 칙 <2015·7·24 법13435>

제1조(시행일) 이 법은 공포한 날부터 시행한다. 〈단서 생략〉

제2조부터 **제5조**까지 생략

부 칙 <2016·1·19 법13797>

제1조(시행일) 이 법은 공포 후 1년이 경과한 날부터 시행한다.

제2조부터 **제11조**까지 생략

부 칙 <2016·2·3 법13953>

제1조(시행일) 이 법은 공포 후 6개월이 경과한 날부터 시행한다.

제2조부터 **제8조**까지 생략

부 칙 <2017·10·13 법14901>

제1조(시행일) 이 법은 공포한 날부터 시행한다.

제2조(과태료에 관한 경과조치) 이 법 시행 전의 행위에 대한 과태료의 적용에 있어서는 종전의 규정에 따른다.

부 칙 <2020·2·4 법16912>

제1조(시행일) 이 법은 공포 후 6개월이 경과한 날부터 시행한다.

제2조(임차권 등 등기에 관한 적용례) 제74조의 개정규정은 이 법 시행 이후 접수되는 임차권 등의 등기부터 적용한다.

제3조(법원의 명령에 따른 등기에 관한 적용례) 제107조의 개정규정은 이 법 시행 이후 접수되는 등기부터 적용한다.

제4조(다른 법률의 개정) 생략

부 칙 <2024·9·20 법20435>

제1조(시행일) 이 법은 2025년 1월 31일부터 시행한다. 다만, 제81조제1항 및 제4항의 개정규정은 공포 후 3개월이 경과한 날부터 시행한다.

제2조(관련 사건 및 상속·유증 사건의 관할 등에 관한 적용례) 제7조의2제1항·제3항, 제7조의3 및 제25조의 개정규정은 이 법 시행 이후 접수되는 등기신청부터 적용한다.

제3조(등기신청의 각하에 관한 적용례) 제29조제7호나목의 개정규정은 이 법 시행 전에 접수되어 이 법 시행 당시 처리 중인 등기신청에 대해서도 적용한다.

제4조(건물의 등기사항에 관한 적용례) 제40조제1항제3호의 개정규정은 이 법 시행 이후 접수되는 건물의 등기부터 적용한다.

제5조(신탁등기의 등기사항에 관한 적용례 등) ① 제81조제1항 및 제4항의 개정규정은 같은 개정규정 시행 전에 접수되어 부칙 제1조 단서에 따른 시행일 당시 처리 중인 등기신청에 대해서도 적용한다.

② 등기관은 제81조제1항 및 제4항의 개정규정 시행 전에 한 신탁등기로서 그 시행일 이후 말소되지 아니한 것에 대하여 제81조제1항 각 호 외의 부분의 개정규정에 따른 주의사항의 등기를 대법원규칙으로 정하는 기간 이내에 직권으로 하여야 한다.

③ 제2항에도 불구하고 제81조제1항 및 제4항의 개정규정 시행일부터 1년 이내에는 대법원장이 지정하는 사람이 등기관을 갈음하여 그 등기사무를 처리할 수 있다.

제6조(시범사업의 특례) ① 법원행정처장은 제24조제1항제2호의 개정규정에 따른 전자신청의 원활한 시행과 전산정보처리조직의 적정한 운영을 위하여 이 법 시행 전에 특정 등기소에서 시범사업을 실시할 수 있다.

② 제1항에 따른 시범사업 등기소의 지정 및 시범사업의 실시에 필요한 사항은 법원행정처장이 정한다.

제7조(다른 법률의 개정) 생략

●부동산등기 특별조치법

〔1990·8·1 법률제4244호〕

개정

1991·12·14 법률제 4423호(비송사건절차법)
1995· 3·30 법률제 4944호(부동산실권리자명의등기에관한법률)
1998·12·28 법률제 5592호(부동산등기법)
1999· 3·31 법률제 5958호
2000· 1·21 법률제 6183호
2009·12·29 법률제 9835호
2010· 3·31 법률제10221호(지방세법)
2010·12·27 법률제10416호(지방세법)
2011· 4·12 법률제10580호(부동산등기법)
2012·12·18 법률제11599호(한국토지주택공사법)
2014· 1· 1 법률제12153호(지방세법)
2014·11·19 법률제12844호(정부조직법)
2017· 7·26 법률제14839호(정부조직법)
2018· 3·20 법률제15491호
2021·12·28 법률제18655호(지방세법)

제 1 조(목적) 이 법은 부동산거래에 대한 실체적권리관계에 부합하는 등기를 신청하도록 하기 위하여 부동산등기에 관한 특례 등에 관한 사항을 정함으로써 건전한 부동산거래질서를 확립함을 목적으로 한다.

제 2 조(소유권이전등기 등 신청의무) ① 부동산의 소유권이전을 내용으로 하는 계약을 체결한 자는 다음 각호의 1에 정하여진 날부터 60일 이내에 소유권이전등기를 신청하여야 한다. 다만, 그 계약이 취소·해제되거나 무효인 경우에는 그러하지 아니하다.

1. 계약의 당사자가 서로 대가적인 채무를 부담하는 경우에는 반대급부의 이행이 완료된 날
2. 계약당사자의 일방만이 채무를 부담하는 경우에는 그 계약의 효력이 발생한 날

② 제 1 항의 경우에 부동산의 소유권을 이전받을 것을 내용으로 하는 계약을 체결한 자가 제 1 항 각호에 정하여진 날 이후 그 부동산에 대하여 다시 제 3 자와 소유권이전을 내용으로 하는 계약이나 제 3 자에게 계약당사자의 지위를 이전하는 계약을 체결하고자 할 때에는 그 제 3 자와 계약을 체결하기 전에 먼저 체결된 계약에 따라 소유권이전등기를 신청하여야 한다.

③ 제 1 항의 경우에 부동산의 소유권을 이전받을 것을 내용으로 하는 계약을 체결한 자가 제 1 항 각호에 정하여진 날 전에 그 부동산에 대하여 다시 제 3 자와 소유권이전을 내용으로 하는 계약을 체결한 때에는 먼저 체결된 계약의 반대급부의 이행이 완료되거나 계약의 효력이 발생한 날부터 60일 이내에 먼저 체결된 계약에 따라 소유권이전등기를 신청하여야 한다.

④ 국가·지방자치단체·한국토지주택공사·한국수자원공사 또는 토지구획정리조합(1999년 5월 1일전에 조합설립의 인가를 받아 토지구획정리사업의 시행자인 토지구획정리사업법에 의한 토지구획정리조합에 한한다)이 택지개발촉진법에 의한 택지개발사업, 토지구획정리사업법에 의한 토지구획정리사업 또는 산업입지및개발에관한법률에 의한 특수지역개발사업(주거시설용 토지에 한한다)의 시행자인 경우에 당해 시행자와 부동산의 소유권을 이전받을 것을 내용으로 하는 계약을 최초로 체결한 자가 파산 기타 이와 유사한 사유로 소유권이전등기를 할 수 없는 때에는 지방자치단체의 조례로 정하는 자에 대하여 제 2 항 및 제 3 항의 규정을 적용하지 아니한다. <신설 1999·3·31, 2000·1·21, 2012·12·18>

⑤ 소유권보존등기가 되어 있지 아니한 부동산에 대하여 소유권이전을 내용으로 하는 계약을 체결한 자는 다음 각호의 1에 정하여진 날부터 60일 이내에 소유권보존등기를 신청하여야 한다. <개정 2011·4·12>

1. 「부동산등기법」 제65조에 따라 소유권보존등기를 신청할 수 있음에도 이를 하지 아니한 채 계약을 체결한 경우에는 그 계약을 체결한 날
2. 계약을 체결한 후에 「부동산등기법」 제65조에 따라 소유권보존등기를 신청할 수 있게 된 경우에는 소유권보존등기를 신청할 수 있게 된 날

제 3 조(계약서 등의 검인에 대한 특례) ① 계약을 원인으로 소유권이전등기를 신청할 때에는 다음 각호의 사항이 기재된 계약서에 검인신청인을 표시하여 부동산의 소재지를 관할하는 시장(구가 설치되어 있는 시에 있어서는 구청장)·군수(이하 "시장등"이라 한

다) 또는 그 권한의 위임을 받은 자의 검인을 받아 관할등기소에 이를 제출하여야 한다.

1. 당사자
2. 목적부동산
3. 계약연월일
4. 대금 및 그 지급일자 등 지급에 관한 사항 또는 평가액 및 그 차액의 정산에 관한 사항
5. 부동산중개업자가 있을 때에는 부동산중개업자
6. 계약의 조건이나 기한이 있을 때에는 그 조건 또는 기한

② 제 1 항의 경우에 등기원인을 증명하는 서면이 집행력 있는 판결서 또는 판결과 같은 효력을 갖는 조서(이하 "판결서등"이라 한다)인 때에는 판결서등에 제 1 항의 검인을 받아 제출하여야 한다.

③ 시장등 또는 그 권한의 위임을 받은 자가 제 1 항, 제 2 항 또는 제 4 조의 규정에 의한 검인을 한 때에는 그 계약서 또는 판결서등의 사본 2통을 작성하여 1통은 보관하고 1통은 부동산의 소재지를 관할하는 세무서장에게 송부하여야 한다.

④ 계약서 등의 검인에 관하여 필요한 사항은 대법원규칙으로 정한다.

제 4 조(검인신청에 대한 특례) 부동산의 소유권을 이전받을 것을 내용으로 제 2 조제 1 항 각호의 계약을 체결한 자는 그 부동산에 대하여 다시 제 3 자와 소유권이전을 내용으로 하는 계약이나 제 3 자에게 계약당사자의 지위를 이전하는 계약을 체결하고자 할 때에는 먼저 체결된 계약의 계약서에 제 3 조의 규정에 의한 검인을 받아야 한다.

제 5 조(허가 등에 대한 특례) ① 등기원인에 대하여 행정관청의 허가, 동의 또는 승낙을 받을 것이 요구되는 때에는 소유권이전등기를 신청할 때에 그 허가, 동의 또는 승낙을 증명하는 서면을 제출하여야 한다. <개정 2011 · 4 · 12>

② 등기원인에 대하여 행정관청에 신고할 것이 요구되는 때에는 소유권이전등기를 신청할 때에 신고를 증명하는 서면을 제출하여야 한다.

제 6 조(등기원인 허위기재 등의 금지) 제 2 조의 규정에 의하여 소유권이전등기를 신청하여야 할 자는 그 등기를 신청함에 있어서 등기신청서에 등기원인을 허위로 기재하여 신청하거나 소유권이전등기외의 등기를 신청하여서는 아니된다.

제 7 조 삭제 <1995 · 3 · 30>

제 8 조(벌칙) 다음 각호의 1에 해당하는 자는 3년 이하의 징역이나 1억원 이하의 벌금에 처한다.

1. 조세부과를 면하려 하거나 다른 시점간의 가격변동에 따른 이득을 얻으려 하거나 소유권 등 권리변동을 규제하는 법령의 제한을 회피할 목적으로 제 2 조제 2 항 또는 제 3 항의 규정에 위반한 때
2. 제 6 조의 규정에 위반한 때
3. 삭제 <1995 · 3 · 30>

제 9 조(벌칙) 다음 각호의 1에 해당하는 자는 1년 이하의 징역이나 3천만원 이하의 벌금에 처한다.

1. 제 8 조제 1 호에 해당하지 아니한 자로서 제 4 조의 규정에 위반한 때
2. 삭제 <1995 · 3 · 30>

제10조(양벌규정) 법인의 대표자나 법인 또는 개인의 대리인, 사용인, 그 밖의 종업원이 그 법인 또는 개인의 업무에 관하여 제 8 조 또는 제 9 조의 위반행위를 하면 그 행위자를 벌하는 외에 그 법인 또는 개인에게도 해당 조문의 벌금형을 과(科)한다. 다만, 법인 또는 개인이 그 위반행위를 방지하기 위하여 해당 업무에 관하여 상당한 주의와 감독을 게을리하지 아니한 경우에는 그러하지 아니하다.

〔전부개정 2009 · 12 · 29〕

제11조(과태료) ① 등기권리자가 상당한 사유없이 제 2 조 각항의 규정에 의한 등기신청을 해태한 때에는 그 해태한 날 당시의 부동산에 대하여 「지방세법」 제10조 및 제10조의2부터 제10조의6까지의 과세표준에 같은 법 제11조제 1 항의 표준세율(같은 법 제14조에 따라 조례로 세율을 달리 정하는 경우에는 그 세율을 말한다)에서 1천분의 20을 뺀 세율(같은 법 제11조제 1 항제 8 호의 경우에는 1천분의 20의 세율)을 적용하여 산출한 금액(같은 법 제13조제 2 항 · 제 3 항 · 제 6 항 또는 제 7 항에 해당하는 경우에는 그 금액의

100분의 300)의 5배 이하에 상당하는 금액의 과태료에 처한다. 다만, 부동산실권리자명의등기에관한법률 제10조제1항의 규정에 의하여 과징금을 부과한 경우에는 그러하지 아니하다. <개정 1995·3·30, 2010·3·31, 2010·12·27, 2014·1·1, 2021·12·28>

② 제1항의 규정에 의한 과태료의 금액을 정함에 있어서 해태기간, 해태사유, 목적부동산의 가액 등을 참작하여야 한다.

제12조(과태료의 부과·징수) ① 제11조의 규정에 의한 과태료는 행정안전부령으로 정하는 바에 따라 그 부동산의 소재지를 관할하는 시장등이 부과·징수한다. <개정 2018·3·20>

②부터 ⑥까지 삭제 <2018·3·20>

⑦ 등기관은 제11조의 규정에 의한 과태료에 처할 사유가 있다고 인정된 때에는 지체없이 목적부동산의 소재지를 관할하는 시장등에게 이를 통지하여야 한다. <개정 1998·12·28>

⑧ 삭제 <2018·3·20>

부 칙

제1조(시행일) 이 법은 공포후 1월이 경과한 날부터 시행한다.

제2조(소유권이전등기신청에 관한 경과조치) 이 법 시행전에 부동산의 소유권이전을 내용으로 하는 계약을 체결한 자로서 그 소유권이전등기를 신청할 수 있음에도 이를 신청하지 아니한 자에 대하여는 이 법 시행일을 제2조제1항 각호의 1에 정하여진 날로 보아 이 법을 적용한다. 다만, 등기권리자 또는 제3자에게 등기원인·등기목적을 불문하고 이에 관한 등기가 경료되어 있는 경우에는 그러하지 아니하다.

제3조(과태료의 부과·징수에 관한 경과조치) 제11조 및 제12조의 과태료의 부과·징수에 관한 규정은 1991년 1월 1일부터 시행한다. 이 경우 제2조제1항 각호의 1에 정하여진 날을 1991년 1월 1일로 본다.

제4조(다른 법률의 개정) 생략

부 칙 <1991·12·14 법4423>

제1조(시행일) 이 법은 1992년 2월 1일부터 시행한다.

제2조부터 **제6조**까지 생략

부 칙 <1995·3·30 법4944>

제1조(시행일) 이 법은 1995년 7월 1일부터 시행한다.

제2조부터 **제4조**까지 생략

제5조(다른 법률의 개정에 따른 벌칙에 관한 경과조치) 이 법 시행전에 종전의 부동산등기특별조치법 제7조의 규정을 위반한 자에 대한 벌칙의 적용에 있어서는 종전의 규정에 의한다.

부 칙 <1998·12·28 법5592>

제1조(시행일) 이 법은 공포한 날부터 시행한다.

제2조 및 **제3조** 생략

부 칙 <1999·3·31 법5958>

제1조(시행일) 이 법은 공포후 1월이 경과한 날부터 시행한다.

제2조(소유권이전등기신청에 관한 경과조치) 이 법 시행전에 제2조제4항의 개정규정에 의한 사업의 시행자로부터 부동산의 소유권을 이전받을 것을 내용으로 하는 계약을 최초로 체결한 자가 이 법 시행당시 소유권이전등기를 하지 아니한 경우의 등기신청에 대하여는 이 법을 적용한다.

제3조(유효기간) 제2조제4항의 개정규정은 2000년 6월 30일까지 그 효력을 가진다. <개정 2000·1·21>

부 칙 <2000·1·21 법6183>

①(시행일) 이 법은 공포한 날부터 시행한다.

②(소유권이전등기신청에 관한 경과조치) 이 법 시행전에 제2조제4항의 개정규정에 의한 사업의 시행자로부터 부동산의 소유권을 이전받을 것을 내용으로 하는 계약을 최초로 체결한 자가 이 법 시행 당시 소유권이전등기를 하지 아니한 경우의 등기신청에 대하여는 이 법을 적용한다.

부 칙 <2009·12·29 법9835>

이 법은 공포한 날부터 시행한다.

부 칙 <2010·3·31 법10221>

제1조(시행일) 이 법은 2011년 1월 1일부터 시행한다.

제2조부터 **제8조**까지 생략

부 칙 <2010·12·27 법10416>

제1조(시행일) 이 법은 2011년 1월 1일부터 시행한다.

제2조부터 **제16조**까지 생략

부 칙 <2011·4·12 법10580>

제1조(시행일) 이 법은 공포 후 6개월이 경과한 날부터 시행한다. 〈단서 생략〉

제2조부터 **제5조**까지 생략

부 칙 <2012·12·18 법11599>

제1조(시행일) 이 법은 공포한 날부터 시행한다.

제2조부터 **제4조**까지 생략

부 칙 <2014·1·1 법12153>

제1조(시행일) 이 법은 2014년 1월 1일부터 시행한다. 〈단서 생략〉

제2조부터 **제19조**까지 생략

부 칙 <2014·11·19 법12844>

제1조(시행일) 이 법은 공포한 날부터 시행한다. 〈단서 생략〉

제2조부터 **제7조**까지 생략

부 칙 <2017·7·26 법14839>

제1조(시행일) ① 이 법은 공포한 날부터 시행한다. 〈단서 생략〉

제2조부터 **제6조**까지 생략

부 칙 <2018·3·20 법15491>

이 법은 공포한 날부터 시행한다.

부 칙 <2021·12·28 법18655>

제1조(시행일) 이 법은 2022년 1월 1일부터 시행한다. 〈단서 생략〉

제2조부터 **제8조**까지 생략

●상법

〔1962・1・20 법률제1000호〕

개정
1962・12・12 법률제 1212호
1984・ 4・10 법률제 3724호
1991・ 5・31 법률제 4372호
1991・12・31 법률제 4470호
1994・12・22 법률제 4796호(도농복합형태의시설치에따른행정특례등에관한법률)
1995・12・29 법률제 5053호
1998・12・28 법률제 5591호
1999・ 2・ 5 법률제 5809호(해양사고의조사및심판에관한법률)
1999・12・31 법률제 6086호
2001・ 7・24 법률제 6488호
2001・12・29 법률제 6545호
2007・ 8・ 3 법률제 8581호
2007・ 8・ 3 법률제 8582호(상업등기법)
2009・ 1・30 법률제 9362호
2009・ 2・ 6 법률제 9416호(공증인법)
2009・ 5・28 법률제 9746호
2010・ 5・14 법률제10281호
2010・ 6・10 법률제10366호(동산・채권 등의 담보에 관한 법률)
2011・ 4・14 법률제10600호
2011・ 5・23 법률제10696호
2014・ 3・11 법률제12397호
2014・ 5・20 법률제12591호
2015・12・ 1 법률제13523호
2016・ 3・22 법률제14096호(주식・사채 등의 전자등록에 관한 법률)
2017・10・31 법률제14969호
2018・ 9・18 법률제15755호
2020・ 6・ 9 법률제17354호(전자서명법)
2020・ 6・ 9 법률제17362호
2020・12・29 법률제17764호
2024・ 9・20 법률제20436호

제 1 편 총칙

제 1 장 통칙

제 1 조(상사적용법규) 상사에 관하여 본법에 규정이 없으면 상관습법에 의하고 상관습법이 없으면 민법의 규정에 의한다.

제 2 조(공법인의 상행위) 공법인의 상행위에 대하여는 법령에 다른 규정이 없는 경우에 한하여 본법을 적용한다.

제 3 조(일방적 상행위) 당사자중 그 1인의 행위가 상행위인 때에는 전원에 대하여 본법을 적용한다.

제 2 장 상인

제 4 조(상인 - 당연상인) 자기명의로 상행위를

하는 자를 상인이라 한다.

제 5 조(동전-의제상인) ① 점포 기타 유사한 설비에 의하여 상인적 방법으로 영업을 하는 자는 상행위를 하지 아니하더라도 상인으로 본다.

② 회사는 상행위를 하지 아니하더라도 전항과 같다.

제 6 조(미성년자의 영업과 등기) 미성년자가 법정대리인의 허락을 얻어 영업을 하는 때에는 등기를 하여야 한다.

〔전부개정 2018·9·18〕

제 7 조(미성년자와 무한책임사원) 미성년자가 법정대리인의 허락을 얻어 회사의 무한책임사원이 된 때에는 그 사원자격으로 인한 행위에는 능력자로 본다.

〔전부개정 2018·9·18〕

제 8 조(법정대리인에 의한 영업의 대리) ① 법정대리인이 미성년자, 피한정후견인 또는 피성년후견인을 위하여 영업을 하는 때에는 등기를 하여야 한다. <개정 2018·9·18>

② 법정대리인의 대리권에 대한 제한은 선의의 제삼자에게 대항하지 못한다.

제 9 조(소상인) 지배인, 상호, 상업장부와 상업등기에 관한 규정은 소상인에게 적용하지 아니한다.

제 3 장 상업사용인

제10조(지배인의 선임) 상인은 지배인을 선임하여 본점 또는 지점에서 영업을 하게 할 수 있다.

제11조(지배인의 대리권) ① 지배인은 영업주에 갈음하여 그 영업에 관한 재판상 또는 재판외의 모든 행위를 할 수 있다.

② 지배인은 지배인이 아닌 점원 기타 사용인을 선임 또는 해임할 수 있다.

③ 지배인의 대리권에 대한 제한은 선의의 제삼자에게 대항하지 못한다.

제12조(공동지배인) ① 상인은 수인의 지배인에게 공동으로 대리권을 행사하게 할 수 있다.

② 전항의 경우에 지배인 1인에 대한 의사표시는 영업주에 대하여 그 효력이 있다.

제13조(지배인의 등기) 상인은 지배인의 선임과 그 대리권의 소멸에 관하여 영업소(회사의 경우 본점을 말한다)의 소재지에서 등기하여야 한다. 제12조제 1 항에서 규정한 사항을 등기하는 경우와 그 사항을 변경하는 경우에도 같다.

〔전부개정 2024·9·20〕

제14조(표현지배인) ① 본점 또는 지점의 본부장, 지점장, 그 밖에 지배인으로 인정될 만한 명칭을 사용하는 자는 본점 또는 지점의 지배인과 동일한 권한이 있는 것으로 본다. 다만, 재판상 행위에 관하여는 그러하지 아니하다.

② 제 1 항은 상대방이 악의인 경우에는 적용하지 아니한다.

〔전부개정 2010·5·14〕

제15조(부분적 포괄대리권을 가진 사용인) ① 영업의 특정한 종류 또는 특정한 사항에 대한 위임을 받은 사용인은 이에 관한 재판외의 모든 행위를 할 수 있다.

② 제11조제 3 항의 규정은 전항의 경우에 준용한다.

제16조(물건판매점포의 사용인) ① 물건을 판매하는 점포의 사용인은 그 판매에 관한 모든 권한이 있는 것으로 본다.

② 제14조제 2 항의 규정은 전항의 경우에 준용한다.

제17조(상업사용인의 의무) ① 상업사용인은 영업주의 허락없이 자기 또는 제삼자의 계산으로 영업주의 영업부류에 속한 거래를 하거나 회사의 무한책임사원, 이사 또는 다른 상인의 사용인이 되지 못한다.

② 상업사용인이 전항의 규정에 위반하여 거래를 한 경우에 그 거래가 자기의 계산으로 한 것인 때에는 영업주는 이를 영업주의 계산으로 한 것으로 볼 수 있고 제삼자의 계산으로 한 것인 때에는 영업주는 사용인에 대하여 이로 인한 이득의 양도를 청구할 수 있다. <개정 1962·12·12>

③ 전항의 규정은 영업주로부터 사용인에 대한 계약의 해지 또는 손해배상의 청구에 영향을 미치지 아니한다.

④ 제 2 항에 규정한 권리는 영업주가 그 거래를 안 날로부터 2주간을 경과하거나 그 거래가 있은 날로부터 1년을 경과하면 소멸한다.

제 4 장 상호

제18조(상호선정의 자유) 상인은 그 성명 기타의 명칭으로 상호를 정할 수 있다.

제19조(회사의 상호) 회사의 상호에는 그 종류에 따라 합명회사, 합자회사, 유한책임회사, 주식회사 또는 유한회사의 문자를 사용하여야 한다.
〔전부개정 2011·4·14〕

제20조(회사상호의 부당사용의 금지) 회사가 아니면 상호에 회사임을 표시하는 문자를 사용하지 못한다. 회사의 영업을 양수한 경우에도 같다.

제21조(상호의 단일성) ① 동일한 영업에는 단일상호를 사용하여야 한다.
② 지점의 상호에는 본점과의 종속관계를 표시하여야 한다.

제22조(상호등기의 효력) 타인이 등기한 상호는 동일한 특별시·광역시·시·군에서 동종영업의 상호로 등기하지 못한다. <개정 1984·4·10, 1994·12·22, 1995·12·29>

제22조의2(상호의 가등기) ① 유한책임회사, 주식회사 또는 유한회사를 설립하고자 할 때에는 본점의 소재지를 관할하는 등기소에 상호의 가등기를 신청할 수 있다. <개정 2020·6·9>
② 회사는 상호나 목적 또는 상호와 목적을 변경하고자 할 때에는 본점의 소재지를 관할하는 등기소에 상호의 가등기를 신청할 수 있다.
③ 회사는 본점을 이전하고자 할 때에는 이전할 곳을 관할하는 등기소에 상호의 가등기를 신청할 수 있다.
④ 상호의 가등기는 제22조의 적용에 있어서는 상호의 등기로 본다.
⑤ 삭제 <2007·8·3>
〔본조신설 1995·12·29〕

제23조(주체를 오인시킬 상호의 사용금지) ① 누구든지 부정한 목적으로 타인의 영업으로 오인할 수 있는 상호를 사용하지 못한다.
② 제 1 항의 규정에 위반하여 상호를 사용하는 자가 있는 경우에 이로 인하여 손해를 받을 염려가 있는 자 또는 상호를 등기한 자는 그 폐지를 청구할 수 있다.
③ 제 2 항의 규정은 손해배상의 청구에 영향을 미치지 아니한다.
④ 동일한 특별시·광역시·시·군에서 동종영업으로 타인이 등기한 상호를 사용하는 자는 부정한 목적으로 사용하는 것으로 추정한다. <개정 1984·4·10, 1994·12·22, 1995·12·29>

제24조(명의대여자의 책임) 타인에게 자기의 성명 또는 상호를 사용하여 영업을 할 것을 허락한 자는 자기를 영업주로 오인하여 거래한 제삼자에 대하여 그 타인과 연대하여 변제할 책임이 있다.

제25조(상호의 양도) ① 상호는 영업을 폐지하거나 영업과 함께 하는 경우에 한하여 이를 양도할 수 있다.
② 상호의 양도는 등기하지 아니하면 제삼자에게 대항하지 못한다.

제26조(상호불사용의 효과) 상호를 등기한 자가 정당한 사유없이 2년간 상호를 사용하지 아니하는 때에는 이를 폐지한 것으로 본다.

제27조(상호등기의 말소청구) 상호를 변경 또는 폐지한 경우에 2주간내에 그 상호를 등기한 자가 변경 또는 폐지의 등기를 하지 아니하는 때에는 이해관계인은 그 등기의 말소를 청구할 수 있다.

제28조(상호부정사용에 대한 제재) 제20조와 제23조제 1 항에 위반한 자는 200만원 이하의 과태료에 처한다. <개정 1984·4·10, 1995·12·29>

제 5 장 상업장부

제29조(상업장부의 종류·작성원칙) ① 상인은 영업상의 재산 및 손익의 상황을 명백히 하기 위하여 회계장부 및 대차대조표를 작성하여야 한다.
② 상업장부의 작성에 관하여 이 법에 규정한 것을 제외하고는 일반적으로 공정·타당한 회계관행에 의한다.
〔전부개정 1984·4·10〕

제30조(상업장부의 작성방법) ① 회계장부에는 거래와 기타 영업상의 재산에 영향이 있는 사항을 기재하여야 한다.
② 상인은 영업을 개시한 때와 매년 1회 이상 일정시기에, 회사는 성립한 때와 매 결산기에 회계장부에 의하여 대차대조표를 작

성하고, 작성자가 이에 기명날인 또는 서명하여야 한다. <개정 1995·12·29>
〔전부개정 1984·4·10〕

제31조 삭제 <2010·5·14>

제32조(상업장부의 제출) 법원은 신청에 의하여 또는 직권으로 소송당사자에게 상업장부 또는 그 일부분의 제출을 명할 수 있다.

제33조(상업장부 등의 보존) ① 상인은 10년간 상업장부와 영업에 관한 중요서류를 보존하여야 한다. 다만, 전표 또는 이와 유사한 서류는 5년간 이를 보존하여야 한다. <개정 1995·12·29>
② 전항의 기간은 상업장부에 있어서는 그 폐쇄한 날로부터 기산한다.
③ 제1항의 장부와 서류는 마이크로필름 기타의 전산정보처리조직에 의하여 이를 보존할 수 있다. <신설 1995·12·29>
④ 제3항의 규정에 의하여 장부와 서류를 보존하는 경우 그 보존방법 기타 필요한 사항은 대통령령으로 정한다. <신설 1995·12·29>

제 6 장 상업등기

제34조(통칙) 이 법에 따라 등기할 사항은 당사자의 신청에 의하여 영업소(회사의 경우 본점을 말한다)의 소재지를 관할하는 법원의 상업등기부에 등기한다. <개정 2024·9·20>
〔전부개정 2010·5·14〕

제34조의2 삭제 <2007·8·3>

제35조 삭제 <2024·9·20>

제36조 삭제 <1995·12·29>

제37조(등기의 효력) ① 등기할 사항은 이를 등기하지 아니하면 선의의 제삼자에게 대항하지 못한다.
② 등기한 후라도 제삼자가 정당한 사유로 인하여 이를 알지 못한 때에는 제1항과 같다.
〔전부개정 1995·12·29〕

제38조 삭제 <2024·9·20>

제39조(부실의 등기) 고의 또는 과실로 인하여 사실과 상위한 사항을 등기한 자는 그 상위를 선의의 제삼자에게 대항하지 못한다.

제40조(변경, 소멸의 등기) 등기한 사항에 변경이 있거나 그 사항이 소멸한 때에는 당사자는 지체없이 변경 또는 소멸의 등기를 하여야 한다.

제 7 장 영업양도

제41조(영업양도인의 경업금지) ① 영업을 양도한 경우에 다른 약정이 없으면 양도인은 10년간 동일한 특별시·광역시·시·군과 인접 특별시·광역시·시·군에서 동종영업을 하지 못한다. <개정 1984·4·10, 1994·12·22, 1995·12·29>
② 양도인이 동종영업을 하지 아니할 것을 약정한 때에는 동일한 특별시·광역시·시·군과 인접 특별시·광역시·시·군에 한하여 20년을 초과하지 아니한 범위내에서 그 효력이 있다. <개정 1984·4·10, 1994·12·22, 1995·12·29>

제42조(상호를 속용하는 양수인의 책임) ① 영업양수인이 양도인의 상호를 계속사용하는 경우에는 양도인의 영업으로 인한 제삼자의 채권에 대하여 양수인도 변제할 책임이 있다.
② 전항의 규정은 양수인이 영업양도를 받은 후 지체없이 양도인의 채무에 대한 책임이 없음을 등기한 때에는 적용하지 아니한다. 양도인과 양수인이 지체없이 제삼자에 대하여 그 뜻을 통지한 경우에 그 통지를 받은 제삼자에 대하여도 같다.

제43조(영업양수인에 대한 변제) 전조제1항의 경우에 양도인의 영업으로 인한 채권에 대하여 채무자가 선의이며 중대한 과실없이 양수인에게 변제한 때에는 그 효력이 있다.

제44조(채무인수를 광고한 양수인의 책임) 영업양수인이 양도인의 상호를 계속사용하지 아니하는 경우에 양도인의 영업으로 인한 채무를 인수할 것을 광고한 때에는 양수인도 변제할 책임이 있다.

제45조(영업양도인의 책임의 존속기간) 영업양수인이 제42조제1항 또는 전조의 규정에 의하여 변제의 책임이 있는 경우에는 양도인의 제삼자에 대한 채무는 영업양도 또

상법

는 광고후 2년이 경과하면 소멸한다.

제 2 편 상행위

제 1 장 통칙

제46조(기본적 상행위) 영업으로 하는 다음의 행위를 상행위라 한다. 그러나 오로지 임금을 받을 목적으로 물건을 제조하거나 노무에 종사하는 자의 행위는 그러하지 아니하다. <개정 1995·12·29, 2010·5·14>

1. 동산, 부동산, 유가증권 기타의 재산의 매매
2. 동산, 부동산, 유가증권 기타의 재산의 임대차
3. 제조, 가공 또는 수선에 관한 행위
4. 전기, 전파, 가스 또는 물의 공급에 관한 행위
5. 작업 또는 노무의 도급의 인수
6. 출판, 인쇄 또는 촬영에 관한 행위
7. 광고, 통신 또는 정보에 관한 행위
8. 수신·여신·환 기타의 금융거래
9. 공중(公衆)이 이용하는 시설에 의한 거래
10. 상행위의 대리의 인수
11. 중개에 관한 행위
12. 위탁매매 기타의 주선에 관한 행위
13. 운송의 인수
14. 임치의 인수
15. 신탁의 인수
16. 상호부금 기타 이와 유사한 행위
17. 보험
18. 광물 또는 토석의 채취에 관한 행위
19. 기계, 시설, 그 밖의 재산의 금융리스에 관한 행위
20. 상호·상표 등의 사용허락에 의한 영업에 관한 행위
21. 영업상 채권의 매입·회수 등에 관한 행위
22. 신용카드, 전자화폐 등을 이용한 지급결제 업무의 인수

제47조(보조적 상행위) ① 상인이 영업을 위하여 하는 행위는 상행위로 본다.
② 상인의 행위는 영업을 위하여 하는 것으로 추정한다.

제48조(대리의 방식) 상행위의 대리인이 본인을 위한 것임을 표시하지 아니하여도 그 행위는 본인에 대하여 효력이 있다. 그러나 상대방이 본인을 위한 것임을 알지 못한 때에는 대리인에 대하여도 이행의 청구를 할 수 있다.

제49조(위임) 상행위의 위임을 받은 자는 위임의 본지에 반하지 아니한 범위내에서 위임을 받지 아니한 행위를 할 수 있다.

제50조(대리권의 존속) 상인이 그 영업에 관하여 수여한 대리권은 본인의 사망으로 인하여 소멸하지 아니한다.
〔전부개정 2010·5·14〕

제51조(대화자간의 청약의 구속력) 대화자간의 계약의 청약은 상대방이 즉시 승낙하지 아니한 때에는 그 효력을 잃는다.

제52조 삭제 <2010·5·14>

제53조(청약에 대한 낙부통지의무) 상인이 상시 거래관계에 있는 자로부터 그 영업부류에 속한 계약의 청약을 받은 때에는 지체없이 낙부의 통지를 발송하여야 한다. 이를 해태한 때에는 승낙한 것으로 본다.

제54조(상사법정이율) 상행위로 인한 채무의 법정이율은 연 6분으로 한다. <개정 1962·12·12>

제55조(법정이자청구권) ① 상인이 그 영업에 관하여 금전을 대여한 경우에는 법정이자를 청구할 수 있다.
② 상인이 그 영업범위 내에서 타인을 위하여 금전을 체당(替當)하였을 때에는 체당한 날 이후의 법정이자를 청구할 수 있다.
〔전부개정 2010·5·14〕

제56조(지점거래의 채무이행장소) 채권자의 지점에서의 거래로 인한 채무이행의 장소가 그 행위의 성질 또는 당사자의 의사표시에 의하여 특정되지 아니한 경우 특정물 인도 외의 채무이행은 그 지점을 이행장소로 본다.
〔전부개정 2010·5·14〕

제57조(다수채무자간 또는 채무자와 보증인의 연대) ① 수인이 그 1인 또는 전원에게 상행위가 되는 행위로 인하여 채무를 부담한 때에는 연대하여 변제할 책임이 있다.
② 보증인이 있는 경우에 그 보증이 상행위이거나 주채무가 상행위로 인한 것인 때에는 주채무자와 보증인은 연대하여 변제할

책임이 있다.

제58조(상사유치권) 상인간의 상행위로 인한 채권이 변제기에 있는 때에는 채권자는 변제를 받을 때까지 그 채무자에 대한 상행위로 인하여 자기가 점유하고 있는 채무자소유의 물건 또는 유가증권을 유치할 수 있다. 그러나 당사자간에 다른 약정이 있으면 그러하지 아니하다.

제59조(유질계약의 허용) 민법 제339조의 규정은 상행위로 인하여 생긴 채권을 담보하기 위하여 설정한 질권에는 적용하지 아니한다.

제60조(물건보관의무) 상인이 그 영업부류에 속한 계약의 청약을 받은 경우에 견품 기타의 물건을 받은 때에는 그 청약을 거절한 때에도 청약자의 비용으로 그 물건을 보관하여야 한다. 그러나 그 물건의 가액이 보관의 비용을 상환하기에 부족하거나 보관으로 인하여 손해를 받을 염려가 있는 때에는 그러하지 아니하다.

제61조(상인의 보수청구권) 상인이 그 영업범위내에서 타인을 위하여 행위를 한 때에는 이에 대하여 상당한 보수를 청구할 수 있다.

제62조(임치를 받은 상인의 책임) 상인이 그 영업범위내에서 물건의 임치를 받은 경우에는 보수를 받지 아니하는 때에도 선량한 관리자의 주의를 하여야 한다.

제63조(거래시간과 이행 또는 그 청구) 법령 또는 관습에 의하여 영업시간이 정하여져 있는 때에는 채무의 이행 또는 이행의 청구는 그 시간내에 하여야 한다.

제64조(상사시효) 상행위로 인한 채권은 본법에 다른 규정이 없는 때에는 5년간 행사하지 아니하면 소멸시효가 완성한다. 그러나 다른 법령에 이보다 단기의 시효의 규정이 있는 때에는 그 규정에 의한다.

제65조(유가증권과 준용규정) ① 금전의 지급청구권, 물건 또는 유가증권의 인도청구권이나 사원의 지위를 표시하는 유가증권에 대하여는 다른 법률에 특별한 규정이 없으면 「민법」 제508조부터 제525조까지의 규정을 적용하는 외에 「어음법」 제12조제1항 및 제2항을 준용한다.

② 제1항의 유가증권으로서 그 권리의 발생·변경·소멸을 전자등록하는 데에 적합한 유가증권은 제356조의2제1항의 전자등록기관의 전자등록부에 등록하여 발행할 수 있다. 이 경우 제356조의2제2항부터 제4항까지의 규정을 준용한다. <개정 2016·3·22>

〔전부개정 2011·4·14〕

제66조(준상행위) 본장의 규정은 제5조의 규정에 의한 상인의 행위에 준용한다.

제2장 매매

제67조(매도인의 목적물의 공탁, 경매권) ① 상인간의 매매에 있어서 매수인이 목적물의 수령을 거부하거나 이를 수령할 수 없는 때에는 매도인은 그 물건을 공탁하거나 상당한 기간을 정하여 최고한 후 경매할 수 있다. 이 경우에는 지체없이 매수인에 대하여 그 통지를 발송하여야 한다.

② 전항의 경우에 매수인에 대하여 최고를 할 수 없거나 목적물이 멸실 또는 훼손될 염려가 있는 때에는 최고없이 경매할 수 있다.

③ 전2항의 규정에 의하여 매도인이 그 목적물을 경매한 때에는 그 대금에서 경매비용을 공제한 잔액을 공탁하여야 한다. 그러나 그 전부나 일부를 매매대금에 충당할 수 있다.

제68조(확정기매매의 해제) 상인간의 매매에 있어서 매매의 성질 또는 당사자의 의사표시에 의하여 일정한 일시 또는 일정한 기간내에 이행하지 아니하면 계약의 목적을 달성할 수 없는 경우에 당사자의 일방이 이행시기를 경과한 때에는 상대방은 즉시 그 이행을 청구하지 아니하면 계약을 해제한 것으로 본다.

제69조(매수인의 목적물의 검사와 하자 통지의무) ① 상인간의 매매에 있어서 매수인이 목적물을 수령한 때에는 지체없이 이를 검사하여야 하며 하자 또는 수량의 부족을 발견한 경우에는 즉시 매도인에게 그 통지를 발송하지 아니하면 이로 인한 계약해제, 대금감액 또는 손해배상을 청구하지 못한다. 매매의 목적물에 즉시 발견할 수 없는 하자가 있는 경우에 매수인이 6월내에 이를 발견한 때에도 같다.

② 전항의 규정은 매도인이 악의인 경우에는 적용하지 아니한다.

제70조(매수인의 목적물보관, 공탁의무) ① 제69조의 경우에 매수인이 계약을 해제한 때에도 매도인의 비용으로 매매의 목적물을 보관 또는 공탁하여야 한다. 그러나 그 목적물이 멸실 또는 훼손될 염려가 있는 때에는 법원의 허가를 얻어 경매하여 그 대가를 보관 또는 공탁하여야 한다.

② 제1항의 규정에 의하여 매수인이 경매한 때에는 지체없이 매도인에게 그 통지를 발송하여야 한다.

③ 제1항 및 제2항의 규정은 목적물의 인도장소가 매도인의 영업소 또는 주소와 동일한 특별시·광역시·시·군에 있는 때에는 이를 적용하지 아니한다. <개정 1995·12·29>

제71조(동전-수량초과 등의 경우) 전조의 규정은 매도인으로부터 매수인에게 인도한 물건이 매매의 목적물과 상위하거나 수량이 초과한 경우에 그 상위 또는 초과한 부분에 대하여 준용한다.

제3장 상호계산

제72조(의의) 상호계산은 상인간 또는 상인과 비상인간에 상시 거래관계가 있는 경우에 일정한 기간의 거래로 인한 채권채무의 총액에 관하여 상계하고 그 잔액을 지급할 것을 약정함으로써 그 효력이 생긴다.

제73조(상업증권상의 채권채무에 관한 특칙) 어음 기타의 상업증권으로 인한 채권채무를 상호계산에 계입한 경우에 그 증권채무자가 변제하지 아니한 때에는 당사자는 그 채무의 항목을 상호계산에서 제거할 수 있다.

제74조(상호계산기간) 당사자가 상계할 기간을 정하지 아니한 때에는 그 기간은 6월로 한다.

제75조(계산서의 승인과 이의) 당사자가 채권채무의 각 항목을 기재한 계산서를 승인한 때에는 그 각 항목에 대하여 이의를 하지 못한다. 그러나 착오나 탈루가 있는 때에는 그러하지 아니하다.

제76조(잔액채권의 법정이자) ① 상계로 인한 잔액에 대하여는 채권자는 계산폐쇄일 이후의 법정이자를 청구할 수 있다.

② 전항의 규정에 불구하고 당사자는 각 항목을 상호계산에 계입한 날로부터 이자를 붙일 것을 약정할 수 있다.

제77조(해지) 각 당사자는 언제든지 상호계산을 해지할 수 있다. 이 경우에는 즉시 계산을 폐쇄하고 잔액의 지급을 청구할 수 있다.

제4장 익명조합

제78조(의의) 익명조합은 당사자의 일방이 상대방의 영업을 위하여 출자하고 상대방은 그 영업으로 인한 이익을 분배할 것을 약정함으로써 그 효력이 생긴다.

제79조(익명조합원의 출자) 익명조합원이 출자한 금전 기타의 재산은 영업자의 재산으로 본다.

제80조(익명조합원의 대외관계) 익명조합원은 영업자의 행위에 관하여서는 제삼자에 대하여 권리나 의무가 없다.

제81조(성명, 상호의 사용허락으로 인한 책임) 익명조합원이 자기의 성명을 영업자의 상호중에 사용하게 하거나 자기의 상호를 영업자의 상호로 사용할 것을 허락한 때에는 그 사용 이후의 채무에 대하여 영업자와 연대하여 변제할 책임이 있다.

제82조(이익배당과 손실분담) ① 익명조합원의 출자가 손실로 인하여 감소된 때에는 그 손실을 전보한 후가 아니면 이익배당을 청구하지 못한다.

② 손실이 출자액을 초과한 경우에도 익명조합원은 이미 받은 이익의 반환 또는 증자할 의무가 없다.

③ 전2항의 규정은 당사자간에 다른 약정이 있으면 적용하지 아니한다.

제83조(계약의 해지) ① 조합계약으로 조합의 존속기간을 정하지 아니하거나 어느 당사자의 종신까지 존속할 것을 약정한 때에는 각 당사자는 영업연도말에 계약을 해지할 수 있다. 그러나 이 해지는 6월전에 상대방에게 예고하여야 한다.

② 조합의 존속기간의 약정의 유무에 불구하고 부득이한 사정이 있는 때에는 각 당사자는 언제든지 계약을 해지할 수 있다.

제84조(계약의 종료) 조합계약은 다음의 사유로 인하여 종료한다.

1. 영업의 폐지 또는 양도

2. 영업자의 사망 또는 성년후견개시
3. 영업자 또는 익명조합원의 파산
〔전부개정 2018·9·18〕

제85조(계약종료의 효과) 조합계약이 종료한 때에는 영업자는 익명조합원에게 그 출자의 가액을 반환하여야 한다. 그러나 출자가 손실로 인하여 감소된 때에는 그 잔액을 반환하면 된다.

제86조(준용규정) 제272조, 제277조와 제278조의 규정은 익명조합원에 준용한다.

제 4 장의2 합자조합

제86조의2(의의) 합자조합은 조합의 업무집행자로서 조합의 채무에 대하여 무한책임을 지는 조합원과 출자가액을 한도로 하여 유한책임을 지는 조합원이 상호출자하여 공동사업을 경영할 것을 약정함으로써 그 효력이 생긴다.
〔본조신설 2011·4·14〕

제86조의3(조합계약) 합자조합의 설립을 위한 조합계약에는 다음 사항을 적고 총조합원이 기명날인하거나 서명하여야 한다.
1. 목적
2. 명칭
3. 업무집행조합원의 성명 또는 상호, 주소 및 주민등록번호
4. 유한책임조합원의 성명 또는 상호, 주소 및 주민등록번호
5. 주된 영업소의 소재지
6. 조합원의 출자(出資)에 관한 사항
7. 조합원에 대한 손익분배에 관한 사항
8. 유한책임조합원의 지분(持分)의 양도에 관한 사항
9. 둘 이상의 업무집행조합원이 공동으로 합자조합의 업무를 집행하거나 대리할 것을 정한 경우에는 그 규정
10. 업무집행조합원 중 일부 업무집행조합원만 합자조합의 업무를 집행하거나 대리할 것을 정한 경우에는 그 규정
11. 조합의 해산 시 잔여재산 분배에 관한 사항
12. 조합의 존속기간이나 그 밖의 해산사유에 관한 사항
13. 조합계약의 효력 발생일
〔본조신설 2011·4·14〕

제86조의4(등기) ① 업무집행조합원은 합자조합 설립 후 2주 내에 조합의 주된 영업소의 소재지에서 다음의 사항을 등기하여야 한다.
1. 제86조의3제1호부터 제5호까지(제4호의 경우에는 유한책임조합원이 업무를 집행하는 경우에 한정한다), 제9호, 제10호, 제12호 및 제13호의 사항
2. 조합원의 출자의 목적, 재산출자의 경우에는 그 가액과 이행한 부분

② 제1항 각 호의 사항이 변경된 경우에는 2주 내에 변경등기를 하여야 한다.
〔본조신설 2011·4·14〕

제86조의5(업무집행조합원) ① 업무집행조합원은 조합계약에 다른 규정이 없으면 각자가 합자조합의 업무를 집행하고 대리할 권리와 의무가 있다.
② 업무집행조합원은 선량한 관리자의 주의로써 제1항에 따른 업무를 집행하여야 한다.
③ 둘 이상의 업무집행조합원이 있는 경우에 조합계약에 다른 정함이 없으면 그 각 업무집행조합원의 업무집행에 관한 행위에 대하여 다른 업무집행조합원의 이의가 있는 경우에는 그 행위를 중지하고 업무집행조합원 과반수의 결의에 따라야 한다.
〔본조신설 2011·4·14〕

제86조의6(유한책임조합원의 책임) ① 유한책임조합원은 조합계약에서 정한 출자가액에서 이미 이행한 부분을 뺀 가액을 한도로 하여 조합채무를 변제할 책임이 있다.
② 제1항의 경우 합자조합에 이익이 없음에도 불구하고 배당을 받은 금액은 변제책임을 정할 때에 변제책임의 한도액에 더한다.
〔본조신설 2011·4·14〕

제86조의7(조합원의 지분의 양도) ① 업무집행조합원은 다른 조합원 전원의 동의를 받지 아니하면 그 지분의 전부 또는 일부를 타인에게 양도(讓渡)하지 못한다.
② 유한책임조합원의 지분은 조합계약에서 정하는 바에 따라 양도할 수 있다.
③ 유한책임조합원의 지분을 양수(讓受)한 자는 양도인의 조합에 대한 권리·의무를

승계한다.

〔본조신설 2011·4·14〕

제86조의8(준용규정) ① 합자조합에 대하여는 제182조제1항, 제228조, 제253조, 제264조 및 제285조를 준용한다.

② 업무집행조합원에 대하여는 제183조의2, 제198조, 제199조, 제200조의2, 제208조제2항, 제209조, 제212조 및 제287조를 준용한다. 다만, 제198조와 제199조는 조합계약에 다른 규정이 있으면 그러하지 아니하다.

③ 조합계약에 다른 규정이 없으면 유한책임조합원에 대하여는 제199조, 제272조, 제275조, 제277조, 제278조, 제283조 및 제284조를 준용한다.

④ 합자조합에 관하여는 이 법 또는 조합계약에 다른 규정이 없으면「민법」중 조합에 관한 규정을 준용한다. 다만, 유한책임조합원에 대하여는「민법」제712조 및 제713조는 준용하지 아니한다.

〔본조신설 2011·4·14〕

제86조의9(과태료) 합자조합의 업무집행조합원, 제86조의8에 따라 준용되는 제183조의2 또는 제253조에 따른 직무대행자 또는 청산인이 이 장(章)에서 정한 등기를 게을리한 경우에는 500만원 이하의 과태료를 부과한다.

〔본조신설 2011·4·14〕

제5장 대리상

제87조(의의) 일정한 상인을 위하여 상업사용인이 아니면서 상시 그 영업부류에 속하는 거래의 대리 또는 중개를 영업으로 하는 자를 대리상이라 한다.

제88조(통지의무) 대리상이 거래의 대리 또는 중개를 한 때에는 지체없이 본인에게 그 통지를 발송하여야 한다.

제89조(경업금지) ① 대리상은 본인의 허락없이 자기나 제삼자의 계산으로 본인의 영업부류에 속한 거래를 하거나 동종영업을 목적으로 하는 회사의 무한책임사원 또는 이사가 되지 못한다.

② 제17조제2항 내지 제4항의 규정은 대리상이 전항의 규정에 위반한 경우에 준용한다.

제90조(통지를 받을 권한) 물건의 판매나 그 중개의 위탁을 받은 대리상은 매매의 목적물의 하자 또는 수량부족 기타 매매의 이행에 관한 통지를 받을 권한이 있다.

제91조(대리상의 유치권) 대리상은 거래의 대리 또는 중개로 인한 채권이 변제기에 있는 때에는 그 변제를 받을 때까지 본인을 위하여 점유하는 물건 또는 유가증권을 유치할 수 있다. 그러나 당사자간에 다른 약정이 있으면 그러하지 아니하다.

제92조(계약의 해지) ① 당사자가 계약의 존속기간을 약정하지 아니한 때에는 각 당사자는 2월전에 예고하고 계약을 해지할 수 있다.

② 제83조제2항의 규정은 대리상에 준용한다.

제92조의2(대리상의 보상청구권) ① 대리상의 활동으로 본인이 새로운 고객을 획득하거나 영업상의 거래가 현저하게 증가하고 이로 인하여 계약의 종료후에도 본인이 이익을 얻고 있는 경우에는 대리상은 본인에 대하여 상당한 보상을 청구할 수 있다. 다만, 계약의 종료가 대리상의 책임있는 사유로 인한 경우에는 그러하지 아니하다.

② 제1항의 규정에 의한 보상금액은 계약의 종료전 5년간의 평균연보수액을 초과할 수 없다. 계약의 존속기간이 5년 미만인 경우에는 그 기간의 평균연보수액을 기준으로 한다.

③ 제1항의 규정에 의한 보상청구권은 계약이 종료한 날부터 6월을 경과하면 소멸한다.

〔본조신설 1995·12·29〕

제92조의3(대리상의 영업비밀준수의무) 대리상은 계약의 종료후에도 계약과 관련하여 알게 된 본인의 영업상의 비밀을 준수하여야 한다.

〔본조신설 1995·12·29〕

제6장 중개업

제93조(의의) 타인간의 상행위의 중개를 영업으로 하는 자를 중개인이라 한다.

제94조(중개인의 급여수령대리권) 중개인은 그 중개한 행위에 관하여 당사자를 위하여 지

급 기타의 이행을 받지 못한다. 그러나 다른 약정이나 관습이 있으면 그러하지 아니하다.

제95조(견품보관의무) 중개인이 그 중개한 행위에 관하여 견품을 받은 때에는 그 행위가 완료될 때까지 이를 보관하여야 한다.

제96조(결약서교부의무) ① 당사자간에 계약이 성립된 때에는 중개인은 지체없이 각 당사자의 성명 또는 상호, 계약연월일과 그 요령을 기재한 서면을 작성하여 기명날인 또는 서명한 후 각 당사자에게 교부하여야 한다. <개정 1995·12·29>

② 당사자가 즉시 이행을 하여야 하는 경우를 제외하고 중개인은 각 당사자로 하여금 제1항의 서면에 기명날인 또는 서명하게 한 후 그 상대방에게 교부하여야 한다. <개정 1995·12·29>

③ 제1항 및 제2항의 경우에 당사자의 일방이 서면의 수령을 거부하거나 기명날인 또는 서명하지 아니한 때에는 중개인은 지체없이 상대방에게 그 통지를 발송하여야 한다. <개정 1995·12·29>

제97조(중개인의 장부작성의무) ① 중개인은 전조에 규정한 사항을 장부에 기재하여야 한다.

② 당사자는 언제든지 자기를 위하여 중개한 행위에 관한 장부의 등본의 교부를 청구할 수 있다.

제98조(성명, 상호묵비의 의무) 당사자가 그 성명 또는 상호를 상대방에게 표시하지 아니할 것을 중개인에게 요구한 때에는 중개인은 그 상대방에게 교부할 제96조제1항의 서면과 전조제2항의 등본에 이를 기재하지 못한다.

제99조(중개인의 이행책임) 중개인이 임의로 또는 전조의 규정에 의하여 당사자의 일방의 성명 또는 상호를 상대방에게 표시하지 아니한 때에는 상대방은 중개인에 대하여 이행을 청구할 수 있다.

제100조(보수청구권) ① 중개인은 제96조의 절차를 종료하지 아니하면 보수를 청구하지 못한다.

② 중개인의 보수는 당사자쌍방이 균분하여 부담한다.

제7장 위탁매매업

제101조(의의) 자기명의로써 타인의 계산으로 물건 또는 유가증권의 매매를 영업으로 하는 자를 위탁매매인이라 한다.

제102조(위탁매매인의 지위) 위탁매매인은 위탁자를 위한 매매로 인하여 상대방에 대하여 직접 권리를 취득하고 의무를 부담한다.

제103조(위탁물의 귀속) 위탁매매인이 위탁자로부터 받은 물건 또는 유가증권이나 위탁매매로 인하여 취득한 물건, 유가증권 또는 채권은 위탁자와 위탁매매인 또는 위탁매매인의 채권자간의 관계에서는 이를 위탁자의 소유 또는 채권으로 본다.

제104조(통지의무, 계산서제출의무) 위탁매매인이 위탁받은 매매를 한 때에는 지체없이 위탁자에 대하여 그 계약의 요령과 상대방의 주소, 성명의 통지를 발송하여야 하며 계산서를 제출하여야 한다.

제105조(위탁매매인의 이행담보책임) 위탁매매인은 위탁자를 위한 매매에 관하여 상대방이 채무를 이행하지 아니하는 경우에는 위탁자에 대하여 이를 이행할 책임이 있다. 그러나 다른 약정이나 관습이 있으면 그러하지 아니하다.

제106조(지정가액준수의무) ① 위탁자가 지정한 가액보다 염가로 매도하거나 고가로 매수한 경우에도 위탁매매인이 그 차액을 부담한 때에는 그 매매는 위탁자에 대하여 효력이 있다.

② 위탁자가 지정한 가액보다 고가로 매도하거나 염가로 매수한 경우에는 그 차액은 다른 약정이 없으면 위탁자의 이익으로 한다.

제107조(위탁매매인의 개입권) ① 위탁매매인이 거래소의 시세가 있는 물건 또는 유가증권의 매매를 위탁받은 경우에는 직접 그 매도인이나 매수인이 될 수 있다. 이 경우의 매매대가는 위탁매매인이 매매의 통지를 발송할 때의 거래소의 시세에 따른다.

② 제1항의 경우에 위탁매매인은 위탁자에게 보수를 청구할 수 있다.

〔전부개정 2010·5·14〕

제108조(위탁물의 훼손, 하자 등의 효과) ① 위탁매매인이 위탁매매의 목적물을 인도받

은 후에 그 물건의 훼손 또는 하자를 발견하거나 그 물건이 부패할 염려가 있는 때 또는 가격저락의 상황을 안 때에는 지체없이 위탁자에게 그 통지를 발송하여야 한다.
② 전항의 경우에 위탁자의 지시를 받을 수 없거나 그 지시가 지연되는 때에는 위탁매매인은 위탁자의 이익을 위하여 적당한 처분을 할 수 있다.

제109조(매수물의 공탁, 경매권) 제67조의 규정은 위탁매매인이 매수의 위탁을 받은 경우에 위탁자가 매수한 물건의 수령을 거부하거나 이를 수령할 수 없는 때에 준용한다.

제110조(매수위탁자가 상인인 경우) 상인인 위탁자가 그 영업에 관하여 물건의 매수를 위탁한 경우에는 위탁자와 위탁매매인간의 관계에는 제68조 내지 제71조의 규정을 준용한다.

제111조(준용규정) 제91조의 규정은 위탁매매인에 준용한다.

제112조(위임에 관한 규정의 적용) 위탁자와 위탁매매인간의 관계에는 본장의 규정외에 위임에 관한 규정을 적용한다.

제113조(준위탁매매인) 본장의 규정은 자기명의로써 타인의 계산으로 매매아닌 행위를 영업으로 하는 자에 준용한다.

제 8 장 운송주선업

제114조(의의) 자기의 명의로 물건운송의 주선을 영업으로 하는 자를 운송주선인이라 한다.

제115조(손해배상책임) 운송주선인은 자기나 그 사용인이 운송물의 수령, 인도, 보관, 운송인이나 다른 운송주선인의 선택 기타 운송에 관하여 주의를 해태하지 아니하였음을 증명하지 아니하면 운송물의 멸실, 훼손 또는 연착으로 인한 손해를 배상할 책임을 면하지 못한다.

제116조(개입권) ① 운송주선인은 다른 약정이 없으면 직접운송할 수 있다. 이 경우에는 운송주선인은 운송인과 동일한 권리의무가 있다.
② 운송주선인이 위탁자의 청구에 의하여 화물상환증을 작성한 때에는 직접운송하는 것으로 본다.

제117조(중간운송주선인의 대위) ① 수인이 순차로 운송주선을 하는 경우에는 후자는 전자에 갈음하여 그 권리를 행사할 의무를 부담한다.
② 전항의 경우에 후자가 전자에게 변제한 때에는 전자의 권리를 취득한다.

제118조(운송인의 권리의 취득) 전조의 경우에 운송주선인이 운송인에게 변제한 때에는 운송인의 권리를 취득한다.

제119조(보수청구권) ① 운송주선인은 운송물을 운송인에게 인도한 때에는 즉시 보수를 청구할 수 있다.
② 운송주선계약으로 운임의 액을 정한 경우에는 다른 약정이 없으면 따로 보수를 청구하지 못한다.

제120조(유치권) 운송주선인은 운송물에 관하여 받을 보수, 운임, 기타 위탁자를 위한 체당금이나 선대금에 관하여서만 그 운송물을 유치할 수 있다.

제121조(운송주선인의 책임의 시효) ① 운송주선인의 책임은 수하인이 운송물을 수령한 날로부터 1년을 경과하면 소멸시효가 완성한다.
② 전항의 기간은 운송물이 전부 멸실한 경우에는 그 운송물을 인도할 날로부터 기산한다. <개정 1962·12·12>
③ 전 2 항의 규정은 운송주선인이나 그 사용인이 악의인 경우에는 적용하지 아니한다.

제122조(운송주선인의 채권의 시효) 운송주선인의 위탁자 또는 수하인에 대한 채권은 1년간 행사하지 아니하면 소멸시효가 완성한다.

제123조(준용규정) 운송주선인에 관하여는 본장의 규정외에 위탁매매인에 관한 규정을 준용한다.

제124조(동전) 제136조, 제140조와 제141조의 규정은 운송주선업에 준용한다.

제 9 장 운송업

제125조(의의) 육상 또는 호천, 항만에서 물건 또는 여객의 운송을 영업으로 하는 자를 운송인이라 한다.

제 1 절 물건운송

제126조(화물명세서) ① 송하인은 운송인의 청구에 의하여 화물명세서를 교부하여야 한다. <개정 2007·8·3>

② 화물명세서에는 다음의 사항을 기재하고 송하인이 기명날인 또는 서명하여야 한다. <개정 1995·12·29, 2007·8·3>

1. 운송물의 종류, 중량 또는 용적, 포장의 종별, 개수와 기호
2. 도착지
3. 수하인과 운송인의 성명 또는 상호, 영업소 또는 주소
4. 운임과 그 선급 또는 착급의 구별
5. 화물명세서의 작성지와 작성연월일

제127조(화물명세서의 허위기재에 대한 책임) ① 송하인이 화물명세서에 허위 또는 부정확한 기재를 한 때에는 운송인에 대하여 이로 인한 손해를 배상할 책임이 있다. <개정 2007·8·3>

② 전항의 규정은 운송인이 악의인 경우에는 적용하지 아니한다.

제128조(화물상환증의 발행) ① 운송인은 송하인의 청구에 의하여 화물상환증을 교부하여야 한다.

② 화물상환증에는 다음의 사항을 기재하고 운송인이 기명날인 또는 서명하여야 한다. <개정 1995·12·29>

1. 제126조제2항제1호 내지 제3호의 사항
2. 송하인의 성명 또는 상호, 영업소 또는 주소
3. 운임 기타 운송물에 관한 비용과 그 선급 또는 착급의 구별
4. 화물상환증의 작성지와 작성연월일

제129조(화물상환증의 상환증권성) 화물상환증을 작성한 경우에는 이와 상환하지 아니하면 운송물의 인도를 청구할 수 없다.

제130조(화물상환증의 당연한 지시증권성) 화물상환증은 기명식인 경우에도 배서에 의하여 양도할 수 있다. 그러나 화물상환증에 배서를 금지하는 뜻을 기재한 때에는 그러하지 아니하다.

제131조(화물상환증 기재의 효력) ① 제128조에 따라 화물상환증이 발행된 경우에는 운송인과 송하인 사이에 화물상환증에 적힌 대로 운송계약이 체결되고 운송물을 수령한 것으로 추정한다.

② 화물상환증을 선의로 취득한 소지인에 대하여 운송인은 화물상환증에 적힌 대로 운송물을 수령한 것으로 보고 화물상환증에 적힌 바에 따라 운송인으로서 책임을 진다.

[전부개정 2010·5·14]

제132조(화물상환증의 처분증권성) 화물상환증을 작성한 경우에는 운송물에 관한 처분은 화물상환증으로써 하여야 한다.

제133조(화물상환증교부의 물권적 효력) 화물상환증에 의하여 운송물을 받을 수 있는 자에게 화물상환증을 교부한 때에는 운송물 위에 행사하는 권리의 취득에 관하여 운송물을 인도한 것과 동일한 효력이 있다.

제134조(운송물멸실과 운임) ① 운송물의 전부 또는 일부가 송하인의 책임없는 사유로 인하여 멸실한 때에는 운송인은 그 운임을 청구하지 못한다. 운송인이 이미 그 운임의 전부 또는 일부를 받은 때에는 이를 반환하여야 한다.

② 운송물의 전부 또는 일부가 그 성질이나 하자 또는 송하인의 과실로 인하여 멸실한 때에는 운송인은 운임의 전액을 청구할 수 있다.

제135조(손해배상책임) 운송인은 자기 또는 운송주선인이나 사용인, 그 밖에 운송을 위하여 사용한 자가 운송물의 수령, 인도, 보관 및 운송에 관하여 주의를 게을리하지 아니하였음을 증명하지 아니하면 운송물의 멸실, 훼손 또는 연착으로 인한 손해를 배상할 책임이 있다.

[전부개정 2010·5·14]

제136조(고가물에 대한 책임) 화폐, 유가증권 기타의 고가물에 대하여는 송하인이 운송을 위탁할 때에 그 종류와 가액을 명시한 경우에 한하여 운송인이 손해를 배상할 책임이 있다.

제137조(손해배상의 액) ① 운송물이 전부멸실 또는 연착된 경우의 손해배상액은 인도할 날의 도착지의 가격에 따른다. <개정 2011·4·14>

② 운송물이 일부 멸실 또는 훼손된 경우의 손해배상액은 인도한 날의 도착지의 가격에 의한다.

③ 운송물의 멸실, 훼손 또는 연착이 운송인의 고의나 중대한 과실로 인한 때에는 운송인은 모든 손해를 배상하여야 한다.

④ 운송물의 멸실 또는 훼손으로 인하여 지급을 요하지 아니하는 운임 기타 비용은 전3항의 배상액에서 공제하여야 한다.

제138조(순차운송인의 연대책임, 구상권) ① 수인이 순차로 운송할 경우에는 각 운송인은 운송물의 멸실, 훼손 또는 연착으로 인한 손해를 연대하여 배상할 책임이 있다.

② 운송인중 1인이 전항의 규정에 의하여 손해를 배상한 때에는 그 손해의 원인이 된 행위를 한 운송인에 대하여 구상권이 있다.

③ 전항의 경우에 그 손해의 원인이 된 행위를 한 운송인을 알 수 없는 때에는 각 운송인은 그 운임액의 비율로 손해를 분담한다. 그러나 그 손해가 자기의 운송구간내에서 발생하지 아니하였음을 증명한 때에는 손해분담의 책임이 없다.

제139조(운송물의 처분청구권) ① 송하인 또는 화물상환증이 발행된 때에는 그 소지인이 운송인에 대하여 운송의 중지, 운송물의 반환 기타의 처분을 청구할 수 있다. 이 경우에 운송인은 이미 운송한 비율에 따른 운임, 체당금과 처분으로 인한 비용의 지급을 청구할 수 있다.

② 삭제 <1995 · 12 · 29>

제140조(수하인의 지위) ① 운송물이 도착지에 도착한 때에는 수하인은 송하인과 동일한 권리를 취득한다.

② 운송물이 도착지에 도착한 후 수하인이 그 인도를 청구한 때에는 수하인의 권리가 송하인의 권리에 우선한다. <신설 1995 · 12 · 29>

제141조(수하인의 의무) 수하인이 운송물을 수령한 때에는 운송인에 대하여 운임 기타 운송에 관한 비용과 체당금을 지급할 의무를 부담한다.

제142조(수하인불명의 경우의 공탁, 경매권) ① 수하인을 알 수 없는 때에는 운송인은 운송물을 공탁할 수 있다.

② 제1항의 경우에 운송인은 송하인에 대하여 상당한 기간을 정하여 운송물의 처분에 대한 지시를 최고하여도 그 기간내에 지시를 하지 아니한 때에는 운송물을 경매할 수 있다. <개정 1995 · 12 · 29>

③ 운송인이 제1항 및 제2항의 규정에 의하여 운송물의 공탁 또는 경매를 한 때에는 지체없이 송하인에게 그 통지를 발송하여야 한다. <개정 1995 · 12 · 29>

제143조(운송물의 수령거부, 수령불능의 경우) ① 전조의 규정은 수하인이 운송물의 수령을 거부하거나 수령할 수 없는 경우에 준용한다.

② 운송인이 경매를 함에는 송하인에 대한 최고를 하기 전에 수하인에 대하여 상당한 기간을 정하여 운송물의 수령을 최고하여야 한다. <개정 1995 · 12 · 29>

제144조(공시최고) ① 송하인, 화물상환증소지인과 수하인을 알 수 없는 때에는 운송인은 권리자에 대하여 6월 이상의 기간을 정하여 그 기간내에 권리를 주장할 것을 공고하여야 한다.

② 제1항의 공고는 관보나 일간신문에 2회 이상 하여야 한다. <개정 1984 · 4 · 10>

③ 운송인이 제1항 및 제2항의 규정에 의한 공고를 하여도 그 기간내에 권리를 주장하는 자가 없는 때에는 운송물을 경매할 수 있다. <개정 1984 · 4 · 10>

제145조(준용규정) 제67조제2항과 제3항의 규정은 전3조의 경매에 준용한다.

제146조(운송인의 책임소멸) ① 운송인의 책임은 수하인 또는 화물상환증소지인이 유보없이 운송물을 수령하고 운임 기타의 비용을 지급한 때에는 소멸한다. 그러나 운송물에 즉시 발견할 수 없는 훼손 또는 일부 멸실이 있는 경우에 운송물을 수령한 날로부터 2주간내에 운송인에게 그 통지를 발송한 때에는 그러하지 아니하다.

② 전항의 규정은 운송인 또는 그 사용인이 악의인 경우에는 적용하지 아니한다.

제147조(준용규정) 제117조, 제120조 내지 제122조의 규정은 운송인에 준용한다.

제2절 여객운송

제148조(여객이 받은 손해의 배상책임) ① 운송인은 자기 또는 사용인이 운송에 관한 주의를 해태하지 아니하였음을 증명하지 아니하면 여객이 운송으로 인하여 받은 손해를

배상할 책임을 면하지 못한다.
② 손해배상의 액을 정함에는 법원은 피해자와 그 가족의 정상을 참작하여야 한다.

제149조(인도를 받은 수하물에 대한 책임) ① 운송인은 여객으로부터 인도를 받은 수하물에 관하여는 운임을 받지 아니한 경우에도 물건운송인과 동일한 책임이 있다.
② 수하물이 도착지에 도착한 날로부터 10일내에 여객이 그 인도를 청구하지 아니한 때에는 제67조의 규정을 준용한다. 그러나 주소 또는 거소를 알지 못하는 여객에 대하여는 최고와 통지를 요하지 아니한다.

제150조(인도를 받지 아니한 수하물에 대한 책임) 운송인은 여객으로부터 인도를 받지 아니한 수하물의 멸실 또는 훼손에 대하여는 자기 또는 사용인의 과실이 없으면 손해를 배상할 책임이 없다.

제10장 공중접객업

제151조(의의) 극장, 여관, 음식점, 그 밖의 공중이 이용하는 시설에 의한 거래를 영업으로 하는 자를 공중접객업자(公衆接客業者)라 한다.
〔전부개정 2010·5·14〕

제152조(공중접객업자의 책임) ① 공중접객업자는 자기 또는 그 사용인이 고객으로부터 임치(任置)받은 물건의 보관에 관하여 주의를 게을리하지 아니하였음을 증명하지 아니하면 그 물건의 멸실 또는 훼손으로 인한 손해를 배상할 책임이 있다.
② 공중접객업자는 고객으로부터 임치받지 아니한 경우에도 그 시설 내에 휴대한 물건이 자기 또는 그 사용인의 과실로 인하여 멸실 또는 훼손되었을 때에는 그 손해를 배상할 책임이 있다.
③ 고객의 휴대물에 대하여 책임이 없음을 알린 경우에도 공중접객업자는 제1항과 제2항의 책임을 면하지 못한다.
〔전부개정 2010·5·14〕

제153조(고가물에 대한 책임) 화폐, 유가증권, 그 밖의 고가물(高價物)에 대하여는 고객이 그 종류와 가액(價額)을 명시하여 임치하지 아니하면 공중접객업자는 그 물건의 멸실 또는 훼손으로 인한 손해를 배상할 책임이 없다.
〔전부개정 2010·5·14〕

제154조(공중접객업자의 책임의 시효) ① 제152조와 제153조의 책임은 공중접객업자가 임치물을 반환하거나 고객이 휴대물을 가져간 후 6개월이 지나면 소멸시효가 완성된다.
② 물건이 전부 멸실된 경우에는 제1항의 기간은 고객이 그 시설에서 퇴거한 날부터 기산한다.
③ 제1항과 제2항은 공중접객업자나 그 사용인이 악의인 경우에는 적용하지 아니한다.
〔전부개정 2010·5·14〕

제11장 창고업

제155조(의의) 타인을 위하여 창고에 물건을 보관함을 영업으로 하는 자를 창고업자라 한다.

제156조(창고증권의 발행) ① 창고업자는 임치인의 청구에 의하여 창고증권을 교부하여야 한다.
② 창고증권에는 다음의 사항을 기재하고 창고업자가 기명날인 또는 서명하여야 한다. <개정 1995·12·29>
1. 임치물의 종류, 품질, 수량, 포장의 종별, 개수와 기호
2. 임치인의 성명 또는 상호, 영업소 또는 주소
3. 보관장소
4. 보관료
5. 보관기간을 정한 때에는 그 기간
6. 임치물을 보험에 붙인 때에는 보험금액, 보험기간과 보험자의 성명 또는 상호, 영업소 또는 주소
7. 창고증권의 작성지와 작성연월일

제157조(준용규정) 제129조 내지 제133조의 규정은 창고증권에 준용한다.

제158조(분할부분에 대한 창고증권의 청구) ① 창고증권소지인은 창고업자에 대하여 그 증권을 반환하고 임치물을 분할하여 각 부분에 대한 창고증권의 교부를 청구할 수 있다.
② 전항의 규정에 의한 임치물의 분할과 증

권교부의 비용은 증권소지인이 부담한다.

제159조(창고증권에 의한 입질과 일부출고) 창고증권으로 임치물을 입질한 경우에도 질권자의 승낙이 있으면 임치인은 채권의 변제기전이라도 임치물의 일부반환을 청구할 수 있다. 이 경우에는 창고업자는 반환한 임치물의 종류, 품질과 수량을 창고증권에 기재하여야 한다.

제160조(손해배상책임) 창고업자는 자기 또는 사용인이 임치물의 보관에 관하여 주의를 해태하지 아니하였음을 증명하지 아니하면 임치물의 멸실 또는 훼손에 대하여 손해를 배상할 책임을 면하지 못한다.

제161조(임치물의 검사, 견품적취, 보존처분권) 임치인 또는 창고증권소지인은 영업시간내에 언제든지 창고업자에 대하여 임치물의 검사 또는 견품의 적취를 요구하거나 그 보존에 필요한 처분을 할 수 있다.

제162조(보관료청구권) ① 창고업자는 임치물을 출고할 때가 아니면 보관료 기타의 비용과 체당금의 지급을 청구하지 못한다. 그러나 보관기간 경과후에는 출고전이라도 이를 청구할 수 있다.

② 임치물의 일부출고의 경우에는 창고업자는 그 비율에 따른 보관료 기타의 비용과 체당금의 지급을 청구할 수 있다.

제163조(임치기간) ① 당사자가 임치기간을 정하지 아니한 때에는 창고업자는 임치물을 받은 날로부터 6월을 경과한 후에는 언제든지 이를 반환할 수 있다.

② 전항의 경우에 임치물을 반환함에는 2주간전에 예고하여야 한다.

제164조(동전 – 부득이한 사유가 있는 경우) 부득이한 사유가 있는 경우에는 창고업자는 전조의 규정에 불구하고 언제든지 임치물을 반환할 수 있다.

제165조(준용규정) 제67조제 1 항과 제 2 항의 규정은 임치인 또는 창고증권소지인이 임치물의 수령을 거부하거나 이를 수령할 수 없는 경우에 준용한다.

제166조(창고업자의 책임의 시효) ① 임치물의 멸실 또는 훼손으로 인하여 생긴 창고업자의 책임은 그 물건을 출고한 날로부터 1년이 경과하면 소멸시효가 완성한다.

② 전항의 기간은 임치물이 전부 멸실한 경우에는 임치인과 알고 있는 창고증권소지인에게 그 멸실의 통지를 발송한 날로부터 기산한다.

③ 전 2 항의 규정은 창고업자 또는 그 사용인이 악의인 경우에는 적용하지 아니한다.

제167조(창고업자의 채권의 시효) 창고업자의 임치인 또는 창고증권소지인에 대한 채권은 그 물건을 출고한 날로부터 1년간 행사하지 아니하면 소멸시효가 완성한다.

제168조(준용규정) 제108조와 제146조의 규정은 창고업자에 준용한다. <개정 1962 · 12 · 12>

제12장 금융리스업

제168조의2(의의) 금융리스이용자가 선정한 기계, 시설, 그 밖의 재산(이하 이 장에서 "금융리스물건"이라 한다)을 제 3 자(이하 이 장에서 "공급자"라 한다)로부터 취득하거나 대여받아 금융리스이용자에게 이용하게 하는 것을 영업으로 하는 자를 금융리스업자라 한다.

〔본조신설 2010 · 5 · 14〕

제168조의3(금융리스업자와 금융리스이용자의 의무) ① 금융리스업자는 금융리스이용자가 금융리스계약에서 정한 시기에 금융리스계약에 적합한 금융리스물건을 수령할 수 있도록 하여야 한다.

② 금융리스이용자는 제 1 항에 따라 금융리스물건을 수령함과 동시에 금융리스료를 지급하여야 한다.

③ 금융리스물건수령증을 발급한 경우에는 제 1 항의 금융리스계약 당사자 사이에 적합한 금융리스물건이 수령된 것으로 추정한다.

④ 금융리스이용자는 금융리스물건을 수령한 이후에는 선량한 관리자의 주의로 금융리스물건을 유지 및 관리하여야 한다.

〔본조신설 2010 · 5 · 14〕

제168조의4(공급자의 의무) ① 금융리스물건의 공급자는 공급계약에서 정한 시기에 그 물건을 금융리스이용자에게 인도하여야 한다.

② 금융리스물건이 공급계약에서 정한 시기와 내용에 따라 공급되지 아니한 경우 금융리스이용자는 공급자에게 직접 손해배상을 청구하거나 공급계약의 내용에 적합한 금융

상법

리스물건의 인도를 청구할 수 있다.

③ 금융리스업자는 금융리스이용자가 제2항의 권리를 행사하는 데 필요한 협력을 하여야 한다.

〔본조신설 2010·5·14〕

제168조의5(금융리스계약의 해지) ① 금융리스이용자의 책임 있는 사유로 금융리스계약을 해지하는 경우에는 금융리스업자는 잔존 금융리스료 상당액의 일시 지급 또는 금융리스물건의 반환을 청구할 수 있다.

② 제1항에 따른 금융리스업자의 청구는 금융리스업자의 금융리스이용자에 대한 손해배상청구에 영향을 미치지 아니한다.

③ 금융리스이용자는 중대한 사정변경으로 인하여 금융리스물건을 계속 사용할 수 없는 경우에는 3개월 전에 예고하고 금융리스계약을 해지할 수 있다. 이 경우 금융리스이용자는 계약의 해지로 인하여 금융리스업자에게 발생한 손해를 배상하여야 한다.

〔본조신설 2010·5·14〕

제13장 가맹업

제168조의6(의의) 자신의 상호·상표 등(이하 이 장에서 "상호등"이라 한다)을 제공하는 것을 영업으로 하는 자〔이하 "가맹업자"(加盟業者)라 한다〕로부터 그의 상호등을 사용할 것을 허락받아 가맹업자가 지정하는 품질기준이나 영업방식에 따라 영업을 하는 자를 가맹상(加盟商)이라 한다.

〔본조신설 2010·5·14〕

제168조의7(가맹업자의 의무) ① 가맹업자는 가맹상의 영업을 위하여 필요한 지원을 하여야 한다.

② 가맹업자는 다른 약정이 없으면 가맹상의 영업지역 내에서 동일 또는 유사한 업종의 영업을 하거나, 동일 또는 유사한 업종의 가맹계약을 체결할 수 없다.

〔본조신설 2010·5·14〕

제168조의8(가맹상의 의무) ① 가맹상은 가맹업자의 영업에 관한 권리가 침해되지 아니하도록 하여야 한다.

② 가맹상은 계약이 종료한 후에도 가맹계약과 관련하여 알게 된 가맹업자의 영업상의 비밀을 준수하여야 한다.

〔본조신설 2010·5·14〕

제168조의9(가맹상의 영업양도) ① 가맹상은 가맹업자의 동의를 받아 그 영업을 양도할 수 있다.

② 가맹업자는 특별한 사유가 없으면 제1항의 영업양도에 동의하여야 한다.

〔본조신설 2010·5·14〕

제168조의10(계약의 해지) 가맹계약상 존속기간에 대한 약정의 유무와 관계없이 부득이한 사정이 있으면 각 당사자는 상당한 기간을 정하여 예고한 후 가맹계약을 해지할 수 있다.

〔본조신설 2010·5·14〕

제14장 채권매입업

제168조의11(의의) 타인이 물건·유가증권의 판매, 용역의 제공 등에 의하여 취득하였거나 취득할 영업상의 채권(이하 이 장에서 "영업채권"이라 한다)을 매입하여 회수하는 것을 영업으로 하는 자를 채권매입업자라 한다.

〔본조신설 2010·5·14〕

제168조의12(채권매입업자의 상환청구) 영업채권의 채무자가 그 채무를 이행하지 아니하는 경우 채권매입업자는 채권매입계약의 채무자에게 그 영업채권액의 상환을 청구할 수 있다. 다만, 채권매입계약에서 다르게 정한 경우에는 그러하지 아니하다.

〔본조신설 2010·5·14〕

제3편 회사

제1장 통칙

제169조(회사의 의의) 이 법에서 "회사"란 상행위나 그 밖의 영리를 목적으로 하여 설립한 법인을 말한다.

〔전부개정 2011·4·14〕

제170조(회사의 종류) 회사는 합명회사, 합자회사, 유한책임회사, 주식회사와 유한회사의 5종으로 한다.

〔전부개정 2011·4·14〕

제171조(회사의 주소) 회사의 주소는 본점소재지에 있는 것으로 한다.

〔전부개정 2011·4·14〕

제172조(회사의 성립) 회사는 본점소재지에서 설립등기를 함으로써 성립한다.

제173조(권리능력의 제한) 회사는 다른 회사의 무한책임사원이 되지 못한다.

제174조(회사의 합병) ① 회사는 합병을 할 수 있다.

② 합병을 하는 회사의 일방 또는 쌍방이 주식회사, 유한회사 또는 유한책임회사인 경우에는 합병 후 존속하는 회사나 합병으로 설립되는 회사는 주식회사, 유한회사 또는 유한책임회사이어야 한다. <개정 2011·4·14>

③ 해산후의 회사는 존립 중의 회사를 존속하는 회사로 하는 경우에 한하여 합병을 할 수 있다.

제175조(동전-설립위원) ① 회사의 합병으로 인하여 신회사를 설립하는 경우에는 정관의 작성 기타 설립에 관한 행위는 각 회사에서 선임한 설립위원이 공동으로 하여야 한다.

② 제230조, 제434조와 제585조의 규정은 전항의 선임에 준용한다.

제176조(회사의 해산명령) ① 법원은 다음의 사유가 있는 경우에는 이해관계인이나 검사의 청구에 의하여 또는 직권으로 회사의 해산을 명할 수 있다.

1. 회사의 설립목적이 불법한 것인 때
2. 회사가 정당한 사유없이 설립후 1년내에 영업을 개시하지 아니하거나 1년 이상 영업을 휴지하는 때
3. 이사 또는 회사의 업무를 집행하는 사원이 법령 또는 정관에 위반하여 회사의 존속을 허용할 수 없는 행위를 한 때

② 전항의 청구가 있는 때에는 법원은 해산을 명하기 전일지라도 이해관계인이나 검사의 청구에 의하여 또는 직권으로 관리인의 선임 기타 회사재산의 보전에 필요한 처분을 할 수 있다.

③ 이해관계인이 제1항의 청구를 한 때에는 법원은 회사의 청구에 의하여 상당한 담보를 제공할 것을 명할 수 있다.

④ 회사가 전항의 청구를 함에는 이해관계인의 청구가 악의임을 소명하여야 한다.

제177조(등기기간의 기산점) 본편의 규정에 의하여 등기할 사항으로서 관청의 허가 또는 인가를 요하는 것에 관하여는 그 서류가 도달한 날로부터 등기기간을 기산한다.

제2장 합명회사

제1절 설립

제178조(정관의 작성) 합명회사의 설립에는 2인 이상의 사원이 공동으로 정관을 작성하여야 한다.

제179조(정관의 절대적 기재사항) 정관에는 다음의 사항을 기재하고 총사원이 기명날인 또는 서명하여야 한다. <개정 1995·12·29>

1. 목적
2. 상호
3. 사원의 성명·주민등록번호 및 주소
4. 사원의 출자의 목적과 그 가격 또는 평가의 표준
5. 본점의 소재지
6. 정관의 작성연월일

제180조(설립의 등기) 합명회사의 설립등기에 있어서는 다음의 사항을 등기하여야 한다. <개정 1995·12·29, 2011·4·14>

1. 제179조제1호 내지 제3호 및 제5호의 사항과 지점을 둔 때에는 그 소재지. 다만, 회사를 대표할 사원을 정한 때에는 그 외의 사원의 주소를 제외한다.
2. 사원의 출자의 목적, 재산출자에는 그 가격과 이행한 부분
3. 존립기간 기타 해산사유를 정한 때에는 그 기간 또는 사유
4. 회사를 대표할 사원을 정한 경우에는 그 성명·주소 및 주민등록번호
5. 수인의 사원이 공동으로 회사를 대표할 것을 정한 때에는 그 규정

제181조(지점 설치의 등기) 회사가 지점을 설치한 경우에는 본점의 소재지에서 2주일 내에 그 지점의 소재지와 설치 연월일을 등기하여야 한다.

〔전부개정 2024·9·20〕

제182조(본점, 지점의 이전등기) ① 회사가 본점을 이전한 경우에는 종전 소재지 또는 새 소재지에서 2주일 내에 새 소재지와 이전 연월일을 등기하여야 한다.

② 회사가 지점을 이전한 경우에는 본점의 소재지에서 2주일 내에 새 소재지와 이전 연월일을 등기하여야 한다.
〔전부개정 2024·9·20〕

제183조(변경등기) 제180조 각 호의 사항이 변경되었을 때에는 본점의 소재지에서 2주일 내에 변경등기를 하여야 한다.
〔전부개정 2024·9·20〕

제183조의2(업무집행정지가처분 등의 등기) 사원의 업무집행을 정지하거나 직무대행자를 선임하는 가처분을 하거나 그 가처분을 변경·취소하는 경우에는 본점이 있는 곳의 등기소에서 이를 등기하여야 한다. <개정 2024·9·20>
〔본조신설 2001·12·29〕

제184조(설립무효, 취소의 소) ① 회사의 설립의 무효는 그 사원에 한하여, 설립의 취소는 그 취소권있는 자에 한하여 회사성립의 날로부터 2년내에 소만으로 이를 주장할 수 있다.
② 민법 제140조의 규정은 전항의 설립의 취소에 준용한다.

제185조(채권자에 의한 설립취소의 소) 사원이 그 채권자를 해할 것을 알고 회사를 설립한 때에는 채권자는 그 사원과 회사에 대한 소로 회사의 설립취소를 청구할 수 있다.

제186조(전속관할) 전 2 조의 소는 본점소재지의 지방법원의 관할에 전속한다.

제187조(소제기의 공고) 설립무효의 소 또는 설립취소의 소가 제기된 때에는 회사는 지체없이 공고하여야 한다.

제188조(소의 병합심리) 수개의 설립무효의 소 또는 설립취소의 소가 제기된 때에는 법원은 이를 병합심리하여야 한다.

제189조(하자의 보완 등과 청구의 기각) 설립무효의 소 또는 설립취소의 소가 그 심리중에 원인이 된 하자가 보완되고 회사의 현황과 제반사정을 참작하여 설립을 무효 또는 취소하는 것이 부적당하다고 인정한 때에는 법원은 그 청구를 기각할 수 있다.

제190조(판결의 효력) 설립무효의 판결 또는 설립취소의 판결은 제삼자에 대하여도 그 효력이 있다. 그러나 판결확정전에 생긴 회사와 사원 및 제삼자간의 권리의무에 영향을 미치지 아니한다.

제191조(패소원고의 책임) 설립무효의 소 또는 설립취소의 소를 제기한 자가 패소한 경우에 악의 또는 중대한 과실이 있는 때에는 회사에 대하여 연대하여 손해를 배상할 책임이 있다.

제192조(설립무효, 취소의 등기) 설립무효의 판결 또는 설립취소의 판결이 확정된 때에는 본점의 소재지에서 등기하여야 한다.
〔전부개정 2024·9·20〕

제193조(설립무효, 취소판결의 효과) ① 설립무효의 판결 또는 설립취소의 판결이 확정된 때에는 해산의 경우에 준하여 청산하여야 한다.
② 전항의 경우에는 법원은 사원 기타의 이해관계인의 청구에 의하여 청산인을 선임할 수 있다.

제194조(설립무효, 취소와 회사계속) ① 설립무효의 판결 또는 설립취소의 판결이 확정된 경우에 그 무효나 취소의 원인이 특정한 사원에 한한 것인 때에는 다른 사원전원의 동의로써 회사를 계속할 수 있다.
② 전항의 경우에는 그 무효 또는 취소의 원인이 있는 사원은 퇴사한 것으로 본다.
③ 제229조제 2 항과 제 3 항의 규정은 전 2 항의 경우에 준용한다.

제 2 절 회사의 내부관계

제195조(준용법규) 합명회사의 내부관계에 관하여는 정관 또는 본법에 다른 규정이 없으면 조합에 관한 민법의 규정을 준용한다.

제196조(채권출자) 채권을 출자의 목적으로 한 사원은 그 채권이 변제기에 변제되지 아니한 때에는 그 채권액을 변제할 책임을 진다. 이 경우에는 이자를 지급하는 외에 이로 인하여 생긴 손해를 배상하여야 한다.

제197조(지분의 양도) 사원은 다른 사원의 동의를 얻지 아니하면 그 지분의 전부 또는 일부를 타인에게 양도하지 못한다.

제198조(사원의 경업의 금지) ① 사원은 다른 사원의 동의가 없으면 자기 또는 제삼자의 계산으로 회사의 영업부류에 속하는 거래를 하지 못하며 동종영업을 목적으로 하는 다른 회사의 무한책임사원 또는 이사가 되지 못한다.

② 사원이 전항의 규정에 위반하여 거래를 한 경우에 그 거래가 자기의 계산으로 한 것인 때에는 회사는 이를 회사의 계산으로 한 것으로 볼 수 있고 제삼자의 계산으로 한 것인 때에는 그 사원에 대하여 회사는 이로 인한 이득의 양도를 청구할 수 있다. <개정 1962·12·12>

③ 전항의 규정은 회사의 그 사원에 대한 손해배상의 청구에 영향을 미치지 아니한다.

④ 제2항의 권리는 다른 사원 과반수의 결의에 의하여 행사하여야 하며 다른 사원의 1인이 그 거래를 안 날로부터 2주간을 경과하거나 그 거래가 있은 날로부터 1년을 경과하면 소멸한다.

제199조(사원의 자기거래) 사원은 다른 사원 과반수의 결의가 있는 때에 한하여 자기 또는 제삼자의 계산으로 회사와 거래를 할 수 있다. 이 경우에는 민법 제124조의 규정을 적용하지 아니한다.

제200조(업무집행의 권리의무) ① 각 사원은 정관에 다른 규정이 없는 때에는 회사의 업무를 집행할 권리와 의무가 있다.

② 각 사원의 업무집행에 관한 행위에 대하여 다른 사원의 이의가 있는 때에는 곧 행위를 중지하고 총사원과반수의 결의에 의하여야 한다.

제200조의2(직무대행자의 권한) ① 제183조의2의 직무대행자는 가처분명령에 다른 정함이 있는 경우 외에는 법인의 통상업무에 속하지 아니한 행위를 하지 못한다. 다만, 법원의 허가를 얻은 경우에는 그러하지 아니하다.

② 직무대행자가 제1항의 규정에 위반한 행위를 한 경우에도 회사는 선의의 제3자에 대하여 책임을 진다.

〔본조신설 2001·12·29〕

제201조(업무집행사원) ① 정관으로 사원의 1인 또는 수인을 업무집행사원으로 정한 때에는 그 사원이 회사의 업무를 집행할 권리와 의무가 있다.

② 수인의 업무집행사원이 있는 경우에 그 각 사원의 업무집행에 관한 행위에 대하여 다른 업무집행사원의 이의가 있는 때에는 곧 그 행위를 중지하고 업무집행사원 과반수의 결의에 의하여야 한다.

제202조(공동업무집행사원) 정관으로 수인의 사원을 공동업무집행사원으로 정한 때에 그 전원의 동의가 없으면 업무집행에 관한 행위를 하지 못한다. 그러나 지체할 염려가 있는 때에는 그러하지 아니하다.

제203조(지배인의 선임과 해임) 지배인의 선임과 해임은 정관에 다른 정함이 없으면 업무집행사원이 있는 경우에도 총사원 과반수의 결의에 의하여야 한다.

제204조(정관의 변경) 정관을 변경함에는 총사원의 동의가 있어야 한다.

제205조(업무집행사원의 권한상실선고) ① 사원이 업무를 집행함에 현저하게 부적임하거나 중대한 업무에 위반한 행위가 있는 때에는 법원은 사원의 청구에 의하여 업무집행권한의 상실을 선고할 수 있다.

② 제1항의 판결이 확정된 때에는 본점의 소재지에서 등기하여야 한다. <개정 2024·9·20>

제206조(준용규정) 제186조의 규정은 전조의 소에 준용한다.

제3절 회사의 외부관계

제207조(회사대표) 정관으로 업무집행사원을 정하지 아니한 때에는 각 사원은 회사를 대표한다. 수인의 업무집행사원을 정한 경우에 각 업무집행사원은 회사를 대표한다. 그러나 정관 또는 총사원의 동의로 업무집행사원중 특히 회사를 대표할 자를 정할 수 있다.

제208조(공동대표) ① 회사는 정관 또는 총사원의 동의로 수인의 사원이 공동으로 회사를 대표할 것을 정할 수 있다.

② 전항의 경우에도 제삼자의 회사에 대한 의사표시는 공동대표의 권한있는 사원 1인에 대하여 이를 함으로써 그 효력이 생긴다.

제209조(대표사원의 권한) ① 회사를 대표하는 사원은 회사의 영업에 관하여 재판상 또는 재판외의 모든 행위를 할 권한이 있다.

② 전항의 권한에 대한 제한은 선의의 제삼자에게 대항하지 못한다.

제210조(손해배상책임) 회사를 대표하는 사원이 그 업무집행으로 인하여 타인에게 손해

를 가한 때에는 회사는 그 사원과 연대하여 배상할 책임이 있다.

제211조(회사와 사원간의 소에 관한 대표권) 회사가 사원에 대하여 또는 사원이 회사에 대하여 소를 제기하는 경우에 회사를 대표할 사원이 없을 때에는 다른 사원 과반수의 결의로 선정하여야 한다.

제212조(사원의 책임) ① 회사의 재산으로 회사의 채무를 완제할 수 없는 때에는 각 사원은 연대하여 변제할 책임이 있다.

② 회사재산에 대한 강제집행이 주효하지 못한 때에도 전항과 같다.

③ 전항의 규정은 사원이 회사에 변제의 자력이 있으며 집행이 용이한 것을 증명한 때에는 적용하지 아니한다.

제213조(신입사원의 책임) 회사성립후에 가입한 사원은 그 가입전에 생긴 회사채무에 대하여 다른 사원과 동일한 책임을 진다.

제214조(사원의 항변) ① 사원이 회사채무에 관하여 변제의 청구를 받은 때에는 회사가 주장할 수 있는 항변으로 그 채권자에게 대항할 수 있다.

② 회사가 그 채권자에 대하여 상계, 취소 또는 해제할 권리가 있는 경우에는 사원은 전항의 청구에 대하여 변제를 거부할 수 있다.

제215조(자칭사원의 책임) 사원이 아닌 자가 타인에게 자기를 사원이라고 오인시키는 행위를 하였을 때에는 오인으로 인하여 회사와 거래한 자에 대하여 사원과 동일한 책임을 진다.

제216조(준용규정) 제205조와 제206조의 규정은 회사의 대표사원에 준용한다.

제 4 절 사원의 퇴사

제217조(사원의 퇴사권) ① 정관으로 회사의 존립기간을 정하지 아니하거나 어느 사원의 종신까지 존속할 것을 정한 때에는 사원은 영업연도말에 한하여 퇴사할 수 있다. 그러나 6월전에 이를 예고하여야 한다.

② 사원이 부득이한 사유가 있을 때에는 언제든지 퇴사할 수 있다.

제218조(퇴사원인) 사원은 전조의 경우 외에 다음의 사유로 인하여 퇴사한다.

1. 정관에 정한 사유의 발생
2. 총사원의 동의
3. 사망
4. 성년후견개시
5. 파산
6. 제명

〔전부개정 2018·9·18〕

제219조(사원사망시 권리승계의 통지) ① 정관으로 사원이 사망한 경우에 그 상속인이 회사에 대한 피상속인의 권리의무를 승계하여 사원이 될 수 있음을 정한 때에는 상속인은 상속의 개시를 안 날로부터 3월내에 회사에 대하여 승계 또는 포기의 통지를 발송하여야 한다.

② 상속인이 전항의 통지없이 3월을 경과한 때에는 사원이 될 권리를 포기한 것으로 본다.

제220조(제명의 선고) ① 사원에게 다음의 사유가 있는 때에는 회사는 다른 사원 과반수의 결의에 의하여 그 사원의 제명의 선고를 법원에 청구할 수 있다.

1. 출자의 의무를 이행하지 아니한 때
2. 제198조제 1 항의 규정에 위반한 행위가 있는 때
3. 회사의 업무집행 또는 대표에 관하여 부정한 행위가 있는 때, 권한없이 업무를 집행하거나 회사를 대표한 때
4. 기타 중요한 사유가 있는 때

② 제205조제 2 항과 제206조의 규정은 전항의 경우에 준용한다.

제221조(제명사원과 회사간의 계산) 제명된 사원과 회사와의 계산은 제명의 소를 제기한 때의 회사재산의 상태에 따라서 하며 그 때부터 법정이자를 붙여야 한다.

제222조(지분의 환급) 퇴사한 사원은 노무 또는 신용으로 출자의 목적으로 한 경우에도 그 지분의 환급을 받을 수 있다. 그러나 정관에 다른 규정이 있는 때에는 그러하지 아니하다.

제223조(지분의 압류) 사원의 지분의 압류는 사원이 장래이익의 배당과 지분의 환급을 청구하는 권리에 대하여도 그 효력이 있다.

제224조(지분압류채권자에 의한 퇴사청구) ① 사원의 지분을 압류한 채권자는 영업연도말

에 그 사원을 퇴사시킬 수 있다. 그러나 회사와 그 사원에 대하여 6월전에 그 예고를 하여야 한다.
② 전항 단서의 예고는 사원이 변제를 하거나 상당한 담보를 제공한 때에는 그 효력을 잃는다.

제225조(퇴사원의 책임) ① 퇴사한 사원은 본점소재지에서 퇴사등기를 하기 전에 생긴 회사채무에 대하여는 등기후 2년내에는 다른 사원과 동일한 책임이 있다.
② 전항의 규정은 지분을 양도한 사원에 준용한다.

제226조(퇴사원의 상호변경청구권) 퇴사한 사원의 성명이 회사의 상호 중에 사용된 경우에는 그 사원은 회사에 대하여 그 사용의 폐지를 청구할 수 있다.

제 5 절 회사의 해산

제227조(해산원인) 회사는 다음의 사유로 인하여 해산한다.
1. 존립기간의 만료 기타 정관으로 정한 사유의 발생
2. 총사원의 동의
3. 사원이 1인으로 된 때
4. 합병
5. 파산
6. 법원의 명령 또는 판결

제228조(해산등기) 회사가 해산된 때에는 합병과 파산의 경우 외에는 그 해산사유가 있은 날부터 2주일 내에 본점의 소재지에서 해산등기를 하여야 한다.
〔전부개정 2024·9·20〕

제229조(회사의 계속) ① 제227조제 1 호와 제 2 호의 경우에는 사원의 전부 또는 일부의 동의로 회사를 계속할 수 있다. 그러나 동의를 하지 아니한 사원은 퇴사한 것으로 본다.
② 제227조제 3 호의 경우에는 새로 사원을 가입시켜서 회사를 계속할 수 있다.
③ 제 1 항과 제 2 항의 경우에 이미 회사의 해산등기를 하였을 때에는 본점의 소재지에서 2주일 내에 회사의 계속등기를 하여야 한다. <개정 2024·9·20>
④ 제213조의 규정은 제 2 항의 신입사원의 책임에 준용한다.

제230조(합병의 결의) 회사가 합병을 함에는 총사원의 동의가 있어야 한다.

제231조 삭제 <1984·4·10>

제232조(채권자의 이의) ① 회사는 합병의 결의가 있은 날부터 2주내에 회사채권자에 대하여 합병에 이의가 있으면 일정한 기간내에 이를 제출할 것을 공고하고 알고 있는 채권자에 대하여는 따로따로 이를 최고하여야 한다. 이 경우 그 기간은 1월 이상이어야 한다. <개정 1984·4·10, 1998·12·28>
② 채권자가 제 1 항의 기간내에 이의를 제출하지 아니한 때에는 합병을 승인한 것으로 본다. <개정 1984·4·10>
③ 이의를 제출한 채권자가 있는 때에는 회사는 그 채권자에 대하여 변제 또는 상당한 담보를 제공하거나 이를 목적으로 하여 상당한 재산을 신탁회사에 신탁하여야 한다.

제233조(합병의 등기) 회사가 합병을 한 때에는 본점의 소재지에서 2주일 내에 합병 후 존속하는 회사의 변경등기, 합병으로 인하여 소멸하는 회사의 해산등기, 합병으로 인하여 설립되는 회사의 설립등기를 하여야 한다.
〔전부개정 2024·9·20〕

제234조(합병의 효력발생) 회사의 합병은 합병후 존속하는 회사 또는 합병으로 인하여 설립되는 회사가 그 본점소재지에서 전조의 등기를 함으로써 그 효력이 생긴다.

제235조(합병의 효과) 합병후 존속한 회사 또는 합병으로 인하여 설립된 회사는 합병으로 인하여 소멸된 회사의 권리의무를 승계한다.

제236조(합병무효의 소의 제기) ① 회사의 합병의 무효는 각 회사의 사원, 청산인, 파산관재인 또는 합병을 승인하지 아니한 회사채권자에 한하여 소만으로 이를 주장할 수 있다.
② 전항의 소는 제233조의 등기가 있은 날로부터 6월내에 제기하여야 한다.

제237조(준용규정) 제176조제 3 항과 제 4 항의 규정은 회사채권자가 전조의 소를 제기한 때에 준용한다.

제238조(합병무효의 등기) 합병을 무효로 한 판결이 확정된 때에는 본점의 소재지에서 합병 후 존속하는 회사의 변경등기, 합병으로 인하여 소멸한 회사의 회복등기, 합병으로 인하여 설립된 회사의 해산등기를 하여야 한다.
〔전부개정 2024·9·20〕

제239조(무효판결확정과 회사의 권리의무의 귀속) ① 합병을 무효로 한 판결이 확정된 때에는 합병을 한 회사는 합병후 존속한 회사 또는 합병으로 인하여 설립된 회사의 합병후 부담한 채무에 대하여 연대하여 변제할 책임이 있다.
② 합병후 존속한 회사 또는 합병으로 인하여 설립한 회사의 합병후 취득한 재산은 합병을 한 회사의 공유로 한다.
③ 전 2 항의 경우에 각 회사의 협의로 그 부담부분 또는 지분을 정하지 못한 때에는 법원은 그 청구에 의하여 합병당시의 각 회사의 재산상태 기타의 사정을 참작하여 이를 정한다.

제240조(준용규정) 제186조 내지 제191조의 규정은 합병무효의 소에 준용한다.

제241조(사원에 의한 해산청구) ① 부득이한 사유가 있는 때에는 각 사원은 회사의 해산을 법원에 청구할 수 있다.
② 제186조와 제191조의 규정은 전항의 경우에 준용한다.

제242조(조직변경) ① 합명회사는 총사원의 동의로 일부사원을 유한책임사원으로 하거나 유한책임사원을 새로 가입시켜서 합자회사로 변경할 수 있다.
② 전항의 규정은 제229조제 2 항의 규정에 의하여 회사를 계속하는 경우에 준용한다.

제243조(조직변경의 등기) 합명회사를 합자회사로 변경한 때에는 본점의 소재지에서 2주일 내에 합명회사의 해산등기, 합자회사의 설립등기를 하여야 한다.
〔전부개정 2024·9·20〕

제244조(조직변경에 의하여 유한책임사원이 된 자의 책임) 합명회사사원으로서 제242조제 1 항의 규정에 의하여 유한책임사원이 된 자는 전조의 규정에 의한 본점등기를 하기 전에 생긴 회사채무에 대하여는 등기후 2년내에는 무한책임사원의 책임을 면하지 못한다.

제 6 절 청산

제245조(청산 중의 회사) 회사는 해산된 후에도 청산의 목적범위내에서 존속하는 것으로 본다.

제246조(수인의 지분상속인이 있는 경우) 회사의 해산후 사원이 사망한 경우에 그 상속인이 수인인 때에는 청산에 관한 사원의 권리를 행사할 자 1인을 정하여야 한다. 이를 정하지 아니한 때에는 회사의 통지 또는 최고는 그 중의 1인에 대하여 하면 전원에 대하여 그 효력이 있다.

제247조(임의청산) ① 해산된 회사의 재산처분방법은 정관 또는 총사원의 동의로 이를 정할 수 있다. 이 경우에는 해산사유가 있는 날로부터 2주간내에 재산목록과 대차대조표를 작성하여야 한다.
② 전항의 규정은 회사가 제227조제 3 호 또는 제 6 호의 사유로 인하여 해산한 경우에는 이를 적용하지 아니한다.
③ 제232조의 규정은 제 1 항의 경우에 준용한다.
④ 제 1 항의 경우에 사원의 지분을 압류한 자가 있는 때에는 그 동의를 얻어야 한다.
⑤ 제 1 항의 회사는 그 재산의 처분을 완료한 날부터 2주일 내에 본점의 소재지에서 청산종결의 등기를 하여야 한다. <개정 2024·9·20>

제248조(임의청산과 채권자보호) ① 회사가 전조제 3 항의 규정에 위반하여 그 재산을 처분함으로써 회사채권자를 해한 때에는 회사채권자는 그 처분의 취소를 법원에 청구할 수 있다.
② 제186조와 민법 제406조제 1 항 단서, 제 2 항 및 제407조의 규정은 전항의 취소의 청구에 준용한다.

제249조(지분압류채권자의 보호) 회사가 제247조제 4 항의 규정에 위반하여 그 재산을 처분한 때에는 사원의 지분을 압류한 자는 회사에 대하여 그 지분에 상당하는 금액의 지급을 청구할 수 있다. 이 경우에는 전조의 규정을 준용한다.

제250조(법정청산) 제247조제 1 항의 규정에 의하여 회사재산의 처분방법을 정하지 아니

한 때에는 합병과 파산의 경우를 제외하고 제251조 내지 제265조의 규정에 따라서 청산을 하여야 한다.

제251조(청산인) ① 회사가 해산된 때에는 총사원 과반수의 결의로 청산인을 선임한다.

② 청산인의 선임이 없는 때에는 업무집행사원이 청산인이 된다.

제252조(법원선임에 의한 청산인) 회사가 제227조제3호 또는 제6호의 사유로 인하여 해산된 때에는 법원은 사원 기타의 이해관계인이나 검사의 청구에 의하여 또는 직권으로 청산인을 선임한다.

제253조(청산인의 등기) ① 청산인이 선임된 때에는 그 선임된 날부터, 업무집행사원이 청산인이 된 때에는 해산된 날부터 2주일 내에 본점의 소재지에서 다음 각 호의 사항을 등기하여야 한다. <개정 1995·12·29, 2024·9·20>

1. 청산인의 성명·주민등록번호 및 주소. 다만, 회사를 대표할 청산인을 정한 때에는 그 외의 청산인의 주소를 제외한다.
2. 회사를 대표할 청산인을 정한 때에는 그 성명
3. 수인의 청산인이 공동으로 회사를 대표할 것을 정한 때에는 그 규정

② 제183조의 규정은 제1항의 등기에 준용한다. <개정 1995·12·29>

제254조(청산인의 직무권한) ① 청산인의 직무는 다음과 같다.

1. 현존사무의 종결
2. 채권의 추심과 채무의 변제
3. 재산의 환가처분
4. 잔여재산의 분배

② 청산인이 수인인 때에는 청산의 직무에 관한 행위는 그 과반수의 결의로 정한다.

③ 회사를 대표할 청산인은 제1항의 직무에 관하여 재판상 또는 재판외의 모든 행위를 할 권한이 있다.

④ 민법 제93조의 규정은 합명회사에 준용한다.

제255조(청산인의 회사대표) ① 업무집행사원이 청산인으로 된 경우에는 종전의 정함에 따라 회사를 대표한다.

② 법원이 수인의 청산인을 선임하는 경우에는 회사를 대표할 자를 정하거나 수인이 공동하여 회사를 대표할 것을 정할 수 있다.

제256조(청산인의 의무) ① 청산인은 취임한 후 지체없이 회사의 재산상태를 조사하고 재산목록과 대차대조표를 작성하여 각 사원에게 교부하여야 한다.

② 청산인은 사원의 청구가 있는 때에는 언제든지 청산의 상황을 보고하여야 한다.

제257조(영업의 양도) 청산인이 회사의 영업의 전부 또는 일부를 양도함에는 총사원 과반수의 결의가 있어야 한다.

제258조(채무완제불능과 출자청구) ① 회사의 현존재산이 그 채무를 변제함에 부족한 때에는 청산인은 변제기에 불구하고 각 사원에 대하여 출자를 청구할 수 있다.

② 전항의 출자액은 각 사원의 출자의 비율로 이를 정한다.

제259조(채무의 변제) ① 청산인은 변제기에 이르지 아니한 회사채무에 대하여도 이를 변제할 수 있다.

② 전항의 경우에 이자없는 채권에 관하여는 변제기에 이르기까지의 법정이자를 가산하여 그 채권액에 달할 금액을 변제하여야 한다.

③ 전항의 규정은 이자있는 채권으로서 그 이율이 법정이율에 달하지 못하는 것에 이를 준용한다.

④ 제1항의 경우에는 조건부채권, 존속기간이 불확정한 채권 기타 가액이 불확정한 채권에 대하여는 법원이 선임한 감정인의 평가에 의하여 변제하여야 한다.

제260조(잔여재산의 분배) 청산인은 회사의 채무를 완제한 후가 아니면 회사재산을 사원에게 분배하지 못한다. 그러나 다툼이 있는 채무에 대하여는 그 변제에 필요한 재산을 보류하고 잔여재산을 분배할 수 있다.

제261조(청산인의 해임) 사원이 선임한 청산인은 총사원 과반수의 결의로 해임할 수 있다.

제262조(동전) 청산인이 그 직무를 집행함에 현저하게 부적임하거나 중대한 임무에 위반한 행위가 있는 때에는 법원은 사원 기타의 이해관계인의 청구에 의하여 청산인을 해임할 수 있다.

제263조(청산인의 임무종료) ① 청산인은 그 임무가 종료한 때에는 지체없이 계산서를 작성하여 각 사원에게 교부하고 그 승인을 얻어야 한다.

② 전항의 계산서를 받은 사원이 1월내에 이의를 하지 아니한 때에는 그 계산을 승인한 것으로 본다. 그러나 청산인에게 부정행위가 있는 경우에는 그러하지 아니한다.

제264조(청산종결의 등기) 청산이 종결된 때에는 청산인은 제263조에 따른 총사원의 승인이 있은 날부터 2주일 내에 본점의 소재지에서 청산종결의 등기를 하여야 한다.
〔전부개정 2024·9·20〕

제265조(준용규정) 제183조의2·제199조·제200조의2·제207조·제208조·제209조제2항·제210조·제382조제2항·제399조 및 제401조의 규정은 청산인에 준용한다.
〔전부개정 2001·12·29〕

제266조(장부, 서류의 보존) ① 회사의 장부와 영업 및 청산에 관한 중요서류는 본점소재지에서 청산종결의 등기를 한 후 10년간 이를 보존하여야 한다. 다만, 전표 또는 이와 유사한 서류는 5년간 이를 보존하여야 한다. <개정 1995·12·29>

② 제1항의 경우에는 총사원 과반수의 결의로 보존인과 보존방법을 정하여야 한다. <개정 1995·12·29>

제267조(사원의 책임의 소멸시기) ① 제212조의 규정에 의한 사원의 책임은 본점소재지에서 해산등기를 한 후 5년을 경과하면 소멸한다.

② 전항의 기간경과후에도 분배하지 아니한 잔여재산이 있는 때에는 회사채권자는 이에 대하여 변제를 청구할 수 있다.

제3장 합자회사

제268조(회사의 조직) 합자회사는 무한책임사원과 유한책임사원으로 조직한다.

제269조(준용규정) 합자회사에는 본장에 다른 규정이 없는 사항은 합명회사에 관한 규정을 준용한다.

제270조(정관의 절대적 기재사항) 합자회사의 정관에는 제179조에 게기한 사항외에 각 사원의 무한책임 또는 유한책임인 것을 기재하여야 한다.

제271조(등기사항) 합자회사의 설립등기를 할 때에는 제180조 각 호의 사항 외에 각 사원의 책임이 무한책임인지 유한책임인지를 등기하여야 한다.
〔전부개정 2024·9·20〕

제272조(유한책임사원의 출자) 유한책임사원은 신용 또는 노무를 출자의 목적으로 하지 못한다.

제273조(업무집행의 권리의무) 무한책임사원은 정관에 다른 규정이 없는 때에는 각자가 회사의 업무를 집행할 권리와 의무가 있다.

제274조(지배인의 선임, 해임) 지배인의 선임과 해임은 업무집행사원이 있는 경우에도 무한책임사원 과반수의 결의에 의하여야 한다.

제275조(유한책임사원의 경업의 자유) 유한책임사원은 다른 사원의 동의없이 자기 또는 제삼자의 계산으로 회사의 영업부류에 속하는 거래를 할 수 있고 동종영업을 목적으로 하는 다른 회사의 무한책임사원 또는 이사가 될 수 있다.

제276조(유한책임사원의 지분양도) 유한책임사원은 무한책임사원 전원의 동의가 있으면 그 지분의 전부 또는 일부를 타인에게 양도할 수 있다. 지분의 양도에 따라 정관을 변경하여야 할 경우에도 같다.

제277조(유한책임사원의 감시권) ① 유한책임사원은 영업연도말에 있어서 영업시간내에 한하여 회사의 회계장부·대차대조표 기타의 서류를 열람할 수 있고 회사의 업무와 재산상태를 검사할 수 있다. <개정 1984·4·10>

② 중요한 사유가 있는 때에는 유한책임사원은 언제든지 법원의 허가를 얻어 제1항의 열람과 검사를 할 수 있다. <개정 1984·4·10>

제278조(유한책임사원의 업무집행, 회사대표의 금지) 유한책임사원은 회사의 업무집행이나 대표행위를 하지 못한다.

제279조(유한책임사원의 책임) ① 유한책임사원은 그 출자가액에서 이미 이행한 부분을 공제한 가액을 한도로 하여 회사채무를 변제할 책임이 있다.

② 회사에 이익이 없음에도 불구하고 배당을 받은 금액은 변제책임을 정함에 있어서 이를 가산한다.

제280조(출자감소의 경우의 책임) 유한책임사원은 그 출자를 감소한 후에도 본점소재지에서 등기를 하기 전에 생긴 회사채무에 대하여는 등기후 2년내에는 전조의 책임을 면하지 못한다.

제281조(자칭 무한책임사원의 책임) ① 유한책임사원이 타인에게 자기를 무한책임사원이라고 오인시키는 행위를 한 때에는 오인으로 인하여 회사와 거래를 한 자에 대하여 무한책임사원과 동일한 책임이 있다.

② 전항의 규정은 유한책임사원이 그 책임의 한도를 오인시키는 행위를 한 경우에 준용한다.

제282조(책임을 변경한 사원의 책임) 제213조의 규정은 유한책임사원이 무한책임사원으로 된 경우에, 제225조의 규정은 무한책임사원이 유한책임사원으로 된 경우에 준용한다.

제283조(유한책임사원의 사망) ① 유한책임사원이 사망한 때에는 그 상속인이 그 지분을 승계하여 사원이 된다.

② 전항의 경우에 상속인이 수인인 때에는 사원의 권리를 행사할 자 1인을 정하여야 한다. 이를 정하지 아니한 때에는 회사의 통지 또는 최고는 그 중의 1인에 대하여 하면 전원에 대하여 그 효력이 있다.

제284조(유한책임사원의 성년후견개시) 유한책임사원은 성년후견개시 심판을 받은 경우에도 퇴사되지 아니한다.

〔전부개정 2018·9·18〕

제285조(해산, 계속) ① 합자회사는 무한책임사원 또는 유한책임사원의 전원이 퇴사한 때에는 해산된다.

② 전항의 경우에 잔존한 무한책임사원 또는 유한책임사원은 전원의 동의로 새로 유한책임사원 또는 무한책임사원을 가입시켜서 회사를 계속할 수 있다.

③ 제213조와 제229조제3항의 규정은 전항의 경우에 준용한다.

제286조(조직변경) ① 합자회사는 사원전원의 동의로 그 조직을 합명회사로 변경하여 계속할 수 있다.

② 유한책임사원전원이 퇴사한 경우에도 무한책임사원은 그 전원의 동의로 합명회사로 변경하여 계속할 수 있다.

③ 제1항과 제2항의 경우에는 본점의 소재지에서 2주일 내에 합자회사의 해산등기, 합명회사의 설립등기를 하여야 한다. <개정 2024·9·20>

제287조(청산인) 합자회사의 청산인은 무한책임사원 과반수의 결의로 선임한다. 이를 선임하지 아니한 때에는 업무집행사원이 청산인이 된다.

제3장의2 유한책임회사

제1절 설립

제287조의2(정관의 작성) 유한책임회사를 설립할 때에는 사원은 정관을 작성하여야 한다.

〔본조신설 2011·4·14〕

제287조의3(정관의 기재사항) 정관에는 다음 각 호의 사항을 적고 각 사원이 기명날인하거나 서명하여야 한다.

1. 제179조제1호부터 제3호까지, 제5호 및 제6호에서 정한 사항
2. 사원의 출자의 목적 및 가액
3. 자본금의 액
4. 업무집행자의 성명(법인인 경우에는 명칭) 및 주소

〔본조신설 2011·4·14〕

제287조의4(설립 시의 출자의 이행) ① 사원은 신용이나 노무를 출자의 목적으로 하지 못한다.

② 사원은 정관의 작성 후 설립등기를 하는 때까지 금전이나 그 밖의 재산의 출자를 전부 이행하여야 한다.

③ 현물출자를 하는 사원은 납입기일에 지체 없이 유한책임회사에 출자의 목적인 재산을 인도하고, 등기, 등록, 그 밖의 권리의 설정 또는 이전이 필요한 경우에는 이에 관한 서류를 모두 갖추어 교부하여야 한다.

〔본조신설 2011·4·14〕

제287조의5(설립의 등기 등) ① 유한책임회사는 본점의 소재지에서 다음 각 호의 사항을 등기함으로써 성립한다.

1. 제179조제1호·제2호 및 제5호에서 정한 사항과 지점을 둔 경우에는 그 소재지
2. 제180조제3호에서 정한 사항
3. 자본금의 액

4. 업무집행자의 성명, 주소 및 주민등록번호(법인인 경우에는 명칭, 주소 및 법인등록번호). 다만, 유한책임회사를 대표할 업무집행자를 정한 경우에는 그 외의 업무집행자의 주소는 제외한다.
5. 유한책임회사를 대표할 자를 정한 경우에는 그 성명 또는 명칭과 주소
6. 정관으로 공고방법을 정한 경우에는 그 공고방법
7. 둘 이상의 업무집행자가 공동으로 회사를 대표할 것을 정한 경우에는 그 규정

② 유한책임회사가 지점을 설치하는 경우에는 제181조를 준용한다.
③ 유한책임회사가 본점이나 지점을 이전하는 경우에는 제182조를 준용한다.
④ 제1항 각 호의 사항이 변경된 경우에는 본점의 소재지에서 2주일 내에 변경등기를 하여야 한다. <개정 2024·9·20>
⑤ 유한책임회사의 업무집행자의 업무집행을 정지하거나 직무대행자를 선임하는 가처분을 하거나 그 가처분을 변경 또는 취소하는 경우에는 본점이 있는 곳의 등기소에서 등기하여야 한다. <개정 2024·9·20>
[본조신설 2011·4·14]

제287조의6(준용규정) 유한책임회사의 설립의 무효와 취소에 관하여는 제184조부터 제194조까지의 규정을 준용한다. 이 경우 제184조 중 "사원"은 "사원 및 업무집행자"로 본다.
[본조신설 2011·4·14]

제2절 유한책임회사의 내부관계

제287조의7(사원의 책임) 사원의 책임은 이 법에 다른 규정이 있는 경우 외에는 그 출자금액을 한도로 한다.
[본조신설 2011·4·14]

제287조의8(지분의 양도) ① 사원은 다른 사원의 동의를 받지 아니하면 그 지분의 전부 또는 일부를 타인에게 양도하지 못한다.
② 제1항에도 불구하고 업무를 집행하지 아니한 사원은 업무를 집행하는 사원 전원의 동의가 있으면 지분의 전부 또는 일부를 타인에게 양도할 수 있다. 다만, 업무를 집행하는 사원이 없는 경우에는 사원 전원의 동의를 받아야 한다.
③ 제1항과 제2항에도 불구하고 정관으로 그에 관한 사항을 달리 정할 수 있다.
[본조신설 2011·4·14]

제287조의9(유한책임회사에 의한 지분양수의 금지) ① 유한책임회사는 그 지분의 전부 또는 일부를 양수할 수 없다.
② 유한책임회사가 지분을 취득하는 경우에 그 지분은 취득한 때에 소멸한다.
[본조신설 2011·4·14]

제287조의10(업무집행자의 경업 금지) ① 업무집행자는 사원 전원의 동의를 받지 아니하고는 자기 또는 제3자의 계산으로 회사의 영업부류(營業部類)에 속한 거래를 하지 못하며, 같은 종류의 영업을 목적으로 하는 다른 회사의 업무집행자·이사 또는 집행임원이 되지 못한다.
② 업무집행자가 제1항을 위반하여 거래를 한 경우에는 제198조제2항부터 제4항까지의 규정을 준용한다.
[본조신설 2011·4·14]

제287조의11(업무집행자와 유한책임회사 간의 거래) 업무집행자는 다른 사원 과반수의 결의가 있는 경우에만 자기 또는 제3자의 계산으로 회사와 거래를 할 수 있다. 이 경우에는 「민법」 제124조를 적용하지 아니한다.
[본조신설 2011·4·14]

제287조의12(업무의 집행) ① 유한책임회사는 정관으로 사원 또는 사원이 아닌 자를 업무집행자로 정하여야 한다.
② 1명 또는 둘 이상의 업무집행자를 정한 경우에는 업무집행자 각자가 회사의 업무를 집행할 권리와 의무가 있다. 이 경우에는 제201조제2항을 준용한다.
③ 정관으로 둘 이상을 공동업무집행자로 정한 경우에는 그 전원의 동의가 없으면 업무집행에 관한 행위를 하지 못한다.
[본조신설 2011·4·14]

제287조의13(직무대행자의 권한 등) 제287조의5제5항에 따라 선임된 직무대행자의 권한에 대하여는 제200조의2를 준용한다.
[본조신설 2011·4·14]

제287조의14(사원의 감시권) 업무집행자가 아닌 사원의 감시권에 대하여는 제277조를 준용한다.
[본조신설 2011·4·14]

제287조의15(법인이 업무집행자인 경우의 특칙) ① 법인이 업무집행자인 경우에는 그 법인은 해당 업무집행자의 직무를 행할 자를 선임하고, 그 자의 성명과 주소를 다른 사원에게 통지하여야 한다.
② 제1항에 따라 선임된 직무수행자에 대하여는 제287조의11과 제287조의12를 준용한다.
〔본조신설 2011·4·14〕

제287조의16(정관의 변경) 정관에 다른 규정이 없는 경우 정관을 변경하려면 총사원의 동의가 있어야 한다.
〔본조신설 2011·4·14〕

제287조의17(업무집행자 등의 권한상실 선고) ① 업무집행자의 업무집행권한의 상실에 관하여는 제205조를 준용한다.
② 제1항의 소(訴)는 본점소재지의 지방법원의 관할에 전속한다.
〔본조신설 2011·4·14〕

제287조의18(준용규정) 유한책임회사의 내부관계에 관하여는 정관이나 이 법에 다른 규정이 없으면 합명회사에 관한 규정을 준용한다.
〔본조신설 2011·4·14〕

제3절 유한책임회사의 외부관계

제287조의19(유한책임회사의 대표) ① 업무집행자는 유한책임회사를 대표한다.
② 업무집행자가 둘 이상인 경우 정관 또는 총사원의 동의로 유한책임회사를 대표할 업무집행자를 정할 수 있다.
③ 유한책임회사는 정관 또는 총사원의 동의로 둘 이상의 업무집행자가 공동으로 회사를 대표할 것을 정할 수 있다.
④ 제3항의 경우에 제3자의 유한책임회사에 대한 의사표시는 공동대표의 권한이 있는 자 1인에 대하여 함으로써 그 효력이 생긴다.
⑤ 유한책임회사를 대표하는 업무집행자에 대하여는 제209조를 준용한다.
〔본조신설 2011·4·14〕

제287조의20(손해배상책임) 유한책임회사를 대표하는 업무집행자가 그 업무집행으로 타인에게 손해를 입힌 경우에는 회사는 그 업무집행자와 연대하여 배상할 책임이 있다.
〔본조신설 2011·4·14〕

제287조의21(유한책임회사와 사원 간의 소) 유한책임회사가 사원(사원이 아닌 업무집행자를 포함한다. 이하 이 조에서 같다)에 대하여 또는 사원이 유한책임회사에 대하여 소를 제기하는 경우에 유한책임회사를 대표할 사원이 없을 때에는 다른 사원 과반수의 결의로 대표할 사원을 선정하여야 한다.
〔본조신설 2011·4·14〕

제287조의22(대표소송) ① 사원은 회사에 대하여 업무집행자의 책임을 추궁하는 소의 제기를 청구할 수 있다.
② 제1항의 소에 관하여는 제403조제2항부터 제4항까지, 제6항, 제7항 및 제404조부터 제406조까지의 규정을 준용한다.
〔본조신설 2011·4·14〕

제4절 사원의 가입 및 탈퇴

제287조의23(사원의 가입) ① 유한책임회사는 정관을 변경함으로써 새로운 사원을 가입시킬 수 있다.
② 제1항에 따른 사원의 가입은 정관을 변경한 때에 효력이 발생한다. 다만, 정관을 변경한 때에 해당 사원이 출자에 관한 납입 또는 재산의 전부 또는 일부의 출자를 이행하지 아니한 경우에는 그 납입 또는 이행을 마친 때에 사원이 된다.
③ 사원 가입 시 현물출자를 하는 사원에 대하여는 제287조의4제3항을 준용한다.
〔본조신설 2011·4·14〕

제287조의24(사원의 퇴사권) 사원의 퇴사에 관하여는 정관으로 달리 정하지 아니하는 경우에는 제217조제1항을 준용한다.
〔본조신설 2011·4·14〕

제287조의25(퇴사 원인) 사원의 퇴사 원인에 관하여는 제218조를 준용한다.
〔본조신설 2011·4·14〕

제287조의26(사원사망 시 권리승계의 통지) 사원이 사망한 경우에는 제219조를 준용한다.
〔본조신설 2011·4·14〕

제287조의27(제명의 선고) 사원의 제명에 관하여는 제220조를 준용한다. 다만, 사원의

제명에 필요한 결의는 정관으로 달리 정할 수 있다.
〔본조신설 2011·4·14〕

제287조의28(퇴사 사원 지분의 환급) ① 퇴사 사원은 그 지분의 환급을 금전으로 받을 수 있다.
② 퇴사 사원에 대한 환급금액은 퇴사 시의 회사의 재산 상황에 따라 정한다.
③ 퇴사 사원의 지분 환급에 대하여는 정관으로 달리 정할 수 있다.
〔본조신설 2011·4·14〕

제287조의29(지분압류채권자에 의한 퇴사) 사원의 지분을 압류한 채권자가 그 사원을 퇴사시키는 경우에는 제224조를 준용한다.
〔본조신설 2011·4·14〕

제287조의30(퇴사 사원의 지분 환급과 채권자의 이의) ① 유한책임회사의 채권자는 퇴사하는 사원에게 환급하는 금액이 제287조의37에 따른 잉여금을 초과한 경우에는 그 환급에 대하여 회사에 이의를 제기할 수 있다.
② 제1항의 이의제기에 관하여는 제232조를 준용한다. 다만, 제232조제3항은 지분을 환급하더라도 채권자에게 손해를 끼칠 우려가 없는 경우에는 준용하지 아니한다.
〔본조신설 2011·4·14〕

제287조의31(퇴사 사원의 상호변경 청구권) 퇴사한 사원의 성명이 유한책임회사의 상호 중에 사용된 경우에는 그 사원은 유한책임회사에 대하여 그 사용의 폐지를 청구할 수 있다.
〔본조신설 2011·4·14〕

제5절 회계 등

제287조의32(회계 원칙) 유한책임회사의 회계는 이 법과 대통령령으로 규정한 것 외에는 일반적으로 공정하고 타당한 회계관행에 따른다.
〔본조신설 2011·4·14〕

제287조의33(재무제표의 작성 및 보존) 업무집행자는 결산기마다 대차대조표, 손익계산서, 그 밖에 유한책임회사의 재무상태와 경영성과를 표시하는 것으로서 대통령령으로 정하는 서류를 작성하여야 한다.
〔본조신설 2011·4·14〕

제287조의34(재무제표의 비치·공시) ① 업무집행자는 제287조의33에 규정된 서류를 본점에 5년간 갖추어 두어야 하고, 그 등본을 지점에 3년간 갖추어 두어야 한다.
② 사원과 유한책임회사의 채권자는 회사의 영업시간 내에는 언제든지 제287조의33에 따라 작성된 재무제표(財務諸表)의 열람과 등사를 청구할 수 있다.
〔본조신설 2011·4·14〕

제287조의35(자본금의 액) 사원이 출자한 금전이나 그 밖의 재산의 가액을 유한책임회사의 자본금으로 한다.
〔본조신설 2011·4·14〕

제287조의36(자본금의 감소) ① 유한책임회사는 정관 변경의 방법으로 자본금을 감소할 수 있다.
② 제1항의 경우에는 제232조를 준용한다. 다만, 감소 후의 자본금의 액이 순자산액 이상인 경우에는 그러하지 아니하다.
〔본조신설 2011·4·14〕

제287조의37(잉여금의 분배) ① 유한책임회사는 대차대조표상의 순자산액으로부터 자본금의 액을 뺀 액(이하 이 조에서 "잉여금"이라 한다)을 한도로 하여 잉여금을 분배할 수 있다.
② 제1항을 위반하여 잉여금을 분배한 경우에는 유한책임회사의 채권자는 그 잉여금을 분배받은 자에 대하여 회사에 반환할 것을 청구할 수 있다.
③ 제2항의 청구에 관한 소는 본점소재지의 지방법원의 관할에 전속한다.
④ 잉여금은 정관에 다른 규정이 없으면 각 사원이 출자한 가액에 비례하여 분배한다.
⑤ 잉여금의 분배를 청구하는 방법이나 그 밖에 잉여금의 분배에 관한 사항은 정관으로 정할 수 있다.
⑥ 사원의 지분의 압류는 잉여금의 배당을 청구하는 권리에 대하여도 그 효력이 있다.
〔본조신설 2011·4·14〕

제6절 해산

제287조의38(해산 원인) 유한책임회사는 다음 각 호의 어느 하나에 해당하는 사유로 해산한다.

1. 제227조제1호·제2호 및 제4호부터 제6호까지에서 규정한 사항에 해당하는 경우
2. 사원이 없게 된 경우

〔본조신설 2011·4·14〕

제287조의39(해산등기) 유한책임회사가 해산된 경우에는 합병과 파산의 경우 외에는 그 해산사유가 있었던 날부터 2주일 내에 본점의 소재지에서 해산등기를 하여야 한다.
<개정 2024·9·20>
〔본조신설 2011·4·14〕

제287조의40(유한책임회사의 계속) 제287조의38의 해산 원인 중 제227조제1호 및 제2호의 경우에는 제229조제1항 및 제3항을 준용한다.
〔본조신설 2011·4·14〕

제287조의41(유한책임회사의 합병) 유한책임회사의 합병에 관하여는 제230조, 제232조부터 제240조까지의 규정을 준용한다.
〔본조신설 2011·4·14〕

제287조의42(해산청구) 유한책임회사의 사원이 해산을 청구하는 경우에는 제241조를 준용한다.
〔본조신설 2011·4·14〕

제7절 조직변경

제287조의43(조직의 변경) ① 주식회사는 총회에서 총주주의 동의로 결의한 경우에는 그 조직을 변경하여 이 장에 따른 유한책임회사로 할 수 있다.
② 유한책임회사는 총사원의 동의에 의하여 주식회사로 변경할 수 있다.
〔본조신설 2011·4·14〕

제287조의44(준용규정) 유한책임회사의 조직의 변경에 관하여는 제232조 및 제604조부터 제607조까지의 규정을 준용한다.
〔본조신설 2011·4·14〕

제8절 청산

제287조의45(청산) 유한책임회사의 청산(清算)에 관하여는 제245조, 제246조, 제251조부터 제257조까지 및 제259조부터 제267조까지의 규정을 준용한다.
〔본조신설 2011·4·14〕

제4장 주식회사

제1절 설립

제288조(발기인) 주식회사를 설립함에는 발기인이 정관을 작성하여야 한다.
〔전부개정 2001·7·24〕

제289조(정관의 작성, 절대적 기재사항) ① 발기인은 정관을 작성하여 다음의 사항을 적고 각 발기인이 기명날인 또는 서명하여야 한다. <개정 1984·4·10, 1995·12·29, 2001·7·24, 2011·4·14>
1. 목적
2. 상호
3. 회사가 발행할 주식의 총수
4. 액면주식을 발행하는 경우 1주의 금액
5. 회사의 설립시에 발행하는 주식의 총수
6. 본점의 소재지
7. 회사가 공고를 하는 방법
8. 발기인의 성명·주민등록번호 및 주소
9. 삭제 <1984·4·10>

② 삭제 <2011·4·14>
③ 회사의 공고는 관보 또는 시사에 관한 사항을 게재하는 일간신문에 하여야 한다. 다만, 회사는 그 공고를 정관으로 정하는 바에 따라 전자적 방법으로 할 수 있다. <개정 2009·5·28>
④ 회사는 제3항에 따라 전자적 방법으로 공고할 경우 대통령령으로 정하는 기간까지 계속 공고하고, 재무제표를 전자적 방법으로 공고할 경우에는 제450조에서 정한 기간까지 계속 공고하여야 한다. 다만, 공고기간 이후에도 누구나 그 내용을 열람할 수 있도록 하여야 한다. <신설 2009·5·28>
⑤ 회사가 전자적 방법으로 공고를 할 경우에는 게시 기간과 게시 내용에 대하여 증명하여야 한다. <신설 2009·5·28>
⑥ 회사의 전자적 방법으로 하는 공고에 관하여 필요한 사항은 대통령령으로 정한다. <신설 2009·5·28>

제290조(변태설립사항) 다음의 사항은 정관에 기재함으로써 그 효력이 있다.
1. 발기인이 받을 특별이익과 이를 받을 자의 성명
2. 현물출자를 하는 자의 성명과 그 목적인

재산의 종류, 수량, 가격과 이에 대하여 부여할 주식의 종류와 수
3. 회사성립후에 양수할 것을 약정한 재산의 종류, 수량, 가격과 그 양도인의 성명
4. 회사가 부담할 설립비용과 발기인이 받을 보수액

제291조(설립 당시의 주식발행사항의 결정) 회사설립 시에 발행하는 주식에 관하여 다음의 사항은 정관으로 달리 정하지 아니하면 발기인 전원의 동의로 이를 정한다.
1. 주식의 종류와 수
2. 액면주식의 경우에 액면 이상의 주식을 발행할 때에는 그 수와 금액
3. 무액면주식을 발행하는 경우에는 주식의 발행가액과 주식의 발행가액 중 자본금으로 계상하는 금액

〔전부개정 2011·4·14〕

제292조(정관의 효력발생) 정관은 공증인의 인증을 받음으로써 효력이 생긴다. 다만, 자본금 총액이 10억원 미만인 회사를 제295조제1항에 따라 발기설립(發起設立)하는 경우에는 제289조제1항에 따라 각 발기인이 정관에 기명날인 또는 서명함으로써 효력이 생긴다.

〔전부개정 2009·5·28〕

제293조(발기인의 주식인수) 각 발기인은 서면에 의하여 주식을 인수하여야 한다.

제294조 삭제 <1995·12·29>

제295조(발기설립의 경우의 납입과 현물출자의 이행) ① 발기인이 회사의 설립시에 발행하는 주식의 총수를 인수한 때에는 지체없이 각 주식에 대하여 그 인수가액의 전액을 납입하여야 한다. 이 경우 발기인은 납입을 맡을 은행 기타 금융기관과 납입장소를 지정하여야 한다. <개정 1995·12·29>

② 현물출자를 하는 발기인은 납입기일에 지체없이 출자의 목적인 재산을 인도하고 등기, 등록 기타 권리의 설정 또는 이전을 요할 경우에는 이에 관한 서류를 완비하여 교부하여야 한다.

제296조(발기설립의 경우의 임원선임) ① 전조의 규정에 의한 납입과 현물출자의 이행이 완료된 때에는 발기인은 지체없이 의결권의 과반수로 이사와 감사를 선임하여야 한다.

② 발기인의 의결권은 그 인수주식의 1주에 대하여 1개로 한다.

제297조(발기인의 의사록작성) 발기인은 의사록을 작성하여 의사의 경과와 그 결과를 기재하고 기명날인 또는 서명하여야 한다. <개정 1995·12·29>

제298조(이사·감사의 조사·보고와 검사인의 선임청구) ① 이사와 감사는 취임후 지체없이 회사의 설립에 관한 모든 사항이 법령 또는 정관의 규정에 위반되지 아니하는지의 여부를 조사하여 발기인에게 보고하여야 한다.

② 이사와 감사중 발기인이었던 자·현물출자자 또는 회사성립후 양수할 재산의 계약당사자인 자는 제1항의 조사·보고에 참가하지 못한다.

③ 이사와 감사의 전원이 제2항에 해당하는 때에는 이사는 공증인으로 하여금 제1항의 조사·보고를 하게 하여야 한다.

④ 정관으로 제290조 각호의 사항을 정한 때에는 이사는 이에 관한 조사를 하게 하기 위하여 검사인의 선임을 법원에 청구하여야 한다. 다만, 제299조의2의 경우에는 그러하지 아니하다.

〔전부개정 1995·12·29〕

제299조(검사인의 조사, 보고) ① 검사인은 제290조 각 호의 사항과 제295조에 따른 현물출자의 이행을 조사하여 법원에 보고하여야 한다.

② 제1항은 다음 각 호의 어느 하나에 해당할 경우에는 적용하지 아니한다.
1. 제290조제2호 및 제3호의 재산총액이 자본금의 5분의 1을 초과하지 아니하고 대통령령으로 정한 금액을 초과하지 아니하는 경우
2. 제290조제2호 또는 제3호의 재산이 거래소에서 시세가 있는 유가증권인 경우로서 정관에 적힌 가격이 대통령령으로 정한 방법으로 산정된 시세를 초과하지 아니하는 경우
3. 그 밖에 제1호 및 제2호에 준하는 경우로서 대통령령으로 정하는 경우

③ 검사인은 제1항의 조사보고서를 작성한 후 지체 없이 그 등본을 각 발기인에게 교부하여야 한다.

④ 검사인의 조사보고서에 사실과 다른 사항이 있는 경우에는 발기인은 이에 대한 설명서를 법원에 제출할 수 있다.
〔전부개정 2011·4·14〕

제299조의2(현물출자 등의 증명) 제290조제1호 및 제4호에 기재한 사항에 관하여는 공증인의 조사·보고로, 제290조제2호 및 제3호의 규정에 의한 사항과 제295조의 규정에 의한 현물출자의 이행에 관하여는 공인된 감정인의 감정으로 제299조제1항의 규정에 의한 검사인의 조사에 갈음할 수 있다. 이 경우 공증인 또는 감정인은 조사 또는 감정결과를 법원에 보고하여야 한다. <개정 1998·12·28>
〔본조신설 1995·12·29〕

제300조(법원의 변경처분) ① 법원은 검사인 또는 공증인의 조사보고서 또는 감정인의 감정결과와 발기인의 설명서를 심사하여 제290조의 규정에 의한 사항을 부당하다고 인정한 때에는 이를 변경하여 각 발기인에게 통고할 수 있다. <개정 1998·12·28>
② 제1항의 변경에 불복하는 발기인은 그 주식의 인수를 취소할 수 있다. 이 경우에는 정관을 변경하여 설립에 관한 절차를 속행할 수 있다. <개정 1998·12·28>
③ 법원의 통고가 있은 후 2주내에 주식의 인수를 취소한 발기인이 없는 때에는 정관은 통고에 따라서 변경된 것으로 본다. <개정 1998·12·28>

제301조(모집설립의 경우의 주주모집) 발기인이 회사의 설립시에 발행하는 주식의 총수를 인수하지 아니하는 때에는 주주를 모집하여야 한다.

제302조(주식인수의 청약, 주식청약서의 기재사항) ① 주식인수의 청약을 하고자 하는 자는 주식청약서 2통에 인수할 주식의 종류 및 수와 주소를 기재하고 기명날인 또는 서명하여야 한다. <개정 1995·12·29>
② 주식청약서는 발기인이 작성하고 다음의 사항을 적어야 한다. <개정 1962·12·12, 1984·4·10, 1995·12·29, 2011·4·14>
1. 정관의 인증연월일과 공증인의 성명
2. 제289조제1항과 제290조에 게기한 사항
3. 회사의 존립기간 또는 해산사유를 정한 때에는 그 규정
4. 각 발기인이 인수한 주식의 종류와 수
5. 제291조에 게기한 사항
5의2. 주식의 양도에 관하여 이사회의 승인을 얻도록 정한 때에는 그 규정
6. 삭제 <2011·4·14>
7. 주주에게 배당할 이익으로 주식을 소각할 것을 정한 때에는 그 규정
8. 일정한 시기까지 창립총회를 종결하지 아니한 때에는 주식의 인수를 취소할 수 있다는 뜻
9. 납입을 맡을 은행 기타 금융기관과 납입장소
10. 명의개서대리인을 둔 때에는 그 성명·주소 및 영업소
③ 민법 제107조제1항 단서의 규정은 주식인수의 청약에는 적용하지 아니한다. <개정 1962·12·12>

제303조(주식인수인의 의무) 주식인수를 청약한 자는 발기인이 배정한 주식의 수에 따라서 인수가액을 납입할 의무를 부담한다.

제304조(주식인수인 등에 대한 통지, 최고) ① 주식인수인 또는 주식청약인에 대한 통지나 최고는 주식인수증 또는 주식청약서에 기재한 주소 또는 그 자로부터 회사에 통지한 주소로 하면 된다.
② 전항의 통지 또는 최고는 보통 그 도달할 시기에 도달한 것으로 본다.

제305조(주식에 대한 납입) ① 회사설립시에 발행하는 주식의 총수가 인수된 때에는 발기인은 지체없이 주식인수인에 대하여 각 주식에 대한 인수가액의 전액을 납입시켜야 한다.
② 전항의 납입은 주식청약서에 기재한 납입장소에서 하여야 한다.
③ 제295조제2항의 규정은 제1항의 경우에 준용한다.

제306조(납입금의 보관자 등의 변경) 납입금의 보관자 또는 납입장소를 변경할 때에는 법원의 허가를 얻어야 한다.

제307조(주식인수인의 실권절차) ① 주식인수인이 제305조의 규정에 의한 납입을 하지 아니한 때에는 발기인은 일정한 기일을 정하여 그 기일내에 납입을 하지 아니하면 그 권리를 잃는다는 뜻을 기일의 2주간전에 그 주식인수인에게 통지하여야 한다.

② 전항의 통지를 받은 주식인수인이 그 기일내에 납입의 이행을 하지 아니한 때에는 그 권리를 잃는다. 이 경우에는 발기인은 다시 그 주식에 대한 주주를 모집할 수 있다.

③ 전 2 항의 규정은 그 주식인수인에 대한 손해배상의 청구에 영향을 미치지 아니한다.

제308조(창립총회) ① 제305조의 규정에 의한 납입과 현물출자의 이행을 완료한 때에는 발기인은 지체없이 창립총회를 소집하여야 한다.

② 제363조제 1 항 · 제 2 항, 제364조, 제368조제 2 항 · 제 3 항, 제368조의2, 제369조제 1 항, 제371조제 2 항, 제372조, 제373조, 제376조 내지 제381조와 제435조의 규정은 창립총회에 준용한다. <개정 1984 · 4 · 10, 2014 · 5 · 20>

제309조(창립총회의 결의) 창립총회의 결의는 출석한 주식인수인의 의결권의 3분의 2 이상이며 인수된 주식의 총수의 과반수에 해당하는 다수로 하여야 한다.

제310조(변태설립의 경우의 조사) ① 정관으로 제290조에 게기한 사항을 정한 때에는 발기인은 이에 관한 조사를 하게 하기 위하여 검사인의 선임을 법원에 청구하여야 한다.

② 전항의 검사인의 보고서는 이를 창립총회에 제출하여야 한다.

③ 제298조제 4 항 단서 및 제299조의2의 규정은 제 1 항의 조사에 관하여 이를 준용한다. <신설 1995 · 12 · 29>

제311조(발기인의 보고) ① 발기인은 회사의 창립에 관한 사항을 서면에 의하여 창립총회에 보고하여야 한다.

② 전항의 보고서에는 다음의 사항을 명확히 기재하여야 한다.

1. 주식인수와 납입에 관한 제반상황
2. 제290조에 게기한 사항에 관한 실태

제312조(임원의 선임) 창립총회에서는 이사와 감사를 선임하여야 한다.

제313조(이사, 감사의 조사, 보고) ① 이사와 감사는 취임후 지체없이 회사의 설립에 관한 모든 사항이 법령 또는 정관의 규정에 위반되지 아니하는지의 여부를 조사하여 창립총회에 보고하여야 한다. <개정 1995 · 12 · 29>

② 제298조제 2 항 및 제 3 항의 규정은 제 1 항의 조사와 보고에 관하여 이를 준용한다. <개정 1995 · 12 · 29>

③ 삭제 <1995 · 12 · 29>

제314조(변태설립사항의 변경) ① 창립총회에서는 제290조에 게기한 사항이 부당하다고 인정한 때에는 이를 변경할 수 있다.

② 제300조제 2 항과 제 3 항의 규정은 전항의 경우에 준용한다.

제315조(발기인에 대한 손해배상청구) 전조의 규정은 발기인에 대한 손해배상의 청구에 영향을 미치지 아니한다.

제316조(정관변경, 설립폐지의 결의) ① 창립총회에서는 정관의 변경 또는 설립의 폐지를 결의할 수 있다.

② 전항의 결의는 소집통지서에 그 뜻의 기재가 없는 경우에도 이를 할 수 있다.

제317조(설립의 등기) ① 주식회사의 설립등기는 발기인이 회사설립시에 발행한 주식의 총수를 인수한 경우에는 제299조와 제300조의 규정에 의한 절차가 종료한 날로부터, 발기인이 주주를 모집한 경우에는 창립총회가 종결한 날 또는 제314조의 규정에 의한 절차가 종료한 날로부터 2주간내에 이를 하여야 한다.

② 제 1 항의 설립등기에 있어서는 다음의 사항을 등기하여야 한다. <개정 1962 · 12 · 12, 1984 · 4 · 10, 1995 · 12 · 29, 1999 · 12 · 31, 2009 · 1 · 30, 2011 · 4 · 14>

1. 제289조제 1 항제 1 호 내지 제 4 호, 제 6 호와 제 7 호에 게기한 사항
2. 자본금의 액
3. 발행주식의 총수, 그 종류와 각종주식의 내용과 수

3의2. 주식의 양도에 관하여 이사회의 승인을 얻도록 정한 때에는 그 규정

3의3. 주식매수선택권을 부여하도록 정한 때에는 그 규정

3의4. 지점의 소재지

4. 회사의 존립기간 또는 해산사유를 정한 때에는 그 기간 또는 사유
5. 삭제 <2011 · 4 · 14>
6. 주주에게 배당할 이익으로 주식을 소각할 것을 정한 때에는 그 규정
7. 전환주식을 발행하는 경우에는 제347조에 게기한 사항

8. 사내이사, 사외이사, 그 밖에 상무에 종사하지 아니하는 이사, 감사 및 집행임원의 성명과 주민등록번호
9. 회사를 대표할 이사 또는 집행임원의 성명·주민등록번호 및 주소
10. 둘 이상의 대표이사 또는 대표집행임원이 공동으로 회사를 대표할 것을 정한 경우에는 그 규정
11. 명의개서대리인을 둔 때에는 그 상호 및 본점소재지
12. 감사위원회를 설치한 때에는 감사위원회 위원의 성명 및 주민등록번호

③ 삭제 <2024·9·20>

④ 제181조 내지 제183조의 규정은 주식회사의 등기에 준용한다.

제318조(납입금 보관자의 증명과 책임) ① 납입금을 보관한 은행이나 그 밖의 금융기관은 발기인 또는 이사의 청구를 받으면 그 보관금액에 관하여 증명서를 발급하여야 한다.

② 제1항의 은행이나 그 밖의 금융기관은 증명한 보관금액에 대하여는 납입이 부실하거나 그 금액의 반환에 제한이 있다는 것을 이유로 회사에 대항하지 못한다.

③ 자본금 총액이 10억원 미만인 회사를 제295조제1항에 따라 발기설립하는 경우에는 제1항의 증명서를 은행이나 그 밖의 금융기관의 잔고증명서로 대체할 수 있다.

〔전부개정 2009·5·28〕

제319조(권리주의 양도) 주식의 인수로 인한 권리의 양도는 회사에 대하여 효력이 없다.

제320조(주식인수의 무효주장, 취소의 제한) ① 회사성립후에는 주식을 인수한 자는 주식청약서의 요건의 흠결을 이유로 하여 그 인수의 무효를 주장하거나 사기, 강박 또는 착오를 이유로 하여 그 인수를 취소하지 못한다.

② 창립총회에 출석하여 그 권리를 행사한 자는 회사의 성립전에도 전항과 같다.

제321조(발기인의 인수, 납입담보책임) ① 회사설립시에 발행한 주식으로서 회사성립후에 아직 인수되지 아니한 주식이 있거나 주식인수의 청약이 취소된 때에는 발기인이 이를 공동으로 인수한 것으로 본다.

② 회사성립후 제295조제1항 또는 제305조제1항의 규정에 의한 납입을 완료하지 아니한 주식이 있는 때에는 발기인은 연대하여 그 납입을 하여야 한다.

③ 제315조의 규정은 전2항의 경우에 준용한다.

제322조(발기인의 손해배상책임) ① 발기인이 회사의 설립에 관하여 그 임무를 해태한 때에는 그 발기인은 회사에 대하여 연대하여 손해를 배상할 책임이 있다.

② 발기인이 악의 또는 중대한 과실로 인하여 그 임무를 해태한 때에는 그 발기인은 제삼자에 대하여도 연대하여 손해를 배상할 책임이 있다.

제323조(발기인, 임원의 연대책임) 이사 또는 감사가 제313조제1항의 규정에 의한 임무를 해태하여 회사 또는 제삼자에 대하여 손해를 배상할 책임을 지는 경우에 발기인도 책임을 질때에는 그 이사, 감사와 발기인은 연대하여 손해를 배상할 책임이 있다.

제324조(발기인의 책임면제, 주주의 대표소송) 제400조, 제403조부터 제406조까지 및 제406조의2는 발기인에 준용한다. <개정 2020·12·29>

제325조(검사인의 손해배상책임) 법원이 선임한 검사인이 악의 또는 중대한 과실로 인하여 그 임무를 해태한 때에는 회사 또는 제삼자에 대하여 손해를 배상할 책임이 있다.

제326조(회사불성립의 경우의 발기인의 책임) ① 회사가 성립하지 못한 경우에는 발기인은 그 설립에 관한 행위에 대하여 연대하여 책임을 진다.

② 전항의 경우에 회사의 설립에 관하여 지급한 비용은 발기인이 부담한다.

제327조(유사발기인의 책임) 주식청약서 기타 주식모집에 관한 서면에 성명과 회사의 설립에 찬조하는 뜻을 기재할 것을 승낙한 자는 발기인과 동일한 책임이 있다.

제328조(설립무효의 소) ① 회사설립의 무효는 주주·이사 또는 감사에 한하여 회사성립의 날로부터 2년내에 소만으로 이를 주장할 수 있다. <개정 1984·4·10>

② 제186조 내지 제193조의 규정은 제1항의 소에 준용한다. <개정 1984·4·10>

제 2 절 주식

제 1 관 주식과 주권

제329조(자본금의 구성) ① 회사는 정관으로 정한 경우에는 주식의 전부를 무액면주식으로 발행할 수 있다. 다만, 무액면주식을 발행하는 경우에는 액면주식을 발행할 수 없다.

② 액면주식의 금액은 균일하여야 한다.

③ 액면주식 1주의 금액은 100원 이상으로 하여야 한다.

④ 회사는 정관으로 정하는 바에 따라 발행된 액면주식을 무액면주식으로 전환하거나 무액면주식을 액면주식으로 전환할 수 있다.

⑤ 제 4 항의 경우에는 제440조, 제441조 본문 및 제442조를 준용한다.

〔전부개정 2011 · 4 · 14〕

제329조의2(주식의 분할) ① 회사는 제434조의 규정에 의한 주주총회의 결의로 주식을 분할할 수 있다.

② 제 1 항의 경우에 분할 후의 액면주식 1주의 금액은 제329조제 3 항에 따른 금액 미만으로 하지 못한다. <개정 2011 · 4 · 14>

③ 제440조부터 제443조까지의 규정은 제 1 항의 규정에 의한 주식분할의 경우에 이를 준용한다. <개정 2014 · 5 · 20>

〔본조신설 1998 · 12 · 28〕

제330조(액면미달발행의 제한) 주식은 액면미달의 가액으로 발행하지 못한다. 그러나 제417조의 경우에는 그러하지 아니하다. <개정 1962 · 12 · 12>

제331조(주주의 책임) 주주의 책임은 그가 가진 주식의 인수가액을 한도로 한다.

제332조(가설인, 타인의 명의에 의한 인수인의 책임) ① 가설인의 명의로 주식을 인수하거나 타인의 승낙없이 그 명의로 주식을 인수한 자는 주식인수인으로서의 책임이 있다.

② 타인의 승낙을 얻어 그 명의로 주식을 인수한 자는 그 타인과 연대하여 납입할 책임이 있다.

제333조(주식의 공유) ① 수인이 공동으로 주식을 인수한 자는 연대하여 납입할 책임이 있다.

② 주식이 수인의 공유에 속하는 때에는 공유자는 주주의 권리를 행사할 자 1인을 정하여야 한다.

③ 주주의 권리를 행사할 자가 없는 때에는 공유자에 대한 통지나 최고는 그 1인에 대하여 하면 된다.

제334조 삭제 <2011 · 4 · 14>

제335조(주식의 양도성) ① 주식은 타인에게 양도할 수 있다. 다만, 회사는 정관으로 정하는 바에 따라 그 발행하는 주식의 양도에 관하여 이사회의 승인을 받도록 할 수 있다. <개정 2011 · 4 · 14>

② 제 1 항 단서의 규정에 위반하여 이사회의 승인을 얻지 아니한 주식의 양도는 회사에 대하여 효력이 없다. <신설 1995 · 12 · 29>

③ 주권발행전에 한 주식의 양도는 회사에 대하여 효력이 없다. 그러나 회사성립후 또는 신주의 납입기일후 6월이 경과한 때에는 그러하지 아니하다. <개정 1984 · 4 · 10>

제335조의2(양도승인의 청구) ① 주식의 양도에 관하여 이사회의 승인을 얻어야 하는 경우에는 주식을 양도하고자 하는 주주는 회사에 대하여 양도의 상대방 및 양도하고자 하는 주식의 종류와 수를 기재한 서면으로 양도의 승인을 청구할 수 있다.

② 회사는 제 1 항의 청구가 있는 날부터 1월 이내에 주주에게 그 승인여부를 서면으로 통지하여야 한다.

③ 회사가 제 2 항의 기간내에 주주에게 거부의 통지를 하지 아니한 때에는 주식의 양도에 관하여 이사회의 승인이 있는 것으로 본다.

④ 제 2 항의 양도승인거부의 통지를 받은 주주는 통지를 받은 날부터 20일내에 회사에 대하여 양도의 상대방의 지정 또는 그 주식의 매수를 청구할 수 있다.

〔본조신설 1995 · 12 · 29〕

제335조의3(양도상대방의 지정청구) ① 주주가 양도의 상대방을 지정하여 줄 것을 청구한 경우에는 이사회는 이를 지정하고, 그 청구가 있은 날부터 2주간내에 주주 및 지정된 상대방에게 서면으로 이를 통지하여야 한다.

② 제 1 항의 기간내에 주주에게 상대방지정의 통지를 하지 아니한 때에는 주식의 양도에 관하여 이사회의 승인이 있는 것으로 본다.
〔본조신설 1995·12·29〕

제335조의4(지정된 자의 매도청구권) ① 제335조의3제 1 항의 규정에 의하여 상대방으로 지정된 자는 지정통지를 받은 날부터 10일 이내에 지정청구를 한 주주에 대하여 서면으로 그 주식을 자기에게 매도할 것을 청구할 수 있다.
② 제335조의3제 2 항의 규정은 주식의 양도상대방으로 지정된 자가 제 1 항의 기간내에 매도의 청구를 하지 아니한 때에 이를 준용한다.
〔본조신설 1995·12·29〕

제335조의5(매도가액의 결정) ① 제335조의4의 경우에 그 주식의 매도가액은 주주와 매도청구인간의 협의로 이를 결정한다. <개정 2001·7·24>
② 제374조의2제 4 항 및 제 5 항의 규정은 제335조의4제 1 항의 규정에 의한 청구를 받은 날부터 30일 이내에 제 1 항의 규정에 의한 협의가 이루어지지 아니하는 경우에 이를 준용한다. <개정 2001·7·24>
〔본조신설 1995·12·29〕

제335조의6(주식의 매수청구) 제374조의2제 2 항 내지 제 5 항의 규정은 제335조의2제 4 항의 규정에 의하여 주주가 회사에 대하여 주식의 매수를 청구한 경우에 이를 준용한다. <개정 2001·7·24>
〔본조신설 1995·12·29〕

제335조의7(주식의 양수인에 의한 승인청구) ① 주식의 양도에 관하여 이사회의 승인을 얻어야 하는 경우에 주식을 취득한 자는 회사에 대하여 그 주식의 종류와 수를 기재한 서면으로 그 취득의 승인을 청구할 수 있다.
② 제335조의2제 2 항 내지 제 4 항, 제335조의3 내지 제335조의6의 규정은 제 1 항의 경우에 이를 준용한다.
〔본조신설 1995·12·29〕

제336조(주식의 양도방법) ① 주식의 양도에 있어서는 주권을 교부하여야 한다.
② 주권의 점유자는 이를 적법한 소지인으로 추정한다.
〔전부개정 1984·4·10〕

제337조(주식의 이전의 대항요건) ① 주식의 이전은 취득자의 성명과 주소를 주주명부에 기재하지 아니하면 회사에 대항하지 못한다. <개정 2014·5·20>
② 회사는 정관이 정하는 바에 의하여 명의개서대리인을 둘 수 있다. 이 경우 명의개서대리인이 취득자의 성명과 주소를 주주명부의 복본에 기재한 때에는 제 1 항의 명의개서가 있는 것으로 본다. <신설 1984·4·10>

제338조(주식의 입질) ① 주식을 질권의 목적으로 하는 때에는 주권을 질권자에게 교부하여야 한다. <개정 2014·5·20>
② 질권자는 계속하여 주권을 점유하지 아니하면 그 질권으로써 제삼자에게 대항하지 못한다.

제339조(질권의 물상대위) 주식의 소각, 병합, 분할 또는 전환이 있는 때에는 이로 인하여 종전의 주주가 받을 금전이나 주식에 대하여도 종전의 주식을 목적으로 한 질권을 행사할 수 있다. <개정 1998·12·28>

제340조(주식의 등록질) ① 주식을 질권(質權)의 목적으로 한 경우에 회사가 질권설정자의 청구에 따라 그 성명과 주소를 주주명부에 덧붙여 쓰고 그 성명을 주권(株券)에 적은 경우에는 질권자는 회사로부터 이익배당, 잔여재산의 분배 또는 제339조에 따른 금전의 지급을 받아 다른 채권자에 우선하여 자기채권의 변제에 충당할 수 있다. <개정 2011·4·14, 2014·5·20>
② 민법 제353조제 3 항의 규정은 전항의 경우에 준용한다.
③ 제 1 항의 질권자는 회사에 대하여 전조의 주식에 대한 주권의 교부를 청구할 수 있다.

제340조의2(주식매수선택권) ① 회사는 정관으로 정하는 바에 따라 제434조의 주주총회의 결의로 회사의 설립·경영 및 기술혁신 등에 기여하거나 기여할 수 있는 회사의 이사, 집행임원, 감사 또는 피용자(被用者)에게 미리 정한 가액(이하 "주식매수선택권의 행사가액"이라 한다)으로 신주를 인수하거나 자기의 주식을 매수할 수 있는 권리(이하 "주식매수선택권"이라 한다)를 부여할 수 있다. 다만, 주식매수선택권의 행사가액이 주식의 실질가액보다 낮은 경우에 회사

는 그 차액을 금전으로 지급하거나 그 차액에 상당하는 자기의 주식을 양도할 수 있다. 이 경우 주식의 실질가액은 주식매수선택권의 행사일을 기준으로 평가한다.
② 다음 각 호의 어느 하나에 해당하는 자에게는 제1항의 주식매수선택권을 부여할 수 없다.
1. 의결권 없는 주식을 제외한 발행주식총수의 100분의 10 이상의 주식을 가진 주주
2. 이사·집행임원·감사의 선임과 해임 등 회사의 주요 경영사항에 대하여 사실상 영향력을 행사하는 자
3. 제1호와 제2호에 규정된 자의 배우자와 직계존비속
③ 제1항에 따라 발행할 신주 또는 양도할 자기의 주식은 회사의 발행주식총수의 100분의 10을 초과할 수 없다.
④ 제1항의 주식매수선택권의 행사가액은 다음 각 호의 가액 이상이어야 한다.
1. 신주를 발행하는 경우에는 주식매수선택권의 부여일을 기준으로 한 주식의 실질가액과 주식의 권면액(券面額) 중 높은 금액. 다만, 무액면주식을 발행한 경우에는 자본으로 계상되는 금액 중 1주에 해당하는 금액을 권면액으로 본다.
2. 자기의 주식을 양도하는 경우에는 주식매수선택권의 부여일을 기준으로 한 주식의 실질가액
〔전부개정 2011·4·14〕

제340조의3(주식매수선택권의 부여) ① 제340조의2제1항의 주식매수선택권에 관한 정관의 규정에는 다음 각호의 사항을 기재하여야 한다.
1. 일정한 경우 주식매수선택권을 부여할 수 있다는 뜻
2. 주식매수선택권의 행사로 발행하거나 양도할 주식의 종류와 수
3. 주식매수선택권을 부여받을 자의 자격요건
4. 주식매수선택권의 행사기간
5. 일정한 경우 이사회결의로 주식매수선택권의 부여를 취소할 수 있다는 뜻
② 제340조의2제1항의 주식매수선택권에 관한 주주총회의 결의에 있어서는 다음 각호의 사항을 정하여야 한다.
1. 주식매수선택권을 부여받을 자의 성명
2. 주식매수선택권의 부여방법
3. 주식매수선택권의 행사가액과 그 조정에 관한 사항
4. 주식매수선택권의 행사기간
5. 주식매수선택권을 부여받을 자 각각에 대하여 주식매수선택권의 행사로 발행하거나 양도할 주식의 종류와 수
③ 회사는 제2항의 주주총회결의에 의하여 주식매수선택권을 부여받은 자와 계약을 체결하고 상당한 기간내에 그에 관한 계약서를 작성하여야 한다.
④ 회사는 제3항의 계약서를 주식매수선택권의 행사기간이 종료할 때까지 본점에 비치하고 주주로 하여금 영업시간내에 이를 열람할 수 있도록 하여야 한다.
〔본조신설 1999·12·31〕

제340조의4(주식매수선택권의 행사) ① 제340조의2제1항의 주식매수선택권은 제340조의3제2항 각호의 사항을 정하는 주주총회결의일부터 2년 이상 재임 또는 재직하여야 이를 행사할 수 있다.
② 제340조의2제1항의 주식매수선택권은 이를 양도할 수 없다. 다만, 동조제2항의 규정에 의하여 주식매수선택권을 행사할 수 있는 자가 사망한 경우에는 그 상속인이 이를 행사할 수 있다.
〔본조신설 1999·12·31〕

제340조의5(준용규정) 제350조제2항, 제351조, 제516조의9제1항·제3항·제4항 및 제516조의10 전단은 주식매수선택권의 행사로 신주를 발행하는 경우에 이를 준용한다. <개정 2011·4·14, 2020·12·29>
〔본조신설 1999·12·31〕

제341조(자기주식의 취득) ① 회사는 다음의 방법에 따라 자기의 명의와 계산으로 자기의 주식을 취득할 수 있다. 다만, 그 취득가액의 총액은 직전 결산기의 대차대조표상의 순자산액에서 제462조제1항 각 호의 금액을 뺀 금액을 초과하지 못한다.
1. 거래소에서 시세(時勢)가 있는 주식의 경우에는 거래소에서 취득하는 방법
2. 제345조제1항의 주식의 상환에 관한 종류주식의 경우 외에 각 주주가 가진 주식 수에 따라 균등한 조건으로 취득하는 것으로서 대통령령으로 정하는 방법

② 제 1 항에 따라 자기주식을 취득하려는 회사는 미리 주주총회의 결의로 다음 각 호의 사항을 결정하여야 한다. 다만, 이사회의 결의로 이익배당을 할 수 있다고 정관으로 정하고 있는 경우에는 이사회의 결의로써 주주총회의 결의를 갈음할 수 있다.
1. 취득할 수 있는 주식의 종류 및 수
2. 취득가액의 총액의 한도
3. 1년을 초과하지 아니하는 범위에서 자기주식을 취득할 수 있는 기간

③ 회사는 해당 영업연도의 결산기에 대차대조표상의 순자산액이 제462조제 1 항 각 호의 금액의 합계액에 미치지 못할 우려가 있는 경우에는 제 1 항에 따른 주식의 취득을 하여서는 아니 된다.

④ 해당 영업연도의 결산기에 대차대조표상의 순자산액이 제462조제 1 항 각 호의 금액의 합계액에 미치지 못함에도 불구하고 회사가 제 1 항에 따라 주식을 취득한 경우 이사는 회사에 대하여 연대하여 그 미치지 못한 금액을 배상할 책임이 있다. 다만, 이사가 제 3 항의 우려가 없다고 판단하는 때에 주의를 게을리하지 아니하였음을 증명한 경우에는 그러하지 아니하다.

〔전부개정 2011 · 4 · 14〕

제341조의2(특정목적에 의한 자기주식의 취득) 회사는 다음 각 호의 어느 하나에 해당하는 경우에는 제341조에도 불구하고 자기의 주식을 취득할 수 있다.
1. 회사의 합병 또는 다른 회사의 영업전부의 양수로 인한 경우
2. 회사의 권리를 실행함에 있어 그 목적을 달성하기 위하여 필요한 경우
3. 단주(端株)의 처리를 위하여 필요한 경우
4. 주주가 주식매수청구권을 행사한 경우

〔전부개정 2011 · 4 · 14〕

제341조의3(자기주식의 질취) 회사는 발행주식총수의 20분의 1을 초과하여 자기의 주식을 질권의 목적으로 받지 못한다. 다만, 제341조의2제 1 호 및 제 2 호의 경우에는 그 한도를 초과하여 질권의 목적으로 할 수 있다.

〔전부개정 2011 · 4 · 14〕

제342조(자기주식의 처분) 회사가 보유하는 자기의 주식을 처분하는 경우에 다음 각 호의 사항으로서 정관에 규정이 없는 것은 이사회가 결정한다.
1. 처분할 주식의 종류와 수
2. 처분할 주식의 처분가액과 납입기일
3. 주식을 처분할 상대방 및 처분방법

〔전부개정 2011 · 4 · 14〕

제342조의2(자회사에 의한 모회사주식의 취득) ① 다른 회사의 발행주식의 총수의 100분의 50을 초과하는 주식을 가진 회사(이하 "모회사"라 한다)의 주식은 다음의 경우를 제외하고는 그 다른 회사(이하 "자회사"라 한다)가 이를 취득할 수 없다. <개정 2001 · 7 · 24>
1. 주식의 포괄적 교환, 주식의 포괄적 이전, 회사의 합병 또는 다른 회사의 영업전부의 양수로 인한 때
2. 회사의 권리를 실행함에 있어 그 목적을 달성하기 위하여 필요한 때

② 제 1 항 각호의 경우 자회사는 그 주식을 취득한 날로부터 6월 이내에 모회사의 주식을 처분하여야 한다.

③ 다른 회사의 발행주식의 총수의 100분의 50을 초과하는 주식을 모회사 및 자회사 또는 자회사가 가지고 있는 경우 그 다른 회사는 이 법의 적용에 있어 그 모회사의 자회사로 본다. <개정 2001 · 7 · 24>

〔본조신설 1984 · 4 · 10〕

제342조의3(다른 회사의 주식취득) 회사가 다른 회사의 발행주식총수의 10분의 1을 초과하여 취득한 때에는 그 다른 회사에 대하여 지체없이 이를 통지하여야 한다.

〔본조신설 1995 · 12 · 29〕

제343조(주식의 소각) ① 주식은 자본금 감소에 관한 규정에 따라서만 소각(消却)할 수 있다. 다만, 이사회의 결의에 의하여 회사가 보유하는 자기주식을 소각하는 경우에는 그러하지 아니하다.

② 자본금감소에 관한 규정에 따라 주식을 소각하는 경우에는 제440조 및 제441조를 준용한다.

〔전부개정 2011 · 4 · 14〕

제343조의2 삭제 <2011 · 4 · 14>

제344조(종류주식) ① 회사는 이익의 배당, 잔여재산의 분배, 주주총회에서의 의결권의 행사, 상환 및 전환 등에 관하여 내용이 다

른 종류의 주식(이하 "종류주식"이라 한다)을 발행할 수 있다.
② 제 1 항의 경우에는 정관으로 각 종류주식의 내용과 수를 정하여야 한다.
③ 회사가 종류주식을 발행하는 때에는 정관에 다른 정함이 없는 경우에도 주식의 종류에 따라 신주의 인수, 주식의 병합·분할·소각 또는 회사의 합병·분할로 인한 주식의 배정에 관하여 특수하게 정할 수 있다.
④ 종류주식 주주의 종류주주총회의 결의에 관하여는 제435조제 2 항을 준용한다.
〔전부개정 2011·4·14〕

제344조의2(이익배당, 잔여재산분배에 관한 종류주식) ① 회사가 이익의 배당에 관하여 내용이 다른 종류주식을 발행하는 경우에는 정관에 그 종류주식의 주주에게 교부하는 배당재산의 종류, 배당재산의 가액의 결정방법, 이익을 배당하는 조건 등 이익배당에 관한 내용을 정하여야 한다.
② 회사가 잔여재산의 분배에 관하여 내용이 다른 종류주식을 발행하는 경우에는 정관에 잔여재산의 종류, 잔여재산의 가액의 결정방법, 그 밖에 잔여재산분배에 관한 내용을 정하여야 한다.
〔본조신설 2011·4·14〕

제344조의3(의결권의 배제·제한에 관한 종류주식) ① 회사가 의결권이 없는 종류주식이나 의결권이 제한되는 종류주식을 발행하는 경우에는 정관에 의결권을 행사할 수 없는 사항과, 의결권행사 또는 부활의 조건을 정한 경우에는 그 조건 등을 정하여야 한다.
② 제 1 항에 따른 종류주식의 총수는 발행주식총수의 4분의 1을 초과하지 못한다. 이 경우 의결권이 없거나 제한되는 종류주식이 발행주식총수의 4분의 1을 초과하여 발행된 경우에는 회사는 지체 없이 그 제한을 초과하지 아니하도록 하기 위하여 필요한 조치를 하여야 한다.
〔본조신설 2011·4·14〕

제345조(주식의 상환에 관한 종류주식) ① 회사는 정관으로 정하는 바에 따라 회사의 이익으로써 소각할 수 있는 종류주식을 발행할 수 있다. 이 경우 회사는 정관에 상환가액, 상환기간, 상환의 방법과 상환할 주식의 수를 정하여야 한다.
② 제 1 항의 경우 회사는 상환대상인 주식의 취득일부터 2주 전에 그 사실을 그 주식의 주주 및 주주명부에 적힌 권리자에게 따로 통지하여야 한다. 다만, 통지는 공고로 갈음할 수 있다.
③ 회사는 정관으로 정하는 바에 따라 주주가 회사에 대하여 상환을 청구할 수 있는 종류주식을 발행할 수 있다. 이 경우 회사는 정관에 주주가 회사에 대하여 상환을 청구할 수 있다는 뜻, 상환가액, 상환청구기간, 상환의 방법을 정하여야 한다.
④ 제 1 항 및 제 3 항의 경우 회사는 주식의 취득의 대가로 현금 외에 유가증권(다른 종류주식은 제외한다)이나 그 밖의 자산을 교부할 수 있다. 다만, 이 경우에는 그 자산의 장부가액이 제462조에 따른 배당가능이익을 초과하여서는 아니 된다.
⑤ 제 1 항과 제 3 항에서 규정한 주식은 종류주식(상환과 전환에 관한 것은 제외한다)에 한정하여 발행할 수 있다.
〔전부개정 2011·4·14〕

제346조(주식의 전환에 관한 종류주식) ① 회사가 종류주식을 발행하는 경우에는 정관으로 정하는 바에 따라 주주는 인수한 주식을 다른 종류주식으로 전환할 것을 청구할 수 있다. 이 경우 전환의 조건, 전환의 청구기간, 전환으로 인하여 발행할 주식의 수와 내용을 정하여야 한다.
② 회사가 종류주식을 발행하는 경우에는 정관에 일정한 사유가 발생할 때 회사가 주주의 인수 주식을 다른 종류주식으로 전환할 수 있음을 정할 수 있다. 이 경우 회사는 전환의 사유, 전환의 조건, 전환의 기간, 전환으로 인하여 발행할 주식의 수와 내용을 정하여야 한다.
③ 제 2 항의 경우에 이사회는 다음 각 호의 사항을 그 주식의 주주 및 주주명부에 적힌 권리자에게 따로 통지하여야 한다. 다만, 통지는 공고로 갈음할 수 있다.
1. 전환할 주식
2. 2주 이상의 일정한 기간 내에 그 주권을 회사에 제출하여야 한다는 뜻
3. 그 기간 내에 주권을 제출하지 아니할 때에는 그 주권이 무효로 된다는 뜻

④ 제344조제2항에 따른 종류주식의 수 중 새로 발행할 주식의 수는 전환청구기간 또는 전환의 기간 내에는 그 발행을 유보(留保)하여야 한다.
〔전부개정 2011·4·14〕

제347조(전환주식발행의 절차) 제346조의 경우에는 주식청약서 또는 신주인수권증서에 다음의 사항을 적어야 한다. <개정 1984·4·10, 2011·4·14>
1. 주식을 다른 종류의 주식으로 전환할 수 있다는 뜻
2. 전환의 조건
3. 전환으로 인하여 발행할 주식의 내용
4. 전환청구기간 또는 전환의 기간

제348조(전환으로 인하여 발행하는 주식의 발행가액) 전환으로 인하여 신주식을 발행하는 경우에는 전환전의 주식의 발행가액을 신주식의 발행가액으로 한다.

제349조(전환의 청구) ① 주식의 전환을 청구하는 자는 청구서 2통에 주권을 첨부하여 회사에 제출하여야 한다.
② 제1항의 청구서에는 전환하고자 하는 주식의 종류, 수와 청구연월일을 기재하고 기명날인 또는 서명하여야 한다. <개정 1995·12·29>
③ 삭제 <1995·12·29>

제350조(전환의 효력발생) ① 주식의 전환은 주주가 전환을 청구한 경우에는 그 청구한 때에, 회사가 전환을 한 경우에는 제346조제3항제2호의 기간이 끝난 때에 그 효력이 발생한다. <개정 2011·4·14>
② 제354조제1항의 기간 중에 전환된 주식의 주주는 그 기간 중의 총회의 결의에 관하여는 의결권을 행사할 수 없다.
③ 삭제 <2020·12·29>
〔전부개정 1995·12·29〕

제351조(전환의 등기) 주식의 전환으로 인한 변경등기는 전환을 청구한 날 또는 제346조제3항제2호의 기간이 끝난 날이 속하는 달의 마지막 날부터 2주 내에 본점소재지에서 하여야 한다.
〔전부개정 2011·4·14〕

제352조(주주명부의 기재사항) ① 주식을 발행한 때에는 주주명부에 다음의 사항을 기재하여야 한다. <개정 1984·4·10, 2014·5·20>
1. 주주의 성명과 주소
2. 각 주주가 가진 주식의 종류와 그 수
2의2. 각 주주가 가진 주식의 주권을 발행한 때에는 그 주권의 번호
3. 각 주식의 취득연월일
② 제1항의 경우에 전환주식을 발행한 때에는 제347조에 게기한 사항도 주주명부에 기재하여야 한다. <개정 1984·4·10, 2014·5·20>

제352조의2(전자주주명부) ① 회사는 정관으로 정하는 바에 따라 전자문서로 주주명부(이하 "전자주주명부"라 한다)를 작성할 수 있다.
② 전자주주명부에는 제352조제1항의 기재사항 외에 전자우편주소를 적어야 한다.
③ 전자주주명부의 비치·공시 및 열람의 방법에 관하여 필요한 사항은 대통령령으로 정한다.
〔본조신설 2009·5·28〕

제353조(주주명부의 효력) ① 주주 또는 질권자에 대한 회사의 통지 또는 최고는 주주명부에 기재한 주소 또는 그 자로부터 회사에 통지한 주소로 하면 된다.
② 제304조제2항의 규정은 전항의 통지 또는 최고에 준용한다.

제354조(주주명부의 폐쇄, 기준일) ① 회사는 의결권을 행사하거나 배당을 받을 자 기타 주주 또는 질권자로서 권리를 행사할 자를 정하기 위하여 일정한 기간을 정하여 주주명부의 기재변경을 정지하거나 일정한 날에 주주명부에 기재된 주주 또는 질권자를 그 권리를 행사할 주주 또는 질권자로 볼 수 있다. <개정 1984·4·10>
② 제1항의 기간은 3월을 초과하지 못한다. <개정 1984·4·10>
③ 제1항의 날은 주주 또는 질권자로서 권리를 행사할 날에 앞선 3월내의 날로 정하여야 한다. <개정 1984·4·10>
④ 회사가 제1항의 기간 또는 날을 정한 때에는 그 기간 또는 날의 2주간전에 이를 공고하여야 한다. 그러나 정관으로 그 기간 또는 날을 지정한 때에는 그러하지 아니하다.

제355조(주권발행의 시기) ① 회사는 성립후 또는 신주의 납입기일후 지체없이 주권을 발행하여야 한다.
② 주권은 회사의 성립후 또는 신주의 납입기일후가 아니면 발행하지 못한다.

③ 전항의 규정에 위반하여 발행한 주권은 무효로 한다. 그러나 발행한 자에 대한 손해배상의 청구에 영향을 미치지 아니한다.

제356조(주권의 기재사항) 주권에는 다음의 사항과 번호를 기재하고 대표이사가 기명날인 또는 서명하여야 한다. <개정 1995·12·29, 2011·4·14>

1. 회사의 상호
2. 회사의 성립연월일
3. 회사가 발행할 주식의 총수
4. 액면주식을 발행하는 경우 1주의 금액
5. 회사의 성립후 발행된 주식에 관하여는 그 발행연월일
6. 종류주식이 있는 경우에는 그 주식의 종류와 내용

6의2. 주식의 양도에 관하여 이사회의 승인을 얻도록 정한 때에는 그 규정

7. 및 8. 삭제 <2011·4·14>

제356조의2(주식의 전자등록) ① 회사는 주권을 발행하는 대신 정관으로 정하는 바에 따라 전자등록기관(유가증권 등의 전자등록 업무를 취급하는 기관을 말한다. 이하 같다)의 전자등록부에 주식을 등록할 수 있다. <개정 2016·3·22>

② 전자등록부에 등록된 주식의 양도나 입질(入質)은 전자등록부에 등록하여야 효력이 발생한다.

③ 전자등록부에 주식을 등록한 자는 그 등록된 주식에 대한 권리를 적법하게 보유한 것으로 추정하며, 이러한 전자등록부를 선의(善意)로, 그리고 중대한 과실 없이 신뢰하고 제 2 항의 등록에 따라 권리를 취득한 자는 그 권리를 적법하게 취득한다.

④ 전자등록의 절차·방법 및 효과, 전자등록기관에 대한 감독, 그 밖에 주식의 전자등록 등에 필요한 사항은 따로 법률로 정한다. <개정 2016·3·22>

〔본조신설 2011·4·14〕

제357조 및 **제358조** 삭제 <2014·5·20>

제358조의2(주권의 불소지) ① 주주는 정관에 다른 정함이 있는 경우를 제외하고는 그 주식에 대하여 주권의 소지를 하지 아니하겠다는 뜻을 회사에 신고할 수 있다. <개정 2014·5·20>

② 제 1 항의 신고가 있는 때에는 회사는 지체없이 주권을 발행하지 아니한다는 뜻을 주주명부와 그 복본에 기재하고, 그 사실을 주주에게 통지하여야 한다. 이 경우 회사는 그 주권을 발행할 수 없다.

③ 제 1 항의 경우 이미 발행된 주권이 있는 때에는 이를 회사에 제출하여야 하며, 회사는 제출된 주권을 무효로 하거나 명의개서대리인에게 임치하여야 한다.

④ 제 1 항 내지 제 3 항의 규정에 불구하고 주주는 언제든지 회사에 대하여 주권의 발행 또는 반환을 청구할 수 있다.

〔전부개정 1995·12·29〕

제359조(주권의 선의취득) 수표법 제21조의 규정은 주권에 관하여 이를 준용한다.

〔전부개정 1984·4·10〕

제360조(주권의 제권판결, 재발행) ① 주권은 공시최고의 절차에 의하여 이를 무효로 할 수 있다.

② 주권을 상실한 자는 제권판결을 얻지 아니하면 회사에 대하여 주권의 재발행을 청구하지 못한다.

제 2 관 주식의 포괄적 교환

제360조의2(주식의 포괄적 교환에 의한 완전모회사의 설립) ① 회사는 이 관의 규정에 의한 주식의 포괄적 교환에 의하여 다른 회사의 발행주식의 총수를 소유하는 회사(이하 "완전모회사"라 한다)가 될 수 있다. 이 경우 그 다른 회사를 "완전자회사"라 한다.

② 주식의 포괄적 교환(이하 이 관에서 "주식교환"이라 한다)에 의하여 완전자회사가 되는 회사의 주주가 가지는 그 회사의 주식은 주식을 교환하는 날에 주식교환에 의하여 완전모회사가 되는 회사에 이전하고, 그 완전자회사가 되는 회사의 주주는 그 완전모회사가 되는 회사가 주식교환을 위하여 발행하는 신주의 배정을 받거나 그 회사 자기주식의 이전을 받음으로써 그 회사의 주주가 된다. <개정 2015·12·1>

〔본조신설 2001·7·24〕

제360조의3(주식교환계약서의 작성과 주주총회의 승인 및 주식교환대가가 모회사 주식인 경우의 특칙) ① 주식교환을 하고자 하는

회사는 주식교환계약서를 작성하여 주주총회의 승인을 얻어야 한다.
② 제1항의 승인결의는 제434조의 규정에 의하여야 한다.
③ 주식교환계약서에는 다음 각호의 사항을 적어야 한다. <개정 2011·4·14, 2015·12·1>
1. 완전모회사가 되는 회사가 주식교환으로 인하여 정관을 변경하는 경우에는 그 규정
2. 완전모회사가 되는 회사가 주식교환을 위하여 신주를 발행하거나 자기주식을 이전하는 경우에는 발행하는 신주 또는 이전하는 자기주식의 총수·종류, 종류별 주식의 수 및 완전자회사가 되는 회사의 주주에 대한 신주의 배정 또는 자기주식의 이전에 관한 사항
3. 완전모회사가 되는 회사의 자본금 또는 준비금이 증가하는 경우에는 증가할 자본금 또는 준비금에 관한 사항
4. 완전자회사가 되는 회사의 주주에게 제2호에도 불구하고 그 대가의 전부 또는 일부로서 금전이나 그 밖의 재산을 제공하는 경우에는 그 내용 및 배정에 관한 사항
5. 각 회사가 제1항의 결의를 할 주주총회의 기일
6. 주식교환을 할 날
7. 각 회사가 주식교환을 할 날까지 이익배당을 할 때에는 그 한도액
8. 삭제 <2015·12·1>
9. 완전모회사가 되는 회사에 취임할 이사와 감사 또는 감사위원회의 위원을 정한 때에는 그 성명 및 주민등록번호
④ 회사는 제363조의 규정에 의한 통지에 다음 각호의 사항을 기재하여야 한다. <개정 2014·5·20>
1. 주식교환계약서의 주요내용
2. 제360조의5제1항의 규정에 의한 주식매수청구권의 내용 및 행사방법
3. 일방회사의 정관에 주식의 양도에 관하여 이사회의 승인을 요한다는 뜻의 규정이 있고 다른 회사의 정관에 그 규정이 없는 경우 그 뜻
⑤ 주식교환으로 인하여 주식교환에 관련되는 각 회사의 주주의 부담이 가중되는 경우에는 제1항 및 제436조의 결의 외에 그 주주 전원의 동의가 있어야 한다. <신설 2011·4·14>
⑥ 제342조의2제1항에도 불구하고 제3항 제4호에 따라 완전자회사가 되는 회사의 주주에게 제공하는 재산이 완전모회사가 되는 회사의 모회사 주식을 포함하는 경우에는 완전모회사가 되는 회사는 그 지급을 위하여 그 모회사의 주식을 취득할 수 있다. <신설 2015·12·1>
⑦ 완전모회사가 되는 회사는 제6항에 따라 취득한 그 회사의 모회사 주식을 주식교환 후에도 계속 보유하고 있는 경우 주식교환의 효력이 발생하는 날부터 6개월 이내에 그 주식을 처분하여야 한다. <신설 2015·12·1>
〔본조신설 2001·7·24〕

제360조의4(주식교환계약서 등의 공시) ① 이사는 제360조의3제1항의 주주총회의 회일의 2주전부터 주식교환의 날 이후 6월이 경과하는 날까지 다음 각호의 서류를 본점에 비치하여야 한다. <개정 2015·12·1>
1. 주식교환계약서
2. 완전모회사가 되는 회사가 주식교환을 위하여 신주를 발행하거나 자기주식을 이전하는 경우에는 완전자회사가 되는 회사의 주주에 대한 신주의 배정 또는 자기주식의 이전에 관하여 그 이유를 기재한 서면
3. 제360조의3제1항의 주주총회의 회일(제360조의9의 규정에 의한 간이주식교환의 경우에는 동조제2항의 규정에 의하여 공고 또는 통지를 한 날)전 6월 이내의 날에 작성한 주식교환을 하는 각 회사의 최종 대차대조표 및 손익계산서
② 제1항의 서류에 관하여는 제391조의3 제3항의 규정을 준용한다.
〔본조신설 2001·7·24〕

제360조의5(반대주주의 주식매수청구권) ① 제360조의3제1항의 규정에 의한 승인사항에 관하여 이사회의 결의가 있는 때에 그 결의에 반대하는 주주(의결권이 없거나 제한되는 주주를 포함한다. 이하 이 조에서 같다)는 주주총회전에 회사에 대하여 서면으로 그 결의에 반대하는 의사를 통지한 경우에는 그 총회의 결의일부터 20일 이내에 주식의 종류와 수를 기재한 서면으로 회사에 대하여 자기가 소유하고 있는 주식의 매

수를 청구할 수 있다. <개정 2015·12·1>
② 제360조의9제2항의 공고 또는 통지를 한 날부터 2주내에 회사에 대하여 서면으로 주식교환에 반대하는 의사를 통지한 주주는 그 기간이 경과한 날부터 20일 이내에 주식의 종류와 수를 기재한 서면으로 회사에 대하여 자기가 소유하고 있는 주식의 매수를 청구할 수 있다.
③ 제1항 및 제2항의 매수청구에 관하여는 제374조의2제2항 내지 제5항의 규정을 준용한다.
〔본조신설 2001·7·24〕

제360조의6 삭제 <2015·12·1>

제360조의7(완전모회사의 자본금 증가의 한도액) ① 완전모회사가 되는 회사의 자본금은 주식교환의 날에 완전자회사가 되는 회사에 현존하는 순자산액에서 다음 각호의 금액을 뺀 금액을 초과하여 증가시킬 수 없다. <개정 2011·4·14, 2015·12·1>
1. 완전자회사가 되는 회사의 주주에게 제공할 금전이나 그 밖의 재산의 가액
2. 제360조의3제3항제2호에 따라 완전자회사가 되는 회사의 주주에게 이전하는 자기주식의 장부가액의 합계액
② 완전모회사가 되는 회사가 주식교환 이전에 완전자회사가 되는 회사의 주식을 이미 소유하고 있는 경우에는 완전모회사가 되는 회사의 자본금은 주식교환의 날에 완전자회사가 되는 회사에 현존하는 순자산액에 그 회사의 발행주식총수에 대한 주식교환으로 인하여 완전모회사가 되는 회사에 이전하는 주식의 수의 비율을 곱한 금액에서 제1항 각호의 금액을 뺀 금액의 한도를 초과하여 이를 증가시킬 수 없다. <개정 2011·4·14>
〔본조신설 2001·7·24〕

제360조의8(주권의 실효절차) ① 주식교환에 의하여 완전자회사가 되는 회사는 주주총회에서 제360조의3제1항의 규정에 의한 승인을 한 때에는 다음 각호의 사항을 주식교환의 날 1월전에 공고하고, 주주명부에 기재된 주주와 질권자에 대하여 따로 따로 그 통지를 하여야 한다.
1. 제360조의3제1항의 규정에 의한 승인을 한 뜻
2. 주식교환의 날의 전날까지 주권을 회사에 제출하여야 한다는 뜻
3. 주식교환의 날에 주권이 무효가 된다는 뜻
② 제442조의 규정은 제360조의3제1항의 규정에 의한 승인을 한 경우에 이를 준용한다. <개정 2014·5·20>
〔본조신설 2001·7·24〕

제360조의9(간이주식교환) ① 완전자회사가 되는 회사의 총주주의 동의가 있거나 그 회사의 발행주식총수의 100분의 90 이상을 완전모회사가 되는 회사가 소유하고 있는 때에는 완전자회사가 되는 회사의 주주총회의 승인은 이를 이사회의 승인으로 갈음할 수 있다.
② 제1항의 경우에 완전자회사가 되는 회사는 주식교환계약서를 작성한 날부터 2주내에 주주총회의 승인을 얻지 아니하고 주식교환을 한다는 뜻을 공고하거나 주주에게 통지하여야 한다. 다만, 총주주의 동의가 있는 때에는 그러하지 아니하다.
〔본조신설 2001·7·24〕

제360조의10(소규모 주식교환) ① 완전모회사가 되는 회사가 주식교환을 위하여 발행하는 신주 및 이전하는 자기주식의 총수가 그 회사의 발행주식총수의 100분의 10을 초과하지 아니하는 경우에는 그 회사에서의 제360조의3제1항의 규정에 의한 주주총회의 승인은 이를 이사회의 승인으로 갈음할 수 있다. 다만, 완전자회사가 되는 회사의 주주에게 제공할 금전이나 그 밖의 재산을 정한 경우에 그 금액 및 그 밖의 재산의 가액이 제360조의4제1항제3호에서 규정한 최종 대차대조표에 의하여 완전모회사가 되는 회사에 현존하는 순자산액의 100분의 5를 초과하는 때에는 그러하지 아니하다. <개정 2015·12·1>
② 삭제 <2015·12·1>
③ 제1항 본문의 경우에는 주식교환계약서에 완전모회사가 되는 회사에 관하여는 제360조의3제1항의 규정에 의한 주주총회의 승인을 얻지 아니하고 주식교환을 할 수 있는 뜻을 기재하여야 하며, 동조제3항제1호의 사항은 이를 기재하지 못한다.

④ 완전모회사가 되는 회사는 주식교환계약서를 작성한 날부터 2주내에 완전자회사가 되는 회사의 상호와 본점, 주식교환을 할 날 및 제360조의3제1항의 승인을 얻지 아니하고 주식교환을 한다는 뜻을 공고하거나 주주에게 통지하여야 한다.

⑤ 완전모회사가 되는 회사의 발행주식총수의 100분의 20 이상에 해당하는 주식을 가지는 주주가 제4항에 따른 공고 또는 통지를 한 날부터 2주 내에 회사에 대하여 서면으로 제1항 본문에 따른 주식교환에 반대하는 의사를 통지한 경우에는 이 조에 따른 주식교환을 할 수 없다. <개정 2011·4·14>

⑥ 제1항 본문의 경우에 완전모회사가 되는 회사에 관하여 제360조의4제1항의 규정을 적용함에 있어서는 동조동항 각호외의 부분중 "제360조의3제1항의 주주총회의 회일의 2주전" 및 동조동항제3호중 "제360조의3제1항의 주주총회의 회일"은 각각 "이 조제4항의 규정에 의한 공고 또는 통지의 날"로 한다.

⑦ 제1항 본문의 경우에는 제360조의5의 규정은 이를 적용하지 아니한다.

〔본조신설 2001·7·24〕

제360조의11(단주처리 등에 관한 규정의 준용) ① 제443조의 규정은 회사의 주식교환의 경우에 이를 준용한다.

② 제339조 및 제340조제3항의 규정은 주식교환의 경우에 완전자회사가 되는 회사의 주식을 목적으로 하는 질권에 이를 준용한다.

〔본조신설 2001·7·24〕

제360조의12(주식교환사항을 기재한 서면의 사후공시) ① 이사는 다음 각호의 사항을 기재한 서면을 주식교환의 날부터 6월간 본점에 비치하여야 한다.

1. 주식교환의 날
2. 주식교환의 날에 완전자회사가 되는 회사에 현존하는 순자산액
3. 주식교환으로 인하여 완전모회사에 이전한 완전자회사의 주식의 수
4. 그 밖의 주식교환에 관한 사항

② 제1항의 서면에 관하여는 제391조의3제3항의 규정을 준용한다.

〔본조신설 2001·7·24〕

제360조의13(완전모회사의 이사·감사의 임기) 주식교환에 의하여 완전모회사가 되는 회사의 이사 및 감사로서 주식교환전에 취임한 자는 주식교환계약서에 다른 정함이 있는 경우를 제외하고는 주식교환후 최초로 도래하는 결산기에 관한 정기총회가 종료하는 때에 퇴임한다.

〔본조신설 2001·7·24〕

제360조의14(주식교환무효의 소) ① 주식교환의 무효는 각 회사의 주주·이사·감사·감사위원회의 위원 또는 청산인에 한하여 주식교환의 날부터 6월내에 소만으로 이를 주장할 수 있다.

② 제1항의 소는 완전모회사가 되는 회사의 본점소재지의 지방법원의 관할에 전속한다.

③ 주식교환을 무효로 하는 판결이 확정된 때에는 완전모회사가 된 회사는 주식교환을 위하여 발행한 신주 또는 이전한 자기주식의 주주에 대하여 그가 소유하였던 완전자회사가 된 회사의 주식을 이전하여야 한다. <개정 2015·12·1>

④ 제187조 내지 제189조, 제190조 본문, 제191조, 제192조, 제377조 및 제431조의 규정은 제1항의 소에, 제339조 및 제340조제3항의 규정은 제3항의 경우에 각각 이를 준용한다.

〔본조신설 2001·7·24〕

제3관 주식의 포괄적 이전

제360조의15(주식의 포괄적 이전에 의한 완전모회사의 설립) ① 회사는 이 관의 규정에 의한 주식의 포괄적 이전(이하 이 관에서 "주식이전"이라 한다)에 의하여 완전모회사를 설립하고 완전자회사가 될 수 있다.

② 주식이전에 의하여 완전자회사가 되는 회사의 주주가 소유하는 그 회사의 주식은 주식이전에 의하여 설립하는 완전모회사에 이전하고, 그 완전자회사가 되는 회사의 주주는 그 완전모회사가 주식이전을 위하여 발행하는 주식의 배정을 받음으로써 그 완전모회사의 주주가 된다.

〔본조신설 2001·7·24〕

제360조의16(주주총회에 의한 주식이전의 승인) ① 주식이전을 하고자 하는 회사는 다음 각호의 사항을 적은 주식이전계획서를

작성하여 주주총회의 승인을 받아야 한다. <개정 2011·4·14, 2015·12·1>
1. 설립하는 완전모회사의 정관의 규정
2. 설립하는 완전모회사가 주식이전에 있어서 발행하는 주식의 종류와 수 및 완전자회사가 되는 회사의 주주에 대한 주식의 배정에 관한 사항
3. 설립하는 완전모회사의 자본금 및 자본준비금에 관한 사항
4. 완전자회사가 되는 회사의 주주에게 제2호에도 불구하고 금전이나 그 밖의 재산을 제공하는 경우에는 그 내용 및 배정에 관한 사항
5. 주식이전을 할 시기
6. 완전자회사가 되는 회사가 주식이전의 날까지 이익배당을 할 때에는 그 한도액
7. 설립하는 완전모회사의 이사와 감사 또는 감사위원회의 위원의 성명 및 주민등록번호
8. 회사가 공동으로 주식이전에 의하여 완전모회사를 설립하는 때에는 그 뜻

② 제1항의 승인결의는 제434조의 규정에 의하여야 한다.
③ 제360조의3제4항의 규정은 제1항의 경우의 주주총회의 승인에 이를 준용한다.
④ 주식이전으로 인하여 주식이전에 관련되는 각 회사의 주주의 부담이 가중되는 경우에는 제1항 및 제436조의 결의 외에 그 주주 전원의 동의가 있어야 한다. <신설 2011·4·14>
〔본조신설 2001·7·24〕

제360조의17(주식이전계획서 등의 서류의 공시) ① 이사는 제360조의16제1항의 규정에 의한 주주총회의 회일의 2주전부터 주식이전의 날 이후 6월을 경과하는 날까지 다음 각호의 서류를 본점에 비치하여야 한다.
1. 제360조의16제1항의 규정에 의한 주식이전계획서
2. 완전자회사가 되는 회사의 주주에 대한 주식의 배정에 관하여 그 이유를 기재한 서면
3. 제360조의16제1항의 주주총회의 회일전 6월 이내의 날에 작성한 완전자회사가 되는 회사의 최종 대차대조표 및 손익계산서

② 제1항의 서류에 관하여는 제391조의3제3항의 규정을 준용한다.
〔본조신설 2001·7·24〕

제360조의18(완전모회사의 자본금의 한도액) 설립하는 완전모회사의 자본금은 주식이전의 날에 완전자회사가 되는 회사에 현존하는 순자산액에서 그 회사의 주주에게 제공할 금전 및 그 밖의 재산의 가액을 뺀 액을 초과하지 못한다. <개정 2011·4·14, 2015·12·1>
〔본조신설 2001·7·24〕

제360조의19(주권의 실효절차) ① 주식이전에 의하여 완전자회사가 되는 회사는 제360조의16제1항의 규정에 의한 결의를 한 때에는 다음 각호의 사항을 공고하고, 주주명부에 기재된 주주와 질권자에 대하여 따로 따로 그 통지를 하여야 한다.
1. 제360조의16제1항의 규정에 의한 결의를 한 뜻
2. 1월을 초과하여 정한 기간내에 주권을 회사에 제출하여야 한다는 뜻
3. 주식이전의 날에 주권이 무효가 된다는 뜻

② 제442조의 규정은 제360조의16제1항의 규정에 의한 결의를 한 경우에 이를 준용한다. <개정 2014·5·20>
〔본조신설 2001·7·24〕

제360조의20(주식이전에 의한 등기) 주식이전을 한 때에는 설립한 완전모회사의 본점의 소재지에서 2주일 내에 제317조제2항에서 정하는 사항을 등기하여야 한다. <개정 2024·9·20>
〔본조신설 2001·7·24〕

제360조의21(주식이전의 효력발생시기) 주식이전은 이로 인하여 설립한 완전모회사가 그 본점소재지에서 제360조의20의 규정에 의한 등기를 함으로써 그 효력이 발생한다.
〔본조신설 2001·7·24〕

제360조의22(주식교환 규정의 준용) 제360조의5, 제360조의11 및 제360조의12의 규정은 주식이전의 경우에 이를 준용한다.
〔본조신설 2001·7·24〕

제360조의23(주식이전무효의 소) ① 주식이전의 무효는 각 회사의 주주·이사·감사·감사위원회의 위원 또는 청산인에 한하여 주식이전의 날부터 6월내에 소만으로 이를 주장할 수 있다.
② 제1항의 소는 완전모회사가 되는 회사의

본점소재지의 지방법원의 관할에 전속한다.
③ 주식이전을 무효로 하는 판결이 확정된 때에는 완전모회사가 된 회사는 주식이전을 위하여 발행한 주식의 주주에 대하여 그가 소유하였던 완전자회사가 된 회사의 주식을 이전하여야 한다.
④ 제187조 내지 제193조 및 제377조의 규정은 제1항의 소에, 제339조 및 제340조제3항의 규정은 제3항의 경우에 각각 이를 준용한다.
〔본조신설 2001·7·24〕

제4관 지배주주에 의한 소수주식의 전부 취득

제360조의24(지배주주의 매도청구권) ① 회사의 발행주식총수의 100분의 95 이상을 자기의 계산으로 보유하고 있는 주주(이하 이 관에서 "지배주주"라 한다)는 회사의 경영상 목적을 달성하기 위하여 필요한 경우에는 회사의 다른 주주(이하 이 관에서 "소수주주"라 한다)에게 그 보유하는 주식의 매도를 청구할 수 있다.
② 제1항의 보유주식의 수를 산정할 때에는 모회사와 자회사가 보유한 주식을 합산한다. 이 경우 회사가 아닌 주주가 발행주식총수의 100분의 50을 초과하는 주식을 가진 회사가 보유하는 주식도 그 주주가 보유하는 주식과 합산한다.
③ 제1항의 매도청구를 할 때에는 미리 주주총회의 승인을 받아야 한다.
④ 제3항의 주주총회의 소집을 통지할 때에는 다음 각 호에 관한 사항을 적어야 하고, 매도를 청구하는 지배주주는 주주총회에서 그 내용을 설명하여야 한다.
1. 지배주주의 회사 주식의 보유 현황
2. 매도청구의 목적
3. 매매가액의 산정 근거와 적정성에 관한 공인된 감정인의 평가
4. 매매가액의 지급보증
⑤ 지배주주는 매도청구의 날 1개월 전까지 다음 각 호의 사실을 공고하고, 주주명부에 적힌 주주와 질권자에게 따로 그 통지를 하여야 한다.
1. 소수주주는 매매가액의 수령과 동시에 주권을 지배주주에게 교부하여야 한다는 뜻
2. 교부하지 아니할 경우 매매가액을 수령하거나 지배주주가 매매가액을 공탁(供託)한 날에 주권은 무효가 된다는 뜻
⑥ 제1항의 매도청구를 받은 소수주주는 매도청구를 받은 날부터 2개월 내에 지배주주에게 그 주식을 매도하여야 한다.
⑦ 제6항의 경우 그 매매가액은 매도청구를 받은 소수주주와 매도를 청구한 지배주주 간의 협의로 결정한다.
⑧ 제1항의 매도청구를 받은 날부터 30일 내에 제7항의 매매가액에 대한 협의가 이루어지지 아니한 경우에는 매도청구를 받은 소수주주 또는 매도청구를 한 지배주주는 법원에 매매가액의 결정을 청구할 수 있다.
⑨ 법원이 제8항에 따라 주식의 매매가액을 결정하는 경우에는 회사의 재산상태와 그 밖의 사정을 고려하여 공정한 가액으로 산정하여야 한다.
〔본조신설 2011·4·14〕

제360조의25(소수주주의 매수청구권) ① 지배주주가 있는 회사의 소수주주는 언제든지 지배주주에게 그 보유주식의 매수를 청구할 수 있다.
② 제1항의 매수청구를 받은 지배주주는 매수를 청구한 날을 기준으로 2개월 내에 매수를 청구한 주주로부터 그 주식을 매수하여야 한다.
③ 제2항의 경우 그 매매가액은 매수를 청구한 주주와 매수청구를 받은 지배주주 간의 협의로 결정한다.
④ 제2항의 매수청구를 받은 날부터 30일 내에 제3항의 매매가액에 대한 협의가 이루어지지 아니한 경우에는 매수청구를 받은 지배주주 또는 매수청구를 한 소수주주는 법원에 대하여 매매가액의 결정을 청구할 수 있다.
⑤ 법원이 제4항에 따라 주식의 매매가액을 결정하는 경우에는 회사의 재산상태와 그 밖의 사정을 고려하여 공정한 가액으로 산정하여야 한다.
〔본조신설 2011·4·14〕

제360조의26(주식의 이전 등) ① 제360조의24와 제360조의25에 따라 주식을 취득하는 지배주주가 매매가액을 소수주주에게 지급한 때에 주식이 이전된 것으로 본다.
② 제1항의 매매가액을 지급할 소수주주를 알 수 없거나 소수주주가 수령을 거부할 경우에는 지배주주는 그 가액을 공탁할 수 있다. 이 경우 주식은 공탁한 날에 지배주주에게 이전된 것으로 본다.
〔본조신설 2011·4·14〕

제3절 회사의 기관

제1관 주주총회

제361조(총회의 권한) 주주총회는 본법 또는 정관에 정하는 사항에 한하여 결의할 수 있다.
제362조(소집의 결정) 총회의 소집은 본법에 다른 규정이 있는 경우외에는 이사회가 이를 결정한다.
제363조(소집의 통지) ① 주주총회를 소집할 때에는 주주총회일의 2주 전에 각 주주에게 서면으로 통지를 발송하거나 각 주주의 동의를 받아 전자문서로 통지를 발송하여야 한다. 다만, 그 통지가 주주명부상 주주의 주소에 계속 3년간 도달하지 아니한 경우에는 회사는 해당 주주에게 총회의 소집을 통지하지 아니할 수 있다.
② 제1항의 통지서에는 회의의 목적사항을 적어야 한다.
③ 제1항에도 불구하고 자본금 총액이 10억원 미만인 회사가 주주총회를 소집하는 경우에는 주주총회일의 10일 전에 각 주주에게 서면으로 통지를 발송하거나 각 주주의 동의를 받아 전자문서로 통지를 발송할 수 있다. <개정 2014·5·20>
④ 자본금 총액이 10억원 미만인 회사는 주주 전원의 동의가 있을 경우에는 소집절차 없이 주주총회를 개최할 수 있고, 서면에 의한 결의로써 주주총회의 결의를 갈음할 수 있다. 결의의 목적사항에 대하여 주주 전원이 서면으로 동의를 한 때에는 서면에 의한 결의가 있는 것으로 본다.
⑤ 제4항의 서면에 의한 결의는 주주총회의 결의와 같은 효력이 있다. <개정 2014·5·20>
⑥ 서면에 의한 결의에 대하여는 주주총회에 관한 규정을 준용한다.
⑦ 제1항부터 제4항까지의 규정은 의결권 없는 주주에게는 적용하지 아니한다. 다만, 제1항의 통지서에 적은 회의의 목적사항에 제360조의5, 제360조의22, 제374조의2, 제522조의3 또는 제530조의11에 따라 반대주주의 주식매수청구권이 인정되는 사항이 포함된 경우에는 그러하지 아니하다. <개정 2014·5·20, 2015·12·1>
〔전부개정 2009·5·28〕
제363조의2(주주제안권) ① 의결권없는 주식을 제외한 발행주식총수의 100분의 3 이상에 해당하는 주식을 가진 주주는 이사에게 주주총회일(정기주주총회의 경우 직전 연도의 정기주주총회일에 해당하는 그 해의 해당일. 이하 이 조에서 같다)의 6주 전에 서면 또는 전자문서로 일정한 사항을 주주총회의 목적사항으로 할 것을 제안(이하 '주주제안'이라 한다)할 수 있다. <개정 2009·1·30>
② 제1항의 주주는 이사에게 주주총회일의 6주 전에 서면 또는 전자문서로 회의의 목적으로 할 사항에 추가하여 당해 주주가 제출하는 의안의 요령을 제363조에서 정하는 통지에 기재할 것을 청구할 수 있다. <개정 2009·1·30, 2014·5·20>
③ 이사는 제1항에 의한 주주제안이 있는 경우에는 이를 이사회에 보고하고, 이사회는 주주제안의 내용이 법령 또는 정관을 위반하는 경우와 그 밖에 대통령령으로 정하는 경우를 제외하고는 이를 주주총회의 목적사항으로 하여야 한다. 이 경우 주주제안을 한 자의 청구가 있는 때에는 주주총회에서 당해 의안을 설명할 기회를 주어야 한다. <개정 2009·1·30>
〔본조신설 1998·12·28〕
제364조(소집지) 총회는 정관에 다른 정함이 없으면 본점소재지 또는 이에 인접한 지에 소집하여야 한다.
제365조(총회의 소집) ① 정기총회는 매년 1회 일정한 시기에 이를 소집하여야 한다.
② 연 2회 이상의 결산기를 정한 회사는 매기에 총회를 소집하여야 한다.

③ 임시총회는 필요있는 경우에 수시 이를 소집한다.

제366조(소수주주에 의한 소집청구) ① 발행주식총수의 100분의 3 이상에 해당하는 주식을 가진 주주는 회의의 목적사항과 소집의 이유를 적은 서면 또는 전자문서를 이사회에 제출하여 임시총회의 소집을 청구할 수 있다. <개정 2009·5·28>

② 제1항의 청구가 있은 후 지체 없이 총회소집의 절차를 밟지 아니한 때에는 청구한 주주는 법원의 허가를 받아 총회를 소집할 수 있다. 이 경우 주주총회의 의장은 법원이 이해관계인의 청구나 직권으로 선임할 수 있다. <개정 2011·4·14>

③ 제1항 및 제2항의 규정에 의한 총회는 회사의 업무와 재산상태를 조사하게 하기 위하여 검사인을 선임할 수 있다. <개정 1998·12·28>

제366조의2(총회의 질서유지) ① 총회의 의장은 정관에서 정함이 없는 때에는 총회에서 선임한다.

② 총회의 의장은 총회의 질서를 유지하고 의사를 정리한다.

③ 총회의 의장은 고의로 의사진행을 방해하기 위한 발언·행동을 하는 등 현저히 질서를 문란하게 하는 자에 대하여 그 발언의 정지 또는 퇴장을 명할 수 있다.

〔본조신설 1999·12·31〕

제367조(검사인의 선임) ① 총회는 이사가 제출한 서류와 감사의 보고서를 조사하게 하기 위하여 검사인(檢査人)을 선임할 수 있다.

② 회사 또는 발행주식총수의 100분의 1 이상에 해당하는 주식을 가진 주주는 총회의 소집절차나 결의방법의 적법성을 조사하기 위하여 총회 전에 법원에 검사인의 선임을 청구할 수 있다.

〔전부개정 2011·4·14〕

제368조(총회의 결의방법과 의결권의 행사) ① 총회의 결의는 이 법 또는 정관에 다른 정함이 있는 경우를 제외하고는 출석한 주주의 의결권의 과반수와 발행주식총수의 4분의 1 이상의 수로써 하여야 한다. <개정 1995·12·29>

② 주주는 대리인으로 하여금 그 의결권을 행사하게 할 수 있다. 이 경우에는 그 대리인은 대리권을 증명하는 서면을 총회에 제출하여야 한다.

③ 총회의 결의에 관하여 특별한 이해관계가 있는 자는 의결권을 행사하지 못한다.

제368조의2(의결권의 불통일행사) ① 주주가 2 이상의 의결권을 가지고 있는 때에는 이를 통일하지 아니하고 행사할 수 있다. 이 경우 주주총회일의 3일전에 회사에 대하여 서면 또는 전자문서로 그 뜻과 이유를 통지하여야 한다. <개정 2009·5·28>

② 주주가 주식의 신탁을 인수하였거나 기타 타인을 위하여 주식을 가지고 있는 경우외에는 회사는 주주의 의결권의 불통일행사를 거부할 수 있다.

〔본조신설 1984·4·10〕

제368조의3(서면에 의한 의결권의 행사) ① 주주는 정관이 정한 바에 따라 총회에 출석하지 아니하고 서면에 의하여 의결권을 행사할 수 있다.

② 회사는 총회의 소집통지서에 주주가 제1항의 규정에 의한 의결권을 행사하는데 필요한 서면과 참고자료를 첨부하여야 한다.

〔본조신설 1999·12·31〕

제368조의4(전자적 방법에 의한 의결권의 행사) ① 회사는 이사회의 결의로 주주가 총회에 출석하지 아니하고 전자적 방법으로 의결권을 행사할 수 있음을 정할 수 있다.

② 회사는 제363조에 따라 소집통지를 할 때에는 주주가 제1항에 따른 방법으로 의결권을 행사할 수 있다는 내용을 통지하여야 한다. <개정 2014·5·20>

③ 회사가 제1항에 따라 전자적 방법에 의한 의결권행사를 정한 경우에 주주는 주주 확인절차 등 대통령령으로 정하는 바에 따라 의결권을 행사하여야 한다. 이 경우 회사는 의결권행사에 필요한 양식과 참고자료를 주주에게 전자적 방법으로 제공하여야 한다.

④ 동일한 주식에 관하여 제1항 또는 제368조의3제1항에 따라 의결권을 행사하는 경우 전자적 방법 또는 서면 중 어느 하나의 방법을 선택하여야 한다.

⑤ 회사는 의결권행사에 관한 전자적 기록을 총회가 끝난 날부터 3개월간 본점에 갖추어 두어 열람하게 하고 총회가 끝난 날부터 5년간 보존하여야 한다.
⑥ 주주 확인절차 등 전자적 방법에 의한 의결권행사의 절차와 그 밖에 필요한 사항은 대통령령으로 정한다.
〔본조신설 2009·5·28〕

제369조(의결권) ① 의결권은 1주마다 1개로 한다.
② 회사가 가진 자기주식은 의결권이 없다.
③ 회사, 모회사 및 자회사 또는 자회사가 다른 회사의 발행주식의 총수의 10분의 1을 초과하는 주식을 가지고 있는 경우 그 다른 회사가 가지고 있는 회사 또는 모회사의 주식은 의결권이 없다. <신설 1984·4·10>

제370조 삭제 <2011·4·14>

제371조(정족수, 의결권수의 계산) ① 총회의 결의에 관하여는 제344조의3제1항과 제369조제2항 및 제3항의 의결권 없는 주식의 수는 발행주식총수에 산입하지 아니한다.
② 총회의 결의에 관하여는 제368조제3항에 따라 행사할 수 없는 주식의 의결권 수와 제409조제2항 및 제542조의12제4항에 따라 그 비율을 초과하는 주식으로서 행사할 수 없는 주식의 의결권 수는 출석한 주주의 의결권의 수에 산입하지 아니한다. <개정 2014·5·20, 2020·12·29>
〔전부개정 2011·4·14〕

제372조(총회의 연기, 속행의 결의) ① 총회에서는 회의의 속행 또는 연기의 결의를 할 수 있다.
② 전항의 경우에는 제363조의 규정을 적용하지 아니한다.

제373조(총회의 의사록) ① 총회의 의사에는 의사록을 작성하여야 한다.
② 의사록에는 의사의 경과요령과 그 결과를 기재하고 의장과 출석한 이사가 기명날인 또는 서명하여야 한다. <개정 1995·12·29>

제374조(영업양도, 양수, 임대 등) ① 회사가 다음 각 호의 어느 하나에 해당하는 행위를 할 때에는 제434조에 따른 결의가 있어야 한다. <개정 2011·4·14>
1. 영업의 전부 또는 중요한 일부의 양도
2. 영업 전부의 임대 또는 경영위임, 타인과 영업의 손익 전부를 같이 하는 계약, 그 밖에 이에 준하는 계약의 체결·변경 또는 해약
3. 회사의 영업에 중대한 영향을 미치는 다른 회사의 영업 전부 또는 일부의 양수
② 제1항의 행위에 관한 주주총회의 소집의 통지를 하는 때에는 제374조의2제1항 및 제2항의 규정에 의한 주식매수청구권의 내용 및 행사방법을 명시하여야 한다. <신설 1995·12·29, 2014·5·20>

제374조의2(반대주주의 주식매수청구권) ① 제374조에 따른 결의사항에 반대하는 주주(의결권이 없거나 제한되는 주주를 포함한다. 이하 이 조에서 같다)는 주주총회 전에 회사에 대하여 서면으로 그 결의에 반대하는 의사를 통지한 경우에는 그 총회의 결의일부터 20일 이내에 주식의 종류와 수를 기재한 서면으로 회사에 대하여 자기가 소유하고 있는 주식의 매수를 청구할 수 있다. <개정 2015·12·1>
② 제1항의 청구를 받으면 해당 회사는 같은 항의 매수 청구 기간(이하 이 조에서 "매수청구기간"이라 한다)이 종료하는 날부터 2개월 이내에 그 주식을 매수하여야 한다. <개정 2015·12·1>
③ 제2항의 규정에 의한 주식의 매수가액은 주주와 회사간의 협의에 의하여 결정한다. <개정 2001·7·24>
④ 매수청구기간이 종료하는 날부터 30일 이내에 제3항의 규정에 의한 협의가 이루어지지 아니한 경우에는 회사 또는 주식의 매수를 청구한 주주는 법원에 대하여 매수가액의 결정을 청구할 수 있다. <개정 2001·7·24, 2015·12·1>
⑤ 법원이 제4항의 규정에 의하여 주식의 매수가액을 결정하는 경우에는 회사의 재산상태 그 밖의 사정을 참작하여 공정한 가액으로 이를 산정하여야 한다. <신설 2001·7·24>
〔본조신설 1995·12·29〕

제374조의3(간이영업양도, 양수, 임대 등) ① 제374조제1항 각 호의 어느 하나에 해당하는 행위를 하는 회사의 총주주의 동의가 있거나 그 회사의 발행주식총수의 100분의

90 이상을 해당 행위의 상대방이 소유하고 있는 경우에는 그 회사의 주주총회의 승인은 이를 이사회의 승인으로 갈음할 수 있다.

② 제1항의 경우에 회사는 영업양도, 양수, 임대 등의 계약서 작성일부터 2주 이내에 주주총회의 승인을 받지 아니하고 영업양도, 양수, 임대 등을 한다는 뜻을 공고하거나 주주에게 통지하여야 한다. 다만, 총주주의 동의가 있는 경우에는 그러하지 아니하다.

③ 제2항의 공고 또는 통지를 한 날부터 2주 이내에 회사에 대하여 서면으로 영업양도, 양수, 임대 등에 반대하는 의사를 통지한 주주는 그 기간이 경과한 날부터 20일 이내에 주식의 종류와 수를 기재한 서면으로 회사에 대하여 자기가 소유하고 있는 주식의 매수를 청구할 수 있다. 이 경우 제374조의2제2항부터 제5항까지의 규정을 준용한다.

〔본조신설 2015·12·1〕

제375조(사후설립) 회사가 그 성립 후 2년 내에 그 성립 전부터 존재하는 재산으로서 영업을 위하여 계속하여 사용하여야 할 것을 자본금의 100분의 5 이상에 해당하는 대가로 취득하는 계약을 하는 경우에는 제374조를 준용한다.

〔전부개정 2011·4·14〕

제376조(결의취소의 소) ① 총회의 소집절차 또는 결의방법이 법령 또는 정관에 위반하거나 현저하게 불공정한 때 또는 그 결의의 내용이 정관에 위반한 때에는 주주·이사 또는 감사는 결의의 날로부터 2월내에 결의취소의 소를 제기할 수 있다. <개정 1984·4·10, 1995·12·29>

② 제186조 내지 제188조, 제190조 본문과 제191조의 규정은 제1항의 소에 준용한다. <개정 1984·4·10, 1995·12·29>

제377조(제소주주의 담보제공의무) ① 주주가 결의취소의 소를 제기한 때에는 법원은 회사의 청구에 의하여 상당한 담보를 제공할 것을 명할 수 있다. 그러나 그 주주가 이사 또는 감사인 때에는 그러하지 아니하다. <개정 1984·4·10>

② 제176조제4항의 규정은 제1항의 청구에 준용한다. <개정 1984·4·10>

제378조(결의취소의 등기) 결의한 사항이 등기된 경우에 결의취소의 판결이 확정된 때에는 본점의 소재지에서 등기하여야 한다.

〔전부개정 2024·9·20〕

제379조(법원의 재량에 의한 청구기각) 결의취소의 소가 제기된 경우에 결의의 내용, 회사의 현황과 제반사정을 참작하여 그 취소가 부적당하다고 인정한 때에는 법원은 그 청구를 기각할 수 있다.

제380조(결의무효 및 부존재확인의 소) 제186조 내지 제188조, 제190조 본문, 제191조, 제377조와 제378조의 규정은 총회의 결의의 내용이 법령에 위반한 것을 이유로 하여 결의무효의 확인을 청구하는 소와 총회의 소집절차 또는 결의방법에 총회결의가 존재한다고 볼 수 없을 정도의 중대한 하자가 있는 것을 이유로 하여 결의부존재의 확인을 청구하는 소에 이를 준용한다. <개정 1984·4·10, 1995·12·29>

제381조(부당결의의 취소, 변경의 소) ① 주주가 제368조제3항의 규정에 의하여 의결권을 행사할 수 없었던 경우에 결의가 현저하게 부당하고 그 주주가 의결권을 행사하였더라면 이를 저지할 수 있었을 때에는 그 주주는 그 결의의 날로부터 2월내에 결의의 취소의 소 또는 변경의 소를 제기할 수 있다. <개정 2014·5·20>

② 제186조 내지 제188조, 제190조 본문, 제191조, 제377조와 제378조의 규정은 제1항의 소에 준용한다. <개정 1998·12·28>

제2관 이사와 이사회

제382조(이사의 선임, 회사와의 관계 및 사외이사) ① 이사는 주주총회에서 선임한다.

② 회사와 이사의 관계는 「민법」의 위임에 관한 규정을 준용한다.

③ 사외이사(社外理事)는 해당 회사의 상무(常務)에 종사하지 아니하는 이사로서 다음 각 호의 어느 하나에 해당하지 아니하는 자를 말한다. 사외이사가 다음 각 호의 어느 하나에 해당하는 경우에는 그 직을 상실한다. <개정 2011·4·14>

1. 회사의 상무에 종사하는 이사·집행임원 및 피용자 또는 최근 2년 이내에 회사의

상무에 종사한 이사·감사·집행임원 및 피용자
2. 최대주주가 자연인인 경우 본인과 그 배우자 및 직계 존속·비속
3. 최대주주가 법인인 경우 그 법인의 이사·감사·집행임원 및 피용자
4. 이사·감사·집행임원의 배우자 및 직계 존속·비속
5. 회사의 모회사 또는 자회사의 이사·감사·집행임원 및 피용자
6. 회사와 거래관계 등 중요한 이해관계에 있는 법인의 이사·감사·집행임원 및 피용자
7. 회사의 이사·집행임원 및 피용자가 이사·집행임원으로 있는 다른 회사의 이사·감사·집행임원 및 피용자

〔전부개정 2009·1·30〕

제382조의2(집중투표) ① 2인 이상의 이사의 선임을 목적으로 하는 총회의 소집이 있는 때에는 의결권없는 주식을 제외한 발행주식총수의 100분의 3 이상에 해당하는 주식을 가진 주주는 정관에서 달리 정하는 경우를 제외하고는 회사에 대하여 집중투표의 방법으로 이사를 선임할 것을 청구할 수 있다.
② 제1항의 청구는 주주총회일의 7일 전까지 서면 또는 전자문서로 하여야 한다. <개정 2009·5·28>
③ 제1항의 청구가 있는 경우에 이사의 선임결의에 관하여 각 주주는 1주마다 선임할 이사의 수와 동일한 수의 의결권을 가지며, 그 의결권은 이사 후보자 1인 또는 수인에게 집중하여 투표하는 방법으로 행사할 수 있다.
④ 제3항의 규정에 의한 투표의 방법으로 이사를 선임하는 경우에는 투표의 최다수를 얻은 자부터 순차적으로 이사에 선임되는 것으로 한다.
⑤ 제1항의 청구가 있는 경우에는 의장은 의결에 앞서 그러한 청구가 있다는 취지를 알려야 한다.
⑥ 제2항의 서면은 총회가 종결될 때까지 이를 본점에 비치하고 주주로 하여금 영업시간내에 열람할 수 있게 하여야 한다.

〔본조신설 1998·12·28〕

제382조의3(이사의 충실의무) 이사는 법령과 정관의 규정에 따라 회사를 위하여 그 직무를 충실하게 수행하여야 한다.

〔본조신설 1998·12·28〕

제382조의4(이사의 비밀유지의무) 이사는 재임중 뿐만 아니라 퇴임후에도 직무상 알게된 회사의 영업상 비밀을 누설하여서는 아니된다.

〔본조신설 2001·7·24〕

제383조(원수, 임기) ① 이사는 3명 이상이어야 한다. 다만, 자본금 총액이 10억원 미만인 회사는 1명 또는 2명으로 할 수 있다. <개정 2009·5·28>
② 이사의 임기는 3년을 초과하지 못한다. <개정 1984·4·10>
③ 제2항의 임기는 정관으로 그 임기 중의 최종의 결산기에 관한 정기주주총회의 종결에 이르기까지 연장할 수 있다. <개정 1984·4·10>
④ 제1항 단서의 경우에는 제302조제2항제5호의2, 제317조제2항제3호의2, 제335조제1항 단서 및 제2항, 제335조의2제1항·제3항, 제335조의3제1항·제2항, 제335조의7제1항, 제340조의3제1항제5호, 제356조제6호의2, 제397조제1항·제2항, 제397조의2제1항, 제398조, 제416조 본문, 제451조제2항, 제461조제1항 본문 및 제3항, 제462조의3제1항, 제464조의2제1항, 제469조, 제513조제2항 본문 및 제516조의2제2항 본문(준용되는 경우를 포함한다) 중 "이사회"는 각각 "주주총회"로 보며, 제360조의5제1항 및 제522조의3제1항 중 "이사회의 결의가 있는 때"는 "제363조제1항에 따른 주주총회의 소집통지가 있는 때"로 본다. <개정 2009·5·28, 2011·4·14>
⑤ 제1항 단서의 경우에는 제341조제2항 단서, 제390조, 제391조, 제391조의2, 제391조의3, 제392조, 제393조제2항부터 제4항까지, 제399조제2항, 제408조의2제3항·제4항, 제408조의3제2항, 제408조의4제2호, 제408조의5제1항, 제408조의6, 제408조의7, 제412조의4, 제449조의2, 제462조제2항 단서, 제526조제3항, 제527조제4항, 제527조의2, 제527조의3제1항 및 제527조의5제2항은 적용하지 아니한다. <개정 2009·5·28, 2011·4·14>

⑥ 제1항 단서의 경우에는 각 이사(정관에 따라 대표이사를 정한 경우에는 그 대표이사를 말한다)가 회사를 대표하며 제343조제1항 단서, 제346조제3항, 제362조, 제363조의2제3항, 제366조제1항, 제368조의4제1항, 제393조제1항, 제412조의3제1항 및 제462조의3제1항에 따른 이사회의 기능을 담당한다. <개정 2009·5·28, 2011·4·14>

제384조 삭제 <1995·12·29>

제385조(해임) ① 이사는 언제든지 제434조의 규정에 의한 주주총회의 결의로 이를 해임할 수 있다. 그러나 이사의 임기를 정한 경우에 정당한 이유없이 그 임기만료전에 이를 해임한 때에는 그 이사는 회사에 대하여 해임으로 인한 손해의 배상을 청구할 수 있다.

② 이사가 그 직무에 관하여 부정행위 또는 법령이나 정관에 위반한 중대한 사실이 있음에도 불구하고 주주총회에서 그 해임을 부결한 때에는 발행주식의 총수의 100분의 3 이상에 해당하는 주식을 가진 주주는 총회의 결의가 있은 날부터 1월내에 그 이사의 해임을 법원에 청구할 수 있다. <개정 1998·12·28>

③ 제186조의 규정은 전항의 경우에 준용한다.

제386조(결원의 경우) ① 법률 또는 정관에 정한 이사의 원수를 결한 경우에는 임기의 만료 또는 사임으로 인하여 퇴임한 이사는 새로 선임된 이사가 취임할 때까지 이사의 권리의무가 있다.

② 제1항의 경우에 필요하다고 인정할 때에는 법원은 이사, 감사 기타의 이해관계인의 청구에 의하여 일시 이사의 직무를 행할 자를 선임할 수 있다. 이 경우에는 본점의 소재지에서 그 등기를 하여야 한다. <개정 1995·12·29>

제387조(자격주) 정관으로 이사가 가질 주식의 수를 정한 경우에 다른 규정이 없는 때에는 이사는 그 수의 주권을 감사에게 공탁하여야 한다.

제388조(이사의 보수) 이사의 보수는 정관에 그 액을 정하지 아니한 때에는 주주총회의 결의로 이를 정한다.

제389조(대표이사) ① 회사는 이사회의 결의로 회사를 대표할 이사를 선정하여야 한다. 그러나 정관으로 주주총회에서 이를 선정할 것을 정할 수 있다.

② 전항의 경우에는 수인의 대표이사가 공동으로 회사를 대표할 것을 정할 수 있다.

③ 제208조제2항, 제209조, 제210조와 제386조의 규정은 대표이사에 준용한다. <개정 1962·12·12>

제390조(이사회의 소집) ① 이사회는 각 이사가 소집한다. 그러나 이사회의 결의로 소집할 이사를 정한 때에는 그러하지 아니하다.

② 제1항 단서의 규정에 의하여 소집권자로 지정되지 않은 다른 이사는 소집권자인 이사에게 이사회 소집을 요구할 수 있다. 소집권자인 이사가 정당한 이유없이 이사회 소집을 거절하는 경우에는 다른 이사가 이사회를 소집할 수 있다. <신설 2001·7·24>

③ 이사회를 소집함에는 회일을 정하고 그 1주간전에 각 이사 및 감사에 대하여 통지를 발송하여야 한다. 그러나 그 기간은 정관으로 단축할 수 있다. <개정 1984·4·10>

④ 이사회는 이사 및 감사 전원의 동의가 있는 때에는 제3항의 절차없이 언제든지 회의할 수 있다. <개정 1984·4·10, 2001·7·24>

제391조(이사회의 결의방법) ① 이사회의 결의는 이사 과반수의 출석과 출석이사의 과반수로 하여야 한다. 그러나 정관으로 그 비율을 높게 정할 수 있다.

② 정관에서 달리 정하는 경우를 제외하고 이사회는 이사의 전부 또는 일부가 직접 회의에 출석하지 아니하고 모든 이사가 음성을 동시에 송수신하는 원격통신수단에 의하여 결의에 참가하는 것을 허용할 수 있다. 이 경우 당해 이사는 이사회에 직접 출석한 것으로 본다. <신설 1999·12·31, 2011·4·14>

③ 제368조제3항 및 제371조제2항의 규정은 제1항의 경우에 이를 준용한다. <개정 2014·5·20>

〔전부개정 1984·4·10〕

제391조의2(감사의 이사회출석·의견진술권) ① 감사는 이사회에 출석하여 의견을 진술할 수 있다.

② 감사는 이사가 법령 또는 정관에 위반한 행위를 하거나 그 행위를 할 염려가 있다고 인정한 때에는 이사회에 이를 보고하여야 한다.

〔본조신설 1984·4·10〕

제391조의3(이사회의 의사록) ① 이사회의 의사에 관하여는 의사록을 작성하여야 한다.

② 의사록에는 의사의 안건, 경과요령, 그 결과, 반대하는 자와 그 반대이유를 기재하고 출석한 이사 및 감사가 기명날인 또는 서명하여야 한다. <개정 1995·12·29, 1999·12·31>

③ 주주는 영업시간내에 이사회의사록의 열람 또는 등사를 청구할 수 있다. <신설 1999·12·31>

④ 회사는 제3항의 청구에 대하여 이유를 붙여 이를 거절할 수 있다. 이 경우 주주는 법원의 허가를 얻어 이사회의사록을 열람 또는 등사할 수 있다. <신설 1999·12·31>

〔본조신설 1984·4·10〕

제392조(이사회의 연기·속행) 제372조의 규정은 이사회에 관하여 이를 준용한다.

〔전부개정 1984·4·10〕

제393조(이사회의 권한) ① 중요한 자산의 처분 및 양도, 대규모 재산의 차입, 지배인의 선임 또는 해임과 지점의 설치·이전 또는 폐지 등 회사의 업무집행은 이사회의 결의로 한다. <개정 2001·7·24>

② 이사회는 이사의 직무의 집행을 감독한다.

③ 이사는 대표이사로 하여금 다른 이사 또는 피용자의 업무에 관하여 이사회에 보고할 것을 요구할 수 있다. <신설 2001·7·24>

④ 이사는 3월에 1회 이상 업무의 집행상황을 이사회에 보고하여야 한다. <신설 2001·7·24>

〔전부개정 1984·4·10〕

제393조의2(이사회내 위원회) ① 이사회는 정관이 정한 바에 따라 위원회를 설치할 수 있다.

② 이사회는 다음 각호의 사항을 제외하고는 그 권한을 위원회에 위임할 수 있다.

1. 주주총회의 승인을 요하는 사항의 제안
2. 대표이사의 선임 및 해임
3. 위원회의 설치와 그 위원의 선임 및 해임
4. 정관에서 정하는 사항

③ 위원회는 2인 이상의 이사로 구성한다.

④ 위원회는 결의된 사항을 각 이사에게 통지하여야 한다. 이 경우 이를 통지받은 각 이사는 이사회의 소집을 요구할 수 있으며, 이사회는 위원회가 결의한 사항에 대하여 다시 결의할 수 있다.

⑤ 제386조제1항·제390조·제391조·제391조의3 및 제392조의 규정은 위원회에 관하여 이를 준용한다.

〔본조신설 1999·12·31〕

제394조(이사와 회사간의 소에 관한 대표) ① 회사가 이사에 대하여 또는 이사가 회사에 대하여 소를 제기하는 경우에 감사는 그 소에 관하여 회사를 대표한다. 회사가 제403조제1항 또는 제406조의2제1항의 청구를 받은 경우에도 또한 같다. <개정 2020·12·29>

② 제415조의2의 규정에 의한 감사위원회의 위원이 소의 당사자인 경우에는 감사위원회 또는 이사는 법원에 회사를 대표할 자를 선임하여 줄 것을 신청하여야 한다. <신설 1999·12·31>

〔전부개정 1984·4·10〕

제395조(표현대표이사의 행위와 회사의 책임) 사장, 부사장, 전무, 상무 기타 회사를 대표할 권한이 있는 것으로 인정될 만한 명칭을 사용한 이사의 행위에 대하여는 그 이사가 회사를 대표할 권한이 없는 경우에도 회사는 선의의 제삼자에 대하여 그 책임을 진다.

제396조(정관 등의 비치, 공시의무) ① 이사는 회사의 정관, 주주총회의 의사록을 본점과 지점에, 주주명부, 사채원부를 본점에 비치하여야 한다. 이 경우 명의개서대리인을 둔 때에는 주주명부나 사채원부 또는 그 복본을 명의개서대리인의 영업소에 비치할 수 있다. <개정 1984·4·10, 1999·12·31>

② 주주와 회사채권자는 영업시간내에 언제든지 제1항의 서류의 열람 또는 등사를 청구할 수 있다. <개정 1984·4·10>

제397조(경업금지) ① 이사는 이사회의 승인이 없으면 자기 또는 제삼자의 계산으로 회사의 영업부류에 속한 거래를 하거나 동종영업을 목적으로 하는 다른 회사의 무한책임사원이나 이사가 되지 못한다. <개정 1995·12·29>

② 이사가 제1항의 규정에 위반하여 거래를 한 경우에 회사는 이사회의 결의로 그 이사의 거래가 자기의 계산으로 한 것인 때에는 이를 회사의 계산으로 한 것으로 볼

수 있고 제삼자의 계산으로 한 것인 때에는 그 이사에 대하여 이로 인한 이득의 양도를 청구할 수 있다. <개정 1962·12·12, 1995·12·29>

③ 제2항의 권리는 거래가 있은 날로부터 1년을 경과하면 소멸한다. <개정 1995·12·29>

제397조의2(회사의 기회 및 자산의 유용 금지) ① 이사는 이사회의 승인 없이 현재 또는 장래에 회사의 이익이 될 수 있는 다음 각 호의 어느 하나에 해당하는 회사의 사업기회를 자기 또는 제3자의 이익을 위하여 이용하여서는 아니 된다. 이 경우 이사회의 승인은 이사 3분의 2 이상의 수로써 하여야 한다.

1. 직무를 수행하는 과정에서 알게 되거나 회사의 정보를 이용한 사업기회
2. 회사가 수행하고 있거나 수행할 사업과 밀접한 관계가 있는 사업기회

② 제1항을 위반하여 회사에 손해를 발생시킨 이사 및 승인한 이사는 연대하여 손해를 배상할 책임이 있으며 이로 인하여 이사 또는 제3자가 얻은 이익은 손해로 추정한다.

〔본조신설 2011·4·14〕

제398조(이사 등과 회사 간의 거래) 다음 각 호의 어느 하나에 해당하는 자가 자기 또는 제3자의 계산으로 회사와 거래를 하기 위하여는 미리 이사회에서 해당 거래에 관한 중요사실을 밝히고 이사회의 승인을 받아야 한다. 이 경우 이사회의 승인은 이사 3분의 2 이상의 수로써 하여야 하고, 그 거래의 내용과 절차는 공정하여야 한다.

1. 이사 또는 제542조의8제2항제6호에 따른 주요주주
2. 제1호의 자의 배우자 및 직계존비속
3. 제1호의 자의 배우자의 직계존비속
4. 제1호부터 제3호까지의 자가 단독 또는 공동으로 의결권 있는 발행주식 총수의 100분의 50 이상을 가진 회사 및 그 자회사
5. 제1호부터 제3호까지의 자가 제4호의 회사와 합하여 의결권 있는 발행주식총수의 100분의 50 이상을 가진 회사

〔전부개정 2011·4·14〕

제399조(회사에 대한 책임) ① 이사가 고의 또는 과실로 법령 또는 정관에 위반한 행위를 하거나 그 임무를 게을리한 경우에는 그 이사는 회사에 대하여 연대하여 손해를 배상할 책임이 있다. <개정 2011·4·14>

② 전항의 행위가 이사회의 결의에 의한 것인 때에는 그 결의에 찬성한 이사도 전항의 책임이 있다.

③ 전항의 결의에 참가한 이사로서 이의를 한 기재가 의사록에 없는 자는 그 결의에 찬성한 것으로 추정한다.

제400조(회사에 대한 책임의 감면) ① 제399조에 따른 이사의 책임은 주주 전원의 동의로 면제할 수 있다.

② 회사는 정관으로 정하는 바에 따라 제399조에 따른 이사의 책임을 이사가 그 행위를 한 날 이전 최근 1년간의 보수액(상여금과 주식매수선택권의 행사로 인한 이익 등을 포함한다)의 6배(사외이사의 경우는 3배)를 초과하는 금액에 대하여 면제할 수 있다. 다만, 이사가 고의 또는 중대한 과실로 손해를 발생시킨 경우와 제397조, 제397조의2 및 제398조에 해당하는 경우에는 그러하지 아니하다.

〔전부개정 2011·4·14〕

제401조(제삼자에 대한 책임) ① 이사가 고의 또는 중대한 과실로 그 임무를 게을리한 때에는 그 이사는 제3자에 대하여 연대하여 손해를 배상할 책임이 있다. <개정 2011·4·14>

② 제399조제2항, 제3항의 규정은 전항의 경우에 준용한다.

제401조의2(업무집행지시자 등의 책임) ① 다음 각 호의 어느 하나에 해당하는 자가 그 지시하거나 집행한 업무에 관하여 제399조, 제401조, 제403조 및 제406조의2를 적용하는 경우에는 그 자를 "이사"로 본다. <개정 2020·12·29>

1. 회사에 대한 자신의 영향력을 이용하여 이사에게 업무집행을 지시한 자
2. 이사의 이름으로 직접 업무를 집행한 자
3. 이사가 아니면서 명예회장·회장·사장·부사장·전무·상무·이사 기타 회사의 업무를 집행할 권한이 있는 것으로 인정될 만한 명칭을 사용하여 회사의 업무를 집행한 자

② 제1항의 경우에 회사 또는 제3자에 대하여 손해를 배상할 책임이 있는 이사는 제1항에 규정된 자와 연대하여 그 책임을 진다.

〔본조신설 1998·12·28〕

제402조(유지청구권) 이사가 법령 또는 정관에 위반한 행위를 하여 이로 인하여 회사에 회복할 수 없는 손해가 생길 염려가 있는 경우에는 감사 또는 발행주식의 총수의 100분의 1 이상에 해당하는 주식을 가진 주주는 회사를 위하여 이사에 대하여 그 행위를 유지할 것을 청구할 수 있다. <개정 1984·4·10, 1998·12·28>

제403조(주주의 대표소송) ① 발행주식의 총수의 100분의 1 이상에 해당하는 주식을 가진 주주는 회사에 대하여 이사의 책임을 추궁할 소의 제기를 청구할 수 있다. <개정 1998·12·28>

② 제1항의 청구는 그 이유를 기재한 서면으로 하여야 한다. <개정 1998·12·28>

③ 회사가 전항의 청구를 받은 날로부터 30일내에 소를 제기하지 아니한 때에는 제1항의 주주는 즉시 회사를 위하여 소를 제기할 수 있다.

④ 제3항의 기간의 경과로 인하여 회사에 회복할 수 없는 손해가 생길 염려가 있는 경우에는 전항의 규정에 불구하고 제1항의 주주는 즉시 소를 제기할 수 있다. <개정 1998·12·28>

⑤ 제3항과 제4항의 소를 제기한 주주의 보유주식이 제소후 발행주식총수의 100분의 1 미만으로 감소한 경우(발행주식을 보유하지 아니하게 된 경우를 제외한다)에도 제소의 효력에는 영향이 없다. <신설 1998·12·28>

⑥ 회사가 제1항의 청구에 따라 소를 제기하거나 주주가 제3항과 제4항의 소를 제기한 경우 당사자는 법원의 허가를 얻지 아니하고는 소의 취하, 청구의 포기·인낙, 화해를 할 수 없다. <신설 1998·12·28, 2011·4·14>

⑦ 제176조제3항, 제4항과 제186조의 규정은 본조의 소에 준용한다.

제404조(대표소송과 소송참가, 소송고지) ① 회사는 전조제3항과 제4항의 소송에 참가할 수 있다.

② 전조제3항과 제4항의 소를 제기한 주주는 소를 제기한 후 지체없이 회사에 대하여 그 소송의 고지를 하여야 한다.

제405조(제소주주의 권리의무) ① 제403조제3항과 제4항의 규정에 의하여 소를 제기한 주주가 승소한 때에는 그 주주는 회사에 대하여 소송비용 및 그 밖에 소송으로 인하여 지출한 비용중 상당한 금액의 지급을 청구할 수 있다. 이 경우 소송비용을 지급한 회사는 이사 또는 감사에 대하여 구상권이 있다. <개정 1962·12·12, 2001·7·24>

② 제403조제3항과 제4항의 규정에 의하여 소를 제기한 주주가 패소한 때에는 악의인 경우외에는 회사에 대하여 손해를 배상할 책임이 없다.

제406조(대표소송과 재심의 소) ① 제403조의 소가 제기된 경우에 원고와 피고의 공모로 인하여 소송의 목적인 회사의 권리를 사해할 목적으로써 판결을 하게 한 때에는 회사 또는 주주는 확정한 종국판결에 대하여 재심의 소를 제기할 수 있다.

② 전조의 규정은 전항의 소에 준용한다.

제406조의2(다중대표소송) ① 모회사 발행주식총수의 100분의 1 이상에 해당하는 주식을 가진 주주는 자회사에 대하여 자회사 이사의 책임을 추궁할 소의 제기를 청구할 수 있다.

② 제1항의 주주는 자회사가 제1항의 청구를 받은 날부터 30일 내에 소를 제기하지 아니한 때에는 즉시 자회사를 위하여 소를 제기할 수 있다.

③ 제1항 및 제2항의 소에 관하여는 제176조제3항·제4항, 제403조제2항, 같은 조 제4항부터 제6항까지 및 제404조부터 제406조까지의 규정을 준용한다.

④ 제1항의 청구를 한 후 모회사가 보유한 자회사의 주식이 자회사 발행주식총수의 100분의 50 이하로 감소한 경우(발행주식을 보유하지 아니하게 된 경우를 제외한다)에도 제1항 및 제2항에 따른 제소의 효력에는 영향이 없다.

⑤ 제1항 및 제2항의 소는 자회사의 본점소재지의 지방법원의 관할에 전속한다.

〔본조신설 2020·12·29〕

제407조(직무집행정지, 직무대행자선임) ① 이사선임결의의 무효나 취소 또는 이사해임의 소가 제기된 경우에는 법원은 당사자의 신청에 의하여 가처분으로써 이사의 직무집행을 정지할 수 있고 또는 직무대행자를 선임할 수 있다. 급박한 사정이 있는 때에는 본안소송의 제기전에도 그 처분을 할 수 있다.

② 법원은 당사자의 신청에 의하여 전항의 가처분을 변경 또는 취소할 수 있다.

③ 제1항과 제2항의 처분이 있는 때에는 본점의 소재지에서 그 등기를 하여야 한다. <개정 2024·9·20>

제408조(직무대행자의 권한) ① 전조의 직무대행자는 가처분명령에 다른 정함이 있는 경우외에는 회사의 상무에 속하지 아니한 행위를 하지 못한다. 그러나 법원의 허가를 얻은 경우에는 그러하지 아니한다.

② 직무대행자가 전항의 규정에 위반한 행위를 한 경우에도 회사는 선의의 제삼자에 대하여 책임을 진다.

제408조의2(집행임원 설치회사, 집행임원과 회사의 관계) ① 회사는 집행임원을 둘 수 있다. 이 경우 집행임원을 둔 회사(이하 "집행임원 설치회사"라 한다)는 대표이사를 두지 못한다.

② 집행임원 설치회사와 집행임원의 관계는 「민법」 중 위임에 관한 규정을 준용한다.

③ 집행임원 설치회사의 이사회는 다음의 권한을 갖는다.

1. 집행임원과 대표집행임원의 선임·해임
2. 집행임원의 업무집행 감독
3. 집행임원과 집행임원 설치회사의 소송에서 집행임원 설치회사를 대표할 자의 선임
4. 집행임원에게 업무집행에 관한 의사결정의 위임(이 법에서 이사회 권한사항으로 정한 경우는 제외한다)
5. 집행임원이 여러 명인 경우 집행임원의 직무 분담 및 지휘·명령관계, 그 밖에 집행임원의 상호관계에 관한 사항의 결정
6. 정관에 규정이 없거나 주주총회의 승인이 없는 경우 집행임원의 보수 결정

④ 집행임원 설치회사는 이사회의 회의를 주관하기 위하여 이사회 의장을 두어야 한다. 이 경우 이사회 의장은 정관의 규정이 없으면 이사회 결의로 선임한다.

〔본조신설 2011·4·14〕

제408조의3(집행임원의 임기) ① 집행임원의 임기는 정관에 다른 규정이 없으면 2년을 초과하지 못한다.

② 제1항의 임기는 정관에 그 임기 중의 최종 결산기에 관한 정기주주총회가 종결한 후 가장 먼저 소집하는 이사회의 종결 시까지로 정할 수 있다.

〔본조신설 2011·4·14〕

제408조의4(집행임원의 권한) 집행임원의 권한은 다음 각 호의 사항으로 한다.

1. 집행임원 설치회사의 업무집행
2. 정관이나 이사회의 결의에 의하여 위임받은 업무집행에 관한 의사결정

〔본조신설 2011·4·14〕

제408조의5(대표집행임원) ① 2명 이상의 집행임원이 선임된 경우에는 이사회 결의로 집행임원 설치회사를 대표할 대표집행임원을 선임하여야 한다. 다만, 집행임원이 1명인 경우에는 그 집행임원이 대표집행임원이 된다.

② 대표집행임원에 관하여는 이 법에 다른 규정이 없으면 주식회사의 대표이사에 관한 규정을 준용한다.

③ 집행임원 설치회사에 대하여는 제395조를 준용한다.

〔본조신설 2011·4·14〕

제408조의6(집행임원의 이사회에 대한 보고) ① 집행임원은 3개월에 1회 이상 업무의 집행상황을 이사회에 보고하여야 한다.

② 집행임원은 제1항의 경우 외에도 이사회의 요구가 있으면 언제든지 이사회에 출석하여 요구한 사항을 보고하여야 한다.

③ 이사는 대표집행임원으로 하여금 다른 집행임원 또는 피용자의 업무에 관하여 이사회에 보고할 것을 요구할 수 있다.

〔본조신설 2011·4·14〕

제408조의7(집행임원의 이사회 소집 청구) ① 집행임원은 필요하면 회의의 목적사항과 소집이유를 적은 서면을 이사(소집권자가 있는 경우에는 소집권자를 말한다. 이하 이 조에서 같다)에게 제출하여 이사회 소집을 청구할 수 있다.

② 제1항의 청구를 한 후 이사가 지체 없이 이사회 소집의 절차를 밟지 아니하면 소집을 청구한 집행임원은 법원의 허가를 받아 이사회를 소집할 수 있다. 이 경우 이사회 의장은 법원이 이해관계자의 청구에 의하여 또는 직권으로 선임할 수 있다.

〔본조신설 2011·4·14〕

제408조의8(집행임원의 책임) ① 집행임원이 고의 또는 과실로 법령이나 정관을 위반한 행위를 하거나 그 임무를 게을리한 경우에는 그 집행임원은 집행임원 설치회사에 손해를 배상할 책임이 있다.

② 집행임원이 고의 또는 중대한 과실로 그 임무를 게을리한 경우에는 그 집행임원은 제3자에게 손해를 배상할 책임이 있다.

③ 집행임원이 집행임원 설치회사 또는 제3자에게 손해를 배상할 책임이 있는 경우에 다른 집행임원·이사 또는 감사도 그 책임이 있으면 다른 집행임원·이사 또는 감사와 연대하여 배상할 책임이 있다.

〔본조신설 2011·4·14〕

제408조의9(준용규정) 집행임원에 대해서는 제382조의3, 제382조의4, 제396조, 제397조, 제397조의2, 제398조, 제400조, 제401조의2, 제402조부터 제406조까지, 제406조의2, 제407조, 제408조, 제412조 및 제412조의2를 준용한다. <개정 2020·12·29>

〔본조신설 2011·4·14〕

제3관 감사 및 감사위원회

제409조(선임) ① 감사는 주주총회에서 선임한다.

② 의결권없는 주식을 제외한 발행주식의 총수의 100분의 3(정관에서 더 낮은 주식 보유비율을 정할 수 있으며, 정관에서 더 낮은 주식 보유비율을 정한 경우에는 그 비율로 한다)을 초과하는 수의 주식을 가진 주주는 그 초과하는 주식에 관하여 제1항의 감사의 선임에 있어서는 의결권을 행사하지 못한다. <개정 1984·4·10, 2020·12·29>

③ 회사가 제368조의4제1항에 따라 전자적 방법으로 의결권을 행사할 수 있도록 한 경우에는 제368조제1항에도 불구하고 출석한 주주의 의결권의 과반수로써 제1항에 따른 감사의 선임을 결의할 수 있다. <개정 2020·12·29>

④ 제1항, 제296조제1항 및 제312조에도 불구하고 자본금의 총액이 10억원 미만인 회사의 경우에는 감사를 선임하지 아니할 수 있다. <신설 2009·5·28>

⑤ 제4항에 따라 감사를 선임하지 아니한 회사가 이사에 대하여 또는 이사가 그 회사에 대하여 소를 제기하는 경우에 회사, 이사 또는 이해관계인은 법원에 회사를 대표할 자를 선임하여 줄 것을 신청하여야 한다. <신설 2009·5·28>

⑥ 제4항에 따라 감사를 선임하지 아니한 경우에는 제412조, 제412조의2 및 제412조의5제1항·제2항 중 "감사"는 각각 "주주총회"로 본다. <신설 2009·5·28, 2011·4·14>

제409조의2(감사의 해임에 관한 의견진술의 권리) 감사는 주주총회에서 감사의 해임에 관하여 의견을 진술할 수 있다.

〔본조신설 1995·12·29〕

제410조(임기) 감사의 임기는 취임후 3년내의 최종의 결산기에 관한 정기총회의 종결시까지로 한다. <개정 1995·12·29>

〔전부개정 1984·4·10〕

제411조(겸임금지) 감사는 회사 및 자회사의 이사 또는 지배인 기타의 사용인의 직무를 겸하지 못한다. <개정 1995·12·29>

제412조(감사의 직무와 보고요구, 조사의 권한) ① 감사는 이사의 직무의 집행을 감사한다.

② 감사는 언제든지 이사에 대하여 영업에 관한 보고를 요구하거나 회사의 업무와 재산상태를 조사할 수 있다.

③ 감사는 회사의 비용으로 전문가의 도움을 구할 수 있다. <신설 2011·4·14>

〔전부개정 1984·4·10〕

제412조의2(이사의 보고의무) 이사는 회사에 현저하게 손해를 미칠 염려가 있는 사실을 발견한 때에는 즉시 감사에게 이를 보고하여야 한다.

〔본조신설 1995·12·29〕

제412조의3(총회의 소집청구) ① 감사는 회의의 목적사항과 소집의 이유를 기재한 서면을 이사회에 제출하여 임시총회의 소집을 청구할 수 있다.

② 제366조제 2 항의 규정은 감사가 총회를 소집하는 경우에 이를 준용한다.
〔본조신설 1995 · 12 · 29〕

제412조의4(감사의 이사회 소집 청구) ① 감사는 필요하면 회의의 목적사항과 소집이유를 서면에 적어 이사(소집권자가 있는 경우에는 소집권자를 말한다. 이하 이 조에서 같다)에게 제출하여 이사회 소집을 청구할 수 있다.
② 제 1 항의 청구를 하였는데도 이사가 지체 없이 이사회를 소집하지 아니하면 그 청구한 감사가 이사회를 소집할 수 있다.
〔본조신설 2011 · 4 · 14〕

제412조의5(자회사의 조사권) ① 모회사의 감사는 그 직무를 수행하기 위하여 필요한 때에는 자회사에 대하여 영업의 보고를 요구할 수 있다.
② 모회사의 감사는 제 1 항의 경우에 자회사가 지체없이 보고를 하지 아니할 때 또는 그 보고의 내용을 확인할 필요가 있는 때에는 자회사의 업무와 재산상태를 조사할 수 있다.
③ 자회사는 정당한 이유가 없는 한 제 1 항의 규정에 의한 보고 또는 제 2 항의 규정에 의한 조사를 거부하지 못한다.
〔본조신설 1995 · 12 · 29〕

제413조(조사 · 보고의 의무) 감사는 이사가 주주총회에 제출할 의안 및 서류를 조사하여 법령 또는 정관에 위반하거나 현저하게 부당한 사항이 있는지의 여부에 관하여 주주총회에 그 의견을 진술하여야 한다.
〔전부개정 1984 · 4 · 10〕

제413조의2(감사록의 작성) ① 감사는 감사에 관하여 감사록을 작성하여야 한다.
② 감사록에는 감사의 실시요령과 그 결과를 기재하고 감사를 실시한 감사가 기명날인 또는 서명하여야 한다. <개정 1995 · 12 · 29>
〔본조신설 1984 · 4 · 10〕

제414조(감사의 책임) ① 감사가 그 임무를 해태한 때에는 그 감사는 회사에 대하여 연대하여 손해를 배상할 책임이 있다.
② 감사가 악의 또는 중대한 과실로 인하여 그 임무를 해태한 때에는 그 감사는 제삼자에 대하여 연대하여 손해를 배상할 책임이 있다.
③ 감사가 회사 또는 제삼자에 대하여 손해를 배상할 책임이 있는 경우에 이사도 그 책임이 있는 때에는 그 감사와 이사는 연대하여 배상할 책임이 있다.

제415조(준용규정) 제382조제 2 항, 제382조의4, 제385조, 제386조, 제388조, 제400조, 제401조, 제403조부터 제406조까지, 제406조의2 및 제407조는 감사에 준용한다. <개정 1984 · 4 · 10, 2001 · 7 · 24, 2020 · 12 · 29>

제415조의2(감사위원회) ① 회사는 정관이 정한 바에 따라 감사에 갈음하여 제393조의2의 규정에 의한 위원회로서 감사위원회를 설치할 수 있다. 감사위원회를 설치한 경우에는 감사를 둘 수 없다.
② 감사위원회는 제393조의2제 3 항에도 불구하고 3명 이상의 이사로 구성한다. 다만, 사외이사가 위원의 3분의 2 이상이어야 한다. <개정 2009 · 1 · 30>
③ 감사위원회의 위원의 해임에 관한 이사회의 결의는 이사총수의 3분의 2 이상의 결의로 하여야 한다.
④ 감사위원회는 그 결의로 위원회를 대표할 자를 선정하여야 한다. 이 경우 수인의 위원이 공동으로 위원회를 대표할 것을 정할 수 있다.
⑤ 감사위원회는 회사의 비용으로 전문가의 조력을 구할 수 있다.
⑥ 감사위원회에 대하여는 제393조의2제 4 항 후단을 적용하지 아니 한다. <신설 2009 · 1 · 30>
⑦ 제296조 · 제312조 · 제367조 · 제387조 · 제391조의2제 2 항 · 제394조제 1 항 · 제400조 · 제402조 내지 제407조 · 제412조 내지 제414조 · 제447조의3 · 제447조의4 · 제450조 · 제527조의4 · 제530조의5제 1 항제 9 호 · 제530조의6제 1 항제10호 및 제534조의 규정은 감사위원회에 관하여 이를 준용한다. 이 경우 제530조의5제 1 항제 9 호 및 제530조의6제 1 항제10호중 "감사"는 "감사위원회 위원"으로 본다.
〔본조신설 1999 · 12 · 31〕

제 4 절 신주의 발행

제416조(발행사항의 결정) 회사가 그 성립 후에 주식을 발행하는 경우에는 다음의 사항으로서 정관에 규정이 없는 것은 이사회가

결정한다. 다만, 이 법에 다른 규정이 있거나 정관으로 주주총회에서 결정하기로 정한 경우에는 그러하지 아니하다. <개정 1984·4·10, 2011·4·14>
1. 신주의 종류와 수
2. 신주의 발행가액과 납입기일
2의2. 무액면주식의 경우에는 신주의 발행가액 중 자본금으로 계상하는 금액
3. 신주의 인수방법
4. 현물출자를 하는 자의 성명과 그 목적인 재산의 종류, 수량, 가액과 이에 대하여 부여할 주식의 종류와 수
5. 주주가 가지는 신주인수권을 양도할 수 있는 것에 관한 사항
6. 주주의 청구가 있는 때에만 신주인수권증서를 발행한다는 것과 그 청구기간

제417조(액면미달의 발행) ① 회사가 성립한 날로부터 2년을 경과한 후에 주식을 발행하는 경우에는 회사는 제434조의 규정에 의한 주주총회의 결의와 법원의 인가를 얻어서 주식을 액면미달의 가액으로 발행할 수 있다. <개정 1962·12·12>
② 전항의 주주총회의 결의에서는 주식의 최저발행가액을 정하여야 한다.
③ 법원은 회사의 현황과 제반사정을 참작하여 최저발행가액을 변경하여 인가할 수 있다. 이 경우에 법원은 회사의 재산상태 기타 필요한 사항을 조사하게 하기 위하여 검사인을 선임할 수 있다.
④ 제1항의 주식은 법원의 인가를 얻은 날로부터 1월내에 발행하여야 한다. 법원은 이 기간을 연장하여 인가할 수 있다.

제418조(신주인수권의 내용 및 배정일의 지정·공고) ① 주주는 그가 가진 주식수에 따라서 신주의 배정을 받을 권리가 있다. <개정 2001·7·24>
② 회사는 제1항의 규정에 불구하고 정관에 정하는 바에 따라 주주외의 자에게 신주를 배정할 수 있다. 다만, 이 경우에는 신기술의 도입, 재무구조의 개선 등 회사의 경영상 목적을 달성하기 위하여 필요한 경우에 한한다. <신설 2001·7·24>
③ 회사는 일정한 날을 정하여 그 날에 주주명부에 기재된 주주가 제1항의 권리를 가진다는 뜻과 신주인수권을 양도할 수 있을 경우에는 그 뜻을, 그 날의 2주간전에 공고하여야 한다. 그러나 그 날이 제354조제1항의 기간 중인 때에는 그 기간의 초일의 2주간전에 이를 공고하여야 한다. <신설 1984·4·10>
④ 제2항에 따라 주주 외의 자에게 신주를 배정하는 경우 회사는 제416조제1호, 제2호, 제2호의2, 제3호 및 제4호에서 정하는 사항을 그 납입기일의 2주 전까지 주주에게 통지하거나 공고하여야 한다. <신설 2011·4·14>

제419조(신주인수권자에 대한 최고) ① 회사는 신주의 인수권을 가진 자에 대하여 그 인수권을 가지는 주식의 종류 및 수와 일정한 기일까지 주식인수의 청약을 하지 아니하면 그 권리를 잃는다는 뜻을 통지하여야 한다. 이 경우 제416조제5호 및 제6호에 규정한 사항의 정함이 있는 때에는 그 내용도 통지하여야 한다.
② 제1항의 통지는 제1항의 기일의 2주간전에 이를 하여야 한다. <개정 2014·5·20>
③ 제1항의 통지에도 불구하고 그 기일까지 주식인수의 청약을 하지 아니한 때에는 신주의 인수권을 가진 자는 그 권리를 잃는다. <개정 2014·5·20>
[전부개정 1984·4·10]

제420조(주식청약서) 이사는 주식청약서를 작성하여 다음의 사항을 적어야 한다. 〈개정 1984·4·10, 2011·4·14〉
1. 제289조제1항제2호 내지 제4호에 게기한 사항
2. 제302조제2항제7호·제9호 및 제10호에 게기한 사항
3. 제416조제1호 내지 제4호에 게기한 사항
4. 제417조에 따른 주식을 발행한 경우에는 그 발행조건과 미상각액(未償却額)
5. 주주에 대한 신주인수권의 제한에 관한 사항 또는 특정한 제삼자에게 이를 부여할 것을 정한 때에는 그 사항
6. 주식발행의 결의연월일

제420조의2(신주인수권증서의 발행) ① 제416조제5호에 규정한 사항을 정한 경우에 회사는 동조제6호의 정함이 있는 때에는 그 정함에 따라, 그 정함이 없는 때에는 제419

조제 1 항의 기일의 2주간전에 신주인수권증서를 발행하여야 한다.

② 신주인수권증서에는 다음 사항과 번호를 기재하고 이사가 기명날인 또는 서명하여야 한다. <개정 1995 · 12 · 29>

1. 신주인수권증서라는 뜻의 표시
2. 제420조에 규정한 사항
3. 신주인수권의 목적인 주식의 종류와 수
4. 일정기일까지 주식의 청약을 하지 아니할 때에는 그 권리를 잃는다는 뜻

〔본조신설 1984 · 4 · 10〕

제420조의3(신주인수권의 양도) ① 신주인수권의 양도는 신주인수권증서의 교부에 의하여서만 이를 행한다.

② 제336조제 2 항 및 수표법 제21조의 규정은 신주인수권증서에 관하여 이를 준용한다.

〔본조신설 1984 · 4 · 10〕

제420조의4(신주인수권의 전자등록) 회사는 신주인수권증서를 발행하는 대신 정관으로 정하는 바에 따라 전자등록기관의 전자등록부에 신주인수권을 등록할 수 있다. 이 경우 제356조의2제 2 항부터 제 4 항까지의 규정을 준용한다.

〔본조신설 2011 · 4 · 14〕

제420조의5(신주인수권증서에 의한 청약) ① 신주인수권증서를 발행한 경우에는 신주인수권증서에 의하여 주식의 청약을 한다. 이 경우에는 제302조제 1 항의 규정을 준용한다.

② 신주인수권증서를 상실한 자는 주식청약서에 의하여 주식의 청약을 할 수 있다. 그러나 그 청약은 신주인수권증서에 의한 청약이 있는 때에는 그 효력을 잃는다.

〔본조신설 1984 · 4 · 10〕

제421조(주식에 대한 납입) ① 이사는 신주의 인수인으로 하여금 그 배정한 주수(株數)에 따라 납입기일에 그 인수한 주식에 대한 인수가액의 전액을 납입시켜야 한다.

② 신주의 인수인은 회사의 동의 없이 제 1 항의 납입채무와 주식회사에 대한 채권을 상계할 수 없다.

〔전부개정 2011 · 4 · 14〕

제422조(현물출자의 검사) ① 현물출자를 하는 자가 있는 경우에는 이사는 제416조제 4 호의 사항을 조사하게 하기 위하여 검사인의 선임을 법원에 청구하여야 한다. 이 경우 공인된 감정인의 감정으로 검사인의 조사에 갈음할 수 있다. <개정 1998 · 12 · 28>

② 다음 각 호의 어느 하나에 해당할 경우에는 제 1 항을 적용하지 아니한다. <신설 2011 · 4 · 14>

1. 제416조제 4 호의 현물출자의 목적인 재산의 가액이 자본금의 5분의 1을 초과하지 아니하고 대통령령으로 정한 금액을 초과하지 아니하는 경우
2. 제416조제 4 호의 현물출자의 목적인 재산이 거래소의 시세 있는 유가증권인 경우 제416조 본문에 따라 결정된 가격이 대통령령으로 정한 방법으로 산정된 시세를 초과하지 아니하는 경우
3. 변제기가 돌아온 회사에 대한 금전채권을 출자의 목적으로 하는 경우로서 그 가액이 회사장부에 적혀 있는 가액을 초과하지 아니하는 경우
4. 그 밖에 제 1 호부터 제 3 호까지의 규정에 준하는 경우로서 대통령령으로 정하는 경우

③ 법원은 검사인의 조사보고서 또는 감정인의 감정결과를 심사하여 제 1 항의 사항을 부당하다고 인정한 때에는 이를 변경하여 이사와 현물출자를 한 자에게 통고할 수 있다. <개정 1998 · 12 · 28>

④ 전항의 변경에 불복하는 현물출자를 한 자는 그 주식의 인수를 취소할 수 있다.

⑤ 법원의 통고가 있은 후 2주내에 주식의 인수를 취소한 현물출자를 한 자가 없는 때에는 제 1 항의 사항은 통고에 따라 변경된 것으로 본다. <개정 1998 · 12 · 28>

제423조(주주가 되는 시기, 납입해태의 효과) ① 신주의 인수인은 납입 또는 현물출자의 이행을 한 때에는 납입기일의 다음 날로부터 주주의 권리의무가 있다. <개정 1984 · 4 · 10, 1995 · 12 · 29, 2020 · 12 · 29>

② 신주의 인수인이 납입기일에 납입 또는 현물출자의 이행을 하지 아니한 때에는 그 권리를 잃는다.

③ 제 2 항의 규정은 신주의 인수인에 대한 손해배상의 청구에 영향을 미치지 아니한다. <개정 1984 · 4 · 10>

제424조(유지청구권) 회사가 법령 또는 정관에 위반하거나 현저하게 불공정한 방법에 의하여 주식을 발행함으로써 주주가 불이익을 받을 염려가 있는 경우에는 그 주주는 회사에 대하여 그 발행을 유지할 것을 청구할 수 있다.

제424조의2(불공정한 가액으로 주식을 인수한 자의 책임) ① 이사와 통모하여 현저하게 불공정한 발행가액으로 주식을 인수한 자는 회사에 대하여 공정한 발행가액과의 차액에 상당한 금액을 지급할 의무가 있다.

② 제403조 내지 제406조의 규정은 제1항의 지급을 청구하는 소에 관하여 이를 준용한다.

③ 제1항 및 제2항의 규정은 이사의 회사 또는 주주에 대한 손해배상의 책임에 영향을 미치지 아니한다.

〔본조신설 1984·4·10〕

제425조(준용규정) ① 제302조제1항, 제3항, 제303조, 제305조제2항, 제3항, 제306조, 제318조와 제319조의 규정은 신주의 발행에 준용한다.

② 제305조제2항의 규정은 신주인수권증서를 발행하는 경우에 이를 준용한다. <신설 1984·4·10>

제426조(미상각액의 등기) 제417조에 따른 주식을 발행한 경우에 주식의 발행에 따른 변경등기에는 미상각액을 등기하여야 한다.

〔전부개정 2011·4·14〕

제427조(인수의 무효주장, 취소의 제한) 신주의 발행으로 인한 변경등기를 한 날로부터 1년을 경과한 후에는 신주를 인수한 자는 주식청약서 또는 신주인수권증서의 요건의 흠결을 이유로 하여 그 인수의 무효를 주장하거나 사기, 강박 또는 착오를 이유로 하여 그 인수를 취소하지 못한다. 그 주식에 대하여 주주의 권리를 행사한 때에도 같다. <개정 1962·12·12, 1984·4·10>

제428조(이사의 인수담보책임) ① 신주의 발행으로 인한 변경등기가 있은 후에 아직 인수하지 아니한 주식이 있거나 주식인수의 청약이 취소된 때에는 이사가 이를 공동으로 인수한 것으로 본다.

② 전항의 규정은 이사에 대한 손해배상의 청구에 영향을 미치지 아니한다.

제429조(신주발행무효의 소) 신주발행의 무효는 주주·이사 또는 감사에 한하여 신주를 발행한 날로부터 6월내에 소만으로 이를 주장할 수 있다. <개정 1984·4·10>

제430조(준용규정) 제186조 내지 제189조·제190조 본문·제191조·제192조 및 제377조의 규정은 제429조의 소에 관하여 이를 준용한다.

〔전부개정 1995·12·29〕

제431조(신주발행무효판결의 효력) ① 신주발행무효의 판결이 확정된 때에는 신주는 장래에 대하여 그 효력을 잃는다.

② 전항의 경우에는 회사는 지체없이 그 뜻과 일정한 기간내에 신주의 주권을 회사에 제출할 것을 공고하고 주주명부에 기재된 주주와 질권자에 대하여는 각별로 그 통지를 하여야 한다. 그러나 그 기간은 3월 이상으로 하여야 한다.

제432조(무효판결과 주주에의 환급) ① 신주발행무효의 판결이 확정된 때에는 회사는 신주의 주주에 대하여 그 납입한 금액을 반환하여야 한다.

② 전항의 금액이 전조제1항의 판결확정시의 회사의 재산상태에 비추어 현저하게 부당한 때에는 법원은 회사 또는 전항의 주주의 청구에 의하여 그 금액의 증감을 명할 수 있다.

③ 제339조와 제340조제1항, 제2항의 규정은 제1항의 경우에 준용한다.

제5절 정관의 변경

제433조(정관변경의 방법) ① 정관의 변경은 주주총회의 결의에 의하여야 한다.

② 정관의 변경에 관한 의안의 요령은 제363조에 따른 통지에 기재하여야 한다. <개정 2014·5·20>

제434조(정관변경의 특별결의) 제433조제1항의 결의는 출석한 주주의 의결권의 3분의 2 이상의 수와 발행주식총수의 3분의 1 이상의 수로써 하여야 한다.

〔전부개정 1995·12·29〕

제435조(종류주주총회) ① 회사가 종류주식을 발행한 경우에 정관을 변경함으로써 어느 종류주식의 주주에게 손해를 미치게 될 때

에는 주주총회의 결의 외에 그 종류주식의 주주의 총회의 결의가 있어야 한다. <개정 2011·4·14>

② 제 1 항의 결의는 출석한 주주의 의결권의 3분의 2 이상의 수와 그 종류의 발행주식총수의 3분의 1 이상의 수로써 하여야 한다. <개정 1995·12·29>

③ 주주총회에 관한 규정은 의결권없는 종류의 주식에 관한 것을 제외하고 제 1 항의 총회에 준용한다.

제436조(준용규정) 제344조제 3 항에 따라 주식의 종류에 따라 특수하게 정하는 경우와 회사의 분할 또는 분할합병, 주식교환, 주식이전 및 회사의 합병으로 인하여 어느 종류의 주주에게 손해를 미치게 될 경우에는 제435조를 준용한다.

〔전부개정 2011·4·14〕

제437조 삭제 <1995·12·29>

제 6 절 자본금의 감소

제438조(자본금 감소의 결의) ① 자본금의 감소에는 제434조에 따른 결의가 있어야 한다.

② 제 1 항에도 불구하고 결손의 보전(補塡)을 위한 자본금의 감소는 제368조제 1 항의 결의에 의한다.

③ 자본금의 감소에 관한 의안의 주요내용은 제363조에 따른 통지에 적어야 한다. <개정 2014·5·20>

〔전부개정 2011·4·14〕

제439조(자본금 감소의 방법, 절차) ① 자본금 감소의 결의에서는 그 감소의 방법을 정하여야 한다.

② 자본금 감소의 경우에는 제232조를 준용한다. 다만, 결손의 보전을 위하여 자본금을 감소하는 경우에는 그러하지 아니하다.

③ 사채권자가 이의를 제기하려면 사채권자집회의 결의가 있어야 한다. 이 경우에는 법원은 이해관계인의 청구에 의하여 사채권자를 위하여 이의 제기 기간을 연장할 수 있다.

〔전부개정 2011·4·14〕

제440조(주식병합의 절차) 주식을 병합할 경우에는 회사는 1월 이상의 기간을 정하여 그 뜻과 그 기간내에 주권을 회사에 제출할 것을 공고하고 주주명부에 기재된 주주와 질권자에 대하여는 각별로 그 통지를 하여야 한다. <개정 1995·12·29>

제441조(동전) 주식의 병합은 전조의 기간이 만료한 때에 그 효력이 생긴다. 그러나 제232조의 규정에 의한 절차가 종료하지 아니한 때에는 그 종료한 때에 효력이 생긴다.

제442조(신주권의 교부) ① 주식을 병합하는 경우에 구주권을 회사에 제출할 수 없는 자가 있는 때에는 회사는 그 자의 청구에 의하여 3월 이상의 기간을 정하고 이해관계인에 대하여 그 주권에 대한 이의가 있으면 그 기간내에 제출할 뜻을 공고하고 그 기간이 경과한 후에 신주권을 청구자에게 교부할 수 있다.

② 전항의 공고의 비용은 청구자의 부담으로 한다.

제443조(단주의 처리) ① 병합에 적당하지 아니한 수의 주식이 있는 때에는 그 병합에 적당하지 아니한 부분에 대하여 발행한 신주를 경매하여 각 주수에 따라 그 대금을 종전의 주주에게 지급하여야 한다. 그러나 거래소의 시세있는 주식은 거래소를 통하여 매각하고, 거래소의 시세없는 주식은 법원의 허가를 받아 경매외의 방법으로 매각할 수 있다. <개정 1984·4·10>

② 제442조의 규정은 제1항의 경우에 준용한다. <개정 1984·4·10>

제444조 삭제 <2014·5·20>

제445조(감자무효의 소) 자본금 감소의 무효는 주주·이사·감사·청산인·파산관재인 또는 자본금의 감소를 승인하지 아니한 채권자만이 자본금 감소로 인한 변경등기가 된 날부터 6개월 내에 소(訴)만으로 주장할 수 있다.

〔전부개정 2011·4·14〕

제446조(준용규정) 제186조 내지 제189조·제190조 본문·제191조·제192조 및 제377조의 규정은 제445조의 소에 관하여 이를 준용한다.

〔전부개정 1995·12·29〕

제 7 절 회사의 회계

제446조의2(회계의 원칙) 회사의 회계는 이 법과 대통령령으로 규정한 것을 제외하고는

일반적으로 공정하고 타당한 회계관행에 따른다.
〔본조신설 2011·4·14〕

제447조(재무제표의 작성) ① 이사는 결산기마다 다음 각 호의 서류와 그 부속명세서를 작성하여 이사회의 승인을 받아야 한다.
1. 대차대조표
2. 손익계산서
3. 그 밖에 회사의 재무상태와 경영성과를 표시하는 것으로서 대통령령으로 정하는 서류

② 대통령령으로 정하는 회사의 이사는 연결재무제표(聯結財務諸表)를 작성하여 이사회의 승인을 받아야 한다.
〔전부개정 2011·4·14〕

제447조의2(영업보고서의 작성) ① 이사는 매결산기에 영업보고서를 작성하여 이사회의 승인을 얻어야 한다.
② 영업보고서에는 대통령령이 정하는 바에 의하여 영업에 관한 중요한 사항을 기재하여야 한다.
〔본조신설 1984·4·10〕

제447조의3(재무제표 등의 제출) 이사는 정기총회회일의 6주간전에 제447조 및 제447조의2의 서류를 감사에게 제출하여야 한다.
〔본조신설 1984·4·10〕

제447조의4(감사보고서) ① 감사는 제447조의3의 서류를 받은 날부터 4주 내에 감사보고서를 이사에게 제출하여야 한다.
② 제1항의 감사보고서에는 다음 각 호의 사항을 적어야 한다.
1. 감사방법의 개요
2. 회계장부에 기재될 사항이 기재되지 아니하거나 부실기재된 경우 또는 대차대조표나 손익계산서의 기재 내용이 회계장부와 맞지 아니하는 경우에는 그 뜻
3. 대차대조표 및 손익계산서가 법령과 정관에 따라 회사의 재무상태와 경영성과를 적정하게 표시하고 있는 경우에는 그 뜻
4. 대차대조표 또는 손익계산서가 법령이나 정관을 위반하여 회사의 재무상태와 경영성과를 적정하게 표시하지 아니하는 경우에는 그 뜻과 이유
5. 대차대조표 또는 손익계산서의 작성에 관한 회계방침의 변경이 타당한지 여부와 그 이유
6. 영업보고서가 법령과 정관에 따라 회사의 상황을 적정하게 표시하고 있는지 여부
7. 이익잉여금의 처분 또는 결손금의 처리가 법령 또는 정관에 맞는지 여부
8. 이익잉여금의 처분 또는 결손금의 처리가 회사의 재무상태나 그 밖의 사정에 비추어 현저하게 부당한 경우에는 그 뜻
9. 제447조의 부속명세서에 기재할 사항이 기재되지 아니하거나 부실기재된 경우 또는 회계장부·대차대조표·손익계산서나 영업보고서의 기재 내용과 맞지 아니하게 기재된 경우에는 그 뜻
10. 이사의 직무수행에 관하여 부정한 행위 또는 법령이나 정관의 규정을 위반하는 중대한 사실이 있는 경우에는 그 사실

③ 감사가 감사를 하기 위하여 필요한 조사를 할 수 없었던 경우에는 감사보고서에 그 뜻과 이유를 적어야 한다.
〔전부개정 2011·4·14〕

제448조(재무제표 등의 비치·공시) ① 이사는 정기총회회일의 1주간전부터 제447조 및 제447조의2의 서류와 감사보고서를 본점에 5년간, 그 등본을 지점에 3년간 비치하여야 한다. <개정 1984·4·10>
② 주주와 회사채권자는 영업시간내에 언제든지 제1항의 비치서류를 열람할 수 있으며 회사가 정한 비용을 지급하고 그 서류의 등본이나 초본의 교부를 청구할 수 있다. <개정 1984·4·10>

제449조(재무제표 등의 승인·공고) ① 이사는 제447조의 각 서류를 정기총회에 제출하여 그 승인을 요구하여야 한다. <개정 2011·4·14>
② 이사는 제447조의2의 서류를 정기총회에 제출하여 그 내용을 보고하여야 한다. <신설 1984·4·10>
③ 이사는 제1항의 서류에 대한 총회의 승인을 얻은 때에는 지체없이 대차대조표를 공고하여야 한다. <개정 1984·4·10>

제449조의2(재무제표 등의 승인에 대한 특칙) ① 제449조에도 불구하고 회사는 정관으로 정하는 바에 따라 제447조의 각 서류를 이사회의 결의로 승인할 수 있다. 다만, 이

경우에는 다음 각 호의 요건을 모두 충족하여야 한다.

1. 제447조의 각 서류가 법령 및 정관에 따라 회사의 재무상태 및 경영성과를 적정하게 표시하고 있다는 외부감사인의 의견이 있을 것
2. 감사(감사위원회 설치회사의 경우에는 감사위원을 말한다) 전원의 동의가 있을 것

② 제1항에 따라 이사회가 승인한 경우에는 이사는 제447조의 각 서류의 내용을 주주총회에 보고하여야 한다.

〔본조신설 2011·4·14〕

제450조(이사, 감사의 책임해제) 정기총회에서 전조제1항의 승인을 한 후 2년내에 다른 결의가 없으면 회사는 이사와 감사의 책임을 해제한 것으로 본다. 그러나 이사 또는 감사의 부정행위에 대하여는 그러하지 아니하다.

제451조(자본금) ① 회사의 자본금은 이 법에서 달리 규정한 경우 외에는 발행주식의 액면총액으로 한다.

② 회사가 무액면주식을 발행하는 경우 회사의 자본금은 주식 발행가액의 2분의 1 이상의 금액으로서 이사회(제416조 단서에서 정한 주식발행의 경우에는 주주총회를 말한다)에서 자본금으로 계상하기로 한 금액의 총액으로 한다. 이 경우 주식의 발행가액 중 자본금으로 계상하지 아니하는 금액은 자본준비금으로 계상하여야 한다.

③ 회사의 자본금은 액면주식을 무액면주식으로 전환하거나 무액면주식을 액면주식으로 전환함으로써 변경할 수 없다.

〔전부개정 2011·4·14〕

제452조부터 **제457조의2**까지 삭제 <2011·4·14>

제458조(이익준비금) 회사는 그 자본금의 2분의 1이 될 때까지 매 결산기 이익배당액의 10분의 1 이상을 이익준비금으로 적립하여야 한다. 다만, 주식배당의 경우에는 그러하지 아니하다.

〔전부개정 2011·4·14〕

제459조(자본준비금) ① 회사는 자본거래에서 발생한 잉여금을 대통령령으로 정하는 바에 따라 자본준비금으로 적립하여야 한다.

② 합병이나 제530조의2에 따른 분할 또는 분할합병의 경우 소멸 또는 분할되는 회사의 이익준비금이나 그 밖의 법정준비금은 합병·분할·분할합병 후 존속되거나 새로 설립되는 회사가 승계할 수 있다.

〔전부개정 2011·4·14〕

제460조(법정준비금의 사용) 제458조 및 제459조의 준비금은 자본금의 결손 보전에 충당하는 경우 외에는 처분하지 못한다.

〔전부개정 2011·4·14〕

제461조(준비금의 자본금 전입) ① 회사는 이사회의 결의에 의하여 준비금의 전부 또는 일부를 자본금에 전입할 수 있다. 그러나 정관으로 주주총회에서 결정하기로 정한 경우에는 그러하지 아니하다. <개정 2011·4·14>

② 제1항의 경우에는 주주에 대하여 그가 가진 주식의 수에 따라 주식을 발행하여야 한다. 이 경우 1주에 미달하는 단수에 대하여는 제443조제1항의 규정을 준용한다.

③ 제1항의 이사회의 결의가 있은 때에는 회사는 일정한 날을 정하여 그 날에 주주명부에 기재된 주주가 제2항의 신주의 주주가 된다는 뜻을 그 날의 2주간전에 공고하여야 한다. 그러나 그 날이 제354조제1항의 기간중인 때에는 그 기간의 초일의 2주간전에 이를 공고하여야 한다.

④ 제1항 단서의 경우에 주주는 주주총회의 결의가 있은 때로부터 제2항의 신주의 주주가 된다.

⑤ 제3항 또는 제4항의 규정에 의하여 신주의 주주가 된 때에는 이사는 지체없이 신주를 받은 주주와 주주명부에 기재된 질권자에 대하여 그 주주가 받은 주식의 종류와 수를 통지하여야 한다. <개정 2014·5·20>

⑥ 제339조의 규정은 제2항의 규정에 의하여 주식의 발행이 있는 경우에 이를 준용한다.

〔전부개정 1984·4·10〕

제461조의2(준비금의 감소) 회사는 적립된 자본준비금 및 이익준비금의 총액이 자본금의 1.5배를 초과하는 경우에 주주총회의 결의에 따라 그 초과한 금액 범위에서 자본준비금과 이익준비금을 감액할 수 있다.

〔본조신설 2011·4·14〕

제462조(이익의 배당) ① 회사는 대차대조표의 순자산액으로부터 다음의 금액을 공제한 액을 한도로 하여 이익배당을 할 수 있다.

1. 자본금의 액

2. 그 결산기까지 적립된 자본준비금과 이익준비금의 합계액
3. 그 결산기에 적립하여야 할 이익준비금의 액
4. 대통령령으로 정하는 미실현이익

② 이익배당은 주주총회의 결의로 정한다. 다만, 제449조의2제１항에 따라 재무제표를 이사회가 승인하는 경우에는 이사회의 결의로 정한다.

③ 제１항을 위반하여 이익을 배당한 경우에 회사채권자는 배당한 이익을 회사에 반환할 것을 청구할 수 있다.

④ 제３항의 청구에 관한 소에 대하여는 제186조를 준용한다.

〔전부개정 2011·4·14〕

제462조의2(주식배당) ① 회사는 주주총회의 결의에 의하여 이익의 배당을 새로이 발행하는 주식으로써 할 수 있다. 그러나 주식에 의한 배당은 이익배당총액의 2분의 1에 상당하는 금액을 초과하지 못한다.

② 제１항의 배당은 주식의 권면액으로 하며, 회사가 종류주식을 발행한 때에는 각각 그와 같은 종류의 주식으로 할 수 있다.
<개정 1995·12·29, 2011·4·14>

③ 주식으로 배당할 이익의 금액중 주식의 권면액에 미달하는 단수가 있는 때에는 그 부분에 대하여는 제443조제１항의 규정을 준용한다. <개정 1995·12·29>

④ 주식으로 배당을 받은 주주는 제１항의 결의가 있는 주주총회가 종결한 때부터 신주의 주주가 된다. <개정 1995·12·29, 2020·12·29>

⑤ 이사는 제１항의 결의가 있는 때에는 지체없이 배당을 받을 주주와 주주명부에 기재된 질권자에게 그 주주가 받을 주식의 종류와 수를 통지하여야 한다. <개정 2014·5·20>

⑥ 제340조제１항의 질권자의 권리는 제１항의 규정에 의한 주주가 받을 주식에 미친다. 이 경우 제340조제３항의 규정을 준용한다.

〔본조신설 1984·4·10〕

제462조의3(중간배당) ① 연 1회의 결산기를 정한 회사는 영업연도중 1회에 한하여 이사회의 결의로 일정한 날을 정하여 그 날의 주주에 대하여 이익을 배당(이하 이 조에서 "중간배당"이라 한다)할 수 있음을 정관으로 정할 수 있다. <개정 2011·4·14>

② 중간배당은 직전 결산기의 대차대조표상의 순자산액에서 다음 각호의 금액을 공제한 액을 한도로 한다. <개정 2001·7·24, 2011·4·14>

1. 직전 결산기의 자본금의 액
2. 직전 결산기까지 적립된 자본준비금과 이익준비금의 합계액
3. 직전 결산기의 정기총회에서 이익으로 배당하거나 또는 지급하기로 정한 금액
4. 중간배당에 따라 당해 결산기에 적립하여야 할 이익준비금

③ 회사는 당해 결산기의 대차대조표상의 순자산액이 제462조제１항 각호의 금액의 합계액에 미치지 못할우려가 있는 때에는 중간배당을 하여서는 아니된다. <개정 2001·7·24>

④ 당해 결산기 대차대조표상의 순자산액이 제462조제１항 각호의 금액의 합계액에 미치지 못함에도 불구하고 중간배당을 한 경우 이사는 회사에 대하여 연대하여 그 차액(배당액이 그 차액보다 적을 경우에는 배당액)을 배상할 책임이 있다. 다만, 이사가 제３항의 우려가 없다고 판단함에 있어 주의를 게을리하지 아니하였음을 증명한 때에는 그러하지 아니하다. <개정 2001·7·24>

⑤ 제340조제１항, 제344조제１항, 제354조제１항, 제458조, 제464조 및 제625조제３호의 규정의 적용에 관하여는 중간배당을 제462조제１항의 규정에 의한 이익의 배당으로 본다. <개정 2011·4·14, 2020·12·29>

⑥ 제399조제２항·제３항 및 제400조의 규정은 제４항의 이사의 책임에 관하여, 제462조제３항 및 제４항은 제３항의 규정에 위반하여 중간배당을 한 경우에 이를 준용한다. <개정 2011·4·14>

〔본조신설 1998·12·28〕

제462조의4(현물배당) ① 회사는 정관으로 금전 외의 재산으로 배당을 할 수 있음을 정할 수 있다.

② 제１항에 따라 배당을 결정한 회사는 다음 사항을 정할 수 있다.

1. 주주가 배당되는 금전 외의 재산 대신 금전의 지급을 회사에 청구할 수 있도록 한 경우에는 그 금액 및 청구할 수 있는 기간

2. 일정 수 미만의 주식을 보유한 주주에게 금전 외의 재산 대신 금전을 지급하기로 한 경우에는 그 일정 수 및 금액

〔본조신설 2011·4·14〕

제463조 삭제 <2011·4·14>

제464조(이익배당의 기준) 이익배당은 각 주주가 가진 주식의 수에 따라 한다. 다만, 제344조제1항을 적용하는 경우에는 그러하지 아니하다.

〔전부개정 2011·4·14〕

제464조의2(이익배당의 지급시기) ① 회사는 제464조에 따른 이익배당을 제462조제2항의 주주총회나 이사회의 결의 또는 제462조의3제1항의 결의를 한 날부터 1개월 내에 하여야 한다. 다만, 주주총회 또는 이사회에서 배당금의 지급시기를 따로 정한 경우에는 그러하지 아니하다. <개정 2011·4·14>

② 제1항의 배당금의 지급청구권은 5년간 이를 행사하지 아니하면 소멸시효가 완성한다.

〔본조신설 1984·4·10〕

제465조 삭제 <1984·4·10>

제466조(주주의 회계장부열람권) ① 발행주식의 총수의 100분의 3 이상에 해당하는 주식을 가진 주주는 이유를 붙인 서면으로 회계의 장부와 서류의 열람 또는 등사를 청구할 수 있다. <개정 1998·12·28>

② 회사는 제1항의 주주의 청구가 부당함을 증명하지 아니하면 이를 거부하지 못한다. <개정 1998·12·28>

제467조(회사의 업무, 재산상태의 검사) ① 회사의 업무집행에 관하여 부정행위 또는 법령이나 정관에 위반한 중대한 사실이 있음을 의심할 사유가 있는 때에는 발행주식의 총수의 100분의 3 이상에 해당하는 주식을 가진 주주는 회사의 업무와 재산상태를 조사하게 하기 위하여 법원에 검사인의 선임을 청구할 수 있다. <개정 1998·12·28>

② 검사인은 그 조사의 결과를 법원에 보고하여야 한다.

③ 법원은 제2항의 보고에 의하여 필요하다고 인정한 때에는 대표이사에게 주주총회의 소집을 명할 수 있다. 제310조제2항의 규정은 이 경우에 준용한다. <개정 1962·12·12, 1995·12·29>

④ 이사와 감사는 지체없이 제3항의 규정에 의한 검사인의 보고서의 정확여부를 조사하여 이를 주주총회에 보고하여야 한다. <신설 1995·12·29>

제467조의2(이익공여의 금지) ① 회사는 누구에게든지 주주의 권리행사와 관련하여 재산상의 이익을 공여할 수 없다.

② 회사가 특정의 주주에 대하여 무상으로 재산상의 이익을 공여한 경우에는 주주의 권리행사와 관련하여 이를 공여한 것으로 추정한다. 회사가 특정의 주주에 대하여 유상으로 재산상의 이익을 공여한 경우에 있어서 회사가 얻은 이익이 공여한 이익에 비하여 현저하게 적은 때에도 또한 같다.

③ 회사가 제1항의 규정에 위반하여 재산상의 이익을 공여한 때에는 그 이익을 공여받은 자는 이를 회사에 반환하여야 한다. 이 경우 회사에 대하여 대가를 지급한 것이 있는 때에는 그 반환을 받을 수 있다.

④ 제403조 내지 제406조의 규정은 제3항의 이익의 반환을 청구하는 소에 대하여 이를 준용한다.

〔본조신설 1984·4·10〕

제468조(사용인의 우선변제권) 신원보증금의 반환을 받을 채권 기타 회사와 사용인간의 고용관계로 인한 채권이 있는 자는 회사의 총재산에 대하여 우선변제를 받을 권리가 있다. 그러나 질권·저당권이나 「동산·채권 등의 담보에 관한 법률」에 따른 담보권에 우선하지 못한다. <개정 2010·6·10>

제8절 사채

제1관 통칙

제469조(사채의 발행) ① 회사는 이사회의 결의에 의하여 사채(社債)를 발행할 수 있다.

② 제1항의 사채에는 다음 각 호의 사채를 포함한다.

1. 이익배당에 참가할 수 있는 사채
2. 주식이나 그 밖의 다른 유가증권으로 교환 또는 상환할 수 있는 사채
3. 유가증권이나 통화 또는 그 밖에 대통령령으로 정하는 자산이나 지표 등의 변동과 연계하여 미리 정하여진 방법에 따라 상환 또는 지급금액이 결정되는 사채

③ 제2항에 따라 발행하는 사채의 내용 및 발행 방법 등 발행에 필요한 구체적인 사항은 대통령령으로 정한다.
④ 제1항에도 불구하고 정관으로 정하는 바에 따라 이사회는 대표이사에게 사채의 금액 및 종류를 정하여 1년을 초과하지 아니하는 기간 내에 사채를 발행할 것을 위임할 수 있다.
[전부개정 2011·4·14]

제470조부터 **제473조**까지 삭제 <2011·4·14>

제474조(공모발행, 사채청약서) ① 사채의 모집에 응하고자 하는 자는 사채청약서 2통에 그 인수할 사채의 수와 주소를 기재하고 기명날인 또는 서명하여야 한다. <개정 1995·12·29>
② 사채청약서는 이사가 작성하고 다음의 사항을 적어야 한다. <개정 1984·4·10, 1995·12·29, 2011·4·14>
1. 회사의 상호
2. 자본금과 준비금의 총액
3. 최종의 대차대조표에 의하여 회사에 현존하는 순재산액
4. 사채의 총액
5. 각 사채의 금액
6. 사채발행의 가액 또는 그 최저가액
7. 사채의 이율
8. 사채의 상환과 이자지급의 방법과 기한
9. 사채를 수회에 분납할 것을 정한 때에는 그 분납금액과 시기
10. 채권을 기명식 또는 무기명식에 한한 때에는 그 뜻
10의2. 채권을 발행하는 대신 전자등록기관의 전자등록부에 사채권자의 권리를 등록하는 때에는 그 뜻
11. 전에 모집한 사채가 있는 때에는 그 상환하지 아니한 금액
12. 삭제 <2011·4·14>
13. 사채모집의 위탁을 받은 회사가 있는 때에는 그 상호와 주소
13의2. 사채관리회사가 있는 때에는 그 상호와 주소
13의3. 사채관리회사가 사채권자집회결의에 의하지 아니하고 제484조제4항제2호의 행위를 할 수 있도록 정한 때에는 그 뜻
14. 제13호의 위탁을 받은 회사가 그 모집액이 총액에 달하지 못한 경우에 그 잔액을 인수할 것을 약정한 때에는 그 뜻
15. 명의개서대리인을 둔 때에는 그 성명·주소 및 영업소
③ 사채발행의 최저가액을 정한 경우에는 응모자는 사채청약서에 응모가액을 기재하여야 한다.

제475조(총액인수의 방법) 전조의 규정은 계약에 의하여 사채의 총액을 인수하는 경우에는 이를 적용하지 아니한다. 사채모집의 위탁을 받은 회사가 사채의 일부를 인수하는 경우에는 그 일부에 대하여도 같다.

제476조(납입) ① 사채의 모집이 완료한 때에는 이사는 지체없이 인수인에 대하여 각 사채의 전액 또는 제1회의 납입을 시켜야 한다.
② 사채모집의 위탁을 받은 회사는 그 명의로 위탁회사를 위하여 제474조제2항과 전항의 행위를 할 수 있다.

제477조 삭제 <1984·4·10>

제478조(채권의 발행) ① 채권은 사채전액의 납입이 완료한 후가 아니면 이를 발행하지 못한다.
② 채권에는 다음의 사항을 적고 대표이사가 기명날인 또는 서명하여야 한다. <개정 2011·4·14>
1. 채권의 번호
2. 제474조제2항제1호·제4호·제5호·제7호·제8호·제10호·제13호·제13호의2 및 제13호의3에 규정된 사항
③ 회사는 제1항의 채권(債券)을 발행하는 대신 정관으로 정하는 바에 따라 전자등록기관의 전자등록부에 채권(債權)을 등록할 수 있다. 이 경우 제356조의2제2항부터 제4항까지의 규정을 준용한다. <신설 2011·4·14>

제479조(기명사채의 이전) ① 기명사채의 이전은 취득자의 성명과 주소를 사채원부에 기재하고 그 성명을 채권에 기재하지 아니하면 회사 기타의 제삼자에게 대항하지 못한다.
② 제337조제2항의 규정은 기명사채의 이전에 대하여 이를 준용한다. <신설 1984·4·10>

제480조(기명식, 무기명식간의 전환) 사채권자는 언제든지 기명식의 채권을 무기명식으로, 무기명식의 채권을 기명식으로 할 것을 회사에 청구할 수 있다. 그러나 채권을 기명식 또는 무기명식에 한할 것으로 정한 때에는 그러하지 아니하다.

제480조의2(사채관리회사의 지정·위탁) 회사는 사채를 발행하는 경우에 사채관리회사를 정하여 변제의 수령, 채권의 보전, 그 밖에 사채의 관리를 위탁할 수 있다.
〔본조신설 2011·4·14〕

제480조의3(사채관리회사의 자격) ① 은행, 신탁회사, 그 밖에 대통령령으로 정하는 자가 아니면 사채관리회사가 될 수 없다.
② 사채의 인수인은 그 사채의 사채관리회사가 될 수 없다.
③ 사채를 발행한 회사와 특수한 이해관계가 있는 자로서 대통령령으로 정하는 자는 사채관리회사가 될 수 없다.
〔본조신설 2011·4·14〕

제481조(사채관리회사의 사임) 사채관리회사는 사채를 발행한 회사와 사채권자집회의 동의를 받아 사임할 수 있다. 부득이한 사유가 있어 법원의 허가를 받은 경우에도 같다.
〔전부개정 2011·4·14〕

제482조(사채관리회사의 해임) 사채관리회사가 그 사무를 처리하기에 적임이 아니거나 그 밖에 정당한 사유가 있을 때에는 법원은 사채를 발행하는 회사 또는 사채권자집회의 청구에 의하여 사채관리회사를 해임할 수 있다.
〔전부개정 2011·4·14〕

제483조(사채관리회사의 사무승계자) ① 사채관리회사의 사임 또는 해임으로 인하여 사채관리회사가 없게 된 경우에는 사채를 발행한 회사는 그 사무를 승계할 사채관리회사를 정하여 사채권자를 위하여 사채 관리를 위탁하여야 한다. 이 경우 회사는 지체 없이 사채권자집회를 소집하여 동의를 받아야 한다. <개정 2011·4·14>
② 부득이한 사유가 있는 때에는 이해관계인은 사무승계자의 선임을 법원에 청구할 수 있다.

제484조(사채관리회사의 권한) ① 사채관리회사는 사채권자를 위하여 사채에 관한 채권을 변제받거나 채권의 실현을 보전하기 위하여 필요한 재판상 또는 재판 외의 모든 행위를 할 수 있다.
② 사채관리회사는 제1항의 변제를 받으면 지체 없이 그 뜻을 공고하고, 알고 있는 사채권자에게 통지하여야 한다.
③ 제2항의 경우에 사채권자는 사채관리회사에 사채 상환액 및 이자 지급을 청구할 수 있다. 이 경우 사채권이 발행된 때에는 사채권과 상환하여 상환액지급청구를 하고, 이권(利券)과 상환하여 이자지급청구를 하여야 한다.
④ 사채관리회사가 다음 각 호의 어느 하나에 해당하는 행위(사채에 관한 채권을 변제받거나 채권의 실현을 보전하기 위한 행위는 제외한다)를 하는 경우에는 사채권자집회의 결의에 의하여야 한다. 다만, 사채를 발행하는 회사는 제2호의 행위를 사채관리회사가 사채권자집회결의에 의하지 아니하고 할 수 있음을 정할 수 있다.
1. 해당 사채 전부에 대한 지급의 유예, 그 채무의 불이행으로 발생한 책임의 면제 또는 화해
2. 해당 사채 전부에 관한 소송행위 또는 채무자회생 및 파산에 관한 절차에 속하는 행위
⑤ 사채관리회사가 제4항 단서에 따라 사채권자집회의 결의에 의하지 아니하고 제4항제2호의 행위를 한 때에는 지체 없이 그 뜻을 공고하고, 알고 있는 사채권자에게는 따로 통지하여야 한다.
⑥ 제2항과 제5항의 공고는 사채를 발행한 회사가 하는 공고와 같은 방법으로 하여야 한다.
⑦ 사채관리회사는 그 관리를 위탁받은 사채에 관하여 제1항 또는 제4항 각 호에서 정한 행위를 위하여 필요하면 법원의 허가를 받아 사채를 발행한 회사의 업무와 재산상태를 조사할 수 있다.
〔전부개정 2011·4·14〕

제484조의2(사채관리회사의 의무 및 책임) ① 사채관리회사는 사채권자를 위하여 공평하고 성실하게 사채를 관리하여야 한다.
② 사채관리회사는 사채권자에 대하여 선량한 관리자의 주의로 사채를 관리하여야 한다.

③ 사채관리회사가 이 법이나 사채권자집회 결의를 위반한 행위를 한 때에는 사채권자에 대하여 연대하여 이로 인하여 발생한 손해를 배상할 책임이 있다.
〔본조신설 2011·4·14〕

제485조(둘 이상의 사채관리회사가 있는 경우의 권한과 의무) ① 사채관리회사가 둘 이상 있을 때에는 그 권한에 속하는 행위는 공동으로 하여야 한다.
② 제1항의 경우에 사채관리회사가 제484조제1항의 변제를 받은 때에는 사채관리회사는 사채권자에 대하여 연대하여 변제액을 지급할 의무가 있다.
〔전부개정 2011·4·14〕

제486조(이권흠결의 경우) ① 이권있는 무기명식의 사채를 상환하는 경우에 이권이 흠결된 때에는 그 이권에 상당한 금액을 상환액으로부터 공제한다.
② 전항의 이권소지인은 언제든지 그 이권과 상환하여 공제액의 지급을 청구할 수 있다.

제487조(원리청구권의 시효) ① 사채의 상환청구권은 10년간 행사하지 아니하면 소멸시효가 완성한다.
② 제484조제3항의 청구권도 전항과 같다.
③ 사채의 이자와 전조제2항의 청구권은 5년간 행사하지 아니하면 소멸시효가 완성한다.

제488조(사채원부) 회사는 사채원부를 작성하고 다음 각 호의 사항을 적어야 한다.
1. 사채권자(무기명식 채권이 발행되어 있는 사채의 사채권자는 제외한다)의 성명과 주소
2. 채권의 번호
3. 제474조제2항제4호, 제5호, 제7호부터 제9호까지, 제13호, 제13호의2 및 제13호의3에 규정된 사항
4. 각 사채의 납입금액과 납입연월일
5. 채권의 발행연월일 또는 채권을 발행하는 대신 전자등록기관의 전자등록부에 사채권자의 권리를 등록하는 때에는 그 뜻
6. 각 사채의 취득연월일
7. 무기명식 채권을 발행한 때에는 그 종류, 수, 번호와 발행연월일
〔전부개정 2011·4·14〕

제489조(준용규정) ① 제353조의 규정은 사채응모자 또는 사채권자에 대한 통지와 최고에 준용한다.
② 제333조의 규정은 사채가 수인의 공유에 속하는 경우에 준용한다.

제2관 사채권자집회

제490조(결의사항) 사채권자집회는 이 법에서 규정하고 있는 사항 및 사채권자의 이해관계가 있는 사항에 관하여 결의를 할 수 있다.
〔전부개정 2011·4·14〕

제491조(소집권자) ① 사채권자집회는 사채를 발행한 회사 또는 사채관리회사가 소집한다. <개정 2011·4·14>
② 사채의 종류별로 해당 종류의 사채 총액(상환받은 액은 제외한다)의 10분의 1 이상에 해당하는 사채를 가진 사채권자는 회의 목적인 사항과 소집 이유를 적은 서면 또는 전자문서를 사채를 발행한 회사 또는 사채관리회사에 제출하여 사채권자집회의 소집을 청구할 수 있다. <개정 2011·4·14>
③ 제366조제2항의 규정은 전항의 경우에 준용한다.
④ 무기명식의 채권을 가진 자는 그 채권을 공탁하지 아니하면 전2항의 권리를 행사하지 못한다.

제491조의2(소집의 통지, 공고) ① 제363조제1항 및 제2항은 사채권자집회를 소집할 경우에 이를 준용한다.
② 제1항에도 불구하고 회사가 무기명식의 채권을 발행한 경우에는 주주총회일의 3주(자본금 총액이 10억원 미만인 회사는 2주) 전에 사채권자집회를 소집하는 뜻과 회의의 목적사항을 공고하여야 한다.
〔본조신설 2014·5·20〕

제492조(의결권) ① 각 사채권자는 그가 가지는 해당 종류의 사채 금액의 합계액(상환받은 액은 제외한다)에 따라 의결권을 가진다. <개정 2011·4·14>
② 무기명식의 채권을 가진 자는 회일로부터 1주간전에 채권을 공탁하지 아니하면 그 의결권을 행사하지 못한다.

제493조(사채발행회사 또는 사채관리회사 대표자의 출석 등) ① 사채를 발행한 회사 또는 사채관리회사는 그 대표자를 사채권자집

회에 출석하게 하거나 서면으로 의견을 제출할 수 있다. <개정 2011·4·14>
② 사채권자집회의 소집은 전항의 회사에 통지하여야 한다.
③ 제363조제1항과 제2항의 규정은 전항의 통지에 준용한다.

제494조(사채발행회사의 대표자의 출석청구) 사채권자집회 또는 그 소집자는 필요있다고 인정하는 때에는 사채를 발행한 회사에 대하여 그 대표자의 출석을 청구할 수 있다.

제495조(결의의 방법) ① 제434조의 규정은 사채권자집회의 결의에 준용한다.
② 제481조부터 제483조까지 및 제494조의 동의 또는 청구는 제1항에도 불구하고 출석한 사채권자 의결권의 과반수로 결정할 수 있다. <개정 2011·4·14>
③ 사채권자집회에 출석하지 아니한 사채권자는 서면에 의하여 의결권을 행사할 수 있다. <신설 2011·4·14>
④ 서면에 의한 의결권행사는 의결권행사서면에 필요한 사항을 적어 사채권자집회 전일까지 의결권행사서면을 소집자에게 제출하여야 한다. <신설 2011·4·14>
⑤ 제4항에 따라 서면에 의하여 행사한 의결권의 수는 출석한 의결권자의 의결권 수에 포함한다. <신설 2011·4·14>
⑥ 사채권자집회에 대하여는 제368조의4를 준용한다. <신설 2011·4·14>

제496조(결의의 인가의 청구) 사채권자집회의 소집자는 결의한 날로부터 1주간내에 결의의 인가를 법원에 청구하여야 한다.

제497조(결의의 불인가의 사유) ① 법원은 다음의 경우에는 사채권자집회의 결의를 인가하지 못한다.
1. 사채권자집회소집의 절차 또는 그 결의방법이 법령이나 사채모집의 계획서의 기재에 위반한 때
2. 결의가 부당한 방법에 의하여 성립하게 된 때
3. 결의가 현저하게 불공정한 때
4. 결의가 사채권자의 일반의 이익에 반하는 때
② 전항제1호와 제2호의 경우에는 법원은 결의의 내용 기타 모든 사정을 참작하여 결의를 인가할 수 있다.

제498조(결의의 효력) ① 사채권자집회의 결의는 법원의 인가를 받음으로써 그 효력이 생긴다. 다만, 그 종류의 사채권자 전원이 동의한 결의는 법원의 인가가 필요하지 아니하다.
② 사채권자집회의 결의는 그 종류의 사채를 가진 모든 사채권자에게 그 효력이 있다.
〔전부개정 2011·4·14〕

제499조(결의의 인가, 불인가의 공고) 사채권자집회의 결의에 대하여 인가 또는 불인가의 결정이 있은 때에는 사채를 발행한 회사는 지체없이 그 뜻을 공고하여야 한다.

제500조(사채권자집회의 대표자) ① 사채권자집회는 해당 종류의 사채 총액(상환받은 금액은 제외한다)의 500분의 1 이상을 가진 사채권자 중에서 1명 또는 여러 명의 대표자를 선임하여 그 결의할 사항의 결정을 위임할 수 있다. <개정 2011·4·14>
② 대표자가 수인인 때에는 전항의 결정은 그 과반수로 한다.

제501조(결의의 집행) 사채권자집회의 결의는 사채관리회사가 집행하고, 사채관리회사가 없는 때에는 제500조의 대표자가 집행한다. 다만, 사채권자집회의 결의로써 따로 집행자를 정한 때에는 그러하지 아니하다.
〔전부개정 2011·4·14〕

제502조(수인의 대표자, 집행자가 있는 경우) 제485조제1항의 규정은 대표자나 집행자가 수인인 경우에 준용한다.

제503조(사채상환에 관한 결의의 집행) 제484조, 제485조제2항과 제487조제2항의 규정은 대표자나 집행자가 사채의 상환에 관한 결의를 집행하는 경우에 준용한다.

제504조(대표자, 집행자의 해임 등) 사채권자집회는 언제든지 대표자나 집행자를 해임하거나 위임한 사항을 변경할 수 있다.

제505조 및 **제506조** 삭제 <2011·4·14>

제507조(사채관리회사 등의 보수, 비용) ① 사채관리회사, 대표자 또는 집행자에게 줄 보수와 그 사무 처리에 필요한 비용은 사채를 발행한 회사와의 계약에 약정된 경우 외에는 법원의 허가를 받아 사채를 발행한 회사로 하여금 부담하게 할 수 있다.

② 사채관리회사, 대표자 또는 집행자는 사채에 관한 채권을 변제받은 금액에서 사채권자보다 우선하여 제1항의 보수와 비용을 변제받을 수 있다.
〔전부개정 2011·4·14〕

제508조(사채권자집회의 비용) ① 사채권자집회에 관한 비용은 사채를 발행한 회사가 부담한다.
② 제496조의 청구에 관한 비용은 회사가 부담한다. 그러나 법원은 이해관계인의 신청에 의하여 또는 직권으로 그 전부 또는 일부에 관하여 따로 부담자를 정할 수 있다.

제509조(수종의 사채있는 경우의 사채권자집회) 수종의 사채를 발행한 경우에는 사채권자집회는 각종의 사채에 관하여 이를 소집하여야 한다.

제510조(준용규정) ① 제368조제2항·제3항, 제369조제2항 및 제371조부터 제373조까지의 규정은 사채권자집회에 준용한다. <개정 2014·5·20>
② 사채권자집회의 의사록은 사채를 발행한 회사가 그 본점에 비치하여야 한다.
③ 사채관리회사와 사채권자는 영업시간 내에 언제든지 제2항의 의사록 열람을 청구할 수 있다. <개정 2011·4·14>

제511조(사채관리회사에 의한 취소의 소) ① 회사가 어느 사채권자에게 한 변제, 화해, 그 밖의 행위가 현저하게 불공정한 때에는 사채관리회사는 소(訴)만으로 그 행위의 취소를 청구할 수 있다. <개정 2011·4·14>
② 제1항의 소는 사채관리회사가 취소의 원인인 사실을 안 때부터 6개월, 행위가 있은 때부터 1년 내에 제기하여야 한다. <개정 2011·4·14>
③ 제186조와 민법 제406조제1항 단서 및 제407조의 규정은 제1항의 소에 준용한다.

제512조(대표자 등에 의한 취소의 소) 사채권자집회의 결의가 있는 때에는 대표자 또는 집행자도 전조제1항의 소를 제기할 수 있다. 그러나 행위가 있은 때로부터 1년내에 한한다.

제3관 전환사채

제513조(전환사채의 발행) ① 회사는 전환사채를 발행할 수 있다.
② 제1항의 경우에 다음의 사항으로서 정관에 규정이 없는 것은 이사회가 이를 결정한다. 그러나 정관으로 주주총회에서 이를 결정하기로 정한 경우에는 그러하지 아니하다.
1. 전환사채의 총액
2. 전환의 조건
3. 전환으로 인하여 발행할 주식의 내용
4. 전환을 청구할 수 있는 기간
5. 주주에게 전환사채의 인수권을 준다는 뜻과 인수권의 목적인 전환사채의 액
6. 주주외의 자에게 전환사채를 발행하는 것과 이에 대하여 발행할 전환사채의 액
③ 주주외의 자에 대하여 전환사채를 발행하는 경우에 그 발행할 수 있는 전환사채의 액, 전환의 조건, 전환으로 인하여 발행할 주식의 내용과 전환을 청구할 수 있는 기간에 관하여 정관에 규정이 없으면 제434조의 결의로써 이를 정하여야 한다. 이 경우 제418조제2항 단서의 규정을 준용한다. <개정 2001·7·24>
④ 제3항의 결의에 있어서 전환사채의 발행에 관한 의안의 요령은 제363조의 규정에 의한 통지에 기재하여야 한다. <개정 2014·5·20>
〔전부개정 1984·4·10〕

제513조의2(전환사채의 인수권을 가진 주주의 권리) ① 전환사채의 인수권을 가진 주주는 그가 가진 주식의 수에 따라서 전환사채의 배정을 받을 권리가 있다. 그러나 각 전환사채의 금액중 최저액에 미달하는 단수에 대하여는 그러하지 아니하다.
② 제418조제3항은 주주가 전환사채의 인수권을 가진 경우에 이를 준용한다. <개정 2011·4·14>
〔본조신설 1984·4·10〕

제513조의3(전환사채의 인수권을 가진 주주에 대한 최고) ① 주주가 전환사채의 인수권을 가진 경우에는 각 주주에 대하여 그 인수권을 가지는 전환사채의 액, 발행가액, 전환의 조건, 전환으로 인하여 발행할 주식의 내용, 전환을 청구할 수 있는 기간과 일정한 기일까지 전환사채의 청약을 하지 아니하면 그 권리를 잃는다는 뜻을 통지하여야 한다.
② 제419조제2항 및 제3항의 규정은 제1항의 경우에 이를 준용한다. <개정 2014·5·20>
〔본조신설 1984·4·10〕

제514조(전환사채발행의 절차) ① 전환사채에 관하여는 사채청약서, 채권과 사채원부에 다음의 사항을 기재하여야 한다. <개정 1995·12·29>

1. 사채를 주식으로 전환할 수 있다는 뜻
2. 전환의 조건
3. 전환으로 인하여 발행할 주식의 내용
4. 전환을 청구할 수 있는 기간
5. 주식의 양도에 관하여 이사회의 승인을 얻도록 정한 때에는 그 규정

② 삭제 <1984·4·10>

제514조의2(전환사채의 등기) ① 회사가 전환사채를 발행한 때에는 제476조의 규정에 의한 납입이 완료된 날로부터 2주간내에 본점의 소재지에서 전환사채의 등기를 하여야 한다. <개정 1995·12·29>

② 제1항의 규정에 의하여 등기할 사항은 다음 각호와 같다.

1. 전환사채의 총액
2. 각 전환사채의 금액
3. 각 전환사채의 납입금액
4. 제514조제1호 내지 제4호에 정한 사항

③ 제183조의 규정은 제2항의 등기에 대하여 이를 준용한다.

④ 외국에서 전환사채를 모집한 경우에 등기할 사항이 외국에서 생긴 때에는 등기기간은 그 통지가 도달한 날로부터 기산한다.

〔본조신설 1984·4·10〕

제515조(전환의 청구) ① 전환을 청구하는 자는 청구서 2통에 채권을 첨부하여 회사에 제출하여야 한다. 다만, 제478조제3항에 따라 채권(債券)을 발행하는 대신 전자등록기관의 전자등록부에 채권(債權)을 등록한 경우에는 그 채권을 증명할 수 있는 자료를 첨부하여 회사에 제출하여야 한다. <개정 2011·4·14>

② 제1항의 청구서에는 전환하고자 하는 사채와 청구의 연월일을 기재하고 기명날인 또는 서명하여야 한다. <개정 1995·12·29>

제516조(준용규정) ① 제346조제4항, 제424조 및 제424조의2의 규정은 전환사채의 발행의 경우에 이를 준용한다. <개정 2011·4·14>

② 제339조, 제348조, 제350조 및 제351조의 규정은 사채의 전환의 경우에 이를 준용한다. <개정 1995·12·29>

〔전부개정 1984·4·10〕

제4관 신주인수권부사채

제516조의2(신주인수권부사채의 발행) ① 회사는 신주인수권부사채를 발행할 수 있다.

② 제1항의 경우에 다음의 사항으로서 정관에 규정이 없는 것은 이사회가 이를 결정한다. 그러나 정관으로 주주총회에서 이를 결정하도록 정한 경우에는 그러하지 아니하다. <개정 2011·4·14>

1. 신주인수권부사채의 총액
2. 각 신주인수권부사채에 부여된 신주인수권의 내용
3. 신주인수권을 행사할 수 있는 기간
4. 신주인수권만을 양도할 수 있는 것에 관한 사항
5. 신주인수권을 행사하려는 자의 청구가 있는 때에는 신주인수권부사채의 상환에 갈음하여 그 발행가액으로 제516조의9제1항의 납입이 있는 것으로 본다는 뜻
6. 삭제 <1995·12·29>
7. 주주에게 신주인수권부사채의 인수권을 준다는 뜻과 인수권의 목적인 신주인수권부사채의 액
8. 주주외의 자에게 신주인수권부사채를 발행하는 것과 이에 대하여 발행할 신주인수권부사채의 액

③ 각 신주인수권부사채에 부여된 신주인수권의 행사로 인하여 발행할 주식의 발행가액의 합계액은 각 신주인수권부사채의 금액을 초과할 수 없다.

④ 주주외의 자에 대하여 신주인수권부사채를 발행하는 경우에 그 발행할 수 있는 신주인수권부사채의 액, 신주인수권의 내용과 신주인수권을 행사할 수 있는 기간에 관하여 정관에 규정이 없으면 제434조의 결의로써 이를 정하여야 한다. 이 경우 제418조제2항 단서의 규정을 준용한다. <개정 2001·7·24>

⑤ 제513조제4항의 규정은 제4항의 경우에 이를 준용한다.

〔본조신설 1984·4·10〕

제516조의3(신주인수권부사채의 인수권을 가진 주주에 대한 최고) ① 주주가 신주인수권부사채의 인수권을 가진 경우에는 각 주주에 대하여 인수권을 가지는 신주인수권부사채의 액, 발행가액, 신주인수권의 내용,

신주인수권을 행사할 수 있는 기간과 일정한 기일까지 신주인수권부사채의 청약을 하지 아니하면 그 권리를 잃는다는 뜻을 통지하여야 한다. 이 경우 제516조의2제2항제4호 또는 제5호에 규정한 사항의 정함이 있는 때에는 그 내용도 통지하여야 한다.
② 제419조제2항 및 제3항의 규정은 제1항의 경우에 이를 준용한다. <개정 2014·5·20>
〔본조신설 1984·4·10〕

제516조의4(사채청약서·채권·사채원부의 기재사항) 신주인수권부사채에 있어서는 사채청약서·채권 및 사채원부에 다음의 사항을 기재하여야 한다. 그러나 제516조의5제1항의 신주인수권증권을 발행할 때에는 채권에는 이를 기재하지 아니한다. <개정 1995·12·29, 2011·4·14>
1. 신주인수권부사채라는 뜻
2. 제516조의2제2항제2호 내지 제5호에 정한 사항
3. 제516조의9에 따라 납입을 맡을 은행이나 그 밖의 금융기관 및 납입장소
4. 주식의 양도에 관하여 이사회의 승인을 얻도록 정한 때에는 그 규정
〔본조신설 1984·4·10〕

제516조의5(신주인수권증권의 발행) ① 제516조의2제2항제4호에 규정한 사항을 정한 경우에는 회사는 채권과 함께 신주인수권증권을 발행하여야 한다.
② 신주인수권증권에는 다음의 사항과 번호를 기재하고 이사가 기명날인 또는 서명하여야 한다. <개정 1995·12·29>
1. 신주인수권증권이라는 뜻의 표시
2. 회사의 상호
3. 제516조의2제2항제2호·제3호 및 제5호에 정한 사항
4. 제516조의4제3호에 정한 사항
5. 주식의 양도에 관하여 이사회의 승인을 얻도록 정한 때에는 그 규정
〔본조신설 1984·4·10〕

제516조의6(신주인수권의 양도) ① 신주인수권증권이 발행된 경우에 신주인수권의 양도는 신주인수권증권의 교부에 의하여서만 이를 행한다.
② 제336조제2항, 제360조 및 수표법 제21조의 규정은 신주인수권증권에 관하여 이를 준용한다.
〔본조신설 1984·4·10〕

제516조의7(신주인수권의 전자등록) 회사는 신주인수권증권을 발행하는 대신 정관으로 정하는 바에 따라 전자등록기관의 전자등록부에 신주인수권을 등록할 수 있다. 이 경우 제356조의2제2항부터 제4항까지의 규정을 준용한다.
〔본조신설 2011·4·14〕

제516조의8(신주인수권부사채의 등기) ① 회사가 신주인수권부사채를 발행한 때에는 다음의 사항을 등기하여야 한다.
1. 신주인수권부사채라는 뜻
2. 신주인수권의 행사로 인하여 발행할 주식의 발행가액의 총액
3. 각 신주인수권부사채의 금액
4. 각 신주인수권부사채의 납입금액
5. 제516조의2제2항제1호 내지 제3호에 정한 사항
② 제514조의2제1항·제3항 및 제4항의 규정은 제1항의 등기에 관하여 이를 준용한다.
〔본조신설 1984·4·10〕

제516조의9(신주인수권의 행사) ① 신주인수권을 행사하려는 자는 청구서 2통을 회사에 제출하고, 신주의 발행가액의 전액을 납입하여야 한다.
② 제1항의 규정에 의하여 청구서를 제출하는 경우에 신주인수권증권이 발행된 때에는 신주인수권증권을 첨부하고, 이를 발행하지 아니한 때에는 채권을 제시하여야 한다. 다만, 제478조제3항 또는 제516조의7에 따라 채권(債券)이나 신주인수권증권을 발행하는 대신 전자등록기관의 전자등록부에 채권(債權)이나 신주인수권을 등록한 경우에는 그 채권이나 신주인수권을 증명할 수 있는 자료를 첨부하여 회사에 제출하여야 한다. <개정 2011·4·14>
③ 제1항의 납입은 채권 또는 신주인수권증권에 기재한 은행 기타 금융기관의 납입장소에서 하여야 한다.
④ 제302조제1항의 규정은 제1항의 청구서에, 제306조 및 제318조의 규정은 제3항의 납입을 맡은 은행 기타 금융기관에 이를 준용한다.
〔본조신설 1984·4·10〕

제516조의10(주주가 되는 시기) 제516조의9 제1항에 따라 신주인수권을 행사한 자는 동항의 납입을 한 때에 주주가 된다. 이 경우 제350조제2항을 준용한다. <개정 1995·12·29, 2011·4·14, 2020·12·29>
〔본조신설 1984·4·10〕

제516조의11(준용규정) 제351조의 규정은 신주인수권의 행사가 있는 경우에, 제513조의2 및 제516조제1항의 규정은 신주인수권부사채에 관하여 이를 준용한다. <개정 1995·12·29>
〔본조신설 1984·4·10〕

제9절 해산

제517조(해산사유) 주식회사는 다음의 사유로 인하여 해산한다. <개정 1998·12·28>
1. 제227조제1호, 제4호 내지 제6호에 정한 사유
1의2. 제530조의2의 규정에 의한 회사의 분할 또는 분할합병
2. 주주총회의 결의

제518조(해산의 결의) 해산의 결의는 제434조의 규정에 의하여야 한다.

제519조(회사의 계속) 회사가 존립기간의 만료 기타 정관에 정한 사유의 발생 또는 주주총회의 결의에 의하여 해산한 경우에는 제434조의 규정에 의한 결의로 회사를 계속할 수 있다.

제520조(해산판결) ① 다음의 경우에 부득이한 사유가 있는 때에는 발행주식의 총수의 100분의 10 이상에 해당하는 주식을 가진 주주는 회사의 해산을 법원에 청구할 수 있다.
1. 회사의 업무가 현저한 정돈상태를 계속하여 회복할 수 없는 손해가 생긴 때 또는 생길 염려가 있는 때
2. 회사재산의 관리 또는 처분의 현저한 실당으로 인하여 회사의 존립을 위태롭게 한 때

② 제186조와 제191조의 규정은 전항의 청구에 준용한다.

제520조의2(휴면회사의 해산) ① 법원행정처장이 최후의 등기후 5년을 경과한 회사는 본점의 소재지를 관할하는 법원에 아직 영업을 폐지하지 아니하였다는 뜻의 신고를 할 것을 관보로써 공고한 경우에, 그 공고한 날에 이미 최후의 등기후 5년을 경과한 회사로써 공고한 날로부터 2월 이내에 대통령령이 정하는 바에 의하여 신고를 하지 아니한 때에는 그 회사는 그 신고기간이 만료된 때에 해산한 것으로 본다. 그러나 그 기간내에 등기를 한 회사에 대하여는 그러하지 아니하다.
② 제1항의 공고가 있는 때에는 법원은 해당 회사에 대하여 그 공고가 있었다는 뜻의 통지를 발송하여야 한다.
③ 제1항의 규정에 의하여 해산한 것으로 본 회사는 그 후 3년 이내에는 제434조의 결의에 의하여 회사를 계속할 수 있다.
④ 제1항의 규정에 의하여 해산한 것으로 본 회사가 제3항의 규정에 의하여 회사를 계속하지 아니한 경우에는 그 회사는 그 3년이 경과한 때에 청산이 종결된 것으로 본다.
〔본조신설 1984·4·10〕

제521조(해산의 통지, 공고) 회사가 해산한 때에는 파산의 경우외에는 이사는 지체없이 주주에 대하여 그 통지를 하여야 한다. <개정 2014·5·20>

제521조의2(준용규정) 제228조와 제229조제3항의 규정은 주식회사의 해산에 관하여 이를 준용한다.
〔본조신설 1998·12·28〕

제10절 합병

제522조(합병계약서와 그 승인결의) ① 회사가 합병을 함에는 합병계약서를 작성하여 주주총회의 승인을 얻어야 한다. <개정 1995·12·29, 1998·12·28>
② 합병계약의 요령은 제363조에 정한 통지에 기재하여야 한다. <개정 2014·5·20>
③ 제1항의 승인결의는 제434조의 규정에 의하여야 한다. <개정 1998·12·28>

제522조의2(합병계약서 등의 공시) ① 이사는 제522조제1항의 주주총회 회일의 2주 전부터 합병을 한 날 이후 6개월이 경과하는 날까지 다음 각 호의 서류를 본점에 비치하여야 한다. <개정 1998·12·28, 2015·12·1>
1. 합병계약서

2. 합병을 위하여 신주를 발행하거나 자기주식을 이전하는 경우에는 합병으로 인하여 소멸하는 회사의 주주에 대한 신주의 배정 또는 자기주식의 이전에 관하여 그 이유를 기재한 서면
3. 각 회사의 최종의 대차대조표와 손익계산서

② 주주 및 회사채권자는 영업시간내에는 언제든지 제1항 각호의 서류의 열람을 청구하거나, 회사가 정한 비용을 지급하고 그 등본 또는 초본의 교부를 청구할 수 있다. <개정 1998·12·28>

〔본조신설 1984·4·10〕

제522조의3(합병반대주주의 주식매수청구권) ① 제522조제1항에 따른 결의사항에 관하여 이사회의 결의가 있는 때에 그 결의에 반대하는 주주(의결권이 없거나 제한되는 주주를 포함한다. 이하 이 조에서 같다)는 주주총회 전에 회사에 대하여 서면으로 그 결의에 반대하는 의사를 통지한 경우에는 그 총회의 결의일부터 20일 이내에 주식의 종류와 수를 기재한 서면으로 회사에 대하여 자기가 소유하고 있는 주식의 매수를 청구할 수 있다. <개정 2015·12·1>

② 제527조의2제2항의 공고 또는 통지를 한 날부터 2주내에 회사에 대하여 서면으로 합병에 반대하는 의사를 통지한 주주는 그 기간이 경과한 날부터 20일 이내에 주식의 종류와 수를 기재한 서면으로 회사에 대하여 자기가 소유하고 있는 주식의 매수를 청구할 수 있다. <신설 1998·12·28>

〔본조신설 1995·12·29〕

제523조(흡수합병의 합병계약서) 합병할 회사의 일방이 합병 후 존속하는 경우에는 합병계약서에 다음의 사항을 적어야 한다. <개정 1998·12·28, 2001·7·24, 2011·4·14, 2015·12·1>

1. 존속하는 회사가 합병으로 인하여 그 발행할 주식의 총수를 증가하는 때에는 그 증가할 주식의 총수, 종류와 수
2. 존속하는 회사의 자본금 또는 준비금이 증가하는 경우에는 증가할 자본금 또는 준비금에 관한 사항
3. 존속하는 회사가 합병을 하면서 신주를 발행하거나 자기주식을 이전하는 경우에는 발행하는 신주 또는 이전하는 자기주식의 총수, 종류와 수 및 합병으로 인하여 소멸하는 회사의 주주에 대한 신주의 배정 또는 자기주식의 이전에 관한 사항
4. 존속하는 회사가 합병으로 소멸하는 회사의 주주에게 제3호에도 불구하고 그 대가의 전부 또는 일부로서 금전이나 그 밖의 재산을 제공하는 경우에는 그 내용 및 배정에 관한 사항
5. 각 회사에서 합병의 승인결의를 할 사원 또는 주주의 총회의 기일
6. 합병을 할 날
7. 존속하는 회사가 합병으로 인하여 정관을 변경하기로 정한 때에는 그 규정
8. 각 회사가 합병으로 이익배당을 할 때에는 그 한도액
9. 합병으로 인하여 존속하는 회사에 취임할 이사와 감사 또는 감사위원회의 위원을 정한 때에는 그 성명 및 주민등록번호

제523조의2(합병대가가 모회사주식인 경우의 특칙) ① 제342조의2에도 불구하고 제523조제4호에 따라 소멸하는 회사의 주주에게 제공하는 재산이 존속하는 회사의 모회사주식을 포함하는 경우에는 존속하는 회사는 그 지급을 위하여 모회사주식을 취득할 수 있다.

② 존속하는 회사는 제1항에 따라 취득한 모회사의 주식을 합병 후에도 계속 보유하고 있는 경우 합병의 효력이 발생하는 날부터 6개월 이내에 그 주식을 처분하여야 한다. <신설 2015·12·1>

〔본조신설 2011·4·14〕

제524조(신설합병의 합병계약서) 합병으로 회사를 설립하는 경우에는 합병계약서에 다음의 사항을 적어야 한다. <개정 2001·7·24, 2011·4·14, 2015·12·1>

1. 설립되는 회사에 대하여 제289조제1항제1호부터 제4호까지에 규정된 사항과 종류주식을 발행할 때에는 그 종류, 수와 본점소재지
2. 설립되는 회사가 합병당시에 발행하는 주식의 총수와 종류, 수 및 각 회사의 주주에 대한 주식의 배정에 관한 사항
3. 설립되는 회사의 자본금과 준비금의 총액

4. 각 회사의 주주에게 제2호에도 불구하고 금전이나 그 밖의 재산을 제공하는 경우에는 그 내용 및 배정에 관한 사항
5. 제523조제5호 및 제6호에 규정된 사항
6. 합병으로 인하여 설립되는 회사의 이사와 감사 또는 감사위원회의 위원을 정한 때에는 그 성명 및 주민등록번호

제525조(합명회사, 합자회사의 합병계약서) ① 합병후 존속하는 회사 또는 합병으로 인하여 설립되는 회사가 주식회사인 경우에 합병할 회사의 일방 또는 쌍방이 합명회사 또는 합자회사인 때에는 총사원의 동의를 얻어 합병계약서를 작성하여야 한다.
② 전2조의 규정은 전항의 합병계약서에 준용한다.

제526조(흡수합병의 보고총회) ① 합병을 하는 회사의 일방이 합병후 존속하는 경우에는 그 이사는 제527조의5의 절차의 종료후, 합병으로 인한 주식의 병합이 있을 때에는 그 효력이 생긴 후, 병합에 적당하지 아니한 주식이 있을 때에는 합병후, 존속하는 회사에 있어서는 제443조의 처분을 한 후, 소규모합병의 경우에는 제527조의3제3항 및 제4항의 절차를 종료한 후 지체없이 주주총회를 소집하고 합병에 관한 사항을 보고하여야 한다. <개정 1998·12·28>
② 합병당시에 발행하는 신주의 인수인은 제1항의 주주총회에서 주주와 동일한 권리가 있다. <개정 1998·12·28>
③ 제1항의 경우에 이사회는 공고로써 주주총회에 대한 보고에 갈음할 수 있다. <신설 1995·12·29>

제527조(신설합병의 창립총회) ① 합병으로 인하여 회사를 설립하는 경우에는 설립위원은 제527조의5의 절차의 종료후, 합병으로 인한 주식의 병합이 있을 때에는 그 효력이 생긴 후, 병합에 적당하지 아니한 주식이 있을 때에는 제443조의 처분을 한 후 지체없이 창립총회를 소집하여야 한다. <개정 1998·12·28>
② 창립총회에서는 정관변경의 결의를 할 수 있다. 그러나 합병계약의 취지에 위반하는 결의는 하지 못한다.
③ 제308조제2항, 제309조, 제311조, 제312조와 제316조제2항의 규정은 제1항의 창립총회에 준용한다.
④ 제1항의 경우에 이사회는 공고로써 주주총회에 대한 보고에 갈음할 수 있다. <신설 1998·12·28>

제527조의2(간이합병) ① 합병할 회사의 일방이 합병후 존속하는 경우에 합병으로 인하여 소멸하는 회사의 총주주의 동의가 있거나 그 회사의 발행주식총수의 100분의 90 이상을 합병후 존속하는 회사가 소유하고 있는 때에는 합병으로 인하여 소멸하는 회사의 주주총회의 승인은 이를 이사회의 승인으로 갈음할 수 있다.
② 제1항의 경우에 합병으로 인하여 소멸하는 회사는 합병계약서를 작성한 날부터 2주내에 주주총회의 승인을 얻지 아니하고 합병을 한다는 뜻을 공고하거나 주주에게 통지하여야 한다. 다만, 총주주의 동의가 있는 때에는 그러하지 아니하다.
[본조신설 1998·12·28]

제527조의3(소규모합병) ① 합병 후 존속하는 회사가 합병으로 인하여 발행하는 신주 및 이전하는 자기주식의 총수가 그 회사의 발행주식총수의 100분의 10을 초과하지 아니하는 경우에는 그 존속하는 회사의 주주총회의 승인은 이를 이사회의 승인으로 갈음할 수 있다. 다만, 합병으로 인하여 소멸하는 회사의 주주에게 제공할 금전이나 그 밖의 재산을 정한 경우에 그 금액 및 그 밖의 재산의 가액이 존속하는 회사의 최종 대차대조표상으로 현존하는 순자산액의 100분의 5를 초과하는 경우에는 그러하지 아니하다. <개정 2015·12·1>
② 제1항의 경우에 존속하는 회사의 합병계약서에는 주주총회의 승인을 얻지 아니하고 합병을 한다는 뜻을 기재하여야 한다.
③ 제1항의 경우에 존속하는 회사는 합병계약서를 작성한 날부터 2주내에 소멸하는 회사의 상호 및 본점의 소재지, 합병을 할 날, 주주총회의 승인을 얻지 아니하고 합병을 한다는 뜻을 공고하거나 주주에게 통지하여야 한다.
④ 합병후 존속하는 회사의 발행주식총수의 100분의 20 이상에 해당하는 주식을 소유한 주주가 제3항의 규정에 의한 공고 또는 통지를 한 날부터 2주내에 회사에 대하여

서면으로 제 1 항의 합병에 반대하는 의사를 통지한 때에는 제 1 항 본문의 규정에 의한 합병을 할 수 없다.

⑤ 제 1 항 본문의 경우에는 제522조의3의 규정은 이를 적용하지 아니한다.

〔본조신설 1998 · 12 · 28〕

제527조의4(이사 · 감사의 임기) ① 합병을 하는 회사의 일방이 합병후 존속하는 경우에 존속하는 회사의 이사 및 감사로서 합병전에 취임한 자는 합병계약서에 다른 정함이 있는 경우를 제외하고는 합병후 최초로 도래하는 결산기의 정기총회가 종료하는 때에 퇴임한다.

② 삭제 <2001 · 7 · 24>

〔본조신설 1998 · 12 · 28〕

제527조의5(채권자보호절차) ① 회사는 제522조의 주주총회의 승인결의가 있은 날부터 2주내에 채권자에 대하여 합병에 이의가 있으면 1월 이상의 기간내에 이를 제출할 것을 공고하고 알고 있는 채권자에 대하여는 따로따로 이를 최고하여야 한다.

② 제 1 항의 규정을 적용함에 있어서 제527조의2 및 제527조의3의 경우에는 이사회의 승인결의를 주주총회의 승인결의로 본다.

③ 제232조제 2 항 및 제 3 항의 규정은 제 1 항 및 제 2 항의 경우에 이를 준용한다.

〔본조신설 1998 · 12 · 28〕

제527조의6(합병에 관한 서류의 사후공시) ① 이사는 제527조의5에 규정한 절차의 경과, 합병을 한 날, 합병으로 인하여 소멸하는 회사로부터 승계한 재산의 가액과 채무액 기타 합병에 관한 사항을 기재한 서면을 합병을 한 날부터 6월간 본점에 비치하여야 한다.

② 제522조의2제 2 항의 규정은 제 1 항의 서면에 관하여 이를 준용한다.

〔본조신설 1998 · 12 · 28〕

제528조(합병의 등기) ① 회사가 합병을 한 때에는 제526조의 주주총회가 종결된 날 또는 보고를 갈음하는 공고일, 제527조의 창립총회가 종결된 날 또는 보고를 갈음하는 공고일부터 2주일 내에 본점의 소재지에서 합병 후 존속하는 회사의 변경등기, 합병으로 인하여 소멸하는 회사의 해산등기, 합병으로 인하여 설립되는 회사의 설립등기를 하여야 한다. <개정 2024 · 9 · 20>

② 합병후 존속하는 회사 또는 합병으로 인하여 설립된 회사가 합병으로 인하여 전환사채 또는 신주인수권부사채를 승계한 때에는 제 1 항의 등기와 동시에 사채의 등기를 하여야 한다. <개정 1984 · 4 · 10>

제529조(합병무효의 소) ① 합병무효는 각 회사의 주주 · 이사 · 감사 · 청산인 · 파산관재인 또는 합병을 승인하지 아니한 채권자에 한하여 소만으로 이를 주장할 수 있다. <개정 1984 · 4 · 10>

② 제 1 항의 소는 제528조의 등기가 있은 날로부터 6월내에 제기하여야 한다.

제530조(준용규정) ① 삭제 <1998 · 12 · 28>

② 제234조, 제235조, 제237조 내지 제240조, 제329조의2, 제374조제 2 항, 제374조의2제 2 항 내지 제 5 항 및 제439조제 3 항의 규정은 주식회사의 합병에 관하여 이를 준용한다. <개정 1995 · 12 · 29, 1998 · 12 · 28, 2001 · 7 · 24>

③ 제440조부터 제443조까지의 규정은 회사의 합병으로 인한 주식병합 또는 주식분할의 경우에 준용한다. <개정 1998 · 12 · 28, 2014 · 5 · 20>

④ 제339조와 제340조제 3 항의 규정은 주식을 병합하지 아니하는 경우에 합병으로 인하여 소멸하는 회사의 주식을 목적으로 하는 질권에 준용한다.

제11절 회사의 분할

제530조의2(회사의 분할 · 분할합병) ① 회사는 분할에 의하여 1개 또는 수개의 회사를 설립할 수 있다.

② 회사는 분할에 의하여 1개 또는 수개의 존립 중의 회사와 합병(이하 "분할합병"이라 한다)할 수 있다.

③ 회사는 분할에 의하여 1개 또는 수개의 회사를 설립함과 동시에 분할합병할 수 있다.

④ 해산후의 회사는 존립 중의 회사를 존속하는 회사로 하거나 새로 회사를 설립하는 경우에 한하여 분할 또는 분할합병할 수 있다.

〔본조신설 1998 · 12 · 28〕

제530조의3(분할계획서·분할합병계약서의 승인) ① 회사가 분할 또는 분할합병을 하는 때에는 분할계획서 또는 분할합병계약서를 작성하여 주주총회의 승인을 얻어야 한다.
② 제1항의 승인결의는 제434조의 규정에 의하여야 한다.
③ 제2항의 결의에 관하여는 제344조의3 제1항에 따라 의결권이 배제되는 주주도 의결권이 있다. <개정 2011·4·14>
④ 분할계획 또는 분할합병계약의 요령은 제363조에 정한 통지에 기재하여야 한다. <개정 2014·5·20>
⑤ 삭제 <2011·4·14>
⑥ 회사의 분할 또는 분할합병으로 인하여 분할 또는 분할합병에 관련되는 각 회사의 주주의 부담이 가중되는 경우에는 제1항 및 제436조의 결의외에 그 주주 전원의 동의가 있어야 한다. <개정 2011·4·14>
〔본조신설 1998·12·28〕

제530조의4(분할에 의한 회사의 설립) 제530조의2에 따른 회사의 설립에 관하여는 이 장 제1절의 회사설립에 관한 규정을 준용한다. 다만, 분할되는 회사(이하 "분할회사"라 한다)의 출자만으로 회사가 설립되는 경우에는 제299조를 적용하지 아니한다.
〔전부개정 2015·12·1〕

제530조의5(분할계획서의 기재사항) ① 분할에 의하여 회사를 설립하는 경우에는 분할계획서에 다음 각 호의 사항을 기재하여야 한다. <개정 2011·4·14, 2015·12·1>
1. 분할에 의하여 설립되는 회사(이하 "단순분할신설회사"라 한다)의 상호, 목적, 본점의 소재지 및 공고의 방법
2. 단순분할신설회사가 발행할 주식의 총수 및 액면주식·무액면주식의 구분
3. 단순분할신설회사가 분할 당시에 발행하는 주식의 총수, 종류 및 종류주식의 수, 액면주식·무액면주식의 구분
4. 분할회사의 주주에 대한 단순분할신설회사의 주식의 배정에 관한 사항 및 배정에 따른 주식의 병합 또는 분할을 하는 경우에는 그에 관한 사항
5. 분할회사의 주주에게 제4호에도 불구하고 금전이나 그 밖의 재산을 제공하는 경우에는 그 내용 및 배정에 관한 사항
6. 단순분할신설회사의 자본금과 준비금에 관한 사항
7. 단순분할신설회사에 이전될 재산과 그 가액
8. 제530조의9제2항의 정함이 있는 경우에는 그 내용
8의2. 분할을 할 날
9. 단순분할신설회사의 이사와 감사를 정한 경우에는 그 성명과 주민등록번호
10. 단순분할신설회사의 정관에 기재할 그 밖의 사항
② 분할후 회사가 존속하는 경우에는 존속하는 회사에 관하여 분할계획서에 다음 각 호의 사항을 기재하여야 한다. <개정 2011·4·14>
1. 감소할 자본금과 준비금의 액
2. 자본감소의 방법
3. 분할로 인하여 이전할 재산과 그 가액
4. 분할후의 발행주식의 총수
5. 회사가 발행할 주식의 총수를 감소하는 경우에는 그 감소할 주식의 총수, 종류 및 종류별 주식의 수
6. 정관변경을 가져오게 하는 그 밖의 사항
〔본조신설 1998·12·28〕

제530조의6(분할합병계약서의 기재사항 및 분할합병대가가 모회사주식인 경우의 특칙) ① 분할회사의 일부가 다른 회사와 합병하여 그 다른 회사(이하 "분할합병의 상대방 회사"라 한다)가 존속하는 경우에는 분할합병계약서에 다음 각 호의 사항을 기재하여야 한다. <개정 2011·4·14, 2015·12·1>
1. 분할합병의 상대방 회사로서 존속하는 회사(이하 "분할승계회사"라 한다)가 분할합병으로 인하여 발행할 주식의 총수를 증가하는 경우에는 증가할 주식의 총수, 종류 및 종류별 주식의 수
2. 분할승계회사가 분할합병을 하면서 신주를 발행하거나 자기주식을 이전하는 경우에는 그 발행하는 신주 또는 이전하는 자기주식의 총수, 종류 및 종류별 주식의 수
3. 분할승계회사가 분할합병을 하면서 신주를 발행하거나 자기주식을 이전하는 경우에는 분할회사의 주주에 대한 분할승계회사의 신주의 배정 또는 자기주식의 이전

에 관한 사항 및 주식의 병합 또는 분할을 하는 경우에는 그에 관한 사항
4. 분할승계회사가 분할회사의 주주에게 제3호에도 불구하고 그 대가의 전부 또는 일부로서 금전이나 그 밖의 재산을 제공하는 경우에는 그 내용 및 배정에 관한 사항
5. 분할승계회사의 자본금 또는 준비금이 증가하는 경우에는 증가할 자본금 또는 준비금에 관한 사항
6. 분할회사가 분할승계회사에 이전할 재산과 그 가액
7. 제530조의9제3항의 정함이 있는 경우에는 그 내용
8. 각 회사에서 제530조의3제2항의 결의를 할 주주총회의 기일
9. 분할합병을 할 날
10. 분할승계회사의 이사와 감사를 정한 경우에는 그 성명과 주민등록번호
11. 분할승계회사의 정관변경을 가져오게 하는 그 밖의 사항

② 분할회사의 일부가 다른 분할회사의 일부 또는 다른 회사와 분할합병을 하여 회사를 설립하는 경우에는 분할합병계약서에 다음 각 호의 사항을 기재하여야 한다. <개정 2015·12·1>
1. 제530조의5제1항제1호·제2호·제6호·제7호·제8호·제8호의2·제9호·제10호에 규정된 사항
2. 분할합병을 하여 설립되는 회사(이하 "분할합병신설회사"라 한다)가 분할합병을 하면서 발행하는 주식의 총수, 종류 및 종류별 주식의 수
3. 각 회사의 주주에 대한 주식의 배정에 관한 사항과 배정에 따른 주식의 병합 또는 분할을 하는 경우에는 그 규정
4. 각 회사가 분할합병신설회사에 이전할 재산과 그 가액
5. 각 회사의 주주에게 지급할 금액을 정한 때에는 그 규정
6. 각 회사에서 제530조의3제2항의 결의를 할 주주총회의 기일
7. 분할합병을 할 날

③ 제530조의5의 규정은 제1항 및 제2항의 경우에 각 회사의 분할합병을 하지 아니하는 부분의 기재에 관하여 이를 준용한다.

④ 제342조의2제1항에도 불구하고 제1항제4호에 따라 분할회사의 주주에게 제공하는 재산이 분할승계회사의 모회사 주식을 포함하는 경우에는 분할승계회사는 그 지급을 위하여 모회사 주식을 취득할 수 있다. <신설 2015·12·1>

⑤ 분할승계회사는 제4항에 따라 취득한 모회사의 주식을 분할합병 후에도 계속 보유하고 있는 경우 분할합병의 효력이 발생하는 날부터 6개월 이내에 그 주식을 처분하여야 한다. <신설 2015·12·1>

〔본조신설 1998·12·28〕

제530조의7(분할대차대조표 등의 공시) ① 분할회사의 이사는 제530조의3제1항에 따른 주주총회 회일의 2주 전부터 분할의 등기를 한 날 또는 분할합병을 한 날 이후 6개월 간 다음 각 호의 서류를 본점에 비치하여야 한다. <개정 2015·12·1>
1. 분할계획서 또는 분할합병계약서
2. 분할되는 부분의 대차대조표
3. 분할합병의 경우 분할합병의 상대방 회사의 대차대조표
4. 분할 또는 분할합병을 하면서 신주가 발행되거나 자기주식이 이전되는 경우에는 분할회사의 주주에 대한 신주의 배정 또는 자기주식의 이전에 관하여 그 이유를 기재한 서면

② 제530조의6제1항의 분할승계회사의 이사는 분할합병을 승인하는 주주총회 회일의 2주 전부터 분할합병의 등기를 한 후 6개월 간 다음 각 호의 서류를 본점에 비치하여야 한다. <개정 2015·12·1>
1. 분할합병계약서
2. 분할회사의 분할되는 부분의 대차대조표
3. 분할합병을 하면서 신주를 발행하거나 자기주식을 이전하는 경우에는 분할회사의 주주에 대한 신주의 배정 또는 자기주식의 이전에 관하여 그 이유를 기재한 서면

③ 제522조의2제2항의 규정은 제1항 및 제2항의 서류에 관하여 이를 준용한다.

〔본조신설 1998·12·28〕

제530조의8 삭제 <2015·12·1>

제530조의9(분할 및 분할합병 후의 회사의 책임) ① 분할회사, 단순분할신설회사, 분할승계회사 또는 분할합병신설회사는 분할 또는 분할합병 전의 분할회사 채무에 관하여 연대하여 변제할 책임이 있다.

② 제 1 항에도 불구하고 분할회사가 제530조의3제 2 항에 따른 결의로 분할에 의하여 회사를 설립하는 경우에는 단순분할신설회사는 분할회사의 채무 중에서 분할계획서에 승계하기로 정한 채무에 대한 책임만을 부담하는 것으로 정할 수 있다. 이 경우 분할회사가 분할 후에 존속하는 경우에는 단순분할신설회사가 부담하지 아니하는 채무에 대한 책임만을 부담한다.

③ 분할합병의 경우에 분할회사는 제530조의3제 2 항에 따른 결의로 분할합병에 따른 출자를 받는 분할승계회사 또는 분할합병신설회사가 분할회사의 채무 중에서 분할합병계약서에 승계하기로 정한 채무에 대한 책임만을 부담하는 것으로 정할 수 있다. 이 경우 제 2 항 후단을 준용한다.

④ 제 2 항의 경우에는 제439조제 3 항 및 제527조의5를 준용한다.

〔전부개정 2015·12·1〕

제530조의10(분할 또는 분할합병의 효과) 단순분할신설회사, 분할승계회사 또는 분할합병신설회사는 분할회사의 권리와 의무를 분할계획서 또는 분할합병계약서에서 정하는 바에 따라 승계한다.

〔전부개정 2015·12·1〕

제530조의11(준용규정) ① 분할 또는 분할합병의 경우에는 제234조, 제237조부터 제240조까지, 제329조의2, 제440조부터 제443조까지, 제526조, 제527조, 제527조의6, 제528조 및 제529조를 준용한다. 다만, 제527조의 설립위원은 대표이사로 한다. <개정 2011·4·14, 2014·5·20>

② 제374조제 2 항, 제439조제 3 항, 제522조의3, 제527조의2, 제527조의3 및 제527조의5의 규정은 분할합병의 경우에 이를 준용한다. <개정 1999·12·31>

〔본조신설 1998·12·28〕

제530조의12(물적 분할) 이 절의 규정은 분할되는 회사가 분할 또는 분할합병으로 인하여 설립되는 회사의 주식의 총수를 취득하는 경우에 이를 준용한다.

〔본조신설 1998·12·28〕

제12절 청산

제531조(청산인의 결정) ① 회사가 해산한 때에는 합병·분할·분할합병 또는 파산의 경우외에는 이사가 청산인이 된다. 다만, 정관에 다른 정함이 있거나 주주총회에서 타인을 선임한 때에는 그러하지 아니하다. <개정 1998·12·28>

② 전항의 규정에 의한 청산인이 없는 때에는 법원은 이해관계인의 청구에 의하여 청산인을 선임한다.

제532조(청산인의 신고) 청산인은 취임한 날로부터 2주간내에 다음의 사항을 법원에 신고하여야 한다. <개정 1995·12·29>

1. 해산의 사유와 그 연월일
2. 청산인의 성명·주민등록번호 및 주소

제533조(회사재산조사보고의무) ① 청산인은 취임한 후 지체없이 회사의 재산상태를 조사하여 재산목록과 대차대조표를 작성하고 이를 주주총회에 제출하여 그 승인을 얻어야 한다.

② 청산인은 전항의 승인을 얻은 후 지체없이 재산목록과 대차대조표를 법원에 제출하여야 한다.

제534조(대차대조표·사무보고서·부속명세서의 제출·감사·공시·승인) ① 청산인은 정기총회회일로부터 4주간전에 대차대조표 및 그 부속명세서와 사무보고서를 작성하여 감사에게 제출하여야 한다.

② 감사는 정기총회회일로부터 1주간전에 제 1 항의 서류에 관한 감사보고서를 청산인에게 제출하여야 한다.

③ 청산인은 정기총회회일의 1주간전부터 제 1 항의 서류와 제 2 항의 감사보고서를 본점에 비치하여야 한다.

④ 제448조제 2 항의 규정은 제 3 항의 서류에 관하여 이를 준용한다.

⑤ 청산인은 대차대조표 및 사무보고서를 정기총회에 제출하여 그 승인을 요구하여야 한다.

〔전부개정 1984·4·10〕

제535조(회사채권자에의 최고) ① 청산인은 취임한 날로부터 2월내에 회사채권자에 대하여 일정한 기간내에 그 채권을 신고할 것과 그 기간내에 신고하지 아니하면 청산에서 제외될 뜻을 2회 이상 공고로써 최고하여야 한다. 그러나 그 기간은 2월 이상이어야 한다.
② 청산인은 알고 있는 채권자에 대하여는 각별로 그 채권의 신고를 최고하여야 하며 그 채권자가 신고하지 아니한 경우에도 이를 청산에서 제외하지 못한다.

제536조(채권신고기간내의 변제) ① 청산인은 전조제 1 항의 신고기간내에는 채권자에 대하여 변제를 하지 못한다. 그러나 회사는 그 변제의 지연으로 인한 손해배상의 책임을 면하지 못한다.
② 청산인은 전항의 규정에 불구하고 소액의 채권, 담보있는 채권 기타 변제로 인하여 다른 채권자를 해할 염려가 없는 채권에 대하여는 법원의 허가를 얻어 이를 변제할 수 있다.

제537조(제외된 채권자에 대한 변제) ① 청산에서 제외된 채권자는 분배되지 아니한 잔여재산에 대하여서만 변제를 청구할 수 있다.
② 일부의 주주에 대하여 재산의 분배를 한 경우에는 그와 동일한 비율로 다른 주주에게 분배할 재산은 전항의 잔여재산에서 공제한다.

제538조(잔여재산의 분배) 잔여재산은 각 주주가 가진 주식의 수에 따라 주주에게 분배하여야 한다. 그러나 제344조제 1 항의 규정을 적용하는 경우에는 그러하지 아니하다.

제539조(청산인의 해임) ① 청산인은 법원이 선임한 경우외에는 언제든지 주주총회의 결의로 이를 해임할 수 있다.
② 청산인이 그 업무를 집행함에 현저하게 부적임하거나 중대한 임무에 위반한 행위가 있는 때에는 발행주식의 총수의 100분의 3 이상에 해당하는 주식을 가진 주주는 법원에 그 청산인의 해임을 청구할 수 있다. <개정 1998·12·28>
③ 제186조의 규정은 제2항의 청구에 관한 소에 준용한다. <개정 1998·12·28>

제540조(청산의 종결) ① 청산사무가 종결한 때에는 청산인은 지체없이 결산보고서를 작성하고 이를 주주총회에 제출하여 승인을 얻어야 한다.
② 전항의 승인이 있는 때에는 회사는 청산인에 대하여 그 책임을 해제한 것으로 본다. 그러나 청산인의 부정행위에 대하여는 그러하지 아니하다.

제541조(서류의 보존) ① 회사의 장부 기타 영업과 청산에 관한 중요한 서류는 본점소재지에서 청산종결의 등기를 한 후 10년간 이를 보존하여야 한다. 다만, 전표 또는 이와 유사한 서류는 5년간 이를 보존하여야 한다. <개정 1995·12·29>
② 전항의 보존에 관하여는 청산인 기타의 이해관계인의 청구에 의하여 법원이 보존인과 보존방법을 정한다.

제542조(준용규정) ① 제245조, 제252조 내지 제255조, 제259조, 제260조와 제264조의 규정은 주식회사에 준용한다.
② 제362조, 제363조의2, 제366조, 제367조, 제373조, 제376조, 제377조, 제382조제 2 항, 제386조, 제388조 내지 제394조, 제396조, 제398조부터 제406조까지, 제406조의2, 제407조, 제408조, 제411조 내지 제413조, 제414조제 3 항, 제449조제 3 항, 제450조와 제466조는 청산인에 준용한다. <개정 1962·12·12, 1984·4·10, 1998·12·28, 2020·12·29>

제13절　상장회사에 대한 특례

제542조의2(적용범위) ① 이 절은 대통령령으로 정하는 증권시장(증권의 매매를 위하여 개설된 시장을 말한다)에 상장된 주권을 발행한 주식회사(이하 "상장회사"라 한다)에 대하여 적용한다. 다만, 집합투자(2인 이상에게 투자권유를 하여 모은 금전이나 그 밖의 재산적 가치가 있는 재산을 취득·처분, 그 밖의 방법으로 운용하고 그 결과를 투자자에게 배분하여 귀속시키는 것을 말한다)를 수행하기 위한 기구로서 대통령령으로 정하는 주식회사는 제외한다.
② 이 절은 이 장 다른 절에 우선하여 적용한다.
〔본조신설 2009·1·30〕

제542조의3(주식매수선택권) ① 상장회사는 제340조의2제1항 본문에 규정된 자 외에도 대통령령으로 정하는 관계 회사의 이사, 집행임원, 감사 또는 피용자에게 주식매수선택권을 부여할 수 있다. 다만, 제542조의8제2항제5호의 최대주주 등 대통령령으로 정하는 자에게는 주식매수선택권을 부여할 수 없다. <개정 2011·4·14>

② 상장회사는 제340조의2제3항에도 불구하고 발행주식총수의 100분의 20의 범위에서 대통령령으로 정하는 한도까지 주식매수선택권을 부여할 수 있다.

③ 상장회사는 제340조의2제1항 본문에도 불구하고 정관으로 정하는 바에 따라 발행주식총수의 100분의 10의 범위에서 대통령령으로 정하는 한도까지 이사회가 제340조의3제2항 각 호의 사항을 결의함으로써 해당 회사의 집행임원·감사 또는 피용자 및 제1항에 따른 관계회사의 이사·집행임원·감사 또는 피용자에게 주식매수선택권을 부여할 수 있다. 이 경우 주식매수선택권을 부여한 후 처음으로 소집되는 주주총회의 승인을 받아야 한다. <개정 2011·4·14>

④ 상장회사의 주식매수선택권을 부여받은 자는 제340조의4제1항에도 불구하고 대통령령으로 정하는 경우를 제외하고는 주식매수선택권을 부여하기로 한 주주총회 또는 이사회의 결의일부터 2년 이상 재임하거나 재직하여야 주식매수선택권을 행사할 수 있다.

⑤ 제1항부터 제4항까지에서 규정한 사항 외에 상장회사의 주식매수선택권 부여, 취소, 그 밖에 필요한 사항은 대통령령으로 정한다.

〔본조신설 2009·1·30〕

제542조의4(주주총회 소집공고 등) ① 상장회사가 주주총회를 소집하는 경우 대통령령으로 정하는 수 이하의 주식을 소유하는 주주에게는 정관으로 정하는 바에 따라 주주총회일의 2주 전에 주주총회를 소집하는 뜻과 회의의 목적사항을 둘 이상의 일간신문에 각각 2회 이상 공고하거나 대통령령으로 정하는 바에 따라 전자적 방법으로 공고함으로써 제363조제1항의 소집통지를 갈음할 수 있다.

② 상장회사가 이사·감사의 선임에 관한 사항을 목적으로 하는 주주총회를 소집통지 또는 공고하는 경우에는 이사·감사 후보자의 성명, 약력, 추천인, 그 밖에 대통령령으로 정하는 후보자에 관한 사항을 통지하거나 공고하여야 한다.

③ 상장회사가 주주총회 소집의 통지 또는 공고를 하는 경우에는 사외이사 등의 활동내역과 보수에 관한 사항, 사업개요 등 대통령령으로 정하는 사항을 통지 또는 공고하여야 한다. 다만, 상장회사가 그 사항을 대통령령으로 정하는 방법으로 일반인이 열람할 수 있도록 하는 경우에는 그러하지 아니하다.

〔본조신설 2009·1·30〕

제542조의5(이사·감사의 선임방법) 상장회사가 주주총회에서 이사 또는 감사를 선임하려는 경우에는 제542조의4제2항에 따라 통지하거나 공고한 후보자 중에서 선임하여야 한다.

〔본조신설 2009·1·30〕

제542조의6(소수주주권) ① 6개월 전부터 계속하여 상장회사 발행주식총수의 1천분의 15 이상에 해당하는 주식을 보유한 자는 제366조(제542조에서 준용하는 경우를 포함한다) 및 제467조에 따른 주주의 권리를 행사할 수 있다.

② 6개월 전부터 계속하여 상장회사의 의결권 없는 주식을 제외한 발행주식총수의 1천분의 10(대통령령으로 정하는 상장회사의 경우에는 1천분의 5) 이상에 해당하는 주식을 보유한 자는 제363조의2(제542조에서 준용하는 경우를 포함한다)에 따른 주주의 권리를 행사할 수 있다.

③ 6개월 전부터 계속하여 상장회사 발행주식총수의 1만분의 50(대통령령으로 정하는 상장회사의 경우에는 1만분의 25) 이상에 해당하는 주식을 보유한 자는 제385조(제415조에서 준용하는 경우를 포함한다) 및 제539조에 따른 주주의 권리를 행사할 수 있다.

④ 6개월 전부터 계속하여 상장회사 발행주식총수의 1만분의 10(대통령령으로 정하는 상장회사의 경우에는 1만분의 5) 이상에 해당하는 주식을 보유한 자는 제466조(제542조에서 준용하는 경우를 포함한다)에 따른 주주의 권리를 행사할 수 있다.

⑤ 6개월 전부터 계속하여 상장회사 발행주식총수의 10만분의 50(대통령령으로 정하는 상장회사의 경우에는 10만분의 25) 이상에 해당하는 주식을 보유한 자는 제402조(제408조의9 및 제542조에서 준용하는 경우를 포함한다)에 따른 주주의 권리를 행사할 수 있다. <개정 2011·4·14>

⑥ 6개월 전부터 계속하여 상장회사 발행주식총수의 1만분의 1 이상에 해당하는 주식을 보유한 자는 제403조(제324조, 제408조의9, 제415조, 제424조의2, 제467조의2 및 제542조에서 준용하는 경우를 포함한다)에 따른 주주의 권리를 행사할 수 있다. <개정 2011·4·14>

⑦ 6개월 전부터 계속하여 상장회사 발행주식총수의 1만분의 50 이상에 해당하는 주식을 보유한 자는 제406조의2(제324조, 제408조의9, 제415조 및 제542조에서 준용하는 경우를 포함한다)에 따른 주주의 권리를 행사할 수 있다. <신설 2020·12·29>

⑧ 상장회사는 정관에서 제1항부터 제6항까지 규정된 것보다 단기의 주식 보유기간을 정하거나 낮은 주식 보유비율을 정할 수 있다.

⑨ 제1항부터 제6항까지 및 제542조의7 제2항에서 "주식을 보유한 자"란 주식을 소유한 자, 주주권 행사에 관한 위임을 받은 자, 2명 이상 주주의 주주권을 공동으로 행사하는 자를 말한다.

⑩ 제1항부터 제7항까지는 제542조의2 제2항에도 불구하고 이 장의 다른 절에 따른 소수주주권의 행사에 영향을 미치지 아니한다. <신설 2020·12·29>

〔본조신설 2009·1·30〕

제542조의7(집중투표에 관한 특례) ① 상장회사에 대하여 제382조의2에 따라 집중투표의 방법으로 이사를 선임할 것을 청구하는 경우 주주총회일(정기주주총회의 경우에는 직전 연도의 정기주주총회일에 해당하는 그 해의 해당일. 이하 제542조의8제5항에서 같다)의 6주 전까지 서면 또는 전자문서로 회사에 청구하여야 한다.

② 자산 규모 등을 고려하여 대통령령으로 정하는 상장회사의 의결권 없는 주식을 제외한 발행주식총수의 100분의 1 이상에 해당하는 주식을 보유한 자는 제382조의2에 따라 집중투표의 방법으로 이사를 선임할 것을 청구할 수 있다.

③ 제2항의 상장회사가 정관으로 집중투표를 배제하거나 그 배제된 정관을 변경하려는 경우에는 의결권 없는 주식을 제외한 발행주식총수의 100분의 3을 초과하는 수의 주식을 가진 주주는 그 초과하는 주식에 관하여 의결권을 행사하지 못한다. 다만, 정관에서 이보다 낮은 주식 보유비율을 정할 수 있다.

④ 제2항의 상장회사가 주주총회의 목적사항으로 제3항에 따른 집중투표 배제에 관한 정관 변경에 관한 의안을 상정하려는 경우에는 그 밖의 사항의 정관 변경에 관한 의안과 별도로 상정하여 의결하여야 한다.

〔본조신설 2009·1·30〕

제542조의8(사외이사의 선임) ① 상장회사는 자산 규모 등을 고려하여 대통령령으로 정하는 경우를 제외하고는 이사 총수의 4분의 1 이상을 사외이사로 하여야 한다. 다만, 자산 규모 등을 고려하여 대통령령으로 정하는 상장회사의 사외이사는 3명 이상으로 하되, 이사 총수의 과반수가 되도록 하여야 한다.

② 상장회사의 사외이사는 제382조제3항 각 호 뿐만 아니라 다음 각 호의 어느 하나에 해당되지 아니하여야 하며, 이에 해당하게 된 경우에는 그 직을 상실한다. <개정 2011·4·14, 2018·9·18>

1. 미성년자, 피성년후견인 또는 피한정후견인
2. 파산선고를 받고 복권되지 아니한 자
3. 금고 이상의 형을 선고받고 그 집행이 끝나거나 집행이 면제된 후 2년이 지나지 아니한 자
4. 대통령령으로 별도로 정하는 법률을 위반하여 해임되거나 면직된 후 2년이 지나지 아니한 자
5. 상장회사의 주주로서 의결권 없는 주식을 제외한 발행주식총수를 기준으로 본인 및 그와 대통령령으로 정하는 특수한 관계에 있는 자(이하 "특수관계인"이라 한다)가 소유하는 주식의 수가 가장 많은 경우 그 본인(이하 "최대주주"라 한다) 및 그의 특수관계인

6. 누구의 명의로 하든지 자기의 계산으로 의결권 없는 주식을 제외한 발행주식총수의 100분의 10 이상의 주식을 소유하거나 이사·집행임원·감사의 선임과 해임 등 상장회사의 주요 경영사항에 대하여 사실상의 영향력을 행사하는 주주(이하 "주요주주"라 한다) 및 그의 배우자와 직계 존속·비속
7. 그 밖에 사외이사로서의 직무를 충실하게 수행하기 곤란하거나 상장회사의 경영에 영향을 미칠 수 있는 자로서 대통령령으로 정하는 자

③ 제1항의 상장회사는 사외이사의 사임·사망 등의 사유로 인하여 사외이사의 수가 제1항의 이사회의 구성요건에 미달하게 되면 그 사유가 발생한 후 처음으로 소집되는 주주총회에서 제1항의 요건에 합치되도록 사외이사를 선임하여야 한다.

④ 제1항 단서의 상장회사는 사외이사 후보를 추천하기 위하여 제393조의2의 위원회(이하 이 조에서 "사외이사 후보추천위원회"라 한다)를 설치하여야 한다. 이 경우 사외이사 후보추천위원회는 사외이사가 총 위원의 과반수가 되도록 구성하여야 한다. <개정 2011·4·14>

⑤ 제1항 단서에서 규정하는 상장회사가 주주총회에서 사외이사를 선임하려는 때에는 사외이사 후보추천위원회의 추천을 받은 자 중에서 선임하여야 한다. 이 경우 사외이사 후보추천위원회가 사외이사 후보를 추천할 때에는 제363조의2제1항, 제542조의6 제1항·제2항의 권리를 행사할 수 있는 요건을 갖춘 주주가 주주총회일(정기주주총회의 경우 직전연도의 정기주주총회일에 해당하는 해당 연도의 해당일)의 6주 전에 추천한 사외이사 후보를 포함시켜야 한다. <개정 2011·4·14>

[본조신설 2009·1·30]

제542조의9(주요주주 등 이해관계자와의 거래) ① 상장회사는 다음 각 호의 어느 하나에 해당하는 자를 상대방으로 하거나 그를 위하여 신용공여(금전 등 경제적 가치가 있는 재산의 대여, 채무이행의 보증, 자금 지원적 성격의 증권 매입, 그 밖에 거래상의 신용위험이 따르는 직접적·간접적 거래로서 대통령령으로 정하는 거래를 말한다. 이하 이 조에서 같다)를 하여서는 아니 된다. <개정 2011·4·14>

1. 주요주주 및 그의 특수관계인
2. 이사(제401조의2제1항 각 호의 어느 하나에 해당하는 자를 포함한다. 이하 이 조에서 같다) 및 집행임원
3. 감사

② 제1항에도 불구하고 다음 각 호의 어느 하나에 해당하는 경우에는 신용공여를 할 수 있다. <개정 2011·4·14>

1. 복리후생을 위한 이사·집행임원 또는 감사에 대한 금전대여 등으로서 대통령령으로 정하는 신용공여
2. 다른 법령에서 허용하는 신용공여
3. 그 밖에 상장회사의 경영건전성을 해칠 우려가 없는 금전대여 등으로서 대통령령으로 정하는 신용공여

③ 자산 규모 등을 고려하여 대통령령으로 정하는 상장회사는 최대주주, 그의 특수관계인 및 그 상장회사의 특수관계인으로서 대통령령으로 정하는 자를 상대방으로 하거나 그를 위하여 다음 각 호의 어느 하나에 해당하는 거래(제1항에 따라 금지되는 거래는 제외한다)를 하려는 경우에는 이사회의 승인을 받아야 한다.

1. 단일 거래규모가 대통령령으로 정하는 규모 이상인 거래
2. 해당 사업연도 중에 특정인과의 해당 거래를 포함한 거래총액이 대통령령으로 정하는 규모 이상이 되는 경우의 해당 거래

④ 제3항의 경우 상장회사는 이사회의 승인 결의 후 처음으로 소집되는 정기주주총회에 해당 거래의 목적, 상대방, 그 밖에 대통령령으로 정하는 사항을 보고하여야 한다.

⑤ 제3항에도 불구하고 상장회사가 경영하는 업종에 따른 일상적인 거래로서 다음 각 호의 어느 하나에 해당하는 거래는 이사회의 승인을 받지 아니하고 할 수 있으며, 제2호에 해당하는 거래에 대하여는 그 거래내용을 주주총회에 보고하지 아니할 수 있다.

1. 약관에 따라 정형화된 거래로서 대통령령으로 정하는 거래
2. 이사회에서 승인한 거래총액의 범위 안에서 이행하는 거래

[본조신설 2009·1·30]

제542조의10(상근감사) ① 대통령령으로 정하는 상장회사는 주주총회 결의에 의하여 회사에 상근하면서 감사업무를 수행하는 감사(이하 "상근감사"라고 한다)를 1명 이상 두어야 한다. 다만, 이 절 및 다른 법률에 따라 감사위원회를 설치한 경우(감사위원회 설치 의무가 없는 상장회사가 이 절의 요건을 갖춘 감사위원회를 설치한 경우를 포함한다)에는 그러하지 아니하다. <개정 2011·4·14>

② 다음 각 호의 어느 하나에 해당하는 자는 제1항 본문의 상장회사의 상근감사가 되지 못하며, 이에 해당하게 되는 경우에는 그 직을 상실한다. <개정 2011·4·14>

1. 제542조의8제2항제1호부터 제4호까지 및 제6호에 해당하는 자
2. 회사의 상무(常務)에 종사하는 이사·집행임원 및 피용자 또는 최근 2년 이내에 회사의 상무에 종사한 이사·집행임원 및 피용자. 다만, 이 절에 따른 감사위원회위원으로 재임 중이거나 재임하였던 이사는 제외한다.
3. 제1호 및 제2호 외에 회사의 경영에 영향을 미칠 수 있는 자로서 대통령령으로 정하는 자

〔본조신설 2009·1·30〕

제542조의11(감사위원회) ① 자산 규모 등을 고려하여 대통령령으로 정하는 상장회사는 감사위원회를 설치하여야 한다.

② 제1항의 상장회사의 감사위원회는 제415조의2제2항의 요건 및 다음 각 호의 요건을 모두 갖추어야 한다.

1. 위원 중 1명 이상은 대통령령으로 정하는 회계 또는 재무 전문가일 것
2. 감사위원회의 대표는 사외이사일 것

③ 제542조의10제2항 각 호의 어느 하나에 해당하는 자는 제1항의 상장회사의 사외이사가 아닌 감사위원회위원이 될 수 없고, 이에 해당하게 된 경우에는 그 직을 상실한다.

④ 상장회사는 감사위원회위원인 사외이사의 사임·사망 등의 사유로 인하여 사외이사의 수가 다음 각 호의 감사위원회의 구성요건에 미달하게 되면 그 사유가 발생한 후 처음으로 소집되는 주주총회에서 그 요건에 합치되도록 하여야 한다.

1. 제1항에 따라 감사위원회를 설치한 상장회사는 제2항 각 호 및 제415조의2제2항의 요건
2. 제415조의2제1항에 따라 감사위원회를 설치한 상장회사는 제415조의2제2항의 요건

〔본조신설 2009·1·30〕

제542조의12(감사위원회의 구성 등) ① 제542조의11제1항의 상장회사의 경우 제393조의2에도 불구하고 감사위원회위원을 선임하거나 해임하는 권한은 주주총회에 있다.

② 제542조의11제1항의 상장회사는 주주총회에서 이사를 선임한 후 선임된 이사 중에서 감사위원회위원을 선임하여야 한다. 다만, 감사위원회위원 중 1명(정관에서 2명 이상으로 정할 수 있으며, 정관으로 정한 경우에는 그에 따른 인원으로 한다)은 주주총회 결의로 다른 이사들과 분리하여 감사위원회위원이 되는 이사로 선임하여야 한다. <개정 2020·12·29>

③ 제1항에 따른 감사위원회위원은 제434조에 따른 주주총회의 결의로 해임할 수 있다. 이 경우 제2항 단서에 따른 감사위원회위원은 이사와 감사위원회위원의 지위를 모두 상실한다. <개정 2020·12·29>

④ 제1항에 따른 감사위원회위원을 선임 또는 해임할 때에는 상장회사의 의결권 없는 주식을 제외한 발행주식총수의 100분의 3(정관에서 더 낮은 주식 보유비율을 정할 수 있으며, 정관에서 더 낮은 주식 보유비율을 정한 경우에는 그 비율로 한다)을 초과하는 수의 주식을 가진 주주(최대주주인 경우에는 사외이사가 아닌 감사위원회위원을 선임 또는 해임할 때에 그의 특수관계인, 그 밖에 대통령령으로 정하는 자가 소유하는 주식을 합산한다)는 그 초과하는 주식에 관하여 의결권을 행사하지 못한다. <개정 2020·12·29>

⑤ 상장회사가 주주총회의 목적사항으로 감사의 선임 또는 감사의 보수결정을 위한 의안을 상정하려는 경우에는 이사의 선임 또는 이사의 보수결정을 위한 의안과는 별도로 상정하여 의결하여야 한다.

⑥ 상장회사의 감사 또는 감사위원회는 제447조의4제1항에도 불구하고 이사에게 감사보고서를 주주총회일의 1주 전까지 제출할 수 있다.
⑦ 제4항은 상장회사가 감사를 선임하거나 해임할 때에 준용한다. 이 경우 주주가 최대주주인 경우에는 그의 특수관계인, 그 밖에 대통령령으로 정하는 자가 소유하는 주식을 합산한다. <신설 2020·12·29>
⑧ 회사가 제368조의4제1항에 따라 전자적 방법으로 의결권을 행사할 수 있도록 한 경우에는 제368조제1항에도 불구하고 출석한 주주의 의결권의 과반수로써 제1항에 따른 감사위원회위원의 선임을 결의할 수 있다. <신설 2020·12·29>
〔본조신설 2009·1·30〕

제542조의13(준법통제기준 및 준법지원인) ① 자산 규모 등을 고려하여 대통령령으로 정하는 상장회사는 법령을 준수하고 회사경영을 적정하게 하기 위하여 임직원이 그 직무를 수행할 때 따라야 할 준법통제에 관한 기준 및 절차(이하 "준법통제기준"이라 한다)를 마련하여야 한다.
② 제1항의 상장회사는 준법통제기준의 준수에 관한 업무를 담당하는 사람(이하 "준법지원인"이라 한다)을 1명 이상 두어야 한다.
③ 준법지원인은 준법통제기준의 준수여부를 점검하여 그 결과를 이사회에 보고하여야 한다.
④ 제1항의 상장회사는 준법지원인을 임면하려면 이사회 결의를 거쳐야 한다.
⑤ 준법지원인은 다음 각 호의 사람 중에서 임명하여야 한다.
1. 변호사 자격을 가진 사람
2. 「고등교육법」 제2조에 따른 학교에서 법률학을 가르치는 조교수 이상의 직에 5년 이상 근무한 사람
3. 그 밖에 법률적 지식과 경험이 풍부한 사람으로서 대통령령으로 정하는 사람
⑥ 준법지원인의 임기는 3년으로 하고, 준법지원인은 상근으로 한다.
⑦ 준법지원인은 선량한 관리자의 주의로 그 직무를 수행하여야 한다.
⑧ 준법지원인은 재임 중뿐만 아니라 퇴임 후에도 직무상 알게 된 회사의 영업상 비밀을 누설하여서는 아니 된다.
⑨ 제1항의 상장회사는 준법지원인이 그 직무를 독립적으로 수행할 수 있도록 하여야 하고, 제1항의 상장회사의 임직원은 준법지원인이 그 직무를 수행할 때 자료나 정보의 제출을 요구하는 경우 이에 성실하게 응하여야 한다.
⑩ 제1항의 상장회사는 준법지원인이었던 사람에 대하여 그 직무수행과 관련된 사유로 부당한 인사상의 불이익을 주어서는 아니 된다.
⑪ 준법지원인에 관하여 다른 법률에 특별한 규정이 있는 경우를 제외하고는 이 법에서 정하는 바에 따른다. 다만, 다른 법률의 규정이 준법지원인의 임기를 제6항보다 단기로 정하고 있는 경우에는 제6항을 다른 법률에 우선하여 적용한다.
⑫ 그 밖의 준법통제기준 및 준법지원인에 관하여 필요한 사항은 대통령령으로 정한다.
〔본조신설 2011·4·14〕

제5장 유한회사

제1절 설립

제543조(정관의 작성, 절대적 기재사항) ① 유한회사를 설립함에는 사원이 정관을 작성하여야 한다. <개정 2001·7·24>
② 정관에는 다음의 사항을 기재하고 각 사원이 기명날인 또는 서명하여야 한다. <개정 1984·4·10, 1995·12·29, 2001·7·24, 2011·4·14>
1. 제179조제1호 내지 제3호에 정한 사항
2. 자본금의 총액
3. 출자1좌의 금액
4. 각 사원의 출자좌수
5. 본점의 소재지
③ 제292조의 규정은 유한회사에 준용한다.

제544조(변태설립사항) 다음의 사항은 정관에 기재함으로써 그 효력이 있다.
1. 현물출자를 하는 자의 성명과 그 목적인 재산의 종류, 수량, 가격과 이에 대하여 부여하는 출자좌수
2. 회사의 성립후에 양수할 것을 약정한 재산의 종류, 수량, 가격과 그 양도인의 성명

3. 회사가 부담할 설립비용

제545조 삭제 <2011 · 4 · 14>

제546조(출자 1좌의 금액의 제한) 출자 1좌의 금액은 100원 이상으로 균일하게 하여야 한다.
〔전부개정 2011 · 4 · 14〕

제547조(초대이사의 선임) ① 정관으로 이사를 정하지 아니한 때에는 회사성립전에 사원총회를 열어 이를 선임하여야 한다.
② 전항의 사원총회는 각 사원이 소집할 수 있다.

제548조(출자의 납입) ① 이사는 사원으로 하여금 출자전액의 납입 또는 현물출자의 목적인 재산전부의 급여를 시켜야 한다.
② 제295조제 2 항의 규정은 사원이 현물출자를 하는 경우에 준용한다.

제549조(설립의 등기) ① 유한회사의 설립등기는 제548조의 납입 또는 현물출자의 이행이 있은 날로부터 2주간내에 하여야 한다. <개정 1995 · 12 · 29>
② 제 1 항의 등기에서 다음 각 호의 사항을 등기하여야 한다. <개정 1995 · 12 · 29, 2011 · 4 · 14>
1. 제179조제 1 호 · 제 2 호 및 제 5 호에 규정된 사항과 지점을 둔 때에는 그 소재지
2. 제543조제 2 항제 2 호와 제 3 호에 게기한 사항
3. 이사의 성명 · 주민등록번호 및 주소. 다만, 회사를 대표할 이사를 정한 때에는 그 외의 이사의 주소를 제외한다.
4. 회사를 대표할 이사를 정한 때에는 그 성명, 주소와 주민등록번호
5. 수인의 이사가 공동으로 회사를 대표할 것을 정한 때에는 그 규정
6. 존립기간 기타의 해산사유를 정한 때에는 그 기간과 사유
7. 감사가 있는 때에는 그 성명 및 주민등록번호

③ 삭제 <2024 · 9 · 20>
④ 제181조 내지 제183조의 규정은 유한회사의 등기에 준용한다. <개정 1962 · 12 · 12>

제550조(현물출자 등에 관한 회사성립시의 사원의 책임) ① 제544조제 1 호와 제 2 호의 재산의 회사성립당시의 실가가 정관에 정한 가격에 현저하게 부족한 때에는 회사성립당시의 사원은 회사에 대하여 그 부족액을 연대하여 지급할 책임이 있다.
② 전항의 사원의 책임은 면제하지 못한다. <신설 1962 · 12 · 12>

제551조(출자미필액에 대한 회사성립시의 사원 등의 책임) ① 회사성립후에 출자금액의 납입 또는 현물출자의 이행이 완료되지 아니하였음이 발견된 때에는 회사성립당시의 사원, 이사와 감사는 회사에 대하여 그 납입되지 아니한 금액 또는 이행되지 아니한 현물의 가액을 연대하여 지급할 책임이 있다. <개정 1962 · 12 · 12>
② 전항의 사원의 책임은 면제하지 못한다. <신설 1962 · 12 · 12>
③ 제 1 항의 이사와 감사의 책임은 총사원의 동의가 없으면 면제하지 못한다. <신설 1962 · 12 · 12>

제552조(설립무효, 취소의 소) ① 회사의 설립의 무효는 그 사원, 이사와 감사에 한하여 설립의 취소는 그 취소권있는 자에 한하여 회사설립의 날로부터 2년내에 소만으로 이를 주장할 수 있다.
② 제184조제 2 항과 제185조 내지 제193조의 규정은 전항의 소에 준용한다.
〔전부개정 1962 · 12 · 12〕

제 2 절 사원의 권리의무

제553조(사원의 책임) 사원의 책임은 본법에 다른 규정이 있는 경우외에는 그 출자금액을 한도로 한다.

제554조(사원의 지분) 각 사원은 그 출자좌수에 따라 지분을 가진다.

제555조(지분에 관한 증권) 유한회사는 사원의 지분에 관하여 지시식 또는 무기명식의 증권을 발행하지 못한다.

제556조(지분의 양도) 사원은 그 지분의 전부 또는 일부를 양도하거나 상속할 수 있다. 다만, 정관으로 지분의 양도를 제한할 수 있다.
〔전부개정 2011 · 4 · 14〕

제557조(지분이전의 대항요건) 지분의 이전은 취득자의 성명, 주소와 그 목적이 되는 출자좌수를 사원명부에 기재하지 아니하면 이로써 회사와 제삼자에게 대항하지 못한다.

제558조(지분의 공유) 제333조의 규정은 지분이 수인의 공유에 속하는 경우에 준용한다.

제559조(지분의 입질) ① 지분은 질권의 목적으로 할 수 있다.
② 제556조와 제557조의 규정은 지분의 입질에 준용한다.

제560조(준용규정) ① 사원의 지분에 대하여는 제339조, 제340조제1항·제2항, 제341조의2, 제341조의3, 제342조 및 제343조제1항을 준용한다. <개정 2011·4·14>
② 제353조의 규정은 사원에 대한 통지 또는 최고에 준용한다.

제3절 회사의 관리

제561조(이사) 유한회사에는 1인 또는 수인의 이사를 두어야 한다.

제562조(회사대표) ① 이사는 회사를 대표한다.
② 이사가 수인인 경우에 정관에 다른 정함이 없으면 사원총회에서 회사를 대표할 이사를 선정하여야 한다.
③ 정관 또는 사원총회는 수인의 이사가 공동으로 회사를 대표할 것을 정할 수 있다.
④ 제208조제2항의 규정은 전항의 경우에 준용한다.

제563조(이사, 회사간의 소에 관한 대표) 회사가 이사에 대하여 또는 이사가 회사에 대하여 소를 제기하는 경우에는 사원총회는 그 소에 관하여 회사를 대표할 자를 선정하여야 한다.

제564조(업무집행의 결정, 이사와 회사간의 거래) ① 이사가 수인인 경우에 정관에 다른 정함이 없으면 회사의 업무집행, 지배인의 선임 또는 해임과 지점의 설치·이전 또는 폐지는 이사 과반수의 결의에 의하여야 한다. <개정 1984·4·10>
② 사원총회는 제1항의 규정에 불구하고 지배인의 선임 또는 해임을 할 수 있다. <개정 1984·4·10>
③ 이사는 감사가 있는 때에는 그 승인이, 감사가 없는 때에는 사원총회의 승인이 있는 때에 한하여 자기 또는 제삼자의 계산으로 회사와 거래를 할 수 있다. 이 경우에는 민법 제124조의 규정을 적용하지 아니한다. <신설 1962·12·12>

제564조의2(유지청구권) 이사가 법령 또는 정관에 위반한 행위를 하여 이로 인하여 회사에 회복할 수 없는 손해가 생길 염려가 있는 경우에는 감사 또는 자본금 총액의 100분의 3 이상에 해당하는 출자좌수를 가진 사원은 회사를 위하여 이사에 대하여 그 행위를 유지할 것을 청구할 수 있다. <개정 2011·4·14>
〔본조신설 1999·12·31〕

제565조(사원의 대표소송) ① 자본금 총액의 100분의 3 이상에 해당하는 출자좌수를 가진 사원은 회사에 대하여 이사의 책임을 추궁할 소의 제기를 청구할 수 있다. <개정 1999·12·31, 2011·4·14>
② 제403조제2항 내지 제7항과 제404조 내지 제406조의 규정은 제1항의 경우에 준용한다. <개정 1998·12·28>

제566조(서류의 비치, 열람) ① 이사는 정관과 사원총회의 의사록을 본점과 지점에, 사원명부를 본점에 비치하여야 한다.
② 사원명부에는 사원의 성명, 주소와 그 출자좌수를 기재하여야 한다.
③ 사원과 회사채권자는 영업시간내에 언제든지 제1항에 게기한 서류의 열람 또는 등사를 청구할 수 있다.

제567조(준용규정) 제209조, 제210조, 제382조, 제385조, 제386조, 제388조, 제395조, 제397조, 제399조 내지 제401조, 제407조와 제408조의 규정은 유한회사의 이사에 준용한다. 이 경우 제397조의 "이사회"는 이를 "사원총회"로 본다. <개정 1962·12·12, 1998·12·28, 1999·12·31>

제568조(감사) ① 유한회사는 정관에 의하여 1인 또는 수인의 감사를 둘 수 있다.
② 제547조의 규정은 정관에서 감사를 두기로 정한 경우에 준용한다.

제569조(감사의 권한) 감사는 언제든지 회사의 업무와 재산상태를 조사할 수 있고 이사에 대하여 영업에 관한 보고를 요구할 수 있다.

제570조(준용규정) 제382조, 제385조제1항, 제386조, 제388조, 제400조, 제407조, 제411조, 제413조, 제414조와 제565조의 규정은 감사에 준용한다.

제571조(사원총회의 소집) ① 사원총회는 이 법에서 달리 규정하는 경우 외에는 이사가 소집한다. 그러나 임시총회는 감사도 소집할 수 있다.
② 사원총회를 소집할 때에는 사원총회일의 1주 전에 각 사원에게 서면으로 통지서를 발송하거나 각 사원의 동의를 받아 전자문서로 통지서를 발송하여야 한다.
③ 사원총회의 소집에 관하여는 제363조제2항 및 제364조를 준용한다.
〔전부개정 2011·4·14〕

제572조(소수사원에 의한 총회소집청구) ① 자본금 총액의 100분의 3 이상에 해당하는 출자좌수를 가진 사원은 회의의 목적사항과 소집의 이유를 기재한 서면을 이사에게 제출하여 총회의 소집을 청구할 수 있다. <개정 1999·12·31, 2011·4·14>
② 전항의 규정은 정관으로 다른 정함을 할 수 있다.
③ 제366조제2항과 제3항의 규정은 제1항의 경우에 준용한다.

제573조(소집절차의 생략) 총사원의 동의가 있을 때에는 소집절차없이 총회를 열 수 있다.

제574조(총회의 정족수, 결의방법) 사원총회의 결의는 정관 또는 본법에 다른 규정이 있는 경우외에는 총사원의 의결권의 과반수를 가지는 사원이 출석하고 그 의결권의 과반수로써 하여야 한다.

제575조(사원의 의결권) 각 사원은 출자1좌마다 1개의 의결권을 가진다. 그러나 정관으로 의결권의 수에 관하여 다른 정함을 할 수 있다.

제576조(유한회사의 영업양도 등에 특별결의를 받아야 할 사항) ① 유한회사가 제374조제1항제1호부터 제3호까지의 규정에 해당되는 행위를 하려면 제585조에 따른 총회의 결의가 있어야 한다. <개정 2011·4·14>
② 전항의 규정은 유한회사가 그 성립후 2년내에 성립전으로부터 존재하는 재산으로서 영업을 위하여 계속하여 사용할 것을 자본금의 20분의 1 이상에 상당한 대가로 취득하는 계약을 체결하는 경우에 준용한다. <개정 2011·4·14>

제577조(서면에 의한 결의) ① 총회의 결의를 하여야 할 경우에 총사원의 동의가 있는 때에는 서면에 의한 결의를 할 수 있다.
② 결의의 목적사항에 대하여 총사원이 서면으로 동의를 한 때에는 서면에 의한 결의가 있은 것으로 본다.
③ 서면에 의한 결의는 총회의 결의와 동일한 효력이 있다.
④ 총회에 관한 규정은 서면에 의한 결의에 준용한다.

제578조(준용규정) 제365조, 제367조, 제368조제2항·제3항, 제369조제2항, 제371조제2항, 제372조, 제373조와 제376조 내지 제381조의 규정은 사원총회에 준용한다. <개정 2014·5·20>

제579조(재무제표의 작성) ① 이사는 매결산기에 다음의 서류와 그 부속명세서를 작성하여야 한다. <개정 2011·4·14>
1. 대차대조표
2. 손익계산서
3. 그 밖에 회사의 재무상태와 경영성과를 표시하는 것으로서 제447조제1항제3호에 따른 서류
② 감사가 있는 때에는 이사는 정기총회회일로부터 4주간전에 제1항의 서류를 감사에게 제출하여야 한다.
③ 감사는 제2항의 서류를 받은 날로부터 3주간내에 감사보고서를 이사에게 제출하여야 한다.
〔전부개정 1984·4·10〕

제579조의2(영업보고서의 작성) ① 이사는 매결산기에 영업보고서를 작성하여야 한다.
② 제579조제2항 및 제3항의 규정은 제1항의 영업보고서에 관하여 이를 준용한다.
〔본조신설 1984·4·10〕

제579조의3(재무제표 등의 비치·공시) ① 이사는 정기총회회일의 1주간전부터 5년간 제579조 및 제579조의2의 서류와 감사보고서를 본점에 비치하여야 한다.
② 제448조제2항의 규정은 제1항의 서류에 관하여 이를 준용한다.
〔본조신설 1984·4·10〕

제580조(이익배당의 기준) 이익의 배당은 정관에 다른 정함이 있는 경우외에는 각 사원의 출자좌수에 따라 하여야 한다.

제581조(사원의 회계장부열람권) ① 자본금의 100분의 3 이상에 해당하는 출자좌수를 가진 사원은 회계의 장부와 서류의 열람 또는 등사를 청구할 수 있다. <개정 1999·12·31, 2011·4·14>

② 회사는 정관으로 각 사원이 제1항의 청구를 할 수 있다는 뜻을 정할 수 있다. 이 경우 제579조제1항의 규정에 불구하고 부속명세서는 이를 작성하지 아니한다. <개정 1984·4·10>

제582조(업무, 재산상태의 검사) ① 회사의 업무집행에 관하여 부정행위 또는 법령이나 정관에 위반한 중대한 사유가 있는 때에는 자본금총액의 100분의 3 이상에 해당하는 출자좌수를 가진 사원은 회사의 업무와 재산상태를 조사하게 하기 위하여 법원에 검사인의 선임을 청구할 수 있다. <개정 1999·12·31, 2011·4·14>

② 검사인은 그 조사의 결과를 서면으로 법원에 보고하여야 한다.

③ 법원은 전항의 보고서에 의하여 필요하다고 인정한 경우에는 감사가 있는 때에는 감사에게, 감사가 없는 때에는 이사에게 사원총회의 소집을 명할 수 있다. 제310조제2항의 규정은 이 경우에 준용한다. <개정 1962·12·12>

제583조(준용규정) ① 유한회사의 계산에 대하여는 제449조제1항·제2항, 제450조, 제458조부터 제460조까지, 제462조, 제462조의3 및 제466조를 준용한다. <개정 2011·4·14>

② 제468조의 규정은 유한회사와 피용자간에 고용관계로 인하여 생긴 채권에 준용한다. <개정 1999·12·31>

제4절 정관의 변경

제584조(정관변경의 방법) 정관을 변경함에는 사원총회의 결의가 있어야 한다.

제585조(정관변경의 특별결의) ① 전조의 결의는 총사원의 반수 이상이며 총사원의 의결권의 4분의 3 이상을 가지는 자의 동의로 한다.

② 전항의 규정을 적용함에 있어서는 의결권을 행사할 수 없는 사원은 이를 총사원의 수에, 그 행사할 수 없는 의결권은 이를 의결권의 수에 산입하지 아니한다.

제586조(자본금 증가의 결의) 다음 각 호의 사항은 정관에 다른 정함이 없더라도 자본금 증가의 결의에서 정할 수 있다.

1. 현물출자를 하는 자의 성명과 그 목적인 재산의 종류, 수량, 가격과 이에 대하여 부여할 출자좌수
2. 자본금 증가 후에 양수할 것을 약정한 재산의 종류, 수량, 가격과 그 양도인의 성명
3. 증가할 자본금에 대한 출자의 인수권을 부여할 자의 성명과 그 권리의 내용

〔전부개정 2011·4·14〕

제587조(자본금 증가의 경우의 출자인수권의 부여) 유한회사가 특정한 자에 대하여 장래 그 자본금을 증가할 때 출자의 인수권을 부여할 것을 약속하는 경우에는 제585조에서 정하는 결의에 의하여야 한다.

〔전부개정 2011·4·14〕

제588조(사원의 출자인수권) 사원은 증가할 자본금에 대하여 그 지분에 따라 출자를 인수할 권리가 있다. 그러나 전2조의 결의에서 출자의 인수자를 정한 때에는 그러하지 아니하다. <개정 2011·4·14>

제589조(출자인수의 방법) ① 자본금 증가의 경우에 출자의 인수를 하고자 하는 자는 인수를 증명하는 서면에 그 인수할 출자의 좌수와 주소를 기재하고 기명날인 또는 서명하여야 한다. <개정 1995·12·29, 2011·4·14>

② 유한회사는 광고 기타의 방법에 의하여 인수인을 공모하지 못한다.

제590조(출자인수인의 지위) 자본금 증가의 경우에 출자의 인수를 한 자는 출자의 납입의 기일 또는 현물출자의 목적인 재산의 급여의 기일로부터 이익배당에 관하여 사원과 동일한 권리를 가진다. <개정 2011·4·14>

제591조(자본금 증가의 등기) 유한회사는 자본금 증가로 인한 출자 전액의 납입 또는 현물출자의 이행이 완료된 날부터 2주 내에 본점소재지에서 자본금 증가로 인한 변경등기를 하여야 한다.

〔전부개정 2011·4·14〕

제592조(자본금 증가의 효력발생) 자본금의 증가는 본점소재지에서 제591조의 등기를 함으로써 효력이 생긴다.

〔전부개정 2011·4·14〕

제593조(현물출자 등에 관한 사원의 책임) ① 제586조제1호와 제2호의 재산의 자본금 증가당시의 실가가 자본금 증가의 결의에 의하여 정한 가격에 현저하게 부족한 때에는 그 결의에 동의한 사원은 회사에 대하여 그 부족액을 연대하여 지급할 책임이 있다. <개정 2011·4·14>

② 제550조제2항과 제551조제2항의 규정은 전항의 경우에 준용한다. <개정 1962·12·12>

제594조(미인수출자 등에 관한 이사 등의 책임) ① 자본금 증가후에 아직 인수되지 아니한 출자가 있는 때에는 이사와 감사가 공동으로 이를 인수한 것으로 본다. <개정 1962·12·12, 2011·4·14>

② 자본금 증가후에 아직 출자전액의 납입 또는 현물출자의 목적인 재산의 급여가 미필된 출자가 있는 때에는 이사와 감사는 연대하여 그 납입 또는 급여미필재산의 가액을 지급할 책임이 있다. <개정 1962·12·12, 2011·4·14>

③ 제551조제3항의 규정은 전항의 경우에 준용한다. <개정 1962·12·12>

제595조(증자무효의 소) ① 자본금 증가의 무효는 사원, 이사 또는 감사에 한하여 제591조의 규정에 의한 본점소재지에서의 등기를 한 날로부터 6월내에 소만으로 이를 주장할 수 있다. <개정 1962·12·12, 2011·4·14>

② 제430조 내지 제432조의 규정은 전항의 경우에 준용한다.

제596조(준용규정) 제421조제2항, 제548조와 제576조제2항의 규정은 자본금 증가의 경우에 준용한다. <개정 1962·12·12, 2011·4·14>

제597조(동전) 제439조제1항, 제2항, 제443조, 제445조와 제446조의 규정은 자본금감소의 경우에 준용한다. <개정 2011·4·14>

제5절 합병과 조직변경

제598조(합병의 방법) 유한회사가 다른 회사와 합병을 함에는 제585조의 규정에 의한 사원총회의 결의가 있어야 한다.

제599조(설립위원의 선임) 제175조의 규정에 의한 설립위원의 선임은 제585조의 규정에 의한 사원총회의 결의에 의하여야 한다.

제600조(유한회사와 주식회사의 합병) ① 유한회사가 주식회사와 합병하는 경우에 합병후 존속하는 회사 또는 합병으로 인하여 설립되는 회사가 주식회사인 때에는 법원의 인가를 얻지 아니하면 합병의 효력이 없다.

② 합병을 하는 회사의 일방이 사채의 상환을 완료하지 아니한 주식회사인 때에는 합병후 존속하는 회사 또는 합병으로 인하여 설립되는 회사는 유한회사로 하지 못한다.

제601조(물상대위) ① 유한회사가 주식회사와 합병하는 경우에 합병후 존속하는 회사 또는 합병으로 인하여 설립되는 회사가 유한회사인 때에는 제339조의 규정은 종전의 주식을 목적으로 하는 질권에 준용한다.

② 전항의 경우에 질권의 목적인 지분에 관하여 출자좌수와 질권자의 성명 및 주소를 사원명부에 기재하지 아니하면 그 질권으로써 회사 기타의 제삼자에 대항하지 못한다.

제602조(합병의 등기) 유한회사가 합병을 한 때에는 제603조에서 준용하는 제526조 또는 제527조에 따른 사원총회가 종결된 날부터 2주일 내에 본점의 소재지에서 합병후 존속하는 유한회사의 변경등기, 합병으로 인하여 소멸하는 유한회사의 해산등기, 합병으로 인하여 설립되는 유한회사의 설립등기를 하여야 한다.

[전부개정 2024·9·20]

제603조(준용규정) 제232조, 제234조, 제235조, 제237조 내지 제240조, 제443조, 제522조제1항·제2항, 제522조의2, 제523조, 제524조, 제526조제1항·제2항, 제527조제1항 내지 제3항 및 제529조의 규정은 유한회사의 합병의 경우에 준용한다. <개정 1962·12·12, 1984·4·10, 1998·12·28>

제604조(주식회사의 유한회사에의 조직변경) ① 주식회사는 총주주의 일치에 의한 총회의 결의로 그 조직을 변경하여 이를 유한회사로 할 수 있다. 그러나 사채의 상환을 완료하지 아니한 경우에는 그러하지 아니하다.

② 전항의 조직변경의 경우에는 회사에 현존하는 순재산액보다 많은 금액을 자본금의 총액으로 하지 못한다. <개정 2011·4·14>

③ 제1항의 결의에 있어서는 정관 기타 조직변경에 필요한 사항을 정하여야 한다.

④ 제601조의 규정은 제1항의 조직변경의 경우에 준용한다.

제605조(이사, 주주의 순재산액전보책임) ① 전조의 조직변경의 경우에 회사에 현존하는 순재산액이 자본금의 총액에 부족하는 때에는 전조제1항의 결의당시의 이사와 주주는 회사에 대하여 연대하여 그 부족액을 지급할 책임이 있다. <개정 2011·4·14>

② 제550조제2항과 제551조제2항, 제3항의 규정은 전항의 경우에 준용한다. <개정 1962·12·12>

제606조(조직변경의 등기) 주식회사가 제604조에 따라 그 조직을 변경한 때에는 본점의 소재지에서 2주일 내에 주식회사의 해산등기, 유한회사의 설립등기를 하여야 한다.
[전부개정 2024·9·20]

제607조(유한회사의 주식회사로의 조직변경) ① 유한회사는 총사원의 일치에 의한 총회의 결의로 주식회사로 조직을 변경할 수 있다. 다만, 회사는 그 결의를 정관으로 정하는 바에 따라 제585조의 사원총회의 결의로 할 수 있다.

② 제1항에 따라 조직을 변경할 때 발행하는 주식의 발행가액의 총액은 회사에 현존하는 순재산액을 초과하지 못한다.

③ 제1항의 조직변경은 법원의 인가를 받지 아니하면 효력이 없다.

④ 제1항에 따라 조직을 변경하는 경우 회사에 현존하는 순재산액이 조직변경으로 발행하는 주식의 발행가액 총액에 부족할 때에는 제1항의 결의 당시의 이사, 감사 및 사원은 연대하여 회사에 그 부족액을 지급할 책임이 있다. 이 경우에 제550조제2항 및 제551조제2항·제3항을 준용한다.

⑤ 제1항에 따라 조직을 변경하는 경우 제340조제3항, 제601조제1항, 제604조제3항 및 제606조를 준용한다.
[전부개정 2011·4·14]

제608조(준용규정) 제232조의 규정은 제604조와 제607조의 조직변경의 경우에 준용한다. <개정 1984·4·10>

제6절 해산과 청산

제609조(해산사유) ① 유한회사는 다음의 사유로 인하여 해산한다. <개정 2001·7·24>

1. 제227조제1호·제4호 내지 제6호에 규정된 사유
2. 사원총회의 결의

② 전항제2호의 결의는 제585조의 규정에 의하여야 한다.

제610조(회사의 계속) ① 제227조제1호 또는 전조제1항제2호의 사유로 인하여 회사가 해산한 경우에는 제585조의 규정에 의한 사원총회의 결의로써 회사를 계속할 수 있다.

② 삭제 <2001·7·24>

제611조(준용규정) 제229조제3항의 규정은 전조의 회사계속의 경우에 준용한다.

제612조(잔여재산의 분배) 잔여재산은 정관에 다른 정함이 있는 경우외에는 각 사원의 출자좌수에 따라 사원에게 분배하여야 한다.

제613조(준용규정) ① 제228조, 제245조, 제252조 내지 제255조, 제259조, 제260조, 제264조, 제520조, 제531조 내지 제537조, 제540조와 제541조의 규정은 유한회사에 준용한다. <개정 1962·12·12>

② 제209조, 제210조, 제366조제2항·제3항, 제367조, 제373조제2항, 제376조, 제377조, 제382조제2항, 제386조, 제388조, 제399조 내지 제402조, 제407조, 제408조, 제411조 내지 제413조, 제414조제3항, 제450조, 제466조제2항, 제539조, 제562조, 제563조, 제564조제3항, 제565조, 제566조, 제571조, 제572조제1항과 제581조의 규정은 유한회사의 청산인에 준용한다. <개정 1962·12·12, 1984·4·10>

제6장 외국회사

제614조(대표자, 영업소의 설정과 등기) ① 외국회사가 대한민국에서 영업을 하려면 대한민국에서의 대표자를 정하고 대한민국 내에 영업소를 설치하거나 대표자 중 1명 이상이 대한민국에 그 주소를 두어야 한다. <개정 2011·4·14>

② 외국회사가 제1항의 영업소를 설치하는 경우에는 그 설치일부터 3주일 내에 영업소의 소재지에서 다음 각 호의 사항을 등기하여야 한다. <개정 2024·9·20>

1. 목적
2. 상호

3. 회사를 대표할 자의 성명·주소 및 주민등록번호(외국인인 경우 외국인등록번호로 하되, 외국인등록번호가 없는 경우에는 생년월일로 한다)
4. 공동으로 회사를 대표할 것을 정한 때에는 그 규정
5. 본점의 소재지
6. 영업소의 소재지(다른 영업소의 소재지는 제외한다)
7. 회사의 존립기간 내지 해산사유를 정한 때에는 그 기간 또는 사유
8. 대한민국에서의 같은 종류의 회사 또는 가장 비슷한 회사가 주식회사인 경우에는 본국에서의 공고방법 및 제616조의2에 따른 대한민국에서의 공고방법

③ 제2항의 등기에는 회사설립의 준거법과 대한민국에서의 대표자의 성명·주소 및 주민등록번호(외국인인 경우 외국인등록번호로 하되, 외국인등록번호가 없는 경우에는 생년월일로 한다)가 포함되어야 한다. <개정 2024·9·20>

④ 제209조와 제210조의 규정은 외국회사의 대표자에 준용한다. <개정 1962·12·12>

제614조의2(영업소의 이전·변경등기) ① 외국회사가 영업소를 이전한 경우에는 3주일 내에 종전 소재지에서는 새 소재지와 이전 연월일을, 새 소재지에서는 제614조제2항 및 제3항의 사항을 등기하여야 한다.

② 제614조제2항 또는 제3항의 사항이 변경되었을 때에는 영업소의 소재지에서 3주일 내에 변경등기를 하여야 한다.

〔본조신설 2024·9·20〕

제615조(등기기간의 기산점) 제614조제2항·제3항 및 제614조의2의 등기사항이 외국에서 발생한 경우 등기기간은 그 통지가 도달한 날부터 기산한다.

〔전부개정 2024·9·20〕

제616조(등기전의 계속거래의 금지) ① 외국회사는 그 영업소의 소재지에서 제614조의 규정에 의한 등기를 하기 전에는 계속하여 거래를 하지 못한다.

② 전항의 규정에 위반하여 거래를 한 자는 그 거래에 대하여 회사와 연대하여 책임을 진다.

제616조의2(대차대조표 또는 이에 상당하는 것의 공고) ① 외국회사로서 이 법에 따라 등기를 한 외국회사(대한민국에서의 같은 종류의 회사 또는 가장 비슷한 회사가 주식회사인 것만 해당한다)는 제449조에 따른 승인과 같은 종류의 절차 또는 이와 비슷한 절차가 종결된 후 지체 없이 대차대조표 또는 이에 상당하는 것으로서 대통령령으로 정하는 것을 대한민국에서 공고하여야 한다.

② 제1항의 공고에 대하여는 제289조제3항부터 제6항까지의 규정을 준용한다.

〔본조신설 2011·4·14〕

제617조(유사외국회사) 외국에서 설립된 회사라도 대한민국에 그 본점을 설치하거나 대한민국에서 영업할 것을 주된 목적으로 하는 때에는 대한민국에서 설립된 회사와 같은 규정에 따라야 한다.

〔전부개정 2011·4·14〕

제618조(준용규정) ① 제335조, 제335조의2부터 제335조의7까지, 제336조부터 제338조까지, 제340조제1항, 제355조, 제356조, 제356조의2, 제478조제1항, 제479조 및 제480조의 규정은 대한민국에서의 외국회사의 주권 또는 채권의 발행과 그 주식의 이전이나 입질 또는 사채의 이전에 준용한다. <개정 2014·5·20>

② 전항의 경우에는 처음 대한민국에 설치한 영업소를 본점으로 본다.

제619조(영업소폐쇄명령) ① 외국회사가 대한민국에 영업소를 설치한 경우에 다음의 사유가 있는 때에는 법원은 이해관계인 또는 검사의 청구에 의하여 그 영업소의 폐쇄를 명할 수 있다. <개정 1962·12·12>

1. 영업소의 설치목적이 불법한 것인 때
2. 영업소의 설치등기를 한 후 정당한 사유없이 1년내에 영업을 개시하지 아니하거나 1년 이상 영업을 휴지한 때 또는 정당한 사유없이 지급을 정지한 때
3. 회사의 대표자 기타 업무를 집행하는 자가 법령 또는 선량한 풍속 기타 사회질서에 위반한 행위를 한 때

② 제176조제2항 내지 제4항의 규정은 전항의 경우에 준용한다.

제620조(한국에 있는 재산의 청산) ① 전조제1항의 규정에 의하여 영업소의 폐쇄를 명

한 경우에는 법원은 이해관계인의 신청에 의하여 또는 직권으로 대한민국에 있는 그 회사재산의 전부에 대한 청산의 개시를 명할 수 있다. 이 경우에는 법원은 청산인을 선임하여야 한다.
② 제535조 내지 제537조와 제542조의 규정은 그 성질이 허하지 아니하는 경우외에는 전항의 청산에 준용한다.
③ 전2항의 규정은 외국회사가 스스로 영업소를 폐쇄한 경우에 준용한다.

제621조(외국회사의 지위) 외국회사는 다른 법률의 적용에 있어서는 법률에 다른 규정이 있는 경우외에는 대한민국에서 성립된 동종 또는 가장 유사한 회사로 본다.

제 7 장 벌칙

제622조(발기인, 이사 기타의 임원 등의 특별배임죄) ① 회사의 발기인, 업무집행사원, 이사, 집행임원, 감사위원회 위원, 감사 또는 제386조제2항, 제407조제1항, 제415조 또는 제567조의 직무대행자, 지배인 기타 회사영업에 관한 어느 종류 또는 특정한 사항의 위임을 받은 사용인이 그 임무에 위배한 행위로써 재산상의 이익을 취하거나 제삼자로 하여금 이를 취득하게 하여 회사에 손해를 가한 때에는 10년 이하의 징역 또는 3천만원 이하의 벌금에 처한다. <개정 1984·4·10, 1995·12·29, 1999·12·31, 2011·4·14>
② 회사의 청산인 또는 제542조제2항의 직무대행자, 제175조의 설립위원이 제1항의 행위를 한 때에도 제1항과 같다. <개정 1984·4·10>

제623조(사채권자집회의 대표자 등의 특별배임죄) 사채권자집회의 대표자 또는 그 결의를 집행하는 자가 그 임무에 위배한 행위로써 재산상의 이익을 취하거나 제삼자로 하여금 이를 취득하게 하여 사채권자에게 손해를 가한 때에는 7년 이하의 징역 또는 2천만원 이하의 벌금에 처한다. <개정 1984·4·10, 1995·12·29>

제624조(특별배임죄의 미수) 전2조의 미수범은 처벌한다.

제624조의2(주요주주 등 이해관계자와의 거래 위반의 죄) 제542조의9제1항을 위반하여 신용공여를 한 자는 5년 이하의 징역 또는 2억원 이하의 벌금에 처한다.
〔본조신설 2009·1·30〕

제625조(회사재산을 위태롭게 하는 죄) 제622조제1항에 규정된 자, 검사인, 제298조제3항·제299조의2·제310조제3항 또는 제313조제2항의 공증인(인가공증인의 공증담당변호사를 포함한다. 이하 이 장에서 같다)이나 제299조의2, 제310조제3항 또는 제422조제1항의 감정인이 다음의 행위를 한 때에는 5년 이하의 징역 또는 1천500만원 이하의 벌금에 처한다. <개정 1984·4·10, 1995·12·29, 1998·12·28, 2009·2·6, 2011·4·14>
1. 주식 또는 출자의 인수나 납입, 현물출자의 이행, 제290조, 제416조제4호 또는 제544조에 규정된 사항에 관하여 법원·총회 또는 발기인에게 부실한 보고를 하거나 사실을 은폐한 때
2. 누구의 명의로 하거나를 불문하고 회사의 계산으로 부정하게 그 주식 또는 지분을 취득하거나 질권의 목적으로 이를 받은 때
3. 법령 또는 정관에 위반하여 이익배당을 한 때
4. 회사의 영업범위외에서 투기행위를 하기 위하여 회사재산을 처분한 때

제625조의2(주식의 취득제한 등에 위반한 죄) 다음 각 호의 어느 하나에 해당하는 자는 2천만원 이하의 벌금에 처한다.
1. 제342조의2제1항 또는 제2항을 위반한 자
2. 제360조의3제7항을 위반한 자
3. 제523조의2제2항을 위반한 자
4. 제530조의6제5항을 위반한 자
〔전부개정 2015·12·1〕

제626조(부실보고죄) 회사의 이사, 집행임원, 감사위원회 위원, 감사 또는 제386조제2항, 제407조제1항, 제415조 또는 제567조의 직무대행자가 제604조 또는 제607조의 조직변경의 경우에 제604조제2항 또는 제607조제2항의 순재산액에 관하여 법원 또는 총회에 부실한 보고를 하거나 사실을 은폐한 경우에는 5년 이하의 징역 또는 1천500만원 이하의 벌금에 처한다.
〔전부개정 2011·4·14〕

제627조(부실문서행사죄) ① 제622조제 1 항에 게기한 자, 외국회사의 대표자, 주식 또는 사채의 모집의 위탁을 받은 자가 주식 또는 사채를 모집함에 있어서 중요한 사항에 관하여 부실한 기재가 있는 주식청약서, 사채청약서, 사업계획서, 주식 또는 사채의 모집에 관한 광고 기타의 문서를 행사한 때에는 5년 이하의 징역 또는 1천500만원 이하의 벌금에 처한다. <개정 1984·4·10, 1995·12·29>

② 주식 또는 사채를 매출하는 자가 그 매출에 관한 문서로서 중요한 사항에 관하여 부실한 기재가 있는 것을 행사한 때에도 제 1 항과 같다. <개정 1984·4·10>

제628조(납입가장죄 등) ① 제622조제 1 항에 게기한 자가 납입 또는 현물출자의 이행을 가장하는 행위를 한 때에는 5년 이하의 징역 또는 1천500만원 이하의 벌금에 처한다. <개정 1984·4·10, 1995·12·29>

② 제 1 항의 행위에 응하거나 이를 중개한 자도 제 1 항과 같다. <개정 1984·4·10>

제629조(초과발행의 죄) 회사의 발기인, 이사, 집행임원 또는 제386조제 2 항 또는 제407조제 1 항의 직무대행자가 회사가 발행할 주식의 총수를 초과하여 주식을 발행한 경우에는 5년 이하의 징역 또는 1천500만원 이하의 벌금에 처한다.
〔전부개정 2011·4·14〕

제630조(발기인, 이사 기타의 임원의 독직죄) ① 제622조와 제623조에 규정된 자, 검사인, 제298조제 3 항·제299조의2·제310조제 3 항 또는 제313조제 2 항의 공증인이나 제299조의2, 제310조제 3 항 또는 제422조제 1 항의 감정인이 그 직무에 관하여 부정한 청탁을 받고 재산상의 이익을 수수, 요구 또는 약속한 때에는 5년 이하의 징역 또는 1천500만원 이하의 벌금에 처한다. <개정 1984·4·10, 1995·12·29, 1998·12·28>

② 제 1 항의 이익을 약속, 공여 또는 공여의 의사를 표시한 자도 제 1 항과 같다. <개정 1984·4·10>

제631조(권리행사방해 등에 관한 증수뢰죄) ① 다음의 사항에 관하여 부정한 청탁을 받고 재산상의 이익을 수수, 요구 또는 약속한 자는 1년 이하의 징역 또는 300만원 이하의 벌금에 처한다. <개정 1962·12·12, 1984·4·10, 1995·12·29, 1998·12·28, 1999·12·31, 2011·4·14>

1. 창립총회, 사원총회, 주주총회 또는 사채권자집회에서의 발언 또는 의결권의 행사
2. 제 3 편에 정하는 소의 제기, 발행주식의 총수의 100분의 1 또는 100분의 3 이상에 해당하는 주주, 사채총액의 100분의 10 이상에 해당하는 사채권자 또는 자본금의 100분의 3 이상에 해당하는 출자좌수를 가진 사원의 권리의 행사
3. 제402조 또는 제424조에 정하는 권리의 행사

② 제 1 항의 이익을 약속, 공여 또는 공여의 의사를 표시한 자도 제 1 항과 같다. <개정 1984·4·10>

제632조(징역과 벌금의 병과) 제622조 내지 전조의 징역과 벌금은 이를 병과할 수 있다.

제633조(몰수, 추징) 제630조제 1 항 또는 제631조제 1 항의 경우에는 범인이 수수한 이익은 이를 몰수한다. 그 전부 또는 일부를 몰수하기 불능한 때에는 그 가액을 추징한다.

제634조(납입책임면탈의 죄) 납입의 책임을 면하기 위하여 타인 또는 가설인의 명의로 주식 또는 출자를 인수한 자는 1년 이하의 징역 또는 300만원 이하의 벌금에 처한다. <개정 1984·4·10, 1995·12·29>

제634조의2(주주의 권리행사에 관한 이익공여의 죄) ① 주식회사의 이사, 집행임원, 감사위원회 위원, 감사, 제386조제 2 항·제407조제 1 항 또는 제415조의 직무대행자, 지배인, 그 밖의 사용인이 주주의 권리 행사와 관련하여 회사의 계산으로 재산상의 이익을 공여(供與)한 경우에는 1년 이하의 징역 또는 300만원 이하의 벌금에 처한다. <개정 2011·4·14>

② 제 1 항의 이익을 수수하거나, 제 3 자에게 이를 공여하게 한 자도 제 1 항과 같다.
〔본조신설 1984·4·10〕

제634조의3(양벌규정) 회사의 대표자나 대리인, 사용인, 그 밖의 종업원이 그 회사의 업무에 관하여 제624조의2의 위반행위를 하면 그 행위자를 벌하는 외에 그 회사에도 해당 조문의 벌금형을 과(科)한다. 다만, 회

사가 제542조의13에 따른 의무를 성실히 이행한 경우 등 회사가 그 위반행위를 방지하기 위하여 해당 업무에 관하여 상당한 주의와 감독을 게을리하지 아니한 경우에는 그러하지 아니하다. <개정 2011·4·14>
〔본조신설 2009·1·30〕

제635조(과태료에 처할 행위) ① 회사의 발기인, 설립위원, 업무집행사원, 업무집행자, 이사, 집행임원, 감사, 감사위원회 위원, 외국회사의 대표자, 검사인, 제298조제3항·제299조의2·제310조제3항 또는 제313조제2항의 공증인, 제299조의2·제310조제3항 또는 제422조제1항의 감정인, 지배인, 청산인, 명의개서대리인, 사채모집을 위탁받은 회사와 그 사무승계자 또는 제386조제2항·제407조제1항·제415조·제542조제2항 또는 제567조의 직무대행자가 다음 각 호의 어느 하나에 해당하는 행위를 한 경우에는 500만원 이하의 과태료를 부과한다. 다만, 그 행위에 대하여 형(刑)을 과(科)할 때에는 그러하지 아니하다. <개정 2011·4·14>

1. 이 편(編)에서 정한 등기를 게을리한 경우
2. 이 편에서 정한 공고 또는 통지를 게을리하거나 부정(不正)한 공고 또는 통지를 한 경우
3. 이 편에서 정한 검사 또는 조사를 방해한 경우
4. 이 편의 규정을 위반하여 정당한 사유 없이 서류의 열람 또는 등사, 등본 또는 초본의 발급을 거부한 경우
5. 관청, 총회, 사채권자집회 또는 발기인에게 부실한 보고를 하거나 사실을 은폐한 경우
6. 주권, 채권 또는 신주인수권증권에 적을 사항을 적지 아니하거나 부실하게 적은 경우
7. 정당한 사유 없이 주권의 명의개서를 하지 아니한 경우
8. 법률 또는 정관에서 정한 이사 또는 감사의 인원수를 궐(闕)한 경우에 그 선임절차를 게을리한 경우
9. 정관·주주명부 또는 그 복본(複本), 사원명부·사채원부 또는 그 복본, 의사록, 감사록, 재산목록, 대차대조표, 영업보고서, 사무보고서, 손익계산서, 그 밖에 회사의 재무상태와 경영성과를 표시하는 것으로서 제287조의33 및 제447조제1항제3호에 따라 대통령령으로 정하는 서류, 결산보고서, 회계장부, 제447조·제534조·제579조제1항 또는 제613조제1항의 부속명세서 또는 감사보고서에 적을 사항을 적지 아니하거나 부실하게 적은 경우
10. 법원이 선임한 청산인에 대한 사무의 인계(引繼)를 게을리하거나 거부한 경우
11. 청산의 종결을 늦출 목적으로 제247조제3항, 제535조제1항 또는 제613조제1항의 기간을 부당하게 장기간으로 정한 경우
12. 제254조제4항, 제542조제1항 또는 제613조제1항을 위반하여 파산선고 청구를 게을리한 경우
13. 제589조제2항을 위반하여 출자의 인수인을 공모한 경우
14. 제232조, 제247조제3항, 제439조제2항, 제527조의5, 제530조제2항, 제530조의9제4항, 제530조의11제2항, 제597조, 제603조 또는 제608조를 위반하여 회사의 합병·분할·분할합병 또는 조직변경, 회사재산의 처분 또는 자본금의 감소를 한 경우
15. 제260조, 제542조제1항 또는 제613조제1항을 위반하여 회사재산을 분배한 경우
16. 제302조제2항, 제347조, 제420조, 제420조의2, 제474조제2항 또는 제514조를 위반하여 주식청약서, 신주인수권증서 또는 사채청약서를 작성하지 아니하거나 이에 적을 사항을 적지 아니하거나 또는 부실하게 적은 경우
17. 제342조 또는 제560조제1항을 위반하여 주식 또는 지분의 실효 절차, 주식 또는 지분의 질권 처분을 게을리한 경우
18. 제343조제1항 또는 제560조제1항을 위반하여 주식 또는 출자를 소각한 경우
19. 제355조제1항·제2항 또는 제618조를 위반하여 주권을 발행한 경우
20. 제358조의2제2항을 위반하여 주주명부에 기재를 하지 아니한 경우
21. 제363조의2제1항, 제542조제2항 또는 제542조의6제2항을 위반하여 주주가 제안한 사항을 주주총회의 목적사항으로 하지 아니한 경우

22. 제365조제1항·제2항, 제578조, 제467조제3항, 제582조제3항에 따른 법원의 명령을 위반하여 주주총회를 소집하지 아니하거나, 정관으로 정한 곳 외의 장소에서 주주총회를 소집하거나, 제363조, 제364조, 제571조제2항·제3항을 위반하여 주주총회를 소집한 경우
23. 제374조제2항, 제530조제2항 또는 제530조의11제2항을 위반하여 주식매수청구권의 내용과 행사방법을 통지 또는 공고하지 아니하거나 부실한 통지 또는 공고를 한 경우
24. 제287조의34제1항, 제396조제1항, 제448조제1항, 제510조제2항, 제522조의2제1항, 제527조의6제1항, 제530조의7, 제534조제3항, 제542조제2항, 제566조제1항, 제579조의3, 제603조 또는 제613조를 위반하여 장부 또는 서류를 갖추어 두지 아니한 경우
25. 제412조의5제3항을 위반하여 정당한 이유 없이 감사 또는 감사위원회의 조사를 거부한 경우
26. 제458조부터 제460조까지 또는 제583조를 위반하여 준비금을 적립하지 아니하거나 이를 사용한 경우
27. 제464조의2제1항의 기간에 배당금을 지급하지 아니한 경우
28. 제478조제1항 또는 제618조를 위반하여 채권을 발행한 경우
29. 제536조 또는 제613조제1항을 위반하여 채무 변제를 한 경우
30. 제542조의5를 위반하여 이사 또는 감사를 선임한 경우
31. 제555조를 위반하여 지분에 대한 지시식 또는 무기명식의 증권을 발행한 경우
32. 제619조제1항에 따른 법원의 명령을 위반한 경우

② 발기인, 이사 또는 집행임원이 주권의 인수로 인한 권리를 양도한 경우에도 제1항과 같다. <개정 2011·4·14>

③ 제1항 각 호 외의 부분에 규정된 자가 다음 각 호의 어느 하나에 해당하는 행위를 한 경우에는 5천만원 이하의 과태료를 부과한다. <신설 2009·1·30>

1. 제542조의8제1항을 위반하여 사외이사 선임의무를 이행하지 아니한 경우
2. 제542조의8제4항을 위반하여 사외이사 후보추천위원회를 설치하지 아니하거나 사외이사가 총위원의 2분의 1 이상이 되도록 사외이사 후보추천위원회를 구성하지 아니한 경우
3. 제542조의8제5항에 따라 사외이사를 선임하지 아니한 경우
4. 제542조의9제3항을 위반하여 이사회 승인 없이 거래한 경우
5. 제542조의11제1항을 위반하여 감사위원회를 설치하지 아니한 경우
6. 제542조의11제2항을 위반하여 제415조의2제2항 및 제542조의11제2항 각 호의 감사위원회의 구성요건에 적합한 감사위원회를 설치하지 아니한 경우
7. 제542조의11제4항제1호 및 제2호를 위반하여 감사위원회가 제415조의2제2항 및 제542조의11제2항 각 호의 감사위원회의 구성요건에 적합하도록 하지 아니한 경우
8. 제542조의12제2항을 위반하여 감사위원회위원의 선임절차를 준수하지 아니한 경우

④ 제1항 각 호 외의 부분에 규정된 자가 다음 각 호의 어느 하나에 해당하는 행위를 한 경우에는 1천만원 이하의 과태료를 부과한다. <신설 2009·1·30>

1. 제542조의4에 따른 주주총회 소집의 통지·공고를 게을리하거나 부정한 통지 또는 공고를 한 경우
2. 제542조의7제4항 또는 제542조의12제5항을 위반하여 의안을 별도로 상정하여 의결하지 아니한 경우

제636조(등기전의 회사명의의 영업 등) ① 회사의 성립전에 회사의 명의로 영업을 한 자는 회사설립의 등록세의 배액에 상당한 과태료에 처한다.

② 전항의 규정은 제616조제1항의 규정에 위반한 자에 준용한다.

제637조(법인에 대한 벌칙의 적용) 제622조, 제623조, 제625조, 제627조, 제628조 또는 제630조제1항에 규정된 자가 법인인 경우에는 이 장의 벌칙은 그 행위를 한 이사, 집행임원, 감사, 그 밖에 업무를 집행한 사원 또는 지배인에게 적용한다.
[전부개정 2011·4·14]

제637조의2(과태료의 부과·징수) ① 제635조(제1항제1호는 제외한다) 또는 제636조에 따른 과태료는 대통령령으로 정하는 바에 따라 법무부장관이 부과·징수한다.
② 제1항에 따른 과태료 처분에 불복하는 자는 그 처분을 고지받은 날부터 60일 이내에 법무부장관에게 이의를 제기할 수 있다.
③ 제1항에 따른 과태료 처분을 받은 자가 제2항에 따라 이의를 제기한 때에는 법무부장관은 지체 없이 관할 법원에 그 사실을 통보하여야 하며, 그 통보를 받은 관할 법원은 「비송사건절차법」에 따른 과태료 재판을 한다.
④ 제2항에서 규정하는 기간 내에 이의를 제기하지 아니하고 과태료를 납부하지 아니한 때에는 국세 체납처분의 예에 따라 징수한다.
〔본조신설 2009·1·30〕

제4편 보험

제1장 통칙

제638조(보험계약의 의의) 보험계약은 당사자 일방이 약정한 보험료를 지급하고 재산 또는 생명이나 신체에 불확정한 사고가 발생할 경우에 상대방이 일정한 보험금이나 그 밖의 급여를 지급할 것을 약정함으로써 효력이 생긴다.
〔전부개정 2014·3·11〕

제638조의2(보험계약의 성립) ① 보험자가 보험계약자로부터 보험계약의 청약과 함께 보험료 상당액의 전부 또는 일부의 지급을 받은 때에는 다른 약정이 없으면 30일내에 그 상대방에 대하여 낙부의 통지를 발송하여야 한다. 그러나 인보험계약의 피보험자가 신체검사를 받아야 하는 경우에는 그 기간은 신체검사를 받은 날부터 기산한다.
② 보험자가 제1항의 규정에 의한 기간내에 낙부의 통지를 해태한 때에는 승낙한 것으로 본다.
③ 보험자가 보험계약자로부터 보험계약의 청약과 함께 보험료 상당액의 전부 또는 일부를 받은 경우에 그 청약을 승낙하기 전에 보험계약에서 정한 보험사고가 생긴 때에는 그 청약을 거절할 사유가 없는 한 보험자는 보험계약상의 책임을 진다. 그러나 인보험계약의 피보험자가 신체검사를 받아야 하는 경우에 그 검사를 받지 아니한 때에는 그러하지 아니하다.
〔본조신설 1991·12·31〕

제638조의3(보험약관의 교부·설명 의무) ① 보험자는 보험계약을 체결할 때에 보험계약자에게 보험약관을 교부하고 그 약관의 중요한 내용을 설명하여야 한다.
② 보험자가 제1항을 위반한 경우 보험계약자는 보험계약이 성립한 날부터 3개월 이내에 그 계약을 취소할 수 있다.
〔전부개정 2014·3·11〕

제639조(타인을 위한 보험) ① 보험계약자는 위임을 받거나 위임을 받지 아니하고 특정 또는 불특정의 타인을 위하여 보험계약을 체결할 수 있다. 그러나 손해보험계약의 경우에 그 타인의 위임이 없는 때에는 보험계약자는 이를 보험자에게 고지하여야 하고, 그 고지가 없는 때에는 타인이 그 보험계약이 체결된 사실을 알지 못하였다는 사유로 보험자에게 대항하지 못한다. <개정 1991·12·31>
② 제1항의 경우에는 그 타인은 당연히 그 계약의 이익을 받는다. 그러나 손해보험계약의 경우에 보험계약자가 그 타인에게 보험사고의 발생으로 생긴 손해의 배상을 한 때에는 보험계약자는 그 타인의 권리를 해하지 아니하는 범위안에서 보험자에게 보험금액의 지급을 청구할 수 있다. <신설 1991·12·31>
③ 제1항의 경우에는 보험계약자는 보험자에 대하여 보험료를 지급할 의무가 있다. 그러나 보험계약자가 파산선고를 받거나 보험료의 지급을 지체한 때에는 그 타인이 그 권리를 포기하지 아니하는 한 그 타인도 보험료를 지급할 의무가 있다. <개정 1991·12·31>

제640조(보험증권의 교부) ① 보험자는 보험계약이 성립한 때에는 지체없이 보험증권을 작성하여 보험계약자에게 교부하여야 한다. 그러나 보험계약자가 보험료의 전부 또는 최초의 보험료를 지급하지 아니한 때에는

그러하지 아니하다. <개정 1991·12·31>

② 기존의 보험계약을 연장하거나 변경한 경우에는 보험자는 그 보험증권에 그 사실을 기재함으로써 보험증권의 교부에 갈음할 수 있다. <신설 1991·12·31>

第641조(증권에 관한 이의약관의 효력) 보험계약의 당사자는 보험증권의 교부가 있은 날로부터 일정한 기간내에 한하여 그 증권내용의 정부에 관한 이의를 할 수 있음을 약정할 수 있다. 이 기간은 1월을 내리지 못한다.

第642조(증권의 재교부청구) 보험증권을 멸실 또는 현저하게 훼손한 때에는 보험계약자는 보험자에 대하여 증권의 재교부를 청구할 수 있다. 그 증권작성의 비용은 보험계약자의 부담으로 한다.

第643조(소급보험) 보험계약은 그 계약전의 어느 시기를 보험기간의 시기로 할 수 있다.

第644조(보험사고의 객관적 확정의 효과) 보험계약당시에 보험사고가 이미 발생하였거나 또는 발생할 수 없는 것인 때에는 그 계약은 무효로 한다. 그러나 당사자 쌍방과 피보험자가 이를 알지 못한 때에는 그러하지 아니하다.

第645조 삭제 <1991·12·31>

第646조(대리인이 안 것의 효과) 대리인에 의하여 보험계약을 체결한 경우에 대리인이 안 사유는 그 본인이 안 것과 동일한 것으로 한다.

第646조의2(보험대리상 등의 권한) ① 보험대리상은 다음 각 호의 권한이 있다.

1. 보험계약자로부터 보험료를 수령할 수 있는 권한
2. 보험자가 작성한 보험증권을 보험계약자에게 교부할 수 있는 권한
3. 보험계약자로부터 청약, 고지, 통지, 해지, 취소 등 보험계약에 관한 의사표시를 수령할 수 있는 권한
4. 보험계약자에게 보험계약의 체결, 변경, 해지 등 보험계약에 관한 의사표시를 할 수 있는 권한

② 제1항에도 불구하고 보험자는 보험대리상의 제1항 각 호의 권한 중 일부를 제한할 수 있다. 다만, 보험자는 그러한 권한 제한을 이유로 선의의 보험계약자에게 대항하지 못한다.

③ 보험대리상이 아니면서 특정한 보험자를 위하여 계속적으로 보험계약의 체결을 중개하는 자는 제1항제1호(보험자가 작성한 영수증을 보험계약자에게 교부하는 경우만 해당한다) 및 제2호의 권한이 있다.

④ 피보험자나 보험수익자가 보험료를 지급하거나 보험계약에 관한 의사표시를 할 의무가 있는 경우에는 제1항부터 제3항까지의 규정을 그 피보험자나 보험수익자에게도 적용한다.

〔본조신설 2014·3·11〕

第647조(특별위험의 소멸로 인한 보험료의 감액청구) 보험계약의 당사자가 특별한 위험을 예기하여 보험료의 액을 정한 경우에 보험기간중 그 예기한 위험이 소멸한 때에는 보험계약자는 그 후의 보험료의 감액을 청구할 수 있다.

第648조(보험계약의 무효로 인한 보험료반환청구) 보험계약의 전부 또는 일부가 무효인 경우에 보험계약자와 피보험자가 선의이며 중대한 과실이 없는 때에는 보험자에 대하여 보험료의 전부 또는 일부의 반환을 청구할 수 있다. 보험계약자와 보험수익자가 선의이며 중대한 과실이 없는 때에도 같다.

第649조(사고발생전의 임의해지) ① 보험사고가 발생하기 전에는 보험계약자는 언제든지 계약의 전부 또는 일부를 해지할 수 있다. 그러나 제639조의 보험계약의 경우에는 보험계약자는 그 타인의 동의를 얻지 아니하거나 보험증권을 소지하지 아니하면 그 계약을 해지하지 못한다. <개정 1991·12·31>

② 보험사고의 발생으로 보험자가 보험금액을 지급한 때에도 보험금액이 감액되지 아니하는 보험의 경우에는 보험계약자는 그 사고발생후에도 보험계약을 해지할 수 있다. <신설 1991·12·31>

③ 제1항의 경우에는 보험계약자는 당사자간에 다른 약정이 없으면 미경과보험료의 반환을 청구할 수 있다. <개정 1991·12·31>

第650조(보험료의 지급과 지체의 효과) ① 보험계약자는 계약체결후 지체없이 보험료의 전부 또는 제1회 보험료를 지급하여야 하며, 보험계약자가 이를 지급하지 아니하는

경우에는 다른 약정이 없는 한 계약성립후 2월이 경과하면 그 계약은 해제된 것으로 본다.

② 계속보험료가 약정한 시기에 지급되지 아니한 때에는 보험자는 상당한 기간을 정하여 보험계약자에게 최고하고 그 기간내에 지급되지 아니한 때에는 그 계약을 해지할 수 있다.

③ 특정한 타인을 위한 보험의 경우에 보험계약자가 보험료의 지급을 지체한 때에는 보험자는 그 타인에게도 상당한 기간을 정하여 보험료의 지급을 최고한 후가 아니면 그 계약을 해제 또는 해지하지 못한다.

〔전부개정 1991·12·31〕

제650조의2(보험계약의 부활) 제650조제2항에 따라 보험계약이 해지되고 해지환급금이 지급되지 아니한 경우에 보험계약자는 일정한 기간내에 연체보험료에 약정이자를 붙여 보험자에게 지급하고 그 계약의 부활을 청구할 수 있다. 제638조의2의 규정은 이 경우에 준용한다.

〔본조신설 1991·12·31〕

제651조(고지의무위반으로 인한 계약해지) 보험계약당시에 보험계약자 또는 피보험자가 고의 또는 중대한 과실로 인하여 중요한 사항을 고지하지 아니하거나 부실의 고지를 한 때에는 보험자는 그 사실을 안 날로부터 1월내에, 계약을 체결한 날로부터 3년내에 한하여 계약을 해지할 수 있다. 그러나 보험자가 계약당시에 그 사실을 알았거나 중대한 과실로 인하여 알지 못한 때에는 그러하지 아니하다. <개정 1991·12·31>

제651조의2(서면에 의한 질문의 효력) 보험자가 서면으로 질문한 사항은 중요한 사항으로 추정한다.

〔본조신설 1991·12·31〕

제652조(위험변경증가의 통지와 계약해지) ① 보험기간 중에 보험계약자 또는 피보험자가 사고발생의 위험이 현저하게 변경 또는 증가된 사실을 안 때에는 지체없이 보험자에게 통지하여야 한다. 이를 해태한 때에는 보험자는 그 사실을 안 날로부터 1월내에 한하여 계약을 해지할 수 있다.

② 보험자가 제1항의 위험변경증가의 통지를 받은 때에는 1월내에 보험료의 증액을 청구하거나 계약을 해지할 수 있다. <신설 1991·12·31>

제653조(보험계약자 등의 고의나 중과실로 인한 위험증가와 계약해지) 보험기간 중에 보험계약자, 피보험자 또는 보험수익자의 고의 또는 중대한 과실로 인하여 사고발생의 위험이 현저하게 변경 또는 증가된 때에는 보험자는 그 사실을 안 날부터 1월내에 보험료의 증액을 청구하거나 계약을 해지할 수 있다. <개정 1991·12·31>

제654조(보험자의 파산선고와 계약해지) ① 보험자가 파산의 선고를 받은 때에는 보험계약자는 계약을 해지할 수 있다.

② 제1항의 규정에 의하여 해지하지 아니한 보험계약은 파산선고후 3월을 경과한 때에는 그 효력을 잃는다. <개정 1991·12·31>

제655조(계약해지와 보험금청구권) 보험사고가 발생한 후라도 보험자가 제650조, 제651조, 제652조 및 제653조에 따라 계약을 해지하였을 때에는 보험금을 지급할 책임이 없고 이미 지급한 보험금의 반환을 청구할 수 있다. 다만, 고지의무(告知義務)를 위반한 사실 또는 위험이 현저하게 변경되거나 증가된 사실이 보험사고 발생에 영향을 미치지 아니하였음이 증명된 경우에는 보험금을 지급할 책임이 있다.

〔전부개정 2014·3·11〕

제656조(보험료의 지급과 보험자의 책임개시) 보험자의 책임은 당사자간에 다른 약정이 없으면 최초의 보험료의 지급을 받은 때로부터 개시한다.

제657조(보험사고발생의 통지의무) ① 보험계약자 또는 피보험자나 보험수익자는 보험사고의 발생을 안 때에는 지체없이 보험자에게 그 통지를 발송하여야 한다.

② 보험계약자 또는 피보험자나 보험수익자가 제1항의 통지의무를 해태함으로 인하여 손해가 증가된 때에는 보험자는 그 증가된 손해를 보상할 책임이 없다. <신설 1991·12·31>

제658조(보험금액의 지급) 보험자는 보험금액의 지급에 관하여 약정기간이 있는 경우에는 그 기간내에 약정기간이 없는 경우에는 제657조제1항의 통지를 받은 후 지체없이 지급할 보험금액을 정하고 그 정하여진 날

부터 10일내에 피보험자 또는 보험수익자에게 보험금액을 지급하여야 한다.
〔전부개정 1991·12·31〕

제659조(보험자의 면책사유) ① 보험사고가 보험계약자 또는 피보험자나 보험수익자의 고의 또는 중대한 과실로 인하여 생긴 때에는 보험자는 보험금액을 지급할 책임이 없다.
② 삭제 <1991·12·31>

제660조(전쟁위험 등으로 인한 면책) 보험사고가 전쟁 기타의 변난으로 인하여 생긴 때에는 당사자간에 다른 약정이 없으면 보험자는 보험금액을 지급할 책임이 없다.

제661조(재보험) 보험자는 보험사고로 인하여 부담할 책임에 대하여 다른 보험자와 재보험계약을 체결할 수 있다. 재보험계약은 원보험계약의 효력에 영향을 미치지 아니한다.

제662조(소멸시효) 보험금청구권은 3년간, 보험료 또는 적립금의 반환청구권은 3년간, 보험료청구권은 2년간 행사하지 아니하면 시효의 완성으로 소멸한다.
〔전부개정 2014·3·11〕

제663조(보험계약자 등의 불이익변경금지) 이 편의 규정은 당사자간의 특약으로 보험계약자 또는 피보험자나 보험수익자의 불이익으로 변경하지 못한다. 그러나 재보험 및 해상보험 기타 이와 유사한 보험의 경우에는 그러하지 아니하다. <개정 1991·12·31>

제664조(상호보험, 공제 등에의 준용) 이 편(編)의 규정은 그 성질에 반하지 아니하는 범위에서 상호보험(相互保險), 공제(共濟), 그 밖에 이에 준하는 계약에 준용한다.
〔전부개정 2014·3·11〕

제 2 장 손해보험

제 1 절 통칙

제665조(손해보험자의 책임) 손해보험계약의 보험자는 보험사고로 인하여 생길 피보험자의 재산상의 손해를 보상할 책임이 있다.

제666조(손해보험증권) 손해보험증권에는 다음의 사항을 기재하고 보험자가 기명날인 또는 서명하여야 한다. <개정 1991·12·31, 2014·3·11>

1. 보험의 목적
2. 보험사고의 성질
3. 보험금액
4. 보험료와 그 지급방법
5. 보험기간을 정한 때에는 그 시기와 종기
6. 무효와 실권의 사유
7. 보험계약자의 주소와 성명 또는 상호

7의2. 피보험자의 주소, 성명 또는 상호

8. 보험계약의 연월일
9. 보험증권의 작성지와 그 작성연월일

제667조(상실이익 등의 불산입) 보험사고로 인하여 상실된 피보험자가 얻을 이익이나 보수는 당사자간에 다른 약정이 없으면 보험자가 보상할 손해액에 산입하지 아니한다.

제668조(보험계약의 목적) 보험계약은 금전으로 산정할 수 있는 이익에 한하여 보험계약의 목적으로 할 수 있다.

제669조(초과보험) ① 보험금액이 보험계약의 목적의 가액을 현저하게 초과한 때에는 보험자 또는 보험계약자는 보험료와 보험금액의 감액을 청구할 수 있다. 그러나 보험료의 감액은 장래에 대하여서만 그 효력이 있다.
② 제 1 항의 가액은 계약당시의 가액에 의하여 정한다. <개정 1991·12·31>
③ 보험가액이 보험기간 중에 현저하게 감소된 때에도 제 1 항과 같다.
④ 제 1 항의 경우에 계약이 보험계약자의 사기로 인하여 체결된 때에는 그 계약은 무효로 한다. 그러나 보험자는 그 사실을 안 때까지의 보험료를 청구할 수 있다.

제670조(기평가보험) 당사자간에 보험가액을 정한 때에는 그 가액은 사고발생시의 가액으로 정한 것으로 추정한다. 그러나 그 가액이 사고발생시의 가액을 현저하게 초과할 때에는 사고발생시의 가액을 보험가액으로 한다.

제671조(미평가보험) 당사자간에 보험가액을 정하지 아니한 때에는 사고발생시의 가액을 보험가액으로 한다.

제672조(중복보험) ① 동일한 보험계약의 목적과 동일한 사고에 관하여 수개의 보험계약이 동시에 또는 순차로 체결된 경우에 그 보험금액의 총액이 보험가액을 초과한 때에는 보험자는 각자의 보험금액의 한도에서 연대책임을 진다. 이 경우에는 각 보험자의 보상책임은 각자의 보험금액의 비율에 따른다. <개정 1991·12·31>

② 동일한 보험계약의 목적과 동일한 사고에 관하여 수개의 보험계약을 체결하는 경우에는 보험계약자는 각 보험자에 대하여 각 보험계약의 내용을 통지하여야 한다. <개정 1991·12·31>

③ 제669조제4항의 규정은 제1항의 보험계약에 준용한다.

제673조(중복보험과 보험자 1인에 대한 권리포기) 제672조의 규정에 의한 수개의 보험계약을 체결한 경우에 보험자 1인에 대한 권리의 포기는 다른 보험자의 권리의무에 영향을 미치지 아니한다. <개정 1991·12·31>

제674조(일부보험) 보험가액의 일부를 보험에 붙인 경우에는 보험자는 보험금액의 보험가액에 대한 비율에 따라 보상할 책임을 진다. 그러나 당사자간에 다른 약정이 있는 때에는 보험자는 보험금액의 한도내에서 그 손해를 보상할 책임을 진다. <개정 1991·12·31>

제675조(사고발생 후의 목적멸실과 보상책임) 보험의 목적에 관하여 보험자가 부담할 손해가 생긴 경우에는 그 후 그 목적이 보험자가 부담하지 아니하는 보험사고의 발생으로 인하여 멸실된 때에도 보험자는 이미 생긴 손해를 보상할 책임을 면하지 못한다. <개정 1962·12·12>

제676조(손해액의 산정기준) ① 보험자가 보상할 손해액은 그 손해가 발생한 때와 곳의 가액에 의하여 산정한다. 그러나 당사자간에 다른 약정이 있는 때에는 그 신품가액에 의하여 손해액을 산정할 수 있다. <개정 1991·12·31>

② 제1항의 손해액의 산정에 관한 비용은 보험자의 부담으로 한다. <개정 1991·12·31>

제677조(보험료체납과 보상액의 공제) 보험자가 손해를 보상할 경우에 보험료의 지급을 받지 아니한 잔액이 있으면 그 지급기일이 도래하지 아니한 때라도 보상할 금액에서 이를 공제할 수 있다.

제678조(보험자의 면책사유) 보험의 목적의 성질, 하자 또는 자연소모로 인한 손해는 보험자가 이를 보상할 책임이 없다.

제679조(보험목적의 양도) ① 피보험자가 보험의 목적을 양도한 때에는 양수인은 보험계약상의 권리와 의무를 승계한 것으로 추정한다. <개정 1991·12·31>

② 제1항의 경우에 보험의 목적의 양도인 또는 양수인은 보험자에 대하여 지체없이 그 사실을 통지하여야 한다. <신설 1991·12·31>

제680조(손해방지의무) ① 보험계약자와 피보험자는 손해의 방지와 경감을 위하여 노력하여야 한다. 그러나 이를 위하여 필요 또는 유익하였던 비용과 보상액이 보험금액을 초과한 경우라도 보험자가 이를 부담한다. <개정 1991·12·31>

② 삭제 <1991·12·31>

제681조(보험목적에 관한 보험대위) 보험의 목적의 전부가 멸실한 경우에 보험금액의 전부를 지급한 보험자는 그 목적에 대한 피보험자의 권리를 취득한다. 그러나 보험가액의 일부를 보험에 붙인 경우에는 보험자가 취득할 권리는 보험금액의 보험가액에 대한 비율에 따라 이를 정한다.

제682조(제3자에 대한 보험대위) ① 손해가 제3자의 행위로 인하여 발생한 경우에 보험금을 지급한 보험자는 그 지급한 금액의 한도에서 그 제3자에 대한 보험계약자 또는 피보험자의 권리를 취득한다. 다만, 보험자가 보상할 보험금의 일부를 지급한 경우에는 피보험자의 권리를 침해하지 아니하는 범위에서 그 권리를 행사할 수 있다.

② 보험계약자나 피보험자의 제1항에 따른 권리가 그와 생계를 같이 하는 가족에 대한 것인 경우 보험자는 그 권리를 취득하지 못한다. 다만, 손해가 그 가족의 고의로 인하여 발생한 경우에는 그러하지 아니하다.

〔전부개정 2014·3·11〕

제2절 화재보험

제683조(화재보험자의 책임) 화재보험계약의 보험자는 화재로 인하여 생길 손해를 보상할 책임이 있다.

제684조(소방 등의 조치로 인한 손해의 보상) 보험자는 화재의 소방 또는 손해의 감소에 필요한 조치로 인하여 생긴 손해를 보상할 책임이 있다.

제685조(화재보험증권) 화재보험증권에는 제666조에 게기한 사항외에 다음의 사항을 기재하여야 한다.

1. 건물을 보험의 목적으로 한 때에는 그 소재지, 구조와 용도
2. 동산을 보험의 목적으로 한 때에는 그 존치한 장소의 상태와 용도
3. 보험가액을 정한 때에는 그 가액

제686조(집합보험의 목적) 집합된 물건을 일괄하여 보험의 목적으로 한 때에는 피보험자의 가족과 사용인의 물건도 보험의 목적에 포함된 것으로 한다. 이 경우에는 그 보험은 그 가족 또는 사용인을 위하여서도 체결한 것으로 본다.

제687조(동전) 집합된 물건을 일괄하여 보험의 목적으로 한 때에는 그 목적에 속한 물건이 보험기간 중에 수시로 교체된 경우에도 보험사고의 발생시에 현존한 물건은 보험의 목적에 포함된 것으로 한다.

제 3 절 운송보험

제688조(운송보험자의 책임) 운송보험계약의 보험자는 다른 약정이 없으면 운송인이 운송물을 수령한 때로부터 수하인에게 인도할 때까지 생길 손해를 보상할 책임이 있다.

제689조(운송보험의 보험가액) ① 운송물의 보험에 있어서는 발송한 때와 곳의 가액과 도착지까지의 운임 기타의 비용을 보험가액으로 한다.

② 운송물의 도착으로 인하여 얻을 이익은 약정이 있는 때에 한하여 보험가액 중에 산입한다.

제690조(운송보험증권) 운송보험증권에는 제666조에 게기한 사항외에 다음의 사항을 기재하여야 한다.

1. 운송의 노순과 방법
2. 운송인의 주소와 성명 또는 상호
3. 운송물의 수령과 인도의 장소
4. 운송기간을 정한 때에는 그 기간
5. 보험가액을 정한 때에는 그 가액

제691조(운송의 중지나 변경과 계약효력) 보험계약은 다른 약정이 없으면 운송의 필요에 의하여 일시운송을 중지하거나 운송의 노순 또는 방법을 변경한 경우에도 그 효력을 잃지 아니한다.

제692조(운송보조자의 고의, 중과실과 보험자의 면책) 보험사고가 송하인 또는 수하인의 고의 또는 중대한 과실로 인하여 발생한 때에는 보험자는 이로 인하여 생긴 손해를 보상할 책임이 없다.

제 4 절 해상보험

제693조(해상보험자의 책임) 해상보험계약의 보험자는 해상사업에 관한 사고로 인하여 생길 손해를 보상할 책임이 있다. <개정 1991·12·31>

제694조(공동해손분담액의 보상) 보험자는 피보험자가 지급할 공동해손의 분담액을 보상할 책임이 있다. 그러나 보험의 목적의 공동해손분담가액이 보험가액을 초과할 때에는 그 초과액에 대한 분담액은 보상하지 아니한다. <개정 1991·12·31>

제694조의2(구조료의 보상) 보험자는 피보험자가 보험사고로 인하여 발생하는 손해를 방지하기 위하여 지급할 구조료를 보상할 책임이 있다. 그러나 보험의 목적물의 구조료분담가액이 보험가액을 초과할 때에는 그 초과액에 대한 분담액은 보상하지 아니한다.
〔본조신설 1991·12·31〕

제694조의3(특별비용의 보상) 보험자는 보험의 목적의 안전이나 보존을 위하여 지급할 특별비용을 보험금액의 한도내에서 보상할 책임이 있다.
〔본조신설 1991·12·31〕

제695조(해상보험증권) 해상보험증권에는 제666조에 게기한 사항외에 다음의 사항을 기재하여야 한다. <개정 1991·12·31>

1. 선박을 보험에 붙인 경우에는 그 선박의 명칭, 국적과 종류 및 항해의 범위
2. 적하를 보험에 붙인 경우에는 선박의 명칭, 국적과 종류, 선적항, 양륙항 및 출하지와 도착지를 정한 때에는 그 지명
3. 보험가액을 정한 때에는 그 가액

제696조(선박보험의 보험가액과 보험목적) ① 선박의 보험에 있어서는 보험자의 책임이 개시될 때의 선박가액을 보험가액으로 한다.

② 제 1 항의 경우에는 선박의 속구, 연료, 양식 기타 항해에 필요한 모든 물건은 보험의 목적에 포함된 것으로 한다. <개정 1991·12·31>

제697조(적하보험의 보험가액) 적하의 보험에 있어서는 선적한 때와 곳의 적하의 가액과 선적 및 보험에 관한 비용을 보험가액으로 한다. <개정 1962·12·12>

제698조(희망이익보험의 보험가액) 적하의 도착으로 인하여 얻을 이익 또는 보수의 보험에 있어서는 계약으로 보험가액을 정하지 아니한 때에는 보험금액을 보험가액으로 한 것으로 추정한다.

제699조(해상보험의 보험기간의 개시) ① 항해단위로 선박을 보험에 붙인 경우에는 보험기간은 하물 또는 저하의 선적에 착수한 때에 개시한다.

② 적하를 보험에 붙인 경우에는 보험기간은 하물의 선적에 착수한 때에 개시한다. 그러나 출하지를 정한 경우에는 그 곳에서 운송에 착수한 때에 개시한다.

③ 하물 또는 저하의 선적에 착수한 후에 제1항 또는 제2항의 규정에 의한 보험계약이 체결된 경우에는 보험기간은 계약이 성립한 때에 개시한다.

〔전부개정 1991·12·31〕

제700조(해상보험의 보험기간의 종료) 보험기간은 제699조제1항의 경우에는 도착항에서 하물 또는 저하를 양륙한 때에, 동조제2항의 경우에는 양륙항 또는 도착지에서 하물을 인도한 때에 종료한다. 그러나 불가항력으로 인하지 아니하고 양륙이 지연된 때에는 그 양륙이 보통종료될 때에 종료된 것으로 한다. <개정 1991·12·31>

제701조(항해변경의 효과) ① 선박이 보험계약에서 정하여진 발항항이 아닌 다른 항에서 출항한 때에는 보험자는 책임을 지지 아니한다.

② 선박이 보험계약에서 정하여진 도착항이 아닌 다른 항을 향하여 출항한 때에도 제1항의 경우와 같다.

③ 보험자의 책임이 개시된 후에 보험계약에서 정하여진 도착항이 변경된 경우에는 보험자는 그 항해의 변경이 결정된 때부터 책임을 지지 아니한다.

〔전부개정 1991·12·31〕

제701조의2(이로) 선박이 정당한 사유없이 보험계약에서 정하여진 항로를 이탈한 경우에는 보험자는 그때부터 책임을 지지 아니한다. 선박이 손해발생전에 원항로로 돌아온 경우에도 같다.

〔본조신설 1991·12·31〕

제702조(발항 또는 항해의 지연의 효과) 피보험자가 정당한 사유없이 발항 또는 항해를 지연한 때에는 보험자는 발항 또는 항해를 지체한 이후의 사고에 대하여 책임을 지지 아니한다.

〔전부개정 1991·12·31〕

제703조(선박변경의 효과) 적하를 보험에 붙인 경우에 보험계약자 또는 피보험자의 책임있는 사유로 인하여 선박을 변경한 때에는 그 변경후의 사고에 대하여 책임을 지지 아니한다. <개정 1991·12·31>

제703조의2(선박의 양도 등의 효과) 선박을 보험에 붙인 경우에 다음의 사유가 있을 때에는 보험계약은 종료한다. 그러나 보험자의 동의가 있는 때에는 그러하지 아니하다.

1. 선박을 양도할 때
2. 선박의 선급을 변경한 때
3. 선박을 새로운 관리로 옮긴 때

〔본조신설 1991·12·31〕

제704조(선박미확정의 적하예정보험) ① 보험계약의 체결당시에 하물을 적재할 선박을 지정하지 아니한 경우에 보험계약자 또는 피보험자가 그 하물이 선적되었음을 안 때에는 지체없이 보험자에 대하여 그 선박의 명칭, 국적과 하물의 종류, 수량과 가액의 통지를 발송하여야 한다. <개정 1991·12·31>

② 제1항의 통지를 해태한 때에는 보험자는 그 사실을 안 날부터 1월내에 계약을 해지할 수 있다. <개정 1991·12·31>

제705조 삭제 <1991·12·31>

제706조(해상보험자의 면책사유) 보험자는 다음의 손해와 비용을 보상할 책임이 없다. <개정 1991·12·31>

1. 선박 또는 운임을 보험에 붙인 경우에는 발항당시 안전하게 항해를 하기에 필요한 준비를 하지 아니하거나 필요한 서류를 비치하지 아니함으로 인하여 생긴 손해
2. 적하를 보험에 붙인 경우에는 용선자, 송하인 또는 수하인의 고의 또는 중대한 과실로 인하여 생긴 손해
3. 도선료, 입항료, 등대료, 검역료 기타 선박 또는 적하에 관한 항해 중의 통상비용

제707조 삭제 <1991 · 12 · 31>

제707조의2(선박의 일부손해의 보상) ① 선박의 일부가 훼손되어 그 훼손된 부분의 전부를 수선한 경우에는 보험자는 수선에 따른 비용을 1회의 사고에 대하여 보험금액을 한도로 보상할 책임이 있다.

② 선박의 일부가 훼손되어 그 훼손된 부분의 일부를 수선한 경우에는 보험자는 수선에 따른 비용과 수선을 하지 아니함으로써 생긴 감가액을 보상할 책임이 있다.

③ 선박의 일부가 훼손되었으나 이를 수선하지 아니한 경우에는 보험자는 그로 인한 감가액을 보상할 책임이 있다.

〔본조신설 1991 · 12 · 31〕

제708조(적하의 일부손해의 보상) 보험의 목적인 적하가 훼손되어 양륙항에 도착한 때에는 보험자는 그 훼손된 상태의 가액과 훼손되지 아니한 상태의 가액과의 비율에 따라 보험가액의 일부에 대한 손해를 보상할 책임이 있다.

제709조(적하매각으로 인한 손해의 보상) ① 항해도중에 불가항력으로 보험의 목적인 적하를 매각한 때에는 보험자는 그 대금에서 운임 기타 필요한 비용을 공제한 금액과 보험가액과의 차액을 보상하여야 한다.

② 제1항의 경우에 매수인이 대금을 지급하지 아니한 때에는 보험자는 그 금액을 지급하여야 한다. 보험자가 그 금액을 지급한 때에는 피보험자의 매수인에 대한 권리를 취득한다. <개정 1991 · 12 · 31>

제710조(보험위부의 원인) 다음의 경우에는 피보험자는 보험의 목적을 보험자에게 위부하고 보험금액의 전부를 청구할 수 있다. <개정 1991 · 12 · 31>

1. 피보험자가 보험사고로 인하여 자기의 선박 또는 적하의 점유를 상실하여 이를 회복할 가능성이 없거나 회복하기 위한 비용이 회복하였을 때의 가액을 초과하리라고 예상될 경우
2. 선박이 보험사고로 인하여 심하게 훼손되어 이를 수선하기 위한 비용이 수선하였을 때의 가액을 초과하리라고 예상될 경우
3. 적하가 보험사고로 인하여 심하게 훼손되어서 이를 수선하기 위한 비용과 그 적하를 목적지까지 운송하기 위한 비용과의 합계액이 도착하는 때의 적하의 가액을 초과하리라고 예상될 경우

제711조(선박의 행방불명) ① 선박의 존부가 2월간 분명하지 아니한 때에는 그 선박의 행방이 불명한 것으로 한다. <개정 1991 · 12 · 31>

② 제1항의 경우에는 전손으로 추정한다. <개정 1991 · 12 · 31>

제712조(대선에 의한 운송의 계속과 위부권의 소멸) 제710조제2호의 경우에 선장이 지체없이 다른 선박으로 적하의 운송을 계속한 때에는 피보험자는 그 적하를 위부할 수 없다. <개정 1991 · 12 · 31>

제713조(위부의 통지) ① 피보험자가 위부를 하고자 할 때에는 상당한 기간내에 보험자에 대하여 그 통지를 발송하여야 한다. <개정 1991 · 12 · 31>

② 삭제 <1991 · 12 · 31>

제714조(위부권행사의 요건) ① 위부는 무조건이어야 한다.

② 위부는 보험의 목적의 전부에 대하여 이를 하여야 한다. 그러나 위부의 원인이 그 일부에 대하여 생긴 때에는 그 부분에 대하여서만 이를 할 수 있다.

③ 보험가액의 일부를 보험에 붙인 경우에는 위부는 보험금액의 보험가액에 대한 비율에 따라서만 이를 할 수 있다.

제715조(다른 보험계약 등에 관한 통지) ① 피보험자가 위부를 함에 있어서는 보험자에 대하여 보험의 목적에 관한 다른 보험계약과 그 부담에 속한 채무의 유무와 그 종류 및 내용을 통지하여야 한다.

② 보험자는 제1항의 통지를 받을 때까지 보험금액의 지급을 거부할 수 있다. <개정 1991 · 12 · 31>

③ 보험금액의 지급에 관한 기간의 약정이 있는 때에는 그 기간은 제1항의 통지를 받은 날로부터 기산한다.

제716조(위부의 승인) 보험자가 위부를 승인한 후에는 그 위부에 대하여 이의를 하지 못한다.

제717조(위부의 불승인) 보험자가 위부를 승인하지 아니한 때에는 피보험자는 위부의 원인을 증명하지 아니하면 보험금액의 지급을 청구하지 못한다.

제718조(위부의 효과) ① 보험자는 위부로 인하여 그 보험의 목적에 관한 피보험자의 모든 권리를 취득한다.
② 피보험자가 위부를 한 때에는 보험의 목적에 관한 모든 서류를 보험자에게 교부하여야 한다.

제 5 절 책임보험

제719조(책임보험자의 책임) 책임보험계약의 보험자는 피보험자가 보험기간 중의 사고로 인하여 제삼자에게 배상할 책임을 진 경우에 이를 보상할 책임이 있다.

제720조(피보험자가 지출한 방어비용의 부담) ① 피보험자가 제삼자의 청구를 방어하기 위하여 지출한 재판상 또는 재판외의 필요비용은 보험의 목적에 포함된 것으로 한다. 피보험자는 보험자에 대하여 그 비용의 선급을 청구할 수 있다.
② 피보험자가 담보의 제공 또는 공탁으로써 재판의 집행을 면할 수 있는 경우에는 보험자에 대하여 보험금액의 한도내에서 그 담보의 제공 또는 공탁을 청구할 수 있다.
③ 제 1 항 또는 제 2 항의 행위가 보험자의 지시에 의한 것인 경우에는 그 금액에 손해액을 가산한 금액이 보험금액을 초과하는 때에도 보험자가 이를 부담하여야 한다. <개정 1991 · 12 · 31>

제721조(영업책임보험의 목적) 피보험자가 경영하는 사업에 관한 책임을 보험의 목적으로 한 때에는 피보험자의 대리인 또는 그 사업감독자의 제삼자에 대한 책임도 보험의 목적에 포함된 것으로 한다.

제722조(피보험자의 배상청구 사실 통지의무) ① 피보험자가 제 3 자로부터 배상청구를 받았을 때에는 지체 없이 보험자에게 그 통지를 발송하여야 한다.
② 피보험자가 제 1 항의 통지를 게을리하여 손해가 증가된 경우 보험자는 그 증가된 손해를 보상할 책임이 없다. 다만, 피보험자가 제657조제 1 항의 통지를 발송한 경우에는 그러하지 아니하다.
〔전부개정 2014 · 3 · 11〕

제723조(피보험자의 변제 등의 통지와 보험금액의 지급) ① 피보험자가 제삼자에 대하여 변제, 승인, 화해 또는 재판으로 인하여 채무가 확정된 때에는 지체없이 보험자에게 그 통지를 발송하여야 한다.
② 보험자는 특별한 기간의 약정이 없으면 전항의 통지를 받은 날로부터 10일내에 보험금액을 지급하여야 한다.
③ 피보험자가 보험자의 동의없이 제삼자에 대하여 변제, 승인 또는 화해를 한 경우에는 보험자가 그 책임을 면하게 되는 합의가 있는 때에도 그 행위가 현저하게 부당한 것이 아니면 보험자는 보상할 책임을 면하지 못한다.

제724조(보험자와 제삼자와의 관계) ① 보험자는 피보험자가 책임을 질 사고로 인하여 생긴 손해에 대하여 제삼자가 그 배상을 받기 전에는 보험금액의 전부 또는 일부를 피보험자에게 지급하지 못한다.
② 제삼자는 피보험자가 책임을 질 사고로 입은 손해에 대하여 보험금액의 한도내에서 보험자에게 직접 보상을 청구할 수 있다. 그러나 보험자는 피보험자가 그 사고에 관하여 가지는 항변으로써 제삼자에게 대항할 수 있다. <개정 1991 · 12 · 31>
③ 보험자가 제 2 항의 규정에 의한 청구를 받은 때에는 지체없이 피보험자에게 이를 통지하여야 한다. <신설 1991 · 12 · 31>
④ 제 2 항의 경우에 피보험자는 보험자의 요구가 있을 때에는 필요한 서류 · 증거의 제출, 증언 또는 증인의 출석에 협조하여야 한다. <신설 1991 · 12 · 31>

제725조(보관자의 책임보험) 임차인 기타 타인의 물건을 보관하는 자가 그 지급할 손해배상을 위하여 그 물건을 보험에 붙인 경우에는 그 물건의 소유자는 보험자에 대하여 직접 그 손해의 보상을 청구할 수 있다.

제725조의2(수개의 책임보험) 피보험자가 동일한 사고로 제삼자에게 배상책임을 짐으로써 입은 손해를 보상하는 수개의 책임보험계약이 동시 또는 순차로 체결된 경우에 그 보험금액의 총액이 피보험자의 제삼자에 대한 손해배상액을 초과하는 때에는 제672조와 제673조의 규정을 준용한다.
〔본조신설 1991 · 12 · 31〕

제726조(재보험에의 준용) 이 절(節)의 규정은 그 성질에 반하지 아니하는 범위에서 재보험계약에 준용한다.
〔전부개정 2014 · 3 · 11〕

제 6 절 자동차보험

제726조의2(자동차보험자의 책임) 자동차보험계약의 보험자는 피보험자가 자동차를 소유, 사용 또는 관리하는 동안에 발생한 사고로 인하여 생긴 손해를 보상할 책임이 있다.
〔본조신설 1991·12·31〕

제726조의3(자동차 보험증권) 자동차 보험증권에는 제666조에 게기한 사항외에 다음의 사항을 기재하여야 한다.
1. 자동차소유자와 그 밖의 보유자의 성명과 생년월일 또는 상호
2. 피보험자동차의 등록번호, 차대번호, 차형연식과 기계장치
3. 차량가액을 정한 때에는 그 가액
〔본조신설 1991·12·31〕

제726조의4(자동차의 양도) ① 피보험자가 보험기간 중에 자동차를 양도한 때에는 양수인은 보험자의 승낙을 얻은 경우에 한하여 보험계약으로 인하여 생긴 권리와 의무를 승계한다.
② 보험자가 양수인으로부터 양수사실을 통지받은 때에는 지체없이 낙부를 통지하여야 하고 통지받은 날부터 10일내에 낙부의 통지가 없을 때에는 승낙한 것으로 본다.
〔본조신설 1991·12·31〕

제 7 절 보증보험

제726조의5(보증보험자의 책임) 보증보험계약의 보험자는 보험계약자가 피보험자에게 계약상의 채무불이행 또는 법령상의 의무불이행으로 입힌 손해를 보상할 책임이 있다.
〔본조신설 2014·3·11〕

제726조의6(적용 제외) ① 보증보험계약에 관하여는 제639조제2항 단서를 적용하지 아니한다.
② 보증보험계약에 관하여는 보험계약자의 사기, 고의 또는 중대한 과실이 있는 경우에도 이에 대하여 피보험자에게 책임이 있는 사유가 없으면 제651조, 제652조, 제653조 및 제659조제1항을 적용하지 아니한다.
〔본조신설 2014·3·11〕

제726조의7(준용규정) 보증보험계약에 관하여는 그 성질에 반하지 아니하는 범위에서 보증채무에 관한 「민법」의 규정을 준용한다.
〔본조신설 2014·3·11〕

제 3 장 인보험

제 1 절 통칙

제727조(인보험자의 책임) ① 인보험계약의 보험자는 피보험자의 생명이나 신체에 관하여 보험사고가 발생할 경우에 보험계약으로 정하는 바에 따라 보험금이나 그 밖의 급여를 지급할 책임이 있다. <개정 2014·3·11>
② 제1항의 보험금은 당사자 간의 약정에 따라 분할하여 지급할 수 있다. <신설 2014·3·11>

제728조(인보험증권) 인보험증권에는 제666조에 게기한 사항외에 다음의 사항을 기재하여야 한다. <개정 1991·12·31>
1. 보험계약의 종류
2. 피보험자의 주소·성명 및 생년월일
3. 보험수익자를 정한 때에는 그 주소·성명 및 생년월일

제729조(제삼자에 대한 보험대위의 금지) 보험자는 보험사고로 인하여 생긴 보험계약자 또는 보험수익자의 제삼자에 대한 권리를 대위하여 행사하지 못한다. 그러나 상해보험계약의 경우에 당사자간에 다른 약정이 있는 때에는 보험자는 피보험자의 권리를 해하지 아니하는 범위안에서 그 권리를 대위하여 행사할 수 있다. <개정 1991·12·31>

제 2 절 생명보험

제730조(생명보험자의 책임) 생명보험계약의 보험자는 피보험자의 사망, 생존, 사망과 생존에 관한 보험사고가 발생할 경우에 약정한 보험금을 지급할 책임이 있다. <개정 2014·3·11>

제731조(타인의 생명의 보험) ① 타인의 사망을 보험사고로 하는 보험계약에는 보험계약 체결시에 그 타인의 서면(「전자서명법」 제2조제2호에 따른 전자서명이 있는 경우로서 대통령령으로 정하는 바에 따라 본인 확인 및 위조·변조 방지에 대한 신뢰성을 갖춘 전자문서를 포함한다)에 의한 동의를 얻

어야 한다. <개정 1991·12·31, 2017·10·31, 2020·6·9>

② 보험계약으로 인하여 생긴 권리를 피보험자가 아닌 자에게 양도하는 경우에도 제1항과 같다. <개정 1991·12·31>

제732조(15세미만자 등에 대한 계약의 금지) 15세미만자, 심신상실자 또는 심신박약자의 사망을 보험사고로 한 보험계약은 무효로 한다. 다만, 심신박약자가 보험계약을 체결하거나 제735조의3에 따른 단체보험의 피보험자가 될 때에 의사능력이 있는 경우에는 그러하지 아니하다. <개정 1962·12·12, 1991·12·31, 2014·3·11>

제732조의2(중과실로 인한 보험사고 등) ① 사망을 보험사고로 한 보험계약에서는 사고가 보험계약자 또는 피보험자나 보험수익자의 중대한 과실로 인하여 발생한 경우에도 보험자는 보험금을 지급할 책임을 면하지 못한다.

② 둘 이상의 보험수익자 중 일부가 고의로 피보험자를 사망하게 한 경우 보험자는 다른 보험수익자에 대한 보험금 지급 책임을 면하지 못한다.

[전부개정 2014·3·11]

제733조(보험수익자의 지정 또는 변경의 권리) ① 보험계약자는 보험수익자를 지정 또는 변경할 권리가 있다.

② 보험계약자가 제1항의 지정권을 행사하지 아니하고 사망한 때에는 피보험자를 보험수익자로 하고 보험계약자가 제1항의 변경권을 행사하지 아니하고 사망한 때에는 보험수익자의 권리가 확정된다. 그러나 보험계약자가 사망한 경우에는 그 승계인이 제1항의 권리를 행사할 수 있다는 약정이 있는 때에는 그러하지 아니하다. <개정 1991·12·31>

③ 보험수익자가 보험존속 중에 사망한 때에는 보험계약자는 다시 보험수익자를 지정할 수 있다. 이 경우에 보험계약자가 지정권을 행사하지 아니하고 사망한 때에는 보험수익자의 상속인을 보험수익자로 한다.

④ 보험계약자가 제2항과 제3항의 지정권을 행사하기 전에 보험사고가 생긴 경우에는 피보험자 또는 보험수익자의 상속인을 보험수익자로 한다. <신설 1991·12·31>

제734조(보험수익자지정권 등의 통지) ① 보험계약자가 계약체결후에 보험수익자를 지정 또는 변경할 때에는 보험자에 대하여 그 통지를 하지 아니하면 이로써 보험자에게 대항하지 못한다.

② 제731조제1항의 규정은 제1항의 지정 또는 변경에 준용한다. <개정 1962·12·12, 1991·12·31>

제735조 및 **제735조의2** 삭제 <2014·3·11>

제735조의3(단체보험) ① 단체가 규약에 따라 구성원의 전부 또는 일부를 피보험자로 하는 생명보험계약을 체결하는 경우에는 제731조를 적용하지 아니한다.

② 제1항의 보험계약이 체결된 때에는 보험자는 보험계약자에 대하여서만 보험증권을 교부한다.

③ 제1항의 보험계약에서 보험계약자가 피보험자 또는 그 상속인이 아닌 자를 보험수익자로 지정할 때에는 단체의 규약에서 명시적으로 정하는 경우 외에는 그 피보험자의 제731조제1항에 따른 서면 동의를 받아야 한다. <신설 2014·3·11, 2017·10·31>

[본조신설 1991·12·31]

제736조(보험적립금반환의무 등) ① 제649조, 제650조, 제651조 및 제652조 내지 제655조의 규정에 의하여 보험계약이 해지된 때, 제659조와 제660조의 규정에 의하여 보험금액의 지급책임이 면제된 때에는 보험자는 보험수익자를 위하여 적립한 금액을 보험계약자에게 지급하여야 한다. 그러나 다른 약정이 없으면 제659조제1항의 보험사고가 보험계약자에 의하여 생긴 경우에는 그러하지 아니하다. <개정 1991·12·31>

② 삭제 <1991·12·31>

제3절 상해보험

제737조(상해보험자의 책임) 상해보험계약의 보험자는 신체의 상해에 관한 보험사고가 생길 경우에 보험금액 기타의 급여를 할 책임이 있다.

제738조(상해보험증권) 상해보험의 경우에 피보험자와 보험계약자가 동일인이 아닐 때에는 그 보험증권기재사항중 제728조제2호에 게기한 사항에 갈음하여 피보험자의 직

무 또는 직위만을 기재할 수 있다.

제739조(준용규정) 상해보험에 관하여는 제732조를 제외하고 생명보험에 관한 규정을 준용한다.

제4절 질병보험

제739조의2(질병보험자의 책임) 질병보험계약의 보험자는 피보험자의 질병에 관한 보험사고가 발생할 경우 보험금이나 그 밖의 급여를 지급할 책임이 있다.
〔본조신설 2014·3·11〕

제739조의3(질병보험에 대한 준용규정) 질병보험에 관하여는 그 성질에 반하지 아니하는 범위에서 생명보험 및 상해보험에 관한 규정을 준용한다.
〔본조신설 2014·3·11〕

제5편 해상

제1장 해상기업

제1절 선박

제740조(선박의 의의) 이 법에서 "선박"이란 상행위나 그 밖의 영리를 목적으로 항해에 사용하는 선박을 말한다.
〔전부개정 2007·8·3〕

제741조(적용범위) ① 항해용 선박에 대하여는 상행위나 그 밖의 영리를 목적으로 하지 아니하더라도 이 편의 규정을 준용한다. 다만, 국유 또는 공유의 선박에 대하여는 「선박법」 제29조 단서에도 불구하고 항해의 목적·성질 등을 고려하여 이 편의 규정을 준용하는 것이 적합하지 아니한 경우로서 대통령령으로 정하는 경우에는 그러하지 아니하다.
② 이 편의 규정은 단정(短艇) 또는 주로 노 또는 상앗대로 운전하는 선박에는 적용하지 아니한다.
〔전부개정 2007·8·3〕

제742조(선박의 종물) 선박의 속구목록(屬具目錄)에 기재한 물건은 선박의 종물로 추정한다.
〔전부개정 2007·8·3〕

제743조(선박소유권의 이전) 등기 및 등록할 수 있는 선박의 경우 그 소유권의 이전은 당사자 사이의 합의만으로 그 효력이 생긴다. 다만, 이를 등기하고 선박국적증서에 기재하지 아니하면 제3자에게 대항하지 못한다.
〔전부개정 2007·8·3〕

제744조(선박의 압류·가압류) ① 항해의 준비를 완료한 선박과 그 속구는 압류 또는 가압류를 하지 못한다. 다만, 항해를 준비하기 위하여 생긴 채무에 대하여는 그러하지 아니하다.
② 제1항은 총톤수 20톤 미만의 선박에는 적용하지 아니한다.
〔전부개정 2007·8·3〕

제2절 선장

제745조(선장의 선임·해임) 선장은 선박소유자가 선임 또는 해임한다.
〔전부개정 2007·8·3〕

제746조(선장의 부당한 해임에 대한 손해배상청구권) 선박소유자가 정당한 사유 없이 선장을 해임한 때에는 선장은 이로 인하여 생긴 손해의 배상을 청구할 수 있다.
〔전부개정 2007·8·3〕

제747조(선장의 계속직무집행의 책임) 선장은 항해 중에 해임 또는 임기가 만료된 경우에도 다른 선장이 그 업무를 처리할 수 있는 때 또는 그 선박이 선적항에 도착할 때까지 그 직무를 집행할 책임이 있다.
〔전부개정 2007·8·3〕

제748조(선장의 대선장 선임의 권한 및 책임) 선장은 불가항력으로 인하여 그 직무를 집행하기가 불능한 때에 법령에 다른 규정이 있는 경우를 제외하고는 자기의 책임으로 타인을 선정하여 선장의 직무를 집행하게 할 수 있다.
〔전부개정 2007·8·3〕

제749조(대리권의 범위) ① 선적항 외에서는 선장은 항해에 필요한 재판상 또는 재판 외의 모든 행위를 할 권한이 있다.
② 선적항에서는 선장은 특히 위임을 받은 경우 외에는 해원의 고용과 해고를 할 권한만을 가진다.
〔전부개정 2007·8·3〕

제750조(특수한 행위에 대한 권한) ① 선장은 선박수선료·해난구조료, 그 밖에 항해의 계속에 필요한 비용을 지급하여야 할 경우 외에는 다음의 행위를 하지 못한다.

1. 선박 또는 속구를 담보에 제공하는 일
2. 차재(借財)하는 일
3. 적하의 전부나 일부를 처분하는 일

② 적하를 처분할 경우의 손해배상액은 그 적하가 도달할 시기의 양륙항의 가격에 의하여 정한다. 다만, 그 가격 중에서 지급을 요하지 아니하는 비용을 공제하여야 한다.

〔전부개정 2007·8·3〕

제751조(대리권에 대한 제한) 선장의 대리권에 대한 제한은 선의의 제3자에게 대항하지 못한다.

〔전부개정 2007·8·3〕

제752조(이해관계인을 위한 적하의 처분) ① 선장이 항해 중에 적하를 처분하는 경우에는 이해관계인의 이익을 위하여 가장 적당한 방법으로 하여야 한다.

② 제1항의 경우에 이해관계인은 선장의 처분으로 인하여 생긴 채권자에게 적하의 가액을 한도로 하여 그 책임을 진다. 다만, 그 이해관계인에게 과실이 있는 때에는 그러하지 아니하다.

〔전부개정 2007·8·3〕

제753조(선박경매권) 선적항 외에서 선박이 수선하기 불가능하게 된 때에는 선장은 해무관청의 인가를 받아 이를 경매할 수 있다.

〔전부개정 2007·8·3〕

제754조(선박의 수선불능) ① 다음 각 호의 경우에는 선박은 수선하기 불가능하게 된 것으로 본다.

1. 선박이 그 현재지에서 수선을 받을 수 없으며 또 그 수선을 할 수 있는 곳에 도달하기 불가능한 때
2. 수선비가 선박의 가액의 4분의 3을 초과할 때

② 제1항제2호의 가액은 선박이 항해 중 훼손된 경우에는 그 발항한 때의 가액으로 하고 그 밖의 경우에는 그 훼손 전의 가액으로 한다.

〔전부개정 2007·8·3〕

제755조(보고·계산의 의무) ① 선장은 항해에 관한 중요한 사항을 지체 없이 선박소유자에게 보고하여야 한다.

② 선장은 매 항해를 종료한 때에는 그 항해에 관한 계산서를 지체 없이 선박소유자에게 제출하여 그 승인을 받아야 한다.

③ 선장은 선박소유자의 청구가 있을 때에는 언제든지 항해에 관한 사항과 계산의 보고를 하여야 한다.

〔전부개정 2007·8·3〕

제3절 선박공유

제756조(선박공유자의 업무결정) ① 공유선박의 이용에 관한 사항은 공유자의 지분의 가격에 따라 그 과반수로 결정한다.

② 선박공유에 관한 계약을 변경하는 사항은 공유자의 전원일치로 결정하여야 한다.

〔전부개정 2007·8·3〕

제757조(선박공유와 비용의 부담) 선박공유자는 그 지분의 가격에 따라 선박의 이용에 관한 비용과 이용에 관하여 생긴 채무를 부담한다.

〔전부개정 2007·8·3〕

제758조(손익분배) 손익의 분배는 매 항해의 종료 후에 있어서 선박공유자의 지분의 가격에 따라서 한다.

〔전부개정 2007·8·3〕

제759조(지분의 양도) 선박공유자 사이에 조합관계가 있는 경우에도 각 공유자는 다른 공유자의 승낙 없이 그 지분을 타인에게 양도할 수 있다. 다만, 선박관리인의 경우에는 그러하지 아니하다.

〔전부개정 2007·8·3〕

제760조(공유선박의 국적상실과 지분의 매수 또는 경매청구) 선박공유자의 지분의 이전 또는 그 국적상실로 인하여 선박이 대한민국의 국적을 상실할 때에는 다른 공유자는 상당한 대가로 그 지분을 매수하거나 그 경매를 법원에 청구할 수 있다.

〔전부개정 2007·8·3〕

제761조(결의반대자의 지분매수청구권) ① 선박공유자가 신항해를 개시하거나 선박을 대수선할 것을 결의한 때에는 그 결의에 이의가 있는 공유자는 다른 공유자에 대하여 상당한 가액으로 자기의 지분을 매수할 것을 청구할 수 있다.

② 제1항의 청구를 하고자 하는 자는 그 결의가 있은 날부터, 결의에 참가하지 아니한 경우에는 결의통지를 받은 날부터 3일 이내에 다른 공유자 또는 선박관리인에 대하여 그 통지를 발송하여야 한다.

〔전부개정 2007·8·3〕

제762조(해임선장의 지분매수청구권) ① 선박공유자인 선장이 그 의사에 반하여 해임된 때에는 다른 공유자에 대하여 상당한 가액으로 그 지분을 매수할 것을 청구할 수 있다.

② 선박공유자가 제1항의 청구를 하고자 하는 때에는 지체 없이 다른 공유자 또는 선박관리인에 대하여 그 통지를 발송하여야 한다.

〔전부개정 2007·8·3〕

제763조(항해 중 선박 등의 양도) 항해 중에 있는 선박이나 그 지분을 양도한 경우에 당사자 사이에 다른 약정이 없으면 양수인이 그 항해로부터 생긴 이익을 얻고 손실을 부담한다.

〔전부개정 2007·8·3〕

제764조(선박관리인의 선임·등기) ① 선박공유자는 선박관리인을 선임하여야 한다. 이 경우 선박공유자가 아닌 자를 선박관리인으로 선임함에는 공유자 전원의 동의가 있어야 한다.

② 선박관리인의 선임과 그 대리권의 소멸은 등기하여야 한다.

〔전부개정 2007·8·3〕

제765조(선박관리인의 권한) ① 선박관리인은 선박의 이용에 관한 재판상 또는 재판 외의 모든 행위를 할 권한이 있다.

② 선박관리인의 대리권에 대한 제한은 선의의 제3자에게 대항하지 못한다.

〔전부개정 2007·8·3〕

제766조(선박관리인의 권한의 제한) 선박관리인은 선박공유자의 서면에 의한 위임이 없으면 다음 각 호의 행위를 하지 못한다.

1. 선박을 양도·임대 또는 담보에 제공하는 일
2. 신항해를 개시하는 일
3. 선박을 보험에 붙이는 일
4. 선박을 대수선하는 일
5. 차재하는 일

〔전부개정 2007·8·3〕

제767조(장부의 기재·비치) 선박관리인은 업무집행에 관한 장부를 비치하고 그 선박의 이용에 관한 모든 사항을 기재하여야 한다.

〔전부개정 2007·8·3〕

제768조(선박관리인의 보고·승인) 선박관리인은 매 항해의 종료 후에 지체 없이 그 항해의 경과상황과 계산에 관한 서면을 작성하여 선박공유자에게 보고하고 그 승인을 받아야 한다.

〔전부개정 2007·8·3〕

제4절 선박소유자 등의 책임제한

제769조(선박소유자의 유한책임) 선박소유자는 청구원인의 여하에 불구하고 다음 각 호의 채권에 대하여 제770조에 따른 금액의 한도로 그 책임을 제한할 수 있다. 다만, 그 채권이 선박소유자 자신의 고의 또는 손해발생의 염려가 있음을 인식하면서 무모하게 한 작위 또는 부작위로 인하여 생긴 손해에 관한 것인 때에는 그러하지 아니하다.

1. 선박에서 또는 선박의 운항에 직접 관련하여 발생한 사람의 사망, 신체의 상해 또는 그 선박 외의 물건의 멸실 또는 훼손으로 인하여 생긴 손해에 관한 채권
2. 운송물, 여객 또는 수하물의 운송의 지연으로 인하여 생긴 손해에 관한 채권
3. 제1호 및 제2호 외에 선박의 운항에 직접 관련하여 발생한 계약상의 권리 외의 타인의 권리의 침해로 인하여 생긴 손해에 관한 채권
4. 제1호부터 제3호까지의 채권의 원인이 된 손해를 방지 또는 경감하기 위한 조치에 관한 채권 또는 그 조치의 결과로 인하여 생긴 손해에 관한 채권

〔전부개정 2007·8·3〕

제770조(책임의 한도액) ① 선박소유자가 제한할 수 있는 책임의 한도액은 다음 각 호의 금액으로 한다.

1. 여객의 사망 또는 신체의 상해로 인한 손해에 관한 채권에 대한 책임의 한도액은 그 선박의 선박검사증서에 기재된 여객의 정원에 17만5천 계산단위(국제통화기금의 1 특별인출권에 상당하는 금액을 말한다. 이하 같다)를 곱하여 얻은 금액으로 한다.

2. 여객 외의 사람의 사망 또는 신체의 상해로 인한 손해에 관한 채권에 대한 책임의 한도액은 그 선박의 톤수에 따라서 다음 각 목에 정하는 바에 따라 계산된 금액으로 한다. 다만, 300톤 미만의 선박의 경우에는 16만7천 계산단위에 상당하는 금액으로 한다.
가. 500톤 이하의 선박의 경우에는 33만3천 계산단위에 상당하는 금액
나. 500톤을 초과하는 선박의 경우에는 가목의 금액에 500톤을 초과하여 3천톤까지의 부분에 대하여는 매 톤당 500 계산단위, 3천톤을 초과하여 3만톤까지의 부분에 대하여는 매 톤당 333 계산단위, 3만톤을 초과하여 7만톤까지의 부분에 대하여는 매 톤당 250 계산단위 및 7만톤을 초과한 부분에 대하여는 매 톤당 167 계산단위를 각 곱하여 얻은 금액을 순차로 가산한 금액
3. 제1호 및 제2호 외의 채권에 대한 책임의 한도액은 그 선박의 톤수에 따라서 다음 각 목에 정하는 바에 따라 계산된 금액으로 한다. 다만, 300톤 미만의 선박의 경우에는 8만3천 계산단위에 상당하는 금액으로 한다.
가. 500톤 이하의 선박의 경우에는 16만7천 계산단위에 상당하는 금액
나. 500톤을 초과하는 선박의 경우에는 가목의 금액에 500톤을 초과하여 3만톤까지의 부분에 대하여는 매 톤당 167 계산단위, 3만톤을 초과하여 7만톤까지의 부분에 대하여는 매 톤당 125 계산단위 및 7만톤을 초과한 부분에 대하여는 매 톤당 83 계산단위를 각 곱하여 얻은 금액을 순차로 가산한 금액

② 제1항 각 호에 따른 각 책임한도액은 선박마다 동일한 사고에서 생긴 각 책임한도액에 대응하는 선박소유자에 대한 모든 채권에 미친다.

③ 제769조에 따라 책임이 제한되는 채권은 제1항 각 호에 따른 각 책임한도액에 대하여 각 채권액의 비율로 경합한다.

④ 제1항제2호에 따른 책임한도액이 같은 호의 채권의 변제에 부족한 때에는 제3호에 따른 책임한도액을 그 잔액채권의 변제에 충당한다. 이 경우 동일한 사고에서 제3호의 채권도 발생한 때에는 이 채권과 제2호의 잔액채권은 제3호에 따른 책임한도액에 대하여 각 채권액의 비율로 경합한다.
〔전부개정 2007·8·3〕

제771조(동일한 사고로 인한 반대채권액의 공제) 선박소유자가 책임의 제한을 받는 채권자에 대하여 동일한 사고로 인하여 생긴 손해에 관한 채권을 가지는 경우에는 그 채권액을 공제한 잔액에 한하여 책임의 제한을 받는 채권으로 한다.
〔전부개정 2007·8·3〕

제772조(책임제한을 위한 선박톤수) 제770조제1항에서 규정하는 선박의 톤수는 국제항해에 종사하는 선박의 경우에는 「선박법」에서 규정하는 국제총톤수로 하고 그 밖의 선박의 경우에는 같은 법에서 규정하는 총톤수로 한다.
〔전부개정 2007·8·3〕

제773조(유한책임의 배제) 선박소유자는 다음 각 호의 채권에 대하여는 그 책임을 제한하지 못한다.
1. 선장·해원, 그 밖의 사용인으로서 그 직무가 선박의 업무에 관련된 자 또는 그 상속인, 피부양자, 그 밖의 이해관계인의 선박소유자에 대한 채권
2. 해난구조로 인한 구조료 채권 및 공동해손의 분담에 관한 채권
3. 1969년 11월 29일 성립한 「유류오염손해에 대한 민사책임에 관한 국제조약」 또는 그 조약의 개정조항이 적용되는 유류오염손해에 관한 채권
4. 침몰·난파·좌초·유기, 그 밖의 해양사고를 당한 선박 및 그 선박 안에 있거나 있었던 적하와 그 밖의 물건의 인양·제거·파괴 또는 무해조치에 관한 채권
5. 원자력손해에 관한 채권
〔전부개정 2007·8·3〕

제774조(책임제한을 할 수 있는 자의 범위) ① 다음 각 호의 어느 하나에 해당하는 자는 이 절의 규정에 따라 선박소유자의 경우와 동일하게 책임을 제한할 수 있다.
1. 용선자·선박관리인 및 선박운항자
2. 법인인 선박소유자 및 제1호에 규정된 자의 무한책임사원

3. 자기의 행위로 인하여 선박소유자 또는 제1호에 규정된 자에 대하여 제769조 각 호에 따른 채권이 성립하게 한 선장·해원·도선사, 그 밖의 선박소유자 또는 제1호에 규정된 자의 사용인 또는 대리인

② 동일한 사고에서 발생한 모든 채권에 대한 선박소유자 및 제1항에 규정된 자에 의한 책임제한의 총액은 선박마다 제770조에 따른 책임한도액을 초과하지 못한다.

③ 선박소유자 또는 제1항 각 호에 규정된 자의 1인이 책임제한절차개시의 결정을 받은 때에는 책임제한을 할 수 있는 다른 자도 이를 원용할 수 있다.

〔전부개정 2007·8·3〕

제775조(구조자의 책임제한) ① 구조자 또는 그 피용자의 구조활동과 직접 관련하여 발생한 사람의 사망·신체의 상해, 재산의 멸실이나 훼손, 계약상 권리 외의 타인의 권리의 침해로 인하여 생긴 손해에 관한 채권 및 그러한 손해를 방지 혹은 경감하기 위한 조치에 관한 채권 또는 그 조치의 결과로 인하여 생긴 손해에 관한 채권에 대하여는 제769조부터 제774조(제769조제2호 및 제770조제1항제1호를 제외한다)까지의 규정에 따라 구조자도 책임을 제한할 수 있다.

② 구조활동을 선박으로부터 행하지 아니한 구조자 또는 구조를 받는 선박에서만 행한 구조자는 제770조에 따른 책임의 한도액에 관하여 1천500톤의 선박에 의한 구조자로 본다.

③ 구조자의 책임의 한도액은 구조선마다 또는 제2항의 경우에는 구조자마다 동일한 사고로 인하여 생긴 모든 채권에 미친다.

④ 제1항에서 "구조자"란 구조활동에 직접 관련된 용역을 제공한 자를 말하며, "구조활동"이란 해난구조 시의 구조활동은 물론 침몰·난파·좌초·유기, 그 밖의 해양사고를 당한 선박 및 그 선박 안에 있거나 있었던 적하와 그 밖의 물건의 인양·제거·파괴 또는 무해조치 및 이와 관련된 손해를 방지 또는 경감하기 위한 모든 조치를 말한다.

〔전부개정 2007·8·3〕

제776조(책임제한의 절차) ① 이 절의 규정에 따라 책임을 제한하고자 하는 자는 채권자로부터 책임한도액을 초과하는 청구금액을 명시한 서면에 의한 청구를 받은 날부터 1년 이내에 법원에 책임제한절차개시의 신청을 하여야 한다.

② 책임제한절차 개시의 신청, 책임제한의 기금의 형성·공고·참가·배당, 그 밖에 필요한 사항은 별도로 법률로 정한다.

〔전부개정 2007·8·3〕

제5절 선박담보

제777조(선박우선특권 있는 채권) ① 다음의 채권을 가진 자는 선박·그 속구, 그 채권이 생긴 항해의 운임, 그 선박과 운임에 부수한 채권에 대하여 우선특권이 있다.

1. 채권자의 공동이익을 위한 소송비용, 항해에 관하여 선박에 과한 제세금, 도선료·예선료, 최후 입항 후의 선박과 그 속구의 보존비·검사비
2. 선원과 그 밖의 선박사용인의 고용계약으로 인한 채권
3. 해난구조로 인한 선박에 대한 구조료 채권과 공동해손의 분담에 대한 채권
4. 선박의 충돌과 그 밖의 항해사고로 인한 손해, 항해시설·항만시설 및 항로에 대한 손해와 선원이나 여객의 생명·신체에 대한 손해의 배상채권

② 제1항의 우선특권을 가진 선박채권자는 이 법과 그 밖의 법률의 규정에 따라 제1항의 재산에 대하여 다른 채권자보다 자기채권의 우선변제를 받을 권리가 있다. 이 경우 그 성질에 반하지 아니하는 한 「민법」의 저당권에 관한 규정을 준용한다.

〔전부개정 2007·8·3〕

제778조(선박·운임에 부수한 채권) 제777조에 따른 선박과 운임에 부수한 채권은 다음과 같다.

1. 선박 또는 운임의 손실로 인하여 선박소유자에게 지급할 손해배상
2. 공동해손으로 인한 선박 또는 운임의 손실에 대하여 선박소유자에게 지급할 상금
3. 해난구조로 인하여 선박소유자에게 지급할 구조료

〔전부개정 2007·8·3〕

제779조(운임에 대한 우선특권) 운임에 대한 우선특권은 지급을 받지 아니한 운임 및 지

급을 받은 운임 중 선박소유자나 그 대리인이 소지한 금액에 한하여 행사할 수 있다.
〔전부개정 2007·8·3〕

제780조(보험금 등의 제외) 보험계약에 의하여 선박소유자에게 지급할 보험금과 그 밖의 장려금이나 보조금에 대하여는 제778조를 적용하지 아니한다.
〔전부개정 2007·8·3〕

제781조(선박사용인의 고용계약으로 인한 채권) 제777조제1항제2호에 따른 채권은 고용계약 존속 중의 모든 항해로 인한 운임의 전부에 대하여 우선특권이 있다.
〔전부개정 2007·8·3〕

제782조(동일항해로 인한 채권에 대한 우선특권의 순위) ① 동일항해로 인한 채권의 우선특권이 경합하는 때에는 그 우선의 순위는 제777조제1항 각 호의 순서에 따른다.
② 제777조제1항제3호에 따른 채권의 우선특권이 경합하는 때에는 후에 생긴 채권이 전에 생긴 채권에 우선한다. 동일한 사고로 인한 채권은 동시에 생긴 것으로 본다.
〔전부개정 2007·8·3〕

제783조(수회항해에 관한 채권에 대한 우선특권의 순위) ① 수회의 항해에 관한 채권의 우선특권이 경합하는 때에는 후의 항해에 관한 채권이 전의 항해에 관한 채권에 우선한다.
② 제781조에 따른 우선특권은 그 최후의 항해에 관한 다른 채권과 동일한 순위로 한다.
〔전부개정 2007·8·3〕

제784조(동일순위의 우선특권이 경합한 경우) 제781조부터 제783조까지의 규정에 따른 동일순위의 우선특권이 경합하는 때에는 각 채권액의 비율에 따라 변제한다.
〔전부개정 2007·8·3〕

제785조(우선특권의 추급권) 선박채권자의 우선특권은 그 선박소유권의 이전으로 인하여 영향을 받지 아니한다.
〔전부개정 2007·8·3〕

제786조(우선특권의 소멸) 선박채권자의 우선특권은 그 채권이 생긴 날부터 1년 이내에 실행하지 아니하면 소멸한다.
〔전부개정 2007·8·3〕

제787조(선박저당권) ① 등기한 선박은 저당권의 목적으로 할 수 있다.
② 선박의 저당권은 그 속구에 미친다.
③ 선박의 저당권에는 「민법」의 저당권에 관한 규정을 준용한다.
〔전부개정 2007·8·3〕

제788조(선박저당권 등과 우선특권의 경합) 선박채권자의 우선특권은 질권과 저당권에 우선한다.
〔전부개정 2007·8·3〕

제789조(등기선박의 입질불허) 등기한 선박은 질권의 목적으로 하지 못한다.
〔전부개정 2007·8·3〕

제790조(건조 중의 선박에의 준용) 이 절의 규정은 건조 중의 선박에 준용한다.
〔전부개정 2007·8·3〕

제2장 운송과 용선

제1절 개품운송

제791조(개품운송계약의 의의) 개품운송계약은 운송인이 개개의 물건을 해상에서 선박으로 운송할 것을 인수하고, 송하인이 이에 대하여 운임을 지급하기로 약정함으로써 그 효력이 생긴다.
〔전부개정 2007·8·3〕

제792조(운송물의 제공) ① 송하인은 당사자 사이의 합의 또는 선적항의 관습에 의한 때와 곳에서 운송인에게 운송물을 제공하여야 한다.
② 제1항에 따른 때와 곳에서 송하인이 운송물을 제공하지 아니한 경우에는 계약을 해제한 것으로 본다. 이 경우 선장은 즉시 발항할 수 있고, 송하인은 운임의 전액을 지급하여야 한다.
〔전부개정 2007·8·3〕

제793조(운송에 필요한 서류의 교부) 송하인은 선적기간 이내에 운송에 필요한 서류를 선장에게 교부하여야 한다.
〔전부개정 2007·8·3〕

제794조(감항능력 주의의무) 운송인은 자기 또는 선원이나 그 밖의 선박사용인이 발항 당시 다음의 사항에 관하여 주의를 해태하지 아니하였음을 증명하지 아니하면 운송물의 멸실·훼손 또는 연착으로 인한 손해를 배상할 책임이 있다.
1. 선박이 안전하게 항해를 할 수 있게 할 것

2. 필요한 선원의 승선, 선박의장(艤裝)과 필요품의 보급
3. 선창·냉장실, 그 밖에 운송물을 적재할 선박의 부분을 운송물의 수령·운송과 보존을 위하여 적합한 상태에 둘 것

〔전부개정 2007·8·3〕

제795조(운송물에 관한 주의의무) ① 운송인은 자기 또는 선원이나 그 밖의 선박사용인이 운송물의 수령·선적·적부(積付)·운송·보관·양륙과 인도에 관하여 주의를 해태하지 아니하였음을 증명하지 아니하면 운송물의 멸실·훼손 또는 연착으로 인한 손해를 배상할 책임이 있다.

② 운송인은 선장·해원·도선사, 그 밖의 선박사용인의 항해 또는 선박의 관리에 관한 행위 또는 화재로 인하여 생긴 운송물에 관한 손해를 배상할 책임을 면한다. 다만, 운송인의 고의 또는 과실로 인한 화재의 경우에는 그러하지 아니하다.

〔전부개정 2007·8·3〕

제796조(운송인의 면책사유) 운송인은 다음 각 호의 사실이 있었다는 것과 운송물에 관한 손해가 그 사실로 인하여 보통 생길 수 있는 것임을 증명한 때에는 이를 배상할 책임을 면한다. 다만, 제794조 및 제795조제1항에 따른 주의를 다하였더라면 그 손해를 피할 수 있었음에도 불구하고 그 주의를 다하지 아니하였음을 증명한 때에는 그러하지 아니하다.

1. 해상이나 그 밖에 항행할 수 있는 수면에서의 위험 또는 사고
2. 불가항력
3. 전쟁·폭동 또는 내란
4. 해적행위나 그 밖에 이에 준한 행위
5. 재판상의 압류, 검역상의 제한, 그 밖에 공권에 의한 제한
6. 송하인 또는 운송물의 소유자나 그 사용인의 행위
7. 동맹파업이나 그 밖의 쟁의행위 또는 선박폐쇄
8. 해상에서의 인명이나 재산의 구조행위 또는 이로 인한 항로이탈이나 그 밖의 정당한 사유로 인한 항로이탈
9. 운송물의 포장의 불충분 또는 기호의 표시의 불완전
10. 운송물의 특수한 성질 또는 숨은 하자
11. 선박의 숨은 하자

〔전부개정 2007·8·3〕

제797조(책임의 한도) ① 제794조부터 제796조까지의 규정에 따른 운송인의 손해배상의 책임은 당해 운송물의 매 포장당 또는 선적단위당 666과 100분의 67 계산단위의 금액과 중량 1킬로그램당 2 계산단위의 금액 중 큰 금액을 한도로 제한할 수 있다. 다만, 운송물에 관한 손해가 운송인 자신의 고의 또는 손해발생의 염려가 있음을 인식하면서 무모하게 한 작위 또는 부작위로 인하여 생긴 것인 때에는 그러하지 아니하다.

② 제1항의 적용에 있어서 운송물의 포장 또는 선적단위의 수는 다음과 같이 정한다.

1. 컨테이너나 그 밖에 이와 유사한 운송용기가 운송물을 통합하기 위하여 사용되는 경우에 그러한 운송용기에 내장된 운송물의 포장 또는 선적단위의 수를 선하증권이나 그 밖에 운송계약을 증명하는 문서에 기재한 때에는 그 각 포장 또는 선적단위를 하나의 포장 또는 선적단위로 본다. 이 경우를 제외하고는 이러한 운송용기 내의 운송물 전부를 하나의 포장 또는 선적단위로 본다.
2. 운송인이 아닌 자가 공급한 운송용기 자체가 멸실 또는 훼손된 경우에는 그 용기를 별개의 포장 또는 선적단위로 본다.

③ 제1항 및 제2항은 송하인이 운송인에게 운송물을 인도할 때에 그 종류와 가액을 고지하고 선하증권이나 그 밖에 운송계약을 증명하는 문서에 이를 기재한 경우에는 적용하지 아니한다. 다만, 송하인이 운송물의 종류 또는 가액을 고의로 현저하게 부실의 고지를 한 때에는 운송인은 자기 또는 그 사용인이 악의인 경우를 제외하고 운송물의 손해에 대하여 책임을 면한다.

④ 제1항부터 제3항까지의 규정은 제769조부터 제774조까지 및 제776조의 적용에 영향을 미치지 아니한다.

〔전부개정 2007·8·3〕

제798조(비계약적 청구에 대한 적용) ① 이 절의 운송인의 책임에 관한 규정은 운송인의 불법행위로 인한 손해배상의 책임에도 적용한다.

② 운송물에 관한 손해배상청구가 운송인의 사용인 또는 대리인에 대하여 제기된 경우에 그 손해가 그 사용인 또는 대리인의 직무집행에 관하여 생긴 것인 때에는 그 사용인 또는 대리인은 운송인이 주장할 수 있는 항변과 책임제한을 원용할 수 있다. 다만, 그 손해가 그 사용인 또는 대리인의 고의 또는 운송물의 멸실·훼손 또는 연착이 생길 염려가 있음을 인식하면서 무모하게 한 작위 또는 부작위로 인하여 생긴 것인 때에는 그러하지 아니하다.
③ 제 2 항 본문의 경우에 운송인과 그 사용인 또는 대리인의 운송물에 대한 책임제한금액의 총액은 제797조제 1 항에 따른 한도를 초과하지 못한다.
④ 제 1 항부터 제 3 항까지의 규정은 운송물에 관한 손해배상청구가 운송인 외의 실제운송인 또는 그 사용인이나 대리인에 대하여 제기된 경우에도 적용한다.
〔전부개정 2007·8·3〕

제799조(운송인의 책임경감금지) ① 제794조부터 제798조까지의 규정에 반하여 운송인의 의무 또는 책임을 경감 또는 면제하는 당사자 사이의 특약은 효력이 없다. 운송물에 관한 보험의 이익을 운송인에게 양도하는 약정 또는 이와 유사한 약정도 또한 같다.
② 제 1 항은 산 동물의 운송 및 선하증권이나 그 밖에 운송계약을 증명하는 문서의 표면에 갑판적(甲板積)으로 운송할 취지를 기재하여 갑판적으로 행하는 운송에 대하여는 적용하지 아니한다.
〔전부개정 2007·8·3〕

제800조(위법선적물의 처분) ① 선장은 법령 또는 계약을 위반하여 선적된 운송물은 언제든지 이를 양륙할 수 있고, 그 운송물이 선박 또는 다른 운송물에 위해를 미칠 염려가 있는 때에는 이를 포기할 수 있다.
② 선장이 제 1 항의 물건을 운송하는 때에는 선적한 때와 곳에서의 동종 운송물의 최고운임의 지급을 청구할 수 있다.
③ 제 1 항 및 제 2 항은 운송인과 그 밖의 이해관계인의 손해배상청구에 영향을 미치지 아니한다.
〔전부개정 2007·8·3〕

제801조(위험물의 처분) ① 인화성·폭발성이나 그 밖의 위험성이 있는 운송물은 운송인이 그 성질을 알고 선적한 경우에도 그 운송물이 선박이나 다른 운송물에 위해를 미칠 위험이 있는 때에는 선장은 언제든지 이를 양륙·파괴 또는 무해조치할 수 있다.
② 운송인은 제 1 항의 처분에 의하여 그 운송물에 발생한 손해에 대하여는 공동해손분담책임을 제외하고 그 배상책임을 면한다.
〔전부개정 2007·8·3〕

제802조(운송물의 수령) 운송물의 도착통지를 받은 수하인은 당사자 사이의 합의 또는 양륙항의 관습에 의한 때와 곳에서 지체 없이 운송물을 수령하여야 한다.
〔전부개정 2007·8·3〕

제803조(운송물의 공탁 등) ① 수하인이 운송물의 수령을 게을리한 때에는 선장은 이를 공탁하거나 세관이나 그 밖에 법령으로 정한 관청의 허가를 받은 곳에 인도할 수 있다. 이 경우 지체 없이 수하인에게 그 통지를 발송하여야 한다.
② 수하인을 확실히 알 수 없거나 수하인이 운송물의 수령을 거부한 때에는 선장은 이를 공탁하거나 세관이나 그 밖에 법령으로 정한 관청의 허가를 받은 곳에 인도하고 지체 없이 용선자 또는 송하인 및 알고 있는 수하인에게 그 통지를 발송하여야 한다.
③ 제 1 항 및 제 2 항에 따라 운송물을 공탁하거나 세관이나 그 밖에 법령으로 정한 관청의 허가를 받은 곳에 인도한 때에는 선하증권소지인이나 그 밖의 수하인에게 운송물을 인도한 것으로 본다.
〔전부개정 2007·8·3〕

제804조(운송물의 일부 멸실·훼손에 관한 통지) ① 수하인이 운송물의 일부 멸실 또는 훼손을 발견한 때에는 수령 후 지체 없이 그 개요에 관하여 운송인에게 서면에 의한 통지를 발송하여야 한다. 다만, 그 멸실 또는 훼손이 즉시 발견할 수 없는 것인 때에는 수령한 날부터 3일 이내에 그 통지를 발송하여야 한다.
② 제 1 항의 통지가 없는 경우에는 운송물이 멸실 또는 훼손 없이 수하인에게 인도된 것으로 추정한다.
③ 제 1 항 및 제 2 항은 운송인 또는 그 사용인이 악의인 경우에는 적용하지 아니한다.

④ 운송물에 멸실 또는 훼손이 발생하였거나 그 의심이 있는 경우에는 운송인과 수하인은 서로 운송물의 검사를 위하여 필요한 편의를 제공하여야 한다.
⑤ 제 1 항부터 제 4 항까지의 규정에 반하여 수하인에게 불리한 당사자 사이의 특약은 효력이 없다.
〔전부개정 2007·8·3〕

第805條(운송물의 중량·용적에 따른 운임) 운송물의 중량 또는 용적으로 운임을 정한 때에는 운송물을 인도하는 때의 중량 또는 용적에 의하여 그 액을 정한다.
〔전부개정 2007·8·3〕

第806條(운송기간에 따른 운임) ① 기간으로 운임을 정한 때에는 운송물의 선적을 개시한 날부터 그 양륙을 종료한 날까지의 기간에 의하여 그 액을 정한다.
② 제 1 항의 기간에는 불가항력으로 인하여 선박이 선적항이나 항해 도중에 정박한 기간 또는 항해 도중에 선박을 수선한 기간을 산입하지 아니한다.
〔전부개정 2007·8·3〕

第807條(수하인의 의무, 선장의 유치권) ① 수하인이 운송물을 수령하는 때에는 운송계약 또는 선하증권의 취지에 따라 운임·부수비용·체당금·체선료, 운송물의 가액에 따른 공동해손 또는 해난구조로 인한 부담액을 지급하여야 한다.
② 선장은 제 1 항에 따른 금액의 지급과 상환하지 아니하면 운송물을 인도할 의무가 없다.
〔전부개정 2007·8·3〕

第808條(운송인의 운송물경매권) ① 운송인은 제807조제 1 항에 따른 금액의 지급을 받기 위하여 법원의 허가를 받아 운송물을 경매하여 우선변제를 받을 권리가 있다.
② 선장이 수하인에게 운송물을 인도한 후에도 운송인은 그 운송물에 대하여 제 1 항의 권리를 행사할 수 있다. 다만, 인도한 날부터 30일을 경과하거나 제 3 자가 그 운송물에 점유를 취득한 때에는 그러하지 아니하다.
〔전부개정 2007·8·3〕

第809條(항해용선자 등의 재운송계약시 선박소유자의 책임) 항해용선자 또는 정기용선자가 자기의 명의로 제 3 자와 운송계약을 체결한 경우에는 그 계약의 이행이 선장의 직무에 속한 범위 안에서 선박소유자도 그 제 3 자에 대하여 제794조 및 제795조에 따른 책임을 진다.
〔전부개정 2007·8·3〕

第810條(운송계약의 종료사유) ① 운송계약은 다음의 사유로 인하여 종료한다.
1. 선박이 침몰 또는 멸실한 때
2. 선박이 수선할 수 없게 된 때
3. 선박이 포획된 때
4. 운송물이 불가항력으로 인하여 멸실된 때
② 제 1 항제 1 호부터 제 3 호까지의 사유가 항해 도중에 생긴 때에는 송하인은 운송의 비율에 따라 현존하는 운송물의 가액의 한도에서 운임을 지급하여야 한다.
〔전부개정 2007·8·3〕

第811條(법정사유로 인한 해제 등) ① 항해 또는 운송이 법령을 위반하게 되거나 그 밖에 불가항력으로 인하여 계약의 목적을 달할 수 없게 된 때에는 각 당사자는 계약을 해제할 수 있다.
② 제 1 항의 사유가 항해 도중에 생긴 경우에 계약을 해지한 때에는 송하인은 운송의 비율에 따라 운임을 지급하여야 한다.
〔전부개정 2007·8·3〕

第812條(운송물의 일부에 관한 불가항력) ① 제810조제 1 항제 4 호 및 제811조제 1 항의 사유가 운송물의 일부에 대하여 생긴 때에는 송하인은 운송인의 책임이 가중되지 아니하는 범위 안에서 다른 운송물을 선적할 수 있다.
② 송하인이 제 1 항의 권리를 행사하고자 하는 때에는 지체 없이 운송물의 양륙 또는 선적을 하여야 한다. 그 양륙 또는 선적을 게을리한 때에는 운임의 전액을 지급하여야 한다.
〔전부개정 2007·8·3〕

第813條(선장의 적하처분과 운임) 운송인은 다음 각 호의 어느 하나에 해당하는 경우에는 운임의 전액을 청구할 수 있다.
1. 선장이 제750조제 1 항에 따라 적하를 처분하였을 때
2. 선장이 제865조에 따라 적하를 처분하였을 때
〔전부개정 2007·8·3〕

제814조(운송인의 채권·채무의 소멸) ① 운송인의 송하인 또는 수하인에 대한 채권 및 채무는 그 청구원인의 여하에 불구하고 운송인이 수하인에게 운송물을 인도한 날 또는 인도할 날부터 1년 이내에 재판상 청구가 없으면 소멸한다. 다만, 이 기간은 당사자의 합의에 의하여 연장할 수 있다.

② 운송인이 인수한 운송을 다시 제3자에게 위탁한 경우에 송하인 또는 수하인이 제1항의 기간 이내에 운송인과 배상 합의를 하거나 운송인에게 재판상 청구를 하였다면, 그 합의 또는 청구가 있은 날부터 3개월이 경과하기 이전에는 그 제3자에 대한 운송인의 채권·채무는 제1항에도 불구하고 소멸하지 아니한다. 운송인과 그 제3자 사이에 제1항 단서와 동일한 취지의 약정이 있는 경우에도 또한 같다.

③ 제2항의 경우에 있어서 재판상 청구를 받은 운송인이 그로부터 3개월 이내에 그 제3자에 대하여 소송고지를 하면 3개월의 기간은 그 재판이 확정되거나 그 밖에 종료된 때부터 기산한다.

〔전부개정 2007·8·3〕

제815조(준용규정) 제134조, 제136조부터 제140조까지의 규정은 이 절에서 정한 운송인에 준용한다.

〔전부개정 2007·8·3〕

제816조(복합운송인의 책임) ① 운송인이 인수한 운송에 해상 외의 운송구간이 포함된 경우 운송인은 손해가 발생한 운송구간에 적용될 법에 따라 책임을 진다.

② 어느 운송구간에서 손해가 발생하였는지 불분명한 경우 또는 손해의 발생이 성질상 특정한 지역으로 한정되지 아니하는 경우에는 운송인은 운송거리가 가장 긴 구간에 적용되는 법에 따라 책임을 진다. 다만, 운송거리가 같거나 가장 긴 구간을 정할 수 없는 경우에는 운임이 가장 비싼 구간에 적용되는 법에 따라 책임을 진다.

〔전부개정 2007·8·3〕

제2절 해상여객운송

제817조(해상여객운송계약의 의의) 해상여객운송계약은 운송인이 특정한 여객을 출발지에서 도착지까지 해상에서 선박으로 운송할 것을 인수하고, 이에 대하여 상대방이 운임을 지급하기로 약정함으로써 그 효력이 생긴다.

〔전부개정 2007·8·3〕

제818조(기명식의 선표) 기명식의 선표는 타인에게 양도하지 못한다.

〔전부개정 2007·8·3〕

제819조(식사·거처제공의무 등) ① 여객의 항해 중의 식사는 다른 약정이 없으면 운송인의 부담으로 한다.

② 항해 도중에 선박을 수선하는 경우에는 운송인은 그 수선 중 여객에게 상당한 거처와 식사를 제공하여야 한다. 다만, 여객의 권리를 해하지 아니하는 범위 안에서 상륙항까지의 운송의 편의를 제공한 때에는 그러하지 아니하다.

③ 제2항의 경우에 여객은 항해의 비율에 따른 운임을 지급하고 계약을 해지할 수 있다.

〔전부개정 2007·8·3〕

제820조(수하물 무임운송의무) 여객이 계약에 의하여 선내에서 휴대할 수 있는 수하물에 대하여는 운송인은 다른 약정이 없으면 별도로 운임을 청구하지 못한다.

〔전부개정 2007·8·3〕

제821조(승선지체와 선장의 발항권) ① 여객이 승선시기까지 승선하지 아니한 때에는 선장은 즉시 발항할 수 있다. 항해 도중의 정박항에서도 또한 같다.

② 제1항의 경우에는 여객은 운임의 전액을 지급하여야 한다.

〔전부개정 2007·8·3〕

제822조(여객의 계약해제와 운임) 여객이 발항 전에 계약을 해제하는 경우에는 운임의 반액을 지급하고, 발항 후에 계약을 해제하는 경우에는 운임의 전액을 지급하여야 한다.

〔전부개정 2007·8·3〕

제823조(법정사유에 의한 해제) 여객이 발항 전에 사망·질병이나 그 밖의 불가항력으로 인하여 항해할 수 없게 된 때에는 운송인은 운임의 10분의 3을 청구할 수 있고, 발항 후에 그 사유가 생긴 때에는 운송인의 선택으로 운임의 10분의 3 또는 운송의 비율에 따른 운임을 청구할 수 있다.

〔전부개정 2007·8·3〕

제824조(사망한 여객의 수하물처분의무) 여객이 사망한 때에는 선장은 그 상속인에게 가장 이익이 되는 방법으로 사망자가 휴대한 수하물을 처분하여야 한다.

〔전부개정 2007·8·3〕

제825조(법정종료사유) 운송계약은 제810조제1항제1호부터 제3호까지의 사유로 인하여 종료한다. 그 사유가 항해 도중에 생긴 때에는 여객은 운송의 비율에 따른 운임을 지급하여야 한다.

〔전부개정 2007·8·3〕

제826조(준용규정) ① 제148조·제794조·제799조제1항 및 제809조는 해상여객운송에 준용한다.

② 제134조·제136조·제149조제2항·제794조부터 제801조까지·제804조·제807조·제809조·제811조 및 제814조는 운송인이 위탁을 받은 여객의 수하물의 운송에 준용한다.

③ 제150조, 제797조제1항·제4항, 제798조, 제799조제1항, 제809조 및 제814조는 운송인이 위탁을 받지 아니한 여객의 수하물에 준용한다.

〔전부개정 2007·8·3〕

제3절 항해용선

제827조(항해용선계약의 의의) ① 항해용선계약은 특정한 항해를 할 목적으로 선박소유자가 용선자에게 선원이 승무하고 항해장비를 갖춘 선박의 전부 또는 일부를 물건의 운송에 제공하기로 약정하고 용선자가 이에 대하여 운임을 지급하기로 약정함으로써 그 효력이 생긴다.

② 이 절의 규정은 그 성질에 반하지 아니하는 한 여객운송을 목적으로 하는 항해용선계약에도 준용한다.

③ 선박소유자가 일정한 기간 동안 용선자에게 선박을 제공할 의무를 지지만 항해를 단위로 운임을 계산하여 지급하기로 약정한 경우에도 그 성질에 반하지 아니하는 한 이 절의 규정을 준용한다.

〔전부개정 2007·8·3〕

제828조(용선계약서) 용선계약의 당사자는 상대방의 청구에 의하여 용선계약서를 교부하여야 한다.

〔전부개정 2007·8·3〕

제829조(선적준비완료의 통지, 선적기간) ① 선박소유자는 운송물을 선적함에 필요한 준비가 완료된 때에는 지체 없이 용선자에게 그 통지를 발송하여야 한다.

② 운송물을 선적할 기간의 약정이 있는 경우에는 그 기간은 제1항의 통지가 오전에 있은 때에는 그 날의 오후 1시부터 기산하고, 오후에 있은 때에는 다음날 오전 6시부터 기산한다. 이 기간에는 불가항력으로 인하여 선적할 수 없는 날과 그 항의 관습상 선적작업을 하지 아니하는 날을 산입하지 아니한다.

③ 제2항의 기간을 경과한 후 운송물을 선적한 때에는 선박소유자는 상당한 보수를 청구할 수 있다.

〔전부개정 2007·8·3〕

제830조(제3자가 선적인인 경우의 통지·선적) 용선자 외의 제3자가 운송물을 선적할 경우에 선장이 그 제3자를 확실히 알 수 없거나 그 제3자가 운송물을 선적하지 아니한 때에는 선장은 지체 없이 용선자에게 그 통지를 발송하여야 한다. 이 경우 선적기간 이내에 한하여 용선자가 운송물을 선적할 수 있다.

〔전부개정 2007·8·3〕

제831조(용선자의 발항청구권, 선장의 발항권) ① 용선자는 운송물의 전부를 선적하지 아니한 경우에도 선장에게 발항을 청구할 수 있다.

② 선적기간의 경과 후에는 용선자가 운송물의 전부를 선적하지 아니한 경우에도 선장은 즉시 발항할 수 있다.

③ 제1항 및 제2항의 경우에 용선자는 운임의 전액과 운송물의 전부를 선적하지 아니함으로 인하여 생긴 비용을 지급하고, 또한 선박소유자의 청구가 있는 때에는 상당한 담보를 제공하여야 한다.

〔전부개정 2007·8·3〕

제832조(전부용선의 발항 전의 계약해제 등) ① 발항 전에는 전부용선자는 운임의 반액을 지급하고 계약을 해제할 수 있다.

② 왕복항해의 용선계약인 경우에 전부용선자가 그 회항 전에 계약을 해지하는 때에는 운임의 3분의 2를 지급하여야 한다.

③ 선박이 다른 항에서 선적항에 항행하여야 할 경우에 전부용선자가 선적항에서 발항하기 전에 계약을 해지하는 때에도 제 2 항과 같다.
〔전부개정 2007·8·3〕

제833조(일부용선과 발항 전의 계약해제 등) ① 일부용선자나 송하인은 다른 용선자와 송하인 전원과 공동으로 하는 경우에 한하여 제832조의 해제 또는 해지를 할 수 있다.
② 제 1 항의 경우 외에는 일부용선자나 송하인이 발항 전에 계약을 해제 또는 해지한 때에도 운임의 전액을 지급하여야 한다.
③ 발항 전이라도 일부용선자나 송하인이 운송물의 전부 또는 일부를 선적한 경우에는 다른 용선자와 송하인의 동의를 받지 아니하면 계약을 해제 또는 해지하지 못한다.
〔전부개정 2007·8·3〕

제834조(부수비용·체당금 등의 지급의무) ① 용선자나 송하인이 제832조 및 제833조제 1 항에 따라 계약을 해제 또는 해지를 한 때에도 부수비용과 체당금을 지급할 책임을 면하지 못한다.
② 제832조제 2 항 및 제 3 항의 경우에는 용선자나 송하인은 제 1 항에 규정된 것 외에도 운송물의 가액에 따라 공동해손 또는 해난구조로 인하여 부담할 금액을 지급하여야 한다.
〔전부개정 2007·8·3〕

제835조(선적·양륙비용의 부담) 제833조 및 제834조의 경우에 운송물의 전부 또는 일부를 선적한 때에는 그 선적과 양륙의 비용은 용선자 또는 송하인이 부담한다.
〔전부개정 2007·8·3〕

제836조(선적기간 내의 불선적의 효과) 용선자가 선적기간 내에 운송물의 선적을 하지 아니한 때에는 계약을 해제 또는 해지한 것으로 본다.
〔전부개정 2007·8·3〕

제837조(발항 후의 계약해지) 발항 후에는 용선자나 송하인은 운임의 전액, 체당금·체선료와 공동해손 또는 해난구조의 부담액을 지급하고 그 양륙하기 위하여 생긴 손해를 배상하거나 이에 대한 상당한 담보를 제공하지 아니하면 계약을 해지하지 못한다.
〔전부개정 2007·8·3〕

제838조(운송물의 양륙) ① 운송물을 양륙함에 필요한 준비가 완료된 때에는 선장은 지체 없이 수하인에게 그 통지를 발송하여야 한다.
② 제829조제 2 항은 운송물의 양륙기간의 계산에 준용한다.
③ 제 2 항의 양륙기간을 경과한 후 운송물을 양륙한 때에는 선박소유자는 상당한 보수를 청구할 수 있다.
〔전부개정 2007·8·3〕

제839조(선박소유자의 책임경감 금지) ① 제794조에 반하여 이 절에서 정한 선박소유자의 의무 또는 책임을 경감 또는 면제하는 당사자 사이의 특약은 효력이 없다. 운송물에 관한 보험의 이익을 선박소유자에게 양도하는 약정 또는 이와 유사한 약정도 또한 같다.
② 제799조제 2 항은 제 1 항의 경우에 준용한다.
〔전부개정 2007·8·3〕

제840조(선박소유자의 채권·채무의 소멸) ① 선박소유자의 용선자 또는 수하인에 대한 채권 및 채무는 그 청구원인의 여하에 불구하고 선박소유자가 운송물을 인도한 날 또는 인도할 날부터 2년 이내에 재판상 청구가 없으면 소멸한다. 이 경우 제814조제 1 항 단서를 준용한다.
② 제 1 항의 기간을 단축하는 선박소유자와 용선자의 약정은 이를 운송계약에 명시적으로 기재하지 아니하면 그 효력이 없다.
〔전부개정 2007·8·3〕

제841조(준용규정) ① 제134조, 제136조, 제137조, 제140조, 제793조부터 제797조까지, 제798조제 1 항부터 제 3 항까지, 제800조, 제801조, 제803조, 제804조제 1 항부터 제 4 항까지, 제805조부터 제808조까지와 제810조부터 제813조까지의 규정은 항해용선계약에 준용한다.
② 제 1 항에 따라 제806조의 운임을 계산함에 있어서 제829조제 2 항의 선적기간 또는 제838조제 2 항의 양륙기간이 경과한 후에 운송물을 선적 또는 양륙한 경우에는 그 기간경과 후의 선적 또는 양륙기간은 선적 또는 양륙기간에 산입하지 아니하고 제829조제 3 항 및 제838조제 3 항에 따라 별도로 보수를 정한다.
〔전부개정 2007·8·3〕

제 4 절 정기용선

제842조(정기용선계약의 의의) 정기용선계약은 선박소유자가 용선자에게 선원이 승무하고 항해장비를 갖춘 선박을 일정한 기간동안 항해에 사용하게 할 것을 약정하고 용선자가 이에 대하여 기간으로 정한 용선료를 지급하기로 약정함으로써 그 효력이 생긴다.
〔전부개정 2007·8·3〕

제843조(정기용선자의 선장지휘권) ① 정기용선자는 약정한 범위 안의 선박의 사용을 위하여 선장을 지휘할 권리가 있다.
② 선장·해원, 그 밖의 선박사용인이 정기용선자의 정당한 지시를 위반하여 정기용선자에게 손해가 발생한 경우에는 선박소유자가 이를 배상할 책임이 있다.
〔전부개정 2007·8·3〕

제844조(선박소유자의 운송물유치권 및 경매권) ① 제807조제 2 항 및 제808조는 정기용선자가 선박소유자에게 용선료·체당금, 그 밖에 이와 유사한 정기용선계약에 의한 채무를 이행하지 아니하는 경우에 준용한다. 다만, 선박소유자는 정기용선자가 발행한 선하증권을 선의로 취득한 제 3 자에게 대항하지 못한다.
② 제 1 항에 따른 선박소유자의 운송물에 대한 권리는 정기용선자가 운송물에 관하여 약정한 용선료 또는 운임의 범위를 넘어서 행사하지 못한다.
〔전부개정 2007·8·3〕

제845조(용선료의 연체와 계약해지 등) ① 정기용선자가 용선료를 약정기일에 지급하지 아니한 때에는 선박소유자는 계약을 해제 또는 해지할 수 있다.
② 정기용선자가 제 3 자와 운송계약을 체결하여 운송물을 선적한 후 선박의 항해 중에 선박소유자가 제 1 항에 따라 계약을 해제 또는 해지한 때에는 선박소유자는 적하이해관계인에 대하여 정기용선자와 동일한 운송의무가 있다.
③ 선박소유자가 제 2 항에 따른 계약의 해제 또는 해지 및 운송계속의 뜻을 적하이해관계인에게 서면으로 통지를 한 때에는 선박소유자의 정기용선자에 대한 용선료·체당금, 그 밖에 이와 유사한 정기용선계약상의 채권을 담보하기 위하여 정기용선자가 적하이해관계인에 대하여 가지는 용선료 또는 운임의 채권을 목적으로 질권을 설정한 것으로 본다.
④ 제 1 항부터 제 3 항까지의 규정은 선박소유자 또는 적하이해관계인의 정기용선자에 대한 손해배상청구에 영향을 미치지 아니한다.
〔전부개정 2007·8·3〕

제846조(정기용선계약상의 채권의 소멸) ① 정기용선계약에 관하여 발생한 당사자 사이의 채권은 선박이 선박소유자에게 반환된 날부터 2년 이내에 재판상 청구가 없으면 소멸한다. 이 경우 제814조제 1 항 단서를 준용한다.
② 제840조제 2 항은 제 1 항의 경우에 준용한다.
〔전부개정 2007·8·3〕

제 5 절 선체용선

제847조(선체용선계약의 의의) ① 선체용선계약은 용선자의 관리·지배 하에 선박을 운항할 목적으로 선박소유자가 용선자에게 선박을 제공할 것을 약정하고 용선자가 이에 따른 용선료를 지급하기로 약정함으로써 그 효력이 생긴다.
② 선박소유자가 선장과 그 밖의 해원을 공급할 의무를 지는 경우에도 용선자의 관리·지배하에서 해원이 선박을 운항하는 것을 목적으로 하면 이를 선체용선계약으로 본다.
〔전부개정 2007·8·3〕

제848조(법적 성질) ① 선체용선계약은 그 성질에 반하지 아니하는 한 「민법」상 임대차에 관한 규정을 준용한다.
② 용선기간이 종료된 후에 용선자가 선박을 매수 또는 인수할 권리를 가지는 경우 및 금융의 담보를 목적으로 채권자를 선박소유자로 하여 선체용선계약을 체결한 경우에도 용선기간 중에는 당사자 사이에서는 이 절의 규정에 따라 권리와 의무가 있다.
〔전부개정 2007·8·3〕

제849조(선체용선자의 등기청구권, 등기의 효력) ① 선체용선자는 선박소유자에 대하여 선체용선등기에 협력할 것을 청구할 수 있다.

② 선체용선을 등기한 때에는 그 때부터 제 3 자에 대하여 효력이 생긴다.
〔전부개정 2007·8·3〕

제850조(선체용선과 제 3 자에 대한 법률관계) ① 선체용선자가 상행위나 그 밖의 영리를 목적으로 선박을 항해에 사용하는 경우에는 그 이용에 관한 사항에는 제 3 자에 대하여 선박소유자와 동일한 권리의무가 있다.
② 제 1 항의 경우에 선박의 이용에 관하여 생긴 우선특권은 선박소유자에 대하여도 그 효력이 있다. 다만, 우선특권자가 그 이용의 계약에 반함을 안 때에는 그러하지 아니하다.
〔전부개정 2007·8·3〕

제851조(선체용선계약상의 채권의 소멸) ① 선체용선계약에 관하여 발생한 당사자 사이의 채권은 선박이 선박소유자에게 반환된 날부터 2년 이내에 재판상 청구가 없으면 소멸한다. 이 경우 제814조제 1 항 단서를 준용한다.
② 제840조제 2 항은 제 1 항의 경우에 준용한다.
〔전부개정 2007·8·3〕

제 6 절 운송증서

제852조(선하증권의 발행) ① 운송인은 운송물을 수령한 후 송하인의 청구에 의하여 1통 또는 수통의 선하증권을 교부하여야 한다.
② 운송인은 운송물을 선적한 후 송하인의 청구에 의하여 1통 또는 수통의 선적선하증권을 교부하거나 제 1 항의 선하증권에 선적의 뜻을 표시하여야 한다.
③ 운송인은 선장 또는 그 밖의 대리인에게 선하증권의 교부 또는 제 2 항의 표시를 위임할 수 있다.
〔전부개정 2007·8·3〕

제853조(선하증권의 기재사항) ① 선하증권에는 다음 각 호의 사항을 기재하고 운송인이 기명날인 또는 서명하여야 한다.
1. 선박의 명칭·국적 및 톤수
2. 송하인이 서면으로 통지한 운송물의 종류, 중량 또는 용적, 포장의 종별, 개수와 기호
3. 운송물의 외관상태
4. 용선자 또는 송하인의 성명·상호
5. 수하인 또는 통지수령인의 성명·상호
6. 선적항
7. 양륙항
8. 운임
9. 발행지와 그 발행연월일
10. 수통의 선하증권을 발행한 때에는 그 수
11. 운송인의 성명 또는 상호
12. 운송인의 주된 영업소 소재지

② 제 1 항제 2 호의 기재사항 중 운송물의 중량·용적·개수 또는 기호가 운송인이 실제로 수령한 운송물을 정확하게 표시하고 있지 아니하다고 의심할 만한 상당한 이유가 있는 때 또는 이를 확인할 적당한 방법이 없는 때에는 그 기재를 생략할 수 있다.
③ 송하인은 제 1 항제 2 호의 기재사항이 정확함을 운송인에게 담보한 것으로 본다.
④ 운송인이 선하증권에 기재된 통지수령인에게 운송물에 관한 통지를 한 때에는 송하인 및 선하증권소지인과 그 밖의 수하인에게 통지한 것으로 본다.
〔전부개정 2007·8·3〕

제854조(선하증권 기재의 효력) ① 제853조제 1 항에 따라 선하증권이 발행된 경우 운송인과 송하인 사이에 선하증권에 기재된 대로 개품운송계약이 체결되고 운송물을 수령 또는 선적한 것으로 추정한다.
② 제 1 항의 선하증권을 선의로 취득한 소지인에 대하여 운송인은 선하증권에 기재된 대로 운송물을 수령 혹은 선적한 것으로 보고 선하증권에 기재된 바에 따라 운송인으로서 책임을 진다.
〔전부개정 2007·8·3〕

제855조(용선계약과 선하증권) ① 용선자의 청구가 있는 경우 선박소유자는 운송물을 수령한 후에 제852조 및 제853조에 따라 선하증권을 발행한다.
② 제 1 항에 따라 선하증권이 발행된 경우 선박소유자는 선하증권에 기재된 대로 운송물을 수령 또는 선적한 것으로 추정한다.
③ 제 3 자가 선의로 제 1 항의 선하증권을 취득한 경우 선박소유자는 제854조제 2 항에 따라 운송인으로서 권리와 의무가 있다. 용선자의 청구에 따라 선박소유자가 제 3 자에게 선하증권을 발행한 경우에도 또한 같다.

④ 제3항의 경우에 그 제3자는 제833조부터 제835조까지 및 제837조에 따른 송하인으로 본다.
⑤ 제3항의 경우 제799조를 위반하여 운송인으로서의 의무와 책임을 감경 또는 면제하는 특약을 하지 못한다.
〔전부개정 2007·8·3〕

第856條(등본의 교부) 선하증권의 교부를 받은 용선자 또는 송하인은 발행자의 청구가 있는 때에는 선하증권의 등본에 기명날인 또는 서명하여 교부하여야 한다.
〔전부개정 2007·8·3〕

第857條(수통의 선하증권과 양륙항에 있어서의 운송물의 인도) ① 양륙항에서 수통의 선하증권 중 1통을 소지한 자가 운송물의 인도를 청구하는 경우에도 선장은 그 인도를 거부하지 못한다.
② 제1항에 따라 수통의 선하증권 중 1통의 소지인이 운송물의 인도를 받은 때에는 다른 선하증권은 그 효력을 잃는다.
〔전부개정 2007·8·3〕

第858條(수통의 선하증권과 양륙항 외에서의 운송물의 인도) 양륙항 외에서는 선장은 선하증권의 각 통의 반환을 받지 아니하면 운송물을 인도하지 못한다.
〔전부개정 2007·8·3〕

第859條(2인 이상 소지인의 운송물인도청구와 공탁) ① 2인 이상의 선하증권소지인이 운송물의 인도를 청구한 때에는 선장은 지체 없이 운송물을 공탁하고 각 청구자에게 그 통지를 발송하여야 한다.
② 선장이 제857조제1항에 따라 운송물의 일부를 인도한 후 다른 소지인이 운송물의 인도를 청구한 경우에도 그 인도하지 아니한 운송물에 대하여는 제1항과 같다.
〔전부개정 2007·8·3〕

第860條(수인의 선하증권소지인의 순위) ① 제859조에 따라 공탁한 운송물에 대하여는 수인의 선하증권소지인에게 공통되는 전 소지인으로부터 먼저 교부를 받은 증권소지인의 권리가 다른 소지인의 권리에 우선한다.
② 격지자에 대하여 발송한 선하증권은 그 발송한 때를 교부받은 때로 본다.
〔전부개정 2007·8·3〕

第861條(준용규정) 제129조·제130조·제132조 및 제133조는 제852조 및 제855조의 선하증권에 준용한다.
〔전부개정 2007·8·3〕

第862條(전자선하증권) ① 운송인은 제852조 또는 제855조의 선하증권을 발행하는 대신에 송하인 또는 용선자의 동의를 받아 법무부장관이 지정하는 등록기관에 등록을 하는 방식으로 전자선하증권을 발행할 수 있다. 이 경우 전자선하증권은 제852조 및 제855조의 선하증권과 동일한 법적 효력을 갖는다.
② 전자선하증권에는 제853조제1항 각 호의 정보가 포함되어야 하며, 운송인이 전자서명을 하여 송신하고 용선자 또는 송하인이 이를 수신하여야 그 효력이 생긴다.
③ 전자선하증권의 권리자는 배서의 뜻을 기재한 전자문서를 작성한 다음 전자선하증권을 첨부하여 지정된 등록기관을 통하여 상대방에게 송신하는 방식으로 그 권리를 양도할 수 있다.
④ 제3항에서 정한 방식에 따라 배서의 뜻을 기재한 전자문서를 상대방이 수신하면 제852조 및 제855조의 선하증권을 배서하여 교부한 것과 동일한 효력이 있고, 제2항 및 제3항의 전자문서를 수신한 권리자는 제852조 및 제855조의 선하증권을 교부받은 소지인과 동일한 권리를 취득한다.
⑤ 전자선하증권의 등록기관의 지정요건, 발행 및 배서의 전자적인 방식, 운송물의 구체적인 수령절차와 그 밖에 필요한 사항은 대통령령으로 정한다.
〔전부개정 2007·8·3〕

第863條(해상화물운송장의 발행) ① 운송인은 용선자 또는 송하인의 청구가 있으면 제852조 또는 제855조의 선하증권을 발행하는 대신 해상화물운송장을 발행할 수 있다. 해상화물운송장은 당사자 사이의 합의에 따라 전자식으로도 발행할 수 있다.
② 해상화물운송장에는 해상화물운송장임을 표시하는 외에 제853조제1항 각 호 사항을 기재하고 운송인이 기명날인 또는 서명하여야 한다.
③ 제853조제2항 및 제4항은 해상화물운송장에 준용한다.
〔전부개정 2007·8·3〕

第864條(해상화물운송장의 효력) ① 제863조제1항의 규정에 따라 해상화물운송장이 발행된 경우 운송인이 그 운송장에 기재된 대

로 운송물을 수령 또는 선적한 것으로 추정한다.

② 운송인이 운송물을 인도함에 있어서 수령인이 해상화물운송장에 기재된 수하인 또는 그 대리인이라고 믿을만한 정당한 사유가 있는 때에는 수령인이 권리자가 아니라고 하더라도 운송인은 그 책임을 면한다.

〔전부개정 2007·8·3〕

제 3 장 해상위험

제 1 절 공동해손

제865조(공동해손의 요건) 선박과 적하의 공동위험을 면하기 위한 선장의 선박 또는 적하에 대한 처분으로 인하여 생긴 손해 또는 비용은 공동해손으로 한다.

〔전부개정 2007·8·3〕

제866조(공동해손의 분담) 공동해손은 그 위험을 면한 선박 또는 적하의 가액과 운임의 반액과 공동해손의 액과의 비율에 따라 각 이해관계인이 이를 분담한다.

〔전부개정 2007·8·3〕

제867조(공동해손분담액의 산정) 공동해손의 분담액을 정함에 있어서는 선박의 가액은 도달의 때와 곳의 가액으로 하고, 적하의 가액은 양륙의 때와 곳의 가액으로 한다. 다만, 적하에 관하여는 그 가액 중에서 멸실로 인하여 지급을 면하게 된 운임과 그 밖의 비용을 공제하여야 한다.

〔전부개정 2007·8·3〕

제868조(공동해손분담자의 유한책임) 제866조 및 제867조에 따라 공동해손의 분담책임이 있는 자는 선박이 도달하거나 적하를 인도한 때에 현존하는 가액의 한도에서 책임을 진다.

〔전부개정 2007·8·3〕

제869조(공동해손의 손해액산정) 공동해손의 액을 정함에 있어서는 선박의 가액은 도달의 때와 곳의 가액으로 하고, 적하의 가액은 양륙의 때와 곳의 가액으로 한다. 다만, 적하에 관하여는 그 손실로 인하여 지급을 면하게 된 모든 비용을 공제하여야 한다.

〔전부개정 2007·8·3〕

제870조(책임있는 자에 대한 구상권) 선박과 적하의 공동위험이 선박 또는 적하의 하자나 그 밖의 과실 있는 행위로 인하여 생긴 경우에는 공동해손의 분담자는 그 책임이 있는 자에 대하여 구상권을 행사할 수 있다.

〔전부개정 2007·8·3〕

제871조(공동해손분담제외) 선박에 비치한 무기, 선원의 급료, 선원과 여객의 식량·의류는 보존된 경우에는 그 가액을 공동해손의 분담에 산입하지 아니하고, 손실된 경우에는 그 가액을 공동해손의 액에 산입한다.

〔전부개정 2007·8·3〕

제872조(공동해손분담청구에서의 제외) ① 속구목록에 기재하지 아니한 속구, 선하증권이나 그 밖에 적하의 가격을 정할 수 있는 서류 없이 선적한 하물 또는 종류와 가액을 명시하지 아니한 화폐나 유가증권과 그 밖의 고가물은 보존된 경우에는 그 가액을 공동해손의 분담에 산입하고, 손실된 경우에는 그 가액을 공동해손의 액에 산입하지 아니한다.

② 갑판에 적재한 하물에 대하여도 제 1 항과 같다. 다만, 갑판에 선적하는 것이 관습상 허용되는 경우와 그 항해가 연안항행에 해당되는 경우에는 그러하지 아니하다.

〔전부개정 2007·8·3〕

제873조(적하가격의 부실기재와 공동해손) ① 선하증권이나 그 밖에 적하의 가격을 정할 수 있는 서류에 적하의 실가보다 고액을 기재한 경우에 그 하물이 보존된 때에는 그 기재액에 의하여 공동해손의 분담액을 정하고, 적하의 실가보다 저액을 기재한 경우에 그 하물이 손실된 때에는 그 기재액을 공동해손의 액으로 한다.

② 제 1 항은 적하의 가격에 영향을 미칠 사항에 관하여 거짓 기재를 한 경우에 준용한다.

〔전부개정 2007·8·3〕

제874조(공동해손인 손해의 회복) 선박소유자·용선자·송하인, 그 밖의 이해관계인이 공동해손의 액을 분담한 후 선박·속구 또는 적하의 전부나 일부가 소유자에게 복귀된 때에는 그 소유자는 공동해손의 상금으로 받은 금액에서 구조료와 일부손실로 인한 손해액을 공제하고 그 잔액을 반환하여야 한다.

〔전부개정 2007·8·3〕

제875조(공동해손 채권의 소멸) 공동해손으로 인하여 생긴 채권 및 제870조에 따른 구상

채권은 그 계산이 종료한 날부터 1년 이내에 재판상 청구가 없으면 소멸한다. 이 경우 제814조제1항 단서를 준용한다.
〔전부개정 2007·8·3〕

제2절 선박충돌

제876조(선박충돌에의 적용법규) ① 항해선 상호 간 또는 항해선과 내수항행선 간의 충돌이 있은 경우에 선박 또는 선박 내에 있는 물건이나 사람에 관하여 생긴 손해의 배상에 대하여는 어떠한 수면에서 충돌한 때라도 이 절의 규정을 적용한다.
② 이 절에서 "선박의 충돌"이란 2척 이상의 선박이 그 운용상 작위 또는 부작위로 선박 상호 간에 다른 선박 또는 선박 내에 있는 사람 또는 물건에 손해를 생기게 하는 것을 말하며, 직접적인 접촉의 유무를 묻지 아니한다.
〔전부개정 2007·8·3〕

제877조(불가항력으로 인한 충돌) 선박의 충돌이 불가항력으로 인하여 발생하거나 충돌의 원인이 명백하지 아니한 때에는 피해자는 충돌로 인한 손해의 배상을 청구하지 못한다.
〔전부개정 2007·8·3〕

제878조(일방의 과실로 인한 충돌) 선박의 충돌이 일방의 선원의 과실로 인하여 발생한 때에는 그 일방의 선박소유자는 피해자에 대하여 충돌로 인한 손해를 배상할 책임이 있다.
〔전부개정 2007·8·3〕

제879조(쌍방의 과실로 인한 충돌) ① 선박의 충돌이 쌍방의 선원의 과실로 인하여 발생한 때에는 쌍방의 과실의 경중에 따라 각 선박소유자가 손해배상의 책임을 분담한다. 이 경우 그 과실의 경중을 판정할 수 없는 때에는 손해배상의 책임을 균분하여 부담한다.
② 제1항의 경우에 제3자의 사상에 대한 손해배상은 쌍방의 선박소유자가 연대하여 그 책임을 진다.
〔전부개정 2007·8·3〕

제880조(도선사의 과실로 인한 충돌) 선박의 충돌이 도선사의 과실로 인하여 발생한 경우에도 선박소유자는 제878조 및 제879조를 준용하여 손해를 배상할 책임이 있다.
〔전부개정 2007·8·3〕

제881조(선박충돌채권의 소멸) 선박의 충돌로 인하여 생긴 손해배상의 청구권은 그 충돌이 있은 날부터 2년 이내에 재판상 청구가 없으면 소멸한다. 이 경우 제814조제1항 단서를 준용한다.
〔전부개정 2007·8·3〕

제3절 해난구조

제882조(해난구조의 요건) 항해선 또는 그 적하 그 밖의 물건이 어떠한 수면에서 위난에 조우한 경우에 의무 없이 이를 구조한 자는 그 결과에 대하여 상당한 보수를 청구할 수 있다. 항해선과 내수항행선 간의 구조의 경우에도 또한 같다.
〔전부개정 2007·8·3〕

제883조(보수의 결정) 구조의 보수에 관한 약정이 없는 경우에 그 액에 대하여 당사자 사이에 합의가 성립하지 아니한 때에는 법원은 당사자의 청구에 의하여 구조된 선박·재산의 가액, 위난의 정도, 구조자의 노력과 비용, 구조자나 그 장비가 조우했던 위험의 정도, 구조의 효과, 환경손해방지를 위한 노력, 그 밖의 제반사정을 참작하여 그 액을 정한다.
〔전부개정 2007·8·3〕

제884조(보수의 한도) ① 구조의 보수액은 다른 약정이 없으면 구조된 목적물의 가액을 초과하지 못한다.
② 선순위의 우선특권이 있는 때에는 구조의 보수액은 그 우선특권자의 채권액을 공제한 잔액을 초과하지 못한다.
〔전부개정 2007·8·3〕

제885조(환경손해방지작업에 대한 특별보상)
① 선박 또는 그 적하로 인하여 환경손해가 발생할 우려가 있는 경우에 손해의 경감 또는 방지의 효과를 수반하는 구조작업에 종사한 구조자는 구조의 성공 여부 및 제884조와 상관없이 구조에 소요된 비용을 특별보상으로 청구할 수 있다.
② 제1항에서 "비용"이란 구조작업에 실제로 지출한 합리적인 비용 및 사용된 장비와 인원에 대한 정당한 보수를 말한다.

③ 구조자는 발생할 환경손해가 구조작업으로 인하여 실제로 감경 또는 방지된 때에는 보상의 증액을 청구할 수 있고, 법원은 제883조의 사정을 참작하여 증액 여부 및 그 금액을 정한다. 이 경우 증액된다 하더라도 구조료는 제1항의 비용의 배액을 초과할 수 없다.

④ 구조자의 고의 또는 과실로 인하여 손해의 감경 또는 방지에 지장을 가져 온 경우 법원은 제1항 및 제3항에서 정한 금액을 감액 혹은 부인할 수 있다.

⑤ 하나의 구조작업을 시행한 구조자가 제1항부터 제4항까지의 규정에서 정한 특별보상을 청구하는 것 외에 제882조에서 정한 보수도 청구할 수 있는 경우 그 중 큰 금액을 구조료로 청구할 수 있다.

〔전부개정 2007·8·3〕

제886조(구조료의 지급의무) 선박소유자와 그 밖에 구조된 재산의 권리자는 그 구조된 선박 또는 재산의 가액에 비례하여 구조에 대한 보수를 지급하고 특별보상을 하는 등 구조료를 지급할 의무가 있다.

〔전부개정 2007·8·3〕

제887조(구조에 관한 약정) ① 당사자가 미리 구조계약을 하고 그 계약에 따라 구조가 이루어진 경우에도 그 성질에 반하지 아니하는 한 구조계약에서 정하지 아니한 사항은 이 절에서 정한 바에 따른다.

② 해난 당시에 구조료의 금액에 대하여 약정을 한 경우에도 그 금액이 현저하게 부당한 때에는 법원은 제883조의 사정을 참작하여 그 금액을 증감할 수 있다.

〔전부개정 2007·8·3〕

제888조(공동구조자 간의 구조료 분배) ① 수인이 공동으로 구조에 종사한 경우에 그 구조료의 분배비율에 관하여는 제883조를 준용한다.

② 인명의 구조에 종사한 자도 제1항에 따라 구조료의 분배를 받을 수 있다.

〔전부개정 2007·8·3〕

제889조(1선박 내부의 구조료 분배) ① 선박이 구조에 종사하여 그 구조료를 받은 경우에는 먼저 선박의 손해액과 구조에 들어간 비용을 선박소유자에게 지급하고 잔액을 절반하여 선장과 해원에게 지급하여야 한다.

② 제1항에 따라 해원에게 지급할 구조료의 분배는 선장이 각 해원의 노력, 그 효과와 사정을 참작하여 그 항해의 종료 전에 분배안을 작성하여 해원에게 고시하여야 한다.

〔전부개정 2007·8·3〕

제890조(예선의 구조의 경우) 예선의 본선 또는 그 적하에 대한 구조에 관하여는 예선계약의 이행으로 볼 수 없는 특수한 노력을 제공한 경우가 아니면 구조료를 청구하지 못한다.

〔전부개정 2007·8·3〕

제891조(동일소유자에 속한 선박 간의 보수) 동일소유자에 속한 선박의 상호 간에 있어서도 구조에 종사한 자는 상당한 구조료를 청구할 수 있다.

〔전부개정 2007·8·3〕

제892조(구조료청구권 없는 자) 다음 각 호에 해당하는 자는 구조료를 청구하지 못한다.

1. 구조받은 선박에 종사하는 자
2. 고의 또는 과실로 인하여 해난사고를 야기한 자
3. 정당한 거부에도 불구하고 구조를 강행한 자
4. 구조된 물건을 은닉하거나 정당한 사유 없이 처분한 자

〔전부개정 2007·8·3〕

제893조(구조자의 우선특권) ① 구조에 종사한 자의 구조료채권은 구조된 적하에 대하여 우선특권이 있다. 다만, 채무자가 그 적하를 제3취득자에게 인도한 후에는 그 적하에 대하여 이 권리를 행사하지 못한다.

② 제1항의 우선특권에는 그 성질에 반하지 아니하는 한 제777조의 우선특권에 관한 규정을 준용한다.

〔전부개정 2007·8·3〕

제894조(구조료지급에 관한 선장의 권한) ① 선장은 구조료를 지급할 채무자에 갈음하여 그 지급에 관한 재판상 또는 재판 외의 모든 행위를 할 권한이 있다.

② 선장은 그 구조료에 관한 소송의 당사자가 될 수 있고, 그 확정판결은 구조료의 채무자에 대하여도 효력이 있다.

〔전부개정 2007·8·3〕

제895조(구조료청구권의 소멸) 구조료청구권은 구조가 완료된 날부터 2년 이내에 재판상 청구가 없으면 소멸한다. 이 경우 제814조제1항 단서를 준용한다.
〔전부개정 2007·8·3〕

제6편 항공운송

제1장 통칙

제896조(항공기의 의의) 이 법에서 "항공기"란 상행위나 그 밖의 영리를 목적으로 운항에 사용하는 항공기를 말한다. 다만, 대통령령으로 정하는 초경량 비행장치(超輕量 飛行裝置)는 제외한다.
〔본조신설 2011·5·23〕

제897조(적용범위) 운항용 항공기에 대하여는 상행위나 그 밖의 영리를 목적으로 하지 아니하더라도 이 편의 규정을 준용한다. 다만, 국유(國有) 또는 공유(公有) 항공기에 대하여는 운항의 목적·성질 등을 고려하여 이 편의 규정을 준용하는 것이 적합하지 아니한 경우로서 대통령령으로 정하는 경우에는 그러하지 아니하다.
〔본조신설 2011·5·23〕

제898조(운송인 등의 책임감면) 제905조제1항을 포함하여 이 편에서 정한 운송인이나 항공기 운항자의 손해배상책임과 관련하여 운송인이나 항공기 운항자가 손해배상청구권자의 과실 또는 그 밖의 불법한 작위나 부작위가 손해를 발생시켰거나 손해에 기여하였다는 것을 증명한 경우에는, 그 과실 또는 그 밖의 불법한 작위나 부작위가 손해를 발생시켰거나 손해에 기여한 정도에 따라 운송인이나 항공기 운항자의 책임을 감경하거나 면제할 수 있다.
〔본조신설 2011·5·23〕

제2장 운송

제1절 통칙

제899조(비계약적 청구에 대한 적용 등) ① 이 장의 운송인의 책임에 관한 규정은 운송인의 불법행위로 인한 손해배상의 책임에도 적용한다.
② 여객, 수하물 또는 운송물에 관한 손해배상청구가 운송인의 사용인이나 대리인에 대하여 제기된 경우에 그 손해가 그 사용인이나 대리인의 직무집행에 관하여 생겼을 때에는 그 사용인이나 대리인은 운송인이 주장할 수 있는 항변과 책임제한을 원용할 수 있다.
③ 제2항에도 불구하고 여객 또는 수하물의 손해가 운송인의 사용인이나 대리인의 고의로 인하여 발생하였거나 또는 여객의 사망·상해·연착(수하물의 경우 멸실·훼손·연착)이 생길 염려가 있음을 인식하면서 무모하게 한 작위 또는 부작위로 인하여 발생하였을 때에는 그 사용인이나 대리인은 운송인이 주장할 수 있는 항변과 책임제한을 원용할 수 없다.
④ 제2항의 경우에 운송인과 그 사용인이나 대리인의 여객, 수하물 또는 운송물에 대한 책임제한금액의 총액은 각각 제905조·제907조·제910조 및 제915조에 따른 한도를 초과하지 못한다.
〔본조신설 2011·5·23〕

제900조(실제운송인에 대한 청구) ① 운송계약을 체결한 운송인(이하 "계약운송인"이라 한다)의 위임을 받아 운송의 전부 또는 일부를 수행한 운송인(이하 "실제운송인"이라 한다)이 있을 경우 실제운송인이 수행한 운송에 관하여는 실제운송인에 대하여도 이 장의 운송인의 책임에 관한 규정을 적용한다. 다만, 제901조의 순차운송에 해당하는 경우는 그러하지 아니하다.
② 실제운송인이 여객·수하물 또는 운송물에 대한 손해배상책임을 지는 경우 계약운송인과 실제운송인은 연대하여 그 책임을 진다.
③ 제1항의 경우 제899조제2항부터 제4항까지를 준용한다. 이 경우 제899조제2항·제3항 중 "운송인"은 "실제운송인"으로, 같은 조 제4항 중 "운송인"은 "계약운송인과 실제운송인"으로 본다.
④ 이 장에서 정한 운송인의 책임과 의무 외에 운송인이 책임과 의무를 부담하기로 하는 특약 또는 이 장에서 정한 운송인의 권리나 항변의 포기는 실제운송인이 동의하

지 아니하는 한 실제운송인에게 영향을 미치지 아니한다.
〔본조신설 2011·5·23〕

제901조(순차운송) ① 둘 이상이 순차(順次)로 운송할 경우에는 각 운송인의 운송구간에 관하여 그 운송인도 운송계약의 당사자로 본다.
② 순차운송에서 여객의 사망, 상해 또는 연착으로 인한 손해배상은 그 사실이 발생한 구간의 운송인에게만 청구할 수 있다. 다만, 최초 운송인이 명시적으로 전 구간에 대한 책임을 인수하기로 약정한 경우에는 최초 운송인과 그 사실이 발생한 구간의 운송인이 연대하여 그 손해를 배상할 책임이 있다.
③ 순차운송에서 수하물의 멸실, 훼손 또는 연착으로 인한 손해배상은 최초 운송인, 최종 운송인 및 그 사실이 발생한 구간의 운송인에게 각각 청구할 수 있다.
④ 순차운송에서 운송물의 멸실, 훼손 또는 연착으로 인한 손해배상은 송하인이 최초 운송인 및 그 사실이 발생한 구간의 운송인에게 각각 청구할 수 있다. 다만, 제918조 제1항에 따라 수하인이 운송물의 인도를 청구할 권리를 가지는 경우에는 수하인이 최종 운송인 및 그 사실이 발생한 구간의 운송인에게 그 손해배상을 각각 청구할 수 있다.
⑤ 제3항과 제4항의 경우 각 운송인은 연대하여 그 손해를 배상할 책임이 있다.
⑥ 최초 운송인 또는 최종 운송인이 제2항부터 제5항까지의 규정에 따라 손해를 배상한 경우에는 여객의 사망, 상해 또는 연착이나 수하물·운송물의 멸실, 훼손 또는 연착이 발생한 구간의 운송인에 대하여 구상권을 가진다.
〔본조신설 2011·5·23〕

제902조(운송인 책임의 소멸) 운송인의 여객, 송하인 또는 수하인에 대한 책임은 그 청구원인에 관계없이 여객 또는 운송물이 도착지에 도착한 날, 항공기가 도착할 날 또는 운송이 중지된 날 가운데 가장 늦게 도래한 날부터 2년 이내에 재판상 청구가 없으면 소멸한다.
〔본조신설 2011·5·23〕

제903조(계약조항의 무효) 이 장의 규정에 반하여 운송인의 책임을 감면하거나 책임한도액을 낮게 정하는 특약은 효력이 없다.
〔본조신설 2011·5·23〕

제2절 여객운송

제904조(운송인의 책임) 운송인은 여객의 사망 또는 신체의 상해로 인한 손해에 관하여는 그 손해의 원인이 된 사고가 항공기상에서 또는 승강(乘降)을 위한 작업 중에 발생한 경우에만 책임을 진다.
〔본조신설 2011·5·23〕

제905조(운송인의 책임한도액) ① 제904조의 손해 중 여객 1명당 11만3천100 계산단위의 금액까지는 운송인의 배상책임을 면제하거나 제한할 수 없다. <개정 2014·5·20>
② 운송인은 제904조의 손해 중 여객 1명당 11만3천100 계산단위의 금액을 초과하는 부분에 대하여는 다음 각 호의 어느 하나를 증명하면 배상책임을 지지 아니한다. <개정 2014·5·20>
1. 그 손해가 운송인 또는 그 사용인이나 대리인의 과실 또는 그 밖의 불법한 작위나 부작위에 의하여 발생하지 아니하였다는 것
2. 그 손해가 오로지 제3자의 과실 또는 그 밖의 불법한 작위나 부작위에 의하여만 발생하였다는 것
〔본조신설 2011·5·23〕

제906조(선급금의 지급) ① 여객의 사망 또는 신체의 상해가 발생한 항공기사고의 경우에 운송인은 손해배상청구권자가 청구하면 지체 없이 선급금(先給金)을 지급하여야 한다. 이 경우 선급금의 지급만으로 운송인의 책임이 있는 것으로 보지 아니한다.
② 지급한 선급금은 운송인이 손해배상으로 지급하여야 할 금액에 충당할 수 있다.
③ 선급금의 지급액, 지급 절차 및 방법 등에 관하여는 대통령령으로 정한다.
〔본조신설 2011·5·23〕

제907조(연착에 대한 책임) ① 운송인은 여객의 연착으로 인한 손해에 대하여 책임을 진다. 다만, 운송인이 자신과 그 사용인 및 대리인이 손해를 방지하기 위하여 합리적으로 요구되는 모든 조치를 하였다는 것 또는

그 조치를 하는 것이 불가능하였다는 것을 증명한 경우에는 그 책임을 면한다.
② 제1항에 따른 운송인의 책임은 여객 1명당 4천694 계산단위의 금액을 한도로 한다. 다만, 여객과의 운송계약상 그 출발지, 도착지 및 중간 착륙지가 대한민국 영토 내에 있는 운송의 경우에는 여객 1명당 1천 계산단위의 금액을 한도로 한다. <개정 2014·5·20>
③ 제2항은 운송인 또는 그 사용인이나 대리인의 고의로 또는 연착이 생길 염려가 있음을 인식하면서 무모하게 한 작위 또는 부작위에 의하여 손해가 발생한 것이 증명된 경우에는 적용하지 아니한다.
〔본조신설 2011·5·23〕

제908조(수하물의 멸실·훼손에 대한 책임) ① 운송인은 위탁수하물의 멸실 또는 훼손으로 인한 손해에 대하여는 그 손해의 원인이 된 사실이 항공기상에서 또는 위탁수하물이 운송인의 관리하에 있는 기간 중에 발생한 경우에만 책임을 진다. 다만, 그 손해가 위탁수하물의 고유한 결함, 특수한 성질 또는 숨은 하자로 인하여 발생한 경우에는 그 범위에서 책임을 지지 아니한다.
② 운송인은 휴대수하물의 멸실 또는 훼손으로 인한 손해에 대하여는 그 손해가 자신 또는 그 사용인이나 대리인의 고의 또는 과실에 의하여 발생한 경우에만 책임을 진다.
〔본조신설 2011·5·23〕

제909조(수하물의 연착에 대한 책임) 운송인은 수하물의 연착으로 인한 손해에 대하여 책임을 진다. 다만, 운송인이 자신과 그 사용인 및 대리인이 손해를 방지하기 위하여 합리적으로 요구되는 모든 조치를 하였다는 것 또는 그 조치를 하는 것이 불가능하였다는 것을 증명한 경우에는 그 책임을 면한다.
〔본조신설 2011·5·23〕

제910조(수하물에 대한 책임한도액) ① 제908조와 제909조에 따른 운송인의 손해배상책임은 여객 1명당 1천131 계산단위의 금액을 한도로 한다. 다만, 여객이 운송인에게 위탁수하물을 인도할 때에 도착지에서 인도받을 때의 예정가액을 미리 신고한 경우에는 운송인은 신고 가액이 위탁수하물을 도착지에서 인도할 때의 실제가액을 초과한다는 것을 증명하지 아니하는 한 신고 가액을 한도로 책임을 진다. <개정 2014·5·20>
② 제1항은 운송인 또는 그 사용인이나 대리인의 고의로 또는 수하물의 멸실, 훼손 또는 연착이 생길 염려가 있음을 인식하면서 무모하게 한 작위 또는 부작위에 의하여 손해가 발생한 것이 증명된 경우에는 적용하지 아니한다.
〔본조신설 2011·5·23〕

제911조(위탁수하물의 일부 멸실·훼손 등에 관한 통지) ① 여객이 위탁수하물의 일부 멸실 또는 훼손을 발견하였을 때에는 위탁수하물을 수령한 후 지체 없이 그 개요에 관하여 운송인에게 서면 또는 전자문서로 통지를 발송하여야 한다. 다만, 그 멸실 또는 훼손이 즉시 발견할 수 없는 것일 경우에는 위탁수하물을 수령한 날부터 7일 이내에 그 통지를 발송하여야 한다.
② 위탁수하물이 연착된 경우 여객은 위탁수하물을 처분할 수 있는 날부터 21일 이내에 이의를 제기하여야 한다.
③ 위탁수하물이 일부 멸실, 훼손 또는 연착된 경우에는 제916조제3항부터 제6항까지를 준용한다.
〔본조신설 2011·5·23〕

제912조(휴대수하물의 무임운송의무) 운송인은 휴대수하물에 대하여는 다른 약정이 없으면 별도로 운임을 청구하지 못한다.
〔본조신설 2011·5·23〕

제3절 물건운송

제913조(운송물의 멸실·훼손에 대한 책임) ① 운송인은 운송물의 멸실 또는 훼손으로 인한 손해에 대하여 그 손해가 항공운송 중(운송인이 운송물을 관리하고 있는 기간을 포함한다. 이하 이 조에서 같다)에 발생한 경우에만 책임을 진다. 다만, 운송인이 운송물의 멸실 또는 훼손이 다음 각 호의 사유로 인하여 발생하였음을 증명하였을 경우에는 그 책임을 면한다.
1. 운송물의 고유한 결함, 특수한 성질 또는 숨은 하자

2. 운송인 또는 그 사용인이나 대리인 외의 자가 수행한 운송물의 부적절한 포장 또는 불완전한 기호 표시
3. 전쟁, 폭동, 내란 또는 무력충돌
4. 운송물의 출입국, 검역 또는 통관과 관련된 공공기관의 행위
5. 불가항력

② 제1항에 따른 항공운송 중에는 공항 외부에서 한 육상, 해상 운송 또는 내륙 수로운송은 포함되지 아니한다. 다만, 그러한 운송이 운송계약을 이행하면서 운송물의 적재(積載), 인도 또는 환적(換積)할 목적으로 이루어졌을 경우에는 항공운송 중인 것으로 추정한다.

③ 운송인이 송하인과의 합의에 따라 항공운송하기로 예정된 운송의 전부 또는 일부를 송하인의 동의 없이 다른 운송수단에 의한 운송으로 대체하였을 경우에는 그 다른 운송수단에 의한 운송은 항공운송으로 본다.
〔본조신설 2011·5·23〕

제914조(운송물 연착에 대한 책임) 운송인은 운송물의 연착으로 인한 손해에 대하여 책임을 진다. 다만, 운송인이 자신과 그 사용인 및 대리인이 손해를 방지하기 위하여 합리적으로 요구되는 모든 조치를 하였다는 것 또는 그 조치를 하는 것이 불가능하였다는 것을 증명한 경우에는 그 책임을 면한다.
〔본조신설 2011·5·23〕

제915조(운송물에 대한 책임한도액) ① 제913조와 제914조에 따른 운송인의 손해배상책임은 손해가 발생한 해당 운송물의 1킬로그램당 19 계산단위의 금액을 한도로 하되, 송하인과의 운송계약상 그 출발지, 도착지 및 중간 착륙지가 대한민국 영토 내에 있는 운송의 경우에는 손해가 발생한 해당 운송물의 1킬로그램당 15 계산단위의 금액을 한도로 한다. 다만, 송하인이 운송물을 운송인에게 인도할 때에 도착지에서 인도받을 때의 예정가액을 미리 신고한 경우에는 운송인은 신고 가액이 도착지에서 인도할 때의 실제가액을 초과한다는 것을 증명하지 아니하는 한 신고 가액을 한도로 책임을 진다. <개정 2014·5·20>

② 제1항의 항공운송인의 책임한도를 결정할 때 고려하여야 할 중량은 해당 손해가 발생된 운송물의 중량을 말한다. 다만, 운송물의 일부 또는 운송물에 포함된 물건의 멸실, 훼손 또는 연착이 동일한 항공화물운송장(제924조에 따라 항공화물운송장의 교부에 대체되는 경우를 포함한다) 또는 화물수령증에 적힌 다른 운송물의 가치에 영향을 미칠 때에는 운송인의 책임한도를 결정할 때 그 다른 운송물의 중량도 고려하여야 한다.
〔본조신설 2011·5·23〕

제916조(운송물의 일부 멸실·훼손 등에 관한 통지) ① 수하인은 운송물의 일부 멸실 또는 훼손을 발견하면 운송물을 수령한 후 지체 없이 그 개요에 관하여 운송인에게 서면 또는 전자문서로 통지를 발송하여야 한다. 다만, 그 멸실 또는 훼손이 즉시 발견할 수 없는 것일 경우에는 수령일부터 14일 이내에 그 통지를 발송하여야 한다.

② 운송물이 연착된 경우 수하인은 운송물을 처분할 수 있는 날부터 21일 이내에 이의를 제기하여야 한다.

③ 제1항의 통지가 없는 경우에는 운송물이 멸실 또는 훼손 없이 수하인에게 인도된 것으로 추정한다.

④ 운송물에 멸실 또는 훼손이 발생하였거나 그런 것으로 의심되는 경우에는 운송인과 수하인은 서로 운송물의 검사를 위하여 필요한 편의를 제공하여야 한다.

⑤ 제1항과 제2항의 기간 내에 통지나 이의제기가 없을 경우에는 수하인은 운송인에 대하여 제소할 수 없다. 다만, 운송인 또는 그 사용인이나 대리인이 악의인 경우에는 그러하지 아니하다.

⑥ 제1항부터 제5항까지의 규정에 반하여 수하인에게 불리한 당사자 사이의 특약은 효력이 없다.
〔본조신설 2011·5·23〕

제917조(운송물의 처분청구권) ① 송하인은 운송인에게 운송의 중지, 운송물의 반환, 그 밖의 처분을 청구(이하 이 조에서 "처분청구권"이라 한다)할 수 있다. 이 경우에 운송인은 운송계약에서 정한 바에 따라 운임, 체당금과 처분으로 인한 비용의 지급을 청구할 수 있다.

② 송하인은 운송인 또는 다른 송하인의 권리를 침해하는 방법으로 처분청구권을 행사

하여서는 아니 되며, 운송인이 송하인의 청구에 따르지 못할 경우에는 지체 없이 그 뜻을 송하인에게 통지하여야 한다.

③ 운송인이 송하인에게 교부한 항공화물운송장 또는 화물수령증을 확인하지 아니하고 송하인의 처분청구에 따른 경우, 운송인은 그로 인하여 항공화물운송장 또는 화물수령증의 소지인이 입은 손해를 배상할 책임을 진다.

④ 제918조제1항에 따라 수하인이 운송물의 인도를 청구할 권리를 취득하였을 때에는 송하인의 처분청구권은 소멸한다. 다만, 수하인이 운송물의 수령을 거부하거나 수하인을 알 수 없을 경우에는 그러하지 아니하다.

〔본조신설 2011·5·23〕

제918조(운송물의 인도) ① 운송물이 도착지에 도착한 때에는 수하인은 운송인에게 운송물의 인도를 청구할 수 있다. 다만, 송하인이 제917조제1항에 따라 처분청구권을 행사한 경우에는 그러하지 아니하다.

② 운송물이 도착지에 도착하면 다른 약정이 없는 한 운송인은 지체 없이 수하인에게 통지하여야 한다.

〔본조신설 2011·5·23〕

제919조(운송인의 채권의 시효) 운송인의 송하인 또는 수하인에 대한 채권은 2년간 행사하지 아니하면 소멸시효가 완성한다.

〔본조신설 2011·5·23〕

제920조(준용규정) 항공화물 운송에 관하여는 제120조, 제134조, 제141조부터 제143조까지, 제792조, 제793조, 제801조, 제802조, 제811조 및 제812조를 준용한다. 이 경우 "선적항"은 "출발지 공항"으로, "선장"은 "운송인"으로, "양륙항"은 "도착지 공항"으로 본다.

〔본조신설 2011·5·23〕

제 4 절 운송증서

제921조(여객항공권) ① 운송인이 여객운송을 인수하면 여객에게 다음 각 호의 사항을 적은 개인용 또는 단체용 여객항공권을 교부하여야 한다.

1. 여객의 성명 또는 단체의 명칭
2. 출발지와 도착지
3. 출발일시
4. 운항할 항공편
5. 발행지와 발행연월일
6. 운송인의 성명 또는 상호

② 운송인은 제1항 각 호의 정보를 전산정보처리조직에 의하여 전자적 형태로 저장하거나 그 밖의 다른 방식으로 보존함으로써 제1항의 여객항공권 교부를 갈음할 수 있다. 이 경우 운송인은 여객이 청구하면 제1항 각 호의 정보를 적은 서면을 교부하여야 한다.

〔본조신설 2011·5·23〕

제922조(수하물표) 운송인은 여객에게 개개의 위탁수하물마다 수하물표를 교부하여야 한다.

〔본조신설 2011·5·23〕

제923조(항공화물운송장의 발행) ① 송하인은 운송인의 청구를 받아 다음 각 호의 사항을 적은 항공화물운송장 3부를 작성하여 운송인에게 교부하여야 한다.

1. 송하인의 성명 또는 상호
2. 수하인의 성명 또는 상호
3. 출발지와 도착지
4. 운송물의 종류, 중량, 포장의 종별·개수와 기호
5. 출발일시
6. 운송할 항공편
7. 발행지와 발행연월일
8. 운송인의 성명 또는 상호

② 운송인이 송하인의 청구에 따라 항공화물운송장을 작성한 경우에는 송하인을 대신하여 작성한 것으로 추정한다.

③ 제1항의 항공화물운송장 중 제1원본에는 "운송인용"이라고 적고 송하인이 기명날인 또는 서명하여야 하고, 제2원본에는 "수하인용"이라고 적고 송하인과 운송인이 기명날인 또는 서명하여야 하며, 제3원본에는 "송하인용"이라고 적고 운송인이 기명날인 또는 서명하여야 한다.

④ 제3항의 서명은 인쇄 또는 그 밖의 다른 적절한 방법으로 할 수 있다.

⑤ 운송인은 송하인으로부터 운송물을 수령한 후 송하인에게 항공화물운송장 제3원본을 교부하여야 한다.

〔본조신설 2011·5·23〕

제924조(항공화물운송장의 대체) ① 운송인은 제923조제1항 각 호의 정보를 전산정보처리조직에 의하여 전자적 형태로 저장하거나 그 밖의 다른 방식으로 보존함으로써 항공화물운송장의 교부에 대체할 수 있다.
② 제1항의 경우 운송인은 송하인의 청구에 따라 송하인에게 제923조제1항 각 호의 정보를 적은 화물수령증을 교부하여야 한다.
〔본조신설 2011·5·23〕

제925조(복수의 운송물) ① 2개 이상의 운송물이 있는 경우에는 운송인은 송하인에 대하여 각 운송물마다 항공화물운송장의 교부를 청구할 수 있다.
② 항공화물운송장의 교부가 제924조제1항에 따른 저장·보존으로 대체되는 경우에는 송하인은 운송인에게 각 운송물마다 화물수령증의 교부를 청구할 수 있다.
〔본조신설 2011·5·23〕

제926조(운송물의 성질에 관한 서류) ① 송하인은 세관, 경찰 등 행정기관이나 그 밖의 공공기관의 절차를 이행하기 위하여 필요한 경우 운송인의 요청을 받아 운송물의 성질을 명시한 서류를 운송인에게 교부하여야 한다.
② 운송인은 제1항과 관련하여 어떠한 의무나 책임을 부담하지 아니한다.
〔본조신설 2011·5·23〕

제927조(항공운송증서에 관한 규정 위반의 효과) 운송인 또는 송하인이 제921조부터 제926조까지를 위반하는 경우에도 운송계약의 효력 및 이 법의 다른 규정의 적용에 영향을 미치지 아니한다.
〔본조신설 2011·5·23〕

제928조(항공운송증서 등의 기재사항에 관한 책임) ① 송하인은 항공화물운송장에 적었거나 운송인에게 통지한 운송물의 명세 또는 운송물에 관한 진술이 정확하고 충분함을 운송인에게 담보한 것으로 본다.
② 송하인은 제1항의 운송물의 명세 또는 운송물에 관한 진술이 정확하지 아니하거나 불충분하여 운송인이 손해를 입은 경우에는 운송인에게 배상할 책임이 있다.
③ 운송인은 제924조제1항에 따라 저장·보존되는 운송에 관한 기록이나 화물수령증에 적은 운송물의 명세 또는 운송물에 관한 진술이 정확하지 아니하거나 불충분하여 송하인이 손해를 입은 경우 송하인에게 배상할 책임이 있다. 다만, 제1항에 따라 송하인이 그 정확하고 충분함을 담보한 것으로 보는 경우에는 그러하지 아니하다.
〔본조신설 2011·5·23〕

제929조(항공운송증서 기재의 효력) ① 항공화물운송장 또는 화물수령증이 교부된 경우 그 운송증서에 적힌 대로 운송계약이 체결된 것으로 추정한다.
② 운송인은 항공화물운송장 또는 화물수령증에 적힌 운송물의 중량, 크기, 포장의 종별·개수·기호 및 외관상태대로 운송물을 수령한 것으로 추정한다.
③ 운송물의 종류, 외관상태 외의 상태, 포장 내부의 수량 및 부피에 관한 항공화물운송장 또는 화물수령증의 기재 내용은 송하인이 참여한 가운데 운송인이 그 기재 내용의 정확함을 확인하고 그 사실을 항공화물운송장이나 화물수령증에 적은 경우에만 그 기재 내용대로 운송물을 수령한 것으로 추정한다.
〔본조신설 2011·5·23〕

제3장 지상 제3자의 손해에 대한 책임

제930조(항공기 운항자의 배상책임) ① 항공기 운항자는 비행 중인 항공기 또는 항공기로부터 떨어진 사람이나 물건으로 인하여 사망하거나 상해 또는 재산상 손해를 입은 지상(지하, 수면 또는 수중을 포함한다)의 제3자에 대하여 손해배상책임을 진다.
② 이 편에서 "항공기 운항자"란 사고 발생 당시 항공기를 사용하는 자를 말한다. 다만, 항공기의 운항을 지배하는 자(이하 "운항지배자"라 한다)가 타인에게 항공기를 사용하게 한 경우에는 운항지배자를 항공기 운항자로 본다.
③ 이 편을 적용할 때에 항공기등록원부에 기재된 항공기 소유자는 항공기 운항자로 추정한다.

④ 제1항에서 "비행 중"이란 이륙을 목적으로 항공기에 동력이 켜지는 때부터 착륙이 끝나는 때까지를 말한다.
⑤ 2대 이상의 항공기가 관여하여 제1항의 사고가 발생한 경우 각 항공기 운항자는 연대하여 제1항의 책임을 진다.
⑥ 운항지배자의 승낙 없이 항공기가 사용된 경우 운항지배자는 이를 막기 위하여 상당한 주의를 하였음을 증명하지 못하는 한 승낙 없이 항공기를 사용한 자와 연대하여 제932조에서 정한 한도 내의 책임을 진다.
〔본조신설 2011·5·23〕

제931조(면책사유) 항공기 운항자는 제930조제1항에 따른 사망, 상해 또는 재산상 손해의 발생이 다음 각 호의 어느 하나에 해당함을 증명하면 책임을 지지 아니한다.
1. 전쟁, 폭동, 내란 또는 무력충돌의 직접적인 결과로 발생하였다는 것
2. 항공기 운항자가 공권력에 의하여 항공기 사용권을 박탈당한 중에 발생하였다는 것
3. 오로지 피해자 또는 피해자의 사용인이나 대리인의 과실 또는 그 밖의 불법한 작위나 부작위에 의하여서만 발생하였다는 것
4. 불가항력
〔본조신설 2011·5·23〕

제932조(항공기 운항자의 유한책임) ① 항공기 운항자의 제930조에 따른 책임은 하나의 항공기가 관련된 하나의 사고에 대하여 항공기의 이륙을 위하여 법으로 허용된 최대중량(이하 이 조에서 "최대중량"이라 한다)에 따라 다음 각 호에서 정한 금액을 한도로 한다.
1. 최대중량이 2천킬로그램 이하의 항공기의 경우 30만 계산단위의 금액
2. 최대중량이 2천킬로그램을 초과하는 항공기의 경우 2천킬로그램까지는 30만 계산단위, 2천킬로그램 초과 6천킬로그램까지는 매 킬로그램당 175 계산단위, 6천킬로그램 초과 3만킬로그램까지는 매 킬로그램당 62.5 계산단위, 3만킬로그램을 초과하는 부분에는 매 킬로그램당 65 계산단위를 각각 곱하여 얻은 금액을 순차로 더한 금액
② 하나의 항공기가 관련된 하나의 사고로 인하여 사망 또는 상해가 발생한 경우 항공기 운항자의 제930조에 따른 책임은 제1항의 금액의 범위에서 사망하거나 상해를 입은 사람 1명당 12만5천 계산단위의 금액을 한도로 한다.
③ 하나의 항공기가 관련된 하나의 사고로 인하여 여러 사람에게 생긴 손해의 합계가 제1항의 한도액을 초과하는 경우, 각각의 손해는 제1항의 한도액에 대한 비율에 따라 배상한다.
④ 하나의 항공기가 관련된 하나의 사고로 인하여 사망, 상해 또는 재산상의 손해가 발생한 경우 제1항에서 정한 금액의 한도에서 사망 또는 상해로 인한 손해를 먼저 배상하고, 남는 금액이 있으면 재산상의 손해를 배상한다.
〔본조신설 2011·5·23〕

제933조(유한책임의 배제) ① 항공기 운항자 또는 그 사용인이나 대리인이 손해를 발생시킬 의도로 제930조제1항의 사고를 발생시킨 경우에는 제932조를 적용하지 아니한다. 이 경우 항공기 운항자의 사용인이나 대리인의 행위로 인하여 사고가 발생한 경우에는 그가 권한 범위에서 행위하고 있었다는 사실이 증명되어야 한다.
② 항공기를 사용할 권한을 가진 자의 동의 없이 불법으로 항공기를 탈취(奪取)하여 사용하는 중 제930조제1항의 사고를 발생시킨 자에 대하여는 제932조를 적용하지 아니한다.
〔본조신설 2011·5·23〕

제934조(항공기 운항자의 책임의 소멸) 항공기 운항자의 제930조의 책임은 사고가 발생한 날부터 3년 이내에 재판상 청구가 없으면 소멸한다.
〔본조신설 2011·5·23〕

제935조(책임제한의 절차) ① 이 장의 규정에 따라 책임을 제한하려는 자는 채권자로부터 책임한도액을 초과하는 청구금액을 명시한 서면에 의한 청구를 받은 날부터 1년 이내에 법원에 책임제한절차 개시의 신청을 하여야 한다.
② 책임제한절차 개시의 신청, 책임제한 기금의 형성·공고·참가·배당, 그 밖에 필요한 사항에 관하여는 성질에 반하지 아니하

는 범위에서 「선박소유자 등의 책임제한절차에 관한 법률」의 예를 따른다.
〔본조신설 2011·5·23〕

부 칙

제 1 조(위임규정) 소상인의 범위는 각령으로 정한다.

제 2 조(동전) 제125조의 호천, 항만의 범위는 각령으로 정한다.

제 3 조(상업등기공고의 유예) ① 제36조의 공고에 관한 규정은 상당한 기간 이를 적용하지 아니한다. 이 기간은 대법원규칙으로 정한다.
② 전항의 경우에 그 기간 중에는 등기한 때에 공고한 것으로 본다.

제 4 조 삭제 <2014·5·20>

제 5 조 삭제 <1984·4·10>

제 6 조(사채모집의 수탁자 등의 자격) 은행·신탁회사 또는 증권회사가 아니면 사채의 모집의 위임을 받거나 제483조의 사무승계자가 되지 못한다. <개정 1984·4·10>

제 7 조(무기명식채권소지인의 공탁의 방법) 제491조제 4 항, 제492조제 2 항 또는 그 준용규정에 의하여 할 공탁은 공탁공무원에게 이를 하지 아니하는 경우에는 대법원장이 정하는 은행 또는 신탁회사에 하여야 한다. <개정 1962·12·12>

제 8 조(사채권자집회에 관한 공고의 방법) 사채권자집회의 소집, 상환액의 지급 또는 상환에 관한 사채권자집회의 결의를 집행함에 있어야 할 공고는 사채를 발행한 회사의 정관에 정하는 공고방법에 따라야 한다.

제 9 조(위임규정) 제742조의 속구목록의 서식은 각령으로 정한다.

제10조(동전) 제839조제 2 항 단서의 연안항행의 범위는 각령으로 정한다.

제11조(동전) 본법 시행에 관한 사항은 따로 법률로 정한다.

제12조(시행기일과 구법의 효력) ① 본법은 1963년 1월 1일부터 시행한다.
② 조선민사령 제 1 조에 의하여 의용된 상법, 유한회사법, 상법시행법과 상법중개정법률시행법은 본법 시행시까지 그 효력이 있다.

부 칙 <1962·12·12 법1212>

본법은 1963년 1월 1일부터 시행한다.

부 칙 <1984·4·10 법3724>

제 1 조(시행일) 이 법은 1984년 9월 1일부터 시행한다.

제 2 조(경과조치의 원칙) 이 법은 특별한 정함이 있는 경우를 제외하고는 이 법 시행전에 생긴 사항에도 이를 적용한다. 그러나 종전의 규정에 의하여 생긴 효력에는 영향을 미치지 아니한다.

제 3 조(상업장부 등에 관한 경과조치) 이 법 시행당시 상인인 자가 이 법 시행후 최초로 도달하는 제30조제 2 항의 개정규정의 일정시기(회사에 있어서는 결산기를 말한다. 이하 이 조에서 같다) 이전에 작성하여야 할 상업장부 및 그 부속명세서와 그 일정시기 이전에 하는 계산 및 그 일정시기에 관한 계산에 관하여는 종전의 규정에 의한다.

제 4 조(주식회사의 최저자본액에 관한 경과조치) ① 이 법 시행전에 성립한 주식회사로서 이 법 시행당시 자본금액이 5천만원 미만인 회사는 이 법 시행일로부터 3년 이내에 5천만원 이상으로 자본을 증가하거나 유한회사로 조직을 변경하여야 한다.
② 제 1 항의 기간내에 동항의 절차를 밟지 아니한 회사는 해산된 것으로 본다.
③ 제 2 항의 규정에 의하여 해산된 것으로 보는 회사중 청산이 종결되지 아니한 회사는 이 법 시행일부터 1년 이내에 제434조의 규정에 의한 특별결의로 제 1 항의 절차를 밟아 회사를 계속할 수 있다. <신설 1991·5·31>

제 5 조(주식의 금액에 관한 경과조치) ① 이 법 시행전에 성립한 주식회사가 발행하는 주식의 금액에 관하여는 제329조제 4 항의 개정규정에 불구하고 이 법 시행일로부터 3년까지는 종전의 규정에 의한다.
② 이 법 시행전에 성립한 주식회사는 이 법 시행일로부터 3년 이내에 액면 5천원 미만의 주식을 액면 5천원 이상의 주식으로 하기 위하여 제434조의 규정에 의한 결의에 의하여 주식을 병합하여야 한다. 이 경우 제440조 내지 제444조의 규정을 준용한다.

제 6 조(주권발행전의 주식양도에 관한 경과조치) 제335조제 2 항 단서의 개정규정은 이 법 시행전에 주권의 발행없이 이루어진 주식의 양도에 관하여도 이를 적용한다.

제 7 조(주권교부에 의한 주식양도에 관한 경과조치) ① 이 법 시행전의 주식의 이전 또는 주권의 취득에 관하여는 이 법 시행후에도 종전의 제336조 및 제359조의 규정을 적용한다. 그러나, 이 법 시행후의 주권의 점유에 관하여는 제336조제 2 항의 개정규정을 적용한다.

② 이 법 시행전에 발행된 주권을 이 법 시행후에 취득한 자가 배서의 연속 또는 양도증서의 적부에 관한 조사를 하지 아니한 경우에도 제359조의 개정규정의 적용에 관하여는 그 조사를 하지 아니한 것으로 악의 또는 중대한 과실이 있다고 보지 아니한다.

제 8 조(명의개서대리인에 관한 경과조치) ① 이 법 시행전에 자본시장육성에관한법률 제11조의6의 규정에 의하여 둔 명의개서대리인은 이 법 제337조제 2 항의 개정규정에 의하여 둔 것으로 본다.

② 이 법에 의한 명의개서대리인의 자격은 대통령령으로 정한다.

제 9 조(자회사에 의한 모회사주식의 취득에 관한 경과조치) ① 이 법 시행당시 제342조의2의 규정에 의한 자회사가 동규정에 의한 모회사의 주식을 가지고 있는 때에는 그 자회사는 이 법 시행일로부터 3년 이내에 그 주식을 처분하여야 한다.

② 제625조의2의 규정은 제 1 항의 규정에 위반하여 주식의 처분을 하지 않은 경우에 이를 준용한다.

제10조(주권의 불소지에 관한 경과조치) 이 법 시행전에 자본시장육성에관한법률 제11조의7의 규정에 의하여 주권의 불발행에 관한 조치를 한 것은 이 법 제358조의2의 개정규정에 의하여 한 것으로 본다.

제11조(주주명부 폐쇄기간과 기준일에 관한 경과조치) 주주명부의 폐쇄기간과 기준일에 관하여 이 법 시행일로부터 2주간내의 날을 그 기간 또는 날로 하는 때에는 종전의 규정에 의한다.

제12조(의결권의 불통일행사에 관한 경과조치) 제368조의2의 개정규정(제308조제 2 항, 제527조제 3 항에서 준용하는 경우를 포함한다)은 이 법 시행일로부터 2주간내의 날을 회일로 하는 주주총회 또는 창립총회에 있어서의 의결권의 행사에 관하여는 이를 적용하지 아니한다.

제13조(총회결의부존재확인의 소에 관한 경과조치) 제380조의 개정규정(제308조제 2 항, 제578조에서 준용하는 경우를 포함한다)은 이 법 시행당시 법원에 계속된 사건에 관하여도 이를 적용한다. 그러나 이 법 시행전의 소송행위의 효력에는 영향을 미치지 아니한다.

제14조(이사와 감사의 임기에 관한 경과조치) 이 법 시행당시 재임 중에 있는 주식회사의 이사와 감사의 임기에 관하여는 제383조제 2 항 및 제410조의 개정규정에 불구하고 종전의 규정에 의한다.

제15조(감사의 직무와 권한에 관한 경과조치) 이 법 시행전의 주식회사의 감사로서 이 법 시행후 최초로 도달하는 결산기에 관한 정기총회의 종결전에 재임하는 감사의 직무와 권한에 관하여는 종전의 규정에 의한다.

제16조(회사와 이사간의 소에 관한 회사대표에 대한 경과조치) 이 법 시행전의 주식회사가 이사(청산인을 포함한다. 이하 이 조에서 같다)에 대하여 또는 이사가 그 회사에 대하여 제기한 소에 있어서 회사를 대표할 자에 관하여는 이 법 시행후 최초로 도달하는 결산기에 관한 정기총회의 종결전에는 종전의 규정에 의한다.

제17조(신주의 배정일에 관한 경과조치) 제418조제 2 항의 개정규정은 이 법 시행전에 신주의 발행결의가 있은 때에는 이를 적용하지 아니한다.

제18조(신주의 효력발생시기에 관한 경과조치) 이 법 시행전에 신주의 발행결의가 있은 때에 주주가 되는 시기에 관하여는 제423조의 개정규정에 불구하고 종전의 규정에 의한다.

제19조(자본의 감소에 관한 경과조치) 이 법 시행전에 자본의 감소의 결의가 있은 때에 단주의 처리에 관하여는 제443조제 1 항의 개정규정에 불구하고 종전의 규정에 의한다.

제20조(배당금지급시기에 관한 경과조치) 제464조의2의 개정규정은 이 법 시행전에 제449조제 1 항의 승인결의에 의하여 배당하기로 된 이익배당금에 관하여는 이를 적용하지 아니한다.

제21조(전환사채발행에 관한 경과조치) 이 법 시행전에 전환사채의 발행결의가 있은 때에는 그 전환사채의 발행에 관하여는 종전의 규정에 의한다.

제22조(이익공여의 금지에 관한 경과조치) 제467조의2의 개정규정은 이 법 시행전에 한 행위에 대하여는 이를 적용하지 아니한다.

제23조(합병대차대조표 공시에 관한 경과조치) 제522조의2의 개정규정(제603조에서 준용하는 경우를 포함한다)은 동조제1항의 주주총회회일이 이 법 시행후 2주간 이내인 경우에는 이를 적용하지 아니한다.

제24조(유한회사 자본총액 등에 관한 경과조치) ① 이 법 시행전의 유한회사로서 이 법 시행당시 그 자본총액과 출자 1좌의 금액이 제546조의 개정규정에 정한 금액에 미달한 회사는 이 법 시행일로부터 3년 이내에 자본총액을 1천만원 이상으로, 출자 1좌의 금액을 5천원 이상으로 증액하여야 한다.

② 제1항의 기간내에 자본총액을 증액하지 아니한 회사는 해산된 것으로 본다.

③ 제2항의 규정에 의하여 해산된 것으로 보는 회사중 청산이 종결되지 아니한 회사는 이 법 시행일부터 1년 이내에 제585조의 규정에 의한 특별결의로 제1항의 절차를 밟아 회사를 계속할 수 있다. <신설 1991·5·31>

제25조(관계 법률의 개정 및 다른 법률과의 관계) 생략

부　　칙 <1991·5·31 법4372>

이 법은 공포한 날부터 시행한다.

부　　칙 <1991·12·31 법4470>

제1조(시행일) 이 법은 1993년 1월 1일부터 시행한다.

제2조(경과조치) ① 이 법 제4편의 규정은 이 법 시행전에 성립한 보험계약에도 이를 적용한다. 그러나 종전의 규정에 의하여 생긴 효력에는 영향을 미치지 아니한다.

② 이 법 제5편의 규정은 이 법 시행전에 발생한 사고로 인하여 생긴 손해에 관한 채권에는 이를 적용하지 아니하고 종전의 예에 의한다.

제3조(책임제한톤수의 적용에 관한 경과조치) 제751조의 적용에 관하여 국제항해에 종사하는 선박으로서 선박법 제13조의 규정에 의하여 해운항만청장으로부터 국제톤수증서 또는 국제톤수확인서를 아직 교부받지 못한 선박에 대하여는 국제총톤수 대신에 총톤수를 적용한다.

제4조(다른 법률과의 관계) 이 법 시행 당시 다른 법률에서 종전의 상법 규정을 인용한 경우에 이 법중 그에 해당하는 규정이 있을 때에는 종전의 규정에 갈음하여 이 법의 해당 조항을 인용한 것으로 본다.

부　　칙 <1994·12·22 법4796>

제1조(시행일) 이 법은 1995년 1월 1일부터 시행한다.

제2조부터 **제4조**까지 생략

부　　칙 <1995·12·29 법5053>

제1조(시행일) 이 법은 1996년 10월 1일부터 시행한다.

제2조(경과조치의 원칙) 이 법은 특별한 정함이 있는 경우를 제외하고는 이 법 시행전에 생긴 사항에도 이를 적용한다. 다만, 종전의 규정에 의하여 생긴 효력에는 영향을 미치지 아니한다.

제3조(상업장부 등에 관한 경과조치) 이 법 시행당시 상인인 자가 이 법 시행후 최초로 도달하는 제30조제2항의 규정에 의한 일정시기(회사에 있어서는 결산기를 말한다. 이하 이 조에서 같다)와 그 전에 작성하여야 할 상업장부 및 그 부속명세서와 그 일정시기와 그 전에 하는 계산에 관하여는 종전의 규정에 의한다.

제4조(우선적 내용이 있는 종류의 주식에 관한 경과조치) 이 법 시행전에 발행된 우선적 내용이 있는 종류의 주식에 관하여는 종전의 규정에 의한다.

제5조(감사의 임기에 관한 경과조치) 이 법 시행당시 재임 중인 주식회사의 감사의 임기에 관하여는 종전의 규정에 의한다.

제6조(다른 법률과의 관계) 이 법 시행당시 다른 법률에서 종전의 상법의 규정을 인용한 경우에 이 법중 그에 해당하는 규정이 있는 때에는 종전의 규정에 갈음하여 이 법의 해당 조항을 인용한 것으로 본다.

부　　칙 <1998·12·28 법5591>

제1조(시행일) 이 법은 공포한 날부터 시행한다. 다만, 제382조의2의 개정규정은 공포후 6월이 경과한 날부터 시행한다.

제 2 조(경과조치의 원칙) 이 법은 특별한 정함이 있는 경우를 제외하고는 이 법 시행전에 생긴 사항에 대하여도 이를 적용한다. 다만, 종전의 규정에 의하여 생긴 효력에는 영향을 미치지 아니한다.

제 3 조(합병에 관한 경과조치) 이 법의 시행전에 체결된 합병계약에 의한 합병에 관하여는 이 법 시행후에도 계속하여 종전의 규정에 의한다. 다만, 제232조 및 제527조의5의 규정에 의한 채권자의 이의제출기간은 이 법 시행후 최초로 공고하는 분부터 적용한다.

제 4 조(벌칙의 적용에 관한 경과조치) 이 법 시행전에 한 행위 및 제 3 조의 규정에 의하여 종전의 규정에 의하도록 한 경우에 이 법 시행후에 한 행위에 대한 벌칙의 적용에 관하여는 종전의 규정에 의한다.

제 5 조(다른 법률의 개정 등) 생략

부　칙 <1999·2·5 법5809>

제 1 조(시행일) 이 법은 공포후 6월이 경과한 날부터 시행한다. 〈단서 생략〉

제 2 조부터 **제 6 조**까지 생략

부　칙 <1999·12·31 법6086>

제 1 조(시행일) 이 법은 공포한 날부터 시행한다.

제 2 조(일반적 경과조치) 이 법은 특별한 정함이 있는 경우를 제외하고는 이 법 시행전에 발생된 사항에 대하여도 이를 적용한다. 다만, 종전의 규정에 의하여 생긴 효력에는 영향을 미치지 아니한다.

제 3 조(분할에 관한 경과조치) 이 법의 시행전에 체결된 분할계약에 의한 분할에 관하여는 이 법 시행후에도 계속하여 종전의 규정에 의한다.

제 4 조(다른 법률의 개정) 생략

부　칙 <2001·7·24 법6488>

①(시행일) 이 법은 공포한 날부터 시행한다.

②(승소한 제소주주의 소송비용청구에 관한 적용례) 제405조제 1 항의 개정규정은 이 법 시행당시 법원에 계속 중인 사건에 대하여도 적용한다.

③(일반적인 경과조치) 이 법은 특별한 규정이 있는 경우를 제외하고는 이 법 시행전에 발생한 사건에 대하여도 이를 적용한다. 다만, 종전의 규정에 의하여 생긴 효력에는 영향을 미치지 아니한다.

부　칙 <2001·12·29 법6545>

이 법은 2002년 7월 1일부터 시행한다.

부　칙 <2007·8·3 법8581>

제 1 조(시행일) 이 법은 공포 후 1년이 경과한 날부터 시행한다. 다만, 제797조제 1 항의 개정규정 중 중량 1킬로그램당 2 계산단위의 금액 부분은 공포 후 3년이 경과한 날부터 시행한다.

제 2 조(운송장에 관한 경과조치) 이 법 시행 당시 종전의 규정에 따라 발행된 운송장은 제126조의 개정규정에 따라 발행된 화물명세서로 본다.

제 3 조(손해배상에 관한 경과조치) 이 법 시행 전에 발생한 사고와 그 밖의 손해배상의 원인으로 인하여 생긴 손해에 관한 채권에는 제 5 편의 개정규정에도 불구하고 종전의 규정에 따른다.

제 4 조(책임한도액에 관한 경과조치) 이법 시행 후 3년간 발생한 사고에 대한 제770조제1 항제 1 호의 개정규정에 따른 선박소유자의 책임한도에 관하여는 그 선박의 선박검사증서에 기재된 여객의 정원에 8만7천500 계산단위를 곱하여 얻은 금액을 그 책임한도액으로 한다.

제 5 조(운송인 등의 채권·채무에 관한 경과조치) ① 이 법 시행 전에 운송인 또는 선박소유자가 개품운송계약·항해용선계약 또는 정기용선계약을 체결한 경우에 용선자·송하인 또는 수하인에 대한 채권·채무의 소멸에 관하여는 제814조제 2 항·제840조 및 제846조의 개정규정에도 불구하고 종전의 규정에 따른다.

② 이 법 시행 전에 선박소유자가 선박임대차계약을 체결한 경우에 있어서 당사자 간 채권의 소멸에 관하여는 제851조의 개정규정에도 불구하고 종전의 규정에 따른다.

제 6 조(선박임대차계약에 관한 경과조치) 이 법 시행 전에 체결된 선박임대차계약은 이 법 시행과 동시에 제847조의 개정규정에 따른 선체용선계약의 효력이 있는 것으로 본다.

제 7 조(선하증권에 관한 경과조치) 이법 시행 당시 종전의 규정에 따라 발행된 선하증권은 제853조제 1 항의 개정규정에 적합한 선하증권으로 본다.

제 8 조(다른 법률과의 관계) 이 법 시행 당시 다른 법률에서 종전의 「상법」 규정을 인용한 경우에 이 법 중 그에 해당하는 규정이 있을 때에는 종전의 규정에 갈음하여 이 법의 해당 조항을 인용한 것으로 본다.

제 9 조(다른 법률의 개정) 생략

부 칙 <2007·8·3 법8582>

제 1 조(시행일) 이 법은 2008년 1월 1일부터 시행한다. 〈단서 생략〉

제 2 조부터 **제 7 조**까지 생략

부 칙 <2009·1·30 법9362>

①(시행일) 이 법은 2009년 2월 4일부터 시행한다.

②(일반적 경과조치) 이 법은 특별한 규정이 있는 경우를 제외하고는 이 법 시행 전에 발생한 사항에 대하여도 적용한다. 다만, 종전의 규정에 따라 생긴 효력에는 영향을 미치지 아니한다.

③(다른 법률 또는 규정의 인용) 이 법 시행 당시 다른 법령에서 종전의 「증권거래법」 또는 그 규정을 인용하고 있는 경우 이 법 중 그에 해당하는 규정이 있을 때에는 이 법 또는 이 법의 해당 규정을 인용한 것으로 본다.

부 칙 <2009·2·6 법9416>

제 1 조(시행일) 이 법은 공포 후 1년이 경과한 날부터 시행한다. 〈단서 생략〉

제 2 조부터 **제 8 조**까지 생략

부 칙 <2009·5·28 법9746>

①(시행일) 이 법은 공포 후 1년이 경과한 날부터 시행한다. 다만, 제292조, 제318조, 제329조, 제363조, 제383조, 제409조의 개정규정은 공포한 날부터 시행한다.

②(일반적 경과조치) 이 법은 특별한 규정이 있는 경우를 제외하고는 이 법 시행 전에 발생한 사항에 대하여도 적용한다. 다만, 종전의 규정에 따라 생긴 효력에는 영향을 미치지 아니한다.

부 칙 <2010·5·14 법10281>

제 1 조(시행일) 이 법은 공포 후 6개월이 경과한 날부터 시행한다.

제 2 조(다른 법률의 개정) 생략

부 칙 <2010·6·10 법10366>

제 1 조(시행일) 이 법은 공포 후 2년이 경과한 날부터 시행한다.

제 2 조부터 **제 4 조**까지 생략

부 칙 <2011·4·14 법10600>

①(시행일) 이 법은 공포 후 1년이 경과한 날부터 시행한다.

②(이사 등과 회사 간의 거래에 관한 적용례) 제398조의 개정규정은 이 법 시행 후 최초로 체결된 거래부터 적용한다.

③(일반적 경과조치) 이 법은 특별한 규정이 있는 경우를 제외하고는 이 법 시행 전에 발생한 사항에 대하여도 적용한다. 다만, 종전의 규정에 따라 생긴 효력에는 영향을 미치지 아니한다.

④(사채모집 수탁회사에 관한 경과조치) 제480조의3의 개정규정에도 불구하고 이 법 시행 전에 사채모집의 위탁을 받은 회사에 대하여는 종전의 규정에 따른다.

부 칙 <2011·5·23 법10696>

이 법은 공포 후 6개월이 경과한 날부터 시행한다.

부 칙 <2014·3·11 법12397>

제 1 조(시행일) 이 법은 공포 후 1년이 경과한 날부터 시행한다.

제 2 조(적용례) ① 이 법은 이 법 시행 후에 체결된 보험계약부터 적용한다.

② 제646조의2제 3 항과 제 4 항(제 3 항이 적용되는 경우로 한정한다), 제664조, 제726조, 제726조의5부터 제726조의7까지, 제727조제 2 항, 제739조의2 및 제739조의3의 개정규정은 이 법 시행 전에 체결된 보험계약(이하 "구 계약"이라 한다)의 보험기간이 이 법 시행일 이후에도 계속되는 경우에도 적용한다.

③ 제655조 단서, 제682조제 2 항 및 제732조의2제 2 항의 개정규정은 구 계약의 보험사고가 이 법 시행일 이후에 발생한 경우에도 적용한다.

④ 제662조의 개정규정은 구 계약의 청구권이 이 법 시행일 이후에 발생한 경우에도 적용한다.

⑤ 제722조제 2 항의 개정규정은 구 계약의 피보험자가 제 3 자로부터 이 법 시행일 이후에 배상청구를 받는 경우에도 적용한다.

⑥ 제735조의3제 3 항의 개정규정은 구 계약의 보험계약자가 이 법 시행일 이후에 보험수익자를 지정하는 경우에도 적용한다.

부　　칙 <2014・5・20 법12591>

제1조(시행일) 이 법은 공포한 날부터 시행한다.

제2조(무기명식의 주권에 관한 경과조치) 이 법 시행 전에 발행된 무기명식의 주권에 관하여는 종전의 규정에 따른다.

제3조(운송인의 배상한도에 관한 경과조치) 이 법 시행 당시 이미 운송인의 배상책임이 발생한 경우에 그 한도액에 대하여는 종전의 규정에 따른다.

제4조(다른 법률의 개정) 생략

부　　칙 <2015・12・1 법13523>

제1조(시행일) 이 법은 공포 후 3개월이 경과한 날부터 시행한다.

제2조(의결권 없는 주주에 대한 주주총회의 소집 통지에 관한 적용례) 제363조제7항 단서의 개정규정은 이 법 시행 후 주주총회를 소집하는 경우부터 적용한다.

제3조(반대주주의 주식매수청구권의 행사 절차에 관한 적용례) 제374조의2의 개정규정은 이 법 시행 당시 주식매수 청구의 절차가 진행 중인 경우에도 적용한다.

부　　칙 <2016・3・22 법14096>

제1조(시행일) 이 법은 공포 후 4년을 넘지 아니하는 범위에서 대통령령으로 정하는 날부터 시행한다.

제2조부터 **제11조**까지 생략

부　　칙 <2017・10・31 법14969>

이 법은 공포 후 1년이 경과한 날부터 시행한다.

부　　칙 <2018・9・18 법15755>

이 법은 공포 후 3개월이 경과한 날부터 시행한다.

부　　칙 <2020・6・9 법17354>

제1조(시행일) 이 법은 공포 후 6개월이 경과한 날부터 시행한다. 〈단서 생략〉

제2조부터 **제8조**까지 생략

부　　칙 <2020・6・9 법17362>

제1조(시행일) 이 법은 공포 후 3개월이 경과한 날부터 시행한다.

제2조(다른 법률의 개정) 생략

부　　칙 <2020・12・29 법17764>

제1조(시행일) 이 법은 공포한 날부터 시행한다.

제2조(감사위원회위원이 되는 이사의 선임에 관한 적용례) 제542조의12제2항 단서, 같은 조 제4항(선임에 관한 부분으로 한정한다) 및 제8항의 개정규정은 이 법 시행 이후 새로 감사위원회위원을 선임하는 경우부터 적용한다.

제3조(상장회사의 감사위원회위원 및 감사의 해임에 관한 적용례) 제542조의12제3항, 제4항(해임에 관한 부분으로 한정한다) 및 제7항(해임에 관한 부분으로 한정한다)의 개정규정은 이 법 시행 당시 종전 규정에 따라 선임된 감사위원회위원 및 감사를 해임하는 경우에도 적용한다.

제4조(다른 법령의 개정) 생략

부　　칙 <2024・9・20 법20436>

제1조(시행일) 이 법은 2025년 1월 31일부터 시행한다.

제2조(다른 법률의 개정) 생략

●상법 시행령

〔2012·4·10 대통령령제23720호 전부개정〕

개정
2012·8·31 대통령령제24076호(전자문서 및 전자거래 기본법 시행령)
2013·8·27 대통령령제24697호(자본시장과 금융투자업에 관한 법률 시행령)
2014·2·24 대통령령제25214호
2016·5·31 대통령령제27205호(기술보증기금법 시행령)
2016·6·28 대통령령제27261호(외국법자문사법 시행령)
2016·10·25 대통령령제27556호(수산업협동조합법 시행령)
2017·3·29 대통령령제27971호(항공안전법 시행령)
2017·7·26 대통령령제28211호(행정안전부와 그 소속기관 직제)
2018·10·30 대통령령제29259호
2018·10·30 대통령령제29269호(주식회사 등의 외부감사에 관한 법률 시행령)
2019·6·25 대통령령제29892호(주식·사채 등의 전자등록에 관한 법률 시행령)
2020·1·29 대통령령제30363호
2020·4·14 대통령령제30613호
2020·12·8 대통령령제31222호(전자서명법 시행령)
2021·2·1 대통령령제31422호
2021·12·28 대통령령제32274호(독점규제 및 공정거래에 관한 법률 시행령)
2022·8·9 대통령령제32868호(자격 취득 등에 요구되는 실무경력의 인정범위 확대 등을 위한 32개 법령의 일부개정에 관한 대통령령)
2022·8·23 대통령령제32881호(벤처투자 촉진에 관한 법률 시행령)
2023·12·19 대통령령제33968호
2024·7·2 대통령령제34657호(벤처기업육성에 관한 특별법 시행령)
2025·1·21 대통령령제35228호(법인 등기규정 정비를 위한 78개 법령의 일부개정에 관한 대통령령)

제 1 편 총칙

제 1 조(목적) 이 영은 「상법」에서 위임된 사항과 그 시행에 필요한 사항을 정함을 목적으로 한다.

제 2 조(소상인의 범위) 「상법」(이하 "법"이라 한다) 제 9 조에 따른 소상인은 자본금액이 1천만원에 미치지 못하는 상인으로서 회사가 아닌 자로 한다.

제 3 조(전산정보처리조직에 의한 보존) 법 제33조제 1 항에 따른 상업장부와 영업에 관한 중요서류(이하 이 조에서 "장부와 서류"라 한다)를 같은 조 제 3 항에 따라 마이크로필름이나 그 밖의 전산정보처리조직(이하 이 조에서 "전산정보처리조직"이라 한다)에 의하여 보존하는 경우에는 다음 각 호의 어느 하나에 해당하는 방법으로 보존하여야 한다. 다만, 법에 따라 작성자가 기명날인 또는 서명하여야 하는 장부와 서류는 그 기명날인 또는 서명이 되어있는 원본을 보존하여야 한다. <개정 2012·8·31>

1. 「전자문서 및 전자거래 기본법」 제 5 조제 2 항에 따라 전자화문서로 보존하는 방법
2. 제 1 호 외의 경우에는 다음 각 목의 기준에 따라 보존하는 방법
   가. 전산정보처리조직에 장부와 서류를 보존하기 위한 프로그램의 개발·변경 및 운영에 관한 기록을 보관하여야 하며, 보존의 경위 및 절차를 알 수 있도록 할 것
   나. 법 및 일반적으로 공정·타당한 회계관행에 따라 그 내용을 파악할 수 있도록 보존할 것
   다. 필요한 경우 그 보존 내용을 영상 또는 출력된 문서로 열람할 수 있도록 할 것
   라. 전산정보처리조직에 보존된 자료의 멸실·훼손 등에 대비하는 조치를 마련할 것

제 2 편 상행위

제 4 조(호천·항만의 범위) 법 제125조에 따른 호천(湖川), 항만의 범위는 「선박안전법 시행령」 제 2 조제 1 항제 3 호가목에 따른 평수(平水)구역으로 한다.

제 3 편 회사

제 5 조(유한책임회사 재무제표의 범위) 법 제287조의33에서 "대통령령으로 정하는 서류"란 다음 각 호의 어느 하나에 해당하는 서류를 말한다.

1. 자본변동표
2. 이익잉여금 처분계산서 또는 결손금 처리계산서

제 6 조(전자적 방법을 통한 회사의 공고) ① 법 제289조제 3 항 단서에 따라 회사가 전자적 방법으로 공고하려는 경우에는 회사의 인터넷 홈페이지에 게재하는 방법으로 하여야 한다.

② 법 제289조제 3 항 단서에 따라 회사가 정관에서 전자적 방법으로 공고할 것을 정한 경우에는 회사의 인터넷 홈페이지 주소를 등기하여야 한다.

③ 법 제289조제 3 항 단서에 따라 회사가 전자적 방법으로 공고하려는 경우에는 그 정보를 회사의 인터넷 홈페이지 초기화면에서 쉽게 찾을 수 있도록 하는 등 이용자의 편의를 위한 조치를 하여야 한다.

④ 법 제289조제 3 항 단서에 따라 회사가 정관에서 전자적 방법으로 공고할 것을 정한 경우라도 전산장애 또는 그 밖의 부득이한 사유로 전자적 방법으로 공고할 수 없는 경우에는 법 제289조제 3 항 본문에 따라 미리 정관에서 정하여 둔 관보 또는 시사에 관한 사항을 게재하는 일간신문에 공고하여야 한다.

⑤ 법 제289조제 4 항 본문에서 "대통령령으로 정하는 기간"이란 다음 각 호에서 정하는 날까지의 기간(이하 이 조에서 "공고기간"이라 한다)을 말한다.

1. 법에서 특정한 날부터 일정한 기간 전에 공고하도록 한 경우 : 그 특정한 날
2. 법에서 공고에서 정하는 기간 내에 이의를 제출하거나 일정한 행위를 할 수 있도록 한 경우 : 그 기간이 지난 날
3. 제 1 호와 제 2 호 외의 경우 : 해당 공고를 한 날부터 3개월이 지난 날

⑥ 제 5 항에 따른 공고기간에 공고가 중단(불특정 다수가 공고된 정보를 제공받을 수 없게 되거나 그 공고된 정보가 변경 또는 훼손된 경우를 말한다)되더라도, 그 중단된 기간의 합계가 공고기간의 5분의 1을 초과하지 않으면 공고의 중단은 해당 공고의 효력에 영향을 미치지 아니한다. 다만, 회사가 공고의 중단에 대하여 고의 또는 중대한 과실이 있는 경우에는 그러하지 아니하다.

제 7 조(검사인의 조사, 보고의 면제) ① 법 제299조제 2 항제 1 호에서 "대통령령으로 정한 금액"이란 5천만원을 말한다.

② 법 제299조제 2 항제 2 호에서 "대통령령으로 정한 방법으로 산정된 시세"란 다음 각 호의 금액 중 낮은 금액을 말한다.

1. 법 제292조에 따른 정관의 효력발생일(이하 이 항에서 "효력발생일"이라 한다)부터 소급하여 1개월간의 거래소에서의 평균 종가(終價), 효력발생일부터 소급하여 1주일간의 거래소에서의 평균 종가 및 효력발생일의 직전 거래일의 거래소에서의 종가를 산술평균하여 산정한 금액
2. 효력발생일 직전 거래일의 거래소에서의 종가

③ 제 2 항은 법 제290조제 2 호 및 제 3 호의 재산에 그 사용, 수익, 담보제공, 소유권 이전 등에 대한 물권적 또는 채권적 제한이나 부담이 설정된 경우에는 적용하지 아니한다.

제 8 조(명의개서대리인의 자격) 법 제337조제 2 항에 따른 명의개서대리인의 자격은 「자본시장과 금융투자업에 관한 법률」 제294조제 1 항에 따라 설립된 한국예탁결제원(이하 "한국예탁결제원"이라 한다) 및 같은 법 제365조제 1 항에 따라 금융위원회에 등록한 주식회사로 한다.

제 9 조(자기주식 취득 방법의 종류 등) ① 법 제341조제 1 항제 2 호에서 "대통령령으로 정하는 방법"이란 다음 각 호의 어느 하나에 해당하는 방법을 말한다.

1. 회사가 모든 주주에게 자기주식 취득의 통지 또는 공고를 하여 주식을 취득하는 방법
2. 「자본시장과 금융투자업에 관한 법률」 제133조부터 제146조까지의 규정에 따른 공개매수의 방법

② 자기주식을 취득한 회사는 지체 없이 취득 내용을 적은 자기주식 취득내역서를 본

점에 6개월간 갖추어 두어야 한다. 이 경우 주주와 회사채권자는 영업시간 내에 언제든지 자기주식 취득내역서를 열람할 수 있으며, 회사가 정한 비용을 지급하고 그 서류의 등본이나 사본의 교부를 청구할 수 있다.

제10조(자기주식 취득의 방법) 회사가 제9조제1호에 따라 자기주식을 취득하는 경우에는 다음 각 호의 기준에 따라야 한다.

1. 법 제341조제2항에 따른 결정을 한 회사가 자기주식을 취득하려는 경우에는 이사회의 결의로써 다음 각 목의 사항을 정할 것. 이 경우 주식 취득의 조건은 이사회가 결의할 때마다 균등하게 정하여야 한다.
   가. 자기주식 취득의 목적
   나. 취득할 주식의 종류 및 수
   다. 주식 1주를 취득하는 대가로 교부할 금전이나 그 밖의 재산(해당 회사의 주식은 제외한다. 이하 이 조에서 "금전등"이라 한다)의 내용 및 그 산정 방법
   라. 주식 취득의 대가로 교부할 금전등의 총액
   마. 20일 이상 60일 내의 범위에서 주식양도를 신청할 수 있는 기간(이하 이 조에서 "양도신청기간"이라 한다)
   바. 양도신청기간이 끝나는 날부터 1개월의 범위에서 양도의 대가로 금전등을 교부하는 시기와 그 밖에 주식 취득의 조건
2. 회사는 양도신청기간이 시작하는 날의 2주 전까지 각 주주에게 회사의 재무 현황, 자기주식 보유 현황 및 제1호 각 목의 사항을 서면으로 또는 각 주주의 동의를 받아 전자문서로 통지할 것. 다만, 회사가 무기명식의 주권을 발행한 경우에는 양도신청기간이 시작하는 날의 3주 전에 공고하여야 한다.
3. 회사에 주식을 양도하려는 주주는 양도신청기간이 끝나는 날까지 양도하려는 주식의 종류와 수를 적은 서면으로 주식양도를 신청할 것
4. 주주가 제3호에 따라 회사에 대하여 주식 양도를 신청한 경우 회사와 그 주주 사이의 주식 취득을 위한 계약 성립의 시기는 양도신청기간이 끝나는 날로 정하고, 주주가 신청한 주식의 총수가 제1호나목의 취득할 주식의 총수를 초과하는 경우 계약 성립의 범위는 취득할 주식의 총수를 신청한 주식의 총수로 나눈 수에 제3호에 따라 주주가 신청한 주식의 수를 곱한 수(이 경우 끝수는 버린다)로 정할 것

제11조(전자주주명부) ① 법 제352조의2에 따라 회사가 전자주주명부를 작성하는 경우에 회사의 본점 또는 명의개서대리인의 영업소에서 전자주주명부의 내용을 서면으로 인쇄할 수 있으면 법 제396조제1항에 따라 주주명부를 갖추어 둔 것으로 본다.
② 주주와 회사채권자는 영업시간 내에 언제든지 서면 또는 파일의 형태로 전자주주명부에 기록된 사항의 열람 또는 복사를 청구할 수 있다. 이 경우 회사는 법 제352조의2제2항에 따라 기재된 다른 주주의 전자우편주소를 열람 또는 복사의 대상에서 제외하는 조치를 하여야 한다.

제12조(주주제안의 거부) 법 제363조의2제3항 전단에서 "대통령령으로 정하는 경우"란 주주제안의 내용이 다음 각 호의 어느 하나에 해당하는 경우를 말한다.

1. 주주총회에서 의결권의 100분의 10 미만의 찬성밖에 얻지 못하여 부결된 내용과 같은 내용의 의안을 부결된 날부터 3년 내에 다시 제안하는 경우
2. 주주 개인의 고충에 관한 사항인 경우
3. 주주가 권리를 행사하기 위하여 일정 비율을 초과하는 주식을 보유해야 하는 소수주주권에 관한 사항인 경우
4. 임기 중에 있는 임원의 해임에 관한 사항〔법 제542조의2제1항에 따른 상장회사(이하 "상장회사"라 한다)만 해당한다〕인 경우
5. 회사가 실현할 수 없는 사항 또는 제안 이유가 명백히 거짓이거나 특정인의 명예를 훼손하는 사항인 경우

제13조(전자적 방법에 의한 의결권의 행사) ① 법 제368조의4에 따라 주주가 의결권을 전자적 방법으로 행사(이하 이 조에서 "전자투표"라 한다)하는 경우 주주는 다음 각 호의 어느 하나에 해당하는 방법으로 주주 본인임을 확인하고, 「전자서명법」 제2조제2호

에 따른 전자서명을 통하여 전자투표를 하여야 한다. <개정 2020·1·29, 2020·12·8>

1. 「전자서명법」 제8조제2항에 따른 운영기준 준수사실의 인정을 받은 전자서명인증사업자가 제공하는 본인확인의 방법
2. 「정보통신망 이용촉진 및 정보보호 등에 관한 법률」 제23조의3에 따른 본인확인기관에서 제공하는 본인확인의 방법

② 법 제368조의4에 따라 전자적 방법으로 의결권을 행사할 수 있음을 정한 회사는 주주총회 소집의 통지나 공고에 다음 각 호의 사항을 포함하여야 한다.

1. 전자투표를 할 인터넷 주소
2. 전자투표를 할 기간(전자투표의 종료일은 주주총회 전날까지로 하여야 한다)
3. 그 밖에 주주의 전자투표에 필요한 기술적인 사항

③ 삭제 <2020·1·29>

④ 회사는 전자투표의 효율성 및 공정성을 확보하기 위하여 전자투표를 관리하는 기관을 지정하여 주주 확인절차 등 의결권 행사절차의 운영을 위탁할 수 있다.

⑤ 회사, 제4항에 따라 지정된 전자투표를 관리하는 기관 및 전자투표의 운영을 담당하는 자는 주주총회에서 개표가 있을 때까지 전자투표의 결과를 누설하거나 직무상 목적 외로 사용해서는 아니 된다.

⑥ 회사 또는 제4항에 따라 지정된 전자투표를 관리하는 기관은 전자투표의 종료일 3일 전까지 주주에게 전자문서로 제2항 각 호의 사항을 한 번 더 통지할 수 있다. 이 경우 주주의 동의가 있으면 전화번호 등을 이용하여 통지할 수 있다. <신설 2020·1·29>

제14조(현물출자 검사의 면제) ① 법 제422조제2항제1호에서 "대통령령으로 정한 금액"이란 5천만원을 말한다.

② 법 제422조제2항제2호에서 "대통령령으로 정한 방법으로 산정된 시세"란 다음 각 호의 금액 중 낮은 금액을 말한다.

1. 법 제416조에 따른 이사회 또는 주주총회의 결의가 있은 날(이하 이 조에서 "결의일"이라 한다)부터 소급하여 1개월간의 거래소에서의 평균 종가, 결의일부터 소급하여 1주일간의 거래소에서의 평균 종가 및 결의일 직전 거래일의 거래소에서의 종가를 산술평균하여 산정한 금액
2. 결의일 직전 거래일의 거래소에서의 종가

③ 제2항은 현물출자의 목적인 재산에 그 사용, 수익, 담보제공, 소유권 이전 등에 대한 물권적 또는 채권적 제한이나 부담이 설정된 경우에는 적용하지 아니한다.

제15조(회계 원칙) 법 제446조의2에서 "대통령령으로 규정한 것"이란 다음 각 호의 구분에 따른 회계기준을 말한다. <개정 2017·7·26, 2018·10·30>

1. 「주식회사 등의 외부감사에 관한 법률」 제4조에 따른 외부감사 대상 회사 : 같은 법 제5조제1항에 따른 회계처리기준
2. 「공공기관의 운영에 관한 법률」 제2조에 따른 공공기관 : 같은 법에 따른 공기업·준정부기관의 회계 원칙
3. 제1호 및 제2호에 해당하는 회사 외의 회사 등 : 회사의 종류 및 규모 등을 고려하여 법무부장관이 중소벤처기업부장관 및 금융위원회과 협의하여 고시한 회계기준

제16조(주식회사 재무제표의 범위 등) ① 법 제447조제1항제3호에서 "대통령령으로 정하는 서류"란 다음 각 호의 어느 하나에 해당하는 서류를 말한다. 다만, 「주식회사 등의 외부감사에 관한 법률」 제4조에 따른 외부감사 대상 회사의 경우에는 다음 각 호의 모든 서류, 현금흐름표 및 주석(註釋)을 말한다. <개정 2018·10·30>

1. 자본변동표
2. 이익잉여금 처분계산서 또는 결손금 처리계산서

② 법 제447조제2항에서 "대통령령으로 정하는 회사"란 「주식회사 등의 외부감사에 관한 법률」 제4조에 따른 외부감사의 대상이 되는 회사 중 같은 법 제2조제3호에 규정된 지배회사를 말한다. <개정 2018·10·30>

제17조(영업보고서의 기재사항) 법 제447조의2제2항에 따라 영업보고서에 기재할 사항은 다음 각 호와 같다.

1. 회사의 목적 및 중요한 사업 내용, 영업소·공장 및 종업원의 상황과 주식·사채의 상황
2. 해당 영업연도의 영업의 경과 및 성과(자금조달 및 설비투자의 상황을 포함한다)

3. 모회사와의 관계, 자회사의 상황, 그 밖에 중요한 기업결합의 상황
4. 과거 3년간의 영업성적 및 재산상태의 변동상황
5. 회사가 대처할 과제
6. 해당 영업연도의 이사·감사의 성명, 회사에서의 지위 및 담당 업무 또는 주된 직업과 회사와의 거래관계
7. 상위 5인 이상의 대주주(주주가 회사인 경우에는 그 회사의 자회사가 보유하는 주식을 합산한다), 그 보유주식 수 및 회사와의 거래관계, 해당 대주주에 대한 회사의 출자 상황
8. 회사, 회사와 그 자회사 또는 회사의 자회사가 다른 회사의 발행주식총수의 10분의 1을 초과하는 주식을 가지고 있는 경우에는 그 주식 수, 그 다른 회사의 명칭 및 그 다른 회사가 가지고 있는 회사의 주식 수
9. 중요한 채권자 및 채권액, 해당 채권자가 가지고 있는 회사의 주식 수
10. 결산기 후에 생긴 중요한 사실
11. 그 밖에 영업에 관한 사항으로서 중요하다고 인정되는 사항

제18조(적립할 자본준비금의 범위) 법 제459조제1항에 따라 회사는 제15조에서 정한 회계기준에 따라 자본잉여금을 자본준비금으로 적립하여야 한다.

제19조(미실현이익의 범위) ① 법 제462조제1항제4호에서 "대통령령으로 정하는 미실현이익"이란 법 제446조의2의 회계 원칙에 따른 자산 및 부채에 대한 평가로 인하여 증가한 대차대조표상의 순자산액으로서, 미실현손실과 상계(相計)하지 아니한 금액을 말한다.

② 제1항에도 불구하고 다음 각 호의 어느 하나에 해당하는 경우에는 각각의 미실현이익과 미실현손실을 상계할 수 있다. <신설 2014·2·24, 2023·12·19>
1. 「자본시장과 금융투자업에 관한 법률」 제4조제2항제5호에 따른 파생결합증권의 거래를 하고, 그 거래의 위험을 회피하기 위하여 해당 거래와 연계된 거래를 한 경우로서 각 거래로 미실현이익과 미실현손실이 발생한 경우
2. 「자본시장과 금융투자업에 관한 법률」 제5조에 따른 파생상품의 거래가 그 거래와 연계된 거래의 위험을 회피하기 위하여 한 경우로서 각 거래로 미실현이익과 미실현손실이 발생한 경우
3. 「보험업법」 제2조제1호에 따른 보험상품의 거래를 하고, 그 거래와 연계된 다음 각 목의 어느 하나에 해당하는 거래를 한 경우로서 각 거래로 미실현이익과 미실현손실이 발생한 경우
가. 보험계약 관련 부채의 금리변동 위험을 회피하기 위한 「자본시장과 금융투자업에 관한 법률」 제4조제3항에 따른 채무증권 또는 같은 법 제5조에 따른 파생상품의 거래
나. 보험계약 관련 위험을 이전하기 위한 「상법」 제661조에 따른 재보험의 거래
다. 「보험업법」 제108조제1항제2호에 따른 보험계약 중 보험금이 자산운용의 성과에 따라 변동하는 보험계약 또는 같은 항 제3호에 따른 변액보험계약에서 발생하는 거래

제20조(사채의 발행) 법 제469조제2항제3호에서 "대통령령으로 정하는 자산이나 지표"란 「자본시장과 금융투자업에 관한 법률」 제4조제10항에 따른 기초자산의 가격·이자율·지표·단위 또는 이를 기초로 하는 지수를 말한다.

제21조(이익참가부사채의 발행) ① 법 제469조제2항제1호에 따라 사채권자가 그 사채발행회사의 이익배당에 참가할 수 있는 사채(이하 "이익참가부사채"라 한다)를 발행하는 경우에 다음 각 호의 사항으로서 정관에 규정이 없는 사항은 이사회가 결정한다. 다만, 정관에서 주주총회에서 이를 결정하도록 정한 경우에는 그러하지 아니하다.
1. 이익참가부사채의 총액
2. 이익배당 참가의 조건 및 내용
3. 주주에게 이익참가부사채의 인수권을 준다는 뜻과 인수권의 목적인 이익참가부사채의 금액

② 주주 외의 자에게 이익참가부사채를 발행하는 경우에 그 발행할 수 있는 이익참가부사채의 가액(價額)과 이익배당 참가의 내용에 관하여 정관에 규정이 없으면 법 제

434조에 따른 주주총회의 특별결의로 정하여야 한다.
③ 제2항에 따른 결의를 할 때 이익참가부사채 발행에 관한 의안의 요령은 법 제363조에 따른 통지와 공고에 적어야 한다.
④ 이익참가부사채의 인수권을 가진 주주는 그가 가진 주식의 수에 따라 이익참가부사채의 배정을 받을 권리가 있다. 다만, 각 이익참가부사채의 금액 중 최저액에 미달하는 끝수에 대해서는 그러하지 아니하다.
⑤ 회사는 일정한 날을 정하여, 그 날에 주주명부에 기재된 주주가 이익참가부사채의 배정을 받을 권리를 가진다는 뜻을 그 날의 2주일 전에 공고하여야 한다. 다만, 그 날이 법 제354조제1항의 기간 중일 때에는 그 기간의 초일의 2주일 전에 이를 공고하여야 한다.
⑥ 주주가 이익참가부사채의 인수권을 가진 경우에는 각 주주에게 그 인수권을 가진 이익참가부사채의 액, 발행가액, 이익참가의 조건과 일정한 기일까지 이익참가부사채 인수의 청약을 하지 아니하면 그 권리를 잃는다는 뜻을 통지하여야 한다.
⑦ 회사가 무기명식의 주권을 발행하였을 때에는 제6항의 사항을 공고하여야 한다.
⑧ 제6항에 따른 통지 또는 제7항에 따른 공고는 제5항에 따른 기일의 2주일 전까지 하여야 한다.
⑨ 제6항에 따른 통지 또는 제7항에 따른 공고에도 불구하고 그 기일까지 이익참가부사채 인수의 청약을 하지 아니한 경우에는 이익참가부사채의 인수권을 가진 자는 그 권리를 잃는다.
⑩ 회사가 이익참가부사채를 발행하였을 때에는 법 제476조에 따른 납입이 완료된 날부터 2주일 내에 본점 소재지에서 다음 각 호의 사항을 등기하여야 한다.
1. 이익참가부사채의 총액
2. 각 이익참가부사채의 금액
3. 각 이익참가부사채의 납입금액
4. 이익배당에 참가할 수 있다는 뜻과 이익배당 참가의 조건 및 내용
⑪ 회사는 제10항 각 호의 등기사항이 변경된 경우에는 변경 후 2주일 이내에 본점의 소재지에서 변경사항을 등기해야 한다.
<개정 2025·1·21>
⑫ 외국에서 이익참가부사채를 모집한 경우에 등기할 사항이 외국에서 생겼을 때에는 그 등기기간은 그 통지가 도달한 날부터 기산(起算)한다.

제22조(교환사채의 발행) ① 법 제469조제2항제2호에 따라 사채권자가 회사 소유의 주식이나 그 밖의 다른 유가증권으로 교환할 수 있는 사채(이하 "교환사채"라 한다)를 발행하는 경우에는 이사회가 다음 각 호의 사항을 결정한다.
1. 교환할 주식이나 유가증권의 종류 및 내용
2. 교환의 조건
3. 교환을 청구할 수 있는 기간
② 주주 외의 자에게 발행회사의 자기주식으로 교환할 수 있는 사채를 발행하는 경우에 사채를 발행할 상대방에 관하여 정관에 규정이 없으면 이사회가 이를 결정한다.
③ 교환사채를 발행하는 회사는 사채권자가 교환청구를 하는 때 또는 그 사채의 교환청구기간이 끝나는 때까지 교환에 필요한 주식 또는 유가증권을 한국예탁결제원에 예탁하거나 「주식·사채 등의 전자등록에 관한 법률」 제2조제6호에 따른 전자등록기관(이하 "전자등록기관"이라 한다)에 전자등록해야 한다. 이 경우 한국예탁결제원 또는 전자등록기관은 그 주식 또는 유가증권을 신탁재산임을 표시하여 관리하여야 한다.
<개정 2019·6·25>
④ 사채의 교환을 청구하는 자는 청구서 2통에 사채권을 첨부하여 회사에 제출하여야 한다.
⑤ 제4항의 청구서에는 교환하려는 주식이나 유가증권의 종류 및 내용, 수와 청구 연월일을 적고 기명날인 또는 서명하여야 한다.

제23조(상환사채의 발행) ① 법 제469조제2항제2호에 따라 회사가 그 소유의 주식이나 그 밖의 다른 유가증권으로 상환할 수 있는 사채(이하 "상환사채"라 한다)를 발행하는 경우에는 이사회가 다음 각 호의 사항을 결정한다.
1. 상환할 주식이나 유가증권의 종류 및 내용
2. 상환의 조건
3. 회사의 선택 또는 일정한 조건의 성취나 기한의 도래에 따라 주식이나 그 밖의 다른 유가증권으로 상환한다는 뜻

② 주주 외의 자에게 발행회사의 자기주식으로 상환할 수 있는 사채를 발행하는 경우에 사채를 발행할 상대방에 관하여 정관에 규정이 없으면 이사회가 이를 결정한다.

③ 일정한 조건의 성취나 기한의 도래에 따라 상환할 수 있는 경우에는 상환사채를 발행하는 회사는 조건이 성취되는 때 또는 기한이 도래하는 때까지 상환에 필요한 주식 또는 유가증권을 한국예탁결제원에 예탁하거나 전자등록기관에 전자등록해야 한다. 이 경우 한국예탁결제원 또는 전자등록기관은 그 주식 또는 유가증권을 신탁재산임을 표시하여 관리하여야 한다. <개정 2019·6·25>

제24조(파생결합사채의 발행) 법 제469조제2항제3호에 따라 유가증권이나 통화 또는 그 밖에 제20조에 따른 자산이나 지표 등의 변동과 연계하여 미리 정하여진 방법에 따라 상환 또는 지급금액이 결정되는 사채(이하 "파생결합사채"라 한다)를 발행하는 경우에는 이사회가 다음 각 호의 사항을 결정한다.

1. 상환 또는 지급 금액을 결정하는 데 연계할 유가증권이나 통화 또는 그 밖의 자산이나 지표
2. 제1호의 자산이나 지표와 연계하여 상환 또는 지급 금액을 결정하는 방법

제25조(사채청약서 등의 기재사항) 법 제469조제2항 각 호의 사채를 발행하는 경우 사채청약서, 채권 및 사채 원부에는 다음 각 호의 구분에 따른 사항이 포함되어야 한다.

1. 이익참가부사채를 발행하는 경우 : 제21조제1항제1호부터 제3호까지의 사항
2. 교환사채를 발행하는 경우 : 제22조제1항제1호부터 제3호까지의 사항
3. 상환사채를 발행하는 경우 : 제23조제1항제1호부터 제3호까지의 사항
4. 파생결합사채를 발행하는 경우 : 제24조제1호 및 제2호의 사항

제26조(사채관리회사의 자격) 법 제480조의3제1항에서 "은행, 신탁회사, 그 밖에 대통령령으로 정하는 자"란 다음 각 호의 어느 하나에 해당하는 자를 말한다. <개정 2016·10·25>

1. 「은행법」에 따른 은행
2. 「한국산업은행법」에 따른 한국산업은행
3. 「중소기업은행법」에 따른 중소기업은행
4. 「농업협동조합법」에 따른 농협은행
5. 「수산업협동조합법」에 따른 수협은행
6. 「자본시장과 금융투자업에 관한 법률」에 따라 신탁업 인가를 받은 자로서 일반투자자로부터 금전을 위탁받을 수 있는 자
7. 「자본시장과 금융투자업에 관한 법률」에 따라 투자매매업 인가를 받은 자로서 일반투자자를 상대로 증권의 인수업무를 할 수 있는 자
8. 한국예탁결제원
9. 「자본시장과 금융투자업에 관한 법률」에 따른 증권금융회사

제27조(사채발행회사와의 특수한 이해관계) 법 제480조의3제3항에서 "대통령령으로 정하는 자"란 사채관리회사가 되려는 자가 다음 각 호의 어느 하나에 해당하는 경우 그 회사(사채관리회사가 된 후에 해당하게 된 자를 포함한다)를 말한다. <개정 2021·12·28>

1. 사채관리회사가 사채발행회사에 대하여 법 제542조의8제2항제5호에 따른 최대주주 또는 같은 항 제6호에 따른 주요주주인 경우
2. 사채발행회사가 사채관리회사에 대하여 다음 각 목의 어느 하나에 해당하는 경우
   가. 사채관리회사가 제26조제1호의 은행인 경우 : 「은행법」 제2조제1항제10호에 따른 대주주
   나. 사채관리회사가 제26조제6호 및 제7호의 자인 경우 : 「자본시장과 금융투자업에 관한 법률」 제9조제1항에 따른 대주주
3. 사채발행회사와 사채관리회사가 「독점규제 및 공정거래에 관한 법률」 제2조제12호에 따른 계열회사(이하 "계열회사"라 한다)인 경우
4. 사채발행회사의 주식을 보유하거나 사채발행회사의 임원을 겸임하는 등으로 인하여 사채권자의 이익과 충돌하는 특수한 이해관계가 있어 공정한 사채관리를 하기 어려운 경우로서 법무부장관이 정하여 고시하는 기준에 해당하는 회사

제28조(휴면회사의 신고) ① 법 제520조의2제1항에 따른 영업을 폐지하지 아니하였다는 뜻의 신고는 서면으로 하여야 한다.

② 제1항의 서면에는 다음 각 호의 사항을

적고, 회사의 대표자 또는 그 대리인이 기명날인하여야 한다.

1. 회사의 상호, 본점의 소재지, 대표자의 성명 및 주소
2. 대리인이 제1항의 신고를 할 때에는 대리인의 성명 및 주소
3. 아직 영업을 폐지하지 아니하였다는 뜻
4. 법원의 표시
5. 신고 연월일

③ 대리인이 제1항의 신고를 할 경우 제1항의 서면에는 그 권한을 증명하는 서면을 첨부하여야 한다.

④ 제1항 또는 제3항의 서면에 찍을 회사 대표자의 인감은 「상업등기법」 제24조제1항에 따라 등기소에 제출된 것이어야 한다. 다만, 법 제520조의2제2항에 따라 법원으로부터 통지서를 받고 이를 첨부하여 신고하는 경우에는 그러하지 아니하다.

제29조(상장회사 특례의 적용범위) ① 법 제542조의2제1항 본문에서 "대통령령으로 정하는 증권시장"이란 「자본시장과 금융투자업에 관한 법률」 제8조의2제4항제1호에 따른 증권시장을 말한다. <개정 2013·8·27>

② 법 제542조의2제1항 단서에서 "대통령령으로 정하는 주식회사"란 「자본시장과 금융투자업에 관한 법률」 제6조제5항에 따른 집합투자를 수행하기 위한 기구인 주식회사를 말한다.

제30조(주식매수선택권) ① 법 제542조의3제1항 본문에서 "대통령령으로 정하는 관계회사"란 다음 각 호의 어느 하나에 해당하는 법인을 말한다. 다만, 제1호 및 제2호의 법인은 주식매수선택권을 부여하는 회사의 수출실적에 영향을 미치는 생산 또는 판매 업무를 영위하거나 그 회사의 기술혁신을 위한 연구개발활동을 수행하는 경우로 한정한다.

1. 해당 회사가 총출자액의 100분의 30 이상을 출자하고 최대출자자로 있는 외국법인
2. 제1호의 외국법인이 총출자액의 100분의 30 이상을 출자하고 최대출자자로 있는 외국법인과 그 법인이 총출자액의 100분의 30 이상을 출자하고 최대출자자로 있는 외국법인
3. 해당 회사가 「금융지주회사법」에서 정하는 금융지주회사인 경우 그 자회사 또는 손자회사 가운데 상장회사가 아닌 법인

② 법 제542조의3제1항 단서에서 "제542조의8제2항제5호의 최대주주 등 대통령령으로 정하는 자"란 다음 각 호의 어느 하나에 해당하는 자를 말한다. 다만, 해당 회사 또는 제1항의 관계 회사의 임원이 됨으로써 특수관계인에 해당하게 된 자[그 임원이 계열회사의 상무(常務)에 종사하지 아니하는 이사·감사인 경우를 포함한다]는 제외한다.

1. 법 제542조의8제2항제5호에 따른 최대주주 및 그 특수관계인
2. 법 제542조의8제2항제6호에 따른 주요주주 및 그 특수관계인

③ 법 제542조의3제2항에서 "대통령령으로 정하는 한도"란 발행주식총수의 100분의 15에 해당하는 주식 수를 말한다. 이 경우 이를 산정할 때에는 법 제542조의3제3항에 따라 부여한 주식매수선택권을 포함하여 계산한다.

④ 법 제542조의3제3항 전단에서 "대통령령으로 정하는 한도"란 다음 각 호의 구분에 따른 주식 수를 말한다.

1. 최근 사업연도 말 현재의 자본금이 3천억원 이상인 법인 : 발행주식총수의 100분의 1에 해당하는 주식 수
2. 최근 사업연도 말 현재의 자본금이 3천억원 미만인 법인 : 발행주식총수의 100분의 3에 해당하는 주식 수

⑤ 법 제542조의3제4항에서 "대통령령으로 정하는 경우"란 주식매수선택권을 부여받은 자가 사망하거나 그 밖에 본인의 책임이 아닌 사유로 퇴임하거나 퇴직한 경우를 말한다. 이 경우 정년에 따른 퇴임이나 퇴직은 본인의 책임이 아닌 사유에 포함되지 아니한다.

⑥ 상장회사는 다음 각 호의 어느 하나에 해당하는 경우에는 정관에서 정하는 바에 따라 이사회 결의에 의하여 주식매수선택권의 부여를 취소할 수 있다.

1. 주식매수선택권을 부여받은 자가 본인의 의사에 따라 사임하거나 사직한 경우
2. 주식매수선택권을 부여받은 자가 고의 또는 과실로 회사에 중대한 손해를 입힌 경우

3. 해당 회사의 파산 등으로 주식매수선택권 행사에 응할 수 없는 경우
4. 그 밖에 주식매수선택권을 부여받은 자와 체결한 주식매수선택권 부여계약에서 정한 취소사유가 발생한 경우

⑦ 주식매수선택권의 행사기한을 해당 이사·감사 또는 피용자의 퇴임일 또는 퇴직일로 정하는 경우 이들이 본인의 책임이 아닌 사유로 퇴임하거나 퇴직하였을 때에는 그 날부터 3개월 이상의 행사기간을 추가로 부여하여야 한다.

제31조(주주총회의 소집공고) ① 법 제542조의4제1항에서 "대통령령으로 정하는 수 이하의 주식"이란 의결권 있는 발행주식총수의 100분의 1 이하의 주식을 말한다.

② 상장회사는 「금융위원회의 설치 등에 관한 법률」 제24조에 따라 설립된 금융감독원 또는 「자본시장과 금융투자업에 관한 법률」 제373조의2에 따라 허가를 받은 거래소(이하 "거래소"라 한다)가 운용하는 전자공시시스템을 통하여 법 제542조의4제1항의 공고를 할 수 있다. <개정 2013·8·27>

③ 법 제542조의4제2항에서 "대통령령으로 정하는 후보자에 관한 사항"이란 다음 각 호의 사항을 말한다. <개정 2020·1·29>

1. 후보자와 최대주주와의 관계
2. 후보자와 해당 회사와의 최근 3년간의 거래 내역
3. 주주총회 개최일 기준 최근 5년 이내에 후보자가 「국세징수법」 또는 「지방세징수법」에 따른 체납처분을 받은 사실이 있는지 여부
4. 주주총회 개최일 기준 최근 5년 이내에 후보자가 임원으로 재직한 기업이 「채무자 회생 및 파산에 관한 법률」에 따른 회생절차 또는 파산절차를 진행한 사실이 있는지 여부
5. 법령에서 정한 취업제한 사유 등 이사·감사 결격 사유의 유무

④ 법 제542조의4제3항 본문에서 "사외이사 등의 활동내역과 보수에 관한 사항, 사업개요 등 대통령령으로 정하는 사항"이란 다음 각 호의 사항을 말한다. <개정 2020·1·29>

1. 사외이사, 그 밖에 해당 회사의 상무에 종사하지 아니하는 이사의 이사회 출석률, 이사회 의안에 대한 찬반 여부 등 활동내역과 보수에 관한 사항
2. 법 제542조의9제3항 각 호에 따른 거래의 내역
3. 영업 현황 등 사업개요와 주주총회의 목적사항별로 금융위원회가 정하는 방법에 따라 작성한 참고서류
4. 「자본시장과 금융투자업에 관한 법률」 제159조에 따른 사업보고서 및 「주식회사 등의 외부감사에 관한 법률」 제23조제1항 본문에 따른 감사보고서. 이 경우 해당 보고서는 주주총회 개최 1주 전까지 전자문서로 발송하거나 회사의 홈페이지에 게재하는 것으로 갈음할 수 있다.

⑤ 법 제542조의4제3항 단서에서 "대통령령으로 정하는 방법"이란 상장회사가 제4항 각 호에 따른 서류를 회사의 인터넷 홈페이지에 게재하고 다음 각 호의 장소에 갖추어 두어 일반인이 열람할 수 있도록 하는 방법을 말한다. <개정 2013·8·27>

1. 상장회사의 본점 및 지점
2. 명의개서대행회사
3. 금융위원회
4. 거래소

제32조(소수주주권 행사요건 완화대상 회사) 법 제542조의6제2항부터 제5항까지의 규정에서 "대통령령으로 정하는 상장회사"란 최근 사업연도 말 현재의 자본금이 1천억원 이상인 상장회사를 말한다.

제33조(집중투표에 관한 특례의 대상 회사) 법 제542조의7제2항에서 "대통령령으로 정하는 상장회사"란 최근 사업연도 말 현재의 자산총액이 2조원 이상인 상장회사를 말한다.

제34조(상장회사의 사외이사 등) ① 법 제542조의8제1항 본문에서 "대통령령으로 정하는 경우"란 다음 각 호의 어느 하나에 해당하는 경우를 말한다. <개정 2013·8·27, 2024·7·2>

1. 「벤처기업육성에 관한 특별법」에 따른 벤처기업 중 최근 사업연도 말 현재의 자산총액이 1천억원 미만으로서 코스닥시장(대통령령 제24697호 자본시장과 금융투자업에 관한 법률 시행령 일부개정령 부

칙 제8조에 따른 코스닥시장을 말한다. 이하 같다) 또는 코넥스시장(「자본시장과 금융투자업에 관한 법률 시행령」 제11조 제2항에 따른 코넥스시장을 말한다. 이하 같다)에 상장된 주권을 발행한 벤처기업인 경우

2. 「채무자 회생 및 파산에 관한 법률」에 따른 회생절차가 개시되었거나 파산선고를 받은 상장회사인 경우
3. 유가증권시장(「자본시장과 금융투자업에 관한 법률 시행령」 제176조의9제1항에 따른 유가증권시장을 말한다. 이하 같다), 코스닥시장 또는 코넥스시장에 주권을 신규로 상장한 상장회사(신규상장 후 최초로 소집되는 정기주주총회 전날까지만 해당한다)인 경우. 다만, 유가증권시장에 상장된 주권을 발행한 회사로서 사외이사를 선임하여야 하는 회사가 코스닥시장 또는 코넥스시장에 상장된 주권을 발행한 회사로 되는 경우 또는 코스닥시장 또는 코넥스시장에 상장된 주권을 발행한 회사로서 사외이사를 선임하여야 하는 회사가 유가증권시장에 상장된 주권을 발행한 회사로 되는 경우에는 그러하지 아니하다.
4. 「부동산투자회사법」에 따른 기업구조조정 부동산투자회사인 경우
5. 해산을 결의한 상장회사인 경우

② 법 제542조의8제1항 단서에서 "대통령령으로 정하는 상장회사"란 최근 사업연도 말 현재의 자산총액이 2조원 이상인 상장회사를 말한다.

③ 법 제542조의8제2항제4호에서 "대통령령으로 별도로 정하는 법률"이란 다음 각 호의 금융 관련 법령(이에 상응하는 외국의 금융 관련 법령을 포함한다)을 말한다. <개정 2016·5·31, 2021·2·1, 2022·8·23>

1. 「한국은행법」
2. 「은행법」
3. 「보험업법」
4. 「자본시장과 금융투자업에 관한 법률」
5. 「상호저축은행법」
6. 「금융실명거래 및 비밀보장에 관한 법률」
7. 「금융위원회의 설치 등에 관한 법률」
8. 「예금자보호법」
9. 「한국자산관리공사 설립 등에 관한 법률」
10. 「여신전문금융업법」
11. 「한국산업은행법」
12. 「중소기업은행법」
13. 「한국수출입은행법」
14. 「신용협동조합법」
15. 「신용보증기금법」
16. 「기술보증기금법」
17. 「새마을금고법」
18. 「벤처투자 촉진에 관한 법률」
19. 「신용정보의 이용 및 보호에 관한 법률」
20. 「외국환거래법」
21. 「외국인투자 촉진법」
22. 「자산유동화에 관한 법률」
23. 삭제 <2021·2·1>
24. 「금융산업의 구조개선에 관한 법률」
25. 「담보부사채신탁법」
26. 「금융지주회사법」
27. 「기업구조조정투자회사법」
28. 「한국주택금융공사법」

④ 법 제542조의8제2항제5호에서 "대통령령으로 정하는 특수한 관계에 있는 자"란 다음 각 호의 어느 하나에 해당하는 자(이하 "특수관계인"이라 한다)를 말한다.

1. 본인이 개인인 경우에는 다음 각 목의 어느 하나에 해당하는 사람
   가. 배우자(사실상의 혼인관계에 있는 사람을 포함한다)
   나. 6촌 이내의 혈족
   다. 4촌 이내의 인척
   라. 본인이 단독으로 또는 본인과 가목부터 다목까지의 관계에 있는 사람과 합하여 100분의 30 이상을 출자하거나 그 밖에 이사·집행임원·감사의 임면 등 법인 또는 단체의 주요 경영사항에 대하여 사실상 영향력을 행사하고 있는 경우에는 해당 법인 또는 단체와 그 이사·집행임원·감사
   마. 본인이 단독으로 또는 본인과 가목부터 라목까지의 관계에 있는 자와 합하여 100분의 30 이상을 출자하거나 그 밖에 이사·집행임원·감사의 임면 등 법인 또는 단체의 주요 경영사항에 대하여 사실상 영향력을 행사하고 있는 경우에는 해당 법인 또는 단체와 그 이사·집행임원·감사

2. 본인이 법인 또는 단체인 경우에는 다음 각 목의 어느 하나에 해당하는 자
   가. 이사·집행임원·감사
   나. 계열회사 및 그 이사·집행임원·감사
   다. 단독으로 또는 제1호 각 목의 관계에 있는 자와 합하여 본인에게 100분의 30 이상을 출자하거나 그 밖에 이사·집행임원·감사의 임면 등 본인의 주요 경영사항에 대하여 사실상 영향력을 행사하고 있는 개인 및 그와 제1호 각 목의 관계에 있는 자 또는 단체(계열회사는 제외한다. 이하 이 호에서 같다)와 그 이사·집행임원·감사
   라. 본인이 단독으로 또는 본인과 가목부터 다목까지의 관계에 있는 자와 합하여 100분의 30 이상을 출자하거나 그 밖에 이사·집행임원·감사의 임면 등 단체의 주요 경영사항에 대하여 사실상 영향력을 행사하고 있는 경우 해당 단체와 그 이사·집행임원·감사

⑤ 법 제542조의8제2항제7호에서 "대통령령으로 정하는 자"란 다음 각 호의 어느 하나에 해당하는 자를 말한다. <개정 2016·6·28, 2020·1·29>

1. 해당 상장회사의 계열회사의 상무에 종사하는 이사·집행임원·감사 및 피용자이거나 최근 3년 이내에 계열회사의 상무에 종사하는 이사·집행임원·감사 및 피용자였던 자
2. 다음 각 목의 법인 등의 이사·집행임원·감사 및 피용자〔사목에 따른 법무법인, 법무법인(유한), 법무조합, 변호사 2명 이상이 사건의 수임·처리나 그 밖의 변호사 업무수행 시 통일된 형태를 갖추고 수익을 분배하거나 비용을 분담하는 형태로 운영되는 법률사무소, 합작법무법인, 외국법자문법률사무소의 경우에는 해당 법무법인 등에 소속된 변호사, 외국법자문사를 말한다〕이거나 최근 2년 이내에 이사·집행임원·감사 및 피용자였던 자
   가. 최근 3개 사업연도 중 해당 상장회사와의 거래실적의 합계액이 자산총액(해당 상장회사의 최근 사업연도 말 현재의 대차대조표상의 자산총액을 말한다) 또는 매출총액(해당 상장회사의 최근 사업연도 말 현재의 손익계산서상의 매출총액을 말한다. 이하 이 조에서 같다)의 100분의 10 이상인 법인
   나. 최근 사업연도 중에 해당 상장회사와 매출총액의 100분의 10 이상의 금액에 상당하는 단일의 거래계약을 체결한 법인
   다. 최근 사업연도 중에 해당 상장회사가 금전, 유가증권, 그 밖의 증권 또는 증서를 대여하거나 차입한 금액과 담보제공 등 채무보증을 한 금액의 합계액이 자본금(해당 상장회사의 최근 사업연도 말 현재의 대차대조표상의 자본금을 말한다)의 100분의 10 이상인 법인
   라. 해당 상장회사의 정기주주총회일 현재 그 회사가 자본금(해당 상장회사가 출자한 법인의 자본금을 말한다)의 100분의 5 이상을 출자한 법인
   마. 해당 상장회사와 기술제휴계약을 체결하고 있는 법인
   바. 해당 상장회사의 감사인으로 선임된 회계법인
   사. 해당 상장회사와 주된 법률자문·경영자문 등의 자문계약을 체결하고 있는 법무법인, 법무법인(유한), 법무조합, 변호사 2명 이상이 사건의 수임·처리나 그 밖의 변호사 업무수행 시 통일된 형태를 갖추고 수익을 분배하거나 비용을 분담하는 형태로 운영되는 법률사무소, 합작법무법인, 외국법자문법률사무소, 회계법인, 세무법인, 그 밖에 자문용역을 제공하고 있는 법인
3. 해당 상장회사 외의 2개 이상의 다른 회사의 이사·집행임원·감사로 재임 중인 자
4. 해당 상장회사에 대한 회계감사 또는 세무대리를 하거나 그 상장회사와 법률자문·경영자문 등의 자문계약을 체결하고 있는 변호사(소속 외국법자문사를 포함한다), 공인회계사, 세무사, 그 밖에 자문용역을 제공하고 있는 자
5. 해당 상장회사의 발행주식총수의 100분의 1 이상에 해당하는 주식을 보유(「자본시장과 금융투자업에 관한 법률」 제133조제3항에 따른 보유를 말한다)하고 있는 자

6. 해당 상장회사와의 거래(「약관의 규제에 관한 법률」 제2조제1호의 약관에 따라 이루어지는 해당 상장회사와의 정형화된 거래는 제외한다) 잔액이 1억원 이상인 자
7. 해당 상장회사에서 6년을 초과하여 사외이사로 재직했거나 해당 상장회사 또는 그 계열회사에서 각각 재직한 기간을 더하면 9년을 초과하여 사외이사로 재직한 자

⑥ 제5항제2호에도 불구하고 다음 각 호의 어느 하나에 해당하는 법인인 기관투자자 및 이에 상당하는 외국금융회사는 제5항에 해당하는 자에서 제외한다. <개정 2016·5·31>
1. 「은행법」에 따른 은행
2. 「한국산업은행법」에 따른 한국산업은행
3. 「중소기업은행법」에 따른 중소기업은행
4. 「한국수출입은행법」에 따른 한국수출입은행
5. 「농업협동조합법」에 따른 농업협동조합중앙회 및 농협은행
6. 「수산업협동조합법」에 따른 수산업협동조합중앙회
7. 「상호저축은행법」에 따른 상호저축은행중앙회 및 상호저축은행
8. 「보험업법」에 따른 보험회사
9. 「여신전문금융업법」에 따른 여신전문금융회사
10. 「신용협동조합법」에 따른 신용협동조합중앙회
11. 「산림조합법」에 따른 산림조합중앙회
12. 「새마을금고법」에 따른 새마을금고중앙회
13. 「한국주택금융공사법」에 따른 한국주택금융공사
14. 「자본시장과 금융투자업에 관한 법률」에 따른 투자매매업자 및 투자중개업자
15. 「자본시장과 금융투자업에 관한 법률」에 따른 종합금융회사
16. 「자본시장과 금융투자업에 관한 법률」에 따른 집합투자업자
17. 「자본시장과 금융투자업에 관한 법률」에 따른 증권금융회사
18. 법률에 따라 설립된 기금을 관리·운용하는 법인으로서 다음 각 목의 법인
   가. 「공무원연금법」에 따른 공무원연금공단
   나. 「사립학교교직원 연금법」에 따른 사립학교교직원연금공단
   다. 「국민체육진흥법」에 따른 서울올림픽기념국민체육진흥공단
   라. 「신용보증기금법」에 따른 신용보증기금
   마. 「기술보증기금법」에 따른 기술보증기금
   바. 「무역보험법」에 따른 한국무역보험공사
   사. 「중소기업협동조합법」에 따른 중소기업중앙회
   아. 「문화예술진흥법」에 따른 한국문화예술위원회
19. 법률에 따라 공제사업을 영위하는 법인으로서 다음 각 목의 법인
   가. 「한국교직원공제회법」에 따른 한국교직원공제회
   나. 「군인공제회법」에 따른 군인공제회
   다. 「건설산업기본법」에 따라 설립된 건설공제조합 및 전문건설공제조합
   라. 「전기공사공제조합법」에 따른 전기공사공제조합
   마. 「정보통신공사업법」에 따른 정보통신공제조합
   바. 「대한지방행정공제회법」에 따른 대한지방행정공제회
   사. 「과학기술인공제회법」에 따른 과학기술인공제회

제35조(주요주주 등 이해관계자와의 거래) ① 법 제542조의9제1항 각 호 외의 부분에서 "대통령령으로 정하는 거래"란 다음 각 호의 어느 하나에 해당하는 거래를 말한다.
1. 담보를 제공하는 거래
2. 어음(「전자어음의 발행 및 유통에 관한 법률」에 따른 전자어음을 포함한다)을 배서(「어음법」 제15조제1항에 따른 담보적 효력이 없는 배서는 제외한다)하는 거래
3. 출자의 이행을 약정하는 거래
4. 법 제542조의9제1항 각 호의 자에 대한 신용공여의 제한(금전·증권 등 경제적 가치가 있는 재산의 대여, 채무이행의 보증, 자금 지원적 성격의 증권 매입, 제1호부터 제3호까지의 어느 하나에 해당하는 거래의 제한을 말한다)을 회피할 목적으로 하는 거래로서 「자본시장과 금융투자업에 관한 법률 시행령」 제38조제1

항제4호 각 목의 어느 하나에 해당하는 거래
5. 「자본시장과 금융투자업에 관한 법률 시행령」 제38조제1항제5호에 따른 거래
② 법 제542조의9제2항제1호에서 "대통령령으로 정하는 신용공여"란 학자금, 주택자금 또는 의료비 등 복리후생을 위하여 회사가 정하는 바에 따라 3억원의 범위에서 금전을 대여하는 행위를 말한다.
③ 법 제542조의9제2항제3호에서 "대통령령으로 정하는 신용공여"란 회사의 경영상 목적을 달성하기 위하여 필요한 경우로서 다음 각 호의 자를 상대로 하거나 그를 위하여 적법한 절차에 따라 이행하는 신용공여를 말한다.
1. 법인인 주요주주
2. 법인인 주요주주의 특수관계인 중 회사(자회사를 포함한다)의 출자지분과 해당 법인인 주요주주의 출자지분을 합한 것이 개인인 주요주주의 출자지분과 그의 특수관계인(해당 회사 및 자회사는 제외한다)의 출자지분을 합한 것보다 큰 법인
3. 개인인 주요주주의 특수관계인 중 회사(자회사를 포함한다)의 출자지분과 제1호 및 제2호에 따른 법인의 출자지분을 합한 것이 개인인 주요주주의 출자지분과 그의 특수관계인(해당 회사 및 자회사는 제외한다)의 출자지분을 합한 것보다 큰 법인
④ 법 제542조의9제3항 각 호 외의 부분에서 "대통령령으로 정하는 상장회사"란 최근 사업연도 말 현재의 자산총액이 2조원 이상인 상장회사를 말한다.
⑤ 법 제542조의9제3항 각 호 외의 부분에서 "대통령령으로 정하는 자"란 제34조제4항의 특수관계인을 말한다.
⑥ 법 제542조의9제3항제1호에서 "대통령령으로 정하는 규모"란 자산총액 또는 매출총액을 기준으로 다음 각 호의 구분에 따른 규모를 말한다.
1. 제4항의 회사가 「금융위원회의 설치 등에 관한 법률」 제38조에 따른 검사 대상기관인 경우 : 해당 회사의 최근 사업연도 말 현재의 자산총액의 100분의 1
2. 제4항의 회사가 「금융위원회의 설치 등에 관한 법률」 제38조에 따른 검사 대상 기관이 아닌 경우 : 해당 회사의 최근 사업연도 말 현재의 자산총액 또는 매출총액의 100분의 1
⑦ 법 제542조의9제3항제2호에서 "대통령령으로 정하는 규모"란 다음 각 호의 구분에 따른 규모를 말한다.
1. 제4항의 회사가 「금융위원회의 설치 등에 관한 법률」 제38조에 따른 검사 대상 기관인 경우 : 해당 회사의 최근 사업연도 말 현재의 자산총액의 100분의 5
2. 제4항의 회사가 「금융위원회의 설치 등에 관한 법률」 제38조에 따른 검사 대상 기관이 아닌 경우 : 해당 회사의 최근 사업연도 말 현재의 자산총액 또는 매출총액의 100분의 5
⑧ 법 제542조의9제4항에서 "대통령령으로 정하는 사항"이란 다음 각 호의 사항을 말한다.
1. 거래의 내용, 날짜, 기간 및 조건
2. 해당 사업연도 중 거래상대방과의 거래유형별 총거래금액 및 거래잔액
⑨ 법 제542조의9제5항제1호에서 "대통령령으로 정하는 거래"란 「약관의 규제에 관한 법률」 제2조제1호의 약관에 따라 이루어지는 거래를 말한다.

제36조(상근감사) ① 법 제542조의10제1항 본문에서 "대통령령으로 정하는 상장회사"란 최근 사업연도 말 현재의 자산총액이 1천억원 이상인 상장회사를 말한다.
② 법 제542조의10제2항제3호에서 "대통령령으로 정하는 자"란 다음 각 호의 어느 하나에 해당하는 자를 말한다.
1. 해당 회사의 상무에 종사하는 이사·집행임원의 배우자 및 직계존속·비속
2. 계열회사의 상무에 종사하는 이사·집행임원 및 피용자이거나 최근 2년 이내에 상무에 종사한 이사·집행임원 및 피용자

제37조(감사위원회) ① 법 제542조의11제1항에서 "대통령령으로 정하는 상장회사"란 최근 사업연도 말 현재의 자산총액이 2조원 이상인 상장회사를 말한다. 다만, 다음 각 호의 어느 하나에 해당하는 상장회사는 제외한다.
1. 「부동산투자회사법」에 따른 부동산투자회사인 상장회사

2. 「공공기관의 운영에 관한 법률」 및 「공기업의 경영구조 개선 및 민영화에 관한 법률」을 적용받는 상장회사
3. 「채무자 회생 및 파산에 관한 법률」에 따른 회생절차가 개시된 상장회사
4. 유가증권시장 또는 코스닥시장에 주권을 신규로 상장한 상장회사(신규상장 후 최초로 소집되는 정기주주총회 전날까지만 해당한다). 다만, 유가증권시장에 상장된 주권을 발행한 회사로서 감사위원회를 설치하여야 하는 회사가 코스닥시장에 상장된 주권을 발행한 회사로 되는 경우 또는 코스닥시장에 상장된 주권을 발행한 회사로서 감사위원회를 설치하여야 하는 회사가 유가증권시장에 상장된 주권을 발행한 회사로 되는 경우는 제외한다.

② 법 제542조의11제2항제1호에서 "대통령령으로 정하는 회계 또는 재무 전문가"란 다음 각 호의 어느 하나에 해당하는 사람을 말한다. <개정 2012·2·29, 2020·4·14, 2022·8·9>

1. 공인회계사의 자격을 가진 사람으로서 그 자격과 관련된 업무에 5년 이상 종사한 경력이 있는 사람
2. 회계 또는 재무 분야에서 석사 이상의 학위를 취득한 사람으로서 연구기관 또는 대학에서 회계 또는 재무 관련 분야의 연구원이나 조교수 이상으로 근무한 경력(학위 취득 전의 경력을 포함한다)이 합산하여 5년 이상인 사람
3. 상장회사에서 회계 또는 재무 관련 업무에 합산하여 임원으로 근무한 경력이 5년 이상 또는 임직원으로 근무한 경력이 10년 이상인 사람
4. 「금융회사의 지배구조에 관한 법률 시행령」 제16조제1항제4호·제5호의 기관 또는 「한국은행법」에 따른 한국은행에서 회계 또는 재무 관련 업무나 이에 대한 감독 업무에 근무한 경력이 합산하여 5년 이상인 사람
5. 「금융회사의 지배구조에 관한 법률 시행령」 제16조제1항제6호에 따라 금융위원회가 정하여 고시하는 자격을 갖춘 사람

제38조(감사 등 선임·해임 시의 의결권 제한) ① 법 제542조의12제4항에서 "대통령령으로 정하는 자"란 다음 각 호의 어느 하나에 해당하는 자를 말한다. <개정 2021·2·1>

1. 최대주주 또는 그 특수관계인의 계산으로 주식을 보유하는 자
2. 최대주주 또는 그 특수관계인에게 의결권(의결권의 행사를 지시할 수 있는 권한을 포함한다)을 위임한 자(해당 위임분만 해당한다)

② 법 제542조의12제7항 후단에서 "대통령령으로 정하는 자"란 제1항 각 호의 어느 하나에 해당하는 자를 말한다. <개정 2021·2·1>

제39조(준법통제기준 및 준법지원인 제도의 적용범위) 법 제542조의13제1항에서 "대통령령으로 정하는 상장회사"란 최근 사업연도 말 현재의 자산총액이 5천억원 이상인 회사를 말한다. 다만, 다른 법률에 따라 내부통제기준 및 준법감시인을 두어야 하는 상장회사는 제외한다.

제40조(준법통제기준 등) ① 법 제542조의13제1항에 따른 준법통제기준(이하 "준법통제기준"이라 한다)에는 다음 각 호의 사항이 포함되어야 한다.

1. 준법통제기준의 제정 및 변경의 절차에 관한 사항
2. 법 제542조의13제2항에 따른 준법지원인(이하 "준법지원인"이라 한다)의 임면절차에 관한 사항
3. 준법지원인의 독립적 직무수행의 보장에 관한 사항
4. 임직원이 업무수행과정에서 준수해야 할 법규 및 법적 절차에 관한 사항
5. 임직원에 대한 준법통제기준 교육에 관한 사항
6. 임직원의 준법통제기준 준수 여부를 확인할 수 있는 절차 및 방법에 관한 사항
7. 준법통제기준을 위반하여 업무를 집행한 임직원의 처리에 관한 사항
8. 준법통제에 필요한 정보가 준법지원인에게 전달될 수 있도록 하는 방법에 관한 사항
9. 준법통제기준의 유효성 평가에 관한 사항

② 준법통제기준을 정하거나 변경하는 경우에는 이사회의 결의를 거쳐야 한다.

제41조(준법지원인 자격요건 등) 법 제542조의13제5항제3호에서 "대통령령으로 정하는 사람"이란 다음 각 호의 어느 하나에 해당하는 사람을 말한다. <개정 2022·8·9>

1. 상장회사에서 감사·감사위원·준법감시인 또는 이와 관련된 법무부서에서 근무한 경력이 합산하여 10년 이상인 사람
2. 법률학 석사 이상의 학위를 취득한 사람으로서 상장회사에서 감사·감사위원·준법감시인 또는 이와 관련된 법무부서에서 근무한 경력(학위 취득 전의 경력을 포함한다)이 합산하여 5년 이상인 사람

제42조(준법지원인의 영업 업무 제한) 준법지원인은 자신의 업무수행에 영향을 줄 수 있는 영업 관련 업무를 담당해서는 아니 된다.

제43조(대차대조표에 상당하는 것의 범위) 법 제616조의2제1항에서 "대통령령으로 정하는 것"이란 복식부기의 원리에 의하여 해당 회사의 재무상태를 명확히 하기 위하여 회계연도 말 현재의 모든 자산·부채 및 자본의 현황을 표시한 서류로서 대차대조표에 상당하는 형식을 갖춘 것을 말한다.

제44조(과태료의 부과·징수 절차) ① 법무부장관은 법 제637조의2에 따라 과태료를 부과할 때에는 해당 위반행위를 조사·확인한 후 위반사실, 과태료 금액, 이의제기방법, 이의제기기간 등을 구체적으로 밝혀 과태료를 낼 것을 과태료 처분 대상자에게 서면으로 통지하여야 한다.

② 법무부장관은 제1항에 따라 과태료를 부과하려는 경우에는 10일 이상의 기간을 정하여 과태료 처분 대상자에게 말 또는 서면(전자문서를 포함한다)으로 의견을 진술할 기회를 주어야 한다. 이 경우 지정된 기일까지 의견을 진술하지 아니하면 의견이 없는 것으로 본다.

③ 법무부장관은 과태료 금액을 정하는 경우 해당 위반행위의 동기와 그 결과, 위반기간 및 위반 정도 등을 고려하여야 한다.

④ 과태료는 국고금 관리법령의 수입금 징수에 관한 절차에 따라 징수한다. 이 경우 납입고지서에는 이의제기방법 및 이의제기기간 등을 함께 적어야 한다.

제3편의2 보험

제44조의2(타인의 생명보험) 법 제731조제1항에 따른 본인 확인 및 위조·변조 방지에 대한 신뢰성을 갖춘 전자문서는 다음 각 호의 요건을 모두 갖춘 전자문서로 한다.

1. 전자문서에 보험금 지급사유, 보험금액, 보험계약자와 보험수익자의 신원, 보험기간이 적혀 있을 것
2. 전자문서에 법 제731조제1항에 따른 전자서명(이하 "전자서명"이라 한다)을 하기 전에 전자서명을 할 사람을 직접 만나서 전자서명을 하는 사람이 보험계약에 동의하는 본인임을 확인하는 절차를 거쳐 작성될 것
3. 전자문서에 전자서명을 한 후에 그 전자서명을 한 사람이 보험계약에 동의한 본인임을 확인할 수 있도록 지문정보를 이용하는 등 법무부장관이 고시하는 요건을 갖추어 작성될 것
4. 전자문서 및 전자서명의 위조·변조 여부를 확인할 수 있을 것

〔본조신설 2018·10·30〕

제4편 해상

제45조(해상편 규정의 적용이 제외되는 선박의 범위) 법 제741조제1항 단서에서 "대통령령으로 정하는 경우"란 다음 각 호의 어느 하나에 해당하는 국유 또는 공유의 선박인 경우를 말한다.

1. 군함, 경찰용 선박
2. 어업지도선, 밀수감시선
3. 그 밖에 영리행위에 사용되지 아니하는 선박으로서 비상용·인명구조용 선박 등 사실상 공용(公用)으로 사용되는 선박

제46조(연안항행구역의 범위) 법 제872조제2항 단서에 따라 공동해손의 경우 분담 등에 특례가 인정되는 연안항행구역의 범위는 전라남도 영광군 불갑천구 북안에서 같은 군 가음도, 신안군 재원도·비금도·신도, 진도군 가사도·진도, 완도군 보길도·자지도·청산도, 여수시 초도·소리도와 경상남도 거제시 거제도 및 부산광역시 영도를 거

쳐 같은 광역시 승두말에 이르는 선 안의 해면으로 한다.

제 5 편 항공운송

제47조(초경량 비행장치의 범위) 법 제896조 단서에서 "대통령령으로 정하는 초경량 비행장치"란 「항공안전법」 제 2 조제 3 호에 따른 초경량비행장치를 말한다. <개정 2017 · 3 · 29>

제48조(항공운송편 규정의 준용이 제외되는 항공기의 범위) 법 제897조 단서에서 "대통령령으로 정하는 경우"란 다음 각 호의 어느 하나에 해당하는 국유 또는 공유의 항공기인 경우를 말한다. <개정 2017 · 3 · 29>

1. 군용 · 경찰용 · 세관용 항공기
2. 「항공안전법」 제 2 조제 1 호 각 목의 용도로 사용되는 항공기
3. 그 밖에 영리행위에 사용되지 아니하는 항공기로서 비상용 · 인명구조용 항공기 등 사실상 공용(公用)으로 사용되는 항공기

제49조(항공기사고로 인한 선급금의 지급액 등) ① 법 제906조제 1 항 전단에 따라 운송인이 지급하여야 하는 선급금은 다음 각 호의 구분에 따른 금액으로 한다.

1. 여객이 사망한 경우 : 1인당 1만6천계산단위의 금액
2. 여객이 신체에 상해를 입은 경우 : 1인당 8천계산단위의 금액 범위에서 진찰 · 검사, 약제 · 치료재료의 지급, 처치 · 수술 및 그 밖의 치료, 예방 · 재활, 입원, 간호, 이송 등 명칭에 상관없이 그 상해의 치료에 드는 비용 중 법 제906조제 1 항에 따른 손해배상청구권자(이하 이 조에서 "손해배상청구권자"라 한다) 또는 「민법」에 따라 부양할 의무가 있는 사람이 실제 부담한 금액

② 법 제906조제 1 항 전단에 따라 손해배상청구권자가 선급금을 청구할 때에는 운송인에 대하여 선급금을 청구한다는 취지와 청구금액을 분명히 밝힌 서면 또는 전자문서에 다음 각 호의 서류를 첨부하여 청구하여야 한다.

1. 가족관계등록부 또는 그 밖에 법률에 따른 권한이 있는 청구권자임을 증명할 수 있는 서류
2. 여객이 신체에 상해를 입은 경우에는 그 상해의 치료에 드는 비용을 실제 부담하였음을 증명할 수 있는 서류

부 칙

제 1 조(시행일) 이 영은 2012년 4월 15일부터 시행한다.

제 2 조(이익참가부사채 등의 발행 요건 및 절차에 관한 적용례) 제21조부터 제25조까지의 개정규정은 이 영 시행 후 최초로 이사회의 결의로 이익참가부사채, 교환사채, 상환사채 및 파생결합사채를 발행하는 경우부터 적용한다.

제 3 조(주식매수선택권에 관한 적용례) 제30조제 5 항의 개정규정은 이 영 시행 후 최초로 주주총회의 결의 또는 이사회의 결의로 주식매수선택권을 부여하는 경우부터 적용한다.

제 4 조(사외이사 결격사유에 관한 적용례) 종전의 규정에 따라 선임된 사외이사가 이 영 시행으로 제34조제 4 항 및 제 5 항의 개정규정에 위배된 경우에 상장회사는 이 영 시행 후 최초로 개최되는 주주총회에서 제34조제 4 항 및 제 5 항의 개정규정에 합치되도록 사외이사를 선임하여야 한다.

제 5 조(준법통제기준 및 준법지원인 제도의 적용 특례) 제39조의 개정규정에도 불구하고 이 영 시행일부터 2013년 12월 31일까지는 같은 조 중 "5천억원"은 "1조원"으로 본다.

제 6 조(미실현이익에 관한 경과조치) 회사가 이 영 시행일이 속하는 사업연도까지 이익잉여금으로 순자산액에 반영한 미실현이익이 있는 경우에 그 미실현이익은 제19조의 개정규정에 따른 미실현이익에 포함되지 아니한 것으로 본다.

제 7 조(법인인 주요주주의 특수관계인에 대한 신용공여에 관한 경과조치) 제35조제 3 항제 2 호의 개정규정에도 불구하고 이 영 시행 전에 회사가 종전의 규정에 따라 법인인 주요주주의 특수관계인에게 한 신용공여는 같은 호의 개정규정에 적합한 신용공여로 본다.

제 8 조(다른 법령의 개정) 생략

제 9 조(다른 법령과의 관계) 이 영 시행 당시 다른 법령에서 종전의 「상법 시행령」의 규정을 인용한 경우에 이 영 가운데 그에 해

당하는 규정이 있으면 종전의 규정을 갈음하여 이 영의 해당 규정을 인용한 것으로 본다.

부 칙 <2012·8·31 대령24076>

제1조(시행일) 이 영은 2012년 9월 2일부터 시행한다. 〈단서 생략〉

제2조부터 **제4조**까지 생략

부 칙 <2013·8·27 대령24697>

제1조(시행일) 이 영은 2013년 8월 29일부터 시행한다. 〈단서 생략〉

제2조부터 **제13조**까지 생략

부 칙 <2014·2·24 대령25214>

제1조(시행일) 이 영은 공포한 날부터 시행한다.

제2조(미실현이익의 상계에 관한 적용례) 제19조제2항의 개정규정은 이 영 시행 후 주주총회 또는 이사회의 결의로 이익배당을 정하는 경우부터 적용한다.

부 칙 <2016·5·31 대령27205>

제1조(시행일) 이 영은 2016년 9월 30일부터 시행한다. 〈단서 생략〉

제2조 및 **제3조** 생략

부 칙 <2016·6·28 대령27261>

제1조(시행일) 이 영은 2016년 7월 1일부터 시행한다.

제2조 생략

부 칙 <2016·10·25 대령27556>

제1조(시행일) 이 영은 2016년 12월 1일부터 시행한다.

제2조 생략

부 칙 <2017·3·29 대령27971>

제1조(시행일) 이 영은 2017년 3월 30일부터 시행한다. 〈단서 생략〉

제2조부터 **제11조**까지 생략

부 칙 <2017·7·26 대령28211>

제1조(시행일) 이 영은 공포한 날부터 시행한다. 〈단서 생략〉

제2조부터 **제8조**까지 생략

부 칙 <2018·10·30 대령29259>

이 영은 2018년 11월 1일부터 시행한다.

부 칙 <2018·10·30 대령29269>

제1조(시행일) 이 영은 2018년 11월 1일부터 시행한다.

제2조부터 **제11조**까지 생략

부 칙 <2019·6·25 대령29892>

제1조(시행일) 이 영은 2019년 9월 16일부터 시행한다. 〈단서 생략〉

제2조부터 **제10조**까지 생략

부 칙 <2020·1·29 대령30363>

제1조(시행일) 이 영은 공포한 날부터 시행한다. 다만, 제31조제4항의 개정규정은 2021년 1월 1일부터 시행한다.

제2조(사외이사 선임에 관한 적용례) 제34조제5항의 개정규정은 이 영 시행 이후 선임하는 사외이사부터 적용한다.

부 칙 <2020·4·14 대령30613>

이 영은 공포한 날부터 시행한다.

부 칙 <2020·12·8 대령31222>

제1조(시행일) 이 영은 2020년 12월 10일부터 시행한다.

제2조 및 **제3조** 생략

부 칙 <2021·2·1 대령31422>

이 영은 공포한 날부터 시행한다.

부 칙 <2021·12·28 대령32274>

제1조(시행일) 이 영은 2021년 12월 30일부터 시행한다.

제2조부터 **제14조**까지 생략

부 칙 <2022·8·9 대령32868>

이 영은 공포한 날부터 시행한다.

부 칙 <2022·8·23 대령32881>

제1조(시행일) 이 영은 공포한 날부터 시행한다.

제2조부터 **제4조**까지 생략

부 칙 <2023·12·19 대령33968>

이 영은 공포한 날부터 시행한다.

부 칙 <2024·7·2 대령34657>

제1조(시행일) 이 영은 2024년 7월 10일부터 시행한다. 〈단서 생략〉

제2조 및 **제3조** 생략

부 칙 <2025·1·21 대령35228>

이 영은 2025년 1월 31일부터 시행한다.

●어음법

〔1962・1・20 법률제1001호〕

개정
1995・12・ 6 법률제 5009호
2007・ 5・17 법률제 8441호
2010・ 3・31 법률제10198호

제1편 환어음

제1장 환어음의 발행과 방식

제1조(어음의 요건) 환어음(換어음)에는 다음 각 호의 사항을 적어야 한다.

1. 증권의 본문 중에 그 증권을 작성할 때 사용하는 국어로 환어음임을 표시하는 글자
2. 조건 없이 일정한 금액을 지급할 것을 위탁하는 뜻
3. 지급인의 명칭
4. 만기(滿期)
5. 지급지(支給地)
6. 지급받을 자 또는 지급받을 자를 지시할 자의 명칭
7. 발행일과 발행지(發行地)
8. 발행인의 기명날인(記名捺印) 또는 서명

〔전부개정 2010・3・31〕

제2조(어음 요건의 흠) 제1조 각 호의 사항을 적지 아니한 증권은 환어음의 효력이 없다. 그러나 다음 각 호의 경우에는 그러하지 아니하다.

1. 만기가 적혀 있지 아니한 경우: 일람출급(一覽出給)의 환어음으로 본다.
2. 지급지가 적혀 있지 아니한 경우: 지급인의 명칭에 부기(附記)한 지(地)를 지급지 및 지급인의 주소지로 본다.
3. 발행지가 적혀 있지 아니한 경우: 발행인의 명칭에 부기한 지(地)를 발행지로 본다.

〔전부개정 2010・3・31〕

제3조(자기지시어음, 자기앞어음, 위탁어음) ① 환어음은 발행인 자신을 지급받을 자로 하여 발행할 수 있다.
② 환어음은 발행인 자신을 지급인으로 하여 발행할 수 있다.
③ 환어음은 제3자의 계산으로 발행할 수 있다.

〔전부개정 2010・3・31〕

제4조(제3자방 지급의 기재) 환어음은 지급인의 주소지에 있든 다른 지(地)에 있든 관계없이 제3자방(第三者方)에서 지급하는 것으로 할 수 있다.

〔전부개정 2010・3・31〕

제5조(이자의 약정) ① 일람출급 또는 일람 후 정기출급의 환어음에는 발행인이 어음금액에 이자가 붙는다는 약정 내용을 적을 수 있다. 그 밖의 환어음에는 이자의 약정을 적어도 이를 적지 아니한 것으로 본다.
② 이율은 어음에 적어야 한다. 이율이 적혀 있지 아니하면 이자를 약정한다는 내용이 적혀 있더라도 이자를 약정하지 아니한 것으로 본다.
③ 특정한 날짜가 적혀 있지 아니한 경우에는 어음을 발행한 날부터 이자를 계산한다.

〔전부개정 2010・3・31〕

제6조(어음금액의 기재에 차이가 있는 경우) ① 환어음의 금액을 글자와 숫자로 적은 경

우에 그 금액에 차이가 있으면 글자로 적은 금액을 어음금액으로 한다.
② 환어음의 금액을 글자 또는 숫자로 중복하여 적은 경우에 그 금액에 차이가 있으면 최소금액을 어음금액으로 한다.
〔전부개정 2010·3·31〕

제 7 조(어음채무의 독립성) 환어음에 다음 각 호의 어느 하나에 해당하는 기명날인 또는 서명이 있는 경우에도 다른 기명날인 또는 서명을 한 자의 채무는 그 효력에 영향을 받지 아니한다.
1. 어음채무를 부담할 능력이 없는 자의 기명날인 또는 서명
2. 위조된 기명날인 또는 서명
3. 가공인물의 기명날인 또는 서명
4. 그 밖의 사유로 환어음에 기명날인 또는 서명을 한 자나 그 본인에게 의무를 부담하게 할 수 없는 기명날인 또는 서명

〔전부개정 2010·3·31〕

제 8 조(어음행위의 무권대리) 대리권 없이 타인의 대리인으로 환어음에 기명날인하거나 서명한 자는 그 어음에 의하여 의무를 부담한다. 그 자가 어음금액을 지급한 경우에는 본인과 같은 권리를 가진다. 권한을 초과한 대리인의 경우도 같다.
〔전부개정 2010·3·31〕

제 9 조(발행인의 책임) ① 발행인은 어음의 인수(引受)와 지급을 담보한다.
② 발행인은 인수를 담보하지 아니한다는 내용을 어음에 적을 수 있다. 발행인이 지급을 담보하지 아니한다는 뜻의 모든 문구는 적지 아니한 것으로 본다.
〔전부개정 2010·3·31〕

제10조(백지어음) 미완성으로 발행한 환어음에 미리 합의한 사항과 다른 내용을 보충한 경우에는 그 합의의 위반을 이유로 소지인에게 대항하지 못한다. 그러나 소지인이 악의 또는 중대한 과실로 인하여 환어음을 취득한 경우에는 그러하지 아니하다.
〔전부개정 2010·3·31〕

제 2 장 배서

제11조(당연한 지시증권성) ① 환어음은 지시식(指示式)으로 발행하지 아니한 경우에도 배서(背書)에 의하여 양도할 수 있다.
② 발행인이 환어음에 "지시 금지"라는 글자 또는 이와 같은 뜻이 있는 문구를 적은 경우에는 그 어음은 지명채권의 양도 방식으로만, 그리고 그 효력으로써만 양도할 수 있다.
③ 배서는 다음 각 호의 자에 대하여 할 수 있으며, 다음 각 호의 자는 다시 어음에 배서할 수 있다.
1. 어음을 인수한 지급인
2. 어음을 인수하지 아니한 지급인
3. 어음의 발행인
4. 그 밖의 어음채무자

〔전부개정 2010·3·31〕

제12조(배서의 요건) ① 배서에는 조건을 붙여서는 아니 된다. 배서에 붙인 조건은 적지 아니한 것으로 본다.
② 일부의 배서는 무효로 한다.
③ 소지인에게 지급하라는 소지인출급의 배서는 백지식(白地式) 배서와 같은 효력이 있다.
〔전부개정 2010·3·31〕

제13조(배서의 방식) ① 배서는 환어음이나 이에 결합한 보충지〔補箋〕에 적고 배서인이 기명날인하거나 서명하여야 한다.
② 배서는 피배서인(被背書人)을 지명하지 아니하고 할 수 있으며 배서인의 기명날인 또는 서명만으로도 할 수 있다(백지식 배서). 배서인의 기명날인 또는 서명만으로 하는 백지식 배서는 환어음의 뒷면이나 보충지에 하지 아니하면 효력이 없다.
〔전부개정 2010·3·31〕

제14조(배서의 권리 이전적 효력) ① 배서는 환어음으로부터 생기는 모든 권리를 이전(移轉)한다.
② 배서가 백지식인 경우에 소지인은 다음 각 호의 행위를 할 수 있다.
1. 자기의 명칭 또는 타인의 명칭으로 백지(白地)를 보충하는 행위
2. 백지식으로 또는 타인을 표시하여 다시 어음에 배서하는 행위
3. 백지를 보충하지 아니하고 또 배서도 하지 아니하고 어음을 교부만으로 제 3 자에게 양도하는 행위

〔전부개정 2010·3·31〕

제15조(배서의 담보적 효력) ① 배서인은 반대의 문구가 없으면 인수와 지급을 담보한다.
② 배서인은 자기의 배서 이후에 새로 하는 배서를 금지할 수 있다. 이 경우에 그 배서인은 어음의 그 후의 피배서인에 대하여 담보의 책임을 지지 아니한다.
〔전부개정 2010·3·31〕

제16조(배서의 자격 수여적 효력 및 어음의 선의취득) ① 환어음의 점유자가 배서의 연속에 의하여 그 권리를 증명할 때에는 그를 적법한 소지인으로 추정(推定)한다. 최후의 배서가 백지식인 경우에도 같다. 말소한 배서는 배서의 연속에 관하여는 배서를 하지 아니한 것으로 본다. 백지식 배서의 다음에 다른 배서가 있는 경우에는 그 배서를 한 자는 백지식 배서에 의하여 어음을 취득한 것으로 본다.
② 어떤 사유로든 환어음의 점유를 잃은 자가 있는 경우에 그 어음의 소지인이 제1항에 따라 그 권리를 증명할 때에는 그 어음을 반환할 의무가 없다. 그러나 소지인이 악의 또는 중대한 과실로 인하여 어음을 취득한 경우에는 그러하지 아니하다.
〔전부개정 2010·3·31〕

제17조(인적 항변의 절단) 환어음에 의하여 청구를 받은 자는 발행인 또는 종전의 소지인에 대한 인적 관계로 인한 항변(抗辯)으로써 소지인에게 대항하지 못한다. 그러나 소지인이 그 채무자를 해할 것을 알고 어음을 취득한 경우에는 그러하지 아니하다.
〔전부개정 2010·3·31〕

제18조(추심위임배서) ① 배서한 내용 중 다음 각 호의 어느 하나에 해당하는 문구가 있으면 소지인은 환어음으로부터 생기는 모든 권리를 행사할 수 있다. 그러나 소지인은 대리(代理)를 위한 배서만을 할 수 있다.
1. 회수하기 위하여
2. 추심(推尋)하기 위하여
3. 대리를 위하여
4. 그 밖에 단순히 대리권을 준다는 내용의 문구
② 제1항의 경우에는 어음의 채무자는 배서인에게 대항할 수 있는 항변으로써만 소지인에게 대항할 수 있다.
③ 대리를 위한 배서에 의하여 주어진 대리권은 그 대리권을 준 자가 사망하거나 무능력자가 되더라도 소멸하지 아니한다.
〔전부개정 2010·3·31〕

제19조(입질배서) ① 배서한 내용 중 다음 각 호의 어느 하나에 해당하는 문구가 있으면 소지인은 환어음으로부터 생기는 모든 권리를 행사할 수 있다. 그러나 소지인이 한 배서는 대리를 위한 배서의 효력만 있다.
1. 담보하기 위하여
2. 입질(入質)하기 위하여
3. 그 밖에 질권(質權) 설정을 표시하는 문구
② 제1항의 경우 어음채무자는 배서인에 대한 인적 관계로 인한 항변으로써 소지인에게 대항하지 못한다. 그러나 소지인이 그 채무자를 해할 것을 알고 어음을 취득한 경우에는 그러하지 아니하다.
〔전부개정 2010·3·31〕

제20조(기한 후 배서) ① 만기 후의 배서는 만기 전의 배서와 같은 효력이 있다. 그러나 지급거절증서가 작성된 후에 한 배서 또는 지급거절증서 작성기간이 지난 후에 한 배서는 지명채권 양도의 효력만 있다.
② 날짜를 적지 아니한 배서는 지급거절증서 작성기간이 지나기 전에 한 것으로 추정한다.
〔전부개정 2010·3·31〕

제3장 인수

제21조(인수 제시의 자유) 환어음의 소지인 또는 단순한 점유자는 만기에 이르기까지 인수를 위하여 지급인에게 그 주소에서 어음을 제시할 수 있다.
〔전부개정 2010·3·31〕

제22조(인수 제시의 명령 및 금지) ① 발행인은 환어음에 기간을 정하거나 정하지 아니하고, 인수를 위하여 어음을 제시하여야 한다는 내용을 적을 수 있다.
② 발행인은 인수를 위한 어음의 제시를 금지한다는 내용을 어음에 적을 수 있다. 그러나 어음이 제3자방에서 또는 지급인의 주소지가 아닌 지(地)에서 지급하여야 하는 것이거나 일람 후 정기출급 어음인 경우에

는 그러하지 아니하다.
③ 발행인은 일정한 기일(期日) 전에는 인수를 위한 어음의 제시를 금지한다는 내용을 적을 수있다.
④ 각 배서인은 기간을 정하거나 정하지 아니하고, 인수를 위하여 어음을 제시하여야 한다는 내용을 적을 수 있다. 그러나 발행인이 인수를 위한 어음의 제시를 금지한 경우에는 그러하지 아니하다.
〔전부개정 2010·3·31〕

제23조(일람 후 정기출급 어음의 제시기간) ① 일람 후 정기출급의 환어음은 그 발행한 날부터 1년 내에 인수를 위한 제시를 하여야 한다.
② 발행인은 제1항의 기간을 단축하거나 연장할 수 있다.
③ 배서인은 제1항 및 제2항의 기간을 단축할 수 있다.
〔전부개정 2010·3·31〕

제24조(유예기간) ① 지급인은 첫 번째 제시일의 다음 날에 두 번째 제시를 할 것을 청구할 수 있다. 이해관계인은 이 청구가 거절증서에 적혀 있는 경우에만 그 청구에 응한 두 번째 제시가 없었음을 주장할 수 있다.
② 소지인은 인수를 위하여 제시한 어음을 지급인에게 교부할 필요가 없다.
〔전부개정 2010·3·31〕

제25조(인수의 방식) ① 인수는 환어음에 적어야 하며, "인수" 또는 그 밖에 이와 같은 뜻이 있는 글자로 표시하고 지급인이 기명날인하거나 서명하여야 한다. 어음의 앞면에 지급인의 단순한 기명날인 또는 서명이 있으면 인수로 본다.
② 일람 후 정기출급의 어음 또는 특별한 기재에 의하여 일정한 기간 내에 인수를 위한 제시를 하여야 하는 어음의 경우에는 소지인이 제시한 날짜를 기재할 것을 청구한 경우가 아니면 인수에는 인수한 날짜를 적어야 한다. 날짜가 적혀 있지 아니한 경우 소지인은 배서인과 발행인에 대한 상환청구권(償還請求權)을 보전(保全)하기 위하여는 적법한 시기에 작성시킨 거절증서로써 그 기재가 없었음을 증명하여야 한다.
〔전부개정 2010·3·31〕

제26조(부단순인수) ① 인수는 조건 없이 하여야 한다. 그러나 지급인은 어음금액의 일부만을 인수할 수 있다.
② 환어음의 다른 기재사항을 변경하여 인수하였을 때에는 인수를 거절한 것으로 본다. 그러나 인수인은 그 인수 문구에 따라 책임을 진다.
〔전부개정 2010·3·31〕

제27조(제3자방 지급의 기재) ① 발행인이 지급인의 주소지와 다른 지급지를 환어음에 적은 경우에 제3자방에서 지급한다는 내용을 적지 아니하였으면 지급인은 인수를 함에 있어 그 제3자를 정할 수 있다. 그에 관하여 적은 내용이 없으면 인수인은 지급지에서 직접 지급할 의무를 부담한 것으로 본다.
② 지급인의 주소에서 지급될 어음의 경우 지급인은 인수를 함에 있어 지급지 내에 위치한 지급장소를 정할 수 있다.
〔전부개정 2010·3·31〕

제28조(인수의 효력) ① 지급인은 인수를 함으로써 만기에 환어음을 지급할 의무를 부담한다.
② 지급을 받지 못한 경우에 소지인은 제48조와 제49조에 따라 청구할 수 있는 모든 금액에 관하여 인수인에 대하여 환어음으로부터 생기는 직접청구권을 가진다. 소지인이 발행인인 경우에도 같다.
〔전부개정 2010·3·31〕

제29조(인수의 말소) ① 환어음에 인수를 기재한 지급인이 그 어음을 반환하기 전에 인수의 기재를 말소한 경우에는 인수를 거절한 것으로 본다. 말소는 어음의 반환 전에 한 것으로 추정한다.
② 제1항에도 불구하고 지급인이 소지인이나 어음에 기명날인 또는 서명을 한 자에게 서면으로 인수를 통지한 경우에는 그 상대방에 대하여 인수의 문구에 따라 책임을 진다.
〔전부개정 2010·3·31〕

제4장 보증

제30조(보증의 가능) ① 환어음은 보증에 의하여 그 금액의 전부 또는 일부의 지급을 담보할 수 있다.

② 제 3 자는 제 1 항의 보증을 할 수 있다. 어음에 기명날인하거나 서명한 자도 같다.
〔전부개정 2010·3·31〕

제31조(보증의 방식) ① 보증의 표시는 환어음 또는 보충지에 하여야 한다.
② 보증을 할 때에는 "보증" 또는 이와 같은 뜻이 있는 문구를 표시하고 보증인이 기명날인하거나 서명하여야 한다.
③ 환어음의 앞면에 단순한 기명날인 또는 서명이 있는 경우에는 보증을 한 것으로 본다. 그러나 지급인 또는 발행인의 기명날인 또는 서명의 경우에는 그러하지 아니하다.
④ 보증에는 누구를 위하여 한 것임을 표시하여야 한다. 그 표시가 없는 경우에는 발행인을 위하여 보증한 것으로 본다.
〔전부개정 2010·3·31〕

제32조(보증의 효력) ① 보증인은 보증된 자와 같은 책임을 진다.
② 보증은 담보된 채무가 그 방식에 흠이 있는 경우 외에는 어떠한 사유로 무효가 되더라도 그 효력을 가진다.
③ 보증인이 환어음의 지급을 하면 보증된 자와 그 자의 어음상의 채무자에 대하여 어음으로부터 생기는 권리를 취득한다.
〔전부개정 2010·3·31〕

제 5 장 만기

제33조(만기의 종류) ① 환어음은 다음 각 호의 어느 하나로 발행할 수 있다.
1. 일람출급
2. 일람 후 정기출급
3. 발행일자 후 정기출급
4. 확정일출급

② 제 1 항 외의 만기 또는 분할 출급의 환어음은 무효로 한다.
〔전부개정 2010·3·31〕

제34조(일람출급 어음의 만기) ① 일람출급의 환어음은 제시된 때를 만기로 한다. 이 어음은 발행일부터 1년 내에 지급을 받기 위한 제시를 하여야 한다. 발행인은 이 기간을 단축하거나 연장할 수 있고 배서인은 그 기간을 단축할 수 있다.
② 발행인은 일정한 기일 전에는 일람출급의 환어음의 지급을 받기 위한 제시를 금지한다는 내용을 적을 수 있다. 이 경우 제시기간은 그 기일부터 시작한다.
〔전부개정 2010·3·31〕

제35조(일람 후 정기출급 어음의 만기) ① 일람 후 정기출급의 환어음 만기는 인수한 날짜 또는 거절증서의 날짜에 따라 정한다.
② 인수일이 적혀 있지 아니하고 거절증서도 작성되지 아니한 경우에 인수인에 대한 관계에서는 인수제시기간의 말일에 인수한 것으로 본다.
〔전부개정 2010·3·31〕

제36조(만기일의 결정 및 기간의 계산) ① 발행일자 후 또는 일람 후 1개월 또는 수개월이 될 때 지급할 환어음은 지급할 달의 대응일(對應日)을 만기로 한다. 대응일이 없는 경우에는 그 달의 말일을 만기로 한다.
② 발행일자 후 또는 일람 후 1개월 반 또는 수개월 반이 될 때 지급할 환어음은 먼저 전월(全月)을 계산한다.
③ 월초, 월중 또는 월말로 만기를 표시한 경우에는 그 달의 1일, 15일 또는 말일을 말한다.
④ "8일" 또는 "15일"이란 1주 또는 2주가 아닌 만 8일 또는 만 15일을 말한다.
⑤ "반월"(半月)이란 만 15일을 말한다.
〔전부개정 2010·3·31〕

제37조(만기 결정의 표준이 되는 세력) ① 발행지와 세력(歲曆)을 달리하는 지(地)에서 확정일에 지급할 환어음의 만기일은 지급지의 세력에 따라 정한 것으로 본다.
② 세력을 달리하는 두 지(地) 간에 발행한 발행일자 후 정기출급 환어음은 발행일을 지급지 세력의 대응일로 환산하고 이에 따라 만기를 정한다.
③ 환어음의 제시기간은 제 2 항에 따라 계산한다.
④ 제 1 항부터 제 3 항까지의 규정은 환어음의 문구나 그 밖의 기재사항에 의하여 다른 의사를 알 수 있는 경우에는 적용하지 아니한다.
〔전부개정 2010·3·31〕

제 6 장 지급

제38조(지급 제시의 필요) ① 확정일출급, 발

행일자 후 정기출급 또는 일람 후 정기출급의 환어음 소지인은 지급을 할 날 또는 그 날 이후의 2거래일 내에 지급을 받기 위한 제시를 하여야 한다.
② 어음교환소에서 한 환어음의 제시는 지급을 받기 위한 제시로서의 효력이 있다.
③ 소지인으로부터 환어음의 추심을 위임받은 금융기관(이하 이 장에서 "제시금융기관"이라 한다)이 그 환어음의 기재사항을 정보처리시스템에 의하여 전자적 정보의 형태로 작성한 후 그 정보를 어음교환소에 송신하여 그 어음교환소의 정보처리시스템에 입력되었을 때에는 제2항에 따른 지급을 받기 위한 제시가 이루어진 것으로 본다.
〔전부개정 2010·3·31〕

第39조(상환증권성 및 일부지급) ① 환어음의 지급인은 지급을 할 때에 소지인에게 그 어음에 영수(領受)를 증명하는 뜻을 적어서 교부할 것을 청구할 수 있다.
② 소지인은 일부지급을 거절하지 못한다.
③ 일부지급의 경우 지급인은 소지인에게 그 지급 사실을 어음에 적고 영수증을 교부할 것을 청구할 수 있다.
〔전부개정 2010·3·31〕

第40조(지급의 시기 및 지급인의 조사의무) ① 환어음의 소지인은 만기 전에는 지급을 받을 의무가 없다.
② 만기 전에 지급을 하는 지급인은 자기의 위험부담으로 하는 것으로 한다.
③ 만기에 지급하는 지급인은 사기 또는 중대한 과실이 없으면 그 책임을 면한다. 이 경우 지급인은 배서의 연속이 제대로 되어 있는지를 조사할 의무가 있으나 배서인의 기명날인 또는 서명을 조사할 의무는 없다.
④ 제38조제3항에 따른 지급 제시의 경우 지급인 또는 지급인으로부터 지급을 위임받은 금융기관은 제3항 후단에 따른 배서의 연속이 제대로 되어 있는지에 대한 조사를 제시금융기관에 위임할 수 있다.
〔전부개정 2010·3·31〕

第41조(지급할 화폐) ① 지급지의 통화(通貨)가 아닌 통화로 지급한다는 내용이 기재된 환어음은 만기일의 가격에 따라 지급지의 통화로 지급할 수 있다. 어음채무자가 지급을 지체한 경우 소지인은 그 선택에 따라 만기일 또는 지급하는 날의 환시세(換時勢)에 따라 지급지의 통화로 어음금액을 지급할 것을 청구할 수 있다.
② 외국통화의 가격은 지급지의 관습에 따라 정한다. 그러나 발행인은 어음에서 정한 환산율에 따라 지급금액을 계산한다는 뜻을 어음에 적을 수 있다.
③ 제1항 및 제2항은 발행인이 특정한 종류의 통화로 지급한다는 뜻(외국통화 현실지급 문구)을 적은 경우에는 적용하지 아니한다.
④ 발행국과 지급국에서 명칭은 같으나 가치가 다른 통화로써 환어음의 금액을 정한 경우에는 지급지의 통화로 정한 것으로 추정한다.
〔전부개정 2010·3·31〕

第42조(어음금액의 공탁) 제38조에 따른 기간 내에 환어음의 지급을 받기 위한 제시가 없으면 각 어음채무자는 소지인의 비용과 위험부담으로 어음금액을 관할 관서에 공탁(供託)할 수 있다.
〔전부개정 2010·3·31〕

제7장 인수거절 또는 지급거절로 인한 상환청구

第43조(상환청구의 실질적 요건) 만기에 지급이 되지 아니한 경우 소지인은 배서인, 발행인, 그 밖의 어음채무자에 대하여 상환청구권(償還請求權)을 행사할 수 있다. 다음 각 호의 어느 하나에 해당하는 경우에는 만기 전에도 상환청구권을 행사할 수 있다.
1. 인수의 전부 또는 일부의 거절이 있는 경우
2. 지급인의 인수 여부와 관계없이 지급인이 파산한 경우, 그 지급이 정지된 경우 또는 그 재산에 대한 강제집행이 주효(奏效)하지 아니한 경우
3. 인수를 위한 어음의 제시를 금지한 어음의 발행인이 파산한 경우
〔전부개정 2010·3·31〕

第44조(상환청구의 형식적 요건) ① 인수 또는 지급의 거절은 공정증서(인수거절증서 또는 지급거절증서)로 증명하여야 한다.

② 인수거절증서는 인수를 위한 제시기간 내에 작성시켜야 한다. 다만, 기간의 말일에 제24조제1항에 따른 제시가 있으면 그 다음 날에도 거절증서를 작성시킬 수 있다.
③ 확정일출급, 발행일자 후 정기출급 또는 일람 후 정기출급 환어음의 지급거절증서는 지급을 할 날 이후의 2거래일 내에 작성시켜야 한다. 일람출급 어음의 지급거절증서는 인수거절증서 작성에 관한 제2항에 따라 작성시켜야 한다.
④ 인수거절증서가 작성되었을 때에는 지급을 받기 위한 제시와 지급거절증서의 작성이 필요하지 아니하다.
⑤ 지급인의 인수 여부와 관계없이 지급인이 지급을 정지한 경우 또는 그 재산에 대한 강제집행이 주효하지 아니한 경우 소지인은 지급인에 대하여 지급을 받기 위한 제시를 하고 거절증서를 작성시킨 후가 아니면 상환청구권을 행사하지 못한다.
⑥ 지급인의 인수 여부와 관계없이 지급인이 파산선고를 받은 경우 또는 인수를 위한 제시를 금지한 어음의 발행인이 파산선고를 받은 경우에 소지인이 상환청구권을 행사할 때에는 파산결정서를 제시하면 된다.
〔전부개정 2010·3·31〕

제45조(인수거절 및 지급거절의 통지) ① 소지인은 다음 각 호의 어느 하나에 해당하는 날 이후의 4거래일 내에 자기의 배서인과 발행인에게 인수거절 또는 지급거절이 있었음을 통지하여야 하고, 각 배서인은 그 통지를 받은 날 이후 2거래일 내에 전(前) 통지자 전원의 명칭과 처소(處所)를 표시하고 자기가 받은 통지를 자기의 배서인에게 통지하여 차례로 발행인에게 미치게 하여야 한다. 이 기간은 각 통지를 받은 때부터 진행한다.
1. 거절증서 작성일
2. 무비용상환(無費用償還)의 문구가 적혀 있는 경우에는 어음 제시일
② 제1항에 따라 환어음에 기명날인하거나 서명한 자에게 통지할 때에는 같은 기간 내에 그 보증인에게도 같은 통지를 하여야 한다.
③ 배서인이 그 처소를 적지 아니하거나 그 기재가 분명하지 아니한 경우에는 그 배서인의 직전(直前)의 자에게 통지하면 된다.
④ 통지를 하여야 하는 자는 어떠한 방법으로도 할 수 있다. 단순히 어음을 반환하는 것으로도 통지할 수 있다.
⑤ 통지를 하여야 하는 자는 적법한 기간 내에 통지를 하였음을 증명하여야 한다. 이 기간 내에 통지서를 우편으로 부친 경우에는 그 기간을 준수한 것으로 본다.
⑥ 제5항의 기간 내에 통지를 하지 아니한 자도 상환청구권을 잃지 아니한다. 그러나 과실로 인하여 손해가 생긴 경우에는 환어음금액의 한도 내에서 배상할 책임을 진다.
〔전부개정 2010·3·31〕

제46조(거절증서 작성 면제) ① 발행인, 배서인 또는 보증인은 다음 각 호의 어느 하나에 해당하는 문구를 환어음에 적고 기명날인하거나 서명함으로써 소지인의 상환청구권 행사를 위한 인수거절증서 또는 지급거절증서의 작성을 면제할 수 있다.
1. 무비용상환
2. 거절증서 불필요
3. 제1호 및 제2호와 같은 뜻을 가진 문구
② 제1항 각 호의 문구가 있더라도 소지인의 법정기간 내 어음의 제시 및 통지 의무가 면제되는 것은 아니다. 법정기간을 준수하지 아니하였음은 소지인에 대하여 이를 원용(援用)하는 자가 증명하여야 한다.
③ 발행인이 제1항 각 호의 문구를 적은 경우에는 모든 어음채무자에 대하여 효력이 있고, 배서인 또는 보증인이 이 문구를 적은 경우에는 그 배서인 또는 보증인에 대하여만 효력이 있다. 발행인이 이 문구를 적었음에도 불구하고 소지인이 거절증서를 작성시켰으면 그 비용은 소지인이 부담하고, 배서인 또는 보증인이 이 문구를 적은 경우에 거절증서를 작성시켰으면 모든 어음채무자에게 그 비용을 상환하게 할 수 있다.
〔전부개정 2010·3·31〕

제47조(어음채무자의 합동책임) ① 환어음의 발행, 인수, 배서 또는 보증을 한 자는 소지인에 대하여 합동으로 책임을 진다.
② 소지인은 제1항의 어음채무자에 대하여 그 채무부담의 순서에도 불구하고 그중 1

명, 여러 명 또는 전원에 대하여 청구할 수 있다.

③ 어음채무자가 그 어음을 환수한 경우에도 제2항의 소지인과 같은 권리가 있다.

④ 어음채무자 중 1명에 대한 청구는 다른 채무자에 대한 청구에 영향을 미치지 아니한다. 이미 청구를 받은 자의 후자(後者)에 대하여도 같다.

〔전부개정 2010·3·31〕

제48조(상환청구금액) ① 소지인은 상환청구권에 의하여 다음 각 호의 금액의 지급을 청구할 수 있다.

1. 인수 또는 지급되지 아니한 어음금액과 이자가 적혀 있는 경우 그 이자
2. 연 6퍼센트의 이율로 계산한 만기 이후의 이자
3. 거절증서의 작성비용, 통지비용 및 그 밖의 비용

② 만기 전에 상환청구권을 행사하는 경우에는 할인에 의하여 어음금액을 줄인다. 그 할인은 소지인의 주소지에서 상환청구하는 날의 공정할인율(은행률)에 의하여 계산한다.

〔전부개정 2010·3·31〕

제49조(재상환청구금액) 환어음을 환수한 자는 그 전자(前者)에 대하여 다음 각 호의 금액의 지급을 청구할 수 있다.

1. 지급한 총금액
2. 제1호의 금액에 대하여 연 6퍼센트의 이율로 계산한 지급한 날 이후의 이자
3. 지출한 비용

〔전부개정 2010·3·31〕

제50조(상환의무자의 권리) ① 상환청구(償還請求)를 받은 어음채무자나 받을 어음채무자는 지급과 상환(相換)으로 거절증서, 영수를 증명하는 계산서와 그 어음의 교부를 청구할 수 있다.

② 환어음을 환수한 배서인은 자기의 배서와 후자의 배서를 말소할 수 있다.

〔전부개정 2010·3·31〕

제51조(일부인수의 경우의 상환청구) 일부인수 후에 상환청구권을 행사하는 경우에 인수되지 아니한 어음금액을 지급하는 자는 이를 지급한 사실을 어음에 적을 것과 영수증을 교부할 것을 청구할 수 있다. 소지인은 그 후의 상환청구를 할 수 있게 하기 위하여 어음의 증명등본과 거절증서를 교부하여야 한다.

〔전부개정 2010·3·31〕

제52조(역어음에 의한 상환청구) ① 상환청구권이 있는 자는 어음에 반대문구가 적혀 있지 아니하면 그 전자 중 1명을 지급인으로 하여 그 자의 주소에서 지급할 일람출급의 새 어음(이하 "역어음"이라 한다)을 발행함으로써 상환청구권을 행사할 수 있다.

② 역어음의 어음금액에는 제48조와 제49조에 따른 금액 외에 그 어음의 중개료와 인지세가 포함된다.

③ 소지인이 역어음을 발행하는 경우에 그 금액은 본어음의 지급지에서 그 전자의 주소지에 대하여 발행하는 일람출급 어음의 환시세에 따라 정한다. 배서인이 역어음을 발행하는 경우에 그 금액은 역어음의 발행인이 그 주소지에서 전자의 주소지에 대하여 발행하는 일람출급 어음의 환시세에 따라 정한다.

〔전부개정 2010·3·31〕

제53조(상환청구권의 상실) ① 다음 각 호의 기간이 지나면 소지인은 배서인, 발행인, 그 밖의 어음채무자에 대하여 그 권리를 잃는다. 그러나 인수인에 대하여는 그러하지 아니하다.

1. 일람출급 또는 일람 후 정기출급의 환어음의 제시기간
2. 인수거절증서 또는 지급거절증서의 작성기간
3. 무비용상환의 문구가 적혀 있는 경우에 지급을 받기 위한 제시기간

② 발행인이 기재한 기간 내에 인수를 위한 제시를 하지 아니한 소지인은 지급거절과 인수거절로 인한 상환청구권을 잃는다. 그러나 그 기재한 문구에 의하여 발행인에게 인수에 대한 담보의무만을 면할 의사(意思)가 있었음을 알 수 있는 경우에는 그러하지 아니하다.

③ 배서에 제시기간이 적혀 있는 경우에는 그 배서인만이 이를 원용할 수 있다.

〔전부개정 2010·3·31〕

제54조(불가항력과 기간의 연장) ① 피할 수 없는 장애〔국가법령에 따른 금제(禁制)나

그 밖의 불가항력을 말한다. 이하 "불가항력"이라 한다]로 인하여 법정기간 내에 환어음을 제시하거나 거절증서를 작성하기 어려운 경우에는 그 기간을 연장한다.
② 소지인은 불가항력이 발생하면 자기의 배서인에게 지체 없이 그 사실을 통지하고 어음 또는 보충지에 통지를 하였다는 내용을 적고 날짜를 부기한 후 기명날인하거나 서명하여야 한다. 그 밖의 사항에 관하여는 제45조를 준용한다.
③ 불가항력이 사라지면 소지인은 지체 없이 인수 또는 지급을 위하여 어음을 제시하고 필요한 경우에는 거절증서를 작성시켜야 한다.
④ 불가항력이 만기부터 30일이 지나도 계속되는 경우에는 어음의 제시 또는 거절증서의 작성 없이 상환청구권을 행사할 수 있다.
⑤ 일람출급 또는 일람 후 정기출급의 환어음의 경우 제4항에 따른 30일의 기간은 제시기간이 지나기 전이라도 소지인이 배서인에게 불가항력이 발생하였다고 통지한 날부터 진행한다. 일람 후 정기출급의 환어음의 경우 제4항에 따른 30일의 기간에는 어음에 적은 일람 후의 기간을 가산한다.
⑥ 소지인이나 소지인으로부터 어음의 제시 또는 거절증서 작성을 위임받은 자의 단순한 인적 사유는 불가항력으로 보지 아니한다.
〔전부개정 2010·3·31〕

제8장 참가

제1절 통칙

제55조(참가의 당사자 및 통지) ① 발행인, 배서인 또는 보증인은 어음에 예비지급인을 적을 수 있다.
② 상환청구를 받을 어느 채무자를 위하여 참가하는 자도 이 장(章)의 규정에 따라 환어음을 인수하거나 지급할 수 있다.
③ 제3자, 지급인 또는 이미 어음채무를 부담한 자도 참가인이 될 수 있다. 다만, 인수인은 참가인이 될 수 없다.
④ 참가인은 피참가인에 대하여 2거래일 내에 참가하였음을 통지하여야 한다. 참가인이 이 기간을 지키지 아니한 경우에 과실로 인하여 손해가 생기면 그 참가인은 어음금액의 한도에서 배상할 책임을 진다.
〔전부개정 2010·3·31〕

제2절 참가인수

제56조(참가인수의 요건) ① 참가인수(參加引受)는 인수를 위한 제시를 금지하지 아니한 환어음의 소지인이 만기 전에 상환청구권을 행사할 수 있는 모든 경우에 할 수 있다.
② 환어음에 지급지에 있는 예비지급인을 기재한 경우 어음의 소지인은 예비지급인에게 어음을 제시하였으나 그 자가 참가인수를 거절하였음을 거절증서로 증명하지 아니하면 예비지급인을 기재한 자와 그 후자에 대하여 만기 전에 상환청구권을 행사하지 못한다.
③ 제2항의 경우 외에는 소지인은 참가인수를 거절할 수 있다. 소지인이 참가인수를 승낙한 때에는 피참가인과 그 후자에 대하여 만기 전에 행사할 수 있는 상환청구권을 잃는다.
〔전부개정 2010·3·31〕

제57조(참가인수의 방식) 참가인수를 할 때에는 환어음에 그 내용을 적고 참가인이 기명날인하거나 서명하여야 한다. 이 경우 피참가인을 표시하여야 하며, 그 표시가 없을 때에는 발행인을 위하여 참가인수를 한 것으로 본다.
〔전부개정 2010·3·31〕

제58조(참가인수의 효력) ① 참가인수인은 소지인과 피참가인의 후자에 대하여 피참가인과 같은 의무를 부담한다.
② 피참가인과 그 전자는 참가인수에도 불구하고 소지인에 대하여 제48조에 따른 금액의 지급과 상환(相換)으로 어음의 교부를 청구할 수 있다. 거절증서와 영수를 증명하는 계산서가 있는 경우에는 그것을 교부할 것도 청구할 수 있다.
〔전부개정 2010·3·31〕

제3절 참가지급

제59조(참가지급의 요건) ① 참가지급은 소지

인이 만기나 만기 전에 상환청구권을 행사할 수 있는 모든 경우에 할 수 있다.
② 지급은 피참가인이 지급할 전액을 지급하여야 한다.
③ 지급은 지급거절증서를 작성시킬 수 있는 최종일의 다음 날까지 하여야 한다.
〔전부개정 2010·3·31〕

제60조(참가지급 제시의 필요) ① 지급지에 주소가 있는 자가 참가인수를 한 경우 또는 지급지에 주소가 있는 자가 예비지급인으로 기재된 경우에는 소지인은 늦어도 지급거절증서를 작성시킬 수 있는 마지막 날의 다음 날까지 그들 모두에게 어음을 제시하고 필요할 때에는 참가지급거절증서를 작성시켜야 한다.
② 제1항의 기간 내에 거절증서가 작성되지 아니하면 예비지급인을 기재한 자 또는 피참가인과 그 후의 배서인은 의무를 면한다.
〔전부개정 2010·3·31〕

제61조(참가지급거절의 효과) 참가지급을 거절한 소지인은 그 지급으로 인하여 의무를 면할 수 있었던 자에 대한 상환청구권을 잃는다.
〔전부개정 2010·3·31〕

제62조(참가지급의 방법) ① 참가지급이 있었으면 어음에 피참가인을 표시하고 그 영수를 증명하는 문구를 적어야 하며, 그 표시가 없을 때에는 발행인을 위하여 지급한 것으로 본다.
② 환어음은 참가지급인에게 교부하여야 하며, 거절증서를 작성시킨 경우에는 그 거절증서도 교부하여야 한다.
〔전부개정 2010·3·31〕

제63조(참가지급의 효력) ① 참가지급인은 피참가인과 그의 어음상의 채무자에 대하여 어음으로부터 생기는 권리를 취득한다. 그러나 다시 어음에 배서하지 못한다.
② 피참가인보다 후의 배서인은 의무를 면한다.
③ 참가지급이 경합(競合)하는 경우에는 가장 많은 수의 어음채무자의 의무를 면하게 하는 자가 우선한다. 이러한 사정을 알고도 이 규정을 위반하여 참가지급을 한 자는 의무를 면할 수 있었던 자에 대한 상환청구권을 잃는다.
〔전부개정 2010·3·31〕

제9장 복본과 등본

제1절 복본

제64조(복본 발행의 방식) ① 환어음은 같은 내용으로 여러 통을 복본(複本)으로 발행할 수 있다.
② 제1항의 복본을 발행할 때에는 그 증권의 본문 중에 번호를 붙여야 하며, 번호를 붙이지 아니한 경우에는 그 여러 통의 복본은 별개의 환어음으로 본다.
③ 어음에 한 통만을 발행한다는 내용을 적지 아니한 경우에는 소지인은 자기의 비용으로 복본의 교부를 청구할 수 있다. 이 경우 소지인은 자기에게 직접 배서한 배서인에게 그 교부를 청구하고 그 배서인은 다시 자기의 배서인에게 청구를 함으로써 이에 협력하여 차례로 발행인에게 그 청구가 미치게 한다. 각 배서인은 새 복본에 배서를 다시 하여야 한다.
〔전부개정 2010·3·31〕

제65조(복본의 효력) ① 복본의 한 통에 대하여 지급한 경우 그 지급이 다른 복본을 무효로 한다는 뜻이 복본에 적혀 있지 아니하여도 의무를 면하게 한다. 그러나 지급인은 인수한 각 통의 복본으로서 반환을 받지 아니한 복본에 대하여 책임을 진다.
② 여럿에게 각각 복본을 양도한 배서인과 그 후의 배서인은 그가 기명날인하거나 서명한 각 통의 복본으로서 반환을 받지 아니한 것에 대하여 책임을 진다.
〔전부개정 2010·3·31〕

제66조(인수를 위하여 하는 송부) ① 인수를 위하여 복본 한 통을 송부한 자는 다른 각 통의 복본에 이 한 통의 복본을 보유하는 자의 명칭을 적어야 한다. 송부된 복본을 보유하는 자는 다른 복본의 정당한 소지인에게 그 복본을 교부할 의무가 있다.
② 복본 교부를 거절당한 소지인은 거절증서로 다음 각 호의 사실을 증명하지 아니하면 상환청구권을 행사하지 못한다.
1. 인수를 위하여 송부한 한 통의 복본이 소지인의 청구에도 불구하고 교부되지 아니하였다는 것
2. 다른 한 통의 복본으로는 인수 또는 지

급을 받을 수 없었다는 것
〔전부개정 2010·3·31〕

제 2 절 등본

제67조(등본의 작성, 작성방식 및 효력) ① 환어음의 소지인은 그 등본(謄本)을 작성할 권리가 있다.
② 등본에는 배서된 사항이나 그 밖에 원본에 적힌 모든 사항을 정확히 다시 적고 끝부분임을 표시하는 기재를 하여야 한다.
③ 등본에 대하여는 원본과 같은 방법에 의하여 같은 효력으로 배서 또는 보증을 할 수 있다.
〔전부개정 2010·3·31〕

제68조(등본 보유자의 권리) ① 등본에는 원본 보유자를 표시하여야 한다. 그 보유자는 등본의 정당한 소지인에 대하여 그 원본을 교부할 의무가 있다.
② 원본 교부를 거절당한 소지인은 원본의 교부를 청구하였음에도 불구하고 받지 못하였음을 거절증서로 증명하지 아니하면 등본에 배서하거나 보증한 자에 대하여 상환청구권을 행사하지 못한다.
③ 등본 작성 전에 원본에 한 최후의 배서의 뒤에 다음 각 호의 어느 하나에 해당하는 문구를 적은 경우에는 원본에 한 그 후의 배서는 무효로 한다.
1. 이 후의 배서는 등본에 한 것만이 효력이 있다.
2. 제 1 호와 같은 뜻을 가진 문구
〔전부개정 2010·3·31〕

제10장 변조

제69조(변조와 어음행위자의 책임) 환어음의 문구가 변조된 경우에는 그 변조 후에 기명날인하거나 서명한 자는 변조된 문구에 따라 책임을 지고 변조 전에 기명날인하거나 서명한 자는 원래 문구에 따라 책임을 진다.
〔전부개정 2010·3·31〕

제11장 시효

제70조(시효기간) ① 인수인에 대한 환어음상의 청구권은 만기일부터 3년간 행사하지 아니하면 소멸시효가 완성된다.
② 소지인의 배서인과 발행인에 대한 청구권은 다음 각 호의 날부터 1년간 행사하지 아니하면 소멸시효가 완성된다.
1. 적법한 기간 내에 작성시킨 거절증서의 날짜
2. 무비용상환의 문구가 적혀 있는 경우에는 만기일
③ 배서인의 다른 배서인과 발행인에 대한 청구권은 그 배서인이 어음을 환수한 날 또는 그 자가 제소된 날부터 6개월간 행사하지 아니하면 소멸시효가 완성된다.
〔전부개정 2010·3·31〕

제71조(시효의 중단) 시효의 중단은 그 중단사유가 생긴 자에 대하여만 효력이 생긴다.
〔전부개정 2010·3·31〕

제12장 통칙

제72조(휴일과 기일 및 기간) ① 환어음의 만기가 법정휴일인 경우에는 만기 이후의 제 1 거래일에 지급을 청구할 수 있다. 환어음에 관한 다른 행위, 특히 인수를 위한 제시 및 거절증서 작성 행위는 거래일에만 할 수 있다.
② 제 1 항의 어느 행위를 일정 기간 내에 하여야 할 경우 그 기간의 말일이 법정휴일이면 말일 이후의 제 1 거래일까지 기간을 연장하고, 기간 중의 휴일은 그 기간에 산입(算入)한다.
〔전부개정 2010·3·31〕

제73조(기간의 초일 불산입) 법정기간 또는 약정기간에는 그 첫날을 산입하지 아니한다.
〔전부개정 2010·3·31〕

제74조(은혜일의 불허) 은혜일(恩惠日)은 법률상으로든 재판상으로든 인정하지 아니한다.
〔전부개정 2010·3·31〕

제 2 편 약속어음

제75조(어음의 요건) 약속어음에는 다음 각 호의 사항을 적어야 한다.
1. 증권의 본문 중에 그 증권을 작성할 때 사용하는 국어로 약속어음임을 표시하는

글자
2. 조건 없이 일정한 금액을 지급할 것을 약속하는 뜻
3. 만기
4. 지급지
5. 지급받을 자 또는 지급받을 자를 지시할 자의 명칭
6. 발행일과 발행지
7. 발행인의 기명날인 또는 서명

〔전부개정 2010·3·31〕

제76조(어음 요건의 흠) 제75조 각 호의 사항을 적지 아니한 증권은 약속어음의 효력이 없다. 그러나 다음 각 호의 경우에는 그러하지 아니하다.
1. 만기가 적혀 있지 아니한 경우 : 일람출급의 약속어음으로 본다.
2. 지급지가 적혀 있지 아니한 경우 : 발행지를 지급지 및 발행인의 주소지로 본다.
3. 발행지가 적혀 있지 아니한 경우 : 발행인의 명칭에 부기한 지(地)를 발행지로 본다.

〔전부개정 2010·3·31〕

제77조(환어음에 관한 규정의 준용) ① 약속어음에 대하여는 약속어음의 성질에 상반되지 아니하는 한도에서 다음 각 호의 사항에 관한 환어음에 대한 규정을 준용한다.
1. 배서(제11조부터 제20조까지)
2. 만기(제33조부터 제37조까지)
3. 지급(제38조부터 제42조까지)
4. 지급거절로 인한 상환청구(제43조부터 제50조까지, 제52조부터 제54조까지)
5. 참가지급(제55조, 제59조부터 제63조까지)
6. 등본(제67조와 제68조)
7. 변조(제69조)
8. 시효(제70조와 제71조)
9. 휴일, 기간의 계산과 은혜일의 인정 금지(제72조부터 제74조까지)

② 약속어음에 관하여는 제3자방에서 또는 지급인의 주소지가 아닌 지(地)에서 지급할 환어음에 관한 제4조 및 제27조, 이자의 약정에 관한 제5조, 어음금액의 기재의 차이에 관한 제6조, 어음채무를 부담하게 할 수 없는 기명날인 또는 서명의 효과에 관한 제7조, 대리권한 없는 자 또는 대리권한을 초과한 자의 기명날인 또는 서명의 효과에 관한 제8조, 백지환어음에 관한 제10조를 준용한다.

③ 약속어음에 관하여는 보증에 관한 제30조부터 제32조까지의 규정을 준용한다. 제31조제4항의 경우에 누구를 위하여 보증한 것임을 표시하지 아니하였으면 약속어음의 발행인을 위하여 보증한 것으로 본다.

〔전부개정 2010·3·31〕

제78조(발행인의 책임 및 일람 후 정기출급 어음의 특칙) ① 약속어음의 발행인은 환어음의 인수인과 같은 의무를 부담한다.

② 일람 후 정기출급의 약속어음은 제23조에 따른 기간 내에 발행인이 일람할 수 있도록 제시하여야 한다. 일람 후의 기간은 발행인이 어음에 일람하였다는 내용을 적고 날짜를 부기하여 기명날인하거나 서명한 날부터 진행한다. 발행인이 일람 사실과 날짜의 기재를 거절한 경우에는 제25조에 따라 거절증서로써 이를 증명하여야 한다. 그 날짜는 일람 후의 기간의 첫날로 한다.

〔전부개정 2010·3·31〕

부 칙

제79조(이득상환청구권) 환어음 또는 약속어음에서 생긴 권리가 절차의 흠결로 인하여 소멸한 때나 그 소멸시효가 완성한 때라도 소지인은 발행인, 인수인 또는 배서인에 대하여 그가 받은 이익의 한도내에서 상환을 청구할 수 있다.

제80조(소송고지로 인한 시효중단) ① 배서인의 다른 배서인과 발행인에 대한 환어음상과 약속어음상의 청구권의 소멸시효는 그 자가 제소된 경우에는 전자에 대한 소송고지를 함으로 인하여 중단한다.

② 전항의 규정에 의하여 중단된 시효는 재판이 확정된 때로부터 다시 진행을 개시한다.

제81조(휴일의 의의) 본법에서 휴일이라 함은 국경일, 공휴일, 일요일 기타의 일반휴일을 이른다.

제82조(본법 시행전에 발행한 수형) 본법 시행전에 발행한 위체수형과 약속수형에 관하여는 종전의 규정에 의한다.

제83조(어음교환소의 지정) 제38조제2항(제

77조제 1 항에서 준용하는 경우를 포함한다)의 어음교환소는 법무부장관이 지정한다.

제84조(거절증서에 관한 사항) 거절증서의 작성에 관한 사항은 대통령령으로 정한다. <개정 1995 · 12 · 6>

제85조(시행기일, 구법의 폐지) ① 본법은 1963년 1월 1일부터 시행한다.

② 조선민사령 제 1 조에 의하여 의용된 수형법은 본법 시행시까지 효력이 있다.

부 칙 <1995 · 12 · 6 법5009>

이 법은 공포한 날부터 시행한다.

부 칙 <2007 · 5 · 17 법8441>

이 법은 공포 후 6개월이 경과한 날부터 시행한다.

부 칙 <2010 · 3 · 31 법10198>

이 법은 공포한 날부터 시행한다.

●수표법

〔1962·1·20 법률제1002호〕

개정
1995·12· 6 법률제 5010호
2007· 5·17 법률제 8440호
2010· 3·31 법률제10197호

제 1 장 수표의 발행과 방식

제 1 조(수표의 요건) 수표에는 다음 각 호의 사항을 적어야 한다.
1. 증권의 본문 중에 그 증권을 작성할 때 사용하는 국어로 수표임을 표시하는 글자
2. 조건 없이 일정한 금액을 지급할 것을 위탁하는 뜻
3. 지급인의 명칭
4. 지급지(支給地)
5. 발행일과 발행지(發行地)
6. 발행인의 기명날인(記名捺印) 또는 서명

〔전부개정 2010·3·31〕

제 2 조(수표 요건의 흠) 제 1 조 각 호의 사항을 적지 아니한 증권은 수표의 효력이 없다. 그러나 다음 각 호의 경우에는 그러하지 아니하다.
1. 지급지가 적혀 있지 아니한 경우 : 지급인의 명칭에 부기(附記)한 지(地)를 지급지로 본다. 지급인의 명칭에 여러 개의 지(地)를 부기한 경우에는 수표의 맨 앞에 적은 지(地)에서 지급할 것으로 한다.
2. 제 1 호의 기재나 그 밖의 다른 표시가 없는 경우 : 발행지에서 지급할 것으로 한다.
3. 발행지가 적혀 있지 아니한 경우 : 발행인의 명칭에 부기한 지(地)를 발행지로 본다.

〔전부개정 2010·3·31〕

제 3 조(수표자금, 수표계약의 필요) 수표는 제시한 때에 발행인이 처분할 수 있는 자금이 있는 은행을 지급인으로 하고, 발행인이 그 자금을 수표에 의하여 처분할 수 있는 명시적 또는 묵시적 계약에 따라서만 발행할 수 있다. 그러나 이 규정을 위반하는 경우에도 수표로서의 효력에 영향을 미치지 아니한다.

〔전부개정 2010·3·31〕

제 4 조(인수의 금지) 수표는 인수하지 못한다. 수표에 적은 인수의 문구는 적지 아니한 것으로 본다.

〔전부개정 2010·3·31〕

제 5 조(수취인의 지정) ① 수표는 다음 각 호의 어느 하나의 방식으로 발행할 수 있다.
1. 기명식(記名式) 또는 지시식(指示式)
2. 기명식으로 "지시금지"라는 글자 또는 이와 같은 뜻이 있는 문구를 적은 것
3. 소지인출급식(所持人出給式)

② 기명식 수표에 "또는 소지인에게"라는 글자 또는 이와 같은 뜻이 있는 문구를 적었을 때에는 소지인출급식 수표로 본다.

③ 수취인이 적혀 있지 아니한 수표는 소지인출급식 수표로 본다.

〔전부개정 2010·3·31〕

제 6 조(자기지시수표, 위탁수표, 자기앞수표) ① 수표는 발행인 자신을 지급받을 자로 하여 발행할 수 있다.

② 수표는 제 3 자의 계산으로 발행할 수 있다.

③ 수표는 발행인 자신을 지급인으로 하여 발행할 수 있다.

〔전부개정 2010·3·31〕

제 7 조(이자의 약정) 수표에 적은 이자의 약정은 적지 아니한 것으로 본다.

〔전부개정 2010·3·31〕

제 8 조(제 3 자방 지급 기재) 수표는 지급인의 주소지에 있든 다른 지(地)에 있든 관계없이 제 3 자방(第三者方)에서 지급하는 것으로 할 수 있다. 그러나 그 제 3 자는 은행이어야 한다.

〔전부개정 2010·3·31〕

제 9 조(수표금액의 기재에 차이가 있는 경우) ① 수표의 금액을 글자와 숫자로 적은 경우에 그 금액에 차이가 있으면 글자로 적은 금액을 수표금액으로 한다.

② 수표의 금액을 글자 또는 숫자로 중복하여 적은 경우에 그 금액에 차이가 있으면 최소금액을 수표금액으로 한다.

〔전부개정 2010·3·31〕

제10조(수표채무의 독립성) 수표에 다음 각 호의 어느 하나에 해당하는 기명날인 또는 서명이 있는 경우에도 다른 기명날인 또는 서명을 한 자의 채무는 그 효력에 영향을 받지 아니한다.

1. 수표채무를 부담할 능력이 없는 자의 기명날인 또는 서명
2. 위조된 기명날인 또는 서명
3. 가공인물의 기명날인 또는 서명
4. 그 밖의 사유로 수표에 기명날인 또는 서명을 한 자나 그 본인에게 의무를 부담하게 할 수 없는 기명날인 또는 서명

〔전부개정 2010·3·31〕

제11조(수표행위의 무권대리) 대리권 없이 타인의 대리인으로 수표에 기명날인하거나 서명한 자는 그 수표에 의하여 의무를 부담한다. 그 자가 수표금액을 지급한 경우에는 본인과 같은 권리를 가진다. 권한을 초과한 대리인의 경우도 같다.

〔전부개정 2010·3·31〕

제12조(발행인의 책임) 발행인은 지급을 담보한다. 발행인이 지급을 담보하지 아니한다는 뜻의 모든 문구는 적지 아니한 것으로 본다.

〔전부개정 2010·3·31〕

제13조(백지수표) 미완성으로 발행한 수표에 미리 합의한 사항과 다른 내용을 보충한 경우에는 그 합의의 위반을 이유로 소지인에게 대항하지 못한다. 그러나 소지인이 악의 또는 중대한 과실로 인하여 수표를 취득한 경우에는 그러하지 아니하다.

〔전부개정 2010·3·31〕

제 2 장 양도

제14조(당연한 지시증권성) ① 기명식 또는 지시식의 수표는 배서(背書)에 의하여 양도할 수 있다.

② 기명식 수표에 "지시금지"라는 글자 또는 이와 같은 뜻이 있는 문구를 적은 경우에는 그 수표는 지명채권의 양도 방식으로만, 그리고 그 효력으로써만 양도할 수 있다.

③ 배서는 발행인이나 그 밖의 채무자에 대하여도 할 수 있다. 이러한 자는 다시 수표에 배서할 수 있다.

〔전부개정 2010·3·31〕

제15조(배서의 요건) ① 배서에는 조건을 붙여서는 아니 된다. 배서에 붙인 조건은 적지 아니한 것으로 본다.

② 일부의 배서는 무효로 한다.

③ 지급인의 배서도 무효로 한다.

④ 소지인에게 지급하라는 소지인출급의 배서는 백지식 배서와 같은 효력이 있다.

⑤ 지급인에 대한 배서는 영수증의 효력만 있다. 그러나 지급인의 영업소가 여러 개인 경우에 그 수표가 지급될 곳으로 된 영업소 외의 영업소에 대한 배서는 그러하지 아니하다.

〔전부개정 2010·3·31〕

제16조(배서의 방식) ① 배서는 수표 또는 이에 결합한 보충지〔補箋〕에 적고 배서인이 기명날인하거나 서명하여야 한다.

② 배서는 피배서인(被背書人)을 지명하지 아니하고 할 수 있으며 배서인의 기명날인 또는 서명만으로도 할 수 있다(백지식 배서). 배서인의 기명날인 또는 서명만으로 하는 백지식 배서는 수표의 뒷면이나 보충지에 하지 아니하면 효력이 없다.

〔전부개정 2010·3·31〕

제17조(배서의 권리 이전적 효력) ① 배서는 수표로부터 생기는 모든 권리를 이전(移轉)한다.

② 배서가 백지식인 경우에 소지인은 다음 각 호의 행위를 할 수 있다.

1. 자기의 명칭 또는 타인의 명칭으로 백지(白地)를 보충하는 행위
2. 백지식으로 또는 타인을 표시하여 다시 수표에 배서하는 행위
3. 백지를 보충하지 아니하고 또 배서도 하지 아니하고 수표를 교부만으로 제 3 자에게 양도하는 행위

〔전부개정 2010·3·31〕

제18조(배서의 담보적 효력) ① 배서인은 반대의 문구가 없으면 지급을 담보한다.

② 배서인은 자기의 배서 이후에 새로 하는 배서를 금지할 수 있다. 이 경우 그 배서인은 수표의 그 후의 피배서인에 대하여 담보의 책임을 지지 아니한다.

〔전부개정 2010·3·31〕

제19조(배서의 자격 수여적 효력) 배서로 양도할 수 있는 수표의 점유자가 배서의 연속에 의하여 그 권리를 증명할 때에는 그를 적법한 소지인으로 추정(推定)한다. 최후의 배서가 백지식인 경우에도 같다. 말소한 배서는 배서의 연속에 관하여는 배서를 하지 아니한 것으로 본다. 백지식 배서의 다음에 다른 배서가 있는 경우에는 그 배서를 한 자는 백지식 배서에 의하여 수표를 취득한 것으로 본다.

〔전부개정 2010·3·31〕

제20조(무기명식 수표의 배서) 소지인출급의 수표에 배서한 자는 상환청구(償還請求)에 관한 규정에 따라 책임을 진다. 그러나 이로 인하여 그 수표가 지시식 수표로 변하지 아니한다.

〔전부개정 2010·3·31〕

제21조(수표의 선의취득) 어떤 사유로든 수표의 점유를 잃은 자가 있는 경우에 그 수표의 소지인은 그 수표가 소지인출급식일 때 또는 배서로 양도할 수 있는 수표의 소지인이 제19조에 따라 그 권리를 증명할 때에는 그 수표를 반환할 의무가 없다. 그러나 소지인이 악의 또는 중대한 과실로 인하여 수표를 취득한 경우에는 그러하지 아니하다.

〔전부개정 2010·3·31〕

제22조(인적 항변의 절단) 수표에 의하여 청구를 받은 자는 발행인 또는 종전의 소지인에 대한 인적 관계로 인한 항변(抗辯)으로써 소지인에게 대항하지 못한다. 그러나 소지인이 그 채무자를 해할 것을 알고 수표를 취득한 경우에는 그러하지 아니하다.

〔전부개정 2010·3·31〕

제23조(추심위임배서) ① 배서한 내용 중 다음 각 호의 어느 하나에 해당하는 문구가 있으면 소지인은 수표로부터 생기는 모든 권리를 행사할 수 있다. 그러나 소지인은 대리(代理)를 위한 배서만을 할 수 있다.

1. 회수하기 위하여
2. 추심(推尋)하기 위하여
3. 대리를 위하여
4. 그 밖에 단순히 대리권을 준다는 내용의 문구

② 제1항의 경우에는 채무자는 배서인에게 대항할 수 있는 항변으로써만 소지인에게 대항할 수 있다.

③ 대리를 위한 배서에 의하여 주어진 대리권은 그 대리권을 준 자가 사망하거나 무능력자가 되더라도 소멸하지 아니한다.

〔전부개정 2010·3·31〕

제24조(기한 후 배서) ① 거절증서나 이와 같은 효력이 있는 선언이 작성된 후에 한 배서 또는 제시기간이 지난 후에 한 배서는 지명채권 양도의 효력만 있다.

② 날짜를 적지 아니한 배서는 거절증서나 이와 같은 효력이 있는 선언이 작성되기 전 또는 제시기간이 지나기 전에 한 것으로 추정한다.

〔전부개정 2010·3·31〕

제3장 보증

제25조(보증의 가능) ① 수표는 보증에 의하여 그 금액의 전부 또는 일부의 지급을 담보할 수 있다.

② 지급인을 제외한 제3자는 제1항의 보증을 할 수 있다. 수표에 기명날인하거나 서명한 자도 같다.

〔전부개정 2010·3·31〕

제26조(보증의 방식) ① 보증의 표시는 수표 또는 보충지에 하여야 한다.

② 보증을 할 때에는 "보증" 또는 이와 같은 뜻이 있는 문구를 표시하고 보증인이 기명날인하거나 서명하여야 한다.

③ 수표의 앞면에 단순한 기명날인 또는 서명이 있는 경우에는 보증을 한 것으로 본다. 그러나 발행인의 기명날인 또는 서명의 경우에는 그러하지 아니하다.

④ 보증에는 누구를 위하여 한 것임을 표시하여야 한다. 그 표시가 없는 경우에는 발행인을 위하여 보증한 것으로 본다.

〔전부개정 2010·3·31〕

제27조(보증의 효력) ① 보증인은 보증된 자와 같은 책임을 진다.

② 보증은 담보된 채무가 그 방식에 흠이 있는 경우 외에는 어떠한 사유로 무효가 되더라도 그 효력을 가진다.

③ 보증인이 수표의 지급을 하면 보증된 자와 그 자의 수표상의 채무자에 대하여 수표로부터 생기는 권리를 취득한다.
〔전부개정 2010·3·31〕

제 4 장 제시와 지급

제28조(수표의 일람출급성) ① 수표는 일람출급(一覽出給)으로 한다. 이에 위반되는 모든 문구는 적지 아니한 것으로 본다.
② 기재된 발행일이 도래하기 전에 지급을 받기 위하여 제시된 수표는 그 제시된 날에 이를 지급하여야 한다.
〔전부개정 2010·3·31〕

제29조(지급제시기간) ① 국내에서 발행하고 지급할 수표는 10일 내에 지급을 받기 위한 제시를 하여야 한다.
② 지급지의 국가와 다른 국가에서 발행된 수표는 발행지와 지급지가 동일한 주(洲)에 있는 경우에는 20일 내에, 다른 주에 있는 경우에는 70일 내에 이를 제시하여야 한다.
③ 제 2 항에 관하여는 유럽주의 한 국가에서 발행하여 지중해 연안의 한 국가에서 지급할 수표 또는 지중해 연안의 한 국가에서 발행하여 유럽주의 한 국가에서 지급할 수표는 동일한 주에서 발행하고 지급할 수표로 본다.
④ 제 1 항부터 제 3 항까지의 기간은 수표에 적힌 발행일부터 기산(起算)한다.
〔전부개정 2010·3·31〕

제30조(표준이 되는 세력) 세력(歲曆)을 달리하는 두 지(地) 간에 발행한 수표는 발행일을 지급지의 세력의 대응일(對應日)로 환산한다.
〔전부개정 2010·3·31〕

제31조(어음교환소에서의 제시) ① 어음교환소에서 한 수표의 제시는 지급을 받기 위한 제시로서의 효력이 있다.
② 소지인으로부터 수표의 추심을 위임받은 은행(이하 제35조제 2 항 및 제39조제 2 호에서 "제시은행"이라 한다)이 그 수표의 기재사항을 정보처리시스템에 의하여 전자적 정보의 형태로 작성한 후 그 정보를 어음교환소에 송신하여 그 어음교환소의 정보처리시스템에 입력되었을 때에는 제 1 항에 따른 지급을 받기 위한 제시가 이루어진 것으로 본다.
〔전부개정 2010·3·31〕

제32조(지급위탁의 취소) ① 수표의 지급위탁의 취소는 제시기간이 지난 후에만 그 효력이 생긴다.
② 지급위탁의 취소가 없으면 지급인은 제시기간이 지난 후에도 지급을 할 수 있다.
〔전부개정 2010·3·31〕

제33조(발행인의 사망 또는 능력 상실) 수표를 발행한 후 발행인이 사망하거나 무능력자가 된 경우에도 그 수표의 효력에 영향을 미치지 아니한다.
〔전부개정 2010·3·31〕

제34조(상환증권성 및 일부지급) ① 수표의 지급인은 지급을 할 때에 소지인에게 그 수표에 영수(領受)를 증명하는 뜻을 적어서 교부할 것을 청구할 수 있다.
② 소지인은 일부지급을 거절하지 못한다.
③ 일부지급의 경우 지급인은 소지인에게 그 지급 사실을 수표에 적고 영수증을 교부할 것을 청구할 수 있다.
〔전부개정 2010·3·31〕

제35조(지급인의 조사의무) ① 배서로 양도할 수 있는 수표의 지급인은 배서의 연속이 제대로 되어 있는지를 조사할 의무가 있으나 배서인의 기명날인 또는 서명을 조사할 의무는 없다.
② 제31조제 2 항에 따른 지급제시의 경우 지급인은 제 1 항에 따른 배서의 연속이 제대로 되어 있는지에 대한 조사를 제시은행에 위임할 수 있다.
〔전부개정 2010·3·31〕

제36조(지급할 화폐) ① 지급지의 통화(通貨)가 아닌 통화로 지급한다는 내용이 기재된 수표는 그 제시기간 내에는 지급하는 날의 가격에 따라 지급지의 통화로 지급할 수 있다. 제시를 하여도 지급을 하지 아니하는 경우에는 소지인은 그 선택에 따라 제시한 날이나 지급하는 날의 환시세(換時勢)에 따라 지급지의 통화로 수표금액을 지급할 것을 청구할 수 있다.
② 외국통화의 가격은 지급지의 관습에 따라 정한다. 그러나 발행인은 수표에서 정한 환산율에 따라 지급금액을 계산한다는 뜻을 수표에 적을 수 있다.
③ 제 1 항 및 제 2 항은 발행인이 특정한

종류의 통화로 지급한다는 뜻(외국통화 현실지급 문구)을 적은 경우에는 적용하지 아니한다.
④ 발행국과 지급국에서 명칭은 같으나 가치가 다른 통화로써 수표의 금액을 정한 경우에는 지급지의 통화로 정한 것으로 추정한다.
〔전부개정 2010·3·31〕

제 5 장 횡선수표

제37조(횡선의 종류 및 방식) ① 수표의 발행인이나 소지인은 그 수표에 횡선(橫線)을 그을 수 있다. 이 횡선은 제38조에서 규정한 효력이 있다.
② 횡선은 수표의 앞면에 두 줄의 평행선으로 그어야 한다. 횡선은 일반횡선 또는 특정횡선으로 할 수 있다.
③ 두 줄의 횡선 내에 아무런 지정을 하지 아니하거나 "은행" 또는 이와 같은 뜻이 있는 문구를 적었을 때에는 일반횡선으로 하고, 두 줄의 횡선 내에 은행의 명칭을 적었을 때에는 특정횡선으로 한다.
④ 일반횡선은 특정횡선으로 변경할 수 있으나, 특정횡선은 일반횡선으로 변경하지 못한다.
⑤ 횡선 또는 지정된 은행의 명칭의 말소는 하지 아니한 것으로 본다.
〔전부개정 2010·3·31〕

제38조(횡선의 효력) ① 일반횡선수표의 지급인은 은행 또는 지급인의 거래처에만 지급할 수 있다.
② 특정횡선수표의 지급인은 지정된 은행에만 또는 지정된 은행이 지급인인 경우에는 자기의 거래처에만 지급할 수 있다. 그러나 지정된 은행은 다른 은행으로 하여금 추심하게 할 수 있다.
③ 은행은 자기의 거래처 또는 다른 은행에서만 횡선수표를 취득할 수 있다. 은행은 이외의 자를 위하여 횡선수표의 추심을 하지 못한다.
④ 여러 개의 특정횡선이 있는 수표의 지급인은 이를 지급하지 못한다. 그러나 2개의 횡선이 있는 경우에 그 하나가 어음교환소에 제시하여 추심하게 하기 위한 것일 때에는 그러하지 아니하다.
⑤ 제 1 항부터 제 4 항까지의 규정을 준수하지 아니한 지급인이나 은행은 이로 인하여 생긴 손해에 대하여 수표금액의 한도 내에서 배상할 책임을 진다.
〔전부개정 2010·3·31〕

제 6 장 지급거절로 인한 상환청구

제39조(상환청구의 요건) 적법한 기간 내에 수표를 제시하였으나 지급받지 못한 경우에 소지인이 다음 각 호의 어느 하나의 방법으로 지급거절을 증명하였을 때에는 소지인은 배서인, 발행인, 그 밖의 채무자에 대하여 상환청구권(償還請求權)을 행사할 수 있다.
1. 공정증서(거절증서)
2. 수표에 제시된 날을 적고 날짜를 부기한 지급인(제31조제 2 항의 경우에는 지급인의 위임을 받은 제시은행)의 선언
3. 적법한 시기에 수표를 제시하였으나 지급받지 못하였음을 증명하고 날짜를 부기한 어음교환소의 선언
〔전부개정 2010·3·31〕

제40조(거절증서 등의 작성기간) ① 거절증서 또는 이와 같은 효력이 있는 선언은 제시기간이 지나기 전에 작성시켜야 한다.
② 제시기간 말일에 제시한 경우에는 거절증서 또는 이와 같은 효력이 있는 선언은 그 날 이후의 제 1 거래일에 작성시킬 수 있다.
〔전부개정 2010·3·31〕

제41조(지급거절의 통지) ① 소지인은 다음 각 호의 어느 하나에 해당하는 날 이후의 4거래일 내에 자기의 배서인과 발행인에게 지급거절이 있었음을 통지하여야 하고, 각 배서인은 그 통지를 받은 날 이후의 2거래일 내에 전(前) 통지자 전원의 명칭과 처소(處所)를 표시하고 자기가 받은 통지를 자기의 배서인에게 통지하여 차례로 발행인에게 미치게 하여야 한다. 이 기간은 각 통지를 받은 때부터 진행한다.
1. 거절증서 작성일
2. 거절증서와 같은 효력이 있는 선언의 작성일
3. 무비용상환(無費用償還)의 문구가 적혀

있는 경우에는 수표 제시일
② 제1항에 따라 수표에 기명날인하거나 서명한 자에게 통지할 때에는 같은 기간 내에 그 보증인에 대하여도 같은 통지를 하여야 한다.
③ 배서인이 그 처소를 적지 아니하거나 그 기재가 분명하지 아니한 경우에는 그 배서인의 직전(直前)의 자에게 통지하면 된다.
④ 통지를 하여야 하는 자는 어떠한 방법으로도 할 수 있다. 단순히 수표를 반환하는 것으로도 통지할 수 있다.
⑤ 통지를 하여야 하는 자는 적법한 기간 내에 통지를 하였음을 증명하여야 한다. 이 기간 내에 통지서를 우편으로 부친 경우에는 그 기간을 준수한 것으로 본다.
⑥ 제5항의 기간 내에 통지를 하지 아니한 자도 상환청구권을 잃지 아니한다. 그러나 과실로 인하여 손해가 생긴 경우에는 수표금액의 한도 내에서 배상할 책임을 진다.
〔전부개정 2010·3·31〕

제42조(거절증서 등의 작성 면제) ① 발행인, 배서인 또는 보증인은 다음 각 호의 어느 하나에 해당하는 문구를 수표에 적고 기명날인하거나 서명함으로써 소지인의 상환청구권 행사를 위한 거절증서 또는 이와 같은 효력이 있는 선언의 작성을 면제할 수 있다.
1. 무비용상환
2. 거절증서 불필요
3. 제1호 및 제2호와 같은 뜻을 가진 문구
② 제1항 각 호의 문구가 있더라도 소지인의 법정기간 내 수표의 제시 및 통지 의무가 면제되는 것은 아니다. 법정기간을 준수하지 아니하였음은 소지인에 대하여 이를 원용(援用)하는 자가 증명하여야 한다.
③ 발행인이 제1항 각 호의 문구를 적은 경우에는 모든 채무자에 대하여 효력이 생기고, 배서인 또는 보증인이 이 문구를 적은 경우에는 그 배서인 또는 보증인에 대하여만 효력이 생긴다. 발행인이 이 문구를 적었음에도 불구하고 소지인이 거절증서 또는 이와 같은 효력이 있는 선언을 작성시켰으면 그 비용은 소지인이 부담하고, 배서인 또는 보증인이 이 문구를 적은 경우에 거절증서 또는 이와 같은 효력이 있는 선언을 작성시켰으면 모든 채무자에게 그 비용을 상환하게 할 수 있다.
〔전부개정 2010·3·31〕

제43조(수표상의 채무자의 합동책임) ① 수표상의 각 채무자는 소지인에 대하여 합동으로 책임을 진다.
② 소지인은 제1항의 채무자에 대하여 그 채무부담의 순서에도 불구하고 그중 1명, 여러 명 또는 전원에 대하여 청구할 수 있다.
③ 수표의 채무자가 수표를 환수한 경우에도 제2항의 소지인과 같은 권리가 있다.
④ 수표의 채무자 중 1명에 대한 청구는 다른 채무자에 대한 청구에 영향을 미치지 아니한다. 이미 청구를 받은 자의 후자(後者)에 대하여도 같다.
〔전부개정 2010·3·31〕

제44조(상환청구금액) 소지인은 상환청구권에 의하여 다음 각 호의 금액의 지급을 청구할 수 있다.
1. 지급되지 아니한 수표의 금액
2. 연 6퍼센트의 이율로 계산한 제시일 이후의 이자
3. 거절증서 또는 이와 같은 효력이 있는 선언의 작성비용, 통지비용 및 그 밖의 비용
〔전부개정 2010·3·31〕

제45조(재상환청구금액) 수표를 환수한 자는 그 전자(前者)에 대하여 다음 각 호의 금액의 지급을 청구할 수 있다.
1. 지급한 총금액
2. 제1호의 금액에 대하여 연 6퍼센트의 이율로 계산한 지급한 날 이후의 이자
3. 지출한 비용
〔전부개정 2010·3·31〕

제46조(상환의무자의 권리) ① 상환청구(償還請求)를 받은 채무자나 받을 채무자는 지급과 상환(相換)으로 거절증서 또는 이와 같은 효력이 있는 선언, 영수를 증명하는 계산서와 그 수표의 교부를 청구할 수 있다.
② 수표를 환수한 배서인은 자기의 배서와 후자의 배서를 말소할 수 있다.
〔전부개정 2010·3·31〕

제47조(불가항력과 기간의 연장) ① 피할 수 없는 장애〔국가법령에 따른 금제(禁制)나 그 밖의 불가항력을 말한다. 이하 "불가항력"이라 한다〕로 인하여 법정기간 내에 수표를 제시하거나 거절증서 또는 이와 같은 효력이 있는 선언을 작성하기 어려운 경우

에는 그 기간을 연장한다.

② 소지인은 불가항력이 발생하면 자기의 배서인에게 지체 없이 그 사실을 통지하고 수표 또는 보충지에 통지를 하였다는 내용을 적고 날짜를 부기한 후 기명날인하거나 서명하여야 한다. 그 밖의 사항에 관하여는 제41조를 준용한다.

③ 불가항력이 사라지면 소지인은 지체 없이 지급을 받기 위하여 수표를 제시하고 필요한 경우에는 거절증서 또는 이와 같은 효력이 있는 선언을 작성시켜야 한다.

④ 불가항력이 제2항의 통지를 한 날부터 15일이 지나도 계속되는 경우에는 제시기간이 지나기 전에 그 통지를 한 경우에도 수표의 제시 또는 거절증서나 이와 같은 효력이 있는 선언을 작성하지 아니하고 상환청구권을 행사할 수 있다.

⑤ 소지인이나 소지인으로부터 수표의 제시 또는 거절증서나 이와 같은 효력이 있는 선언의 작성을 위임받은 자의 단순한 인적 사유는 불가항력으로 보지 아니한다.

〔전부개정 2010·3·31〕

제7장 복본

제48조(복본 발행의 조건 및 방식) 다음 각 호의 수표는 소지인출급수표 외에는 같은 내용으로 여러 통을 복본(複本)으로 발행할 수 있다. 수표를 복본으로 발행할 때에는 그 증권의 본문 중에 번호를 붙여야 하며, 번호를 붙이지 아니한 경우에는 그 여러 통의 복본은 별개의 수표로 본다.

1. 한 국가에서 발행하고 다른 국가나 발행국의 해외영토에서 지급할 수표
2. 한 국가의 해외영토에서 발행하고 그 본국에서 지급할 수표
3. 한 국가의 해외영토에서 발행하고 같은 해외영토에서 지급할 수표
4. 한 국가의 해외영토에서 발행하고 그 국가의 다른 해외영토에서 지급할 수표

〔전부개정 2010·3·31〕

제49조(복본의 효력) ① 복본의 한 통에 대하여 지급한 경우 그 지급이 다른 복본을 무효로 한다는 뜻이 복본에 적혀 있지 아니하여도 의무를 면하게 한다.

② 여럿에게 각각 복본을 양도한 배서인과 그 후의 배서인은 그가 기명날인하거나 서명한 각 통의 복본으로서 반환을 받지 아니한 것에 대하여 책임을 진다.

〔전부개정 2010·3·31〕

제8장 변조

제50조(변조와 수표행위자의 책임) 수표의 문구가 변조된 경우에는 그 변조 후에 기명날인하거나 서명한 자는 변조된 문구에 따라 책임을 지고, 변조 전에 기명날인하거나 서명한 자는 원래 문구에 따라 책임을 진다.

〔전부개정 2010·3·31〕

제9장 시효

제51조(시효기간) ① 소지인의 배서인, 발행인, 그 밖의 채무자에 대한 상환청구권은 제시기간이 지난 후 6개월간 행사하지 아니하면 소멸시효가 완성된다.

② 수표의 채무자의 다른 채무자에 대한 상환청구권은 그 채무자가 수표를 환수한 날 또는 그 자가 제소된 날부터 6개월간 행사하지 아니하면 소멸시효가 완성된다.

〔전부개정 2010·3·31〕

제52조(시효의 중단) 시효의 중단은 그 중단사유가 생긴 자에 대하여만 효력이 생긴다.

〔전부개정 2010·3·31〕

제10장 지급보증

제53조(지급보증의 가능방식) ① 지급인은 수표에 지급보증을 할 수 있다.

② 지급보증은 수표의 앞면에 "지급보증" 또는 그 밖에 지급을 하겠다는 뜻을 적고 날짜를 부기하여 지급인이 기명날인하거나 서명하여야 한다.

〔전부개정 2010·3·31〕

제54조(지급보증의 요건) ① 지급보증은 조건 없이 하여야 한다.

② 지급보증에 의하여 수표의 기재사항을 변경한 부분은 이를 변경하지 아니한 것으로 본다.

〔전부개정 2010·3·31〕

제55조(지급보증의 효력) ① 지급보증을 한 지급인은 제시기간이 지나기 전에 수표가 제시된 경우에만 지급할 의무를 부담한다.
② 제 1 항의 경우에 지급거절이 있을 때에는 수표의 소지인은 제39조에 따라 수표를 제시하였음을 증명하여야 한다.
③ 제 2 항의 경우에는 제44조와 제45조를 준용한다.
〔전부개정 2010·3·31〕

제56조(지급보증과 수표상의 채무자의 책임) 발행인이나 그 밖의 수표상의 채무자는 지급보증으로 인하여 그 책임을 면하지 못한다.
〔전부개정 2010·3·31〕

제57조(불가항력과 기간의 연장) 지급보증을 한 지급인에 대한 권리의 행사에 관하여는 제47조를 준용한다.
〔전부개정 2010·3·31〕

제58조(지급보증인의 의무의 시효) 지급보증을 한 지급인에 대한 수표상의 청구권은 제시기간이 지난 후 1년간 행사하지 아니하면 소멸시효가 완성된다.
〔전부개정 2010·3·31〕

제11장 통칙

제59조(은행의 의의) 이 법에서 "은행"이라는 글자는 법령에 따라 은행과 같은 것으로 보는 사람 또는 시설을 포함한다.
〔전부개정 2010·3·31〕

제60조(수표에 관한 행위와 휴일) ① 수표의 제시와 거절증서의 작성은 거래일에만 할 수 있다.
② 수표에 관한 행위를 하기 위하여 특히 수표의 제시 또는 거절증서나 이와 같은 효력이 있는 선언의 작성을 위하여 법령에 규정된 기간의 말일이 법정휴일일 때에는 그 말일 이후의 제 1 거래일까지 기간을 연장한다. 기간 중의 휴일은 그 기간에 산입한다.
〔전부개정 2010·3·31〕

제61조(기간과 초일 불산입) 이 법에서 규정하는 기간에는 그 첫날을 산입하지 아니한다.
〔전부개정 2010·3·31〕

제62조(은혜일의 불허) 은혜일(恩惠日)은 법률상으로든 재판상으로든 인정하지 아니한다.
〔전부개정 2010·3·31〕

부 칙

제63조(이득상환청구권) 수표에서 생긴 권리가 절차의 흠결로 인하여 소멸한 때나 그 소멸시효가 완성한 때라도 소지인은 발행인, 배서인 또는 지급보증을 한 지급인에 대하여 그가 받은 이익의 한도내에서 상환을 청구할 수 있다.

제64조(소송고지로 인한 시효중단) ① 배서인의 다른 배서인과 발행인에 대한 수표상의 청구권의 소멸시효는 그 자가 제소된 경우에는 전자에 대한 소송고지를 함으로 인하여 중단한다.
② 전항의 규정에 의하여 중단된 시효는 재판이 확정된 때로부터 다시 진행을 개시한다.

제65조(계산수표) 발행인 또는 소지인이 증권의 표면에 「계산을 위한」의 문자 또는 이와 동일한 의의가 있는 문언을 기재하고 현금의 지급을 금지한 수표로서 외국에서 발행하여 대한민국에서 지급할 것은 일반횡선수표의 효력이 있다.

제66조(휴일의 의의) 본법에서 휴일이라 함은 국경일, 공휴일, 일요일 기타의 일반휴일을 이른다.

제67조(위법한 발행에 대한 벌칙) 수표의 발행인이 제 3 조의 규정에 위반한 때에는 50만환이하의 과태료에 처한다.

제68조(본법 시행전에 발행한 수표) 본법 시행전에 발행한 소절수에 관하여는 종전의 규정에 의한다.

제69조(어음교환소의 지정) 제31조의 어음교환소는 법무부장관이 지정한다.

제70조(거절증서에 관한 사항) 거절증서의 작성에 관한 사항은 대통령령으로 정한다. <개정 1995·12·6>

제71조(시행기일, 구법의 폐지) ① 본법은 1963년 1월 1일부터 시행한다.
② 조선민사령 제 1 조에 의하여 의용된 소절수법은 본법 시행시까지 효력이 있다.

부 칙 <1995·12·6 법5010>

이 법은 공포한 날부터 시행한다.

부 칙 <2007·5·17 법8440>

이 법은 공포 후 6개월이 경과한 날부터 시행한다.

부 칙 <2010·3·31 법10197>

이 법은 공포한 날부터 시행한다.

●민사소송법

〔2002·1·26 법률제6626호 전부개정〕

개정
2005· 3·31 법률제 7427호(민법)
2005· 3·31 법률제 7428호(채무자 회생 및 파산에 관한 법률)
2006· 2·21 법률제 7849호(제주특별자치도 설치 및 국제자유도시 조성을 위한 특별법)
2007· 5·17 법률제 8438호
2007· 7·13 법률제 8499호
2008·12·26 법률제 9171호
2010· 7·23 법률제10373호
2011· 5·19 법률제10629호(지식재산 기본법)
2011· 7·18 법률제10859호
2014· 5·20 법률제12587호
2014·12·30 법률제12882호
2015·12· 1 법률제13521호
2016· 2· 3 법률제13952호
2016· 3·29 법률제14103호
2017·10·31 법률제14966호
2020·12· 8 법률제17568호
2020·12·22 법률제17689호(국가경찰과 자치경찰의 조직 및 운영에 관한 법률)
2021· 8·17 법률제18396호
2023· 4·18 법률제19354호
2023· 7·11 법률제19516호→2025년 7월 12일 시행
2024· 1·16 법률제20003호

제 1 편 총칙

제 1 조(민사소송의 이상과 신의성실의 원칙) ① 법원은 소송절차가 공정하고 신속하며 경제적으로 진행되도록 노력하여야 한다.
② 당사자와 소송관계인은 신의에 따라 성실하게 소송을 수행하여야 한다.

제 1 장 법원

제 1 절 관할

제 2 조(보통재판적) 소(訴)는 피고의 보통재판적(普通裁判籍)이 있는 곳의 법원이 관할한다.

제 3 조(사람의 보통재판적) 사람의 보통재판적은 그의 주소에 따라 정한다. 다만, 대한민국에 주소가 없거나 주소를 알 수 없는 경우에는 거소에 따라 정하고, 거소가 일정

하지 아니하거나 거소도 알 수 없으면 마지막 주소에 따라 정한다.

제 4 조(대사·공사 등의 보통재판적) 대사(大使)·공사(公使), 그 밖에 외국의 재판권 행사대상에서 제외되는 대한민국 국민이 제 3 조의 규정에 따른 보통재판적이 없는 경우에는 이들의 보통재판적은 대법원이 있는 곳으로 한다.

제 5 조(법인 등의 보통재판적) ① 법인, 그 밖의 사단 또는 재단의 보통재판적은 이들의 주된 사무소 또는 영업소가 있는 곳에 따라 정하고, 사무소와 영업소가 없는 경우에는 주된 업무담당자의 주소에 따라 정한다.

② 제 1 항의 규정을 외국법인, 그 밖의 사단 또는 재단에 적용하는 경우 보통재판적은 대한민국에 있는 이들의 사무소·영업소 또는 업무담당자의 주소에 따라 정한다.

제 6 조(국가의 보통재판적) 국가의 보통재판적은 그 소송에서 국가를 대표하는 관청 또는 대법원이 있는 곳으로 한다.

제 7 조(근무지의 특별재판적) 사무소 또는 영업소에 계속하여 근무하는 사람에 대하여 소를 제기하는 경우에는 그 사무소 또는 영업소가 있는 곳을 관할하는 법원에 제기할 수 있다.

제 8 조(거소지 또는 의무이행지의 특별재판적) 재산권에 관한 소를 제기하는 경우에는 거소지 또는 의무이행지의 법원에 제기할 수 있다.

제 9 조(어음·수표 지급지의 특별재판적) 어음·수표에 관한 소를 제기하는 경우에는 지급지의 법원에 제기할 수 있다.

제10조(선원·군인·군무원에 대한 특별재판적) ① 선원에 대하여 재산권에 관한 소를 제기하는 경우에는 선적(船籍)이 있는 곳의 법원에 제기할 수 있다.

② 군인·군무원에 대하여 재산권에 관한 소를 제기하는 경우에는 군사용 청사가 있는 곳 또는 군용 선박의 선적이 있는 곳의 법원에 제기할 수 있다.

제11조(재산이 있는 곳의 특별재판적) 대한민국에 주소가 없는 사람 또는 주소를 알 수 없는 사람에 대하여 재산권에 관한 소를 제기하는 경우에는 청구의 목적 또는 담보의 목적이나 압류할 수 있는 피고의 재산이 있는 곳의 법원에 제기할 수 있다.

제12조(사무소·영업소가 있는 곳의 특별재판적) 사무소 또는 영업소가 있는 사람에 대하여 그 사무소 또는 영업소의 업무와 관련이 있는 소를 제기하는 경우에는 그 사무소 또는 영업소가 있는 곳의 법원에 제기할 수 있다.

제13조(선적이 있는 곳의 특별재판적) 선박 또는 항해에 관한 일로 선박소유자, 그 밖의 선박이용자에 대하여 소를 제기하는 경우에는 선적이 있는 곳의 법원에 제기할 수 있다.

제14조(선박이 있는 곳의 특별재판적) 선박채권(船舶債權), 그 밖에 선박을 담보로 한 채권에 관한 소를 제기하는 경우에는 선박이 있는 곳의 법원에 제기할 수 있다.

제15조(사원 등에 대한 특별재판적) ① 회사, 그 밖의 사단이 사원에 대하여 소를 제기하거나 사원이 다른 사원에 대하여 소를 제기하는 경우에는 그 소가 사원의 자격으로 말미암은 것이면 회사, 그 밖의 사단의 보통재판적이 있는 곳의 법원에 소를 제기할 수 있다.

② 사단 또는 재단이 그 임원에 대하여 소를 제기하거나 회사가 그 발기인 또는 검사인에 대하여 소를 제기하는 경우에는 제 1 항의 규정을 준용한다.

제16조(사원 등에 대한 특별재판적) 회사, 그 밖의 사단의 채권자가 그 사원에 대하여 소를 제기하는 경우에는 그 소가 사원의 자격으로 말미암은 것이면 제15조에 규정된 법원에 제기할 수 있다.

제17조(사원 등에 대한 특별재판적) 회사, 그 밖의 사단, 재단, 사원 또는 사단의 채권자가 그 사원·임원·발기인 또는 검사인이었던 사람에 대하여 소를 제기하는 경우와 사원이었던 사람이 그 사원에 대하여 소를 제기하는 경우에는 제15조 및 제16조의 규정을 준용한다.

제18조(불법행위지의 특별재판적) ① 불법행위에 관한 소를 제기하는 경우에는 행위지의 법원에 제기할 수 있다.

② 선박 또는 항공기의 충돌이나 그 밖의 사고로 말미암은 손해배상에 관한 소를 제기하는 경우에는 사고선박 또는 항공기가 맨 처

음 도착한 곳의 법원에 제기할 수 있다.

제19조(해난구조에 관한 특별재판적) 해난구조(海難救助)에 관한 소를 제기하는 경우에는 구제된 곳 또는 구제된 선박이 맨 처음 도착한 곳의 법원에 제기할 수 있다.

제20조(부동산이 있는 곳의 특별재판적) 부동산에 관한 소를 제기하는 경우에는 부동산이 있는 곳의 법원에 제기할 수 있다.

제21조(등기·등록에 관한 특별재판적) 등기·등록에 관한 소를 제기하는 경우에는 등기 또는 등록할 공공기관이 있는 곳의 법원에 제기할 수 있다.

제22조(상속·유증 등의 특별재판적) 상속(相續)에 관한 소 또는 유증(遺贈), 그 밖에 사망으로 효력이 생기는 행위에 관한 소를 제기하는 경우에는 상속이 시작된 당시 피상속인의 보통재판적이 있는 곳의 법원에 제기할 수 있다.

제23조(상속·유증 등의 특별재판적) 상속채권, 그 밖의 상속재산에 대한 부담에 관한 것으로 제22조의 규정에 해당되지 아니하는 소를 제기하는 경우에는 상속재산의 전부 또는 일부가 제22조의 법원관할구역안에 있으면 그 법원에 제기할 수 있다.

제24조(지식재산권 등에 관한 특별재판적) ① 특허권, 실용신안권, 디자인권, 상표권, 품종보호권(이하 "특허권등"이라 한다)을 제외한 지식재산권과 국제거래에 관한 소를 제기하는 경우에는 제2조 내지 제23조의 규정에 따른 관할법원 소재지를 관할하는 고등법원이 있는 곳의 지방법원에 제기할 수 있다. 다만, 서울고등법원이 있는 곳의 지방법원은 서울중앙지방법원으로 한정한다. <개정 2011·5·19, 2015·12·1>

② 특허권등의 지식재산권에 관한 소를 제기하는 경우에는 제2조부터 제23조까지의 규정에 따른 관할법원 소재지를 관할하는 고등법원이 있는 곳의 지방법원의 전속관할로 한다. 다만, 서울고등법원이 있는 곳의 지방법원은 서울중앙지방법원으로 한정한다. <신설 2015·12·1>

③ 제2항에도 불구하고 당사자는 서울중앙지방법원에 특허권등의 지식재산권에 관한 소를 제기할 수 있다. <신설 2015·12·1>

제25조(관련재판적) ① 하나의 소로 여러 개의 청구를 하는 경우에는 제2조 내지 제24조의 규정에 따라 그 여러 개 가운데 하나의 청구에 대한 관할권이 있는 법원에 소를 제기할 수 있다.

② 소송목적이 되는 권리나 의무가 여러 사람에게 공통되거나 사실상 또는 법률상 같은 원인으로 말미암아 그 여러 사람이 공동소송인(共同訴訟人)으로서 당사자가 되는 경우에는 제1항의 규정을 준용한다.

제26조(소송목적의 값의 산정) ① 법원조직법에서 소송목적의 값에 따라 관할을 정하는 경우 그 값은 소로 주장하는 이익을 기준으로 계산하여 정한다.

② 제1항의 값을 계산할 수 없는 경우 그 값은 민사소송등인지법의 규정에 따른다.

제27조(청구를 병합한 경우의 소송목적의 값) ① 하나의 소로 여러 개의 청구를 하는 경우에는 그 여러 청구의 값을 모두 합하여 소송목적의 값을 정한다.

② 과실(果實)·손해배상·위약금(違約金) 또는 비용의 청구가 소송의 부대목적(附帶目的)이 되는 경우에는 그 값은 소송목적의 값에 넣지 아니한다.

제28조(관할의 지정) ① 다음 각호 가운데 어느 하나에 해당하면 관계된 법원과 공통되는 바로 위의 상급법원이 그 관계된 법원 또는 당사자의 신청에 따라 결정으로 관할법원을 정한다.

1. 관할법원이 재판권을 법률상 또는 사실상 행사할 수 없는 때
2. 법원의 관할구역이 분명하지 아니한 때

② 제1항의 결정에 대하여는 불복할 수 없다.

제29조(합의관할) ① 당사자는 합의로 제1심 관할법원을 정할 수 있다.

② 제1항의 합의는 일정한 법률관계로 말미암은 소에 관하여 서면으로 하여야 한다.

제30조(변론관할) 피고가 제1심 법원에서 관할위반이라고 항변(抗辯)하지 아니하고 본안(本案)에 대하여 변론(辯論)하거나 변론준비기일(辯論準備期日)에서 진술하면 그 법원은 관할권을 가진다.

제31조(전속관할에 따른 제외) 전속관할(專屬管轄)이 정하여진 소에는 제2조, 제7조 내지 제25조, 제29조 및 제30조의 규정을

적용하지 아니한다.

제32조(관할에 관한 직권조사) 법원은 관할에 관한 사항을 직권으로 조사할 수 있다.

제33조(관할의 표준이 되는 시기) 법원의 관할은 소를 제기한 때를 표준으로 정한다.

제34조(관할위반 또는 재량에 따른 이송) ① 법원은 소송의 전부 또는 일부에 대하여 관할권이 없다고 인정하는 경우에는 결정으로 이를 관할법원에 이송한다.

② 지방법원 단독판사는 소송에 대하여 관할권이 있는 경우라도 상당하다고 인정하면 직권 또는 당사자의 신청에 따른 결정으로 소송의 전부 또는 일부를 같은 지방법원 합의부에 이송할 수 있다.

③ 지방법원 합의부는 소송에 대하여 관할권이 없는 경우라도 상당하다고 인정하면 직권으로 또는 당사자의 신청에 따라 소송의 전부 또는 일부를 스스로 심리·재판할 수 있다.

④ 전속관할이 정하여진 소에 대하여는 제2항 및 제3항의 규정을 적용하지 아니한다.

제35조(손해나 지연을 피하기 위한 이송) 법원은 소송에 대하여 관할권이 있는 경우라도 현저한 손해 또는 지연을 피하기 위하여 필요하면 직권 또는 당사자의 신청에 따른 결정으로 소송의 전부 또는 일부를 다른 관할법원에 이송할 수 있다. 다만, 전속관할이 정하여진 소의 경우에는 그러하지 아니하다.

제36조(지식재산권 등에 관한 소송의 이송) ① 법원은 특허권등을 제외한 지식재산권과 국제거래에 관한 소가 제기된 경우 직권 또는 당사자의 신청에 따른 결정으로 그 소송의 전부 또는 일부를 제24조제1항에 따른 관할법원에 이송할 수 있다. 다만, 이로 인하여 소송절차를 현저하게 지연시키는 경우에는 그러하지 아니하다. <개정 2011·5·19, 2015·12·1>

② 제1항은 전속관할이 정하여져 있는 소의 경우에는 적용하지 아니한다. <개정 2015·12·1>

③ 제24조제2항 또는 제3항에 따라 특허권등의 지식재산권에 관한 소를 관할하는 법원은 현저한 손해 또는 지연을 피하기 위하여 필요한 때에는 직권 또는 당사자의 신청에 따른 결정으로 소송의 전부 또는 일부를 제2조부터 제23조까지의 규정에 따른 지방법원으로 이송할 수 있다. <신설 2015·12·1>

제37조(이송결정이 확정된 뒤의 긴급처분) 법원은 소송의 이송결정이 확정된 뒤라도 급박한 사정이 있는 때에는 직권으로 또는 당사자의 신청에 따라 필요한 처분을 할 수 있다. 다만, 기록을 보낸 뒤에는 그러하지 아니하다.

제38조(이송결정의 효력) ① 소송을 이송받은 법원은 이송결정에 따라야 한다.

② 소송을 이송받은 법원은 사건을 다시 다른 법원에 이송하지 못한다.

제39조(즉시항고) 이송결정과 이송신청의 기각결정(棄却決定)에 대하여는 즉시항고(卽時抗告)를 할 수 있다.

제40조(이송의 효과) ① 이송결정이 확정된 때에는 소송은 처음부터 이송받은 법원에 계속(係屬)된 것으로 본다.

② 제1항의 경우에는 이송결정을 한 법원의 법원서기관·법원사무관·법원주사 또는 법원주사보(이하 "법원사무관등"이라 한다)는 그 결정의 정본(正本)을 소송기록에 붙여 이송받을 법원에 보내야 한다.

제2절 법관 등의 제척·기피·회피

제41조(제척의 이유) 법관은 다음 각호 가운데 어느 하나에 해당하면 직무집행에서 제척(除斥)된다. <개정 2005·3·31 법7427>

1. 법관 또는 그 배우자나 배우자이었던 사람이 사건의 당사자가 되거나, 사건의 당사자와 공동권리자·공동의무자 또는 상환의무자의 관계에 있는 때
2. 법관이 당사자와 친족의 관계에 있거나 그러한 관계에 있었을 때
3. 법관이 사건에 관하여 증언이나 감정(鑑定)을 하였을 때
4. 법관이 사건당사자의 대리인이었거나 대리인이 된 때
5. 법관이 불복사건의 이전심급의 재판에 관여하였을 때. 다만, 다른 법원의 촉탁에 따라 그 직무를 수행한 경우에는 그러하지 아니하다.

제42조(제척의 재판) 법원은 제척의 이유가 있는 때에는 직권으로 또는 당사자의 신청에 따라 제척의 재판을 한다.

제43조(당사자의 기피권) ① 당사자는 법관에게 공정한 재판을 기대하기 어려운 사정이 있는 때에는 기피신청을 할 수 있다.

② 당사자가 법관을 기피할 이유가 있다는 것을 알면서도 본안에 관하여 변론하거나 변론준비기일에서 진술을 한 경우에는 기피신청을 하지 못한다.

제44조(제척과 기피신청의 방식) ① 합의부의 법관에 대한 제척 또는 기피는 그 합의부에, 수명법관(受命法官)·수탁판사(受託判事) 또는 단독판사에 대한 제척 또는 기피는 그 법관에게 이유를 밝혀 신청하여야 한다.

② 제척 또는 기피하는 이유와 소명방법은 신청한 날부터 3일 이내에 서면으로 제출하여야 한다.

제45조(제척 또는 기피신청의 각하 등) ① 제척 또는 기피신청이 제44조의 규정에 어긋나거나 소송의 지연을 목적으로 하는 것이 분명한 경우에는 신청을 받은 법원 또는 법관은 결정으로 이를 각하(却下)한다.

② 제척 또는 기피를 당한 법관은 제1항의 경우를 제외하고는 바로 제척 또는 기피신청에 대한 의견서를 제출하여야 한다.

제46조(제척 또는 기피신청에 대한 재판) ① 제척 또는 기피신청에 대한 재판은 그 신청을 받은 법관의 소속 법원 합의부에서 결정으로 하여야 한다.

② 제척 또는 기피신청을 받은 법관은 제1항의 재판에 관여하지 못한다. 다만, 의견을 진술할 수 있다.

③ 제척 또는 기피신청을 받은 법관의 소속 법원이 합의부를 구성하지 못하는 경우에는 바로 위의 상급법원이 결정하여야 한다.

제47조(불복신청) ① 제척 또는 기피신청에 정당한 이유가 있다는 결정에 대하여는 불복할 수 없다.

② 제45조제1항의 각하결정(却下決定) 또는 제척이나 기피신청이 이유 없다는 결정에 대하여는 즉시항고를 할 수 있다.

③ 제45조제1항의 각하결정에 대한 즉시항고는 집행정지의 효력을 가지지 아니한다.

제48조(소송절차의 정지) 법원은 제척 또는 기피신청이 있는 경우에는 그 재판이 확정될 때까지 소송절차를 정지하여야 한다. 다만, 제척 또는 기피신청이 각하된 경우 또는 종국판결(終局判決)을 선고하거나 긴급을 요하는 행위를 하는 경우에는 그러하지 아니하다.

제49조(법관의 회피) 법관은 제41조 또는 제43조의 사유가 있는 경우에는 감독권이 있는 법원의 허가를 받아 회피(回避)할 수 있다.

제50조(법원사무관등에 대한 제척·기피·회피) ① 법원사무관등에 대하여는 이 절의 규정을 준용한다.

② 제1항의 법원사무관등에 대한 제척 또는 기피의 재판은 그가 속한 법원이 결정으로 하여야 한다.

제 2 장 당사자

제 1 절 당사자능력과 소송능력

제51조(당사자능력·소송능력 등에 대한 원칙) 당사자능력(當事者能力), 소송능력(訴訟能力), 소송무능력자(訴訟無能力者)의 법정대리와 소송행위에 필요한 권한의 수여는 이 법에 특별한 규정이 없으면 민법, 그 밖의 법률에 따른다.

제52조(법인이 아닌 사단 등의 당사자능력) 법인이 아닌 사단이나 재단은 대표자 또는 관리인이 있는 경우에는 그 사단이나 재단의 이름으로 당사자가 될 수 있다.

제53조(선정당사자) ① 공동의 이해관계를 가진 여러 사람이 제52조의 규정에 해당되지 아니하는 경우에는, 이들은 그 가운데에서 모두를 위하여 당사자가 될 한 사람 또는 여러 사람을 선정하거나 이를 바꿀 수 있다.

② 소송이 법원에 계속된 뒤 제1항의 규정에 따라 당사자를 바꾼 때에는 그 전의 당사자는 당연히 소송에서 탈퇴한 것으로 본다.

제54조(선정당사자 일부의 자격상실) 제53조의 규정에 따라 선정된 여러 당사자 가운데 죽거나 그 자격을 잃은 사람이 있는 경우에는 다른 당사자가 모두를 위하여 소송행위를 한다.

제55조(제한능력자의 소송능력) ① 미성년자 또는 피성년후견인은 법정대리인에 의해서만 소송행위를 할 수 있다. 다만, 다음 각 호의 경우에는 그러하지 아니하다.
1. 미성년자가 독립하여 법률행위를 할 수 있는 경우
2. 피성년후견인이 「민법」 제10조제2항에 따라 취소할 수 없는 법률행위를 할 수 있는 경우

② 피한정후견인은 한정후견인의 동의가 필요한 행위에 관하여는 대리권 있는 한정후견인에 의해서만 소송행위를 할 수 있다.
〔전부개정 2016·2·3〕

제56조(법정대리인의 소송행위에 관한 특별규정) ① 미성년후견인, 대리권 있는 성년후견인 또는 대리권 있는 한정후견인이 상대방의 소 또는 상소 제기에 관하여 소송행위를 하는 경우에는 그 후견감독인으로부터 특별한 권한을 받을 필요가 없다.
② 제1항의 법정대리인이 소의 취하, 화해, 청구의 포기·인낙(認諾) 또는 제80조에 따른 탈퇴를 하기 위해서는 후견감독인으로부터 특별한 권한을 받아야 한다. 다만, 후견감독인이 없는 경우에는 가정법원으로부터 특별한 권한을 받아야 한다.
〔전부개정 2016·2·3〕

제57조(외국인의 소송능력에 대한 특별규정) 외국인은 그의 본국법에 따르면 소송능력이 없는 경우라도 대한민국의 법률에 따라 소송능력이 있는 경우에는 소송능력이 있는 것으로 본다.

제58조(법정대리권 등의 증명) ① 법정대리권이 있는 사실 또는 소송행위를 위한 권한을 받은 사실은 서면으로 증명하여야 한다. 제53조의 규정에 따라서 당사자를 선정하고 바꾸는 경우에도 또한 같다.
② 제1항의 서면은 소송기록에 붙여야 한다.

제59조(소송능력 등의 흠에 대한 조치) 소송능력·법정대리권 또는 소송행위에 필요한 권한의 수여에 흠이 있는 경우에는 법원은 기간을 정하여 이를 보정(補正)하도록 명하여야 하며, 만일 보정하는 것이 지연됨으로써 손해가 생길 염려가 있는 경우에는 법원은 보정하기 전의 당사자 또는 법정대리인으로 하여금 일시적으로 소송행위를 하게 할 수 있다.

제60조(소송능력 등의 흠과 추인) 소송능력, 법정대리권 또는 소송행위에 필요한 권한의 수여에 흠이 있는 사람이 소송행위를 한 뒤에 보정된 당사자나 법정대리인이 이를 추인(追認)한 경우에는, 그 소송행위는 이를 한 때에 소급하여 효력이 생긴다.

제61조(선정당사자에 대한 준용) 제53조의 규정에 따른 당사자가 소송행위를 하는 경우에는 제59조 및 제60조의 규정을 준용한다.

제62조(제한능력자를 위한 특별대리인) ① 미성년자·피한정후견인 또는 피성년후견인이 당사자인 경우, 그 친족, 이해관계인(미성년자·피한정후견인 또는 피성년후견인을 상대로 소송행위를 하려는 사람을 포함한다), 대리권 없는 성년후견인, 대리권 없는 한정후견인, 지방자치단체의 장 또는 검사는 다음 각 호의 경우에 소송절차가 지연됨으로써 손해를 볼 염려가 있다는 것을 소명하여 수소법원(受訴法院)에 특별대리인을 선임하여 주도록 신청할 수 있다.
1. 법정대리인이 없거나 법정대리인에게 소송에 관한 대리권이 없는 경우
2. 법정대리인이 사실상 또는 법률상 장애로 대리권을 행사할 수 없는 경우
3. 법정대리인의 불성실하거나 미숙한 대리권 행사로 소송절차의 진행이 현저하게 방해받는 경우

② 법원은 소송계속 후 필요하다고 인정하는 경우 직권으로 특별대리인을 선임·개임하거나 해임할 수 있다.
③ 특별대리인은 대리권 있는 후견인과 같은 권한이 있다. 특별대리인의 대리권의 범위에서 법정대리인의 권한은 정지된다.
④ 특별대리인의 선임·개임 또는 해임은 법원의 결정으로 하며, 그 결정은 특별대리인에게 송달하여야 한다.
⑤ 특별대리인의 보수, 선임 비용 및 소송행위에 관한 비용은 소송비용에 포함된다.
〔전부개정 2016·2·3〕

제62조의2(의사무능력자를 위한 특별대리인의 선임 등) ① 의사능력이 없는 사람을 상대

로 소송행위를 하려고 하거나 의사능력이 없는 사람이 소송행위를 하는 데 필요한 경우 특별대리인의 선임 등에 관하여는 제62조를 준용한다. 다만, 특정후견인 또는 임의후견인도 특별대리인의 선임을 신청할 수 있다.

② 제1항의 특별대리인이 소의 취하, 화해, 청구의 포기·인낙 또는 제80조에 따른 탈퇴를 하는 경우 법원은 그 행위가 본인의 이익을 명백히 침해한다고 인정할 때에는 그 행위가 있는 날부터 14일 이내에 결정으로 이를 허가하지 아니할 수 있다. 이 결정에 대해서는 불복할 수 없다.

〔본조신설 2016·2·3〕

제63조(법정대리권의 소멸통지) ① 소송절차가 진행되는 중에 법정대리권이 소멸한 경우에는 본인 또는 대리인이 상대방에게 소멸된 사실을 통지하지 아니하면 소멸의 효력을 주장하지 못한다. 다만, 법원에 법정대리권의 소멸사실이 알려진 뒤에는 그 법정대리인은 제56조제2항의 소송행위를 하지 못한다.

② 제53조의 규정에 따라 당사자를 바꾸는 경우에는 제1항의 규정을 준용한다.

제64조(법인 등 단체의 대표자의 지위) 법인의 대표자 또는 제52조의 대표자 또는 관리인에게는 이 법 가운데 법정대리와 법정대리인에 관한 규정을 준용한다.

민사소송

제2절 공동소송

제65조(공동소송의 요건) 소송목적이 되는 권리나 의무가 여러 사람에게 공통되거나 사실상 또는 법률상 같은 원인으로 말미암아 생긴 경우에는 그 여러 사람이 공동소송인으로서 당사자가 될 수 있다. 소송목적이 되는 권리나 의무가 같은 종류의 것이고, 사실상 또는 법률상 같은 종류의 원인으로 말미암은 것인 경우에도 또한 같다.

제66조(통상공동소송인의 지위) 공동소송인 가운데 한 사람의 소송행위 또는 이에 대한 상대방의 소송행위와 공동소송인 가운데 한 사람에 관한 사항은 다른 공동소송인에게 영향을 미치지 아니한다.

제67조(필수적 공동소송에 대한 특별규정) ① 소송목적이 공동소송인 모두에게 합일적으로 확정되어야 할 공동소송의 경우에 공동소송인 가운데 한 사람의 소송행위는 모두의 이익을 위하여서만 효력을 가진다.

② 제1항의 공동소송에서 공동소송인 가운데 한 사람에 대한 상대방의 소송행위는 공동소송인 모두에게 효력이 미친다.

③ 제1항의 공동소송에서 공동소송인 가운데 한 사람에게 소송절차를 중단 또는 중지하여야 할 이유가 있는 경우 그 중단 또는 중지는 모두에게 효력이 미친다.

제68조(필수적 공동소송인의 추가) ① 법원은 제67조제1항의 규정에 따른 공동소송인 가운데 일부가 누락된 경우에는 제1심의 변론을 종결할 때까지 원고의 신청에 따라 결정으로 원고 또는 피고를 추가하도록 허가할 수 있다. 다만, 원고의 추가는 추가될 사람의 동의를 받은 경우에만 허가할 수 있다.

② 제1항의 허가결정을 한 때에는 허가결정의 정본을 당사자 모두에게 송달하여야 하며, 추가될 당사자에게는 소장부본도 송달하여야 한다.

③ 제1항의 규정에 따라 공동소송인이 추가된 경우에는 처음의 소가 제기된 때에 추가된 당사자와의 사이에 소가 제기된 것으로 본다.

④ 제1항의 허가결정에 대하여 이해관계인은 추가될 원고의 동의가 없었다는 것을 사유로 하는 경우에만 즉시항고를 할 수 있다.

⑤ 제4항의 즉시항고는 집행정지의 효력을 가지지 아니한다.

⑥ 제1항의 신청을 기각한 결정에 대하여는 즉시항고를 할 수 있다.

제69조(필수적 공동소송에 대한 특별규정) 제67조제1항의 공동소송인 가운데 한 사람이 상소를 제기한 경우에 다른 공동소송인이 그 상소심에서 하는 소송행위에는 제56조제1항의 규정을 준용한다.

제70조(예비적·선택적 공동소송에 대한 특별규정) ① 공동소송인 가운데 일부의 청구가 다른 공동소송인의 청구와 법률상 양립할 수 없거나 공동소송인 가운데 일부에 대한 청구가 다른 공동소송인에 대한 청구와 법

률상 양립할 수 없는 경우에는 제67조 내지 제69조를 준용한다. 다만, 청구의 포기·인낙, 화해 및 소의 취하의 경우에는 그러하지 아니하다.

② 제1항의 소송에서는 모든 공동소송인에 관한 청구에 대하여 판결을 하여야 한다.

제3절 소송참가

제71조(보조참가) 소송결과에 이해관계가 있는 제3자는 한 쪽 당사자를 돕기 위하여 법원에 계속중인 소송에 참가할 수 있다. 다만, 소송절차를 현저하게 지연시키는 경우에는 그러하지 아니하다.

제72조(참가신청의 방식) ① 참가신청은 참가의 취지와 이유를 밝혀 참가하고자 하는 소송이 계속된 법원에 제기하여야 한다.

② 서면으로 참가를 신청한 경우에는 법원은 그 서면을 양쪽 당사자에게 송달하여야 한다.

③ 참가신청은 참가인으로서 할 수 있는 소송행위와 동시에 할 수 있다.

제73조(참가허가여부에 대한 재판) ① 당사자가 참가에 대하여 이의를 신청한 때에는 참가인은 참가의 이유를 소명하여야 하며, 법원은 참가를 허가할 것인지 아닌지를 결정하여야 한다.

② 법원은 직권으로 참가인에게 참가의 이유를 소명하도록 명할 수 있으며, 참가의 이유가 있다고 인정되지 아니하는 때에는 참가를 허가하지 아니하는 결정을 하여야 한다.

③ 제1항 및 제2항의 결정에 대하여는 즉시항고를 할 수 있다.

제74조(이의신청권의 상실) 당사자가 참가에 대하여 이의를 신청하지 아니한 채 변론하거나 변론준비기일에서 진술을 한 경우에는 이의를 신청할 권리를 잃는다.

제75조(참가인의 소송관여) ① 참가인은 그의 참가에 대한 이의신청이 있는 경우라도 참가를 허가하지 아니하는 결정이 확정될 때까지 소송행위를 할 수 있다.

② 당사자가 참가인의 소송행위를 원용(援用)한 경우에는 참가를 허가하지 아니하는 결정이 확정되어도 그 소송행위는 효력을 가진다.

제76조(참가인의 소송행위) ① 참가인은 소송에 관하여 공격·방어·이의·상소, 그 밖의 모든 소송행위를 할 수 있다. 다만, 참가할 때의 소송의 진행정도에 따라 할 수 없는 소송행위는 그러하지 아니하다.

② 참가인의 소송행위가 피참가인의 소송행위에 어긋나는 경우에는 그 참가인의 소송행위는 효력을 가지지 아니한다.

제77조(참가인에 대한 재판의 효력) 재판은 다음 각호 가운데 어느 하나에 해당하지 아니하면 참가인에게도 그 효력이 미친다.

1. 제76조의 규정에 따라 참가인이 소송행위를 할 수 없거나, 그 소송행위가 효력을 가지지 아니하는 때
2. 피참가인이 참가인의 소송행위를 방해한 때
3. 피참가인이 참가인이 할 수 없는 소송행위를 고의나 과실로 하지 아니한 때

제78조(공동소송적 보조참가) 재판의 효력이 참가인에게도 미치는 경우에는 그 참가인과 피참가인에 대하여 제67조 및 제69조를 준용한다.

제79조(독립당사자참가) ① 소송목적의 전부나 일부가 자기의 권리라고 주장하거나, 소송결과에 따라 권리가 침해된다고 주장하는 제3자는 당사자의 양 쪽 또는 한 쪽을 상대방으로 하여 당사자로서 소송에 참가할 수 있다.

② 제1항의 경우에는 제67조 및 제72조의 규정을 준용한다.

제80조(독립당사자참가소송에서의 탈퇴) 제79조의 규정에 따라 자기의 권리를 주장하기 위하여 소송에 참가한 사람이 있는 경우 그가 참가하기 전의 원고나 피고는 상대방의 승낙을 받아 소송에서 탈퇴할 수 있다. 다만, 판결은 탈퇴한 당사자에 대하여도 그 효력이 미친다.

제81조(승계인의 소송참가) 소송이 법원에 계속되어 있는 동안에 제3자가 소송목적인 권리 또는 의무의 전부나 일부를 승계하였다고 주장하며 제79조의 규정에 따라 소송에 참가한 경우 그 참가는 소송이 법원에

처음 계속된 때에 소급하여 시효의 중단 또는 법률상 기간준수의 효력이 생긴다.

제82조(승계인의 소송인수) ① 소송이 법원에 계속되어 있는 동안에 제3자가 소송목적인 권리 또는 의무의 전부나 일부를 승계한 때에는 법원은 당사자의 신청에 따라 그 제3자로 하여금 소송을 인수하게 할 수 있다.

② 법원은 제1항의 규정에 따른 결정을 할 때에는 당사자와 제3자를 심문(審問)하여야 한다.

③ 제1항의 소송인수의 경우에는 제80조의 규정 가운데 탈퇴 및 판결의 효력에 관한 것과, 제81조의 규정 가운데 참가의 효력에 관한 것을 준용한다.

제83조(공동소송참가) ① 소송목적이 한 쪽 당사자와 제3자에게 합일적으로 확정되어야 할 경우 그 제3자는 공동소송인으로 소송에 참가할 수 있다.

② 제1항의 경우에는 제72조의 규정을 준용한다.

제84조(소송고지의 요건) ① 소송이 법원에 계속된 때에는 당사자는 참가할 수 있는 제3자에게 소송고지(訴訟告知)를 할 수 있다.

② 소송고지를 받은 사람은 다시 소송고지를 할 수 있다.

제85조(소송고지의 방식) ① 소송고지를 위하여서는 그 이유와 소송의 진행정도를 적은 서면을 법원에 제출하여야 한다.

② 제1항의 서면은 상대방에게 송달하여야 한다.

제86조(소송고지의 효과) 소송고지를 받은 사람이 참가하지 아니한 경우라도 제77조의 규정을 적용할 때에는 참가할 수 있었을 때에 참가한 것으로 본다.

제4절 소송대리인

제87조(소송대리인의 자격) 법률에 따라 재판상 행위를 할 수 있는 대리인 외에는 변호사가 아니면 소송대리인이 될 수 없다.

제88조(소송대리인의 자격의 예외) ① 단독판사가 심리·재판하는 사건 가운데 그 소송목적의 값이 일정한 금액 이하인 사건에서, 당사자와 밀접한 생활관계를 맺고 있고 일정한 범위안의 친족관계에 있는 사람 또는 당사자와 고용계약 등으로 그 사건에 관한 통상사무를 처리·보조하여 오는 등 일정한 관계에 있는 사람이 법원의 허가를 받은 때에는 제87조를 적용하지 아니한다.

② 제1항의 규정에 따라 법원의 허가를 받을 수 있는 사건의 범위, 대리인의 자격 등에 관한 구체적인 사항은 대법원규칙으로 정한다.

③ 법원은 언제든지 제1항의 허가를 취소할 수 있다.

제89조(소송대리권의 증명) ① 소송대리인의 권한은 서면으로 증명하여야 한다.

② 제1항의 서면이 사문서인 경우에는 법원은 공증인, 그 밖의 공증업무를 보는 사람(이하 "공증사무소"라 한다)의 인증을 받도록 소송대리인에게 명할 수 있다.

③ 당사자가 말로 소송대리인을 선임하고, 법원사무관등이 조서에 그 진술을 적어 놓은 경우에는 제1항 및 제2항의 규정을 적용하지 아니한다.

제90조(소송대리권의 범위) ① 소송대리인은 위임을 받은 사건에 대하여 반소(反訴)·참가·강제집행·가압류·가처분에 관한 소송행위 등 일체의 소송행위와 변제(辨濟)의 영수를 할 수 있다.

② 소송대리인은 다음 각호의 사항에 대하여는 특별한 권한을 따로 받아야 한다.

1. 반소의 제기
2. 소의 취하, 화해, 청구의 포기·인낙 또는 제80조의 규정에 따른 탈퇴
3. 상소의 제기 또는 취하
4. 대리인의 선임

제91조(소송대리권의 제한) 소송대리권은 제한하지 못한다. 다만, 변호사가 아닌 소송대리인에 대하여는 그러하지 아니하다.

제92조(법률에 의한 소송대리인의 권한) 법률에 의하여 재판상 행위를 할 수 있는 대리인의 권한에는 제90조와 제91조의 규정을 적용하지 아니한다.

제93조(개별대리의 원칙) ① 여러 소송대리인이 있는 때에는 각자가 당사자를 대리한다.

② 당사자가 제1항의 규정에 어긋나는 약정을 한 경우 그 약정은 효력을 가지지 못한다.

제94조(당사자의 경정권) 소송대리인의 사실상 진술은 당사자가 이를 곧 취소하거나 경정(更正)한 때에는 그 효력을 잃는다.

제95조(소송대리권이 소멸되지 아니하는 경우) 다음 각호 가운데 어느 하나에 해당하더라도 소송대리권은 소멸되지 아니한다.

1. 당사자의 사망 또는 소송능력의 상실
2. 당사자인 법인의 합병에 의한 소멸
3. 당사자인 수탁자(受託者)의 신탁임무의 종료
4. 법정대리인의 사망, 소송능력의 상실 또는 대리권의 소멸·변경

제96조(소송대리권이 소멸되지 아니하는 경우) ① 일정한 자격에 의하여 자기의 이름으로 남을 위하여 소송당사자가 된 사람에게 소송대리인이 있는 경우에 그 소송대리인의 대리권은 당사자가 자격을 잃더라도 소멸되지 아니한다.

② 제53조의 규정에 따라 선정된 당사자가 그 자격을 잃은 경우에는 제1항의 규정을 준용한다.

제97조(법정대리인에 관한 규정의 준용) 소송대리인에게는 제58조제2항·제59조·제60조 및 제63조의 규정을 준용한다.

제3장 소송비용

제1절 소송비용의 부담

제98조(소송비용부담의 원칙) 소송비용은 패소한 당사자가 부담한다.

제99조(원칙에 대한 예외) 법원은 사정에 따라 승소한 당사자로 하여금 그 권리를 늘리거나 지키는 데 필요하지 아니한 행위로 말미암은 소송비용 또는 상대방의 권리를 늘리거나 지키는 데 필요한 행위로 말미암은 소송비용의 전부나 일부를 부담하게 할 수 있다.

제100조(원칙에 대한 예외) 당사자가 적당한 시기에 공격이나 방어의 방법을 제출하지 아니하였거나, 기일이나 기간의 준수를 게을리 하였거나, 그 밖에 당사자가 책임져야 할 사유로 소송이 지연된 때에는 법원은 지연됨으로 말미암은 소송비용의 전부나 일부를 승소한 당사자에게 부담하게 할 수 있다.

제101조(일부패소의 경우) 일부패소의 경우에 당사자들이 부담할 소송비용은 법원이 정한다. 다만, 사정에 따라 한 쪽 당사자에게 소송비용의 전부를 부담하게 할 수 있다.

제102조(공동소송의 경우) ① 공동소송인은 소송비용을 균등하게 부담한다. 다만, 법원은 사정에 따라 공동소송인에게 소송비용을 연대하여 부담하게 하거나 다른 방법으로 부담하게할 수 있다.

② 제1항의 규정에 불구하고 법원은 권리를 늘리거나 지키는 데 필요하지 아니한 행위로 생긴 소송비용은 그 행위를 한 당사자에게 부담하게 할 수 있다.

제103조(참가소송의 경우) 참가소송비용에 대한 참가인과 상대방 사이의 부담과, 참가이의신청의 소송비용에 대한 참가인과 이의신청 당사자 사이의 부담에 대하여는 제98조 내지 제102조의 규정을 준용한다.

제104조(각 심급의 소송비용의 재판) 법원은 사건을 완결하는 재판에서 직권으로 그 심급의 소송비용 전부에 대하여 재판하여야 한다. 다만, 사정에 따라 사건의 일부나 중간의 다툼에 관한 재판에서 그 비용에 대한 재판을 할 수 있다.

제105조(소송의 총비용에 대한 재판) 상급법원이 본안의 재판을 바꾸는 경우 또는 사건을 환송받거나 이송받은 법원이 그 사건을 완결하는 재판을 하는 경우에는 소송의 총비용에 대하여 재판하여야 한다.

제106조(화해한 경우의 비용부담) 당사자가 법원에서 화해한 경우(제231조의 경우를 포함한다) 화해비용과 소송비용의 부담에 대하여 특별히 정한 바가 없으면 그 비용은 당사자들이 각자 부담한다.

제107조(제3자의 비용상환) ① 법정대리인·소송대리인·법원사무관등이나 집행관이 고의 또는 중대한 과실로 쓸데없는 비용을 지급하게 한 경우에는 수소법원은 직권으로 또는 당사자의 신청에 따라 그에게 비용을 갚도록 명할 수 있다.

② 법정대리인 또는 소송대리인으로서 소송행위를 한 사람이 그 대리권 또는 소송행위에 필요한 권한을 받았음을 증명하지 못하

거나, 추인을 받지 못한 경우에 그 소송행위로 말미암아 발생한 소송비용에 대하여는 제1항의 규정을 준용한다.
③ 제1항 및 제2항의 결정에 대하여는 즉시항고를 할 수 있다.

제108조(무권대리인의 비용부담) 제107조제2항의 경우에 소가 각하된 경우에는 소송비용은 그 소송행위를 한 대리인이 부담한다.

제109조(변호사의 보수와 소송비용) ① 소송을 대리한 변호사에게 당사자가 지급하였거나 지급할 보수는 대법원규칙이 정하는 금액의 범위안에서 소송비용으로 인정한다.
② 제1항의 소송비용을 계산할 때에는 여러 변호사가 소송을 대리하였더라도 한 변호사가 대리한 것으로 본다.

제110조(소송비용액의 확정결정) ① 소송비용의 부담을 정하는 재판에서 그 액수가 정하여지지 아니한 경우에 제1심 법원은 그 재판이 확정되거나, 소송비용부담의 재판이 집행력을 갖게 된 후에 당사자의 신청을 받아 결정으로 그 소송비용액을 확정한다.
② 제1항의 확정결정을 신청할 때에는 비용계산서, 그 등본과 비용액을 소명하는 데 필요한 서면을 제출하여야 한다.
③ 제1항의 결정에 대하여는 즉시항고를 할 수 있다.

제111조(상대방에 대한 최고) ① 법원은 소송비용액을 결정하기 전에 상대방에게 비용계산서의 등본을 교부하고, 이에 대한 진술을 할 것과 일정한 기간 이내에 비용계산서와 비용액을 소명하는 데 필요한 서면을 제출할 것을 최고(催告)하여야 한다.
② 상대방이 제1항의 서면을 기간 이내에 제출하지 아니한 때에는 법원은 신청인의 비용에 대하여서만 결정할 수 있다. 다만, 상대방도 제110조제1항의 확정결정을 신청할 수 있다.

제112조(부담비용의 상계) 법원이 소송비용을 결정하는 경우에 당사자들이 부담할 비용은 대등한 금액에서 상계(相計)된 것으로 본다. 다만, 제111조제2항의 경우에는 그러하지 아니하다.

제113조(화해한 경우의 비용액확정) ① 제106조의 경우에 당사자가 소송비용부담의 원칙만을 정하고 그 액수를 정하지 아니한 때에는 법원은 당사자의 신청에 따라 결정으로 그 액수를 정하여야 한다.
② 제1항의 경우에는 제110조제2항·제3항, 제111조 및 제112조의 규정을 준용한다.

제114조(소송이 재판에 의하지 아니하고 끝난 경우) ① 제113조의 경우 외에 소송이 재판에 의하지 아니하고 끝나거나 참가 또는 이에 대한 이의신청이 취하된 경우에는 법원은 당사자의 신청에 따라 결정으로 소송비용의 액수를 정하고, 이를 부담하도록 명하여야 한다.
② 제1항의 경우에는 제98조 내지 제103조, 제110조제2항·제3항, 제111조 및 제112조의 규정을 준용한다.

제115조(법원사무관등에 의한 계산) 제110조제1항의 신청이 있는 때에는 법원은 법원사무관등에게 소송비용액을 계산하게 하여야 한다.

제116조(비용의 예납) ① 비용을 필요로 하는 소송행위에 대하여 법원은 당사자에게 그 비용을 미리 내게 할 수 있다.
② 비용을 미리 내지 아니하는 때에는 법원은 그 소송행위를 하지 아니할 수 있다.

제2절 소송비용의 담보

제117조(담보제공의무) ① 원고가 대한민국에 주소·사무소와 영업소를 두지 아니한 때 또는 소장·준비서면, 그 밖의 소송기록에 의하여 청구가 이유 없음이 명백한 때 등 소송비용에 대한 담보제공이 필요하다고 판단되는 경우에 피고의 신청이 있으면 법원은 원고에게 소송비용에 대한 담보를 제공하도록 명하여야 한다. 담보가 부족한 경우에도 또한 같다. <개정 2010·7·23>
② 제1항의 경우에 법원은 직권으로 원고에게 소송비용에 대한 담보를 제공하도록 명할 수 있다. <신설 2010·7·23>
③ 청구의 일부에 대하여 다툼이 없는 경우에는 그 액수가 담보로 충분하면 제1항의 규정을 적용하지 아니한다.

제118조(소송에 응함으로 말미암은 신청권의 상실) 담보를 제공할 사유가 있다는 것을

민사소송

알고도 피고가 본안에 관하여 변론하거나 변론준비기일에서 진술한 경우에는 담보제공을 신청하지 못한다.

제119조(피고의 거부권) 담보제공을 신청한 피고는 원고가 담보를 제공할 때까지 소송에 응하지 아니할 수 있다.

제120조(담보제공결정) ① 법원은 담보를 제공하도록 명하는 결정에서 담보액과 담보제공의 기간을 정하여야 한다.

② 담보액은 피고가 각 심급에서 지출할 비용의 총액을 표준으로 하여 정하여야 한다.

제121조(불복신청) 담보제공신청에 관한 결정에 대하여는 즉시항고를 할 수 있다.

제122조(담보제공방식) 담보의 제공은 금전 또는 법원이 인정하는 유가증권을 공탁(供託)하거나, 대법원규칙이 정하는 바에 따라 지급을 보증하겠다는 위탁계약을 맺은 문서를 제출하는 방법으로 한다. 다만, 당사자들 사이에 특별한 약정이 있으면 그에 따른다.

제123조(담보물에 대한 피고의 권리) 피고는 소송비용에 관하여 제122조의 규정에 따른 담보물에 대하여 질권자와 동일한 권리를 가진다.

제124조(담보를 제공하지 아니한 효과) 담보를 제공하여야 할 기간 이내에 원고가 이를 제공하지 아니하는 때에는 법원은 변론없이 판결로 소를 각하할 수 있다. 다만, 판결하기 전에 담보를 제공한 때에는 그러하지 아니하다.

제125조(담보의 취소) ① 담보제공자가 담보하여야 할 사유가 소멸되었음을 증명하면서 취소신청을 하면, 법원은 담보취소결정을 하여야 한다.

② 담보제공자가 담보취소에 대한 담보권리자의 동의를 받았음을 증명한 때에도 제1항과 같다.

③ 소송이 완결된 뒤 담보제공자가 신청하면, 법원은 담보권리자에게 일정한 기간 이내에 그 권리를 행사하도록 최고하고, 담보권리자가 그 행사를 하지 아니하는 때에는 담보취소에 대하여 동의한 것으로 본다.

④ 제1항과 제2항의 규정에 따른 결정에 대하여는 즉시항고를 할 수 있다.

제126조(담보물변경) 법원은 담보제공자의 신청에 따라 결정으로 공탁한 담보물을 바꾸도록 명할 수 있다. 다만, 당사자가 계약에 의하여 공탁한 담보물을 다른 담보로 바꾸겠다고 신청한 때에는 그에 따른다.

제127조(준용규정) 다른 법률에 따른 소제기에 관하여 제공되는 담보에는 제119조, 제120조제1항, 제121조 내지 제126조의 규정을 준용한다.

제3절 소송구조

제128조(구조의 요건) ① 법원은 소송비용을 지출할 자금능력이 부족한 사람의 신청에 따라 또는 직권으로 소송구조(訴訟救助)를 할 수 있다. 다만, 패소할 것이 분명한 경우에는 그러하지 아니하다.

② 제1항 단서에 해당하는 경우 같은 항 본문에 따른 소송구조 신청에 필요한 소송비용과 제133조에 따른 불복신청에 필요한 소송비용에 대하여도 소송구조를 하지 아니한다. <신설 2023·4·18>

③ 제1항의 신청인은 구조의 사유를 소명하여야 한다.

④ 소송구조에 대한 재판은 소송기록을 보관하고 있는 법원이 한다.

⑤ 제1항에서 정한 소송구조요건의 구체적인 내용과 소송구조절차에 관하여 상세한 사항은 대법원규칙으로 정한다.

제129조(구조의 객관적 범위) ① 소송과 강제집행에 대한 소송구조의 범위는 다음 각호와 같다. 다만, 법원은 상당한 이유가 있는 때에는 다음 각호 가운데 일부에 대한 소송구조를 할 수 있다.

1. 재판비용의 납입유예
2. 변호사 및 집행관의 보수와 체당금(替當金)의 지급유예
3. 소송비용의 담보면제
4. 대법원규칙이 정하는 그 밖의 비용의 유예나 면제

② 제1항제2호의 경우에는 변호사나 집행관이 보수를 받지 못하면 국고에서 상당한 금액을 지급한다.

제130조(구조효력의 주관적 범위) ① 소송구조는 이를 받은 사람에게만 효력이 미친다.

② 법원은 소송승계인에게 미루어 둔 비용의 납입을 명할 수 있다.

제131조(구조의 취소) 소송구조를 받은 사람이 소송비용을 납입할 자금능력이 있다는

것이 판명되거나, 자금능력이 있게 된 때에는 소송기록을 보관하고 있는 법원은 직권으로 또는 이해관계인의 신청에 따라 언제든지 구조를 취소하고, 납입을 미루어 둔 소송비용을 지급하도록 명할 수 있다.

제132조(납입유예비용의 추심) ① 소송구조를 받은 사람에게 납입을 미루어 둔 비용은 그 부담의 재판을 받은 상대방으로부터 직접 지급받을 수 있다.
② 제 1 항의 경우에 변호사 또는 집행관은 소송구조를 받은 사람의 집행권원으로 보수와 체당금에 관한 비용액의 확정결정신청과 강제집행을 할 수 있다.
③ 변호사 또는 집행관은 보수와 체당금에 대하여 당사자를 대위(代位)하여 제113조 또는 제114조의 결정신청을 할 수 있다.

제133조(불복신청) 이 절에 규정한 재판에 대하여는 즉시항고를 할 수 있다. 다만, 상대방은 제129조제 1 항제 3 호의 소송구조결정을 제외하고는 불복할 수 없다.

제 4 장 소송절차

제 1 절 변론

제134조(변론의 필요성) ① 당사자는 소송에 대하여 법원에서 변론하여야 한다. 다만, 결정으로 완결할 사건에 대하여는 법원이 변론을 열 것인지 아닌지를 정한다.
② 제 1 항 단서의 규정에 따라 변론을 열지 아니할 경우에, 법원은 당사자와 이해관계인, 그 밖의 참고인을 심문할 수 있다.
③ 이 법에 특별한 규정이 있는 경우에는 제 1 항과 제 2 항의 규정을 적용하지 아니한다.

제135조(재판장의 지휘권) ① 변론은 재판장(합의부의 재판장 또는 단독판사를 말한다. 이하 같다)이 지휘한다.
② 재판장은 발언을 허가하거나 그의 명령에 따르지 아니하는 사람의 발언을 금지할 수 있다.

제136조(석명권(釋明權)·구문권(求問權) 등) ① 재판장은 소송관계를 분명하게 하기 위하여 당사자에게 사실상 또는 법률상 사항에 대하여 질문할 수 있고, 증명을 하도록 촉구할 수 있다.
② 합의부원은 재판장에게 알리고 제 1 항의 행위를 할 수 있다.
③ 당사자는 필요한 경우 재판장에게 상대방에 대하여 설명을 요구하여 줄 것을 요청할 수 있다.
④ 법원은 당사자가 간과하였음이 분명하다고 인정되는 법률상 사항에 관하여 당사자에게 의견을 진술할 기회를 주어야 한다.

제137조(석명준비명령) 재판장은 제136조의 규정에 따라 당사자에게 설명 또는 증명하거나 의견을 진술할 사항을 지적하고 변론기일 이전에 이를 준비하도록 명할 수 있다.

제138조(합의부에 의한 감독) 당사자가 변론의 지휘에 관한 재판장의 명령 또는 제136조 및 제137조의 규정에 따른 재판장이나 합의부원의 조치에 대하여 이의를 신청한 때에는 법원은 결정으로 그 이의신청에 대하여 재판한다.

제139조(수명법관의 지정 및 촉탁) ① 수명법관으로 하여금 그 직무를 수행하게 하고자 할 경우에는 재판장이 그 판사를 지정한다.
② 법원이 하는 촉탁은 특별한 규정이 없으면 재판장이 한다.

제140조(법원의 석명처분) ① 법원은 소송관계를 분명하게 하기 위하여 다음 각호의 처분을 할 수 있다.
1. 당사자 본인 또는 그 법정대리인에게 출석하도록 명하는 일
2. 소송서류 또는 소송에 인용한 문서, 그 밖의 물건으로서 당사자가 가지고 있는 것을 제출하게 하는 일
3. 당사자 또는 제 3 자가 제출한 문서, 그 밖의 물건을 법원에 유치하는 일
4. 검증을 하고 감정을 명하는 일
5. 필요한 조사를 촉탁하는 일

② 제 1 항의 검증·감정과 조사의 촉탁에는 이 법의 증거조사에 관한 규정을 준용한다.

제141조(변론의 제한·분리·병합) 법원은 변론의 제한·분리 또는 병합을 명하거나, 그 명령을 취소할 수 있다.

제142조(변론의 재개) 법원은 종결된 변론을 다시 열도록 명할 수 있다.

제143조(통역) ① 변론에 참여하는 사람이 우리말을 하지 못하거나, 듣거나 말하는 데 장

애가 있으면 통역인에게 통역하게 하여야 한다. 다만, 위와 같은 장애가 있는 사람에게는 문자로 질문하거나 진술하게 할 수 있다.
② 통역인에게는 이 법의 감정인에 관한 규정을 준용한다.

제143조의2(진술 보조) ① 질병, 장애, 연령, 그 밖의 사유로 인한 정신적·신체적 제약으로 소송관계를 분명하게 하기 위하여 필요한 진술을 하기 어려운 당사자는 법원의 허가를 받아 진술을 도와주는 사람과 함께 출석하여 진술할 수 있다.
② 법원은 언제든지 제1항의 허가를 취소할 수 있다.
③ 제1항 및 제2항에 따른 진술보조인의 자격 및 소송상 지위와 역할, 법원의 허가 요건·절차 등 허가 및 취소에 관한 사항은 대법원규칙으로 정한다.
〔본조신설 2016·2·3〕

제144조(변론능력이 없는 사람에 대한 조치) ① 법원은 소송관계를 분명하게 하기 위하여 필요한 진술을 할 수 없는 당사자 또는 대리인의 진술을 금지하고, 변론을 계속할 새 기일을 정할 수 있다.
② 제1항의 규정에 따라 진술을 금지하는 경우에 필요하다고 인정하면 법원은 변호사를 선임하도록 명할 수 있다.
③ 제1항 또는 제2항의 규정에 따라 대리인에게 진술을 금지하거나 변호사를 선임하도록 명하였을 때에는 본인에게 그 취지를 통지하여야 한다.
④ 소 또는 상소를 제기한 사람이 제2항의 규정에 따른 명령을 받고도 제1항의 새 기일까지 변호사를 선임하지 아니한 때에는 법원은 결정으로 소 또는 상소를 각하할 수 있다.
⑤ 제4항의 결정에 대하여는 즉시항고를 할 수 있다.

제145조(화해의 권고) ① 법원은 소송의 정도와 관계없이 화해를 권고하거나, 수명법관 또는 수탁판사로 하여금 권고하게 할 수 있다.
② 제1항의 경우에 법원·수명법관 또는 수탁판사는 당사자 본인이나 그 법정대리인의 출석을 명할 수 있다.

제146조(적시제출주의) 공격 또는 방어의 방법은 소송의 정도에 따라 적절한 시기에 제출하여야 한다.

제147조(제출기간의 제한) ① 재판장은 당사자의 의견을 들어 한 쪽 또는 양 쪽 당사자에 대하여 특정한 사항에 관하여 주장을 제출하거나 증거를 신청할 기간을 정할 수 있다.
② 당사자가 제1항의 기간을 넘긴 때에는 주장을 제출하거나 증거를 신청할 수 없다. 다만, 당사자가 정당한 사유로 그 기간 이내에 제출 또는 신청하지 못하였다는 것을 소명한 경우에는 그러하지 아니하다.

제148조(한 쪽 당사자가 출석하지 아니한 경우) ① 원고 또는 피고가 변론기일에 출석하지 아니하거나, 출석하고서도 본안에 관하여 변론하지 아니한 때에는 그가 제출한 소장·답변서, 그 밖의 준비서면에 적혀 있는 사항을 진술한 것으로 보고 출석한 상대방에게 변론을 명할 수 있다.
② 제1항의 규정에 따라 당사자가 진술한 것으로 보는 답변서, 그 밖의 준비서면에 청구의 포기 또는 인낙의 의사표시가 적혀 있고 공증사무소의 인증을 받은 때에는 그 취지에 따라 청구의 포기 또는 인낙이 성립된 것으로 본다.
③ 제1항의 규정에 따라 당사자가 진술한 것으로 보는 답변서, 그 밖의 준비서면에 화해의 의사표시가 적혀 있고 공증사무소의 인증을 받은 경우에, 상대방 당사자가 변론기일에 출석하여 그 화해의 의사표시를 받아들인 때에는 화해가 성립된 것으로 본다.

제149조(실기한 공격·방어방법의 각하) ① 당사자가 제146조의 규정을 어기어 고의 또는 중대한 과실로 공격 또는 방어방법을 뒤늦게 제출함으로써 소송의 완결을 지연시키게 하는 것으로 인정할 때에는 법원은 직권으로 또는 상대방의 신청에 따라 결정으로 이를 각하할 수 있다.
② 당사자가 제출한 공격 또는 방어방법의 취지가 분명하지 아니한 경우에, 당사자가 필요한 설명을 하지 아니하거나 설명할 기일에 출석하지 아니한 때에는 법원은 직권으로 또는 상대방의 신청에 따라 결정으로 이를 각하할 수 있다.

제150조(자백간주) ① 당사자가 변론에서 상

대방이 주장하는 사실을 명백히 다투지 아니한 때에는 그 사실을 자백한 것으로 본다. 다만, 변론 전체의 취지로 보아 그 사실에 대하여 다툰 것으로 인정되는 경우에는 그러하지 아니하다.

② 상대방이 주장한 사실에 대하여 알지 못한다고 진술한 때에는 그 사실을 다툰 것으로 추정한다.

③ 당사자가 변론기일에 출석하지 아니하는 경우에는 제1항의 규정을 준용한다. 다만, 공시송달의 방법으로 기일통지서를 송달받은 당사자가 출석하지 아니한 경우에는 그러하지 아니하다.

제151조(소송절차에 관한 이의권) 당사자는 소송절차에 관한 규정에 어긋난 것임을 알거나, 알 수 있었을 경우에 바로 이의를 제기하지 아니하면 그 권리를 잃는다. 다만, 그 권리가 포기할 수 없는 것인 때에는 그러하지 아니하다.

제152조(변론조서의 작성) ① 법원사무관등은 변론기일에 참여하여 기일마다 조서를 작성하여야 한다. 다만, 변론을 녹음하거나 속기하는 경우 그 밖에 이에 준하는 특별한 사정이 있는 경우에는 법원사무관등을 참여시키지 아니하고 변론기일을 열 수 있다.

② 재판장은 필요하다고 인정하는 경우 법원사무관등을 참여시키지 아니하고 변론기일 및 변론준비기일 외의 기일을 열 수 있다.

③ 제1항 단서 및 제2항의 경우에는 법원사무관등은 그 기일이 끝난 뒤에 재판장의 설명에 따라 조서를 작성하고, 그 취지를 덧붙여 적어야 한다.

제153조(형식적 기재사항) 조서에는 법원사무관등이 다음 각호의 사항을 적고, 재판장과 법원사무관등이 기명날인 또는 서명한다. 다만, 재판장이 기명날인 또는 서명할 수 없는 사유가 있는 때에는 합의부원이 그 사유를 적은 뒤에 기명날인 또는 서명하며, 법관 모두가 기명날인 또는 서명할 수 없는 사유가 있는 때에는 법원사무관등이 그 사유를 적는다. <개정 2017·10·31>

1. 사건의 표시
2. 법관과 법원사무관등의 성명
3. 출석한 검사의 성명
4. 출석한 당사자·대리인·통역인과 출석하지 아니한 당사자의 성명
5. 변론의 날짜와 장소
6. 변론의 공개여부와 공개하지 아니한 경우에는 그 이유

제154조(실질적 기재사항) 조서에는 변론의 요지를 적되, 특히 다음 각호의 사항을 분명히 하여야 한다.

1. 화해, 청구의 포기·인낙, 소의 취하와 자백
2. 증인·감정인의 선서와 진술
3. 검증의 결과
4. 재판장이 적도록 명한 사항과 당사자의 청구에 따라 적는 것을 허락한 사항
5. 서면으로 작성되지 아니한 재판
6. 재판의 선고

제155조(조서기재의 생략 등) ① 조서에 적을 사항은 대법원규칙이 정하는 바에 따라 생략할 수 있다. 다만, 당사자의 이의가 있으면 그러하지 아니하다.

② 변론방식에 관한 규정의 준수, 화해, 청구의 포기·인낙, 소의 취하와 자백에 대하여는 제1항 본문의 규정을 적용하지 아니한다.

제156조(서면 등의 인용·첨부) 조서에는 서면, 사진, 그 밖에 법원이 적당하다고 인정한 것을 인용하고 소송기록에 붙여 이를 조서의 일부로 삼을 수 있다.

제157조(관계인의 조서낭독 등 청구권) 조서는 관계인이 신청하면 그에게 읽어 주거나 보여주어야 한다.

제158조(조서의 증명력) 변론방식에 관한 규정이 지켜졌다는 것은 조서로만 증명할 수 있다. 다만, 조서가 없어진 때에는 그러하지 아니하다.

제159조(변론의 속기와 녹음) ① 법원은 필요하다고 인정하는 경우에는 변론의 전부 또는 일부를 녹음하거나, 속기자로 하여금 받아 적도록 명할 수 있으며, 당사자가 녹음 또는 속기를 신청하면 특별한 사유가 없는 한 이를 명하여야 한다.

② 제1항의 녹음테이프와 속기록은 조서의 일부로 삼는다.

③ 제1항 및 제2항의 규정에 따라 녹음테이프 또는 속기록으로 조서의 기재를 대

신한 경우에, 소송이 완결되기 전까지 당사자가 신청하거나 그 밖에 대법원규칙이 정하는 때에는 녹음테이프나 속기록의 요지를 정리하여 조서를 작성하여야 한다.

④ 제3항의 규정에 따라 조서가 작성된 경우에는 재판이 확정되거나, 양 쪽 당사자의 동의가 있으면 법원은 녹음테이프와 속기록을 폐기할 수 있다. 이 경우 당사자가 녹음테이프와 속기록을 폐기한다는 통지를 받은 날부터 2주 이내에 이의를 제기하지 아니하면 폐기에 대하여 동의한 것으로 본다.

제160조(다른 조서에 준용하는 규정) 법원·수명법관 또는 수탁판사의 신문(訊問) 또는 심문과 증거조사에는 제152조 내지 제159조의 규정을 준용한다.

제161조(신청 또는 진술의 방법) ① 신청, 그 밖의 진술은 특별한 규정이 없는 한 서면 또는 말로 할 수 있다.

② 말로 하는 경우에는 법원사무관등의 앞에서 하여야 한다.

③ 제2항의 경우에 법원사무관등은 신청 또는 진술의 취지에 따라 조서 또는 그 밖의 서면을 작성한 뒤 기명날인 또는 서명하여야 한다. <개정 2017·10·31>

제162조(소송기록의 열람과 증명서의 교부청구) ① 당사자나 이해관계를 소명한 제3자는 대법원규칙이 정하는 바에 따라, 소송기록의 열람·복사, 재판서·조서의 정본·등본·초본의 교부 또는 소송에 관한 사항의 증명서의 교부를 법원사무관등에게 신청할 수 있다.

② 누구든지 권리구제·학술연구 또는 공익적 목적으로 대법원규칙으로 정하는 바에 따라 법원사무관등에게 재판이 확정된 소송기록의 열람을 신청할 수 있다. 다만, 공개를 금지한 변론에 관련된 소송기록에 대하여는 그러하지 아니하다. <신설 2007·5·17>

③ 법원은 제2항에 따른 열람 신청시 당해 소송관계인이 동의하지 아니하는 경우에는 열람하게 하여서는 아니 된다. 이 경우 당해 소송관계인의 범위 및 동의 등에 관하여 필요한 사항은 대법원규칙으로 정한다. <신설 2007·5·17>

④ 소송기록을 열람·복사한 사람은 열람·복사에 의하여 알게 된 사항을 이용하여 공공의 질서 또는 선량한 풍속을 해하거나 관계인의 명예 또는 생활의 평온을 해하는 행위를 하여서는 아니 된다. <신설 2007·5·17>

⑤ 제1항 및 제2항의 신청에 대하여는 대법원규칙이 정하는 수수료를 내야 한다. <개정 2007·5·17>

⑥ 재판서·조서의 정본·등본·초본에는 그 취지를 적고 법원사무관등이 기명날인 또는 서명하여야 한다. <개정 2017·10·31>

제163조(비밀보호를 위한 열람 등의 제한) ① 다음 각호 가운데 어느 하나에 해당한다는 소명이 있는 경우에는 법원은 당사자의 신청에 따라 결정으로 소송기록중 비밀이 적혀 있는 부분의 열람·복사, 재판서·조서중 비밀이 적혀 있는 부분의 정본·등본·초본의 교부(이하 "비밀 기재부분의 열람 등"이라 한다)를 신청할 수 있는 자를 당사자로 한정할 수 있다.

1. 소송기록중에 당사자의 사생활에 관한 중대한 비밀이 적혀 있고, 제3자에게 비밀 기재부분의 열람 등을 허용하면 당사자의 사회생활에 지장이 클 우려가 있는 때
2. 소송기록중에 당사자가 가지는 영업비밀(부정경쟁방지및영업비밀보호에관한법률 제2조제2호에 규정된 영업비밀을 말한다)이 적혀 있는 때

② 소송관계인의 생명 또는 신체에 대한 위해의 우려가 있다는 소명이 있는 경우에는 법원은 해당 소송관계인의 신청에 따라 결정으로 소송기록의 열람·복사·송달에 앞서 주소 등 대법원규칙으로 정하는 개인정보로서 해당 소송관계인이 지정하는 부분(이하 "개인정보 기재부분"이라 한다)이 제3자(당사자를 포함한다. 이하 제3항·제4항 중 이 항과 관련된 부분에서 같다)에게 공개되지 아니하도록 보호조치를 할 수 있다. <신설 2023·7·11>

③ 제1항 또는 제2항의 신청이 있는 경우에는 그 신청에 관한 재판이 확정될 때까지 제3자는 개인정보 기재부분 또는 비밀 기재부분의 열람 등을 신청할 수 없다. <개정 2023·7·11>

④ 소송기록을 보관하고 있는 법원은 이해관계를 소명한 제3자의 신청에 따라 제1항 또는 제2항의 사유가 존재하지 아니하

민사소송

거나 소멸되었음을 이유로 제1항 또는 제2항의 결정을 취소할 수 있다. <개정 2023·7·11>

⑤ 제1항 또는 제2항의 신청을 기각한 결정 또는 제4항의 신청에 관한 결정에 대하여는 즉시항고를 할 수 있다. <개정 2023·7·11>

⑥ 제4항의 취소결정은 확정되어야 효력을 가진다. <개정 2023·7·11>

제163조의2(판결서의 열람·복사) ① 제162조에도 불구하고 누구든지 판결이 선고된 사건의 판결서(확정되지 아니한 사건에 대한 판결서를 포함하며, 「소액사건심판법」이 적용되는 사건의 판결서와 「상고심절차에 관한 특례법」 제4조 및 이 법 제429조 본문에 따른 판결서는 제외한다. 이하 이 조에서 같다)를 인터넷, 그 밖의 전산정보처리시스템을 통한 전자적 방법 등으로 열람 및 복사할 수 있다. 다만, 변론의 공개를 금지한 사건의 판결서로서 대법원규칙으로 정하는 경우에는 열람 및 복사를 전부 또는 일부 제한할 수 있다. <개정 2020·12·8>

② 제1항에 따라 열람 및 복사의 대상이 되는 판결서는 대법원규칙으로 정하는 바에 따라 판결서에 기재된 문자열 또는 숫자열이 검색어로 기능할 수 있도록 제공되어야 한다. <신설 2020·12·8>

③ 법원사무관등이나 그 밖의 법원공무원은 제1항에 따른 열람 및 복사에 앞서 판결서에 기재된 성명 등 개인정보가 공개되지 아니하도록 대법원규칙으로 정하는 보호조치를 하여야 한다.

④ 제3항에 따라 개인정보 보호조치를 한 법원사무관등이나 그 밖의 법원공무원은 고의 또는 중대한 과실로 인한 것이 아니면 제1항에 따른 열람 및 복사와 관련하여 민사상·형사상 책임을 지지 아니한다. <개정 2020·12·8>

⑤ 제1항의 열람 및 복사에는 제162조제4항·제5항 및 제163조를 준용한다.

⑥ 판결서의 열람 및 복사의 방법과 절차, 개인정보 보호조치의 방법과 절차, 그 밖에 필요한 사항은 대법원규칙으로 정한다.

〔본조신설 2011·7·18〕

제164조(조서에 대한 이의) 조서에 적힌 사항에 대하여 관계인이 이의를 제기한 때에는 조서에 그 취지를 적어야 한다.

제2절 전문심리위원

제164조의2(전문심리위원의 참여) ① 법원은 소송관계를 분명하게 하거나 소송절차(증거조사·화해 등을 포함한다. 이하 이 절에서 같다)를 원활하게 진행하기 위하여 직권 또는 당사자의 신청에 따른 결정으로 제164조의4제1항에 따라 전문심리위원을 지정하여 소송절차에 참여하게 할 수 있다.

② 전문심리위원은 전문적인 지식을 필요로 하는 소송절차에서 설명 또는 의견을 기재한 서면을 제출하거나 기일에 출석하여 설명이나 의견을 진술할 수 있다. 다만, 재판의 합의에는 참여할 수 없다.

③ 전문심리위원은 기일에 재판장의 허가를 받아 당사자, 증인 또는 감정인 등 소송관계인에게 직접 질문할 수 있다.

④ 법원은 제2항에 따라 전문심리위원이 제출한 서면이나 전문심리위원의 설명 또는 의견의 진술에 관하여 당사자에게 구술 또는 서면에 의한 의견진술의 기회를 주어야 한다.

〔본조신설 2007·7·13〕

제164조의3(전문심리위원 참여결정의 취소) ① 법원은 상당하다고 인정하는 때에는 직권이나 당사자의 신청으로 제164조의2제1항에 따른 결정을 취소할 수 있다.

② 제1항에도 불구하고 당사자가 합의로 제164조의2제1항에 따른 결정을 취소할 것을 신청하는 때에는 법원은 그 결정을 취소하여야 한다.

〔본조신설 2007·7·13〕

제164조의4(전문심리위원의 지정 등) ① 법원은 제164조의2제1항에 따라 전문심리위원을 소송절차에 참여시키는 경우 당사자의 의견을 들어 각 사건마다 1인 이상의 전문심리위원을 지정하여야 한다.

② 전문심리위원에게는 대법원규칙으로 정하는 바에 따라 수당을 지급하고, 필요한 경우에는 그 밖의 여비, 일당 및 숙박료를 지급할 수 있다.

③ 전문심리위원의 지정에 관하여 그 밖에 필요한 사항은 대법원규칙으로 정한다.

〔본조신설 2007·7·13〕

제164조의5(전문심리위원의 제척 및 기피) ① 전문심리위원에게 제41조부터 제45조까지 및 제47조를 준용한다.
② 제척 또는 기피 신청을 받은 전문심리위원은 그 신청에 관한 결정이 확정될 때까지 그 신청이 있는 사건의 소송절차에 참여할 수 없다. 이 경우 전문심리위원은 당해 제척 또는 기피 신청에 대하여 의견을 진술할 수 있다.
〔본조신설 2007·7·13〕

제164조의6(수명법관 등의 권한) 수명법관 또는 수탁판사가 소송절차를 진행하는 경우에는 제164조의2제 2 항부터 제 4 항까지의 규정에 따른 법원 및 재판장의 직무는 그 수명법관이나 수탁판사가 행한다.
〔본조신설 2007·7·13〕

제164조의7(비밀누설죄) 전문심리위원 또는 전문심리위원이었던 자가 그 직무수행 중에 알게 된 다른 사람의 비밀을 누설하는 경우에는 2년 이하의 징역이나 금고 또는 1천만원 이하의 벌금에 처한다.
〔본조신설 2007·7·13〕

제164조의8(벌칙 적용에서의 공무원 의제) 전문심리위원은 「형법」 제129조부터 제132조까지의 규정에 따른 벌칙의 적용에서는 공무원으로 본다.
〔본조신설 2007·7·13〕

제 3 절　기일과 기간

제165조(기일의 지정과 변경) ① 기일은 직권으로 또는 당사자의 신청에 따라 재판장이 지정한다. 다만, 수명법관 또는 수탁판사가 신문하거나 심문하는 기일은 그 수명법관 또는 수탁판사가 지정한다.
② 첫 변론기일 또는 첫 변론준비기일을 바꾸는 것은 현저한 사유가 없는 경우라도 당사자들이 합의하면 이를 허가한다.

제166조(공휴일의 기일) 기일은 필요한 경우에만 공휴일로도 정할 수 있다.

제167조(기일의 통지) ① 기일은 기일통지서 또는 출석요구서를 송달하여 통지한다. 다만, 그 사건으로 출석한 사람에게는 기일을 직접 고지하면 된다.
② 법원은 대법원규칙이 정하는 간이한 방법에 따라 기일을 통지할 수 있다. 이 경우 기일에 출석하지 아니한 당사자·증인 또는 감정인 등에 대하여 법률상의 제재, 그 밖에 기일을 게을리 함에 따른 불이익을 줄 수 없다.

제168조(출석승낙서의 효력) 소송관계인이 일정한 기일에 출석하겠다고 적은 서면을 제출한 때에는 기일통지서 또는 출석요구서를 송달한 것과 같은 효력을 가진다.

제169조(기일의 시작) 기일은 사건과 당사자의 이름을 부름으로써 시작된다.

제170조(기간의 계산) 기간의 계산은 민법에 따른다.

제171조(기간의 시작) 기간을 정하는 재판에 시작되는 때를 정하지 아니한 경우에 그 기간은 재판의 효력이 생긴 때부터 진행한다.

제172조(기간의 신축, 부가기간) ① 법원은 법정기간 또는 법원이 정한 기간을 늘이거나 줄일 수 있다. 다만, 불변기간은 그러하지 아니하다.
② 법원은 불변기간에 대하여 주소 또는 거소가 멀리 떨어진 곳에 있는 사람을 위하여 부가기간(附加期間)을 정할 수 있다.
③ 재판장·수명법관 또는 수탁판사는 제 1 항 및 제 2 항의 규정에 따라 법원이 정한 기간 또는 자신이 정한 기간을 늘이거나 줄일 수 있다.

제173조(소송행위의 추후보완) ① 당사자가 책임질 수 없는 사유로 말미암아 불변기간을 지킬 수 없었던 경우에는 그 사유가 없어진 날부터 2주 이내에 게을리 한 소송행위를 보완할 수 있다. 다만, 그 사유가 없어질 당시 외국에 있던 당사자에 대하여는 이 기간을 30일로 한다.
② 제 1 항의 기간에 대하여는 제172조의 규정을 적용하지 아니한다.

제 4 절　송달

제174조(직권송달의 원칙) 송달은 이 법에 특별한 규정이 없으면 법원이 직권으로 한다.

제175조(송달사무를 처리하는 사람) ① 송달에 관한 사무는 법원사무관등이 처리한다.
② 법원사무관등은 송달하는 곳의 지방법원에 속한 법원사무관등 또는 집행관에게 제 1 항의 사무를 촉탁할 수 있다.

제176조(송달기관) ① 송달은 우편 또는 집행관에 의하거나, 그 밖에 대법원규칙이 정하는 방법에 따라서 하여야 한다.
② 우편에 의한 송달은 우편집배원이 한다.
③ 송달기관이 송달하는 데 필요한 때에는 경찰공무원에게 원조를 요청할 수 있다. <개정 2006·2·21, 2020·12·22>

제177조(법원사무관등에 의한 송달) ① 해당 사건에 출석한 사람에게는 법원사무관등이 직접 송달할 수 있다.
② 법원사무관등이 그 법원안에서 송달받을 사람에게 서류를 교부하고 영수증을 받은 때에는 송달의 효력을 가진다.

제178조(교부송달의 원칙) ① 송달은 특별한 규정이 없으면 송달받을 사람에게 서류의 등본 또는 부본을 교부하여야 한다.
② 송달할 서류의 제출에 갈음하여 조서, 그 밖의 서면을 작성한 때에는 그 등본이나 초본을 교부하여야 한다.

제179조(소송무능력자에게 할 송달) 소송무능력자에게 할 송달은 그의 법정대리인에게 한다.

제180조(공동대리인에게 할 송달) 여러 사람이 공동으로 대리권을 행사하는 경우의 송달은 그 가운데 한 사람에게 하면 된다.

제181조(군관계인에게 할 송달) 군사용의 청사 또는 선박에 속하여 있는 사람에게 할 송달은 그 청사 또는 선박의 장에게 한다.

제182조(구속된 사람 등에게 할 송달) 교도소·구치소 또는 국가경찰관서의 유치장에 체포·구속 또는 유치(留置)된 사람에게 할 송달은 교도소·구치소 또는 국가경찰관서의 장에게 한다. <개정 2006·2·21>

제183조(송달장소) ① 송달은 받을 사람의 주소·거소·영업소 또는 사무소(이하 "주소등"이라 한다)에서 한다. 다만, 법정대리인에게 할 송달은 본인의 영업소나 사무소에서도 할 수 있다.
② 제1항의 장소를 알지 못하거나 그 장소에서 송달할 수 없는 때에는 송달받을 사람이 고용·위임 그 밖에 법률상 행위로 취업하고 있는 다른 사람의 주소등(이하 "근무장소"라 한다)에서 송달할 수 있다.
③ 송달받을 사람의 주소등 또는 근무장소가 국내에 없거나 알 수 없는 때에는 그를 만나는 장소에서 송달할 수 있다.
④ 주소등 또는 근무장소가 있는 사람의 경우에도 송달받기를 거부하지 아니하면 만나는 장소에서 송달할 수 있다.

제184조(송달받을 장소의 신고) 당사자·법정대리인 또는 소송대리인은 주소등 외의 장소(대한민국안의 장소로 한정한다)를 송달받을 장소로 정하여 법원에 신고할 수 있다. 이 경우에는 송달 영수인을 정하여 신고할 수 있다.

제185조(송달장소변경의 신고의무) ① 당사자·법정대리인 또는 소송대리인이 송달받을 장소를 바꿀 때에는 바로 그 취지를 법원에 신고하여야 한다.
② 제1항의 신고를 하지 아니한 사람에게 송달할 서류는 달리 송달할 장소를 알 수 없는 경우 종전에 송달받던 장소에 대법원규칙이 정하는 방법으로 발송할 수 있다.

제186조(보충송달·유치송달) ① 근무장소 외의 송달할 장소에서 송달받을 사람을 만나지 못한 때에는 그 사무원, 피용자(被用者) 또는 동거인으로서 사리를 분별할 지능이 있는 사람에게 서류를 교부할 수 있다.
② 근무장소에서 송달받을 사람을 만나지 못한 때에는 제183조제2항의 다른 사람 또는 그 법정대리인이나 피용자 그 밖의 종업원으로서 사리를 분별할 지능이 있는 사람이 서류의 수령을 거부하지 아니하면 그에게 서류를 교부할 수 있다.
③ 서류를 송달받을 사람 또는 제1항의 규정에 의하여 서류를 넘겨받을 사람이 정당한 사유 없이 송달받기를 거부하는 때에는 송달할 장소에 서류를 놓아둘 수 있다.

제187조(우편송달) 제186조의 규정에 따라 송달할 수 없는 때에는 법원사무관등은 서류를 등기우편 등 대법원규칙이 정하는 방법으로 발송할 수 있다.

제188조(송달함 송달) ① 제183조 내지 제187조의 규정에 불구하고 법원안에 송달할 서류를 넣을 함(이하 "송달함"이라 한다)을 설치하여 송달할 수 있다.
② 송달함을 이용하는 송달은 법원사무관등이 한다.
③ 송달받을 사람이 송달함에서 서류를 수령하여 가지 아니한 경우에는 송달함에 서류를 넣은 지 3일이 지나면 송달된 것으로 본다.

④ 송달함의 이용절차와 수수료, 송달함을 이용하는 송달방법 및 송달함으로 송달할 서류에 관한 사항은 대법원규칙으로 정한다.

제189조(발신주의) 제185조제2항 또는 제187조의 규정에 따라 서류를 발송한 경우에는 발송한 때에 송달된 것으로 본다.

제190조(공휴일 등의 송달) ① 당사자의 신청이 있는 때에는 공휴일 또는 해뜨기 전이나 해진 뒤에 집행관 또는 대법원규칙이 정하는 사람에 의하여 송달할 수 있다.
② 제1항의 규정에 따라 송달하는 때에는 법원사무관등은 송달할 서류에 그 사유를 덧붙여 적어야 한다.
③ 제1항과 제2항의 규정에 어긋나는 송달은 서류를 교부받을 사람이 이를 영수한 때에만 효력을 가진다.

제191조(외국에서 하는 송달의 방법) 외국에서 하여야 하는 송달은 재판장이 그 나라에 주재하는 대한민국의 대사·공사·영사 또는 그 나라의 관할 공공기관에 촉탁한다.

제192조(전쟁에 나간 군인 또는 외국에 주재하는 군관계인 등에게 할 송달) ① 전쟁에 나간 군대, 외국에 주둔하는 군대에 근무하는 사람 또는 군에 복무하는 선박의 승무원에게 할 송달은 재판장이 그 소속 사령관에게 촉탁한다.
② 제1항의 송달에 대하여는 제181조의 규정을 준용한다.

제193조(송달통지) 송달한 기관은 송달에 관한 사유를 대법원규칙이 정하는 방법으로 법원에 알려야 한다.

제194조(공시송달의 요건) ① 당사자의 주소등 또는 근무장소를 알 수 없는 경우 또는 외국에서 하여야 할 송달에 관하여 제191조의 규정에 따를 수 없거나 이에 따라도 효력이 없을 것으로 인정되는 경우에는 법원사무관등은 직권으로 또는 당사자의 신청에 따라 공시송달을 할 수 있다. <개정 2014·12·30>
② 제1항의 신청에는 그 사유를 소명하여야 한다.
③ 재판장은 제1항의 경우에 소송의 지연을 피하기 위하여 필요하다고 인정하는 때에는 공시송달을 명할 수 있다. <신설 2014·12·30>
④ 원고가 소권(항소권을 포함한다)을 남용하여 청구가 이유 없음이 명백한 소를 반복적으로 제기한 것에 대하여 법원이 변론 없이 판결로 소를 각하하는 경우에는 재판장은 직권으로 피고에 대하여 공시송달을 명할 수 있다. <신설 2023·4·18>
⑤ 재판장은 직권으로 또는 신청에 따라 법원사무관등의 공시송달처분을 취소할 수 있다. <신설 2014·12·30>

제195조(공시송달의 방법) 공시송달은 법원사무관등이 송달할 서류를 보관하고 그 사유를 법원게시판에 게시하거나, 그 밖에 대법원규칙이 정하는 방법에 따라서 하여야 한다.

제196조(공시송달의 효력발생) ① 첫 공시송달은 제195조의 규정에 따라 실시한 날부터 2주가 지나야 효력이 생긴다. 다만, 같은 당사자에게 하는 그 뒤의 공시송달은 실시한 다음 날부터 효력이 생긴다.
② 외국에서 할 송달에 대한 공시송달의 경우에는 제1항 본문의 기간은 2월로 한다.
③ 제1항 및 제2항의 기간은 줄일 수 없다.

제197조(수명법관 등의 송달권한) 수명법관 및 수탁판사와 송달하는 곳의 지방법원판사도 송달에 대한 재판장의 권한을 행사할 수 있다.

제5절 재판

제198조(종국판결) 법원은 소송의 심리를 마치고 나면 종국판결(終局判決)을 한다.

제199조(종국판결 선고기간) 판결은 소가 제기된 날부터 5월 이내에 선고한다. 다만, 항소심 및 상고심에서는 기록을 받은 날부터 5월 이내에 선고한다.

제200조(일부판결) ① 법원은 소송의 일부에 대한 심리를 마친 경우 그 일부에 대한 종국판결을 할 수 있다.
② 변론을 병합한 여러 개의 소송 가운데 한 개의 심리를 마친 경우와, 본소(本訴)나 반소의 심리를 마친 경우에는 제1항의 규정을 준용한다.

제201조(중간판결) ① 법원은 독립된 공격 또는 방어의 방법, 그 밖의 중간의 다툼에 대하여 필요한 때에는 중간판결(中間判決)을 할 수 있다.
② 청구의 원인과 액수에 대하여 다툼이 있는 경우에 그 원인에 대하여도 중간판결을 할 수 있다.

제202조(자유심증주의) 법원은 변론 전체의 취지와 증거조사의 결과를 참작하여 자유로운 심증으로 사회정의와 형평의 이념에 입각하여 논리와 경험의 법칙에 따라 사실주장이 진실한지 아닌지를 판단한다.

제202조의2(손해배상 액수의 산정) 손해가 발생한 사실은 인정되나 구체적인 손해의 액수를 증명하는 것이 사안의 성질상 매우 어려운 경우에 법원은 변론 전체의 취지와 증거조사의 결과에 의하여 인정되는 모든 사정을 종합하여 상당하다고 인정되는 금액을 손해배상 액수로 정할 수 있다.
〔본조신설 2016·3·29〕

제203조(처분권주의) 법원은 당사자가 신청하지 아니한 사항에 대하여는 판결하지 못한다.

제204조(직접주의) ① 판결은 기본이 되는 변론에 관여한 법관이 하여야 한다.
② 법관이 바뀐 경우에 당사자는 종전의 변론결과를 진술하여야 한다.
③ 단독사건의 판사가 바뀐 경우에 종전에 신문한 증인에 대하여 당사자가 다시 신문신청을 한 때에는 법원은 그 신문을 하여야 한다. 합의부 법관의 반수 이상이 바뀐 경우에도 또한 같다.

제205조(판결의 효력발생) 판결은 선고로 효력이 생긴다.

제206조(선고의 방식) 판결은 재판장이 판결원본에 따라 주문을 읽어 선고하며, 필요한 때에는 이유를 간략히 설명할 수 있다.

제207조(선고기일) ① 판결은 변론이 종결된 날부터 2주 이내에 선고하여야 하며, 복잡한 사건이나 그 밖의 특별한 사정이 있는 때에도 변론이 종결된 날부터 4주를 넘겨서는 아니 된다.
② 판결은 당사자가 출석하지 아니하여도 선고할 수 있다.

제208조(판결서의 기재사항 등) ① 판결서에는 다음 각호의 사항을 적고, 판결한 법관이 서명날인하여야 한다.
1. 당사자와 법정대리인
2. 주문
3. 청구의 취지 및 상소의 취지
4. 이유
5. 변론을 종결한 날짜. 다만, 변론 없이 판결하는 경우에는 판결을 선고하는 날짜
6. 법원
② 판결서의 이유에는 주문이 정당하다는 것을 인정할 수 있을 정도로 당사자의 주장, 그 밖의 공격·방어방법에 관한 판단을 표시한다.
③ 제2항의 규정에 불구하고 제1심 판결로서 다음 각호 가운데 어느 하나에 해당하는 경우에는 청구를 특정함에 필요한 사항과 제216조제2항의 판단에 관한 사항만을 간략하게 표시할 수 있다.
1. 제257조의 규정에 의한 무변론 판결
2. 제150조제3항이 적용되는 경우의 판결
3. 피고가 제194조 내지 제196조의 규정에 의한 공시송달로 기일통지를 받고 변론기일에 출석하지 아니한 경우의 판결
④ 법관이 판결서에 서명날인함에 지장이 있는 때에는 다른 법관이 판결에 그 사유를 적고 서명날인하여야 한다.

제209조(법원사무관등에 대한 교부) 판결서는 선고한 뒤에 바로 법원사무관등에게 교부하여야 한다.

제210조(판결서의 송달) ① 법원사무관등은 판결서를 받은 날부터 2주 이내에 당사자에게 송달하여야 한다.
② 판결서는 정본으로 송달한다.

제211조(판결의 경정) ① 판결에 잘못된 계산이나 기재, 그 밖에 이와 비슷한 잘못이 있음이 분명한 때에 법원은 직권으로 또는 당사자의 신청에 따라 경정결정(更正決定)을 할 수 있다.
② 경정결정은 판결의 원본과 정본에 덧붙여 적어야 한다. 다만, 정본에 덧붙여 적을 수 없을 때에는 결정의 정본을 작성하여 당사자에게 송달하여야 한다.
③ 경정결정에 대하여는 즉시항고를 할 수 있다. 다만, 판결에 대하여 적법한 항소가 있는 때에는 그러하지 아니하다.

제212조(재판의 누락) ① 법원이 청구의 일부에 대하여 재판을 누락한 경우에 그 청구부분에 대하여는 그 법원이 계속하여 재판한다.
② 소송비용의 재판을 누락한 경우에는 법원은 직권으로 또는 당사자의 신청에 따라 그 소송비용에 대한 재판을 한다. 이 경우 제114조의 규정을 준용한다.

③ 제 2 항의 규정에 따른 소송비용의 재판은 본안판결에 대하여 적법한 항소가 있는 때에는 그 효력을 잃는다. 이 경우 항소법원은 소송의 총비용에 대하여 재판을 한다.

제213조(가집행의 선고) ① 재산권의 청구에 관한 판결은 가집행(假執行)의 선고를 붙이지 아니할 상당한 이유가 없는 한 직권으로 담보를 제공하거나, 제공하지 아니하고 가집행을 할 수 있다는 것을 선고하여야 한다. 다만, 어음금·수표금 청구에 관한 판결에는 담보를 제공하게 하지 아니하고 가집행의 선고를 하여야 한다.

② 법원은 직권으로 또는 당사자의 신청에 따라 채권전액을 담보로 제공하고 가집행을 면제받을 수 있다는 것을 선고할 수 있다.

③ 제 1 항 및 제 2 항의 선고는 판결주문에 적어야 한다.

제214조(소송비용담보규정의 준용) 제213조의 담보에는 제122조·제123조·제125조 및 제126조의 규정을 준용한다.

제215조(가집행선고의 실효, 가집행의 원상회복과 손해배상) ① 가집행의 선고는 그 선고 또는 본안판결을 바꾸는 판결의 선고로 바뀌는 한도에서 그 효력을 잃는다.

② 본안판결을 바꾸는 경우에는 법원은 피고의 신청에 따라 그 판결에서 가집행의 선고에 따라 지급한 물건을 돌려 줄 것과, 가집행으로 말미암은 손해 또는 그 면제를 받기 위하여 입은 손해를 배상할 것을 원고에게 명하여야 한다.

③ 가집행의 선고를 바꾼 뒤 본안판결을 바꾸는 경우에는 제 2 항의 규정을 준용한다.

제216조(기판력의 객관적 범위) ① 확정판결(確定判決)은 주문에 포함된 것에 한하여 기판력(旣判力)을 가진다.

② 상계를 주장한 청구가 성립되는지 아닌지의 판단은 상계하자고 대항한 액수에 한하여 기판력을 가진다.

제217조(외국재판의 승인) ① 외국법원의 확정판결 또는 이와 동일한 효력이 인정되는 재판(이하 "확정재판등"이라 한다)은 다음 각 호의 요건을 모두 갖추어야 승인된다. <개정 2014·5·20>

1. 대한민국의 법령 또는 조약에 따른 국제재판관할의 원칙상 그 외국법원의 국제재판관할권이 인정될 것
2. 패소한 피고가 소장 또는 이에 준하는 서면 및 기일통지서나 명령을 적법한 방식에 따라 방어에 필요한 시간여유를 두고 송달받았거나(공시송달이나 이와 비슷한 송달에 의한 경우를 제외한다) 송달받지 아니하였더라도 소송에 응하였을 것
3. 그 확정재판등의 내용 및 소송절차에 비추어 그 확정재판등의 승인이 대한민국의 선량한 풍속이나 그 밖의 사회질서에 어긋나지 아니할 것
4. 상호보증이 있거나 대한민국과 그 외국법원이 속하는 국가에 있어 확정재판등의 승인요건이 현저히 균형을 상실하지 아니하고 중요한 점에서 실질적으로 차이가 없을 것

② 법원은 제 1 항의 요건이 충족되었는지에 관하여 직권으로 조사하여야 한다. <신설 2014·5·20>

제217조의2(손해배상에 관한 확정재판등의 승인) ① 법원은 손해배상에 관한 확정재판등이 대한민국의 법률 또는 대한민국이 체결한 국제조약의 기본질서에 현저히 반하는 결과를 초래할 경우에는 해당 확정재판등의 전부 또는 일부를 승인할 수 없다.

② 법원은 제 1 항의 요건을 심리할 때에는 외국법원이 인정한 손해배상의 범위에 변호사보수를 비롯한 소송과 관련된 비용과 경비가 포함되는지와 그 범위를 고려하여야 한다.

〔본조신설 2014·5·20〕

제218조(기판력의 주관적 범위) ① 확정판결은 당사자, 변론을 종결한 뒤의 승계인(변론 없이 한 판결의 경우에는 판결을 선고한 뒤의 승계인) 또는 그를 위하여 청구의 목적물을 소지한 사람에 대하여 효력이 미친다.

② 제 1 항의 경우에 당사자가 변론을 종결할 때(변론 없이 한 판결의 경우에는 판결을 선고할 때)까지 승계사실을 진술하지 아니한 때에는 변론을 종결한 뒤(변론 없이 한 판결의 경우에는 판결을 선고한 뒤)에 승계한 것으로 추정한다.

③ 다른 사람을 위하여 원고나 피고가 된 사람에 대한 확정판결은 그 다른 사람에 대하여도 효력이 미친다.

④ 가집행의 선고에는 제1항 내지 제3항의 규정을 준용한다.

제219조(변론 없이 하는 소의 각하) 부적법한 소로서 그 흠을 보정할 수 없는 경우에는 변론 없이 판결로 소를 각하할 수 있다.

제219조의2(소권 남용에 대한 제재) 원고가 소권(항소권을 포함한다)을 남용하여 청구가 이유 없음이 명백한 소를 반복적으로 제기한 경우에는 법원은 결정으로 500만원 이하의 과태료에 처한다.

〔본조신설 2023·4·18〕

제220조(화해, 청구의 포기·인낙조서의 효력) 화해, 청구의 포기·인낙을 변론조서·변론준비기일조서에 적은 때에는 그 조서는 확정판결과 같은 효력을 가진다.

제221조(결정·명령의 고지) ① 결정과 명령은 상당한 방법으로 고지하면 효력을 가진다.

② 법원사무관등은 고지의 방법·장소와 날짜를 재판의 원본에 덧붙여 적고 날인하여야 한다.

제222조(소송지휘에 관한 재판의 취소) 소송의 지휘에 관한 결정과 명령은 언제든지 취소할 수 있다.

제223조(법원사무관등의 처분에 대한 이의) 법원사무관등의 처분에 관한 이의신청에 대하여는 그 법원사무관등이 속한 법원이 결정으로 재판한다.

제224조(판결규정의 준용) ① 성질에 어긋나지 아니하는 한, 결정과 명령에는 판결에 관한 규정을 준용한다. 다만, 법관의 서명은 기명으로 갈음할 수 있고, 이유를 적는 것을 생략할 수 있다.

② 이 법에 따른 과태료재판에는 비송사건절차법 제248조 및 제250조 가운데 검사에 관한 규정을 적용하지 아니한다.

제6절 화해권고결정

제225조(결정에 의한 화해권고) ① 법원·수명법관 또는 수탁판사는 소송에 계속중인 사건에 대하여 직권으로 당사자의 이익, 그 밖의 모든 사정을 참작하여 청구의 취지에 어긋나지 아니하는 범위안에서 사건의 공평한 해결을 위한 화해권고결정(和解勸告決定)을 할 수 있다.

② 법원사무관등은 제1항의 결정내용을 적은 조서 또는 결정서의 정본을 당사자에게 송달하여야 한다. 다만, 그 송달은 제185조제2항·제187조 또는 제194조에 규정한 방법으로는 할 수 없다.

제226조(결정에 대한 이의신청) ① 당사자는 제225조의 결정에 대하여 그 조서 또는 결정서의 정본을 송달받은 날부터 2주 이내에 이의를 신청할 수 있다. 다만, 그 정본이 송달되기 전에도 이의를 신청할 수 있다.

② 제1항의 기간은 불변기간으로 한다.

제227조(이의신청의 방식) ① 이의신청은 이의신청서를 화해권고결정을 한 법원에 제출함으로써 한다.

② 이의신청서에는 다음 각호의 사항을 적어야 한다.

1. 당사자와 법정대리인
2. 화해권고결정의 표시와 그에 대한 이의신청의 취지

③ 이의신청서에는 준비서면에 관한 규정을 준용한다.

④ 제226조제1항의 규정에 따라 이의를 신청한 때에는 이의신청의 상대방에게 이의신청서의 부본을 송달하여야 한다.

제228조(이의신청의 취하) ① 이의신청을 한 당사자는 그 심급의 판결이 선고될 때까지 상대방의 동의를 얻어 이의신청을 취하할 수 있다.

② 제1항의 취하에는 제266조제3항 내지 제6항을 준용한다. 이 경우 "소"는 "이의신청"으로 본다.

제229조(이의신청권의 포기) ① 이의신청권은 그 신청전까지 포기할 수 있다.

② 이의신청권의 포기는 서면으로 하여야 한다.

③ 제2항의 서면은 상대방에게 송달하여야 한다.

제230조(이의신청의 각하) ① 법원·수명법관 또는 수탁판사는 이의신청이 법령상의 방식에 어긋나거나 신청권이 소멸된 뒤의 것임이 명백한 경우에는 그 흠을 보정할 수 없으면 결정으로 이를 각하하여야 하며, 수명법관 또는 수탁판사가 각하하지 아니한 때에는 수소법원이 결정으로 각하한다.

② 제1항의 결정에 대하여는 즉시항고를 할 수 있다.

제231조(화해권고결정의 효력) 화해권고결정은 다음 각호 가운데 어느 하나에 해당하면 재판상 화해와 같은 효력을 가진다.
1. 제226조제1항의 기간 이내에 이의신청이 없는 때
2. 이의신청에 대한 각하결정이 확정된 때
3. 당사자가 이의신청을 취하하거나 이의신청권을 포기한 때

제232조(이의신청에 의한 소송복귀 등) ① 이의신청이 적법한 때에는 소송은 화해권고결정 이전의 상태로 돌아간다. 이 경우 그 이전에 행한 소송행위는 그대로 효력을 가진다.
② 화해권고결정은 그 심급에서 판결이 선고된 때에는 그 효력을 잃는다.

제7절 소송절차의 중단과 중지

제233조(당사자의 사망으로 말미암은 중단) ① 당사자가 죽은 때에 소송절차는 중단된다. 이 경우 상속인·상속재산관리인, 그 밖에 법률에 의하여 소송을 계속하여 수행할 사람이 소송절차를 수계(受繼)하여야 한다.
② 상속인은 상속포기를 할 수 있는 동안 소송절차를 수계하지 못한다.

제234조(법인의 합병으로 말미암은 중단) 당사자인 법인이 합병에 의하여 소멸된 때에 소송절차는 중단된다. 이 경우 합병에 의하여 설립된 법인 또는 합병한 뒤의 존속법인이 소송절차를 수계하여야 한다.

제235조(소송능력의 상실, 법정대리권의 소멸로 말미암은 중단) 당사자가 소송능력을 잃은 때 또는 법정대리인이 죽거나 대리권을 잃은 때에 소송절차는 중단된다. 이 경우 소송능력을 회복한 당사자 또는 법정대리인이 된 사람이 소송절차를 수계하여야 한다.

제236조(수탁자의 임무가 끝남으로 말미암은 중단) 신탁으로 말미암은 수탁자의 위탁임무가 끝난 때에 소송절차는 중단된다. 이 경우 새로운 수탁자가 소송절차를 수계하여야 한다.

제237조(자격상실로 말미암은 중단) ① 일정한 자격에 의하여 자기 이름으로 남을 위하여 소송당사자가 된 사람이 그 자격을 잃거나 죽은 때에 소송절차는 중단된다. 이 경우 같은 자격을 가진 사람이 소송절차를 수계하여야 한다.
② 제53조의 규정에 따라 당사자가 될 사람을 선정한 소송에서 선정된 당사자 모두가 자격을 잃거나 죽은 때에 소송절차는 중단된다. 이 경우 당사자를 선정한 사람 모두 또는 새로 당사자로 선정된 사람이 소송절차를 수계하여야 한다.

제238조(소송대리인이 있는 경우의 제외) 소송대리인이 있는 경우에는 제233조제1항, 제234조 내지 제237조의 규정을 적용하지 아니한다.

제239조(당사자의 파산으로 말미암은 중단) 당사자가 파산선고를 받은 때에 파산재단에 관한 소송절차는 중단된다. 이 경우 「채무자 회생 및 파산에 관한 법률」에 따른 수계가 이루어지기 전에 파산절차가 해지되면 파산선고를 받은 자가 당연히 소송절차를 수계한다. <개정 2005·3·31 법7428>

제240조(파산절차의 해지로 말미암은 중단) 「채무자 회생 및 파산에 관한 법률」에 따라 파산재단에 관한 소송의 수계가 이루어진 뒤 파산절차가 해지된 때에 소송절차는 중단된다. 이 경우 파산선고를 받은 자가 소송절차를 수계하여야 한다. <개정 2005·3·31 법7428>

제241조(상대방의 수계신청권) 소송절차의 수계신청은 상대방도 할 수 있다.

제242조(수계신청의 통지) 소송절차의 수계신청이 있는 때에는 법원은 상대방에게 이를 통지하여야 한다.

제243조(수계신청에 대한 재판) ① 소송절차의 수계신청은 법원이 직권으로 조사하여 이유가 없다고 인정한 때에는 결정으로 기각하여야 한다.
② 재판이 송달된 뒤에 중단된 소송절차의 수계에 대하여는 그 재판을 한 법원이 결정하여야 한다.

제244조(직권에 의한 속행명령) 법원은 당사자가 소송절차를 수계하지 아니하는 경우에 직권으로 소송절차를 계속하여 진행하도록 명할 수 있다.

제245조(법원의 직무집행 불가능으로 말미암은 중지) 천재지변, 그 밖의 사고로 법원이 직무를 수행할 수 없을 경우에 소송절차는 그 사고가 소멸될 때까지 중지된다.

제246조(당사자의 장애로 말미암은 중지) ① 당사자가 일정하지 아니한 기간동안 소송행위를 할 수 없는 장애사유가 생긴 경우에는 법원은 결정으로 소송절차를 중지하도록 명할 수 있다.
② 법원은 제1항의 결정을 취소할 수 있다.

제247조(소송절차 정지의 효과) ① 판결의 선고는 소송절차가 중단된 중에도 할 수 있다.
② 소송절차의 중단 또는 중지는 기간의 진행을 정지시키며, 소송절차의 수계사실을 통지한 때 또는 소송절차를 다시 진행한 때부터 전체기간이 새로이 진행된다.

제2편 제1심의 소송절차

제1장 소의 제기

제248조(소제기의 방식) ① 소를 제기하려는 자는 법원에 소장을 제출하여야 한다.
② 법원은 소장에 붙이거나 납부한 인지액이 「민사소송 등 인지법」 제13조제2항 각 호에서 정한 금액에 미달하는 경우 소장의 접수를 보류할 수 있다.
③ 법원에 제출한 소장이 접수되면 소장이 제출된 때에 소가 제기된 것으로 본다.
〔전부개정 2023·4·18〕

제249조(소장의 기재사항) ① 소장에는 당사자와 법정대리인, 청구의 취지와 원인을 적어야 한다.
② 소장에는 준비서면에 관한 규정을 준용한다.

제250조(증서의 진정여부를 확인하는 소) 확인의 소는 법률관계를 증명하는 서면이 진정한지 아닌지를 확정하기 위하여서도 제기할 수 있다.

제251조(장래의 이행을 청구하는 소) 장래에 이행할 것을 청구하는 소는 미리 청구할 필요가 있어야 제기할 수 있다.

제252조(정기금판결과 변경의 소) ① 정기금(定期金)의 지급을 명한 판결이 확정된 뒤에 그 액수산정의 기초가 된 사정이 현저하게 바뀜으로써 당사자 사이의 형평을 크게 침해할 특별한 사정이 생긴 때에는 그 판결의 당사자는 장차 지급할 정기금 액수를 바꾸어 달라는 소를 제기할 수 있다.
② 제1항의 소는 제1심 판결법원의 전속관할로 한다.

제253조(소의 객관적 병합) 여러 개의 청구는 같은 종류의 소송절차에 따르는 경우에만 하나의 소로 제기할 수 있다.

제254조(재판장등의 소장심사권) ① 소장이 제249조제1항의 규정에 어긋나는 경우와 소장에 법률의 규정에 따른 인지를 붙이지 아니한 경우에는 재판장은 상당한 기간을 정하고, 그 기간 이내에 흠을 보정하도록 명하여야 한다. 재판장은 법원사무관등으로 하여금 위 보정명령을 하게 할 수 있다. <개정 2014·12·30>
② 원고가 제1항의 기간 이내에 흠을 보정하지 아니한 때에는 재판장은 명령으로 소장을 각하하여야 한다.
③ 제2항의 명령에 대하여는 즉시항고를 할 수있다.
④ 재판장은 소장을 심사하면서 필요하다고 인정하는 경우에는 원고에게 청구하는 이유에 대응하는 증거방법을 구체적으로 적어 내도록 명할 수 있으며, 원고가 소장에 인용한 서증(書證)의 등본 또는 사본을 붙이지 아니한 경우에는 이를 제출하도록 명할 수 있다.

제255조(소장부본의 송달) ① 법원은 소장의 부본을 피고에게 송달하여야 한다.
② 소장의 부본을 송달할 수 없는 경우에는 제254조제1항 내지 제3항의 규정을 준용한다.

제256조(답변서의 제출의무) ① 피고가 원고의 청구를 다투는 경우에는 소장의 부본을 송달받은 날부터 30일 이내에 답변서를 제출하여야 한다. 다만, 피고가 공시송달의 방법에 따라 소장의 부본을 송달받은 경우에는 그러하지 아니하다.
② 법원은 소장의 부본을 송달할 때에 제1항의 취지를 피고에게 알려야 한다.
③ 법원은 답변서의 부본을 원고에게 송달하여야 한다.
④ 답변서에는 준비서면에 관한 규정을 준용한다.

제257조(변론 없이 하는 판결) ① 법원은 피고가 제256조제1항의 답변서를 제출하지 아니한 때에는 청구의 원인이 된 사실을 자

백한 것으로 보고 변론 없이 판결할 수 있다. 다만, 직권으로 조사할 사항이 있거나 판결이 선고되기까지 피고가 원고의 청구를 다투는 취지의 답변서를 제출한 경우에는 그러하지 아니하다.

② 피고가 청구의 원인이 된 사실을 모두 자백하는 취지의 답변서를 제출하고 따로 항변을 하지 아니한 때에는 제 1 항의 규정을 준용한다.

③ 법원은 피고에게 소장의 부본을 송달할 때에 제 1 항 및 제 2 항의 규정에 따라 변론없이 판결을 선고할 기일을 함께 통지할 수 있다.

제258조(변론기일의 지정) ① 재판장은 제257조제 1 항 및 제 2 항에 따라 변론 없이 판결하는 경우 외에는 바로 변론기일을 정하여야 한다. 다만, 사건을 변론준비절차에 부칠 필요가 있는 경우에는 그러하지 아니하다.

② 재판장은 변론준비절차가 끝난 경우에는 바로 변론기일을 정하여야 한다.

〔전부개정 2008·12·26〕

제259조(중복된 소제기의 금지) 법원에 계속되어 있는 사건에 대하여 당사자는 다시 소를 제기하지 못한다.

제260조(피고의 경정) ① 원고가 피고를 잘못 지정한 것이 분명한 경우에는 제 1 심 법원은 변론을 종결할 때까지 원고의 신청에 따라 결정으로 피고를 경정하도록 허가할 수 있다. 다만, 피고가 본안에 관하여 준비서면을 제출하거나, 변론준비기일에서 진술하거나 변론을 한 뒤에는 그의 동의를 받아야 한다.

② 피고의 경정은 서면으로 신청하여야 한다.

③ 제 2 항의 서면은 상대방에게 송달하여야 한다. 다만, 피고에게 소장의 부본을 송달하지 아니한 경우에는 그러하지 아니하다.

④ 피고가 제 3 항의 서면을 송달받은 날부터 2주 이내에 이의를 제기하지 아니하면 제 1 항 단서와 같은 동의를 한 것으로 본다.

제261조(경정신청에 관한 결정의 송달 등) ① 제260조제 1 항의 신청에 대한 결정은 피고에게 송달하여야 한다. 다만, 피고에게 소장의 부본을 송달하지 아니한 때에는 그러하지 아니하다.

② 신청을 허가하는 결정을 한 때에는 그 결정의 정본과 소장의 부본을 새로운 피고에게 송달하여야 한다.

③ 신청을 허가하는 결정에 대하여는 동의가 없었다는 사유로만 즉시항고를 할 수 있다.

④ 신청을 허가하는 결정을 한 때에는 종전의 피고에 대한 소는 취하된 것으로 본다.

제262조(청구의 변경) ① 원고는 청구의 기초가 바뀌지 아니하는 한도안에서 변론을 종결할 때(변론 없이 한 판결의 경우에는 판결을 선고할 때)까지 청구의 취지 또는 원인을 바꿀 수 있다. 다만, 소송절차를 현저히 지연시키는 경우에는 그러하지 아니하다.

② 청구취지의 변경은 서면으로 신청하여야 한다.

③ 제 2 항의 서면은 상대방에게 송달하여야 한다.

제263조(청구의 변경의 불허가) 법원이 청구의 취지 또는 원인의 변경이 옳지 아니하다고 인정한 때에는 직권으로 또는 상대방의 신청에 따라 변경을 허가하지 아니하는 결정을 하여야 한다.

제264조(중간확인의 소) ① 재판이 소송의 진행중에 쟁점이 된 법률관계의 성립여부에 매인 때에 당사자는 따로 그 법률관계의 확인을 구하는 소를 제기할 수 있다. 다만, 이는 그 확인청구가 다른 법원의 관할에 전속되지 아니하는 때에 한한다.

② 제 1 항의 청구는 서면으로 하여야 한다.

③ 제 2 항의 서면은 상대방에게 송달하여야 한다.

제265조(소제기에 따른 시효중단의 시기) 시효의 중단 또는 법률상 기간을 지킴에 필요한 재판상 청구는 소를 제기한 때 또는 제260조제 2 항·제262조제 2 항 또는 제264조제 2 항의 규정에 따라 서면을 법원에 제출한 때에 그 효력이 생긴다.

제266조(소의 취하) ① 소는 판결이 확정될 때까지 그 전부나 일부를 취하할 수 있다.

② 소의 취하는 상대방이 본안에 관하여 준비서면을 제출하거나 변론준비기일에서 진술하거나 변론을 한 뒤에는 상대방의 동의를 받아야 효력을 가진다.

③ 소의 취하는 서면으로 하여야 한다. 다만, 변론 또는 변론준비기일에서 말로 할 수 있다.

④ 소장을 송달한 뒤에는 취하의 서면을 상대방에게 송달하여야 한다.

⑤ 제 3 항 단서의 경우에 상대방이 변론 또는 변론준비기일에 출석하지 아니한 때에는 그 기일의 조서등본을 송달하여야 한다.
⑥ 소취하의 서면이 송달된 날부터 2주 이내에 상대방이 이의를 제기하지 아니한 경우에는 소취하에 동의한 것으로 본다. 제 3 항 단서의 경우에 있어서, 상대방이 기일에 출석한 경우에는 소를 취하한 날부터, 상대방이 기일에 출석하지 아니한 경우에는 제 5 항의 등본이 송달된 날부터 2주 이내에 상대방이 이의를 제기하지 아니하는 때에도 또한 같다.

제267조(소취하의 효과) ① 취하된 부분에 대하여는 소가 처음부터 계속되지 아니한 것으로 본다.
② 본안에 대한 종국판결이 있은 뒤에 소를 취하한 사람은 같은 소를 제기하지 못한다.

제268조(양 쪽 당사자가 출석하지 아니한 경우) ① 양 쪽 당사자가 변론기일에 출석하지 아니하거나 출석하였다 하더라도 변론하지 아니한 때에는 재판장은 다시 변론기일을 정하여 양 쪽 당사자에게 통지하여야 한다.
② 제 1 항의 새 변론기일 또는 그 뒤에 열린 변론기일에 양 쪽 당사자가 출석하지 아니하거나 출석하였다 하더라도 변론하지 아니한 때에는 1월 이내에 기일지정신청을 하지 아니하면 소를 취하한 것으로 본다.
③ 제 2 항의 기일지정신청에 따라 정한 변론기일 또는 그 뒤의 변론기일에 양쪽 당사자가 출석하지 아니하거나 출석하였다 하더라도 변론하지 아니한 때에는 소를 취하한 것으로 본다.
④ 상소심의 소송절차에는 제 1 항 내지 제 3 항의 규정을 준용한다. 다만, 상소심에서는 상소를 취하한 것으로 본다.

제269조(반소) ① 피고는 소송절차를 현저히 지연시키지 아니하는 경우에만 변론을 종결할 때까지 본소가 계속된 법원에 반소를 제기할 수 있다. 다만, 소송의 목적이 된 청구가 다른 법원의 관할에 전속되지 아니하고 본소의 청구 또는 방어의 방법과 서로 관련이 있어야 한다.
② 본소가 단독사건인 경우에 피고가 반소로 합의사건에 속하는 청구를 한 때에는 법원은 직권 또는 당사자의 신청에 따른 결정으로 본소와 반소를 합의부에 이송하여야 한다. 다만, 반소에 관하여 제30조의 규정에 따른 관할권이 있는 경우에는 그러하지 아니하다.

제270조(반소의 절차) 반소는 본소에 관한 규정을 따른다.

제271조(반소의 취하) 본소가 취하된 때에는 피고는 원고의 동의 없이 반소를 취하할 수 있다.

제 2 장 변론과 그 준비

제272조(변론의 집중과 준비) ① 변론은 집중되어야 하며, 당사자는 변론을 서면으로 준비하여야 한다.
② 단독사건의 변론은 서면으로 준비하지 아니할 수 있다. 다만, 상대방이 준비하지 아니하면 진술할 수 없는 사항은 그러하지 아니하다.

제273조(준비서면의 제출 등) 준비서면은 그것에 적힌 사항에 대하여 상대방이 준비하는 데 필요한 기간을 두고 제출하여야 하며, 법원은 상대방에게 그 부본을 송달하여야 한다.

제274조(준비서면의 기재사항) ① 준비서면에는 다음 각호의 사항을 적고, 당사자 또는 대리인이 기명날인 또는 서명한다.
1. 당사자의 성명·명칭 또는 상호와 주소
2. 대리인의 성명과 주소
3. 사건의 표시
4. 공격 또는 방어의 방법
5. 상대방의 청구와 공격 또는 방어의 방법에 대한 진술
6. 덧붙인 서류의 표시
7. 작성한 날짜
8. 법원의 표시

② 제 1 항제 4 호 및 제 5 호의 사항에 대하여는 사실상 주장을 증명하기 위한 증거방법과 상대방의 증거방법에 대한 의견을 함께 적어야 한다.

제275조(준비서면의 첨부서류) ① 당사자가 가지고 있는 문서로서 준비서면에 인용한 것은 그 등본 또는 사본을 붙여야 한다.
② 문서의 일부가 필요한 때에는 그 부분에 대한 초본을 붙이고, 문서가 많을 때에는 그 문서를 표시하면 된다.

③ 제1항 및 제2항의 문서는 상대방이 요구하면 그 원본을 보여주어야 한다.

제276조(준비서면에 적지 아니한 효과) 준비서면에 적지 아니한 사실은 상대방이 출석하지 아니한 때에는 변론에서 주장하지 못한다. 다만, 제272조제2항 본문의 규정에 따라 준비서면을 필요로 하지 아니하는 경우에는 그러하지 아니하다.

제277조(번역문의 첨부) 외국어로 작성된 문서에는 번역문을 붙여야 한다.

제278조(요약준비서면) 재판장은 당사자의 공격방어방법의 요지를 파악하기 어렵다고 인정하는 때에는 변론을 종결하기에 앞서 당사자에게 쟁점과 증거의 정리 결과를 요약한 준비서면을 제출하도록 할 수 있다.

제279조(변론준비절차의 실시) ① 변론준비절차에서는 변론이 효율적이고 집중적으로 실시될 수 있도록 당사자의 주장과 증거를 정리하여야 한다. <개정 2008·12·26>

② 재판장은 특별한 사정이 있는 때에는 변론기일을 연 뒤에도 사건을 변론준비절차에 부칠 수 있다.

제280조(변론준비절차의 진행) ① 변론준비절차는 기간을 정하여, 당사자로 하여금 준비서면, 그 밖의 서류를 제출하게 하거나 당사자 사이에 이를 교환하게 하고 주장사실을 증명할 증거를 신청하게 하는 방법으로 진행한다.

② 변론준비절차의 진행은 재판장이 담당한다.

③ 합의사건의 경우 재판장은 합의부원을 수명법관으로 지정하여 변론준비절차를 담당하게 할 수 있다.

④ 재판장은 필요하다고 인정하는 때에는 변론준비절차의 진행을 다른 판사에게 촉탁할 수 있다.

제281조(변론준비절차에서의 증거조사) ① 변론준비절차를 진행하는 재판장, 수명법관, 제280조제4항의 판사(이하 "재판장등"이라 한다)는 변론의 준비를 위하여 필요하다고 인정하면 증거결정을 할 수 있다.

② 합의사건의 경우에 제1항의 증거결정에 대한 당사자의 이의신청에 관하여는 제138조의 규정을 준용한다.

③ 재판장등은 제279조제1항의 목적을 달성하기 위하여 필요한 범위안에서 증거조사를 할 수 있다. 다만, 증인신문 및 당사자신문은 제313조에 해당되는 경우에만 할 수 있다.

④ 제1항 및 제3항의 경우에는 재판장등이 이 법에서 정한 법원과 재판장의 직무를 행한다.

제282조(변론준비기일) ① 재판장등은 변론준비절차를 진행하는 동안에 주장 및 증거를 정리하기 위하여 필요하다고 인정하는 때에는 변론준비기일을 열어 당사자를 출석하게 할 수 있다.

② 사건이 변론준비절차에 부쳐진 뒤 변론준비기일이 지정됨이 없이 4월이 지난 때에는 재판장등은 즉시 변론준비기일을 지정하거나 변론준비절차를 끝내야 한다.

③ 당사자는 재판장등의 허가를 얻어 변론준비기일에 제3자와 함께 출석할 수 있다.

④ 당사자는 변론준비기일이 끝날 때까지 변론의 준비에 필요한 주장과 증거를 정리하여 제출하여야 한다.

⑤ 재판장등은 변론준비기일이 끝날 때까지 변론의 준비를 위한 모든 처분을 할 수 있다.

제283조(변론준비기일의 조서) ① 변론준비기일의 조서에는 당사자의 진술에 따라 제274조제1항제4호와 제5호에 규정한 사항을 적어야 한다. 이 경우 특히 증거에 관한 진술은 명확히 하여야 한다.

② 변론준비기일의 조서에는 제152조 내지 제159조의 규정을 준용한다.

제284조(변론준비절차의 종결) ① 재판장등은 다음 각호 가운데 어느 하나에 해당하면 변론준비절차를 종결하여야 한다. 다만, 변론의 준비를 계속하여야 할 상당한 이유가 있는 때에는 그러하지 아니하다.

1. 사건을 변론준비절차에 부친 뒤 6월이 지난 때
2. 당사자가 제280조제1항의 규정에 따라 정한 기간 이내에 준비서면 등을 제출하지 아니하거나 증거의 신청을 하지 아니한 때
3. 당사자가 변론준비기일에 출석하지 아니한 때

② 변론준비절차를 종결하는 경우에 재판장등은 변론기일을 미리 지정할 수 있다.

제285조(변론준비기일을 종결한 효과) ① 변론준비기일에 제출하지 아니한 공격방어방법은 다음 각호 가운데 어느 하나에 해당하여야만 변론에서 제출할 수 있다.

1. 그 제출로 인하여 소송을 현저히 지연시키지 아니하는 때
2. 중대한 과실 없이 변론준비절차에서 제출하지 못하였다는 것을 소명한 때
3. 법원이 직권으로 조사할 사항인 때

② 제1항의 규정은 변론에 관하여 제276조의 규정을 적용하는 데에 영향을 미치지 아니한다.

③ 소장 또는 변론준비절차전에 제출한 준비서면에 적힌 사항은 제1항의 규정에 불구하고 변론에서 주장할 수 있다. 다만, 변론준비절차에서 철회되거나 변경된 때에는 그러하지 아니하다.

제286조(준용규정) 변론준비절차에는 제135조 내지 제138조, 제140조, 제142조 내지 제151조, 제225조 내지 제232조, 제268조 및 제278조의 규정을 준용한다.

제287조(변론준비절차를 마친 뒤의 변론) ① 법원은 변론준비절차를 마친 경우에는 첫 변론기일을 거친 뒤 바로 변론을 종결할 수 있도록 하여야 하며, 당사자는 이에 협력하여야 한다.

② 당사자는 변론준비기일을 마친 뒤의 변론기일에서 변론준비기일의 결과를 진술하여야 한다.

③ 법원은 변론기일에 변론준비절차에서 정리된 결과에 따라서 바로 증거조사를 하여야 한다.

제287조의2(비디오 등 중계장치 등에 의한 기일) ① 재판장·수명법관 또는 수탁판사는 상당하다고 인정하는 때에는 당사자의 신청을 받거나 동의를 얻어 비디오 등 중계장치에 의한 중계시설을 통하거나 인터넷 화상장치를 이용하여 변론준비기일 또는 심문기일을 열 수 있다.

② 법원은 교통의 불편 또는 그 밖의 사정으로 당사자가 법정에 직접 출석하기 어렵다고 인정하는 때에는 당사자의 신청을 받거나 동의를 얻어 비디오 등 중계장치에 의한 중계시설을 통하거나 인터넷 화상장치를 이용하여 변론기일을 열 수 있다. 이 경우 법원은 심리의 공개에 필요한 조치를 취하여야 한다.

③ 제1항과 제2항에 따른 기일에 관하여는 제327조의2제2항 및 제3항을 준용한다.

〔본조신설 2021·8·17〕

제3장 증거

제1절 총칙

제288조(불요증사실) 법원에서 당사자가 자백한 사실과 현저한 사실은 증명을 필요로 하지 아니한다. 다만, 진실에 어긋나는 자백은 그것이 착오로 말미암은 것임을 증명한 때에는 취소할 수 있다.

제289조(증거의 신청과 조사) ① 증거를 신청할 때에는 증명할 사실을 표시하여야 한다.

② 증거의 신청과 조사는 변론기일 전에도 할 수 있다.

제290조(증거신청의 채택여부) 법원은 당사자가 신청한 증거를 필요하지 아니하다고 인정한 때에는 조사하지 아니할 수 있다. 다만, 그것이 당사자가 주장하는 사실에 대한 유일한 증거인 때에는 그러하지 아니하다.

제291조(증거조사의 장애) 법원은 증거조사를 할 수 있을지, 언제 할 수 있을지 알 수 없는 경우에는 그 증거를 조사하지 아니할 수 있다.

제292조(직권에 의한 증거조사) 법원은 당사자가 신청한 증거에 의하여 심증을 얻을 수 없거나, 그 밖에 필요하다고 인정한 때에는 직권으로 증거조사를 할 수 있다.

제293조(증거조사의 집중) 증인신문과 당사자신문은 당사자의 주장과 증거를 정리한 뒤 집중적으로 하여야 한다.

제294조(조사의 촉탁) 법원은 공공기관·학교, 그 밖의 단체·개인 또는 외국의 공공기관에게 그 업무에 속하는 사항에 관하여 필요한 조사 또는 보관중인 문서의 등본·사본의 송부를 촉탁할 수 있다.

제295조(당사자가 출석하지 아니한 경우의 증거조사) 증거조사는 당사자가 기일에 출석하지 아니한 때에도 할 수 있다.

제296조(외국에서 시행하는 증거조사) ① 외국에서 시행할 증거조사는 그 나라에 주재하는 대한민국 대사·공사·영사 또는 그 나라의 관할 공공기관에 촉탁한다.
② 외국에서 시행한 증거조사는 그 나라의 법률에 어긋나더라도 이 법에 어긋나지 아니하면 효력을 가진다.

제297조(법원밖에서의 증거조사) ① 법원은 필요하다고 인정할 때에는 법원밖에서 증거조사를 할 수 있다. 이 경우 합의부원에게 명하거나 다른 지방법원 판사에게 촉탁할 수 있다.
② 수탁판사는 필요하다고 인정할 때에는 다른 지방법원 판사에게 증거조사를 다시 촉탁할 수 있다. 이 경우 그 사유를 수소법원과 당사자에게 통지하여야 한다.

제298조(수탁판사의 기록송부) 수탁판사는 증거조사에 관한 기록을 바로 수소법원에 보내야 한다.

제299조(소명의 방법) ① 소명은 즉시 조사할 수 있는 증거에 의하여야 한다.
② 법원은 당사자 또는 법정대리인으로 하여금 보증금을 공탁하게 하거나, 그 주장이 진실하다는 것을 선서하게 하여 소명에 갈음할 수 있다.
③ 제2항의 선서에는 제320조, 제321조 제1항·제3항·제4항 및 제322조의 규정을 준용한다.

제300조(보증금의 몰취) 제299조제2항의 규정에 따라 보증금을 공탁한 당사자 또는 법정대리인이 거짓 진술을 한 때에 법원은 결정으로 보증금을 몰취(沒取)한다.

제301조(거짓 진술에 대한 제재) 제299조제2항의 규정에 따라 선서한 당사자 또는 법정대리인이 거짓 진술을 한 때에 법원은 결정으로 200만원 이하의 과태료에 처한다.

제302조(불복신청) 제300조 및 제301조의 결정에 대하여는 즉시항고를 할 수 있다.

제2절 증인신문

제303조(증인의 의무) 법원은 특별한 규정이 없으면 누구든지 증인으로 신문할 수 있다.

제304조(대통령·국회의장·대법원장·헌법재판소장의 신문) 대통령·국회의장·대법원장 및 헌법재판소장 또는 그 직책에 있었던 사람을 증인으로 하여 직무상 비밀에 관한 사항을 신문할 경우에 법원은 그의 동의를 받아야 한다.

제305조(국회의원·국무총리·국무위원의 신문) ① 국회의원 또는 그 직책에 있었던 사람을 증인으로 하여 직무상 비밀에 관한 사항을 신문할 경우에 법원은 국회의 동의를 받아야 한다.
② 국무총리·국무위원 또는 그 직책에 있었던 사람을 증인으로 하여 직무상 비밀에 관한 사항을 신문할 경우에 법원은 국무회의의 동의를 받아야 한다.

제306조(공무원의 신문) 제304조와 제305조에 규정한 사람 외의 공무원 또는 공무원이었던 사람을 증인으로 하여 직무상 비밀에 관한 사항을 신문할 경우에 법원은 그 소속 관청 또는 감독 관청의 동의를 받아야 한다.

제307조(거부권의 제한) 제305조와 제306조의 경우에 국회·국무회의 또는 제306조의 관청은 국가의 중대한 이익을 해치는 경우를 제외하고는 동의를 거부하지 못한다.

제308조(증인신문의 신청) 당사자가 증인신문을 신청하고자 하는 때에는 증인을 지정하여 신청하여야 한다.

제309조(출석요구서의 기재사항) 증인에 대한 출석요구서에는 다음 각호의 사항을 적어야 한다.
1. 당사자의 표시
2. 신문 사항의 요지
3. 출석하지 아니하는 경우의 법률상 제재

제310조(증언에 갈음하는 서면의 제출) ① 법원은 증인과 증명할 사항의 내용 등을 고려하여 상당하다고 인정하는 때에는 출석·증언에 갈음하여 증언할 사항을 적은 서면을 제출하게 할 수 있다.
② 법원은 상대방의 이의가 있거나 필요하다고 인정하는 때에는 제1항의 증인으로 하여금 출석·증언하게 할 수 있다.

제311조(증인이 출석하지 아니한 경우의 과태료 등) ① 증인이 정당한 사유 없이 출석하지 아니한 때에 법원은 결정으로 증인에게 이로 말미암은 소송비용을 부담하도록 명하고 500만원 이하의 과태료에 처한다.
② 법원은 증인이 제1항의 규정에 따른 과태료의 재판을 받고도 정당한 사유 없이 다시 출석하지 아니한 때에는 결정으로 증인

을 7일 이내의 감치(監置)에 처한다.

③ 법원은 감치재판기일에 증인을 소환하여 제 2 항의 정당한 사유가 있는지 여부를 심리하여야 한다.

④ 감치에 처하는 재판은 그 재판을 한 법원의 재판장의 명령에 따라 법원공무원 또는 경찰공무원이 경찰서유치장·교도소 또는 구치소에 유치함으로써 집행한다. <개정 2006·2·21, 2020·12·22>

⑤ 감치의 재판을 받은 증인이 제 4 항에 규정된 감치시설에 유치된 때에는 당해 감치시설의 장은 즉시 그 사실을 법원에 통보하여야 한다.

⑥ 법원은 제 5 항의 통보를 받은 때에는 바로 증인신문기일을 열어야 한다.

⑦ 감치의 재판을 받은 증인이 감치의 집행 중에 증언을 한 때에는 법원은 바로 감치결정을 취소하고 그 증인을 석방하도록 명하여야 한다.

⑧ 제 1 항과 제 2 항의 결정에 대하여는 즉시항고를 할 수 있다. 다만, 제447조의 규정은 적용하지 아니한다.

⑨ 제 2 항 내지 제 8 항의 규정에 따른 재판절차 및 그 집행 그 밖에 필요한 사항은 대법원규칙으로 정한다.

제312조(출석하지 아니한 증인의 구인) ① 법원은 정당한 사유 없이 출석하지 아니한 증인을 구인(拘引)하도록 명할 수 있다.

② 제 1 항의 구인에는 형사소송법의 구인에 관한 규정을 준용한다.

제313조(수명법관·수탁판사에 의한 증인신문) 법원은 다음 각호 가운데 어느 하나에 해당하면 수명법관 또는 수탁판사로 하여금 증인을 신문하게 할 수 있다.

1. 증인이 정당한 사유로 수소법원에 출석하지 못하는 때
2. 증인이 수소법원에 출석하려면 지나치게 많은 비용 또는 시간을 필요로 하는 때
3. 그 밖의 상당한 이유가 있는 경우로서 당사자가 이의를 제기하지 아니하는 때

제314조(증언거부권) 증인은 그 증언이 자기나 다음 각호 가운데 어느 하나에 해당하는 사람이 공소제기되거나 유죄판결을 받을 염려가 있는 사항 또는 자기나 그들에게 치욕이 될 사항에 관한 것인 때에는 이를 거부할 수 있다. <개정 2005·3·31 법7427>

1. 증인의 친족 또는 이러한 관계에 있었던 사람
2. 증인의 후견인 또는 증인의 후견을 받는 사람

제315조(증언거부권) ① 증인은 다음 각호 가운데 어느 하나에 해당하면 증언을 거부할 수 있다.

1. 변호사·변리사·공증인·공인회계사·세무사·의료인·약사, 그 밖에 법령에 따라 비밀을 지킬 의무가 있는 직책 또는 종교의 직책에 있거나 이러한 직책에 있었던 사람이 직무상 비밀에 속하는 사항에 대하여 신문을 받을 때
2. 기술 또는 직업의 비밀에 속하는 사항에 대하여 신문을 받을 때

② 증인이 비밀을 지킬 의무가 면제된 경우에는 제 1 항의 규정을 적용하지 아니한다.

제316조(거부이유의 소명) 증언을 거부하는 이유는 소명하여야 한다.

제317조(증언거부에 대한 재판) ① 수소법원은 당사자를 심문하여 증언거부가 옳은 지를 재판한다.

② 당사자 또는 증인은 제 1 항의 재판에 대하여 즉시항고를 할 수 있다.

제318조(증언거부에 대한 제재) 증언의 거부에 정당한 이유가 없다고 한 재판이 확정된 뒤에 증인이 증언을 거부한 때에는 제311조제 1 항, 제 8 항 및 제 9 항의 규정을 준용한다.

제319조(선서의 의무) 재판장은 증인에게 신문에 앞서 선서를 하게 하여야 한다. 다만, 특별한 사유가 있는 때에는 신문한 뒤에 선서를 하게 할 수 있다.

제320조(위증에 대한 벌의 경고) 재판장은 선서에 앞서 증인에게 선서의 취지를 밝히고, 위증의 벌에 대하여 경고하여야 한다.

제321조(선서의 방식) ① 선서는 선서서에 따라서 하여야 한다.

② 선서서에는 "양심에 따라 숨기거나 보태지 아니하고 사실 그대로 말하며, 만일 거짓말을 하면 위증의 벌을 받기로 맹세합니다."라고 적어야 한다.

③ 재판장은 증인으로 하여금 선서서를 소리내어 읽고 기명날인 또는 서명하게 하며, 증인이 선서서를 읽지 못하거나 기명날인 또는 서명하지 못하는 경우에는 참여한 법원사무관등이나 그 밖의 법원공무원으로 하여금 이를 대신하게 한다.

④ 증인은 일어서서 엄숙하게 선서하여야 한다.

제322조(선서무능력) 다음 각호 가운데 어느 하나에 해당하는 사람을 증인으로 신문할 때에는 선서를 시키지 못한다.

1. 16세 미만인 사람
2. 선서의 취지를 이해하지 못하는 사람

제323조(선서의 면제) 제314조에 해당하는 증인으로서 증언을 거부하지 아니한 사람을 신문할 때에는 선서를 시키지 아니할 수 있다.

제324조(선서거부권) 증인이 자기 또는 제314조 각호에 규정된 어느 한 사람과 현저한 이해관계가 있는 사항에 관하여 신문을 받을 때에는 선서를 거부할 수 있다.

제325조(조서에의 기재) 선서를 시키지 아니하고 증인을 신문한 때에는 그 사유를 조서에 적어야 한다.

제326조(선서거부에 대한 제재) 증인이 선서를 거부하는 경우에는 제316조 내지 제318조의 규정을 준용한다.

제327조(증인신문의 방식) ① 증인신문은 증인을 신청한 당사자가 먼저 하고, 다음에 다른 당사자가 한다.

② 재판장은 제1항의 신문이 끝난 뒤에 신문할 수 있다.

③ 재판장은 제1항과 제2항의 규정에 불구하고 언제든지 신문할 수 있다.

④ 재판장이 알맞다고 인정하는 때에는 당사자의 의견을 들어 제1항과 제2항의 규정에 따른 신문의 순서를 바꿀 수 있다.

⑤ 당사자의 신문이 중복되거나 쟁점과 관계가 없는 때, 그 밖에 필요한 사정이 있는 때에 재판장은 당사자의 신문을 제한할 수 있다.

⑥ 합의부원은 재판장에게 알리고 신문할 수 있다.

제327조의2(비디오 등 중계장치에 의한 증인신문) ① 법원은 다음 각 호의 어느 하나에 해당하는 사람을 증인으로 신문하는 경우 상당하다고 인정하는 때에는 당사자의 의견을 들어 비디오 등 중계장치에 의한 중계시설을 통하거나 인터넷 화상장치를 이용하여 신문할 수 있다. <개정 2021·8·17>

1. 증인이 멀리 떨어진 곳 또는 교통이 불편한 곳에 살고 있거나 그 밖의 사정으로 말미암아 법정에 직접 출석하기 어려운 경우
2. 증인이 나이, 심신상태, 당사자나 법정대리인과의 관계, 신문사항의 내용, 그 밖의 사정으로 말미암아 법정에서 당사자 등과 대면하여 진술하면 심리적인 부담으로 정신의 평온을 현저하게 잃을 우려가 있는 경우

② 제1항에 따른 증인신문은 증인이 법정에 출석하여 이루어진 증인신문으로 본다.

③ 제1항에 따른 증인신문의 절차와 방법, 그 밖에 필요한 사항은 대법원규칙으로 정한다.

〔본조신설 2016·3·29〕

제328조(격리신문과 그 예외) ① 증인은 따로따로 신문하여야 한다.

② 신문하지 아니한 증인이 법정(法廷)안에 있을 때에는 법정에서 나가도록 명하여야 한다. 다만, 필요하다고 인정한 때에는 신문할 증인을 법정안에 머무르게 할 수 있다.

제329조(대질신문) 재판장은 필요하다고 인정한 때에는 증인 서로의 대질을 명할 수 있다.

제330조(증인의 행위의무) 재판장은 필요하다고 인정한 때에는 증인에게 문자를 손수 쓰게 하거나 그 밖의 필요한 행위를 하게 할 수 있다.

제331조(증인의 진술원칙) 증인은 서류에 의하여 진술하지 못한다. 다만, 재판장이 허가하면 그러하지 아니하다.

제332조(수명법관·수탁판사의 권한) 수명법관 또는 수탁판사가 증인을 신문하는 경우에는 법원과 재판장의 직무를 행한다.

제3절 감정

제333조(증인신문규정의 준용) 감정에는 제2

절의 규정을 준용한다. 다만, 제311조제2항 내지 제7항, 제312조, 제321조제2항, 제327조 및 제327조의2는 그러하지 아니하다. <개정 2016·3·29>

제334조(감정의무) ① 감정에 필요한 학식과 경험이 있는 사람은 감정할 의무를 진다.

② 제314조 또는 제324조의 규정에 따라 증언 또는 선서를 거부할 수 있는 사람과 제322조에 규정된 사람은 감정인이 되지 못한다.

제335조(감정인의 지정) 감정인은 수소법원·수명법관 또는 수탁판사가 지정한다.

제335조의2(감정인의 의무) ① 감정인은 감정사항이 자신의 전문분야에 속하지 아니하는 경우 또는 그에 속하더라도 다른 감정인과 함께 감정을 하여야 하는 경우에는 곧바로 법원에 감정인의 지정 취소 또는 추가 지정을 요구하여야 한다.

② 감정인은 감정을 다른 사람에게 위임하여서는 아니 된다.

〔본조신설 2016·3·29〕

제336조(감정인의 기피) 감정인이 성실하게 감정할 수 없는 사정이 있는 때에 당사자는 그를 기피할 수 있다. 다만, 당사자는 감정인이 감정사항에 관한 진술을 하기 전부터 기피할 이유가 있다는 것을 알고 있었던 때에는 감정사항에 관한 진술이 이루어진 뒤에 그를 기피하지 못한다.

제337조(기피의 절차) ① 기피신청은 수소법원·수명법관 또는 수탁판사에게 하여야 한다.

② 기피하는 사유는 소명하여야 한다.

③ 기피하는 데 정당한 이유가 있다고 한 결정에 대하여는 불복할 수 없고, 이유가 없다고 한 결정에 대하여는 즉시항고를 할 수 있다.

제338조(선서의 방식) 선서서에는 "양심에 따라 성실히 감정하고, 만일 거짓이 있으면 거짓감정의 벌을 받기로 맹세합니다."라고 적어야 한다.

제339조(감정진술의 방식) ① 재판장은 감정인으로 하여금 서면이나 말로써 의견을 진술하게 할 수 있다.

② 재판장은 여러 감정인에게 감정을 명하는 경우에는 다 함께 또는 따로따로 의견을 진술하게 할 수 있다.

③ 법원은 제1항 및 제2항에 따른 감정진술에 관하여 당사자에게 서면이나 말로써 의견을 진술할 기회를 주어야 한다. <신설 2016·3·29>

제339조의2(감정인신문의 방식) ① 감정인은 재판장이 신문한다.

② 합의부원은 재판장에게 알리고 신문할 수 있다.

③ 당사자는 재판장에게 알리고 신문할 수 있다. 다만, 당사자의 신문이 중복되거나 쟁점과 관계가 없는 때, 그 밖에 필요한 사정이 있는 때에는 재판장은 당사자의 신문을 제한할 수 있다.

〔본조신설 2016·3·29〕

제339조의3(비디오 등 중계장치 등에 의한 감정인신문) ① 법원은 다음 각 호의 어느 하나에 해당하는 사람을 감정인으로 신문하는 경우 상당하다고 인정하는 때에는 당사자의 의견을 들어 비디오 등 중계장치에 의한 중계시설을 통하여 신문하거나 인터넷 화상장치를 이용하여 신문할 수 있다.

1. 감정인이 법정에 직접 출석하기 어려운 특별한 사정이 있는 경우
2. 감정인이 외국에 거주하는 경우

② 제1항에 따른 감정인신문에 관하여는 제327조의2제2항 및 제3항을 준용한다.

〔본조신설 2016·3·29〕

제340조(감정증인) 특별한 학식과 경험에 의하여 알게 된 사실에 관한 신문은 증인신문에 관한 규정을 따른다. 다만, 비디오 등 중계장치 등에 의한 감정증인신문에 관하여는 제339조의3을 준용한다. <개정 2016·3·29>

제341조(감정의 촉탁) ① 법원이 필요하다고 인정하는 경우에는 공공기관·학교, 그 밖에 상당한 설비가 있는 단체 또는 외국의 공공기관에 감정을 촉탁할 수 있다. 이 경우에는 선서에 관한 규정을 적용하지 아니한다.

② 제1항의 경우에 법원은 필요하다고 인정하면 공공기관·학교, 그 밖의 단체 또는 외국 공공기관이 지정한 사람으로 하여금 감정서를 설명하게 할 수 있다.

③ 제2항의 경우에는 제339조의3을 준용한다. <신설 2016·3·29>

제342조(감정에 필요한 처분) ① 감정인은 감정을 위하여 필요한 경우에는 법원의 허가를 받아 남의 토지, 주거, 관리중인 가옥, 건조물, 항공기, 선박, 차량, 그 밖의 시설물안에 들어갈 수 있다.

② 제1항의 경우 저항을 받을 때에는 감정인은 경찰공무원에게 원조를 요청할 수 있다. <개정 2006·2·21, 2020·12·22>

제4절 서증

제343조(서증신청의 방식) 당사자가 서증(書證)을 신청하고자 하는 때에는 문서를 제출하는 방식 또는 문서를 가진 사람에게 그것을 제출하도록 명할 것을 신청하는 방식으로 한다.

제344조(문서의 제출의무) ① 다음 각호의 경우에 문서를 가지고 있는 사람은 그 제출을 거부하지 못한다.

1. 당사자가 소송에서 인용한 문서를 가지고 있는 때
2. 신청자가 문서를 가지고 있는 사람에게 그것을 넘겨 달라고 하거나 보겠다고 요구할 수 있는 사법상의 권리를 가지고 있는 때
3. 문서가 신청자의 이익을 위하여 작성되었거나, 신청자와 문서를 가지고 있는 사람 사이의 법률관계에 관하여 작성된 것인 때. 다만, 다음 각목의 사유 가운데 어느 하나에 해당하는 경우에는 그러하지 아니하다.
   가. 제304조 내지 제306조에 규정된 사항이 적혀 있는 문서로서 같은 조문들에 규정된 동의를 받지 아니한 문서
   나. 문서를 가진 사람 또는 그와 제314조 각호 가운데 어느 하나의 관계에 있는 사람에 관하여 같은 조에서 규정된 사항이 적혀 있는 문서
   다. 제315조제1항 각호에 규정된 사항 중 어느 하나에 규정된 사항이 적혀 있고 비밀을 지킬 의무가 면제되지 아니한 문서

② 제1항의 경우 외에도 문서(공무원 또는 공무원이었던 사람이 그 직무와 관련하여 보관하거나 가지고 있는 문서를 제외한다)가 다음 각호의 어느 하나에도 해당하지 아니하는 경우에는 문서를 가지고 있는 사람은 그 제출을 거부하지 못한다.

1. 제1항제3호나목 및 다목에 규정된 문서
2. 오로지 문서를 가진 사람이 이용하기 위한 문서

제345조(문서제출신청의 방식) 문서제출신청에는 다음 각호의 사항을 밝혀야 한다.

1. 문서의 표시
2. 문서의 취지
3. 문서를 가진 사람
4. 증명할 사실
5. 문서를 제출하여야 하는 의무의 원인

제346조(문서목록의 제출) 제345조의 신청을 위하여 필요하다고 인정하는 경우에는, 법원은 신청대상이 되는 문서의 취지나 그 문서로 증명할 사실을 개괄적으로 표시한 당사자의 신청에 따라, 상대방 당사자에게 신청내용과 관련하여 가지고 있는 문서 또는 신청내용과 관련하여 서증으로 제출할 문서에 관하여 그 표시와 취지 등을 적어 내도록 명할 수 있다.

제347조(제출신청의 허가여부에 대한 재판) ① 법원은 문서제출신청에 정당한 이유가 있다고 인정한 때에는 결정으로 문서를 가진 사람에게 그 제출을 명할 수 있다.

② 문서제출의 신청이 문서의 일부에 대하여만 이유 있다고 인정한 때에는 그 부분만의 제출을 명하여야 한다.

③ 제3자에 대하여 문서의 제출을 명하는 경우에는 제3자 또는 그가 지정하는 자를 심문하여야 한다.

④ 법원은 문서가 제344조에 해당하는지를 판단하기 위하여 필요하다고 인정하는 때에는 문서를 가지고 있는 사람에게 그 문서를 제시하도록 명할 수 있다. 이 경우 법원은 그 문서를 다른 사람이 보도록 하여서는 안된다.

제348조(불복신청) 문서제출의 신청에 관한 결정에 대하여는 즉시항고를 할 수 있다.

제349조(당사자가 문서를 제출하지 아니한 때

의 효과) 당사자가 제347조제 1 항 · 제 2 항 및 제 4 항의 규정에 의한 명령에 따르지 아니한 때에는 법원은 문서의 기재에 대한 상대방의 주장을 진실한 것으로 인정할 수 있다.

제350조(당사자가 사용을 방해한 때의 효과) 당사자가 상대방의 사용을 방해할 목적으로 제출의무가 있는 문서를 훼손하여 버리거나 이를 사용할 수 없게 한 때에는, 법원은 그 문서의 기재에 대한 상대방의 주장을 진실한 것으로 인정할 수 있다.

제351조(제 3 자가 문서를 제출하지 아니한 때의 제재) 제 3 자가 제347조제 1 항 · 제 2 항 및 제 4 항의 규정에 의한 명령에 따르지 아니한 때에는 제318조의 규정을 준용한다.

제352조(문서송부의 촉탁) 서증의 신청은 제343조의 규정에 불구하고 문서를 가지고 있는 사람에게 그 문서를 보내도록 촉탁할 것을 신청함으로써도 할 수 있다. 다만, 당사자가 법령에 의하여 문서의 정본 또는 등본을 청구할 수 있는 경우에는 그러하지 아니하다.

제352조의2(협력의무) ① 제352조에 따라 법원으로부터 문서의 송부를 촉탁받은 사람 또는 제297조에 따른 증거조사의 대상인 문서를 가지고 있는 사람은 정당한 사유가 없는 한 이에 협력하여야 한다.

② 문서의 송부를 촉탁받은 사람이 그 문서를 보관하고 있지 아니하거나 그 밖에 송부촉탁에 따를 수 없는 사정이 있는 때에는 법원에 그 사유를 통지하여야 한다.

〔본조신설 2007 · 5 · 17〕

제353조(제출문서의 보관) 법원은 필요하다고 인정하는 때에는 제출되거나 보내 온 문서를 맡아 둘 수 있다.

제354조(수명법관 · 수탁판사에 의한 조사) ① 법원은 제297조의 규정에 따라 수명법관 또는 수탁판사에게 문서에 대한 증거조사를 하게 하는 경우에 그 조서에 적을 사항을 정할 수 있다.

② 제 1 항의 조서에는 문서의 등본 또는 초본을 붙여야 한다.

제355조(문서제출의 방법 등) ① 법원에 문서를 제출하거나 보낼 때에는 원본, 정본 또는 인증이 있는 등본으로 하여야 한다.

② 법원은 필요하다고 인정하는 때에는 원본을 제출하도록 명하거나 이를 보내도록 촉탁할 수 있다.

③ 법원은 당사자로 하여금 그 인용한 문서의 등본 또는 초본을 제출하게 할 수 있다.

④ 문서가 증거로 채택되지 아니한 때에는 법원은 당사자의 의견을 들어 제출된 문서의 원본 · 정본 · 등본 · 초본 등을 돌려주거나 폐기할 수 있다.

제356조(공문서의 진정의 추정) ① 문서의 작성방식과 취지에 의하여 공무원이 직무상 작성한 것으로 인정한 때에는 이를 진정한 공문서로 추정한다.

② 공문서가 진정한지 의심스러운 때에는 법원은 직권으로 해당 공공기관에 조회할 수 있다.

③ 외국의 공공기관이 작성한 것으로 인정한 문서에는 제 1 항 및 제 2 항의 규정을 준용한다.

제357조(사문서의 진정의 증명) 사문서는 그것이 진정한 것임을 증명하여야 한다.

제358조(사문서의 진정의 추정) 사문서는 본인 또는 대리인의 서명이나 날인 또는 무인(拇印)이 있는 때에는 진정한 것으로 추정한다.

제359조(필적 또는 인영의 대조) 문서가 진정하게 성립된 것인지 어떤지는 필적 또는 인영(印影)을 대조하여 증명할 수 있다.

제360조(대조용문서의 제출절차) ① 대조에 필요한 필적이나 인영이 있는 문서, 그 밖의 물건을 법원에 제출하거나 보내는 경우에는 제343조, 제347조 내지 제350조, 제352조 내지 제354조의 규정을 준용한다.

② 제 3 자가 정당한 사유 없이 제 1 항의 규정에 의한 제출명령에 따르지 아니한 때에 법원은 결정으로 200만원 이하의 과태료에 처한다.

③ 제 2 항의 결정에 대하여는 즉시항고를 할 수 있다.

제361조(상대방이 손수 써야 하는 의무) ① 대조하는 데에 적당한 필적이 없는 때에는 법원은 상대방에게 그 문자를 손수 쓰도록 명할 수 있다.

② 상대방이 정당한 이유 없이 제 1 항의 명령에 따르지 아니한 때에는 법원은 문서의 진정여부에 관한 확인신청자의 주장을 진실한 것으로 인정할 수 있다. 필치(筆致)를

바꾸어 손수 쓴 때에도 또한 같다.

제362조(대조용문서의 첨부) 대조하는 데에 제공된 서류는 그 원본·등본 또는 초본을 조서에 붙여야 한다.

제363조(문서성립의 부인에 대한 제재) ① 당사자 또는 그 대리인이 고의나 중대한 과실로 진실에 어긋나게 문서의 진정을 다툰 때에는 법원은 결정으로 200만원 이하의 과태료에 처한다.

② 제1항의 결정에 대하여는 즉시항고를 할 수 있다.

③ 제1항의 경우에 문서의 진정에 대하여 다툰 당사자 또는 대리인이 소송이 법원에 계속된 중에 그 진정을 인정하는 때에는 법원은 제1항의 결정을 취소할 수 있다.

제5절 검증

제364조(검증의 신청) 당사자가 검증을 신청하고자 하는 때에는 검증의 목적을 표시하여 신청하여야 한다.

제365조(검증할 때의 감정 등) 수명법관 또는 수탁판사는 검증에 필요하다고 인정할 때에는 감정을 명하거나 증인을 신문할 수 있다.

제366조(검증의 절차 등) ① 검증할 목적물을 제출하거나 보내는 데에는 제343조, 제347조 내지 제350조, 제352조 내지 제354조의 규정을 준용한다.

② 제3자가 정당한 사유 없이 제1항의 규정에 의한 제출명령에 따르지 아니한 때에는 법원은 결정으로 200만원 이하의 과태료에 처한다. 이 결정에 대하여는 즉시항고를 할 수 있다.

③ 법원은 검증을 위하여 필요한 경우에는 제342조제1항에 규정된 처분을 할 수 있다. 이 경우 저항을 받은 때에는 경찰공무원에게 원조를 요청할 수 있다. <개정 2006·2·21, 2020·12·22>

제6절 당사자신문

제367조(당사자신문) 법원은 직권으로 또는 당사자의 신청에 따라 당사자 본인을 신문할 수 있다. 이 경우 당사자에게 선서를 하게 하여야 한다.

제368조(대질) 재판장은 필요하다고 인정한 때에 당사자 서로의 대질 또는 당사자와 증인의 대질을 명할 수 있다.

제369조(출석·선서·진술의 의무) 당사자가 정당한 사유 없이 출석하지 아니하거나 선서 또는 진술을 거부한 때에는 법원은 신문사항에 관한 상대방의 주장을 진실한 것으로 인정할 수 있다.

제370조(거짓 진술에 대한 제재) ① 선서한 당사자가 거짓 진술을 한 때에는 법원은 결정으로 500만원 이하의 과태료에 처한다.

② 제1항의 결정에 대하여는 즉시항고를 할 수 있다.

③ 제1항의 결정에는 제363조제3항의 규정을 준용한다.

제371조(신문조서) 당사자를 신문한 때에는 선서의 유무와 진술 내용을 조서에 적어야 한다.

제372조(법정대리인의 신문) 소송에서 당사자를 대표하는 법정대리인에 대하여는 제367조 내지 제371조의 규정을 준용한다. 다만, 당사자 본인도 신문할 수 있다.

제373조(증인신문 규정의 준용) 이 절의 신문에는 제309조, 제313조, 제319조 내지 제322조, 제327조, 제327조의2와 제330조 내지 제332조의 규정을 준용한다. <개정 2021·8·17>

제7절 그 밖의 증거

제374조(그 밖의 증거) 도면·사진·녹음테이프·비디오테이프·컴퓨터용 자기디스크, 그 밖에 정보를 담기 위하여 만들어진 물건으로서 문서가 아닌 증거의 조사에 관한 사항은 제3절 내지 제5절의 규정에 준하여 대법원규칙으로 정한다.

제8절 증거보전

제375조(증거보전의 요건) 법원은 미리 증거조사를 하지 아니하면 그 증거를 사용하기 곤란할 사정이 있다고 인정한 때에는 당사자의 신청에 따라 이 장의 규정에 따라 증거조사를 할 수 있다.

제376조(증거보전의 관할) ① 증거보전의 신

청은 소를 제기한 뒤에는 그 증거를 사용할 심급의 법원에 하여야 한다. 소를 제기하기 전에는 신문을 받을 사람이나 문서를 가진 사람의 거소 또는 검증하고자 하는 목적물이 있는 곳을 관할하는 지방법원에 하여야 한다.

② 급박한 경우에는 소를 제기한 뒤에도 제 1 항 후단에 규정된 지방법원에 증거보전의 신청을 할 수 있다.

제377조(신청의 방식) ① 증거보전의 신청에는 다음 각호의 사항을 밝혀야 한다.

1. 상대방의 표시
2. 증명할 사실
3. 보전하고자 하는 증거
4. 증거보전의 사유

② 증거보전의 사유는 소명하여야 한다.

제378조(상대방을 지정할 수 없는 경우) 증거보전의 신청은 상대방을 지정할 수 없는 경우에도 할 수 있다. 이 경우 법원은 상대방이 될 사람을 위하여 특별대리인을 선임할 수 있다.

제379조(직권에 의한 증거보전) 법원은 필요하다고 인정한 때에는 소송이 계속된 중에 직권으로 증거보전을 결정할 수 있다.

제380조(불복금지) 증거보전의 결정에 대하여는 불복할 수 없다.

제381조(당사자의 참여) 증거조사의 기일은 신청인과 상대방에게 통지하여야 한다. 다만, 긴급한 경우에는 그러하지 아니하다.

제382조(증거보전의 기록) 증거보전에 관한 기록은 본안소송의 기록이 있는 법원에 보내야 한다.

제383조(증거보전의 비용) 증거보전에 관한 비용은 소송비용의 일부로 한다.

제384조(변론에서의 재신문) 증거보전절차에서 신문한 증인을 당사자가 변론에서 다시 신문하고자 신청한 때에는 법원은 그 증인을 신문하여야 한다.

제 4 장 제소전화해(提訴前和解)의 절차

제385조(화해신청의 방식) ① 민사상 다툼에 관하여 당사자는 청구의 취지·원인과 다투는 사정을 밝혀 상대방의 보통재판적이 있는 곳의 지방법원에 화해를 신청할 수 있다.

② 당사자는 제 1 항의 화해를 위하여 대리인을 선임하는 권리를 상대방에게 위임할 수 없다.

③ 법원은 필요한 경우 대리권의 유무를 조사하기 위하여 당사자본인 또는 법정대리인의 출석을 명할 수 있다.

④ 화해신청에는 그 성질에 어긋나지 아니하면 소에 관한 규정을 준용한다.

제386조(화해가 성립된 경우) 화해가 성립된 때에는 법원사무관등은 조서에 당사자, 법정대리인, 청구의 취지와 원인, 화해조항, 날짜와 법원을 표시하고 판사와 법원사무관등이 기명날인 또는 서명한다. <개정 2017·10·31>

제387조(화해가 성립되지 아니한 경우) ① 화해가 성립되지 아니한 때에는 법원사무관등은 그 사유를 조서에 적어야 한다.

② 신청인 또는 상대방이 기일에 출석하지 아니한 때에는 법원은 이들의 화해가 성립되지 아니한 것으로 볼 수 있다.

③ 법원사무관등은 제 1 항의 조서등본을 당사자에게 송달하여야 한다.

제388조(소제기신청) ① 제387조의 경우에 당사자는 소제기신청을 할 수 있다.

② 적법한 소제기신청이 있으면 화해신청을 한 때에 소가 제기된 것으로 본다. 이 경우 법원사무관등은 바로 소송기록을 관할법원에 보내야 한다.

③ 제 1 항의 신청은 제387조제 3 항의 조서등본이 송달된 날부터 2주 이내에 하여야 한다. 다만, 조서등본이 송달되기 전에도 신청할 수 있다.

④ 제 3 항의 기간은 불변기간으로 한다.

제389조(화해비용) 화해비용은 화해가 성립된 경우에는 특별한 합의가 없으면 당사자들이 각자 부담하고, 화해가 성립되지 아니한 경우에는 신청인이 부담한다. 다만, 소제기신청이 있는 경우에는 화해비용을 소송비용의 일부로 한다.

제 3 편 상소

제 1 장 항소

제390조(항소의 대상) ① 항소(抗訴)는 제 1 심 법원이 선고한 종국판결에 대하여 할 수

있다. 다만, 종국판결 뒤에 양 쪽 당사자가 상고(上告)할 권리를 유보하고 항소를 하지 아니하기로 합의한 때에는 그러하지 아니하다.
② 제1항 단서의 합의에는 제29조제2항의 규정을 준용한다.

제391조(독립한 항소가 금지되는 재판) 소송비용 및 가집행에 관한 재판에 대하여는 독립하여 항소를 하지 못한다.

제392조(항소심의 판단을 받는 재판) 종국판결 이전의 재판은 항소법원의 판단을 받는다. 다만, 불복할 수 없는 재판과 항고(抗告)로 불복할 수 있는 재판은 그러하지 아니하다.

제393조(항소의 취하) ① 항소는 항소심의 종국판결이 있기 전에 취하할 수 있다.
② 항소의 취하에는 제266조제3항 내지 제5항 및 제267조제1항의 규정을 준용한다.

제394조(항소권의 포기) 항소권은 포기할 수 있다.

제395조(항소권의 포기방식) ① 항소권의 포기는 항소를 하기 이전에는 제1심 법원에, 항소를 한 뒤에는 소송기록이 있는 법원에 서면으로 하여야 한다.
② 항소권의 포기에 관한 서면은 상대방에게 송달하여야 한다.
③ 항소를 한 뒤의 항소권의 포기는 항소취하의 효력도 가진다.

제396조(항소기간) ① 항소는 판결서가 송달된 날부터 2주 이내에 하여야 한다. 다만, 판결서 송달전에도 할 수 있다.
② 제1항의 기간은 불변기간으로 한다.

제397조(항소의 방식, 항소장의 기재사항) ① 항소는 항소장을 제1심 법원에 제출함으로써 한다.
② 항소장에는 다음 각호의 사항을 적어야 한다.
1. 당사자와 법정대리인
2. 제1심 판결의 표시와 그 판결에 대한 항소의 취지

제398조(준비서면규정의 준용) 항소장에는 준비서면에 관한 규정을 준용한다.

제399조(원심재판장등의 항소장심사권) ① 항소장이 제397조제2항의 규정에 어긋난 경우와 항소장에 법률의 규정에 따른 인지를 붙이지 아니한 경우에는 원심재판장은 항소인에게 상당한 기간을 정하여 그 기간 이내에 흠을 보정하도록 명하여야 한다. 원심재판장은 법원사무관등으로 하여금 위 보정명령을 하게 할 수 있다. <개정 2014·12·30>
② 항소인이 제1항의 기간 이내에 흠을 보정하지 아니한 때와, 항소기간을 넘긴 것이 분명한 때에는 원심재판장은 명령으로 항소장을 각하하여야 한다.
③ 제2항의 명령에 대하여는 즉시항고를 할 수 있다.

제400조(항소기록의 송부) ① 항소장이 각하되지 아니한 때에 원심법원의 법원사무관등은 항소장이 제출된 날부터 2주 이내에 항소기록에 항소장을 붙여 항소법원으로 보내야 한다.
② 제399조제1항의 규정에 의하여 원심재판장등이 흠을 보정하도록 명한 때에는 그 흠이 보정된 날부터 1주 이내에 항소기록을 보내야 한다. <개정 2014·12·30>
③ 제1항 또는 제2항에 따라 항소기록을 송부받은 항소법원의 법원사무관등은 바로 그 사유를 당사자에게 통지하여야 한다. <신설 2024·1·16>

제401조(항소장부본의 송달) 항소장의 부본은 피항소인에게 송달하여야 한다.

제402조(항소심재판장등의 항소장심사권) ① 항소장이 제397조제2항의 규정에 어긋나거나 항소장에 법률의 규정에 따른 인지를 붙이지 아니하였음에도 원심재판장등이 제399조제1항의 규정에 의한 명령을 하지 아니한 경우, 또는 항소장의 부본을 송달할 수 없는 경우에는 항소심재판장은 항소인에게 상당한 기간을 정하여 그 기간 이내에 흠을 보정하도록 명하여야 한다. 항소심재판장은 법원사무관등으로 하여금 위 보정명령을 하게 할 수 있다. <개정 2014·12·30>
② 항소인이 제1항의 기간 이내에 흠을 보정하지 아니한 때, 또는 제399조제2항의 규정에 따라 원심재판장이 항소장을 각하하지 아니한 때에는 항소심재판장은 명령으로 항소장을 각하하여야 한다.
③ 제2항의 명령에 대하여는 즉시항고를 할 수 있다.

제402조의2(항소이유서의 제출) ① 항소장에 항소이유를 적지 아니한 항소인은 제400조 제3항의 통지를 받은 날부터 40일 이내에 항소이유서를 항소법원에 제출하여야 한다.
② 항소법원은 항소인의 신청에 따른 결정으로 제1항에 따른 제출기간을 1회에 한하여 1개월 연장할 수 있다.
〔본조신설 2024·1·16〕

제402조의3(항소이유서 미제출에 따른 항소각하 결정) ① 항소인이 제402조의2제1항에 따른 제출기간(같은 조 제2항에 따라 제출기간이 연장된 경우에는 그 연장된 기간을 말한다) 내에 항소이유서를 제출하지 아니한 때에는 항소법원은 결정으로 항소를 각하하여야 한다. 다만, 직권으로 조사하여야 할 사유가 있거나 항소장에 항소이유가 기재되어 있는 때에는 그러하지 아니하다.
② 제1항 본문의 결정에 대하여는 즉시항고를 할 수 있다.
〔본조신설 2024·1·16〕

제403조(부대항소) 피항소인은 항소권이 소멸된 뒤에도 변론이 종결될 때까지 부대항소(附帶抗訴)를 할 수 있다.

제404조(부대항소의 종속성) 부대항소는 항소가 취하되거나 부적법하여 각하된 때에는 그 효력을 잃는다. 다만, 항소기간 이내에 한 부대항소는 독립된 항소로 본다.

제405조(부대항소의 방식) 부대항소에는 항소에 관한 규정을 적용한다.

제406조(가집행의 선고) ① 항소법원은 제1심 판결중에 불복신청이 없는 부분에 대하여는 당사자의 신청에 따라 결정으로 가집행의 선고를 할 수 있다.
② 제1항의 신청을 기각한 결정에 대하여는 즉시항고를 할 수 있다.

제407조(변론의 범위) ① 변론은 당사자가 제1심 판결의 변경을 청구하는 한도안에서 한다.
② 당사자는 제1심 변론의 결과를 진술하여야 한다.

제408조(제1심 소송절차의 준용) 항소심의 소송절차에는 특별한 규정이 없으면 제2편 제1장 내지 제3장의 규정을 준용한다.

제409조(제1심 소송행위의 효력) 제1심의 소송행위는 항소심에서도 그 효력을 가진다.

제410조(제1심의 변론준비절차의 효력) 제1심의 변론준비절차는 항소심에서도 그 효력을 가진다.

제411조(관할위반 주장의 금지) 당사자는 항소심에서 제1심 법원의 관할위반을 주장하지 못한다. 다만, 전속관할에 대하여는 그러하지 아니하다.

제412조(반소의 제기) ① 반소는 상대방의 심급의 이익을 해할 우려가 없는 경우 또는 상대방의 동의를 받은 경우에 제기할 수 있다.
② 상대방이 이의를 제기하지 아니하고 반소의 본안에 관하여 변론을 한 때에는 반소제기에 동의한 것으로 본다.

제413조(변론 없이 하는 항소각하) 부적법한 항소로서 흠을 보정할 수 없으면 변론 없이 판결로 항소를 각하할 수 있다.

제414조(항소기각) ① 항소법원은 제1심 판결을 정당하다고 인정한 때에는 항소를 기각하여야 한다.
② 제1심 판결의 이유가 정당하지 아니한 경우에도 다른 이유에 따라 그 판결이 정당하다고 인정되는 때에는 항소를 기각하여야 한다.

제415조(항소를 받아들이는 범위) 제1심 판결은 그 불복의 한도안에서 바꿀 수 있다. 다만, 상계에 관한 주장을 인정한 때에는 그러하지 아니하다.

제416조(제1심 판결의 취소) 항소법원은 제1심 판결을 정당하지 아니하다고 인정한 때에는 취소하여야 한다.

제417조(판결절차의 위법으로 말미암은 취소) 제1심 판결의 절차가 법률에 어긋날 때에 항소법원은 제1심 판결을 취소하여야 한다.

제418조(필수적 환송) 소가 부적법하다고 각하한 제1심 판결을 취소하는 경우에는 항소법원은 사건을 제1심 법원에 환송(還送)하여야 한다. 다만, 제1심에서 본안판결을 할 수 있을 정도로 심리가 된 경우, 또는 당사자의 동의가 있는 경우에는 항소법원은 스스로 본안판결을 할 수 있다.

제419조(관할위반으로 말미암은 이송) 관할위반을 이유로 제1심 판결을 취소한 때에는 항소법원은 판결로 사건을 관할법원에 이송하여야 한다.

제420조(판결서를 적는 방법) 판결이유를 적을 때에는 제1심 판결을 인용할 수 있다. 다만, 제1심 판결이 제208조제3항에 따라 작성된 경우에는 그러하지 아니하다.

제421조(소송기록의 반송) 소송이 완결된 뒤 상고가 제기되지 아니하고 상고기간이 끝난 때에는 법원사무관등은 판결서, 제402조에 따른 명령 또는 제402조의3에 따른 결정의 정본을 소송기록에 붙여 제1심 법원에 보내야 한다. <개정 2024·1·16>

제2장 상고

제422조(상고의 대상) ① 상고는 고등법원이 선고한 종국판결과 지방법원 합의부가 제2심으로서 선고한 종국판결에 대하여 할 수 있다.

② 제390조제1항 단서의 경우에는 제1심의 종국판결에 대하여 상고할 수 있다.

제423조(상고이유) 상고는 판결에 영향을 미친 헌법·법률·명령 또는 규칙의 위반이 있다는 것을 이유로 드는 때에만 할 수 있다.

제424조(절대적 상고이유) ① 판결에 다음 각 호 가운데 어느 하나의 사유가 있는 때에는 상고에 정당한 이유가 있는 것으로 한다.

1. 법률에 따라 판결법원을 구성하지 아니한 때
2. 법률에 따라 판결에 관여할 수 없는 판사가 판결에 관여한 때
3. 전속관할에 관한 규정에 어긋난 때
4. 법정대리권·소송대리권 또는 대리인의 소송행위에 대한 특별한 권한의 수여에 흠이 있는 때
5. 변론을 공개하는 규정에 어긋난 때
6. 판결의 이유를 밝히지 아니하거나 이유에 모순이 있는 때

② 제60조 또는 제97조의 규정에 따라 추인한 때에는 제1항제4호의 규정을 적용하지 아니한다.

제425조(항소심절차의 준용) 상고와 상고심의 소송절차에는 특별한 규정이 없으면 제1장의 규정을 준용한다.

제426조(소송기록 접수의 통지) 상고법원의 법원사무관등은 원심법원의 법원사무관등으로부터 소송기록을 받은 때에는 바로 그 사유를 당사자에게 통지하여야 한다.

제427조(상고이유서 제출) 상고장에 상고이유를 적지 아니한 때에 상고인은 제426조의 통지를 받은 날부터 20일 이내에 상고이유서를 제출하여야 한다.

제428조(상고이유서, 답변서의 송달 등) ① 상고이유서를 제출받은 상고법원은 바로 그 부본이나 등본을 상대방에게 송달하여야 한다.

② 상대방은 제1항의 서면을 송달받은 날부터 10일 이내에 답변서를 제출할 수 있다.

③ 상고법원은 제2항의 답변서의 부본이나 등본을 상고인에게 송달하여야 한다.

제429조(상고이유서를 제출하지 아니함으로 말미암은 상고기각) 상고인이 제427조의 규정을 어기어 상고이유서를 제출하지 아니한 때에는 상고법원은 변론 없이 판결로 상고를 기각하여야 한다. 다만, 직권으로 조사하여야 할 사유가 있는 때에는 그러하지 아니하다.

제430조(상고심의 심리절차) ① 상고법원은 상고장·상고이유서·답변서, 그 밖의 소송기록에 의하여 변론없이 판결할 수 있다.

② 상고법원은 소송관계를 분명하게 하기 위하여 필요한 경우에는 특정한 사항에 관하여 변론을 열어 참고인의 진술을 들을 수 있다.

제431조(심리의 범위) 상고법원은 상고이유에 따라 불복신청의 한도 안에서 심리한다.

제432조(사실심의 전권) 원심판결이 적법하게 확정한 사실은 상고법원을 기속한다.

제433조(비약적 상고의 특별규정) 상고법원은 제422조제2항의 규정에 따른 상고에 대하여는 원심판결의 사실확정이 법률에 어긋난다는 것을 이유로 그 판결을 파기하지 못한다.

제434조(직권조사사항에 대한 예외) 법원이 직권으로 조사하여야 할 사항에 대하여는 제431조 내지 제433조의 규정을 적용하지 아니한다.

제435조(가집행의 선고) 상고법원은 원심판결 중 불복신청이 없는 부분에 대하여는 당사자의 신청에 따라 결정으로 가집행의 선고를 할 수 있다.

제436조(파기환송, 이송) ① 상고법원은 상고에 정당한 이유가 있다고 인정할 때에는 원심판결을 파기하고 사건을 원심법원에 환송하거나, 동등한 다른 법원에 이송하여야 한다.

② 사건을 환송받거나 이송받은 법원은 다시 변론을 거쳐 재판하여야 한다. 이 경우에는 상고법원이 파기의 이유로 삼은 사실상 및 법률상 판단에 기속된다.

③ 원심판결에 관여한 판사는 제 2 항의 재판에 관여하지 못한다.

제437조(파기자판) 다음 각호 가운데 어느 하나에 해당하면 상고법원은 사건에 대하여 종국판결을 하여야 한다.

1. 확정된 사실에 대하여 법령적용이 어긋난다 하여 판결을 파기하는 경우에 사건이 그 사실을 바탕으로 재판하기 충분한 때
2. 사건이 법원의 권한에 속하지 아니한다 하여 판결을 파기하는 때

제438조(소송기록의 송부) 사건을 환송하거나 이송하는 판결이 내려졌을 때에는 법원사무관등은 2주 이내에 그 판결의 정본을 소송기록에 붙여 사건을 환송받거나 이송받을 법원에 보내야 한다.

제 3 장 항고

제439조(항고의 대상) 소송절차에 관한 신청을 기각한 결정이나 명령에 대하여 불복하면 항고할 수 있다.

제440조(형식에 어긋나는 결정·명령에 대한 항고) 결정이나 명령으로 재판할 수 없는 사항에 대하여 결정 또는 명령을 한 때에는 항고할 수 있다.

제441조(준항고) ① 수명법관이나 수탁판사의 재판에 대하여 불복하는 당사자는 수소법원에 이의를 신청할 수 있다. 다만, 그 재판이 수소법원의 재판인 경우로서 항고할 수 있는 것인 때에 한한다.

② 제 1 항의 이의신청에 대한 재판에 대하여는 항고할 수 있다.

③ 상고심이나 제 2 심에 계속된 사건에 대한 수명법관이나 수탁판사의 재판에는 제 1 항의 규정을 준용한다.

제442조(재항고) 항고법원·고등법원 또는 항소법원의 결정 및 명령에 대하여는 재판에 영향을 미친 헌법·법률·명령 또는 규칙의 위반을 이유로 드는 때에만 재항고(再抗告)할 수 있다.

제443조(항소 및 상고의 절차규정준용) ① 항고법원의 소송절차에는 제 1 장의 규정을 준용한다.

② 재항고와 이에 관한 소송절차에는 제 2 장의 규정을 준용한다.

제444조(즉시항고) ① 즉시항고는 재판이 고지된 날부터 1주 이내에 하여야 한다.

② 제 1 항의 기간은 불변기간으로 한다.

제445조(항고제기의 방식) 항고는 항고장을 원심법원에 제출함으로써 한다.

제446조(항고의 처리) 원심법원이 항고에 정당한 이유가 있다고 인정하는 때에는 그 재판을 경정하여야 한다.

제447조(즉시항고의 효력) 즉시항고는 집행을 정지시키는 효력을 가진다.

제448조(원심재판의 집행정지) 항고법원 또는 원심법원이나 판사는 항고에 대한 결정이 있을 때까지 원심재판의 집행을 정지하거나 그 밖에 필요한 처분을 명할 수 있다.

제449조(특별항고) ① 불복할 수 없는 결정이나 명령에 대하여는 재판에 영향을 미친 헌법위반이 있거나, 재판의 전제가 된 명령·규칙·처분의 헌법 또는 법률의 위반여부에 대한 판단이 부당하다는 것을 이유로 하는 때에만 대법원에 특별항고(特別抗告)를 할 수 있다.

② 제 1 항의 항고는 재판이 고지된 날부터 1주 이내에 하여야 한다.

③ 제 2 항의 기간은 불변기간으로 한다.

제450조(준용규정) 특별항고와 그 소송절차에는 제448조와 상고에 관한 규정을 준용한다.

제 4 편 재심

제451조(재심사유) ① 다음 각호 가운데 어느 하나에 해당하면 확정된 종국판결에 대하여 재심의 소를 제기할 수 있다. 다만, 당사자가 상소에 의하여 그 사유를 주장하였거나, 이를 알고도 주장하지 아니한 때에는 그러하지 아니하다.

1. 법률에 따라 판결법원을 구성하지 아니한 때
2. 법률상 그 재판에 관여할 수 없는 법관이 관여한 때
3. 법정대리권·소송대리권 또는 대리인이 소송행위를 하는 데에 필요한 권한의 수여에 흠이 있는 때. 다만, 제60조 또는 제97조의 규정에 따라 추인한 때에는 그러하지 아니하다.
4. 재판에 관여한 법관이 그 사건에 관하여 직무에 관한 죄를 범한 때
5. 형사상 처벌을 받을 다른 사람의 행위로 말미암아 자백을 하였거나 판결에 영향을 미칠 공격 또는 방어방법의 제출에 방해를 받은 때
6. 판결의 증거가 된 문서, 그 밖의 물건이 위조되거나 변조된 것인 때
7. 증인·감정인·통역인의 거짓 진술 또는 당사자신문에 따른 당사자나 법정대리인의 거짓 진술이 판결의 증거가 된 때
8. 판결의 기초가 된 민사나 형사의 판결, 그 밖의 재판 또는 행정처분이 다른 재판이나 행정처분에 따라 바뀐 때
9. 판결에 영향을 미칠 중요한 사항에 관하여 판단을 누락한 때
10. 재심을 제기할 판결이 전에 선고한 확정판결에 어긋나는 때
11. 당사자가 상대방의 주소 또는 거소를 알고 있었음에도 있는 곳을 잘 모른다고 하거나 주소나 거소를 거짓으로 하여 소를 제기한 때

② 제1항제4호 내지 제7호의 경우에는 처벌받을 행위에 대하여 유죄의 판결이나 과태료부과의 재판이 확정된 때 또는 증거부족 외의 이유로 유죄의 확정판결이나 과태료부과의 확정재판을 할 수 없을 때에만 재심의 소를 제기할 수 있다.

③ 항소심에서 사건에 대하여 본안판결을 하였을 때에는 제1심 판결에 대하여 재심의 소를 제기하지 못한다.

제452조(기본이 되는 재판의 재심사유) 판결의 기본이 되는 재판에 제451조에 정한 사유가 있을 때에는 그 재판에 대하여 독립된 불복방법이 있는 경우라도 그 사유를 재심의 이유로 삼을 수 있다.

제453조(재심관할법원) ① 재심은 재심을 제기할 판결을 한 법원의 전속관할로 한다.

② 심급을 달리하는 법원이 같은 사건에 대하여 내린 판결에 대한 재심의 소는 상급법원이 관할한다. 다만, 항소심판결과 상고심판결에 각각 독립된 재심사유가 있는 때에는 그러하지 아니하다.

제454조(재심사유에 관한 중간판결) ① 법원은 재심의 소가 적법한지 여부와 재심사유가 있는지 여부에 관한 심리 및 재판을 본안에 관한 심리 및 재판과 분리하여 먼저 시행할 수 있다.

② 제1항의 경우에 법원은 재심사유가 있다고 인정한 때에는 그 취지의 중간판결을 한 뒤 본안에 관하여 심리·재판한다.

제455조(재심의 소송절차) 재심의 소송절차에는 각 심급의 소송절차에 관한 규정을 준용한다.

제456조(재심제기의 기간) ① 재심의 소는 당사자가 판결이 확정된 뒤 재심의 사유를 안 날부터 30일 이내에 제기하여야 한다.

② 제1항의 기간은 불변기간으로 한다.

③ 판결이 확정된 뒤 5년이 지난 때에는 재심의 소를 제기하지 못한다.

④ 재심의 사유가 판결이 확정된 뒤에 생긴 때에는 제3항의 기간은 그 사유가 발생한 날부터 계산한다.

제457조(재심제기의 기간) 대리권의 흠 또는 제451조제1항제10호에 규정한 사항을 이유로 들어 제기하는 재심의 소에는 제456조의 규정을 적용하지 아니한다.

제458조(재심소장의 필수적 기재사항) 재심소장에는 다음 각호의 사항을 적어야 한다.
1. 당사자와 법정대리인
2. 재심할 판결의 표시와 그 판결에 대하여 재심을 청구하는 취지
3. 재심의 이유

제459조(변론과 재판의 범위) ① 본안의 변론과 재판은 재심청구이유의 범위안에서 하여야 한다.

② 재심의 이유는 바꿀 수 있다.

제460조(결과가 정당한 경우의 재심기각) 재심의 사유가 있는 경우라도 판결이 정당하다고 인정한 때에는 법원은 재심의 청구를 기각하여야 한다.

제461조(준재심) 제220조의 조서 또는 즉시항고로 불복할 수 있는 결정이나 명령이 확정된 경우에 제451조제1항에 규정된 사유가 있는 때에는 확정판결에 대한 제451조 내지 제460조의 규정에 준하여 재심을 제기할 수 있다.

제5편 독촉절차

제462조(적용의 요건) 금전, 그 밖에 대체물(代替物)이나 유가증권의 일정한 수량의 지급을 목적으로 하는 청구에 대하여 법원은 채권자의 신청에 따라 지급명령을 할 수 있다. 다만, 대한민국에서 공시송달 외의 방법으로 송달할 수 있는 경우에 한한다.

제463조(관할법원) 독촉절차는 채무자의 보통재판적이 있는 곳의 지방법원이나 제7조 내지 제9조, 제12조 또는 제18조의 규정에 의한 관할법원의 전속관할로 한다.

제464조(지급명령의 신청) 지급명령의 신청에는 그 성질에 어긋나지 아니하면 소에 관한 규정을 준용한다.

제465조(신청의 각하) ① 지급명령의 신청이 제462조 본문 또는 제463조의 규정에 어긋나거나, 신청의 취지로 보아 청구에 정당한 이유가 없는 것이 명백한 때에는 그 신청을 각하하여야 한다. 청구의 일부에 대하여 지급명령을 할 수 없는 때에 그 일부에 대하여도 또한 같다.

② 신청을 각하하는 결정에 대하여는 불복할 수 없다.

제466조(지급명령을 하지 아니하는 경우) ① 채권자는 법원으로부터 채무자의 주소를 보정하라는 명령을 받은 경우에 소제기신청을 할 수 있다.

② 지급명령을 공시송달에 의하지 아니하고는 송달할 수 없거나 외국으로 송달하여야 할 때에는 법원은 직권에 의한 결정으로 사건을 소송절차에 부칠 수 있다.

③ 제2항의 결정에 대하여는 불복할 수 없다.

제467조(일방적 심문) 지급명령은 채무자를 심문하지 아니하고 한다.

제468조(지급명령의 기재사항) 지급명령에는 당사자, 법정대리인, 청구의 취지와 원인을 적고, 채무자가 지급명령이 송달된 날부터 2주 이내에 이의신청을 할 수 있다는 것을 덧붙여 적어야 한다.

제469조(지급명령의 송달) ① 지급명령은 당사자에게 송달하여야 한다.

② 채무자는 지급명령에 대하여 이의신청을 할 수 있다.

제470조(이의신청의 효력) ① 채무자가 지급명령을 송달받은 날부터 2주 이내에 이의신청을 한 때에는 지급명령은 그 범위안에서 효력을 잃는다.

② 제1항의 기간은 불변기간으로 한다.

제471조(이의신청의 각하) ① 법원은 이의신청이 부적법하다고 인정한 때에는 결정으로 이를 각하하여야 한다.

② 제1항의 결정에 대하여는 즉시항고를 할 수 있다.

제472조(소송으로의 이행) ① 채권자가 제466조제1항의 규정에 따라 소제기신청을 한 경우, 또는 법원이 제466조제2항의 규정에 따라 지급명령신청사건을 소송절차에 부치는 결정을 한 경우에는 지급명령을 신청한 때에 소가 제기된 것으로 본다.

② 채무자가 지급명령에 대하여 적법한 이의신청을 한 경우에는 지급명령을 신청한 때에 이의신청된 청구목적의 값에 관하여 소가 제기된 것으로 본다.

제473조(소송으로의 이행에 따른 처리) ① 제472조의 규정에 따라 소가 제기된 것으로 보는 경우, 지급명령을 발령한 법원은 채권자에게 상당한 기간을 정하여, 소를 제기하는 경우 소장에 붙여야 할 인지액에서 소제기신청 또는 지급명령신청시에 붙인 인지액을 뺀 액수의 인지를 보정하도록 명하여야 한다.

② 채권자가 제1항의 기간 이내에 인지를 보정하지 아니한 때에는 위 법원은 결정으로 지급명령신청서를 각하하여야 한다. 이 결정에 대하여는 즉시항고를 할 수 있다.

③ 제1항에 규정된 인지가 보정되면 법원사무관등은 바로 소송기록을 관할법원에 보내야 한다. 이 경우 사건이 합의부의 관할에 해당되면 법원사무관등은 바로 소송기록을 관할법원 합의부에 보내야 한다.

④ 제472조의 경우 독촉절차의 비용은 소송비용의 일부로 한다.

제474조(지급명령의 효력) 지급명령에 대하여 이의신청이 없거나, 이의신청을 취하하거나, 각하결정이 확정된 때에는 지급명령은 확정판결과 같은 효력이 있다.

제 6 편 공시최고절차

제475조(공시최고의 적용범위) 공시최고(公示催告)는 권리 또는 청구의 신고를 하지 아니하면 그 권리를 잃게 될 것을 법률로 정한 경우에만 할 수 있다.

제476조(공시최고절차를 관할하는 법원) ① 공시최고는 법률에 다른 규정이 있는 경우를 제외하고는 권리자의 보통재판적이 있는 곳의 지방법원이 관할한다. 다만, 등기 또는 등록을 말소하기 위한 공시최고는 그 등기 또는 등록을 한 공공기관이 있는 곳의 지방법원에 신청할 수 있다.

② 제492조의 경우에는 증권이나 증서에 표시된 이행지의 지방법원이 관할한다. 다만, 증권이나 증서에 이행지의 표시가 없는 때에는 발행인의 보통재판적이 있는 곳의 지방법원이, 그 법원이 없는 때에는 발행 당시에 발행인의 보통재판적이 있었던 곳의 지방법원이 각각 관할한다.

③ 제 1 항 및 제 2 항의 관할은 전속관할로 한다.

제477조(공시최고의 신청) ① 공시최고의 신청에는 그 신청의 이유와 제권판결(除權判決)을 청구하는 취지를 밝혀야 한다.

② 제 1 항의 신청은 서면으로 하여야 한다.

③ 법원은 여러 개의 공시최고를 병합하도록 명할 수 있다.

제478조(공시최고의 허가여부) ① 공시최고의 허가여부에 대한 재판은 결정으로 한다. 허가하지 아니하는 결정에 대하여는 즉시항고를 할 수 있다.

② 제 1 항의 경우에는 신청인을 심문할 수 있다.

제479조(공시최고의 기재사항) ① 공시최고의 신청을 허가한 때에는 법원은 공시최고를 하여야 한다.

② 공시최고에는 다음 각호의 사항을 적어야 한다.

1. 신청인의 표시
2. 공시최고기일까지 권리 또는 청구의 신고를 하여야 한다는 최고
3. 신고를 하지 아니하면 권리를 잃게 될 사항
4. 공시최고기일

제480조(공고방법) 공시최고는 대법원규칙이 정하는 바에 따라 공고하여야 한다.

제481조(공시최고기간) 공시최고의 기간은 공고가 끝난 날부터 3월 뒤로 정하여야 한다.

제482조(제권판결전의 신고) 공시최고기일이 끝난 뒤에도 제권판결에 앞서 권리 또는 청구의 신고가 있는 때에는 그 권리를 잃지 아니한다.

제483조(신청인의 불출석과 새 기일의 지정) ① 신청인이 공시최고기일에 출석하지 아니하거나, 기일변경신청을 하는 때에는 법원은 1회에 한하여 새 기일을 정하여 주어야 한다.

② 제 1 항의 새 기일은 공시최고기일부터 2월을 넘기지 아니하여야 하며, 공고는 필요로 하지 아니한다.

제484조(취하간주) 신청인이 제483조의 새 기일에 출석하지 아니한 때에는 공시최고신청을 취하한 것으로 본다.

제485조(신고가 있는 경우) 신청이유로 내세운 권리 또는 청구를 다투는 신고가 있는 때에는 법원은 그 권리에 대한 재판이 확정될 때까지 공시최고절차를 중지하거나, 신고한 권리를 유보하고 제권판결을 하여야 한다.

제486조(신청인의 진술의무) 공시최고의 신청인은 공시최고기일에 출석하여 그 신청을 하게 된 이유와 제권판결을 청구하는 취지를 진술하여야 한다.

제487조(제권판결) ① 법원은 신청인이 진술을 한 뒤에 제권판결신청에 정당한 이유가 없다고 인정할 때에는 결정으로 신청을 각하하여야 하며, 이유가 있다고 인정할 때에는 제권판결을 선고하여야 한다.

② 법원은 제 1 항의 재판에 앞서 직권으로 사실을 탐지할 수 있다.

제488조(불복신청) 제권판결의 신청을 각하한 결정이나, 제권판결에 덧붙인 제한 또는 유보에 대하여는 즉시항고를 할 수 있다.

제489조(제권판결의 공고) 법원은 제권판결의 요지를 대법원규칙이 정하는 바에 따라 공고할 수 있다.

제490조(제권판결에 대한 불복소송) ① 제권판결에 대하여는 상소를 하지 못한다.

② 제권판결에 대하여는 다음 각호 가운데 어느 하나에 해당하면 신청인에 대한 소로써 최고법원에 불복할 수 있다.

1. 법률상 공시최고절차를 허가하지 아니할 경우일 때
2. 공시최고의 공고를 하지 아니하였거나, 법령이 정한 방법으로 공고를 하지 아니한 때
3. 공시최고기간을 지키지 아니한 때
4. 판결을 한 판사가 법률에 따라 직무집행에서 제척된 때
5. 전속관할에 관한 규정에 어긋난 때
6. 권리 또는 청구의 신고가 있음에도 법률에 어긋나는 판결을 한 때
7. 거짓 또는 부정한 방법으로 제권판결을 받은 때
8. 제451조제1항제4호 내지 제8호의 재심사유가 있는 때

제491조(소제기기간) ① 제490조제2항의 소는 1월 이내에 제기하여야 한다.

② 제1항의 기간은 불변기간으로 한다.

③ 제1항의 기간은 원고가 제권판결이 있다는 것을 안 날부터 계산한다. 다만, 제490조제2항제4호·제7호 및 제8호의 사유를 들어 소를 제기하는 경우에는 원고가 이러한 사유가 있음을 안 날부터 계산한다.

④ 이 소는 제권판결이 선고된 날부터 3년이 지나면 제기하지 못한다.

제492조(증권의 무효선고를 위한 공시최고) ① 도난·분실되거나 없어진 증권, 그 밖에 상법에서 무효로 할 수 있다고 규정한 증서의 무효선고를 청구하는 공시최고절차에는 제493조 내지 제497조의 규정을 적용한다.

② 법률상 공시최고를 할 수 있는 그 밖의 증서에 관하여 그 법률에 특별한 규정이 없으면 제1항의 규정을 적용한다.

제493조(증서에 관한 공시최고신청권자) 무기명증권 또는 배서(背書)로 이전할 수 있거나 약식배서(略式背書)가 있는 증권 또는 증서에 관하여는 최종소지인이 공시최고절차를 신청할 수 있으며, 그 밖의 증서에 관하여는 그 증서에 따라서 권리를 주장할 수 있는 사람이 공시최고절차를 신청할 수 있다.

제494조(신청사유의 소명) ① 신청인은 증서의 등본을 제출하거나 또는 증서의 존재 및 그 중요한 취지를 충분히 알리기에 필요한 사항을 제시하여야 한다.

② 신청인은 증서가 도난·분실되거나 없어진 사실과, 그 밖에 공시최고절차를 신청할 수 있는 이유가 되는 사실 등을 소명하여야 한다.

제495조(신고최고, 실권경고) 공시최고에는 공시최고기일까지 권리 또는 청구의 신고를 하고 그 증서를 제출하도록 최고하고, 이를 게을리 하면 권리를 잃게 되어 증서의 무효가 선고된다는 것을 경고하여야 한다.

제496조(제권판결의 선고) 제권판결에서는 증권 또는 증서의 무효를 선고하여야 한다.

제497조(제권판결의 효력) 제권판결이 내려진 때에는 신청인은 증권 또는 증서에 따라 의무를 지는 사람에게 증권 또는 증서에 따른 권리를 주장할 수 있다.

제7편 판결의 확정 및 집행정지

제498조(판결의 확정시기) 판결은 상소를 제기할 수 있는 기간 또는 그 기간 이내에 적법한 상소제기가 있을 때에는 확정되지 아니한다.

제499조(판결확정증명서의 부여자) ① 원고 또는 피고가 판결확정증명서를 신청한 때에는 제1심 법원의 법원사무관등이 기록에 따라 내어 준다.

② 소송기록이 상급심에 있는 때에는 상급법원의 법원사무관등이 그 확정부분에 대하여만 증명서를 내어 준다.

제500조(재심 또는 상소의 추후보완신청으로 말미암은 집행정지) ① 재심 또는 제173조에 따른 상소의 추후보완신청이 있는 경우에 불복하는 이유로 내세운 사유가 법률상 정당한 이유가 있다고 인정되고, 사실에 대한 소명이 있는 때에는 법원은 당사자의 신청에 따라 담보를 제공하게 하거나 담보를

제공하지 아니하게 하고 강제집행을 일시정지하도록 명할 수 있으며, 담보를 제공하게 하고 강제집행을 실시하도록 명하거나 실시한 강제처분을 취소하도록 명할 수 있다.
② 담보없이 하는 강제집행의 정지는 그 집행으로 말미암아 보상할 수 없는 손해가 생기는 것을 소명한 때에만 한다.
③ 제1항 및 제2항의 재판은 변론 없이 할 수 있으며, 이 재판에 대하여는 불복할 수 없다.
④ 상소의 추후보완신청의 경우에 소송기록이 원심법원에 있으면 그 법원이 제1항 및 제2항의 재판을 한다.

제501조(상소제기 또는 변경의 소제기로 말미암은 집행정지) 가집행의 선고가 붙은 판결에 대하여 상소를 한 경우 또는 정기금의 지급을 명한 확정판결에 대하여 제252조제1항의 규정에 따른 소를 제기한 경우에는 제500조의 규정을 준용한다.

제502조(담보를 공탁할 법원) ① 이 편의 규정에 의한 담보의 제공이나 공탁은 원고나 피고의 보통재판적이 있는 곳의 지방법원 또는 집행법원에 할 수 있다.
② 담보를 제공하거나 공탁을 한 때에는 법원은 당사자의 신청에 따라서 증명서를 주어야 한다.
③ 이 편에 규정된 담보에는 달리 규정이 있는 경우를 제외하고는 제122조·제123조·제125조 및 제126조의 규정을 준용한다.

부　칙

제1조(시행일) 이 법은 2002년 7월 1일부터 시행한다.

제2조(계속사건에 관한 경과조치) 이 법은 특별한 규정이 없으면 이 법 시행 당시 법원에 계속 중인 사건에도 적용한다. 다만, 이 법 시행 전의 소송행위의 효력에는 영향을 미치지 아니한다.

제3조(법 적용의 시간적 범위) 이 법은 이 법 시행 이전에 생긴 사항에도 적용한다. 다만, 종전의 규정에 따라 생긴 효력에는 영향을 미치지 아니한다.

제4조(관할에 관한 경과조치) 이 법 시행 당시 법원에 계속 중인 사건은 이 법에 따라 관할권이 없는 경우에도 종전의 규정에 따라 관할권이 있으면 그에 따른다.

제5조(법정기간에 관한 경과조치) 이 법 시행전부터 진행된 법정기간과 그 계산은 종전의 규정에 따른다.

제6조(다른 법률의 개정) 생략

제7조(다른 법률과의 관계) 이 법 시행 당시 다른 법률에서 종전의 민사소송법의 규정을 인용한 경우에 이 법중 그에 해당하는 규정이 있는 때에는 이 법의 해당 규정을 인용한 것으로 본다.

부　칙 <2005·3·31 법7427>

제1조(시행일) 이 법은 공포한 날부터 시행한다. 다만, …<생략>… 부칙 제7조(제2항 및 제29항을 제외한다)의 규정은 2008년 1월 1일부터 시행한다.

제2조부터 **제6조**까지 생략

제7조(다른 법률의 개정) 생략

부　칙 <2005·3·31 법7428>

제1조(시행일) 이 법은 공포 후 1년이 경과한 날부터 시행한다.

제2조부터 **제6조**까지 생략

부　칙 <2006·2·21 법7849>

제1조(시행일) 이 법은 2006년 7월 1일부터 시행한다. 〈단서 생략〉

제2조부터 **제41조**까지 생략

부　칙 <2007·5·17 법8438>

이 법은 2008년 1월 1일부터 시행한다.

부　칙 <2007·7·13 법8499>

①(시행일) 이 법은 공포 후 1개월이 경과한 날부터 시행한다.
②(전문심리위원에 대한 적용례) 제164조의2부터 제164조의8까지의 개정규정은 이 법 시행 당시 법원에 계속 중인 사건에도 적용한다.

부　칙 <2008·12·26 법9171>

①(시행일) 이 법은 공포한 날부터 시행한다.
②(계속사건에 대한 경과조치) 이 법은 이 법 시행 당시 법원에 계속 중인 사건에 대하여도 적용한다.

부　칙 <2010·7·23 법10373>

①(시행일) 이 법은 공포 후 3개월이 경과한 날부터 시행한다.
②(적용례) 제117조의 개정규정은 이 법 시행 후 최초로 소송제기되는 경우부터 적용한다.

부 칙 <2011·5·19 법10629>

제1조(시행일) 이 법은 공포 후 2개월이 경과한 날부터 시행한다. 〈단서 생략〉

제2조 생략

부 칙 <2011·7·18 법10859>

①(시행일) 이 법은 2015년 1월 1일부터 시행한다.

②(적용례) 제163조의2의 개정규정은 이 법 시행 후 최초로 판결이 확정되는 사건의 판결서부터 적용한다.

부 칙 <2014·5·20 법12587>

이 법은 공포한 날부터 시행한다.

부 칙 <2014·12·30 법12882>

제1조(시행일) 이 법은 공포 후 6개월이 경과한 날부터 시행한다.

제2조(계속사건에 대한 경과조치) 이 법은 이 법 시행 당시 법원에 계속 중인 사건에 대하여도 적용한다.

부 칙 <2015·12·1 법13521>

제1조(시행일) 이 법은 2016년 1월 1일부터 시행한다.

제2조(적용례) 이 법은 이 법 시행 후 최초로 소장이 접수된 사건부터 적용한다.

부 칙 <2016·2·3 법13952>

제1조(시행일) 이 법은 공포 후 1년이 경과한 날부터 시행한다.

제2조(계속사건에 관한 적용례 등) 이 법은 특별한 규정이 없으면 이 법 시행 당시 법원에 계속 중인 사건에도 적용한다. 다만, 이 법 시행 전의 소송행위의 효력에는 영향을 미치지 아니한다.

제3조(금치산자 등에 대한 경과조치) 제55조, 제56조 및 제62조의 개정규정에도 불구하고 법률 제10429호 민법 일부개정법률 부칙 제2조에 따라 금치산 또는 한정치산 선고의 효력이 유지되는 사람에 대해서는 종전의 규정에 따른다.

제4조(다른 법률의 개정) 생략

부 칙 <2016·3·29 법14103>

제1조(시행일) 이 법은 공포 후 6개월이 경과한 날부터 시행한다.

제2조(계속사건에 관한 경과조치) 이 법은 이 법 시행 당시 법원에 계속 중인 사건에 대하여도 적용한다.

부 칙 <2017·10·31 법14966>

제1조(시행일) 이 법은 공포한 날부터 시행한다.

제2조(적용례) 이 법의 개정규정은 이 법 시행 후 최초로 조서 또는 그 밖의 서면을 작성하거나 재판서·조서의 정본·등본·초본을 교부하는 경우부터 적용한다.

부 칙 <2020·12·8 법17568>

제1조(시행일) 이 법은 2023년 1월 1일부터 시행한다.

제2조(적용례) 제163조의2의 개정규정은 이 법 시행 후 최초로 판결이 선고되는 사건의 판결서부터 적용한다.

부 칙 <2020·12·22 법17689>

제1조(시행일) 이 법은 2021년 1월 1일부터 시행한다.

제2조부터 **제8조**까지 생략

부 칙 <2021·8·17 법18396>

제1조(시행일) 이 법은 공포 후 3개월이 경과한 날부터 시행한다.

제2조(계속사건에 대한 경과조치) 이 법은 이 법 시행 당시 법원에 계속 중인 사건에 대하여도 적용한다.

부 칙 <2023·4·18 법19354>

제1조(시행일) 이 법은 공포 후 6개월이 경과한 날부터 시행한다.

제2조(소송구조에 관한 적용례) 제128조제2항의 개정규정은 이 법 시행 이후 소송구조를 신청한 경우부터 적용한다.

제3조(소권 및 항소권의 남용에 관한 적용례) 제194조제4항, 제219조의2, 제248조의 개정규정은 이 법 시행 이후 소 및 항소를 제기한 경우부터 적용한다.

제4조(다른 법률의 개정) 생략

부 칙 <2023·7·11 법19516>

이 법은 공포 후 2년이 경과한 날부터 시행한다.

부 칙 <2024·1·16 법20003>

제1조(시행일) 이 법은 2025년 3월 1일부터 시행한다.

제2조(항소이유서의 제출에 관한 적용례) 이 법은 이 법 시행 후 최초로 항소장 또는 항고장이 제출되는 사건부터 적용한다.

제3조(다른 법률의 개정) 생략

●민사소송규칙

〔2002·6·28 대법원규칙제1761호 전부개정〕

개정
2006· 3·23 대법원규칙제2012호
2007· 7·31 대법원규칙제2094호
2007·11·28 대법원규칙제2115호
2009· 1· 9 대법원규칙제2203호
2009·12· 3 대법원규칙제2259호
2010·12·13 대법원규칙제2311호
2011· 9·28 대법원규칙제2356호(부동산등기규칙)
2012· 5· 2 대법원규칙제2396호
2014· 8· 6 대법원규칙제2545호
2014·12·30 대법원규칙제2575호
2015· 1·28 대법원규칙제2585호
2015· 6·29 대법원규칙제2606호
2016· 8· 1 대법원규칙제2670호
2016· 9· 6 대법원규칙제2675호
2017· 2· 2 대법원규칙제2711호
2018· 1·31 대법원규칙제2771호
2020· 6· 1 대법원규칙제2900호
2020· 6·26 대법원규칙제2905호
2021·10·29 대법원규칙제3001호
2024·11·29 대법원규칙제3167호
2025· 1·23 대법원규칙제3191호

제1편 총칙

제1장 통칙

제1조(목적) 이 규칙은 민사소송법(다음부터 "법"이라 한다)이 대법원규칙에 위임한 사항, 그 밖에 민사소송절차에 관하여 필요한 사항을 규정함을 목적으로 한다.

제2조(법원에 제출하는 서면의 기재사항) ① 당사자 또는 대리인이 법원에 제출하는 서면에는 특별한 규정이 없으면 다음 각호의 사항을 적고 당사자 또는 대리인이 기명날인 또는 서명하여야 한다.
1. 사건의 표시
2. 서면을 제출하는 당사자와 대리인의 이름·주소와 연락처(전화번호·팩시밀리번호 또는 전자우편주소 등을 말한다. 다음부터 같다)
3. 덧붙인 서류의 표시
4. 작성한 날짜
5. 법원의 표시

② 당사자 또는 대리인이 제출한 서면에 적은 주소 또는 연락처에 변동사항이 없는 때에는 그 이후에 제출하는 서면에는 주소 또는 연락처를 적지 아니하여도 된다.

제3조(최고·통지) ① 민사소송절차에서 최고와 통지는 특별한 규정이 없으면 상당하다고 인정되는 방법으로 할 수 있다.

② 제 1 항의 최고나 통지를 한 때에는 법원서기관·법원사무관·법원주사 또는 법원주사보(다음부터 이 모두를 "법원사무관등"이라 한다)는 그 취지와 최고 또는 통지의 방법을 소송기록에 표시하여야 한다.

③ 이 규칙에 규정된 통지(다만, 법에 규정된 통지를 제외한다)를 받을 사람이 외국에 있거나 있는 곳이 분명하지 아니한 때에는 통지를 하지 아니하여도 된다. 이 경우 법원사무관등은 그 사유를 소송기록에 표시하여야 한다.

④ 당사자, 그 밖의 소송관계인에 대한 통지는 법원사무관등으로 하여금 그 이름으로 하게 할 수 있다.

제 4 조(소송서류의 작성방법 등) ① 소송서류는 간결한 문장으로 분명하게 작성하여야 한다.

② 소송서류는 특별한 사정이 없으면 다음 양식에 따라 세워서 적어야 한다. <개정 2016·8·1>

1. 용지는 A4(가로 210㎜×세로 297㎜) 크기로 하고, 위로부터 45㎜, 왼쪽 및 오른쪽으로부터 각각 20㎜, 아래로부터 30㎜(장수 표시 제외)의 여백을 둔다.
2. 글자크기는 12포인트(가로 4.2㎜×세로 4.2㎜) 이상으로 하고, 줄간격은 200% 또는 1.5줄 이상으로 한다.

③ 법원은 제출자의 의견을 들어 변론기일 또는 변론준비기일에서 진술되지 아니하거나 불필요한 소송서류를 돌려주거나 폐기할 수 있다. <신설 2016·8·1>

제 5 조(소송서류의 접수와 보정권고) ① 당사자, 그 밖의 소송관계인이 제출하는 소송서류는 정당한 이유 없이 접수를 거부하여서는 아니 된다.

② 소송서류를 접수한 공무원은 소송서류를 제출한 사람이 요청한 때에는 바로 접수증을 교부하여야 한다.

③ 법원사무관등은 접수된 소송서류의 보완을 위하여 필요한 사항을 지적하고 보정을 권고할 수 있다.

제 2 장 법원

제 6 조(보통재판적) 법 제 3 조 내지 법 제 6 조의 규정에 따라 보통재판적을 정할 수 없는 때에는 대법원이 있는 곳을 보통재판적으로 한다.

제 7 조(관할지정의 신청 등) ① 법 제28조제 1 항의 규정에 따라 관계된 법원 또는 당사자가 관할지정을 신청하는 때에는 그 사유를 적은 신청서를 바로 위의 상급법원에 제출하여야 한다.

② 소 제기 후의 사건에 관하여 제 1 항의 신청을 한 경우, 신청인이 관계된 법원인 때에는 그 법원이 당사자 모두에게, 신청인이 당사자인 때에는 신청을 받은 법원이 소송이 계속된 법원과 상대방에게 그 취지를 통지하여야 한다.

제 8 조(관할지정신청에 대한 처리) ① 법 제28조제 1 항의 규정에 따른 신청을 받은 법원은 그 신청에 정당한 이유가 있다고 인정하는 때에는 관할법원을 지정하는 결정을, 이유가 없다고 인정하는 때에는 신청을 기각하는 결정을 하여야 한다.

② 소 제기 전의 사건에 관하여 제 1 항의 결정을 한 경우에는 신청인에게, 소 제기 후의 사건에 관하여 제 1 항의 결정을 한 경우에는 소송이 계속된 법원과 당사자 모두에게 그 결정정본을 송달하여야 한다.

③ 소송이 계속된 법원이 바로 위의 상급법원으로부터 다른 법원을 관할법원으로 지정하는 결정정본을 송달받은 때에는, 그 법원의 법원사무관등은 바로 그 결정정본과 소송기록을 지정된 법원에 보내야 한다.

제 9 조(소송절차의 정지) 소 제기 후의 사건에 관하여 법 제28조제 1 항의 규정에 따른 관할지정신청이 있는 때에는 그 신청에 대한 결정이 있을 때까지 소송절차를 정지하여야 한다. 다만, 긴급한 필요가 있는 행위를 하는 경우에는 그러하지 아니하다.

제10조(이송신청의 방식) ① 소송의 이송신청을 하는 때에는 신청의 이유를 밝혀야 한다.

② 이송신청은 기일에 출석하여 하는 경우가 아니면 서면으로 하여야 한다.

제11조(이송결정에 관한 의견진술) ① 법 제34조제 2 항·제 3 항, 법 제35조 또는 법 제36조제 1 항의 규정에 따른 신청이 있는 때에는 법원은 결정에 앞서 상대방에게 의

견을 진술할 기회를 주어야 한다.

② 법원이 직권으로 법 제34조제2항, 법 제35조 또는 법 제36조의 규정에 따른 이송결정을 하는 때에는 당사자의 의견을 들을 수 있다.

제 3 장 당사자

제12조(법인이 아닌 사단 등의 당사자능력을 판단하는 자료의 제출) 법원은 법인이 아닌 사단 또는 재단이 당사자가 되어 있는 때에는 정관·규약, 그 밖에 그 당사자의 당사자능력을 판단하기 위하여 필요한 자료를 제출하게 할 수 있다.

제13조(법정대리권 소멸 및 선정당사자 선정취소·변경 통지의 신고) ① 법 제63조제1항의 규정에 따라 법정대리권 소멸통지를 한 사람은 그 취지를 법원에 서면으로 신고하여야 한다.

② 법 제63조제2항의 규정에 따라 선정당사자 선정취소와 변경의 통지를 한 사람에게는 제1항의 규정을 준용한다.

제14조(필수적 공동소송인의 추가신청) 법 제68조제1항의 규정에 따른 필수적 공동소송인의 추가신청은 추가될 당사자의 이름·주소와 추가신청의 이유를 적은 서면으로 하여야 한다.

제15조(단독사건에서 소송대리의 허가) ① 단독판사가 심리·재판하는 사건으로서 다음 각 호의 어느 하나에 해당하는 사건에서는 변호사가 아닌 사람도 법원의 허가를 받아 소송대리인이 될 수 있다. <개정 2016·9·6>

1. 「민사 및 가사소송의 사물관할에 관한 규칙」 제2조 단서 각 호의 어느 하나에 해당하는 사건
2. 제1호 사건 외의 사건으로서 다음 각 목의 어느 하나에 해당하지 아니하는 사건
   가. 소송목적의 값이 소제기 당시 또는 청구취지 확장(변론의 병합 포함) 당시 1억원을 넘는 소송사건
   나. 가목의 사건을 본안으로 하는 신청사건 및 이에 부수하는 신청사건(다만, 가압류·다툼의 대상에 관한 가처분 신청사건 및 이에 부수하는 신청사건은 제외한다)

② 제1항과 법 제88조제1항의 규정에 따라 법원의 허가를 받을 수 있는 사람은 다음 각호 가운데 어느 하나에 해당하여야 한다.

1. 당사자의 배우자 또는 4촌 안의 친족으로서 당사자와의 생활관계에 비추어 상당하다고 인정되는 경우
2. 당사자와 고용, 그 밖에 이에 준하는 계약관계를 맺고 그 사건에 관한 통상사무를 처리·보조하는 사람으로서 그 사람이 담당하는 사무와 사건의 내용 등에 비추어 상당하다고 인정되는 경우

③ 제1항과 법 제88조제1항에 규정된 허가신청은 서면으로 하여야 한다.

④ 제1항과 법 제88조제1항의 규정에 따른 허가를 한 후 사건이 제1항제2호 각 목의 어느 하나에 해당하는 사건(다만, 제1항제1호에 해당하는 사건은 제외한다) 또는 민사소송등인지법 제2조제4항에 해당하게 된 때에는 법원은 허가를 취소하고 당사자 본인에게 그 취지를 통지하여야 한다. <개정 2010·12·13, 2015·1·28, 2016·9·6>

제16조(법률상 소송대리인의 자격심사 등) ① 법원은 지배인·선장 등 법률상 소송대리인의 자격 또는 권한을 심사할 수 있고 그 심사에 필요한 때에는 그 소송대리인·당사자 본인 또는 참고인을 심문하거나 관련 자료를 제출하게 할 수 있다.

② 법원은 법률상 소송대리인이 그 자격 또는 권한이 없다고 인정하는 때에는 재판상 행위를 금지하고 당사자 본인에게 그 취지를 통지하여야 한다.

제17조(소송대리권 소멸통지의 신고) 법 제97조에서 준용하는 법 제63조제1항의 규정에 따라 소송대리인 권한의 소멸통지를 한 사람에게는 제13조제1항의 규정을 준용한다.

제17조의2(기일 외 진술 등의 금지) ① 당사자나 대리인은 기일 외에서 구술, 전화, 휴대전화 문자전송, 그 밖에 이와 유사한 방법으로 사실상 또는 법률상 사항에 대하여 진술하는 등 법령이나 재판장의 지휘에 어긋나는 절차와 방식으로 소송행위를 하여서는 아니 된다.

② 재판장은 제1항을 어긴 당사자나 대리

인에게 주의를 촉구하고 기일에서 그 위반 사실을 알릴 수 있다.
〔본조신설 2016·9·6〕

제 4 장 소송비용

제 1 절 소송비용의 부담

제18조(소송비용액의 확정을 구하는 신청의 방식) 법 제110조제 1 항, 법 제113조제 1 항 또는 법 제114조제 1 항의 규정에 따른 신청은 서면으로 하여야 한다.

제19조(소송비용의 예납의무자) ① 법 제116조제 1 항의 규정에 따라 법원이 소송비용을 미리 내게 할 수 있는 당사자는 그 소송행위로 이익을 받을 당사자로 하되, 다음 각호의 기준을 따라야 한다. <개정 2020·6·26>

1. 송달료는 원고(상소심에서는 상소인을 말한다. 다음부터 이 조문 안에서 같다)
2. 변론의 속기 또는 녹음(듣거나 말하는 데 장애가 있는 사람을 위한 속기, 녹음 및 제37조에 따라 녹음에 준하여 이루어지는 녹화를 제외한다. 다음부터 이 조문 안에서 같다)에 드는 비용은 신청인. 다만, 직권에 의한 속기 또는 녹음의 경우에 그 속기 또는 녹음으로 이익을 받을 당사자가 분명하지 아니한 때에는 원고
3. 증거조사를 위한 증인·감정인·통역인(듣거나 말하는 데 장애가 있는 사람을 위한 통역인은 제외한다. 다음부터 이 조문 안에서 같다) 등에 대한 여비·일당·숙박료 및 감정인·통역인 등에 대한 보수와 법원 외에서의 증거조사를 위한 법관, 그 밖의 법원공무원의 여비·숙박료는 그 증거조사를 신청한 당사자. 다만, 직권에 의한 증거조사의 경우에 그 증거조사로 이익을 받을 당사자가 분명하지 아니한 때에는 원고
4. 상소법원에 소송기록을 보내는 비용은 상소인

② 제 1 항제 2 호의 속기 또는 녹음, 제 1 항제 3 호의 증거조사를 양 쪽 당사자가 신청한 경우와 제 1 항제 4 호의 상소인이 양쪽 당사자인 경우에는 필요한 비용을 균등하게 나누어 미리 내게 하여야 한다. 다만, 사정에 따라 미리 낼 금액의 비율을 다르게 할 수 있다.

제19조의2(듣거나 말하는 데 장애가 있는 사람을 위한 비용 등) ① 듣거나 말하는 데 장애가 있는 사람을 위한 속기, 녹음 및 제37조에 따라 녹음에 준하여 이루어지는 녹화에 드는 비용은 국고에서 지급하고, 소송비용에는 산입하지 아니한다.
② 듣거나 말하는 데 장애가 있는 사람을 위한 통역인에게는 「민사소송비용규칙」에서 정하는 바에 따라 여비, 일당 및 숙박료를 지급하고 통역에 관한 특별요금은 법원이 정한 금액을 지급한다. 이에 소요되는 비용은 국고에서 지급하고, 소송비용에는 산입하지 아니한다.
〔본조신설 2020·6·26〕

제20조(소송비용 예납 불이행시의 국고대납) 법원은 소송비용을 미리 내야 할 사람이 내지 아니하여(부족액을 추가로 내지 아니하는 경우를 포함한다) 소송절차의 진행 또는 종료 후의 사무처리가 현저히 곤란한 때에는 그 소송비용을 국고에서 대납받아 지출할 수 있다.

제21조(소송비용의 대납지급 요청) ① 소송비용의 대납지급 요청은 재판장이 법원의 경비출납공무원에게 서면이나 재판사무시스템을 이용한 전자적인 방법으로 하여야 한다. 다만, 서류 송달료의 대납지급 요청은 법원사무관등이 한다. <개정 2009·12·3>
② 제 1 항의 요청은 소송비용을 지출할 사유가 발생할 때마다 하여야 한다. 다만, 서류의 송달료에 관하여는 필요한 범위 안에서 여러 번 실시할 비용의 일괄 지급을 요청할 수 있다.

제 2 절 소송비용의 담보

제22조(지급보증위탁계약) ① 법 제122조의 규정에 따라 지급보증위탁계약을 맺은 문서를 제출하는 방법으로 담보를 제공하려면 미리 법원의 허가를 받아야 한다.
② 제 1 항의 규정에 따른 지급보증위탁계약은 담보제공명령을 받은 사람이 은행법의

규정에 따른 금융기관이나 보험회사(다음부터 이 모두를 "은행등"이라 한다)와 맺은 것으로서 다음 각호의 요건을 갖춘 것이어야 한다.

1. 은행등이 담보제공명령을 받은 사람을 위하여, 법원이 정한 금액 범위 안에서, 담보에 관계된 소송비용상환청구권에 관한 집행권원 또는 그 소송비용상환청구권의 존재를 확인하는 것으로서 확정판결과 같은 효력이 있는 것에 표시된 금액을 담보권리자에게 지급한다는 것
2. 담보취소의 결정이 확정될 때까지 계약의 효력이 존속된다는 것
3. 계약을 변경 또는 해제할 수 없다는 것
4. 담보권리자가 신청한 때에는 은행등은 지급보증위탁계약을 맺은 사실을 증명하는 서면을 담보권리자에게 교부한다는 것

③ 법 제122조의 규정이 준용되는 다른 절차에는 제1항과 제2항의 규정을 준용한다.

제23조(담보취소와 담보물변경 신청사건의 관할법원) ① 법 제125조의 규정에 따른 담보취소신청사건과 법 제126조의 규정에 따른 담보물변경신청사건은 담보제공결정을 한 법원 또는 그 기록을 보관하고 있는 법원이 관할한다.

② 법 제125조 또는 법 제126조의 규정이 준용되는 다른 절차에는 제1항의 규정을 준용한다.

제3절 소송구조

제24조(구조신청의 방식) ① 법 제128조제1항의 규정에 따른 소송구조신청은 서면으로 하여야 한다.

② 제1항의 신청서에는 신청인 및 그와 같이 사는 가족의 자금능력을 적은 서면을 붙여야 한다.

제25조(소송비용의 지급 요청) ① 법 제128조제1항의 규정에 따라 구조결정을 한 사건에 관하여 증거조사나 서류의 송달을 위한 비용, 그 밖에 당사자가 미리 내야 할 소송비용을 지출할 사유가 발생한 때에는 법원사무관등은 서면이나 재판사무시스템을 이용한 전자적인 방법으로 경비출납공무원에게 그 소송비용의 대납지급을 요청하여야 한다. <개정 2009·12·3>

② 제1항의 경우에는 제21조제2항의 규정을 준용한다.

제26조(변호사보수 등의 지급) ① 법 제129조제2항의 규정에 따른 변호사나 집행관의 보수는 구조결정을 한 법원이 보수를 받을 사람의 신청에 따라 그 심급의 소송절차가 완결된 때 또는 강제집행절차가 종료된 때에 지급한다.

② 제1항과 법 제129조제2항의 규정에 따라 지급할 변호사나 집행관의 보수액은 변호사보수의소송비용산입에관한규칙 또는 집행관수수료규칙을 참조하여 재판장의 감독 하에 법원사무관등이 정한다. <개정 2015·1·28>

③ 제1항의 규정에 따른 신청에는 법 제110조제2항(다만, 등본에 관한 부분을 제외한다)을 준용한다. <개정 2015·1·28>

제27조(구조의 취소 등) ① 법 제131조의 규정에 따른 재판은 구조결정을 한 대상사건의 절차가 판결의 확정, 그 밖의 사유로 종료된 뒤 5년이 지난 때에는 할 수 없다.

② 소송구조를 받은 사람이 자금능력이 있게 된 때에는 구조결정을 한 법원에 그 사실을 신고하여야 한다. 다만, 제1항의 기간이 지난 때에는 그러하지 아니하다.

제5장 소송절차

제1절 변론

제28조(변론의 방법) ① 변론은 당사자가 말로 중요한 사실상 또는 법률상 사항에 대하여 진술하거나, 법원이 당사자에게 말로 해당사항을 확인하는 방식으로 한다.

② 법원은 변론에서 당사자에게 중요한 사실상 또는 법률상 쟁점에 관하여 의견을 진술할 기회를 주어야 한다.

[본조신설 2007·11·28]

제28조의2(재판장의 명령 등에 관한 이의신청) ① 법 제138조의 규정에 따른 이의신청은 그 명령 또는 조치가 있은 후 바로 하여야 한다. 다만, 법 제151조 단서에 해당하는 사유가 있는 때에는 그러하지 아니하다.

② 제1항의 이의신청을 하는 때에는 그 이유를 구체적으로 밝혀야 한다.

제28조의3(당사자 본인의 최종진술) ① 당사자 본인은 변론이 종결되기 전에 재판장의 허가를 받아 최종의견을 진술할 수 있다. 다만 변론에서 이미 충분한 의견진술 기회를 가졌거나 그 밖의 특별한 사정이 있는 경우에는 그러하지 아니하다.

② 재판장은 당사자 본인의 수가 너무 많은 경우에는 당사자 본인 중 일부에 대하여 최종의견 진술기회를 제한할 수 있다.

③ 재판장은 필요하다고 인정할 때에는 제1항에 따른 최종의견 진술시간을 제한할 수 있다.

〔본조신설 2015·6·29〕

제29조(법원의 석명처분) 법 제140조제1항의 규정에 따른 검증·감정과 조사의 촉탁에는 이 규칙의 증거조사에 관한 규정을 준용한다.

제29조의2(당사자 본인 등에 대한 출석명령) ① 법원은 필요한 때에는 당사자 본인 또는 그 법정대리인에게 출석하도록 명할 수 있다.

② 법원은 필요한 때에는 소송대리인에게 당사자 본인 또는 그 법정대리인의 출석을 요청할 수 있다.

〔본조신설 2007·11·28〕

제30조(석명권의 행사 등에 따른 법원사무관등의 조치) 법 제136조 또는 법 제137조의 규정에 따른 조치나 법 제140조제1항의 규정에 따른 처분이 있는 경우에 재판장 또는 법원은 법원사무관등으로 하여금 그 조치나 처분의 이행여부를 확인하고 그 이행을 촉구하게 할 수 있다.

제30조의2(진술 보조) ① 법 제143조의2에 따라 법원의 허가를 받아 진술보조인이 될 수 있는 사람은 다음 각 호 중 어느 하나에 해당하고, 듣거나 말하는 데 장애가 없어야 한다.

1. 당사자의 배우자, 직계친족, 형제자매, 가족, 그 밖에 동거인으로서 당사자와의 생활관계에 비추어 상당하다고 인정되는 경우
2. 당사자와 고용, 그 밖에 이에 준하는 계약관계 또는 신뢰관계를 맺고 있는 사람으로서 그 사람이 담당하는 사무의 내용 등에 비추어 상당하다고 인정되는 경우

② 제1항과 법 제143조의2제1항에 따른 허가신청은 심급마다 서면으로 하여야 한다.

③ 제1항과 법 제143조의2제1항에 따른 법원의 허가를 받은 진술보조인은 변론기일에 당사자 본인과 동석하여 다음 각 호의 행위를 할 수 있다. 이 때 당사자 본인은 진술보조인의 행위를 즉시 취소하거나 경정할 수 있다.

1. 당사자 본인의 진술을 법원과 상대방, 그 밖의 소송관계인이 이해할 수 있도록 중개하거나 설명하는 행위
2. 법원과 상대방, 그 밖의 소송관계인의 진술을 당사자 본인이 이해할 수 있도록 중개하거나 설명하는 행위

④ 법원은 제3항에 따라 진술보조인이 한 중개 또는 설명행위의 정확성을 확인하기 위하여 직접 진술보조인에게 질문할 수 있다.

⑤ 진술보조인이 변론에 출석한 때에는 조서에 그 성명을 기재하고, 제3항에 따라 중개 또는 설명행위를 한 때에는 그 취지를 기재하여야 한다.

⑥ 법원은 법 제143조의2제2항에 따라 허가를 취소한 경우 당사자 본인에게 그 취지를 통지하여야 한다.

〔본조신설 2017·2·2〕

제31조(화해 등 조서의 작성방식) 화해 또는 청구의 포기·인낙이 있는 경우에 그 기일의 조서에는 화해 또는 청구의 포기·인낙이 있다는 취지만을 적고, 별도의 용지에 법 제153조에 규정된 사항과 화해조항 또는 청구의 포기·인낙의 취지 및 청구의 취지와 원인을 적은 화해 또는 청구의 포기·인낙의 조서를 따로 작성하여야 한다. 다만, 소액사건심판법 제2조제1항의 소액사건에서는 특히 필요하다고 인정하는 경우 외에는 청구의 원인을 적지 아니한다.

제32조(조서기재의 생략 등) ① 소송이 판결에 의하지 아니하고 완결된 때에는 재판장의 허가를 받아 증인·당사자 본인 및 감정인의 진술과 검증결과의 기재를 생략할 수 있다.

② 법원사무관등은 제1항의 재판장의 허가가 있는 때에는 바로 그 취지를 당사자에게 통지하여야 한다.

③ 당사자가 제2항의 통지를 받은 날부터 1주 안에 이의를 한 때에는 법원사무관등은 바로 그 증인·당사자 본인 및 감정인의 진술과 검증결과를 적은 조서를 작성하여야 한다.

④ 제1심에서 피고에게 법 제194조 내지 제196조에 따라 송달을 한 사건의 경우, 법원사무관등은 재판장의 허가를 받아 서증목록에 적을 사항을 생략할 수 있다. 다만, 공시송달 명령 또는 처분이 취소되거나 상소가 제기된 때에는 서증 목록을 작성하여야 한다. <신설 2007·11·28, 2015·6·29>

제33조(변론의 속기와 녹음) ① 법 제159조제1항의 규정에 따른 변론의 속기 또는 녹음의 신청은 변론기일을 열기 전까지 하여야 하며, 비용(듣거나 말하는 데 장애가 있는 사람을 위한 속기 또는 녹음에 필요한 비용은 제외한다)이 필요한 때에는 법원이 정하는 금액을 미리 내야 한다. <개정 2014·12·30, 2020·6·26>

② 당사자의 신청이 있음에도 불구하고 속기 또는 녹음을 하지 아니하는 때에는 재판장은 변론기일에 그 취지를 고지하여야 한다.

제34조(녹음테이프·속기록의 보관 등) ① 법 제159조제1항·제2항의 녹음테이프와 속기록은 소송기록과 함께 보관하여야 한다.

② 당사자나 이해관계를 소명한 제3자는 법원사무관등에게 제1항의 녹음테이프를 재생하여 들려줄 것을 신청할 수 있다.

③ 법 제159조제4항의 규정에 따라 녹음테이프 또는 속기록을 폐기한 때에는 법원사무관등은 그 취지와 사유를 소송기록에 표시하여야 한다.

제35조(녹취서의 작성) ① 재판장은 필요하다고 인정하는 때에는 법원사무관등 또는 속기자에게 녹음테이프에 녹음된 내용에 대하여 녹취서를 작성할 것을 명할 수 있다.

② 제1항의 규정에 따라 작성된 녹취서에 관하여는 제34조제1항·제3항과 법 제159조제4항의 규정을 준용한다.

제36조(조서의 작성 등) ① 법원사무관등이 법 제152조제3항에 따라 조서를 작성하는 때에는 재판장의 허가를 받아 녹음테이프 또는 속기록을 조서의 일부로 삼을 수 있다. 이 경우 녹음테이프와 속기록의 보관 등에 관하여는 제34조제1항·제2항을 준용한다.

② 제1항 전문 및 법 제159조제1항·제2항에 따라 녹음테이프 또는 속기록을 조서의 일부로 삼은 경우라도 재판장은 법원사무관등으로 하여금 당사자, 증인, 그 밖의 소송관계인의 진술 중 중요한 사항을 요약하여 조서의 일부로 기재하게 할 수 있다. <개정 2014·12·30>

③ 제1항 전문 및 법 제159조제1항·제2항에 따라 녹음테이프를 조서의 일부로 삼은 경우 다음 각호 가운데 어느 하나에 해당하면 녹음테이프의 요지를 정리하여 조서를 작성하여야 한다. 다만, 제2항의 조서 기재가 있거나 속기록 또는 제35조에 따른 녹취서가 작성된 경우에는 그러하지 아니하다. <개정 2014·12·30>

1. 상소가 제기된 때
2. 법관이 바뀐 때

④ 제3항 및 법 제159조제3항에 따라 조서를 작성하는 때에는, 재판장의 허가를 받아, 속기록 또는 제35조에 따른 녹취서 가운데 필요한 부분을 그 조서에 인용할 수 있다. <개정 2014·12·30>

⑤ 제3항 및 법 제159조제3항에 따른 조서는 변론 당시의 법원사무관등이 조서를 작성할 수 없는 특별한 사정이 있는 때에는 당해 사건에 관여한 다른 법원사무관등이 작성할 수 있다. <개정 2014·12·30>

〔전부개정 2007·11·28〕

제37조(준용규정) ① 녹화테이프, 컴퓨터용 자기디스크·광디스크, 그 밖에 이와 비슷한 방법으로 음성이나 영상을 녹음 또는 녹화하여 재생할 수 있는 매체를 이용하여 변론의 전부나 일부를 녹음 또는 녹화하는 때에는 제33조 내지 제36조 및 법 제159조의 규정을 준용한다.

② 법원·수명법관 또는 수탁판사의 신문 또는 심문과 증거조사에는 제31조 내지 제36조 및 제1항의 규정을 준용한다.

제37조의2(소송기록의 열람과 증명서의 교부청구) ① 법 제162조제1항에 따라 소송기록의 열람·복사, 재판서·조서의 정본·등본·초본의 교부 또는 소송에 관한 증명서의 교

부를 신청할 때에는 신청인의 자격을 적은 서면으로 하여야 한다.
② 법 제162조제2항에 따라 확정된 소송기록의 열람을 신청할 때에는 열람을 신청하는 이유와 열람을 신청하는 범위를 적은 서면으로 하여야 한다.
〔본조신설 2007·11·28〕

제37조의3(당해 소송관계인의 범위와 동의) ① 법 제162조제3항에 따른 당해 소송관계인은 소송기록의 열람과 이해관계가 있는 다음 각호의 사람이다.
1. 당사자 또는 법정대리인
2. 참가인
3. 증인
② 법원은 법 제162조제2항에 따른 신청이 있는 때에는 당해 소송관계인에게 그 사실을 통지하여야 한다.
③ 제2항에 따른 통지는 소송기록에 표시된 당해 소송관계인의 최후 주소지에 등기우편으로 발송하는 방법으로 할 수 있다.
④ 제3항에 따라 발송한 때에는 발송한 때에 송달된 것으로 본다.
⑤ 제2항에 따른 통지를 받은 당해 소송관계인은 통지를 받은 날부터 2주 이내에 소송기록의 열람에 관한 동의 여부를 서면으로 밝혀야 한다. 다만, 당해 소송관계인이 위 기간 이내에 동의 여부에 관한 서면을 제출하지 아니한 때에는 소송기록의 열람에 관하여 동의한 것으로 본다.
〔본조신설 2007·11·28〕

제38조(열람 등 제한의 신청방식 등) ① 법 제163조제1항의 규정에 따른 결정을 구하는 신청은 소송기록 가운데 비밀이 적혀 있는 부분을 특정하여 서면으로 하여야 한다.
② 법 제163조제1항의 규정에 따른 결정은 소송기록 가운데 비밀이 적혀 있는 부분을 특정하여 하여야 한다.

제2절 전문심리위원

제38조의2(전문심리위원의 지정) 법원은 「전문심리위원규칙」에 따라 정해진 전문심리위원 후보자 중에서 전문심리위원을 지정하여야 한다. <개정 2024·11·29>
〔본조신설 2007·7·31〕

제38조의3(기일 외의 전문심리위원에 대한 설명 등의 요구와 조치) 재판장이 기일 외에서 전문심리위원에 대하여 설명 또는 의견을 요구한 사항이 소송관계를 분명하게 하는 데 중요한 사항일 때에는 법원사무관등은 양 쪽 당사자에게 그 사항을 통지하여야 한다.
〔본조신설 2007·7·31〕

제38조의4(서면의 사본 송부) 전문심리위원이 설명이나 의견을 기재한 서면을 제출한 경우에는 법원사무관등은 양 쪽 당사자에게 그 사본을 보내야 한다.
〔본조신설 2007·7·31〕

제38조의5(전문심리위원에 대한 준비지시) ① 재판장은 전문심리위원을 소송절차에 참여시키기 위하여 필요하다고 인정한 때에는 전문심리위원에게 소송목적물의 확인 등 적절한 준비를 지시할 수 있다.
② 재판장이 제1항의 준비를 지시한 때에는 법원사무관등은 양 쪽 당사자에게 그 취지를 통지하여야 한다.
〔본조신설 2007·7·31〕

제38조의6(증인신문기일에서의 재판장의 조치) 재판장은 전문심리위원의 말이 증인의 증언에 영향을 미치지 않게 하기 위하여 필요하다고 인정할 때에는 직권 또는 당사자의 신청에 따라 증인의 퇴정 등 적절한 조치를 취할 수 있다.
〔본조신설 2007·7·31〕

제38조의7(조서의 기재) ① 전문심리위원이 소송절차의 기일에 참여한 때에는 조서에 그 성명을 기재하여야 한다.
② 전문심리위원이 재판장, 수명법관 또는 수탁판사의 허가를 받아 소송관계인에게 질문을 한 때에는 조서에 그 취지를 기재하여야 한다.
〔본조신설 2007·7·31〕

제38조의8(전문심리위원 참여결정의 취소 신청방식 등) ① 법 제164조의2제1항의 규정에 따른 결정의 취소 신청은 기일에서 하는 경우를 제외하고는 서면으로 하여야 한다.
② 제1항의 신청을 할 때에는 신청 이유를 밝혀야 한다. 다만, 양 쪽 당사자가 동시에 신청할 때에는 그러하지 아니하다.
〔본조신설 2007·7·31〕

제38조의9(수명법관 등의 권한) 수명법관 또는 수탁판사가 소송절차를 진행하는 경우에는 제38조의5 내지 제38조의7의 규정에 따른 재판장의 직무는 그 수명법관이나 수탁판사가 행한다.
〔본조신설 2007·7·31〕

제38조의10(비디오 등 중계장치 등에 의한 참여) ① 법원은 전문심리 위원이 법정에 직접 출석하기 어려운 특별한 사정이 있는 경우 당사자의 의견을 들어 전문심리위원으로 하여금 비디오 등 중계장치에 의한 중계시설을 통하거나 인터넷 화상장치를 이용하여 설명이나 의견을 진술하거나 소송관계인에게 질문하게 할 수 있다.
② 제 1 항에 따른 절차와 방법에 관하여는 제73조의3을 준용한다.
〔본조신설 2021·10·29〕

제38조의11(전문심리위원의 감정절차 참여) 법원은 감정절차를 원활하게 진행하기 위해 「전문심리위원규칙」에 따라 위촉된 감정관리위원 중에서 전문심리위원을 지정하여 감정절차의 관리업무를 수행하게 할 수 있다.
〔본조신설 2024·11·29〕

제 3 절 기일과 기간

제39조(변론 개정시간의 지정) 재판장은 사건의 변론 개정시간을 구분하여 지정하여야 한다.

제40조(기일변경신청) 기일변경신청을 하는 때에는 기일변경이 필요한 사유를 밝히고, 그 사유를 소명하는 자료를 붙여야 한다.

제41조(기일변경의 제한) 재판장등은 법 제165조제 2 항에 따른 경우 외에는 특별한 사정이 없으면 기일변경을 허가하여서는 아니 된다.
〔전부개정 2007·11·28〕

제42조(다음 기일의 지정) ① 기일을 변경하거나 변론을 연기 또는 속행하는 때에는 소송절차의 중단 또는 중지, 그 밖에 다른 특별한 사정이 없으면 다음 기일을 바로 지정하여야 한다. 다만, 법 제279조제 2 항에 따라 변론기일을 연 뒤에 바로 사건을 변론준비절차에 부치는 경우에는 그러하지 아니하다.
② 기일을 변경하는 때에는 바로 당사자에게 그 사실을 알려야 한다.
〔전부개정 2007·11·28〕

제43조(변론재개결정과 변론기일지정) 법 제142조에 따라 변론재개결정을 하는 때에는 재판장은 특별한 사정이 없으면 그 결정과 동시에 변론기일을 지정하고 당사자에게 변론을 재개하는 사유를 알려야 한다.
〔전부개정 2007·11·28〕

제44조(증인 등에 대한 기일변경통지) ① 증인·감정인 등 당사자 외의 사람에 대하여 출석요구를 한 후에 그 기일이 변경된 때에는 바로 그 취지를 출석요구를 받은 사람에게 통지하여야 한다. 다만, 통지할 시간적 여유가 없는 때에는 그러하지 아니하다.
② 증인·감정인 등 당사자 외의 사람에 대하여 출석요구를 한 후에 소의 취하, 그 밖의 사정으로 그 기일을 실시하지 아니하게 된 경우에는 제 1 항의 규정을 준용한다.

제45조(기일의 간이통지) ① 법 제167조제 2 항의 규정에 따른 기일의 간이통지는 전화·팩시밀리·보통우편 또는 전자우편으로 하거나, 그 밖에 상당하다고 인정되는 방법으로 할 수 있다.
② 제 1 항의 규정에 따라 기일을 통지한 때에는 법원사무관등은 그 방법과 날짜를 소송기록에 표시하여야 한다.

제 4 절 송달

제46조(전화 등을 이용한 송달방법) ① 변호사인 소송대리인에 대한 송달은 법원사무관등이 전화·팩시밀리·전자우편 또는 휴대전화 문자전송을 이용하여 할 수 있다. <개정 2007·11·28>
② 제 1 항의 규정에 따른 송달을 한 경우 법원사무관등은 송달받은 변호사로부터 송달을 확인하는 서면을 받아 소송기록에 붙여야 한다.
③ 법원사무관등은 변호사인 소송대리인에 대한 송달을 하는 때에는 제 1 항에 따른 송달을 우선적으로 고려하여야 한다. <신설 2007·11·28>

제47조(변호사 사이의 송달) ① 양 쪽 당사자가 변호사를 소송대리인으로 선임한 경우 한 쪽 당사자의 소송대리인인 변호사가 상

대방 소송대리인인 변호사에게 송달될 소송서류의 부본을 교부하거나 팩시밀리 또는 전자우편으로 보내고 그 사실을 법원에 증명한 때에는 송달의 효력이 있다. 다만, 그 소송서류가 당사자 본인에게 교부되어야 할 경우에는 그러하지 아니하다.

② 제1항의 규정에 따른 송달의 증명은 소송서류의 부본을 교부받거나 팩시밀리 또는 전자우편으로 받은 취지와 그 날짜를 적고 송달받은 변호사가 기명날인 또는 서명한 영수증을 제출함으로써 할 수 있다. 다만, 소송서류 원본의 표면 여백에 송달받았다는 취지와 그 날짜를 적고 송달받은 변호사의 날인 또는 서명을 받아 제출하는 때에는 따로 영수증을 제출할 필요가 없다.

③ 제1항의 규정에 따라 소송서류를 송달받은 변호사는 제2항의 규정에 따른 송달의 증명절차에 협력하여야 하며, 제1항에 규정된 방법으로 소송서류를 송달한 변호사는 송달한 서류의 원본을 법원에 바로 제출하여야 한다.

제48조(부본제출의무 등) ① 송달을 하여야 하는 소송서류를 제출하는 때에는 특별한 규정이 없으면 송달에 필요한 수의 부본을 함께 제출하여야 한다.

② 법원은 필요하다고 인정하는 때에는 소송서류를 제출한 사람에게 그 문서의 전자파일을 전자우편이나 그 밖에 적당한 방법으로 법원에 보내도록 요청할 수 있다.

제49조(공동대리인에게 할 송달) 법 제180조의 규정에 따라 송달을 하는 경우에 그 공동대리인들이 송달을 받을 대리인 한 사람을 지정하여 신고한 때에는 지정된 대리인에게 송달하여야 한다.

제50조(송달서류의 교부의무 등) ① 법 제181조와 법 제182조의 규정에 따라 송달을 받은 청사·선박·교도소·구치소 또는 경찰관서(다음부터 이 조문 안에서 이 모두를 "청사등"이라 한다)의 장은 송달을 받을 본인에게 송달된 서류를 바로 교부하여야 한다.

② 제1항의 청사등의 장은 부득이한 사유가 없는 한 송달을 받은 본인이 소송수행에 지장을 받지 아니하도록 조치하여야 한다.

③ 제1항의 청사등의 장은 제2항에 규정된 조치를 취하지 못할 사유가 있는 때에는 그 사유를 적은 서면을 법원에 미리 제출하여야 한다.

제51조(발송의 방법) 법 제185조제2항과 법 제187조의 규정에 따른 서류의 발송은 등기우편으로 한다.

제52조(송달함을 이용한 송달절차) ① 송달함의 이용신청은 법원장 또는 지원장에게 서면으로 하여야 한다.

② 송달함을 이용하는 사람은 그 수수료를 미리 내야 한다.

③ 송달함을 이용하는 사람은 송달함에서 서류를 대신 수령할 사람을 서면으로 지정할 수 있다.

④ 송달함을 설치한 법원 또는 지원은 송달함의 관리에 관한 장부를 작성·비치하여야 한다.

⑤ 법원장 또는 지원장은 법원의 시설, 송달업무의 부담 등을 고려하여 송달함을 이용할 사람·이용방법, 그 밖에 필요한 사항을 정할 수 있다.

제53조(송달통지) 송달한 기관은 송달에 관한 사유를 서면으로 법원에 통지하여야 한다. 다만, 법원이 상당하다고 인정하는 때에는 전자통신매체를 이용한 통지로 서면통지에 갈음할 수 있다.

제54조(공시송달의 방법) ① 법 제194조제1항, 제3항에 따른 공시송달은 법원사무관등이 송달할 서류를 보관하고, 다음 각 호 가운데 어느 하나의 방법으로 그 사유를 공시함으로써 행한다. <개정 2015·6·29>

1. 법원게시판 게시
2. 관보·공보 또는 신문 게재
3. 전자통신매체를 이용한 공시

② 법원사무관등은 제1항에 규정된 방법으로 송달한 때에는 그 날짜와 방법을 기록에 표시하여야 한다.

제5절 재판

제55조(종전 변론결과의 진술) 법 제204조제2항에 따른 종전 변론결과의 진술은 당사자가 사실상 또는 법률상 주장, 정리된 쟁점 및 증거조사 결과의 요지 등을 진술하거나, 법원이 당사자에게 해당사항을 확인하는 방식으로 할 수 있다.

〔본조신설 2007·11·28〕

제55조의2(상소에 대한 고지) 판결서의 정본을 송달하는 때에는 법원사무관등은 당사자에게 상소기간과 상소장을 제출할 법원을 고지하여야 한다.

제56조(화해 등 조서정본의 송달) 법원사무관등은 화해 또는 청구의 포기·인낙이 있는 날부터 1주 안에 그 조서의 정본을 당사자에게 송달하여야 한다.

제 6 절 화해권고결정

제57조(화해권고결정서의 기재사항 등) ① 화해권고결정서에는 청구의 취지와 원인을 적어야 한다. 다만, 소액사건심판법 제 2 조제 1 항의 소액사건에서는 특히 필요하다고 인정하는 경우 외에는 청구의 원인을 적지 아니한다.
② 법 제225조제 1 항의 결정 내용을 적은 조서의 작성방식에 관하여는 제31조의 규정을 준용한다.

제58조(당사자에 대한 고지사항) 법 제225조제 2 항의 규정에 따라 화해권고결정 내용을 적은 조서 또는 결정서의 정본을 송달하는 때에는, 그 조서 또는 결정서의 정본을 송달받은 날부터 2주 안에 이의를 신청하지 아니하면 화해권고결정이 재판상 화해와 같은 효력을 가지게 된다는 취지를 당사자에게 고지하여야 한다.

제59조(송달불능에 따른 소송복귀 등) ① 법 제185조제 2 항, 법 제187조 또는 법 제194조 내지 법 제196조의 규정에 따른 송달 외의 방법으로 양 쪽 또는 한 쪽 당사자에게 법 제225조제 2 항의 조서 또는 결정서의 정본을 송달할 수 없는 때에는 법원은 직권 또는 당사자의 신청에 따라 화해권고결정을 취소하여야 한다.
② 제 1 항의 규정에 따라 화해권고결정이 취소된 경우에 관하여는 법 제232조제 1 항의 규정을 준용한다.

제 7 절 소송절차의 중단과 중지

제60조(소송절차 수계신청의 방식) ① 소송절차의 수계신청은 서면으로 하여야 한다.
② 제 1 항의 신청서에는 소송절차의 중단사유와 수계할 사람의 자격을 소명하는 자료를 붙여야 한다.

제61조(소송대리인에 의한 중단사유의 신고) 소송절차의 중단사유가 생긴 때에는 소송대리인은 그 사실을 법원에 서면으로 신고하여야 한다.

제 2 편 제 1 심의 소송절차

제 1 장 소의 제기

제62조(소장의 기재사항) 소장의 청구원인에는 다음 각호의 사항을 적어야 한다.
1. 청구를 뒷받침하는 구체적 사실
2. 피고가 주장할 것이 명백한 방어방법에 대한 구체적인 진술
3. 입증이 필요한 사실에 대한 증거방법
〔본조신설 2007·11·28〕

제62조의2(증거보전이 이루어진 경우의 소장 기재사항) 소 제기 전에 증거보전을 위한 증거조사가 이루어진 때에는 소장에 증거조사를 한 법원과 증거보전사건의 사건번호·사건명을 적어야 한다.

제63조(소장의 첨부서류) ① 피고가 소송능력 없는 사람인 때에는 법정대리인, 법인인 때에는 대표자, 법인이 아닌 사단이나 재단인 때에는 대표자 또는 관리인의 자격을 증명하는 서면을 소장에 붙여야 한다.
② 부동산에 관한 사건은 그 부동산의 등기사항증명서, 친족·상속관계 사건은 가족관계기록사항에 관한 증명서, 어음 또는 수표사건은 그 어음 또는 수표의 사본을 소장에 붙여야 한다. 그 외에도 소장에는 증거로 될 문서 가운데 중요한 것의 사본을 붙여야 한다. <개정 2009·1·9, 2011·9·28>
③ 법 제252조제 1 항에 규정된 소의 소장에는 변경을 구하는 확정판결의 사본을 붙여야 한다.

제64조(소장부본의 송달시기) ① 소장의 부본은 특별한 사정이 없으면 바로 피고에게 송달하여야 한다.
② 반소와 중간확인의 소의 소장, 필수적 공동소송인의 추가·참가·피고의 경정·청구의 변경신청서 등 소장에 준하는 서면이 제출된 때에도 제 1 항의 규정을 준용한다.

제65조(답변서의 기재사항 등) ① 답변서에는 법 제256조제 4 항에서 준용하는 법 제274조제 1 항의 각호 및 제 2 항에 규정된 사항과 청구의 취지에 대한 답변 외에 다음 각호의 사항을 적어야 한다.

1. 소장에 기재된 개개의 사실에 대한 인정 여부
2. 항변과 이를 뒷받침하는 구체적 사실
3. 제 1 호 및 제 2 호에 관한 증거방법

② 답변서에는 제 1 항제 3 호에 따른 증거방법 중 입증이 필요한 사실에 관한 중요한 서증의 사본을 첨부하여야 한다.

③ 제 1 항 및 제 2 항의 규정에 어긋나는 답변서가 제출된 때에는 재판장은 법원사무관등으로 하여금 방식에 맞는 답변서의 제출을 촉구하게 할 수 있다.

〔전부개정 2007·11·28〕

제66조(피고경정신청서의 기재사항) 법 제260조제 2 항의 규정에 따른 피고의 경정신청서에는 새로 피고가 될 사람의 이름·주소와 경정신청의 이유를 적어야 한다.

제67조(소 취하의 효력을 다투는 절차) ① 소의 취하가 부존재 또는 무효라는 것을 주장하는 당사자는 기일지정신청을 할 수 있다.

② 제 1 항의 신청이 있는 때에는 법원은 변론을 열어 신청사유에 관하여 심리하여야 한다.

③ 법원이 제 2 항의 규정에 따라 심리한 결과 신청이 이유 없다고 인정하는 경우에는 판결로 소송의 종료를 선언하여야 하고, 신청이 이유 있다고 인정하는 경우에는 취하 당시의 소송정도에 따라 필요한 절차를 계속하여 진행하고 중간판결 또는 종국판결에 그 판단을 표시하여야 한다.

④ 종국판결이 선고된 후 상소기록을 보내기 전에 이루어진 소의 취하에 관하여 제 1 항의 신청이 있는 때에는 다음 각호의 절차를 따른다.

1. 상소의 이익 있는 당사자 모두가 상소를 한 경우(당사자 일부가 상소하고 나머지 당사자의 상소권이 소멸된 경우를 포함한다)에는 판결법원의 법원사무관등은 소송기록을 상소법원으로 보내야 하고, 상소법원은 제 2 항과 제 3 항에 규정된 절차를 취하여야 한다.
2. 제 1 호의 경우가 아니면 판결법원은 제 2 항에 규정된 절차를 취한 후 신청이 이유 없다고 인정하는 때에는 판결로 소송의 종료를, 신청이 이유 있다고 인정하는 때에는 판결로 소의 취하가 무효임을 각 선언하여야 한다.

⑤ 제 4 항제 2 호 후단의 소취하무효선언판결이 확정된 때에는 판결법원은 종국판결 후에 하였어야 할 절차를 계속하여 진행하여야 하고, 당사자는 종국판결 후에 할 수 있었던 소송행위를 할 수 있다. 이 경우 상소기간은 소취하무효선언판결이 확정된 다음날부터 전체기간이 새로이 진행된다.

제68조(준용규정) 법 제268조(법 제286조의 규정에 따라 준용되는 경우를 포함한다)의 규정에 따른 취하간주의 효력을 다투는 경우에는 제67조제 1 항 내지 제 3 항의 규정을 준용한다.

제 2 장 변론과 그 준비

제69조(변론기일의 지정 등) ① 재판장은 답변서가 제출되면 바로 사건을 검토하여 가능한 최단기간 안의 날로 제 1 회 변론기일을 지정하여야 한다.

② 법원은 변론이 집중되도록 함으로써 변론이 가능한 한 속행되지 않도록 하여야 하고, 당사자는 이에 협력하여야 한다.

③ 법 제258조제 1 항 단서에 해당하는 경우, 재판장은 사건의 신속한 진행을 위하여 필요한 때에는 사건을 변론준비절차에 부침과 동시에 변론준비기일을 정하고 기간을 정하여 당사자로 하여금 준비서면, 그 밖의 서류를 제출하게 하거나 당사자 사이에 이를 교환하게 하고 주장 사실을 증명할 증거를 신청하게 할 수 있다.

〔전부개정 2009·1·9〕

제69조의2(당사자의 조사의무) 당사자는 주장과 입증을 충실히 할 수 있도록 사전에 사실관계와 증거를 상세히 조사하여야 한다.

제69조의3(준비서면의 제출기간) 새로운 공격방어방법을 포함한 준비서면은 변론기일 또는 변론준비기일의 7일 전까지 상대방에게 송달될 수 있도록 적당한 시기에 제출하여야 한다.

〔본조신설 2007·11·28〕

제69조의4(준비서면의 분량 등) ① 준비서면의 분량은 30쪽을 넘어서는 아니 된다. 다만, 제70조제4항에 따라 그에 관한 합의가 이루어진 경우에는 그러하지 아니하다.

② 재판장, 수명법관 또는 법 제280조제4항의 판사(이하 "재판장등"이라 한다)는 제1항 본문을 어긴 당사자에게 해당 준비서면을 30쪽 이내로 줄여 제출하도록 명할 수 있다.

③ 준비서면에는 소장, 답변서 또는 앞서 제출한 준비서면과 중복·유사한 내용을 불필요하게 반복 기재하여서는 아니 된다.

〔본조신설 2016·8·1〕

제69조의5(요약준비서면 작성방법) 법 제278조에 따른 요약준비서면을 작성할 때에는 특정 부분을 참조하는 뜻을 적는 방법으로 소장, 답변서 또는 앞서 제출한 준비서면의 전부 또는 일부를 인용하여서는 아니 된다.

〔본조신설 2016·8·1〕

제70조(변론준비절차의 시행방법) ① 재판장등은 변론준비절차에서 쟁점과 증거의 정리, 그 밖에 효율적이고 신속한 변론진행을 위한 준비가 완료되도록 노력하여야 하며, 당사자는 이에 협력하여야 한다. <개정 2016·8·1>

② 당사자는 제1항에 규정된 사항에 관하여 상대방과 협의를 할 수 있다. 재판장등은 당사자에게 변론진행의 준비를 위하여 필요한 협의를 하도록 권고할 수 있다.

③ 재판장등은 변론준비절차에서 효율적이고 신속한 변론진행을 위하여 당사자와 변론의 준비와 진행 및 변론에 필요한 시간에 관한 협의를 할 수 있다. <신설 2007·11·28>

④ 재판장등은 당사자와 준비서면의 제출횟수, 분량, 제출기간 및 양식에 관한 협의를 할 수 있고, 이에 관한 합의가 이루어진 경우 당사자는 그 합의에 따라 준비서면을 제출하여야 한다. <신설 2007·11·28>

⑤ 재판장등은 기일을 열거나 당사자의 의견을 들어 양 쪽 당사자와 음성의 송수신에 의하여 동시에 통화를 하거나 인터넷 화상장치를 이용하여 제3항 및 제4항에 따른 협의를 할 수 있다. <신설 2007·11·28, 2020·6·1>

⑥ 삭제 <2021·10·29>

제70조의2(변론준비기일에서의 주장과 증거의 정리방법) 변론준비기일에서는 당사자가 말로 변론의 준비에 필요한 주장과 증거를 정리하여 진술하거나, 법원이 당사자에게 말로 해당사항을 확인하여 정리하여야 한다.

〔본조신설 2007·11·28〕

제70조의3(절차이행의 촉구) ① 법 제280조에 따른 변론준비절차를 진행하는 경우 재판장등은 법원사무관등으로 하여금 그 이름으로 준비서면, 증거신청서 및 그 밖의 서류의 제출을 촉구하게 할 수 있다.

② 법원이나 재판장등의 결정, 명령, 촉탁 등에 대한 회신 등 절차이행이 지연되는 경우 재판장등은 법원사무관등으로 하여금 그 이름으로 해당 절차이행을 촉구하게 할 수 있다.

〔본조신설 2015·1·28〕

제71조(변론준비기일의 조서) ① 변론준비기일의 조서에는 법 제283조제1항에 규정된 사항 외에 제70조의 규정에 따른 변론준비절차의 시행결과를 적어야 한다.

② 변론준비기일의 조서에는 제31조 내지 제37조제1항의 규정을 준용한다.

제72조(변론준비절차를 거친 사건의 변론기일 지정 등) ① 변론준비절차를 거친 사건의 경우 그 심리에 2일 이상이 소요되는 때에는 가능한 한 종결에 이르기까지 매일 변론을 진행하여야 한다. 다만, 특별한 사정이 있는 경우에도 가능한 최단기간 안의 날로 다음 변론기일을 지정하여야 한다.

② 변론준비기일을 거친 사건의 경우 변론기일을 지정하는 때에는 당사자의 의견을 들어야 한다.

③ 제1항의 규정에 따라 지정된 변론기일은 사실과 증거에 관한 조사가 충분하지 아니하다는 이유로 변경할 수 없다.

제72조의2(변론준비기일 결과의 진술) 변론준비기일 결과의 진술은 당사자가 정리된 쟁점 및 증거조사 결과의 요지 등을 진술하거나, 법원이 당사자에게 해당사항을 확인하는 방식으로 할 수 있다.

〔본조신설 2007·11·28〕

제73조(준용규정) 변론준비절차에는 제28조의2 내지 제30조의 규정을 준용한다. <개정 2007·11·28>

제73조의2(비디오 등 중계장치 등에 의한 기일의 신청 및 동의) ① 법 제287조의2제1항 및 제2항에 따른 기일(이하 "영상기일"이

라 한다)의 신청은 기일에서 하는 경우를 제외하고는 서면으로 하여야 한다. 이 경우 신청의 대상이 되는 영상기일의 종류와 신청의 이유를 밝혀야 한다.

② 법 제287조의2제1항의 재판장등 또는 같은 조 제2항의 법원(이하 "재판장등 또는 법원"이라 한다)은 영상기일의 신청에 이유가 없다고 인정하거나 비디오 등 중계장치에 의한 중계시설 또는 인터넷 화상장치를 이용하기 곤란한 사정이 있는 때에는 영상기일을 열지 아니할 수 있다.

③ 영상기일의 신청이 있는 경우 재판장등 또는 법원은 지체 없이 영상기일의 실시 여부를 당사자에게 통지하여야 한다. 이 경우 서면으로 통지할 시간적 여유가 없는 때에는 제45조에 따른 간이한 방법으로 통지할 수 있다.

④ 다음 각 호의 어느 하나에 해당하는 경우에는 영상기일을 열지 아니하는 것으로 본다.

1. 영상기일의 신청 이후 법정에 직접 출석하는 기일을 지정하는 경우
2. 법정에 직접 출석하는 기일의 개정시간까지 제3항의 통지가 없는 경우

⑤ 당사자는 서면으로 영상기일의 신청을 취하하거나 동의를 철회할 수 있다. 다만, 양 쪽 당사자의 신청 또는 동의에 따라 영상기일이 지정된 이후에는 상대방의 동의를 받아야 한다.

⑥ 재판장등 또는 법원은 한 쪽 당사자로부터 영상기일의 신청 또는 동의가 있는 경우 양 쪽 당사자에 대한 영상기일이 필요하다고 인정하는 때에는 상대방에 대하여 영상기일 동의 여부를 확인할 수 있다.

⑦ 재판장등 또는 법원은 영상기일을 연기 또는 속행하는 때에는 당사자의 동의 여부를 확인하여 다음 기일의 영상기일 실시 여부를 정할 수 있다.

〔본조신설 2021·10·29〕

제73조의3(영상기일의 실시) ① 영상기일은 당사자, 그 밖의 소송관계 인을 비디오 등 중계장치에 의한 중계시설에 출석하게 하거나 인터넷 화상장치를 이용하여 지정된 인터넷주소에 접속하게 하고, 영상과 음향의 송수신에 의하여 법관, 당사자, 그 밖의 소송관계인이 상대방을 인식할 수 있는 방법으로 한다.

② 제1항의 비디오 등 중계장치에 의한 중계시설은 법원 청사 안에 설치하되, 필요한 경우 법원 청사 밖의 적당한 곳에 설치할 수 있다.

③ 재판장등 또는 법원은 제2항 후단에 따라 비디오 등 중계장치에 의한 중계시설이 설치된 관공서나 그 밖의 공사단체의 장에게 영상기일의 원활한 진행에 필요한 조치를 요구할 수 있다.

④ 영상기일에서 제96조제1항의 문서 등을 제시하는 경우 비디오 등 중계장치에 의한 중계시설, 인터넷 화상장치 또는 「민사소송 등에서의 전자문서 이용 등에 관한 규칙」 제2조제1호에 정한 전자소송시스템을 이용하거나 모사전송, 전자우편, 그 밖에 이에 준하는 방법으로 할 수 있다.

⑤ 인터넷 화상장치를 이용하는 경우 영상기일에 지정된 인터넷 주소에 접속하지 아니한 때에는 불출석한 것으로 본다. 다만, 당사자가 책임질 수 없는 사유로 접속할 수 없었던 때에는 그러하지 아니하다.

⑥ 통신불량, 소음, 문서 등 확인의 불편, 제3자 관여 우려 등의 사유로 영상기일의 실시가 상당하지 아니한 당사자가 있는 경우 재판장등 또는 법원은 영상기일을 연기 또는 속행하면서 그 당사자가 법정에 직접 출석하는 기일을 지정할 수 있다.

⑦ 영상기일에 「법원조직법」 제58조제2항에 따른 명령을 위반하는 행위, 같은 법 제59조에 위반하는 행위, 심리방해행위 또는 재판의 위신을 현저히 훼손하는 행위가 있는 경우 감치 또는 과태료에 처하는 재판에 관하여는 「법정등의질서유지를위한재판에관한규칙」에 따른다.

⑧ 영상기일을 실시한 경우 그 취지를 조서에 적어야 한다.

〔본조신설 2021·10·29〕

제73조의4(개정의 장소 및 심리의 공개) ① 영상기일은 법원 청사 내 의 적당한 장소에서 열되, 법원장의 허가가 있는 경우 법원 청사 외의 장소에서 열 수 있다.

② 법 제287조의2제2항에 따른 변론기일을 법정에서 열지 아니하는 경우 다음 각 호 중 하나의 방법으로 심리를 공개하여야 한다. 다만, 「법원조직법」 제57조제1항 단서에 의해 비공개 결정을 한 경우에는 그러하지 아니하다.
1. 법정 등 법원 청사 내 공개된 장소에서의 중계
2. 법원행정처장이 정하는 방법에 따른 인터넷 중계
〔본조신설 2021·10·29〕

제3장 증거

제1절 총칙

제74조(증거신청) 증거를 신청하는 때에는 증거와 증명할 사실의 관계를 구체적으로 밝혀야 한다.

제75조(증인신문과 당사자신문의 신청) ① 증인신문은 부득이한 사정이 없는 한 일괄하여 신청하여야 한다. 당사자신문을 신청하는 경우에도 마찬가지이다.
② 증인신문을 신청하는 때에는 증인의 이름·주소·연락처·직업, 증인과 당사자의 관계, 증인이 사건에 관여하거나 내용을 알게 된 경위, 증인신문에 필요한 시간 및 증인의 출석을 확보하기 위한 협력방안을 밝혀야 한다. <개정 2007·11·28>

제76조(감정서 등 부본 제출) 법원이 감정을 명하거나 법 제294조 또는 법 제341조의 규정에 따라 촉탁을 하는 때에는 감정서 또는 회답서 등의 부본을 제출하게 할 수 있다.

제76조의2(민감정보 등의 처리) ① 법원은 재판업무 수행을 위하여 필요한 범위 내에서 「개인정보 보호법」 제23조의 민감정보, 제24조의 고유식별정보, 제24조의2의 주민등록번호 및 그 밖의 개인정보를 처리할 수 있다. <개정 2014·8·6>
② 법원이 법 제294조 또는 법 제352조에 따라 촉탁을 하는 때에는 필요한 범위 내에서 제1항의 민감정보, 고유식별정보, 주민등록번호 및 그 밖의 개인정보가 포함된 자료의 송부를 요구할 수 있다. <개정 2014·8·6>
③ 법원사무관등은 소송관계인의 특정을 위한 개인정보를 재판사무시스템을 이용한 전자적인 방법으로 관리한다. <신설 2018·1·31>
④ 당사자는 법원사무관등에게 서면으로 제3항의 개인정보에 대한 정정을 신청할 수 있다. 그 신청서에는 정정 사유를 소명하는 자료를 붙여야 한다. <신설 2018·1·31>
⑤ 법원은 재판서가 보존되어 있는 동안 제3항의 개인정보를 보관하여야 한다. <신설 2018·1·31>
〔본조신설 2012·5·2〕

제77조(증거조사비용의 예납) ① 법원이 증거조사의 결정을 한 때에는 바로 제19조제1항제3호 또는 같은 조 제2항의 규정에 따라 그 비용을 부담할 당사자에게 필요한 비용을 미리 내게 하여야 한다.
② 증거조사를 신청한 사람은 제1항의 명령이 있기 전에도 필요한 비용을 미리 낼 수 있다.
③ 법원은 당사자가 제1항의 명령에 따른 비용을 내지 아니하는 경우에는 증거조사결정을 취소할 수 있다.

제2절 증인신문

제78조(직무상 비밀에 관한 증언) ① 법 제304조와 제305조에 규정한 사람 외의 공무원 또는 공무원이었던 사람이 직무상 비밀에 관한 사항에 대하여 증언하게 된 때에는 증언할 사항이 직무상 비밀에 해당하는 사유를 구체적으로 밝혀 법원에 미리 신고하여야 한다.
② 제1항의 신고가 있는 경우 법원은 필요하다고 인정하는 때에는 그 소속 관청 또는 감독 관청에 대하여 신문할 사항이 직무상 비밀에 해당하는지 여부에 관하여 조회할 수 있다.

제79조(증인진술서의 제출 등) ① 법원은 효율적인 증인신문을 위하여 필요하다고 인정하는 때에는 증인을 신청한 당사자에게 증인진술서를 제출하게 할 수 있다.
② 증인진술서에는 증언할 내용을 그 시간 순서에 따라 적고, 증인이 서명날인하여야 한다.

③ 증인진술서 제출명령을 받은 당사자는 법원이 정한 기한까지 원본과 함께 상대방의 수에 2(다만, 합의부에서는 상대방의 수에 3)를 더한 만큼의 사본을 제출하여야 한다.
④ 법원사무관등은 증인진술서 사본 1통을 증인신문기일 전에 상대방에게 송달하여야 한다.

제80조(증인신문사항의 제출 등) ① 증인신문을 신청한 당사자는 법원이 정한 기한까지 상대방의 수에 3(다만, 합의부에서는 상대방의 수에 4)을 더한 통수의 증인신문사항을 적은 서면을 제출하여야 한다. 다만, 제79조의 규정에 따라 증인진술서를 제출하는 경우로서 법원이 증인신문사항을 제출할 필요가 없다고 인정하는 때에는 그러하지 아니하다.
② 법원사무관등은 제1항의 서면 1통을 증인신문기일 전에 상대방에게 송달하여야 한다.
③ 재판장은 제출된 증인신문사항이 개별적이고 구체적이지 아니하거나 제95조제2항 각호의 신문이 포함되어 있는 때에는 증인신문사항의 수정을 명할 수 있다. 다만, 같은 항 제2호 내지 제4호의 신문에 관하여 정당한 사유가 있는 경우에는 그러하지 아니하다.

제81조(증인 출석요구서의 기재사항 등) ① 증인의 출석요구서에는 법 제309조에 규정된 사항 외에 다음 각호의 사항을 적어야 한다.
1. 출석하지 아니하는 경우에는 그 사유를 밝혀 신고하여야 한다는 취지
2. 제1호의 신고를 하지 아니하는 경우에는 정당한 사유 없이 출석하지 아니한 것으로 인정되어 법률상 제재를 받을 수 있다는 취지

② 증인에 대한 출석요구서는 출석할 날보다 2일전에 송달되어야 한다. 다만, 부득이한 사정이 있는 경우에는 그러하지 아니하다.

제82조(증인의 출석 확보) 증인이 채택된 때에는 증인신청을 한 당사자는 증인이 기일에 출석할 수 있도록 노력하여야 한다.

제83조(불출석의 신고) 증인이 출석요구를 받고 기일에 출석할 수 없을 경우에는 바로 그 사유를 밝혀 신고하여야 한다.

제84조(서면에 의한 증언) ① 법 제310조제1항의 규정에 따라 출석·증언에 갈음하여 증언할 사항을 적은 서면을 제출하게 하는 경우 법원은 증인을 신청한 당사자의 상대방에 대하여 그 서면에서 회답을 바라는 사항을 적은 서면을 제출하게 할 수 있다.
② 법원이 법 제310조제1항의 규정에 따라 출석·증언에 갈음하여 증언할 사항을 적은 서면을 제출하게 하는 때에는 다음 각호의 사항을 증인에게 고지하여야 한다.
1. 증인에 대한 신문사항 또는 신문사항의 요지
2. 법원이 출석요구를 하는 때에는 법정에 출석·증언하여야 한다는 취지
3. 제출할 기한을 정한 때에는 그 취지

③ 증인은 증언할 사항을 적은 서면에 서명날인하여야 한다.

제85조(증인에 대한 과태료 등) ① 법 제311조제1항의 규정에 따른 과태료와 소송비용 부담의 재판은 수소법원이 관할한다.
② 제1항과 법 제311조제1항의 규정에 따른 재판절차에 관하여는 비송사건절차법 제248조와 제250조(다만, 제248조제3항 후문과 검사에 관한 부분을 제외한다)의 규정을 준용한다.

제86조(증인에 대한 감치) ① 법 제311조제2항 내지 제8항의 규정에 따른 감치재판은 수소법원이 관할한다.
② 감치재판절차는 법원의 감치재판개시결정에 따라 개시된다. 이 경우 감치사유가 발생한 날부터 20일이 지난 때에는 감치재판개시결정을 할 수 없다.
③ 감치재판절차를 개시한 후 감치결정 전에 그 증인이 증언을 하거나 그 밖에 감치에 처하는 것이 상당하지 아니하다고 인정되는 때에는 법원은 불처벌결정을 하여야 한다.
④ 제2항의 감치재판개시결정과 제3항의 불처벌결정에 대하여는 불복할 수 없다.
⑤ 법 제311조제7항의 규정에 따라 증인을 석방한 때에는 재판장은 바로 감치시설의 장에게 그 취지를 서면으로 통보하여야 한다.
⑥ 제1항 내지 제5항 및 법 제311조제2항 내지 제8항의 규정에 따른 감치절차에 관하여는 법정등의질서유지를위한재판에관

한규칙 제6조 내지 제8조, 제10조, 제11조, 제13조, 제15조 내지 제19조, 제21조 내지 제23조 및 제25조제1항·제2항(다만, 제13조중 의견서에 관한 부분은 삭제하고, 제19조제2항 중 "3일"은 "1주"로, 제23조제8항 중 "감치의 집행을 한 날"은 "법 제311조제5항의 규정에 따른 통보를 받은 날"로 고쳐 적용한다)의 규정을 준용한다.

제87조(증인의 구인) 정당한 사유 없이 출석하지 아니한 증인의 구인에 관하여는 형사소송규칙 중 구인에 관한 규정을 준용한다.

제88조(증인의 동일성 확인) 재판장은 증인으로부터 주민등록증 등 신분증을 제시받거나 그 밖의 적당한 방법으로 증인임이 틀림없음을 확인하여야 한다.
〔전부개정 2006·3·23〕

제89조(신문의 순서) ① 법 제327조제1항의 규정에 따른 증인의 신문은 다음 각호의 순서를 따른다. 다만, 재판장은 주신문에 앞서 증인으로 하여금 그 사건과의 관계와 쟁점에 관하여 알고 있는 사실을 개략적으로 진술하게 할 수 있다.
1. 증인신문신청을 한 당사자의 신문(주신문)
2. 상대방의 신문(반대신문)
3. 증인신문신청을 한 당사자의 재신문(재주신문)

② 제1항의 순서에 따른 신문이 끝난 후에는 당사자는 재판장의 허가를 받은 때에만 다시 신문할 수 있다.
③ 재판장은 정리된 쟁점별로 제1항의 순서에 따라 신문하게 할 수 있다. <신설 2007·11·28>

제90조(주신문을 할 당사자가 출석하지 아니한 경우의 신문) 증인신문을 신청한 당사자가 신문기일에 출석하지 아니한 경우에는 재판장이 그 당사자에 갈음하여 신문을 할 수 있다.

제91조(주신문) ① 주신문은 증명할 사항과 이에 관련된 사항에 관하여 한다.
② 주신문에서는 유도신문을 하여서는 아니된다. 다만, 다음 각호 가운데 어느 하나에 해당하는 경우에는 그러하지 아니하다.
1. 증인과 당사자의 관계, 증인의 경력, 교우관계 등 실질적인 신문에 앞서 미리 밝혀둘 필요가 있는 준비적인 사항에 관한 신문의 경우
2. 증인이 주신문을 하는 사람에 대하여 적의 또는 반감을 보이는 경우
3. 증인이 종전의 진술과 상반되는 진술을 하는 때에 그 종전 진술에 관한 신문의 경우
4. 그 밖에 유도신문이 필요한 특별한 사정이 있는 경우

③ 재판장은 제2항 단서의 각호에 해당하지 아니하는 경우의 유도신문은 제지하여야 하고, 유도신문의 방법이 상당하지 아니하다고 인정하는 때에는 제한할 수 있다.

제92조(반대신문) ① 반대신문은 주신문에 나타난 사항과 이에 관련된 사항에 관하여 한다.
② 반대신문에서 필요한 때에는 유도신문을 할 수 있다.
③ 재판장은 유도신문의 방법이 상당하지 아니하다고 인정하는 때에는 제한할 수 있다.
④ 반대신문의 기회에 주신문에 나타나지 아니한 새로운 사항에 관하여 신문하고자 하는 때에는 재판장의 허가를 받아야 한다.
⑤ 제4항의 신문은 그 사항에 관하여는 주신문으로 본다.

제93조(재주신문) ① 재주신문은 반대신문에 나타난 사항과 이와 관련된 사항에 관하여 한다.
② 재주신문은 주신문의 예를 따른다.
③ 재주신문에 관하여는 제92조제4항·제5항의 규정을 준용한다.

제94조(증언의 증명력을 다투기 위하여 필요한 사항의 신문) ① 당사자는 증언의 증명력을 다투기 위하여 필요한 사항에 관한 신문을 할 수 있다.
② 제1항에 규정된 신문은 증인의 경험·기억 또는 표현의 정확성 등 증언의 신빙성에 관련된 사항 및 증인의 이해관계·편견 또는 예단 등 증인의 신용성에 관련된 사항에 관하여 한다.

제95조(증인신문의 방법) ① 신문은 개별적이고 구체적으로 하여야 한다.
② 재판장은 직권 또는 당사자의 신청에 따라 다음 각호 가운데 어느 하나에 해당하는 신문을 제한할 수 있다. 다만, 제2호 내지 제4호에 규정된 신문에 관하여 정당한 사

유가 있는 때에는 그러하지 아니하다.

1. 증인을 모욕하거나 증인의 명예를 해치는 내용의 신문
2. 제91조 내지 제94조의 규정에 어긋나는 신문
3. 의견의 진술을 구하는 신문
4. 증인이 직접 경험하지 아니한 사항에 관하여 진술을 구하는 신문

제95조의2(비디오 등 중계장치 등에 의한 증인신문) 법 제327조의2에 따른 증인신문의 절차와 방법에 관하여는 제73조의3을 준용한다.

〔전부개정 2021·10·29〕

제96조(문서 등을 이용한 신문) ① 당사자는 재판장의 허가를 받아 문서·도면·사진·모형·장치, 그 밖의 물건(다음부터 이 조문 안에서 이 모두를 "문서등"이라 한다)을 이용하여 신문할 수 있다.

② 제1항의 경우에 문서등이 증거조사를 하지 아니한 것인 때에는 신문에 앞서 상대방에게 열람할 기회를 주어야 한다. 다만, 상대방의 이의가 없는 때에는 그러하지 아니하다.

③ 재판장은 조서에 붙이거나 그 밖에 다른 필요가 있다고 인정하는 때에는 당사자에게 문서등의 사본(사본으로 제출할 수 없는 경우에는 그 사진이나 그 밖의 적당한 물건)을 제출할 것을 명할 수 있다.

제97조(이의신청) ① 증인신문에 관한 재판장의 명령 또는 조치에 대한 이의신청은 그 명령 또는 조치가 있은 후 바로 하여야 하며, 그 이유를 구체적으로 밝혀야 한다.

② 법원은 제1항의 규정에 따른 이의신청에 대하여 바로 결정으로 재판하여야 한다.

제98조(재정인의 퇴정) 법정 안에 있는 특정인 앞에서는 충분히 진술하기 어려운 현저한 사유가 있는 때에는 재판장은 당사자의 의견을 들어 그 증인이 진술하는 동안 그 사람을 법정에서 나가도록 명할 수 있다.

제99조(서면에 따른 질문 또는 회답의 낭독) 듣지 못하는 증인에게 서면으로 물은 때 또는 말을 못하는 증인에게 서면으로 답하게 한 때에는 재판장은 법원사무관등으로 하여금 질문 또는 회답을 적은 서면을 낭독하게 할 수 있다.

제100조(수명법관·수탁판사의 권한) 수명법관 또는 수탁판사가 증인신문을 하는 경우에는 이 절에 규정된 법원과 재판장의 직무를 행한다.

제 3 절 감정

제100조의2(감정인 의무의 고지) 법원은 감정인에게 선서를 하게 하기에 앞서 법 제335조의2에 따른 의무를 알려야 한다.

〔본조신설 2016·9·6〕

제101조(감정사항의 결정 등) ① 감정을 신청하는 때에는 감정을 구하는 사항을 적은 서면을 함께 제출하여야 한다. 다만, 부득이한 사유가 있는 때에는 재판장이 정하는 기한까지 제출하면 된다.

② 제1항의 서면은 상대방에게 송달하여야 한다. 다만, 그 서면의 내용을 고려하여 법원이 송달할 필요가 없다고 인정하는 때에는 그러하지 아니하다.

③ 상대방은 제1항의 서면에 관하여 의견이 있는 때에는 의견을 적은 서면을 법원에 제출할 수 있다. 이 경우 재판장은 미리 그 제출기한을 정할 수 있다. <개정 2016·9·6>

④ 법원은 제1항의 서면을 토대로 하되, 제3항의 규정에 따라 의견이 제출된 때에는 그 의견을 고려하여 감정사항을 정하여야 한다. 이 경우 법원이 감정사항을 정하기 위하여 필요한 때에는 감정인의 의견을 들을 수 있다.

⑤ 삭제 <2016·9·6>

제101조의2(감정에 필요한 자료제공 등) ① 법원은 감정에 필요한 자료를 감정인에게 보낼 수 있다.

② 당사자는 감정에 필요한 자료를 법원에 내거나 법원의 허가를 받아 직접 감정인에게 건네줄 수 있다.

③ 감정인은 부득이한 사정이 없으면 제1항, 제2항에 따른 자료가 아닌 자료를 감정의 전제가 되는 사실 인정에 사용할 수 없다.

④ 법원은 감정인에게 감정에 사용한 자료를 제출하게 하거나 그 목록을 보고하게 할 수 있다.

〔본조신설 2016·9·6〕

제101조의3(감정의견에 관한 의견진술) ① 법원은 법 제339조제1항, 제2항에 따른 감정인의 의견진술이 있는 경우에 당사자에게 기한을 정하여 그에 관한 의견을 적은 서면을 제출하게 할 수 있다.

② 법원은 법 제339조제1항, 제2항에 따른 감정인의 서면 의견진술이 있는 경우에 그에 관하여 말로 설명할 필요가 있다고 인정하는 때에는 감정인에게 법정에 출석하게 할 수 있다.

③ 제2항의 경우 법원은 당사자에게 기한을 정하여 감정인에게 질문할 사항을 적은 서면을 감정인이 출석할 신문기일 전에 제출하게 할 수 있다.

④ 법원사무관등은 제3항에 따른 서면의 부본을 감정인이 출석할 신문기일 전에 상대방에게 송달하여야 한다.

〔본조신설 2016·9·6〕

제102조(기피신청의 방식) ① 감정인에 대한 기피는 그 이유를 밝혀 신청하여야 한다.

② 기피하는 이유와 소명방법은 신청한 날부터 3일 안에 서면으로 제출하여야 한다.

제103조(감정서의 설명) ① 법 제341조제2항의 규정에 따라 감정서를 설명하게 하는 때에는 당사자를 참여하게 하여야 한다.

② 제1항의 설명의 요지는 조서에 적어야 한다.

제103조의2 삭제 <2021·10·29>

제104조(증인신문규정의 준용) 감정에는 그 성질에 어긋나지 아니하는 범위 안에서 제2절의 규정을 준용한다.

제4절 서증

제105조(문서를 제출하는 방식에 의한 서증신청) ① 문서를 제출하여 서증의 신청을 하는 때에는 문서의 제목·작성자 및 작성일을 밝혀야 한다. 다만, 문서의 기재상 명백한 경우에는 그러하지 아니하다.

② 서증을 제출하는 때에는 상대방의 수에 1을 더한 수의 사본을 함께 제출하여야 한다. 다만, 상당한 이유가 있는 때에는 법원은 기간을 정하여 사본을 제출하게 할 수 있다.

③ 제2항의 사본은 명확한 것이어야 하며 재판장은 사본이 불명확한 때에는 사본을 다시 제출하도록 명할 수 있다.

④ 문서의 일부를 증거로 하는 때에도 문서의 전부를 제출하여야 한다. 다만, 그 사본은 재판장의 허가를 받아 증거로 원용할 부분의 초본만을 제출할 수 있다.

⑤ 법원은 서증에 대한 증거조사가 끝난 후에도 서증 원본을 다시 제출할 것을 명할 수 있다.

제106조(증거설명서의 제출 등) ① 재판장은 서증의 내용을 이해하기 어렵거나 서증의 수가 방대한 경우 또는 서증의 입증취지가 불명확한 경우에는 당사자에게 서증과 증명할 사실의 관계를 구체적으로 밝힌 설명서를 제출할 것을 명할 수 있다.

② 서증이 국어 아닌 문자 또는 부호로 되어 있는 때에는 그 문서의 번역문을 붙여야 한다. 다만, 문서의 일부를 증거로 하는 때에는 재판장의 허가를 받아 그 부분의 번역문만을 붙일 수 있다.

제107조(서증 사본의 작성 등) ① 당사자가 제105조제2항의 규정에 따라 서증 사본을 작성하는 때에는 서증 내용의 전부를 복사하여야 한다. 이 경우 재판장이 필요하다고 인정하는 때에는 서증 사본에 원본과 틀림이 없다는 취지를 적고 기명날인 또는 서명하여야 한다.

② 서증 사본에는 다음 각호의 구분에 따른 부호와 서증의 제출순서에 따른 번호를 붙여야 한다.

1. 원고가 제출하는 것은 "갑"
2. 피고가 제출하는 것은 "을"
3. 독립당사자참가인이 제출하는 것은 "병"

③ 재판장은 같은 부호를 사용할 당사자가 여러 사람인 때에는 제2항의 부호 다음에 "가" "나" "다" 등의 가지부호를 붙여서 사용하게 할 수 있다.

제108조(서증 사본의 제출기간) 법 제147조제1항의 규정에 따라 재판장이 서증신청(문서를 제출하는 방식으로 하는 경우에 한한다)을 할 기간을 정한 때에는 당사자는 그 기간이 끝나기 전에 서증의 사본을 제출하여야 한다.

제109조(서증에 대한 증거결정) 당사자가 서증을 신청한 경우 다음 각호 가운데 어느

하나에 해당하는 사유가 있는 때에는 법원은 그 서증을 채택하지 아니하거나 채택결정을 취소할 수 있다.

1. 서증과 증명할 사실 사이에 관련성이 인정되지 아니하는 때
2. 이미 제출된 증거와 같거나 비슷한 취지의 문서로서 별도의 증거가치가 있음을 당사자가 밝히지 못한 때
3. 국어 아닌 문자 또는 부호로 되어 있는 문서로서 그 번역문을 붙이지 아니하거나 재판장의 번역문 제출명령에 따르지 아니한 때
4. 제106조제1항의 규정에 따른 재판장의 증거설명서 제출명령에 따르지 아니한 때
5. 문서의 작성자 또는 그 작성일이 분명하지 아니한 경우로서 이를 밝히도록 한 재판장의 명령에 따르지 아니한 때

제110조(문서제출신청의 방식 등) ① 법 제345조의 규정에 따른 문서제출신청은 서면으로 하여야 한다.

② 상대방은 제1항의 신청에 관하여 의견이 있는 때에는 의견을 적은 서면을 법원에 제출할 수 있다.

③ 법 제346조의 규정에 따른 문서목록의 제출신청에 관하여는 제1항과 제2항의 규정을 준용한다.

제111조(제시·제출된 문서의 보관) ① 법원은 필요하다고 인정하는 때에는 법 제347조제4항 전문의 규정에 따라 제시받은 문서를 일시적으로 맡아 둘 수 있다.

② 제1항의 경우 또는 법 제353조의 규정에 따라 문서를 맡아 두는 경우 문서를 제시하거나 제출한 사람이 요구하는 때에는 법원사무관등은 문서의 보관증을 교부하여야 한다.

제112조(문서가 있는 장소에서의 서증신청 등) ① 제3자가 가지고 있는 문서를 법 제343조 또는 법 제352조가 규정하는 방법에 따라 서증으로 신청할 수 없거나 신청하기 어려운 사정이 있는 때에는 법원은 그 문서가 있는 장소에서 서증의 신청을 받아 조사할 수 있다.

② 제1항의 경우 신청인은 서증으로 신청한 문서의 사본을 법원에 제출하여야 한다.

제113조(기록 가운데 일부문서에 대한 송부촉탁) ① 법원·검찰청, 그 밖의 공공기관(다음부터 이 조문 안에서 이 모두를 "법원등"이라 한다)이 보관하고 있는 기록의 불특정한 일부에 대하여도 법 제352조의 규정에 따른 문서송부의 촉탁을 신청할 수 있다.

② 법원이 제1항의 신청을 채택한 때에는 기록을 보관하고 있는 법원등에 대하여 그 기록 가운데 신청인 또는 소송대리인이 지정하는 부분의 인증등본을 보내 줄 것을 촉탁하여야 한다.

③ 제2항의 규정에 따른 촉탁을 받은 법원등은 법 제352조의2제2항에 규정된 사유가 있는 경우가 아니면 문서송부촉탁 신청인 또는 소송대리인에게 그 기록을 열람하게 하여 필요한 부분을 지정할 수 있도록 하여야 한다. <개정 2012·5·2>

제114조 삭제 <2007·11·28>

제115조(송부촉탁 신청인의 사본제출의무 등) 제113조, 법 제347조제1항 또는 법 제352조의 규정에 따라 법원에 문서가 제출된 때에는 신청인은 그 중 서증으로 제출하고자 하는 문서를 개별적으로 지정하고 그 사본을 법원에 제출하여야 한다. 다만, 제출된 문서가 증거조사를 마친 후 돌려 줄 필요가 없는 것인 때에는 따로 사본을 제출하지 아니하여도 된다.

제116조(문서의 진정성립을 부인하는 이유의 명시) 문서의 진정성립을 부인하는 때에는 그 이유를 구체적으로 밝혀야 한다.

제5절 검증

제117조(검증목적물의 제출) 검증목적물의 제출절차에 관하여는 제107조제2항·제3항의 규정을 준용한다. 이 경우에는 그 부호 앞에 "검"이라고 표시하여야 한다.

제118조(검증목적물의 보관 등) 제출된 검증목적물에 관하여는 제105조제5항과 제111조제2항의 규정을 준용한다.

제6절 당사자신문

제119조(증인신문 규정의 준용) 당사자 본인이나 당사자를 대리·대표하는 법정대리인·대표자 또는 관리인의 신문에는 제81조, 제

83조 및 제88조 내지 제100조의 규정을 준용한다. 이 경우 제81조제1항제2호 중 "법률상 제재를 받을 수 있다는 취지"는 "법률상 불이익을 받을 수 있다는 취지"로 고쳐 적용한다. <개정 2015·6·29>

제119조의2(당사자진술서 또는 당사자신문사항의 제출 등) ① 법원은 효율적인 당사자신문을 위하여 필요하다고 인정하는 때에는 당사자신문을 신청한 당사자에게 당사자진술서 또는 당사자신문사항을 제출하게 할 수 있다.

② 제1항에 따른 당사자진술서의 제출 등에 관하여는 제79조제2항부터 제4항까지를, 당사자신문사항의 제출 등에 관하여는 제80조제1항 본문, 제2항 및 제3항을 각 준용한다.

〔본조신설 2015·6·29〕

제7절 그 밖의 증거

제120조(자기디스크등에 기억된 문자정보 등에 대한 증거조사) ① 컴퓨터용 자기디스크·광디스크, 그 밖에 이와 비슷한 정보저장매체(다음부터 이 조문 안에서 이 모두를 "자기디스크등"이라 한다)에 기억된 문자정보를 증거자료로 하는 경우에는 읽을 수 있도록 출력한 문서(다음부터 이 조문 안에서 "출력문서"라고 한다)를 제출할 수 있다.

② 자기디스크등에 기억된 문자정보를 증거로 하는 경우에 증거조사를 신청한 당사자는 법원이 명하거나 상대방이 요구한 때에는 자기디스크등에 입력한 사람과 입력한 일시, 출력한 사람과 출력한 일시를 밝혀야 한다.

③ 자기디스크등에 기억된 정보가 도면·사진 등에 관한 것인 때에는 제1항과 제2항의 규정을 준용한다.

제121조(음성·영상자료 등에 대한 증거조사) ① 녹음·녹화테이프, 컴퓨터용 자기디스크·광디스크, 그 밖에 이와 비슷한 방법으로 음성이나 영상을 녹음 또는 녹화(다음부터 이 조문 안에서 "녹음등"이라 한다)하여 재생할 수 있는 매체(다음부터 이 조문 안에서 "녹음테이프등"이라 한다)에 대한 증거조사를 신청하는 때에는 음성이나 영상이 녹음등이 된 사람, 녹음등을 한 사람 및 녹음등을 한 일시·장소를 밝혀야 한다.

② 녹음테이프등에 대한 증거조사는 녹음테이프등을 재생하여 검증하는 방법으로 한다.

③ 녹음테이프등에 대한 증거조사를 신청한 당사자는 법원이 명하거나 상대방이 요구한 때에는 녹음테이프등의 녹취서, 그 밖에 그 내용을 설명하는 서면을 제출하여야 한다.

제122조(감정 등 규정의 준용) 도면·사진, 그 밖에 정보를 담기 위하여 만들어진 물건으로서 문서가 아닌 증거의 조사에 관하여는 특별한 규정이 없으면 제3절 내지 제5절의 규정을 준용한다.

제8절 증거보전

제123조(증거보전절차에서의 증거조사) 증거보전절차에서의 증거조사에 관하여는 이 장의 규정을 적용한다.

제124조(증거보전의 신청방식 등) ① 증거보전의 신청은 서면으로 하여야 한다.

② 제1항의 신청서에는 증거보전의 사유에 관한 소명자료를 붙여야 한다.

제125조(증거보전 기록의 송부) ① 증거보전에 관한 기록은 증거조사를 마친 후 2주 안에 본안소송의 기록이 있는 법원에 보내야 한다.

② 증거보전에 따른 증거조사를 마친 후에 본안소송이 제기된 때에는 본안소송이 계속된 법원의 송부요청을 받은 날부터 1주 안에 증거보전에 관한 기록을 보내야 한다.

제3편 상소

제1장 항소

제126조(항소취하를 할 법원) 소송기록이 원심법원에 있는 때에는 항소의 취하는 원심법원에 하여야 한다.

제126조의2(항소이유서) ① 항소인은 다음 각 호 가운데 어느 사유를 항소이유로 삼는지 항소이유서에 적어 제출하여야 한다.

1. 제 1 심 판결이 전속관할에 관한 규정에 어긋나거나 제 1 심 판결의 절차가 법률에 어긋난 때
2. 제 1 심 판결 중 사실을 잘못 인정하거나 법리를 잘못 적용한 부분이 있는 때
3. 제 1 심 판결의 이유를 밝히지 아니하거나 이유에 모순이 있는 때
4. 그 밖에 제 1 심 판결을 정당하지 아니하다고 인정하여 취소하거나 변경해야 할 사유가 있는 때

② 항소이유를 적을 때에는 제 1 심 판결 중 다투는 부분을 구체적으로 특정하여야 한다. 다만 「소액사건심판법」 제11조의2제 3 항 본문에 따라 제 1 심 판결에 이유를 적지 않은 때에는 그러하지 아니하다.

③ 항소이유서를 제출받은 항소법원은 피항소인에게 그 부본을 송달하여야 한다.

④ 항소인이 정당한 사유 없이 법 제402조의2제 1 항에 따른 제출기간(같은 조 제 2 항에 따라 제출기간이 연장된 경우에는 그 연장된 기간을 말한다)을 넘겨 항소이유서에 기재되지 않은 새로운 주장을 제출한 때에는 항소법원은 법 제149조제 1 항에 따라 결정으로 그 주장을 각하할 수 있다.

〔전부개정 2025 · 1 · 23〕

제126조의3(답변서) 재판장등은 피항소인에게 상당한 기간을 정하여 항소이유서에 기재된 항소인의 주장에 대한 반박내용을 적은 답변서를 제출하게 할 수 있다.

〔본조신설 2025 · 1 · 23〕

제127조(항소기록의 송부와 접수통지) ① 항소장이 판결 정본의 송달 전에 제출된 경우 항소기록 송부기간은 판결정본이 송달된 날부터 2주로 한다.

② 원심재판장등이 판결정본의 송달 전에 제출된 항소장에 대하여 보정명령을 내린 경우의 항소기록 송부기간은 판결정본의 송달 전에 그 흠이 보정된 때에는 판결정본이 송달된 날부터 2주, 판결정본의 송달 이후에 그 흠이 보정된 때에는 보정된 날부터 1주로 한다. <개정 2015 · 6 · 29>

③ 법 제400조제 3 항에 따른 항소기록의 접수통지는 그 사유를 적은 서면을 당사자에게 송달하는 방법으로 한다. <신설 2025 · 1 · 23>

제127조의2(제 1 심 변론결과의 진술) 제 1 심 변론결과의 진술은 당사자가 사실상 또는 법률상 주장, 정리된 쟁점 및 증거조사 결과의 요지 등을 진술하거나, 법원이 당사자에게 해당사항을 확인하는 방식으로 할 수 있다.

〔본조신설 2007 · 11 · 28〕

제127조의3(항소심의 변론) 항소법원은 항소이유서에 기재된 쟁점을 중심으로 변론이 집중되도록 함으로써 변론이 가능하면 속행되지 않도록 하여야 하고, 당사자는 이에 협력하여야 한다.

〔본조신설 2025 · 1 · 23〕

제127조의4(항소심의 증거신청) ① 항소인은 부득이한 사정이 없으면 항소이유서를 제출하면서 일괄하여 증거를 신청하여야 한다.

② 항소심에서 증거를 신청할 때에는 해당 증거가 다음 각 호 중 어느 항목에 해당하는지와 그에 관한 구체적인 사유를 명시하여야 한다.

1. 제 1 심에서 조사되지 아니한 데에 대하여 고의나 중대한 과실이 없고 그 신청으로 인하여 소송을 현저하게 지연시키지 아니하는 증거
2. 제 1 심에서 증거조사가 이루어졌으나 특별한 사정이 있어 항소심에서 다시 증거조사를 하는 것이 부득이하다고 인정되는 증거
3. 그 밖에 항소의 당부에 관한 판단을 위하여 반드시 필요하다고 인정되는 증거

〔본조신설 2025 · 1 · 23〕

제128조(제 1 심 소송절차의 준용) 항소심의 소송절차에 관하여는 그 성질에 어긋나지 아니하는 범위 안에서 제 2 편의 규정을 준용한다.

제 2 장 상고

제129조(상고이유의 기재방식) ① 판결에 영향을 미친 헌법 · 법률 · 명령 또는 규칙(다음부터 이 장 안에서 "법령"이라 한다)의 위반이 있다는 것을 이유로 하는 상고의 경우에 상고이유는 법령과 이에 위반하는 사유를 밝혀야 한다.

② 제1항의 규정에 따라 법령을 밝히는 때에는 그 법령의 조항 또는 내용(성문법 외의 법령에 관하여는 그 취지)을 적어야 한다.
③ 제1항의 규정에 따라 법령에 위반하는 사유를 밝히는 경우에 그 법령이 소송절차에 관한 것인 때에는 그에 위반하는 사실을 적어야 한다.

제130조(절대적 상고이유의 기재방식) 법 제424조제1항의 어느 사유를 상고이유로 삼는 때에는 상고이유에 그 조항과 이에 해당하는 사실을 밝혀야 한다.

제131조(판례의 적시) 원심판결이 대법원판례와 상반되는 것을 상고이유로 하는 경우에는 그 판례를 구체적으로 밝혀야 한다.

제132조(소송기록 접수의 통지방법) 법 제426조의 규정에 따른 소송기록 접수의 통지는 그 사유를 적은 서면을 당사자에게 송달하는 방법으로 한다.

제133조(상고이유서의 통수) 상고이유서를 제출하는 때에는 상대방의 수에 6을 더한 수의 부본을 붙여야 한다.

제133조의2(상고이유서 등의 분량) 상고이유서와 답변서는 그 분량을 30쪽 이내로 하여 제출하여야 한다.
〔본조신설 2016·8·1〕

제134조(참고인의 진술) ① 법 제430조제2항의 규정에 따라 참고인의 진술을 듣는 때에는 당사자를 참여하게 하여야 한다.
② 제1항의 진술의 요지는 조서에 적어야 한다.

제134조의2(참고인 의견서 제출) ① 국가기관과 지방자치단체는 공익과 관련된 사항에 관하여 대법원에 재판에 관한 의견서를 제출할 수 있고, 대법원은 이들에게 의견서를 제출하게 할 수 있다.
② 대법원은 소송관계를 분명하게 하기 위하여 공공단체 등 그 밖의 참고인에게 의견서를 제출하게 할 수 있다.
〔본조신설 2015·1·28〕

제135조(항소심절차규정의 준용) 상고와 상고심의 소송절차에는 그 성질에 어긋나지 아니하는 범위 안에서 제1장의 규정을 준용한다.

제136조(부대상고에 대한 준용) 부대상고에는 제129조 내지 제135조의 규정을 준용한다.

제3장 항고

제137조(항소·상고의 절차규정 준용) ① 항고와 그에 관한 절차에는 그 성질에 어긋나지 아니하는 범위 안에서 제1장의 규정을 준용한다.
② 재항고 또는 특별항고와 그에 관한 절차에는 그 성질에 어긋나지 아니하는 범위 안에서 제2장의 규정을 준용한다.

제4편 재심

제138조(재심의 소송절차) 재심의 소송절차에는 그 성질에 어긋나지 아니하는 범위 안에서 각 심급의 소송절차에 관한 규정을 준용한다.

제139조(재심소장의 첨부서류) 재심소장에는 재심의 대상이 되는 판결의 사본을 붙여야 한다.

제140조(재심소송기록의 처리) ① 재심절차에서 당사자가 제출한 서증의 번호는 재심 전 소송의 서증의 번호에 연속하여 매긴다.
② 재심사건에 대하여 상소가 제기된 때에는 법원사무관등은 상소기록에 재심 전 소송기록을 붙여 상소법원에 보내야 한다.

제141조(준재심절차에 대한 준용) 법 제461조의 규정에 따른 재심절차에는 제138조 내지 제140조의 규정을 준용한다.

제5편 공시최고절차

제142조(공시최고의 공고) ① 공시최고의 공고는 다음 각호 가운데 어느 하나의 방법으로 한다. 이 경우 필요하다고 인정하는 때에는 적당한 방법으로 공고사항의 요지를 공시할 수 있다.
1. 법원게시판 게시
2. 관보·공보 또는 신문 게재
3. 전자통신매체를 이용한 공고
② 법원사무관등은 공고한 날짜와 방법을 기록에 표시하여야 한다.

제143조(제권판결의 공고) 제권판결의 요지를 공고하는 때에는 제142조의 규정을 준용한다.

제 6 편 판결의 확정 및 집행정지

제144조(집행정지신청 등의 방식) 법 제500조제 1 항 또는 법 제501조의 규정에 따른 집행정지 등의 신청은 서면으로 하여야 한다.

부 칙

제 1 조(시행일) 이 규칙은 2002년 7월 1일부터 시행한다.

제 2 조(계속사건에 관한 경과조치) 이 규칙은 특별한 규정이 없으면 이 규칙 시행 당시 법원에 계속중인 사건에도 적용한다. 다만, 종전의 규정에 따라 생긴 효력에는 영향을 미치지 아니한다.

제 3 조(증인감치에 관한 경과조치) 제86조와 법 제311조의 증인감치에 관한 규정은 법 시행 후 과태료의 재판을 고지받은 증인에 대하여 적용한다.

부 칙 <2006·3·23 대법원규칙2012>

이 규칙은 공포한 날부터 시행한다.

부 칙 <2007·7·31 대법원규칙2094>

제 1 조(시행일) 이 규칙은 2007년 8월 14일부터 시행한다.

제 2 조(경과조치) 이 규칙은 이 규칙 시행 당시에 법원에 계속 중인 사건에도 적용한다.

부 칙 <2007·11·28 대법원규칙2115>

제 1 조(시행일) 이 규칙은 2008년 1월 1일부터 시행한다.

제 2 조(계속사건에 관한 경과조치) 이 규칙은 특별한 규정이 없으면 이 규칙 시행 당시 법원에 계속 중인 사건에도 적용한다. 다만, 종전의 규정에 따라 생긴 효력에는 영향을 미치지 아니한다.

부 칙 <2009·1·9 대법원규칙2203>

제 1 조(시행일) 이 규칙은 공포한 날부터 시행한다.

제 2 조(계속사건에 관한 경과조치) 이 규칙은 이 규칙 시행 당시 법원에 계속 중인 사건에도 적용한다.

부 칙 <2009·12·3 대법원규칙2259>

이 규칙은 공포한 날부터 시행한다.

부 칙 <2010·12·13 대법원규칙2311>

제 1 조(시행일) 이 규칙은 2011년 1월 1일부터 시행한다.

제 2 조(계속사건에 관한 경과조치) 이 규칙은 이 규칙 시행 당시 법원에 계속 중인 사건에도 적용한다.

부 칙 <2011·9·28 대법원규칙2356>

제 1 조(시행일) 이 규칙은 2011년 10월 13일부터 시행한다. 〈단서 생략〉

제 2 조부터 **제 6 조**까지 생략

부 칙 <2012·5·2 대법원규칙2396>

제 1 조(시행일) 이 규칙은 공포한 날부터 시행한다.

제 2 조(계속 사건에 관한 적용례) 이 규칙은 이 규칙 시행 당시 법원에 계속 중인 사건에도 적용한다.

부 칙 <2014·8·6 대법원규칙2545>

이 규칙은 2014년 8월 7일부터 시행한다.

부 칙 <2014·12·30 대법원규칙2575>

이 규칙은 2015년 1월 1일부터 시행한다.

부 칙 <2015·1·28 대법원규칙2585>

제 1 조(시행일) 이 규칙은 공포한 날부터 시행한다. 다만, 제15조제 1 항 및 같은 조 제 4 항의 개정규정은 2015년 2월 13일부터 시행하고, 제26조제 2 항, 같은 조 제 3 항의 개정규정 및 제70조의3의 신설규정은 2015년 7월 1일부터 시행한다.

제 2 조(계속사건에 관한 경과조치) 이 규칙은 이 규칙 시행 당시에 법원에 계속 중인 사건에도 적용한다.

부 칙 <2015·6·29 대법원규칙2606>

제 1 조(시행일) 이 규칙은 2015년 7월 1일부터 시행한다.

제 2 조(계속사건에 관한 경과조치) 이 규칙은 이 규칙 시행 당시에 법원에 계속 중인 사건에도 적용한다.

부 칙 <2016·8·1 대법원규칙2670>

제 1 조(시행일) 이 규칙은 공포한 날부터 시행한다.

제 2 조(계속사건에 관한 경과조치) 이 규칙은 이 규칙 시행 당시에 법원에 계속 중인 사건에도 적용한다. 다만, 종전 규정에 따라 생긴 효력에는 영향을 미치지 아니한다.

부 칙 <2016·9·6 대법원규칙2675>

제1조(시행일) 이 규칙은 2016년 9월 30일부터 시행한다. 다만, 제15조제1항 및 제4항의 개정규정은 2016년 10월 1일부터 시행하고, 제17조의2의 개정규정은 공포한 날부터 시행한다.

제2조(계속사건에 관한 경과조치) 이 규칙은 이 규칙 시행 당시에 법원에 계속 중인 사건에도 적용한다. 다만, 종전의 규정에 따라 생긴 효력에 영향을 미치지 아니한다.

부 칙 <2017·2·2 대법원규칙2711>

제1조(시행일) 이 규칙은 2017년 2월 4일부터 시행한다.

제2조(계속사건에 관한 경과조치) 이 규칙은 이 규칙 시행 당시 법원에 계속 중인 사건에도 적용한다. 다만, 종전 규칙에 따라 생긴 효력에는 영향을 미치지 아니한다.

부 칙 <2018·1·31 대법원규칙2771>

이 규칙은 공포한 날부터 시행한다.

부 칙 <2020·6·1 대법원규칙2900>

이 규칙은 공포한 날부터 시행한다.

부 칙 <2020·6·26 대법원규칙2905>

이 규칙은 공포한 날부터 시행한다.

부 칙 <2021·10·29 대법원규칙3001>

제1조(시행일) 이 규칙은 2021년 11월 18일부터 시행한다.

제2조(계속사건에 관한 경과조치) 이 규칙은 이 규칙 시행 당시 법원에 계속 중인 사건에 대하여도 적용한다.

제3조(다른 규칙의 개정) 생략

부 칙 <2024·11·29 대법원규칙3167>

제1조(시행일) 이 규칙은 2025년 1월 1일부터 시행한다.

제2조(적용례) 이 규칙은 이 규칙 시행 당시 법원에 계속 중인 사건에도 적용한다.

부 칙 <2025·1·23 대법원규칙3191>

제1조(시행일) 이 규칙은 2025년 3월 1일부터 시행한다.

제2조(항소이유서의 제출에 관한 적용례) 이 규칙은 이 규칙 시행 후 최초로 항소장 또는 항고장이 제출되는 사건부터 적용한다.

●민사집행법

〔2002·1·26 법률제6627호〕

개정
2005· 1·27 법률제 7358호
2007· 8· 3 법률제 8581호(상법)
2007· 8· 3 법률제 8622호(소형선박저당법)
2009· 3·25 법률제 9525호(자동차 등 특정동산 저당법)
2010· 7·23 법률제10376호
2011· 4· 5 법률제10539호
2011· 4·12 법률제10580호(부동산등기법)
2014· 5·20 법률제12588호
2015· 5·18 법률제13286호
2016· 2· 3 법률제13952호(민사소송법)
2022· 1· 4 법률제18671호
2024· 9·20 법률제20434호(법인의 등기사항 등에 관한 특례법)
2025· 1·31 법률제20733호→2026년 2월 1일 시행

제 1 편 총칙

제 1 조(목적) 이 법은 강제집행, 담보권 실행을 위한 경매, 민법·상법, 그 밖의 법률의 규정에 의한 경매(이하 "민사집행"이라 한다) 및 보전처분의 절차를 규정함을 목적으로 한다.

제 2 조(집행실시자) 민사집행은 이 법에 특별한 규정이 없으면 집행관이 실시한다.

제 3 조(집행법원) ① 이 법에서 규정한 집행행위에 관한 법원의 처분이나 그 행위에 관한 법원의 협력사항을 관할하는 집행법원은 법률에 특별히 지정되어 있지 아니하면 집행절차를 실시할 곳이나 실시한 곳을 관할하는 지방법원이 된다.
② 집행법원의 재판은 변론 없이 할 수 있다.

제 4 조(집행신청의 방식) 민사집행의 신청은 서면으로 하여야 한다.

제 5 조(집행관의 강제력 사용) ① 집행관은 집행을 하기 위하여 필요한 경우에는 채무자의 주거·창고 그 밖의 장소를 수색하고, 잠근 문과 기구를 여는 등 적절한 조치를 할 수 있다.
② 제 1 항의 경우에 저항을 받으면 집행관은 경찰 또는 국군의 원조를 요청할 수 있다.
③ 제 2 항의 국군의 원조는 법원에 신청하여야 하며, 법원이 국군의 원조를 요청하는 절차는 대법원규칙으로 정한다.

제 6 조(참여자) 집행관은 집행하는 데 저항을 받거나 채무자의 주거에서 집행을 실시하려는데 채무자나 사리를 분별할 지능이 있는 그 친족·고용인을 만나지 못한 때에는 성년 두 사람이나 특별시·광역시의 구 또는 동 직원, 시·읍·면 직원(도농복합형태의 시의 경우 동지역에서는 시 직원, 읍·면지역에서는 읍·면 직원) 또는 경찰공무원중 한 사람을 증인으로 참여하게 하여야 한다.

제 7 조(집행관에 대한 원조요구) ① 집행관 외의 사람으로서 법원의 명령에 의하여 민사집행에 관한 직무를 행하는 사람은 그 신분 또는 자격을 증명하는 문서를 지니고 있다가 관계인이 신청할 때에는 이를 내보여야 한다.
② 제 1 항의 사람이 그 직무를 집행하는 데 저항을 받으면 집행관에게 원조를 요구할 수 있다.
③ 제 2 항의 원조요구를 받은 집행관은 제 5 조 및 제 6 조에 규정된 권한을 행사할 수 있다.

제 8 조(공휴일 · 야간의 집행) ① 공휴일과 야간에는 법원의 허가가 있어야 집행행위를 할 수 있다.
② 제 1 항의 허가명령은 민사집행을 실시할 때에 내보여야 한다.

제 9 조(기록열람 · 등본부여) 집행관은 이해관계 있는 사람이 신청하면 집행기록을 볼 수 있도록 허가하고, 기록에 있는 서류의 등본을 교부하여야 한다.

제10조(집행조서) ① 집행관은 집행조서(執行調書)를 작성하여야 한다.
② 제 1 항의 조서(調書)에는 다음 각호의 사항을 밝혀야 한다.
1. 집행한 날짜와 장소
2. 집행의 목적물과 그 중요한 사정의 개요
3. 집행참여자의 표시
4. 집행참여자의 서명날인
5. 집행참여자에게 조서를 읽어 주거나 보여 주고, 그가 이를 승인하고 서명날인한 사실
6. 집행관의 기명날인 또는 서명
③ 제 2 항제 4 호 및 제 5 호의 규정에 따라 서명날인할 수 없는 경우에는 그 이유를 적어야 한다.

제11조(집행행위에 속한 최고, 그 밖의 통지) ① 집행행위에 속한 최고(催告) 그 밖의 통지는 집행관이 말로 하고 이를 조서에 적어야 한다.
② 말로 최고나 통지를 할 수 없는 경우에는 민사소송법 제181조 · 제182조 및 제187조의 규정을 준용하여 그 조서의 등본을 송달한다. 이 경우 송달증서를 작성하지 아니한 때에는 조서에 송달한 사유를 적어야 한다.
③ 집행하는 곳과 법원의 관할구역안에서 제 2 항의 송달을 할 수 없는 경우에는 최고나 통지를 받을 사람에게 대법원규칙이 정하는 방법으로 조서의 등본을 발송하고 그 사유를 조서에 적어야 한다.

제12조(송달 · 통지의 생략) 채무자가 외국에 있거나 있는 곳이 분명하지 아니한 때에는 집행행위에 속한 송달이나 통지를 하지 아니하여도 된다.

제13조(외국송달의 특례) ① 집행절차에서 외국으로 송달이나 통지를 하는 경우에는 송달이나 통지와 함께 대한민국안에 송달이나 통지를 받을 장소와 영수인을 정하여 상당한 기간 이내에 신고하도록 명할 수 있다.
② 제 1 항의 기간 이내에 신고가 없는 경우에는 그 이후의 송달이나 통지를 하지 아니할 수 있다.

제14조(주소 등이 바뀐 경우의 신고의무) ① 집행에 관하여 법원에 신청이나 신고를 한 사람 또는 법원으로부터 서류를 송달받은 사람이 송달받을 장소를 바꾼 때에는 그 취지를 법원에 바로 신고하여야 한다.
② 제 1 항의 신고를 하지 아니한 사람에 대한 송달은 달리 송달할 장소를 알 수 없는 경우에는 법원에 신고된 장소 또는 종전에 송달을 받던 장소에 대법원규칙이 정하는 방법으로 발송할 수 있다.
③ 제 2 항의 규정에 따라 서류를 발송한 경우에는 발송한 때에 송달된 것으로 본다.

제15조(즉시항고) ① 집행절차에 관한 집행법원의 재판에 대하여는 특별한 규정이 있어야만 즉시항고(卽時抗告)를 할 수 있다.
② 항고인(抗告人)은 재판을 고지받은 날부터 1주의 불변기간 이내에 항고장(抗告狀)을 원심법원에 제출하여야 한다.
③ 항고장에 항고이유를 적지 아니한 때에는 항고인은 항고장을 제출한 날부터 10일 이내에 항고이유서를 원심법원에 제출하여야 한다.
④ 항고이유는 대법원규칙이 정하는 바에 따라 적어야 한다.
⑤ 항고인이 제 3 항의 규정에 따른 항고이유서를 제출하지 아니하거나 항고이유가 제 4 항의 규정에 위반한 때 또는 항고가 부적법하고 이를 보정(補正)할 수 없음이 분명한 때에는 원심법원은 결정으로 그 즉시항고를 각하하여야 한다.
⑥ 제 1 항의 즉시항고는 집행정지의 효력을 가지지 아니한다. 다만, 항고법원(재판기록이 원심법원에 남아 있는 때에는 원심법원)은 즉시항고에 대한 결정이 있을 때까지 담보를 제공하게 하거나 담보를 제공하게 하지 아니하고 원심재판의 집행을 정지하거나 집행절차의 전부 또는 일부를 정지하도록

명할 수 있고, 담보를 제공하게 하고 그 집행을 계속하도록 명할 수 있다.
⑦ 항고법원은 항고장 또는 항고이유서에 적힌 이유에 대하여서만 조사한다. 다만, 원심재판에 영향을 미칠 수 있는 법령위반 또는 사실오인이 있는지에 대하여 직권으로 조사할 수 있다.
⑧ 제 5 항의 결정에 대하여는 즉시항고를 할 수 있다.
⑨ 제 6 항 단서의 규정에 따른 결정에 대하여는 불복할 수 없다.
⑩ 제 1 항의 즉시항고에 대하여는 이 법에 특별한 규정이 있는 경우를 제외하고는 민사소송법 제 3 편 제 3 장중 즉시항고에 관한 규정을 준용한다.

제16조(집행에 관한 이의신청) ① 집행법원의 집행절차에 관한 재판으로서 즉시항고를 할 수 없는 것과, 집행관의 집행처분, 그 밖에 집행관이 지킬 집행절차에 대하여서는 법원에 이의를 신청할 수 있다.
② 법원은 제 1 항의 이의신청에 대한 재판에 앞서, 채무자에게 담보를 제공하게 하거나 제공하게 하지 아니하고 집행을 일시정지하도록 명하거나, 채권자에게 담보를 제공하게 하고 그 집행을 계속하도록 명하는 등 잠정처분(暫定處分)을 할 수 있다.
③ 집행관이 집행을 위임받기를 거부하거나 집행행위를 지체하는 경우 또는 집행관이 계산한 수수료에 대하여 다툼이 있는 경우에는 법원에 이의를 신청할 수 있다.

제17조(취소결정의 효력) ① 집행절차를 취소하는 결정, 집행절차를 취소한 집행관의 처분에 대한 이의신청을 기각·각하하는 결정 또는 집행관에게 집행절차의 취소를 명하는 결정에 대하여는 즉시항고를 할 수 있다.
② 제 1 항의 결정은 확정되어야 효력을 가진다.

제18조(집행비용의 예납 등) ① 민사집행의 신청을 하는 때에는 채권자는 민사집행에 필요한 비용으로서 법원이 정하는 금액을 미리 내야 한다. 법원이 부족한 비용을 미리 내라고 명하는 때에도 또한 같다.
② 채권자가 제 1 항의 비용을 미리 내지 아니한 때에는 법원은 결정으로 신청을 각하하거나 집행절차를 취소할 수 있다.
③ 제 2 항의 규정에 따른 결정에 대하여는 즉시항고를 할 수 있다.

제19조(담보제공·공탁 법원) ① 이 법의 규정에 의한 담보의 제공이나 공탁은 채권자나 채무자의 보통재판적(普通裁判籍)이 있는 곳의 지방법원 또는 집행법원에 할 수 있다.
② 당사자가 담보를 제공하거나 공탁을 한 때에는, 법원은 그의 신청에 따라 증명서를 주어야 한다.
③ 이 법에 규정된 담보에는 특별한 규정이 있는 경우를 제외하고는 민사소송법 제122조·제123조·제125조 및 제126조의 규정을 준용한다.

제20조(공공기관의 원조) 법원은 집행을 하기 위하여 필요하면 공공기관에 원조를 요청할 수 있다.

제21조(재판적) 이 법에 정한 재판적(裁判籍)은 전속관할(專屬管轄)로 한다.

제22조(시·군법원의 관할에 대한 특례) 다음 사건은 시·군법원이 있는 곳을 관할하는 지방법원 또는 지방법원지원이 관할한다.
1. 시·군법원에서 성립된 화해·조정(민사조정법 제34조제 4 항의 규정에 따라 재판상의 화해와 동일한 효력이 있는 결정을 포함한다. 이하 같다) 또는 확정된 지급명령에 관한 집행문부여의 소, 청구에 관한 이의의 소 또는 집행문부여에 대한 이의의 소로서 그 집행권원에서 인정된 권리가 소액사건심판법의 적용대상이 아닌 사건
2. 시·군법원에서 한 보전처분의 집행에 대한 제 3 자이의의 소
3. 시·군법원에서 성립된 화해·조정에 기초한 대체집행 또는 간접강제
4. 소액사건심판법의 적용대상이 아닌 사건을 본안으로 하는 보전처분

제23조(민사소송법의 준용 등) ① 이 법에 특별한 규정이 있는 경우를 제외하고는 민사집행 및 보전처분의 절차에 관하여는 민사소송법의 규정을 준용한다.
② 이 법에 정한 것 외에 민사집행 및 보전처분의 절차에 관하여 필요한 사항은 대법원규칙으로 정한다.

제 2 편 강제집행

제 1 장 총칙

제24조(강제집행과 종국판결) 강제집행은 확정된 종국판결(終局判決)이나 가집행의 선고가 있는 종국판결에 기초하여 한다.

제25조(집행력의 주관적 범위) ① 판결이 그 판결에 표시된 당사자 외의 사람에게 효력이 미치는 때에는 그 사람에 대하여 집행하거나 그 사람을 위하여 집행할 수 있다. 다만, 민사소송법 제71조의 규정에 따른 참가인에 대하여는 그러하지 아니하다.

② 제 1 항의 집행을 위한 집행문(執行文)을 내어 주는 데 대하여는 제31조 내지 제33조의 규정을 준용한다.

제26조(외국재판의 강제집행) ① 외국법원의 확정판결 또는 이와 동일한 효력이 인정되는 재판(이하 "확정재판등"이라 한다)에 기초한 강제집행은 대한민국 법원에서 집행판결로 그 강제집행을 허가하여야 할 수 있다. <개정 2014·5·20>

② 집행판결을 청구하는 소(訴)는 채무자의 보통재판적이 있는 곳의 지방법원이 관할하며, 보통재판적이 없는 때에는 민사소송법 제11조의 규정에 따라 채무자에 대한 소를 관할하는 법원이 관할한다.

제27조(집행판결) ① 집행판결은 재판의 옳고 그름을 조사하지 아니하고 하여야 한다.

② 집행판결을 청구하는 소는 다음 각호 가운데 어느 하나에 해당하면 각하하여야 한다. <개정 2014·5·20>

1. 외국법원의 확정재판등이 확정된 것을 증명하지 아니한 때
2. 외국법원의 확정재판등이 민사소송법 제217조의 조건을 갖추지 아니한 때

제28조(집행력 있는 정본) ① 강제집행은 집행문이 있는 판결정본(이하 "집행력 있는 정본"이라 한다)이 있어야 할 수 있다.

② 집행문은 신청에 따라 제 1 심 법원의 법원서기관·법원사무관·법원주사 또는 법원주사보(이하 "법원사무관등"이라 한다)가 내어 주며, 소송기록이 상급심에 있는 때에는 그 법원의 법원사무관등이 내어 준다.

③ 집행문을 내어 달라는 신청은 말로 할 수 있다.

제29조(집행문) ① 집행문은 판결정본의 끝에 덧붙여 적는다.

② 집행문에는 "이 정본은 피고 아무개 또는 원고 아무개에 대한 강제집행을 실시하기 위하여 원고 아무개 또는 피고 아무개에게 준다."라고 적고 법원사무관등이 기명날인하여야 한다.

제30조(집행문부여) ① 집행문은 판결이 확정되거나 가집행의 선고가 있는 때에만 내어준다.

② 판결을 집행하는 데에 조건이 붙어 있어 그 조건이 성취되었음을 채권자가 증명하여야 하는 때에는 이를 증명하는 서류를 제출하여야만 집행문을 내어 준다. 다만, 판결의 집행이 담보의 제공을 조건으로 하는 때에는 그러하지 아니하다.

제31조(승계집행문) ① 집행문은 판결에 표시된 채권자의 승계인을 위하여 내어 주거나 판결에 표시된 채무자의 승계인에 대한 집행을 위하여 내어 줄 수 있다. 다만, 그 승계가 법원에 명백한 사실이거나, 증명서로 승계를 증명한 때에 한한다.

② 제 1 항의 승계가 법원에 명백한 사실인 때에는 이를 집행문에 적어야 한다.

제32조(재판장의 명령) ① 재판을 집행하는 데에 조건을 붙인 경우와 제31조의 경우에는 집행문은 재판장(합의부의 재판장 또는 단독판사를 말한다. 이하 같다)의 명령이 있어야 내어 준다.

② 재판장은 그 명령에 앞서 서면이나 말로 채무자를 심문(審問)할 수 있다.

③ 제 1 항의 명령은 집행문에 적어야 한다.

제33조(집행문부여의 소) 제30조제 2 항 및 제31조의 규정에 따라 필요한 증명을 할 수 없는 때에는 채권자는 집행문을 내어 달라는 소를 제 1 심 법원에 제기할 수 있다.

제34조(집행문부여 등에 관한 이의신청) ① 집행문을 내어 달라는 신청에 관한 법원사무관등의 처분에 대하여 이의신청이 있는 경우에는 그 법원사무관등이 속한 법원이 결정으로 재판한다.

② 집행문부여에 대한 이의신청이 있는 경

우에는 법원은 제16조제2항의 처분에 준하는 결정을 할 수 있다.

제35조(여러 통의 집행문의 부여) ① 채권자가 여러 통의 집행문을 신청하거나 전에 내어 준 집행문을 돌려주지 아니하고 다시 집행문을 신청한 때에는 재판장의 명령이 있어야만 이를 내어 준다.

② 재판장은 그 명령에 앞서 서면이나 말로 채무자를 심문할 수 있으며, 채무자를 심문하지 아니하고 여러 통의 집행문을 내어 주거나 다시 집행문을 내어 준 때에는 채무자에게 그 사유를 통지하여야 한다.

③ 여러 통의 집행문을 내어 주거나 다시 집행문을 내어 주는 때에는 그 사유를 원본과 집행문에 적어야 한다.

제36조(판결원본에의 기재) 집행문을 내어 주는 경우에는 판결원본 또는 상소심 판결정본에 원고 또는 피고에게 이를 내어 준다는 취지와 그 날짜를 적어야 한다.

제37조(집행력 있는 정본의 효력) 집행력 있는 정본의 효력은 전국 법원의 관할구역에 미친다.

제38조(여러 통의 집행력 있는 정본에 의한 동시집행) 채권자가 한 지역에서 또는 한 가지 방법으로 강제집행을 하여도 모두 변제를 받을 수 없는 때에는 여러 통의 집행력 있는 정본에 의하여 여러 지역에서 또는 여러 가지 방법으로 동시에 강제집행을 할 수 있다.

제39조(집행개시의 요건) ① 강제집행은 이를 신청한 사람과 집행을 받을 사람의 성명이 판결이나 이에 덧붙여 적은 집행문에 표시되어 있고 판결을 이미 송달하였거나 동시에 송달한 때에만 개시할 수 있다.

② 판결의 집행이 그 취지에 따라 채권자가 증명할 사실에 매인 때 또는 판결에 표시된 채권자의 승계인을 위하여 하는 것이거나 판결에 표시된 채무자의 승계인에 대하여 하는 것일 때에는 집행할 판결 외에, 이에 덧붙여 적은 집행문을 강제집행을 개시하기 전에 채무자의 승계인에게 송달하여야 한다.

③ 증명서에 의하여 집행문을 내어 준 때에는 그 증명서의 등본을 강제집행을 개시하기 전에 채무자에게 송달하거나 강제집행과 동시에 송달하여야 한다.

제40조(집행개시의 요건) ① 집행을 받을 사람이 일정한 시일에 이르러야 그 채무를 이행하게 되어 있는 때에는 그 시일이 지난 뒤에 강제집행을 개시할 수 있다.

② 집행이 채권자의 담보제공에 매인 때에는 채권자는 담보를 제공한 증명서류를 제출하여야 한다. 이 경우의 집행은 그 증명서류의 등본을 채무자에게 이미 송달하였거나 동시에 송달하는 때에만 개시할 수 있다.

제41조(집행개시의 요건) ① 반대의무의 이행과 동시에 집행할 수 있다는 것을 내용으로 하는 집행권원의 집행은 채권자가 반대의무의 이행 또는 이행의 제공을 하였다는 것을 증명하여야만 개시할 수 있다.

② 다른 의무의 집행이 불가능한 때에 그에 갈음하여 집행할 수 있다는 것을 내용으로 하는 집행권원의 집행은 채권자가 그 집행이 불가능하다는 것을 증명하여야만 개시할 수 있다.

제42조(집행관에 의한 영수증의 작성·교부) ① 채권자가 집행관에게 집행력 있는 정본을 교부하고 강제집행을 위임한 때에는 집행관은 특별한 권한을 받지 못하였더라도 지급이나 그 밖의 이행을 받고 그에 대한 영수증서를 작성하고 교부할 수 있다. 집행관은 채무자가 그 의무를 완전히 이행한 때에는 집행력 있는 정본을 채무자에게 교부하여야 한다.

② 채무자가 그 의무의 일부를 이행한 때에는 집행관은 집행력 있는 정본에 그 사유를 덧붙여 적고 영수증서를 채무자에게 교부하여야 한다.

③ 채무자의 채권자에 대한 영수증 청구는 제2항의 규정에 의하여 영향을 받지 아니한다.

제43조(집행관의 권한) ① 집행관은 집행력 있는 정본을 가지고 있으면 채무자와 제3자에 대하여 강제집행을 하고 제42조에 규정된 행위를 할 수 있는 권한을 가지며, 채권자는 그에 대하여 위임의 흠이나 제한을 주장하지 못한다.

② 집행관은 집행력 있는 정본을 가지고 있다가 관계인이 요청할 때에는 그 자격을 증명하기 위하여 이를 내보여야 한다.

제44조(청구에 관한 이의의 소) ① 채무자가 판결에 따라 확정된 청구에 관하여 이의하려면 제1심 판결법원에 청구에 관한 이의의 소를 제기하여야 한다.
② 제1항의 이의는 그 이유가 변론이 종결된 뒤(변론 없이 한 판결의 경우에는 판결이 선고된 뒤)에 생긴 것이어야 한다.
③ 이의이유가 여러 가지인 때에는 동시에 주장하여야 한다.

제45조(집행문부여에 대한 이의의 소) 제30조 제2항과 제31조의 경우에 채무자가 집행문부여에 관하여 증명된 사실에 의한 판결의 집행력을 다투거나, 인정된 승계에 의한 판결의 집행력을 다투는 때에는 제44조의 규정을 준용한다. 다만, 이 경우에도 제34조의 규정에 따라 집행문부여에 대하여 이의를 신청할 수 있는 채무자의 권한은 영향을 받지 아니한다.

제46조(이의의 소와 잠정처분) ① 제44조 및 제45조의 이의의 소는 강제집행을 계속하여 진행하는 데에는 영향을 미치지 아니한다.
② 제1항의 이의를 주장한 사유가 법률상 정당한 이유가 있다고 인정되고, 사실에 대한 소명(疎明)이 있을 때에는 수소법원(受訴法院)은 당사자의 신청에 따라 판결이 있을 때까지 담보를 제공하게 하거나 담보를 제공하게 하지 아니하고 강제집행을 정지하도록 명할 수 있으며, 담보를 제공하게 하고 그 집행을 계속하도록 명하거나 실시한 집행처분을 취소하도록 명할 수 있다.
③ 제2항의 재판은 변론 없이 하며 급박한 경우에는 재판장이 할 수 있다.
④ 급박한 경우에는 집행법원이 제2항의 권한을 행사할 수 있다. 이 경우 집행법원은 상당한 기간 이내에 제2항에 따른 수소법원의 재판서를 제출하도록 명하여야 한다.
⑤ 제4항 후단의 기간을 넘긴 때에는 채권자의 신청에 따라 강제집행을 계속하여 진행한다.

제47조(이의의 재판과 잠정처분) ① 수소법원은 이의의 소의 판결에서 제46조의 명령을 내리고 이미 내린 명령을 취소·변경 또는 인가할 수 있다.
② 판결중 제1항에 규정된 사항에 대하여는 직권으로 가집행의 선고를 하여야 한다.
③ 제2항의 재판에 대하여는 불복할 수 없다.

제48조(제3자이의의 소) ① 제3자가 강제집행의 목적물에 대하여 소유권이 있다고 주장하거나 목적물의 양도나 인도를 막을 수 있는 권리가 있다고 주장하는 때에는 채권자를 상대로 그 강제집행에 대한 이의의 소를 제기할 수 있다. 다만, 채무자가 그 이의를 다투는 때에는 채무자를 공동피고로 할 수 있다.
② 제1항의 소는 집행법원이 관할한다. 다만, 소송물이 단독판사의 관할에 속하지 아니할 때에는 집행법원이 있는 곳을 관할하는 지방법원의 합의부가 이를 관할한다.
③ 강제집행의 정지와 이미 실시한 집행처분의 취소에 대하여는 제46조 및 제47조의 규정을 준용한다. 다만, 집행처분을 취소할 때에는 담보를 제공하게 하지 아니할 수 있다.

제49조(집행의 필수적 정지·제한) 강제집행은 다음 각호 가운데 어느 하나에 해당하는 서류를 제출한 경우에 정지하거나 제한하여야 한다.

1. 집행할 판결 또는 그 가집행을 취소하는 취지나, 강제집행을 허가하지 아니하거나 그 정지를 명하는 취지 또는 집행처분의 취소를 명한 취지를 적은 집행력 있는 재판의 정본
2. 강제집행의 일시정지를 명한 취지를 적은 재판의 정본
3. 집행을 면하기 위하여 담보를 제공한 증명서류
4. 집행할 판결이 있은 뒤에 채권자가 변제를 받았거나, 의무이행을 미루도록 승낙한 취지를 적은 증서
5. 집행할 판결, 그 밖의 재판이 소의 취하 등의 사유로 효력을 잃었다는 것을 증명하는 조서등본 또는 법원사무관등이 작성한 증서
6. 강제집행을 하지 아니한다거나 강제집행의 신청이나 위임을 취하한다는 취지를

적은 화해조서(和解調書)의 정본 또는 공정증서(公正證書)의 정본

제50조(집행처분의 취소·일시유지) ① 제49조제1호·제3호·제5호 및 제6호의 경우에는 이미 실시한 집행처분을 취소하여야 하며, 같은 조 제2호 및 제4호의 경우에는 이미 실시한 집행처분을 일시적으로 유지하게 하여야 한다.

② 제1항에 따라 집행처분을 취소하는 경우에는 제17조의 규정을 적용하지 아니한다.

제51조(변제증서 등의 제출에 의한 집행정지의 제한) ① 제49조제4호의 증서 가운데 변제를 받았다는 취지를 적은 증서를 제출하여 강제집행이 정지되는 경우 그 정지기간은 2월로 한다.

② 제49조제4호의 증서 가운데 의무이행을 미루도록 승낙하였다는 취지를 적은 증서를 제출하여 강제집행이 정지되는 경우 그 정지는 2회에 한하며 통산하여 6월을 넘길 수 없다.

제52조(집행을 개시한 뒤 채무자가 죽은 경우) ① 강제집행을 개시한 뒤에 채무자가 죽은 때에는 상속재산에 대하여 강제집행을 계속하여 진행한다.

② 채무자에게 알려야 할 집행행위를 실시할 경우에 상속인이 없거나 상속인이 있는 곳이 분명하지 아니하면 집행법원은 채권자의 신청에 따라 상속재산 또는 상속인을 위하여 특별대리인을 선임하여야 한다.

③ 제2항의 특별대리인에 관하여는 「민사소송법」 제62조제2항부터 제5항까지의 규정을 준용한다. <개정 2016·2·3>

제53조(집행비용의 부담) ① 강제집행에 필요한 비용은 채무자가 부담하고 그 집행에 의하여 우선적으로 변상을 받는다.

② 강제집행의 기초가 된 판결이 파기된 때에는 채권자는 제1항의 비용을 채무자에게 변상하여야 한다.

제54조(군인·군무원에 대한 강제집행) ① 군인·군무원에 대하여 병영·군사용 청사 또는 군용 선박에서 강제집행을 할 경우 법원은 채권자의 신청에 따라 군판사 또는 부대장(部隊長)이나 선장에게 촉탁하여 이를 행한다.

② 촉탁에 따라 압류한 물건은 채권자가 위임한 집행관에게 교부하여야 한다.

제55조(외국에서 할 집행) ① 외국에서 강제집행을 할 경우에 그 외국 공공기관의 법률상 공조를 받을 수 있는 때에는 제1심 법원이 채권자의 신청에 따라 외국 공공기관에 이를 촉탁하여야 한다.

② 외국에 머물고 있는 대한민국 영사(領事)에 의하여 강제집행을 할 수 있는 때에는 제1심 법원은 그 영사에게 이를 촉탁하여야 한다.

제56조(그 밖의 집행권원) 강제집행은 다음 가운데 어느 하나에 기초하여서도 실시할 수 있다.

1. 항고로만 불복할 수 있는 재판
2. 가집행의 선고가 내려진 재판
3. 확정된 지급명령
4. 공증인이 일정한 금액의 지급이나 대체물 또는 유가증권의 일정한 수량의 급여를 목적으로 하는 청구에 관하여 작성한 공정증서로서 채무자가 강제집행을 승낙한 취지가 적혀 있는 것
5. 소송상 화해, 청구의 인낙(認諾) 등 그 밖에 확정판결과 같은 효력을 가지는 것

제57조(준용규정) 제56조의 집행권원에 기초한 강제집행에 대하여는 제58조 및 제59조에서 규정하는 바를 제외하고는 제28조 내지 제55조의 규정을 준용한다.

제58조(지급명령과 집행) ① 확정된 지급명령에 기한 강제집행은 집행문을 부여받을 필요없이 지급명령 정본에 의하여 행한다. 다만, 다음 각호 가운데 어느 하나에 해당하는 경우에는 그러하지 아니하다.

1. 지급명령의 집행에 조건을 붙인 경우
2. 당사자의 승계인을 위하여 강제집행을 하는 경우
3. 당사자의 승계인에 대하여 강제집행을 하는 경우

② 채권자가 여러 통의 지급명령 정본을 신청하거나, 전에 내어준 지급명령 정본을 돌려주지 아니하고 다시 지급명령 정본을 신청한 때에는 법원사무관등이 이를 부여한다. 이 경우 그 사유를 원본과 정본에 적어야 한다.

③ 청구에 관한 이의의 주장에 대하여는 제44조제2항의 규정을 적용하지 아니한다.
④ 집행문부여의 소, 청구에 관한 이의의 소 또는 집행문부여에 대한 이의의 소는 지급명령을 내린 지방법원이 관할한다.
⑤ 제4항의 경우에 그 청구가 합의사건인 때에는 그 법원이 있는 곳을 관할하는 지방법원의 합의부에서 재판한다.

제59조(공정증서와 집행) ① 공증인이 작성한 증서의 집행문은 그 증서를 보존하는 공증인이 내어 준다.
② 집행문을 내어 달라는 신청에 관한 공증인의 처분에 대하여 이의신청이 있는 때에는 그 공증인의 사무소가 있는 곳을 관할하는 지방법원 단독판사가 결정으로 재판한다.
③ 청구에 관한 이의의 주장에 대하여는 제44조제2항의 규정을 적용하지 아니한다.
④ 집행문부여의 소, 청구에 관한 이의의 소 또는 집행문부여에 대한 이의의 소는 채무자의 보통재판적이 있는 곳의 법원이 관할한다. 다만, 그러한 법원이 없는 때에는 민사소송법 제11조의 규정에 따라 채무자에 대하여 소를 제기할 수 있는 법원이 관할한다.

제60조(과태료의 집행) ① 과태료의 재판은 검사의 명령으로 집행한다.
② 제1항의 명령은 집행력 있는 집행권원과 같은 효력을 가진다.

제2장 금전채권에 기초한 강제집행

제1절 재산명시절차 등

제61조(재산명시신청) ① 금전의 지급을 목적으로 하는 집행권원에 기초하여 강제집행을 개시할 수 있는 채권자는 채무자의 보통재판적이 있는 곳의 법원에 채무자의 재산명시를 요구하는 신청을 할 수 있다. 다만, 민사소송법 제213조에 따른 가집행의 선고가 붙은 판결 또는 같은 조의 준용에 따른 가집행의 선고가 붙어 집행력을 가지는 집행권원의 경우에는 그러하지 아니하다.
② 제1항의 신청에는 집행력 있는 정본과 강제집행을 개시하는데 필요한 문서를 붙여야 한다.

제62조(재산명시신청에 대한 재판) ① 재산명시신청에 정당한 이유가 있는 때에는 법원은 채무자에게 재산상태를 명시한 재산목록을 제출하도록 명할 수 있다.
② 재산명시신청에 정당한 이유가 없거나, 채무자의 재산을 쉽게 찾을 수 있다고 인정한 때에는 법원은 결정으로 이를 기각하여야 한다.
③ 제1항 및 제2항의 재판은 채무자를 심문하지 아니하고 한다.
④ 제1항의 결정은 신청한 채권자 및 채무자에게 송달하여야 하고, 채무자에 대한 송달에서는 결정에 따르지 아니할 경우 제68조에 규정된 제재를 받을 수 있음을 함께 고지하여야 한다.
⑤ 제4항의 규정에 따라 채무자에게 하는 송달은 민사소송법 제187조 및 제194조에 의한 방법으로는 할 수 없다.
⑥ 제1항의 결정이 채무자에게 송달되지 아니한 때에는 법원은 채권자에게 상당한 기간을 정하여 그 기간 이내에 채무자의 주소를 보정하도록 명하여야 한다.
⑦ 채권자가 제6항의 명령을 받고도 이를 이행하지 아니한 때에는 법원은 제1항의 결정을 취소하고 재산명시신청을 각하하여야 한다.
⑧ 제2항 및 제7항의 결정에 대하여는 즉시항고를 할 수 있다.
⑨ 채무자는 제1항의 결정을 송달받은 뒤 송달장소를 바꾼 때에는 그 취지를 법원에 바로 신고하여야 하며, 그러한 신고를 하지 아니한 경우에는 민사소송법 제185조제2항 및 제189조의 규정을 준용한다.

제63조(재산명시명령에 대한 이의신청) ① 채무자는 재산명시명령을 송달받은 날부터 1주 이내에 이의신청을 할 수 있다.
② 채무자가 제1항에 따라 이의신청을 한 때에는 법원은 이의신청사유를 조사할 기일을 정하고 채권자와 채무자에게 이를 통지하여야한다.
③ 이의신청에 정당한 이유가 있는 때에는 법원은 결정으로 재산명시명령을 취소하여야 한다.

④ 이의신청에 정당한 이유가 없거나 채무자가 정당한 사유 없이 기일에 출석하지 아니한 때에는 법원은 결정으로 이의신청을 기각하여야 한다.

⑤ 제 3 항 및 제 4 항의 결정에 대하여는 즉시항고를 할 수 있다.

제64조(재산명시기일의 실시) ① 재산명시명령에 대하여 채무자의 이의신청이 없거나 이를 기각한 때에는 법원은 재산명시를 위한 기일을 정하여 채무자에게 출석하도록 요구하여야 한다. 이 기일은 채권자에게도 통지하여야 한다.

② 채무자는 제 1 항의 기일에 강제집행의 대상이 되는 재산과 다음 각호의 사항을 명시한 재산목록을 제출하여야 한다.

1. 재산명시명령이 송달되기 전 1년 이내에 채무자가 한 부동산의 유상양도(有償讓渡)
2. 재산명시명령이 송달되기 전 1년 이내에 채무자가 배우자, 직계혈족 및 4촌 이내의 방계혈족과 그 배우자, 배우자의 직계혈족과 형제자매에게 한 부동산 외의 재산의 유상양도
3. 재산명시명령이 송달되기 전 2년 이내에 채무자가 한 재산상 무상처분(無償處分). 다만, 의례적인 선물은 제외한다.

③ 재산목록에 적을 사항과 범위는 대법원규칙으로 정한다.

④ 제 1 항의 기일에 출석한 채무자가 3월 이내에 변제할 수 있음을 소명한 때에는 법원은 그 기일을 3월의 범위내에서 연기할 수 있으며, 채무자가 새 기일에 채무액의 3분의 2 이상을 변제하였음을 증명하는 서류를 제출한 때에는 다시 1월의 범위내에서 연기할 수 있다.

제65조(선서) ① 채무자는 재산명시기일에 재산목록이 진실하다는 것을 선서하여야 한다.

② 제 1 항의 선서에 관하여는 민사소송법 제320조 및 제321조의 규정을 준용한다. 이 경우 선서서(宣誓書)에는 다음과 같이 적어야 한다.

"양심에 따라 사실대로 재산목록을 작성하여 제출하였으며, 만일 숨긴 것이나 거짓 작성한 것이 있으면 처벌을 받기로 맹세합니다."

제66조(재산목록의 정정) ① 채무자는 명시기일에 제출한 재산목록에 형식적인 흠이 있거나 불명확한 점이 있는 때에는 제65조의 규정에 의한 선서를 한 뒤라도 법원의 허가를 얻어 이미 제출한 재산목록을 정정할 수 있다.

② 제 1 항의 허가에 관한 결정에 대하여는 즉시항고를 할 수 있다.

제67조(재산목록의 열람·복사) 채무자에 대하여 강제집행을 개시할 수 있는 채권자는 재산목록을 보거나 복사할 것을 신청할 수 있다.

제68조(채무자의 감치 및 벌칙) ① 채무자가 정당한 사유 없이 다음 각호 가운데 어느 하나에 해당하는 행위를 한 경우에는 법원은 결정으로 20일 이내의 감치(監置)에 처한다.

1. 명시기일 불출석
2. 재산목록 제출 거부
3. 선서 거부

② 채무자가 법인 또는 민사소송법 제52조의 사단이나 재단인 때에는 그 대표자 또는 관리인을 감치에 처한다.

③ 법원은 감치재판기일에 채무자를 소환하여 제 1 항 각호의 위반행위에 대하여 정당한 사유가 있는지 여부를 심리하여야 한다.

④ 제 1 항의 결정에 대하여는 즉시항고를 할 수 있다.

⑤ 채무자가 감치의 집행중에 재산명시명령을 이행하겠다고 신청한 때에는 법원은 바로 명시기일을 열어야 한다.

⑥ 채무자가 제 5 항의 명시기일에 출석하여 재산목록을 내고 선서하거나 신청채권자에 대한 채무를 변제하고 이를 증명하는 서면을 낸 때에는 법원은 바로 감치결정을 취소하고 그 채무자를 석방하도록 명하여야 한다.

⑦ 제 5 항의 명시기일은 신청채권자에게 통지하지 아니하고도 실시할 수 있다. 이 경우 제 6 항의 사실을 채권자에게 통지하여야 한다.

⑧ 제 1 항 내지 제 7 항의 규정에 따른 재판절차 및 그 집행 그 밖에 필요한 사항은 대법원규칙으로 정한다.

⑨ 채무자가 거짓의 재산목록을 낸 때에는 3년 이하의 징역 또는 500만원 이하의 벌금에 처한다.

⑩ 채무자가 법인 또는 민사소송법 제52조의 사단이나 재단인 때에는 그 대표자 또는 관리인을 제 9 항의 규정에 따라 처벌하고, 채무자는 제 9 항의 벌금에 처한다.

제69조(명시신청의 재신청) 재산명시신청이 기각·각하된 경우에는 그 명시신청을 한 채권자는 기각·각하사유를 보완하지 아니하고서는 같은 집행권원으로 다시 재산명시신청을 할 수 없다.

제70조(채무불이행자명부 등재신청) ① 채무자가 다음 각호 가운데 어느 하나에 해당하면 채권자는 그 채무자를 채무불이행자명부(債務不履行者名簿)에 올리도록 신청할 수 있다.

1. 금전의 지급을 명한 집행권원이 확정된 후 또는 집행권원을 작성한 후 6월 이내에 채무를 이행하지 아니하는 때. 다만, 제61조제 1 항 단서에 규정된 집행권원의 경우를 제외한다.
2. 제68조제 1 항 각호의 사유 또는 같은 조 제 9 항의 사유 가운데 어느 하나에 해당하는 때

② 제 1 항의 신청을 할 때에는 그 사유를 소명하여야 한다.

③ 제 1 항의 신청에 대한 재판은 제 1 항제 1 호의 경우에는 채무자의 보통재판적이 있는 곳의 법원이 관할하고, 제 1 항제 2 호의 경우에는 재산명시절차를 실시한 법원이 관할한다.

제71조(등재신청에 대한 재판) ① 제70조의 신청에 정당한 이유가 있는 때에는 법원은 채무자를 채무불이행자명부에 올리는 결정을 하여야 한다.

② 등재신청에 정당한 이유가 없거나 쉽게 강제집행할 수 있다고 인정할 만한 명백한 사유가 있는 때에는 법원은 결정으로 이를 기각하여야 한다.

③ 제 1 항 및 제 2 항의 재판에 대하여는 즉시항고를 할 수 있다. 이 경우 민사소송법 제447조의 규정은 준용하지 아니한다.

제72조(명부의 비치) ① 채무불이행자명부는 등재결정을 한 법원에 비치한다.

② 법원은 채무불이행자명부의 부본을 채무자의 주소지(채무자가 법인인 경우에는 주된 사무소가 있는 곳) 시(구가 설치되지 아니한 시를 말한다. 이하 같다)·구·읍·면의 장(도농복합형태의 시의 경우 동지역은 시·구의 장, 읍·면지역은 읍·면의 장으로 한다. 이하 같다)에게 보내야 한다.

③ 법원은 채무불이행자명부의 부본을 대법원규칙이 정하는 바에 따라 일정한 금융기관의 장이나 금융기관 관련단체의 장에게 보내어 채무자에 대한 신용정보로 활용하게 할 수 있다.

④ 채무불이행자명부나 그 부본은 누구든지 보거나 복사할 것을 신청할 수 있다.

⑤ 채무불이행자명부는 인쇄물 등으로 공표되어서는 아니된다.

제73조(명부등재의 말소) ① 변제, 그 밖의 사유로 채무가 소멸되었다는 것이 증명된 때에는 법원은 채무자의 신청에 따라 채무불이행자명부에서 그 이름을 말소하는 결정을 하여야 한다.

② 채권자는 제 1 항의 결정에 대하여 즉시항고를 할 수 있다. 이 경우 민사소송법 제447조의 규정은 준용하지 아니한다.

③ 채무불이행자명부에 오른 다음 해부터 10년이 지난 때에는 법원은 직권으로 그 명부에 오른 이름을 말소하는 결정을 하여야 한다.

④ 제 1 항과 제 3 항의 결정을 한 때에는 그 취지를 채무자의 주소지(채무자가 법인인 경우에는 주된 사무소가 있는 곳) 시·구·읍·면의 장 및 제72조제 3 항의 규정에 따라 채무불이행자명부의 부본을 보낸 금융기관 등의 장에게 통지하여야 한다.

⑤ 제 4 항의 통지를 받은 시·구·읍·면의 장 및 금융기관 등의 장은 그 명부의 부본에 오른 이름을 말소하여야 한다.

제74조(재산조회) ① 재산명시절차의 관할 법원은 다음 각호의 어느 하나에 해당하는 경우에는 그 재산명시를 신청한 채권자의 신청에 따라 개인의 재산 및 신용에 관한 전산망을 관리하는 공공기관·금융기관·단체 등에 채무자명의의 재산에 관하여 조회할 수 있다. <개정 2005·1·27>

1. 재산명시절차에서 채권자가 제62조제 6

항의 규정에 의한 주소보정명령을 받고도 민사소송법 제194조제1항의 규정에 의한 사유로 인하여 채권자가 이를 이행할 수 없었던 것으로 인정되는 경우
2. 재산명시절차에서 채무자가 제출한 재산목록의 재산만으로는 집행채권의 만족을 얻기에 부족한 경우
3. 재산명시절차에서 제68조제1항 각호의 사유 또는 동조제9항의 사유가 있는 경우
② 채권자가 제1항의 신청을 할 경우에는 조회할 기관·단체를 특정하여야 하며 조회에 드는 비용을 미리 내야 한다.
③ 법원이 제1항의 규정에 따라 조회할 경우에는 채무자의 인적사항을 적은 문서에 의하여 해당 기관·단체의 장에게 채무자의 재산 및 신용에 관하여 그 기관·단체가 보유하고 있는 자료를 한꺼번에 모아 제출하도록 요구할 수 있다.
④ 공공기관·금융기관·단체 등은 정당한 사유 없이 제1항 및 제3항의 조회를 거부하지 못한다.

제75조(재산조회의 결과 등) ① 법원은 제74조제1항 및 제3항의 규정에 따라 조회한 결과를 채무자의 재산목록에 준하여 관리하여야 한다.
② 제74조제1항 및 제3항의 조회를 받은 기관·단체의 장이 정당한 사유 없이 거짓 자료를 제출하거나 자료를 제출할 것을 거부한 때에는 결정으로 500만원 이하의 과태료에 처한다.
③ 제2항의 결정에 대하여는 즉시항고를 할 수 있다.

제76조(벌칙) ① 누구든지 재산조회의 결과를 강제집행 외의 목적으로 사용하여서는 아니된다.
② 제1항의 규정에 위반한 사람은 2년 이하의 징역 또는 500만원 이하의 벌금에 처한다.

제77조(대법원규칙) 제74조제1항 및 제3항의 규정에 따라 조회를 할 공공기관·금융기관·단체 등의 범위 및 조회절차, 제74조제2항의 규정에 따라 채권자가 내야 할 비용, 제75조제1항의 규정에 따른 조회결과의 관리에 관한 사항, 제75조제2항의 규정에 의한 과태료의 부과절차 등은 대법원규칙으로 정한다.

제2절 부동산에 대한 강제집행

제1관 통칙

제78조(집행방법) ① 부동산에 대한 강제집행은 채권자의 신청에 따라 법원이 한다.
② 강제집행은 다음 각호의 방법으로 한다.
1. 강제경매
2. 강제관리
③ 채권자는 자기의 선택에 의하여 제2항 각호 가운데 어느 한 가지 방법으로 집행하게 하거나 두 가지 방법을 함께 사용하여 집행하게 할 수 있다.
④ 강제관리는 가압류를 집행할 때에도 할 수 있다.

제79조(집행법원) ① 부동산에 대한 강제집행은 그 부동산이 있는 곳의 지방법원이 관할한다.
② 부동산이 여러 지방법원의 관할 구역에 있는 때에는 각 지방법원에 관할권이 있다. 이 경우 법원이 필요하다고 인정한 때에는 사건을 다른 관할 지방법원으로 이송할 수 있다.

제2관 강제경매

제80조(강제경매신청서) 강제경매신청서에는 다음 각호의 사항을 적어야 한다.
1. 채권자·채무자와 법원의 표시
2. 부동산의 표시
3. 경매의 이유가 된 일정한 채권과 집행할 수 있는 일정한 집행권원

제81조(첨부서류) ① 강제경매신청서에는 집행력 있는 정본 외에 다음 각호 가운데 어느 하나에 해당하는 서류를 붙여야 한다. <개정 2011·4·12>
1. 채무자의 소유로 등기된 부동산에 대하여는 등기사항증명서
2. 채무자의 소유로 등기되지 아니한 부동산에 대하여는 즉시 채무자명의로 등기할 수 있다는 것을 증명할 서류. 다만, 그 부

동산이 등기되지 아니한 건물인 경우에는 그 건물이 채무자의 소유임을 증명할 서류, 그 건물의 지번·구조·면적을 증명할 서류 및 그 건물에 관한 건축허가 또는 건축신고를 증명할 서류

② 채권자는 공적 장부를 주관하는 공공기관에 제1항제2호 단서의 사항들을 증명하여 줄 것을 청구할 수 있다.

③ 제1항제2호 단서의 경우에 건물의 지번·구조·면적을 증명하지 못한 때에는, 채권자는 경매신청과 동시에 그 조사를 집행법원에 신청할 수 있다.

④ 제3항의 경우에 법원은 집행관에게 그 조사를 하게 하여야 한다.

⑤ 강제관리를 하기 위하여 이미 부동산을 압류한 경우에 그 집행기록에 제1항 각호 가운데 어느 하나에 해당하는 서류가 붙어 있으면 다시 그 서류를 붙이지 아니할 수 있다.

제82조(집행관의 권한) ① 집행관은 제81조제4항의 조사를 위하여 건물에 출입할 수 있고, 채무자 또는 건물을 점유하는 제3자에게 질문하거나 문서를 제시하도록 요구할 수 있다.

② 집행관은 제1항의 규정에 따라 건물에 출입하기 위하여 필요한 때에는 잠긴 문을 여는 등 적절한 처분을 할 수 있다.

제83조(경매개시결정 등) ① 경매절차를 개시하는 결정에는 동시에 그 부동산의 압류를 명하여야 한다.

② 압류는 부동산에 대한 채무자의 관리·이용에 영향을 미치지 아니한다.

③ 경매절차를 개시하는 결정을 한 뒤에는 법원은 직권으로 또는 이해관계인의 신청에 따라 부동산에 대한 침해행위를 방지하기 위하여 필요한 조치를 할 수 있다.

④ 압류는 채무자에게 그 결정이 송달된 때 또는 제94조의 규정에 따른 등기가 된 때에 효력이 생긴다.

⑤ 강제경매신청을 기각하거나 각하하는 재판에 대하여는 즉시항고를 할 수 있다.

제84조(배당요구의 종기결정 및 공고) ① 경매개시결정에 따른 압류의 효력이 생긴 때(그 경매개시결정전에 다른 경매개시결정이 있은 경우를 제외한다)에는 집행법원은 절차에 필요한 기간을 고려하여 배당요구를 할 수 있는 종기(終期)를 첫 매각기일 이전으로 정한다. <개정 2022·1·4>

② 배당요구의 종기가 정하여진 때에는 법원은 경매개시결정을 한 취지 및 배당요구의 종기를 공고하고, 제91조제4항 단서의 전세권자 및 법원에 알려진 제88조제1항의 채권자에게 이를 고지하여야 한다.

③ 제1항의 배당요구의 종기결정 및 제2항의 공고는 경매개시결정에 따른 압류의 효력이 생긴 때부터 1주 이내에 하여야 한다.

④ 법원사무관등은 제148조제3호 및 제4호의 채권자 및 조세, 그 밖의 공과금을 주관하는 공공기관에 대하여 채권의 유무, 그 원인 및 액수(원금·이자·비용, 그 밖의 부대채권(附帶債權)을 포함한다)를 배당요구의 종기까지 법원에 신고하도록 최고하여야 한다.

⑤ 제148조제3호 및 제4호의 채권자가 제4항의 최고에 대한 신고를 하지 아니한 때에는 그 채권자의 채권액은 등기사항증명서 등 집행기록에 있는 서류와 증빙(證憑)에 따라 계산한다. 이 경우 다시 채권액을 추가하지 못한다. <개정 2011·4·12>

⑥ 법원은 특별히 필요하다고 인정하는 경우에는 배당요구의 종기를 연기할 수 있다.

⑦ 제6항의 경우에는 제2항 및 제4항의 규정을 준용한다. 다만, 이미 배당요구 또는 채권신고를 한 사람에 대하여는 같은 항의 고지 또는 최고를 하지 아니한다.

제85조(현황조사) ① 법원은 경매개시결정을 한 뒤에 바로 집행관에게 부동산의 현상, 점유관계, 차임(借賃) 또는 보증금의 액수, 그 밖의 현황에 관하여 조사하도록 명하여야 한다.

② 집행관이 제1항의 규정에 따라 부동산을 조사할 때에는 그 부동산에 대하여 제82조에 규정된 조치를 할 수 있다.

제86조(경매개시결정에 대한 이의신청) ① 이해관계인은 매각대금이 모두 지급될 때까지 법원에 경매개시결정에 대한 이의신청을 할 수 있다.

② 제1항의 신청을 받은 법원은 제16조제

2항에 준하는 결정을 할 수 있다.

③ 제1항의 신청에 관한 재판에 대하여 이해관계인은 즉시항고를 할 수 있다.

제87조(압류의 경합) ① 강제경매절차 또는 담보권 실행을 위한 경매절차를 개시하는 결정을 한 부동산에 대하여 다른 강제경매의 신청이 있는 때에는 법원은 다시 경매개시결정을 하고, 먼저 경매개시결정을 한 집행절차에 따라 경매한다.

② 먼저 경매개시결정을 한 경매신청이 취하되거나 그 절차가 취소된 때에는 법원은 제91조제1항의 규정에 어긋나지 아니하는 한도 안에서 뒤의 경매개시결정에 따라 절차를 계속 진행하여야 한다.

③ 제2항의 경우에 뒤의 경매개시결정이 배당요구의 종기 이후의 신청에 의한 것인 때에는 집행법원은 새로이 배당요구를 할 수 있는 종기를 정하여야 한다. 이 경우 이미 제84조제2항 또는 제4항의 규정에 따라 배당요구 또는 채권신고를 한 사람에 대하여는 같은 항의 고지 또는 최고를 하지 아니한다.

④ 먼저 경매개시결정을 한 경매절차가 정지된 때에는 법원은 신청에 따라 결정으로 뒤의 경매개시결정(배당요구의 종기까지 행하여진 신청에 의한 것에 한한다)에 기초하여 절차를 계속하여 진행할 수 있다. 다만, 먼저 경매개시결정을 한 경매절차가 취소되는 경우 제105조제1항제3호의 기재사항이 바뀔 때에는 그러하지 아니하다.

⑤ 제4항의 신청에 대한 재판에 대하여는 즉시항고를 할 수 있다.

제88조(배당요구) ① 집행력 있는 정본을 가진 채권자, 경매개시결정이 등기된 뒤에 가압류를 한 채권자, 민법·상법, 그 밖의 법률에 의하여 우선변제청구권이 있는 채권자는 배당요구를 할 수 있다.

② 배당요구에 따라 매수인이 인수하여야 할 부담이 바뀌는 경우 배당요구를 한 채권자는 배당요구의 종기가 지난 뒤에 이를 철회하지 못한다.

제89조(이중경매신청 등의 통지) 법원은 제87조제1항 및 제88조제1항의 신청이 있는 때에는 그 사유를 이해관계인에게 통지하여야 한다.

제90조(경매절차의 이해관계인) 경매절차의 이해관계인은 다음 각호의 사람으로 한다.

1. 압류채권자와 집행력 있는 정본에 의하여 배당을 요구한 채권자
2. 채무자 및 소유자
3. 등기부에 기입된 부동산 위의 권리자
4. 부동산 위의 권리자로서 그 권리를 증명한 사람

제91조(인수주의와 잉여주의의 선택 등) ① 압류채권자의 채권에 우선하는 채권에 관한 부동산의 부담을 매수인에게 인수하게 하거나, 매각대금으로 그 부담을 변제하는 데 부족하지 아니하다는 것이 인정된 경우가 아니면 그 부동산을 매각하지 못한다.

② 매각부동산 위의 모든 저당권은 매각으로 소멸된다.

③ 지상권·지역권·전세권 및 등기된 임차권은 저당권·압류채권·가압류채권에 대항할 수 없는 경우에는 매각으로 소멸된다.

④ 제3항의 경우 외의 지상권·지역권·전세권 및 등기된 임차권은 매수인이 인수한다. 다만, 그중 전세권의 경우에는 전세권자가 제88조에 따라 배당요구를 하면 매각으로 소멸된다.

⑤ 매수인은 유치권자(留置權者)에게 그 유치권(留置權)으로 담보하는 채권을 변제할 책임이 있다.

제92조(제3자와 압류의 효력) ① 제3자는 권리를 취득할 때에 경매신청 또는 압류가 있다는 것을 알았을 경우에는 압류에 대항하지 못한다.

② 부동산이 압류채권을 위하여 의무를 진 경우에는 압류한 뒤 소유권을 취득한 제3자가 소유권을 취득할 때에 경매신청 또는 압류가 있다는 것을 알지 못하였더라도 경매절차를 계속하여 진행하여야 한다.

제93조(경매신청의 취하) ① 경매신청이 취하되면 압류의 효력은 소멸된다.

② 매수신고가 있은 뒤 경매신청을 취하하는 경우에는 최고가매수신고인 또는 매수인과 제114조의 차순위매수신고인의 동의를 받아야 그 효력이 생긴다.

③ 제49조제3호 또는 제6호의 서류를 제

출하는 경우에는 제1항 및 제2항의 규정을, 제49조제4호의 서류를 제출하는 경우에는 제2항의 규정을 준용한다.

제94조(경매개시결정의 등기) ① 법원이 경매개시결정을 하면 법원사무관등은 즉시 그 사유를 등기부에 기입하도록 등기관(登記官)에게 촉탁하여야 한다.

② 등기관은 제1항의 촉탁에 따라 경매개시결정사유를 기입하여야 한다.

제95조(등기사항증명서의 송부) 등기관은 제94조에 따라 경매개시결정사유를 등기부에 기입한 뒤 그 등기사항증명서를 법원에 보내야 한다. <개정 2011·4·12>

제96조(부동산의 멸실 등으로 말미암은 경매취소) ① 부동산이 없어지거나 매각 등으로 말미암아 권리를 이전할 수 없는 사정이 명백하게 된 때에는 법원은 강제경매의 절차를 취소하여야 한다.

② 제1항의 취소결정에 대하여는 즉시항고를 할 수 있다.

제97조(부동산의 평가와 최저매각가격의 결정) ① 법원은 감정인(鑑定人)에게 부동산을 평가하게 하고 그 평가액을 참작하여 최저매각가격을 정하여야 한다.

② 감정인은 제1항의 평가를 위하여 필요하면 제82조제1항에 규정된 조치를 할 수 있다.

③ 감정인은 제7조의 규정에 따라 집행관의 원조를 요구하는 때에는 법원의 허가를 얻어야 한다.

제98조(일괄매각결정) ① 법원은 여러 개의 부동산의 위치·형태·이용관계 등을 고려하여 이를 일괄매수하게 하는 것이 알맞다고 인정하는 경우에는 직권으로 또는 이해관계인의 신청에 따라 일괄매각하도록 결정할 수 있다.

② 법원은 부동산을 매각할 경우에 그 위치·형태·이용관계 등을 고려하여 다른 종류의 재산(금전채권을 제외한다)을 그 부동산과 함께 일괄매수하게 하는 것이 알맞다고 인정하는 때에는 직권으로 또는 이해관계인의 신청에 따라 일괄매각하도록 결정할 수 있다.

③ 제1항 및 제2항의 결정은 그 목적물에 대한 매각기일 이전까지 할 수 있다.

제99조(일괄매각사건의 병합) ① 법원은 각각 경매신청된 여러 개의 재산 또는 다른 법원이나 집행관에 계속된 경매사건의 목적물에 대하여 제98조제1항 또는 제2항의 결정을 할 수 있다.

② 다른 법원이나 집행관에 계속된 경매사건의 목적물의 경우에 그 다른 법원 또는 집행관은 그 목적물에 대한 경매사건을 제1항의 결정을 한 법원에 이송한다.

③ 제1항 및 제2항의 경우에 법원은 그 경매사건들을 병합한다.

제100조(일괄매각사건의 관할) 제98조 및 제99조의 경우에는 민사소송법 제31조에 불구하고 같은 법 제25조의 규정을 준용한다. 다만, 등기할 수 있는 선박에 관한 경매사건에 대하여서는 그러하지 아니하다.

제101조(일괄매각절차) ① 제98조 및 제99조의 일괄매각결정에 따른 매각절차는 이 관의 규정에 따라 행한다. 다만, 부동산 외의 재산의 압류는 그 재산의 종류에 따라 해당되는 규정에서 정하는 방법으로 행하고, 그 중에서 집행관의 압류에 따르는 재산의 압류는 집행법원이 집행관에게 이를 압류하도록 명하는 방법으로 행한다.

② 제1항의 매각절차에서 각 재산의 대금액을 특정할 필요가 있는 경우에는 각 재산에 대한 최저매각가격의 비율을 정하여야 하며, 각 재산의 대금액은 총대금액을 각 재산의 최저매각가격비율에 따라 나눈 금액으로 한다. 각 재산이 부담할 집행비용액을 특정할 필요가 있는 경우에도 또한 같다.

③ 여러 개의 재산을 일괄매각하는 경우에 그 가운데 일부의 매각대금으로 모든 채권자의 채권액과 강제집행비용을 변제하기에 충분하면 다른 재산의 매각을 허가하지 아니한다. 다만, 토지와 그 위의 건물을 일괄매각하는 경우나 재산을 분리하여 매각하면 그 경제적 효용이 현저하게 떨어지는 경우 또는 채무자의 동의가 있는 경우에는 그러하지 아니하다.

④ 제3항 본문의 경우에 채무자는 그 재산 가운데 매각할 것을 지정할 수 있다.

⑤ 일괄매각절차에 관하여 이 법에서 정한

사항을 제외하고는 대법원규칙으로 정한다.

제102조(남을 가망이 없을 경우의 경매취소) ① 법원은 최저매각가격으로 압류채권자의 채권에 우선하는 부동산의 모든 부담과 절차비용을 변제하면 남을 것이 없겠다고 인정한 때에는 압류채권자에게 이를 통지하여야 한다.

② 압류채권자가 제1항의 통지를 받은 날부터 1주 이내에 제1항의 부담과 비용을 변제하고 남을 만한 가격을 정하여 그 가격에 맞는 매수신고가 없을 때에는 자기가 그 가격으로 매수하겠다고 신청하면서 충분한 보증을 제공하지 아니하면, 법원은 경매절차를 취소하여야 한다.

③ 제2항의 취소 결정에 대하여는 즉시항고를 할 수 있다.

제103조(강제경매의 매각방법) ① 부동산의 매각은 집행법원이 정한 매각방법에 따른다.

② 부동산의 매각은 매각기일에 하는 호가경매(呼價競賣), 매각기일에 입찰 및 개찰하게 하는 기일입찰 또는 입찰기간 이내에 입찰하게 하여 매각기일에 개찰하는 기간입찰의 세 가지 방법으로 한다.

③ 부동산의 매각절차에 관하여 필요한 사항은 대법원규칙으로 정한다.

제104조(매각기일과 매각결정기일 등의 지정) ① 법원은 최저매각가격으로 제102조제1항의 부담과 비용을 변제하고도 남을 것이 있다고 인정하거나 압류채권자가 제102조제2항의 신청을 하고 충분한 보증을 제공한 때에는 직권으로 매각기일과 매각결정기일을 정하여 대법원규칙이 정하는 방법으로 공고한다.

② 법원은 매각기일과 매각결정기일을 이해관계인에게 통지하여야 한다.

③ 제2항의 통지는 집행기록에 표시된 이해관계인의 주소에 대법원규칙이 정하는 방법으로 발송할 수 있다.

④ 기간입찰의 방법으로 매각할 경우에는 입찰기간에 관하여도 제1항 내지 제3항의 규정을 적용한다.

제105조(매각물건명세서 등) ① 법원은 다음 각호의 사항을 적은 매각물건명세서를 작성하여야 한다.

1. 부동산의 표시
2. 부동산의 점유자와 점유의 권원, 점유할 수 있는 기간, 차임 또는 보증금에 관한 관계인의 진술
3. 등기된 부동산에 대한 권리 또는 가처분으로서 매각으로 효력을 잃지 아니하는 것
4. 매각에 따라 설정된 것으로 보게 되는 지상권의 개요

② 법원은 매각물건명세서·현황조사보고서 및 평가서의 사본을 법원에 비치하여 누구든지 볼 수 있도록 하여야 한다.

제106조(매각기일의 공고내용) 매각기일의 공고내용에는 다음 각호의 사항을 적어야 한다.

1. 부동산의 표시
2. 강제집행으로 매각한다는 취지와 그 매각방법
3. 부동산의 점유자, 점유의 권원, 점유하여 사용할 수 있는 기간, 차임 또는 보증금약정 및 그 액수
4. 매각기일의 일시·장소, 매각기일을 진행할 집행관의 성명 및 기간입찰의 방법으로 매각할 경우에는 입찰기간·장소
5. 최저매각가격
6. 매각결정기일의 일시·장소
7. 매각물건명세서·현황조사보고서 및 평가서의 사본을 매각기일 전에 법원에 비치하여 누구든지 볼 수 있도록 제공한다는 취지
8. 등기부에 기입할 필요가 없는 부동산에 대한 권리를 가진 사람은 채권을 신고하여야 한다는 취지
9. 이해관계인은 매각기일에 출석할 수 있다는 취지

제107조(매각장소) 매각기일은 법원안에서 진행하여야 한다. 다만, 집행관은 법원의 허가를 얻어 다른 장소에서 매각기일을 진행할 수 있다.

제108조(매각장소의 질서유지) 집행관은 다음 각호 가운데 어느 하나에 해당한다고 인정되는 사람에 대하여 매각장소에 들어오지 못하도록 하거나 매각장소에서 내보내거나 매수의 신청을 하지 못하도록 할 수 있다.

1. 다른 사람의 매수신청을 방해한 사람
2. 부당하게 다른 사람과 담합하거나 그 밖에 매각의 적정한 실시를 방해한 사람
3. 제1호 또는 제2호의 행위를 교사(教唆)한 사람
4. 민사집행절차에서의 매각에 관하여 형법 제136조·제137조·제140조·제140조의2·제142조·제315조 및 제323조 내지 제327조에 규정된 죄로 유죄판결을 받고 그 판결확정일부터 2년이 지나지 아니한 사람

제109조(매각결정기일) ① 매각결정기일은 매각기일부터 1주 이내로 정하여야 한다.
② 매각결정절차는 법원안에서 진행하여야 한다.

제110조(합의에 의한 매각조건의 변경) ① 최저매각가격 외의 매각조건은 법원이 이해관계인의 합의에 따라 바꿀 수 있다.
② 이해관계인은 배당요구의 종기까지 제1항의 합의를 할 수 있다.

제111조(직권에 의한 매각조건의 변경) ① 거래의 실상을 반영하거나 경매절차를 효율적으로 진행하기 위하여 필요한 경우에 법원은 배당요구의 종기까지 매각조건을 바꾸거나 새로운 매각조건을 설정할 수 있다.
② 이해관계인은 제1항의 재판에 대하여 즉시항고를 할 수 있다.
③ 제1항의 경우에 법원은 집행관에게 부동산에 대하여 필요한 조사를 하게 할 수 있다.

제112조(매각기일의 진행) 집행관은 기일입찰 또는 호가경매의 방법에 의한 매각기일에는 매각물건명세서·현황조사보고서 및 평가서의 사본을 볼 수 있게 하고, 특별한 매각조건이 있는 때에는 이를 고지하며, 법원이 정한 매각방법에 따라 매수가격을 신고하도록 최고하여야 한다.

제113조(매수신청의 보증) 매수신청인은 대법원규칙이 정하는 바에 따라 집행법원이 정하는 금액과 방법에 맞는 보증을 집행관에게 제공하여야 한다.

제114조(차순위매수신고) ① 최고가매수신고인 외의 매수신고인은 매각기일을 마칠 때까지 집행관에게 최고가매수신고인이 대금지급기한까지 그 의무를 이행하지 아니하면 자기의 매수신고에 대하여 매각을 허가하여 달라는 취지의 신고(이하 "차순위매수신고"라 한다)를 할 수 있다.
② 차순위매수신고는 그 신고액이 최고가매수신고액에서 그 보증액을 뺀 금액을 넘는 때에만 할 수 있다.

제115조(매각기일의 종결) ① 집행관은 최고가매수신고인의 성명과 그 가격을 부르고 차순위매수신고를 최고한 뒤, 적법한 차순위매수신고가 있으면 차순위매수신고인을 정하여 그 성명과 가격을 부른 다음 매각기일을 종결한다고 고지하여야 한다.
② 차순위매수신고를 한 사람이 둘 이상인 때에는 신고한 매수가격이 높은 사람을 차순위매수신고인으로 정한다. 신고한 매수가격이 같은 때에는 추첨으로 차순위매수신고인을 정한다.
③ 최고가매수신고인과 차순위매수신고인을 제외한 다른 매수신고인은 제1항의 고지에 따라 매수의 책임을 벗게 되고, 즉시 매수신청의 보증을 돌려 줄 것을 신청할 수 있다.
④ 기일입찰 또는 호가경매의 방법에 의한 매각기일에서 매각기일을 마감할 때까지 허가할 매수가격의 신고가 없는 때에는 집행관은 즉시 매각기일의 마감을 취소하고 같은 방법으로 매수가격을 신고하도록 최고할 수 있다.
⑤ 제4항의 최고에 대하여 매수가격의 신고가 없어 매각기일을 마감하는 때에는 매각기일의 마감을 다시 취소하지 못한다.

제116조(매각기일조서) ① 매각기일조서에는 다음 각호의 사항을 적어야 한다.
1. 부동산의 표시
2. 압류채권자의 표시
3. 매각물건명세서·현황조사보고서 및 평가서의 사본을 볼 수 있게 한 일
4. 특별한 매각조건이 있는 때에는 이를 고지한 일
5. 매수가격의 신고를 최고한 일
6. 모든 매수신고가격과 그 신고인의 성명·주소 또는 허가할 매수가격의 신고가 없는 일

7. 매각기일을 마감할 때까지 허가할 매수가격의 신고가 없어 매각기일의 마감을 취소하고 다시 매수가격의 신고를 최고한 일
8. 최종적으로 매각기일의 종결을 고지한 일시
9. 매수하기 위하여 보증을 제공한 일 또는 보증을 제공하지 아니하므로 그 매수를 허가하지 아니한 일
10. 최고가매수신고인과 차순위매수신고인의 성명과 그 가격을 부른 일

② 최고가매수신고인 및 차순위매수신고인과 출석한 이해관계인은 조서에 서명날인하여야 한다. 그들이 서명날인할 수 없을 때에는 집행관이 그 사유를 적어야 한다.

③ 집행관이 매수신청의 보증을 돌려 준 때에는 영수증을 받아 조서에 붙여야 한다.

제117조(조서와 금전의 인도) 집행관은 매각기일조서와 매수신청의 보증으로 받아 돌려주지 아니한 것을 매각기일부터 3일 이내에 법원사무관등에게 인도하여야 한다.

제118조(최고가매수신고인 등의 송달영수인신고) ① 최고가매수신고인과 차순위매수신고인은 대한민국안에 주소·거소와 사무소가 없는 때에는 대한민국안에 송달이나 통지를 받을 장소와 영수인을 정하여 법원에 신고하여야 한다.

② 최고가매수신고인이나 차순위매수신고인이 제1항의 신고를 하지 아니한 때에는 법원은 그에 대한 송달이나 통지를 하지 아니할 수 있다.

③ 제1항의 신고는 집행관에게 말로 할 수 있다. 이 경우 집행관은 조서에 이를 적어야 한다.

제119조(새 매각기일) 허가할 매수가격의 신고가 없이 매각기일이 최종적으로 마감된 때에는 제91조제1항의 규정에 어긋나지 아니하는 한도에서 법원은 최저매각가격을 상당히 낮추고 새 매각기일을 정하여야 한다. 그 기일에 허가할 매수가격의 신고가 없는 때에도 또한 같다.

제120조(매각결정기일에서의 진술) ① 법원은 매각결정기일에 출석한 이해관계인에게 매각허가에 관한 의견을 진술하게 하여야 한다.

② 매각허가에 관한 이의는 매각허가가 있을 때까지 신청하여야 한다. 이미 신청한 이의에 대한 진술도 또한 같다.

제121조(매각허가에 대한 이의신청사유) 매각허가에 관한 이의는 다음 각호 가운데 어느 하나에 해당하는 이유가 있어야 신청할 수 있다.

1. 강제집행을 허가할 수 없거나 집행을 계속 진행할 수 없을 때
2. 최고가매수신고인이 부동산을 매수할 능력이나 자격이 없는 때
3. 부동산을 매수할 자격이 없는 사람이 최고가매수신고인을 내세워 매수신고를 한 때
4. 최고가매수신고인, 그 대리인 또는 최고가매수신고인을 내세워 매수신고를 한 사람이 제108조 각호 가운데 어느 하나에 해당되는 때
5. 최저매각가격의 결정, 일괄매각의 결정 또는 매각물건명세서의 작성에 중대한 흠이 있는 때
6. 천재지변, 그 밖에 자기가 책임을 질 수 없는 사유로 부동산이 현저하게 훼손된 사실 또는 부동산에 관한 중대한 권리관계가 변동된 사실이 경매절차의 진행중에 밝혀진 때
7. 경매절차에 그 밖의 중대한 잘못이 있는 때

제122조(이의신청의 제한) 이의는 다른 이해관계인의 권리에 관한 이유로 신청하지 못한다.

제123조(매각의 불허) ① 법원은 이의신청이 정당하다고 인정한 때에는 매각을 허가하지 아니한다.

② 제121조에 규정한 사유가 있는 때에는 직권으로 매각을 허가하지 아니한다. 다만, 같은 조 제2호 또는 제3호의 경우에는 능력 또는 자격의 흠이 제거되지 아니한 때에 한한다.

제124조(과잉매각되는 경우의 매각불허가) ① 여러 개의 부동산을 매각하는 경우에 한 개의 부동산의 매각대금으로 모든 채권자의 채권액과 강제집행비용을 변제하기에 충분하면 다른 부동산의 매각을 허가하지 아니

한다. 다만, 제101조제3항 단서에 따른 일괄매각의 경우에는 그러하지 아니하다.

② 제1항 본문의 경우에 채무자는 그 부동산 가운데 매각할 것을 지정할 수 있다.

제125조(매각을 허가하지 아니할 경우의 새 매각기일) ① 제121조와 제123조의 규정에 따라 매각을 허가하지 아니하고 다시 매각을 명하는 때에는 직권으로 새 매각기일을 정하여야 한다.

② 제121조제6호의 사유로 제1항의 새 매각기일을 열게 된 때에는 제97조 내지 제105조의 규정을 준용한다.

제126조(매각허가여부의 결정선고) ① 매각을 허가하거나 허가하지 아니하는 결정은 선고하여야 한다.

② 매각결정기일조서에는 민사소송법 제152조 내지 제154조와 제156조 내지 제158조 및 제164조의 규정을 준용한다.

③ 제1항의 결정은 확정되어야 효력을 가진다.

제127조(매각허가결정의 취소신청) ① 제121조제6호에서 규정한 사실이 매각허가결정의 확정 뒤에 밝혀진 경우에는 매수인은 대금을 낼 때까지 매각허가결정의 취소신청을 할 수 있다.

② 제1항의 신청에 관한 결정에 대하여는 즉시항고를 할 수 있다.

제128조(매각허가결정) ① 매각허가결정에는 매각한 부동산, 매수인과 매각가격을 적고 특별한 매각조건으로 매각한 때에는 그 조건을 적어야 한다.

② 제1항의 결정은 선고하는 외에 대법원규칙이 정하는 바에 따라 공고하여야 한다.

제129조(이해관계인 등의 즉시항고) ① 이해관계인은 매각허가여부의 결정에 따라 손해를 볼 경우에만 그 결정에 대하여 즉시항고를 할 수 있다.

② 매각허가에 정당한 이유가 없거나 결정에 적은 것 외의 조건으로 허가하여야 한다고 주장하는 매수인 또는 매각허가를 주장하는 매수신고인도 즉시항고를 할 수 있다.

③ 제1항 및 제2항의 경우에 매각허가를 주장하는 매수신고인은 그 신청한 가격에 대하여 구속을 받는다.

제130조(매각허가여부에 대한 항고) ① 매각허가결정에 대한 항고는 이 법에 규정한 매각허가에 대한 이의신청사유가 있다거나, 그 결정절차에 중대한 잘못이 있다는 것을 이유로 드는 때에만 할 수 있다.

② 민사소송법 제451조제1항 각호의 사유는 제1항의 규정에 불구하고 매각허가 또는 불허가결정에 대한 항고의 이유로 삼을 수 있다.

③ 매각허가결정에 대하여 항고를 하고자 하는 사람은 보증으로 매각대금의 10분의 1에 해당하는 금전 또는 법원이 인정한 유가증권을 공탁하여야 한다.

④ 항고를 제기하면서 항고장에 제3항의 보증을 제공하였음을 증명하는 서류를 붙이지 아니한 때에는 원심법원은 항고장을 받은 날부터 1주 이내에 결정으로 이를 각하하여야 한다.

⑤ 제4항의 결정에 대하여는 즉시항고를 할 수 있다.

⑥ 채무자 및 소유자가 한 제3항의 항고가 기각된 때에는 항고인은 보증으로 제공한 금전이나 유가증권을 돌려 줄 것을 요구하지 못한다.

⑦ 채무자 및 소유자 외의 사람이 한 제3항의 항고가 기각된 때에는 항고인은 보증으로 제공한 금전이나, 유가증권을 현금화한 금액 가운데 항고를 한 날부터 항고기각결정이 확정된 날까지의 매각대금에 대한 대법원규칙이 정하는 이율에 의한 금액(보증으로 제공한 금전이나, 유가증권을 현금화한 금액을 한도로 한다)에 대하여는 돌려 줄 것을 요구할 수 없다. 다만, 보증으로 제공한 유가증권을 현금화하기 전에 위의 금액을 항고인이 지급한 때에는 그 유가증권을 돌려 줄 것을 요구할 수 있다.

⑧ 항고인이 항고를 취하한 경우에는 제6항 또는 제7항의 규정을 준용한다.

제131조(항고심의 절차) ① 항고법원은 필요한 경우에 반대진술을 하게 하기 위하여 항고인의 상대방을 정할 수 있다.

② 한 개의 결정에 대한 여러 개의 항고는 병합한다.

③ 항고심에는 제122조의 규정을 준용한다.

제132조(항고법원의 재판과 매각허가여부결정) 항고법원이 집행법원의 결정을 취소하는 경우에 그 매각허가여부의 결정은 집행법원이 한다.

제133조(매각을 허가하지 아니하는 결정의 효력) 매각을 허가하지 아니한 결정이 확정된 때에는 매수인과 매각허가를 주장한 매수신고인은 매수에 관한 책임이 면제된다.

제134조(최저매각가격의 결정부터 새로할 경우) 제127조의 규정에 따라 매각허가결정을 취소한 경우에는 제97조 내지 제105조의 규정을 준용한다.

제135조(소유권의 취득시기) 매수인은 매각대금을 다 낸 때에 매각의 목적인 권리를 취득한다.

제136조(부동산의 인도명령 등) ① 법원은 매수인이 대금을 낸 뒤 6월 이내에 신청하면 채무자·소유자 또는 부동산 점유자에 대하여 부동산을 매수인에게 인도하도록 명할 수 있다. 다만, 점유자가 매수인에게 대항할 수 있는 권원에 의하여 점유하고 있는 것으로 인정되는 경우에는 그러하지 아니하다.

② 법원은 매수인 또는 채권자가 신청하면 매각허가가 결정된 뒤 인도할 때까지 관리인에게 부동산을 관리하게 할 것을 명할 수 있다.

③ 제2항의 경우 부동산의 관리를 위하여 필요하면 법원은 매수인 또는 채권자의 신청에 따라 담보를 제공하게 하거나 제공하게 하지 아니하고 제1항의 규정에 준하는 명령을 할 수 있다.

④ 법원이 채무자 및 소유자 외의 점유자에 대하여 제1항 또는 제3항의 규정에 따른 인도명령을 하려면 그 점유자를 심문하여야 한다. 다만, 그 점유자가 매수인에게 대항할 수 있는 권원에 의하여 점유하고 있지 아니함이 명백한 때 또는 이미 그 점유자를 심문한 때에는 그러하지 아니하다.

⑤ 제1항 내지 제3항의 신청에 관한 결정에 대하여는 즉시항고를 할 수 있다.

⑥ 채무자·소유자 또는 점유자가 제1항과 제3항의 인도명령에 따르지 아니할 때에는 매수인 또는 채권자는 집행관에게 그 집행을 위임할 수 있다.

제137조(차순위매수신고인에 대한 매각허가여부결정) ① 차순위매수신고인이 있는 경우에 매수인이 대금지급기한까지 그 의무를 이행하지 아니한 때에는 차순위매수신고인에게 매각을 허가할 것인지를 결정하여야 한다. 다만, 제142조제4항의 경우에는 그러하지 아니하다.

② 차순위매수신고인에 대한 매각허가결정이 있는 때에는 매수인은 매수신청의 보증을 돌려 줄 것을 요구하지 못한다.

제138조(재매각) ① 매수인이 대금지급기한 또는 제142조제4항의 다시 정한 기한까지 그 의무를 완전히 이행하지 아니하였고, 차순위매수신고인이 없는 때에는 법원은 직권으로 부동산의 재매각을 명하여야 한다.

② 재매각절차에도 종전에 정한 최저매각가격, 그 밖의 매각조건을 적용한다.

③ 매수인이 재매각기일의 3일 이전까지 대금, 그 지급기한이 지난 뒤부터 지급일까지의 대금에 대한 대법원규칙이 정하는 이율에 따른 지연이자와 절차비용을 지급한 때에는 재매각절차를 취소하여야 한다. 이 경우 차순위매수신고인이 매각허가결정을 받았던 때에는 위 금액을 먼저 지급한 매수인이 매매목적물의 권리를 취득한다.

④ 재매각절차에서는 전의 매수인은 매수신청을 할 수 없으며 매수신청의 보증을 돌려줄 것을 요구하지 못한다.

제139조(공유물지분에 대한 경매) ① 공유물지분을 경매하는 경우에는 채권자의 채권을 위하여 채무자의 지분에 대한 경매개시결정이 있음을 등기부에 기입하고 다른 공유자에게 그 경매개시결정이 있다는 것을 통지하여야 한다. 다만, 상당한 이유가 있는 때에는 통지하지 아니할 수 있다.

② 최저매각가격은 공유물 전부의 평가액을 기본으로 채무자의 지분에 관하여 정하여야 한다. 다만, 그와 같은 방법으로 정확한 가치를 평가하기 어렵거나 그 평가에 부당하게 많은 비용이 드는 등 특별한 사정이 있는 경우에는 그러하지 아니하다.

제140조(공유자의 우선매수권) ① 공유자는 매각기일까지 제113조에 따른 보증을 제공하고

최고매수신고가격과 같은 가격으로 채무자의 지분을 우선매수하겠다는 신고를 할 수 있다.

② 제1항의 경우에 법원은 최고가매수신고가 있더라도 그 공유자에게 매각을 허가하여야 한다.

③ 여러 사람의 공유자가 우선매수하겠다는 신고를 하고 제2항의 절차를 마친 때에는 특별한 협의가 없으면 공유지분의 비율에 따라 채무자의 지분을 매수하게 한다.

④ 제1항의 규정에 따라 공유자가 우선매수신고를 한 경우에는 최고가매수신고인을 제114조의 차순위매수신고인으로 본다.

제141조(경매개시결정등기의 말소) 경매신청이 매각허가 없이 마쳐진 때에는 법원사무관등은 제94조와 제139조제1항의 규정에 따른 기입을 말소하도록 등기관에게 촉탁하여야 한다.

제142조(대금의 지급) ① 매각허가결정이 확정되면 법원은 대금의 지급기한을 정하고, 이를 매수인과 차순위매수신고인에게 통지하여야 한다.

② 매수인은 제1항의 대금지급기한까지 매각대금을 지급하여야 한다.

③ 매수신청의 보증으로 금전이 제공된 경우에 그 금전은 매각대금에 넣는다.

④ 매수신청의 보증으로 금전 외의 것이 제공된 경우로서 매수인이 매각대금중 보증액을 뺀 나머지 금액만을 낸 때에는, 법원은 보증을 현금화하여 그 비용을 뺀 금액을 보증액에 해당하는 매각대금 및 이에 대한 지연이자에 충당하고, 모자라는 금액이 있으면 다시 대금지급기한을 정하여 매수인으로 하여금 내게 한다.

⑤ 제4항의 지연이자에 대하여는 제138조제3항의 규정을 준용한다.

⑥ 차순위매수신고인은 매수인이 대금을 모두 지급한 때 매수의 책임을 벗게 되고 즉시 매수신청의 보증을 돌려 줄 것을 요구할 수 있다.

제143조(특별한 지급방법) ① 매수인은 매각조건에 따라 부동산의 부담을 인수하는 외에 배당표(配當表)의 실시에 관하여 매각대금의 한도에서 관계채권자의 승낙이 있으면 대금의 지급에 갈음하여 채무를 인수할 수 있다.

② 채권자가 매수인인 경우에는 매각결정기일이 끝날 때까지 법원에 신고하고 배당받아야 할 금액을 제외한 대금을 배당기일에 낼 수 있다.

③ 제1항 및 제2항의 경우에 매수인이 인수한 채무나 배당받아야 할 금액에 대하여 이의가 제기된 때에는 매수인은 배당기일이 끝날 때까지 이에 해당하는 대금을 내야 한다.

제144조(매각대금 지급 뒤의 조치) ① 매각대금이 지급되면 법원사무관등은 매각허가결정의 등본을 붙여 다음 각호의 등기를 촉탁하여야 한다.

1. 매수인 앞으로 소유권을 이전하는 등기
2. 매수인이 인수하지 아니한 부동산의 부담에 관한 기입을 말소하는 등기
3. 제94조 및 제139조제1항의 규정에 따른 경매개시결정등기를 말소하는 등기

② 매각대금을 지급할 때까지 매수인과 부동산을 담보로 제공받으려고 하는 사람이 대법원규칙으로 정하는 바에 따라 공동으로 신청한 경우, 제1항의 촉탁은 등기신청의 대리를 업으로 할 수 있는 사람으로서 신청인이 지정하는 사람에게 촉탁서를 교부하여 등기소에 제출하도록 하는 방법으로 하여야 한다. 이 경우 신청인이 지정하는 사람은 지체 없이 그 촉탁서를 등기소에 제출하여야 한다. <신설 2010·7·23>

③ 제1항의 등기에 드는 비용은 매수인이 부담한다.

제145조(매각대금의 배당) ① 매각대금이 지급되면 법원은 배당절차를 밟아야 한다.

② 매각대금으로 배당에 참가한 모든 채권자를 만족하게 할 수 없는 때에는 법원은 민법·상법, 그 밖의 법률에 의한 우선순위에 따라 배당하여야 한다.

제146조(배당기일) 매수인이 매각대금을 지급하면 법원은 배당에 관한 진술 및 배당을 실시할 기일을 정하고 이해관계인과 배당을 요구한 채권자에게 이를 통지하여야 한다. 다만, 채무자가 외국에 있거나 있는 곳이 분명하지 아니한 때에는 통지하지 아니한다.

제147조(배당할 금액 등) ① 배당할 금액은 다음 각호에 규정한 금액으로 한다.

1. 대금
2. 제138조제3항 및 제142조제4항의 경우에는 대금지급기한이 지난 뒤부터 대금의 지급·충당까지의 지연이자
3. 제130조제6항의 보증(제130조제8항에 따라 준용되는 경우를 포함한다)
4. 제130조제7항 본문의 보증 가운데 항고인이 돌려 줄 것을 요구하지 못하는 금액 또는 제130조제7항 단서의 규정에 따라 항고인이 낸 금액(각각 제130조제8항에 따라 준용되는 경우를 포함한다)
5. 제138조제4항의 규정에 의하여 매수인이 돌려줄 것을 요구할 수 없는 보증(보증이 금전 외의 방법으로 제공되어 있는 때에는 보증을 현금화하여 그 대금에서 비용을 뺀 금액)

② 제1항의 금액 가운데 채권자에게 배당하고 남은 금액이 있으면, 제1항제4호의 금액의 범위안에서 제1항제4호의 보증 등을 제공한 사람에게 돌려준다.
③ 제1항의 금액 가운데 채권자에게 배당하고 남은 금액으로 제1항제4호의 보증등을 돌려주기 부족한 경우로서 그 보증 등을 제공한 사람이 여럿인 때에는 제1항제4호의 보증 등의 비율에 따라 나누어 준다.

제148조(배당받을 채권자의 범위) 제147조제1항에 규정한 금액을 배당받을 채권자는 다음 각호에 규정된 사람으로 한다.
1. 배당요구의 종기까지 경매신청을 한 압류채권자
2. 배당요구의 종기까지 배당요구를 한 채권자
3. 첫 경매개시결정등기전에 등기된 가압류채권자
4. 저당권·전세권, 그 밖의 우선변제청구권으로서 첫 경매개시결정등기전에 등기되었고 매각으로 소멸하는 것을 가진 채권자

제149조(배당표의 확정) ① 법원은 채권자와 채무자에게 보여 주기 위하여 배당기일의 3일전에 배당표원안(配當表原案)을 작성하여 법원에 비치하여야 한다.
② 법원은 출석한 이해관계인과 배당을 요구한 채권자를 심문하여 배당표를 확정하여야 한다.

제150조(배당표의 기재 등) ① 배당표에는 매각대금, 채권자의 채권의 원금, 이자, 비용, 배당의 순위와 배당의 비율을 적어야 한다.
② 출석한 이해관계인과 배당을 요구한 채권자가 합의한 때에는 이에 따라 배당표를 작성하여야 한다.

제151조(배당표에 대한 이의) ① 기일에 출석한 채무자는 채권자의 채권 또는 그 채권의 순위에 대하여 이의할 수 있다.
② 제1항의 규정에 불구하고 채무자는 제149조제1항에 따라 법원에 배당표원안이 비치된 이후 배당기일이 끝날 때까지 채권자의 채권 또는 그 채권의 순위에 대하여 서면으로 이의할 수 있다.
③ 기일에 출석한 채권자는 자기의 이해에 관계되는 범위 안에서는 다른 채권자를 상대로 그의 채권 또는 그 채권의 순위에 대하여 이의할 수 있다.

제152조(이의의 완결) ① 제151조의 이의에 관계된 채권자는 이에 대하여 진술하여야 한다.
② 관계인이 제151조의 이의를 정당하다고 인정하거나 다른 방법으로 합의한 때에는 이에 따라 배당표를 경정(更正)하여 배당을 실시하여야 한다.
③ 제151조의 이의가 완결되지 아니한 때에는 이의가 없는 부분에 한하여 배당을 실시하여야 한다.

제153조(불출석한 채권자) ① 기일에 출석하지 아니한 채권자는 배당표와 같이 배당을 실시하는 데에 동의한 것으로 본다.
② 기일에 출석하지 아니한 채권자가 다른 채권자가 제기한 이의에 관계된 때에는 그 채권자는 이의를 정당하다고 인정하지 아니한 것으로 본다.

제154조(배당이의의 소 등) ① 집행력 있는 집행권원의 정본을 가지지 아니한 채권자(가압류채권자를 제외한다)에 대하여 이의한 채무자와 다른 채권자에 대하여 이의한 채권자는 배당이의의 소를 제기하여야 한다.
② 집행력 있는 집행권원의 정본을 가진 채권자에 대하여 이의한 채무자는 청구이의의 소를 제기하여야 한다.

③ 이의한 채권자나 채무자가 배당기일부터 1주 이내에 집행법원에 대하여 제1항의 소를 제기한 사실을 증명하는 서류를 제출하지 아니한 때 또는 제2항의 소를 제기한 사실을 증명하는 서류와 그 소에 관한 집행정지재판의 정본을 제출하지 아니한 때에는 이의가 취하된 것으로 본다.

제155조(이의한 사람 등의 우선권 주장) 이의한 채권자가 제154조제3항의 기간을 지키지 아니한 경우에도 배당표에 따른 배당을 받은 채권자에 대하여 소로 우선권 및 그 밖의 권리를 행사하는 데 영향을 미치지 아니한다.

제156조(배당이의의 소의 관할) ① 제154조제1항의 배당이의의 소는 배당을 실시한 집행법원이 속한 지방법원의 관할로 한다. 다만, 소송물이 단독판사의 관할에 속하지 아니할 경우에는 지방법원의 합의부가 이를 관할한다.

② 여러 개의 배당이의의 소가 제기된 경우에 한 개의 소를 합의부가 관할하는 때에는 그 밖의 소도 함께 관할한다.

③ 이의한 사람과 상대방이 이의에 관하여 단독판사의 재판을 받을 것을 합의한 경우에는 제1항 단서와 제2항의 규정을 적용하지 아니한다.

제157조(배당이의의 소의 판결) 배당이의의 소에 대한 판결에서는 배당액에 대한 다툼이 있는 부분에 관하여 배당을 받을채권자와 그 액수를 정하여야 한다. 이를 정하는 것이 적당하지 아니하다고 인정한 때에는 판결에서 배당표를 다시 만들고 다른 배당절차를 밟도록 명하여야 한다.

제158조(배당이의의 소의 취하간주) 이의한 사람이 배당이의의 소의 첫 변론기일에 출석하지 아니한 때에는 소를 취하한 것으로 본다.

제159조(배당실시절차·배당조서) ① 법원은 배당표에 따라 제2항 및 제3항에 규정된 절차에 의하여 배당을 실시하여야 한다.

② 채권 전부의 배당을 받을 채권자에게는 배당액지급증을 교부하는 동시에 그가 가진 집행력 있는 정본 또는 채권증서를 받아 채무자에게 교부하여야 한다.

③ 채권 일부의 배당을 받을 채권자에게는 집행력 있는 정본 또는 채권증서를 제출하게 한 뒤 배당액을 적어서 돌려주고 배당액지급증을 교부하는 동시에 영수증을 받아 채무자에게 교부하여야 한다.

④ 제1항 내지 제3항의 배당실시절차는 조서에 명확히 적어야 한다.

제160조(배당금액의 공탁) ① 배당을 받아야 할 채권자의 채권에 대하여 다음 각호 가운데 어느 하나의 사유가 있으면 그에 대한 배당액을 공탁하여야 한다.

1. 채권에 정지조건 또는 불확정기한이 붙어 있는 때
2. 가압류채권자의 채권인 때
3. 제49조제2호 및 제266조제1항제5호에 규정된 문서가 제출되어 있는 때
4. 저당권설정의 가등기가 마쳐져 있는 때
5. 제154조제1항에 의한 배당이의의 소가 제기된 때
6. 민법 제340조제2항 및 같은 법 제370조에 따른 배당금액의 공탁청구가 있는 때

② 채권자가 배당기일에 출석하지 아니한 때에는 그에 대한 배당액을 공탁하여야 한다.

제161조(공탁금에 대한 배당의 실시) ① 법원이 제160조제1항의 규정에 따라 채권자에 대한 배당액을 공탁한 뒤 공탁의 사유가 소멸한 때에는 법원은 공탁금을 지급하거나 공탁금에 대한 배당을 실시하여야 한다.

② 제1항에 따라 배당을 실시함에 있어서 다음 각호 가운데 어느 하나에 해당하는 때에는 법원은 배당에 대하여 이의하지 아니한 채권자를 위하여서도 배당표를 바꾸어야 한다.

1. 제160조제1항제1호 내지 제4호의 사유에 따른 공탁에 관련된 채권자에 대하여 배당을 실시할 수 없게 된 때
2. 제160조제1항제5호의 공탁에 관련된 채권자가 채무자로부터 제기당한 배당이의의 소에서 진 때
3. 제160조제1항제6호의 공탁에 관련된 채권자가 저당물의 매각대가로부터 배당을 받은 때

③ 제160조제2항의 채권자가 법원에 대하여 공탁금의 수령을 포기하는 의사를 표시한 때에는 그 채권자의 채권이 존재하지 아니하는 것으로 보고 배당표를 바꾸어야 한다.

④ 제 2 항 및 제 3 항의 배당표변경에 따른 추가 배당기일에 제151조의 규정에 따라 이의할 때에는 종전의 배당기일에서 주장할 수 없었던 사유만을 주장할 수 있다.

제162조(공동경매) 여러 압류채권자를 위하여 동시에 실시하는 부동산의 경매절차에는 제80조 내지 제161조의 규정을 준용한다.

제 3 관 강제관리

제163조(강제경매규정의 준용) 강제관리에는 제80조 내지 제82조, 제83조제 1 항·제 3 항 내지 제 5 항, 제85조 내지 제89조 및 제94조 내지 제96조의 규정을 준용한다.

제164조(강제관리개시결정) ① 강제관리를 개시하는 결정에는 채무자에게는 관리사무에 간섭하여서는 아니되고 부동산의 수익을 처분하여서도 아니된다고 명하여야 하며, 수익을 채무자에게 지급할 제 3 자에게는 관리인에게 이를 지급하도록 명하여야 한다.

② 수확하였거나 수확할 과실(果實)과, 이행기에 이르렀거나 이르게 될 과실은 제 1 항의 수익에 속한다.

③ 강제관리개시결정은 제 3 자에게는 결정서를 송달하여야 효력이 생긴다.

④ 강제관리신청을 기각하거나 각하하는 재판에 대하여는 즉시항고를 할 수 있다.

제165조(강제관리개시결정 등의 통지) 법원은 강제관리를 개시하는 결정을 한 부동산에 대하여 다시 강제관리의 개시결정을 하거나 배당요구의 신청이 있는 때에는 관리인에게 이를 통지하여야 한다.

제166조(관리인의 임명 등) ① 관리인은 법원이 임명한다. 다만, 채권자는 적당한 사람을 관리인으로 추천할 수 있다.

② 관리인은 관리와 수익을 하기 위하여 부동산을 점유할 수 있다. 이 경우 저항을 받으면 집행관에게 원조를 요구할 수 있다.

③ 관리인은 제 3 자가 채무자에게 지급할 수익을 추심(推尋)할 권한이 있다.

제167조(법원의 지휘·감독) ① 법원은 관리에 필요한 사항과 관리인의 보수를 정하고, 관리인을 지휘·감독한다.

② 법원은 관리인에게 보증을 제공하도록 명할 수 있다.

③ 관리인에게 관리를 계속할 수 없는 사유가 생긴 경우에는 법원은 직권으로 또는 이해관계인의 신청에 따라 관리인을 해임할 수 있다. 이 경우 관리인을 심문하여야 한다.

제168조(준용규정) 제 3 자가 부동산에 대한 강제관리를 막을 권리가 있다고 주장하는 경우에는 제48조의 규정을 준용한다.

제169조(수익의 처리) ① 관리인은 부동산수익에서 그 부동산이 부담하는 조세, 그 밖의 공과금을 뺀 뒤에 관리비용을 변제하고, 그 나머지 금액을 채권자에게 지급한다.

② 제 1 항의 경우 모든 채권자를 만족하게 할 수 없는 때에는 관리인은 채권자 사이의 배당협의에 따라 배당을 실시하여야 한다.

③ 채권자 사이에 배당협의가 이루어지지 못한 경우에 관리인은 그 사유를 법원에 신고하여야 한다.

④ 제 3 항의 신고가 있는 경우에는 제145조·제146조 및 제148조 내지 제161조의 규정을 준용하여 배당표를 작성하고 이에 따라 관리인으로 하여금 채권자에게 지급하게 하여야 한다.

제170조(관리인의 계산보고) ① 관리인은 매년 채권자·채무자와 법원에 계산서를 제출하여야 한다. 그 업무를 마친 뒤에도 또한 같다.

② 채권자와 채무자는 계산서를 송달받은 날부터 1주 이내에 집행법원에 이에 대한 이의신청을 할 수 있다.

③ 제 2 항의 기간 이내에 이의신청이 없는 때에는 관리인의 책임이 면제된 것으로 본다.

④ 제 2 항의 기간 이내에 이의신청이 있는 때에는 관리인을 심문한 뒤 결정으로 재판하여야 한다. 신청한 이의를 매듭 지은 때에는 법원은 관리인의 책임을 면제한다.

제171조(강제관리의 취소) ① 강제관리의 취소는 법원이 결정으로 한다.

② 채권자들이 부동산수익으로 전부 변제를 받았을 때에는 법원은 직권으로 제 1 항의 취소결정을 한다.

③ 제 1 항 및 제 2 항의 결정에 대하여는 즉시항고를 할 수 있다.

④ 강제관리의 취소결정이 확정된 때에는 법원사무관등은 강제관리에 관한 기입등기를 말소하도록 촉탁하여야 한다.

제 3 절 선박 등에 대한 강제집행

제172조(선박에 대한 강제집행) 등기할 수 있는 선박에 대한 강제집행은 부동산의 강제경매에 관한 규정에 따른다. 다만, 사물의 성질에 따른 차이가 있거나 특별한 규정이 있는 경우에는 그러하지 아니하다.

제173조(관할법원) 선박에 대한 강제집행의 집행법원은 압류 당시에 그 선박이 있는 곳을 관할하는 지방법원으로 한다.

제174조(선박국적증서 등의 제출) ① 법원은 경매개시결정을 한 때에는 집행관에게 선박국적증서 그 밖에 선박운행에 필요한 문서(이하 "선박국적증서등"이라 한다)를 선장으로부터 받아 법원에 제출하도록 명하여야 한다.

② 경매개시결정이 송달 또는 등기되기 전에 집행관이 선박국적증서등을 받은 경우에는 그 때에 압류의 효력이 생긴다.

제175조(선박집행신청전의 선박국적증서등의 인도명령) ① 선박에 대한 집행의 신청전에 선박국적증서등을 받지 아니하면 집행이 매우 곤란할 염려가 있을 경우에는 선적(船籍)이 있는 곳을 관할하는 지방법원(선적이 없는 때에는 대법원규칙이 정하는 법원)은 신청에 따라 채무자에게 선박국적증서등을 집행관에게 인도하도록 명할 수 있다. 급박한 경우에는 선박이 있는 곳을 관할하는 지방법원도 이 명령을 할 수 있다.

② 집행관은 선박국적증서등을 인도받은 날부터 5일 이내에 채권자로부터 선박집행을 신청하였음을 증명하는 문서를 제출받지 못한 때에는 그 선박국적증서등을 돌려 주어야 한다.

③ 제 1 항의 규정에 따른 재판에 대하여는 즉시항고를 할 수 있다.

④ 제 1 항의 규정에 따른 재판에는 제292조제 2 항 및 제 3 항의 규정을 준용한다.

제176조(압류선박의 정박) ① 법원은 집행절차를 행하는 동안 선박이 압류 당시의 장소에 계속 머무르도록 명하여야 한다.

② 법원은 영업상의 필요, 그 밖에 상당한 이유가 있다고 인정할 경우에는 채무자의 신청에 따라 선박의 운행을 허가할 수 있다. 이 경우 채권자·최고가매수신고인·차순위매수신고인 및 매수인의 동의가 있어야 한다.

③ 제 2 항의 선박운행허가결정에 대하여는 즉시항고를 할 수 있다.

④ 제 2 항의 선박운행허가결정은 확정되어야 효력이 생긴다.

제177조(경매신청의 첨부서류) ① 강제경매신청을 할 때에는 다음 각호의 서류를 내야 한다.

1. 채무자가 소유자인 경우에는 소유자로서 선박을 점유하고 있다는 것을, 선장인 경우에는 선장으로서 선박을 지휘하고 있다는 것을 소명할 수 있는 증서
2. 선박에 관한 등기사항을 포함한 등기부의 초본 또는 등본

② 채권자는 공적 장부를 주관하는 공공기관이 멀리 떨어진 곳에 있는 때에는 제 1 항제 2 호의 초본 또는 등본을 보내주도록 법원에 신청할 수 있다.

제178조(감수·보존처분) ① 법원은 채권자의 신청에 따라 선박을 감수(監守)하고 보존하기 위하여 필요한 처분을 할 수 있다.

② 제 1 항의 처분을 한 때에는 경매개시결정이 송달되기 전에도 압류의 효력이 생긴다.

제179조(선장에 대한 판결의 집행) ① 선장에 대한 판결로 선박채권자를 위하여 선박을 압류하면 그 압류는 소유자에 대하여도 효력이 미친다. 이 경우 소유자도 이해관계인으로 본다.

② 압류한 뒤에 소유자나 선장이 바뀌더라도 집행절차에는 영향을 미치지 아니한다.

③ 압류한 뒤에 선장이 바뀐 때에는 바뀐 선장만이 이해관계인이 된다.

제180조(관할위반으로 말미암은 절차의 취소) 압류 당시 선박이 그 법원의 관할안에 없었음이 판명된 때에는 그 절차를 취소하여야 한다.

제181조(보증의 제공에 의한 강제경매절차의 취소) ① 채무자가 제49조제 2 호 또는 제

4호의 서류를 제출하고 압류채권자 및 배당을 요구한 채권자의 채권과 집행비용에 해당하는 보증을 매수신고전에 제공한 때에는 법원은 신청에 따라 배당절차 외의 절차를 취소하여야 한다.

② 제1항에 규정한 서류를 제출함에 따른 집행정지가 효력을 잃은 때에는 법원은 제1항의 보증금을 배당하여야 한다.

③ 제1항의 신청을 기각한 재판에 대하여는 즉시항고를 할 수 있다.

④ 제1항의 규정에 따른 집행취소결정에는 제17조제2항의 규정을 적용하지 아니한다.

⑤ 제1항의 보증의 제공에 관하여 필요한 사항은 대법원규칙으로 정한다.

제182조(사건의 이송) ① 압류된 선박이 관할구역 밖으로 떠난 때에는 집행법원은 선박이 있는 곳을 관할하는 법원으로 사건을 이송할 수 있다.

② 제1항의 규정에 따른 결정에 대하여는 불복할 수 없다.

제183조(선박국적증서등을 넘겨받지 못한 경우의 경매절차취소) 경매개시결정이 있은 날부터 2월이 지나기까지 집행관이 선박국적증서등을 넘겨받지 못하고, 선박이 있는 곳이 분명하지 아니한 때에는 법원은 강제경매절차를 취소할 수 있다.

제184조(매각기일의 공고) 매각기일의 공고에는 선박의 표시와 그 정박한 장소를 적어야 한다.

제185조(선박지분의 압류명령) ① 선박의 지분에 대한 강제집행은 제251조에서 규정한 강제집행의 예에 따른다.

② 채권자가 선박의 지분에 대하여 강제집행신청을 하기 위하여서는 채무자가 선박의 지분을 소유하고 있다는 사실을 증명할 수 있는 선박등기부의 등본이나 그 밖의 증명서를 내야 한다.

③ 압류명령은 채무자 외에 「상법」 제764조에 의하여 선임된 선박관리인(이하 이 조에서 "선박관리인"이라 한다)에게도 송달하여야 한다. <개정 2007·8·3>

④ 압류명령은 선박관리인에게 송달되면 채무자에게 송달된 것과 같은 효력을 가진다.

제186조(외국선박의 압류) 외국선박에 대한 강제집행에는 등기부에 기입할 절차에 관한 규정을 적용하지 아니한다.

제187조(자동차 등에 대한 강제집행) 자동차·건설기계·소형선박(「자동차 등 특정동산 저당법」 제3조제2호에 따른 소형선박을 말한다) 및 항공기(「자동차 등 특정동산 저당법」 제3조제4호에 따른 항공기 및 경량항공기를 말한다)에 대한 강제집행절차는 제2편제2장제2절부터 제4절까지의 규정에 준하여 대법원규칙으로 정한다. <개정 2007·8·3, 2009·3·25, 2015·5·18>

제4절 동산에 대한 강제집행

제1관 통칙

제188조(집행방법, 압류의 범위) ① 동산에 대한 강제집행은 압류에 의하여 개시한다.

② 압류는 집행력 있는 정본에 적은 청구금액의 변제와 집행비용의 변상에 필요한 한도안에서 하여야 한다.

③ 압류물을 현금화하여도 집행비용 외에 남을 것이 없는 경우에는 집행하지 못한다.

제2관 유체동산에 대한 강제집행

제189조(채무자가 점유하고 있는 물건의 압류) ① 채무자가 점유하고 있는 유체동산의 압류는 집행관이 그 물건을 점유함으로써 한다. 다만, 채권자의 승낙이 있거나 운반이 곤란한 때에는 봉인(封印), 그 밖의 방법으로 압류물임을 명확히 하여 채무자에게 보관시킬 수 있다.

② 다음 각호 가운데 어느 하나에 해당하는 물건은 이 법에서 유체동산으로 본다.

1. 등기할 수 없는 토지의 정착물로서 독립하여 거래의 객체가 될 수 있는 것
2. 토지에서 분리하기 전의 과실로서 1월 이내에 수확할 수 있는 것
3. 유가증권으로서 배서가 금지되지 아니한 것

③ 집행관은 채무자에게 압류의 사유를 통지하여야 한다.

제190조(부부공유 유체동산의 압류) 채무자와

그 배우자의 공유로서 채무자가 점유하거나 그 배우자와 공동으로 점유하고 있는 유체동산은 제189조의 규정에 따라 압류할 수 있다.

제191조(채무자 외의 사람이 점유하고 있는 물건의 압류) 채권자 또는 물건의 제출을 거부하지 아니하는 제3자가 점유하고 있는 물건은 제189조의 규정을 준용하여 압류할 수 있다.

제192조(국고금의 압류) 국가에 대한 강제집행은 국고금을 압류함으로써 한다.

제193조(압류물의 인도) ① 압류물을 제3자가 점유하게 된 경우에는 법원은 채권자의 신청에 따라 그 제3자에 대하여 그 물건을 집행관에게 인도하도록 명할 수 있다.

② 제1항의 신청은 압류물을 제3자가 점유하고 있는 것을 안 날부터 1주 이내에 하여야 한다.

③ 제1항의 재판은 상대방에게 송달되기 전에도 집행할 수 있다.

④ 제1항의 재판은 신청인에게 고지된 날부터 2주가 지난 때에는 집행할 수 없다.

⑤ 제1항의 재판에 대하여는 즉시항고를 할 수 있다.

제194조(압류의 효력) 압류의 효력은 압류물에서 생기는 천연물에도 미친다.

제195조(압류가 금지되는 물건) 다음 각호의 물건은 압류하지 못한다. <개정 2005·1·27>

1. 채무자 및 그와 같이 사는 친족(사실상 관계에 따른 친족을 포함한다. 이하 이 조에서 "채무자등"이라 한다)의 생활에 필요한 의복·침구·가구·부엌기구, 그 밖의 생활필수품
2. 채무자등의 생활에 필요한 2월간의 식료품·연료 및 조명재료
3. 채무자등의 생활에 필요한 1월간의 생계비로서 대통령령이 정하는 액수의 금전
4. 주로 자기 노동력으로 농업을 하는 사람에게 없어서는 아니될 농기구·비료·가축·사료·종자, 그 밖에 이에 준하는 물건
5. 주로 자기의 노동력으로 어업을 하는 사람에게 없어서는 아니될 고기잡이 도구·어망·미끼·새끼고기, 그 밖에 이에 준하는 물건
6. 전문직 종사자·기술자·노무자, 그 밖에 주로 자기의 정신적 또는 육체적 노동으로 직업 또는 영업에 종사하는 사람에게 없어서는 아니될 제복·도구, 그 밖에 이에 준하는 물건
7. 채무자 또는 그 친족이 받은 훈장·포장·기장, 그 밖에 이에 준하는 명예증표
8. 위패·영정·묘비, 그 밖에 상례·제사 또는 예배에 필요한 물건
9. 족보·집안의 역사적인 기록·사진첩, 그 밖에 선조숭배에 필요한 물건
10. 채무자의 생활 또는 직무에 없어서는 아니될 도장·문패·간판, 그 밖에 이에 준하는 물건
11. 채무자의 생활 또는 직업에 없어서는 아니될 일기장·상업장부, 그 밖에 이에 준하는 물건
12. 공표되지 아니한 저작 또는 발명에 관한 물건
13. 채무자등이 학교·교회·사찰, 그 밖의 교육기관 또는 종교단체에서 사용하는 교과서·교리서·학습용구, 그 밖에 이에 준하는 물건
14. 채무자등의 일상생활에 필요한 안경·보청기·의치·의수족·지팡이·장애보조용 바퀴의자, 그 밖에 이에 준하는 신체보조기구
15. 채무자등의 일상생활에 필요한 자동차로서 자동차관리법이 정하는 바에 따른 장애인용 경형자동차
16. 재해의 방지 또는 보안을 위하여 법령의 규정에 따라 설비하여야 하는 소방설비·경보기구·피난시설, 그 밖에 이에 준하는 물건

제196조(압류금지 물건을 정하는 재판) ① 법원은 당사자가 신청하면 채권자와 채무자의 생활형편, 그 밖의 사정을 고려하여 유체동산의 전부 또는 일부에 대한 압류를 취소하도록 명하거나 제195조의 유체동산을 압류하도록 명할 수 있다.

② 제1항의 결정이 있은 뒤에 그 이유가 소멸되거나 사정이 바뀐 때에는 법원은 직권으로 또는 당사자의 신청에 따라 그 결정

을 취소하거나 바꿀 수 있다.

③ 제1항 및 제2항의 경우에 법원은 제16조제2항에 준하는 결정을 할 수 있다.

④ 제1항 및 제2항의 결정에 대하여는 즉시항고를 할 수 있다.

⑤ 제3항의 결정에 대하여는 불복할 수 없다.

제197조(일괄매각) ① 집행관은 여러 개의 유체동산의 형태, 이용관계 등을 고려하여 일괄매수하게 하는 것이 알맞다고 인정하는 때에는 직권으로 또는 이해관계인의 신청에 따라 일괄하여 매각할 수 있다.

② 제1항의 경우에는 제98조제3항, 제99조, 제100조, 제101조제2항 내지 제5항의 규정을 준용한다.

제198조(압류물의 보존) ① 압류물을 보존하기 위하여 필요한 때에는 집행관은 적당한 처분을 하여야 한다.

② 제1항의 경우에 비용이 필요한 때에는 채권자로 하여금 이를 미리 내게 하여야 한다. 채권자가 여럿인 때에는 요구하는 액수에 비례하여 미리 내게 한다.

③ 제49조제2호 또는 제4호의 문서가 제출된 경우에 압류물을 즉시 매각하지 아니하면 값이 크게 내릴 염려가 있거나, 보관에 지나치게 많은 비용이 드는 때에는 집행관은 그 물건을 매각할 수 있다.

④ 집행관은 제3항의 규정에 따라 압류물을 매각하였을 때에는 그 대금을 공탁하여야 한다.

제199조(압류물의 매각) 집행관은 압류를 실시한 뒤 입찰 또는 호가경매의 방법으로 압류물을 매각하여야 한다.

제200조(값비싼 물건의 평가) 매각할 물건 가운데 값이 비싼 물건이 있는 때에는 집행관은 적당한 감정인에게 이를 평가하게 하여야 한다.

제201조(압류금전) ① 압류한 금전은 채권자에게 인도하여야 한다.

② 집행관이 금전을 추심한 때에는 채무자가 지급한 것으로 본다. 다만, 담보를 제공하거나 공탁을 하여 집행에서 벗어날 수 있도록 채무자에게 허가한 때에는 그러하지 아니하다.

제202조(매각일) 압류일과 매각일 사이에는 1주 이상 기간을 두어야 한다. 다만, 압류물을 보관하는 데 지나치게 많은 비용이 들거나, 시일이 지나면 그 물건의 값이 크게 내릴 염려가 있는 때에는 그러하지 아니하다.

제203조(매각장소) ① 매각은 압류한 유체동산이 있는 시·구·읍·면(도농복합형태의 시의 경우 동지역은 시·구, 읍·면지역은 읍·면)에서 진행한다. 다만, 압류채권자와 채무자가 합의하면 합의된 장소에서 진행한다.

② 매각일자와 장소는 대법원규칙이 정하는 방법으로 공고한다. 공고에는 매각할 물건을 표시하여야 한다.

제204조(준용규정) 매각장소의 질서유지에 관하여는 제108조의 규정을 준용한다.

제205조(매각·재매각) ① 집행관은 최고가매수신고인의 성명과 가격을 말한 뒤 매각을 허가한다.

② 매각물은 대금과 서로 맞바꾸어 인도하여야 한다.

③ 매수인이 매각조건에 정한 지급기일에 대금의 지급과 물건의 인도청구를 게을리 한 때에는 재매각을 하여야 한다. 지급기일을 정하지 아니한 경우로서 매각기일의 마감에 앞서 대금의 지급과 물건의 인도청구를 게을리 한 때에도 또한 같다.

④ 제3항의 경우에는 전의 매수인은 재매각절차에 참가하지 못하며, 뒤의 매각대금이 처음의 매각대금보다 적은 때에는 그 부족한 액수를 부담하여야 한다.

제206조(배우자의 우선매수권) ① 제190조의 규정에 따라 압류한 유체동산을 매각하는 경우에 배우자는 매각기일에 출석하여 우선매수할 것을 신고할 수 있다.

② 제1항의 우선매수신고에는 제140조제1항 및 제2항의 규정을 준용한다.

제207조(매각의 한도) 매각은 매각대금으로 채권자에게 변제하고 강제집행비용을 지급하기에 충분하게 되면 즉시 중지하여야 한다. 다만, 제197조제2항 및 제101조제3항 단서에 따른 일괄매각의 경우에는 그러하지 아니하다.

제208조(집행관이 매각대금을 영수한 효과) 집행관이 매각대금을 영수한 때에는 채무자

가 지급한 것으로 본다. 다만, 담보를 제공하거나 공탁을 하여 집행에서 벗어날 수 있도록 채무자에게 허가한 때에는 그러하지 아니하다.

제209조(금·은붙이의 현금화) 금·은붙이는 그 금·은의 시장가격 이상의 금액으로 일반 현금화의 규정에 따라 매각하여야 한다. 시장가격 이상의 금액으로 매수하는 사람이 없는 때에는 집행관은 그 시장가격에 따라 적당한 방법으로 매각할 수 있다.

제210조(유가증권의 현금화) 집행관이 유가증권을 압류한 때에는 시장가격이 있는 것은 매각하는 날의 시장가격에 따라 적당한 방법으로 매각하고 그 시장가격이 형성되지 아니한 것은 일반 현금화의 규정에 따라 매각하여야 한다.

제211조(기명유가증권의 명의개서) 유가증권이 기명식인 때에는 집행관은 매수인을 위하여 채무자에 갈음하여 배서 또는 명의개서에 필요한 행위를 할 수 있다.

제212조(어음 등의 제시의무) ① 집행관은 어음·수표 그 밖의 금전의 지급을 목적으로 하는 유가증권(이하 "어음등"이라 한다)으로서 일정한 기간 안에 인수 또는 지급을 위한 제시 또는 지급의 청구를 필요로 하는 것을 압류하였을 경우에 그 기간이 개시되면 채무자에 갈음하여 필요한 행위를 하여야 한다.

② 집행관은 미완성 어음등을 압류한 경우에 채무자에게 기한을 정하여 어음등에 적을 사항을 보충하도록 최고하여야 한다.

제213조(미분리과실의 매각) ① 토지에서 분리되기 전에 압류한 과실은 충분히 익은 다음에 매각하여야 한다.

② 집행관은 매각하기 위하여 수확을 하게 할 수 있다.

제214조(특별한 현금화 방법) ① 법원은 필요하다고 인정하면 직권으로 또는 압류채권자, 배당을 요구한 채권자 또는 채무자의 신청에 따라 일반 현금화의 규정에 의하지 아니하고 다른 방법이나 다른 장소에서 압류물을 매각하게 할 수 있다. 또한 집행관에게 위임하지 아니하고 다른 사람으로 하여금 매각하게 하도록 명할 수 있다.

② 제1항의 재판에 대하여는 불복할 수 없다.

제215조(압류의 경합) ① 유체동산을 압류하거나 가압류한 뒤 매각기일에 이르기 전에 다른 강제집행이 신청된 때에는 집행관은 집행신청서를 먼저 압류한 집행관에게 교부하여야 한다. 이 경우 더 압류할 물건이 있으면 이를 압류한 뒤에 추가압류조서를 교부하여야 한다.

② 제1항의 경우에 집행에 관한 채권자의 위임은 먼저 압류한 집행관에게 이전된다.

③ 제1항의 경우에 각 압류한 물건은 강제집행을 신청한 모든 채권자를 위하여 압류한 것으로 본다.

④ 제1항의 경우에 먼저 압류한 집행관은 뒤에 강제집행을 신청한 채권자를 위하여 다시 압류한다는 취지를 덧붙여 그 압류조서에 적어야 한다.

제216조(채권자의 매각최고) ① 상당한 기간이 지나도 집행관이 매각하지 아니하는 때에는 압류채권자는 집행관에게 일정한 기간 이내에 매각하도록 최고할 수 있다.

② 집행관이 제1항의 최고에 따르지 아니하는 때에는 압류채권자는 법원에 필요한 명령을 신청할 수 있다.

제217조(우선권자의 배당요구) 민법·상법, 그 밖의 법률에 따라 우선변제청구권이 있는 채권자는 매각대금의 배당을 요구할 수 있다.

제218조(배당요구의 절차) 제217조의 배당요구는 이유를 밝혀 집행관에게 하여야 한다.

제219조(배당요구 등의 통지) 제215조제1항 및 제218조의 경우에는 집행관은 그 사유를 배당에 참가한 채권자와 채무자에게 통지하여야 한다.

제220조(배당요구의 시기) ① 배당요구는 다음 각호의 시기까지 할 수 있다.

1. 집행관이 금전을 압류한 때 또는 매각대금을 영수한 때
2. 집행관이 어음·수표 그 밖의 금전의 지급을 목적으로 한 유가증권에 대하여 그 금전을 지급받은 때

② 제198조제4항에 따라 공탁된 매각대금에 대하여는 동산집행을 계속하여 진행할

수 있게 된 때까지, 제296조제 5 항 단서에 따라 공탁된 매각대금에 대하여는 압류의 신청을 한 때까지 배당요구를 할 수 있다.

제221조(배우자의 지급요구) ① 제190조의 규정에 따라 압류한 유체동산에 대하여 공유지분을 주장하는 배우자는 매각대금을 지급하여 줄 것을 요구할 수 있다.

② 제 1 항의 지급요구에는 제218조 내지 제220조의 규정을 준용한다.

③ 제219조의 통지를 받은 채권자가 배우자의 공유주장에 대하여 이의가 있는 때에는 배우자를 상대로 소를 제기하여 공유가 아니라는 것을 확정하여야 한다.

④ 제 3 항의 소에는 제154조제 3 항, 제155조 내지 제158조, 제160조제 1 항제 5 호 및 제161조제 1 항·제 2 항·제 4 항의 규정을 준용한다.

제222조(매각대금의 공탁) ① 매각대금으로 배당에 참가한 모든 채권자를 만족하게 할 수 없고 매각허가된 날부터 2주 이내에 채권자 사이에 배당협의가 이루어지지 아니한 때에는 매각대금을 공탁하여야 한다.

② 여러 채권자를 위하여 동시에 금전을 압류한 경우에도 제 1 항과 같다.

③ 제 1 항 및 제 2 항의 경우에 집행관은 집행절차에 관한 서류를 붙여 그 사유를 법원에 신고하여야 한다.

제 3 관 채권과 그 밖의 재산권에 대한 강제집행

제223조(채권의 압류명령) 제 3 자에 대한 채무자의 금전채권 또는 유가증권, 그 밖의 유체물의 권리이전이나 인도를 목적으로 한 채권에 대한 강제집행은 집행법원의 압류명령에 의하여 개시한다.

제224조(집행법원) ① 제223조의 집행법원은 채무자의 보통재판적이 있는 곳의 지방법원으로 한다.

② 제 1 항의 지방법원이 없는 경우 집행법원은 압류한 채권의 채무자(이하 "제 3 채무자"라 한다)의 보통재판적이 있는 곳의 지방법원으로 한다. 다만, 이 경우에 물건의 인도를 목적으로 하는 채권과 물적 담보권 있는 채권에 대한 집행법원은 그 물건이 있는 곳의 지방법원으로 한다.

③ 가압류에서 이전되는 채권압류의 경우에 제223조의 집행법원은 가압류를 명한 법원이 있는 곳을 관할하는 지방법원으로 한다.

제225조(압류명령의 신청) 채권자는 압류명령신청에 압류할 채권의 종류와 액수를 밝혀야 한다.

제226조(심문의 생략) 압류명령은 제 3 채무자와 채무자를 심문하지 아니하고 한다.

제227조(금전채권의 압류) ① 금전채권을 압류할 때에는 법원은 제 3 채무자에게 채무자에 대한 지급을 금지하고 채무자에게 채권의 처분과 영수를 금지하여야 한다.

② 압류명령은 제 3 채무자와 채무자에게 송달하여야 한다.

③ 압류명령이 제 3 채무자에게 송달되면 압류의 효력이 생긴다.

④ 압류명령의 신청에 관한 재판에 대하여는 즉시항고를 할 수 있다.

제228조(저당권이 있는 채권의 압류) ① 저당권이 있는 채권을 압류할 경우 채권자는 채권압류사실을 등기부에 기입하여 줄 것을 법원사무관등에게 신청할 수 있다. 이 신청은 채무자의 승낙 없이 법원에 대한 압류명령의 신청과 함께 할 수 있다.

② 법원사무관등은 의무를 지는 부동산 소유자에게 압류명령이 송달된 뒤에 제 1 항의 신청에 따른 등기를 촉탁하여야 한다.

제229조(금전채권의 현금화방법) ① 압류한 금전채권에 대하여 압류채권자는 추심명령(推尋命令)이나 전부명령(轉付命令)을 신청할 수 있다.

② 추심명령이 있는 때에는 압류채권자는 대위절차(代位節次) 없이 압류채권을 추심할 수 있다.

③ 전부명령이 있는 때에는 압류된 채권은 지급에 갈음하여 압류채권자에게 이전된다.

④ 추심명령에 대하여는 제227조제 2 항 및 제 3 항의 규정을, 전부명령에 대하여는 제227조제 2 항의 규정을 각각 준용한다.

⑤ 전부명령이 제 3 채무자에게 송달될 때까지 그 금전채권에 관하여 다른 채권자가 압류·가압류 또는 배당요구를 한 경우에는

전부명령은 효력을 가지지 아니한다.
⑥ 제 1 항의 신청에 관한 재판에 대하여는 즉시항고를 할 수 있다.
⑦ 전부명령은 확정되어야 효력을 가진다.
⑧ 전부명령이 있은 뒤에 제49조제 2 호 또는 제 4 호의 서류를 제출한 것을 이유로 전부명령에 대한 즉시항고가 제기된 경우에는 항고법원은 다른 이유로 전부명령을 취소하는 경우를 제외하고는 항고에 관한 재판을 정지하여야 한다.

제230조(저당권이 있는 채권의 이전) 저당권이 있는 채권에 관하여 전부명령이 있는 경우에는 제228조의 규정을 준용한다.

제231조(전부명령의 효과) 전부명령이 확정된 경우에는 전부명령이 제 3 채무자에게 송달된 때에 채무자가 채무를 변제한 것으로 본다. 다만, 이전된 채권이 존재하지 아니한 때에는 그러하지 아니하다.

제232조(추심명령의 효과) ① 추심명령은 그 채권전액에 미친다. 다만, 법원은 채무자의 신청에 따라 압류채권자를 심문하여 압류액수를 그 채권자의 요구액수로 제한하고 채무자에게 그 초과된 액수의 처분과 영수를 허가할 수 있다.
② 제 1 항 단서의 제한부분에 대하여 다른 채권자는 배당요구를 할 수 없다.
③ 제 1 항의 허가는 제 3 채무자와 채권자에게 통지하여야 한다.

제233조(지시채권의 압류) 어음·수표 그 밖에 배서로 이전할 수 있는 증권으로서 배서가 금지된 증권채권의 압류는 법원의 압류명령으로 집행관이 그 증권을 점유하여 한다.

제234조(채권증서) ① 채무자는 채권에 관한 증서가 있으면 압류채권자에게 인도하여야 한다.
② 채권자는 압류명령에 의하여 강제집행의 방법으로 그 증서를 인도받을 수 있다.

제235조(압류의 경합) ① 채권 일부가 압류된 뒤에 그 나머지 부분을 초과하여 다시 압류명령이 내려진 때에는 각 압류의 효력은 그 채권 전부에 미친다.
② 채권 전부가 압류된 뒤에 그 채권 일부에 대하여 다시 압류명령이 내려진 때 그 압류의 효력도 제 1 항과 같다.

제236조(추심의 신고) ① 채권자는 추심한 채권액을 법원에 신고하여야 한다.
② 제 1 항의 신고전에 다른 압류·가압류 또는 배당요구가 있었을 때에는 채권자는 추심한 금액을 바로 공탁하고 그 사유를 신고하여야 한다.

제237조(제 3 채무자의 진술의무) ① 압류채권자는 제 3 채무자로 하여금 압류명령을 송달받은 날부터 1주 이내에 서면으로 다음 각 호의 사항을 진술하게 하도록 법원에 신청할 수 있다.
1. 채권을 인정하는지의 여부 및 인정한다면 그 한도
2. 채권에 대하여 지급할 의사가 있는지의 여부 및 의사가 있다면 그 한도
3. 채권에 대하여 다른 사람으로부터 청구가 있는지의 여부 및 청구가 있다면 그 종류
4. 다른 채권자에게 채권을 압류당한 사실이 있는지의 여부 및 그 사실이 있다면 그 청구의 종류
② 법원은 제 1 항의 진술을 명하는 서면을 제 3 채무자에게 송달하여야 한다.
③ 제 3 채무자가 진술을 게을리 한 때에는 법원은 제 3 채무자에게 제 1 항의 사항을 심문할 수 있다.

제238조(추심의 소제기) 채권자가 명령의 취지에 따라 제 3 채무자를 상대로 소를 제기할 때에는 일반규정에 의한 관할법원에 제기하고 채무자에게 그 소를 고지하여야 한다. 다만, 채무자가 외국에 있거나 있는 곳이 분명하지 아니한 때에는 고지할 필요가 없다.

제239조(추심의 소홀) 채권자가 추심할 채권의 행사를 게을리 한 때에는 이로써 생긴 채무자의 손해를 부담한다.

제240조(추심권의 포기) ① 채권자는 추심명령에 따라 얻은 권리를 포기할 수 있다. 다만, 기본채권에는 영향이 없다.
② 제 1 항의 포기는 법원에 서면으로 신고하여야 한다. 법원사무관등은 그 등본을 제 3 채무자와 채무자에게 송달하여야 한다.

제241조(특별한 현금화방법) ① 압류된 채권

이 조건 또는 기한이 있거나, 반대의무의 이행과 관련되어 있거나 그 밖의 이유로 추심하기 곤란할 때에는 법원은 채권자의 신청에 따라 다음 각호의 명령을 할 수 있다.

1. 채권을 법원이 정한 값으로 지급함에 갈음하여 압류채권자에게 양도하는 양도명령
2. 추심에 갈음하여 법원이 정한 방법으로 그 채권을 매각하도록 집행관에게 명하는 매각명령
3. 관리인을 선임하여 그 채권의 관리를 명하는 관리명령
4. 그 밖에 적당한 방법으로 현금화하도록 하는 명령

② 법원은 제1항의 경우 그 신청을 허가하는 결정을 하기 전에 채무자를 심문하여야 한다. 다만, 채무자가 외국에 있거나 있는 곳이 분명하지 아니한 때에는 심문할 필요가 없다.

③ 제1항의 결정에 대하여는 즉시항고를 할 수 있다.

④ 제1항의 결정은 확정되어야 효력을 가진다.

⑤ 압류된 채권을 매각한 경우에는 집행관은 채무자를 대신하여 제3채무자에게 서면으로 양도의 통지를 하여야 한다.

⑥ 양도명령에는 제227조제2항·제229조제5항·제230조 및 제231조의 규정을, 매각명령에 의한 집행관의 매각에는 제108조의 규정을, 관리명령에는 제227조제2항의 규정을, 관리명령에 의한 관리에는 제167조, 제169조 내지 제171조, 제222조제2항·제3항의 규정을 각각 준용한다.

제242조(유체물인도청구권 등에 대한 집행) 부동산·유체동산·선박·자동차·건설기계·항공기·경량항공기 등 유체물의 인도나 권리이전의 청구권에 대한 강제집행에 대하여는 제243조부터 제245조까지의 규정을 우선 적용하는 것을 제외하고는 제227조부터 제240조까지의 규정을 준용한다. <개정 2015·5·18>

제243조(유체동산에 관한 청구권의 압류) ① 유체동산에 관한 청구권을 압류하는 경우에는 법원이 제3채무자에 대하여 그 동산을 채권자의 위임을 받은 집행관에게 인도하도록 명한다.

② 채권자는 제3채무자에 대하여 제1항의 명령의 이행을 구하기 위하여 법원에 추심명령을 신청할 수 있다.

③ 제1항의 동산의 현금화에 대하여는 압류한 유체동산의 현금화에 관한 규정을 적용한다.

제244조(부동산청구권에 대한 압류) ① 부동산에 관한 인도청구권의 압류에 대하여는 그 부동산소재지의 지방법원은 채권자 또는 제3채무자의 신청에 의하여 보관인을 정하고 제3채무자에 대하여 그 부동산을 보관인에게 인도할 것을 명하여야 한다.

② 부동산에 관한 권리이전청구권의 압류에 대하여는 그 부동산소재지의 지방법원은 채권자 또는 제3채무자의 신청에 의하여 보관인을 정하고 제3채무자에 대하여 그 부동산에 관한 채무자명의의 권리이전등기절차를 보관인에게 이행할 것을 명하여야 한다.

③ 제2항의 경우에 보관인은 채무자명의의 권리이전등기신청에 관하여 채무자의 대리인이 된다.

④ 채권자는 제3채무자에 대하여 제1항 또는 제2항의 명령의 이행을 구하기 위하여 법원에 추심명령을 신청할 수 있다.

제245조(전부명령 제외) 유체물의 인도나 권리이전의 청구권에 대하여는 전부명령을 하지 못한다.

제246조(압류금지채권) ① 다음 각호의 채권은 압류하지 못한다. <개정 2005·1·27, 2010·7·23, 2011·4·5, 2022·1·4>

1. 법령에 규정된 부양료 및 유족부조료(遺族扶助料)
2. 채무자가 구호사업이나 제3자의 도움으로 계속 받는 수입
3. 병사의 급료
4. 급료·연금·봉급·상여금·퇴직연금, 그 밖에 이와 비슷한 성질을 가진 급여채권의 2분의 1에 해당하는 금액. 다만, 그 금액이 국민기초생활보장법에 의한 최저생계비를 고려하여 대통령령이 정하는 금액에 미치지 못하는 경우 또는 표준적인 가구의 생계비를 고려하여 대통령령이 정하

는 금액을 초과하는 경우에는 각각 당해 대통령령이 정하는 금액으로 한다.
5. 퇴직금 그 밖에 이와 비슷한 성질을 가진 급여채권의 2분의 1에 해당하는 금액
6. 「주택임대차보호법」 제8조, 같은 법 시행령의 규정에 따라 우선변제를 받을 수 있는 금액
7. 생명, 상해, 질병, 사고 등을 원인으로 채무자가 지급받는 보장성보험의 보험금(해약환급 및 만기환급금을 포함한다). 다만, 압류금지의 범위는 생계유지, 치료 및 장애 회복에 소요될 것으로 예상되는 비용 등을 고려하여 대통령령으로 정한다.
8. 채무자의 1월간 생계유지에 필요한 예금(적금·부금·예탁금과 우편대체를 포함한다). 다만, 그 금액은 「국민기초생활 보장법」에 따른 최저생계비, 제195조제3호에서 정한 금액 등을 고려하여 대통령령으로 정한다.

8. 제246조의2에 따른 생계비계좌에 예치된 예금 <개정 2025·1·31 ; 시행일 2026·2·1>
9. 제8호에 따른 예금 외에 채무자의 1월간 생계유지에 필요한 예금(적금·부금·예탁금과 우편대체를 포함한다). 다만, 그 금액은 「국민기초생활 보장법」에 따른 최저생계비, 제195조제3호에서 정한 금액 및 제8호에 따른 생계비계좌에 예치된 금액 등을 고려하여 대통령령으로 정한다. <신설 2025·1·31 ; 시행일 2026·2·1>

② 법원은 제1항제1호부터 제7호까지에 규정된 종류의 금원이 금융기관에 개설된 채무자의 계좌에 이체되는 경우 채무자의 신청에 따라 그에 해당하는 부분의 압류명령을 취소하여야 한다. <신설 2011·4·5>
③ 법원은 당사자가 신청하면 채권자와 채무자의 생활형편, 그 밖의 사정을 고려하여 압류명령의 전부 또는 일부를 취소하거나 제1항의 압류금지채권에 대하여 압류명령을 할 수 있다.
④ 제3항의 경우에는 제196조제2항 내지 제5항의 규정을 준용한다. <개정 2011·4·5>

제246조의2(생계비계좌) ① 대통령령으로 정하는 금융기관은 예금자(자연인에 한정한다. 이하 이 조에서 같다)의 요청에 따라 예금자에게 필요한 1월간의 생계비로서 대통령령으로 정하는 금액(이하 이 조에서 "압류금지생계비"라 한다)을 초과하여 예치할 수 없는 계좌(이하 이 조에서 "생계비계좌"라 한다)를 개설할 수 있다.
② 제1항에 따른 금융기관은 생계비계좌를 개설하기 전에 예금자의 동의를 얻어 대통령령으로 정하는 바에 따라 예금자가 다른 금융기관에 생계비계좌를 개설하였는지를 조회하여야 하며, 예금자가 다른 금융기관에 생계비계좌를 개설하지 아니한 경우에 한정하여 예금자를 위하여 하나의 생계비계좌를 개설할 수 있다.
③ 생계비계좌가 개설된 금융기관은 다음 각 호의 금액이 압류금지생계비를 초과하지 아니하도록 대통령령으로 정하는 바에 따라 관리하여야 한다.
1. 생계비계좌에 예치된 금액
2. 생계비계좌에 1월간 입금된 금액
[본조신설 2025·1·31 ; 시행일 2026·2·1]

제247조(배당요구) ① 민법·상법, 그 밖의 법률에 의하여 우선변제청구권이 있는 채권자와 집행력 있는 정본을 가진 채권자는 다음 각호의 시기까지 법원에 배당요구를 할 수 있다.
1. 제3채무자가 제248조제4항에 따른 공탁의 신고를 한 때
2. 채권자가 제236조에 따른 추심의 신고를 한 때
3. 집행관이 현금화한 금전을 법원에 제출한 때
② 전부명령이 제3채무자에게 송달된 뒤에는 배당요구를 하지 못한다.
③ 제1항의 배당요구에는 제218조 및 제219조의 규정을 준용한다.
④ 제1항의 배당요구는 제3채무자에게 통지하여야 한다.

제248조(제3채무자의 채무액의 공탁) ① 제3채무자는 압류에 관련된 금전채권의 전액을 공탁할 수 있다.

② 금전채권에 관하여 배당요구서를 송달받은 제3채무자는 배당에 참가한 채권자의 청구가 있으면 압류된 부분에 해당하는 금액을 공탁하여야 한다.

③ 금전채권중 압류되지 아니한 부분을 초과하여 거듭 압류명령 또는 가압류명령이 내려진 경우에 그 명령을 송달받은 제3채무자는 압류 또는 가압류채권자의 청구가 있으면 그 채권의 전액에 해당하는 금액을 공탁하여야 한다.

④ 제3채무자가 채무액을 공탁한 때에는 그 사유를 법원에 신고하여야 한다. 다만, 상당한 기간 이내에 신고가 없는 때에는 압류채권자, 가압류채권자, 배당에 참가한 채권자, 채무자, 그 밖의 이해관계인이 그 사유를 법원에 신고할 수 있다.

제249조(추심의 소) ① 제3채무자가 추심절차에 대하여 의무를 이행하지 아니하는 때에는 압류채권자는 소로써 그 이행을 청구할 수 있다.

② 집행력 있는 정본을 가진 모든 채권자는 공동소송인으로 원고 쪽에 참가할 권리가 있다.

③ 소를 제기당한 제3채무자는 제2항의 채권자를 공동소송인으로 원고 쪽에 참가하도록 명할 것을 첫 변론기일까지 신청할 수 있다.

④ 소에 대한 재판은 제3항의 명령을 받은 채권자에 대하여 효력이 미친다.

제250조(채권자의 추심최고) 압류채권자가 추심절차를 게을리 한 때에는 집행력 있는 정본으로 배당을 요구한 채권자는 일정한 기간내에 추심하도록 최고하고, 최고에 따르지 아니한 때에는 법원의 허가를 얻어 직접 추심할 수 있다.

제251조(그 밖의 재산권에 대한 집행) ① 앞의 여러 조문에 규정된 재산권 외에 부동산을 목적으로 하지 아니한 재산권에 대한 강제집행은 이 관의 규정 및 제98조 내지 제101조의 규정을 준용한다.

② 제3채무자가 없는 경우에 압류는 채무자에게 권리처분을 금지하는 명령을 송달한 때에 효력이 생긴다.

제4관 배당절차

제252조(배당절차의 개시) 법원은 다음 각호 가운데 어느 하나에 해당하는 경우에는 배당절차를 개시한다.

1. 제222조의 규정에 따라 집행관이 공탁한 때
2. 제236조의 규정에 따라 추심채권자가 공탁하거나 제248조의 규정에 따라 제3채무자가 공탁한 때
3. 제241조의 규정에 따라 현금화된 금전을 법원에 제출한 때

제253조(계산서 제출의 최고) 법원은 채권자들에게 1주 이내에 원금·이자·비용, 그 밖의 부대채권의 계산서를 제출하도록 최고하여야 한다.

제254조(배당표의 작성) ① 제253조의 기간이 끝난 뒤에 법원은 배당표를 작성하여야 한다.

② 제1항의 기간을 지키지 아니한 채권자의 채권은 배당요구서와 사유신고서의 취지 및 그 증빙서류에 따라 계산한다. 이 경우 다시 채권액을 추가하지 못한다.

제255조(배당기일의 준비) 법원은 배당을 실시할 기일을 지정하고 채권자와 채무자에게 이를 통지하여야 한다. 다만, 채무자가 외국에 있거나 있는 곳이 분명하지 아니한 때에는 통지하지 아니한다.

제256조(배당표의 작성과 실시) 배당표의 작성, 배당표에 대한 이의 및 그 완결과 배당표의 실시에 대하여는 제149조 내지 제161조의 규정을 준용한다.

제3장 금전채권 외의 채권에 기초한 강제집행

제257조(동산인도청구의 집행) 채무자가 특정한 동산이나 대체물의 일정한 수량을 인도하여야 할 때에는 집행관은 이를 채무자로부터 빼앗아 채권자에게 인도하여야 한다.

제258조(부동산 등의 인도청구의 집행) ① 채무자가 부동산이나 선박을 인도하여야 할 때에는 집행관은 채무자로부터 점유를 빼앗아 채권자에게 인도하여야 한다.

② 제 1 항의 강제집행은 채권자나 그 대리인이 인도받기 위하여 출석한 때에만 한다.
③ 강제집행의 목적물이 아닌 동산은 집행관이 제거하여 채무자에게 인도하여야 한다.
④ 제 3 항의 경우 채무자가 없는 때에는 집행관은 채무자와 같이 사는 사리를 분별할 지능이 있는 친족 또는 채무자의 대리인이나 고용인에게 그 동산을 인도하여야 한다.
⑤ 채무자와 제 4 항에 적은 사람이 없는 때에는 집행관은 그 동산을 채무자의 비용으로 보관하여야 한다.
⑥ 채무자가 그 동산의 수취를 게을리 한 때에는 집행관은 집행법원의 허가를 받아 동산에 대한 강제집행의 매각절차에 관한 규정에 따라 그 동산을 매각하고 비용을 뺀 뒤에 나머지 대금을 공탁하여야 한다.

제259조(목적물을 제 3 자가 점유하는 경우) 인도할 물건을 제 3 자가 점유하고 있는 때에는 채권자의 신청에 따라 금전채권의 압류에 관한 규정에 따라 채무자의 제 3 자에 대한 인도청구권을 채권자에게 넘겨야 한다.

제260조(대체집행) ① 민법 제389조제 2 항 후단과 제 3 항의 경우에는 제 1 심 법원은 채권자의 신청에 따라 민법의 규정에 의한 결정을 하여야 한다.
② 채권자는 제 1 항의 행위에 필요한 비용을 미리 지급할 것을 채무자에게 명하는 결정을 신청할 수 있다. 다만, 뒷날 그 초과비용을 청구할 권리는 영향을 받지 아니한다.
③ 제 1 항과 제 2 항의 신청에 관한 재판에 대하여는 즉시항고를 할 수 있다.

제261조(간접강제) ① 채무의 성질이 간접강제를 할 수 있는 경우에 제 1 심 법원은 채권자의 신청에 따라 간접강제를 명하는 결정을 한다. 그 결정에는 채무의 이행의무 및 상당한 이행기간을 밝히고, 채무자가 그 기간 이내에 이행을 하지 아니하는 때에는 늦어진 기간에 따라 일정한 배상을 하도록 명하거나 즉시 손해배상을 하도록 명할 수 있다.
② 제 1 항의 신청에 관한 재판에 대하여는 즉시항고를 할 수 있다.

제262조(채무자의 심문) 제260조 및 제261조의 결정은 변론 없이 할 수 있다. 다만, 결정하기 전에 채무자를 심문하여야 한다.

제263조(의사표시의무의 집행) ① 채무자가 권리관계의 성립을 인낙한 때에는 그 조서로, 의사의 진술을 명한 판결이 확정된 때에는 그 판결로 권리관계의 성립을 인낙하거나 의사를 진술한 것으로 본다.
② 반대의무가 이행된 뒤에 권리관계의 성립을 인낙하거나 의사를 진술할 것인 경우에는 제30조와 제32조의 규정에 따라 집행문을 내어 준 때에 그 효력이 생긴다.

제 3 편 담보권 실행 등을 위한 경매

제264조(부동산에 대한 경매신청) ① 부동산을 목적으로 하는 담보권을 실행하기 위한 경매신청을 함에는 담보권이 있다는 것을 증명하는 서류를 내야 한다.
② 담보권을 승계한 경우에는 승계를 증명하는 서류를 내야 한다.
③ 부동산 소유자에게 경매개시결정을 송달할 때에는 제 2 항의 규정에 따라 제출된 서류의 등본을 붙여야 한다.

제265조(경매개시결정에 대한 이의신청사유) 경매절차의 개시결정에 대한 이의신청사유로 담보권이 없다는 것 또는 소멸되었다는 것을 주장할 수 있다.

제266조(경매절차의 정지) ① 다음 각호 가운데 어느 하나에 해당하는 문서가 경매법원에 제출되면 경매절차를 정지하여야 한다. <개정 2011 · 4 · 12>
1. 담보권의 등기가 말소된 등기사항증명서
2. 담보권 등기를 말소하도록 명한 확정판결의 정본
3. 담보권이 없거나 소멸되었다는 취지의 확정판결의 정본
4. 채권자가 담보권을 실행하지 아니하기로 하거나 경매신청을 취하하겠다는 취지 또는 피담보채권을 변제받았거나 그 변제를 미루도록 승낙한다는 취지를 적은 서류
5. 담보권 실행을 일시정지하도록 명한 재판의 정본

② 제 1 항제 1 호 내지 제 3 호의 경우와 제 4 호의 서류가 화해조서의 정본 또는 공정증

서의 정본인 경우에는 경매법원은 이미 실시한 경매절차를 취소하여야 하며, 제5호의 경우에는 그 재판에 따라 경매절차를 취소하지 아니한 때에만 이미 실시한 경매절차를 일시적으로 유지하게 하여야 한다.
③ 제2항의 규정에 따라 경매절차를 취소하는 경우에는 제17조의 규정을 적용하지 아니한다.

제267조(대금완납에 따른 부동산취득의 효과) 매수인의 부동산 취득은 담보권 소멸로 영향을 받지 아니한다.

제268조(준용규정) 부동산을 목적으로 하는 담보권 실행을 위한 경매절차에는 제79조 내지 제162조의 규정을 준용한다.

제269조(선박에 대한 경매) 선박을 목적으로 하는 담보권 실행을 위한 경매절차에는 제172조 내지 제186조, 제264조 내지 제268조의 규정을 준용한다.

제270조(자동차 등에 대한 경매) 자동차·건설기계·소형선박(「자동차 등 특정동산 저당법」 제3조제2호에 따른 소형선박을 말한다) 및 항공기(「자동차 등 특정동산 저당법」 제3조제4호에 따른 항공기 및 경량항공기를 말한다)를 목적으로 하는 담보권 실행을 위한 경매절차는 제264조부터 제269조까지, 제271조 및 제272조의 규정에 준하여 대법원규칙으로 정한다. <개정 2007·8·3, 2009·3·25, 2015·5·18>

제271조(유체동산에 대한 경매) 유체동산을 목적으로 하는 담보권 실행을 위한 경매는 채권자가 그 목적물을 제출하거나, 그 목적물의 점유자가 압류를 승낙한 때에 개시한다.

제272조(준용규정) 제271조의 경매절차에는 제2편 제2장 제4절 제2관의 규정과 제265조 및 제266조의 규정을 준용한다.

제273조(채권과 그 밖의 재산권에 대한 담보권의 실행) ① 채권, 그 밖의 재산권을 목적으로 하는 담보권의 실행은 담보권의 존재를 증명하는 서류(권리의 이전에 관하여 등기나 등록을 필요로 하는 경우에는 그 등기사항증명서 또는 등록원부의 등본)가 제출된 때에 개시한다. <개정 2011·4·12>
② 민법 제342조에 따라 담보권설정자가 받을 금전, 그 밖의 물건에 대하여 권리를 행사하는 경우에도 제1항과 같다.
③ 제1항과 제2항의 권리실행절차에는 제2편 제2장 제4절 제3관의 규정을 준용한다.

제274조(유치권 등에 의한 경매) ① 유치권에 의한 경매와 민법·상법, 그 밖의 법률이 규정하는 바에 따른 경매(이하 "유치권 등에 의한 경매"라 한다)는 담보권 실행을 위한 경매의 예에 따라 실시한다.
② 유치권 등에 의한 경매절차는 목적물에 대하여 강제경매 또는 담보권 실행을 위한 경매절차가 개시된 경우에는 이를 정지하고, 채권자 또는 담보권자를 위하여 그 절차를 계속하여 진행한다.
③ 제2항의 경우에 강제경매 또는 담보권 실행을 위한 경매가 취소되면 유치권 등에 의한 경매절차를 계속하여 진행하여야 한다.

제275조(준용규정) 이 편에 규정한 경매 등 절차에는 제42조 내지 제44조 및 제46조 내지 제53조의 규정을 준용한다.

제4편 보전처분

제276조(가압류의 목적) ① 가압류는 금전채권이나 금전으로 환산할 수 있는 채권에 대하여 동산 또는 부동산에 대한 강제집행을 보전하기 위하여 할 수 있다.
② 제1항의 채권이 조건이 붙어 있는 것이거나 기한이 차지 아니한 것인 경우에도 가압류를 할 수 있다.

제277조(보전의 필요) 가압류는 이를 하지 아니하면 판결을 집행할 수 없거나 판결을 집행하는 것이 매우 곤란할 염려가 있을 경우에 할 수 있다.

제278조(가압류법원) 가압류는 가압류할 물건이 있는 곳을 관할하는 지방법원이나 본안의 관할법원이 관할한다.

제279조(가압류신청) ① 가압류신청에는 다음 각호의 사항을 적어야 한다.
1. 청구채권의 표시, 그 청구채권이 일정한 금액이 아닌 때에는 금전으로 환산한 금액
2. 제277조의 규정에 따라 가압류의 이유가 될 사실의 표시

② 청구채권과 가압류의 이유는 소명하여야 한다.

제280조(가압류명령) ① 가압류신청에 대한 재판은 변론 없이 할 수 있다.

② 청구채권이나 가압류의 이유를 소명하지 아니한 때에도 가압류로 생길 수 있는 채무자의 손해에 대하여 법원이 정한 담보를 제공한 때에는 법원은 가압류를 명할 수 있다.

③ 청구채권과 가압류의 이유를 소명한 때에도 법원은 담보를 제공하게 하고 가압류를 명할 수 있다.

④ 담보를 제공한 때에는 그 담보의 제공과 담보제공의 방법을 가압류명령에 적어야 한다.

제281조(재판의 형식) ① 가압류신청에 대한 재판은 결정으로 한다. <개정 2005·1·27>

② 채권자는 가압류신청을 기각하거나 각하하는 결정에 대하여 즉시항고를 할 수 있다.

③ 담보를 제공하게 하는 재판, 가압류신청을 기각하거나 각하하는 재판과 제2항의 즉시항고를 기각하거나 각하하는 재판은 채무자에게 고지할 필요가 없다.

제282조(가압류해방금액) 가압류명령에는 가압류의 집행을 정지시키거나 집행한 가압류를 취소시키기 위하여 채무자가 공탁할 금액을 적어야 한다.

제283조(가압류결정에 대한 채무자의 이의신청) ① 채무자는 가압류결정에 대하여 이의를 신청할 수 있다.

② 제1항의 이의신청에는 가압류의 취소나 변경을 신청하는 이유를 밝혀야 한다.

③ 이의신청은 가압류의 집행을 정지하지 아니한다.

제284조(가압류이의신청사건의 이송) 법원은 가압류이의신청사건에 관하여 현저한 손해 또는 지연을 피하기 위한 필요가 있는 때에는 직권으로 또는 당사자의 신청에 따라 결정으로 그 가압류사건의 관할권이 있는 다른 법원에 사건을 이송할 수 있다. 다만, 그 법원이 심급을 달리하는 경우에는 그러하지 아니하다.

제285조(가압류이의신청의 취하) ① 채무자는 가압류이의신청에 대한 재판이 있기 전까지 가압류이의신청을 취하할 수 있다. <개정 2005·1·27>

② 제1항의 취하에는 채권자의 동의를 필요로 하지 아니한다.

③ 가압류이의신청의 취하는 서면으로 하여야 한다. 다만, 변론기일 또는 심문기일에서는 말로 할 수 있다. <개정 2005·1·27>

④ 가압류이의신청서를 송달한 뒤에는 취하의 서면을 채권자에게 송달하여야 한다.

⑤ 제3항 단서의 경우에 채권자가 변론기일 또는 심문기일에 출석하지 아니한 때에는 그 기일의 조서등본을 송달하여야 한다. <개정 2005·1·27>

제286조(이의신청에 대한 심리와 재판) ① 이의신청이 있는 때에는 법원은 변론기일 또는 당사자 쌍방이 참여할 수 있는 심문기일을 정하고 당사자에게 이를 통지하여야 한다.

② 법원은 심리를 종결하고자 하는 경우에는 상당한 유예기간을 두고 심리를 종결할 기일을 정하여 이를 당사자에게 고지하여야 한다. 다만, 변론기일 또는 당사자 쌍방이 참여할 수 있는 심문기일에는 즉시 심리를 종결할 수 있다.

③ 이의신청에 대한 재판은 결정으로 한다.

④ 제3항의 규정에 의한 결정에는 이유를 적어야 한다. 다만, 변론을 거치지 아니한 경우에는 이유의 요지만을 적을 수 있다.

⑤ 법원은 제3항의 규정에 의한 결정으로 가압류의 전부나 일부를 인가·변경 또는 취소할 수 있다. 이 경우 법원은 적당한 담보를 제공하도록 명할 수 있다.

⑥ 법원은 제3항의 규정에 의하여 가압류를 취소하는 결정을 하는 경우에는 채권자가 그 고지를 받은 날부터 2주를 넘지 아니하는 범위 안에서 상당하다고 인정하는 기간이 경과하여야 그 결정의 효력이 생긴다는 뜻을 선언할 수 있다.

⑦ 제3항의 규정에 의한 결정에 대하여는 즉시항고를 할 수 있다. 이 경우 민사소송법 제447조의 규정을 준용하지 아니한다.

〔전부개정 2005·1·27〕

제287조(본안의 제소명령) ① 가압류법원은

채무자의 신청에 따라 변론 없이 채권자에게 상당한 기간 이내에 본안의 소를 제기하여 이를 증명하는 서류를 제출하거나 이미 소를 제기하였으면 소송계속사실을 증명하는 서류를 제출하도록 명하여야 한다.
② 제1항의 기간은 2주 이상으로 정하여야 한다.
③ 채권자가 제1항의 기간 이내에 제1항의 서류를 제출하지 아니한 때에는 법원은 채무자의 신청에 따라 결정으로 가압류를 취소하여야 한다.
④ 제1항의 서류를 제출한 뒤에 본안의 소가 취하되거나 각하된 경우에는 그 서류를 제출하지 아니한 것으로 본다.
⑤ 제3항의 신청에 관한 결정에 대하여는 즉시항고를 할 수 있다. 이 경우 민사소송법 제447조의 규정은 준용하지 아니한다.

제288조(사정변경 등에 따른 가압류취소) ① 채무자는 다음 각호의 어느 하나에 해당하는 사유가 있는 경우에는 가압류가 인가된 뒤에도 그 취소를 신청할 수 있다. 제3호에 해당하는 경우에는 이해관계인도 신청할 수 있다.
1. 가압류이유가 소멸되거나 그 밖에 사정이 바뀐 때
2. 법원이 정한 담보를 제공한 때
3. 가압류가 집행된 뒤에 3년간 본안의 소를 제기하지 아니한 때

② 제1항의 규정에 의한 신청에 대한 재판은 가압류를 명한 법원이 한다. 다만, 본안이 이미 계속된 때에는 본안법원이 한다.
③ 제1항의 규정에 의한 신청에 대한 재판에는 제286조제1항 내지 제4항·제6항 및 제7항을 준용한다.
〔전부개정 2005·1·27〕

제289조(가압류취소결정의 효력정지) ① 가압류를 취소하는 결정에 대하여 즉시항고가 있는 경우에, 불복의 이유로 주장한 사유가 법률상 정당한 사유가 있다고 인정되고 사실에 대한 소명이 있으며, 그 가압류를 취소함으로 인하여 회복할 수 없는 손해가 생길 위험이 있다는 사정에 대한 소명이 있는 때에는, 법원은 당사자의 신청에 따라 담보를 제공하게 하거나 담보를 제공하지 아니하게 하고 가압류취소결정의 효력을 정지시킬 수 있다.
② 제1항의 규정에 의한 소명은 보증금을 공탁하거나 주장이 진실함을 선서하는 방법으로 대신할 수 없다.
③ 재판기록이 원심법원에 있는 때에는 원심법원이 제1항의 규정에 의한 재판을 한다.
④ 항고법원은 항고에 대한 재판에서 제1항의 규정에 의한 재판을 인가·변경 또는 취소하여야 한다.
⑤ 제1항 및 제4항의 규정에 의한 재판에 대하여는 불복할 수 없다.
〔전부개정 2005·1·27〕

제290조(가압류 이의신청규정의 준용) ① 제287조제3항, 제288조제1항에 따른 재판의 경우에는 제284조의 규정을 준용한다. <개정 2005·1·27>
② 제287조제1항·제3항 및 제288조제1항에 따른 신청의 취하에는 제285조의 규정을 준용한다. <개정 2005·1·27>

제291조(가압류집행에 대한 본집행의 준용) 가압류의 집행에 대하여는 강제집행에 관한 규정을 준용한다. 다만, 아래의 여러 조문과 같이 차이가 나는 경우에는 그러하지 아니하다.

제292조(집행개시의 요건) ① 가압류에 대한 재판이 있은 뒤에 채권자나 채무자의 승계가 이루어진 경우에 가압류의 재판을 집행하려면 집행문을 덧붙여야 한다.
② 가압류에 대한 재판의 집행은 채권자에게 재판을 고지한 날부터 2주를 넘긴 때에는 하지 못한다. <개정 2005·1·27>
③ 제2항의 집행은 채무자에게 재판을 송달하기 전에도 할 수 있다.

제293조(부동산가압류집행) ① 부동산에 대한 가압류의 집행은 가압류재판에 관한 사항을 등기부에 기입하여야 한다.
② 제1항의 집행법원은 가압류재판을 한 법원으로 한다.
③ 가압류등기는 법원사무관등이 촉탁한다.

제294조(가압류를 위한 강제관리) 가압류의 집행으로 강제관리를 하는 경우에는 관리인이 청구채권액에 해당하는 금액을 지급받아 공탁하여야 한다.

제295조(선박가압류집행) ① 등기할 수 있는 선박에 대한 가압류를 집행하는 경우에는 가압류등기를 하는 방법이나 집행관에게 선박국적증서등을 선장으로부터 받아 집행법원에 제출하도록 명하는 방법으로 한다. 이들 방법은 함께 사용할 수 있다.
② 가압류등기를 하는 방법에 의한 가압류집행은 가압류명령을 한 법원이, 선박국적증서등을 받아 제출하도록 명하는 방법에 의한 가압류집행은 선박이 정박하여 있는 곳을 관할하는 지방법원이 집행법원으로서 관할한다.
③ 가압류등기를 하는 방법에 의한 가압류의 집행에는 제293조제3항의 규정을 준용한다.

제296조(동산가압류집행) ① 동산에 대한 가압류의 집행은 압류와 같은 원칙에 따라야 한다.
② 채권가압류의 집행법원은 가압류명령을 한 법원으로 한다.
③ 채권의 가압류에는 제3채무자에 대하여 채무자에게 지급하여서는 아니 된다는 명령만을 하여야 한다.
④ 가압류한 금전은 공탁하여야 한다.
⑤ 가압류물은 현금화를 하지 못한다. 다만, 가압류물을 즉시 매각하지 아니하면 값이 크게 떨어질 염려가 있거나 그 보관에 지나치게 많은 비용이 드는 경우에는 집행관은 그 물건을 매각하여 매각대금을 공탁하여야 한다.

제297조(제3채무자의 공탁) 제3채무자가 가압류 집행된 금전채권액을 공탁한 경우에는 그 가압류의 효력은 그 청구채권액에 해당하는 공탁금액에 대한 채무자의 출급청구권에 대하여 존속한다.

제298조(가압류취소결정의 취소와 집행) ① 가압류의 취소결정을 상소법원이 취소한 경우로서 법원이 그 가압류의 집행기관이 되는 때에는 그 취소의 재판을 한 상소법원이 직권으로 가압류를 집행한다. <개정 2005·1·27>
② 제1항의 경우에 그 취소의 재판을 한 상소법원이 대법원인 때에는 채권자의 신청에 따라 제1심 법원이 가압류를 집행한다.

제299조(가압류집행의 취소) ① 가압류명령에 정한 금액을 공탁한 때에는 법원은 결정으로 집행한 가압류를 취소하여야 한다. <개정 2005·1·27>
② 삭제 <2005·1·27>
③ 제1항의 취소결정에 대하여는 즉시항고를 할 수 있다.
④ 제1항의 취소결정에 대하여는 제17조제2항의 규정을 준용하지 아니한다.

제300조(가처분의 목적) ① 다툼의 대상에 관한 가처분은 현상이 바뀌면 당사자가 권리를 실행하지 못하거나 이를 실행하는 것이 매우 곤란할 염려가 있을 경우에 한다.
② 가처분은 다툼이 있는 권리관계에 대하여 임시의 지위를 정하기 위하여도 할 수 있다. 이 경우 가처분은 특히 계속하는 권리관계에 끼칠 현저한 손해를 피하거나 급박한 위험을 막기 위하여, 또는 그 밖의 필요한 이유가 있을 경우에 하여야 한다.

제301조(가압류절차의 준용) 가처분절차에는 가압류절차에 관한 규정을 준용한다. 다만, 아래의 여러 조문과 같이 차이가 나는 경우에는 그러하지 아니하다.

제302조 삭제 <2005·1·27>

제303조(관할법원) 가처분의 재판은 본안의 관할법원 또는 다툼의 대상이 있는 곳을 관할하는 지방법원이 관할한다.

제304조(임시의 지위를 정하기 위한 가처분) 제300조제2항의 규정에 의한 가처분의 재판에는 변론기일 또는 채무자가 참석할 수 있는 심문기일을 열어야 한다. 다만, 그 기일을 열어 심리하면 가처분의 목적을 달성할 수 없는 사정이 있는 때에는 그러하지 아니하다.

제305조(가처분의 방법) ① 법원은 신청목적을 이루는 데 필요한 처분을 직권으로 정한다.
② 가처분으로 보관인을 정하거나, 상대방에게 어떠한 행위를 하거나 하지 말도록, 또는 급여를 지급하도록 명할 수 있다.
③ 가처분으로 부동산의 양도나 저당을 금지한 때에는 법원은 제293조의 규정을 준용하여 등기부에 그 금지한 사실을 기입하게 하여야 한다.

제306조(법인임원의 직무집행정지 등 가처분의 등기촉탁) 법원사무관등은 법원이 법인의 대표자 그 밖의 임원으로 등기된 사람에 대하여 직무의 집행을 정지하거나 그 직무를 대행할 사람을 선임하는 가처분을 하거나 그 가처분을 변경·취소한 때에는, 법인의 주사무소 또는 본점이 있는 곳의 등기소에 그 등기를 촉탁하여야 한다. 다만, 이 사항이 등기하여야 할 사항이 아닌 경우에는 그러하지 아니하다. <개정 2024·9·20>

제307조(가처분의 취소) ① 특별한 사정이 있는 때에는 담보를 제공하게 하고 가처분을 취소할 수 있다.

② 제1항의 경우에는 제284조, 제285조 및 제286조제1항 내지 제4항·제6항·제7항의 규정을 준용한다. <개정 2005·1·27>

제308조(원상회복재판) 가처분을 명한 재판에 기초하여 채권자가 물건을 인도받거나, 금전을 지급받거나 또는 물건을 사용·보관하고 있는 경우에는, 법원은 가처분을 취소하는 재판에서 채무자의 신청에 따라 채권자에 대하여 그 물건이나 금전을 반환하도록 명할 수 있다.

제309조(가처분의 집행정지) ① 소송물인 권리 또는 법률관계가 이행되는 것과 같은 내용의 가처분을 명한 재판에 대하여 이의신청이 있는 경우에, 이의신청으로 주장한 사유가 법률상 정당한 사유가 있다고 인정되고 주장사실에 대한 소명이 있으며, 그 집행에 의하여 회복할 수 없는 손해가 생길 위험이 있다는 사정에 대한 소명이 있는 때에는, 법원은 당사자의 신청에 따라 담보를 제공하게 하거나 담보를 제공하게 하지 아니하고 가처분의 집행을 정지하도록 명할 수 있고, 담보를 제공하게 하고 집행한 처분을 취소하도록 명할 수 있다.

② 제1항에서 규정한 소명은 보증금을 공탁하거나 주장이 진실함을 선서하는 방법으로 대신할 수 없다.

③ 재판기록이 원심법원에 있는 때에는 원심법원이 제1항의 규정에 의한 재판을 한다.

④ 법원은 이의신청에 대한 결정에서 제1항의 규정에 의한 명령을 인가·변경 또는 취소하여야 한다.

⑤ 제1항·제3항 또는 제4항의 규정에 의한 재판에 대하여는 불복할 수 없다.

〔전부개정 2005·1·27〕

제310조(준용규정) 제301조에 따라 준용되는 제287조제3항, 제288조제1항 또는 제307조의 규정에 따른 가처분취소신청이 있는 경우에는 제309조의 규정을 준용한다.

〔전부개정 2005·1·27〕

제311조(본안의 관할법원) 이 편에 규정한 본안법원은 제1심 법원으로 한다. 다만, 본안이 제2심에 계속된 때에는 그 계속된 법원으로 한다.

제312조(재판장의 권한) 급박한 경우에 재판장은 이 편의 신청에 대한 재판을 할 수 있다. <개정 2005·1·27>

부 칙

제1조(시행일) 이 법은 2002년 7월 1일부터 시행한다.

제2조(계속사건에 관한 경과조치) ① 이 법 시행전에 신청된 집행사건에 관하여는 종전의 규정에 따른다.

② 이 법 시행 당시 종전의 민사소송법의 규정에 따라 이 법 시행전에 행한 집행처분 그 밖의 행위는 이 법의 적용에 관하여는 이 법의 해당 규정에 따라 한 것으로 본다.

③ 제1항 및 제2항에 규정한 것 외에 이 법의 시행 당시 이미 법원에 계속되거나 집행관이 취급하고 있는 사건의 처리에 관하여 필요한 사항은 대법원규칙으로 정한다.

제3조(관할에 관한 경과조치) 이 법 시행 당시 법원에 계속중인 사건은 이 법에 따라 관할권이 없는 경우에도 종전의 규정에 따라 관할권이 있으면 그에 따른다.

제4조(법정기간에 대한 경과조치) 이 법 시행전부터 진행된 법정기간과 그 계산은 종전의 규정에 따른다.

제5조(법 적용의 시간적 범위) 이 법은 이 법 시행전에 생긴 사항에도 적용한다. 다만, 종전의 규정에 따라 생긴 효력에는 영향을 미치지 아니한다.

제6조(다른 법률의 개정) 생략

제7조(다른 법률과의 관계) ① 이 법 시행 당시 다른 법률에서 종전의 민사소송법의 규정을 인용한 경우에 이 법중 그에 해당하

는 규정이 있는 때에는 이 법의 해당 규정을 인용한 것으로 본다.
② 이 법 시행 당시 다른 법률에서 규정한 "재산관계명시절차"와 "채무명의"는 각각 "재산명시절차"와 "집행권원"으로 본다.

부 칙 <2005·1·27 법7358>

제1조(시행일) 이 법은 공포 후 6월이 경과한 날부터 시행한다.
제2조(계속사건에 관한 경과조치) 이 법 시행 전에 신청된 재산조회 사건·동산에 대한 강제집행 사건·보전명령 사건·보전명령에 대한 이의 및 취소신청 사건에 관하여는 종전의 규정에 의한다. 다만, 보전명령이 종국판결로 선고된 경우에는 이에 대한 상소 또는 취소 신청이 이 법 시행 후에 된 경우에도 종전의 규정에 의한다.
제3조(다른 법률의 개정) 생략
제4조(다른 법령과의 관계) 이 법 시행 당시 다른 법령에서 종전의 민사집행법의 규정을 인용한 경우에 이 법 중 그에 해당하는 규정이 있는 때에는 그 규정에 갈음하여 이 법의 해당 규정을 인용한 것으로 본다.

부 칙 <2007·8·3 법8581>

제1조(시행일) 이 법은 공포 후 1년이 경과한 날부터 시행한다. 〈단서 생략〉
제2조부터 **제9조**까지 생략

부 칙 <2007·8·3 법8622>

①(시행일) 이 법은 2008년 7월 1일부터 시행한다.
② 및 ③ 생략

부 칙 <2009·3·25 법9525>

제1조(시행일) 이 법은 공포 후 6개월이 경과한 날부터 시행한다.
제2조부터 **제5조**까지 생략

부 칙 <2010·7·23 법10376>

이 법은 공포 후 3개월이 경과한 날부터 시행한다. 다만, 제246조제1항제6호의 개정규정은 공포한 날부터 시행한다.

부 칙 <2011·4·5 법10539>

①(시행일) 이 법은 공포 후 3개월이 경과한 날부터 시행한다.
②(적용례) 제246조제1항제7호·제8호 및 같은 조 제2항의 개정규정은 이 법 시행 후 최초로 접수된 압류명령 신청 및 취소사건부터 적용한다.

부 칙 <2011·4·12 법10580>

제1조(시행일) 이 법은 공포 후 6개월이 경과한 날부터 시행한다. 〈단서 생략〉
제2조부터 **제5조**까지 생략

부 칙 <2014·5·20 법12588>

이 법은 공포한 날부터 시행한다.

부 칙 <2015·5·18 법13286>

이 법은 공포 후 6개월이 경과한 날부터 시행한다.

부 칙 <2016·2·3 법13952>

제1조(시행일) 이 법은 공포 후 1년이 경과한 날부터 시행한다.
제2조부터 **제4조**까지 생략

부 칙 <2022·1·4 법18671>

이 법은 공포한 날부터 시행한다.

부 칙 <2024·9·20 법20434>

제1조(시행일) 이 법은 2025년 1월 31일부터 시행한다.
제2조부터 **제4조**까지 생략

부 칙 <2025·1·31 법20733>

제1조(시행일) 이 법은 공포 후 1년이 경과한 날부터 시행한다.
제2조(압류금지채권에 관한 적용례) 제246조제1항의 개정규정은 이 법 시행 이후 최초로 접수된 압류명령 신청 및 취소사건부터 적용한다.

●상고심절차에 관한 특례법

〔1994·7·27 법률제4769호〕

개정
2002· 1·26 법률제6626호(민사소송법)
2009·11· 2 법률제9816호

제 1 조(목적) 이 법은 상고심절차(上告審節次)에 관한 특례를 규정함으로써 대법원이 법률심(法律審)으로서의 기능을 효율적으로 수행하고, 법률관계를 신속하게 확정함을 목적으로 한다.
〔전부개정 2009·11·2〕

제 2 조(적용 범위) 이 법은 민사소송, 가사소송 및 행정소송(「특허법」 제 9 장과 이를 준용하는 규정에 따른 소송을 포함한다. 이하 같다)의 상고사건(上告事件)에 적용한다.
〔전부개정 2009·11·2〕

제 3 조(「민사소송법」 적용의 배제) 「민사소송법」의 규정(다른 법률에 따라 준용하는 경우를 포함한다)이 이 법의 규정에 저촉되는 경우에는 이 법에 따른다.
〔전부개정 2009·11·2〕

제 4 조(심리의 불속행) ① 대법원은 상고이유에 관한 주장이 다음 각 호의 어느 하나의 사유를 포함하지 아니한다고 인정하면 더 나아가 심리(審理)를 하지 아니하고 판결로 상고를 기각(棄却)한다.
1. 원심판결(原審判決)이 헌법에 위반되거나, 헌법을 부당하게 해석한 경우
2. 원심판결이 명령·규칙 또는 처분의 법률위반 여부에 대하여 부당하게 판단한 경우
3. 원심판결이 법률·명령·규칙 또는 처분에 대하여 대법원 판례와 상반되게 해석한 경우
4. 법률·명령·규칙 또는 처분에 대한 해석에 관하여 대법원 판례가 없거나 대법원 판례를 변경할 필요가 있는 경우
5. 제 1 호부터 제 4 호까지의 규정 외에 중대한 법령위반에 관한 사항이 있는 경우
6. 「민사소송법」 제424조제 1 항제 1 호부터 제 5 호까지에 규정된 사유가 있는 경우

② 가압류 및 가처분에 관한 판결에 대하여는 상고이유에 관한 주장이 제 1 항제 1 호부터 제 3 호까지에 규정된 사유를 포함하지 아니한다고 인정되는 경우 제 1 항의 예에 따른다.
③ 상고이유에 관한 주장이 제 1 항 각 호의 사유(가압류 및 가처분에 관한 판결의 경우에는 제 1 항제 1 호부터 제 3 호까지에 규정된 사유)를 포함하는 경우에도 다음 각 호의 어느 하나에 해당할 때에는 제 1 항의 예에 따른다.
1. 그 주장 자체로 보아 이유가 없는 때
2. 원심판결과 관계가 없거나 원심판결에 영향을 미치지 아니하는 때
〔전부개정 2009·11·2〕

제 5 조(판결의 특례) ① 제 4 조 및 「민사소송법」 제429조 본문에 따른 판결에는 이유를 적지 아니할 수 있다.
② 제 1 항의 판결은 선고(宣告)가 필요하지 아니하며, 상고인에게 송달됨으로써 그 효력이 생긴다.
③ 제 1 항의 판결은 그 원본을 법원서기관, 법원사무관, 법원주사 또는 법원주사보(이하 "법원사무관등"이라 한다)에게 교부하며, 법원사무관등은 즉시 이를 받은 날짜를 덧붙여 적고 도장을 찍은 후 당사자에게 송달하여야 한다.
〔전부개정 2009·11·2〕

제 6 조(특례의 제한) ① 제 4 조 및 제 5 조는 「법원조직법」 제 7 조제 1 항 단서에 따라 재판하는 경우에만 적용한다.
② 원심법원으로부터 상고기록을 받은 날부터 4개월 이내에 제 5 조에 따른 판결의 원본이 법원사무관등에게 교부되지 아니한 경우에는 제 4 조 및 제 5 조를 적용하지 아니한다.
〔전부개정 2009·11·2〕

제 7 조(재항고 및 특별항고에의 준용) 민사소송, 가사소송 및 행정소송의 재항고(再抗告) 및 특별항고 사건에는 제 3 조, 제 4 조제 2 항·제 3 항, 제 5 조제 1 항·제 3 항 및 제 6 조를 준용한다.
〔전부개정 2009·11·2〕

부 칙

①(시행일) 이 법은 1994년 9월 1일부터 시행한다. 다만, 특허법 제 9 장의 규정과 이를

준용하는 규정에 의한 소송의 상고·재항고 및 특별항고 사건에 대하여는 1998년 3월 1일부터 시행한다.

②(경과조치) 이 법 시행전에 상고장·재항고장 및 특별항고장이 제출된 사건에 대하여는 종전의 예에 의한다.

③(다른 법률의 개정) 생략

부 칙 <2002·1·26 법6626>

제 1 조(시행일) 이 법은 2002년 7월 1일부터 시행한다.

제 2 조부터 **제 7 조**까지 생략

부 칙 <2009·11·2 법9816>

이 법은 공포한 날부터 시행한다.

●소송촉진 등에 관한 특례법

〔1981·1·29 법률제3361호〕

개정
1990· 1·13 법률제 4203호
1998· 1·13 법률제 5507호(이자제한법폐지법률)
1999·12·28 법률제 6039호
2002· 1·26 법률제 6626호(민사소송법)
2002· 1·26 법률제 6627호(민사집행법)
2003· 5·10 법률제 6868호
2005· 3·31 법률제 7427호(민법)
2005·12·14 법률제 7728호
2009·11· 2 법률제 9818호
2009·12·29 법률제 9838호
2010· 5·17 법률제10303호(은행법)
2012· 1·17 법률제11163호
2012·12·18 법률제11556호(성폭력범죄의 처벌 등에 관한 특례법)
2012·12·18 법률제11572호(아동·청소년의 성보호에 관한 법률)
2014·10·15 법률제12780호
2015·12·22 법률제13613호(예금자보호법)
2016· 1· 6 법률제13719호(형법)
2016· 1·19 법률제13767호
2016· 3·29 법률제14122호(기술보증기금법)
2016· 5·29 법률제14242호(수산업협동조합법)
2017·10·31 법률제14971호
2019·11·26 법률제16652호(한국자산관리공사 설립 등에 관한 법률)
2021· 7·20 법률제18300호
2022· 1· 4 법률제18676호
2023· 3·28 법률제19280호
2023· 6·13 법률제19433호
2024· 1·16 법률제20006호

제1장 총칙

제1조(목적) 이 법은 소송의 지연(遲延)을 방지하고, 국민의 권리·의무의 신속한 실현과 분쟁처리의 촉진을 도모함을 목적으로 한다.
〔전부개정 2009·11·2〕

제2조(특례의 범위) 이 법은 제1조의 목적을 달성하기 위하여 법정이율(法定利率)과 독촉절차 및 형사소송에 관한 특례를 규정한다. <개정 2014·10·15>
〔전부개정 2009·11·2〕

제2장 법정이율에 관한 특례

제3조(법정이율) ① 금전채무의 전부 또는 일부의 이행을 명하는 판결(심판을 포함한다. 이하 같다)을 선고할 경우, 금전채무 불이행으로 인한 손해배상액 산정의 기준이 되는 법정이율은 그 금전채무의 이행을 구하는 소장(訴狀) 또는 이에 준하는 서면(書面)이 채무자에게 송달된 날의 다음 날부터는 연 100분의 40 이내의 범위에서 「은행법」에 따른 은행이 적용하는 연체금리 등 경제 여건을 고려하여 대통령령으로 정하는 이율에 따른다. 다만, 「민사소송법」 제251조에 규정된 소(訴)에 해당하는 경우에는 그러하지 아니하다. <개정 2010·5·17>
② 채무자에게 그 이행의무가 있음을 선언하는 사실심(事實審) 판결이 선고되기 전까지 채무자가 그 이행의무의 존재 여부나 범위에 관하여 항쟁(抗爭)하는 것이 타당하다고 인정되는 경우에는 그 타당한 범위에서 제1항을 적용하지 아니한다.
〔전부개정 2009·11·2〕

제3장 및 제4장 (제4조부터 제20조까지) 삭제 <1990·1·13>

제5장 독촉절차에 관한 특례

제20조의2(공시송달에 의한 지급명령) ① 다음 각 호의 어느 하나에 해당하는 자가 그 업무 또는 사업으로 취득하여 행사하는 대여금, 구상금, 보증금 및 그 양수금 채권에 대하여 지급명령을 신청하는 경우에는 「민사소송법」 제462조 단서 및 같은 법 제466조제2항 중 공시송달에 관한 규정을 적용하지 아니한다. <개정 2015·12·22, 2016·3·29, 2016·5·29, 2017·10·31, 2019·11·26,

2021·7·20, 2023·3·28, 2023·6·13, 2024·1·16>
1. 「은행법」에 따른 은행
2. 「중소기업은행법」에 따른 중소기업은행
3. 「한국산업은행법」에 따른 한국산업은행
4. 「농업협동조합법」에 따른 조합과 그 중앙회 및 농협은행
5. 「농업협동조합의 구조개선에 관한 법률」에 따른 농업협동조합자산관리회사
6. 「수산업협동조합법」에 따른 조합과 그 중앙회 및 수협은행
6의2. 「상호저축은행법」에 따른 상호저축은행
7. 「신용협동조합법」에 따른 신용협동조합 및 신용협동조합중앙회
8. 「새마을금고법」에 따른 금고 및 중앙회
9. 「보험업법」에 따른 보험회사
10. 「여신전문금융업법」에 따른 여신전문금융회사
11. 「기술보증기금법」에 따른 기술보증기금
12. 「신용보증기금법」에 따른 신용보증기금
13. 「산림조합법」에 따른 지역조합·전문조합과 그 중앙회
14. 「지역신용보증재단법」에 따른 신용보증재단 및 신용보증재단중앙회
15. 「한국주택금융공사법」에 따른 한국주택금융공사
16. 「한국자산관리공사 설립 등에 관한 법률」에 따른 한국자산관리공사
17. 「예금자보호법」에 따른 예금보험공사 및 정리금융회사
18. 「자산유동화에 관한 법률」에 따라 제1호부터 제6호까지, 제6호의2, 제7호부터 제17호까지의 어느 하나에 해당하는 자가 청구 채권의 자산보유자인 유동화전문회사
19. 「주택도시기금법」에 따른 주택도시보증공사
20. 「중소기업진흥에 관한 법률」에 따른 중소벤처기업진흥공단
21. 「소상공인 보호 및 지원에 관한 법률」에 따른 소상공인시장진흥공단
22. 그 밖에 제1호부터 제6호까지, 제6호의2, 제7호부터 제21호까지에 준하는 자로서 대법원규칙으로 정하는 자

② 제1항의 채권자는 지급명령을 공시송달에 의하지 아니하고는 송달할 수 없는 경우 청구원인을 소명하여야 한다.
③ 제2항에 따른 청구원인의 소명이 없는 때에는 결정으로 그 신청을 각하하여야 한다. 청구의 일부에 대하여 지급명령을 할 수 없는 때에 그 일부에 대하여도 또한 같다.
④ 제3항의 결정에 대하여는 불복할 수 없다.
⑤ 제1항에 따라 지급명령이 공시송달의 방법으로 송달되어 채무자가 이의신청의 기간을 지킬 수 없었던 경우 「민사소송법」 제173조제1항에서 정한 소송행위의 추후보완 사유가 있는 것으로 본다.
〔본조신설 2014·10·15〕

제6장 형사소송에 관한 특례

제21조(판결 선고기간) 판결의 선고는 제1심에서는 공소가 제기된 날부터 6개월 이내에, 항소심(抗訴審) 및 상고심(上告審)에서는 기록을 송부받은 날부터 4개월 이내에 하여야 한다.
〔전부개정 2009·11·2〕

제22조(약식명령기간) 약식명령(略式命令)은 「형사소송법」 제450조의 경우를 제외하고는 그 청구가 있은 날부터 14일 이내에 하여야 한다.
〔전부개정 2009·11·2〕

제23조(제1심 공판의 특례) 제1심 공판절차에서 피고인에 대한 송달불능보고서(送達不能報告書)가 접수된 때부터 6개월이 지나도록 피고인의 소재(所在)를 확인할 수 없는 경우에는 대법원규칙으로 정하는 바에 따라 피고인의 진술 없이 재판할 수 있다. 다만, 사형, 무기 또는 장기(長期) 10년이 넘는 징역이나 금고에 해당하는 사건의 경우에는 그러하지 아니하다. <개정 2009·12·29>
〔전부개정 2009·11·2〕

제23조의2(재심) ① 제23조 본문에 따라 유죄판결을 받고 그 판결이 확정된 자가 책임을 질 수 없는 사유로 공판절차에 출석할 수 없었던 경우 「형사소송법」 제424조에 규정된 자는 그 판결이 있었던 사실을 안 날부터 14일 이내〔재심청구인(再審請求人)이 책임을 질 수 없는 사유로 위 기간에 재심청구를 하지 못한 경우에는 그 사유가 없어진 날부터 14일 이내〕에 제1심 법원에

재심을 청구할 수 있다.
② 제1항에 따른 청구가 있을 때에는 법원은 재판의 집행을 정지하는 결정을 하여야 한다.
③ 제2항에 따른 집행정지 결정을 한 경우에 피고인을 구금할 필요가 있을 때에는 구속영장을 발부하여야 한다. 다만, 「형사소송법」 제70조의 요건을 갖춘 경우로 한정한다.
④ 재심청구인은 재심청구서에 송달 장소를 적고, 이를 변경하는 경우에는 지체 없이 그 취지를 법원에 신고하여야 한다.
⑤ 재심청구인이 제4항에 따른 기재 또는 신고를 하지 아니하여 송달을 할 수 없는 경우에는 「형사소송법」 제64조에 따른 공시송달(公示送達)을 할 수 있다.
⑥ 재심 개시 결정이 확정된 후 공판기일에 재심청구인이 출석하지 아니한 경우에는 「형사소송법」 제365조를 준용한다.
⑦ 이 법에 따른 재심에 관하여는 「형사소송법」 제426조, 제427조, 제429조부터 제434조까지, 제435조제1항, 제437조부터 제440조까지의 규정을 준용한다.
〔전부개정 2009·11·2〕

제24조 삭제 <2012·1·17>

제25조(배상명령) ① 제1심 또는 제2심의 형사공판 절차에서 다음 각 호의 죄 중 어느 하나에 관하여 유죄판결을 선고할 경우, 법원은 직권에 의하여 또는 피해자나 그 상속인(이하 "피해자"라 한다)의 신청에 의하여 피고사건의 범죄행위로 인하여 발생한 직접적인 물적(物的) 피해, 치료비 손해 및 위자료의 배상을 명할 수 있다. <개정 2012·1·17, 2012·12·18, 2016·1·6>

1. 「형법」 제257조제1항, 제258조제1항 및 제2항, 제258조의2제1항(제257조제1항의 죄로 한정한다)·제2항(제258조제1항·제2항의 죄로 한정한다), 제259조제1항, 제262조(존속폭행치사상의 죄는 제외한다), 같은 법 제26장, 제32장(제304조의 죄는 제외한다), 제38장부터 제40장까지 및 제42장에 규정된 죄
2. 「성폭력범죄의 처벌 등에 관한 특례법」 제10조부터 제14조까지, 제15조(제3조부터 제9조까지의 미수범은 제외한다), 「아동·청소년의 성보호에 관한 법률」 제12조 및 제14조에 규정된 죄
3. 제1호의 죄를 가중처벌하는 죄 및 그 죄의 미수범을 처벌하는 경우 미수의 죄

② 법원은 제1항에 규정된 죄 및 그 외의 죄에 대한 피고사건에서 피고인과 피해자 사이에 합의된 손해배상액에 관하여도 제1항에 따라 배상을 명할 수 있다.
③ 법원은 다음 각 호의 어느 하나에 해당하는 경우에는 배상명령을 하여서는 아니 된다.

1. 피해자의 성명·주소가 분명하지 아니한 경우
2. 피해 금액이 특정되지 아니한 경우
3. 피고인의 배상책임의 유무 또는 그 범위가 명백하지 아니한 경우
4. 배상명령으로 인하여 공판절차가 현저히 지연될 우려가 있거나 형사소송 절차에서 배상명령을 하는 것이 타당하지 아니하다고 인정되는 경우

〔전부개정 2009·11·2〕

제25조의2(배상신청의 통지) 검사는 제25조제1항에 규정된 죄로 공소를 제기한 경우에는 지체 없이 피해자 또는 그 법정대리인(피해자가 사망한 경우에는 그 배우자·직계친족·형제자매를 포함한다)에게 제26조제1항에 따라 배상신청을 할 수 있음을 통지하여야 한다.
〔본조신설 2009·11·2〕

제26조(배상신청) ① 피해자는 제1심 또는 제2심 공판의 변론이 종결될 때까지 사건이 계속(係屬)된 법원에 제25조에 따른 피해배상을 신청할 수 있다. 이 경우 신청서에 인지(印紙)를 붙이지 아니한다.
② 피해자는 배상신청을 할 때에는 신청서와 상대방 피고인 수만큼의 신청서 부본(副本)을 제출하여야 한다.
③ 신청서에는 다음 각 호의 사항을 적고 신청인 또는 대리인이 서명·날인하여야 한다.

1. 피고사건의 번호, 사건명 및 사건이 계속된 법원
2. 신청인의 성명과 주소
3. 대리인이 신청할 때에는 그 대리인의 성명과 주소
4. 상대방 피고인의 성명과 주소
5. 배상의 대상과 그 내용
6. 배상 청구 금액

④ 신청서에는 필요한 증거서류를 첨부할 수 있다.
⑤ 피해자가 증인으로 법정에 출석한 경우에는 말로써 배상을 신청할 수 있다. 이 때

에는 공판조서(公判調書)에 신청의 취지를 적어야 한다.
⑥ 신청인은 배상명령이 확정되기 전까지는 언제든지 배상신청을 취하(取下)할 수 있다.
⑦ 피해자는 피고사건의 범죄행위로 인하여 발생한 피해에 관하여 다른 절차에 따른 손해배상청구가 법원에 계속 중일 때에는 배상신청을 할 수 없다.
⑧ 배상신청은 민사소송에서의 소의 제기와 동일한 효력이 있다.
〔전부개정 2009·11·2〕

제27조(대리인) ① 피해자는 법원의 허가를 받아 그의 배우자, 직계혈족(直系血族) 또는 형제자매에게 배상신청에 관하여 소송행위를 대리하게 할 수 있다.
② 피고인의 변호인은 배상신청에 관하여 피고인의 대리인으로서 소송행위를 할 수 있다.
〔전부개정 2009·11·2〕

제28조(피고인에 대한 신청서 부본의 송달) 법원은 서면에 의한 배상신청이 있을 때에는 지체 없이 그 신청서 부본을 피고인에게 송달하여야 한다. 이 경우 법원은 직권 또는 신청인의 요청에 따라 신청서 부본 상의 신청인 성명과 주소 등 신청인의 신원을 알 수 있는 사항의 전부 또는 일부를 가리고 송달할 수 있다. <개정 2016·1·19>
〔전부개정 2009·11·2〕

제29조(공판기일 통지) ① 법원은 배상신청이 있을 때에는 신청인에게 공판기일을 알려야 한다.
② 신청인이 공판기일을 통지받고도 출석하지 아니하였을 때에는 신청인의 진술 없이 재판할 수 있다.
〔전부개정 2009·11·2〕

제30조(기록의 열람과 증거조사) ① 신청인 및 그 대리인은 공판절차를 현저히 지연시키지 아니하는 범위에서 재판장의 허가를 받아 소송기록을 열람할 수 있고, 공판기일에 피고인이나 증인을 신문(訊問)할 수 있으며, 그 밖에 필요한 증거를 제출할 수 있다.
② 제1항의 허가를 하지 아니한 재판에 대하여는 불복(不服)을 신청하지 못한다.
〔전부개정 2009·11·2〕

제31조(배상명령의 선고 등) ① 배상명령은 유죄판결의 선고와 동시에 하여야 한다.
② 배상명령은 일정액의 금전 지급을 명함으로써 하고 배상의 대상과 금액을 유죄판결의 주문(主文)에 표시하여야 한다. 배상명령의 이유는 특히 필요하다고 인정되는 경우가 아니면 적지 아니한다.
③ 배상명령은 가집행(假執行)할 수 있음을 선고할 수 있다.
④ 제3항에 따른 가집행선고에 관하여는 「민사소송법」 제213조제3항, 제215조, 제500조 및 제501조를 준용한다.
⑤ 배상명령을 하였을 때에는 유죄판결서의 정본(正本)을 피고인과 피해자에게 지체 없이 송달하여야 한다.
〔전부개정 2009·11·2〕

제32조(배상신청의 각하) ① 법원은 다음 각 호의 어느 하나에 해당하는 경우에는 결정(決定)으로 배상신청을 각하(却下)하여야 한다.
1. 배상신청이 적법하지 아니한 경우
2. 배상신청이 이유 없다고 인정되는 경우
3. 배상명령을 하는 것이 타당하지 아니하다고 인정되는 경우
② 유죄판결의 선고와 동시에 제1항의 재판을 할 때에는 이를 유죄판결의 주문에 표시할 수 있다.
③ 법원은 제1항의 재판서에 신청인 성명과 주소 등 신청인의 신원을 알 수 있는 사항의 기재를 생략할 수 있다. <신설 2016·1·19>
④ 배상신청을 각하하거나 그 일부를 인용(認容)한 재판에 대하여 신청인은 불복을 신청하지 못하며, 다시 동일한 배상신청을 할 수 없다.
〔전부개정 2009·11·2〕

제33조(불복) ① 유죄판결에 대한 상소가 제기된 경우에는 배상명령은 피고사건과 함께 상소심(上訴審)으로 이심(移審)된다.
② 상소심에서 원심(原審)의 유죄판결을 파기하고 피고사건에 대하여 무죄, 면소(免訴) 또는 공소기각(公訴棄却)의 재판을 할 때에는 원심의 배상명령을 취소하여야 한다. 이 경우 상소심에서 원심의 배상명령을 취소하지 아니한 경우에는 그 배상명령을 취소한 것으로 본다.
③ 원심에서 제25조제2항에 따라 배상명령을 하였을 때에는 제2항을 적용하지 아니한다.
④ 상소심에서 원심판결을 유지하는 경우에도 원심의 배상명령을 취소하거나 변경할 수 있다.
⑤ 피고인은 유죄판결에 대하여 상소를 제

기하지 아니하고 배상명령에 대하여만 상소제기기간에 「형사소송법」에 따른 즉시항고(卽時抗告)를 할 수 있다. 다만, 즉시항고 제기 후 상소권자의 적법한 상소가 있는 경우에는 즉시항고는 취하된 것으로 본다.
〔전부개정 2009·11·2〕

제34조(배상명령의 효력과 강제집행) ① 확정된 배상명령 또는 가집행선고가 있는 배상명령이 기재된 유죄판결서의 정본은 「민사집행법」에 따른 강제집행에 관하여는 집행력 있는 민사판결 정본과 동일한 효력이 있다.
② 이 법에 따른 배상명령이 확정된 경우 피해자는 그 인용된 금액의 범위에서 다른 절차에 따른 손해배상을 청구할 수 없다.
③ 지방법원이 민사지방법원과 형사지방법원으로 분리 설치된 경우에 배상명령에 따른 청구에 관한 이의의 소는 형사지방법원의 소재지를 관할하는 민사지방법원을 제1심 판결법원으로 한다.
④ 청구에 대한 이의의 주장에 관하여는 「민사집행법」 제44조제2항에 규정된 제한에 따르지 아니한다.
〔전부개정 2009·11·2〕

제35조(소송비용) 배상명령의 절차비용은 특별히 그 비용을 부담할 자를 정한 경우를 제외하고는 국고의 부담으로 한다.
〔전부개정 2009·11·2〕

제36조(민사상 다툼에 관한 형사소송 절차에서의 화해) ① 형사피고사건의 피고인과 피해자 사이에 민사상 다툼(해당 피고사건과 관련된 피해에 관한 다툼을 포함하는 경우로 한정한다)에 관하여 합의한 경우, 피고인과 피해자는 그 피고사건이 계속 중인 제1심 또는 제2심 법원에 합의 사실을 공판조서에 기재하여 줄 것을 공동으로 신청할 수 있다.
② 제1항의 합의가 피고인의 피해자에 대한 금전 지급을 내용으로 하는 경우에 피고인 외의 자가 피해자에 대하여 그 지급을 보증하거나 연대하여 의무를 부담하기로 합의하였을 때에는 제1항의 신청과 동시에 그 피고인 외의 자는 피고인 및 피해자와 공동으로 그 취지를 공판조서에 기재하여 줄 것을 신청할 수 있다. <개정 2022·1·4>
③ 제1항 및 제2항에 따른 신청은 변론이 종결되기 전까지 공판기일에 출석하여 서면으로 하여야 한다.
④ 제3항에 따른 서면에는 해당 신청과 관련된 합의 및 그 합의가 이루어진 민사상 다툼의 목적인 권리를 특정할 수 있는 충분한 사실을 적어야 한다.
⑤ 합의가 기재된 공판조서의 효력 및 화해비용에 관하여는 「민사소송법」 제220조 및 제389조를 준용한다.
〔전부개정 2009·11·2〕

제37조(화해기록) ① 제36조제1항 또는 제2항에 따른 신청에 따라 공판조서에 기재된 합의를 한 자나 이해관계를 소명(疎明)한 제3자는 「형사소송법」 제55조에도 불구하고 대법원규칙으로 정하는 바에 따라 법원서기관, 법원사무관, 법원주사 또는 법원주사보(이하 "법원사무관등"이라 한다)에게 다음 각 호의 사항을 신청할 수 있다.
1. 다음 각 목에 해당하는 서류(이하 "화해기록"이라 한다)의 열람 또는 복사
 가. 해당 공판조서(해당 합의 및 그 합의가 이루어진 민사상 다툼의 목적인 권리를 특정할 수 있는 충분한 사실이 기재된 부분으로 한정한다)
 나. 해당 신청과 관련된 제36조제3항에 따른 서면
 다. 그 밖에 해당 합의에 관한 기록
2. 조서의 정본·등본 또는 초본의 발급
3. 화해에 관한 사항의 증명서의 발급
② 제1항에 따라 신청하는 자는 대법원규칙으로 정하는 바에 따라 수수료를 내야 한다.
③ 제1항 각 호의 신청에 관한 법원사무관등의 처분에 대한 이의신청은 「민사소송법」 제223조의 예에 따르고, 화해기록에 관한 비밀보호를 위한 열람 등의 제한 절차는 같은 법 제163조의 예에 따른다.
④ 화해기록은 형사피고사건이 종결된 후에는 그 피고사건의 제1심 법원에서 보관한다.
〔전부개정 2009·11·2〕

제38조(화해 절차 당사자 등에 관한 「민사소송법」의 준용) 제36조 및 제37조에 따른 민사상 다툼에 관한 형사소송 절차에서의 화해 절차의 당사자 및 대리인에 관하여는 그 성질에 반하지 아니하면 「민사소송법」 제1편제2장제1절(선정당사자 및 특별대리인에 관한 규정은 제외한다) 및 제4절을 준용한다.
〔전부개정 2009·11·2〕

제39조(집행문 부여의 소 등에 대한 관할 특칙) 제36조에 따른 민사상 다툼에 관한 형사소송 절차에서의 화해에 관련된 집행문 부여의 소, 청구에 관한 이의의 소 또는 집행문 부여에 대한 이의의 소에 대하여는 「민사집행법」 제33조, 제44조제1항 및 제45조에도 불구하고 해당 피고사건의 제1심 법원의 관할에 전속한다.
〔전부개정 2009·11·2〕

제40조(위임규정) 배상명령의 절차에 관하여 이 법에 특별한 규정이 없는 사항은 대법원규칙으로 정하는 바에 따르고, 제36조부터 제39조까지의 규정에서 정하는 것 외에 민사상 다툼에 관한 형사소송 절차에서의 화해에 관하여 필요한 사항은 대법원규칙으로 정한다.
〔전부개정 2009·11·2〕

부　칙

제1조(시행일) 이 법은 1981년 3월 1일부터 시행한다.

제2조(경과조치) ① 이 법은 이 법에 특별한 규정이 있는 경우를 제외하고는 이 법 시행당시 법원에 계속된 사건에 이를 적용한다. 다만, 이미 다른 법률에 의하여 생긴 효력에 영향을 미치지 아니한다.

② 제3조·제20조 및 제25조의 규정은 이 법 시행당시 법원에 계속된 사건중 제1심 변론종결 전의 사건에 한하여 이를 적용한다.

③ 제5조의 규정은 이 법 시행당시 법원에 계속된 사건중 아직 재판을 하지 아니한 사건에 한하여 이를 적용한다.

④ 제8조 내지 제10조·제15조 및 제24조의 규정은 이 법 시행일 이전에 상소장 또는 항고장이 접수된 사건에는 이를 적용하지 아니한다.

⑤ 제11조 내지 제13조의 규정은 이 법 시행일 이전에 상고장 또는 재항고장이 접수된 사건에는 이를 적용하지 아니한다.

⑥ 제16조 및 제18조의 규정은 이 법 시행일 이전에 접수된 사건에는 이를 적용하지 아니한다.

제3조(폐지법률) 민사소송에관한임시조치법 및 형사소송에관한특별조치법은 이를 폐지한다.

부　칙 <1990·1·13 법4203>

①(시행일) 이 법은 1990년 9월 1일부터 시행한다.

②(상고허가 등에 관한 경과조치) 이 법 시행당시 상고허가 또는 재항고허가신청된 사건중에서 상고허가 또는 재항고허가 여부에 관한 결정을 하지 아니한 사건은 민사소송법에 의하여 상고 또는 재항고가 제기된 것으로 본다.

부　칙 <1998·1·13 법5507>

제1조(시행일) 이 법은 공포한 날부터 시행한다.

제2조 생략

부　칙 <1999·12·28 법6039>

제1조(시행일) 이 법은 공포한 날부터 시행한다.

제2조(경과조치) ① 이 법은 이 법 시행당시 법원에 계속 중인 사건에 대하여도 적용한다.

② 종전의 제23조의 규정에 의하여 유죄판결을 받고 1998년 7월 16일당시 확정되지 아니한 사건은 그 날부터 항소제기기간의 진행이 정지되며, 이 법 시행일부터 다시 남은 항소제기기간이 진행된다. 이 경우 제23조의 개정규정에 의하여 피고인의 진술없이 재판할 수 없는 사건에 대하여도 제23조의2의 개정규정에 의한 재심을 청구할 수 있다.

부　칙 <2002·1·26 법6626>

제1조(시행일) 이 법은 2002년 7월 1일부터 시행한다.

제2조부터 **제7조**까지 생략

부　칙 <2002·1·26 법6627>

제1조(시행일) 이 법은 2002년 7월 1일부터 시행한다.

제2조부터 **제7조**까지 생략

부　칙 <2003·5·10 법6868>

①(시행일) 이 법은 2003년 6월 1일부터 시행한다.

②(계속사건에 관한 경과조치) 제3조제1항 본문의 개정규정은 이 법 시행전에 소장 또는 이에 준하는 서면이 채무자에게 송달된 사건에 대하여도 적용한다. 다만, 그 사건에 대한 법정이율은 2003년 6월 1일부터 동 개정규정에 따른 이율에 의한다.

부　칙 <2005·3·31 법7427>

제1조(시행일) 이 법은 공포한 날부터 시행한다. 다만, …〈생략〉… 부칙 제7조(제2항 및 제29항을 제외한다)의 규정은 2008년 1월 1일부터 시행한다.

제2조부터 **제6조**까지 생략

제7조(다른 법률의 개정) 생략

부 칙 <2005·12·14 법7728>

이 법은 공포 후 6월이 경과한 날부터 시행한다.

부 칙 <2009·11·2 법9818>

이 법은 공포 후 6개월이 경과한 날부터 시행한다.

부 칙 <2009·12·29 법9838>

이 법은 2010년 5월 3일부터 시행한다.

부 칙 <2010·5·17 법10303>

제1조(시행일) 이 법은 공포 후 6개월이 경과한 날부터 시행한다. 〈단서 생략〉

제2조부터 **제10조**까지 생략

부 칙 <2012·1·17 법11163>

이 법은 공포한 날부터 시행한다.

부 칙 <2012·12·18 법11556>

제1조(시행일) 이 법은 공포 후 6개월이 경과한 날부터 시행한다. 〈단서 생략〉

제2조부터 **제10조**까지 생략

부 칙 <2012·12·18 법11572>

제1조(시행일) 이 법은 공포 후 6개월이 경과한 날부터 시행한다.

제2조부터 **제10조**까지 생략

부 칙 <2014·10·15 법12780>

제1조(시행일) 이 법은 2014년 12월 1일부터 시행한다.

제2조(경과조치) 이 법 시행 전에 접수된 독촉사건에 대하여는 종전의 규정에 따른다.

제3조(다른 법률의 개정) 생략

부 칙 <2015·12·22 법13613>

제1조(시행일) 이 법은 공포한 날부터 시행한다. 〈단서 생략〉

제2조부터 **제4조**까지 생략

부 칙 <2016·1·6 법13719>

제1조(시행일) 이 법은 공포한 날부터 시행한다. 〈단서 생략〉

제2조 및 **제3조** 생략

부 칙 <2016·1·19 법13767>

이 법은 공포한 날부터 시행한다.

부 칙 <2016·3·29 법14122>

제1조(시행일) 이 법은 공포 후 6개월이 경과한 날부터 시행한다.

제2조부터 **제5조**까지 생략

부 칙 <2016·5·29 법14242>

제1조(시행일) 이 법은 2016년 12월 1일부터 시행한다. 〈단서 생략〉

제2조부터 **제22조**까지 생략

부 칙 <2017·10·31 법14971>

제1조(시행일) 이 법은 공포 후 3개월이 경과한 날부터 시행한다.

제2조(경과조치) 이 법 시행 전에 접수된 독촉사건에 대하여는 종전의 규정에 따른다.

부 칙 <2019·11·26 법16652>

제1조(시행일) 이 법은 공포한 날부터 시행한다.

제2조 및 **제3조** 생략

부 칙 <2021·7·20 법18300>

제1조(시행일) 이 법은 공포 후 6개월이 경과한 날부터 시행한다.

제2조(경과조치) 이 법 시행 전에 접수된 독촉사건에 대하여는 종전의 규정에 따른다.

부 칙 <2022·1·4 법18676>

이 법은 공포한 날부터 시행한다.

부 칙 <2023·3·28 법19280>

제1조(시행일) 이 법은 공포 후 6개월이 경과한 날부터 시행한다.

제2조(공시송달에 의한 지급명령에 관한 경과조치) 이 법 시행 전에 접수된 독촉사건에 대해서는 제20조의2제1항의 개정규정에도 불구하고 종전의 규정에 따른다.

부 칙 <2023·6·13 법19433>

제1조(시행일) 이 법은 2023년 9월 29일부터 시행한다.

제2조(공시송달에 의한 지급명령에 관한 경과조치) 이 법 시행 전에 접수된 독촉사건에 대해서는 종전의 규정에 따른다.

부 칙 <2024·1·16 법20006>

제1조(시행일) 이 법은 공포 후 3개월이 경과한 날부터 시행한다.

제2조(공시송달에 의한 지급명령에 관한 경과조치) 이 법 시행 전에 접수된 독촉사건에 대해서는 종전의 규정에 따른다.

●소액사건심판법

〔1973·2·24 법률제2547호〕

개정
1975·12·31　법률제 2821호
1980·1·4　법률제 3246호
1990·1·13　법률제 4205호
1996·11·23　법률제 5166호
2001·1·29　법률제 6410호
2002·1·26　법률제 6630호
2005·3·31　법률제 7427호(민법)
2023·3·28　법률제19281호

제 1 조(목적) 이 법은 지방법원 및 그 지원(支院)에서 소액(少額)의 민사사건을 간이한 절차에 따라 신속히 처리하기 위하여 「민사소송법」에 대한 특례를 규정함을 목적으로 한다.
〔전부개정 2023·3·28〕

제 2 조(적용 범위 등) ① 이 법은 지방법원 및 그 지원의 관할사건 중 대법원규칙으로 정하는 민사사건(이하 "소액사건"이라 한다)에 적용한다.
② 소액사건에 대해서는 이 법에 특별한 규정이 있는 경우를 제외하고는 「민사소송법」의 규정을 적용한다.
〔전부개정 2023·3·28〕

제 3 조(상고 및 재항고) 소액사건에 대한 지방법원 본원(本院) 합의부의 제 2 심 판결이나 결정·명령에 대해서는 다음 각 호의 어느 하나에 해당하는 경우에만 대법원에 상고(上告) 또는 재항고(再抗告)를 할 수 있다.
1. 법률·명령·규칙 또는 처분의 헌법 위반 여부와 명령·규칙 또는 처분의 법률 위반 여부에 대한 판단이 부당한 경우
2. 대법원의 판례에 상반되는 판단을 한 경우
〔전부개정 2023·3·28〕

제 4 조(구술에 의한 소의 제기) ① 소(訴)는 구술로써 제기할 수 있다.
② 구술로써 소를 제기할 때에는 법원서기관·법원사무관·법원주사 또는 법원주사보(이하 "법원사무관등"이라 한다) 앞에서 진술하여야 한다.
③ 제 2 항의 경우에 법원사무관등은 제소조서(提訴調書)를 작성하고 이에 기명날인하여야 한다.
〔전부개정 2023·3·28〕

제 5 조(임의출석에 의한 소의 제기) ① 당사자 양쪽은 임의로 법원에 출석하여 소송에 관하여 변론할 수 있다.
② 제 1 항의 경우에 소의 제기는 구술에 의한 진술로써 한다.
〔전부개정 2023·3·28〕

제 5 조의2(일부청구의 제한) ① 채권자는 금전, 그 밖의 대체물이나 유가증권의 일정한 수량의 지급을 목적으로 하는 청구의 경우에는 이 법을 적용받기 위해 청구를 분할하여 그 일부만을 청구할 수 없다.
② 제 1 항을 위반한 소는 판결로 각하(却下)하여야 한다.
〔전부개정 2023·3·28〕

제 5 조의3(결정에 의한 이행권고) ① 법원은 소가 제기된 경우 결정으로 소장 부본이나 제소조서 등본을 첨부하여 피고에게 청구취지대로 이행할 것을 권고할 수 있다. 다만, 다음 각 호의 어느 하나에 해당하는 경우에는 이행권고를 할 수 없다.
1. 독촉절차 또는 조정절차에서 소송절차로 이행된 경우
2. 청구취지나 청구원인이 분명하지 아니한 경우
3. 그 밖에 이행권고를 하는 것이 적절하지 아니하다고 인정하는 경우
② 이행권고결정에는 당사자, 법정대리인, 청구의 취지와 원인 및 이행조항을 적고, 피고가 이의신청을 할 수 있음과 이행권고결정의 효력의 취지를 덧붙여 적어야 한다.
③ 법원사무관등은 이행권고결정서의 등본을 피고에게 송달하여야 한다. 다만, 그 송달은 「민사소송법」 제187조 및 제194조부터 제196조까지에서 규정한 방법으로는 할 수 없다.
④ 법원은 제 3 항에도 불구하고 「민사소송법」 제187조 및 제194조부터 제196조까지에서 규정한 방법으로만 피고에게 이행권고결정서의 등본을 송달할 수 있는 경우에는 지체 없이 변론기일을 지정하여야 한다.
〔전부개정 2023·3·28〕

제 5 조의4(이행권고결정에 대한 이의신청) ① 피고는 이행권고결정서의 등본을 송달받은 날부터 2주일 이내에 서면으로 이의신청을 할 수 있다. 다만, 그 등본이 송달되기 전에도 이의신청을 할 수 있다.
② 제 1 항 본문의 기간은 불변기간(不變期間)으로 한다.

③ 법원은 제 1 항에 따른 이의신청이 있을 때에는 지체 없이 변론기일을 지정하여야 한다.
④ 이의신청을 한 피고는 제 1 심 판결이 선고되기 전까지 이의신청을 취하(取下)할 수 있다.
⑤ 피고가 이의신청을 하였을 때에는 원고가 주장한 사실을 다툰 것으로 본다.
〔전부개정 2023·3·28〕

제 5 조의5(이의신청의 각하) ① 법원은 이의신청이 적법하지 아니하다고 인정되는 경우에는 그 흠을 보정할 수 없으면 결정으로 그 이의신청을 각하하여야 한다.
② 제 1 항의 결정에 대해서는 즉시항고를 할 수 있다.
〔전부개정 2023·3·28〕

제 5 조의6(이의신청의 추후보완) ① 피고는 부득이한 사유로 제 5 조의4제 1 항 본문의 기간 내에 이의신청을 할 수 없었던 경우에는 그 사유가 없어진 후 2주일 이내에 이의신청을 추후보완할 수 있다. 다만, 그 사유가 없어질 당시 외국에 있던 피고는 30일 이내에 이의신청을 추후보완할 수 있다.
② 피고는 이의신청과 동시에 서면으로 그 추후보완의 사유를 소명하여야 한다.
③ 법원은 추후보완의 사유가 이유 없다고 인정하는 경우에는 결정으로 이의신청을 각하하여야 한다.
④ 제 3 항의 결정에 대해서는 즉시항고를 할 수 있다.
⑤ 이의신청의 추후보완에 따른 집행정지 등에 관하여는 「민사소송법」 제500조를 준용한다.
〔전부개정 2023·3·28〕

제 5 조의7(이행권고결정의 효력) ① 이행권고결정은 다음 각 호의 어느 하나에 해당하면 확정판결과 같은 효력을 가진다.
1. 피고가 제 5 조의4제 1 항 본문의 기간 내에 이의신청을 하지 아니한 경우
2. 이의신청에 대한 각하결정이 확정된 경우
3. 이의신청이 취하된 경우
② 법원사무관등은 이행권고결정이 확정판결과 같은 효력을 가지게 된 경우에는 이행권고결정서의 정본을 원고에게 송달하여야 한다.
③ 제 1 항 각 호의 어느 하나에 해당하지 아니하는 이행권고결정은 제 1 심 법원에서 판결이 선고되면 그 효력을 잃는다.
〔전부개정 2023·3·28〕

제 5 조의8(이행권고결정에 따른 강제집행의 특례) ① 이행권고결정에 따른 강제집행은 집행문을 부여받을 필요 없이 제 5 조의7제 2 항의 이행권고결정서 정본에 의하여 한다. 다만, 다음 각 호의 어느 하나에 해당하는 경우에는 그러하지 아니하다.
1. 이행권고결정의 집행에 조건을 붙인 경우
2. 당사자의 승계인을 위하여 강제집행을 하는 경우
3. 당사자의 승계인에 대하여 강제집행을 하는 경우
② 법원사무관등은 다음 각 호의 어느 하나에 해당하는 경우에는 원고에게 이행권고결정서의 정본을 내주고, 그 사유를 원본과 정본에 각각 적어야 한다.
1. 원고가 여러 통의 이행권고결정서의 정본을 신청한 경우
2. 원고가 전에 내어준 이행권고결정서의 정본을 돌려주지 아니하고 다시 이행권고결정서의 정본을 신청한 경우
③ 청구에 관한 이의의 주장에 관하여는 「민사집행법」 제44조제 2 항에 따른 제한을 받지 아니한다.
〔전부개정 2023·3·28〕

제 6 조(소장의 송달) 소장 부본이나 제소조서 등본은 지체 없이 피고에게 송달하여야 한다. 다만, 피고에게 이행권고결정서의 등본이 송달된 경우에는 소장 부본이나 제소조서 등본이 송달된 것으로 본다.
〔전부개정 2023·3·28〕

제 7 조(기일의 지정 등) ① 소가 제기된 경우 판사는 「민사소송법」 제256조부터 제258조까지의 규정에도 불구하고 바로 변론기일을 정할 수 있다.
② 판사는 제 1 항의 경우 되도록 한 차례의 변론기일로 심리(審理)를 마치도록 하여야 한다.
③ 판사는 제 2 항의 목적을 달성하기 위하여 변론기일 전이라도 당사자로 하여금 증거신청을 하게 하는 등 필요한 조치를 할 수 있다.
〔전부개정 2023·3·28〕

제 7 조의2(공휴일·야간의 개정) 판사는 필요한 경우 근무시간 외의 시간이나 공휴일에도 개정(開廷)할 수 있다.
〔전부개정 2023·3·28〕

제 8 조(소송대리에 관한 특칙) ① 당사자의 배우자·직계혈족 또는 형제자매는 법원의 허가 없이 소송대리인이 될 수 있다.
② 제 1 항에 따른 소송대리인은 당사자와의 신분관계와 수권관계(授權關係)를 서면으로 증명하여야 한다. 다만, 수권관계에 대해서는

당사자가 판사 앞에서 구술로 제 1 항에 따른 소송대리인을 선임하고 법원사무관등이 조서에 그 사실을 적은 경우에는 예외로 한다.
〔전부개정 2023·3·28〕

제 9 조(심리절차상의 특칙) ① 법원은 소장·준비서면, 그 밖의 소송기록에 의하여 청구가 이유 없음이 명백한 경우에는 변론 없이 청구를 기각(棄却)할 수 있다.
② 판사가 바뀐 경우라도 변론의 갱신(更新) 없이 판결할 수 있다.
〔전부개정 2023·3·28〕

제10조(증거조사에 관한 특칙) ① 판사는 필요하다고 인정하는 경우에는 직권으로 증거조사를 할 수 있다. 이 경우 그 증거조사의 결과에 관하여는 당사자의 의견을 들어야 한다.
② 증인신문(證人訊問)은 판사가 한다. 다만, 당사자는 판사에게 알리고 증인신문을 할 수 있다.
③ 판사는 상당하다고 인정하는 경우에는 증인 또는 감정인에게 신문을 갈음하여 서면을 제출하게 할 수 있다.
〔전부개정 2023·3·28〕

제11조(조서의 기재 생략) ① 판사가 허가한 경우에는 조서에 적을 사항을 생략할 수 있다. 다만, 당사자의 이의가 있는 경우에는 생략할 수 없다.
② 제 1 항 본문은 변론의 방식에 관한 규정의 준수와 화해(和解)·인낙(認諾)·포기·취하 및 자백에 대해서는 적용하지 아니한다.
〔전부개정 2023·3·28〕

제11조의2(판결에 관한 특례) ① 판결의 선고는 변론종결 후 즉시 할 수 있다.
② 판결을 선고할 때에는 주문(主文)을 읽어 주고 그 주문의 정당성이 인정될 수 있는 범위에서 그 이유의 요지를 구술로 설명하여야 한다.
③ 판결서에는 「민사소송법」 제208조에도 불구하고 이유를 적지 아니할 수 있다. 다만, 다음 각 호의 어느 하나에 해당하는 경우에는 청구를 특정함에 필요한 사항 및 주문의 정당함을 뒷받침하는 공격방어방법에 관한 판단 요지를 판결서의 이유에 기재하도록 노력하여야 한다.
1. 판결이유에 의하여 기판력의 객관적 범위가 달라지는 경우
2. 청구의 일부를 기각하는 사건에서 계산의 근거를 명확하게 제시할 필요가 있는 경우
3. 소송의 쟁점이 복잡하고 상대방의 주장, 그 밖의 공격방어방법에 대한 다툼이 상당한 사건 등 당사자에 대한 설명이 필요한 경우
〔전부개정 2023·3·28〕

제12조부터 **제14조**까지 삭제 <1990·1·13>

제15조 삭제 <1996·11·23>

제16조(시행규칙) 이 법의 시행에 필요한 사항은 대법원규칙으로 정한다.
〔전부개정 2023·3·28〕

부　칙

①(시행일) 이 법은 1973년 9월 1일부터 시행한다.
②(경과조치) 이 법 시행당시 지방법원 및 지방법원지원에 계속 중인 사건으로서 이 법에 의한 소액사건에 해당되는 사건에 대하여는 이 법을 적용한다. 그러나 이 법 시행 이전의 소송행위의 효력에 영향을 미치지 아니한다.
③(동전) 이 법 시행당시 상고 또는 재항고 중인 사건은 종전의 예에 의한다.

부　칙 <1975·12·31 법2821>

①이 법은 1976년 1월 1일부터 시행한다.
②이 법 시행당시 법원에 계속 중인 사건은 종전의 예에 의한다.

부　칙 <1980·1·4 법3246>

①(시행일) 이 법은 1980년 2월 1일부터 시행한다.
②(법원에 계속 중인 사건에 대한 경과조치) 이 법 시행당시 지방법원 및 지방법원지원에 계속 중인 사건은 종전의 예에 의한다.

부　칙 <1990·1·13 법4205>

이 법은 1990년 9월 1일부터 시행한다.

부　칙 <1996·11·23 법5166>

이 법은 공포한 날부터 시행한다.

부　칙 <2001·1·29 법6410>

이 법은 공포한 날부터 시행한다.

부　칙 <2002·1·26 법6630>

이 법은 2002년 7월 1일부터 시행한다.

부　칙 <2005·3·31 법7427>

제 1 조(시행일) 이 법은 공포한 날부터 시행한다. 〈단서 생략〉

제 2 조부터 **제 7 조**까지 생략

부　칙 <2023·3·28 법19281>

제 1 조(시행일) 이 법은 공포한 날부터 시행한다.

제 2 조(판결서의 이유 기재 노력의무에 관한 적용례) 제11조의2제 3 항의 개정규정은 이 법 시행 이후 소를 제기하는 경우부터 적용한다.

●가사소송법

〔1990·12·31 법률제4300호〕

개정
1991·12·14 법률제 4423호(비송사건절차법)
1992·11·30 법률제 4505호(민사조정법)
2002· 1·26 법률제 6626호(민사소송법)
2002· 1·26 법률제 6627호(민사집행법)
2005· 3·24 법률제 7405호
2005· 3·31 법률제 7427호(민법)
2007· 5·17 법률제 8433호
2007· 5·17 법률제 8435호(가족관계의 등록 등에 관한 법률)
2007·12·21 법률제 8715호
2009· 5· 8 법률제 9652호
2010· 3·31 법률제10212호
2013· 4· 5 법률제11725호
2013· 7·30 법률제11949호
2014·10·15 법률제12773호
2016· 1·19 법률제13760호
2016·12· 2 법률제14278호(민법)
2017·10·31 법률제14961호
2021· 1·26 법률제17905호(민법)
2023· 4·18 법률제19354호(민사소송법)
2024· 9·20 법률제20432호(민법)→2026년 1월 1일 시행

제 1 편 총칙

제 1 조(목적) 이 법은 인격의 존엄과 남녀 평등을 기본으로 하고 가정의 평화 및 친족 간에 서로 돕는 미풍양속을 보존하고 발전시키기 위하여 가사(家事)에 관한 소송(訴訟)과 비송(非訟) 및 조정(調停)에 대한 절차의 특례를 규정함을 목적으로 한다.
〔전부개정 2010·3·31〕

제 2 조(가정법원의 관장 사항) ① 다음 각 호의 사항(이하 "가사사건"이라 한다)에 대한 심리(審理)와 재판은 가정법원의 전속관할(專屬管轄)로 한다. <개정 2013·4·5, 2013·7·30, 2014·10·15, 2016·12·2, 2017·10·31, 2024·9·20>

1. 가사소송사건
가. 가류(類) 사건
1) 혼인의 무효
2) 이혼의 무효
3) 인지(認知)의 무효
4) 친생자관계 존부 확인(親生子關係 存否 確認)
5) 입양의 무효
6) 파양(罷養)의 무효
나. 나류(類) 사건
1) 사실상 혼인관계 존부 확인
2) 혼인의 취소
3) 이혼의 취소
4) 재판상 이혼
5) 아버지의 결정
6) 친생부인(親生否認)
7) 인지의 취소
8) 인지에 대한 이의(異議)
9) 인지청구
10) 입양의 취소
11) 파양의 취소
12) 재판상 파양
13) 친양자(親養子) 입양의 취소
14) 친양자의 파양
15) 상속권 상실 선고 <시행일 2026·1·1>
다. 다류(類) 사건
1) 약혼 해제(解除) 또는 사실혼관계 부당 파기(破棄)로 인한 손해배상청구(제 3 자에 대한 청구를 포함한다) 및 원상회복의 청구

2) 혼인의 무효·취소, 이혼의 무효·취소 또는 이혼을 원인으로 하는 손해배상청구(제 3 자에 대한 청구를 포함한다) 및 원상회복의 청구
3) 입양의 무효·취소, 파양의 무효·취소 또는 파양을 원인으로 하는 손해배상청구(제 3 자에 대한 청구를 포함한다) 및 원상회복의 청구
4) 「민법」 제839조의3에 따른 재산분할청구권 보전을 위한 사해행위(詐害行爲) 취소 및 원상회복의 청구

2. 가사비송사건
가. 라류(類) 사건
1) 「민법」 제 9 조제 1 항, 제11조, 제14조의3제 2 항 및 제959조의20에 따른 성년후견 개시의 심판과 그 종료의 심판
1)의2 「민법」 제10조제 2 항 및 제 3 항에 따른 취소할 수 없는 피성년후견인의 법률행위의 범위 결정 및 그 변경
1)의3 「민법」 제12조제 1 항, 제14조, 제14조의3제 1 항 및 제959조의20에 따른 한정후견 개시의 심판과 그 종료의 심판
1)의4 「민법」 제13조제 1 항부터 제 3 항까지의 규정에 따른 피한정후견인이 한정후견인의 동의를 받아야 하는 행위의 범위 결정과 그 변경 및 한정후견인의 동의를 갈음하는 허가
1)의5 「민법」 제14조의2, 제14조의3 및 제959조의20에 따른 특정후견의 심판과 그 종료의 심판
2) 「민법」 제22조부터 제26조까지의 규정에 따른 부재자 재산의 관리에 관한 처분
2)의2 「민법」 제909조의2제 5 항에 따라 친권자 또는 미성년후견인의 임무를 대행할 사람(이하 "임무대행자"라 한다)의 같은 법 제25조에 따른 권한을 넘는 행위의 허가
3) 「민법」 제27조부터 제29조까지의 규정에 따른 실종의 선고와 그 취소
4) 「민법」 제781조제 4 항에 따른 성(姓)과 본(本)의 창설 허가
5) 「민법」 제781조제 5 항에 따른 자녀의 종전 성과 본의 계속사용허가
6) 「민법」 제781조제 6 항에 따른 자녀의 성과 본의 변경허가
7) 「민법」 제829조제 2 항 단서에 따른 부부재산약정의 변경에 대한 허가
7)의2 「민법」 제854조의2에 따른 친생부인의 허가
7)의3 「민법」 제855조의2제 1 항 및 제 2 항에 따른 인지의 허가
8) 「민법」 제867조에 따른 미성년자의 입양에 대한 허가
8)의2 「민법」 제873조제 2 항에 따라 준용되는 같은 법 제867조에 따른 피성년후견인이 입양을 하거나 양자가 되는 것에 대한 허가
9) 「민법」 제871조제 2 항에 따른 부모의 동의를 갈음하는 심판
10) 삭제 <2013·7·30>
11) 「민법」 제906조제 1 항 단서에 따른 양자의 친족 또는 이해관계인의 파양청구에 대한 허가
12) 「민법」 제908조의2에 따른 친양자 입양의 허가
13) 「민법」 제909조제 2 항 단서에 따른 친권 행사 방법의 결정
13)의2 「민법」 제909조의2제 1 항부터 제 5 항까지(같은 법 제927조의2제 1 항 각 호 외의 부분 본문에 따라 준용되는 경우를 포함한다)에 따른 친권자의 지정, 미성년후견인의 선임 및 임무대행자의 선임
13)의3 「민법」 제909조의2제 6 항에 따른 후견의 종료 및 친권자의 지정
14) 삭제 <2021·1·26>
15) 「민법」 제918조(같은 법 제956조에 따라 준용되는 경우를 포함한다)에 따른 재산관리인의 선임(選任) 또는 개임(改任)과 재산관리에 관한 처분
16) 「민법」 제921조(「민법」 제949조의3에 따라 준용되는 경우를 포함한다)에 따른 특별대리인의 선임
17) 「민법」 제927조에 따른 친권자의 법률행위 대리권 및 재산관리권의 사퇴(辭退) 또는 회복에 대한 허가

17)의2 「민법」 제927조의2제 2 항에 따른 친권자의 지정
17)의3 「민법」 제931조제 2 항에 따른 후견의 종료 및 친권자의 지정
18) 「민법」 제932조, 제936조제 1 항부터 제 3 항까지, 제940조, 제959조의3 및 제959조의9에 따른 미성년후견인·성년후견인·한정후견인·특정후견인의 선임 또는 변경
18)의2 「민법」 제938조제 2 항부터 제 4 항까지의 규정에 따른 성년후견인의 법정대리권의 범위 결정과 그 변경 및 성년후견인이 피성년후견인의 신상에 관하여 결정할 수 있는 권한의 범위 결정과 그 변경
18)의3 「민법」 제940조의7에 따라 준용되는 제940조와 제940조의3, 제940조의4, 제959조의5 및 제959조의10에 따른 미성년후견감독인·성년후견감독인·한정후견감독인·특정후견감독인의 선임 또는 변경
19) 「민법」 제939조(「민법」 제940조의7, 제959조의3제 2 항, 제959조의5제 2 항, 제959조의9제 2 항, 제959조의10제 2 항에 따라 준용되는 경우 및 제959조의16제 3 항에 따라 준용되는 제940조의7에 따라 다시 준용되는 경우를 포함한다)에 따른 미성년후견인·성년후견인·한정후견인·특정후견인·미성년후견감독인·성년후견감독인·한정후견감독인·특정후견감독인·임의후견감독인의 사임에 대한 허가
20) 「민법」 제941조제 1 항 단서(같은 법 제948조에 따라 준용되는 경우를 포함한다)에 따른 후견인의 재산 목록 작성을 위한 기간의 연장허가
21) 「민법」 제947조의2제 2 항(「민법」 제959조의6에 따라 준용되는 경우를 포함한다)에 따른 피성년후견인 또는 피한정후견인의 격리에 대한 허가 및 「민법」 제947조의2제 4 항(「민법」 제940조의7, 제959조의5제 2 항 및 제959조의6에 따라 준용되는 경우를 포함한다)에 따른 피미성년후견인, 피성년후견인 또는 피한정후견인에 대한 의료행위의 동의에 대한 허가
21)의2 「민법」 제947조의2제 5 항(「민법」 제940조의7, 제959조의5제 2 항 및 제959조의6에 따라 준용되는 경우를 포함한다)에 따른 피미성년후견인, 피성년후견인 또는 피한정후견인이 거주하는 건물 또는 그 대지에 대한 매도 등에 대한 허가
21)의3 「민법」 제949조의2(「민법」 제940조의7, 제959조의5제 2 항, 제959조의6, 제959조의10제 2 항, 제959조의12에 따라 준용되는 경우 및 제959조의16제 3 항에 따라 준용되는 제940조의7에 따라 다시 준용되는 경우를 포함한다)에 따른 여러 명의 성년후견인·한정후견인·특정후견인·성년후견감독인·한정후견감독인·특정후견감독인·임의후견감독인의 권한 행사에 관한 결정과 그 변경 또는 취소 및 성년후견인·한정후견인·특정후견인·성년후견감독인·한정후견감독인·특정후견감독인·임의후견감독인의 의사표시를 갈음하는 재판
21)의4 「민법」 제950조제 2 항(「민법」 제948조 및 제959조의6에 따라 준용되는 경우를 포함한다)에 따른 미성년후견감독인·성년후견감독인·한정후견감독인의 동의를 갈음하는 허가
22) 「민법」 제954조(「민법」 제948조, 제959조의6 및 제959조의12에 따라 준용되는 경우를 포함한다)에 따른 피미성년후견인, 피성년후견인, 피한정후견인 또는 피특정후견인의 재산상황에 대한 조사 및 그 재산관리 등 후견임무 수행에 관하여 필요한 처분명령
22)의2 「민법」 제909조의2제 5 항에 따라 준용되는 같은 법 제954조에 따른 미성년자의 재산상황에 대한 조사 및 그 재산관리 등 임무대행자의 임무 수행에 관하여 필요한 처분명령
23) 「민법」 제955조(「민법」 제940조의7, 제948조, 제959조의5제 2 항, 제959조의6, 제959조의10제 2 항, 제959조의12에 따라 준용되는 경우 및 제959조의16제 3 항에 따라 준용되

는 제940조의7에 따라 다시 준용되는 경우를 포함한다)에 따른 미성년후견인·성년후견인·한정후견인·특정후견인·미성년후견감독인·성년후견감독인·한정후견감독인·특정후견감독인·임의후견감독인에 대한 보수(報酬)의 수여

24)「민법」 제957조제 1 항 단서(「민법」 제959조의7 및 제959조의13에 따라 준용되는 경우를 포함한다)에 따른 후견 종료 시 관리계산기간의 연장허가

24)의2「민법」 제959조의4에 따른 한정후견인에게 대리권을 수여하는 심판과 그 범위 변경 및 한정후견인이 피한정후견인의 신상에 관하여 결정할 수 있는 권한의 범위 결정과 그 변경

24)의3「민법」 제959조의8에 따른 피특정후견인의 후원을 위하여 필요한 처분명령

24)의4「민법」 제959조의11에 따른 특정후견인에게 대리권을 수여하는 심판

24)의5「민법」 제959조의16제 3 항에 따라 준용되는 제940조의7에 따라 다시 준용되는 제940조 및 제959조의15제 1 항·제 3 항·제 4 항에 따른 임의후견감독인의 선임 또는 변경

24)의6「민법」 제959조의16제 2 항에 따른 임의후견감독인에 대한 감독사무에 관한 보고 요구, 임의후견인의 사무 또는 본인의 재산상황에 대한 조사명령 또는 임의후견감독인의 직무에 관하여 필요한 처분명령

24)의7「민법」 제959조의17제 2 항에 따른 임의후견인의 해임

24)의8「민법」 제959조의18제 2 항에 따른 후견계약 종료의 허가

25)부터 28)까지 삭제 <2013·4·5>

29)「민법」 제1004조의2제 7 항에 따른 상속재산의 보존 및 관리를 위한 처분 <시행일 2026·1·1>

30)「민법」 제1019조제 1 항 단서에 따른 상속의 승인 또는 포기를 위한 기간의 연장허가

31)「민법」 제1023조(같은 법 제1044조에 따라 준용되는 경우를 포함한다)에 따른 상속재산 보존을 위한 처분

32)「민법」 제1024조제 2 항, 제1030조 및 제1041조에 따른 상속의 한정승인신고 또는 포기신고의 수리(受理)와 한정승인 취소신고 또는 포기 취소신고의 수리

33)「민법」 제1035조제 2 항(같은 법 제1040조제 3 항, 제1051조제 3 항 및 제1056조제 2 항에 따라 준용되는 경우를 포함한다) 및 제1113조제 2 항에 따른 감정인(鑑定人)의 선임

34)「민법」 제1040조제 1 항에 따른 공동상속재산을 위한 관리인의 선임

35)「민법」 제1045조에 따른 상속재산의 분리

36)「민법」 제1047조에 따른 상속재산 분리 후의 상속재산 관리에 관한 처분

37)「민법」 제1053조에 따른 관리인의 선임 및 그 공고와 재산관리에 관한 처분

38)「민법」 제1057조에 따른 상속인 수색(搜索)의 공고

39)「민법」 제1057조의2에 따른 상속재산의 분여(分與)

40)「민법」 제1070조제 2 항에 따른 유언의 검인(檢認)

41)「민법」 제1091조에 따른 유언의 증서 또는 녹음(錄音)의 검인

42)「민법」 제1092조에 따른 유언증서의 개봉

43)「민법」 제1096조에 따른 유언집행자의 선임 및 그 임무에 관한 처분

44)「민법」 제1097조제 2 항에 따른 유언집행자의 승낙 또는 사퇴를 위한 통지의 수리

45)「민법」 제1104조제 1 항에 따른 유언집행자에 대한 보수의 결정

46)「민법」 제1105조에 따른 유언집행자의 사퇴에 대한 허가

47)「민법」 제1106조에 따른 유언집행자의 해임

48)「민법」 제1111조에 따른 부담(負擔) 있는 유언의 취소

나. 마류(類) 사건
1) 「민법」 제826조 및 제833조에 따른 부부의 동거·부양·협조 또는 생활비용의 부담에 관한 처분
2) 「민법」 제829조제 3 항에 따른 재산관리자의 변경 또는 공유재산(共有財産)의 분할을 위한 처분
3) 「민법」 제837조 및 제837조의2(같은 법 제843조에 따라 위 각 조항이 준용되는 경우 및 혼인의 취소 또는 인지를 원인으로 하는 경우를 포함한다)에 따른 자녀의 양육에 관한 처분과 그 변경, 면접교섭권(面接交涉權)의 처분 또는 제한·배제·변경
4) 「민법」 제839조의2제 2 항(같은 법 제843조에 따라 준용되는 경우 및 혼인의 취소를 원인으로 하는 경우를 포함한다)에 따른 재산 분할에 관한 처분
5) 「민법」 제909조제 4 항 및 제 6 항(혼인의 취소를 원인으로 하는 경우를 포함한다)에 따른 친권자의 지정과 변경
6) 「민법」 제922조의2에 따른 친권자의 동의를 갈음하는 재판
7) 「민법」 제924조, 제924조의2, 제925조 및 제926조에 따른 친권의 상실, 일시 정지, 일부 제한 및 그 실권 회복의 선고 또는 법률행위의 대리권과 재산관리권의 상실 및 그 실권 회복의 선고
8) 「민법」 제976조부터 제978조까지의 규정에 따른 부양(扶養)에 관한 처분
9) 「민법」 제1008조의2제 2 항 및 제 4 항에 따른 기여분(寄與分)의 결정
10) 「민법」 제1013조제 2 항에 따른 상속재산의 분할에 관한 처분

② 가정법원은 다른 법률이나 대법원규칙에서 가정법원의 권한으로 정한 사항에 대하여도 심리·재판한다.

③ 제 2 항의 사건에 관한 절차는 법률이나 대법원규칙으로 따로 정하는 경우를 제외하고는 라류 가사비송사건의 절차에 따른다.

〔전부개정 2010·3·31〕

제 3 조(지방법원과 가정법원 사이의 관할의 지정) ① 사건이 가정법원과 지방법원 중 어느 법원의 관할에 속하는지 명백하지 아니한 경우에는 관계 법원의 공통되는 고등법원이 관할법원을 지정한다.

② 제 1 항의 관할법원 지정에 관하여는 「민사소송법」 제28조를 준용한다.

③ 제 1 항에 따라 가정법원의 관할로 정하여진 사건은 이 법에서 정하는 절차에 따라 처리하고, 지방법원의 관할로 정하여진 사건은 민사소송 절차에 따라 처리한다.

〔전부개정 2010·3·31〕

제 4 조(제척·기피 및 회피) 법원 직원의 제척·기피 및 회피에 관한 「민사소송법」의 규정 중 법관에 관한 사항은 조정장(調停長)과 조정위원에 준용하고, 법원사무관등에 관한 사항은 가사조사관(家事調査官)에 준용한다.

〔전부개정 2010·3·31〕

제 5 조(수수료) 이 법에 따른 소(訴)의 제기, 심판의 청구, 조정의 신청이나 그 밖의 재판과 처분의 신청에는 대법원규칙으로 정하는 바에 따라 수수료를 내야 한다.

〔전부개정 2010·3·31〕

제 6 조(가사조사관) ① 가사조사관은 재판장, 조정장 또는 조정담당판사의 명을 받아 사실을 조사한다.

② 가사조사관의 사실조사 방법과 절차에 관한 사항은 대법원규칙으로 정한다.

〔전부개정 2010·3·31〕

제 7 조(본인 출석주의) ① 가정법원, 조정위원회 또는 조정담당판사의 변론기일, 심리기일 또는 조정기일에 소환을 받은 당사자 및 이해관계인은 본인 또는 법정대리인이 출석하여야 한다. 다만, 특별한 사정이 있을 때에는 재판장, 조정장 또는 조정담당판사의 허가를 받아 대리인을 출석하게 할 수 있고 보조인을 동반할 수 있다.

② 변호사 아닌 자가 대리인 또는 보조인이 되려면 미리 재판장, 조정장 또는 조정담당판사의 허가를 받아야 한다.

③ 재판장, 조정장 또는 조정담당판사는 언제든지 제 1 항 및 제 2 항의 허가를 취소할 수 있고, 본인이 법정대리인 또는 대리인과 함께 출석할 것을 명할 수 있다.

〔전부개정 2010·3·31〕

제 8 조(사실조사의 촉탁) 재판장, 조정장, 조정담당판사 또는 가사조사관은 사실조사를 위하여 필요한 경우에는 경찰 등 행정기관이나 그 밖에 상당하다고 인정되는 단체 또는 개인에게 사실의 조사를 촉탁하고 필요한 사항을 보고하도록 요구할 수 있다.
〔전부개정 2010·3·31〕

제 9 조(가족관계등록부 기록 등의 촉탁) 가정법원은 대법원규칙으로 정하는 판결 또는 심판이 확정되거나 효력을 발생한 경우에는 대법원규칙으로 정하는 바에 따라 지체 없이 가족관계등록 사무를 처리하는 사람에게 가족관계등록부에 등록할 것을 촉탁하거나 후견등기 사무를 처리하는 사람에게 후견등기부에 등기할 것을 촉탁하여야 한다. <개정 2013·4·5>
〔전부개정 2010·3·31〕

제10조(보도 금지) 가정법원에서 처리 중이거나 처리한 사건에 관하여는 성명·연령·직업 및 용모 등을 볼 때 본인이 누구인지 미루어 짐작할 수 있는 정도의 사실이나 사진을 신문, 잡지, 그 밖의 출판물에 게재하거나 방송할 수 없다.
〔전부개정 2010·3·31〕

제10조의2(기록의 열람 등) ① 당사자나 이해관계를 소명한 제 3 자는 다음 각 호의 사항을 법원서기관, 법원사무관, 법원주사 또는 법원주사보(이하 "법원사무관등"이라 한다)에게 신청할 수 있다.
1. 재판서의 정본(正本)·등본·초본의 발급
2. 소송에 관한 사항의 증명서 발급

② 당사자나 이해관계를 소명한 제 3 자는 재판장의 허가를 받아 다음 각 호의 사항을 법원사무관등에게 신청할 수 있다.
1. 조서(調書)의 정본·등본·초본의 발급
2. 기록의 열람·복사

③ 제 1 항제 1 호, 제 2 항제 1 호의 신청에 따라 발급되는 재판서·조서의 정본·등본·초본에는 그 취지를 적고 법원사무관등이 기명날인하여야 한다.
④ 제 1 항 또는 제 2 항에 따른 신청을 할 때에는 대법원규칙으로 정하는 수수료를 내야 한다.
〔전부개정 2013·4·5〕

제11조(위임 규정) 가사사건의 재판과 조정의 절차에 관하여 필요한 사항은 대법원규칙으로 정한다.
〔전부개정 2010·3·31〕

제 2 편 가사소송

제 1 장 통칙

제12조(적용 법률) 가사소송 절차에 관하여는 이 법에 특별한 규정이 있는 경우를 제외하고는 「민사소송법」에 따른다. 다만, 가류 및 나류 가사소송사건에 관하여는 「민사소송법」 제147조제 2 항, 제149조, 제150조제 1 항, 제284조제 1 항, 제285조, 제349조, 제350조, 제410조의 규정 및 같은 법 제220조 중 청구의 인낙(認諾)에 관한 규정과 같은 법 제288조 중 자백에 관한 규정은 적용하지 아니한다.
〔전부개정 2010·3·31〕

제13조(관할) ① 가사소송은 이 법에 특별한 규정이 있는 경우를 제외하고는 피고의 보통재판적(普通裁判籍)이 있는 곳의 가정법원이 관할한다.
② 당사자 또는 관계인의 주소, 거소(居所) 또는 마지막 주소에 따라 관할이 정하여지는 경우에 그 주소, 거소 또는 마지막 주소가 국내에 없거나 이를 알 수 없을 때에는 대법원이 있는 곳의 가정법원이 관할한다.
③ 가정법원은 소송의 전부 또는 일부에 대하여 관할권이 없음을 인정한 경우에는 결정(決定)으로 관할법원에 이송하여야 한다.
④ 가정법원은 그 관할에 속하는 가사소송사건에 관하여 현저한 손해 또는 지연을 피하기 위하여 필요한 경우에는 직권으로 또는 당사자의 신청에 의하여 다른 관할가정법원에 이송할 수 있다.
⑤ 이송결정과 이송신청의 기각결정에 대하여는 즉시항고를 할 수 있다.
〔전부개정 2010·3·31〕

제14조(관련 사건의 병합) ① 여러 개의 가사소송사건 또는 가사소송사건과 가사비송사건의 청구의 원인이 동일한 사실관계에 기초하거나 1개의 청구의 당부(當否)가 다른 청구의 당부의 전제가 되는 경우에는 이를 1개의 소로 제기할 수 있다.

② 제 1 항의 사건의 관할법원이 다를 때에는 가사소송사건 중 1개의 청구에 대한 관할권이 있는 가정법원에 소를 제기할 수 있다.
③ 가류 또는 나류 가사소송사건의 소의 제기가 있고, 그 사건과 제 1 항의 관계에 있는 다류 가사소송사건 또는 가사비송사건이 각각 다른 가정법원에 계속(係屬)된 경우에는 가류 또는 나류 가사소송사건의 수소법원(受訴法院)은 직권으로 또는 당사자의 신청에 의하여 결정으로 다류 가사소송사건 또는 가사비송사건을 병합할 수 있다.
④ 제 1 항이나 제 3 항에 따라 병합된 여러 개의 청구에 관하여는 1개의 판결로 재판한다.
〔전부개정 2010·3·31〕

第15조(당사자의 추가·경정) ①「민사소송법」제68조 또는 제260조에 따라 필수적 공동소송인을 추가하거나 피고를 경정(更正)하는 것은 사실심(事實審)의 변론종결 시까지 할 수 있다.
② 제 1 항에 따라 피고를 경정한 경우에는 신분에 관한 사항에 한정하여 처음의 소가 제기된 때에 경정된 피고와의 사이에 소가 제기된 것으로 본다.
〔전부개정 2010·3·31〕

第16조(소송 절차의 승계) ① 가류 또는 나류 가사소송사건의 원고가 사망이나 그 밖의 사유(소송 능력을 상실한 경우는 제외한다)로 소송 절차를 계속하여 진행할 수 없게 된 때에는 다른 제소권자(提訴權者)가 소송 절차를 승계할 수 있다.
② 제 1 항의 승계신청은 승계 사유가 생긴 때부터 6개월 이내에 하여야 한다.
③ 제 2 항의 기간 내에 승계신청이 없을 때에는 소가 취하된 것으로 본다.
〔전부개정 2010·3·31〕

第17조(직권조사) 가정법원이 가류 또는 나류 가사소송사건을 심리할 때에는 직권으로 사실조사 및 필요한 증거조사를 하여야 하며, 언제든지 당사자 또는 법정대리인을 신문할 수 있다.
〔전부개정 2010·3·31〕

第18조(소송비용 부담의 특칙) 검사가 소송 당사자로서 패소한 경우 그 소송비용은 국고에서 부담한다.
〔전부개정 2010·3·31〕

第19조(항소) ① 가정법원의 판결에 대하여 불복하는 경우에는 판결정본이 송달된 날부터 14일 이내에 항소할 수 있다. 다만, 판결정본 송달 전에도 항소할 수 있다.
② 항소법원의 소송 절차에는 제 1 심의 소송 절차에 관한 규정을 준용한다.
③ 항소법원은 항소가 이유 있는 경우에도 제 1 심 판결을 취소하거나 변경하는 것이 사회정의와 형평의 이념에 맞지 아니하거나 가정의 평화와 미풍양속을 유지하기에 적합하지 아니하다고 인정하는 경우에는 항소를 기각할 수 있다.
〔전부개정 2010·3·31〕

第20조(상고) 항소법원의 판결에 대하여 불복하는 경우에는 판결정본이 송달된 날부터 14일 이내에 대법원에 상고할 수 있다. 다만, 판결정본 송달 전에도 상고할 수 있다.
〔전부개정 2010·3·31〕

第21조(기판력의 주관적 범위에 관한 특칙) ① 가류 또는 나류 가사소송사건의 청구를 인용(認容)한 확정판결은 제 3 자에게도 효력이 있다.
② 제 1 항의 청구를 배척한 판결이 확정된 경우에는 다른 제소권자는 사실심의 변론종결 전에 참가하지 못한 데 대하여 정당한 사유가 있지 아니하면 다시 소를 제기할 수 없다.
〔전부개정 2010·3·31〕

제 2 장 혼인관계소송

第22조(관할) 혼인의 무효나 취소, 이혼의 무효나 취소 및 재판상 이혼의 소는 다음 각 호의 구분에 따른 가정법원의 전속관할로 한다.
1. 부부가 같은 가정법원의 관할 구역 내에 보통재판적이 있을 때에는 그 가정법원
2. 부부가 마지막으로 같은 주소지를 가졌던 가정법원의 관할 구역 내에 부부 중 어느 한쪽의 보통재판적이 있을 때에는 그 가정법원
3. 제 1 호와 제 2 호에 해당되지 아니하는 경우로서 부부 중 어느 한쪽이 다른 한쪽

을 상대로 하는 경우에는 상대방의 보통재판적이 있는 곳의 가정법원, 부부 모두를 상대로 하는 경우에는 부부 중 어느 한쪽의 보통재판적이 있는 곳의 가정법원

4. 부부 중 어느 한쪽이 사망한 경우에는 생존한 다른 한쪽의 보통재판적이 있는 곳의 가정법원
5. 부부가 모두 사망한 경우에는 부부 중 어느 한쪽의 마지막 주소지의 가정법원

〔전부개정 2010·3·31〕

제23조(혼인무효 및 이혼무효의 소의 제기권자) 당사자, 법정대리인 또는 4촌 이내의 친족은 언제든지 혼인무효나 이혼무효의 소를 제기할 수 있다.

〔전부개정 2010·3·31〕

제24조(혼인무효·취소 및 이혼무효·취소의 소의 상대방) ① 부부 중 어느 한쪽이 혼인의 무효나 취소 또는 이혼무효의 소를 제기할 때에는 배우자를 상대방으로 한다.

② 제3자가 제1항에 규정된 소를 제기할 때에는 부부를 상대방으로 하고, 부부 중 어느 한쪽이 사망한 경우에는 그 생존자를 상대방으로 한다.

③ 제1항과 제2항에 따라 상대방이 될 사람이 사망한 경우에는 검사를 상대방으로 한다.

④ 이혼취소의 소에 관하여는 제1항과 제3항을 준용한다.

〔전부개정 2010·3·31〕

제25조(친권자 지정 등에 관한 협의권고) ① 가정법원은 미성년자인 자녀가 있는 부부의 혼인의 취소나 재판상 이혼의 청구를 심리할 때에는 그 청구가 인용될 경우를 대비하여 부모에게 다음 각 호의 사항에 관하여 미리 협의하도록 권고하여야 한다.

1. 미성년자인 자녀의 친권자로 지정될 사람
2. 미성년자인 자녀에 대한 양육과 면접교섭권

② 가정법원이 혼인무효의 청구를 심리하여 그 청구가 인용되는 경우에 남편과 부자관계가 존속되는 미성년자인 자녀가 있는 경우에도 제1항과 같다.

〔전부개정 2010·3·31〕

제3장 부모와 자녀 관계소송

제1절 친생자관계

제26조(관할) ① 친생부인, 인지의 무효나 취소 또는 「민법」 제845조에 따른 아버지를 정하는 소는 자녀의 보통재판적이 있는 곳의 가정법원의 전속관할로 하고, 자녀가 사망한 경우에는 자녀의 마지막 주소지의 가정법원의 전속관할로 한다.

② 인지에 대한 이의(異議)의 소, 인지청구의 소 또는 「민법」 제865조에 따른 친생자관계 존부 확인의 소는 상대방(상대방이 여러 명일 때에는 그중 1명)의 보통재판적이 있는 곳의 가정법원의 전속관할로 하고, 상대방이 모두 사망한 경우에는 그중 1명의 마지막 주소지의 가정법원의 전속관할로 한다.

〔전부개정 2010·3·31〕

제27조(아버지를 정하는 소의 당사자) ① 「민법」 제845조에 따른 아버지를 정하는 소는 자녀, 어머니, 어머니의 배우자 또는 어머니의 전(前) 배우자가 제기할 수 있다.

② 자녀가 제기하는 경우에는 어머니, 어머니의 배우자 및 어머니의 전 배우자를 상대방으로 하고, 어머니가 제기하는 경우에는 그 배우자 및 전 배우자를 상대방으로 한다.

③ 어머니의 배우자가 제기하는 경우에는 어머니 및 어머니의 전 배우자를 상대방으로 하고, 어머니의 전 배우자가 제기하는 경우에는 어머니 및 어머니의 배우자를 상대방으로 한다.

④ 제2항과 제3항의 경우에 상대방이 될 사람 중에 사망한 사람이 있을 때에는 생존자를 상대방으로 하고, 생존자가 없을 때에는 검사를 상대방으로 하여 소를 제기할 수 있다.

〔전부개정 2010·3·31〕

제28조(준용규정) 인지무효의 소에는 제23조 및 제24조를 준용하고, 인지취소의 소, 인지에 대한 이의의 소 또는 친생자관계 존부 확인의 소에는 제24조를 준용하며, 인지청구의 소에는 제25조제1항을 준용한다.

〔전부개정 2010·3·31〕

제29조(혈액형 등의 수검 명령) ① 가정법원

은 당사자 또는 관계인 사이의 혈족관계의 유무를 확정할 필요가 있는 경우에 다른 증거조사에 의하여 심증(心證)을 얻지 못한 때에는 검사를 받을 사람의 건강과 인격의 존엄을 해치지 아니하는 범위에서, 당사자 또는 관계인에게 혈액채취에 의한 혈액형의 검사 등 유전인자의 검사나 그 밖에 적당하다고 인정되는 방법에 의한 검사를 받을 것을 명할 수 있다.
② 제1항의 명령을 할 때에는 제67조에 규정된 제재(制裁)를 고지하여야 한다.
〔전부개정 2010·3·31〕

제2절 입양·친양자 입양관계

제30조(관할) 다음 각 호의 소는 양부모 중 1명의 보통재판적이 있는 곳의 가정법원의 전속관할로 하고, 양부모가 모두 사망한 경우에는 그중 1명의 마지막 주소지의 가정법원의 전속관할로 한다.
1. 입양의 무효
2. 입양 또는 친양자 입양의 취소
3. 파양
4. 친양자의 파양
5. 파양의 무효나 취소
〔전부개정 2010·3·31〕

제31조(준용규정) 입양무효 및 파양무효의 소에 관하여는 제23조 및 제24조를 준용하고, 입양·친양자 입양의 취소, 친양자의 파양 및 파양취소의 소에 관하여는 제24조를 준용한다.
〔전부개정 2010·3·31〕

제4장 (제32조 및 제33조) 삭제 <2005·3·31>

제3편 가사비송

제1장 통칙

제34조(준용 법률) 가사비송 절차에 관하여는 이 법에 특별한 규정이 없으면 「비송사건절차법」 제1편을 준용한다. 다만, 「비송사건절차법」 제15조는 준용하지 아니한다.
〔전부개정 2010·3·31〕

제35조(관할) ① 이 법과 대법원규칙으로 관할법원을 정하지 아니한 가사비송사건은 대법원이 있는 곳의 가정법원이 관할한다.
② 가사비송사건에 관하여는 제13조제2항부터 제5항까지의 규정을 준용한다.
〔전부개정 2010·3·31〕

제36조(청구의 방식) ① 가사비송사건의 청구는 가정법원에 심판청구를 함으로써 한다.
② 심판의 청구는 서면 또는 구술로 할 수 있다.
③ 심판청구서에는 다음 각 호의 사항을 적고 청구인이나 대리인이 기명날인하거나 서명하여야 한다. <개정 2016·1·19>
1. 당사자의 등록기준지, 주소, 성명, 생년월일, 대리인이 청구할 때에는 대리인의 주소와 성명
2. 청구 취지와 청구 원인
3. 청구 연월일
4. 가정법원의 표시
④ 구술로 심판청구를 할 때에는 가정법원의 법원사무관등의 앞에서 진술하여야 한다.
⑤ 제4항의 경우에 법원사무관등은 제3항 각 호의 사항을 적은 조서를 작성하고 기명날인하여야 한다.
〔전부개정 2010·3·31〕

제37조(이해관계인의 참가) ① 심판청구에 관하여 이해관계가 있는 자는 재판장의 허가를 받아 절차에 참가할 수 있다.
② 재판장은 상당하다고 인정하는 경우에는 심판청구에 관하여 이해관계가 있는 자를 절차에 참가하게 할 수 있다.
〔전부개정 2010·3·31〕

제37조의2(절차의 구조) ① 가정법원은 가사비송사건의 절차에 소요되는 비용을 지출할 자금능력이 없거나 그 비용을 지출하면 생활에 현저한 지장이 있는 사람에 대하여 그 사람의 신청에 따라 또는 직권으로 절차구조(節次救助)를 할 수 있다. 다만, 신청인이 부당한 목적으로 심판청구를 하는 것이 명백한 경우에는 그러하지 아니하다.
② 제1항의 절차구조에 관하여는 「민사소송법」 제128조제3항부터 제5항까지, 제129

조부터 제133조까지를 준용한다. 다만, 「민사소송법」 제132조 및 제133조 단서는 마류 가사비송사건에 한정하여 준용한다. <개정 2023·4·18>
〔본조신설 2013·4·5〕

제38조(증거 조사) 가정법원은 필요하다고 인정할 경우에는 당사자 또는 법정대리인을 당사자 신문(訊問) 방식으로 심문(審問)할 수 있고, 그 밖의 관계인을 증인 신문 방식으로 심문할 수 있다.
〔전부개정 2010·3·31〕

제39조(재판의 방식) ① 가사비송사건에 대한 제1심 종국재판(終局裁判)은 심판으로써 한다. 다만, 절차상의 이유로 종국재판을 하여야 하는 경우에는 그러하지 아니하다.
② 심판서에는 다음 각 호의 사항을 적고 심판한 법관이 기명날인하여야 한다. 심판한 법관이 기명날인하는 데 지장이 있는 경우에는 다른 법관이 그 사유를 적고 기명날인하여야 한다.
1. 당사자와 법정대리인
2. 주문(主文)
3. 이유
4. 법원
③ 라류 가사비송사건의 심판서에는 이유를 적지 아니할 수 있다.
④ 심판에 관하여는 「민사소송법」 중 결정에 관한 규정을 준용한다.
〔전부개정 2010·3·31〕

제40조(심판의 효력발생 시기) 심판의 효력은 심판을 받을 사람이 심판을 고지받음으로써 발생한다. 다만, 제43조에 따라 즉시항고를 할 수 있는 심판은 확정되어야 효력이 있다.
〔전부개정 2010·3·31〕

제41조(심판의 집행력) 금전의 지급, 물건의 인도(引渡), 등기, 그 밖에 의무의 이행을 명하는 심판은 집행권원(執行權原)이 된다.
〔전부개정 2010·3·31〕

제42조(가집행) ① 재산상의 청구 또는 유아(幼兒)의 인도에 관한 심판으로서 즉시항고의 대상이 되는 심판에는 담보를 제공하게 하지 아니하고 가집행할 수 있음을 명하여야 한다.
② 가정법원은 직권으로 또는 당사자의 신청에 의하여 이행의 목적인 재산에 상당한 금액을 담보로 제공하고 가집행을 면제받을 수 있음을 명할 수 있다.
③ 판결로 유아의 인도를 명하는 경우에도 제1항을 준용한다.
〔전부개정 2010·3·31〕

제43조(불복) ① 심판에 대하여는 대법원규칙으로 따로 정하는 경우에 한정하여 즉시항고만을 할 수 있다.
② 항고법원의 재판 절차에는 제1심의 재판 절차에 관한 규정을 준용한다.
③ 항고법원은 항고가 이유 있다고 인정하는 경우에는 원심판을 취소하고 스스로 적당한 결정을 하여야 한다. 다만, 항고법원이 스스로 결정하기에 적당하지 아니하다고 인정하는 경우에는 사건을 원심법원에 환송하여야 한다.
④ 항고법원의 결정에 대하여는 재판에 영향을 미친 헌법, 법률, 명령 또는 규칙 위반이 있음을 이유로 하는 경우에 한정하여 대법원에 재항고할 수 있다.
⑤ 즉시항고는 대법원규칙으로 정하는 날부터 14일 이내에 하여야 한다.
〔전부개정 2010·3·31〕

제2장 라류 가사비송사건

제44조(관할 등) ① 라류 가사비송사건은 다음 각 호의 가정법원이 관할한다. <개정 2013·4·5, 2017·10·31>
1. 다음 각 목의 어느 하나에 해당하는 사건은 사건 본인의 주소지의 가정법원
가. 삭제 <2013·4·5>
나. 실종에 관한 사건
다. 성(姓)과 본(本)의 창설에 관한 사건
라. 자녀의 종전 성과 본의 계속 사용에 관한 사건
마. 자녀의 성과 본의 변경에 관한 사건
1의2. 미성년후견·성년후견·한정후견·특정후견 및 임의후견에 관한 사건은 각 피후견인(피후견인이 될 사람을 포함한다)의 주소지의 가정법원. 다만, 성년후견·한정후견 개시의 심판, 특정후견의 심판, 미성년후견인·임의후견감독인 선임 심판이 각각 확정된 이후의 후견에 관한 사건은 후

견개시 등의 심판을 한 가정법원(항고법원이 후견개시 등의 심판을 한 경우에는 그 제1심 법원인 가정법원)

2. 부재자의 재산관리에 관한 사건은 부재자의 마지막 주소지 또는 부재자의 재산이 있는 곳의 가정법원

3. 부부 사이의 재산약정의 변경에 관한 사건, 공동의 자녀에 대한 친권 행사방법의 결정사건은 제22조제1호부터 제3호까지의 가정법원

3의2. 친생부인의 허가 및 인지의 허가에 관한 사건은 자녀의 주소지의 가정법원

4. 입양, 친양자 입양 또는 파양에 관한 사건은 양자·친양자의 주소지 또는 양자·친양자가 될 사람의 주소지의 가정법원

5. 친권에 관한 사건(부부 사이의 공동의 자녀에 대한 친권 행사방법의 결정사건은 제외한다)은 미성년자인 자녀의 주소지의 가정법원

6. 상속에 관한 사건은 상속 개시지(開始地)의 가정법원

7. 유언에 관한 사건은 상속 개시지의 가정법원. 다만, 「민법」 제1070조제2항에 따른 유언의 검인(檢認) 사건은 상속 개시지 또는 유언자 주소지의 가정법원

8. 제1호부터 제7호까지에 해당되지 아니하는 사건은 대법원규칙으로 정하는 가정법원

② 가정법원은 피후견인의 이익을 위하여 필요한 경우에는 직권 또는 후견인, 후견감독인, 피후견인, 피후견인의 배우자·4촌 이내의 친족, 검사, 지방자치단체의 장의 신청에 따른 결정으로 제1항제1호의2 단서의 관할 가정법원을 피후견인의 주소지의 가정법원으로 변경할 수 있다. <신설 2017·10·31>

③ 변경신청을 기각하는 결정에 대하여는 신청인이, 변경결정에 대하여는 후견인, 후견감독인, 피후견인이 즉시항고를 할 수 있다. 변경결정의 즉시항고의 경우에는 집행정지의 효력이 있다. <신설 2017·10·31>

〔전부개정 2010·3·31〕

제45조(심리 방법) 라류 가사비송사건의 심판은 이 법과 다른 법률 또는 대법원규칙에 특별한 규정이 있는 경우를 제외하고는 사건관계인을 심문하지 아니하고 할 수 있다. <개정 2013·4·5>

〔전부개정 2010·3·31〕

제45조의2(정신상태의 감정 등) ① 가정법원은 성년후견 개시 또는 한정후견 개시의 심판을 할 경우에는 피성년후견인이 될 사람이나 피한정후견인이 될 사람의 정신상태에 관하여 의사에게 감정을 시켜야 한다. 다만, 피성년후견인이 될 사람이나 피한정후견인이 될 사람의 정신상태를 판단할 만한 다른 충분한 자료가 있는 경우에는 그러하지 아니하다.

② 가정법원은 특정후견의 심판을 할 경우에는 의사나 그 밖에 전문지식이 있는 사람의 의견을 들어야 한다. 이 경우 의견을 말로 진술하게 하거나 진단서 또는 이에 준하는 서면으로 제출하게 할 수 있다.

〔본조신설 2013·4·5〕

제45조의3(성년후견·한정후견·특정후견 관련 심판에서의 진술 청취) ① 가정법원은 다음 각 호의 어느 하나에 해당하는 심판을 하는 경우에는 해당 호에서 정한 사람의 진술을 들어야 한다. 다만, 피성년후견인(피성년후견인이 될 사람을 포함한다)이나 피임의후견인(피임의후견인이 될 사람을 포함한다)이 의식불명, 그 밖의 사유로 자신의 의사를 표명할 수 없는 경우에는 그러하지 아니하다.

1. 성년후견 개시의 심판, 한정후견 개시의 심판 및 특정후견의 심판을 하는 경우에는 피성년후견인이 될 사람, 피한정후견인이 될 사람 또는 피특정후견인이 될 사람. 다만, 후견계약이 등기되어 있는 경우에는 피임의후견인과 임의후견인

2. 성년후견·한정후견·특정후견 종료의 심판을 하는 경우에는 피성년후견인과 성년후견인, 피한정후견인과 한정후견인 또는 피특정후견인과 특정후견인

3. 성년후견인·한정후견인·특정후견인의 선임 심판을 하는 경우에는 피성년후견인(피성년후견인이 될 사람을 포함한다)과 성년후견인이 될 사람, 피한정후견인(피한정후견인이 될 사람을 포함한다)과 한정후견인이 될 사람, 피특정후견인(피특정후견인이 될 사람을 포함한다)과 특정후견인이 될 사람

4. 성년후견감독인·한정후견감독인·특정후견감독인의 선임 심판을 하는 경우에는 피성년후견인(피성년후견인이 될 사람을 포함한다)과 성년후견감독인이 될 사람, 피한정후견인(피한정후견인이 될 사람을 포함한다)과 한정후견감독인이 될 사람, 피특정후견인(피특정후견인이 될 사람을 포함한다)과 특정후견감독인이 될 사람
5. 성년후견인·한정후견인·특정후견인의 변경 심판을 하는 경우에는 피성년후견인과 그 변경이 청구된 성년후견인 및 성년후견인이 될 사람, 피한정후견인과 그 변경이 청구된 한정후견인 및 한정후견인이 될 사람, 피특정후견인과 그 변경이 청구된 특정후견인 및 특정후견인이 될 사람
6. 성년후견감독인·한정후견감독인·특정후견감독인의 변경 심판을 하는 경우에는 피성년후견인과 그 변경이 청구된 성년후견감독인 및 성년후견감독인이 될 사람, 피한정후견인과 그 변경이 청구된 한정후견감독인 및 한정후견감독인이 될 사람, 피특정후견인과 그 변경이 청구된 특정후견감독인 및 특정후견감독인이 될 사람
7. 취소할 수 없는 피성년후견인의 법률행위의 범위 결정과 그 변경 또는 성년후견인·한정후견인의 대리권의 범위 결정과 그 변경 심판을 하는 경우에는 피성년후견인(피성년후견인이 될 사람을 포함한다) 또는 피한정후견인(피한정후견인이 될 사람을 포함한다)
8. 성년후견인·한정후견인이 피성년후견인·피한정후견인의 신상에 관하여 결정할 수 있는 권한의 범위 결정과 그 변경 또는 피성년후견인·피한정후견인의 격리에 대한 허가 심판을 하는 경우에는 피성년후견인(피성년후견인이 될 사람을 포함한다) 또는 피한정후견인(피한정후견인이 될 사람을 포함한다)
9. 피미성년후견인·피성년후견인·피한정후견인에 대한 의료행위의 동의에 대한 허가 심판을 하는 경우에는 피미성년후견인(피미성년후견인이 될 사람을 포함한다), 피성년후견인(피성년후견인이 될 사람을 포함한다) 또는 피한정후견인(피한정후견인이 될 사람을 포함한다)
10. 피한정후견인이 한정후견인의 동의를 받아야 하는 행위의 범위 결정과 그 변경 심판을 하는 경우에는 피한정후견인(피한정후견인이 될 사람을 포함한다)
11. 한정후견인의 동의를 갈음하는 허가 심판을 하는 경우에는 피한정후견인과 한정후견인
12. 피미성년후견인, 피성년후견인 또는 피한정후견인이 거주하는 건물이나 그 대지에 대한 매도 등에 대한 허가 심판을 하는 경우에는 피미성년후견인, 피성년후견인 또는 피한정후견인
13. 특정후견인에게 대리권을 수여하는 심판을 하는 경우에는 피특정후견인(피특정후견인이 될 사람을 포함한다)

② 가정법원이 제1항제1호 또는 제2호에 따라 진술을 듣는 경우에는 피성년후견인(피성년후견인이 될 사람을 포함한다), 피한정후견인(피한정후견인이 될 사람을 포함한다) 또는 피특정후견인(피특정후견인이 될 사람을 포함한다)을 심문하여야 한다. 다만, 그 사람이 자신의 의사를 밝힐 수 없거나 출석을 거부하는 등 심문할 수 없는 특별한 사정이 있는 때에는 그러하지 아니하다.

③ 제2항의 심문을 위하여 검증이 필요한 경우에는 「민사소송법」 제365조 및 제366조제1항·제3항을 준용한다.

〔본조신설 2013·4·5〕

제45조의4(후견사무의 감독) ① 가정법원은 전문성과 공정성을 갖추었다고 인정할 수 있는 사람에게 성년후견사무·한정후견사무·특정후견사무의 실태 또는 피성년후견인·피한정후견인·피특정후견인의 재산상황을 조사하게 하거나 임시로 재산관리를 하게 할 수 있다. 이 경우 가정법원은 법원사무관등이나 가사조사관에게 사무의 실태나 재산상황을 조사하게 하거나 임시로 재산관리를 하게 할 수 있다.

② 가정법원은 제1항에 따라 사무의 실태나 재산상황을 조사하거나 임시로 재산관리를 하는 사람에게 피성년후견인·피한정후견인·피특정후견인의 재산 중에서 상당한 보수를 지급할 수 있다. 다만, 법원사무관등이나 가사조사관과 같은 법원 소속 공무원에 대하여는 별도의 보수를 지급하지 아니한다.

③ 제1항에 따라 임시로 재산관리를 하는 사람에 대하여는 「민법」 제681조, 제684조, 제685조 및 제688조를 준용한다.
〔본조신설 2013·4·5〕

제45조의5(진단결과 등의 청취) 가정법원은 임의후견감독인을 선임할 경우에는 피임의후견인이 될 사람의 정신상태에 관하여 의사나 그 밖에 전문지식이 있는 사람의 의견을 들어야 한다. 이 경우 의견을 말로 진술하게 하거나 진단서 또는 이에 준하는 서면으로 제출하게 할 수 있다.
〔본조신설 2013·4·5〕

제45조의6(임의후견 관련 심판에서의 진술 청취) ① 가정법원은 다음 각 호의 어느 하나에 해당하는 심판을 하는 경우에는 해당 호에서 정한 사람의 진술을 들어야 한다. 다만, 피임의후견인(피임의후견인이 될 사람을 포함한다)이 의식불명, 그 밖의 사유로 그 의사를 표명할 수 없는 경우에는 그러하지 아니하다.
1. 임의후견감독인의 선임 심판을 하는 경우에는 피임의후견인이 될 사람, 임의후견감독인이 될 사람 및 임의후견인이 될 사람
2. 임의후견감독인의 변경 심판을 하는 경우에는 피임의후견인, 임의후견인, 그 변경이 청구된 임의후견감독인 및 임의후견감독인이 될 사람
3. 임의후견인의 해임 심판을 하는 경우에는 피임의후견인 및 그 해임이 청구된 임의후견인
4. 후견계약의 종료에 관한 허가 심판을 하는 경우에는 피임의후견인 및 임의후견인

② 가정법원은 제1항제1호 또는 제4호의 심판을 하는 경우에는 피임의후견인(피임의후견인이 될 사람을 포함한다)을 심문하여야 한다. 다만, 그 사람이 자신의 의사를 밝힐 수 없거나 출석을 거부하는 등 심문할 수 없는 특별한 사정이 있는 때에는 그러하지 아니하다.
③ 제2항의 심문을 위하여 검증이 필요한 경우에는 「민사소송법」 제365조 및 제366조제1항·제3항을 준용한다.
〔본조신설 2013·4·5〕

제45조의7(임의후견감독사무의 실태 조사) 가정법원은 법원사무관등이나 가사조사관에게 임의후견감독사무의 실태를 조사하게 할 수 있다.
〔본조신설 2013·4·5〕

제45조의8(친생부인의 허가 및 인지의 허가 관련 심판에서의 진술 청취) ① 가정법원은 다음 각 호의 어느 하나에 해당하는 심판을 하는 경우에는 어머니의 전 배우자와 그 성년후견인(성년후견인이 있는 경우에 한정한다)에게 의견을 진술할 기회를 줄 수 있다.
1. 「민법」 제854조의2에 따른 친생부인의 허가 심판
2. 「민법」 제855조의2제1항 및 제2항에 따른 인지의 허가 심판

② 제1항의 진술을 들을 때에는 심문하는 방법 외에도 가사조사관을 통한 조사나 서면조회 등의 방법으로 진술을 들을 수 있다.
〔본조신설 2017·10·31〕

제45조의9(입양허가의 절차) ① 가정법원은 입양의 허가 심판을 하는 경우에 다음 각 호의 사람의 의견을 들어야 한다. 다만, 그 사람이 의식불명, 그 밖의 사유로 자신의 의사를 표명할 수 없는 경우에는 그러하지 아니하다.
1. 양자가 될 사람(양자가 될 사람이 13세 이상인 경우만 해당한다)
2. 양자가 될 사람의 법정대리인 및 후견인
3. 양자가 될 사람의 부모(「민법」 제870조에 따라 부모의 동의가 필요한 경우를 말한다)
4. 양자가 될 사람의 부모의 후견인
5. 양부모가 될 사람
6. 양부모가 될 사람의 성년후견인

② 가정법원은 양자가 될 사람의 복리를 위하여 필요하다고 인정하는 경우 다음 각 호의 구분에 따라 해당 자료를 제공할 것을 요청할 수 있다. 이 경우 자료 제공을 요청받은 기관은 정당한 사유가 없으면 이에 따라야 한다.
1. 양부모가 될 사람의 주소지 및 가족관계 등을 확인하기 위한 범위 : 시장·군수·구청장에 대하여 주민등록표 등본·초본
2. 양부모가 될 사람의 소득을 확인하기 위한 범위 : 국세청장에 대하여 근로소득자료 및 사업소득자료

3. 양부모가 될 사람의 범죄경력을 확인하기 위한 범위 : 경찰청장에 대하여 범죄경력자료
4. 양부모가 될 사람이 양육능력과 관련된 질병이나 심신장애를 가지고 있는지 확인하기 위하여 특히 필요하다고 인정되는 범위 : 「의료법」에 따른 의료기관의 장 또는 「국민건강보험법」에 따른 국민건강보험공단의 장에 대하여 진료기록자료

〔본조신설 2013·7·30〕

제 3 장 마류 가사비송사건

제46조(관할) 마류 가사비송사건은 상대방의 보통재판적이 있는 곳의 가정법원이 관할한다. <개정 2014·10·15>

〔전부개정 2010·3·31〕

제47조(공동소송에 관한 규정의 준용) 마류 가사비송사건의 청구인 또는 상대방이 여러 명일 때에는 「민사소송법」 중 공동소송에 관한 규정을 준용한다.

〔전부개정 2010·3·31〕

제48조(심리 방법) 마류 가사비송사건의 심판은 특별한 사정이 없으면 사건관계인을 심문하여 하여야 한다.

〔전부개정 2010·3·31〕

제48조의2(재산 명시) ① 가정법원은 재산분할, 부양료 및 미성년자인 자녀의 양육비 청구사건을 위하여 특히 필요하다고 인정하는 경우에는 직권으로 또는 당사자의 신청에 의하여 당사자에게 재산상태를 구체적으로 밝힌 재산목록을 제출하도록 명할 수 있다.

② 제 1 항의 재산 명시 절차, 방법 등에 대하여 필요한 사항은 대법원규칙으로 정한다.

〔전부개정 2010·3·31〕

제48조의3(재산조회) ① 가정법원은 제48조의2의 재산 명시 절차에 따라 제출된 재산목록만으로는 재산분할, 부양료 및 미성년자인 자녀의 양육비 청구사건의 해결이 곤란하다고 인정할 경우에 직권으로 또는 당사자의 신청에 의하여 당사자 명의의 재산에 관하여 조회할 수 있다.

② 제 1 항의 재산조회에 관하여는 그 성질에 반하지 아니하는 범위에서 「민사집행법」 제74조를 준용한다.

③ 재산조회를 할 공공기관, 금융기관, 단체 등의 범위 및 조회절차, 당사자가 내야 할 비용, 조회결과의 관리에 관한 사항, 과태료의 부과절차 등은 대법원규칙으로 정한다.

④ 누구든지 재산조회의 결과를 심판 외의 목적으로 사용하여서는 아니 된다.

〔전부개정 2010·3·31〕

제 4 편 가사조정

제49조(준용법률) 가사조정에 관하여는 이 법에 특별한 규정이 있는 경우를 제외하고는 「민사조정법」을 준용한다. 다만, 「민사조정법」 제18조 및 제23조는 준용하지 아니한다.

〔전부개정 2010·3·31〕

제50조(조정 전치주의) ① 나류 및 다류 가사소송사건과 마류 가사비송사건에 대하여 가정법원에 소를 제기하거나 심판을 청구하려는 사람은 먼저 조정을 신청하여야 한다.

② 제 1 항의 사건에 관하여 조정을 신청하지 아니하고 소를 제기하거나 심판을 청구한 경우에는 가정법원은 그 사건을 조정에 회부하여야 한다. 다만, 공시송달의 방법이 아니면 당사자의 어느 한쪽 또는 양쪽을 소환할 수 없거나 그 사건을 조정에 회부하더라도 조정이 성립될 수 없다고 인정하는 경우에는 그러하지 아니하다.

〔전부개정 2010·3·31〕

제51조(관할) ① 가사조정사건은 그에 상응하는 가사소송사건이나 가사비송사건을 관할하는 가정법원 또는 당사자가 합의로 정한 가정법원이 관할한다.

② 가사조정사건에 관하여는 제13조제 3 항부터 제 5 항까지의 규정을 준용한다.

〔전부개정 2010·3·31〕

제52조(조정기관) ① 가사조정사건은 조정장 1명과 2명 이상의 조정위원으로 구성된 조정위원회가 처리한다.

② 조정담당판사는 상당한 이유가 있는 경우에는 당사자가 반대의 의사를 명백하게 표시하지 아니하면 단독으로 조정할 수 있다.

〔전부개정 2010·3·31〕

제53조(조정장 등 및 조정위원의 지정) ① 조정장이나 조정담당판사는 가정법원장 또는 가정법원지원장이 그 관할법원의 판사 중에서 지정한다.

② 조정위원회를 구성하는 조정위원은 학식과 덕망이 있는 사람으로서 매년 미리 가정법원장이나 가정법원지원장이 위촉한 사람 또는 당사자가 합의하여 선정한 사람 중에서 각 사건마다 조정장이 지정한다.
〔전부개정 2010·3·31〕

第54조(조정위원) 조정위원은 조정위원회에서 하는 조정에 관여할 뿐 아니라 가정법원, 조정위원회 또는 조정담당판사의 촉탁에 따라 다른 조정사건에 관하여 전문적 지식에 따른 의견을 진술하거나 분쟁의 해결을 위하여 사건 관계인의 의견을 듣는다.
〔전부개정 2010·3·31〕

第55조(조정의 신청) 조정의 신청에 관하여는 제36조제2항부터 제5항까지의 규정을 준용한다.
〔전부개정 2010·3·31〕

第56조(사실의 사전 조사) 조정장이나 조정담당판사는 특별한 사정이 없으면 조정을 하기 전에 기한을 정하여 가사조사관에게 사건에 관한 사실을 조사하게 하여야 한다.
〔전부개정 2010·3·31〕

第57조(관련 사건의 병합신청) ① 조정의 목적인 청구와 제14조에 규정된 관련 관계에 있는 나류, 다류 및 마류 가사사건의 청구는 병합하여 조정신청할 수 있다.
② 당사자 간의 분쟁을 일시에 해결하기 위하여 필요하면 당사자는 조정위원회 또는 조정담당판사의 허가를 받아 조정의 목적인 청구와 관련 있는 민사사건의 청구를 병합하여 조정신청할 수 있다.
〔전부개정 2010·3·31〕

第58조(조정의 원칙) ① 조정위원회는 조정을 할 때 당사자의 이익뿐 아니라 조정으로 인하여 영향받게 되는 모든 이해관계인의 이익을 고려하고 분쟁을 평화적·종국적(終局的)으로 해결할 수 있는 방안을 마련하여 당사자를 설득하여야 한다.
② 자녀의 친권을 행사할 사람의 지정과 변경, 양육 방법의 결정 등 미성년자인 자녀의 이해(利害)에 직접적인 관련이 있는 사항을 조정할 때에는 미성년자인 자녀의 복지를 우선적으로 고려하여야 한다.
〔전부개정 2010·3·31〕

第59조(조정의 성립) ① 조정은 당사자 사이에 합의된 사항을 조서에 적음으로써 성립한다.
② 조정이나 확정된 조정을 갈음하는 결정은 재판상 화해와 동일한 효력이 있다. 다만, 당사자가 임의로 처분할 수 없는 사항에 대하여는 그러하지 아니하다.
〔전부개정 2010·3·31〕

第60조(이의신청 등에 의한 소송으로의 이행) 제57조제2항에 따라 조정신청된 민사사건의 청구에 관하여는 「민사조정법」 제36조를 준용한다. 이 경우 가정법원은 결정으로 그 민사사건을 관할법원에 이송하여야 한다.
〔전부개정 2010·3·31〕

第61조(조정장 등의 의견 첨부) 조정의 목적인 가사사건의 청구에 관하여 「민사조정법」 제36조에 따라 소가 제기된 것으로 의제(擬制)되거나, 제50조제2항에 따라 조정에 회부된 사건을 다시 가정법원에 회부할 때에는 조정장이나 조정담당판사는 의견을 첨부하여 기록을 관할가정법원에 보내야 한다.
〔전부개정 2010·3·31〕

제5편 이행의 확보

第62조(사전처분) ① 가사사건의 소의 제기, 심판청구 또는 조정의 신청이 있는 경우에 가정법원, 조정위원회 또는 조정담당판사는 사건을 해결하기 위하여 특히 필요하다고 인정하면 직권으로 또는 당사자의 신청에 의하여 상대방이나 그 밖의 관계인에게 현상(現狀)을 변경하거나 물건을 처분하는 행위의 금지를 명할 수 있고, 사건에 관련된 재산의 보존을 위한 처분, 관계인의 감호(監護)와 양육을 위한 처분 등 적당하다고 인정되는 처분을 할 수 있다.
② 제1항의 처분을 할 때에는 제67조제1항에 따른 제재를 고지하여야 한다.
③ 급박한 경우에는 재판장이나 조정장은 단독으로 제1항의 처분을 할 수 있다.
④ 제1항과 제3항의 처분에 대하여는 즉시항고를 할 수 있다.
⑤ 제1항의 처분은 집행력을 갖지 아니한다.
〔전부개정 2010·3·31〕

第63조(가압류, 가처분) ① 가정법원은 제62조에도 불구하고 가사소송사건 또는 마류 가사비송사건을 본안(本案) 사건으로 하여 가압류 또는 가처분을 할 수 있다. 이 경우 「민사집행법」 제276조부터 제312조까지의 규정을 준용한다.
② 제1항의 재판은 담보를 제공하게 하지 아니하고 할 수 있다.
③ 「민사집행법」 제287조를 준용하는 경우 이 법에 따른 조정신청이 있으면 본안의 제소가 있는 것으로 본다.
〔전부개정 2010·3·31〕

제63조의2(양육비 직접지급명령) ① 가정법원은 양육비를 정기적으로 지급할 의무가 있는 사람(이하 "양육비채무자"라 한다)이 정당한 사유 없이 2회 이상 양육비를 지급하지 아니한 경우에 정기금 양육비 채권에 관한 집행권원을 가진 채권자(이하 "양육비채권자"라 한다)의 신청에 따라 양육비채무자에 대하여 정기적 급여채무를 부담하는 소득세원천징수의무자(이하 "소득세원천징수의무자"라 한다)에게 양육비채무자의 급여에서 정기적으로 양육비를 공제하여 양육비채권자에게 직접 지급하도록 명할 수 있다.
② 제1항에 따른 지급명령(이하 "양육비 직접지급명령"이라 한다)은 「민사집행법」에 따라 압류명령과 전부명령을 동시에 명한 것과 같은 효력이 있고, 위 지급명령에 관하여는 압류명령과 전부명령에 관한 「민사집행법」을 준용한다. 다만, 「민사집행법」 제40조제1항과 관계없이 해당 양육비 채권 중 기한이 되지 아니한 것에 대하여도 양육비 직접지급명령을 할 수 있다.
③ 가정법원은 양육비 직접지급명령의 목적을 달성하지 못할 우려가 있다고 인정할 만한 사정이 있는 경우에는 양육비채권자의 신청에 의하여 양육비 직접지급명령을 취소할 수 있다. 이 경우 양육비 직접지급명령은 장래에 향하여 그 효력을 잃는다.
④ 가정법원은 제1항과 제3항의 명령을 양육비채무자와 소득세원천징수의무자에게 송달하여야 한다.
⑤ 제1항과 제3항의 신청에 관한 재판에 대하여는 즉시항고를 할 수 있다.
⑥ 소득세원천징수의무자는 양육비채무자의 직장 변경 등 주된 소득원의 변경사유가 발생한 경우에는 그 사유가 발생한 날부터 1주일 이내에 가정법원에 변경사실을 통지하여야 한다.
〔전부개정 2010·3·31〕

제63조의3(담보제공명령 등) ① 가정법원은 양육비를 정기금으로 지급하게 하는 경우에 그 이행을 확보하기 위하여 양육비채무자에게 상당한 담보의 제공을 명할 수 있다.
② 가정법원은 양육비채무자가 정당한 사유 없이 그 이행을 하지 아니하는 경우에는 양육비채권자의 신청에 의하여 양육비채무자에게 상당한 담보의 제공을 명할 수 있다.
③ 제2항의 결정에 대하여는 즉시항고를 할 수 있다.
④ 제1항이나 제2항에 따라 양육비채무자가 담보를 제공하여야 할 기간 이내에 담보를 제공하지 아니하는 경우에는 가정법원은 양육비채권자의 신청에 의하여 양육비의 전부 또는 일부를 일시금으로 지급하도록 명할 수 있다.
⑤ 제2항과 제4항의 명령에 관하여는 제64조제2항을 준용한다.
⑥ 제1항과 제2항의 담보에 관하여는 그 성질에 반하지 아니하는 범위에서 「민사소송법」 제120조제1항, 제122조, 제123조, 제125조 및 제126조를 준용한다.
〔전부개정 2010·3·31〕

제64조(이행 명령) ① 가정법원은 판결, 심판, 조정조서, 조정을 갈음하는 결정 또는 양육비부담조서에 의하여 다음 각 호의 어느 하나에 해당하는 의무를 이행하여야 할 사람이 정당한 이유 없이 그 의무를 이행하지 아니하는 경우에는 당사자의 신청에 의하여 일정한 기간 내에 그 의무를 이행할 것을 명할 수 있다.
1. 금전의 지급 등 재산상의 의무
2. 유아의 인도 의무
3. 자녀와의 면접교섭 허용 의무
② 제1항의 명령을 할 때에는 특별한 사정이 없으면 미리 당사자를 심문하고 그 의무를 이행하도록 권고하여야 하며, 제67조제1항 및 제68조에 규정된 제재를 고지하여야 한다.
〔전부개정 2010·3·31〕

제65조(금전의 임치) ① 판결, 심판, 조정조서 또는 조정을 갈음하는 결정에 의하여 금전을 지급할 의무가 있는 자는 권리자를 위

하여 가정법원에 그 금전을 임치(任置)할 것을 신청할 수 있다.

② 가정법원은 제1항의 임치신청이 의무를 이행하기에 적합하다고 인정하는 경우에는 허가하여야 한다. 이 경우 그 허가에 대하여는 불복하지 못한다.

③ 제2항의 허가가 있는 경우 그 금전을 임치하면 임치된 금액의 범위에서 의무자(義務者)의 의무가 이행된 것으로 본다.

〔전부개정 2010·3·31〕

제6편 벌칙

제66조(불출석에 대한 제재) 가정법원, 조정위원회 또는 조정담당판사의 소환을 받은 사람이 정당한 이유 없이 출석하지 아니하면 가정법원, 조정위원회 또는 조정담당판사는 결정으로 50만원 이하의 과태료를 부과할 수 있고 구인(拘引)할 수 있다.

〔전부개정 2010·3·31〕

제67조(의무 불이행에 대한 제재) ① 당사자 또는 관계인이 정당한 이유 없이 제29조, 제63조의2제1항, 제63조의3제1항·제2항 또는 제64조의 명령이나 제62조의 처분을 위반한 경우에는 가정법원, 조정위원회 또는 조정담당판사는 직권으로 또는 권리자의 신청에 의하여 결정으로 1천만원 이하의 과태료를 부과할 수 있다.

② 제29조에 따른 수검 명령을 받은 사람이 제1항에 따른 제재를 받고도 정당한 이유 없이 다시 수검 명령을 위반한 경우에는 가정법원은 결정으로 30일의 범위에서 그 의무를 이행할 때까지 위반자에 대한 감치(監置)를 명할 수 있다.

③ 제2항의 결정에 대하여는 즉시항고를 할 수 있다.

〔전부개정 2010·3·31〕

제67조의2(제출명령 위반에 대한 제재) 가정법원은 제3자가 정당한 사유 없이 제45조의3제3항 또는 제45조의6제3항에 따라 준용되는 「민사소송법」 제366조제1항의 제출명령에 따르지 아니한 경우에는 결정으로 200만원 이하의 과태료를 부과한다. 이 결정에 대하여는 즉시항고를 할 수 있다. <개정 2013·7·30>

〔본조신설 2013·4·5〕

제67조의3(재산목록 제출 거부 등에 대한 제재) 제48조의2제1항에 따른 명령을 받은 사람이 정당한 사유 없이 재산목록의 제출을 거부하거나 거짓 재산목록을 제출하면 1천만원 이하의 과태료를 부과한다.

〔전부개정 2010·3·31〕

제67조의4(거짓 자료 제출 등에 대한 제재) 제48조의3제2항에 따라 준용되는 「민사집행법」 제74조제1항 및 제3항의 조회를 받은 기관·단체의 장이 정당한 사유 없이 거짓 자료를 제출하거나 자료를 제출할 것을 거부하면 1천만원 이하의 과태료를 부과한다.

〔전부개정 2010·3·31〕

제68조(특별한 의무 불이행에 대한 제재) ① 제63조의3제4항 또는 제64조의 명령을 받은 사람이 다음 각 호의 어느 하나에 해당하면 가정법원은 권리자의 신청에 의하여 결정으로 30일의 범위에서 그 의무를 이행할 때까지 의무자에 대한 감치를 명할 수 있다.

1. 금전의 정기적 지급을 명령받은 사람이 정당한 이유 없이 3기(期) 이상 그 의무를 이행하지 아니한 경우
2. 유아의 인도를 명령받은 사람이 제67조제1항에 따른 제재를 받고도 30일 이내에 정당한 이유 없이 그 의무를 이행하지 아니한 경우
3. 양육비의 일시금 지급명령을 받은 사람이 30일 이내에 정당한 사유 없이 그 의무를 이행하지 아니한 경우

② 제1항의 결정에 대하여는 즉시항고를 할 수 있다.

〔전부개정 2010·3·31〕

제69조(과태료 사건의 절차) 「비송사건절차법」 제248조 및 제250조 중 검사에 관한 규정은 제66조, 제67조제1항 및 제67조의2부터 제67조의4까지의 규정에 따른 과태료 재판에 적용하지 아니한다. <개정 2013·4·5>

〔전부개정 2010·3·31〕

제70조(감치를 명하는 재판 절차) 제67조제2항 및 제68조에 규정된 감치를 명하는 재판 절차와 그 밖에 필요한 사항은 대법원규칙으로 정한다.

〔전부개정 2010·3·31〕

제71조(비밀누설죄) ① 조정위원이거나 조정위원이었던 사람이 정당한 이유 없이 합의의 과정이나 조정장·조정위원의 의견 및

그 의견별 조정위원의 숫자를 누설하면 30만원 이하의 벌금에 처한다.

② 조정위원이거나 조정위원이었던 사람이 정당한 이유 없이 그 직무수행 중에 알게 된 다른 자의 비밀을 누설하면 2년 이하의 징역 또는 100만원 이하의 벌금에 처한다.

③ 제2항의 죄에 대하여 공소를 제기하려면 고소가 있어야 한다.

〔전부개정 2010·3·31〕

제72조(보도 금지 위반죄) 제10조에 따른 보도 금지 규정을 위반한 사람은 2년 이하의 금고 또는 100만원 이하의 벌금에 처한다.

〔전부개정 2010·3·31〕

제73조(재산조회 결과 등의 목적 외 사용죄) 제48조의2에 따른 재산목록, 제48조의3에 따른 재산조회 결과를 심판 외의 목적으로 사용한 사람은 2년 이하의 징역 또는 500만원 이하의 벌금에 처한다.

〔전부개정 2010·3·31〕

부 칙

제1조(시행일) 이 법은 1991년 1월 1일부터 시행한다.

제2조(폐지법률) 인사소송법 및 가사심판법은 이를 폐지한다.

제3조(계속사건에 대한 경과조치) 이 법은 이 법 또는 대법원규칙에 특별한 규정이 있는 경우를 제외하고는 이 법 시행 당시 법원에 계속중인 사건에도 이를 적용한다. 다만, 이 법 시행전의 소송행위의 효력에는 영향을 미치지 아니한다.

제4조(소급적용) 이 법은 특별한 규정이 있는 경우를 제외하고는 이 법 시행전에 생긴 사항에도 이를 적용한다. 다만, 종전의 규정에 의하여 생긴 효력에는 영향을 미치지 아니한다.

제5조(관할에 관한 경과조치) ① 이 법 시행 당시 가정법원 및 가정법원지원이 설치되지 아니한 지역에 있어서의 가정법원의 권한에 속하는 사항은 가정법원 및 가정법원지원이 설치될 때까지 해당 지방법원 및 지방법원 지원이 이를 관할한다.

② 이 법 시행 당시 법원에 계속중인 사건으로서 이 법에 의한 관할권이 없는 사건인 경우에는 종전의 규정에 의하여 관할권이 있으면 그에 따른다.

제6조(법정기간에 관한 경과조치) 이 법 시행전부터 진행된 법정기간과 그 계산은 종전의 규정에 의한다.

제7조(벌칙에 관한 경과조치) ① 이 법 시행전의 행위에 대한 벌칙·과태료의 적용과 그 집행은 종전의 규정에 의한다.

② 이 법 시행전에 종전의 규정에 의한 이행명령을 받은 자에 대하여는 제68조의 규정을 적용하지 아니한다.

제8조(호주상속사건에 대한 경과조치) 법률 제4199호 민법중개정법률의 시행일전에 개시된 호주상속에 관한 무효의 소 또는 회복의 소는 이 법에 의한 호주승계의 무효 또는 회복의 소의 예에 의한다.

제9조(다른 법률의 개정) 생략

제10조(다른 법령과의 관계) 이 법 시행 당시 다른 법령에서 인사소송법 또는 가사심판법이나 그 조문을 인용한 경우에는 이 법 또는 이 법중 해당 조문을 인용한 것으로 본다.

부 칙 <1991·12·14 법4423>

제1조(시행일) 이 법은 1992년 2월 1일부터 시행한다.

제2조부터 **제6조**까지 생략

부 칙 <1992·11·30 법4505>

①(시행일) 이 법은 1993년 1월 1일부터 시행한다.

② 및 ③ 생략

부 칙 <2002·1·26 법6626>

제1조(시행일) 이 법은 2002년 7월 1일부터 시행한다.

제2조부터 **제7조**까지 생략

부 칙 <2002·1·26 법6627>

제1조(시행일) 이 법은 2002년 7월 1일부터 시행한다.

제2조부터 **제7조**까지 생략

부 칙 <2005·3·24 법7405>

이 법은 공포한 날부터 시행한다.

부 칙 <2005·3·31 법7427>

제1조(시행일) 이 법은 공포한 날부터 시행한다. 다만, …〈생략〉… 부칙 제7조(제2항 및 제29항을 제외한다)의 규정은 2008년 1월 1일부터 시행한다.

제2조부터 **제6조**까지 생략

제7조(다른 법률의 개정) 생략

부 칙 <2007·5·17 법8433>

이 법은 2008년 1월 1일부터 시행한다.

부 칙 <2007·5·17 법8435>

제1조(시행일) 이 법은 2008년 1월 1일부터 시행한다. 〈단서 생략〉

제2조부터 **제9조**까지 생략

부 칙 <2007·12·21 법8715>

①(시행일) 이 법은 공포한 날부터 시행한다. 다만, 제2조제1항가목(2)제13호 및 제14호, 제2조제1항나목(1)제7호의3, 제30조, 제31조 및 제44조제1호·제4호의 개정규정은 2008년 1월 1일부터 시행한다.

②(적용례) 이 법은 이 법 시행 당시 법원에 계속 중인 사건에 대하여도 적용한다. 다만, 종전의 규정에 따라 발생한 효력에는 영향을 미치지 아니한다.

③(경과조치) 2005년 3월 31일 이전에 법원에 계속된 사건에 대하여는 종전의 규정에 따른다.

부 칙 <2009·5·8 법9652>

①(시행일) 이 법은 공포 후 6개월이 경과한 날부터 시행한다.

②(효력의 불소급) 이 법은 종전의 규정에 따라 생긴 효력에 영향을 미치지 아니한다.

③(과태료에 관한 경과조치) 이 법 시행 전의 행위에 대한 과태료의 적용에 있어서는 종전의 규정에 따른다.

부 칙 <2010·3·31 법10212>

이 법은 공포한 날부터 시행한다.

부 칙 <2013·4·5 법11725>

제1조(시행일) 이 법은 2013년 7월 1일부터 시행한다.

제2조(적용례) 이 법은 이 법 시행 당시 가정법원에 계속 중인 사건에 대하여도 적용한다. 다만, 종전의 규정에 따라 발생한 효력에는 영향을 미치지 아니한다.

제3조(계속 중인 사건에 관한 경과조치) 이 법 시행 당시 종전의 규정에 따라 청구되어 가정법원에 계속 중인 "금치산 선고 사건" 및 "한정치산 선고 사건"은 각각 이 법에 따라 청구된 "성년후견 개시 심판 사건" 및 "한정후견 개시 심판 사건"으로 본다.

부 칙 <2013·7·30 법11949>

이 법은 공포한 날부터 시행한다.

부 칙 <2014·10·15 법12773>

이 법은 공포 후 1년이 경과한 날부터 시행한다.

부 칙 <2016·1·19 법13760>

제1조(시행일) 이 법은 공포한 날부터 시행한다.

제2조(가사비송 심판청구서 작성에 관한 적용례) 제36조제3항의 개정규정은 이 법 시행 후 최초로 심판청구서를 작성하는 경우부터 적용한다.

부 칙 <2016·12·2 법14278>

제1조(시행일) 이 법은 공포 후 6개월이 경과한 날부터 시행한다.

제2조 생략

부 칙 <2017·10·31 법14961>

제1조(시행일) 이 법은 공포 후 3개월이 경과한 날부터 시행한다. 다만, 제44조제1항제1호의2 단서 및 같은 조 제2항·제3항의 개정규정은 공포 후 6개월이 경과한 날부터 시행한다.

제2조(후견개시 등의 심판 확정 이후의 후견에 관한 사건의 관할에 관한 적용례) 제44조제1항제1호의2의 개정규정은 같은 개정규정 시행 당시 가정법원에 계속 중인 사건에 대하여도 적용한다. 다만, 종전의 규정에 따라 발생한 효력에는 영향을 미치지 아니한다.

부 칙 <2021·1·26 법17905>

제1조(시행일) 이 법은 공포한 날부터 시행한다.

제2조 및 **제3조** 생략

제4조(「가사소송법」의 개정에 관한 경과조치) 이 법 시행 전에 법원에 감화 또는 교정기관 위탁에 대한 허가를 신청하여 이 법 시행 당시 법원에 계속 중인 사건에 관하여는 부칙 제3조에 따라 개정되는 「가사소송법」 제2조제1항제2호가목14)의 개정규정에도 불구하고 종전의 규정에 따른다.

부 칙 <2023·4·18 법19354>

제1조(시행일) 이 법은 공포 후 6개월이 경과한 날부터 시행한다.

제2조부터 **제4조**까지 생략

부 칙 <2024·9·20 법20432>

제1조(시행일) 이 법은 2025년 1월 31일부터 시행한다. 다만, …〈생략〉… 부칙 제4조는 2026년 1월 1일부터 시행한다.

제2조 및 **제4조** 생략

형 사 법 편

형법분야 · 형사소송법분야

형사법편 목차

형법 분야

형사소송법 분야

●형법

〔1953·9·18 법률제293호〕

개정
1975· 3·25 법률제 2745호
1988·12·31 법률제 4040호
1995·12·29 법률제 5057호
1997·12·13 법률제 5454호(정부부처명칭등의변경에 따른건축법등의정비에관한법률)
2001·12·29 법률제 6543호
2004· 1·20 법률제 7077호
2005· 3·31 법률제 7427호(민법)
2005· 7·29 법률제 7623호
2010· 4·15 법률제10259호
2012·12·18 법률제11574호
2013· 4· 5 법률제11731호
2014· 5·14 법률제12575호
2014·12·30 법률제12898호
2016· 1· 6 법률제13719호
2016· 5·29 법률제14178호
2016·12·20 법률제14415호
2017·12·12 법률제15163호
2018·10·16 법률제15793호
2018·12·18 법률제15982호
2020· 5·19 법률제17265호
2020·10·20 법률제17511호
2020·12· 8 법률제17571호
2023· 8· 8 법률제19582호

제 1 편 총칙

제 1 장 형법의 적용범위

제 1 조(범죄의 성립과 처벌) ① 범죄의 성립과 처벌은 행위 시의 법률에 따른다.
② 범죄 후 법률이 변경되어 그 행위가 범죄를 구성하지 아니하게 되거나 형이 구법(舊法)보다 가벼워진 경우에는 신법(新法)에 따른다.
③ 재판이 확정된 후 법률이 변경되어 그 행위가 범죄를 구성하지 아니하게 된 경우에는 형의 집행을 면제한다.
〔전부개정 2020·12·8〕

제 2 조(국내범) 본법은 대한민국영역내에서 죄를 범한 내국인과 외국인에게 적용한다.

제 3 조(내국인의 국외범) 본법은 대한민국영역외에서 죄를 범한 내국인에게 적용한다.

제 4 조(국외에 있는 내국선박 등에서 외국인이 범한 죄) 본법은 대한민국영역외에 있는 대한민국의 선박 또는 항공기내에서 죄를 범한 외국인에게 적용한다.

제 5 조(외국인의 국외범) 본법은 대한민국영역외에서 다음에 기재한 죄를 범한 외국인에게 적용한다.
1. 내란의 죄
2. 외환의 죄
3. 국기에 관한 죄
4. 통화에 관한 죄
5. 유가증권, 우표와 인지에 관한 죄
6. 문서에 관한 죄중 제225조 내지 제230조
7. 인장에 관한 죄중 제238조

제 6 조(대한민국과 대한민국국민에 대한 국외범) 본법은 대한민국영역외에서 대한민국 또는 대한민국국민에 대하여 전조에 기재한 이외의 죄를 범한 외국인에게 적용한다. 단, 행위지의 법률에 의하여 범죄를 구성하지 아니하거나 소추 또는 형의 집행을 면제할 경우에는 예외로 한다.

제 7 조(외국에서 집행된 형의 산입) 죄를 지어 외국에서 형의 전부 또는 일부가 집행된 사람에 대해서는 그 집행된 형의 전부 또는 일부를 선고하는 형에 산입한다.
〔전부개정 2016·12·20〕

제 8 조(총칙의 적용) 본법 총칙은 타법령에 정한 죄에 적용한다. 단, 그 법령에 특별한 규정이 있는 때에는 예외로 한다.

제 2 장 죄

제 1 절 죄의 성립과 형의 감면

제 9 조(형사미성년자) 14세되지 아니한 자의 행위는 벌하지 아니한다.

제10조(심신장애인) ① 심신장애로 인하여 사물을 변별할 능력이 없거나 의사를 결정할 능력이 없는 자의 행위는 벌하지 아니한다.
② 심신장애로 인하여 전항의 능력이 미약한 자의 행위는 형을 감경할 수 있다. <개정 2018·12·18>
③ 위험의 발생을 예견하고 자의로 심신장애를 야기한 자의 행위에는 전 2 항의 규정을 적용하지 아니한다.

제11조(청각 및 언어 장애인) 듣거나 말하는 데 모두 장애가 있는 사람의 행위에 대해서는 형을 감경한다.
〔전부개정 2020·12·8〕

제12조(강요된 행위) 저항할 수 없는 폭력이나 자기 또는 친족의 생명, 신체에 대한 위해를 방어할 방법이 없는 협박에 의하여 강요된 행위는 벌하지 아니한다.

제13조(고의) 죄의 성립요소인 사실을 인식하지 못한 행위는 벌하지 아니한다. 다만, 법률에 특별한 규정이 있는 경우에는 예외로 한다.
〔전부개정 2020·12·8〕

제14조(과실) 정상적으로 기울여야 할 주의(注意)를 게을리하여 죄의 성립요소인 사실을 인식하지 못한 행위는 법률에 특별한 규정이 있는 경우에만 처벌한다.
〔전부개정 2020·12·8〕

제15조(사실의 착오) ① 특별히 무거운 죄가 되는 사실을 인식하지 못한 행위는 무거운 죄로 벌하지 아니한다.
② 결과 때문에 형이 무거워지는 죄의 경우에 그 결과의 발생을 예견할 수 없었을 때에는 무거운 죄로 벌하지 아니한다.
〔전부개정 2020·12·8〕

제16조(법률의 착오) 자기의 행위가 법령에 의

하여 죄가 되지 아니하는 것으로 오인한 행위는 그 오인에 정당한 이유가 있는 때에 한하여 벌하지 아니한다.

제17조(인과관계) 어떤 행위라도 죄의 요소되는 위험발생에 연결되지 아니한 때에는 그 결과로 인하여 벌하지 아니한다.

제18조(부작위범) 위험의 발생을 방지할 의무가 있거나 자기의 행위로 인하여 위험발생의 원인을 야기한 자가 그 위험발생을 방지하지 아니한 때에는 그 발생된 결과에 의하여 처벌한다.

제19조(독립행위의 경합) 동시 또는 이시의 독립행위가 경합한 경우에 그 결과발생의 원인된 행위가 판명되지 아니한 때에는 각 행위를 미수범으로 처벌한다.

제20조(정당행위) 법령에 의한 행위 또는 업무로 인한 행위 기타 사회상규에 위배되지 아니하는 행위는 벌하지 아니한다.

제21조(정당방위) ① 현재의 부당한 침해로부터 자기 또는 타인의 법익(法益)을 방위하기 위하여 한 행위는 상당한 이유가 있는 경우에는 벌하지 아니한다.

② 방위행위가 그 정도를 초과한 경우에는 정황(情況)에 따라 그 형을 감경하거나 면제할 수 있다.

③ 제2항의 경우에 야간이나 그 밖의 불안한 상태에서 공포를 느끼거나 경악(驚愕)하거나 흥분하거나 당황하였기 때문에 그 행위를 하였을 때에는 벌하지 아니한다.

〔전부개정 2020·12·8〕

제22조(긴급피난) ① 자기 또는 타인의 법익에 대한 현재의 위난을 피하기 위한 행위는 상당한 이유가 있는 때에는 벌하지 아니한다.

② 위난을 피하지 못할 책임이 있는 자에 대하여는 전항의 규정을 적용하지 아니한다.

③ 전조제2항과 제3항의 규정은 본조에 준용한다.

제23조(자구행위) ① 법률에서 정한 절차에 따라서는 청구권을 보전(保全)할 수 없는 경우에 그 청구권의 실행이 불가능해지거나 현저히 곤란해지는 상황을 피하기 위하여 한 행위는 상당한 이유가 있는 때에는 벌하지 아니한다.

② 제1항의 행위가 그 정도를 초과한 경우에는 정황에 따라 그 형을 감경하거나 면제할 수 있다.

〔전부개정 2020·12·8〕

제24조(피해자의 승낙) 처분할 수 있는 자의 승낙에 의하여 그 법익을 훼손한 행위는 법률에 특별한 규정이 없는 한 벌하지 아니한다.

제2절 미수범

제25조(미수범) ① 범죄의 실행에 착수하여 행위를 종료하지 못하였거나 결과가 발생하지 아니한 때에는 미수범으로 처벌한다.

② 미수범의 형은 기수범보다 감경할 수 있다.

제26조(중지범) 범인이 실행에 착수한 행위를 자의(自意)로 중지하거나 그 행위로 인한 결과의 발생을 자의로 방지한 경우에는 형을 감경하거나 면제한다.

〔전부개정 2020·12·8〕

제27조(불능범) 실행의 수단 또는 대상의 착오로 인하여 결과의 발생이 불가능하더라도 위험성이 있는 때에는 처벌한다. 단, 형을 감경 또는 면제할 수 있다.

제28조(음모, 예비) 범죄의 음모 또는 예비행위가 실행의 착수에 이르지 아니한 때에는 법률에 특별한 규정이 없는 한 벌하지 아니한다.

제29조(미수범의 처벌) 미수범을 처벌할 죄는 각칙의 해당 죄에서 정한다.

〔전부개정 2020·12·8〕

제3절 공범

제30조(공동정범) 2인 이상이 공동하여 죄를 범한 때에는 각자를 그 죄의 정범으로 처벌한다.

제31조(교사범) ① 타인을 교사하여 죄를 범하게 한 자는 죄를 실행한 자와 동일한 형으로 처벌한다.

② 교사를 받은 자가 범죄의 실행을 승낙하고 실행의 착수에 이르지 아니한 때에는 교사자와 피교사자를 음모 또는 예비에 준하여 처벌한다.

③ 교사를 받은 자가 범죄의 실행을 승낙하지 아니한 때에도 교사자에 대하여는 전항과 같다.

제32조(종범) ① 타인의 범죄를 방조한 자는 종범으로 처벌한다.
② 종범의 형은 정범의 형보다 감경한다.

제33조(공범과 신분) 신분이 있어야 성립되는 범죄에 신분 없는 사람이 가담한 경우에는 그 신분 없는 사람에게도 제30조부터 제32조까지의 규정을 적용한다. 다만, 신분 때문에 형의 경중이 달라지는 경우에 신분이 없는 사람은 무거운 형으로 벌하지 아니한다.
〔전부개정 2020·12·8〕

제34조(간접정범, 특수한 교사, 방조에 대한 형의 가중) ① 어느 행위로 인하여 처벌되지 아니하는 자 또는 과실범으로 처벌되는 자를 교사 또는 방조하여 범죄행위의 결과를 발생하게 한 자는 교사 또는 방조의 예에 의하여 처벌한다.
② 자기의 지휘, 감독을 받는 자를 교사 또는 방조하여 전항의 결과를 발생하게 한 자는 교사인 때에는 정범에 정한 형의 장기 또는 다액에 그 2분의 1까지 가중하고 방조인 때에는 정범의 형으로 처벌한다.

제 4 절 누범

제35조(누범) ① 금고(禁錮) 이상의 형을 선고받아 그 집행이 종료되거나 면제된 후 3년 내에 금고 이상에 해당하는 죄를 지은 사람은 누범(累犯)으로 처벌한다.
② 누범의 형은 그 죄에 대하여 정한 형의 장기(長期)의 2배까지 가중한다.
〔전부개정 2020·12·8〕

제36조(판결선고후의 누범발각) 판결선고후 누범인 것이 발각된 때에는 그 선고한 형을 통산하여 다시 형을 정할 수 있다. 단, 선고한 형의 집행을 종료하거나 그 집행이 면제된 후에는 예외로 한다.

제 5 절 경합범

제37조(경합범) 판결이 확정되지 아니한 수개의 죄 또는 금고 이상의 형에 처한 판결이 확정된 죄와 그 판결확정전에 범한 죄를 경합범으로 한다. <개정 2004·1·20>

제38조(경합범과 처벌례) ① 경합범을 동시에 판결할 때에는 다음 각 호의 구분에 따라 처벌한다.
1. 가장 무거운 죄에 대하여 정한 형이 사형, 무기징역, 무기금고인 경우에는 가장 무거운 죄에 대하여 정한 형으로 처벌한다.
2. 각 죄에 대하여 정한 형이 사형, 무기징역, 무기금고 외의 같은 종류의 형인 경우에는 가장 무거운 죄에 대하여 정한 형의 장기 또는 다액(多額)에 그 2분의 1까지 가중하되 각 죄에 대하여 정한 형의 장기 또는 다액을 합산한 형기 또는 액수를 초과할 수 없다. 다만, 과료와 과료, 몰수와 몰수는 병과(倂科)할 수 있다.
3. 각 죄에 대하여 정한 형이 무기징역, 무기금고 외의 다른 종류의 형인 경우에는 병과한다.

② 제1항 각 호의 경우에 징역과 금고는 같은 종류의 형으로 보아 징역형으로 처벌한다.
〔전부개정 2020·12·8〕

제39조(판결을 받지 아니한 경합범, 수개의 판결과 경합범, 형의 집행과 경합범) ① 경합범중 판결을 받지 아니한 죄가 있는 때에는 그 죄와 판결이 확정된 죄를 동시에 판결할 경우와 형평을 고려하여 그 죄에 대하여 형을 선고한다. 이 경우 그 형을 감경 또는 면제할 수 있다. <개정 2005·7·29>
② 삭제 <2005·7·29>
③ 경합범에 의한 판결의 선고를 받은 자가 경합범 중의 어떤 죄에 대하여 사면 또는 형의 집행이 면제된 때에는 다른 죄에 대하여 다시 형을 정한다.
④ 전3항의 형의 집행에 있어서는 이미 집행한 형기를 통산한다.

제40조(상상적 경합) 한 개의 행위가 여러 개의 죄에 해당하는 경우에는 가장 무거운 죄에 대하여 정한 형으로 처벌한다.
〔전부개정 2020·12·8〕

제 3 장 형

제 1 절 형의 종류와 경중

제41조(형의 종류) 형의 종류는 다음과 같다.
1. 사형

2. 징역
3. 금고
4. 자격상실
5. 자격정지
6. 벌금
7. 구류
8. 과료
9. 몰수

제42조(징역 또는 금고의 기간) 징역 또는 금고는 무기 또는 유기로 하고 유기는 1개월 이상 30년 이하로 한다. 단, 유기징역 또는 유기금고에 대하여 형을 가중하는 때에는 50년까지로 한다. <개정 2010·4·15>

제43조(형의 선고와 자격상실, 자격정지) ① 사형, 무기징역 또는 무기금고의 판결을 받은 자는 다음에 기재한 자격을 상실한다.
1. 공무원이 되는 자격
2. 공법상의 선거권과 피선거권
3. 법률로 요건을 정한 공법상의 업무에 관한 자격
4. 법인의 이사, 감사 또는 지배인 기타 법인의 업무에 관한 검사역이나 재산관리인이 되는 자격

② 유기징역 또는 유기금고의 판결을 받은 자는 그 형의 집행이 종료하거나 면제될 때까지 전항제1호 내지 제3호에 기재된 자격이 정지된다. 다만, 다른 법률에 특별한 규정이 있는 경우에는 그 법률에 따른다.
<개정 2016·1·6>

제44조(자격정지) ① 전조에 기재한 자격의 전부 또는 일부에 대한 정지는 1년 이상 15년 이하로 한다.
② 유기징역 또는 유기금고에 자격정지를 병과한 때에는 징역 또는 금고의 집행을 종료하거나 면제된 날로부터 정지기간을 기산한다.

제45조(벌금) 벌금은 5만원 이상으로 한다. 다만, 감경하는 경우에는 5만원 미만으로 할 수 있다. <개정 1995·12·29>

제46조(구류) 구류는 1일 이상 30일 미만으로 한다.

제47조(과료) 과료는 2천원 이상 5만원 미만으로 한다. <개정 1995·12·29>

제48조(몰수의 대상과 추징) ① 범인 외의 자의 소유에 속하지 아니하거나 범죄 후 범인 외의 자가 사정을 알면서 취득한 다음 각 호의 물건은 전부 또는 일부를 몰수할 수 있다.
1. 범죄행위에 제공하였거나 제공하려고 한 물건
2. 범죄행위로 인하여 생겼거나 취득한 물건
3. 제1호 또는 제2호의 대가로 취득한 물건

② 제1항 각 호의 물건을 몰수할 수 없을 때에는 그 가액(價額)을 추징한다.
③ 문서, 도화(圖畵), 전자기록(電磁記錄) 등 특수매체기록 또는 유가증권의 일부가 몰수의 대상이 된 경우에는 그 부분을 폐기한다.
〔전부개정 2020·12·8〕

제49조(몰수의 부가성) 몰수는 타형에 부가하여 과한다. 단, 행위자에게 유죄의 재판을 아니할 때에도 몰수의 요건이 있는 때에는 몰수만을 선고할 수 있다.

제50조(형의 경중) ① 형의 경중은 제41조 각 호의 순서에 따른다. 다만, 무기금고와 유기징역은 무기금고를 무거운 것으로 하고 유기금고의 장기가 유기징역의 장기를 초과하는 때에는 유기금고를 무거운 것으로 한다.
② 같은 종류의 형은 장기가 긴 것과 다액이 많은 것을 무거운 것으로 하고 장기 또는 다액이 같은 경우에는 단기가 긴 것과 소액이 많은 것을 무거운 것으로 한다.
③ 제1항 및 제2항을 제외하고는 죄질과 범정(犯情)을 고려하여 경중을 정한다.
〔전부개정 2020·12·8〕

제2절 형의 양정

제51조(양형의 조건) 형을 정함에 있어서는 다음 사항을 참작하여야 한다.
1. 범인의 연령, 성행, 지능과 환경
2. 피해자에 대한 관계
3. 범행의 동기, 수단과 결과
4. 범행후의 정황

제52조(자수, 자복) ① 죄를 지은 후 수사기관에 자수한 경우에는 형을 감경하거나 면제할 수 있다.
② 피해자의 의사에 반하여 처벌할 수 없는 범죄의 경우에는 피해자에게 죄를 자복(自服)하였을 때에도 형을 감경하거나 면제할

수 있다.
〔전부개정 2020 · 12 · 8〕

제53조(정상참작감경) 범죄의 정상(情狀)에 참작할 만한 사유가 있는 경우에는 그 형을 감경할 수 있다.
〔전부개정 2020 · 12 · 8〕

제54조(선택형과 정상참작감경) 한 개의 죄에 정한 형이 여러 종류인 때에는 먼저 적용할 형을 정하고 그 형을 감경한다.
〔전부개정 2020 · 12 · 8〕

제55조(법률상의 감경) ① 법률상의 감경은 다음과 같다. <개정 2010 · 4 · 15>

1. 사형을 감경할 때에는 무기 또는 20년 이상 50년 이하의 징역 또는 금고로 한다.
2. 무기징역 또는 무기금고를 감경할 때에는 10년 이상 50년 이하의 징역 또는 금고로 한다.
3. 유기징역 또는 유기금고를 감경할 때에는 그 형기의 2분의 1로 한다.
4. 자격상실을 감경할 때에는 7년 이상의 자격정지로 한다.
5. 자격정지를 감경할 때에는 그 형기의 2분의 1로 한다.
6. 벌금을 감경할 때에는 그 다액의 2분의 1로 한다.
7. 구류를 감경할 때에는 그 장기의 2분의 1로 한다.
8. 과료를 감경할 때에는 그 다액의 2분의 1로 한다.

② 법률상 감경할 사유가 수개있는 때에는 거듭 감경할 수 있다.

제56조(가중 · 감경의 순서) 형을 가중 · 감경할 사유가 경합하는 경우에는 다음 각 호의 순서에 따른다.

1. 각칙 조문에 따른 가중
2. 제34조제 2 항에 따른 가중
3. 누범 가중
4. 법률상 감경
5. 경합범 가중
6. 정상참작감경

〔전부개정 2020 · 12 · 8〕

제57조(판결선고전 구금일수의 통산) ① 판결선고전의 구금일수는 그 전부를 유기징역, 유기금고, 벌금이나 과료에 관한 유치 또는 구류에 산입한다. <개정 2014 · 12 · 30>
② 전항의 경우에는 구금일수의 1일은 징역, 금고, 벌금이나 과료에 관한 유치 또는 구류의 기간의 1일로 계산한다.

제58조(판결의 공시) ① 피해자의 이익을 위하여 필요하다고 인정할 때에는 피해자의 청구가 있는 경우에 한하여 피고인의 부담으로 판결공시의 취지를 선고할 수 있다.
② 피고사건에 대하여 무죄의 판결을 선고하는 경우에는 무죄판결공시의 취지를 선고하여야 한다. 다만, 무죄판결을 받은 피고인이 무죄판결공시 취지의 선고에 동의하지 아니하거나 피고인의 동의를 받을 수 없는 경우에는 그러하지 아니하다. <개정 2014 · 12 · 30>
③ 피고사건에 대하여 면소의 판결을 선고하는 경우에는 면소판결공시의 취지를 선고할 수 있다. <신설 2014 · 12 · 30>

제 3 절 형의 선고유예

제59조(선고유예의 요건) ① 1년 이하의 징역이나 금고, 자격정지 또는 벌금의 형을 선고할 경우에 제51조의 사항을 고려하여 뉘우치는 정상이 뚜렷할 때에는 그 형의 선고를 유예할 수 있다. 다만, 자격정지 이상의 형을 받은 전과가 있는 사람에 대해서는 예외로 한다.
② 형을 병과할 경우에도 형의 전부 또는 일부에 대하여 선고를 유예할 수 있다.
〔전부개정 2020 · 12 · 8〕

제59조의2(보호관찰) ① 형의 선고를 유예하는 경우에 재범방지를 위하여 지도 및 원호가 필요한 때에는 보호관찰을 받을 것을 명할 수 있다.
② 제 1 항의 규정에 의한 보호관찰의 기간은 1년으로 한다.
〔본조신설 1995 · 12 · 29〕

제60조(선고유예의 효과) 형의 선고유예를 받은 날로부터 2년을 경과한 때에는 면소된 것으로 간주한다.

제61조(선고유예의 실효) ① 형의 선고유예를 받은 자가 유예기간중 자격정지 이상의 형에 처한 판결이 확정되거나 자격정지 이상의 형에 처한 전과가 발견된 때에는 유예한 형을 선고한다.

② 제59조의2의 규정에 의하여 보호관찰을 명한 선고유예를 받은 자가 보호관찰기간 중에 준수사항을 위반하고 그 정도가 무거운 때에는 유예한 형을 선고할 수 있다. <신설 1995·12·29>

제 4 절 형의 집행유예

제62조(집행유예의 요건) ① 3년 이하의 징역이나 금고 또는 500만원 이하의 벌금의 형을 선고할 경우에 제51조의 사항을 참작하여 그 정상에 참작할 만한 사유가 있는 때에는 1년 이상 5년 이하의 기간 형의 집행을 유예할 수 있다. 다만, 금고 이상의 형을 선고한 판결이 확정된 때부터 그 집행을 종료하거나 면제된 후 3년까지의 기간에 범한 죄에 대하여 형을 선고하는 경우에는 그러하지 아니하다. <개정 2005·7·29, 2016·1·6>
② 형을 병과할 경우에는 그 형의 일부에 대하여 집행을 유예할 수 있다.

제62조의2(보호관찰, 사회봉사·수강명령) ① 형의 집행을 유예하는 경우에는 보호관찰을 받을 것을 명하거나 사회봉사 또는 수강을 명할 수 있다.
② 제1항의 규정에 의한 보호관찰의 기간은 집행을 유예한 기간으로 한다. 다만, 법원은 유예기간의 범위내에서 보호관찰기간을 정할 수 있다.
③ 사회봉사명령 또는 수강명령은 집행유예기간내에 이를 집행한다.
〔본조신설 1995·12·29〕

제63조(집행유예의 실효) 집행유예의 선고를 받은 자가 유예기간 중 고의로 범한 죄로 금고 이상의 실형을 선고받아 그 판결이 확정된 때에는 집행유예의 선고는 효력을 잃는다. <개정 2005·7·29>

제64조(집행유예의 취소) ① 집행유예의 선고를 받은 후 제62조 단행의 사유가 발각된 때에는 집행유예의 선고를 취소한다.
② 제62조의2의 규정에 의하여 보호관찰이나 사회봉사 또는 수강을 명한 집행유예를 받은 자가 준수사항이나 명령을 위반하고 그 정도가 무거운 때에는 집행유예의 선고를 취소할 수 있다. <신설 1995·12·29>

제65조(집행유예의 효과) 집행유예의 선고를 받은 후 그 선고의 실효 또는 취소됨이 없이 유예기간을 경과한 때에는 형의 선고는 효력을 잃는다.

제 5 절 형의 집행

제66조(사형) 사형은 교정시설 안에서 교수(絞首)하여 집행한다.
〔전부개정 2020·12·8〕

제67조(징역) 징역은 교정시설에 수용하여 집행하며, 정해진 노역(勞役)에 복무하게 한다.
〔전부개정 2020·12·8〕

제68조(금고와 구류) 금고와 구류는 교정시설에 수용하여 집행한다.
〔전부개정 2020·12·8〕

제69조(벌금과 과료) ① 벌금과 과료는 판결확정일로부터 30일내에 납입하여야 한다. 단, 벌금을 선고할 때에는 동시에 그 금액을 완납할 때까지 노역장에 유치할 것을 명할 수 있다.
② 벌금을 납입하지 아니한 자는 1일 이상 3년 이하, 과료를 납입하지 아니한 자는 1일 이상 30일 미만의 기간 노역장에 유치하여 작업에 복무하게 한다.

제70조(노역장 유치) ① 벌금이나 과료를 선고할 때에는 이를 납입하지 아니하는 경우의 노역장 유치기간을 정하여 동시에 선고하여야 한다. <개정 2020·12·8>
② 선고하는 벌금이 1억원 이상 5억원 미만인 경우에는 300일 이상, 5억원 이상 50억원 미만인 경우에는 500일 이상, 50억원 이상인 경우에는 1천일 이상의 노역장 유치기간을 정하여야 한다. <신설 2014·5·14, 2020·12·8>

제71조(유치일수의 공제) 벌금이나 과료의 선고를 받은 사람이 그 금액의 일부를 납입한 경우에는 벌금 또는 과료액과 노역장 유치기간의 일수(日數)에 비례하여 납입금액에 해당하는 일수를 뺀다.
〔전부개정 2020·12·8〕

제 6 절 가석방

제72조(가석방의 요건) ① 징역이나 금고의 집행 중에 있는 사람이 행상(行狀)이 양호하여

뉘우침이 뚜렷한 때에는 무기형은 20년, 유기형은 형기의 3분의 1이 지난 후 행정처분으로 가석방을 할 수 있다.

② 제1항의 경우에 벌금이나 과료가 병과되어 있는 때에는 그 금액을 완납하여야 한다.

〔전부개정 2020·12·8〕

제73조(판결선고 전 구금과 가석방) ① 형기에 산입된 판결선고 전 구금일수는 가석방을 하는 경우 집행한 기간에 산입한다.

② 제72조제2항의 경우에 벌금이나 과료에 관한 노역장 유치기간에 산입된 판결선고 전 구금일수는 그에 해당하는 금액이 납입된 것으로 본다.

〔전부개정 2020·12·8〕

제73조의2(가석방의 기간 및 보호관찰) ① 가석방의 기간은 무기형에 있어서는 10년으로 하고, 유기형에 있어서는 남은 형기로 하되, 그 기간은 10년을 초과할 수 없다.

② 가석방된 자는 가석방기간중 보호관찰을 받는다. 다만, 가석방을 허가한 행정관청이 필요가 없다고 인정한 때에는 그러하지 아니하다.

〔본조신설 1995·12·29〕

제74조(가석방의 실효) 가석방 기간 중 고의로 지은 죄로 금고 이상의 형을 선고받아 그 판결이 확정된 경우에 가석방 처분은 효력을 잃는다.

〔전부개정 2020·12·8〕

제75조(가석방의 취소) 가석방의 처분을 받은 자가 감시에 관한 규칙을 위배하거나, 보호관찰의 준수사항을 위반하고 그 정도가 무거운 때에는 가석방처분을 취소할 수 있다.

〔전부개정 1995·12·29〕

제76조(가석방의 효과) ① 가석방의 처분을 받은 후 그 처분이 실효 또는 취소되지 아니하고 가석방기간을 경과한 때에는 형의 집행을 종료한 것으로 본다. <개정 1995·12·29>

② 전2조의 경우에는 가석방 중의 일수는 형기에 산입하지 아니한다.

제7절 형의 시효

제77조(형의 시효의 효과) 형(사형은 제외한다)을 선고받은 자에 대해서는 시효가 완성되면 그 집행이 면제된다. <개정 2023·8·8>

〔전부개정 2020·12·8〕

제78조(형의 시효의 기간) 시효는 형을 선고하는 재판이 확정된 후 그 집행을 받지 아니하고 다음 각 호의 구분에 따른 기간이 지나면 완성된다. <개정 2017·12·12, 2020·12·8>

1. 삭제 <2023·8·8>
2. 무기의 징역 또는 금고 : 20년
3. 10년 이상의 징역 또는 금고 : 15년
4. 3년 이상의 징역이나 금고 또는 10년 이상의 자격정지 : 10년
5. 3년 미만의 징역이나 금고 또는 5년 이상의 자격정지 : 7년
6. 5년 미만의 자격정지, 벌금, 몰수 또는 추징 : 5년
7. 구류 또는 과료 : 1년

제79조(형의 시효의 정지) ① 시효는 형의 집행의 유예나 정지 또는 가석방 기타 집행할 수 없는 기간은 진행되지 아니한다.

② 시효는 형이 확정된 후 그 형의 집행을 받지 아니한 사람이 형의 집행을 면할 목적으로 국외에 있는 기간 동안은 진행되지 아니한다. <신설 2014·5·14, 2023·8·8>

제80조(형의 시효의 중단) 시효는 징역, 금고 및 구류의 경우에는 수형자를 체포한 때, 벌금, 과료, 몰수 및 추징의 경우에는 강제처분을 개시한 때에 중단된다.

〔전부개정 2023·8·8〕

제8절 형의 소멸

제81조(형의 실효) 징역 또는 금고의 집행을 종료하거나 집행이 면제된 자가 피해자의 손해를 보상하고 자격정지 이상의 형을 받음이 없이 7년을 경과한 때에는 본인 또는 검사의 신청에 의하여 그 재판의 실효를 선고할 수 있다.

제82조(복권) 자격정지의 선고를 받은 자가 피해자의 손해를 보상하고 자격정지 이상의 형을 받음이 없이 정지기간의 2분의 1을 경과한 때에는 본인 또는 검사의 신청에 의하여 자격의 회복을 선고할 수 있다.

제4장 기간

제83조(기간의 계산) 연(年) 또는 월(月)로 정

한 기간은 연 또는 월 단위로 계산한다.
〔전부개정 2020·12·8〕

제84조(형기의 기산) ① 형기는 판결이 확정된 날로부터 기산한다.
② 징역, 금고, 구류와 유치에 있어서는 구속되지 아니한 일수는 형기에 산입하지 아니한다.

제85조(형의 집행과 시효기간의 초일) 형의 집행과 시효기간의 초일은 시간을 계산함이 없이 1일로 산정한다.

제86조(석방일) 석방은 형기종료일에 하여야 한다.

제 2 편 각칙

제 1 장 내란의 죄

제87조(내란) 대한민국 영토의 전부 또는 일부에서 국가권력을 배제하거나 국헌을 문란하게 할 목적으로 폭동을 일으킨 자는 다음 각 호의 구분에 따라 처벌한다.
1. 우두머리는 사형, 무기징역 또는 무기금고에 처한다.
2. 모의에 참여하거나 지휘하거나 그 밖의 중요한 임무에 종사한 자는 사형, 무기 또는 5년 이상의 징역이나 금고에 처한다. 살상, 파괴 또는 약탈 행위를 실행한 자도 같다.
3. 부화수행(附和隨行)하거나 단순히 폭동에만 관여한 자는 5년 이하의 징역이나 금고에 처한다.

〔전부개정 2020·12·8〕

제88조(내란목적의 살인) 대한민국 영토의 전부 또는 일부에서 국가권력을 배제하거나 국헌을 문란하게 할 목적으로 사람을 살해한 자는 사형, 무기징역 또는 무기금고에 처한다.
〔전부개정 2020·12·8〕

제89조(미수범) 전 2 조의 미수범은 처벌한다.

제90조(예비, 음모, 선동, 선전) ① 제87조 또는 제88조의 죄를 범할 목적으로 예비 또는 음모한 자는 3년 이상의 유기징역이나 유기금고에 처한다. 단, 그 목적한 죄의 실행에 이르기 전에 자수한 때에는 그 형을 감경 또는 면제한다.
② 제87조 또는 제88조의 죄를 범할 것을 선동 또는 선전한 자도 전항의 형과 같다.

제91조(국헌문란의 정의) 본장에서 국헌을 문란할 목적이라 함은 다음 각호의 1에 해당함을 말한다.
1. 헌법 또는 법률에 정한 절차에 의하지 아니하고 헌법 또는 법률의 기능을 소멸시키는 것
2. 헌법에 의하여 설치된 국가기관을 강압에 의하여 전복 또는 그 권능행사를 불가능하게 하는 것

제 2 장 외환의 죄

제92조(외환유치) 외국과 통모하여 대한민국에 대하여 전단을 열게 하거나 외국인과 통모하여 대한민국에 항적한 자는 사형 또는 무기징역에 처한다.

제93조(여적) 적국과 합세하여 대한민국에 항적한 자는 사형에 처한다.

제94조(모병이적) ① 적국을 위하여 모병한 자는 사형 또는 무기징역에 처한다.
② 전항의 모병에 응한 자는 무기 또는 5년 이상의 징역에 처한다.

제95조(시설제공이적) ① 군대, 요새, 진영 또는 군용에 공하는 선박이나 항공기 기타 장소, 설비 또는 건조물을 적국에 제공한 자는 사형 또는 무기징역에 처한다.
② 병기 또는 탄약 기타 군용에 공하는 물건을 적국에 제공한 자도 전항의 형과 같다.

제96조(시설파괴이적) 적국을 위하여 전조에 기재한 군용시설 기타 물건을 파괴하거나 사용할 수 없게 한 자는 사형 또는 무기징역에 처한다.

제97조(물건제공이적) 군용에 공하지 아니하는 병기, 탄약 또는 전투용에 공할 수 있는 물건을 적국에 제공한 자는 무기 또는 5년 이상의 징역에 처한다.

제98조(간첩) ① 적국을 위하여 간첩하거나 적국의 간첩을 방조한 자는 사형, 무기 또는 7년 이상의 징역에 처한다.
② 군사상의 기밀을 적국에 누설한 자도 전항의 형과 같다.

제99조(일반이적) 전 7 조에 기재한 이외에 대

한민국의 군사상 이익을 해하거나 적국에 군사상 이익을 공여한 자는 무기 또는 3년 이상의 징역에 처한다.

제100조(미수범) 전8조의 미수범은 처벌한다.

제101조(예비, 음모, 선동, 선전) ① 제92조 내지 제99조의 죄를 범할 목적으로 예비 또는 음모한 자는 2년 이상의 유기징역에 처한다. 단, 그 목적한 죄의 실행에 이르기 전에 자수한 때에는 그 형을 감경 또는 면제한다.

② 제92조 내지 제99조의 죄를 선동 또는 선전한 자도 전항의 형과 같다.

제102조(준적국) 제93조 내지 전조의 죄에 있어서는 대한민국에 적대하는 외국 또는 외국인의 단체는 적국으로 간주한다.

제103조(전시군수계약불이행) ① 전쟁 또는 사변에 있어서 정당한 이유없이 정부에 대한 군수품 또는 군용공작물에 관한 계약을 이행하지 아니한 자는 10년 이하의 징역에 처한다.

② 전항의 계약이행을 방해한 자도 전항의 형과 같다.

제104조(동맹국) 본장의 규정은 동맹국에 대한 행위에 적용한다.

제104조의2 삭제 <1988 · 12 · 31>

제3장 국기에 관한 죄

제105조(국기, 국장의 모독) 대한민국을 모욕할 목적으로 국기 또는 국장을 손상, 제거 또는 오욕한 자는 5년 이하의 징역이나 금고, 10년 이하의 자격정지 또는 700만원 이하의 벌금에 처한다. <개정 1995 · 12 · 29>

제106조(국기, 국장의 비방) 전조의 목적으로 국기 또는 국장을 비방한 자는 1년 이하의 징역이나 금고, 5년 이하의 자격정지 또는 200만원 이하의 벌금에 처한다. <개정 1995 · 12 · 29>

제4장 국교에 관한 죄

제107조(외국원수에 대한 폭행 등) ① 대한민국에 체재하는 외국의 원수에 대하여 폭행 또는 협박을 가한 자는 7년 이하의 징역이나 금고에 처한다.

② 전항의 외국원수에 대하여 모욕을 가하거나 명예를 훼손한 자는 5년 이하의 징역이나 금고에 처한다.

제108조(외국사절에 대한 폭행 등) ① 대한민국에 파견된 외국사절에 대하여 폭행 또는 협박을 가한 자는 5년 이하의 징역이나 금고에 처한다.

② 전항의 외국사절에 대하여 모욕을 가하거나 명예를 훼손한 자는 3년 이하의 징역이나 금고에 처한다.

제109조(외국의 국기, 국장의 모독) 외국을 모욕할 목적으로 그 나라의 공용에 공하는 국기 또는 국장을 손상, 제거 또는 오욕한 자는 2년 이하의 징역이나 금고 또는 300만원 이하의 벌금에 처한다. <개정 1995 · 12 · 29>

제110조(피해자의 의사) 제107조 내지 제109조의 죄는 그 외국정부의 명시한 의사에 반하여 공소를 제기할 수 없다. <개정 1995 · 12 · 29>

제111조(외국에 대한 사전) ① 외국에 대하여 사전한 자는 1년 이상의 유기금고에 처한다.

② 전항의 미수범은 처벌한다.

③ 제1항의 죄를 범할 목적으로 예비 또는 음모한 자는 3년 이하의 금고 또는 500만원 이하의 벌금에 처한다. 단, 그 목적한 죄의 실행에 이르기 전에 자수한 때에는 감경 또는 면제한다. <개정 1995 · 12 · 29>

제112조(중립명령위반) 외국간의 교전에 있어서 중립에 관한 명령에 위반한 자는 3년 이하의 금고 또는 500만원 이하의 벌금에 처한다. <개정 1995 · 12 · 29>

제113조(외교상기밀의 누설) ① 외교상의 기밀을 누설한 자는 5년 이하의 징역 또는 1천만원 이하의 벌금에 처한다. <개정 1995 · 12 · 29>

② 누설할 목적으로 외교상의 기밀을 탐지 또는 수집한 자도 전항의 형과 같다.

제5장 공안(公安)을 해하는 죄

제114조(범죄단체 등의 조직) 사형, 무기 또는 장기 4년 이상의 징역에 해당하는 범죄를 목적으로 하는 단체 또는 집단을 조직하거나 이에 가입 또는 그 구성원으로 활동한 사람은 그 목적한 죄에 정한 형으로 처벌한

다. 다만, 형을 감경할 수 있다.
〔전부개정 2013·4·5〕

제115조(소요) 다중이 집합하여 폭행, 협박 또는 손괴의 행위를 한 자는 1년 이상 10년 이하의 징역이나 금고 또는 1천500만원 이하의 벌금에 처한다. <개정 1995·12·29>

제116조(다중불해산) 폭행, 협박 또는 손괴의 행위를 할 목적으로 다중이 집합하여 그를 단속할 권한이 있는 공무원으로부터 3회 이상의 해산명령을 받고 해산하지 아니한 자는 2년 이하의 징역이나 금고 또는 300만원 이하의 벌금에 처한다. <개정 1995·12·29>

제117조(전시공수계약불이행) ① 전쟁, 천재 기타 사변에 있어서 국가 또는 공공단체와 체결한 식량 기타 생활필수품의 공급계약을 정당한 이유없이 이행하지 아니한 자는 3년 이하의 징역 또는 500만원 이하의 벌금에 처한다. <개정 1995·12·29>
② 전항의 계약이행을 방해한 자도 전항의 형과 같다.
③ 전2항의 경우에는 그 소정의 벌금을 병과할 수 있다.

제118조(공무원자격의 사칭) 공무원의 자격을 사칭하여 그 직권을 행사한 자는 3년 이하의 징역 또는 700만원 이하의 벌금에 처한다. <개정 1995·12·29>

제6장 폭발물에 관한 죄

제119조(폭발물 사용) ① 폭발물을 사용하여 사람의 생명, 신체 또는 재산을 해하거나 그 밖에 공공의 안전을 문란하게 한 자는 사형, 무기 또는 7년 이상의 징역에 처한다.
② 전쟁, 천재지변 그 밖의 사변에 있어서 제1항의 죄를 지은 자는 사형이나 무기징역에 처한다.
③ 제1항과 제2항의 미수범은 처벌한다.
〔전부개정 2020·12·8〕

제120조(예비, 음모, 선동) ① 전조제1항, 제2항의 죄를 범할 목적으로 예비 또는 음모한 자는 2년 이상의 유기징역에 처한다. 단, 그 목적한 죄의 실행에 이르기 전에 자수한 때에는 그 형을 감경 또는 면제한다.
② 전조제1항, 제2항의 죄를 범할 것을 선동한 자도 전항의 형과 같다.

제121조(전시폭발물제조 등) 전쟁 또는 사변에 있어서 정당한 이유없이 폭발물을 제조, 수입, 수출, 수수 또는 소지한 자는 10년 이하의 징역에 처한다.

제7장 공무원의 직무에 관한 죄

제122조(직무유기) 공무원이 정당한 이유없이 그 직무수행을 거부하거나 그 직무를 유기한 때에는 1년 이하의 징역이나 금고 또는 3년 이하의 자격정지에 처한다.

제123조(직권남용) 공무원이 직권을 남용하여 사람으로 하여금 의무없는 일을 하게 하거나 사람의 권리행사를 방해한 때에는 5년 이하의 징역, 10년 이하의 자격정지 또는 1천만원 이하의 벌금에 처한다. <개정 1995·12·29>

제124조(불법체포, 불법감금) ① 재판, 검찰, 경찰 기타 인신구속에 관한 직무를 행하는 자 또는 이를 보조하는 자가 그 직권을 남용하여 사람을 체포 또는 감금한 때에는 7년 이하의 징역과 10년 이하의 자격정지에 처한다.
② 전항의 미수범은 처벌한다.

제125조(폭행, 가혹행위) 재판, 검찰, 경찰 그 밖에 인신구속에 관한 직무를 수행하는 자 또는 이를 보조하는 자가 그 직무를 수행하면서 형사피의자나 그 밖의 사람에 대하여 폭행 또는 가혹행위를 한 경우에는 5년 이하의 징역과 10년 이하의 자격정지에 처한다.
〔전부개정 2020·12·8〕

제126조(피의사실공표) 검찰, 경찰 그 밖에 범죄수사에 관한 직무를 수행하는 자 또는 이를 감독하거나 보조하는 자가 그 직무를 수행하면서 알게 된 피의사실을 공소제기 전에 공표(公表)한 경우에는 3년 이하의 징역 또는 5년 이하의 자격정지에 처한다.
〔전부개정 2020·12·8〕

제127조(공무상 비밀의 누설) 공무원 또는 공무원이었던 자가 법령에 의한 직무상 비밀을 누설한 때에는 2년 이하의 징역이나 금고 또는 5년 이하의 자격정지에 처한다.

제128조(선거방해) 검찰, 경찰 또는 군의 직에 있는 공무원이 법령에 의한 선거에 관하여 선거인, 입후보자 또는 입후보자되려는

자에게 협박을 가하거나 기타 방법으로 선거의 자유를 방해한 때에는 10년 이하의 징역과 5년 이상의 자격정지에 처한다.

제129조(수뢰, 사전수뢰) ① 공무원 또는 중재인이 그 직무에 관하여 뇌물을 수수, 요구 또는 약속한 때에는 5년 이하의 징역 또는 10년 이하의 자격정지에 처한다.

② 공무원 또는 중재인이 될 자가 그 담당할 직무에 관하여 청탁을 받고 뇌물을 수수, 요구 또는 약속한 후 공무원 또는 중재인이 된 때에는 3년 이하의 징역 또는 7년 이하의 자격정지에 처한다.

제130조(제삼자뇌물제공) 공무원 또는 중재인이 그 직무에 관하여 부정한 청탁을 받고 제삼자에게 뇌물을 공여하게 하거나 공여를 요구 또는 약속한 때에는 5년 이하의 징역 또는 10년 이하의 자격정지에 처한다.

제131조(수뢰후 부정처사, 사후수뢰) ① 공무원 또는 중재인이 전 2 조의 죄를 범하여 부정한 행위를 한 때에는 1년 이상의 유기징역에 처한다.

② 공무원 또는 중재인이 그 직무상 부정한 행위를 한 후 뇌물을 수수, 요구 또는 약속하거나 제삼자에게 이를 공여하게 하거나 공여를 요구 또는 약속한 때에도 전항의 형과 같다.

③ 공무원 또는 중재인이었던 자가 그 재직중에 청탁을 받고 직무상 부정한 행위를 한 후 뇌물을 수수, 요구 또는 약속한 때에는 5년 이하의 징역 또는 10년 이하의 자격정지에 처한다.

④ 전 3 항의 경우에는 10년 이하의 자격정지를 병과할 수 있다.

제132조(알선수뢰) 공무원이 그 지위를 이용하여 다른 공무원의 직무에 속한 사항의 알선에 관하여 뇌물을 수수, 요구 또는 약속한 때에는 3년 이하의 징역 또는 7년 이하의 자격정지에 처한다.

제133조(뇌물공여 등) ① 제129조부터 제132조까지에 기재한 뇌물을 약속, 공여 또는 공여의 의사를 표시한 자는 5년 이하의 징역 또는 2천만원 이하의 벌금에 처한다.

② 제 1 항의 행위에 제공할 목적으로 제 3 자에게 금품을 교부한 자 또는 그 사정을 알면서 금품을 교부받은 제 3 자도 제 1 항의 형에 처한다.

〔전부개정 2020·12·8〕

제134조(몰수, 추징) 범인 또는 사정을 아는 제 3 자가 받은 뇌물 또는 뇌물로 제공하려고 한 금품은 몰수한다. 이를 몰수할 수 없을 경우에는 그 가액을 추징한다.

〔전부개정 2020·12·8〕

제135조(공무원의 직무상 범죄에 대한 형의 가중) 공무원이 직권을 이용하여 본장 이외의 죄를 범한 때에는 그 죄에 정한 형의 2분의 1까지 가중한다. 단, 공무원의 신분에 의하여 특별히 형이 규정된 때에는 예외로 한다.

제 8 장 공무방해에 관한 죄

제136조(공무집행방해) ① 직무를 집행하는 공무원에 대하여 폭행 또는 협박한 자는 5년 이하의 징역 또는 1천만원 이하의 벌금에 처한다. <개정 1995·12·29>

② 공무원에 대하여 그 직무상의 행위를 강요 또는 조지하거나 그 직을 사퇴하게 할 목적으로 폭행 또는 협박한 자도 전항의 형과 같다.

제137조(위계에 의한 공무집행방해) 위계로써 공무원의 직무집행을 방해한 자는 5년 이하의 징역 또는 1천만원 이하의 벌금에 처한다. <개정 1995·12·29>

제138조(법정 또는 국회회의장 모욕) 법원의 재판 또는 국회의 심의를 방해 또는 위협할 목적으로 법정이나 국회회의장 또는 그 부근에서 모욕 또는 소동한 자는 3년 이하의 징역 또는 700만원 이하의 벌금에 처한다. <개정 1995·12·29>

제139조(인권옹호직무방해) 경찰의 직무를 행하는 자 또는 이를 보조하는 자가 인권옹호에 관한 검사의 직무집행을 방해하거나 그 명령을 준수하지 아니한 때에는 5년 이하의 징역 또는 10년 이하의 자격정지에 처한다.

제140조(공무상비밀표시무효) ① 공무원이 그 직무에 관하여 실시한 봉인 또는 압류 기타 강제처분의 표시를 손상 또는 은닉하거나 기타 방법으로 그 효용을 해한 자는 5년 이하의 징역 또는 700만원 이하의 벌금에 처한다. <개정 1995·12·29>

② 공무원이 그 직무에 관하여 봉함 기타 비밀장치한 문서 또는 도화를 개봉한 자도 제 1 항의 형과 같다. <개정 1995·12·29>
③ 공무원이 그 직무에 관하여 봉함 기타 비밀장치한 문서, 도화 또는 전자기록 등 특수매체기록을 기술적 수단을 이용하여 그 내용을 알아낸 자도 제 1 항의 형과 같다. <신설 1995·12·29>

제140조의2(부동산강제집행효용침해) 강제집행으로 명도 또는 인도된 부동산에 침입하거나 기타 방법으로 강제집행의 효용을 해한 자는 5년 이하의 징역 또는 700만원 이하의 벌금에 처한다.
〔본조신설 1995·12·29〕

제141조(공용서류 등의 무효, 공용물의 파괴) ① 공무소에서 사용하는 서류 기타 물건 또는 전자기록 등 특수매체기록을 손상 또는 은닉하거나 기타 방법으로 그 효용을 해한 자는 7년 이하의 징역 또는 1천만원 이하의 벌금에 처한다. <개정 1995·12·29>
② 공무소에서 사용하는 건조물, 선박, 기차 또는 항공기를 파괴한 자는 1년 이상 10년 이하의 징역에 처한다.

제142조(공무상 보관물의 무효) 공무소로부터 보관명령을 받거나 공무소의 명령으로 타인이 관리하는 자기의 물건을 손상 또는 은닉하거나 기타 방법으로 그 효용을 해한 자는 5년 이하의 징역 또는 700만원 이하의 벌금에 처한다. <개정 1995·12·29>

제143조(미수범) 제140조 내지 전조의 미수범은 처벌한다.

제144조(특수공무방해) ① 단체 또는 다중의 위력을 보이거나 위험한 물건을 휴대하여 제136조, 제138조와 제140조 내지 전조의 죄를 범한 때에는 각조에 정한 형의 2분의 1까지 가중한다.
② 제 1 항의 죄를 범하여 공무원을 상해에 이르게 한 때에는 3년 이상의 유기징역에 처한다. 사망에 이르게 한 때에는 무기 또는 5년 이상의 징역에 처한다. <개정 1995·12·29>

제 9 장 도주와 범인은닉의 죄

제145조(도주, 집합명령위반) ① 법률에 따라 체포되거나 구금된 자가 도주한 경우에는 1년 이하의 징역에 처한다.
② 제 1 항의 구금된 자가 천재지변이나 사변 그 밖에 법령에 따라 잠시 석방된 상황에서 정당한 이유없이 집합명령에 위반한 경우에도 제 1 항의 형에 처한다.
〔전부개정 2020·12·8〕

제146조(특수도주) 수용설비 또는 기구를 손괴하거나 사람에게 폭행 또는 협박을 가하거나 2인 이상이 합동하여 전조제 1 항의 죄를 범한 자는 7년 이하의 징역에 처한다.

제147조(도주원조) 법률에 의하여 구금된 자를 탈취하거나 도주하게 한 자는 10년 이하의 징역에 처한다.

제148조(간수자의 도주원조) 법률에 의하여 구금된 자를 간수 또는 호송하는 자가 이를 도주하게 한 때에는 1년 이상 10년 이하의 징역에 처한다.

제149조(미수범) 전 4 조의 미수범은 처벌한다.

제150조(예비, 음모) 제147조와 제148조의 죄를 범할 목적으로 예비 또는 음모한 자는 3년 이하의 징역에 처한다.

제151조(범인은닉과 친족간의 특례) ① 벌금 이상의 형에 해당하는 죄를 범한 자를 은닉 또는 도피하게 한 자는 3년 이하의 징역 또는 500만원 이하의 벌금에 처한다. <개정 1995·12·29>
② 친족 또는 동거의 가족이 본인을 위하여 전항의 죄를 범한 때에는 처벌하지 아니한다. <개정 2005·3·31>

제10장 위증과 증거인멸의 죄

제152조(위증, 모해위증) ① 법률에 의하여 선서한 증인이 허위의 진술을 한 때에는 5년 이하의 징역 또는 1천만원 이하의 벌금에 처한다. <개정 1995·12·29>
② 형사사건 또는 징계사건에 관하여 피고인, 피의자 또는 징계혐의자를 모해할 목적으로 전항의 죄를 범한 때에는 10년 이하의 징역에 처한다.

제153조(자백, 자수) 전조의 죄를 범한 자가 그 공술한 사건의 재판 또는 징계처분이 확정되기 전에 자백 또는 자수한 때에는 그 형을 감경 또는 면제한다.

제154조(허위의 감정, 통역, 번역) 법률에 의하

여 선서한 감정인, 통역인 또는 번역인이 허위의 감정, 통역 또는 번역을 한 때에는 전 2조의 예에 의한다.

제155조(증거인멸 등과 친족간의 특례) ① 타인의 형사사건 또는 징계사건에 관한 증거를 인멸, 은닉, 위조 또는 변조하거나 위조 또는 변조한 증거를 사용한 자는 5년 이하의 징역 또는 700만원 이하의 벌금에 처한다. <개정 1995·12·29>

② 타인의 형사사건 또는 징계사건에 관한 증인을 은닉 또는 도피하게 한 자도 제1항의 형과 같다. <개정 1995·12·29>

③ 피고인, 피의자 또는 징계혐의자를 모해할 목적으로 전2항의 죄를 범한 자는 10년 이하의 징역에 처한다.

④ 친족 또는 동거의 가족이 본인을 위하여 본조의 죄를 범한 때에는 처벌하지 아니한다. <개정 2005·3·31>

제11장 무고의 죄

제156조(무고) 타인으로 하여금 형사처분 또는 징계처분을 받게 할 목적으로 공무소 또는 공무원에 대하여 허위의 사실을 신고한 자는 10년 이하의 징역 또는 1천500만원 이하의 벌금에 처한다. <개정 1995·12·29>

제157조(자백, 자수) 제153조는 전조에 준용한다.

제12장 신앙에 관한 죄

제158조(장례식 등의 방해) 장례식, 제사, 예배 또는 설교를 방해한 자는 3년 이하의 징역 또는 500만원 이하의 벌금에 처한다.
<개정 1995·12·29>

제159조(시체 등의 오욕) 시체, 유골 또는 유발(遺髮)을 오욕한 자는 2년 이하의 징역 또는 500만원 이하의 벌금에 처한다.
〔전부개정 2020·12·8〕

제160조(분묘의 발굴) 분묘를 발굴한 자는 5년 이하의 징역에 처한다.

제161조(시체 등의 유기 등) ① 시체, 유골, 유발 또는 관 속에 넣어 둔 물건을 손괴(損壞), 유기, 은닉 또는 영득(領得)한 자는 7년 이하의 징역에 처한다.

② 분묘를 발굴하여 제1항의 죄를 지은 자는 10년 이하의 징역에 처한다.
〔전부개정 2020·12·8〕

제162조(미수범) 전2조의 미수범은 처벌한다.

제163조(변사체 검시 방해) 변사자의 시체 또는 변사(變死)로 의심되는 시체를 은닉하거나 변경하거나 그 밖의 방법으로 검시(檢視)를 방해한 자는 700만원 이하의 벌금에 처한다.
〔전부개정 2020·12·8〕

제13장 방화와 실화의 죄

제164조(현주건조물 등 방화) ① 불을 놓아 사람이 주거로 사용하거나 사람이 현존하는 건조물, 기차, 전차, 자동차, 선박, 항공기 또는 지하채굴시설을 불태운 자는 무기 또는 3년 이상의 징역에 처한다.

② 제1항의 죄를 지어 사람을 상해에 이르게 한 경우에는 무기 또는 5년 이상의 징역에 처한다. 사망에 이르게 한 경우에는 사형, 무기 또는 7년 이상의 징역에 처한다.
〔전부개정 2020·12·8〕

제165조(공용건조물 등 방화) 불을 놓아 공용(公用)으로 사용하거나 공익을 위해 사용하는 건조물, 기차, 전차, 자동차, 선박, 항공기 또는 지하채굴시설을 불태운 자는 무기 또는 3년 이상의 징역에 처한다.
〔전부개정 2020·12·8〕

제166조(일반건조물 등 방화) ① 불을 놓아 제164조와 제165조에 기재한 외의 건조물, 기차, 전차, 자동차, 선박, 항공기 또는 지하채굴시설을 불태운 자는 2년 이상의 유기징역에 처한다.

② 자기 소유인 제1항의 물건을 불태워 공공의 위험을 발생하게 한 자는 7년 이하의 징역 또는 1천만원 이하의 벌금에 처한다.
〔전부개정 2020·12·8〕

제167조(일반물건 방화) ① 불을 놓아 제164조부터 제166조까지에 기재한 외의 물건을 불태워 공공의 위험을 발생하게 한 자는 1년 이상 10년 이하의 징역에 처한다.

② 제1항의 물건이 자기 소유인 경우에는 3년 이하의 징역 또는 700만원 이하의 벌금

에 처한다.
〔전부개정 2020·12·8〕

제168조(연소) ① 제166조제2항 또는 전조제2항의 죄를 범하여 제164조, 제165조 또는 제166조제1항에 기재한 물건에 연소한 때에는 1년 이상 10년 이하의 징역에 처한다.
② 전조제2항의 죄를 범하여 전조제1항에 기재한 물건에 연소한 때에는 5년 이하의 징역에 처한다.

제169조(진화방해) 화재에 있어서 진화용의 시설 또는 물건을 은닉 또는 손괴하거나 기타 방법으로 진화를 방해한 자는 10년 이하의 징역에 처한다.

제170조(실화) ① 과실로 제164조 또는 제165조에 기재한 물건 또는 타인 소유인 제166조에 기재한 물건을 불태운 자는 1천500만원 이하의 벌금에 처한다.
② 과실로 자기 소유인 제166조의 물건 또는 제167조에 기재한 물건을 불태워 공공의 위험을 발생하게 한 자도 제1항의 형에 처한다.
〔전부개정 2020·12·8〕

제171조(업무상실화, 중실화) 업무상과실 또는 중대한 과실로 인하여 제170조의 죄를 범한 자는 3년 이하의 금고 또는 2천만원 이하의 벌금에 처한다. <개정 1995·12·29>

제172조(폭발성물건파열) ① 보일러, 고압가스 기타 폭발성있는 물건을 파열시켜 사람의 생명, 신체 또는 재산에 대하여 위험을 발생시킨 자는 1년 이상의 유기징역에 처한다.
② 제1항의 죄를 범하여 사람을 상해에 이르게 한 때에는 무기 또는 3년 이상의 징역에 처한다. 사망에 이르게 한 때에는 무기 또는 5년 이상의 징역에 처한다.
〔전부개정 1995·12·29〕

제172조의2(가스·전기 등 방류) ① 가스, 전기, 증기 또는 방사선이나 방사성 물질을 방출, 유출 또는 살포시켜 사람의 생명, 신체 또는 재산에 대하여 위험을 발생시킨 자는 1년 이상 10년 이하의 징역에 처한다.
② 제1항의 죄를 범하여 사람을 상해에 이르게 한 때에는 무기 또는 3년 이상의 징역에 처한다. 사망에 이르게 한 때에는 무기 또는 5년 이상의 징역에 처한다.
〔본조신설 1995·12·29〕

제173조(가스·전기 등 공급방해) ① 가스, 전기 또는 증기의 공작물을 손괴 또는 제거하거나 기타 방법으로 가스, 전기 또는 증기의 공급이나 사용을 방해하여 공공의 위험을 발생하게 한 자는 1년 이상 10년 이하의 징역에 처한다. <개정 1995·12·29>
② 공공용의 가스, 전기 또는 증기의 공작물을 손괴 또는 제거하거나 기타 방법으로 가스, 전기 또는 증기의 공급이나 사용을 방해한 자도 전항의 형과 같다. <개정 1995·12·29>
③ 제1항 또는 제2항의 죄를 범하여 사람을 상해에 이르게 한 때에는 2년 이상의 유기징역에 처한다. 사망에 이르게 한 때에는 무기 또는 3년 이상의 징역에 처한다. <개정 1995·12·29>

제173조의2(과실폭발성물건파열 등) ① 과실로 제172조제1항, 제172조의2제1항, 제173조제1항과 제2항의 죄를 범한 자는 5년 이하의 금고 또는 1천500만원 이하의 벌금에 처한다.
② 업무상과실 또는 중대한 과실로 제1항의 죄를 범한 자는 7년 이하의 금고 또는 2천만원 이하의 벌금에 처한다.
〔본조신설 1995·12·29〕

제174조(미수범) 제164조제1항, 제165조, 제166조제1항, 제172조제1항, 제172조의2제1항, 제173조제1항과 제2항의 미수범은 처벌한다.
〔전부개정 1995·12·29〕

제175조(예비, 음모) 제164조제1항, 제165조, 제166조제1항, 제172조제1항, 제172조의2제1항, 제173조제1항과 제2항의 죄를 범할 목적으로 예비 또는 음모한 자는 5년 이하의 징역에 처한다. 단, 그 목적한 죄의 실행에 이르기 전에 자수한 때에는 형을 감경 또는 면제한다. <개정 1995·12·29>

제176조(타인의 권리대상이 된 자기의 물건) 자기의 소유에 속하는 물건이라도 압류 기타 강제처분을 받거나 타인의 권리 또는 보험의 목적물이 된 때에는 본장의 규정의 적용에 있어서 타인의 물건으로 간주한다.

제14장 일수와 수리에 관한 죄

제177조(현주건조물 등에의 일수) ① 물을 넘

겨 사람의 주거에 사용하거나 사람이 현존하는 건조물, 기차, 전차, 자동차, 선박, 항공기 또는 광갱을 침해한 자는 무기 또는 3년 이상의 징역에 처한다.

② 제 1 항의 죄를 범하여 사람을 상해에 이르게 한 때에는 무기 또는 5년 이상의 징역에 처한다. 사망에 이르게 한 때에는 무기 또는 7년 이상의 징역에 처한다.

〔전부개정 1995·12·29〕

제178조(공용건조물 등에의 일수) 물을 넘겨 공용 또는 공익에 공하는 건조물, 기차, 전차, 자동차, 선박, 항공기 또는 광갱을 침해한 자는 무기 또는 2년 이상의 징역에 처한다.

제179조(일반건조물 등에의 일수) ① 물을 넘겨 전 2 조에 기재한 이외의 건조물, 기차, 전차, 자동차, 선박, 항공기 또는 광갱 기타 타인의 재산을 침해한 자는 1년 이상 10년 이하의 징역에 처한다.

② 자기의 소유에 속하는 전항의 물건을 침해하여 공공의 위험을 발생하게 한 때에는 3년 이하의 징역 또는 700만원 이하의 벌금에 처한다. <개정 1995·12·29>

③ 제176조의 규정은 본조의 경우에 준용한다.

제180조(방수방해) 수재에 있어서 방수용의 시설 또는 물건을 손괴 또는 은닉하거나 기타 방법으로 방수를 방해한 자는 10년 이하의 징역에 처한다.

제181조(과실일수) 과실로 인하여 제177조 또는 제178조에 기재한 물건을 침해한 자 또는 제179조에 기재한 물건을 침해하여 공공의 위험을 발생하게 한 자는 1천만원 이하의 벌금에 처한다. <개정 1995·12·29>

제182조(미수범) 제177조 내지 제179조제 1 항의 미수범은 처벌한다.

제183조(예비, 음모) 제177조 내지 제179조 제 1 항의 죄를 범할 목적으로 예비 또는 음모한 자는 3년 이하의 징역에 처한다.

제184조(수리방해) 둑을 무너뜨리거나 수문을 파괴하거나 그 밖의 방법으로 수리(水利)를 방해한 자는 5년 이하의 징역 또는 700만원 이하의 벌금에 처한다.

〔전부개정 2020·12·8〕

제15장 교통방해의 죄

제185조(일반교통방해) 육로, 수로 또는 교량을 손괴 또는 불통하게 하거나 기타 방법으로 교통을 방해한 자는 10년 이하의 징역 또는 1천500만원 이하의 벌금에 처한다. <개정 1995·12·29>

제186조(기차, 선박 등의 교통방해) 궤도, 등대 또는 표지를 손괴하거나 기타 방법으로 기차, 전차, 자동차, 선박 또는 항공기의 교통을 방해한 자는 1년 이상의 유기징역에 처한다.

제187조(기차 등의 전복 등) 사람의 현존하는 기차, 전차, 자동차, 선박 또는 항공기를 전복, 매몰, 추락 또는 파괴한 자는 무기 또는 3년 이상의 징역에 처한다.

제188조(교통방해치사상) 제185조 내지 제187조의 죄를 범하여 사람을 상해에 이르게 한 때에는 무기 또는 3년 이상의 징역에 처한다. 사망에 이르게 한 때에는 무기 또는 5년 이상의 징역에 처한다.

〔전부개정 1995·12·29〕

제189조(과실, 업무상과실, 중과실) ① 과실로 인하여 제185조 내지 제187조의 죄를 범한 자는 1천만원 이하의 벌금에 처한다. <개정 1995·12·29>

② 업무상과실 또는 중대한 과실로 인하여 제185조 내지 제187조의 죄를 범한 자는 3년 이하의 금고 또는 2천만원 이하의 벌금에 처한다. <개정 1995·12·29>

제190조(미수범) 제185조 내지 제187조의 미수범은 처벌한다.

제191조(예비, 음모) 제186조 또는 제187조의 죄를 범할 목적으로 예비 또는 음모한 자는 3년 이하의 징역에 처한다.

제16장 먹는 물에 관한 죄

제192조(먹는 물의 사용방해) ① 일상생활에서 먹는 물로 사용되는 물에 오물을 넣어 먹는 물로 쓰지 못하게 한 자는 1년 이하의 징역 또는 500만원 이하의 벌금에 처한다.

② 제 1 항의 먹는 물에 독물(毒物)이나 그 밖에 건강을 해하는 물질을 넣은 사람은 10년 이하의 징역에 처한다.

〔전부개정 2020·12·8〕

제193조(수돗물의 사용방해) ① 수도(水道)를 통해 공중이 먹는 물로 사용하는 물 또는

그 수원(水原)에 오물을 넣어 먹는 물로 쓰지 못하게 한 자는 1년 이상 10년 이하의 징역에 처한다.

② 제1항의 먹는 물 또는 수원에 독물 그 밖에 건강을 해하는 물질을 넣은 자는 2년 이상의 유기징역에 처한다.

〔전부개정 2020·12·8〕

제194조(먹는 물 혼독치사상) 제192조제2항 또는 제193조제2항의 죄를 지어 사람을 상해에 이르게 한 경우에는 무기 또는 3년 이상의 징역에 처한다. 사망에 이르게 한 경우에는 무기 또는 5년 이상의 징역에 처한다.

〔전부개정 2020·12·8〕

제195조(수도불통) 공중이 먹는 물을 공급하는 수도 그 밖의 시설을 손괴하거나 그 밖의 방법으로 불통(不通)하게 한 자는 1년 이상 10년 이하의 징역에 처한다.

〔전부개정 2020·12·8〕

제196조(미수범) 제192조제2항, 제193조제2항과 전조의 미수범은 처벌한다.

제197조(예비, 음모) 제192조제2항, 제193조제2항 또는 제195조의 죄를 범할 목적으로 예비 또는 음모한 자는 2년 이하의 징역에 처한다.

제17장 아편에 관한 죄

제198조(아편 등의 제조 등) 아편, 몰핀 또는 그 화합물을 제조, 수입 또는 판매하거나 판매할 목적으로 소지한 자는 10년 이하의 징역에 처한다.

제199조(아편흡식기의 제조 등) 아편을 흡식하는 기구를 제조, 수입 또는 판매하거나 판매할 목적으로 소지한 자는 5년 이하의 징역에 처한다.

제200조(세관공무원의 아편 등의 수입) 세관의 공무원이 아편, 몰핀이나 그 화합물 또는 아편흡식기구를 수입하거나 그 수입을 허용한 때에는 1년 이상의 유기징역에 처한다.

제201조(아편흡식 등, 동장소제공) ① 아편을 흡식하거나 몰핀을 주사한 자는 5년 이하의 징역에 처한다.

② 아편흡식 또는 몰핀 주사의 장소를 제공하여 이익을 취한 자도 전항의 형과 같다.

제202조(미수범) 전4조의 미수범은 처벌한다.

제203조(상습범) 상습으로 전5조의 죄를 범한 때에는 각조에 정한 형의 2분의 1까지 가중한다.

제204조(자격정지 또는 벌금의 병과) 제198조 내지 제203조의 경우에는 10년 이하의 자격정지 또는 2천만원 이하의 벌금을 병과할 수 있다. <개정 1995·12·29>

제205조(아편 등의 소지) 아편, 몰핀이나 그 화합물 또는 아편흡식기구를 소지한 자는 1년 이하의 징역 또는 500만원 이하의 벌금에 처한다. <개정 1995·12·29>

제206조(몰수, 추징) 본장의 죄에 제공한 아편, 몰핀이나 그 화합물 또는 아편흡식기구는 몰수한다. 그를 몰수하기 불능한 때에는 그 가액을 추징한다.

제18장 통화에 관한 죄

제207조(통화의 위조 등) ① 행사할 목적으로 통용하는 대한민국의 화폐, 지폐 또는 은행권을 위조 또는 변조한 자는 무기 또는 2년 이상의 징역에 처한다.

② 행사할 목적으로 내국에서 유통하는 외국의 화폐, 지폐 또는 은행권을 위조 또는 변조한 자는 1년 이상의 유기징역에 처한다.

③ 행사할 목적으로 외국에서 통용하는 외국의 화폐, 지폐 또는 은행권을 위조 또는 변조한 자는 10년 이하의 징역에 처한다.

④ 위조 또는 변조한 전3항 기재의 통화를 행사하거나 행사할 목적으로 수입 또는 수출한 자는 그 위조 또는 변조의 각 죄에 정한 형에 처한다.

제208조(위조통화의 취득) 행사할 목적으로 위조 또는 변조한 제207조 기재의 통화를 취득한 자는 5년 이하의 징역 또는 1천500만원 이하의 벌금에 처한다. <개정 1995·12·29>

제209조(자격정지 또는 벌금의 병과) 제207조 또는 제208조의 죄를 범하여 유기징역에 처할 경우에는 10년 이하의 자격정지 또는 2천만원 이하의 벌금을 병과할 수 있다. <개정 1995·12·29>

제210조(위조통화 취득 후의 지정행사) 제207조에 기재한 통화를 취득한 후 그 사정을 알고 행사한 자는 2년 이하의 징역 또는 500만원 이하의 벌금에 처한다.

〔전부개정 2020·12·8〕

제211조(통화유사물의 제조 등) ① 판매할 목적으로 내국 또는 외국에서 통용하거나 유통하는 화폐, 지폐 또는 은행권에 유사한 물건을 제조, 수입 또는 수출한 자는 3년 이하의 징역 또는 700만원 이하의 벌금에 처한다. <개정 1995·12·29>

② 전항의 물건을 판매한 자도 전항의 형과 같다.

제212조(미수범) 제207조, 제208조와 전조의 미수범은 처벌한다.

제213조(예비, 음모) 제207조제1항 내지 제3항의 죄를 범할 목적으로 예비 또는 음모한 자는 5년 이하의 징역에 처한다. 단, 그 목적한 죄의 실행에 이르기 전에 자수한 때에는 그 형을 감경 또는 면제한다.

제19장 유가증권, 우표와 인지에 관한 죄

제214조(유가증권의 위조 등) ① 행사할 목적으로 대한민국 또는 외국의 공채증서 기타 유가증권을 위조 또는 변조한 자는 10년 이하의 징역에 처한다.

② 행사할 목적으로 유가증권의 권리의무에 관한 기재를 위조 또는 변조한 자도 전항의 형과 같다.

제215조(자격모용에 의한 유가증권의 작성) 행사할 목적으로 타인의 자격을 모용하여 유가증권을 작성하거나 유가증권의 권리 또는 의무에 관한 사항을 기재한 자는 10년 이하의 징역에 처한다.

제216조(허위유가증권의 작성 등) 행사할 목적으로 허위의 유가증권을 작성하거나 유가증권에 허위사항을 기재한 자는 7년 이하의 징역 또는 3천만원 이하의 벌금에 처한다. <개정 1995·12·29>

제217조(위조유가증권 등의 행사 등) 위조, 변조, 작성 또는 허위기재한 전3조 기재의 유가증권을 행사하거나 행사할 목적으로 수입 또는 수출한 자는 10년 이하의 징역에 처한다.

제218조(인지·우표의 위조 등) ① 행사할 목적으로 대한민국 또는 외국의 인지, 우표 기타 우편요금을 표시하는 증표를 위조 또는 변조한 자는 10년 이하의 징역에 처한다. <개정 1995·12·29>

② 위조 또는 변조된 대한민국 또는 외국의 인지, 우표 기타 우편요금을 표시하는 증표를 행사하거나 행사할 목적으로 수입 또는 수출한 자도 제1항의 형과 같다. <개정 1995·12·29>

제219조(위조인지·우표 등의 취득) 행사할 목적으로 위조 또는 변조한 대한민국 또는 외국의 인지, 우표 기타 우편요금을 표시하는 증표를 취득한 자는 3년 이하의 징역 또는 1천만원 이하의 벌금에 처한다. <개정 1995·12·29>

제220조(자격정지 또는 벌금의 병과) 제214조 내지 제219조의 죄를 범하여 징역에 처하는 경우에는 10년 이하의 자격정지 또는 2천만원 이하의 벌금을 병과할 수 있다.
〔전부개정 1995·12·29〕

제221조(소인말소) 행사할 목적으로 대한민국 또는 외국의 인지, 우표 기타 우편요금을 표시하는 증표의 소인 기타 사용의 표지를 말소한 자는 1년 이하의 징역 또는 300만원 이하의 벌금에 처한다.
〔전부개정 1995·12·29〕

제222조(인지·우표유사물의 제조 등) ① 판매할 목적으로 대한민국 또는 외국의 공채증서, 인지, 우표 기타 우편요금을 표시하는 증표와 유사한 물건을 제조, 수입 또는 수출한 자는 2년 이하의 징역 또는 500만원 이하의 벌금에 처한다. <개정 1995·12·29>

② 전항의 물건을 판매한 자도 전항의 형과 같다.

제223조(미수범) 제214조 내지 제219조와 전조의 미수범은 처벌한다.

제224조(예비, 음모) 제214조, 제215조와 제218조제1항의 죄를 범할 목적으로 예비 또는 음모한 자는 2년 이하의 징역에 처한다.

제20장 문서에 관한 죄

제225조(공문서 등의 위조·변조) 행사할 목적으로 공무원 또는 공무소의 문서 또는 도화를 위조 또는 변조한 자는 10년 이하의 징역에 처한다. <개정 1995·12·29>

제226조(자격모용에 의한 공문서 등의 작성)

행사할 목적으로 공무원 또는 공무소의 자격을 모용하여 문서 또는 도화를 작성한 자는 10년 이하의 징역에 처한다. <개정 1995·12·29>

제227조(허위공문서작성 등) 공무원이 행사할 목적으로 그 직무에 관하여 문서 또는 도화를 허위로 작성하거나 변개한 때에는 7년 이하의 징역 또는 2천만원 이하의 벌금에 처한다.
〔전부개정 1995·12·29〕

제227조의2(공전자기록 위작·변작) 사무처리를 그르치게 할 목적으로 공무원 또는 공무소의 전자기록 등 특수매체기록을 위작 또는 변작한 자는 10년 이하의 징역에 처한다.
〔본조신설 1995·12·29〕

제228조(공정증서 원본 등의 부실기재) ① 공무원에 대하여 허위신고를 하여 공정증서 원본 또는 이와 동일한 전자기록 등 특수매체기록에 부실의 사실을 기재 또는 기록하게 한 자는 5년 이하의 징역 또는 1천만원 이하의 벌금에 처한다. <개정 1995·12·29>
② 공무원에 대하여 허위신고를 하여 면허증, 허가증, 등록증 또는 여권에 부실의 사실을 기재하게 한 자는 3년 이하의 징역 또는 700만원 이하의 벌금에 처한다. <개정 1995·12·29>

제229조(위조 등 공문서의 행사) 제225조 내지 제228조의 죄에 의하여 만들어진 문서, 도화, 전자기록 등 특수매체기록, 공정증서 원본, 면허증, 허가증, 등록증 또는 여권을 행사한 자는 그 각 죄에 정한 형에 처한다.
〔전부개정 1995·12·29〕

제230조(공문서 등의 부정행사) 공무원 또는 공무소의 문서 또는 도화를 부정행사한 자는 2년 이하의 징역이나 금고 또는 500만원 이하의 벌금에 처한다. <개정 1995·12·29>

제231조(사문서 등의 위조·변조) 행사할 목적으로 권리·의무 또는 사실증명에 관한 타인의 문서 또는 도화를 위조 또는 변조한 자는 5년 이하의 징역 또는 1천만원 이하의 벌금에 처한다. <개정 1995·12·29>

제232조(자격모용에 의한 사문서의 작성) 행사할 목적으로 타인의 자격을 모용하여 권리·의무 또는 사실증명에 관한 문서 또는 도화를 작성한 자는 5년 이하의 징역 또는 1천만원 이하의 벌금에 처한다. <개정 1995·12·29>

제232조의2(사전자기록 위작·변작) 사무처리를 그르치게 할 목적으로 권리·의무 또는 사실증명에 관한 타인의 전자기록 등 특수매체기록을 위작 또는 변작한 자는 5년 이하의 징역 또는 1천만원 이하의 벌금에 처한다.
〔본조신설 1995·12·29〕

제233조(허위진단서 등의 작성) 의사, 한의사, 치과의사 또는 조산사가 진단서, 검안서 또는 생사에 관한 증명서를 허위로 작성한 때에는 3년 이하의 징역이나 금고, 7년 이하의 자격정지 또는 3천만원 이하의 벌금에 처한다.
〔전부개정 1995·12·29〕

제234조(위조사문서 등의 행사) 제231조 내지 제233조의 죄에 의하여 만들어진 문서, 도화 또는 전자기록 등 특수매체기록을 행사한 자는 그 각 죄에 정한 형에 처한다.
〔전부개정 1995·12·29〕

제235조(미수범) 제225조 내지 제234조의 미수범은 처벌한다. <개정 1995·12·29>

제236조(사문서의 부정행사) 권리·의무 또는 사실증명에 관한 타인의 문서 또는 도화를 부정행사한 자는 1년 이하의 징역이나 금고 또는 300만원 이하의 벌금에 처한다. <개정 1995·12·29>

제237조(자격정지의 병과) 제225조 내지 제227조의2 및 그 행사죄를 범하여 징역에 처할 경우에는 10년 이하의 자격정지를 병과할 수 있다. <개정 1995·12·29>

제237조의2(복사문서 등) 이 장의 죄에 있어서 전자복사기, 모사전송기 기타 이와 유사한 기기를 사용하여 복사한 문서 또는 도화의 사본도 문서 또는 도화로 본다.
〔본조신설 1995·12·29〕

제21장 인장에 관한 죄

제238조(공인 등의 위조, 부정사용) ① 행사할 목적으로 공무원 또는 공무소의 인장, 서명, 기명 또는 기호를 위조 또는 부정사용한 자는 5년 이하의 징역에 처한다.
② 위조 또는 부정사용한 공무원 또는 공무소의 인장, 서명, 기명 또는 기호를 행사한 자도 전항의 형과 같다.

③ 전2항의 경우에는 7년 이하의 자격정지를 병과할 수 있다.

제239조(사인 등의 위조, 부정사용) ① 행사할 목적으로 타인의 인장, 서명, 기명 또는 기호를 위조 또는 부정사용한 자는 3년 이하의 징역에 처한다.

② 위조 또는 부정사용한 타인의 인장, 서명, 기명 또는 기호를 행사한 때에도 전항의 형과 같다.

제240조(미수범) 본장의 미수범은 처벌한다.

제22장 성풍속에 관한 죄

제241조 삭제 <2016·1·6>

제242조(음행매개) 영리의 목적으로 사람을 매개하여 간음하게 한 자는 3년 이하의 징역 또는 1천500만원 이하의 벌금에 처한다.
<개정 1995·12·29, 2012·12·18>

제243조(음화반포 등) 음란한 문서, 도화, 필름 기타 물건을 반포, 판매 또는 임대하거나 공연히 전시 또는 상영한 자는 1년 이하의 징역 또는 500만원 이하의 벌금에 처한다.
〔전부개정 1995·12·29〕

제244조(음화제조 등) 제243조의 행위에 공할 목적으로 음란한 물건을 제조, 소지, 수입 또는 수출한 자는 1년 이하의 징역 또는 500만원 이하의 벌금에 처한다. <개정 1995·12·29>

제245조(공연음란) 공연히 음란한 행위를 한 자는 1년 이하의 징역, 500만원 이하의 벌금, 구류 또는 과료에 처한다. <개정 1995·12·29>

제23장 도박과 복표에 관한 죄

제246조(도박, 상습도박) ① 도박을 한 사람은 1천만원 이하의 벌금에 처한다. 다만, 일시오락 정도에 불과한 경우에는 예외로 한다.

② 상습으로 제1항의 죄를 범한 사람은 3년 이하의 징역 또는 2천만원 이하의 벌금에 처한다.
〔전부개정 2013·4·5〕

제247조(도박장소 등 개설) 영리의 목적으로 도박을 하는 장소나 공간을 개설한 사람은 5년 이하의 징역 또는 3천만원 이하의 벌금에 처한다.
〔전부개정 2013·4·5〕

제248조(복표의 발매 등) ① 법령에 의하지 아니한 복표를 발매한 사람은 5년 이하의 징역 또는 3천만원 이하의 벌금에 처한다.

② 제1항의 복표발매를 중개한 사람은 3년 이하의 징역 또는 2천만원 이하의 벌금에 처한다.

③ 제1항의 복표를 취득한 사람은 1천만원 이하의 벌금에 처한다.
〔전부개정 2013·4·5〕

제249조(벌금의 병과) 제246조제2항, 제247조와 제248조제1항의 죄에 대하여는 1천만원 이하의 벌금을 병과할 수 있다.
〔전부개정 2013·4·5〕

제24장 살인의 죄

제250조(살인, 존속살해) ① 사람을 살해한 자는 사형, 무기 또는 5년 이상의 징역에 처한다.

② 자기 또는 배우자의 직계존속을 살해한 자는 사형, 무기 또는 7년 이상의 징역에 처한다. <개정 1995·12·29>

제251조 삭제 <2023·8·8>

제252조(촉탁, 승낙에 의한 살인 등) ① 사람의 촉탁이나 승낙을 받아 그를 살해한 자는 1년 이상 10년 이하의 징역에 처한다.

② 사람을 교사하거나 방조하여 자살하게 한 자도 제1항의 형에 처한다.
〔전부개정 2020·12·8〕

제253조(위계 등에 의한 촉탁살인 등) 전조의 경우에 위계 또는 위력으로써 촉탁 또는 승낙하게 하거나 자살을 결의하게 한 때에는 제250조의 예에 의한다.

제254조(미수범) 제250조, 제252조 및 제253조의 미수범은 처벌한다.
〔전부개정 2023·8·8〕

제255조(예비, 음모) 제250조와 제253조의 죄를 범할 목적으로 예비 또는 음모한 자는 10년 이하의 징역에 처한다.

제256조(자격정지의 병과) 제250조, 제252조 또

는 제253조의 경우에 유기징역에 처할 때에는 10년 이하의 자격정지를 병과할 수 있다.

제25장 상해와 폭행의 죄

제257조(상해, 존속상해) ① 사람의 신체를 상해한 자는 7년 이하의 징역, 10년 이하의 자격정지 또는 1천만원 이하의 벌금에 처한다. <개정 1995·12·29>
② 자기 또는 배우자의 직계존속에 대하여 제1항의 죄를 범한 때에는 10년 이하의 징역 또는 1천500만원 이하의 벌금에 처한다. <개정 1995·12·29>
③ 전2항의 미수범은 처벌한다.

제258조(중상해, 존속중상해) ① 사람의 신체를 상해하여 생명에 대한 위험을 발생하게 한 자는 1년 이상 10년 이하의 징역에 처한다.
② 신체의 상해로 인하여 불구 또는 불치나 난치의 질병에 이르게 한 자도 전항의 형과 같다.
③ 자기 또는 배우자의 직계존속에 대하여 전2항의 죄를 범한 때에는 2년 이상 15년 이하의 징역에 처한다. <개정 2016·1·6>

제258조의2(특수상해) ① 단체 또는 다중의 위력을 보이거나 위험한 물건을 휴대하여 제257조제1항 또는 제2항의 죄를 범한 때에는 1년 이상 10년 이하의 징역에 처한다.
② 단체 또는 다중의 위력을 보이거나 위험한 물건을 휴대하여 제258조의 죄를 범한 때에는 2년 이상 20년 이하의 징역에 처한다.
③ 제1항의 미수범은 처벌한다.
〔본조신설 2016·1·6〕

제259조(상해치사) ① 사람의 신체를 상해하여 사망에 이르게 한 자는 3년 이상의 유기징역에 처한다. <개정 1995·12·29>
② 자기 또는 배우자의 직계존속에 대하여 전항의 죄를 범한 때에는 무기 또는 5년 이상의 징역에 처한다.

제260조(폭행, 존속폭행) ① 사람의 신체에 대하여 폭행을 가한 자는 2년 이하의 징역, 500만원 이하의 벌금, 구류 또는 과료에 처한다. <개정 1995·12·29>
② 자기 또는 배우자의 직계존속에 대하여 제1항의 죄를 범한 때에는 5년 이하의 징역 또는 700만원 이하의 벌금에 처한다. <개정 1995·12·29>
③ 제1항 및 제2항의 죄는 피해자의 명시한 의사에 반하여 공소를 제기할 수 없다. <개정 1995·12·29>

제261조(특수폭행) 단체 또는 다중의 위력을 보이거나 위험한 물건을 휴대하여 제260조제1항 또는 제2항의 죄를 범한 때에는 5년 이하의 징역 또는 1천만원 이하의 벌금에 처한다. <개정 1995·12·29>

제262조(폭행치사상) 제260조와 제261조의 죄를 지어 사람을 사망이나 상해에 이르게 한 경우에는 제257조부터 제259조까지의 예에 따른다.
〔전부개정 2020·12·8〕

제263조(동시범) 독립행위가 경합하여 상해의 결과를 발생하게 한 경우에 있어서 원인된 행위가 판명되지 아니한 때에는 공동정범의 예에 의한다.

제264조(상습범) 상습으로 제257조, 제258조, 제258조의2, 제260조 또는 제261조의 죄를 범한 때에는 그 죄에 정한 형의 2분의 1까지 가중한다. <개정 2016·1·6>

제265조(자격정지의 병과) 제257조제2항, 제258조, 제258조의2, 제260조제2항, 제261조 또는 전조의 경우에는 10년 이하의 자격정지를 병과할 수 있다. <개정 2016·1·6>

제26장 과실치사상의 죄

제266조(과실치상) ① 과실로 인하여 사람의 신체를 상해에 이르게 한 자는 500만원 이하의 벌금, 구류 또는 과료에 처한다. <개정 1995·12·29>
② 제1항의 죄는 피해자의 명시한 의사에 반하여 공소를 제기할 수 없다. <개정 1995·12·29>

제267조(과실치사) 과실로 인하여 사람을 사망에 이르게 한 자는 2년 이하의 금고 또는 700만원 이하의 벌금에 처한다. <개정 1995·12·29>

제268조(업무상과실·중과실 치사상) 업무상 과실 또는 중대한 과실로 사람을 사망이나 상해에 이르게 한 자는 5년 이하의 금고 또는 2천만원 이하의 벌금에 처한다.
〔전부개정 2020·12·8〕

제27장 낙태의 죄

제269조(낙태) ① 부녀가 약물 기타 방법으로 낙태한 때에는 1년 이하의 징역 또는 200만원 이하의 벌금에 처한다. <개정 1995·12·29>

② 부녀의 촉탁 또는 승낙을 받어 낙태하게 한 자도 제1항의 형과 같다. <개정 1995·12·29>

③ 제2항의 죄를 범하여 부녀를 상해에 이르게 한 때에는 3년 이하의 징역에 처한다. 사망에 이르게 한 때에는 7년 이하의 징역에 처한다. <개정 1995·12·29>

제270조(의사 등의 낙태, 부동의낙태) ① 의사, 한의사, 조산사, 약제사 또는 약종상이 부녀의 촉탁 또는 승낙을 받어 낙태하게 한 때에는 2년 이하의 징역에 처한다. <개정 1995·12·29>

② 부녀의 촉탁 또는 승낙없이 낙태하게 한 자는 3년 이하의 징역에 처한다.

③ 제1항 또는 제2항의 죄를 범하여 부녀를 상해에 이르게 한 때에는 5년 이하의 징역에 처한다. 사망에 이르게 한 때에는 10년 이하의 징역에 처한다. <개정 1995·12·29>

④ 전3항의 경우에는 7년 이하의 자격정지를 병과한다.

제28장 유기와 학대의 죄

제271조(유기, 존속유기) ① 나이가 많거나 어림, 질병 그 밖의 사정으로 도움이 필요한 사람을 법률상 또는 계약상 보호할 의무가 있는 자가 유기한 경우에는 3년 이하의 징역 또는 500만원 이하의 벌금에 처한다.

② 자기 또는 배우자의 직계존속에 대하여 제1항의 죄를 지은 경우에는 10년 이하의 징역 또는 1천500만원 이하의 벌금에 처한다.

③ 제1항의 죄를 지어 사람의 생명에 위험을 발생하게 한 경우에는 7년 이하의 징역에 처한다.

④ 제2항의 죄를 지어 사람의 생명에 위험을 발생하게 한 경우에는 2년 이상의 유기징역에 처한다.

〔전부개정 2020·12·8〕

제272조 삭제 <2023·8·8>

제273조(학대, 존속학대) ① 자기의 보호 또는 감독을 받는 사람을 학대한 자는 2년 이하의 징역 또는 500만원 이하의 벌금에 처한다. <개정 1995·12·29>

② 자기 또는 배우자의 직계존속에 대하여 전항의 죄를 범한 때에는 5년 이하의 징역 또는 700만원 이하의 벌금에 처한다. <개정 1995·12·29>

제274조(아동혹사) 자기의 보호 또는 감독을 받는 16세 미만의 자를 그 생명 또는 신체에 위험한 업무에 사용할 영업자 또는 종업자에게 인도한 자는 5년 이하의 징역에 처한다. 그 인도를 받은 자도 같다.

제275조(유기등 치사상) ① 제271조 또는 제273조의 죄를 범하여 사람을 상해에 이르게 한 때에는 7년 이하의 징역에 처한다. 사망에 이르게 한 때에는 3년 이상의 유기징역에 처한다. <개정 2023·8·8>

② 자기 또는 배우자의 직계존속에 대하여 제271조 또는 제273조의 죄를 범하여 상해에 이르게 한 때에는 3년 이상의 유기징역에 처한다. 사망에 이르게 한 때에는 무기 또는 5년 이상의 징역에 처한다.

〔전부개정 1995·12·29〕

제29장 체포와 감금의 죄

제276조(체포, 감금, 존속체포, 존속감금) ① 사람을 체포 또는 감금한 자는 5년 이하의 징역 또는 700만원 이하의 벌금에 처한다. <개정 1995·12·29>

② 자기 또는 배우자의 직계존속에 대하여 제1항의 죄를 범한 때에는 10년 이하의 징역 또는 1천500만원 이하의 벌금에 처한다. <개정 1995·12·29>

제277조(중체포, 중감금, 존속중체포, 존속중감금) ① 사람을 체포 또는 감금하여 가혹한 행위를 가한 자는 7년 이하의 징역에 처한다.

② 자기 또는 배우자의 직계존속에 대하여 전항의 죄를 범한 때에는 2년 이상의 유기징역에 처한다.

제278조(특수체포, 특수감금) 단체 또는 다중의 위력을 보이거나 위험한 물건을 휴대하여 전 2 조의 죄를 범한 때에는 그 죄에 정한 형의 2분의 1까지 가중한다.

제279조(상습범) 상습으로 제276조 또는 제277조의 죄를 범한 때에는 전조의 예에 의한다.

제280조(미수범) 전 4 조의 미수범은 처벌한다.

제281조(체포·감금 등의 치사상) ① 제276조 내지 제280조의 죄를 범하여 사람을 상해에 이르게 한 때에는 1년 이상의 유기징역에 처한다. 사망에 이르게 한 때에는 3년 이상의 유기징역에 처한다.

② 자기 또는 배우자의 직계존속에 대하여 제276조 내지 제280조의 죄를 범하여 상해에 이르게 한 때에는 2년 이상의 유기징역에 처한다. 사망에 이르게 한 때에는 무기 또는 5년 이상의 징역에 처한다.

〔전부개정 1995·12·29〕

제282조(자격정지의 병과) 본장의 죄에는 10년 이하의 자격정지를 병과할 수 있다.

제30장 협박의 죄

제283조(협박, 존속협박) ① 사람을 협박한 자는 3년 이하의 징역, 500만원 이하의 벌금, 구류 또는 과료에 처한다. <개정 1995·12·29>

② 자기 또는 배우자의 직계존속에 대하여 제 1 항의 죄를 범한 때에는 5년 이하의 징역 또는 700만원 이하의 벌금에 처한다.

<개정 1995·12·29>

③ 제 1 항 및 제 2 항의 죄는 피해자의 명시한 의사에 반하여 공소를 제기할 수 없다.

<개정 1995·12·29>

제284조(특수협박) 단체 또는 다중의 위력을 보이거나 위험한 물건을 휴대하여 전조제 1 항, 제 2 항의 죄를 범한 때에는 7년 이하의 징역 또는 1천만원 이하의 벌금에 처한다.

<개정 1995·12·29>

제285조(상습범) 상습으로 제283조제 1 항, 제 2 항 또는 전조의 죄를 범한 때에는 그 죄에 정한 형의 2분의 1까지 가중한다.

제286조(미수범) 전 3 조의 미수범은 처벌한다.

제31장 약취(略取), 유인(誘引) 및 인신매매의 죄

제287조(미성년자의 약취, 유인) 미성년자를 약취 또는 유인한 사람은 10년 이하의 징역에 처한다.

〔전부개정 2013·4·5〕

제288조(추행 등 목적 약취, 유인 등) ① 추행, 간음, 결혼 또는 영리의 목적으로 사람을 약취 또는 유인한 사람은 1년 이상 10년 이하의 징역에 처한다.

② 노동력 착취, 성매매와 성적 착취, 장기적출을 목적으로 사람을 약취 또는 유인한 사람은 2년 이상 15년 이하의 징역에 처한다.

③ 국외에 이송할 목적으로 사람을 약취 또는 유인하거나 약취 또는 유인된 사람을 국외에 이송한 사람도 제 2 항과 동일한 형으로 처벌한다.

〔전부개정 2013·4·5〕

제289조(인신매매) ① 사람을 매매한 사람은 7년 이하의 징역에 처한다.

② 추행, 간음, 결혼 또는 영리의 목적으로 사람을 매매한 사람은 1년 이상 10년 이하의 징역에 처한다.

③ 노동력 착취, 성매매와 성적 착취, 장기적출을 목적으로 사람을 매매한 사람은 2년 이상 15년 이하의 징역에 처한다.

④ 국외에 이송할 목적으로 사람을 매매하거나 매매된 사람을 국외로 이송한 사람도 제 3 항과 동일한 형으로 처벌한다.

〔전부개정 2013·4·5〕

제290조(약취, 유인, 매매, 이송 등 상해·치상) ① 제287조부터 제289조까지의 죄를 범하여 약취, 유인, 매매 또는 이송된 사람을 상해한 때에는 3년 이상 25년 이하의 징역에 처한다.

② 제287조부터 제289조까지의 죄를 범하여 약취, 유인, 매매 또는 이송된 사람을 상해에 이르게 한 때에는 2년 이상 20년 이하의 징역에 처한다.

〔전부개정 2013·4·5〕

제291조(약취, 유인, 매매, 이송 등 살인·치사) ① 제287조부터 제289조까지의 죄를

범하여 약취, 유인, 매매 또는 이송된 사람을 살해한 때에는 사형, 무기 또는 7년 이상의 징역에 처한다.

② 제287조부터 제289조까지의 죄를 범하여 약취, 유인, 매매 또는 이송된 사람을 사망에 이르게 한 때에는 무기 또는 5년 이상의 징역에 처한다.

〔전부개정 2013·4·5〕

제292조(약취, 유인, 매매, 이송된 사람의 수수·은닉 등) ① 제287조부터 제289조까지의 죄로 약취, 유인, 매매 또는 이송된 사람을 수수(授受) 또는 은닉한 사람은 7년 이하의 징역에 처한다.

② 제287조부터 제289조까지의 죄를 범할 목적으로 사람을 모집, 운송, 전달한 사람도 제1항과 동일한 형으로 처벌한다.

〔전부개정 2013·4·5〕

제293조 삭제 <2013·4·5>

제294조(미수범) 제287조부터 제289조까지, 제290조제1항, 제291조제1항과 제292조제1항의 미수범은 처벌한다.

〔전부개정 2013·4·5〕

제295조(벌금의 병과) 제288조부터 제291조까지, 제292조제1항의 죄와 그 미수범에 대하여는 5천만원 이하의 벌금을 병과할 수 있다.

〔전부개정 2013·4·5〕

제295조의2(형의 감경) 제287조부터 제290조까지, 제292조와 제294조의 죄를 범한 사람이 약취, 유인, 매매 또는 이송된 사람을 안전한 장소로 풀어준 때에는 그 형을 감경할 수 있다.

〔전부개정 2013·4·5〕

제296조(예비, 음모) 제287조부터 제289조까지, 제290조제1항, 제291조제1항과 제292조제1항의 죄를 범할 목적으로 예비 또는 음모한 사람은 3년 이하의 징역에 처한다.

〔본조신설 2013·4·5〕

제296조의2(세계주의) 제287조부터 제292조까지 및 제294조는 대한민국 영역 밖에서 죄를 범한 외국인에게도 적용한다.

〔본조신설 2013·4·5〕

제32장 강간과 추행의 죄

제297조(강간) 폭행 또는 협박으로 사람을 강간한 자는 3년 이상의 유기징역에 처한다. <개정 2012·12·18>

제297조의2(유사강간) 폭행 또는 협박으로 사람에 대하여 구강, 항문 등 신체(성기는 제외한다)의 내부에 성기를 넣거나 성기, 항문에 손가락 등 신체(성기는 제외한다)의 일부 또는 도구를 넣는 행위를 한 사람은 2년 이상의 유기징역에 처한다.

〔본조신설 2012·12·18〕

제298조(강제추행) 폭행 또는 협박으로 사람에 대하여 추행을 한 자는 10년 이하의 징역 또는 1천500만원 이하의 벌금에 처한다. <개정 1995·12·29>

제299조(준강간, 준강제추행) 사람의 심신상실 또는 항거불능의 상태를 이용하여 간음 또는 추행을 한 자는 제297조, 제297조의2 및 제298조의 예에 의한다. <개정 2012·12·18>

제300조(미수범) 제297조, 제297의2, 제298조 및 제299조의 미수범은 처벌한다. <개정 2012·12·18>

제301조(강간등 상해·치상) 제297조, 제297조의2 및 제298조부터 제300조까지의 죄를 범한 자가 사람을 상해하거나 상해에 이르게 한 때에는 무기 또는 5년 이상의 징역에 처한다. <개정 2012·12·18>

〔전부개정 1995·12·29〕

제301조의2(강간등 살인·치사) 제297조, 제297조의2 및 제298조부터 제300조까지의 죄를 범한 자가 사람을 살해한 때에는 사형 또는 무기징역에 처한다. 사망에 이르게 한 때에는 무기 또는 10년 이상의 징역에 처한다. <개정 2012·12·18>

〔본조신설 1995·12·29〕

제302조(미성년자 등에 대한 간음) 미성년자 또는 심신미약자에 대하여 위계 또는 위력으로써 간음 또는 추행을 한 자는 5년 이하의 징역에 처한다.

제303조(업무상 위력 등에 의한 간음) ① 업무, 고용 기타 관계로 인하여 자기의 보호 또는 감독을 받는 사람에 대하여 위계 또는 위력으로써 간음한 자는 7년 이하의 징역 또는 3천만원 이하의 벌금에 처한다. <개정 1995·12·29, 2012·12·18, 2018·10·16>

② 법률에 의하여 구금된 사람을 감호하는 자가 그 사람을 간음한 때에는 10년 이하

의 징역에 처한다. <개정 2012·12·18, 2018·10·16>

제304조 삭제 <2012·12·18>

제305조(미성년자에 대한 간음, 추행) ① 13세 미만의 사람에 대하여 간음 또는 추행을 한 자는 제297조, 제297조의2, 제298조, 제301조 또는 제301조의2의 예에 의한다. <개정 1995·12·29, 2012·12·18>

② 13세 이상 16세 미만의 사람에 대하여 간음 또는 추행을 한 19세 이상의 자는 제297조, 제297조의2, 제298조, 제301조 또는 제301조의2의 예에 의한다. <신설 2020·5·19>

제305조의2(상습범) 상습으로 제297조, 제297조의2, 제298조부터 제300조까지, 제302조, 제303조 또는 제305조의 죄를 범한 자는 그 죄에 정한 형의 2분의 1까지 가중한다. <개정 2012·12·18>

〔본조신설 2010·4·15〕

제305조의3(예비, 음모) 제297조, 제297조의2, 제299조(준강간죄에 한정한다), 제301조(강간 등 상해죄에 한정한다) 및 제305조의 죄를 범할 목적으로 예비 또는 음모한 사람은 3년 이하의 징역에 처한다.

〔본조신설 2020·5·19〕

제306조 삭제 <2012·12·18>

제33장 명예에 관한 죄

제307조(명예훼손) ① 공연히 사실을 적시하여 사람의 명예를 훼손한 자는 2년 이하의 징역이나 금고 또는 500만원 이하의 벌금에 처한다. <개정 1995·12·29>

② 공연히 허위의 사실을 적시하여 사람의 명예를 훼손한 자는 5년 이하의 징역, 10년 이하의 자격정지 또는 1천만원 이하의 벌금에 처한다. <개정 1995·12·29>

제308조(사자의 명예훼손) 공연히 허위의 사실을 적시하여 사자의 명예를 훼손한 자는 2년 이하의 징역이나 금고 또는 500만원 이하의 벌금에 처한다. <개정 1995·12·29>

제309조(출판물 등에 의한 명예훼손) ① 사람을 비방할 목적으로 신문, 잡지 또는 라디오 기타 출판물에 의하여 제307조제1항의 죄를 범한 자는 3년 이하의 징역이나 금고 또는 700만원 이하의 벌금에 처한다. <개정 1995·12·29>

② 제1항의 방법으로 제307조제2항의 죄를 범한 자는 7년 이하의 징역, 10년 이하의 자격정지 또는 1천500만원 이하의 벌금에 처한다. <개정 1995·12·29>

제310조(위법성의 조각) 제307조제1항의 행위가 진실한 사실로서 오로지 공공의 이익에 관한 때에는 처벌하지 아니한다.

제311조(모욕) 공연히 사람을 모욕한 자는 1년 이하의 징역이나 금고 또는 200만원 이하의 벌금에 처한다. <개정 1995·12·29>

제312조(고소와 피해자의 의사) ① 제308조와 제311조의 죄는 고소가 있어야 공소를 제기할 수 있다. <개정 1995·12·29>

② 제307조와 제309조의 죄는 피해자의 명시한 의사에 반하여 공소를 제기할 수 없다. <개정 1995·12·29>

제34장 신용, 업무와 경매에 관한 죄

제313조(신용훼손) 허위의 사실을 유포하거나 기타 위계로써 사람의 신용을 훼손한 자는 5년 이하의 징역 또는 1천500만원 이하의 벌금에 처한다. <개정 1995·12·29>

제314조(업무방해) ① 제313조의 방법 또는 위력으로써 사람의 업무를 방해한 자는 5년 이하의 징역 또는 1천500만원 이하의 벌금에 처한다. <개정 1995·12·29>

② 컴퓨터 등 정보처리장치 또는 전자기록등 특수매체기록을 손괴하거나 정보처리장치에 허위의 정보 또는 부정한 명령을 입력하거나 기타 방법으로 정보처리에 장애를 발생하게 하여 사람의 업무를 방해한 자도 제1항의 형과 같다. <신설 1995·12·29>

제315조(경매, 입찰의 방해) 위계 또는 위력 기타 방법으로 경매 또는 입찰의 공정을 해한 자는 2년 이하의 징역 또는 700만원 이하의 벌금에 처한다. <개정 1995·12·29>

제35장 비밀침해의 죄

제316조(비밀침해) ① 봉함 기타 비밀장치한 사람의 편지, 문서 또는 도화를 개봉한 자는

3년 이하의 징역이나 금고 또는 500만원 이하의 벌금에 처한다. <개정 1995·12·29>
② 봉함 기타 비밀장치한 사람의 편지, 문서, 도화 또는 전자기록 등 특수매체기록을 기술적 수단을 이용하여 그 내용을 알아낸 자도 제 1 항의 형과 같다. <신설 1995·12·29>

제317조(업무상 비밀누설) ① 의사, 한의사, 치과의사, 약제사, 약종상, 조산사, 변호사, 변리사, 공인회계사, 공증인, 대서업자나 그 직무상 보조자 또는 차등의 직에 있던 자가 그 직무처리중 지득한 타인의 비밀을 누설한 때에는 3년 이하의 징역이나 금고, 10년 이하의 자격정지 또는 700만원 이하의 벌금에 처한다. <개정 1995·12·29, 1997·12·13>
② 종교의 직에 있는 자 또는 있던 자가 그 직무상 지득한 사람의 비밀을 누설한 때에도 전항의 형과 같다.

제318조(고소) 본장의 죄는 고소가 있어야 공소를 제기할 수 있다. <개정 1995·12·29>

제36장 주거침입의 죄

제319조(주거침입, 퇴거불응) ① 사람의 주거, 관리하는 건조물, 선박이나 항공기 또는 점유하는 방실에 침입한 자는 3년 이하의 징역 또는 500만원 이하의 벌금에 처한다. <개정 1995·12·29>
② 전항의 장소에서 퇴거요구를 받고 응하지 아니한 자도 전항의 형과 같다.

제320조(특수주거침입) 단체 또는 다중의 위력을 보이거나 위험한 물건을 휴대하여 전조의 죄를 범한 때에는 5년 이하의 징역에 처한다.

제321조(주거·신체 수색) 사람의 신체, 주거, 관리하는 건조물, 자동차, 선박이나 항공기 또는 점유하는 방실을 수색한 자는 3년 이하의 징역에 처한다. <개정 1995·12·29>

제322조(미수범) 본장의 미수범은 처벌한다.

제37장 권리행사를 방해하는 죄

제323조(권리행사방해) 타인의 점유 또는 권리의 목적이 된 자기의 물건 또는 전자기록 등 특수매체기록을 취거, 은닉 또는 손괴하여 타인의 권리행사를 방해한 자는 5년 이하의 징역 또는 700만원 이하의 벌금에 처한다. <개정 1995·12·29>

제324조(강요) ① 폭행 또는 협박으로 사람의 권리행사를 방해하거나 의무없는 일을 하게 한 자는 5년 이하의 징역 또는 3천만원 이하의 벌금에 처한다. <개정 1995·12·29, 2016·1·6>
② 단체 또는 다중의 위력을 보이거나 위험한 물건을 휴대하여 제 1 항의 죄를 범한 자는 10년 이하의 징역 또는 5천만원 이하의 벌금에 처한다. <신설 2016·1·6>

제324조의2(인질강요) 사람을 체포·감금·약취 또는 유인하여 이를 인질로 삼아 제 3 자에 대하여 권리행사를 방해하거나 의무없는 일을 하게 한 자는 3년 이상의 유기징역에 처한다.
〔본조신설 1995·12·29〕

제324조의3(인질상해·치상) 제324조의2의 죄를 범한 자가 인질을 상해하거나 상해에 이르게 한 때에는 무기 또는 5년 이상의 징역에 처한다.
〔본조신설 1995·12·29〕

제324조의4(인질살해·치사) 제324조의2의 죄를 범한 자가 인질을 살해한 때에는 사형 또는 무기징역에 처한다. 사망에 이르게 한 때에는 무기 또는 10년 이상의 징역에 처한다.
〔본조신설 1995·12·29〕

제324조의5(미수범) 제324조 내지 제324조의4의 미수범은 처벌한다.
〔본조신설 1995·12·29〕

제324조의6(형의 감경) 제324조의2 또는 제324조의3의 죄를 범한 자 및 그 죄의 미수범이 인질을 안전한 장소로 풀어준 때에는 그 형을 감경할 수 있다.
〔본조신설 1995·12·29〕

제325조(점유강취, 준점유강취) ① 폭행 또는 협박으로 타인의 점유에 속하는 자기의 물건을 강취(强取)한 자는 7년 이하의 징역 또는 10년 이하의 자격정지에 처한다.
② 타인의 점유에 속하는 자기의 물건을 취거(取去)하는 과정에서 그 물건의 탈환에 항거하거나 체포를 면탈하거나 범죄의 흔적을 인멸할 목적으로 폭행 또는 협박한 때에도 제 1 항의 형에 처한다.

③ 제 1 항과 제 2 항의 미수범은 처벌한다.
〔전부개정 2020 · 12 · 8〕

제326조(중권리행사방해) 제324조 또는 제325조의 죄를 범하여 사람의 생명에 대한 위험을 발생하게 한 자는 10년 이하의 징역에 처한다. <개정 1995 · 12 · 29>

제327조(강제집행면탈) 강제집행을 면할 목적으로 재산을 은닉, 손괴, 허위양도 또는 허위의 채무를 부담하여 채권자를 해한 자는 3년 이하의 징역 또는 1천만원 이하의 벌금에 처한다. <개정 1995 · 12 · 29>

제328조(친족간의 범행과 고소) ① 직계혈족, 배우자, 동거친족, 동거가족 또는 그 배우자간의 제323조의 죄는 그 형을 면제한다. <개정 2005 · 3 · 31>
② 제 1 항 이외의 친족간에 제323조의 죄를 범한 때에는 고소가 있어야 공소를 제기할 수 있다. <개정 1995 · 12 · 29>
③ 전 2 항의 신분관계가 없는 공범에 대하여는 전 2 항을 적용하지 아니한다.

제38장 절도와 강도의 죄

제329조(절도) 타인의 재물을 절취한 자는 6년 이하의 징역 또는 1천만원 이하의 벌금에 처한다. <개정 1995 · 12 · 29>

제330조(야간주거침입절도) 야간에 사람의 주거, 관리하는 건조물, 선박, 항공기 또는 점유하는 방실(房室)에 침입하여 타인의 재물을 절취(竊取)한 자는 10년 이하의 징역에 처한다.
〔전부개정 2020 · 12 · 8〕

제331조(특수절도) ① 야간에 문이나 담 그 밖의 건조물의 일부를 손괴하고 제330조의 장소에 침입하여 타인의 재물을 절취한 자는 1년 이상 10년 이하의 징역에 처한다.
② 흉기를 휴대하거나 2명 이상이 합동하여 타인의 재물을 절취한 자도 제 1 항의 형에 처한다.
〔전부개정 2020 · 12 · 8〕

제331조의2(자동차 등 불법사용) 권리자의 동의없이 타인의 자동차, 선박, 항공기 또는 원동기장치자전거를 일시 사용한 자는 3년 이하의 징역, 500만원 이하의 벌금, 구류 또는 과료에 처한다.
〔본조신설 1995 · 12 · 29〕

제332조(상습범) 상습으로 제329조 내지 제331조의2의 죄를 범한 자는 그 죄에 정한 형의 2분의 1까지 가중한다. <개정 1995 · 12 · 29>

제333조(강도) 폭행 또는 협박으로 타인의 재물을 강취하거나 기타 재산상의 이익을 취득하거나 제삼자로 하여금 이를 취득하게 한 자는 3년 이상의 유기징역에 처한다.

제334조(특수강도) ① 야간에 사람의 주거, 관리하는 건조물, 선박이나 항공기 또는 점유하는 방실에 침입하여 제333조의 죄를 범한 자는 무기 또는 5년 이상의 징역에 처한다. <개정 1995 · 12 · 29>
② 흉기를 휴대하거나 2인 이상이 합동하여 전조의 죄를 범한 자도 전항의 형과 같다.

제335조(준강도) 절도가 재물의 탈환에 항거하거나 체포를 면탈하거나 범죄의 흔적을 인멸할 목적으로 폭행 또는 협박한 때에는 제333조 및 제334조의 예에 따른다.
〔전부개정 2020 · 12 · 8〕

제336조(인질강도) 사람을 체포 · 감금 · 약취 또는 유인하여 이를 인질로 삼아 재물 또는 재산상의 이익을 취득하거나 제 3 자로 하여금 이를 취득하게 한 자는 3년 이상의 유기징역에 처한다.
〔전부개정 1995 · 12 · 29〕

제337조(강도상해, 치상) 강도가 사람을 상해하거나 상해에 이르게 한 때에는 무기 또는 7년 이상의 징역에 처한다. <개정 1995 · 12 · 29>

제338조(강도살인 · 치사) 강도가 사람을 살해한 때에는 사형 또는 무기징역에 처한다. 사망에 이르게 한 때에는 무기 또는 10년 이상의 징역에 처한다.
〔전부개정 1995 · 12 · 29〕

제339조(강도강간) 강도가 사람을 강간한 때에는 무기 또는 10년 이상의 징역에 처한다. <개정 2012 · 12 · 18>

제340조(해상강도) ① 다중의 위력으로 해상에서 선박을 강취하거나 선박내에 침입하여 타인의 재물을 강취한 자는 무기 또는 7년 이상의 징역에 처한다.
② 제 1 항의 죄를 범한 자가 사람을 상해하거나 상해에 이르게 한 때에는 무기 또는 10년 이상의 징역에 처한다. <개정 1995 · 12 · 29>

③ 제 1 항의 죄를 범한 자가 사람을 살해 또는 사망에 이르게 하거나 강간한 때에는 사형 또는 무기징역에 처한다. <개정 1995 · 12 · 29, 2012 · 12 · 18>

제341조(상습범) 상습으로 제333조, 제334조, 제336조 또는 전조제 1 항의 죄를 범한 자는 무기 또는 10년 이상의 징역에 처한다.

제342조(미수범) 제329조 내지 제341조의 미수범은 처벌한다.

〔전부개정 1995 · 12 · 29〕

제343조(예비, 음모) 강도할 목적으로 예비 또는 음모한 자는 7년 이하의 징역에 처한다.

제344조(친족간의 범행) 제328조의 규정은 제329조 내지 제332조의 죄 또는 미수범에 준용한다.

제345조(자격정지의 병과) 본장의 죄를 범하여 유기징역에 처할 경우에는 10년 이하의 자격정지를 병과할 수 있다.

제346조(동력) 본장의 죄에 있어서 관리할 수 있는 동력은 재물로 간주한다.

제39장 사기와 공갈의 죄

제347조(사기) ① 사람을 기망하여 재물의 교부를 받거나 재산상의 이익을 취득한 자는 10년 이하의 징역 또는 2천만원 이하의 벌금에 처한다. <개정 1995 · 12 · 29>

② 전항의 방법으로 제삼자로 하여금 재물의 교부를 받게 하거나 재산상의 이익을 취득하게 한 때에도 전항의 형과 같다.

제347조의2(컴퓨터 등 사용사기) 컴퓨터 등 정보처리장치에 허위의 정보 또는 부정한 명령을 입력하거나 권한 없이 정보를 입력·변경하여 정보처리를 하게 함으로써 재산상의 이익을 취득하거나 제 3 자로 하여금 취득하게 한 자는 10년 이하의 징역 또는 2천만원 이하의 벌금에 처한다.

〔전부개정 2001 · 12 · 29〕

제348조(준사기) ① 미성년자의 사리분별력 부족 또는 사람의 심신장애를 이용하여 재물을 교부받거나 재산상 이익을 취득한 자는 10년 이하의 징역 또는 2천만원 이하의 벌금에 처한다.

② 제 1 항의 방법으로 제 3 자로 하여금 재물을 교부받게 하거나 재산상 이익을 취득하게 한 경우에도 제 1 항의 형에 처한다.

〔전부개정 2020 · 12 · 8〕

제348조의2(편의시설부정이용) 부정한 방법으로 대가를 지급하지 아니하고 자동판매기, 공중전화 기타 유료자동설비를 이용하여 재물 또는 재산상의 이익을 취득한 자는 3년 이하의 징역, 500만원 이하의 벌금, 구류 또는 과료에 처한다.

〔본조신설 1995 · 12 · 29〕

제349조(부당이득) ① 사람의 곤궁하고 절박한 상태를 이용하여 현저하게 부당한 이익을 취득한 자는 3년 이하의 징역 또는 1천만원 이하의 벌금에 처한다.

② 제 1 항의 방법으로 제 3 자로 하여금 부당한 이익을 취득하게 한 경우에도 제 1 항의 형에 처한다.

〔전부개정 2020 · 12 · 8〕

제350조(공갈) ① 사람을 공갈하여 재물의 교부를 받거나 재산상의 이익을 취득한 자는 10년 이하의 징역 또는 2천만원 이하의 벌금에 처한다. <개정 1995 · 12 · 29>

② 전항의 방법으로 제삼자로 하여금 재물의 교부를 받게 하거나 재산상의 이익을 취득하게 한 때에도 전항의 형과 같다.

제350조의2(특수공갈) 단체 또는 다중의 위력을 보이거나 위험한 물건을 휴대하여 제350조의 죄를 범한 자는 1년 이상 15년 이하의 징역에 처한다.

〔본조신설 2016 · 1 · 6〕

제351조(상습범) 상습으로 제347조 내지 전조의 죄를 범한 자는 그 죄에 정한 형의 2분의 1까지 가중한다.

제352조(미수범) 제347조 내지 제348조의2, 제350조, 제350조의2와 제351조의 미수범은 처벌한다. <개정 2016 · 1 · 6>

〔전부개정 1995 · 12 · 29〕

제353조(자격정지의 병과) 본장의 죄에는 10년 이하의 자격정지를 병과할 수 있다.

제354조(친족간의 범행, 동력) 제328조와 제346조의 규정은 본장의 죄에 준용한다.

제40장 횡령과 배임의 죄

제355조(횡령, 배임) ① 타인의 재물을 보관하는 자가 그 재물을 횡령하거나 그 반환을

거부한 때에는 5년 이하의 징역 또는 1천500만원 이하의 벌금에 처한다. <개정 1995·12·29>

② 타인의 사무를 처리하는 자가 그 임무에 위배하는 행위로써 재산상의 이익을 취득하거나 제삼자로 하여금 이를 취득하게 하여 본인에게 손해를 가한 때에도 전항의 형과 같다.

제356조(업무상의 횡령과 배임) 업무상의 임무에 위배하여 제355조의 죄를 범한 자는 10년 이하의 징역 또는 3천만원 이하의 벌금에 처한다. <개정 1995·12·29>

제357조(배임수증재) ① 타인의 사무를 처리하는 자가 그 임무에 관하여 부정한 청탁을 받고 재물 또는 재산상의 이익을 취득하거나 제3자로 하여금 이를 취득하게 한 때에는 5년 이하의 징역 또는 1천만원 이하의 벌금에 처한다. <개정 2016·5·29>

② 제1항의 재물 또는 재산상 이익을 공여한 자는 2년 이하의 징역 또는 500만원 이하의 벌금에 처한다. <개정 2020·12·8>

③ 범인 또는 그 사정을 아는 제3자가 취득한 제1항의 재물은 몰수한다. 그 재물을 몰수하기 불가능하거나 재산상의 이익을 취득한 때에는 그 가액을 추징한다. <개정 2016·5·29, 2020·12·8>

제358조(자격정지의 병과) 전3조의 죄에는 10년 이하의 자격정지를 병과할 수 있다.

제359조(미수범) 제355조 내지 제357조의 미수범은 처벌한다.

제360조(점유이탈물횡령) ① 유실물, 표류물 또는 타인의 점유를 이탈한 재물을 횡령한 자는 1년 이하의 징역이나 300만원 이하의 벌금 또는 과료에 처한다. <개정 1995·12·29>

② 매장물을 횡령한 자도 전항의 형과 같다.

제361조(친족간의 범행, 동력) 제328조와 제346조의 규정은 본장의 죄에 준용한다.

제41장 장물에 관한 죄

제362조(장물의 취득, 알선 등) ① 장물을 취득, 양도, 운반 또는 보관한 자는 7년 이하의 징역 또는 1천500만원 이하의 벌금에 처한다. <개정 1995·12·29>

② 전항의 행위를 알선한 자도 전항의 형과 같다.

제363조(상습범) ① 상습으로 전조의 죄를 범한 자는 1년 이상 10년 이하의 징역에 처한다.

② 제1항의 경우에는 10년 이하의 자격정지 또는 1천500만원 이하의 벌금을 병과할 수 있다. <개정 1995·12·29>

제364조(업무상과실, 중과실) 업무상과실 또는 중대한 과실로 인하여 제362조의 죄를 범한 자는 1년 이하의 금고 또는 500만원 이하의 벌금에 처한다. <개정 1995·12·29>

제365조(친족간의 범행) ① 전3조의 죄를 범한 자와 피해자간에 제328조제1항, 제2항의 신분관계가 있는 때에는 동조의 규정을 준용한다.

② 전3조의 죄를 범한 자와 본범간에 제328조제1항의 신분관계가 있는 때에는 그 형을 감경 또는 면제한다. 단, 신분관계가 없는 공범에 대하여는 예외로 한다.

제42장 손괴의 죄

제366조(재물손괴 등) 타인의 재물, 문서 또는 전자기록 등 특수매체기록을 손괴 또는 은닉 기타 방법으로 기 효용을 해한 자는 3년 이하의 징역 또는 700만원 이하의 벌금에 처한다. <개정 1995·12·29>

제367조(공익건조물파괴) 공익에 공하는 건조물을 파괴한 자는 10년 이하의 징역 또는 2천만원 이하의 벌금에 처한다. <개정 1995·12·29>

제368조(중손괴) ① 전2조의 죄를 범하여 사람의 생명 또는 신체에 대하여 위험을 발생하게 한 때에는 1년 이상 10년 이하의 징역에 처한다.

② 제366조 또는 제367조의 죄를 범하여 사람을 상해에 이르게 한 때에는 1년 이상의 유기징역에 처한다. 사망에 이르게 한 때에는 3년 이상의 유기징역에 처한다. <개정 1995·12·29>

제369조(특수손괴) ① 단체 또는 다중의 위력을 보이거나 위험한 물건을 휴대하여 제366조의 죄를 범한 때에는 5년 이하의 징역 또는 1천만원 이하의 벌금에 처한다. <개정 1995·12·29>

② 제 1 항의 방법으로 제367조의 죄를 범한 때에는 1년 이상의 유기징역 또는 2천만원 이하의 벌금에 처한다. <개정 1995·12·29>

제370조(경계침범) 경계표를 손괴, 이동 또는 제거하거나 기타 방법으로 토지의 경계를 인식불능하게 한 자는 3년 이하의 징역 또는 500만원 이하의 벌금에 처한다. <개정 1995·12·29>

제371조(미수범) 제366조, 제367조와 제369조의 미수범은 처벌한다.

제372조(동력) 본장의 죄에는 제346조를 준용한다.

부 칙

제 1 조(구형법 기타 법령과 형의 경중) 본법 또는 본법 시행후에 시행된 다른 법률이나 명령(이하 다른 신법령이라고 칭한다)과 본법 시행직전의 형법(이하 구형법이라고 칭한다), 다른 법률, 명령, 포고나 법령(이하 다른 구법령이라고 칭한다) 또는 본법 시행전후에 걸쳐서 시행 중인 다른 법률, 명령, 포고나 법령(이하 다른 존속법령이라고 칭한다)에 정한 형의 경중은 제50조에 의한다.

제 2 조(형의 종류의 적용례) ① 본법 시행전에 범한 죄에 대한 형의 경중의 비교는 가장 중한 형의 장기 또는 다액에 의한다.

② 가장 중한 형의 장기 또는 다액에 경중이 없는 때에는 그 단기 또는 소액에 의한다.

③ 전 2 항에 의하여 형의 경중을 정할 수 없는 때에는 병과할 다른 형이 있는 것을 중한 것으로 하고 선택할 다른 형이 있는 것을 경한 것으로 한다.

④ 전 3 항의 경우에 형을 가중감경할 때에는 구형법 또는 본법에 의하여 형의 가중 또는 감경한 뒤에 형의 비교를 한다.

제 3 조(범인에게 유리한 법의 적용) 본법 시행전에 범한 죄에 대하여는 형의 경중에 관한 것이 아니더라도 범인에게 유리한 법을 적용한다.

제 4 조(1개의 죄에 대한 신구법의 적용례) ① 1개의 죄가 본법 시행전후에 걸쳐서 행하여진 때에는 본법 시행전에 범한 것으로 간주한다.

② 연속범 또는 견련범이 본법 시행전후에 걸쳤을 때에는 본법 시행전에 범한 것만을 1죄로 한다.

제 5 조(자격에 관한 형의 적용제한) 본법 시행전에 범한 죄에 대하여는 본법 또는 다른 신법령을 적용할 때에도 본법 제43조는 적용하지 아니한다.

제 6 조(경합범에 대한 신법의 적용례) 본법 시행전에 범한 수죄 또는 그와 본법 시행후에 범한 죄가 경합범인 때에는 본법의 경합범의 규정에 의한다.

제 7 조(형의 효력) 구형법, 다른 구법령 또는 존속법령에 규정된 형은 본법에 의하여 규정된 것과 동일한 효력을 가진다.

제 8 조(총칙의 적용례) ① 본법 시행전에 범한 죄에 대한 형의 양정, 집행, 선고유예, 집행유예, 면제, 시효 또는 소멸에 관하여는 본법을 적용한다. 누범 또는 가석방에 관하여도 같다.

② 본법 시행전에 선고된 형이나 그 집행유예 또는 처분된 가출옥의 효력은 이미 소멸되지 아니하는 한 본법의 해당규정에 의한다.

③ 전 2 항의 경우에는 본법 제49조 단행, 제58조제 1 항, 제63조, 제69조제 1 항 단행, 제74조와 몰수나 추징의 시효에 관한 규정을 적용하지 아니한다.

제 9 조(구형법의 인용조문) 다른 존속법령에 인용된 구형법 조문은 본법 중 그에 상당한 조문으로 변경된 것으로 한다.

제10조(폐지되는 법률 등) 본법 시행직전까지 시행되던 다음의 법률, 포고 또는 법령은 폐지한다.

1. 구형법
2. 구형법시행법
3. 폭발물취체벌칙
4. 외국에서유통하는화폐, 은행권의위조, 변조와모조에관한법률
5. 우편법 제48조, 제55조제 1 항중 제48조의 미수범, 동조제 2 항, 제55조의2와 3
6. 인지범죄처벌법
7. 통화와증권모조취체법
8. 결투죄에관한건
9. 폭력행위등처벌에관한법률
10. 도범등의방지와처벌에관한법률
11. 미군정법령 제70호(부녀자의 매매 또는 그 매매계약의 금지)
12. 미군정법령 제120호(벌금의 증액과 특별심판원의 관할권 등)

13. 미군정법령 제172호(우량한 수형자 석방령)
14. 미군정법령 제208호(항명죄와 해적죄 기타 범죄)

제11조(시행일) 본법은 단기 4286년 10월 3일부터 시행한다.

부　　칙 <1975·3·25 법2745>

이 법은 공포한 날로부터 시행한다.

부　　칙 <1988·12·31 법4040>

이 법은 공포한 날로부터 시행한다.

부　　칙 <1995·12·29 법5057>

제1조(시행일) 이 법은 1996년 7월 1일부터 시행한다. 다만, 제59조의2, 제61조제2항, 제62조의2, 제64조제2항, 제73조의2제2항의 개정규정과 제75조의 개정규정중 보호관찰에 관한 사항은 1997년 1월 1일부터 시행한다.

제2조(일반적 적용례) 이 법은 이 법 시행전에 행하여진 종전의 형법규정위반의 죄에 대하여도 적용한다. 다만, 종전의 규정이 행위자에게 유리한 경우에는 그러하지 아니하다.

제3조(1개의 행위에 대한 경과조치) 1개의 행위가 이 법 시행 전후에 걸쳐 이루어진 경우에는 이 법 시행 이후에 행한 것으로 본다.

제4조(형에 관한 경과조치) 이 법 시행전에 종전의 형법규정에 의하여 형의 선고를 받은 자는 이 법에 의하여 형의 선고를 받은 것으로 본다. 집행유예 또는 선고유예를 받은 경우에도 이와 같다.

제5조(다른 법령과의 관계) 이 법 시행당시 다른 법령에서 종전의 형법규정(장의 제목을 포함한다)을 인용하고 있는 경우에 이 법중 그에 해당하는 규정이 있는 때에는 종전의 규정에 갈음하여 이 법의 해당 조항을 인용한 것으로 본다.

부　　칙 <1997·12·13 법5454>

이 법은 1998년 1월 1일부터 시행한다. 〈단서 생략〉

부　　칙 <2001·12·29 법6543>

이 법은 공포후 6월이 경과한 날부터 시행한다.

부　　칙 <2004·1·20 법7077>

이 법은 공포한 날부터 시행한다.

부　　칙 <2005·3·31 법7427>

제1조(시행일) 이 법은 공포한 날부터 시행한다. 다만, …〈생략〉… 부칙 제7조(제2항 및 제29항을 제외한다)의 규정은 2008년 1월 1일부터 시행한다.

제2조부터 **제6조**까지 생략

제7조(다른 법률의 개정) 생략

부　　칙 <2005·7·29 법7623>

①(시행일) 이 법은 공포한 날부터 시행한다.

②(적용례) 이 법은 이 법 시행 전에 행하여진 죄에 대하여도 적용한다. 다만, 종전의 규정을 적용하는 것이 행위자에게 유리한 경우에는 그러하지 아니하다.

부　　칙 <2010·4·15 법10259>

①(시행일) 이 법은 공포 후 6개월이 경과한 날부터 시행한다. 다만, 제305조의2의 개정규정은 공포한 날부터 시행한다.

②(가석방의 요건에 관한 적용례) 제72조제1항의 개정규정은 이 법 시행 당시 수용 중인 사람에 대하여도 적용한다.

부　　칙 <2012·12·18 법11574>

제1조(시행일) 이 법은 공포 후 6개월이 경과한 날부터 시행한다.

제2조(친고죄 폐지에 관한 적용례) 제296조 및 제306조의 개정규정은 이 법 시행 후 최초로 저지른 범죄부터 적용한다.

제3조(다른 법률의 개정) 생략

부　　칙 <2013·4·5 법11731>

제1조(시행일) 이 법은 공포한 날부터 시행한다. 다만, 법률 제11574호 형법 일부개정법률 제296조의 개정규정 및 부칙 제2조제10항은 2013년 6월 19일부터 시행한다.

제2조(다른 법률의 개정) 생략

제3조(다른 법령과의 관계) 이 법 시행 당시 다른 법령에서 종전의 「형법」의 규정을 인용한 경우에 이 법 가운데 그에 해당하는 규정이 있는 때에는 종전의 규정을 갈음하여 이 법의 해당 규정을 인용한 것으로 본다.

부　　칙 <2014·5·14 법12575>

제1조(시행일) 이 법은 공포한 날부터 시행한다.

제2조(적용례 및 경과조치) ① 제70조제2항의 개정규정은 이 법 시행 후 최초로 저지른 범죄부터 적용한다. <개정 2020·10·20>

② 제79조제2항의 개정규정은 이 법 시행 당시 형의 시효가 완성되지 아니한 자에 대해서도 적용한다.

부 칙 <2014·12·30 법12898>

이 법은 공포한 날부터 시행한다.

부 칙 <2016·1·6 법13719>

제 1 조(시행일) 이 법은 공포한 날부터 시행한다. 다만, 제62조의 개정규정은 공포 후 2년이 경과한 날부터 시행한다.

제 2 조(다른 법률의 개정) 생략

제 3 조(다른 법령과의 관계) 이 법 시행 당시 다른 법령에서 종전의 「형법」의 규정을 인용한 경우에 이 법 가운데 그에 해당하는 규정이 있는 때에는 종전의 규정을 갈음하여 이 법의 해당 규정을 인용한 것으로 본다.

부 칙 <2016·5·29 법14178>

이 법은 공포한 날부터 시행한다.

부 칙 <2016·12·20 법14415>

이 법은 공포한 날부터 시행한다.

부 칙 <2017·12·12 법15163>

제 1 조(시행일) 이 법은 공포한 날부터 시행한다.

제 2 조(시효의 기간에 관한 적용례) 제78조제 5 호 및 제 6 호의 개정규정은 이 법 시행 후 최초로 재판이 확정되는 경우부터 적용한다.

부 칙 <2018·10·16 법15793>

이 법은 공포한 날부터 시행한다.

부 칙 <2018·12·18 법15982>

이 법은 공포한 날부터 시행한다.

부 칙 <2020·5·19 법17265>

이 법은 공포한 날부터 시행한다.

부 칙 <2020·10·20 법17511>

이 법은 공포한 날부터 시행한다.

부 칙 <2020·12·8 법17571>

이 법은 공포 후 1년이 경과한 날부터 시행한다.

부 칙 <2023·8·8 법19582>

제 1 조(시행일) 이 법은 공포한 날부터 시행한다. 다만, 제251조, 제254조, 제272조 및 제275조의 개정규정은 공포 후 6개월이 경과한 날부터 시행한다.

제 2 조(사형의 시효 폐지에 관한 적용례) 제77조, 제78조제 1 호 및 제80조의 개정규정은 이 법 시행 전에 사형을 선고받은 경우에도 적용한다.

●특정범죄 가중처벌 등에 관한 법률

〔1966·2·23 법률제1744호〕

개정
1968· 7·15 법률제 2032호
1973· 2·24 법률제 2550호
1980·12·18 법률제 3280호
1983·12·31 법률제 3717호
1984· 8· 4 법률제 3744호(도로교통법)
1989· 3·25 법률제 4090호
1990· 1·13 법률제 4206호(산림법)
1990·12·31 법률제 4291호
1994· 1· 5 법률제 4702호(성폭력범죄의처벌및피해자보호등에관한법률)
1994· 6·28 법률제 4760호
1995· 8· 4 법률제 4962호
1995·12·29 법률제 5056호
1997· 8·22 법률제 5341호
1997·12·13 법률제 5454호(정부부처명칭등의변경에따른건축법등의정비에관한법률)
1999·12·28 법률제 6040호
2000· 1·12 법률제 6146호(마약류관리에관한법률)
2000·12·29 법률제 6305호(관세법)
2002· 3·25 법률제 6664호
2004·10·16 법률제 7226호
2005· 5·31 법률제 7545호(도로교통법)
2005· 8· 4 법률제 7654호
2005· 8· 4 법률제 7678호(산림자원의 조성 및 관리에 관한 법률)
2005·12·29 법률제 7767호
2007· 1· 3 법률제 8169호
2007·12·21 법률제 8727호
2008·12·26 법률제 9169호
2010· 1· 1 법률제 9919호(조세범 처벌법)
2010· 3·31 법률제10210호
2011·12·31 법률제11136호(지방세기본법)
2013· 4· 5 법률제11731호(형법)
2013· 7·30 법률제11955호
2015· 6·22 법률제13351호
2015· 7·24 법률제13440호(수상에서의 수색·구조등에 관한 법률)
2016· 1· 6 법률제13717호
2016·12·27 법률제14474호(지방세기본법)
2018·12·18 법률제15981호
2019·12·24 법률제16829호
2020· 2· 4 법률제16922호
2022·12·27 법률제19104호
2023· 7·25 법률제19572호(해사안전기본법)
2023· 7·25 법률제19573호(해상교통안전법)

제 1 조(목적) 이 법은 「형법」, 「관세법」, 「조세범 처벌법」, 「지방세기본법」, 「산림자원의 조성 및 관리에 관한 법률」 및 「마약류관리에 관한 법률」에 규정된 특정범죄에 대한 가중처벌 등을 규정함으로써 건전한 사회질서의 유지와 국민경제의 발전에 이바지함을 목적으로 한다. <개정 2011·12·31>

〔전부개정 2010·3·31〕

제 2 조(뇌물죄의 가중처벌) ① 「형법」 제129조·제130조 또는 제132조에 규정된 죄를 범한 사람은 그 수수(收受)·요구 또는 약속한 뇌물의 가액(價額)(이하 이 조에서 "수뢰액"이라 한다)에 따라 다음 각 호와 같이 가중처벌한다.

1. 수뢰액이 1억원 이상인 경우에는 무기 또는 10년 이상의 징역에 처한다.
2. 수뢰액이 5천만원 이상 1억원 미만인 경우에는 7년 이상의 유기징역에 처한다.
3. 수뢰액이 3천만원 이상 5천만원 미만인 경우에는 5년 이상의 유기징역에 처한다.

② 「형법」 제129조·제130조 또는 제132조에 규정된 죄를 범한 사람은 그 죄에 대하여 정한 형(제 1 항의 경우를 포함한다)에 수뢰액의 2배 이상 5배 이하의 벌금을 병과(倂科)한다.

〔전부개정 2010·3·31〕

제 3 조(알선수재) 공무원의 직무에 속한 사항의 알선에 관하여 금품이나 이익을 수수·요구 또는 약속한 사람은 5년 이하의 징역 또는 1천만원 이하의 벌금에 처한다.

〔전부개정 2010·3·31〕

제 4 조(뇌물죄 적용대상의 확대) ① 다음 각 호의 어느 하나에 해당하는 기관 또는 단체로서 대통령령으로 정하는 기관 또는 단체의 간부직원은 「형법」 제129조부터 제132조까지의 규정을 적용할 때에는 공무원으로 본다.

1. 국가 또는 지방자치단체가 직접 또는 간접으로 자본금의 2분의 1 이상을 출자하였거나 출연금·보조금 등 그 재정지원의 규모가 그 기관 또는 단체 기본재산의 2분의 1 이상인 기관 또는 단체
2. 국민경제 및 산업에 중대한 영향을 미치고 있고 업무의 공공성(公共性)이 현저하여 국가 또는 지방자치단체가 법령에서 정하는 바에 따라 지도·감독하거나 주주권의 행사 등을 통하여 중요 사업의 결정

및 임원의 임면(任免) 등 운영 전반에 관하여 실질적인 지배력을 행사하고 있는 기관 또는 단체

② 제 1 항의 간부직원의 범위는 제 1 항의 기관 또는 단체의 설립목적, 자산, 직원의 규모 및 해당 직원의 구체적인 업무 등을 고려하여 대통령령으로 정한다.

〔전부개정 2010·3·31〕

제 4 조의2(체포·감금 등의 가중처벌) ① 「형법」 제124조·제125조에 규정된 죄를 범하여 사람을 상해(傷害)에 이르게 한 경우에는 1년 이상의 유기징역에 처한다.

② 「형법」 제124조·제125조에 규정된 죄를 범하여 사람을 사망에 이르게 한 경우에는 무기 또는 3년 이상의 징역에 처한다.

〔전부개정 2010·3·31〕

제 4 조의3(공무상 비밀누설의 가중처벌) 「국회법」 제54조의2제 2 항을 위반한 사람은 5년 이하의 징역 또는 500만원 이하의 벌금에 처한다.

〔전부개정 2010·3·31〕

제 5 조(국고 등 손실) 「회계관계직원 등의 책임에 관한 법률」 제 2 조제 1 호·제 2 호 또는 제 4 호(제 1 호 또는 제 2 호에 규정된 사람의 보조자로서 그 회계사무의 일부를 처리하는 사람만 해당한다)에 규정된 사람이 국고(國庫) 또는 지방자치단체에 손실을 입힐 것을 알면서 그 직무에 관하여 「형법」 제355조의 죄를 범한 경우에는 다음 각 호의 구분에 따라 가중처벌한다.

1. 국고 또는 지방자치단체의 손실이 5억원 이상인 경우에는 무기 또는 5년 이상의 징역에 처한다.
2. 국고 또는 지방자치단체의 손실이 1억원 이상 5억원 미만인 경우에는 3년 이상의 유기징역에 처한다.

〔전부개정 2010·3·31〕

제 5 조의2(약취·유인죄의 가중처벌) ① 13세 미만의 미성년자에 대하여 「형법」 제287조의 죄를 범한 사람은 그 약취(略取) 또는 유인(誘引)의 목적에 따라 다음 각 호와 같이 가중처벌한다. <개정 2016·1·6>

1. 약취 또는 유인한 미성년자의 부모나 그 밖에 그 미성년자의 안전을 염려하는 사람의 우려를 이용하여 재물이나 재산상의 이익을 취득할 목적인 경우에는 무기 또는 5년 이상의 징역에 처한다.
2. 약취 또는 유인한 미성년자를 살해할 목적인 경우에는 사형, 무기 또는 7년 이상의 징역에 처한다.

② 13세 미만의 미성년자에 대하여 「형법」 제287조의 죄를 범한 사람이 다음 각 호의 어느 하나에 해당하는 행위를 한 경우에는 다음 각 호와 같이 가중처벌한다. <개정 2016·1·6>

1. 약취 또는 유인한 미성년자의 부모나 그 밖에 그 미성년자의 안전을 염려하는 사람의 우려를 이용하여 재물이나 재산상의 이익을 취득하거나 이를 요구한 경우에는 무기 또는 10년 이상의 징역에 처한다.
2. 약취 또는 유인한 미성년자를 살해한 경우에는 사형 또는 무기징역에 처한다.
3. 약취 또는 유인한 미성년자를 폭행·상해·감금 또는 유기(遺棄)하거나 그 미성년자에게 가혹한 행위를 한 경우에는 무기 또는 5년 이상의 징역에 처한다.
4. 제 3 호의 죄를 범하여 미성년자를 사망에 이르게 한 경우에는 사형, 무기 또는 7년 이상의 징역에 처한다.

③ 제 1 항 또는 제 2 항의 죄를 범한 사람을 방조(幇助)하여 약취 또는 유인된 미성년자를 은닉하거나 그 밖의 방법으로 귀가하지 못하게 한 사람은 5년 이상의 유기징역에 처한다.

④ 및 ⑤ 삭제 <2013·4·5>

⑥ 제 1 항 및 제 2 항(제 2 항제 4 호는 제외한다)에 규정된 죄의 미수범은 처벌한다. <개정 2013·4·5>

⑦ 제 1 항부터 제 3 항까지 및 제 6 항의 죄를 범한 사람을 은닉하거나 도피하게 한 사람은 3년 이상 25년 이하의 징역에 처한다. <개정 2013·4·5, 2016·1·6>

⑧ 제 1 항 또는 제 2 항제 1 호·제 2 호의 죄를 범할 목적으로 예비하거나 음모한 사람은 1년 이상 10년 이하의 징역에 처한다. <개정 2013·4·5, 2016·1·6>

〔전부개정 2010·3·31〕

제 5 조의3(도주차량 운전자의 가중처벌) ① 「도

로교통법」 제 2 조의 자동차, 원동기장치자전거 및「건설기계관리법」 제26조제 1 항 단서에 따른 건설기계 외의 건설기계(이하 "자동차등"이라 한다)의 교통으로 인하여「형법」 제268조의 죄를 범한 해당 자동차등의 운전자(이하 "사고운전자"라 한다)가 피해자를 구호(救護)하는 등「도로교통법」 제54조제 1 항에 따른 조치를 하지 아니하고 도주한 경우에는 다음 각 호의 구분에 따라 가중처벌한다. <개정 2022·12·27>

1. 피해자를 사망에 이르게 하고 도주하거나, 도주 후에 피해자가 사망한 경우에는 무기 또는 5년 이상의 징역에 처한다.
2. 피해자를 상해에 이르게 한 경우에는 1년 이상의 유기징역 또는 500만원 이상 3천만원 이하의 벌금에 처한다.

② 사고운전자가 피해자를 사고 장소로부터 옮겨 유기하고 도주한 경우에는 다음 각 호의 구분에 따라 가중처벌한다.

1. 피해자를 사망에 이르게 하고 도주하거나, 도주 후에 피해자가 사망한 경우에는 사형, 무기 또는 5년 이상의 징역에 처한다.
2. 피해자를 상해에 이르게 한 경우에는 3년 이상의 유기징역에 처한다.

〔전부개정 2010·3·31〕

제 5 조의4(상습 강도·절도죄 등의 가중처벌)
① 삭제 <2016·1·6>
② 5명 이상이 공동하여 상습적으로「형법」 제329조부터 제331조까지의 죄 또는 그 미수죄를 범한 사람은 2년 이상 20년 이하의 징역에 처한다. <개정 2016·1·6>
③ 및 ④ 삭제 <2016·1·6>
⑤「형법」 제329조부터 제331조까지, 제333조부터 제336조까지 및 제340조·제362조의 죄 또는 그 미수죄로 세 번 이상 징역형을 받은 사람이 다시 이들 죄를 범하여 누범(累犯)으로 처벌하는 경우에는 다음 각 호의 구분에 따라 가중처벌한다. <개정 2016·1·6>

1.「형법」 제329조부터 제331조까지의 죄(미수범을 포함한다)를 범한 경우에는 2년 이상 20년 이하의 징역에 처한다.
2.「형법」 제333조부터 제336조까지의 죄 및 제340조제 1 항의 죄(미수범을 포함한다)를 범한 경우에는 무기 또는 10년 이상의 징역에 처한다.
3.「형법」 제362조의 죄를 범한 경우에는 2년 이상 20년 이하의 징역에 처한다.

⑥ 상습적으로「형법」 제329조부터 제331조까지의 죄나 그 미수죄 또는 제 2 항의 죄로 두 번 이상 실형을 선고받고 그 집행이 끝나거나 면제된 후 3년 이내에 다시 상습적으로「형법」 제329조부터 제331조까지의 죄나 그 미수죄 또는 제 2 항의 죄를 범한 경우에는 3년 이상 25년 이하의 징역에 처한다. <개정 2016·1·6>

〔전부개정 2010·3·31〕

제 5 조의5(강도상해 등 재범자의 가중처벌)「형법」 제337조·제339조의 죄 또는 그 미수죄로 형을 선고받고 그 집행이 끝나거나 면제된 후 3년 내에 다시 이들 죄를 범한 사람은 사형, 무기 또는 10년 이상의 징역에 처한다.

〔전부개정 2010·3·31〕

제 5 조의6 및 **제 5 조의7** 삭제 <1994·1·5>

제 5 조의8 삭제 <2013·4·5>

제 5 조의9(보복범죄의 가중처벌 등) ① 자기 또는 타인의 형사사건의 수사 또는 재판과 관련하여 고소·고발 등 수사단서의 제공, 진술, 증언 또는 자료제출에 대한 보복의 목적으로「형법」 제250조제 1 항의 죄를 범한 사람은 사형, 무기 또는 10년 이상의 징역에 처한다. 고소·고발 등 수사단서의 제공, 진술, 증언 또는 자료제출을 하지 못하게 하거나 고소·고발을 취소하게 하거나 거짓으로 진술·증언·자료제출을 하게 할 목적인 경우에도 또한 같다.
② 제 1 항과 같은 목적으로「형법」 제257조제 1 항·제260조제 1 항·제276조제 1 항 또는 제283조제 1 항의 죄를 범한 사람은 1년 이상의 유기징역에 처한다.
③ 제 2 항의 죄 중「형법」 제257조제 1 항·제260조제 1 항 또는 제276조제 1 항의 죄를 범하여 사람을 사망에 이르게 한 경우에는 무기 또는 3년 이상의 징역에 처한다.
④ 자기 또는 타인의 형사사건의 수사 또는 재판과 관련하여 필요한 사실을 알고 있는 사람 또는 그 친족에게 정당한 사유 없이

면담을 강요하거나 위력(威力)을 행사한 사람은 3년 이하의 징역 또는 300만원 이하의 벌금에 처한다.

〔전부개정 2010 · 3 · 31〕

제 5 조의10(운행 중인 자동차 운전자에 대한 폭행 등의 가중처벌) ① 운행 중(「여객자동차 운수사업법」 제 2 조제 3 호에 따른 여객자동차운송사업을 위하여 사용되는 자동차를 운행하는 중 운전자가 여객의 승차 · 하차 등을 위하여 일시 정차한 경우를 포함한다)인 자동차의 운전자를 폭행하거나 협박한 사람은 5년 이하의 징역 또는 2천만원 이하의 벌금에 처한다. <개정 2015 · 6 · 22>

② 제 1 항의 죄를 범하여 사람을 상해에 이르게 한 경우에는 3년 이상의 유기징역에 처하고, 사망에 이르게 한 경우에는 무기 또는 5년 이상의 징역에 처한다.

〔전부개정 2010 · 3 · 31〕

제 5 조의11(위험운전 등 치사상) ① 음주 또는 약물의 영향으로 정상적인 운전이 곤란한 상태에서 자동차등을 운전하여 사람을 상해에 이르게 한 사람은 1년 이상 15년 이하의 징역 또는 1천만원 이상 3천만원 이하의 벌금에 처하고, 사망에 이르게 한 사람은 무기 또는 3년 이상의 징역에 처한다. <개정 2018 · 12 · 18, 2022 · 12 · 27>

② 음주 또는 약물의 영향으로 정상적인 운항이 곤란한 상태에서 운항의 목적으로 「해상교통안전법」 제39조제 1 항에 따른 선박의 조타기를 조작, 조작 지시 또는 도선하여 사람을 상해에 이르게 한 사람은 1년 이상 15년 이하의 징역 또는 1천만원 이상 3천만원 이하의 벌금에 처하고, 사망에 이르게 한 사람은 무기 또는 3년 이상의 징역에 처한다. <신설 2020 · 2 · 4, 2023 · 7 · 25>

〔전부개정 2010 · 3 · 31〕

제 5 조의12(도주선박의 선장 또는 승무원에 대한 가중처벌) 「해사안전기본법」 제 3 조제 2 호에 따른 선박의 교통으로 인하여 「형법」 제268조의 죄를 범한 해당 선박의 선장 또는 승무원이 피해자를 구호하는 등 「수상에서의 수색 · 구조 등에 관한 법률」 제18조제 1 항 단서에 따른 조치를 하지 아니하고 도주한 경우에는 다음 각 호의 구분에 따라 가중 처벌한다. <개정 2015 · 7 · 24, 2023 · 7 · 25>

1. 피해자를 사망에 이르게 하고 도주하거나, 도주 후에 피해자가 사망한 경우에는 무기 또는 5년 이상의 징역에 처한다.
2. 피해자를 상해에 이르게 한 경우에는 1년 이상의 유기징역 또는 1천만원 이상 1억원 이하의 벌금에 처한다.

〔본조신설 2013 · 7 · 30〕

제 5 조의13(어린이 보호구역에서 어린이 치사상의 가중처벌) 자동차등의 운전자가 「도로교통법」 제12조제 3 항에 따른 어린이 보호구역에서 같은 조 제 1 항에 따른 조치를 준수하고 어린이의 안전에 유의하면서 운전하여야 할 의무를 위반하여 어린이(13세 미만인 사람을 말한다. 이하 같다)에게 「교통사고처리 특례법」 제 3 조제 1 항의 죄를 범한 경우에는 다음 각 호의 구분에 따라 가중처벌한다. <개정 2022 · 12 · 27>

1. 어린이를 사망에 이르게 한 경우에는 무기 또는 3년 이상의 징역에 처한다.
2. 어린이를 상해에 이르게 한 경우에는 1년 이상 15년 이하의 징역 또는 500만원 이상 3천만원 이하의 벌금에 처한다.

〔본조신설 2019 · 12 · 24〕

제 6 조(「관세법」 위반행위의 가중처벌) ① 「관세법」 제269조제 1 항에 규정된 죄를 범한 사람은 다음 각 호의 구분에 따라 가중처벌한다.

1. 수출 또는 수입한 물품의 가액(이하 이 조에서 "물품가액"이라 한다)이 1억원 이상인 경우에는 무기 또는 7년 이상의 징역에 처한다.
2. 물품가액이 3천만원 이상 1억원 미만인 경우에는 3년 이상의 유기징역에 처한다.

② 「관세법」 제269조제 2 항에 규정된 죄를 범한 사람은 다음 각 호의 구분에 따라 가중처벌한다.

1. 수입한 물품의 원가가 5억원 이상인 경우에는 무기 또는 5년 이상의 징역에 처한다.
2. 수입한 물품의 원가가 2억원 이상 5억원 미만인 경우에는 3년 이상의 유기징역에 처한다.

③ 「관세법」 제269조제 3 항에 규정된 죄를

범한 사람이 수출하거나 반송한 물품의 원가가 5억원 이상인 경우에는 1년 이상의 유기징역에 처한다.

④ 「관세법」 제270조제 1 항제 1 호 또는 같은 조 제 4 항·제 5 항에 규정된 죄를 범한 사람은 다음 각 호의 구분에 따라 가중처벌한다.

1. 포탈(逋脫)·면탈(免脫)하거나 감면(減免)·환급받은 세액이 2억원 이상인 경우에는 무기 또는 5년 이상의 징역에 처한다.
2. 포탈·면탈하거나 감면·환급받은 세액이 5천만원 이상 2억원 미만인 경우에는 3년 이상의 유기징역에 처한다.

⑤ 「관세법」 제270조제 1 항제 2 호 또는 같은 조 제 2 항에 규정된 죄를 범한 사람은 다음 각 호의 구분에 따라 가중처벌한다.

1. 수입한 물품의 원가가 5억원 이상인 경우에는 3년 이상의 유기징역에 처한다.
2. 수입한 물품의 원가가 2억원 이상 5억원 미만인 경우에는 1년 이상의 유기징역에 처한다.

⑥ 제 1 항부터 제 5 항까지의 경우에는 다음 각 호의 구분에 따른 벌금을 병과한다.

1. 제 1 항의 경우 : 물품가액의 2배 이상 10배 이하
2. 제 2 항의 경우 : 수입한 물품 원가의 2배
3. 제 3 항의 경우 : 수출하거나 반송한 물품의 원가
4. 제 4 항의 경우 : 포탈·면탈하거나 감면·환급받은 세액의 2배 이상 10배 이하
5. 제 5 항의 경우 : 수입한 물품의 원가

⑦ 「관세법」 제271조에 규정된 죄를 범한 사람은 제 1 항부터 제 6 항까지의 예에 따른 그 정범(正犯) 또는 본죄(本罪)에 준하여 처벌한다.

⑧ 단체 또는 집단을 구성하거나 상습적으로 「관세법」 제269조부터 제271조까지 또는 제274조에 규정된 죄를 범한 사람은 무기 또는 10년 이상의 징역에 처한다.

〔전부개정 2010·3·31〕

제 7 조(관계 공무원의 무기 사용) 「관세법」 위반사범을 단속할 권한이 있는 공무원은 해상(海上)에서 「관세법」 제269조 또는 제270조에 규정된 죄를 범한 사람이 정지명령을 받고 도피하는 경우에 이를 제지(制止)하기 위하여 필요하다고 인정되는 상당한 이유가 있을 때에는 총기(銃器)를 사용할 수 있다.

〔전부개정 2010·3·31〕

제 8 조(조세 포탈의 가중처벌) ① 「조세범 처벌법」 제 3 조제 1 항, 제 4 조 및 제 5 조, 「지방세기본법」 제102조제 1 항에 규정된 죄를 범한 사람은 다음 각 호의 구분에 따라 가중처벌한다. <개정 2011·12·31, 2016·12·27>

1. 포탈하거나 환급받은 세액 또는 징수하지 아니하거나 납부하지 아니한 세액(이하 "포탈세액등"이라 한다)이 연간 10억원 이상인 경우에는 무기 또는 5년 이상의 징역에 처한다.
2. 포탈세액등이 연간 5억원 이상 10억원 미만인 경우에는 3년 이상의 유기징역에 처한다.

② 제 1 항의 경우에는 그 포탈세액등의 2배 이상 5배 이하에 상당하는 벌금을 병과한다.

〔전부개정 2010·3·31〕

제 8 조의2(세금계산서 교부의무 위반 등의 가중처벌) ① 영리를 목적으로 「조세범 처벌법」 제10조제 3 항 및 제 4 항 전단의 죄를 범한 사람은 다음 각 호의 구분에 따라 가중처벌한다.

1. 세금계산서 및 계산서에 기재된 공급가액이나 매출처별세금계산서합계표·매입처별세금계산서합계표에 기재된 공급가액 또는 매출·매입금액의 합계액(이하 이 조에서 "공급가액등의 합계액"이라 한다)이 50억원 이상인 경우에는 3년 이상의 유기징역에 처한다.
2. 공급가액등의 합계액이 30억원 이상 50억원 미만인 경우에는 1년 이상의 유기징역에 처한다.

② 제 1 항의 경우에는 공급가액등의 합계액에 부가가치세의 세율을 적용하여 계산한 세액의 2배 이상 5배 이하의 벌금을 병과한다.

〔전부개정 2010·3·31〕

제 9 조(「산림자원의 조성 및 관리에 관한 법률」 등 위반행위의 가중처벌) ① 「산림자원의 조성 및 관리에 관한 법률」 제73조 및 제74조에 규정된 죄를 범한 사람은 다음 각 호의 구

분에 따라 가중처벌한다. <개정 2016·1·6>

1. 임산물(林産物)의 원산지 가격이 1억원 이상이거나 산림 훼손면적이 5만제곱미터 이상인 경우에는 3년 이상 25년 이하의 징역에 처한다.
2. 임산물의 원산지 가격이 1천만원 이상 1억원 미만이거나 산림 훼손면적이 5천제곱미터 이상 5만제곱미터 미만인 경우에는 2년 이상 20년 이하의 징역에 처한다.

② 삭제 <2016·1·6>

〔전부개정 2010·3·31〕

제10조 삭제 <2016·1·6>

제11조(마약사범 등의 가중처벌) ① 「마약류관리에 관한 법률」 제58조제1항제1호부터 제4호까지 및 제6호·제7호에 규정된 죄(매매, 수수 및 제공에 관한 죄와 매매목적, 매매 알선목적 또는 수수목적의 소지·소유에 관한 죄는 제외한다) 또는 그 미수죄를 범한 사람은 다음 각 호의 구분에 따라 가중처벌한다. <개정 2016·1·6>

1. 수출입·제조·소지·소유 등을 한 마약이나 향정신성의약품 등의 가액이 5천만원 이상인 경우에는 무기 또는 10년 이상의 징역에 처한다.
2. 수출입·제조·소지·소유 등을 한 마약이나 향정신성의약품 등의 가액이 500만원 이상 5천만원 미만인 경우에는 무기 또는 7년 이상의 징역에 처한다.

② 「마약류관리에 관한 법률」 제59조제1항부터 제3항까지 및 제60조에 규정된 죄(마약 및 향정신성의약품에 관한 죄만 해당한다)를 범한 사람은 다음 각 호의 구분에 따라 가중처벌한다. <개정 2016·1·6>

1. 소지·소유·재배·사용·수출입·제조 등을 한 마약 및 향정신성의약품의 가액이 5천만원 이상인 경우에는 무기 또는 7년 이상의 징역에 처한다.
2. 소지·소유·재배·사용·수출입·제조 등을 한 마약 및 향정신성의약품의 가액이 500만원 이상 5천만원 미만인 경우에는 무기 또는 3년 이상의 징역에 처한다.

〔전부개정 2010·3·31〕

제12조(외국인을 위한 탈법행위) 외국인에 의한 취득이 금지 또는 제한된 재산권을 외국인을 위하여 외국인의 자금으로 취득한 사람은 다음 각 호의 구분에 따라 처벌한다.

1. 재산권의 가액이 1억원 이상인 경우에는 무기 또는 10년 이상의 징역에 처한다.
2. 재산권의 가액이 1억원 미만인 경우에는 무기 또는 3년 이상의 유기징역에 처한다.

〔전부개정 2010·3·31〕

제13조(몰수) 제3조 또는 제12조의 죄를 범하여 범인이 취득한 해당 재산은 몰수하며, 몰수할 수 없을 때에는 그 가액을 추징(追徵)한다.

〔전부개정 2010·3·31〕

제14조(무고죄) 이 법에 규정된 죄에 대하여 「형법」 제156조에 규정된 죄를 범한 사람은 3년 이상의 유기징역에 처한다.

〔전부개정 2010·3·31〕

제15조(특수직무유기) 범죄 수사의 직무에 종사하는 공무원이 이 법에 규정된 죄를 범한 사람을 인지하고 그 직무를 유기한 경우에는 1년 이상의 유기징역에 처한다.

〔전부개정 2010·3·31〕

제16조(소추에 관한 특례) 제6조 및 제8조의 죄에 대한 공소(公訴)는 고소 또는 고발이 없는 경우에도 제기할 수 있다.

〔전부개정 2010·3·31〕

부 칙

①(시행일) 이 법은 공포후 30일을 경과한 날로부터 시행한다.
②(폐지법률) 특정범죄처벌에관한임시특례법은 이를 폐지한다.

부 칙 <1968·7·15 법2032>

이 법은 공포한 날로부터 시행한다. 다만, 제6조제6항 및 제11조제2항의 규정은 공포후 30일이 경과한 날로부터 시행한다.

부 칙 <1973·2·24 법2550>

이 법은 공포후 30일이 경과한 날로부터 시행한다.

부 칙 <1980·12·18 법3280>

①(시행일) 이 법은 공포한 날로부터 시행한다.
②(경과조치) 이 법 시행당시 제4조 소정의 정부관리기업체간부직원으로서 제2조의 죄로 법원에 계속 중인 사건에 대하여는 이 법 시행후에도 형법 제129조 내지 제132조의 적용에 있어 공무원으로 본다.
③(동전) 이 법 시행당시 제6조 및 제8조

의 죄로 법원에 계속 중인 사건에 대하여는 이 법 시행후에도 고발을 요하지 아니한다.

부 칙 <1983·12·31 법3717>

이 법은 공포한 날로부터 시행한다.

부 칙 <1984·8·4 법3744>

제1조(시행일) 이 법은 공포후 6월이 경과한 날로부터 시행한다. 〈단서 생략〉

제2조부터 **제4조**까지 생략

부 칙 <1989·3·25 법4090>

이 법은 공포한 날부터 시행한다.

부 칙 <1990·1·13 법4206>

제1조(시행일) 이 법은 공포후 6월이 경과한 날부터 시행한다.

제2조부터 **제6조**까지 생략

부 칙 <1990·12·31 법4291>

이 법은 공포한 날부터 시행한다.

부 칙 <1994·1·5 법4702>

제1조(시행일) 이 법은 1994년 4월 1일부터 시행한다.

제2조 및 **제3조** 생략

부 칙 <1994·6·28 법4760>

이 법은 공포한 날부터 시행한다.

부 칙 <1995·8·4 법4962>

이 법은 공포한 날부터 시행한다.

부 칙 <1995·12·29 법5056>

이 법은 공포한 날부터 시행한다.

부 칙 <1997·8·22 법5341>

①(시행일) 이 법은 공포한 날부터 시행한다.

②(벌칙에 관한 경과조치) 이 법 시행전의 행위에 대한 벌칙의 적용에 있어서는 종전의 규정에 의한다.

부 칙 <1997·12·13 법5454>

이 법은 1998년 1월 1일부터 시행한다. 〈단서 생략〉

부 칙 <1999·12·28 법6040>

이 법은 공포한 날부터 시행한다.

부 칙 <2000·1·12 법6146>

제1조(시행일) 이 법은 2000년 7월 1일부터 시행한다.

제2조부터 **제9조**까지 생략

부 칙 <2000·12·29 법6305>

제1조(시행일) 이 법은 2001년 1월 1일부터 시행한다.

제2조부터 **제8조**까지 생략

부 칙 <2002·3·25 법6664>

이 법은 공포후 2월이 경과한 날부터 시행한다.

부 칙 <2004·10·16 법7226>

이 법은 공포한 날부터 시행한다.

부 칙 <2005·5·31 법7545>

제1조(시행일) 이 법은 공포 후 1년이 경과한 날부터 시행한다.

제2조부터 **제8조**까지 생략

부 칙 <2005·8·4 법7654>

이 법은 공포한 날부터 시행한다.

부 칙 <2005·8·4 법7678>

제1조(시행일) 이 법은 공포 후 1년이 경과한 날부터 시행한다.

제2조부터 **제12조**까지 생략

부 칙 <2005·12·29 법7767>

이 법은 공포 후 3월이 경과한 날부터 시행한다.

부 칙 <2007·1·3 법8169>

이 법은 공포 후 3개월이 경과한 날부터 시행한다.

부 칙 <2007·12·21 법8727>

이 법은 공포한 날부터 시행한다.

부 칙 <2008·12·26 법9169>

이 법은 공포한 날부터 시행한다.

부 칙 <2010·1·1 법9919>

제1조(시행일) 이 법은 공포한 날부터 시행한다. 〈단서 생략〉

제2조부터 **제5조**까지 생략

부 칙 <2010·3·31 법10210>

이 법은 공포한 날부터 시행한다.

부 칙 <2011·12·31 법11136>

제1조(시행일) 이 법은 공포 후 3개월이 경과한 날부터 시행한다. 〈단서 생략〉

제2조부터 **제4조**까지 생략

부 칙 <2013·4·5 법11731>

제1조(시행일) 이 법은 공포한 날부터 시행한다. 〈단서 생략〉

제2조 및 **제3조** 생략

부 칙 <2013·7·30 법11955>

이 법은 공포 후 3개월이 경과한 날부터 시행한다.

부 칙 <2015·6·22 법13351>

이 법은 공포한 날부터 시행한다.

부 칙 <2015·7·24 법13440>

제1조(시행일) 이 법은 공포 후 6개월이 경과한 날부터 시행한다. 〈단서 생략〉

제2조 및 **제3조** 생략

부 칙 <2016·1·6 법13717>

제1조(시행일) 이 법은 공포한 날부터 시행한다.

제2조(다른 법률의 개정) 생략

제3조(다른 법령과의 관계) 이 법 시행 당시 다른 법령에서 종전의 「특정범죄 가중처벌 등에 관한 법률」의 규정을 인용한 경우에 이 법 가운데 그에 해당하는 규정이 있는 때에는 종전의 규정을 갈음하여 이 법의 해당 규정을 인용한 것으로 본다.

부 칙 <2016·12·27 법14474>

제1조(시행일) 이 법은 공포 후 3개월이 경과한 날부터 시행한다

제2조부터 **제14조**까지 생략

부 칙 <2018·12·18 법15981>

이 법은 공포한 날부터 시행한다.

부 칙 <2019·12·24 법16829>

이 법은 공포 후 3개월이 경과한 날부터 시행한다.

부 칙 <2020·2·4 법16922>

이 법은 공포 후 3개월이 경과한 날부터 시행한다.

부 칙 <2022·12·27 법19104>

이 법은 공포한 날부터 시행한다.

부 칙 <2023·7·25 법19572>

제1조(시행일) 이 법은 공포 후 6개월이 경과한 날부터 시행한다. 〈단서 생략〉

제2조부터 **제7조**까지 생략

부 칙 <2023·7·25 법19573>

제1조(시행일) 이 법은 공포 후 6개월이 경과한 날부터 시행한다. 〈단서 생략〉

제2조부터 **제11조**까지 생략

●특정경제범죄 가중처벌 등에 관한 법률

〔1983·12·31 법률제3693호〕

개정
1988·12·31 법률제 4069호(보험업법)
1990·12·31 법률제 4292호
1998· 1·13 법률제 5503호(종합금융회사에관한법률)
1998· 1·13 법률제 5505호(금융감독기구의설치등에관한법률제정등에따른공인회계사법등의정비에관한법률)
2001· 3·28 법률제 6429호(상호저축은행법)
2002·12· 5 법률제 6746호
2004·12·31 법률제 7311호(수산업협동조합법)
2007· 5·17 법률제 8444호
2007· 8· 3 법률제 8635호(자본시장과 금융투자업에 관한 법률)
2008·12·26 법률제 9170호
2009· 5· 8 법률제 9646호
2012· 2·10 법률제11304호
2016· 1· 6 법률제13719호(형법)
2016· 3·29 법률제14122호(기술보증기금법)
2016· 5·29 법률제14242호(수산업협동조합법)
2017·12·19 법률제15256호

제 1 조(목적) 이 법은 건전한 국민경제윤리에 반하는 특정경제범죄에 대한 가중처벌과 그 범죄행위자에 대한 취업제한 등을 규정함으로써 경제질서를 확립하고 나아가 국민경제 발전에 이바지함을 목적으로 한다.
〔전부개정 2012·2·10〕

제 2 조(정의) 이 법에서 사용하는 용어의 뜻은 다음과 같다. <개정 2016·3·29, 2016·5·29>
1. "금융회사등"이란 다음 각 목의 어느 하나에 해당하는 것을 말한다.
   가. 「한국은행법」에 따른 한국은행, 「금융위원회의 설치 등에 관한 법률」에 따른 금융감독원 및 「은행법」이나 그 밖의 법률에 따른 은행
   나. 「자본시장과 금융투자업에 관한 법률」에 따른 투자매매업자, 투자중개업자, 집합투자업자, 신탁업자, 증권금융회사 및 종합금융회사
   다. 「상호저축은행법」에 따른 상호저축은행과 그 중앙회
   라. 「농업협동조합법」에 따른 조합과 농협은행
   마. 「수산업협동조합법」에 따른 조합과 수협은행
   바. 「신용협동조합법」에 따른 신용협동조합과 그 중앙회
   사. 「새마을금고법」에 따른 새마을금고와 그 연합회
   아. 「보험업법」에 따른 보험업을 경영하는 자
   자. 「신용보증기금법」에 따른 신용보증기금
   차. 「기술보증기금법」에 따른 기술보증기금
   카. 그 밖에 가목부터 차목까지의 기관과 같거나 유사한 업무를 하는 기관으로서 대통령령으로 정하는 기관
2. "저축"이란 다음 각 목의 어느 하나에 해당하는 것을 금융회사등에 예입(預入), 납입(納入) 또는 신탁(信託)하거나 금융회사등으로부터 수령(受領) 또는 매입(買入)하는 것을 말한다.
   가. 예금, 적금, 부금(賦金), 계금(稧金) 및 신탁재산
   나. 주식, 채권, 수익증권, 어음, 수표 및 채무증서
   다. 보험료
   라. 그 밖에 가목부터 다목까지의 규정에 준하는 것으로서 대통령령으로 정하는 것
3. "대출등"이란 금융회사등이 취급하는 대출, 채무의 보증 또는 인수(引受), 급부(給付), 채권 또는 어음의 할인이나 그 밖에 이에 준하는 것으로서 대통령령으로 정하는 것을 말한다.

〔전부개정 2012·2·10〕

제 3 조(특정재산범죄의 가중처벌) ① 「형법」 제347조(사기), 제347조의2(컴퓨터등 사용사기), 제350조(공갈), 제350조의2(특수공갈), 제351조(제347조, 제347조의2, 제350조 및 제350조의2의 상습범만 해당한다), 제355조(횡령·배임) 또는 제356조(업무상의 횡령과 배임)의 죄를 범한 사람은 그 범죄행위로 인

하여 취득하거나 제 3 자로 하여금 취득하게 한 재물 또는 재산상 이익의 가액(이하 이 조에서 "이득액"이라 한다)이 5억원 이상일 때에는 다음 각 호의 구분에 따라 가중처벌한다. <개정 2016·1·6, 2017·12·19>

1. 이득액이 50억원 이상일 때 : 무기 또는 5년 이상의 징역
2. 이득액이 5억원 이상 50억원 미만일 때 : 3년 이상의 유기징역

② 제 1 항의 경우 이득액 이하에 상당하는 벌금을 병과(倂科)할 수 있다.

〔전부개정 2012·2·10〕

제 4 조(재산국외도피의 죄) ① 법령을 위반하여 대한민국 또는 대한민국국민의 재산을 국외로 이동하거나 국내로 반입하여야 할 재산을 국외에서 은닉 또는 처분하여 도피시켰을 때에는 1년 이상의 유기징역 또는 해당 범죄행위의 목적물 가액(이하 이 조에서 "도피액"이라 한다)의 2배 이상 10배 이하에 상당하는 벌금에 처한다.

② 제 1 항의 경우 도피액이 5억원 이상일 때에는 다음 각 호의 구분에 따라 가중처벌한다.

1. 도피액이 50억원 이상일 때 : 무기 또는 10년 이상의 징역
2. 도피액이 5억원 이상 50억원 미만일 때 : 5년 이상의 유기징역

③ 제 1 항 또는 제 2 항의 미수범은 각 죄에 해당하는 형으로 처벌한다.

④ 법인의 대표자나 법인 또는 개인의 대리인, 사용인, 그 밖의 종업원이 그 법인 또는 개인의 업무에 관하여 제 1 항부터 제 3 항까지의 어느 하나에 해당하는 위반행위를 하면 그 행위자를 벌하는 외에 그 법인 또는 개인에게도 제 1 항의 벌금형을 과(科)한다. 다만, 법인 또는 개인이 그 위반행위를 방지하기 위하여 해당 업무에 관하여 상당한 주의와 감독을 게을리하지 아니한 경우에는 그러하지 아니하다.

〔전부개정 2012·2·10〕

제 5 조(수재 등의 죄) ① 금융회사등의 임직원이 그 직무에 관하여 금품이나 그 밖의 이익을 수수(收受), 요구 또는 약속하였을 때에는 5년 이하의 징역 또는 10년 이하의 자격정지에 처한다.

② 금융회사등의 임직원이 그 직무에 관하여 부정한 청탁을 받고 제 3 자에게 금품이나 그 밖의 이익을 공여(供與)하게 하거나 공여하게 할 것을 요구 또는 약속하였을 때에는 제 1 항과 같은 형에 처한다.

③ 금융회사등의 임직원이 그 지위를 이용하여 소속 금융회사등 또는 다른 금융회사등의 임직원의 직무에 속하는 사항의 알선에 관하여 금품이나 그 밖의 이익을 수수, 요구 또는 약속하였을 때에는 제 1 항과 같은 형에 처한다.

④ 제 1 항부터 제 3 항까지의 경우에 수수, 요구 또는 약속한 금품이나 그 밖의 이익의 가액(이하 이 조에서 "수수액"이라 한다)이 3천만원 이상일 때에는 다음 각 호의 구분에 따라 가중처벌한다.

1. 수수액이 1억원 이상일 때 : 무기 또는 10년 이상의 징역
2. 수수액이 5천만원 이상 1억원 미만일 때 : 7년 이상의 유기징역
3. 수수액이 3천만원 이상 5천만원 미만일 때 : 5년 이상의 유기징역

⑤ 제 1 항부터 제 4 항까지의 경우에 수수액의 2배 이상 5배 이하의 벌금을 병과한다.

〔전부개정 2012·2·10〕

제 6 조(증재 등의 죄) ① 제 5 조에 따른 금품이나 그 밖의 이익을 약속, 공여 또는 공여의 의사를 표시한 사람은 5년 이하의 징역 또는 3천만원 이하의 벌금에 처한다.

② 제 1 항의 행위에 제공할 목적으로 제 3 자에게 금품을 교부하거나 그 정황을 알면서 교부받은 사람은 제 1 항과 같은 형에 처한다.

〔전부개정 2012·2·10〕

제 7 조(알선수재의 죄) 금융회사등의 임직원의 직무에 속하는 사항의 알선에 관하여 금품이나 그 밖의 이익을 수수, 요구 또는 약속한 사람 또는 제 3 자에게 이를 공여하게 하거나 공여하게 할 것을 요구 또는 약속한 사람은 5년 이하의 징역 또는 5천만원 이하의 벌금에 처한다.

〔전부개정 2012·2·10〕

제 8 조(사금융 알선 등의 죄) 금융회사등의

임직원이 그 지위를 이용하여 자기의 이익 또는 소속 금융회사등 외의 제 3 자의 이익을 위하여 자기의 계산으로 또는 소속 금융회사등 외의 제 3 자의 계산으로 금전의 대부, 채무의 보증 또는 인수를 하거나 이를 알선하였을 때에는 7년 이하의 징역 또는 7천만원 이하의 벌금에 처한다.

〔전부개정 2012·2·10〕

제 9 조(저축 관련 부당행위의 죄) ① 저축을 하는 사람 또는 저축을 중개하는 사람이 금융회사등의 임직원으로부터 그 저축에 관하여 법령 또는 약관이나 그 밖에 이에 준하는 금융회사등의 규정에 따라 정하여진 이자, 복금(福金), 보험금, 배당금, 보수 외에 어떤 명목으로든 금품이나 그 밖의 이익을 수수하거나 제 3 자에게 공여하게 하였을 때에는 5년 이하의 징역 또는 5천만원 이하의 벌금에 처한다.

② 저축을 하는 사람이 그 저축과 관련하여 그 저축을 중개하는 자 또는 그 저축과 관계없는 제 3 자에게 금융회사등으로부터 대출등을 받게 하였을 때 또는 저축을 중개하는 사람이 그 저축과 관련하여 금융회사등으로부터 대출등을 받거나 그 저축과 관계없는 제 3 자에게 대출등을 받게 하였을 때에는 제 1 항과 같은 형에 처한다.

③ 금융회사등의 임직원이 제 1 항 또는 제 2 항에 규정된 금품이나 그 밖의 이익을 공여하거나 대출등을 하였을 때에는 제 1 항 또는 제 2 항과 같은 형에 처한다.

④ 제 1 항부터 제 3 항까지의 경우 징역과 벌금을 병과할 수 있다.

⑤ 금융회사등의 임직원이 소속 금융회사등의 업무에 관하여 제 3 항의 위반행위를 하면 그 행위자를 벌하는 외에 그 소속 금융회사등에도 같은 항의 벌금형을 과(科)한다. 다만, 소속 금융회사등이 그 위반행위를 방지하기 위하여 해당 업무에 관하여 상당한 주의와 감독을 게을리하지 아니한 경우에는 그러하지 아니하다.

〔전부개정 2012·2·10〕

제10조(몰수·추징) ① 제 4 조제 1 항부터 제 3 항까지의 경우 범인이 도피시키거나 도피시키려고 한 재산은 몰수한다.

② 제 5 조부터 제 7 조까지 및 제 9 조제 1 항·제 3 항의 경우 범인 또는 정황을 아는 제 3 자가 받은 금품이나 그 밖의 이익은 몰수한다.

③ 제 1 항 또는 제 2 항의 경우 몰수할 수 없을 때에는 그 가액을 추징한다.

〔전부개정 2012·2·10〕

제11조(무인가 단기금융업의 가중처벌) ①「자본시장과 금융투자업에 관한 법률」 제444조제22호(단기금융업무만 해당한다)의 죄를 범한 사람은 그 영업으로 인하여 취득한 이자, 할인 및 수입료 또는 그 밖의 수수료의 금액(이하 이 조에서 "수수료액"이라 한다)이 연 1억원 이상일 때에는 다음 각 호의 구분에 따라 가중처벌한다.

1. 수수료액이 연 10억원 이상일 때 : 3년 이상의 유기징역
2. 수수료액이 연 1억원 이상 10억원 미만일 때 : 1년 이상의 유기징역

② 제 1 항의 경우에 취득한 수수료액의 100분의 10 이상 수수료액 이하에 상당하는 벌금을 병과한다.

〔전부개정 2012·2·10〕

제12조(보고의무 등) ① 금융회사등의 임직원은 그의 감독을 받는 사람이 그 직무에 관하여 이 법에 규정된 죄를 범한 정황을 알았을 때에는 지체 없이 소속 금융회사등의 장이나 감사 또는 검사(檢査)의 직무를 담당하는 부서의 장에게 보고하여야 한다.

② 금융회사등의 장이나 감사 또는 검사의 직무에 종사하는 임직원 또는 감독기관의 감독업무에 종사하는 사람은 그 직무를 수행할 때 금융회사등의 임직원이 그 직무에 관하여 이 법에 규정된 죄를 범한 정황을 알았을 때에는 지체 없이 수사기관에 알려야 한다.

③ 정당한 사유 없이 제 1 항을 위반한 사람은 100만원 이하의 벌금에 처한다.

④ 정당한 사유 없이 제 2 항을 위반한 사람은 200만원 이하의 벌금에 처한다.

⑤ 제 3 항 또는 제 4 항의 죄를 범한 사람이 본범과 친족일 때에는 그 형을 감경하거나 면제할 수 있다.

⑥ 제 2 항에 따른 감독기관 및 감독업무에

종사하는 사람의 범위는 대통령령으로 정한다.
〔전부개정 2012·2·10〕

제13조 삭제 <2009·5·8>

제14조(일정 기간의 취업제한 및 인가·허가 금지 등) ① 제3조, 제4조제2항(미수범을 포함한다), 제5조제4항 또는 제8조에 따라 유죄판결을 받은 사람은 다음 각 호의 기간 동안 금융회사등, 국가·지방자치단체가 자본금의 전부 또는 일부를 출자한 기관 및 그 출연(出捐)이나 보조를 받는 기관과 유죄판결된 범죄행위와 밀접한 관련이 있는 기업체에 취업할 수 없다. 다만, 대통령령으로 정하는 바에 따라 법무부장관의 승인을 받은 경우에는 그러하지 아니하다.
1. 징역형의 집행이 종료되거나 집행을 받지 아니하기로 확정된 날부터 5년
2. 징역형의 집행유예기간이 종료된 날부터 2년
3. 징역형의 선고유예기간

② 제1항에 규정된 사람 또는 그를 대표자나 임원으로 하는 기업체는 제1항 각 호의 기간 동안 대통령령으로 정하는 관허업(官許業)의 허가·인가·면허·등록·지정 등(이하 이 조에서 "허가등"이라 한다)을 받을 수 없다. 다만, 대통령령으로 정하는 바에 따라 법무부장관의 승인을 받은 경우에는 그러하지 아니하다.

③ 제1항의 경우 국가·지방자치단체가 자본금의 전부 또는 일부를 출자한 기관 및 그 출연이나 보조를 받는 기관과 유죄판결된 범죄행위와 밀접한 관련이 있는 기업체의 범위는 대통령령으로 정한다.

④ 법무부장관은 제1항 또는 제2항을 위반한 사람이 있을 때에는 그 사람이 취업하고 있는 기관이나 기업체의 장 또는 허가등을 한 행정기관의 장에게 그의 해임(解任)이나 허가등의 취소를 요구하여야 한다.

⑤ 제4항에 따라 해임 요구를 받은 기관이나 기업체의 장은 지체 없이 그 요구에 따라야 한다.

⑥ 제1항, 제2항 또는 제5항을 위반한 자는 1년 이하의 징역 또는 500만원 이하의 벌금에 처한다.
〔전부개정 2012·2·10〕

부 칙

이 법은 1984년 1월 1일부터 시행한다.

부 칙 <1988·12·31 법4069>

제1조(시행일) 이 법은 1989년 4월 1일부터 시행한다.〈단서 생략〉

제2조부터 **제15조**까지 생략

부 칙 <1990·12·31 법4292>

이 법은 공포한 날부터 시행한다.

부 칙 <1998·1·13 법5503>

제1조(시행일) 이 법은 1998년 4월 1일부터 시행한다.〈단서 생략〉

제2조부터 **제12조**까지 생략

부 칙 <1998·1·13 법5505>

①(시행일) 이 법은 1998년 4월 1일부터 시행한다.〈단서 생략〉

②(처분 등에 관한 경과조치) 이 법 시행당시 종전의 규정에 의하여 행정기관 등이 행한 인가 그 밖의 행위 또는 각종 신고 그 밖의 행정기관 등에 대한 행위는 이 법에 의한 행정기관 등의 행위 또는 행정기관 등에 대한 행위로 본다.

③부터 ⑤까지 생략

부 칙 <2001·3·28 법6429>

제1조(시행일) 이 법은 공포한 날부터 2년을 넘지 아니하는 범위내에서 대통령령이 정하는 날부터 시행한다.〈단서 생략〉

제2조부터 **제11조**까지 생략

부 칙 <2002·12·5 법6746>

이 법은 공포후 3월이 경과한 날부터 시행한다.

부 칙 <2004·12·31 법7311>

제1조(시행일) 이 법은 공포후 6월이 경과한 날부터 시행,〈후문 생략〉

제2조부터 **제16조**까지 생략

부 칙 <2007·5·17 법8444>

이 법은 공포 후 3개월이 경과한 날부터 시행한다.

부 칙 <2007·8·3 법8635>

제1조(시행일) 이 법은 공포 후 1년 6개월이 경과한 날부터 시행한다.〈단서 생략〉

제2조부터 **제44조**까지 생략

부 칙 <2008·12·26 법9170>

이 법은 공포한 날부터 시행한다.

부 칙 <2009·5·8 법9646>

이 법은 공포 후 3개월이 경과한 날부터 시행한다.

부 칙 <2012·2·10 법11304>

제1조(시행일) 이 법은 공포한 날부터 시행한다. 다만, 부칙 제3조는 2012년 3월 2일부터 시행한다.

제2조(금융회사등에 대한 경과조치) 제2조제1호라목은 2012년 3월 1일까지는 다음과 같이 본다.

라. 「농업협동조합법」에 따른 조합과 그 중앙회

제3조(다른 법률의 개정) 생략

부 칙 <2016·1·6 법13719>

제1조(시행일) 이 법은 공포한 날부터 시행한다. 〈단서 생략〉

제2조 및 **제3조** 생략

부 칙 <2016·3·29 법14122>

제1조(시행일) 이 법은 공포 후 6개월이 경과한 날부터 시행한다.

제2조부터 **제5조**까지 생략

부 칙 <2016·5·29 법14242>

제1조(시행일) 이 법은 2016년 12월 1일부터 시행한다. 〈단서 생략〉

제2조부터 **제22조**까지 생략

부 칙 <2017·12·19 법15256>

이 법은 공포 후 3개월이 경과한 날부터 시행한다.

●부정수표 단속법

〔1961·7·3 법률제645호〕

개정
1966· 2·26 법률제 1747호
1993·12·10 법률제 4587호
2010· 3·24 법률제10185호

제 1 조(목적) 이 법은 부정수표(不正手票) 등의 발행을 단속·처벌함으로써 국민의 경제생활의 안전과 유통증권인 수표의 기능을 보장함을 목적으로 한다.
〔전부개정 2010·3·24〕

제 2 조(부정수표 발행인의 형사책임) ① 다음 각 호의 어느 하나에 해당하는 부정수표를 발행하거나 작성한 자는 5년 이하의 징역 또는 수표금액의 10배 이하의 벌금에 처한다.
1. 가공인물의 명의로 발행한 수표
2. 금융기관(우체국을 포함한다. 이하 같다)과의 수표계약 없이 발행하거나 금융기관으로부터 거래정지처분을 받은 후에 발행한 수표
3. 금융기관에 등록된 것과 다른 서명 또는 기명날인으로 발행한 수표

② 수표를 발행하거나 작성한 자가 수표를 발행한 후에 예금부족, 거래정지처분이나 수표계약의 해제 또는 해지로 인하여 제시기일에 지급되지 아니하게 한 경우에도 제 1 항과 같다.
③ 과실로 제 1 항과 제 2 항의 죄를 범한 자는 3년 이하의 금고 또는 수표금액의 5배 이하의 벌금에 처한다.
④ 제 2 항과 제 3 항의 죄는 수표를 발행하거나 작성한 자가 그 수표를 회수한 경우 또는 회수하지 못하였더라도 수표 소지인의 명시적 의사에 반하는 경우 공소를 제기할 수 없다.
〔전부개정 2010·3·24〕

제 3 조(법인·단체 등의 형사책임) ① 제 2 조의 경우에 발행인이 법인이나 그 밖의 단체일 때에는 그 수표에 적혀 있는 대표자 또는 작성자를 처벌하며, 그 법인 또는 그 밖의 단체에도 해당 조문의 벌금형을 과(科)한다. 다만, 법인 또는 그 밖의 단체가 그 위반행위를 방지하기 위하여 해당 업무에 관하여 상당한 주의와 감독을 게을리하지 아니한 경우에는 그러하지 아니하다.
② 대리인이 수표를 발행한 경우에는 본인을 처벌하는 외에 그 대리인도 처벌한다.
〔전부개정 2010·3·24〕

제 4 조(거짓 신고자의 형사책임) 수표금액의 지급 또는 거래정지처분을 면할 목적으로 금융기관에 거짓 신고를 한 자는 10년 이하의 징역 또는 20만원 이하의 벌금에 처한다.
〔전부개정 2010·3·24〕

제 5 조(위조·변조자의 형사책임) 수표를 위조하거나 변조한 자는 1년 이상의 유기징역과 수표금액의 10배 이하의 벌금에 처한다.
〔전부개정 2010·3·24〕

제 6 조(「형사소송법」의 특례) 이 법에 따라 벌금을 선고하는 경우 「형사소송법」 제334조제 1 항에 따른 가납판결(假納判決)을 하여야 하며, 구속된 피고인에 대하여는 같은 법 제331조에도 불구하고 벌금을 가납할 때까지 계속 구속한다.
〔전부개정 2010·3·24〕

제 7 조(금융기관의 고발의무) ① 금융기관에 종사하는 사람이 직무상 제 2 조제 1 항(발행인이 법인이나 그 밖의 단체인 경우를 포함한다) 또는 제 5 조에 규정된 수표를 발견한 때에는 48시간 이내에 수사기관에 고발하여야 하며, 제 2 조제 2 항(발행인이 법인이나 그 밖의 단체인 경우를 포함한다)에 규정된 수표를 발견한 때에는 30일 이내에 수사기관에 고발하여야 한다.
② 제 1 항의 고발을 하지 아니하면 100만원 이하의 벌금에 처한다.
〔전부개정 2010·3·24〕

부　칙

본법은 단기 4294년 9월 1일부터 시행한다.

부　칙 <1966·2·26 법1747>

이 법은 공포후 30일이 경과한 날로부터 시행한다.

부　칙 <1993·12·10 법4587>

이 법은 공포한 날부터 시행한다.

부　칙 <2010·3·24 법10185>

이 법은 공포한 날부터 시행한다.

●폭력행위 등 처벌에 관한 법률

〔1961·6·20 법률제625호〕

개정
1962· 7·14 법률제 1108호
1980·12·18 법률제 3279호
1990·12·31 법률제 4294호
1993·12·10 법률제 4590호
2001·12·19 법률제 6534호
2004· 1·20 법률제 7078호(검찰청법)
2006· 3·24 법률제 7891호
2014·12·30 법률제12896호
2016· 1· 6 법률제13718호

제1조(목적) 이 법은 집단적 또는 상습적으로 폭력행위 등을 범하거나 흉기 또는 그 밖의 위험한 물건을 휴대하여 폭력행위 등을 범한 사람 등을 처벌함을 목적으로 한다.
〔전부개정 2014·12·30〕

제2조(폭행 등) ① 삭제 <2016·1·6>
② 2명 이상이 공동하여 다음 각 호의 죄를 범한 사람은「형법」각 해당 조항에서 정한 형의 2분의 1까지 가중한다. <개정 2016·1·6>
1. 「형법」 제260조제1항(폭행), 제283조제1항(협박), 제319조(주거침입, 퇴거불응) 또는 제366조(재물손괴 등)의 죄
2. 「형법」 제260조제2항(존속폭행), 제276조제1항(체포, 감금), 제283조제2항(존속협박) 또는 제324조제1항(강요)의 죄
3. 「형법」 제257조제1항(상해)·제2항(존속상해), 제276조제2항(존속체포, 존속감금) 또는 제350조(공갈)의 죄
③ 이 법(「형법」 각 해당 조항 및 각 해당 조항의 상습범, 특수범, 상습특수범, 각 해당 조항의 상습범의 미수범, 특수범의 미수범, 상습특수범의 미수범을 포함한다)을 위반하여 2회 이상 징역형을 받은 사람이 다시 제2항 각 호에 규정된 죄를 범하여 누범(累犯)으로 처벌할 경우에는 다음 각 호의 구분에 따라 가중처벌한다. <개정 2016·1·6>
1. 제2항제1호에 규정된 죄를 범한 사람 : 7년 이하의 징역
2. 제2항제2호에 규정된 죄를 범한 사람 : 1년 이상 12년 이하의 징역
3. 제2항제3호에 규정된 죄를 범한 사람 : 2년 이상 20년 이하의 징역
④ 제2항과 제3항의 경우에는 「형법」 제260조제3항 및 제283조제3항을 적용하지 아니한다.
〔전부개정 2014·12·30〕

제3조(집단적 폭행 등) ① 삭제 <2016·1·6>
② 삭제 <2006·3·24>
③ 삭제 <2016·1·6>
④ 이 법(「형법」 각 해당 조항 및 각 해당 조항의 상습범, 특수범, 상습특수범, 각 해당 조항의 상습범의 미수범, 특수범의 미수범, 상습특수범의 미수범을 포함한다)을 위반하여 2회 이상 징역형을 받은 사람이 다시 다음 각 호의 죄를 범하여 누범으로 처벌할 경우에는 다음 각 호의 구분에 따라 가중처벌한다. <개정 2014·12·30, 2016·1·6>
1. 「형법」 제261조(특수폭행)(제260조제1항의 죄를 범한 경우에 한정한다), 제284조(특수협박)(제283조제1항의 죄를 범한 경우에 한정한다), 제320조(특수주거침입) 또는 제369조제1항(특수손괴)의 죄 : 1년 이상 12년 이하의 징역
2. 「형법」 제261조(특수폭행)(제260조제2항의 죄를 범한 경우에 한정한다), 제278조(특수체포, 특수감금)(제276조제1항의 죄를 범한 경우에 한정한다), 제284조(특수협박)(제283조제2항의 죄를 범한 경우에 한정한다) 또는 제324조제2항(강요)의 죄 : 2년 이상 20년 이하의 징역
3. 「형법」 제258조의2제1항(특수상해), 제278조(특수체포, 특수감금)(제276조제2항의 죄를 범한 경우에 한정한다) 또는 제350조의2(특수공갈)의 죄 : 3년 이상 25년 이하의 징역

제4조(단체 등의 구성·활동) ① 이 법에 규정된 범죄를 목적으로 하는 단체 또는 집단을 구성하거나 그러한 단체 또는 집단에 가입하거나 그 구성원으로 활동한 사람은 다음 각 호의 구분에 따라 처벌한다.
1. 수괴(首魁) : 사형, 무기 또는 10년 이

상의 징역
2. 간부 : 무기 또는 7년 이상의 징역
3. 수괴 · 간부 외의 사람 : 2년 이상의 유기 징역

② 제 1 항의 단체 또는 집단을 구성하거나 그러한 단체 또는 집단에 가입한 사람이 단체 또는 집단의 위력을 과시하거나 단체 또는 집단의 존속 · 유지를 위하여 다음 각 호의 어느 하나에 해당하는 죄를 범하였을 때에는 그 죄에 대한 형의 장기(長期) 및 단기(短期)의 2분의 1까지 가중한다. <개정 2016 · 1 · 6>

1. 「형법」에 따른 죄 중 다음 각 목의 죄
가. 「형법」 제 8 장 공무방해에 관한 죄 중 제136조(공무집행방해), 제141조(공용서류 등의 무효, 공용물의 파괴)의 죄
나. 「형법」 제24장 살인의 죄 중 제250조제 1 항(살인), 제252조(촉탁, 승낙에 의한 살인 등), 제253조(위계 등에 의한 촉탁살인 등), 제255조(예비, 음모)의 죄
다. 「형법」 제34장 신용, 업무와 경매에 관한 죄 중 제314조(업무방해), 제315조(경매, 입찰의 방해)의 죄
라. 「형법」 제38장 절도와 강도의 죄 중 제333조(강도), 제334조(특수강도), 제335조(준강도), 제336조(인질강도), 제337조(강도상해, 치상), 제339조(강도강간), 제340조제 1 항(해상강도) · 제 2 항(해상강도상해 또는 치상), 제341조(상습범), 제343조(예비, 음모)의 죄
2. 제 2 조 또는 제 3 조의 죄(「형법」 각 해당 조항의 상습범, 특수범, 상습특수범을 포함한다)

③ 타인에게 제 1 항의 단체 또는 집단에 가입할 것을 강요하거나 권유한 사람은 2년 이상의 유기징역에 처한다.

④ 제 1 항의 단체 또는 집단을 구성하거나 그러한 단체 또는 집단에 가입하여 그 단체 또는 집단의 존속 · 유지를 위하여 금품을 모집한 사람은 3년 이상의 유기징역에 처한다.

〔전부개정 2014 · 12 · 30〕

제 5 조(단체 등의 이용 · 지원) ① 제 4 조제 1 항의 단체 또는 집단을 이용하여 이 법이나 그 밖의 형벌 법규에 규정된 죄를 범하게 한 사람은 그 죄에 대한 형의 장기 및 단기의 2분의 1까지 가중한다.

② 제 4 조제 1 항의 단체 또는 집단을 구성하거나 그러한 단체 또는 집단에 가입하지 아니한 사람이 그러한 단체 또는 집단의 구성 · 유지를 위하여 자금을 제공하였을 때에는 3년 이상의 유기징역에 처한다.

〔전부개정 2014 · 12 · 30〕

제 6 조(미수범) 제 2 조, 제 3 조, 제 4 조제 2 항〔「형법」 제136조, 제255조, 제314조, 제315조, 제335조, 제337조(강도치상의 죄에 한정한다), 제340조제 2 항(해상강도치상의 죄에 한정한다) 또는 제343조의 죄를 범한 경우는 제외한다〕 및 제 5 조의 미수범은 처벌한다.

〔전부개정 2014 · 12 · 30〕

제 7 조(우범자) 정당한 이유 없이 이 법에 규정된 범죄에 공용(供用)될 우려가 있는 흉기나 그 밖의 위험한 물건을 휴대하거나 제공 또는 알선한 사람은 3년 이하의 징역 또는 300만원 이하의 벌금에 처한다.

〔전부개정 2014 · 12 · 30〕

제 8 조(정당방위 등) ① 이 법에 규정된 죄를 범한 사람이 흉기나 그 밖의 위험한 물건 등으로 사람에게 위해(危害)를 가하거나 가하려 할 때 이를 예방하거나 방위(防衛)하기 위하여 한 행위는 벌하지 아니한다.

② 제 1 항의 경우에 방위 행위가 그 정도를 초과한 때에는 그 형을 감경한다.

③ 제 2 항의 경우에 그 행위가 야간이나 그 밖의 불안한 상태에서 공포 · 경악 · 흥분 또는 당황으로 인한 행위인 때에는 벌하지 아니한다.

〔전부개정 2014 · 12 · 30〕

제 9 조(사법경찰관리의 직무유기) ① 사법경찰관리(司法警察官吏)로서 이 법에 규정된 죄를 범한 사람을 수사하지 아니하거나 범인을 알면서 체포하지 아니하거나 수사상 정보를 누설하여 범인의 도주를 용이하게 한 사람은 1년 이상의 유기징역에 처한다.

② 뇌물을 수수(收受), 요구 또는 약속하고 제 1 항의 죄를 범한 사람은 2년 이상의 유기징역에 처한다.

〔전부개정 2014 · 12 · 30〕

제10조(사법경찰관리의 행정적 책임) ① 관할 지방검찰청 검사장은 제 2 조부터 제 6 조까지의 범죄가 발생하였는데도 그 사실을 자신에게 보고하지 아니하거나 수사를 게을리하거나 수사능력 부족 또는 그 밖의 이유로 사법경찰관리로서 부적당하다고 인정하는 사람에 대해서는 그 임명권자에게 징계, 해임 또는 교체임용을 요구할 수 있다.

② 제 1 항의 요구를 받은 임명권자는 2주일 이내에 해당 사법경찰관리에 대하여 행정처분을 한 후 그 사실을 관할 지방검찰청 검사장에게 통보하여야 한다.

〔전부개정 2014 · 12 · 30〕

부 칙

본법은 공포한 날로부터 시행한다.

부 칙 <1962 · 7 · 14 법1108>

본법은 공포한 날로부터 시행한다.

부 칙 <1980 · 12 · 18 법3279>

이 법은 공포한 날로부터 시행한다.

부 칙 <1990 · 12 · 31 법4294>

이 법은 공포한 날부터 시행한다.

부 칙 <1993 · 12 · 10 법4590>

①(시행일) 이 법은 공포한 날부터 시행한다.

②(경과조치) 이 법 시행전의 행위에 대한 벌칙의 적용에 있어서는 종전의 규정에 의한다.

③(다른 법률의 개정) 생략

부 칙 <2001 · 12 · 19 법6534>

이 법은 공포한 날부터 시행한다.

부 칙 <2004 · 1 · 20 법7078>

제 1 조(시행일) 이 법은 공포한 날부터 시행한다.

제 2 조 및 **제 3 조** 생략

부 칙 <2006 · 3 · 24 법7891>

이 법은 공포한 날부터 시행한다. 다만, 제 2 조 및 제 3 조의 개정규정 중 존속대상 범죄에 대한 부분과 제 4 조의 개정규정은 공포 후 3개월이 경과한 날부터 시행한다.

부 칙 <2014 · 12 · 30 법12896>

이 법은 공포한 날부터 시행한다.

부 칙 <2016 · 1 · 6 법13718>

제 1 조(시행일) 이 법은 공포한 날부터 시행한다.

제 2 조(다른 법률의 개정) 생략

제 3 조(다른 법령과의 관계) 이 법 시행 당시 다른 법령에서 종전의 「폭력행위 등 처벌에 관한 법률」의 규정을 인용한 경우에 이 법 가운데 그에 해당하는 규정이 있는 때에는 종전의 규정을 갈음하여 이 법의 해당 규정을 인용한 것으로 본다.

●성폭력방지 및 피해자보호 등에 관한 법률

〔2010·4·15 법률제10261호〕

개정
2011· 3·30 법률제10521호
2012· 2· 1 법률제11286호
2012·12·18 법률제11573호
2013· 3·23 법률제11690호(정부조직법)
2014· 1·21 법률제12328호
2014· 5·28 법률제12698호(양성평등기본법)
2015· 2· 3 법률제13179호
2015·12· 1 법률제13537호
2016· 3· 2 법률제14063호
2016· 5·29 법률제14235호
2017· 3·21 법률제14704호
2017·12·12 법률제15205호
2018· 3·13 법률제15451호
2018· 4·17 법률제15591호
2020· 1·29 법률제16896호
2020·10·20 법률제17538호
2021· 1·12 법률제17895호
2023· 4·11 법률제19339호(집행유예 선고에 관한 결격사유 명확화를 위한 가정폭력방지 및 피해자보호 등에 관한 법률 등 2개 법률의 일부개정에 관한 법률)
2023· 4·18 법률제19363호
2024· 3·26 법률제20416호(만 나이로의 통일을 위한 성폭력방지 및 피해자보호 등에 관한 법률 등 2개 법률의 일부개정에 관한 법률)
2024·10·16 법률제20461호

제 1 장 총칙

제 1 조(목적) 이 법은 성폭력을 예방하고 성폭력피해자를 보호·지원함으로써 인권증진에 이바지함을 목적으로 한다. <개정 2015·2·3>

제 2 조(정의) 이 법에서 사용하는 용어의 뜻은 다음과 같다.
1. "성폭력"이란 「성폭력범죄의 처벌 등에 관한 특례법」 제 2 조제 1 항에 규정된 죄에 해당하는 행위를 말한다.
2. "성폭력행위자"란 「성폭력범죄의 처벌 등에 관한 특례법」 제 2 조제 1 항에 해당하는 죄를 범한 사람을 말한다.
3. "성폭력피해자"란 성폭력으로 인하여 직접적으로 피해를 입은 사람을 말한다.

제 3 조(국가 등의 책무) ① 국가와 지방자치단체는 성폭력을 방지하고 성폭력피해자(이하 "피해자"라 한다)를 보호·지원하기 위하여 다음 각 호의 조치를 하여야 한다. <개정 2024·10·16>
1. 성폭력 신고체계의 구축·운영
2. 성폭력 예방을 위한 조사·연구, 교육 및 홍보
3. 피해자를 보호·지원하기 위한 시설의 설치·운영
4. 피해자에 대한 주거지원, 직업훈련 및 법률구조 등 사회복귀 지원
5. 피해자에 대한 보호·지원을 원활히 하기 위한 관련 기관 간 협력체계의 구축·운영
6. 성폭력 예방을 위한 유해환경 개선
7. 피해자 보호·지원을 위한 관계 법령의 정비와 각종 정책의 수립·시행 및 평가
8. 제 7 조의3제 1 항에 따른 불법촬영물등·신상정보의 삭제지원 및 피해자에 대한 일상회복 지원

② 국가와 지방자치단체는 제 1 항에 따른 책무를 다하기 위하여 이에 따른 예산상의 조치를 하여야 한다.

제 4 조(성폭력 실태조사) ① 여성가족부장관은 성폭력의 실태를 파악하고 성폭력 방지에 관한 정책을 수립하기 위하여 3년마다 성폭력 실태조사를 하고 그 결과를 발표하여야 한다.
② 제 1 항에 따른 성폭력 실태조사의 내용과 방법 등에 필요한 사항은 여성가족부령으로 정한다.

제 5 조(성폭력 예방교육 등) ① 국가기관 및 지방자치단체의 장, 「유아교육법」 제 7 조에 따른 유치원의 장, 「영유아보육법」 제10조에 따른 어린이집의 원장, 「초·중등교육법」 제 2 조에 따른 각급 학교의 장, 「고등교육법」 제 2 조에 따른 학교의 장, 그 밖에 대통령령으로 정하는 공공단체의 장(이하 "국

가기관등의 장"이라 한다)은 대통령령으로 정하는 바에 따라 성교육 및 성폭력 예방교육 실시, 기관 내 피해자 보호와 피해 예방을 위한 자체 예방지침 마련, 사건발생 시 재발방지대책 수립·시행 등 필요한 조치를 하고, 그 결과를 여성가족부장관에게 제출하여야 한다. <개정 2012·12·18, 2016·5·29, 2021·1·12>

② 제 1 항에 따른 교육을 실시하는 경우 「성매매방지 및 피해자보호 등에 관한 법률」 제 4 조에 따른 성매매 예방교육, 「양성평등기본법」 제31조에 따른 성희롱 예방교육 및 「가정폭력방지 및 피해자보호 등에 관한 법률」 제 4 조의3에 따른 가정폭력 예방교육 등을 성평등 관점에서 통합하여 실시할 수 있다. <신설 2014·1·21, 2014·5·28>

③ 국가기관등의 장은 제 1 항에 따라 실시하는 성교육 및 성폭력 예방교육의 참여에 관한 사항을 소속 직원 및 종사자에 대한 승진, 전보, 교육훈련 등의 인사관리에 반영할 수 있다. <신설 2021·1·12>

④ 「양성평등기본법」 제 3 조제 3 호에 따른 사용자는 성교육 및 성폭력 예방 교육을 실시하는 등 직장 내 성폭력 예방을 위한 노력을 하여야 한다. <신설 2015·2·3>

⑤ 여성가족부장관 또는 특별시장·광역시장·특별자치시장·도지사·특별자치도지사(이하 "시·도지사"라 한다)는 제 1 항에 따른 교육대상에 포함되지 아니하는 국민에게 성교육 및 성폭력 예방교육을 실시할 수 있다. 이 경우 여성가족부장관 또는 시·도지사는 교육에 관한 업무를 제 5 조의2에 따른 성폭력 예방교육 지원기관에 위탁할 수 있다. <개정 2018·4·17>

⑥ 여성가족부장관은 제 1 항과 제 2 항에 따른 교육을 효과적으로 실시하기 위하여 전문강사를 양성하고, 관계 중앙행정기관의 장과 협의하여 생애주기별 교육프로그램 및 장애인 등 대상별 특성을 고려한 교육프로그램을 개발·보급하여야 한다. <신설 2012·12·18, 2013·3·23, 2015·2·3, 2015·12·1>

⑦ 여성가족부장관은 제 1 항에 따른 교육 및 성폭력 예방조치에 대한 점검을 대통령령으로 정하는 바에 따라 매년 실시하여야 한다. <신설 2014·1·21, 2016·5·29>

⑧ 여성가족부장관은 제 7 항에 따른 점검결과 교육이 부실하다고 인정되는 기관·단체에 대하여 대통령령으로 정하는 바에 따라 관리자 특별교육 등 필요한 조치를 취하여야 한다. <신설 2014·1·21, 2015·2·3, 2021·1·12>

⑨ 여성가족부장관은 제 7 항에 따른 점검결과를 다음 각 호의 평가에 반영하도록 해당 기관·단체의 장에게 요구할 수 있다. <신설 2014·1·21, 2015·2·3, 2021·1·12>

1. 「정부업무평가 기본법」 제14조제 1 항 및 제18조제 1 항에 따른 중앙행정기관 및 지방자치단체의 자체평가
2. 「공공기관의 운영에 관한 법률」 제48조제 1 항에 따른 공기업·준정부기관의 경영실적평가
3. 「지방공기업법」 제78조제 1 항에 따른 지방공기업의 경영평가
4. 「초·중등교육법」 제 9 조제 2 항에 따른 학교 평가
5. 「고등교육법」 제11조의2제 1 항에 따른 학교 평가 및 같은 조 제 2 항에 따른 학교 평가·인증

⑩ 여성가족부장관은 제 7 항에 따른 점검결과를 대통령령으로 정하는 바에 따라 언론 등에 공표하여야 한다. 다만, 다른 법률에서 공표를 제한하고 있는 경우에는 그러하지 아니하다. <신설 2014·1·21, 2015·2·3, 2021·1·12>

⑪ 관계 중앙행정기관의 장 및 시·도지사는 대통령령으로 정하는 바에 따라 매년 성폭력 예방에 필요한 계획을 수립·시행하여야 한다. <신설 2016·5·29, 2018·4·17>

⑫ 제 1 항에 따른 교육의 내용과 방법, 결과 제출 절차 등에 필요한 사항은 대통령령으로 정한다. <개정 2012·12·18>

제 5 조의2(성폭력 예방교육 지원기관의 설치·운영 등) ① 여성가족부장관 또는 시·도지사는 성교육 및 성폭력 예방교육의 실시, 생애주기별 교육프로그램 개발·보급, 장애인 등 대상별 특성을 고려한 교육프로그램 개발·보급, 전문강사 양성 등의 업무를 수행하고 지원하기 위한 기관(이하 "지원기관"이라 한다)을 설치·운영할 수 있다. <개정 2015·12·1, 2018·4·17>

② 여성가족부장관 또는 시·도지사는 지원기관의 운영을 대통령령으로 정하는 기관이나 단체에 위탁할 수 있다. <개정 2018·4·17>

③ 지원기관의 업무 및 운영 등에 필요한 사항은 여성가족부령으로 정한다.

〔본조신설 2012·12·18〕

제 5 조의3(성폭력 예방 홍보영상의 제작·배포·송출) ① 여성가족부장관은 성폭력의 예방과 방지, 피해자의 치료와 재활 등에 관한 홍보영상을 제작하여 「방송법」 제 2 조제23호의 방송편성책임자에게 배포하여야 한다.
② 여성가족부장관은 「방송법」 제 2 조제 3 호가목의 지상파방송사업자(이하 "방송사업자"라 한다)에게 같은 법 제73조제 4 항에 따라 대통령령으로 정하는 비상업적 공익광고 편성비율의 범위에서 제 1 항의 홍보영상을 채널별로 송출하도록 요청할 수 있다.
③ 방송사업자는 제 1 항의 홍보영상 외에 독자적으로 홍보영상을 제작하여 송출할 수 있다. 이 경우 여성가족부장관에게 필요한 협조 및 지원을 요청할 수 있다.
[본조신설 2012·12·18]

제 5 조의4(성폭력 사건 발생 시 조치) ① 국가기관등의 장은 해당 기관에서 성폭력 사건이 발생한 사실을 알게 된 경우 피해자의 명시적인 반대의견이 없으면 지체 없이 그 사실을 여성가족부장관에게 통보하고, 해당 사실을 안 날부터 3개월 이내에 제 5 조제 1 항에 따른 재발방지대책을 여성가족부장관에게 제출하여야 한다. 다만, 대통령령으로 정하는 기관장 등에 의한 사건인 경우 해당 사실을 안 날부터 1개월 이내에 재발방지대책을 여성가족부장관에게 제출하여야 한다. <개정 2023·4·18>
② 여성가족부장관은 제 1 항에 따라 통보받은 사건이 중대하다고 판단되거나 재발방지대책의 점검 등을 위하여 필요한 경우 해당 기관에 대한 현장점검을 실시할 수 있으며, 점검 결과 시정이나 보완이 필요하다고 인정하는 경우에는 국가기관등의 장에게 시정이나 보완을 요구할 수 있다.
③ 제 1 항에 따른 재발방지대책의 제출 및 제 2 항에 따른 현장점검 등에 필요한 사항은 대통령령으로 정한다.
[본조신설 2021·1·12]

제 6 조(성폭력 추방 주간) 성폭력에 대한 사회적 경각심을 높이고 성폭력을 예방하기 위하여 대통령령으로 정하는 바에 따라 1년 중 1주간을 성폭력 추방 주간으로 한다.

제 7 조(피해자등에 대한 취학 및 취업 지원) ① 국가와 지방자치단체는 피해자나 피해자의 가족구성원(이하 "피해자등"이라 한다)이 「초·중등교육법」 제 2 조에 따른 각급학교의 학생인 경우 주소지 외의 지역에서 취학(입학, 재입학, 전학 및 편입학을 포함한다. 이하 이 조에서 같다)할 필요가 있을 때에는 다음 각 호에 따라 그 취학이 원활히 이루어지도록 지원하여야 한다. 이 경우 취학을 지원하는 관계자는 피해자등의 사생활이 침해되지 아니하도록 유의하여야 한다. <개정 2020·1·29>
1. 초등학교의 경우에는 다음 각 목에 따른다.
 가. 보호자가 피해자등을 주소지 외의 지역에 있는 초등학교에 입학시키려는 경우 초등학교의 장은 피해자등의 입학을 승낙하여야 한다.
 나. 피해자등이 초등학교에 다니고 있는 경우 그 초등학교의 장은 피해자등의 보호자(가해자가 아닌 보호자를 말한다) 1명의 동의를 받아 교육장에게 그 피해자등의 전학을 추천하여야 하고, 교육장은 전학할 학교를 지정하여 전학시켜야 한다.
2. 그 밖의 각급학교의 경우 : 각급학교의 장은 피해자등이 다른 학교로 전학·편입학할 수 있도록 추천하여야 하고, 교육장 또는 교육감은 교육과정의 이수에 지장이 없는 범위에서 전학·편입학할 학교를 지정하여 배정하여야 한다. 이 경우 그 배정된 학교의 장은 피해자등의 전학·편입학을 거부할 수 없다.
② 출석일수 산입 등 제 1 항에 따른 취학 지원에 필요한 사항은 대통령령으로 정한다.
③ 국가와 지방자치단체는 피해자를 보호하는 자에 대한 직업훈련 및 취업을 알선할 수 있다. <신설 2011·3·30>
④ 취업 지원 대상의 범위 등 제 3 항에 따른 취업 지원에 필요한 사항은 여성가족부령으로 정한다. <신설 2011·3·30>

제 7 조의2(피해자에 대한 법률상담등) ① 국가는 피해자에 대하여 법률상담과 소송대리(訴訟代理) 등의 지원(이하 "법률상담등"이라 한다)을 할 수 있다.
② 여성가족부장관은 「법률구조법」 제 8 조에 따른 대한법률구조공단 또는 대통령령으로 정하는 그 밖의 기관에 제 1 항에 따른 법률상담등을 요청할 수 있다.
③ 제 1 항에 따른 법률상담등에 드는 비용은 대통령령으로 정하는 바에 따라 국가가

부담할 수 있다.

④ 제 1 항에 따른 법률상담등의 요건과 내용 및 절차 등은 대통령령으로 정한다.

〔본조신설 2012·2·1〕

제 7 조의3(불법촬영물등으로 인한 피해자에 대한 지원 등) ① 국가와 지방자치단체는 다음 각 호의 어느 하나에 해당하는 촬영물 또는 복제물 등(이하 "불법촬영물등"이라 한다)이 정보통신망(「정보통신망 이용촉진 및 정보보호 등에 관한 법률」 제 2 조제 1 항제 1 호의 정보통신망을 말한다. 이하 같다)에 유포되어 피해(불법촬영물등의 대상자로 등장하여 입은 피해를 말한다. 이하 이 조 및 제 7 조의4에서 같다)를 입은 사람에 대하여 불법촬영물등 및 신상정보(불법촬영물등의 대상자의 주소, 성명, 나이, 직업, 학교, 용모, 그 밖에 대상자를 특정하여 파악할 수 있게 하는 인적사항과 사진 등을 말한다. 이하 같다)의 삭제를 위한 지원을 할 수 있다. <개정 2020·1·29, 2021·1·12, 2024·10·16>

1. 「성폭력범죄의 처벌 등에 관한 특례법」 제14조에 따른 촬영물 또는 복제물(복제물의 복제물을 포함한다)
2. 「성폭력범죄의 처벌 등에 관한 특례법」 제14조의2에 따른 편집물등 또는 복제물(복제물의 복제물을 포함한다)
3. 「아동·청소년의 성보호에 관한 법률」 제 2 조제 5 호에 따른 아동·청소년성착취물

② 제 1 항에 따른 지원 대상자, 그 배우자(사실상의 혼인관계를 포함한다), 직계친족, 형제자매 또는 지원 대상자가 지정하는 대리인(이하 이 조에서 "삭제지원요청자"라 한다)은 국가와 지방자치단체에 불법촬영물등 및 신상정보의 삭제를 위한 지원을 요청할 수 있다. 이 경우 지원 대상자가 지정하는 대리인은 여성가족부령으로 정하는 요건을 갖추어 삭제지원을 요청하여야 한다. <신설 2020·1·29, 2021·1·12, 2024·10·16>

③ 국가와 지방자치단체는 다음 각 호의 어느 하나에 해당하는 불법촬영물등 및 신상정보에 대해서는 삭제지원요청자의 요청 없이도 삭제를 위한 지원을 한다. 이 경우 범죄의 증거 인멸 등을 방지하기 위하여 해당 불법촬영물등 및 신상정보와 관련된 자료를 보관하여야 한다. <신설 2021·1·12, 2024·10·16>

1. 수사기관의 삭제지원 요청이 있는 제 1 항제 1 호 또는 제 2 호에 따른 불법촬영물등 및 신상정보
2. 「아동·청소년의 성보호에 관한 법률」 제 2 조제 5 호에 따른 아동·청소년성착취물 및 신상정보

④ 제 1 항에 따른 불법촬영물등 및 신상정보 삭제지원에 소요되는 비용은 「성폭력범죄의 처벌 등에 관한 특례법」 제14조·제14조의2에 해당하는 죄를 범한 성폭력행위자 또는 「아동·청소년의 성보호에 관한 법률」 제11조에 해당하는 죄를 범한 아동·청소년대상 성범죄행위자가 부담한다. <개정 2020·1·29, 2021·1·12, 2024·10·16>

⑤ 국가와 지방자치단체가 제 1 항에 따라 불법촬영물등 및 신상정보 삭제지원에 소요되는 비용을 지출한 경우 제 4 항의 성폭력행위자 또는 아동·청소년대상 성범죄행위자에 대하여 구상권(求償權)을 행사할 수 있다. 이 경우 구상권 행사 금액의 산정 방식은 매년 여성가족부장관이 정하여 고시한다. <개정 2020·1·29, 2021·1·12, 2024·10·16>

⑥ 국가와 지방자치단체는 제 5 항에 따른 구상권 행사를 위하여 대통령령으로 정하는 바에 따라 제 4 항의 성폭력행위자 또는 아동·청소년대상 성범죄행위자의 인적사항 및 범죄경력 확인에 필요한 자료 등을 관계 행정기관의 장에게 요청할 수 있다. 이 경우 요청을 받은 자는 정당한 사유가 없으면 이에 따라야 한다. <신설 2024·10·16>

⑦ 국가와 지방자치단체는 제 1 항, 제 3 항, 제 5 항 및 제 6 항의 업무를 「양성평등기본법」 제46조의2에 따라 설립된 한국여성인권진흥원 또는 전문인력과 시설을 갖춘 대통령령으로 정하는 기관이나 단체에 위탁할 수 있다. <신설 2024·10·16>

⑧ 그 밖에 제 1 항 및 제 2 항에 따른 불법촬영물등 및 신상정보 삭제지원의 내용·방법, 제 3 항 후단에 따른 자료 보관의 방법·기간 및 제 5 항에 따른 구상권 행사의 절차·방법 등에 필요한 사항은 여성가족부령으로 정한다. <개정 2020·1·29, 2021·1·12, 2024·10·16>

〔본조신설 2018·3·13〕

제 7 조의4(중앙디지털성범죄피해자지원센터등의 설치·운영) ① 국가는 불법촬영물등 및

신상정보 삭제지원과 해당 불법촬영물등이 정보통신망에 유포되어 피해를 입은 사람에 대한 보호·지원업무를 수행하기 위하여 「양성평등기본법」 제46조의2에 따라 설립된 한국여성인권진흥원에 중앙디지털성범죄피해자지원센터를 둔다.

② 중앙디지털성범죄피해자지원센터는 다음 각 호의 업무를 수행한다.

1. 불법촬영물등 피해 신고 접수·긴급상담과 불법촬영물등·신상정보 삭제지원
2. 불법촬영물등·신상정보 삭제지원 및 피해 예방 관련 연구·홍보
3. 불법촬영물등·신상정보 삭제지원 및 피해 예방 관련 종사자 교육·컨설팅
4. 불법촬영물등·신상정보 삭제지원 및 피해 예방 관련 국내외 협력체계 구축·교류
5. 불법촬영물등 피해를 입은 사람의 보호·지원에 관한 종합관리시스템 구축·운영
6. 제 3 항에 따른 지역디지털성범죄피해자지원센터에 대한 지원
7. 그 밖에 여성가족부령으로 정하는 불법촬영물등·신상정보 삭제지원 및 피해 예방 관련 업무

③ 시·도지사는 불법촬영물등 및 신상정보 삭제지원과 해당 불법촬영물등이 정보통신망에 유포되어 피해를 입은 사람에 대한 보호·지원을 위하여 다음 각 호의 업무를 담당하는 지역디지털성범죄피해자지원센터를 특별시·광역시·특별자치시·도·특별자치도에 둘 수 있다.

1. 불법촬영물등 피해 신고 접수·상담 및 사후관리
2. 불법촬영물등·신상정보 삭제지원
3. 불법촬영물등·신상정보 삭제지원 및 피해 예방 관련 교육·홍보
4. 그 밖에 여성가족부령으로 정하는 불법촬영물등·신상정보 삭제지원 및 피해 예방 관련 업무

④ 시·도지사는 지역디지털성범죄피해자지원센터의 설치·운영을 「공공기관의 운영에 관한 법률」 제 4 조에 따른 공공기관 또는 불법촬영물등 피해 예방을 목적으로 하는 비영리법인에 위탁할 수 있다.

⑤ 중앙디지털성범죄피해자지원센터 및 지역디지털성범죄피해자지원센터(이하 "중앙디지털성범죄피해자지원센터등"이라 한다)의 설치·운영 및 제 4 항에 따른 위탁 등에 필요한 사항은 여성가족부령으로 정한다.
〔본조신설 2024·10·16〕

제 8 조(피해자 등에 대한 불이익조치의 금지) 누구든지 피해자 또는 성폭력 발생 사실을 신고한 자를 고용하고 있는 자는 성폭력과 관련하여 피해자 또는 성폭력 발생 사실을 신고한 자에게 다음 각 호의 어느 하나에 해당하는 불이익조치를 하여서는 아니 된다. <개정 2020·10·20, 2021·1·12>

1. 파면, 해임, 해고, 그 밖에 신분상실에 해당하는 불이익조치
2. 징계, 정직, 감봉, 강등, 승진 제한, 그 밖의 부당한 인사조치
3. 전보, 전근, 직무 미부여, 직무 재배치, 그 밖에 본인의 의사에 반하는 인사조치
4. 성과평가 또는 동료평가 등에서의 차별이나 그에 따른 임금 또는 상여금 등의 차별 지급
5. 직업능력 개발 및 향상을 위한 교육훈련 기회의 제한, 예산 또는 인력 등 가용자원의 제한 또는 제거, 보안정보 또는 비밀정보 사용의 정지 또는 취급자격의 취소, 그 밖에 근무조건 등에 부정적 영향을 미치는 차별 또는 조치
6. 주의 대상자 명단 작성 또는 그 명단의 공개, 집단 따돌림, 폭행 또는 폭언 등 정신적·신체적 손상을 가져오는 행위 또는 그 행위의 발생을 방치하는 행위
7. 직무에 대한 부당한 감사 또는 조사나 그 결과의 공개
8. 그 밖에 본인의 의사에 반하는 불이익조치

제 9 조(신고의무) ① 미성년자를 보호하거나 교육 또는 치료하는 시설의 장 및 관련 종사자는 자기의 보호·지원을 받는 미성년자가 「성폭력범죄의 처벌 등에 관한 특례법」 제 3 조부터 제 9 조까지, 「형법」 제301조 및 제301조의2의 피해자인 사실을 알게 된 때에는 즉시 수사기관에 신고하여야 한다. <개정 2024·3·26>

② 국가기관, 지방자치단체 또는 대통령령으로 정하는 공공단체의 장과 해당 기관·단체 내 피해자 보호 관련 업무 종사자는 기관 또는 단체 내에서 다음 각 호의 어느 하나에 해당하는 성폭력 사건이 발생한 사실을 직무상 알게 된 때에는 피해자의 명시적인 반대의견이 없으면 즉시 수사기관에 신고하여야 한다. <신설 2021·1·12>

1. 「성폭력범죄의 처벌 등에 관한 특례법」 제10조제1항
2. 「형법」 제303조제1항

제2장 피해자 보호·지원 시설 등의 설치·운영

제10조(상담소의 설치·운영) ① 국가 또는 지방자치단체는 성폭력피해상담소(이하 "상담소"라 한다)를 설치·운영할 수 있다.

② 국가 또는 지방자치단체 외의 자가 상담소를 설치·운영하려면 특별자치시장·특별자치도지사 또는 시장·군수·구청장(자치구의 구청장을 말한다. 이하 같다)에게 신고하여야 한다. 신고한 사항 중 여성가족부령으로 정하는 중요 사항을 변경하려는 경우에도 또한 같다. <개정 2012·12·18, 2018·3·13>

③ 특별자치시장·특별자치도지사 또는 시장·군수·구청장은 제2항에 따른 신고를 받은 날부터 10일 이내(변경신고의 경우 5일 이내)에 신고수리 여부 또는 민원 처리 관련 법령에 따른 처리기간의 연장을 신고인에게 통지하여야 한다. <신설 2018·3·13>

④ 상담소의 설치·운영 기준, 상담소에 두는 상담원 등 종사자의 수 및 신고 등에 필요한 사항은 여성가족부령으로 정한다.

제11조(상담소의 업무) 상담소는 다음 각 호의 업무를 한다. <개정 2011·3·30>

1. 성폭력피해의 신고접수와 이에 관한 상담
2. 성폭력피해로 인하여 정상적인 가정생활 또는 사회생활이 곤란하거나 그 밖의 사정으로 긴급히 보호할 필요가 있는 사람과 제12조에 따른 성폭력피해자보호시설 등의 연계
3. 피해자등의 질병치료와 건강관리를 위하여 의료기관에 인도하는 등 의료 지원
4. 피해자에 대한 수사기관의 조사와 법원의 증인신문(證人訊問) 등에의 동행
5. 성폭력행위자에 대한 고소와 피해배상청구 등 사법처리 절차에 관하여 「법률구조법」 제8조에 따른 대한법률구조공단 등 관계 기관에 필요한 협조 및 지원 요청
6. 성폭력 예방을 위한 홍보 및 교육
7. 그 밖에 성폭력 및 성폭력피해에 관한 조사·연구

제12조(보호시설의 설치·운영 및 종류) ① 국가 또는 지방자치단체는 성폭력피해자보호시설(이하 "보호시설"이라 한다)을 설치·운영할 수 있다. <개정 2012·12·18>

② 「사회복지사업법」에 따른 사회복지법인이나 그 밖의 비영리법인은 특별자치시장·특별자치도지사 또는 시장·군수·구청장의 인가를 받아 보호시설을 설치·운영할 수 있다. <개정 2012·12·18>

③ 제1항 및 제2항에 따른 보호시설의 종류는 다음 각 호와 같다. <신설 2012·12·18, 2015·2·3>

1. 일반보호시설 : 피해자에게 제13조제1항 각 호의 사항을 제공하는 시설
2. 장애인보호시설 : 「장애인차별금지 및 권리구제 등에 관한 법률」 제2조제2항에 따른 장애인인 피해자에게 제13조제1항 각 호의 사항을 제공하는 시설
3. 특별지원 보호시설 : 「성폭력범죄의 처벌 등에 관한 특례법」 제5조에 따른 피해자로서 19세 미만의 피해자에게 제13조제1항 각 호의 사항을 제공하는 시설
4. 외국인보호시설 : 외국인 피해자에게 제13조제1항 각 호의 사항을 제공하는 시설. 다만, 「가정폭력방지 및 피해자보호 등에 관한 법률」 제7조의2제1항제3호에 따른 외국인보호시설과 통합하여 운영할 수 있다.
5. 자립지원 공동생활시설 : 제1호부터 제4호까지의 보호시설을 퇴소한 사람에게 제13조제1항제3호 및 그 밖에 필요한 사항을 제공하는 시설
6. 장애인 자립지원 공동생활시설 : 제2호의 보호시설을 퇴소한 사람에게 제13조제1항제3호 및 그 밖에 필요한 사항을 제공하는 시설

④ 국가 또는 지방자치단체는 보호시설의 설치·운영을 대통령령으로 정하는 기관 또는 단체에 위탁할 수 있다. <신설 2015·12·1>

⑤ 보호시설의 설치·운영 기준, 보호시설에 두는 상담원 등 종사자의 수 및 인가 절차 등과 제4항에 따른 위탁에 필요한 사항은 여성가족부령으로 정한다. <개정 2015·12·1>

제13조(보호시설의 업무 등) ① 보호시설은 다음 각 호의 업무를 한다. <개정 2011·3·30>

1. 피해자등의 보호 및 숙식 제공
2. 피해자등의 심리적 안정과 사회 적응을 위한 상담 및 치료
3. 자립·자활 교육의 실시와 취업정보의 제공

4. 제11조제3호·제4호 및 제5호의 업무
5. 다른 법률에 따라 보호시설에 위탁된 업무
6. 그 밖에 피해자등을 보호하기 위하여 필요한 업무

② 제12조제3항제2호에 따른 장애인보호시설 및 같은 항 제6호에 따른 장애인 자립지원 공동생활시설을 설치·운영하는 자가 제1항 각 호의 업무를 할 때에는 장애인의 특성을 고려하여 적절하게 보호·지원될 수 있도록 하여야 한다. <개정 2012·12·18, 2015·2·3>

제14조(보호시설에 대한 보호비용 지원) ① 국가 또는 지방자치단체는 보호시설에 입소한 피해자등의 보호를 위하여 필요한 경우 다음 각 호의 보호비용을 보호시설의 장 또는 피해자에게 지원할 수 있다. 다만, 보호시설에 입소한 피해자등이 「국민기초생활보장법」 등 다른 법령에 따라 보호를 받고 있는 경우에는 그 범위에서 이 법에 따른 지원을 하지 아니한다.

1. 생계비
2. 아동교육지원비
3. 아동양육비
4. 그 밖에 대통령령으로 정하는 비용

② 제1항에 따른 보호비용의 지원 방법 및 절차 등에 필요한 사항은 여성가족부령으로 정한다.

제15조(보호시설의 입소) ① 피해자등이 다음 각 호의 어느 하나에 해당하는 경우에는 보호시설에 입소할 수 있다.

1. 본인이 입소를 희망하거나 입소에 동의하는 경우
2. 미성년자 또는 지적장애인 등 의사능력이 불완전한 사람으로서 성폭력행위자가 아닌 보호자가 입소에 동의하는 경우

② 제12조제2항에 따라 인가받은 보호시설의 장은 제1항에 따라 보호시설에 입소한 사람의 인적사항 및 입소사유 등을 특별자치시장·특별자치도지사 또는 시장·군수·구청장에게 지체 없이 보고하여야 한다. <개정 2012·12·18>

③ 보호시설의 장은 친족에 의한 피해자나 지적장애인 등 의사능력이 불완전한 피해자로서 상담원의 상담 결과 입소가 필요하나 보호자의 입소 동의를 받는 것이 적절하지 못하다고 인정하는 경우에는 제1항에도 불구하고 보호시설에 입소하게 할 수 있다. 이 경우 제12조제2항에 따라 인가받은 보호시설의 장은 지체 없이 관할 특별자치시장·특별자치도지사 또는 시장·군수·구청장의 승인을 받아야 한다. <개정 2012·12·18>

④ 제3항에 따른 입소 및 승인에 있어서 보호시설의 장과 특별자치시장·특별자치도지사 또는 시장·군수·구청장은 피해자의 권익 보호를 최우선적으로 고려하여야 한다. <개정 2012·12·18>

제16조(보호시설의 입소기간) ① 제12조제3항에 따른 보호시설의 종류별 입소기간은 다음 각 호와 같다. <개정 2014·1·21, 2015·2·3>

1. 일반보호시설 : 1년 이내. 다만, 여성가족부령으로 정하는 바에 따라 1년 6개월의 범위에서 한 차례 연장할 수 있다.
2. 장애인보호시설 : 2년 이내. 다만, 여성가족부령으로 정하는 바에 따라 피해회복에 소요되는 기간까지 연장할 수 있다.
3. 특별지원 보호시설 : 19세가 될 때까지. 다만, 여성가족부령으로 정하는 바에 따라 2년의 범위에서 한 차례 연장할 수 있다.
4. 외국인보호시설 : 1년 이내. 다만, 여성가족부령으로 정하는 바에 따라 피해회복에 소요되는 기간까지 연장할 수 있다.
5. 자립지원 공동생활시설 : 2년 이내. 다만, 여성가족부령으로 정하는 바에 따라 2년의 범위에서 한 차례 연장할 수 있다.
6. 장애인 자립지원 공동생활시설 : 2년 이내. 다만, 여성가족부령으로 정하는 바에 따라 2년의 범위에서 한 차례 연장할 수 있다.

② 제1항제1호에도 불구하고 일반보호시설에 입소한 피해자가 대통령령으로 정하는 특별한 사유에 해당하는 경우에는 입소기간을 초과하여 연장할 수 있다.

③ 제2항에 따른 입소기간의 연장에 관한 사항은 여성가족부령으로 정한다.

〔전부개정 2012·12·18〕

제17조(보호시설의 퇴소) ① 제15조제1항에 따라 보호시설에 입소한 사람은 본인의 의사 또는 같은 항 제2호에 따라 입소 동의를 한 보호자의 요청에 따라 보호시설에서 퇴소할 수 있다.

② 보호시설의 장은 입소한 사람이 다음 각

호의 어느 하나에 해당하면 퇴소를 명할 수 있다.
1. 보호 목적이 달성된 경우
2. 제16조에 따른 보호기간이 끝난 경우
3. 입소자가 거짓이나 그 밖의 부정한 방법으로 입소한 경우
4. 그 밖에 보호시설 안에서 현저한 질서문란 행위를 한 경우

제18조(피해자를 위한 통합지원센터의 설치·운영) ① 국가와 지방자치단체는 성폭력 피해상담, 치료, 제 7 조의2제 2 항에 따른 기관에 법률상담등 연계, 수사지원, 그 밖에 피해구제를 위한 지원업무를 종합적으로 수행하기 위하여 성폭력피해자통합지원센터(이하 "통합지원센터"라 한다)를 설치·운영할 수 있다. <개정 2015·12·1>
② 국가와 지방자치단체는 대통령령으로 정하는 기관 또는 단체로 하여금 통합지원센터를 설치·운영하게 할 수 있다.
③ 통합지원센터에 두는 상담원 등 종사자의 수 등에 필요한 사항은 여성가족부령으로 정한다.

제19조(상담원 등의 자격기준) ① 다음 각 호의 어느 하나에 해당하는 사람은 상담소, 보호시설 및 통합지원센터의 장과 중앙디지털성범죄피해자지원센터등의 장, 상담원 또는 그 밖의 종사자가 될 수 없다. <개정 2014·1·21, 2017·12·12, 2023·4·11, 2024·10·16>
1. 미성년자, 피성년후견인 또는 피한정후견인
2. 삭제 <2015·2·3>
3. 금고 이상의 실형을 선고받고 그 집행이 끝나거나(집행이 끝난 것으로 보는 경우를 포함한다) 집행이 면제되지 아니한 사람
3의2. 금고 이상의 형의 집행유예를 선고받고 그 유예기간 중에 있는 사람
4. 「성폭력범죄의 처벌 등에 관한 특례법」 제 2 조의 죄 또는 「아동·청소년의 성보호에 관한 법률」 제 2 조제 2 호의 죄를 범하여 형 또는 치료감호를 선고받고 그 형 또는 치료감호의 전부 또는 일부의 집행이 끝나거나(집행이 끝난 것으로 보는 경우를 포함한다) 집행이 유예·면제된 날부터 10년이 지나지 아니한 사람
② 상담소, 보호시설, 통합지원센터 및 중앙디지털성범죄피해자지원센터등에서 종사하려는 사람은 전문 지식이나 경력 등 대통령령으로 정하는 자격기준을 갖추어야 한다. <개정 2024·10·16>

제19조의2(상담원 교육훈련시설) ① 국가와 지방자치단체(특별시·광역시·특별자치시·도·특별자치도에 한정한다)는 상담원(상담원이 되려는 사람을 포함한다)의 자질을 향상시키기 위하여 상담원에 대한 전문적인 교육·훈련을 담당하는 시설(이하 "교육훈련시설"이라 한다)을 설치·운영할 수 있다.
② 여성가족부장관 또는 시·도지사는 상담원에 대한 전문적인 교육·훈련을 대통령령으로 정하는 기관 또는 단체에 위탁하거나 이를 교육훈련시설로 지정할 수 있다. <개정 2018·4·17>
③ 다음 각 호의 자로서 교육훈련시설을 설치하려는 자는 특별자치시장·특별자치도지사 또는 시장·군수·구청장에게 신고하여야 한다. 신고한 사항 중 여성가족부령으로 정하는 중요 사항을 변경하려는 경우에도 또한 같다. <개정 2015·2·3, 2018·3·13>
1. 「고등교육법」에 따른 학교를 설립·운영하는 학교법인
2. 법률구조법인
3. 사회복지법인
4. 그 밖의 비영리법인이나 단체
④ 특별자치시장·특별자치도지사 또는 시장·군수·구청장은 제 3 항에 따른 신고를 받은 날부터 10일 이내(변경신고의 경우 5일 이내)에 신고수리 여부 또는 민원 처리 관련 법령에 따른 처리기간의 연장을 신고인에게 통지하여야 한다. <신설 2018·3·13>
⑤ 교육훈련시설의 설치 및 지정 기준, 교육훈련시설에 두는 강사의 자격과 수, 상담원 교육훈련과정의 운영기준 및 신고절차 등에 필요한 사항은 여성가족부령으로 정한다.
〔본조신설 2012·12·18〕

제20조(보수교육의 실시) ① 여성가족부장관 또는 시·도지사는 상담소, 보호시설, 통합지원센터 및 중앙디지털성범죄피해자지원센터등 종사자의 자질을 향상시키기 위하여 보수(補修)교육을 실시하여야 한다. <개정 2012·12·18, 2024·10·16>
② 여성가족부장관 또는 시·도지사는 제 1 항에 따른 교육에 관한 업무를 「고등교육법」 제 2 조제 1 호 및 제 4 호에 따른 대학 및

전문대학 또는 대통령령으로 정하는 전문기관에 위탁할 수 있다.

③ 제 1 항에 따른 보수교육의 내용·기간 및 방법 등에 필요한 사항은 여성가족부령으로 정한다.

제21조(폐지·휴지 등의 신고) ① 제10조제 2 항, 제12조제 2 항 또는 제19조의2제 3 항에 따라 설치한 상담소, 보호시설 또는 교육훈련시설을 폐지하거나 휴지(休止) 또는 재개(再開)하려는 경우에는 여성가족부령으로 정하는 바에 따라 미리 특별자치시장·특별자치도지사 또는 시장·군수·구청장에게 신고하여야 한다. <개정 2012·12·18>

② 특별자치시장·특별자치도지사 또는 시장·군수·구청장은 제 1 항에 따른 폐지 또는 휴지신고를 받은 경우 그 내용을 검토하여 이 법에 적합하면 신고를 수리하여야 한다. <신설 2018·3·13>

③ 상담소의 장, 보호시설의 장 또는 교육훈련시설의 장은 해당 시설을 폐지 또는 휴지하는 경우에는 여성가족부령으로 정하는 바에 따라 해당 시설을 이용하는 사람이 다른 시설로 옮길 수 있도록 하는 등 시설 이용자의 권익을 보호하기 위한 조치를 하여야 한다. <신설 2016·3·2>

④ 특별자치시장·특별자치도지사 또는 시장·군수·구청장은 제 1 항에 따른 상담소, 보호시설 또는 교육훈련시설의 폐지 또는 휴지의 신고를 받은 경우 해당 시설의 장이 제 3 항에 따른 시설 이용자의 권익을 보호하기 위한 조치를 하였는지 여부를 확인하는 등 여성가족부령으로 정하는 조치를 하여야 한다. <신설 2016·3·2, 2018·3·13>

제22조(시정 명령) ① 여성가족부장관은 국가기관등의 장이 제 5 조의4제 1 항을 위반하여 성폭력 사건이 발생한 사실을 지체 없이 통보하지 아니하거나 재발방지대책을 기한 내에 제출하지 아니한 경우에는 기간을 정하여 시정을 명할 수 있다. <신설 2023·4·18>

② 특별자치시장·특별자치도지사 또는 시장·군수·구청장은 상담소, 보호시설 또는 교육훈련시설이 다음 각 호의 어느 하나에 해당하는 경우에는 기간을 정하여 시정을 명할 수 있다. <개정 2012·12·18, 2015·2·3, 2015·12·1, 2016·3·2, 2018·3·13>

1. 제10조제 4 항 또는 제12조제 5 항에 따른 설치·운영 기준 및 종사자의 수에 미달하게 된 경우
2. 상담소 또는 보호시설의 상담원 등이 제19조에 따른 자격기준에 미달하게 된 경우
3. 제19조의2제 5 항에 따른 설치·지정 기준 또는 운영기준에 미달하게 되거나 강사의 수가 부족한 경우 또는 자격이 없는 사람을 채용한 경우
4. 제21조제 1 항에 따라 신고한 휴지기간을 초과하여 운영을 재개하지 아니한 경우

제23조(인가의 취소 등) ① 특별자치시장·특별자치도지사 또는 시장·군수·구청장은 상담소, 보호시설 또는 교육훈련시설이 다음 각 호의 어느 하나에 해당하는 경우에는 그 업무의 폐지 또는 정지를 명하거나 인가를 취소할 수 있다. <개정 2012·12·18, 2023·4·18>

1. 제22조제 2 항에 따른 시정 명령을 위반한 경우
2. 제29조를 위반하여 영리를 목적으로 상담소, 보호시설 또는 교육훈련시설을 설치·운영한 경우
3. 정당한 사유 없이 제32조제 1 항에 따른 보고를 하지 아니하거나 거짓으로 보고한 경우 또는 조사·검사를 거부하거나 기피한 경우

② 특별자치시장·특별자치도지사 또는 시장·군수·구청장은 상담소, 보호시설 또는 교육훈련시설이 제 1 항에 따라 업무가 폐지 또는 정지되거나 인가가 취소되는 경우에는 해당 시설을 이용하는 사람이 다른 시설로 옮길 수 있도록 하는 등 여성가족부령으로 정하는 바에 따라 시설 이용자의 권익을 보호하기 위하여 필요한 조치를 하여야 한다. <신설 2016·3·2>

③ 제 1 항에 따른 업무의 폐지·정지 또는 인가의 취소에 관한 세부 기준은 여성가족부령으로 정한다.

제24조(피해자등의 의사 존중) 상담소, 보호시설, 통합지원센터 및 중앙디지털성범죄피해자지원센터등의 장과 종사자는 피해자등이 분명히 밝힌 의사에 반하여 제 7 조의4, 제11조 및 제13조제 1 항에 따른 업무 등을 할 수 없다. <개정 2024·10·16>

제25조(상담소·보호시설·통합지원센터 및 중앙디지털성범죄피해자지원센터등의 평가) ① 여성가족부장관은 상담소·보호시설·통합지

원센터 및 중앙디지털성범죄피해자지원센터 등의 운영실적을 3년마다 평가하고, 시설의 감독 및 지원 등에 그 결과를 고려하여야 한다. <개정 2024·10·16>

② 제1항에 따른 평가의 기준과 방법 등에 필요한 사항은 여성가족부령으로 정한다.

제26조(경비의 보조) ① 국가 또는 지방자치단체는 상담소, 보호시설, 통합지원센터 또는 중앙디지털성범죄피해자지원센터등의 설치·운영에 드는 경비를 보조할 수 있다. <개정 2024·10·16>

② 제1항에 따라 경비를 보조할 때에는 제4조에 따른 성폭력 실태조사와 제25조에 따른 평가 및 제32조에 따른 보고 등의 결과를 고려하여야 한다.

제27조(성폭력 전담의료기관의 지정 등) ① 여성가족부장관, 특별자치시장·특별자치도지사 또는 시장·군수·구청장은 국립·공립병원, 보건소 또는 민간의료시설을 피해자등의 치료를 위한 전담의료기관으로 지정할 수 있다. <개정 2011·3·30, 2012·12·18>

② 제1항에 따라 지정된 전담의료기관은 피해자 본인·가족·친지나 긴급전화센터, 상담소, 보호시설, 통합지원센터 또는 중앙디지털성범죄피해자지원센터등의 장 등이 요청하면 피해자등에 대하여 다음 각 호의 의료 지원을 하여야 한다. <개정 2011·3·30, 2024·10·16>

1. 보건 상담 및 지도
2. 치료
3. 그 밖에 대통령령으로 정하는 신체적·정신적 치료

③ 여성가족부장관, 특별자치시장·특별자치도지사 또는 시장·군수·구청장은 제1항에 따라 지정한 전담의료기관이 다음 각 호의 어느 하나에 해당하는 경우에는 그 지정을 취소할 수 있다. 다만, 제1호에 해당하는 경우에는 그 지정을 취소하여야 한다. <신설 2015·2·3>

1. 거짓이나 그 밖의 부정한 방법으로 지정을 받은 경우
2. 정당한 사유 없이 제2항에 따른 의료 지원을 거부한 경우
3. 그 밖에 전담의료기관으로서 적합하지 아니하다고 대통령령으로 정하는 경우

④ 여성가족부장관, 특별자치시장·특별자치도지사 또는 시장·군수·구청장은 제3항에 따라 지정을 취소하는 경우에는 청문을 하여야 한다. <신설 2015·2·3>

⑤ 제1항 및 제3항에 따른 지정 및 지정 취소의 기준, 절차, 운영 등에 필요한 사항은 여성가족부령으로 정한다. <신설 2015·2·3>

제28조(의료비 지원) ① 국가 또는 지방자치단체는 제27조제2항에 따른 치료 등 의료 지원에 필요한 경비의 전부 또는 일부를 지원할 수 있다.

② 제1항에 따른 의료비용의 지원범위 및 절차 등에 필요한 사항은 여성가족부령으로 정한다.

제29조(영리목적 운영의 금지) 누구든지 영리를 목적으로 상담소, 보호시설 또는 교육훈련시설을 설치·운영하여서는 아니 된다. 다만, 교육훈련시설의 장은 상담원 교육훈련과정을 수강하는 사람에게 여성가족부장관이 정하는 바에 따라 수강료를 받을 수 있다. <개정 2012·12·18>

제30조(비밀 엄수의 의무) 상담소, 보호시설, 통합지원센터 또는 중앙디지털성범죄피해자지원센터등의 장이나 그 밖의 종사자 또는 그 직에 있었던 사람은 그 직무상 알게 된 비밀을 누설하여서는 아니 된다. <개정 2024·10·16>

제3장 보칙

제31조(경찰관서의 협조) 상담소, 보호시설, 통합지원센터 또는 중앙디지털성범죄피해자지원센터등의 장은 피해자등을 긴급히 구조할 필요가 있을 때에는 경찰관서(지구대·파출소 및 출장소를 포함한다)의 장에게 그 소속 직원의 동행을 요청할 수 있으며, 요청을 받은 경찰관서의 장은 특별한 사유가 없으면 이에 따라야 한다. <개정 2011·3·30, 2024·10·16>

제31조의2(사법경찰관리의 현장출동 등) ① 사법경찰관리는 성폭력 신고가 접수된 때에는 지체 없이 신고된 현장에 출동하여야 한다.

② 제1항에 따라 출동한 사법경찰관리는 신고된 현장에 출입하여 관계인에 대하여 조사를 하거나 질문을 할 수 있다.

③ 제2항에 따라 출입, 조사 또는 질문을 하는 사법경찰관리는 그 권한을 표시하는 증표를 지니고 이를 관계인에게 내보여야 한다.

④ 제2항에 따라 조사 또는 질문을 하는 사법경찰관리는 피해자·신고자·목격자 등

이 자유롭게 진술할 수 있도록 성폭력행위자로부터 분리된 곳에서 조사하는 등 필요한 조치를 하여야 한다.

⑤ 누구든지 정당한 사유 없이 신고된 현장에 출동한 사법경찰관리에 대하여 현장조사를 거부하는 등 업무를 방해하여서는 아니 된다.

〔본조신설 2017·3·21〕

제32조(보고 및 검사 등) ① 여성가족부장관 또는 지방자치단체의 장은 상담소, 보호시설, 통합지원센터, 중앙디지털성범죄피해자지원센터등 또는 교육훈련시설의 장에게 해당 시설에 관하여 필요한 보고를 하게 할 수 있으며, 관계 공무원으로 하여금 그 시설의 운영 상황을 조사하게 하거나 장부 또는 그 밖의 서류를 검사하게 할 수 있다. <개정 2012·12·18, 2015·12·1, 2024·10·16>

② 제 1 항에 따라 검사를 하는 공무원은 사전에 검사 일시, 검사 목적 등에 관한 사항을 그 시설의 장에게 통보하여야 한다.

③ 제 1 항에 따라 직무를 수행하는 관계 공무원은 그 권한을 표시하는 증표를 지니고 이를 관계인에게 보여주어야 한다.

제33조(유사명칭 사용 금지) 이 법에 따른 상담소, 보호시설, 통합지원센터, 중앙디지털성범죄피해자지원센터등, 교육훈련시설이 아니면 성폭력피해상담소, 성폭력피해자보호시설, 성폭력피해자통합지원센터, 중앙디지털성범죄피해자지원센터등, 성폭력 관련 상담원 교육훈련시설 또는 이와 유사한 명칭을 사용하지 못한다. <개정 2024·10·16>

〔전부개정 2012·12·18〕

제34조(청문) 특별자치시장·특별자치도지사 또는 시장·군수·구청장은 제23조에 따라 업무의 폐지를 명하거나 인가를 취소하려면 청문을 하여야 한다. <개정 2012·12·18>

제35조(권한의 위임) 이 법에 따른 여성가족부장관의 권한은 그 일부를 대통령령으로 정하는 바에 따라 시·도지사 또는 시장·군수·구청장에게 위임할 수 있다.

제 4 장 벌칙

제36조(벌칙) ① 제 8 조를 위반하여 피해자 또는 성폭력 발생 사실을 신고한 자에게 불이익조치를 한 준 자는 3년 이하의 징역 또는 3천만원 이하의 벌금에 처한다. <신설 2012·2·1, 2020·10·20, 2021·1·12>

② 다음 각 호의 어느 하나에 해당하는 자는 2년 이하의 징역 또는 500만원 이하의 벌금에 처한다. <개정 2012·12·18, 2018·3·13>

1. 제10조제 2 항 전단, 제12조제 2 항 또는 제19조의2제 3 항 전단을 위반하여 신고를 하지 아니하거나 인가를 받지 아니하고 상담소, 보호시설 또는 교육훈련시설을 설치·운영한 자
2. 제23조에 따른 업무의 폐지 또는 정지 명령이나 인가취소를 받고도 상담소, 보호시설 또는 교육훈련시설을 계속 운영한 자
3. 제29조에 따른 영리목적 운영 금지의무를 위반한 자
4. 제30조에 따른 비밀 엄수의 의무를 위반한 자

제37조(양벌규정) 법인의 대표자나 법인 또는 개인의 대리인, 사용인, 그 밖의 종사자가 그 법인 또는 개인의 업무에 관하여 제36조의 위반행위를 하면 그 행위자를 벌하는 외에 그 법인 또는 개인에게도 해당 조문의 벌금형을 과(科)한다. 다만, 법인 또는 개인이 그 위반행위를 방지하기 위하여 해당 업무에 관하여 상당한 주의와 감독을 게을리하지 아니한 경우에는 그러하지 아니하다.

제38조(과태료) ① 다음 각 호의 어느 하나에 해당하는 자에게는 500만원 이하의 과태료를 부과한다. <신설 2017·3·21, 2023·4·18>

1. 제22조제 1 항에 따른 시정 명령을 따르지 아니한 자
2. 제31조의2제 5 항을 위반하여 정당한 사유 없이 현장조사를 거부하는 등 업무를 방해한 자

② 다음 각 호의 어느 하나에 해당하는 자에게는 300만원 이하의 과태료를 부과한다. <개정 2021·1·12>

1. 제 9 조제 2 항을 위반하여 성폭력 사건이 발생한 사실을 신고하지 아니한 자
2. 정당한 사유 없이 제32조제 1 항에 따른 보고를 하지 아니하거나 거짓으로 보고한 자 또는 조사·검사를 거부하거나 기피한 자
3. 제33조에 따른 유사명칭 사용 금지의무를 위반한 자

③ 제 1 항 및 제 2 항에 따른 과태료는 대통령령으로 정하는 바에 따라 여성가족부장관 또는 지방자치단체의 장이 부과·징수한다. <개정 2012·12·18, 2015·12·1, 2017·3·21>

부 칙

제 1 조(시행일) 이 법은 2011년 1월 1일부터 시행한다.

제 2 조(다른 법률의 폐지) 성폭력범죄의 피해자보호 등에 관한 법률은 폐지한다.

제 3 조(상담소에 관한 경과조치) 이 법 시행 당시 종전의 「성폭력범죄의 피해자보호 등에 관한 법률」에 따라 특별자치도지사 또는 시장·군수·구청장에게 신고한 성폭력피해상담소는 이 법에 따른 상담소로 본다.

제 4 조(보호시설에 관한 경과조치) 이 법 시행 당시 종전의 「성폭력범죄의 피해자보호 등에 관한 법률」에 따라 특별자치도지사 또는 시장·군수·구청장에게 신고한 성폭력피해자보호시설은 이 법에 따라 인가를 받은 보호시설로 본다. 다만, 이 법 시행 후 1년 이내에 제12조제 3 항에 적합하도록 하여야 한다.

제 5 조(보호시설의 입소자에 대한 경과조치) 이 법 시행 당시 종전의 「성폭력범죄의 피해자보호 등에 관한 법률」에 따라 성폭력피해자보호시설에 입소한 사람은 이 법에 따른 입소자로 본다.

제 6 조(상담원 등의 자격기준에 관한 경과조치) 이 법 시행 당시 종전의 「성폭력범죄의 피해자보호 등에 관한 법률」에 따른 성폭력피해상담소 또는 성폭력피해자보호시설의 종사자로서 이 법 시행 전에 발생한 사유로 인하여 제19조제 1 항 각 호에 해당하게 된 경우에는 같은 항 각 호에도 불구하고 종전의 규정에 따른다.

제 7 조(종전의 「성폭력범죄의 피해자보호 등에 관한 법률」에 따른 행정처분에 대한 경과조치) 이 법 시행 당시 종전의 「성폭력범죄의 피해자보호 등에 관한 법률」에 따라 행정기관이 상담소 또는 보호시설에 한 행정처분은 이 법에 따른 처분으로 본다.

제 8 조(다른 법률의 개정 등) 생략

제 9 조(다른 법률과의 관계) 이 법 시행 당시 다른 법령에서 종전의 「성폭력범죄의 피해자보호 등에 관한 법률」 또는 그 규정을 인용한 경우 이 법 가운데 그에 해당하는 규정이 있으면 종전의 「성폭력범죄의 피해자보호 등에 관한 법률」 또는 그 규정을 갈음하여 이 법 또는 이 법의 해당 조항을 인용한 것으로 본다.

부 칙 <2011·3·30 법10521>

이 법은 공포 후 6개월이 경과한 날부터 시행한다.

부 칙 <2012·2·1 법11286>

이 법은 공포 후 6개월이 경과한 날부터 시행한다.

부 칙 <2012·12·18 법11573>

제 1 조(시행일) 이 법은 공포 후 6개월이 경과한 날부터 시행한다.

제 2 조(입소기간을 연장한 입소자의 입소기간에 관한 적용례) 제16조의 개정규정은 이 법 시행 당시 종전의 규정에 따라 입소기간을 연장한 사람에 대하여도 적용한다. 이 경우 종전의 규정에 따라 연장된 입소기간은 제16조의 개정규정에 따른 입소기간에 산입한다.

제 3 조(보호시설에 관한 경과조치) 이 법 시행 당시 종전의 규정에 따라 국가 또는 지방자치단체가 설치·운영하거나 특별자치도지사 또는 시장·군수·구청장의 인가를 받은 보호시설은 제12조제 3 항의 개정규정에 따라 입소자별로 구분하여 각각 해당되는 보호시설로 보되, 이 법 시행일부터 6개월 이내에 같은 조 제 4 항의 개정규정에 따른 설치·운영 기준 등을 갖추어야 한다.

제 4 조(교육훈련시설에 관한 경과조치) 이 법 시행 당시 대통령령으로 정하는 바에 따라 성폭력 관련 상담원의 교육과정을 개설·운영하고 있는 법률구조법인, 사회복지법인, 그 밖에 성폭력방지 및 피해자보호를 주된 업무로 하는 비영리법인이나 단체가 이 법 시행일부터 3개월 이내에 제19조의2제 3 항의 개정규정에 따른 신고를 한 경우에는 이 법 시행일에 신고를 한 것으로 본다. 다만, 이 법 시행일부터 6개월 이내에 제19조의2제 4 항의 개정규정에 따른 설치기준 등을 갖추어야 한다.

제 5 조(다른 법률의 개정) 생략

부 칙 <2013·3·23 법11690>

제 1 조(시행일) ① 이 법은 공포한 날부터 시행한다.

② 부칙 제 6 조에 따라 개정되는 법률 중 이 법의 시행 전에 공포되었으나 시행일이 도래하지 아니한 법률을 개정한 부분은 각각 해당 법률의 시행일부터 시행하되, …〈생략〉… 시행한다.

제 2 조부터 **제 5 조**까지 생략

제 6 조(다른 법률의 개정) 생략

제 7 조 생략

부 칙 <2014·1·21 법12328>

제 1 조(시행일) 이 법은 공포 후 6개월이 경과한 날부터 시행한다.

제 2 조(금치산자 등에 대한 경과조치) 제19조제 1 항제 1 호의 개정규정에 따른 피성년후견인 또는 피한정후견인에는 법률 제10429호 민법 일부개정법률 부칙 제 2 조에 따라 금치산 또는 한정치산 선고의 효력이 유지되는 사람을 포함하는 것으로 본다.

부 칙 <2014·5·28 법12698>

제 1 조(시행일) 이 법은 2015년 7월 1일부터 시행한다.

제 2 조부터 **제10조**까지 생략

부 칙 <2015·2·3 법13179>

제 1 조(시행일) 이 법은 공포한 날부터 시행한다. 다만, 제27조의 개정규정은 공포 후 6개월이 경과한 날부터 시행한다.

제 2 조(「양성평등기본법」에 따른 사용자에 대한 경과조치) 제 5 조제 3 항의 개정규정 중 「양성평등기본법」 제 3 조제 3 호에 따른 사용자는 2015년 6월 30일까지는 「여성발전기본법」 제 3 조제 5 호에 따른 사용자로 본다.

제 3 조(성폭력 전담의료기관에 관한 경과조치) 이 법 시행 당시 종전의 규정에 따라 지정된 전담의료기관은 이 법 시행 후 6개월 이내에 제27조제 5 항의 개정규정에 따라 여성가족부령으로 정하는 지정기준을 갖추어야 한다.

부 칙 <2015·12·1 법13537>

제 1 조(시행일) 이 법은 공포 후 6개월이 경과한 날부터 시행한다.

제 2 조(다른 법률의 개정) 생략

부 칙 <2016·3·2 법14063>

이 법은 공포 후 6개월이 경과한 날부터 시행한다.

부 칙 <2016·5·29 법14235>

이 법은 공포 후 6개월이 경과한 날부터 시행한다.

부 칙 <2017·3·21 법14704>

이 법은 공포 후 3개월이 경과한 날부터 시행한다.

부 칙 <2017·12·12 법15205>

제 1 조(시행일) 이 법은 공포 후 3개월이 경과한 날부터 시행한다.

제 2 조(상담소 등의 종사자 자격기준에 관한 적용례) 제19조제 1 항의 개정규정은 이 법 시행 전 상담소, 보호시설 및 통합지원센터에 고용된 종사자에 대하여도 적용한다.

부 칙 <2018·3·13 법15451>

제 1 조(시행일) 이 법은 공포 후 6개월이 경과한 날부터 시행한다. 다만, 제21조의 개정규정은 공포한 날부터 시행한다.

제 2 조(상담소 설치신고 등에 관한 적용례) 제10조제 3 항 및 제19조의2제 4 항의 개정규정은 이 법 시행 후 상담소 또는 교육훈련시설의 설치신고 또는 변경신고를 하는 경우부터 적용한다.

부 칙 <2018·4·17 법15591>

이 법은 공포한 날부터 시행한다.

부 칙 <2020·1·29 법16896>

이 법은 공포 후 6개월이 경과한 날부터 시행한다. 다만, 제 7 조의3의 개정규정은 공포 후 3개월이 경과한 날부터 시행한다.

부 칙 <2020·10·20 법17538>

이 법은 공포 후 3개월이 경과한 날부터 시행한다.

부 칙 <2021·1·12 법17895>

이 법은 공포 후 6개월이 경과한 날부터 시행한다.

부 칙 <2023·4·11 법19339>

이 법은 공포한 날부터 시행한다.

부 칙 <2023·4·18 법19363>

이 법은 공포 후 1년이 경과한 날부터 시행한다.

부 칙 <2024·3·26 법20416>

이 법은 공포 후 3개월이 경과한 날부터 시행한다.

부 칙 <2024·10·16 법20461>

제 1 조(시행일) 이 법은 공포 후 6개월이 경과한 날부터 시행한다. 다만, 제 3 조제 1 항제 8 호의 개정규정은 공포한 날부터 시행한다.

제 2 조(디지털성범죄피해자지원센터에 관한 경과조치) 제 7 조의4의 개정규정 시행 당시 「양성평등기본법」 제46조의2에 따른 한국여성인권진흥원의 조직으로 운영 중인 디지털성범죄피해자지원센터는 제 7 조의4제 1 항의 개정규정에 따라 설치된 중앙디지털성범죄피해자지원센터로 본다.

●성폭력범죄의 처벌 등에 관한 특례법

〔2012 · 12 · 18 법률제11556호 전부개정〕

개정
2013 · 4 · 5 법률제11729호
2013 · 4 · 5 법률제11731호(형법)
2014 · 12 · 30 법률제12889호
2016 · 12 · 20 법률제14412호
2017 · 12 · 12 법률제15156호
2018 · 10 · 16 법률제15792호
2018 · 12 · 18 법률제15977호
2019 · 8 · 20 법률제16445호
2020 · 2 · 4 법률제16914호
2020 · 2 · 4 법률제16923호(전자장치 부착 등에 관한 법률)
2020 · 3 · 24 법률제17086호
2020 · 5 · 19 법률제17264호
2020 · 10 · 20 법률제17507호
2021 · 9 · 24 법률제18465호(군사법원법)
2023 · 7 · 11 법률제19517호
2023 · 10 · 24 법률제19743호(특정중대범죄 피의자 등 신상정보공개에 관한 법률)
2024 · 1 · 16 법률제20005호
2024 · 10 · 16 법률제20459호
2024 · 12 · 3 법률제20535호
2024 · 12 · 20 법률제20575호

제 1 장 총칙

제 1 조(목적) 이 법은 성폭력범죄의 처벌 및 그 절차에 관한 특례를 규정함으로써 성폭력범죄 피해자의 생명과 신체의 안전을 보장하고 건강한 사회질서의 확립에 이바지함을 목적으로 한다.

제 2 조(정의) ① 이 법에서 "성폭력범죄"란 다음 각 호의 어느 하나에 해당하는 죄를 말한다. <개정 2013 · 4 · 5, 2016 · 12 · 20>

1. 「형법」 제 2 편제22장 성풍속에 관한 죄 중 제242조(음행매개), 제243조(음화반포등), 제244조(음화제조등) 및 제245조(공연음란)의 죄
2. 「형법」 제 2 편제31장 약취(略取), 유인(誘引) 및 인신매매의 죄 중 추행, 간음 또는 성매매와 성적 착취를 목적으로 범한 제288조 또는 추행, 간음 또는 성매매와 성적 착취를 목적으로 범한 제289조, 제290조(추행, 간음 또는 성매매와 성적 착취를 목적으로 제288조 또는 추행, 간음 또는 성매매와 성적 착취를 목적으로 제289조의 죄를 범하여 약취, 유인, 매매된 사람을 상해하거나 상해에 이르게 한 경우에 한정한다), 제291조(추행, 간음 또는 성매매와 성적 착취를 목적으로 제288조 또는 추행, 간음 또는 성매매와 성적 착취를 목적으로 제289조의 죄를 범하여 약취, 유인, 매매된 사람을 살해하거나 사망에 이르게 한 경우에 한정한다), 제292조〔추행, 간음 또는 성매매와 성적 착취를 목적으로 한 제288조 또는 추행, 간음 또는 성매매와 성적 착취를 목적으로 한 제289조의 죄로 약취, 유인, 매매된 사람을 수수(授受) 또는 은닉한 죄, 추행, 간음 또는 성매매와 성적 착취를 목적으로 한 제288조 또는 추행, 간음 또는 성매매와 성적 착취를 목적으로 한 제289조의 죄를 범할 목적으로 사람을 모집, 운송, 전달한 경우에 한정한다〕 및 제294조(추행, 간음 또는 성매매와 성적 착취를 목적으로 범한 제288조의 미수범 또는 추행, 간음 또는 성매매와 성적 착취를 목적으로 범한 제289조의 미수범, 추행, 간음 또는 성매매와 성적 착취를 목적으로 제288조 또는 추행, 간음 또는 성매매와 성적 착취를 목적으로 제289조의 죄를 범하여 발생한 제290조제 1 항의 미수범 또는 추행, 간음 또는 성매매와 성적 착취를 목적으로 제288조 또는 추행, 간음 또는 성매매와 성적 착취를 목적으로 제289조의 죄를 범하여 발생한 제291조제 1 항의 미수범 및 제292조제 1 항의 미수범 중 추행, 간음 또는 성매매와 성적 착취를 목적으로 약취, 유인, 매매된 사람을 수수, 은닉한 죄의 미수범으로 한정한다)의 죄
3. 「형법」 제 2 편제32장 강간과 추행의 죄

중 제297조(강간), 제297조의2(유사강간), 제298조(강제추행), 제299조(준강간, 준강제추행), 제300조(미수범), 제301조(강간등 상해·치상), 제301조의2(강간등 살인·치사), 제302조(미성년자등에 대한 간음), 제303조(업무상위력등에 의한 간음) 및 제305조(미성년자에 대한 간음, 추행)의 죄
4. 「형법」 제339조(강도강간)의 죄 및 제342조(제339조의 미수범으로 한정한다)의 죄
5. 이 법 제 3 조(특수강도강간 등)부터 제15조(미수범)까지의 죄

② 제 1 항 각 호의 범죄로서 다른 법률에 따라 가중처벌되는 죄는 성폭력범죄로 본다.

제 2 장 성폭력범죄의 처벌 및 절차에 관한 특례

제 3 조(특수강도강간 등) ①「형법」 제319조 제 1 항(주거침입), 제330조(야간주거침입절도), 제331조(특수절도) 또는 제342조(미수범. 다만, 제330조 및 제331조의 미수범으로 한정한다)의 죄를 범한 사람이 같은 법 제297조(강간), 제297조의2(유사강간), 제298조(강제추행) 및 제299조(준강간, 준강제추행)의 죄를 범한 경우에는 무기징역 또는 7년 이상의 징역에 처한다. <개정 2020·5·19>

②「형법」 제334조(특수강도) 또는 제342조(미수범. 다만, 제334조의 미수범으로 한정한다)의 죄를 범한 사람이 같은 법 제297조(강간), 제297조의2(유사강간), 제298조(강제추행) 및 제299조(준강간, 준강제추행)의 죄를 범한 경우에는 사형, 무기징역 또는 10년 이상의 징역에 처한다.

제 4 조(특수강간 등) ① 흉기나 그 밖의 위험한 물건을 지닌 채 또는 2명 이상이 합동하여 「형법」 제297조(강간)의 죄를 범한 사람은 무기징역 또는 7년 이상의 징역에 처한다. <개정 2020·5·19>

② 제 1 항의 방법으로 「형법」 제298조(강제추행)의 죄를 범한 사람은 5년 이상의 유기징역에 처한다. <개정 2020·5·19>

③ 제 1 항의 방법으로 「형법」 제299조(준강간, 준강제추행)의 죄를 범한 사람은 제 1 항 또는 제 2 항의 예에 따라 처벌한다.

제 5 조(친족관계에 의한 강간 등) ① 친족관계인 사람이 폭행 또는 협박으로 사람을 강간한 경우에는 7년 이상의 유기징역에 처한다.

② 친족관계인 사람이 폭행 또는 협박으로 사람을 강제추행한 경우에는 5년 이상의 유기징역에 처한다.

③ 친족관계인 사람이 사람에 대하여 「형법」 제299조(준강간, 준강제추행)의 죄를 범한 경우에는 제 1 항 또는 제 2 항의 예에 따라 처벌한다.

④ 제 1 항부터 제 3 항까지의 친족의 범위는 4촌 이내의 혈족·인척과 동거하는 친족으로 한다.

⑤ 제 1 항부터 제 3 항까지의 친족은 사실상의 관계에 의한 친족을 포함한다.

제 6 조(장애인에 대한 강간·강제추행 등) ① 신체적인 또는 정신적인 장애가 있는 사람에 대하여 「형법」 제297조(강간)의 죄를 범한 사람은 무기징역 또는 7년 이상의 징역에 처한다.

② 신체적인 또는 정신적인 장애가 있는 사람에 대하여 폭행이나 협박으로 다음 각 호의 어느 하나에 해당하는 행위를 한 사람은 5년 이상의 유기징역에 처한다.
1. 구강·항문 등 신체(성기는 제외한다)의 내부에 성기를 넣는 행위
2. 성기·항문에 손가락 등 신체(성기는 제외한다)의 일부나 도구를 넣는 행위

③ 신체적인 또는 정신적인 장애가 있는 사람에 대하여 「형법」 제298조(강제추행)의 죄를 범한 사람은 3년 이상의 유기징역 또는 3천만원 이상 5천만원 이하의 벌금에 처한다. <개정 2020·5·19>

④ 신체적인 또는 정신적인 장애로 항거불능 또는 항거곤란 상태에 있음을 이용하여 사람을 간음하거나 추행한 사람은 제 1 항부터 제 3 항까지의 예에 따라 처벌한다.

⑤ 위계(僞計) 또는 위력(威力)으로써 신체적인 또는 정신적인 장애가 있는 사람을 간음한 사람은 5년 이상의 유기징역에 처한다.

⑥ 위계 또는 위력으로써 신체적인 또는 정신적인 장애가 있는 사람을 추행한 사람은 1년 이상의 유기징역 또는 1천만원 이상 3천만원 이하의 벌금에 처한다.

⑦ 장애인의 보호, 교육 등을 목적으로 하는 시설의 장 또는 종사자가 보호, 감독의

대상인 장애인에 대하여 제 1 항부터 제 6 항까지의 죄를 범한 경우에는 그 죄에 정한 형의 2분의 1까지 가중한다.

제 7 조(13세 미만의 미성년자에 대한 강간, 강제추행 등) ① 13세 미만의 사람에 대하여 「형법」 제297조(강간)의 죄를 범한 사람은 무기징역 또는 10년 이상의 징역에 처한다.

② 13세 미만의 사람에 대하여 폭행이나 협박으로 다음 각 호의 어느 하나에 해당하는 행위를 한 사람은 7년 이상의 유기징역에 처한다.

1. 구강·항문 등 신체(성기는 제외한다)의 내부에 성기를 넣는 행위
2. 성기·항문에 손가락 등 신체(성기는 제외한다)의 일부나 도구를 넣는 행위

③ 13세 미만의 사람에 대하여 「형법」 제298조(강제추행)의 죄를 범한 사람은 5년 이상의 유기징역에 처한다. <개정 2020·5·19>

④ 13세 미만의 사람에 대하여 「형법」 제299조(준강간, 준강제추행)의 죄를 범한 사람은 제 1 항부터 제 3 항까지의 예에 따라 처벌한다.

⑤ 위계 또는 위력으로써 13세 미만의 사람을 간음하거나 추행한 사람은 제 1 항부터 제 3 항까지의 예에 따라 처벌한다.

제 8 조(강간 등 상해·치상) ① 제 3 조제 1 항, 제 4 조, 제 6 조, 제 7 조 또는 제15조(제 3 조제 1 항, 제 4 조, 제 6 조 또는 제 7 조의 미수범으로 한정한다)의 죄를 범한 사람이 다른 사람을 상해하거나 상해에 이르게 한 때에는 무기징역 또는 10년 이상의 징역에 처한다.

② 제 5 조 또는 제15조(제 5 조의 미수범으로 한정한다)의 죄를 범한 사람이 다른 사람을 상해하거나 상해에 이르게 한 때에는 무기징역 또는 7년 이상의 징역에 처한다.

제 9 조(강간 등 살인·치사) ① 제 3 조부터 제 7 조까지, 제15조(제 3 조부터 제 7 조까지의 미수범으로 한정한다)의 죄 또는 「형법」 제297조(강간), 제297조의2(유사강간) 및 제298조(강제추행)부터 제300조(미수범)까지의 죄를 범한 사람이 다른 사람을 살해한 때에는 사형 또는 무기징역에 처한다.

② 제 4 조, 제 5 조 또는 제15조(제 4 조 또는 제 5 조의 미수범으로 한정한다)의 죄를 범한 사람이 다른 사람을 사망에 이르게 한 때에는 무기징역 또는 10년 이상의 징역에 처한다.

③ 제 6 조, 제 7 조 또는 제15조(제 6 조 또는 제 7 조의 미수범으로 한정한다)의 죄를 범한 사람이 다른 사람을 사망에 이르게 한 때에는 사형, 무기징역 또는 10년 이상의 징역에 처한다.

제10조(업무상 위력 등에 의한 추행) ① 업무, 고용이나 그 밖의 관계로 인하여 자기의 보호, 감독을 받는 사람에 대하여 위계 또는 위력으로 추행한 사람은 3년 이하의 징역 또는 1천500만원 이하의 벌금에 처한다. <개정 2018·10·16>

② 법률에 따라 구금된 사람을 감호하는 사람이 그 사람을 추행한 때에는 5년 이하의 징역 또는 2천만원 이하의 벌금에 처한다. <개정 2018·10·16>

제11조(공중 밀집 장소에서의 추행) 대중교통수단, 공연·집회 장소, 그 밖에 공중(公衆)이 밀집하는 장소에서 사람을 추행한 사람은 3년 이하의 징역 또는 3천만원 이하의 벌금에 처한다. <개정 2020·5·19>

제12조(성적 목적을 위한 다중이용장소 침입행위) 자기의 성적 욕망을 만족시킬 목적으로 화장실, 목욕장·목욕실 또는 발한실(發汗室), 모유수유시설, 탈의실 등 불특정 다수가 이용하는 다중이용장소에 침입하거나 같은 장소에서 퇴거의 요구를 받고 응하지 아니하는 사람은 1년 이하의 징역 또는 1천만원 이하의 벌금에 처한다. <개정 2017·12·12, 2020·5·19>

제13조(통신매체를 이용한 음란행위) 자기 또는 다른 사람의 성적 욕망을 유발하거나 만족시킬 목적으로 전화, 우편, 컴퓨터, 그 밖의 통신매체를 통하여 성적 수치심이나 혐오감을 일으키는 말, 음향, 글, 그림, 영상 또는 물건을 상대방에게 도달하게 한 사람은 2년 이하의 징역 또는 2천만원 이하의 벌금에 처한다. <개정 2020·5·19>

제14조(카메라 등을 이용한 촬영) ① 카메라나 그 밖에 이와 유사한 기능을 갖춘 기계장치를 이용하여 성적 욕망 또는 수치심을 유발할 수 있는 사람의 신체를 촬영대상자의 의사에 반하여 촬영한 자는 7년 이하의

징역 또는 5천만원 이하의 벌금에 처한다. <개정 2018·12·18, 2020·5·19>

② 제1항에 따른 촬영물 또는 복제물(복제물의 복제물을 포함한다. 이하 이 조에서 같다)을 반포·판매·임대·제공 또는 공공연하게 전시·상영(이하 "반포등"이라 한다)한 자 또는 제1항의 촬영이 촬영 당시에는 촬영대상자의 의사에 반하지 아니한 경우(자신의 신체를 직접 촬영한 경우를 포함한다)에도 사후에 그 촬영물 또는 복제물을 촬영대상자의 의사에 반하여 반포등을 한 자는 7년 이하의 징역 또는 5천만원 이하의 벌금에 처한다. <개정 2018·12·18, 2020·5·19>

③ 영리를 목적으로 촬영대상자의 의사에 반하여 「정보통신망 이용촉진 및 정보보호 등에 관한 법률」 제2조제1항제1호의 정보통신망(이하 "정보통신망"이라 한다)을 이용하여 제2항의 죄를 범한 자는 3년 이상의 유기징역에 처한다. <개정 2018·12·18, 2020·5·19>

④ 제1항 또는 제2항의 촬영물 또는 복제물을 소지·구입·저장 또는 시청한 자는 3년 이하의 징역 또는 3천만원 이하의 벌금에 처한다. <신설 2020·5·19>

⑤ 상습으로 제1항부터 제3항까지의 죄를 범한 때에는 그 죄에 정한 형의 2분의 1까지 가중한다. <신설 2020·5·19>

제14조의2(허위영상물 등의 반포등) ① 사람의 얼굴·신체 또는 음성을 대상으로 한 촬영물·영상물 또는 음성물(이하 이 조에서 "영상물등"이라 한다)을 영상물등의 대상자의 의사에 반하여 성적 욕망 또는 수치심을 유발할 수 있는 형태로 편집·합성 또는 가공(이하 이 조에서 "편집등"이라 한다)한 자는 7년 이하의 징역 또는 5천만원 이하의 벌금에 처한다. <개정 2024·10·16>

② 제1항에 따른 편집물·합성물·가공물(이하 이 조에서 "편집물등"이라 한다) 또는 복제물(복제물의 복제물을 포함한다. 이하 이 조에서 같다)을 반포등을 한 자 또는 제1항의 편집등을 할 당시에는 영상물등의 대상자의 의사에 반하지 아니한 경우에도 사후에 그 편집물등 또는 복제물을 영상물등의 대상자의 의사에 반하여 반포등을 한 자는 7년 이하의 징역 또는 5천만원 이하의 벌금에 처한다. <개정 2024·10·16>

③ 영리를 목적으로 영상물등의 대상자의 의사에 반하여 정보통신망을 이용하여 제2항의 죄를 범한 자는 3년 이상의 유기징역에 처한다. <개정 2024·10·16>

④ 제1항 또는 제2항의 편집물등 또는 복제물을 소지·구입·저장 또는 시청한 자는 3년 이하의 징역 또는 3천만원 이하의 벌금에 처한다. <신설 2024·10·16>

⑤ 상습으로 제1항부터 제3항까지의 죄를 범한 때에는 그 죄에 정한 형의 2분의 1까지 가중한다. <신설 2020·5·19>

〔본조신설 2020·3·24〕

제14조의3(촬영물과 편집물 등을 이용한 협박·강요) ① 성적 욕망 또는 수치심을 유발할 수 있는 촬영물 또는 복제물(복제물의 복제물을 포함한다), 제14조의2제2항에 따른 편집물등 또는 복제물(복제물의 복제물을 포함한다)을 이용하여 사람을 협박한 자는 1년 이상의 유기징역에 처한다. <개정 2024·10·16>

② 제1항에 따른 협박으로 사람의 권리행사를 방해하거나 의무 없는 일을 하게 한 자는 3년 이상의 유기징역에 처한다.

③ 상습으로 제1항 및 제2항의 죄를 범한 경우에는 그 죄에 정한 형의 2분의 1까지 가중한다.

〔본조신설 2020·5·19〕

제15조(미수범) 제3조부터 제9조까지, 제14조, 제14조의2 및 제14조의3의 미수범은 처벌한다.

〔전부개정 2020·5·19〕

제15조의2(예비, 음모) 제3조부터 제7조까지의 죄를 범할 목적으로 예비 또는 음모한 사람은 3년 이하의 징역에 처한다.

〔본조신설 2020·5·19〕

제15조의3(몰수 및 추징) ① 제14조부터 제14조의3까지의 죄에 해당하는 범죄행위에 의하여 생긴 재산 또는 그 범죄행위의 보수(報酬)로 얻은 재산(이하 이 항에서 "범죄수익"이라 한다)과 범죄수익에서 유래한 재산은 몰수하고, 이를 몰수할 수 없는 경우에는 그 가액(價額)을 추징한다.

② 제1항에 따른 몰수 및 추징에 관하여는

「범죄수익은닉의 규제 및 처벌 등에 관한 법률」 제8조부터 제10조까지, 제10조의3, 제10조의4, 제11조, 제12조를 준용한다.
〔본조신설 2024·12·20〕

제16조(형벌과 수강명령 등의 병과) ① 법원이 성폭력범죄를 범한 사람에 대하여 형의 선고를 유예하는 경우에는 1년 동안 보호관찰을 받을 것을 명할 수 있다. 다만, 성폭력범죄를 범한 「소년법」 제2조에 따른 소년에 대하여 형의 선고를 유예하는 경우에는 반드시 보호관찰을 명하여야 한다.

② 법원이 성폭력범죄를 범한 사람에 대하여 유죄판결(선고유예는 제외한다)을 선고하거나 약식명령을 고지하는 경우에는 500시간의 범위에서 재범예방에 필요한 수강명령 또는 성폭력 치료프로그램의 이수명령(이하 "이수명령"이라 한다)을 병과하여야 한다. 다만, 수강명령 또는 이수명령을 부과할 수 없는 특별한 사정이 있는 경우에는 그러하지 아니하다. <개정 2016·12·20>

③ 성폭력범죄를 범한 자에 대하여 제2항의 수강명령은 형의 집행을 유예할 경우에 그 집행유예기간 내에서 병과하고, 이수명령은 벌금 이상의 형을 선고하거나 약식명령을 고지할 경우에 병과한다. 다만, 이수명령은 성폭력범죄자가 「전자장치 부착 등에 관한 법률」 제9조의2제1항제4호에 따른 이수명령을 부과받은 경우에는 병과하지 아니한다. <개정 2016·12·20, 2020·2·4>

④ 법원이 성폭력범죄를 범한 사람에 대하여 형의 집행을 유예하는 경우에는 제2항에 따른 수강명령 외에 그 집행유예기간 내에서 보호관찰 또는 사회봉사 중 하나 이상의 처분을 병과할 수 있다.

⑤ 제2항에 따른 수강명령 또는 이수명령은 형의 집행을 유예할 경우에는 그 집행유예기간 내에, 벌금형을 선고하거나 약식명령을 고지할 경우에는 형 확정일부터 6개월 이내에, 징역형 이상의 실형(實刑)을 선고할 경우에는 형기 내에 각각 집행한다. 다만, 수강명령 또는 이수명령은 성폭력범죄를 범한 사람이 「아동·청소년의 성보호에 관한 법률」 제21조에 따른 수강명령 또는 이수명령을 부과받은 경우에는 병과하지 아니한다. <개정 2016·12·20>

⑥ 제2항에 따른 수강명령 또는 이수명령이 벌금형 또는 형의 집행유예와 병과된 경우에는 보호관찰소의 장이 집행하고, 징역형 이상의 실형(치료감호와 징역형 이상의 실형이 병과된 경우를 포함한다. 이하 이 항에서 같다)과 병과된 경우에는 교정시설의 장 또는 치료감호시설의 장(이하 "교정시설등의 장"이라 한다)이 집행한다. 다만, 징역형 이상의 실형과 병과된 이수명령을 모두 이행하기 전에 석방 또는 가석방되거나 미결구금일수 산입 등의 사유로 형을 집행할 수 없게 된 경우에는 보호관찰소의 장이 남은 이수명령을 집행한다. <개정 2024·1·16>

⑦ 제2항에 따른 수강명령 또는 이수명령은 다음 각 호의 내용으로 한다.
1. 일탈적 이상행동의 진단·상담
2. 성에 대한 건전한 이해를 위한 교육
3. 그 밖에 성폭력범죄를 범한 사람의 재범예방을 위하여 필요한 사항

⑧ 성폭력범죄를 범한 사람으로서 형의 집행 중에 가석방된 사람은 가석방기간 동안 보호관찰을 받는다. 다만, 가석방을 허가한 행정관청이 보호관찰을 할 필요가 없다고 인정한 경우에는 그러하지 아니하다.

⑨ 보호관찰, 사회봉사, 수강명령 및 이수명령에 관하여 이 법에서 규정한 사항 외의 사항에 대하여는 「보호관찰 등에 관한 법률」을 준용한다.

제17조(판결 전 조사) ① 법원은 성폭력범죄를 범한 피고인에 대하여 제16조에 따른 보호관찰, 사회봉사, 수강명령 또는 이수명령을 부과하기 위하여 필요하다고 인정하면 그 법원의 소재지 또는 피고인의 주거지를 관할하는 보호관찰소의 장에게 피고인의 신체적·심리적 특성 및 상태, 정신성적 발달과정, 성장배경, 가정환경, 직업, 생활환경, 교우관계, 범행동기, 병력(病歷), 피해자와의 관계, 재범위험성 등 피고인에 관한 사항의 조사를 요구할 수 있다.

② 제1항의 요구를 받은 보호관찰소의 장은 지체 없이 이를 조사하여 서면으로 해당 법원에 알려야 한다. 이 경우 필요하다고 인정하면 피고인이나 그 밖의 관계인을 소환하여 심문하거나 소속 보호관찰관에게 필

요한 사항을 조사하게 할 수 있다.

③ 법원은 제 1 항의 요구를 받은 보호관찰소의 장에게 조사진행상황에 관한 보고를 요구할 수 있다

제18조(고소 제한에 대한 예외) 성폭력범죄에 대하여는 「형사소송법」 제224조(고소의 제한) 및 「군사법원법」 제266조에도 불구하고 자기 또는 배우자의 직계존속을 고소할 수 있다. <개정 2013·4·5>

제19조 삭제 <2013·4·5>

제20조(「형법」상 감경규정에 관한 특례) 음주 또는 약물로 인한 심신장애 상태에서 성폭력범죄(제 2 조제 1 항제 1 호의 죄는 제외한다)를 범한 때에는 「형법」 제10조제 1 항·제 2 항 및 제11조를 적용하지 아니할 수 있다.

제21조(공소시효에 관한 특례) ① 미성년자에 대한 성폭력범죄의 공소시효는 「형사소송법」 제252조제 1 항 및 「군사법원법」 제294조제 1 항에도 불구하고 해당 성폭력범죄로 피해를 당한 미성년자가 성년에 달한 날부터 진행한다. <개정 2013·4·5>

② 제 2 조제 3 호 및 제 4 호의 죄와 제 3 조부터 제 9 조까지의 죄는 디엔에이(DNA)증거 등 그 죄를 증명할 수 있는 과학적인 증거가 있는 때에는 공소시효가 10년 연장된다.

③ 13세 미만의 사람 및 신체적인 또는 정신적인 장애가 있는 사람에 대하여 다음 각 호의 죄를 범한 경우에는 제 1 항과 제 2 항에도 불구하고 「형사소송법」 제249조부터 제253조까지 및 「군사법원법」 제291조부터 제295조까지에 규정된 공소시효를 적용하지 아니한다. <개정 2019·8·20, 2020·5·19>

1. 「형법」 제297조(강간), 제298조(강제추행), 제299조(준강간, 준강제추행), 제301조(강간등 상해·치상), 제301조의2(강간등 살인·치사) 또는 제305조(미성년자에 대한 간음, 추행)의 죄
2. 제 6 조제 2 항, 제 7 조제 2 항 및 제 5 항, 제 8 조, 제 9 조의 죄
3. 「아동·청소년의 성보호에 관한 법률」 제 9 조 또는 제10조의 죄

④ 다음 각 호의 죄를 범한 경우에는 제 1 항과 제 2 항에도 불구하고 「형사소송법」 제249조부터 제253조까지 및 「군사법원법」 제291조부터 제295조까지에 규정된 공소시효를 적용하지 아니한다. <신설 2013·4·5>

1. 형법 제301조의2(강간등 살인·치사)의 죄(강간등 살인에 한정한다)
2. 제 9 조제 1 항의 죄
3. 「아동·청소년의 성보호에 관한 법률」 제10조제 1 항의 죄
4. 「군형법」 제92조의8의 죄(강간 등 살인에 한정한다)

제22조(「특정강력범죄의 처벌에 관한 특례법」의 준용) 성폭력범죄에 대한 처벌절차에는 「특정강력범죄의 처벌에 관한 특례법」 제 7 조(증인에 대한 신변안전조치), 제 8 조(출판물 게재 등으로부터의 피해자 보호), 제 9 조(소송 진행의 협의), 제12조(간이공판절차의 결정) 및 제13조(판결선고)를 준용한다.

제22조의2(디지털 성범죄의 수사 특례) ① 사법경찰관리는 제14조부터 제14조의3까지의 죄(이하 "디지털 성범죄"라 한다)에 대하여 신분을 비공개하고 범죄현장(정보통신망을 포함한다) 또는 범인으로 추정되는 자들에게 접근하여 범죄행위의 증거 및 자료 등을 수집(이하 "신분비공개수사"라 한다)할 수 있다.

② 사법경찰관리는 디지털 성범죄를 계획 또는 실행하고 있거나 실행하였다고 의심할 만한 충분한 이유가 있고, 다른 방법으로는 그 범죄의 실행을 저지하거나 범인의 체포 또는 증거의 수집이 어려운 경우에 한정하여 수사 목적을 달성하기 위하여 부득이한 때에는 다음 각 호의 행위(이하 "신분위장수사"라 한다)를 할 수 있다.

1. 신분을 위장하기 위한 문서, 도화 및 전자기록 등의 작성, 변경 또는 행사
2. 위장 신분을 사용한 계약·거래
3. 다음 각 목에 해당하는 촬영물 또는 복제물 등의 소지, 제공, 판매 또는 광고. 다만, 제공이나 판매는 피해자가 없거나 피해자가 성년이고 그 동의를 받은 경우로 한정한다.
   가. 제14조에 따른 촬영물 또는 복제물(복제물의 복제물을 포함한다)
   나. 제14조의2에 따른 편집물·합성물·가공물 또는 복제물(복제물의 복제물을 포함한다)
   다. 「아동·청소년의 성보호에 관한 법률」

제 2 조제 5 호에 따른 아동·청소년성착취물
라. 「정보통신망 이용촉진 및 정보보호 등에 관한 법률」 제44조의7제 1 항제 1 호에 따른 정보

③ 제 1 항에 따른 수사의 방법 등에 필요한 사항은 대통령령으로 정한다.

〔본조신설 2024·12·3〕

제22조의3(디지털 성범죄 수사 특례의 절차) ① 사법경찰관리가 신분비공개수사를 진행하고자 할 때에는 사전에 상급 경찰관서 수사부서의 장의 승인을 받아야 한다. 이 경우 그 수사기간은 3개월을 초과할 수 없다.

② 제 1 항에 따른 승인의 절차 및 방법 등에 필요한 사항은 대통령령으로 정한다.

③ 사법경찰관리는 신분위장수사를 하려는 경우에는 검사에게 신분위장수사에 대한 허가를 신청하고, 검사는 법원에 그 허가를 청구한다.

④ 제 3 항의 신청은 필요한 신분위장수사의 종류·목적·대상·범위·기간·장소·방법 및 해당 신분위장수사가 제22조의2제 2 항의 요건을 충족하는 사유 등의 신청사유를 기재한 서면으로 하여야 하며, 신청사유에 대한 소명자료를 첨부하여야 한다.

⑤ 법원은 제 3 항의 신청이 이유 있다고 인정하는 경우에는 신분위장수사를 허가하고, 이를 증명하는 서류(이하 "허가서"라 한다)를 신청인에게 발부한다.

⑥ 허가서에는 신분위장수사의 종류·목적·대상·범위·기간·장소·방법 등을 특정하여 기재하여야 한다.

⑦ 신분위장수사의 기간은 3개월을 초과할 수 없으며, 그 수사기간 중 수사의 목적이 달성되었을 경우에는 즉시 종료하여야 한다.

⑧ 제 7 항에도 불구하고 제22조의2제 2 항의 요건이 존속하여 그 수사기간을 연장할 필요가 있는 경우에는 사법경찰관리는 소명자료를 첨부하여 3개월의 범위에서 수사기간의 연장을 검사에게 신청하고, 검사는 법원에 그 연장을 청구한다. 이 경우 신분위장수사의 총 기간은 1년을 초과할 수 없다.

〔본조신설 2024·12·3〕

제22조의4(디지털 성범죄에 대한 긴급 신분비공개수사) ① 사법경찰관리는 디지털 성범죄에 대하여 제22조의3제 1 항 및 제 2 항에 따른 절차를 거칠 수 없는 긴급을 요하는 때에는 상급 경찰관서 수사부서의 장의 승인 없이 신분비공개수사를 할 수 있다.

② 사법경찰관리는 제 1 항에 따른 신분비공개수사 개시 후 지체 없이 상급 경찰관서 수사부서의 장에게 보고하여야 하고, 사법경찰관리는 48시간 이내에 상급 경찰관서 수사부서의 장의 승인을 받지 못한 때에는 즉시 신분비공개수사를 중지하여야 한다.

③ 제 1 항 및 제 2 항에 따른 신분비공개수사 기간에 대해서는 제22조의3제 1 항 후단을 준용한다.

〔본조신설 2024·12·3〕

제22조의5(디지털 성범죄에 대한 긴급 신분위장수사) ① 사법경찰관리는 제22조의2제 2 항의 요건을 구비하고, 제22조의3제 3 항부터 제 8 항까지에 따른 절차를 거칠 수 없는 긴급을 요하는 때에는 법원의 허가 없이 신분위장수사를 할 수 있다.

② 사법경찰관리는 제 1항에 따른 신분위장수사 개시 후 지체 없이 검사에게 허가를 신청하여야 하고, 사법경찰관리는 48시간 이내에 법원의 허가를 받지 못한 때에는 즉시 신분위장수사를 중지하여야 한다.

③ 제 1 항 및 제 2 항에 따른 신분위장수사 기간에 대해서는 제22조의3제 7 항 및 제 8 항을 준용한다.

〔본조신설 2024·12·3〕

제22조의6(디지털 성범죄에 대한 신분비공개수사 또는 신분위장수사로 수집한 증거 및 자료 등의 사용제한) 사법경찰관리가 제22조의2부터 제22조의5까지에 따라 수집한 증거 및 자료 등은 다음 각 호의 어느 하나에 해당하는 경우 외에는 사용할 수 없다.

1. 신분비공개수사 또는 신분위장수사의 목적이 된 디지털 성범죄나 이와 관련되는 범죄를 수사·소추하거나 그 범죄를 예방하기 위하여 사용하는 경우
2. 신분비공개수사 또는 신분위장수사의 목적이 된 디지털 성범죄나 이와 관련되는 범죄로 인한 징계절차에 사용하는 경우
3. 증거 및 자료 수집의 대상자가 제기하는 손해배상청구소송에서 사용하는 경우

4. 그 밖에 다른 법률의 규정에 의하여 사용하는 경우

〔본조신설 2024·12·3〕

제22조의7(국가경찰위원회와 국회의 통제) ① 「국가경찰과 자치경찰의 조직 및 운영에 관한 법률」 제16조제 1 항에 따른 국가수사본부장(이하 "국가수사본부장"이라 한다)은 신분비공개수사가 종료된 즉시 대통령령으로 정하는 바에 따라 같은 법 제 7 조제 1 항에 따른 국가경찰위원회에 수사 관련 자료를 보고하여야 한다.

② 국가수사본부장은 대통령령으로 정하는 바에 따라 국회 소관 상임위원회에 신분비공개수사 관련 자료를 반기별로 보고하여야 한다.

〔본조신설 2024·12·3〕

제22조의8(비밀준수의 의무) ① 제22조의2부터 제22조의5까지에 따른 신분비공개수사 또는 신분위장수사에 대한 승인·집행·보고 및 각종 서류작성 등에 관여한 공무원 또는 그 직에 있었던 자는 직무상 알게 된 신분비공개수사 또는 신분위장수사에 관한 사항을 외부에 공개하거나 누설하여서는 아니 된다.

② 제 1 항의 비밀유지에 필요한 사항은 대통령령으로 정한다.

〔본조신설 2024·12·3〕

제22조의9(준수사항) 사법경찰관리는 제22조의2부터 제22조의5까지에 따른 신분비공개수사 또는 신분위장수사를 할 때에는 수사 관련 법령을 준수하고, 본래 범의(犯意)를 가지지 아니한 자에게 범의를 유발하는 행위를 하지 아니하는 등 적법한 절차와 방식을 따라야 한다.

〔본조신설 2024·12·3〕

제22조의10(면책) ① 사법경찰관리가 신분비공개수사 또는 신분위장수사 중 부득이한 사유로 위법행위를 한 경우 그 행위에 고의나 중대한 과실이 없는 경우에는 벌하지 아니한다.

② 제 1 항에 따른 위법행위가 「국가공무원법」 제78조제 1 항에 따른 징계 사유에 해당하더라도 그 행위에 고의나 중대한 과실이 없는 경우에는 징계 요구 또는 문책 요구 등 책임을 묻지 아니한다.

③ 신분비공개수사 또는 신분위장수사 행위로 타인에게 손해가 발생한 경우라도 사법경찰관리는 그 행위에 고의나 중대한 과실이 없는 경우에는 그 손해에 대한 책임을 지지 아니한다.

〔본조신설 2024·12·3〕

제22조의11(수사 지원 및 교육) 상급 경찰관서 수사부서의 장은 신분비공개수사 또는 신분위장수사를 승인하거나 보고받은 경우 사법경찰관리에게 수사에 필요한 인적·물적 지원을 하고, 전문지식과 피해자 보호를 위한 수사방법 및 수사절차 등에 관한 교육을 실시하여야 한다.

〔본조신설 2024·12·3〕

제23조(피해자, 신고인 등에 대한 보호조치) 법원 또는 수사기관이 성폭력범죄의 피해자, 성폭력범죄를 신고(고소·고발을 포함한다)한 사람을 증인으로 신문하거나 조사하는 경우에는 「특정범죄신고자 등 보호법」 제 5 조 및 제 7 조부터 제13조까지의 규정을 준용한다. 이 경우 「특정범죄신고자 등 보호법」 제 9 조와 제13조를 제외하고는 보복을 당할 우려가 있음을 요하지 아니한다.

제23조의2(디지털 성범죄의 피해확대 방지 및 피해자 보호 등을 위한 조치) ① 사법경찰관리는 디지털 성범죄에 대한 신고를 받고 다음 각 호의 어느 하나에 해당하는 촬영물 또는 복제물 등(이하 이 항에서 "촬영물등"이라 한다)이 정보통신망을 통하여 게시·상영 또는 유통되고 있다는 사실을 확인한 경우에는 지체 없이 「방송통신위원회의 설치 및 운영에 관한 법률」 제18조에 따른 방송통신심의위원회와 「정보통신망 이용촉진 및 정보보호 등에 관한 법률」 제 2 조제 1 항제 3 호의 정보통신서비스 제공자 또는 같은 항 제 9 호의 게시판의 관리·운영자에게 해당 촬영물등에 대한 삭제 또는 접속차단 등의 조치를 하여줄 것을 요청하여야 한다. 이 경우 사법경찰관리는 촬영물등의 삭제 또는 접속차단 등의 처리절차에 관하여 특별한 사정이 없으면 해당 피해자에게 안내하여야 한다.

1. 제14조에 따른 촬영물 또는 복제물(복제물의 복제물을 포함한다)
2. 제14조의2에 따른 편집물·합성물·가

공물 또는 복제물(복제물의 복제물을 포함한다)

② 사법경찰관리는 디지털 성범죄의 피해자가 재차 피해를 입을 위험이 현저하여 신변을 보호할 필요가 있다고 인정되는 경우 해당 피해자를 대통령령으로 정하는 보호시설 또는 상담시설로 인도할 수 있다. 이 경우 그 피해자의 동의를 얻어야 한다.

〔본조신설 2024·12·20〕

제24조(피해자의 신원과 사생활 비밀 누설 금지) ① 성폭력범죄의 수사 또는 재판을 담당하거나 이에 관여하는 공무원 또는 그 직에 있었던 사람은 피해자의 주소, 성명, 나이, 직업, 학교, 용모, 그 밖에 피해자를 특정하여 파악할 수 있게 하는 인적사항과 사진 등 또는 그 피해자의 사생활에 관한 비밀을 공개하거나 다른 사람에게 누설하여서는 아니 된다.

② 누구든지 제1항에 따른 피해자의 주소, 성명, 나이, 직업, 학교, 용모, 그 밖에 피해자를 특정하여 파악할 수 있는 인적사항이나 사진 등을 피해자의 동의를 받지 아니하고 신문 등 인쇄물에 싣거나 「방송법」 제2조제1호에 따른 방송 또는 정보통신망을 통하여 공개하여서는 아니 된다.

제25조 삭제 <2023·10·24>

제26조(성폭력범죄의 피해자에 대한 전담조사제) ① 검찰총장은 각 지방검찰청 검사장으로 하여금 성폭력범죄 전담 검사를 지정하도록 하여 특별한 사정이 없으면 이들로 하여금 피해자를 조사하게 하여야 한다.

② 경찰청장은 각 경찰서장으로 하여금 성폭력범죄 전담 사법경찰관을 지정하도록 하여 특별한 사정이 없으면 이들로 하여금 피해자를 조사하게 하여야 한다.

③ 국가는 제1항의 검사 및 제2항의 사법경찰관에게 성폭력범죄의 수사에 필요한 전문지식과 피해자보호를 위한 수사방법 및 수사절차, 아동 심리 및 아동·장애인 조사 면담기법 등에 관한 교육을 실시하여야 한다. <개정 2023·7·11>

④ 성폭력범죄를 전담하여 조사하는 제1항의 검사 및 제2항의 사법경찰관은 19세 미만인 피해자나 신체적인 또는 정신적인 장애로 사물을 변별하거나 의사를 결정할 능력이 미약한 피해자(이하 "19세미만피해자등"이라 한다)를 조사할 때에는 피해자의 나이, 인지적 발달 단계, 심리 상태, 장애 정도 등을 종합적으로 고려하여야 한다. <신설 2023·7·11>

제27조(성폭력범죄 피해자에 대한 변호사 선임의 특례) ① 성폭력범죄의 피해자 및 그 법정대리인(이하 "피해자등"이라 한다)은 형사절차상 입을 수 있는 피해를 방어하고 법률적 조력을 보장하기 위하여 변호사를 선임할 수 있다.

② 제1항에 따른 변호사는 검사 또는 사법경찰관의 피해자등에 대한 조사에 참여하여 의견을 진술할 수 있다. 다만, 조사 도중에는 검사 또는 사법경찰관의 승인을 받아 의견을 진술할 수 있다.

③ 제1항에 따른 변호사는 피의자에 대한 구속 전 피의자심문, 증거보전절차, 공판준비기일 및 공판절차에 출석하여 의견을 진술할 수 있다. 이 경우 필요한 절차에 관한 구체적 사항은 대법원규칙으로 정한다.

④ 제1항에 따른 변호사는 증거보전 후 관계 서류나 증거물, 소송계속 중의 관계 서류나 증거물을 열람하거나 등사할 수 있다.

⑤ 제1항에 따른 변호사는 형사절차에서 피해자등의 대리가 허용될 수 있는 모든 소송행위에 대한 포괄적인 대리권을 가진다.

⑥ 검사는 피해자에게 변호사가 없는 경우 국선변호사를 선정하여 형사절차에서 피해자의 권익을 보호할 수 있다. 다만, 19세미만피해자등에게 변호사가 없는 경우에는 국선변호사를 선정하여야 한다. <개정 2023·7·11>

제28조(성폭력범죄에 대한 전담재판부) 지방법원장 또는 고등법원장은 특별한 사정이 없으면 성폭력범죄 전담재판부를 지정하여 성폭력범죄에 대하여 재판하게 하여야 한다.

제29조(수사 및 재판절차에서의 배려) ① 수사기관과 법원 및 소송관계인은 성폭력범죄를 당한 피해자의 나이, 심리 상태 또는 후유장애의 유무 등을 신중하게 고려하여 조사 및 심리·재판 과정에서 피해자의 인격이나 명예가 손상되거나 사적인 비밀이 침해되지 아니하도록 주의하여야 한다.

② 수사기관과 법원은 성폭력범죄의 피해자

를 조사하거나 심리·재판할 때 피해자가 편안한 상태에서 진술할 수 있는 환경을 조성하여야 하며, 조사 및 심리·재판 횟수는 필요한 범위에서 최소한으로 하여야 한다.

③ 수사기관과 법원은 조사 및 심리·재판 과정에서 19세미만피해자등의 최상의 이익을 고려하여 다음 각 호에 따른 보호조치를 하도록 노력하여야 한다. <신설 2023·7·11>

1. 19세미만피해자등의 진술을 듣는 절차가 타당한 이유 없이 지연되지 아니하도록 할 것
2. 19세미만피해자등의 진술을 위하여 아동 등에게 친화적으로 설계된 장소에서 피해자 조사 및 증인신문을 할 것
3. 19세미만피해자등이 피의자 또는 피고인과 접촉하거나 마주치지 아니하도록 할 것
4. 19세미만피해자등에게 조사 및 심리·재판 과정에 대하여 명확하고 충분히 설명할 것
5. 그 밖에 조사 및 심리·재판 과정에서 19세미만피해자등의 보호 및 지원 등을 위하여 필요한 조치를 할 것

제30조(19세미만피해자등 진술 내용 등의 영상녹화 및 보존 등) ① 검사 또는 사법경찰관은 19세미만피해자등의 진술 내용과 조사 과정을 영상녹화장치로 녹화(녹음이 포함된 것을 말하며, 이하 "영상녹화"라 한다)하고, 그 영상녹화물을 보존하여야 한다.

② 검사 또는 사법경찰관은 19세미만피해자등을 조사하기 전에 다음 각 호의 사실을 피해자의 나이, 인지적 발달 단계, 심리 상태, 장애 정도 등을 고려한 적절한 방식으로 피해자에게 설명하여야 한다.

1. 조사 과정이 영상녹화된다는 사실
2. 영상녹화된 영상녹화물이 증거로 사용될 수 있다는 사실

③ 제1항에도 불구하고 19세미만피해자등 또는 그 법정대리인(법정대리인이 가해자이거나 가해자의 배우자인 경우는 제외한다)이 이를 원하지 아니하는 의사를 표시하는 경우에는 영상녹화를 하여서는 아니 된다.

④ 검사 또는 사법경찰관은 제1항에 따른 영상녹화를 마쳤을 때에는 지체 없이 피해자 또는 변호사 앞에서 봉인하고 피해자로 하여금 기명날인 또는 서명하게 하여야 한다.

⑤ 검사 또는 사법경찰관은 제1항에 따른 영상녹화 과정의 진행 경과를 조서(별도의 서면을 포함한다. 이하 같다)에 기록한 후 수사기록에 편철하여야 한다.

⑥ 제5항에 따라 영상녹화 과정의 진행 경과를 기록할 때에는 다음 각 호의 사항을 구체적으로 적어야 한다.

1. 피해자가 영상녹화 장소에 도착한 시각
2. 영상녹화를 시작하고 마친 시각
3. 그 밖에 영상녹화 과정의 진행경과를 확인하기 위하여 필요한 사항

⑦ 검사 또는 사법경찰관은 19세미만피해자등이나 그 법정대리인이 신청하는 경우에는 영상녹화 과정에서 작성한 조서의 사본 또는 영상녹화물에 녹음된 내용을 옮겨 적은 녹취서의 사본을 신청인에게 발급하거나 영상녹화물을 재생하여 시청하게 하여야 한다.

⑧ 누구든지 제1항에 따라 영상녹화한 영상녹화물을 수사 및 재판의 용도 외에 다른 목적으로 사용하여서는 아니 된다.

⑨ 제1항에 따른 영상녹화의 방법에 관하여는 「형사소송법」 제244조의2제1항 후단을 준용한다.

〔전부개정 2023·7·11〕

제30조의2(영상녹화물의 증거능력 특례) ① 제30조제1항에 따라 19세미만피해자등의 진술이 영상녹화된 영상녹화물은 같은 조 제4항부터 제6항까지에서 정한 절차와 방식에 따라 영상녹화된 것으로서 다음 각 호의 어느 하나의 경우에 증거로 할 수 있다.

1. 증거보전기일, 공판준비기일 또는 공판기일에 그 내용에 대하여 피의자, 피고인 또는 변호인이 피해자를 신문할 수 있었던 경우. 다만, 증거보전기일에서의 신문의 경우 법원이 피의자나 피고인의 방어권이 보장된 상태에서 피해자에 대한 반대신문이 충분히 이루어졌다고 인정하는 경우로 한정한다.
2. 19세미만피해자등이 다음 각 목의 어느 하나에 해당하는 사유로 공판준비기일 또는 공판기일에 출석하여 진술할 수 없는

경우. 다만, 영상녹화된 진술 및 영상녹화가 특별히 신빙(信憑)할 수 있는 상태에서 이루어졌음이 증명된 경우로 한정한다.

가. 사망
나. 외국 거주
다. 신체적, 정신적 질병·장애
라. 소재불명
마. 그 밖에 이에 준하는 경우

② 법원은 제1항제2호에 따라 증거능력이 있는 영상녹화물을 유죄의 증거로 할지를 결정할 때에는 피고인과의 관계, 범행의 내용, 피해자의 나이, 심신의 상태, 피해자가 증언으로 인하여 겪을 수 있는 심리적 외상, 영상녹화물에 수록된 19세미만피해자등의 진술 내용 및 진술 태도 등을 고려하여야 한다. 이 경우 법원은 전문심리위원 또는 제33조에 따른 전문가의 의견을 들어야 한다.

〔본조신설 2023·7·11〕

제31조(심리의 비공개) ① 성폭력범죄에 대한 심리는 그 피해자의 사생활을 보호하기 위하여 결정으로써 공개하지 아니할 수 있다.

② 증인으로 소환받은 성폭력범죄의 피해자와 그 가족은 사생활보호 등의 사유로 증인신문의 비공개를 신청할 수 있다.

③ 재판장은 제2항에 따른 신청을 받으면 그 허가 및 공개 여부, 법정 외의 장소에서의 신문 등 증인의 신문 방식 및 장소에 관하여 결정할 수 있다.

④ 제1항 및 제3항의 경우에는 「법원조직법」 제57조(재판의 공개)제2항·제3항 및 「군사법원법」 제67조제2항·제3항을 준용한다. <개정 2013·4·5>

제32조(증인지원시설의 설치·운영 등) ① 각급 법원은 증인으로 법원에 출석하는 피해자등이 재판 전후에 피고인이나 그 가족과 마주치지 아니하도록 하고, 보호와 지원을 받을 수 있는 적절한 시설을 설치한다.

② 각급 법원은 제1항의 시설을 관리·운영하고 피해자등의 보호와 지원을 담당하는 직원(이하 "증인지원관"이라 한다)을 둔다.

③ 법원은 증인지원관에 대하여 인권 감수성 향상에 필요한 교육을 정기적으로 실시한다.

④ 증인지원관의 업무·자격 및 교육 등에 필요한 사항은 대법원규칙으로 정한다.

제33조(전문가의 의견 조회) ① 법원은 정신건강의학과의사, 심리학자, 사회복지학자, 그 밖의 관련 전문가로부터 행위자 또는 피해자의 정신·심리 상태에 대한 진단 소견 및 피해자의 진술 내용에 관한 의견을 조회할 수 있다.

② 법원은 성폭력범죄를 조사·심리할 때에는 제1항에 따른 의견 조회의 결과를 고려하여야 한다.

③ 법원은 법원행정처장이 정하는 관련 전문가 후보자 중에서 제1항에 따른 전문가를 지정하여야 한다.

④ 제1항부터 제3항까지의 규정은 수사기관이 성폭력범죄를 수사하는 경우에 준용한다. 다만, 피해자가 13세 미만이거나 신체적인 또는 정신적인 장애로 사물을 변별하거나 의사를 결정할 능력이 미약한 경우에는 관련 전문가에게 피해자의 정신·심리 상태에 대한 진단 소견 및 진술 내용에 관한 의견을 조회하여야 한다.

⑤ 제4항에 따라 준용할 경우 "법원행정처장"은 "검찰총장 또는 경찰청장"으로 본다.

제34조(신뢰관계에 있는 사람의 동석) ① 법원은 다음 각 호의 어느 하나에 해당하는 피해자를 증인으로 신문하는 경우에 검사, 피해자 또는 그 법정대리인이 신청할 때에는 재판에 지장을 줄 우려가 있는 등 부득이한 경우가 아니면 피해자와 신뢰관계에 있는 사람을 동석하게 하여야 한다. <개정 2023·7·11>

1. 제3조부터 제8조까지, 제10조, 제14조, 제14조의2, 제14조의3, 제15조(제9조의 미수범은 제외한다) 및 제15조의2에 따른 범죄의 피해자
2. 19세미만피해자등

② 제1항은 수사기관이 같은 항 각 호의 피해자를 조사하는 경우에 관하여 준용한다. <개정 2023·7·11>

③ 제1항 및 제2항의 경우 법원과 수사기관은 피해자와 신뢰관계에 있는 사람이 피해자에게 불리하거나 피해자가 원하지 아니하는 경우에는 동석하게 하여서는 아니 된다.

제35조(진술조력인 양성 등) ① 법무부장관은

의사소통 및 의사표현에 어려움이 있는 성폭력범죄의 피해자에 대한 형사사법절차에서의 조력을 위하여 진술조력인을 양성하여야 한다.

② 진술조력인은 정신건강의학, 심리학, 사회복지학, 교육학 등 아동·장애인의 심리나 의사소통 관련 전문지식이 있거나 관련 분야에서 상당 기간 종사한 사람으로 법무부장관이 정하는 교육을 이수하여야 한다. 진술조력인 자격, 양성 및 배치 등에 관하여 필요한 사항은 법무부령으로 정한다. <개정 2020·10·20>

③ 법무부장관은 제1항에 따라 양성한 진술조력인 명부를 작성하여야 한다.

제35조의2(진술조력인의 결격사유) 다음 각 호의 어느 하나에 해당하는 사람은 진술조력인이 될 수 없다.

1. 피성년후견인
2. 금고 이상의 실형을 선고받고 그 집행이 종료(집행이 종료된 것으로 보는 경우를 포함한다)되거나 집행이 면제된 날부터 5년이 지나지 아니한 사람
3. 금고 이상의 형의 집행을 유예받고 그 유예기간이 완료된 날부터 2년이 지나지 아니한 사람
4. 금고 이상의 형의 선고를 유예받고 그 유예기간 중에 있는 사람
5. 제2호부터 제4호까지의 규정에도 불구하고 다음 각 목의 어느 하나에 해당하는 범죄를 저지른 사람으로서 형 또는 치료감호를 선고받고 확정된 후 그 형 또는 치료감호의 전부 또는 일부의 집행이 끝나거나(집행이 끝난 것으로 보는 경우를 포함한다) 집행이 유예·면제된 날부터 10년이 지나지 아니한 사람
   가. 제2조에 따른 성폭력범죄
   나. 「아동·청소년의 성보호에 관한 법률」 제2조제2호에 따른 아동·청소년대상 성범죄
   다. 「아동학대범죄의 처벌 등에 관한 특례법」 제2조제4호에 따른 아동학대범죄
   라. 「장애인복지법」 제86조, 제86조의2 및 제87조의 죄
6. 제35조의3(이 조 제1호에 해당하게 되어 제35조의3제1항제2호에 따라 진술조력인의 자격이 취소된 경우는 제외한다)에 따라 진술조력인 자격이 취소된 후 3년이 지나지 아니한 사람

[본조신설 2020·10·20]

제35조의3(진술조력인의 자격취소) ① 법무부장관은 진술조력인 자격을 가진 사람이 다음 각 호의 어느 하나에 해당하는 경우에는 그 자격을 취소할 수 있다. 다만, 제1호 또는 제2호에 해당하는 경우에는 그 자격을 취소하여야 한다.

1. 거짓이나 그 밖의 부정한 방법으로 자격을 취득한 사실이 드러난 경우
2. 제35조의2 각 호의 결격사유 중 어느 하나에 해당하게 된 경우
3. 제38조에 따른 진술조력인의 의무를 위반한 경우
4. 고의나 중대한 과실로 업무 수행에 중대한 지장이 발생하게 된 경우
5. 진술조력인의 업무 수행과 관련하여 부당한 금품을 수령하는 등 부정한 행위를 한 경우
6. 정당한 사유 없이 법무부령으로 정하는 교육을 이수하지 않은 경우
7. 그 밖에 진술조력인의 업무를 수행할 수 없는 중대한 사유가 발생한 경우

② 법무부장관은 제1항에 따라 진술조력인 자격을 취소하려는 경우에는 해당 진술조력인에게 자격 취소 예정인 사실과 그 사유를 통보하여야 한다. 이 경우 통보를 받은 진술조력인은 법무부에 출석하여 소명(疏明)하거나 소명에 관한 의견서를 제출할 수 있다.

③ 법무부장관은 제2항 후단에 따라 진술조력인이 소명하거나 소명에 관한 의견서를 제출한 경우 진술조력인 자격 취소 여부를 결정하기 위하여 외부 전문가의 의견을 들을 수 있다.

④ 법무부장관은 제1항에 따라 진술조력인 자격을 취소한 경우에는 즉시 그 사람에게 진술조력인 자격 취소의 사실 및 그 사유를 서면으로 알려주어야 한다.

⑤ 제1항에 따라 진술조력인 자격이 취소된 사람의 자격증 반납에 관해서는 법무부령으로 정한다.

[본조신설 2020·10·20]

제36조(진술조력인의 수사과정 참여) ① 검사 또는 사법경찰관은 성폭력범죄의 피해자가 19세미만피해자등인 경우 형사사법절차에서의 조력과 원활한 조사를 위하여 직권이나 피해자, 그 법정대리인 또는 변호사의 신청에 따라 진술조력인으로 하여금 조사과정에 참여하여 의사소통을 중개하거나 보조하게 할 수 있다. 다만, 피해자 또는 그 법정대리인이 이를 원하지 아니하는 의사를 표시한 경우에는 그러하지 아니하다. <개정 2023·7·11>

② 검사 또는 사법경찰관은 제1항의 피해자를 조사하기 전에 피해자, 법정대리인 또는 변호사에게 진술조력인에 의한 의사소통 중개나 보조를 신청할 수 있음을 고지하여야 한다.

③ 진술조력인은 조사 전에 피해자를 면담하여 진술조력인 조력 필요성에 관하여 평가한 의견을 수사기관에 제출할 수 있다.

④ 제1항에 따라 조사과정에 참여한 진술조력인은 피해자의 의사소통이나 표현 능력, 특성 등에 관한 의견을 수사기관이나 법원에 제출할 수 있다.

⑤ 제1항부터 제4항까지의 규정은 검증에 관하여 준용한다.

⑥ 그 밖에 진술조력인의 수사절차 참여에 관한 절차와 방법 등 필요한 사항은 법무부령으로 정한다.

제37조(진술조력인의 재판과정 참여) ① 법원은 성폭력범죄의 피해자가 19세미만피해자등인 경우 재판과정에서의 조력과 원활한 증인 신문을 위하여 직권 또는 검사, 피해자, 그 법정대리인 및 변호사의 신청에 의한 결정으로 진술조력인으로 하여금 증인 신문에 참여하여 중개하거나 보조하게 할 수 있다. <개정 2023·7·11>

② 법원은 증인이 제1항에 해당하는 경우에는 신문 전에 피해자, 법정대리인 및 변호사에게 진술조력인에 의한 의사소통 중개나 보조를 신청할 수 있음을 고지하여야 한다.

③ 진술조력인의 소송절차 참여에 관한 구체적 절차와 방법은 대법원규칙으로 정한다.

제38조(진술조력인의 의무) ① 진술조력인은 수사 및 재판 과정에 참여함에 있어 중립적인 지위에서 상호간의 진술이 왜곡 없이 전달될 수 있도록 노력하여야 한다.

② 진술조력인은 그 직무상 알게 된 피해자의 주소, 성명, 나이, 직업, 학교, 용모, 그 밖에 피해자를 특정하여 파악할 수 있게 하는 인적사항과 사진 및 사생활에 관한 비밀을 공개하거나 다른 사람에게 누설하여서는 아니 된다.

제39조(벌칙적용에 있어서 공무원의 의제) 진술조력인은 「형법」 제129조부터 제132조까지에 따른 벌칙의 적용에 있어서 이를 공무원으로 본다.

제40조(비디오 등 중계장치에 의한 증인신문) ① 법원은 제2조제1항제3호부터 제5호까지의 범죄의 피해자를 증인으로 신문하는 경우 검사와 피고인 또는 변호인의 의견을 들어 비디오 등 중계장치에 의한 중계를 통하여 신문할 수 있다.

② 제1항에 따른 증인신문의 절차·방법 등에 관하여 필요한 사항은 대법원규칙으로 정한다.

제40조의2(19세미만피해자등에 대한 증인신문을 위한 공판준비절차) ① 법원은 19세미만피해자등을 증인으로 신문하려는 경우에는 19세미만피해자등의 보호와 원활한 심리를 위하여 필요한 경우 검사, 피고인 또는 변호인의 의견을 들어 사건을 공판준비절차에 부칠 수 있다.

② 법원은 제1항에 따라 공판준비절차에 부치는 경우 증인신문을 위한 심리계획을 수립하기 위하여 공판준비기일을 지정하여야 한다.

③ 법원은 제2항에 따라 지정한 공판준비기일에 증인신문을 중개하거나 보조할 진술조력인을 출석하게 할 수 있다.

④ 19세미만피해자등의 변호사는 제2항에 따라 지정된 공판준비기일에 출석할 수 있다.

⑤ 법원은 제1항에 따른 공판준비절차에서 검사, 피고인 또는 변호인에게 신문할 사항을 기재한 서면을 법원에 미리 제출하게 할 수 있다. 다만, 제출한 신문사항은 증인신문을 하기 전까지는 열람·복사 등을 통하여 상대방에게 공개하지 아니한다.

⑥ 법원은 제2항에 따라 지정된 공판준비기일에서 검사, 피고인, 변호인, 19세미만피해자등의 변호사 및 진술조력인에게 신문

사항과 신문방법 등에 관한 의견을 구할 수 있다.
〔본조신설 2023·7·11〕

제40조의3(19세미만피해자등의 증인신문 장소 등에 대한 특례) ① 법원은 19세미만피해자등을 증인으로 신문하는 경우 사전에 피해자에게 「형사소송법」 제165조의2제1항에 따라 비디오 등 중계장치에 의한 중계시설을 통하여 신문할 수 있음을 고지하여야 한다.
② 19세미만피해자등은 제1항의 중계시설을 통하여 증인신문을 진행할지 여부 및 증인으로 출석할 장소에 관하여 법원에 의견을 진술할 수 있다.
③ 제1항에 따른 중계시설을 통하여 19세미만피해자등을 증인으로 신문하는 경우 그 중계시설은 특별한 사정이 없으면 제30조제1항에 따른 영상녹화가 이루어진 장소로 한다. 다만, 피해자가 다른 장소를 원하는 의사를 표시하거나, 제30조제1항에 따른 영상녹화가 이루어진 장소가 경찰서 등 수사기관의 시설인 경우에는 법원이 중계시설을 지정할 수 있다.
〔본조신설 2023·7·11〕

제41조(증거보전의 특례) ① 피해자나 그 법정대리인 또는 사법경찰관은 피해자가 공판기일에 출석하여 증언하는 것에 현저히 곤란한 사정이 있을 때에는 그 사유를 소명하여 제30조에 따라 영상녹화된 영상녹화물 또는 그 밖의 다른 증거에 대하여 해당 성폭력범죄를 수사하는 검사에게 「형사소송법」 제184조(증거보전의 청구와 그 절차)제1항에 따른 증거보전의 청구를 할 것을 요청할 수 있다. 이 경우 피해자가 19세미만피해자등인 경우에는 공판기일에 출석하여 증언하는 것에 현저히 곤란한 사정이 있는 것으로 본다. <개정 2020·10·20, 2023·7·11>
② 제1항의 요청을 받은 검사는 그 요청이 타당하다고 인정할 때에는 증거보전의 청구를 할 수 있다. 다만, 19세미만피해자등이나 그 법정대리인이 제1항의 요청을 하는 경우에는 특별한 사정이 없는 한 「형사소송법」 제184조제1항에 따라 관할 지방법원 판사에게 증거보전을 청구하여야 한다. <개정 2023·7·11>

제3장 신상정보 등록 등

제42조(신상정보 등록대상자) ① 제2조제1항제3호·제4호, 같은 조 제2항(제1항제3호·제4호에 한정한다), 제3조부터 제15조까지의 범죄 및 「아동·청소년의 성보호에 관한 법률」 제2조제2호가목·라목의 범죄(이하 "등록대상 성범죄"라 한다)로 유죄판결이나 약식명령이 확정된 자 또는 같은 법 제49조제1항제4호에 따라 공개명령이 확정된 자는 신상정보 등록대상자(이하 "등록대상자"라 한다)가 된다. 다만, 제12조·제13조의 범죄 및 「아동·청소년의 성보호에 관한 법률」 제11조제3항 및 제5항의 범죄로 벌금형을 선고받은 자는 제외한다. <개정 2016·12·20>
② 법원은 등록대상 성범죄로 유죄판결을 선고하거나 약식명령을 고지하는 경우에는 등록대상자라는 사실과 제43조에 따른 신상정보 제출 의무가 있음을 등록대상자에게 알려 주어야 한다. <개정 2016·12·20>
③ 제2항에 따른 통지는 판결을 선고하는 때에는 구두 또는 서면으로 하고, 약식명령을 고지하는 때에는 통지사항이 기재된 서면을 송달하는 방법으로 한다. <신설 2016·12·20>
④ 법원은 제1항의 판결이나 약식명령이 확정된 날부터 14일 이내에 판결문(제45조제4항에 따라 법원이 등록기간을 달리 정한 경우에는 그 사실을 포함한다) 또는 약식명령 등본을 법무부장관에게 송달하여야 한다. <개정 2016·12·20>

제43조(신상정보의 제출 의무) ① 등록대상자는 제42조제1항의 판결이 확정된 날부터 30일 이내에 다음 각 호의 신상정보(이하 "기본신상정보"라 한다)를 자신의 주소지를 관할하는 경찰관서의 장(이하 "관할경찰관서의 장"이라 한다)에게 제출하여야 한다. 다만, 등록대상자가 교정시설 또는 치료감호시설에 수용된 경우에는 그 교정시설등의 장에게 기본신상정보를 제출함으로써 이를 갈음할 수 있다. <개정 2014·12·30, 2016·12·20, 2024·1·16>
1. 성명
2. 주민등록번호
3. 주소 및 실제거주지

4. 직업 및 직장 등의 소재지
5. 연락처(전화번호, 전자우편주소를 말한다)
6. 신체정보(키와 몸무게)
7. 소유차량의 등록번호

② 관할경찰관서의 장 또는 교정시설등의 장은 제1항에 따라 등록대상자가 기본신상정보를 제출할 때에 등록대상자의 정면·좌측·우측 상반신 및 전신 컬러사진을 촬영하여 전자기록으로 저장·보관하여야 한다. <개정 2016·12·20>

③ 등록대상자는 제1항에 따라 제출한 기본신상정보가 변경된 경우에는 그 사유와 변경내용(이하 "변경정보"라 한다)을 변경사유가 발생한 날부터 20일 이내에 제1항에 따라 제출하여야 한다. <개정 2016·12·20>

④ 등록대상자는 제1항에 따라 기본신상정보를 제출한 경우에는 그 다음 해부터 매년 12월 31일까지 주소지를 관할하는 경찰관서에 출석하여 경찰관서의 장으로 하여금 자신의 정면·좌측·우측 상반신 및 전신 컬러사진을 촬영하여 전자기록으로 저장·보관하도록 하여야 한다. 다만, 교정시설등의 장은 등록대상자가 교정시설 등에 수용된 경우에는 석방 또는 치료감호 종료 전에 등록대상자의 정면·좌측·우측 상반신 및 전신 컬러사진을 새로 촬영하여 전자기록으로 저장·보관하여야 한다. <개정 2016·12·20>

⑤ 관할경찰관서의 장 또는 교정시설등의 장은 등록대상자로부터 제출받은 기본신상정보 및 변경정보와 제2항 및 제4항에 따라 저장·보관하는 전자기록을 지체 없이 법무부장관에게 송달하여야 한다. <개정 2016·12·20>

⑥ 제5항에 따라 등록대상자에 대한 기본신상정보를 송달할 때에 관할경찰관서의 장은 등록대상자에 대한 「형의 실효 등에 관한 법률」 제2조제5호에 따른 범죄경력자료를 함께 송달하여야 한다. <개정 2016·12·20>

⑦ 기본신상정보 및 변경정보의 송달, 등록에 관한 절차와 방법 등 필요한 사항은 대통령령으로 정한다. <개정 2016·12·20>

제43조의2(출입국 시 신고의무 등) ① 등록대상자가 6개월 이상 국외에 체류하기 위하여 출국하는 경우에는 미리 관할경찰관서의 장에게 체류국가 및 체류기간 등을 신고하여야 한다.

② 제1항에 따라 신고한 등록대상자가 입국하였을 때에는 특별한 사정이 없으면 14일 이내에 관할경찰관서의 장에게 입국 사실을 신고하여야 한다. 제1항에 따른 신고를 하지 아니하고 출국하여 6개월 이상 국외에 체류한 등록대상자가 입국하였을 때에도 또한 같다.

③ 관할경찰관서의 장은 제1항 및 제2항에 따른 신고를 받았을 때에는 지체 없이 법무부장관에게 해당 정보를 송달하여야 한다.

④ 제1항 및 제2항에 따른 신고와 제3항에 따른 송달의 절차 및 방법 등에 관하여 필요한 사항은 대통령령으로 정한다.

〔본조신설 2016·12·20〕

제44조(등록대상자의 신상정보 등록 등) ① 법무부장관은 제43조제5항, 제6항 및 제43조의2제3항에 따라 송달받은 정보와 다음 각 호의 등록대상자 정보를 등록하여야 한다. <개정 2016·12·20, 2020·2·4>

1. 등록대상 성범죄 경력정보
2. 성범죄 전과사실(죄명, 횟수)
3. 「전자장치 부착 등에 관한 법률」에 따른 전자장치 부착 여부

② 법무부장관은 등록대상자가 제1항에 따라 등록한 정보를 정보통신망을 이용하여 열람할 수 있도록 하여야 한다. 다만, 등록대상자가 신청하는 경우에는 등록한 정보를 등록대상자에게 통지하여야 한다. <개정 2016·12·20>

③ 법무부장관은 제1항에 따른 등록에 필요한 정보의 조회(「형의 실효 등에 관한 법률」 제2조제8호에 따른 범죄경력조회를 포함한다)를 관계 행정기관의 장에게 요청할 수 있다.

④ 법무부장관은 등록대상자가 기본신상정보 또는 변경정보를 정당한 사유 없이 제출하지 아니한 경우에는 신상정보의 등록에 필요한 사항을 관계 행정기관의 장에게 조회를 요청하여 등록할 수 있다. 이 경우 법무부장관은 등록일자를 밝혀 등록대상자에게 신상정보를 등록한 사실 및 등록한 신상정보의 내용을 통지하여야 한다. <개정 2016·12·20>

⑤ 제3항 및 제4항의 요청을 받은 관계 행정기관의 장은 지체 없이 조회 결과를 법무부장관에게 송부하여야 한다.
⑥ 제4항 전단에 따라 법무부장관이 기본신상정보를 등록한 경우에 등록대상자의 변경정보 제출과 사진 촬영에 대해서는 제43조제3항 및 제4항을 준용한다. <신설 2016·12·20>
⑦ 제1항 또는 제4항 전단에 따라 등록한 정보(이하 "등록정보"라 한다)의 열람, 통지 신청 및 통지의 방법과 절차 등에 필요한 사항은 대통령령으로 정한다. <신설 2016·12·20>

제45조(등록정보의 관리) ① 법무부장관은 제44조제1항 또는 제4항에 따라 기본신상정보를 최초로 등록한 날(이하 "최초등록일"이라 한다)부터 다음 각 호의 구분에 따른 기간(이하 "등록기간"이라 한다) 동안 등록정보를 보존·관리하여야 한다. 다만, 법원이 제4항에 따라 등록기간을 정한 경우에는 그 기간 동안 등록정보를 보존·관리하여야 한다.
1. 신상정보 등록의 원인이 된 성범죄로 사형, 무기징역·무기금고형 또는 10년 초과의 징역·금고형을 선고받은 사람 : 30년
2. 신상정보 등록의 원인이 된 성범죄로 3년 초과 10년 이하의 징역·금고형을 선고받은 사람 : 20년
3. 신상정보 등록의 원인이 된 성범죄로 3년 이하의 징역·금고형을 선고받은 사람 또는 「아동·청소년의 성보호에 관한 법률」 제49조제1항제4호에 따라 공개명령이 확정된 사람 : 15년
4. 신상정보 등록의 원인이 된 성범죄로 벌금형을 선고받은 사람 : 10년

② 신상정보 등록의 원인이 된 성범죄와 다른 범죄가 「형법」 제37조(판결이 확정되지 아니한 수개의 죄를 경합범으로 하는 경우로 한정한다)에 따라 경합되어 「형법」 제38조에 따라 형이 선고된 경우에는 그 선고형 전부를 신상정보 등록의 원인이 된 성범죄로 인한 선고형으로 본다.
③ 제1항에 따른 등록기간을 산정하기 위한 선고형은 다음 각 호에 따라 계산한다. 제2항이 적용되는 경우도 이와 같다.
1. 하나의 판결에서 신상정보 등록의 원인이 된 성범죄로 여러 종류의 형이 선고된 경우에는 가장 무거운 종류의 형을 기준으로 한다.
2. 하나의 판결에서 신상정보 등록의 원인이 된 성범죄로 여러 개의 징역형 또는 금고형이 선고된 경우에는 각각의 기간을 합산한다. 이 경우 징역형과 금고형은 같은 종류의 형으로 본다.
3. 「소년법」 제60조에 따라 부정기형이 선고된 경우에는 단기를 기준으로 한다.

④ 법원은 제2항이 적용(제3항이 동시에 적용되는 경우를 포함한다)되어 제1항 각 호에 따라 등록기간이 결정되는 것이 부당하다고 인정하는 경우에는 판결로 제1항 각 호의 기간 중 더 단기의 기간을 등록기간으로 정할 수 있다.
⑤ 다음 각 호의 기간은 제1항에 따른 등록기간에 넣어 계산하지 아니한다.
1. 등록대상자가 신상정보 등록의 원인이 된 성범죄로 교정시설 또는 치료감호시설에 수용된 기간
2. 제1호에 따른 기간 이전의 기간으로서 제1호에 따른 기간과 이어져 등록대상자가 다른 범죄로 교정시설 또는 치료감호시설에 수용된 기간
3. 제1호에 따른 기간 이후의 기간으로서 제1호에 따른 기간과 이어져 등록대상자가 다른 범죄로 교정시설 또는 치료감호시설에 수용된 기간

⑥ 법무부장관은 제44조제1항에 따른 등록 당시 등록대상자가 교정시설 또는 치료감호시설에 수용 중인 경우에는 등록대상자가 석방된 후 지체 없이 등록정보를 등록대상자의 관할경찰관서의 장에게 송부하여야 한다.
⑦ 관할경찰관서의 장은 등록기간 중 다음 각 호의 구분에 따른 기간마다 등록대상자와의 직접 대면 등의 방법으로 등록정보의 진위와 변경 여부를 확인하여 그 결과를 법무부장관에게 송부하여야 한다.
1. 제1항에 따른 등록기간이 30년인 등록대상자 : 3개월
2. 제1항에 따른 등록기간이 20년 또는 15년인 등록대상자 : 6개월
3. 제1항에 따른 등록기간이 10년인 등록대상자 : 1년

⑧ 제7항제2호 및 제3호에도 불구하고 관할경찰관서의 장은 다음 각 호의 구분에 따른 기간 동안에는 3개월마다 제7항의 결과를 법무부장관에게 송부하여야 한다.
1. 「아동·청소년의 성보호에 관한 법률」 제49조에 따른 공개대상자인 경우 : 공개기간
2. 「아동·청소년의 성보호에 관한 법률」 제50조에 따른 고지대상자인 경우 : 고지기간
〔전부개정 2016·12·20〕

제45조의2(신상정보 등록의 면제) ① 신상정보 등록의 원인이 된 성범죄로 형의 선고를 유예받은 사람이 선고유예를 받은 날부터 2년이 경과하여 「형법」 제60조에 따라 면소된 것으로 간주되면 신상정보 등록을 면제한다.
② 등록대상자는 다음 각 호의 구분에 따른 기간(교정시설 또는 치료감호시설에 수용된 기간은 제외한다)이 경과한 경우에는 법무부령으로 정하는 신청서를 법무부장관에게 제출하여 신상정보 등록의 면제를 신청할 수 있다. <개정 2020·2·4>
1. 제45조제1항에 따른 등록기간이 30년인 등록대상자 : 최초등록일부터 20년
2. 제45조제1항에 따른 등록기간이 20년인 등록대상자 : 최초등록일부터 15년
3. 제45조제1항에 따른 등록기간이 15년인 등록대상자 : 최초등록일부터 10년
4. 제45조제1항에 따른 등록기간이 10년인 등록대상자 : 최초등록일부터 7년
③ 법무부장관은 제2항에 따라 등록의 면제를 신청한 등록대상자가 다음 각 호의 요건을 모두 갖춘 경우에는 신상정보 등록을 면제한다. <개정 2020·2·4>
1. 등록기간 중 등록대상 성범죄를 저질러 유죄판결이 확정된 사실이 없을 것
2. 신상정보 등록의 원인이 된 성범죄로 선고받은 징역형 또는 금고형의 집행을 종료하거나 벌금을 완납하였을 것
3. 신상정보 등록의 원인이 된 성범죄로 부과받은 다음 각 목의 명령의 집행을 모두 종료하였을 것
가. 「아동·청소년의 성보호에 관한 법률」에 따른 공개명령·고지명령
나. 「전자장치 부착 등에 관한 법률」에 따른 전자장치 부착명령
다. 「성폭력범죄자의 성충동 약물치료에 관한 법률」에 따른 약물치료명령
4. 신상정보 등록의 원인이 된 성범죄로 부과받은 다음 각 목의 규정에 따른 보호관찰명령, 사회봉사명령, 수강명령 또는 이수명령의 집행을 완료하였을 것
가. 제16조제1항·제2항·제4항 및 제8항
나. 「형법」 제62조의2제1항
다. 「아동·청소년의 성보호에 관한 법률」 제21조제1항·제2항·제4항 및 같은 법 제61조제3항
라. 「전자장치 부착 등에 관한 법률」 제21조의3
5. 등록기간 중 다음 각 목의 범죄를 저질러 유죄판결을 선고받아 그 판결이 확정된 사실이 없을 것
가. 제50조제3항 및 제5항의 범죄
나. 「아동·청소년의 성보호에 관한 법률」 제65조제3항·제5항 및 같은 법 제66조의 범죄
다. 「전자장치 부착 등에 관한 법률」 제38조 및 제39조(성폭력범죄로 위치추적 전자장치의 부착명령이 집행 중인 사람으로 한정한다)의 범죄
라. 「성폭력범죄자의 성충동 약물치료에 관한 법률」 제35조의 범죄
④ 법무부장관은 제3항 각 호에 따른 요건의 충족 여부를 확인하기 위하여 관계 행정기관의 장에게 협조(「형의 실효 등에 관한 법률」 제2조제8호에 따른 범죄경력조회를 포함한다)를 요청하거나 등록대상자에게 필요한 자료의 제출을 요청할 수 있다. 이 경우 협조를 요청받은 관계 행정기관의 장은 지체 없이 이에 따라야 한다. <개정 2020·2·4>
〔본조신설 2016·12·20〕

제45조의3(신상정보 등록의 종료) ① 신상정보의 등록은 다음 각 호의 어느 하나에 해당하는 때에 종료된다.
1. 제45조제1항의 등록기간이 지난 때
2. 제45조의2에 따라 등록이 면제된 때
② 법무부장관은 제1항에 따라 등록이 종료된 신상정보를 즉시 폐기하여야 한다.
③ 법무부장관은 제2항에 따라 등록정보를 폐기하는 경우에는 등록대상자가 정보통신망을 이용하여 폐기된 사실을 열람할 수 있도록 하여야 한다. 다만, 등록대상자가 신

청하는 경우에는 폐기된 사실을 통지하여야 한다.
④ 제3항에 따른 등록정보 폐기 사실의 열람, 통지 신청과 통지의 방법 및 절차 등에 필요한 사항은 대통령령으로 정한다.
〔본조신설 2016·12·20〕

제46조(등록정보의 활용 등) ① 법무부장관은 등록정보를 등록대상 성범죄와 관련한 범죄 예방 및 수사에 활용하게 하기 위하여 검사 또는 각급 경찰관서의 장에게 배포할 수 있다.
② 제1항에 따른 등록정보의 배포절차 및 관리 등에 관한 사항은 대통령령으로 정한다.

제47조(등록정보의 공개) ① 등록정보의 공개에 관하여는 「아동·청소년의 성보호에 관한 법률」 제49조, 제50조, 제52조, 제54조, 제55조 및 제65조를 적용한다.
② 등록정보의 공개는 여성가족부장관이 집행한다.
③ 법무부장관은 등록정보의 공개에 필요한 정보를 여성가족부장관에게 송부하여야 한다.
④ 제3항에 따른 정보 송부에 관하여 필요한 사항은 대통령령으로 정한다.

제48조(비밀준수) 등록대상자의 신상정보의 등록·보존 및 관리 업무에 종사하거나 종사하였던 자는 직무상 알게 된 등록정보를 누설하여서는 아니 된다.

제49조(등록정보의 고지) ① 등록정보의 고지에 관하여는 「아동·청소년의 성보호에 관한 법률」 제50조 및 제51조를 적용한다.
② 등록정보의 고지는 여성가족부장관이 집행한다.
③ 법무부장관은 등록정보의 고지에 필요한 정보를 여성가족부장관에게 송부하여야 한다.
④ 제3항에 따른 정보 송부에 관한 세부사항은 대통령령으로 정한다.

제49조의2(간주규정) ① 「군사법원법」 제2조제1항 각 호의 어느 하나에 해당하는 사람(이하 이 조에서 "군인등"이라 한다)에 대하여 군사법원이 재판권을 가지는 경우 제27조제2항·제6항, 제29조, 제30조, 제33조제1항부터 제4항까지, 제34조, 제40조제1항, 제41조, 제42조제2항·제4항을 적용함에 있어 "법원"은 "군사법원(고등법원을 포함한다)"으로, "수사기관"은 "군수사기관"으로, "검사"는 "군검사"로, "사법경찰관"은 "군사법경찰관"으로, "국선변호사"는 "변호사 자격이 있는 장교"로 간주한다. <개정 2016·12·20, 2021·9·24, 2023·7·11, 2023·10·24>
② 군인등에 대하여 제41조제1항을 적용함에 있어 "사법경찰관"은 "군사법경찰관"으로 간주한다. <개정 2023·7·11>
③ 군인등에 대하여 제33조제3항을 적용함(같은 조 제4항에 따라 준용되는 경우에도 같다)에 있어 "법원행정처장"은 "국방부장관"으로 간주한다.
〔본조신설 2013·4·5〕

제4장 벌칙

제50조(벌칙) ① 다음 각 호의 어느 하나에 해당하는 자는 5년 이하의 징역 또는 5천만원 이하의 벌금에 처한다. <개정 2024·12·3>
1. 제22조의8을 위반하여 직무상 알게 된 신분비공개수사 또는 신분위장수사에 관한 사항을 외부에 공개하거나 누설한 자
2. 제48조를 위반하여 직무상 알게 된 등록정보를 누설한 자
3. 정당한 권한 없이 등록정보를 변경하거나 말소한 자

② 다음 각 호의 어느 하나에 해당하는 자는 3년 이하의 징역 또는 3천만원 이하의 벌금에 처한다. <개정 2020·10·20>
1. 제24조제1항 또는 제38조제2항에 따른 피해자의 신원과 사생활 비밀 누설 금지 의무를 위반한 자
2. 제24조제2항을 위반하여 피해자의 인적사항과 사진 등을 공개한 자

③ 다음 각 호의 어느 하나에 해당하는 자는 1년 이하의 징역 또는 500만원 이하의 벌금에 처한다. <개정 2016·12·20>
1. 제43조제1항을 위반하여 정당한 사유 없이 기본신상정보를 제출하지 아니하거나 거짓으로 제출한 자 및 같은 조 제2항에 따른 관할경찰관서 또는 교정시설의 장의 사진촬영에 정당한 사유 없이 응하지 아니한 자
2. 제43조제3항(제44조제6항에서 준용하는 경우를 포함한다)을 위반하여 정당한 사유 없이 변경정보를 제출하지 아니하거나 거짓으로 제출한 자

3. 제43조제4항(제44조제6항에서 준용하는 경우를 포함한다)을 위반하여 정당한 사유 없이 관할 경찰관서에 출석하지 아니하거나 촬영에 응하지 아니한 자

④ 제2항제2호의 죄는 피해자의 명시한 의사에 반하여 공소를 제기할 수 없다.

⑤ 제16조제2항에 따라 이수명령을 부과받은 사람이 보호관찰소의 장 또는 교정시설등의 장의 이수명령 이행에 관한 지시에 불응하여 「보호관찰 등에 관한 법률」 또는 「형의 집행 및 수용자의 처우에 관한 법률」에 따른 경고를 받은 후 재차 정당한 사유 없이 이수명령 이행에 관한 지시에 불응한 경우에는 다음 각 호에 따른다. <개정 2016·12·20, 2024·1·16>

1. 벌금형과 병과된 경우는 500만원 이하의 벌금에 처한다.
2. 징역형 이상의 실형(치료감호와 징역형 이상의 실형이 병과된 경우를 포함한다)과 병과된 경우에는 1년 이하의 징역 또는 5백만원 이하의 벌금에 처한다.

제51조(양벌규정) 법인의 대표자나 법인 또는 개인의 대리인, 사용인, 그 밖의 종업원이 그 법인 또는 개인의 업무에 관하여 제13조 또는 제43조의 위반행위를 하면 그 행위자를 벌하는 외에 그 법인 또는 개인에게도 해당 조문의 벌금형을 과(科)한다. 다만, 법인 또는 개인이 그 위반행위를 방지하기 위하여 해당 업무에 관하여 상당한 주의와 감독을 게을리하지 아니한 경우에는 그러하지 아니하다.

제52조(과태료) ① 정당한 사유 없이 제43조의2제1항 또는 제2항을 위반하여 신고하지 아니하거나 거짓으로 신고한 경우에는 300만원 이하의 과태료를 부과한다.

② 제1항에 따른 과태료는 대통령령으로 정하는 바에 따라 관할경찰관서의 장이 부과·징수한다.

〔본조신설 2016·12·20〕

부 칙

제1조(시행일) 이 법은 공포 후 6개월이 경과한 날부터 시행한다. 다만, 제36조부터 제39조까지의 개정규정은 공포 후 1년이 경과한 날부터 시행한다.

제2조(「형법」상 감경규정에 관한 특례에 관한 적용례) 제20조의 개정규정은 이 법 시행 후 최초로 성폭력범죄를 범한 자부터 적용한다.

제3조(공소시효 진행에 관한 적용례) 이 법 시행 전 행하여진 성폭력범죄로 아직 공소시효가 완성되지 아니한 것에 대하여도 제21조의 개정규정을 적용한다.

제4조(공중밀집장소에서 추행한 자 등에 대한 신상정보의 등록·공개 등에 관한 적용례) ① 이 법 시행 후 제11조부터 제15조(제14조의 미수범만을 말한다)까지의 개정규정의 범죄로 유죄판결이 확정된 자에 대하여는 제42조부터 제50조까지의 개정규정을 적용한다.

② 제42조부터 제50조까지의 개정규정은 종전의 「아동·청소년의 성보호에 관한 법률」(법률 제9765호 청소년의 성보호에 관한 법률 전부개정법률 및 법률 제11047호 아동·청소년의 성보호에 관한 법률 일부개정법률로 개정된 것을 말한다. 이하 같다)에 따라 등록대상자가 된 사람에 대하여도 적용한다.

제5조(신상정보의 제출 의무 등에 관한 적용례) ① 제43조제1항의 개정규정에 따른 신상정보의 제출 의무는 이 법 시행 후 최초로 등록대상자가 된 사람부터 적용한다.

② 제43조제3항 및 제4항의 개정규정은 이 법 시행 전에 등록대상자가 된 사람(종전의 「아동·청소년의 성보호에 관한 법률」에 따라 등록대상자가 된 사람을 포함한다)에 대하여도 적용한다.

제6조(등록정보의 보존·관리 기간에 관한 적용례) ① 제45조제1항의 개정규정은 이 법 시행 후 최초로 등록대상자가 된 사람부터 적용한다.

② 제45조제2항의 개정규정에 따른 등록기간의 계산은 이 법 시행 전에 등록대상자가 된 사람(종전의 「아동·청소년의 성보호에 관한 법률」에 따라 등록대상자가 된 사람을 포함한다)에 대하여도 적용한다.

제7조(신상정보의 등록·공개 등에 관한 특례) ① 제42조부터 제50조까지의 개정규정은 제2조제1항제3호·제4호, 같은 조 제2항(제1항제3호·제4호에 한정한다), 제3조부터 제10조까지 및 제15조에 해당하는 범죄를 저질러 2008년 4월 16일부터 2011년 4월 15일 사이에 유죄판결(벌금형

은 제외한다)이 확정된 사람(이하 이 조에서 "특례대상자"라 한다)에 대하여도 적용한다.

② 이 법 시행 후 1년 이내에 검사는 특례대상자에 대하여 제1심판결을 한 법원에 공개명령 및 고지명령을 청구하여야 하고, 법원은 「아동·청소년의 성보호에 관한 법률」 제49조 및 제50조에 따라 결정으로 공개명령 및 고지명령을 선고하여야 한다.

③ 검사는 제2항에 따른 공개명령의 청구를 할 때에는 청구 대상자의 인적사항(성명, 생년월일 및 주소), 청구의 원인이 되는 사실 등을 기재하여야 한다. 이 경우 청구의 서식 등 필요한 사항은 법무부령으로 정한다.

④ 법원은 제2항에 따른 공개명령 또는 고지명령을 선고할 경우에 등록대상자라는 사실과 제43조의 개정규정에 따른 신상정보 제출 의무가 있음을 등록대상자에게 알려주어야 한다.

⑤ 제2항에 따른 공개명령이 확정된 사람은 제42조제1항의 개정규정에 따라 등록대상자가 된다.

⑥ 제2항의 결정에 대한 검사, 공개명령 또는 고지명령을 선고받은 본인, 그 법정대리인의 항고와 재항고에 관하여는 「성폭력범죄자의 성충동 약물치료에 관한 법률」 제22조제5항부터 제11항까지의 규정을 준용한다.

⑦ 법원은 제2항의 결정이 확정된 날부터 14일 이내에 결정의 확정일자와 제4항의 고지사항을 서면으로 결정문 등본에 첨부하여 법무부장관에게 송달하여야 한다.

제8조(장애인에 대한 준강간, 준강제추행죄에 관한 경과조치) 이 법 시행 전에 행하여진 종전의 제6조제4항의 위반 행위에 대하여는 종전의 규정을 적용한다.

제9조(친고죄에 관한 경과조치) 이 법 시행 전에 행하여진 종전의 제10조제1항, 제11조 및 제12조의 죄에 대하여는 종전의 제15조를 적용한다.

제10조(다른 법률의 개정) 생략

부 칙 <2013·4·5 법11729>

이 법은 2013년 6월 19일부터 시행한다.

부 칙 <2013·4·5 법11731>

제1조(시행일) 이 법은 공포한 날부터 시행한다. 다만, …〈생략〉… 부칙 제2조제10항은 2013년 6월 19일부터 시행한다.

제2조 및 **제3조** 생략

부 칙 <2014·12·30 법12889>

제1조(시행일) 이 법은 공포 후 6개월이 경과한 날부터 시행한다.

제2조(연락처 제출에 관한 경과조치) 이 법 시행 당시 종전의 규정에 따라 신상정보를 제출한 등록대상자는 이 법 시행 후 6개월 이내에 연락처를 제출하여야 한다.

부 칙 <2016·12·20 법14412>

제1조(시행일) 이 법은 공포한 날부터 시행한다. 다만, 제43조의2, 제44조, 제45조의2, 제45조의3 및 제52조의 개정규정은 공포 후 6개월이 경과한 날부터 시행한다.

제2조(강도강간미수범의 공소시효 연장 및 신상정보 등록에 관한 적용례) ① 이 법 시행 전에 행하여진 제2조제1항제4호의 개정규정에 따라 성폭력범죄가 된 강도강간미수범으로 아직 공소시효가 완성되지 아니한 강도강간미수범에 대하여도 제21조제2항을 적용한다.

② 제2조제1항제4호의 개정규정에 따라 성폭력범죄가 된 강도강간미수범에 대한 신상정보의 등록은 이 법 시행 이후 강도강간미수범으로 유죄판결이 확정되는 경우부터 적용한다.

제3조(신상정보 등록대상 범죄에 관한 적용례) 제42조제1항의 개정규정은 이 법 시행 이후 등록대상 성범죄로 유죄판결이나 약식명령이 확정되는 경우 또는 이 법 시행 이후 「아동·청소년의 성보호에 관한 법률」 제49조제1항제4호에 따라 공개명령이 확정되는 경우부터 적용한다.

제4조(사진정보 갱신주기 및 신상정보 등록면제 등에 관한 적용례) 제43조제4항(제44조제6항에 따라 준용되는 경우를 포함한다), 제45조제5항·제6항, 제45조의2 및 제45조의3의 개정규정은 이 법 시행 전(제45조의2 및 제45조의3의 개정규정은 부칙 제1조 단서에 따른 시행일 전을 말한다)에 등록대상 성범죄로 유죄판결이나 약식명령이 확정되어 등록대상자가 된 사람(종전의 「아동·청소년의 성보호에 관한 법률」에 따라 등록대상자가 된 사람을 포함한다)에 대해서도 적용한다.

제5조(출입국 시 신고의무에 관한 적용례) 제43조의2의 개정규정은 부칙 제1조 단서

에 따른 시행일 당시 등록대상자인 사람이 같은 시행일 이후에 출국하거나 입국하는 경우부터 적용한다.

제 6 조(등록기간에 관한 적용례) ① 제45조제 1 항부터 제 3 항까지의 개정규정은 이 법 시행 전에 등록대상 성범죄로 유죄판결이나 약식명령이 확정되어 등록대상자가 된 사람(종전의 「아동·청소년의 성보호에 관한 법률」에 따라 등록대상자가 된 사람을 포함한다)에 대해서도 적용한다. 다만, 종전의 규정을 적용하는 것이 등록대상자에게 유리한 경우에는 종전의 규정에 따른다.

② 제45조제 4 항의 개정규정은 이 법 시행 당시 재판이 계속 중인 사건에 대해서도 적용한다.

부 칙 <2017·12·12 법15156>

이 법은 공포한 날부터 시행한다.

부 칙 <2018·10·16 법15792>

이 법은 공포한 날부터 시행한다.

부 칙 <2018·12·18 법15977>

이 법은 공포한 날부터 시행한다.

부 칙 <2019·8·20 법16445>

제 1 조(시행일) 이 법은 공포한 날부터 시행한다.

제 2 조(공소시효 특례에 관한 적용례) 제21조제 3 항제 2 호의 개정규정은 이 법 시행 전에 행하여진 성폭력범죄로서 아직 공소시효가 완성되지 아니한 것에 대하여도 적용한다.

부 칙 <2020·2·4 법16914>

이 법은 공포한 날부터 시행한다.

부 칙 <2020·2·4 법16923>

제 1 조(시행일) 이 법은 공포 후 6개월이 경과한 날부터 시행한다.

제 2 조부터 **제 4 조**까지 생략

부 칙 <2020·3·24 법17086>

이 법은 공포 후 3개월이 경과한 날부터 시행한다.

부 칙 <2020·5·19 법17264>

제 1 조(시행일) 이 법은 공포한 날부터 시행한다. 다만, 법률 제17086호 성폭력범죄의 처벌 등에 관한 특례법 일부개정법률 제14조의2제 4 항 및 법률 제17086호 성폭력범죄의 처벌 등에 관한 특례법 일부개정법률 제15조의 개정규정은 2020년 6월 25일부터 시행하고, 제21조제 3 항제 1 호의 개정규정은 공포 후 6개월이 경과한 날부터 시행한다.

제 2 조(공소시효 진행에 관한 적용례) 제21조제 3 항제 1 호의 개정규정은 이 법 시행 전에 행하여진 성폭력범죄로서 아직 공소시효가 완성되지 아니한 것에 대하여도 적용한다.

부 칙 <2020·10·20 법17507>

이 법은 공포 후 3개월이 경과한 날부터 시행한다.

부 칙 <2021·9·24 법18465>

제 1 조(시행일) 이 법은 2022년 7월 1일부터 시행한다.

제 2 조부터 **제 9 조**까지 생략

부 칙 <2023·7·11 법19517>

제 1 조(시행일) 이 법은 공포 후 3개월이 경과한 날부터 시행한다.

제 2 조(일반적 적용례) 이 법은 이 법 시행 당시 수사 중이거나 법원에 계속 중인 사건에 대해서도 적용한다. 다만, 이 법 시행 전에 종전의 규정에 따라 행한 행위의 효력에는 영향을 미치지 아니한다.

제 3 조(19세미만피해자등에 대한 설명의무에 관한 적용례) 제30조제 2 항의 개정규정은 이 법 시행 이후 조사 과정을 영상녹화하는 경우부터 적용한다.

부 칙 <2023·10·24 법19743>

제 1 조(시행일) 이 법은 공포 후 3개월이 경과한 날부터 시행한다.

제 2 조 및 **제 3 조** 생략

부 칙 <2024·1·16 법20005>

이 법은 공포한 날부터 시행한다.

부 칙 <2024·10·16 법20459>

이 법은 공포한 날부터 시행한다.

부 칙 <2024·12·3 법20535>

이 법은 공포 후 6개월이 경과한 날부터 시행한다.

부 칙 <2024·12·20 법20575>

제 1 조(시행일) 이 법은 공포 후 6개월이 경과한 날부터 시행한다.

제 2 조(몰수 및 추징에 관한 적용례) 제15조의3의 개정규정은 이 법 시행 후 발생한 범죄행위부터 적용한다.

●아동·청소년의 성보호에 관한 법률

〔2012·12·18 법률제11572호 전부개정〕

개정

2012·12·18 법률제11574호(형법)
2013· 3·23 법률제11690호(정부조직법)
2014· 1·21 법률제12329호(청소년활동 진흥법)
2014· 1·28 법률제12361호(아동복지법)
2016· 1·19 법률제13805호(주택법)
2016· 5·29 법률제14236호
2018· 1·16 법률제15352호
2018· 3·13 법률제15452호
2019· 1·15 법률제16248호(아동복지법)
2019· 1·15 법률제16275호
2019·11·26 법률제16622호
2020· 2· 4 법률제16923호(전자장치 부착 등에 관한 법률)
2020· 2·18 법률제17007호(중앙행정권한 및 사무 등의 지방 일괄 이양을 위한 물가안정에 관한 법률 등 46개 법률 일부개정을 위한 법률)
2020· 5·19 법률제17282호
2020· 6· 2 법률제17338호
2020· 6· 9 법률제17352호(전기통신사업법)
2020·12· 8 법률제17574호(도로명주소법)
2020·12· 8 법률제17641호
2020·12·22 법률제17689호(국가경찰과 자치경찰의 조직 및 운영에 관한 법률)
2021· 1·12 법률제17893호(지방자치법)
2021· 3·23 법률제17972호
2023· 4·11 법률제19337호
2024· 3·26 법률제20416호(만 나이로의 통일을 위한 성폭력방지 및 피해자보호 등에 관한 법률 등 2개 법률의 일부개정에 관한 법률)
2024· 9·20 법률제20445호(간호법)
2024·10·16 법률제20462호

제 1 장 총칙

제 1 조(목적) 이 법은 아동·청소년대상 성범죄의 처벌과 절차에 관한 특례를 규정하고 피해아동·청소년을 위한 구제 및 지원 절차를 마련하며 아동·청소년대상 성범죄자를 체계적으로 관리함으로써 아동·청소년을 성범죄로부터 보호하고 아동·청소년이 건강한 사회구성원으로 성장할 수 있도록 함을 목적으로 한다.

제 2 조(정의) 이 법에서 사용하는 용어의 뜻은 다음과 같다. <개정 2012·12·18, 2014·1·28, 2018·1·16, 2020·5·19, 2020·6·2, 2021·3·23, 2024·3·26, 2024·10·16>

1. "아동·청소년"이란 19세 미만의 사람을 말한다.
2. "아동·청소년대상 성범죄"란 다음 각 목의 어느 하나에 해당하는 죄를 말한다.
   가. 제 7 조, 제 7 조의2, 제 8 조, 제 8 조의2, 제 9 조부터 제11조까지, 제11조의2, 제12조부터 제15조까지 및 제15조의2의 죄
   나. 아동·청소년에 대한 「성폭력범죄의 처벌 등에 관한 특례법」 제 3 조부터 제15조까지의 죄
   다. 아동·청소년에 대한 「형법」 제297조, 제297조의2 및 제298조부터 제301조까지, 제301조의2, 제302조, 제303조, 제305조, 제339조 및 제342조(제339조의 미수범에 한정한다)의 죄
   라. 아동·청소년에 대한 「아동복지법」 제17조제 2 호의 죄
3. "아동·청소년대상 성폭력범죄"란 아동·청소년대상 성범죄에서 제11조, 제11조의2, 제12조부터 제15조까지 및 제15조의2의 죄를 제외한 죄를 말한다.

3의2. "성인대상 성범죄"란 「성폭력범죄의 처벌 등에 관한 특례법」 제 2 조에 따른 성폭력범죄를 말한다. 다만, 아동·청소년에 대한 「형법」 제302조 및 제305조의 죄는 제외한다.

4. "아동·청소년의 성을 사는 행위"란 아동·청소년, 아동·청소년의 성(性)을 사

는 행위를 알선한 자 또는 아동·청소년을 실질적으로 보호·감독하는 자 등에게 금품이나 그 밖의 재산상 이익, 직무·편의제공 등 대가를 제공하거나 약속하고 다음 각 목의 어느 하나에 해당하는 행위를 아동·청소년을 대상으로 하거나 아동·청소년으로 하여금 하게 하는 것을 말한다.
가. 성교 행위
나. 구강·항문 등 신체의 일부나 도구를 이용한 유사 성교 행위
다. 신체의 전부 또는 일부를 접촉·노출하는 행위로서 일반인의 성적 수치심이나 혐오감을 일으키는 행위
라. 자위 행위
5. "아동·청소년성착취물"이란 아동·청소년 또는 아동·청소년으로 명백하게 인식될 수 있는 사람이나 표현물이 등장하여 제 4 호 각 목의 어느 하나에 해당하는 행위를 하거나 그 밖의 성적 행위를 하는 내용을 표현하는 것으로서 필름·비디오물·게임물 또는 컴퓨터나 그 밖의 통신매체를 통한 화상·영상 등의 형태로 된 것을 말한다.
6. "피해아동·청소년"이란 제 2 호나목부터 라목까지, 제 7 조, 제 7 조의2, 제 8 조, 제 8 조의2, 제 9 조부터 제11조까지, 제11조의2, 제12조부터 제15조까지 및 제15조의2의 죄의 피해자가 된 아동·청소년(제13조제 1 항의 죄의 상대방이 된 아동·청소년을 포함한다)을 말한다.
6의2. "성매매 피해아동·청소년"이란 피해아동·청소년 중 제13조제 1 항의 죄의 상대방 또는 제13조제 2 항·제14조·제15조의 죄의 피해자가 된 아동·청소년을 말한다.
7. 삭제 <2020·5·19>
8. 삭제 <2020·6·9>
9. "등록정보"란 법무부장관이 「성폭력범죄의 처벌 등에 관한 특례법」 제42조제 1 항의 등록대상자에 대하여 같은 법 제44조제 1 항에 따라 등록한 정보를 말한다.

제 3 조(해석상·적용상의 주의) 이 법을 해석·적용할 때에는 아동·청소년의 권익을 우선적으로 고려하여야 하며, 이해관계인과 그 가족의 권리가 부당하게 침해되지 아니하도록 주의하여야 한다.

제 4 조(국가와 지방자치단체의 의무) ① 국가와 지방자치단체는 아동·청소년대상 성범죄를 예방하고, 아동·청소년을 성적 착취와 학대 행위로부터 보호하기 위하여 필요한 조사·연구·교육 및 계도와 더불어 법적·제도적 장치를 마련하며 필요한 재원을 조달하여야 한다.
② 국가는 아동·청소년에 대한 성적 착취와 학대 행위가 국제적 범죄임을 인식하고 범죄 정보의 공유, 범죄 조사·연구, 국제사법 공조, 범죄인 인도 등 국제협력을 강화하는 노력을 하여야 한다.

제 5 조(사회의 책임) 모든 국민은 아동·청소년이 이 법에서 정한 범죄의 피해자가 되거나 이 법에서 정한 범죄를 저지르지 아니하도록 사회 환경을 정비하고 아동·청소년을 보호·지원·교육하는 데에 최선을 다하여야 한다. <개정 2020·5·19>

제 6 조(홍보영상의 제작·배포·송출) ① 여성가족부장관은 아동·청소년대상 성범죄의 예방과 계도, 피해자의 치료와 재활 등에 관한 홍보영상을 제작하여 「방송법」 제 2 조제23호의 방송편성책임자에게 배포하여야 한다.
② 여성가족부장관은 「방송법」 제 2 조제 3 호가목의 지상파방송사업자(이하 "방송사업자"라 한다)에게 같은 법 제73조제 4 항에 따라 대통령령으로 정하는 비상업적 공익광고 편성비율의 범위에서 제 1 항의 홍보영상을 채널별로 송출하도록 요청할 수 있다.
③ 방송사업자는 제 1 항의 홍보영상 외에 독자적인 홍보영상을 제작하여 송출할 수 있다. 이 경우 여성가족부장관에게 필요한 협조 및 지원을 요청할 수 있다.

제 2 장 아동·청소년대상 성범죄의 처벌과 절차에 관한 특례

제 7 조(아동·청소년에 대한 강간·강제추행 등) ① 폭행 또는 협박으로 아동·청소년을 강간한 사람은 무기 또는 5년 이상의 징역에 처한다. <개정 2023·4·11>
② 아동·청소년에 대하여 폭행이나 협박으로 다음 각 호의 어느 하나에 해당하는 행위

를 한 자는 5년 이상의 유기징역에 처한다.
1. 구강·항문 등 신체(성기는 제외한다)의 내부에 성기를 넣는 행위
2. 성기·항문에 손가락 등 신체(성기는 제외한다)의 일부나 도구를 넣는 행위
③ 아동·청소년에 대하여 「형법」 제298조의 죄를 범한 자는 2년 이상의 유기징역 또는 1천만원 이상 3천만원 이하의 벌금에 처한다.
④ 아동·청소년에 대하여 「형법」 제299조의 죄를 범한 자는 제 1 항부터 제 3 항까지의 예에 따른다.
⑤ 위계(僞計) 또는 위력으로써 아동·청소년을 간음하거나 아동·청소년을 추행한 자는 제 1 항부터 제 3 항까지의 예에 따른다.
⑥ 제 1 항부터 제 5 항까지의 미수범은 처벌한다.

제 7 조의2(예비, 음모) 제 7 조의 죄를 범할 목적으로 예비 또는 음모한 사람은 3년 이하의 징역에 처한다.
〔본조신설 2020·6·2〕

제 8 조(장애인인 아동·청소년에 대한 간음 등) ① 19세 이상의 사람이 13세 이상의 장애 아동·청소년(「장애인복지법」 제 2 조 제 1 항에 따른 장애인으로서 신체적인 또는 정신적인 장애로 사물을 변별하거나 의사를 결정할 능력이 미약한 아동·청소년을 말한다. 이하 같다)을 간음하거나 13세 이상의 장애 아동·청소년으로 하여금 다른 사람을 간음하게 하는 경우에는 3년 이상의 유기징역에 처한다. <개정 2020·5·19, 2020·12·8>
② 19세 이상의 사람이 13세 이상의 장애 아동·청소년을 추행한 경우 또는 13세 이상의 장애 아동·청소년으로 하여금 다른 사람을 추행하게 하는 경우에는 10년 이하의 징역 또는 5천만원 이하의 벌금에 처한다. <개정 2020·12·8, 2021·3·23>

제 8 조의2(13세 이상 16세 미만 아동·청소년에 대한 간음 등) ① 19세 이상의 사람이 13세 이상 16세 미만인 아동·청소년(제 8 조에 따른 장애 아동·청소년으로서 16세 미만인 자는 제외한다. 이하 이 조에서 같다)의 궁박(窮迫)한 상태를 이용하여 해당 아동·청소년을 간음하거나 해당 아동·청소년으로 하여금 다른 사람을 간음하게 하는 경우에는 3년 이상의 유기징역에 처한다.
② 19세 이상의 사람이 13세 이상 16세 미만인 아동·청소년의 궁박한 상태를 이용하여 해당 아동·청소년을 추행한 경우 또는 해당 아동·청소년으로 하여금 다른 사람을 추행하게 하는 경우에는 10년 이하의 징역 또는 5천만원 이하의 벌금에 처한다. <개정 2021·3·23>
〔본조신설 2019·1·15〕

제 9 조(강간 등 상해·치상) 제 7 조의 죄를 범한 사람이 다른 사람을 상해하거나 상해에 이르게 한 때에는 무기 또는 7년 이상의 징역에 처한다. <개정 2023·4·11>

제10조(강간 등 살인·치사) ① 제 7 조의 죄를 범한 사람이 다른 사람을 살해한 때에는 사형 또는 무기징역에 처한다.
② 제 7 조의 죄를 범한 사람이 다른 사람을 사망에 이르게 한 때에는 사형, 무기 또는 10년 이상의 징역에 처한다. <개정 2023·4·11>

제11조(아동·청소년성착취물의 제작·배포 등) ① 아동·청소년성착취물을 제작·수입 또는 수출한 자는 무기 또는 5년 이상의 징역에 처한다. <개정 2020·6·2, 2023·4·11>
② 영리를 목적으로 아동·청소년성착취물을 판매·대여·배포·제공하거나 이를 목적으로 소지·운반·광고·소개하거나 공연히 전시 또는 상영한 자는 5년 이상의 유기징역에 처한다. <개정 2020·6·2, 2023·4·11>
③ 아동·청소년성착취물을 배포·제공하거나 이를 목적으로 광고·소개하거나 공연히 전시 또는 상영한 자는 3년 이상의 유기징역에 처한다. <개정 2020·6·2, 2023·4·11>
④ 아동·청소년성착취물을 제작할 것이라는 정황을 알면서 아동·청소년을 아동·청소년성착취물의 제작자에게 알선한 자는 3년 이상의 유기징역에 처한다. <개정 2020·6·2, 2023·4·11>
⑤ 아동·청소년성착취물을 구입하거나 아동·청소년성착취물임을 알면서 이를 소지·시청한 자는 1년 이상의 유기징역에 처한다. <개정 2020·6·2, 2023·4·11>
⑥ 제 1 항의 미수범은 처벌한다.
⑦ 상습적으로 제 1 항의 죄를 범한 자는 그 죄에 대하여 정하는 형의 2분의 1까지 가중한다. <신설 2020·6·2>

제11조의2(아동·청소년성착취물을 이용한 협박·강요) ① 아동·청소년성착취물을 이용

하여 그 아동·청소년을 협박한 자는 3년 이상의 유기징역에 처한다.
② 제1항에 따른 협박으로 그 아동·청소년의 권리행사를 방해하거나 의무 없는 일을 하게 한 자는 5년 이상의 유기징역에 처한다.
③ 제1항과 제2항의 미수범은 처벌한다.
④ 상습적으로 제1항 및 제2항의 죄를 범한 자는 그 죄에 대하여 정하는 형의 2분의 1까지 가중한다.
〔본조신설 2024·10·16〕

제12조(아동·청소년 매매행위) ① 아동·청소년의 성을 사는 행위 또는 아동·청소년성착취물을 제작하는 행위의 대상이 될 것을 알면서 아동·청소년을 매매 또는 국외에 이송하거나 국외에 거주하는 아동·청소년을 국내에 이송한 자는 무기 또는 5년 이상의 징역에 처한다. <개정 2020·6·2, 2023·4·11>
② 제1항의 미수범은 처벌한다.

제13조(아동·청소년의 성을 사는 행위 등) ① 아동·청소년의 성을 사는 행위를 한 자는 1년 이상 10년 이하의 징역 또는 2천만원 이상 5천만원 이하의 벌금에 처한다.
② 아동·청소년의 성을 사기 위하여 아동·청소년을 유인하거나 성을 팔도록 권유한 자는 3년 이하의 징역 또는 3천만원 이하의 벌금에 처한다. <개정 2021·3·23>
③ 16세 미만의 아동·청소년 및 장애 아동·청소년을 대상으로 제1항 또는 제2항의 죄를 범한 경우에는 그 죄에 정한 형의 2분의 1까지 가중처벌한다. <신설 2020·5·19, 2020·12·8>

제14조(아동·청소년에 대한 강요행위 등) ① 다음 각 호의 어느 하나에 해당하는 자는 5년 이상의 유기징역에 처한다.
1. 폭행이나 협박으로 아동·청소년으로 하여금 아동·청소년의 성을 사는 행위의 상대방이 되게 한 자
2. 선불금(先拂金), 그 밖의 채무를 이용하는 등의 방법으로 아동·청소년을 곤경에 빠뜨리거나 위계 또는 위력으로 아동·청소년으로 하여금 아동·청소년의 성을 사는 행위의 상대방이 되게 한 자
3. 업무·고용이나 그 밖의 관계로 자신의 보호 또는 감독을 받는 것을 이용하여 아동·청소년으로 하여금 아동·청소년의 성을 사는 행위의 상대방이 되게 한 자
4. 영업으로 아동·청소년을 아동·청소년의 성을 사는 행위의 상대방이 되도록 유인·권유한 자
② 제1항제1호부터 제3호까지의 죄를 범한 자가 그 대가의 전부 또는 일부를 받거나 이를 요구 또는 약속한 때에는 7년 이상의 유기징역에 처한다.
③ 아동·청소년의 성을 사는 행위의 상대방이 되도록 유인·권유한 자는 7년 이하의 징역 또는 5천만원 이하의 벌금에 처한다.
④ 제1항과 제2항의 미수범은 처벌한다.

제15조(알선영업행위 등) ① 다음 각 호의 어느 하나에 해당하는 자는 7년 이상의 유기징역에 처한다. <개정 2021·3·23>
1. 아동·청소년의 성을 사는 행위의 장소를 제공하는 행위를 업으로 하는 자
2. 아동·청소년의 성을 사는 행위를 알선하거나 정보통신망(「정보통신망 이용촉진 및 정보보호 등에 관한 법률」 제2조제1항제1호의 정보통신망을 말한다. 이하 같다)에서 알선정보를 제공하는 행위를 업으로 하는 자
3. 제1호 또는 제2호의 범죄에 사용되는 사실을 알면서 자금·토지 또는 건물을 제공한 자
4. 영업으로 아동·청소년의 성을 사는 행위의 장소를 제공·알선하는 업소에 아동·청소년을 고용하도록 한 자
② 다음 각 호의 어느 하나에 해당하는 자는 7년 이하의 징역 또는 5천만원 이하의 벌금에 처한다.
1. 영업으로 아동·청소년의 성을 사는 행위를 하도록 유인·권유 또는 강요한 자
2. 아동·청소년의 성을 사는 행위의 장소를 제공한 자
3. 아동·청소년의 성을 사는 행위를 알선하거나 정보통신망에서 알선정보를 제공한 자
4. 영업으로 제2호 또는 제3호의 행위를 약속한 자
③ 아동·청소년의 성을 사는 행위를 하도록 유인·권유 또는 강요한 자는 5년 이하의 징역 또는 3천만원 이하의 벌금에 처한다.

제15조의2(아동·청소년에 대한 성착취 목적

대화 등) ① 19세 이상의 사람이 성적 착취를 목적으로 정보통신망을 통하여 아동·청소년에게 다음 각 호의 어느 하나에 해당하는 행위를 한 경우에는 3년 이하의 징역 또는 3천만원 이하의 벌금에 처한다.

1. 성적 욕망이나 수치심 또는 혐오감을 유발할 수 있는 대화를 지속적 또는 반복적으로 하거나 그러한 대화에 지속적 또는 반복적으로 참여시키는 행위
2. 제2조제4호 각 목의 어느 하나에 해당하는 행위를 하도록 유인·권유하는 행위

② 19세 이상의 사람이 정보통신망을 통하여 16세 미만인 아동·청소년에게 제1항 각 호의 어느 하나에 해당하는 행위를 한 경우 제1항과 동일한 형으로 처벌한다.
[본조신설 2021·3·23]

제16조(피해자 등에 대한 강요행위) 폭행이나 협박으로 아동·청소년대상 성범죄의 피해자 또는 「아동복지법」 제3조제3호에 따른 보호자를 상대로 합의를 강요한 자는 7년 이하의 징역에 처한다. <개정 2023·4·11>

제17조 삭제 <2020·6·9>

제18조(신고의무자의 성범죄에 대한 가중처벌) 제34조제2항 각 호의 기관·시설 또는 단체의 장과 그 종사자가 자기의 보호·감독 또는 진료를 받는 아동·청소년을 대상으로 성범죄를 범한 경우에는 그 죄에 정한 형의 2분의 1까지 가중처벌한다.

제19조(「형법」상 감경규정에 관한 특례) 음주 또는 약물로 인한 심신장애 상태에서 아동·청소년대상 성폭력범죄를 범한 때에는 「형법」 제10조제1항·제2항 및 제11조를 적용하지 아니할 수 있다.

제20조(공소시효에 관한 특례) ① 아동·청소년대상 성범죄의 공소시효는 「형사소송법」 제252조제1항에도 불구하고 해당 성범죄로 피해를 당한 아동·청소년이 성년에 달한 날부터 진행한다.

② 제7조의 죄는 디엔에이(DNA)증거 등 그 죄를 증명할 수 있는 과학적인 증거가 있는 때에는 공소시효가 10년 연장된다.

③ 13세 미만의 사람 및 신체적인 또는 정신적인 장애가 있는 아동·청소년에 대하여 다음 각 호의 죄를 범한 경우에는 제1항과 제2항에도 불구하고 「형사소송법」 제249조부터 제253조까지 및 「군사법원법」 제291조부터 제295조까지에 규정된 공소시효를 적용하지 아니한다. <개정 2019·1·15, 2020·5·19, 2023·4·11>

1. 「형법」 제297조(강간), 제298조(강제추행), 제299조(준강간, 준강제추행), 제301조(강간등 상해·치상), 제301조의2(강간등 살인·치사) 또는 제305조(미성년자에 대한 간음, 추행)의 죄
2. 제9조 및 제10조의 죄
3. 「성폭력범죄의 처벌 등에 관한 특례법」 제6조제2항, 제7조제2항·제5항, 제8조, 제9조의 죄

④ 다음 각 호의 죄를 범한 경우에는 제1항과 제2항에도 불구하고 「형사소송법」 제249조부터 제253조까지 및 「군사법원법」 제291조부터 제295조까지에 규정된 공소시효를 적용하지 아니한다. <개정 2021·3·23>

1. 「형법」 제301조의2(강간등 살인·치사)의 죄(강간등 살인에 한정한다)
2. 제10조제1항 및 제11조제1항의 죄
3. 「성폭력범죄의 처벌 등에 관한 특례법」 제9조제1항의 죄

제21조(형벌과 수강명령 등의 병과) ① 법원은 아동·청소년대상 성범죄를 범한 「소년법」 제2조의 소년에 대하여 형의 선고를 유예하는 경우에는 반드시 보호관찰을 명하여야 한다.

② 법원은 아동·청소년대상 성범죄를 범한 자에 대하여 유죄판결을 선고하거나 약식명령을 고지하는 경우에는 500시간의 범위에서 재범예방에 필요한 수강명령 또는 성폭력 치료프로그램의 이수명령(이하 "이수명령"이라 한다)을 병과(倂科)하여야 한다. 다만, 수강명령 또는 이수명령을 부과할 수 없는 특별한 사정이 있는 경우에는 그러하지 아니하다. <개정 2018·1·16>

③ 아동·청소년대상 성범죄를 범한 자에 대하여 제2항의 수강명령은 형의 집행을 유예할 경우에 그 집행유예기간 내에서 병과하고, 이수명령은 벌금 이상의 형을 선고하거나 약식명령을 고지할 경우에 병과한다. 다만, 이수명령은 아동·청소년대상 성범죄자가 「전자장치 부착 등에 관한 법률」 제9조의2제1항제4호에 따른 성폭력 치료 프로그램의 이수명령을 부과받은 경우에는 병과하지 아니한다. <개정 2018·1·16, 2020·2·4>

④ 법원이 아동·청소년대상 성범죄를 범한 사람에 대하여 형의 집행을 유예하는 경우에는 제２항에 따른 수강명령 외에 그 집행유예기간 내에서 보호관찰 또는 사회봉사 중 하나 이상의 처분을 병과할 수 있다.

⑤ 제２항에 따른 수강명령 또는 이수명령은 형의 집행을 유예할 경우에는 그 집행유예기간 내에, 벌금형을 선고할 경우에는 형 확정일부터 6개월 이내에, 징역형 이상의 실형(實刑)을 선고할 경우에는 형기 내에 각각 집행한다. 다만, 수강명령 또는 이수명령은 아동·청소년대상 성범죄를 범한 사람이 「성폭력범죄의 처벌 등에 관한 특례법」 제16조에 따른 수강명령 또는 이수명령을 부과받은 경우에는 병과하지 아니한다.

⑥ 제２항에 따른 수강명령 또는 이수명령이 형의 집행유예 또는 벌금형과 병과된 경우에는 보호관찰소의 장이 집행하고, 징역형 이상의 실형과 병과된 경우에는 교정시설의 장이 집행한다. 다만, 징역형 이상의 실형과 병과된 수강명령 또는 이수명령을 모두 이행하기 전에 석방 또는 가석방되거나 미결구금일수 산입 등의 사유로 형을 집행할 수 없게 된 경우에는 보호관찰소의 장이 남은 수강명령 또는 이수명령을 집행한다.

⑦ 제２항에 따른 수강명령 또는 이수명령은 다음 각 호의 내용으로 한다.

1. 일탈적 이상행동의 진단·상담
2. 성에 대한 건전한 이해를 위한 교육
3. 그 밖에 성범죄를 범한 사람의 재범예방을 위하여 필요한 사항

⑧ 보호관찰소의 장 또는 교정시설의 장은 제２항에 따른 수강명령 또는 이수명령 집행의 전부 또는 일부를 여성가족부장관에게 위탁할 수 있다.

⑨ 보호관찰, 사회봉사, 수강명령 및 이수명령에 관하여 이 법에 규정한 사항 외의 사항에 대하여는 「보호관찰 등에 관한 법률」을 준용한다.

제21조의2(재범여부 조사) ① 법무부장관은 제21조제２항에 따라 수강명령 또는 이수명령을 선고받아 그 집행을 마친 사람에 대하여 그 효과를 평가하기 위하여 아동·청소년대상 성범죄 재범여부를 조사할 수 있다.

② 법무부장관은 제１항에 따른 재범여부 조사를 위하여 수강명령 또는 이수명령의 집행을 마친 때부터 5년 동안 관계 기관의 장에게 그 사람에 관한 범죄경력자료 및 수사경력자료를 요청할 수 있다.

〔본조신설 2016·5·29〕

제22조(판결 전 조사) ① 법원은 피고인에 대하여 제21조에 따른 보호관찰, 사회봉사, 수강명령 또는 이수명령을 부과하거나 제56조에 따른 취업제한 명령을 부과하기 위하여 필요하다고 인정하면 그 법원의 소재지 또는 피고인의 주거지를 관할하는 보호관찰소의 장에게 피고인의 신체적·심리적 특성 및 상태, 정신성적 발달과정, 성장배경, 가정환경, 직업, 생활환경, 교우관계, 범행동기, 병력(病歷), 피해자와의 관계, 재범위험성 등 피고인에 관한 사항의 조사를 요구할 수 있다. <개정 2018·1·16>

② 제１항의 요구를 받은 보호관찰소의 장은 지체 없이 이를 조사하여 서면으로 해당 법원에 알려야 한다. 이 경우 필요하다고 인정하면 피고인이나 그 밖의 관계인을 소환하여 심문하거나 소속 보호관찰관에게 필요한 사항을 조사하게 할 수 있다.

③ 법원은 제１항의 요구를 받은 보호관찰소의 장에게 조사진행상황에 관한 보고를 요구할 수 있다.

제23조(친권상실청구 등) ① 아동·청소년대상 성범죄 사건을 수사하는 검사는 그 사건의 가해자가 피해아동·청소년의 친권자나 후견인인 경우에 법원에 「민법」 제924조의 친권상실선고 또는 같은 법 제940조의 후견인 변경 결정을 청구하여야 한다. 다만, 친권상실선고 또는 후견인 변경 결정을 하여서는 아니 될 특별한 사정이 있는 경우에는 그러하지 아니하다.

② 다음 각 호의 기관·시설 또는 단체의 장은 검사에게 제１항의 청구를 하도록 요청할 수 있다. 이 경우 청구를 요청받은 검사는 요청받은 날부터 30일 내에 해당 기관·시설 또는 단체의 장에게 그 처리 결과를 통보하여야 한다. <개정 2019·1·15>

1. 「아동복지법」 제10조의2에 따른 아동권

리보장원 또는 같은 법 제45조에 따른 아동보호전문기관
2. 「성폭력방지 및 피해자보호 등에 관한 법률」 제10조의 성폭력피해상담소 및 같은 법 제12조의 성폭력피해자보호시설
3. 「청소년복지 지원법」 제29조제1항에 따른 청소년상담복지센터 및 같은 법 제31조제1호에 따른 청소년쉼터
③ 제2항 각 호 외의 부분 후단에 따라 처리 결과를 통보받은 기관·시설 또는 단체의 장은 그 처리 결과에 대하여 이의가 있을 경우 통보받은 날부터 30일 내에 직접 법원에 제1항의 청구를 할 수 있다.

제24조(피해아동·청소년의 보호조치 결정) 법원은 아동·청소년대상 성범죄 사건의 가해자에게 「민법」 제924조에 따라 친권상실선고를 하는 경우에는 피해아동·청소년을 다른 친권자 또는 친족에게 인도하거나 제45조 또는 제46조의 기관·시설 또는 단체에 인도하는 등의 보호조치를 결정할 수 있다. 이 경우 그 아동·청소년의 의견을 존중하여야 한다.

제25조(수사 및 재판 절차에서의 배려) ① 수사기관과 법원 및 소송관계인은 아동·청소년대상 성범죄를 당한 피해자의 나이, 심리상태 또는 후유장애의 유무 등을 신중하게 고려하여 조사 및 심리·재판 과정에서 피해자의 인격이나 명예가 손상되거나 사적인 비밀이 침해되지 아니하도록 주의하여야 한다.
② 수사기관과 법원은 아동·청소년대상 성범죄의 피해자를 조사하거나 심리·재판할 때 피해자가 편안한 상태에서 진술할 수 있는 환경을 조성하여야 하며, 조사 및 심리·재판 횟수는 필요한 범위에서 최소한으로 하여야 한다.
③ 수사기관과 법원은 제2항에 따른 조사나 심리·재판을 할 때 피해아동·청소년이 13세 미만이거나 신체적인 또는 정신적인 장애로 의사소통이나 의사표현에 어려움이 있는 경우 조력을 위하여 「성폭력범죄의 처벌 등에 관한 특례법」 제36조부터 제39조까지를 준용한다. 이 경우 "성폭력범죄"는 "아동·청소년대상 성범죄"로, "피해자"는 "피해아동·청소년"으로 본다. <신설 2020·12·8>

제25조의2(아동·청소년대상 디지털 성범죄의 수사 특례) ① 사법경찰관리는 다음 각 호의 어느 하나에 해당하는 범죄(이하 "디지털 성범죄"라 한다)에 대하여 신분을 비공개하고 범죄현장(정보통신망을 포함한다) 또는 범인으로 추정되는 자들에게 접근하여 범죄행위의 증거 및 자료 등을 수집(이하 "신분비공개수사"라 한다)할 수 있다.
1. 제11조 및 제15조의2의 죄
2. 아동·청소년에 대한 「성폭력범죄의 처벌 등에 관한 특례법」 제14조제2항 및 제3항의 죄
② 사법경찰관리는 디지털 성범죄를 계획 또는 실행하고 있거나 실행하였다고 의심할 만한 충분한 이유가 있고, 다른 방법으로는 그 범죄의 실행을 저지하거나 범인의 체포 또는 증거의 수집이 어려운 경우에 한정하여 수사 목적을 달성하기 위하여 부득이한 때에는 다음 각 호의 행위(이하 "신분위장수사"라 한다)를 할 수 있다.
1. 신분을 위장하기 위한 문서, 도화 및 전자기록 등의 작성, 변경 또는 행사
2. 위장 신분을 사용한 계약·거래
3. 아동·청소년성착취물 또는 「성폭력범죄의 처벌 등에 관한 특례법」 제14조제2항의 촬영물 또는 복제물(복제물의 복제물을 포함한다)의 소지, 판매 또는 광고
③ 제1항에 따른 수사의 방법 등에 필요한 사항은 대통령령으로 정한다.
〔본조신설 2021·3·23〕

제25조의3(아동·청소년대상 디지털 성범죄 수사 특례의 절차) ① 사법경찰관리가 신분비공개수사를 진행하고자 할 때에는 사전에 상급 경찰관서 수사부서의 장의 승인을 받아야 한다. 이 경우 그 수사기간은 3개월을 초과할 수 없다.
② 제1항에 따른 승인의 절차 및 방법 등에 필요한 사항은 대통령령으로 정한다.
③ 사법경찰관리는 신분위장수사를 하려는 경우에는 검사에게 신분위장수사에 대한 허가를 신청하고, 검사는 법원에 그 허가를 청구한다.
④ 제3항의 신청은 필요한 신분위장수사의 종류·목적·대상·범위·기간·장소·방법 및 해당 신분위장수사가 제25조의2제2항의 요건을 충족하는 사유 등의 신청사유를 기재한 서면으로 하여야 하며, 신청사유에 대한 소명자료를 첨부하여야 한다.

⑤ 법원은 제 3 항의 신청이 이유 있다고 인정하는 경우에는 신분위장수사를 허가하고, 이를 증명하는 서류(이하 "허가서"라 한다)를 신청인에게 발부한다.
⑥ 허가서에는 신분위장수사의 종류·목적·대상·범위·기간·장소·방법 등을 특정하여 기재하여야 한다.
⑦ 신분위장수사의 기간은 3개월을 초과할 수 없으며, 그 수사기간 중 수사의 목적이 달성되었을 경우에는 즉시 종료하여야 한다.
⑧ 제 7 항에도 불구하고 제25조의2제 2 항의 요건이 존속하여 그 수사기간을 연장할 필요가 있는 경우에는 사법경찰관리는 소명자료를 첨부하여 3개월의 범위에서 수사기간의 연장을 검사에게 신청하고, 검사는 법원에 그 연장을 청구한다. 이 경우 신분위장수사의 총 기간은 1년을 초과할 수 없다.
〔본조신설 2021·3·23〕

제25조의4(아동·청소년대상 디지털 성범죄에 대한 긴급 신분비공개수사) ① 사법경찰관리는 디지털 성범죄에 대하여 제25조의3제 1 항 및 제 2 항에 따른 절차를 거칠 수 없는 긴급을 요하는 때에는 상급 경찰관서 수사부서의 장의 승인 없이 신분비공개수사를 할 수 있다.
② 사법경찰관리는 제 1 항에 따른 신분비공개수사 개시 후 지체 없이 상급 경찰관서 수사부서의 장에게 보고하여야 하고, 사법경찰관리는 48시간 이내에 상급 경찰관서 수사부서의 장의 승인을 받지 못한 때에는 즉시 신분비공개수사를 중지하여야 한다.
③ 제 1 항 및 제 2 항에 따른 신분비공개수사 기간에 대해서는 제25조의3제 1 항 후단을 준용한다.
〔본조신설 2024·10·16〕

제25조의5(아동·청소년대상 디지털 성범죄에 대한 긴급 신분위장수사) ① 사법경찰관리는 제25조의2제 2 항의 요건을 구비하고, 제25조의3제 3 항부터 제 8 항까지에 따른 절차를 거칠 수 없는 긴급을 요하는 때에는 법원의 허가 없이 신분위장수사를 할 수 있다.
② 사법경찰관리는 제 1 항에 따른 신분위장수사 개시 후 지체 없이 검사에게 허가를 신청하여야 하고, 사법경찰관리는 48시간 이내에 법원의 허가를 받지 못한 때에는 즉시 신분위장수사를 중지하여야 한다.
③ 제 1 항 및 제 2 항에 따른 신분위장수사 기간에 대해서는 제25조의3제 7 항 및 제 8 항을 준용한다.
〔본조신설 2021·3·23〕

제25조의6(아동·청소년대상 디지털 성범죄에 대한 신분비공개수사 또는 신분위장수사로 수집한 증거 및 자료 등의 사용제한) 사법경찰관리가 제25조의2부터 제25조의5까지에 따라 수집한 증거 및 자료 등은 다음 각 호의 어느 하나에 해당하는 경우 외에는 사용할 수 없다. <개정 2024·10·16>
1. 신분비공개수사 또는 신분위장수사의 목적이 된 디지털 성범죄나 이와 관련되는 범죄를 수사·소추하거나 그 범죄를 예방하기 위하여 사용하는 경우
2. 신분비공개수사 또는 신분위장수사의 목적이 된 디지털 성범죄나 이와 관련되는 범죄로 인한 징계절차에 사용하는 경우
3. 증거 및 자료 수집의 대상자가 제기하는 손해배상청구소송에서 사용하는 경우
4. 그 밖에 다른 법률의 규정에 의하여 사용하는 경우
〔본조신설 2021·3·23〕

제25조의7(국가경찰위원회와 국회의 통제) ① 「국가경찰과 자치경찰의 조직 및 운영에 관한 법률」 제16조제 1 항에 따른 국가수사본부장(이하 "국가수사본부장"이라 한다)은 신분비공개수사가 종료된 즉시 대통령령으로 정하는 바에 따라 같은 법 제 7 조제 1 항에 따른 국가경찰위원회에 수사 관련 자료를 보고하여야 한다.
② 국가수사본부장은 대통령령으로 정하는 바에 따라 국회 소관 상임위원회에 신분비공개수사 관련 자료를 반기별로 보고하여야 한다.
〔본조신설 2021·3·23〕

제25조의8(비밀준수의 의무) ① 제25조의2부터 제25조의7까지에 따른 신분비공개수사 또는 신분위장수사에 대한 승인·집행·보고 및 각종 서류작성 등에 관여한 공무원 또는 그 직에 있었던 자는 직무상 알게 된 신분비공개수사 또는 신분위장수사에 관한 사항을 외부에 공개하거나 누설하여서는 아니 된다. <개정 2024·10·16>
② 제 1 항의 비밀유지에 관하여 필요한 사항은 대통령령으로 정한다.
〔본조신설 2021·3·23〕

제25조의9(면책) ① 사법경찰관리가 신분비공개수사 또는 신분위장수사 중 부득이한 사유로 위법행위를 한 경우 그 행위에 고의나 중대한 과실이 없는 경우에는 벌하지 아니한다.
② 제1항에 따른 위법행위가 「국가공무원법」 제78조제1항에 따른 징계 사유에 해당하더라도 그 행위에 고의나 중대한 과실이 없는 경우에는 징계 요구 또는 문책 요구 등 책임을 묻지 아니한다.
③ 신분비공개수사 또는 신분위장수사 행위로 타인에게 손해가 발생한 경우라도 사법경찰관리는 그 행위에 고의나 중대한 과실이 없는 경우에는 그 손해에 대한 책임을 지지 아니한다.
〔본조신설 2021·3·23〕

제25조의10(수사 지원 및 교육) 상급 경찰관서 수사부서의 장은 신분비공개수사 또는 신분위장수사를 승인하거나 보고받은 경우 사법경찰관리에게 수사에 필요한 인적·물적 지원을 하고, 전문지식과 피해자 보호를 위한 수사방법 및 수사절차 등에 관한 교육을 실시하여야 한다.
〔본조신설 2021·3·23〕

제26조(영상물의 촬영·보존 등) ① 아동·청소년대상 성범죄 피해자의 진술내용과 조사과정은 비디오녹화기 등 영상물 녹화장치로 촬영·보존하여야 한다.
② 제1항에 따른 영상물 녹화는 피해자 또는 법정대리인이 이를 원하지 아니하는 의사를 표시한 때에는 촬영을 하여서는 아니된다. 다만, 가해자가 친권자 중 일방인 경우는 그러하지 아니하다.
③ 제1항에 따른 영상물 녹화는 조사의 개시부터 종료까지의 전 과정 및 객관적 정황을 녹화하여야 하고, 녹화가 완료된 때에는 지체 없이 그 원본을 피해자 또는 변호사 앞에서 봉인하고 피해자로 하여금 기명날인 또는 서명하게 하여야 한다.
④ 검사 또는 사법경찰관은 피해자가 제1항의 녹화장소에 도착한 시각, 녹화를 시작하고 마친 시각, 그 밖에 녹화과정의 진행경과를 확인하기 위하여 필요한 사항을 조서 또는 별도의 서면에 기록한 후 수사기록에 편철하여야 한다.
⑤ 검사 또는 사법경찰관은 피해자 또는 법정대리인이 신청하는 경우에는 영상물 촬영과정에서 작성한 조서의 사본을 신청인에게 교부하거나 영상물을 재생하여 시청하게 하여야 한다.
⑥ 제1항부터 제4항까지의 절차에 따라 촬영한 영상물에 수록된 피해자의 진술은 공판준비기일 또는 공판기일에 피해자 또는 조사과정에 동석하였던 신뢰관계에 있는 자의 진술에 의하여 그 성립의 진정함이 인정된 때에는 증거로 할 수 있다.
⑦ 누구든지 제1항에 따라 촬영한 영상물을 수사 및 재판의 용도 외에 다른 목적으로 사용하여서는 아니 된다.

제27조(증거보전의 특례) ① 아동·청소년대상 성범죄의 피해자, 그 법정대리인 또는 경찰은 피해자가 공판기일에 출석하여 증언하는 것에 현저히 곤란한 사정이 있을 때에는 그 사유를 소명하여 제26조에 따라 촬영된 영상물 또는 그 밖의 다른 증거물에 대하여 해당 성범죄를 수사하는 검사에게 「형사소송법」 제184조제1항에 따른 증거보전의 청구를 할 것을 요청할 수 있다.
② 제1항의 요청을 받은 검사는 그 요청이 상당한 이유가 있다고 인정하는 때에는 증거보전의 청구를 하여야 한다.

제28조(신뢰관계에 있는 사람의 동석) ① 법원은 아동·청소년대상 성범죄의 피해자를 증인으로 신문하는 경우에 검사, 피해자 또는 법정대리인이 신청하는 경우에는 재판에 지장을 줄 우려가 있는 등 부득이한 경우가 아니면 피해자와 신뢰관계에 있는 사람을 동석하게 하여야 한다.
② 제1항은 수사기관이 제1항의 피해자를 조사하는 경우에 관하여 준용한다.
③ 제1항 및 제2항의 경우 법원과 수사기관은 피해자와 신뢰관계에 있는 사람이 피해자에게 불리하거나 피해자가 원하지 아니하는 경우에는 동석하게 하여서는 아니된다.

제29조(서류·증거물의 열람·등사) 아동·청소년대상 성범죄의 피해자, 그 법정대리인 또는 변호사는 재판장의 허가를 받아 소송계속 중의 관계 서류 또는 증거물을 열람하거나 등사할 수 있다.

제30조(피해아동·청소년 등에 대한 변호사선임의 특례) ① 아동·청소년대상 성범죄의

피해자 및 그 법정대리인은 형사절차상 입을 수 있는 피해를 방어하고 법률적 조력을 보장하기 위하여 변호사를 선임할 수 있다.

② 제1항에 따른 변호사에 관하여는 「성폭력범죄의 처벌 등에 관한 특례법」 제27조 제2항부터 제6항까지를 준용한다.

제31조(비밀누설 금지) ① 아동·청소년대상 성범죄의 수사 또는 재판을 담당하거나 이에 관여하는 공무원 또는 그 직에 있었던 사람은 피해아동·청소년의 주소·성명·연령·학교 또는 직업·용모 등 그 아동·청소년을 특정할 수 있는 인적사항이나 사진 등 또는 그 아동·청소년의 사생활에 관한 비밀을 공개하거나 타인에게 누설하여서는 아니 된다. <개정 2020·5·19>

② 제45조 및 제46조의 기관·시설 또는 단체의 장이나 이를 보조하는 자 또는 그 직에 있었던 자는 직무상 알게 된 비밀을 타인에게 누설하여서는 아니 된다.

③ 누구든지 피해아동·청소년의 주소·성명·연령·학교 또는 직업·용모 등 그 아동·청소년을 특정하여 파악할 수 있는 인적사항이나 사진 등을 신문 등 인쇄물에 싣거나 「방송법」 제2조제1호에 따른 방송(이하 "방송"이라 한다) 또는 정보통신망을 통하여 공개하여서는 아니 된다. <개정 2020·5·19>

④ 제1항부터 제3항까지를 위반한 자는 7년 이하의 징역 또는 5천만원 이하의 벌금에 처한다. 이 경우 징역형과 벌금형은 병과할 수 있다.

제32조(양벌규정) 법인의 대표자나 법인 또는 개인의 대리인, 사용인, 그 밖의 종업원이 그 법인 또는 개인의 업무에 관하여 제14조제3항, 제15조제2항·제3항 또는 제31조제3항의 어느 하나에 해당하는 위반행위를 하면 그 행위자를 벌하는 외에 그 법인 또는 개인에게도 해당 조문의 벌금형을 과(科)하고, 제11조제1항부터 제6항까지, 제12조, 제14조제1항·제2항·제4항 또는 제15조제1항의 어느 하나에 해당하는 위반행위를 하면 그 행위자를 벌하는 외에 그 법인 또는 개인을 5천만원 이하의 벌금에 처한다. 다만, 법인 또는 개인이 그 위반행위를 방지하기 위하여 해당 업무에 관하여 상당한 주의와 감독을 게을리하지 아니한 경우에는 그러하지 아니하다. <개정 2023·4·11>

제33조(내국인의 국외범 처벌) 국가는 국민이 대한민국 영역 외에서 아동·청소년대상 성범죄를 범하여 「형법」 제3조에 따라 형사처벌하여야 할 경우에는 외국으로부터 범죄정보를 신속히 입수하여 처벌하도록 노력하여야 한다.

제3장 아동·청소년대상 성범죄의 신고·응급조치와 피해아동·청소년의 보호·지원

제34조(아동·청소년대상 성범죄의 신고) ① 누구든지 아동·청소년대상 성범죄의 발생 사실을 알게 된 때에는 수사기관에 신고할 수 있다.

② 다음 각 호의 어느 하나에 해당하는 기관·시설 또는 단체의 장과 그 종사자는 직무상 아동·청소년대상 성범죄의 발생 사실을 알게 된 때에는 즉시 수사기관에 신고하여야 한다. <개정 2014·1·21, 2018·1·16, 2019·11·26, 2020·12·8, 2023·4·11>

1. 「유아교육법」 제2조제2호의 유치원
2. 「초·중등교육법」 제2조의 학교, 같은 법 제28조와 같은 법 시행령 제54조에 따른 위탁 교육기관 및 「고등교육법」 제2조의 학교

2의2. 특별시·광역시·특별자치시·도·특별자치도 교육청 또는 「지방교육자치에 관한 법률」 제34조에 따른 교육지원청이 「초·중등교육법」 제28조에 따라 직접 설치·운영하거나 위탁하여 운영하는 학생상담지원시설 또는 위탁 교육시설

2의3. 「제주특별자치도 설치 및 국제자유도시 조성을 위한 특별법」 제223조에 따라 설립된 국제학교

3. 「의료법」 제3조의 의료기관
4. 「아동복지법」 제3조제10호의 아동복지시설 및 같은 법 제37조에 따른 통합서비스 수행기관
5. 「장애인복지법」 제58조의 장애인복지시설
6. 「영유아보육법」 제2조제3호의 어린이집, 같은 법 제7조에 따른 육아종합지원센터 및 같은 법 제26조의2에 따른 시간

제보육서비스지정기관
7.「학원의 설립·운영 및 과외교습에 관한 법률」제2조제1호의 학원 및 같은 조 제2호의 교습소
8.「성매매방지 및 피해자보호 등에 관한 법률」제9조의 성매매피해자등을 위한 지원시설 및 같은 법 제17조의 성매매피해 상담소
9.「한부모가족지원법」제19조에 따른 한부모가족복지시설
10.「가정폭력방지 및 피해자보호 등에 관한 법률」제5조의 가정폭력 관련 상담소 및 같은 법 제7조의 가정폭력피해자 보호시설
11.「성폭력방지 및 피해자보호 등에 관한 법률」제10조의 성폭력피해상담소 및 같은 법 제12조의 성폭력피해자보호시설
12.「청소년활동 진흥법」제2조제2호의 청소년활동시설
13.「청소년복지 지원법」제29조제1항에 따른 청소년상담복지센터 및 같은 법 제31조제1호에 따른 청소년쉼터
13의2.「학교 밖 청소년 지원에 관한 법률」제12조에 따른 학교 밖 청소년 지원센터
14.「청소년 보호법」제35조의 청소년 보호·재활센터
15.「국민체육진흥법」제2조제9호가목 및 나목의 체육단체
16.「대중문화예술산업발전법」제2조제7호에 따른 대중문화예술기획업자가 같은 조 제6호에 따른 대중문화예술기획업 중 같은 조 제3호에 따른 대중문화예술인에 대한 훈련·지도·상담 등을 하는 영업장(이하 "대중문화예술기획업소"라 한다)

③ 다른 법률에 규정이 있는 경우를 제외하고는 누구든지 신고자 등의 인적사항이나 사진 등 그 신원을 알 수 있는 정보나 자료를 출판물에 게재하거나 방송 또는 정보통신망을 통하여 공개하여서는 아니 된다.

제35조(신고의무자에 대한 교육) ① 관계 행정기관의 장은 제34조제2항 각 호의 기관·시설 또는 단체의 장과 그 종사자의 자격취득 과정에 아동·청소년대상 성범죄 예방 및 신고의무와 관련된 교육내용을 포함시켜야 한다.

② 여성가족부장관은 제34조제2항 각 호의 기관·시설 또는 단체의 장과 그 종사자에 대하여 성범죄 예방 및 신고의무와 관련된 교육을 실시할 수 있다.

③ 제2항의 교육에 필요한 사항은 대통령령으로 정한다.

제36조(피해아동·청소년의 보호) 아동·청소년대상 성범죄를 저지른 자가 피해아동·청소년과「가정폭력범죄의 처벌 등에 관한 특례법」제2조제2호의 가정구성원인 관계에 있는 경우로서 피해아동·청소년을 보호할 필요가 있는 때에는 같은 법 제5조, 제8조, 제29조 및 제49조부터 제53조까지의 규정을 준용한다.

제37조(피해아동·청소년 등의 상담 및 치료) ① 국가는 피해아동·청소년 등의 신체적·정신적 회복을 위하여 제46조의 상담시설 또는「성폭력방지 및 피해자보호 등에 관한 법률」제27조의 성폭력 전담의료기관으로 하여금 다음 각 호의 사람에게 상담이나 치료프로그램(이하 "상담·치료프로그램"이라 한다)을 제공하도록 요청할 수 있다.
1. 피해아동·청소년
2. 피해아동·청소년의 보호자 및 형제·자매
3. 그 밖에 대통령령으로 정하는 사람

② 제1항에 따라 상담·치료프로그램 제공을 요청받은 기관은 정당한 이유 없이 그 요청을 거부할 수 없다.

제38조(성매매 피해아동·청소년에 대한 조치 등) ①「성매매알선 등 행위의 처벌에 관한 법률」제21조제1항에도 불구하고 제13조제1항의 죄의 상대방이 된 아동·청소년에 대하여는 보호를 위하여 처벌하지 아니한다. <개정 2020·5·19>

② 검사 또는 사법경찰관은 성매매 피해아동·청소년을 발견한 경우 신속하게 사건을 수사한 후 지체 없이 여성가족부장관 및 제47조의2에 따른 성매매 피해아동·청소년 지원센터를 관할하는 특별시장·광역시장·특별자치시장·도지사·특별자치도지사(이하 "시·도지사"라 한다)에게 통지하여야 한다. <개정 2020·5·19>

③ 여성가족부장관은 제2항에 따른 통지를 받은 경우 해당 성매매 피해아동·청소년에 대하여 다음 각 호의 어느 하나에 해당하는 조치를 하여야 한다. <개정 2020·5·19>
1. 제45조에 따른 보호시설 또는 제46조에

따른 상담시설과의 연계
2. 제47조의2에 따른 성매매 피해아동·청소년 지원센터에서 제공하는 교육·상담 및 지원 프로그램 등의 참여
④ 삭제 <2020·5·19>

제38조의2(아동·청소년대상 디지털 성범죄의 피해확대 방지 및 피해자 보호 등을 위한 조치) ① 사법경찰관리는 아동·청소년성착취물에 대한 신고를 받고 해당 아동·청소년성착취물이 정보통신망을 통하여 게시·상영 또는 유통되고 있다는 사실을 확인한 경우에는 지체 없이 「방송통신위원회의 설치 및 운영에 관한 법률」 제18조에 따른 방송통신심의위원회에 해당 아동·청소년성착취물에 대한 삭제 또는 접속차단 등의 조치를 하여줄 것을 요청하여야 한다. 이 경우 사법경찰관리는 아동·청소년성착취물의 삭제 또는 접속차단 등의 처리절차에 관하여 특별한 사정이 없으면 해당 피해아동·청소년(보호자가 있는 경우에는 그 보호자를 포함한다)에게 안내하여야 한다.
② 사법경찰관리는 제15조의2에 해당하는 위반행위에 대한 신고를 받은 경우 그 위반행위를 하고 있다고 의심될 만한 상당한 이유가 있는 사람에 대하여는 즉시 그 위반행위를 중단할 것을 통보하고, 그 위반행위를 중단하지 아니할 경우 처벌받을 수 있음을 서면으로 경고하여야 한다. 다만, 사법경찰관리가 신분비공개수사 및 신분위장수사가 필요하다고 판단하는 경우에는 그러하지 아니하다.
③ 사법경찰관리는 디지털 성범죄의 피해아동·청소년이 재차 피해를 입을 위험이 현저하여 신변을 보호할 필요가 있다고 인정되는 경우 해당 피해아동·청소년을 제45조에 따른 보호시설 또는 제46조에 따른 상담시설로 인도할 수 있다. 이 경우 그 피해아동·청소년의 동의를 얻어야 한다.
〔본조신설 2024·10·16〕

제39조 및 **제40조** 삭제 <2020·5·19>

제41조(피해아동·청소년 등을 위한 조치의 청구) 검사는 성범죄의 피해를 받은 아동·청소년을 위하여 지속적으로 위해의 배제와 보호가 필요하다고 인정하는 경우 법원에 제1호의 보호관찰과 함께 제2호부터 제5호까지의 조치를 청구할 수 있다. 다만, 「전자장치 부착 등에 관한 법률」 제9조의2제1항제2호 및 제3호에 따라 가해자에게 특정지역 출입금지 등의 준수사항을 부과하는 경우에는 그러하지 아니하다. <개정 2020·2·4, 2020·12·8>
1. 가해자에 대한 「보호관찰 등에 관한 법률」에 따른 보호관찰
2. 피해를 받은 아동·청소년의 주거 등으로부터 가해자를 분리하거나 퇴거하는 조치
3. 피해를 받은 아동·청소년의 주거, 학교, 유치원 등으로부터 100미터 이내에 가해자 또는 가해자의 대리인의 접근을 금지하는 조치
4. 「전기통신기본법」 제2조제1호의 전기통신이나 우편물을 이용하여 가해자가 피해를 받은 아동·청소년 또는 그 보호자와 접촉을 하는 행위의 금지
5. 제45조에 따른 보호시설에 대한 보호위탁결정 등 피해를 받은 아동·청소년의 보호를 위하여 필요한 조치

제42조(피해아동·청소년 등에 대한 보호처분의 판결 등) ① 법원은 제41조에 따른 보호처분의 청구가 이유 있다고 인정할 때에는 6개월의 범위에서 기간을 정하여 판결로 보호처분을 선고하여야 한다.
② 제41조 각 호의 보호처분은 병과할 수 있다.
③ 검사는 제1항에 따른 보호처분 기간의 연장이 필요하다고 인정하는 경우 법원에 그 기간의 연장을 청구할 수 있다. 이 경우 보호처분 기간의 연장 횟수는 3회 이내로 하고, 연장기간은 각각 6개월 이내로 한다.
④ 보호처분 청구사건의 판결은 아동·청소년대상 성범죄 사건의 판결과 동시에 선고하여야 한다.
⑤ 피해자 또는 법정대리인은 제41조제1호 및 제2호의 보호처분 후 주거 등을 옮긴 때에는 관할 법원에 보호처분 결정의 변경을 신청할 수 있다.
⑥ 법원은 제1항에 따른 보호처분을 결정한 때에는 검사, 피해자, 가해자, 보호관찰관 및 보호처분을 위탁받아 행하는 보호시설의 장에게 각각 통지하여야 한다. 다만, 보호시설이 민간에 의하여 운영되는 기관인 경우에는 그 시설의 장으로부터 수탁에 대

한 동의를 받아야 한다.

⑦ 보호처분 결정의 집행에 관하여 필요한 사항은 「가정폭력범죄의 처벌 등에 관한 특례법」 제43조를 준용한다.

제43조(피해아동 · 청소년 등에 대한 보호처분의 변경과 종결) ① 검사는 제42조에 따른 보호처분에 대하여 그 내용의 변경 또는 종결을 법원에 청구할 수 있다.

② 법원은 제1항에 따른 청구가 있는 경우 해당 보호처분이 피해를 받은 아동 · 청소년의 보호에 적절한지 여부에 대하여 심사한 후 보호처분의 변경 또는 종결이 필요하다고 인정하는 경우에는 이를 변경 또는 종결하여야 한다.

제44조(가해아동 · 청소년의 처리) ① 10세 이상 14세 미만의 아동 · 청소년이 제2조제2호나목 및 다목의 죄와 제7조의 죄를 범한 경우에 수사기관은 신속히 수사하고, 그 사건을 관할 법원 소년부에 송치하여야 한다.

② 14세 이상 16세 미만의 아동 · 청소년이 제1항의 죄를 범하여 그 사건이 관할 법원 소년부로 송치된 경우 송치받은 법원 소년부 판사는 그 아동 · 청소년에게 다음 각호의 어느 하나에 해당하는 보호처분을 할 수 있다.

1. 「소년법」 제32조제1항 각 호의 보호처분
2. 「청소년 보호법」 제35조의 청소년 보호 · 재활센터에 선도보호를 위탁하는 보호처분

③ 사법경찰관은 제1항에 따른 가해아동 · 청소년을 발견한 경우 특별한 사정이 없으면 그 사실을 가해아동 · 청소년의 법정대리인 등에게 통지하여야 한다.

④ 판사는 제1항 및 제2항에 따라 관할 법원 소년부에 송치된 가해아동 · 청소년에 대하여 「소년법」 제32조제1항제4호 또는 제5호의 처분을 하는 경우 재범예방에 필요한 수강명령을 하여야 한다.

⑤ 검사는 가해아동 · 청소년에 대하여 소년부 송치 여부를 검토한 결과 소년부 송치가 적절하지 아니한 경우 가해아동 · 청소년으로 하여금 재범예방에 필요한 교육과정이나 상담과정을 마치게 하여야 한다.

⑥ 제5항에 따른 교육과정이나 상담과정에 관하여 필요한 사항은 대통령령으로 정한다.

제45조(보호시설) 「성매매방지 및 피해자보호 등에 관한 법률」 제9조제1항제2호의 청소년 지원시설, 「청소년복지 지원법」 제29조제1항에 따른 청소년상담복지센터 및 같은 법 제31조제1호에 따른 청소년쉼터 또는 「청소년 보호법」 제35조의 청소년 보호 · 재활센터는 다음 각 호의 업무를 수행할 수 있다. <개정 2020 · 5 · 19>

1. 제46조제1항 각 호의 업무
2. 성매매 피해아동 · 청소년의 보호 · 자립 지원
3. 장기치료가 필요한 성매매 피해아동 · 청소년의 다른 기관과의 연계 및 위탁

제46조(상담시설) ① 「성매매방지 및 피해자 보호 등에 관한 법률」 제17조의 성매매피해상담소 및 「청소년복지 지원법」 제29조제1항에 따른 청소년상담복지센터는 다음 각 호의 업무를 수행할 수 있다. <개정 2020 · 5 · 19>

1. 제7조부터 제18조까지의 범죄 신고의 접수 및 상담
2. 성매매 피해아동 · 청소년과 병원 또는 관련 시설과의 연계 및 위탁
3. 그 밖에 아동 · 청소년 성매매 등과 관련한 조사 · 연구

② 「성폭력방지 및 피해자보호 등에 관한 법률」 제10조의 성폭력피해상담소 및 같은 법 제12조의 성폭력피해자보호시설은 다음 각 호의 업무를 수행할 수 있다. <개정 2020 · 5 · 19>

1. 제7조, 제8조, 제8조의2, 제9조부터 제11조까지 및 제16조의 범죄에 대한 신고의 접수 및 상담
2. 아동 · 청소년대상 성폭력범죄로 인하여 정상적인 생활이 어렵거나 그 밖의 사정으로 긴급히 보호를 필요로 하는 피해아동 · 청소년을 병원이나 성폭력피해자보호시설로 데려다 주거나 일시 보호하는 업무
3. 피해아동 · 청소년의 신체적 · 정신적 안정회복과 사회복귀를 돕는 업무
4. 가해자에 대한 민사상 · 형사상 소송과 피해배상청구 등의 사법처리절차에 관하여 대한변호사협회 · 대한법률구조공단 등 관계 기관에 필요한 협조와 지원을 요청하는 업무
5. 아동 · 청소년대상 성폭력범죄의 가해아동 · 청소년과 그 법정대리인에 대한 교육 ·

상담 프로그램의 운영
6. 아동·청소년 관련 성보호 전문가에 대한 교육
7. 아동·청소년대상 성폭력범죄의 예방과 방지를 위한 홍보
8. 아동·청소년대상 성폭력범죄 및 그 피해에 관한 조사·연구
9. 그 밖에 피해아동·청소년의 보호를 위하여 필요한 업무

제47조(아동·청소년대상 성교육 전문기관의 설치·운영) ① 국가와 지방자치단체는 아동·청소년의 건전한 성가치관 조성과 성범죄 예방을 위하여 아동·청소년대상 성교육 전문기관(이하 "성교육 전문기관"이라 한다)을 설치하거나 해당 업무를 전문단체에 위탁할 수 있다.

② 제1항에 따른 위탁 관련 사항, 성교육 전문기관에 두는 종사자 등 직원의 자격 및 설치기준과 운영에 관하여 필요한 사항은 대통령령으로 정한다.

제47조의2(성매매 피해아동·청소년 지원센터의 설치) ① 여성가족부장관 또는 시·도지사 및 시장·군수·구청장(자치구의 구청장을 말한다. 이하 같다)은 성매매 피해아동·청소년의 보호를 위하여 성매매 피해아동·청소년 지원센터(이하 "성매매 피해아동·청소년 지원센터"라 한다)를 설치·운영할 수 있다.

② 성매매 피해아동·청소년 지원센터는 다음 각 호의 업무를 수행한다.
1. 제12조부터 제15조까지의 범죄에 대한 신고의 접수 및 상담
2. 성매매 피해아동·청소년의 교육·상담 및 지원
3. 성매매 피해아동·청소년을 병원이나 「성매매방지 및 피해자보호 등에 관한 법률」 제9조에 따른 지원시설로 데려다 주거나 일시 보호하는 업무
4. 성매매 피해아동·청소년의 신체적·정신적 치료·안정회복과 사회복귀를 돕는 업무
5. 성매매 피해아동·청소년의 법정대리인을 대상으로 한 교육·상담프로그램 운영
6. 아동·청소년 성매매 등에 관한 조사·연구
7. 그 밖에 성매매 피해아동·청소년의 보호 및 지원을 위하여 필요한 업무로서 대통령령으로 정하는 업무

③ 국가와 지방자치단체는 제2항에 따른 성매매 피해아동·청소년 지원센터의 업무에 대하여 예산의 범위에서 그 경비의 일부를 보조하여야 한다.

④ 성매매 피해아동·청소년 지원센터의 운영은 여성가족부령으로 정하는 바에 따라 비영리법인 또는 단체에 위탁할 수 있다.

〔본조신설 2020·5·19〕

제48조 삭제 <2020·5·19>

제4장 성범죄로 유죄판결이 확정된 자의 신상정보 공개와 취업제한 등

제49조(등록정보의 공개) ① 법원은 다음 각 호의 어느 하나에 해당하는 자에 대하여 판결로 제4항의 공개정보를 「성폭력범죄의 처벌 등에 관한 특례법」 제45조제1항의 등록기간 동안 정보통신망을 이용하여 공개하도록 하는 명령(이하 "공개명령"이라 한다)을 등록대상 사건의 판결과 동시에 선고하여야 한다. 다만, 피고인이 아동·청소년인 경우, 그 밖에 신상정보를 공개하여서는 아니 될 특별한 사정이 있다고 판단하는 경우에는 그러하지 아니하다. <개정 2019·11·26, 2020·5·19>
1. 아동·청소년대상 성범죄를 저지른 자
2. 「성폭력범죄의 처벌 등에 관한 특례법」 제2조제1항제3호·제4호, 같은 조 제2항(제1항제3호·제4호에 한정한다), 제3조부터 제15조까지의 범죄를 저지른 자
3. 제1호 또는 제2호의 죄를 범하였으나 「형법」 제10조제1항에 따라 처벌할 수 없는 자로서 제1호 또는 제2호의 죄를 다시 범할 위험성이 있다고 인정되는 자

② 제1항에 따른 등록정보의 공개기간(「형의 실효 등에 관한 법률」 제7조에 따른 기간을 초과하지 못한다)은 판결이 확정된 때부터 기산한다. <개정 2016·5·29, 2019·11·26>

③ 다음 각 호의 기간은 제1항에 따른 공개기간에 넣어 계산하지 아니한다. <신설 2019·11·26>
1. 공개명령을 받은 자(이하 "공개대상자"라

한다)가 신상정보 공개의 원인이 된 성범죄로 교정시설 또는 치료감호시설에 수용된 기간. 이 경우 신상정보 공개의 원인이 된 성범죄와 다른 범죄가 「형법」 제37조(판결이 확정되지 아니한 수개의 죄를 경합범으로 하는 경우로 한정한다)에 따라 경합되어 같은 법 제38조에 따라 형이 선고된 경우에는 그 선고형 전부를 신상정보 공개의 원인이 된 성범죄로 인한 선고형으로 본다.

2. 제1호에 따른 기간 이전의 기간으로서 제1호에 따른 기간과 이어져 공개대상자가 다른 범죄로 교정시설 또는 치료감호시설에 수용된 기간
3. 제1호에 따른 기간 이후의 기간으로서 제1호에 따른 기간과 이어져 공개대상자가 다른 범죄로 교정시설 또는 치료감호시설에 수용된 기간

④ 제1항에 따라 공개하도록 제공되는 등록정보(이하 "공개정보"라 한다)는 다음 각 호와 같다. <개정 2020·2·4, 2020·12·8>

1. 성명
2. 나이
3. 주소 및 실제거주지(「도로명 주소법」 제2조제3호에 따른 도로명 및 같은 조 제5호에 따른 건물번호까지로 한다)
4. 신체정보(키와 몸무게)
5. 사진
6. 등록대상 성범죄 요지(판결일자, 죄명, 선고형량을 포함한다)
7. 성폭력범죄 전과사실(죄명 및 횟수)
8. 「전자장치 부착 등에 관한 법률」에 따른 전자장치 부착 여부

⑤ 공개정보의 구체적인 형태와 내용에 관하여는 대통령령으로 정한다.

⑥ 공개정보를 정보통신망을 이용하여 열람하고자 하는 자는 실명인증 절차를 거쳐야 한다.

⑦ 실명인증, 공개정보 유출 방지를 위한 기술 및 관리에 관한 구체적인 방법과 절차는 대통령령으로 정한다.

제50조(등록정보의 고지) ① 법원은 공개대상자 중 다음 각 호의 어느 하나에 해당하는 자에 대하여 판결로 제49조에 따른 공개명령 기간 동안 제4항에 따른 고지정보를 제5항에 규정된 사람에 대하여 고지하도록 하는 명령(이하 "고지명령"이라 한다)을 등록대상 성범죄 사건의 판결과 동시에 선고하여야 한다. 다만, 피고인이 아동·청소년인 경우, 그 밖에 신상정보를 고지하여서는 아니 될 특별한 사정이 있다고 판단하는 경우에는 그러하지 아니하다. <개정 2020·5·19>

1. 아동·청소년대상 성범죄를 저지른 자
2. 「성폭력범죄의 처벌 등에 관한 특례법」 제2조제1항제3호·제4호, 같은 조 제2항(제1항제3호·제4호에 한정한다), 제3조부터 제15조까지의 범죄를 저지른 자
3. 제1호 또는 제2호의 죄를 범하였으나 「형법」 제10조제1항에 따라 처벌할 수 없는 자로서 제1호 또는 제2호의 죄를 다시 범할 위험성이 있다고 인정되는 자

② 고지명령을 선고받은 자(이하 "고지대상자"라 한다)는 공개명령을 선고받은 자로 본다.

③ 고지명령은 다음 각 호의 기간 내에 하여야 한다.

1. 집행유예를 선고받은 고지대상자는 신상정보 최초 등록일부터 1개월 이내
2. 금고 이상의 실형을 선고받은 고지대상자는 출소 후 거주할 지역에 전입한 날부터 1개월 이내
3. 고지대상자가 다른 지역으로 전출하는 경우에는 변경정보 등록일부터 1개월 이내

④ 제1항에 따라 고지하여야 하는 고지정보는 다음 각 호와 같다. <개정 2019·11·26>

1. 고지대상자가 이미 거주하고 있거나 전입하는 경우에는 제49조제4항의 공개정보. 다만, 제49조제4항제3호에 따른 주소 및 실제거주지는 상세주소를 포함한다.
2. 고지대상자가 전출하는 경우에는 제1호의 고지정보와 그 대상자의 전출 정보

⑤ 제4항의 고지정보는 고지대상자가 거주하는 읍·면·동의 아동·청소년이 속한 세대의 세대주와 다음 각 호의 자에게 고지한다. <개정 2014·1·21, 2023·4·11>

1. 「영유아보육법」에 따른 어린이집의 원장 및 육아종합지원센터·시간제보육서비스지정기관의 장
2. 「유아교육법」에 따른 유치원의 장
3. 「초·중등교육법」 제2조에 따른 학교의 장
4. 읍·면사무소와 동 주민센터의 장(경계를 같이 하는 읍·면 또는 동을 포함한다)

5. 「학원의 설립·운영 및 과외교습에 관한 법률」 제2조제2호에 따른 교습소의 장, 같은 조 제3호에 따른 개인과외교습자 및 제2조의2에 따른 학교교과교습학원의 장
6. 「아동복지법」 제52조제1항에 따른 아동복지시설 중 다음 각 목의 시설의 장
가. 아동양육시설
나. 아동일시보호시설
다. 아동보호치료시설
라. 공동생활가정
마. 지역아동센터
7. 「청소년복지 지원법」 제31조에 따른 청소년복지시설의 장
8. 「청소년활동 진흥법」 제10조제1호에 따른 청소년수련시설의 장

제51조(고지명령의 집행) ① 고지명령의 집행은 여성가족부장관이 한다.
② 법원은 고지명령의 판결이 확정되면 판결문 등본을 판결이 확정된 날부터 14일 이내에 법무부장관에게 송달하여야 하며, 법무부장관은 제50조제3항에 따른 기간 내에 고지명령이 집행될 수 있도록 최초등록 및 변경등록 시 고지대상자, 고지기간 및 같은 조 제4항 각 호에 규정된 고지정보를 지체 없이 여성가족부장관에게 송부하여야 한다.
③ 법무부장관은 고지대상자가 출소하는 경우 출소 1개월 전까지 다음 각 호의 정보를 여성가족부장관에게 송부하여야 한다.
1. 고지대상자의 출소 예정일
2. 고지대상자의 출소 후 거주지 상세주소
④ 여성가족부장관은 제50조제4항에 따른 고지정보를 관할구역에 거주하는 아동·청소년이 속한 세대의 세대주와 다음 각 호의 자에게 우편·이동통신단말장치 등 여성가족부령으로 정하는 바에 따라 송부하고, 읍·면 사무소 또는 동(경계를 같이 하는 읍·면 또는 동을 포함한다) 주민센터 게시판에 30일간 게시하는 방법으로 고지명령을 집행한다. <개정 2014·1·21, 2023·4·11>
1. 「영유아보육법」에 따른 어린이집의 원장 및 육아종합지원센터·시간제보육서비스지정기관의 장
2. 「유아교육법」에 따른 유치원의 장
3. 「초·중등교육법」 제2조에 따른 학교의 장
4. 읍·면사무소와 동 주민센터의 장(경계를 같이 하는 읍·면 또는 동을 포함한다)
5. 「학원의 설립·운영 및 과외교습에 관한 법률」 제2조제2호에 따른 교습소의 장, 제2조제3호에 따른 개인과외교습자 및 제2조의2에 따른 학교교과교습학원의 장
6. 「아동복지법」 제52조제1항에 따른 아동복지시설 중 다음 각 목의 시설의 장
가. 아동양육시설
나. 아동일시보호시설
다. 아동보호치료시설
라. 공동생활가정
마. 지역아동센터
7. 「청소년복지 지원법」 제31조에 따른 청소년복지시설의 장
8. 「청소년활동 진흥법」 제10조제1호에 따른 청소년수련시설의 장
⑤ 여성가족부장관은 제4항에 따른 고지명령의 집행 이후 관할구역에 출생신고·입양신고·전입신고가 된 아동·청소년이 속한 세대의 세대주와 관할구역에 설립·설치된 다음 각 호의 자로서 고지대상자의 고지정보를 송부받지 못한 자에 대하여 제50조제4항에 따른 고지정보를 우편·이동통신단말장치 등 여성가족부령으로 정하는 바에 따라 송부한다. <개정 2014·1·21, 2023·4·11>
1. 「영유아보육법」에 따른 어린이집의 원장 및 육아종합지원센터·시간제보육서비스지정기관의 장
2. 「유아교육법」에 따른 유치원의 장
3. 「초·중등교육법」 제2조에 따른 학교의 장
4. 「학원의 설립·운영 및 과외교습에 관한 법률」 제2조제2호에 따른 교습소의 장, 제2조제3호에 따른 개인과외교습자 및 제2조의2에 따른 학교교과교습학원의 장
5. 「아동복지법」 제52조제1항에 따른 아동복지시설 중 다음 각 목의 시설의 장
가. 아동양육시설
나. 아동일시보호시설
다. 아동보호치료시설
라. 공동생활가정
마. 지역아동센터
6. 「청소년복지 지원법」 제31조에 따른 청소년복지시설의 장
7. 「청소년활동 진흥법」 제10조제1호에 따른 청소년수련시설의 장

⑥ 여성가족부장관은 고지명령의 집행에 관한 업무 중 제4항 및 제5항에 따른 송부 및 게시판 게시 업무를 고지대상자가 실제 거주하는 읍·면사무소의 장 또는 동 주민센터의 장에게 위임할 수 있다. <개정 2023·4·11>

⑦ 제6항에 따른 위임을 받은 읍·면사무소의 장 또는 동 주민센터의 장은 송부 및 게시판 게시 업무를 집행하여야 한다. <개정 2023·4·11>

⑧ 삭제 <2023·4·11>

⑨ 고지명령의 집행 및 고지절차 등에 필요한 사항은 여성가족부령으로 정한다.

제51조의2 삭제 <2023·4·11>

제52조(공개명령의 집행) ① 공개명령은 여성가족부장관이 정보통신망을 이용하여 집행한다.

② 법원은 공개명령의 판결이 확정되면 판결문 등본을 판결이 확정된 날부터 14일 이내에 법무부장관에게 송달하여야 하며, 법무부장관은 제49조제2항에 따른 공개기간 동안 공개명령이 집행될 수 있도록 최초등록 및 변경등록 시 공개대상자, 공개기간 및 같은 조 제4항 각 호에 규정된 공개정보를 지체 없이 여성가족부장관에게 송부하여야 한다. <개정 2019·11·26>

③ 공개명령의 집행·공개절차·관리 등에 관한 세부사항은 대통령령으로 정한다.

제52조의2(고지정보 및 공개정보의 정정 등) ① 누구든지 제51조에 따라 집행된 고지정보 또는 제52조에 따라 집행된 공개정보에 오류가 있음을 발견한 경우 여성가족부장관에게 그 정정을 요청할 수 있다.

② 여성가족부장관은 제1항에 따른 정정요청을 받은 경우 법무부장관에게 그 사실을 통보하고, 법무부장관은 해당 정보의 진위와 변경 여부를 확인하기 위하여 고지대상자 또는 공개대상자의 주소지를 관할하는 경찰관서의 장에게 직접 대면 등의 방법으로 진위와 변경 여부를 확인하도록 요구할 수 있다.

③ 법무부장관은 제2항에 따라 고지정보 또는 공개정보에 오류가 있음을 확인한 경우 대통령령으로 정하는 바에 따라 변경정보를 등록한 후 여성가족부장관에게 그 결과를 송부하고, 여성가족부장관은 제51조제4항 또는 같은 조 제5항에 따른 방법으로 집행된 고지정보나 제52조제1항에 따른 방법으로 집행된 공개정보에 정정 사항이 있음을 알려야 한다.

④ 여성가족부장관은 제3항에 따른 처리결과를 제1항에 따라 고지정보 또는 공개정보의 정정을 요청한 자에게 알려야 한다.

⑤ 제1항에 따른 고지정보 또는 공개정보의 정정 요청의 방법 및 절차, 제2항에 따른 법무부장관에 대한 통보, 조회 또는 정보 제공의 요청, 확인 요구 방법 및 절차, 제4항에 따른 처리 결과 통지 방법 등에 필요한 사항은 대통령령으로 정한다.

〔본조신설 2023·4·11〕

제53조(계도 및 범죄정보의 공표) ① 여성가족부장관은 아동·청소년대상 성범죄의 발생추세와 동향, 그 밖에 계도에 필요한 사항을 연 2회 이상 공표하여야 한다.

② 여성가족부장관은 제1항에 따른 성범죄 동향 분석 등을 위하여 성범죄로 유죄판결이 확정된 자에 대한 자료를 관계 행정기관에 요청할 수 있다.

제53조의2(아동·청소년성착취물 관련 범죄 실태조사) ① 여성가족부장관은 아동·청소년성착취물과 관련한 범죄 예방과 재발 방지 등을 위하여 정기적으로 아동·청소년성착취물 관련 범죄에 대한 실태조사를 하여야 한다.

② 제1항에 따른 실태조사의 주기, 방법과 내용 등에 관하여 필요한 사항은 여성가족부령으로 정한다.

〔본조신설 2020·12·8〕

제54조(비밀준수) 등록대상 성범죄자의 신상정보의 공개 및 고지 업무에 종사하거나 종사하였던 자는 직무상 알게 된 등록정보를 누설하여서는 아니 된다.

제55조(공개정보의 악용금지) ① 공개정보는 아동·청소년 등을 등록대상 성범죄로부터 보호하기 위하여 성범죄 우려가 있는 자를 확인할 목적으로만 사용되어야 한다.

② 공개정보를 확인한 자는 공개정보를 활용하여 다음 각 호의 행위를 하여서는 아니 된다.

1. 신문·잡지 등 출판물, 방송 또는 정보통신망을 이용한 공개

2. 공개정보의 수정 또는 삭제

③ 공개정보를 확인한 자는 공개정보를 등록대상 성범죄로부터 보호할 목적 외에 다음 각 호와 관련된 목적으로 사용하여 공개대상자를 차별하여서는 아니 된다. <개정 2018·1·16>

1. 고용(제56조제1항의 아동·청소년 관련기관등에의 고용은 제외한다)
2. 주택 또는 사회복지시설의 이용
3. 교육기관의 교육 및 직업훈련

제56조(아동·청소년 관련기관등에의 취업제한 등) ① 법원은 아동·청소년대상 성범죄 또는 성인대상 성범죄(이하 "성범죄"라 한다)로 형 또는 치료감호를 선고하는 경우에는 판결(약식명령을 포함한다. 이하 같다)로 그 형 또는 치료감호의 전부 또는 일부의 집행을 종료하거나 집행이 유예·면제된 날(벌금형을 선고받은 경우에는 그 형이 확정된 날)부터 일정기간(이하 "취업제한 기간"이라 한다) 동안 다음 각 호에 따른 시설·기관 또는 사업장(이하 "아동·청소년 관련기관등"이라 한다)을 운영하거나 아동·청소년 관련기관등에 취업 또는 사실상 노무를 제공할 수 없도록 하는 명령(이하 "취업제한 명령"이라 한다)을 성범죄 사건의 판결과 동시에 선고(약식명령의 경우에는 고지)하여야 한다. 다만, 재범의 위험성이 현저히 낮은 경우, 그 밖에 취업을 제한하여서는 아니 되는 특별한 사정이 있다고 판단하는 경우에는 그러하지 아니한다. <개정 2013·3·23, 2014·1·21, 2016·1·19, 2016·5·29, 2018·1·16, 2018·3·13, 2019·11·26, 2020·6·2, 2020·12·8, 2021·1·12, 2023·4·11, 2024·9·20>

1. 「유아교육법」 제2조제2호의 유치원
2. 「초·중등교육법」 제2조의 학교, 같은 법 제28조와 같은 법 시행령 제54조에 따른 위탁 교육기관 및 「고등교육법」 제2조의 학교

2의2. 특별시·광역시·특별자치시·도·특별자치도 교육청 또는 「지방교육자치에 관한 법률」 제34조에 따른 교육지원청이 「초·중등교육법」 제28조에 따라 직접 설치·운영하거나 위탁하여 운영하는 학생상담지원시설 또는 위탁 교육시설

2의3. 「제주특별자치도 설치 및 국제자유도시 조성을 위한 특별법」 제223조에 따라 설립된 국제학교

3. 「학원의 설립·운영 및 과외교습에 관한 법률」 제2조제1호의 학원, 같은 조 제2호의 교습소 및 같은 조 제3호의 개인과외교습자(아동·청소년의 이용이 제한되지 아니하는 학원·교습소로서 교육부장관이 지정하는 학원·교습소 및 아동·청소년을 대상으로 하는 개인과외교습자를 말한다)
4. 「청소년 보호법」 제35조의 청소년 보호·재활센터
5. 「청소년활동 진흥법」 제2조제2호의 청소년활동시설
6. 「청소년복지 지원법」 제29조제1항에 따른 청소년상담복지센터, 같은 법 제30조제1항에 따른 이주배경청소년지원센터 및 같은 법 제31조에 따른 청소년복지시설

6의2. 「학교 밖 청소년 지원에 관한 법률」 제12조의 학교 밖 청소년 지원센터

7. 「영유아보육법」 제2조제3호의 어린이집, 같은 법 제7조에 따른 육아종합지원센터 및 같은 법 제26조의2에 따른 시간제보육서비스지정기관
8. 「아동복지법」 제3조제10호의 아동복지시설, 같은 법 제37조에 따른 통합서비스 수행기관 및 같은 법 제44조의2에 따른 다함께돌봄센터
9. 「성매매방지 및 피해자보호 등에 관한 법률」 제9조의 성매매피해자등을 위한 지원시설 및 같은 법 제17조의 성매매피해상담소

9의2. 성교육 전문기관 및 성매매 피해아동·청소년 지원센터

10. 「주택법」 제2조제3호의 공동주택의 관리사무소. 이 경우 경비업무에 직접 종사하는 사람에 한정한다.
11. 「체육시설의 설치·이용에 관한 법률」 제3조에 따라 설립된 체육시설 중 아동·청소년의 이용이 제한되지 아니하는 체육시설로서 문화체육관광부장관이 지정하는 체육시설
12. 「의료법」 제3조의 의료기관(같은 법 제2조의 의사·치과의사·한의사·조산사,

「간호법」 제2조의 간호사·간호조무사 및 「의료기사 등에 관한 법률」 제2조의 의료기사로 한정한다)

13. 「게임산업진흥에 관한 법률」에 따른 다음 각 목의 영업을 하는 사업장

가. 「게임산업진흥에 관한 법률」 제2조 제7호의 인터넷컴퓨터게임시설제공업

나. 「게임산업진흥에 관한 법률」 제2조 제8호의 복합유통게임제공업

14. 「경비업법」 제2조제1호의 경비업을 행하는 법인. 이 경우 경비업무에 직접 종사하는 사람에 한정한다.

15. 영리의 목적으로 「청소년기본법」 제3조제3호의 청소년활동의 기획·주관·운영을 하는 사업장(이하 "청소년활동기획업소"라 한다)

16. 대중문화예술기획업소

17. 아동·청소년의 고용 또는 출입이 허용되는 다음 각 목의 어느 하나에 해당하는 기관·시설 또는 사업장(이하 이 호에서 "시설등"이라 한다)으로서 대통령령으로 정하는 유형의 시설등

가. 아동·청소년과 해당 시설등의 운영자·근로자 또는 사실상 노무 제공자 사이에 업무상 또는 사실상 위력 관계가 존재하거나 존재할 개연성이 있는 시설등

나. 아동·청소년이 선호하거나 자주 출입하는 시설등으로서 해당 시설등의 운영과정에서 운영자·근로자·사실상 노무 제공자에 의한 아동·청소년대상 성범죄의 발생이 우려되는 시설등

18. 가정을 방문하거나 아동·청소년이 찾아오는 방식 등으로 아동·청소년에게 직접교육서비스를 제공하는 사람을 모집하거나 채용하는 사업장(이하 "가정방문 등 학습교사 사업장"이라 한다). 이 경우 아동·청소년에게 직접교육서비스를 제공하는 업무에 종사하는 사람에 한정한다.

19. 「장애인 등에 대한 특수교육법」 제11조의 특수교육지원센터 및 같은 법 제28조에 따라 특수교육 관련서비스를 제공하는 기관·단체

20. 「지방자치법」 제161조에 따른 공공시설 중 아동·청소년이 이용하는 시설로서 행정안전부장관이 지정하는 공공시설

21. 「지방교육자치에 관한 법률」 제32조에 따른 교육기관 중 아동·청소년을 대상으로 하는 교육기관

22. 「어린이 식생활안전관리 특별법」 제21조제1항의 어린이급식관리지원센터

23. 「아이돌봄 지원법」 제11조에 따른 서비스제공기관

24. 「건강가정기본법」 제35조에 따른 건강가정지원센터

25. 「다문화가족지원법」 제12조에 따른 다문화가족지원센터

② 제1항에 따른 취업제한 기간은 10년을 초과하지 못한다. <신설 2018·1·16>

③ 법원은 제1항에 따라 취업제한 명령을 선고하려는 경우에는 정신건강의학과 의사, 심리학자, 사회복지학자, 그 밖의 관련 전문가로부터 취업제한 명령 대상자의 재범 위험성 등에 관한 의견을 들을 수 있다. <신설 2018·1·16>

④ 제1항 각 호(제10호는 제외한다)의 아동·청소년 관련기관등의 설치 또는 설립 인가·신고를 관할하는 지방자치단체의 장, 교육감 또는 교육장은 아동·청소년 관련기관등을 운영하려는 자에 대한 성범죄 경력 조회를 관계 기관의 장에게 요청하여야 한다. 다만, 아동·청소년 관련기관등을 운영하려는 자가 성범죄 경력 조회 회신서를 지방자치단체의 장, 교육감 또는 교육장에게 직접 제출한 경우에는 성범죄 경력 조회를 한 것으로 본다. <개정 2016·5·29, 2018·1·16>

⑤ 아동·청소년 관련기관등의 장은 그 기관에 취업 중이거나 사실상 노무를 제공 중인 자 또는 취업하려 하거나 사실상 노무를 제공하려는 자(이하 "취업자등"이라 한다)에 대하여 성범죄의 경력을 확인하여야 하며, 이 경우 본인의 동의를 받아 관계 기관의 장에게 성범죄의 경력 조회를 요청하여야 한다. 다만, 취업자등이 성범죄 경력 조회 회신서를 아동·청소년 관련기관등의 장에게 직접 제출한 경우에는 성범죄 경력 조회를 한 것으로 본다. <개정 2016·5·29, 2018·1·16>

⑥ 제4항 및 제5항에 따라 성범죄 경력 조회 요청을 받은 관계 기관의 장은 성범죄 경력 조회 회신서를 발급하여야 한다. <신

설 2016·5·29, 2018·1·16>

⑦ 제1항제7호의 육아종합지원센터 및 같은 항 제22호의 어린이급식관리지원센터의 장이 제5항에 따라 취업자등에 대하여 성범죄 경력 조회를 한 경우, 그 취업자등이 직무를 집행함에 있어서 다른 아동·청소년 관련기관등에 사실상 노무를 제공하는 경우에는 제5항에도 불구하고 다른 아동·청소년 관련기관등의 장이 성범죄 경력 조회를 한 것으로 본다. <신설 2019·11·26, 2023·4·11>

⑧ 제5항에도 불구하고 교육감 또는 교육장은 다음 각 호의 아동·청소년 관련기관등의 취업자등에 대하여는 본인의 동의를 받아 성범죄의 경력을 확인할 수 있다. 이 경우 아동·청소년 관련기관등의 장이 성범죄 경력 조회를 한 것으로 본다. <신설 2023·4·11>

1. 제1항제1호의 유치원
2. 제1항제2호의 학교 및 위탁 교육기관
3. 제1항제2호의2의 학생상담지원시설 및 위탁 교육시설
4. 제1항제19호의 특수교육지원센터 및 특수교육 관련서비스를 제공하는 기관·단체
5. 제1항제21호의 아동·청소년을 대상으로 하는 교육기관

⑨ 제4항부터 제6항까지에 따른 성범죄 경력 조회의 요청 절차·범위 등에 관하여 필요한 사항은 대통령령으로 정한다. <개정 2016·5·29, 2018·1·16>

제57조(성범죄의 경력자 점검·확인) ① 여성가족부장관 또는 관계 중앙행정기관의 장은 다음 각 호의 구분에 따라 성범죄로 취업제한 명령을 선고받은 자가 아동·청소년 관련기관등을 운영하거나 아동·청소년 관련기관등에 취업 또는 사실상 노무를 제공하고 있는지를 직접 또는 관계 기관 조회 등의 방법으로 연 1회 이상 점검·확인하여야 한다. <개정 2023·4·11>

1. 교육부장관 : 제56조제1항제2호의 기관 중 「고등교육법」 제2조의 학교
2. 행정안전부장관 : 제56조제1항제20호의 공공시설
3. 여성가족부장관 : 제56조제1항제4호의 청소년 보호·재활센터, 같은 항 제6호의 이주배경청소년지원센터 및 같은 항 제18호의 가정방문 등 학습교사 사업장
4. 삭제 <2023·4·11>
5. 경찰청장 : 제56조제1항제14호의 경비업을 행하는 법인

② 제1항 각 호에 해당하지 아니하는 아동·청소년 관련기관등으로서 교육부, 행정안전부, 문화체육관광부, 보건복지부, 여성가족부, 국토교통부 등 관계 중앙행정기관이 설치하여 운영하는 아동·청소년 관련기관등의 경우에는 해당 중앙행정기관의 장이 제1항에 따른 점검·확인을 하여야 한다.

③ 시·도지사 또는 시장·군수·구청장은 성범죄로 취업제한 명령을 선고받은 자가 다음 각 호의 아동·청소년 관련기관등을 운영하거나 아동·청소년 관련기관등에 취업 또는 사실상 노무를 제공하고 있는지를 직접 또는 관계 기관 조회 등의 방법으로 연 1회 이상 점검·확인하여야 한다. 다만, 제2항에 해당하는 아동·청소년 관련기관등의 경우에는 그러하지 아니하다. <개정 2020·5·18, 2020·12·8, 2023·4·11>

1. 제56조제1항제5호의 청소년활동시설
2. 제56조제1항제6호의 청소년상담복지센터 및 청소년복지시설

2의2. 제56조제1항제6호의2의 학교 밖 청소년 지원센터

3. 제56조제1항제7호의 어린이집, 육아종합지원센터 및 시간제보육서비스지정기관
4. 제56조제1항제8호의 아동복지시설, 통합서비스 수행기관 및 다함께돌봄센터
5. 제56조제1항제9호의 성매매피해자등을 위한 지원시설 및 성매매피해상담소

5의2. 제56조제1항제9호의2의 아동·청소년대상 성교육 전문기관 및 성매매 피해아동·청소년 지원센터

6. 제56조제1항제10호의 공동주택의 관리사무소
7. 제56조제1항제11호의 체육시설
8. 제56조제1항제12호의 의료기관
9. 제56조제1항제13호 각 목의 인터넷컴퓨터게임시설제공업 또는 복합유통게임제공업을 하는 사업장
10. 제56조제1항제15호의 청소년활동기획업소
11. 대중문화예술기획업소
12. 제56조제1항제17호의 아동·청소년의

고용 또는 출입이 허용되는 시설등으로서 대통령령으로 정하는 유형의 시설등
13. 삭제 <2023·4·11>
14. 제56조제1항제22호의 어린이급식관리지원센터
15. 제56조제1항제23호의 서비스제공기관
16. 제56조제1항제24호의 건강가정지원센터
17. 제56조제1항제25호의 다문화가족지원센터
④ 교육감은 성범죄로 취업제한 명령을 선고받은 자가 다음 각 호의 아동·청소년 관련기관등을 운영하거나 아동·청소년 관련기관등에 취업 또는 사실상 노무를 제공하고 있는지를 직접 또는 관계 기관 조회 등의 방법으로 연 1회 이상 점검·확인하여야 한다. 다만, 제2항에 해당하는 아동·청소년 관련기관등의 경우에는 그러하지 아니하다.
1. 제56조제1항제1호의 유치원
2. 제56조제1항제2호의 기관 중 「초·중등교육법」 제2조의 학교 및 같은 법 제28조에 따른 위탁 교육기관
3. 제56조제1항제2호의2의 학생상담지원시설 및 위탁 교육시설
4. 제56조제1항제2호의3의 국제학교
5. 제56조제1항제3호의 학원, 교습소 및 개인과외교습자
6. 제56조제1항제19호의 특수교육지원센터 및 특수교육 관련서비스를 제공하는 기관·단체
7. 제56조제1항제21호의 아동·청소년을 대상으로 하는 교육기관
⑤ 제1항 각 호 및 제2항에 따른 중앙행정기관의 장, 시·도지사, 시장·군수·구청장 또는 교육감은 제1항부터 제4항까지의 규정에 따른 점검·확인을 위하여 필요한 경우에는 아동·청소년 관련기관등의 장 또는 관련 감독기관에 해당 자료의 제출을 요구할 수 있다.
⑥ 여성가족부장관, 관계 중앙행정기관의 장, 시·도지사, 시장·군수·구청장 또는 교육감은 제1항부터 제4항까지의 규정에 따른 점검·확인 결과를 대통령령으로 정하는 바에 따라 인터넷 홈페이지 등을 이용하여 공개하여야 한다.
〔전부개정 2020·2·18〕

제58조(취업자의 해임요구 등) ① 제57조제1항 각 호 및 같은 조 제2항에 따른 중앙행정기관의 장, 시·도지사, 시장·군수·구청장 또는 교육감은 제56조제1항에 따른 취업제한 기간 중에 아동·청소년 관련기관등에 취업하거나 사실상 노무를 제공하는 자가 있으면 아동·청소년 관련기관등의 장에게 그의 해임을 요구할 수 있다. <개정 2020·2·18>
② 제57조제1항 각 호 및 같은 조 제2항에 따른 중앙행정기관의 장, 시·도지사, 시장·군수·구청장 또는 교육감은 제56조제1항에 따른 취업제한 기간 중에 아동·청소년 관련기관등을 운영 중인 아동·청소년 관련기관등의 장에게 운영 중인 아동·청소년 관련기관등의 폐쇄를 요구할 수 있다. <개정 2020·2·18>
③ 제57조제1항 각 호 및 같은 조 제2항에 따른 중앙행정기관의 장, 시·도지사, 시장·군수·구청장 또는 교육감은 아동·청소년 관련기관등의 장이 제2항의 폐쇄요구를 정당한 사유 없이 거부하거나 1개월 이내에 요구사항을 이행하지 아니하는 경우에는 관계 행정기관의 장에게 해당 아동·청소년 관련기관등의 폐쇄, 등록·허가 등의 취소를 요구할 수 있다. <개정 2020·2·18>
④ 제3항에 따른 폐쇄, 등록·허가 등의 취소요구에 대하여는 대통령령으로 정하는 바에 따른다.

제59조(포상금) ① 여성가족부장관은 제8조, 제8조의2, 제11조제1항·제2항·제4항 및 제13조부터 제15조까지에 해당하는 범죄를 저지른 사람을 수사기관에 신고한 사람에 대하여는 예산의 범위에서 포상금을 지급할 수 있다. <개정 2019·1·15, 2020·6·2>
② 제1항에 따른 포상금의 지급 기준, 방법과 절차 및 구체적인 지급액 등에 필요한 사항은 대통령령으로 정한다.

제60조(권한의 위임) ① 제57조제1항 각 호 및 같은 조 제2항에 따른 중앙행정기관의 장(교육부장관은 제외한다)은 제67조에 따른 권한의 일부를 대통령령으로 정하는 바에 따라 그 일부를 시·도지사 또는 시장·군수·구청장에게 위임할 수 있다. <개정 2013·3·23, 2020·2·18, 2020·5·19>
② 제67조에 따른 교육부장관 또는 교육감

의 권한은 대통령령으로 정하는 바에 따라 그 일부를 교육감·교육장에게 위임할 수 있다. <개정 2013·3·23, 2020·2·18>

③ 제57조, 제58조 및 제67조에 따른 식품의약품안전처장의 권한은 대통령령으로 정하는 바에 따라 그 일부를 지방식품의약품안전청장에게 위임할 수 있다. <신설 2019·11·26>

④ 제57조, 제58조 및 제67조에 따른 경찰청장의 권한은 대통령령으로 정하는 바에 따라 그 일부를 시·도경찰청장에게 위임할 수 있다. <개정 2020·12·22>

제 5 장 보호관찰

제61조(보호관찰) ① 검사는 아동·청소년대상 성범죄를 범하고 재범의 위험성이 있다고 인정되는 사람에 대하여는 형의 집행이 종료한 때부터 「보호관찰 등에 관한 법률」에 따른 보호관찰을 받도록 하는 명령(이하 "보호관찰명령"이라 한다)을 법원에 청구하여야 한다. 다만, 검사가 「전자장치 부착 등에 관한 법률」 제21조의2에 따른 보호관찰명령을 청구한 경우에는 그러하지 아니하다. <개정 2020·2·4>

② 법원은 공소가 제기된 아동·청소년대상 성범죄 사건을 심리한 결과 보호관찰명령을 선고할 필요가 있다고 인정하는 때에는 검사에게 보호관찰명령의 청구를 요청할 수 있다.

③ 법원은 아동·청소년대상 성범죄를 범한 사람이 금고 이상의 선고형에 해당하고 보호관찰명령 청구가 이유있다고 인정하는 때에는 2년 이상 5년 이하의 범위에서 기간을 정하여 보호관찰명령을 병과하여 선고하여야 한다.

④ 법원은 보호관찰을 명하기 위하여 필요한 때에는 피고인의 주거지 또는 소속 법원(지원을 포함한다. 이하 같다) 소재지를 관할하는 보호관찰소(지소를 포함한다. 이하 같다)의 장에게 범죄 동기, 피해자와의 관계, 심리상태, 재범의 위험성 등 피고인에 관하여 필요한 사항의 조사를 요청할 수 있다. 이 경우 보호관찰소의 장은 지체 없이 이를 조사하여 서면으로 해당 법원에 통보하여야 한다.

⑤ 보호관찰 기간은 보호관찰을 받을 자(이하 "보호관찰 대상자"라 한다)의 형의 집행이 종료한 날부터 기산하되, 보호관찰 대상자가 가석방된 경우에는 가석방된 날부터 기산한다.

제62조(보호관찰 대상자의 보호관찰 기간 연장 등) ① 보호관찰 대상자가 보호관찰 기간 중에 「보호관찰 등에 관한 법률」 제32조에 따른 준수사항을 위반하는 등 재범의 위험성이 증대한 경우에 법원은 보호관찰소의 장의 신청에 따른 검사의 청구로 제61조제 3 항에 따른 5년을 초과하여 보호관찰의 기간을 연장할 수 있다.

② 제 1 항의 준수사항은 재판장이 재판정에서 설명하고 서면으로도 알려 주어야 한다.

제63조(보호관찰 대상자의 신고 의무) ① 보호관찰 대상자는 출소 후의 거주 예정지, 근무 예정지, 교우(交友) 관계, 그 밖에 보호관찰을 위하여 필요한 사항으로서 대통령령으로 정하는 사항을 출소 전에 미리 교도소·소년교도소·구치소·군교도소 또는 치료감호시설의 장에게 신고하여야 한다.

② 보호관찰 대상자는 출소 후 10일 이내에 거주지, 직업 등 보호관찰을 위하여 필요한 사항으로서 대통령령으로 정하는 사항을 보호관찰관에게 서면으로 신고하여야 한다.

제64조(보호관찰의 종료) 「보호관찰 등에 관한 법률」에 따른 보호관찰 심사위원회는 보호관찰 대상자의 관찰성적이 양호하여 재범의 위험성이 없다고 판단하는 경우 보호관찰 기간이 끝나기 전이라도 보호관찰의 종료를 결정할 수 있다.

제 6 장 벌칙

제65조(벌칙) ① 다음 각 호의 어느 하나에 해당하는 자는 5년 이하의 징역 또는 5천만원 이하의 벌금에 처한다. <개정 2021·3·23, 2024·10·16>

1. 제25조의8을 위반하여 직무상 알게 된 신분비공개수사 또는 신분위장수사에 관한 사항을 외부에 공개하거나 누설한 자
2. 제54조를 위반하여 직무상 알게 된 등록정보를 누설한 자
3. 제55조제 1 항 또는 제 2 항을 위반한 자

4. 정당한 권한 없이 등록정보를 변경하거나 말소한 자

② 제42조에 따른 보호처분을 위반한 자는 2년 이하의 징역 또는 2천만원 이하의 벌금에 처한다.

③ 제21조제2항에 따라 징역형 이상의 실형과 이수명령이 병과된 자가 보호관찰소의 장 또는 교정시설의 장의 이수명령 이행에 관한 지시에 불응하여 「보호관찰 등에 관한 법률」 또는 「형의 집행 및 수용자의 처우에 관한 법률」에 따른 경고를 받은 후 재차 정당한 사유 없이 이수명령 이행에 관한 지시에 불응한 경우에는 1년 이하의 징역 또는 1천만원 이하의 벌금에 처한다.

④ 다음 각 호의 어느 하나에 해당하는 자는 1년 이하의 징역 또는 500만원 이하의 벌금에 처한다.

1. 제34조제3항을 위반하여 신고자 등의 신원을 알 수 있는 정보나 자료를 출판물에 게재하거나 방송 또는 정보통신망을 통하여 공개한 자
2. 제55조제3항을 위반한 자

⑤ 제21조제2항에 따라 벌금형과 이수명령이 병과된 자가 보호관찰소의 장의 이수명령 이행에 관한 지시에 불응하여 「보호관찰 등에 관한 법률」에 따른 경고를 받은 후 재차 정당한 사유 없이 이수명령 이행에 관한 지시에 불응한 경우에는 1천만원 이하의 벌금에 처한다.

제66조(벌칙) 보호관찰 대상자가 제62조제1항에 따른 제재조치를 받은 이후 재차 정당한 이유 없이 준수사항을 위반하면 3년 이하의 징역 또는 1천만원 이하의 벌금에 처한다.

제67조(과태료) ① 삭제 <2020·6·9>

② 다음 각 호의 어느 하나에 해당하는 자에게는 1천만원 이하의 과태료를 부과한다. <개정 2018·1·16>

1. 제37조제2항을 위반하여 상담·치료프로그램의 제공을 정당한 이유 없이 거부한 상담시설 또는 의료기관의 장
2. 제58조에 따른 해임요구를 정당한 사유 없이 거부하거나 1개월 이내에 이행하지 아니하는 아동·청소년 관련기관등의 장

③ 아동·청소년 관련기관등의 장이 제56조제5항을 위반하여 그 기관에 취업 중이거나 사실상 노무를 제공 중인 사람 또는 취업하려 하거나 사실상 노무를 제공하려는 사람에 대하여 성범죄의 경력을 확인하지 아니하는 경우에는 500만원 이하의 과태료를 부과한다. <개정 2018·1·16>

④ 제34조제2항 각 호의 어느 하나에 해당하는 기관·시설 또는 단체의 장과 그 종사자가 직무상 아동·청소년대상 성범죄 발생 사실을 알고 수사기관에 신고하지 아니하거나 거짓으로 신고한 경우에는 300만원 이하의 과태료를 부과한다.

⑤ 제2항부터 제4항까지의 규정에 따른 과태료는 대통령령으로 정하는 바에 따라 제57조제1항 각 호 및 같은 조 제2항에 따른 중앙행정기관의 장, 시·도지사, 시장·군수·구청장 또는 교육감이 부과·징수한다. <개정 2020·2·18, 2020·6·9>

부 칙

제1조(시행일) 이 법은 공포 후 6개월이 경과한 날부터 시행한다.

제2조(「형법」상 감경규정에 관한 특례에 관한 적용례) 제19조의 개정규정은 이 법 시행 후 최초로 아동·청소년대상 성범죄를 범한 자부터 적용한다.

제3조(공소시효 진행에 관한 적용례) 제20조의 개정규정은 이 법 시행 전에 행하여진 아동·청소년대상 성범죄로 아직 공소시효가 완성되지 아니한 것에 대하여도 적용한다.

제4조(형벌과 수강명령 등의 병과에 관한 적용례) 제21조의 개정규정은 이 법 시행 후 최초로 유죄판결, 형의 선고유예 또는 집행유예를 받은 자부터 적용한다.

제5조(등록정보 공개명령 및 집행에 관한 적용례) ① 부칙 제1조에도 불구하고 이 법 시행 당시 법률 제7801호 청소년의성보호에관한법률 일부개정법률 또는 법률 제8634호 청소년의 성보호에 관한 법률 전부개정법률을 위반하고 확정판결을 받지 아니한 자에 대한 공개명령에 관하여는 제49조의 개정규정에 따른다.

② 제49조제3항 및 제52조의 개정규정은 법률 제7801호 청소년의성보호에관한법률 일부개정법률 제22조부터 제24조까지의 규정에 따라 국가청소년위원회가 등록대상자로 결정한 자(예비등록대상자로 통보한 자

를 포함한다) 및 법률 제8634호 청소년의 성보호에 관한 법률 전부개정법률 제37조에 따라 열람명령을 받은 자에 대하여도 적용한다. <개정 2020·12·8>

③ 제2항의 경우 검사는 여성가족부장관의 요청을 받아 같은 항에 규정된 사람에 대하여 제1심판결을 한 법원에 공개명령을 청구한다.

④ 검사는 제3항에 따른 공개명령의 청구를 할 때에는 청구 대상자의 인적사항(성명, 생년월일 및 주소), 청구의 원인이 되는 사실 등을 기재하여야 한다. 이 경우 청구의 서식 등 필요한 사항은 여성가족부령으로 정한다.

⑤ 법원은 제3항의 청구에 대하여 공개명령을 결정한 경우에는 14일 이내에 결정의 확정일자와 결정문 등본을 법무부장관에게 송달하여야 한다.

⑥ 법무부장관은 등록 후 지체 없이 여성가족부장관에게 공개대상자, 공개기간 및 공개정보를 송부하여야 하며, 여성가족부장관은 제52조의 개정규정에 따라 공개명령을 집행하여야 한다.

⑦ 삭제 <2020·12·8>

⑧ 제2항에 따라 공개명령된 자의 신상정보가 종전의 법률에 따라 열람에 제공되고 있는 때에는 공개기간을 그 잔여 열람기간으로 한다.

⑨ 법률 제8634호 청소년의 성보호에 관한 법률 전부개정법률 제32조, 제35조 및 제37조는 같은 법의 시행일인 2008년 2월 4일 이후 최초로 청소년대상 성범죄를 범하고 유죄판결이 확정된 자부터 적용한다.

⑩ 법률 제7801호 청소년의성보호에관한법률 일부개정법률 제20조에 따른 신상공개, 제22조부터 제25조까지의 신상정보 등록에 관하여는 같은 법 시행 당시의 규정을 적용한다. 다만, 법률 제7801호 청소년의성보호에관한법률 일부개정법률 제20조제3항 및 제5항의 "국가청소년위원회"는 "「청소년보호법」 제36조의 청소년보호위원회"로 본다.

제6조(등록정보의 고지에 관한 적용례) 제50조제5항 및 제51조제4항의 개정규정은 이 법 시행 당시 종전의 규정에 따라 고지명령을 받은 자〔법률 제7801호 청소년의성보호에관한법률 일부개정법률 제22조부터 제24조까지의 규정에 따라 국가청소년위원회가 등록대상자로 결정한 자(예비등록대상자로 통보한 자를 포함한다) 및 법률 제8634호 청소년의 성보호에 관한 법률 전부개정법률 제37조에 따라 열람명령을 받은 자를 포함한다〕에 대하여도 적용하되, 이 법 시행 후 고지명령 집행분부터 적용한다.

제7조(아동·청소년 관련기관 등에의 취업제한 등에 관한 적용례) 제56조의 개정규정은 이 법 시행 후 최초로 아동·청소년대상 또는 성인대상 성범죄를 범하고 형이 확정된 자부터 적용한다. 다만, 이 법 시행 전의범죄에 대한 취업제한은 종전의 규정에 따른다.

제8조(등록정보의 고지 등에 관한 특례) ① 제50조제1항, 제51조의 개정규정은 2008년 4월 16일부터 2010년 12월 31일 사이에 제2조제2호의 개정규정의 아동·청소년대상 성범죄(제11조제5항의 개정규정의 죄는 제외한다)를 범하고 유죄판결(벌금형은 제외한다)이 확정되어 종전의 규정에 따라 공개명령을 받은 사람에 대하여도 적용하되, 공개기간이 종료된 자는 제외한다.

② 이 경우 검사는 여성가족부장관의 요청을 받아 제1항에 규정된 사람에 대하여 제1심판결을 한 법원에 고지명령을 청구한다.

③ 검사는 제2항에 따른 고지명령의 청구를 할 때에는 청구 대상자의 인적사항(성명, 생년월일 및 주소), 청구의 원인이 되는 사실 등을 기재하여야 한다. 이 경우 청구의 서식 등 필요한 사항은 여성가족부령으로 정한다.

④ 법원은 제2항의 청구에 대하여 고지명령을 결정한 경우에는 14일 이내에 결정의 확정일자와 결정문 등본을 법무부장관에게 송달하여야 한다.

⑤ 법무부장관은 등록 후 지체 없이 여성가족부장관에게 고지대상자, 고지기간 및 고지정보를 송부하여야 하며, 여성가족부장관은 제51조의 개정규정에 따라 고지명령을 집행하되, 제1항에 따른 공개가 종료되는 날 고지명령의 집행을 함께 종료한다.

제9조(피해자의 의사에 관한 경과조치) 이 법 시행 전에 행하여진 아동·청소년을 대

상으로 한 법률 제11162호 성폭력범죄의 처벌 등에 관한 특례법 일부개정법률 제11조 및 제12조의 죄에 대하여는 종전의 「아동 · 청소년의 성보호에 관한 법률」 제16조를 적용한다.

제10조(다른 법률의 개정) 생략

부 칙 <2012 · 12 · 18 법11574>

제 1 조(시행일) 이 법은 공포 후 6개월이 경과한 날부터 시행한다.

제 2 조 및 **제 3 조** 생략

부 칙 <2013 · 3 · 23 법11690>

제 1 조(시행일) ① 이 법은 공포한 날부터 시행한다.

② 부칙 제 6 조에 따라 개정되는 법률 중 이 법의 시행 전에 공포되었으나 시행일이 도래하지 아니한 법률을 개정한 부분은 각각 해당 법률의 시행일부터 시행하되, … 〈생략〉… 시행한다.

제 2 조부터 **제 5 조**까지 생략

제 6 조(다른 법률의 개정) 생략

제 7 조 생략

부 칙 <2014 · 1 · 21 법12329>

제 1 조(시행일) 이 법은 공포 후 6개월이 경과한 날부터 시행한다.

제 2 조부터 **제 4 조**까지 생략

부 칙 <2014 · 1 · 28 법12361>

제 1 조(시행일) 이 법은 공포 후 8개월이 경과한 날부터 시행한다.

제 2 조 및 **제 3 조** 생략

부 칙 <2016 · 1 · 19 법13805>

제 1 조(시행일) 이 법은 2016년 8월 12일부터 시행한다.

제 2 조부터 **제22조**까지 생략

부 칙 <2016 · 5 · 29 법14236>

제 1 조(시행일) 이 법은 공포 후 6개월이 경과한 날부터 시행한다.

제 2 조(재범여부 조사에 관한 적용례) 제21조의2의 개정규정은 이 법 시행 후 최초로 수강명령 또는 이수명령의 집행을 마친 사람부터 적용한다.

제 3 조(등록정보의 공개기간에 관한 적용례) 제49조제 2 항의 개정규정은 이 법 시행 후 최초로 등록대상 성범죄로 유죄 판결이 확정된 사람부터 적용한다.

제 4 조(아동 · 청소년 관련기관 등에의 취업제한 등에 관한 적용례) 제56조의 개정규정은 이 법 시행 후 최초로 아동 · 청소년대상 또는 성인대상 성범죄를 범하고 형이 확정된 사람부터 적용한다. 다만, 이 법 시행 전의 범죄에 대한 취업제한은 종전의 규정에 따른다.

부 칙 <2018 · 1 · 16 법15352>

제 1 조(시행일) 이 법은 공포 후 6개월이 경과한 날부터 시행한다.

제 2 조(강도강간미수범에 관한 적용례) 제 2 조 제 2 호다목의 개정규정에 따라 아동 · 청소년대상 성범죄가 된 강도강간미수범에 대한 제49조 및 제50조에 따른 등록정보의 공개 · 고지 및 제56조에 따른 아동 · 청소년 관련기관등에의 취업제한 등은 이 법 시행 후 강도강간미수범으로 유죄판결이 확정되는 경우부터 적용한다.

제 3 조(아동 · 청소년 관련기관등에의 취업제한 등에 관한 적용례) 제56조의 개정규정은 이 법 시행 전에 성범죄를 범하고 확정판결을 받지 아니한 사람에 대해서도 적용한다.

제 4 조(종전의 규정에 따라 성범죄를 범하고 확정판결을 받은 사람의 취업제한 기간에 관한 특례) ① 법률 제7801호 청소년의 성보호에 관한 법률 일부개정법률 제28조제 1 항, 법률 제8634호 청소년의 성보호에 관한 법률 전부개정법률 제42조제 1 항, 법률 제9765호 아동 · 청소년의 성보호에 관한 법률 전부개정법률 제44조제 1 항, 법률 제10260호 아동 · 청소년의 성보호에 관한 법률 일부개정법률 제44조제 1 항, 법률 제11287호 아동 · 청소년의 성보호에 관한 법률 일부개정법률 제44조제 1 항 또는 법률 제11572호 아동 · 청소년의 성보호에 관한 법률 전부개정법률 제56조제 1 항, 법률 제14236호 아동 · 청소년의 성보호에 관한 법률 일부개정법률 제56조제 1 항(이하 "종전의 규정"이라 한다)에 따라 취업제한을 받는 사람(이하 이 조에서 "취업제한대상자"라 한다)의 취업제한 기간은 종전의 규정에도 불구하고 다음 각 호의 구분에 따른 기간으로 한다. 다만, 종전의 규정을 적용하는 것이 성범죄를 범하고 확정판결을 받은 사람에게 유리한 경우에는 종전의 규정에 따른다.

1. 법률 제7801호 청소년의 성보호에 관한

법률 일부개정법률 제28조제1항에 따라 취업제한 등을 받는 사람
가. 3년 초과의 징역 또는 금고형을 선고받아 그 형이 확정된 사람 : 그 형이 확정된 날부터 5년
나. 3년 이하의 징역 또는 금고형을 선고받아 그 형이 확정된 사람 : 그 형이 확정된 날부터 3년
다. 벌금형을 선고받아 그 형이 확정된 사람 : 그 형이 확정된 날부터 1년
2. 법률 제8634호 청소년의 성보호에 관한 법률 전부개정법률 제42조제1항에 따라 취업제한 등을 받는 사람
가. 3년 초과의 징역 또는 금고형을 선고받아 그 형이 확정된 사람 : 그 형이 확정된 날부터 5년
나. 3년 이하의 징역 또는 금고형을 선고받아 그 형이 확정된 사람 : 그 형이 확정된 날부터 3년
다. 벌금형을 선고받아 그 형이 확정된 사람 : 그 형이 확정된 날부터 1년
3. 법률 제9765호 아동 · 청소년의 성보호에 관한 법률 전부개정법률 제44조제1항, 법률 제10260호 아동 · 청소년의 성보호에 관한 법률 일부개정법률 제44조제1항, 법률 제11287호 아동 · 청소년의 성보호에 관한 법률 일부개정법률 제44조제1항, 법률 제11572호 아동 · 청소년의 성보호에 관한 법률 전부개정법률 제56조제1항, 법률 제14236호 아동 · 청소년의 성보호에 관한 법률 일부개정법률 제56조제1항에 따라 취업제한 등을 받는 사람
가. 3년 초과의 징역 또는 금고형이나 치료감호를 선고받아 그 형이 확정된 사람 : 그 형 또는 치료감호의 전부 또는 일부의 집행을 종료하거나 집행이 유예 · 면제된 날부터 5년
나. 3년 이하의 징역 또는 금고형이나 치료감호를 선고받아 그 형이 확정된 사람 : 그 형 또는 치료감호의 전부 또는 일부의 집행을 종료하거나 집행이 유예 · 면제된 날부터 3년
다. 벌금형을 선고받아 그 형이 확정된 사람 : 그 형이 확정된 날부터 1년

② 이 법 시행 후 취업제한대상자 또는 그 법정대리인은 제1심판결을 한 법원에 제1항에 따른 취업제한 기간이 현저히 부당하거나 취업제한을 하여서는 아니 되는 특별한 사정이 있음을 이유로 제1항에 따른 취업제한 기간의 변경 또는 취업제한의 면제를 신청할 수 있다.

③ 취업제한대상자 또는 그 법정대리인은 제2항에 따른 신청을 할 때에는 취업제한대상자의 인적사항(성명, 생년월일 및 주소), 신청의 원인이 되는 사실 등을 기재하여야 한다.

④ 법원은 제2항의 신청에 대하여 결정을 하기 전에 검사의 의견을 물을 수 있다.

⑤ 법원은 제2항의 신청이 이유 없다고 인정하는 때에는 신청을 기각하는 결정을 고지하여야 한다.

⑥ 법원은 제2항의 신청이 이유 있다고 인정하는 때에는 제1항 각 호의 기간을 초과하지 아니하는 범위에서 취업제한 기간을 새로이 정하거나 취업제한을 면제하는 결정을 고지하고, 검사에게 결정문 등본을 송부하여야 한다.

⑦ 검사, 취업제한대상자 또는 그 법정대리인은 제5항 또는 제6항의 결정이 법령을 위반하거나 현저히 부당한 경우 결정을 고지받은 날부터 7일 이내에 항고할 수 있다.

⑧ 항고할 때에는 항고장을 원심법원에 제출하여야 하며, 항고장을 제출받은 법원은 3일 이내에 의견서를 첨부하여 기록을 항고법원에 송부하여야 한다.

⑨ 항고법원은 항고 절차가 법률에 위반되거나 항고가 이유 없다고 인정한 경우에는 결정으로써 항고를 기각하여야 한다.

⑩ 항고법원은 항고가 이유 있다고 인정한 경우에는 원결정을 파기하고 스스로 결정을 하거나 다른 관할 법원에 이송하여야 한다.

⑪ 항고법원의 결정에 대하여는 그 결정이 법령에 위반된 때에만 대법원에 재항고를 할 수 있다.

⑫ 재항고의 제기기간은 항고기각 결정을 고지받은 날부터 7일로 한다.

⑬ 항고와 재항고는 결정의 집행을 정지하는 효력이 없다.

⑭ 법원은 제6항의 결정이 확정된 날부터 14일 이내에 결정의 확정일자를 결정문 등

본에 첨부하여 여성가족부장관에게 송달하여야 한다.

제 5 조(헌법재판소 위헌결정 후 이 법 시행일 전까지 성범죄로 형 또는 치료감호를 선고받아 그 형이 확정된 사람의 취업제한 기간 등에 관한 특례) 다음 각 호의 어느 하나에 해당하는 사람은 부칙 제 4 조제 1 항제 3 호 각 목의 구분에 따른 기간 동안 다음 각 호의 구분에 따른 시설·기관 또는 사업장을 운영하거나 그 시설·기관 또는 사업장에 취업 또는 사실상 노무를 제공할 수 없다.

1. 2016년 3월 31일부터 이 법 시행일 전까지 성인대상 성범죄로 형을 선고받아 그 형이 확정된 사람 : 제56조제 1 항제12호에 따른 의료기관
2. 2016년 4월 28일부터 이 법 시행일 전까지 아동·청소년대상 성범죄로 형 또는 치료감호를 선고받아 그 형 또는 치료감호가 확정된 사람 : 아동·청소년 관련기관등
3. 2016년 7월 28일부터 이 법 시행일 전까지 성인대상 성범죄로 형을 선고받아 그 형 또는 치료감호가 확정된 사람 : 제56조제 1 항제 3 호에 따른 학원 등
4. 2016년 10월 27일부터 이 법 시행일 전까지 성인대상 성범죄 중 「성폭력범죄의 처벌 등에 관한 특례법」 제12조의 범죄(성적 목적을 위한 다중이용장소 침입행위)로 형을 선고받아 그 형이 확정된 사람 : 제56조제 1 항제 1 호부터 제11호까지, 제13호부터 제17호까지

제 6 조(성범죄의 경력자 점검·확인에 관한 특례) 제57조제 1 항의 개정규정은 이 법 시행 전에 성범죄를 범하고 유죄판결이 확정된 사람으로서 부칙 제 4 조 및 부칙 제 5 조에 따라 취업제한 등을 받는 사람에 대해서도 적용한다.

부 칙 <2018·3·13 법15452>

제 1 조(시행일) 이 법은 공포 후 6개월이 경과한 날부터 시행한다.

제 2 조(아동·청소년 관련기관등에의 취업제한 등에 관한 적용례) 제56조의 개정규정은 이 법 시행 후 최초로 아동·청소년대상 또는 성인대상 성범죄를 범하고 형이 확정된 사람부터 적용한다. 다만, 이 법 시행 전의 범죄에 대한 취업제한은 종전의 규정에 따른다.

부 칙 <2019·1·15 법16248>

제 1 조(시행일) 이 법은 공포 후 6개월이 경과한 날부터 시행한다. 〈단서 생략〉

제 2 조부터 **제 6 조**까지 생략

부 칙 <2019·1·15 법16275>

제 1 조(시행일) 이 법은 공포 후 6개월이 경과한 날부터 시행한다.

제 2 조(공소시효 특례에 관한 적용례) 제20조제 3 항제 3 호의 개정규정은 이 법 시행 전에 행하여진 아동·청소년대상 성범죄로 아직 공소시효가 완성되지 아니한 것에 대하여도 적용한다.

부 칙 <2019·11·26 법16622>

제 1 조(시행일) 이 법은 공포 후 6개월이 경과한 날부터 시행한다.

제 2 조(취업제한에 관한 적용례) 제56조제 1 항제 2 호의3, 제 6 호의2 및 제22호의 개정규정은 이 법 시행 후 취업제한을 적용받거나 취업제한 명령이 확정되는 사람 및 이 법 시행 당시 취업제한 기간 중에 있는 사람에게 적용한다.

부 칙 <2020·2·4 법16923>

제 1 조(시행일) 이 법은 공포 후 6개월이 경과한 날부터 시행한다.

제 2 조부터 **제 4 조**까지 생략

부 칙 <2020·2·18 법17007>

제 1 조(시행일) 이 법은 2021년 1월 1일부터 시행한다. 〈단서 생략〉

제 2 조(사무이양을 위한 사전조치) ① 관계 중앙행정기관의 장은 이 법에 따른 중앙행정권한 및 사무의 지방 일괄 이양에 필요한 인력 및 재정 소요 사항을 지원하기 위하여 필요한 조치를 마련하여 이 법에 따른 시행일 3개월 전까지 국회 소관 상임위원회에 보고하여야 한다.

② 「지방자치분권 및 지방행정체제개편에 관한 특별법」 제44조에 따른 자치분권위원회는 제 1 항에 따른 인력 및 재정 소요 사항을 사전에 전문적으로 조사·평가할 수 있다.

제 3 조(행정처분 등에 관한 일반적 경과조치) 이 법 시행 당시 종전의 규정에 따라 행정기관이 행한 처분 또는 그 밖의 행위는 이 법의 규정에 따라 행정기관이 행한 처분 또

는 그 밖의 행위로 보고, 종전의 규정에 따라 행정기관에 대하여 행한 신청·신고, 그 밖의 행위는 이 법의 규정에 따라 행정기관에 대하여 행한 신청·신고, 그 밖의 행위로 본다.

제4조 생략

부 칙 <2020·5·19 법17282>

제1조(시행일) 이 법은 공포 후 6개월이 경과한 날부터 시행한다. 다만, 부칙 제4조는 2021년 1월 1일부터 시행한다.

제2조(공소시효 특례에 관한 적용례) 제20조제3항제1호의 개정규정은 이 법 시행 전에 행하여진 아동·청소년대상 성범죄로 아직 공소시효가 완성되지 아니한 것에 대해서도 적용한다.

제3조(등록정보의 공개 및 고지에 관한 적용례) 제49조제1항제1호 및 제50조제1항제1호의 개정규정은 이 법 시행 후 아동·청소년대상 성범죄를 저지른 자부터 적용한다.

제4조(다른 법률의 개정) 생략

부 칙 <2020·6·2 법17338>

이 법은 공포한 날부터 시행한다.

부 칙 <2020·6·9 법17352>

제1조(시행일) 이 법은 공포 후 6개월이 경과한 날부터 시행한다. 〈단서 생략〉

제2조부터 **제5조**까지 생략

제6조(「아동·청소년의 성보호에 관한 법률」 제17조 삭제에 따른 경과조치) 이 법 시행 전의 종전의 「아동·청소년의 성보호에 관한 법률」에 따른 온라인서비스제공자가 같은 법 제17조제1항 또는 제2항을 위반한 행위에 대하여 벌칙이나 과태료를 적용할 때에는 종전의 「아동·청소년의 성보호에 관한 법률」의 규정에 따른다.

부 칙 <2020·12·8 법17574>

제1조(시행일) 이 법은 공포 후 6개월이 경과한 날부터 시행한다.

제2조부터 **제19조**까지 생략

부 칙 <2020·12·8 법17641>

이 법은 공포 후 6개월이 경과한 날부터 시행한다. 다만, 제25조제3항의 개정규정 및 법률 제11572호 아동·청소년의 성보호에 관한 법률 전부개정법률 부칙 제5조제2항 및 제7항의 개정규정은 공포한 날부터 시행한다.

부 칙 <2020·12·22 법17689>

제1조(시행일) 이 법은 2021년 1월 1일부터 시행한다.

제2조부터 **제8조**까지 생략

부 칙 <2021·1·12 법17893>

제1조(시행일) 이 법은 공포 후 1년이 경과한 날부터 시행한다.

제2조부터 **제23조**까지 생략

부 칙 <2021·3·23 법17972>

제1조(시행일) 이 법은 공포 후 6개월이 경과한 날부터 시행한다.

제2조(공소시효 특례에 관한 적용례) 제20조제4항제2호의 개정규정은 이 법 시행 전에 행하여진 아동·청소년대상 성범죄로 아직 공소시효가 완성되지 아니한 것에 대하여도 적용한다.

부 칙 <2023·4·11 법19337>

제1조(시행일) 이 법은 공포 후 6개월이 경과한 날부터 시행한다.

제2조(등록정보의 고지 등에 관한 적용례) 제50조제5항 및 제51조제4항·제5항의 개정규정은 이 법 시행 전에 고지명령을 선고받고 이 법 시행 이후 고지명령이 집행되거나 이 법 시행 당시 고지명령이 집행 중인 사람에게도 적용한다.

제3조(아동·청소년 관련기관등에의 취업제한 등에 관한 적용례) 제56조제1항제6호, 제7호부터 제9호까지, 제9호의2, 제12호, 제23호부터 제25호까지의 개정규정은 이 법 시행 전에 취업제한 명령을 선고받고 이 법 시행 이후 취업이 제한되거나 이 법 시행 당시 취업제한 기간 중에 있는 사람에게도 적용한다.

부 칙 <2024·3·26 법20416>

이 법은 공포 후 3개월이 경과한 날부터 시행한다.

부 칙 <2024·9·20 법20445>

제1조(시행일) 이 법은 공포 후 9개월이 경과한 날부터 시행한다. 〈단서 생략〉

제2조부터 **제10조**까지 생략

부 칙 <2024·10·16 법20462>

이 법은 공포 후 6개월이 경과한 날부터 시행한다. 다만, 제2조제2호가목, 같은 조 제3호·제6호 및 제11조의2의 개정규정은 공포한 날부터 시행한다.

●소년법

〔1988·12·31 법률제4057호 전부개정〕

개정
1995· 1· 5 법률제 4929호(소년원법)
2007· 5·17 법률제 8439호
2007·12·21 법률제 8722호
2011· 8· 4 법률제11005호(의료법)
2014· 1· 7 법률제12192호
2014·12·30 법률제12890호
2015·12· 1 법률제13524호
2018· 9·18 법률제15757호
2020·10·20 법률제17505호(보호소년 등의 처우에 관한 법률)

제 1 장 총칙

제 1 조(목적) 이 법은 반사회성(反社會性)이 있는 소년의 환경 조정과 품행 교정(矯正)을 위한 보호처분 등의 필요한 조치를 하고, 형사처분에 관한 특별조치를 함으로써 소년이 건전하게 성장하도록 돕는 것을 목적으로 한다.
〔전부개정 2007·12·21〕

제 2 조(소년 및 보호자) 이 법에서 "소년"이란 19세 미만인 자를 말하며, "보호자"란 법률상 감호교육(監護敎育)을 할 의무가 있는 자 또는 현재 감호하는 자를 말한다.
〔전부개정 2007·12·21〕

제 2 장 보호사건

제 1 절 통칙

제 3 조(관할 및 직능) ① 소년 보호사건의 관할은 소년의 행위지, 거주지 또는 현재지로 한다.
② 소년 보호사건은 가정법원소년부 또는 지방법원소년부〔이하 "소년부(少年部)"라 한다〕에 속한다.
③ 소년 보호사건의 심리(審理)와 처분 결정은 소년부 단독판사가 한다.
〔전부개정 2007·12·21〕

제 4 조(보호의 대상과 송치 및 통고) ① 다음 각 호의 어느 하나에 해당하는 소년은 소년부의 보호사건으로 심리한다.
1. 죄를 범한 소년
2. 형벌 법령에 저촉되는 행위를 한 10세 이상 14세 미만인 소년
3. 다음 각 목에 해당하는 사유가 있고 그의 성격이나 환경에 비추어 앞으로 형벌 법령에 저촉되는 행위를 할 우려가 있는 10세 이상인 소년
 가. 집단적으로 몰려다니며 주위 사람들에게 불안감을 조성하는 성벽(性癖)이 있는 것
 나. 정당한 이유 없이 가출하는 것
 다. 술을 마시고 소란을 피우거나 유해환경에 접하는 성벽이 있는 것
② 제 1 항제 2 호 및 제 3 호에 해당하는 소년이 있을 때에는 경찰서장은 직접 관할 소년부에 송치(送致)하여야 한다.
③ 제 1 항 각 호의 어느 하나에 해당하는 소년을 발견한 보호자 또는 학교·사회복리시설·보호관찰소(보호관찰지소를 포함한다. 이하 같다)의 장은 이를 관할 소년부에 통고할 수 있다.
〔전부개정 2007·12·21〕

제 5 조(송치서) 소년 보호사건을 송치하는 경우에는 송치서에 사건 본인의 주거·성명·생년월일 및 행위의 개요와 가정 상황을 적고, 그 밖의 참고자료를 첨부하여야 한다.
〔전부개정 2007·12·21〕

제 6 조(이송) ① 보호사건을 송치받은 소년부

는 보호의 적정을 기하기 위하여 필요하다고 인정하면 결정(決定)으로써 사건을 다른 관할 소년부에 이송할 수 있다.
② 소년부는 사건이 그 관할에 속하지 아니한다고 인정하면 결정으로써 그 사건을 관할 소년부에 이송하여야 한다.
〔전부개정 2007·12·21〕

제 7 조(형사처분 등을 위한 관할 검찰청으로의 송치) ① 소년부는 조사 또는 심리한 결과 금고 이상의 형에 해당하는 범죄 사실이 발견된 경우 그 동기와 죄질이 형사처분을 할 필요가 있다고 인정하면 결정으로써 사건을 관할 지방법원에 대응한 검찰청 검사에게 송치하여야 한다.
② 소년부는 조사 또는 심리한 결과 사건의 본인이 19세 이상인 것으로 밝혀진 경우에는 결정으로써 사건을 관할 지방법원에 대응하는 검찰청 검사에게 송치하여야 한다. 다만, 제51조에 따라 법원에 이송하여야 할 경우에는 그러하지 아니하다.
〔전부개정 2007·12·21〕

제 8 조(통지) 소년부는 제 6 조와 제 7 조에 따른 결정을 하였을 때에는 지체 없이 그 사유를 사건 본인과 그 보호자에게 알려야 한다.
〔전부개정 2007·12·21〕

제 2 절 조사와 심리

제 9 조(조사 방침) 조사는 의학·심리학·교육학·사회학이나 그 밖의 전문적인 지식을 활용하여 소년과 보호자 또는 참고인의 품행, 경력, 가정 상황, 그 밖의 환경 등을 밝히도록 노력하여야 한다.
〔전부개정 2007·12·21〕

제10조(진술거부권의 고지) 소년부 또는 조사관이 범죄 사실에 관하여 소년을 조사할 때에는 미리 소년에게 불리한 진술을 거부할 수 있음을 알려야 한다.
〔전부개정 2007·12·21〕

제11조(조사명령) ① 소년부 판사는 조사관에게 사건 본인, 보호자 또는 참고인의 심문이나 그 밖에 필요한 사항을 조사하도록 명할 수 있다.
② 소년부는 제 4 조제 3 항에 따라 통고된 소년을 심리할 필요가 있다고 인정하면 그 사건을 조사하여야 한다.
〔전부개정 2007·12·21〕

제12조(전문가의 진단) 소년부는 조사 또는 심리를 할 때에 정신건강의학과의사·심리학자·사회사업가·교육자나 그 밖의 전문가의 진단, 소년 분류심사원의 분류심사 결과와 의견, 보호관찰소의 조사결과와 의견 등을 고려하여야 한다. <개정 2011·8·4>
〔전부개정 2007·12·21〕

제13조(소환 및 동행영장) ① 소년부 판사는 사건의 조사 또는 심리에 필요하다고 인정하면 기일을 지정하여 사건 본인이나 보호자 또는 참고인을 소환할 수 있다.
② 사건 본인이나 보호자가 정당한 이유 없이 소환에 응하지 아니하면 소년부 판사는 동행영장을 발부할 수 있다.
〔전부개정 2007·12·21〕

제14조(긴급동행영장) 소년부 판사는 사건 본인을 보호하기 위하여 긴급조치가 필요하다고 인정하면 제13조제 1 항에 따른 소환 없이 동행영장을 발부할 수 있다.
〔전부개정 2007·12·21〕

제15조(동행영장의 방식) 동행영장에는 다음 각 호의 사항을 적고 소년부 판사가 서명날인하여야 한다.
1. 소년이나 보호자의 성명
2. 나이
3. 주거
4. 행위의 개요
5. 인치(引致)하거나 수용할 장소
6. 유효기간 및 그 기간이 지나면 집행에 착수하지 못하며 영장을 반환하여야 한다는 취지
7. 발부연월일

〔전부개정 2007·12·21〕

제16조(동행영장의 집행) ① 동행영장은 조사관이 집행한다.
② 소년부 판사는 소년부 법원서기관·법원사무관·법원주사·법원주사보나 보호관찰관 또는 사법경찰관리에게 동행영장을 집행하게 할 수 있다.
③ 동행영장을 집행하면 지체 없이 보호자나 보조인에게 알려야 한다.
〔전부개정 2007·12·21〕

제17조(보조인 선임) ① 사건 본인이나 보호

자는 소년부 판사의 허가를 받아 보조인을 선임할 수 있다.

② 보호자나 변호사를 보조인으로 선임하는 경우에는 제1항의 허가를 받지 아니하여도 된다.

③ 보조인을 선임함에 있어서는 보조인과 연명날인한 서면을 제출하여야 한다. 이 경우 변호사가 아닌 사람을 보조인으로 선임할 경우에는 위 서면에 소년과 보조인과의 관계를 기재하여야 한다.

④ 소년부 판사는 보조인이 심리절차를 고의로 지연시키는 등 심리진행을 방해하거나 소년의 이익에 반하는 행위를 할 우려가 있다고 판단하는 경우에는 보조인 선임의 허가를 취소할 수 있다.

⑤ 보조인의 선임은 심급마다 하여야 한다.

⑥ 「형사소송법」 중 변호인의 권리의무에 관한 규정은 소년 보호사건의 성질에 위배되지 아니하는 한 보조인에 대하여 준용한다.

〔전부개정 2007·12·21〕

제17조의2(국선보조인) ① 소년이 소년분류심사원에 위탁된 경우 보조인이 없을 때에는 법원은 변호사 등 적정한 자를 보조인으로 선정하여야 한다.

② 소년이 소년분류심사원에 위탁되지 아니하였을 때에도 다음의 경우 법원은 직권에 의하거나 소년 또는 보호자의 신청에 따라 보조인을 선정할 수 있다.

1. 소년에게 신체적·정신적 장애가 의심되는 경우
2. 빈곤이나 그 밖의 사유로 보조인을 선임할 수 없는 경우
3. 그 밖에 소년부 판사가 보조인이 필요하다고 인정하는 경우

③ 제1항과 제2항에 따라 선정된 보조인에게 지급하는 비용에 대하여는 「형사소송비용 등에 관한 법률」을 준용한다.

〔본조신설 2007·12·21〕

제18조(임시조치) ① 소년부 판사는 사건을 조사 또는 심리하는 데에 필요하다고 인정하면 소년의 감호에 관하여 결정으로써 다음 각 호의 어느 하나에 해당하는 조치를 할 수 있다.

1. 보호자, 소년을 보호할 수 있는 적당한 자 또는 시설에 위탁
2. 병원이나 그 밖의 요양소에 위탁
3. 소년분류심사원에 위탁

② 동행된 소년 또는 제52조제1항에 따라 인도된 소년에 대하여는 도착한 때로부터 24시간 이내에 제1항의 조치를 하여야 한다.

③ 제1항제1호 및 제2호의 위탁기간은 3개월을, 제1항제3호의 위탁기간은 1개월을 초과하지 못한다. 다만, 특별히 계속 조치할 필요가 있을 때에는 한 번에 한하여 결정으로써 연장할 수 있다.

④ 제1항제1호 및 제2호의 조치를 할 때에는 보호자 또는 위탁받은 자에게 소년의 감호에 관한 필요 사항을 지시할 수 있다.

⑤ 소년부 판사는 제1항의 결정을 하였을 때에는 소년부 법원서기관·법원사무관·법원주사·법원주사보, 소년분류심사원 소속 공무원, 교도소 또는 구치소 소속 공무원, 보호관찰관 또는 사법경찰관리에게 그 결정을 집행하게 할 수 있다.

⑥ 제1항의 조치는 언제든지 결정으로써 취소하거나 변경할 수 있다.

〔전부개정 2007·12·21〕

제19조(심리 불개시의 결정) ① 소년부 판사는 송치서와 조사관의 조사보고에 따라 사건의 심리를 개시(開始)할 수 없거나 개시할 필요가 없다고 인정하면 심리를 개시하지 아니한다는 결정을 하여야 한다. 이 결정은 사건 본인과 보호자에게 알려야 한다.

② 사안이 가볍다는 이유로 심리를 개시하지 아니한다는 결정을 할 때에는 소년에게 훈계하거나 보호자에게 소년을 엄격히 관리하거나 교육하도록 고지할 수 있다.

③ 제1항의 결정이 있을 때에는 제18조의 임시조치는 취소된 것으로 본다.

④ 소년부 판사는 소재가 분명하지 아니하다는 이유로 심리를 개시하지 아니한다는 결정을 받은 소년의 소재가 밝혀진 경우에는 그 결정을 취소하여야 한다.

〔전부개정 2007·12·21〕

제20조(심리 개시의 결정) ① 소년부 판사는 송치서와 조사관의 조사보고에 따라 사건을 심리할 필요가 있다고 인정하면 심리 개시 결정을 하여야 한다.

② 제 1 항의 결정은 사건 본인과 보호자에게 알려야 한다. 이 경우 심리 개시 사유의 요지와 보조인을 선임할 수 있다는 취지를 아울러 알려야 한다.
〔전부개정 2007 · 12 · 21〕

제21조(심리 기일의 지정) ① 소년부 판사는 심리 기일을 지정하고 본인과 보호자를 소환하여야 한다. 다만, 필요가 없다고 인정한 경우에는 보호자는 소환하지 아니할 수 있다.
② 보조인이 선정된 경우에는 보조인에게 심리 기일을 알려야 한다.
〔전부개정 2007 · 12 · 21〕

제22조(기일 변경) 소년부 판사는 직권에 의하거나 사건 본인, 보호자 또는 보조인의 청구에 의하여 심리 기일을 변경할 수 있다. 기일을 변경한 경우에는 이를 사건 본인, 보호자 또는 보조인에게 알려야 한다.
〔전부개정 2007 · 12 · 21〕

제23조(심리의 개시) ① 심리 기일에는 소년부 판사와 서기가 참석하여야 한다.
② 조사관, 보호자 및 보조인은 심리 기일에 출석할 수 있다.
〔전부개정 2007 · 12 · 21〕

제24조(심리의 방식) ① 심리는 친절하고 온화하게 하여야 한다.
② 심리는 공개하지 아니한다. 다만, 소년부판사는 적당하다고 인정하는 자에게 참석을 허가할 수 있다.
〔전부개정 2007 · 12 · 21〕

제25조(의견의 진술) ① 조사관, 보호자 및 보조인은 심리에 관하여 의견을 진술할 수 있다.
② 제 1 항의 경우에 판사는 필요하다고 인정하면 사건 본인의 퇴장을 명할 수 있다.
〔전부개정 2007 · 12 · 21〕

제25조의2(피해자 등의 진술권) 소년부 판사는 피해자 또는 그 법정대리인 · 변호인 · 배우자 · 직계친족 · 형제자매(이하 이 조에서 "대리인등"이라 한다)가 의견진술을 신청할 때에는 피해자나 그 대리인등에게 심리 기일에 의견을 진술할 기회를 주어야 한다. 다만, 다음 각 호의 어느 하나에 해당하는 경우에는 그러하지 아니하다.
1. 신청인이 이미 심리절차에서 충분히 진술하여 다시 진술할 필요가 없다고 인정되는 경우
2. 신청인의 진술로 심리절차가 현저하게 지연될 우려가 있는 경우
〔본조신설 2007 · 12 · 21〕

제25조의3(화해권고) ① 소년부 판사는 소년의 품행을 교정하고 피해자를 보호하기 위하여 필요하다고 인정하면 소년에게 피해 변상 등 피해자와의 화해를 권고할 수 있다.
② 소년부 판사는 제 1 항의 화해를 위하여 필요하다고 인정하면 기일을 지정하여 소년, 보호자 또는 참고인을 소환할 수 있다.
③ 소년부 판사는 소년이 제 1 항의 권고에 따라 피해자와 화해하였을 경우에는 보호처분을 결정할 때 이를 고려할 수 있다.
〔본조신설 2007 · 12 · 21〕

제26조(증인신문, 감정, 통역 · 번역) ① 소년부 판사는 증인을 신문(訊問)하고 감정(鑑定)이나 통역 및 번역을 명할 수 있다.
② 제 1 항의 경우에는 「형사소송법」 중 법원의 증인신문, 감정이나 통역 및 번역에 관한 규정을 보호사건의 성질에 위반되지 아니하는 한도에서 준용한다.
〔전부개정 2007 · 12 · 21〕

제27조(검증, 압수, 수색) ① 소년부 판사는 검증, 압수 또는 수색을 할 수 있다.
② 제 1 항의 경우에는 「형사소송법」 중 법원의 검증, 압수 및 수색에 관한 규정은 보호사건의 성질에 위반되지 아니하는 한도에서 준용한다.
〔전부개정 2007 · 12 · 21〕

제28조(원조, 협력) ① 소년부 판사는 그 직무에 관하여 모든 행정기관, 학교, 병원, 그 밖의 공사단체(公私團體)에 필요한 원조와 협력을 요구할 수 있다.
② 제 1 항의 요구를 거절할 때에는 정당한 이유를 제시하여야 한다.
〔전부개정 2007 · 12 · 21〕

제29조(불처분 결정) ① 소년부 판사는 심리 결과 보호처분을 할 수 없거나 할 필요가 없다고 인정하면 그 취지의 결정을 하고, 이를 사건 본인과 보호자에게 알려야 한다.
② 제 1 항의 결정에 관하여는 제19조제 2 항과 제 3 항을 준용한다.

〔전부개정 2007·12·21〕

제30조(기록의 작성) ① 소년부 법원서기관·법원사무관·법원주사 또는 법원주사보는 보호사건의 조사 및 심리에 대한 기록을 작성하여 조사 및 심리의 내용과 모든 결정을 명확히 하고 그 밖에 필요한 사항을 적어야 한다.

② 조사 기록에는 조사관 및 소년부 법원서기관·법원사무관·법원주사 또는 법원주사보가, 심리기록에는 소년부 판사 및 법원서기관·법원사무관·법원주사 또는 법원주사보가 서명날인하여야 한다.

〔전부개정 2007·12·21〕

제30조의2(기록의 열람·등사) 소년 보호사건의 기록과 증거물은 소년부 판사의 허가를 받은 경우에만 열람하거나 등사할 수 있다. 다만, 보조인이 심리 개시 결정 후에 소년 보호사건의 기록과 증거물을 열람하는 경우에는 소년부 판사의 허가를 받지 아니하여도 된다.

〔전부개정 2007·12·21〕

제31조(위임규정) 소년 보호사건의 심리에 필요한 사항은 대법원규칙으로 정한다.

〔전부개정 2007·12·21〕

제 3 절 보호처분

제32조(보호처분의 결정) ① 소년부 판사는 심리 결과 보호처분을 할 필요가 있다고 인정하면 결정으로써 다음 각 호의 어느 하나에 해당하는 처분을 하여야 한다. <개정 2020·10·20>

1. 보호자 또는 보호자를 대신하여 소년을 보호할 수 있는 자에게 감호 위탁
2. 수강명령
3. 사회봉사명령
4. 보호관찰관의 단기(短期) 보호관찰
5. 보호관찰관의 장기(長期) 보호관찰
6. 「아동복지법」에 따른 아동복지시설이나 그 밖의 소년보호시설에 감호 위탁
7. 병원, 요양소 또는 「보호소년 등의 처우에 관한 법률」에 따른 의료재활소년원에 위탁
8. 1개월 이내의 소년원 송치
9. 단기 소년원 송치
10. 장기 소년원 송치

② 다음 각 호 안의 처분 상호 간에는 그 전부 또는 일부를 병합할 수 있다.

1. 제1항제1호·제2호·제3호·제4호 처분
2. 제1항제1호·제2호·제3호·제5호 처분
3. 제1항제4호·제6호 처분
4. 제1항제5호·제6호 처분
5. 제1항제5호·제8호 처분

③ 제1항제3호의 처분은 14세 이상의 소년에게만 할 수 있다.

④ 제1항제2호 및 제10호의 처분은 12세 이상의 소년에게만 할 수 있다.

⑤ 제1항 각 호의 어느 하나에 해당하는 처분을 한 경우에는 소년부는 소년을 인도하면서 소년의 교정에 필요한 참고자료를 위탁받는 자나 처분을 집행하는 자에게 넘겨야 한다.

⑥ 소년의 보호처분은 그 소년의 장래 신상에 어떠한 영향도 미치지 아니한다.

〔전부개정 2007·12·21〕

제32조의2(보호관찰처분에 따른 부가처분 등) ① 제32조제1항제4호 또는 제5호의 처분을 할 때에 3개월 이내의 기간을 정하여 「보호소년 등의 처우에 관한 법률」에 따른 대안교육 또는 소년의 상담·선도·교화와 관련된 단체나 시설에서의 상담·교육을 받을 것을 동시에 명할 수 있다.

② 제32조제1항제4호 또는 제5호의 처분을 할 때에 1년 이내의 기간을 정하여 야간 등 특정 시간대의 외출을 제한하는 명령을 보호관찰대상자의 준수 사항으로 부과할 수 있다.

③ 소년부 판사는 가정상황 등을 고려하여 필요하다고 판단되면 보호자에게 소년원·소년분류심사원 또는 보호관찰소 등에서 실시하는 소년의 보호를 위한 특별교육을 받을 것을 명할 수 있다.

〔본조신설 2007·12·21〕

제33조(보호처분의 기간) ① 제32조제1항제1호·제6호·제7호의 위탁기간은 6개월로 하되, 소년부 판사는 결정으로써 6개월의 범위에서 한 번에 한하여 그 기간을 연장할 수 있다. 다만, 소년부 판사는 필요한 경우에는 언제든지 결정으로써 그 위탁을 종료시

킬 수 있다.
② 제32조제1항제4호의 단기 보호관찰기간은 1년으로 한다.
③ 제32조제1항제5호의 장기 보호관찰기간은 2년으로 한다. 다만, 소년부 판사는 보호관찰관의 신청에 따라 결정으로써 1년의 범위에서 한 번에 한하여 그 기간을 연장할 수 있다.
④ 제32조제1항제2호의 수강명령은 100시간을, 제32조제1항제3호의 사회봉사명령은 200시간을 초과할 수 없으며, 보호관찰관이 그 명령을 집행할 때에는 사건 본인의 정상적인 생활을 방해하지 아니하도록 하여야 한다.
⑤ 제32조제1항제9호에 따라 단기로 소년원에 송치된 소년의 보호기간은 6개월을 초과하지 못한다.
⑥ 제32조제1항제10호에 따라 장기로 소년원에 송치된 소년의 보호기간은 2년을 초과하지 못한다.
⑦ 제32조제1항제6호부터 제10호까지의 어느 하나에 해당하는 처분을 받은 소년이 시설위탁이나 수용 이후 그 시설을 이탈하였을 때에는 위 처분기간은 진행이 정지되고, 재위탁 또는 재수용된 때로부터 다시 진행한다.
〔전부개정 2007·12·21〕

제34조(몰수의 대상) ① 소년부 판사는 제4조제1항제1호·제2호에 해당하는 소년에 대하여 제32조의 처분을 하는 경우에는 결정으로써 다음의 물건을 몰수할 수 있다.
1. 범죄 또는 형벌 법령에 저촉되는 행위에 제공하거나 제공하려 한 물건
2. 범죄 또는 형벌 법령에 저촉되는 행위로 인하여 생기거나 이로 인하여 취득한 물건
3. 제1호와 제2호의 대가로 취득한 물건

② 제1항의 몰수는 그 물건이 사건 본인 이외의 자의 소유에 속하지 아니하는 경우에만 할 수 있다. 다만, 사건 본인의 행위가 있은 후 그 정을 알고도 취득한 자가 소유한 경우에는 그러하지 아니하다.
〔전부개정 2007·12·21〕

제35조(결정의 집행) 소년부 판사는 제32조제1항 또는 제32조의2에 따른 처분 결정을 하였을 때에는 조사관, 소년부 법원서기관·법원사무관·법원주사·법원주사보, 보호관찰관, 소년원 또는 소년분류심사원 소속 공무원, 그 밖에 위탁 또는 송치받을 기관 소속의 직원에게 그 결정을 집행하게 할 수 있다.
〔전부개정 2007·12·21〕

제36조(보고와 의견 제출) ① 소년부 판사는 제32조제1항제1호·제6호·제7호의 처분을 한 경우에는 위탁받은 자에게 소년에 관한 보고서나 의견서를 제출하도록 요구할 수 있다.
② 소년부 판사는 조사관에게 제32조제1항제1호·제6호·제7호의 처분에 관한 집행상황을 보고하게 할 수 있고, 필요하다고 인정되면 위탁받은 자에게 그 집행과 관련된 사항을 지시할 수 있다.
〔전부개정 2007·12·21〕

제37조(처분의 변경) ① 소년부 판사는 위탁받은 자나 보호처분을 집행하는 자의 신청에 따라 결정으로써 제32조의 보호처분과 제32조의2의 부가처분을 변경할 수 있다. 다만, 제32조제1항제1호, 제6호, 제7호의 보호처분과 제32조의2제1항의 부가처분은 직권으로 변경할 수 있다.
② 제1항에 따른 결정을 집행할 때에는 제35조를 준용한다.
③ 제1항의 결정은 지체 없이 사건 본인과 보호자에게 알리고 그 취지를 위탁받은 자나 보호처분을 집행하는 자에게 알려야 한다.
〔전부개정 2007·12·21〕

제38조(보호처분의 취소) ① 보호처분이 계속 중일 때에 사건 본인이 처분 당시 19세 이상인 것으로 밝혀진 경우에는 소년부 판사는 결정으로써 그 보호처분을 취소하고 다음의 구분에 따라 처리하여야 한다.
1. 검사·경찰서장의 송치 또는 제4조제3항의 통고에 의한 사건인 경우에는 관할 지방법원에 대응하는 검찰청 검사에게 송치한다.
2. 제50조에 따라 법원이 송치한 사건인 경우에는 송치한 법원에 이송한다.

② 제4조제1항제1호·제2호의 소년에

대한 보호처분이 계속 중일 때에 사건 본인이 행위 당시 10세 미만으로 밝혀진 경우 또는 제4조제1항제3호의 소년에 대한 보호처분이 계속 중일 때에 사건 본인이 처분 당시 10세 미만으로 밝혀진 경우에는 소년부 판사는 결정으로써 그 보호처분을 취소하여야 한다.

〔전부개정 2007·12·21〕

제39조(보호처분과 유죄판결) 보호처분이 계속 중일 때에 사건 본인에 대하여 유죄판결이 확정된 경우에 보호처분을 한 소년부 판사는 그 처분을 존속할 필요가 없다고 인정하면 결정으로써 보호처분을 취소할 수 있다.

〔전부개정 2007·12·21〕

제40조(보호처분의 경합) 보호처분이 계속 중일 때에 사건 본인에 대하여 새로운 보호처분이 있었을 때에는 그 처분을 한 소년부 판사는 이전의 보호처분을 한 소년부에 조회하여 어느 하나의 보호처분을 취소하여야 한다.

〔전부개정 2007·12·21〕

제41조(비용의 보조) 제18조제1항제1호·제2호의 조치에 관한 결정이나 제32조제1항제1호·제6호·제7호(「보호소년 등의 처우에 관한 법률」에 따른 의료재활소년원 위탁처분은 제외한다)의 처분을 받은 소년의 보호자는 위탁받은 자에게 그 감호에 관한 비용의 전부 또는 일부를 지급하여야 한다. 다만, 보호자가 지급할 능력이 없을 때에는 소년부가 지급할 수 있다. <개정 2020·10·20>

〔전부개정 2007·12·21〕

제42조(증인 등의 비용) ① 증인·감정인·통역인·번역인에게 지급하는 비용, 숙박료, 그 밖의 비용에 대하여는 「형사소송법」 중 비용에 관한 규정을 준용한다.

② 참고인에게 지급하는 비용에 관하여는 제1항을 준용한다.

〔전부개정 2007·12·21〕

제4절 항고

제43조(항고) ① 제32조에 따른 보호처분의 결정 및 제32조의2에 따른 부가처분 등의 결정 또는 제37조의 보호처분·부가처분 변경 결정이 다음 각 호의 어느 하나에 해당하면 사건 본인·보호자·보조인 또는 그 법정대리인은 관할 가정법원 또는 지방법원 본원 합의부에 항고할 수 있다.

1. 해당 결정에 영향을 미칠 법령 위반이 있거나 중대한 사실 오인(誤認)이 있는 경우
2. 처분이 현저히 부당한 경우

② 항고를 제기할 수 있는 기간은 7일로 한다.

〔전부개정 2007·12·21〕

제44조(항고장의 제출) ① 항고를 할 때에는 항고장을 원심(原審) 소년부에 제출하여야 한다.

② 항고장을 받은 소년부는 3일 이내에 의견서를 첨부하여 항고법원에 송부하여야 한다.

〔전부개정 2007·12·21〕

제45조(항고의 재판) ① 항고법원은 항고 절차가 법률에 위반되거나 항고가 이유 없다고 인정한 경우에는 결정으로써 항고를 기각하여야 한다.

② 항고법원은 항고가 이유가 있다고 인정한 경우에는 원결정(原決定)을 취소하고 사건을 원소년부에 환송(還送)하거나 다른 소년부에 이송하여야 한다. 다만, 환송 또는 이송할 여유가 없이 급하거나 그 밖에 필요하다고 인정한 경우에는 원결정을 파기하고 불처분 또는 보호처분의 결정을 할 수 있다.

③ 제2항에 따라 항고가 이유가 있다고 인정되어 보호처분의 결정을 다시 하는 경우에는 원결정에 따른 보호처분의 집행 기간은 그 전부를 항고에 따른 보호처분의 집행 기간에 산입(제32조제1항제8호·제9호·제10호 처분 상호 간에만 해당한다)한다. <신설 2015·12·1>

〔전부개정 2007·12·21〕

제46조(집행 정지) 항고는 결정의 집행을 정지시키는 효력이 없다.

〔전부개정 2007·12·21〕

제47조(재항고) ① 항고를 기각하는 결정에 대하여는 그 결정이 법령에 위반되는 경우에만 대법원에 재항고를 할 수 있다.

② 제1항의 재항고에 관하여는 제43조제2항 및 제45조제3항을 준용한다. <개정 2015·12·1>

〔전부개정 2007·12·21〕

제 3 장 형사사건

제 1 절 통칙

제48조(준거법례) 소년에 대한 형사사건에 관하여는 이 법에 특별한 규정이 없으면 일반 형사사건의 예에 따른다.
〔전부개정 2007·12·21〕

제49조(검사의 송치) ① 검사는 소년에 대한 피의사건을 수사한 결과 보호처분에 해당하는 사유가 있다고 인정한 경우에는 사건을 관할 소년부에 송치하여야 한다.
② 소년부는 제 1 항에 따라 송치된 사건을 조사 또는 심리한 결과 그 동기와 죄질이 금고 이상의 형사처분을 할 필요가 있다고 인정할 때에는 결정으로써 해당 검찰청 검사에게 송치할 수 있다.
③ 제 2 항에 따라 송치한 사건은 다시 소년부에 송치할 수 없다.
〔전부개정 2007·12·21〕

제49조의2(검사의 결정 전 조사) ① 검사는 소년 피의사건에 대하여 소년부 송치, 공소제기, 기소유예 등의 처분을 결정하기 위하여 필요하다고 인정하면 피의자의 주거지 또는 검찰청 소재지를 관할하는 보호관찰소의 장, 소년분류심사원장 또는 소년원장(이하 "보호관찰소장등"이라 한다)에게 피의자의 품행, 경력, 생활환경이나 그 밖에 필요한 사항에 관한 조사를 요구할 수 있다.
② 제 1 항의 요구를 받은 보호관찰소장등은 지체 없이 이를 조사하여 서면으로 해당 검사에게 통보하여야 하며, 조사를 위하여 필요한 경우에는 소속 보호관찰관·분류심사관 등에게 피의자 또는 관계인을 출석하게 하여 진술요구를 하는 등의 방법으로 필요한 사항을 조사하게 할 수 있다.
③ 제 2 항에 따른 조사를 할 때에는 미리 피의자 또는 관계인에게 조사의 취지를 설명하여야 하고, 피의자 또는 관계인의 인권을 존중하며, 직무상 비밀을 엄수하여야 한다.
④ 검사는 보호관찰소장등으로부터 통보받은 조사 결과를 참고하여 소년 피의자를 교화·개선하는 데에 가장 적합한 처분을 결정하여야 한다.
〔본조신설 2007·12·21〕

제49조의3(조건부 기소유예) 검사는 피의자에 대하여 다음 각 호에 해당하는 선도(善導) 등을 받게 하고, 피의사건에 대한 공소를 제기하지 아니할 수 있다. 이 경우 소년과 소년의 친권자·후견인 등 법정대리인의 동의를 받아야 한다.
1. 범죄예방자원봉사위원의 선도
2. 소년의 선도·교육과 관련된 단체·시설에서의 상담·교육·활동 등
〔본조신설 2007·12·21〕

제50조(법원의 송치) 법원은 소년에 대한 피고사건을 심리한 결과 보호처분에 해당할 사유가 있다고 인정하면 결정으로써 사건을 관할 소년부에 송치하여야 한다.
〔전부개정 2007·12·21〕

제51조(이송) 소년부는 제50조에 따라 송치받은 사건을 조사 또는 심리한 결과 사건의 본인이 19세 이상인 것으로 밝혀지면 결정으로써 송치한 법원에 사건을 다시 이송하여야 한다.
〔전부개정 2007·12·21〕

제52조(소년부 송치 시의 신병 처리) ① 제49조제 1 항이나 제50조에 따른 소년부 송치 결정이 있는 경우에는 소년을 구금하고 있는 시설의 장은 검사의 이송 지휘를 받은 때로부터 법원 소년부가 있는 시·군에서는 24시간 이내에, 그 밖의 시·군에서는 48시간 이내에 소년을 소년부에 인도하여야 한다. 이 경우 구속영장의 효력은 소년부 판사가 제18조제 1 항에 따른 소년의 감호에 관한 결정을 한 때에 상실한다.
② 제 1 항에 따른 인도와 결정은 구속영장의 효력기간 내에 이루어져야 한다.
〔전부개정 2007·12·21〕

제53조(보호처분의 효력) 제32조의 보호처분을 받은 소년에 대하여는 그 심리가 결정된 사건은 다시 공소를 제기하거나 소년부에 송치할 수 없다. 다만, 제38조제 1 항제 1 호의 경우에는 공소를 제기할 수 있다.
〔전부개정 2007·12·21〕

제54조(공소시효의 정지) 제20조에 따른 심리 개시 결정이 있었던 때로부터 그 사건에 대한 보호처분의 결정이 확정될 때까지 공소시효는 그 진행이 정지된다.
〔전부개정 2007·12·21〕

제55조(구속영장의 제한) ① 소년에 대한 구속영장은 부득이한 경우가 아니면 발부하지 못한다.
② 소년을 구속하는 경우에는 특별한 사정이 없으면 다른 피의자나 피고인과 분리하여 수용하여야 한다.
〔전부개정 2007·12·21〕

제 2 절 심판

제56조(조사의 위촉) 법원은 소년에 대한 형사사건에 관하여 필요한 사항을 조사하도록 조사관에게 위촉할 수 있다.
〔전부개정 2007·12·21〕

제57조(심리의 분리) 소년에 대한 형사사건의 심리는 다른 피의사건과 관련된 경우에도 심리에 지장이 없으면 그 절차를 분리하여야 한다.
〔전부개정 2007·12·21〕

제58조(심리의 방침) ① 소년에 대한 형사사건의 심리는 친절하고 온화하게 하여야 한다.
② 제 1 항의 심리에는 소년의 심신상태, 품행, 경력, 가정상황, 그 밖의 환경 등에 대하여 정확한 사실을 밝힐 수 있도록 특별히 유의하여야 한다.
〔전부개정 2007·12·21〕

제59조(사형 및 무기형의 완화) 죄를 범할 당시 18세 미만인 소년에 대하여 사형 또는 무기형(無期刑)으로 처할 경우에는 15년의 유기징역으로 한다.
〔전부개정 2007·12·21〕

제60조(부정기형) ① 소년이 법정형으로 장기 2년 이상의 유기형(有期刑)에 해당하는 죄를 범한 경우에는 그 형의 범위에서 장기와 단기를 정하여 선고한다. 다만, 장기는 10년, 단기는 5년을 초과하지 못한다.
② 소년의 특성에 비추어 상당하다고 인정되는 때에는 그 형을 감경할 수 있다.
③ 형의 집행유예나 선고유예를 선고할 때에는 제 1 항을 적용하지 아니한다.
④ 소년에 대한 부정기형을 집행하는 기관의 장은 형의 단기가 지난 소년범의 행형(行刑) 성적이 양호하고 교정의 목적을 달성하였다고 인정되는 경우에는 관할 검찰청 검사의 지휘에 따라 그 형의 집행을 종료시킬 수 있다. <개정 2018·9·18>
〔전부개정 2007·12·21〕

제61조(미결구금일수의 산입) 제18조제 1 항제 3 호의 조치가 있었을 때에는 그 위탁기간은 「형법」 제57조제 1 항의 판결선고 전 구금일수(拘禁日數)로 본다.
〔전부개정 2007·12·21〕

제62조(환형처분의 금지) 18세 미만인 소년에게는 「형법」 제70조에 따른 유치선고를 하지 못한다. 다만, 판결선고 전 구속되었거나 제18조제 1 항제 3 호의 조치가 있었을 때에는 그 구속 또는 위탁의 기간에 해당하는 기간은 노역장(勞役場)에 유치된 것으로 보아 「형법」 제57조를 적용할 수 있다.
〔전부개정 2007·12·21〕

제63조(징역·금고의 집행) 징역 또는 금고를 선고받은 소년에 대하여는 특별히 설치된 교도소 또는 일반 교도소 안에 특별히 분리된 장소에서 그 형을 집행한다. 다만, 소년이 형의 집행 중에 23세가 되면 일반 교도소에서 집행할 수 있다.
〔전부개정 2007·12·21〕

제64조(보호처분과 형의 집행) 보호처분이 계속 중일 때에 징역, 금고 또는 구류를 선고받은 소년에 대하여는 먼저 그 형을 집행한다.
〔전부개정 2007·12·21〕

제65조(가석방) 징역 또는 금고를 선고받은 소년에 대하여는 다음 각 호의 기간이 지나면 가석방(假釋放)을 허가할 수 있다.
1. 무기형의 경우에는 5년
2. 15년 유기형의 경우에는 3년
3. 부정기형의 경우에는 단기의 3분의 1
〔전부개정 2007·12·21〕

제66조(가석방 기간의 종료) 징역 또는 금고를 선고받은 소년이 가석방된 후 그 처분이 취소되지 아니하고 가석방 전에 집행을 받은 기간과 같은 기간이 지난 경우에는 형의 집행을 종료한 것으로 한다. 다만, 제59조의 형기(刑期) 또는 제60조제 1 항에 따른 장기의 기간이 먼저 지난 경우에는 그 때에

형의 집행을 종료한 것으로 한다.
〔전부개정 2007·12·21〕

제67조(자격에 관한 법령의 적용) ① 소년이었을 때 범한 죄에 의하여 형의 선고 등을 받은 자에 대하여 다음 각 호의 경우 자격에 관한 법령을 적용할 때 장래에 향하여 형의 선고를 받지 아니한 것으로 본다. <개정 2018·9·18>

1. 형을 선고받은 자가 그 집행을 종료하거나 면제받은 경우
2. 형의 선고유예나 집행유예를 선고받은 경우

② 제1항에도 불구하고 형의 선고유예가 실효되거나 집행유예가 실효·취소된 때에는 그 때에 형을 선고받은 것으로 본다. <신설 2018·9·18>
〔전부개정 2007·12·21〕

제3장의2 비행 예방

제67조의2(비행 예방정책) 법무부장관은 제4조제1항에 해당하는 자(이하 "비행소년"이라 한다)가 건전하게 성장하도록 돕기 위하여 다음 각 호의 사항에 대한 필요한 조치를 취하여야 한다.

1. 비행소년이 건전하게 성장하도록 돕기 위한 조사·연구·교육·홍보 및 관련 정책의 수립·시행
2. 비행소년의 선도·교육과 관련된 중앙행정기관·공공기관 및 사회단체와의 협조체계의 구축 및 운영

〔본조신설 2007·12·21〕

제4장 벌칙

제68조(보도 금지) ① 이 법에 따라 조사 또는 심리 중에 있는 보호사건이나 형사사건에 대하여는 성명·연령·직업·용모 등으로 비추어 볼 때 그 자가 당해 사건의 당사자라고 미루어 짐작할 수 있는 정도의 사실이나 사진을 신문이나 그 밖의 출판물에 신거나 방송할 수 없다.

② 제1항을 위반한 다음 각 호의 자는 1년 이하의 징역 또는 1천만원 이하의 벌금에 처한다. <개정 2014·1·7>

1. 신문：편집인 및 발행인
2. 그 밖의 출판물：저작자 및 발행자
3. 방송：방송편집인 및 방송인

〔전부개정 2007·12·21〕

제69조(나이의 거짓 진술) 성인(成人)이 고의로 나이를 거짓으로 진술하여 보호처분이나 소년 형사처분을 받은 경우에는 1년 이하의 징역에 처한다.
〔전부개정 2007·12·21〕

제70조(조회 응답) ① 소년 보호사건과 관계있는 기관은 그 사건 내용에 관하여 재판, 수사 또는 군사상 필요한 경우 외의 어떠한 조회에도 응하여서는 아니 된다.

② 제1항을 위반한 자는 1년 이하의 징역 또는 1천만원 이하의 벌금에 처한다.
〔전부개정 2007·12·21〕

제71조(소환의 불응 및 보호자 특별교육명령 불응) 다음 각 호의 어느 하나에 해당하는 자에게는 300만원 이하의 과태료를 부과한다. <개정 2014·12·30>

1. 제13조제1항에 따른 소환에 정당한 이유 없이 응하지 아니한 자
2. 제32조의2제3항의 특별교육명령에 정당한 이유 없이 응하지 아니한 자

〔전부개정 2007·12·21〕

부 칙

①(시행일) 이 법은 1989년 7월 1일부터 시행한다.

②(경과조치) 이 법은 이 법 시행당시 조사 또는 심판중에 있는 보호사건 또는 형사사건에 대하여도 적용한다. 다만, 이 법 시행전에 종전의 규정에 의하여 행한 보호절차 또는 형사절차의 효력에는 영향을 미치지 아니한다.

부 칙 <1995·1·5 법4929>

제1조(시행일) 이 법은 공포한 날부터 시행한다.

제2조 생략

부 칙 <2007·5·17 법8439>

이 법은 2008년 1월 1일부터 시행한다.

부 칙 <2007·12·21 법8722>

제1조(시행일) 이 법은 공포 후 6개월이 경과한 날부터 시행한다.

제2조(일반적 경과조치) 이 법은 이 법 시행당시 조사 또는 심리 중에 있는 보호사건 또는 형사사건에 대하여도 적용한다. 다만,

이 법 시행 전에 종전의 규정에 따라 행한 보호절차 또는 형사절차의 효력에는 영향을 미치지 아니한다.

제3조(소년의 나이 조정에 따른 경과조치) 이 법 시행 전에 제4조제1항 각 호의 요건의 어느 하나에 해당하는 자에 대하여는 제7조제2항, 제38조제1항 및 제51조의 개정규정에도 불구하고 종전의 규정에 따른다.

제4조(벌칙에 관한 경과조치) 이 법 시행 전의 행위에 대하여 벌칙을 적용할 때에는 종전의 규정에 따른다.

제5조(다른 법률의 개정) 생략

제6조(다른 법령과의 관계) 이 법 시행 당시 다른 법령에서 종전의 「소년법」의 규정을 인용한 경우에 이 법 가운데 그에 해당하는 규정이 있으면 종전의 규정을 갈음하여 이 법의 해당 조항을 인용한 것으로 본다.

부 칙 <2011·8·4 법11005>

제1조(시행일) 이 법은 공포 후 1년이 경과한 날부터 시행한다. 다만, …〈생략〉… 부칙 제4조는 공포한 날부터 …〈생략〉… 시행한다.

제2조 및 **제3조** 생략

제4조(다른 법률의 개정) 생략

부 칙 <2014·1·7 법12192>

이 법은 공포한 날부터 시행한다.

부 칙 <2014·12·30 법12890>

이 법은 공포 후 6개월이 경과한 날부터 시행한다.

부 칙 <2015·12·1 법13524>

제1조(시행일) 이 법은 공포한 날부터 시행한다.

제2조(적용례) 제45조제3항 및 제47조제2항의 개정규정은 이 법 시행 후 최초로 제43조제1항 또는 제47조제1항에 따라 항고 또는 재항고하는 경우부터 적용한다.

부 칙 <2018·9·18 법15757>

제1조(시행일) 이 법은 공포한 날부터 시행한다.

제2조(자격에 관한 법령의 적용에 관한 적용례) 제67조의 개정규정은 이 법 시행 전 소년이었을 때 범한 죄에 의하여 형의 집행유예나 선고유예를 받은 사람에게도 적용한다.

부 칙 <2020·10·20 법17505>

제1조(시행일) 이 법은 공포 후 6개월이 경과한 날부터 시행한다. 〈단서 생략〉

제2조부터 **제5조**까지 생략

●치료감호 등에 관한 법률

〔2005・8・4 법률제7655호〕

개정
2007・12・21 법률제 8728호(형의 집행 및 수용자의 처우에 관한 법률)
2008・ 6・13 법률제 9111호
2010・ 4・15 법률제10258호(성폭력범죄의 처벌 등에 관한 특례법)
2011・ 8・ 4 법률제11005호(의료법)
2012・12・18 법률제11556호(성폭력범죄의 처벌 등에 관한 특례법)
2013・ 7・30 법률제11954호
2014・ 1・ 7 법률제12196호
2014・12・30 법률제12894호
2015・12・ 1 법률제13525호
2016・ 1・ 6 법률제13722호(군사법원법)
2016・ 5・29 법률제14224호(정신건강증진 및 정신질환자 복지서비스 지원에 관한 법률)
2017・12・12 법률제15160호
2018・12・18 법률제15980호
2020・ 2・ 4 법률제16923호(전자장치 부착 등에 관한 법률)
2020・10・20 법률제17510호
2022・ 1・ 4 법률제18678호

제 1 장 총칙

제 1 조(목적) 이 법은 심신장애 상태, 마약류・알코올이나 그 밖의 약물중독 상태, 정신성적(精神性的) 장애가 있는 상태 등에서 범죄행위를 한 자로서 재범(再犯)의 위험성이 있고 특수한 교육・개선 및 치료가 필요하다고 인정되는 자에 대하여 적절한 보호와 치료를 함으로써 재범을 방지하고 사회복귀를 촉진하는 것을 목적으로 한다.

〔전부개정 2008・6・13〕

제 2 조(치료감호대상자) ① 이 법에서 "치료감호대상자"란 다음 각 호의 어느 하나에 해당하는 자로서 치료감호시설에서 치료를 받을 필요가 있고 재범의 위험성이 있는 자를 말한다. <개정 2014・12・30, 2020・10・20>

1. 「형법」 제10조제 1 항에 따라 벌하지 아니하거나 같은 조 제 2 항에 따라 형을 감경할 수 있는 심신장애인으로서 금고 이상의 형에 해당하는 죄를 지은 자
2. 마약・향정신성의약품・대마, 그 밖에 남용되거나 해독(害毒)을 끼칠 우려가 있는 물질이나 알코올을 식음(食飮)・섭취・흡입・흡연 또는 주입받는 습벽이 있거나 그에 중독된 자로서 금고 이상의 형에 해당하는 죄를 지은 자
3. 소아성기호증(小兒性嗜好症), 성적가학증(性的加虐症) 등 성적 성벽(性癖)이 있는 정신성적 장애인으로서 금고 이상의 형에 해당하는 성폭력범죄를 지은 자

② 제 1 항제 2 호의 남용되거나 해독을 끼칠 우려가 있는 물질에 관한 자세한 사항은 대통령령으로 정한다.

〔전부개정 2008・6・13〕

제 2 조의2(치료감호 대상 성폭력범죄의 범위) 제 2 조제 1 항제 3 호의 성폭력범죄는 다음 각 호의 범죄를 말한다. <개정 2010・4・15, 2012・12・18, 2013・7・30>

1. 「형법」 제297조(강간)・제297조의2(유사강간)・제298조(강제추행)・제299조(준강간, 준강제추행)・제300조(미수범)・제301조(강간등 상해・치상)・제301조의2(강간등 살인・치사)・제302조(미성년자등에 대한 간음)・제303조(업무상위력등에 의한 간음)・제305조(미성년자에 대한 간음, 추행)・제305조의2(상습범)・제339조(강도강간)・제340조(해상강도)제 3 항(사람을 강간한 죄만을 말한다) 및 제342조(미수범)의 죄(제339조 및 제340조제 3 항 중 사람을 강간한 죄의 미수범만을 말한다)

2. 「성폭력범죄의 처벌 등에 관한 특례법」 제 3 조부터 제10조까지 및 제15조(제 3 조부터 제 9 조까지의 미수범으로 한정한다)의 죄
3. 「아동·청소년의 성보호에 관한 법률」 제 7 조(아동·청소년에 대한 강간·강제추행 등)·제 9 조(강간 등 상해·치상)·제10조(강간 등 살인·치사)의 죄
4. 제 1 호부터 제 3 호까지의 죄로서 다른 법률에 따라 가중 처벌되는 죄

〔본조신설 2008·6·13〕

제 2 조의3(치료명령대상자) 이 법에서 "치료명령대상자"란 다음 각 호의 어느 하나에 해당하는 자로서 통원치료를 받을 필요가 있고 재범의 위험성이 있는 자를 말한다. <개정 2017·12·12, 2020·10·20>

1. 「형법」 제10조제 2 항에 따라 형을 감경할 수 있는 심신장애인으로서 금고 이상의 형에 해당하는 죄를 지은 자
2. 알코올을 식음하는 습벽이 있거나 그에 중독된 자로서 금고 이상의 형에 해당하는 죄를 지은 자
3. 마약·향정신성의약품·대마, 그 밖에 대통령령으로 정하는 남용되거나 해독을 끼칠 우려가 있는 물질을 식음·섭취·흡입·흡연 또는 주입받는 습벽이 있거나 그에 중독된 자로서 금고 이상의 형에 해당하는 죄를 지은 자

〔본조신설 2015·12·1〕

제 3 조(관할) ① 치료감호사건의 토지관할은 치료감호사건과 동시에 심리하거나 심리할 수 있었던 사건의 관할에 따른다.

② 치료감호사건의 제 1 심 재판관할은 지방법원합의부 및 지방법원지원 합의부로 한다. 이 경우 치료감호가 청구된 치료감호대상자(이하 "피치료감호청구인"이라 한다)에 대한 치료감호사건과 피고사건의 관할이 다른 때에는 치료감호사건의 관할에 따른다.

〔전부개정 2008·6·13〕

제 2 장 치료감호사건의 절차 등

제 4 조(검사의 치료감호 청구) ① 검사는 치료감호대상자가 치료감호를 받을 필요가 있는 경우 관할 법원에 치료감호를 청구할 수 있다.

② 치료감호대상자에 대한 치료감호를 청구할 때에는 정신건강의학과 등의 전문의의 진단이나 감정(鑑定)을 참고하여야 한다. 다만, 제 2 조제 1 항제 3 호에 따른 치료감호대상자에 대하여는 정신건강의학과 등의 전문의의 진단이나 감정을 받은 후 치료감호를 청구하여야 한다. <개정 2011·8·4>

③ 치료감호를 청구할 때에는 검사가 치료감호청구서를 관할 법원에 제출하여야 한다. 치료감호청구서에는 피치료감호청구인 수만큼의 부본(副本)을 첨부하여야 한다.

④ 치료감호청구서에는 다음 각 호의 사항을 적어야 한다.

1. 피치료감호청구인의 성명과 그 밖에 피치료감호청구인을 특정할 수 있는 사항
2. 청구의 원인이 되는 사실
3. 적용 법 조문
4. 그 밖에 대통령령으로 정하는 사항

⑤ 검사는 공소제기한 사건의 항소심 변론종결 시까지 치료감호를 청구할 수 있다.

⑥ 법원은 치료감호 청구를 받으면 지체 없이 치료감호청구서의 부본을 피치료감호청구인이나 그 변호인에게 송달하여야 한다. 다만, 공소제기와 동시에 치료감호 청구를 받았을 때에는 제 1 회 공판기일 전 5일까지, 피고사건 심리 중에 치료감호 청구를 받았을 때에는 다음 공판기일 전 5일까지 송달하여야 한다.

⑦ 법원은 공소제기된 사건의 심리결과 치료감호를 할 필요가 있다고 인정할 때에는 검사에게 치료감호 청구를 요구할 수 있다.

〔전부개정 2008·6·13〕

제 5 조(조사) ① 검사는 범죄를 수사할 때 범죄경력이나 심신장애 등을 고려하여 치료감호를 청구함이 상당하다고 인정되는 자에 대하여는 치료감호 청구에 필요한 자료를 조사하여야 한다.

② 사법경찰관리(특별사법경찰관리를 포함한다. 이하 같다)는 검사의 지휘를 받아 제 1 항에 따른 조사를 하여야 한다.

〔전부개정 2008·6·13〕

제 6 조(치료감호영장) ① 치료감호대상자에 대하여 치료감호를 할 필요가 있다고 인정되고 다음 각 호의 어느 하나에 해당하는 사유가 있을 때에는 검사는 관할 지방법원 판사에게 청구하여 치료감호영장을 발부받아 치료감호대상자를 보호구속〔보호구금(保護拘禁)과 보호구인(保護拘引)을 포함한다. 이하 같다〕할 수 있다.

1. 일정한 주거가 없을 때
2. 증거를 인멸할 염려가 있을 때
3. 도망하거나 도망할 염려가 있을 때

② 사법경찰관은 제 1 항의 요건에 해당하는 치료감호대상자에 대하여 검사에게 신청하여 검사의 청구로 관할 지방법원 판사의 치료감호영장을 발부받아 보호구속할 수 있다.

③ 제 1 항과 제 2 항에 따른 보호구속에 관하여는 「형사소송법」 제201조제 2 항부터 제 4 항까지, 제201조의2부터 제205조까지, 제208조, 제209조 및 제214조의2부터 제214조의4까지의 규정을 준용한다.

〔전부개정 2008·6·13〕

제 7 조(치료감호의 독립 청구) 검사는 다음 각 호의 어느 하나에 해당하는 경우에는 공소를 제기하지 아니하고 치료감호만을 청구할 수 있다.

1. 피의자가 「형법」 제10조제 1 항에 해당하여 벌할 수 없는 경우
2. 고소·고발이 있어야 논할 수 있는 죄에서 그 고소·고발이 없거나 취소된 경우 또는 피해자의 명시적인 의사에 반(反)하여 논할 수 없는 죄에서 피해자가 처벌을 원하지 아니한다는 의사표시를 하거나 처벌을 원한다는 의사표시를 철회한 경우
3. 피의자에 대하여 「형사소송법」 제247조에 따라 공소를 제기하지 아니하는 결정을 한 경우

〔전부개정 2008·6·13〕

제 8 조(치료감호 청구와 구속영장의 효력) 구속영장에 의하여 구속된 피의자에 대하여 검사가 공소를 제기하지 아니하는 결정을 하고 치료감호 청구만을 하는 때에는 구속영장은 치료감호영장으로 보며 그 효력을 잃지 아니한다.

〔전부개정 2008·6·13〕

제 9 조(피치료감호청구인의 불출석) 법원은 피치료감호청구인이 「형법」 제10조제 1 항에 따른 심신장애로 공판기일에의 출석이 불가능한 경우에는 피치료감호청구인의 출석 없이 개정(開廷)할 수 있다.

〔전부개정 2008·6·13〕

제10조(공판절차로의 이행) ① 제 7 조제 1 호에 따른 치료감호청구사건의 공판을 시작한 후 피치료감호청구인이 「형법」 제10조제 1 항에 따른 심신장애에 해당되지 아니한다는 명백한 증거가 발견되고 검사의 청구가 있을 때에는 법원은 「형사소송법」에 따른 공판절차로 이행(移行)하여야 한다.

② 제 1 항에 따라 공판절차로 이행한 경우에는 치료감호를 청구하였던 때에 공소를 제기한 것으로 본다. 이 경우 치료감호청구서는 공소장과 같은 효력을 가지며, 공판절차로 이행하기 전의 심리는 공판절차에 따른 심리로 본다. 공소장에 적어야 할 사항은 「형사소송법」 제298조의 절차에 따라 변경할 수 있다.

③ 약식명령(略式命令)이 청구된 후 치료감호가 청구되었을 때에는 약식명령청구는 그 치료감호가 청구되었을 때부터 공판절차에 따라 심판하여야 한다.

〔전부개정 2008·6·13〕

제11조(공판 내용의 고지) 제10조에 따라 공판절차로 이행하는 경우 피고인의 출석 없이 진행된 공판의 내용은 공판조서의 낭독이나 그 밖의 적당한 방법으로 피고인에게 고지(告知)하여야 한다.

〔전부개정 2008·6·13〕

제12조(치료감호의 판결 등) ① 법원은 치료감호사건을 심리하여 그 청구가 이유 있다고 인정할 때에는 판결로써 치료감호를 선고하여야 하고, 이유 없다고 인정할 때 또는 피고사건에 대하여 심신상실 외의 사유로 무죄를 선고하거나 사형을 선고할 때에는 판결로써 청구기각을 선고하여야 한다.

② 치료감호사건의 판결은 피고사건의 판결

과 동시에 선고하여야 한다. 다만, 제7조에 따라 공소를 제기하지 아니하고 치료감호만을 청구한 경우에는 그러하지 아니하다.
③ 치료감호선고의 판결이유에는 요건으로 되는 사실, 증거의 요지와 적용 법 조문을 구체적으로 밝혀야 한다.
④ 법원은 피고사건에 대하여「형사소송법」 제326조 각 호, 제327조제1호부터 제4호까지 및 제328조제1항 각 호(제2호 중 피고인인 법인이 존속하지 아니하게 되었을 때는 제외한다)의 사유가 있을 때에는 치료감호청구사건에 대하여도 청구기각의 판결 또는 결정을 하여야 한다. 치료감호청구사건에 대하여 위와 같은 사유가 있을 때에도 또한 같다.
〔전부개정 2008·6·13〕

제13조(전문가의 감정 등) 법원은 제4조제2항에 따른 정신건강의학과 전문의 등의 진단 또는 감정의견만으로 피치료감호청구인의 심신장애 또는 정신성적 장애가 있는지의 여부를 판단하기 어려울 때에는 정신건강의학과 전문의 등에게 다시 감정을 명할 수 있다. <개정 2011·8·4>
〔전부개정 2008·6·13〕

제14조(항소 등) ① 검사 또는 피치료감호청구인과「형사소송법」제339조부터 제341조까지에 규정된 자는「형사소송법」의 절차에 따라 상소할 수 있다.
② 피고사건의 판결에 대하여 상소 및 상소의 포기·취하가 있을 때에는 치료감호청구사건의 판결에 대하여도 상소 및 상소의 포기·취하가 있는 것으로 본다. 상소권회복 또는 재심(再審)의 청구나 비상상고가 있을 때에도 또한 같다.
〔전부개정 2008·6·13〕

제15조(준용규정) ① 법원에서 피치료감호청구인을 보호구속하는 경우의 치료감호영장에 관하여는 제6조제1항을 준용한다.
② 제2조제1항 각 호의 어느 하나에 해당하는 치료감호대상자에 대한 치료감호청구사건에 관하여는「형사소송법」 제282조 및 제283조를 준용한다.
〔전부개정 2008·6·13〕

제3장 치료감호의 집행

제16조(치료감호의 내용) ① 치료감호를 선고받은 자(이하 "피치료감호자"라 한다)에 대하여는 치료감호시설에 수용하여 치료를 위한 조치를 한다.
② 피치료감호자를 치료감호시설에 수용하는 기간은 다음 각 호의 구분에 따른 기간을 초과할 수 없다.
1. 제2조제1항제1호 및 제3호에 해당하는 자 : 15년
2. 제2조제1항제2호에 해당하는 자 : 2년
③「전자장치 부착 등에 관한 법률」 제2조제3호의2에 따른 살인범죄(이하 "살인범죄"라 한다)를 저질러 치료감호를 선고받은 피치료감호자가 살인범죄를 다시 범할 위험성이 있고 계속 치료가 필요하다고 인정되는 경우에는 법원은 치료감호시설의 장의 신청에 따른 검사의 청구로 3회까지 매회 2년의 범위에서 제2항 각 호의 기간을 연장하는 결정을 할 수 있다. <신설 2013·7·30, 2020·2·4>
④ 치료감호시설의 장은 정신건강의학과 등 전문의의 진단이나 감정을 받은 후 제3항의 신청을 하여야 한다. <신설 2013·7·30>
⑤ 제3항에 따른 검사의 청구는 제2항 각 호의 기간 또는 제3항에 따라 연장된 기간이 종료하기 6개월 전까지 하여야 한다. <신설 2013·7·30>
⑥ 제3항에 따른 법원의 결정은 제2항 각 호의 기간 또는 제3항에 따라 연장된 기간이 종료하기 3개월 전까지 하여야 한다. <신설 2013·7·30>
⑦ 제3항의 결정에 대한 검사, 피치료감호자, 그 법정대리인의 항고와 재항고에 관하여는「성폭력범죄자의 성충동 약물치료에 관한 법률」 제22조제5항부터 제11항까지의 규정을 준용하되, "성폭력 수형자"는 "피치료감호자"로 본다. <신설 2013·7·30>
⑧ 제1항에 따른 치료감호시설에서의 치료와 그 밖에 필요한 사항은 대통령령으로 정한다. <개정 2013·7·30>
〔전부개정 2008·6·13〕

제16조의2(치료감호시설) ① 제16조제 1 항에서 "치료감호시설"이란 다음 각 호의 시설을 말한다. <개정 2022·1·4>
1. 국립법무병원
2. 국가가 설립·운영하는 국립정신의료기관 중 법무부장관이 지정하는 기관(이하 "지정법무병원"이라 한다)

② 지정법무병원은 피치료감호자를 다른 환자와 구분하여 수용한다.
③ 국가는 지정법무병원에 대하여 예산의 범위에서 시설의 설치 및 운영에 필요한 경비를 보조하여야 한다.
④ 지정법무병원의 지정절차, 운영, 치료, 경비보조, 그 밖에 필요한 사항은 대통령령으로 정한다.
〔본조신설 2013·7·30〕

제17조(집행 지휘) ① 치료감호의 집행은 검사가 지휘한다.
② 제 1 항에 따른 지휘는 판결서등본을 첨부한 서면으로 한다.
〔전부개정 2008·6·13〕

제18조(집행 순서 및 방법) 치료감호와 형(刑)이 병과(倂科)된 경우에는 치료감호를 먼저 집행한다. 이 경우 치료감호의 집행기간은 형 집행기간에 포함한다.
〔전부개정 2008·6·13〕

제19조(구분 수용) 피치료감호자는 특별한 사정이 없으면 제 2 조제 1 항 각 호의 구분에 따라 구분하여 수용하여야 한다.
〔전부개정 2008·6·13〕

제20조(치료감호 내용 등의 공개) 이 법에 따른 치료감호의 내용과 실태는 대통령령으로 정하는 바에 따라 공개하여야 한다. 이 경우 피치료감호자나 그의 보호자가 동의한 경우 외에는 피치료감호자의 개인신상에 관한 것은 공개하지 아니한다.
〔전부개정 2008·6·13〕

제21조(소환 및 치료감호 집행) ① 검사는 보호구금되어 있지 아니한 피치료감호자에 대한 치료감호를 집행하기 위하여 피치료감호자를 소환할 수 있다.
② 피치료감호자가 제 1 항에 따른 소환에 응하지 아니하면 검사는 치료감호집행장을 발부하여 보호구인할 수 있다.
③ 피치료감호자가 도망하거나 도망할 염려가 있을 때 또는 피치료감호자의 현재지(現在地)를 알 수 없을 때에는 제 2 항에도 불구하고 소환 절차를 생략하고 치료감호집행장을 발부하여 보호구인할 수 있다.
④ 치료감호집행장은 치료감호영장과 같은 효력이 있다.
〔전부개정 2008·6·13〕

제21조의2(치료감호시설 간 이송) ① 제37조에 따른 치료감호심의위원회는 피치료감호자에 대하여 치료감호 집행을 시작한 후 6개월마다 국립법무병원에서 지정법무병원으로 이송할 것인지를 심사·결정한다. <개정 2022·1·4>
② 지정법무병원으로 이송된 피치료감호자가 수용질서를 해치거나 증상이 악화되는 등의 사유로 지정법무병원에서 계속 치료하기 곤란할 경우 제37조에 따른 치료감호심의위원회는 지정법무병원의 피치료감호자를 국립법무병원으로 재이송하는 결정을 할 수 있다. <개정 2022·1·4>
③ 제37조에 따른 치료감호심의위원회는 제 1 항 및 제 2 항의 결정을 위하여 치료감호시설의 장 또는 소속 정신건강의학과 의사의 의견을 청취할 수 있다.
〔본조신설 2013·7·30〕

제22조(가종료 등의 심사·결정) 제37조에 따른 치료감호심의위원회는 피치료감호자에 대하여 치료감호 집행을 시작한 후 매 6개월마다 치료감호의 종료 또는 가종료(假終了) 여부를 심사·결정하고, 가종료 또는 치료위탁된 피치료감호자에 대하여는 가종료 또는 치료위탁 후 매 6개월마다 종료 여부를 심사·결정한다.
〔전부개정 2008·6·13〕

제23조(치료의 위탁) ① 제37조에 따른 치료감호심의위원회는 치료감호만을 선고받은 피치료감호자에 대한 집행이 시작된 후 1년이 지났을 때에는 상당한 기간을 정하여 그의 법정대리인, 배우자, 직계친족, 형제자매(이하 "법정대리인등"이라 한다)에게 치료감호시설 외에서의 치료를 위탁할 수 있다.
② 제37조에 따른 치료감호심의위원회는 치료감호와 형이 병과되어 형기(刑期)에 상당

하는 치료감호를 집행받은 자에 대하여는 상당한 기간을 정하여 그 법정대리인등에게 치료감호시설 외에서의 치료를 위탁할 수 있다.
③ 제1항이나 제2항에 따라 치료위탁을 결정하는 경우 치료감호심의위원회는 법정대리인등으로부터 치료감호시설 외에서의 입원·치료를 보증하는 내용의 서약서를 받아야 한다.
〔전부개정 2008·6·13〕

제24조(치료감호의 집행정지) 피치료감호자에 대하여 「형사소송법」 제471조제1항 각 호의 어느 하나에 해당하는 사유가 있을 때에는 같은 조에 따라 검사는 치료감호의 집행을 정지할 수 있다. 이 경우 치료감호의 집행이 정지된 자에 대한 관찰은 형집행정지자에 대한 관찰의 예에 따른다.
〔전부개정 2008·6·13〕

제4장 피치료감호자 및 피치료감호청구인 등의 처우와 권리

제25조(피치료감호자의 처우) ① 치료감호시설의 장은 피치료감호자의 건강한 생활이 보장될 수 있도록 쾌적하고 위생적인 시설을 갖추고 의류, 침구, 그 밖에 처우에 필요한 물품을 제공하여야 한다.
② 피치료감호자에 대한 의료적 처우는 정신병원에 준하여 의사의 조치에 따르도록 한다.
③ 치료감호시설의 장은 피치료감호자의 사회복귀에 도움이 될 수 있도록 치료와 개선 정도에 따라 점진적으로 개방적이고 완화된 처우를 하여야 한다.
〔전부개정 2008·6·13〕

제25조의2(피치료감호청구인의 처우) ① 피치료감호청구인은 피치료감호자와 구분하여 수용한다. 다만, 다음 각 호의 어느 하나에 해당하는 경우에는 피치료감호청구인을 피치료감호자와 같은 치료감호시설에 수용할 수 있다.
1. 치료감호시설이 부족한 경우
2. 범죄의 증거인멸을 방지하기 위하여 필요하거나 그 밖에 특별한 사정이 있는 경우

② 제1항 단서에 따라 같은 치료감호시설에 수용된 피치료감호자와 피치료감호청구인은 분리하여 수용한다.
③ 치료감호시설의 장은 피치료감호청구인이 치료감호시설에 수용된 경우에는 그 특성을 고려하여 적합한 처우를 하여야 한다.
④ 제3항에 따른 피치료감호청구인에 대한 처우의 구체적 기준 및 절차는 대통령령으로 정한다.
〔본조신설 2017·12·12〕

제25조의3(격리 등 제한의 금지) ① 치료감호시설의 장은 피치료감호자 및 피치료감호청구인(이하 "피치료감호자등"이라 한다)이 다음 각 호의 어느 하나에 해당하는 경우가 아니면 피치료감호자등에 대하여 격리 또는 묶는 등의 신체적 제한을 할 수 없다. 다만, 피치료감호자등의 신체를 묶는 등으로 직접적으로 제한하는 것은 제1호의 경우에 한정한다.
1. 자신이나 다른 사람을 위험에 이르게 할 가능성이 뚜렷하게 높고 신체적 제한 외의 방법으로 그 위험을 회피하는 것이 뚜렷하게 곤란하다고 판단되는 경우
2. 중대한 범법행위 또는 규율위반 행위를 한 경우
3. 그 밖에 수용질서를 문란케 하는 중대한 행위를 한 경우

② 치료감호시설의 장은 제1항에 따라 피치료감호자등에 대하여 격리 또는 묶는 등의 신체적 제한을 하려는 경우 정신건강의학과 전문의의 지시에 따라야 한다. 다만, 제1항제2호 또는 제3호에 해당하는 경우에는 담당 의사의 지시에 따를 수 있다.
<개정 2020·10·20>
③ 제1항 및 제2항에 따라 피치료감호자등을 격리하는 경우에는 해당 치료감호시설 안에서 하여야 한다.
④ 제1항 및 제2항에 따라 피치료감호자등을 신체적으로 제한한 경우에는 그 사유, 제한의 기간 및 해제 시기를 포함한 내용을 대통령령으로 정하는 바에 따라 작성·보존하여야 한다.
〔본조신설 2017·12·12〕

제26조(면회 등) 치료감호시설의 장은 수용질

서 유지나 치료를 위하여 필요한 경우 외에는 피치료감호자등의 면회, 편지의 수신·발신, 전화통화 등을 보장하여야 한다. <개정 2017·12·12>

〔전부개정 2008·6·13〕

제27조(텔레비전 시청 등) 피치료감호자등의 텔레비전 시청, 라디오 청취, 신문·도서의 열람은 일과시간이나 취침시간 등을 제외하고는 자유롭게 보장된다. <개정 2017·12·12>

제28조(환자의 치료) ① 치료감호시설의 장은 피치료감호자등이 치료감호시설에서 치료하기 곤란한 질병에 걸렸을 때에는 외부의료기관에서 치료를 받게 할 수 있다. <개정 2017·12·12>

② 치료감호시설의 장은 제1항의 경우 본인이나 보호자 등이 직접 비용을 부담하여 치료 받기를 원하면 이를 허가할 수 있다.

〔전부개정 2008·6·13〕

제29조(근로보상금 등의 지급) 근로에 종사하는 피치료감호자에게는 근로의욕을 북돋우고 석방 후 사회정착에 도움이 될 수 있도록 법무부장관이 정하는 바에 따라 근로보상금을 지급하여야 한다.

〔전부개정 2008·6·13〕

제30조(처우개선의 청원) ① 피치료감호자등이나 법정대리인등은 법무부장관에게 피치료감호자등의 처우개선에 관한 청원(請願)을 할 수 있다. <개정 2017·12·12>

② 제1항에 따른 청원의 제기, 청원의 심사, 그 밖에 필요한 사항에 관하여는 대통령령으로 정한다.

〔전부개정 2008·6·13〕

제31조(운영실태 등 점검) 법무부장관은 연 2회 이상 치료감호시설의 운영실태 및 피치료감호자등에 대한 처우상태를 점검하여야 한다. <개정 2017·12·12>

제31조의2(피감정유치자의 처우) 「형사소송법」 또는 그 밖에 다른 법률에 따라 정신감정을 위하여 치료감호시설에 유치된 자에 대하여는 제25조의2, 제25조의3, 제26조부터 제28조까지, 제30조 및 제31조를 준용한다.

〔본조신설 2017·12·12〕

제5장 보호관찰

제32조(보호관찰) ① 피치료감호자가 다음 각 호의 어느 하나에 해당하게 되면 「보호관찰 등에 관한 법률」에 따른 보호관찰(이하 "보호관찰"이라 한다)이 시작된다. <개정 2017·12·12>

1. 피치료감호자에 대한 치료감호가 가종료되었을 때
2. 피치료감호자가 치료감호시설 외에서 치료받도록 법정대리인등에게 위탁되었을 때
3. 제16조제2항 각 호에 따른 기간 또는 같은 조 제3항에 따라 연장된 기간(이하 "치료감호기간"이라 한다)이 만료되는 피치료감호자에 대하여 제37조에 따른 치료감호심의위원회가 심사하여 보호관찰이 필요하다고 결정한 경우에는 치료감호기간이 만료되었을 때

② 보호관찰의 기간은 3년으로 한다.

③ 보호관찰을 받기 시작한 자(이하 "피보호관찰자"라 한다)가 다음 각 호의 어느 하나에 해당하게 되면 보호관찰이 종료된다. <개정 2017·12·12>

1. 보호관찰기간이 끝났을 때
2. 보호관찰기간이 끝나기 전이라도 제37조에 따른 치료감호심의위원회의 치료감호의 종료결정이 있을 때
3. 보호관찰기간이 끝나기 전이라도 피보호관찰자가 다시 치료감호 집행을 받게 되어 재수용되었을 때

④ 피보호관찰자가 보호관찰기간 중 새로운 범죄로 금고 이상의 형의 집행을 받게 된 때에는 보호관찰은 종료되지 아니하며, 해당 형의 집행기간 동안 피보호관찰자에 대한 보호관찰기간은 계속 진행된다. <신설 2017·12·12>

⑤ 피보호관찰자에 대하여 제4항에 따른 금고 이상의 형의 집행이 종료·면제되는 때 또는 피보호관찰자가 가석방되는 때에 보호관찰기간이 아직 남아있으면 그 잔여기간 동안 보호관찰을 집행한다. <신설 2017·12·12>

〔전부개정 2008·6·13〕

제33조(피보호관찰자의 준수사항) ① 피보호

관찰자는 「보호관찰 등에 관한 법률」 제32조제 2 항에 따른 준수사항을 성실히 이행하여야 한다.

② 제37조에 따른 치료감호심의위원회는 피보호관찰자의 치료경과 및 특성 등에 비추어 필요하다고 판단되면 제 1 항에 따른 준수사항 외에 다음 각 호의 사항 중 전부 또는 일부를 따로 보호관찰기간 동안 특별히 지켜야 할 준수사항으로 부과할 수 있다. <개정 2017·12·12>

1. 주기적인 외래치료 및 처방받은 약물의 복용 여부에 관한 검사
2. 야간 등 재범의 기회나 충동을 줄 수 있는 특정 시간대의 외출 제한
3. 재범의 기회나 충동을 줄 수 있는 특정 지역·장소에 출입 금지
4. 피해자 등 재범의 대상이 될 우려가 있는 특정인에게 접근 금지
5. 일정한 주거가 없는 경우 거주 장소 제한
6. 일정량 이상의 음주 금지
7. 마약 등 중독성 있는 물질 사용 금지
8. 「마약류 관리에 관한 법률」에 따른 마약류 투약, 흡연, 섭취 여부에 관한 검사
9. 그 밖에 피보호관찰자의 생활상태, 심신상태나 거주지의 환경 등으로 보아 피보호관찰자가 준수할 수 있고 그 자유를 부당하게 제한하지 아니하는 범위에서 피보호관찰자의 재범 방지 또는 치료감호의 원인이 된 질병·습벽의 재발 방지를 위하여 필요하다고 인정되는 사항

③ 제37조에 따른 치료감호심의위원회는 피보호관찰자가 제 1 항 또는 제 2 항의 준수사항을 위반하거나 상당한 사정변경이 있는 경우에는 직권 또는 보호관찰소의 장의 신청에 따라 준수사항 전부 또는 일부의 추가·변경 또는 삭제에 관하여 심사하고 결정할 수 있다. <신설 2017·12·12>

④ 제 1 항부터 제 3 항까지의 규정에 따른 준수사항은 서면으로 고지하여야 한다. <신설 2017·12·12>

⑤ 보호관찰소의 장은 피보호관찰자가 제 1 항부터 제 3 항까지의 준수사항을 위반하거나 위반할 위험성이 있다고 인정할 상당한 이유가 있는 경우에는 준수사항의 이행을 촉구하고 제22조에 따른 가종료 또는 제23조에 따른 치료의 위탁(이하 "가종료등"이라 한다)의 취소 등 불리한 처분을 받을 수 있음을 경고할 수 있다. <신설 2017·12·12>

〔전부개정 2008·6·13〕

제33조의2(유치 및 유치기간 등) ① 보호관찰소의 장은 제33조에 따른 준수사항을 위반한 피보호관찰자를 구인(拘引)할 수 있다. 이 경우 피보호관찰자의 구인에 대해서는 「보호관찰 등에 관한 법률」 제39조 및 제40조를 준용한다.

② 보호관찰소의 장은 다음 각 호의 어느 하나에 해당하는 신청을 검사에게 요청할 필요가 있다고 인정하는 경우에는 구인한 피보호관찰자를 교도소, 구치소 또는 치료감호시설에 유치할 수 있다.

1. 제22조에 따른 가종료의 취소 신청
2. 제23조에 따른 치료 위탁의 취소 신청

③ 보호관찰소의 장은 제 2 항에 따라 피보호관찰자를 유치하려는 경우에는 검사에게 신청하여 검사의 청구로 관할 지방법원 판사의 허가를 받아야 한다. 이 경우 검사는 피보호관찰자가 구인된 때부터 48시간 이내에 유치허가를 청구하여야 한다.

④ 보호관찰소의 장은 유치허가를 받은 때부터 24시간 이내에 검사에게 가종료등의 취소 신청을 요청하여야 한다.

⑤ 검사는 보호관찰소의 장으로부터 제 4 항에 따른 신청을 받았을 경우에 그 이유가 타당하다고 인정되면 48시간 이내에 제37조에 따른 치료감호심의위원회에 가종료등의 취소를 신청하여야 한다.

⑥ 보호관찰소의 장이 제 2 항에 따라 피보호관찰자를 유치할 수 있는 기간은 구인한 날부터 30일로 한다. 다만, 보호관찰소의 장은 제 5 항에 따른 검사의 신청이 있는 경우에 제37조에 따른 치료감호심의위원회의 심사에 필요하면 검사에게 신청하여 검사의 청구로 관할 지방법원 판사의 허가를 받아 20일의 범위에서 한 차례만 유치기간을 연장할 수 있다.

⑦ 보호관찰소의 장은 다음 각 호의 어느

하나에 해당하는 경우에는 유치를 해제하고 피보호관찰자를 즉시 석방하여야 한다.

1. 제37조에 따른 치료감호심의위원회가 제43조제1항에 따른 검사의 가종료등의 취소 신청을 기각한 경우
2. 검사가 제43조제3항에 따른 보호관찰소의 장의 가종료등의 취소 신청에 대한 요청을 기각한 경우

⑧ 제2항에 따라 유치된 피보호관찰자에 대하여 가종료등이 취소된 경우에는 그 유치기간을 치료감호기간에 산입한다.

〔본조신설 2017·12·12〕

제34조(피보호관찰자 등의 신고 의무) ① 피보호관찰자나 법정대리인등은 대통령령으로 정하는 바에 따라 출소 후의 거주 예정지나 그 밖에 필요한 사항을 미리 치료감호시설의 장에게 신고하여야 한다.

② 피보호관찰자나 법정대리인등은 출소 후 10일 이내에 주거, 직업, 치료를 받는 병원, 피보호관찰자가 등록한 「정신건강증진 및 정신질환자 복지서비스 지원에 관한 법률」 제3조제3호에 따른 정신건강복지센터(이하 "정신건강복지센터"라 한다), 그 밖에 필요한 사항을 보호관찰관에게 서면으로 신고하여야 한다. <개정 2013·7·30, 2016·5·29>

〔전부개정 2008·6·13〕

제35조(치료감호의 종료) ① 제32조제1항제1호 또는 제2호에 해당하는 경우에는 보호관찰기간이 끝나면 피보호관찰자에 대한 치료감호가 끝난다. <개정 2017·12·12>

② 제37조에 따른 치료감호심의위원회는 피보호관찰자의 관찰성적 및 치료경과가 양호하면 보호관찰기간이 끝나기 전에 보호관찰의 종료를 결정할 수 있다.

〔전부개정 2008·6·13〕

제36조(가종료 취소와 치료감호의 재집행) 제37조에 따른 치료감호심의위원회는 피보호관찰자(제32조제1항제3호에 따라 치료감호기간 만료 후 피보호관찰자가 된 사람은 제외한다)가 다음 각 호의 어느 하나에 해당할 때에는 결정으로 가종료등을 취소하고 다시 치료감호를 집행할 수 있다. <개정 2017·12·12>

1. 금고 이상의 형에 해당하는 죄를 지은 때. 다만, 과실범은 제외한다.
2. 제33조의 준수사항이나 그 밖에 보호관찰에 관한 지시·감독을 위반하였을 때
3. 제32조제1항제1호에 따라 피보호관찰자가 된 사람이 증상이 악화되어 치료감호가 필요하다고 인정될 때

〔전부개정 2008·6·13〕

제5장의2 치료감호시설 출소자의 치료 및 관리

제36조의2(치료감호시설 출소자의 정신건강복지센터 등록 등) 치료감호가 종료 또는 가종료되거나 제24조에 따라 집행정지된 사람(이하 "치료감호시설 출소자"라 한다)은 정신건강복지센터에 등록하여 상담, 진료, 사회복귀훈련 등 정신건강복지센터의 정신보건서비스를 받을 수 있다. <개정 2016·5·29, 2017·12·12>

〔본조신설 2013·7·30〕

제36조의3(외래진료) ① 치료감호시설 출소자가 치료감호시설에서의 외래진료를 신청한 경우에 치료감호시설의 장은 검사, 투약 등 적절한 진료 및 치료를 실시할 수 있다. <개정 2017·12·12>

② 제1항에 따른 외래진료의 절차 등에 관하여 필요한 사항은 법무부령으로 정한다.

〔본조신설 2013·7·30〕

제36조의4(보호관찰소와 정신건강복지센터의 공조) ① 보호관찰소의 장과 정신건강복지센터의 장은 피보호관찰자의 치료 및 재범방지, 사회복귀를 위하여 상호 협조하여야 한다. <개정 2016·5·29>

② 보호관찰소의 장은 피보호관찰자에 대한 등록, 상담, 진료, 사회복귀훈련 및 이에 관한 사례 관리 등 정신보건 관련 정보를 정신건강복지센터의 장에게 요청할 수 있다. <개정 2016·5·29>

③ 정신건강복지센터의 장은 피보호관찰자의 공동 면담 등 피보호관찰자의 치료 및 재범방지, 사회복귀를 위하여 필요한 경우 보호관찰소의 장에게 협조를 요청할 수 있다. <개정 2016·5·29>

〔본조신설 2013·7·30〕

제 6 장 치료감호심의위원회

제37조(치료감호심의위원회) ① 치료감호 및 보호관찰의 관리와 집행에 관한 사항을 심사·결정하기 위하여 법무부에 치료감호심의위원회(이하 "위원회"라 한다)를 둔다.

② 위원회는 판사, 검사, 법무부의 고위공무원단에 속하는 일반직공무원 또는 변호사의 자격이 있는 6명 이내의 위원과 정신건강의학과 등 전문의의 자격이 있는 3명 이내의 위원으로 구성하고, 위원장은 법무부차관으로 한다. <개정 2011·8·4, 2018·12·18>

③ 위원회는 다음 각 호의 사항을 심사·결정한다. <개정 2013·7·30, 2017·12·12>

1. 피치료감호자에 대한 치료감호시설 간 이송에 관한 사항
2. 피치료감호자에 대한 치료의 위탁·가종료 및 그 취소와 치료감호 종료 여부에 관한 사항
3. 피보호관찰자에 대한 준수사항의 부과 및 준수사항 전부 또는 일부의 추가·변경 또는 삭제에 관한 사항
4. 피치료감호자에 대한 치료감호기간 만료 시 보호관찰 개시에 관한 사항
5. 그 밖에 제 1 호부터 제 4 호까지에 관련된 사항

④ 위원회에는 전문적 학식과 덕망이 있는 자 중에서 위원장의 제청으로 법무부장관이 위촉하는 자문위원을 둘 수 있다.

⑤ 위원회의 위원 중 공무원이 아닌 위원은 「형법」과 그 밖의 법률에 따른 벌칙을 적용할 때에는 공무원으로 본다. <신설 2015·12·1>

⑥ 위원회의 구성·운영·서무 및 자문위원의 위촉과 그 밖에 필요한 사항은 대통령령으로 정한다.

〔전부개정 2008·6·13〕

제38조(결격사유) 다음 각 호의 어느 하나에 해당하는 자는 위원회의 위원이 될 수 없다.

1. 「국가공무원법」 제33조 각 호의 결격사유 어느 하나에 해당하는 자
2. 제39조에 따라 위원에서 해촉(解囑)된 후 3년이 지나지 아니한 자

〔전부개정 2008·6·13〕

제39조(위원의 해촉) 법무부장관은 위원회의 위원이 다음 각 호의 어느 하나에 해당하면 그 위원을 해촉할 수 있다.

1. 심신장애로 인하여 직무수행을 할 수 없거나 직무를 수행하기가 현저히 곤란하다고 인정될 때
2. 직무태만·품위손상, 그 밖의 사유로 위원으로서 적당하지 아니하다고 인정되는 때

〔전부개정 2008·6·13〕

제40조(심사) ① 위원회는 심의자료에 따라 제37조제 3 항에 규정된 사항을 심사한다.

② 위원회는 제 1 항에 따른 심사를 위하여 필요하면 법무부 소속 공무원으로 하여금 결정에 필요한 사항을 조사하게 하거나 피치료감호자 및 피보호관찰자(이하 "피보호자"라 한다)나 그 밖의 관계자를 직접 소환·심문하거나 조사할 수 있다.

③ 제 2 항에 따라 조사 명령을 받은 공무원은 다음 각 호의 권한을 가진다.

1. 피보호자나 그 밖의 관계자의 소환·심문 및 조사
2. 국공립기관이나 그 밖의 공공단체·민간단체에 대한 조회 및 관계 자료의 제출요구

④ 피보호자나 그 밖의 관계자는 제 2 항과 제 3 항의 소환·심문 및 조사에 응하여야 하며, 국공립기관이나 그 밖의 공공단체·민간단체는 제 3 항에 따라 조회나 자료 제출을 요구받았을 때에는 국가기밀 또는 공공의 안녕질서에 해를 끼치는 것이 아니면 이를 거부할 수 없다.

〔전부개정 2008·6·13〕

제41조(의결 및 결정) ① 위원회는 위원장을 포함한 재적위원 과반수의 출석으로 개의(開議)하고, 출석위원 과반수의 찬성으로 의결한다. 다만, 찬성과 반대의 수가 같을 때에는 위원장이 결정한다.

② 결정은 이유를 붙이고 출석한 위원들이 기명날인한 문서로 한다.

③ 위원회는 제 1 항에 따른 의결을 할 때

필요하면 치료감호시설의 장이나 보호관찰관에게 의견서를 제출하도록 할 수 있다.

④ 치료감호시설의 장은 제 3 항에 따른 의견서를 제출할 때에는 피보호자의 상태 및 예후, 치료감호 종료의 타당성 등에 관한 피보호자 담당 의사의 의견을 참조하여야 한다.

〔전부개정 2008·6·13〕

제42조(위원의 기피) ① 피보호자와 그 법정대리인등은 위원회의 위원에게 공정한 심사·의결을 기대하기 어려운 사정이 있으면 위원장에게 기피신청을 할 수 있다.

② 위원장은 제 1 항에 따른 기피신청에 대하여 위원회의 의결을 거치지 아니하고 신청이 타당한지를 결정한다. 다만, 위원장이 결정하기에 적절하지 아니한 경우에는 위원회의 의결로 결정할 수 있다.

③ 제 1 항에 따라 기피신청을 받은 위원은 제 2 항 단서의 의결에 참여하지 못한다.

〔전부개정 2008·6·13〕

제43조(검사의 심사신청) ① 피보호자의 주거지(시설에 수용된 경우에는 그 시설을 주거지로 본다)를 관할하는 지방검찰청 또는 지청의 검사는 제37조제 3 항에 규정된 사항에 관하여 위원회에 그 심사·결정을 신청할 수 있다.

② 제 1 항에 따른 신청을 할 때에는 심사신청서와 신청사항의 결정에 필요한 자료를 제출하여야 한다. 이 경우 치료감호시설의 장이나 보호관찰소의 장의 의견을 들어야 한다. <개정 2017·12·12>

③ 치료감호시설의 장이나 보호관찰소의 장은 검사에게 제 1 항에 따른 신청을 요청할 수 있다. <개정 2017·12·12>

〔전부개정 2008·6·13〕

제44조(피치료감호자 등의 심사신청) ① 피치료감호자와 그 법정대리인등은 피치료감호자가 치료감호를 받을 필요가 없을 정도로 치유되었음을 이유로 치료감호의 종료 여부를 심사·결정하여 줄 것을 위원회에 신청할 수 있다.

② 제 1 항에 따른 신청을 할 때에는 심사신청서와 심사신청이유에 대한 자료를 제출하여야 한다.

③ 제 1 항에 따른 신청은 치료감호의 집행이 시작된 날부터 6개월이 지난 후에 하여야 한다. 신청이 기각된 경우에는 6개월이 지난 후에 다시 신청할 수 있다.

④ 위원회는 제 1 항에 따른 신청에 대한 심사를 마친 때에는 지체 없이 심사 기준과 그 결정 이유를 피치료감호자와 법정대리인등에게 통보하여야 한다. <개정 2017·12·12>

〔전부개정 2008·6·13〕

제 6 장의2 치료명령사건

제44조의2(선고유예 시 치료명령 등) ① 법원은 치료명령대상자에 대하여 형의 선고 또는 집행을 유예하는 경우에는 치료기간을 정하여 치료를 받을 것을 명할 수 있다.

② 제 1 항의 치료를 명하는 경우 보호관찰을 병과하여야 한다. <개정 2017·12·12>

③ 제 2 항에 따른 보호관찰기간은 선고유예의 경우에는 1년, 집행유예의 경우에는 그 유예기간으로 한다. 다만, 법원은 집행유예기간의 범위에서 보호관찰기간을 정할 수 있다.

④ 제 1 항의 치료기간은 제 3 항에 따른 보호관찰기간을 초과할 수 없다.

〔본조신설 2015·12·1〕

제44조의3(판결 전 조사) ① 법원은 제44조의2에 따른 치료를 명하기 위하여 필요하다고 인정하면 피고인의 주거지 또는 그 법원의 소재지를 관할하는 보호관찰소의 장에게 범죄의 동기, 피고인의 신체적·심리적 특성 및 상태, 가정환경, 직업, 생활환경, 병력(病歷), 치료비용 부담능력, 재범위험성 등 피고인에 관한 사항의 조사를 요구할 수 있다.

② 제 1 항의 요구를 받은 보호관찰소의 장은 지체 없이 이를 조사하여 서면으로 해당 법원에 알려야 한다. 이 경우 필요하다고 인정하면 피고인이나 그 밖의 관계인을 소환하여 심문하거나 소속 보호관찰관에게 필요한 사항을 조사하게 할 수 있다.

③ 보호관찰소의 장은 제 2 항의 조사를 위

하여 필요하다고 인정하면 국공립 기관이나 그 밖의 단체에 사실을 알아보거나 관련 자료의 열람 등 협조를 요청할 수 있다.
〔본조신설 2015·12·1〕

제44조의4(전문가의 진단 등) 법원은 제44조의2에 따른 치료를 명하기 위하여 필요하다고 인정하는 때에는 정신건강의학과 전문의에게 피고인의 정신적 상태, 알코올 의존도 등에 대한 진단을 요구할 수 있다. <개정 2016·5·29, 2017·12·12>
〔본조신설 2015·12·1〕

제44조의5(준수사항) 치료명령을 받은 사람은 다음 각 호의 사항을 준수하여야 한다.
1. 보호관찰관의 지시에 따라 성실히 치료에 응할 것
2. 보호관찰관의 지시에 따라 인지행동 치료 등 심리치료 프로그램을 성실히 이수할 것
〔본조신설 2015·12·1〕

제44조의6(치료명령의 집행) ① 치료명령은 검사의 지휘를 받아 보호관찰관이 집행한다.
② 치료명령은 정신건강의학과 전문의의 진단과 약물 투여, 상담 등 치료 및 「정신건강증진 및 정신질환자 복지서비스 지원에 관한 법률」에 따른 정신건강전문요원 등 전문가에 의한 인지행동 치료 등 심리치료 프로그램의 실시 등의 방법으로 집행한다. <개정 2016·5·29, 2017·12·12>
③ 보호관찰관은 치료명령을 받은 사람에게 치료명령을 집행하기 전에 치료기관, 치료의 방법·내용 등에 관하여 충분히 설명하여야 한다.
④ 그 밖에 치료명령의 집행에 관하여 필요한 사항은 대통령령으로 정한다.
〔본조신설 2015·12·1〕

제44조의7(치료기관의 지정 등) ① 법무부장관은 치료명령을 받은 사람의 치료를 위하여 치료기관을 지정할 수 있다.
② 제1항에 따른 치료기관의 지정기준 등 필요한 사항은 법무부령으로 정한다.
〔본조신설 2015·12·1〕

제44조의8(선고유예의 실효 등) ① 법원은 제44조의2에 따라 치료를 명한 선고유예를 받은 사람이 정당한 사유 없이 치료기간 중에 제44조의5의 준수사항을 위반하고 그 정도가 무거운 때에는 유예한 형을 선고할 수 있다.
② 법원은 제44조의2에 따라 치료를 명한 집행유예를 받은 사람이 정당한 사유 없이 치료기간 중에 제44조의5의 준수사항을 위반하고 그 정도가 무거운 때에는 집행유예의 선고를 취소할 수 있다.
③ 치료명령대상자에 대한 경고·구인·긴급구인·유치·선고유예의 실효 및 집행유예의 취소 등에 대하여는 「보호관찰 등에 관한 법률」 제38조부터 제45조까지, 제45조의2, 제46조 및 제47조를 준용한다.
〔본조신설 2015·12·1〕

제44조의9(비용부담) ① 제44조의2에 따른 치료명령을 받은 사람은 치료기간 동안 치료비용을 부담하여야 한다. 다만, 치료비용을 부담할 경제력이 없는 사람의 경우에는 국가가 비용을 부담할 수 있다.
② 비용부담에 관하여 필요한 사항은 대통령령으로 정한다.
〔본조신설 2015·12·1〕

제 7 장 보칙

제45조(치료감호 청구의 시효) ① 치료감호 청구의 시효는 치료감호가 청구된 사건과 동시에 심리하거나 심리할 수 있었던 죄에 대한 공소시효기간이 지나면 완성된다.
② 치료감호가 청구된 사건은 판결의 확정 없이 치료감호가 청구되었을 때부터 15년이 지나면 청구의 시효가 완성된 것으로 본다.
〔전부개정 2008·6·13〕

제46조(치료감호의 시효) ① 피치료감호자는 그 판결이 확정된 후 집행을 받지 아니하고 다음 각 호의 구분에 따른 기간이 지나면 시효가 완성되어 집행이 면제된다.
1. 제2조제1항제1호 및 제3호에 해당하는 자의 치료감호 : 10년
2. 제2조제1항제2호에 해당하는 자의 치료감호 : 7년
② 시효는 치료감호의 집행정지 기간 또는 가종료 기간이나 그 밖에 집행할 수 없는

기간에는 진행되지 아니한다.
③ 시효는 피치료감호자를 체포함으로써 중단된다.
〔전부개정 2008·6·13〕

제47조(치료감호의 선고와 자격정지) 피치료감호자는 그 치료감호의 집행이 종료되거나 면제될 때까지 다음 각 호의 자격이 정지된다.
1. 공무원이 될 자격
2. 공법상의 선거권과 피선거권
3. 법률로 요건을 정한 공법상 업무에 관한 자격
〔전부개정 2008·6·13〕

제48조(치료감호의 실효) ① 치료감호의 집행을 종료하거나 집행이 면제된 자가 피해자의 피해를 보상하고 자격정지 이상의 형이나 치료감호를 선고받지 아니하고 7년이 지났을 때에는 본인이나 검사의 신청에 의하여 그 재판의 실효(失效)를 선고할 수 있다. 이 경우 「형사소송법」 제337조를 준용한다.
② 치료감호의 집행을 종료하거나 집행이 면제된 자가 자격정지 이상의 형이나 치료감호를 선고받지 아니하고 10년이 지났을 때에는 그 재판이 실효된 것으로 본다.
〔전부개정 2008·6·13〕

제49조(기간의 계산) ① 치료감호의 기간은 치료감호를 집행한 날부터 기산(起算)한다. 이 경우 치료감호 집행을 시작한 첫날은 시간으로 계산하지 아니하고 1일로 산정한다.
② 치료감호의 집행을 위반한 기간은 그 치료감호의 집행기간에 포함하지 아니한다.
〔전부개정 2008·6·13〕

제50조(군법 적용 대상자에 대한 특칙) ① 「군사법원법」 제2조제1항 각 호의 어느 하나에 해당하는 자에 대한 치료감호사건에 관하여는 군사법원, 군검찰부 군검사 및 군사법경찰관리가 이 법에 따른 직무를 수행한다. 이 경우 "군사법원"은 "법원", "군검찰부 군검사"는 "검사", "군사법경찰관리"는 "사법경찰관리"로 본다. <개정 2016·1·6>
② 「군사법원법」 제2조제1항 각 호의 어느 하나에 해당하는 자에 대한 치료감호의 관리와 그 집행사항을 심사·결정하기 위하여 국방부에 군치료감호심의위원회를 둔다.
③ 군치료감호심의위원회의 구성과 운영에 관하여는 위원회에 관한 규정을 준용한다.
④ 군사법원, 군검찰부 군검사 또는 군치료감호심의위원회는 치료감호대상자가 「군사법원법」 제2조제1항 각 호의 어느 하나에 해당하는 자가 아님이 명백할 때에는 그 치료감호사건을 대응하는 법원·검사 또는 위원회로 이송한다. 이 경우 이송 전에 한 조사·청구·재판·신청·심사 및 결정은 이송 후에도 그 효력을 잃지 아니한다. <개정 2016·1·6>
⑤ 법원·검사 또는 위원회는 치료감호대상자가 「군사법원법」 제2조제1항 각 호의 어느 하나에 해당하는 자임이 명백할 때에는 치료감호사건을 대응하는 군사법원·군검찰부 군검사 또는 군치료감호심의위원회로 이송한다. 이 경우 이송 전에 한 조사·청구·재판·신청·심사 및 결정은 이송 후에도 그 효력을 잃지 아니한다. <개정 2016·1·6>
⑥ 제44조의2에 따른 치료명령을 받은 사람에 대하여는 「보호관찰 등에 관한 법률」 제56조를 준용한다. <신설 2015·12·1>
〔전부개정 2008·6·13〕

제50조의2(기부금품의 접수) ① 치료감호시설의 장은 기관·단체 또는 개인이 피치료감호자에 대한 적절한 보호와 치료 등을 위하여 치료감호시설에 자발적으로 기탁하는 금품을 접수할 수 있다.
② 기부자에 대한 영수증 발급, 기부금품의 용도 지정, 장부의 열람, 그 밖에 필요한 사항은 대통령령으로 정한다.
〔본조신설 2014·1·7〕

제51조(다른 법률의 준용) 치료감호 및 치료명령에 관하여는 이 법에 특별한 규정이 있는 경우 외에는 그 성질에 반하지 아니하는 범위에서 「형사소송법」과 「형의 집행 및 수용자의 처우에 관한 법률」 및 「보호관찰 등에 관한 법률」을 준용한다. <개정 2015·12·1>
〔전부개정 2008·6·13〕

제8장 벌칙

제52조(벌칙) ① 피치료감호자가 치료감호 집

행자의 치료감호를 위한 명령에 정당한 사유 없이 복종하지 아니하거나 도주한 경우에는 1년 이하의 징역에 처한다.

② 피치료감호자 2명 이상이 공동으로 제1항의 죄를 지은 경우에는 3년 이하의 징역에 처한다.

③ 치료감호를 집행하는 자가 피치료감호자를 도주하게 하거나 도주를 용이하게 한 경우에는 1년 이상의 유기징역에 처한다.

④ 치료감호를 집행하는 자가 뇌물을 수수·요구 또는 약속하고 제3항의 죄를 지은 경우에는 2년 이상의 유기징역에 처한다.

⑤ 타인으로 하여금 치료감호처분을 받게 할 목적으로 공공기관이나 공무원에게 거짓의 사실을 신고한 자는 10년 이하의 징역 또는 1천500만원 이하의 벌금에 처한다.

⑥ 치료감호청구사건에 관하여 피치료감호청구인을 모함하여 해칠 목적으로 「형법」 제152조제1항의 위증죄를 지은 자는 10년 이하의 징역에 처한다.

⑦ 치료감호청구사건에 관하여 「형법」 제154조의 죄를 지은 자는 10년 이하의 징역에 처한다.

⑧ 치료감호청구사건에 관하여 「형법」 제233조 또는 제234조(허위작성진단서의 행사로 한정한다)의 죄를 지은 자는 5년 이하의 징역, 10년 이하의 자격정지 또는 5천만원 이하의 벌금에 처한다. <개정 2014·1·7>

⑨ 제23조제3항에 따라 치료의 위탁을 받은 법정대리인등이 그 서약을 위반하여 피치료감호자를 도주하게 하거나 도주를 용이하게 한 경우에는 3년 이하의 징역 또는 500만원 이하의 벌금에 처한다.

⑩ 다음 각 호의 어느 하나에 해당하는 사람은 6개월 이하의 징역 또는 500만원 이하의 벌금에 처한다. <신설 2017·12·12>

1. 총기·도검·폭발물·독극물·흉기나 그 밖의 위험한 물품, 주류·담배·화기·현금·수표·음란물 또는 휴대전화 등 정보통신기기(이하 "금지물품"이라 한다)를 치료감호시설에 반입하거나 소지·사용·수수(授受)·교환 또는 은닉(隱匿)한 피치료감호자
2. 피치료감호자에게 전달할 목적으로 금지물품을 허가 없이 치료감호시설에 반입하거나 피치료감호자와 금지물품을 수수 또는 교환한 사람

⑪ 제10항의 미수범은 처벌한다. <신설 2017·12·12>

⑫ 금지물품은 몰수한다. <신설 2017·12·12>

⑬ 치료감호기간의 만료로 피보호관찰자가 된 사람이 정당한 사유 없이 제33조제1항부터 제3항까지의 준수사항을 위반하여 같은 조 제5항에 따른 경고를 받은 후 다시 정당한 사유 없이 제33조제1항부터 제3항까지의 준수사항을 위반한 경우 1년 이하의 징역 또는 1천만원 이하의 벌금에 처한다. <신설 2017·12·12>

〔전부개정 2008·6·13〕

부 칙

제1조(시행일) 이 법은 공포한 날부터 시행한다.

제2조(치료감호 판결을 받은 자에 대한 경과조치) 이 법 시행 전에 종전의 「사회보호법」에 의하여 치료감호 판결을 받은 자는 이 법에 의하여 치료감호 판결을 받은 것으로 본다.

제3조(치료감호시설 등에 관한 경과조치) 이 법 시행 당시 종전의 「사회보호법」의 치료감호시설과 그 소속 공무원은 이 법에 의한 치료감호시설과 그 소속 공무원으로 본다.

제4조(사회보호위원회의 심사·결정 등에 관한 경과조치) 이 법 시행 전에 행하여진 「사회보호법」의 사회보호위원회 심사·결정은 이 법에 의한 치료감호심의위원회의 심사·결정으로 본다.

제5조(군사회보호위원회에 대한 경과조치) 이 법 시행 당시 종전의 「사회보호법」 제41조제2항의 규정에 따라 설치된 군사회보호위원회는 이 법 제50조제2항의 규정에 따라 설치된 군치료감호심의위원회로 본다.

제6조(재판계속 중인 치료감호사건에 관한 경과조치) 이 법 시행 당시 「사회보호법」에 따라 치료감호가 청구되어 재판계속 중인 사건은 이 법에 따라 치료감호가 청구되어 재판계속 중인 것으로 본다.

제7조(다른 법령과의 관계) 이 법 시행 당시 다른 법령에서 「사회보호법」 또는 그 조항을 인용하고 있는 경우에는 그에 갈음하여 이 법 또는 그에 해당하는 이 법의 조항을 각각 인용한 것으로 본다.

제8조(다른 법률의 개정) 생략

부 칙 <2007·12·21 법8728>

제1조(시행일) 이 법은 공포 후 1년이 경과한 날부터 시행한다.

제2조부터 **제6조**까지 생략

부 칙 <2008·6·13 법9111>

①(시행일) 이 법은 공포 후 6개월이 경과한 날부터 시행한다. 다만, 제51조의 개정규정은 2008년 12월 22일부터 시행한다.

②(적용례) 제2조제1항제3호에 해당하는 정신성적 장애자에 관한 개정규정은 이 법 시행 당시 재판중인 자에 대하여도 적용한다.

부 칙 <2010·4·15 법10258>

제1조(시행일) 이 법은 공포한 날부터 시행한다. 〈단서 생략〉

제2조부터 **제6조**까지 생략

부 칙 <2011·8·4 법11005>

제1조(시행일) 이 법은 공포 후 1년이 경과한 날부터 시행한다. 다만, …〈생략〉… 부칙 제4조는 공포한 날부터 …〈생략〉… 시행한다.

제2조 및 **제3조** 생략

제4조(다른 법률의 개정) 생략

부 칙 <2012·12·18 법11556>

제1조(시행일) 이 법은 공포 후 6개월이 경과한 날부터 시행한다. 〈단서 생략〉

제2조부터 **제10조**까지 생략

부 칙 <2013·7·30 법11954>

제1조(시행일) 이 법은 공포한 날부터 시행한다. 다만, 제16조제3항부터 제8항까지 및 제36조의3의 개정규정은 공포 후 6개월이 경과한 날부터 시행하고, 제34조제2항, 제36조의2 및 제36조의4의 개정규정은 공포 후 1년이 경과한 날부터 시행하며, 제16조의2, 제21조의2 및 제37조제3항의 개정규정은 공포 후 1년 6개월이 경과한 날부터 시행한다.

제2조(치료감호 대상 성폭력범죄의 범위에 관한 적용례) 제2조의2제1호 및 제3호의 개정규정은 이 법 시행 당시 재판 중인 사람에 대하여도 적용한다.

제3조(살인범죄를 저지른 피치료감호자에 대한 치료감호 기간에 관한 적용례) 제16조제3항부터 제7항까지의 개정규정은 같은 개정규정 시행 당시 살인범죄를 저질러 치료감호 중인 사람에 대하여도 적용한다.

부 칙 <2014·1·7 법12196>

이 법은 공포 후 6개월이 경과한 날부터 시행한다. 다만, 제52조제8항의 개정규정은 공포한 날부터 시행한다.

부 칙 <2014·12·30 법12894>

이 법은 공포한 날부터 시행한다.

부 칙 <2015·12·1 법13525>

제1조(시행일) 이 법은 공포 후 1년이 경과한 날부터 시행한다.

제2조(선고유예 시 치료명령 등에 관한 적용례) 제44조의2제1항의 개정규정에 따른 치료명령은 이 법 시행 전에 죄를 범한 치료명령대상자에 대하여도 적용한다.

부 칙 <2016·1·6 법13722>

제1조(시행일) 이 법은 공포 후 1년 6개월이 경과한 날부터 시행한다. 〈단서 생략〉

제2조부터 **제10조**까지 생략

부 칙 <2016·5·29 법14224>

제1조(시행일) 이 법은 공포 후 1년이 경과한 날부터 시행한다.

제2조부터 **제21조**까지 생략

부 칙 <2017·12·12 법15160>

제1조(시행일) 이 법은 공포 후 6개월이 경과한 날부터 시행한다.

제2조(치료감호기간 만료로 치료감호 종료 시 보호관찰의 부과 등에 관한 적용례) 제32조, 제33조 및 제33조의2의 개정규정은 이 법 시행 당시 치료감호 집행 중인 사람 또는 종전의 제32조제1항제1호 또는 제2호에 따라 보호관찰 중인 사람에 대해서도 적용한다.

제3조(보호관찰관의 의견 청취 등에 관한 경과조치) 이 법 시행 전에 종전의 제43조제2항에 따라 검사의 신청 시에 들은 보호관찰관의 의견은 제43조제2항의 개정규정에 따라 들은 보호관찰소의 장의 의견으로 보고, 종전의 제43조제3항에 따라 보호관찰관이 행한 제37조제3항 각 호에 규정된

사항에 대한 신청의 요청은 제43조제 3 항의 개정규정에 따라 보호관찰소의 장이 행한 신청의 요청으로 본다.

부 칙 <2018 · 12 · 18 법15980>

이 법은 공포한 날부터 시행한다.

부 칙 <2020 · 2 · 4 법16923>

제 1 조(시행일) 이 법은 공포 후 6개월이 경과한 날부터 시행한다.

제 2 조부터 **제 4 조**까지 생략

부 칙 <2020 · 10 · 20 법17510>

이 법은 공포한 날부터 시행한다. 다만, 제25조의3제 2 항 단서의 개정규정은 공포 후 6개월이 경과한 날부터 시행한다.

부 칙 <2022 · 1 · 4 법18678>

제 1 조(시행일) 이 법은 공포 후 6개월이 경과한 날부터 시행한다.

제 2 조(다른 법률의 개정) 생략

●형사보상 및 명예회복에 관한 법률

〔2011·5·23 법률제10698호 전부개정〕

개정
2016· 1· 6 법률제13722호(군사법원법)
2018· 3·20 법률제15496호
2021· 3·16 법률제17936호
2023·12·29 법률제19857호

제 1 장 총칙

제 1 조(목적) 이 법은 형사소송 절차에서 무죄재판 등을 받은 자에 대한 형사보상 및 명예회복을 위한 방법과 절차 등을 규정함으로써 무죄재판 등을 받은 자에 대한 정당한 보상과 실질적 명예회복에 이바지함을 목적으로 한다.

제 2 장 형사보상

제 2 조(보상 요건) ① 「형사소송법」에 따른 일반 절차 또는 재심(再審)이나 비상상고(非常上告) 절차에서 무죄재판을 받아 확정된 사건의 피고인이 미결구금(未決拘禁)을 당하였을 때에는 이 법에 따라 국가에 대하여 그 구금에 대한 보상을 청구할 수 있다.

② 상소권회복에 의한 상소, 재심 또는 비상상고의 절차에서 무죄재판을 받아 확정된 사건의 피고인이 원판결(原判決)에 의하여 구금되거나 형 집행을 받았을 때에는 구금 또는 형의 집행에 대한 보상을 청구할 수 있다.

③ 「형사소송법」 제470조제 3 항에 따른 구치(拘置)와 같은 법 제473조부터 제475조까지의 규정에 따른 구속은 제 2 항을 적용할 때에는 구금 또는 형의 집행으로 본다.

제 3 조(상속인에 의한 보상청구) ① 제 2 조에 따라 보상을 청구할 수 있는 자가 그 청구를 하지 아니하고 사망하였을 때에는 그 상속인이 이를 청구할 수 있다.

② 사망한 자에 대하여 재심 또는 비상상고의 절차에서 무죄재판이 있었을 때에는 보상의 청구에 관하여는 사망한 때에 무죄재판이 있었던 것으로 본다.

제 4 조(보상하지 아니할 수 있는 경우) 다음 각 호의 어느 하나에 해당하는 경우에는 법원은 재량(裁量)으로 보상청구의 전부 또는 일부를 기각(棄却)할 수 있다.

1. 「형법」 제 9 조 및 제10조제 1 항의 사유로 무죄재판을 받은 경우
2. 본인이 수사 또는 심판을 그르칠 목적으로 거짓 자백을 하거나 다른 유죄의 증거를 만듦으로써 기소(起訴), 미결구금 또는 유죄재판을 받게 된 것으로 인정된 경우
3. 1개의 재판으로 경합범(競合犯)의 일부에 대하여 무죄재판을 받고 다른 부분에 대하여 유죄재판을 받았을 경우

제 5 조(보상의 내용) ① 구금에 대한 보상을 할 때에는 그 구금일수(拘禁日數)에 따라 1일당 보상청구의 원인이 발생한 연도의 「최저임금법」에 따른 일급(日給) 최저임금액 이상 대통령령으로 정하는 금액 이하의 비율에 의한 보상금을 지급한다.

② 법원은 제 1 항의 보상금액을 산정할 때 다음 각 호의 사항을 고려하여야 한다. <개정 2018·3·20>

1. 구금의 종류 및 기간의 장단(長短)
2. 구금기간 중에 입은 재산상의 손실과 얻을 수 있었던 이익의 상실 또는 정신적인 고통과 신체 손상
3. 경찰·검찰·법원의 각 기관의 고의 또는 과실 유무
4. 무죄재판의 실질적 이유가 된 사정
5. 그 밖에 보상금액 산정과 관련되는 모든 사정

③ 사형 집행에 대한 보상을 할 때에는 집행 전 구금에 대한 보상금 외에 3천만원 이내에서 모든 사정을 고려하여 법원이 타당하다고 인정하는 금액을 더하여 보상한다. 이 경우 본인의 사망으로 인하여 발생한 재

산상의 손실액이 증명되었을 때에는 그 손실액도 보상한다.

④ 벌금 또는 과료(科料)의 집행에 대한 보상을 할 때에는 이미 징수한 벌금 또는 과료의 금액에 징수일의 다음 날부터 보상 결정일까지의 일수에 대하여 「민법」 제379조의 법정이율을 적용하여 계산한 금액을 더한 금액을 보상한다.

⑤ 노역장유치(勞役場留置)의 집행을 한 경우 그에 대한 보상에 관하여는 제 1 항을 준용한다.

⑥ 몰수(沒收) 집행에 대한 보상을 할 때에는 그 몰수물을 반환하고, 그것이 이미 처분되었을 때에는 보상결정 시의 시가(時價)를 보상한다.

⑦ 추징금(追徵金)에 대한 보상을 할 때에는 그 액수에 징수일의 다음 날부터 보상결정일까지의 일수에 대하여 「민법」 제379조의 법정이율을 적용하여 계산한 금액을 더한 금액을 보상한다.

제 6 조(손해배상과의 관계) ① 이 법은 보상을 받을 자가 다른 법률에 따라 손해배상을 청구하는 것을 금지하지 아니한다.

② 이 법에 따른 보상을 받을 자가 같은 원인에 대하여 다른 법률에 따라 손해배상을 받은 경우에 그 손해배상의 액수가 이 법에 따라 받을 보상금의 액수와 같거나 그보다 많을 때에는 보상하지 아니한다. 그 손해배상의 액수가 이 법에 따라 받을 보상금의 액수보다 적을 때에는 그 손해배상 금액을 빼고 보상금의 액수를 정하여야 한다.

③ 다른 법률에 따라 손해배상을 받을 자가 같은 원인에 대하여 이 법에 따른 보상을 받았을 때에는 그 보상금의 액수를 빼고 손해배상의 액수를 정하여야 한다.

제 7 조(관할법원) 보상청구는 무죄재판을 한 법원에 대하여 하여야 한다.

제 8 조(보상청구의 기간) 보상청구는 무죄재판이 확정된 사실을 안 날부터 3년, 무죄재판이 확정된 때부터 5년 이내에 하여야 한다.

제 9 조(보상청구의 방식) ① 보상청구를 할 때에는 보상청구서에 재판서의 등본과 그 재판의 확정증명서를 첨부하여 법원에 제출하여야 한다.

② 보상청구서에는 다음 각 호의 사항을 적어야 한다.

1. 청구자의 등록기준지, 주소, 성명, 생년월일
2. 청구의 원인이 된 사실과 청구액

제10조(상속인의 소명) 상속인이 보상을 청구할 때에는 본인과의 관계와 같은 순위의 상속인 유무를 소명(疏明)할 수 있는 자료를 제출하여야 한다.

제11조(상속인의 보상청구의 효과) ① 보상청구를 할 수 있는 같은 순위의 상속인이 여러 명인 경우에 그 중 1명이 보상청구를 하였을 때에는 보상을 청구할 수 있는 모두를 위하여 그 전부에 대하여 보상청구를 한 것으로 본다.

② 제 1 항의 경우에 청구를 한 상속인 외의 상속인은 공동청구인으로서 절차에 참가할 수 있다.

③ 법원은 제 1 항의 경우에 보상을 청구할 수 있는 같은 순위의 다른 상속인이 있다는 사실을 알았을 때에는 지체 없이 그 상속인에게 보상청구가 있었음을 통지하여야 한다.

제12조(보상청구의 취소) ① 같은 순위의 상속인이 여러 명인 경우에 보상을 청구한 자는 나머지 모두의 동의 없이 청구를 취소할 수 없다.

② 보상청구를 취소한 경우에 보상청구권자는 다시 보상을 청구할 수 없다.

제13조(대리인에 의한 보상청구) 보상청구는 대리인을 통하여서도 할 수 있다.

제14조(보상청구에 대한 재판) ① 보상청구는 법원 합의부에서 재판한다.

② 보상청구에 대하여는 법원은 검사와 청구인의 의견을 들은 후 결정을 하여야 한다.

③ 보상청구를 받은 법원은 6개월 이내에 보상결정을 하여야 한다. <신설 2018 · 3 · 20>

④ 제 2 항에 따른 결정의 정본(正本)은 검사와 청구인에게 송달하여야 한다.

제15조(직권조사사항) 법원은 보상청구의 원인이 된 사실인 구금일수 또는 형 집행의 내용에 관하여 직권으로 조사를 하여야 한다.

제16조(보상청구 각하의 결정) 법원은 다음 각 호의 어느 하나에 해당하는 경우에는 보상청구를 각하(却下)하는 결정을 하여야 한다.

1. 보상청구의 절차가 법령으로 정한 방식을 위반하여 보정(補正)할 수 없을 경우
2. 청구인이 법원의 보정명령에 따르지 아니할 경우
3. 제 8 조에 따른 보상청구의 기간이 지난 후에 보상을 청구하였을 경우

제17조(보상 또는 청구기각의 결정) ① 보상의 청구가 이유 있을 때에는 보상결정을 하여야 한다.

② 보상의 청구가 이유 없을 때에는 청구기각의 결정을 하여야 한다.

제18조(결정의 효과) 보상청구를 할 수 있는 같은 순위의 상속인이 여러 명인 경우에 그 중 1명에 대한 제17조의 보상결정이나 청구기각의 결정은 같은 순위자 모두에 대하여 한 것으로 본다.

제19조(보상청구의 중단과 승계) ① 보상을 청구한 자가 청구절차 중 사망하거나 상속인 자격을 상실한 경우에 다른 청구인이 없을 때에는 청구의 절차는 중단된다.

② 제 1 항의 경우에 보상을 청구한 자의 상속인 또는 보상을 청구한 상속인과 같은 순위의 상속인은 2개월 이내에 청구의 절차를 승계할 수 있다.

③ 법원은 제 2 항에 따라 절차를 승계할 수 있는 자로서 법원에 알려진 자에게는 지체 없이 제 2 항의 기간 내에 청구의 절차를 승계할 것을 통지하여야 한다.

④ 제 2 항의 기간 내에 절차를 승계하는 신청이 없을 때에는 법원은 청구를 각하하는 결정을 하여야 한다.

제20조(불복신청) ① 제17조제 1 항에 따른 보상결정에 대하여는 1주일 이내에 즉시항고(卽時抗告)를 할 수 있다.

② 제17조제 2 항에 따른 청구기각 결정에 대하여는 즉시항고를 할 수 있다.

제21조(보상금 지급청구) ① 보상금 지급을 청구하려는 자는 보상을 결정한 법원에 대응하는 검찰청에 보상금 지급청구서를 제출하여야 한다.

② 제 1 항의 청구서에는 법원의 보상결정서를 첨부하여야 한다.

③ 보상결정이 송달된 후 2년 이내에 보상금 지급청구를 하지 아니할 때에는 권리를 상실한다.

④ 보상금을 받을 수 있는 자가 여러 명인 경우에는 그 중 1명이 한 보상금 지급청구는 보상결정을 받은 모두를 위하여 그 전부에 대하여 보상금 지급청구를 한 것으로 본다.

제21조의2(보상금 지급기한 등) ① 보상금 지급청구서를 제출받은 검찰청은 3개월 이내에 보상금을 지급하여야 한다.

② 제 1 항에 따른 기한까지 보상금을 지급하지 아니한 경우에는 그 다음 날부터 지급하는 날까지의 지연 일수에 대하여 「민법」 제379조의 법정이율에 따른 지연이자를 지급하여야 한다.

[본조신설 2018·3·20]

제22조(보상금 지급의 효과) 보상금을 받을 수 있는 자가 여러 명인 경우에는 그 중 1명에 대한 보상금 지급은 그 모두에 대하여 효력이 발생한다.

제23조(보상청구권의 양도 및 압류의 금지) 보상청구권은 양도하거나 압류할 수 없다. 보상금 지급청구권도 또한 같다.

제24조(준용규정) 이 법에 따른 결정과 즉시항고에 관하여는 이 법에 특별한 규정이 있는 것을 제외하고는 「형사소송법」의 규정을 준용한다. 기간에 관하여도 또한 같다.

제25조(보상결정의 공시) ① 법원은 보상결정이 확정되었을 때에는 2주일 내에 보상결정의 요지를 관보에 게재하여 공시하여야 한다. 이 경우 보상결정을 받은 자의 신청이 있을 때에는 그 결정의 요지를 신청인이 선택하는 두 종류 이상의 일간신문에 각각 한 번씩 공시하여야 하며 그 공시는 신청일부터 30일 이내에 하여야 한다.

② 제 6 조제 2 항 전단에 규정된 이유로 보상청구를 기각하는 결정이 확정되었을 때에는 제 1 항을 준용한다.

제26조(면소 등의 경우) ① 다음 각 호의 어느 하나에 해당하는 경우에도 국가에 대하여 구금에 대한 보상을 청구할 수 있다. 다만, 제 3 호의 경우 재심 절차에서 선고된 형을 초과하여 집행된 구금일수를 제 5 조제 1 항에 따른 구금일수로 본다. <개정 2023·12·29>

1. 「형사소송법」에 따라 면소(免訴) 또는 공소기각(公訴棄却)의 재판을 받아 확정

된 피고인이 면소 또는 공소기각의 재판을 할 만한 사유가 없었더라면 무죄재판을 받을 만한 현저한 사유가 있었을 경우

2. 「치료감호법」 제 7 조에 따라 치료감호의 독립 청구를 받은 피치료감호청구인의 치료감호사건이 범죄로 되지 아니하거나 범죄사실의 증명이 없는 때에 해당되어 청구기각의 판결을 받아 확정된 경우

3. 「헌법재판소법」에 따른 재심 절차에서 원판결보다 가벼운 형으로 확정됨에 따라 원판결에 의한 형 집행이 재심 절차에서 선고된 형을 초과한 경우

② 제 1 항에 따른 보상에 대하여는 무죄재판을 받아 확정된 사건의 피고인에 대한 보상에 관한 규정을 준용한다. 보상결정의 공시에 대하여도 또한 같다.

③ 제 1 항제 3 호에 따른 보상청구의 경우에 법원은 재량으로 보상청구의 전부 또는 일부를 기각할 수 있다. <신설 2023 · 12 · 29>

제27조(피의자에 대한 보상) ① 피의자로서 구금되었던 자 중 검사로부터 불기소처분을 받거나 사법경찰관으로부터 불송치결정을 받은 자는 국가에 대하여 그 구금에 대한 보상(이하 "피의자보상"이라 한다)을 청구할 수 있다. 다만, 구금된 이후 불기소처분 또는 불송치결정의 사유가 있는 경우와 해당 불기소처분 또는 불송치결정이 종국적(終局的)인 것이 아니거나 「형사소송법」 제247조에 따른 것일 경우에는 그러하지 아니하다. <개정 2021 · 3 · 16>

② 다음 각 호의 어느 하나에 해당하는 경우에는 피의자보상의 전부 또는 일부를 지급하지 아니할 수 있다.

1. 본인이 수사 또는 재판을 그르칠 목적으로 거짓 자백을 하거나 다른 유죄의 증거를 만듦으로써 구금된 것으로 인정되는 경우

2. 구금기간 중에 다른 사실에 대하여 수사가 이루어지고 그 사실에 관하여 범죄가 성립한 경우

3. 보상을 하는 것이 선량한 풍속이나 그 밖에 사회질서에 위배된다고 인정할 특별한 사정이 있는 경우

③ 피의자보상에 관한 사항을 심의 · 결정하기 위하여 지방검찰청에 피의자보상심의회(이하 "심의회"라 한다)를 둔다.

④ 심의회는 법무부장관의 지휘 · 감독을 받는다.

⑤ 심의회의 관할 · 구성 · 운영, 그 밖에 필요한 사항은 대통령령으로 정한다.

제28조(피의자보상의 청구 등) ① 피의자보상을 청구하려는 자는 불기소처분을 한 검사가 소속된 지방검찰청(지방검찰청 지청의 검사가 불기소처분을 한 경우에는 그 지청이 소속하는 지방검찰청을 말한다) 또는 불송치결정을 한 사법경찰관이 소속된 경찰관서에 대응하는 지방검찰청의 심의회에 보상을 청구하여야 한다. <개정 2021 · 3 · 16>

② 제 1 항에 따라 피의자보상을 청구하는 자는 보상청구서에 불기소처분 또는 불송치결정을 받은 사실을 증명하는 서류를 첨부하여 제출하여야 한다. <개정 2021 · 3 · 16>

③ 피의자보상의 청구는 불기소처분 또는 불송치결정의 고지(告知) 또는 통지를 받은 날부터 3년 이내에 하여야 한다. <개정 2021 · 3 · 16>

④ 피의자보상의 청구에 대한 심의회의 결정에 대하여는 「행정심판법」에 따른 행정심판을 청구하거나 「행정소송법」에 따른 행정소송을 제기할 수 있다.

⑤ 심의회의 보상결정이 송달(제 4 항의 심판을 청구하거나 소송을 제기한 경우에는 그 재결 또는 판결에 따른 심의회의 보상결정이 송달된 때를 말한다)된 후 2년 이내에 보상금 지급청구를 하지 아니할 때에는 그 권리를 상실한다.

제29조(준용규정) ① 피의자보상에 대하여 이 장에 특별한 규정이 있는 경우를 제외하고는 그 성질에 반하지 아니하는 범위에서 무죄재판을 받아 확정된 사건의 피고인에 대한 보상에 관한 이 장의 규정을 준용한다.

② 다음 각 호의 어느 하나에 해당하는 자에 대한 형사보상에 대하여는 이 장의 규정을 준용한다. 이 경우 "법원"은 "군사법원"으로, "검찰청"은 "군검찰부"로, "심의회"는 "「국가배상법」 제10조제 2 항에 따른 특별심의회 소속 지구심의회(地區審議會)"로, "법무부장관"은 "국방부장관"으로 본다. <개정

2016·1·6>

1. 군사법원에서 무죄재판을 받아 확정된 자
2. 군사법원에서 제26조제1항 각 호에 해당하는 재판을 받은 자
3. 군검찰부 군검사로부터 공소를 제기하지 아니하는 처분을 받은 자

제 3 장 명예회복

제30조(무죄재판서 게재 청구) 무죄재판을 받아 확정된 사건(이하 "무죄재판사건"이라 한다)의 피고인은 무죄재판이 확정된 때부터 3년 이내에 확정된 무죄재판사건의 재판서(이하 "무죄재판서"라 한다)를 법무부 인터넷 홈페이지에 게재하도록 해당 사건을 기소한 검사가 소속된 지방검찰청(지방검찰청 지청을 포함한다)에 청구할 수 있다.

제31조(청구방법) ① 제30조에 따른 청구를 할 때에는 무죄재판서 게재 청구서에 재판서의 등본과 그 재판의 확정증명서를 첨부하여 제출하여야 한다.

② 상속인에 의한 청구 및 그 소명에 대하여는 제3조 및 제10조를 준용한다. 이 경우 "보상"은 "게재"로 보며, 같은 순위의 상속인이 여러 명일 때에는 상속인 모두가 무죄재판서 게재 청구에 동의하였음을 소명할 자료를 제출하여야 한다.

③ 대리인에 의한 청구에 대하여는 제13조를 준용한다. 이 경우 "보상"은 "게재"로 본다.

④ 청구의 취소에 대하여는 제12조를 준용한다. 이 경우 "보상"은 "게재"로 본다.

제32조(청구에 대한 조치) ① 제30조에 따른 청구가 있을 때에는 그 청구를 받은 날부터 1개월 이내에 무죄재판서를 법무부 인터넷 홈페이지에 게재하여야 한다. 다만, 청구를 받은 때에 무죄재판사건의 확정재판기록이 해당 지방검찰청에 송부되지 아니한 경우에는 무죄재판사건의 확정재판기록이 해당 지방검찰청에 송부된 날부터 1개월 이내에 게재하여야 한다.

② 다음 각 호의 어느 하나에 해당할 때에는 무죄재판서의 일부를 삭제하여 게재할 수 있다.

1. 청구인이 무죄재판서 중 일부 내용의 삭제를 원하는 의사를 명시적으로 밝힌 경우
2. 무죄재판서의 공개로 인하여 사건 관계인의 명예나 사생활의 비밀 또는 생명·신체의 안전이나 생활의 평온을 현저히 해칠 우려가 있는 경우

③ 제2항제1호의 경우에는 청구인의 의사를 서면으로 확인하여야 한다. 다만, 소재불명 등으로 청구인의 의사를 확인할 수 없을 때에는 「민법」 제779조에 따른 가족 중 1명의 의사를 서면으로 확인하는 것으로 대신할 수 있다.

④ 제1항에 따른 무죄재판서의 게재기간은 1년으로 한다.

제33조(청구에 대한 조치의 통지 등) ① 제32조제1항에 따라 무죄재판서를 법무부 인터넷 홈페이지에 게재한 경우에는 지체 없이 그 사실을 청구인에게 서면으로 통지하여야 한다.

② 제30조의 청구에 따른 집행절차 등에 관한 세부사항은 대통령령으로 정한다.

제34조(면소 등의 경우) ① 제26조제1항 각 호의 경우에 해당하는 자는 확정된 사건의 재판서를 게재하도록 청구할 수 있다.

② 제1항에 따른 청구에 대하여는 무죄재판사건 피고인의 무죄재판서 게재 청구에 관한 규정을 준용한다.

제35조(준용규정) 다음 각 호의 어느 하나에 해당하는 자에 대한 명예회복에 대하여는 이 장의 규정을 준용한다. 이 경우 "법원"은 "군사법원"으로, "검찰청"은 "군검찰부"로, "법무부장관"은 "국방부장관"으로 본다.

1. 군사법원에서 무죄재판을 받아 확정된 자
2. 군사법원에서 제26조제1항 각 호에 해당하는 재판을 받은 자

부 칙

제1조(시행일) 이 법은 공포한 날부터 시행한다. 다만, 제30조부터 제35조까지의 개정규정은 공포 후 6개월이 경과한 날부터 시행한다.

제2조(보상금의 하한에 관한 적용례) 제5조제1항의 개정규정은 이 법 시행 당시 보상

이 청구되어 재판 또는 심사 중인 경우에 대하여도 적용한다.

제 3 조(청구기각 판결에 관한 적용례) 제26조제 1 항제 2 호의 개정규정은 이 법 시행 후 최초로 확정된 청구기각 판결부터 적용한다.

제 4 조(군사법원에서의 면소, 공소기각 또는 청구기각 판결에 관한 적용례) 제29조제 2 항제 2 호의 개정규정은 이 법 시행 후 최초로 확정된 군사법원의 면소, 공소기각 또는 청구기각의 판결부터 적용한다.

제 5 조(명예회복제도에 관한 적용례) 제30조부터 제35조까지의 개정규정은 이 법 시행 후 최초로 확정된 무죄, 면소, 공소기각 및 청구기각의 재판부터 적용한다.

제 6 조(형사보상 청구기간에 관한 적용례) 이 법 시행 당시 법원이나 군사법원의 무죄재판(종전의 제25조제 2 항에 따라 준용되는 경우를 포함한다)이 확정된 때부터 1년이 경과한 경우에도 제 8 조의 개정규정에 따라 형사보상을 청구할 수 있다.

제 7 조(보상금지급 청구기간에 관한 적용례) 이 법 시행 당시 보상결정이 송달된 후 1년이 경과한 경우에도 제21조제 3 항의 개정규정에 따라 보상금 지급을 청구할 수 있다.

제 8 조(피의자보상 청구기간에 관한 적용례) 이 법 시행 당시 검사 또는 군검찰부 검찰관으로부터 공소를 제기하지 아니하는 처분의 고지 또는 통지를 받은 날부터 1년이 경과한 경우에도 제28조제 3 항의 개정규정에 따라 피의자보상을 청구할 수 있다.

제 9 조(피의자보상금지급 청구기간에 관한 적용례) 이 법 시행 당시 피의자보상심의회 또는 「국가배상법」 제10조제 2 항에 따른 특별심의회 소속 지구심의회의 보상결정이 송달된 후 1년이 경과한 경우에도 제28조제 5 항의 개정규정에 따라 보상금 지급을 청구할 수 있다.

제10조(다른 법률의 개정) 생략

제11조(다른 법령과의 관계) 이 법 시행 당시 다른 법령에서 종전의 「형사보상법」 또는 그 규정을 인용한 경우에 이 법 가운데 그에 해당하는 규정이 있으면 종전의 「형사보상법」 또는 그 규정을 갈음하여 이 법 또는 이 법의 해당 규정을 인용한 것으로 본다.

부 칙 <2016 · 1 · 6 법13722>

제 1 조(시행일) 이 법은 공포 후 1년 6개월이 경과한 날부터 시행한다. 〈단서 생략〉

제 2 조부터 **제10조**까지 생략

부 칙 <2018 · 3 · 20 법15496>

이 법은 공포한 날부터 시행한다.

부 칙 <2021 · 3 · 16 법17936>

제 1 조(시행일) 이 법은 공포한 날부터 시행한다.

제 2 조(적용례) 제27조제 1 항 및 제28조제 1 항부터 제 3 항까지의 개정규정은 이 법 시행 전 사법경찰관으로부터 불송치결정을 받은 경우에도 적용한다.

부 칙 <2023 · 12 · 29 법19857>

제 1 조(시행일) 이 법은 공포한 날부터 시행한다.

제 2 조(형사보상청구에 관한 적용례) 제26조제 1 항 각 호 외의 부분 단서 및 같은 항 제 3 호, 같은 조 제 3 항의 개정규정은 이 법 시행 이후 형사보상이 청구된 사건과 이 법 시행 당시 형사보상청구절차가 계속 중인 사건에도 적용한다.

●도로교통법

〔2005·5·31 법률제7545호 전부개정〕

개정
2005· 8· 4 법률제 7666호
2006· 4·28 법률제 7936호
2006· 7·19 법률제 7969호
2007·12·21 법률제 8736호
2008· 1·17 법률제 8845호
2008· 2·29 법률제 8852호(정부조직법)
2008· 3·21 법률제 8976호(도로법)
2008· 6·13 법률제 9115호
2009· 4· 1 법률제 9580호
2009·12·29 법률제 9845호
2010· 1·18 법률제 9932호(정부조직법)
2010· 7·23 법률제10382호
2011· 6· 8 법률제10790호
2012· 2·10 법률제11298호(난민법)
2012· 3·21 법률제11402호
2013· 3·23 법률제11690호(정부조직법)
2013· 5·22 법률제11780호
2013· 8·13 법률제12045호
2014· 1·14 법률제12248호(도로법)
2014· 1·28 법률제12343호
2014· 1·28 법률제12345호(자전거 이용 활성화에 관한 법률)
2014·11·19 법률제12844호(정부조직법)
2014·12·30 법률제12917호
2015· 7·24 법률제13425호(의무경찰대 설치 및 운영에 관한 법률)
2015· 7·24 법률제13426호(제주특별자치도 설치 및 국제자유도시 조성을 위한 특별법)
2015· 8·11 법률제13458호
2016· 1·27 법률제13829호
2016· 5·29 법률제14266호
2016·12· 2 법률제14356호
2017· 3·21 법률제14617호(자전거 이용 활성화에 관한 법률)
2017· 7·26 법률제14839호(정부조직법)
2017·10·24 법률제14911호
2018· 2· 9 법률제15364호
2018· 3·27 법률제15530호
2018· 6·12 법률제15629호
2018·10·16 법률제15807호
2018·12·24 법률제16037호
2019·11·26 법률제16652호(한국자산관리공사 설립 등에 관한 법률)
2019·12·24 법률제16830호
2020· 5·26 법률제17311호
2020· 6· 9 법률제17371호
2020·10·20 법률제17514호
2020·12·22 법률제17689호(국가경찰과 자치경찰의 조직 및 운영에 관한 법률)
2021· 1·12 법률제17891호
2021·10·19 법률제18491호
2021·11·30 법률제18522호(소방시설 설치 및 관리에 관한 법률)
2022· 1·11 법률제18741호
2023· 1· 3 법률제19158호
2023· 4·18 법률제19357호
2023·10·24 법률제19745호
2023·12·26 법률제19841호(주민등록법)
2024· 1·30 법률제20155호
2024· 1·30 법률제20167호(한국도로교통공단법)
2024· 2·13 법률제20270호
2024· 3·19 법률제20375호
2024·12· 3 법률제20544호
2025· 1· 7 법률제20647호→2025년 7월 8일 시행
2025· 1·21 법률제20677호(전기통신사업법)→2025년 7월 22일 시행

제 1 장 총칙

제 1 조(목적) 이 법은 도로에서 일어나는 교통상의 모든 위험과 장해를 방지하고 제거하여 안전하고 원활한 교통을 확보함을 목적으로 한다.

제 2 조(정의) 이 법에서 사용하는 용어의 뜻은 다음과 같다. <개정 2012·3·21, 2013·3·23,

2014·1·28, 2014·11·19, 2017·3·21, 2017·7·26, 2017·10·24, 2018·3·27, 2020·5·26, 2020·6·9, 2020·12·22, 2021·10·19, 2022·1·11, 2023·4·18, 2023·10·24>

1. "도로"란 다음 각 목에 해당하는 곳을 말한다.
   가. 「도로법」에 따른 도로
   나. 「유료도로법」에 따른 유료도로
   다. 「농어촌도로 정비법」에 따른 농어촌도로
   라. 그 밖에 현실적으로 불특정 다수의 사람 또는 차마(車馬)가 통행할 수 있도록 공개된 장소로서 안전하고 원활한 교통을 확보할 필요가 있는 장소
2. "자동차전용도로"란 자동차만 다닐 수 있도록 설치된 도로를 말한다.
3. "고속도로"란 자동차의 고속 운행에만 사용하기 위하여 지정된 도로를 말한다.
4. "차도"(車道)란 연석선(차도와 보도를 구분하는 돌 등으로 이어진 선을 말한다. 이하 같다), 안전표지 또는 그와 비슷한 인공구조물을 이용하여 경계(境界)를 표시하여 모든 차가 통행할 수 있도록 설치된 도로의 부분을 말한다.
5. "중앙선"이란 차마의 통행 방향을 명확하게 구분하기 위하여 도로에 황색 실선(實線)이나 황색 점선 등의 안전표지로 표시한 선 또는 중앙분리대나 울타리 등으로 설치한 시설물을 말한다. 다만, 제14조제 1 항 후단에 따라 가변차로(可變車路)가 설치된 경우에는 신호기가 지시하는 진행방향의 가장 왼쪽에 있는 황색 점선을 말한다.
6. "차로"란 차마가 한 줄로 도로의 정하여진 부분을 통행하도록 차선(車線)으로 구분한 차도의 부분을 말한다.
7. "차선"이란 차로와 차로를 구분하기 위하여 그 경계지점을 안전표지로 표시한 선을 말한다.

7의2. "노면전차 전용로"란 도로에서 궤도를 설치하고, 안전표지 또는 인공구조물로 경계를 표시하여 설치한 「도시철도법」 제18조의2제 1 항 각 호에 따른 도로 또는 차로를 말한다.

8. "자전거도로"란 안전표지, 위험방지용 울타리나 그와 비슷한 인공구조물로 경계를 표시하여 자전거 및 개인형 이동장치가 통행할 수 있도록 설치된 「자전거 이용 활성화에 관한 법률」 제 3 조 각 호의 도로를 말한다.
9. "자전거횡단도"란 자전거 및 개인형 이동장치가 일반도로를 횡단할 수 있도록 안전표지로 표시한 도로의 부분을 말한다.
10. "보도"(步道)란 연석선, 안전표지나 그와 비슷한 인공구조물로 경계를 표시하여 보행자(유모차, 보행보조용 의자차, 노약자용 보행기 등 행정안전부령으로 정하는 기구·장치를 이용하여 통행하는 사람 및 제21호의3에 따른 실외이동로봇을 포함한다. 이하 같다)가 통행할 수 있도록 한 도로의 부분을 말한다.
11. "길가장자리구역"이란 보도와 차도가 구분되지 아니한 도로에서 보행자의 안전을 확보하기 위하여 안전표지 등으로 경계를 표시한 도로의 가장자리 부분을 말한다.
12. "횡단보도"란 보행자가 도로를 횡단할 수 있도록 안전표지로 표시한 도로의 부분을 말한다.
13. "교차로"란 '十'자로, 'T'자로나 그 밖에 둘 이상의 도로(보도와 차도가 구분되어 있는 도로에서는 차도를 말한다)가 교차하는 부분을 말한다.

13의2. "회전교차로"란 교차로 중 차마가 원형의 교통섬(차마의 안전하고 원활한 교통처리나 보행자 도로횡단의 안전을 확보하기 위하여 교차로 또는 차도의 분기점 등에 설치하는 섬 모양의 시설을 말한다)을 중심으로 반시계방향으로 통행하도록 한 원형의 도로를 말한다.

14. "안전지대"란 도로를 횡단하는 보행자나 통행하는 차마의 안전을 위하여 안전표지나 이와 비슷한 인공구조물로 표시한 도로의 부분을 말한다.
15. "신호기"란 도로교통에서 문자·기호 또는 등화(燈火)를 사용하여 진행·정지·방향전환·주의 등의 신호를 표시하기 위하여 사람이나 전기의 힘으로 조작하는 장치를 말한다.
16. "안전표지"란 교통안전에 필요한 주의·규제·지시 등을 표시하는 표지판이나 도로의 바닥에 표시하는 기호·문자 또는 선 등을 말한다.

17. "차마"란 다음 각 목의 차와 우마를 말한다.
가. "차"란 다음의 어느 하나에 해당하는 것을 말한다.
1) 자동차
2) 건설기계
3) 원동기장치자전거
4) 자전거
5) 사람 또는 가축의 힘이나 그 밖의 동력(動力)으로 도로에서 운전되는 것. 다만, 철길이나 가설(架設)된 선을 이용하여 운전되는 것, 유모차, 보행보조용 의자차, 노약자용 보행기, 제21호의3에 따른 실외이동로봇 등 행정안전부령으로 정하는 기구·장치는 제외한다.
나. "우마"란 교통이나 운수(運輸)에 사용되는 가축을 말한다.
17의2. "노면전차"란 「도시철도법」 제 2 조제 2 호에 따른 노면전차로서 도로에서 궤도를 이용하여 운행되는 차를 말한다.
18. "자동차"란 철길이나 가설된 선을 이용하지 아니하고 원동기를 사용하여 운전되는 차(견인되는 자동차도 자동차의 일부로 본다)로서 다음 각 목의 차를 말한다.
가. 「자동차관리법」 제 3 조에 따른 다음의 자동차. 다만, 원동기장치자전거는 제외한다.
1) 승용자동차
2) 승합자동차
3) 화물자동차
4) 특수자동차
5) 이륜자동차
나. 「건설기계관리법」 제26조제 1 항 단서에 따른 건설기계
18의2. "자율주행시스템"이란 「자율주행자동차 상용화 촉진 및 지원에 관한 법률」 제 2 조제 1 항제 2 호에 따른 자율주행시스템을 말한다. 이 경우 그 종류는 완전 자율주행시스템, 부분 자율주행시스템 등 행정안전부령으로 정하는 바에 따라 세분할 수 있다.
18의3. "자율주행자동차"란 「자동차관리법」 제 2 조제 1 호의3에 따른 자율주행자동차로서 자율주행시스템을 갖추고 있는 자동차를 말한다.
19. "원동기장치자전거"란 다음 각 목의 어느 하나에 해당하는 차를 말한다.
가. 「자동차관리법」 제 3 조에 따른 이륜자동차 가운데 배기량 125시시 이하(전기를 동력으로 하는 경우에는 최고정격출력 11킬로와트 이하)의 이륜자동차
나. 그 밖에 배기량 125시시 이하(전기를 동력으로 하는 경우에는 최고정격출력 11킬로와트 이하)의 원동기를 단 차(「자전거 이용 활성화에 관한 법률」 제 2 조제 1 호의2에 따른 전기자전거 및 제21호의3에 따른 실외이동로봇은 제외한다)
19의2. "개인형 이동장치"란 제19호나목의 원동기장치자전거 중 시속 25킬로미터 이상으로 운행할 경우 전동기가 작동하지 아니하고 차체 중량이 30킬로그램 미만인 것으로서 행정안전부령으로 정하는 것을 말한다.
20. "자전거"란 「자전거 이용 활성화에 관한 법률」 제 2 조제 1 호 및 제 1 호의2에 따른 자전거 및 전기자전거를 말한다.
21. "자동차등"이란 자동차와 원동기장치자전거를 말한다.
21의2. "자전거등"이란 자전거와 개인형 이동장치를 말한다.
21의3. "실외이동로봇"이란 「지능형 로봇 개발 및 보급 촉진법」 제 2 조제 1 호에 따른 지능형 로봇 중 행정안전부령으로 정하는 것을 말한다.
22. "긴급자동차"란 다음 각 목의 자동차로서 그 본래의 긴급한 용도로 사용되고 있는 자동차를 말한다.
가. 소방차
나. 구급차
다. 혈액 공급차량
라. 그 밖에 대통령령으로 정하는 자동차
23. "어린이통학버스"란 다음 각 목의 시설 가운데 어린이(13세 미만인 사람을 말한다. 이하 같다)를 교육 대상으로 하는 시설에서 어린이의 통학 등(현장체험학습 등 비상시적으로 이루어지는 교육활동을 위한 이동을 제외한다)에 이용되는 자동차와 「여객자동차 운수사업법」 제 4 조제 3 항에 따른 여객자동차운송사업의 한정면허를 받아 어린이를 여객대상으로 하여 운행되는 운송사업용 자동차를 말한다.

가. 「유아교육법」에 따른 유치원 및 유아교육진흥원, 「초·중등교육법」에 따른 초등학교, 특수학교, 대안학교 및 외국인학교
나. 「영유아보육법」에 따른 어린이집
다. 「학원의 설립·운영 및 과외교습에 관한 법률」에 따라 설립된 학원 및 교습소
라. 「체육시설의 설치·이용에 관한 법률」에 따라 설립된 체육시설
마. 「아동복지법」에 따른 아동복지시설(아동보호전문기관은 제외한다)
바. 「청소년활동 진흥법」에 따른 청소년수련시설
사. 「장애인복지법」에 따른 장애인복지시설(장애인 직업재활시설은 제외한다)
아. 「도서관법」에 따른 공공도서관
자. 「평생교육법」에 따른 시·도평생교육진흥원 및 시·군·구평생학습관
차. 「사회복지사업법」에 따른 사회복지시설 및 사회복지관

24. "주차"란 운전자가 승객을 기다리거나 화물을 싣거나 차가 고장 나거나 그 밖의 사유로 차를 계속 정지 상태에 두는 것 또는 운전자가 차에서 떠나서 즉시 그 차를 운전할 수 없는 상태에 두는 것을 말한다.
25. "정차"란 운전자가 5분을 초과하지 아니하고 차를 정지시키는 것으로서 주차 외의 정지 상태를 말한다.
26. "운전"이란 도로(제27조제 6 항제 3 호·제44조·제45조·제54조제 1 항·제148조·제148조의2 및 제156조제10호의 경우에는 도로 외의 곳을 포함한다)에서 차마 또는 노면전차를 그 본래의 사용방법에 따라 사용하는 것(조종 또는 자율주행시스템을 사용하는 것을 포함한다)을 말한다.
27. "초보운전자"란 처음 운전면허를 받은 날(처음 운전면허를 받은 날부터 2년이 지나기 전에 운전면허의 취소처분을 받은 경우에는 그 후 다시 운전면허를 받은 날을 말한다)부터 2년이 지나지 아니한 사람을 말한다. 이 경우 원동기장치자전거면허만 받은 사람이 원동기장치자전거면허 외의 운전면허를 받은 경우에는 처음 운전면허를 받은 것으로 본다.
28. "서행"(徐行)이란 운전자가 차 또는 노면전차를 즉시 정지시킬 수 있는 정도의 느린 속도로 진행하는 것을 말한다.
29. "앞지르기"란 차의 운전자가 앞서가는 다른 차의 옆을 지나서 그 차의 앞으로 나가는 것을 말한다.
30. "일시정지"란 차 또는 노면전차의 운전자가 그 차 또는 노면전차의 바퀴를 일시적으로 완전히 정지시키는 것을 말한다.
31. "보행자전용도로"란 보행자만 다닐 수 있도록 안전표지나 그와 비슷한 인공구조물로 표시한 도로를 말한다.
31의2. "보행자우선도로"란 「보행안전 및 편의증진에 관한 법률」 제 2 조제 3 호에 따른 보행자우선도로를 말한다.
32. "자동차운전학원"이란 자동차등의 운전에 관한 지식·기능을 교육하는 시설로서 다음 각 목의 시설 외의 시설을 말한다.
가. 교육 관계 법령에 따른 학교에서 소속 학생 및 교직원의 연수를 위하여 설치한 시설
나. 사업장 등의 시설로서 소속 직원의 연수를 위한 시설
다. 전산장치에 의한 모의운전 연습시설
라. 지방자치단체 등이 신체장애인의 운전교육을 위하여 설치하는 시설 가운데 시·도경찰청장이 인정하는 시설
마. 대가(代價)를 받지 아니하고 운전교육을 하는 시설
바. 운전면허를 받은 사람을 대상으로 다양한 운전경험을 체험할 수 있도록 하기 위하여 도로가 아닌 장소에서 운전교육을 하는 시설
33. "모범운전자"란 제146조에 따라 무사고운전자 또는 유공운전자의 표시장을 받거나 2년 이상 사업용 자동차 운전에 종사하면서 교통사고를 일으킨 전력이 없는 사람으로서 경찰청장이 정하는 바에 따라 선발되어 교통안전 봉사활동에 종사하는 사람을 말한다.
34. "음주운전 방지장치"란 술에 취한 상태에서 자동차등을 운전하려는 경우 시동이 걸리지 아니하도록 하는 것으로서 행정안전부령으로 정하는 것을 말한다.

〔전부개정 2011·6·8〕

제 3 조(신호기 등의 설치 및 관리) ① 특별시장·광역시장·제주특별자치도지사 또는 시장·군수(광역시의 군수는 제외한다. 이하 "시장등"이라 한다)는 도로에서의 위험을 방지하고 교통의 안전과 원활한 소통을 확보하기 위하여 필요하다고 인정하는 경우에는 신호기 및 안전표지(이하 "교통안전시설"이라 한다)를 설치·관리하여야 한다. 다만, 「유료도로법」 제 6 조에 따른 유료도로에서는 시장등의 지시에 따라 그 도로관리자가 교통안전시설을 설치·관리하여야 한다.

② 시장등 및 도로관리자는 제 1 항에 따라 교통안전시설을 설치·관리할 때에는 제 4 조에 따른 교통안전시설의 설치·관리기준에 적합하도록 하여야 한다. <신설 2018·6·12>

③ 도(道)는 제 1 항에 따라 시장이나 군수가 교통안전시설을 설치·관리하는 데에 드는 비용의 전부 또는 일부를 시(市)나 군(郡)에 보조할 수 있다.

④ 시장등은 대통령령으로 정하는 사유로 도로에 설치된 교통안전시설을 철거하거나 원상회복이 필요한 경우에는 그 사유를 유발한 사람으로 하여금 해당 공사에 드는 비용의 전부 또는 일부를 부담하게 할 수 있다.

⑤ 제 4 항에 따른 부담금의 부과기준 및 환급에 관하여 필요한 사항은 대통령령으로 정한다. <개정 2018·6·12>

⑥ 시장등은 제 4 항에 따라 부담금을 납부하여야 하는 사람이 지정된 기간에 이를 납부하지 아니하면 지방세 체납처분의 예에 따라 징수한다. <개정 2018·6·12>

〔전부개정 2011·6·8〕

제 4 조(교통안전시설의 종류 및 설치·관리기준 등) ① 교통안전시설의 종류, 교통안전시설의 설치·관리기준, 그 밖에 교통안전시설에 관하여 필요한 사항은 행정안전부령으로 정한다. <개정 2013·3·23, 2014·11·19, 2017·7·26, 2018·6·12>

② 제 1 항에 따른 교통안전시설의 설치·관리기준은 주·야간이나 기상상태 등에 관계없이 교통안전시설이 운전자 및 보행자의 눈에 잘 띄도록 정한다. <신설 2018·6·12>

〔전부개정 2011·6·8〕

제 4 조의2(무인 교통단속용 장비의 설치 및 관리) ① 시·도경찰청장, 경찰서장 또는 시장등은 이 법을 위반한 사실을 기록·증명하기 위하여 무인(無人) 교통단속용 장비를 설치·관리할 수 있다. <개정 2020·12·22>

② 무인 교통단속용 장비의 설치·관리기준, 그 밖에 필요한 사항은 행정안전부령으로 정한다. <신설 2023·1·3>

③ 무인 교통단속용 장비의 철거 또는 원상회복 등에 관하여는 제 3 조제 4 항부터 제 6 항까지의 규정을 준용한다. 이 경우 "교통안전시설"은 "무인 교통단속용 장비"로 본다. <개정 2018·6·12>

〔전부개정 2011·6·8〕

제 5 조(신호 또는 지시에 따를 의무) ① 도로를 통행하는 보행자, 차마 또는 노면전차의 운전자는 교통안전시설이 표시하는 신호 또는 지시와 다음 각 호의 어느 하나에 해당하는 사람이 하는 신호 또는 지시를 따라야 한다. <개정 2015·7·24, 2018·3·27, 2020·12·22>

1. 교통정리를 하는 경찰공무원(의무경찰을 포함한다. 이하 같다) 및 제주특별자치도의 자치경찰공무원(이하 "자치경찰공무원"이라 한다)
2. 경찰공무원(자치경찰공무원을 포함한다. 이하 같다)을 보조하는 사람으로서 대통령령으로 정하는 사람(이하 "경찰보조자"라 한다)

② 도로를 통행하는 보행자, 차마 또는 노면전차의 운전자는 제 1 항에 따른 교통안전시설이 표시하는 신호 또는 지시와 교통정리를 하는 경찰공무원 또는 경찰보조자(이하 "경찰공무원등"이라 한다)의 신호 또는 지시가 서로 다른 경우에는 경찰공무원등의 신호 또는 지시에 따라야 한다. <개정 2018·3·27, 2020·12·22>

〔전부개정 2011·6·8〕

제 5 조의2(모범운전자연합회) 모범운전자들의 상호협력을 증진하고 교통안전 봉사활동을 효율적으로 운영하기 위하여 모범운전자연합회를 설립할 수 있다.

〔본조신설 2012·3·21〕

제 5 조의3(모범운전자에 대한 지원 등) ① 국가는 예산의 범위에서 모범운전자에게 대통령령으로 정하는 바에 따라 교통정리 등의

업무를 수행하는 데 필요한 복장 및 장비를 지원할 수 있다.
② 국가는 모범운전자가 교통정리 등의 업무를 수행하는 도중 부상을 입거나 사망한 경우에 이를 보상할 수 있도록 보험에 가입할 수 있다.
③ 지방자치단체는 예산의 범위에서 제 5 조의2에 따라 설립된 모범운전자연합회의 사업에 필요한 보조금을 지원할 수 있다. <신설 2016 · 1 · 27>
〔본조신설 2012 · 3 · 21〕

제 6 조(통행의 금지 및 제한) ① 시 · 도경찰청장은 도로에서의 위험을 방지하고 교통의 안전과 원활한 소통을 확보하기 위하여 필요하다고 인정할 때에는 구간(區間)을 정하여 보행자, 차마 또는 노면전차의 통행을 금지하거나 제한할 수 있다. 이 경우 시 · 도경찰청장은 보행자, 차마 또는 노면전차의 통행을 금지하거나 제한한 도로의 관리청에 그 사실을 알려야 한다. <개정 2018 · 3 · 27, 2020 · 12 · 22>
② 경찰서장은 도로에서의 위험을 방지하고 교통의 안전과 원활한 소통을 확보하기 위하여 필요하다고 인정할 때에는 우선 보행자, 차마 또는 노면전차의 통행을 금지하거나 제한한 후 그 도로관리자와 협의하여 금지 또는 제한의 대상과 구간 및 기간을 정하여 도로의 통행을 금지하거나 제한할 수 있다. <개정 2018 · 3 · 27>
③ 시 · 도경찰청장이나 경찰서장은 제 1 항이나 제 2 항에 따른 금지 또는 제한을 하려는 경우에는 행정안전부령으로 정하는 바에 따라 그 사실을 공고하여야 한다. <개정 2013 · 3 · 23, 2014 · 11 · 19, 2017 · 7 · 26, 2020 · 12 · 22>
④ 경찰공무원은 도로의 파손, 화재의 발생이나 그 밖의 사정으로 인한 도로에서의 위험을 방지하기 위하여 긴급히 조치할 필요가 있을 때에는 필요한 범위에서 보행자, 차마 또는 노면전차의 통행을 일시 금지하거나 제한할 수 있다. <개정 2018 · 3 · 27>
〔전부개정 2011 · 6 · 8〕

제 7 조(교통 혼잡을 완화시키기 위한 조치) 경찰공무원은 보행자, 차마 또는 노면전차의 통행이 밀려서 교통 혼잡이 뚜렷하게 우려될 때에는 혼잡을 덜기 위하여 필요한 조치를 할 수 있다. <개정 2018 · 3 · 27>
〔전부개정 2011 · 6 · 8〕

제 7 조의2(고령운전자 표지) ① 국가 또는 지방자치단체는 고령운전자의 안전운전 및 교통사고 예방을 위하여 행정안전부령으로 정하는 바에 따라 고령운전자가 운전하는 차임을 나타내는 표지(이하 "고령운전자 표지"라 한다)를 제작하여 배부할 수 있다.
② 고령운전자는 다른 차의 운전자가 쉽게 식별할 수 있도록 차에 고령운전자 표지를 부착하고 운전할 수 있다.
〔본조신설 2023 · 1 · 3〕

제 2 장 보행자의 통행방법

제 8 조(보행자의 통행) ① 보행자는 보도와 차도가 구분된 도로에서는 언제나 보도로 통행하여야 한다. 다만, 차도를 횡단하는 경우, 도로공사 등으로 보도의 통행이 금지된 경우나 그 밖의 부득이한 경우에는 그러하지 아니하다.
② 보행자는 보도와 차도가 구분되지 아니한 도로 중 중앙선이 있는 도로(일방통행인 경우에는 차선으로 구분된 도로를 포함한다)에서는 길가장자리 또는 길가장자리구역으로 통행하여야 한다. <개정 2021 · 10 · 19>
③ 보행자는 다음 각 호의 어느 하나에 해당하는 곳에서는 도로의 전 부분으로 통행할 수 있다. 이 경우 보행자는 고의로 차마의 진행을 방해하여서는 아니 된다. <개정 2022 · 1 · 11>
1. 보도와 차도가 구분되지 아니한 도로 중 중앙선이 없는 도로(일방통행인 경우에는 차선으로 구분되지 아니한 도로에 한정한다. 이하 같다)
2. 보행자우선도로
④ 보행자는 보도에서는 우측통행을 원칙으로 한다.
〔전부개정 2011 · 6 · 8〕

제 8 조의2(실외이동로봇 운용자의 의무) ① 실외이동로봇을 운용하는 사람(실외이동로봇을 조작 · 관리하는 사람을 포함하며, 이하 "실외이동로봇 운용자"라 한다)은 실외이동로봇의 운용 장치와 그 밖의 장치를 정확하

게 조작하여야 한다.

② 실외이동로봇 운용자는 실외이동로봇의 운용 장치를 도로의 교통상황과 실외이동로봇의 구조 및 성능에 따라 차, 노면전차 또는 다른 사람에게 위험과 장해를 주는 방법으로 운용하여서는 아니 된다.

〔본조신설 2023·4·18〕

제 9 조(행렬등의 통행) ① 학생의 대열과 그 밖에 보행자의 통행에 지장을 줄 우려가 있다고 인정하여 대통령령으로 정하는 사람이나 행렬(이하 "행렬등"이라 한다)은 제 8 조 제 1 항 본문에도 불구하고 차도로 통행할 수 있다. 이 경우 행렬등은 차도의 우측으로 통행하여야 한다.

② 행렬등은 사회적으로 중요한 행사에 따라 시가를 행진하는 경우에는 도로의 중앙을 통행할 수 있다.

③ 경찰공무원은 도로에서의 위험을 방지하고 교통의 안전과 원활한 소통을 확보하기 위하여 필요하다고 인정할 때에는 행렬등에 대하여 구간을 정하고 그 구간에서 행렬등이 도로 또는 차도의 우측(자전거도로가 설치되어 있는 차도에서는 자전거도로를 제외한 부분의 우측을 말한다)으로 붙어서 통행할 것을 명하는 등 필요한 조치를 할 수 있다.

〔전부개정 2011·6·8〕

제10조(도로의 횡단) ① 시·도경찰청장은 도로를 횡단하는 보행자의 안전을 위하여 행정안전부령으로 정하는 기준에 따라 횡단보도를 설치할 수 있다. <개정 2013·3·23, 2014·11·19, 2017·7·26, 2020·12·22>

② 보행자는 제 1 항에 따른 횡단보도, 지하도, 육교나 그 밖의 도로 횡단시설이 설치되어 있는 도로에서는 그 곳으로 횡단하여야 한다. 다만, 지하도나 육교 등의 도로 횡단시설을 이용할 수 없는 지체장애인의 경우에는 다른 교통에 방해가 되지 아니하는 방법으로 도로 횡단시설을 이용하지 아니하고 도로를 횡단할 수 있다.

③ 보행자는 제 1 항에 따른 횡단보도가 설치되어 있지 아니한 도로에서는 가장 짧은 거리로 횡단하여야 한다.

④ 보행자는 차와 노면전차의 바로 앞이나 뒤로 횡단하여서는 아니 된다. 다만, 횡단보도를 횡단하거나 신호기 또는 경찰공무원등의 신호나 지시에 따라 도로를 횡단하는 경우에는 그러하지 아니하다. <개정 2018·3·27>

⑤ 보행자는 안전표지 등에 의하여 횡단이 금지되어 있는 도로의 부분에서는 그 도로를 횡단하여서는 아니 된다.

〔전부개정 2011·6·8〕

제11조(어린이 등에 대한 보호) ① 어린이의 보호자는 교통이 빈번한 도로에서 어린이를 놀게 하여서는 아니 되며, 영유아(6세 미만인 사람을 말한다. 이하 같다)의 보호자는 교통이 빈번한 도로에서 영유아가 혼자 보행하게 하여서는 아니 된다. <개정 2014·12·30>

② 앞을 보지 못하는 사람(이에 준하는 사람을 포함한다. 이하 같다)의 보호자는 그 사람이 도로를 보행할 때에는 흰색 지팡이를 갖고 다니도록 하거나 앞을 보지 못하는 사람에게 길을 안내하는 개로서 행정안전부령으로 정하는 개(이하 "장애인보조견"이라 한다)를 동반하도록 하는 등 필요한 조치를 하여야 한다. <개정 2013·3·23, 2014·11·19, 2015·8·11, 2017·7·26>

③ 어린이의 보호자는 도로에서 어린이가 자전거를 타거나 행정안전부령으로 정하는 위험성이 큰 움직이는 놀이기구를 타는 경우에는 어린이의 안전을 위하여 행정안전부령으로 정하는 인명보호 장구(裝具)를 착용하도록 하여야 한다. <개정 2013·3·23, 2014·11·19, 2017·7·26>

④ 어린이의 보호자는 도로에서 어린이가 개인형 이동장치를 운전하게 하여서는 아니 된다. <신설 2020·6·9>

⑤ 경찰공무원은 신체에 장애가 있는 사람이 도로를 통행하거나 횡단하기 위하여 도움을 요청하거나 도움이 필요하다고 인정하는 경우에는 그 사람이 안전하게 통행하거나 횡단할 수 있도록 필요한 조치를 하여야 한다.

⑥ 경찰공무원은 다음 각 호의 어느 하나에 해당하는 사람을 발견한 경우에는 그들의 안전을 위하여 적절한 조치를 하여야 한다. <개정 2014·12·30, 2015·8·11>

1. 교통이 빈번한 도로에서 놀고 있는 어린이

2. 보호자 없이 도로를 보행하는 영유아
3. 앞을 보지 못하는 사람으로서 흰색 지팡이를 가지지 아니하거나 장애인보조견을 동반하지 아니하는 등 필요한 조치를 하지 아니하고 다니는 사람
4. 횡단보도나 교통이 빈번한 도로에서 보행에 어려움을 겪고 있는 노인(65세 이상인 사람을 말한다. 이하 같다)

〔전부개정 2011·6·8〕

제12조(어린이 보호구역의 지정·해제 및 관리) ① 시장등은 교통사고의 위험으로부터 어린이를 보호하기 위하여 필요하다고 인정하는 경우에는 다음 각 호의 어느 하나에 해당하는 시설이나 장소의 주변도로 가운데 일정 구간을 어린이 보호구역으로 지정하여 자동차등과 노면전차의 통행속도를 시속 30킬로미터 이내로 제한할 수 있다. <개정 2013·3·23, 2014·1·28, 2014·11·19, 2015·7·24, 2017·7·26, 2018·3·27, 2021·10·19, 2023·4·18>

1. 「유아교육법」 제2조에 따른 유치원, 「초·중등교육법」 제38조 및 제55조에 따른 초등학교 또는 특수학교
2. 「영유아보육법」 제10조에 따른 어린이집 가운데 행정안전부령으로 정하는 어린이집
3. 「학원의 설립·운영 및 과외교습에 관한 법률」 제2조에 따른 학원 가운데 행정안전부령으로 정하는 학원
4. 「초·중등교육법」 제60조의2 또는 제60조의3에 따른 외국인학교 또는 대안학교, 「대안교육기관에 관한 법률」 제2조제2호에 따른 대안교육기관, 「제주특별자치도 설치 및 국제자유도시 조성을 위한 특별법」 제223조에 따른 국제학교 및 「경제자유구역 및 제주국제자유도시의 외국교육기관 설립·운영에 관한 특별법」 제2조제2호에 따른 외국교육기관 중 유치원·초등학교 교과과정이 있는 학교
5. 그 밖에 어린이가 자주 왕래하는 곳으로서 조례로 정하는 시설 또는 장소

② 제1항에 따른 어린이 보호구역의 지정·해제 절차 및 기준 등에 관하여 필요한 사항은 교육부, 행정안전부 및 국토교통부의 공동부령으로 정한다. <개정 2013·3·23, 2014·11·19, 2017·7·26, 2023·4·18>

③ 차마 또는 노면전차의 운전자는 어린이 보호구역에서 제1항에 따른 조치를 준수하고 어린이의 안전에 유의하면서 운행하여야 한다. <개정 2018·3·27>

④ 시·도경찰청장, 경찰서장 또는 시장등은 제3항을 위반하는 행위 등의 단속을 위하여 어린이 보호구역의 도로 중에서 행정안전부령으로 정하는 곳에 우선적으로 제4조의2에 따른 무인 교통단속용 장비를 설치하여야 한다. <신설 2019·12·24, 2020·12·22>

⑤ 시장등은 제1항에 따라 지정한 어린이 보호구역에 어린이의 안전을 위하여 다음 각 호에 따른 시설 또는 장비를 우선적으로 설치하거나 관할 도로관리청에 해당 시설 또는 장비의 설치를 요청하여야 한다. <신설 2019·12·24, 2023·4·18, 2024·1·30>

1. 어린이 보호구역으로 지정한 시설의 주 출입문과 가장 가까운 거리에 있는 간선도로상 횡단보도의 신호기
2. 속도 제한, 횡단보도, 기점(起點) 및 종점(終點)에 관한 안전표지
3. 「도로법」 제2조제2호에 따른 도로의 부속물 중 과속방지시설 및 차마의 미끄럼을 방지하기 위한 시설

3의2. 방호울타리

4. 그 밖에 교육부, 행정안전부 및 국토교통부의 공동부령으로 정하는 시설 또는 장비

〔전부개정 2011·6·8〕

제12조의2(노인 및 장애인 보호구역의 지정·해제 및 관리) ① 시장등은 교통사고의 위험으로부터 노인 또는 장애인을 보호하기 위하여 필요하다고 인정하는 경우에는 제1호부터 제3호까지 및 제3호의2에 따른 시설 또는 장소의 주변도로 가운데 일정 구간을 노인 보호구역으로, 제4호에 따른 시설의 주변도로 가운데 일정 구간을 장애인 보호구역으로 각각 지정하여 차마와 노면전차의 통행을 제한하거나 금지하는 등 필요한 조치를 할 수 있다. <개정 2013·3·23, 2014·11·19, 2017·7·26, 2018·3·27, 2021·10·19, 2023·1·3>

1. 「노인복지법」 제31조에 따른 노인복지시설
2. 「자연공원법」 제2조제1호에 따른 자연공원 또는 「도시공원 및 녹지 등에 관

한 법률」 제2조제3호에 따른 도시공원
3. 「체육시설의 설치·이용에 관한 법률」 제6조에 따른 생활체육시설
3의2. 그 밖에 노인이 자주 왕래하는 곳으로서 조례로 정하는 시설 또는 장소
4. 「장애인복지법」 제58조에 따른 장애인복지시설
② 제1항에 따른 노인 보호구역 또는 장애인 보호구역의 지정·해제 절차 및 기준등에 관하여 필요한 사항은 행정안전부, 보건복지부 및 국토교통부의 공동부령으로 정한다. <개정 2013·3·23, 2014·11·19, 2017·7·26, 2023·4·18>
③ 차마 또는 노면전차의 운전자는 노인 보호구역 또는 장애인 보호구역에서 제1항에 따른 조치를 준수하고 노인 또는 장애인의 안전에 유의하면서 운행하여야 한다. <개정 2018·3·27>
〔전부개정 2011·6·8〕

제12조의3(보호구역 통합관리시스템 구축·운영 등) ① 경찰청장은 제12조에 따른 어린이 보호구역과 제12조의2에 따른 노인 및 장애인 보호구역에 대한 정보를 수집·관리 및 공개하기 위하여 보호구역 통합관리시스템을 구축·운영하여야 한다.
② 경찰청장은 제1항에 따라 구축된 보호구역 통합관리시스템의 운영에 필요한 정보를 시장등에게 요청할 수 있으며, 요청을 받은 시장등은 정당한 사유가 없으면 그 요청에 따라야 한다.
③ 제1항 및 제2항에 따른 보호구역 통합관리시스템의 구축·운영, 정보 요청 등에 필요한 사항은 교육부, 행정안전부, 보건복지부 및 국토교통부의 공동부령으로 정한다.
〔본조신설 2023·1·3〕

제12조의4(보호구역에 대한 실태조사 등) ① 시장등은 제12조에 따른 어린이 보호구역과 제12조의2에 따른 노인 및 장애인 보호구역에서 발생한 교통사고 현황 등 교통환경에 대한 실태조사를 연 1회 이상 실시하고, 그 결과를 보호구역의 지정·해제 및 관리에 반영하여야 한다.
② 제1항에 따른 실태조사의 대상 및 방법등에 필요한 사항은 교육부, 행정안전부, 보건복지부 및 국토교통부의 공동부령으로 정한다.
③ 시장등은 제1항에 따른 실태조사 업무의 일부를 대통령령으로 정하는 바에 따라 「한국도로교통공단법」에 따른 한국도로교통공단(이하 "한국도로교통공단"이라 한다) 또는 교통 관련 전문기관에 위탁할 수 있다. <개정 2024·1·30>
〔본조신설 2023·4·18〕

제3장 차마 및 노면전차의 통행방법 등

제13조(차마의 통행) ① 차마의 운전자는 보도와 차도가 구분된 도로에서는 차도로 통행하여야 한다. 다만, 도로 외의 곳으로 출입할 때에는 보도를 횡단하여 통행할 수 있다.
② 제1항 단서의 경우 차마의 운전자는 보도를 횡단하기 직전에 일시정지하여 좌측과 우측 부분 등을 살핀 후 보행자의 통행을 방해하지 아니하도록 횡단하여야 한다.
③ 차마의 운전자는 도로(보도와 차도가 구분된 도로에서는 차도를 말한다)의 중앙(중앙선이 설치되어 있는 경우에는 그 중앙선을 말한다. 이하 같다) 우측 부분을 통행하여야 한다.
④ 차마의 운전자는 제3항에도 불구하고 다음 각 호의 어느 하나에 해당하는 경우에는 도로의 중앙이나 좌측 부분을 통행할 수 있다. <개정 2020·12·22>
1. 도로가 일방통행인 경우
2. 도로의 파손, 도로공사나 그 밖의 장애 등으로 도로의 우측 부분을 통행할 수 없는 경우
3. 도로 우측 부분의 폭이 6미터가 되지 아니하는 도로에서 다른 차를 앞지르려는 경우. 다만, 다음 각 목의 어느 하나에 해당하는 경우에는 그러하지 아니하다.
가. 도로의 좌측 부분을 확인할 수 없는 경우
나. 반대 방향의 교통을 방해할 우려가 있는 경우
다. 안전표지 등으로 앞지르기를 금지하거나 제한하고 있는 경우
4. 도로 우측 부분의 폭이 차마의 통행에 충분하지 아니한 경우

5. 가파른 비탈길의 구부러진 곳에서 교통의 위험을 방지하기 위하여 시·도경찰청장이 필요하다고 인정하여 구간 및 통행방법을 지정하고 있는 경우에 그 지정에 따라 통행하는 경우

⑤ 차마의 운전자는 안전지대 등 안전표지에 의하여 진입이 금지된 장소에 들어가서는 아니 된다.

⑥ 차마(자전거등은 제외한다)의 운전자는 안전표지로 통행이 허용된 장소를 제외하고는 자전거도로 또는 길가장자리구역으로 통행하여서는 아니 된다. 다만, 「자전거 이용 활성화에 관한 법률」 제3조제4호에 따른 자전거 우선도로의 경우에는 그러하지 아니하다. <개정 2014·1·28, 2020·6·9>

〔전부개정 2011·6·8〕

제13조의2(자전거등의 통행방법의 특례) ① 자전거등의 운전자는 자전거도로(제15조제1항에 따라 자전거만 통행할 수 있도록 설치된 전용차로를 포함한다. 이하 이 조에서 같다)가 따로 있는 곳에서는 그 자전거도로로 통행하여야 한다. <개정 2020·6·9>

② 자전거등의 운전자는 자전거도로가 설치되지 아니한 곳에서는 도로 우측 가장자리에 붙어서 통행하여야 한다. <개정 2020·6·9>

③ 자전거등의 운전자는 길가장자리구역(안전표지로 자전거의 통행을 금지한 구간은 제외한다)을 통행할 수 있다. 이 경우 자전거등의 운전자는 보행자의 통행에 방해가 될 때에는 서행하거나 일시정지하여야 한다. <개정 2020·6·9>

④ 자전거등의 운전자는 제1항 및 제13조제1항에도 불구하고 다음 각 호의 어느 하나에 해당하는 경우에는 보도를 통행할 수 있다. 이 경우 자전거등의 운전자는 보도 중앙으로부터 차도 쪽 또는 안전표지로 지정된 곳으로 서행하여야 하며, 보행자의 통행에 방해가 될 때에는 일시정지하여야 한다. <개정 2013·3·23, 2014·11·19, 2017·7·26, 2018·3·27, 2020·6·9>

1. 어린이, 노인, 그 밖에 행정안전부령으로 정하는 신체장애인이 자전거를 운전하는 경우. 다만, 「자전거 이용 활성화에 관한 법률」 제2조제1호의2에 따른 전기자전거의 원동기를 끄지 아니하고 운전하는 경우는 제외한다.
2. 안전표지로 자전거등의 통행이 허용된 경우
3. 도로의 파손, 도로공사나 그 밖의 장애 등으로 도로를 통행할 수 없는 경우

⑤ 자전거등의 운전자는 안전표지로 통행이 허용된 경우를 제외하고는 2대 이상이 나란히 차도를 통행하여서는 아니 된다. <개정 2020·6·9>

⑥ 자전거등의 운전자가 횡단보도를 이용하여 도로를 횡단할 때에는 자전거등에서 내려서 자전거등을 끌거나 들고 보행하여야 한다. <개정 2020·6·9>

〔전부개정 2011·6·8〕

제14조(차로의 설치 등) ① 시·도경찰청장은 차마의 교통을 원활하게 하기 위하여 필요한 경우에는 도로에 행정안전부령으로 정하는 차로를 설치할 수 있다. 이 경우 시·도경찰청장은 시간대에 따라 양방향의 통행량이 뚜렷하게 다른 도로에는 교통량이 많은 쪽으로 차로의 수가 확대될 수 있도록 신호기에 의하여 차로의 진행방향을 지시하는 가변차로를 설치할 수 있다. <개정 2013·3·23, 2014·11·19, 2017·7·26, 2020·12·22>

② 차마의 운전자는 차로가 설치되어 있는 도로에서는 이 법이나 이 법에 따른 명령에 특별한 규정이 있는 경우를 제외하고는 그 차로를 따라 통행하여야 한다. 다만, 시·도경찰청장이 통행방법을 따로 지정한 경우에는 그 방법으로 통행하여야 한다. <개정 2020·12·22>

③ 차로가 설치된 도로를 통행하려는 경우로서 차의 너비가 행정안전부령으로 정하는 차로의 너비보다 넓어 교통의 안전이나 원활한 소통에 지장을 줄 우려가 있는 경우 그 차의 운전자는 도로를 통행하여서는 아니 된다. 다만, 행정안전부령으로 정하는 바에 따라 그 차의 출발지를 관할하는 경찰서장의 허가를 받은 경우에는 그러하지 아니하다. <개정 2013·3·23, 2014·11·19, 2017·7·26>

④ 경찰서장은 제3항 단서에 따른 허가를 받으려는 차가 「도로법」 제77조제1항 단서에 따른 운행허가를 받아야 하는 차에 해당하는 경우에는 대통령령으로 정하는 바에 따라 그 차가 통행하려는 도로의 관리청과 미리 협의하여야 하며, 이러한 협의를 거쳐

경찰서장의 허가를 받은 차는 「도로법」 제77조제1항 단서에 따른 운행허가를 받은 것으로 본다. <신설 2014·12·30>

⑤ 차마의 운전자는 안전표지가 설치되어 특별히 진로 변경이 금지된 곳에서는 차마의 진로를 변경하여서는 아니 된다. 다만, 도로의 파손이나 도로공사 등으로 인하여 장애물이 있는 경우에는 그러하지 아니하다.

〔전부개정 2011·6·8〕

제15조(전용차로의 설치) ① 시장등은 원활한 교통을 확보하기 위하여 특히 필요한 경우에는 시·도경찰청장이나 경찰서장과 협의하여 도로에 전용차로(차의 종류나 승차 인원에 따라 지정된 차만 통행할 수 있는 차로를 말한다. 이하 같다)를 설치할 수 있다. <개정 2020·12·22>

② 전용차로의 종류, 전용차로로 통행할 수 있는 차와 그 밖에 전용차로의 운영에 필요한 사항은 대통령령으로 정한다.

③ 제2항에 따라 전용차로로 통행할 수 있는 차가 아니면 전용차로로 통행하여서는 아니 된다. 다만, 긴급자동차가 그 본래의 긴급한 용도로 운행되고 있는 경우 등 대통령령으로 정하는 경우에는 그러하지 아니하다.

〔전부개정 2011·6·8〕

제15조의2(자전거횡단도의 설치 등) ① 시·도경찰청장은 도로를 횡단하는 자전거 운전자의 안전을 위하여 행정안전부령으로 정하는 기준에 따라 자전거횡단도를 설치할 수 있다. <개정 2013·3·23, 2014·11·19, 2017·7·26, 2020·12·22>

② 자전거등의 운전자가 자전거등을 타고 자전거횡단도가 따로 있는 도로를 횡단할 때에는 자전거횡단도를 이용하여야 한다. <개정 2020·6·9>

③ 차마의 운전자는 자전거등이 자전거횡단도를 통행하고 있을 때에는 자전거등의 횡단을 방해하거나 위험하게 하지 아니하도록 그 자전거횡단도 앞(정지선이 설치되어 있는 곳에서는 그 정지선을 말한다)에서 일시정지하여야 한다. <개정 2020·6·9>

〔전부개정 2011·6·8〕

제16조(노면전차 전용로의 설치 등) ① 시장등은 교통을 원활하게 하기 위하여 노면전차 전용도로 또는 전용차로를 설치하려는 경우에는 「도시철도법」 제7조제1항에 따른 도시철도사업계획의 승인 전에 다음 각 호의 사항에 대하여 시·도경찰청장과 협의하여야 한다. 사업 계획을 변경하려는 경우에도 또한 같다. <개정 2020·12·22>

1. 노면전차의 설치 방법 및 구간
2. 노면전차 전용로 내 교통안전시설의 설치
3. 그 밖에 노면전차 전용로의 관리에 관한 사항

② 노면전차의 운전자는 제1항에 따른 노면전차 전용도로 또는 전용차로로 통행하여야 하며, 차마의 운전자는 노면전차 전용도로 또는 전용차로를 다음 각 호의 경우를 제외하고는 통행하여서는 아니 된다.

1. 좌회전, 우회전, 횡단 또는 회전하기 위하여 궤도부지를 가로지르는 경우
2. 도로, 교통안전시설, 도로의 부속물 등의 보수를 위하여 진입이 불가피한 경우
3. 노면전차 전용차로에서 긴급자동차가 그 본래의 긴급한 용도로 운행되고 있는 경우

〔본조신설 2018·3·27〕

제17조(자동차등과 노면전차의 속도) ① 자동차등(개인형 이동장치는 제외한다. 이하 이 조에서 같다)과 노면전차의 도로 통행 속도는 행정안전부령으로 정한다. <개정 2013·3·23, 2014·11·19, 2017·7·26, 2018·3·27, 2020·6·9>

② 경찰청장이나 시·도경찰청장은 도로에서 일어나는 위험을 방지하고 교통의 안전과 원활한 소통을 확보하기 위하여 필요하다고 인정하는 경우에는 다음 각 호의 구분에 따라 구역이나 구간을 지정하여 제1항에 따라 정한 속도를 제한할 수 있다. <개정 2020·12·22>

1. 경찰청장 : 고속도로
2. 시·도경찰청장 : 고속도로를 제외한 도로

③ 자동차등과 노면전차의 운전자는 제1항과 제2항에 따른 최고속도보다 빠르게 운전하거나 최저속도보다 느리게 운전하여서는 아니 된다. 다만, 교통이 밀리거나 그 밖의 부득이한 사유로 최저속도보다 느리게 운전할 수밖에 없는 경우에는 그러하지 아니하다. <개정 2018·3·27>

〔전부개정 2011·6·8〕

제18조(횡단 등의 금지) ① 차마의 운전자는 보행자나 다른 차마의 정상적인 통행을 방

해할 우려가 있는 경우에는 차마를 운전하여 도로를 횡단하거나 유턴 또는 후진하여서는 아니 된다.

② 시·도경찰청장은 도로에서의 위험을 방지하고 교통의 안전과 원활한 소통을 확보하기 위하여 특히 필요하다고 인정하는 경우에는 도로의 구간을 지정하여 차마의 횡단이나 유턴 또는 후진을 금지할 수 있다. <개정 2020·12·22>

③ 차마의 운전자는 길가의 건물이나 주차장 등에서 도로에 들어갈 때에는 일단 정지한 후에 안전한지 확인하면서 서행하여야 한다.

〔전부개정 2011·6·8〕

제19조(안전거리 확보 등) ① 모든 차의 운전자는 같은 방향으로 가고 있는 앞차의 뒤를 따르는 경우에는 앞차가 갑자기 정지하게 되는 경우 그 앞차와의 충돌을 피할 수 있는 필요한 거리를 확보하여야 한다.

② 자동차등의 운전자는 같은 방향으로 가고 있는 자전거등의 운전자에 주의하여야 하며, 그 옆을 지날 때에는 자전거등과의 충돌을 피할 수 있는 필요한 거리를 확보하여야 한다. <개정 2015·8·11, 2020·6·9>

③ 모든 차의 운전자는 차의 진로를 변경하려는 경우에 그 변경하려는 방향으로 오고 있는 다른 차의 정상적인 통행에 장애를 줄 우려가 있을 때에는 진로를 변경하여서는 아니 된다.

④ 모든 차의 운전자는 위험방지를 위한 경우와 그 밖의 부득이한 경우가 아니면 운전하는 차를 갑자기 정지시키거나 속도를 줄이는 등의 급제동을 하여서는 아니 된다.

〔전부개정 2011·6·8〕

제20조(진로 양보의 의무) ① 모든 차(긴급자동차는 제외한다)의 운전자는 뒤에서 따라오는 차보다 느린 속도로 가려는 경우에는 도로의 우측 가장자리로 피하여 진로를 양보하여야 한다. 다만, 통행 구분이 설치된 도로의 경우에는 그러하지 아니하다.

② 좁은 도로에서 긴급자동차 외의 자동차가 서로 마주보고 진행할 때에는 다음 각 호의 구분에 따른 자동차가 도로의 우측 가장자리로 피하여 진로를 양보하여야 한다.

1. 비탈진 좁은 도로에서 자동차가 서로 마주보고 진행하는 경우에는 올라가는 자동차
2. 비탈진 좁은 도로 외의 좁은 도로에서 사람을 태웠거나 물건을 실은 자동차와 동승자(同乘者)가 없고 물건을 싣지 아니한 자동차가 서로 마주보고 진행하는 경우에는 동승자가 없고 물건을 싣지 아니한 자동차

〔전부개정 2011·6·8〕

제21조(앞지르기 방법 등) ① 모든 차의 운전자는 다른 차를 앞지르려면 앞차의 좌측으로 통행하여야 한다.

② 자전거등의 운전자는 서행하거나 정지한 다른 차를 앞지르려면 제1항에도 불구하고 앞차의 우측으로 통행할 수 있다. 이 경우 자전거등의 운전자는 정지한 차에서 승차하거나 하차하는 사람의 안전에 유의하여 서행하거나 필요한 경우 일시정지하여야 한다. <개정 2020·6·9>

③ 제1항과 제2항의 경우 앞지르려고 하는 모든 차의 운전자는 반대방향의 교통과 앞차 앞쪽의 교통에도 주의를 충분히 기울여야 하며, 앞차의 속도·진로와 그 밖의 도로상황에 따라 방향지시기·등화 또는 경음기(警音機)를 사용하는 등 안전한 속도와 방법으로 앞지르기를 하여야 한다.

④ 모든 차의 운전자는 제1항부터 제3항까지 또는 제60조제2항에 따른 방법으로 앞지르기를 하는 차가 있을 때에는 속도를 높여 경쟁하거나 그 차의 앞을 가로막는 등의 방법으로 앞지르기를 방해하여서는 아니 된다.

〔전부개정 2011·6·8〕

제22조(앞지르기 금지의 시기 및 장소) ① 모든 차의 운전자는 다음 각 호의 어느 하나에 해당하는 경우에는 앞차를 앞지르지 못한다.

1. 앞차의 좌측에 다른 차가 앞차와 나란히 가고 있는 경우
2. 앞차가 다른 차를 앞지르고 있거나 앞지르려고 하는 경우

② 모든 차의 운전자는 다음 각 호의 어느 하나에 해당하는 다른 차를 앞지르지 못한다.

1. 이 법이나 이 법에 따른 명령에 따라 정지하거나 서행하고 있는 차
2. 경찰공무원의 지시에 따라 정지하거나 서행하고 있는 차
3. 위험을 방지하기 위하여 정지하거나 서행하고 있는 차

③ 모든 차의 운전자는 다음 각 호의 어느

하나에 해당하는 곳에서는 다른 차를 앞지르지 못한다. <개정 2020·12·22>

1. 교차로
2. 터널 안
3. 다리 위
4. 도로의 구부러진 곳, 비탈길의 고갯마루 부근 또는 가파른 비탈길의 내리막 등 시·도경찰청장이 도로에서의 위험을 방지하고 교통의 안전과 원활한 소통을 확보하기 위하여 필요하다고 인정하는 곳으로서 안전표지로 지정한 곳

〔전부개정 2011·6·8〕

제23조(끼어들기의 금지) 모든 차의 운전자는 제22조제2항 각 호의 어느 하나에 해당하는 다른 차 앞으로 끼어들지 못한다.

〔전부개정 2011·6·8〕

제24조(철길 건널목의 통과) ① 모든 차 또는 노면전차의 운전자는 철길 건널목(이하 "건널목"이라 한다)을 통과하려는 경우에는 건널목 앞에서 일시정지하여 안전한지 확인한 후에 통과하여야 한다. 다만, 신호기 등이 표시하는 신호에 따르는 경우에는 정지하지 아니하고 통과할 수 있다. <개정 2018·3·27>

② 모든 차 또는 노면전차의 운전자는 건널목의 차단기가 내려져 있거나 내려지려고 하는 경우 또는 건널목의 경보기가 울리고 있는 동안에는 그 건널목으로 들어가서는 아니 된다. <개정 2018·3·27>

③ 모든 차 또는 노면전차의 운전자는 건널목을 통과하다가 고장 등의 사유로 건널목 안에서 차 또는 노면전차를 운행할 수 없게 된 경우에는 즉시 승객을 대피시키고 비상신호기 등을 사용하거나 그 밖의 방법으로 철도공무원이나 경찰공무원에게 그 사실을 알려야 한다. <개정 2018·3·27>

〔전부개정 2011·6·8〕

제25조(교차로 통행방법) ① 모든 차의 운전자는 교차로에서 우회전을 하려는 경우에는 미리 도로의 우측 가장자리를 서행하면서 우회전하여야 한다. 이 경우 우회전하는 차의 운전자는 신호에 따라 정지하거나 진행하는 보행자 또는 자전거등에 주의하여야 한다. <개정 2020·6·9>

② 모든 차의 운전자는 교차로에서 좌회전을 하려는 경우에는 미리 도로의 중앙선을 따라 서행하면서 교차로의 중심 안쪽을 이용하여 좌회전하여야 한다. 다만, 시·도경찰청장이 교차로의 상황에 따라 특히 필요하다고 인정하여 지정한 곳에서는 교차로의 중심 바깥쪽을 통과할 수 있다. <개정 2020·12·22>

③ 제2항에도 불구하고 자전거등의 운전자는 교차로에서 좌회전하려는 경우에는 미리 도로의 우측 가장자리로 붙어 서행하면서 교차로의 가장자리 부분을 이용하여 좌회전하여야 한다. <개정 2020·6·9>

④ 제1항부터 제3항까지의 규정에 따라 우회전이나 좌회전을 하기 위하여 손이나 방향지시기 또는 등화로써 신호를 하는 차가 있는 경우에 그 뒤차의 운전자는 신호를 한 앞차의 진행을 방해하여서는 아니 된다.

⑤ 모든 차 또는 노면전차의 운전자는 신호기로 교통정리를 하고 있는 교차로에 들어가려는 경우에는 진행하려는 진로의 앞쪽에 있는 차 또는 노면전차의 상황에 따라 교차로(정지선이 설치되어 있는 경우에는 그 정지선을 넘은 부분을 말한다)에 정지하게 되어 다른 차 또는 노면전차의 통행에 방해가 될 우려가 있는 경우에는 그 교차로에 들어가서는 아니 된다. <개정 2018·3·27>

⑥ 모든 차의 운전자는 교통정리를 하고 있지 아니하고 일시정지나 양보를 표시하는 안전표지가 설치되어 있는 교차로에 들어가려고 할 때에는 다른 차의 진행을 방해하지 아니하도록 일시정지하거나 양보하여야 한다.

〔전부개정 2011·6·8〕

제25조의2(회전교차로 통행방법) ① 모든 차의 운전자는 회전교차로에서는 반시계방향으로 통행하여야 한다.

② 모든 차의 운전자는 회전교차로에 진입하려는 경우에는 서행하거나 일시정지하여야 하며, 이미 진행하고 있는 다른 차가 있는 때에는 그 차에 진로를 양보하여야 한다.

③ 제1항 및 제2항에 따라 회전교차로 통행을 위하여 손이나 방향지시기 또는 등화로써 신호를 하는 차가 있는 경우 그 뒤차의 운전자는 신호를 한 앞차의 진행을 방해하여서는 아니 된다.

〔본조신설 2022·1·11〕

제26조(교통정리가 없는 교차로에서의 양보운

전) ① 교통정리를 하고 있지 아니하는 교차로에 들어가려고 하는 차의 운전자는 이미 교차로에 들어가 있는 다른 차가 있을 때에는 그 차에 진로를 양보하여야 한다.
② 교통정리를 하고 있지 아니하는 교차로에 들어가려고 하는 차의 운전자는 그 차가 통행하고 있는 도로의 폭보다 교차하는 도로의 폭이 넓은 경우에는 서행하여야 하며, 폭이 넓은 도로로부터 교차로에 들어가려고 하는 다른 차가 있을 때에는 그 차에 진로를 양보하여야 한다.
③ 교통정리를 하고 있지 아니하는 교차로에 동시에 들어가려고 하는 차의 운전자는 우측도로의 차에 진로를 양보하여야 한다.
④ 교통정리를 하고 있지 아니하는 교차로에서 좌회전하려고 하는 차의 운전자는 그 교차로에서 직진하거나 우회전하려는 다른 차가 있을 때에는 그 차에 진로를 양보하여야 한다.
〔전부개정 2011·6·8〕

제27조(보행자의 보호) ① 모든 차 또는 노면전차의 운전자는 보행자(제13조의2제6항에 따라 자전거등에서 내려서 자전거등을 끌거나 들고 통행하는 자전거등의 운전자를 포함한다)가 횡단보도를 통행하고 있거나 통행하려고 하는 때에는 보행자의 횡단을 방해하거나 위험을 주지 아니하도록 그 횡단보도 앞(정지선이 설치되어 있는 곳에서는 그 정지선을 말한다)에서 일시정지하여야 한다. <개정 2018·3·27, 2020·6·9, 2022·1·11>
② 모든 차 또는 노면전차의 운전자는 교통정리를 하고 있는 교차로에서 좌회전이나 우회전을 하려는 경우에는 신호기 또는 경찰공무원등의 신호나 지시에 따라 도로를 횡단하는 보행자의 통행을 방해하여서는 아니 된다. <개정 2018·3·27>
③ 모든 차의 운전자는 교통정리를 하고 있지 아니하는 교차로 또는 그 부근의 도로를 횡단하는 보행자의 통행을 방해하여서는 아니 된다.
④ 모든 차의 운전자는 도로에 설치된 안전지대에 보행자가 있는 경우와 차로가 설치되지 아니한 좁은 도로에서 보행자의 옆을 지나는 경우에는 안전한 거리를 두고 서행하여야 한다.
⑤ 모든 차 또는 노면전차의 운전자는 보행자가 제10조제3항에 따라 횡단보도가 설치되어 있지 아니한 도로를 횡단하고 있을 때에는 안전거리를 두고 일시정지하여 보행자가 안전하게 횡단할 수 있도록 하여야 한다. <개정 2018·3·27>
⑥ 모든 차의 운전자는 다음 각 호의 어느 하나에 해당하는 곳에서 보행자의 옆을 지나는 경우에는 안전한 거리를 두고 서행하여야 하며, 보행자의 통행에 방해가 될 때에는 서행하거나 일시정지하여 보행자가 안전하게 통행할 수 있도록 하여야 한다. <개정 2022·1·11>
1. 보도와 차도가 구분되지 아니한 도로 중 중앙선이 없는 도로
2. 보행자우선도로
3. 도로 외의 곳

⑦ 모든 차 또는 노면전차의 운전자는 제12조제1항에 따른 어린이 보호구역 내에 설치된 횡단보도 중 신호기가 설치되지 아니한 횡단보도 앞(정지선이 설치된 경우에는 그 정지선을 말한다)에서는 보행자의 횡단 여부와 관계없이 일시정지하여야 한다. <신설 2022·1·11>
〔전부개정 2011·6·8〕

제28조(보행자전용도로의 설치) ① 시·도경찰청장이나 경찰서장은 보행자의 통행을 보호하기 위하여 특히 필요한 경우에는 도로에 보행자전용도로를 설치할 수 있다. <개정 2020·12·22>
② 차마 또는 노면전차의 운전자는 제1항에 따른 보행자전용도로를 통행하여서는 아니 된다. 다만, 시·도경찰청장이나 경찰서장은 특히 필요하다고 인정하는 경우에는 보행자전용도로에 차마의 통행을 허용할 수 있다. <개정 2018·3·27, 2020·12·22>
③ 제2항 단서에 따라 보행자전용도로의 통행이 허용된 차마의 운전자는 보행자를 위험하게 하거나 보행자의 통행을 방해하지 아니하도록 차마를 보행자의 걸음 속도로 운행하거나 일시정지하여야 한다.
〔전부개정 2011·6·8〕

제28조의2(보행자우선도로) 시·도경찰청장이나 경찰서장은 보행자우선도로에서 보행자를 보호하기 위하여 필요하다고 인정하는

경우에는 차마의 통행속도를 시속 20킬로미터 이내로 제한할 수 있다.
〔본조신설 2022·1·11〕

제29조(긴급자동차의 우선 통행) ① 긴급자동차는 제13조제3항에도 불구하고 긴급하고 부득이한 경우에는 도로의 중앙이나 좌측 부분을 통행할 수 있다.
② 긴급자동차는 이 법이나 이 법에 따른 명령에 따라 정지하여야 하는 경우에도 불구하고 긴급하고 부득이한 경우에는 정지하지 아니할 수 있다.
③ 긴급자동차의 운전자는 제1항이나 제2항의 경우에 교통안전에 특히 주의하면서 통행하여야 한다.
④ 교차로나 그 부근에서 긴급자동차가 접근하는 경우에는 차마와 노면전차의 운전자는 교차로를 피하여 일시정지하여야 한다. <개정 2018·3·27>
⑤ 모든 차와 노면전차의 운전자는 제4항에 따른 곳 외의 곳에서 긴급자동차가 접근한 경우에는 긴급자동차가 우선통행할 수 있도록 진로를 양보하여야 한다. <개정 2016·12·2, 2018·3·27>
⑥ 제2조제22호 각 목의 자동차 운전자는 해당 자동차를 그 본래의 긴급한 용도로 운행하지 아니하는 경우에는 「자동차관리법」에 따라 설치된 경광등을 켜거나 사이렌을 작동하여서는 아니 된다. 다만, 대통령령으로 정하는 바에 따라 범죄 및 화재 예방 등을 위한 순찰·훈련 등을 실시하는 경우에는 그러하지 아니하다. <신설 2016·1·27>
〔전부개정 2011·6·8〕

제30조(긴급자동차에 대한 특례) 긴급자동차에 대하여는 다음 각 호의 사항을 적용하지 아니한다. 다만, 제4호부터 제12호까지의 사항은 긴급자동차 중 제2조제22호가목부터 다목까지의 자동차와 대통령령으로 정하는 경찰용 자동차에 대해서만 적용하지 아니한다. <개정 2021·1·12>
1. 제17조에 따른 자동차등의 속도 제한. 다만, 제17조에 따라 긴급자동차에 대하여 속도를 제한한 경우에는 같은 조의 규정을 적용한다.
2. 제22조에 따른 앞지르기의 금지
3. 제23조에 따른 끼어들기의 금지
4. 제5조에 따른 신호위반
5. 제13조제1항에 따른 보도침범
6. 제13조제3항에 따른 중앙선 침범
7. 제18조에 따른 횡단 등의 금지
8. 제19조에 따른 안전거리 확보 등
9. 제21조제1항에 따른 앞지르기 방법 등
10. 제32조에 따른 정차 및 주차의 금지
11. 제33조에 따른 주차금지
12. 제66조에 따른 고장 등의 조치
〔전부개정 2011·6·8〕

제31조(서행 또는 일시정지할 장소) ① 모든 차 또는 노면전차의 운전자는 다음 각 호의 어느 하나에 해당하는 곳에서는 서행하여야 한다. <개정 2018·3·27, 2020·12·22>
1. 교통정리를 하고 있지 아니하는 교차로
2. 도로가 구부러진 부근
3. 비탈길의 고갯마루 부근
4. 가파른 비탈길의 내리막
5. 시·도경찰청장이 도로에서의 위험을 방지하고 교통의 안전과 원활한 소통을 확보하기 위하여 필요하다고 인정하여 안전표지로 지정한 곳
② 모든 차 또는 노면전차의 운전자는 다음 각 호의 어느 하나에 해당하는 곳에서는 일시정지하여야 한다. <개정 2018·3·27, 2020·12·22>
1. 교통정리를 하고 있지 아니하고 좌우를 확인할 수 없거나 교통이 빈번한 교차로
2. 시·도경찰청장이 도로에서의 위험을 방지하고 교통의 안전과 원활한 소통을 확보하기 위하여 필요하다고 인정하여 안전표지로 지정한 곳
〔전부개정 2011·6·8〕

제32조(정차 및 주차의 금지) 모든 차의 운전자는 다음 각 호의 어느 하나에 해당하는 곳에서는 차를 정차하거나 주차하여서는 아니 된다. 다만, 이 법이나 이 법에 따른 명령 또는 경찰공무원의 지시를 따르는 경우와 위험방지를 위하여 일시정지하는 경우에는 그러하지 아니하다. <개정 2018·2·9, 2020·10·20, 2020·12·22, 2021·11·30>
1. 교차로·횡단보도·건널목이나 보도와 차도가 구분된 도로의 보도(「주차장법」에 따라 차도와 보도에 걸쳐서 설치된 노상주차장은 제외한다)

2. 교차로의 가장자리나 도로의 모퉁이로부터 5미터 이내인 곳
3. 안전지대가 설치된 도로에서는 그 안전지대의 사방으로부터 각각 10미터 이내인 곳
4. 버스여객자동차의 정류지(停留地)임을 표시하는 기둥이나 표지판 또는 선이 설치된 곳으로부터 10미터 이내인 곳. 다만, 버스여객자동차의 운전자가 그 버스여객자동차의 운행시간 중에 운행노선에 따르는 정류장에서 승객을 태우거나 내리기 위하여 차를 정차하거나 주차하는 경우에는 그러하지 아니하다.
5. 건널목의 가장자리 또는 횡단보도로부터 10미터 이내인 곳
6. 다음 각 목의 곳으로부터 5미터 이내인 곳
가. 「소방기본법」 제10조에 따른 소방용수시설 또는 비상소화장치가 설치된 곳
나. 「소방시설 설치 및 관리에 관한 법률」 제2조제1항제1호에 따른 소방시설로서 대통령령으로 정하는 시설이 설치된 곳
7. 시·도경찰청장이 도로에서의 위험을 방지하고 교통의 안전과 원활한 소통을 확보하기 위하여 필요하다고 인정하여 지정한 곳
8. 시장등이 제12조제1항에 따라 지정한 어린이 보호구역

〔전부개정 2011·6·8〕

제33조(주차금지의 장소) 모든 차의 운전자는 다음 각 호의 어느 하나에 해당하는 곳에 차를 주차해서는 아니 된다. <개정 2020·12·22>
1. 터널 안 및 다리 위
2. 다음 각 목의 곳으로부터 5미터 이내인 곳
가. 도로공사를 하고 있는 경우에는 그 공사 구역의 양쪽 가장자리
나. 「다중이용업소의 안전관리에 관한 특별법」에 따른 다중이용업소의 영업장이 속한 건축물로 소방본부장의 요청에 의하여 시·도경찰청장이 지정한 곳
3. 시·도경찰청장이 도로에서의 위험을 방지하고 교통의 안전과 원활한 소통을 확보하기 위하여 필요하다고 인정하여 지정한 곳

〔전부개정 2018·2·9〕

제34조(정차 또는 주차의 방법 및 시간의 제한) 도로 또는 노상주차장에 정차하거나 주차하려고 하는 차의 운전자는 차를 차도의 우측 가장자리에 정차하는 등 대통령령으로 정하는 정차 또는 주차의 방법·시간과 금지사항 등을 지켜야 한다.

〔전부개정 2011·6·8〕

제34조의2(정차 또는 주차를 금지하는 장소의 특례) ① 다음 각 호의 어느 하나에 해당하는 경우에는 제32조제1호·제4호·제5호·제7호·제8호 또는 제33조제3호에도 불구하고 정차하거나 주차할 수 있다.
1. 「자전거 이용 활성화에 관한 법률」 제2조제2호에 따른 자전거이용시설 중 전기자전거 충전소 및 자전거주차장치에 자전거를 정차 또는 주차하는 경우
2. 시장등의 요청에 따라 시·도경찰청장이 안전표지로 자전거등의 정차 또는 주차를 허용한 경우

② 시·도경찰청장이 안전표지로 구역·시간·방법 및 차의 종류를 정하여 정차나 주차를 허용한 곳에서는 제32조제7호·제8호 또는 제33조제3호에도 불구하고 정차하거나 주차할 수 있다.

〔전부개정 2021·1·12〕

제34조의3(경사진 곳에서의 정차 또는 주차의 방법) 경사진 곳에 정차하거나 주차(도로 외의 경사진 곳에서 정차하거나 주차하는 경우를 포함한다)하려는 자동차의 운전자는 대통령령으로 정하는 바에 따라 고임목을 설치하거나 조향장치(操向裝置)를 도로의 가장자리 방향으로 돌려놓는 등 미끄럼 사고의 발생을 방지하기 위한 조치를 취하여야 한다.

〔본조신설 2018·3·27〕

제35조(주차위반에 대한 조치) ① 다음 각 호의 어느 하나에 해당하는 사람은 제32조·제33조 또는 제34조를 위반하여 주차하고 있는 차가 교통에 위험을 일으키게 하거나 방해될 우려가 있을 때에는 차의 운전자 또는 관리 책임이 있는 사람에게 주차 방법을 변경하거나 그 곳으로부터 이동할 것을 명할 수 있다.
1. 경찰공무원
2. 시장등(도지사를 포함한다. 이하 이 조에서 같다)이 대통령령으로 정하는 바에 따라 임명하는 공무원(이하 "시·군공무원"이라 한다)

② 경찰서장이나 시장등은 제1항의 경우 차의 운전자나 관리 책임이 있는 사람이 현장에 없을 때에는 도로에서 일어나는 위험을 방지하고 교통의 안전과 원활한 소통을 확보하기 위하여 필요한 범위에서 그 차의 주차방법을 직접 변경하거나 변경에 필요한 조치를 할 수 있으며, 부득이한 경우에는 관할 경찰서나 경찰서장 또는 시장등이 지정하는 곳으로 이동하게 할 수 있다.

③ 경찰서장이나 시장등은 제2항에 따라 주차위반 차를 관할 경찰서나 경찰서장 또는 시장등이 지정하는 곳으로 이동시킨 경우에는 선량한 관리자로서의 주의의무를 다하여 보관하여야 하며, 그 사실을 차의 사용자(소유자 또는 소유자로부터 차의 관리에 관한 위탁을 받은 사람을 말한다. 이하 같다)나 운전자에게 신속히 알리는 등 반환에 필요한 조치를 하여야 한다.

④ 제3항의 경우 차의 사용자나 운전자의 성명·주소를 알 수 없을 때에는 대통령령으로 정하는 방법에 따라 공고하여야 한다.

⑤ 경찰서장이나 시장등은 제3항과 제4항에 따라 차의 반환에 필요한 조치 또는 공고를 하였음에도 불구하고 그 차의 사용자나 운전자가 조치 또는 공고를 한 날부터 1개월 이내에 그 반환을 요구하지 아니할 때에는 대통령령으로 정하는 바에 따라 그 차를 매각하거나 폐차할 수 있다.

⑥ 제2항부터 제5항까지의 규정에 따른 주차위반 차의 이동·보관·공고·매각 또는 폐차 등에 들어간 비용은 그 차의 사용자가 부담한다. 이 경우 그 비용의 징수에 관하여는 「행정대집행법」 제5조 및 제6조를 적용한다.

⑦ 제5항에 따라 차를 매각하거나 폐차한 경우 그 차의 이동·보관·공고·매각 또는 폐차 등에 들어간 비용을 충당하고 남은 금액이 있는 경우에는 그 금액을 그 차의 사용자에게 지급하여야 한다. 다만, 그 차의 사용자에게 지급할 수 없는 경우에는 「공탁법」에 따라 그 금액을 공탁하여야 한다.

〔전부개정 2011·6·8〕

제36조(차의 견인 및 보관업무 등의 대행) ① 경찰서장이나 시장등은 제35조에 따라 견인하도록 한 차의 견인·보관 및 반환 업무의 전부 또는 일부를 그에 필요한 인력·시설·장비 등 자격요건을 갖춘 법인·단체 또는 개인(이하 "법인등"이라 한다)으로 하여금 대행하게 할 수 있다.

② 제1항에 따라 차의 견인·보관 및 반환 업무를 대행하는 법인등이 갖추어야 하는 인력·시설 및 장비 등의 요건과 그 밖에 업무의 대행에 필요한 사항은 대통령령으로 정한다.

③ 경찰서장이나 시장등은 제1항에 따라 차의 견인·보관 및 반환 업무를 대행하게 하는 경우에는 그 업무의 수행에 필요한 조치와 교육을 명할 수 있다.

④ 제1항에 따라 차의 견인·보관 및 반환 업무를 대행하는 법인등의 담당 임원 및 직원은 「형법」 제129조부터 제132조까지의 규정을 적용할 때에는 공무원으로 본다.

〔전부개정 2011·6·8〕

제37조(차와 노면전차의 등화) ① 모든 차 또는 노면전차의 운전자는 다음 각 호의 어느 하나에 해당하는 경우에는 대통령령으로 정하는 바에 따라 전조등(前照燈), 차폭등(車幅燈), 미등(尾燈)과 그 밖의 등화를 켜야 한다. <개정 2018·3·27>

1. 밤(해가 진 후부터 해가 뜨기 전까지를 말한다. 이하 같다)에 도로에서 차 또는 노면전차를 운행하거나 고장이나 그 밖의 부득이한 사유로 도로에서 차 또는 노면전차를 정차 또는 주차하는 경우
2. 안개가 끼거나 비 또는 눈이 올 때에 도로에서 차 또는 노면전차를 운행하거나 고장이나 그 밖의 부득이한 사유로 도로에서 차 또는 노면전차를 정차 또는 주차하는 경우
3. 터널 안을 운행하거나 고장 또는 그 밖의 부득이한 사유로 터널 안 도로에서 차 또는 노면전차를 정차 또는 주차하는 경우

② 모든 차 또는 노면전차의 운전자는 밤에 차 또는 노면전차가 서로 마주보고 진행하거나 앞차의 바로 뒤를 따라가는 경우에는 대통령령으로 정하는 바에 따라 등화의 밝기를 줄이거나 잠시 등화를 끄는 등의 필요한 조작을 하여야 한다. <개정 2018·3·27>

〔전부개정 2011·6·8〕

제38조(차의 신호) ① 모든 차의 운전자는 좌

회전·우회전·횡단·유턴·서행·정지 또는 후진을 하거나 같은 방향으로 진행하면서 진로를 바꾸려고 하는 경우와 회전교차로에 진입하거나 회전교차로에서 진출하는 경우에는 손이나 방향지시기 또는 등화로써 그 행위가 끝날 때까지 신호를 하여야 한다. <개정 2022·1·11>

② 제1항의 신호를 하는 시기와 방법은 대통령령으로 정한다.

〔전부개정 2011·6·8〕

제39조(승차 또는 적재의 방법과 제한) ① 모든 차의 운전자는 승차 인원, 적재중량 및 적재용량에 관하여 대통령령으로 정하는 운행상의 안전기준을 넘어서 승차시키거나 적재한 상태로 운전하여서는 아니 된다. 다만, 출발지를 관할하는 경찰서장의 허가를 받은 경우에는 그러하지 아니하다.

② 제1항 단서에 따른 허가를 받으려는 차가 「도로법」 제77조제1항 단서에 따른 운행허가를 받아야 하는 차에 해당하는 경우에는 제14조제4항을 준용한다. <신설 2014·12·30>

③ 모든 차 또는 노면전차의 운전자는 운전 중 타고 있는 사람 또는 타고 내리는 사람이 떨어지지 아니하도록 하기 위하여 문을 정확히 여닫는 등 필요한 조치를 하여야 한다. <개정 2018·3·27>

④ 모든 차의 운전자는 운전 중 실은 화물이 떨어지지 아니하도록 덮개를 씌우거나 묶는 등 확실하게 고정될 수 있도록 필요한 조치를 하여야 한다.

⑤ 모든 차의 운전자는 영유아나 동물을 안고 운전 장치를 조작하거나 운전석 주위에 물건을 싣는 등 안전에 지장을 줄 우려가 있는 상태로 운전하여서는 아니 된다. <개정 2014·12·30>

⑥ 시·도경찰청장은 도로에서의 위험을 방지하고 교통의 안전과 원활한 소통을 확보하기 위하여 필요하다고 인정하는 경우에는 차의 운전자에 대하여 승차 인원, 적재중량 또는 적재용량을 제한할 수 있다. <개정 2020·12·22>

〔전부개정 2011·6·8〕

제39조의2(적재량 측정자료의 제공) ① 시·도경찰청장은 운전자가 제39조제1항에 따른 적재중량과 적재용량에 관한 안전기준을 위반하였는지 여부를 확인하기 위하여 필요한 경우 「도로법」에 따른 도로관리청(「도로법」 제112조에 따라 국토교통부장관의 권한을 대행하는 한국도로공사를 포함한다. 이하 이 조에서 같다)에 같은 법 제77조제4항에 따라 적재량을 측정한 자료(이하 "적재량 측정자료"라 한다)의 제공을 요청할 수 있다.

② 제1항에 따라 적재량 측정자료의 제공을 요청받은 도로관리청은 특별한 사유가 없으면 이를 제공하여야 한다.

③ 제1항에 따른 자료 제공 요청의 방법, 범위 등에 관한 사항은 대통령령으로 정한다.

〔본조신설 2025·1·7〕

제40조(정비불량차의 운전 금지) 모든 차의 사용자, 정비책임자 또는 운전자는 「자동차관리법」, 「건설기계관리법」이나 그 법에 따른 명령에 의한 장치가 정비되어 있지 아니한 차(이하 "정비불량차"라 한다)를 운전하도록 시키거나 운전하여서는 아니 된다.

〔전부개정 2011·6·8〕

제41조(정비불량차의 점검) ① 경찰공무원은 정비불량차에 해당한다고 인정하는 차가 운행되고 있는 경우에는 우선 그 차를 정지시킨 후, 운전자에게 그 차의 자동차등록증 또는 자동차 운전면허증을 제시하도록 요구하고 그 차의 장치를 점검할 수 있다.

② 경찰공무원은 제1항에 따라 점검한 결과 정비불량 사항이 발견된 경우에는 그 정비불량 상태의 정도에 따라 그 차의 운전자로 하여금 응급조치를 하게 한 후에 운전을 하도록 하거나 도로 또는 교통 상황을 고려하여 통행구간, 통행로와 위험방지를 위한 필요한 조건을 정한 후 그에 따라 운전을 계속하게 할 수 있다.

③ 시·도경찰청장은 제2항에도 불구하고 정비 상태가 매우 불량하여 위험발생의 우려가 있는 경우에는 그 차의 자동차등록증을 보관하고 운전의 일시정지를 명할 수 있다. 이 경우 필요하면 10일의 범위에서 정비기간을 정하여 그 차의 사용을 정지시킬 수 있다. <개정 2020·12·22>

④ 제1항부터 제3항까지의 규정에 따른 장치의 점검 및 사용의 정지에 필요한 사항은 대통령령으로 정한다.

〔전부개정 2011·6·8〕

제42조(유사 표지의 제한 및 운행금지) ① 누구든지 자동차등(개인형 이동장치는 제외한

다)에 교통단속용자동차·범죄수사용자동차나 그 밖의 긴급자동차와 유사하거나 혐오감을 주는 도색(塗色)이나 표지 등을 하거나 그러한 도색이나 표지 등을 한 자동차등을 운전하여서는 아니 된다. <개정 2020·6·9>

② 제1항에 따라 제한되는 도색이나 표지 등의 범위는 대통령령으로 정한다.

〔전부개정 2011·6·8〕

제4장 운전자 및 고용주 등의 의무

제43조(무면허운전 등의 금지) 누구든지 제80조에 따라 시·도경찰청장으로부터 운전면허를 받지 아니하거나 운전면허의 효력이 정지된 경우에는 자동차등을 운전하여서는 아니 된다. <개정 2020·6·9, 2020·12·22, 2021·1·12>

〔전부개정 2011·6·8〕

제44조(술에 취한 상태에서의 운전 금지) ① 누구든지 술에 취한 상태에서 자동차등(「건설기계관리법」 제26조제1항 단서에 따른 건설기계 외의 건설기계를 포함한다. 이하 이 조, 제45조, 제47조, 제50조의3, 제93조제1항제1호부터 제4호까지 및 제148조의2에서 같다), 노면전차 또는 자전거를 운전하여서는 아니 된다. <개정 2018·3·27, 2023·10·24>

② 경찰공무원은 교통의 안전과 위험방지를 위하여 필요하다고 인정하거나 제1항을 위반하여 술에 취한 상태에서 자동차등, 노면전차 또는 자전거를 운전하였다고 인정할 만한 상당한 이유가 있는 경우에는 운전자가 술에 취하였는지를 호흡조사로 측정할 수 있다. 이 경우 운전자는 경찰공무원의 측정에 응하여야 한다. <개정 2014·12·30, 2018·3·27>

③ 제2항에 따른 측정 결과에 불복하는 운전자에 대하여는 그 운전자의 동의를 받아 혈액 채취 등의 방법으로 다시 측정할 수 있다.

④ 제1항에 따라 운전이 금지되는 술에 취한 상태의 기준은 운전자의 혈중알코올농도가 0.03퍼센트 이상인 경우로 한다. <개정 2018·12·24>

⑤ 술에 취한 상태에 있다고 인정할 만한 상당한 이유가 있는 사람은 자동차등, 노면전차 또는 자전거를 운전한 후 제2항 또는 제3항에 따른 측정을 곤란하게 할 목적으로 추가로 술을 마시거나 혈중알코올농도에 영향을 줄 수 있는 의약품 등 행정안전부령으로 정하는 물품을 사용하는 행위(이하 "음주측정방해행위"라 한다. 이하 같다)를 하여서는 아니 된다. <신설 2024·12·3>

⑥ 제2항 및 제3항에 따른 측정의 방법, 절차 등 필요한 사항은 행정안전부령으로 정한다. <신설 2023·1·3>

〔전부개정 2011·6·8〕

제45조(과로한 때 등의 운전 금지) 자동차등(개인형 이동장치는 제외한다) 또는 노면전차의 운전자는 제44조에 따른 술에 취한 상태 외에 과로, 질병 또는 약물(마약, 대마 및 향정신성의약품과 그 밖에 행정안전부령으로 정하는 것을 말한다. 이하 같다)의 영향과 그 밖의 사유로 정상적으로 운전하지 못할 우려가 있는 상태에서 자동차등 또는 노면전차를 운전하여서는 아니 된다. <개정 2013·3·23, 2014·11·19, 2017·7·26, 2018·3·27, 2020·6·9>

〔전부개정 2011·6·8〕

제46조(공동 위험행위의 금지) ① 자동차등(개인형 이동장치는 제외한다. 이하 이 조에서 같다)의 운전자는 도로에서 2명 이상이 공동으로 2대 이상의 자동차등을 정당한 사유 없이 앞뒤로 또는 좌우로 줄지어 통행하면서 다른 사람에게 위해(危害)를 끼치거나 교통상의 위험을 발생하게 하여서는 아니 된다. <개정 2020·6·9>

② 자동차등의 동승자는 제1항에 따른 공동 위험행위를 주도하여서는 아니 된다.

〔전부개정 2011·6·8〕

제46조의2(교통단속용 장비의 기능방해 금지) 누구든지 교통단속을 회피할 목적으로 교통단속용 장비의 기능을 방해하는 장치를 제작·수입·판매 또는 장착하여서는 아니 된다.

〔전부개정 2011·6·8〕

제46조의3(난폭운전 금지) 자동차등(개인형 이동장치는 제외한다)의 운전자는 다음 각 호 중 둘 이상의 행위를 연달아 하거나, 하나의 행위를 지속 또는 반복하여 다른 사람에게 위협 또는 위해를 가하거나 교통상의 위험을 발생하게 하여서는 아니 된다. <개정 2020·6·9>

1. 제5조에 따른 신호 또는 지시 위반
2. 제13조제3항에 따른 중앙선 침범

3. 제17조제 3 항에 따른 속도의 위반
4. 제18조제 1 항에 따른 횡단·유턴·후진 금지 위반
5. 제19조에 따른 안전거리 미확보, 진로 변경 금지 위반, 급제동 금지 위반
6. 제21조제 1 항·제 3 항 및 제 4 항에 따른 앞지르기 방법 또는 앞지르기의 방해 금지 위반
7. 제49조제 1 항제 8 호에 따른 정당한 사유 없는 소음 발생
8. 제60조제 2 항에 따른 고속도로에서의 앞지르기 방법 위반
9. 제62조에 따른 고속도로등에서의 횡단·유턴·후진 금지 위반

〔본조신설 2015·8·11〕

제47조(위험방지를 위한 조치) ① 경찰공무원은 자동차등 또는 노면전차의 운전자가 제43조부터 제45조까지의 규정을 위반하여 자동차등 또는 노면전차를 운전하고 있다고 인정되는 경우에는 자동차등 또는 노면전차를 일시정지시키고 그 운전자에게 자동차 운전면허증(이하 "운전면허증"이라 한다)을 제시할 것을 요구할 수 있다. <개정 2018·3·27, 2020·6·9, 2021·1·12>

② 경찰공무원은 제44조 및 제45조를 위반하여 자동차등 또는 노면전차를 운전하는 사람이나 제44조를 위반하여 자전거등을 운전하는 사람에 대하여는 정상적으로 운전할 수 있는 상태가 될 때까지 운전의 금지를 명하고 차를 이동시키는 등 필요한 조치를 할 수 있다. <개정 2017·10·24, 2018·3·27, 2020·6·9>

③ 제 2 항에 따른 차의 이동조치에 대해서는 제35조제 3 항부터 제 7 항까지 및 제36조의 규정을 준용한다. <신설 2017·10·24>

〔전부개정 2011·6·8〕

제48조(안전운전 및 친환경 경제운전의 의무) ① 모든 차 또는 노면전차의 운전자는 차 또는 노면전차의 조향장치와 제동장치, 그 밖의 장치를 정확하게 조작하여야 하며, 도로의 교통상황과 차 또는 노면전차의 구조 및 성능에 따라 다른 사람에게 위험과 장해를 주는 속도나 방법으로 운전하여서는 아니 된다. <개정 2018·3·27>

② 모든 차의 운전자는 차를 친환경적이고 경제적인 방법으로 운전하여 연료소모와 탄소배출을 줄이도록 노력하여야 한다.

〔전부개정 2011·6·8〕

제49조(모든 운전자의 준수사항 등) ① 모든 차 또는 노면전차의 운전자는 다음 각 호의 사항을 지켜야 한다. <개정 2013·3·23, 2013·8·13, 2014·11·19, 2015·8·11, 2017·7·26, 2018·3·27, 2020·6·9, 2020·12·22, 2021·10·19>

1. 물이 고인 곳을 운행할 때에는 고인 물을 튀게 하여 다른 사람에게 피해를 주는 일이 없도록 할 것
2. 다음 각 목의 어느 하나에 해당하는 경우에는 일시정지할 것
   가. 어린이가 보호자 없이 도로를 횡단할 때, 어린이가 도로에서 앉아 있거나 서 있을 때 또는 어린이가 도로에서 놀이를 할 때 등 어린이에 대한 교통사고의 위험이 있는 것을 발견한 경우
   나. 앞을 보지 못하는 사람이 흰색 지팡이를 가지거나 장애인보조견을 동반하는 등의 조치를 하고 도로를 횡단하고 있는 경우
   다. 지하도나 육교 등 도로 횡단시설을 이용할 수 없는 지체장애인이나 노인 등이 도로를 횡단하고 있는 경우
3. 자동차의 앞면 창유리와 운전석 좌우 옆면 창유리의 가시광선(可視光線)의 투과율이 대통령령으로 정하는 기준보다 낮아 교통안전 등에 지장을 줄 수 있는 차를 운전하지 아니할 것. 다만, 요인(要人) 경호용, 구급용 및 장의용(葬儀用) 자동차는 제외한다.
4. 교통단속용 장비의 기능을 방해하는 장치를 한 차나 그 밖에 안전운전에 지장을 줄 수 있는 것으로서 행정안전부령으로 정하는 기준에 적합하지 아니한 장치를 한 차를 운전하지 아니할 것. 다만, 자율주행자동차의 신기술 개발을 위한 장치를 장착하는 경우에는 그러하지 아니하다.
5. 도로에서 자동차등(개인형 이동장치는 제외한다. 이하 이 조에서 같다) 또는 노면전차를 세워둔 채 시비·다툼 등의 행위를 하여 다른 차마의 통행을 방해하지 아니할 것
6. 운전자가 차 또는 노면전차를 떠나는 경우에는 교통사고를 방지하고 다른 사람이 함부로 운전하지 못하도록 필요한 조치를 할 것
7. 운전자는 안전을 확인하지 아니하고 차 또는 노면전차의 문을 열거나 내려서는 아니 되며, 동승자가 교통의 위험을 일으

키지 아니하도록 필요한 조치를 할 것
8. 운전자는 정당한 사유 없이 다음 각 목의 어느 하나에 해당하는 행위를 하여 다른 사람에게 피해를 주는 소음을 발생시키지 아니할 것
가. 자동차등을 급히 출발시키거나 속도를 급격히 높이는 행위
나. 자동차등의 원동기 동력을 차의 바퀴에 전달시키지 아니하고 원동기의 회전수를 증가시키는 행위
다. 반복적이거나 연속적으로 경음기를 울리는 행위
9. 운전자는 승객이 차 안에서 안전운전에 현저히 장해가 될 정도로 춤을 추는 등 소란행위를 하도록 내버려두고 차를 운행하지 아니할 것
10. 운전자는 자동차등 또는 노면전차의 운전 중에는 휴대용 전화(자동차용 전화를 포함한다)를 사용하지 아니할 것. 다만, 다음 각 목의 어느 하나에 해당하는 경우에는 그러하지 아니하다.
가. 자동차등 또는 노면전차가 정지하고 있는 경우
나. 긴급자동차를 운전하는 경우
다. 각종 범죄 및 재해 신고 등 긴급한 필요가 있는 경우
라. 안전운전에 장애를 주지 아니하는 장치로서 대통령령으로 정하는 장치를 이용하는 경우
11. 자동차등 또는 노면전차의 운전 중에는 방송 등 영상물을 수신하거나 재생하는 장치(운전자가 휴대하는 것을 포함하며, 이하 "영상표시장치"라 한다)를 통하여 운전자가 운전 중 볼 수 있는 위치에 영상이 표시되지 아니하도록 할 것. 다만, 다음 각 목의 어느 하나에 해당하는 경우에는 그러하지 아니하다.
가. 자동차등 또는 노면전차가 정지하고 있는 경우
나. 자동차등 또는 노면전차에 장착하거나 거치하여 놓은 영상표시장치에 다음의 영상이 표시되는 경우
1) 지리안내 영상 또는 교통정보안내 영상
2) 국가비상사태·재난상황 등 긴급한 상황을 안내하는 영상
3) 운전을 할 때 자동차등 또는 노면전차의 좌우 또는 전후방을 볼 수 있도록 도움을 주는 영상
11의2. 자동차등 또는 노면전차의 운전 중에는 영상표시장치를 조작하지 아니할 것. 다만, 다음 각 목의 어느 하나에 해당하는 경우에는 그러하지 아니하다.
가. 자동차등과 노면전차가 정지하고 있는 경우
나. 노면전차 운전자가 운전에 필요한 영상표시장치를 조작하는 경우
12. 운전자는 자동차의 화물 적재함에 사람을 태우고 운행하지 아니할 것
13. 그 밖에 시·도경찰청장이 교통안전과 교통질서 유지에 필요하다고 인정하여 지정·공고한 사항에 따를 것
② 경찰공무원은 제1항제3호 및 제4호를 위반한 자동차를 발견한 경우에는 그 현장에서 운전자에게 위반사항을 제거하게 하거나 필요한 조치를 명할 수 있다. 이 경우 운전자가 그 명령을 따르지 아니할 때에는 경찰공무원이 직접 위반사항을 제거하거나 필요한 조치를 할 수 있다.
〔전부개정 2011·6·8〕

제50조(특정 운전자의 준수사항) ① 자동차(이륜자동차는 제외한다)의 운전자는 자동차를 운전할 때에는 좌석안전띠를 매어야 하며, 그 모든 좌석의 동승자에게도 좌석안전띠(영유아인 경우에는 유아보호용 장구를 장착한 후의 좌석안전띠를 말한다. 이하 이 조 및 제160조제2항제2호에서 같다)를 매도록 하여야 한다. 다만, 질병 등으로 인하여 좌석안전띠를 매는 것이 곤란하거나 행정안전부령으로 정하는 사유가 있는 경우에는 그러하지 아니하다. <개정 2013·3·23, 2014·11·19, 2014·12·30, 2017·7·26, 2018·3·27>
② 삭제 <2018·3·27>
③ 이륜자동차와 원동기장치자전거(개인형 이동장치는 제외한다)의 운전자는 행정안전부령으로 정하는 인명보호 장구를 착용하고 운행하여야 하며, 동승자에게도 착용하도록 하여야 한다. <개정 2013·3·23, 2014·11·19, 2017·7·26, 2020·6·9>
④ 자전거등의 운전자는 자전거도로 및 「도로법」에 따른 도로를 운전할 때에는 행정안전부령으로 정하는 인명보호 장구를 착용하여야 하며, 동승자에게도 이를 착용하도록 하여야 한다. <개정 2013·3·23, 2014·11·19,

2017·7·26, 2018·3·27, 2020·6·9, 2021·1·12>
⑤ 운송사업용 자동차, 화물자동차 및 노면전차 등으로서 행정안전부령으로 정하는 자동차 또는 노면전차의 운전자는 다음 각 호의 어느 하나에 해당하는 행위를 하여서는 아니 된다. 다만, 제3호는 사업용 승합자동차와 노면전차의 운전자에 한정한다. <개정 2013·3·23, 2014·11·19, 2016·1·27, 2017·7·26, 2018·3·27>
1. 운행기록계가 설치되어 있지 아니하거나 고장 등으로 사용할 수 없는 운행기록계가 설치된 자동차를 운전하는 행위
2. 운행기록계를 원래의 목적대로 사용하지 아니하고 자동차를 운전하는 행위
3. 승차를 거부하는 행위
⑥ 사업용 승용자동차의 운전자는 합승행위 또는 승차거부를 하거나 신고한 요금을 초과하는 요금을 받아서는 아니 된다.
⑦ 자전거등의 운전자는 행정안전부령으로 정하는 크기와 구조를 갖추지 아니하여 교통안전에 위험을 초래할 수 있는 자전거등을 운전하여서는 아니 된다. <개정 2013·3·23, 2014·11·19, 2017·7·26, 2020·6·9>
⑧ 자전거등의 운전자는 약물의 영향과 그 밖의 사유로 정상적으로 운전하지 못할 우려가 있는 상태에서 자전거등을 운전하여서는 아니 된다. <개정 2018·3·27, 2020·6·9>
⑨ 자전거등의 운전자는 밤에 도로를 통행하는 때에는 전조등과 미등을 켜거나 야광띠 등 발광장치를 착용하여야 한다. <신설 2015·8·11, 2020·6·9>
⑩ 개인형 이동장치의 운전자는 행정안전부령으로 정하는 승차정원을 초과하여 동승자를 태우고 개인형 이동장치를 운전하여서는 아니 된다. <신설 2020·6·9>
〔전부개정 2011·6·8〕

제50조의2 삭제 <2024·3·19>

제50조의3(음주운전 방지장치 부착 조건부 운전면허를 받은 운전자등의 준수사항) ① 제80조의2에 따라 음주운전 방지장치 부착 조건부 운전면허를 받은 사람이 자동차등을 운전하려는 경우 음주운전 방지장치를 설치하고, 시·도경찰청장에게 등록하여야 한다. 등록한 사항 중 행정안전부령으로 정하는 중요한 사항을 변경할 때에도 또한 같다. 다만, 제2항에 따라 음주운전 방지장치가 설치·등록된 자동차등을 운전하려는 경우에는 그러하지 아니하다.
② 「여객자동차 운수사업법」에 따른 여객자동차 운수사업자의 사업용 자동차, 「화물자동차 운수사업법」에 따른 화물자동차 운수사업자의 사업용 자동차 및 그 밖에 대통령령으로 정하는 자동차등에 음주운전 방지장치를 설치한 자는 시·도경찰청장에게 등록하여야 한다. 등록한 사항 중 행정안전부령으로 정하는 중요한 사항을 변경할 때에도 또한 같다.
③ 제80조의2에 따라 음주운전 방지장치 부착 조건부 운전면허를 받은 사람은 음주운전 방지장치가 설치되지 아니하거나 설치기준에 적합하지 아니한 음주운전 방지장치가 설치된 자동차등을 운전하여서는 아니 된다.
④ 누구든지 다음 각 호의 어느 하나에 해당하는 경우를 제외하고는 자동차등에 설치된 음주운전 방지장치를 해체하거나 조작 또는 그 밖의 방법으로 효용을 해치는 행위를 하여서는 아니 된다.
1. 음주운전 방지장치의 점검 또는 정비를 위한 경우
2. 폐차하는 경우
3. 교육·연구의 목적으로 사용하는 등 대통령령으로 정하는 사유에 해당하는 경우
4. 제82조제2항제10호에 따른 음주운전 방지장치의 부착 기간이 경과한 경우
⑤ 누구든지 음주운전 방지장치 부착 조건부 운전면허를 받은 사람을 대신하여 음주운전 방지장치가 설치된 자동차등을 운전할 수 있도록 해당 장치에 호흡을 불어넣거나 다른 부정한 방법으로 음주운전 방지장치가 설치된 자동차등에 시동을 거는 행위를 하여서는 아니 된다.
⑥ 제1항 및 제2항에 따라 음주운전 방지장치의 설치 사항을 시·도경찰청장에게 등록한 자는 연 2회 이상 음주운전 방지장치 부착 자동차등의 운행기록을 시·도경찰청장에게 제출하여야 하며, 음주운전 방지장치의 정상 작동여부 등을 점검하는 검사를 받아야 한다.
⑦ 제1항 및 제2항에 따른 음주운전 방지장치 설치 기준·방법 및 등록 기준·등록 절차, 제6항에 따른 운행기록 제출 및 검사의 시기·방법, 그 밖에 필요한 사항은 행정안전부령으로 정한다.
〔본조신설 2023·10·24〕

제51조(어린이통학버스의 특별보호) ① 어린이통학버스가 도로에 정차하여 어린이나 영유아가 타고 내리는 중임을 표시하는 점멸등 등의 장치를 작동 중일 때에는 어린이통학버스가 정차한 차로와 그 차로의 바로 옆 차로로 통행하는 차의 운전자는 어린이통학버스에 이르기 전에 일시정지하여 안전을 확인한 후 서행하여야 한다. <개정 2014·12·30>
② 제 1 항의 경우 중앙선이 설치되지 아니한 도로와 편도 1차로인 도로에서는 반대방향에서 진행하는 차의 운전자도 어린이통학버스에 이르기 전에 일시정지하여 안전을 확인한 후 서행하여야 한다.
③ 모든 차의 운전자는 어린이나 영유아를 태우고 있다는 표시를 한 상태로 도로를 통행하는 어린이통학버스를 앞지르지 못한다. <개정 2014·12·30>
[전부개정 2011·6·8]

제52조(어린이통학버스의 신고 등) ① 어린이통학버스(「여객자동차 운수사업법」 제 4 조제 3 항에 따른 한정면허를 받아 어린이를 여객대상으로 하여 운행되는 운송사업용 자동차는 제외한다)를 운영하려는 자는 행정안전부령으로 정하는 바에 따라 미리 관할 경찰서장에게 신고하고 신고증명서를 발급받아야 한다. <개정 2014·1·28, 2014·11·19, 2017·7·26>
② 어린이통학버스를 운영하는 자는 어린이통학버스 안에 제 1 항에 따라 발급받은 신고증명서를 항상 갖추어 두어야 한다.
③ 어린이통학버스로 사용할 수 있는 자동차는 행정안전부령으로 정하는 자동차로 한정한다. 이 경우 그 자동차는 도색·표지, 보험가입, 소유 관계 등 대통령령으로 정하는 요건을 갖추어야 한다. <개정 2013·3·23, 2014·1·28, 2014·11·19, 2017·7·26>
④ 누구든지 제 1 항에 따른 신고를 하지 아니하거나 「여객자동차 운수사업법」 제 4 조제 3 항에 따라 어린이를 여객대상으로 하는 한정면허를 받지 아니하고 어린이통학버스와 비슷한 도색 및 표지를 하거나 이러한 도색 및 표지를 한 자동차를 운전하여서는 아니 된다. <개정 2014·1·28>
[전부개정 2011·6·8]

제53조(어린이통학버스 운전자 및 운영자 등의 의무) ① 어린이통학버스를 운전하는 사람은 어린이나 영유아가 타고 내리는 경우에만 제51조제 1 항에 따른 점멸등 등의 장치를 작동하여야 하며, 어린이나 영유아를 태우고 운행 중인 경우에만 제51조제 3 항에 따른 표시를 하여야 한다. <개정 2014·12·30>
② 어린이통학버스를 운전하는 사람은 어린이나 영유아가 어린이통학버스를 탈 때에는 승차한 모든 어린이나 영유아가 좌석안전띠(어린이나 영유아의 신체구조에 따라 적합하게 조절될 수 있는 안전띠를 말한다. 이하 이 조 및 제156조제 1 호, 제160조제 2 항제 4 호의2에서 같다)를 매도록 한 후에 출발하여야 하며, 내릴 때에는 보도나 길가장자리구역 등 자동차로부터 안전한 장소에 도착한 것을 확인한 후에 출발하여야 한다. 다만, 좌석안전띠 착용과 관련하여 질병 등으로 인하여 좌석안전띠를 매는 것이 곤란하거나 행정안전부령으로 정하는 사유가 있는 경우에는 그러하지 아니하다. <개정 2014·1·28, 2014·11·19, 2014·12·30, 2017·7·26, 2018·3·27>
③ 어린이통학버스를 운영하는 자는 어린이통학버스에 어린이나 영유아를 태울 때에는 성년인 사람 중 어린이통학버스를 운영하는 자가 지명한 보호자를 함께 태우고 운행하여야 하며, 동승한 보호자는 어린이나 영유아가 승차 또는 하차하는 때에는 자동차에서 내려서 어린이나 영유아가 안전하게 승하차하는 것을 확인하고 운행 중에는 어린이나 영유아가 좌석에 앉아 좌석안전띠를 매고 있도록 하는 등 어린이 보호에 필요한 조치를 하여야 한다. <개정 2014·1·28, 2014·12·30, 2020·5·26>
④ 어린이통학버스를 운전하는 사람은 어린이통학버스 운행을 마친 후 어린이나 영유아가 모두 하차하였는지를 확인하여야 한다. <신설 2016·12·2>
⑤ 어린이통학버스를 운전하는 사람이 제 4 항에 따라 어린이나 영유아의 하차 여부를 확인할 때에는 행정안전부령으로 정하는 어린이나 영유아의 하차를 확인할 수 있는 장치(이하 "어린이 하차확인장치"라 한다)를 작동하여야 한다. <신설 2018·10·16>
⑥ 어린이통학버스를 운영하는 자는 제 3 항에 따라 보호자를 함께 태우고 운행하는 경우에는 행정안전부령으로 정하는 보호자 동승을 표시하는 표지(이하 "보호자 동승표지"라 한다)를 부착할 수 있으며, 누구든지 보호자를 함께 태우지 아니하고 운행하는 경

우에는 보호자 동승표지를 부착하여서는 아니된다. <신설 2020·5·26>

⑦ 어린이통학버스를 운영하는 자는 좌석안전띠 착용 및 보호자 동승 확인 기록(이하 "안전운행기록"이라 한다)을 작성·보관하고 매 분기 어린이통학버스를 운영하는 시설을 감독하는 주무기관의 장에게 안전운행기록을 제출하여야 한다. <신설 2020·5·26>

〔전부개정 2011·6·8〕

제53조의2 삭제 <2020·5·26>

제53조의3(어린이통학버스 운영자 등에 대한 안전교육) ① 어린이통학버스를 운영하는 사람과 운전하는 사람 및 제53조제3항에 따른 보호자는 어린이통학버스의 안전운행 등에 관한 교육(이하 "어린이통학버스 안전교육"이라 한다)을 받아야 한다. <개정 2014·1·28, 2020·5·26>

② 어린이통학버스 안전교육은 다음 각 호의 구분에 따라 실시한다. <신설 2014·1·28, 2020·5·26>

1. 신규 안전교육 : 어린이통학버스를 운영하려는 사람과 운전하려는 사람 및 제53조제3항에 따라 동승하려는 보호자를 대상으로 그 운영, 운전 또는 동승을 하기 전에 실시하는 교육
2. 정기 안전교육 : 어린이통학버스를 계속하여 운영하는 사람과 운전하는 사람 및 제53조제3항에 따라 동승한 보호자를 대상으로 2년마다 정기적으로 실시하는 교육

③ 어린이통학버스를 운영하는 사람은 어린이통학버스 안전교육을 받지 아니한 사람에게 어린이통학버스를 운전하게 하거나 어린이통학버스에 동승하게 하여서는 아니 된다. <신설 2014·1·28, 2020·5·26>

④ 그 밖에 어린이통학버스 안전교육의 방법·절차 등에 관하여 필요한 사항은 대통령령으로 정한다. <개정 2014·1·28>

〔본조신설 2011·6·8〕

제53조의4(어린이통학버스의 위반 정보 등 제공) ① 경찰서장은 어린이통학버스를 운영하는 사람이나 운전하는 사람이 제53조 또는 제53조의5를 위반하거나 제53조 또는 제53조의5를 위반하여 어린이를 사상(死傷)하는 사고를 유발한 때에는 어린이 교육시설을 감독하는 주무기관의 장에게 그 정보를 제공하여야 한다. <개정 2020·5·26>

② 경찰서장 및 어린이 교육시설을 감독하는 주무기관의 장은 제1항에 따른 정보를 해당 기관에서 운영하는 홈페이지에 각각 게재하여야 한다. <신설 2020·5·26>

③ 제1항에 따른 정보 제공의 구체적 기준·방법 및 절차 등 필요한 사항은 행정안전부령으로 정한다. <개정 2014·11·19, 2017·7·26>

〔본조신설 2014·1·28〕

제53조의5(보호자가 동승하지 아니한 어린이통학버스 운전자의 의무) 제2조제23호가목의 유아교육진흥원·대안학교·외국인학교, 같은 호 다목의 교습소 및 같은 호 마목부터 차목까지의 시설에서 어린이의 승차 또는 하차를 도와주는 보호자를 태우지 아니한 어린이통학버스를 운전하는 사람은 어린이가 승차 또는 하차하는 때에 자동차에서 내려서 어린이나 영유아가 안전하게 승하차하는 것을 확인하여야 한다.

〔본조신설 2020·5·26〕

제54조(사고발생 시의 조치) ① 차 또는 노면전차의 운전 등 교통으로 인하여 사람을 사상하거나 물건을 손괴(이하 "교통사고"라 한다)한 경우에는 그 차 또는 노면전차의 운전자나 그 밖의 승무원(이하 "운전자등"이라 한다)은 즉시 정차하여 다음 각 호의 조치를 하여야 한다. <개정 2014·1·28, 2016·12·2, 2018·3·27>

1. 사상자를 구호하는 등 필요한 조치
2. 피해자에게 인적 사항(성명·전화번호·주소 등을 말한다. 이하 제148조 및 제156조제10호에서 같다) 제공

② 제1항의 경우 그 차 또는 노면전차의 운전자등은 경찰공무원이 현장에 있을 때에는 그 경찰공무원에게, 경찰공무원이 현장에 없을 때에는 가장 가까운 국가경찰관서(지구대, 파출소 및 출장소를 포함한다. 이하 같다)에 다음 각 호의 사항을 지체 없이 신고하여야 한다. 다만, 차 또는 노면전차만 손괴된 것이 분명하고 도로에서의 위험방지와 원활한 소통을 위하여 필요한 조치를 한 경우에는 그러하지 아니하다. <개정 2016·12·2, 2018·3·27>

1. 사고가 일어난 곳
2. 사상자 수 및 부상 정도
3. 손괴한 물건 및 손괴 정도

4. 그 밖의 조치사항 등
③ 제2항에 따라 신고를 받은 국가경찰관서의 경찰공무원은 부상자의 구호와 그 밖의 교통위험 방지를 위하여 필요하다고 인정하면 경찰공무원(자치경찰공무원은 제외한다)이 현장에 도착할 때까지 신고한 운전자등에게 현장에서 대기할 것을 명할 수 있다.
④ 경찰공무원은 교통사고를 낸 차 또는 노면전차의 운전자등에 대하여 그 현장에서 부상자의 구호와 교통안전을 위하여 필요한 지시를 명할 수 있다. <개정 2018·3·27>
⑤ 긴급자동차, 부상자를 운반 중인 차, 우편물자동차 및 노면전차 등의 운전자는 긴급한 경우에는 동승자 등으로 하여금 제1항에 따른 조치나 제2항에 따른 신고를 하게 하고 운전을 계속할 수 있다. <개정 2018·3·27>
⑥ 경찰공무원(자치경찰공무원은 제외한다)은 교통사고가 발생한 경우에는 대통령령으로 정하는 바에 따라 필요한 조사를 하여야 한다.
〔전부개정 2011·6·8〕

제55조(사고발생 시 조치에 대한 방해의 금지) 교통사고가 일어난 경우에는 누구든지 제54조제1항 및 제2항에 따른 운전자등의 조치 또는 신고행위를 방해하여서는 아니 된다.
〔전부개정 2011·6·8〕

제56조(고용주등의 의무) ① 차 또는 노면전차의 운전자를 고용하고 있는 사람이나 직접 운전자나 차 또는 노면전차를 관리하는 지위에 있는 사람 또는 차 또는 노면전차의 사용자(「여객자동차 운수사업법」에 따라 사업용 자동차를 임차한 사람 및 「여신전문금융업법」에 따라 자동차를 대여한 사람을 포함하며, 이하 "고용주등"이라 한다)는 운전자에게 이 법이나 이 법에 따른 명령을 지키도록 항상 주의시키고 감독하여야 한다. <개정 2014·12·30, 2018·3·27>
② 고용주등은 제43조부터 제45조까지의 규정에 따라 운전을 하여서는 아니 되는 운전자가 자동차등 또는 노면전차를 운전하는 것을 알고도 말리지 아니하거나 그러한 운전자에게 자동차등 또는 노면전차를 운전하도록 시켜서는 아니 된다. <개정 2018·3·27>
〔전부개정 2011·6·8〕

제4장의2 자율주행자동차 운전자의 의무 등

제56조의2(자율주행자동차 운전자의 준수사항 등) ① 행정안전부령으로 정하는 완전 자율주행시스템에 해당하지 아니하는 자율주행시스템을 갖춘 자동차의 운전자는 자율주행시스템의 직접 운전 요구에 지체 없이 대응하여 조향장치, 제동장치 및 그 밖의 장치를 직접 조작하여 운전하여야 한다.
② 운전자가 자율주행시스템을 사용하여 운전하는 경우에는 제49조제1항제10호, 제11호 및 제11호의2를 적용하지 아니한다.
〔본조신설 2024·3·19〕

제56조의3(자율주행자동차 시험운전자의 준수사항 등) ① 「자동차관리법」 제27조제1항에 따른 임시운행허가를 받은 자동차를 운전하려는 사람은 자율주행자동차의 안전운행 등에 관한 교육(이하 "자율주행자동차 안전교육"이라 한다)을 받아야 한다.
② 제1항에 따른 교육과정, 교육방법 등에 관하여 필요한 사항은 대통령령으로 정한다.
〔본조신설 2024·3·19〕

제5장 고속도로 및 자동차전용도로에서의 특례

제57조(통칙) 고속도로 또는 자동차전용도로(이하 "고속도로등"이라 한다)에서의 자동차 또는 보행자의 통행방법 등은 이 장에서 정하는 바에 따르고, 이 장에서 규정한 것 외의 사항에 관하여는 제1장부터 제4장까지의 규정에서 정하는 바에 따른다.
〔전부개정 2011·6·8〕

제58조(위험방지 등의 조치) 경찰공무원(자치경찰공무원은 제외한다)은 도로의 손괴, 교통사고의 발생이나 그 밖의 사정으로 고속도로등에서 교통이 위험 또는 혼잡하거나 그러할 우려가 있을 때에는 교통의 위험 또는 혼잡을 방지하고 교통의 안전 및 원활한 소통을 확보하기 위하여 필요한 범위에서 진행 중인 자동차의 통행을 일시 금지 또는 제한하거나 그 자동차의 운전자에게 필요한 조치를 명할 수 있다.
〔전부개정 2011·6·8〕

第59조(교통안전시설의 설치 및 관리) ① 고속도로의 관리자는 고속도로에서 일어나는 위험을 방지하고 교통의 안전과 원활한 소통을 확보하기 위하여 교통안전시설을 설치·관리하여야 한다. 이 경우 고속도로의 관리자가 교통안전시설을 설치하려면 경찰청장과 협의하여야 한다.

② 경찰청장은 고속도로의 관리자에게 교통안전시설의 관리에 필요한 사항을 지시할 수 있다.

〔전부개정 2011·6·8〕

第60조(갓길 통행금지 등) ① 자동차의 운전자는 고속도로등에서 자동차의 고장 등 부득이한 사정이 있는 경우를 제외하고는 행정안전부령으로 정하는 차로에 따라 통행하여야 하며, 갓길(「도로법」에 따른 길어깨를 말한다)로 통행하여서는 아니 된다. 다만, 다음 각 호의 어느 하나에 해당하는 경우에는 그러하지 아니하다. <개정 2013·3·23, 2014·11·19, 2017·7·26, 2019·12·24>

1. 긴급자동차와 고속도로등의 보수·유지 등의 작업을 하는 자동차를 운전하는 경우
2. 차량정체 시 신호기 또는 경찰공무원등의 신호나 지시에 따라 갓길에서 자동차를 운전하는 경우

② 자동차의 운전자는 고속도로에서 다른 차를 앞지르려면 방향지시기, 등화 또는 경음기를 사용하여 행정안전부령으로 정하는 차로로 안전하게 통행하여야 한다. <개정 2013·3·23, 2014·11·19, 2017·7·26>

〔전부개정 2011·6·8〕

第61조(고속도로 전용차로의 설치) ① 경찰청장은 고속도로의 원활한 소통을 위하여 특히 필요한 경우에는 고속도로에 전용차로를 설치할 수 있다.

② 제1항에 따른 고속도로 전용차로의 종류 등에 관하여는 제15조제2항 및 제3항을 준용한다.

〔전부개정 2011·6·8〕

第62조(횡단 등의 금지) 자동차의 운전자는 그 차를 운전하여 고속도로등을 횡단하거나 유턴 또는 후진하여서는 아니 된다. 다만, 긴급자동차 또는 도로의 보수·유지 등의 작업을 하는 자동차 가운데 고속도로등에서의 위험을 방지·제거하거나 교통사고에 대한 응급조치작업을 위한 자동차로서 그 목적을 위하여 반드시 필요한 경우에는 그러하지 아니하다.

〔전부개정 2011·6·8〕

第63조(통행 등의 금지) 자동차(이륜자동차는 긴급자동차만 해당한다) 외의 차마의 운전자 또는 보행자는 고속도로등을 통행하거나 횡단하여서는 아니 된다.

〔전부개정 2011·6·8〕

第64조(고속도로등에서의 정차 및 주차의 금지) 자동차의 운전자는 고속도로등에서 차를 정차하거나 주차시켜서는 아니 된다. 다만, 다음 각 호의 어느 하나에 해당하는 경우에는 그러하지 아니하다. <개정 2020·6·9>

1. 법령의 규정 또는 경찰공무원(자치경찰공무원은 제외한다)의 지시에 따르거나 위험을 방지하기 위하여 일시 정차 또는 주차시키는 경우
2. 정차 또는 주차할 수 있도록 안전표지를 설치한 곳이나 정류장에서 정차 또는 주차시키는 경우
3. 고장이나 그 밖의 부득이한 사유로 길가장자리구역(갓길을 포함한다)에 정차 또는 주차시키는 경우
4. 통행료를 내기 위하여 통행료를 받는 곳에서 정차하는 경우
5. 도로의 관리자가 고속도로등을 보수·유지 또는 순회하기 위하여 정차 또는 주차시키는 경우
6. 경찰용 긴급자동차가 고속도로등에서 범죄수사, 교통단속이나 그 밖의 경찰임무를 수행하기 위하여 정차 또는 주차시키는 경우

6의2. 소방차가 고속도로등에서 화재진압 및 인명 구조·구급 등 소방활동, 소방지원활동 및 생활안전활동을 수행하기 위하여 정차 또는 주차시키는 경우

6의3. 경찰용 긴급자동차 및 소방차를 제외한 긴급자동차가 사용 목적을 달성하기 위하여 정차 또는 주차시키는 경우

7. 교통이 밀리거나 그 밖의 부득이한 사유로 움직일 수 없을 때에 고속도로등의 차로에 일시 정차 또는 주차시키는 경우

〔전부개정 2011·6·8〕

第65조(고속도로 진입 시의 우선순위) ① 자

동차(긴급자동차는 제외한다)의 운전자는 고속도로에 들어가려고 하는 경우에는 그 고속도로를 통행하고 있는 다른 자동차의 통행을 방해하여서는 아니 된다.

② 긴급자동차 외의 자동차의 운전자는 긴급자동차가 고속도로에 들어가는 경우에는 그 진입을 방해하여서는 아니 된다.

〔전부개정 2011 · 6 · 8〕

제66조(고장 등의 조치) 자동차의 운전자는 고장이나 그 밖의 사유로 고속도로등에서 자동차를 운행할 수 없게 되었을 때에는 행정안전부령으로 정하는 표지(이하 "고장자동차의 표지"라 한다)를 설치하여야 하며, 그 자동차를 고속도로등이 아닌 다른 곳으로 옮겨 놓는 등의 필요한 조치를 하여야 한다. <개정 2013 · 3 · 23, 2014 · 11 · 19, 2017 · 7 · 26>

〔전부개정 2011 · 6 · 8〕

제67조(운전자의 고속도로등에서의 준수사항)

① 삭제 <2018 · 3 · 27>

② 고속도로등을 운행하는 자동차의 운전자는 교통의 안전과 원활한 소통을 확보하기 위하여 제66조에 따른 고장자동차의 표지를 항상 비치하며, 고장이나 그 밖의 부득이한 사유로 자동차를 운행할 수 없게 되었을 때에는 자동차를 도로의 우측 가장자리에 정지시키고 행정안전부령으로 정하는 바에 따라 그 표지를 설치하여야 한다. <개정 2013 · 3 · 23, 2014 · 11 · 19, 2017 · 7 · 26>

〔전부개정 2011 · 6 · 8〕

제 6 장 도로의 사용

제68조(도로에서의 금지행위 등) ① 누구든지 함부로 신호기를 조작하거나 교통안전시설을 철거 · 이전하거나 손괴하여서는 아니 되며, 교통안전시설이나 그와 비슷한 인공구조물을 도로에 설치하여서는 아니 된다.

② 누구든지 교통에 방해가 될 만한 물건을 도로에 함부로 내버려두어서는 아니 된다.

③ 누구든지 다음 각 호의 어느 하나에 해당하는 행위를 하여서는 아니 된다. <개정 2020 · 12 · 22>

1. 술에 취하여 도로에서 갈팡질팡하는 행위
2. 도로에서 교통에 방해되는 방법으로 눕거나 앉거나 서있는 행위
3. 교통이 빈번한 도로에서 공놀이 또는 썰매타기 등의 놀이를 하는 행위
4. 돌 · 유리병 · 쇳조각이나 그 밖에 도로에 있는 사람이나 차마를 손상시킬 우려가 있는 물건을 던지거나 발사하는 행위
5. 도로를 통행하고 있는 차마에서 밖으로 물건을 던지는 행위
6. 도로를 통행하고 있는 차마에 뛰어오르거나 매달리거나 차마에서 뛰어내리는 행위
7. 그 밖에 시 · 도경찰청장이 교통상의 위험을 방지하기 위하여 필요하다고 인정하여 지정 · 공고한 행위

〔전부개정 2011 · 6 · 8〕

제69조(도로공사의 신고 및 안전조치 등) ① 도로관리청 또는 공사시행청의 명령에 따라 도로를 파거나 뚫는 등 공사를 하려는 사람(이하 이 조에서 "공사시행자"라 한다)은 공사시행 3일 전에 그 일시, 공사구간, 공사기간 및 시행방법, 그 밖에 필요한 사항을 관할 경찰서장에게 신고하여야 한다. 다만, 산사태나 수도관 파열 등으로 긴급히 시공할 필요가 있는 경우에는 그에 알맞은 안전조치를 하고 공사를 시작한 후에 지체 없이 신고하여야 한다.

② 관할 경찰서장은 공사장 주변의 교통정체가 예상하지 못한 수준까지 현저히 증가하고, 교통의 안전과 원활한 소통에 미치는 영향이 중대하다고 판단하면 해당 도로관리청과 사전 협의하여 제 1 항에 따른 공사시행자에 대하여 공사시간의 제한 등 필요한 조치를 할 수 있다.

③ 공사시행자는 공사기간 중 차마의 통행을 유도하거나 지시 등을 할 필요가 있을 때에는 관할 경찰서장의 지시에 따라 교통안전시설을 설치하여야 한다.

④ 공사시행자는 공사기간 중 공사의 규모, 주변 교통환경 등을 고려하여 필요한 경우 관할 경찰서장의 지시에 따라 안전요원 또는 안전유도 장비를 배치하여야 한다. <신설 2020 · 10 · 20>

⑤ 제 3 항에 따른 교통안전시설 설치 및 제 4 항에 따른 안전요원 또는 안전유도 장비 배치에 필요한 사항은 행정안전부령으로 정한다. <신설 2020 · 10 · 20>

⑥ 공사시행자는 공사로 인하여 교통안전시설을 훼손한 경우에는 행정안전부령으로 정하는 바에 따라 원상회복하고 그 결과를 관할 경찰서장에게 신고하여야 한다. <개정 2013·3·23, 2014·11·19, 2017·7·26>
〔전부개정 2011·6·8〕

제70조(도로의 점용허가 등에 관한 통보 등) ① 도로관리청이 도로에서 다음 각 호의 어느 하나에 해당하는 행위를 하였을 때에는 고속도로의 경우에는 경찰청장에게 그 내용을 즉시 통보하고, 고속도로 외의 도로의 경우에는 관할 경찰서장에게 그 내용을 즉시 통보하여야 한다. <개정 2011·6·8, 2014·1·14>

1. 「도로법」 제61조에 따른 도로의 점용허가
2. 「도로법」 제76조에 따른 통행의 금지나 제한 또는 같은 법 제77조에 따른 차량의 운행제한

② 삭제 <2007·12·21>
③ 제1항에 따라 통보를 받은 경찰청장이나 관할 경찰서장은 교통의 안전과 원활한 소통을 확보하기 위하여 필요하다고 인정하면 도로관리청에 필요한 조치를 요구할 수 있다. 이 경우 도로관리청은 정당한 사유가 없으면 그 조치를 하여야 한다. <개정 2011·6·8>

제71조(도로의 위법 인공구조물에 대한 조치) ① 경찰서장은 다음 각 호의 어느 하나에 해당하는 사람에 대하여 위반행위를 시정하도록 하거나 그 위반행위로 인하여 생긴 교통장해를 제거할 것을 명할 수 있다. <개정 2014·1·14>

1. 제68조제1항을 위반하여 교통안전시설이나 그 밖에 이와 비슷한 인공구조물을 함부로 설치한 사람
2. 제68조제2항을 위반하여 물건을 도로에 내버려 둔 사람
3. 「도로법」 제61조를 위반하여 교통에 방해가 될 만한 인공구조물 등을 설치하거나 그 공사 등을 한 사람

② 경찰서장은 제1항 각 호의 어느 하나에 해당하는 사람의 성명·주소를 알지 못하여 제1항에 따른 조치를 명할 수 없을 때에는 스스로 그 인공구조물 등을 제거하는 등 조치를 한 후 보관하여야 한다. 이 경우 닳아 없어지거나 파괴될 우려가 있거나 보관하는 것이 매우 곤란한 인공구조물 등은 매각하여 그 대금을 보관할 수 있다.
③ 제2항에 따른 인공구조물 등의 보관 및 매각 등에 필요한 사항은 대통령령으로 정한다.
〔전부개정 2011·6·8〕

제72조(도로의 지상 인공구조물 등에 대한 위험방지 조치) ① 경찰서장은 도로의 지상(地上) 인공구조물이나 그 밖의 시설 또는 물건이 교통에 위험을 일으키게 하거나 교통에 뚜렷이 방해될 우려가 있으면 그 인공구조물 등의 소유자·점유자 또는 관리자에게 그것을 제거하도록 하거나 그 밖에 교통안전에 필요한 조치를 명할 수 있다.
② 경찰서장은 인공구조물 등의 소유자·점유자 또는 관리자의 성명·주소를 알지 못하여 제1항에 따른 조치를 명할 수 없을 때에는 스스로 그 인공구조물 등을 제거하는 등 조치를 한 후 보관하여야 한다. 이 경우 닳아 없어지거나 파괴될 우려가 있거나 보관하는 것이 매우 곤란한 인공구조물 등은 매각하여 그 대금을 보관할 수 있다.
③ 제2항에 따른 인공구조물 등의 보관 및 매각 등에 필요한 사항은 대통령령으로 정한다.
〔전부개정 2011·6·8〕

제7장 교통안전교육

제73조(교통안전교육) ① 운전면허를 받으려는 사람은 대통령령으로 정하는 바에 따라 제83조제1항제2호와 제3호에 따른 시험에 응시하기 전에 다음 각 호의 사항에 관한 교통안전교육을 받아야 한다. 다만, 제2항제1호에 따라 특별교통안전 의무교육을 받은 사람 또는 제104조제1항에 따른 자동차운전 전문학원에서 학과교육을 수료한 사람은 그러하지 아니하다. <개정 2014·12·30, 2017·10·24, 2018·3·27>

1. 운전자가 갖추어야 하는 기본예절
2. 도로교통에 관한 법령과 지식
3. 안전운전 능력

3의2. 교통사고의 예방과 처리에 관한 사항
4. 어린이·장애인 및 노인의 교통사고 예

방에 관한 사항
5. 친환경 경제운전에 필요한 지식과 기능
6. 긴급자동차에 길 터주기 요령
7. 그 밖에 교통안전의 확보를 위하여 필요한 사항

② 다음 각 호의 어느 하나에 해당하는 사람은 대통령령으로 정하는 바에 따라 특별교통안전 의무교육을 받아야 한다. 이 경우 제2호부터 제5호까지에 해당하는 사람으로서 부득이한 사유가 있으면 대통령령으로 정하는 바에 따라 의무교육의 연기(延期)를 받을 수 있다. <개정 2014·12·30, 2015·8·11, 2017·10·24, 2020·10·20>
1. 운전면허 취소처분을 받은 사람으로서 운전면허를 다시 받으려는 사람(제93조제1항제9호 또는 제20호에 해당하여 운전면허 취소처분을 받은 사람은 제외한다)
2. 제93조제1항제1호·제5호·제5호의2·제10호 및 제10호의2에 해당하여 운전면허효력 정지처분을 받게 되거나 받은 사람으로서 그 정지기간이 끝나지 아니한 사람
3. 운전면허 취소처분 또는 운전면허효력 정지처분(제93조제1항제1호·제5호·제5호의2·제10호 및 제10호의2에 해당하여 운전면허효력 정지처분 대상인 경우로 한정한다)이 면제된 사람으로서 면제된 날부터 1개월이 지나지 아니한 사람
4. 운전면허효력 정지처분을 받게 되거나 받은 초보운전자로서 그 정지기간이 끝나지 아니한 사람
5. 제12조제1항에 따른 어린이 보호구역에서 운전 중 어린이를 사상하는 사고를 유발하여 제93조제2항에 따른 벌점을 받은 날부터 1년 이내의 사람

③ 다음 각 호의 어느 하나에 해당하는 사람이 시·도경찰청장에게 신청하는 경우에는 대통령령으로 정하는 바에 따라 특별교통안전 권장교육을 받을 수 있다. 이 경우 권장교육을 받기 전 1년 이내에 해당 교육을 받지 아니한 사람에 한정한다. <신설 2017·10·24, 2020·12·22>
1. 교통법규 위반 등 제2항제2호 및 제4호에 따른 사유 외의 사유로 인하여 운전면허효력 정지처분을 받게 되거나 받은 사람
2. 교통법규 위반 등으로 인하여 운전면허효력 정지처분을 받을 가능성이 있는 사람
3. 제2항제2호부터 제4호까지에 해당하여 제2항에 따른 특별교통안전 의무교육을 받은 사람
4. 운전면허를 받은 사람 중 교육을 받으려는 날에 65세 이상인 사람

④ 긴급자동차의 운전업무에 종사하는 사람으로서 대통령령으로 정하는 사람은 대통령령으로 정하는 바에 따라 정기적으로 긴급자동차의 안전운전 등에 관한 교육을 받아야 한다. <신설 2017·10·24>

⑤ 75세 이상인 사람으로서 운전면허를 받으려는 사람은 제83조제1항제2호와 제3호에 따른 시험에 응시하기 전에, 운전면허증 갱신일에 75세 이상인 사람은 운전면허증 갱신기간 이내에 각각 다음 각 호의 사항에 관한 교통안전교육을 받아야 한다. <신설 2018·3·27>
1. 노화와 안전운전에 관한 사항
2. 약물과 운전에 관한 사항
3. 기억력과 판단능력 등 인지능력별 대처에 관한 사항
4. 교통관련 법령 이해에 관한 사항

⑥ 제80조의2에 따른 음주운전 방지장치 부착 조건부 운전면허를 받으려는 사람은 대통령령으로 정하는 바에 따라 제83조제1항제2호 및 제3호의 사항에 대한 운전면허시험에 응시하기 전에 음주운전 방지장치의 작동방법 및 음주운전 예방에 관한 교통안전교육을 받아야 한다. <신설 2023·10·24>
〔전부개정 2011·6·8〕

제74조(교통안전교육기관의 지정 등) ① 제73조제1항에 따라 운전면허를 받으려는 사람이 받아야 하는 교통안전교육(이하 "교통안전교육"이라 한다)은 제104조제1항에 따른 자동차운전 전문학원과 제2항에 따라 시·도경찰청장이 지정한 기관이나 시설에서 한다. <개정 2020·12·22>

② 시·도경찰청장은 교통안전교육을 하기 위하여 다음 각 호의 어느 하나에 해당하는 기관이나 시설이 대통령령으로 정하는 시설·설비 및 강사 등의 요건을 갖추어 신청하는 경우에는 해당 기관이나 시설을 교통

안전교육을 하는 기관(이하 "교통안전교육기관"이라 한다)으로 지정할 수 있다. <개정 2020·12·22, 2024·1·30>

1. 제99조에 따른 자동차운전학원
2. 한국도로교통공단과 그 지부(支部)·지소 및 교육기관
3. 「평생교육법」 제30조제2항에 따른 평생교육과정이 개설된 대학 부설 평생교육시설
4. 제주특별자치도 또는 시·군·자치구에서 운영하는 교육시설

③ 시·도경찰청장은 제2항에 따라 교통안전교육기관을 지정한 경우에는 행정안전부령으로 정하는 지정증을 발급하여야 한다. <개정 2013·3·23, 2014·11·19, 2017·7·26, 2020·12·22>

④ 시·도경찰청장은 다음 각 호의 어느 하나에 해당하는 기관이나 시설을 교통안전교육기관으로 지정하여서는 아니 된다. <개정 2020·12·22>

1. 제79조에 따라 지정이 취소된 교통안전교육기관을 설립·운영한 자가 그 지정이 취소된 날부터 3년 이내에 설립·운영하는 기관 또는 시설
2. 제79조에 따라 지정이 취소된 날부터 3년 이내에 같은 장소에서 설립·운영되는 기관 또는 시설

〔전부개정 2011·6·8〕

제75조(교통안전교육기관의 운영책임자) ① 교통안전교육기관의 장은 교육업무를 효율적으로 관리하기 위하여 필요하다고 인정하면 해당 기관의 소속 직원(제76조제1항에 따른 교통안전교육강사는 제외한다) 중에서 교통안전교육기관의 운영책임자를 임명할 수 있다.

② 교통안전교육기관의 장(교통안전교육기관의 장이 제1항에 따라 교통안전교육기관의 운영책임자를 임명한 경우에는 그 운영책임자를 말한다. 이하 같다)은 교통안전교육을 담당하는 강사(이하 "교통안전교육강사"라 한다)를 지도·감독하고 교통안전교육 업무가 공정하게 이루어지도록 관리하여야 한다.

〔전부개정 2011·6·8〕

제76조(교통안전교육강사의 자격기준 등) ① 교통안전교육기관에는 교통안전교육강사를 두어야 한다.

② 제1항에 따른 교통안전교육강사는 다음 각 호의 어느 하나에 해당하는 사람이어야 한다.

1. 제106조제2항에 따라 경찰청장이 발급한 학과교육 강사자격증을 소지한 사람
2. 도로교통 관련 행정 또는 교육 업무에 2년 이상 종사한 경력이 있는 사람으로서 대통령령으로 정하는 교통안전교육강사 자격교육을 받은 사람

③ 다음 각 호의 어느 하나에 해당하는 사람은 교통안전교육강사가 될 수 없다. <개정 2024·2·13>

1. 삭제 <2024·2·13>
2. 다음 각 목의 어느 하나에 해당하는 죄를 저질러 금고 이상의 형을 선고받고 그 집행이 끝나거나 집행이 면제된 날부터 2년이 지나지 아니한 사람 또는 그 집행유예기간 중에 있는 사람
   가. 「교통사고처리 특례법」 제3조제1항에 따른 죄
   나. 「특정범죄 가중처벌 등에 관한 법률」 제5조의3, 제5조의11제1항 및 제5조의13에 따른 죄
   다. 「성폭력범죄의 처벌 등에 관한 특례법」 제2조에 따른 성폭력범죄
   라. 「아동·청소년의 성보호에 관한 법률」 제2조제2호에 따른 아동·청소년대상 성범죄
3. 삭제 <2024·2·13>
4. 자동차를 운전할 수 있는 운전면허를 받지 아니한 사람 또는 초보운전자

④ 교통안전교육기관의 장은 교통안전교육강사가 아닌 사람으로 하여금 교통안전교육을 하게 하여서는 아니 된다.

⑤ 시·도경찰청장은 도로교통 관련 법령이 개정되거나 효과적인 교통안전교육을 위하여 필요하다고 인정하면 교통안전교육강사를 대상으로 대통령령으로 정하는 바에 따라 연수교육을 할 수 있다. <개정 2020·12·22>

⑥ 교통안전교육기관의 장은 제5항에 따라 교통안전교육강사가 연수교육을 받아야 하는 경우에는 부득이한 사유가 없으면 연수교육을 받을 수 있도록 조치하여야 한다.

〔전부개정 2011·6·8〕

제77조(교통안전교육의 수강 확인 등) ① 교통안전교육강사는 운전면허를 받으려는 사람이 제73조제1항에 따른 교통안전교육을

마치면 개인별 수강 결과를 교통안전교육기관의 장에게 보고하여야 한다.

② 교통안전교육기관의 장은 제1항에 따른 보고를 받은 경우 대통령령으로 정하는 기준에 해당하는 교육을 받은 사람에게 교육확인증을 발급하고 지체 없이 관할 시·도경찰청장에게 그 사실을 보고하여야 한다. <개정 2020·12·22>

〔전부개정 2011·6·8〕

제78조(교통안전교육기관 운영의 정지 또는 폐지의 신고) 교통안전교육기관의 장은 해당 교통안전교육기관의 운영을 1개월 이상 정지하거나 폐지하려면 정지 또는 폐지하려는 날의 7일 전까지 행정안전부령으로 정하는 바에 따라 시·도경찰청장에게 신고하여야 한다. <개정 2013·3·23, 2014·11·19, 2017·7·26, 2020·12·22>

〔전부개정 2011·6·8〕

제79조(교통안전교육기관의 지정취소 등) ① 시·도경찰청장은 교통안전교육기관이 다음 각 호의 어느 하나에 해당할 때에는 행정안전부령으로 정하는 기준에 따라 지정을 취소하거나 1년 이내의 기간을 정하여 운영의 정지를 명할 수 있다. 다만, 제3호에 해당할 때에는 그 지정을 취소하여야 한다. <개정 2013·3·23, 2014·11·19, 2017·7·26, 2020·12·22>

1. 교통안전교육기관이 제74조제2항에 따른 지정기준에 적합하지 아니하여 시정명령을 받고 30일 이내에 시정하지 아니한 경우
2. 교통안전교육기관의 장이 제76조제6항을 위반하여 교통안전교육강사가 연수교육을 받을 수 있도록 조치하지 아니한 경우
3. 교통안전교육기관의 장이 제77조제2항을 위반하여 교통안전교육과정을 이수하지 아니한 사람에게 교육확인증을 발급한 경우
4. 교통안전교육기관의 장이 제141조제2항을 위반하여 자료제출 또는 보고를 하지 아니하거나 거짓으로 자료제출 또는 보고를 한 경우
5. 교통안전교육기관의 장이 제141조제2항을 위반하여 관계 공무원의 출입·검사를 거부·방해 또는 기피한 경우

② 시·도경찰청장은 교통안전교육기관이 제1항에 따른 운영정지 명령을 위반하여 계속 운영행위를 할 때에는 행정안전부령으로 정하는 기준에 따라 지정을 취소할 수 있다. <개정 2013·3·23, 2014·11·19, 2017·7·26, 2020·12·22>

〔전부개정 2011·6·8〕

제8장 운전면허

제80조(운전면허) ① 자동차등을 운전하려는 사람은 시·도경찰청장으로부터 운전면허를 받아야 한다. 다만, 제2조제19호나목의 원동기를 단 차 중 「교통약자의 이동편의 증진법」 제2조제1호에 따른 교통약자가 최고속도 시속 20킬로미터 이하로만 운행될 수 있는 차를 운전하는 경우에는 그러하지 아니하다. <개정 2020·6·9, 2020·12·22, 2021·1·12>

② 시·도경찰청장은 운전을 할 수 있는 차의 종류를 기준으로 다음 각 호와 같이 운전면허의 범위를 구분하고 관리하여야 한다. 이 경우 운전면허의 범위에 따라 운전할 수 있는 차의 종류는 행정안전부령으로 정한다. <개정 2013·3·23, 2014·11·19, 2016·1·27, 2017·7·26, 2020·12·22>

1. 제1종 운전면허
   가. 대형면허
   나. 보통면허
   다. 소형면허
   라. 특수면허
      1) 대형견인차면허
      2) 소형견인차면허
      3) 구난차면허
2. 제2종 운전면허
   가. 보통면허
   나. 소형면허
   다. 원동기장치자전거면허
3. 연습운전면허
   가. 제1종 보통연습면허
   나. 제2종 보통연습면허

③ 시·도경찰청장은 운전면허를 받을 사람의 신체 상태 또는 운전 능력에 따라 행정안전부령으로 정하는 바에 따라 운전할 수 있는 자동차등의 구조를 한정하는 등 운전면허에 필요한 조건을 붙일 수 있다. <개정 2013·

3·23, 2014·11·19, 2017·7·26, 2020·6·9, 2020·12·22, 2021·1·12>
④ 시·도경찰청장은 제87조 및 제88조에 따라 적성검사를 받은 사람의 신체 상태 또는 운전 능력에 따라 제3항에 따른 조건을 새로 붙이거나 바꿀 수 있다. <개정 2020·12·22>
〔전부개정 2011·6·8〕

제80조의2(음주운전 방지장치 부착 조건부 운전면허) ① 제44조제1항, 제2항 또는 제5항을 위반(자동차등 또는 노면전차를 운전한 경우로 한정한다. 다만, 개인형 이동장치를 운전한 경우는 제외한다. 이하 같다)한 날부터 5년 이내에 다시 같은 조 제1항, 제2항 또는 제5항을 위반하여 운전면허 취소처분을 받은 사람이 자동차등을 운전하려는 경우에는 시·도경찰청장으로부터 음주운전 방지장치 부착 조건부 운전면허(이하 "조건부 운전면허"라 한다. 이하 같다)를 받아야 한다. <개정 2024·12·3>
② 음주운전 방지장치는 제82조제2항제1호부터 제9호까지에 따라 조건부 운전면허 발급 대상에게 적용되는 운전면허 결격기간과 같은 기간 동안 부착하며, 운전면허 결격기간이 종료된 다음 날부터 부착기간을 산정한다.
③ 제1항에 따른 조건부 운전면허의 범위·발급·종류 등에 필요한 사항은 행정안전부령으로 정한다.
〔본조신설 2023·10·24〕

제81조(연습운전면허의 효력) 연습운전면허는 그 면허를 받은 날부터 1년 동안 효력을 가진다. 다만, 연습운전면허를 받은 날부터 1년 이전이라도 연습운전면허를 받은 사람이 제1종 보통면허 또는 제2종 보통면허를 받은 경우 연습운전면허는 그 효력을 잃는다.

제82조(운전면허의 결격사유) ① 다음 각 호의 어느 하나에 해당하는 사람은 운전면허를 받을 수 없다. <개정 2014·12·30, 2016·5·29, 2019·12·24>
1. 18세 미만(원동기장치자전거의 경우에는 16세 미만)인 사람
2. 교통상의 위험과 장해를 일으킬 수 있는 정신질환자 또는 뇌전증 환자로서 대통령령으로 정하는 사람
3. 듣지 못하는 사람(제1종 운전면허 중 대형면허·특수면허만 해당한다), 앞을 보지 못하는 사람(한쪽 눈만 보지 못하는 사람의 경우에는 제1종 운전면허 중 대형면허·특수면허만 해당한다)이나 그 밖에 대통령령으로 정하는 신체장애인
4. 양쪽 팔의 팔꿈치관절 이상을 잃은 사람이나 양쪽 팔을 전혀 쓸 수 없는 사람. 다만, 본인의 신체장애 정도에 적합하게 제작된 자동차를 이용하여 정상적인 운전을 할 수 있는 경우에는 그러하지 아니하다.
5. 교통상의 위험과 장해를 일으킬 수 있는 마약·대마·향정신성의약품 또는 알코올 중독자로서 대통령령으로 정하는 사람
6. 제1종 대형면허 또는 제1종 특수면허를 받으려는 경우로서 19세 미만이거나 자동차(이륜자동차는 제외한다)의 운전경험이 1년 미만인 사람
7. 대한민국의 국적을 가지지 아니한 사람 중 「출입국관리법」 제31조에 따라 외국인등록을 하지 아니한 사람(외국인등록이 면제된 사람은 제외한다)이나 「재외동포의 출입국과 법적 지위에 관한 법률」 제6조제1항에 따라 국내거소신고를 하지 아니한 사람

② 다음 각 호의 어느 하나의 경우에 해당하는 사람은 해당 각 호에 규정된 기간이 지나지 아니하면 운전면허를 받을 수 없다. 다만, 다음 각 호의 사유로 인하여 벌금 미만의 형이 확정되거나 선고유예의 판결이 확정된 경우 또는 기소유예나 「소년법」 제32조에 따른 보호처분의 결정이 있는 경우에는 각 호에 규정된 기간 내라도 운전면허를 받을 수 있다. <개정 2015·8·11, 2018·12·24, 2020·6·9, 2021·1·12, 2021·10·19, 2022·1·11, 2023·10·24, 2024·12·3>
1. 제43조 또는 제96조제3항을 위반하여 자동차등 운전한 경우에는 그 위반한 날(운전면허효력 정지기간에 운전하여 취소된 경우에는 그 취소된 날을 말하며, 이하 이 조에서 같다)부터 1년(원동기장치자전거면허를 받으려는 경우에는 6개월로 하되, 제46조를 위반한 경우에는 그 위반한 날부터 1년). 다만, 사람을 사상한 후 제54조제1항에 따른 필요한 조치 및 제2항에 따른 신고를 하지 아니한 경우에는 그 위반한 날부터 5년으로 한다.

2. 제43조 또는 제96조제 3 항을 3회 이상 위반하여 자동차등을 운전한 경우에는 그 위반한 날부터 2년
3. 다음 각 목의 경우에는 운전면허가 취소된 날(제43조 또는 제96조제 3 항을 함께 위반한 경우에는 그 위반한 날을 말한다)부터 5년
가. 제44조제 1 항·제 2 항, 제45조 또는 제46조를 위반(제43조 또는 제96조제 3 항을 함께 위반한 경우도 포함한다)하여 운전을 하다가 사람을 사상한 후 제54조제 1 항 및 제 2 항에 따른 필요한 조치 및 신고를 하지 아니한 경우
나. 제44조제 1 항 또는 제 2 항를 위반(제43조 또는 제96조제 3 항을 함께 위반한 경우도 포함한다)하여 운전을 하다가 사람을 사망에 이르게 한 경우
다. 제44조제 5 항과 관련하여 술에 취한 상태에 있다고 인정할 만한 상당한 이유가 있는 사람이 자동차등을 운전하다가 사람을 사상한 후 제54조제 1 항 및 제 2 항에 따른 필요한 조치 및 신고를 하지 아니하고 음주측정방해행위를 한 경우(제43조 또는 제96조제 3 항을 함께 위반한 경우도 포함한다)
라. 제44조제 5 항과 관련하여 술에 취한 상태에 있다고 인정할 만한 상당한 이유가 있는 사람이 자동차등을 운전하다가 사람을 사망에 이르게 하고 음주측정방해행위를 한 경우(제43조 또는 제96조제 3 항을 함께 위반한 경우도 포함한다)
4. 제43조부터 제46조까지의 규정에 따른 사유가 아닌 다른 사유로 사람을 사상한 후 제54조제 1 항 및 제 2 항에 따른 필요한 조치 및 신고를 하지 아니한 경우에는 운전면허가 취소된 날부터 4년
5. 제 6 호나목 또는 다목을 2회 이상 위반(제43조 또는 제96조제 3 항을 함께 위반한 경우도 포함한다)한 경우에는 운전면허가 취소된 날(제43조 또는 제96조제 3 항을 함께 위반한 경우에는 그 위반한 날을 말한다)부터 3년, 자동차등을 이용하여 범죄행위를 하거나 다른 사람의 자동차등을 훔치거나 빼앗은 사람이 제43조를 위반하여 그 자동차등을 운전한 경우에는 그 위반한 날부터 3년
6. 다음 각 목의 경우에는 운전면허가 취소된 날(제43조 또는 제96조제 3 항을 함께 위반한 경우에는 그 위반한 날을 말한다)부터 2년
가. 제44조제 1 항, 제 2 항 또는 제 5 항을 2회 이상 위반(제43조 또는 제96조제 3 항을 함께 위반한 경우도 포함한다)한 경우
나. 제44조제 1 항 또는 제 2 항을 위반(제43조 또는 제96조제 3 항을 함께 위반한 경우도 포함한다)하여 운전을 하다가 교통사고를 일으킨 경우
다. 제44조제 5 항과 관련하여 술에 취한 상태에 있다고 인정할 만한 상당한 이유가 있는 사람이 자동차등을 운전하여 교통사고를 일으키고 음주측정방해행위를 한 경우(제43조 또는 제96조제 3 항을 함께 위반한 경우도 포함한다)
라. 제46조를 2회 이상 위반(제43조 또는 제96조제 3 항을 함께 위반한 경우도 포함한다)한 경우
마. 제93조제 1 항제 8 호·제12호 또는 제13호의 사유로 운전면허가 취소된 경우
7. 제 1 호부터 제 6 호까지의 규정에 따른 경우가 아닌 다른 사유로 운전면허가 취소된 경우에는 운전면허가 취소된 날부터 1년(원동기장치자전거면허를 받으려는 경우에는 6개월로 하되, 제46조를 위반하여 운전면허가 취소된 경우에는 1년). 다만, 제93조제 1 항제 9 호의 사유로 운전면허가 취소된 경우에는 그러하지 아니하다.
8. 운전면허효력 정지처분을 받고 있는 경우에는 그 정지기간
9. 제96조에 따른 국제운전면허증 또는 상호인정외국면허증으로 운전하는 운전자가 운전금지 처분을 받은 경우에는 그 금지기간
10. 제80조의2제 2 항에 따라 음주운전 방지장치를 부착하는 기간(조건부 운전면허의 경우는 제외한다)

③ 제93조에 따라 운전면허 취소처분을 받은 사람은 제 2 항에 따른 운전면허 결격기간이 끝났다 하여도 그 취소처분을 받은 이

후에 제73조제2항에 따른 특별교통안전의무교육을 받지 아니하면 운전면허를 받을 수 없다. <개정 2017·10·24>
〔전부개정 2011·6·8〕

제83조(운전면허시험 등) ① 운전면허시험(제1종 보통면허시험 및 제2종 보통면허시험은 제외한다)은 한국도로교통공단이 다음 각 호의 사항에 대하여 제80조제2항에 따른 운전면허의 구분에 따라 실시한다. 다만, 대통령령으로 정하는 운전면허시험은 대통령령으로 정하는 바에 따라 시·도경찰청장이나 한국도로교통공단이 실시한다. <개정 2020·6·9, 2020·12·22, 2021·1·12, 2024·1·30>

1. 자동차등의 운전에 필요한 적성
2. 자동차등 및 도로교통에 관한 법령에 대한 지식
3. 자동차등의 관리방법과 안전운전에 필요한 점검의 요령
4. 자동차등의 운전에 필요한 기능
5. 친환경 경제운전에 필요한 지식과 기능

② 제1종 보통면허시험과 제2종 보통면허시험은 한국도로교통공단이 응시자가 도로에서 자동차를 운전할 능력이 있는지에 대하여 실시한다. 이 경우 제1종 보통면허시험은 제1종 보통연습면허를 받은 사람을 대상으로 하고, 제2종 보통면허시험은 제2종 보통연습면허를 받은 사람을 대상으로 한다. <개정 2024·1·30>

③ 제82조에 따라 운전면허를 받을 수 없는 사람은 운전면허시험에 응시할 수 없다.

④ 제1항제2호 및 제3호에 따른 운전면허시험에 응시하려는 사람은 그 운전면허시험에 응시하기 전에 제73조제1항에 따른 교통안전교육 또는 제104조제1항에 따른 자동차운전 전문학원에서 학과교육을 받아야 한다.

⑤ 제1항과 제2항에 따른 운전면허시험의 방법, 절차와 그 밖에 필요한 사항은 대통령령으로 정한다.
〔전부개정 2011·6·8〕

제84조(운전면허시험의 면제) ① 다음 각 호의 어느 하나에 해당하는 사람에 대하여는 대통령령으로 정하는 바에 따라 운전면허시험의 일부를 면제한다. <개정 2012·2·10, 2016·12·2, 2020·6·9, 2021·1·12>

1. 대학·전문대학 또는 공업계 고등학교의 기계과나 자동차와 관련된 학과를 졸업한 사람으로서 재학 중 자동차에 관한 과목을 이수한 사람
2. 「국가기술자격법」 제10조에 따라 자동차의 정비 또는 검사에 관한 기술자격시험에 합격한 사람
3. 외국의 권한 있는 기관에서 발급한 운전면허증(이하 "외국면허증"이라 한다)을 가진 사람 가운데 다음 각 목의 어느 하나에 해당되는 사람
   가. 「주민등록법」 제6조에 따라 주민등록이 된 사람
   나. 「출입국관리법」 제31조에 따라 외국인등록을 한 사람(이하 "등록외국인"이라 한다) 또는 외국인등록이 면제된 사람
   다. 「난민법」에 따른 난민인정자
   라. 「재외동포의 출입국과 법적 지위에 관한 법률」 제6조에 따라 국내거소신고를 한 사람(이하 "외국국적동포"라 한다)
4. 군(軍) 복무 중 자동차등에 상응하는 군 소속 차를 6개월 이상 운전한 경험이 있는 사람
5. 제87조제2항 또는 제88조에 따른 적성검사를 받지 아니하여 운전면허가 취소된 후 다시 면허를 받으려는 사람
6. 운전면허를 받은 후 제80조제2항의 구분에 따라 운전할 수 있는 자동차의 종류를 추가하려는 사람
7. 제93조제1항제15호부터 제18호까지의 규정에 따라 운전면허가 취소된 후 다시 운전면허를 받으려는 사람
8. 제108조제5항에 따른 자동차운전 전문학원의 수료증 또는 졸업증을 소지한 사람
9. 군사분계선 이북지역에서 운전면허를 받은 사실이 인정되는 사람

② 제1항제3호에 따른 외국면허증(그 운전면허증을 발급한 국가에서 90일을 초과하여 체류하면서 그 체류기간 동안 취득한 것으로서 임시면허증 또는 연습면허증이 아닌 것을 말한다)을 가진 사람에 대하여는 해당 국가가 대한민국 운전면허증을 가진 사람에게 적성시험을 제외한 모든 운전면허시험 과정을 면제하는 국가(이하 이 조에서 "국내면허 인정국가"라 한다)인지 여부에 따라 대통령령으로 정하는 바에 따라 면제하

는 운전면허시험을 다르게 정할 수 있다. 다만, 외교, 공무(公務) 또는 연구 등 대통령령으로 정하는 목적으로 국내에 체류하고 있는 사람이 가지고 있는 외국면허증은 국내면허 인정국가의 권한 있는 기관에서 발급한 운전면허증으로 보며, 국내면허 인정국가 가운데 우리나라와 운전면허의 상호인정에 관한 약정을 체결한 국가에 대하여는 그 약정한 내용에 따라 운전면허시험의 일부를 면제할 수 있다.

③ 한국도로교통공단은 제1항제3호 및 제2항에 따라 외국면허증을 가진 사람에게 운전면허시험의 일부를 면제하고 국내운전면허증을 발급하는 경우에는 해당 외국면허증을 발급한 국가의 요청이 있는 경우 등 대통령령으로 정하는 사유가 있는 경우에만 그 사람의 외국면허증을 회수할 수 있다. 이 경우 그 외국면허증을 발급한 국가의 관계 기관의 요청이 있는 경우에는 그 외국면허증을 해당 국가에 송부할 수 있다. <개정 2021·10·19, 2024·1·30>

〔전부개정 2011·6·8〕

제84조의2(부정행위자에 대한 조치) ① 경찰청장은 제106조에 따른 전문학원의 강사자격시험 및 제107조에 따른 기능검정원 자격시험에서, 시·도경찰청장 또는 한국도로교통공단은 제83조에 따른 운전면허시험에서 부정행위를 한 사람에 대하여는 해당 시험을 각각 무효로 처리한다. <개정 2020·12·22, 2024·1·30>

② 제1항에 따라 시험이 무효로 처리된 사람은 그 처분이 있은 날부터 2년간 해당 시험에 응시하지 못한다.

〔본조신설 2016·1·27〕

제85조(운전면허증의 발급 등) ① 운전면허를 받으려는 사람은 운전면허시험에 합격하여야 한다.

② 시·도경찰청장은 운전면허시험에 합격한 사람에 대하여 행정안전부령으로 정하는 운전면허증을 발급하여야 한다. <개정 2013·3·23, 2014·11·19, 2017·7·26, 2020·12·22>

③ 시·도경찰청장은 운전면허를 받은 사람이 다른 범위의 운전면허를 추가로 취득하는 경우에는 운전면허의 범위를 확대(기존에 받은 운전면허의 범위를 추가하는 것을 말한다)하여 운전면허증을 발급하여야 한다. <신설 2014·12·30, 2020·12·22>

④ 시·도경찰청장은 운전면허를 받은 사람이 운전면허의 범위를 축소(기존에 받은 운전면허의 범위에서 일부 범위를 삭제하는 것을 말한다)하기를 원하는 경우에는 운전면허의 범위를 축소하여 운전면허증을 발급할 수 있다. <신설 2014·12·30, 2020·12·22>

⑤ 운전면허의 효력은 본인 또는 대리인이 제2항부터 제4항까지에 따른 운전면허증을 발급받은 때부터 발생한다. 이 경우 제3항 또는 제4항에 따라 운전면허의 범위를 확대하거나 축소하는 경우에도 제93조에 따라 받게 되거나 받은 운전면허 취소·정지처분의 효력과 벌점은 그대로 승계된다. <개정 2014·12·30>

⑥ 제2항부터 제4항까지에 따라 발급받은 운전면허증은 부정하게 사용할 목적으로 다른 사람에게 빌려주거나 빌려서는 아니 되며, 이를 알선하여서도 아니 된다. <신설 2024·3·19>

〔전부개정 2011·6·8〕

제85조의2(모바일운전면허증 발급 및 운전면허증의 확인 등) ① 시·도경찰청장은 제85조, 제85조의3, 제86조, 제87조에 따라 운전면허증을 발급받으려는 사람이 모바일운전면허증(「전기통신사업법」 제2조제20호에 따른 이동통신단말장치에 암호화된 형태로 설치된 운전면허증을 말한다. 이하 같다)을 신청하는 경우 이를 추가로 발급할 수 있다. <개정 2025·1·21>

② 국가기관, 지방자치단체, 공공단체, 사회단체, 기업체 등에서 다음 각 호의 경우에 운전면허소지자의 성명·사진·주소·주민등록번호·운전면허번호 등을 확인할 필요가 있으면 증빙서류를 붙이지 아니하고 운전면허증(제1항에 따른 모바일운전면허증을 포함한다. 이하 제87조의2·제92조·제93조·제95조제1항·제139조 및 제152조에서 같다)으로 확인하여야 한다. 다만, 다른 법률에서 신분의 확인 방법 등을 정한 경우에는 그러하지 아니하다.

1. 제80조제2항에 따른 운전면허의 범위 및 운전할 수 있는 차의 종류를 확인하는 경우
2. 민원서류나 그 밖의 서류를 접수하는 경우
3. 특정인에게 자격을 인정하는 증서를 발급하는 경우

4. 그 밖에 신분을 확인하기 위하여 필요한 경우

③ 시·도경찰청장은 경찰청에 연계된 운전면허정보를 이용하여 운전면허확인서비스(이동통신단말장치를 이용하여 제2항 각 호 외의 부분 본문에 따른 성명·사진·주소·주민등록번호·운전면허번호 및 발급 관련 사항을 확인할 수 있는 서비스를 말한다. 이하 같다)를 제공할 수 있다.

④ 운전면허확인서비스를 이용하여 성명·사진·주소·주민등록번호·운전면허번호 및 발급 관련사항을 확인하는 경우 제2항에 따라 운전면허증으로 성명·사진·주민등록번호·운전면허번호 및 발급 관련사항을 확인한 것으로 본다.

⑤ 모바일운전면허증 및 운전면허확인서비스의 발급 및 신청 등에 필요한 사항은 행정안전부령으로 정한다.

〔전부개정 2024·1·30〕

제85조의3(조건부 운전면허증의 발급 등) ① 조건부 운전면허를 받으려는 사람은 제83조에 따른 운전면허시험에 합격하여야 한다.

② 시·도경찰청장은 제1항에 따라 운전면허시험에 합격한 사람에 대하여 행정안전부령으로 정하는 조건부 운전면허증을 발급하여야 한다.

③ 조건부 운전면허증을 잃어버렸거나 헐어 못 쓰게 되었을 때에는 행정안전부령으로 정하는 바에 따라 시·도경찰청장에게 신청하여 다시 발급받을 수 있다.

④ 제2항에 따라 발급한 조건부 운전면허증의 조건 기간이 경과하면 해당 조건은 소멸한 것으로 본다.

⑤ 조건부 운전면허증 발급 대상자 본인 확인에 대해서는 제87조의2를 준용한다. 이 경우 "운전면허증"은 "조건부 운전면허증"으로 본다.

〔본조신설 2024·1·30〕

제86조(운전면허증의 재발급) 운전면허증을 잃어버렸거나 헐어 못 쓰게 되었을 때에는 행정안전부령으로 정하는 바에 따라 시·도경찰청장에게 신청하여 다시 발급받을 수 있다. <개정 2013·3·23, 2014·11·19, 2017·7·26, 2020·12·22>

〔전부개정 2011·6·8〕

제87조(운전면허증의 갱신과 정기 적성검사)

① 운전면허를 받은 사람은 다음 각 호의 구분에 따른 기간 이내에 대통령령으로 정하는 바에 따라 시·도경찰청장으로부터 운전면허증을 갱신하여 발급받아야 한다. <개정 2016·5·29, 2018·3·27, 2020·12·22>

1. 최초의 운전면허증 갱신기간은 제83조제1항 또는 제2항에 따른 운전면허시험에 합격한 날부터 기산하여 10년(운전면허시험 합격일에 65세 이상 75세 미만인 사람은 5년, 75세 이상인 사람은 3년, 한쪽 눈만 보지 못하는 사람으로서 제1종 운전면허 중 보통면허를 취득한 사람은 3년)이 되는 날이 속하는 해의 1월 1일부터 12월 31일까지
2. 제1호 외의 운전면허증 갱신기간은 직전의 운전면허증 갱신일부터 기산하여 매 10년(직전의 운전면허증 갱신일에 65세 이상 75세 미만인 사람은 5년, 75세 이상인 사람은 3년, 한쪽 눈만 보지 못하는 사람으로서 제1종 운전면허 중 보통면허를 취득한 사람은 3년)이 되는 날이 속하는 해의 1월 1일부터 12월 31일까지

② 다음 각 호의 어느 하나에 해당하는 사람은 제1항에 따른 운전면허증 갱신기간에 대통령령으로 정하는 바에 따라 한국도로교통공단이 실시하는 정기(定期) 적성검사(適性檢査)를 받아야 한다. <개정 2024·1·30>

1. 제1종 운전면허를 받은 사람
2. 제2종 운전면허를 받은 사람 중 운전면허증 갱신기간에 70세 이상인 사람

③ 다음 각 호에 해당하는 사람은 운전면허증을 갱신하여 받을 수 없다. <개정 2018·3·27>

1. 제73조제5항에 따른 교통안전교육을 받지 아니한 사람
2. 제2항에 따른 정기 적성검사를 받지 아니하거나 이에 합격하지 못한 사람

④ 제1항 또는 제2항에 따라 운전면허증을 갱신하여 발급받거나 정기 적성검사를 받아야 하는 사람이 해외여행 또는 군 복무 등 대통령령으로 정하는 사유로 그 기간 이내에 운전면허증을 갱신하여 발급받거나 정기 적성검사를 받을 수 없는 때에는 대통령령으로 정하는 바에 따라 이를 미리 받거나 그 연기를 받을 수 있다.

〔전부개정 2011·6·8〕

제87조의2(운전면허증 발급 대상자 본인 확인) ① 시·도경찰청장은 제85조제2항부터 제4항까지, 제86조 또는 제87조제1항에 따라 운전면허증을 발급(이하 이 조 및 제137조의2제2항에서 "운전면허증 발급"이라 한다)하려는 경우에는 운전면허증 발급을 받으려는 사람의 주민등록증(모바일 주민등록증을 포함한다)이나 여권, 그 밖에 행정안전부령으로 정하는 신분증명서의 사진 등을 통하여 본인인지를 확인할 수 있다. <개정 2017·7·26, 2020·12·22, 2023·12·26>

② 시·도경찰청장은 제1항에 따른 방법으로 본인인지를 확인하기 어려운 경우에는 운전면허증 발급을 받으려는 사람의 동의를 받아 전자적 방법으로 지문정보를 대조하여 확인할 수 있다. <개정 2020·12·22>

③ 시·도경찰청장은 운전면허증 발급을 받으려는 사람이 제2항에 따른 본인 확인 절차를 따르지 아니하는 경우에는 운전면허증 발급을 거부할 수 있다. <개정 2020·12·22>

〔본조신설 2016·12·2〕

제88조(수시 적성검사) ① 제1종 운전면허 또는 제2종 운전면허를 받은 사람(제96조제1항에 따른 국제운전면허증 또는 상호인정외국면허증을 받은 사람을 포함한다)이 안전운전에 장애가 되는 후천적 신체장애 등 대통령령으로 정하는 사유에 해당되는 경우에는 한국도로교통공단이 실시하는 수시(隨時) 적성검사를 받아야 한다. <개정 2021·10·19, 2024·1·30>

② 제1항에 따른 수시 적성검사의 기간·통지와 그 밖에 수시 적성검사의 실시에 필요한 사항은 대통령령으로 정한다.

〔전부개정 2011·6·8〕

제89조(수시 적성검사 관련 개인정보의 통보) ① 제88조제1항에 따라 수시 적성검사를 받아야 하는 사람의 후천적 신체장애 등에 관한 개인정보를 가지고 있는 기관 가운데 대통령령으로 정하는 기관의 장은 수시 적성검사와 관련이 있는 개인정보를 경찰청장에게 통보하여야 한다.

② 제1항에 따라 경찰청장에게 통보하여야 하는 개인정보의 내용 및 통보방법과 그 밖에 개인정보의 통보에 필요한 사항은 대통령령으로 정한다.

〔전부개정 2011·6·8〕

제90조(정신 질환 등이 의심되는 사람에 대한 조치) 한국도로교통공단은 다음 각 호의 어느 하나에 해당하는 사람이 제82조제1항제2호 또는 제5호에 해당한다고 인정할 만한 상당한 사유가 있는 경우에는 해당 분야 전문의(專門醫)의 정밀진단을 받게 할 수 있다. <개정 2024·1·30>

1. 제83조에 따른 운전면허시험 중인 사람
2. 제87조제2항 또는 제88조제1항에 따른 적성검사를 받는 사람

〔전부개정 2011·6·8〕

제91조(임시운전증명서) ① 시·도경찰청장은 다음 각 호의 어느 하나의 경우에 해당하는 사람이 임시운전증명서 발급을 신청하면 행정안전부령으로 정하는 바에 따라 임시운전증명서를 발급할 수 있다. 다만, 제2호의 경우에는 소지하고 있는 운전면허증에 행정안전부령으로 정하는 사항을 기재하여 발급함으로써 임시운전증명서 발급을 갈음할 수 있다. <개정 2013·3·23, 2014·11·19, 2017·7·26, 2020·12·22>

1. 운전면허증을 받은 사람이 제86조에 따른 재발급 신청을 한 경우
2. 제87조에 따른 정기 적성검사 또는 운전면허증 갱신 발급 신청을 하거나 제88조에 따른 수시 적성검사를 신청한 경우
3. 제93조에 따른 운전면허의 취소처분 또는 정지처분 대상자가 운전면허증을 제출한 경우

② 제1항의 임시운전증명서는 그 유효기간 중에는 운전면허증과 같은 효력이 있다.

〔전부개정 2011·6·8〕

제92조(운전면허증 휴대 및 제시 등의 의무) ① 자동차등을 운전할 때에는 다음 각 호의 어느 하나에 해당하는 운전면허증 등을 지니고 있어야 한다. <개정 2020·6·9, 2021·1·12, 2021·10·19>

1. 운전면허증, 제96조제1항에 따른 국제운전면허증 또는 상호인정외국면허증이나 「건설기계관리법」에 따른 건설기계조종사면허증(이하 "운전면허증등"이라 한다)
2. 운전면허증등을 갈음하는 다음 각 목의 증명서
   가. 제91조에 따른 임시운전증명서
   나. 제138조에 따른 범칙금 납부통고서 또는 출석지시서
   다. 제143조제1항에 따른 출석고지서

② 운전자는 운전 중에 교통안전이나 교통질서 유지를 위하여 경찰공무원이 제1항에 따른 운전면허증등 또는 이를 갈음하는 증명서를 제시할 것을 요구하거나 운전자의 신원 및 운전면허 확인을 위한 질문을 할 때에는 이에 응하여야 한다.

③ 누구든지 다른 사람 명의의 모바일운전면허증을 부정하게 사용하여서는 아니 된다. <신설 2024·1·30>

〔전부개정 2011·6·8〕

제93조(운전면허의 취소·정지) ① 시·도경찰청장은 운전면허(조건부 운전면허는 포함하고, 연습운전면허는 제외한다. 이하 이 조에서 같다)를 받은 사람이 다음 각 호의 어느 하나에 해당하면 행정안전부령으로 정하는 기준에 따라 운전면허(운전자가 받은 모든 범위의 운전면허를 포함한다. 이하 이 조에서 같다)를 취소하거나 1년 이내의 범위에서 운전면허의 효력을 정지시킬 수 있다. 다만, 제2호, 제3호, 제3호의2, 제7호, 제8호, 제8호의2, 제9호(정기 적성검사 기간이 지난 경우는 제외한다), 제14호, 제16호, 제17호, 제20호부터 제23호까지의 규정에 해당하는 경우에는 운전면허를 취소하여야 하고(제8호의2에 해당하는 경우 취소하여야 하는 운전면허의 범위는 운전자가 거짓이나 그 밖의 부정한 수단으로 받은 그 운전면허로 한정한다), 제18호의 규정에 해당하는 경우에는 정당한 사유가 없으면 관계 행정기관의 장의 요청에 따라 운전면허를 취소하거나 1년 이내의 범위에서 정지하여야 한다. <개정 2013·3·23, 2014·11·19, 2014·12·30, 2015·8·11, 2016·1·27, 2017·7·26, 2018·3·27, 2018·12·24, 2020·6·9, 2020·12·22, 2021·1·12, 2023·10·24, 2024·2·13, 2024·3·19, 2024·12·3>

1. 제44조제1항을 위반하여 술에 취한 상태에서 자동차등을 운전한 경우
2. 제44조제1항, 제2항 후단 또는 제5항을 위반(자동차등을 운전한 경우로 한정한다. 이하 이 호 및 제3호에서 같다)한 사람이 다시 같은 조 제1항을 위반하여 운전면허 정지 사유에 해당된 경우
3. 제44조제2항 후단을 위반하여 술에 취한 상태에 있다고 인정할 만한 상당한 이유가 있음에도 불구하고 경찰공무원의 측정에 응하지 아니한 경우

3의2. 제44조제5항을 위반하여 술에 취한 상태에 있다고 인정할만한 상당한 이유가 있는 사람이 자동차등을 운전한 후 음주측정방해행위를 한 경우

4. 제45조를 위반하여 약물의 영향으로 인하여 정상적으로 운전하지 못할 우려가 있는 상태에서 자동차등을 운전한 경우
5. 제46조제1항을 위반하여 공동 위험행위를 한 경우

5의2. 제46조의3을 위반하여 난폭운전을 한 경우

5의3. 제17조제3항을 위반하여 제17조제1항 및 제2항에 따른 최고속도보다 시속 100킬로미터를 초과한 속도로 3회 이상 자동차등을 운전한 경우

6. 교통사고로 사람을 사상한 후 제54조제1항 또는 제2항에 따른 필요한 조치 또는 신고를 하지 아니한 경우
7. 제82조제1항제2호부터 제5호까지의 규정에 따른 운전면허를 받을 수 없는 사람에 해당된 경우
8. 제82조에 따라 운전면허를 받을 수 없는 사람이 운전면허를 받거나 운전면허효력의 정지기간 중 운전면허증 또는 운전면허증을 갈음하는 증명서를 발급받은 사실이 드러난 경우

8의2. 거짓이나 그 밖의 부정한 수단으로 운전면허를 받은 경우

9. 제87조제2항 또는 제88조제1항에 따른 적성검사를 받지 아니하거나 그 적성검사에 불합격한 경우
10. 운전 중 고의 또는 과실로 교통사고를 일으킨 경우

10의2. 운전면허를 받은 사람이 자동차등을 이용하여 「형법」 제258조의2(특수상해)·제261조(특수폭행)·제284조(특수협박) 또는 제369조(특수손괴)를 위반하는 행위를 한 경우

11. 운전면허를 받은 사람이 자동차등을 범죄의 도구나 장소로 이용하여 다음 각 목의 어느 하나의 죄를 범한 경우
   가. 「국가보안법」 중 제4조부터 제9조까지의 죄 및 같은 법 제12조 중 증거를 날조·인멸·은닉한 죄
   나. 「형법」 중 다음 어느 하나의 범죄
      1) 살인·사체유기 또는 방화

2) 강도·강간 또는 강제추행
3) 약취·유인 또는 감금
4) 상습절도(절취한 물건을 운반한 경우에 한정한다)
5) 교통방해(단체 또는 다중의 위력으로써 위반한 경우에 한정한다)

다. 「보험사기방지 특별법」 중 제8조부터 제10조까지의 죄

12. 다른 사람의 자동차등을 훔치거나 빼앗은 경우
13. 다른 사람이 부정하게 운전면허를 받도록 하기 위하여 제83조에 따른 운전면허시험에 대신 응시한 경우
14. 이 법에 따른 교통단속 임무를 수행하는 경찰공무원등 및 시·군공무원을 폭행한 경우
15. 운전면허증을 부정하게 사용할 목적으로 다른 사람에게 빌려주거나 다른 사람의 운전면허증을 빌려서 사용한 경우
16. 「자동차관리법」에 따라 등록되지 아니하거나 임시운행허가를 받지 아니한 자동차(이륜자동차는 제외한다)를 운전한 경우
17. 제1종 보통면허 및 제2종 보통면허를 받기 전에 연습운전면허의 취소 사유가 있었던 경우
18. 다른 법률에 따라 관계 행정기관의 장이 운전면허의 취소처분 또는 정지처분을 요청한 경우

18의2. 제39조제1항 또는 제4항을 위반하여 화물자동차를 운전한 경우

19. 이 법이나 이 법에 따른 명령 또는 처분을 위반한 경우
20. 운전면허를 받은 사람이 자신의 운전면허를 실효(失效)시킬 목적으로 시·도경찰청장에게 자진하여 운전면허를 반납하는 경우. 다만, 실효시키려는 운전면허가 취소처분 또는 정지처분의 대상이거나 효력정지 기간 중인 경우는 제외한다.
21. 제50조의3제1항을 위반하여 음주운전 방지장치가 설치된 자동차등을 시·도경찰청에 등록하지 아니하고 운전한 경우
22. 제50조의3제3항을 위반하여 음주운전 방지장치가 설치되지 아니하거나 설치기준에 부합하지 아니한 음주운전 방지장치가 설치된 자동차등을 운전한 경우
23. 제50조의3제4항을 위반하여 음주운전 방지장치가 해체·조작 또는 그 밖의 방법으로 효용이 떨어진 것을 알면서 해당 장치가 설치된 자동차등을 운전한 경우

② 시·도경찰청장은 제1항에 따라 운전면허를 취소하거나 운전면허의 효력을 정지하려고 할 때 그 기준으로 활용하기 위하여 교통법규를 위반하거나 교통사고를 일으킨 사람에 대하여는 행정안전부령으로 정하는 바에 따라 위반 및 피해의 정도 등에 따라 벌점을 부과할 수 있으며, 그 벌점이 행정안전부령으로 정하는 기간 동안 일정한 점수를 초과하는 경우에는 행정안전부령으로 정하는 바에 따라 운전면허를 취소 또는 정지할 수 있다. <개정 2013·3·23, 2014·11·19, 2017·7·26, 2020·12·22>

③ 시·도경찰청장은 연습운전면허를 발급받은 사람이 운전 중 고의 또는 과실로 교통사고를 일으키거나 이 법이나 이 법에 따른 명령 또는 처분을 위반한 경우에는 연습운전면허를 취소하여야 한다. 다만, 본인에게 귀책사유(歸責事由)가 없는 경우 등 대통령령으로 정하는 경우에는 그러하지 아니하다. <개정 2020·12·22>

④ 시·도경찰청장은 제1항 또는 제2항에 따라 운전면허의 취소처분 또는 정지처분을 하려고 하거나 제3항에 따라 연습운전면허 취소처분을 하려면 그 처분을 하기 전에 미리 행정안전부령으로 정하는 바에 따라 처분의 당사자에게 처분 내용과 의견제출 기한 등을 통지하여야 하며, 그 처분을 하는 때에는 행정안전부령으로 정하는 바에 따라 처분의 이유와 행정심판을 제기할 수 있는 기간 등을 통지하여야 한다. 다만, 제87조제2항 또는 제88조제1항에 따른 적성검사를 받지 아니하였다는 이유로 운전면허를 취소하려면 행정안전부령으로 정하는 바에 따라 처분의 당사자에게 적성검사를 할 수 있는 날의 만료일 전까지 적성검사를 받지 아니하면 운전면허가 취소된다는 사실의 조건부 통지를 함으로써 처분의 사전 및 사후 통지를 갈음할 수 있다. <개정 2013·3·23, 2014·11·19, 2017·7·26, 2020·12·22>

[전부개정 2011·6·8]

제94조(운전면허 처분에 대한 이의신청) ① 제93조제1항 또는 제2항에 따른 운전면허의 취소처분 또는 정지처분이나 같은 조 제3항에 따른 연습운전면허 취소처분에 대하여 이의(異議)가 있는 사람은 그 처분을

받은 날부터 60일 이내에 행정안전부령으로 정하는 바에 따라 시·도경찰청장에게 이의를 신청할 수 있다. <개정 2013·3·23, 2014·11·19, 2017·7·26, 2020·12·22>

② 시·도경찰청장은 제1항에 따른 이의를 심의하기 위하여 행정안전부령으로 정하는 바에 따라 운전면허행정처분 이의심의위원회(이하 "이의심의위원회"라 한다)를 두어야 한다. <개정 2013·3·23, 2014·11·19, 2015·8·11, 2017·7·26, 2020·12·22>

③ 제1항에 따라 이의를 신청한 사람은 그 이의신청과 관계없이 「행정심판법」에 따른 행정심판을 청구할 수 있다. 이 경우 이의를 신청하여 그 결과를 통보받은 사람(결과를 통보받기 전에 「행정심판법」에 따른 행정심판을 청구한 사람은 제외한다)은 통보받은 날부터 90일 이내에 「행정심판법」에 따른 행정심판을 청구할 수 있다.

④ 이의심의위원회의 위원 중 공무원이 아닌 사람은 「형법」 제129조부터 제132조까지의 규정을 적용할 때에는 공무원으로 본다. <신설 2015·8·11>

〔전부개정 2011·6·8〕

제94조의2(범죄경력조회 및 수사경력조회) 시·도경찰청장은 제82조제2항 각 호의 어느 하나의 경우에 해당하는 사람이 운전면허 결격사유가 된 법률 위반과 관련하여 같은 항 단서에 해당하는 확정판결 또는 처분을 받았는지 여부와 제93조제1항 또는 제2항에 따라 운전면허가 취소·정지된 사람이 그 처분의 원인이 된 법률 위반과 관련하여 무죄의 확정판결 또는 불기소처분을 받았는지 여부를 확인하기 위하여 「형의 실효 등에 관한 법률」 제6조에 따른 범죄경력조회 및 수사경력조회를 할 수 있다.

〔본조신설 2021·1·12〕

제95조(운전면허증의 반납) ① 운전면허증을 받은 사람이 다음 각 호의 어느 하나에 해당하면 그 사유가 발생한 날부터 7일 이내(제4호 및 제5호의 경우 새로운 운전면허증을 받기 위하여 운전면허증을 제출한 때)에 주소지를 관할하는 시·도경찰청장에게 운전면허증을 반납(모바일운전면허증의 경우 전자적 반납을 포함한다. 이하 이 조에서 같다)하여야 한다. <개정 2020·12·22, 2024·1·30>

1. 운전면허 취소처분을 받은 경우
2. 운전면허효력 정지처분을 받은 경우
3. 운전면허증을 잃어버리고 다시 발급받은 후 그 잃어버린 운전면허증을 찾은 경우
4. 연습운전면허증을 받은 사람이 제1종 보통면허증 또는 제2종 보통면허증을 받은 경우
5. 운전면허증 갱신을 받은 경우

② 경찰공무원은 제1항을 위반하여 운전면허증을 반납하지 아니한 사람이 소지한 운전면허증을 직접 회수(모바일운전면허증의 경우 전자적 회수를 포함한다. 이하 이 조에서 같다)할 수 있다. <개정 2024·1·30>

③ 시·도경찰청장이 제1항제2호에 따라 운전면허증을 반납받았거나 제2항에 따라 제1항제2호에 해당하는 사람으로부터 운전면허증을 회수하였을 때에는 이를 보관하였다가 정지기간이 끝난 즉시 돌려주어야 한다. <개정 2020·12·22>

〔전부개정 2011·6·8〕

제9장 국제운전면허증

제96조(국제운전면허증 또는 상호인정외국면허증에 의한 자동차등의 운전) ① 외국의 권한 있는 기관에서 제1호부터 제3호까지의 어느 하나에 해당하는 협약·협정 또는 약정에 따른 운전면허증(이하 "국제운전면허증"이라 한다) 또는 제4호에 따라 인정되는 외국면허증(이하 "상호인정외국면허증"이라 한다)을 발급받은 사람은 제80조제1항에도 불구하고 국내에 입국한 날부터 1년 동안 그 국제운전면허증 또는 상호인정외국면허증으로 자동차등을 운전할 수 있다. 이 경우 운전할 수 있는 자동차의 종류는 그 국제운전면허증 또는 상호인정외국면허증에 기재된 것으로 한정한다. <개정 2017·10·24, 2020·6·9, 2021·1·12, 2021·10·19>

1. 1949년 제네바에서 체결된 「도로교통에 관한 협약」
2. 1968년 비엔나에서 체결된 「도로교통에 관한 협약」
3. 우리나라와 외국 간에 국제운전면허증을 상호 인정하는 협약, 협정 또는 약정
4. 우리나라와 외국 간에 상대방 국가에서 발급한 운전면허증을 상호 인정하는 협약·협정 또는 약정

② 국제운전면허증을 외국에서 발급받은 사

람 또는 상호인정외국면허증으로 운전하는 사람은 「여객자동차 운수사업법」 또는 「화물자동차 운수사업법」에 따른 사업용 자동차를 운전할 수 없다. 다만, 「여객자동차 운수사업법」에 따른 대여사업용 자동차를 임차(賃借)하여 운전하는 경우에는 그러하지 아니하다. <개정 2021·10·19>
③ 제82조제2항에 따른 운전면허 결격사유에 해당하는 사람으로서 같은 항 각 호의 구분에 따른 기간이 지나지 아니한 사람은 제1항에도 불구하고 자동차등을 운전하여서는 아니 된다.
〔전부개정 2011·6·8〕

제97조(자동차등의 운전 금지) ① 제96조에 따라 국제운전면허증 또는 상호인정외국면허증을 가지고 국내에서 자동차등을 운전하는 사람이 다음 각 호의 어느 하나에 해당하는 경우에는 그 사람의 주소지를 관할하는 시·도경찰청장은 행정안전부령으로 정한 기준에 따라 1년을 넘지 아니하는 범위에서 국제운전면허증 또는 상호인정외국면허증에 의한 자동차등의 운전을 금지할 수 있다. <개정 2013·3·23, 2014·11·19, 2017·7·26, 2020·6·9, 2020·12·22, 2021·1·12, 2021·10·19>
1. 제88조제1항에 따른 적성검사를 받지 아니하였거나 적성검사에 불합격한 경우
2. 운전 중 고의 또는 과실로 교통사고를 일으킨 경우
3. 대한민국 국적을 가진 사람이 제93조제1항 또는 제2항에 따라 운전면허가 취소되거나 효력이 정지된 후 제82조제2항 각 호에 규정된 기간이 지나지 아니한 경우
4. 자동차등의 운전에 관하여 이 법이나 이 법에 따른 명령 또는 처분을 위반한 경우

② 제1항에 따라 자동차등의 운전이 금지된 사람은 지체 없이 국제운전면허증 또는 상호인정외국면허증에 의한 운전을 금지한 시·도경찰청장에게 그 국제운전면허증 또는 상호인정외국면허증을 제출하여야 한다. <개정 2020·12·22, 2021·10·19>
③ 시·도경찰청장은 제1항에 따른 금지기간이 끝난 경우 또는 금지처분을 받은 사람이 그 금지기간 중에 출국하는 경우에는 그 사람의 반환청구가 있으면 지체 없이 보관 중인 국제운전면허증 또는 상호인정외국면허증을 돌려주어야 한다. <개정 2020·12·22, 2021·10·19>
〔전부개정 2011·6·8〕

제98조(국제운전면허증의 발급 등) ① 제80조에 따라 운전면허를 받은 사람이 국외에서 운전을 하기 위하여 제96조제1항제1호의 「도로교통에 관한 협약」에 따른 국제운전면허증을 발급받으려면 시·도경찰청장에게 신청하여야 한다. <개정 2020·12·22>
② 제1항에 따른 국제운전면허증의 유효기간은 발급받은 날부터 1년으로 한다.
③ 제1항에 따른 국제운전면허증은 이를 발급받은 사람의 국내운전면허의 효력이 없어지거나 취소된 때에는 그 효력을 잃는다.
④ 제1항에 따른 국제운전면허증을 발급받은 사람의 국내운전면허의 효력이 정지된 때에는 그 정지기간 동안 그 효력이 정지된다.
⑤ 제1항에 따른 국제운전면허증의 발급에 필요한 사항은 행정안전부령으로 정한다. <개정 2013·3·23, 2014·11·19, 2017·7·26>
〔전부개정 2011·6·8〕

제98조의2(국제운전면허증 발급의 제한) 시·도경찰청장은 제98조에 따라 국제운전면허증을 발급받으려는 사람이 납부하지 아니한 범칙금 또는 과태료(이 법을 위반하여 부과된 범칙금 또는 과태료를 말한다. 이하 이 조에서 같다)가 있는 경우 국제운전면허증의 발급을 거부할 수 있다. 다만, 제164조제1항·제2항에 따른 범칙금 납부기간 또는 제160조에 따른 과태료로서 대통령령으로 정하는 납부기간 중에 있는 경우에는 그러하지 아니하다. <개정 2020·12·22>
〔본조신설 2018·3·27〕

제10장 자동차운전학원

제99조(자동차운전학원의 등록) 자동차운전학원(이하 "학원"이라 한다)을 설립·운영하려는 자는 제101조에 따른 시설 및 설비 등과 제103조에 따른 강사의 정원(定員) 및 배치기준 등 필요한 조건을 갖추어 대통령령으로 정하는 바에 따라 시·도경찰청장에게 등록하여야 한다. 대통령령으로 정하는 등록사항을 변경하려는 경우에도 또한 같다. <개정 2020·12·22>
〔전부개정 2011·6·8〕

제100조(학원의 조건부 등록) ① 시·도경찰청장은 제99조에 따라 학원 등록을 할 경우 대통령령으로 정하는 기간에 제101조에 따른 시설 및 설비 등을 갖출 것을 조건으

로 하여 학원의 등록을 받을 수 있다. <개정 2020·12·22>

② 시·도경찰청장은 제1항에 따라 등록을 한 자가 정당한 사유 없이 같은 항에 따른 기간에 시설 및 설비 등을 갖추지 아니하면 그 등록을 취소하여야 한다. <개정 2020·12·22>

〔전부개정 2011·6·8〕

제101조(학원의 시설기준 등) 학원에는 대통령령으로 정하는 기준에 따라 강의실·기능교육장·부대시설 등 교육에 필요한 시설(장애인을 위한 교육 및 부대시설을 포함한다) 및 설비 등을 갖추어야 한다.

〔전부개정 2011·6·8〕

제102조(학원 등록 등의 결격사유) ① 다음 각 호의 어느 하나에 해당하는 사람은 제99조에 따른 학원의 등록을 할 수 없다. <개정 2015·8·11>

1. 피성년후견인
2. 파산선고를 받고 복권되지 아니한 사람
3. 금고 이상의 형을 선고받고 그 집행이 끝나거나 집행을 받지 아니하기로 확정된 후 3년이 지나지 아니한 사람 또는 금고 이상의 형을 선고받고 그 집행유예기간 중에 있는 사람
4. 법원의 판결에 의하여 자격이 정지 또는 상실된 사람
5. 제113조제1항제1호, 제5호부터 제12호까지, 같은 조 제2항 및 제4항에 따라 그 등록이 취소된 날부터 1년이 지나지 아니한 학원의 설립·운영자 또는 학원의 등록이 취소된 날부터 1년 이내에 같은 장소에서 학원을 설립·운영하려는 사람
6. 임원 중에 제1호부터 제5호까지 중 어느 하나에 해당하는 사람이 있는 법인

② 학원을 설립·운영하는 자가 제1항 각 호의 어느 하나에 해당하게 된 경우에는 그 등록은 효력을 잃는다. 다만, 제1항제6호에 해당하는 경우로서 법인의 임원 중에 그 사유에 해당하는 사람이 있더라도 그 사유가 발생한 날부터 3개월 이내에 그 임원을 해임하거나 다른 사람으로 바꾸어 임명한 경우에는 그러하지 아니하다.

〔전부개정 2011·6·8〕

제103조(학원의 강사 및 교육과정 등) ① 학원에서 교육을 담당하는 강사(자동차등의 운전에 필요한 도로교통에 관한 법령·지식 및 기능교육을 하는 사람을 말한다. 이하 같다)의 자격요건·정원 및 배치기준 등에 관하여 필요한 사항은 대통령령으로 정한다.

② 학원의 교육과정, 교육방법 및 운영기준 등에 관하여 필요한 사항은 대통령령으로 정한다.

〔전부개정 2011·6·8〕

제104조(자동차운전 전문학원의 지정 등) ① 시·도경찰청장은 자동차운전에 관한 교육 수준을 높이고 운전자의 자질을 향상시키기 위하여 제99조에 따라 등록된 학원으로서 다음 각 호의 기준에 적합한 학원을 대통령령으로 정하는 바에 따라 자동차운전 전문학원(이하 "전문학원"이라 한다)으로 지정할 수 있다. <개정 2020·12·22>

1. 제105조에 따른 자격요건을 갖춘 학감〔(學監): 전문학원의 학과 및 기능에 관한 교육과 학사운영을 담당하는 사람을 말한다. 이하 같다〕을 둘 것. 다만, 학원을 설립·운영하는 자가 자격요건을 갖춘 경우에는 학감을 겸임할 수 있으며 이 경우에는 학감을 보좌하는 부학감을 두어야 한다.
2. 대통령령으로 정하는 기준에 따라 제106조에 따른 강사 및 제107조에 따른 기능검정원〔(技能檢定員): 제108조에 따른 기능검정을 하는 사람을 말한다. 이하 같다〕을 둘 것
3. 대통령령으로 정하는 기준에 적합한 시설·설비 및 제74조제2항에 따른 교통안전교육기관의 지정에 필요한 시설·설비 등을 갖출 것
4. 교육방법 및 졸업자의 운전 능력 등 해당 전문학원의 운영이 대통령령으로 정하는 기준에 적합할 것

② 시·도경찰청장은 다음 각 호의 어느 하나에 해당하는 학원은 전문학원으로 지정할 수 없다. <개정 2020·12·22>

1. 제113조(제1항제2호부터 제4호까지는 제외한다)에 따라 등록이 취소된 학원 또는 전문학원(이하 "학원등"이라 한다)을 설립·운영하는 자(이하 "학원등 설립·운영자"라 한다) 또는 학감이나 부학감이었던 사람이 등록이 취소된 날부터 3년 이내에 설립·운영하는 학원
2. 제113조(제1항제2호부터 제4호까지는 제외한다)에 따라 등록이 취소된 경우 취소된 날부터 3년 이내에 같은 장소에서 설립·운영되는 학원

③ 제1항에 따라 지정받은 전문학원이 대통령령으로 정하는 중요사항을 변경하려면 소재지를 관할하는 시·도경찰청장의 승인을 받아야 한다. <개정 2020·12·22>
〔전부개정 2011·6·8〕

제105조(전문학원의 학감 등) 학감이나 부학감은 다음 각 호의 요건을 모두 갖추고 있는 사람으로 한다. <개정 2015·8·11, 2024·2·13>

1. 삭제 <2024·2·13>
2. 도로교통에 관한 업무에 3년 이상 근무한 경력(관리직 경력만 해당한다)이 있는 사람 또는 학원등의 운영·관리에 관한 업무에 3년 이상 근무한 경력이 있거나 학원등의 교육·검정 등 대통령령으로 정하는 업무에 5년 이상 근무한 경력이 있는 사람으로서 다음 각 목의 어느 하나에 해당되지 아니하는 사람
   가. 미성년자 또는 피성년후견인
   나. 파산선고를 받고 복권되지 아니한 사람
   다. 이 법 또는 다른 법의 규정을 위반하여 금고 이상의 실형을 선고받고 그 형의 집행이 끝나거나(끝난 것으로 보는 경우를 포함한다) 집행을 받지 아니하기로 확정된 날부터 2년(제150조 각 호의 어느 하나를 위반한 경우에는 3년)이 지나지 아니한 사람
   라. 제150조 각 호의 어느 하나를 위반하여 벌금형을 선고받고 3년이 지나지 아니한 사람
   마. 금고 이상의 형을 선고받고 그 집행유예기간 중에 있는 사람
   바. 금고 이상의 형의 선고유예를 받고 그 유예기간 중에 있는 사람
   사. 법률 또는 판결에 의하여 자격이 상실되거나 정지된 사람
   아. 「국가공무원법」 또는 「경찰공무원법」 등 관련 법률에 따라 징계면직처분을 받은 날부터 2년이 지나지 아니한 사람
3. 제113조제1항제1호, 제5호부터 제12호까지, 같은 조 제2항 및 제4항에 따라 등록이 취소된 학원등을 설립·운영한 자, 학감 또는 부학감이었던 경우에는 등록이 취소된 날부터 3년이 지난 사람

〔전부개정 2011·6·8〕

제106조(전문학원의 강사) ① 전문학원의 강사가 되려는 사람은 행정안전부령으로 정하는 강사자격시험에 합격하고 경찰청장이 지정하는 전문기관에서 자동차운전교육에 관한 연수교육을 수료하여야 한다. <개정 2013·3·23, 2014·11·19, 2017·7·26>
② 경찰청장은 제1항에 따른 자격을 갖춘 사람에게 행정안전부령으로 정하는 바에 따라 강사자격증을 발급하여야 한다. <개정 2013·3·23, 2014·11·19, 2017·7·26>
③ 제2항에 따라 발급받은 강사자격증은 부정하게 사용할 목적으로 다른 사람에게 빌려주거나 빌려서는 아니 되며, 이를 알선하여서도 아니 된다. <신설 2024·3·19>
④ 다음 각 호의 어느 하나에 해당하는 사람은 전문학원의 강사가 될 수 없다. <개정 2024·2·13, 2024·3·19>

1. 제76조제3항제2호의 규정에 해당하는 사람
2. 제5항에 따라 강사자격증이 취소된 날부터 3년이 지나지 아니한 사람
3. 제83조제1항제4호 및 같은 조 제2항에 따른 자동차등의 운전에 필요한 기능과 도로에서의 운전 능력을 익히기 위한 교육(이하 "기능교육"이라 한다)에 사용되는 자동차등을 운전할 수 있는 운전면허를 받지 아니한 사람
4. 기능교육에 사용되는 자동차를 운전할 수 있는 운전면허를 받은 날부터 2년이 지나지 아니한 사람

⑤ 시·도경찰청장은 제2항에 따라 강사자격증을 발급받은 사람이 다음 각 호의 어느 하나에 해당하면 행정안전부령으로 정하는 기준에 따라 그 강사의 자격을 취소하거나 1년 이내의 범위에서 기간을 정하여 그 자격의 효력을 정지시킬 수 있다. 다만, 제1호부터 제5호까지의 어느 하나에 해당하는 경우에는 그 자격을 취소하여야 하며, 제5호 및 제6호는 제83조제1항제2호 및 제3호에 따른 자동차등의 운전에 필요한 지식 등을 얻기 위한 교육을 담당하는 강사에게는 적용하지 아니한다. <개정 2013·3·23, 2014·11·19, 2017·7·26, 2020·12·22, 2024·2·13>

1. 거짓이나 그 밖의 부정한 방법으로 강사자격증을 발급받은 경우
2. 다음 각 목의 어느 하나에 해당하는 죄를 저질러 금고 이상의 형(집행유예를 포함한다)을 선고받은 경우

가.「교통사고처리 특례법」제3조제1항에 따른 죄
나.「특정범죄 가중처벌 등에 관한 법률」제5조의3, 제5조의11제1항 및 제5조의13에 따른 죄
다.「성폭력범죄의 처벌 등에 관한 특례법」제2조에 따른 성폭력범죄
라.「아동·청소년의 성보호에 관한 법률」제2조제2호에 따른 아동·청소년대상 성범죄
3. 강사의 자격정지 기간 중에 교육을 한 경우
4. 강사의 자격증을 다른 사람에게 빌려 준 경우
5. 기능교육에 사용되는 자동차를 운전할 수 있는 운전면허가 취소된 경우
6. 기능교육에 사용되는 자동차를 운전할 수 있는 운전면허의 효력이 정지된 경우
7. 강사의 업무에 관하여 부정한 행위를 한 경우
8. 제116조를 위반하여 대가를 받고 자동차운전교육을 한 경우
9. 그 밖에 이 법이나 이 법에 따른 명령 또는 처분을 위반한 경우

⑥ 전문학원의 학감은 강사가 아닌 사람으로 하여금 자동차운전에 관한 학과교육 또는 기능교육을 하게 하여서는 아니 된다.
〔전부개정 2011·6·8〕

제107조(기능검정원) ① 기능검정원이 되려는 사람은 행정안전부령으로 정하는 기능검정원 자격시험에 합격하고 경찰청장이 지정하는 전문기관에서 자동차운전 기능검정에 관한 연수교육을 수료하여야 한다. <개정 2013·3·23, 2014·11·19, 2017·7·26>

② 경찰청장은 제1항에 따른 연수교육을 수료한 사람에게 행정안전부령으로 정하는 바에 따라 기능검정원 자격증을 발급하여야 한다. <개정 2013·3·23, 2014·11·19, 2017·7·26>

③ 제2항에 따라 발급받은 기능검정원 자격증은 부정하게 사용할 목적으로 다른 사람에게 빌려주거나 빌려서는 아니 되며, 이를 알선하여서도 아니 된다. <신설 2024·3·19>

④ 다음 각 호의 어느 하나에 해당하는 사람은 기능검정원이 될 수 없다. <개정 2024·2·13, 2024·3·19>
1. 삭제 <2024·2·13>
2. 제76조제3항제2호에 해당하는 사람
3. 제5항에 따라 기능검정원의 자격이 취소된 경우에는 그 자격이 취소된 날부터 3년이 지나지 아니한 사람
4. 기능검정에 사용되는 자동차를 운전할 수 있는 운전면허를 받지 아니하거나 운전면허를 받은 날부터 3년이 지나지 아니한 사람

⑤ 시·도경찰청장은 기능검정원이 다음 각 호의 어느 하나에 해당하면 행정안전부령으로 정하는 기준에 따라 그 기능검정원의 자격을 취소하거나 1년 이내의 범위에서 기간을 정하여 그 자격의 효력을 정지시킬 수 있다. 다만, 제1호부터 제6호까지의 어느 하나에 해당하는 경우에는 그 자격을 취소하여야 한다. <개정 2013·3·23, 2014·11·19, 2017·7·26, 2020·12·22, 2024·2·13>
1. 거짓으로 제108조제4항에 따른 기능검정의 합격 사실을 증명한 경우
2. 거짓이나 그 밖의 부정한 방법으로 기능검정원자격증을 발급받은 경우
3. 다음 각 목의 어느 하나에 해당하는 죄를 저질러 금고 이상의 형(집행유예를 포함한다)을 선고받은 경우
가.「교통사고처리 특례법」제3조제1항에 따른 죄
나.「특정범죄 가중처벌 등에 관한 법률」제5조의3, 제5조의11제1항 및 제5조의13에 따른 죄
다.「성폭력범죄의 처벌 등에 관한 특례법」제2조에 따른 성폭력범죄
라.「아동·청소년의 성보호에 관한 법률」제2조제2호에 따른 아동·청소년대상 성범죄
4. 기능검정원의 자격정지 기간 중에 기능검정을 한 경우
5. 기능검정원의 자격증을 다른 사람에게 빌려 준 경우
6. 기능검정에 사용되는 자동차를 운전할 수 있는 운전면허가 취소된 경우
7. 기능검정에 사용되는 자동차를 운전할 수 있는 운전면허의 효력이 정지된 경우
8. 기능검정원의 업무에 관하여 부정한 행위를 한 경우
9. 그 밖에 이 법이나 이 법에 따른 명령 또는 처분을 위반한 경우
〔전부개정 2011·6·8〕

제108조(기능검정) ① 시·도경찰청장은 전문학원의 학감으로 하여금 대통령령으로 정하는 바에 따라 해당 전문학원의 교육생을 대상으로 제83조제1항제4호 및 같은 조 제2항에 따른 운전기능 또는 도로에서 운전하는 능력이 있는지에 관한 검정(이하 "기능검정"이라 한다)을 하게 할 수 있다. <개정 2020·12·22>

② 전문학원의 학감은 기능검정원으로 하여금 다음 각 호의 어느 하나에 해당하는 사람을 대상으로 행정안전부령으로 정하는 바에 따라 기능검정을 하게 하여야 한다. <개정 2013·3·23, 2014·11·19, 2017·7·26>

1. 학과교육과 제83조제1항제4호에 따른 자동차등의 운전에 관하여 필요한 기능을 익히기 위한 기능교육(이하 "장내기능교육"이라 한다)을 수료한 사람
2. 제83조제2항에 따른 도로에서 운전하는 능력을 익히기 위한 기능교육(이하 "도로주행교육"이라 한다)을 수료한 사람

③ 전문학원의 학감은 기능검정원이 아닌 사람으로 하여금 기능검정을 하게 하여서는 아니 된다.

④ 기능검정원은 자기가 실시한 기능검정에 합격한 사람에게 그 합격 사실을 행정안전부령으로 정하는 바에 따라 서면(書面)으로 증명하여야 한다. <개정 2013·3·23, 2014·11·19, 2017·7·26>

⑤ 전문학원의 학감은 제4항에 따라 기능검정원이 합격 사실을 서면으로 증명한 사람에게는 기능검정의 종류별로 행정안전부령으로 정하는 바에 따라 수료증 또는 졸업증을 발급하여야 한다. <개정 2013·3·23, 2014·11·19, 2017·7·26>

〔전부개정 2011·6·8〕

제109조(강사 등에 대한 연수교육 등) ① 시·도경찰청장은 다음 각 호의 사람을 대상으로 그 자질을 향상시키기 위하여 필요한 경우에는 대통령령으로 정하는 바에 따라 연수교육을 할 수 있다. 이 경우 연수교육의 통보를 받은 학원등 설립·운영자는 특별한 사유가 없으면 그 교육을 받아야 하며, 또한 제2호 및 제3호의 사람이 연수교육을 받을 수 있도록 조치하여야 한다. <개정 2020·12·22>

1. 학원등 설립·운영자
2. 학원등의 강사
3. 기능검정원

② 학원등 설립·운영자는 학원등에 강사의 성명·연령·경력 등 인적 사항과 교육 과목을 행정안전부령으로 정하는 바에 따라 게시하여야 한다. <개정 2013·3·23, 2014·11·19, 2017·7·26>

〔전부개정 2011·6·8〕

제110조(수강료 등) ① 학원등 설립·운영자는 교육생으로부터 수강료나 제108조에 따른 기능검정에 드는 경비 또는 이용료 등(이하 "수강료등"이라 한다)을 받을 수 있다.

② 학원등 설립·운영자는 교육 내용 및 교육 시간 등을 고려하여 수강료등을 정하고 행정안전부령으로 정하는 바에 따라 학원등에 그 내용을 게시하여야 한다. <개정 2013·3·23, 2014·11·19, 2017·7·26>

③ 학원등 설립·운영자는 제2항에 따라 게시한 수강료등을 초과한 금액을 받아서는 아니 된다.

④ 시·도경찰청장은 수강료등의 과도한 인하 등으로 인하여 학원교육의 부실화가 우려된다고 인정하는 경우에는 대통령령으로 정하는 바에 따라 이를 조정할 것을 명할 수 있다. <개정 2020·12·22>

〔전부개정 2011·6·8〕

제111조(수강료등의 반환 등) ① 학원등 설립·운영자는 교육생이 수강을 계속할 수 없는 경우와 학원등의 등록취소·이전·운영정지 또는 지정취소 등으로 교육을 계속할 수 없는 경우에는 교육생으로부터 받은 수강료등을 반환하거나 교육생이 다른 학원등에 편입할 수 있도록 하는 등 교육생의 보호를 위하여 필요한 조치를 하여야 한다.

② 제1항에 따른 수강료등의 반환 사유 및 반환 금액과 교육생 편입조치 등에 필요한 사항은 대통령령으로 정한다.

③ 제1항에 따라 교육생이 다른 학원등에 편입한 경우에 종전의 학원등에서 이수한 교육 시간은 편입한 학원등에서 이수한 것으로 본다.

〔전부개정 2011·6·8〕

제112조(휴원·폐원의 신고) 학원등 설립·운영자가 해당 학원을 폐원(閉院)하거나 1개

월 이상 휴원(休院)하는 경우에는 행정안전부령으로 정하는 바에 따라 휴원 또는 폐원한 날부터 7일 이내에 시·도경찰청장에게 그 사실을 신고하여야 한다. <개정 2013·3·23, 2014·11·19, 2017·7·26, 2020·12·22>
〔전부개정 2011·6·8〕

제113조(학원등에 대한 행정처분) ① 시·도경찰청장은 학원등이 다음 각 호의 어느 하나에 해당하면 행정안전부령으로 정하는 기준에 따라 등록을 취소하거나 1년 이내의 기간을 정하여 운영의 정지를 명할 수 있다. 다만, 제1호에 해당하는 경우에는 등록을 취소하여야 한다. <개정 2013·3·23, 2014·11·19, 2017·7·26, 2020·12·22>

1. 거짓이나 그 밖의 부정한 방법으로 제99조에 따른 등록을 하거나 제104조제1항에 따른 지정을 받은 경우
2. 제101조에 따른 시설기준에 미달하게 된 경우
3. 정당한 사유 없이 개원(開院) 예정일부터 2개월이 지날 때까지 개원하지 아니한 경우
4. 정당한 사유 없이 계속하여 2개월 이상 휴원한 경우
5. 등록한 사항에 관하여 변경등록을 하지 아니하고 이를 변경하는 등 부정한 방법으로 학원을 운영한 경우
6. 제103조제1항에 따른 강사의 배치기준 또는 제104조제1항제2호에 따른 기능검정원 및 강사의 배치기준을 위반한 경우
7. 제103조제2항 또는 제104조제1항제4호에 따른 교육과정, 교육방법 및 운영기준 등을 위반하여 교육을 하거나 교육사실을 거짓으로 증명한 경우
8. 제109조제1항 후단을 위반하여 학원등 설립·운영자가 연수교육을 받지 아니하거나 학원등의 강사 및 기능검정원이 연수교육을 받을 수 있도록 조치하지 아니한 경우
9. 제141조제2항에 따른 자료제출 또는 보고를 하지 아니하거나 거짓으로 자료제출 또는 보고한 경우
10. 제141조제2항에 따른 관계 공무원의 출입·검사를 거부·방해 또는 기피한 경우
11. 제141조제2항에 따른 시설·설비의 개선이나 그 밖에 필요한 사항에 대한 명령을 따르지 아니한 경우
12. 이 법이나 이 법에 따른 명령 또는 처분을 위반한 경우

② 시·도경찰청장은 전문학원이 다음 각 호의 어느 하나에 해당하면 행정안전부령으로 정하는 기준에 따라 학원의 등록을 취소하거나 1년 이내의 기간을 정하여 운영의 정지를 명할 수 있다. <개정 2013·3·23, 2014·11·19, 2017·7·26, 2020·12·22, 2024·3·19>

1. 제74조제1항에 따른 교통안전교육을 하지 아니하는 경우
2. 제79조의 교통안전교육기관 지정취소 또는 운영의 정지처분 사유에 해당하는 경우
3. 전문학원의 운영이 제104조제1항제4호에 따른 기준에 적합하지 아니한 경우
4. 제104조제3항을 위반하여 중요사항의 변경에 대한 승인을 받지 아니한 경우
5. 제106조제6항을 위반하여 학감이 강사가 아닌 사람으로 하여금 학과교육 또는 기능교육을 하게 한 경우
6. 제108조제2항을 위반하여 자동차운전에 관한 학과 및 기능교육을 수료하지 아니한 사람 또는 도로주행교육을 수료하지 아니한 사람에게 기능검정을 받게 한 경우
7. 제108조제3항을 위반하여 학감이 기능검정원이 아닌 사람으로 하여금 기능검정을 하도록 한 경우
8. 제108조제4항을 위반하여 기능검정원이 거짓으로 기능검정시험의 합격사실을 증명한 경우
9. 제108조제5항을 위반하여 학감이 기능검정에 합격하지 아니한 사람에게 수료증 또는 졸업증을 발급한 경우

③ 시·도경찰청장은 전문학원이 다음 각 호의 어느 하나에 해당하는 경우에는 행정안전부령으로 정하는 기준에 따라 지정을 취소할 수 있다. <개정 2013·3·23, 2014·11·19, 2017·7·26, 2020·12·22>

1. 제104조제1항제1호부터 제3호까지의 지정기준에 적합하지 아니하게 된 경우
2. 제1항과 제2항에 따라 전문학원의 운영이 정지된 경우

④ 시·도경찰청장은 학원등이 제1항이나 제2항에 따른 운영정지 명령을 위반하여

계속 운영 행위를 하는 경우에는 행정안전부령으로 정하는 기준에 따라 등록을 취소하거나 1년 이내의 기간을 정하여 추가로 운영의 정지를 명할 수 있다. <개정 2013·3·23, 2014·11·19, 2017·7·26, 2020·12·22>
〔전부개정 2011·6·8〕

제114조(청문) 시·도경찰청장은 제113조에 따라 학원등의 등록 또는 지정을 취소하려면 청문을 하여야 한다. <개정 2020·12·22>
〔전부개정 2011·6·8〕

제115조(학원등에 대한 조치) ① 시·도경찰청장은 제99조에 따른 등록을 하지 아니하거나 제104조제1항에 따른 지정을 받지 아니하고 학원등을 설립·운영하는 경우 또는 제113조에 따라 등록이 취소되거나 운영 정지처분을 받은 학원등이 계속하여 자동차운전교육을 하는 경우에는 해당 학원등을 폐쇄하거나 운영을 중지시키기 위하여 다음 각 호의 조치를 할 수 있다. <개정 2020·12·22>
1. 해당 학원등의 간판이나 그 밖의 표지물을 제거하거나 교육생의 출입을 제한하기 위한 시설물의 설치
2. 해당 학원등이 등록 또는 지정을 받지 아니한 시설이거나 제113조에 따른 행정처분을 받은 시설임을 알리는 게시문 부착

② 제1항에 따른 조치는 그 목적을 달성하기 위하여 필요한 최소한의 범위에서 하여야 한다.
③ 제1항에 따라 조치를 하는 관계 공무원은 그 권한을 나타내는 증표를 지니고 이를 관계인에게 보여주어야 한다.
〔전부개정 2011·6·8〕

제116조(무등록 유상 운전교육의 금지) 제99조에 따른 학원의 등록을 하지 아니한 사람은 대가를 받고 다음 각 호의 어느 하나에 해당하는 행위를 하여서는 아니 된다.
1. 학원등의 밖에서 하거나 학원등의 명의를 빌려서 학원등의 안에서 하는 자동차등의 운전교육
2. 자동차등의 운전연습을 할 수 있는 시설을 갖추고 그 시설을 이용하게 하는 행위

〔전부개정 2011·6·8〕

제117조(유사명칭 등의 사용금지) ① 제99조에 따른 학원의 등록을 하지 아니한 자는 학원등과 유사한 명칭을 사용하여 상호를 게시하거나 광고를 하여서는 아니 된다.
② 제99조에 따른 학원의 등록을 하지 아니한 자는 그가 소유하거나 임차한 자동차에 학원등의 도로주행교육용 자동차와 비슷한 표시를 하지 못한다.
③ 이 법에 따른 전문학원이 아닌 학원은 그 명칭 중에 전문학원 또는 이와 비슷한 용어를 사용하지 못한다.
〔전부개정 2011·6·8〕

제118조(전문학원 학감 등의 공무원 의제) 전문학원의 학감·부학감은 기능검정 및 수강사실 확인업무에 관하여, 기능검정원은 기능검정업무에 관하여, 강사는 수강사실 확인업무에 관하여 「형법」이나 그 밖의 법률에 따른 벌칙을 적용할 때에는 각각 공무원으로 본다.
〔전부개정 2011·6·8〕

제119조(자동차운전 전문학원연합회) ① 전문학원의 설립자는 전문학원의 건전한 육성발전과 전문학원 간의 상호협조 및 공동이익의 증진을 위하여 자동차운전 전문학원연합회(이하 "연합회"라 한다)를 설립할 수 있다.
② 연합회는 법인으로 한다.
③ 연합회의 정관에는 다음 각 호의 사항이 포함되어야 한다.
1. 목적
2. 명칭
3. 주된 사무소의 소재지
4. 이사회 및 회원에 관한 사항
5. 임원 및 직원에 관한 사항
6. 사업에 관한 사항
7. 재산 및 회계에 관한 사항
8. 정관의 변경에 관한 사항

④ 제3항에 따른 정관은 경찰청장의 인가를 받아야 한다. 정관을 변경하는 경우에도 또한 같다.
⑤ 연합회는 다음 각 호의 사업을 한다.
1. 전문학원 제도의 발전을 위한 연구
2. 전문학원의 교육시설 및 교재의 개발
3. 전문학원에서 하는 교육 및 기능검정 방법의 연구개발
4. 전문학원의 학감·부학감, 기능검정원 및 강사의 교육훈련과 복지증진 사업
5. 경찰청장으로부터 위탁받은 사항
6. 그 밖에 연합회의 목적달성에 필요한 사업

⑥ 경찰청장은 대통령령으로 정하는 바에 따라 연합회를 감독하며, 연합회의 건전한 운영을 위하여 필요한 명령을 할 수 있다.
⑦ 연합회에 관하여 이 법에서 규정한 사항을 제외하고는 「민법」 중 사단법인에 관한 규정을 준용한다.
〔전부개정 2011·6·8〕

제11장 삭제 <2024·1·30>

제120조부터 **제125조**까지 삭제 <2024·1·30>
제126조부터 **제128조**까지 삭제 <2010·7·23>
제129조부터 **제132조**까지 삭제 <2024·1·30>
제133조 삭제 <2010·7·23>
제134조 삭제 <2024·1·30>
제135조 삭제 <2010·7·23>
제136조 삭제 <2024·1·30>

제12장 보칙

제137조(운전자에 관한 정보의 관리 및 제공 등) ① 경찰청장은 운전자의 운전면허·교통사고 및 교통법규 위반에 관한 정보를 통합적으로 유지·관리할 수 있도록 전산시스템을 구축·운영하여야 한다.
② 시·도경찰청장 및 경찰서장은 운전자의 운전면허·교통사고 및 교통법규 위반에 관한 정보를, 한국도로교통공단은 운전면허에 관한 정보를 각각 제1항에 따른 전산시스템에 등록·관리하여야 한다. <개정 2020·12·22, 2024·1·30>
③ 운전자 본인 또는 그 대리인은 행정안전부령으로 정하는 바에 따라 시·도경찰청장, 경찰서장 또는 한국도로교통공단에 제1항에 따른 정보를 확인하는 증명을 신청할 수 있다. <개정 2013·3·23, 2014·11·19, 2017·7·26, 2020·12·22, 2024·1·30>
④ 시·도경찰청장, 경찰서장 또는 한국도로교통공단은 제3항에 따른 신청을 받으면 행정안전부령으로 정하는 바에 따라 운전자에 관한 정보를 확인하는 서류로써 증명하여 주어야 한다. <개정 2013·3·23, 2014·11·19, 2017·7·26, 2020·12·22, 2024·1·30>
⑤ 경찰청장 또는 한국도로교통공단은 운전면허증의 진위 여부에 대한 확인요청이 있는 경우 제1항에 따른 전산시스템을 이용하여 그 진위를 확인하여 줄 수 있다. <신설 2014·12·30, 2024·1·30>
〔전부개정 2011·6·8〕

제137조의2(자료의 요청 등) ① 시·도경찰청장은 운전면허를 소지한 등록외국인이나 외국국적동포의 체류지 또는 거소를 확인하기 위하여 필요한 경우에는 경찰청장을 거쳐 법무부장관에게 해당 체류지 또는 거소 정보의 제공을 요청할 수 있다. <개정 2020·12·22>
② 시·도경찰청장은 운전면허증 발급을 받으려는 등록외국인이나 외국국적동포가 본인인지를 확인하기 위하여 필요한 경우에는 경찰청장을 거쳐 법무부장관에게 해당 등록외국인이나 외국국적동포의 지문정보의 제공을 요청할 수 있다. <개정 2020·12·22>
③ 제1항 및 제2항에 따른 정보의 사용료나 수수료는 면제한다.
〔본조신설 2016·12·2〕

제138조(운전면허증등의 보관) ① 경찰공무원은 자동차등의 운전자가 다음 각 호의 어느 하나에 해당하는 경우에는 현장에서 제164조에 따른 범칙금 납부통고서 또는 출석지시서를 발급하고, 운전면허증등의 제출을 요구하여 이를 보관할 수 있다. 이 경우 그 범칙금 납부통고서 또는 출석지시서에 운전면허증등의 보관 사실을 기록하여야 한다.
<개정 2021·10·19>
1. 교통사고를 일으킨 경우
2. 제93조에 따른 운전면허의 취소처분 또는 정지처분의 대상이 된다고 인정되는 경우
3. 제96조에 따라 외국에서 발급한 국제운전면허증 또는 상호인정외국면허증을 가진 사람으로서 제162조제1항에 따른 범칙행위를 한 경우

② 제1항의 범칙금 납부통고서 또는 출석지시서는 범칙금의 납부기일이나 출석기일까지 운전면허증등(연습운전면허증은 제외한다)과 같은 효력이 있다.
③ 자치경찰공무원이 제1항에 따라 운전면허증등을 보관한 경우에는 지체 없이 관할 경찰서장에게 운전면허증등을 첨부하여 그 사실을 통보하여야 한다.
〔전부개정 2011·6·8〕

제138조의2(비용의 지원) ① 국가는 예산의 범위에서 지방자치단체에 대하여 제12조에 따른 어린이 보호구역 및 제12조의2에 따른

노인 및 장애인 보호구역의 설치 및 관리에 필요한 비용의 전부 또는 일부를 보조할 수 있다. 다만, 어린이·노인 또는 장애인의 교통사고 발생률이 높은 보호구역에는 우선적으로 보조하여야 한다. <개정 2015·8·11>

② 국가 또는 지방자치단체는 제53조제5항에 따른 어린이 하차확인장치의 설치·운영에 필요한 비용의 전부 또는 일부를 지원할 수 있다. <신설 2018·10·16>

〔본조신설 2010·7·23〕

제139조(수수료) ① 다음 각 호의 어느 하나에 해당하는 사람은 행정안전부령으로 정하는 바에 따라 수수료를 내야 한다. 다만, 경찰청장 또는 시·도경찰청장이 제147조에 따라 업무를 대행하게 한 경우에는 그 업무를 대행하는 한국도로교통공단이 경찰청장의 승인을 받아 결정·공고하는 수수료를 한국도로교통공단에 내야 한다. <개정 2013·3·23, 2014·11·19, 2014·12·30, 2017·7·26, 2020·12·22, 2024·1·30>

1. 제2조제22호에 따른 긴급자동차의 지정을 신청하는 사람
2. 제14조제3항에 따라 차로의 너비를 초과하는 차의 통행허가를 신청하는 사람
3. 제39조에 따라 안전기준을 초과한 승차허가 또는 적재 허가를 신청하는 사람
4. 제74조에 따라 교통안전교육기관의 지정을 신청하는 사람
5. 제85조부터 제87조까지의 규정에 따라 운전면허증을 발급 또는 재발급받으려고 신청하는 사람
6. 삭제 <2014·12·30>
7. 제98조에 따른 국제운전면허증 발급을 신청하는 사람
8. 제104조에 따라 전문학원의 지정을 신청하는 사람
9. 제106조 및 제107조에 따른 강사 또는 기능검정원의 자격시험에 응시하거나 그 자격증의 발급(재발급을 포함한다)을 신청하는 사람
10. 삭제 <2014·12·30>
11. 삭제 <2018·3·27>

② 다음 각 호의 어느 하나에 해당하는 사람은 한국도로교통공단이 경찰청장의 승인을 받아 결정·공고하는 수수료를 내야 한다. <개정 2024·1·30>

1. 제83조에 따른 운전면허시험의 응시를 신청하는 사람
2. 제87조와 제88조에 따른 정기 적성검사 또는 수시 적성검사를 신청하거나 적성검사 연기를 신청하는 사람

〔전부개정 2011·6·8〕

제140조(교통안전교육기관의 수강료 등) 제56조의3제1항 또는 제73조에 따른 교육을 하는 자는 교육생으로부터 수강료를 받을 수 있다. <개정 2017·10·24, 2018·3·27, 2024·3·19>

〔전부개정 2011·6·8〕

제141조(지도 및 감독 등) ① 시·도경찰청장은 교통안전교육기관 또는 학원등의 건전한 육성·발전을 위하여 적절한 지도·감독을 하여야 한다. <개정 2020·12·22>

② 시·도경찰청장은 필요하다고 인정하면 다음 각 호의 자에 대하여 시설·설비 및 교육에 관한 사항이나 각종 통계자료를 제출 또는 보고하게 하거나 관계 공무원으로 하여금 해당 시설에 출입하여 시설·설비, 장부와 그 밖의 관계 서류를 검사하게 할 수 있다. 이 경우 시·도경찰청장은 시설·설비의 개선과 그 밖에 필요하다고 판단하는 사항에 대하여 명령을 할 수 있다. <개정 2020·12·22>

1. 교통안전교육기관의 장
2. 학원등 설립·운영자
3. 제104조제1항제1호에 따른 전문학원의 학감

③ 제2항에 따라 교통안전교육기관 또는 학원등에 출입·검사하는 관계 공무원은 그 권한을 나타내는 증표를 지니고 이를 관계인에게 보여주어야 한다.

④ 삭제 <2024·1·30>

〔전부개정 2011·6·8〕

제142조(행정소송과의 관계) 이 법에 따른 처분으로서 해당 처분에 대한 행정소송은 행정심판의 재결(裁決)을 거치지 아니하면 제기할 수 없다.

〔전부개정 2011·6·8〕

제143조(전용차로 운행 등에 대한 시·군공무원의 단속) ① 시·군공무원은 제15조제3항에 따른 전용차로 통행 금지 의무, 제29조제4항·제5항에 따른 긴급자동차에 대한 진로양보 의무 또는 제32조부터 제34조까지의 규정에 따른 정차 및 주차 금지 의

무를 위반한 운전자가 있으면 행정안전부령으로 정하는 바에 따라 현장에서 위반행위의 요지와 경찰서장(제주특별자치도의 경우 제주특별자치도지사로 한다. 이하 이 조에서 같다)에게 출석할 기일 및 장소 등을 구체적으로 밝힌 고지서를 발급하고, 운전면허증의 제출을 요구하여 이를 보관할 수 있다. 이 경우 그 고지서는 출석기일까지 운전면허증과 같은 효력이 있다. <개정 2013·3·23, 2014·11·19, 2017·7·26>

② 시·군공무원은 제1항에 따라 고지서를 발급한 때에는 지체 없이 관할 경찰서장에게 운전면허증을 첨부하여 통보하여야 한다.

③ 경찰서장은 제2항에 따른 통보를 받으면 위반행위를 확인하여야 한다.

④ 시·군공무원은 제1항에 따라 고지서를 발급하거나 조치를 할 때에는 본래의 목적에서 벗어나 직무상 권한을 남용하여서는 아니 된다.

〔전부개정 2011·6·8〕

제144조(교통안전수칙과 교통안전에 관한 교육지침의 제정 등) ① 경찰청장은 다음 각 호의 사항이 포함된 교통안전수칙을 제정하여 보급하여야 한다. <개정 2014·12·30>

1. 도로교통의 안전에 관한 법령의 규정
2. 자동차등의 취급방법, 안전운전 및 친환경 경제운전에 필요한 지식
3. 긴급자동차에 길 터주기 요령
4. 그 밖에 도로에서 일어나는 교통상의 위험과 장해를 방지·제거하여 교통의 안전과 원활한 소통을 확보하기 위하여 필요한 사항

② 경찰청장은 도로를 통행하는 사람을 대상으로 교통안전에 관한 교육을 하는 자가 효과적이고 체계적으로 교육을 할 수 있도록 하기 위하여 다음 각 호의 사항이 포함된 교통안전교육에 관한 지침을 제정하여 공표하여야 한다. <개정 2014·12·30>

1. 자동차등의 안전운전 및 친환경 경제운전에 관한 사항
2. 교통사고의 예방과 처리에 관한 사항
3. 보행자의 안전한 통행에 관한 사항
4. 어린이·장애인 및 노인의 교통사고 예방에 관한 사항
5. 긴급자동차에 길 터주기 요령에 관한 사항
6. 그 밖에 교통안전에 관한 교육을 효과적으로 하기 위하여 필요한 사항

〔전부개정 2011·6·8〕

제144조의2(교통안전지표의 조사 및 활용) ① 경찰청장은 지역별 교통안전수준을 객관적으로 측정하기 위하여 교통사고 건수와 사상자 수 등을 기초로 산정한 교통안전지표(이하 "교통안전지표"라 한다)를 개발·조사·작성하고 그 결과를 공표할 수 있다.

② 지방자치단체의 장은 제1항에 따라 공표된 결과를 교통정책을 수립하는 데 반영할 수 있다.

③ 교통안전지표의 조사항목 및 조사방법 등에 관하여 필요한 사항은 대통령령으로 정한다.

〔본조신설 2025·1·7〕

제145조(교통정보의 제공) ① 경찰청장은 교통의 안전과 원활한 소통을 확보하기 위하여 필요한 정보를 수집하여 분석하고 그 결과를 신속하게 일반에게 제공하여야 한다. <개정 2008·1·17>

② 경찰청장은 제1항의 교통정보 수집·분석·제공을 위하여 교통정보센터를 구축·운영할 수 있으며, 교통정보센터의 효율적인 운영을 위하여 전담기관을 지정할 수 있다. <신설 2024·3·19>

③ 경찰청장은 제2항에 따라 지정받은 자가 다음 각 호의 어느 하나에 해당하는 경우에는 전담기관의 지정을 취소하거나 6개월의 범위에서 기간을 정하여 업무의 전부 또는 일부를 정지할 수 있다. 다만, 제1호에 해당하는 경우에는 지정을 취소하여야 한다. <신설 2024·3·19>

1. 거짓이나 그 밖의 부정한 방법으로 지정을 받은 경우
2. 제4항에 따른 지정기준에 적합하지 아니하게 된 경우

④ 제2항에 따른 교통정보센터 구축·운영, 전담기관의 지정·운영 및 제3항에 따른 지정취소·업무정지 등에 필요한 사항은 대통령령으로 정한다. <신설 2024·3·19>

제145조의2(광역 교통정보 사업) 경찰청장은 각 시·도경찰청장으로 하여금 광역 교통정보를 수집하고, 이를 다른 지역의 교통정보와 연계하여 분석한 결과를 일반에게 제공하는 사업을 시장등과 협의하여 추진하게 할 수 있다. <개정 2020·12·22>

〔본조신설 2008·1·17〕

제146조(무사고 또는 유공운전자의 표시장) ① 경찰청장은 운전면허를 받은 사람으로서 운전에 종사하면서 일정 기간 교통사고를 일으키지 아니한 사람과 정부의 표창에 관한 법령에 따라 경찰 기관의 장의 표창을 받은 사람에게 무사고운전자 또는 유공운전자의 표시장을 수여할 수 있다.

② 제 1 항에 따른 표시장의 종류, 표시장 수여의 대상, 그 밖에 표시장 수여에 필요한 사항은 행정안전부령으로 정한다. <개정 2013·3·23, 2014·11·19, 2017·7·26>

〔전부개정 2011·6·8〕

제147조(위임 및 위탁 등) ① 시장등은 이 법에 따른 권한 또는 사무의 일부를 대통령령으로 정하는 바에 따라 시·도경찰청장이나 경찰서장에게 위임 또는 위탁할 수 있다. <개정 2020·12·22>

② 특별시장 및 광역시장은 이 법에 따른 권한의 일부를 대통령령으로 정하는 바에 따라 관할구역의 구청장(자치구의 구청장을 말한다)과 군수에게 위임할 수 있다.

③ 시·도경찰청장은 이 법에 따른 권한 또는 사무의 일부를 대통령령으로 정하는 바에 따라 관할 경찰서장에게 위임하거나 교통 관련 전문교육기관 또는 전문연구기관 등에 위탁할 수 있다. <개정 2020·12·22>

④ 시·도경찰청장 또는 경찰서장은 제 1 항에 따라 시장등으로부터 위임받거나 위탁받은 사무의 일부를 대통령령으로 정하는 바에 따라 교통 관련 전문교육기관 또는 전문연구기관에 위탁할 수 있다. <개정 2020·12·22>

⑤ 시·도경찰청장은 이 법에 따른 운전면허와 관련된 업무의 일부를 대통령령으로 정하는 바에 따라 한국도로교통공단으로 하여금 대행 또는 위탁하게 할 수 있다. <개정 2020·12·22, 2023·10·24, 2024·1·30>

⑥ 경찰청장은 제106조와 제107조에 따른 강사 및 기능검정원에 대한 자격시험과 자격증 발급 업무를 한국도로교통공단으로 하여금 대행하게 할 수 있다. <개정 2024·1·30>

⑦ 경찰청장은 교통안전지표의 개발·조사·작성·공표에 관한 업무를 한국도로교통공단에 위탁할 수 있다. <신설 2025·1·7>

〔전부개정 2011·6·8〕

제147조의2(규제의 재검토) 경찰청장은 다음 각 호의 사항에 대하여 다음 각 호의 기준일을 기준으로 3년마다(매 3년이 되는 해의 기준일과 같은 날 전까지를 말한다) 폐지, 완화 또는 유지 등의 타당성을 검토하여야 한다.

1. 제12조에 따른 어린이 보호구역의 지정 및 관리 : 2014년 1월 1일
2. 제12조의2에 따른 노인 및 장애인 보호구역의 지정 및 관리 : 2014년 1월 1일

〔본조신설 2015·8·11〕

제147조의3(국제협력 전담기관의 지정) ① 경찰청장은 도로교통 관련 국제협력을 위하여 기술의 국제교류, 국제표준화 및 국제공동연구개발 등의 업무를 전담하는 기관을 지정할 수 있다.

② 경찰청장은 제 1 항에 따라 지정받은 자가 다음 각 호의 어느 하나에 해당하는 경우에는 전담기관의 지정을 취소하거나 6개월의 범위에서 기간을 정하여 업무의 전부 또는 일부를 정지할 수 있다. 다만, 제 1 호에 해당하는 경우에는 지정을 취소하여야 한다.

1. 거짓이나 그 밖의 부정한 방법으로 지정을 받은 경우
2. 제 3 항에 따른 지정기준에 적합하지 아니하게 된 경우

③ 제 1 항에 따른 전담기관의 지정·운영 및 제 2 항에 따른 지정취소·업무정지 등에 필요한 사항은 대통령령으로 정한다.

〔본조신설 2024·3·19〕

제13장 벌칙

제148조(벌칙) 제54조제 1 항에 따른 교통사고 발생 시의 조치를 하지 아니한 사람(주·정차된 차만 손괴한 것이 분명한 경우에 제54조제 1 항제 2 호에 따라 피해자에게 인적 사항을 제공하지 아니한 사람은 제외한다)은 5년 이하의 징역이나 1천500만원 이하의 벌금에 처한다. <개정 2016·12·2>

〔전부개정 2011·6·8〕

제148조의2(벌칙) ① 제44조제 1 항, 제 2 항 또는 제 5 항을 위반(자동차등 또는 노면전차를 운전한 경우로 한정한다. 다만, 개인형 이동장치를 운전한 경우는 제외한다. 이

하 이 조에서 같다)하여 벌금 이상의 형을 선고받고 그 형이 확정된 날부터 10년 내에 다시 같은 조 제1항, 제2항 또는 제5항을 위반한 사람(형이 실효된 사람도 포함한다)은 다음 각 호의 구분에 따라 처벌한다. <개정 2023·1·3, 2024·12·3>

1. 제44조제2항 또는 제5항을 위반한 사람은 1년 이상 6년 이하의 징역이나 500만원 이상 3천만원 이하의 벌금에 처한다.
2. 제44조제1항을 위반한 사람 중 혈중알코올농도가 0.2퍼센트 이상인 사람은 2년 이상 6년 이하의 징역이나 1천만원 이상 3천만원 이하의 벌금에 처한다.
3. 제44조제1항을 위반한 사람 중 혈중알코올농도가 0.03퍼센트 이상 0.2퍼센트 미만인 사람은 1년 이상 5년 이하의 징역이나 500만원 이상 2천만원 이하의 벌금에 처한다.

② 다음 각 호의 어느 하나에 해당하는 사람은 1년 이상 5년 이하의 징역이나 500만원 이상 2천만원 이하의 벌금에 처한다. <개정 2024·12·3>

1. 술에 취한 상태에 있다고 인정할 만한 상당한 이유가 있는 사람으로서 제44조제2항에 따른 경찰공무원의 측정에 응하지 아니하는 사람(자동차등 또는 노면전차를 운전한 경우로 한정한다)
2. 술에 취한 상태에 있다고 인정할 만한 상당한 이유가 있는 사람으로서 제44조제5항을 위반하여 자동차등 또는 노면전차를 운전한 후 음주측정방해행위를 한 사람

③ 제44조제1항을 위반하여 술에 취한 상태에서 자동차등 또는 노면전차를 운전한 사람은 다음 각 호의 구분에 따라 처벌한다.

1. 혈중알코올농도가 0.2퍼센트 이상인 사람은 2년 이상 5년 이하의 징역이나 1천만원 이상 2천만원 이하의 벌금
2. 혈중알코올농도가 0.08퍼센트 이상 0.2퍼센트 미만인 사람은 1년 이상 2년 이하의 징역이나 500만원 이상 1천만원 이하의 벌금
3. 혈중알코올농도가 0.03퍼센트 이상 0.08퍼센트 미만인 사람은 1년 이하의 징역이나 500만원 이하의 벌금

④ 제45조를 위반하여 약물로 인하여 정상적으로 운전하지 못할 우려가 있는 상태에서 자동차등 또는 노면전차를 운전한 사람은 3년 이하의 징역이나 1천만원 이하의 벌금에 처한다.
〔전부개정 2018·12·24〕

제148조의3(벌칙) ① 제50조의3제4항을 위반하여 음주운전 방지장치를 해체·조작하거나 그 밖의 방법으로 효용을 해친 자는 3년 이하의 징역 또는 3천만원 이하의 벌금에 처한다.

② 제50조의3제4항을 위반하여 장치가 해체·조작되었거나 효용이 떨어진 것을 알면서 해당 장치가 설치된 자동차등을 운전한 자는 1년 이하의 징역 또는 300만원 이하의 벌금에 처한다.

③ 제50조의3제5항을 위반하여 조건부 운전면허를 받은 사람을 대신하여 음주운전 방지장치가 설치된 자동차등을 운전할 수 있도록 해당 장치에 호흡을 불어넣거나 다른 부정한 방법으로 음주운전 방지장치가 설치된 자동차등에 시동을 걸어 운전할 수 있도록 한 사람은 1년 이하의 징역 또는 300만원 이하의 벌금에 처한다.
〔본조신설 2023·10·24〕

제149조(벌칙) ① 제68조제1항을 위반하여 함부로 신호기를 조작하거나 교통안전시설을 철거·이전하거나 손괴한 사람은 3년 이하의 징역이나 700만원 이하의 벌금에 처한다.

② 제1항에 따른 행위로 인하여 도로에서 교통위험을 일으키게 한 사람은 5년 이하의 징역이나 1천500만원 이하의 벌금에 처한다.
〔전부개정 2011·6·8〕

제150조(벌칙) 다음 각 호의 어느 하나에 해당하는 사람은 2년 이하의 징역이나 500만원 이하의 벌금에 처한다. <개정 2024·1·30, 2024·3·19>

1. 제46조제1항 또는 제2항을 위반하여 공동 위험행위를 하거나 주도한 사람
2. 제77조제1항에 따른 수강 결과를 거짓으로 보고한 교통안전교육강사
3. 제77조제2항을 위반하여 교통안전교육을 받지 아니하거나 기준에 미치지 못하는 사람에게 교육확인증을 발급한 교통안전교육기관의 장

3의2. 제85조제6항, 제106조제3항 또는 제107조제3항을 위반하여 운전면허증, 강사자격증 또는 기능검정원 자격증을 빌려주거나 빌린 사람 또는 이를 알선한 사람
3의3. 제92조제3항을 위반하여 다른 사람의 명의의 모바일운전면허증을 부정하게 사용한 사람
4. 거짓이나 그 밖의 부정한 방법으로 제99조에 따른 학원의 등록을 하거나 제104조제1항에 따른 전문학원의 지정을 받은 사람
5. 제104조제1항에 따른 전문학원의 지정을 받지 아니하고 제108조제5항에 따른 수료증 또는 졸업증을 발급한 사람
6. 제116조를 위반하여 대가를 받고 자동차등의 운전교육을 한 사람
7. 삭제 <2024·1·30>

〔전부개정 2011·6·8〕

제151조(벌칙) 차 또는 노면전차의 운전자가 업무상 필요한 주의를 게을리하거나 중대한 과실로 다른 사람의 건조물이나 그 밖의 재물을 손괴한 경우에는 2년 이하의 금고나 500만원 이하의 벌금에 처한다. <개정 2018·3·27>

〔전부개정 2011·6·8〕

제151조의2(벌칙) 다음 각 호의 어느 하나에 해당하는 사람은 1년 이하의 징역이나 500만원 이하의 벌금에 처한다. <개정 2020·6·9>

1. 제46조의3을 위반하여 자동차등을 난폭운전한 사람
2. 제17조제3항을 위반하여 제17조제1항 및 제2항에 따른 최고속도보다 시속 100킬로미터를 초과한 속도로 3회 이상 자동차등을 운전한 사람

〔본조신설 2015·8·11〕

제152조(벌칙) 다음 각 호의 어느 하나에 해당하는 사람은 1년 이하의 징역이나 300만원 이하의 벌금에 처한다. <개정 2021·10·19, 2023·10·24>

1. 제43조를 위반하여 제80조에 따른 운전면허(원동기장치자전거면허는 제외한다. 이하 이 조에서 같다)를 받지 아니하거나(운전면허의 효력이 정지된 경우를 포함한다) 또는 제96조에 따른 국제운전면허증 또는 상호인정외국면허증을 받지 아니하고(운전이 금지된 경우와 유효기간이 지난 경우를 포함한다) 자동차를 운전한 사람

1의2. 제50조의3제3항을 위반하여 조건부 운전면허를 발급받고 음주운전 방지장치가 설치되지 아니하거나 설치기준에 적합하지 아니하게 설치된 자동차등을 운전한 사람
2. 제56조제2항을 위반하여 운전면허를 받지 아니한 사람(운전면허의 효력이 정지된 사람을 포함한다)에게 자동차를 운전하도록 시킨 고용주등
3. 거짓이나 그 밖의 부정한 수단으로 운전면허를 받거나 운전면허증 또는 운전면허증을 갈음하는 증명서를 발급받은 사람
4. 제68조제2항을 위반하여 교통에 방해가 될 만한 물건을 함부로 도로에 내버려 둔 사람
5. 제76조제4항을 위반하여 교통안전교육강사가 아닌 사람으로 하여금 교통안전교육을 하게 한 교통안전교육기관의 장
6. 제117조를 위반하여 유사명칭 등을 사용한 사람

〔전부개정 2011·6·8〕

제152조의2 삭제 <2010·7·23>

제153조(벌칙) ① 다음 각 호의 어느 하나에 해당하는 사람은 6개월 이하의 징역이나 200만원 이하의 벌금 또는 구류에 처한다.

1. 제40조를 위반하여 정비불량차를 운전하도록 시키거나 운전한 사람
2. 제41조, 제47조 또는 제58조에 따른 경찰공무원의 요구·조치 또는 명령에 따르지 아니하거나 이를 거부 또는 방해한 사람
3. 제46조의2를 위반하여 교통단속을 회피할 목적으로 교통단속용 장비의 기능을 방해하는 장치를 제작·수입·판매 또는 장착한 사람
4. 제49조제1항제4호를 위반하여 교통단속용 장비의 기능을 방해하는 장치를 한 차를 운전한 사람
5. 제55조를 위반하여 교통사고 발생 시의 조치 또는 신고 행위를 방해한 사람
6. 제68조제1항을 위반하여 함부로 교통안전시설이나 그 밖에 그와 비슷한 인공구조물을 설치한 사람
7. 제80조제3항 또는 제4항에 따른 조건을 위반하여 운전한 사람

② 다음 각 호의 어느 하나에 해당하는 사람은 100만원 이하의 벌금 또는 구류에 처한다. <신설 2015·8·11, 2020·6·9>

1. 고속도로, 자동차전용도로, 중앙분리대가 있는 도로에서 제13조제3항을 고의로 위반하여 운전한 사람
2. 제17조제3항을 위반하여 제17조제1항 및 제2항에 따른 최고속도보다 시속 100킬로미터를 초과한 속도로 자동차등을 운전한 사람

〔전부개정 2011·6·8〕

제154조(벌칙) 다음 각 호의 어느 하나에 해당하는 사람은 30만원 이하의 벌금이나 구류에 처한다. <개정 2018·3·27, 2019·12·24, 2020·5·26, 2020·6·9, 2020·10·20, 2021·10·19>

1. 제42조를 위반하여 자동차등에 도색·표지 등을 하거나 그러한 자동차등을 운전한 사람
2. 제43조를 위반하여 제80조에 따른 원동기장치자전거를 운전할 수 있는 운전면허를 받지 아니하거나(원동기장치자전거를 운전할 수 있는 운전면허의 효력이 정지된 경우를 포함한다) 국제운전면허증 또는 상호인정외국면허증 중 원동기장치자전거를 운전할 수 있는 것으로 기재된 국제운전면허증 또는 상호인정외국면허증을 발급받지 아니하고(운전이 금지된 경우와 유효기간이 지난 경우를 포함한다) 원동기장치자전거를 운전한 사람(다만, 개인형 이동장치를 운전하는 경우는 제외한다)
3. 제45조를 위반하여 과로·질병으로 인하여 정상적으로 운전하지 못할 우려가 있는 상태에서 자동차등 또는 노면전차를 운전한 사람(다만, 개인형 이동장치를 운전하는 경우는 제외한다)

3의2. 제53조제3항을 위반하여 보호자를 태우지 아니하고 어린이통학버스를 운행한 운영자

3의3. 제53조제4항을 위반하여 어린이나 영유아가 하차하였는지를 확인하지 아니한 운전자

3의4. 제53조제5항을 위반하여 어린이 하차확인장치를 작동하지 아니한 운전자. 다만, 점검 또는 수리를 위하여 일시적으로 장치를 제거하여 작동하지 못하는 경우는 제외한다.

3의5. 제53조제6항을 위반하여 보호자를 태우지 아니하고 운행하는 어린이통학버스에 보호자 동승표지를 부착한 자

4. 제54조제2항에 따른 사고발생 시 조치상황 등의 신고를 하지 아니한 사람
5. 제56조제2항을 위반하여 원동기장치자전거를 운전할 수 있는 운전면허를 받지 아니하거나(원동기장치자전거를 운전할 수 있는 운전면허의 효력이 정지된 경우를 포함한다) 국제운전면허증 또는 상호인정외국면허증 중 원동기장치자전거를 운전할 수 있는 것으로 기재된 국제운전면허증 또는 상호인정외국면허증을 발급받지 아니한 사람(운전이 금지된 경우와 유효기간이 지난 경우를 포함한다)에게 원동기장치자전거를 운전하도록 시킨 고용주등
6. 제63조를 위반하여 고속도로등을 통행하거나 횡단한 사람
7. 제69조제1항에 따른 도로공사의 신고를 하지 아니하거나 같은 조 제2항에 따른 조치를 위반한 사람 또는 같은 조 제3항을 위반하여 교통안전시설을 설치하지 아니하거나 같은 조 제4항을 위반하여 안전요원 또는 안전유도 장비를 배치하지 아니한 사람 또는 같은 조 제6항을 위반하여 교통안전시설을 원상회복하지 아니한 사람
8. 제71조제1항에 따른 경찰서장의 명령을 위반한 사람
9. 제17조제3항을 위반하여 제17조제1항 및 제2항에 따른 최고속도보다 시속 80킬로미터를 초과한 속도로 자동차등을 운전한 사람(제151조의2제2호 및 제153조제2항제2호에 해당하는 사람은 제외한다)

〔전부개정 2011·6·8〕

제155조(벌칙) 제92조제2항을 위반하여 경찰공무원의 운전면허증등의 제시 요구나 운전자 확인을 위한 진술 요구에 따르지 아니한 사람은 20만원 이하의 벌금 또는 구류에 처한다.

〔전부개정 2011·6·8〕

제156조(벌칙) 다음 각 호의 어느 하나에 해당하는 사람은 20만원 이하의 벌금이나 구류 또는 과료(科料)에 처한다. <개정 2013·8·13, 2014·1·28, 2014·12·30, 2015·8·11, 2016·

1·27, 2016·12·2, 2017·10·24, 2018·3·27, 2018·10·16, 2020·5·26, 2020·6·9, 2020·12·22, 2021·1·12, 2021·10·19, 2022·1·11, 2024·3·19, 2024·12·3>

1. 제5조, 제13조제1항부터 제3항(제13조제3항의 경우 고속도로, 자동차전용도로, 중앙분리대가 있는 도로에서 고의로 위반하여 운전한 사람은 제외한다)까지 및 제5항, 제14조제2항·제3항·제5항, 제15조제3항(제61조제2항에서 준용하는 경우를 포함한다), 제15조의2제3항, 제16조제2항, 제17조제3항(제151조의2제2호, 제153조제2항제2호 및 제154조제9호에 해당하는 사람은 제외한다), 제18조, 제19조제1항·제3항 및 제4항, 제21조제1항·제3항 및 제4항, 제24조, 제25조, 제25조의2, 제26조부터 제28조까지, 제32조, 제33조, 제34조의3, 제37조(제1항제2호는 제외한다), 제38조제1항, 제39조제1항·제3항·제4항·제5항, 제48조제1항, 제49조(같은 조 제1항제1호·제3호를 위반하여 차 또는 노면전차를 운전한 사람과 같은 항 제4호의 위반행위 중 교통단속용 장비의 기능을 방해하는 장치를 한 차를 운전한 사람은 제외한다), 제50조제5항부터 제10항(같은 조 제9항을 위반하여 자전거를 운전한 사람은 제외한다)까지, 제51조, 제53조제1항 및 제2항(좌석안전띠를 매도록 하지 아니한 운전자는 제외한다), 제62조 또는 제73조제2항(같은 항 제1호는 제외한다)을 위반한 차마 또는 노면전차의 운전자
2. 제6조제1항·제2항·제4항 또는 제7조에 따른 금지·제한 또는 조치를 위반한 차 또는 노면전차의 운전자
3. 제22조, 제23조, 제29조제4항부터 제6항까지, 제53조의5, 제60조, 제64조, 제65조 또는 제66조를 위반한 사람
4. 제31조, 제34조 또는 제52조제4항을 위반하거나 제35조제1항에 따른 명령을 위반한 사람
5. 제39조제6항에 따른 시·도경찰청장의 제한을 위반한 사람
6. 제50조제1항, 제3항 및 제4항을 위반하여 좌석안전띠를 매지 아니하거나 인명보호 장구를 착용하지 아니한 운전자(자전거 운전자는 제외한다)

6의2. 제56조의2제1항을 위반하여 자율주행시스템의 직접 운전 요구에 지체 없이 대응하지 아니한 자율주행자동차의 운전자

7. 제95조제2항에 따른 경찰공무원의 운전면허증 회수를 거부하거나 방해한 사람
8.부터 9의2.까지 삭제 <2020·5·26>
10. 주·정차된 차만 손괴한 것이 분명한 경우에 제54조제1항제2호에 따라 피해자에게 인적 사항을 제공하지 아니한 사람
11. 제44조제1항을 위반하여 술에 취한 상태에서 자전거등을 운전한 사람
12. 술에 취한 상태에 있다고 인정할 만한 상당한 이유가 있는 사람으로서 제44조제2항에 따른 경찰공무원의 측정에 응하지 아니한 사람(자전거등을 운전한 사람으로 한정한다)

12의2. 술에 취한 상태에 있다고 인정할 만한 상당한 이유가 있는 사람으로서 제44조제5항을 위반하여 자전거등을 운전한 후 음주측정방해행위를 한 사람

13. 제43조를 위반하여 제80조에 따른 원동기장치자전거를 운전할 수 있는 운전면허를 받지 아니하거나(원동기장치자전거를 운전할 수 있는 운전면허의 효력이 정지된 경우를 포함한다) 국제운전면허증 또는 상호인정외국면허증 중 원동기장치자전거를 운전할 수 있는 것으로 기재된 국제운전면허증 또는 상호인정외국면허증을 발급받지 아니하고(운전이 금지된 경우와 유효기간이 지난 경우를 포함한다) 개인형 이동장치를 운전한 사람

〔전부개정 2011·6·8〕

제157조(벌칙) 다음 각 호의 어느 하나에 해당하는 사람은 20만원 이하의 벌금이나 구류 또는 과료에 처한다. <개정 2023·4·18>

1. 제5조, 제8조제1항, 제10조제2항부터 제5항까지의 규정을 위반한 보행자(실외이동로봇이 위반한 경우에는 실외이동로봇 운용자를 포함한다)
2. 제6조제1항·제2항·제4항 또는 제7조에 따른 금지·제한 또는 조치를 위반한 보행자(실외이동로봇이 위반한 경우에는 실외이동로봇 운용자를 포함한다)

2의2. 제8조의2제2항을 위반한 실외이동로봇 운용자
3. 제9조제1항을 위반하거나 같은 조 제3항에 따른 경찰공무원의 조치를 위반한 행렬등의 보행자나 지휘자
4. 제68조제3항을 위반하여 도로에서의 금지행위를 한 사람

〔전부개정 2011·6·8〕

제158조(형의 병과) 이 장의 죄를 범한 사람에 대하여는 정상(情狀)에 따라 벌금 또는 과료와 구류의 형을 병과(竝科)할 수 있다.

〔전부개정 2011·6·8〕

제158조의2(형의 감면) 긴급자동차(제2조제22호가목부터 다목까지의 자동차와 대통령령으로 정하는 경찰용 자동차만 해당한다)의 운전자가 그 차를 본래의 긴급한 용도로 운행하는 중에 교통사고를 일으킨 경우에는 그 긴급활동의 시급성과 불가피성 등 정상을 참작하여 제151조, 「교통사고처리 특례법」 제3조제1항 또는 「특정범죄 가중처벌 등에 관한 법률」 제5조의13에 따른 형을 감경하거나 면제할 수 있다. <개정 2021·1·12>

〔본조신설 2016·1·27〕

제159조(양벌규정) 법인의 대표자나 법인 또는 개인의 대리인, 사용인, 그 밖의 종업원이 법인 또는 개인의 업무에 관하여 제148조, 제148조의2, 제149조부터 제157조까지의 어느 하나에 해당하는 위반행위를 하면 그 행위자를 벌하는 외에 그 법인 또는 개인에게도 해당 조문의 벌금 또는 과료의 형을 과(科)한다. 다만, 법인 또는 개인이 그 위반행위를 방지하기 위하여 해당 업무에 관하여 상당한 주의와 감독을 게을리하지 아니한 경우에는 그러하지 아니하다.

〔전부개정 2011·6·8〕

제160조(과태료) ① 다음 각 호의 어느 하나에 해당하는 사람에게는 500만원 이하의 과태료를 부과한다. <개정 2014·1·28, 2020·5·26, 2023·10·24>

1. 제78조를 위반하여 교통안전교육기관 운영의 정지 또는 폐지 신고를 하지 아니한 사람
2. 제109조제2항을 위반하여 강사의 인적사항과 교육 과목을 게시하지 아니한 사람
3. 제110조제2항을 위반하여 수강료등을 게시하지 아니하거나 같은 조 제3항을 위반하여 게시된 수강료등을 초과한 금액을 받은 사람
4. 제111조를 위반하여 수강료등의 반환 등 교육생 보호를 위하여 필요한 조치를 하지 아니한 사람
5. 제112조를 위반하여 학원이나 전문학원의 휴원 또는 폐원 신고를 하지 아니한 사람
6. 제115조제1항에 따른 간판이나 그 밖의 표지물 제거, 시설물의 설치 또는 게시문의 부착을 거부·방해 또는 기피하거나 게시문이나 설치한 시설물을 임의로 제거하거나 못쓰게 만든 사람
7. 제52조제1항에 따라 어린이통학버스를 신고하지 아니하고 운행한 운영자
8. 제52조제3항에 따른 요건을 갖추지 아니하고 어린이통학버스를 운행한 운영자
9. 제50조의3제6항을 위반하여 음주운전 방지장치가 설치된 자동차등을 등록한 후 행정안전부령에 따른 음주운전 방지장치 부착 자동차등의 운행기록을 제출하지 아니하거나 정상 작동 여부를 검사받지 아니한 사람

② 다음 각 호의 어느 하나에 해당하는 사람에게는 20만원 이하의 과태료를 부과한다. <개정 2014·1·28, 2014·12·30, 2017·10·24, 2018·3·27, 2020·5·26, 2021·1·12, 2024·3·19>

1. 제49조제1항(같은 항 제1호 및 제3호만 해당한다)을 위반한 차 또는 노면전차의 운전자
2. 제50조제1항을 위반하여 동승자에게 좌석안전띠를 매도록 하지 아니한 운전자
3. 제50조제3항 및 제4항을 위반하여 동승자에게 인명보호 장구를 착용하도록 하지 아니한 운전자(자전거 운전자는 제외한다)
4. 제52조제2항을 위반하여 어린이통학버스 안에 신고증명서를 갖추어 두지 아니한 어린이통학버스의 운영자

4의2. 제53조제2항을 위반하여 어린이통학버스에 탑승한 어린이나 영유아의 좌석안전띠를 매도록 하지 아니한 운전자

4의3. 제53조의3제1항을 위반하여 어린이통학버스 안전교육을 받지 아니한 사람

4의4. 제53조의3제3항을 위반하여 어린

이통학버스 안전교육을 받지 아니한 사람에게 어린이통학버스를 운전하게 하거나 어린이통학버스에 동승하게 한 어린이통학버스의 운영자
4의5. 제53조제 7 항을 위반하여 안전운행기록을 제출하지 아니한 어린이통학버스의 운영자
5. 제67조제 2 항에 따른 고속도로등에서의 준수사항을 위반한 운전자
6. 제73조제 4 항을 위반하여 긴급자동차의 안전운전 등에 관한 교육을 받지 아니한 사람
7. 제87조제 1 항을 위반하여 운전면허증 갱신기간에 운전면허를 갱신하지 아니한 사람
8. 제87조제 2 항 또는 제88조제 1 항을 위반하여 정기 적성검사 또는 수시 적성검사를 받지 아니한 사람
9. 제11조제 4 항을 위반하여 어린이가 개인형 이동장치를 운전하게 한 어린이의 보호자
10. 제56조의3제 1 항을 위반하여 자율주행자동차 안전교육을 받지 아니한 사람
③ 차 또는 노면전차가 제 5 조, 제 6 조제 1 항·제 2 항(통행 금지 또는 제한을 위반한 경우를 말한다), 제13조제 1 항·제 3 항·제 5 항, 제14조제 2 항·제 5 항, 제15조제 3 항(제61조제 2 항에서 준용하는 경우를 포함한다), 제17조제 3 항, 제18조, 제19조제 3 항, 제21조제 1 항·제 3 항, 제22조, 제23조, 제25조제 1 항·제 2 항·제 5 항, 제25조의2제 1 항·제 2 항, 제27조제 1 항·제 7 항, 제29조제 4 항·제 5 항, 제32조부터 제34조까지, 제37조(제 1 항제 2 호는 제외한다), 제38조제 1 항, 제39조제 1 항·제 4 항, 제48조제 1 항, 제49조제 1 항제10호·제11호·제11호의2, 제50조제 3 항, 제60조제 1 항·제 2 항, 제62조 또는 제68조제 3 항제 5 호를 위반한 사실이 사진, 비디오테이프, 그 밖의 영상기록매체 또는 적재량 측정자료에 의하여 입증되고 다음 각 호의 어느 하나에 해당하는 경우에는 제56조제 1 항에 따른 고용주등에게 20만원 이하의 과태료를 부과한다. <개정 2013·5·22, 2016·12·2, 2018·3·27, 2022·1·11, 2025·1·7>
1. 위반행위를 한 운전자를 확인할 수 없어 제143조제 1 항에 따른 고지서를 발급할 수 없는 경우(제15조제 3 항, 제29조제 4 항·제 5 항, 제32조, 제33조 또는 제34조를 위반한 경우만 해당한다)
2. 제163조에 따라 범칙금 통고처분을 할 수 없는 경우
④ 제 3 항에도 불구하고 다음 각 호의 어느 하나에 해당하는 경우에는 과태료처분을 할 수 없다. <개정 2015·8·11, 2018·3·27>
1. 차 또는 노면전차를 도난당하였거나 그 밖의 부득이한 사유가 있는 경우
2. 운전자가 해당 위반행위로 제156조에 따라 처벌된 경우(제163조에 따라 범칙금 통고처분을 받은 경우를 포함한다)
3. 「질서위반행위규제법」 제16조제 2 항에 따른 의견 제출 또는 같은 법 제20조제 1 항에 따른 이의제기의 결과 위반행위를 한 운전자가 밝혀진 경우
4. 자동차가 「여객자동차 운수사업법」에 따른 자동차대여사업자 또는 「여신전문금융업법」에 따른 시설대여업자가 대여한 자동차로서 그 자동차만 임대한 것이 명백한 경우

〔전부개정 2011·6·8〕

제161조(과태료의 부과·징수 등) ① 제160조제 1 항부터 제 3 항까지의 규정에 따른 과태료는 대통령령으로 정하는 바에 따라 다음 각 호의 자가 부과·징수한다. <개정 2014·1·28, 2018·3·27, 2020·5·26, 2020·12·22, 2024·3·19>
1. 제160조제 1 항부터 제 3 항까지(제15조제 3 항에 따른 전용차로 통행, 제32조부터 제34조까지의 규정에 따른 정차 또는 주차, 제53조제 7 항에 따른 안전운행기록 제출, 제53조의3제 1 항에 따른 어린이통학버스 안전교육, 제53조의3제 3 항에 따른 어린이통학버스 운영자 의무 규정을 위반한 경우는 제외한다)의 과태료 : 시·도경찰청장
2. 제160조제 1 항(제52조제 1 항·제 3 항을 위반한 경우만 해당한다), 제 2 항(제49조제 1 항제 1 호·제 3 호, 제50조제 1 항·제 3 항, 제52조제 2 항, 제53조제 2 항, 제53조의3제 1 항·제 3 항 및 제56조의3제 1 항을 위반한 경우만 해당한다) 및 제 3 항(제 5 조, 제13조제 3 항, 제15조제 3 항, 제17조제 3 항, 제29조제 4 항·제 5 항, 제32조

부터 제34조까지의 규정을 위반한 경우만 해당한다)의 과태료 : 제주특별자치도지사
3. 제160조제 2 항제 4 호의3 · 제 4 호의4 · 제 4 호의5 · 제10호 및 같은 조 제 3 항(제15조제 3 항, 제29조제 4 항 · 제 5 항, 제32조부터 제34조까지의 규정을 위반한 경우만 해당한다)의 과태료 : 시장등
4. 제160조제 2 항제 4 호의3 · 제 4 호의4 · 제 4 호의5의 과태료 : 교육감

② 시 · 도경찰청장은 이 법에 따른 과태료 징수와 관련된 업무의 일부를 대통령령으로 정하는 바에 따라 「한국자산관리공사 설립 등에 관한 법률」에 따라 설립된 한국자산관리공사에 위탁할 수 있다. <신설 2016 · 1 · 27, 2019 · 11 · 26, 2020 · 12 · 22>

〔전부개정 2011 · 6 · 8〕

제161조의2(과태료 납부방법 등) ① 과태료 납부금액이 대통령령으로 정하는 금액 이하인 경우에는 대통령령으로 정하는 과태료 납부대행기관을 통하여 신용카드, 직불카드 등(이하 "신용카드등"이라 한다)으로 낼 수 있다. 이 경우 "과태료 납부대행기관"이란 정보통신망을 이용하여 신용카드등에 의한 결제를 수행하는 기관으로서 대통령령으로 정하는 바에 따라 과태료 납부대행기관으로 지정받은 자를 말한다.

② 제 1 항에 따라 신용카드등으로 내는 경우에는 과태료 납부대행기관의 승인일을 납부일로 본다.

③ 과태료 납부 대행기관은 납부자로부터 신용카드등에 의한 과태료 납부대행 용역의 대가로 대통령령으로 정하는 바에 따라 납부대행 수수료를 받을 수 있다.

④ 과태료 납부대행기관의 지정 및 운영, 납부대행 수수료 등에 관하여 필요한 사항은 대통령령으로 정한다.

〔전부개정 2011 · 6 · 8〕

제161조의3(과태료 · 범칙금수납정보시스템 운영계획의 수립 · 시행) 경찰청장은 누구든지 과태료 및 범칙금의 내용을 편리하게 조회하고 전자납부(인터넷이나 전화통신장치 또는 자동입출금기의 연계방식을 통한 납부를 말한다)할 수 있도록 하기 위하여 다음 각 호의 사항을 포함하는 과태료 · 범칙금수납정보시스템 운영계획을 수립 · 시행할 수 있다.
1. 과태료 · 범칙금 납부대행기관 정보통신망과 수납통합처리시스템의 연계
2. 과태료 및 범칙금 납부의 실시간 처리 및 안전한 관리와 수납통합처리시스템의 운영
3. 그 밖에 대통령령으로 정하는 운영계획의 수립 · 시행에 필요한 사항

〔본조신설 2016 · 1 · 27〕

제14장 범칙행위의 처리에 관한 특례

제162조(통칙) ① 이 장에서 "범칙행위"란 제156조 각 호 또는 제157조 각 호의 죄에 해당하는 위반행위를 말하며, 그 구체적인 범위는 대통령령으로 정한다.

② 이 장에서 "범칙자"란 범칙행위를 한 사람으로서 다음 각 호의 어느 하나에 해당하지 아니하는 사람을 말한다.
1. 범칙행위 당시 제92조제 1 항에 따른 운전면허증등 또는 이를 갈음하는 증명서를 제시하지 못하거나 경찰공무원의 운전자 신원 및 운전면허 확인을 위한 질문에 응하지 아니한 운전자
2. 범칙행위로 교통사고를 일으킨 사람. 다만, 「교통사고처리 특례법」 제 3 조제 2 항 및 제 4 조에 따라 업무상과실치상죄 · 중과실치상죄 또는 이 법 제151조의 죄에 대한 벌을 받지 아니하게 된 사람은 제외한다.

③ 이 장에서 "범칙금"이란 범칙자가 제163조에 따른 통고처분에 따라 국고(國庫) 또는 제주특별자치도의 금고에 내야 할 금전을 말하며, 범칙금의 액수는 범칙행위의 종류 및 차종(車種) 등에 따라 대통령령으로 정한다.

〔전부개정 2011 · 6 · 8〕

제163조(통고처분) ① 경찰서장이나 제주특별자치도지사(제주특별자치도지사의 경우에는 제 6 조제 1 항 · 제 2 항, 제61조제 2 항에 따라 준용되는 제15조제 3 항, 제39조제 6 항, 제60조, 제62조, 제64조부터 제66조까지, 제73조제 2 항제 2 호부터 제 5 호까지 및 제95조제 1 항의 위반행위는 제외한다)는 범칙자로 인정하는 사람에 대하여는 이유를

분명하게 밝힌 범칙금 납부통고서로 범칙금을 낼 것을 통고할 수 있다. 다만, 다음 각 호의 어느 하나에 해당하는 사람에 대하여는 그러하지 아니하다. <개정 2014·12·30, 2017·10·24, 2020·10·20>

1. 성명이나 주소가 확실하지 아니한 사람
2. 달아날 우려가 있는 사람
3. 범칙금 납부통고서 받기를 거부한 사람

② 제주특별자치도지사가 제 1 항에 따라 통고처분을 한 경우에는 관할 경찰서장에게 그 사실을 통보하여야 한다.

〔전부개정 2011·6·8〕

제164조(범칙금의 납부) ① 제163조에 따라 범칙금 납부통고서를 받은 사람은 10일 이내에 경찰청장이 지정하는 국고은행, 지점, 대리점, 우체국 또는 제주특별자치도지사가 지정하는 금융회사 등이나 그 지점에 범칙금을 내야 한다. 다만, 천재지변이나 그 밖의 부득이한 사유로 말미암아 그 기간에 범칙금을 낼 수 없는 경우에는 부득이한 사유가 없어지게 된 날부터 5일 이내에 내야 한다.

② 제 1 항에 따른 납부기간에 범칙금을 내지 아니한 사람은 납부기간이 끝나는 날의 다음 날부터 20일 이내에 통고받은 범칙금에 100분의 20을 더한 금액을 내야 한다.

③ 제 1 항이나 제 2 항에 따라 범칙금을 낸 사람은 범칙행위에 대하여 다시 벌 받지 아니한다.

〔전부개정 2011·6·8〕

제164조의2(범칙금 납부방법 등) 범칙금 납부방법에 대해서는 제161조의2의 규정을 준용한다. 이 경우 "과태료"는 "범칙금"으로 본다.

〔본조신설 2016·1·27〕

제165조(통고처분 불이행자 등의 처리) ① 경찰서장 또는 제주특별자치도지사는 다음 각 호의 어느 하나에 해당하는 사람에 대해서는 지체 없이 즉결심판을 청구하여야 한다. 다만, 제 2 호에 해당하는 사람으로서 즉결심판이 청구되기 전까지 통고받은 범칙금액에 100분의 50을 더한 금액을 납부한 사람에 대해서는 그러하지 아니하다. <개정 2016·12·2>

1. 제163조제 1 항 각 호의 어느 하나에 해당하는 사람
2. 제164조제 2 항에 따른 납부기간에 범칙금을 납부하지 아니한 사람

② 제 1 항제 2 호에 따라 즉결심판이 청구된 피고인이 즉결심판의 선고 전까지 통고받은 범칙금액에 100분의 50을 더한 금액을 내고 납부를 증명하는 서류를 제출하면 경찰서장 또는 제주특별자치도지사는 피고인에 대한 즉결심판 청구를 취소하여야 한다. <개정 2016·12·2>

③ 제 1 항 각 호 외의 부분 단서 또는 제 2 항에 따라 범칙금을 납부한 사람은 그 범칙행위에 대하여 다시 벌 받지 아니한다.

④ 삭제 <2016·12·2>

〔전부개정 2011·6·8〕

제166조(직권 남용의 금지) 이 장의 규정에 따른 통고처분을 할 때에 교통을 단속하는 경찰공무원은 본래의 목적에서 벗어나 직무상의 권한을 함부로 남용하여서는 아니 된다.

〔전부개정 2011·6·8〕

부　칙

제 1 조(시행일) 이 법은 공포 후 1년이 경과한 날부터 시행한다.

제 2 조(특별한 교통안전교육에 관한 적용례) 제73조제 2 항제 3 호의 개정규정은 이 법 시행 후 최초로 초보운전자로서 운전면허효력 정지의 처분을 받은 사람부터 적용한다.

제 3 조(술에 취한 상태에서의 운전금지 등에 관한 적용례) 제82조제 2 항제 5 호 및 제93조제 1 항제 2 호의 개정규정은 법률 제6392호 도로교통법중개정법률의 시행일인 2001년 6월 30일 이후에 최초로 발생하는 위반행위부터 적용한다. 이 경우 2001년 6월 30일 이후에 최초로 발생하였거나 발생하는 위반행위를 그 첫 번째 위반행위로 본다.

제 4 조(종전의 면허 등에 관한 경과조치) 이 법 시행 당시 종전의 규정에 의한 행정기관의 행위 또는 행정기관에 대한 행위는 그에 해당하는 이 법에 의한 행정기관의 행위 또는 행정기관에 대한 행위로 본다.

제 5 조(도로교통안전관리공단에 대한 경과조치) 이 법 시행 당시 종전의 규정에 의하여 설립된 도로교통안전관리공단은 이 법에 의한 도로교통안전관리공단으로 본다.

제 6 조(분담금의 환급에 관한 경과조치) ① 법률 제6565호 도로교통법중개정법률의 시행 전 종전의 제92조의2의 규정에 의하여 도로교통안전관리공단에 이미 납부한 분담금(이하 이 조에서 "기간 미경과 분담금"이라 한다) 중 법률 제6565호 도로교통법중개정법률의 시행일인 2002년 1월 1일부터 5년 이내에 환급을 신청할 수 있다. 이 경우 그 신청기간 이내에 환급을 신청하지 아니한 기간 미경과 분담금에 대하여는 환급청구권이 시효로 소멸한다.

② 제 1 항의 규정은 법률 제6565호 도로교통법중개정법률의 시행 전의 운전면허 취소 또는 자동차등록 말소로 인한 정산금액과 1999년 1월 1일부터 시행한 분담금 인하로 인한 정산금액에 대하여도 이를 적용한다.

제 7 조(벌칙 또는 과태료에 관한 경과조치) 이 법 시행 전의 행위에 대한 벌칙 또는 과태료의 적용에 있어서는 종전이 규정에 의한다.

제 8 조(다른 법률의 개정) 생략

부 칙 <2005·8·4 법7666>

①(시행일) 이 법은 2006년 6월 1일부터 시행한다.

②(공사시간 제한 등 필요한 조치에 대한 적용례) 제69조제 2 항의 개정규정은 이 법 시행 후 최초로 시행하는 도로공사부터 적용한다.

부 칙 <2006·4·28 법7936>

이 법은 2006년 6월 1일부터 시행한다. 다만, 제12조의2, 제83조제 4 항제 2 호 및 제110조제 4 항의 개정규정은 공포 후 1년이 경과한 날부터 시행한다.

부 칙 <2006·7·19 법7969>

이 법은 공포 후 3개월이 경과한 날부터 시행한다.

부 칙 <2007·12·21 법8736>

제 1 조(시행일) 이 법은 공포 후 6개월이 경과한 날부터 시행한다.

제 2 조(도로의 점용허가 등에 관한 적용례) 제70조의 개정규정은 이 법 시행 후 최초로 행하는 도로점용허가 및 통행의 금지 또는 제한부터 적용한다.

제 3 조(공단의 명칭변경에 따른 경과조치) ① 이 법 시행 당시의 도로교통안전관리공단은 이 법에 따른 도로교통공단으로 본다. 이 경우 도로교통공단은 이 법 시행 후 3개월 이내에 이 법의 개정규정에 따라 정관을 변경하여 경찰청장의 인가를 받아야 한다.

② 이 법 시행 당시 도로교통안전관리공단 이사장·이사·감사 및 직원은 각각 이 법에 따른 도로교통공단의 이사장·이사·감사 및 직원으로 임명된 것으로 본다. 이 경우 임원의 임기는 종전의 규정에 따른 임기의 남은 임기로 한다.

③ 이 법 시행 당시 도로교통안전관리공단에 속하였던 모든 재산과 권리·의무는 도로교통공단이 이를 승계한다.

④ 제 3 항에 따라 도로교통공단에 승계될 재산의 가액은 재단 설립등기일 전일의 장부가액으로 한다.

제 4 조(벌칙 적용에 관한 경과조치) 이 법 시행 전의 행위에 대한 벌칙 적용에 있어서는 제152조의2의 개정규정에도 불구하고 종전의 규정에 따른다.

부 칙 <2008·1·17 법8845>

①(시행일) 이 법은 공포 후 3개월이 경과한 날부터 시행한다.

②(교통안전교육에 관한 적용례) 제73조제 1 항 및 제83조제 4 항제 1 호의 개정규정은 이 법 시행 후 제83조제 1 항제 2 호 및 제 3 호의 시험에 응시하는 것부터 적용한다.

부 칙 <2008·2·29 법8852>

제 1 조(시행일) 이 법은 공포한 날부터 시행한다. 다만, …〈생략〉… 시행하고, 부칙 제 6 조에 따라 개정되는 법률 중 이 법의 시행 전에 공포되었으나 시행일이 도래하지 아니한 법률을 개정한 부분은 각각 해당 법률의 시행일부터 시행한다.

제 2 조부터 **제 5 조**까지 생략

제 6 조(다른 법률의 개정) 생략

제 7 조 생략

부 칙 <2008·3·21 법8976>

제 1 조(시행일) 이 법은 공포한 날부터 시행한다. 〈단서 생략〉

제 2 조부터 **제10조**까지 생략

부 칙 <2008·6·13 법9115>

이 법은 공포한 날부터 시행한다.

부 칙 <2009·4·1 법9580>

①(시행일) 이 법은 공포 후 6개월이 경과한

날부터 시행한다. 다만, 제160조제4항제4호의 개정규정은 공포 후 3개월이 경과한 날부터 시행한다.
②(벌칙에 관한 경과조치) 이 법 시행 전의 행위에 관한 벌칙의 적용에 있어서는 종전의 규정에 따른다.
③(과태료 부과에 관한 경과조치) 이 법 시행 당시 종전의 규정에 따라 부과하였거나 부과하여야 할 과태료에 대하여는 종전의 규정에 따른다.

부 칙 <2009·12·29 법9845>

①(시행일) 이 법은 공포 후 6개월이 경과한 날부터 시행한다.
②(벌칙에 관한 경과조치) 이 법 시행 전의 행위에 대한 벌칙의 적용에 있어서는 종전의 규정에 따른다.

부 칙 <2010·1·18 법9932>

제1조(시행일) 이 법은 공포 후 2개월이 경과한 날부터 시행한다. 〈단서 생략〉
제2조부터 **제5조**까지 생략

부 칙 <2010·7·23 법10382>

제1조(시행일) 이 법은 2011년 1월 1일부터 시행한다. 다만, 제3조·제4조의2·제8조·제44조·제73조제1항·제126조·제127조·제128조·제132조·제133조·제134조·제135조·제138조의2·제144조·제148조의2·제157조·제159조 및 제161조제2항부터 제4항까지의 개정규정은 공포한 날부터 시행하고, 제2조(제24호를 제외한다)·제35조·제80조·제82조·제83조제4항의 개정규정은 공포 후 3개월이 경과한 날부터 시행하며, 제2조제24호·제12조·제12조의2·제37조·제46조·제46조의2·제49조·제54조·제73조제2항·제79조·제92조·제93조·제95조·제113조·제129조의3·제150조·제152조의2·제153조·제155조·제156조·제160조제2항·제161조제1항·제161조의2·제162조 및 제163조의 개정규정은 공포 후 6개월이 경과한 날부터 시행한다.
제2조(운전면허 취득 결격기간에 관한 적용례) ① 제82조제2항제1호의 개정규정은 이 법 시행 전에 제43조 또는 제96조제3항을 위반하여 운전면허 취득 결격기간 중에 있거나 운전면허의 효력이 정지된 기간 중 운전으로 취소처분절차가 진행 중인 사람에 대하여도 적용한다.
② 제82조제2항제1호의2의 개정규정은 이 법 시행 후 최초로 발생하는 위반행위부터 적용한다. 이 경우 이 법 시행 후 최초로 발생하는 위반행위를 그 첫 번째 위반행위로 본다.
제3조(운전면허시험 실시에 관한 적용례) 제83조제4항의 개정규정은 이 법 시행 전에 운전면허시험에 응시한 사람에 대하여도 적용한다.
제4조(운전면허시험기관의 변경에 따른 권리·의무의 승계) 이 법 시행 당시 종전의 규정에 따라 운전면허를 관리하는 책임운영기관 또는 그 소속 운전면허시험기관(이하 "운전면허시험관리단"이라 한다)이 행한 행위와 그에 대하여 행하여진 행위는 공단이 행한 행위 또는 그에 대하여 행한 행위로 본다.
제5조(공무원의 파견) ① 경찰청장은 공단의 요청이 있는 경우에는 이 법 시행 당시 공무원 신분을 유지하는 자 중 일부를 이 법 시행 후 1년 미만의 범위에서 공단에 파견근무하게 할 수 있다. 다만, 공단의 운전면허시험의 원활한 수행을 위하여 특별한 사정이 있는 경우에는 공단의 요청에 따라 행정안전부장관과의 협의를 거쳐 파견기간을 연장할 수 있다.
② 제1항에 따라 공단에 파견된 공무원의 복무에 대한 지휘·감독은 공단 이사장이, 근무성과 평가·승진 및 전보 임용·징계 등 인사관리는 경찰청장이 행한다.
③ 제1항에 따라 공단에 파견된 공무원의 인사관리를 위하여 경찰청장이 요구하는 경우 공단 이사장은 파견 공무원에 대한 복무 관련사항을 경찰청장에게 보고하여야 한다.
제6조(도로교통공단 직원의 임용특례 등) ① 경찰청장은 이 법 시행 당시 운전면허시험관리단 소속 공무원 중 이 법 시행과 동시에 공단의 직원으로 신분이 전환될 자 및 부칙 제5조제1항에 따른 파견기간 종료 후 공무원 신분을 계속 유지하고자 하는 자와 파견기간 종료 후 공단의 직원으로 신분이 전환될 자를 각각 구분하여 확정하여야 하며, 공단의 직원으로 신분이 전환될 자는

공단이 직원을 임용할 수 있도록 조치하여야 한다.

② 제 1 항에 따라 공단의 직원으로 신분이 전환되는 자는 공단의 직원으로 임용한다.

③ 제 2 항에 따라 공단의 직원으로 임용된 때에는 공무원 신분에서 퇴직한 것으로 본다.

④ 제 2 항에 따라 공무원이었던 자가 공단의 직원으로 임용된 자의 정년은 그 직원의 공무원 퇴직 당시의 직급에 적용되던 「국가공무원법」상의 정년에 따른다. 다만, 공단의 직원 정년이 「국가공무원법」상의 정년보다 장기인 때에는 그러하지 아니하다.

제 7 조(경찰청에서 퇴직하고 공단의 직원으로 임용된 자에 대한 「공무원연금법」의 적용에 관한 특례) ① 이 법 시행 이전에 운전면허시험관리단 소속 공무원으로 재직(휴직 중인 자를 포함한다)한 자가 부칙 제 6 조제 2 항에 따라 공무원에서 퇴직하고 공단의 직원으로 임용되는 경우 「공무원연금법」(이하 이 조에서 "연금법"이라 한다)에 따른 재직기간이 연금법 제46조제 1 항에서 정한 최소 재직기간 미만인 자는 공단의 직원으로 임용된 날부터 2개월 이내에 연금법 제 4 조에 따라 설립된 공무원연금공단(이하 이 조에서 "연금공단"이라 한다)에 연금법의 적용신청을 한 때에는 제 2 항에 따른 공무원 재직기간까지 연금법 제 3 조제 1 항제 1 호에 따른 공무원으로 보되, 연금법 제42조에 따른 장기급여 중 퇴직급여 · 유족급여(유족보상금은 제외한다) 및 퇴직수당에 한하여 지급한다. <개정 2016 · 1 · 27>

② 제 1 항에 따른 연금법의 적용신청을 하여 연금법 제 3 조제 1 항제 1 호에 따른 공무원으로 의제되는 공단의 직원(이하 이 조에서 "연금법적용대상직원"이라 한다)은 연금법에 따른 재직기간이 20년에 도달하는 달의 말일에 공무원에서 퇴직한 것으로 본다. 다만, 재직기간이 20년에 도달하기 전에 다음 각 호의 어느 하나에 해당하는 경우에는 각 호에서 정한 날까지 공무원으로 재직한 것으로 본다. <개정 2016 · 1 · 27>

1. 10년 이상 재직한 연금법적용대상직원이 연금공단에 적용 제외를 신청한 경우 그 신청한 날의 전날
2. 공단에서 퇴직한 경우 그 퇴직한 날의 전날
3. 공단에서 재직 중 사망한 경우 사망한 날

③ 연금법적용대상직원의 연금법 제 3 조제 1 항제 5 호에 따른 기준소득월액은 공단의 직원으로 임용되기 전날의 공무원의 직급 · 호봉에서 계속 승급한 것으로 보아 획정한 호봉에 따라 산정한 기준소득월액의 상당액으로 한다. 다만, 연봉을 받는 공무원이었던 연금법적용대상직원의 기준소득월액은 행정안전부장관이 별도로 정하는 바에 따른다.

④ 연금법적용대상직원에 대하여는 공단 이사장을 연금법 제 3 조제 1 항제 7 호에 따른 기관장으로, 공단의 직원으로서 「소득세법」에 따른 원천징수의무자를 연금법 제 3 조제 1 항제 8 호에 따른 기여금징수의무자로 본다.

⑤ 제 1 항 및 제 2 항에 따라 재직기간이 10년 이상인 연금법적용대상직원이 연금법 제46조제 1 항에 해당하는 경우에는 그 때부터 퇴직연금을 지급한다. 다만, 법률 제13387호 공무원연금법 일부개정법률 부칙 제 7 조에 해당하는 경우에는 그 때부터 퇴직연금을 지급한다. <개정 2016 · 1 · 27>

⑥ 삭제 <2016 · 1 · 27>

⑦ 연금법적용대상직원에 대하여 연금법 제64조를 적용함에 있어서 같은 조 제 1 항제 1 호 및 같은 조 제 2 항 전단에 따른 "재직 중의 사유"는 "재직 중의 사유(공무원으로 의제되는 기간 중의 사유를 포함한다)"로, 같은 조 제 1 항제 2 호에 따른 "탄핵 또는 징계에 의하여 파면된 경우"는 "공무원으로 의제되는 기간 중의 사유로 공단에서 징계에 의하여 파면된 경우"로, 같은 조 제 1 항제 3 호에 따른 "금품 및 향응수수, 공금의 횡령 · 유용으로 징계 해임된 경우"는 "공무원으로 의제되는 기간 중의 사유로 공단에서 금품 및 향응수수, 공금의 횡령 · 유용으로 징계 해임된 경우"로 본다.

⑧ 연금법적용대상직원에 대한 퇴직수당의 지급에 소요되는 비용은 연금법 제65조제 3 항에도 불구하고 공단이 부담 · 관리한다. 다만, 연금법적용대상직원이 부칙 제 6 조제 3 항에 따라 운전면허시험관리단 소속 공무원에서 퇴직한 때에 지급하여야 할 퇴직수당

에 상당하는 금액은 연금법적용대상직원이 공단의 직원으로 임용된 때에 연금법 제31조의2제 5 호와 제 6 호에 따른 미상환 원리금을 공제한 후 연금공단에서 공단으로 이체한다.

⑨ 연금법적용대상직원에 대한 연금법 제69조제 1 항에 따른 연금부담금 및 보전금은 공단이 부담한다.

⑩ 연금법적용대상직원은 제 1 항에 따라 공무원으로 의제되는 기간까지 「국민연금법」 제 6 조에 따른 국민연금의 가입대상에서 제외한다.

⑪ 연금법적용대상직원이 제 1 항에 따라 공무원으로 의제되는 기간은 「근로기준법」 제34조에 따른 퇴직금 산정을 위한 계속근로연수에서 제외한다.

⑫ 연금법적용대상직원에 대한 퇴직급여·유족급여(유족보상금은 제외한다) 및 퇴직수당의 산정·지급, 그 비용의 징수 등에 관하여 이 조에서 특별히 정하지 아니한 사항에 대하여는 연금법을 적용한다.

제 8 조(책임운영기관특별회계에 관한 경과조치) 이 법 시행 당시 「책임운영기관의 설치·운영에 관한 법률」 제29조의2에 따라 책임운영기관특별회계(자동차운전면허계정)에 귀속되어 운전면허시험관리단이 점유·사용 또는 관리하는 국유재산 및 물품은 일반회계로 환원한다.

제 9 조(벌칙에 관한 경과조치) 이 법 시행 전의 행위에 대한 벌칙의 적용에 있어서는 종전의 규정에 따른다.

부　칙 <2011·6·8 법10790>

제 1 조(시행일) 이 법은 공포 후 6개월이 경과한 날부터 시행한다.

제 2 조(운전면허 결격사유에 관한 적용례) 제46조 위반행위에 관한 제82조제 2 항제 1 호·제 6 호 및 제 7 호의 개정규정은 이 법 시행 후 최초로 발생하는 위반행위부터 적용한다.

제 3 조(운전면허 시험면제에 관한 경과조치) 제84조제 1 항제 5 호의 개정규정에도 불구하고 이 법 시행 전에 운전면허증 갱신을 하지 아니하여 운전면허가 취소된 사람에 대하여는 종전의 규정에 따라 운전면허시험의 일부를 면제한다.

제 4 조(운전면허증 갱신 및 정기 적성검사 기간에 관한 경과조치) 제87조제 1 항 및 제 2 항의 개정규정에도 불구하고 이 법 시행 전에 운전면허를 받은 사람이 이 법 시행 후 처음 받아야 하는 운전면허증 갱신 또는 정기 적성검사의 기간은 종전의 규정에 따른다.

제 5 조(벌칙 또는 과태료에 관한 경과조치) 이 법 시행 전의 행위에 대한 벌칙 또는 과태료의 적용에 있어서는 종전의 규정에 따른다.

제 6 조(다른 법률의 개정) 생략

부　칙 <2012·2·10 법11298>

제 1 조(시행일) 이 법은 2013년 7월 1일부터 시행한다.

제 2 조 및 **제 3 조** 생략

부　칙 <2012·3·21 법11402>

제 1 조(시행일) 이 법은 공포 후 6개월이 경과한 날부터 시행한다.

제 2 조(경과조치) 이 법 시행 당시 「민법」 제32조에 따라 설립된 사단법인 모범운전자연합회는 이 법에 따라 설립된 모범운전자연합회로 본다.

부　칙 <2013·3·23 법11690>

제 1 조(시행일) ① 이 법은 공포한 날부터 시행한다.

② 생략

제 2 조부터 **제 7 조**까지 생략

부　칙 <2013·5·22 법11780>

이 법은 공포 후 6개월이 경과한 날부터 시행한다.

부　칙 <2013·8·13 법12045>

이 법은 공포 후 6개월이 경과한 날부터 시행한다.

부　칙 <2014·1·14 법12248>

제 1 조(시행일) 이 법은 공포한 날부터 시행한다.

제 2 조부터 **제25조**까지 생략

부　칙 <2014·1·28 법12343>

제 1 조(시행일) 이 법은 공포 후 1년이 경과한 날부터 시행한다. 다만, 제12조제 1 항제 4 호의 개정규정은 공포 후 6개월이 경과한 날부터 시행하며, 제13조제 6 항의 개정규정은 공포 후 3개월이 경과한 날부터 시행한다.

제 2 조(보호자가 동승하지 아니한 어린이통학버스 운전자의 의무에 관한 적용 시한) 제53조의2의 개정규정은 이 법 시행일부터 2년간 적용한다.

제 3 조(어린이통학버스 운전자 및 운영자 등의 의무에 관한 적용례) 제53조제 3 항의 개정규정은 「학원의 설립·운영 및 과외교습에 관한 법률」에 따른 학원 및 「체육시설의 설치·이용에 관한 법률」에 따른 체육시설에서 운영하는 승차정원 15인승 이하의 어린이통학버스에 대하여는 이 법 시행일 후 2년이 경과한 날부터 적용한다.

제 4 조(어린이통학버스의 위반 정보 등 제공에 관한 적용례) 제53조의4의 개정규정에 따른 어린이통학버스의 위반 정보 등 제공은 이 법 시행 후 최초로 위반하는 행위부터 적용한다.

제 5 조(종전의 신고된 어린이통학버스에 관한 경과조치) 이 법 시행 당시 종전의 규정에 따라 신고된 어린이통학버스는 제52조의 개정규정에 따라 신고된 어린이통학버스로 본다.

제 6 조(미신고된 어린이의 통학 등에 이용되는 자동차에 관한 경과조치) 이 법 시행 당시 어린이의 통학 등에 이용되는 자동차로서 어린이통학버스로 신고하지 아니한 자동차를 운영하는 자는 이 법 시행 후 6개월 이내에 제52조의 개정규정에 따라 신고하여야 한다.

제 7 조(어린이통학버스 안전운행 등에 관한 교육에 관한 경과조치) ① 이 법 시행 전에 종전의 규정에 따라 신규 안전교육을 받은 사람은 제53조의3제 2 항의 개정규정에 따른 신규 안전교육을 받은 것으로 본다.

② 이 법 시행 당시 어린이통학버스를 운영하는 사람과 운전하는 사람으로서 그 운영 또는 운전업무를 시작하게 될 때 받아야 하는 안전교육을 받지 아니한 사람은 제53조의3제 2 항의 개정규정에도 불구하고 이 법 시행 후 3개월 이내에 신규 안전교육을 받아야 한다.

③ 이 법 시행일부터 과거 2년간 종전의 규정에 따라 정기 안전교육(구 안전 재교육)을 받은 사람은 제53조의3제 2 항의 개정규정에 따른 정기 안전교육을 받은 것으로 본다.

④ 이 법 시행 당시 어린이통학버스를 운영하는 사람과 운전하는 사람으로서 이 법 시행일부터 과거 2년간 종전의 규정에 따라 받아야 하는 정기 안전교육(구 안전 재교육)을 받지 아니한 사람은 제53조의3제 2 항의 개정규정에도 불구하고 이 법 시행 후 6개월 이내에 정기 안전교육을 받아야 한다.

부　　칙 <2014·1·28 법12345>

제 1 조(시행일) 이 법은 공포 후 3개월이 경과한 날부터 시행한다. 〈단서 생략〉

제 2 조 생략

부　　칙 <2014·11·19 법12844>

제 1 조(시행일) 이 법은 공포한 날부터 시행한다. 〈단서 생략〉

제 2 조부터 **제 7 조**까지 생략

부　　칙 <2014·12·30 법12917>

제 1 조(시행일) 이 법은 공포한 날부터 시행한다. 다만, 법률 제12343호 도로교통법 일부개정법률 제53조제 2 항 및 제 3 항, 제53조의2 및 제160조제 2 항의 개정규정은 2015년 1월 29일부터 시행하고, 제14조제 4 항·제 5 항, 제39조제 2 항부터 제 6 항까지, 제44조제 2 항, 제73조제 1 항제 6 호·제 7 호, 제85조제 5 항, 제144조제 1 항제 3 호·제 4 호 및 같은 조 제 2 항제 5 호·제 6 호, 제156조제 1 호·제 5 호, 제163조제 1 항의 개정규정은 공포 후 6개월이 경과한 날부터 시행한다.

제 2 조(특별한 교통안전교육에 관한 적용례) 제73조제 2 항제 1 호의 개정규정은 이 법 시행 전에 제93조제 1 항제 9 호 또는 같은 항 제20호 개정규정의 사유로 운전면허 취소처분을 받은 사람에 대하여도 적용한다.

부　　칙 <2015·7·24 법13425>

제 1 조(시행일) 이 법은 공포 후 6개월이 경과한 날부터 시행한다.

제 2 조부터 **제 6 조**까지 생략

부　　칙 <2015·7·24 법13426>

제 1 조(시행일) 이 법은 공포 후 6개월이 경과한 날부터 시행한다. 〈단서 생략〉

제 2 조부터 **제39조**까지 생략

부　　칙 <2015·8·11 법13458>

제 1 조(시행일) 이 법은 공포한 날부터 시행한다. 다만, 제46조의3, 제73조제 2 항, 제

93조제1항, 제151조의2, 제153조, 제156조의 개정규정은 공포 후 6개월이 경과한 날부터 시행한다.

제2조(운전면허 취득 결격기간에 관한 적용례) 제82조제2항 단서 및 같은 항 제5호부터 제7호까지의 개정규정에 따른 운전면허의 결격기간은 이 법 시행 후 최초로 위반하는 행위분부터 적용한다. 다만, 제82조제2항 단서 및 같은 항 제7호의 개정규정은 이 법 시행 전의 위반행위로 인하여 이 법 시행 후에 운전면허 행정처분절차가 진행 중이거나 운전면허 취득 결격기간 중인 사람에 대하여도 적용한다.

제3조(금치산자 등에 대한 경과조치) 제102조제1항제1호 및 제105조제2호가목의 개정규정에 따른 피성년후견인에는 법률 제10429호 민법 일부개정법률 부칙 제2조에 따라 금치산 또는 한정치산 선고의 효력이 유지되는 사람을 포함하는 것으로 본다.

부　　칙 <2016·1·27 법13829>

제1조(시행일) 이 법은 공포 후 6개월이 경과한 날부터 시행한다. 다만, 제5조의3, 제93조제1항 각 호 외의 부분 본문, 제158조의2 및 법률 제10382호 도로교통법 일부개정법률 부칙 제7조의 개정규정은 공포한 날부터 시행하고, 제161조제2항의 개정규정은 2017년 1월 1일부터 시행한다.

제2조(특수면허에 관한 적용례) 제80조제2항의 개정규정은 이 법 시행 후 최초로 실시하는 운전면허시험부터 적용한다.

제3조(운전면허의 취소·정지에 관한 적용례) 제93조제1항제10호의2의 개정규정은 이 법 시행 후 최초로 발생하는 위반행위부터 적용한다.

제4조(경찰청에서 퇴직하고 공단의 직원으로 임용된 자에 대한 「공무원연금법」의 적용에 관한 특례 조정에 관한 적용례) 법률 제10382호 도로교통법 일부개정법률 부칙 제7조의 개정규정은 2016년 1월 1일부터 적용한다.

제5조(특수면허에 관한 경과조치) 이 법 시행 당시 트레일러 면허를 소지한 사람은 대형견인차 면허를 소지한 것으로 보고, 렉커면허를 소지한 사람은 구난차 면허를 소지한 것으로 본다.

제6조(다른 법률의 개정) 생략

부　　칙 <2016·5·29 법14266>

이 법은 공포 후 6개월이 경과한 날부터 시행한다.

부　　칙 <2016·12·2 법14356>

이 법은 공포 후 6개월이 경과한 날부터 시행한다. 다만, 제165조의 개정규정은 공포한 날부터 시행한다.

부　　칙 <2017·3·21 법14617>

제1조(시행일) 이 법은 공포 후 1년이 경과한 날부터 시행한다.

제2조 생략

부　　칙 <2017·7·26 법14839>

제1조(시행일) ① 이 법은 공포한 날부터 시행한다. 〈단서 생략〉

제2조부터 **제6조**까지 생략

부　　칙 <2017·10·24 법14911>

제1조(시행일) 이 법은 공포 후 6개월이 경과한 날부터 시행한다. 다만, 제2조제26호 및 제96조의 개정규정은 공포한 날부터 시행한다.

제2조(특별교통안전 의무교육에 관한 적용례) 제73조제2항의 개정규정은 이 법 시행 후 운전면허 취소처분이나 운전면허효력 정지처분을 받은 사람부터 적용한다.

제3조(긴급자동차의 운전업무에 종사하는 사람에 대한 경과조치) 이 법 시행 당시 긴급자동차의 운전업무에 종사하는 사람으로서 제73조제4항의 개정규정에 따른 긴급자동차의 안전 등에 관한 교육을 받아야 하는 사람은 이 법 시행일부터 1년 이내에 받아야 한다.

부　　칙 <2018·2·9 법15364>

이 법은 공포 후 6개월이 경과한 날부터 시행한다.

부　　칙 <2018·3·27 법15530>

제1조(시행일) 이 법은 공포 후 1년이 경과한 날부터 시행한다. 다만, 다음 각 호의 개정규정은 각 호의 구분에 따른 날부터 시행한다.

1. 제13조의2제4항제1호, 제49조제1항제4호·제6호 및 제139조제1항제11호 : 공포한 날(제49조제1항제6호 중 노면전차의 도입에 관한 사항은 공포 후 1년이 경과한 날)

2. 제34조의3, 제44조, 제47조, 제48조, 제50조제 1 항 · 제 2 항 · 제 4 항 · 제 8 항, 제53조, 제67조, 제93조제 1 항, 제98조의2, 제148조의2제 1 항, 제156조제 1 호 · 제11호 · 제12호, 제160조제 2 항제 2 호, 제161조제 1 항제 2 호, 법률 제14911호 도로교통법 일부개정법률 제73조제 1 항제 3 호의2 : 공포 후 6개월이 경과한 날(제44조, 제47조, 제48조, 제148조의2제 1 항, 제156조제 1 호 중 노면전차의 도입에 관한 사항은 공포 후 1년이 경과한 날)
3. 법률 제14911호 도로교통법 일부개정법률 제140조 : 2018년 4월 25일
4. 제87조 및 법률 제14911호 도로교통법 일부개정법률 제73조제 5 항 : 2019년 1월 1일

제 2 조(75세 이상인 사람의 운전면허증 갱신 및 정기 적성검사에 관한 경과조치) 제87조제 1 항의 개정규정에도 불구하고 같은 개정규정 시행 전에 운전면허를 받은 사람이 같은 개정규정 시행 후 처음 받아야 하는 운전면허증 갱신 또는 정기 적성검사의 기간은 종전의 규정에 따른다.

제 3 조(국제운전면허증 발급의 제한에 관한 적용례) 제98조의2의 개정규정은 같은 개정규정 시행 전의 위반행위로 부과받은 범칙금 또는 과태료가 있는 사람이 국제운전면허증을 발급받으려는 경우에 대하여도 적용한다.

제 4 조(다른 법률의 개정) 생략

부　칙 <2018 · 6 · 12 법15629>

제 1 조(시행일) 이 법은 공포 후 1년이 경과한 날부터 시행한다.

제 2 조(교통안전시설 설치 · 관리에 관한 적용례) 제 3 조제 2 항의 개정규정은 이 법 시행 후 새로 설치되는 교통안전시설이나 기존의 교통안전시설을 대체하여 다시 설치되는 교통안전시설부터 적용한다.

부　칙 <2018 · 10 · 16 법15807>

이 법은 공포 후 6개월이 경과한 날부터 시행한다.

부　칙 <2018 · 12 · 24 법16037>

제 1 조(시행일) 이 법은 공포 후 6개월이 경과한 날부터 시행한다.

제 2 조(술에 취한 상태에서의 운전금지 등에 관한 적용례) 제82조제 2 항 및 제93조제 1 항제 2 호의 개정규정은 이 법 시행 후 최초로 제44조제 1 항 또는 제 2 항을 위반한 사람부터 적용한다. 이 경우 위반행위의 횟수를 산정할 때에는 2001년 6월 30일 이후의 위반행위부터 산정한다.

제 3 조(다른 법률의 개정) 생략

부　칙 <2019 · 11 · 26 법16652>

제 1 조(시행일) 이 법은 공포한 날부터 시행한다.

제 2 조 및 **제 3 조** 생략

부　칙 <2019 · 12 · 24 법16830>

제 1 조(시행일) 이 법은 공포한 날부터 시행한다. 다만, 제12조제 4 항 및 제 5 항, 제82조제 1 항제 7 호의 개정규정은 공포 후 3개월이 경과한 날부터 시행한다.

제 2 조(운전면허 결격사유에 관한 경과조치) 제82조제 1 항제 7 호의 개정규정은 같은 개정규정 시행 전에 제83조제 1 항에 따른 운전면허시험의 전부 또는 일부를 합격한 사람에 대해서는 적용하지 아니한다.

부　칙 <2020 · 5 · 26 법17311>

제 1 조(시행일) 이 법은 공포 후 6개월이 경과한 날부터 시행한다.

제 2 조(보호자가 동승하지 아니한 어린이통학버스 운전자의 의무에 관한 유효기간) 제53조의5의 개정규정은 이 법 시행일부터 2년간 효력을 가진다.

제 3 조(어린이통학버스 운영자 등의 의무에 관한 적용례) 제53조제 3 항의 개정규정은 제2 조제23호가목의 유아교육진흥원 · 대안학교 · 외국인학교, 같은 호 다목의 교습소 및 같은 호 마목부터 차목까지의 시설에서 운영하는 어린이통학버스에 대해서는 이 법 시행 이후 2년이 경과한 날부터 적용한다.

제 4 조(어린이통학버스의 위반 정보 제공에 관한 적용례) 제53조의4의 개정규정은 이 법 시행 이후 발생하는 사고부터 적용한다.

제 5 조(체육교습업에 관한 특례) 제53조제 3 항의 개정규정은 법률 제17267호 체육시설의 설치 · 이용에 관한 법률 일부개정법률에 따라 체육교습업 시설에서 어린이통학버스를 운영하게 되는 자에 대해서는 이 법 시행 이후 2년이 경과한 날부터 적용한다. 이 경우 체육교습업 시설에서 운영하는 어

린이통학버스의 운전자에게는 제53조의5의 개정규정을 이 법 시행일부터 2년간 적용한다.

제 6 조(어린이통학버스 신고에 관한 경과조치) 이 법 시행 당시 어린이 통학 등에 이용되는 자동차로서 어린이통학버스로 신고하지 아니한 자동차를 운영하는 자는 제52조에 따라 이 법 시행 이후 6개월 이내에 신고하여야 한다.

제 7 조(어린이통학버스 안전교육에 관한 경과조치) 이 법 시행 당시 종전의 규정에 따라 어린이통학버스에 동승하는 보호자는 이 법 시행 이후 6개월 이내에 제53조의3제 2 항제 1 호에 따른 신규 안전교육을 받아야 한다.

제 8 조(다른 법률의 개정) 생략

부　　칙 <2020・6・9 법17371>

제 1 조(시행일) 이 법은 공포 후 6개월이 경과한 날부터 시행한다. 다만, 제64조제 6 호의2 및 제 6 호의3의 개정규정은 공포한 날부터 시행한다.

제 2 조(제한된 최고속도를 시속 100킬로미터 초과한 속도위반에 관한 적용례) 제17조제 3 항 위반행위에 관한 제93조제 1 항제 5 호의3 및 제151조의2제 2 호의 개정규정은 이 법 시행 후 최초로 발생하는 위반행위부터 적용한다.

부　　칙 <2020・10・20 법17514>

이 법은 공포 후 6개월이 경과한 날부터 시행한다. 다만, 제32조제 8 호, 제34조의2 및 제73조제 2 항제 5 호의 개정규정은 공포 후 1년이 경과한 날부터 시행한다.

부　　칙 <2020・12・22 법17689>

제 1 조(시행일) 이 법은 2021년 1월 1일부터 시행한다.

제 2 조부터 **제 8 조**까지 생략

부　　칙 <2021・1・12 법17891>

이 법은 공포 후 4개월이 경과한 날부터 시행한다. 다만, 다음 각 호의 개정규정은 그 구분에 따른 날부터 시행한다.

1. 제30조, 제50조제 4 항, 제93조제 1 항 각 호 외의 부분 단서 중 거짓이나 그 밖의 부정한 수단으로 받은 운전면허의 취소에 관한 부분, 같은 항 제 8 호・제 8 호의2 및 제158조의2의 개정규정 : 공포한 날
2. 제34조의2, 제93조제 1 항 각 호 외의 부분 단서 중 관계 행정기관의 장의 요청에 따른 운전면허 취소・정지에 관한 부분 및 제94조의2의 개정규정 : 공포 후 6개월이 경과한 날
3. 법률 제17514호 도로교통법 일부개정법률 제34조의2 : 2021년 10월 21일

부　　칙 <2021・10・19 법18491>

이 법은 공포 후 6개월이 경과한 날부터 시행한다. 다만, 제82조제 2 항, 제88조제 1 항, 제92조제 1 항, 제96조, 제97조, 제138조제 1 항, 제152조, 제154조 및 제156조제13호의 개정규정은 공포 후 1년이 경과한 날부터 시행한다.

부　　칙 <2021・11・30 법18522>

제 1 조(시행일) 이 법은 공포 후 1년이 경과한 날부터 시행한다. 〈단서 생략〉

제 2 조부터 **제15조**까지 생략

부　　칙 <2022・1・11 법18741>

이 법은 공포 후 6개월이 경과한 날부터 시행한다.

부　　칙 <2023・1・3 법19158>

제 1 조(시행일) 이 법은 공포 후 6개월이 경과한 날부터 시행한다. 다만, 제148조의2제 1 항 및 제 2 항의 개정규정은 공포 후 3개월이 경과한 날부터 시행한다.

제 2 조(벌칙에 관한 적용례) 제148조의2제 1 항의 개정규정은 제44조제 1 항 또는 제 2 항을 위반하여 벌금 이상의 형을 선고받아 이 법 시행 전에 그 형이 확정된 사람으로서 이 법 시행 이후 다시 같은 조 제 1 항 또는 제 2 항을 위반한 사람에 대해서도 적용한다.

부　　칙 <2023・4・18 법19357>

이 법은 공포 후 6개월이 경과한 날부터 시행한다. 다만, 법률 제19158호 도로교통법 일부개정법률 제12조의4의 개정규정은 2024년 1월 1일부터 시행한다.

부　　칙 <2023・10・24 법19745>

제 1 조(시행일) 이 법은 공포 후 1년이 경과한 날부터 시행한다. 다만, 제 2 조제23호의 개정규정은 공포한 날부터 시행한다.

제 2 조(음주운전 방지장치 부착 조건부 운전면허에 관한 적용례) 제80조의2의 개정규

정은 이 법 시행 후 종전의 제44조제1항 또는 제2항을 위반한 날부터 5년 이내에 다시 같은 조 제1항 또는 제2항을 위반하여 운전면허 취소처분을 받은 사람부터 적용한다.

부　칙 <2023·12·26 법19841>

제1조(시행일) 이 법은 공포 후 1년이 경과한 날부터 시행한다. 〈단서 생략〉

제2조 및 **제3조** 생략

부　칙 <2024·1·30 법20155>

이 법은 공포 후 6개월이 경과한 날부터 시행한다. 다만, 법률 제19745호 도로교통법 일부개정법률 제85조의2 및 제85조의3의 개정규정은 2024년 10월 25일부터 시행한다.

부　칙 <2024·1·30 법20167>

제1조(시행일) 이 법은 공포 후 6개월이 경과한 날부터 시행한다.

제2조부터 **제8조**까지 생략

부　칙 <2024·2·13 법20270>

제1조(시행일) 이 법은 공포 후 6개월이 경과한 날부터 시행한다.

제2조(교통안전교육강사, 자동차운전 전문학원 강사 및 기능검정원 결격사유에 관한 적용례) 제76조제3항제2호나목·다목·라목, 제106조제3항제1호 및 제107조제3항제2호의 개정규정은 이 법 시행 이후 발생한 범죄행위로 형벌을 받은 자부터 적용한다. 다만, 「교통사고처리 특례법」 제3조제1항 또는 「특정범죄 가중처벌 등에 관한 법률」 제5조의3을 위반한 사람에 대해서는 종전의 규정에 따른다.

제3조(운전면허의 취소·정지에 관한 적용례) 제93조제1항제11호의 개정규정은 운전면허를 받은 사람이 이 법 시행 이후 자동차등을 범죄의 도구나 장소로 이용하여 「보험사기방지 특별법」 중 제8조부터 제10조까지의 죄를 범한 경우부터 적용한다.

제4조(자동차운전 전문학원 강사 및 기능검정원 자격의 취소 처분에 관한 경과조치) 이 법 시행 전의 범죄행위에 대한 자격의 취소 처분에 관하여는 종전의 규정에 따른다.

부　칙 <2024·3·19 법20375>

제1조(시행일) 이 법은 공포 후 6개월이 경과한 날부터 시행한다. 다만, 제56조의3은 공포 후 1년이 경과한 날부터 시행한다.

제2조(자율주행자동차 시험운전자의 준수사항에 관한 경과조치) 이 법 시행 당시 임시운행허가를 받은 자율주행자동차를 운전하는 사람으로서 교통안전교육을 받지 아니한 사람은 제56조의3의 개정규정에도 불구하고 같은 개정규정 시행 이후 6개월 이내에 교통안전교육을 받아야 한다.

부　칙 <2024·12·3 법20544>

제1조(시행일) 이 법은 공포 후 6개월이 경과한 날부터 시행한다.

제2조(음주운전 방지장치 부착 조건부 운전면허에 관한 적용례) 제80조의2제1항의 개정규정은 이 법 시행 이후 제44조제5항을 위반하여 운전면허 취소처분을 받은 경우부터 적용한다.

제3조(운전면허의 결격사유에 관한 적용례) 제82조제2항의 개정규정은 이 법 시행 이후 제44조제5항을 위반하는 경우부터 적용한다.

제4조(운전면허의 취소·정지에 관한 적용례) 제93조제1항의 개정규정은 이 법 시행 이후 제44조제5항을 위반하는 경우부터 적용한다.

부　칙 <2025·1·7 법20647>

이 법은 공포 후 6개월이 경과한 날부터 시행한다.

부　칙 <2025·1·21 법20677>

제1조(시행일) 이 법은 공포 후 6개월이 경과한 날부터 시행한다. 〈단서 생략〉

제2조부터 **제6조**까지 생략

●교통사고처리 특례법

〔1981·12·31 법률제3490호〕

개정
1984· 8· 4 법률제 3744호(도로교통법)
1993· 6·11 법률제 4548호
1995· 1· 5 법률제 4872호(도로교통법)
1996· 8·14 법률제 5157호
1997· 8·30 법률제 5408호(화물자동차운수사업법)
2003· 5·29 법률제 6891호(보험업법)
2005· 5·31 법률제 7545호(도로교통법)
2007·12·21 법률제 8718호
2008· 3·21 법률제 8979호(화물자동차 운수사업법)
2010· 1·25 법률제 9941호
2011· 4·12 법률제10575호
2011· 6· 8 법률제10790호(도로교통법)
2016· 1·27 법률제13829호(도로교통법)
2016·12· 2 법률제14277호
2025· 1· 7 법률제20634호

제 1 조(목적) 이 법은 업무상과실(業務上過失) 또는 중대한 과실로 교통사고를 일으킨 운전자에 관한 형사처벌 등의 특례를 정함으로써 교통사고로 인한 피해의 신속한 회복을 촉진하고 국민생활의 편익을 증진함을 목적으로 한다.
〔전부개정 2011·4·12〕

제 2 조(정의) 이 법에서 사용하는 용어의 뜻은 다음과 같다. <개정 2011·6·8>
1. "차"란 「도로교통법」 제 2 조제17호가목에 따른 차(車)와 「건설기계관리법」 제 2 조제 1 항제 1 호에 따른 건설기계를 말한다.
2. "교통사고"란 차의 교통으로 인하여 사람을 사상(死傷)하거나 물건을 손괴(損壞)하는 것을 말한다.

〔전부개정 2011·4·12〕

제 3 조(처벌의 특례) ① 차의 운전자가 교통사고로 인하여 「형법」 제268조의 죄를 범한 경우에는 5년 이하의 금고 또는 2천만원 이하의 벌금에 처한다.
② 차의 교통으로 제 1 항의 죄 중 업무상과실치상죄(業務上過失致傷罪) 또는 중과실치상죄(重過失致傷罪)와 「도로교통법」 제151조의 죄를 범한 운전자에 대하여는 피해자의 명시적인 의사에 반하여 공소(公訴)를 제기할 수 없다. 다만, 차의 운전자가 제 1 항의 죄 중 업무상과실치상죄 또는 중과실치상죄를 범하고도 피해자를 구호(救護)하는 등 「도로교통법」 제54조제 1 항에 따른 조치를 하지 아니하고 도주하거나 피해자를 사고장소로부터 옮겨 유기(遺棄)하고 도주한 경우, 같은 죄를 범하고 「도로교통법」 제44조제 2 항을 위반하여 음주측정 요구에 따르지 아니하거나(운전자가 채혈 측정을 요청하거나 동의한 경우는 제외한다), 「도로교통법」 제44조제 5 항을 위반하여 음주측정방해행위를 한 경우와 다음 각 호의 어느 하나에 해당하는 행위로 인하여 같은 죄를 범한 경우에는 그러하지 아니하다. <개정 2016·1·27, 2016·12·2, 2025·1·7>
1. 「도로교통법」 제 5 조에 따른 신호기가 표시하는 신호 또는 교통정리를 하는 경찰공무원등의 신호를 위반하거나 통행금지 또는 일시정지를 내용으로 하는 안전표지가 표시하는 지시를 위반하여 운전한 경우
2. 「도로교통법」 제13조제 3 항을 위반하여 중앙선을 침범하거나 같은 법 제62조를 위반하여 횡단, 유턴 또는 후진한 경우
3. 「도로교통법」 제17조제 1 항 또는 제 2 항에 따른 제한속도를 시속 20킬로미터 초과하여 운전한 경우
4. 「도로교통법」 제21조제 1 항, 제22조, 제23조에 따른 앞지르기의 방법·금지시기·금지장소 또는 끼어들기의 금지를 위반하거나 같은 법 제60조제 2 항에 따른 고속도로에서의 앞지르기 방법을 위반하여 운전한 경우
5. 「도로교통법」 제24조에 따른 철길건널목 통과방법을 위반하여 운전한 경우
6. 「도로교통법」 제27조제 1 항에 따른 횡단보도에서의 보행자 보호의무를 위반하여 운전한 경우
7. 「도로교통법」 제43조, 「건설기계관리법」 제26조 또는 「도로교통법」 제96조를 위반하여 운전면허 또는 건설기계조종사면허를 받지 아니하거나 국제운전면허증을 소지하지 아니하고 운전한 경우. 이 경우 운전면허 또는 건설기계조종사면허의 효력이 정지 중이거나 운전의 금지 중인 때에는 운전면허 또는 건설기계조종사면허를 받지 아니하거나 국제운전면허증을 소지하지 아니한 것으로 본다.

8. 「도로교통법」 제44조제 1 항을 위반하여 술에 취한 상태에서 운전을 하거나 같은 법 제45조를 위반하여 약물의 영향으로 정상적으로 운전하지 못할 우려가 있는 상태에서 운전한 경우
9. 「도로교통법」 제13조제 1 항을 위반하여 보도(步道)가 설치된 도로의 보도를 침범하거나 같은 법 제13조제 2 항에 따른 보도 횡단방법을 위반하여 운전한 경우
10. 「도로교통법」 제39조제 3 항에 따른 승객의 추락 방지의무를 위반하여 운전한 경우
11. 「도로교통법」 제12조제 3 항에 따른 어린이 보호구역에서 같은 조 제 1 항에 따른 조치를 준수하고 어린이의 안전에 유의하면서 운전하여야 할 의무를 위반하여 어린이의 신체를 상해(傷害)에 이르게 한 경우
12. 「도로교통법」 제39조제 4 항을 위반하여 자동차의 화물이 떨어지지 아니하도록 필요한 조치를 하지 아니하고 운전한 경우

〔전부개정 2011·4·12〕

제 4 조(보험 등에 가입된 경우의 특례) ① 교통사고를 일으킨 차가 「보험업법」 제 4 조, 제126조, 제127조 및 제128조, 「여객자동차 운수사업법」 제60조, 제61조 또는 「화물자동차 운수사업법」 제51조에 따른 보험 또는 공제에 가입된 경우에는 제 3 조제 2 항 본문에 규정된 죄를 범한 차의 운전자에 대하여 공소를 제기할 수 없다. 다만, 다음 각 호의 어느 하나에 해당하는 경우에는 그러하지 아니하다.

1. 제 3 조제 2 항 단서에 해당하는 경우
2. 피해자가 신체의 상해로 인하여 생명에 대한 위험이 발생하거나 불구(不具)가 되거나 불치(不治) 또는 난치(難治)의 질병이 생긴 경우
3. 보험계약 또는 공제계약이 무효로 되거나 해지되거나 계약상의 면책 규정 등으로 인하여 보험회사, 공제조합 또는 공제사업자의 보험금 또는 공제금 지급의무가 없어진 경우

② 제 1 항에서 "보험 또는 공제"란 교통사고의 경우 「보험업법」에 따른 보험회사나 「여객자동차 운수사업법」 또는 「화물자동차 운수사업법」에 따른 공제조합 또는 공제사업자가 인가된 보험약관 또는 승인된 공제약관에 따라 피보험자와 피해자 간 또는 공제조합원과 피해자 간의 손해배상에 관한 합의 여부와 상관없이 피보험자나 공제조합원을 갈음하여 피해자의 치료비에 관하여는 통상비용의 전액을, 그 밖의 손해에 관하여는 보험약관이나 공제약관으로 정한 지급기준금액을 대통령령으로 정하는 바에 따라 우선 지급하되, 종국적으로는 확정판결이나 그 밖에 이에 준하는 집행권원(執行權原)상 피보험자 또는 공제조합원의 교통사고로 인한 손해배상금 전액을 보상하는 보험 또는 공제를 말한다.

③ 제 1 항의 보험 또는 공제에 가입된 사실은 보험회사, 공제조합 또는 공제사업자가 제 2 항의 취지를 적은 서면에 의하여 증명되어야 한다.

〔전부개정 2011·4·12〕

제 5 조(벌칙) ① 보험회사, 공제조합 또는 공제사업자의 사무를 처리하는 사람이 제 4 조제 3 항의 서면을 거짓으로 작성한 경우에는 3년 이하의 징역 또는 1천만원 이하의 벌금에 처한다.

② 제 1 항의 거짓으로 작성된 문서를 그 정황을 알고 행사한 사람도 제 1 항의 형과 같은 형에 처한다.

③ 보험회사, 공제조합 또는 공제사업자가 정당한 사유 없이 제 4 조제 3 항의 서면을 발급하지 아니한 경우에는 1년 이하의 징역 또는 300만원 이하의 벌금에 처한다.

〔전부개정 2011·4·12〕

제 6 조(양벌규정) 법인의 대표자, 대리인, 사용인, 그 밖의 종업원이 그 법인의 업무에 관하여 제 5 조의 위반행위를 하면 그 행위자를 벌하는 외에 그 법인에도 해당 조문의 벌금형을 과(科)한다. 다만, 법인이 그 위반행위를 방지하기 위하여 해당 업무에 관하여 상당한 주의와 감독을 게을리하지 아니한 경우에는 그러하지 아니하다.

〔전부개정 2010·1·25〕

부 칙

①(시행일) 이 법은 1982년 1월 1일부터 시행한다. 다만, 제 4 조 내지 제 6 조의 규정은 이

법 공포일로부터 6월 이내의 범위안에서 대통령령으로 정하는 날로부터 시행한다.
②(적용례) 이 법 시행전에 형법 제268조의 죄를 범한 제차의 운전자에 대하여는 종전의 규정에 의한다.

부 칙 <1984·8·4 법3744>

제1조(시행일) 이 법은 공포후 6월이 경과한 날로부터 시행한다. 〈단서 생략〉
제2조부터 **제4조**까지 생략

부 칙 <1993·6·11 법4548>

이 법은 1993년 7월 1일부터 시행한다.

부 칙 <1995·1·5 법4872>

제1조(시행일) 이 법은 1995년 7월 1일부터 시행한다. 〈단서 생략〉
제2조 및 **제3조** 생략

부 칙 <1996·8·14 법5157>

이 법은 공포한 날부터 시행한다.

부 칙 <1997·8·30 법5408>

제1조(시행일) 이 법은 1998년 1월 1일부터 시행한다.
제2조부터 **제9조**까지 생략

부 칙 <2003·5·29 법6891>

제1조(시행일) 이 법은 공포후 3월이 경과한 날부터 시행한다. 〈단서 생략〉
제2조부터 **제34조**까지 생략

부 칙 <2005·5·31 법7545>

제1조(시행일) 이 법은 공포 후 1년이 경과한 날부터 시행한다.
제2조부터 **제8조**까지 생략

부 칙 <2007·12·21 법8718>

이 법은 공포 후 2년이 경과한 날부터 시행한다.

부 칙 <2008·3·21 법8979>

제1조(시행일) 이 법은 공포한 날부터 시행한다.
제2조부터 **제6조**까지 생략

부 칙 <2010·1·25 법9941>

①(시행일) 이 법은 공포한 날부터 시행한다.
②(적용례) 제3조제2항의 개정규정은 이 법 시행 후 최초로 발생한 교통사고부터 적용한다.

부 칙 <2011·4·12 법10575>

이 법은 공포한 날부터 시행한다.

부 칙 <2011·6·8 법10790>

제1조(시행일) 이 법은 공포 후 6개월이 경과한 날부터 시행한다.
제2조부터 **제6조**까지 생략

부 칙 <2016·1·27 법13829>

제1조(시행일) 이 법은 공포 후 6개월이 경과한 날부터 시행한다. 〈단서 생략〉
제2조부터 **제6조**까지 생략

부 칙 <2016·12·2 법14277>

제1조(시행일) 이 법은 공포 후 1년이 경과한 날부터 시행한다.
제2조(적용례) 제3조제2항의 개정규정은 이 법 시행 후 최초로 발생한 교통사고부터 적용한다.

부 칙 <2025·1·7 법20634>

제1조(시행일) 이 법은 2025년 6월 4일부터 시행한다.
제2조(적용례) 제3조제2항의 개정규정은 이 법 시행 이후 발생한 교통사고부터 적용한다.

●여신전문금융업법

〔1997·8·28 법률제5374호〕

개정

1998· 1·13 법률제 5505호(금융감독기관의설치등에관한법률제정등에따른공인회계사법등의정비에관한법률)
1999· 2· 1 법률제 5741호
1999· 2· 8 법률제 5819호(한국종합기술금융주식회사법폐지법률)
1999· 5·24 법률제 5982호(정부조직법)
2000·12·29 법률제 6316호(대외무역법)
2001· 3·28 법률제 6430호
2002· 3·30 법률제 6681호
2002· 8·26 법률제 6705호(기술신용보증기금법)
2003· 5·29 법률제 6909호(의료기기법)
2004· 1·20 법률제 7065호
2005· 1·27 법률제 7343호
2005· 1·27 법률제 7344호(신용정보의이용및보호에관한법률)
2005· 3·31 법률제 7428호(채무자 회생 및 파산에 관한 법률)
2005· 5·31 법률제 7531호
2006· 4·28 법률제 7929호(전자금융거래법)
2007· 1·26 법률제 8265호(금융산업의 구조개선에 관한 법률)
2007· 3·29 법률제 8313호
2007· 4·11 법률제 8356호(대외무역법)
2007· 7·19 법률제 8525호
2007· 8· 3 법률제 8635호(자본시장과 금융투자업에 관한 법률)
2008· 2·29 법률제 8852호(정부조직법)
2008· 2·29 법률제 8863호(금융위원회의 설치 등에 관한 법률)
2009· 2· 6 법률제 9459호
2010· 1·18 법률제 9932호(정부조직법)
2010· 3·12 법률제10062호
2011· 4· 7 법률제10564호(의료기기법)
2011· 7·21 법률제10866호(고등교육법)
2012· 3·21 법률제11410호
2012· 6· 1 법률제11461호(전자문서 및 전자거래기본법)
2013· 3·22 법률제11629호
2013· 4· 5 법률제11758호(자본시장과 금융투자업에 관한 법률)
2015· 1·20 법률제13068호
2015· 7·24 법률제13448호(자본시장과 금융투자업에 관한 법률)
2015· 7·31 법률제13453호(금융회사의 지배구조에 관한 법률)
2016· 3·29 법률제14116호(항공안전법)
2016· 3·29 법률제14122호(기술보증기금법)
2016· 3·29 법률제14127호
2017· 4·18 법률제14825호
2017·10·31 법률제15022호(주식회사 등의 외부감사에 관한 법률)
2018· 2·21 법률제15416호
2018· 4·17 법률제15615호
2018·12·11 법률제15934호
2018·12·31 법률제16189호
2020· 2· 4 법률제16957호(신용정보의 이용 및 보호에 관한 법률)
2020· 3·24 법률제17112호(금융소비자 보호에 관한 법률)
2023· 3·21 법률제19260호
2025· 1·21 법률제20716호

제 1 장 총칙

제 1 조(목적) 이 법은 신용카드업, 시설대여업(施設貸與業), 할부금융업(割賦金融業) 및 신기술사업금융업(新技術事業金融業)을 하는 자의 건전하고 창의적인 발전을 지원함으로써 국민의 금융편의를 도모하고 국민경제의 발전에 이바지함을 목적으로 한다.
〔전부개정 2009·2·6〕

제 2 조(정의) 이 법에서 사용하는 용어의 뜻은 다음과 같다. <개정 2010·3·12, 2012·3·21, 2015·1·20, 2015·7·31, 2016·3·29, 2018·2·21>

1. "여신전문금융업(與信專門金融業)"이란 신용카드업, 시설대여업, 할부금융업 또는 신기술사업금융업을 말한다.
2. "신용카드업"이란 다음 각 목의 업무 중

나목의 업무를 포함한 둘 이상의 업무를 업(業)으로 하는 것을 말한다.
가. 신용카드의 발행 및 관리
나. 신용카드 이용과 관련된 대금(代金)의 결제
다. 신용카드가맹점의 모집 및 관리
2의2. "신용카드업자"란 제3조제1항에 따라 신용카드업의 허가를 받거나 등록을 한 자를 말한다. 다만, 제3조제3항제1호의 요건에 해당하는 자가 제13조제1항제2호 및 제3호의 업무를 하는 경우에는 그 업무에 관하여만 신용카드업자로 본다.
3. "신용카드"란 이를 제시함으로써 반복하여 신용카드가맹점에서 다음 각 목을 제외한 사항을 결제할 수 있는 증표(證票)로서 신용카드업자(외국에서 신용카드업에 상당하는 영업을 영위하는 자를 포함한다)가 발행한 것을 말한다.
가. 금전채무의 상환
나. 「자본시장과 금융투자업에 관한 법률」 제3조제1항에 따른 금융투자상품 등 대통령령으로 정하는 금융상품
다. 「게임산업진흥에 관한 법률」 제2조제1호의2에 따른 사행성게임물의 이용대가 및 이용에 따른 금전의 지급. 다만, 외국인(「해외이주법」 제2조에 따른 해외이주자를 포함한다)이 「관광진흥법」에 따라 허가받은 카지노영업소에서 외국에서 신용카드업에 상당하는 영업을 영위하는 자가 발행한 신용카드로 결제하는 것은 제외한다.
라. 그 밖에 사행행위 등 건전한 국민생활을 저해하고 선량한 풍속을 해치는 행위로 대통령령으로 정하는 사항의 이용대가 및 이용에 따른 금전의 지급
4. "신용카드회원"이란 신용카드업자와의 계약에 따라 그로부터 신용카드를 발급받은 자를 말한다.
5. "신용카드가맹점"이란 다음 각 목의 자를 말한다.
가. 신용카드업자와의 계약에 따라 신용카드회원·직불카드회원 또는 선불카드소지자(이하 "신용카드회원등"이라 한다)에게 신용카드·직불(直拂)카드 또는 선불(先拂)카드(이하 "신용카드등"이라 한다)를 사용한 거래에 의하여 물품의 판매 또는 용역의 제공 등을 하는 자
나. 신용카드업자와의 계약에 따라 신용카드회원등에게 물품의 판매 또는 용역의 제공 등을 하는 자를 위하여 신용카드등에 의한 거래를 대행(代行)하는 자(이하 "결제대행업체"라 한다)
5의2. "수납대행가맹점"이란 신용카드업자와의 별도의 계약에 따라 다른 신용카드가맹점을 위하여 신용카드등에 의한 거래에 필요한 행위로서 대통령령으로 정하는 사항을 대행하는 신용카드가맹점을 말한다.
5의3. "가맹점모집인"이란 신용카드업자를 위하여 가맹점계약의 체결을 중개 또는 대리하고 부가통신업자를 위하여 신용카드 단말기를 설치하는 자로서 제16조의3에 따라 금융위원회에 등록을 한 자를 말한다.
5의4. "신용카드포인트"란 신용카드업자가 신용카드의 이용금액 등에 따라 신용카드회원에게 적립하여 재화를 구매하거나 서비스를 이용할 수 있도록 하는 경제상의 이익을 말한다.
6. "직불카드"란 직불카드회원과 신용카드가맹점 간에 전자적(電子的) 또는 자기적(磁氣的) 방법으로 금융거래계좌에 이체(移替)하는 등의 방법으로 결제가 이루어질 수 있도록 신용카드업자가 발행한 증표〔자금(資金)을 융통받을 수 있는 증표는 제외한다〕를 말한다.
7. "직불카드회원"이란 신용카드업자와의 계약에 따라 그로부터 직불카드를 발급받은 자를 말한다.
8. "선불카드"란 신용카드업자가 대금을 미리 받고 이에 해당하는 금액을 기록(전자적 또는 자기적 방법에 따른 기록을 말한다)하여 발행한 증표로서 선불카드소지자가 신용카드가맹점에 제시하여 그 카드에 기록된 금액의 범위에서 결제할 수 있게 한 증표를 말한다.
8의2. "신용카드등부가통신업"이란 신용카드업자 및 신용카드가맹점과의 계약에 따라 단말기 설치, 신용카드등의 조회·승인 및 매출전표 매입·자금정산 등 신용카드등의 대금결제를 승인·중계하기 위한 전기통신서비스 제공을 업으로 하는 것을 말

한다.

8의3. "부가통신업자"란 신용카드등부가통신업에 대하여 제27조의2에 따라 금융위원회에 등록을 한 자를 말한다.

9. "시설대여업"이란 시설대여를 업으로 하는 것을 말한다.

10. "시설대여"란 대통령령으로 정하는 물건(이하 "특정물건"이라 한다)을 새로 취득하거나 대여받아 거래상대방에게 대통령령으로 정하는 일정 기간 이상 사용하게 하고, 그 사용 기간 동안 일정한 대가를 정기적으로 나누어 지급받으며, 그 사용 기간이 끝난 후의 물건의 처분에 관하여는 당사자 간의 약정(約定)으로 정하는 방식의 금융을 말한다.

10의2. "시설대여업자"란 시설대여업에 대하여 제 3 조제 2 항에 따라 금융위원회에 등록한 자를 말한다.

11. "연불판매(延拂販賣)"란 특정물건을 새로 취득하여 거래상대방에게 넘겨주고, 그 물건의 대금·이자 등을 대통령령으로 정하는 일정한 기간 이상 동안 정기적으로 나누어 지급받으며, 그 물건의 소유권 이전 시기와 그 밖의 조건에 관하여는 당사자 간의 약정으로 정하는 방식의 금융을 말한다.

12. "할부금융업"이란 할부금융을 업으로 하는 것을 말한다.

13. "할부금융"이란 재화(財貨)와 용역의 매매계약(賣買契約)에 대하여 매도인(賣渡人) 및 매수인(買受人)과 각각 약정을 체결하여 매수인에게 융자한 재화와 용역의 구매자금을 매도인에게 지급하고 매수인으로부터 그 원리금(元利金)을 나누어 상환(償還)받는 방식의 금융을 말한다.

13의2. "할부금융업자"란 할부금융업에 대하여 제 3 조제 2 항에 따라 금융위원회에 등록한 자를 말한다.

14. "신기술사업금융업"이란 제41조제 1 항 각 호에 따른 업무를 종합적으로 업으로서 하는 것을 말한다.

14의2. "신기술사업자"란 「기술보증기금법」 제 2 조제 1 호에 따른 신기술사업자와 기술 및 저작권·지적재산권 등과 관련된 연구·개발·개량·제품화 또는 이를 응용하여 사업화하는 사업(이하 "신기술사업"이라 한다)을 영위하는 「중소기업기본법」 제 2 조에 따른 중소기업, 「중견기업 성장촉진 및 경쟁력 강화에 관한 특별법」 제 2 조제 1 호에 따른 중견기업 및 「외국환거래법」 제 3 조제15호에 따른 비거주자를 말한다. 다만, 다음 각 목의 어느 하나에 해당하는 업종을 영위하는 자는 제외한다.

가. 「통계법」 제22조제 1 항에 따라 통계청장이 고시하는 한국표준산업분류에 따른 금융 및 보험업. 다만, 동 분류에 따른 금융 및 보험관련 서비스업으로서 대통령령으로 정하는 업종은 제외한다.

나. 「통계법」 제22조제 1 항에 따라 통계청장이 고시하는 한국표준산업분류에 따른 부동산업. 다만, 동 분류에 따른 부동산관련 서비스업으로서 대통령령으로 정하는 업종은 제외한다.

다. 그 밖에 신기술사업과 관련이 적은 업종으로서 대통령령으로 정하는 업종

14의3. "신기술사업금융업자"란 신기술사업금융업에 대하여 제 3 조제 2 항에 따라 금융위원회에 등록한 자를 말한다.

14의4. "신기술사업금융전문회사"란 신기술사업금융업자로서 신용카드업·시설대여업·할부금융업, 그 밖에 대통령령으로 정하는 금융업을 함께 하지 아니하는 자를 말한다.

14의5. "신기술사업투자조합"이란 신기술사업자에게 투자하기 위하여 설립된 조합으로서 다음 각 목의 어느 하나에 해당하는 조합을 말한다.

가. 신기술사업금융업자가 신기술사업금융업자 외의 자와 공동으로 출자하여 설립한 조합

나. 신기술사업금융업자가 조합자금을 관리·운용하는 조합

15. "여신전문금융회사"란 여신전문금융업에 대하여 제 3 조제 1 항 또는 제 2 항에 따라 금융위원회의 허가를 받거나 금융위원회에 등록을 한 자로서 제46조제 1 항 각 호에 따른 업무를 전업(專業)으로 하는 자를 말한다.

16. "겸영여신업자(兼營與信業者)"란 여신전문금융업에 대하여 제 3 조제 3 항 단서

에 따라 금융위원회의 허가를 받거나 금융위원회에 등록을 한 자로서 여신전문금융회사가 아닌 자를 말한다.
17. "대주주"란 「금융회사의 지배구조에 관한 법률」 제 2 조제 6 호에 따른 주주를 말한다.
18. "신용공여"란 대출, 지급보증 또는 자금 지원적 성격의 유가증권의 매입, 그 밖에 금융거래상의 신용위험이 따르는 여신전문금융회사의 직접적·간접적 거래로서 대통령령으로 정하는 것을 말한다.
19. "자기자본"이란 납입자본금·자본잉여금 및 이익잉여금 등의 합계액으로서 대통령령으로 정하는 것을 말한다.
20. "총자산"이란 유동자산 및 비유동자산 등의 합계액으로서 대통령령으로 정하는 것을 말한다.
〔전부개정 2009·2·6〕

제 2 장 허가 또는 등록

제 3 조(영업의 허가·등록) ① 신용카드업을 하려는 자는 금융위원회의 허가를 받아야 한다. 다만, 제 3 항제 2 호에 해당하는 자는 금융위원회에 등록하면 신용카드업을 할 수 있다.
② 시설대여업·할부금융업 또는 신기술사업금융업을 하고 있거나 하려는 자로서 이 법을 적용받으려는 자는 업별(業別)로 금융위원회에 등록하여야 한다.
③ 제 1 항이나 제 2 항에 따라 허가를 받거나 등록을 할 수 있는 자는 여신전문금융회사이거나 여신전문금융회사가 되려는 자로 제한한다. 다만, 다음 각 호의 어느 하나에 해당하는 자는 그러하지 아니하다.
1. 다른 법률에 따라 설립되거나 금융위원회의 인가(認可) 또는 허가를 받은 금융기관으로서 대통령령으로 정하는 자
2. 경영하고 있는 사업의 성격상 신용카드업을 겸하여 경영하는 것이 바람직하다고 인정되는 자로서 대통령령으로 정하는 자
④ 금융위원회는 제 1 항에 따른 허가에 조건을 붙일 수 있다.
〔전부개정 2009·2·6〕

제 4 조(허가·등록의 신청) 제 3 조제 1 항 또는 제 2 항에 따라 허가를 받거나 등록을 하려는 자는 다음 각 호의 사항을 적은 허가신청서나 등록신청서에 대통령령으로 정하는 서류를 첨부하여 금융위원회에 제출하여야 한다.
1. 상호(商號) 및 주된 사무소의 소재지
2. 자본금 및 출자자(총리령으로 정하는 소액출자자는 제외한다)의 성명 또는 명칭과 그 지분율(持分率)
3. 임원의 성명
4. 경영하려는 여신전문금융업
5. 여신전문금융회사가 되려는 자는 그 취지
6. 겸영여신업자가 되려는 자는 경영하고 있는 사업의 내용
〔전부개정 2009·2·6〕

제 5 조(자본금) ① 여신전문금융업의 허가를 받거나 등록을 하여 여신전문금융회사가 될 수 있는 자는 주식회사로서 자본금이 다음 각 호의 구분에 따른 금액 이상인 자로 제한한다. <개정 2016·3·29>
1. 신용카드업을 하려는 경우로서 시설대여업·할부금융업 또는 신기술사업금융업을 함께 하지 아니하거나 그 중 하나의 업을 함께 하려는 경우 : 200억원
2. 신용카드업을 하려는 경우로서 시설대여업·할부금융업 또는 신기술사업금융업 중 둘 이상의 업을 함께 하려는 경우 : 400억원
3. 시설대여업·할부금융업 또는 신기술사업금융업 중 어느 하나 또는 둘 이상의 업을 하려는 경우로서 신용카드업을 하지 아니하는 경우 : 200억원
4. 신기술사업금융업을 하려는 경우로서 신기술사업금융전문회사가 되려는 경우 : 100억원
② 제 3 조제 3 항제 2 호에 따른 겸영여신업자로서 신용카드업의 등록을 할 수 있는 자는 주식회사로서 자본금과 자기자본이 20억원 이상인 자로 제한한다.
〔전부개정 2009·2·6〕

제 6 조(허가·등록의 요건) ① 다음 각 호의 어느 하나에 해당하는 자는 제 3 조에 따른 허가를 받거나 등록을 할 수 없다.
1. 제10조 또는 제57조제 2 항·제 3 항에 따른 등록·허가가 말소(抹消)되거나 취소된 날부터 3년이 지나지 아니한 법인 및 그 말소 또는 취소 당시 그 법인의 대통령령으로

정하는 출자자이었던 자로서 말소되거나 취소된 날부터 3년이 지나지 아니한 자
2. 「채무자 회생 및 파산에 관한 법률」에 따른 회생절차 중에 있는 회사 및 그 회사의 출자자 중 대통령령으로 정하는 출자자
3. 금융거래 등 상거래에서 약정한 날까지 채무(債務)를 변제(辨濟)하지 아니한 자로서 대통령령으로 정하는 자
4. 허가신청일 및 등록신청일을 기준으로 최근 3년 동안 대통령령으로 정하는 금융관계 법령(이하 "금융관계법령"이라 한다)을 위반하여 벌금형 이상의 처벌을 받은 사실이 있는 자
5. 대통령령으로 정하는 재무건전성기준에 미치지 못하는 자(허가의 경우만 해당한다)
6. 제 1 호부터 제 5 호까지의 어느 하나에 해당하는 자가 출자자인 법인으로서 대통령령으로 정하는 법인
7. 신기술사업금융업자와 투자자 간, 특정 투자자와 다른 투자자 간의 이해관계의 충돌을 방지하기 위한 체계를 갖추지 아니한 자(제44조의2에 따른 공모신기술투자조합을 결성하려는 신기술사업금융업자만 해당한다)

② 제 3 조제 1 항 본문에 따라 신용카드업의 허가를 받으려는 자는 다음 각 호의 요건을 갖추어야 한다.
1. 제 5 조에 따른 자본금을 보유할 것
2. 거래자를 보호하고 취급하려는 업무를 하기에 충분한 전문인력과 전산설비 등 물적(物的) 시설을 갖추고 있을 것
3. 사업계획이 타당하고 건전할 것
4. 대주주(최대주주의 특수관계인인 주주를 포함하며, 최대주주가 법인인 경우에는 그 법인의 주요 경영사항에 대하여 사실상의 영향력을 행사하고 있는 주주로서 대통령령으로 정하는 자를 포함한다)가 충분한 출자능력, 건전한 재무상태 및 사회적 신용을 갖추고 있을 것

③부터 ⑤까지 삭제 <2015·7·31>

⑥ 제 2 항의 규정에 따른 허가의 세부 요건은 대통령령으로 정한다. <개정 2015·7·31>

〔전부개정 2009·2·6〕

제 6 조의2(허가요건의 유지) 제 3 조제 1 항 본문에 따라 허가를 받아 신용카드업을 하고 있는 자는 제 6 조제 2 항제 2 호에서 정한 요건을 신용카드업의 허가를 받은 이후에도 계속 유지하여야 한다. 다만, 해당 회사의 경영건전성 확보, 거래자 등의 이익 보호를 위하여 대통령령으로 정하는 경우로서 금융위원회의 승인을 받는 경우에는 제 6 조제 2 항제 2 호에서 정한 요건을 유지하지 아니할 수 있다.

〔본조신설 2010·3·12〕

제 7 조(허가·등록의 실시) ① 금융위원회는 제 4 조에 따른 허가신청서를 제출받은 날부터 3개월 안에 허가 여부를 결정하여 신청인에게 통보하여야 한다.

② 금융위원회는 제 4 조에 따른 등록신청서를 제출한 자가 제 5 조와 제 6 조의 요건에 맞는 경우에는 지체 없이 등록을 하고 그 사실을 신청인에게 통보하여야 한다.

③ 금융위원회는 제 4 조에 따라 제출받은 서류에 잘못되거나 부족한 부분이 있으면 서류를 제출받은 날부터 10일 안에 보완을 요청할 수 있다. 이 경우 보완에 걸린 기간은 제 1 항에 따른 기간에 넣어 계산하지 아니한다.

〔전부개정 2009·2·6〕

제 8 조(예비허가) ① 제 3 조제 1 항 본문에 따른 허가(이하 이 조에서 "본허가"라 한다)를 받으려는 자는 미리 금융위원회에 예비허가를 신청할 수 있다.

② 금융위원회는 제 1 항에 따른 예비허가 여부를 결정할 때 예비허가를 받으려는 자가 본허가 요건을 모두 충족할 수 있는지를 확인하여야 한다.

③ 금융위원회는 제 2 항에 따른 예비허가에 조건을 붙일 수 있다.

④ 금융위원회는 예비허가를 받은 자가 본허가를 신청하는 경우에는 제 3 항에 따른 예비허가 조건을 이행하였는지와 본허가 요건을 모두 충족하는지를 확인한 후 본허가 여부를 결정하여야 한다.

⑤ 예비허가에 관하여는 제 4 조 및 제 6 조제 1 항·제 2 항·제 6 항을 준용한다.

〔본조신설 2016·3·29〕

제 9 조 삭제 <1999·2·1>

제10조(신청에 의한 등록의 말소) ① 제 3 조제 1 항 단서 또는 제 2 항에 따라 등록을 한 자는 대통령령으로 정하는 바에 따라 그

등록의 말소를 신청할 수 있다.

② 금융위원회는 제1항에 따른 신청을 받으면 지체 없이 그 등록을 말소한다.

〔전부개정 2009·2·6〕

제11조(허가 등의 공고) 금융위원회는 다음 각 호의 어느 하나에 해당하면 지체 없이 그 내용을 관보(官報)에 공고(公告)하고 인터넷 홈페이지 등을 이용하여 일반인에게 알려야 한다.

1. 제3조제1항 또는 제2항에 따라 허가를 하거나 등록을 한 경우
2. 제10조제2항에 따라 등록을 말소한 경우
3. 제57조제1항부터 제3항까지의 규정에 따라 업무정지를 명하거나 허가 또는 등록을 취소한 경우

〔전부개정 2009·2·6〕

제3장 여신전문금융업

제1절 신용카드업

제12조(적용 범위) 이 절(節)은 신용카드업자가 하는 신용카드업과 제13조에 따른 부대업무(附帶業務)에 대하여 적용한다.

〔전부개정 2009·2·6〕

제13조(신용카드업자의 부대업무) ① 신용카드업자는 대통령령으로 정하는 기준에 따라 다음 각 호에 따른 부대업무를 할 수 있다.

1. 신용카드회원에 대한 자금의 융통(融通)
2. 직불카드의 발행 및 대금의 결제
3. 선불카드의 발행·판매 및 대금의 결제

② 신용카드업자는 제1항에 따른 업무를 대통령령으로 정하는 바에 따라 제3자가 대행하도록 할 수 있다.

〔전부개정 2009·2·6〕

제14조(신용카드·직불카드의 발급) ① 신용카드업자는 발급신청을 받아야만 신용카드나 직불카드를 발급할 수 있다. 다만, 이미 발급한 신용카드나 직불카드를 갱신하거나 대체발급하는 것에 대하여 대통령령으로 정하는 바에 따라 신용카드회원이나 직불카드회원의 동의를 받은 경우에는 그러하지 아니하다.

② 신용카드업자는 제1항에 따른 발급신청이 다음 각 호의 요건을 갖추고 있는지를 확인하여야 한다. 다만, 제2호는 신용카드 발급신청인 경우에만 적용한다.

1. 본인이 신청할 것
2. 신용카드 한도액이 신용카드업자가 정하는 신용한도 산정(算定) 기준(다음 각 목의 사항이 포함되어야 한다)에 따른 개인신용한도를 넘지 아니할 것
   가. 소득과 재산에 관한 사항
   나. 타인에 대한 지급 보증(保證)에 관한 사항
   다. 신용카드이용대금을 결제할 수 있는 능력에 관한 사항
   라. 신청인이 신용카드 발급 당시 다른 금융기관으로부터 받은 신용공여액(信用供與額)에 관한 사항
   마. 그 밖에 신용한도 산정에 중요한 사항으로서 대통령령으로 정하는 사항

③ 신용카드업자는 다음 각 호의 요건을 갖춘 자에게 신용카드를 발급할 수 있다.

1. 제2항 각 호의 요건을 갖춘 자
2. 신용카드의 발급신청일 현재 대통령령으로 정하는 연령 이상인 자
3. 그 밖에 신용카드 발급에 중요한 요건으로서 대통령령으로 정하는 요건을 갖춘 자

④ 신용카드업자는 다음 각 호의 방법으로 신용카드회원을 모집하여서는 아니 된다.

1. 「방문판매 등에 관한 법률」 제2조제5호에 따른 다단계판매를 통한 모집
2. 인터넷을 통한 모집방법으로서 대통령령으로 정하는 모집
3. 그 밖에 대통령령으로 정하는 모집

⑤ 신용카드업자는 신용카드나 직불카드를 발급하는 경우 그 약관(約款)과 함께 신용카드회원이나 직불카드회원의 권익(權益)을 보호하기 위하여 필요한 사항으로서 대통령령으로 정하는 사항을 신청자에게 다음 각 호 중 어느 하나의 방법으로 제공한다. 이 경우 신청자가 다음 각 호 중 어느 하나의 방법을 요청하는 때에는 그 방법으로 제공하여야 한다. <개정 2012·6·1, 2023·3·21>

1. 서면(書面)
2. 팩스
3. 전자문서(「전자문서 및 전자거래 기본법」 제2조제1호에 따른 전자문서를 말한다. 이하 같다)

〔전부개정 2009·2·6〕

제14조의2(신용카드회원의 모집) ① 신용카드

회원을 모집할 수 있는 자는 다음 각 호의 어느 하나에 해당하는 자이어야 한다.

1. 해당 신용카드업자의 임직원
2. 신용카드업자를 위하여 신용카드 발급계약의 체결을 중개(仲介)하는 자(이하 "모집인"이라 한다)
3. 신용카드업자와 신용카드회원의 모집에 관하여 업무 제휴(提携) 계약을 체결한 자(신용카드회원의 모집을 주된 업으로 하는 자는 제외한다) 및 그 임직원

② 신용카드회원을 모집하는 자가 모집할 때 지켜야 할 사항과 모집방법에 관하여 필요한 사항은 대통령령으로 정한다.

〔전부개정 2009·2·6〕

제14조의3(모집인의 등록) ① 신용카드업자는 소속 모집인이 되고자 하는 자를 금융위원회에 등록하여야 한다. <개정 2010·3·12>

② 다음 각 호의 어느 하나에 해당하는 자는 모집인이 될 수 없다. <개정 2016·3·29, 2020·3·24>

1. 피성년후견인 또는 피한정후견인
2. 파산선고를 받고 복권(復權)되지 아니한 자
3. 이 법 또는 「금융소비자 보호에 관한 법률」(이하 "이 법등"이라 한다)에 따라 벌금 이상의 실형(實刑)을 선고받고 그 집행이 끝나거나(집행이 끝난 것으로 보는 경우를 포함한다) 집행이 면제된 날부터 2년이 지나지 아니한 자
4. 제14조의4에 따라 모집인의 등록이 취소(이 항 제1호 또는 제2호에 해당하여 등록이 취소된 경우는 제외한다)된 후 2년이 지나지 아니한 자
5. 영업에 관하여 성년자(成年者)와 같은 능력을 가지지 아니한 미성년자(未成年者)로서 그 법정대리인(法定代理人)이 제1호부터 제4호까지의 어느 하나에 해당하는 자
6. 법인 또는 법인이 아닌 사단(社團)이나 재단(財團)으로서 그 임원이나 관리인 가운데 제1호부터 제4호까지의 어느 하나에 해당하는 자가 있는 자

③ 금융위원회는 제1항에 따른 모집인의 등록에 관한 업무를 제62조제1항에 따른 여신전문금융업협회(이하 "여신전문금융업협회"라 한다)의 장에게 위탁한다. <개정 2015·1·20, 2016·3·29>

④ 여신전문금융업협회는 모집인의 등록·관리, 건전한 모집질서 유지 및 신용카드회원 등의 보호 등을 위하여 모집인운영협의회를 둘 수 있다. <신설 2010·3·12, 2016·3·29>

〔전부개정 2009·2·6〕

제14조의4(등록의 취소 등) ① 금융위원회는 모집인이 다음 각 호의 어느 하나에 해당하면 6개월 안의 기간을 정하여 그 업무의 정지를 명하거나 그 등록을 취소할 수 있다. <개정 2020·3·24>

1. 이 법에 따른 명령이나 처분을 위반한 경우
2. 모집에 관한 이 법의 규정을 위반한 경우
3. 「금융소비자 보호에 관한 법률」 제51조제1항제3호부터 제5호까지의 어느 하나에 해당하는 경우
4. 「금융소비자 보호에 관한 법률」 제51조제2항 각 호 외의 부분 본문 중 대통령령으로 정하는 경우(업무의 정지를 명하는 경우로 한정한다)

② 금융위원회는 모집인이 다음 각 호의 어느 하나에 해당하면 그 등록을 취소하여야 한다. <개정 2010·3·12, 2016·3·29>

1. 제14조의3제2항 각 호의 어느 하나에 해당하게 된 경우
2. 등록 당시 제14조의3제2항 각 호의 어느 하나에 해당하는 자이었음이 밝혀진 경우
3. 거짓이나 그 밖의 부정한 방법으로 제14조의3제1항에 따른 등록을 한 경우

3의2. 제14조의5제2항제4호 또는 제5호를 위반한 경우

4. 정당한 사유 없이 제14조의5제4항에 따른 조사를 거부하는 경우

③ 금융위원회는 제1항이나 제2항에 따라 업무의 정지를 명하거나 등록을 취소하려면 모집인에게 해명(解明)을 위한 의견제출의 기회를 주어야 한다.

④ 금융위원회는 모집인의 업무의 정지를 명하거나 등록을 취소한 경우에는 지체 없이 이유를 적은 문서로 그 뜻을 모집인에게 알려야 한다.

〔전부개정 2009·2·6〕

제14조의5(모집질서 유지) ① 신용카드업자는

제14조의2제1항 각 호의 어느 하나에 해당하는 자 외의 자에게 신용카드회원의 모집을 하게 하거나 모집에 관하여 수수료·보수, 그 밖의 대가를 지급하지 못한다.
② 모집인은 다음 각 호의 어느 하나의 행위를 하지 못한다. <개정 2016·3·29>
1. 자신이 소속된 신용카드업자 외의 자를 위하여 신용카드회원을 모집하는 행위
2. 및 3. 삭제 <2020·3·24>
4. 신용카드회원을 모집할 때 알게 된 발급신청인의 개인식별정보(「신용정보의 이용 및 보호에 관한 법률」 제34조에 따른 정보를 말한다. 이하 이 항에서 같다) 또는 신용정보(같은 법 제2조제1호에 따른 신용정보를 말한다. 이하 같다) 및 사생활 등 개인적 비밀을 업무 목적 외의 목적으로 누설하거나 이용하는 행위
5. 거짓이나 그 밖의 부정한 수단 또는 방법으로 취득하거나 제공받은 개인식별정보 또는 신용정보를 모집에 이용하는 행위
③ 신용카드회원을 모집하는 자는 제14조제4항 각 호의 행위 및 제24조의2(신용카드회원 모집행위와 관련된 행위에 한한다)에 따른 금지행위를 하여서는 아니 된다.
④ 금융위원회는 건전한 모집질서의 확립을 위하여 필요하다고 인정되는 경우에는 신용카드회원을 모집하는 자에 대하여 대통령령으로 정하는 바에 따라 조사를 할 수 있다.
⑤ 신용카드업자는 모집인의 행위가 이 법등 또는 이 법등에 따른 명령이나 조치에 위반된 사실을 알게 된 경우에는 이를 금융위원회에 신고하여야 한다. <개정 2020·3·24>
⑥ 신용카드업자는 모집인에게 모집인이 신용카드회원을 모집할 때 지켜야 하는 사항을 교육하여야 한다.
⑦ 제6항에 따른 교육 내용 및 방법에 관하여 필요한 사항은 금융위원회가 정하여 고시한다.
〔본조신설 2010·3·12〕

제15조(신용카드의 양도 등의 금지) 신용카드는 양도(讓渡)·양수(讓受)하거나 질권(質權)을 설정(設定)할 수 없다.
〔전부개정 2009·2·6〕

제16조(신용카드회원등에 대한 책임) ① 신용카드업자는 신용카드회원이나 직불카드회원으로부터 그 카드의 분실·도난 등의 통지를 받은 때부터 그 회원에 대하여 그 카드의 사용에 따른 책임을 진다.
② 신용카드업자는 제1항에 따른 통지 전에 생긴 신용카드의 사용에 대하여 대통령령으로 정하는 기간의 범위에서 책임을 진다.
③ 제2항에도 불구하고 신용카드업자는 신용카드의 분실·도난 등에 대하여 그 책임의 전부 또는 일부를 신용카드회원이 지도록 할 수 있다는 취지의 계약을 체결한 경우에는 그 신용카드회원에 대하여 그 계약내용에 따른 책임을 지도록 할 수 있다. 다만, 저항할 수 없는 폭력이나 자기 또는 친족의 생명·신체에 대한 위해(危害) 때문에 비밀번호를 누설(漏泄)한 경우 등 신용카드회원의 고의(故意) 또는 과실(過失)이 없는 경우에는 그러하지 아니하다.
④ 신용카드업자는 제1항에 따른 통지를 받은 경우에는 즉시 통지의 접수자, 접수번호, 그 밖에 접수사실을 확인할 수 있는 사항을 그 통지인에게 알려야 한다.
⑤ 신용카드업자는 신용카드회원등에 대하여 다음 각 호에 따른 신용카드등의 사용으로 생기는 책임을 진다.
1. 위조(僞造)되거나 변조(變造)된 신용카드등의 사용
2. 해킹, 전산장애, 내부자정보유출 등 부정한 방법으로 얻은 신용카드등의 정보를 이용한 신용카드등의 사용
3. 다른 사람의 명의를 도용(盜用)하여 발급받은 신용카드등의 사용(신용카드회원등의 고의 또는 중대한 과실이 있는 경우는 제외한다)
⑥ 제5항에도 불구하고 신용카드업자가 제5항제1호 및 제2호에 따른 신용카드등의 사용에 대하여 그 신용카드회원등의 고의 또는 중대한 과실을 증명하면 그 책임의 전부 또는 일부를 신용카드회원등이 지도록 할 수 있다는 취지의 계약을 신용카드회원등과 체결한 경우에는 그 신용카드회원등이 그 계약내용에 따른 책임을 지도록 할 수 있다.
⑦ 제3항 및 제6항에 따른 계약은 서면 또는 전자문서로 한 경우에만 효력이 있으며, 신용카드회원등의 중대한 과실은 계약

서에 적혀 있는 것만 해당한다. <개정 2023·3·21>

⑧ 신용카드업자는 제1항·제2항·제5항 및 제17조에 따른 책임을 이행하기 위하여 보험이나 공제(共濟)에 가입하거나 준비금을 적립하는 등 필요한 조치를 하여야 한다.

⑨ 제5항제3호, 제6항 및 제7항에 따른 신용카드회원등의 고의 또는 중대한 과실의 범위는 대통령령으로 정한다.

⑩ 신용카드회원이 서면, 전화, 전자문서 등으로 신용카드의 이용금액에 대하여 이의를 제기할 경우 신용카드업자는 이에 대한 조사를 마칠 때까지 그 신용카드회원으로부터 그 금액을 받을 수 없다. <개정 2023·3·21>

〔전부개정 2009·2·6〕

제16조의2(가맹점의 모집 등) ① 신용카드가맹점을 모집할 수 있는 자는 다음 각 호의 어느 하나에 해당하는 자이어야 한다.

1. 해당 신용카드업자의 임직원
2. 가맹점모집인

② 신용카드가맹점을 모집하는 자가 모집할 때 지켜야 할 사항과 모집방법에 필요한 사항은 대통령령으로 정한다.

③ 금융위원회는 건전한 가맹점모집질서의 확립을 위하여 필요하다고 인정하는 경우에는 신용카드가맹점을 모집하는 자에 대하여 대통령령으로 정하는 바에 따라 조사를 할 수 있다.

〔전부개정 2015·1·20〕

제16조의3(가맹점모집인의 등록 등) ① 부가통신업자는 소속 가맹점모집인이 되려는 자를 금융위원회에 등록하여야 한다.

② 다음 각 호의 어느 하나에 해당하는 자는 가맹점모집인이 될 수 없다. <개정 2018·4·17>

1. 피한정후견인 또는 피성년후견인
2. 파산선고를 받고 복권되지 아니한 자
3. 이 법에 따라 벌금 이상의 실형을 선고받고 그 집행이 끝나거나(집행이 끝난 것으로 보는 경우를 포함한다) 집행이 면제된 날부터 2년이 지나지 아니한 자
4. 이 법에 따라 가맹점모집인의 등록이 취소(제1호 또는 제2호에 해당하여 등록이 취소된 경우는 제외한다)된 후 2년이 지나지 아니한 자
5. 영업에 관하여 성년자와 같은 능력을 가지지 아니한 미성년자로서 그 법정대리인이 제1호부터 제4호까지의 어느 하나에 해당하는 자
6. 법인 또는 법인이 아닌 사단이나 재단으로서 그 임원이나 관리인 가운데 제1호부터 제4호까지의 어느 하나에 해당하는 자가 있는 자

③ 가맹점모집인의 등록요건 및 영업기준 등에 필요한 사항은 대통령령으로 정한다.

④ 금융위원회는 제1항에 따른 가맹점모집인의 등록에 관한 업무를 여신전문금융업협회의 장(이하 "여신전문금융업협회장"이라 한다)에게 위탁한다. <개정 2016·3·29>

〔본조신설 2015·1·20〕

제16조의4(등록의 취소 등) ① 금융위원회는 가맹점모집인이 다음 각 호의 어느 하나에 해당하면 6개월 이내의 기간을 정하여 그 업무의 정지를 명하거나 그 등록을 취소할 수 있다.

1. 이 법에 따른 명령이나 처분을 위반한 경우
2. 가맹점모집에 관한 이 법의 규정을 위반한 경우

② 금융위원회는 가맹점모집인이 다음 각 호의 어느 하나에 해당하면 그 등록을 취소하여야 한다.

1. 정당한 사유 없이 제16조의2제3항에 따른 조사를 거부하는 경우
2. 거짓이나 그 밖의 부정한 방법으로 제16조의3제1항에 따른 등록을 한 경우
3. 제16조의3제2항에 해당하게 된 경우
4. 등록 당시 제16조의3제2항에 해당하는 자이었음이 밝혀진 경우

③ 등록취소의 절차에 관하여는 제14조의4 제3항 및 제4항을 준용한다.

〔본조신설 2015·1·20〕

제16조의5(계약 해지에 따른 연회비 반환) ① 신용카드업자는 신용카드회원이 신용카드업자와의 계약을 해지하는 경우 연회비를 반환하여야 한다.

② 제1항에 따른 연회비 반환사유, 반환금액, 그 밖에 필요한 사항은 대통령령으로 정한다.

〔본조신설 2013·3·22〕

제17조(가맹점에 대한 책임) ① 신용카드업자는 다음 각 호의 어느 하나에 해당하는 거래에 따른 손실을 신용카드가맹점이 부담하도록 할 수 없다. 다만, 신용카드업자가 그 거래에 대한 그 신용카드가맹점의 고의 또는 중대한 과실을 증명하면 그 손실의 전부 또는 일부를 신용카드가맹점이 부담하도록 할 수 있다는 취지의 계약을 신용카드가맹점과 체결한 경우에는 그러하지 아니하다.

1. 잃어버리거나 도난당한 신용카드를 사용한 거래
2. 위조되거나 변조된 신용카드를 사용한 거래
3. 해킹, 전산장애, 내부자정보유출 등 부정한 방법으로 얻은 신용카드등의 정보를 이용하여 신용카드등을 사용한 거래
4. 다른 사람의 명의를 도용하여 발급받은 신용카드등을 사용한 거래

② 제1항 각 호 외의 부분 단서에 따른 계약은 서면 또는 전자문서로 한 경우에만 효력이 있으며, 신용카드가맹점의 중대한 과실은 계약서에 적혀 있는 사항만 해당한다.
<개정 2023·3·21>
〔전부개정 2009·2·6〕

제18조(거래조건의 주지의무) 신용카드업자는 다음 각 호의 사항을 총리령으로 정하는 방법에 따라 신용카드회원등과 신용카드가맹점에 알려야 한다. <개정 2012·3·21>

1. 신용카드업자가 정하는 이자율·할인율·연체료율·가맹점수수료율 등 각종 요율(料率)
2. 신용카드·직불카드 이용금액의 결제방법
3. 제16조에 따른 신용카드회원등에 대한 책임
4. 제17조와 제19조에 따른 신용카드가맹점에 대한 책임과 신용카드가맹점의 준수사항
5. 그 밖에 총리령으로 정하는 사항

〔전부개정 2009·2·6〕

제18조의2(가맹점 단체 설립 등) ① 연간 매출규모 등 대통령령으로 정하는 기준에 해당하는 신용카드가맹점은 신용카드업자와 가맹점수수료 등 거래조건(이하 이 조에서 "거래조건"이라 한다)과 관련하여 합리적으로 계약을 체결·유지하기 위하여 단체를 설립할 수 있다.

② 금융위원회는 신용카드업자가 신용카드가맹점과의 거래조건과 관련하여 합리적으로 계약을 체결·유지하고 있는지 여부를 확인하기 위하여 신용카드업자에게 필요한 자료의 제출을 요구할 수 있다.

③ 금융위원회는 제2항에 따라 신용카드업자가 신용카드가맹점과의 거래조건과 관련하여 합리적으로 계약을 체결·유지하고 있는지 여부를 확인함에 있어서 신용카드가맹점 매출규모 조사 등 업무상 필요하다고 인정하는 경우에는 국가기관·지방자치단체에 대하여 필요한 자료의 제공을 요청할 수 있다. 이 경우 자료의 제공을 요청받은 국가기관·지방자치단체는 정당한 사유 없이 이를 거부하여서는 아니 된다.
〔본조신설 2010·3·12〕

제18조의3(가맹점수수료율의 차별금지 등) ① 신용카드업자는 신용카드가맹점과의 가맹점수수료율을 정함에 있어서 공정하고 합리적으로 정하여야 하며 부당하게 가맹점수수료율을 차별하여서는 아니 된다.

② 금융위원회는 신용카드 업자가 제1항에 따른 가맹점수수료율을 정함에 있어서 준수하여야 할 사항을 정하여야 한다.

③ 제1항에도 불구하고 신용카드업자는 대통령령으로 정하는 규모 이하의 영세한 중소신용카드가맹점(이하 "영세한 중소신용카드가맹점"이라 한다)에 대하여 금융위원회가 정하는 우대수수료율을 적용하여야 한다.
<개정 2016·3·29>

④ 대통령령으로 정하는 규모 이상의 대형신용카드가맹점(이하 "대형신용카드가맹점"이라 한다)은 거래상의 우월적 지위를 이용하여 다음 각 호의 어느 하나에 해당하는 행위를 하여서는 아니 된다. <개정 2015·1·20>

1. 신용카드업자에게 부당하게 낮은 가맹점수수료율을 정할 것을 요구하는 행위
2. 신용카드와 관련한 거래를 이유로 부당하게 보상금, 사례금 등 명칭 또는 방식여하를 불문하고 대가(이하 "보상금등"이라 한다)를 요구하거나 받는 행위

〔본조신설 2012·3·21〕

제18조의4(가맹점수수료율의 조정요구 등) 금융위원회는 신용카드업자와 신용카드가맹점

이 제18조의3제1항·제3항 또는 제4항을 위반하는 경우 이를 조정하도록 요구하거나 관계 기관 통보 등 필요한 조치를 할 수 있다.
〔본조신설 2012·3·21〕

제19조(가맹점의 준수사항) ① 신용카드가맹점은 신용카드로 거래한다는 이유로 신용카드 결제를 거절하거나 신용카드회원을 불리하게 대우하지 못한다. <개정 2010·3·12>
② 신용카드가맹점은 신용카드로 거래를 할 때마다 그 신용카드를 본인이 정당하게 사용하고 있는지를 확인하여야 한다.
③ 신용카드가맹점은 신용카드회원의 정보보호를 위하여 금융위원회에 등록된 신용카드 단말기를 설치·이용하여야 한다. <신설 2015·1·20>
④ 신용카드가맹점은 가맹점수수료를 신용카드회원이 부담하게 하여서는 아니 된다.
⑤ 신용카드가맹점은 다음 각 호의 어느 하나에 해당하는 행위를 하여서는 아니 된다. 다만, 결제대행업체의 경우에는 제1호·제4호 및 제5호를 적용하지 아니하고, 수납대행가맹점의 경우에는 제3호·제5호(제2조제5호의2에 따라 대행하는 행위에 한한다)를 적용하지 아니한다. <개정 2010·3·12>
1. 물품의 판매 또는 용역의 제공 등이 없이 신용카드로 거래한 것처럼 꾸미는 행위
2. 신용카드로 실제 매출금액 이상의 거래를 하는 행위
3. 다른 신용카드가맹점의 명의(名義)를 사용하여 신용카드로 거래하는 행위
4. 신용카드가맹점의 명의를 타인에게 빌려주는 행위
5. 신용카드에 의한 거래를 대행하는 행위
⑥ 대형신용카드가맹점 및 그와 대통령령으로 정하는 특수한 관계에 있는 자(이하 "특수관계인"이라 한다)는 신용카드부가통신서비스 이용을 이유로 부가통신업자에게 부당하게 보상금등을 요구하거나 받아서는 아니 된다. <신설 2015·1·20, 2016·3·29>
⑦ 결제대행업체는 다음 각 호의 사항을 지켜야 한다. <개정 2015·1·20>
1. 물품의 판매 또는 용역의 제공 등을 하는 자의 신용정보 및 신용카드등에 따른 거래를 대행한 내용을 신용카드업자에게 제공할 것
2. 물품의 판매 또는 용역의 제공 등을 하는 자의 상호 및 주소를 신용카드회원등이 알 수 있도록 할 것
3. 신용카드회원등이 거래 취소 또는 환불 등을 요구하는 경우 이에 따를 것
4. 그 밖에 신용카드회원등의 신용정보보호 및 건전한 신용카드거래를 위하여 대통령령으로 정하는 사항
〔전부개정 2009·2·6〕

제19조의2(수납대행가맹점의 준수사항) 수납대행가맹점은 다음 각 호의 사항을 준수하여야 한다.
1. 신용카드회원등의 신용정보 등이 업무 외의 목적에 사용되거나 외부에 유출되게 하지 아니할 것
2. 신용카드를 본인이 정당하게 사용하고 있는지를 확인할 것
3. 그 밖에 신용카드회원등의 신용정보보호 및 건전한 신용카드거래를 위하여 대통령령으로 정하는 사항
〔본조신설 2010·3·12〕

제20조(매출채권의 양도금지 등) ① 신용카드가맹점은 신용카드에 따른 거래로 생긴 채권(신용카드업자에게 가지는 매출채권을 포함한다. 이하 이 항에서 같다)을 신용카드업자와 「은행법」에 따라 설립된 은행(「중소기업은행법」에 따라 설립된 중소기업은행과 「농업협동조합법」에 따라 설립된 농협은행을 포함한다. 이하 이 조에서 같다) 외의 자(이하 이 조에서 "신용카드업자등 외의 자"라 한다)에게 양도하여서는 아니 되고, 신용카드업자등 외의 자는 이를 양수하여서는 아니 된다. 다만, 신용카드가맹점이 신용카드업자에게 가지는 매출채권을 「자산유동화에 관한 법률」 제2조제1호에 따른 자산유동화를 위하여 양도하는 경우에는 신용카드가맹점은 신용카드에 따른 거래로 생긴 채권을 신용카드업자등 외의 자에게 양도할 수 있고, 신용카드업자등 외의 자도 이를 양수할 수 있다. <개정 2010·3·12, 2016·3·29>
② 신용카드가맹점이 아닌 자는 신용카드가맹점의 명의로 신용카드등에 의한 거래를 하여서는 아니 된다.
〔전부개정 2009·2·6〕

제21조(가맹점의 해지의무) 신용카드업자는 신용카드가맹점이 제19조 또는 제20조제1항을 위반하여 형을 선고받거나 관계 행정기관으로부터 같은 규정의 위반사실에 대하여 서면통보를 받는 등 대통령령으로 정하는 사유에 해당하는 경우에는 특별한 사유가 없으면 지체 없이 가맹점계약을 해지(解止)하여야 한다.
〔전부개정 2009·2·6〕

제22조 삭제 <2006·4·28>

제23조(가맹점 모집·이용방식의 제한) ① 제3조제1항 단서에 따라 신용카드업의 등록을 한 겸영여신업자가 모집할 수 있는 신용카드가맹점의 범위는 대통령령으로 정한다.
② 금융위원회는 신용카드 이용의 편의와 신용카드업자의 업무 효율화를 위하여 신용카드업자(제1항에 따른 겸영여신업자는 제외한다. 이하 이 항에서 같다)에 대하여 다른 신용카드업자의 매출전표(賣出錢票)를 상호 매입하거나 접수 및 대금지급을 대행하는 등의 방법으로 신용카드가맹점을 공동으로 이용할 것을 명할 수 있다.
③ 금융위원회는 제2항에 따라 신용카드가맹점을 공동으로 이용하도록 명하는 경우에는 가맹점수수료율이 각 신용카드업자에 의하여 자율적으로 결정되고 신용카드업자 간에 지급되는 대가가 적정한 수준으로 결정되도록 하는 등 신용카드업자 간의 공정한 경쟁이 제한되지 아니하도록 하여야 한다.
〔전부개정 2009·2·6〕

제24조(신용카드등의 이용한도 제한 등) 금융위원회는 신용질서를 유지하고 소비자를 보호하기 위하여 신용카드업자가 지켜야 할 사항으로 다음 각 호에 대한 기준을 정하는 등 필요한 조치를 할 수 있다.
1. 신용카드에 의한 현금융통의 최고한도
2. 직불카드의 1회 또는 1일 이용한도
3. 선불카드의 총발행한도와 발행권면금액(發行券面金額)의 최고한도
4. 제14조제2항제2호에 따라 신용카드업자가 정하는 신용한도 산정 기준에 관한 사항
5. 신용카드 이용한도를 정할 때 지켜야 할 사항
6. 신용카드업자가 정하는 약관의 내용에 관한 사항
7. 가맹점 관리에 관한 사항
8. 채권을 추심할 때 지켜야 할 사항
9. 수수료율을 적용하기 위하여 회원을 분류할 때 지켜야 할 사항
10. 그 밖에 대통령령으로 정하는 사항
〔전부개정 2009·2·6〕

제24조의2(신용카드업자 등의 금지행위) ① 신용카드업자는 소비자 보호 목적과 건전한 영업질서를 해칠 우려가 있는 다음 각 호의 행위(이하 "금지행위"라 한다)를 하여서는 아니 된다.
1. 삭제 <2020·3·24>
2. 신용카드업자의 경영상태를 부실하게 할 수 있는 모집행위 또는 서비스 제공 등으로 신용카드등의 건전한 영업질서를 해치는 행위
② 금지행위의 세부적인 유형과 기준은 대통령령으로 정한다.
③ 신용카드업자와 부가통신업자는 대형신용카드가맹점이 자기와 거래하도록 대형신용카드가맹점 및 특수관계인에게 부당하게 보상금등을 제공하여서는 아니 된다. <신설 2015·1·20, 2016·3·29>
〔본조신설 2009·2·6〕

제25조(공탁) ① 금융위원회는 선불카드를 발행한 신용카드업자에게 선불카드 발행총액의 100분의 10의 범위에서 대통령령으로 정하는 금액을 공탁할 것을 명할 수 있다.
② 제1항에 따른 공탁은 선불카드를 발행한 신용카드업자의 본점 또는 주된 사무소의 소재지에서 하여야 한다.
③ 제1항에 따른 공탁명령을 받은 자가 이를 이행한 때에는 지체없이 그 사실을 금융위원회에 신고하여야 한다.
④ 제1항에 따라 공탁을 한 신용카드업자는 금융위원회의 승인을 받아 공탁물을 반환받을 수 있다.
⑤ 제1항에 따른 공탁물의 종류, 공탁의 시기, 그 밖에 공탁에 관하여 필요한 사항은 총리령으로 정한다.
〔전부개정 2009·2·6〕

제26조(공탁물의 배당 등) ① 금융위원회는 제25조에 따라 공탁을 한 신용카드업자가 선불카드에 의하여 물품을 판매하거나 용역

을 제공한 신용카드가맹점에게 지급하여야 할 선불카드대금 및 미상환선불카드의 잔액을 상환할 수 없게 된 때에는 해당 신용카드업자가 공탁한 공탁물을 출급하여 해당 신용카드가맹점 및 미상환선불카드의 소지자(이하 "미상환채권자"라 한다)에게 배당을 실행할 자(이하 "권리실행자"라 한다)를 지정하고 총리령으로 정하는 바에 따라 이를 공고하여야 한다.
② 권리실행자가 될 수 있는 자는 대통령령으로 정한다.
③ 미상환채권자는 권리실행자에게 상환받지 못한 금액을 신고하여 배당을 받을 수 있다.
④ 권리실행자는 총리령으로 정하는 바에 따라 제3항에 따른 신고의 기간·방법 및 장소를 공고하여야 한다.
⑤ 권리실행자는 다른 채권에 우선하여 제3항에 따라 신고된 금액의 합계액과 소요비용을 합산한 총액의 범위에서 금융위원회의 승인을 받아 공탁물을 출급할 수 있다.
⑥ 권리실행자는 출급한 공탁물을 금융위원회가 정하는 방법 및 절차에 따라 미상환채권자에게 배당하여야 한다.
⑦ 제25조에 따라 공탁을 한 신용카드업자는 제1항부터 제6항까지의 규정에 따른 배당절차가 완료되기 전에는 해당 공탁물을 반환받을 수 없다.
〔전부개정 2009·2·6〕

제27조(유사명칭의 사용금지) 이 법에 따른 신용카드업자가 아니면 그 상호에 신용카드 또는 이와 비슷한 명칭을 사용하지 못한다.
〔전부개정 2009·2·6〕

제27조의2(신용카드등부가통신업의 등록 등)
① 신용카드등부가통신업을 하려는 자는 대통령령으로 정하는 기준에 따른 시설·장비 및 기술능력을 갖추어 금융위원회에 등록하여야 한다.
② 신용카드등부가통신업의 등록을 할 수 있는 자는 법인으로서 자본금이 20억원 이상인 자로 한다. 다만, 대통령령으로 정하는 규모 이하의 소규모 가맹점을 대상으로 서비스를 제공하는 자는 법인으로서 자본금이 10억원 이상인 자로 한다.
③ 다음 각 호의 어느 하나에 해당하는 자는 제1항에 따른 등록을 할 수 없다.
1. 제5항에 따라 등록이 말소되거나 제27조의3에 따라 등록이 취소된 날부터 3년이 지나지 아니한 법인 및 그 말소 또는 취소 당시 그 법인의 대통령령으로 정하는 출자자이었던 자로서 말소되거나 취소된 날부터 3년이 지나지 아니한 자
2. 「채무자 회생 및 파산에 관한 법률」에 따른 회생절차 중에 있는 회사 및 그 회사의 출자자 중 대통령령으로 정하는 출자자
3. 금융거래 등 상거래에서 약정한 날까지 채무를 변제하지 아니한 자로서 대통령령으로 정하는 자
4. 등록신청일을 기준으로 최근 3년 동안 금융관계법령을 위반하여 벌금형 이상의 처벌을 받은 사실이 있는 자
5. 제1호부터 제4호까지의 어느 하나에 해당하는 자가 출자자인 법인으로서 대통령령으로 정하는 법인
④ 제1항에 따라 등록한 사항을 변경하려는 때에는 대통령령으로 정하는 바에 따라 변경등록을 하여야 한다.
⑤ 제1항에 따라 등록한 자는 대통령령으로 정하는 바에 따라 그 등록의 말소를 신청할 수 있다. 이 경우 금융위원회는 지체없이 그 등록을 말소한다.
⑥ 「금융회사의 지배구조에 관한 법률」 제5조제1항 각 호의 어느 하나에 해당하는 사람은 부가통신업자의 임원이 될 수 없으며, 임원이 된 후에 이에 해당하게 된 경우(같은 법 제5조제1항제7호에 해당하는 사람으로서 대통령령으로 정하는 경우는 제외한다)에는 그 직(職)을 잃는다. <신설 2018·12·11>
⑦ 부가통신업자는 임원을 선임하거나 해임한 경우 대통령령으로 정하는 바에 따라 그 사실을 금융위원회에 보고하여야 한다. <신설 2018·12·11>
〔본조신설 2015·1·20〕

제27조의3(신용카드등부가통신업 등록의 취소)
① 금융위원회는 부가통신업자가 다음 각 호의 어느 하나에 해당하는 경우에는 제27조의2에 따른 등록을 취소할 수 있다.
1. 거짓이나 그 밖의 부정한 방법으로 제27조의2에 따른 등록을 한 경우

2. 제27조의2제3항에 해당하는 경우
3. 제53조제4항에 따른 금융위원회의 조치를 정당한 사유 없이 이행하지 아니한 경우
4. 정당한 사유 없이 1년 이상 계속하여 영업을 하지 아니한 경우
5. 법인의 합병·파산·폐업 등으로 사실상 영업을 끝낸 경우

② 금융위원회는 제1항에 따라 등록을 취소하려는 경우에는 청문을 실시하여야 한다.
③ 부가통신업자는 제1항에 따라 등록이 취소된 경우에도 그 처분 전에 행하여진 신용카드등에 따른 대금의 결제를 위한 업무를 계속 할 수 있다.
〔본조신설 2015·1·20〕

제27조의4(신용카드 단말기의 등록) ① 부가통신업자는 자신이 전기통신서비스를 제공하는 신용카드 단말기를 금융위원회에 등록하여야 한다. 다만, 부가통신업자가 전기통신서비스를 제공하지 않는 신용카드 단말기의 경우에는 신용카드가맹점이 금융위원회에 등록하여야 한다.
② 등록하려는 신용카드 단말기는 신용카드회원의 정보보호를 위하여 금융위원회가 정하는 기술기준에 적합하여야 한다.
③ 신용카드 단말기의 등록요건 및 등록절차 등에 필요한 사항은 대통령령으로 정한다.
④ 금융위원회는 제1항 및 제2항에 따른 신용카드 단말기의 등록 및 기술기준에 관한 업무를 여신전문금융업협회장에게 위탁한다.
〔본조신설 2015·1·20〕

제27조의5(영세한 중소신용카드가맹점 대상 부가통신업자 지정) ① 금융위원회는 영세한 중소신용카드가맹점을 대상으로 전기통신서비스를 제공하는 부가통신업자를 지정할 수 있다.
② 제1항에 따른 부가통신업자는 다음 각 호의 어느 하나에 해당하는 자 중에서 지정한다.
1. 「민법」 제32조 또는 다른 법률에 따라 설립된 비영리법인
2. 그 밖에 영세한 중소신용카드가맹점 자문·교육 등 대통령령으로 정하는 업무를 수행하는 것이 적합하다고 인정되는 법인

③ 제1항에 따라 지정된 부가통신업자는 신용카드등부가통신업과 관련하여 영세한 중소신용카드가맹점을 위한 자문·교육 등 대통령령으로 정한 업무를 할 수 있다.
④ 금융위원회는 신용카드등부가통신업의 건전한 거래질서 확립 및 영세한 중소신용카드가맹점 보호를 위하여 필요한 경우에는 제1항에 따라 지정된 부가통신업자에게 자료의 제출이나 의견의 진술을 요청할 수 있다. 이 경우 요청을 받은 부가통신업자는 특별한 사유가 없으면 요청에 따라야 한다.
⑤ 그 밖에 영세한 중소신용카드가맹점을 대상으로 전기통신서비스를 제공하는 부가통신업자의 지정기준 및 절차 등에 필요한 사항은 대통령령으로 정한다.
⑥ 금융위원회는 제1항부터 제4항까지와 관련된 업무를 여신전문금융업협회장에게 위탁한다.
〔본조신설 2016·3·29〕

제2절 시설대여업

제28조(적용 범위) 이 절은 시설대여업자가 하는 시설대여업과 연불판매업무에 적용한다. <개정 2016·3·29>
〔전부개정 2009·2·6〕

제29조(각종 자금의 이용) 시설대여업자와 시설대여 또는 연불판매 계약을 체결한 자(이하 "대여시설이용자"라 한다)가 기업의 설비투자를 지원하기 위하여 운용(運用)되는 자금의 융자대상자인 경우에는 시설대여업자가 그 대여시설이용자를 위하여 그 자금을 융자받아 특정물건을 취득하거나 대여받아 시설대여 또는 연불판매(이하 "시설대여등"이라 한다)를 할 수 있다.
〔전부개정 2009·2·6〕

제30조(「대외무역법」상의 특례) 시설대여업자가 시설대여등을 한 특정물건이 외화획득용 시설기재(施設機材)인 경우에는 대여시설이용자가 「대외무역법」 제16조제3항 본문에 따른 "그 수입에 대응하는 외화획득"을 하여야 한다.
〔전부개정 2009·2·6〕

제31조(「의료기기법」상의 특례) ① 시설대여업자는 시설대여등의 목적으로 수입(輸入)하는 특정물건인 의료기기에 대하여 보건복지부장관이 지정하는 자의 시설과 기구를 이

용하여 시험검사를 하는 경우에는 「의료기기법」 제15조제 4 항에도 불구하고 그 의료기기를 수입할 수 있다. <개정 2010 · 1 · 18, 2011 · 4 · 7>

② 시설대여업자는 제 1 항에 따라 수입한 특정물건인 의료기기를 「의료기기법」 제17조제 1 항에도 불구하고 신고하지 아니하고 양도할 수 있다. <개정 2011 · 4 · 7>

〔전부개정 2009 · 2 · 6〕

제32조(행정처분상의 특례) 시설대여업자가 시설대여등의 목적으로 특정물건을 취득 · 수입하거나 대여받으려는 경우에 제30조와 제31조에 규정된 사항 외에 법령에 따라 받아야 할 허가 · 승인 · 추천, 그 밖에 행정처분에 필요한 요건을 대여시설이용자가 갖춘 경우에는 시설대여업자가 해당 요건을 갖춘 것으로 본다.

〔전부개정 2009 · 2 · 6〕

제33조(등기 · 등록상의 특례) ① 시설대여업자가 건설기계나 차량(車輛)의 시설대여등을 하는 경우에는 「건설기계관리법」 또는 「자동차관리법」에도 불구하고 대여시설이용자(연불판매의 경우 특정물건의 소유권을 취득한 자는 제외한다. 이하 같다)의 명의로 등록할 수 있다.

② 시설대여업자가 시설대여등의 목적으로 그 소유의 선박이나 항공기를 등기 · 등록하려는 경우 대여시설이용자가 「선박법」 제 2 조 또는 「항공안전법」 제10조에 따라 등기 · 등록에 필요한 요건을 갖추고 있는 경우에는 그 이용 기간 동안 시설대여업자가 그 요건을 갖추고 있는 것으로 본다. <개정 2016 · 3 · 29>

〔전부개정 2009 · 2 · 6〕

제34조(의무이행상의 특례) ① 대여시설이용자가 특정물건의 시설대여등을 받아 사용하는 경우에는 다른 법령에 따라 특정물건의 소유자에게 부과되는 검사 등 그 물건의 유지 · 관리에 관한 각종 의무를 대여시설이용자가 당사자로서 이행하여야 한다.

② 제 1 항에 따른 의무를 지게 된 시설대여업자는 지체 없이 이를 대여시설이용자에게 알려야 한다.

〔전부개정 2009 · 2 · 6〕

제35조(자동차 등의 손해배상책임) 대여시설이용자가 이 법에 따라 건설기계나 차량의 시설대여등을 받아 운행하면서 위법행위로 다른 사람에게 손해를 입힌 경우에는 「자동차손해배상 보장법」 제 3 조를 적용할 때 시설대여업자를 자기를 위하여 자동차를 운행하는 자로 보지 아니한다.

〔전부개정 2009 · 2 · 6〕

제36조(시설대여등의 표시) ① 시설대여업자는 시설대여등(연불판매에서 특정물건의 소유권을 이전한 경우는 제외한다)을 하는 특정물건에 총리령으로 정하는 바에 따라 시설대여등을 나타내는 표지(標識)를 붙여야 한다.

② 해당 특정물건의 시설대여등을 한 시설대여업자 외의 자는 제 1 항의 표지를 손괴 또는 제거하거나 그 내용 또는 붙인 위치를 변경하여서는 아니 된다.

〔전부개정 2009 · 2 · 6〕

제37조(중소기업에 대한 지원) ① 금융위원회는 대통령령으로 정하는 바에 따라 시설대여업자에게 시설대여등의 연간 실행액의 일정 비율 이상을 중소기업(「중소기업기본법」 제 2 조에 따른 중소기업을 말한다)에 대하여 운용하도록 명할 수 있다.

② 제 1 항에 따른 일정 비율은 100분의 50을 넘을 수 없다.

〔전부개정 2009 · 2 · 6〕

제 3 절 할부금융업

제38조(적용 범위) 이 절은 할부금융업자가 하는 할부금융업에 적용한다. <개정 2016 · 3 · 29>

〔전부개정 2009 · 2 · 6〕

제39조(거래조건의 주지 의무) ① 할부금융업자는 할부금융계약을 체결한 재화와 용역의 매수인(이하 "할부금융이용자"라 한다)에게 다음 각 호의 사항을 제공하여야 한다. <개정 2012 · 6 · 1, 2023 · 3 · 21>

1. 할부금융업자가 정하는 이자율, 연체이자율 및 각종 요율. 이 경우 각종 요율은 취급수수료 등 그 명칭이 무엇이든 할부금융이용자가 할부금융업자에게 지급하는 금액이 포함되도록 산정하여야 한다.
2. 할부금융에 의한 대출액(이하 "할부금융자금"이라 한다)의 변제방법
3. 그 밖에 총리령으로 정하는 사항

② 할부금융업자는 제1항에 따른 사항을 다음 각 호 중 어느 하나의 방법으로 제공한다. 이 경우 할부금융이용자가 다음 각 호 중 어느 하나의 방법을 요청하는 때에는 그 방법으로 제공하여야 한다. <신설 2023·3·21>
1. 서면
2. 팩스
3. 전자문서
〔전부개정 2009·2·6〕

제40조(할부금융업자의 준수사항) ① 할부금융업자는 할부금융이용자에게 할부금융의 대상이 되는 재화 및 용역의 구매액(그 구매에 필요한 부대비용을 포함한다) 이상으로 할부금융자금을 대출할 수 없다.
② 할부금융업자는 할부금융자금을 할부금융의 대상이 되는 재화 및 용역의 매도인에게 직접 지급하여야 한다.
〔전부개정 2009·2·6〕

제4절 신기술사업금융업

제41조(적용 범위) ① 이 절은 신기술사업금융업자가 하는 다음 각 호의 업무에 적용한다. <개정 2016·3·29>
1. 신기술사업자에 대한 투자
2. 신기술사업자에 대한 융자
3. 신기술사업자에 대한 경영 및 기술의 지도
4. 신기술사업투자조합의 설립
5. 신기술사업투자조합 자금의 관리·운용
② 및 ③ 삭제 <2016·3·29>
〔전부개정 2009·2·6〕

제42조(자금의 차입) 신기술사업금융업자는 제47조제1항에도 불구하고 정부 또는 대통령령으로 정하는 기금(基金)으로부터 신기술사업자에 대한 투자(投資)·융자(融資)에 필요한 자금을 차입(借入)할 수 있다.
〔전부개정 2009·2·6〕

제43조(세제상의 지원) 정부는 신기술사업금융의 발전을 위하여 신기술사업금융업자, 신기술사업금융업자에게 투자한 자, 신기술사업투자조합 및 그 조합원에 대하여 「조세특례제한법」으로 정하는 바에 따라 세제(稅制)상의 지원을 할 수 있다.
〔전부개정 2009·2·6〕

제44조(신기술사업투자조합) ① 신기술사업투자조합(이하 이 조에서 "조합"이라 한다)의 규약(規約)에는 다음 각 호의 내용이 포함되어야 한다.
1. 신기술사업금융업자가 그 조합의 자금을 관리·운용한다는 내용. 이 경우 신기술사업금융업자는 조합과의 계약에 따라 조합자금 운용업무의 전부 또는 일부를 신기술사업금융업자 외의 자에게 위탁할 수 있다.
2. 조합의 자금은 신기술사업자에게 투자한다는 내용
② 조합은 그 자금을 관리·운용함에 따라 생긴 투자수익(投資收益)의 100분의 20을 넘지 아니하는 범위에서 규약으로 정하는 바에 따라 조합의 업무를 집행하는 신기술사업금융업자에게 그 업무집행에 대한 대가로서 투자수익의 일부를 배분할 수 있다.
③ 조합은 그 자금을 관리·운용함에 따라 투자손실이 생긴 경우에는 규약으로 정하는 바에 따라 신기술사업금융업자 외의 자에게 유리하도록 손실의 분배비율을 정할 수 있다.
〔전부개정 2009·2·6〕

제44조의2(공모신기술투자조합에 관한 특례) 「자본시장과 금융투자업에 관한 법률」 제11조부터 제16조까지, 제30조부터 제32조까지, 제34조부터 제36조까지, 제40조부터 제43조까지, 제50조부터 제53조까지, 제56조, 제58조, 제61조부터 제65조까지, 제80조부터 제83조까지, 제85조제2호·제3호 및 제6호부터 제8호까지, 제86조부터 제88조까지, 제90조, 제92조부터 제95조까지, 제181조, 제183조, 제184조제1항·제2항·제5항부터 제7항까지, 제185조부터 제187조까지, 제218조부터 제223조까지, 제229조부터 제249조까지, 제249조의2부터 제249조의22까지, 제250조, 제251조까지, 제415조부터 제425조까지, 「금융소비자 보호에 관한 법률」 제11조, 제12조, 제14조, 제16조, 제22조제6항, 제24조부터 제28조까지, 제44조, 제45조, 제47조부터 제66조까지 및 「금융회사의 지배구조에 관한 법률」(제24조부터 제26조까지의 규정은 제외한다)은 공모신기술투자조합(「자본시장과 금융투자업에 관한 법률」 제9조제19항에 따른 사모집합투자기구에 해당하지 아니하는

신기술투자조합을 말한다) 및 신기술사업금융업자(공모신기술투자조합이 아닌 신기술투자조합만을 설립하여 그 자금을 관리·운용하는 신기술사업금융업자를 제외한다)에 대하여는 적용하지 아니한다. <개정 2015·7·24, 2015·7·31, 2018·12·11, 2020·3·24>
[본조신설 2007·8·3]

제45조(신기술사업금융업자의 준수사항) 신기술사업금융업자는 제41조제1항제2호에 따른 융자업무를 하는 경우에 총리령으로 정하는 융자한도를 넘겨서는 아니 된다.
[전부개정 2009·2·6]

제4장 여신전문금융회사

제46조(업무) ① 여신전문금융회사가 할 수 있는 업무는 다음 각 호의 업무로 제한한다. <개정 2016·3·29>
1. 제3조에 따라 허가를 받거나 등록을 한 여신전문금융업(시설대여업의 등록을 한 경우에는 연불판매업무를 포함한다)
2. 기업이 물품과 용역을 제공함으로써 취득한 매출채권(어음을 포함한다)의 양수·관리·회수(回收)업무
3. 대출(어음할인을 포함한다. 이하 이 조에서 같다)업무
4. 제13조제1항제2호 및 제3호에 따른 신용카드업자의 부대업무(신용카드업의 허가를 받은 경우만 해당한다)
5. 그 밖에 제1호부터 제4호까지의 규정과 관련된 업무로서 대통령령으로 정하는 업무
6. 제1호부터 제4호까지의 규정에 따른 업무와 관련된 신용조사 및 그에 따르는 업무
6의2. 그 업무를 함께 하여도 금융이용자 보호 및 건전한 거래질서를 해할 우려가 없는 업무로서 대통령령으로 정하는 금융업무
7. 여신전문금융업에 부수하는 업무로서 소유하고 있는 인력·자산 또는 설비를 활용하는 업무

② 제1항제3호에 따른 대출업무, 그 밖에 이와 유사한 업무로서 대통령령으로 정하는 업무에 따라 발생하는 채권액은 총자산(대통령령으로 정하는 업무에 따라 발생하는 채권액은 제외한다)의 100분의 100의 범위에서 금융위원회가 정하는 비율을 초과해서는 아니 된다. <개정 2016·3·29>
③ 제2항에 따른 채권액을 산정할 때 포함되는 채권의 범위, 산정 방식 등에 대해서는 대통령령으로 정한다. <신설 2016·3·29>
[전부개정 2009·2·6]

제46조의2(부수업무의 신고) ① 여신전문금융회사가 제46조제1항제7호에 따른 부수업무를 하려는 경우에는 그 부수업무를 하려는 날의 7일 전까지 이를 금융위원회에 신고하여야 한다. 다만, 다음 각 호의 어느 하나에 해당하는 경우에는 신고를 하지 아니하고 그 부수업무를 할 수 있다.
1. 금융이용자 보호 및 건전한 거래질서를 해할 우려가 없는 업무로서 금융위원회가 정하는 업무를 하는 경우
2. 제4항에 따라 공고된 다른 여신전문금융회사와 같은 부수업무(제2항에 따라 제한명령 또는 시정명령을 받은 부수업무는 제외한다)를 하려는 경우

② 금융위원회는 제46조제1항제7호에 따른 부수업무의 내용이 다음 각 호의 어느 하나에 해당하는 경우에는 그 부수업무를 하는 것을 제한하거나 시정할 것을 명할 수 있다.
1. 여신전문금융회사의 경영건전성을 저해하는 경우
2. 금융이용자 보호에 지장을 초래하는 경우
3. 금융시장의 안정성을 저해하는 경우
4. 그 밖에 금융이용자 보호 및 건전한 거래질서 유지를 위하여 필요한 경우로서 대통령령으로 정하는 경우

③ 제2항에 따른 제한명령 또는 시정명령은 그 내용 및 사유가 구체적으로 적힌 문서로 하여야 한다.
④ 금융위원회는 제1항에 따라 신고받은 부수업무 및 제2항에 따라 제한명령 또는 시정명령을 한 부수업무를 대통령령으로 정하는 방법 및 절차에 따라 인터넷 홈페이지 등에 공고하여야 한다.
[본조신설 2016·3·29]

제46조의3(겸영업무·부수업무의 회계처리) 신용카드업자가 제46조제1항제6호의2 또는 제7호에 따라 다른 금융업무 또는 부수업무를 하는 경우에는 대통령령으로 정하는

바에 따라 그 업무를 신용카드업과 구분하여 회계처리하여야 한다.
〔본조신설 2016·3·29〕

제47조(자금조달방법) ① 여신전문금융회사는 다음 각 호에서 정한 방법으로만 자금을 조달할 수 있다.
1. 다른 법률에 따라 설립되거나, 금융위원회의 인가 또는 허가를 받거나, 금융위원회에 등록한 금융기관으로부터의 차입
2. 사채(社債)나 어음의 발행
3. 보유하고 있는 유가증권의 매출
4. 보유하고 있는 대출채권(貸出債權)의 양도
5. 그 밖에 대통령령으로 정하는 방법

② 제1항제2호에 따른 사채나 어음의 발행 및 같은 항 제3호에 따른 유가증권의 매출에 대하여는 대통령령으로 정하는 바에 따라 그 방법이나 대상을 제한할 수 있다.
〔전부개정 2009·2·6〕

제48조(외형확대 위주의 경영제한) ① 여신전문금융회사는 총자산이 자기자본의 10배의 범위에서 금융위원회가 정하는 배수(이하 "자기자본 대비 총자산 한도"라 한다)에 해당하는 금액을 초과하여서는 아니 된다. <개정 2009·2·6, 2012·3·21>

② 금융위원회는 자기자본 대비 총자산 한도를 정함에 있어 여신전문금융업별 자산의 성격 및 건전성 등을 감안하여 신용카드업을 영위하는 여신전문금융회사와 신용카드업을 영위하지 아니하는 여신전문금융회사에 적용되는 한도를 달리 정할 수 있다. <개정 2009·2·6, 2012·3·21>

③ 제1항 및 제2항에서 정한 것 외에 자기자본 대비 총자산 한도의 시행에 관하여 필요한 사항은 대통령령으로 정한다. <신설 2012·3·21>

④ 삭제 <2012·3·21>

제49조(부동산의 취득제한) ① 여신전문금융회사가 취득할 수 있는 업무용 부동산은 다음 각 호의 어느 하나에 해당하는 것으로 제한한다.
1. 본점(本店)·지점(支店), 그 밖의 사무소
2. 임직원용 사택(社宅), 합숙소 및 직원 연수원
3. 그 밖에 업무에 직접 필요한 부동산으로서 총리령으로 정하는 것

② 금융위원회는 여신전문금융회사가 너무 많은 부동산을 보유하는 것을 제한할 필요가 있다고 인정하면 여신전문금융회사가 제1항에 따라 취득할 수 있는 업무용 부동산의 총액을 자기자본의 100분의 100 이상 일정 비율 이내로 제한할 수 있다.

③ 제2항에 따른 업무용 부동산의 총액은 장부가액(帳簿價額)을 기준으로 산출(算出)한다.

④ 여신전문금융회사는 다음 각 호의 어느 하나에 해당하는 경우에만 업무용 부동산 외의 부동산을 취득할 수 있다.
1. 해당 부동산이 시설대여나 연불판매의 목적물인 경우
2. 담보권(擔保權)을 실행하여 부동산을 취득하는 경우

〔전부개정 2009·2·6〕

제49조의2(대주주에 대한 신용공여한도 등) ① 여신전문금융회사가 그의 대주주(대통령령으로 정하는 대주주의 특수관계인을 포함한다. 이하 이 조에서 같다)에게 제공할 수 있는 신용공여의 합계액은 그 여신전문금융회사의 자기자본의 100분의 50을 넘을 수 없으며, 대주주는 그 여신전문금융회사로부터 그 한도를 넘겨 신용공여를 받아서는 아니 된다.

② 여신전문금융회사는 그의 대주주에게 제1항의 범위에서 대통령령으로 정하는 금액 이상의 신용공여(대통령령으로 정하는 거래를 포함한다. 이하 이 조에서 같다)를 하려는 경우에는 미리 이사회의 결의를 거쳐야 한다. 이 경우 이사회는 재적이사 전원의 찬성으로 의결한다.

③ 여신전문금융회사는 그의 대주주에게 제2항에 따라 대통령령으로 정하는 금액 이상의 신용공여를 한 경우에는 그 사실을 금융위원회에 지체 없이 보고하고, 인터넷 홈페이지 등을 이용하여 공시하여야 한다.

④ 여신전문금융회사는 제3항에 따른 보고사항 중 대통령령으로 정하는 사항을 종합하여 분기별로 금융위원회에 보고하고, 인터넷 홈페이지 등을 이용하여 공시하여야 한다.

⑤ 여신전문금융회사는 추가적인 신용공여를 하지 아니하였음에도 불구하고 자기자본의 변동, 대주주의 변경 등으로 제1항에 따른 한도를 넘게 되는 경우에는 대통령령

으로 정하는 기간 내에 제1항에 따른 한도에 적합하도록 하여야 한다.
⑥ 제5항에도 불구하고 여신전문금융회사는 신용공여의 기한 및 규모 등에 따른 부득이한 사유가 있으면 금융위원회의 승인을 받아 그 기간을 연장할 수 있다.
⑦ 제6항에 따른 승인을 받으려는 여신전문금융회사는 제5항에 따른 기간이 만료되기 3개월 전까지 제1항에 따른 한도에 적합하도록 하기 위한 세부계획서를 금융위원회에 제출하여야 하고, 금융위원회는 세부계획서를 제출받은 날부터 1개월 내에 승인 여부를 결정·통보하여야 한다.
⑧ 여신전문금융회사는 그의 대주주의 다른 회사에 대한 출자를 지원하기 위한 목적으로 신용공여를 하여서는 아니 된다.
[본조신설 2016·3·29]

제50조(대주주가 발행한 주식의 소유한도 등) ① 여신전문금융회사는 자기자본의 100분의 150의 범위에서 대통령령으로 정하는 비율에 해당하는 금액을 초과하여 그 여신전문금융회사의 대주주(대통령령으로 정하는 대주주의 특수관계인을 포함한다. 이하 이 조에서 같다)가 발행한 주식을 소유하여서는 아니 된다. <개정 2016·3·29>
② 여신전문금융회사는 그의 대주주가 발행한 주식을 제1항의 범위에서 대통령령으로 정하는 금액 이상으로 취득하려는 경우에는 미리 이사회의 결의를 거쳐야 한다. 이 경우 이사회는 재적이사 전원의 찬성으로 의결한다. <개정 2016·3·29>
③ 여신전문금융회사는 제2항에 따라 그의 대주주가 발행한 주식을 대통령령으로 정하는 금액 이상으로 취득한 경우에는 그 사실을 금융위원회에 지체 없이 보고하고, 인터넷 홈페이지 등을 이용하여 공시하여야 한다. <개정 2016·3·29>
④ 여신전문금융회사는 제3항에 따른 보고사항 중 대통령령으로 정하는 사항을 종합하여 분기별로 금융위원회에 보고하고, 인터넷 홈페이지 등을 이용하여 공시하여야 한다.
⑤ 여신전문금융회사의 대주주가 아닌 자가 새로 대주주가 됨에 따라 여신전문금융회사가 제1항에 따른 한도를 초과하게 되는 경우 그 여신전문금융회사는 대통령령으로 정하는 기간 내에 그 한도를 초과한 주식을 처분하여야 한다. <개정 2016·3·29>
⑥ 제5항에도 불구하고 여신전문금융회사는 소유한 대주주 주식의 규모 등에 따른 부득이한 사유가 있으면 금융위원회의 승인을 받아 그 기간을 연장할 수 있다. <개정 2016·3·29>
⑦ 제6항에 따른 승인을 받으려는 여신전문금융회사는 제5항에 따른 기간이 만료되기 3개월 전까지 제1항에 따른 한도에 적합하도록 하기 위한 세부계획서를 금융위원회에 제출하여야 하고, 금융위원회는 세부계획서를 제출받은 날부터 1개월 내에 승인 여부를 결정·통보하여야 한다.
[전부개정 2009·2·6]

제50조의2(자금지원 관련 금지행위 등) ① 여신전문금융회사는 다른 금융기관(「금융산업의 구조개선에 관한 법률」 제2조제1호에 따른 금융기관을 말한다. 이하 이 조에서 같다) 또는 다른 회사와 다음 각 호의 행위를 하여서는 아니 된다. <개정 2013·4·5, 2016·3·29>
1. 제49조의2제1항에 따른 신용공여한도의 제한을 피하기 위하여 의결권(議決權) 있는 주식을 서로 교차(交叉)하여 보유하거나 신용공여를 하는 행위
2. 「상법」 제341조 또는 「자본시장과 금융투자업에 관한 법률」 제165조의3에 따른 자기주식(自己株式) 취득의 제한을 피하기 위하여 주식을 서로 교차하여 취득하는 행위
3. 그 밖에 거래자의 이익을 크게 해칠 우려가 있는 행위로서 대통령령으로 정하는 행위

② 제1항을 위반하여 취득한 주식에 대하여는 의결권을 행사할 수 없다.
③ 여신전문금융회사는 해당 여신전문금융회사의 주식을 매입하도록 하기 위한 여신이나 제49조의2제1항에 따른 신용공여한도의 제한을 피하기 위한 자금중개 등의 행위를 하여서는 아니 된다. <개정 2016·3·29>
④ 금융위원회는 제1항이나 제3항을 위반하여 주식을 취득하거나 신용공여를 한 여신전문금융회사에 대하여 그 주식의 처분 또는 신용공여액의 회수를 명하는 등 필요

한 조치를 할 수 있다. <개정 2016·3·29>

⑤ 여신전문금융회사의 대주주(그의 특수관계인을 포함한다. 이하 이 항에서 같다)는 회사의 이익에 반하여 대주주 자신의 이익을 목적으로 다음 각 호의 어느 하나에 해당하는 행위를 하여서는 아니 된다. <개정 2015·7·31>

1. 부당한 영향력을 행사하기 위하여 여신전문금융회사에 대하여 외부에 공개되지 아니한 자료나 정보의 제공을 요구하는 행위. 다만, 「금융회사의 지배구조에 관한 법률」 제33조제6항에 따라 주주의 권리를 행사하는 경우는 제외한다.
2. 경제적 이익 등 반대급부의 제공을 조건으로 다른 주주와 담합하여 여신전문금융회사의 인사 또는 경영에 부당한 영향력을 행사하는 행위
3. 그 밖에 제1호 및 제2호에 준하는 행위로서 대통령령으로 정하는 행위

〔전부개정 2009·2·6〕

제50조의3(수뢰 등의 금지) ① 여신전문금융회사의 임직원은 직무와 관련하여 횡령, 배임, 직접 또는 간접을 불문하고 증여, 그 밖에 뇌물의 수수, 요구 또는 약속을 하여서는 아니된다.

② 제1항은 다음 각 호의 업무와 관련하여 제62조제1항에 따른 여신전문금융업협회의 임직원에 대하여 준용한다.

1. 제64조제11호에 따른 기부금관리재단의 관리 및 운영 등에 관한 업무
2. 「보조금 관리에 관한 법률」 제2조제3호의 보조사업자로서 수행하는 업무

〔본조신설 2025·1·21〕

제50조의4부터 제50조의7까지 삭제 <2015·7·31>

제50조의8(여신전문금융회사 등에 대한 자료 제출의 요구 등) ① 금융위원회는 여신전문금융회사 또는 그의 대주주가 제49조의2제1항부터 제5항까지, 제50조제1항부터 제5항까지 및 제50조의2제1항부터 제3항까지와 제5항을 위반한 혐의가 있다고 인정되면 여신전문금융회사 또는 그의 대주주에게 필요한 자료의 제출을 요구할 수 있다. <개정 2016·3·29>

② 금융위원회는 여신전문금융회사의 대주주(회사만 해당한다)의 부채가 자산을 넘는 등 재무구조의 부실로 그 여신전문금융회사의 경영 건전성을 뚜렷이 해칠 우려가 있는 경우로서 대통령령으로 정하는 경우에는 그 여신전문금융회사에 대하여 다음 각 호의 조치를 할 수 있다.

1. 그 대주주에 대한 신규 신용공여의 금지
2. 그 대주주가 발행한 유가증권의 신규 취득 금지
3. 그 밖에 그 대주주에 대한 자금지원 성격의 거래제한 등 대통령령으로 정하는 조치

〔전부개정 2009·2·6〕

제50조의9 삭제 <2020·3·24>

제50조의10(광고의 자율심의) ① 여신전문금융회사와 겸영여신업자(이하 "여신전문금융회사등"이라 한다)가 제13조제1항제1호, 제46조제1항제1호·제3호, 그 밖에 대통령령으로 정하는 업무와 관련하여 취급하는 금융상품 중 대통령령으로 정하는 금융상품에 관하여 광고를 하려는 경우에는 광고계획신고서와 광고안을 협회에 제출하여 심의를 받아야 한다. <개정 2020·3·24>

② 협회는 제1항에 따른 심의 결과 광고의 내용이 사실과 다르거나 「금융소비자 보호에 관한 법률」 제22조를 위반하여 광고하려는 경우에는 해당 여신전문금융회사등에 대하여 광고의 시정이나 사용중단을 요구할 수 있다. 이 경우 해당 여신전문금융회사등은 정당한 사유가 없으면 협회의 요구에 성실히 응하여야 한다. <개정 2020·3·24>

③ 협회는 매분기별 광고 심의 결과를 해당 분기의 말일부터 1개월 이내에 금융위원회에 보고하여야 한다.

〔본조신설 2016·3·29〕

제50조의11 삭제 <2020·3·24>

제50조의12(고객응대직원에 대한 보호 조치 의무) ① 여신전문금융회사는 고객을 직접 응대하는 직원을 고객의 폭언이나 성희롱, 폭행 등으로부터 보호하기 위하여 다음 각 호의 조치를 하여야 한다.

1. 직원이 요청하는 경우 해당 고객으로부터의 분리 및 업무담당자 교체
2. 직원에 대한 치료 및 상담 지원
3. 고객을 직접 응대하는 직원을 위한 상시적 고충처리 기구 마련. 다만, 「근로자참여 및 협력증진에 관한 법률」 제26조에 따라 고충처리위원을 두는 경우에는 고객을 직접 응대하는 직원을 위한 고충처리

위원의 선임 또는 위촉
4. 그 밖에 직원의 보호를 위하여 필요한 법적 조치 등 대통령령으로 정하는 조치
② 직원은 여신전문금융회사에 대하여 제1항 각 호의 조치를 요구할 수 있다.
③ 여신전문금융회사는 제2항에 따른 직원의 요구를 이유로 직원에게 불이익을 주어서는 아니 된다.
[본조신설 2016·3·29]

제50조의13(금리인하 요구) ① 여신전문금융회사와 신용공여 계약을 체결한 자는 재산 증가나 신용등급 또는 개인신용평점 상승 등 신용상태 개선이 나타났다고 인정되는 경우 여신전문금융회사에 금리인하를 요구할 수 있다. <개정 2020·2·4>
② 여신전문금융회사는 신용공여 계약을 체결하려는 자에게 제1항에 따라 금리인하를 요구할 수 있음을 알려야 한다.
③ 그 밖에 금리인하 요구의 요건 및 절차에 관한 구체적 사항은 대통령령으로 정한다.
[본조신설 2018·12·11]

제51조(유사상호의 사용금지) 이 법에 따른 여신전문금융회사가 아닌 자는 그 상호에 여신·신용카드·시설대여·리스·할부금융 또는 신기술금융과 같거나 비슷한 표시를 하여서는 아니 된다.
[전부개정 2009·2·6]

제52조(다른 법률과의 관계) ① 여신전문금융회사와 제3조제3항제2호에 따른 겸영여신업자에 대하여는 「한국은행법」 및 「은행법」을 적용하지 아니한다.
② 여신전문금융회사에 대하여 「금융산업의 구조개선에 관한 법률」을 적용하는 경우에는 같은 법 제3조부터 제10조까지, 제11조제1항·제4항 및 제5항, 제13조의2, 제14조, 제14조의2부터 제14조의4까지, 제14조의7, 제15조부터 제19조까지, 제24조, 제24조의2, 제24조의3 및 제26조부터 제28조까지의 규정만 적용한다. 다만, 신기술사업금융업자가 신기술사업자에게 투자하는 경우에는 같은 법 제24조를 적용하지 아니한다.
[전부개정 2009·2·6]

제5장 감독

제53조(감독) ① 금융위원회는 여신전문금융회사등과 부가통신업자가 이 법 또는 이 법에 따른 명령을 지키는지를 감독한다. <개정 2009·2·6, 2012·3·21, 2015·1·20>
② 금융위원회는 제1항에 따른 감독을 위하여 필요한 경우에는 여신전문금융회사등과 부가통신업자에 대하여 그 업무 및 재무상태에 관한 보고를 하게 할 수 있다. <개정 2009·2·6, 2015·1·20>
③ 삭제 <2001·3·28>
④ 금융위원회는 여신전문금융회사등과 부가통신업자(각각 그 소속 임직원을 포함한다)가 별표 각 호의 어느 하나에 해당하는 경우에는 금융감독원장의 건의에 따라 다음 각 호의 어느 하나에 해당하는 조치를 하거나 금융감독원장으로 하여금 제1호에 해당하는 조치를 하게 할 수 있다. <개정 2009·2·6, 2015·1·20, 2017·4·18, 2025·1·21>
1. 여신전문금융회사등과 부가통신업자에 대한 주의·경고 또는 그 임직원에 대한 주의·경고·문책(問責)의 요구
2. 해당 위반행위에 대한 시정명령
3. 임원(「금융회사의 지배구조에 관한 법률」 제2조제5호에 따른 업무집행책임자는 제외한다. 이하 이 조에서 같다)의 해임권고·직무정지
⑤ 금융위원회(제4항에 따라 조치를 할 수 있는 금융감독원장을 포함한다)는 여신전문금융회사등과 부가통신업자의 퇴임한 임원 또는 퇴직한 직원(「금융회사의 지배구조에 관한 법률」 제2조제5호에 따른 업무집행책임자를 포함한다)이 재임 또는 재직 중이었더라면 제4항제1호 또는 제3호에 해당하는 조치를 받았을 것으로 인정되는 경우에는 그 조치의 내용을 해당 여신전문금융회사등과 부가통신업자의 장에게 통보할 수 있다. <개정 2009·2·6, 2015·1·20, 2017·4·18>
⑥ 제5항에 따른 통보를 받은 여신전문금융회사등과 부가통신업자의 장은 이를 퇴임·퇴직한 해당 임직원에게 통보하고, 그 내용을 인사기록부에 기록·유지하여야 한다. <개정 2009·2·6, 2015·1·20, 2017·4·18>

제53조의2(검사) ① 금융감독원장은 그 소속 직원으로 하여금 여신전문금융회사등과 부가통신사업자의 업무와 재산상황을 검사하게 할 수 있다. <개정 2015·1·20>
② 제1항에 따라 검사를 하는 자는 그 권

한을 표시하는 증표를 지니고 이를 관계자에게 내보여야 한다.

③ 금융감독원장은 여신전문금융회사등과 부가통신업자(여신전문금융회사등이나 부가통신업자와 계약을 체결하여 여신전문금융업이나 신용카드등부가통신업의 전부 또는 일부를 위탁받은 자를 포함한다)에 대하여 검사에 필요한 장부·기록문서와 그 밖의 자료의 제출 또는 관계인의 출석 및 의견의 진술을 요구할 수 있다. <개정 2015·1·20>

④ 금융감독원장은 「주식회사 등의 외부감사에 관한 법률」에 따라 여신전문금융회사등이 선임한 외부 감사인에게 그 여신전문금융회사등을 감사한 결과 알게 된 경영의 건전성과 관련되는 정보 및 자료의 제출을 요구할 수 있다. <개정 2017·10·31>

〔전부개정 2009·2·6〕

제53조의3(건전경영의 지도) ① 금융위원회는 여신전문금융회사의 건전한 경영을 지도하고 금융사고를 예방하기 위하여 대통령령으로 정하는 바에 따라 다음 각 호의 어느 하나에 해당하는 경영지도의 기준을 정할 수 있다.

1. 자본의 적정성에 관한 사항
2. 자산의 건전성에 관한 사항
3. 유동성(流動性)에 관한 사항
4. 그 밖에 경영의 건전성 확보를 위하여 필요한 사항

② 금융위원회는 여신전문금융회사가 제1항에 따른 경영지도의 기준에 미치지 못하는 등 경영의 건전성을 크게 해칠 우려가 있다고 인정되면 자본금의 증액(增額), 이익배당의 제한 등 경영을 개선하기 위하여 필요한 조치를 요구할 수 있다.

〔전부개정 2009·2·6〕

제54조(업무보고서 등의 제출) ① 여신전문금융회사등과 부가통신업자는 금융위원회가 정하는 바에 따라 업무 및 경영실적에 관한 보고서를 작성하여 금융위원회에 제출하여야 한다. <개정 2015·1·20>

② 여신전문금융회사와 부가통신업자는 다음 각 호의 어느 하나에 해당하는 경우에는 대통령령으로 정하는 바에 따라 그 사실을 금융위원회에 보고하여야 한다. <개정 2015·1·20>

1. 상호 또는 명칭을 변경한 경우
2. 삭제 <2015·7·31>
3. 최대주주가 변경된 경우
4. 대주주 또는 그의 특수관계인의 소유주식이 의결권 있는 발행주식 총수의 100분의 1 이상 변동된 경우(부가통신업자는 제외한다)

〔전부개정 2009·2·6〕

제54조의2(경영의 공시) ① 금융위원회는 여신전문금융회사에 대하여 경영상황에 관한 주요 정보와 자료를 공시(公示)하게 할 수 있다.

② 제1항에 따른 공시의 종류·범위 및 방법에 관하여 필요한 사항은 금융위원회가 정한다.

〔전부개정 2009·2·6〕

제54조의3(약관의 개정 등) ① 여신전문금융회사등은 금융이용자의 권익을 보호하여야 하며, 금융거래와 관련된 약관(이하 "금융약관"이라 한다)을 제정하거나 개정하는 경우에는 금융약관의 제정 또는 개정 후 10일 이내에 금융위원회에 보고하여야 한다. 다만, 금융이용자의 권리나 의무에 중대한 영향을 미칠 우려가 있는 경우로서 대통령령으로 정하는 경우에는 금융약관의 제정 또는 개정 전에 미리 금융위원회에 신고하여야 한다. <개정 2018·12·31>

② 여신전문금융회사등은 금융약관을 제정하거나 개정한 경우에는 인터넷 홈페이지 등을 이용하여 공시하여야 한다. <개정 2010·3·12>

③ 여신전문금융업협회는 건전한 거래질서를 확립하고 불공정한 내용의 금융약관이 통용되는 것을 막기 위하여 여신전문금융업 금융거래와 관련하여 표준이 되는 약관(이하 "표준약관"이라 한다)을 제정하거나 개정할 수 있다. <개정 2016·3·29>

④ 여신전문금융업협회는 표준약관을 제정하거나 개정하려는 경우에는 금융위원회에 미리 신고하여야 한다.

⑤ 제1항에 따라 금융약관의 신고 또는 보고를 받거나 제4항에 따라 표준약관을 신고받은 금융위원회는 그 금융약관 또는 표준약관의 내용을 공정거래위원회에 통보하여야 한다.

⑥ 공정거래위원회는 제5항에 따라 통보받은 금융약관 또는 표준약관의 내용이 「약관의 규제에 관한 법률」 제6조부터 제14조까지의 규정에 위반된다고 인정하면 금융위

원회에 그 사실을 통보하고 그 시정에 필요한 조치를 하도록 요청할 수 있으며, 금융위원회는 특별한 사유가 없으면 이에 따라야 한다.

⑦ 금융위원회는 금융약관 또는 표준약관이 이 법 또는 금융 관련 법령에 위반되거나 그 밖에 금융이용자의 이익을 해칠 우려가 있다고 인정하면 여신전문금융회사등 또는 여신전문금융업협회에 그 내용을 구체적으로 적은 서면으로 금융약관 또는 표준약관을 변경할 것을 명령할 수 있다. 금융위원회는 이 변경명령을 하기 전에 공정거래위원회와 협의하여야 한다. <개정 2010·3·12>

⑧ 제1항부터 제4항까지의 규정에 따른 금융약관 및 표준약관의 제정 또는 개정에 대한 신고 및 보고의 시기·절차, 그 밖에 필요한 사항은 금융위원회가 정한다. <신설 2016·3·29>

〔본조신설 2009·2·6〕

제54조의4(안전성확보의무) ① 여신전문금융회사등과 부가통신업자는 금융거래가 안전하게 처리될 수 있도록 선량한 관리자로서의 주의를 다하여야 한다.

② 여신전문금융회사등과 부가통신업자는 금융거래의 안전성과 신뢰성을 확보할 수 있도록 전자적 전송이나 처리를 위한 인력, 시설, 전자적 장치, 소요경비 등의 정보기술부문 및 전자금융업무에 관하여 금융위원회가 정하는 기준을 준수하여야 한다.

③ 여신전문금융회사등과 부가통신업자는 안전한 금융거래를 위하여 대통령령으로 정하는 바에 따라 정보기술부문에 대한 계획을 매년 수립하여 대표자의 확인·서명을 받아 금융위원회에 제출하여야 한다.

〔본조신설 2015·1·20〕

제54조의5(신용정보보호) ① 여신전문금융회사등과 부가통신업자는 신용정보가 분실·도난·유출·변조되지 않도록 신용정보의 보호 및 관리에 관한 조치를 하여야 한다.

② 여신전문금융회사등과 부가통신업자는 신용정보를 제3자에 제공하거나 이용하는 경우 신용정보 주체로부터 별도의 동의를 받아야 한다.

③ 여신전문금융회사등과 부가통신업자는 이 법에서 정한 업무 외의 목적을 위하여 신용정보를 수집 또는 사용하여서는 아니 된다.

④ 그 밖에 제1항부터 제3항까지에 관한 방법과 절차 등 세부사항은 대통령령으로 정한다.

〔본조신설 2015·1·20〕

제55조(회계처리) 여신전문금융회사등은 자금운용과 업무성과를 분석할 수 있도록 허가를 받거나 등록을 한 여신전문금융업을 업종별로 다른 업무와 구분하여 회계처리를 하여야 한다.

〔전부개정 2009·2·6〕

제56조(감사인의 지정) 금융위원회는 여신전문금융회사가 이 법등을 위반한 사실이 있는 등 대통령령으로 정하는 사유에 해당하면 증권선물위원회의 심의를 거쳐 그 여신전문금융회사의 감사인을 지정할 수 있다. <개정 2020·3·24>

〔전부개정 2009·2·6〕

제57조(허가·등록의 취소 등) ① 금융위원회는 여신전문금융회사등과 부가통신업자가 다음 각 호의 어느 하나에 해당하는 경우에는 6개월의 범위에서 기간을 정하여 제46조제1항제1호부터 제4호까지의 규정에 따른 업무(신용카드업자의 경우 제13조제1항제1호에 따른 부대업무를 포함한다) 또는 같은 항 제5호에 따른 업무 중 대통령령으로 정하는 업무와 신용카드등부가통신업의 전부 또는 일부의 정지를 명할 수 있다. <개정 2012·3·21, 2015·1·20, 2015·7·31, 2016·3·29, 2020·3·24>

1. 제13조제1항에 따른 기준을 위반하여 같은 항 각 호에 따른 부대업무를 한 경우
2. 제14조, 제14조의2, 제16조, 제17조, 제18조, 제21조, 제23조제1항, 제24조의2, 제25조제4항, 제46조(이 항 각 호 외의 부분에서 정하는 업무에 관한 규정으로 한정한다), 제54조의4제2항·제3항 또는 제54조의5를 위반한 경우
3. 제18조의4, 제23조제2항, 제24조·제25조제1항, 제53조제4항, 제53조의3제2항에 따른 금융위원회의 명령이나 조치를 위반한 경우
4. 「금융회사의 지배구조에 관한 법률」 별표 각 호의 어느 하나에 해당하는 경우
5. 「금융소비자 보호에 관한 법률」 제51조제1항제4호 또는 제5호에 해당하는 경우
6. 「금융소비자 보호에 관한 법률」 제51조

제2항 각 호 외의 부분 본문 중 대통령령으로 정하는 경우

② 금융위원회는 신용카드업자가 다음 각 호의 어느 하나에 해당하는 경우에는 그 허가 또는 등록을 취소할 수 있다. <개정 2010·3·12, 2020·3·24>

1. 거짓이나 그 밖의 부정한 방법으로 제3조제1항에 따른 허가를 받거나 등록을 한 경우
2. 제6조제1항제2호부터 제4호까지의 어느 하나에 해당하는 자인 경우(여신전문금융회사인 경우만 해당한다)
3. 제1항에 따른 업무의 정지명령을 위반한 경우

3의2. 제6조의2에 따른 허가요건 유지의무를 위반한 경우

4. 정당한 사유 없이 1년 이상 계속하여 영업을 하지 아니한 경우
5. 법인의 합병·파산·폐업 등으로 사실상 영업을 끝낸 경우
6. 「금융소비자 보호에 관한 법률」 제51조제1항제4호 또는 제5호에 해당하는 경우

③ 금융위원회는 시설대여업자, 할부금융업자 또는 신기술사업금융업자가 다음 각 호의 어느 하나에 해당하는 경우에는 그 등록을 취소할 수 있다. <개정 2016·3·29, 2020·3·24>

1. 거짓이나 그 밖의 부정한 방법으로 제3조제2항에 따른 등록을 한 경우
2. 제6조제1항제2호부터 제4호까지의 어느 하나에 해당하는 자인 경우(여신전문금융회사인 경우만 해당한다)
3. 제53조제4항 또는 제53조의3제2항에 따른 금융위원회의 명령이나 조치를 위반한 경우
4. 등록을 한 날부터 1년 이내에 등록한 업에 관하여 영업을 시작하지 아니하거나 영업을 시작한 후 정당한 사유 없이 1년 이상 계속하여 영업을 하지 아니한 경우
5. 법인의 합병·파산·폐업 등으로 사실상 영업을 끝낸 경우
6. 「금융소비자 보호에 관한 법률」 제51조제1항제3호부터 제5호까지의 어느 하나에 해당하는 경우

〔전부개정 2009·2·6〕

제58조(과징금) ① 금융위원회는 여신전문금융회사가 제46조(제57조제1항 각 호 외의 부분에서 정하는 업무에 관한 규정으로 한정한다)를 위반한 경우에는 대통령령으로 정하는 바에 따라 3억원 이하의 과징금을 부과할 수 있다. <개정 2016·3·29, 2017·4·18>

② 금융위원회는 신용카드업자가 제57조제1항 각 호의 어느 하나에 해당하는 경우에는 대통령령으로 정하는 바에 따라 업무정지처분 대신에 1억원 이하의 과징금을 부과할 수 있다.

③ 금융위원회는 다음 각 호의 어느 하나에 해당하는 경우에는 대통령령으로 정하는 바에 따라 2억원 이하의 과징금을 부과할 수 있다. <개정 2015·1·20, 2017·4·18>

1. 시설대여업자가 제37조에 따른 금융위원회의 명령을 위반한 경우
2. 할부금융업자가 제39조나 제40조를 위반한 경우
3. 신기술사업금융업자가 제45조를 위반한 경우
4. 여신전문금융회사등(신용카드업은 제외한다)이나 부가통신업자가 제16조의3, 제27조의4, 제54조의4 또는 제54조의5를 위반한 경우

④ 금융위원회는 여신전문금융회사가 제47조, 제48조, 제49조제1항·제4항, 제49조의2제1항·제8항 또는 제50조제1항을 위반하거나 제49조제2항에 따른 금융위원회의 명령을 위반한 경우에는 다음 각 호의 구분에 따른 범위에서 과징금을 부과할 수 있다. <개정 2016·3·29, 2017·4·18>

1. 제47조를 위반하여 자금을 조달한 경우 : 조달한 자금의 100분의 30 이하
2. 제48조를 위반하여 자기자본 대비 총자산 한도를 초과한 경우 : 초과액의 100분의 30 이하
3. 제49조제1항·제4항을 위반하여 부동산을 취득한 경우 : 취득한 부동산 취득가액의 100분의 30 이하
4. 제49조제2항에 따른 금융위원회의 명령을 위반한 경우 : 초과 취득한 부동산 취득가액의 100분의 30 이하
5. 제49조의2제1항에 따른 신용공여한도를 초과하여 신용공여를 한 경우 : 초과한

신용공여액 이하
6. 제49조의2제 8 항을 위반하여 신용공여를 한 경우 : 신용공여액 이하
7. 제50조제 1 항에 따른 주식의 소유한도를 초과하여 대주주가 발행한 주식을 소유한 경우 : 초과 소유한 주식 장부가액 합계액 이하

⑤ 제 1 항부터 제 4 항까지의 규정에 따른 과징금을 부과하는 위반행위의 종류와 위반 정도 등에 따른 과징금의 금액과 그 밖에 필요한 사항은 대통령령으로 정한다.

⑥ 금융위원회는 제 1 항부터 제 4 항까지의 규정에 따른 과징금을 부과받은 자가 그 기한까지 납부하지 아니하면 국세 체납처분의 예에 따라 이를 징수한다.

⑦ 금융위원회는 대통령령으로 정하는 바에 따라 과징금의 징수 및 체납처분에 관한 업무를 국세청장에게 위탁할 수 있다.

⑧ 금융위원회는 과징금을 부과하기 전에 미리 당사자 또는 이해관계인 등에게 의견을 제출할 기회를 주어야 한다. <신설 2018 · 12 · 11>

⑨ 제 8 항에 따른 당사자 또는 이해관계인 등은 금융위원회의 회의에 출석하여 의견을 진술하거나 필요한 자료를 제출할 수 있다. <신설 2018 · 12 · 11>

〔전부개정 2009 · 2 · 6〕

제58조의2(이의신청) ① 제58조에 따른 과징금 부과처분에 대하여 불복하는 자는 그 처분의 고지를 받은 날부터 30일 이내에 그 사유를 갖추어 금융위원회에 이의를 신청할 수 있다.

② 금융위원회는 제 1 항에 따른 이의신청에 대하여 60일 이내에 결정을 하여야 한다. 다만, 부득이한 사정으로 그 기간 이내에 결정을 할 수 없을 경우에는 30일의 범위에서 그 기간을 연장할 수 있다.

③ 금융위원회는 제 2 항 단서에 따라 결정기간을 연장하는 경우에는 지체 없이 제 1 항에 따라 이의를 신청한 자에게 결정기간이 연장되었음을 통보하여야 한다.

〔본조신설 2010 · 3 · 12〕

제58조의3(과오납금의 환급) 금융위원회는 과징금 납부의무자가 이의신청의 재결 또는 법원의 판결 등의 사유로 과징금 과오납금의 환급을 청구하는 경우에는 지체 없이 환급하여야 하며, 과징금 납부의무자의 청구가 없어도 금융위원회가 확인한 과오납금은 환급하여야 한다.

〔본조신설 2010 · 3 · 12〕

제58조의4(환급가산금) 금융위원회는 제58조의3에 따라 과징금을 환급하는 경우에는 과징금을 납부한 날부터 환급한 날까지의 기간에 대하여 대통령령으로 정하는 가산금 이율을 적용하여 환급가산금을 환급받을 자에게 지급하여야 한다.

〔본조신설 2010 · 3 · 12〕

제59조 삭제 <2001 · 3 · 28>

제60조(신용카드업의 허가 또는 등록 취소에 따른 조치) 신용카드업자는 제57조제 2 항에 따라 허가 또는 등록이 취소된 경우에도 그 처분 전에 행하여진 신용카드에 의한 거래대금의 결제를 위한 업무를 계속 할 수 있다.

〔전부개정 2009 · 2 · 6〕

제61조(청문) 금융위원회는 제57조제 2 항 또는 제 3 항에 따라 허가 또는 등록을 취소하려면 청문을 하여야 한다.

〔전부개정 2009 · 2 · 6〕

제 6 장 여신전문금융업협회

제62조(설립) ① 여신전문금융회사등은 여신전문금융업의 건전한 발전을 도모하기 위하여 여신전문금융업협회(이하 "협회"라 한다)를 설립할 수 있다. <개정 2009 · 2 · 6>

② 협회는 법인으로 한다. <개정 2009 · 2 · 6>

③ 여신전문금융회사등이 협회를 설립하려면 창립총회에서 정관을 작성한 후 금융위원회의 허가를 받아야 한다. <개정 2009 · 2 · 6>

④ 협회는 정관으로 정하는 바에 따라 회장 · 이사 · 감사, 그 밖의 임원을 둔다. <개정 2009 · 2 · 6>

⑤ 삭제 <1999 · 2 · 1>

⑥ 협회에 대하여 이 법에 특별한 규정이 없으면 「민법」 중 사단법인에 관한 규정을 준용한다. <개정 2009 · 2 · 6>

제63조(가입) 협회는 여신전문금융회사등이 협회에 가입하려는 경우에 정당한 이유 없이 그 가입을 거부하거나 가입에 부당한 조건을 부과하여서는 아니 된다.

〔전부개정 2009 · 2 · 6〕

제64조(업무) 협회는 다음 각 호의 업무를 한다. <개정 2016·3·29>
1. 이 법 또는 그 밖의 법령을 지키도록 하기 위한 회원에 대한 지도와 권고
2. 회원에 대한 건전한 영업질서의 유지 및 이용자 보호를 위한 업무방식의 개선권고
3. 회원의 재무상태에 대한 분석
4. 이용자 민원의 상담·처리
5. 회원 간의 신용정보의 교환
6. 신용카드가맹점에 대한 정보 관리
7. 여신전문금융업과 여신전문금융회사의 발전을 위한 조사·연구
8. 표준약관의 제정 및 개정
9. 영세한 중소신용카드가맹점을 대상으로 하는 신용카드 단말기 지원사업에 관한 업무
10. 제27조의5에 따라 위탁받은 부가통신업자 지정 등에 관한 업무
11. 제67조에 따라 설립된 기부금관리재단의 관리 및 운영 등에 관한 업무
12. 그 밖에 협회의 목적을 달성하기 위하여 필요한 업무

〔전부개정 2009·2·6〕

제65조(정관) 협회의 정관에는 다음 각 호의 사항이 포함되어야 한다.
1. 목적, 명칭 및 사무소의 소재지
2. 회원의 자격
3. 임원의 선출에 관한 사항
4. 업무 범위
5. 회비의 분담과 예산 및 회계에 관한 사항
6. 회의에 관한 사항과 그 밖에 협회의 운영에 필요한 사항

〔전부개정 2009·2·6〕

제66조(협회에 대한 감독 및 검사) 협회와 그 소속 임직원에 관하여는 제53조 및 제53조의2를 준용한다. 이 경우 "여신전문금융회사등과 부가통신업자"는 "협회"로 본다. <개정 2025·1·21>

〔본조신설 2016·3·29〕

제67조(기부금관리재단의 설립 등) ① 협회는 소멸시효가 완성된 선불카드의 사용잔액(이하 "선불카드 미사용잔액"이라 한다) 및 신용카드포인트 등 기부금을 통한 사회 공헌사업의 효율적인 관리 및 운용 등을 위하여 기부금관리재단(이하 "재단"이라 한다)을 설립할 수 있다.

② 재단은 법인으로 한다.

③ 재단에 관하여 이 법에 특별한 규정이 없으면 「민법」 중 재단법인에 관한 규정을 준용한다.

〔본조신설 2016·3·29〕

제68조(선불카드 미사용잔액 등의 기부) ① 신용카드업자는 선불카드 미사용잔액을 재단에 기부할 수 있다.

② 신용카드업자는 신용카드회원의 기부 요청이 있거나 신용카드포인트가 유효기한 내에 사용되지 아니한 경우 신용카드포인트의 재산상 이익에 상당하는 금액(신용카드업자의 부담으로 적립된 금액에 한정한다)을 재단에 기부할 수 있다.

③ 신용카드업자는 제1항 및 제2항에 따라 선불카드 미사용잔액 및 신용카드포인트(이하 "선불카드 미사용잔액등"이라 한다)를 기부하기로 결정한 경우에는 대통령령으로 정하는 금액 이상의 선불카드 미사용잔액등에 대하여 기부하기 1개월 전에 선불카드 미사용잔액등의 원권리자에게 기부에 관한 통지를 하고 동의를 얻어야 한다. 이 경우 통지 및 동의의 방법과 그 밖에 필요한 사항은 대통령령으로 정한다.

〔본조신설 2016·3·29〕

제68조의2(재단의 운영 재원) 재단은 다음 각 호의 재원으로 운영한다.
1. 제68조에 따라 기부받은 선불카드 미사용잔액등의 재산상 이익에 상당하는 금액
2. 기부금
3. 그 밖의 수익금

〔본조신설 2016·3·29〕

제7장 보칙

제69조 삭제 <2009·2·6>

제69조의2(권한의 위탁) ① 금융위원회는 여신전문금융회사 또는 부가통신업자에 대한 감독의 효율성을 높이기 위하여 필요한 경우에는 이 법에 따른 권한의 일부를 대통령령으로 정하는 바에 따라 금융감독원장에게 위탁할 수 있다. <개정 2016·3·29>

② 금융위원회는 거래자를 보호하기 위하여 필요하다고 인정하면 제1항에 따른 권한

외의 권한의 일부를 대통령령으로 정하는 바에 따라 협회 회장에게 위탁할 수 있다.
〔전부개정 2009·2·6〕

제8장 벌칙

제70조(벌칙) ① 다음 각 호의 어느 하나에 해당하는 자는 7년 이하의 징역 또는 5천만원 이하의 벌금에 처한다. <개정 2016·3·29>

1. 신용카드등을 위조하거나 변조한 자
2. 위조되거나 변조된 신용카드등을 판매하거나 사용한 자
3. 분실하거나 도난당한 신용카드나 직불카드를 판매하거나 사용한 자
4. 강취(强取)·횡령하거나, 사람을 기망(欺罔)하거나 공갈(恐喝)하여 취득한 신용카드나 직불카드를 판매하거나 사용한 자
5. 행사할 목적으로 위조되거나 변조된 신용카드등을 취득한 자
6. 거짓이나 그 밖의 부정한 방법으로 알아낸 타인의 신용카드 정보를 보유하거나 이를 이용하여 신용카드로 거래한 자
7. 제3조제1항에 따른 허가를 받지 아니하거나 등록을 하지 아니하고 신용카드업을 한 자
8. 거짓이나 그 밖의 부정한 방법으로 제3조제1항에 따른 허가를 받거나 등록을 한 자
9. 제49조의2제1항 또는 제8항을 위반하여 대주주에게 신용공여를 한 여신전문금융회사와 그로부터 신용공여를 받은 대주주 또는 대주주의 특수관계인

9의2. 제50조제1항을 위반하여 대주주가 발행한 주식을 소유한 여신전문금융회사

10. 제50조의2제5항을 위반하여 같은 항 각 호의 어느 하나에 해당하는 행위를 한 대주주 또는 대주주의 특수관계인

② 제18조의3제4항제2호, 제19조제6항 또는 제24조의2제3항을 위반한 자는 5년 이하의 징역 또는 3천만원 이하의 벌금에 처한다. <신설 2015·1·20>

③ 다음 각 호의 어느 하나에 해당하는 자는 3년 이하의 징역 또는 2천만원 이하의 벌금에 처한다. <개정 2015·1·20>

1. 거짓이나 그 밖의 부정한 방법으로 제3조제2항에 따른 등록을 한 자
2. 다음 각 목의 어느 하나에 해당하는 행위를 통하여 자금을 융통하여 준 자 또는 이를 중개·알선한 자
   가. 물품의 판매 또는 용역의 제공 등을 가장하거나 실제 매출금액을 넘겨 신용카드로 거래하거나 이를 대행하게 하는 행위
   나. 신용카드회원으로 하여금 신용카드로 구매하도록 한 물품·용역 등을 할인하여 매입하는 행위
   다. 제15조를 위반하여 신용카드에 질권을 설정하는 행위
3. 제19조제5항제3호를 위반하여 다른 신용카드가맹점의 명의를 사용하여 신용카드로 거래한 자
4. 제19조제5항제5호를 위반하여 신용카드에 의한 거래를 대행한 자
5. 제20조제1항을 위반하여 매출채권을 양도한 자 및 양수한 자
6. 제20조제2항을 위반하여 신용카드가맹점의 명의로 신용카드등에 의한 거래를 한 자
7. 제27조의2제1항에 따른 등록을 하지 아니하고 신용카드등부가통신업을 한 자
8. 거짓이나 그 밖의 부정한 방법으로 제27조의2제1항에 따른 등록을 한 자

④ 다음 각 호의 어느 하나에 해당하는 자는 1년 이하의 징역 또는 1천만원 이하의 벌금에 처한다. <개정 2010·3·12, 2012·3·21, 2015·1·20>

1. 및 2. 삭제 <2015·7·31>

2의2. 제14조의2제1항 각 호의 어느 하나에 해당하지 아니한 자로서 신용카드회원을 모집한 자

3. 제15조를 위반하여 신용카드를 양도·양수한 자

3의2. 제18조의3제4항제1호를 위반한 자

4. 제19조제1항을 위반하여 신용카드로 거래한다는 이유로 물품의 판매 또는 용역의 제공 등을 거절하거나 신용카드회원을 불리하게 대우한 자
5. 제19조제4항을 위반하여 가맹점수수료를 신용카드회원이 부담하게 한 자
6. 제19조제5항제4호를 위반하여 신용카드가맹점의 명의를 타인에게 빌려준 자

7. 제27조, 제50조의2제１항·제３항 또는 제51조를 위반한 자

⑤ 제36조제２항을 위반한 자는 500만원 이하의 벌금에 처한다.

⑥ 제１항제１호 및 제２호의 미수범은 처벌한다.

⑦ 제１항제１호의 죄를 범할 목적으로 예비(豫備)하거나 음모(陰謀)한 자는 3년 이하의 징역 또는 2천만원 이하의 벌금에 처한다. 다만, 그 목적한 죄를 실행하기 전에 자수한 자에 대하여는 그 형(刑)을 감경(減輕)하거나 면제한다.

⑧ 제１항부터 제４항까지의 규정에 따른 징역형과 벌금형은 병과(倂科)할 수 있다. <개정 2015·1·20>

〔전부개정 2009·2·6〕

제71조(양벌규정) 법인의 대표자나 법인 또는 개인의 대리인, 사용인, 그 밖의 종업원이 그 법인 또는 개인의 업무에 관하여 제70조의 위반행위를 하면 그 행위자를 벌하는 외에 그 법인 또는 개인에게도 해당 조문의 벌금형을 과(科)한다. 다만, 법인 또는 개인이 그 위반행위를 방지하기 위하여 해당 업무에 관하여 상당한 주의와 감독을 게을리하지 아니한 경우에는 그러하지 아니하다.

〔전부개정 2009·2·6〕

제72조(과태료) ① 다음 각 호의 어느 하나에 해당하는 자에게는 5천만원 이하의 과태료를 부과한다. <개정 2010·3·12, 2012·3·21, 2013·3·22, 2015·1·20, 2016·3·29, 2017·4·18>

1. 제14조의5제１항부터 제３항까지의 규정을 위반한 자
2. 제14조의5제４항에 따른 조사를 거부한 자
3. 제14조의5제５항을 위반하여 모집인의 불법행위 신고를 하지 아니한 자
4. 제16조의2제３항에 따른 조사를 거부한 자

4의2. 제16조의5를 위반하여 연회비를 반환하지 아니한 자

5. 제19조제３항·제７항 또는 제19조의2를 위반한 자

5의2. 제27조의2제４항을 위반하여 변경등록을 하지 아니한 자

5의3. 제46조의2제１항을 위반하여 부수업무의 신고를 하지 아니한 자

6. 제49조의2제２항 또는 제50조제２항을 위반하여 이사회의 결의를 거치지 아니한 자
7. 제49조의2제３항·제４항 또는 제50조제３항·제４항을 위반하여 보고 또는 공시를 하지 아니한 자
8. 및 9. 삭제 <2015·7·31>
10. 제50조의8제１항에 따른 자료제출 요구에 따르지 아니한 자

10의2. 삭제 <2020·3·24>

10의3. 제53조의2제３항에 따른 자료제출 또는 관계인의 출석 및 의견진술 요구에 따르지 아니한 자

10의4. 제54조를 위반하여 보고서를 제출하지 아니하거나 보고를 하지 아니한 자(거짓의 보고서를 제출하거나 거짓으로 보고한 자를 포함한다)

11. 제54조의2에 따른 공시를 하지 아니하거나 거짓으로 공시한 자
12. 제54조의3을 위반하여 금융위원회에 신고하거나 보고하지 아니하고 금융약관 또는 표준약관을 제정하거나 개정한 자
13. 제55조를 위반하여 다른 업무와 구분하여 회계처리를 하지 아니한 자

② 제50조의12를 위반하여 직원의 보호를 위한 조치를 하지 아니하거나 직원에게 불이익을 준 자에게는 3천만원 이하의 과태료를 부과한다. <신설 2017·4·18>

③ 제50조의13제２항을 위반하여 신용공여 계약을 체결하려는 자에게 금리인하를 요구할 수 있음을 알리지 아니한 자에게는 2천만원 이하의 과태료를 부과한다. <신설 2018·12·11>

④ 다음 각 호의 어느 하나에 해당하는 자에게는 1천만원 이하의 과태료를 부과한다. <신설 2016·3·29, 2017·4·18>

1. 제14조의5제６항을 위반하여 모집인에 대한 교육을 하지 아니한 자
2. 삭제 <2020·3·24>
3. 및 4. 삭제 <2017·4·18>

⑤ 제１항부터 제４항까지의 규정에 따른 과태료는 대통령령으로 정하는 바에 따라 금융위원회가 부과·징수한다. <개정 2016·3·29, 2017·4·18, 2018·12·11>

〔전부개정 2009·2·6〕

부 칙

제 1 조(시행일) 이 법은 1998년 1월 1일부터 시행한다.

제 2 조(폐지법률) 신용카드업법 및 시설대여업법은 이를 폐지한다.

제 3 조(적용례) 제68조의 규정은 제62조의 규정에 의한 협회가 설립된 날부터 적용한다.

제 4 조(신용카드업 등에 관한 경과조치) ① 이 법 시행당시 신용카드업법 제 3 조의 규정에 의하여 신용카드업을 인가받고 동법 제 6 조제 2 항의 규정에 의하여 동항제 1 호 내지 제 5 호의 업무를 모두 허가받은 자는 이 법에 의하여 여신전문금융회사로서 신용카드업의 허가를 받은 자로 본다.

② 이 법 시행당시 신용카드업법 제 3 조의 규정에 의하여 신용카드업을 인가받고 동법 제 6 조제 2 항의 규정에 의한 허가를 받지 아니하거나 동항제 1 호 내지 제 5 호의 업무중 제 1 호의 업무만을 허가받은 자는 이 법에 의하여 겸영여신업자로서 신용카드업의 허가를 받은 자로 본다.

③ 이 법 시행당시 신용카드업법 제17조의2의 규정에 의하여 할부금융업을 인가받은 자는 이 법에 의하여 여신전문금융회사로서 할부금융업을 등록한 자로 본다.

④ 이 법 시행당시 시설대여업법 제 3 조의 규정에 의하여 시설대여업을 인가받은 시설대여회사는 이 법에 의하여 여신전문금융회사로서 시설대여업을 등록한 자로 본다.

⑤ 이 법 시행당시 시설대여업법 제 3 조의 규정에 의하여 시설대여업을 인가받은 자로서 시설대여회사가 아닌 자는 이 법에 의하여 겸영여신업자로서 시설대여업을 등록한 자로 본다.

⑥ 이 법 시행당시 신기술사업금융지원에관한법률 제 4 조의 규정에 의하여 신기술사업금융업을 인가받은 자는 이 법에 의하여 여신전문금융회사로서 신기술사업금융업 및 시설대여업을 등록한 자로 본다. <개정 1999·2·8>

⑦ 제 1 항 내지 제 6 항의 규정에 의하여 여신전문금융업을 허가받거나 등록한 자로 보는 자는 이 법 시행일부터 1월 이내에 제 4 조의 규정에 의한 서류를 재정경제원장관에게 제출하여야 한다.

제 5 조 삭제 <1999·2·1>

제 6 조(벌칙 및 과태료에 대한 경과조치) 이 법 시행전의 행위에 대한 벌칙 및 과태료의 적용에 있어서는 종전의 신용카드업법 및 시설대여업법의 규정에 의한다.

제 7 조(다른 법률의 개정 등) 생략

부 칙 <1998·1·13 법5505>

①(시행일) 이 법은 1998년 4월 1일부터 시행한다. 〈단서 생략〉

②(처분등에 관한 경과조치) 이 법 시행당시 종전의 규정에 의하여 행정기관등이 행한 인가 그밖의 행위 또는 각종 신고 그밖의 행정기관등에 대한 행위는 이 법에 의한 행정기관등의 행위 또는 행정기관등에 대한 행위로 본다.

③부터 ⑤까지 생략

부 칙 <1999·2·1 법5741>

이 법은 공포한 날부터 시행한다.

부 칙 <1999·2·8 법5819>

제 1 조(시행일) 이 법은 공포한 날부터 시행한다.

제 2 조부터 **제 9 조**까지 생략

제10조(여신전문금융업법의 개정에 따른 경과조치) 이 법 시행과 동시에 회사는 여신전문금융업법상의 여신전문금융회사로서 시설대여업 및 신기술사업금융업의 등록을 한 것으로 본다.

제11조 및 **제12조** 생략

부 칙 <1999·5·24 법5982>

제 1 조(시행일) 이 법은 공포한 날부터 시행한다. 〈단서 생략〉

제 2 조부터 **제 6 조**까지 생략

부 칙 <2000·12·29 법6316>

제 1 조(시행일) 이 법은 공포후 3월이 경과한 날부터 시행한다.

제 2 조 생략

부 칙 <2001·3·28 법6430>

제 1 조(시행일) 이 법은 공포후 3월이 경과한 날부터 시행한다.

제 2 조(임원의 자격요건 변경에 따른 경과조치) 이 법 시행 당시 여신전문금융회사의 임원인 자가 이 법 시행전에 발생한 사유로 인하여 제50조의3의 개정규정에 해당하게 된 경우에는 동 개정규정에 불구하고 종전의 규정에 의한다.

제 3 조(사외이사의 선임에 관한 경과조치) 제50조의4의 개정규정에 의하여 사외이사를 선임하여야 하는 여신전문금융회사는 이 법

시행후 최초로 소집되는 정기 주주총회에서 사외이사를 선임하여야 한다. 이 경우 당해 정기 주주총회에서 사외이사로 선임된 자는 동조제2항의 규정에 의하여 사외이사후보추천위원회의 추천을 받은 것으로 본다.

제4조(감사위원회 설치에 관한 경과조치) 제50조의5의 개정규정에 의하여 감사위원회를 설치하여야 하는 여신전문금융회사는 이 법 시행후 최초로 소집되는 정기 주주총회에서 동 개정규정에 의한 감사위원회가 구성되도록 하여야 한다.

제5조(감사위원회 설치에 따른 상근감사에 관한 경과조치) 이 법 시행 당시 제50조의5의 개정규정에 의하여 감사위원회를 설치하여야 하는 여신전문금융회사의 상근감사로 재임하고 있는 자(상근감사가 2인 이상인 경우에는 당해 여신전문금융회사의 이사회에서 미리 지명한 상근감사를 말한다)는 부칙 제4조의 규정에 의하여 감사위원회를 설치하여야 하는 정기 주주총회일까지 그 임기가 만료되지 아니하고 당해 주주총회에서 해임되지 아니하는 경우 그 임기가 만료될 때까지 당해 여신전문금융회사의 감사위원회 위원중 사외이사 아닌 위원으로 본다. 이 경우 당해 상근감사는 그 임기의 종료시까지 상법 제382조제1항의 규정에 따라 주주총회에서 선임된 이사로 본다.

제6조(준법감시인 선임에 관한 경과조치) 제50조의6제2항의 개정규정에 의하여 준법감시인을 선임하여야 하는 여신전문금융회사는 이 법 시행후 최초로 소집되는 이사회에서 준법감시인을 선임하여야 한다.

부 칙 <2002·3·30 법6681>

①(시행일) 이 법은 공포후 3월이 경과한 날부터 시행한다.

②(신용카드업 등록에 관한 경과조치) 이 법 시행 당시 종전의 제3조제2항제2호에 해당하는 자로서 신용카드업의 허가를 받은 자는 동조제1항 단서의 개정규정에 의하여 신용카드업의 등록을 한 것으로 본다.

부 칙 <2002·8·26 법6705>

제1조(시행일) 이 법은 공포후 3월이 경과한 날부터 시행한다.

제2조부터 **제4조**까지 생략

부 칙 <2003·5·29 법6909>

제1조(시행일) 이 법은 공포후 1년이 경과한 날부터 시행한다.

제2조부터 **제6조**까지 생략

부 칙 <2004·1·20 법7065>

①(시행일) 이 법은 공포후 3월이 경과한 날부터 시행한다.

②(신용카드회원등의 책임에 관한 적용례) 제16조제2항 및 제3항의 개정규정은 이 법 시행후 발생하는 신용카드 분실 또는 도난 등부터 적용한다.

③(임원자격에 관한 적용례) 제50조의3의 개정규정은 이 법 시행후 최초로 선임되는 여신전문금융회사의 임원부터 적용한다.

부 칙 <2005·1·27 법7343>

이 법은 공포한 날부터 시행한다. 다만, 제46조제1항제7호의 개정규정은 공포 후 3월이 경과한 날부터 시행한다.

부 칙 <2005·1·27 법7344>

제1조(시행일) 이 법은 공포 후 3월이 경과한 날부터 시행한다.

제2조 생략

부 칙 <2005·3·31 법7428>

제1조(시행일) 이 법은 공포 후 1년이 경과한 날부터 시행한다.

제2조부터 **제6조**까지 생략

부 칙 <2005·5·31 법7531>

이 법은 공포 후 2월이 경과한 날부터 시행한다.

부 칙 <2006·4·28 법7929>

제1조(시행일) 이 법은 2007년 1월 1일부터 시행한다.

제2조부터 **제4조**까지 생략

부 칙 <2007·1·26 법8265>

제1조(시행일) 이 법은 공포 후 3개월이 경과한 날부터 시행한다.

제2조부터 **제7조**까지 생략

부 칙 <2007·3·29 법8313>

①(시행일) 이 법은 공포 후 1개월이 경과한 날부터 시행한다.

②(서면교부의무에 관한 적용례) 제39조의 개정규정은 이 법 시행 후 최초로 할부금융계약이 이루어지는 분부터 적용한다.

부 칙 <2007·4·11 법8356>

제1조(시행일) 이 법은 공포한 날부터 시행한다.

제2조부터 **제7조**까지 생략

부 칙 <2007·7·19 법8525>

제 1 조(시행일) 이 법은 공포 후 6개월이 경과한 날부터 시행한다.

제 2 조(감사위원회의 위원에 대한 경과조치) 제50조의5의 개정규정에 따라 감사위원회의 위원을 선임하여야 하는 여신전문금융회사는 이 법 시행 후 최초로 소집되는 정기주주총회일까지 같은 개정규정에 적합하도록 감사위원회의 위원을 선임하여야 한다.

제 3 조(과징금에 관한 경과조치) 이 법 시행 전의 행위로서 이 법 시행 전에 종료되거나 이 법 시행 이후에도 그 상태가 지속되는 행위에 대한 과징금의 적용에 있어서는 종전의 규정에 따른다.

부 칙 <2007·8·3 법8635>

제 1 조(시행일) 이 법은 공포 후 1년 6개월이 경과한 날부터 시행한다. 〈단서 생략〉

제 2 조부터 **제44조**까지 생략

부 칙 <2008·2·29 법8852>

제 1 조(시행일) 이 법은 공포한 날부터 시행한다. 〈단서 생략〉

제 2 조부터 **제 7 조**까지 생략

부 칙 <2008·2·29 법8863>

제 1 조(시행일) 이 법은 공포한 날부터 시행한다.

제 2 조부터 **제 5 조**까지 생략

부 칙 <2009·2·6 법9459>

제 1 조(시행일) 이 법은 공포 후 6개월이 경과한 날부터 시행한다.

제 2 조(신용카드회원등과 가맹점에 대한 책임에 관한 적용례) 제16조제 5 항제 2 호·제 3 호 및 제17조제 1 항제 3 호·제 4 호의 개정규정에 따른 책임은 이 법 시행 후 최초로 신용카드등이 사용된 경우부터 적용한다.

제 3 조(임원의 자격요건에 관한 적용례) 제50조의3제10호 및 제11호의 개정규정은 이 법 시행 후 최초로 여신전문금융회사의 임원이 되는 자부터 적용한다.

제 4 조(약관에 관한 경과조치) 이 법 시행 당시 사용 중인 여신전문금융회사의 금융약관 또는 여신전문금융업협회의 표준약관은 제54조의3의 개정규정에 따라 금융위원회에 신고하거나 보고한 것으로 본다.

부 칙 <2010·1·18 법9932>

제 1 조(시행일) 이 법은 공포 후 2개월이 경과한 날부터 시행한다. 〈단서 생략〉

제 2 조부터 **제 5 조**까지 생략

부 칙 <2010·3·12 법10062>

이 법은 공포 후 3개월이 경과한 날부터 시행한다.

부 칙 <2011·4·7 법10564>

제 1 조(시행일) 이 법은 공포 후 6개월이 경과한 날부터 시행한다. 〈단서 생략〉

제 2 조부터 **제 9 조**까지 생략

부 칙 <2011·7·21 법10866>

제 1 조(시행일) 이 법은 공포 한 날부터 시행한다. 다만, …〈생략〉… 부칙 제 3 조는 공포후 1년이 경과한 날부터 각각 시행한다.

제 2 조 생략

제 3 조(다른 법률의 개정) 생략

제 4 조 생략

부 칙 <2012·3·21 법11410>

제 1 조(시행일) 이 법은 공포 후 9개월이 경과한 날부터 시행한다.

제 2 조(자기자본 대비 총자산 한도 초과 여신전문금융회사에 대한 경과조치) 이 법 시행 당시 제48조의 개정규정에 따른 자기자본 대비 총자산 한도를 초과하는 여신전문금융회사는 이 법 시행일부터 3년 이내에 제48조의 개정규정에 적합하도록 하여야 한다. 다만, 국내외 금융시장의 급격한 변동 등 부득이한 사유가 있는 경우로서 금융위원회가 그 기한의 연장을 승인한 경우에는 연장된 기한 내에 제48조의 개정규정에 적합하도록 하여야 한다.

부 칙 <2012·6·1 법11461>

제 1 조(시행일) 이 법은 공포 후 3개월이 경과한 날부터 시행한다.

제 2 조부터 **제10조**까지 생략

부 칙 <2013·3·22 법11629>

제 1 조(시행일) 이 법은 공포 후 6개월이 경과한 날부터 시행한다.

제 2 조(연회비 반환에 관한 적용례) 제16조의3의 개정규정은 이 법 시행후 최초로 반환사유가 발생하는 분부터 적용한다.

부 칙 <2013·4·5 법11758>

제 1 조(시행일) 이 법은 공포 후 3개월이 경과한 날부터 시행한다. 〈단서 생략〉

제 2 조 및 **제 3 조** 생략

부 칙 <2015·1·20 법13068>

제 1 조(시행일) 이 법은 공포 후 6개월이 경

과한 날부터 시행한다.

제 2 조(부가통신업자의 결격사유에 관한 적용례) 제27조의2제 3 항의 개정규정은 이 법 시행 후 발생한 사유로 인하여 결격사유에 해당하게 된 자부터 적용한다.

제 3 조(신용카드등부가통신업 등록에 관한 경과조치) 이 법 시행 당시 「전기통신사업법」에 따른 부가통신업자로서 신용카드등부가통신업을 하고 있는 자는 제27조의2에 따른 등록을 한 것으로 본다. 다만, 이 법 시행 후 1년 이내에 제27조의2의 개정규정에 따라 금융위원회에 등록하여야 한다.

제 4 조(신용카드 단말기의 등록에 관한 경과조치) 이 법 시행 당시 신용카드 거래와 관련하여 전기통신서비스를 제공하는 신용카드 단말기는 제27조의4에 따른 등록을 한 것으로 본다. 다만, 이 법 시행 후 3년 이내에 제27조의4의 개정규정에 따라 금융위원회에 등록하여야 한다.

부　　칙 <2015 · 7 · 24 법13448>

제 1 조(시행일) 이 법은 공포 후 3개월이 경과한 날부터 시행한다. 〈단서 생략〉

제 2 조부터 **제20조**까지 생략

부　　칙 <2015 · 7 · 31 법13453>

제 1 조(시행일) 이 법은 공포 후 1년이 경과한 날부터 시행한다.

제 2 조부터 **제18조**까지 생략

부　　칙 <2016 · 3 · 29 법14116>

제 1 조(시행일) 이 법은 공포 후 1년이 경과한 날부터 시행한다. 〈단서 생략〉

제 2 조부터 **제55조**까지 생략

부　　칙 <2016 · 3 · 29 법14122>

제 1 조(시행일) 이 법은 공포 후 6개월이 경과한 날부터 시행한다.

제 2 조부터 **제 5 조**까지 생략

부　　칙 <2016 · 3 · 29 법14127>

제 1 조(시행일) 이 법은 공포 후 6개월이 경과한 날부터 시행한다.

제 2 조(모집인의 등록 취소에 관한 적용례) 제14조의4제 2 항제 3 호의2의 개정규정은 이 법 시행 후 최초로 제14조의5제 2 항제 4 호 또는 제 5 호의 개정규정에 따른 위반행위를 한 경우부터 적용한다.

제 3 조(시설대여업자 · 할부금융업자 · 신기술사업금융업자의 등록 취소에 관한 적용례) 제57조제 3 항제 4 호의 개정규정은 이 법 시행 후 최초로 시설대여업 · 할부금융업 또는 신기술사업금융업의 등록을 신청한 자부터 적용한다.

제 4 조(선불카드 미사용잔액등의 기부에 관한 적용례) 제68조의 개정규정은 이 법 시행 후 최초로 소멸시효가 완성된 선불카드 미사용잔액등부터 적용한다.

제 5 조(여신전문금융회사등 및 그 임직원에 대한 처분 사유에 관한 적용례) 별표 제30호의2부터 제30호의4까지, 제35호 및 제43호의2의 개정규정은 이 법 시행 후 최초로 여신전문금융회사등(그 소속 임직원을 포함한다)이 그 개정규정에 해당하는 행위를 하여 제53조제 4 항에 따라 금융위원회가 조치를 하거나 금융감독원장으로 하여금 조치를 하게 하는 경우부터 적용한다.

제 6 조(금치산자 등에 대한 경과조치) 제14조의3제 2 항제 1 호의 개정규정에 따른 피성년후견인 또는 피한정후견인에는 법률 제10429호 민법 일부개정법률 부칙 제 2 조에 따라 금치산 또는 한정치산 선고의 효력이 유지되는 사람을 포함하는 것으로 본다.

제 7 조(대주주에 대한 신용공여한도 등에 관한 경과조치) 이 법 시행 당시 제49조의2제 1 항의 개정규정에 따른 한도를 초과하였거나 같은 조 제 8 항의 개정규정에 따른 신용공여를 한 여신전문금융회사는 이 법 시행일부터 3년 이내에 그 한도에 적합하도록 하여야 한다. 다만, 금융위원회는 해당 여신전문금융회사의 대주주에 대한 신용공여 규모 등을 고려하여 부득이하다고 인정되는 경우에는 그 기간을 연장할 수 있다.

제 8 조(대주주가 발행한 주식의 소유한도에 관한 경과조치) 이 법 시행 당시 제50조제 1 항의 개정규정에 따른 한도를 초과하여 대주주가 발행한 주식을 소유한 여신전문금융회사는 이 법 시행일부터 2년 이내에 그 한도에 적합하도록 하여야 한다.

제 9 조(과징금 또는 과태료 부과에 관한 경과조치) 이 법 시행 전의 행위에 대하여 과징금 또는 과태료를 부과할 때에는 종전의 규정에 따른다.

제10조(벌칙에 관한 경과조치) 이 법 시행 전의 행위에 대하여 벌칙을 적용할 때에는 종

전의 규정에 따른다.

제11조(다른 법률의 개정) 생략

부 칙 <2017·4·18 법14825>

제1조(시행일) 이 법은 공포 후 6개월이 경과한 날부터 시행한다.

제2조(퇴임한 임원 등에 대한 조치 내용의 통보에 관한 적용례) 제53조제5항 및 제6항의 개정규정은 이 법 시행 전에 퇴임한 임원 또는 퇴직한 직원에 대해서도 적용한다.

제3조(임원의 직무정지 요구에 관한 경과조치) 이 법 시행 전의 위반행위에 대해서는 제53조제4항제3호(직무정지에 한정한다)의 개정규정에도 불구하고 종전의 규정에 따른다.

제4조(과징금에 관한 경과조치) 이 법 시행 전의 위반행위에 대하여 과징금을 부과하는 경우에는 제58조제1항, 제3항 및 제4항의 개정규정에도 불구하고 종전의 규정에 따른다.

부 칙 <2017·10·31 법15022>

제1조(시행일) 이 법은 공포 후 1년이 경과한 날부터 시행한다.

제2조부터 **제15조**까지 생략

부 칙 <2018·2·21 법15416>

제1조(시행일) 이 법은 공포 후 6개월이 경과한 날부터 시행한다.

제2조(여신금융상품에 대한 광고에 관한 적용례) 제50조의9제1항제3호의 개정규정은 이 법 시행 후 최초로 여신전문금융회사등이 광고하는 경우부터 적용한다.

부 칙 <2018·4·17 법15615>

이 법은 공포한 날부터 시행한다.

부 칙 <2018·12·11 법15934>

제1조(시행일) 이 법은 공포 후 6개월이 경과한 날부터 시행한다.

제2조(부가통신업자 임원의 자격요건 등에 관한 적용례) 제27조의2제6항 및 제7항의 개정규정은 이 법 시행 후 최초로 선임하는 부가통신업자의 임원부터 적용한다.

제3조(금리인하 요구에 관한 적용례) 제50조의13의 개정규정은 이 법 시행 후 최초로 신용공여 계약을 체결하는 경우부터 적용한다.

부 칙 <2018·12·31 법16189>

이 법은 공포 후 1년이 경과한 날부터 시행한다.

부 칙 <2020·2·4 법16957>

제1조(시행일) 이 법은 공포 후 6개월이 경과한 날부터 시행한다. 〈단서 생략〉

제2조부터 **제13조**까지 생략

부 칙 <2020·3·24 법17112>

제1조(시행일) 이 법은 공포 후 1년이 경과한 날부터 시행한다. 〈단서 생략〉

제2조부터 **제13조**까지 생략

부 칙 <2023·3·21 법19260>

이 법은 공포 후 3개월이 경과한 날부터 시행한다.

부 칙 <2025·1·21 법20716>

이 법은 공포 후 3개월이 경과한 날부터 시행한다.

●정보통신망 이용촉진 및 정보보호 등에 관한 법률

〔2001·1·16 법률제6360호 전부개정〕

개정
2001·12·31 법률제 6585호(전자서명법)
2002·12·18 법률제 6797호
2004· 1·29 법률제 7139호
2004· 1·29 법률제 7142호(인터넷주소자원에관한 법률)
2004·12·30 법률제 7262호
2005·12·29 법률제 7796호(국가공무원법)
2005·12·30 법률제 7812호
2006· 3·24 법률제 7917호
2006·10· 4 법률제 8030호
2006·10· 4 법률제 8031호(정보화촉진기본법)
2007· 1·26 법률제 8289호
2007· 5·25 법률제 8486호(산업표준화법)
2007·12·21 법률제 8778호
2008· 2·29 법률제 8852호(정부조직법)
2008· 2·29 법률제 8867호(방송통신위원회의 설치 및 운영에 관한 법률)
2008· 6·13 법률제 9119호
2009· 4·22 법률제 9637호
2010· 3·17 법률제10138호
2010· 3·22 법률제10165호(방송통신발전 기본법)
2010· 3·22 법률제10166호(전기통신사업법)
2011· 3·29 법률제10465호(개인정보 보호법)
2011· 4· 5 법률제10560호
2011· 9·15 법률제11048호(청소년 보호법)
2012· 2·17 법률제11322호
2013· 3·23 법률제11690호(정부조직법)
2014· 5·28 법률제12681호
2014·11·19 법률제12844호(정부조직법)
2015· 1·20 법률제13014호
2015· 3·27 법률제13280호
2015· 6·22 법률제13343호(정보보호산업의 진흥에 관한 법률)
2015· 6·22 법률제13344호
2015·12· 1 법률제13520호
2016· 3·22 법률제14080호
2017· 3·14 법률제14580호
2017· 7·26 법률제14839호(정부조직법)
2018· 6·12 법률제15628호
2018· 9·18 법률제15751호
2018·12·24 법률제16019호(전기통신사업법)
2018·12·24 법률제16021호
2019·12·10 법률제16825호
2020· 2· 4 법률제16955호
2020· 6· 9 법률제17344호(지능정보화 기본법)
2020· 6· 9 법률제17347호(법률용어 정비를 위한 과학기술정보방송통신위원회 소관 32개 법률 일부개정을 위한 법률)
2020· 6· 9 법률제17348호(소프트웨어 진흥법)
2020· 6· 9 법률제17354호(전자서명법)
2020· 6· 9 법률제17358호
2021· 6· 8 법률제18201호
2022· 6·10 법률제18871호
2023· 1· 3 법률제19154호
2024· 1·23 법률제20069호
2024· 2·13 법률제20260호
2024·12· 3 법률제20534호
2025· 1·21 법률제20678호→2025년 7월 22일 시행

제1장 총칙

제1조(목적) 이 법은 정보통신망의 이용을 촉진하고 정보통신서비스를 이용하는 자를 보호함과 아울러 정보통신망을 건전하고 안전하게 이용할 수 있는 환경을 조성하여 국민생활의 향상과 공공복리의 증진에 이바지함을 목적으로 한다. <개정 2020·2·4>
〔전부개정 2008·6·13〕

제2조(정의) ① 이 법에서 사용하는 용어의 뜻은 다음과 같다. <개정 2004·1·29, 2007·1·26, 2007·12·21, 2008·6·13, 2010·3·22, 2014·5·28, 2020·6·9>

1. "정보통신망"이란 「전기통신사업법」 제2조제2호에 따른 전기통신설비를 이용하거나 전기통신설비와 컴퓨터 및 컴퓨터의 이용기술을 활용하여 정보를 수집·가공·

저장·검색·송신 또는 수신하는 정보통신체제를 말한다.

2. "정보통신서비스"란 「전기통신사업법」 제 2 조제 6 호에 따른 전기통신역무와 이를 이용하여 정보를 제공하거나 정보의 제공을 매개하는 것을 말한다.

3. "정보통신서비스 제공자"란 「전기통신사업법」 제 2 조제 8 호에 따른 전기통신사업자와 영리를 목적으로 전기통신사업자의 전기통신역무를 이용하여 정보를 제공하거나 정보의 제공을 매개하는 자를 말한다.

4. "이용자"란 정보통신서비스 제공자가 제공하는 정보통신서비스를 이용하는 자를 말한다.

5. "전자문서"란 컴퓨터 등 정보처리능력을 가진 장치에 의하여 전자적인 형태로 작성되어 송수신되거나 저장된 문서형식의 자료로서 표준화된 것을 말한다.

6. 삭제 <2020·2·4>

7. "침해사고"란 다음 각 목의 방법으로 정보통신망 또는 이와 관련된 정보시스템을 공격하는 행위로 인하여 발생한 사태를 말한다.

가. 해킹, 컴퓨터바이러스, 논리폭탄, 메일폭탄, 서비스거부 또는 고출력 전자기파 등의 방법

나. 정보통신망의 정상적인 보호·인증 절차를 우회하여 정보통신망에 접근할 수 있도록 하는 프로그램이나 기술적 장치 등을 정보통신망 또는 이와 관련된 정보시스템에 설치하는 방법

8. 삭제 <2015·6·22>

9. "게시판"이란 그 명칭과 관계없이 정보통신망을 이용하여 일반에게 공개할 목적으로 부호·문자·음성·음향·화상·동영상 등의 정보를 이용자가 게재할 수 있는 컴퓨터 프로그램이나 기술적 장치를 말한다.

10. "통신과금서비스"란 정보통신서비스로서 다음 각 목의 업무를 말한다.

가. 타인이 판매·제공하는 재화 또는 용역(이하 "재화등"이라 한다)의 대가를 자신이 제공하는 전기통신역무의 요금과 함께 청구·징수하는 업무

나. 타인이 판매·제공하는 재화등의 대가가 가목의 업무를 제공하는 자의 전기통신역무의 요금과 함께 청구·징수되도록 거래정보를 전자적으로 송수신하는 것 또는 그 대가의 정산을 대행하거나 매개하는 업무

11. "통신과금서비스제공자"란 제53조에 따라 등록을 하고 통신과금서비스를 제공하는 자를 말한다.

12. "통신과금서비스이용자"란 통신과금서비스제공자로부터 통신과금서비스를 이용하여 재화등을 구입·이용하는 자를 말한다.

13. "전자적 전송매체"란 정보통신망을 통하여 부호·문자·음성·화상 또는 영상 등을 수신자에게 전자문서 등의 전자적 형태로 전송하는 매체를 말한다.

② 이 법에서 사용하는 용어의 뜻은 제 1 항에서 정하는 것 외에는 「지능정보화 기본법」에서 정하는 바에 따른다. <개정 2008·6·13, 2013·3·23, 2020·6·9>

제 3 조(정보통신서비스 제공자 및 이용자의 책무) ① 정보통신서비스 제공자는 이용자를 보호하고 건전하고 안전한 정보통신서비스를 제공하여 이용자의 권익보호와 정보이용능력의 향상에 이바지하여야 한다. <개정 2020·2·4>

② 이용자는 건전한 정보사회가 정착되도록 노력하여야 한다.

③ 정부는 정보통신서비스 제공자단체 또는 이용자단체의 정보보호 및 정보통신망에서의 청소년 보호 등을 위한 활동을 지원할 수 있다. <개정 2020·2·4>

〔전부개정 2008·6·13〕

제 4 조(정보통신망 이용촉진 및 정보보호등에 관한 시책의 마련) ① 과학기술정보통신부장관 또는 방송통신위원회는 정보통신망의 이용촉진 및 안정적 관리·운영과 이용자 보호 등(이하 "정보통신망 이용촉진 및 정보보호등"이라 한다)을 통하여 정보사회의 기반을 조성하기 위한 시책을 마련하여야 한다. <개정 2011·3·29, 2013·3·23, 2017·7·26, 2020·2·4>

② 제 1 항에 따른 시책에는 다음 각 호의 사항이 포함되어야 한다. <개정 2018·12·24, 2020·6·9>

1. 정보통신망에 관련된 기술의 개발·보급
2. 정보통신망의 표준화
3. 정보내용물 및 제11조에 따른 정보통신망 응용서비스의 개발 등 정보통신망의 이

용 활성화
4. 정보통신망을 이용한 정보의 공동활용 촉진
5. 인터넷 이용의 활성화
6. 및 6의2. 삭제 <2020 · 2 · 4>
7. 정보통신망에서의 청소년 보호
7의2. 정보통신망을 통하여 유통되는 정보 중 인공지능 기술을 이용하여 만든 거짓의 음향·화상 또는 영상 등의 정보를 식별하는 기술의 개발·보급
8. 정보통신망의 안전성 및 신뢰성 제고
9. 그 밖에 정보통신망 이용촉진 및 정보보호등을 위하여 필요한 사항

③ 과학기술정보통신부장관 또는 방송통신위원회는 제 1 항에 따른 시책을 마련할 때에는 「지능정보화 기본법」 제 6 조에 따른 지능정보사회 종합계획과 연계되도록 하여야 한다. <개정 2011 · 3 · 29, 2013 · 3 · 23, 2017 · 7 · 26, 2020 · 6 · 9>
〔전부개정 2008 · 6 · 13〕

제 4 조의2(합성영상등으로 인한 피해 예방을 위한 시책) ① 과학기술정보통신부장관과 방송통신위원회는 인공지능 기술을 이용하여 사람의 얼굴·신체 또는 음성을 대상으로 한 촬영물·영상물 또는 음성물을 대상자의 의사에 반하여 편집·합성 또는 가공한 정보(이하 이 조에서 "합성영상등"이라 한다)의 무분별한 유통으로 인한 성범죄, 명예훼손 또는 사기 등의 피해를 예방하기 위하여 시책을 마련하여야 한다.
② 제 1 항에 따른 시책에는 다음 각 호의 사항이 포함되어야 한다.
1. 합성영상등으로 인한 피해 실태 파악
2. 합성영상등의 유통 실태 파악
3. 합성영상등 관련 국내외 기술 동향 파악
4. 합성영상등의 무분별한 유통 방지를 위한 기술 개발의 촉진
5. 합성영상등의 무분별한 유통 방지 및 피해 예방을 위한 교육·홍보
6. 그 밖에 합성영상등의 무분별한 유통 방지 및 피해 예방에 필요한 사항

〔본조신설 2024 · 12 · 3〕

제 5 조(다른 법률과의 관계) 정보통신망 이용촉진 및 정보보호등에 관하여는 다른 법률에서 특별히 규정된 경우 외에는 이 법으로 정하는 바에 따른다. 다만, 제 7 장의 통신과금서비스에 관하여 이 법과 「전자금융거래법」의 적용이 경합하는 때에는 이 법을 우선 적용한다. <개정 2018 · 6 · 12, 2020 · 2 · 4>
〔전부개정 2008 · 6 · 13〕

제 5 조의2(국외행위에 대한 적용) 이 법은 국외에서 이루어진 행위라도 국내 시장 또는 이용자에게 영향을 미치는 경우에는 적용한다.
〔본조신설 2020 · 6 · 9〕

제 2 장 정보통신망의 이용촉진

제 6 조(기술개발의 추진 등) ① 과학기술정보통신부장관은 정보통신망과 관련된 기술 및 기기의 개발을 효율적으로 추진하기 위하여 대통령령으로 정하는 바에 따라 관련 연구기관으로 하여금 연구개발·기술협력·기술이전 또는 기술지도 등의 사업을 하게 할 수 있다. <개정 2013 · 3 · 23, 2017 · 7 · 26>
② 정부는 제 1 항에 따라 연구개발 등의 사업을 하는 연구기관에는 그 사업에 드는 비용의 전부 또는 일부를 지원할 수 있다.
③ 제 2 항에 따른 비용의 지급 및 관리 등에 필요한 사항은 대통령령으로 정한다.
〔전부개정 2008 · 6 · 13〕

제 7 조(기술관련 정보의 관리 및 보급) ① 과학기술정보통신부장관은 정보통신망과 관련된 기술 및 기기에 관한 정보(이하 이 조에서 "기술관련 정보"라 한다)를 체계적이고 종합적으로 관리하여야 한다. <개정 2013 · 3 · 23, 2017 · 7 · 26>
② 과학기술정보통신부장관은 기술관련 정보를 체계적이고 종합적으로 관리하기 위하여 필요하면 관계 행정기관 및 국공립 연구기관 등에 대하여 기술관련 정보와 관련된 자료를 요구할 수 있다. 이 경우 요구를 받은 기관의 장은 특별한 사유가 없으면 그 요구에 따라야 한다. <개정 2013 · 3 · 23, 2017 · 7 · 26>
③ 과학기술정보통신부장관은 기술관련 정보를 신속하고 편리하게 이용할 수 있도록 그 보급을 위한 사업을 하여야 한다. <개정 2013 · 3 · 23, 2017 · 7 · 26>
④ 제 3 항에 따라 보급하려는 정보통신망과 관련된 기술 및 기기의 범위에 관하여 필요한 사항은 대통령령으로 정한다.
〔전부개정 2008 · 6 · 13〕

제 8 조(정보통신망의 표준화 및 인증) ① 과학기술정보통신부장관은 정보통신망의 이용을 촉진하기 위하여 정보통신망에 관한 표준을 정하여 고시하고, 정보통신서비스 제공자 또는 정보통신망과 관련된 제품을 제조하거나 공급하는 자에게 그 표준을 사용하도록 권고할 수 있다. 다만, 「산업표준화법」 제12조에 따른 한국산업표준이 제정되어 있는 사항에 대하여는 그 표준에 따른다. <개정 2013·3·23, 2017·7·26>

② 제 1 항에 따라 고시된 표준에 적합한 정보통신과 관련된 제품을 제조하거나 공급하는 자는 제 9 조제 1 항에 따른 인증기관의 인증을 받아 그 제품이 표준에 적합한 것임을 나타내는 표시를 할 수 있다.

③ 제 1 항 단서에 해당하는 경우로서 「산업표준화법」 제15조에 따라 인증을 받은 경우에는 제 2 항에 따른 인증을 받은 것으로 본다.

④ 제 2 항에 따른 인증을 받은 자가 아니면 그 제품이 표준에 적합한 것임을 나타내는 표시를 하거나 이와 비슷한 표시를 하여서는 아니 되며, 이와 비슷한 표시를 한 제품을 판매하거나 판매할 목적으로 진열하여서는 아니 된다.

⑤ 과학기술정보통신부장관은 제 4 항을 위반하여 제품을 판매하거나 판매할 목적으로 진열한 자에게 그 제품을 수거·반품하도록 하거나 인증을 받아 그 표시를 하도록 하는 등 필요한 시정조치를 명할 수 있다. <개정 2013·3·23, 2017·7·26>

⑥ 제 1 항부터 제 3 항까지의 규정에 따른 표준화의 대상·방법·절차 및 인증표시, 제 5 항에 따른 수거·반품·시정 등에 필요한 사항은 과학기술정보통신부령으로 정한다. <개정 2013·3·23, 2017·7·26>

〔전부개정 2008·6·13〕

제 9 조(인증기관의 지정 등) ① 과학기술정보통신부장관은 정보통신망과 관련된 제품을 제조하거나 공급하는 자의 제품이 제 8 조제 1 항 본문에 따라 고시된 표준에 적합한 제품임을 인증하는 기관(이하 "인증기관"이라 한다)을 지정할 수 있다. <개정 2013·3·23, 2017·7·26>

② 과학기술정보통신부장관은 인증기관이 다음 각 호의 어느 하나에 해당하면 그 지정을 취소하거나 6개월 이내의 기간을 정하여 업무의 정지를 명할 수 있다. 다만, 제 1 호에 해당하는 경우에는 그 지정을 취소하여야 한다. <개정 2013·3·23, 2017·7·26>

1. 속임수나 그 밖의 부정한 방법으로 지정을 받은 경우
2. 정당한 사유 없이 1년 이상 계속하여 인증업무를 하지 아니한 경우
3. 제 3 항에 따른 지정기준에 미달한 경우

③ 제 1 항 및 제 2 항에 따른 인증기관의 지정기준·지정절차, 지정취소·업무정지의 기준 등에 필요한 사항은 과학기술정보통신부령으로 정한다. <개정 2013·3·23, 2017·7·26>

〔전부개정 2008·6·13〕

제10조(정보내용물의 개발 지원) 정부는 국가경쟁력을 확보하거나 공익을 증진하기 위하여 정보통신망을 통하여 유통되는 정보내용물을 개발하는 자에게 재정 및 기술 등 필요한 지원을 할 수 있다.

〔전부개정 2008·6·13〕

제11조(정보통신망 응용서비스의 개발 촉진 등) ① 정부는 국가기관·지방자치단체 및 공공기관이 정보통신망을 활용하여 업무를 효율화·자동화·고도화하는 응용서비스(이하 "정보통신망 응용서비스"라 한다)를 개발·운영하는 경우 그 기관에 재정 및 기술 등 필요한 지원을 할 수 있다.

② 정부는 민간부문에 의한 정보통신망 응용서비스의 개발을 촉진하기 위하여 재정 및 기술 등 필요한 지원을 할 수 있으며, 정보통신망 응용서비스의 개발에 필요한 기술인력을 양성하기 위하여 다음 각 호의 시책을 마련하여야 한다.

1. 각급 학교나 그 밖의 교육기관에서 시행하는 인터넷 교육에 대한 지원
2. 국민에 대한 인터넷 교육의 확대
3. 정보통신망 기술인력 양성사업에 대한 지원
4. 정보통신망 전문기술인력 양성기관의 설립·지원
5. 정보통신망 이용 교육프로그램의 개발 및 보급 지원
6. 정보통신망 관련 기술자격제도의 정착 및 전문기술인력 수급 지원
7. 그 밖에 정보통신망 관련 기술인력의 양성에 필요한 사항

〔전부개정 2008·6·13〕

제12조(정보의 공동활용체제 구축) ① 정부는 정보통신망을 효율적으로 활용하기 위하여 정보통신망 상호 간의 연계 운영 및 표준화 등 정보의 공동활용체제 구축을 권장할 수 있다.

② 정부는 제1항에 따른 정보의 공동활용체제를 구축하는 자에게 재정 및 기술 등 필요한 지원을 할 수 있다.

③ 제1항과 제2항에 따른 권장 및 지원에 필요한 사항은 대통령령으로 정한다.

[전부개정 2008·6·13]

제13조(정보통신망의 이용촉진 등에 관한 사업) ① 과학기술정보통신부장관은 공공, 지역, 산업, 생활 및 사회적 복지 등 각 분야의 정보통신망의 이용촉진과 정보격차의 해소를 위하여 관련 기술·기기 및 응용서비스의 효율적인 활용·보급을 촉진하기 위한 사업을 대통령령으로 정하는 바에 따라 실시할 수 있다. <개정 2013·3·23, 2017·7·26>

② 정부는 제1항에 따른 사업에 참여하는 자에게 재정 및 기술 등 필요한 지원을 할 수 있다.

[전부개정 2008·6·13]

제14조(인터넷 이용의 확산) 정부는 인터넷 이용이 확산될 수 있도록 공공 및 민간의 인터넷 이용시설의 효율적 활용을 유도하고 인터넷 관련 교육 및 홍보 등의 인터넷 이용기반을 확충하며, 지역별·성별·연령별 인터넷 이용격차를 해소하기 위한 시책을 마련하고 추진하여야 한다.

[전부개정 2008·6·13]

제15조(인터넷 서비스의 품질 개선) ① 과학기술정보통신부장관은 인터넷 서비스 이용자의 권익을 보호하고 인터넷 서비스의 품질 향상 및 안정적 제공을 보장하기 위한 시책을 마련하여야 한다. <개정 2013·3·23, 2017·7·26>

② 과학기술정보통신부장관은 제1항에 따른 시책을 추진하기 위하여 필요하면 정보통신서비스 제공자단체 및 이용자단체 등의 의견을 들어 인터넷 서비스 품질의 측정·평가에 관한 기준을 정하여 고시할 수 있다. <개정 2013·3·23, 2017·7·26>

③ 정보통신서비스 제공자는 제2항에 따른 기준에 따라 자율적으로 인터넷 서비스의 품질 현황을 평가하여 그 결과를 이용자에게 알려줄 수 있다.

[전부개정 2008·6·13]

제16조 및 **제17조** 삭제 <2004·1·29>

제3장 (제18조부터 제21조까지) 삭제 <2015·6·22>

제4장 정보통신서비스의 안전한 이용환경 조성

제22조 삭제 <2020·2·4>

제22조의2(접근권한에 대한 동의) ① 정보통신서비스 제공자는 해당 서비스를 제공하기 위하여 이용자의 이동통신단말장치 내에 저장되어 있는 정보 및 이동통신단말장치에 설치된 기능에 대하여 접근할 수 있는 권한(이하 "접근권한"이라 한다)이 필요한 경우 다음 각 호의 사항을 이용자가 명확하게 인지할 수 있도록 알리고 이용자의 동의를 받아야 한다.

1. 해당 서비스를 제공하기 위하여 반드시 필요한 접근권한인 경우
   가. 접근권한이 필요한 정보 및 기능의 항목
   나. 접근권한이 필요한 이유
2. 해당 서비스를 제공하기 위하여 반드시 필요한 접근권한이 아닌 경우
   가. 접근권한이 필요한 정보 및 기능의 항목
   나. 접근권한이 필요한 이유
   다. 접근권한 허용에 대하여 동의하지 아니할 수 있다는 사실

② 정보통신서비스 제공자는 해당 서비스를 제공하기 위하여 반드시 필요하지 아니한 접근권한을 설정하는 데 이용자가 동의하지 아니한다는 이유로 이용자에게 해당 서비스의 제공을 거부하여서는 아니 된다.

③ 이동통신단말장치의 기본 운영체제(이동통신단말장치에서 소프트웨어를 실행할 수 있는 기반 환경을 말한다)를 제작하여 공급하는 자와 이동통신단말장치 제조업자 및 이동통신단말장치의 소프트웨어를 제작하여 공급하는 자는 정보통신서비스 제공자가 이동통신단말장치 내에 저장되어 있는 정보 및 이동통신단말장치에 설치된 기능에 접근하려는 경우 접근권한에 대한 이용자의 동의 및 철회방법을 마련하는 등 이용자 정보 보호에 필요한 조치를 하여야 한다.

④ 방송통신위원회는 해당 서비스의 접근권

한의 설정이 제1항부터 제3항까지의 규정에 따라 이루어졌는지 여부에 대하여 실태조사를 실시할 수 있다. <신설 2018·6·12>

⑤ 제1항에 따른 접근권한의 범위 및 동의의 방법, 제3항에 따른 이용자 정보 보호를 위하여 필요한 조치 및 그 밖에 필요한 사항은 대통령령으로 정한다.

[본조신설 2016·3·22]

제23조 삭제 <2020·2·4>

제23조의2(주민등록번호의 사용 제한) ① 정보통신서비스 제공자는 다음 각 호의 어느 하나에 해당하는 경우를 제외하고는 이용자의 주민등록번호를 수집·이용할 수 없다. <개정 2020·2·4>

1. 제23조의3에 따라 본인확인기관으로 지정받은 경우
2. 삭제 <2020·2·4>
3. 「전기통신사업법」 제38조제1항에 따라 기간통신사업자로부터 이동통신서비스 등을 제공받아 재판매하는 전기통신사업자가 제23조의3에 따라 본인확인기관으로 지정받은 이동통신사업자의 본인확인업무 수행과 관련하여 이용자의 주민등록번호를 수집·이용하는 경우

② 제1항제3호에 따라 주민등록번호를 수집·이용할 수 있는 경우에도 이용자의 주민등록번호를 사용하지 아니하고 본인을 확인하는 방법(이하 "대체수단"이라 한다)을 제공하여야 한다. <개정 2020·2·4>

[전부개정 2012·2·17]

제23조의3(본인확인기관의 지정 등) ① 방송통신위원회는 다음 각 호의 사항을 심사하여 대체수단의 개발·제공·관리 업무(이하 "본인확인업무"라 한다)를 안전하고 신뢰성 있게 수행할 능력이 있다고 인정되는 자를 본인확인기관으로 지정할 수 있다.

1. 본인확인업무의 안전성 확보를 위한 물리적·기술적·관리적 조치계획
2. 본인확인업무의 수행을 위한 기술적·재정적 능력
3. 본인확인업무 관련 설비규모의 적정성

② 본인확인기관이 본인확인업무의 전부 또는 일부를 휴지하고자 하는 때에는 휴지기간을 정하여 휴지하고자 하는 날의 30일 전까지 이를 이용자에게 통보하고 방송통신위원회에 신고하여야 한다. 이 경우 휴지기간은 6개월을 초과할 수 없다.

③ 본인확인기관이 본인확인업무를 폐지하고자 하는 때에는 폐지하고자 하는 날의 60일 전까지 이를 이용자에게 통보하고 방송통신위원회에 신고하여야 한다.

④ 제1항부터 제3항까지의 규정에 따른 심사사항별 세부 심사기준·지정절차 및 휴지·폐지 등에 관하여 필요한 사항은 대통령령으로 정한다.

[본조신설 2011·4·5]

제23조의4(본인확인업무의 정지 및 지정취소) ① 방송통신위원회는 본인확인기관이 다음 각 호의 어느 하나에 해당하는 때에는 6개월 이내의 기간을 정하여 본인확인업무의 전부 또는 일부의 정지를 명하거나 지정을 취소할 수 있다. 다만, 제1호 또는 제2호에 해당하는 때에는 그 지정을 취소하여야 한다.

1. 거짓이나 그 밖의 부정한 방법으로 본인확인기관의 지정을 받은 경우
2. 본인확인업무의 정지명령을 받은 자가 그 명령을 위반하여 업무를 정지하지 아니한 경우
3. 지정받은 날부터 6개월 이내에 본인확인업무를 개시하지 아니하거나 6개월 이상 계속하여 본인확인업무를 휴지한 경우
4. 제23조의3제4항에 따른 지정기준에 적합하지 아니하게 된 경우

② 제1항에 따른 처분의 기준, 절차 및 그 밖에 필요한 사항은 대통령령으로 정한다.

[본조신설 2011·4·5]

제23조의5(연계정보의 생성·처리 등) ① 본인확인기관은 다음 각 호의 어느 하나에 해당하는 경우를 제외하고는 정보통신서비스 제공자의 서비스 연계를 위하여 이용자의 주민등록번호를 비가역적으로 암호화한 정보(이하 "연계정보"라 한다)를 생성 또는 제공·이용·대조·연계 등 그 밖에 이와 유사한 행위(이하 "처리"라 한다)를 할 수 없다.

1. 이용자가 입력한 정보를 이용하여 이용자를 안전하게 식별·인증하기 위한 서비스를 제공하는 경우
2. 「개인정보 보호법」 제24조에 따른 고유식별정보(이하 이 조에서 "고유식별정보"라 한다)를 보유한 행정기관 및 공공기관(이하 "행정기관등"이라 한다)이 연계정보를 활용하여 「전자정부법」 제2조제5호

에 따른 전자정부서비스를 제공하기 위한 경우로서 다음 각 목의 어느 하나에 해당하는 경우

가. 「전자정부법」 제2조제4호에 따른 중앙사무관장기관의 장이 행정기관등의 이용자 식별을 통합적으로 지원하기 위하여 연계정보 생성·처리를 요청한 경우

나. 행정기관등이 고유식별정보 처리 목적 범위에서 불가피하게 이용자의 동의를 받지 아니하고 연계정보 생성·처리를 요청한 경우

3. 고유식별정보를 보유한 자가 「개인정보 보호법」 제35조의2에 따른 개인정보 전송의무를 수행하기 위하여 개인정보 전송을 요구한 정보주체의 연계정보 생성·처리를 요청한 경우 <시행일 : 법률 제19234호 개인정보 보호법 공포 후 1년이 경과한 날부터 공포 후 2년이 넘지 아니하는 범위에서 대통령령으로 정하는 날>

4. 「개인정보 보호법」 제24조의2제1항 각 호에 따라 주민등록번호 처리가 허용된 경우로서 이용자의 동의를 받지 아니하고 연계정보 생성·처리가 불가피한 대통령령으로 정하는 정보통신서비스를 제공하기 위하여 본인확인기관과 해당 정보통신서비스 제공자가 함께 방송통신위원회의 승인을 받은 경우

② 방송통신위원회는 제1항제4호에 따라 연계정보의 생성·처리를 승인하려는 경우 다음 각 호의 사항을 종합적으로 심사하여야 한다.

1. 제공 서비스 구현의 적절성 및 혁신성
2. 연계정보 생성·처리 절차의 적절성
3. 연계정보 생성·처리의 안전성 확보를 위한 물리적·기술적·관리적 조치 계획
4. 이용자 권리 보호 방안의 적절성
5. 관련 시장과 이용자 편익에 미치는 영향 및 효과

③ 방송통신위원회는 다음 각 호의 어느 하나에 해당하는 경우에 제1항제4호에 따른 연계정보 생성·처리 승인을 취소할 수 있다. 다만, 제1호에 해당하는 경우에는 그 승인을 취소하여야 한다.

1. 거짓이나 그 밖의 부정한 방법으로 제1항제4호에 따른 연계정보 생성·처리 승인을 받은 경우
2. 제2항 각 호에 따른 심사사항에 부적합하게 된 경우
3. 제23조의6제1항에 따른 물리적·기술적·관리적 조치 의무를 위반한 경우
4. 개인정보 보호 관련 법령을 위반하고 그 위반사유가 중대한 경우

④ 제1항 각 호에 따른 서비스를 위하여 본인확인기관으로부터 연계정보를 제공받은 자(이하 "연계정보 이용기관"이라 한다)는 제공받은 목적 범위에서 연계정보를 처리할 수 있다. 다만, 정보주체에게 별도로 동의받은 경우에는 동의받은 목적 범위에서 연계정보를 처리할 수 있다.

⑤ 제1항부터 제4항까지에 따른 연계정보 생성·처리 승인 절차, 승인 심사사항별 세부심사기준, 승인취소 처분의 기준 등에 관하여 필요한 사항은 대통령령으로 정한다.

〔본조신설 2024·1·23〕

제23조의6(연계정보의 안전조치 의무 등) ① 본인확인기관이 연계정보를 생성·처리하는 경우 「개인정보 보호법」 제29조에 따른 조치 외에 연계정보 생성·처리의 안전성 확보를 위한 물리적·기술적·관리적 조치를 하여야 한다.

② 연계정보 이용기관은 제23조의5제1항 각 호에 따른 서비스를 제공하는 경우 「개인정보 보호법」 제29조에 따른 조치 외에 연계정보를 주민등록번호와 분리하여 보관·관리하고 연계정보가 분실·도난·유출·위조·변조 또는 훼손되지 아니하도록 조치(이하 "안전조치"라 한다)하여야 한다.

③ 방송통신위원회는 생성·처리하는 연계정보의 규모, 매출액 등이 대통령령으로 정하는 기준에 해당하는 본인확인기관의 물리적·기술적·관리적 조치 및 연계정보 이용기관의 안전조치에 대한 운영·관리 실태를 점검할 수 있다.

④ 방송통신위원회는 제3항에 따른 점검에 관한 업무를 대통령령으로 정하는 전문기관에 위탁할 수 있다.

⑤ 제1항에 따른 물리적·기술적·관리적 조치와 제2항에 따른 안전조치에 관하여 필요한 사항은 대통령령으로 정한다.

〔본조신설 2024·1·23〕

제24조부터 **제32조의4**까지 삭제 <2020·2·4>

제32조의5(국내대리인의 지정) ① 국내에 주소 또는 영업소가 없는 정보통신서비스 제공자등으로서 이용자 수, 매출액 등을 고려하여 대통령령으로 정하는 기준에 해당하는 자는 다음 각 호의 사항을 대리하는 자(이하 "국내대리인"이라 한다)를 서면으로 지정하여야 한다.
1. 및 2. 삭제 <2020·2·4>
3. 제64조제1항에 따른 관계 물품·서류 등의 제출
② 국내대리인은 국내에 주소 또는 영업소가 있는 자로 한다.
③ 제1항에 따라 국내대리인을 지정한 때에는 다음 각 호의 사항 모두를 인터넷 사이트 등에 공개하여야 한다. <개정 2020·2·4>
1. 국내대리인의 성명(법인의 경우에는 그 명칭 및 대표자의 성명을 말한다)
2. 국내대리인의 주소(법인의 경우에는 영업소 소재지를 말한다), 전화번호 및 전자우편 주소
④ 국내대리인이 제1항 각 호와 관련하여 이 법을 위반한 경우에는 정보통신서비스 제공자등이 그 행위를 한 것으로 본다.
〔본조신설 2018·9·18〕

제33조부터 **제40조**까지 삭제 <2011·3·29>

제5장 정보통신망에서의 이용자 보호 등

제41조(청소년 보호를 위한 시책의 마련 등) ① 방송통신위원회는 정보통신망을 통하여 유통되는 음란·폭력정보 등 청소년에게 해로운 정보(이하 "청소년유해정보"라 한다)로부터 청소년을 보호하기 위하여 다음 각 호의 시책을 마련하여야 한다.
1. 내용 선별 소프트웨어의 개발 및 보급
2. 청소년 보호를 위한 기술의 개발 및 보급
3. 청소년 보호를 위한 교육 및 홍보
4. 그 밖에 청소년 보호를 위하여 대통령령으로 정하는 사항
② 방송통신위원회는 제1항에 따른 시책을 추진할 때에는 「방송통신위원회의 설치 및 운영에 관한 법률」 제18조에 따른 방송통신심의위원회(이하 "심의위원회"라 한다), 정보통신서비스 제공자단체·이용자단체, 그 밖의 관련 전문기관이 실시하는 청소년 보호를 위한 활동을 지원할 수 있다.
〔전부개정 2008·6·13〕

제42조(청소년유해매체물의 표시) 전기통신사업자의 전기통신역무를 이용하여 일반에게 공개를 목적으로 정보를 제공하는 자(이하 "정보제공자"라 한다) 중 「청소년 보호법」 제2조제2호마목에 따른 매체물로서 같은 법 제2조제3호에 따른 청소년유해매체물을 제공하려는 자는 대통령령으로 정하는 표시방법에 따라 그 정보가 청소년유해매체물임을 표시하여야 한다. <개정 2011·9·15>
〔전부개정 2008·6·13〕

제42조의2(청소년유해매체물의 광고금지) 누구든지 「청소년 보호법」 제2조제2호마목에 따른 매체물로서 같은 법 제2조제3호에 따른 청소년유해매체물을 광고하는 내용의 정보를 정보통신망을 이용하여 부호·문자·음성·음향·화상 또는 영상 등의 형태로 같은 법 제2조제1호에 따른 청소년에게 전송하거나 청소년 접근을 제한하는 조치 없이 공개적으로 전시하여서는 아니 된다. <개정 2011·9·15>
〔전부개정 2008·6·13〕

제42조의3(청소년 보호 책임자의 지정 등) ① 정보통신서비스 제공자 중 일일 평균 이용자의 수, 매출액 등이 대통령령으로 정하는 기준에 해당하는 자는 정보통신망의 청소년유해정보로부터 청소년을 보호하기 위하여 청소년 보호 책임자를 지정하여야 한다.
② 청소년 보호 책임자는 해당 사업자의 임원 또는 청소년 보호와 관련된 업무를 담당하는 부서의 장에 해당하는 지위에 있는 자 중에서 지정한다.
③ 청소년 보호 책임자는 정보통신망의 청소년유해정보를 차단·관리하고, 청소년유해정보로부터의 청소년 보호계획을 수립하는 등 청소년 보호업무를 하여야 한다.
④ 제1항에 따른 청소년 보호 책임자의 지정에 필요한 사항은 대통령령으로 정한다.
〔전부개정 2008·6·13〕

제43조(영상 또는 음향정보 제공사업자의 보관의무) ① 「청소년 보호법」 제2조제2호마목에 따른 매체물로서 같은 법 제2조제3호에 따른 청소년유해매체물을 이용자의 컴퓨터에 저장 또는 기록되지 아니하는 방식으로 제공하는 것을 영업으로 하는 정보제공자 중 대통령령으로 정하는 자는 해당 정보를 보관하여야 한다. <개정 2011·9·15>

② 제1항에 따른 정보제공자가 해당 정보를 보관하여야 할 기간은 대통령령으로 정한다.
〔전부개정 2008·6·13〕

제44조(정보통신망에서의 권리보호) ① 이용자는 사생활 침해 또는 명예훼손 등 타인의 권리를 침해하는 정보를 정보통신망에 유통시켜서는 아니 된다.
② 정보통신서비스 제공자는 자신이 운영·관리하는 정보통신망에 제1항에 따른 정보가 유통되지 아니하도록 노력하여야 한다.
③ 방송통신위원회는 정보통신망에 유통되는 정보로 인한 사생활 침해 또는 명예훼손 등 타인에 대한 권리침해를 방지하기 위하여 기술개발·교육·홍보 등에 대한 시책을 마련하고 이를 정보통신서비스 제공자에게 권고할 수 있다. <개정 2013·3·23, 2014·5·28>
〔전부개정 2008·6·13〕

제44조의2(정보의 삭제요청 등) ① 정보통신망을 통하여 일반에게 공개를 목적으로 제공된 정보로 사생활 침해나 명예훼손 등 타인의 권리가 침해된 경우 그 침해를 받은 자는 해당 정보를 처리한 정보통신서비스 제공자에게 침해사실을 소명하여 그 정보의 삭제 또는 반박내용의 게재(이하 "삭제등"이라 한다)를 요청할 수 있다. 이 경우 삭제등을 요청하는 자(이하 이 조에서 "신청인"이라 한다)는 문자메시지, 전자우편 등 그 처리 경과 및 결과를 통지받을 수단을 지정할 수 있으며, 해당 정보를 게재한 자(이하 이 조에서 "정보게재자"라 한다)는 문자메시지, 전자우편 등 제2항에 따른 조치 사실을 통지받을 수단을 미리 지정할 수 있다. <개정 2023·1·3>
② 정보통신서비스 제공자는 제1항에 따른 해당 정보의 삭제등을 요청받으면 지체 없이 삭제·임시조치 등의 필요한 조치를 하고 즉시 신청인 및 정보게재자에게 알려야 한다. 이 경우 정보통신서비스 제공자는 필요한 조치를 한 사실을 해당 게시판에 공시하는 등의 방법으로 이용자가 알 수 있도록 하여야 한다.
③ 정보통신서비스 제공자는 자신이 운영·관리하는 정보통신망에 제42조에 따른 표시방법을 지키지 아니하는 청소년유해매체물이 게재되어 있거나 제42조의2에 따른 청소년 접근을 제한하는 조치 없이 청소년유해매체물을 광고하는 내용이 전시되어 있는 경우에는 지체 없이 그 내용을 삭제하여야 한다.
④ 정보통신서비스 제공자는 제1항에 따른 정보의 삭제요청에도 불구하고 권리의 침해 여부를 판단하기 어렵거나 이해당사자 간에 다툼이 예상되는 경우에는 해당 정보에 대한 접근을 임시적으로 차단하는 조치(이하 "임시조치"라 한다)를 할 수 있다. 이 경우 임시조치의 기간은 30일 이내로 한다.
⑤ 정보통신서비스 제공자는 필요한 조치에 관한 내용·절차 등을 미리 약관에 구체적으로 밝혀야 한다.
⑥ 정보통신서비스 제공자는 자신이 운영·관리하는 정보통신망에 유통되는 정보에 대하여 제2항에 따른 필요한 조치를 하면 이로 인한 배상책임을 줄이거나 면제받을 수 있다.
〔전부개정 2008·6·13〕

제44조의3(임의의 임시조치) ① 정보통신서비스 제공자는 자신이 운영·관리하는 정보통신망에 유통되는 정보가 사생활 침해 또는 명예훼손 등 타인의 권리를 침해한다고 인정되면 임의로 임시조치를 할 수 있다.
② 제1항에 따른 임시조치에 관하여는 제44조의2제2항 후단, 제4항 후단 및 제5항을 준용한다.
〔전부개정 2008·6·13〕

제44조의4(자율규제) ① 정보통신서비스 제공자단체는 이용자를 보호하고 안전하며 신뢰할 수 있는 정보통신서비스를 제공하기 위하여 정보통신서비스 제공자 행동강령을 정하여 시행할 수 있다.
② 정보통신서비스 제공자단체는 다음 각 호의 어느 하나에 해당하는 정보가 정보통신망에 유통되지 아니하도록 모니터링 등 자율규제 가이드라인을 정하여 시행할 수 있다. <신설 2018·12·24>
1. 청소년유해정보
2. 제44조의7에 따른 불법정보
③ 정부는 제2항 각 호의 어느 하나에 해당하는 정보의 효과적인 유통 방지를 위하여 필요한 경우 정보통신서비스 제공자단체에 자율규제 가이드라인의 개선·보완을 권고할 수 있다. <신설 2024·12·3>
④ 정부는 제1항 및 제2항에 따른 정보통신서비스 제공자단체의 자율규제를 위한 활동을 지원할 수 있다. <신설 2018·12·24>
〔전부개정 2008·6·13〕

제44조의5(게시판 이용자의 본인 확인) ① 다

음 각 호의 어느 하나에 해당하는 자가 게시판을 설치·운영하려면 그 게시판 이용자의 본인 확인을 위한 방법 및 절차의 마련 등 대통령령으로 정하는 필요한 조치(이하 "본인확인조치"라 한다)를 하여야 한다.

1. 국가기관, 지방자치단체, 「공공기관의 운영에 관한 법률」 제5조제3항에 따른 공기업·준정부기관 및 「지방공기업법」에 따른 지방공사·지방공단(이하 "공공기관등"이라 한다)
2. 삭제 <2014·5·28>

② 삭제 <2014·5·28>

③ 정부는 제1항에 따른 본인 확인을 위하여 안전하고 신뢰할 수 있는 시스템을 개발하기 위한 시책을 마련하여야 한다.

④ 공공기관등이 선량한 관리자의 주의로써 제1항에 따른 본인확인조치를 한 경우에는 이용자의 명의가 제3자에 의하여 부정사용됨에 따라 발생한 손해에 대한 배상책임을 줄이거나 면제받을 수 있다. <개정 2014·5·28>

〔전부개정 2008·6·13〕

제44조의6(이용자 정보의 제공청구) ① 특정한 이용자에 의한 정보의 게재나 유통으로 사생활 침해 또는 명예훼손 등 권리를 침해당하였다고 주장하는 자는 민·형사상의 소를 제기하기 위하여 침해사실을 소명하여 제44조의10에 따른 명예훼손 분쟁조정부에 해당 정보통신서비스 제공자가 보유하고 있는 해당 이용자의 정보(민·형사상의 소를 제기하기 위한 성명·주소 등 대통령령으로 정하는 최소한의 정보를 말한다)를 제공하도록 청구할 수 있다.

② 명예훼손 분쟁조정부는 제1항에 따른 청구를 받으면 해당 이용자와 연락할 수 없는 등의 특별한 사정이 있는 경우 외에는 그 이용자의 의견을 들어 정보제공 여부를 결정하여야 한다.

③ 제1항에 따라 해당 이용자의 정보를 제공받은 자는 해당 이용자의 정보를 민·형사상의 소를 제기하기 위한 목적 외의 목적으로 사용하여서는 아니 된다.

④ 그 밖의 이용자 정보 제공청구의 내용과 절차에 필요한 사항은 대통령령으로 정한다.

〔전부개정 2008·6·13〕

제44조의7(불법정보의 유통금지 등) ① 누구든지 정보통신망을 통하여 다음 각 호의 어느 하나에 해당하는 정보를 유통하여서는 아니 된다. <개정 2011·9·15, 2016·3·22, 2018·6·12, 2025·1·21>

1. 음란한 부호·문언·음향·화상 또는 영상을 배포·판매·임대하거나 공공연하게 전시하는 내용의 정보
2. 사람을 비방할 목적으로 공공연하게 사실이나 거짓의 사실을 드러내어 타인의 명예를 훼손하는 내용의 정보
3. 공포심이나 불안감을 유발하는 부호·문언·음향·화상 또는 영상을 반복적으로 상대방에게 도달하도록 하는 내용의 정보
4. 정당한 사유 없이 정보통신시스템, 데이터 또는 프로그램 등을 훼손·멸실·변경·위조하거나 그 운용을 방해하는 내용의 정보
5. 「청소년 보호법」에 따른 청소년유해매체물로서 상대방의 연령 확인, 표시의무 등 법령에 따른 의무를 이행하지 아니하고 영리를 목적으로 제공하는 내용의 정보
6. 법령에 따라 금지되는 사행행위에 해당하는 내용의 정보

6의2. 이 법 또는 개인정보 보호에 관한 법령을 위반하여 개인정보를 거래하는 내용의 정보

6의3. 총포·화약류(생명·신체에 위해를 끼칠 수 있는 폭발력을 가진 물건을 포함한다)를 제조할 수 있는 방법이나 설계도 등의 정보

6의4. 「마약류 관리에 관한 법률」에서 금지하는 마약류의 사용, 제조, 매매 또는 매매의 알선 등에 해당하는 내용의 정보

7. 법령에 따라 분류된 비밀 등 국가기밀을 누설하는 내용의 정보
8. 「국가보안법」에서 금지하는 행위를 수행하는 내용의 정보
9. 그 밖에 범죄를 목적으로 하거나 교사(敎唆) 또는 방조하는 내용의 정보

② 방송통신위원회는 제1항제1호부터 제6호까지, 제6호의2부터 제6호의4까지의 정보에 대하여는 심의위원회의 심의를 거쳐 정보통신서비스 제공자 또는 게시판 관리·운영자로 하여금 그 처리를 거부·정지 또는 제한하도록 명할 수 있다. 다만, 제1항제2호 및 제3호에 따른 정보의 경우에는 해당 정보로 인하여 피해를 받은 자가 구체적으로 밝힌 의사에 반하여 그 처리의 거부·정지 또는 제한을 명할 수 없다. <개정

2016·3·22, 2018·6·12, 2025·1·21>

③ 방송통신위원회는 제1항제7호부터 제9호까지의 정보가 다음 각 호의 모두에 해당하는 경우에는 정보통신서비스 제공자 또는 게시판 관리·운영자에게 해당 정보의 처리를 거부·정지 또는 제한하도록 명하여야 한다. <개정 2016·3·22, 2018·12·24, 2024·12·3>

1. 관계 중앙행정기관의 장의 요청[제1항제9호의 정보 중 「성폭력범죄의 처벌 등에 관한 특례법」 제14조 및 제14조의2에 따른 촬영물·편집물·합성물·가공물 또는 복제물(복제물의 복제물을 포함한다)과 「아동·청소년의 성보호에 관한 법률」 제2조제5호에 따른 아동·청소년성착취물에 대하여는 수사기관의 장의 요청을 포함한다]이 있었을 것
2. 제1호의 요청을 받은 날부터 7일 이내에 심의위원회의 심의를 거친 후 「방송통신위원회의 설치 및 운영에 관한 법률」 제21조제4호에 따른 시정 요구를 하였을 것
3. 정보통신서비스 제공자나 게시판 관리·운영자가 시정 요구에 따르지 아니하였을 것

④ 방송통신위원회는 제2항 및 제3항에 따른 명령의 대상이 되는 정보통신서비스 제공자, 게시판 관리·운영자 또는 해당 이용자에게 미리 의견제출의 기회를 주어야 한다. 다만, 다음 각 호의 어느 하나에 해당하는 경우에는 의견제출의 기회를 주지 아니할 수 있다.

1. 공공의 안전 또는 복리를 위하여 긴급히 처분을 할 필요가 있는 경우
2. 의견청취가 뚜렷이 곤란하거나 명백히 불필요한 경우로서 대통령령으로 정하는 경우
3. 의견제출의 기회를 포기한다는 뜻을 명백히 표시한 경우

⑤ 국내에 데이터를 임시적으로 저장하는 서버를 설치·운영하는 정보통신서비스 제공자 중 사업의 종류 및 규모 등이 대통령령으로 정하는 기준에 해당하는 자는 제1항 각 호에 해당하는 정보의 유통을 방지하기 위하여 다음 각 호의 기술적·관리적 조치를 하여야 한다. <신설 2024·1·23>

1. 제2항 및 제3항에 따른 심의위원회의 심의를 거친 제1항 각 호의 정보가 서버에 저장되어 있는지 식별하여 신속하게 접근을 제한하는 조치
2. 제1호에 따라 식별한 정보의 게재자에게 해당 정보의 유통금지를 요청하는 조치
3. 제1호에 따른 조치의 운영·관리 실태를 시스템에 자동으로 기록되도록 하고, 이를 대통령령으로 정하는 기간 동안 보관하는 조치
4. 그 밖에 제1항 각 호에 해당하는 정보의 유통을 방지하기 위하여 필요한 대통령령으로 정하는 조치

[전부개정 2008·6·13]

제44조의8(대화형정보통신서비스에서의 아동 보호) 정보통신서비스 제공자는 만 14세 미만의 아동에게 문자·음성을 이용하여 사람과 대화하는 방식으로 정보를 처리하는 시스템을 기반으로 하는 정보통신서비스를 제공하는 경우에는 그 아동에게 부적절한 내용의 정보가 제공되지 아니하도록 노력하여야 한다.

[본조신설 2018·12·24]

제44조의9(불법촬영물등 유통방지 책임자) ① 정보통신서비스 제공자 중 일일 평균 이용자의 수, 매출액, 사업의 종류 등이 대통령령으로 정하는 기준에 해당하는 자는 자신이 운영·관리하는 정보통신망을 통하여 일반에게 공개되어 유통되는 정보 중 다음 각 호의 정보(이하 "불법촬영물등"이라 한다)의 유통을 방지하기 위한 책임자(이하 "불법촬영물등 유통방지 책임자"라 한다)를 지정하여야 한다.

1. 「성폭력범죄의 처벌 등에 관한 특례법」 제14조에 따른 촬영물 또는 복제물(복제물의 복제물을 포함한다)
2. 「성폭력범죄의 처벌 등에 관한 특례법」 제14조의2에 따른 편집물·합성물·가공물 또는 복제물(복제물의 복제물을 포함한다)
3. 「아동·청소년의 성보호에 관한 법률」 제2조제5호에 따른 아동·청소년성착취물

② 불법촬영물등 유통방지 책임자는 「전기통신사업법」 제22조의5제1항에 따른 불법촬영물등의 삭제·접속차단 등 유통방지에 필요한 조치 업무를 수행한다.

③ 불법촬영물등 유통방지 책임자의 수 및 자격요건, 불법촬영물등 유통방지 책임자에 대한 교육 등에 관하여 필요한 사항은 대통령령으로 정한다.

[본조신설 2020·6·9]

제44조의10(명예훼손 분쟁조정부) ① 심의위

원회는 정보통신망을 통하여 유통되는 정보 중 사생활의 침해 또는 명예훼손 등 타인의 권리를 침해하는 정보와 관련된 분쟁의 조정업무를 효율적으로 수행하기 위하여 5명 이하의 위원으로 구성된 명예훼손 분쟁조정부를 두되, 그중 1명 이상은 변호사의 자격이 있는 사람으로 한다. <개정 2020·6·9>

② 명예훼손 분쟁조정부의 위원은 심의위원회의 위원장이 심의위원회의 동의를 받아 위촉한다.

③ 명예훼손 분쟁조정부의 분쟁조정절차 등에 관하여는 제33조의2제2항, 제35조부터 제39조까지의 규정을 준용한다. 이 경우 "분쟁조정위원회"는 "심의위원회"로, "개인정보와 관련한 분쟁"은 "정보통신망을 통하여 유통되는 정보 중 사생활의 침해 또는 명예훼손 등 타인의 권리를 침해하는 정보와 관련된 분쟁"으로 본다.

④ 명예훼손 분쟁조정부의 설치·운영 및 분쟁조정 등에 관하여 그 밖의 필요한 사항은 대통령령으로 정한다.

〔전부개정 2008·6·13〕

제6장 정보통신망의 안정성 확보 등

제45조(정보통신망의 안정성 확보 등) ① 다음 각 호의 어느 하나에 해당하는 자는 정보통신서비스의 제공에 사용되는 정보통신망의 안정성 및 정보의 신뢰성을 확보하기 위한 보호조치를 하여야 한다. <개정 2020·6·9>

1. 정보통신서비스 제공자
2. 정보통신망에 연결되어 정보를 송·수신할 수 있는 기기·설비·장비 중 대통령령으로 정하는 기기·설비·장비(이하 "정보통신망연결기기등"이라 한다)를 제조하거나 수입하는 자

② 과학기술정보통신부장관은 제1항에 따른 보호조치의 구체적 내용을 정한 정보보호조치에 관한 지침(이하 "정보보호지침"이라 한다)을 정하여 고시하고 제1항 각 호의 어느 하나에 해당하는 자에게 이를 지키도록 권고할 수 있다. <개정 2012·2·17, 2013·3·23, 2017·7·26, 2020·6·9>

③ 정보보호지침에는 다음 각 호의 사항이 포함되어야 한다. <개정 2016·3·22, 2020·6·9>

1. 정당한 권한이 없는 자가 정보통신망에 접근·침입하는 것을 방지하거나 대응하기 위한 정보보호시스템의 설치·운영 등 기술적·물리적 보호조치
2. 정보의 불법 유출·위조·변조·삭제 등을 방지하기 위한 기술적 보호조치
3. 정보통신망의 지속적인 이용이 가능한 상태를 확보하기 위한 기술적·물리적 보호조치
4. 정보통신망의 안정 및 정보보호를 위한 인력·조직·경비의 확보 및 관련 계획수립 등 관리적 보호조치
5. 정보통신망연결기기등의 정보보호를 위한 기술적 보호조치

④ 과학기술정보통신부장관은 관계 중앙행정기관의 장에게 소관 분야의 정보통신망연결기기등과 관련된 시험·검사·인증 등의 기준에 정보보호지침의 내용을 반영할 것을 요청할 수 있다. <신설 2020·6·9>

〔전부개정 2008·6·13〕

제45조의2(정보보호 사전점검) ① 정보통신서비스 제공자는 새로이 정보통신망을 구축하거나 정보통신서비스를 제공하고자 하는 때에는 그 계획 또는 설계에 정보보호에 관한 사항을 고려하여야 한다.

② 과학기술정보통신부장관은 다음 각 호의 어느 하나에 해당하는 정보통신서비스 또는 전기통신사업을 시행하고자 하는 자에게 대통령령으로 정하는 정보보호 사전점검기준에 따라 보호조치를 하도록 권고할 수 있다. <개정 2013·3·23, 2017·7·26>

1. 이 법 또는 다른 법령에 따라 과학기술정보통신부장관의 인가·허가를 받거나 등록·신고를 하도록 되어 있는 사업으로서 대통령령으로 정하는 정보통신서비스 또는 전기통신사업
2. 과학기술정보통신부장관이 사업비의 전부 또는 일부를 지원하는 사업으로서 대통령령으로 정하는 정보통신서비스 또는 전기통신사업

③ 제2항에 따른 정보보호 사전점검의 기준·방법·절차·수수료 등 필요한 사항은 대통령령으로 정한다.

〔본조신설 2012·2·17〕

제45조의3(정보보호 최고책임자의 지정 등) ① 정보통신서비스 제공자는 정보통신시스템 등에 대한 보안 및 정보의 안전한 관리를 위하여 대통령령으로 정하는 기준에 해당하는 임직원을 정보보호 최고책임자로 지정하고 과학기술정보통신부장관에게 신고하여야 한다. 다만, 자산총액, 매출액 등이 대통령령으로 정하는 기준에 해당하는 정보통신서비스 제공자의 경우에는 정보보호 최고책임자를 신고하지 아니할 수 있다. <개정 2014·5·28, 2017·7·26, 2018·6·12, 2021·6·8>

② 제1항에 따른 신고의 방법 및 절차 등에 대해서는 대통령령으로 정한다. <신설 2014·5·28>

③ 제1항 본문에 따라 지정 및 신고된 정보보호 최고책임자(자산총액, 매출액 등 대통령령으로 정하는 기준에 해당하는 정보통신서비스 제공자의 경우로 한정한다)는 제4항의 업무 외의 다른 업무를 겸직할 수 없다. <신설 2018·6·12>

④ 정보보호 최고책임자의 업무는 다음 각 호와 같다. <개정 2021·6·8>

1. 정보보호 최고책임자는 다음 각 목의 업무를 총괄한다.
  가. 정보보호 계획의 수립·시행 및 개선
  나. 정보보호 실태와 관행의 정기적인 감사 및 개선
  다. 정보보호 위험의 식별 평가 및 정보보호 대책 마련
  라. 정보보호 교육과 모의 훈련 계획의 수립 및 시행
2. 정보보호 최고책임자는 다음 각 목의 업무를 겸할 수 있다.
  가. 「정보보호산업의 진흥에 관한 법률」 제13조에 따른 정보보호 공시에 관한 업무
  나. 「정보통신기반 보호법」 제5조제5항에 따른 정보보호책임자의 업무
  다. 「전자금융거래법」 제21조의2제4항에 따른 정보보호최고책임자의 업무
  라. 「개인정보 보호법」 제31조제2항에 따른 개인정보 보호책임자의 업무
  마. 그 밖에 이 법 또는 관계 법령에 따라 정보보호를 위하여 필요한 조치의 이행

⑤ 정보통신서비스 제공자는 침해사고에 대한 공동 예방 및 대응, 필요한 정보의 교류, 그 밖에 대통령령으로 정하는 공동의 사업을 수행하기 위하여 제1항에 따른 정보보호 최고책임자를 구성원으로 하는 정보보호 최고책임자 협의회를 구성·운영할 수 있다.

⑥ 정부는 제5항에 따른 정보보호 최고책임자 협의회의 활동에 필요한 경비의 전부 또는 일부를 지원할 수 있다. <개정 2015·6·22, 2018·6·12>

⑦ 정보보호 최고책임자의 자격요건 등에 필요한 사항은 대통령령으로 정한다. <신설 2018·6·12>

〔본조신설 2012·2·17〕

제46조(집적된 정보통신시설의 보호) ① 다음 각 호의 어느 하나에 해당하는 정보통신서비스 제공자 중 정보통신시설의 규모 등이 대통령령으로 정하는 기준에 해당하는 자(이하 "집적정보통신시설 사업자등"이라 한다)는 정보통신시설을 안정적으로 운영하기 위하여 대통령령으로 정하는 바에 따른 보호조치를 하여야 한다. <개정 2020·6·9, 2023·1·3>

1. 타인의 정보통신서비스 제공을 위하여 집적된 정보통신시설을 운영·관리하는 자(이하 "집적정보통신시설 사업자"라 한다)
2. 자신의 정보통신서비스 제공을 위하여 직접 집적된 정보통신시설을 운영·관리하는 자

② 집적정보통신시설 사업자는 집적된 정보통신시설의 멸실, 훼손, 그 밖의 운영장애로 발생한 피해를 보상하기 위하여 대통령령으로 정하는 바에 따라 보험에 가입하여야 한다.

③ 과학기술정보통신부장관은 정기적으로 제1항에 따른 보호조치의 이행 여부를 점검하고, 보완이 필요한 사항에 대하여 집적정보통신시설 사업자등에게 시정을 명할 수 있다. 다만, 집적정보통신시설 사업자등에 대하여 「방송통신발전 기본법」 제36조의2제2항에 따른 점검을 실시한 사항의 경우에는 제1항에 따른 보호조치의 이행 여부 점검 사항에서 제외한다. <신설 2023·1·3>

④ 과학기술정보통신부장관은 집적정보통신시설 사업자등에 해당하는지 여부의 확인 및 제3항에 따른 점검을 위하여 제1항 각 호의 어느 하나에 해당하는 정보통신서

비스 제공자, 관계 중앙행정기관의 장, 지방자치단체의 장 및 「공공기관의 운영에 관한 법률」 제4조에 따라 공공기관으로 지정된 기관의 장에게 자료의 제출을 요구할 수 있다. 이 경우 자료제출 요구를 받은 자는 정당한 사유가 없으면 그 요구에 따라야 하며, 자료제출 요구의 절차·방법 등에 관하여는 제64조제6항 및 제9항부터 제11항까지를 준용한다. <신설 2023·1·3>

⑤ 제4항에 따라 제출받은 자료의 보호 및 폐기에 관하여는 제64조의2를 준용한다. <신설 2023·1·3>

⑥ 집적정보통신시설 사업자등은 재난이나 재해 및 그 밖의 물리적·기능적 결함 등으로 인하여 대통령령으로 정하는 기간 동안 정보통신서비스 제공의 중단이 발생한 때에는 그 중단 현황, 발생원인, 응급조치 및 복구대책을 지체 없이 과학기술정보통신부장관에게 보고하여야 한다. 이 경우 과학기술정보통신부장관은 집적된 정보통신시설의 복구 및 보호에 필요한 기술적 지원을 할 수 있다. <신설 2023·1·3>

⑦ 집적정보통신시설 사업자가 제공하는 집적된 정보통신시설을 임차한 정보통신서비스 제공자는 집적정보통신시설 사업자의 제1항에 따른 보호조치의 이행 등에 적극 협조하여야 하며, 제1항에 따른 보호조치에 필요한 설비를 직접 설치·운영하거나 출입통제를 하는 등 임차시설을 배타적으로 운영·관리하는 경우에는 대통령령으로 정하는 바에 따라 보호조치의 이행, 재난 등으로 인한 서비스 중단 시 보고 등의 조치를 하여야 한다. <신설 2023·1·3>

⑧ 과학기술정보통신부장관은 제3항에 따른 점검과 제6항에 따른 기술적 지원에 관한 업무를 대통령령으로 정하는 전문기관에 위탁할 수 있다. <신설 2023·1·3>

⑨ 제3항에 따른 점검의 주기 및 방법, 제6항에 따른 보고의 방법, 그 밖에 필요한 사항은 대통령령으로 정한다. <신설 2023·1·3>

〔전부개정 2008·6·13〕

제46조의2(집적정보통신시설 사업자의 긴급대응) ① 집적정보통신시설 사업자는 다음 각 호의 어느 하나에 해당하는 경우에는 이용약관으로 정하는 바에 따라 해당 서비스의 전부 또는 일부의 제공을 중단할 수 있다. <개정 2009·4·22, 2013·3·23, 2017·7·26>

1. 집적정보통신시설을 이용하는 자(이하 "시설이용자"라 한다)의 정보시스템에서 발생한 이상현상으로 다른 시설이용자의 정보통신망 또는 집적된 정보통신시설의 정보통신망에 심각한 장애를 발생시킬 우려가 있다고 판단되는 경우
2. 외부에서 발생한 침해사고로 집적된 정보통신시설에 심각한 장애가 발생할 우려가 있다고 판단되는 경우
3. 중대한 침해사고가 발생하여 과학기술정보통신부장관이나 한국인터넷진흥원이 요청하는 경우

② 집적정보통신시설 사업자는 제1항에 따라 해당 서비스의 제공을 중단하는 경우에는 중단사유, 발생일시, 기간 및 내용 등을 구체적으로 밝혀 시설이용자에게 즉시 알려야 한다.

③ 집적정보통신시설 사업자는 중단사유가 없어지면 즉시 해당 서비스의 제공을 재개하여야 한다.

〔전부개정 2008·6·13〕

제46조의3 삭제 <2012·2·17>

제47조(정보보호 관리체계의 인증) ① 과학기술정보통신부장관은 정보통신망의 안정성·신뢰성 확보를 위하여 관리적·기술적·물리적 보호조치를 포함한 종합적 관리체계(이하 "정보보호 관리체계"라 한다)를 수립·운영하고 있는 자에 대하여 제4항에 따른 기준에 적합한지에 관하여 인증을 할 수 있다. <개정 2012·2·17, 2013·3·23, 2015·12·1, 2017·7·26>

② 「전기통신사업법」 제2조제8호에 따른 전기통신사업자와 전기통신사업자의 전기통신역무를 이용하여 정보를 제공하거나 정보의 제공을 매개하는 자로서 다음 각 호의 어느 하나에 해당하는 자는 제1항에 따른 인증을 받아야 한다. <신설 2012·2·17, 2015·12·1, 2018·12·24, 2020·6·9, 2024·1·23>

1. 「전기통신사업법」 제6조제1항에 따른 등록을 한 자로서 대통령령으로 정하는 바에 따라 정보통신망서비스를 제공하는 자(이하 "주요정보통신서비스 제공자"라 한다)

2. 집적정보통신시설 사업자
3. 전년도 매출액 또는 세입 등이 1,500억원 이상이거나 정보통신서비스 부문 전년도 매출액이 100억원 이상 또는 전년도 일일평균 이용자수 100만명 이상으로서, 대통령령으로 정하는 기준에 해당하는 자

③ 과학기술정보통신부장관은 제2항에 따라 인증을 받아야 하는 자가 과학기술정보통신부령으로 정하는 바에 따라 국제표준 정보보호 인증을 받거나 정보보호 조치를 취한 경우에는 제1항에 따른 인증 심사의 일부를 생략할 수 있다. 이 경우 인증 심사의 세부 생략 범위에 대해서는 과학기술정보통신부장관이 정하여 고시한다. <신설 2015·12·1, 2017·7·26>

④ 과학기술정보통신부장관은 제1항에 따른 정보보호 관리체계 인증을 위하여 관리적·기술적·물리적 보호대책을 포함한 인증기준 등 그 밖에 필요한 사항을 정하여 고시할 수 있다. <개정 2012·2·17, 2013·3·23, 2017·7·26>

⑤ 제1항에 따른 정보보호 관리체계 인증의 유효기간은 3년으로 한다. 다만, 제47조의5제1항에 따라 정보보호 관리등급을 받은 경우 그 유효기간 동안 제1항의 인증을 받은 것으로 본다. <신설 2012·2·17>

⑥ 과학기술정보통신부장관은 한국인터넷진흥원 또는 과학기술정보통신부장관이 지정한 기관(이하 "정보보호 관리체계 인증기관"이라 한다)으로 하여금 제1항 및 제2항에 따른 인증에 관한 업무로서 다음 각 호의 업무를 수행하게 할 수 있다. <신설 2012·2·17, 2013·3·23, 2015·12·1, 2017·7·26>

1. 인증 신청인이 수립한 정보보호 관리체계가 제4항에 따른 인증기준에 적합한지 여부를 확인하기 위한 심사(이하 "인증심사"라 한다)
2. 인증심사 결과의 심의
3. 인증서 발급·관리
4. 인증의 사후관리
5. 정보보호 관리체계 인증심사원의 양성 및 자격관리
6. 그 밖에 정보보호 관리체계 인증에 관한 업무

⑦ 과학기술정보통신부장관은 인증에 관한 업무를 효율적으로 수행하기 위하여 필요한 경우 인증심사 업무를 수행하는 기관(이하 "정보보호 관리체계 심사기관"이라 한다)을 지정할 수 있다. <신설 2015·12·1, 2017·7·26>

⑧ 한국인터넷진흥원, 정보보호 관리체계 인증기관 및 정보보호 관리체계 심사기관은 정보보호 관리체계의 실효성 제고를 위하여 연 1회 이상 사후관리를 실시하고 그 결과를 과학기술정보통신부장관에게 통보하여야 한다. <신설 2012·2·17, 2013·3·23, 2015·12·1, 2017·7·26>

⑨ 제1항 및 제2항에 따라 정보보호 관리체계의 인증을 받은 자는 대통령령으로 정하는 바에 따라 인증의 내용을 표시하거나 홍보할 수 있다. <개정 2012·2·17>

⑩ 과학기술정보통신부장관은 다음 각 호의 어느 하나에 해당하는 사유를 발견한 경우에는 인증을 취소할 수 있다. 다만, 제1호에 해당하는 경우에는 인증을 취소하여야 한다. <신설 2012·2·17, 2013·3·23, 2015·12·1, 2017·7·26>

1. 거짓이나 그 밖의 부정한 방법으로 정보보호 관리체계 인증을 받은 경우
2. 제4항에 따른 인증기준에 미달하게 된 경우
3. 제8항에 따른 사후관리를 거부 또는 방해한 경우

⑪ 제1항 및 제2항에 따른 인증의 방법·절차·범위·수수료, 제8항에 따른 사후관리의 방법·절차, 제10항에 따른 인증취소의 방법·절차, 그 밖에 필요한 사항은 대통령령으로 정한다. <개정 2012·2·17, 2015·12·1>

⑫ 정보보호 관리체계 인증기관 및 정보보호 관리체계 심사기관 지정의 기준·절차·유효기간 등에 필요한 사항은 대통령령으로 정한다. <개정 2015·12·1>

[전부개정 2008·6·13]

제47조의2(정보보호 관리체계 인증기관 및 정보보호 관리체계 심사기관의 지정취소 등) ① 과학기술정보통신부장관은 제47조에 따라 정보보호 관리체계 인증기관 또는 정보보호 관리체계 심사기관으로 지정받은 법인 또는 단체가 다음 각 호의 어느 하나에 해당하

면 그 지정을 취소하거나 1년 이내의 기간을 정하여 해당 업무의 전부 또는 일부의 정지를 명할 수 있다. 다만, 제1호나 제2호에 해당하는 경우에는 그 지정을 취소하여야 한다. <개정 2012·2·17, 2013·3·23, 2015·12·1, 2017·7·26>

1. 거짓이나 그 밖의 부정한 방법으로 정보보호 관리체계 인증기관 또는 정보보호 관리체계 심사기관의 지정을 받은 경우
2. 업무정지기간 중에 인증 또는 인증심사를 한 경우
3. 정당한 사유 없이 인증 또는 인증심사를 하지 아니한 경우
4. 제47조제11항을 위반하여 인증 또는 인증심사를 한 경우
5. 제47조제12항에 따른 지정기준에 적합하지 아니하게 된 경우

② 제1항에 따른 지정취소 및 업무정지 등에 필요한 사항은 대통령령으로 정한다.

〔전부개정 2008·6·13〕

제47조의3 삭제 <2020·2·4>

제47조의4(이용자의 정보보호) ① 정부는 이용자의 정보보호에 필요한 기준을 정하여 이용자에게 권고하고, 침해사고의 예방 및 확산 방지를 위하여 취약점 점검, 기술 지원 등 필요한 조치를 할 수 있다.

② 정부는 제1항에 따른 조치에 관한 업무를 한국인터넷진흥원 또는 대통령령으로 정하는 전문기관에 위탁할 수 있다. <신설 2020·6·9>

③ 주요정보통신서비스 제공자는 정보통신망에 중대한 침해사고가 발생하여 자신의 서비스를 이용하는 이용자의 정보시스템 또는 정보통신망 등에 심각한 장애가 발생할 가능성이 있으면 이용약관으로 정하는 바에 따라 그 이용자에게 보호조치를 취하도록 요청하고, 이를 이행하지 아니하는 경우에는 해당 정보통신망으로의 접속을 일시적으로 제한할 수 있다.

④ 「소프트웨어 진흥법」 제2조에 따른 소프트웨어사업자는 보안에 관한 취약점을 보완하는 프로그램을 제작하였을 때에는 한국인터넷진흥원에 알려야 하고, 그 소프트웨어 사용자에게는 제작한 날부터 1개월 이내에 2회 이상 알려야 한다. <개정 2009·4·22, 2020·6·9>

⑤ 제3항에 따른 보호조치의 요청 등에 관하여 이용약관으로 정하여야 하는 구체적인 사항은 대통령령으로 정한다. <개정 2020·6·9>

〔전부개정 2008·6·13〕

제47조의5(정보보호 관리등급 부여) ① 제47조에 따라 정보보호 관리체계 인증을 받은 자는 기업의 통합적 정보보호 관리수준을 제고하고 이용자로부터 정보보호 서비스에 대한 신뢰를 확보하기 위하여 과학기술정보통신부장관으로부터 정보보호 관리등급을 받을 수 있다. <개정 2013·3·23, 2017·7·26>

② 과학기술정보통신부장관은 한국인터넷진흥원으로 하여금 제1항에 따른 등급 부여에 관한 업무를 수행하게 할 수 있다. <개정 2013·3·23, 2017·7·26>

③ 제1항에 따라 정보보호 관리등급을 받은 자는 대통령령으로 정하는 바에 따라 해당 등급의 내용을 표시하거나 홍보에 활용할 수 있다.

④ 과학기술정보통신부장관은 다음 각 호의 어느 하나에 해당하는 사유를 발견한 경우에는 부여한 등급을 취소할 수 있다. 다만, 제1호에 해당하는 경우에는 부여한 등급을 취소하여야 한다. <개정 2013·3·23, 2015·12·1, 2017·7·26>

1. 거짓이나 그 밖의 부정한 방법으로 정보보호 관리등급을 받은 경우
2. 제5항에 따른 등급기준에 미달하게 된 경우

⑤ 제1항에 따른 등급 부여의 심사기준 및 등급 부여의 방법·절차·수수료, 등급의 유효기간, 제4항에 따른 등급취소의 방법·절차, 그 밖에 필요한 사항은 대통령령으로 정한다.

〔본조신설 2012·2·17〕

제47조의6(정보보호 취약점 신고자에 대한 포상) ① 정부는 침해사고의 예방 및 피해 확산 방지를 위하여 정보통신서비스, 정보통신망연결기기등 또는 소프트웨어의 보안에 관한 취약점(이하 "정보보호 취약점"이라 한다)을 신고한 자에게 예산의 범위에서 포상금을 지급할 수 있다.

② 제 1 항에 따른 포상금의 지급 대상・기준 및 절차 등은 대통령령으로 정한다.

③ 정부는 제 1 항에 따른 포상금 지급에 관한 업무를 한국인터넷진흥원에 위탁할 수 있다.

〔본조신설 2022・6・10〕

제47조의7(정보보호 관리체계 인증의 특례) ① 과학기술정보통신부장관은 제47조제 1 항 및 제 2 항에 따른 인증을 받으려는 자 중 다음 각 호의 어느 하나에 해당하는 자에 대하여 제47조에 따른 인증기준 및 절차 등을 완화하여 적용할 수 있다.

1. 「중소기업기본법」 제 2 조제 2 항에 따른 소기업
2. 그 밖에 정보통신서비스의 규모 및 특성 등에 따라 대통령령으로 정하는 기준에 해당하는 자

② 과학기술정보통신부장관은 정보통신망의 안정성・신뢰성 확보를 위하여 제 1 항에 관련된 비용 및 기술 등 필요한 지원을 할 수 있다.

③ 과학기술정보통신부장관은 제 1 항에 따른 인증기준 및 절차 등 그 밖에 필요한 사항을 정하여 고시할 수 있다.

〔본조신설 2024・1・23〕

제48조(정보통신망 침해행위 등의 금지) ① 누구든지 정당한 접근권한 없이 또는 허용된 접근권한을 넘어 정보통신망에 침입하여서는 아니 된다.

② 누구든지 정당한 사유 없이 정보통신시스템, 데이터 또는 프로그램 등을 훼손・멸실・변경・위조하거나 그 운용을 방해할 수 있는 프로그램(이하 "악성프로그램"이라 한다)을 전달 또는 유포하여서는 아니 된다.

③ 누구든지 정보통신망의 안정적 운영을 방해할 목적으로 대량의 신호 또는 데이터를 보내거나 부정한 명령을 처리하도록 하는 등의 방법으로 정보통신망에 장애가 발생하게 하여서는 아니 된다.

④ 누구든지 정당한 사유 없이 정보통신망의 정상적인 보호・인증 절차를 우회하여 정보통신망에 접근할 수 있도록 하는 프로그램이나 기술적 장치 등을 정보통신망 또는 이와 관련된 정보시스템에 설치하거나 이를 전달・유포하여서는 아니 된다. <신설 2024・1・23>

〔전부개정 2008・6・13〕

제48조의2(침해사고의 대응 등) ① 과학기술정보통신부장관은 침해사고에 적절히 대응하기 위하여 다음 각 호의 업무를 수행하고, 필요하면 업무의 전부 또는 일부를 한국인터넷진흥원이 수행하도록 할 수 있다. <개정 2009・4・22, 2013・3・23, 2017・7・26>

1. 침해사고에 관한 정보의 수집・전파
2. 침해사고의 예보・경보
3. 침해사고에 대한 긴급조치
4. 그 밖에 대통령령으로 정하는 침해사고 대응조치

② 다음 각 호의 어느 하나에 해당하는 자는 대통령령으로 정하는 바에 따라 침해사고의 유형별 통계, 해당 정보통신망의 소통량 통계 및 접속경로별 이용 통계 등 침해사고 관련 정보를 과학기술정보통신부장관이나 한국인터넷진흥원에 제공하여야 한다. <개정 2009・4・22, 2013・3・23, 2017・7・26>

1. 주요정보통신서비스 제공자
2. 집적정보통신시설 사업자
3. 그 밖에 정보통신망을 운영하는 자로서 대통령령으로 정하는 자

③ 한국인터넷진흥원은 제 2 항에 따른 정보를 분석하여 과학기술정보통신부장관에게 보고하여야 한다. <개정 2009・4・22, 2013・3・23, 2017・7・26>

④ 과학기술정보통신부장관은 제 2 항에 따라 정보를 제공하여야 하는 사업자가 정당한 사유 없이 정보의 제공을 거부하거나 거짓 정보를 제공하면 상당한 기간을 정하여 그 사업자에게 시정을 명할 수 있다. <개정 2013・3・23, 2017・7・26>

⑤ 과학기술정보통신부장관이나 한국인터넷진흥원은 제 2 항에 따라 제공받은 정보를 침해사고의 대응을 위하여 필요한 범위에서만 정당하게 사용하여야 한다. <개정 2009・4・22, 2013・3・23, 2017・7・26>

⑥ 과학기술정보통신부장관이나 한국인터넷진흥원은 침해사고의 대응을 위하여 필요하면 제 2 항 각 호의 어느 하나에 해당하는 자에게 인력지원을 요청할 수 있다. <개정 2009・4・22, 2013・3・23, 2017・7・26>

〔전부개정 2008・6・13〕

제48조의3(침해사고의 신고 등) ① 정보통신서비스 제공자는 침해사고가 발생하면 즉시

그 사실을 과학기술정보통신부장관이나 한국인터넷진흥원에 신고하여야 한다. 이 경우 정보통신서비스 제공자가 이미 다른 법률에 따른 침해사고 통지 또는 신고를 했으면 전단에 따른 신고를 한 것으로 본다. <개정 2009·4·22, 2013·3·23, 2017·7·26, 2022·6·10>

② 과학기술정보통신부장관이나 한국인터넷진흥원은 제1항에 따라 침해사고의 신고를 받거나 침해사고를 알게 되면 제48조의2제1항 각 호에 따른 필요한 조치를 하여야 한다. <개정 2009·4·22, 2013·3·23, 2017·7·26>

③ 제1항 후단에 따라 침해사고의 통지 또는 신고를 받은 관계 기관의 장은 이와 관련된 정보를 과학기술정보통신부장관 또는 한국인터넷진흥원에 지체 없이 공유하여야 한다. <신설 2022·6·10>

④ 제1항에 따른 신고의 시기, 방법 및 절차 등에 관하여 필요한 사항은 대통령령으로 정한다. <신설 2024·2·13>

〔전부개정 2008·6·13〕

제48조의4(침해사고의 원인 분석 등) ① 정보통신서비스 제공자 등 정보통신망을 운영하는 자는 침해사고가 발생하면 침해사고의 원인을 분석하고 그 결과에 따라 피해의 확산 방지를 위하여 사고대응, 복구 및 재발 방지에 필요한 조치를 하여야 한다. <개정 2022·6·10>

② 과학기술정보통신부장관은 정보통신서비스 제공자의 정보통신망에 침해사고가 발생하면 그 침해사고의 원인을 분석하고 피해 확산 방지, 사고대응, 복구 및 재발 방지를 위한 대책을 마련하여 해당 정보통신서비스 제공자(공공기관등은 제외한다)에게 필요한 조치를 이행하도록 명령할 수 있다. <신설 2022·6·10, 2024·2·13>

③ 과학기술정보통신부장관은 제2항에 따른 조치의 이행 여부를 점검하고, 보완이 필요한 사항에 대하여 해당 정보통신서비스 제공자에게 시정을 명할 수 있다. <신설 2024·2·13>

④ 과학기술정보통신부장관은 정보통신서비스 제공자의 정보통신망에 중대한 침해사고가 발생한 경우 제2항에 따른 원인 분석 및 대책 마련을 위하여 필요하면 정보보호에 전문성을 갖춘 민·관합동조사단을 구성하여 그 침해사고의 원인 분석을 할 수 있다. <개정 2013·3·23, 2017·7·26, 2022·6·10>

⑤ 과학기술정보통신부장관은 제2항에 따른 침해사고의 원인 분석 및 대책 마련을 위하여 필요하면 정보통신서비스 제공자에게 정보통신망의 접속기록 등 관련 자료의 보전을 명할 수 있다. <개정 2013·3·23, 2017·7·26, 2022·6·10>

⑥ 과학기술정보통신부장관은 제2항에 따른 침해사고의 원인 분석 및 대책 마련을 하기 위하여 필요하면 정보통신서비스 제공자에게 침해사고 관련 자료의 제출을 요구할 수 있으며, 중대한 침해사고의 경우 소속 공무원 또는 제4항에 따른 민·관합동조사단에게 관계인의 사업장에 출입하여 침해사고 원인을 조사하도록 할 수 있다. 다만, 「통신비밀보호법」 제2조제11호에 따른 통신사실확인자료에 해당하는 자료의 제출은 같은 법으로 정하는 바에 따른다. <개정 2013·3·23, 2017·7·26, 2022·6·10, 2024·2·13>

⑦ 과학기술정보통신부장관이나 민·관합동조사단은 제6항에 따라 제출받은 자료와 조사를 통하여 알게 된 정보를 침해사고의 원인 분석 및 대책 마련 외의 목적으로는 사용하지 못하며, 원인 분석이 끝난 후에는 즉시 파기하여야 한다. <개정 2013·3·23, 2017·7·26, 2022·6·10, 2024·2·13>

⑧ 제3항에 따른 점검의 방법·절차, 제4항에 따른 민·관합동조사단의 구성·운영, 제6항에 따라 제출된 자료의 보호 및 조사의 방법·절차 등에 필요한 사항은 대통령령으로 정한다. <개정 2022·6·10, 2024·2·13>

〔전부개정 2008·6·13〕

제48조의5(정보통신망연결기기등 관련 침해사고의 대응 등) ① 과학기술정보통신부장관은 정보통신망연결기기등과 관련된 침해사고가 발생하면 관계 중앙행정기관의 장과 협력하여 해당 침해사고의 원인을 분석할 수 있다.

② 과학기술정보통신부장관은 정보통신망연결기기등과 관련된 침해사고가 발생하여 국민의 생명·신체 또는 재산에 위험을 초래할 가능성이 있는 경우 관계 중앙행정기관의 장에게 다음 각 호의 조치를 하도록 요청할 수 있다.

1. 제47조의4제1항에 따른 취약점 점검, 기술 지원 등의 조치
2. 피해 확산을 방지하기 위하여 필요한 조치
3. 그 밖에 정보통신망연결기기등의 정보보호를 위한 제도의 개선

③ 과학기술정보통신부장관은 정보통신망연결기기등과 관련된 침해사고가 발생한 경우 해당 정보통신망연결기기등을 제조하거나 수입한 자에게 제품 취약점 개선 등 침해사고의 확대 또는 재발을 방지하기 위한 조치를 할 것을 권고할 수 있다.

④ 과학기술정보통신부장관은 대통령령으로 정하는 전문기관이 다음 각 호의 사업을 수행하는 데 필요한 비용을 지원할 수 있다.
1. 정보통신망연결기기등과 관련된 정보보호지침 마련을 위한 연구
2. 정보통신망연결기기등과 관련된 시험·검사·인증 등의 기준 개선 연구

〔본조신설 2020·6·9〕

제48조의6(정보통신망연결기기등에 관한 인증) ① 과학기술정보통신부장관은 제4항에 따른 인증시험대행기관의 시험 결과 정보통신망연결기기등이 제2항에 따른 인증기준에 적합한 경우 정보보호인증을 할 수 있다.

② 과학기술정보통신부장관은 제1항에 따른 정보보호인증(이하 "정보보호인증"이라 한다)을 위하여 정보통신망의 안정성 및 정보의 신뢰성 확보 등에 관한 인증기준을 정하여 고시할 수 있다.

③ 과학기술정보통신부장관은 정보보호인증을 받은 자가 다음 각 호의 어느 하나에 해당하는 경우에는 그 정보보호인증을 취소할 수 있다. 다만, 제1호에 해당하는 경우에는 그 정보보호인증을 취소하여야 한다.
1. 거짓이나 그 밖의 부정한 방법으로 정보보호인증을 받은 경우
2. 제2항에 따른 인증기준에 미달하게 된 경우

④ 과학기술정보통신부장관은 정보통신망연결기기등이 제2항에 따른 인증기준에 적합한지 여부를 확인하는 시험을 효율적으로 수행하기 위하여 필요한 경우에는 대통령령으로 정하는 지정기준을 충족하는 기관을 인증시험대행기관으로 지정할 수 있다.

⑤ 과학기술정보통신부장관은 제4항에 따라 지정된 인증시험대행기관(이하 "인증시험대행기관"이라 한다)이 다음 각 호의 어느 하나에 해당하면 인증시험대행기관의 지정을 취소할 수 있다. 다만, 제1호에 해당하는 경우에는 그 지정을 취소하여야 한다.
1. 거짓이나 그 밖의 부정한 방법으로 지정을 받은 경우
2. 제4항에 따른 지정기준에 미달하게 된 경우

⑥ 과학기술정보통신부장관은 정보보호인증 및 정보보호인증 취소에 관한 업무를 한국인터넷진흥원에 위탁할 수 있다.

⑦ 정보보호인증·정보보호인증 취소의 절차 및 인증시험대행기관의 지정·지정취소의 절차 등에 관하여 필요한 사항은 대통령령으로 정한다.

〔본조신설 2020·6·9〕

제49조(비밀 등의 보호) 누구든지 정보통신망에 의하여 처리·보관 또는 전송되는 타인의 정보를 훼손하거나 타인의 비밀을 침해·도용 또는 누설하여서는 아니 된다.

〔전부개정 2008·6·13〕

제49조의2(속이는 행위에 의한 정보의 수집금지 등) ① 누구든지 정보통신망을 통하여 속이는 행위로 다른 사람의 정보를 수집하거나 다른 사람이 정보를 제공하도록 유인하여서는 아니 된다.

② 정보통신서비스 제공자는 제1항을 위반한 사실을 발견하면 즉시 과학기술정보통신부장관 또는 한국인터넷진흥원에 신고하여야 한다. <개정 2009·4·22, 2016·3·22, 2017·7·26, 2020·2·4>

③ 과학기술정보통신부장관 또는 한국인터넷진흥원은 제2항에 따른 신고를 받거나 제1항을 위반한 사실을 알게 되면 다음 각 호의 필요한 조치를 하여야 한다. <개정 2009·4·22, 2016·3·22, 2017·7·26, 2020·2·4, 2022·6·10>
1. 위반 사실에 관한 정보의 수집·전파
2. 유사 피해에 대한 예보·경보
3. 정보통신서비스 제공자에게 다음 각 목의 사항 중 전부 또는 일부를 요청하는 등 피해 예방 및 피해 확산을 방지하기 위한 긴급조치

가. 접속경로의 차단
나. 제1항의 위반행위에 이용된 전화번호에 대한 정보통신서비스의 제공 중지
다. 이용자에게 제1항의 위반행위에 노출되었다는 사실의 통지

④ 과학기술정보통신부장관은 제3항제3호의 조치를 취하기 위하여 정보통신서비스 제공자에게 정보통신서비스 제공자 간 정보통신망을 통하여 속이는 행위에 대한 정보 공유 등 필요한 조치를 취하도록 명할 수 있다. <신설 2016·3·22, 2017·7·26, 2020·2·4>

⑤ 제3항제3호에 따른 요청을 받은 정보통신서비스 제공자는 이용약관으로 정하는 바에 따라 해당 조치를 할 수 있다. <신설 2022·6·10>

⑥ 제5항에 따른 이용약관으로 정하여야 하는 구체적인 사항은 대통령령으로 정한다. <신설 2022·6·10>

[전부개정 2008·6·13]

제49조의3(속이는 행위에 사용된 전화번호의 전기통신역무 제공의 중지 등) ① 경찰청장·검찰총장·금융감독원장 등 대통령령으로 정하는 자는 제49조의2제1항에 따른 속이는 행위에 이용된 전화번호를 확인한 때에는 과학기술정보통신부장관에게 해당 전화번호에 대한 전기통신역무 제공의 중지를 요청할 수 있다.

② 제1항에 따른 요청으로 전기통신역무 제공이 중지된 이용자는 전기통신역무 제공의 중지를 요청한 기관에 이의신청을 할 수 있다.

③ 제2항에 따른 이의신청의 절차 등에 필요한 사항은 대통령령으로 정한다.

[본조신설 2022·6·10]

제50조(영리목적의 광고성 정보 전송 제한) ① 누구든지 전자적 전송매체를 이용하여 영리목적의 광고성 정보를 전송하려면 그 수신자의 명시적인 사전 동의를 받아야 한다. 다만, 다음 각 호의 어느 하나에 해당하는 경우에는 사전 동의를 받지 아니한다. <개정 2016·3·22, 2020·6·9>

1. 재화등의 거래관계를 통하여 수신자로부터 직접 연락처를 수집한 자가 대통령령으로 정한 기간 이내에 자신이 처리하고 수신자와 거래한 것과 같은 종류의 재화등에 대한 영리목적의 광고성 정보를 전송하려는 경우
2. 「방문판매 등에 관한 법률」에 따른 전화권유판매자가 육성으로 수신자에게 개인정보의 수집출처를 고지하고 전화권유를 하는 경우

② 전자적 전송매체를 이용하여 영리목적의 광고성 정보를 전송하려는 자는 제1항에도 불구하고 수신자가 수신거부의사를 표시하거나 사전 동의를 철회한 경우에는 영리목적의 광고성 정보를 전송하여서는 아니 된다.

③ 오후 9시부터 그 다음 날 오전 8시까지의 시간에 전자적 전송매체를 이용하여 영리목적의 광고성 정보를 전송하려는 자는 제1항에도 불구하고 그 수신자로부터 별도의 사전 동의를 받아야 한다. 다만, 대통령령으로 정하는 매체의 경우에는 그러하지 아니하다.

④ 전자적 전송매체를 이용하여 영리목적의 광고성 정보를 전송하는 자는 대통령령으로 정하는 바에 따라 다음 각 호의 사항 등을 광고성 정보에 구체적으로 밝혀야 한다.

1. 전송자의 명칭 및 연락처
2. 수신의 거부 또는 수신동의의 철회 의사표시를 쉽게 할 수 있는 조치 및 방법에 관한 사항

⑤ 전자적 전송매체를 이용하여 영리목적의 광고성 정보를 전송하는 자는 다음 각 호의 어느 하나에 해당하는 행위를 하여서는 아니 된다. <개정 2024·1·23>

1. 광고성 정보 수신자의 수신거부 또는 수신동의의 철회를 회피·방해하는 행위
2. 숫자·부호 또는 문자를 조합하여 전화번호·전자우편주소 등 수신자의 연락처를 자동으로 만들어 내는 행위
3. 영리목적의 광고성 정보를 전송할 목적으로 전화번호 또는 전자우편주소를 자동으로 등록하는 행위
4. 광고성 정보 전송자의 신원이나 광고 전송 출처를 감추기 위한 각종 행위
5. 영리목적의 광고성 정보를 전송할 목적으로 수신자를 기망하여 회신을 유도하는 각종 행위

⑥ 전자적 전송매체를 이용하여 영리목적의

광고성 정보를 전송하는 자는 수신자가 수신거부나 수신동의의 철회를 할 때 발생하는 전화요금 등의 금전적 비용을 수신자가 부담하지 아니하도록 대통령령으로 정하는 바에 따라 필요한 조치를 하여야 한다.

⑦ 전자적 전송매체를 이용하여 영리목적의 광고성 정보를 전송하려는 자는 수신자가 제1항 및 제3항에 따른 수신동의, 제2항에 따른 수신거부 또는 수신동의의 철회에 관한 의사를 표시할 때에는 해당 수신자에게 대통령령으로 정하는 바에 따라 수신동의, 수신거부 또는 수신동의의 철회에 대한 처리 결과를 알려야 한다. <개정 2024·1·23>

⑧ 제1항 또는 제3항에 따라 수신동의를 받은 자는 대통령령으로 정하는 바에 따라 정기적으로 광고성 정보 수신자의 수신동의 여부를 확인하여야 한다.

〔전부개정 2014·5·28〕

제50조의2 삭제 <2014·5·28>

제50조의3(영리목적의 광고성 정보 전송의 위탁 등) ① 영리목적의 광고성 정보의 전송을 타인에게 위탁한 자는 그 업무를 위탁받은 자가 제50조를 위반하지 아니하도록 관리·감독하여야 한다. <개정 2014·5·28>

② 제1항에 따라 영리목적의 광고성 정보의 전송을 위탁받은 자는 그 업무와 관련한 법을 위반하여 발생한 손해의 배상책임에서 정보 전송을 위탁한 자의 소속 직원으로 본다. <개정 2020·6·9>

〔전부개정 2008·6·13〕

제50조의4(정보 전송 역무 제공 등의 제한) ① 정보통신서비스 제공자는 다음 각 호의 어느 하나에 해당하는 경우에 해당 역무의 제공을 거부하는 조치를 할 수 있다.

1. 광고성 정보의 전송 또는 수신으로 역무의 제공에 장애가 일어나거나 일어날 우려가 있는 경우
2. 이용자가 광고성 정보의 수신을 원하지 아니하는 경우
3. 삭제 <2014·5·28>

② 정보통신서비스 제공자는 제1항 또는 제4항에 따른 거부조치를 하려면 해당 역무 제공의 거부에 관한 사항을 그 역무의 이용자와 체결하는 정보통신서비스 이용계약의 내용에 포함하여야 한다. <개정 2014·5·28>

③ 정보통신서비스 제공자는 제1항 또는 제4항에 따른 거부조치 사실을 그 역무를 제공받는 이용자 등 이해관계인에게 알려야 한다. 다만, 미리 알리는 것이 곤란한 경우에는 거부조치를 한 후 지체 없이 알려야 한다. <개정 2014·5·28>

④ 정보통신서비스 제공자는 이용계약을 통하여 해당 정보통신서비스 제공자가 이용자에게 제공하는 서비스가 제50조 또는 제50조의8을 위반하여 영리목적의 광고성 정보 전송에 이용되고 있는 경우 해당 역무의 제공을 거부하거나 정보통신망이나 서비스의 취약점을 개선하는 등 필요한 조치를 강구하여야 한다. <신설 2014·5·28>

〔전부개정 2008·6·13〕

제50조의5(영리목적의 광고성 프로그램 등의 설치) 정보통신서비스 제공자는 영리목적의 광고성 정보가 보이도록 하거나 개인정보를 수집하는 프로그램을 이용자의 컴퓨터나 그 밖에 대통령령으로 정하는 정보처리장치에 설치하려면 이용자의 동의를 받아야 한다. 이 경우 해당 프로그램의 용도와 삭제방법을 고지하여야 한다.

〔전부개정 2008·6·13〕

제50조의6(영리목적의 광고성 정보 전송차단 소프트웨어의 보급 등) ① 방송통신위원회는 수신자가 제50조를 위반하여 전송되는 영리목적의 광고성 정보를 편리하게 차단하거나 신고할 수 있는 소프트웨어나 컴퓨터 프로그램을 개발하여 보급할 수 있다.

② 방송통신위원회는 제1항에 따른 전송차단, 신고 소프트웨어 또는 컴퓨터프로그램의 개발과 보급을 촉진하기 위하여 관련 공공기관·법인·단체 등에 필요한 지원을 할 수 있다.

③ 방송통신위원회는 정보통신서비스 제공자의 전기통신역무가 제50조를 위반하여 발송되는 영리목적의 광고성 정보 전송에 이용되면 수신자 보호를 위하여 기술개발·교육·홍보 등 필요한 조치를 할 것을 정보통신서비스 제공자에게 권고할 수 있다.

④ 제1항에 따른 개발·보급의 방법과 제2항에 따른 지원에 필요한 사항은 대통령령

으로 정한다.
〔전부개정 2008·6·13〕

제50조의7(영리목적의 광고성 정보 게시의 제한) ① 누구든지 영리목적의 광고성 정보를 인터넷 홈페이지에 게시하려면 인터넷 홈페이지 운영자 또는 관리자의 사전 동의를 받아야 한다. 다만, 별도의 권한 없이 누구든지 쉽게 접근하여 글을 게시할 수 있는 게시판의 경우에는 사전 동의를 받지 아니한다.

② 영리목적의 광고성 정보를 게시하려는 자는 제1항에도 불구하고 인터넷 홈페이지 운영자 또는 관리자가 명시적으로 게시 거부의사를 표시하거나 사전 동의를 철회한 경우에는 영리목적의 광고성 정보를 게시하여서는 아니 된다.

③ 인터넷 홈페이지 운영자 또는 관리자는 제1항 또는 제2항을 위반하여 게시된 영리목적의 광고성 정보를 삭제하는 등의 조치를 할 수 있다.
〔전부개정 2014·5·28〕

제50조의8(불법행위를 위한 광고성 정보 전송 금지) 누구든지 정보통신망을 이용하여 이 법 또는 다른 법률에서 이용, 판매, 제공, 유통, 그 밖에 이와 유사한 행위를 금지하는 재화 또는 서비스에 대한 광고성 정보를 전송하여서는 아니 된다. <개정 2024·1·23>
〔전부개정 2008·6·13〕

제51조(중요 정보의 국외유출 제한 등) ① 정부는 국내의 산업·경제 및 과학기술 등에 관한 중요 정보가 정보통신망을 통하여 국외로 유출되는 것을 방지하기 위하여 정보통신서비스 제공자 또는 이용자에게 필요한 조치를 하도록 할 수 있다.

② 제1항에 따른 중요 정보의 범위는 다음 각 호와 같다.

1. 국가안전보장과 관련된 보안정보 및 주요 정책에 관한 정보
2. 국내에서 개발된 첨단과학 기술 또는 기기의 내용에 관한 정보

③ 정부는 제2항 각 호에 따른 정보를 처리하는 정보통신서비스 제공자에게 다음 각 호의 조치를 하도록 할 수 있다. <개정 2016·3·22>

1. 정보통신망의 부당한 이용을 방지할 수 있는 제도적·기술적 장치의 설정
2. 정보의 불법파괴 또는 불법조작을 방지할 수 있는 제도적·기술적 조치
3. 정보통신서비스 제공자가 처리 중 알게 된 중요 정보의 유출을 방지할 수 있는 조치

〔전부개정 2008·6·13〕

제52조(한국인터넷진흥원) ① 정부는 정보통신망의 고도화(정보통신망의 구축·개선 및 관리에 관한 사항은 제외한다)와 안전한 이용 촉진 및 방송통신과 관련한 국제협력·국외진출 지원을 효율적으로 추진하기 위하여 한국인터넷진흥원(이하 "인터넷진흥원"이라 한다)을 설립한다. <개정 2009·4·22, 2020·6·9>

② 인터넷진흥원은 법인으로 한다. <개정 2009·4·22>

③ 인터넷진흥원은 다음 각 호의 사업을 한다. <개정 2009·4·22, 2012·2·17, 2013·3·23, 2014·11·19, 2015·6·22, 2017·7·26, 2020·2·4, 2020·6·9, 2021·6·8, 2022·6·10, 2024·1·23>

1. 정보통신망의 이용 및 보호, 방송통신과 관련한 국제협력·국외진출 등을 위한 법·정책 및 제도의 조사·연구
2. 정보통신망의 이용 및 보호와 관련한 통계의 조사·분석
3. 정보통신망의 이용에 따른 역기능 분석 및 대책 연구
4. 정보통신망의 이용 및 보호를 위한 홍보 및 교육·훈련
5. 정보통신망의 정보보호 및 인터넷주소자원 관련 기술 개발 및 표준화
6. 정보보호산업 정책 지원 및 관련 기술 개발과 인력양성
7. 정보보호 관리체계의 인증, 정보보호시스템 평가·인증, 정보통신망연결기기등의 정보보호인증, 소프트웨어 개발보안 진단 등 정보보호 인증·평가 등의 실시 및 지원
8. 「개인정보 보호법」에 따른 개인정보 보호를 위한 대책의 연구 및 보호기술의 개발·보급 지원
9. 「개인정보 보호법」에 따른 개인정보침해 신고센터의 운영

10. 광고성 정보 전송 및 인터넷광고와 관련한 고충의 상담·처리
11. 정보통신망 침해사고의 처리·원인분석·대응체계 운영 및 정보보호 최고책임자를 통한 예방·대응·협력 활동
12. 「전자서명법」 제21조에 따른 전자서명인증 정책의 지원
13. 인터넷의 효율적 운영과 이용활성화를 위한 지원
14. 인터넷 이용자의 저장 정보 보호 지원
15. 인터넷 관련 서비스정책 지원
16. 인터넷상에서의 이용자 보호 및 건전 정보 유통 확산 지원
17. 「인터넷주소자원에 관한 법률」에 따른 인터넷주소자원의 관리에 관한 업무
18. 「인터넷주소자원에 관한 법률」 제16조에 따른 인터넷주소분쟁조정위원회의 운영 지원
19. 「정보보호산업의 진흥에 관한 법률」 제25조제7항에 따른 조정위원회의 운영지원
20. 방송통신과 관련한 국제협력·국외진출 및 국외홍보 지원
21. 본인확인업무 및 연계정보 생성·처리 관련 정책의 지원
22. 제1호부터 제21호까지의 사업에 부수되는 사업
23. 그 밖에 이 법 또는 다른 법령에 따라 인터넷진흥원의 업무로 정하거나 위탁한 사업이나 과학기술정보통신부장관·행정안전부장관·방송통신위원회 또는 다른 행정기관의 장으로부터 위탁받은 사업

④ 인터넷진흥원이 사업을 수행하는 데 필요한 경비는 다음 각 호의 재원으로 충당한다. <개정 2016·3·22>

1. 정부의 출연금
2. 제3항 각 호의 사업수행에 따른 수입금
3. 그 밖에 인터넷진흥원의 운영에 따른 수입금

⑤ 인터넷진흥원에 관하여 이 법에서 정하지 아니한 사항에 대하여는 「민법」의 재단법인에 관한 규정을 준용한다. <개정 2009·4·22>

⑥ 인터넷진흥원이 아닌 자는 한국인터넷진흥원의 명칭을 사용하지 못한다. <개정 2009·4·22>

⑦ 인터넷진흥원의 운영 및 업무수행에 필요한 사항은 대통령령으로 정한다. <개정 2009·4·22>

〔전부개정 2008·6·13〕

제7장 통신과금서비스

제53조(통신과금서비스제공자의 등록 등) ① 통신과금서비스를 제공하려는 자는 대통령령으로 정하는 바에 따라 다음 각 호의 사항을 갖추어 과학기술정보통신부장관에게 등록하여야 한다. <개정 2008·2·29, 2013·3·23, 2017·7·26>

1. 재무건전성
2. 통신과금서비스이용자보호계획
3. 업무를 수행할 수 있는 인력과 물적 설비
4. 사업계획서

② 제1항에 따라 등록할 수 있는 자는 「상법」 제170조에 따른 회사 또는 「민법」 제32조에 따른 법인으로서 자본금·출자총액 또는 기본재산이 5억원 이상의 범위에서 대통령령으로 정하는 금액 이상이어야 한다.

③ 통신과금서비스제공자는 「전기통신사업법」 제22조에도 불구하고 부가통신사업자의 신고를 하지 아니할 수 있다. <개정 2010·3·22>

④ 「전기통신사업법」 제23조부터 제26조까지의 규정은 통신과금서비스제공자의 등록사항의 변경, 사업의 양도·양수 또는 합병·상속, 사업의 승계, 사업의 휴업·폐업·해산 등에 준용한다. 이 경우 "별정통신사업자"는 "통신과금서비스제공자"로 보고, "별정통신사업"은 "통신과금서비스제공업"으로 본다. <개정 2010·3·22, 2020·6·9>

⑤ 제1항에 따른 등록의 세부요건, 절차, 그 밖에 필요한 사항은 대통령령으로 정한다.

〔본조신설 2007·12·21〕

제54조(등록의 결격사유) 다음 각 호의 어느 하나에 해당하는 자는 제53조에 따른 등록을 할 수 없다. <개정 2008·2·29, 2013·3·23, 2017·7·26, 2020·6·9>

1. 제53조제4항에 따라 사업을 폐업한 날부터 1년이 지나지 아니한 법인 및 그 사업이 폐업될 당시 그 법인의 대주주(대통

령령으로 정하는 출자자를 말한다. 이하 같다)이었던 자로서 그 폐업일부터 1년이 지나지 아니한 자

2. 제55조제1항에 따라 등록이 취소된 날부터 3년이 지나지 아니한 법인 및 그 취소 당시 그 법인의 대주주이었던 자로서 그 취소가 된 날부터 3년이 지나지 아니한 자

3. 「채무자 회생 및 파산에 관한 법률」에 따른 회생절차 중에 있는 법인 및 그 법인의 대주주

4. 금융거래 등 상거래를 할 때 약정한 기일 내에 채무를 변제하지 아니한 자로서 과학기술정보통신부장관이 정하는 자

5. 제1호부터 제4호까지의 규정에 해당하는 자가 대주주인 법인

〔본조신설 2007·12·21〕

제55조(등록의 취소명령) ① 과학기술정보통신부장관은 통신과금서비스제공자가 거짓이나 그 밖의 부정한 방법으로 등록을 한 때에는 등록을 취소하여야 한다. <개정 2015·6·22, 2017·7·26>

② 제1항에 따른 처분의 절차, 그 밖에 필요한 사항은 대통령령으로 정한다. <개정 2015·6·22>

〔본조신설 2007·12·21〕

제56조(약관의 신고 등) ① 통신과금서비스제공자는 통신과금서비스에 관한 약관을 정하여 과학기술정보통신부장관에게 신고(변경신고를 포함한다)하여야 한다. <개정 2008·2·29, 2013·3·23, 2017·7·26>

② 과학기술정보통신부장관은 제1항에 따른 약관이 통신과금서비스이용자의 이익을 침해할 우려가 있다고 판단되는 경우에는 통신과금서비스제공자에게 약관의 변경을 권고할 수 있다. <개정 2008·2·29, 2013·3·23, 2017·7·26>

〔본조신설 2007·12·21〕

제57조(통신과금서비스의 안전성 확보 등) ① 통신과금서비스제공자는 통신과금서비스가 안전하게 제공될 수 있도록 선량한 관리자로서의 주의의무를 다하여야 한다. <개정 2014·5·28>

② 통신과금서비스제공자는 통신과금서비스를 통한 거래의 안전성과 신뢰성을 확보하기 위하여 대통령령으로 정하는 바에 따라 업무처리지침의 제정 및 회계처리 구분 등의 관리적 조치와 정보보호시스템 구축 등의 기술적 조치를 하여야 한다.

〔본조신설 2007·12·21〕

제58조(통신과금서비스이용자의 권리 등) ① 통신과금서비스제공자는 재화등의 판매·제공의 대가가 발생한 때 및 대가를 청구할 때에 통신과금서비스이용자에게 다음 각 호의 사항을 고지하여야 한다. <개정 2011·4·5, 2014·5·28>

1. 통신과금서비스 이용일시

2. 통신과금서비스를 통한 구매·이용의 거래 상대방(통신과금서비스를 이용하여 그 대가를 받고 재화 또는 용역을 판매·제공하는 자를 말한다. 이하 "거래 상대방"이라 한다)의 상호와 연락처

3. 통신과금서비스를 통한 구매·이용 금액과 그 명세

4. 이의신청 방법 및 연락처

② 통신과금서비스제공자는 통신과금서비스이용자가 구매·이용 내역을 확인할 수 있는 방법을 제공하여야 하며, 통신과금서비스이용자가 구매·이용 내역에 관한 서면(전자문서를 포함한다. 이하 같다)을 요청하는 경우에는 그 요청을 받은 날부터 2주 이내에 이를 제공하여야 한다.

③ 통신과금서비스이용자는 통신과금서비스가 자신의 의사에 반하여 제공되었음을 안 때에는 통신과금서비스제공자에게 이에 대한 정정을 요구할 수 있으며(통신과금서비스이용자의 고의 또는 중과실이 있는 경우는 제외한다), 통신과금서비스제공자는 이용자의 정정요구가 이유 있을 경우 판매자에 대한 이용 대금의 지급을 유보하고 그 정정요구를 받은 날부터 2주 이내에 처리 결과를 알려 주어야 한다. <개정 2014·5·28>

④ 통신과금서비스제공자는 통신과금서비스에 관한 기록을 5년 이내의 범위에서 대통령령으로 정하는 기간 동안 보존하여야 한다.

⑤ 통신과금서비스제공자(제2조제1항제10호가목의 업무를 제공하는 자)는 통신과금서비스를 제공하거나 이용한도액을 증액할

경우에는 미리 해당 통신과금서비스이용자의 동의를 받아야 한다. <신설 2014·5·28>

⑥ 통신과금서비스제공자(제2조제1항제10호가목의 업무를 제공하는 자)는 약관을 변경하는 때에는 변경되는 약관의 시행일 1개월 전에 이용자에게 통지하여야 한다. 이 경우 변경되는 약관에 대하여 이의가 있는 이용자는 통신과금서비스에 관한 계약을 해지할 수 있다. <신설 2014·5·28>

⑦ 제2항에 따라 통신과금서비스제공자가 제공하여야 하는 구매·이용내역의 대상기간, 종류 및 범위, 제4항에 따라 통신과금서비스제공자가 보존하여야 하는 기록의 종류 및 보존방법, 제6항에 따른 약관변경에 관한 통지의 방법 및 이의기간·절차 등 계약해지에 필요한 사항은 대통령령으로 정한다. <개정 2014·5·28>

⑧ 제5항에 따른 동의의 방법 등에 필요한 사항은 과학기술정보통신부장관이 정하여 고시한다. <신설 2014·5·28, 2017·7·26>

⑨ 과학기술정보통신부장관은 통신과금서비스가 통신과금서비스이용자의 의사에 반하여 제공되지 아니하도록 결제방식 등에 관한 세부적인 사항을 정하여 고시할 수 있다. <신설 2014·5·28, 2017·7·26>

〔본조신설 2007·12·21〕

제58조의2(구매자정보 제공 요청 등) ① 통신과금서비스이용자는 자신의 의사에 따라 통신과금서비스가 제공되었는지 여부를 확인하기 위하여 필요한 경우에는 거래 상대방에게 재화등을 구매·이용한 자의 이름과 생년월일에 대한 정보(이하 "구매자정보"라 한다)의 제공을 요청할 수 있다. 이 경우 구매자정보 제공 요청을 받은 거래 상대방은 정당한 사유가 없으면 그 요청을 받은 날부터 3일 이내에 이를 제공하여야 한다.

② 제1항에 따라 구매자정보를 제공받은 통신과금서비스이용자는 해당 정보를 본인 여부를 확인하거나 고소·고발을 위하여 수사기관에 제출하기 위한 목적으로만 사용하여야 한다.

③ 그 밖에 구매자정보 제공 요청의 내용과 절차 등에 필요한 사항은 대통령령으로 정한다.

〔본조신설 2018·6·12〕

제59조(분쟁 조정 및 해결 등) ① 통신과금서비스제공자는 통신과금서비스에 대한 이용자의 권익을 보호하기 위하여 자율적인 분쟁 조정 및 해결 등을 시행하는 기관 또는 단체를 설치·운영할 수 있다. <개정 2018·6·12, 2020·6·9>

② 제1항에 따른 분쟁 조정 및 해결 등을 시행하는 기관 또는 단체는 분쟁 조정 및 해결 등을 위하여 필요하다고 인정하는 경우 통신과금서비스이용자의 동의를 받아 구매자정보 제공 요청을 대행할 수 있다. 이 경우 구매자정보 제공 요청 등에 대하여는 제58조의2를 준용한다. <신설 2018·6·12>

③ 통신과금서비스제공자는 대통령령으로 정하는 바에 따라 통신과금서비스와 관련한 통신과금서비스이용자의 이의신청 및 권리구제를 위한 절차를 마련하여야 하고, 통신과금서비스 계약을 체결하는 경우 이를 이용약관에 명시하여야 한다. <개정 2014·5·28>

〔본조신설 2007·12·21〕

제60조(손해배상 등) ① 통신과금서비스제공자는 통신과금서비스의 제공과 관련하여 통신과금서비스이용자에게 손해가 발생한 경우에 그 손해를 배상하여야 한다. 다만, 그 손해의 발생이 통신과금서비스이용자의 고의 또는 중과실로 인한 경우에는 그러하지 아니하다. <개정 2020·6·9>

② 제1항에 따라 손해배상을 하는 경우에는 손해배상을 받을 자와 협의하여야 한다. <개정 2020·6·9>

③ 제2항에 따른 손해배상에 관한 협의가 성립되지 아니하거나 협의를 할 수 없는 경우에는 당사자는 방송통신위원회에 재정을 신청할 수 있다. <개정 2008·2·29>

〔본조신설 2007·12·21〕

제61조(통신과금서비스의 이용제한) 과학기술정보통신부장관은 통신과금서비스제공자에게 다음 각 호의 어느 하나에 해당하는 자에 대한 서비스의 제공을 거부, 정지 또는 제한하도록 명할 수 있다. <개정 2008·2·29, 2011·9·15, 2013·3·23, 2017·7·26>

1. 「청소년 보호법」 제16조를 위반하여 청소년유해매체물을 청소년에게 판매·대여·

제공하는 자

2. 다음 각 목의 어느 하나에 해당하는 수단을 이용하여 통신과금서비스이용자로 하여금 재화등을 구매·이용하게 함으로써 통신과금서비스이용자의 이익을 현저하게 저해하는 자

가. 제50조를 위반한 영리목적의 광고성 정보 전송

나. 통신과금서비스이용자에 대한 기망 또는 부당한 유인

3. 이 법 또는 다른 법률에서 금지하는 재화등을 판매·제공하는 자

〔본조신설 2007·12·21〕

제 8 장 국제협력

제62조(국제협력) 정부는 다음 각 호의 사항을 추진할 때 다른 국가 또는 국제기구와 상호 협력하여야 한다.

1. 삭제 <2020·2·4>

2. 정보통신망에서의 청소년 보호를 위한 업무

3. 정보통신망의 안전성을 침해하는 행위를 방지하기 위한 업무

4. 그 밖에 정보통신서비스의 건전하고 안전한 이용에 관한 업무

〔전부개정 2008·6·13〕

제63조 및 **제63조의2** 삭제 <2020·2·4>

제 9 장 보칙

제64조(자료의 제출 등) ① 과학기술정보통신부장관 또는 방송통신위원회는 다음 각 호의 어느 하나에 해당하는 경우에는 정보통신서비스 제공자(국내대리인을 포함한다. 이하 이 조에서 같다)에게 관계 물품·서류 등을 제출하게 할 수 있다. <개정 2011·3·29, 2012·2·17, 2013·3·23, 2017·7·26, 2018·9·18, 2020·2·4>

1. 이 법에 위반되는 사항을 발견하거나 혐의가 있음을 알게 된 경우

2. 이 법의 위반에 대한 신고를 받거나 민원이 접수된 경우

2의2. 이용자 정보의 안전성과 신뢰성 확보를 현저히 해치는 사건·사고 등이 발생하였거나 발생할 가능성이 있는 경우

3. 그 밖에 이용자 보호를 위하여 필요한 경우로서 대통령령으로 정하는 경우

② 방송통신위원회는 이 법을 위반하여 영리목적 광고성 정보를 전송한 자에게 다음 각 호의 조치를 하기 위하여 정보통신서비스 제공자에게 해당 광고성 정보 전송자의 성명·주소·주민등록번호·이용기간 등에 대한 자료의 열람이나 제출을 요청할 수 있다. <개정 2020·2·4>

1. 제 4 항에 따른 시정조치

2. 제76조에 따른 과태료 부과

3. 그 밖에 이에 준하는 조치

③ 과학기술정보통신부장관 또는 방송통신위원회는 정보통신서비스 제공자가 제 1 항 및 제 2 항에 따른 자료를 제출하지 아니하거나 이 법을 위반한 사실이 있다고 인정되면 소속 공무원에게 정보통신서비스 제공자, 해당 법 위반 사실과 관련한 관계인의 사업장에 출입하여 업무상황, 장부 또는 서류 등을 검사하도록 할 수 있다. <개정 2011·3·29, 2013·3·23, 2016·3·22, 2017·7·26, 2020·2·4>

④ 과학기술정보통신부장관 또는 방송통신위원회는 이 법을 위반한 정보통신서비스 제공자에게 해당 위반행위의 중지나 시정을 위하여 필요한 시정조치를 명할 수 있고, 시정조치의 명령을 받은 정보통신서비스 제공자에게 시정조치의 명령을 받은 사실을 공표하도록 할 수 있다. 이 경우 공표의 방법·기준 및 절차 등에 필요한 사항은 대통령령으로 정한다. <개정 2011·3·29, 2013·3·23, 2017·7·26, 2020·2·4>

⑤ 과학기술정보통신부장관 또는 방송통신위원회는 제 4 항에 따라 필요한 시정조치를 명한 경우에는 시정조치를 명한 사실을 공개할 수 있다. 이 경우 공개의 방법·기준 및 절차 등에 필요한 사항은 대통령령으로 정한다. <개정 2011·3·29, 2013·3·23, 2017·7·26>

⑥ 과학기술정보통신부장관 또는 방송통신위원회가 제 1 항 및 제 2 항에 따라 자료 등의 제출 또는 열람을 요구할 때에는 요구사유, 법적 근거, 제출시한 또는 열람일시,

제출·열람할 자료의 내용 등을 구체적으로 밝혀 서면(전자문서를 포함한다)으로 알려야 한다. <개정 2011·3·29, 2013·3·23, 2017·7·26>

⑦ 제3항에 따른 검사를 하는 경우에는 검사 시작 7일 전까지 검사일시, 검사이유 및 검사내용 등에 대한 검사계획을 해당 정보통신서비스 제공자에게 알려야 한다. 다만, 긴급한 경우나 사전통지를 하면 증거인멸 등으로 검사목적을 달성할 수 없다고 인정하는 경우에는 그 검사계획을 알리지 아니한다. <개정 2020·2·4>

⑧ 제3항에 따라 검사를 하는 공무원은 그 권한을 표시하는 증표를 지니고 이를 관계인에게 내보여야 하며, 출입할 때 성명·출입시간·출입목적 등이 표시된 문서를 관계인에게 내주어야 한다.

⑨ 과학기술정보통신부장관 또는 방송통신위원회는 제1항부터 제3항까지의 규정에 따라 자료 등을 제출받거나 열람 또는 검사한 경우에는 그 결과(조사 결과 시정조치명령 등의 처분을 하려는 경우에는 그 처분의 내용을 포함한다)를 해당 정보통신서비스 제공자에게 서면으로 알려야 한다. <개정 2011·3·29, 2013·3·23, 2017·7·26, 2020·2·4>

⑩ 과학기술정보통신부장관 또는 방송통신위원회는 제1항부터 제4항까지의 규정에 따른 자료의 제출 요구 및 검사 등을 위하여 인터넷진흥원의 장에게 기술적 자문을 하거나 그 밖에 필요한 지원을 요청할 수 있다. <개정 2009·4·22, 2011·3·29, 2013·3·23, 2017·7·26>

⑪ 제1항부터 제3항까지의 규정에 따른 자료 등의 제출 요구, 열람 및 검사 등은 이 법의 시행을 위하여 필요한 최소한의 범위에서 하여야 하며 다른 목적을 위하여 남용하여서는 아니 된다.

〔전부개정 2008·6·13〕

제64조의2(자료 등의 보호 및 폐기) ① 과학기술정보통신부장관 또는 방송통신위원회는 정보통신서비스 제공자로부터 제64조에 따라 제출되거나 수집된 서류·자료 등에 대한 보호 요구를 받으면 이를 제3자에게 제공하거나 일반에게 공개하여서는 아니 된다. <개정 2011·3·29, 2013·3·23, 2017·7·26, 2020·2·4>

② 과학기술정보통신부장관 또는 방송통신위원회는 정보통신망을 통하여 자료의 제출 등을 받은 경우나 수집한 자료 등을 전자화한 경우에는 개인정보·영업비밀 등이 유출되지 아니하도록 제도적·기술적 보안조치를 하여야 한다. <개정 2011·3·29, 2013·3·23, 2017·7·26>

③ 과학기술정보통신부장관 또는 방송통신위원회는 다른 법률에 특별한 규정이 있는 경우 외에 다음 각 호의 어느 하나에 해당하는 사유가 발생하면 제64조에 따라 제출되거나 수집된 서류·자료 등을 즉시 폐기하여야 한다. 제65조에 따라 과학기술정보통신부장관 또는 방송통신위원회의 권한의 전부 또는 일부를 위임 또는 위탁받은 자도 또한 같다. <개정 2011·3·29, 2013·3·23, 2017·7·26>

1. 제64조에 따른 자료제출 요구, 출입검사, 시정명령 등의 목적이 달성된 경우
2. 제64조제4항에 따른 시정조치명령에 불복하여 행정심판이 청구되거나 행정소송이 제기된 경우에는 해당 행정쟁송절차가 끝난 경우
3. 제76조제4항에 따른 과태료 처분이 있고 이에 대한 이의제기가 없는 경우에는 같은 조 제5항에 따른 이의제기기간이 끝난 경우
4. 제76조제4항에 따른 과태료 처분에 대하여 이의제기가 있는 경우에는 해당 관할 법원에 의한 비송사건절차가 끝난 경우

〔전부개정 2008·6·13〕

제64조의3 삭제 <2020·2·4>

제64조의4(청문) 과학기술정보통신부장관 또는 방송통신위원회는 다음 각 호의 어느 하나에 해당하는 경우에는 청문을 하여야 한다. <개정 2017·7·26, 2020·2·4, 2020·6·9>

1. 제9조제2항에 따라 인증기관의 지정을 취소하려는 경우
2. 제23조의4제1항에 따라 본인확인기관의 지정을 취소하려는 경우
3. 제47조제10항에 따라 정보보호 관리체계 인증을 취소하려는 경우
4. 제47조의2제1항에 따라 정보보호 관리

체계 인증기관의 지정을 취소하려는 경우
5. 제47조의5제4항에 따라 정보보호 관리등급을 취소하려는 경우
5의2. 제48조의6제3항에 따라 정보보호 인증을 취소하려는 경우
5의3. 제48조의6제5항에 따라 인증시험 대행기관의 지정을 취소하려는 경우
6. 제55조제1항에 따라 등록을 취소하려는 경우
〔본조신설 2015·12·1〕

제64조의5(투명성 보고서 제출의무 등) ① 정보통신서비스 제공자 중 일일 평균 이용자의 수, 매출액, 사업의 종류 등이 대통령령으로 정하는 기준에 해당하는 자는 매년 자신이 제공하는 정보통신서비스를 통하여 유통되는 불법촬영물등의 처리에 관하여 다음 각 호의 사항을 포함한 보고서(이하 "투명성 보고서"라 한다)를 작성하여 다음해 1월 31일까지 방송통신위원회에 제출하여야 한다.
1. 정보통신서비스 제공자가 불법촬영물등의 유통 방지를 위하여 기울인 일반적인 노력에 관한 사항
2. 「전기통신사업법」 제22조의5제1항에 따른 불법촬영물등의 신고, 삭제요청 등의 횟수, 내용, 처리기준, 검토결과 및 처리결과에 관한 사항
3. 「전기통신사업법」 제22조의5제1항에 따른 불법촬영물등의 삭제·접속차단 등 유통방지에 필요한 절차의 마련 및 운영에 관한 사항
4. 불법촬영물등 유통방지 책임자의 배치에 관한 사항
5. 불법촬영물등 유통방지를 위한 내부 교육의 실시와 지원에 관한 사항
② 방송통신위원회는 투명성 보고서를 자신이 운영·관리하는 정보통신망을 통하여 공개하여야 한다.
③ 방송통신위원회는 투명성 보고서의 사실을 확인하거나 제출된 자료의 진위를 확인하기 위하여 정보통신서비스제공자에게 자료의 제출을 요구할 수 있다.
〔본조신설 2020·6·9〕

제65조(권한의 위임·위탁) ① 이 법에 따른 과학기술정보통신부장관 또는 방송통신위원회의 권한은 대통령령으로 정하는 바에 따라 그 일부를 소속 기관의 장 또는 지방우정청장에게 위임·위탁할 수 있다. <개정 2011·3·29, 2013·3·23, 2017·7·26, 2020·2·4>
② 과학기술정보통신부장관은 제13조에 따른 정보통신망의 이용촉진 등에 관한 사업을 대통령령으로 정하는 바에 따라 「지능정보화 기본법」 제12조에 따른 한국지능정보사회진흥원에 위탁할 수 있다. <개정 2013·3·23, 2017·7·26, 2020·6·9>
③ 과학기술정보통신부장관 또는 방송통신위원회는 제64조제1항 및 제2항에 따른 자료의 제출 요구 및 검사에 관한 업무를 대통령령으로 정하는 바에 따라 인터넷진흥원에 위탁할 수 있다. <개정 2009·4·22, 2011·3·29, 2013·3·23, 2017·7·26>
④ 제3항에 따른 인터넷진흥원의 직원에게는 제64조제8항을 준용한다. <개정 2009·4·22>
〔전부개정 2008·6·13〕

제65조의2 삭제 <2005·12·30>

제66조(비밀유지 등) 다음 각 호의 어느 하나에 해당하는 업무에 종사하는 사람 또는 종사하였던 사람은 그 직무상 알게 된 비밀을 타인에게 누설하거나 직무 외의 목적으로 사용하여서는 아니 된다. 다만, 다른 법률에 특별한 규정이 있는 경우에는 그러하지 아니하다. <개정 2012·2·17, 2020·6·9>
1. 삭제 <2011·3·29>
2. 제47조에 따른 정보보호 관리체계 인증 업무
2의2. 삭제 <2020·2·4>
3. 제52조제3항제4호에 따른 정보보호시스템의 평가 업무
4. 삭제 <2012·2·17>
5. 제44조의10에 따른 명예훼손 분쟁조정부의 분쟁조정 업무
〔전부개정 2008·6·13〕

제67조 삭제 <2020·2·4>

제68조 삭제 <2010·3·22>

제68조의2 삭제 <2015·6·22>

제69조(벌칙 적용 시의 공무원 의제) 과학기술정보통신부장관 또는 방송통신위원회가 제65조제2항 및 제3항에 따라 위탁한 업무

에 종사하는 한국정보화진흥원과 인터넷진흥원의 임직원은 「형법」 제129조부터 제132조까지의 규정에 따른 벌칙을 적용할 때에는 공무원으로 본다. <개정 2009·4·22, 2011·3·29, 2013·3·23, 2017·7·26>

〔전부개정 2008·6·13〕

제69조의2 삭제 <2020·2·4>

제10장 벌칙

제70조(벌칙) ① 사람을 비방할 목적으로 정보통신망을 통하여 공공연하게 사실을 드러내어 다른 사람의 명예를 훼손한 자는 3년 이하의 징역 또는 3천만원 이하의 벌금에 처한다. <개정 2014·5·28>

② 사람을 비방할 목적으로 정보통신망을 통하여 공공연하게 거짓의 사실을 드러내어 다른 사람의 명예를 훼손한 자는 7년 이하의 징역, 10년 이하의 자격정지 또는 5천만원 이하의 벌금에 처한다.

③ 제1항과 제2항의 죄는 피해자가 구체적으로 밝힌 의사에 반하여 공소를 제기할 수 없다.

〔전부개정 2008·6·13〕

제70조의2(벌칙) 제48조제2항을 위반하여 악성프로그램을 전달 또는 유포하는 자는 7년 이하의 징역 또는 7천만원 이하의 벌금에 처한다.

〔본조신설 2016·3·22〕

제71조(벌칙) ① 다음 각 호의 어느 하나에 해당하는 자는 5년 이하의 징역 또는 5천만원 이하의 벌금에 처한다. <개정 2016·3·22, 2018·12·24, 2024·1·23>

1.부터 8.까지 삭제 <2020·2·4>

9. 제23조의5제1항을 위반하여 연계정보를 생성·처리한 자

10. 제23조의5제4항에 따른 목적 범위를 넘어서 연계정보를 처리한 자

11. 제48조제1항을 위반하여 정보통신망에 침입한 자

12. 제48조제3항을 위반하여 정보통신망에 장애가 발생하게 한 자

13. 제48조제4항을 위반하여 프로그램이나 기술적 장치 등을 정보통신망 또는 이와 관련된 정보시스템에 설치하거나 이를 전달·유포한 자

14. 제49조를 위반하여 타인의 정보를 훼손하거나 타인의 비밀을 침해·도용 또는 누설한 자

② 제1항제11호의 미수범은 처벌한다. <신설 2016·3·22, 2024·1·23>

〔전부개정 2008·6·13〕

제72조(벌칙) ① 다음 각 호의 어느 하나에 해당하는 자는 3년 이하의 징역 또는 3천만원 이하의 벌금에 처한다. <개정 2015·1·20, 2015·3·27, 2020·2·4, 2024·1·23>

1. 삭제 <2016·3·22>

1의2. 제42조의2를 위반하여 청소년유해매체물을 광고하는 내용의 정보를 청소년에게 전송하거나 청소년 접근을 제한하는 조치 없이 공개적으로 전시한 자

2. 제49조의2제1항을 위반하여 다른 사람의 정보를 수집한 자

2의2. 제50조의8을 위반하여 광고성 정보를 전송한 자

3. 제53조제1항에 따른 등록을 하지 아니하고 그 업무를 수행한 자

4. 다음 각 목의 어느 하나에 해당하는 행위를 통하여 자금을 융통하여 준 자 또는 이를 알선·중개·권유·광고한 자

가. 재화등의 판매·제공을 가장하거나 실제 매출금액을 초과하여 통신과금서비스에 의한 거래를 하거나 이를 대행하게 하는 행위

나. 통신과금서비스이용자로 하여금 통신과금서비스에 의하여 재화등을 구매·이용하도록 한 후 통신과금서비스이용자가 구매·이용한 재화등을 할인하여 매입하는 행위

5. 제66조를 위반하여 직무상 알게 된 비밀을 타인에게 누설하거나 직무 외의 목적으로 사용한 자

② 삭제 <2016·3·22>

〔전부개정 2008·6·13〕

제73조(벌칙) 다음 각 호의 어느 하나에 해당하는 자는 2년 이하의 징역 또는 2천만원 이하의 벌금에 처한다. <개정 2014·5·28,

2016·3·22, 2018·6·12, 2020·2·4, 2022·6·10, 2024·2·13>

1. 및 1의2. 삭제 <2020·2·4>
2. 제42조를 위반하여 청소년유해매체물임을 표시하지 아니하고 영리를 목적으로 제공한 자
3. 삭제 <2024·1·23>
4. 제44조의6제3항을 위반하여 이용자의 정보를 민·형사상의 소를 제기하는 것 외의 목적으로 사용한 자
5. 제44조의7제2항 및 제3항에 따른 방송통신위원회의 명령을 이행하지 아니한 자
6. 제48조의4제5항에 따른 명령을 위반하여 관련 자료를 보전하지 아니한 자
7. 제49조의2제1항을 위반하여 정보의 제공을 유인한 자

7의2. 제58조의2(제59조제2항에 따라 준용되는 경우를 포함한다)를 위반하여 제공받은 정보를 본인 여부를 확인하거나 고소·고발을 위하여 수사기관에 제출하기 위한 목적 외의 용도로 사용한 자

8. 제61조에 따른 명령을 이행하지 아니한 자

〔전부개정 2008·6·13〕

제74조(벌칙) ① 다음 각 호의 어느 하나에 해당하는 자는 1년 이하의 징역 또는 1천만원 이하의 벌금에 처한다. <개정 2012·2·17, 2014·5·28>

1. 제8조제4항을 위반하여 비슷한 표시를 한 제품을 표시·판매 또는 판매할 목적으로 진열한 자
2. 제44조의7제1항제1호를 위반하여 음란한 부호·문언·음향·화상 또는 영상을 배포·판매·임대하거나 공공연하게 전시한 자
3. 제44조의7제1항제3호를 위반하여 공포심이나 불안감을 유발하는 부호·문언·음향·화상 또는 영상을 반복적으로 상대방에게 도달하게 한 자
4. 제50조제5항을 위반하여 조치를 한 자
5. 삭제 <2014·5·28>
6. 삭제 <2024·1·23>
7. 제53조제4항을 위반하여 등록사항의 변경등록 또는 사업의 양도·양수 또는 합병·상속의 신고를 하지 아니한 자

② 제1항제3호의 죄는 피해자가 구체적으로 밝힌 의사에 반하여 공소를 제기할 수 없다.

〔전부개정 2008·6·13〕

제75조(양벌규정) 법인의 대표자나 법인 또는 개인의 대리인, 사용인, 그 밖의 종업원이 그 법인 또는 개인의 업무에 관하여 제71조부터 제73조까지 또는 제74조제1항의 어느 하나에 해당하는 위반행위를 하면 그 행위자를 벌하는 외에 그 법인 또는 개인에게도 해당 조문의 벌금형을 과(科)한다. 다만, 법인 또는 개인이 그 위반행위를 방지하기 위하여 해당 업무에 관하여 상당한 주의와 감독을 게을리하지 아니한 경우에는 그러하지 아니하다.

〔전부개정 2010·3·17〕

제75조의2(몰수·추징) 제72조제1항제2호 및 제73조제7호의 어느 하나에 해당하는 죄를 지은 자가 해당 위반행위와 관련하여 취득한 금품이나 그 밖의 이익은 몰수할 수 있으며, 이를 몰수할 수 없을 때에는 그 가액을 추징할 수 있다. 이 경우 몰수 또는 추징은 다른 벌칙에 부가하여 과할 수 있다. <개정 2020·2·4>

〔본조신설 2016·3·22〕

제76조(과태료) ① 다음 각 호의 어느 하나에 해당하는 자와 제7호부터 제11호까지의 경우에 해당하는 행위를 하도록 한 자에게는 3천만원 이하의 과태료를 부과한다. <개정 2011·3·29, 2012·2·17, 2013·3·23, 2014·5·28, 2015·6·22, 2015·12·1, 2016·3·22, 2017·7·26, 2018·9·18, 2020·2·4, 2021·6·8, 2023·1·3, 2024·1·23, 2024·2·13>

1. 제22조의2제2항을 위반하여 서비스의 제공을 거부한 자

1의2. 제22조의2제3항을 위반하여 접근권한에 대한 이용자의 동의 및 철회방법을 마련하는 등 이용자 정보 보호를 위하여 필요한 조치를 하지 아니한 자

2. 제23조의2제1항을 위반하여 주민등록번호를 수집·이용하거나 같은 조 제2항에 따른 필요한 조치를 하지 아니한 자

2의2.부터 2의4.까지 삭제 <2020·2·4>

2의5. 제23조의6제1항에 따른 물리적·기술적·관리적 조치를 하지 아니한 자

2의6. 제23조의6제2항에 따른 안전조치를

하지 아니한 자
3.부터 5의2.까지 삭제 <2020·2·4>
6. 삭제 <2014·5·28>
6의2. 제45조의3제1항을 위반하여 대통령령으로 정하는 기준에 해당하는 임직원을 정보보호 최고책임자로 지정하지 아니하거나 정보보호 최고책임자의 지정을 신고하지 아니한 자
6의3. 제45조의3제3항을 위반하여 정보보호 최고책임자로 하여금 같은 조 제4항의 업무 외의 다른 업무를 겸직하게 한 자
6의4. 제46조제3항에 따른 시정명령을 이행하지 아니한 자
6의5. 제47조제2항을 위반하여 정보보호 관리체계 인증을 받지 아니한 자
6의6. 제48조의3제1항을 위반하여 침해사고의 신고를 하지 아니한 자
6의7. 제48조의4제3항에 따른 시정명령을 이행하지 아니한 자
7. 제50조제1항부터 제3항까지의 규정을 위반하여 영리 목적의 광고성 정보를 전송한 자
8. 제50조제4항을 위반하여 광고성 정보를 전송할 때 밝혀야 하는 사항을 밝히지 아니하거나 거짓으로 밝힌 자
9. 제50조제6항을 위반하여 비용을 수신자에게 부담하도록 한 자
9의2. 제50조제8항을 위반하여 수신동의 여부를 확인하지 아니한 자
9의3. 제50조의4제4항을 위반하여 필요한 조치를 하지 아니한 자
10. 제50조의5를 위반하여 이용자의 동의를 받지 아니하고 프로그램을 설치한 자
11. 제50조의7제1항 또는 제2항을 위반하여 인터넷 홈페이지에 영리목적의 광고성 정보를 게시한 자
11의2. 삭제 <2020·2·4>
12. 이 법을 위반하여 제64조제4항에 따라 과학기술정보통신부장관 또는 방송통신위원회로부터 받은 시정조치 명령을 이행하지 아니한 자

② 다음 각 호의 어느 하나에 해당하는 자에게는 2천만원 이하의 과태료를 부과한다. <개정 2016·3·22, 2018·6·12, 2018·9·18, 2020·2·4, 2020·6·9>
1.부터 4.까지 삭제 <2020·2·4>
4의2. 제46조제2항을 위반하여 보험에 가입하지 아니한 자
4의3. 제32조의5제1항을 위반하여 국내대리인을 지정하지 아니한 자
4의4. 제44조의9제1항을 위반하여 불법촬영물등 유통방지 책임자를 지정하지 아니한 자
5. 삭제 <2020·2·4>

③ 다음 각 호의 어느 하나에 해당하는 자에게는 1천만원 이하의 과태료를 부과한다. <개정 2009·4·22, 2011·4·5, 2012·2·17, 2014·5·28, 2015·12·1, 2016·3·22, 2017·7·26, 2018·6·12, 2020·2·4, 2020·6·9, 2022·6·10, 2023·1·3, 2024·1·23, 2024·2·13>
1. 및 2. 삭제 <2015·6·22>
2의2. 제23조의3제1항을 위반하여 본인확인기관의 지정을 받지 아니하고 본인확인업무를 한 자
2의3. 제23조의3제2항에 따른 본인확인업무의 휴지 또는 같은 조 제3항에 따른 본인확인업무의 폐지 사실을 이용자에게 통보하지 아니하거나 방송통신위원회에 신고하지 아니한 자
2의4. 제23조의4제1항에 따른 본인확인업무의 정지 및 지정취소 처분에도 불구하고 본인확인업무를 계속한 자
2의5. 삭제 <2020·2·4>
3. 제42조의3제1항을 위반하여 청소년 보호 책임자를 지정하지 아니한 자
4. 제43조를 위반하여 정보를 보관하지 아니한 자
4의2. 제44조의7제5항을 위반하여 기술적·관리적 조치를 하지 아니한 자
4의3. 제46조제4항에 따른 자료의 제출요구에 정당한 사유 없이 따르지 아니한 자. 다만, 관계 중앙행정기관(그 소속기관을 포함한다)의 장은 제외한다.
4의4. 제46조제6항을 위반하여 보고를 하지 아니하거나 거짓으로 보고한 자
5. 삭제 <2018·6·12>
6. 삭제 <2015·12·1>

7. 제47조제9항을 위반하여 인증받은 내용을 거짓으로 홍보한 자
8. 및 9. 삭제 <2012·2·17>
10. 제47조의4제4항을 위반하여 소프트웨어 사용자에게 알리지 아니한 자
11. 제48조의2제4항에 따른 시정명령을 이행하지 아니한 자
11의2. 삭제 <2024·2·13>
11의3. 제48조의4제6항에 따른 자료를 제출하지 아니하거나 거짓으로 제출한 자
12. 제48조의4제6항에 따른 사업장 출입 및 조사를 방해하거나 거부 또는 기피한 자
12의2. 제49조의2제4항을 위반하여 과학기술정보통신부장관 또는 방송통신위원회의 명령을 이행하지 아니한 자
12의3. 제50조제7항을 위반하여 수신동의, 수신거부 또는 수신동의 철회에 대한 처리 결과를 알리지 아니한 자
12의4. 삭제 <2024·1·23>
13. 제52조제6항을 위반하여 한국인터넷진흥원의 명칭을 사용한 자
14. 제53조제4항을 위반하여 사업의 휴업·폐업·해산의 신고를 아니한 자
15. 제56조제1항을 위반하여 약관을 신고하지 아니한 자
16. 제57조제2항을 위반하여 관리적 조치 또는 기술적 조치를 하지 아니한 자
17. 제58조제1항을 위반하여 통신과금서비스 이용일시 등을 통신과금서비스이용자에게 고지하지 아니한 자
18. 제58조제2항을 위반하여 통신과금서비스이용자가 구매·이용 내역을 확인할 수 있는 방법을 제공하지 아니하거나 통신과금서비스이용자의 제공 요청에 따르지 아니한 자
19. 제58조제3항을 위반하여 통신과금서비스이용자로부터 받은 통신과금에 대한 정정요구가 이유 있음에도 결제대금의 지급을 유보하지 아니하거나 통신과금서비스이용자의 요청에 대한 처리 결과를 통신과금서비스이용자에게 알려 주지 아니한 자
20. 제58조제4항을 위반하여 통신과금서비스에 관한 기록을 보존하지 아니한 자
20의2. 제58조제5항을 위반하여 통신과금서비스이용자의 동의를 받지 아니하고 통신과금서비스를 제공하거나 이용한도액을 증액한 자
20의3. 제58조제6항을 위반하여 통신과금서비스 약관의 변경에 관한 통지를 하지 아니한 자
20의4. 제58조의2(제59조제2항에 따라 준용되는 경우를 포함한다)를 위반하여 통신과금서비스이용자의 정보 제공 요청에 따르지 아니한 자
21. 제59조제3항을 위반하여 통신과금서비스이용자의 이의신청 및 권리구제를 위한 절차를 마련하지 아니하거나 통신과금서비스 계약 시 이를 명시하지 아니한 자
22. 제64조제1항에 따른 관계 물품·서류 등을 제출하지 아니하거나 거짓으로 제출한 자
23. 제64조제2항에 따른 자료의 열람·제출요청에 따르지 아니한 자
24. 제64조제3항에 따른 출입·검사를 거부·방해 또는 기피한 자
25. 제64조의5제1항을 위반하여 투명성 보고서를 제출하지 아니한 자

④ 제1항부터 제3항까지의 과태료는 대통령령으로 정하는 바에 따라 과학기술정보통신부장관 또는 방송통신위원회가 부과·징수한다. <개정 2011·3·29, 2013·3·23, 2017·7·26>

⑤부터 ⑦까지 삭제 <2017·3·14>

〔전부개정 2008·6·13〕

부 칙

제1조(시행일) 이 법은 2001년 7월 1일부터 시행한다.

제2조(한국정보보호센터의 설립근거와 명칭의 변경에 따른 경과조치) ① 이 법 시행당시 정보화촉진기본법 제14조의2의 규정에 의하여 설립된 한국정보보호센터는 이 법 제52조의 규정에 의한 한국정보보호진흥원으로 본다.

② 이 법 시행당시 한국정보보호센터가 행한 행위 그 밖의 법률관계에 있어서 한국정보보호센터는 이를 보호진흥원으로 본다.

③ 이 법 시행당시 등기부 그 밖의 공부상 한국정보보호센터의 명의는 이를 한국정보

보호진흥원으로 본다.

제 3 조(한국정보통신진흥협회의 명칭변경에 따른 경과조치) ① 이 법 시행당시 한국정보통신진흥협회는 이를 한국정보통신산업협회로 본다.

② 이 법 시행당시 한국정보통신진흥협회가 행한 행위 그 밖의 법률관계에 있어서 한국정보통신진흥협회는 이를 협회로 본다.

③ 이 법 시행당시 등기부 그 밖의 공부상 한국정보통신진흥협회의 명의는 이를 한국정보통신산업협회로 본다.

제 4 조(벌칙의 적용에 관한 경과조치) 이 법 시행전의 행위에 관한 벌칙의 적용에 있어서는 종전의 규정에 의한다.

제 5 조(다른 법률의 개정) 생략

제 6 조(다른 법령과의 관계) 이 법 시행당시 다른 법령에서 종전의 정보통신망이용촉진등에관한법률 또는 그 규정을 인용하고 있는 경우 이 법에 그에 해당하는 규정이 있는 때에는 이 법 또는 이 법의 해당규정을 인용한 것으로 본다.

부 칙 <2001·12·31 법6585>

제 1 조(시행일) 이 법은 2002년 4월 1일부터 시행한다.

제 2 조부터 **제 4 조**까지 생략

부 칙 <2002·12·18 법6797>

①(시행일) 이 법은 공포후 1월이 경과한 날부터 시행한다. 다만, 제50조제 2 항·제 5 항, 제56조제 3 항·제 4 항, 제60조 및 제67조제 1 항(제15호의2 및 제15호의4의 규정에 한한다)의 개정규정은 공포후 6월이 경과한 날부터 시행한다.

②(과태료의 적용에 관한 경과조치) 이 법 시행전의 위반행위에 대한 과태료의 적용에 있어서는 종전의 규정에 의한다.

부 칙 <2004·1·29 법7139>

①(시행일) 이 법은 공포한 날부터 시행한다. 다만, 제28조·제45조제 4 항·제46조의3·제47조의2제 4 항 및 제48조의4제 6 항의 개정규정은 공포후 6월이 경과한 날부터 시행한다.

②(과태료의 적용에 관한 경과조치) 이 법 시행전의 위반행위에 대한 과태료의 적용에 있어서는 종전의 규정에 의한다.

부 칙 <2004·1·29 법7142>

제 1 조(시행일) 이 법은 공포후 6월이 경과한 날부터 시행한다.

제 2 조부터 **제 4 조**까지 생략

부 칙 <2004·12·30 법7262>

이 법은 공포후 3월이 경과한 날부터 시행한다.

부 칙 <2005·12·29 법7796>

제 1 조(시행일) 이 법은 2006년 7월 1일부터 시행한다.

제 2 조부터 **제 6 조**까지 생략

부 칙 <2005·12·30 법7812>

이 법은 공포 후 3개월이 경과한 날부터 시행한다.

부 칙 <2006·3·24 법7917>

①(시행일) 이 법은 공포 후 3개월이 경과한 날부터 시행한다.

②(정보보호 안전진단에 관한 경과조치) 이 법 시행 전에 「정보통신기반 보호법」 제17조의 규정에 의한 정보보호컨설팅전문업체가 정보보호 안전진단 업무를 시작한 경우에는 제46조의3제 1 항의 개정규정에 불구하고 종전의 규정에 따라 정보보호 안전진단 업무를 계속하여 수행할 수 있다.

부 칙 <2006·10·4 법8030>

이 법은 공포 후 3개월이 경과한 날부터 시행한다.

부 칙 <2006·10·4 법8031>

제 1 조(시행일) 이 법은 공포한 날부터 시행한다. 〈단서 생략〉

제 2 조부터 **제 6 조**까지 생략

부 칙 <2007·1·26 법8289>

제 1 조(시행일) 이 법은 공포 후 6개월이 경과한 날부터 시행한다.

제 2 조(불법통신의 금지 등에 관한 경과조치) 이 법 시행 전에 「전기통신사업법」 제53조의 규정에 따라 정보통신부장관이 행한 전기통신 취급에 대한 거부·정지 또는 제한의 명령은 이를 이 법 제44조의7의 개정규정에 따라 행한 것으로 본다.

제 3 조(정보통신윤리위원회 설치근거 변경에 따른 경과조치) ① 이 법 시행 당시 종전의 「전기통신사업법」 제53조의2의 규정에 따라 설치된 정보통신윤리위원회는 이 법 제44조의8의 개정규정에 따라 설치된 정보통신윤리위원회로 본다.

② 이 법 시행 전에 종전의 규정에 따른 정

보통신윤리위원회가 행한 행위 또는 정보통신윤리위원회에 대하여 행한 행위 그 밖의 법률관계는 이 법 제44조의8의 개정규정에 따른 정보통신윤리위원회가 행한 행위 또는 정보통신윤리위원회에 대하여 행한 행위 그 밖의 법률관계로 본다.

제 4 조(개인정보수집·이용·제공 등에 관한 경과조치) ① 이 법 시행 당시 종전의 제22조·제23조·제24조 또는 제54조의 규정에 따라 개인정보수집·이용·제공 등에 대한 이용자의 동의를 얻은 경우에는 제22조·제23조·제24조·제24조의2 또는 제54조의 개정규정에 따라 적법하게 동의를 얻은 것으로 본다.

② 이 법 시행 당시 종전의 제25조의 규정에 따라 적법하게 개인정보취급위탁을 한 경우에는 제25조제 1 항의 개정규정에 따라 적법하게 동의를 얻은 것으로 본다.

③ 이 법 시행 당시 종전의 제26조의 규정에 따라 정보통신서비스제공자등의 권리·의무를 승계한 자가 이용자의 동의를 얻어 개인정보를 이용하거나 제공한 행위는 제26조제 3 항의 개정규정에 따라 적법하게 동의를 얻은 것으로 본다.

제 5 조(벌칙의 적용에 관한 경과조치) 이 법 시행 전의 행위에 관한 벌칙의 적용에 있어서는 종전의 규정에 따른다.

제 6 조(다른 법률의 개정) 생략

부 칙 <2007·5·25 법8486>

제 1 조(시행일) 이 법은 공포 후 1년이 경과한 날부터 시행한다.

제 2 조부터 **제10조**까지 생략

부 칙 <2007·12·21 법8778>

제 1 조(시행일) 이 법은 공포 후 3개월이 경과한 날부터 시행한다.

제 2 조(통신과금서비스제공자의 등록에 관한 경과조치) ① 이 법 시행 당시 통신과금서비스를 제공하고 있는 자는 이 법 시행일부터 3개월 이내에 제53조제 1 항의 개정규정에 따라 정보통신부장관에게 등록하여야 한다.

② 이 법 시행 당시 「전자금융거래법」 제28조제 2 항에 따라 등록을 한 통신과금서비스제공자는 이 법 시행일부터 3개월 이내에 해당 등록사실을 증명하는 서면을 정보통신부장관에게 제출하여야 한다.

③ 제 2 항에 따라 서면을 제출한 자는 제53조제 1 항의 개정규정에 따라 등록한 것으로 본다.

부 칙 <2008·2·29 법8852>

제 1 조(시행일) 이 법은 공포한 날부터 시행한다. 〈단서 생략〉

제 2 조부터 **제 7 조**까지 생략

부 칙 <2008·2·29 법8867>

제 1 조(시행일 등) 이 법은 공포한 날부터 시행한다. 〈단서 생략〉

제 2 조부터 **제12조**까지 생략

부 칙 <2008·6·13 법9119>

①(시행일) 이 법은 공포 후 6개월이 경과한 날부터 시행한다.

②(벌칙 및 과태료의 적용에 관한 경과조치) 이 법 시행 전의 행위에 관한 벌칙 및 과태료의 적용은 종전의 규정에 따른다.

부 칙 <2009·4·22 법9637>

제 1 조(시행일) 이 법은 공포 후 3개월이 경과한 날부터 시행한다.

제 2 조(한국인터넷진흥원의 설립준비) ① 방송통신위원회는 이 법 시행 전에 5명 이내의 설립위원을 위촉하여 한국인터넷진흥원의 설립을 위한 준비행위를 할 수 있다.

② 설립위원은 한국인터넷진흥원의 정관을 작성하여 방송통신위원회의 인가를 받아야 한다.

③ 설립위원은 제 2 항에 따른 인가를 받은 때에는 연명으로 한국인터넷진흥원의 설립등기를 한 후 한국인터넷진흥원원장에게 사무를 인계하여야 한다.

④ 설립위원은 제 3 항에 따른 사무인계가 끝난 때에는 해촉된 것으로 본다.

제 3 조(한국정보보호진흥원·한국인터넷진흥원·정보통신국제협력진흥원의 승계에 관한 경과조치) ① 이 법 시행 당시 종전의 「정보통신망 이용촉진 및 정보보호 등에 관한 법률」 제52조에 따른 한국정보보호진흥원(이하 "한국정보보호진흥원"이라 한다), 「인터넷주소자원에 관한 법률」 제 9 조에 따른 한국인터넷진흥원(이하 "한국인터넷진흥원"이라 한다), 「정보화촉진기본법」 제24조의2에 따른 정보통신국제협력진흥원(이하 "정보통신국제협력진흥원"이라 한다)의 소관 사무는 이 법

에 따른 한국인터넷진흥원이 포괄 승계한다.

② 이 법 시행 당시 종전의 한국정보보호진흥원, 한국인터넷진흥원, 정보통신국제협력진흥원의 권리·의무와 재산은 이 법에 따른 한국인터넷진흥원이 포괄 승계한다.

③ 이 법 시행 당시 종전의 한국정보보호진흥원, 한국인터넷진흥원, 정보통신국제협력진흥원의 직원의 고용관계는 이 법에 따른 한국인터넷진흥원이 포괄 승계한다.

④ 이 법 시행 당시 종전의 한국정보보호진흥원, 한국인터넷진흥원, 정보통신국제협력진흥원이 행한 행위 또는 종전의 한국정보보호진흥원, 한국인터넷진흥원, 정보통신국제협력진흥원에 대하여 행하여진 행위는 이 법에 따른 한국인터넷진흥원이 행하였거나 이 법에 따른 한국인터넷진흥원에 대하여 행하여진 행위로 본다.

⑤ 이 법 시행 당시 등기부나 그 밖의 공부에 표시된 종전의 한국정보보호진흥원, 한국인터넷진흥원, 정보통신국제협력진흥원의 명의는 이 법에 따른 한국인터넷진흥원의 명의로 본다.

제4조(다른 법률의 개정) 생략

제5조(다른 법령과의 관계) 이 법 시행 당시 다른 법령에서 종전의 「정보통신망 이용촉진 및 정보보호 등에 관한 법률」 또는 그 규정을 인용한 경우 이 법 가운데 그에 해당하는 규정이 있는 때에는 종전의 규정을 갈음하여 이 법 또는 이 법의 해당 규정을 인용한 것으로 본다.

부 칙 <2010·3·17 법10138>

이 법은 공포한 날부터 시행한다.

부 칙 <2010·3·22 법10165>

제1조(시행일) 이 법은 공포 후 6개월이 경과한 날부터 시행한다. 〈단서 생략〉

제2조부터 **제7조**까지 생략

부 칙 <2010·3·22 법10166>

제1조(시행일) 이 법은 공포 후 6개월이 경과한 날부터 시행한다.

제2조부터 **제9조**까지 생략

부 칙 <2011·3·29 법10465>

제1조(시행일) 이 법은 공포 후 6개월이 경과한 날부터 시행한다. 〈단서 생략〉

제2조부터 **제7조**까지 생략

부 칙 <2011·4·5 법10560>

제1조(시행일) 이 법은 공포 후 3개월이 경과한 날부터 시행한다.

제2조(일반적 경과조치) 이 법 시행 당시 종전의 본인확인업무를 개발·제공한 본인확인기관의 행위는 그 본인확인기관이 이 법에 따른 지정을 받은 경우에 한하여 적법하게 본인확인업무를 개발·제공한 것으로 본다.

제3조(본인확인기관 지정에 관한 경과조치) 이 법 시행 당시 본인확인업무를 하는 자는 이 법 시행일부터 3개월 이내에 제23조의3 제1항의 개정규정에 따라 방송통신위원회로부터 본인확인기관으로 지정받아야 한다.

부 칙 <2011·9·15 법11048>

제1조(시행일) 이 법은 공포 후 1년이 경과한 날부터 시행한다. 〈단서 생략〉

제2조부터 **제5조**까지 생략

부 칙 <2012·2·17 법11322>

제1조(시행일) 이 법은 공포 후 6개월이 경과한 날부터 시행한다. 다만, 제45조, 제45조의2, 제45조의3, 제46조의3, 제47조, 제47조의2, 제47조의3, 제47조의5, 제52조제3항제7호, 제66조 및 제76조제3항제6호부터 제9호까지의 개정규정은 공포 후 1년이 경과한 날부터 시행한다.

제2조(주민등록번호 수집·이용 제한에 관한 경과조치) ① 이 법 시행 당시 주민등록번호를 사용한 회원가입 방법을 제공하고 있는 정보통신서비스 제공자는 이 법 시행일부터 2년 이내에 보유하고 있는 주민등록번호를 파기하여야 한다. 다만, 제23조의2제1항 각 호의 어느 하나에 해당하는 경우는 제외한다.

② 제1항에 따른 기간 이내에 보유하고 있는 주민등록번호를 파기하지 아니한 경우에는 제23조의2제1항의 개정규정을 위반한 것으로 본다.

제3조(정보보호 안전진단의 폐지에 따른 경과조치) 이 법 시행 당시 종전의 규정에 따라 정보보호 안전진단을 받은 사업자는 정보보호 안전진단을 받은 해당 연도에는 제47조 제2항의 개정규정에 따른 정보보호 관리체계 인증을 받은 사업자로 본다.

제4조(개인정보보호 관리체계 인증에 관한 경

과조치) 이 법 시행 당시 한국인터넷진흥원으로부터 개인정보보호 관리체계 인증을 받은 자는 제47조의3의 개정규정에 따라 개인정보보호 관리체계 인증을 받은 것으로 본다.

제5조(과태료에 관한 경과조치) 이 법 시행 전의 위반행위에 대하여 과태료를 적용할 때에는 종전의 규정에 따른다.

부 칙 <2013·3·23 법11690>

제1조(시행일) ① 이 법은 공포한 날부터 시행한다.

② 생략

제2조부터 **제7조**까지 생략

부 칙 <2014·5·28 법12681>

제1조(시행일) 이 법은 공포 후 6개월이 경과한 날부터 시행한다. 다만, 제44조제3항, 제44조의5, 제76조제1항제6호의 개정규정은 공포한 날부터 시행한다.

제2조(과징금 및 벌칙에 관한 경과조치) 이 법 시행 전의 위반행위에 대하여 과징금 및 벌칙을 적용할 때에는 종전의 규정에 따른다.

부 칙 <2014·11·19 법12844>

제1조(시행일) 이 법은 공포한 날부터 시행한다. 〈단서 생략〉

제2조부터 **제7조**까지 생략

부 칙 <2015·1·20 법13014>

이 법은 공포 후 3개월이 경과한 날부터 시행한다.

부 칙 <2015·3·27 법13280>

이 법은 공포한 날부터 시행한다.

부 칙 <2015·6·22 법13343>

제1조(시행일) 이 법은 공포 후 6개월이 경과한 날부터 시행한다.

제2조 및 **제3조** 생략

부 칙 <2015·6·22 법13344>

제1조(시행일) 이 법은 공포 후 6개월이 경과한 날부터 시행한다.

제2조(행정처분에 관한 적용례) 제55조제1항의 개정규정은 이 법 시행 전의 위반행위에 대한 행정처분의 경우에도 적용한다.

부 칙 <2015·12·1 법13520>

제1조(시행일) 이 법은 공포 후 6개월이 경과한 날부터 시행한다. 다만, 제29조제2항 및 제3항의 개정규정은 공포한 날부터 시행한다.

제2조(개인정보의 파기 등에 관한 적용례) 제29조제2항 및 제3항의 개정규정은 같은 개정규정 시행 전에 수집하거나 제공받은 개인정보에 대해서도 적용한다.

제3조(정보보호 관리체계 인증 심사 생략에 관한 적용례) 제47조제3항의 개정규정은 이 법 시행 전에 정보보호 관리체계에 대한 인증을 신청하여 그 절차가 진행 중인 자에 대해서도 적용한다.

제4조(정보보호 관리체계의 인증에 관한 경과조치) 정보보호 관리체계의 인증을 받지 아니한 자는 이 법 시행 후 6개월 이내에 제47조제2항의 개정규정에 따라 인증을 받아야 한다.

제5조(과태료에 관한 경과조치) 이 법 시행 전의 위반행위에 대하여 과태료를 적용할 때에는 종전의 규정에 따른다.

부 칙 <2016·3·22 법14080>

제1조(시행일) 이 법은 공포 후 6개월이 경과한 날부터 시행한다. 다만, 제22조의2, 제76조제1항제1호 및 제1호의2의 개정규정은 공포 후 1년이 경과한 날부터, 제32조제2항·제3항 및 제32조의2제3항의 개정규정은 2016년 7월 25일부터, 제52조제4항의 개정규정은 공포한 날부터 시행한다.

제2조(손해배상에 관한 적용례) 제32조제2항·제3항 및 제32조의2제3항의 개정규정은 같은 개정규정 시행 후에 분실·도난·유출·위조·변조 또는 훼손된 개인정보에 관한 손해배상 청구분부터 적용한다.

제3조(위반행위에 노출된 사실 안내에 관한 경과조치) 정보통신서비스 제공자는 이 법 공포 후 6개월 이내에 제49조의2제3항의 개정규정에 따라 이용자에게 안내메시지를 보낼 수 있는 설비를 구축하여야 한다.

제4조(벌칙에 관한 경과조치) 이 법 시행 전의 행위에 대하여 벌칙을 적용할 때에는 종전의 규정에 따른다.

제5조(다른 법률의 개정) 생략

부 칙 <2017·3·14 법14580>

이 법은 공포한 날부터 시행한다.

부 칙 <2017·7·26 법14839>

제1조(시행일) ① 이 법은 공포한 날부터 시행한다. 〈단서 생략〉

제2조부터 **제6조**까지 생략

부 칙 <2018·6·12 법15628>
이 법은 공포 후 6개월이 경과한 날부터 시행한다. 다만, 제32조의3, 제45조의3 및 제76조제2항제4호의2(제32조의3의 개정규정과 관련된 부분에 한정한다)의 개정규정은 공포 후 1년이 경과한 날부터 시행한다.

부 칙 <2018·9·18 법15751>
이 법은 공포 후 6개월이 경과한 날부터 시행한다.

부 칙 <2018·12·24 법16019>
제1조(시행일) 이 법은 공포 후 6개월이 경과한 날부터 시행한다. 〈단서 생략〉
제2조 및 **제3조** 생략

부 칙 <2018·12·24 법16021>
이 법은 공포 후 6개월이 경과한 날부터 시행한다. 다만, 제44조의4 및 제44조의7제3항제1호의 개정규정은 공포 후 3개월이 경과한 날부터 시행한다.

부 칙 <2019·12·10 법16825>
제1조(시행일) 이 법은 공포 후 6개월이 경과한 날부터 시행한다.
제2조(환급가산금에 관한 적용례) 제64조의3제7항 및 제8항의 개정규정은 이 법 시행 후 법원의 판결 등의 사유로 과징금을 환급하는 경우부터 적용한다.

부 칙 <2020·2·4 법16955>
이 법은 공포 후 6개월이 경과한 날부터 시행한다.

부 칙 <2020·6·9 법17344>
제1조(시행일) 이 법은 공포 후 6개월이 경과한 날부터 시행한다. 〈단서 생략〉
제2조부터 **제8조**까지 생략

부 칙 <2020·6·9 법17347>
이 법은 공포한 날부터 시행한다.

부 칙 <2020·6·9 법17348>
제1조(시행일) 이 법은 공포 후 6개월이 경과한 날부터 시행한다.
제2조부터 **제15조**까지 생략

부 칙 <2020·6·9 법17354>
제1조(시행일) 이 법은 공포 후 6개월이 경과한 날부터 시행한다. 〈단서 생략〉
제2조부터 **제8조**까지 생략

부 칙 <2020·6·9 법17358>
이 법은 공포 후 6개월이 경과한 날부터 시행한다. 다만, 제4조제2항제7호의2의 개정규정은 공포 후 3개월이 경과한 날부터 시행한다.

부 칙 <2021·6·8 법18201>
이 법은 공포 후 6개월이 경과한 날부터 시행한다.

부 칙 <2022·6·10 법18871>
이 법은 공포 후 6개월이 경과한 날부터 시행한다.

부 칙 <2023·1·3 법19154>
이 법은 공포 후 6개월이 경과한 날부터 시행한다.

부 칙 <2024·1·23 법20069>
제1조(시행일) 이 법은 공포 후 6개월이 경과한 날부터 시행한다. 다만, 제48조제4항 및 제71조제1항제13호의 개정규정은 공포한 날부터 시행하고, 제23조의5제1항제3호의 개정규정은 법률 제19234호 개인정보 보호법 일부개정법률 부칙 제1조제2호에 따른 시행일부터 시행한다.
제2조(정보보호 관리체계 인증의 특례에 관한 적용례) 제47조의7제1항 및 제3항의 개정규정은 이 법 시행 이후 제47조제1항 및 제2항에 따른 인증을 받으려는 자부터 적용한다.
제3조(연계정보 생성·처리의 승인에 관한 경과조치) 이 법 시행 당시 종전의 「정보통신 진흥 및 융합 활성화 등에 관한 특별법」 제37조 등 다른 법령에 따라 연계정보 생성·처리 관련 임시허가 또는 그와 유사한 특례 지정 등을 받은 본인확인기관과 정보통신서비스 제공자는 제23조의5제1항4호의 개정규정에도 불구하고 이 법 시행일부터 1년까지는 같은 개정규정에 따른 방송통신위원회의 승인을 받지 아니하고 연계정보를 생성·처리할 수 있다.

부 칙 <2024·2·13 법20260>
이 법은 공포 후 6개월이 경과한 날부터 시행한다.

부 칙 <2024·12·3 법20534>
이 법은 공포 후 6개월이 경과한 날부터 시행한다.

부 칙 <2025·1·21 법20678>
이 법은 공포 후 6개월이 경과한 날부터 시행한다.

●형사소송법

〔1954·9·23 법률제341호〕

개정
1961· 9· 1 법률제 705호
1963·12·13 법률제 1500호
1973· 1·25 법률제 2450호
1973·12·20 법률제 2653호
1980·12·18 법률제 3282호
1987·11·28 법률제 3955호
1994·12·22 법률제 4796호(도농복합형태의시설치에따른행정특례등에관한법률)
1995·12·29 법률제 5054호
1997·12·13 법률제 5435호
1997·12·13 법률제 5454호(정부부처명칭등의변경에따른건축법등의정비에관한법률)
2002· 1·26 법률제 6627호(민사집행법)
2004· 1·20 법률제 7078호(검찰청법)
2004·10·16 법률제 7225호
2005· 3·31 법률제 7427호(민법)
2006· 7·19 법률제 7965호
2007· 5·17 법률제 8435호(가족관계의 등록 등에 관한 법률)
2007· 6· 1 법률제 8496호
2007·12·21 법률제 8730호
2009· 6· 9 법률제 9765호(아동·청소년의 성보호에 관한 법률)
2011· 7·18 법률제10864호
2011· 8· 4 법률제11002호(아동복지법)
2012·12·18 법률제11572호(아동·청소년의 성보호에 관한 법률)
2013· 4· 5 법률제11731호(형법)
2014· 5·14 법률제12576호
2014·10·15 법률제12784호
2014·12·30 법률제12899호
2015· 7·31 법률제13454호
2016· 1· 6 법률제13720호
2016· 1· 6 법률제13722호(군사법원법)
2016· 5·29 법률제14179호
2017·12·12 법률제15164호
2017·12·19 법률제15257호
2019·12·31 법률제16850호
2020· 2· 4 법률제16924호
2020·12· 8 법률제17572호
2021· 8·17 법률제18398호
2021·12·21 법률제18598호
2022· 2· 3 법률제18799호
2022· 5· 9 법률제18862호
2024· 2·13 법률제20265호
2024·10·16 법률제20460호

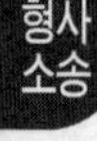

제1편 총칙

제1장 법원의 관할

제1조(관할의 직권조사) 법원은 직권으로 관할을 조사하여야 한다.

제2조(관할위반과 소송행위의 효력) 소송행위는 관할위반인 경우에도 그 효력에 영향이

없다.

제 3 조(관할구역외에서의 집무) ① 법원은 사실발견을 위하여 필요하거나 긴급을 요하는 때에는 관할구역외에서 직무를 행하거나 사실조사에 필요한 처분을 할 수 있다.

② 전항의 규정은 수명법관에게 준용한다.

제 4 조(토지관할) ① 토지관할은 범죄지, 피고인의 주소, 거소 또는 현재지로 한다.

② 국외에 있는 대한민국선박내에서 범한 죄에 관하여는 전항에 규정한 곳 외에 선적지 또는 범죄후의 선착지로 한다.

③ 전항의 규정은 국외에 있는 대한민국항공기내에서 범한 죄에 관하여 준용한다.

제 5 조(토지관할의 병합) 토지관할을 달리하는 수개의 사건이 관련된 때에는 1개의 사건에 관하여 관할권있는 법원은 다른 사건까지 관할할 수 있다.

제 6 조(토지관할의 병합심리) 토지관할이 다른 여러 개의 관련사건이 각각 다른 법원에 계속된 때에는 공통되는 바로 위의 상급법원은 검사나 피고인의 신청에 의하여 결정(決定)으로 한 개 법원으로 하여금 병합심리하게 할 수 있다.

〔전부개정 2020·12·8〕

제 7 조(토지관할의 심리분리) 토지관할을 달리하는 수개의 관련사건이 동일법원에 계속된 경우에 병합심리의 필요가 없는 때에는 법원은 결정으로 이를 분리하여 관할권있는 다른 법원에 이송할 수 있다.

제 8 조(사건의 직권이송) ① 법원은 피고인이 그 관할구역내에 현재하지 아니하는 경우에 특별한 사정이 있으면 결정으로 사건을 피고인의 현재지를 관할하는 동급법원에 이송할 수 있다.

② 단독판사의 관할사건이 공소장변경에 의하여 합의부 관할사건으로 변경된 경우에 법원은 결정으로 관할권이 있는 법원에 이송한다. <신설 1995·12·29>

제 9 조(사물관할의 병합) 사물관할을 달리하는 수개의 사건이 관련된 때에는 법원합의부는 병합관할한다. 단, 결정으로 관할권있는 법원단독판사에게 이송할 수 있다.

제10조(사물관할의 병합심리) 사물관할을 달리하는 수개의 관련사건이 각각 법원합의부와 단독판사에 계속된 때에는 합의부는 결정으로 단독판사에 속한 사건을 병합하여 심리할 수 있다.

제11조(관련사건의 정의) 관련사건은 다음과 같다.

1. 1인이 범한 수죄
2. 수인이 공동으로 범한 죄
3. 수인이 동시에 동일장소에서 범한 죄
4. 범인은닉죄, 증거인멸죄, 위증죄, 허위감정통역죄 또는 장물에 관한 죄와 그 본범의 죄

제12조(동일사건과 수개의 소송계속) 동일사건이 사물관할을 달리하는 수개의 법원에 계속된 때에는 법원합의부가 심판한다.

제13조(관할의 경합) 같은 사건이 사물관할이 같은 여러 개의 법원에 계속된 때에는 먼저 공소를 받은 법원이 심판한다. 다만 각 법원에 공통되는 바로 위의 상급법원은 검사나 피고인의 신청에 의하여 결정으로 뒤에 공소를 받은 법원으로 하여금 심판하게 할 수 있다.

〔전부개정 2020·12·8〕

제14조(관할지정의 청구) 검사는 다음 각 호의 경우 관계있는 제 1 심법원에 공통되는 바로 위의 상급법원에 관할지정을 신청하여야 한다.

1. 법원의 관할이 명확하지 아니한 때
2. 관할위반을 선고한 재판이 확정된 사건에 관하여 다른 관할법원이 없는 때

〔전부개정 2020·12·8〕

제15조(관할이전의 신청) 검사는 다음 경우에는 직근상급법원에 관할이전을 신청하여야 한다. 피고인도 이 신청을 할 수 있다.

1. 관할법원이 법률상의 이유 또는 특별한 사정으로 재판권을 행할 수 없는 때
2. 범죄의 성질, 지방의 민심, 소송의 상황 기타 사정으로 재판의 공평을 유지하기 어려운 염려가 있는 때

제16조(관할의 지정 또는 이전 신청의 방식) ① 관할의 지정 또는 이전을 신청하려면 그 사유를 기재한 신청서를 바로 위의 상급법원에 제출하여야 한다.

② 공소를 제기한 후 관할의 지정 또는 이전을 신청할 때에는 즉시 공소를 접수한 법

원에 통지하여야 한다.
〔전부개정 2020·12·8〕

제16조의2(사건의 군사법원 이송) 법원은 공소가 제기된 사건에 대하여 군사법원이 재판권을 가지게 되었거나 재판권을 가졌음이 판명된 때에는 결정으로 사건을 재판권이 있는 같은 심급의 군사법원으로 이송한다. 이 경우에 이송전에 행한 소송행위는 이송 후에도 그 효력에 영향이 없다. <개정 1987·11·28>
〔본조신설 1973·1·25〕

제 2 장 법원직원의 제척, 기피, 회피

제17조(제척의 원인) 법관은 다음 경우에는 직무집행에서 제척된다. <개정 2005·3·31, 2020·12·8>
1. 법관이 피해자인 때
2. 법관이 피고인 또는 피해자의 친족 또는 친족관계가 있었던 자인 때
3. 법관이 피고인 또는 피해자의 법정대리인, 후견감독인인 때
4. 법관이 사건에 관하여 증인, 감정인, 피해자의 대리인으로 된 때
5. 법관이 사건에 관하여 피고인의 대리인, 변호인, 보조인으로 된 때
6. 법관이 사건에 관하여 검사 또는 사법경찰관의 직무를 행한 때
7. 법관이 사건에 관하여 전심재판 또는 그 기초되는 조사, 심리에 관여한 때
8. 법관이 사건에 관하여 피고인의 변호인이거나 피고인·피해자의 대리인인 법무법인, 법무법인(유한), 법무조합, 법률사무소, 「외국법자문사법」 제 2 조제 9 호에 따른 합작법무법인에서 퇴직한 날부터 2년이 지나지 아니한 때
9. 법관이 피고인인 법인·기관·단체에서 임원 또는 직원으로 퇴직한 날부터 2년이 지나지 아니한 때

제18조(기피의 원인과 신청권자) ① 검사 또는 피고인은 다음 경우에 법관의 기피를 신청할 수 있다.
1. 법관이 전조 각호의 사유에 해당되는 때
2. 법관이 불공평한 재판을 할 염려가 있는 때

② 변호인은 피고인의 명시한 의사에 반하지 아니하는 때에 한하여 법관에 대한 기피를 신청할 수 있다.

제19조(기피신청의 관할) ① 합의법원의 법관에 대한 기피는 그 법관의 소속법원에 신청하고 수명법관, 수탁판사 또는 단독판사에 대한 기피는 당해 법관에게 신청하여야 한다.
② 기피사유는 신청한 날로부터 3일 이내에 서면으로 소명하여야 한다.

제20조(기피신청기각과 처리) ① 기피신청이 소송의 지연을 목적으로 함이 명백하거나 제19조의 규정에 위배된 때에는 신청을 받은 법원 또는 법관은 결정으로 이를 기각한다. <개정 1995·12·29>
② 기피당한 법관은 전항의 경우를 제한 외에는 지체없이 기피신청에 대한 의견서를 제출하여야 한다.
③ 전항의 경우에 기피당한 법관이 기피의 신청을 이유있다고 인정하는 때에는 그 결정이 있은 것으로 간주한다.

제21조(기피신청에 대한 재판) ① 기피신청에 대한 재판은 기피당한 법관의 소속법원 합의부에서 결정으로 하여야 한다.
② 기피당한 법관은 전항의 결정에 관여하지 못한다.
③ 기피당한 판사의 소속법원이 합의부를 구성하지 못하는 때에는 직근상급법원이 결정하여야 한다.

제22조(기피신청과 소송의 정지) 기피신청이 있는 때에는 제20조제 1 항의 경우를 제한 외에는 소송진행을 정지하여야 한다. 단, 급속을 요하는 경우에는 예외로 한다.

제23조(기피신청기각과 즉시항고) ① 기피신청을 기각한 결정에 대하여는 즉시항고를 할 수 있다.
② 제20조제 1 항의 기각결정에 대한 즉시항고는 재판의 집행을 정지하는 효력이 없다. <신설 1995·12·29>

제24조(회피의 원인 등) ① 법관이 제18조의 규정에 해당하는 사유가 있다고 사료한 때에는 회피하여야 한다.

② 회피는 소속법원에 서면으로 신청하여야 한다.
③ 제21조의 규정은 회피에 준용한다.

제25조(법원사무관등에 대한 제척·기피·회피) ① 본장의 규정은 제17조제7호의 규정을 제한 외에는 법원서기관·법원사무관·법원주사 또는 법원주사보(이하 "법원사무관등"이라 한다)와 통역인에 준용한다. <개정 2007·6·1>
② 전항의 법원사무관등과 통역인에 대한 기피재판은 그 소속법원이 결정으로 하여야 한다. 단, 제20조제1항의 결정은 기피당한 자의 소속법관이 한다. <개정 2007·6·1>

제3장 소송행위의 대리와 보조

제26조(의사무능력자와 소송행위의 대리) 「형법」 제9조 내지 제11조의 규정의 적용을 받지 아니하는 범죄사건에 관하여 피고인 또는 피의자가 의사능력이 없는 때에는 그 법정대리인이 소송행위를 대리한다. <개정 2007·6·1>

제27조(법인과 소송행위의 대표) ① 피고인 또는 피의자가 법인인 때에는 그 대표자가 소송행위를 대표한다.
② 수인이 공동하여 법인을 대표하는 경우에도 소송행위에 관하여는 각자가 대표한다.

제28조(소송행위의 특별대리인) ① 전2조의 규정에 의하여 피고인을 대리 또는 대표할 자가 없는 때에는 법원은 직권 또는 검사의 청구에 의하여 특별대리인을 선임하여야 하며 피의자를 대리 또는 대표할 자가 없는 때에는 법원은 검사 또는 이해관계인의 청구에 의하여 특별대리인을 선임하여야 한다.
② 특별대리인은 피고인 또는 피의자를 대리 또는 대표하여 소송행위를 할 자가 있을 때까지 그 임무를 행한다.

제29조(보조인) ① 피고인 또는 피의자의 법정대리인, 배우자, 직계친족과 형제자매는 보조인이 될 수 있다. <개정 2005·3·31>
② 보조인이 될 수 있는 자가 없거나 장애 등의 사유로 보조인으로서 역할을 할 수 없는 경우에는 피고인 또는 피의자와 신뢰관계 있는 자가 보조인이 될 수 있다. <신설 2015·7·31>
③ 보조인이 되고자 하는 자는 심급별로 그 취지를 신고하여야 한다. <개정 2007·6·1>
④ 보조인은 독립하여 피고인 또는 피의자의 명시한 의사에 반하지 아니하는 소송행위를 할 수 있다. 단, 법률에 다른 규정이 있는 때에는 예외로 한다.

제4장 변호

제30조(변호인선임권자) ① 피고인 또는 피의자는 변호인을 선임할 수 있다.
② 피고인 또는 피의자의 법정대리인, 배우자, 직계친족과 형제자매는 독립하여 변호인을 선임할 수 있다. <개정 2005·3·31>

제31조(변호인의 자격과 특별변호인) 변호인은 변호사 중에서 선임하여야 한다. 단, 대법원 이외의 법원은 특별한 사정이 있으면 변호사 아닌 자를 변호인으로 선임함을 허가할 수 있다.

제32조(변호인선임의 효력) ① 변호인의 선임은 심급마다 변호인과 연명날인한 서면으로 제출하여야 한다.
② 공소제기전의 변호인선임은 제1심에도 그 효력이 있다.

제32조의2(대표변호인) ① 수인의 변호인이 있는 때에는 재판장은 피고인·피의자 또는 변호인의 신청에 의하여 대표변호인을 지정할 수 있고 그 지정을 철회 또는 변경할 수 있다.
② 제1항의 신청이 없는 때에는 재판장은 직권으로 대표변호인을 지정할 수 있고 그 지정을 철회 또는 변경할 수 있다.
③ 대표변호인은 3인을 초과할 수 없다.
④ 대표변호인에 대한 통지 또는 서류의 송달은 변호인 전원에 대하여 효력이 있다.
⑤ 제1항 내지 제4항의 규정은 피의자에게 수인의 변호인이 있는 때에 검사가 대표변호인을 지정하는 경우에 이를 준용한다.
〔본조신설 1995·12·29〕

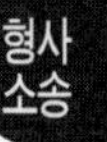

제33조(국선변호인) ① 다음 각 호의 어느 하나에 해당하는 경우에 변호인이 없는 때에는 법원은 직권으로 변호인을 선정하여야 한다. <개정 2020·12·8>

1. 피고인이 구속된 때
2. 피고인이 미성년자인 때
3. 피고인이 70세 이상인 때
4. 피고인이 듣거나 말하는 데 모두 장애가 있는 사람인 때
5. 피고인이 심신장애가 있는 것으로 의심되는 때
6. 피고인이 사형, 무기 또는 단기 3년 이상의 징역이나 금고에 해당하는 사건으로 기소된 때

② 법원은 피고인이 빈곤이나 그 밖의 사유로 변호인을 선임할 수 없는 경우에 피고인이 청구하면 변호인을 선정하여야 한다. <개정 2020·12·8>

③ 법원은 피고인의 나이·지능 및 교육 정도 등을 참작하여 권리보호를 위하여 필요하다고 인정하면 피고인의 명시적 의사에 반하지 아니하는 범위에서 변호인을 선정하여야 한다. <개정 2020·12·8>

〔전부개정 2006·7·19〕

제34조(피고인·피의자와의 접견, 교통, 진료) 변호인이나 변호인이 되려는 자는 신체가 구속된 피고인 또는 피의자와 접견하고 서류나 물건을 수수(授受)할 수 있으며 의사로 하여금 피고인이나 피의자를 진료하게 할 수 있다.

〔전부개정 2020·12·8〕

제35조(서류·증거물의 열람·복사) ① 피고인과 변호인은 소송계속 중의 관계 서류 또는 증거물을 열람하거나 복사할 수 있다. <개정 2016·5·29>

② 피고인의 법정대리인, 제28조에 따른 특별대리인, 제29조에 따른 보조인 또는 피고인의 배우자·직계친족·형제자매로서 피고인의 위임장 및 신분관계를 증명하는 문서를 제출한 자도 제1항과 같다.

③ 재판장은 피해자, 증인 등 사건관계인의 생명 또는 신체의 안전을 현저히 해칠 우려가 있는 경우에는 제1항 및 제2항에 따른 열람·복사에 앞서 사건관계인의 성명 등 개인정보가 공개되지 아니하도록 보호조치를 할 수 있다. <신설 2016·5·29>

④ 제3항에 따른 개인정보 보호조치의 방법과 절차, 그 밖에 필요한 사항은 대법원규칙으로 정한다. <신설 2016·5·29>

〔전부개정 2007·6·1〕

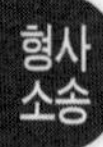

제36조(변호인의 독립소송행위권) 변호인은 독립하여 소송행위를 할 수 있다. 단, 법률에 다른 규정이 있는 때에는 예외로 한다.

제5장 재판

제37조(판결, 결정, 명령) ① 판결은 법률에 다른 규정이 없으면 구두변론(口頭辯論)을 거쳐서 하여야 한다.

② 결정이나 명령은 구두변론을 거치지 아니할 수 있다.

③ 결정이나 명령을 할 때 필요하면 사실을 조사할 수 있다.

④ 제3항의 조사는 부원(部員)에게 명할 수 있고 다른 지방법원의 판사에게 촉탁할 수 있다.

〔전부개정 2020·12·8〕

제38조(재판서의 방식) 재판은 법관이 작성한 재판서에 의하여야 한다. 단, 결정 또는 명령을 고지하는 경우에는 재판서를 작성하지 아니하고 조서에만 기재하여 할 수 있다.

제39조(재판의 이유) 재판에는 이유를 명시하여야 한다. 단, 상소를 불허하는 결정 또는 명령은 예외로 한다.

제40조(재판서의 기재요건) ① 재판서에는 법률에 다른 규정이 없으면 재판을 받는 자의 성명, 연령, 직업과 주거를 기재하여야 한다.

② 재판을 받는 자가 법인인 때에는 그 명칭과 사무소를 기재하여야 한다.

③ 판결서에는 기소한 검사와 공판에 관여한 검사의 관직, 성명과 변호인의 성명을 기재하여야 한다. <개정 2011·7·18>

제41조(재판서의 서명 등) ① 재판서에는 재판한 법관이 서명날인하여야 한다.

② 재판장이 서명날인할 수 없는 때에는 다른 법관이 그 사유를 부기하고 서명날인하여야 하며 다른 법관이 서명날인할 수 없는 때에는 재판장이 그 사유를 부기하고 서명날인하여야 한다.

③ 판결서 기타 대법원규칙이 정하는 재판서를 제외한 재판서에 대하여는 제1항 및 제2항의 서명날인에 갈음하여 기명날인할

수 있다. <신설 1995·12·29>

제42조(재판의 선고, 고지의 방식) 재판의 선고 또는 고지는 공판정에서는 재판서에 의하여야 하고 기타의 경우에는 재판서등본의 송달 또는 다른 적당한 방법으로 하여야 한다. 단, 법률에 다른 규정이 있는 때에는 예외로 한다.

제43조(동전) 재판의 선고 또는 고지는 재판장이 한다. 판결을 선고함에는 주문을 낭독하고 이유의 요지를 설명하여야 한다.

제44조(검사의 집행지휘를 요하는 사건) 검사의 집행지휘를 요하는 재판은 재판서 또는 재판을 기재한 조서의 등본 또는 초본을 재판의 선고 또는 고지한 때로부터 10일 이내에 검사에게 송부하여야 한다. 단, 법률에 다른 규정이 있는 때에는 예외로 한다. <개정 1961·9·1>

제45조(재판서의 등본, 초본의 청구) 피고인 기타의 소송관계인은 비용을 납입하고 재판서 또는 재판을 기재한 조서의 등본 또는 초본의 교부를 청구할 수 있다.

제46조(재판서의 등, 초본의 작성) 재판서 또는 재판을 기재한 조서의 등본 또는 초본은 원본에 의하여 작성하여야 한다. 단, 부득이한 경우에는 등본에 의하여 작성할 수 있다.

제6장 서류

제47조(소송서류의 비공개) 소송에 관한 서류는 공판의 개정전에는 공익상 필요 기타 상당한 이유가 없으면 공개하지 못한다.

제48조(조서의 작성 방법) ① 피고인, 피의자, 증인, 감정인, 통역인 또는 번역인을 신문(訊問)하는 때에는 신문에 참여한 법원사무관등이 조서를 작성하여야 한다.

② 조서에는 다음 각 호의 사항을 기재하여야 한다.

1. 피고인, 피의자, 증인, 감정인, 통역인 또는 번역인의 진술
2. 증인, 감정인, 통역인 또는 번역인이 선서를 하지 아니한 때에는 그 사유

③ 조서는 진술자에게 읽어 주거나 열람하게 하여 기재 내용이 정확한지를 물어야 한다.

④ 진술자가 조서에 대하여 추가, 삭제 또는 변경의 청구를 한 때에는 그 진술내용을 조서에 기재하여야 한다.

⑤ 신문에 참여한 검사, 피고인, 피의자 또는 변호인이 조서 기재 내용의 정확성에 대하여 이의(異議)를 진술한 때에는 그 진술의 요지를 조서에 기재하여야 한다.

⑥ 제5항의 경우 재판장이나 신문한 법관은 그 진술에 대한 의견을 기재하게 할 수 있다.

⑦ 조서에는 진술자로 하여금 간인(間印)한 후 서명날인하게 하여야 한다. 다만, 진술자가 서명날인을 거부한 때에는 그 사유를 기재하여야 한다.

〔전부개정 2020·12·8〕

제49조(검증 등의 조서) ① 검증, 압수 또는 수색에 관하여는 조서를 작성하여야 한다.

② 검증조서에는 검증목적물의 현상을 명확하게 하기 위하여 도화나 사진을 첨부할 수 있다.

③ 압수조서에는 품종, 외형상의 특징과 수량을 기재하여야 한다.

제50조(각종조서의 기재요건) 전2조의 조서에는 조사 또는 처분의 연월일시와 장소를 기재하고 그 조사 또는 처분을 행한 자와 참여한 법원사무관등이 기명날인 또는 서명하여야 한다. 단, 공판기일외에 법원이 조사 또는 처분을 행한 때에는 재판장 또는 법관과 참여한 법원사무관등이 기명날인 또는 서명하여야 한다. <개정 2007·6·1>

제51조(공판조서의 기재요건) ① 공판기일의 소송절차에 관하여는 참여한 법원사무관등이 공판조서를 작성하여야 한다. <개정 2007·6·1>

② 공판조서에는 다음 사항 기타 모든 소송절차를 기재하여야 한다. <개정 2007·6·1>

1. 공판을 행한 일시와 법원
2. 법관, 검사, 법원사무관등의 관직, 성명
3. 피고인, 대리인, 대표자, 변호인, 보조인과 통역인의 성명
4. 피고인의 출석여부
5. 공개의 여부와 공개를 금한 때에는 그 이유

6. 공소사실의 진술 또는 그를 변경하는 서면의 낭독
7. 피고인에게 그 권리를 보호함에 필요한 진술의 기회를 준 사실과 그 진술한 사실
8. 제48조제2항에 기재한 사항
9. 증거조사를 한 때에는 증거될 서류, 증거물과 증거조사의 방법
10. 공판정에서 행한 검증 또는 압수
11. 변론의 요지
12. 재판장이 기재를 명한 사항 또는 소송관계인의 청구에 의하여 기재를 허가한 사항
13. 피고인 또는 변호인에게 최종진술할 기회를 준 사실과 그 진술한 사실
14. 판결 기타의 재판을 선고 또는 고지한 사실

제52조(공판조서작성상의 특례) 공판조서 및 공판기일외의 증인신문조서에는 제48조제3항 내지 제7항의 규정에 의하지 아니한다. 단, 진술자의 청구가 있는 때에는 그 진술에 관한 부분을 읽어 주고 증감변경의 청구가 있는 때에는 그 진술을 기재하여야 한다. <개정 1995·12·29>

제53조(공판조서의 서명 등) ① 공판조서에는 재판장과 참여한 법원사무관등이 기명날인 또는 서명하여야 한다. <개정 2007·6·1>
② 재판장이 기명날인 또는 서명할 수 없는 때에는 다른 법관이 그 사유를 부기하고 기명날인 또는 서명하여야 하며 법관전원이 기명날인 또는 서명할 수 없는 때에는 참여한 법원사무관등이 그 사유를 부기하고 기명날인 또는 서명하여야 한다. <개정 2007·6·1>
③ 법원사무관등이 기명날인 또는 서명할 수 없는 때에는 재판장 또는 다른 법관이 그 사유를 부기하고 기명날인 또는 서명하여야 한다. <개정 2007·6·1>

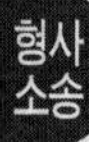

제54조(공판조서의 정리 등) ① 공판조서는 각 공판기일후 신속히 정리하여야 한다. <개정 2007·6·1>
② 다음 회의 공판기일에 있어서는 전회의 공판심리에 관한 주요사항의 요지를 조서에 의하여 고지하여야 한다. 다만, 다음 회의 공판기일까지 전회의 공판조서가 정리되지 아니한 때에는 조서에 의하지 아니하고 고지할 수 있다. <개정 2007·6·1>
③ 검사, 피고인 또는 변호인은 공판조서의 기재에 대하여 변경을 청구하거나 이의를 제기할 수 있다. <개정 2007·6·1>
④ 제3항에 따른 청구나 이의가 있는 때에는 그 취지와 이에 대한 재판장의 의견을 기재한 조서를 당해 공판조서에 첨부하여야 한다. <신설 2007·6·1>

제55조(피고인의 공판조서열람권 등) ① 피고인은 공판조서의 열람 또는 등사를 청구할 수 있다. <개정 1995·12·29>
② 피고인이 공판조서를 읽지 못하는 때에는 공판조서의 낭독을 청구할 수 있다. <개정 1995·12·29>
③ 전2항의 청구에 응하지 아니한 때에는 그 공판조서를 유죄의 증거로 할 수 없다.

제56조(공판조서의 증명력) 공판기일의 소송절차로서 공판조서에 기재된 것은 그 조서만으로써 증명한다.

제56조의2(공판정에서의 속기·녹음 및 영상녹화) ① 법원은 검사, 피고인 또는 변호인의 신청이 있는 때에는 특별한 사정이 없는 한 공판정에서의 심리의 전부 또는 일부를 속기사로 하여금 속기하게 하거나 녹음장치 또는 영상녹화장치를 사용하여 녹음 또는 영상녹화(녹음이 포함된 것을 말한다. 이하 같다)하여야 하며, 필요하다고 인정하는 때에는 직권으로 이를 명할 수 있다.
② 법원은 속기록·녹음물 또는 영상녹화물을 공판조서와 별도로 보관하여야 한다.
③ 검사, 피고인 또는 변호인은 비용을 부담하고 제2항에 따른 속기록·녹음물 또는 영상녹화물의 사본을 청구할 수 있다.
〔전부개정 2007·6·1〕

제57조(공무원의 서류) ① 공무원이 작성하는 서류에는 법률에 다른 규정이 없는 때에는 작성연월일과 소속공무소를 기재하고 기명날인 또는 서명하여야 한다. <개정 2007·6·1>
② 서류에는 간인하거나 이에 준하는 조치를 하여야 한다. <개정 1995·12·29>
③ 삭제 <2007·6·1>

제58조(공무원의 서류) ① 공무원이 서류를 작

성함에는 문자를 변개하지 못한다.

② 삽입, 삭제 또는 난외기재를 할 때에는 이 기재한 곳에 날인하고 그 자수를 기재하여야 한다. 단, 삭제한 부분은 해득할 수 있도록 자체를 존치하여야 한다.

제59조(비공무원의 서류) 공무원 아닌 자가 작성하는 서류에는 연월일을 기재하고 기명날인 또는 서명하여야 한다. 인장이 없으면 지장으로 한다. <개정 2017·12·12>

제59조의2(재판확정기록의 열람·등사) ① 누구든지 권리구제·학술연구 또는 공익적 목적으로 재판이 확정된 사건의 소송기록을 보관하고 있는 검찰청에 그 소송기록의 열람 또는 등사를 신청할 수 있다.

② 검사는 다음 각 호의 어느 하나에 해당하는 경우에는 소송기록의 전부 또는 일부의 열람 또는 등사를 제한할 수 있다. 다만, 소송관계인이나 이해관계 있는 제3자가 열람 또는 등사에 관하여 정당한 사유가 있다고 인정되는 경우에는 그러하지 아니하다.

1. 심리가 비공개로 진행된 경우
2. 소송기록의 공개로 인하여 국가의 안전보장, 선량한 풍속, 공공의 질서유지 또는 공공복리를 현저히 해할 우려가 있는 경우
3. 소송기록의 공개로 인하여 사건관계인의 명예나 사생활의 비밀 또는 생명·신체의 안전이나 생활의 평온을 현저히 해할 우려가 있는 경우
4. 소송기록의 공개로 인하여 공범관계에 있는 자 등의 증거인멸 또는 도주를 용이하게 하거나 관련 사건의 재판에 중대한 영향을 초래할 우려가 있는 경우
5. 소송기록의 공개로 인하여 피고인의 개선이나 갱생에 현저한 지장을 초래할 우려가 있는 경우
6. 소송기록의 공개로 인하여 사건관계인의 영업비밀(「부정경쟁방지 및 영업비밀보호에 관한 법률」 제2조제2호의 영업비밀을 말한다)이 현저하게 침해될 우려가 있는 경우
7. 소송기록의 공개에 대하여 당해 소송관계인이 동의하지 아니하는 경우

③ 검사는 제2항에 따라 소송기록의 열람 또는 등사를 제한하는 경우에는 신청인에게 그 사유를 명시하여 통지하여야 한다.

④ 검사는 소송기록의 보존을 위하여 필요하다고 인정하는 경우에는 그 소송기록의 등본을 열람 또는 등사하게 할 수 있다. 다만, 원본의 열람 또는 등사가 필요한 경우에는 그러하지 아니하다.

⑤ 소송기록을 열람 또는 등사한 자는 열람 또는 등사에 의하여 알게 된 사항을 이용하여 공공의 질서 또는 선량한 풍속을 해하거나 피고인의 개선 및 갱생을 방해하거나 사건관계인의 명예 또는 생활의 평온을 해하는 행위를 하여서는 아니 된다.

⑥ 제1항에 따라 소송기록의 열람 또는 등사를 신청한 자는 열람 또는 등사에 관한 검사의 처분에 불복하는 경우에는 당해 기록을 보관하고 있는 검찰청에 대응한 법원에 그 처분의 취소 또는 변경을 신청할 수 있다.

⑦ 제418조 및 제419조는 제6항의 불복신청에 관하여 준용한다.

〔본조신설 2007·6·1〕

제59조의3(확정 판결서등의 열람·복사) ① 누구든지 판결이 확정된 사건의 판결서 또는 그 등본, 증거목록 또는 그 등본, 그 밖에 검사나 피고인 또는 변호인이 법원에 제출한 서류·물건의 명칭·목록 또는 이에 해당하는 정보(이하 "판결서등"이라 한다)를 보관하는 법원에서 해당 판결서등을 열람 및 복사(인터넷, 그 밖의 전산정보처리시스템을 통한 전자적 방법을 포함한다. 이하 이 조에서 같다)할 수 있다. 다만, 다음 각 호의 어느 하나에 해당하는 경우에는 판결서등의 열람 및 복사를 제한할 수 있다.

1. 심리가 비공개로 진행된 경우
2. 「소년법」 제2조에 따른 소년에 관한 사건인 경우
3. 공범관계에 있는 자 등의 증거인멸 또는 도주를 용이하게 하거나 관련 사건의 재판에 중대한 영향을 초래할 우려가 있는 경우
4. 국가의 안전보장을 현저히 해할 우려가 명백하게 있는 경우
5. 제59조의2제2항제3호 또는 제6호의

사유가 있는 경우. 다만, 소송관계인의 신청이 있는 경우에 한정한다.

② 법원사무관등이나 그 밖의 법원공무원은 제1항에 따른 열람 및 복사에 앞서 판결서등에 기재된 성명 등 개인정보가 공개되지 아니하도록 대법원규칙으로 정하는 보호조치를 하여야 한다.

③ 제2항에 따른 개인정보 보호조치를 한 법원사무관등이나 그 밖의 법원공무원은 고의 또는 중대한 과실로 인한 것이 아니면 제1항에 따른 열람 및 복사와 관련하여 민사상·형사상 책임을 지지 아니한다.

④ 열람 및 복사에 관하여 정당한 사유가 있는 소송관계인이나 이해관계 있는 제3자는 제1항 단서에도 불구하고 제1항 본문에 따른 법원의 법원사무관등이나 그 밖의 법원공무원에게 판결서등의 열람 및 복사를 신청할 수 있다. 이 경우 법원사무관등이나 그 밖의 법원공무원의 열람 및 복사에 관한 처분에 불복하는 경우에는 제1항 본문에 따른 법원에 처분의 취소 또는 변경을 신청할 수 있다.

⑤ 제4항의 불복신청에 대하여는 제417조 및 제418조를 준용한다.

⑥ 판결서등의 열람 및 복사의 방법과 절차, 개인정보 보호조치의 방법과 절차, 그 밖에 필요한 사항은 대법원규칙으로 정한다.

[본조신설 2011·7·18]

제7장 송달

제60조(송달받기 위한 신고) ① 피고인, 대리인, 대표자, 변호인 또는 보조인이 법원소재지에 서류의 송달을 받을 수 있는 주거 또는 사무소를 두지 아니한 때에는 법원소재지에 주거 또는 사무소 있는 자를 송달영수인으로 선임하여 연명한 서면으로 신고하여야 한다.

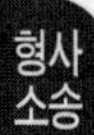

② 송달영수인은 송달에 관하여 본인으로 간주하고 그 주거 또는 사무소는 본인의 주거 또는 사무소로 간주한다.

③ 송달영수인의 선임은 같은 지역에 있는 각 심급법원에 대하여 효력이 있다.

④ 전3항의 규정은 신체구속을 당한 자에게 적용하지 아니한다.

제61조(우체에 부치는 송달) ① 주거, 사무소 또는 송달영수인의 선임을 신고하여야 할 자가 그 신고를 하지 아니하는 때에는 법원사무관등은 서류를 우체에 부치거나 기타 적당한 방법에 의하여 송달할 수 있다. <개정 2007·6·1>

② 서류를 우체에 부친 경우에는 도달된 때에 송달된 것으로 간주한다.

제62조(검사에 대한 송달) 검사에 대한 송달은 서류를 소속검찰청에 송부하여야 한다.

제63조(공시송달의 원인) ① 피고인의 주거, 사무소와 현재지를 알 수 없는 때에는 공시송달을 할 수 있다.

② 피고인이 재판권이 미치지 아니하는 장소에 있는 경우에 다른 방법으로 송달할 수 없는 때에도 전항과 같다.

제64조(공시송달의 방식) ① 공시송달은 대법원규칙의 정하는 바에 의하여 법원이 명한 때에 한하여 할 수 있다.

② 공시송달은 법원사무관등이 송달할 서류를 보관하고 그 사유를 법원게시장에 공시하여야 한다. <개정 1961·9·1, 2007·6·1>

③ 법원은 전항의 사유를 관보나 신문지상에 공고할 것을 명할 수 있다. <개정 1961·9·1>

④ 최초의 공시송달은 제2항의 공시를 한 날로부터 2주일을 경과하면 그 효력이 생긴다. 단, 제2회 이후의 공시송달은 5일을 경과하면 그 효력이 생긴다. <개정 1961·9·1>

제65조(「민사소송법」의 준용) 서류의 송달에 관하여 법률에 다른 규정이 없는 때에는 「민사소송법」을 준용한다. <개정 2007·6·1>

제8장 기간

제66조(기간의 계산) ① 기간의 계산에 관하여는 시(時)로 계산하는 것은 즉시(卽時)부터 기산하고 일(日), 월(月) 또는 연(年)으로 계산하는 것은 초일을 산입하지 아니한다. 다만, 시효(時效)와 구속기간의 초일은 시간을 계산하지 아니하고 1일로 산정한다.

② 연 또는 월로 정한 기간은 연 또는 월 단위로 계산한다.

③ 기간의 말일이 공휴일이거나 토요일이면 그날은 기간에 산입하지 아니한다. 다만, 시효와 구속기간에 관하여는 예외로 한다.
〔전부개정 2020·12·8〕

제67조(법정기간의 연장) 법정기간은 소송행위를 할 자의 주거 또는 사무소의 소재지와 법원 또는 검찰청 소재지와의 거리 및 교통통신의 불편정도에 따라 대법원규칙으로 이를 연장할 수 있다.
〔전부개정 1995·12·29〕

제 9 장 피고인의 소환, 구속

제68조(소환) 법원은 피고인을 소환할 수 있다.

제69조(구속의 정의) 본법에서 구속이라 함은 구인과 구금을 포함한다.

제70조(구속의 사유) ① 법원은 피고인이 죄를 범하였다고 의심할 만한 상당한 이유가 있고 다음 각호의 1에 해당하는 사유가 있는 경우에는 피고인을 구속할 수 있다. <개정 1995·12·29>

1. 피고인이 일정한 주거가 없는 때
2. 피고인이 증거를 인멸할 염려가 있는 때
3. 피고인이 도망하거나 도망할 염려가 있는 때

② 법원은 제1항의 구속사유를 심사함에 있어서 범죄의 중대성, 재범의 위험성, 피해자 및 중요 참고인 등에 대한 위해우려 등을 고려하여야 한다. <신설 2007·6·1>

③ 다액 50만원 이하의 벌금, 구류 또는 과료에 해당하는 사건에 관하여는 제1항제1호의 경우를 제한 외에는 구속할 수 없다. <개정 1973·1·25, 1995·12·29>

제71조(구인의 효력) 구인한 피고인을 법원에 인치한 경우에 구금할 필요가 없다고 인정한 때에는 그 인치한 때로부터 24시간내에 석방하여야 한다.

제71조의2(구인 후의 유치) 법원은 인치받은 피고인을 유치할 필요가 있는 때에는 교도소·구치소 또는 경찰서 유치장에 유치할 수 있다. 이 경우 유치기간은 인치한 때부터 24시간을 초과할 수 없다.
〔본조신설 2007·6·1〕

제72조(구속과 이유의 고지) 피고인에 대하여 범죄사실의 요지, 구속의 이유와 변호인을 선임할 수 있음을 말하고 변명할 기회를 준 후가 아니면 구속할 수 없다. 다만, 피고인이 도망한 경우에는 그러하지 아니하다. <개정 1987·11·28, 2007·6·1>

제72조의2(고지의 방법) ① 법원은 합의부원으로 하여금 제72조의 절차를 이행하게 할 수 있다.

② 법원은 피고인이 출석하기 어려운 특별한 사정이 있고 상당하다고 인정하는 때에는 검사와 변호인의 의견을 들어 비디오 등 중계장치에 의한 중계시설을 통하여 제72조의 절차를 진행할 수 있다. <신설 2021·8·17>
〔본조신설 2014·10·15〕

제73조(영장의 발부) 피고인을 소환함에는 소환장을, 구인 또는 구금함에는 구속영장을 발부하여야 한다.

제74조(소환장의 방식) 소환장에는 피고인의 성명, 주거, 죄명, 출석일시, 장소와 정당한 이유없이 출석하지 아니하는 때에는 도망할 염려가 있다고 인정하여 구속영장을 발부할 수 있음을 기재하고 재판장 또는 수명법관이 기명날인 또는 서명하여야 한다. <개정 1995·12·29, 2017·12·12>

제75조(구속영장의 방식) ① 구속영장에는 피고인의 성명, 주거, 죄명, 공소사실의 요지, 인치구금할 장소, 발부연월일, 그 유효기간과 그 기간을 경과하면 집행에 착수하지 못하며 영장을 반환하여야 할 취지를 기재하고 재판장 또는 수명법관이 서명날인하여야 한다.

② 피고인의 성명이 분명하지 아니한 때에는 인상, 체격, 기타 피고인을 특정할 수 있는 사항으로 피고인을 표시할 수 있다.

③ 피고인의 주거가 분명하지 아니한 때에는 그 주거의 기재를 생략할 수 있다.

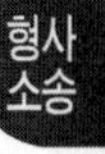

제76조(소환장의 송달) ① 소환장은 송달하여야 한다.

② 피고인이 기일에 출석한다는 서면을 제출하거나 출석한 피고인에 대하여 차회기일을 정하여 출석을 명한 때에는 소환장의 송달과 동일한 효력이 있다.

③ 전항의 출석을 명한 때에는 그 요지를 조서에 기재하여야 한다.
④ 구금된 피고인에 대하여는 교도관에게 통지하여 소환한다. <개정 1963·12·13, 2007·6·1>
⑤ 피고인이 교도관으로부터 소환통지를 받은 때에는 소환장의 송달과 동일한 효력이 있다. <개정 1963·12·13, 2007·6·1>

第77조(구속의 촉탁) ① 법원은 피고인의 현재지의 지방법원판사에게 피고인의 구속을 촉탁할 수 있다.
② 수탁판사는 피고인이 관할구역내에 현재하지 아니한 때에는 그 현재지의 지방법원판사에게 전촉할 수 있다.
③ 수탁판사는 구속영장을 발부하여야 한다.
④ 제75조의 규정은 전항의 구속영장에 준용한다.

第78조(촉탁에 의한 구속의 절차) ① 전조의 경우에 촉탁에 의하여 구속영장을 발부한 판사는 피고인을 인치한 때로부터 24시간 이내에 그 피고인임에 틀림없는가를 조사하여야 한다.
② 피고인임에 틀림없는 때에는 신속히 지정된 장소에 송치하여야 한다.

第79조(출석, 동행명령) 법원은 필요한 때에는 지정한 장소에 피고인의 출석 또는 동행을 명할 수 있다.

第80조(요급처분) 재판장은 급속을 요하는 경우에는 제68조부터 제71조까지, 제71조의2, 제73조, 제76조, 제77조와 전조에 규정한 처분을 할 수 있고 또는 합의부원으로 하여금 처분을 하게 할 수 있다. <개정 2014·10·15>

第81조(구속영장의 집행) ① 구속영장은 검사의 지휘에 의하여 사법경찰관리가 집행한다. 단, 급속을 요하는 경우에는 재판장, 수명법관 또는 수탁판사가 그 집행을 지휘할 수 있다.
② 제1항 단서의 경우에는 법원사무관등에게 그 집행을 명할 수 있다. 이 경우에 법원사무관등은 그 집행에 관하여 필요한 때에는 사법경찰관리·교도관 또는 법원경위에게 보조를 요구할 수 있으며 관할구역외에서도 집행할 수 있다. <개정 2007·6·1>
③ 교도소 또는 구치소에 있는 피고인에 대하여 발부된 구속영장은 검사의 지휘에 의하여 교도관이 집행한다. <개정 1963·12·13, 2007·6·1>

第82조(수통의 구속영장의 작성) ① 구속영장은 수통을 작성하여 사법경찰관리 수인에게 교부할 수 있다.
② 전항의 경우에는 그 사유를 구속영장에 기재하여야 한다.

第83조(관할구역외에서의 구속영장의 집행과 그 촉탁) ① 검사는 필요에 의하여 관할구역외에서 구속영장의 집행을 지휘할 수 있고 또는 당해 관할구역의 검사에게 집행지휘를 촉탁할 수 있다.
② 사법경찰관리는 필요에 의하여 관할구역외에서 구속영장을 집행할 수 있고 또는 당해 관할구역의 사법경찰관리에게 집행을 촉탁할 수 있다.

第84조(고등검찰청검사장 또는 지방검찰청검사장에 대한 수사촉탁) 피고인의 현재지가 분명하지 아니한 때에는 재판장은 고등검찰청검사장 또는 지방검찰청검사장에게 그 수사와 구속영장의 집행을 촉탁할 수 있다. <개정 2004·1·20>

第85조(구속영장집행의 절차) ① 구속영장을 집행함에는 피고인에게 반드시 이를 제시하고 그 사본을 교부하여야 하며 신속히 지정된 법원 기타 장소에 인치하여야 한다. <개정 2022·2·3>
② 제77조제3항의 구속영장에 관하여는 이를 발부한 판사에게 인치하여야 한다.
③ 구속영장을 소지하지 아니한 경우에 급속을 요하는 때에는 피고인에 대하여 공소사실의 요지와 영장이 발부되었음을 고하고 집행할 수 있다.
④ 전항의 집행을 완료한 후에는 신속히 구속영장을 제시하고 그 사본을 교부하여야 한다. <개정 2022·2·3>

第86조(호송 중의 가유치) 구속영장의 집행을 받은 피고인을 호송할 경우에 필요하면 가장 가까운 교도소 또는 구치소에 임시로 유치할 수 있다.
[전부개정 2020·12·8]

第87조(구속의 통지) ① 피고인을 구속한 때에는 변호인이 있는 경우에는 변호인에게,

형사소송

변호인이 없는 경우에는 제30조제2항에 규정한 자중 피고인이 지정한 자에게 피고사건명, 구속일시·장소, 범죄사실의 요지, 구속의 이유와 변호인을 선임할 수 있는 취지를 알려야 한다. <개정 1987·11·28, 1995·12·29>

② 제1항의 통지는 지체없이 서면으로 하여야 한다. <개정 1987·11·28>

제88조(구속과 공소사실 등의 고지) 피고인을 구속한 때에는 즉시 공소사실의 요지와 변호인을 선임할 수 있음을 알려야 한다.

제89조(구속된 피고인의 접견·진료) 구속된 피고인은 관련 법률이 정한 범위에서 타인과 접견하고 서류나 물건을 수수하며 의사의 진료를 받을 수 있다.

〔전부개정 2020·12·8〕

제90조(변호인의 의뢰) ① 구속된 피고인은 법원, 교도소장 또는 구치소장 또는 그 대리자에게 변호사를 지정하여 변호인의 선임을 의뢰할 수 있다. <개정 1963·12·13>

② 전항의 의뢰를 받은 법원, 교도소장 또는 구치소장 또는 그 대리자는 급속히 피고인이 지명한 변호사에게 그 취지를 통지하여야 한다. <개정 1963·12·13>

제91조(변호인 아닌 자와의 접견·교통) 법원은 도망하거나 범죄의 증거를 인멸할 염려가 있다고 인정할 만한 상당한 이유가 있는 때에는 직권 또는 검사의 청구에 의하여 결정으로 구속된 피고인과 제34조에 규정한 외의 타인과의 접견을 금지할 수 있고, 서류나 그 밖의 물건을 수수하지 못하게 하거나 검열 또는 압수할 수 있다. 다만, 의류·양식·의료품은 수수를 금지하거나 압수할 수 없다.

〔전부개정 2020·12·8〕

제92조(구속기간과 갱신) ① 구속기간은 2개월로 한다. <개정 2007·6·1>

② 제1항에도 불구하고 특히 구속을 계속할 필요가 있는 경우에는 심급마다 2개월 단위로 2차에 한하여 결정으로 갱신할 수 있다. 다만, 상소심은 피고인 또는 변호인이 신청한 증거의 조사, 상소이유를 보충하는 서면의 제출 등으로 추가 심리가 필요한 부득이한 경우에는 3차에 한하여 갱신할 수 있다. <개정 2007·6·1>

③ 제22조, 제298조제4항, 제306조제1항 및 제2항의 규정에 의하여 공판절차가 정지된 기간 및 공소제기 전의 체포·구인·구금 기간은 제1항 및 제2항의 기간에 산입하지 아니한다. <신설 1961·9·1, 1995·12·29, 2007·6·1>

제93조(구속의 취소) 구속의 사유가 없거나 소멸된 때에는 법원은 직권 또는 검사, 피고인, 변호인과 제30조제2항에 규정한 자의 청구에 의하여 결정으로 구속을 취소하여야 한다.

제94조(보석의 청구) 피고인, 피고인의 변호인·법정대리인·배우자·직계친족·형제자매·가족·동거인 또는 고용주는 법원에 구속된 피고인의 보석을 청구할 수 있다.

〔전부개정 2007·6·1〕

제95조(필요적 보석) 보석의 청구가 있는 때에는 다음 이외의 경우에는 보석을 허가하여야 한다. <개정 1973·12·20, 1995·12·29>

1. 피고인이 사형, 무기 또는 장기 10년이 넘는 징역이나 금고에 해당하는 죄를 범한 때
2. 피고인이 누범에 해당하거나 상습범인 죄를 범한 때
3. 피고인이 죄증을 인멸하거나 인멸할 염려가 있다고 믿을 만한 충분한 이유가 있는 때
4. 피고인이 도망하거나 도망할 염려가 있다고 믿을 만한 충분한 이유가 있는 때
5. 피고인의 주거가 분명하지 아니한 때
6. 피고인이 피해자, 당해 사건의 재판에 필요한 사실을 알고 있다고 인정되는 자 또는 그 친족의 생명·신체나 재산에 해를 가하거나 가할 염려가 있다고 믿을 만한 충분한 이유가 있는 때

〔전부개정 1973·1·25〕

제96조(임의적 보석) 법원은 제95조의 규정에 불구하고 상당한 이유가 있는 때에는 직권 또는 제94조에 규정한 자의 청구에 의하여 결정으로 보석을 허가할 수 있다. <개정 1995·12·29>

제97조(보석, 구속의 취소와 검사의 의견) ① 재판장은 보석에 관한 결정을 하기 전에 검

사의 의견을 물어야 한다. <개정 2007·6·1>

② 구속의 취소에 관한 결정을 함에 있어서도 검사의 청구에 의하거나 급속을 요하는 경우외에는 제1항과 같다. <개정 1995·12·29>

③ 검사는 제1항 및 제2항에 따른 의견요청에 대하여 지체 없이 의견을 표명하여야 한다. <신설 2007·6·1>

④ 구속을 취소하는 결정에 대하여는 검사는 즉시항고를 할 수 있다. <개정 1995·12·29>

〔전부개정 1973·1·25〕

제98조(보석의 조건) 법원은 보석을 허가하는 경우에는 필요하고 상당한 범위 안에서 다음 각 호의 조건 중 하나 이상의 조건을 정하여야 한다. <개정 2020·12·8>

1. 법원이 지정하는 일시·장소에 출석하고 증거를 인멸하지 아니하겠다는 서약서를 제출할 것
2. 법원이 정하는 보증금에 해당하는 금액을 납입할 것을 약속하는 약정서를 제출할 것
3. 법원이 지정하는 장소로 주거를 제한하고 주거를 변경할 필요가 있는 경우에는 법원의 허가를 받는 등 도주를 방지하기 위하여 행하는 조치를 받아들일 것
4. 피해자, 당해 사건의 재판에 필요한 사실을 알고 있다고 인정되는 사람 또는 그 친족의 생명·신체·재산에 해를 가하는 행위를 하지 아니하고 주거·직장 등 그 주변에 접근하지 아니할 것
5. 피고인 아닌 자가 작성한 출석보증서를 제출할 것
6. 법원의 허가 없이 외국으로 출국하지 아니할 것을 서약할 것
7. 법원이 지정하는 방법으로 피해자의 권리 회복에 필요한 금전을 공탁하거나 그에 상당하는 담보를 제공할 것
8. 피고인이나 법원이 지정하는 자가 보증금을 납입하거나 담보를 제공할 것
9. 그 밖에 피고인의 출석을 보증하기 위하여 법원이 정하는 적당한 조건을 이행할 것

〔전부개정 2007·6·1〕

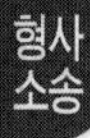

제99조(보석조건의 결정 시 고려사항) ① 법원은 제98조의 조건을 정할 때 다음 각 호의 사항을 고려하여야 한다. <개정 2020·12·8>

1. 범죄의 성질 및 죄상(罪狀)
2. 증거의 증명력
3. 피고인의 전과(前科)·성격·환경 및 자산
4. 피해자에 대한 배상 등 범행 후의 정황에 관련된 사항

② 법원은 피고인의 자금능력 또는 자산 정도로는 이행할 수 없는 조건을 정할 수 없다. <개정 2020·12·8>

〔전부개정 2007·6·1〕

제100조(보석집행의 절차) ① 제98조제1호·제2호·제5호·제7호 및 제8호의 조건은 이를 이행한 후가 아니면 보석허가결정을 집행하지 못하며, 법원은 필요하다고 인정하는 때에는 다른 조건에 관하여도 그 이행 이후 보석허가결정을 집행하도록 정할 수 있다. <개정 2007·6·1>

② 법원은 보석청구자 이외의 자에게 보증금의 납입을 허가할 수 있다.

③ 법원은 유가증권 또는 피고인 외의 자가 제출한 보증서로써 보증금에 갈음함을 허가할 수 있다. <개정 2007·6·1>

④ 전항의 보증서에는 보증금액을 언제든지 납입할 것을 기재하여야 한다.

⑤ 법원은 보석허가결정에 따라 석방된 피고인이 보석조건을 준수하는데 필요한 범위안에서 관공서나 그 밖의 공사단체에 대하여 적절한 조치를 취할 것을 요구할 수 있다. <신설 2007·6·1>

제100조의2(출석보증인에 대한 과태료) ① 법원은 제98조제5호의 조건을 정한 보석허가결정에 따라 석방된 피고인이 정당한 사유 없이 기일에 불출석하는 경우에는 결정으로 그 출석보증인에 대하여 500만원 이하의 과태료를 부과할 수 있다.

② 제1항의 결정에 대하여는 즉시항고를 할 수 있다.

〔본조신설 2007·6·1〕

제101조(구속의 집행정지) ① 법원은 상당한 이유가 있는 때에는 결정으로 구속된 피고인을 친족, 보호단체 기타 적당한 자에게 부탁하거나 피고인의 주거를 제한하여 구속

의 집행을 정지할 수 있다.
② 전항의 결정을 함에는 검사의 의견을 물어야 한다. 단, 급속을 요하는 경우에는 그러하지 아니하다.
③ 삭제 <2015·7·31>
④ 헌법 제44조에 의하여 구속된 국회의원에 대한 석방요구가 있으면 당연히 구속영장의 집행이 정지된다. <개정 1980·12·18, 1987·11·28>
⑤ 전항의 석방요구의 통고를 받은 검찰총장은 즉시 석방을 지휘하고 그 사유를 수소법원에 통지하여야 한다.
〔전부개정 1973·1·25〕

제102조(보석조건의 변경과 취소 등) ① 법원은 직권 또는 제94조에 규정된 자의 신청에 따라 결정으로 피고인의 보석조건을 변경하거나 일정기간 동안 당해 조건의 이행을 유예할 수 있다.
② 법원은 피고인이 다음 각 호의 어느 하나에 해당하는 경우에는 직권 또는 검사의 청구에 따라 결정으로 보석 또는 구속의 집행정지를 취소할 수 있다. 다만, 제101조 제4항에 따른 구속영장의 집행정지는 그 회기 중 취소하지 못한다.
1. 도망한 때
2. 도망하거나 죄증을 인멸할 염려가 있다고 믿을 만한 충분한 이유가 있는 때
3. 소환을 받고 정당한 사유 없이 출석하지 아니한 때
4. 피해자, 당해 사건의 재판에 필요한 사실을 알고 있다고 인정되는 자 또는 그 친족의 생명·신체·재산에 해를 가하거나 가할 염려가 있다고 믿을 만한 충분한 이유가 있는 때
5. 법원이 정한 조건을 위반한 때
③ 법원은 피고인이 정당한 사유 없이 보석조건을 위반한 경우에는 결정으로 피고인에 대하여 1천만원 이하의 과태료를 부과하거나 20일 이내의 감치에 처할 수 있다.
④ 제3항의 결정에 대하여는 즉시항고를 할 수 있다.
〔전부개정 2007·6·1〕

제103조(보증금 등의 몰취) ① 법원은 보석을 취소하는 때에는 직권 또는 검사의 청구에 따라 결정으로 보증금 또는 담보의 전부 또는 일부를 몰취할 수 있다.
② 법원은 보증금의 납입 또는 담보제공을 조건으로 석방된 피고인이 동일한 범죄사실에 관하여 형의 선고를 받고 그 판결이 확정된 후 집행하기 위한 소환을 받고 정당한 사유 없이 출석하지 아니하거나 도망한 때에는 직권 또는 검사의 청구에 따라 결정으로 보증금 또는 담보의 전부 또는 일부를 몰취하여야 한다.
〔전부개정 2007·6·1〕

제104조(보증금 등의 환부) 구속 또는 보석을 취소하거나 구속영장의 효력이 소멸된 때에는 몰취하지 아니한 보증금 또는 담보를 청구한 날로부터 7일 이내에 환부하여야 한다. <개정 2007·6·1>

제104조의2(보석조건의 효력상실 등) ① 구속영장의 효력이 소멸한 때에는 보석조건은 즉시 그 효력을 상실한다.
② 보석이 취소된 경우에도 제1항과 같다. 다만, 제98조제8호의 조건은 예외로 한다.
〔본조신설 2007·6·1〕

제105조(상소와 구속에 관한 결정) 상소기간 중 또는 상소 중의 사건에 관하여 구속기간의 갱신, 구속의 취소, 보석, 구속의 집행정지와 그 정지의 취소에 대한 결정은 소송기록이 원심법원에 있는 때에는 원심법원이 하여야 한다.

제10장 압수와 수색

제106조(압수) ① 법원은 필요한 때에는 피고사건과 관계가 있다고 인정할 수 있는 것에 한정하여 증거물 또는 몰수할 것으로 사료하는 물건을 압수할 수 있다. 단, 법률에 다른 규정이 있는 때에는 예외로 한다. <개정 2011·7·18>
② 법원은 압수할 물건을 지정하여 소유자, 소지자 또는 보관자에게 제출을 명할 수 있다.
③ 법원은 압수의 목적물이 컴퓨터용디스크, 그 밖에 이와 비슷한 정보저장매체(이하 이 항에서 "정보저장매체등"이라 한다)인 경우에는 기억된 정보의 범위를 정하여 출력하

거나 복제하여 제출받아야 한다. 다만, 범위를 정하여 출력 또는 복제하는 방법이 불가능하거나 압수의 목적을 달성하기에 현저히 곤란하다고 인정되는 때에는 정보저장매체 등을 압수할 수 있다. <신설 2011·7·18>

④ 법원은 제3항에 따라 정보를 제공받은 경우 「개인정보 보호법」 제2조제3호에 따른 정보주체에게 해당 사실을 지체 없이 알려야 한다. <신설 2011·7·18>

제107조(우체물의 압수) ① 법원은 필요한 때에는 피고사건과 관계가 있다고 인정할 수 있는 것에 한정하여 우체물 또는 「통신비밀보호법」 제2조제3호에 따른 전기통신(이하 "전기통신"이라 한다)에 관한 것으로서 체신관서, 그 밖의 관련 기관 등이 소지 또는 보관하는 물건의 제출을 명하거나 압수를 할 수 있다. <개정 2011·7·18>

② 삭제 <2011·7·18>

③ 제1항에 따른 처분을 할 때에는 발신인이나 수신인에게 그 취지를 통지하여야 한다. 단, 심리에 방해될 염려가 있는 경우에는 예외로 한다. <개정 2011·7·18>

제108조(임의제출물 등의 압수) 소유자, 소지자 또는 보관자가 임의로 제출한 물건 또는 유류한 물건은 영장없이 압수할 수 있다.

제109조(수색) ① 법원은 필요한 때에는 피고사건과 관계가 있다고 인정할 수 있는 것에 한정하여 피고인의 신체, 물건 또는 주거, 그 밖의 장소를 수색할 수 있다. <개정 2011·7·18>

② 피고인 아닌 자의 신체, 물건, 주거 기타 장소에 관하여는 압수할 물건이 있음을 인정할 수 있는 경우에 한하여 수색할 수 있다.

제110조(군사상 비밀과 압수) ① 군사상 비밀을 요하는 장소는 그 책임자의 승낙없이는 압수 또는 수색할 수 없다.

② 전항의 책임자는 국가의 중대한 이익을 해하는 경우를 제외하고는 승낙을 거부하지 못한다.

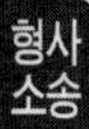

제111조(공무상 비밀과 압수) ① 공무원 또는 공무원이었던 자가 소지 또는 보관하는 물건에 관하여는 본인 또는 그 당해 공무소가 직무상의 비밀에 관한 것임을 신고한 때에는 그 소속공무소 또는 당해 감독관공서의 승낙없이는 압수하지 못한다.

② 소속공무소 또는 당해 감독관공서는 국가의 중대한 이익을 해하는 경우를 제외하고는 승낙을 거부하지 못한다.

제112조(업무상 비밀과 압수) 변호사, 변리사, 공증인, 공인회계사, 세무사, 대서업자, 의사, 한의사, 치과의사, 약사, 약종상, 조산사, 간호사, 종교의 직에 있는 자 또는 이러한 직에 있던 자가 그 업무상 위탁을 받아 소지 또는 보관하는 물건으로 타인의 비밀에 관한 것은 압수를 거부할 수 있다. 단, 그 타인의 승낙이 있거나 중대한 공익상 필요가 있는 때에는 예외로 한다. <개정 1980·12·18, 1997·12·13 법5454>

제113조(압수·수색영장) 공판정외에서 압수 또는 수색을 함에는 영장을 발부하여 시행하여야 한다.

제114조(영장의 방식) ① 압수·수색영장에는 다음 각 호의 사항을 기재하고 재판장이나 수명법관이 서명날인하여야 한다. 다만, 압수·수색할 물건이 전기통신에 관한 것인 경우에는 작성기간을 기재하여야 한다. <개정 2020·12·8>

1. 피고인의 성명
2. 죄명
3. 압수할 물건
4. 수색할 장소·신체·물건
5. 영장 발부 연월일
6. 영장의 유효기간과 그 기간이 지나면 집행에 착수할 수 없으며 영장을 반환하여야 한다는 취지
7. 그 밖에 대법원규칙으로 정하는 사항

② 제1항의 영장에 관하여는 제75조제2항을 준용한다. <개정 2020·12·8>

제115조(영장의 집행) ① 압수·수색영장은 검사의 지휘에 의하여 사법경찰관리가 집행한다. 단, 필요한 경우에는 재판장은 법원사무관등에게 그 집행을 명할 수 있다. <개정 2007·6·1>

② 제83조의 규정은 압수, 수색영장의 집행에 준용한다.

제116조(주의사항) 압수·수색영장을 집행할 때에는 타인의 비밀을 보호하여야 하며 처

분받은 자의 명예를 해하지 아니하도록 주의하여야 한다.
〔전부개정 2020·12·8〕

제117조(집행의 보조) 법원사무관등은 압수·수색영장의 집행에 관하여 필요한 때에는 사법경찰관리에게 보조를 구할 수 있다. <개정 2007·6·1>

제118조(영장의 제시와 사본교부) 압수·수색영장은 처분을 받는 자에게 반드시 제시하여야 하고, 처분을 받는 자가 피고인인 경우에는 그 사본을 교부하여야 한다. 다만, 처분을 받는 자가 현장에 없는 등 영장의 제시나 그 사본의 교부가 현실적으로 불가능한 경우 또는 처분을 받는 자가 영장의 제시나 사본의 교부를 거부한 때에는 예외로 한다. <개정 2022·2·3>

제119조(집행 중의 출입금지) ① 압수·수색영장의 집행 중에는 타인의 출입을 금지할 수 있다.
② 전항의 규정에 위배한 자에게는 퇴거하게 하거나 집행종료시까지 간수자를 붙일 수 있다.

제120조(집행과 필요한 처분) ① 압수·수색영장의 집행에 있어서는 건정을 열거나 개봉 기타 필요한 처분을 할 수 있다.
② 전항의 처분은 압수물에 대하여도 할 수 있다.

제121조(영장집행과 당사자의 참여) 검사, 피고인 또는 변호인은 압수·수색영장의 집행에 참여할 수 있다.

제122조(영장집행과 참여권자에의 통지) 압수·수색영장을 집행함에는 미리 집행의 일시와 장소를 전조에 규정한 자에게 통지하여야 한다. 단, 전조에 규정한 자가 참여하지 아니한다는 의사를 명시한 때 또는 급속을 요하는 때에는 예외로 한다.

제123조(영장의 집행과 책임자의 참여) ① 공무소, 군사용 항공기 또는 선박·차량 안에서 압수·수색영장을 집행하려면 그 책임자에게 참여할 것을 통지하여야 한다.
② 제1항에 규정한 장소 외에 타인의 주거, 간수자 있는 가옥, 건조물(建造物), 항공기 또는 선박·차량 안에서 압수·수색영장을 집행할 때에는 주거주(住居主), 간수자 또는 이에 준하는 사람을 참여하게 하여야 한다.
③ 제2항의 사람을 참여하게 하지 못할 때에는 이웃 사람 또는 지방공공단체의 직원을 참여하게 하여야 한다.
〔전부개정 2020·12·8〕

제124조(여자의 수색과 참여) 여자의 신체에 대하여 수색할 때에는 성년의 여자를 참여하게 하여야 한다.

제125조(야간집행의 제한) 일출전, 일몰후에는 압수·수색영장에 야간집행을 할 수 있는 기재가 없으면 그 영장을 집행하기 위하여 타인의 주거, 간수자 있는 가옥, 건조물, 항공기 또는 선차내에 들어가지 못한다.

제126조(야간집행제한의 예외) 다음 장소에서 압수·수색영장을 집행함에는 전조의 제한을 받지 아니한다.
1. 도박 기타 풍속을 해하는 행위에 상용된다고 인정하는 장소
2. 여관, 음식점 기타 야간에 공중이 출입할 수 있는 장소. 단, 공개한 시간내에 한한다.

제127조(집행중지와 필요한 처분) 압수·수색영장의 집행을 중지한 경우에 필요한 때에는 집행이 종료될 때까지 그 장소를 폐쇄하거나 간수자를 둘 수 있다.

제128조(증명서의 교부) 수색한 경우에 증거물 또는 몰취할 물건이 없는 때에는 그 취지의 증명서를 교부하여야 한다.

제129조(압수목록의 교부) 압수한 경우에는 목록을 작성하여 소유자, 소지자, 보관자 기타 이에 준할 자에게 교부하여야 한다.

제130조(압수물의 보관과 폐기) ① 운반 또는 보관에 불변한 압수물에 관하여는 간수자를 두거나 소유자 또는 적당한 자의 승낙을 얻어 보관하게 할 수 있다.
② 위험발생의 염려가 있는 압수물은 폐기할 수 있다.
③ 법령상 생산·제조·소지·소유 또는 유통이 금지된 압수물로서 부패의 염려가 있거나 보관하기 어려운 압수물은 소유자 등 권한 있는 자의 동의를 받아 폐기할 수 있다. <신설 2007·6·1>

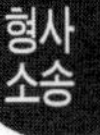

제131조(주의사항) 압수물에 대하여는 그 상실 또는 파손 등의 방지를 위하여 상당한

조치를 하여야 한다.

제132조(압수물의 대가보관) ① 몰수하여야 할 압수물로서 멸실·파손·부패 또는 현저한 가치 감소의 염려가 있거나 보관하기 어려운 압수물은 매각하여 대가를 보관할 수 있다.

② 환부하여야 할 압수물 중 환부를 받을 자가 누구인지 알 수 없거나 그 소재가 불명한 경우로서 그 압수물의 멸실·파손·부패 또는 현저한 가치 감소의 염려가 있거나 보관하기 어려운 압수물은 매각하여 대가를 보관할 수 있다.

〔전부개정 2007·6·1〕

제133조(압수물의 환부, 가환부) ① 압수를 계속할 필요가 없다고 인정되는 압수물은 피고사건종결전이라도 결정으로 환부하여야 하고 증거에 공할 압수물은 소유자, 소지자, 보관자 또는 제출인의 청구에 의하여 가환부할 수 있다.

② 증거에만 공할 목적으로 압수한 물건으로서 그 소유자 또는 소지자가 계속 사용하여야 할 물건은 사진촬영 기타 원형보존의 조치를 취하고 신속히 가환부하여야 한다.

제134조(압수장물의 피해자환부) 압수한 장물은 피해자에게 환부할 이유가 명백한 때에는 피고사건의 종결전이라도 결정으로 피해자에게 환부할 수 있다.

제135조(압수물처분과 당사자에의 통지) 전 3 조의 결정을 함에는 검사, 피해자, 피고인 또는 변호인에게 미리 통지하여야 한다.

제136조(수명법관, 수탁판사) ① 법원은 압수 또는 수색을 합의부원에게 명할 수 있고 그 목적물의 소재지를 관할하는 지방법원판사에게 촉탁할 수 있다.

② 수탁판사는 압수 또는 수색의 목적물이 그 관할구역내에 없는 때에는 그 목적물 소재지 지방법원판사에게 전촉할 수 있다.

③ 수명법관, 수탁판사가 행하는 압수 또는 수색에 관하여는 법원이 행하는 압수 또는 수색에 관한 규정을 준용한다.

제137조(구속영장집행과 수색) 검사, 사법경찰관리 또는 제81조제 2 항의 규정에 의한 법원사무관등이 구속영장을 집행할 경우에 필요한 때에는 미리 수색영장을 발부받기 어려운 긴급한 사정이 있는 경우에 한정하여 타인의 주거, 간수자있는 가옥, 건조물, 항공기, 선거내에 들어가 피고인을 수색할 수 있다. <개정 2007·6·1, 2019·12·31>

제138조(준용규정) 제119조, 제120조, 제123조와 제127조의 규정은 전조의 규정에 의한 검사, 사법경찰관리, 법원사무관등의 수색에 준용한다. <개정 2007·6·1>

제11장 검증

제139조(검증) 법원은 사실을 발견함에 필요한 때에는 검증을 할 수 있다.

제140조(검증과 필요한 처분) 검증을 함에는 신체의 검사, 사체의 해부, 분묘의 발굴, 물건의 파괴 기타 필요한 처분을 할 수 있다.

제141조(신체검사에 관한 주의) ① 신체의 검사에 관하여는 검사를 받는 사람의 성별, 나이, 건강상태, 그 밖의 사정을 고려하여 그 사람의 건강과 명예를 해하지 아니하도록 주의하여야 한다.

② 피고인 아닌 사람의 신체검사는 증거가 될 만한 흔적을 확인할 수 있는 현저한 사유가 있는 경우에만 할 수 있다.

③ 여자의 신체를 검사하는 경우에는 의사나 성년 여자를 참여하게 하여야 한다.

④ 시체의 해부 또는 분묘의 발굴을 하는 때에는 예(禮)에 어긋나지 아니하도록 주의하고 미리 유족에게 통지하여야 한다.

〔전부개정 2020·12·8〕

제142조(신체검사와 소환) 법원은 신체를 검사하기 위하여 피고인 아닌 자를 법원 기타 지정한 장소에 소환할 수 있다.

제143조(시각의 제한) ① 일출전, 일몰후에는 가주, 간수자 또는 이에 준하는 자의 승낙이 없으면 검증을 하기 위하여 타인의 주거, 간수자 있는 가옥, 건조물, 항공기, 선차내에 들어가지 못한다. 단, 일출후에는 검증의 목적을 달성할 수 없을 염려가 있는 경우에는 예외로 한다.

② 일몰전에 검증에 착수한 때에는 일몰후라도 검증을 계속할 수 있다.

③ 제126조에 규정한 장소에는 제 1 항의 제한을 받지 아니한다.

제144조(검증의 보조) 검증을 함에 필요한 때에는 사법경찰관리에게 보조를 명할 수 있다.

제145조(준용규정) 제110조, 제119조 내지 제123조, 제127조와 제136조의 규정은 검증에 관하여 준용한다.

제12장 증인신문

제146조(증인의 자격) 법원은 법률에 다른 규정이 없으면 누구든지 증인으로 신문할 수 있다.

제147조(공무상 비밀과 증인자격) ① 공무원 또는 공무원이었던 자가 그 직무에 관하여 알게 된 사실에 관하여 본인 또는 당해 공무소가 직무상 비밀에 속한 사항임을 신고한 때에는 그 소속공무소 또는 감독관공서의 승낙없이는 증인으로 신문하지 못한다.

② 그 소속공무소 또는 당해 감독관공서는 국가에 중대한 이익을 해하는 경우를 제외하고는 승낙을 거부하지 못한다.

제148조(근친자의 형사책임과 증언 거부) 누구든지 자기나 다음 각 호의 어느 하나에 해당하는 자가 형사소추(刑事訴追) 또는 공소제기를 당하거나 유죄판결을 받을 사실이 드러날 염려가 있는 증언을 거부할 수 있다.

1. 친족이거나 친족이었던 사람
2. 법정대리인, 후견감독인

〔전부개정 2020·12·8〕

제149조(업무상 비밀과 증언거부) 변호사, 변리사, 공증인, 공인회계사, 세무사, 대서업자, 의사, 한의사, 치과의사, 약사, 약종상, 조산사, 간호사, 종교의 직에 있는 자 또는 이러한 직에 있던 자가 그 업무상 위탁을 받은 관계로 알게 된 사실로서 타인의 비밀에 관한 것은 증언을 거부할 수 있다. 단, 본인의 승낙이 있거나 중대한 공익상 필요있는 때에는 예외로 한다. <개정 1980·12·18, 1997·12·13 법5454>

제150조(증언거부사유의 소명) 증언을 거부하는 자는 거부사유를 소명하여야 한다.

제150조의2(증인의 소환) ① 법원은 소환장의 송달, 전화, 전자우편, 그 밖의 상당한 방법으로 증인을 소환한다.

② 증인을 신청한 자는 증인이 출석하도록 합리적인 노력을 할 의무가 있다.

〔본조신설 2007·6·1〕

제151조(증인이 출석하지 아니한 경우의 과태료 등) ① 법원은 소환장을 송달받은 증인이 정당한 사유 없이 출석하지 아니한 때에는 결정으로 당해 불출석으로 인한 소송비용을 증인이 부담하도록 명하고, 500만원 이하의 과태료를 부과할 수 있다. 제153조에 따라 준용되는 제76조제2항·제5항에 따라 소환장의 송달과 동일한 효력이 있는 경우에도 또한 같다.

② 법원은 증인이 제1항에 따른 과태료 재판을 받고도 정당한 사유 없이 다시 출석하지 아니한 때에는 결정으로 증인을 7일 이내의 감치에 처한다.

③ 법원은 감치재판기일에 증인을 소환하여 제2항에 따른 정당한 사유가 있는지의 여부를 심리하여야 한다.

④ 감치는 그 재판을 한 법원의 재판장의 명령에 따라 사법경찰관리·교도관·법원경위 또는 법원사무관등이 교도소·구치소 또는 경찰서유치장에 유치하여 집행한다.

⑤ 감치에 처하는 재판을 받은 증인이 제4항에 규정된 감치시설에 유치된 경우 당해 감치시설의 장은 즉시 그 사실을 법원에 통보하여야 한다.

⑥ 법원은 제5항의 통보를 받은 때에는 지체 없이 증인신문기일을 열어야 한다.

⑦ 법원은 감치의 재판을 받은 증인이 감치의 집행 중에 증언을 한 때에는 즉시 감치결정을 취소하고 그 증인을 석방하도록 명하여야 한다.

⑧ 제1항과 제2항의 결정에 대하여는 즉시항고를 할 수 있다. 이 경우 제410조는 적용하지 아니한다.

〔전부개정 2007·6·1〕

제152조(소환불응과 구인) 정당한 사유없이 소환에 응하지 아니하는 증인은 구인할 수 있다.

제153조(준용규정) 제73조, 제74조, 제76조의 규정은 증인의 소환에 준용한다.

제154조(구내증인의 소환) 증인이 법원의 구

내에 있는 때에는 소환함이 없이 신문할 수 있다.

제155조(준용규정) 제73조, 제75조, 제77조, 제81조 내지 제83조, 제85조제1항, 제2항의 규정은 증인의 구인에 준용한다.

제156조(증인의 선서) 증인에게는 신문전에 선서하게 하여야 한다. 단, 법률에 다른 규정이 있는 경우에는 예외로 한다.

제157조(선서의 방식) ① 선서는 선서서(宣誓書)에 따라 하여야 한다.
② 선서서에는 "양심에 따라 숨김과 보탬이 없이 사실 그대로 말하고 만일 거짓말이 있으면 위증의 벌을 받기로 맹세합니다."라고 기재하여야 한다.
③ 재판장은 증인에게 선서서를 낭독하고 기명날인하거나 서명하게 하여야 한다. 다만, 증인이 선서서를 낭독하지 못하거나 서명을 하지 못하는 경우에는 참여한 법원사무관등이 대행한다.
④ 선서는 일어서서 엄숙하게 하여야 한다.
〔전부개정 2020·12·8〕

제158조(선서한 증인에 대한 경고) 재판장은 선서할 증인에 대하여 선서전에 위증의 벌을 경고하여야 한다.

제159조(선서무능력) 증인이 다음 각호의 1에 해당하는 때에는 선서하게 하지 아니하고 신문하여야 한다.
1. 16세 미만의 자
2. 선서의 취지를 이해하지 못하는 자

제160조(증언거부권의 고지) 증인이 제148조, 제149조에 해당하는 경우에는 재판장은 신문전에 증언을 거부할 수 있음을 설명하여야 한다.

제161조(선서, 증언의 거부와 과태료) ① 증인이 정당한 이유없이 선서나 증언을 거부한 때에는 결정으로 50만원 이하의 과태료에 처할 수 있다. <개정 1973·1·25, 1995·12·29>
② 제1항의 결정에 대하여는 즉시항고를 할 수 있다. <개정 1995·12·29>

제161조의2(증인신문의 방식) ① 증인은 신청한 검사, 변호인 또는 피고인이 먼저 이를 신문하고 다음에 다른 검사, 변호인 또는 피고인이 신문한다.
② 재판장은 전항의 신문이 끝난 뒤에 신문할 수 있다.
③ 재판장은 필요하다고 인정하면 전2항의 규정에 불구하고 어느 때나 신문할 수 있으며 제1항의 신문순서를 변경할 수 있다.
④ 법원이 직권으로 신문할 증인이나 범죄로 인한 피해자의 신청에 의하여 신문할 증인의 신문방식은 재판장이 정하는 바에 의한다. <개정 1987·11·28>
⑤ 합의부원은 재판장에게 고하고 신문할 수 있다.
〔본조신설 1961·9·1〕

제162조(개별신문과 대질) ① 증인신문은 각 증인에 대하여 신문하여야 한다. <개정 1961·9·1>
② 신문하지 아니한 증인이 재정한 때에는 퇴정을 명하여야 한다.
③ 필요한 때에는 증인과 다른 증인 또는 피고인과 대질하게 할 수 있다.
④ 삭제 <1961·9·1>

제163조(당사자의 참여권, 신문권) ① 검사, 피고인 또는 변호인은 증인신문에 참여할 수 있다.
② 증인신문의 시일과 장소는 전항의 규정에 의하여 참여할 수 있는 자에게 미리 통지하여야 한다. 단, 참여하지 아니한다는 의사를 명시한 때에는 예외로 한다.
③ 삭제 <1961·9·1>

제163조의2(신뢰관계에 있는 자의 동석) ① 법원은 범죄로 인한 피해자를 증인으로 신문하는 경우 증인의 연령, 심신의 상태, 그 밖의 사정을 고려하여 증인이 현저하게 불안 또는 긴장을 느낄 우려가 있다고 인정하는 때에는 직권 또는 피해자·법정대리인·검사의 신청에 따라 피해자와 신뢰관계에 있는 자를 동석하게 할 수 있다.
② 법원은 범죄로 인한 피해자가 13세 미만이거나 신체적 또는 정신적 장애로 사물을 변별하거나 의사를 결정할 능력이 미약한 경우에 재판에 지장을 초래할 우려가 있는 등 부득이한 경우가 아닌 한 피해자와 신뢰관계에 있는 자를 동석하게 하여야 한다.
③ 제1항 또는 제2항에 따라 동석한 자는 법원·소송관계인의 신문 또는 증인의 진술

을 방해하거나 그 진술의 내용에 부당한 영향을 미칠 수 있는 행위를 하여서는 아니된다.
④ 제 1 항 또는 제 2 항에 따라 동석할 수 있는 신뢰관계에 있는 자의 범위, 동석의 절차 및 방법 등에 관하여 필요한 사항은 대법원규칙으로 정한다.
〔본조신설 2007·6·1〕

제164조(신문의 청구) ① 검사, 피고인 또는 변호인이 증인신문에 참여하지 아니할 경우에는 법원에 대하여 필요한 사항의 신문을 청구할 수 있다.
② 피고인 또는 변호인의 참여없이 증인을 신문한 경우에 피고인에게 예기하지 아니한 불이익의 증언이 진술된 때에는 반드시 그 진술내용을 피고인 또는 변호인에게 알려주어야 한다.

제165조(증인의 법정외신문) 법원은 증인의 연령, 직업, 건강상태 기타의 사정을 고려하여 검사, 피고인 또는 변호인의 의견을 묻고 법정외에 소환하거나 현재지에서 신문할 수 있다.

제165조의2(비디오 등 중계장치 등에 의한 증인신문) ① 법원은 다음 각 호의 어느 하나에 해당하는 사람을 증인으로 신문하는 경우 상당하다고 인정할 때에는 검사와 피고인 또는 변호인의 의견을 들어 비디오 등 중계장치에 의한 중계시설을 통하여 신문하거나 가림 시설 등을 설치하고 신문할 수 있다. <개정 2009·6·9, 2011·8·4, 2012·12·18, 2020·12·8>

1. 「아동복지법」 제71조제 1 항제 1 호·제 1 호의2·제 2 호·제 3 호에 해당하는 죄의 피해자
2. 「아동·청소년의 성보호에 관한 법률」 제 7 조, 제 8 조, 제11조부터 제15조까지 및 제17조제 1 항의 규정에 해당하는 죄의 대상이 되는 아동·청소년 또는 피해자
3. 범죄의 성질, 증인의 나이, 심신의 상태, 피고인과의 관계, 그 밖의 사정으로 인하여 피고인 등과 대면하여 진술할 경우 심리적인 부담으로 정신의 평온을 현저하게 잃을 우려가 있다고 인정되는 사람

② 법원은 증인이 멀리 떨어진 곳 또는 교통이 불편한 곳에 살고 있거나 건강상태 등 그 밖의 사정으로 말미암아 법정에 직접 출석하기 어렵다고 인정하는 때에는 검사와 피고인 또는 변호인의 의견을 들어 비디오 등 중계장치에 의한 중계시설을 통하여 신문할 수 있다. <신설 2021·8·17>
③ 제 1 항과 제 2 항에 따른 증인신문은 증인이 법정에 출석하여 이루어진 증인신문으로 본다. <신설 2021·8·17>
④ 제 1 항과 제 2 항에 따른 증인신문의 실시에 필요한 사항은 대법원규칙으로 정한다. <신설 2021·8·17>

제166조(동행명령과 구인) ① 법원은 필요한 때에는 결정으로 지정한 장소에 증인의 동행을 명할 수 있다.
② 증인이 정당한 사유없이 동행을 거부하는 때에는 구인할 수 있다.

제167조(수명법관, 수탁판사) ① 법원은 합의부원에게 법정외의 증인신문을 명할 수 있고 또는 증인현재지의 지방법원판사에게 그 신문을 촉탁할 수 있다.
② 수탁판사는 증인이 관할구역내에 현재하지 아니한 때에는 그 현재지의 지방법원판사에게 전촉할 수 있다.
③ 수명법관 또는 수탁판사는 증인의 신문에 관하여 법원 또는 재판장에 속한 처분을 할 수 있다.

제168조(증인의 여비, 일당, 숙박료) 소환받은 증인은 법률의 규정한 바에 의하여 여비, 일당과 숙박료를 청구할 수 있다. 단, 정당한 사유없이 선서 또는 증언을 거부한 자는 예외로 한다.

제13장 감정

제169조(감정) 법원은 학식 경험있는 자에게 감정을 명할 수 있다.

제170조(선서) ① 감정인에게는 감정전에 선서하게 하여야 한다.
② 선서는 선서서에 의하여야 한다.
③ 선서서에는 「양심에 따라 성실히 감정하고 만일 거짓이 있으면 허위감정의 벌을 받기로 맹서합니다」라고 기재하여야 한다.

④ 제157조제 3 항, 제 4 항과 제158조의 규정은 감정인의 선서에 준용한다.

제171조(감정보고) ① 감정의 경과와 결과는 감정인으로 하여금 서면으로 제출하게 하여야 한다.

② 감정인이 수인인 때에는 각각 또는 공동으로 제출하게 할 수 있다.

③ 감정의 결과에는 그 판단의 이유를 명시하여야 한다.

④ 필요한 때에는 감정인에게 설명하게 할 수 있다.

제172조(법원외의 감정) ① 법원은 필요한 때에는 감정인으로 하여금 법원외에서 감정하게 할 수 있다.

② 전항의 경우에는 감정을 요하는 물건을 감정인에게 교부할 수 있다.

③ 피고인의 정신 또는 신체에 관한 감정에 필요한 때에는 법원은 기간을 정하여 병원 기타 적당한 장소에 피고인을 유치하게 할 수 있고 감정이 완료되면 즉시 유치를 해제하여야 한다.

④ 전항의 유치를 함에는 감정유치장을 발부하여야 한다. <개정 1973·1·25>

⑤ 제 3 항의 유치를 함에 있어서 필요한 때에는 법원은 직권 또는 피고인을 수용할 병원 기타 장소의 관리자의 신청에 의하여 사법경찰관리에게 피고인의 간수를 명할 수 있다. <신설 1973·1·25>

⑥ 법원은 필요한 때에는 유치기간을 연장하거나 단축할 수 있다. <신설 1973·1·25>

⑦ 구속에 관한 규정은 이 법률에 특별한 규정이 없는 경우에는 제 3 항의 유치에 관하여 이를 준용한다. 단, 보석에 관한 규정은 그러하지 아니하다. <신설 1973·1·25>

⑧ 제 3 항의 유치는 미결구금일수의 산입에 있어서는 이를 구속으로 간주한다. <신설 1973·1·25>

제172조의2(감정유치와 구속) ① 구속 중인 피고인에 대하여 감정유치장이 집행되었을 때에는 피고인이 유치되어 있는 기간 구속은 그 집행이 정지된 것으로 간주한다.

② 전항의 경우에 전조제 3 항의 유치처분이 취소되거나 유치기간이 만료된 때에는 구속의 집행정지가 취소된 것으로 간주한다.

[본조신설 1973·1·25]

제173조(감정에 필요한 처분) ① 감정인은 감정에 관하여 필요한 때에는 법원의 허가를 얻어 타인의 주거, 간수자 있는 가옥, 건조물, 항공기, 선차내에 들어갈 수 있고 신체의 검사, 사체의 해부, 분묘발굴, 물건의 파괴를 할 수 있다.

② 전항의 허가에는 피고인의 성명, 죄명, 들어갈 장소, 검사할 신체, 해부할 사체, 발굴할 분묘, 파괴할 물건, 감정인의 성명과 유효기간을 기재한 허가장을 발부하여야 한다.

③ 감정인은 제 1 항의 처분을 받는 자에게 허가장을 제시하여야 한다.

④ 전 2 항의 규정은 감정인이 공판정에서 행하는 제 1 항의 처분에는 적용하지 아니한다.

⑤ 제141조, 제143조의 규정은 제 1 항의 경우에 준용한다.

제174조(감정인의 참여권, 신문권) ① 감정인은 감정에 관하여 필요한 경우에는 재판장의 허가를 얻어 서류와 증거물을 열람 또는 등사하고 피고인 또는 증인의 신문에 참여할 수 있다.

② 감정인은 피고인 또는 증인의 신문을 구하거나 재판장의 허가를 얻어 직접발문할 수 있다.

제175조(수명법관) 법원은 합의부원으로 하여금 감정에 관하여 필요한 처분을 하게 할 수 있다.

제176조(당사자의 참여) ① 검사, 피고인 또는 변호인은 감정에 참여할 수 있다.

② 제122조의 규정은 전항의 경우에 준용한다.

제177조(준용규정) 감정에 관하여는 제12장(구인에 관한 규정은 제외한다)을 준용한다.

[전부개정 2020·12·8]

제178조(여비, 감정료 등) 감정인은 법률의 정하는 바에 의하여 여비, 일당, 숙박료외에 감정료와 체당금의 변상을 청구할 수 있다.

제179조(감정증인) 특별한 지식에 의하여 알게 된 과거의 사실을 신문하는 경우에는 본장의 규정에 의하지 아니하고 전장의 규정에 의한다.

제179조의2(감정의 촉탁) ① 법원은 필요하다고 인정하는 때에는 공무소·학교·병원 기타 상당한 설비가 있는 단체 또는 기관에 대하여 감정을 촉탁할 수 있다. 이 경우 선서에 관한 규정은 이를 적용하지 아니한다.
② 제1항의 경우 법원은 당해 공무소·학교·병원·단체 또는 기관이 지정한 자로 하여금 감정서의 설명을 하게 할 수 있다.
〔본조신설 1995·12·29〕

제14장 통역과 번역

제180조(통역) 국어에 통하지 아니하는 자의 진술에는 통역인으로 하여금 통역하게 하여야 한다.
제181조(청각 또는 언어장애인의 통역) 듣거나 말하는 데 장애가 있는 사람의 진술에 대해서는 통역인으로 하여금 통역하게 할 수 있다.
〔전부개정 2020·12·8〕
제182조(번역) 국어 아닌 문자 또는 부호는 번역하게 하여야 한다.
제183조(준용규정) 전장의 규정은 통역과 번역에 준용한다.

제15장 증거보전

제184조(증거보전의 청구와 그 절차) ① 검사, 피고인, 피의자 또는 변호인은 미리 증거를 보전하지 아니하면 그 증거를 사용하기 곤란한 사정이 있는 때에는 제1회 공판기일전이라도 판사에게 압수, 수색, 검증, 증인신문 또는 감정을 청구할 수 있다.
② 전항의 청구를 받은 판사는 그 처분에 관하여 법원 또는 재판장과 동일한 권한이 있다.
③ 제1항의 청구를 함에는 서면으로 그 사유를 소명하여야 한다.
④ 제1항의 청구를 기각하는 결정에 대하여는 3일 이내에 항고할 수 있다. <신설 2007·6·1>
제185조(서류의 열람 등) 검사, 피고인, 피의자 또는 변호인은 판사의 허가를 얻어 전조의 처분에 관한 서류와 증거물을 열람 또는 등사할 수 있다.

제16장 소송비용

제186조(피고인의 소송비용부담) ① 형의 선고를 하는 때에는 피고인에게 소송비용의 전부 또는 일부를 부담하게 하여야 한다. 다만, 피고인의 경제적 사정으로 소송비용을 납부할 수 없는 때에는 그러하지 아니하다. <개정 1995·12·29>
② 피고인에게 책임지울 사유로 발생된 비용은 형의 선고를 하지 아니하는 경우에도 피고인에게 부담하게 할 수 있다.
제187조(공범의 소송비용) 공범의 소송비용은 공범인에게 연대부담하게 할 수 있다.
제188조(고소인 등의 소송비용부담) 고소 또는 고발에 의하여 공소를 제기한 사건에 관하여 피고인이 무죄 또는 면소의 판결을 받은 경우에 고소인 또는 고발인에게 고의 또는 중대한 과실이 있는 때에는 그 자에게 소송비용의 전부 또는 일부를 부담하게 할 수 있다.
제189조(검사의 상소취하와 소송비용부담) 검사만이 상소 또는 재심청구를 한 경우에 상소 또는 재심의 청구가 기각되거나 취하된 때에는 그 소송비용을 피고인에게 부담하게 하지 못한다.
제190조(제삼자의 소송비용부담) ① 검사 아닌 자가 상소 또는 재심청구를 한 경우에 상소 또는 재심의 청구가 기각되거나 취하된 때에는 그 자에게 그 소송비용을 부담하게 할 수 있다.
② 피고인 아닌 자가 피고인이 제기한 상소 또는 재심의 청구를 취하한 경우에도 전항과 같다.
제191조(소송비용부담의 재판) ① 재판으로 소송절차가 종료되는 경우에 피고인에게 소송비용을 부담하게 하는 때에는 직권으로 재판하여야 한다.
② 전항의 재판에 대하여는 본안의 재판에 관하여 상소하는 경우에 한하여 불복할 수 있다.
제192조(제삼자부담의 재판) ① 재판으로 소

송절차가 종료되는 경우에 피고인 아닌 자에게 소송비용을 부담하게 하는 때에는 직권으로 결정을 하여야 한다.

② 전항의 결정에 대하여는 즉시항고를 할 수 있다.

제193조(재판에 의하지 아니한 절차종료) ① 재판에 의하지 아니하고 소송절차가 종료되는 경우에 소송비용을 부담하게 하는 때에는 사건의 최종계속법원의 직권으로 결정을 하여야 한다.

② 전항의 결정에 대하여는 즉시항고를 할 수 있다.

제194조(부담액의 산정) 소송비용의 부담을 명하는 재판에 그 금액을 표시하지 아니한 때에는 집행을 지휘하는 검사가 산정한다.

제194조의2(무죄판결과 비용보상) ① 국가는 무죄판결이 확정된 경우에는 당해 사건의 피고인이었던 자에 대하여 그 재판에 소요된 비용을 보상하여야 한다.

② 다음 각 호의 어느 하나에 해당하는 경우에는 제1항에 따른 비용의 전부 또는 일부를 보상하지 아니할 수 있다.

1. 피고인이었던 자가 수사 또는 재판을 그르칠 목적으로 거짓 자백을 하거나 다른 유죄의 증거를 만들어 기소된 것으로 인정된 경우
2. 1개의 재판으로써 경합범의 일부에 대하여 무죄판결이 확정되고 다른 부분에 대하여 유죄판결이 확정된 경우
3. 「형법」 제9조 및 제10조제1항의 사유에 따른 무죄판결이 확정된 경우
4. 그 비용이 피고인이었던 자에게 책임지울 사유로 발생한 경우

〔본조신설 2007·6·1〕

제194조의3(비용보상의 절차 등) ① 제194조의2제1항에 따른 비용의 보상은 피고인이었던 자의 청구에 따라 무죄판결을 선고한 법원의 합의부에서 결정으로 한다.

② 제1항에 따른 청구는 무죄판결이 확정된 사실을 안 날부터 3년, 무죄판결이 확정된 때부터 5년 이내에 하여야 한다. <개정 2014·12·30>

③ 제1항의 결정에 대하여는 즉시항고를 할 수 있다.

〔본조신설 2007·6·1〕

제194조의4(비용보상의 범위) ① 제194조의2에 따른 비용보상의 범위는 피고인이었던 자 또는 그 변호인이었던 자가 공판준비 및 공판기일에 출석하는데 소요된 여비·일당·숙박료와 변호인이었던 자에 대한 보수에 한한다. 이 경우 보상금액에 관하여는 「형사소송비용 등에 관한 법률」을 준용하되, 피고인이었던 자에 대하여는 증인에 관한 규정을, 변호인이었던 자에 대하여는 국선변호인에 관한 규정을 준용한다.

② 법원은 공판준비 또는 공판기일에 출석한 변호인이 2인 이상이었던 경우에는 사건의 성질, 심리 상황, 그 밖의 사정을 고려하여 변호인이었던 자의 여비·일당 및 숙박료를 대표변호인이나 그 밖의 일부 변호인의 비용만으로 한정할 수 있다.

〔본조신설 2007·6·1〕

제194조의5(준용규정) 비용보상청구, 비용보상절차, 비용보상과 다른 법률에 따른 손해배상과의 관계, 보상을 받을 권리의 양도·압류 또는 피고인이었던 자의 상속인에 대한 비용보상에 관하여 이 법에 규정한 것을 제외하고는 「형사보상법」에 따른 보상의 예에 따른다.

〔본조신설 2007·6·1〕

제2편 제1심

제1장 수사

제195조(검사와 사법경찰관의 관계 등) ① 검사와 사법경찰관은 수사, 공소제기 및 공소유지에 관하여 서로 협력하여야 한다.

② 제1항에 따른 수사를 위하여 준수하여야 하는 일반적 수사준칙에 관한 사항은 대통령령으로 정한다.

〔본조신설 2020·2·4〕

제196조(검사의 수사) ① 검사는 범죄의 혐의가 있다고 사료하는 때에는 범인, 범죄사실과 증거를 수사한다.

② 검사는 제197조의3제6항, 제198조의2제2항 및 제245조의7제2항에 따라 사법경찰관으로부터 송치받은 사건에 관하여는

해당 사건과 동일성을 해치지 아니하는 범위 내에서 수사할 수 있다. <신설 2022·5·9>
〔전부개정 2020·2·4〕

제197조(사법경찰관리) ① 경무관, 총경, 경정, 경감, 경위는 사법경찰관으로서 범죄의 혐의가 있다고 사료하는 때에는 범인, 범죄사실과 증거를 수사한다. <개정 2020·2·4>
② 경사, 경장, 순경은 사법경찰리로서 수사의 보조를 하여야 한다. <개정 2020·2·4>
③부터 ⑥까지 삭제 <2020·2·4>
〔전부개정 2011·7·18〕

제197조의2(보완수사요구) ① 검사는 다음 각 호의 어느 하나에 해당하는 경우에 사법경찰관에게 보완수사를 요구할 수 있다.
1. 송치사건의 공소제기 여부 결정 또는 공소의 유지에 관하여 필요한 경우
2. 사법경찰관이 신청한 영장의 청구 여부 결정에 관하여 필요한 경우
② 사법경찰관은 제1항의 요구가 있는 때에는 정당한 이유가 없는 한 지체 없이 이를 이행하고, 그 결과를 검사에게 통보하여야 한다.
③ 검찰총장 또는 각급 검찰청 검사장은 사법경찰관이 정당한 이유 없이 제1항의 요구에 따르지 아니하는 때에는 권한 있는 사람에게 해당 사법경찰관의 직무배제 또는 징계를 요구할 수 있고, 그 징계 절차는 「공무원 징계령」 또는 「경찰공무원 징계령」에 따른다.
〔본조신설 2020·2·4〕

제197조의3(시정조치요구 등) ① 검사는 사법경찰관리의 수사과정에서 법령위반, 인권침해 또는 현저한 수사권 남용이 의심되는 사실의 신고가 있거나 그러한 사실을 인식하게 된 경우에는 사법경찰관에게 사건기록 등본의 송부를 요구할 수 있다.
② 제1항의 송부 요구를 받은 사법경찰관은 지체 없이 검사에게 사건기록 등본을 송부하여야 한다.
③ 제2항의 송부를 받은 검사는 필요하다고 인정되는 경우에는 사법경찰관에게 시정조치를 요구할 수 있다.
④ 사법경찰관은 제3항의 시정조치 요구가 있는 때에는 정당한 이유가 없으면 지체 없이 이를 이행하고, 그 결과를 검사에게 통보하여야 한다.
⑤ 제4항의 통보를 받은 검사는 제3항에 따른 시정조치 요구가 정당한 이유 없이 이행되지 않았다고 인정되는 경우에는 사법경찰관에게 사건을 송치할 것을 요구할 수 있다.
⑥ 제5항의 송치 요구를 받은 사법경찰관은 검사에게 사건을 송치하여야 한다.
⑦ 검찰총장 또는 각급 검찰청 검사장은 사법경찰관리의 수사과정에서 법령위반, 인권침해 또는 현저한 수사권 남용이 있었던 때에는 권한 있는 사람에게 해당 사법경찰관리의 징계를 요구할 수 있고, 그 징계 절차는 「공무원 징계령」 또는 「경찰공무원 징계령」에 따른다.
⑧ 사법경찰관은 피의자를 신문하기 전에 수사과정에서 법령위반, 인권침해 또는 현저한 수사권 남용이 있는 경우 검사에게 구제를 신청할 수 있음을 피의자에게 알려주어야 한다.
〔본조신설 2020·2·4〕

제197조의4(수사의 경합) ① 검사는 사법경찰관과 동일한 범죄사실을 수사하게 된 때에는 사법경찰관에게 사건을 송치할 것을 요구할 수 있다.
② 제1항의 요구를 받은 사법경찰관은 지체 없이 검사에게 사건을 송치하여야 한다. 다만, 검사가 영장을 청구하기 전에 동일한 범죄사실에 관하여 사법경찰관이 영장을 신청한 경우에는 해당 영장에 기재된 범죄사실을 계속 수사할 수 있다.
〔본조신설 2020·2·4〕

제198조(준수사항) ① 피의자에 대한 수사는 불구속 상태에서 함을 원칙으로 한다.
② 검사·사법경찰관리와 그 밖에 직무상 수사에 관계있는 자는 피의자 또는 다른 사람의 인권을 존중하고 수사과정에서 취득한 비밀을 엄수하며 수사에 방해되는 일이 없도록 하여야 한다.
③ 검사·사법경찰관리와 그 밖에 직무상 수사에 관계있는 자는 수사과정에서 수사와 관련하여 작성하거나 취득한 서류 또는 물건에 대한 목록을 빠짐 없이 작성하여야 한

다. <신설 2011·7·18>

④ 수사기관은 수사 중인 사건의 범죄 혐의를 밝히기 위한 목적으로 합리적인 근거 없이 별개의 사건을 부당하게 수사하여서는 아니 되고, 다른 사건의 수사를 통하여 확보된 증거 또는 자료를 내세워 관련 없는 사건에 대한 자백이나 진술을 강요하여서도 아니 된다. <신설 2022·5·9>

〔전부개정 2007·6·1〕

제198조의2(검사의 체포·구속장소감찰) ① 지방검찰청검사장 또는 지청장은 불법체포·구속의 유무를 조사하기 위하여 검사로 하여금 매월 1회 이상 관하 수사관서의 피의자의 체포·구속장소를 감찰하게 하여야 한다. 감찰하는 검사는 체포 또는 구속된 자를 심문하고 관련서류를 조사하여야 한다. <개정 1995·12·29>

② 검사는 적법한 절차에 의하지 아니하고 체포 또는 구속된 것이라고 의심할 만한 상당한 이유가 있는 경우에는 즉시 체포 또는 구속된 자를 석방하거나 사건을 검찰에 송치할 것을 명하여야 한다. <개정 1995·12·29>

〔본조신설 1961·9·1〕

제199조(수사와 필요한 조사) ① 수사에 관하여는 그 목적을 달성하기 위하여 필요한 조사를 할 수 있다. 다만, 강제처분은 이 법률에 특별한 규정이 있는 경우에 한하며, 필요한 최소한도의 범위안에서만 하여야 한다. <개정 1995·12·29>

② 수사에 관하여는 공무소 기타 공사단체에 조회하여 필요한 사항의 보고를 요구할 수 있다.

제200조(피의자의 출석요구) 검사 또는 사법경찰관은 수사에 필요한 때에는 피의자의 출석을 요구하여 진술을 들을 수 있다.

〔전부개정 2007·6·1〕

제200조의2(영장에 의한 체포) ① 피의자가 죄를 범하였다고 의심할 만한 상당한 이유가 있고, 정당한 이유없이 제200조의 규정에 의한 출석요구에 응하지 아니하거나 응하지 아니할 우려가 있는 때에는 검사는 관할지방법원판사에게 청구하여 체포영장을 발부받아 피의자를 체포할 수 있고, 사법경찰관은 검사에게 신청하여 검사의 청구로 관할지방법원판사의 체포영장을 발부받아 피의자를 체포할 수 있다. 다만, 다액 50만원 이하의 벌금, 구류 또는 과료에 해당하는 사건에 관하여는 피의자가 일정한 주거가 없는 경우 또는 정당한 이유없이 제200조의 규정에 의한 출석요구에 응하지 아니한 경우에 한한다.

② 제1항의 청구를 받은 지방법원판사는 상당하다고 인정할 때에는 체포영장을 발부한다. 다만, 명백히 체포의 필요가 인정되지 아니하는 경우에는 그러하지 아니하다.

③ 제1항의 청구를 받은 지방법원판사가 체포영장을 발부하지 아니할 때에는 청구서에 그 취지 및 이유를 기재하고 서명날인하여 청구한 검사에게 교부한다.

④ 검사가 제1항의 청구를 함에 있어서 동일한 범죄사실에 관하여 그 피의자에 대하여 전에 체포영장을 청구하였거나 발부받은 사실이 있는 때에는 다시 체포영장을 청구하는 취지 및 이유를 기재하여야 한다.

⑤ 체포한 피의자를 구속하고자 할 때에는 체포한 때부터 48시간 이내에 제201조의 규정에 의하여 구속영장을 청구하여야 하고, 그 기간내에 구속영장을 청구하지 아니하는 때에는 피의자를 즉시 석방하여야 한다.

〔본조신설 1995·12·29〕

제200조의3(긴급체포) ① 검사 또는 사법경찰관은 피의자가 사형·무기 또는 장기 3년 이상의 징역이나 금고에 해당하는 죄를 범하였다고 의심할 만한 상당한 이유가 있고, 다음 각 호의 어느 하나에 해당하는 사유가 있는 경우에 긴급을 요하여 지방법원판사의 체포영장을 받을 수 없는 때에는 그 사유를 알리고 영장없이 피의자를 체포할 수 있다. 이 경우 긴급을 요한다 함은 피의자를 우연히 발견한 경우등과 같이 체포영장을 받을 시간적 여유가 없는 때를 말한다. <개정 2007·6·1>

1. 피의자가 증거를 인멸할 염려가 있는 때
2. 피의자가 도망하거나 도망할 우려가 있는 때

② 사법경찰관이 제1항의 규정에 의하여 피의자를 체포한 경우에는 즉시 검사의 승

인을 얻어야 한다.
③ 검사 또는 사법경찰관은 제1항의 규정에 의하여 피의자를 체포한 경우에는 즉시 긴급체포서를 작성하여야 한다.
④ 제3항의 규정에 의한 긴급체포서에는 범죄사실의 요지, 긴급체포의 사유 등을 기재하여야 한다.
〔본조신설 1995·12·29〕

제200조의4(긴급체포와 영장청구기간) ① 검사 또는 사법경찰관이 제200조의3의 규정에 의하여 피의자를 체포한 경우 피의자를 구속하고자 할 때에는 지체 없이 검사는 관할지방법원판사에게 구속영장을 청구하여야 하고, 사법경찰관은 검사에게 신청하여 검사의 청구로 관할지방법원판사에게 구속영장을 청구하여야 한다. 이 경우 구속영장은 피의자를 체포한 때부터 48시간 이내에 청구하여야 하며, 제200조의3제3항에 따른 긴급체포서를 첨부하여야 한다. <개정 2007·6·1>
② 제1항의 규정에 의하여 구속영장을 청구하지 아니하거나 발부받지 못한 때에는 피의자를 즉시 석방하여야 한다.
③ 제2항의 규정에 의하여 석방된 자는 영장없이는 동일한 범죄사실에 관하여 체포하지 못한다.
④ 검사는 제1항에 따른 구속영장을 청구하지 아니하고 피의자를 석방한 경우에는 석방한 날부터 30일 이내에 서면으로 다음 각 호의 사항을 법원에 통지하여야 한다. 이 경우 긴급체포서의 사본을 첨부하여야 한다. <신설 2007·6·1>
1. 긴급체포 후 석방된 자의 인적사항
2. 긴급체포의 일시·장소와 긴급체포하게 된 구체적 이유
3. 석방의 일시·장소 및 사유
4. 긴급체포 및 석방한 검사 또는 사법경찰관의 성명

⑤ 긴급체포 후 석방된 자 또는 그 변호인·법정대리인·배우자·직계친족·형제자매는 통지서 및 관련 서류를 열람하거나 등사할 수 있다. <신설 2007·6·1>
⑥ 사법경찰관은 긴급체포한 피의자에 대하여 구속영장을 신청하지 아니하고 석방한 경우에는 즉시 검사에게 보고하여야 한다. <신설 2007·6·1>
〔본조신설 1995·12·29〕

제200조의5(체포와 피의사실 등의 고지) 검사 또는 사법경찰관은 피의자를 체포하는 경우에는 피의사실의 요지, 체포의 이유와 변호인을 선임할 수 있음을 말하고 변명할 기회를 주어야 한다.
〔본조신설 2007·6·1〕

제200조의6(준용규정) 제75조, 제81조제1항 본문 및 제3항, 제82조, 제83조, 제85조제1항·제3항 및 제4항, 제86조, 제87조, 제89조부터 제91조까지, 제93조, 제101조제4항 및 제102조제2항 단서의 규정은 검사 또는 사법경찰관이 피의자를 체포하는 경우에 이를 준용한다. 이 경우 "구속"은 이를 "체포"로, "구속영장"은 이를 "체포영장"으로 본다. <개정 2007·6·1>
〔본조신설 1995·12·29〕

제201조(구속) ① 피의자가 죄를 범하였다고 의심할 만한 상당한 이유가 있고 제70조제1항 각호의 1에 해당하는 사유가 있을 때에는 검사는 관할지방법원판사에게 청구하여 구속영장을 받아 피의자를 구속할 수 있고 사법경찰관은 검사에게 신청하여 검사의 청구로 관할지방법원판사의 구속영장을 받아 피의자를 구속할 수 있다. 다만, 다액 50만원 이하의 벌금, 구류 또는 과료에 해당하는 범죄에 관하여는 피의자가 일정한 주거가 없는 경우에 한한다. <개정 1980·12·18, 1995·12·29>
② 구속영장의 청구에는 구속의 필요를 인정할 수 있는 자료를 제출하여야 한다. <개정 1980·12·18>
③ 제1항의 청구를 받은 지방법원판사는 신속히 구속영장의 발부여부를 결정하여야 한다. <신설 1995·12·29>
④ 제1항의 청구를 받은 지방법원판사는 상당하다고 인정할 때에는 구속영장을 발부한다. 이를 발부하지 아니할 때에는 청구서에 그 취지 및 이유를 기재하고 서명날인하여 청구한 검사에게 교부한다. <개정 1980·12·18>
⑤ 검사가 제1항의 청구를 함에 있어서 동

일한 범죄사실에 관하여 그 피의자에 대하여 전에 구속영장을 청구하거나 발부받은 사실이 있을 때에는 다시 구속영장을 청구하는 취지 및 이유를 기재하여야 한다. <개정 1980·12·18>

〔전부개정 1973·1·25〕

제201조의2(구속영장 청구와 피의자심문) ① 제200조의2·제200조의3 또는 제212조에 따라 체포된 피의자에 대하여 구속영장을 청구받은 판사는 지체 없이 피의자를 심문하여야 한다. 이 경우 특별한 사정이 없는 한 구속영장이 청구된 날의 다음 날까지 심문하여야 한다.

② 제1항 외의 피의자에 대하여 구속영장을 청구받은 판사는 피의자가 죄를 범하였다고 의심할 만한 이유가 있는 경우에 구인을 위한 구속영장을 발부하여 피의자를 구인한 후 심문하여야 한다. 다만, 피의자가 도망하는 등의 사유로 심문할 수 없는 경우에는 그러하지 아니하다.

③ 판사는 제1항의 경우에는 즉시, 제2항의 경우에는 피의자를 인치한 후 즉시 검사, 피의자 및 변호인에게 심문기일과 장소를 통지하여야 한다. 이 경우 검사는 피의자가 체포되어 있는 때에는 심문기일에 피의자를 출석시켜야 한다.

④ 검사와 변호인은 제3항에 따른 심문기일에 출석하여 의견을 진술할 수 있다.

⑤ 판사는 제1항 또는 제2항에 따라 심문하는 때에는 공범의 분리심문이나 그 밖에 수사상의 비밀보호를 위하여 필요한 조치를 하여야 한다.

⑥ 제1항 또는 제2항에 따라 피의자를 심문하는 경우 법원사무관등은 심문의 요지 등을 조서로 작성하여야 한다.

⑦ 피의자심문을 하는 경우 법원이 구속영장청구서·수사 관계 서류 및 증거물을 접수한 날부터 구속영장을 발부하여 검찰청에 반환한 날까지의 기간은 제202조 및 제203조의 적용에 있어서 그 구속기간에 산입하지 아니한다.

⑧ 심문할 피의자에게 변호인이 없는 때에는 지방법원판사는 직권으로 변호인을 선정하여야 한다. 이 경우 변호인의 선정은 피의자에 대한 구속영장 청구가 기각되어 효력이 소멸한 경우를 제외하고는 제1심까지 효력이 있다.

⑨ 법원은 변호인의 사정이나 그 밖의 사유로 변호인 선정결정이 취소되어 변호인이 없게 된 때에는 직권으로 변호인을 다시 선정할 수 있다.

⑩ 제71조, 제71조의2, 제75조, 제81조부터 제83조까지, 제85조제1항·제3항·제4항, 제86조, 제87조제1항, 제89조부터 제91조까지 및 제200조의5는 제2항에 따라 구인을 하는 경우에 준용하고, 제48조, 제51조, 제53조, 제56조의2 및 제276조의2는 피의자에 대한 심문의 경우에 준용한다.

〔전부개정 2007·6·1〕

제202조(사법경찰관의 구속기간) 사법경찰관이 피의자를 구속한 때에는 10일 이내에 피의자를 검사에게 인치하지 아니하면 석방하여야 한다.

제203조(검사의 구속기간) 검사가 피의자를 구속한 때 또는 사법경찰관으로부터 피의자의 인치를 받은 때에는 10일 이내에 공소를 제기하지 아니하면 석방하여야 한다.

제203조의2(구속기간에의 산입) 피의자가 제200조의2·제200조의3·제201조의2제2항 또는 제212조의 규정에 의하여 체포 또는 구인된 경우에는 제202조 또는 제203조의 구속기간은 피의자를 체포 또는 구인한 날부터 기산한다. <개정 1997·12·13 법5435, 2007·6·1>

〔본조신설 1995·12·29〕

제204조(영장발부와 법원에 대한 통지) 체포영장 또는 구속영장의 발부를 받은 후 피의자를 체포 또는 구속하지 아니하거나 체포 또는 구속한 피의자를 석방한 때에는 지체없이 검사는 영장을 발부한 법원에 그 사유를 서면으로 통지하여야 한다. <개정 1995·12·29>

제205조(구속기간의 연장) ① 지방법원판사는 검사의 신청에 의하여 수사를 계속함에 상당한 이유가 있다고 인정한 때에는 10일을 초과하지 아니하는 한도에서 제203조의 구속기간의 연장을 1차에 한하여 허가할 수 있다.

② 전항의 신청에는 구속기간의 연장의 필

요를 인정할 수 있는 자료를 제출하여야 한다.

제206조 및 **제207조** 삭제 <1995·12·29>

제208조(재구속의 제한) ① 검사 또는 사법경찰관에 의하여 구속되었다가 석방된 자는 다른 중요한 증거를 발견한 경우를 제외하고는 동일한 범죄사실에 관하여 재차 구속하지 못한다.

② 전항의 경우에는 1개의 목적을 위하여 동시 또는 수단결과의 관계에서 행하여진 행위는 동일한 범죄사실로 간주한다.

〔전부개정 1973·1·25〕

제209조(준용규정) 제70조제2항, 제71조, 제75조, 제81조제1항 본문·제3항, 제82조, 제83조, 제85조부터 제87조까지, 제89조부터 제91조까지, 제93조, 제101조제1항, 제102조제2항 본문(보석의 취소에 관한 부분은 제외한다) 및 제200조의5는 검사 또는 사법경찰관의 피의자 구속에 관하여 준용한다. <개정 2007·12·21>

〔전부개정 2007·6·1〕

제210조(사법경찰관리의 관할구역외의 수사) 사법경찰관리가 관할구역외에서 수사하거나 관할구역외의 사법경찰관리의 촉탁을 받어 수사할 때에는 관할지방검찰청검사장 또는 지청장에게 보고하여야 한다. 다만, 제200조의3, 제212조, 제214조, 제216조와 제217조의 규정에 의한 수사를 하는 경우에 긴급을 요할 때에는 사후에 보고할 수 있다. <개정 1961·9·1, 1995·12·29>

제211조(현행범인과 준현행범인) ① 범죄를 실행하고 있거나 실행하고 난 직후의 사람을 현행범인이라 한다.

② 다음 각 호의 어느 하나에 해당하는 사람은 현행범인으로 본다.

1. 범인으로 불리며 추적되고 있을 때
2. 장물이나 범죄에 사용되었다고 인정하기에 충분한 흉기나 그 밖의 물건을 소지하고 있을 때
3. 신체나 의복류에 증거가 될 만한 뚜렷한 흔적이 있을 때
4. 누구냐고 묻자 도망하려고 할 때

〔전부개정 2020·12·8〕

제212조(현행범인의 체포) 현행범인은 누구든지 영장없이 체포할 수 있다.

제212조의2 삭제 <1987·11·28>

제213조(체포된 현행범인의 인도) ① 검사 또는 사법경찰관리 아닌 자가 현행범인을 체포한 때에는 즉시 검사 또는 사법경찰관리에게 인도하여야 한다.

② 사법경찰관리가 현행범인의 인도를 받은 때에는 체포자의 성명, 주거, 체포의 사유를 물어야 하고 필요한 때에는 체포자에 대하여 경찰관서에 동행함을 요구할 수 있다.

③ 삭제 <1987·11·28>

제213조의2(준용규정) 제87조, 제89조, 제90조, 제200조의2제5항 및 제200조의5의 규정은 검사 또는 사법경찰관리가 현행범인을 체포하거나 현행범인을 인도받은 경우에 이를 준용한다. <개정 1995·12·29, 2007·6·1>

〔본조신설 1987·11·28〕

제214조(경미사건과 현행범인의 체포) 다액 50만원 이하의 벌금, 구류 또는 과료에 해당하는 죄의 현행범인에 대하여는 범인의 주거가 분명하지 아니한 때에 한하여 제212조 내지 제213조의 규정을 적용한다. <개정 1973·1·25, 1980·12·18, 1995·12·29>

제214조의2(체포와 구속의 적부심사) ① 체포되거나 구속된 피의자 또는 그 변호인, 법정대리인, 배우자, 직계친족, 형제자매나 가족, 동거인 또는 고용주는 관할법원에 체포 또는 구속의 적부심사(適否審査)를 청구할 수 있다. <개정 2020·12·8>

② 피의자를 체포하거나 구속한 검사 또는 사법경찰관은 체포되거나 구속된 피의자와 제1항에 규정된 사람 중에서 피의자가 지정하는 사람에게 제1항에 따른 적부심사를 청구할 수 있음을 알려야 한다. <신설 2007·6·1, 2020·12·8>

③ 법원은 제1항에 따른 청구가 다음 각 호의 어느 하나에 해당하는 때에는 제4항에 따른 심문 없이 결정으로 청구를 기각할 수 있다. <개정 1987·11·28, 1995·12·29, 2007·6·1, 2020·12·8>

1. 청구권자 아닌 사람이 청구하거나 동일한 체포영장 또는 구속영장의 발부에 대하여 재청구한 때
2. 공범이나 공동피의자의 순차청구(順次請

求)가 수사 방해를 목적으로 하고 있음이 명백한 때

④ 제1항의 청구를 받은 법원은 청구서가 접수된 때부터 48시간 이내에 체포되거나 구속된 피의자를 심문하고 수사 관계 서류와 증거물을 조사하여 그 청구가 이유 없다고 인정한 경우에는 결정으로 기각하고, 이유 있다고 인정한 경우에는 결정으로 체포되거나 구속된 피의자의 석방을 명하여야 한다. 심사 청구 후 피의자에 대하여 공소제기가 있는 경우에도 또한 같다. <개정 2020·12·8>

⑤ 법원은 구속된 피의자(심사청구 후 공소제기된 사람을 포함한다)에 대하여 피의자의 출석을 보증할 만한 보증금의 납입을 조건으로 하여 결정으로 제4항의 석방을 명할 수 있다. 다만, 다음 각 호에 해당하는 경우에는 그러하지 아니하다. <개정 2020·12·8>

1. 범죄의 증거를 인멸할 염려가 있다고 믿을 만한 충분한 이유가 있는 때
2. 피해자, 당해 사건의 재판에 필요한 사실을 알고 있다고 인정되는 사람 또는 그 친족의 생명·신체나 재산에 해를 가하거나 가할 염려가 있다고 믿을 만한 충분한 이유가 있는 때

⑥ 제5항의 석방 결정을 하는 경우에는 주거의 제한, 법원 또는 검사가 지정하는 일시·장소에 출석할 의무, 그 밖의 적당한 조건을 부가할 수 있다. <개정 2020·12·8>

⑦ 제5항에 따라 보증금 납입을 조건으로 석방을 하는 경우에는 제99조와 제100조를 준용한다. <개정 2020·12·8>

⑧ 제3항과 제4항의 결정에 대해서는 항고할 수 없다. <개정 2020·12·8>

⑨ 검사·변호인·청구인은 제4항의 심문기일에 출석하여 의견을 진술할 수 있다. <개정 2020·12·8>

⑩ 체포되거나 구속된 피의자에게 변호인이 없는 때에는 제33조를 준용한다. <개정 2020·12·8>

⑪ 법원은 제4항의 심문을 하는 경우 공범의 분리심문이나 그 밖에 수사상의 비밀보호를 위한 적절한 조치를 하여야 한다. <개정 2007·6·1, 2020·12·8>

⑫ 체포영장이나 구속영장을 발부한 법관은 제4항부터 제6항까지의 심문·조사·결정에 관여할 수 없다. 다만, 체포영장이나 구속영장을 발부한 법관 외에는 심문·조사·결정을 할 판사가 없는 경우에는 그러하지 아니하다. <개정 2020·12·8>

⑬ 법원이 수사 관계 서류와 증거물을 접수한 때부터 결정 후 검찰청에 반환된 때까지의 기간은 제200조의2제5항(제213조의2에 따라 준용되는 경우를 포함한다) 및 제200조의4제1항을 적용할 때에는 그 제한기간에 산입하지 아니하고, 제202조·제203조 및 제205조를 적용할 때에는 그 구속기간에 산입하지 아니한다. <개정 2007·6·1, 2020·12·8>

⑭ 제4항에 따라 피의자를 심문하는 경우에는 제201조의2제6항을 준용한다. <개정 2020·12·8>

〔본조신설 1980·12·18〕

제214조의3(재체포 및 재구속의 제한) ① 제214조의2제4항에 따른 체포 또는 구속적부심사결정에 의하여 석방된 피의자가 도망하거나 범죄의 증거를 인멸하는 경우를 제외하고는 동일한 범죄사실로 재차 체포하거나 구속할 수 없다. <개정 2020·12·8>

② 제214조의2제5항에 따라 석방된 피의자에게 다음 각 호의 어느 하나에 해당하는 사유가 있는 경우를 제외하고는 동일한 범죄사실로 재차 체포하거나 구속할 수 없다. <신설 1995·12·29, 2007·6·1, 2020·12·8>

1. 도망한 때
2. 도망하거나 범죄의 증거를 인멸할 염려가 있다고 믿을 만한 충분한 이유가 있는 때
3. 출석요구를 받고 정당한 이유없이 출석하지 아니한 때
4. 주거의 제한이나 그 밖에 법원이 정한 조건을 위반한 때

〔본조신설 1980·12·18〕

제214조의4(보증금의 몰수) ① 법원은 다음 각호의 1의 경우에 직권 또는 검사의 청구에 의하여 결정으로 제214조의2제5항에 따라 납입된 보증금의 전부 또는 일부를 몰수할 수 있다. <개정 2007·6·1>

1. 제214조의2제5항에 따라 석방된 자를 제214조의3제2항에 열거된 사유로 재차 구속할 때
2. 공소가 제기된 후 법원이 제214조의2제5항에 따라 석방된 자를 동일한 범죄사실에 관하여 재차 구속할 때

② 법원은 제214조의2제5항에 따라 석방된 자가 동일한 범죄사실에 관하여 형의 선고를 받고 그 판결이 확정된 후, 집행하기 위한 소환을 받고 정당한 이유없이 출석하지 아니하거나 도망한 때에는 직권 또는 검사의 청구에 의하여 결정으로 보증금의 전부 또는 일부를 몰수하여야 한다. <개정 2007·6·1>

〔본조신설 1995·12·29〕

제215조(압수, 수색, 검증) ① 검사는 범죄수사에 필요한 때에는 피의자가 죄를 범하였다고 의심할 만한 정황이 있고 해당 사건과 관계가 있다고 인정할 수 있는 것에 한정하여 지방법원판사에게 청구하여 발부받은 영장에 의하여 압수, 수색 또는 검증을 할 수 있다.

② 사법경찰관이 범죄수사에 필요한 때에는 피의자가 죄를 범하였다고 의심할 만한 정황이 있고 해당 사건과 관계가 있다고 인정할 수 있는 것에 한정하여 검사에게 신청하여 검사의 청구로 지방법원판사가 발부한 영장에 의하여 압수, 수색 또는 검증을 할 수 있다.

〔전부개정 2011·7·18〕

제216조(영장에 의하지 아니한 강제처분) ① 검사 또는 사법경찰관은 제200조의2·제200조의3·제201조 또는 제212조의 규정에 의하여 피의자를 체포 또는 구속하는 경우에 필요한 때에는 영장없이 다음 처분을 할 수 있다. <개정 1995·12·29, 2019·12·31>

1. 타인의 주거나 타인이 간수하는 가옥, 건조물, 항공기, 선차 내에서의 피의자 수색. 다만, 제200조의2 또는 제201조에 따라 피의자를 체포 또는 구속하는 경우의 피의자 수색은 미리 수색영장을 발부받기 어려운 긴급한 사정이 있는 때에 한정한다.
2. 체포현장에서의 압수, 수색, 검증

② 전항제2호의 규정은 검사 또는 사법경찰관이 피고인에 대한 구속영장의 집행의 경우에 준용한다.

③ 범행 중 또는 범행 직후의 범죄장소에서 긴급을 요하여 법원판사의 영장을 받을 수 없는 때에는 영장없이 압수, 수색 또는 검증을 할 수 있다. 이 경우에는 사후에 지체없이 영장을 받아야 한다. <신설 1961·9·1>

제217조(영장에 의하지 아니하는 강제처분) ① 검사 또는 사법경찰관은 제200조의3에 따라 체포된 자가 소유·소지 또는 보관하는 물건에 대하여 긴급히 압수할 필요가 있는 경우에는 체포한 때부터 24시간 이내에 한하여 영장 없이 압수·수색 또는 검증을 할 수 있다.

② 검사 또는 사법경찰관은 제1항 또는 제216조제1항제2호에 따라 압수한 물건을 계속 압수할 필요가 있는 경우에는 지체 없이 압수수색영장을 청구하여야 한다. 이 경우 압수수색영장의 청구는 체포한 때부터 48시간 이내에 하여야 한다.

③ 검사 또는 사법경찰관은 제2항에 따라 청구한 압수수색영장을 발부받지 못한 때에는 압수한 물건을 즉시 반환하여야 한다.

〔전부개정 2007·6·1〕

제218조(영장에 의하지 아니한 압수) 검사, 사법경찰관은 피의자 기타인의 유류한 물건이나 소유자, 소지자 또는 보관자가 임의로 제출한 물건을 영장없이 압수할 수 있다.

제218조의2(압수물의 환부, 가환부) ① 검사는 사본을 확보한 경우 등 압수를 계속할 필요가 없다고 인정되는 압수물 및 증거에 사용할 압수물에 대하여 공소제기 전이라도 소유자, 소지자, 보관자 또는 제출인의 청구가 있는 때에는 환부 또는 가환부하여야 한다.

② 제1항의 청구에 대하여 검사가 이를 거부하는 경우에는 신청인은 해당 검사의 소속 검찰청에 대응한 법원에 압수물의 환부 또는 가환부 결정을 청구할 수 있다.

③ 제2항의 청구에 대하여 법원이 환부 또는 가환부를 결정하면 검사는 신청인에게 압수물을 환부 또는 가환부하여야 한다.

④ 사법경찰관의 환부 또는 가환부 처분에 관하여는 제1항부터 제3항까지의 규정을 준용한다. 이 경우 사법경찰관은 검사의 지휘를 받아야 한다.

〔본조신설 2011·7·18〕

제219조(준용규정) 제106조, 제107조, 제109조 내지 제112조, 제114조, 제115조제1항 본문·제2항, 제118조부터 제132조까지, 제134조, 제135조, 제140조, 제141조, 제333조제2항, 제486조의 규정은 검사 또는 사법경찰관의 본장의 규정에 의한 압수, 수색 또는 검증에 준용한다. 단, 사법경찰관이 제130조, 제132조 및 제134조에 따른 처분을 함에는 검사의 지휘를 받아야 한다. <개정 1980·12·18, 2007·6·1, 2011·7·18>

제220조(요급처분) 제216조의 규정에 의한 처분을 하는 경우에 급속을 요하는 때에는 제123조제2항, 제125조의 규정에 의함을 요하지 아니한다.

제221조(제3자의 출석요구 등) ① 검사 또는 사법경찰관은 수사에 필요한 때에는 피의자가 아닌 자의 출석을 요구하여 진술을 들을 수 있다. 이 경우 그의 동의를 받아 영상녹화할 수 있다.

② 검사 또는 사법경찰관은 수사에 필요한 때에는 감정·통역 또는 번역을 위촉할 수 있다.

③ 제163조의2제1항부터 제3항까지는 검사 또는 사법경찰관이 범죄로 인한 피해자를 조사하는 경우에 준용한다.

〔전부개정 2007·6·1〕

제221조의2(증인신문의 청구) ① 범죄의 수사에 없어서는 아니될 사실을 안다고 명백히 인정되는 자가 전조의 규정에 의한 출석 또는 진술을 거부한 경우에는 검사는 제1회 공판기일전에 한하여 판사에게 그에 대한 증인신문을 청구할 수 있다.

② 삭제 <2007·6·1>

③ 제1항의 청구를 함에는 서면으로 그 사유를 소명하여야 한다. <개정 2007·6·1>

④ 제1항의 청구를 받은 판사는 증인신문에 관하여 법원 또는 재판장과 동일한 권한이 있다. <개정 2007·6·1>

⑤ 판사는 제1항의 청구에 따라 증인신문기일을 정한 때에는 피고인·피의자 또는 변호인에게 이를 통지하여 증인신문에 참여할 수 있도록 하여야 한다. <개정 2007·6·1>

⑥ 판사는 제1항의 청구에 의한 증인신문을 한 때에는 지체없이 이에 관한 서류를 검사에게 송부하여야 한다. <개정 2007·6·1>

〔본조신설 1973·1·25〕

제221조의3(감정의 위촉과 감정유치의 청구) ① 검사는 제221조의 규정에 의하여 감정을 위촉하는 경우에 제172조제3항의 유치처분이 필요할 때에는 판사에게 이를 청구하여야 한다. <개정 1980·12·18>

② 판사는 제1항의 청구가 상당하다고 인정할 때에는 유치처분을 하여야 한다. 제172조 및 제172조의2의 규정은 이 경우에 준용한다. <개정 1980·12·18>

〔본조신설 1973·1·25〕

제221조의4(감정에 필요한 처분, 허가장) ① 제221조의 규정에 의하여 감정의 위촉을 받은 자는 판사의 허가를 얻어 제173조제1항에 규정된 처분을 할 수 있다.

② 제1항의 허가의 청구는 검사가 하여야 한다. <개정 1980·12·18>

③ 판사는 제2항의 청구가 상당하다고 인정할 때에는 허가장을 발부하여야 한다. <개정 1980·12·18>

④ 제173조제2항, 제3항 및 제5항의 규정은 제3항의 허가장에 준용한다. <개정 1980·12·18>

〔본조신설 1973·1·25〕

제221조의5(사법경찰관이 신청한 영장의 청구 여부에 대한 심의) ① 검사가 사법경찰관이 신청한 영장을 정당한 이유 없이 판사에게 청구하지 아니한 경우 사법경찰관은 그 검사 소속의 지방검찰청 소재지를 관할하는 고등검찰청에 영장 청구 여부에 대한 심의를 신청할 수 있다.

② 제1항에 관한 사항을 심의하기 위하여 각 고등검찰청에 영장심의위원회(이하 이 조에서 "심의위원회"라 한다)를 둔다.

③ 심의위원회는 위원장 1명을 포함한 10명 이내의 외부 위원으로 구성하고, 위원은 각 고등검찰청 검사장이 위촉한다.

④ 사법경찰관은 심의위원회에 출석하여 의견을 개진할 수 있다.

⑤ 심의위원회의 구성 및 운영 등 그 밖에 필요한 사항은 법무부령으로 정한다.

〔본조신설 2020·2·4〕

제222조(변사자의 검시) ① 변사자 또는 변사의 의심있는 사체가 있는 때에는 그 소재지를 관할하는 지방검찰청검사가 검시하여야 한다.
② 전항의 검시로 범죄의 혐의를 인정하고 긴급을 요할 때에는 영장없이 검증을 할 수 있다. <신설 1961·9·1>
③ 검사는 사법경찰관에게 전 2 항의 처분을 명할 수 있다. <신설 1961·9·1>

제223조(고소권자) 범죄로 인한 피해자는 고소할 수 있다.

제224조(고소의 제한) 자기 또는 배우자의 직계존속을 고소하지 못한다.

제225조(비피해자인 고소권자) ① 피해자의 법정대리인은 독립하여 고소할 수 있다.
② 피해자가 사망한 때에는 그 배우자, 직계친족 또는 형제자매는 고소할 수 있다. 단, 피해자의 명시한 의사에 반하지 못한다.

제226조(동전) 피해자의 법정대리인이 피의자이거나 법정대리인의 친족이 피의자인 때에는 피해자의 친족은 독립하여 고소할 수 있다.

제227조(동전) 사자의 명예를 훼손한 범죄에 대하여는 그 친족 또는 자손은 고소할 수 있다.

제228조(고소권자의 지정) 친고죄에 대하여 고소할 자가 없는 경우에 이해관계인의 신청이 있으면 검사는 10일 이내에 고소할 수 있는 자를 지정하여야 한다.

제229조(배우자의 고소) ① 「형법」 제241조의 경우에는 혼인이 해소되거나 이혼소송을 제기한 후가 아니면 고소할 수 없다. <개정 2007·6·1>
② 전항의 경우에 다시 혼인을 하거나 이혼소송을 취하한 때에는 고소는 취소된 것으로 간주한다.

제230조(고소기간) ① 친고죄에 대하여는 범인을 알게 된 날로부터 6월을 경과하면 고소하지 못한다. 단, 고소할 수 없는 불가항력의 사유가 있는 때에는 그 사유가 없어진 날로부터 기산한다.
② 삭제 <2013·4·5>

제231조(수인의 고소권자) 고소할 수 있는 자가 수인인 경우에는 1인의 기간의 해태는 타인의 고소에 영향이 없다.

제232조(고소의 취소) ① 고소는 제 1 심 판결선고 전까지 취소할 수 있다.
② 고소를 취소한 자는 다시 고소할 수 없다.
③ 피해자의 명시한 의사에 반하여 공소를 제기할 수 없는 사건에서 처벌을 원하는 의사표시를 철회한 경우에도 제 1 항과 제 2 항을 준용한다.
〔전부개정 2020·12·8〕

제233조(고소의 불가분) 친고죄의 공범중 그 1인 또는 수인에 대한 고소 또는 그 취소는 다른 공범자에 대하여도 효력이 있다.

제234조(고발) ① 누구든지 범죄가 있다고 사료하는 때에는 고발할 수 있다.
② 공무원은 그 직무를 행함에 있어 범죄가 있다고 사료하는 때에는 고발하여야 한다.

제235조(고발의 제한) 제224조의 규정은 고발에 준용한다.

제236조(대리고소) 고소 또는 그 취소는 대리인으로 하여금 하게 할 수 있다.

제237조(고소, 고발의 방식) ① 고소 또는 고발은 서면 또는 구술로써 검사 또는 사법경찰관에게 하여야 한다.
② 검사 또는 사법경찰관이 구술에 의한 고소 또는 고발을 받은 때에는 조서를 작성하여야 한다.

제238조(고소, 고발과 사법경찰관의 조치) 사법경찰관이 고소 또는 고발을 받은 때에는 신속히 조사하여 관계서류와 증거물을 검사에게 송부하여야 한다.

제239조(준용규정) 전 2 조의 규정은 고소 또는 고발의 취소에 관하여 준용한다.

제240조(자수와 준용규정) 제237조와 제238조의 규정은 자수에 대하여 준용한다.

제241조(피의자신문) 검사 또는 사법경찰관이 피의자를 신문함에는 먼저 그 성명, 연령, 등록기준지, 주거와 직업을 물어 피의자임에 틀림없음을 확인하여야 한다. <개정 2007·5·17>

제242조(피의자신문사항) 검사 또는 사법경찰관은 피의자에 대하여 범죄사실과 정상에 관한 필요사항을 신문하여야 하며 그 이익되는 사실을 진술할 기회를 주어야 한다.

제243조(피의자신문과 참여자) 검사가 피의자를 신문함에는 검찰청수사관 또는 서기관이나 서기를 참여하게 하여야 하고 사법경찰관이 피의자를 신문함에는 사법경찰관리를 참여하게 하여야 한다. <개정 2007·6·1, 2007·12·21>

제243조의2(변호인의 참여 등) ① 검사 또는 사법경찰관은 피의자 또는 그 변호인·법정대리인·배우자·직계친족·형제자매의 신청에 따라 변호인을 피의자와 접견하게 하거나 정당한 사유가 없는 한 피의자에 대한 신문에 참여하게 하여야 한다.

② 신문에 참여하고자 하는 변호인이 2인 이상인 때에는 피의자가 신문에 참여할 변호인 1인을 지정한다. 지정이 없는 경우에는 검사 또는 사법경찰관이 이를 지정할 수 있다.

③ 신문에 참여한 변호인은 신문 후 의견을 진술할 수 있다. 다만, 신문 중이라도 부당한 신문방법에 대하여 이의를 제기할 수 있고, 검사 또는 사법경찰관의 승인을 받아 의견을 진술할 수 있다.

④ 제3항에 따른 변호인의 의견이 기재된 피의자신문조서는 변호인에게 열람하게 한 후 변호인으로 하여금 그 조서에 기명날인 또는 서명하게 하여야 한다.

⑤ 검사 또는 사법경찰관은 변호인의 신문참여 및 그 제한에 관한 사항을 피의자신문조서에 기재하여야 한다.

〔본조신설 2007·6·1〕

제244조(피의자신문조서의 작성) ① 피의자의 진술은 조서에 기재하여야 한다.

② 제1항의 조서는 피의자에게 열람하게 하거나 읽어 들려주어야 하며, 진술한 대로 기재되지 아니하였거나 사실과 다른 부분의 유무를 물어 피의자가 증감 또는 변경의 청구 등 이의를 제기하거나 의견을 진술한 때에는 이를 조서에 추가로 기재하여야 한다. 이 경우 피의자가 이의를 제기하였던 부분은 읽을 수 있도록 남겨두어야 한다. <개정 2007·6·1>

③ 피의자가 조서에 대하여 이의나 의견이 없음을 진술한 때에는 피의자로 하여금 그 취지를 자필로 기재하게 하고 조서에 간인한 후 기명날인 또는 서명하게 한다. <개정 2007·6·1>

제244조의2(피의자진술의 영상녹화) ① 피의자의 진술은 영상녹화할 수 있다. 이 경우 미리 영상녹화사실을 알려주어야 하며, 조사의 개시부터 종료까지의 전 과정 및 객관적 정황을 영상녹화하여야 한다.

② 제1항에 따른 영상녹화가 완료된 때에는 피의자 또는 변호인 앞에서 지체 없이 그 원본을 봉인하고 피의자로 하여금 기명날인 또는 서명하게 하여야 한다.

③ 제2항의 경우에 피의자 또는 변호인의 요구가 있는 때에는 영상녹화물을 재생하여 시청하게 하여야 한다. 이 경우 그 내용에 대하여 이의를 진술하는 때에는 그 취지를 기재한 서면을 첨부하여야 한다.

〔본조신설 2007·6·1〕

제244조의3(진술거부권 등의 고지) ① 검사 또는 사법경찰관은 피의자를 신문하기 전에 다음 각 호의 사항을 알려주어야 한다.

1. 일체의 진술을 하지 아니하거나 개개의 질문에 대하여 진술을 하지 아니할 수 있다는 것
2. 진술을 하지 아니하더라도 불이익을 받지 아니한다는 것
3. 진술을 거부할 권리를 포기하고 행한 진술은 법정에서 유죄의 증거로 사용될 수 있다는 것
4. 신문을 받을 때에는 변호인을 참여하게 하는 등 변호인의 조력을 받을 수 있다는 것

② 검사 또는 사법경찰관은 제1항에 따라 알려 준 때에는 피의자가 진술을 거부할 권리와 변호인의 조력을 받을 권리를 행사할 것인지의 여부를 질문하고, 이에 대한 피의자의 답변을 조서에 기재하여야 한다. 이 경우 피의자의 답변은 피의자로 하여금 자필로 기재하게 하거나 검사 또는 사법경찰관이 피의자의 답변을 기재한 부분에 기명날인 또는 서명하게 하여야 한다.

〔본조신설 2007·6·1〕

제244조의4(수사과정의 기록) ① 검사 또는 사법경찰관은 피의자가 조사장소에 도착한 시각, 조사를 시작하고 마친 시각, 그 밖에

조사과정의 진행경과를 확인하기 위하여 필요한 사항을 피의자신문조서에 기록하거나 별도의 서면에 기록한 후 수사기록에 편철하여야 한다.
② 제244조제2항 및 제3항은 제1항의 조서 또는 서면에 관하여 준용한다.
③ 제1항 및 제2항은 피의자가 아닌 자를 조사하는 경우에 준용한다.
〔본조신설 2007·6·1〕

제244조의5(장애인 등 특별히 보호를 요하는 자에 대한 특칙) 검사 또는 사법경찰관은 피의자를 신문하는 경우 다음 각 호의 어느 하나에 해당하는 때에는 직권 또는 피의자·법정대리인의 신청에 따라 피의자와 신뢰관계에 있는 자를 동석하게 할 수 있다.
1. 피의자가 신체적 또는 정신적 장애로 사물을 변별하거나 의사를 결정·전달할 능력이 미약한 때
2. 피의자의 연령·성별·국적 등의 사정을 고려하여 그 심리적 안정의 도모와 원활한 의사소통을 위하여 필요한 경우
〔본조신설 2007·6·1〕

제245조(참고인과의 대질) 검사 또는 사법경찰관이 사실을 발견함에 필요한 때에는 피의자와 다른 피의자 또는 피의자 아닌 자와 대질하게 할 수 있다.

제245조의2(전문수사자문위원의 참여) ① 검사는 공소제기 여부와 관련된 사실관계를 분명하게 하기 위하여 필요한 경우에는 직권이나 피의자 또는 변호인의 신청에 의하여 전문수사자문위원을 지정하여 수사절차에 참여하게 하고 자문을 들을 수 있다.
② 전문수사자문위원은 전문적인 지식에 의한 설명 또는 의견을 기재한 서면을 제출하거나 전문적인 지식에 의하여 설명이나 의견을 진술할 수 있다.
③ 검사는 제2항에 따라 전문수사자문위원이 제출한 서면이나 전문수사자문위원의 설명 또는 의견의 진술에 관하여 피의자 또는 변호인에게 구술 또는 서면에 의한 의견진술의 기회를 주어야 한다.
〔본조신설 2007·12·21〕

제245조의3(전문수사자문위원 지정 등) ① 제245조의2제1항에 따라 전문수사자문위원을 수사절차에 참여시키는 경우 검사는 각 사건마다 1인 이상의 전문수사자문위원을 지정한다.
② 검사는 상당하다고 인정하는 때에는 전문수사자문위원의 지정을 취소할 수 있다.
③ 피의자 또는 변호인은 검사의 전문수사자문위원 지정에 대하여 관할 고등검찰청검사장에게 이의를 제기할 수 있다.
④ 전문수사자문위원에게는 수당을 지급하고, 필요한 경우에는 그 밖의 여비, 일당 및 숙박료를 지급할 수 있다.
⑤ 전문수사자문위원의 지정 및 지정취소, 이의제기 절차 및 방법, 수당지급, 그 밖에 필요한 사항은 법무부령으로 정한다.
〔본조신설 2007·12·21〕

제245조의4(준용규정) 제279조의7 및 제279조의8은 검사의 전문수사자문위원에게 준용한다.
〔본조신설 2007·12·21〕

제245조의5(사법경찰관의 사건송치 등) 사법경찰관은 고소·고발 사건을 포함하여 범죄를 수사한 때에는 다음 각 호의 구분에 따른다.
1. 범죄의 혐의가 있다고 인정되는 경우에는 지체 없이 검사에게 사건을 송치하고, 관계 서류와 증거물을 검사에게 송부하여야 한다.
2. 그 밖의 경우에는 그 이유를 명시한 서면과 함께 관계 서류와 증거물을 지체 없이 검사에게 송부하여야 한다. 이 경우 검사는 송부받은 날부터 90일 이내에 사법경찰관에게 반환하여야 한다.
〔본조신설 2020·2·4〕

제245조의6(고소인 등에 대한 송부통지) 사법경찰관은 제245조의5제2호의 경우에는 그 송부한 날부터 7일 이내에 서면으로 고소인·고발인·피해자 또는 그 법정대리인(피해자가 사망한 경우에는 그 배우자·직계친족·형제자매를 포함한다)에게 사건을 검사에게 송치하지 아니하는 취지와 그 이유를 통지하여야 한다.
〔본조신설 2020·2·4〕

제245조의7(고소인 등의 이의신청) ① 제245조의6의 통지를 받은 사람(고발인을 제외한

다)은 해당 사법경찰관의 소속 관서의 장에게 이의를 신청할 수 있다. <개정 2022·5·9>
② 사법경찰관은 제 1 항의 신청이 있는 때에는 지체 없이 검사에게 사건을 송치하고 관계 서류와 증거물을 송부하여야 하며, 처리결과와 그 이유를 제 1 항의 신청인에게 통지하여야 한다.
〔본조신설 2020·2·4〕

제245조의8(재수사요청 등) ① 검사는 제245조의5제 2 호의 경우에 사법경찰관이 사건을 송치하지 아니한 것이 위법 또는 부당한 때에는 그 이유를 문서로 명시하여 사법경찰관에게 재수사를 요청할 수 있다.
② 사법경찰관은 제 1 항의 요청이 있는 때에는 사건을 재수사하여야 한다.
〔본조신설 2020·2·4〕

제245조의9(검찰청 직원) ① 검찰청 직원으로서 사법경찰관리의 직무를 행하는 자와 그 직무의 범위는 법률로 정한다.
② 사법경찰관의 직무를 행하는 검찰청 직원은 검사의 지휘를 받아 수사하여야 한다.
③ 사법경찰리의 직무를 행하는 검찰청 직원은 검사 또는 사법경찰관의 직무를 행하는 검찰청 직원의 수사를 보조하여야 한다.
④ 사법경찰관리의 직무를 행하는 검찰청 직원에 대하여는 제197조의2부터 제197조의4까지, 제221조의5, 제245조의5부터 제245조의8까지의 규정을 적용하지 아니한다.
〔본조신설 2020·2·4〕

제245조의10(특별사법경찰관리) ① 삼림, 해사, 전매, 세무, 군수사기관, 그 밖에 특별한 사항에 관하여 사법경찰관리의 직무를 행할 특별사법경찰관리와 그 직무의 범위는 법률로 정한다.
② 특별사법경찰관은 모든 수사에 관하여 검사의 지휘를 받는다.
③ 특별사법경찰관은 범죄의 혐의가 있다고 인식하는 때에는 범인, 범죄사실과 증거에 관하여 수사를 개시·진행하여야 한다.
④ 특별사법경찰관리는 검사의 지휘가 있는 때에는 이에 따라야 한다. 검사의 지휘에 관한 구체적 사항은 법무부령으로 정한다.
⑤ 특별사법경찰관은 범죄를 수사한 때에는 지체 없이 검사에게 사건을 송치하고, 관계 서류와 증거물을 송부하여야 한다.
⑥ 특별사법경찰관리에 대하여는 제197조의2부터 제197조의4까지, 제221조의5, 제245조의5부터 제245조의8까지의 규정을 적용하지 아니한다.
〔본조신설 2020·2·4〕

제 2 장　공소

제246조(국가소추주의) 공소는 검사가 제기하여 수행한다.

제247조(기소편의주의) 검사는 「형법」 제51조의 사항을 참작하여 공소를 제기하지 아니할 수 있다.
〔전부개정 2007·6·1〕

제248조(공소의 효력 범위) ① 공소의 효력은 검사가 피고인으로 지정한 자에게만 미친다. <개정 2020·12·8>
② 범죄사실의 일부에 대한 공소의 효력은 범죄사실 전부에 미친다. <개정 2020·12·8>
〔전부개정 2007·6·1〕

제249조(공소시효의 기간) ① 공소시효는 다음 기간의 경과로 완성한다. <개정 1973·1·25, 2007·12·21>
1. 사형에 해당하는 범죄에는 25년
2. 무기징역 또는 무기금고에 해당하는 범죄에는 15년
3. 장기 10년 이상의 징역 또는 금고에 해당하는 범죄에는 10년
4. 장기 10년 미만의 징역 또는 금고에 해당하는 범죄에는 7년
5. 장기 5년 미만의 징역 또는 금고, 장기 10년 이상의 자격정지 또는 벌금에 해당하는 범죄에는 5년
6. 장기 5년 이상의 자격정지에 해당하는 범죄에는 3년
7. 장기 5년 미만의 자격정지, 구류, 과료 또는 몰수에 해당하는 범죄에는 1년

② 공소가 제기된 범죄는 판결의 확정이 없이 공소를 제기한 때로부터 25년을 경과하면 공소시효가 완성한 것으로 간주한다. <신설 1961·9·1, 2007·12·21>

제250조(두 개 이상의 형과 시효기간) 두 개 이상의 형을 병과(倂科)하거나 두 개 이상

의 형에서 한 개를 과(科)할 범죄에 대해서는 무거운 형에 의하여 제249조를 적용한다.
〔전부개정 2020·12·8〕

제251조(형의 가중, 감경과 시효기간) 「형법」에 의하여 형을 가중 또는 감경할 경우에는 가중 또는 감경하지 아니한 형에 의하여 제249조의 규정을 적용한다. <개정 2007·6·1>

제252조(시효의 기산점) ① 시효는 범죄행위의 종료한 때로부터 진행한다.
② 공범에는 최종행위의 종료한 때로부터 전공범에 대한 시효기간을 기산한다.

제253조(시효의 정지와 효력) ① 시효는 공소의 제기로 진행이 정지되고 공소기각 또는 관할위반의 재판이 확정된 때로부터 진행한다. <개정 1961·9·1>
② 공범의 1인에 대한 전항의 시효정지는 다른 공범자에게 대하여 효력이 미치고 당해 사건의 재판이 확정된 때로부터 진행한다. <개정 1961·9·1>
③ 범인이 형사처분을 면할 목적으로 국외에 있는 경우 그 기간동안 공소시효는 정지된다. <신설 1995·12·29>
④ 피고인이 형사처분을 면할 목적으로 국외에 있는 경우 그 기간 동안 제249조제2항에 따른 기간의 진행은 정지된다. <신설 2024·2·13>

제253조의2(공소시효의 적용 배제) 사람을 살해한 범죄(종범은 제외한다)로 사형에 해당하는 범죄에 대하여는 제249조부터 제253조까지에 규정된 공소시효를 적용하지 아니한다.
〔본조신설 2015·7·31〕

제254조(공소제기의 방식과 공소장) ① 공소를 제기함에는 공소장을 관할 법원에 제출하여야 한다.
② 공소장에는 피고인수에 상응한 부본을 첨부하여야 한다.
③ 공소장에는 다음 사항을 기재하여야 한다.
1. 피고인의 성명 기타 피고인을 특정할 수 있는 사항
2. 죄명
3. 공소사실
4. 적용법조
④ 공소사실의 기재는 범죄의 시일, 장소와 방법을 명시하여 사실을 특정할 수 있도록 하여야 한다.
⑤ 수개의 범죄사실과 적용법조를 예비적 또는 택일적으로 기재할 수 있다.

제255조(공소의 취소) ① 공소는 제1심판결의 선고전까지 취소할 수 있다.
② 공소취소는 이유를 기재한 서면으로 하여야 한다. 단, 공판정에서는 구술로써 할 수 있다.

제256조(타관송치) 검사는 사건이 그 소속검찰청에 대응한 법원의 관할에 속하지 아니한 때에는 사건을 서류와 증거물과 함께 관할법원에 대응한 검찰청검사에게 송치하여야 한다.

제256조의2(군검사에의 사건송치) 검사는 사건이 군사법원의 재판권에 속하는 때에는 사건을 서류와 증거물과 함께 재판권을 가진 관할 군검찰부 군검사에게 송치하여야 한다. 이 경우에 송치전에 행한 소송행위는 송치후에도 그 효력에 영향이 없다. <개정 1987·11·28, 2016·1·6>
〔본조신설 1973·1·25〕

제257조(고소 등에 의한 사건의 처리) 검사가 고소 또는 고발에 의하여 범죄를 수사할 때에는 고소 또는 고발을 수리한 날로부터 3월 이내에 수사를 완료하여 공소제기여부를 결정하여야 한다.

제258조(고소인 등에의 처분고지) ① 검사는 고소 또는 고발있는 사건에 관하여 공소를 제기하거나 제기하지 아니하는 처분, 공소의 취소 또는 제256조의 송치를 한 때에는 그 처분한 날로부터 7일 이내에 서면으로 고소인 또는 고발인에게 그 취지를 통지하여야 한다.
② 검사는 불기소 또는 제256조의 처분을 한 때에는 피의자에게 즉시 그 취지를 통지하여야 한다.

제259조(고소인 등에의 공소불제기이유고지) 검사는 고소 또는 고발있는 사건에 관하여 공소를 제기하지 아니하는 처분을 한 경우에 고소인 또는 고발인의 청구가 있는 때에는 7일 이내에 고소인 또는 고발인에게 그 이유를 서면으로 설명하여야 한다.

제259조의2(피해자 등에 대한 통지) 검사는 범죄로 인한 피해자 또는 그 법정대리인(피해자가 사망한 경우에는 그 배우자·직계친

족·형제자매를 포함한다)의 신청이 있는 때에는 당해 사건의 공소제기 여부, 공판의 일시·장소, 재판결과, 피의자·피고인의 구속·석방 등 구금에 관한 사실 등을 신속하게 통지하여야 한다.
〔본조신설 2007·6·1〕

제260조(재정신청) ① 고소권자로서 고소를 한 자(「형법」 제123조부터 제126조까지의 죄에 대하여는 고발을 한 자를 포함한다. 이하 이 조에서 같다)는 검사로부터 공소를 제기하지 아니한다는 통지를 받은 때에는 그 검사 소속의 지방검찰청 소재지를 관할하는 고등법원(이하 "관할 고등법원"이라 한다)에 그 당부에 관한 재정을 신청할 수 있다. 다만, 「형법」 제126조의 죄에 대하여는 피공표자의 명시한 의사에 반하여 재정을 신청할 수 없다. <개정 2011·7·18>
② 제1항에 따른 재정신청을 하려면 「검찰청법」 제10조에 따른 항고를 거쳐야 한다. 다만, 다음 각 호의 어느 하나에 해당하는 경우에는 그러하지 아니하다.
1. 항고 이후 재기수사가 이루어진 다음에 다시 공소를 제기하지 아니한다는 통지를 받은 경우
2. 항고 신청 후 항고에 대한 처분이 행하여지지 아니하고 3개월이 경과한 경우
3. 검사가 공소시효 만료일 30일 전까지 공소를 제기하지 아니하는 경우
③ 제1항에 따른 재정신청을 하려는 자는 항고기각 결정을 통지받은 날 또는 제2항 각 호의 사유가 발생한 날부터 10일 이내에 지방검찰청검사장 또는 지청장에게 재정신청서를 제출하여야 한다. 다만, 제2항제3호의 경우에는 공소시효 만료일 전날까지 재정신청서를 제출할 수 있다.
④ 재정신청서에는 재정신청의 대상이 되는 사건의 범죄사실 및 증거 등 재정신청을 이유있게 하는 사유를 기재하여야 한다.
〔전부개정 2007·6·1〕

제261조(지방검찰청검사장 등의 처리) 제260조제3항에 따라 재정신청서를 제출받은 지방검찰청검사장 또는 지청장은 재정신청서를 제출받은 날부터 7일 이내에 재정신청서·의견서·수사 관계 서류 및 증거물을 관할 고등검찰청을 경유하여 관할 고등법원에 송부하여야 한다. 다만, 제260조제2항 각 호의 어느 하나에 해당하는 경우에는 지방검찰청검사장 또는 지청장은 다음의 구분에 따른다.
1. 신청이 이유 있는 것으로 인정하는 때에는 즉시 공소를 제기하고 그 취지를 관할 고등법원과 재정신청인에게 통지한다.
2. 신청이 이유 없는 것으로 인정하는 때에는 30일 이내에 관할 고등법원에 송부한다.
〔전부개정 2007·6·1〕

제262조(심리와 결정) ① 법원은 재정신청서를 송부받은 때에는 송부받은 날부터 10일 이내에 피의자에게 그 사실을 통지하여야 한다.
② 법원은 재정신청서를 송부받은 날부터 3개월 이내에 항고의 절차에 준하여 다음 각 호의 구분에 따라 결정한다. 이 경우 필요한 때에는 증거를 조사할 수 있다.
1. 신청이 법률상의 방식에 위배되거나 이유 없는 때에는 신청을 기각한다.
2. 신청이 이유 있는 때에는 사건에 대한 공소제기를 결정한다.
③ 재정신청사건의 심리는 특별한 사정이 없는 한 공개하지 아니한다.
④ 제2항제1호의 결정에 대하여는 제415조에 따른 즉시항고를 할 수 있고, 제2항제2호의 결정에 대하여는 불복할 수 없다. 제2항제1호의 결정이 확정된 사건에 대하여는 다른 중요한 증거를 발견한 경우를 제외하고는 소추할 수 없다. <개정 2016·1·6>
⑤ 법원은 제2항의 결정을 한 때에는 즉시 그 정본을 재정신청인·피의자와 관할 지방검찰청검사장 또는 지청장에게 송부하여야 한다. 이 경우 제2항제2호의 결정을 한 때에는 관할 지방검찰청검사장 또는 지청장에게 사건기록을 함께 송부하여야 한다.
⑥ 제2항제2호의 결정에 따른 재정결정서를 송부받은 관할 지방검찰청 검사장 또는 지청장은 지체 없이 담당 검사를 지정하고 지정받은 검사는 공소를 제기하여야 한다.
〔전부개정 2007·6·1〕

제262조의2(재정신청사건 기록의 열람·등사

제한) 재정신청사건의 심리 중에는 관련 서류 및 증거물을 열람 또는 등사할 수 없다. 다만, 법원은 제262조제2항 후단의 증거조사과정에서 작성된 서류의 전부 또는 일부의 열람 또는 등사를 허가할 수 있다.
〔본조신설 2007·6·1〕

제262조의3(비용부담 등) ① 법원은 제262조제2항제1호의 결정 또는 제264조제2항의 취소가 있는 경우에는 결정으로 재정신청인에게 신청절차에 의하여 생긴 비용의 전부 또는 일부를 부담하게 할 수 있다.
② 법원은 직권 또는 피의자의 신청에 따라 재정신청인에게 피의자가 재정신청절차에서 부담하였거나 부담할 변호인선임료 등 비용의 전부 또는 일부의 지급을 명할 수 있다.
③ 제1항 및 제2항의 결정에 대하여는 즉시항고를 할 수 있다.
④ 제1항 및 제2항에 따른 비용의 지급범위와 절차 등에 대하여는 대법원규칙으로 정한다.
〔본조신설 2007·6·1〕

제262조의4(공소시효의 정지 등) ① 제260조에 따른 재정신청이 있으면 제262조에 따른 재정결정이 확정될 때까지 공소시효의 진행이 정지된다. <개정 2007·12·21, 2016·1·6>
② 제262조제2항제2호의 결정이 있는 때에는 공소시효에 관하여 그 결정이 있는 날에 공소가 제기된 것으로 본다.
〔전부개정 2007·6·1〕

제263조 삭제 <2007·6·1>

제264조(대리인에 의한 신청과 1인의 신청의 효력, 취소) ① 재정신청은 대리인에 의하여 할 수 있으며 공동신청권자중 1인의 신청은 그 전원을 위하여 효력을 발생한다.
② 재정신청은 제262조제2항의 결정이 있을 때까지 취소할 수 있다. 취소한 자는 다시 재정신청을 할 수 없다. <개정 2007·6·1>
③ 전항의 취소는 다른 공동신청권자에게 효력을 미치지 아니한다.

제264조의2(공소취소의 제한) 검사는 제262조제2항제2호의 결정에 따라 공소를 제기한 때에는 이를 취소할 수 없다.
〔본조신설 2007·6·1〕

제265조 삭제 <2007·6·1>

제3장 공판

제1절 공판준비와 공판절차

제266조(공소장부본의 송달) 법원은 공소의 제기가 있는 때에는 지체없이 공소장의 부본을 피고인 또는 변호인에게 송달하여야 한다. 단, 제1회공판기일전 5일까지 송달하여야 한다.

제266조의2(의견서의 제출) ① 피고인 또는 변호인은 공소장 부본을 송달받은 날부터 7일 이내에 공소사실에 대한 인정 여부, 공판준비절차에 관한 의견 등을 기재한 의견서를 법원에 제출하여야 한다. 다만, 피고인이 진술을 거부하는 경우에는 그 취지를 기재한 의견서를 제출할 수 있다.
② 법원은 제1항의 의견서가 제출된 때에는 이를 검사에게 송부하여야 한다.
〔본조신설 2007·6·1〕

제266조의3(공소제기 후 검사가 보관하고 있는 서류등의 열람·등사) ① 피고인 또는 변호인은 검사에게 공소제기된 사건에 관한 서류 또는 물건(이하 "서류등"이라 한다)의 목록과 공소사실의 인정 또는 양형에 영향을 미칠 수 있는 다음 서류등의 열람·등사 또는 서면의 교부를 신청할 수 있다. 다만, 피고인에게 변호인이 있는 경우에는 피고인은 열람만을 신청할 수 있다.
1. 검사가 증거로 신청할 서류등
2. 검사가 증인으로 신청할 사람의 성명, 사건과의 관계 등을 기재한 서면 또는 그 사람이 공판기일 전에 행한 진술을 기재한 서류등
3. 제1호 또는 제2호의 서면 또는 서류등의 증명력과 관련된 서류등
4. 피고인 또는 변호인이 행한 법률상·사실상 주장과 관련된 서류등(관련 형사재판확정기록, 불기소처분기록 등을 포함한다)

② 검사는 국가안보, 증인보호의 필요성, 증거인멸의 염려, 관련 사건의 수사에 장애를 가져올 것으로 예상되는 구체적인 사유 등 열람·등사 또는 서면의 교부를 허용하지 아니할 상당한 이유가 있다고 인정하는 때에는 열람·등사 또는 서면의 교부를 거부

하거나 그 범위를 제한할 수 있다.

③ 검사는 열람·등사 또는 서면의 교부를 거부하거나 그 범위를 제한하는 때에는 지체 없이 그 이유를 서면으로 통지하여야 한다.

④ 피고인 또는 변호인은 검사가 제1항의 신청을 받은 때부터 48시간 이내에 제3항의 통지를 하지 아니하는 때에는 제266조의4제1항의 신청을 할 수 있다.

⑤ 검사는 제2항에도 불구하고 서류등의 목록에 대하여는 열람 또는 등사를 거부할 수 없다.

⑥ 제1항의 서류등은 도면·사진·녹음테이프·비디오테이프·컴퓨터용 디스크, 그 밖에 정보를 담기 위하여 만들어진 물건으로서 문서가 아닌 특수매체를 포함한다. 이 경우 특수매체에 대한 등사는 필요 최소한의 범위에 한한다.

〔본조신설 2007·6·1〕

제266조의4(법원의 열람·등사에 관한 결정) ① 피고인 또는 변호인은 검사가 서류등의 열람·등사 또는 서면의 교부를 거부하거나 그 범위를 제한한 때에는 법원에 그 서류등의 열람·등사 또는 서면의 교부를 허용하도록 할 것을 신청할 수 있다.

② 법원은 제1항의 신청이 있는 때에는 열람·등사 또는 서면의 교부를 허용하는 경우에 생길 폐해의 유형·정도, 피고인의 방어 또는 재판의 신속한 진행을 위한 필요성 및 해당 서류등의 중요성 등을 고려하여 검사에게 열람·등사 또는 서면의 교부를 허용할 것을 명할 수 있다. 이 경우 열람 또는 등사의 시기·방법을 지정하거나 조건·의무를 부과할 수 있다.

③ 법원은 제2항의 결정을 하는 때에는 검사에게 의견을 제시할 수 있는 기회를 부여하여야 한다.

④ 법원은 필요하다고 인정하는 때에는 검사에게 해당 서류등의 제시를 요구할 수 있고, 피고인이나 그 밖의 이해관계인을 심문할 수 있다.

⑤ 검사는 제2항의 열람·등사 또는 서면의 교부에 관한 법원의 결정을 지체 없이 이행하지 아니하는 때에는 해당 증인 및 서류등에 대한 증거신청을 할 수 없다.

〔본조신설 2007·6·1〕

제266조의5(공판준비절차) ① 재판장은 효율적이고 집중적인 심리를 위하여 사건을 공판준비절차에 부칠 수 있다.

② 공판준비절차는 주장 및 입증계획 등을 서면으로 준비하게 하거나 공판준비기일을 열어 진행한다.

③ 검사, 피고인 또는 변호인은 증거를 미리 수집·정리하는 등 공판준비절차가 원활하게 진행될 수 있도록 협력하여야 한다.

〔본조신설 2007·6·1〕

제266조의6(공판준비를 위한 서면의 제출) ① 검사, 피고인 또는 변호인은 법률상·사실상 주장의 요지 및 입증취지 등이 기재된 서면을 법원에 제출할 수 있다.

② 재판장은 검사, 피고인 또는 변호인에 대하여 제1항에 따른 서면의 제출을 명할 수 있다.

③ 법원은 제1항 또는 제2항에 따라 서면이 제출된 때에는 그 부본을 상대방에게 송달하여야 한다.

④ 재판장은 검사, 피고인 또는 변호인에게 공소장 등 법원에 제출된 서면에 대한 설명을 요구하거나 그 밖에 공판준비에 필요한 명령을 할 수 있다.

〔본조신설 2007·6·1〕

제266조의7(공판준비기일) ① 법원은 검사, 피고인 또는 변호인의 의견을 들어 공판준비기일을 지정할 수 있다.

② 검사, 피고인 또는 변호인은 법원에 대하여 공판준비기일의 지정을 신청할 수 있다. 이 경우 당해 신청에 관한 법원의 결정에 대하여는 불복할 수 없다.

③ 법원은 합의부원으로 하여금 공판준비기일을 진행하게 할 수 있다. 이 경우 수명법관은 공판준비기일에 관하여 법원 또는 재판장과 동일한 권한이 있다.

④ 공판준비기일은 공개한다. 다만, 공개하면 절차의 진행이 방해될 우려가 있는 때에는 공개하지 아니할 수 있다.

〔본조신설 2007·6·1〕

제266조의8(검사 및 변호인 등의 출석) ① 공판준비기일에는 검사 및 변호인이 출석하여

야 한다.
② 공판준비기일에는 법원사무관등이 참여한다.
③ 법원은 검사, 피고인 및 변호인에게 공판준비기일을 통지하여야 한다.
④ 법원은 공판준비기일이 지정된 사건에 관하여 변호인이 없는 때에는 직권으로 변호인을 선정하여야 한다.
⑤ 법원은 필요하다고 인정하는 때에는 피고인을 소환할 수 있으며, 피고인은 법원의 소환이 없는 때에도 공판준비기일에 출석할 수 있다.
⑥ 재판장은 출석한 피고인에게 진술을 거부할 수 있음을 알려주어야 한다.
〔본조신설 2007·6·1〕

제266조의9(공판준비에 관한 사항) ① 법원은 공판준비절차에서 다음 행위를 할 수 있다.
1. 공소사실 또는 적용법조를 명확하게 하는 행위
2. 공소사실 또는 적용법조의 추가·철회 또는 변경을 허가하는 행위
3. 공소사실과 관련하여 주장할 내용을 명확히 하여 사건의 쟁점을 정리하는 행위
4. 계산이 어렵거나 그 밖에 복잡한 내용에 관하여 설명하도록 하는 행위
5. 증거신청을 하도록 하는 행위
6. 신청된 증거와 관련하여 입증 취지 및 내용 등을 명확하게 하는 행위
7. 증거신청에 관한 의견을 확인하는 행위
8. 증거 채부(採否)의 결정을 하는 행위
9. 증거조사의 순서 및 방법을 정하는 행위
10. 서류등의 열람 또는 등사와 관련된 신청의 당부를 결정하는 행위
11. 공판기일을 지정 또는 변경하는 행위
12. 그 밖에 공판절차의 진행에 필요한 사항을 정하는 행위
② 제296조 및 제304조는 공판준비절차에 관하여 준용한다.
〔본조신설 2007·6·1〕

제266조의10(공판준비기일 결과의 확인) ① 법원은 공판준비기일을 종료하는 때에는 검사, 피고인 또는 변호인에게 쟁점 및 증거에 관한 정리결과를 고지하고, 이에 대한 이의의 유무를 확인하여야 한다.
② 법원은 쟁점 및 증거에 관한 정리결과를 공판준비기일조서에 기재하여야 한다.
〔본조신설 2007·6·1〕

제266조의11(피고인 또는 변호인이 보관하고 있는 서류등의 열람·등사) ① 검사는 피고인 또는 변호인이 공판기일 또는 공판준비절차에서 현장부재·심신상실 또는 심신미약 등 법률상·사실상의 주장을 한 때에는 피고인 또는 변호인에게 다음 서류등의 열람·등사 또는 서면의 교부를 요구할 수 있다.
1. 피고인 또는 변호인이 증거로 신청할 서류등
2. 피고인 또는 변호인이 증인으로 신청할 사람의 성명, 사건과의 관계 등을 기재한 서면
3. 제1호의 서류등 또는 제2호의 서면의 증명력과 관련된 서류등
4. 피고인 또는 변호인이 행한 법률상·사실상의 주장과 관련된 서류등
② 피고인 또는 변호인은 검사가 제266조의3제1항에 따른 서류등의 열람·등사 또는 서면의 교부를 거부한 때에는 제1항에 따른 서류등의 열람·등사 또는 서면의 교부를 거부할 수 있다. 다만, 법원이 제266조의4제1항에 따른 신청을 기각하는 결정을 한 때에는 그러하지 아니하다.
③ 검사는 피고인 또는 변호인이 제1항에 따른 요구를 거부한 때에는 법원에 그 서류등의 열람·등사 또는 서면의 교부를 허용하도록 할 것을 신청할 수 있다.
④ 제266조의4제2항부터 제5항까지의 규정은 제3항의 신청이 있는 경우에 준용한다.
⑤ 제1항에 따른 서류등에 관하여는 제266조의3제6항을 준용한다.
〔본조신설 2007·6·1〕

제266조의12(공판준비절차의 종결사유) 법원은 다음 각 호의 어느 하나에 해당하는 사유가 있는 때에는 공판준비절차를 종결하여야 한다. 다만, 제2호 또는 제3호에 해당하는 경우로서 공판의 준비를 계속하여야 할 상당한 이유가 있는 때에는 그러하지 아니하다.
1. 쟁점 및 증거의 정리가 완료된 때
2. 사건을 공판준비절차에 부친 뒤 3개월이 지난 때

3. 검사·변호인 또는 소환받은 피고인이 출석하지 아니한 때

〔본조신설 2007·6·1〕

제266조의13(공판준비기일 종결의 효과) ① 공판준비기일에서 신청하지 못한 증거는 다음 각 호의 어느 하나에 해당하는 경우에 한하여 공판기일에 신청할 수 있다.

1. 그 신청으로 인하여 소송을 현저히 지연시키지 아니하는 때
2. 중대한 과실 없이 공판준비기일에 제출하지 못하는 등 부득이한 사유를 소명한 때

② 제1항에도 불구하고 법원은 직권으로 증거를 조사할 수 있다.

〔본조신설 2007·6·1〕

제266조의14(준용규정) 제305조는 공판준비기일의 재개에 관하여 준용한다.

〔본조신설 2007·6·1〕

제266조의15(기일간 공판준비절차) 법원은 쟁점 및 증거의 정리를 위하여 필요한 경우에는 제1회 공판기일 후에도 사건을 공판준비절차에 부칠 수 있다. 이 경우 기일전 공판준비절차에 관한 규정을 준용한다.

〔본조신설 2007·6·1〕

제266조의16(열람·등사된 서류등의 남용금지) ① 피고인 또는 변호인(피고인 또는 변호인이었던 자를 포함한다. 이하 이 조에서 같다)은 검사가 열람 또는 등사하도록 한 제266조의3제1항에 따른 서면 및 서류등의 사본을 당해 사건 또는 관련 소송의 준비에 사용할 목적이 아닌 다른 목적으로 다른 사람에게 교부 또는 제시(전기통신설비를 이용하여 제공하는 것을 포함한다)하여서는 아니 된다.

② 피고인 또는 변호인이 제1항을 위반하는 때에는 1년 이하의 징역 또는 500만원 이하의 벌금에 처한다.

〔본조신설 2007·6·1〕

제266조의17(비디오 등 중계장치 등에 의한 공판준비기일) ① 법원은 피고인이 출석하지 아니하는 경우 상당하다고 인정하는 때에는 검사와 변호인의 의견을 들어 비디오 등 중계장치에 의한 중계시설을 통하거나 인터넷 화상장치를 이용하여 공판준비기일을 열 수 있다.

② 제1항에 따른 기일은 검사와 변호인이 법정에 출석하여 이루어진 공판준비기일로 본다.

③ 제1항에 따른 기일의 절차와 방법, 그 밖에 필요한 사항은 대법원규칙으로 정한다.

〔본조신설 2021·8·17〕

제267조(공판기일의 지정) ① 재판장은 공판기일을 정하여야 한다.

② 공판기일에는 피고인, 대표자 또는 대리인을 소환하여야 한다.

③ 공판기일은 검사, 변호인과 보조인에게 통지하여야 한다.

제267조의2(집중심리) ① 공판기일의 심리는 집중되어야 한다.

② 심리에 2일 이상이 필요한 경우에는 부득이한 사정이 없는 한 매일 계속 개정하여야 한다.

③ 재판장은 여러 공판기일을 일괄하여 지정할 수 있다.

④ 재판장은 부득이한 사정으로 매일 계속 개정하지 못하는 경우에도 특별한 사정이 없는 한 전회의 공판기일부터 14일 이내로 다음 공판기일을 지정하여야 한다.

⑤ 소송관계인은 기일을 준수하고 심리에 지장을 초래하지 아니하도록 하여야 하며, 재판장은 이에 필요한 조치를 할 수 있다.

〔본조신설 2007·6·1〕

제268조(소환장송달의 의제) 법원의 구내에 있는 피고인에 대하여 공판기일을 통지한 때에는 소환장송달의 효력이 있다.

제269조(제1회공판기일의 유예기간) ① 제1회공판기일은 소환장의 송달후 5일 이상의 유예기간을 두어야 한다.

② 피고인이 이의없는 때에는 전항의 유예기간을 두지 아니할 수 있다.

제270조(공판기일의 변경) ① 재판장은 직권 또는 검사, 피고인이나 변호인의 신청에 의하여 공판기일을 변경할 수 있다.

② 공판기일 변경신청을 기각한 명령은 송달하지 아니한다.

제271조(불출석사유, 자료의 제출) 공판기일에 소환 또는 통지서를 받은 자가 질병 기타의 사유로 출석하지 못할 때에는 의사의 진단

서 기타의 자료를 제출하여야 한다.

제272조(공무소 등에 대한 조회) ① 법원은 직권 또는 검사, 피고인이나 변호인의 신청에 의하여 공무소 또는 공사단체에 조회하여 필요한 사항의 보고 또는 그 보관서류의 송부를 요구할 수 있다.

② 전항의 신청을 기각함에는 결정으로 하여야 한다.

제273조(공판기일전의 증거조사) ① 법원은 검사, 피고인 또는 변호인의 신청에 의하여 공판준비에 필요하다고 인정한 때에는 공판기일전에 피고인 또는 증인을 신문할 수 있고 검증, 감정 또는 번역을 명할 수 있다.

② 재판장은 부원으로 하여금 전항의 행위를 하게 할 수 있다.

③ 제1항의 신청을 기각함에는 결정으로 하여야 한다.

제274조(당사자의 공판기일전의 증거제출) 검사, 피고인 또는 변호인은 공판기일전에 서류나 물건을 증거로 법원에 제출할 수 있다. <개정 1961·9·1>

제275조(공판정의 심리) ① 공판기일에는 공판정에서 심리한다.

② 공판정은 판사와 검사, 법원사무관등이 출석하여 개정한다. <개정 2007·6·1>

③ 검사의 좌석과 피고인 및 변호인의 좌석은 대등하며, 법대의 좌우측에 마주 보고 위치하고, 증인의 좌석은 법대의 정면에 위치한다. 다만, 피고인신문을 하는 때에는 피고인은 증인석에 좌석한다. <개정 2007·6·1>

제275조의2(피고인의 무죄추정) 피고인은 유죄의 판결이 확정될 때까지는 무죄로 추정된다.

〔본조신설 1980·12·18〕

제275조의3(구두변론주의) 공판정에서의 변론은 구두로 하여야 한다.

〔본조신설 2007·6·1〕

제276조(피고인의 출석권) 피고인이 공판기일에 출석하지 아니한 때에는 특별한 규정이 없으면 개정하지 못한다. 단, 피고인이 법인인 경우에는 대리인을 출석하게 할 수 있다.

제276조의2(장애인 등 특별히 보호를 요하는 자에 대한 특칙) ① 재판장 또는 법관은 피고인을 신문하는 경우 다음 각 호의 어느 하나에 해당하는 때에는 직권 또는 피고인·법정대리인·검사의 신청에 따라 피고인과 신뢰관계에 있는 자를 동석하게 할 수 있다.

1. 피고인이 신체적 또는 정신적 장애로 사물을 변별하거나 의사를 결정·전달할 능력이 미약한 경우
2. 피고인의 연령·성별·국적 등의 사정을 고려하여 그 심리적 안정의 도모와 원활한 의사소통을 위하여 필요한 경우

② 제1항에 따라 동석할 수 있는 신뢰관계에 있는 자의 범위, 동석의 절차 및 방법 등에 관하여 필요한 사항은 대법원규칙으로 정한다.

〔본조신설 2007·6·1〕

제277조(경미사건 등과 피고인의 불출석) 다음 각 호의 어느 하나에 해당하는 사건에 관하여는 피고인의 출석을 요하지 아니한다. 이 경우 피고인은 대리인을 출석하게 할 수 있다.

1. 다액 500만원 이하의 벌금 또는 과료에 해당하는 사건
2. 공소기각 또는 면소의 재판을 할 것이 명백한 사건
3. 장기 3년 이하의 징역 또는 금고, 다액 500만원을 초과하는 벌금 또는 구류에 해당하는 사건에서 피고인의 불출석허가신청이 있고 법원이 피고인의 불출석이 그의 권리를 보호함에 지장이 없다고 인정하여 이를 허가한 사건. 다만, 제284조에 따른 절차를 진행하거나 판결을 선고하는 공판기일에는 출석하여야 한다.
4. 제453조제1항에 따라 피고인만이 정식재판의 청구를 하여 판결을 선고하는 사건

〔전부개정 2007·6·1〕

제277조의2(피고인의 출석거부와 공판절차) ① 피고인이 출석하지 아니하면 개정하지 못하는 경우에 구속된 피고인이 정당한 사유없이 출석을 거부하고, 교도관에 의한 인치가 불가능하거나 현저히 곤란하다고 인정되는 때에는 피고인의 출석없이 공판절차를 진행할 수 있다. <개정 2007·6·1>

② 제1항의 규정에 의하여 공판절차를 진

행할 경우에는 출석한 검사 및 변호인의 의견을 들어야 한다.

〔본조신설 1995·12·29〕

제278조(검사의 불출석) 검사가 공판기일의 통지를 2회 이상 받고 출석하지 아니하거나 판결만을 선고하는 때에는 검사의 출석없이 개정할 수 있다. <개정 1995·12·29>

제279조(재판장의 소송지휘권) 공판기일의 소송지휘는 재판장이 한다.

제279조의2(전문심리위원의 참여) ① 법원은 소송관계를 분명하게 하거나 소송절차를 원활하게 진행하기 위하여 필요한 경우에는 직권으로 또는 검사, 피고인 또는 변호인의 신청에 의하여 결정으로 전문심리위원을 지정하여 공판준비 및 공판기일 등 소송절차에 참여하게 할 수 있다.

② 전문심리위원은 전문적인 지식에 의한 설명 또는 의견을 기재한 서면을 제출하거나 기일에 전문적인 지식에 의하여 설명이나 의견을 진술할 수 있다. 다만, 재판의 합의에는 참여할 수 없다.

③ 전문심리위원은 기일에 재판장의 허가를 받아 피고인 또는 변호인, 증인 또는 감정인 등 소송관계인에게 소송관계를 분명하게 하기 위하여 필요한 사항에 관하여 직접 질문할 수 있다.

④ 법원은 제 2 항에 따라 전문심리위원이 제출한 서면이나 전문심리위원의 설명 또는 의견의 진술에 관하여 검사, 피고인 또는 변호인에게 구술 또는 서면에 의한 의견진술의 기회를 주어야 한다.

〔본조신설 2007·12·21〕

제279조의3(전문심리위원 참여결정의 취소) ① 법원은 상당하다고 인정하는 때에는 검사, 피고인 또는 변호인의 신청이나 직권으로 제279조의2제 1 항에 따른 결정을 취소할 수 있다.

② 법원은 검사와 피고인 또는 변호인이 합의하여 제279조의2제 1 항의 결정을 취소할 것을 신청한 때에는 그 결정을 취소하여야 한다.

〔본조신설 2007·12·21〕

제279조의4(전문심리위원의 지정 등) ① 제279조의2제 1 항에 따라 전문심리위원을 소송절차에 참여시키는 경우 법원은 검사, 피고인 또는 변호인의 의견을 들어 각 사건마다 1인 이상의 전문심리위원을 지정한다.

② 전문심리위원에게는 대법원규칙으로 정하는 바에 따라 수당을 지급하고, 필요한 경우에는 그 밖의 여비, 일당 및 숙박료를 지급할 수 있다.

③ 그 밖에 전문심리위원의 지정에 관하여 필요한 사항은 대법원규칙으로 정한다.

〔본조신설 2007·12·21〕

제279조의5(전문심리위원의 제척 및 기피) ① 제17조부터 제20조까지 및 제23조는 전문심리위원에게 준용한다.

② 제척 또는 기피 신청이 있는 전문심리위원은 그 신청에 관한 결정이 확정될 때까지 그 신청이 있는 사건의 소송절차에 참여할 수 없다. 이 경우 전문심리위원은 해당 제척 또는 기피 신청에 대하여 의견을 진술할 수 있다.

〔본조신설 2007·12·21〕

제279조의6(수명법관 등의 권한) 수명법관 또는 수탁판사가 소송절차를 진행하는 경우에는 제279조의2제 2 항부터 제 4 항까지의 규정에 따른 법원 및 재판장의 직무는 그 수명법관이나 수탁판사가 행한다.

〔본조신설 2007·12·21〕

제279조의7(비밀누설죄) 전문심리위원 또는 전문심리위원이었던 자가 그 직무수행 중에 알게 된 다른 사람의 비밀을 누설한 때에는 2년 이하의 징역이나 금고 또는 1천만원 이하의 벌금에 처한다.

〔본조신설 2007·12·21〕

제279조의8(벌칙 적용에서의 공무원 의제) 전문심리위원은 「형법」 제129조부터 제132조까지의 규정에 따른 벌칙의 적용에서는 공무원으로 본다.

〔본조신설 2007·12·21〕

제280조(공판정에서의 신체구속의 금지) 공판정에서는 피고인의 신체를 구속하지 못한다. 다만, 재판장은 피고인이 폭력을 행사하거나 도망할 염려가 있다고 인정하는 때에는 피고인의 신체의 구속을 명하거나 기타 필요한 조치를 할 수 있다. <개정 1995·12·29>

제281조(피고인의 재정의무, 법정경찰권) ① 피고인은 재판장의 허가없이 퇴정하지 못한다.

② 재판장은 피고인의 퇴정을 제지하거나 법정의 질서를 유지하기 위하여 필요한 처분을 할 수 있다.

제282조(필요적 변호) 제33조제1항 각 호의 어느 하나에 해당하는 사건 및 같은 조 제2항·제3항의 규정에 따라 변호인이 선정된 사건에 관하여는 변호인없이 개정하지 못한다. 단, 판결만을 선고할 경우에는 예외로 한다. <개정 2006·7·19>

제283조(국선변호인) 제282조 본문의 경우 변호인이 출석하지 아니한 때에는 법원은 직권으로 변호인을 선정하여야 한다. <개정 2006·7·19>

제283조의2(피고인의 진술거부권) ① 피고인은 진술하지 아니하거나 개개의 질문에 대하여 진술을 거부할 수 있다.

② 재판장은 피고인에게 제1항과 같이 진술을 거부할 수 있음을 고지하여야 한다.

〔본조신설 2007·6·1〕

제284조(인정신문) 재판장은 피고인의 성명, 연령, 등록기준지, 주거와 직업을 물어서 피고인임에 틀림없음을 확인하여야 한다. <개정 2007·5·17>

제285조(검사의 모두진술) 검사는 공소장에 의하여 공소사실·죄명 및 적용법조를 낭독하여야 한다. 다만, 재판장은 필요하다고 인정하는 때에는 검사에게 공소의 요지를 진술하게 할 수 있다.

〔전부개정 2007·6·1〕

제286조(피고인의 모두진술) ① 피고인은 검사의 모두진술이 끝난 뒤에 공소사실의 인정 여부를 진술하여야 한다. 다만, 피고인이 진술거부권을 행사하는 경우에는 그러하지 아니하다.

② 피고인 및 변호인은 이익이 되는 사실 등을 진술할 수 있다.

〔전부개정 2007·6·1〕

제286조의2(간이공판절차의 결정) 피고인이 공판정에서 공소사실에 대하여 자백한 때에는 법원은 그 공소사실에 한하여 간이공판절차에 의하여 심판할 것을 결정할 수 있다. <개정 1995·12·29>

〔본조신설 1973·1·25〕

제286조의3(결정의 취소) 법원은 전조의 결정을 한 사건에 대하여 피고인의 자백이 신빙할 수 없다고 인정되거나 간이공판절차로 심판하는 것이 현저히 부당하다고 인정할 때에는 검사의 의견을 들어 그 결정을 취소하여야 한다.

〔본조신설 1973·1·25〕

제287조(재판장의 쟁점정리 및 검사·변호인의 증거관계 등에 대한 진술) ① 재판장은 피고인의 모두진술이 끝난 다음에 피고인 또는 변호인에게 쟁점의 정리를 위하여 필요한 질문을 할 수 있다.

② 재판장은 증거조사를 하기에 앞서 검사 및 변호인으로 하여금 공소사실 등의 증명과 관련된 주장 및 입증계획 등을 진술하게 할 수 있다. 다만, 증거로 할 수 없거나 증거로 신청할 의사가 없는 자료에 기초하여 법원에 사건에 대한 예단 또는 편견을 발생하게 할 염려가 있는 사항은 진술할 수 없다.

〔전부개정 2007·6·1〕

제288조 삭제 <1961·9·1>

제289조 삭제 <2007·6·1>

제290조(증거조사) 증거조사는 제287조에 따른 절차가 끝난 후에 실시한다.

〔전부개정 2007·6·1〕

제291조(동전) ① 소송관계인이 증거로 제출한 서류나 물건 또는 제272조, 제273조의 규정에 의하여 작성 또는 송부된 서류는 검사, 변호인 또는 피고인이 공판정에서 개별적으로 지시설명하여 조사하여야 한다.

② 재판장은 직권으로 전항의 서류나 물건을 공판정에서 조사할 수 있다.

〔전부개정 1961·9·1〕

제291조의2(증거조사의 순서) ① 법원은 검사가 신청한 증거를 조사한 후 피고인 또는 변호인이 신청한 증거를 조사한다.

② 법원은 제1항에 따른 조사가 끝난 후 직권으로 결정한 증거를 조사한다.

③법원은 직권 또는 검사, 피고인·변호인의 신청에 따라 제1항 및 제2항의 순서를 변경할 수 있다.

〔본조신설 2007·6·1〕

제292조(증거서류에 대한 조사방식) ① 검사, 피고인 또는 변호인의 신청에 따라 증거서류를 조사하는 때에는 신청인이 이를 낭독하여야 한다.

② 법원이 직권으로 증거서류를 조사하는 때에는 소지인 또는 재판장이 이를 낭독하여야 한다.

③ 재판장은 필요하다고 인정하는 때에는 제1항 및 제2항에도 불구하고 내용을 고지하는 방법으로 조사할 수 있다.

④ 재판장은 법원사무관등으로 하여금 제1항부터 제3항까지의 규정에 따른 낭독이나 고지를 하게 할 수 있다.

⑤ 재판장은 열람이 다른 방법보다 적절하다고 인정하는 때에는 증거서류를 제시하여 열람하게 하는 방법으로 조사할 수 있다.

〔전부개정 2007·6·1〕

제292조의2(증거물에 대한 조사방식) ① 검사, 피고인 또는 변호인의 신청에 따라 증거물을 조사하는 때에는 신청인이 이를 제시하여야 한다.

② 법원이 직권으로 증거물을 조사하는 때에는 소지인 또는 재판장이 이를 제시하여야 한다.

③ 재판장은 법원사무관등으로 하여금 제1항 및 제2항에 따른 제시를 하게 할 수 있다.

〔본조신설 2007·6·1〕

제292조의3(그 밖의 증거에 대한 조사방식) 도면·사진·녹음테이프·비디오테이프·컴퓨터용디스크, 그 밖에 정보를 담기 위하여 만들어진 물건으로서 문서가 아닌 증거의 조사에 관하여 필요한 사항은 대법원규칙으로 정한다.

〔본조신설 2007·6·1〕

제293조(증거조사결과와 피고인의 의견) 재판장은 피고인에게 각 증거조사의 결과에 대한 의견을 묻고 권리를 보호함에 필요한 증거조사를 신청할 수 있음을 고지하여야 한다.

제294조(당사자의 증거신청) ① 검사, 피고인 또는 변호인은 서류나 물건을 증거로 제출할 수 있고, 증인·감정인·통역인 또는 번역인의 신문을 신청할 수 있다.

② 법원은 검사, 피고인 또는 변호인이 고의로 증거를 뒤늦게 신청함으로써 공판의 완결을 지연하는 것으로 인정할 때에는 직권 또는 상대방의 신청에 따라 결정으로 이를 각하할 수 있다.

〔전부개정 2007·6·1〕

제294조의2(피해자등의 진술권) ① 법원은 범죄로 인한 피해자 또는 그 법정대리인(피해자가 사망한 경우에는 배우자·직계친족·형제자매를 포함한다. 이하 이 조에서 "피해자등"이라 한다)의 신청이 있는 때에는 그 피해자등을 증인으로 신문하여야 한다. 다만, 다음 각 호의 어느 하나에 해당하는 경우에는 그러하지 아니하다. <개정 2007·6·1>

1. 삭제 <2007·6·1>
2. 피해자등이 이미 당해 사건에 관하여 공판절차에서 충분히 진술하여 다시 진술할 필요가 없다고 인정되는 경우
3. 피해자등의 진술로 인하여 공판절차가 현저하게 지연될 우려가 있는 경우

② 법원은 제1항에 따라 피해자등을 신문하는 경우 피해의 정도 및 결과, 피고인의 처벌에 관한 의견, 그 밖에 당해 사건에 관한 의견을 진술할 기회를 주어야 한다. <개정 2007·6·1>

③ 법원은 동일한 범죄사실에서 제1항의 규정에 의한 신청인이 여러 명인 경우에는 진술할 자의 수를 제한할 수 있다. <개정 2007·6·1>

④ 제1항의 규정에 의한 신청인이 출석통지를 받고도 정당한 이유없이 출석하지 아니한 때에는 그 신청을 철회한 것으로 본다. <개정 2007·6·1>

〔본조신설 1987·11·28〕

제294조의3(피해자 진술의 비공개) ① 법원은 범죄로 인한 피해자를 증인으로 신문하는 경우 당해 피해자·법정대리인 또는 검사의 신청에 따라 피해자의 사생활의 비밀이나 신변보호를 위하여 필요하다고 인정하는 때에는 결정으로 심리를 공개하지 아니할 수 있다.

② 제1항의 결정은 이유를 붙여 고지한다.

③ 법원은 제1항의 결정을 한 경우에도 적당하다고 인정되는 자의 재정(在廷)을 허가할 수 있다.

〔본조신설 2007·6·1〕

제294조의4(피해자 등의 공판기록 열람·등사) ① 소송계속 중인 사건의 피해자(피해자가 사망하거나 그 심신에 중대한 장애가 있는 경우에는 그 배우자·직계친족 및 형제자매를 포함한다), 피해자 본인의 법정대리인 또는 이들로부터 위임을 받은 피해자 본인의 배우자·직계친족·형제자매·변호사는 소송기록의 열람 또는 등사를 재판장에게 신청할 수 있다.

② 재판장은 제1항의 신청이 있는 때에는 지체 없이 검사, 피고인 또는 변호인에게 그 취지를 통지하여야 한다.

③ 재판장은 피해자 등의 권리구제를 위하여 필요하다고 인정하거나 그 밖의 정당한 사유가 있는 경우 범죄의 성질, 심리의 상황, 그 밖의 사정을 고려하여 상당하다고 인정하는 때에는 열람 또는 등사를 허가할 수 있다.

④ 재판장은 제3항에 따라 등사를 허가하는 경우에는 등사한 소송기록의 사용목적을 제한하거나 적당하다고 인정하는 조건을 붙일 수 있다.

⑤ 제1항에 따라 소송기록을 열람 또는 등사한 자는 열람 또는 등사에 의하여 알게 된 사항을 사용함에 있어서 부당히 관계인의 명예나 생활의 평온을 해하거나 수사와 재판에 지장을 주지 아니하도록 하여야 한다.

⑥ 제3항 및 제4항에 관한 재판에 대하여는 불복할 수 없다.

〔본조신설 2007·6·1〕

제294조의5(금전 공탁과 피해자 등의 의견 청취) ① 법원은 피고인이 피해자의 권리 회복에 필요한 금전을 공탁한 경우에는 판결을 선고하기 전에 피해자 또는 그 법정대리인(피해자가 사망한 경우에는 배우자·직계친족·형제자매를 포함한다)의 의견을 들어야 한다. 다만, 그 의견을 청취하기 곤란한 경우로서 대법원규칙으로 정하는 특별한 사정이 있는 경우에는 그러하지 아니하다.

② 제1항에 따른 의견 청취의 방법·절차 및 그 밖에 필요한 사항은 대법원규칙으로 정한다.

〔본조신설 2024·10·16〕

제295조(증거신청에 대한 결정) 법원은 제294조 및 제294조의2의 증거신청에 대하여 결정을 하여야 하며 직권으로 증거조사를 할 수 있다. <개정 1987·11·28>

제296조(증거조사에 대한 이의신청) ① 검사, 피고인 또는 변호인은 증거조사에 관하여 이의신청을 할 수 있다.

② 법원은 전항의 신청에 대하여 결정을 하여야 한다.

제296조의2(피고인신문) ① 검사 또는 변호인은 증거조사 종료 후에 순차로 피고인에게 공소사실 및 정상에 관하여 필요한 사항을 신문할 수 있다. 다만, 재판장은 필요하다고 인정하는 때에는 증거조사가 완료되기 전이라도 이를 허가할 수 있다.

② 재판장은 필요하다고 인정하는 때에는 피고인을 신문할 수 있다.

③ 제161조의2제1항부터 제3항까지 및 제5항은 제1항의 신문에 관하여 준용한다.

〔본조신설 2007·6·1〕

제297조(피고인 등의 퇴정) ① 재판장은 증인 또는 감정인이 피고인 또는 어떤 재정인의 면전에서 충분한 진술을 할 수 없다고 인정한 때에는 그를 퇴정하게 하고 진술하게 할 수 있다. 피고인이 다른 피고인의 면전에서 충분한 진술을 할 수 없다고 인정한 때에도 같다.

② 전항의 규정에 의하여 피고인을 퇴정하게 한 경우에 증인, 감정인 또는 공동피고인의 진술이 종료한 때에는 퇴정한 피고인을 입정하게 한 후 법원사무관등으로 하여금 진술의 요지를 고지하게 하여야 한다. <개정 1961·9·1, 2007·6·1>

제297조의2(간이공판절차에서의 증거조사) 제286조의2의 결정이 있는 사건에 대하여는 제161조의2, 제290조 내지 제293조, 제297조의 규정을 적용하지 아니하며 법원이 상당하다고 인정하는 방법으로 증거조사를 할 수 있다.

〔본조신설 1973·1·25〕

제298조(공소장의 변경) ① 검사는 법원의 허가를 얻어 공소장에 기재한 공소사실 또는 적용법조의 추가, 철회 또는 변경을 할 수 있다. 이 경우에 법원은 공소사실의 동일성을 해하지 아니하는 한도에서 허가하여야 한다.

② 법원은 심리의 경과에 비추어 상당하다

고 인정할 때에는 공소사실 또는 적용법조의 추가 또는 변경을 요구하여야 한다.
③ 법원은 공소사실 또는 적용법조의 추가, 철회 또는 변경이 있을 때에는 그 사유를 신속히 피고인 또는 변호인에게 고지하여야 한다.
④ 법원은 전 3 항의 규정에 의한 공소사실 또는 적용법조의 추가, 철회 또는 변경이 피고인의 불이익을 증가할 염려가 있다고 인정한 때에는 직권 또는 피고인이나 변호인의 청구에 의하여 피고인으로 하여금 필요한 방어의 준비를 하게 하기 위하여 결정으로 필요한 기간 공판절차를 정지할 수 있다.
〔전부개정 1973·1·25〕

제299조(불필요한 변론 등의 제한) 재판장은 소송관계인의 진술 또는 신문이 중복된 사항이거나 그 소송에 관계없는 사항인 때에는 소송관계인의 본질적 권리를 해하지 아니하는 한도에서 이를 제한할 수 있다.

제300조(변론의 분리와 병합) 법원은 필요하다고 인정한 때에는 직권 또는 검사, 피고인이나 변호인의 신청에 의하여 결정으로 변론을 분리하거나 병합할 수 있다.

제301조(공판절차의 갱신) 공판개정후 판사의 경질이 있는 때에는 공판절차를 갱신하여야 한다. 단, 판결의 선고만을 하는 경우에는 예외로 한다.

제301조의2(간이공판절차결정의 취소와 공판절차의 갱신) 제286조의2의 결정이 취소된 때에는 공판절차를 갱신하여야 한다. 단, 검사, 피고인 또는 변호인이 이의가 없는 때에는 그러하지 아니하다.
〔본조신설 1973·1·25〕

제302조(증거조사후의 검사의 의견진술) 피고인신문과 증거조사가 종료한 때에는 검사는 사실과 법률적용에 관하여 의견을 진술하여야 한다. 단, 제278조의 경우에는 공소장의 기재사항에 의하여 검사의 의견진술이 있는 것으로 간주한다.

제303조(피고인의 최후진술) 재판장은 검사의 의견을 들은 후 피고인과 변호인에게 최종의 의견을 진술할 기회를 주어야 한다.

제304조(재판장의 처분에 대한 이의) ① 검사, 피고인 또는 변호인은 재판장의 처분에 대하여 이의신청을 할 수 있다.
② 전항의 이의신청이 있는 때에는 법원은 결정을 하여야 한다.

제305조(변론의 재개) 법원은 필요하다고 인정한 때에는 직권 또는 검사, 피고인이나 변호인의 신청에 의하여 결정으로 종결한 변론을 재개할 수 있다.

제306조(공판절차의 정지) ① 피고인이 사물의 변별 또는 의사의 결정을 할 능력이 없는 상태에 있는 때에는 법원은 검사와 변호인의 의견을 들어서 결정으로 그 상태가 계속하는 기간 공판절차를 정지하여야 한다.
② 피고인이 질병으로 인하여 출정할 수 없는 때에는 법원은 검사와 변호인의 의견을 들어서 결정으로 출정할 수 있을 때까지 공판절차를 정지하여야 한다.
③ 전 2 항의 규정에 의하여 공판절차를 정지함에는 의사의 의견을 들어야 한다.
④ 피고사건에 대하여 무죄, 면소, 형의 면제 또는 공소기각의 재판을 할 것으로 명백한 때에는 제 1 항, 제 2 항의 사유있는 경우에도 피고인의 출정없이 재판할 수 있다.
⑤ 제277조의 규정에 의하여 대리인이 출정할 수 있는 경우에는 제 1 항 또는 제 2 항의 규정을 적용하지 아니한다.

제 2 절 증거

제307조(증거재판주의) ① 사실의 인정은 증거에 의하여야 한다.
② 범죄사실의 인정은 합리적인 의심이 없는 정도의 증명에 이르러야 한다.
〔전부개정 2007·6·1〕

제308조(자유심증주의) 증거의 증명력은 법관의 자유판단에 의한다.

제308조의2(위법수집증거의 배제) 적법한 절차에 따르지 아니하고 수집한 증거는 증거로 할 수 없다.
〔본조신설 2007·6·1〕

제309조(강제 등 자백의 증거능력) 피고인의 자백이 고문, 폭행, 협박, 신체구속의 부당한 장기화 또는 기망 기타의 방법으로 임의로 진술한 것이 아니라고 의심할 만한 이유가 있는 때에는 이를 유죄의 증거로 하지 못한다. <개정 1963·12·13>

제310조(불이익한 자백의 증거능력) 피고인의 자백이 그 피고인에게 불이익한 유일의 증거인 때에는 이를 유죄의 증거로 하지 못한다.

제310조의2(전문증거와 증거능력의 제한) 제311조 내지 제316조에 규정한 것 이외에는 공판준비 또는 공판기일에서의 진술에 대신하여 진술을 기재한 서류나 공판준비 또는 공판기일외에서의 타인의 진술을 내용으로 하는 진술은 이를 증거로 할 수 없다.
〔본조신설 1961·9·1〕

제311조(법원 또는 법관의 조서) 공판준비 또는 공판기일에 피고인이나 피고인 아닌 자의 진술을 기재한 조서와 법원 또는 법관의 검증의 결과를 기재한 조서는 증거로 할 수 있다. 제184조 및 제221조의2의 규정에 의하여 작성한 조서도 또한 같다. <개정 1973·1·25, 1995·12·29>
〔전부개정 1961·9·1〕

제312조(검사 또는 사법경찰관의 조서 등) ① 검사가 작성한 피의자신문조서는 적법한 절차와 방식에 따라 작성된 것으로서 공판준비, 공판기일에 그 피의자였던 피고인 또는 변호인이 그 내용을 인정할 때에 한정하여 증거로 할 수 있다. <개정 2020·2·4>
② 삭제 <2020·2·4>
③ 검사 이외의 수사기관이 작성한 피의자신문조서는 적법한 절차와 방식에 따라 작성된 것으로서 공판준비 또는 공판기일에 그 피의자였던 피고인 또는 변호인이 그 내용을 인정할 때에 한하여 증거로 할 수 있다.
④ 검사 또는 사법경찰관이 피고인이 아닌 자의 진술을 기재한 조서는 적법한 절차와 방식에 따라 작성된 것으로서 그 조서가 검사 또는 사법경찰관 앞에서 진술한 내용과 동일하게 기재되어 있음이 원진술자의 공판준비 또는 공판기일에서의 진술이나 영상녹화물 또는 그 밖의 객관적인 방법에 의하여 증명되고, 피고인 또는 변호인이 공판준비 또는 공판기일에 그 기재 내용에 관하여 원진술자를 신문할 수 있었던 때에는 증거로 할 수 있다. 다만, 그 조서에 기재된 진술이 특히 신빙할 수 있는 상태하에서 행하여졌음이 증명된 때에 한한다.
⑤ 제1항부터 제4항까지의 규정은 피고인 또는 피고인이 아닌 자가 수사과정에서 작성한 진술서에 관하여 준용한다.
⑥ 검사 또는 사법경찰관이 검증의 결과를 기재한 조서는 적법한 절차와 방식에 따라 작성된 것으로서 공판준비 또는 공판기일에서의 작성자의 진술에 따라 그 성립의 진정함이 증명된 때에는 증거로 할 수 있다.
〔전부개정 2007·6·1〕

제313조(진술서 등) ① 전2조의 규정 이외에 피고인 또는 피고인이 아닌 자가 작성한 진술서나 그 진술을 기재한 서류로서 그 작성자 또는 진술자의 자필이거나 그 서명 또는 날인이 있는 것(피고인 또는 피고인 아닌 자가 작성하였거나 진술한 내용이 포함된 문자·사진·영상 등의 정보로서 컴퓨터용디스크, 그 밖에 이와 비슷한 정보저장매체에 저장된 것을 포함한다. 이하 이 조에서 같다)은 공판준비나 공판기일에서의 그 작성자 또는 진술자의 진술에 의하여 그 성립의 진정함이 증명된 때에는 증거로 할 수 있다. 단, 피고인의 진술을 기재한 서류는 공판준비 또는 공판기일에서의 그 작성자의 진술에 의하여 그 성립의 진정함이 증명되고 그 진술이 특히 신빙할 수 있는 상태하에서 행하여진 때에 한하여 피고인의 공판준비 또는 공판기일에서의 진술에 불구하고 증거로 할 수 있다. <개정 2016·5·29>
② 제1항 본문에도 불구하고 진술서의 작성자가 공판준비나 공판기일에서 그 성립의 진정을 부인하는 경우에는 과학적 분석결과에 기초한 디지털포렌식 자료, 감정 등 객관적 방법으로 성립의 진정함이 증명되는 때에는 증거로 할 수 있다. 다만, 피고인 아닌 자가 작성한 진술서는 피고인 또는 변호인이 공판준비 또는 공판기일에 그 기재 내용에 관하여 작성자를 신문할 수 있었을 것을 요한다. <개정 2016·5·29>
③ 감정의 경과와 결과를 기재한 서류도 제1항 및 제2항과 같다. <신설 2016·5·29>
〔전부개정 1961·9·1〕

제314조(증거능력에 대한 예외) 제312조 또는 제313조의 경우에 공판준비 또는 공판기일에 진술을 요하는 자가 사망·질병·외국거주·소재불명, 그 밖에 이에 준하는 사유로 인하여 진술할 수 없는 때에는 그 조서 및 그 밖의 서류(피고인 또는 피고인 아

닌 자가 작성하였거나 진술한 내용이 포함된 문자·사진·영상 등의 정보로서 컴퓨터용디스크, 그 밖에 이와 비슷한 정보저장매체에 저장된 것을 포함한다)를 증거로 할 수 있다. 다만, 그 진술 또는 작성이 특히 신빙할 수 있는 상태하에서 행하여졌음이 증명된 때에 한한다. <개정 2016·5·29>

〔전부개정 2007·6·1〕

제315조(당연히 증거능력이 있는 서류) 다음에 게기한 서류는 증거로 할 수 있다. <개정 2007·5·17>

1. 가족관계기록사항에 관한 증명서, 공정증서등본 기타 공무원 또는 외국공무원의 직무상 증명할 수 있는 사항에 관하여 작성한 문서
2. 상업장부, 항해일지 기타 업무상 필요로 작성한 통상문서
3. 기타 특히 신용할 만한 정황에 의하여 작성된 문서

제316조(전문의 진술) ① 피고인이 아닌 자(공소제기 전에 피고인을 피의자로 조사하였거나 그 조사에 참여하였던 자를 포함한다. 이하 이 조에서 같다)의 공판준비 또는 공판기일에서의 진술이 피고인의 진술을 그 내용으로 하는 것인 때에는 그 진술이 특히 신빙할 수 있는 상태하에서 행하여졌음이 증명된 때에 한하여 이를 증거로 할 수 있다. <개정 2007·6·1>

② 피고인 아닌 자의 공판준비 또는 공판기일에서의 진술이 피고인 아닌 타인의 진술을 그 내용으로 하는 것인 때에는 원진술자가 사망, 질병, 외국거주, 소재불명, 그 밖에 이에 준하는 사유로 인하여 진술할 수 없고 그 진술이 특히 신빙할 수 있는 상태하에서 행하여졌음이 증명된 때에 한하여 이를 증거로 할 수 있다. <개정 1995·12·29, 2007·6·1>

〔전부개정 1961·9·1〕

제317조(진술의 임의성) ① 피고인 또는 피고인 아닌 자의 진술이 임의로 된 것이 아닌 것은 증거로 할 수 없다.

② 전항의 서류는 그 작성 또는 내용인 진술이 임의로 되었다는 것이 증명된 것이 아니면 증거로 할 수 없다.

③ 검증조서의 일부가 피고인 또는 피고인 아닌 자의 진술을 기재한 것인 때에는 그 부분에 한하여 전 2 항의 예에 의한다.

제318조(당사자의 동의와 증거능력) ① 검사와 피고인이 증거로 할 수 있음을 동의한 서류 또는 물건은 진정한 것으로 인정한 때에는 증거로 할 수 있다.

② 피고인의 출정없이 증거조사를 할 수 있는 경우에 피고인이 출정하지 아니한 때에는 전항의 동의가 있는 것으로 간주한다. 단, 대리인 또는 변호인이 출정한 때에는 예외로 한다.

제318조의2(증명력을 다투기 위한 증거) ① 제312조부터 제316조까지의 규정에 따라 증거로 할 수 없는 서류나 진술이라도 공판준비 또는 공판기일에서의 피고인 또는 피고인이 아닌 자(공소제기 전에 피고인을 피의자로 조사하였거나 그 조사에 참여하였던 자를 포함한다. 이하 이 조에서 같다)의 진술의 증명력을 다투기 위하여 증거로 할 수 있다.

② 제 1 항에도 불구하고 피고인 또는 피고인이 아닌 자의 진술을 내용으로 하는 영상녹화물은 공판준비 또는 공판기일에 피고인 또는 피고인이 아닌 자가 진술함에 있어서 기억이 명백하지 아니한 사항에 관하여 기억을 환기시켜야 할 필요가 있다고 인정되는 때에 한하여 피고인 또는 피고인이 아닌 자에게 재생하여 시청하게 할 수 있다.

〔전부개정 2007·6·1〕

제318조의3(간이공판절차에서의 증거능력에 관한 특례) 제286조의2의 결정이 있는 사건의 증거에 관하여는 제310조의2, 제312조 내지 제314조 및 제316조의 규정에 의한 증거에 대하여 제318조제 1 항의 동의가 있는 것으로 간주한다. 단, 검사, 피고인 또는 변호인이 증거로 함에 이의가 있는 때에는 그러하지 아니하다.

〔본조신설 1973·1·25〕

제 3 절 공판의 재판

제318조의4(판결선고기일) ① 판결의 선고는 변론을 종결한 기일에 하여야 한다. 다만, 특별한 사정이 있는 때에는 따로 선고기일을 지정할 수 있다.

② 변론을 종결한 기일에 판결을 선고하는 경우에는 판결의 선고 후에 판결서를 작성할 수 있다.

③ 제1항 단서의 선고기일은 변론종결 후 14일 이내로 지정되어야 한다.
〔본조신설 2007·6·1〕

제319조(관할위반의 판결) 피고사건이 법원의 관할에 속하지 아니한 때에는 판결로써 관할위반의 선고를 하여야 한다. <개정 2007·12·21>

제320조(토지관할위반) ① 법원은 피고인의 신청이 없으면 토지관할에 관하여 관할위반의 선고를 하지 못한다.
② 관할위반의 신청은 피고사건에 대한 진술전에 하여야 한다.

제321조(형선고와 동시에 선고될 사항) ① 피고사건에 대하여 범죄의 증명이 있는 때에는 형의 면제 또는 선고유예의 경우외에는 판결로써 형을 선고하여야 한다.
② 형의 집행유예, 판결전 구금의 산입일수, 노역장의 유치기간은 형의 선고와 동시에 판결로써 선고하여야 한다.

제322조(형면제 또는 형의 선고유예의 판결) 피고사건에 대하여 형의 면제 또는 선고유예를 하는 때에는 판결로써 선고하여야 한다.

제323조(유죄판결에 명시될 이유) ① 형의 선고를 하는 때에는 판결이유에 범죄될 사실, 증거의 요지와 법령의 적용을 명시하여야 한다.
② 법률상 범죄의 성립을 조각하는 이유 또는 형의 가중, 감면의 이유되는 사실의 진술이 있은 때에는 이에 대한 판단을 명시하여야 한다.

제324조(상소에 대한 고지) 형을 선고하는 경우에는 재판장은 피고인에게 상소할 기간과 상소할 법원을 고지하여야 한다.

제325조(무죄의 판결) 피고사건이 범죄로 되지 아니하거나 범죄사실의 증명이 없는 때에는 판결로써 무죄를 선고하여야 한다.

제326조(면소의 판결) 다음 경우에는 판결로써 면소의 선고를 하여야 한다.
1. 확정판결이 있은 때
2. 사면이 있은 때
3. 공소의 시효가 완성되었을 때
4. 범죄후의 법령개폐로 형이 폐지되었을 때

제327조(공소기각의 판결) 다음 각 호의 경우에는 판결로써 공소기각의 선고를 하여야 한다.
1. 피고인에 대하여 재판권이 없을 때
2. 공소제기의 절차가 법률의 규정을 위반하여 무효일 때
3. 공소가 제기된 사건에 대하여 다시 공소가 제기되었을 때
4. 제329조를 위반하여 공소가 제기되었을 때
5. 고소가 있어야 공소를 제기할 수 있는 사건에서 고소가 취소되었을 때
6. 피해자의 명시한 의사에 반하여 공소를 제기할 수 없는 사건에서 처벌을 원하지 아니하는 의사표시를 하거나 처벌을 원하는 의사표시를 철회하였을 때
〔전부개정 2020·12·8〕

제328조(공소기각의 결정) ① 다음 경우에는 결정으로 공소를 기각하여야 한다.
1. 공소가 취소되었을 때
2. 피고인이 사망하거나 피고인인 법인이 존속하지 아니하게 되었을 때
3. 제12조 또는 제13조의 규정에 의하여 재판할 수 없는 때
4. 공소장에 기재된 사실이 진실하다 하더라도 범죄가 될 만한 사실이 포함되지 아니하는 때
② 전항의 결정에 대하여는 즉시항고를 할 수 있다.

제329조(공소취소와 재기소) 공소취소에 의한 공소기각의 결정이 확정된 때에는 공소취소 후 그 범죄사실에 대한 다른 중요한 증거를 발견한 경우에 한하여 다시 공소를 제기할 수 있다.

제330조(피고인의 진술없이 하는 판결) 피고인이 진술하지 아니하거나 재판장의 허가없이 퇴정하거나 재판장의 질서유지를 위한 퇴정명령을 받은 때에는 피고인의 진술없이 판결할 수 있다.

제331조(무죄 등 선고와 구속영장의 효력) 무죄, 면소, 형의 면제, 형의 선고유예, 형의 집행유예, 공소기각 또는 벌금이나 과료를 과하는 판결이 선고된 때에는 구속영장은 효력을 잃는다. <개정 1995·12·29>

제332조(몰수의 선고와 압수물) 압수한 서류

또는 물품에 대하여 몰수의 선고가 없는 때에는 압수를 해제한 것으로 간주한다.

제333조(압수장물의 환부) ① 압수한 장물로서 피해자에게 환부할 이유가 명백한 것은 판결로써 피해자에게 환부하는 선고를 하여야 한다.

② 전항의 경우에 장물을 처분하였을 때에는 판결로써 그 대가로 취득한 것을 피해자에게 교부하는 선고를 하여야 한다.

③ 가환부한 장물에 대하여 별단의 선고가 없는 때에는 환부의 선고가 있는 것으로 간주한다.

④ 전 3 항의 규정은 이해관계인이 민사소송절차에 의하여 그 권리를 주장함에 영향을 미치지 아니한다.

제334조(재산형의 가납판결) ① 법원은 벌금, 과료 또는 추징의 선고를 하는 경우에 판결의 확정후에는 집행할 수 없거나 집행하기 곤란할 염려가 있다고 인정한 때에는 직권 또는 검사의 청구에 의하여 피고인에게 벌금, 과료 또는 추징에 상당한 금액의 가납을 명할 수 있다.

② 전항의 재판은 형의 선고와 동시에 판결로써 선고하여야 한다.

③ 전항의 판결은 즉시로 집행할 수 있다.

제335조(형의 집행유예취소의 절차) ① 형의 집행유예를 취소할 경우에는 검사는 피고인의 현재지 또는 최후의 거주지를 관할하는 법원에 청구하여야 한다.

② 전항의 청구를 받은 법원은 피고인 또는 그 대리인의 의견을 물은 후에 결정을 하여야 한다.

③ 전항의 결정에 대하여는 즉시항고를 할 수 있다.

④ 전 2 항의 규정은 유예한 형을 선고할 경우에 준용한다.

제336조(경합범중 다시 형을 정하는 절차) ① 「형법」 제36조, 동 제39조제 4 항 또는 동 제61조의 규정에 의하여 형을 정할 경우에는 검사는 그 범죄사실에 대한 최종판결을 한 법원에 청구하여야 한다. 단, 「형법」 제61조의 규정에 의하여 유예한 형을 선고할 때에는 제323조에 의하여야 하고 선고유예를 해제하는 이유를 명시하여야 한다. <개정 2007·6·1>

② 전조제 2 항의 규정은 전항의 경우에 준용한다.

제337조(형의 소멸의 재판) ① 「형법」 제81조 또는 동 제82조의 규정에 의한 선고는 그 사건에 관한 기록이 보관되어 있는 검찰청에 대응하는 법원에 대하여 신청하여야 한다. <개정 2007·6·1>

② 전항의 신청에 의한 선고는 결정으로 한다.

③ 제 1 항의 신청을 각하하는 결정에 대하여는 즉시항고를 할 수 있다.

제 3 편 상소

제 1 장 통칙

제338조(상소권자) ① 검사 또는 피고인은 상소를 할 수 있다.

② 삭제 <2007·12·21>

제339조(항고권자) 검사 또는 피고인 아닌 자가 결정을 받은 때에는 항고할 수 있다.

제340조(당사자 이외의 상소권자) 피고인의 법정대리인은 피고인을 위하여 상소할 수 있다.

제341조(동전) ① 피고인의 배우자, 직계친족, 형제자매 또는 원심의 대리인이나 변호인은 피고인을 위하여 상소할 수 있다. <개정 2005·3·31>

② 전항의 상소는 피고인의 명시한 의사에 반하여 하지 못한다.

제342조(일부상소) ① 상소는 재판의 일부에 대하여 할 수 있다.

② 일부에 대한 상소는 그 일부와 불가분의 관계에 있는 부분에 대하여도 효력이 미친다.

제343조(상소제기기간) ① 상소의 제기는 그 기간내에 서면으로 한다.

② 상소의 제기기간은 재판을 선고 또는 고지한 날로부터 진행한다.

제344조(재소자에 대한 특칙) ① 교도소 또는 구치소에 있는 피고인이 상소의 제기기간내에 상소장을 교도소장 또는 구치소장 또는 그 직무를 대리하는 자에게 제출한 때에는

상소의 제기기간내에 상소한 것으로 간주한다. <개정 1963·12·13>

② 전항의 경우에 피고인이 상소장을 작성할 수 없는 때에는 교도소장 또는 구치소장은 소속공무원으로 하여금 대서하게 하여야 한다. <개정 1963·12·13>

제345조(상소권회복 청구권자) 제338조부터 제341조까지의 규정에 따라 상소할 수 있는 자는 자기 또는 대리인이 책임질 수 없는 사유로 상소 제기기간 내에 상소를 하지 못한 경우에는 상소권회복의 청구를 할 수 있다.

〔전부개정 2020·12·8〕

제346조(상소권회복 청구의 방식) ① 상소권회복을 청구할 때에는 제345조의 사유가 해소된 날부터 상소 제기기간에 해당하는 기간 내에 서면으로 원심법원에 제출하여야 한다.

② 상소권회복을 청구할 때에는 제345조의 책임질 수 없는 사유를 소명하여야 한다.

③ 상소권회복을 청구한 자는 그 청구와 동시에 상소를 제기하여야 한다.

〔전부개정 2020·12·8〕

제347조(상소권회복에 대한 결정과 즉시항고) ① 상소권회복의 청구를 받은 법원은 청구의 허부에 관한 결정을 하여야 한다.

② 전항의 결정에 대하여는 즉시항고를 할 수 있다.

제348조(상소권회복청구와 집행정지) ① 상소권회복의 청구가 있는 때에는 법원은 전조의 결정을 할 때까지 재판의 집행을 정지하는 결정을 할 수 있다. <개정 2007·6·1>

② 전항의 집행정지의 결정을 한 경우에 피고인의 구금을 요하는 때에는 구속영장을 발부하여야 한다. 단, 제70조의 요건이 구비된 때에 한한다.

제349조(상소의 포기, 취하) 검사나 피고인 또는 제339조에 규정한 자는 상소의 포기 또는 취하를 할 수 있다. 단, 피고인 또는 제341조에 규정한 자는 사형 또는 무기징역이나 무기금고가 선고된 판결에 대하여는 상소의 포기를 할 수 없다.

제350조(상소의 포기 등과 법정대리인의 동의) 법정대리인이 있는 피고인이 상소의 포기 또는 취하를 함에는 법정대리인의 동의를 얻어야 한다. 단, 법정대리인의 사망 기타 사유로 인하여 그 동의를 얻을 수 없는 때에는 예외로 한다.

제351조(상소의 취하와 피고인의 동의) 피고인의 법정대리인 또는 제341조에 규정한 자는 피고인의 동의를 얻어 상소를 취하할 수 있다.

제352조(상소포기 등의 방식) ① 상소의 포기 또는 취하는 서면으로 하여야 한다. 단, 공판정에서는 구술로써 할 수 있다.

② 구술로써 상소의 포기 또는 취하를 한 경우에는 그 사유를 조서에 기재하여야 한다.

제353조(상소포기 등의 관할) 상소의 포기는 원심법원에, 상소의 취하는 상소법원에 하여야 한다. 단, 소송기록이 상소법원에 송부되지 아니한 때에는 상소의 취하를 원심법원에 제출할 수 있다.

제354조(상소포기후의 재상소의 금지) 상소를 취하한 자 또는 상소의 포기나 취하에 동의한 자는 그 사건에 대하여 다시 상소를 하지 못한다.

제355조(재소자에 대한 특칙) 제344조의 규정은 교도소 또는 구치소에 있는 피고인이 상소권회복의 청구 또는 상소의 포기나 취하를 하는 경우에 준용한다. <개정 1963·12·13>

제356조(상소포기 등과 상대방의 통지) 상소, 상소의 포기나 취하 또는 상소권회복의 청구가 있는 때에는 법원은 지체없이 상대방에게 그 사유를 통지하여야 한다.

제 2 장 항소

제357조(항소할 수 있는 판결) 제1심법원의 판결에 대하여 불복이 있으면 지방법원 단독판사가 선고한 것은 지방법원 본원합의부에 항소할 수 있으며 지방법원합의부가 선고한 것은 고등법원에 항소할 수 있다. <개정 1963·12·13>

〔전부개정 1961·9·1〕

제358조(항소제기기간) 항소의 제기기간은 7일로 한다. <개정 1963·12·13>

제359조(항소제기의 방식) 항소를 함에는 항

소장을 원심법원에 제출하여야 한다. <개정 1963·12·13>

제360조(원심법원의 항소기각결정) ① 항소의 제기가 법률상의 방식에 위반하거나 항소권 소멸후인 것이 명백한 때에는 원심법원은 결정으로 항소를 기각하여야 한다. <개정 1963·12·13>

② 전항의 결정에 대하여는 즉시항고를 할 수 있다.

제361조(소송기록과 증거물의 송부) 제360조의 경우를 제외하고는 원심법원은 항소장을 받은 날부터 14일 이내에 소송기록과 증거물을 항소법원에 송부하여야 한다.

〔전부개정 1995·12·29〕

제361조의2(소송기록접수와 통지) ① 항소법원이 기록의 송부를 받은 때에는 즉시 항소인과 상대방에게 그 사유를 통지하여야 한다. <개정 1963·12·13>

② 전항의 통지전에 변호인의 선임이 있는 때에는 변호인에게도 전항의 통지를 하여야 한다.

③ 피고인이 교도소 또는 구치소에 있는 경우에는 원심법원에 대응한 검찰청검사는 제1항의 통지를 받은 날부터 14일 이내에 피고인을 항소법원소재지의 교도소 또는 구치소에 이송하여야 한다. <신설 1995·12·29>

〔본조신설 1961·9·1〕

제361조의3(항소이유서와 답변서) ① 항소인 또는 변호인은 전조의 통지를 받은 날로부터 20일 이내에 항소이유서를 항소법원에 제출하여야 한다. 이 경우 제344조를 준용한다. <개정 1963·12·13, 2007·12·21>

② 항소이유서의 제출을 받은 항소법원은 지체없이 그 부본 또는 등본을 상대방에게 송달하여야 한다. <개정 1963·12·13>

③ 상대방은 전항의 송달을 받은 날로부터 10일 이내에 답변서를 항소법원에 제출하여야 한다. <개정 1963·12·13>

④ 답변서의 제출을 받은 항소법원은 지체없이 그 부본 또는 등본을 항소인 또는 변호인에게 송달하여야 한다. <개정 1963·12·13>

〔본조신설 1961·9·1〕

제361조의4(항소기각의 결정) ① 항소인이나 변호인이 전조제1항의 기간내에 항소이유서를 제출하지 아니한 때에는 결정으로 항소를 기각하여야 한다. 단, 직권조사사유가 있거나 항소장에 항소이유의 기재가 있는 때에는 예외로 한다.

② 전항의 결정에 대하여는 즉시항고를 할 수 있다. <신설 1963·12·13>

〔본조신설 1961·9·1〕

제361조의5(항소이유) 다음 사유가 있을 경우에는 원심판결에 대한 항소이유로 할 수 있다. <개정 1963·12·13>

1. 판결에 영향을 미친 헌법·법률·명령 또는 규칙의 위반이 있는 때
2. 판결후 형의 폐지나 변경 또는 사면이 있는 때
3. 관할 또는 관할위반의 인정이 법률에 위반한 때
4. 판결법원의 구성이 법률에 위반한 때
5. 및 6. 삭제 <1963·12·13>
7. 법률상 그 재판에 관여하지 못할 판사가 그 사건의 심판에 관여한 때
8. 사건의 심리에 관여하지 아니한 판사가 그 사건의 판결에 관여한 때
9. 공판의 공개에 관한 규정에 위반한 때
10. 삭제 <1963·12·13>
11. 판결에 이유를 붙이지 아니하거나 이유에 모순이 있는 때
12. 삭제 <1963·12·13>
13. 재심청구의 사유가 있는 때
14. 사실의 오인이 있어 판결에 영향을 미칠 때
15. 형의 양정이 부당하다고 인정할 사유가 있는 때

〔본조신설 1961·9·1〕

제362조(항소기각의 결정) ① 제360조의 규정에 해당한 경우에 원심법원이 항소기각의 결정을 하지 아니한 때에는 항소법원은 결정으로 항소를 기각하여야 한다. <개정 1963·12·13>

② 전항의 결정에 대하여는 즉시항고를 할 수 있다.

제363조(공소기각의 결정) ① 제328조제1항 각호의 규정에 해당한 사유가 있는 때에는 항소법원은 결정으로 공소를 기각하여야 한

다. <개정 1963 · 12 · 13, 1995 · 12 · 29>
② 전항의 결정에 대하여는 즉시항고를 할 수 있다.

제364조(항소법원의 심판) ① 항소법원은 항소이유에 포함된 사유에 관하여 심판하여야 한다. <개정 1963 · 12 · 13>
② 항소법원은 판결에 영향을 미친 사유에 관하여는 항소이유서에 포함되지 아니한 경우에도 직권으로 심판할 수 있다. <개정 1963 · 12 · 13>
③ 제 1 심법원에서 증거로 할 수 있었던 증거는 항소법원에서도 증거로 할 수 있다. <신설 1963 · 12 · 13>
④ 항소이유없다고 인정한 때에는 판결로써 항소를 기각하여야 한다. <개정 1963 · 12 · 13>
⑤ 항소이유없음이 명백한 때에는 항소장, 항소이유서 기타의 소송기록에 의하여 변론없이 판결로써 항소를 기각할 수 있다. <개정 1963 · 12 · 13>
⑥ 항소이유있다고 인정한 때에는 원심판결을 파기하고 다시 판결을 하여야 한다. <개정 1963 · 12 · 13>
〔전부개정 1961 · 9 · 1〕

제364조의2(공동피고인을 위한 파기) 피고인을 위하여 원심판결을 파기하는 경우에 파기의 이유가 항소한 공동피고인에게 공통되는 때에는 그 공동피고인에게 대하여도 원심판결을 파기하여야 한다. <개정 1963 · 12 · 13>
〔본조신설 1961 · 9 · 1〕

제365조(피고인의 출정) ① 피고인이 공판기일에 출정하지 아니한 때에는 다시 기일을 정하여야 한다. <개정 1961 · 9 · 1>
② 피고인이 정당한 사유없이 다시 정한 기일에 출정하지 아니한 때에는 피고인의 진술없이 판결을 할 수 있다.

제366조(원심법원에의 환송) 공소기각 또는 관할위반의 재판이 법률에 위반됨을 이유로 원심판결을 파기하는 때에는 판결로써 사건을 원심법원에 환송하여야 한다.

제367조(관할법원에의 이송) 관할인정이 법률에 위반됨을 이유로 원심판결을 파기하는 때에는 판결로써 사건을 관할법원에 이송하여야 한다. 단, 항소법원이 그 사건의 제 1 심관할권이 있는 때에는 제 1 심으로 심판하여야 한다. <개정 1963 · 12 · 13>

제368조(불이익변경의 금지) 피고인이 항소한 사건과 피고인을 위하여 항소한 사건에 대해서는 원심판결의 형보다 무거운 형을 선고할 수 없다.
〔전부개정 2020 · 12 · 8〕

제369조(재판서의 기재방식) 항소법원의 재판서에는 항소이유에 대한 판단을 기재하여야 하며 원심판결에 기재한 사실과 증거를 인용할 수 있다. <개정 1963 · 12 · 13>
〔전부개정 1961 · 9 · 1〕

제370조(준용규정) 제 2 편중 공판에 관한 규정은 본장에 특별한 규정이 없으면 항소의 심판에 준용한다. <개정 1963 · 12 · 13>

제 3 장 상고

제371조(상고할 수 있는 판결) 제 2 심판결에 대하여 불복이 있으면 대법원에 상고할 수 있다. <개정 1963 · 12 · 13>
〔전부개정 1961 · 9 · 1〕

제372조(비약적 상고) 다음 경우에는 제 1 심판결에 대하여 항소를 제기하지 아니하고 상고를 할 수 있다. <개정 1961 · 9 · 1, 1963 · 12 · 13>
1. 원심판결이 인정한 사실에 대하여 법령을 적용하지 아니하였거나 법령의 적용에 착오가 있는 때
2. 원심판결이 있은 후 형의 폐지나 변경 또는 사면이 있는 때

제373조(항소와 비약적 상고) 제 1 심판결에 대한 상고는 그 사건에 대한 항소가 제기된 때에는 그 효력을 잃는다. 단, 항소의 취하 또는 항소기각의 결정이 있는 때에는 예외로 한다. <개정 1963 · 12 · 13>

제374조(상고기간) 상고의 제기기간은 7일로 한다.

제375조(상고제기의 방식) 상고를 함에는 상고장을 원심법원에 제출하여야 한다.

제376조(원심법원에서의 상고기각결정) ① 상고의 제기가 법률상의 방식에 위반하거나 상고권소멸후인 것이 명백한 때에는 원심법원은 결정으로 상고를 기각하여야 한다.
② 전항의 결정에 대하여는 즉시항고를 할 수 있다.

제377조(소송기록과 증거물의 송부) 제376조의 경우를 제외하고는 원심법원은 상고장을 받은 날부터 14일 이내에 소송기록과 증거물을 상고법원에 송부하여야 한다.
〔전부개정 1995·12·29〕

제378조(소송기록접수와 통지) ① 상고법원이 소송기록의 송부를 받은 때에는 즉시 상고인과 상대방에 대하여 그 사유를 통지하여야 한다. <개정 1961·9·1>
② 전항의 통지전에 변호인의 선임이 있는 때에는 변호인에 대하여도 전항의 통지를 하여야 한다.

제379조(상고이유서와 답변서) ① 상고인 또는 변호인이 전조의 통지를 받은 날로부터 20일 이내에 상고이유서를 상고법원에 제출하여야 한다. 이 경우 제344조를 준용한다. <개정 1961·9·1, 2007·12·21>
② 상고이유서에는 소송기록과 원심법원의 증거조사에 표현된 사실을 인용하여 그 이유를 명시하여야 한다.
③ 상고이유서의 제출을 받은 상고법원은 지체없이 그 부본 또는 등본을 상대방에 송달하여야 한다. <개정 1961·9·1>
④ 상대방은 전항의 송달을 받은 날로부터 10일 이내에 답변서를 상고법원에 제출할 수 있다. <개정 1961·9·1>
⑤ 답변서의 제출을 받은 상고법원은 지체없이 그 부본 또는 등본을 상고인 또는 변호인에게 송달하여야 한다. <개정 1961·9·1>

제380조(상고기각결정) ① 상고인이나 변호인이 전조제1항의 기간내에 상고이유서를 제출하지 아니한 때에는 결정으로 상고를 기각하여야 한다. 단, 상고장에 이유의 기재가 있는 때에는 예외로 한다. <개정 1961·9·1>
② 상고장 및 상고이유서에 기재된 상고이유의 주장이 제383조 각 호의 어느 하나의 사유에 해당하지 아니함이 명백한 때에는 결정으로 상고를 기각하여야 한다. <신설 2014·5·14>

제381조(동전) 제376조의 규정에 해당한 경우에 원심법원이 상고기각의 결정을 하지 아니한 때에는 상고법원은 결정으로 상고를 기각하여야 한다. <개정 1961·9·1>

제382조(공소기각의 결정) 제328조제1항 각호의 규정에 해당하는 사유가 있는 때에는 상고법원은 결정으로 공소를 기각하여야 한다.
〔전부개정 1995·12·29〕

제383조(상고이유) 다음 사유가 있을 경우에는 원심판결에 대한 상고이유로 할 수 있다. <개정 1961·9·1, 1963·12·13>
1. 판결에 영향을 미친 헌법·법률·명령 또는 규칙의 위반이 있는 때
2. 판결후 형의 폐지나 변경 또는 사면이 있는 때
3. 재심청구의 사유가 있는 때
4. 사형, 무기 또는 10년 이상의 징역이나 금고가 선고된 사건에 있어서 중대한 사실의 오인이 있어 판결에 영향을 미친 때 또는 형의 양정이 심히 부당하다고 인정할 현저한 사유가 있는 때

제384조(심판범위) 상고법원은 상고이유서에 포함된 사유에 관하여 심판하여야 한다. 그러나, 전조제1호 내지 제3호의 경우에는 상고이유서에 포함되지 아니한 때에도 직권으로 심판할 수 있다. <개정 1963·12·13>

제385조 삭제 <1961·9·1>

제386조(변호인의 자격) 상고심에는 변호사 아닌 자를 변호인으로 선임하지 못한다.

제387조(변론능력) 상고심에는 변호인 아니면 피고인을 위하여 변론하지 못한다.

제388조(변론방식) 검사와 변호인은 상고이유서에 의하여 변론하여야 한다.

제389조(변호인의 불출석 등) ① 변호인의 선임이 없거나 변호인이 공판기일에 출정하지 아니한 때에는 검사의 진술을 듣고 판결을 할 수 있다. 단, 제283조의 규정에 해당한 경우에는 예외로 한다.
② 전항의 경우에 적법한 이유서의 제출이 있는 때에는 그 진술이 있는 것으로 간주한다.

제389조의2(피고인의 소환 여부) 상고심의 공판기일에는 피고인의 소환을 요하지 아니한다.
〔본조신설 1995·12·29〕

제390조(서면심리에 의한 판결) ① 상고법원은 상고장, 상고이유서 기타의 소송기록에

의하여 변론없이 판결할 수 있다.
② 상고법원은 필요한 경우에는 특정한 사항에 관하여 변론을 열어 참고인의 진술을 들을 수 있다. <신설 2007·6·1>
〔전부개정 1961·9·1〕

제391조(원심판결의 파기) 상고이유가 있는 때에는 판결로써 원심판결을 파기하여야 한다.

제392조(공동피고인을 위한 파기) 피고인의 이익을 위하여 원심판결을 파기하는 경우에 파기의 이유가 상고한 공동피고인에 공통되는 때에는 그 공동피고인에 대하여도 원심판결을 파기하여야 한다.

제393조(공소기각과 환송의 판결) 적법한 공소를 기각하였다는 이유로 원심판결 또는 제1심판결을 파기하는 경우에는 판결로써 사건을 원심법원 또는 제1심법원에 환송하여야 한다.

제394조(관할인정과 이송의 판결) 관할의 인정이 법률에 위반됨을 이유로 원심판결 또는 제1심판결을 파기하는 경우에는 판결로써 사건을 관할있는 법원에 이송하여야 한다.

제395조(관할위반과 환송의 판결) 관할위반의 인정이 법률에 위반됨을 이유로 원심판결 또는 제1심판결을 파기하는 경우에는 판결로써 사건을 원심법원 또는 제1심법원에 환송하여야 한다.

제396조(파기자판) ① 상고법원은 원심판결을 파기한 경우에 그 소송기록과 원심법원과 제1심법원이 조사한 증거에 의하여 판결하기 충분하다고 인정한 때에는 피고사건에 대하여 직접판결을 할 수 있다. <개정 1961·9·1>
② 제368조의 규정은 전항의 판결에 준용한다.

제397조(환송 또는 이송) 전4조의 경우외에 원심판결을 파기한 때에는 판결로써 사건을 원심법원에 환송하거나 그와 동등한 다른 법원에 이송하여야 한다.

제398조(재판서의 기재방식) 재판서에는 상고의 이유에 관한 판단을 기재하여야 한다. <개정 1961·9·1>

제399조(준용규정) 전장의 규정은 본장에 특별한 규정이 없으면 상고의 심판에 준용한다.

제400조(판결정정의 신청) ① 상고법원은 그 판결의 내용에 오류가 있음을 발견한 때에는 직권 또는 검사, 상고인이나 변호인의 신청에 의하여 판결로써 정정할 수 있다. <개정 1961·9·1>
② 전항의 신청은 판결의 선고가 있은 날로부터 10일 이내에 하여야 한다.
③ 제1항의 신청은 신청의 이유를 기재한 서면으로 하여야 한다.

제401조(정정의 판결) ① 정정의 판결은 변론없이 할 수 있다.
② 정정할 필요가 없다고 인정한 때에는 지체없이 결정으로 신청을 기각하여야 한다.

제4장 항고

제402조(항고할 수 있는 재판) 법원의 결정에 대하여 불복이 있으면 항고를 할 수 있다. 단, 이 법률에 특별한 규정이 있는 경우에는 예외로 한다.

제403조(판결전의 결정에 대한 항고) ① 법원의 관할 또는 판결전의 소송절차에 관한 결정에 대하여는 특히 즉시항고를 할 수 있는 경우외에는 항고를 하지 못한다.
② 전항의 규정은 구금, 보석, 압수나 압수물의 환부에 관한 결정 또는 감정하기 위한 피고인의 유치에 관한 결정에 적용하지 아니한다.

제404조(보통항고의 시기) 항고는 즉시항고외에는 언제든지 할 수 있다. 단, 원심결정을 취소하여도 실익이 없게 된 때에는 예외로 한다. <개정 1963·12·13>

제405조(즉시항고의 제기기간) 즉시항고의 제기기간은 7일로 한다. <개정 2019·12·31>

제406조(항고의 절차) 항고를 함에는 항고장을 원심법원에 제출하여야 한다.

제407조(원심법원의 항고기각결정) ① 항고의 제기가 법률상의 방식에 위반하거나 항고권 소멸후인 것이 명백한 때에는 원심법원은 결정으로 항고를 기각하여야 한다.
② 전항의 결정에 대하여는 즉시항고를 할 수 있다.

제408조(원심법원의 갱신결정) ① 원심법원은 항고가 이유있다고 인정한 때에는 결정을 경정하여야 한다.

② 항고의 전부 또는 일부가 이유없다고 인정한 때에는 항고장을 받은 날로부터 3일 이내에 의견서를 첨부하여 항고법원에 송부하여야 한다.

제409조(보통항고와 집행정지) 항고는 즉시항고외에는 재판의 집행을 정지하는 효력이 없다. 단, 원심법원 또는 항고법원은 결정으로 항고에 대한 결정이 있을 때까지 집행을 정지할 수 있다.

제410조(즉시항고와 집행정지의 효력) 즉시항고의 제기기간내와 그 제기가 있는 때에는 재판의 집행은 정지된다.

제411조(소송기록 등의 송부) ① 원심법원이 필요하다고 인정한 때에는 소송기록과 증거물을 항고법원에 송부하여야 한다.

② 항고법원은 소송기록과 증거물의 송부를 요구할 수 있다.

③ 전 2 항의 경우에 항고법원이 소송기록과 증거물의 송부를 받은 날로부터 5일 이내에 당사자에게 그 사유를 통지하여야 한다.

제412조(검사의 의견진술) 검사는 항고사건에 대하여 의견을 진술할 수 있다.

제413조(항고기각의 결정) 제407조의 규정에 해당한 경우에 원심법원이 항고기각의 결정을 하지 아니한 때에는 항고법원은 결정으로 항고를 기각하여야 한다.

제414조(항고기각과 항고이유인정) ① 항고를 이유없다고 인정한 때에는 결정으로 항고를 기각하여야 한다.

② 항고를 이유있다고 인정한 때에는 결정으로 원심결정을 취소하고 필요한 경우에는 항고사건에 대하여 직접재판을 하여야 한다.

제415조(재항고) 항고법원 또는 고등법원의 결정에 대하여는 재판에 영향을 미친 헌법·법률·명령 또는 규칙의 위반이 있음을 이유로 하는 때에 한하여 대법원에 즉시항고를 할 수 있다.

〔전부개정 1963·12·13〕

제416조(준항고) ① 재판장 또는 수명법관이 다음 각호의 1에 해당한 재판을 고지한 경우에 불복이 있으면 그 법관소속의 법원에 재판의 취소 또는 변경을 청구할 수 있다.

1. 기피신청을 기각한 재판
2. 구금, 보석, 압수 또는 압수물환부에 관한 재판
3. 감정하기 위하여 피고인의 유치를 명한 재판
4. 증인, 감정인, 통역인 또는 번역인에 대하여 과태료 또는 비용의 배상을 명한 재판

② 지방법원이 전항의 청구를 받은 때에는 합의부에서 결정을 하여야 한다.

③ 제 1 항의 청구는 재판의 고지있는 날로부터 7일 이내에 하여야 한다. <개정 2019·12·31>

④ 제 1 항제 4 호의 재판은 전항 청구기간내와 청구가 있는 때에는 그 재판의 집행은 정지된다.

제417조(동전) 검사 또는 사법경찰관의 구금, 압수 또는 압수물의 환부에 관한 처분과 제243조의2에 따른 변호인의 참여 등에 관한 처분에 대하여 불복이 있으면 그 직무집행지의 관할법원 또는 검사의 소속검찰청에 대응한 법원에 그 처분의 취소 또는 변경을 청구할 수 있다. <개정 2007·6·1, 2007·12·21>

제418조(준항고의 방식) 전 2 조의 청구는 서면으로 관할법원에 제출하여야 한다.

제419조(준용규정) 제409조, 제413조, 제414조, 제415조의 규정은 제416조, 제417조의 청구있는 경우에 준용한다. <개정 1995·12·29>

제 4 편 특별소송절차

제 1 장 재심

제420조(재심이유) 재심은 다음 각 호의 어느 하나에 해당하는 이유가 있는 경우에 유죄의 확정판결에 대하여 그 선고를 받은 자의 이익을 위하여 청구할 수 있다.

1. 원판결의 증거가 된 서류 또는 증거물이 확정판결에 의하여 위조되거나 변조된 것임이 증명된 때
2. 원판결의 증거가 된 증언, 감정, 통역 또는 번역이 확정판결에 의하여 허위임이 증명된 때
3. 무고(誣告)로 인하여 유죄를 선고받은 경우에 그 무고의 죄가 확정판결에 의하여 증명된 때

4. 원판결의 증거가 된 재판이 확정재판에 의하여 변경된 때
5. 유죄를 선고받은 자에 대하여 무죄 또는 면소를, 형의 선고를 받은 자에 대하여 형의 면제 또는 원판결이 인정한 죄보다 가벼운 죄를 인정할 명백한 증거가 새로 발견된 때
6. 저작권, 특허권, 실용신안권, 디자인권 또는 상표권을 침해한 죄로 유죄의 선고를 받은 사건에 관하여 그 권리에 대한 무효의 심결 또는 무효의 판결이 확정된 때
7. 원판결, 전심판결 또는 그 판결의 기초가 된 조사에 관여한 법관, 공소의 제기 또는 그 공소의 기초가 된 수사에 관여한 검사나 사법경찰관이 그 직무에 관한 죄를 지은 것이 확정판결에 의하여 증명된 때. 다만, 원판결의 선고 전에 법관, 검사 또는 사법경찰관에 대하여 공소가 제기되었을 경우에는 원판결의 법원이 그 사유를 알지 못한 때로 한정한다.

〔전부개정 2020·12·8〕

제421조(동전) ① 항소 또는 상고의 기각판결에 대하여는 전조제1호, 제2호, 제7호의 사유있는 경우에 한하여 그 선고를 받은 자의 이익을 위하여 재심을 청구할 수 있다. <개정 1963·12·13>

② 제1심확정판결에 대한 재심청구사건의 판결이 있은 후에는 항소기각판결에 대하여 다시 재심을 청구하지 못한다. <개정 1963·12·13>

③ 제1심 또는 제2심의 확정판결에 대한 재심청구사건의 판결이 있은 후에는 상고기각판결에 대하여 다시 재심을 청구하지 못한다.

제422조(확정판결에 대신하는 증명) 전2조의 규정에 의하여 확정판결로써 범죄가 증명됨을 재심청구의 이유로 할 경우에 그 확정판결을 얻을 수 없는 때에는 그 사실을 증명하여 재심의 청구를 할 수 있다. 단, 증거가 없다는 이유로 확정판결을 얻을 수 없는 때에는 예외로 한다.

제423조(재심의 관할) 재심의 청구는 원판결의 법원이 관할한다.

제424조(재심청구권자) 다음 각호의 1에 해당하는 자는 재심의 청구를 할 수 있다.
1. 검사
2. 유죄의 선고를 받은 자
3. 유죄의 선고를 받은 자의 법정대리인
4. 유죄의 선고를 받은 자가 사망하거나 심신장애가 있는 경우에는 그 배우자, 직계친족 또는 형제자매

제425조(검사만이 청구할 수 있는 재심) 제420조제7호의 사유에 의한 재심의 청구는 유죄의 선고를 받은 자가 그 죄를 범하게 한 경우에는 검사가 아니면 하지 못한다.

제426조(변호인의 선임) ① 검사 이외의 자가 재심의 청구를 하는 경우에는 변호인을 선임할 수 있다.

② 전항의 규정에 의한 변호인의 선임은 재심의 판결이 있을 때까지 그 효력이 있다.

제427조(재심청구의 시기) 재심의 청구는 형의 집행을 종료하거나 형의 집행을 받지 아니하게 된 때에도 할 수 있다.

제428조(재심과 집행정지의 효력) 재심의 청구는 형의 집행을 정지하는 효력이 없다. 단, 관할법원에 대응한 검찰청검사는 재심청구에 대한 재판이 있을 때까지 형의 집행을 정지할 수 있다.

제429조(재심청구의 취하) ① 재심의 청구는 취하할 수 있다.

② 재심의 청구를 취하한 자는 동일한 이유로써 다시 재심을 청구하지 못한다.

제430조(재소자에 대한 특칙) 제344조의 규정은 재심의 청구와 그 취하에 준용한다.

제431조(사실조사) ① 재심의 청구를 받은 법원은 필요하다고 인정한 때에는 합의부원에게 재심청구의 이유에 대한 사실조사를 명하거나 다른 법원판사에게 이를 촉탁할 수 있다.

② 전항의 경우에는 수명법관 또는 수탁판사는 법원 또는 재판장과 동일한 권한이 있다.

제432조(재심에 대한 결정과 당사자의 의견) 재심의 청구에 대하여 결정을 함에는 청구한 자와 상대방의 의견을 들어야 한다. 단, 유죄의 선고를 받은 자의 법정대리인이 청구한 경우에는 유죄의 선고를 받은 자의 의견을 들어야 한다.

제433조(청구기각결정) 재심의 청구가 법률상의 방식에 위반하거나 청구권의 소멸후인 것이 명백한 때에는 결정으로 기각하여야 한다.

제434조(동전) ① 재심의 청구가 이유없다고 인정한 때에는 결정으로 기각하여야 한다.

② 전항의 결정이 있는 때에는 누구든지 동일한 이유로써 다시 재심을 청구하지 못한다.

제435조(재심개시의 결정) ① 재심의 청구가 이유있다고 인정한 때에는 재심개시의 결정을 하여야 한다.

② 재심개시의 결정을 할 때에는 결정으로 형의 집행을 정지할 수 있다. <개정 1995·12·29>

제436조(청구의 경합과 청구기각의 결정) ① 항소기각의 확정판결과 그 판결에 의하여 확정된 제1심판결에 대하여 재심의 청구가 있는 경우에 제1심법원이 재심의 판결을 한 때에는 항소법원은 결정으로 재심의 청구를 기각하여야 한다. <개정 1963·12·13>

② 제1심 또는 제2심판결에 대한 상고기각의 판결과 그 판결에 의하여 확정된 제1심 또는 제2심의 판결에 대하여 재심의 청구가 있는 경우에 제1심법원 또는 항소법원이 재심의 판결을 한 때에는 상고법원은 결정으로 재심의 청구를 기각하여야 한다. <개정 1963·12·13>

제437조(즉시항고) 제433조, 제434조제1항, 제435조제1항과 전조제1항의 결정에 대하여는 즉시항고를 할 수 있다.

제438조(재심의 심판) ① 재심개시의 결정이 확정한 사건에 대하여는 제436조의 경우외에는 법원은 그 심급에 따라 다시 심판을 하여야 한다.

② 다음 경우에는 제306조제1항, 제328조제1항제2호의 규정은 전항의 심판에 적용하지 아니한다. <개정 2014·12·30>

1. 사망자 또는 회복할 수 없는 심신장애인을 위하여 재심의 청구가 있는 때
2. 유죄의 선고를 받은 자가 재심의 판결전에 사망하거나 회복할 수 없는 심신장애인으로 된 때

③ 전항의 경우에는 피고인이 출정하지 아니하여도 심판을 할 수 있다. 단, 변호인이 출정하지 아니하면 개정하지 못한다.

④ 전2항의 경우에 재심을 청구한 자가 변호인을 선임하지 아니한 때에는 재판장은 직권으로 변호인을 선임하여야 한다.

제439조(불이익변경의 금지) 재심에는 원판결의 형보다 무거운 형을 선고할 수 없다.
〔전부개정 2020·12·8〕

제440조(무죄판결의 공시) 재심에서 무죄의 선고를 한 때에는 그 판결을 관보와 그 법원소재지의 신문지에 기재하여 공고하여야 한다. 다만, 다음 각 호의 어느 하나에 해당하는 사람이 이를 원하지 아니하는 의사를 표시한 경우에는 그러하지 아니하다.

1. 제424조제1호부터 제3호까지의 어느 하나에 해당하는 사람이 재심을 청구한 때에는 재심에서 무죄의 선고를 받은 사람
2. 제424조제4호에 해당하는 사람이 재심을 청구한 때에는 재심을 청구한 그 사람

〔전부개정 2016·5·29〕

제2장 비상상고

제441조(비상상고이유) 검찰총장은 판결이 확정한 후 그 사건의 심판이 법령에 위반한 것을 발견한 때에는 대법원에 비상상고를 할 수 있다.

제442조(비상상고의 방식) 비상상고를 함에는 그 이유를 기재한 신청서를 대법원에 제출하여야 한다.

제443조(공판기일) 공판기일에는 검사는 신청서에 의하여 진술하여야 한다.

제444조(조사의 범위, 사실의 조사) ① 대법원은 신청서에 포함된 이유에 한하여 조사하여야 한다.

② 법원의 관할, 공소의 수리와 소송절차에 관하여는 사실조사를 할 수 있다.

③ 전항의 경우에는 제431조의 규정을 준용한다.

제445조(기각의 판결) 비상상고가 이유없다고 인정한 때에는 판결로써 이를 기각하여야 한다.

제446조(파기의 판결) 비상상고가 이유있다고 인정한 때에는 다음의 구별에 따라 판결을 하여야 한다.

1. 원판결이 법령에 위반한 때에는 그 위반된 부분을 파기하여야 한다. 단, 원판결이 피고인에게 불이익한 때에는 원판결을 파기하고 피고사건에 대하여 다시 판결을 한다.
2. 원심소송절차가 법령에 위반한 때에는 그 위반된 절차를 파기한다.

제447조(판결의 효력) 비상상고의 판결은 전조제1호 단행의 규정에 의한 판결외에는 그 효력이 피고인에게 미치지 아니한다.

제 3 장 약식절차

제448조(약식명령을 할 수 있는 사건) ① 지방법원은 그 관할에 속한 사건에 대하여 검사의 청구가 있는 때에는 공판절차없이 약식명령으로 피고인을 벌금, 과료 또는 몰수에 처할 수 있다.

② 전항의 경우에는 추징 기타 부수의 처분을 할 수 있다.

제449조(약식명령의 청구) 약식명령의 청구는 공소의 제기와 동시에 서면으로 하여야 한다.

제450조(보통의 심판) 약식명령의 청구가 있는 경우에 그 사건이 약식명령으로 할 수 없거나 약식명령으로 하는 것이 적당하지 아니하다고 인정한 때에는 공판절차에 의하여 심판하여야 한다.

제451조(약식명령의 방식) 약식명령에는 범죄사실, 적용법령, 주형, 부수처분과 약식명령의 고지를 받은 날로부터 7일 이내에 정식재판의 청구를 할 수 있음을 명시하여야 한다.

제452조(약식명령의 고지) 약식명령의 고지는 검사와 피고인에 대한 재판서의 송달에 의하여 한다.

제453조(정식재판의 청구) ① 검사 또는 피고인은 약식명령의 고지를 받은 날로부터 7일 이내에 정식재판의 청구를 할 수 있다. 단, 피고인은 정식재판의 청구를 포기할 수 없다.

② 정식재판의 청구는 약식명령을 한 법원에 서면으로 제출하여야 한다.

③ 정식재판의 청구가 있는 때에는 법원은 지체없이 검사 또는 피고인에게 그 사유를 통지하여야 한다.

제454조(정식재판청구의 취하) 정식재판의 청구는 제1심판결선고전까지 취하할 수 있다.

제455조(기각의 결정) ① 정식재판의 청구가 법령상의 방식에 위반하거나 청구권의 소멸후인 것이 명백한 때에는 결정으로 기각하여야 한다.

② 전항의 결정에 대하여는 즉시항고를 할 수 있다.

③ 정식재판의 청구가 적법한 때에는 공판절차에 의하여 심판하여야 한다.

제456조(약식명령의 실효) 약식명령은 정식재판의 청구에 의한 판결이 있는 때에는 그 효력을 잃는다.

제457조(약식명령의 효력) 약식명령은 정식재판의 청구기간이 경과하거나 그 청구의 취하 또는 청구기각의 결정이 확정한 때에는 확정판결과 동일한 효력이 있다.

제457조의2(형종 상향의 금지 등) ① 피고인이 정식재판을 청구한 사건에 대하여는 약식명령의 형보다 중한 종류의 형을 선고하지 못한다.

② 피고인이 정식재판을 청구한 사건에 대하여 약식명령의 형보다 중한 형을 선고하는 경우에는 판결서에 양형의 이유를 적어야 한다.

〔전부개정 2017·12·19〕

제458조(준용규정) ① 제340조 내지 제342조, 제345조 내지 제352조, 제354조의 규정은 정식재판의 청구 또는 그 취하에 준용한다.

② 제365조의 규정은 정식재판절차의 공판기일에 정식재판을 청구한 피고인이 출석하지 아니한 경우에 이를 준용한다. <신설 1995·12·29>

제 5 편 재판의 집행

제459조(재판의 확정과 집행) 재판은 이 법률에 특별한 규정이 없으면 확정한 후에 집행한다.

제460조(집행지휘) ① 재판의 집행은 그 재판을 한 법원에 대응한 검찰청검사가 지휘한다. 단, 재판의 성질상 법원 또는 법관이 지휘할 경우에는 예외로 한다.

② 상소의 재판 또는 상소의 취하로 인하여

하급법원의 재판을 집행할 경우에는 상소법원에 대응한 검찰청검사가 지휘한다. 단, 소송기록이 하급법원 또는 그 법원에 대응한 검찰청에 있는 때에는 그 검찰청검사가 지휘한다.

제461조(집행지휘의 방식) 재판의 집행지휘는 재판서 또는 재판을 기재한 조서의 등본 또는 초본을 첨부한 서면으로 하여야 한다. 단, 형의 집행을 지휘하는 경우외에는 재판서의 원본, 등본이나 초본 또는 조서의 등본이나 초본에 인정하는 날인으로 할 수 있다.

제462조(형 집행의 순서) 2이상의 형을 집행하는 경우에 자격상실, 자격정지, 벌금, 과료와 몰수 외에는 무거운 형을 먼저 집행한다. 다만, 검사는 소속 장관의 허가를 얻어 무거운 형의 집행을 정지하고 다른 형의 집행을 할 수 있다.
〔전부개정 2020·12·8〕

제463조(사형의 집행) 사형은 법무부장관의 명령에 의하여 집행한다.

제464조(사형판결확정과 소송기록의 제출) 사형을 선고한 판결이 확정한 때에는 검사는 지체없이 소송기록을 법무부장관에게 제출하여야 한다.

제465조(사형집행명령의 시기) ① 사형집행의 명령은 판결이 확정된 날로부터 6월 이내에 하여야 한다.
② 상소권회복의 청구, 재심의 청구 또는 비상상고의 신청이 있는 때에는 그 절차가 종료할 때까지의 기간은 전항의 기간에 산입하지 아니한다.

제466조(사형집행의 기간) 법무부장관이 사형의 집행을 명한 때에는 5일 이내에 집행하여야 한다.

제467조(사형집행의 참여) ① 사형의 집행에는 검사와 검찰청서기관과 교도소장 또는 구치소장이나 그 대리자가 참여하여야 한다.
<개정 1963·12·13>
② 검사 또는 교도소장 또는 구치소장의 허가가 없으면 누구든지 형의 집행장소에 들어가지 못한다. <개정 1963·12·13>

제468조(사형집행조서) 사형의 집행에 참여한 검찰청서기관은 집행조서를 작성하고 검사와 교도소장 또는 구치소장이나 그 대리자와 함께 기명날인 또는 서명하여야 한다.
<개정 1963·12·13, 2007·6·1>

제469조(사형 집행의 정지) ① 사형선고를 받은 사람이 심신의 장애로 의사능력이 없는 상태이거나 임신 중인 여자인 때에는 법무부장관의 명령으로 집행을 정지한다.
② 제 1 항에 따라 형의 집행을 정지한 경우에는 심신장애의 회복 또는 출산 후에 법무부장관의 명령에 의하여 형을 집행한다.
〔전부개정 2020·12·8〕

제470조(자유형집행의 정지) ① 징역, 금고 또는 구류의 선고를 받은 자가 심신의 장애로 의사능력이 없는 상태에 있는 때에는 형을 선고한 법원에 대응한 검찰청검사 또는 형의 선고를 받은 자의 현재지를 관할하는 검찰청검사의 지휘에 의하여 심신장애가 회복될 때까지 형의 집행을 정지한다.
② 전항의 규정에 의하여 형의 집행을 정지한 경우에는 검사는 형의 선고를 받은 자를 감호의무자 또는 지방공공단체에 인도하여 병원 기타 적당한 장소에 수용하게 할 수 있다.
③ 형의 집행이 정지된 자는 전항의 처분이 있을 때까지 교도소 또는 구치소에 구치하고 그 기간을 형기에 산입한다. <개정 1963·12·13>

제471조(동전) ① 징역, 금고 또는 구류의 선고를 받은 자에 대하여 다음 각호의 1에 해당한 사유가 있는 때에는 형을 선고한 법원에 대응한 검찰청검사 또는 형의 선고를 받은 자의 현재지를 관할하는 검찰청검사의 지휘에 의하여 형의 집행을 정지할 수 있다. <개정 2007·12·21>
1. 형의 집행으로 인하여 현저히 건강을 해하거나 생명을 보전할 수 없을 염려가 있는 때
2. 연령 70세 이상인 때
3. 잉태후 6월 이상인 때
4. 출산후 60일을 경과하지 아니한 때
5. 직계존속이 연령 70세 이상 또는 중병이나 장애인으로 보호할 다른 친족이 없는 때
6. 직계비속이 유년으로 보호할 다른 친족이 없는 때
7. 기타 중대한 사유가 있는 때

② 검사가 전항의 지휘를 함에는 소속 고등검찰청검사장 또는 지방검찰청검사장의 허가를 얻어야 한다. <개정 2004·1·20, 2007·6·1>

제471조의2(형집행정지 심의위원회) ① 제471조제1항제1호의 형집행정지 및 그 연장에 관한 사항을 심의하기 위하여 각 지방검찰청에 형집행정지 심의위원회(이하 이 조에서 "심의위원회"라 한다)를 둔다.

② 심의위원회는 위원장 1명을 포함한 10명 이내의 위원으로 구성하고, 위원은 학계, 법조계, 의료계, 시민단체 인사 등 학식과 경험이 있는 사람 중에서 각 지방검찰청 검사장이 임명 또는 위촉한다.

③ 심의위원회의 구성 및 운영 등 그 밖에 필요한 사항은 법무부령으로 정한다.

〔본조신설 2015·7·31〕

제472조(소송비용의 집행정지) 제487조에 규정된 신청기간내와 그 신청이 있는 때에는 소송비용부담의 재판의 집행은 그 신청에 대한 재판이 확정될 때까지 정지된다.

제473조(집행하기 위한 소환) ① 사형, 징역, 금고 또는 구류의 선고를 받은 자가 구금되지 아니한 때에는 검사는 형을 집행하기 위하여 이를 소환하여야 한다.

② 소환에 응하지 아니한 때에는 검사는 형집행장을 발부하여 구인하여야 한다. <개정 1973·1·25>

③ 제1항의 경우에 형의 선고를 받은 자가 도망하거나 도망할 염려가 있는 때 또는 현재지를 알 수 없는 때에는 소환함이 없이 형집행장을 발부하여 구인할 수 있다. <개정 1973·1·25>

제474조(형집행장의 방식과 효력) ① 전조의 형집행장에는 형의 선고를 받은 자의 성명, 주거, 연령, 형명, 형기 기타 필요한 사항을 기재하여야 한다.

② 형집행장은 구속영장과 동일한 효력이 있다.

〔전부개정 1973·1·25〕

제475조(형집행장의 집행) 전2조의 규정에 의한 형집행장의 집행에는 제1편제9장 피고인의 구속에 관한 규정을 준용한다.

〔전부개정 1973·1·25〕

제476조(자격형의 집행) 자격상실 또는 자격정지의 선고를 받은 자에 대하여는 이를 수형자원부에 기재하고 지체없이 그 등본을 형의 선고를 받은 자의 등록기준지와 주거지의 시(구가 설치되지 아니한 시를 말한다. 이하 같다)·구·읍·면장(도농복합형태의 시에 있어서는 동지역인 경우에는 시·구의 장, 읍·면지역인 경우에는 읍·면의 장으로 한다)에게 송부하여야 한다. <개정 1994·12·22, 2007·5·17>

제477조(재산형 등의 집행) ① 벌금, 과료, 몰수, 추징, 과태료, 소송비용, 비용배상 또는 가납의 재판은 검사의 명령에 의하여 집행한다.

② 전항의 명령은 집행력있는 채무명의와 동일한 효력이 있다.

③ 제1항의 재판의 집행에는 「민사집행법」의 집행에 관한 규정을 준용한다. 단, 집행전에 재판의 송달을 요하지 아니한다. <개정 2002·1·26, 2007·6·1>

④ 제3항에도 불구하고 제1항의 재판은 「국세징수법」에 따른 국세체납처분의 예에 따라 집행할 수 있다. <신설 2007·6·1>

⑤ 검사는 제1항의 재판을 집행하기 위하여 필요한 조사를 할 수 있다. 이 경우 제199조제2항을 준용한다. <신설 2007·6·1>

⑥ 벌금, 과료, 추징, 과태료, 소송비용 또는 비용배상의 분할납부, 납부연기 및 납부대행기관을 통한 납부 등 납부방법에 필요한 사항은 법무부령으로 정한다. <신설 2016·1·6>

제478조(상속재산에 대한 집행) 몰수 또는 조세, 전매 기타 공과에 관한 법령에 의하여 재판한 벌금 또는 추징은 그 재판을 받은 자가 재판확정후 사망한 경우에는 그 상속재산에 대하여 집행할 수 있다.

제479조(합병후 법인에 대한 집행) 법인에 대하여 벌금, 과료, 몰수, 추징, 소송비용 또는 비용배상을 명한 경우에 법인이 그 재판확정후 합병에 의하여 소멸한 때에는 합병후 존속한 법인 또는 합병에 의하여 설립된 법인에 대하여 집행할 수 있다.

제480조(가납집행의 조정) 제1심가납의 재판을 집행한 후에 제2심가납의 재판이 있는 때에

는 제1심재판의 집행은 제2심가납금액의 한도에서 제2심재판의 집행으로 간주한다.

제481조(가납집행과 본형의 집행) 가납의 재판을 집행한 후 벌금, 과료 또는 추징의 재판이 확정한 때에는 그 금액의 한도에서 형의 집행이 된 것으로 간주한다.

제482조(판결확정 전 구금일수 등의 산입) ① 판결선고 후 판결확정 전 구금일수(판결선고 당일의 구금일수를 포함한다)는 전부를 본형에 산입한다. <개정 2015·7·31>

② 상소기각 결정 시에 송달기간이나 즉시항고기간 중의 미결구금일수는 전부를 본형에 삽입한다. <신설 2007·6·1>

③ 제1항 및 제2항의 경우에는 구금일수의 1일을 형기의 1일 또는 벌금이나 과료에 관한 유치기간의 1일로 계산한다. <개정 2015·7·31>

제483조(몰수물의 처분) 몰수물은 검사가 처분하여야 한다. <개정 1995·12·29>

제484조(몰수물의 교부) ① 몰수를 집행한 후 3월 이내에 그 몰수물에 대하여 정당한 권리있는 자가 몰수물의 교부를 청구한 때에는 검사는 파괴 또는 폐기할 것이 아니면 이를 교부하여야 한다.

② 몰수물을 처분한 후 전항의 청구가 있는 경우에는 검사는 공매에 의하여 취득한 대가를 교부하여야 한다.

제485조(위조 등의 표시) ① 위조 또는 변조한 물건을 환부하는 경우에는 그 물건의 전부 또는 일부에 위조나 변조인 것을 표시하여야 한다.

② 위조 또는 변조한 물건이 압수되지 아니한 경우에는 그 물건을 제출하게 하여 전항의 처분을 하여야 한다. 단, 그 물건이 공무소에 속한 것인 때에는 위조나 변조의 사유를 공무소에 통지하여 적당한 처분을 하게 하여야 한다.

제486조(환부불능과 공고) ① 압수물의 환부를 받을 자의 소재가 불명하거나 기타 사유로 인하여 환부를 할 수 없는 경우에는 검사는 그 사유를 관보에 공고하여야 한다.

② 공고한 후 3월 이내에 환부의 청구가 없는 때에는 그 물건은 국고에 귀속한다. <개정 1973·1·25>

③ 전항의 기간내에도 가치없는 물건은 폐기할 수 있고 보관하기 어려운 물건은 공매하여 그 대가를 보관할 수 있다. <개정 2007·6·1>

제487조(소송비용의 집행면제의 신청) 소송비용부담의 재판을 받은 자가 빈곤하여 이를 완납할 수 없는 때에는 그 재판의 확정후 10일 이내에 재판을 선고한 법원에 소송비용의 전부 또는 일부에 대한 재판의 집행면제를 신청할 수 있다.

제488조(의의신청) 형의 선고를 받은 자는 집행에 관하여 재판의 해석에 대한 의의가 있는 때에는 재판을 선고한 법원에 의의신청을 할 수 있다.

제489조(이의신청) 재판의 집행을 받은 자 또는 그 법정대리인이나 배우자는 집행에 관한 검사의 처분이 부당함을 이유로 재판을 선고한 법원에 이의신청을 할 수 있다.

제490조(신청의 취하) ① 전3조의 신청은 법원의 결정이 있을 때까지 취하할 수 있다.

② 제344조의 규정은 전3조의 신청과 그 취하에 준용한다.

제491조(즉시항고) ① 제487조 내지 제489조의 신청이 있는 때에는 법원은 결정을 하여야 한다.

② 전항의 결정에 대하여는 즉시항고를 할 수 있다.

제492조(노역장유치의 집행) 벌금 또는 과료를 완납하지 못한 자에 대한 노역장유치의 집행에는 형의 집행에 관한 규정을 준용한다.

제493조(집행비용의 부담) 제477조제1항의 재판집행비용은 집행을 받은 자의 부담으로 하고 「민사집행법」의 규정에 준하여 집행과 동시에 징수하여야 한다. <개정 2002·1·26, 2007·6·1>

부 칙

제1조 본법 시행전에 공소를 제기한 사건에는 구법을 적용한다.

제2조 본법 시행후에 공소를 제기한 사건에는 본법을 적용한다. 단, 본법 시행전에 구법에 의하여 행한 소송행위의 효력에는 영향을 미치지 아니한다.

제3조 본법 시행전에 구법에 의하여 행한 소송절차로 본법의 규정에 상당한 것은 본법

에 의하여 행한 것으로 간주한다.

제4조 본법 시행전 진행된 법정기간과 소송행위를 할 자의 주거나 사무소의 소재지와 법원소재지의 거리에 의한 부가기간은 구법의 규정에 의한다.

제5조 본법 제45조의 규정에 의하여 소송관계인이 재판서나 재판을 기재한 조서의 등본 또는 초본의 교부를 청구할 경우에는 용지 1매 50환으로 계산한 수입인지를 첩부하여야 한다.

제6조 본법 시행당시 법원에 계속된 사건의 처리에 관한 필요사항은 본법에 특별한 규정이 없으면 대법원규칙의 정한 바에 의한다.

제7조 당분간 본법에 규정한 과태료와 부칙 제5조의 용지요금액은 경제사정의 변동에 따라 대법원규칙으로 증감할 수 있다.

제8조 본법 시행직전까지 시행된 다음 법령은 폐지한다.

1. 조선형사령중 본법에 저촉되는 법조
2. 미군정법령중 본법에 저촉되는 법조

제9조(시행일) 이 법률은 단기 4287년 5월 30일부터 시행한다.

부 칙 <1961·9·1 법705>

(경과규정) ① 본법은 본법 시행당시 법원에 계속된 사건에 적용한다. 단, 본법 시행전의 소송행위의 효력에 영향을 미치지 아니한다.
② 본법 시행전에 상소한 사건은 종전의 예에 의하여 처리한다.

(시행일) 본법은 공포한 날로부터 시행한다.

부 칙 <1963·12·13 법1500>

① 이 법은 1963년 12월 17일부터 시행한다.
② 이 법은 이 법 시행당시 법원에 계속된 사건에 적용한다. 그러나, 이 법 시행전에 구법에 의하여 행한 소송행위의 효력에 영향을 미치지 아니한다.
③ 이 법 시행당시 계속 중인 상소사건으로서 제출기간이 경과하였거나 기록접수 통지를 받은 사건의 상소이유서는 이 법 시행일로부터 20일까지 다시 제출할 수 있다.

부 칙 <1973·1·25 법2450>

①(시행일) 이 법은 1973년 2월 1일부터 시행한다.
②(경과조치) 이 법은 이 법 시행당시 법원에 계속된 사건에 적용한다. 그러나, 이 법 시행전에 구법에 의하여 행한 소송행위의 효력에 영향을 미치지 아니한다.
③(동전) 이 법 시행전에 구법에 의하여 과태료에 처할 행위를 한 자의 처벌에 대하여는 이 법 시행후에도 구법을 적용한다.
④(동전) 이 법 시행전에 진행이 개시된 법정기간에 관하여는 이 법 시행후에도 구법을 적용한다.
⑤(동전) 제286조의2의 규정은 이 법 시행전에 공소가 제기된 사건에 대하여는 적용하지 아니한다.

부 칙 <1973·12·20 법2653>

이 법은 공포한 날로부터 시행한다.

부 칙 <1980·12·18 법3282>

이 법은 공포한 날로부터 시행한다.

부 칙 <1987·11·28 법3955>

①(시행일) 이 법은 1988년 2월 25일부터 시행한다.
②(경과조치) 이 법은 이 법 시행당시 법원에 계속된 사건에 대하여 적용한다. 다만, 이 법 시행전에 종전의 규정에 의하여 행한 소송행위의 효력에는 영향을 미치지 아니한다.

부 칙 <1994·12·22 법4796>

제1조(시행일) 이 법은 1995년 1월 1일부터 시행한다.

제2조부터 **제4조**까지 생략

부 칙 <1995·12·29 법5054>

①(시행일) 이 법은 1997년 1월 1일부터 시행한다. 다만, 제56조의2, 제361조, 제361조의2, 제377조의 개정규정은 공포한 날부터 시행한다.
②(경과조치) 이 법은 이 법 시행당시 법원 또는 검찰에 계속된 사건에 대하여 적용한다. 다만, 이 법 시행전 종전의 규정에 의하여 행한 소송행위의 효력에는 영향을 미치지 아니한다.

부 칙 <1997·12·13 법5435>

①(시행일) 이 법은 공포한 날부터 시행한다.
②(경과조치) 이 법은 이 법 시행당시 체포 또는 구인된 자부터 적용한다.

부 칙 <1997·12·13 법5454>

이 법은 1998년 1월 1일부터 시행한다. 〈단서 생략〉

부 칙 <2002·1·26 법6627>

제1조(시행일) 이 법은 2002년 7월 1일부터 시행한다.

제2조부터 **제7조**까지 생략

부 칙 <2004 · 1 · 20 법7078>

제1조(시행일) 이 법은 공포한 날부터 시행한다.

제2조 및 **제3조** 생략

부 칙 <2004 · 10 · 16 법7225>

이 법은 공포한 날부터 시행한다.

부 칙 <2005 · 3 · 31 법7427>

제1조(시행일) 이 법은 공포한 날부터 시행한다. 〈단서 생략〉

제2조부터 **제7조**까지 생략

부 칙 <2006 · 7 · 19 법7965>

①(시행일) 이 법은 공포 후 1개월이 경과한 날부터 시행한다.

②(일반적 경과조치) 이 법은 이 법 시행 당시 수사 중이거나 법원에 계속 중인 사건에도 적용한다. 다만, 이 법 시행 전에 종전의 규정에 따라 행한 행위의 효력에는 영향을 미치지 아니한다.

부 칙 <2007 · 5 · 17 법8435>

제1조(시행일) 이 법은 2008년 1월 1일부터 시행한다. 〈단서 생략〉

제2조부터 **제9조**까지 생략

부 칙 <2007 · 6 · 1 법8496>

제1조(시행일) 이 법은 2008년 1월 1일부터 시행한다.

제2조(일반적 경과조치) 이 법은 이 법 시행 당시 수사 중이거나 법원에 계속 중인 사건에도 적용한다. 다만, 이 법 시행 전에 종전의 규정에 따라 행한 행위의 효력에는 영향을 미치지 아니한다.

제3조(구속기간에 관한 경과조치) ① 제92조제2항의 개정규정은 이 법 시행 후 최초로 제기된 상소사건부터 적용한다.

② 제92조제3항의 개정규정은 이 법 시행 후 최초로 공소제기 전의 체포 · 구인 · 구금이 이루어지는 사건부터 적용한다.

제4조(과태료 등에 관한 경과조치) 제151조의 개정규정은 이 법 시행 후 소환장을 송달받은 증인이 최초로 출석하지 아니하는 분부터 적용한다.

제5조(재정신청사건에 관한 경과조치) ① 이 법의 재정신청에 관한 개정규정은 이 법 시행 후 최초로 불기소처분된 사건, 이 법 시행 전에 「검찰청법」에 따라 항고 또는 재항고를 제기할 수 있는 사건, 이 법 시행 당시 고등검찰청 또는 대검찰청에 항고 또는 재항고가 계속 중인 사건에 대하여 적용한다. 다만, 이 법 시행 전에 동일한 범죄사실에 관하여 이미 불기소처분을 받은 경우에는 그러하지 아니하다.

② 이 법 시행 전에 지방검찰청검사장 또는 지청장에게 재정신청서를 제출한 사건은 종전의 규정에 따른다.

③ 제260조제3항의 개정규정에도 불구하고 이 법 시행 전에 대검찰청에 재항고할 수 있는 사건의 재정신청기간은 이 법 시행일부터 10일 이내, 대검찰청에 재항고가 계속 중인 사건의 경우에는 재항고기각결정을 통지받은 날부터 10일 이내로 한다.

제6조(상고 등에 관한 경과조치) 이 법 시행 전에 상고되거나 재항고된 사건은 종전의 규정에 따른다.

제7조(다른 법률의 개정) 생략

부 칙 <2007 · 12 · 21 법8730>

제1조(시행일) 이 법은 공포한 날부터 시행한다. 다만, 제245조의2부터 제245조의4까지 및 제279조의2부터 제279조의8까지의 개정규정은 공포 후 1개월이 경과한 날부터 시행하고, 제209조, 제243조, 제262조의4제1항, 제319조 단서, 제338조제2항 및 제417조의 개정규정과 부칙 제4조는 2008년 1월 1일부터 시행한다.

제2조(전문수사자문위원 및 전문심리위원에 대한 적용례) 제245조의2부터 제245조의4까지 및 제279조의2부터 제279조의8까지의 개정규정은 이 법 시행 당시 수사 중이거나 법원에 계속 중인 사건에도 적용한다.

제3조(공소시효에 관한 경과조치) 이 법 시행 전에 범한 죄에 대하여는 종전의 규정을 적용한다.

제4조(다른 법률의 개정) 생략

부 칙 <2009 · 6 · 9 법9765>

제1조(시행일) 이 법은 2010년 1월 1일부터 시행한다. 〈단서 생략〉

제2조부터 **제7조**까지 생략

부　　칙 <2011·7·18 법10864>

제 1 조(시행일) ① 이 법은 2012년 1월 1일부터 시행한다.

② 제 1 항에도 불구하고 제59조의3의 개정규정은 2013년 1월 1일부터 시행한다. 다만, 다음 각 호의 사항은 2014년 1월 1일부터 시행한다.

1. 증거목록이나 그 등본, 그 밖에 검사나 피고인 또는 변호인이 법원에 제출한 서류·물건의 명칭·목록 또는 이에 해당하는 정보의 전자적 방법에 따른 열람 및 복사에 관한 사항
2. 단독판사가 심판하는 사건 및 그에 대한 상소심 사건에서 증거목록이나 그 등본, 그 밖에 검사나 피고인 또는 변호인이 법원에 제출한 서류·물건의 명칭·목록 또는 이에 해당하는 정보의 열람 및 복사에 관한 사항(전자적 방법에 따른 열람 및 복사를 포함한다)

제 2 조(확정 판결서등의 열람·복사에 관한 적용례) 제59조의3의 개정규정은 같은 개정규정 시행 후 최초로 판결이 확정되는 사건의 판결서등부터 적용한다.

제 3 조(재정신청사건에 관한 적용례 및 경과조치) ① 제260조의 개정규정은 이 법 시행 후 최초로 불기소처분된 사건, 이 법 시행 전에 「검찰청법」에 따라 항고 또는 재항고를 제기할 수 있는 사건, 이 법 시행 당시 고등검찰청 또는 대검찰청에 항고 또는 재항고가 계속 중인 사건에 대하여 적용한다. 다만, 이 법 시행 전에 동일한 범죄사실에 관하여 이미 불기소처분을 받은 경우에는 그러하지 아니하다.

② 이 법 시행 전에 지방검찰청검사장 또는 지청장에게 재정신청서를 제출한 사건은 종전의 규정에 따른다.

제 4 조(일반적 경과조치) 이 법은 이 법 시행 당시 수사 중이거나 법원에 계속 중인 사건에도 적용한다. 다만, 이 법 시행 전에 종전의 규정에 따라 행한 행위의 효력에는 영향을 미치지 아니한다.

부　　칙 <2011·8·4 법11002>

제 1 조(시행일) 이 법은 공포 후 1년이 경과한 날부터 시행한다.

제 2 조부터 **제 7 조**까지 생략

부　　칙 <2012·12·18 법11572>

제 1 조(시행일) 이 법은 공포 후 6개월이 경과한 날부터 시행한다.

제 2 조부터 **제10조**까지 생략

부　　칙 <2013·4·5 법11731>

제 1 조(시행일) 이 법은 공포한 날부터 시행한다. 〈단서 생략〉

제 2 조 및 **제 3 조** 생략

부　　칙 <2014·5·14 법12576>

이 법은 공포한 날부터 시행한다.

부　　칙 <2014·10·15 법12784>

이 법은 공포한 날부터 시행한다.

부　　칙 <2014·12·30 법12899>

제 1 조(시행일) 이 법은 공포한 날부터 시행한다.

제 2 조(보상청구의 기간에 관한 적용례) 제194조의3제 2 항의 개정규정은 이 법 시행 후 최초로 확정된 무죄판결부터 적용한다.

부　　칙 <2015·7·31 법13454>

제 1 조(시행일) 이 법은 공포한 날부터 시행한다. 다만, 제471조의2의 개정규정은 공포 후 6개월이 경과한 날부터 시행한다.

제 2 조(공소시효의 적용 배제에 관한 경과조치) 제253조의2의 개정규정은 이 법 시행 전에 범한 범죄로 아직 공소시효가 완성되지 아니한 범죄에 대하여도 적용한다.

부　　칙 <2016·1·6 법13720>

제 1 조(시행일) 이 법은 공포한 날부터 시행한다. 다만, 제477조제 6 항의 개정규정은 공포 후 2년이 경과한 날부터 시행한다.

제 2 조(재정신청사건에 관한 적용례) 제262조제 4 항 전단 및 제262조의4제 1 항의 개정규정은 이 법 시행 후 최초로 제260조제 3 항에 따라 지방검찰청검사장 또는 지청장에게 재정신청서를 제출한 사건부터 적용한다.

부　　칙 <2016·1·6 법13722>

제 1 조(시행일) 이 법은 공포 후 1년 6개월이 경과한 날부터 시행한다. 〈단서 생략〉

제 2 조부터 **제10조**까지 생략

부　　칙 <2016·5·29 법14179>

제 1 조(시행일) 이 법은 공포한 날부터 시행한다. 다만, 제35조제 3 항 및 제 4 항의 개정규정은 2016년 10월 1일부터 시행한다.

제 2 조(진술서 등의 증거능력에 관한 적용례) 제313조 및 제314조 본문의 개정규정은 이 법 시행 후 최초로 공소제기되는 사건부터 적용한다.

부 칙 <2017·12·12 법15164>

제 1 조(시행일) 이 법은 공포한 날부터 시행한다.

제 2 조(적용례) 제59조 및 제74조의 개정규정은 이 법 시행 후 최초로 공무원 아닌 사람이 이 법에 따라 서류를 작성하거나 법원이 피고인에게 소환장을 발부하는 경우부터 적용한다.

부 칙 <2017·12·19 법15257>

제 1 조(시행일) 이 법은 공포한 날부터 시행한다.

제 2 조(정식재판 청구 사건의 불이익변경의 금지에 관한 경과조치) 이 법 시행 전에 제453조에 따라 정식재판을 청구한 사건에 대해서는 제457조의2의 개정규정에도 불구하고 종전의 규정에 따른다.

부 칙 <2019·12·31 법16850>

제 1 조(시행일) 이 법은 공포한 날부터 시행한다.

제 2 조(즉시항고 및 준항고 제기기간에 관한 적용례) 제405조 및 제416조제 3 항의 개정규정은 이 법 시행 당시 종전의 규정에 따른 즉시항고 및 준항고의 제기기간이 지나지 않은 경우에도 적용한다.

부 칙 <2020·2·4 법16924>

제 1 조(시행일) 이 법은 공포 후 6개월이 경과한 날부터 1년 내에 시행하되, 그 기간 내에 대통령령으로 정하는 시점부터 시행한다. 다만, 제312조제 1 항의 개정규정은 공포 후 4년 내에 시행하되, 그 기간 내에 대통령령으로 정하는 시점부터 시행한다.

제 1 조의2(검사가 작성한 피의자신문조서의 증거능력에 관한 적용례 및 경과조치) ① 제312조제 1 항의 개정규정은 같은 개정규정 시행 후 공소제기된 사건부터 적용한다.
② 제312조제 1 항의 개정규정 시행 전에 공소제기된 사건에 관하여는 종전의 규정에 따른다.
〔본조신설 2021·12·21〕

제 2 조(다른 법률의 개정) 생략

부 칙 <2020·12·8 법17572>

제 1 조(시행일) 이 법은 공포 후 1년이 경과한 날부터 시행한다. 다만, 제17조제 8 호 및 제 9 호의 개정규정은 공포 후 6개월이 경과한 날부터 시행한다.

제 2 조(법관의 제척에 관한 적용례) 제17조제 8 호 및 제 9 호의 개정규정은 이 법 시행 후 최초로 공소장이 제출된 사건부터 적용한다.

부 칙 <2021·8·17 법18398>

제 1 조(시행일) 이 법은 공포 후 3개월이 경과한 날부터 시행한다. 다만, 법률 제17572호 형사소송법 일부개정법률 제165조의2의 개정규정은 2021년 12월 9일부터 시행한다.

제 2 조(계속사건에 대한 경과조치) 이 법은 이 법 시행 당시 법원에 계속 중인 사건에 대하여도 적용한다.

부 칙 <2021·12·21 법18598>

이 법은 공포한 날부터 시행한다.

부 칙 <2022·2·3 법18799>

이 법은 공포한 날부터 시행한다.

부 칙 <2022·5·9 법18862>

제 1 조(시행일) 이 법은 공포 후 4개월이 경과한 날부터 시행한다.

제 2 조(이의신청에 관한 적용례) 제245조의7의 개정규정은 이 법 시행 후 해당 개정규정에 따른 이의신청을 하는 경우부터 적용한다.

부 칙 <2024·2·13 법20265>

제 1 조(시행일) 이 법은 공포한 날부터 시행한다.

제 2 조(공소시효가 완성한 것으로 간주하기 위한 기간의 정지에 관한 적용례) 제253조제 4 항의 개정규정은 이 법 시행 전에 공소가 제기된 범죄로서 이 법 시행 당시 공소시효가 완성한 것으로 간주되지 아니한 경우에도 적용한다. 이 경우 같은 개정규정에 따라 정지되는 기간에는 이 법 시행 전에 피고인이 형사처분을 면할 목적으로 국외에 있던 기간을 포함한다.

부 칙 <2024·10·16 법20460>

제 1 조(시행일) 이 법은 공포 후 3개월이 경과한 날부터 시행한다.

제 2 조(의견 청취에 관한 적용례) 제294조의5의 개정규정은 이 법 시행 이후 피고인이 피해자의 권리 회복에 필요한 금전을 공탁한 경우부터 적용한다.

●형사소송규칙

〔1982·12·31 대법원규칙제828호〕

개정
1988· 3·23 대법원규칙제1004호(등기소의설치와그관할구역에관한규칙등의개정등규칙)
1989· 6· 7 대법원규칙제1067호
1991· 8· 3 대법원규칙제1171호
1995· 7·10 대법원규칙제1375호
1996·12· 3 대법원규칙제1441호
1997·12·31 대법원규칙제1508호
1998· 5·19 대법원규칙제1540호
1998· 6·20 대법원규칙제1550호
1999·12·31 대법원규칙제1628호(형사소송비용등에관한규칙)
2000· 7·15 대법원규칙제1664호
2004· 8·20 대법원규칙제1901호
2006· 3·23 대법원규칙제2013호
2006· 8·17 대법원규칙제2038호
2007·10·29 대법원규칙제2106호
2007·12·31 대법원규칙제2144호
2011·12·30 대법원규칙제2376호
2012· 5·29 대법원규칙제2403호
2014· 8· 6 대법원규칙제2546호
2014·12·30 대법원규칙제2576호
2015· 1·28 대법원규칙제2587호
2015· 6·29 대법원규칙제2608호
2016· 2·19 대법원규칙제2641호
2016· 6·27 대법원규칙제2667호
2016· 9· 6 대법원규칙제2678호
2016·11·29 대법원규칙제2696호(소년심판규칙)
2020· 6·26 대법원규칙제2906호
2020·12·28 대법원규칙제2939호
2021· 1·29 대법원규칙제2949호(고위공직자범죄수사처 설치에 따른 8개 대법원규칙의 일부개정에 관한 규칙)
2021·10·29 대법원규칙제3004호
2021·12·31 대법원규칙제3016호
2024·12·31 대법원규칙제3184호
2025· 2·28 대법원규칙제3202호

제 1 편 총칙

제 1 조(목적) 이 규칙은 「형사소송법」(다음부터 "법"이라 한다)이 대법원규칙에 위임한 사항, 그 밖에 형사소송절차에 관하여 필요한 사항을 규정함을 목적으로 한다.
〔전부개정 2007·10·29〕

제 1 장 법원의 관할

제 2 조(토지관할의 병합심리 신청 등) ① 법 제 6 조의 규정에 의한 신청을 함에는 그 사유를 기재한 신청서를 공통되는 직근상급법원에 제출하여야 한다.
② 검사의 신청서에는 피고인의 수에 상응한 부본을, 피고인의 신청서에는 부본 1통을 각 첨부하여야 한다.
③ 법 제 6 조의 신청을 받은 법원은 지체없

이 각 사건계속법원에 그 취지를 통지하고 제 2 항의 신청서 부본을 신청인의 상대방에게 송달하여야 한다.

④ 사건계속법원과 신청인의 상대방은 제 3 항의 송달을 받은 날로부터 3일 이내에 의견서를 제 1 항의 법원에 제출할 수 있다. <개정 1991 · 8 · 3>

제 3 조(토지관할의 병합심리절차) ① 법 제 6 조의 신청을 받은 법원이 신청을 이유있다고 인정한 때에는 관련사건을 병합심리할 법원을 지정하여 그 법원으로 하여금 병합심리하게 하는 취지의 결정을, 이유없다고 인정한 때에는 신청을 기각하는 취지의 결정을 각 하고, 그 결정등본을 신청인과 그 상대방에게 송달하고 사건계속법원에 송부하여야 한다.

② 제 1 항의 결정에 의하여 병합심리하게 된 법원 이외의 법원은 그 결정등본을 송부받은 날로부터 7일 이내에 소송기록과 증거물을 병합심리하게 된 법원에 송부하여야 한다.

제 4 조(사물관할의 병합심리) ① 법 제10조의 규정은 법원합의부와 단독판사에 계속된 각 사건이 토지관할을 달리하는 경우에도 이를 적용한다.

② 단독판사는 그가 심리 중인 사건과 관련된 사건이 합의부에 계속된 사실을 알게 된 때에는 즉시 합의부의 재판장에게 그 사실을 통지하여야 한다.

③ 합의부가 법 제10조의 규정에 의한 병합심리 결정을 한 때에는 즉시 그 결정등본을 단독판사에게 송부하여야 하고, 단독판사는 그 결정등본을 송부받은 날로부터 5일 이내에 소송기록과 증거물을 합의부에 송부하여야 한다.

제 4 조의2(항소사건의 병합심리) ① 사물관할을 달리하는 수개의 관련항소사건이 각각 고등법원과 지방법원본원합의부에 계속된 때에는 고등법원은 결정으로 지방법원본원합의부에 계속한 사건을 병합하여 심리할 수 있다. 수개의 관련항소사건이 토지관할을 달리하는 경우에도 같다.

② 지방법원본원합의부의 재판장은 그 부에서 심리 중인 항소사건과 관련된 사건이 고등법원에 계속된 사실을 알게 된 때에는 즉시 고등법원의 재판장에게 그 사실을 통지하여야 한다.

③ 고등법원이 제 1 항의 규정에 의한 병합심리결정을 한 때에는 즉시 그 결정등본을 지방법원본원합의부에 송부하여야 하고, 지방법원본원합의부는 그 결정등본을 송부받은 날로부터 5일 이내에 소송기록과 증거물을 고등법원에 송부하여야 한다.

〔본조신설 1991 · 8 · 3〕

제 5 조(관할지정 또는 관할이전의 신청 등) ① 법 제16조제 1 항의 규정에 의하여, 검사가 관할지정 또는 관할이전의 신청서를 제출할 때에는 피고인 또는 피의자의 수에 상응한 부본을, 피고인이 관할이전의 신청서를 제출할 때에는 부본 1통을 각 첨부하여야 한다.

② 제 1 항의 신청서를 제출받은 법원은 지체없이 검사의 신청서 부본을 피고인 또는 피의자에게 송달하여야 하고, 피고인의 신청서 부본을 검사에게 송달함과 함께 공소를 접수한 법원에 그 취지를 통지하여야 한다.

③ 검사, 피고인 또는 피의자는 제 2 항의 신청서 부본을 송부받은 날로부터 3일 이내에 의견서를 제 2 항의 법원에 제출할 수 있다.

제 6 조(관할지정 또는 관할이전의 결정에 의한 처리절차) ① 공소 제기전의 사건에 관하여 관할지정 또는 관할이전의 결정을 한 경우 결정을 한 법원은 결정등본을 검사와 피의자에게 각 송부하여야 하며, 검사가 그 사건에 관하여 공소를 제기할 때에는 공소장에 그 결정등본을 첨부하여야 한다.

② 공소가 제기된 사건에 관하여 관할지정 또는 관할이전의 결정을 한 경우 결정을 한 법원은 결정등본을 검사와 피고인 및 사건계속법원에 각 송부하여야 한다.

③ 제 2 항의 경우 사건계속법원은 지체없이 소송기록과 증거물을 제 2 항의 결정등본과 함께 그 지정 또는 이전된 법원에 송부하여야 한다. 다만, 사건계속법원이 관할법원으로 지정된 경우에는 그러하지 아니하다.

제 7 조(소송절차의 정지) 법원은 그 계속 중인 사건에 관하여 토지관할의 병합심리신청, 관할지정신청 또는 관할이전신청이 제기된 경우에는 그 신청에 대한 결정이 있기까

지 소송절차를 정지하여야 한다. 다만, 급속을 요하는 경우에는 그러하지 아니하다.

제 8 조(소송기록 등의 송부방법 등) ① 제 3 조제 2 항, 제 4 조제 3 항, 제 4 조의2제 3 항 또는 제 6 조제 3 항의 각 규정에 의하여 또는 법 제 8 조의 규정에 의한 이송결정에 의하여 소송기록과 증거물을 다른 법원으로 송부할 때에는 이를 송부받을 법원으로 직접 송부한다.
② 제 1 항의 송부를 한 법원 및 송부를 받은 법원은 각각 그 법원에 대응하는 검찰청 검사 또는 고위공직자범죄수사처에 소속된 검사(이하 "수사처검사"라고 한다)에게 그 사실을 통지하여야 한다. <개정 2021·1·29>
〔전부개정 1991·8·3〕

제 2 장 법원직원의 기피

제 9 조(기피신청의 방식 등) ① 법 제18조의 규정에 의한 기피신청을 함에 있어서는 기피의 원인되는 사실을 구체적으로 명시하여야 한다.
② 제 1 항에 위배된 기피신청의 처리는 법 제20조제 1 항의 규정에 의한다.

제 3 장 소송행위의 대리와 보조

제10조(피의자의 특별대리인 선임청구사건의 관할) 법 제28조제 1 항 후단의 규정에 의한 피의자의 특별대리인 선임청구는 그 피의사건을 수사 중인 검사 또는 사법경찰관이 소속된 관서의 소재지를 관할하는 지방법원에 이를 하여야 한다.

제11조(보조인의 신고) ① 법 제29조제 2 항에 따른 보조인의 신고는 보조인이 되고자 하는 자와 피고인 또는 피의자 사이의 신분관계를 소명하는 서면을 첨부하여 이를 하여야 한다. <개정 2007·10·29>
② 공소제기전의 보조인 신고는 제 1 심에도 그 효력이 있다.

제 4 장 변호

제12조(법정대리인 등의 변호인 선임) 법 제30조제 2 항에 규정한 자가 변호인을 선임하는 때에는 그 자와 피고인 또는 피의자와의 신분관계를 소명하는 서면을 법 제32조제 1 항의 서면에 첨부하여 제출하여야 한다.

제13조(사건이 병합되었을 경우의 변호인 선임의 효력) 하나의 사건에 관하여 한 변호인 선임은 동일법원의 동일피고인에 대하여 병합된 다른 사건에 관하여도 그 효력이 있다. 다만, 피고인 또는 변호인이 이와 다른 의사표시를 한 때에는 그러하지 아니하다. <개정 1996·12·3>

제13조의2(대표변호인 지정 등의 신청) 대표변호인의 지정, 지정의 철회 또는 변경의 신청은 그 사유를 기재한 서면으로 한다. 다만, 공판기일에서는 구술로 할 수 있다.
〔전부개정 1996·12·3〕

제13조의3(대표변호인의 지정 등의 통지) 대표변호인의 지정, 지정의 철회 또는 변경은 피고인 또는 피의자의 신청에 의한 때에는 검사 및 대표변호인에게, 변호인의 신청에 의하거나 직권에 의한 때에는 피고인 또는 피의자 및 검사에게 이를 통지하여야 한다.
<개정 2007·10·29>
〔전부개정 1996·12·3〕

제13조의4(기소전 대표변호인 지정의 효력) 법 제32조의2제 5 항에 의한 대표변호인의 지정은 기소후에도 그 효력이 있다.
〔전부개정 1996·12·3〕

제13조의5(준용규정) 제13조의 규정은 대표변호인의 경우에 이를 준용한다.
〔본조신설 1996·12·3〕

제14조(국선변호인의 자격) ① 국선변호인은 법원의 관할구역안에 사무소를 둔 변호사, 그 관할구역안에서 근무하는 공익법무관에 관한법률에 의한 공익법무관(법무부와 그 소속기관 및 각급검찰청에서 근무하는 공익법무관을 제외한다. 이하 "공익법무관"이라 한다) 또는 그 관할구역안에서 수습 중인 사법연수생 중에서 이를 선정한다.
② 제 1 항의 변호사, 공익법무관 또는 사법연수생이 없거나 기타 부득이한 때에는 인접한 법원의 관할구역안에 사무소를 둔 변호사, 그 관할구역안에서 근무하는 공익법무관 또는 그 관할구역안에서 수습 중인 사법연수생 중에서 이를 선정할 수 있다.

③ 제1항 및 제2항의 변호사, 공익법무관 또는 사법연수생이 없거나 기타 부득이한 때에는 법원의 관할구역안에서 거주하는 변호사 아닌 자 중에서 이를 선정할 수 있다.
〔전부개정 1995·7·10〕

제15조(변호인의 수) ① 국선변호인은 피고인 또는 피의자마다 1인을 선정한다. 다만, 사건의 특수성에 비추어 필요하다고 인정할 때에는 1인의 피고인 또는 피의자에게 수인의 국선변호인을 선정할 수 있다.
② 피고인 또는 피의자 수인간에 이해가 상반되지 아니할 때에는 그 수인의 피고인 또는 피의자를 위하여 동일한 국선변호인을 선정할 수 있다.

제15조의2(국선전담변호사) 법원은 기간을 정하여 법원의 관할구역 안에 사무소를 둔 변호사(그 관할구역 안에 사무소를 둘 예정인 변호사를 포함한다) 중에서 국선변호를 전담하는 변호사를 지정할 수 있다.
〔본조신설 2006·8·17〕

제16조(공소가 제기되기 전의 국선변호인 선정) ① 법 제201조의2에 따라 심문할 피의자에게 변호인이 없거나 법 제214조의2에 따라 체포 또는 구속의 적부심사가 청구된 피의자에게 변호인이 없는 때에는 법원 또는 지방법원 판사는 지체 없이 국선변호인을 선정하고, 피의자와 변호인에게 그 뜻을 고지하여야 한다. <개정 2007·10·29>
② 제1항의 경우 국선변호인에게 피의사실의 요지 및 피의자의 연락처 등을 함께 고지할 수 있다. <개정 2007·10·29>
③ 제1항의 고지는 서면 이외에 구술·전화·모사전송·전자우편·휴대전화 문자전송 그 밖에 적당한 방법으로 할 수 있다. <개정 2007·10·29>
④ 구속영장이 청구된 후 또는 체포·구속의 적부심사를 청구한 후에 변호인이 없게 된 때에도 제1항 및 제2항의 규정을 준용한다.
〔전부개정 2006·8·17〕

제16조의2(국선변호인 예정자명부의 작성) ① 지방법원 또는 지원은 국선변호를 담당할 것으로 예정한 변호사, 공익법무관, 사법연수생 등을 일괄 등재한 국선변호인 예정자 명부(이하 '명부'라고 한다)를 작성할 수 있다. 이 경우 국선변호 업무의 내용 및 국선변호 예정일자를 미리 지정할 수 있다.
② 지방법원 또는 지원의 장은 제1항의 명부 작성에 관하여 관할구역 또는 인접한 법원의 관할구역 안에 있는 지방변호사회장에게 협조를 요청할 수 있다.
③ 지방법원 또는 지원은 제1항의 명부를 작성한 후 지체없이 국선변호인 예정자에게 명부의 내용을 고지하여야 한다. 이 경우 제16조제3항의 규정을 적용한다.
④ 제1항의 명부에 기재된 국선변호인 예정자는 제3항의 고지를 받은 후 3일 이내에 명부의 변경을 요청할 수 있다.
⑤ 제1항의 명부가 작성된 경우 법원 또는 지방법원 판사는 특별한 사정이 없는 한 명부의 기재에 따라 국선변호인을 선정하여야 한다.
〔본조신설 2006·8·17〕

제17조(공소제기의 경우 국선변호인의 선정등) ① 재판장은 공소제기가 있는 때에는 변호인 없는 피고인에게 다음 각호의 취지를 고지한다.

1. 법 제33조제1항제1호 내지 제6호의 어느 하나에 해당하는 때에는 변호인 없이 개정할 수 없는 취지와 피고인 스스로 변호인을 선임하지 아니할 경우에는 법원이 국선변호인을 선정하게 된다는 취지
2. 법 제33조제2항에 해당하는 때에는 법원에 대하여 국선변호인의 선정을 청구할 수 있다는 취지
3. 법 제33조제3항에 해당하는 때에는 법원에 대하여 국선변호인의 선정을 희망하지 아니한다는 의사를 표시할 수 있다는 취지

② 제1항의 고지는 서면으로 하여야 한다.
③ 법원은 제1항의 고지를 받은 피고인이 변호인을 선임하지 아니한 때 및 법 제33조제2항의 규정에 의하여 국선변호인 선정청구가 있거나 같은 조 제3항에 의하여 국선변호인을 선정하여야 할 때에는 지체없이 국선변호인을 선정하고, 피고인 및 변호인에게 그 뜻을 고지하여야 한다.

④ 공소제기가 있은 후 변호인이 없게 된 때에도 제 1 항 내지 제 3 항의 규정을 준용한다.
〔전부개정 2006·8·17〕

제17조의2(국선변호인 선정청구 사유의 소명) 법 제33조제 2 항에 의하여 국선변호인 선정을 청구하는 경우 피고인은 소명자료를 제출하여야 한다. 다만, 기록에 의하여 그 사유가 소명되었다고 인정될 때에는 그러하지 아니하다.
〔본조신설 2006·8·17〕

제18조(선정취소) ① 법원 또는 지방법원 판사는 다음 각호의 어느 하나에 해당하는 때에는 국선변호인의 선정을 취소하여야 한다. <개정 2006·8·17>
1. 피고인 또는 피의자에게 변호인이 선임된 때
2. 국선변호인이 제14조제 1 항 및 제 2 항에 규정한 자격을 상실한 때
3. 법원 또는 지방법원 판사가 제20조의 규정에 의하여 국선변호인의 사임을 허가한 때

② 법원 또는 지방법원 판사는 다음 각호의 어느 하나에 해당하는 때에는 국선변호인의 선정을 취소할 수 있다. <개정 2006·8·17>
1. 국선변호인이 그 직무를 성실하게 수행하지 아니하는 때
2. 피고인 또는 피의자의 국선변호인 변경 신청이 상당하다고 인정하는 때
3. 그 밖에 국선변호인의 선정결정을 취소할 상당한 이유가 있는 때

③ 법원이 국선변호인의 선정을 취소한 때에는 지체없이 그 뜻을 해당되는 국선변호인과 피고인 또는 피의자에게 통지하여야 한다.

제19조(법정에서의 선정 등) ① 제16조제 1 항 또는 법 제283조의 규정에 의하여 국선변호인을 선정할 경우에 이미 선임된 변호인 또는 선정된 국선변호인이 출석하지 아니하거나 퇴정한 경우에 부득이한 때에는 피고인 또는 피의자의 의견을 들어 재정 중인 변호사 등 제14조에 규정된 사람을 국선변호인으로 선정할 수 있다. <개정 1995·7·10, 2006·8·17>

② 제 1 항의 경우에는 이미 선정되었던 국선변호인에 대하여 그 선정을 취소할 수 있다.

③ 국선변호인이 공판기일 또는 피의자 심문기일에 출석할 수 없는 사유가 발생한 때에는 지체없이 법원 또는 지방법원 판사에게 그 사유를 소명하여 통지하여야 한다.
<개정 2006·8·17>

제20조(사임) 국선변호인은 다음 각호의 어느 하나에 해당하는 경우에는 법원 또는 지방법원 판사에게 허가를 얻어 사임할 수 있다.
<개정 2006·8·17>
1. 질병 또는 장기여행으로 인하여 국선변호인의 직무를 수행하기 곤란할 때
2. 피고인 또는 피의자로부터 폭행, 협박 또는 모욕을 당하여 신뢰관계를 지속할 수 없을 때
3. 피고인 또는 피의자로부터 부정한 행위를 할 것을 종용받았을 때
4. 그 밖에 국선변호인으로서의 직무를 수행하는 것이 어렵다고 인정할 만한 상당한 사유가 있을 때

제21조(감독) 법원은 국선변호인이 그 임무를 해태하여 국선변호인으로서의 불성실한 사적이 현저하다고 인정할 때에는 그 사유를 대한변호사협회장 또는 소속 지방변호사회장에게 통고할 수 있다.

제22조 삭제 <1999·12·31>

제23조 삭제 <2007·10·29>

제 5 장 재판

제24조(결정, 명령을 위한 사실조사) ① 결정 또는 명령을 함에 있어 법 제37조제 3 항의 규정에 의하여 사실을 조사하는 때 필요한 경우에는 법 및 이 규칙의 정하는 바에 따라 증인을 신문하거나 감정을 명할 수 있다.

② 제 1 항의 경우에는 검사, 피고인, 피의자 또는 변호인을 참여하게 할 수 있다.

제25조(재판서의 결정) ① 재판서에 잘못된 계산이나 기재, 그 밖에 이와 비슷한 잘못이 있음이 분명한 때에는 법원은 직권으로 또는 당사자의 신청에 따라 경정결정(更正

決定)을 할 수 있다. <개정 2007·10·29>

② 경정결정은 재판서의 원본과 등본에 덧붙여 적어야 한다. 다만, 등본에 덧붙여 적을 수 없을 때에는 경정결정의 등본을 작성하여 재판서의 등본을 송달받은 자에게 송달하여야 한다. <개정 2007·10·29>

③ 경정결정에 대하여는 즉시 항고를 할 수 있다. 다만, 재판에 대하여 적법한 상소가 있는 때에는 그러하지 아니하다.

제25조의2(기명날인할 수 없는 재판서) 법 제41조제3항에 따라 서명날인에 갈음하여 기명날인할 수 없는 재판서는 판결과 각종 영장(감정유치장 및 감정처분허가장을 포함한다)을 말한다.

〔본조신설 2007·10·29〕

제26조(재판서의 등, 초본 청구권자의 범위) ① 법 제45조에 규정한 기타의 소송관계인이라 함은 검사, 변호인, 보조인, 법인인 피고인의 대표자, 법 제28조의 규정에 의한 특별대리인, 법 제340조 및 제341조제1항의 규정에 의한 상소권자를 말한다.

② 고소인, 고발인 또는 피해자는 비용을 납입하고 재판서 또는 재판을 기재한 조서의 등본 또는 초본의 교부를 청구할 수 있다. 다만, 그 청구하는 사유를 소명하여야 한다.

제27조(소송에 관한 사항의 증명서의 청구) 피고인과 제26조제1항에 규정한 소송관계인 및 고소인, 고발인 또는 피해자는 소송에 관한 사항의 증명서의 교부를 청구할 수 있다. 다만, 고소인, 고발인 또는 피해자의 청구에 관하여는 제26조제2항 단서의 규정을 준용한다.

제28조(등, 초본 등의 작성방법) 법 제45조에 규정한 등본, 초본(제26조제2항에 규정한 등본, 초본을 포함한다) 또는 제27조에 규정한 증명서를 작성함에 있어서는 담당 법원서기관, 법원사무관, 법원주사, 법원주사보(이하 "법원사무관 등"이라 한다)가 등본, 초본 또는 소송에 관한 사항의 증명서라는 취지를 기재하고 기명날인하여야 한다.

제6장 서류

제29조(조서에의 인용) ① 조서에는 서면, 사진, 속기록, 녹음물, 영상녹화물, 녹취서 등 법원이 적당하다고 인정한 것을 인용하고 소송기록에 첨부하거나 전자적 형태로 보관하여 조서의 일부로 할 수 있다.

② 제1항에 따라 속기록, 녹음물, 영상녹화물, 녹취서를 조서의 일부로 한 경우라도 재판장은 법원사무관 등으로 하여금 피고인, 증인, 그 밖의 소송관계인의 진술 중 중요한 사항을 요약하여 조서의 일부로 기재하게 할 수 있다. <신설 2014·12·30>

〔전부개정 2012·5·29〕

제29조의2(변경청구나 이의제기가 있는 경우의 처리) 공판조서의 기재에 대하여 법 제54조제3항에 따른 변경청구나 이의제기가 있는 경우, 법원사무관 등은 신청의 연월일 및 그 요지와 그에 대한 재판장의 의견을 기재하여 조서를 작성한 후 당해 공판조서 뒤에 이를 첨부하여야 한다.

〔본조신설 2007·10·29〕

제30조(공판조서의 낭독 등) 법 제55조제2항에 따른 피고인의 낭독청구가 있는 때에는 재판장의 명에 의하여 법원사무관 등이 낭독하거나 녹음물 또는 영상녹화물을 재생한다.

〔전부개정 2012·5·29〕

제30조의2(속기 등의 신청) ① 속기, 녹음 또는 영상녹화(녹음이 포함된 것을 말한다. 다음부터 같다)의 신청은 공판기일·공판준비기일을 열기 전까지 하여야 한다. <개정 2014·12·30>

② 피고인, 변호인 또는 검사의 신청이 있음에도 불구하고 특별한 사정이 있는 때에는 속기, 녹음 또는 영상녹화를 하지 아니하거나 신청하는 것과 다른 방법으로 속기, 녹음 또는 영상녹화를 할 수 있다. 다만, 이 경우 재판장은 공판기일에 그 취지를 고지하여야 한다.

〔전부개정 2007·10·29〕

제31조 및 제32조 삭제 <2007·10·29>

제33조(속기록에 대한 조치) 속기를 하게 한 경우에 재판장은 법원사무관 등으로 하여금 속기록의 전부 또는 일부를 조서에 인용하고 소송기록에 첨부하여 조서의 일부로 하게 할 수 있다.

〔전부개정 2007·10·29〕

제34조(진술자에 대한 확인 등) 속기를 하게 한 경우 법 제48조제3항 또는 법 제52조 단서에 따른 절차의 이행은 법원사무관 등 또는 법원에 소속되어 있거나 법원이 선정한 속기능력소지자(다음부터 "속기사 등"이라고 한다)로 하여금 속기록의 내용을 읽어 주게 하거나 진술자에게 속기록을 열람하도록 하는 방법에 의한다.

〔전부개정 2007·10·29〕

제35조부터 **제37조**까지 삭제 <2007·10·29>

제38조(녹취서의 작성 등) ① 재판장은 필요하다고 인정하는 때에는 법원사무관 등 또는 속기사 등에게 녹음 또는 영상녹화된 내용의 전부 또는 일부를 녹취할 것을 명할 수 있다. <개정 2007·10·29>

② 재판장은 법원사무관 등으로 하여금 제1항에 따라 작성된 녹취서의 전부 또는 일부를 조서에 인용하고 소송기록에 첨부하여 조서의 일부로 하게 할 수 있다. <개정 2007·10·29>

제38조의2(속기록, 녹음물 또는 영상녹화물의 사본 교부) ① 재판장은 법 제56조의2제3항에도 불구하고 피해자 또는 그 밖의 소송관계인의 사생활에 관한 비밀 보호 또는 신변에 대한 위해 방지 등을 위하여 특히 필요하다고 인정하는 경우에는 속기록, 녹음물 또는 영상녹화물의 사본의 교부를 불허하거나 그 범위를 제한할 수 있다. <개정 2014·12·30>

② 법 제56조의2제3항에 따라 속기록, 녹음물 또는 영상녹화물의 사본을 교부받은 사람은 그 사본을 당해 사건 또는 관련 소송의 수행과 관계 없는 용도로 사용하여서는 아니 된다.

〔본조신설 2007·10·29〕

제39조(속기록 등의 보관과 폐기) 속기록, 녹음물, 영상녹화물 또는 녹취서는 전자적 형태로 이를 보관할 수 있으며, 재판이 확정되면 폐기한다. 다만, 속기록, 녹음물, 영상녹화물 또는 녹취서가 조서의 일부가 된 경우에는 그러하지 아니하다. <개정 2012·5·29>

〔전부개정 2007·10·29〕

제40조 삭제 <2007·10·29>

제41조(서명의 특칙) 공무원이 아닌 자가 서명날인을 하여야 할 경우에 서명을 할 수 없으면 타인이 대서한다. 이 경우에는 대서한 자가 그 사유를 기재하고 기명날인 또는 서명하여야 한다. <개정 2007·10·29>

제7장 송달

제42조(법 제60조에 의한 법원소재지의 범위) 법 제60조제1항에 규정한 법원소재지는 당해 법원이 위치한 특별시, 광역시, 시 또는 군(다만, 광역시내의 군은 제외)으로 한다. <개정 1996·12·3>

제43조(공시송달을 명하는 재판) 법원은 공시송달의 사유가 있다고 인정한 때에는 직권으로 결정에 의하여 공시송달을 명한다.

제8장 기간

제44조(법정기간의 연장) ① 소송행위를 할 자가 국내에 있는 경우 주거 또는 사무소의 소재지와 법원 또는 검찰청, 고위공직자범죄수사처(이하 "수사처"라고 한다) 소재지와의 거리에 따라 해로는 100킬로미터, 육로는 200킬로미터마다 각 1일을 부가한다. 그 거리의 전부 또는 잔여가 기준에 미달할지라도 50킬로미터 이상이면 1일을 부가한다. 다만, 법원은 홍수, 천재지변 등 불가피한 사정이 있거나 교통통신의 불편정도를 고려하여 법정기간을 연장함이 상당하다고 인정하는 때에는 이를 연장할 수 있다. <개정 2021·1·29>

② 소송행위를 할 자가 외국에 있는 경우의 법정기간에는 그 거주국의 위치에 따라 다음 각호의 기간을 부가한다.

1. 아시아주 및 오세아니아주 : 15일
2. 북아메리카주 및 유럽주 : 20일
3. 중남아메리카주 및 아프리카주 : 30일

〔전부개정 1996·12·3〕

제9장 피고인의 소환, 구속

제45조(소환의 유예기간) 피고인에 대한 소환장은 법 제269조의 경우를 제외하고는 늦

어도 출석할 일시 12시간 이전에 송달하여야 한다. 다만, 피고인이 이의를 하지 아니하는 때에는 그러하지 아니하다.

제45조의2(비디오 등 중계장치에 의한 구속사유 고지) ① 법 제72조의2제 2 항에 따른 절차를 위한 기일의 통지는 서면 이외에 전화·모사전송·전자우편·휴대전화 문자전송 그 밖에 적당한 방법으로 할 수 있다. 이 경우 통지의 증명은 그 취지를 조서에 기재함으로써 할 수 있다.

② 법 제72조의2제 2 항에 따른 절차 진행에 관하여는 제123조의13제 1 항 내지 제 4 항과 제 6 항 내지 제 8 항을 준용한다.

〔본조신설 2021·10·29〕

제46조(구속영장의 기재사항) 구속영장에는 법 제75조에 규정한 사항외에 피고인의 주민등록번호(외국인인 경우에는 외국인등록번호, 위 번호들이 없거나 이를 알 수 없는 경우에는 생년월일 및 성별, 다음부터 '주민등록번호 등'이라 한다)·직업 및 법 제70조제 1 항 각호에 규정한 구속의 사유를 기재하여야 한다. <개정 1996·12·3, 2007·10·29>

제47조(수탁판사 또는 재판장 등의 구속영장 등의 기재요건) 수탁판사가 법 제77조제 3 항의 규정에 의하여 구속영장을 발부하는 때나 재판장 또는 합의부원이 법 제80조의 규정에 의하여 소환장 또는 구속영장을 발부하는 때에는 그 취지를 소환장 또는 구속영장에 기재하여야 한다.

제48조(검사에 대한 구속영장의 송부) 검사의 지휘에 의하여 구속영장을 집행하는 경우에는 구속영장을 발부한 법원이 그 원본을 검사에게 송부하여야 한다.

제49조(구속영장집행후의 조치) ① 구속영장집행사무를 담당한 자가 구속영장을 집행한 때에는 구속영장에 집행일시와 장소를, 집행할 수 없었을 때에는 그 사유를 각 기재하고 기명날인하여야 한다. <개정 1996·12·3>

② 구속영장의 집행에 관한 서류는 집행을 지휘한 검사 또는 수탁판사를 경유하여 구속영장을 발부한 법원에 이를 제출하여야 한다.

③ 삭제 <2007·10·29>

제49조의2(구인을 위한 구속영장 집행후의 조치) 구인을 위한 구속영장의 집행에 관한 서류를 제출받은 법원의 재판장은 법원사무관등에게 피고인이 인치된 일시를 구속영장에 기재하게 하여야 하고, 법 제71조의2에 따라 피고인을 유치할 경우에는 유치할 장소를 구속영장에 기재하고 서명날인하여야 한다.

〔본조신설 2007·10·29〕

제50조(구속영장등본의 교부청구) ① 피고인, 변호인, 피고인의 법정대리인, 법 제28조에 따른 피고인의 특별대리인, 배우자, 직계친족과 형제자매는 구속영장을 발부한 법원에 구속영장의 등본의 교부를 청구할 수 있다. <개정 1996·12·3, 2007·10·29>

② 제 1 항의 경우에 고소인, 고발인 또는 피해자에 대하여는 제26조제 2 항의 규정을 준용한다.

제51조(구속의 통지) ① 피고인을 구속한 때에 그 변호인이나 법 제30조제 2 항에 규정한 자가 없는 경우에는 피고인이 지정하는 자 1인에게 법 제87조제 1 항에 규정한 사항을 통지하여야 한다. <개정 1996·12·3>

② 구속의 통지는 구속을 한 때로부터 늦어도 24시간 이내에 서면으로 하여야 한다. 제 1 항에 규정한 자가 없어 통지를 하지 못한 경우에는 그 취지를 기재한 서면을 기록에 철하여야 한다. <개정 1996·12·3>

③ 급속을 요하는 경우에는 구속되었다는 취지 및 구속의 일시·장소를 전화 또는 모사전송기 기타 상당한 방법에 의하여 통지할 수 있다. 다만, 이 경우에도 구속통지는 다시 서면으로 하여야 한다. <신설 1996·12·3>

제52조(구속과 범죄사실 등의 고지) 법원 또는 법관은 법 제72조 및 법 제88조의 규정에 의한 고지를 할 때에는 법원사무관등을 참여시켜 조서를 작성하게 하거나 피고인 또는 피의자로 하여금 확인서 기타 서면을 작성하게 하여야 한다. <개정 1996·12·3, 1997·12·31>

제53조(보석 등의 청구) ① 보석청구서 또는 구속취소청구서에는 다음 사항을 기재하여야 한다.

1. 사건번호

2. 구속된 피고인의 성명, 주민등록번호 등, 주거
3. 청구의 취지 및 청구의 이유
4. 청구인의 성명 및 구속된 피고인과의 관계

② 보석의 청구를 하거나 검사 아닌 자가 구속취소의 청구를 할 때에는 그 청구서의 부본을 첨부하여야 한다.

③ 법원은 제1항의 보석 또는 구속취소에 관하여 검사의 의견을 물을 때에는 제2항의 부본을 첨부하여야 한다.

〔전부개정 2007·10·29〕

제53조의2(진술서 등의 제출) ① 보석의 청구인은 적합한 보석조건에 관한 의견을 밝히고 이에 관한 소명자료를 낼 수 있다.

② 보석의 청구인은 보석조건을 결정함에 있어 법 제99조제2항에 따른 이행가능한 조건인지 여부를 판단하기 위하여 필요한 범위 내에서 피고인(피고인이 미성년자인 경우에는 그 법정대리인 등)의 자력 또는 자산 정도에 관한 서면을 제출하여야 한다.

〔전부개정 2007·10·29〕

제54조(기록 등의 제출) ① 검사는 법원으로부터 보석, 구속취소 또는 구속집행정지에 관한 의견요청이 있을 때에는 의견서와 소송서류 및 증거물을 지체 없이 법원에 제출하여야 한다. 이 경우 특별한 사정이 없는 한 의견요청을 받은 날의 다음날까지 제출하여야 한다. <개정 2007·10·29>

② 보석에 대한 의견요청을 받은 검사는 보석허가가 상당하지 아니하다는 의견일 때에는 그 사유를 명시하여야 한다. <신설 1997·12·31>

③ 제2항의 경우 보석허가가 상당하다는 의견일 때에는 보석조건에 대하여 의견을 나타낼 수 있다. <신설 1997·12·31, 2007·10·29>

제54조의2(보석의 심리) ① 보석의 청구를 받은 법원은 지체없이 심문기일을 정하여 구속된 피고인을 심문하여야 한다. 다만, 다음 각호의 어느 하나에 해당하는 때에는 그러하지 아니하다. <개정 2007·10·29>

1. 법 제94조에 규정된 청구권자 이외의 사람이 보석을 청구한 때
2. 동일한 피고인에 대하여 중복하여 보석을 청구하거나 재청구한 때
3. 공판준비 또는 공판기일에 피고인에게 그 이익되는 사실을 진술할 기회를 준 때
4. 이미 제출한 자료만으로 보석을 허가하거나 불허가할 것이 명백한 때

② 제1항의 규정에 의하여 심문기일을 정한 법원은 즉시 검사, 변호인, 보석청구인 및 피고인을 구금하고 있는 관서의 장에게 심문기일과 장소를 통지하여야 하고, 피고인을 구금하고 있는 관서의 장은 위 심문기일에 피고인을 출석시켜야 한다.

③ 제2항의 통지는 서면 외에 전화·모사전송·전자우편·휴대전화 문자전송 그 밖에 적당한 방법으로 할 수 있다. 이 경우 통지의 증명은 그 취지를 심문조서에 기재함으로써 할 수 있다. <신설 1996·12·3, 2007·10·29>

④ 피고인, 변호인, 보석청구인은 피고인에게 유리한 자료를 낼 수 있다. <개정 2007·10·29>

⑤ 검사, 변호인, 보석청구인은 제1항의 심문기일에 출석하여 의견을 진술할 수 있다.

⑥ 법원은 피고인, 변호인 또는 보석청구인에게 보석조건을 결정함에 있어 필요한 자료의 제출을 요구할 수 있다. <신설 2007·10·29>

⑦ 법원은 피고인의 심문을 합의부원에게 명할 수 있다. <신설 1996·12·3>

〔본조신설 1989·6·7〕

제55조(보석 등의 결정기한) 법원은 특별한 사정이 없는 한 보석 또는 구속취소의 청구를 받은 날부터 7일 이내에 그에 관한 결정을 하여야 한다.

〔전부개정 2007·10·29〕

제55조의2(불허가 결정의 이유) 보석을 허가하지 아니하는 결정을 하는 때에는 결정이유에 법 제95조 각호중 어느 사유에 해당하는지를 명시하여야 한다.

〔본조신설 1989·6·7〕

제55조의3(보석석방 후의 조치) ① 법원은 법 제98조제3호의 보석조건으로 석방된 피고인이 보석조건을 이행함에 있어 피고인의 주거지를 관할하는 경찰서장에게 피고인이

주거제한을 준수하고 있는지 여부 등에 관하여 조사할 것을 요구하는 등 보석조건의 준수를 위하여 적절한 조치를 취할 것을 요구할 수 있다.

② 법원은 법 제98조제 6 호의 보석조건을 정한 경우 출입국사무를 관리하는 관서의 장에게 피고인에 대한 출국을 금지하는 조치를 취할 것을 요구할 수 있다.

③ 법 제100조제 5 항에 따라 보석조건 준수에 필요한 조치를 요구받은 관공서 그 밖의 공사단체의 장은 그 조치의 내용과 경과 등을 법원에 통지하여야 한다.

〔본조신설 2007 · 10 · 29〕

제55조의4(보석조건 변경의 통지) 법원은 보석을 허가한 후에 보석의 조건을 변경하거나 보석조건의 이행을 유예하는 결정을 한 경우에는 그 취지를 검사에게 지체없이 통지하여야 한다. <개정 2007 · 10 · 29>

〔본조신설 1997 · 12 · 31〕

제55조의5(보석조건의 위반과 피고인에 대한 과태료 등) ① 법 제102조제 3 항 · 제 4 항에 따른 과태료 재판의 절차에 관하여는 비송사건절차법 제248조, 제250조(다만, 검사에 관한 부분을 제외한다)를 준용한다.

② 법 제102조제 3 항에 따른 감치재판절차는 법원의 감치재판개시결정에 따라 개시된다. 이 경우 감치사유가 있은 날부터 20일이 지난 때에는 감치재판개시결정을 할 수 없다.

③ 법원은 감치재판절차를 개시한 이후에도 감치에 처함이 상당하지 아니하다고 인정되는 때에는 불처벌의 결정을 할 수 있다.

④ 제 2 항의 감치재판개시결정과 제 3 항의 불처벌결정에 대하여는 불복할 수 없다.

⑤ 제 2 항부터 제 4 항까지 및 법 제102조제 3 항 · 제 4 항에 따른 감치절차에 관하여는 「법정 등의 질서유지를 위한 재판에 관한 규칙」 제 3 조, 제 6 조, 제 7 조의2, 제 8 조, 제10조, 제11조, 제13조, 제15조, 제16조, 제18조, 제19조, 제21조부터 제23조, 제25조제 1 항을 준용한다.

〔본조신설 2007 · 10 · 29〕

제56조(보석 등의 취소에 의한 재구금절차) ① 법 제102조제 2 항에 따른 보석취소 또는 구속집행정지취소의 결정이 있는 때 또는 기간을 정한 구속집행정지결정의 기간이 만료된 때에는 검사는 그 취소결정의 등본 또는 기간을 정한 구속집행정지결정의 등본에 의하여 피고인을 재구금하여야 한다. 다만, 급속을 요하는 경우에는 재판장, 수명법관 또는 수탁판사가 재구금을 지휘할 수 있다. <개정 1996 · 12 · 3, 2007 · 10 · 29>

② 제 1 항 단서의 경우에는 법원사무관 등에게 그 집행을 명할 수 있다. 이 경우에 법원사무관 등은 그 집행에 관하여 필요한 때에는 사법경찰관리 또는 교도관에게 보조를 요구할 수 있으며 관할구역외에서도 집행할 수 있다. <신설 1996 · 12 · 3>

제57조(상소 등과 구속에 관한 결정) ① 상소기간중 또는 상소 중의 사건에 관한 피고인의 구속, 구속기간갱신, 구속취소, 보석, 보석의 취소, 구속집행정지와 그 정지의 취소의 결정은 소송기록이 상소법원에 도달하기까지는 원심법원이 이를 하여야 한다. <개정 1997 · 12 · 31>

② 이송, 파기환송 또는 파기이송 중의 사건에 관한 제 1 항의 결정은 소송기록이 이송 또는 환송법원에 도달하기까지는 이송 또는 환송한 법원이 이를 하여야 한다.

제10장 압수와 수색

제58조(압수수색영장의 기재사항) 압수수색영장에는 압수수색의 사유를 기재하여야 한다. <개정 1996 · 12 · 3>

제59조(준용규정) 제48조의 규정은 압수수색영장에 이를 준용한다.

제60조(압수와 수색의 참여) ① 법원이 압수수색을 할 때에는 법원사무관등을 참여하게 하여야 한다.

② 법원사무관 등 또는 사법경찰관리가 압수수색영장에 의하여 압수수색을 할 때에는 다른 법원사무관 등 또는 사법경찰관리를 참여하게 하여야 한다.

제61조(수색증명서, 압수품목록의 작성 등) 법 제128조에 규정된 증명서 또는 법 제129조에 규정된 목록은 제60조제 1 항의 규정에 의한 압수수색을 한 때에는 참여한 법원사무관 등이 제60조제 2 항의 규정에 의한

압수수색을 한 때에는 그 집행을 한 자가 각 작성 교부한다.

제62조(압수수색조서의 기재) 압수수색에 있어서 제61조의 규정에 의한 증명서 또는 목록을 교부하거나 법 제130조의 규정에 의한 처분을 한 경우에는 압수수색의 조서에 그 취지를 기재하여야 한다.

제63조(압수수색영장 집행후의 조치) 압수수색영장의 집행에 관한 서류와 압수한 물건은 압수수색영장을 발부한 법원에 이를 제출하여야 한다. 다만, 검사의 지휘에 의하여 집행된 경우에는 검사를 경유하여야 한다.

제11장　검증

제64조(피고인의 신체검사 소환장의 기재사항) 피고인에 대한 신체검사를 하기 위한 소환장에는 신체검사를 하기 위하여 소환한다는 취지를 기재하여야 한다.

제65조(피고인 아닌 자의 신체검사의 소환장의 기재사항) 피고인이 아닌 자에 대한 신체검사를 하기 위한 소환장에는 그 성명 및 주거, 피고인의 성명, 죄명, 출석일시 및 장소와 신체검사를 하기 위하여 소환한다는 취지를 기재하고 재판장 또는 수명법관이 기명날인하여야 한다. <개정 1996 · 12 · 3>

제12장　증인신문

제66조(신문사항 등) 재판장은 피해자 · 증인의 인적사항의 공개 또는 누설을 방지하거나 그 밖에 피해자 · 증인의 안전을 위하여 필요하다고 인정할 때에는 증인의 신문을 청구한 자에 대하여 사전에 신문사항을 기재한 서면의 제출을 명할 수 있다.

〔전부개정 2007 · 10 · 29〕

제67조(결정의 취소) 법원은 제66조의 명을 받은 자가 신속히 그 서면을 제출하지 아니한 경우에는 증거결정을 취소할 수 있다. <개정 2007 · 10 · 29>

제67조의2(증인의 소환방법) ① 법 제150조의2제1항에 따른 증인의 소환은 소환장의 송달, 전화, 전자우편, 모사전송, 휴대전화 문자전송 그 밖에 적당한 방법으로 할 수 있다.

② 증인을 신청하는 자는 증인의 소재, 연락처와 출석 가능성 및 출석 가능 일시 그 밖에 증인의 소환에 필요한 사항을 미리 확인하는 등 증인 출석을 위한 합리적인 노력을 다하여야 한다.

〔본조신설 2007 · 10 · 29〕

제68조(소환장, 구속영장의 기재사항) ① 증인에 대한 소환장에는 그 성명, 피고인의 성명, 죄명, 출석일시 및 장소, 정당한 이유없이 출석하지 아니할 경우에는 과태료에 처하거나 출석하지 아니함으로써 생긴 비용의 배상을 명할 수 있고 또 구인할 수 있음을 기재하고 재판장이 기명날인하여야 한다. <개정 1996 · 12 · 3>

② 증인에 대한 구속영장에는 그 성명, 주민등록번호(주민등록번호가 없거나 이를 알 수 없는 경우에는 생년월일), 직업 및 주거, 피고인의 성명, 죄명, 인치할 일시 및 장소, 발부 연월일 및 유효기간과 그 기간이 경과한 후에는 집행에 착수하지 못하고 구속영장을 반환하여야 한다는 취지를 기재하고 재판장이 서명날인하여야 한다. <개정 1996 · 12 · 3>

제68조의2(불출석의 신고) 증인이 출석요구를 받고 기일에 출석할 수 없을 경우에는 법원에 바로 그 사유를 밝혀 신고하여야 한다.

〔본조신설 2007 · 10 · 29〕

제68조의3(증인에 대한 과태료 등) 법 제151조제1항에 따른 과태료와 소송비용 부담의 재판절차에 관하여는 비송사건절차법 제248조, 제250조(다만, 제248조제3항 후문과 검사에 관한 부분을 제외한다)를 준용한다.

〔본조신설 2007 · 10 · 29〕

제68조의4(증인에 대한 감치) ① 법 제151조제2항부터 제8항까지의 감치재판절차는 법원의 감치재판개시결정에 따라 개시된다. 이 경우 감치사유가 발생한 날부터 20일이 지난 때에는 감치재판개시결정을 할 수 없다.

② 감치재판절차를 개시한 후 감치결정 전에 그 증인이 증언을 하거나 그 밖에 감치에 처하는 것이 상당하지 아니하다고 인정되는 때에는 법원은 불처벌결정을 하여야 한다.

③ 제1항의 감치재판개시결정과 제2항의 불처벌결정에 대하여는 불복할 수 없다.

④ 법 제151조제7항의 규정에 따라 증인을 석방한 때에는 재판장은 바로 감치시설의 장에게 그 취지를 서면으로 통보하여야 한다.

⑤ 제1항부터 제4항 및 법 제151조제2항부터 제8항까지에 따른 감치절차에 관하여는 「법정 등의 질서유지를 위한 재판에 관한 규칙」 제3조, 제6조부터 제8조까지, 제10조, 제11조, 제13조, 제15조부터 제19조까지, 제21조부터 제23조까지 및 제25조제1항(다만, 제23조제8항 중 "감치의 집행을 한 날"은 "법 제151조제5항의 규정에 따른 통보를 받은 날"로 고쳐 적용한다)을 준용한다.

〔본조신설 2007·10·29〕

제69조(준용규정) 제48조, 제49조, 제49조의2 전단의 규정은 증인의 구인에 이를 준용한다. <개정 2007·10·29>

제70조(소환의 유예기간) 증인에 대한 소환장은 늦어도 출석할 일시 24시간 이전에 송달하여야 한다. 다만, 급속을 요하는 경우에는 그러하지 아니하다.

제70조의2(소환장이 송달불능된 때의 조치) 제68조에 따른 증인에 대한 소환장이 송달불능된 경우 증인을 신청한 자는 재판장의 명에 의하여 증인의 주소를 서면으로 보정하여야 하고, 이 때 증인의 소재, 연락처와 출석가능성 등을 충분히 조사하여 성실하게 기재하여야 한다.

〔본조신설 2007·10·29〕

제71조(증인의 동일성 확인) 재판장은 증인으로부터 주민등록증 등 신분증을 제시받거나 그 밖의 적당한 방법으로 증인임이 틀림없음을 확인하여야 한다.

〔전부개정 2006·3·23〕

제72조(선서취지의 설명) 증인이 선서의 취지를 이해할 수 있는가에 대하여 의문이 있는 때에는 선서전에 그 점에 대하여 신문하고, 필요하다고 인정할 때에는 선서의 취지를 설명하여야 한다.

제73조(서면에 의한 신문) 증인이 들을 수 없는 때에는 서면으로 묻고 말할 수 없는 때에는 서면으로 답하게 할 수 있다.

제74조(증인신문의 방법) ① 재판장은 증인신문을 행함에 있어서 증명할 사항에 관하여 가능한 한 증인으로 하여금 개별적이고 구체적인 내용을 진술하게 하여야 한다. <개정 1996·12·3>

② 다음 각호의 1에 규정한 신문을 하여서는 아니된다. 다만, 제2호 내지 제4호의 신문에 관하여 정당한 이유가 있는 경우에는 그러하지 아니하다.

1. 위협적이거나 모욕적인 신문
2. 전의 신문과 중복되는 신문
3. 의견을 묻거나 의논에 해당하는 신문
4. 증인이 직접 경험하지 아니한 사항에 해당하는 신문

제75조(주신문) ① 법 제161조의2제1항 전단의 규정에 의한 신문(이하 "주신문"이라 한다)은 증명할 사항과 이에 관련된 사항에 관하여 한다.

② 주신문에 있어서는 유도신문을 하여서는 아니된다. 다만, 다음 각호의 1의 경우에는 그러하지 아니하다.

1. 증인과 피고인과의 관계, 증인의 경력, 교우관계 등 실질적인 신문에 앞서 미리 밝혀둘 필요가 있는 준비적인 사항에 관한 신문의 경우
2. 검사, 피고인 및 변호인 사이에 다툼이 없는 명백한 사항에 관한 신문의 경우
3. 증인이 주신문을 하는 자에 대하여 적의 또는 반감을 보일 경우
4. 증인이 종전의 진술과 상반되는 진술을 하는 때에 그 종전진술에 관한 신문의 경우
5. 기타 유도신문을 필요로 하는 특별한 사정이 있는 경우

③ 재판장은 제2항 단서의 각호에 해당하지 아니하는 경우의 유도신문은 이를 제지하여야 하고, 유도신문의 방법이 상당하지 아니하다고 인정할 때에는 이를 제한할 수 있다.

제76조(반대신문) ① 법 제161조의2제1항 후단의 규정에 의한 신문(이하 "반대신문"이라 한다)은 주신문에 나타난 사항과 이에 관련된 사항에 관하여 한다.

② 반대신문에 있어서 필요할 때에는 유도신문을 할 수 있다.

③ 재판장은 유도신문의 방법이 상당하지 아니하다고 인정할 때에는 이를 제한할 수 있다.

④ 반대신문의 기회에 주신문에 나타나지

아니한 새로운 사항에 관하여 신문하고자 할 때에는 재판장의 허가를 받아야 한다.
⑤ 제 4 항의 신문은 그 사항에 관하여는 주신문으로 본다.

제77조(증언의 증명력을 다투기 위하여 필요한 사항의 신문) ① 주신문 또는 반대신문의 경우에는 증언의 증명력을 다투기 위하여 필요한 사항에 관한 신문을 할 수 있다.
② 제 1 항에 규정한 신문은 증인의 경험, 기억 또는 표현의 정확성 등 증언의 신빙성에 관한 사항 및 증인의 이해관계, 편견 또는 예단 등 증인의 신용성에 관한 사항에 관하여 한다. 다만, 증인의 명예를 해치는 내용의 신문을 하여서는 아니된다.

제78조(재 주신문) ① 주신문을 한 검사, 피고인 또는 변호인은 반대신문이 끝난 후 반대신문에 나타난 사항과 이와 관련된 사항에 관하여 다시 신문(이하 "재 주신문"이라 한다)을 할 수 있다.
② 재 주신문은 주신문의 예에 의한다.
③ 제76조제 4 항, 제 5 항의 규정은 재 주신문의 경우에 이를 준용한다.

제79조(재판장의 허가에 의한 재신문) 검사, 피고인 또는 변호인은 주신문, 반대신문 및 재 주신문이 끝난 후에도 재판장의 허가를 얻어 다시 신문을 할 수 있다.

제80조(재판장에 의한 신문순서 변경의 경우) ① 재판장이 법 제161조의2제 3 항 전단의 규정에 의하여 검사, 피고인 및 변호인에 앞서 신문을 한 경우에 있어서 그 후에 하는 검사, 피고인 및 변호인의 신문에 관하여는 이를 신청한 자와 상대방의 구별에 따라 제75조 내지 제79조의 규정을 각 준용한다.
② 재판장이 법 제161조의2제 3 항 후단의 규정에 의하여 신문순서를 변경한 경우의 신문방법은 재판장이 정하는 바에 의한다.

제81조(직권에 의한 증인의 신문) 법 제161조의2제 4 항에 규정한 증인에 대하여 재판장이 신문한 후 검사, 피고인 또는 변호인이 신문하는 때에는 반대신문의 예에 의한다.

제82조(서류 또는 물건에 관한 신문) ① 증인에 대하여 서류 또는 물건의 성립, 동일성 기타 이에 준하는 사항에 관한 신문을 할 때에는 그 서류 또는 물건을 제시할 수 있다.
② 제 1 항의 서류 또는 물건이 증거조사를 마치지 않은 것일 때에는 먼저 상대방에게 이를 열람할 기회를 주어야 한다. 다만, 상대방이 이의하지 아니할 때에는 그러하지 아니한다.

제83조(기억의 환기가 필요한 경우) ① 증인의 기억이 명백치 아니한 사항에 관하여 기억을 환기시켜야 할 필요가 있을 때에는 재판장의 허가를 얻어 서류 또는 물건을 제시하면서 신문할 수 있다.
② 제 1 항의 경우에는 제시하는 서류의 내용이 증인의 진술에 부당한 영향을 미치지 아니하도록 하여야 한다.
③ 제82조제 2 항의 규정은 제 1 항의 경우에 이를 준용한다.

제84조(증언을 명확히 할 필요가 있는 경우) ① 증인의 진술을 명확히 할 필요가 있을 때에는 도면, 사진, 모형, 장치 등을 이용하여 신문할 수 있다.
② 제83조제 2 항의 규정은 제 1 항의 경우에 이를 준용한다.

제84조의2(증인의 증인신문조서 열람 등) 증인은 자신에 대한 증인신문조서 및 그 일부로 인용된 속기물, 녹음물, 영상녹화물 또는 녹취서의 열람, 등사 또는 사본을 청구할 수 있다.
〔전부개정 2012·5·29〕

제84조의3(신뢰관계에 있는 사람의 동석) ① 법 제163조의2에 따라 피해자와 동석할 수 있는 신뢰관계에 있는 사람은 피해자의 배우자, 직계친족, 형제자매, 가족, 동거인, 고용주, 변호사, 그 밖에 피해자의 심리적 안정과 원활한 의사소통에 도움을 줄 수 있는 사람을 말한다. <개정 2012·5·29>
② 법 제163조의2제 1 항에 따른 동석 신청에는 동석하고자 하는 자와 피해자 사이의 관계, 동석이 필요한 사유 등을 명시하여야 한다.
③ 재판장은 법 제163조의2제 1 항 또는 제 2 항에 따라 동석한 자가 부당하게 재판의 진행을 방해하는 때에는 동석을 중지시킬 수 있다.
〔본조신설 2007·10·29〕

제84조의4(비디오 등 중계장치 등에 의한 신문 여부의 결정) ① 법원은 신문할 증인이 법 제165조의2제 1 항에서 정한 자에 해당

한다고 인정될 경우, 증인으로 신문하는 결정을 할 때 비디오 등 중계장치에 의한 중계시설 또는 차폐시설을 통한 신문 여부를 함께 결정하여야 한다. 이 때 증인의 연령, 증언할 당시의 정신적·심리적 상태, 범행의 수단과 결과 및 범행 후의 피고인이나 사건관계인의 태도 등을 고려하여 판단하여야 한다. <개정 2021·10·29>

② 법원은 증인신문 전 또는 증인신문 중에도 비디오 등 중계장치에 의한 중계시설 또는 차폐시설을 통하여 신문할 것을 결정할 수 있다.

〔본조신설 2007·10·29〕

제84조의5(비디오 등 중계장치에 의한 신문의 실시) 제123조의13제1항 내지 제4항과 제6항 내지 제8항은 법 제165조의2제1항, 제2항에 따라 비디오 등 중계장치에 의한 중계시설을 통하여 증인신문을 하는 경우에 준용한다.

〔전부개정 2021·10·29〕

제84조의6(심리의 비공개) ① 법원은 법 제165조의2제1항에 따라 비디오 등 중계장치에 의한 중계시설 또는 차폐시설을 통하여 증인을 신문하는 경우, 증인의 보호를 위하여 필요하다고 인정하는 경우에는 결정으로 이를 공개하지 아니할 수 있다. <개정 2021·10·29>

② 증인으로 소환받은 증인과 그 가족은 증인보호 등의 사유로 증인신문의 비공개를 신청할 수 있다.

③ 재판장은 제2항의 신청이 있는 때에는 그 허가 여부 및 공개, 법정외의 장소에서의 신문 등 증인의 신문방식 및 장소에 관하여 결정하여야 한다.

④ 제1항의 결정을 한 경우에도 재판장은 적당하다고 인정되는 자의 재정을 허가할 수 있다.

〔본조신설 2007·10·29〕

제84조의7(중계시설의 동석 등) ① 법원은 비디오 등 중계장치에 의한 중계시설을 통하여 증인신문을 하는 경우, 법 제163조의2의 규정에 의하여 신뢰관계에 있는 자를 동석하게 할 때에는 제84조의5에 정한 비디오 등 중계장치에 의한 중계시설에 동석하게 한다. <개정 2021·10·29>

② 법원은 법원 직원이나 비디오 등 중계장치에 의한 중계시설을 관리하는 사람으로 하여금 비디오 등 중계장치의 조작과 증인신문 절차를 보조하게 할 수 있다. <개정 2021·10·29>

〔본조신설 2007·10·29〕

제84조의8(증인을 위한 배려) ① 법 제165조의2제1항에 따라 증인신문을 하는 경우, 증인은 증언을 보조할 수 있는 인형, 그림 그 밖에 적절한 도구를 사용할 수 있다. <개정 2021·10·29>

② 제1항의 증인은 증언을 하는 동안 담요, 장난감, 인형 등 증인이 선택하는 물품을 소지할 수 있다.

〔본조신설 2007·10·29〕

제84조의9(차폐시설 등) ① 법원은 법 제165조의2제1항에 따라 차폐시설을 설치함에 있어 피고인과 증인이 서로의 모습을 볼 수 없도록 필요한 조치를 취하여야 한다. <개정 2021·10·29>

② 법 제165조의2제1항에 따라 비디오 등 중계장치에 의한 중계시설을 통하여 증인신문을 할 때 중계장치를 통하여 증인이 피고인을 대면하거나 피고인이 증인을 대면하는 것이 증인의 보호를 위하여 상당하지 않다고 인정되는 경우 재판장은 검사, 변호인의 의견을 들어 증인 또는 피고인이 상대방을 영상으로 인식할 수 있는 장치의 작동을 중지시킬 수 있다. <신설 2021·10·29>

〔본조신설 2007·10·29〕

제84조의10(증인지원시설의 설치 및 운영) ① 법원은 특별한 사정이 없는 한 예산의 범위 안에서 증인의 보호 및 지원에 필요한 시설을 설치한다.

② 법원은 제1항의 시설을 설치한 경우, 예산의 범위 안에서 그 시설을 관리·운영하고 증인의 보호 및 지원을 담당하는 직원을 둔다.

〔본조신설 2012·5·29〕

제13장 감정 등

제85조(감정유치장의 기재사항 등) ① 감정유치장에는 피고인의 성명, 주민등록번호 등,

직업, 주거, 죄명, 범죄사실의 요지, 유치할 장소, 유치기간, 감정의 목적 및 유효기간과 그 기간 경과후에는 집행에 착수하지 못하고 영장을 반환하여야 한다는 취지를 기재하고 재판장 또는 수명법관이 서명날인하여야 한다. <개정 1996·12·3, 2007·10·29>

② 감정유치기간의 연장이나 단축 또는 유치할 장소의 변경 등은 결정으로 한다.

제86조(간수의 신청방법) 법 제172조제5항의 규정에 의한 신청은 피고인의 간수를 필요로 하는 사유를 명시하여 서면으로 하여야 한다. <개정 1996·12·3>

제87조(비용의 지급) ① 법원은 감정하기 위하여 피고인을 병원 기타 장소에 유치한 때에는 그 관리자의 청구에 의하여 입원료 기타 수용에 필요한 비용을 지급하여야 한다.

② 제1항의 비용은 법원이 결정으로 정한다.

제88조(준용규정) 구속에 관한 규정은 이 규칙에 특별한 규정이 없는 경우에는 감정하기 위한 피고인의 유치에 이를 준용한다. 다만, 보석에 관한 규정은 그러하지 아니하다.

제89조(감정허가장의 기재사항) ① 감정에 필요한 처분의 허가장에는 법 제173조제2항에 규정한 사항 외에 감정인의 직업, 유효기간을 경과하면 허가된 처분에 착수하지 못하며 허가장을 반환하여야 한다는 취지 및 발부 연월일을 기재하고 재판장 또는 수명법관이 서명날인하여야 한다.

② 법원이 감정에 필요한 처분의 허가에 관하여 조건을 붙인 경우에는 제1항의 허가장에 이를 기재하여야 한다.

제89조의2(감정자료의 제공) 재판장은 필요하다고 인정하는 때에는 감정인에게 소송기록에 있는 감정에 참고가 될 자료를 제공할 수 있다.

〔본조신설 1996·12·3〕

제89조의3(감정서의 설명) ① 법 제179조의2 제2항의 규정에 의하여 감정서의 설명을 하게 할 때에는 검사, 피고인 또는 변호인을 참여하게 하여야 한다.

② 제1항의 설명의 요지는 조서에 기재하여야 한다.

〔본조신설 1996·12·3〕

제90조(준용규정) 제12장의 규정은 구인에 관한 규정을 제외하고는 감정, 통역과 번역에 이를 준용한다. <개정 2021·10·29>

제14장 증거보전

제91조(증거보전처분을 하여야 할 법관) ① 증거보전의 청구는 다음 지역을 관할하는 지방법원판사에게 하여야 한다.

1. 압수에 관하여는 압수할 물건의 소재지
2. 수색 또는 검증에 관하여는 수색 또는 검증할 장소, 신체 또는 물건의 소재지
3. 증인신문에 관하여는 증인의 주거지 또는 현재지
4. 감정에 관하여는 감정대상의 소재지 또는 현재지

② 감정의 청구는 제1항제4호의 규정에 불구하고 감정함에 편리한 지방법원판사에게 할 수 있다.

제92조(청구의 방식) ① 증거보전청구서에는 다음 사항을 기재하여야 한다.

1. 사건의 개요
2. 증명할 사실
3. 증거 및 보전의 방법
4. 증거보전을 필요로 하는 사유

② 삭제 <1996·12·3>

제15장 소송비용

제92조의2(듣거나 말하는 데 장애가 있는 사람을 위한 비용 등) 듣거나 말하는 데 장애가 있는 사람을 위한 통역·속기·녹음·녹화 등에 드는 비용은 국고에서 부담하고, 형사소송법 제186조부터 제194조까지에 따라 피고인 등에게 부담하게 할 소송비용에 산입하지 아니한다.

〔본조신설 2020·6·26〕

제2편 제1심

제1장 수사

제93조(영장청구의 방식) ① 영장의 청구는 서면으로 하여야 한다.

② 체포영장 및 구속영장의 청구서에는 범죄사실의 요지를 따로 기재한 서면 1통(수통의 영장을 청구하는 때에는 그에 상응하는 통수)을 첨부하여야 한다. <개정 2007·10·29>

③ 압수·수색·검증영장의 청구서에는 범죄사실의 요지, 압수·수색·검증의 장소 및 대상을 따로 기재한 서면 1통(수통의 영장을 청구하는 때에는 그에 상응하는 통수)을 첨부하여야 한다. <신설 2007·10·29>

제94조(영장의 방식) 검사의 청구에 의하여 발부하는 영장에는 그 영장을 청구한 검사의 성명과 그 검사의 청구에 의하여 발부한다는 취지를 기재하여야 한다. <개정 1996·12·3>

제95조(체포영장청구서의 기재사항) 체포영장의 청구서에는 다음 각 호의 사항을 기재하여야 한다.

1. 피의자의 성명(분명하지 아니한 때에는 인상, 체격, 그 밖에 피의자를 특정할 수 있는 사항), 주민등록번호 등, 직업, 주거
2. 피의자에게 변호인이 있는 때에는 그 성명
3. 죄명 및 범죄사실의 요지
4. 7일을 넘는 유효기간을 필요로 하는 때에는 그 취지 및 사유
5. 여러 통의 영장을 청구하는 때에는 그 취지 및 사유
6. 인치구금할 장소
7. 법 제200조의2제1항에 규정한 체포의 사유
8. 동일한 범죄사실에 관하여 그 피의자에 대하여 전에 체포영장을 청구하였거나 발부받은 사실이 있는 때에는 다시 체포영장을 청구하는 취지 및 이유
9. 현재 수사 중인 다른 범죄사실에 관하여 그 피의자에 대하여 발부된 유효한 체포영장이 있는 경우에는 그 취지 및 그 범죄사실

〔전부개정 2007·10·29〕

제95조의2(구속영장청구서의 기재사항) 구속영장의 청구서에는 다음 각 호의 사항을 기재하여야 한다.

1. 제95조제1호부터 제6호까지 규정한 사항
2. 법 제70조제1항 각 호에 규정한 구속의 사유
3. 피의자의 체포여부 및 체포된 경우에는 그 형식
4. 법 제200조의6, 법 제87조에 의하여 피의자가 지정한 사람에게 체포이유 등을 알린 경우에는 그 사람의 성명과 연락처

〔본조신설 2007·10·29〕

제96조(자료의 제출 등) ① 체포영장의 청구에는 체포의 사유 및 필요를 인정할 수 있는 자료를 제출하여야 한다.

② 체포영장에 의하여 체포된 자 또는 현행범인으로 체포된 자에 대하여 구속영장을 청구하는 경우에는 법 제201조제2항에 규정한 자료 외에 다음 각호의 자료를 제출하여야 한다.

1. 피의자가 체포영장에 의하여 체포된 자인 때에는 체포영장
2. 피의자가 현행범인으로 체포된 자인 때에는 그 취지와 체포의 일시 및 장소가 기재된 서류

③ 법 제214조의2제1항에 규정한 자는 체포영장 또는 구속영장의 청구를 받은 판사에게 유리한 자료를 제출할 수 있다.

④ 판사는 영장 청구서의 기재사항에 흠결이 있는 경우에는 전화 기타 신속한 방법으로 영장을 청구한 검사에게 그 보정을 요구할 수 있다. <신설 1997·12·31>

〔전부개정 1996·12·3〕

제96조의2(체포의 필요) 체포영장의 청구를 받은 판사는 체포의 사유가 있다고 인정되는 경우에도 피의자의 연령과 경력, 가족관계나 교우관계, 범죄의 경중 및 태양 기타 제반 사정에 비추어 피의자가 도망할 염려가 없고 증거를 인멸할 염려가 없는 등 명백히 체포의 필요가 없다고 인정되는 때에는 체포영장의 청구를 기각하여야 한다.

〔본조신설 1996·12·3〕

제96조의3(인치·구금할 장소의 변경) 검사는 체포영장을 발부받은 후 피의자를 체포하기 이전에 체포영장을 첨부하여 판사에게 인치·구금할 장소의 변경을 청구할 수 있다.

〔본조신설 1997·12·31〕

제96조의4(체포영장의 갱신) 검사는 체포영장의 유효기간을 연장할 필요가 있다고 인정

하는 때에는 그 사유를 소명하여 다시 체포영장을 청구하여야 한다.

〔전부개정 1997·12·31〕

제96조의5(영장전담법관의 지정) 지방법원 또는 지원의 장은 구속영장청구에 대한 심사를 위한 전담법관을 지정할 수 있다.

〔본조신설 1996·12·3〕

제96조의6부터 **제96조의10**까지 삭제 <2007·10·29>

제96조의11(구인 피의자의 유치 등) ① 구인을 위한 구속영장의 집행을 받아 인치된 피의자를 법원에 유치한 경우에 법원사무관등은 피의자의 도망을 방지하기 위한 적절한 조치를 취하여야 한다.

② 제1항의 피의자를 법원 외의 장소에 유치하는 경우에 판사는 구인을 위한 구속영장에 유치할 장소를 기재하고 서명날인하여 이를 교부하여야 한다.

〔본조신설 1997·12·31〕

제96조의12(심문기일의 지정, 통지) ① 삭제 <2007·10·29>

② 체포된 피의자 외의 피의자에 대한 심문기일은 관계인에 대한 심문기일의 통지 및 그 출석에 소요되는 시간 등을 고려하여 피의자가 법원에 인치된 때로부터 가능한 한 빠른 일시로 지정하여야 한다. <신설 1997·12·31>

③ 심문기일의 통지는 서면 이외에 구술·전화·모사전송·전자우편·휴대전화 문자전송 그 밖에 적당한 방법으로 신속하게 하여야 한다. 이 경우 통지의 증명은 그 취지를 심문조서에 기재함으로써 할 수 있다. <개정 2007·10·29>

〔본조신설 1996·12·3〕

제96조의13(피의자의 심문절차) ① 판사는 피의자가 심문기일에의 출석을 거부하거나 질병 그 밖의 사유로 출석이 현저하게 곤란하고, 피의자를 심문 법정에 인치할 수 없다고 인정되는 때에는 피의자의 출석 없이 심문절차를 진행할 수 있다.

② 검사는 피의자가 심문기일에의 출석을 거부하는 때에는 판사에게 그 취지 및 사유를 기재한 서면을 작성 제출하여야 한다.

③ 제1항의 규정에 의하여 심문절차를 진행할 경우에는 출석한 검사 및 변호인의 의견을 듣고, 수사기록 그 밖에 적당하다고 인정하는 방법으로 구속사유의 유무를 조사할 수 있다.

〔전부개정 2007·10·29〕

제96조의14(심문의 비공개) 피의자에 대한 심문절차는 공개하지 아니한다. 다만, 판사는 상당하다고 인정하는 경우에는 피의자의 친족, 피해자 등 이해관계인의 방청을 허가할 수 있다.

〔본조신설 1996·12·3〕

제96조의15(심문장소) 피의자의 심문은 법원청사내에서 하여야 한다. 다만, 피의자가 출석을 거부하거나 질병 기타 부득이한 사유로 법원에 출석할 수 없는 때에는 경찰서, 구치소 기타 적당한 장소에서 심문할 수 있다.

〔본조신설 1996·12·3〕

제96조의16(심문기일의 절차) ① 판사는 피의자에게 구속영장청구서에 기재된 범죄사실의 요지를 고지하고, 피의자에게 일체의 진술을 하지 아니하거나 개개의 질문에 대하여 진술을 거부할 수 있으며, 이익 되는 사실을 진술할 수 있음을 알려주어야 한다.

② 판사는 구속 여부를 판단하기 위하여 필요한 사항에 관하여 신속하고 간결하게 심문하여야 한다. 증거인멸 또는 도망의 염려를 판단하기 위하여 필요한 때에는 피의자의 경력, 가족관계나 교우관계 등 개인적인 사항에 관하여 심문할 수 있다.

③ 검사와 변호인은 판사의 심문이 끝난 후에 의견을 진술할 수 있다. 다만, 필요한 경우에는 심문 도중에도 판사의 허가를 얻어 의견을 진술할 수 있다.

④ 피의자는 판사의 심문 도중에도 변호인에게 조력을 구할 수 있다.

⑤ 판사는 구속 여부의 판단을 위하여 필요하다고 인정하는 때에는 심문장소에 출석한 피해자 그 밖의 제3자를 심문할 수 있다.

⑥ 구속영장이 청구된 피의자의 법정대리인, 배우자, 직계친족, 형제자매나 가족, 동거인 또는 고용주는 판사의 허가를 얻어 사건에 관한 의견을 진술할 수 있다.

⑦ 판사는 심문을 위하여 필요하다고 인정하는 경우에는 호송경찰관 기타의 자를 퇴

실하게 하고 심문을 진행할 수 있다.
〔전부개정 2007·10·29〕

제96조의17 삭제 <2007·10·29>

제96조의18(처리시각의 기재) 구속영장을 청구받은 판사가 피의자심문을 한 경우 법원사무관 등은 구속영장에 구속영장청구서·수사관계서류 및 증거물을 접수한 시각과 이를 반환한 시각을 기재하여야 한다. 다만, 체포된 피의자 외의 피의자에 대하여는 그 반환 시각을 기재한다.
〔본조신설 1997·12·31〕

제96조의19(영장발부와 통지) ① 법 제204조의 규정에 의한 통지는 다음 각호의 1에 해당하는 사유가 발생한 경우에 이를 하여야 한다.
1. 피의자를 체포 또는 구속하지 아니하거나 못한 경우
2. 체포후 구속영장 청구기간이 만료하거나 구속 후 구속기간이 만료하여 피의자를 석방한 경우
3. 체포 또는 구속의 취소로 피의자를 석방한 경우
4. 체포된 국회의원에 대하여 헌법 제44조의 규정에 의한 석방요구가 있어 체포영장의 집행이 정지된 경우
5. 구속집행정지의 경우

② 제1항의 통지서에는 다음 각호의 사항을 기재하여야 한다.
1. 피의자의 성명
2. 제1항 각호의 사유 및 제1항제2호 내지 제5호에 해당하는 경우에는 그 사유발생일
3. 영장 발부 연월일 및 영장번호

③ 제1항제1호에 해당하는 경우에는 체포영장 또는 구속영장의 원본을 첨부하여야 한다.
〔본조신설 1997·12·31〕

제96조의20(변호인의 접견 등) ① 변호인은 구속영장이 청구된 피의자에 대한 심문 시작 전에 피의자와 접견할 수 있다.
② 지방법원 판사는 심문할 피의자의 수, 사건의 성격 등을 고려하여 변호인과 피의자의 접견 시간을 정할 수 있다.
③ 지방법원 판사는 검사 또는 사법경찰관에게 제1항의 접견에 필요한 조치를 요구할 수 있다.
〔본조신설 2006·8·17〕

제96조의21(구속영장청구서 및 소명자료의 열람) ① 피의자 심문에 참여할 변호인은 지방법원 판사에게 제출된 구속영장청구서 및 그에 첨부된 고소·고발장, 피의자의 진술을 기재한 서류와 피의자가 제출한 서류를 열람할 수 있다.
② 검사는 증거인멸 또는 피의자나 공범 관계에 있는 자가 도망할 염려가 있는 등 수사에 방해가 될 염려가 있는 때에는 지방법원 판사에게 제1항에 규정된 서류(구속영장청구서는 제외한다)의 열람 제한에 관한 의견을 제출할 수 있고, 지방법원 판사는 검사의 의견이 상당하다고 인정하는 때에는 그 전부 또는 일부의 열람을 제한할 수 있다. <개정 2011·12·30>
③ 지방법원 판사는 제1항의 열람에 관하여 그 일시, 장소를 지정할 수 있다.
〔본조신설 2006·8·17〕

제96조의22(심문기일의 변경) 판사는 지정된 심문기일에 피의자를 심문할 수 없는 특별한 사정이 있는 경우에는 그 심문기일을 변경할 수 있다.
〔본조신설 2007·10·29〕

제97조(구속기간연장의 신청) ① 구속기간연장의 신청은 서면으로 하여야 한다.
② 제1항의 서면에는 수사를 계속하여야 할 상당한 이유와 연장을 구하는 기간을 기재하여야 한다.

제98조(구속기간연장기간의 계산) 구속기간연장허가결정이 있은 경우에 그 연장기간은 법 제203조의 규정에 의한 구속기간만료 다음날로부터 기산한다.

제99조(재체포·재구속영장의 청구) ① 재체포영장의 청구서에는 재체포영장의 청구라는 취지와 법 제200조의2제4항에 규정한 재체포의 이유 또는 법 제214조의3에 규정한 재체포의 사유를 기재하여야 한다. <개정 1996·12·3>
② 재구속영장의 청구서에는 재구속영장의 청구라는 취지와 법 제208조제1항 또는 법 제214조의3에 규정한 재구속의 사유를 기

재하여야 한다. <개정 1996·12·3>

③ 제95조, 제95조의2, 제96조, 제96조의2 및 제96조의4의 규정은 재체포 또는 재구속의 영장의 청구 및 그 심사에 이를 준용한다. <신설 1996·12·3, 2007·10·29>

제100조(준용규정) ① 제46조, 제49조제1항 및 제51조의 규정은 검사 또는 사법경찰관의 피의자 체포 또는 구속에 이를 준용한다. 다만, 체포영장에는 법 제200조의2제1항에서 규정한 체포의 사유를 기재하여야 한다. <개정 1996·12·3>

② 체포영장에 의하여 체포되었거나 현행범으로 체포된 피의자에 대하여 구속영장청구가 기각된 경우에는 법 제200조의4제2항의 규정을 준용한다. <신설 1996·12·3>

③ 제96조의3의 규정은 구속영장의 인치·구금할 장소의 변경 청구에 준용한다. <신설 2020·12·28>

제101조(체포·구속적부심사청구권자의 체포·구속영장등본 교부청구 등) 구속영장이 청구되거나 체포 또는 구속된 피의자, 그 변호인, 법정대리인, 배우자, 직계친족, 형제자매나 동거인 또는 고용주는 긴급체포서, 현행범인체포서, 체포영장, 구속영장 또는 그 청구서를 보관하고 있는 검사, 사법경찰관 또는 법원사무관 등에게 그 등본의 교부를 청구할 수 있다. <개정 1989·6·7, 1996·12·3, 1997·12·31, 2007·10·29>

제102조(체포·구속적부심사청구서의 기재사항) 체포 또는 구속의 적부심사청구서에는 다음 사항을 기재하여야 한다. <개정 1996·12·3, 2007·10·29>

1. 체포 또는 구속된 피의자의 성명, 주민등록번호 등, 주거
2. 체포 또는 구속된 일자
3. 청구의 취지 및 청구의 이유
4. 청구인의 성명 및 체포 또는 구속된 피의자와의 관계

제103조 삭제 <2007·10·29>

제104조(심문기일의 통지 및 수사관계서류 등의 제출) ① 체포 또는 구속의 적부심사의 청구를 받은 법원은 지체 없이 청구인, 변호인, 검사 및 피의자를 구금하고 있는 관서(경찰서, 교도소 또는 구치소 등)의 장에게 심문기일과 장소를 통지하여야 한다. <개정 2007·10·29>

② 사건을 수사 중인 검사 또는 사법경찰관은 제1항의 심문기일까지 수사관계서류와 증거물을 법원에 제출하여야 하고, 피의자를 구금하고 있는 관서의 장은 위 심문기일에 피의자를 출석시켜야 한다. 법원사무관등은 체포적부심사청구사건의 기록표지에 수사관계서류와 증거물의 접수 및 반환의 시각을 기재하여야 한다. <개정 1996·12·3>

③ 제54조의2제3항의 규정은 제1항에 따른 통지에 이를 준용한다. <개정 1996·12·3, 2007·10·29>

제104조의2(준용규정) 제96조의21의 규정은 체포·구속의 적부심사를 청구한 피의자의 변호인에게 이를 준용한다.
〔본조신설 2006·8·17〕

제105조(심문기일의 절차) ① 법 제214조의2 제9항에 따라 심문기일에 출석한 검사·변호인·청구인은 법원의 심문이 끝난 후 의견을 진술할 수 있다. 다만, 필요한 경우에는 심문 도중에도 판사의 허가를 얻어 의견을 진술할 수 있다.

② 피의자는 판사의 심문 도중에도 변호인에게 조력을 구할 수 있다.

③ 체포 또는 구속된 피의자, 변호인, 청구인은 피의자에게 유리한 자료를 낼 수 있다.

④ 법원은 피의자의 심문을 합의부원에게 명할 수 있다.
〔전부개정 2007·10·29〕

제106조(결정의 기한) 체포 또는 구속의 적부심사청구에 대한 결정은 체포 또는 구속된 피의자에 대한 심문이 종료된 때로부터 24시간 이내에 이를 하여야 한다. <개정 1996·12·3>

제107조(압수, 수색, 검증 영장청구서의 기재사항) ① 압수, 수색 또는 검증을 위한 영장의 청구서에는 다음 각호의 사항을 기재하여야 한다. <개정 1996·12·3, 2007·10·29, 2011·12·30>

1. 제95조제1호부터 제5호까지에 규정한 사항
2. 압수할 물건, 수색 또는 검증할 장소, 신체나 물건

3. 압수, 수색 또는 검증의 사유
4. 일출전 또는 일몰후에 압수, 수색 또는 검증을 할 필요가 있는 때에는 그 취지 및 사유
5. 법 제216조제3항에 따라 청구하는 경우에는 영장 없이 압수, 수색 또는 검증을 한 일시 및 장소
6. 법 제217조제2항에 따라 청구하는 경우에는 체포한 일시 및 장소와 영장 없이 압수, 수색 또는 검증을 한 일시 및 장소
7. 「통신비밀보호법」 제2조제3호에 따른 전기통신을 압수·수색하고자 할 경우 그 작성기간

② 신체검사를 내용으로 하는 검증을 위한 영장의 청구서에는 제1항 각호의 사항외에 신체검사를 필요로 하는 이유와 신체검사를 받을 자의 성별, 건강상태를 기재하여야 한다.

제108조(자료의 제출) ① 법 제215조의 규정에 의한 청구를 할 때에는 피의자에게 범죄의 혐의가 있다고 인정되는 자료와 압수, 수색 또는 검증의 필요 및 해당 사건과의 관련성을 인정할 수 있는 자료를 제출하여야 한다. <개정 2011·12·30>

② 피의자 아닌 자의 신체, 물건, 주거 기타 장소의 수색을 위한 영장의 청구를 할 때에는 압수하여야 할 물건이 있다고 인정될 만한 자료를 제출하여야 한다.

제109조(준용규정) 제58조, 제62조의 규정은 검사 또는 사법경찰관의 압수, 수색에 제64조, 제65조의 규정은 검사 또는 사법경찰관의 검증에 각 이를 준용한다.

제110조(압수, 수색, 검증의 참여) 검사 또는 사법경찰관이 압수, 수색, 검증을 함에는 법 제243조에 규정한 자를 각 참여하게 하여야 한다.

제111조(제1회 공판기일 전 증인신문청구서의 기재사항) 법 제221조의2에 따른 증인신문청구서에는 다음 각 호의 사항을 기재하여야 한다.
1. 증인의 성명, 직업 및 주거
2. 피의자 또는 피고인의 성명
3. 죄명 및 범죄사실의 요지
4. 증명할 사실
5. 신문사항
6. 증인신문청구의 요건이 되는 사실
7. 피의자 또는 피고인에게 변호인이 있는 때에는 그 성명

〔전부개정 2007·10·29〕

제112조(증인신문 등의 통지) 판사가 법 제221조의2에 따른 증인신문을 실시할 경우에는 피고인, 피의자 또는 변호인에게 신문기일과 장소 및 증인신문에 참여할 수 있다는 취지를 통지하여야 한다. <개정 2007·10·29>

〔전부개정 1996·12·3〕

제113조(감정유치청구서의 기재사항) 법 제221조의3에 따른 감정유치청구서에는 다음 각호의 사항을 기재하여야 한다. <개정 2007·10·29>
1. 제95조제1호부터 제5호까지에 규정한 사항
2. 유치할 장소 및 유치기간
3. 감정의 목적 및 이유
4. 감정인의 성명, 직업

〔전부개정 1996·12·3〕

제114조(감정에 필요한 처분허가청구서의 기재사항) 법 제221조의4의 규정에 의한 처분허가청구서에는 다음 각호의 사항을 기재하여야 한다.
1. 법 제173조제2항에 규정한 사항. 다만, 피의자의 성명이 분명하지 아니한 때에는 인상, 체격 기타 피의자를 특정할 수 있는 사항을 기재하여야 한다.
2. 제95조제2호 내지 제5호에 규정한 사항
3. 감정에 필요한 처분의 이유

〔전부개정 1996·12·3〕

제115조(준용규정) 제85조, 제86조 및 제88조의 규정은 법 제221조의3에 규정한 유치처분에, 제89조의 규정은 법 제221조의4에 규정한 허가장에 각 이를 준용한다.

제116조(고소인의 신분관계 자료제출) ① 법 제225조 내지 제227조의 규정에 의하여 고소할 때에는 고소인과 피해자와의 신분관계를 소명하는 서면을, 법 제229조에 의하여 고소할 때에는 혼인의 해소 또는 이혼소송의 제기사실을 소명하는 서면을 각 제출하여야 한다.

② 법 제228조의 규정에 의하여 검사의 지정을 받은 고소인이 고소할 때에는 그 지정

받은 사실을 소명하는 서면을 제출하여야 한다.

제 2 장 공소

제117조(공소장의 기재요건) ① 공소장에는 법 제254조제 3 항에 규정한 사항외에 다음 각호의 사항을 기재하여야 한다. <개정 1996·12·3, 2007·10·29>

1. 피고인의 주민등록번호 등, 직업, 주거 및 등록기준지. 다만, 피고인이 법인인 때에는 사무소 및 대표자의 성명과 주소
2. 피고인이 구속되어 있는지 여부

② 제 1 항제 1 호에 규정한 사항이 명백하지 아니할 때에는 그 취지를 기재하여야 한다.

제118조(공소장의 첨부서류) ① 공소장에는, 공소제기전에 변호인이 선임되거나 보조인의 신고가 있는 경우 그 변호인선임서 또는 보조인신고서를, 공소제기전에 특별대리인의 선임이 있는 경우 그 특별대리인 선임결정등본을, 공소제기당시 피고인이 구속되어 있거나, 체포 또는 구속된 후 석방된 경우 체포영장, 긴급체포서, 구속영장 기타 구속에 관한 서류를 각 첨부하여야 한다. <개정 1996·12·3>

② 공소장에는 제 1 항에 규정한 서류외에 사건에 관하여 법원에 예단이 생기게 할 수 있는 서류 기타 물건을 첨부하거나 그 내용을 인용하여서는 아니된다. <개정 1996·12·3>

제119조 삭제 <2007·10·29>

제120조(재정신청인에 대한 통지) 법원은 재정신청서를 송부받은 때에는 송부받은 날로부터 10일 이내에 피의자 이외에 재정신청인에게도 그 사유를 통지하여야 한다.

〔전부개정 2007·10·29〕

제121조(재정신청의 취소방식 및 취소의 통지) ① 법 제264조제 2 항에 규정된 취소는 관할고등법원에 서면으로 하여야 한다. 다만, 기록이 관할고등법원에 송부되기 전에는 그 기록이 있는 검찰청 검사장 또는 지청장에게 하여야 한다.

② 제 1 항의 취소서를 제출받은 고등법원의 법원사무관등은 즉시 관할 고등검찰청 검사장 및 피의자에게 그 사유를 통지하여야 한다. <개정 2007·10·29>

제122조(재정신청에 대한 결정과 이유의 기재) 법 제262조제 2 항제 2 호에 따라 공소제기를 결정하는 때에는 죄명과 공소사실이 특정될 수 있도록 이유를 명시하여야 한다.

〔전부개정 2007·10·29〕

제122조의2(국가에 대한 비용부담의 범위) 법 제262조의3제 1 항에 따른 비용은 다음 각 호에 해당하는 것으로 한다. <개정 2020·6·26>

1. 증인·감정인·통역인(듣거나 말하는 데 장애가 있는 사람을 위한 통역인을 제외한다)·번역인에게 지급되는 일당·여비·숙박료·감정료·통역료·번역료
2. 현장검증 등을 위한 법관, 법원사무관 등의 출장경비
3. 그 밖에 재정신청 사건의 심리를 위하여 법원이 지출한 송달료 등 절차진행에 필요한 비용

〔본조신설 2007·10·29〕

제122조의3(국가에 대한 비용부담의 절차) ① 법 제262조의3제 1 항에 따른 재판의 집행에 관하여는 법 제477조의 규정을 준용한다.

② 제 1 항의 비용의 부담을 명하는 재판에 그 금액을 표시하지 아니한 때에는 집행을 지휘하는 검사가 산정한다.

〔본조신설 2007·10·29〕

제122조의4(피의자에 대한 비용지급의 범위) ① 법 제262조의3제 2 항과 관련한 비용은 다음 각 호에 해당하는 것으로 한다.

1. 피의자 또는 변호인이 출석함에 필요한 일당·여비·숙박료
2. 피의자가 변호인에게 부담하였거나 부담하여야 할 선임료
3. 기타 재정신청 사건의 절차에서 피의자가 지출한 비용으로 법원이 피의자의 방어권행사에 필요하다고 인정한 비용

② 제 1 항제 2 호의 비용을 계산함에 있어 선임료를 부담하였거나 부담할 변호인이 여러 명이 있은 경우에는 그 중 가장 고액의 선임료를 상한으로 한다.

③ 제 1 항제 2 호의 변호사 선임료는 사안의 성격·난이도, 조사에 소요된 기간 그

밖에 변호인의 변론활동에 소요된 노력의 정도 등을 종합적으로 고려하여 상당하다고 인정되는 금액으로 정한다.
〔본조신설 2007·10·29〕

제122조의5(피의자에 대한 비용지급의 절차) ① 피의자가 법 제262조의3제2항에 따른 신청을 할 때에는 다음 각 호의 사항을 기재한 서면을 재정신청사건의 관할 법원에 제출하여야 한다.
1. 재정신청 사건번호
2. 피의자 및 재정신청인
3. 피의자가 재정신청절차에서 실제 지출하였거나 지출하여야 할 금액 및 그 용도
4. 재정신청인에게 지급을 구하는 금액 및 그 이유

② 피의자는 제1항의 서면을 제출함에 있어 비용명세서 그 밖에 비용액을 소명하는데 필요한 서면과 고소인 수에 상응하는 부본을 함께 제출하여야 한다.
③ 법원은 제1항 및 제2항의 서면의 부본을 재정신청인에게 송달하여야 하고, 재정신청인은 위 서면을 송달받은 날로부터 10일 이내에 이에 대한 의견을 서면으로 법원에 낼 수 있다.
④ 법원은 필요하다고 인정하는 경우에는 피의자 또는 변호인에게 비용액의 심리를 위하여 필요한 자료의 제출 등을 요구할 수 있고, 재정신청인, 피의자 또는 변호인을 심문할 수 있다.
⑤ 비용지급명령에는 피의자 및 재정신청인, 지급을 명하는 금액을 표시하여야 한다. 비용지급명령의 이유는 특히 필요하다고 인정되는 경우가 아니면 이를 기재하지 아니한다.
⑥ 비용지급명령은 피의자 및 재정신청인에게 송달하여야 하고, 법 제262조의3제3항에 따른 즉시항고기간은 피의자 또는 재정신청인이 비용지급명령서를 송달받은 날부터 진행한다.
⑦ 확정된 비용지급명령정본은 「민사집행법」에 따른 강제집행에 관하여는 민사절차에서의 집행력 있는 판결정본과 동일한 효력이 있다.
〔본조신설 2007·10·29〕

제3장 공판

제1절 공판준비와 공판절차

제123조(제1회 공판기일소환장의 송달시기) 피고인에 대한 제1회 공판기일소환장은 법 제266조의 규정에 의한 공소장부본의 송달전에는 이를 송달하여서는 아니된다.

제123조의2(공소제기 후 검사가 보관하는 서류 등의 열람·등사 신청) 법 제266조의3 제1항의 신청은 다음 사항을 기재한 서면으로 하여야 한다.
1. 사건번호, 사건명, 피고인
2. 신청인 및 피고인과의 관계
3. 열람 또는 등사할 대상

〔본조신설 2007·10·29〕

제123조의3(영상녹화물과 열람·등사) 법 제221조·법 제244조의2에 따라 작성된 영상녹화물에 대한 법 제266조의3의 열람·등사는 원본과 함께 작성된 부본에 의하여 이를 행할 수 있다.
〔본조신설 2007·10·29〕

제123조의4(법원에 대한 열람·등사 신청) ① 법 제266조의4제1항의 신청은 다음 사항을 기재한 서면으로 하여야 한다.
1. 열람 또는 등사를 구하는 서류 등의 표목
2. 열람 또는 등사를 필요로 하는 사유

② 제1항의 신청서에는 다음 각 호의 서류를 첨부하여야 한다.
1. 제123조의2의 신청서 사본
2. 검사의 열람·등사 불허 또는 범위 제한 통지서. 다만 검사가 서면으로 통지하지 않은 경우에는 그 사유를 기재한 서면
3. 신청서 부본 1부

③ 법원은 제1항의 신청이 있는 경우, 즉시 신청서 부본을 검사에게 송부하여야 하고, 검사는 이에 대한 의견을 제시할 수 있다.
④ 제1항, 제2항제1호·제3호의 규정은 법 제266조의11제3항에 따른 검사의 신청에 이를 준용한다. 법원은 검사의 신청이 있는 경우 즉시 신청서 부본을 피고인 또는 변호인에게 송부하여야 하고, 피고인 또는 변호인은 이에 대한 의견을 제시할 수 있다.
〔본조신설 2007·10·29〕

제123조의5(공판준비기일 또는 공판기일에서의 열람·등사) ① 검사, 피고인 또는 변호인은 공판준비 또는 공판기일에서 법원의 허가를 얻어 구두로 상대방에게 법 제266조의3·제266조의11에 따른 서류 등의 열람 또는 등사를 신청할 수 있다.

② 상대방이 공판준비 또는 공판기일에서 서류 등의 열람 또는 등사를 거부하거나 그 범위를 제한한 때에는 법원은 법 제266조의4제2항의 결정을 할 수 있다.

③ 제1항, 제2항에 따른 신청과 결정은 공판준비 또는 공판기일의 조서에 기재하여야 한다.

〔본조신설 2007·10·29〕

제123조의6(재판의 고지 등에 관한 특례) 법원은 서면 이외에 전화·모사전송·전자우편·휴대전화 문자전송 그 밖에 적당한 방법으로 검사·피고인 또는 변호인에게 공판준비와 관련된 의견을 요청하거나 결정을 고지할 수 있다.

〔본조신설 2007·10·29〕

제123조의7(쟁점의 정리) ① 사건이 공판준비절차에 부쳐진 때에는 검사는 증명하려는 사실을 밝히고 이를 증명하는 데 사용할 증거를 신청하여야 한다.

② 피고인 또는 변호인은 검사의 증명사실과 증거신청에 대한 의견을 밝히고, 공소사실에 관한 사실상·법률상 주장과 그에 대한 증거를 신청하여야 한다.

③ 검사·피고인 또는 변호인은 필요한 경우 상대방의 주장 및 증거신청에 대하여 필요한 의견을 밝히고, 그에 관한 증거를 신청할 수 있다.

〔본조신설 2007·10·29〕

제123조의8(심리계획의 수립) ① 법원은 사건을 공판준비절차에 부친 때에는 집중심리를 하는 데 필요한 심리계획을 수립하여야 한다.

② 검사·피고인 또는 변호인은 특별한 사정이 없는 한 필요한 증거를 공판준비절차에서 일괄하여 신청하여야 한다.

③ 법원은 증인을 신청한 자에게 증인의 소재, 연락처, 출석 가능성 및 출석이 가능한 일시 등 증인의 신문에 필요한 사항의 준비를 명할 수 있다.

〔본조신설 2007·10·29〕

제123조의9(기일외 공판준비) ① 재판장은 검사·피고인 또는 변호인에게 기한을 정하여 공판준비 절차의 진행에 필요한 사항을 미리 준비하게 하거나 그 밖에 공판준비에 필요한 명령을 할 수 있다.

② 재판장은 기한을 정하여 법 제266조의6제2항에 규정된 서면의 제출을 명할 수 있다.

③ 제2항에 따른 서면에는 필요한 사항을 구체적이고 간결하게 기재하여야 하고, 증거로 할 수 없거나 증거로 신청할 의사가 없는 자료에 기초하여 법원에 사건에 대한 예단 또는 편견을 발생하게 할 염려가 있는 사항을 기재하여서는 아니 된다.

④ 피고인이 제2항에 따른 서면을 낼 때에는 1통의 부본을, 검사가 제2항에 따른 서면을 낼 때에는 피고인의 수에 1을 더한 수에 해당하는 부본을 함께 제출하여야 한다. 다만, 여러 명의 피고인에 대하여 동일한 변호인이 선임된 경우에는 검사는 변호인의 수에 1을 더한 수에 해당하는 부본만을 낼 수 있다.

〔본조신설 2007·10·29〕

제123조의10(공판준비기일의 변경) 검사·피고인 또는 변호인은 부득이한 사유로 공판준비기일을 변경할 필요가 있는 때에는 그 사유와 기간 등을 구체적으로 명시하여 공판준비기일의 변경을 신청할 수 있다.

〔본조신설 2007·10·29〕

제123조의11(공판준비기일이 지정된 사건의 국선변호인 선정) ① 법 제266조의7에 따라 공판준비 기일이 지정된 사건에 관하여 피고인에게 변호인이 없는 때에는 법원은 지체 없이 국선변호인을 선정하고, 피고인 및 변호인에게 그 뜻을 고지하여야 한다.

② 공판준비기일이 지정된 후에 변호인이 없게 된 때에도 제1항을 준용한다.

〔본조신설 2007·10·29〕

제123조의12(공판준비기일조서) ① 법원이 공판준비기일을 진행한 경우에는 참여한 법원사무관 등이 조서를 작성하여야 한다.

② 제1항의 조서에는 피고인, 증인, 감정인, 통역인 또는 번역인의 진술의 요지와

쟁점 및 증거에 관한 정리결과 그 밖에 필요한 사항을 기재하여야 한다.

③ 제1항, 제2항의 조서에는 재판장 또는 법관과 참여한 법원사무관 등이 기명날인 또는 서명하여야 한다.

〔본조신설 2007·10·29〕

제123조의13(비디오 등 중계장치 등에 의한 공판준비기일) ① 법 제266조의17제1항에 따른 공판준비기일(이하 "영상공판준비기일"이라 한다)은 검사, 변호인을 비디오 등 중계장치에 의한 중계시설에 출석하게 하거나 인터넷 화상장치를 이용하여 지정된 인터넷주소에 접속하게 하고, 영상과 음향의 송수신에 의하여 법관, 검사, 변호인이 상대방을 인식할 수 있는 방법으로 한다.

② 제1항의 비디오 등 중계장치에 의한 중계시설은 법원 청사 안에 설치하되, 필요한 경우 법원 청사 밖의 적당한 곳에 설치할 수 있다.

③ 법원은 제2항 후단에 따라 비디오 등 중계장치에 의한 중계시설이 설치된 관공서나 그 밖의 공사단체의 장에게 영상공판준비기일의 원활한 진행에 필요한 조치를 요구할 수 있다.

④ 영상공판준비기일에서의 서류 등의 제시는 비디오 등 중계장치에 의한 중계시설이나 인터넷 화상장치를 이용하거나 모사전송, 전자우편, 그 밖에 이에 준하는 방법으로 할 수 있다.

⑤ 인터넷 화상장치를 이용하는 경우 영상공판준비기일에 지정된 인터넷 주소에 접속하지 아니한 때에는 불출석한 것으로 본다. 다만, 당사자가 책임질 수 없는 사유로 접속할 수 없었던 때에는 그러하지 아니하다.

⑥ 통신불량, 소음, 서류 등 확인의 불편, 제3자 관여 우려 등의 사유로 영상공판준비기일의 실시가 상당하지 아니한 당사자가 있는 경우 법원은 기일을 연기 또는 속행하면서 그 당사자가 법정에 직접 출석하는 기일을 지정할 수 있다.

⑦ 법원조직법 제58조제2항에 따른 명령을 위반하는 행위, 같은 법 제59조에 위반하는 행위, 심리방해행위 또는 재판의 위신을 현저히 훼손하는 행위가 있는 경우 감치 또는 과태료에 처하는 재판에 관하여는 법정등의 질서유지를위한재판에관한규칙에 따른다.

⑧ 영상공판준비기일을 실시한 경우 그 취지를 조서에 적어야 한다.

〔본조신설 2021·10·29〕

제124조(공판개정시간의 구분 지정) 재판장은 가능한 한 각 사건에 대한 공판개정시간을 구분하여 지정하여야 한다.

제124조의2(일괄 기일 지정과 당사자의 의견 청취) 재판장은 법 제267조의2제3항의 규정에 의하여 여러 공판기일을 일괄하여 지정할 경우에는 검사, 피고인 또는 변호인의 의견을 들어야 한다.

〔본조신설 2007·10·29〕

제125조(공판기일 변경신청) 법 제270조제1항에 규정한 공판기일 변경신청에는 공판기일의 변경을 필요로 하는 사유와 그 사유가 계속되리라고 예상되는 기간을 명시하여야 하며 진단서 기타의 자료로써 이를 소명하여야 한다.

제125조의2(변론의 방식) 공판정에서의 변론은 구체적이고 명료하게 하여야 한다.

〔본조신설 2007·10·29〕

제126조(피고인의 대리인의 대리권) 피고인이 법 제276조 단서 또는 법 제277조에 따라 공판기일에 대리인을 출석하게 할 때에는 그 대리인에게 대리권을 수여한 사실을 증명하는 서면을 법원에 제출하여야 한다. <개정 2007·10·29>

제126조의2(신뢰관계 있는 자의 동석) ① 법 제276조의2제1항에 따라 피고인과 동석할 수 있는 신뢰관계에 있는 자는 피고인의 배우자, 직계친족, 형제자매, 가족, 동거인, 고용주 그 밖에 피고인의 심리적 안정과 원활한 의사소통에 도움을 줄 수 있는 자를 말한다.

② 법 제276조의2제1항에 따른 동석 신청에는 동석하고자 하는 자와 피고인 사이의 관계, 동석이 필요한 사유 등을 밝혀야 한다.

③ 피고인과 동석한 신뢰관계에 있는 자는 재판의 진행을 방해하여서는 아니 되며, 재판장은 동석한 신뢰관계 있는 자가 부당하게 재판의 진행을 방해하는 때에는 동석을 중지시킬 수 있다.

〔본조신설 2007·10·29〕

제126조의3(불출석의 허가와 취소) ① 법 제277조제3호에 규정한 불출석허가신청은 공판기일에 출석하여 구술로 하거나 공판기일 외에서 서면으로 할 수 있다.

② 법원은 피고인의 불출석허가신청에 대한 허가 여부를 결정하여야 한다.

③ 법원은 피고인의 불출석을 허가한 경우에도 피고인의 권리보호 등을 위하여 그 출석이 필요하다고 인정되는 때에는 불출석허가를 취소할 수 있다.

〔본조신설 2007·10·29〕

제126조의4(출석거부의 통지) 법 제277조의2의 사유가 발생하는 경우에는 교도소장은 즉시 그 취지를 법원에 통지하여야 한다.

〔본조신설 1996·12·3〕

제126조의5(출석거부에 관한 조사) ① 법원이 법 제277조의2에 따라 피고인의 출석 없이 공판절차를 진행하고자 하는 경우에는 미리 그 사유가 존재하는가의 여부를 조사하여야 한다. <개정 2007·10·29>

② 법원이 제1항의 조사를 함에 있어서 필요하다고 인정하는 경우에는 교도관리 기타 관계자의 출석을 명하여 진술을 듣거나 그들로 하여금 보고서를 제출하도록 명할 수 있다. <개정 2007·10·29>

③ 법원은 합의부원으로 하여금 제1항의 조사를 하게 할 수 있다.

〔본조신설 1996·12·3〕

제126조의6(피고인 또는 검사의 출석없이 공판절차를 진행한다는 취지의 고지) 법 제277조의2의 규정에 의하여 피고인의 출석없이 공판절차를 진행하는 경우 또는 법 제278조의 규정에 의하여 검사의 2회 이상 불출석으로 공판절차를 진행하는 경우에는 재판장은 공판정에서 소송관계인에게 그 취지를 고지하여야 한다.

〔본조신설 1996·12·3〕

제126조의7(전문심리위원의 지정) 법원은 전문심리위원규칙에 따라 정해진 전문심리위원 후보자 중에서 전문심리위원을 지정하여야 한다.

〔본조신설 2007·12·31〕

제126조의8(기일 외의 전문심리위원에 대한 설명 등의 요구와 통지) 재판장이 기일 외에서 전문심리위원에 대하여 설명 또는 의견을 요구한 사항이 소송관계를 분명하게 하는 데 중요한 사항일 때에는 법원사무관등은 검사, 피고인 또는 변호인에게 그 사항을 통지하여야 한다.

〔본조신설 2007·12·31〕

제126조의9(서면의 사본 송부) 전문심리위원이 설명이나 의견을 기재한 서면을 제출한 경우에는 법원사무관등은 검사, 피고인 또는 변호인에게 그 사본을 보내야 한다.

〔본조신설 2007·12·31〕

제126조의10(전문심리위원에 대한 준비지시) ① 재판장은 전문심리위원을 소송절차에 참여시키기 위하여 필요하다고 인정한 때에는 쟁점의 확인 등 적절한 준비를 지시할 수 있다.

② 재판장이 제1항의 준비를 지시한 때에는 법원사무관등은 검사, 피고인 또는 변호인에게 그 취지를 통지하여야 한다.

〔본조신설 2007·12·31〕

제126조의11(증인신문기일에서의 재판장의 조치) 재판장은 전문심리위원의 말이 증인의 증언에 영향을 미치지 않게 하기 위하여 필요하다고 인정할 때에는 직권 또는 검사, 피고인 또는 변호인의 신청에 따라 증인의 퇴정 등 적절한 조치를 취할 수 있다.

〔본조신설 2007·12·31〕

제126조의12(조서의 기재) ① 전문심리위원이 공판준비기일 또는 공판기일에 참여한 때에는 조서에 그 성명을 기재하여야 한다.

② 전문심리위원이 재판장, 수명법관 또는 수탁판사의 허가를 받아 소송관계인에게 질문을 한 때에는 조서에 그 취지를 기재하여야 한다.

〔본조신설 2007·12·31〕

제126조의13(전문심리위원 참여 결정의 취소 신청방식 등) ① 법 제279조의2제1항에 따른 결정의 취소 신청은 기일에서 하는 경우를 제외하고는 서면으로 하여야 한다.

② 제1항의 신청을 할 때에는 신청 이유를 밝혀야 한다. 다만, 검사와 피고인 또는 변호인이 동시에 신청할 때에는 그러하지 아니하다.

〔본조신설 2007·12·31〕

제126조의14(수명법관 등의 권한) 수명법관

또는 수탁판사가 소송절차를 진행하는 경우에는 제126조의10부터 제126조의12까지의 규정에 따른 재판장의 직무는 그 수명법관이나 수탁판사가 행한다.

〔본조신설 2007·12·31〕

제127조(피고인에 대한 진술거부권 등의 고지) 재판장은 법 제284조에 따른 인정신문을 하기 전에 피고인에게 진술을 하지 아니하거나 개개의 질문에 대하여 진술을 거부할 수 있고, 이익 되는 사실을 진술할 수 있음을 알려 주어야 한다.

〔전부개정 2007·10·29〕

제127조의2(피고인의 모두진술) ① 재판장은 법 제285조에 따른 검사의 모두진술 절차를 마친 뒤에 피고인에게 공소사실을 인정하는지 여부에 관하여 물어야 한다.

② 피고인 및 변호인은 공소에 관한 의견 그 밖에 이익이 되는 사실 등을 진술할 수 있다.

〔본조신설 2007·10·29〕

제128조부터 **제130조**까지 삭제 <2007·10·29>

제131조(간이공판절차의 결정전의 조치) 법원이 법 제286조의2의 규정에 의한 결정을 하고자 할 때에는 재판장은 이미 피고인에게 간이공판절차의 취지를 설명하여야 한다.

제132조(증거의 신청) ① 검사, 피고인 또는 변호인은 특별한 사정이 없는 한 증거를 일괄하여 신청하여야 한다.

② 검사, 피고인 또는 변호인은 증명하려는 사실과 관련되고 그 사실의 증명에 필요한 증거만을 선별하여 신청하여야 한다.

③ 법원은 제1항 및 제2항을 위반하거나 재판에 부당한 지연을 초래하는 증거신청을 기각할 수 있다.

〔전부개정 2025·2·28〕

제132조의2(증거신청의 방식) ① 검사, 피고인 또는 변호인이 증거신청을 함에 있어서는 그 증거와 증명하고자 하는 사실과의 관계를 구체적으로 명시하여야 한다.

② 피고인의 자백을 보강하는 증거나 정상에 관한 증거는 보강증거 또는 정상에 관한 증거라는 취지를 특히 명시하여 그 조사를 신청하여야 한다.

③ 서류나 물건의 일부에 대한 증거신청을 함에 있어서는 증거로 할 부분을 특정하여 명시하여야 한다.

④ 법원은 필요하다고 인정할 때에는 증거신청을 한 자에게, 신문할 증인, 감정인, 통역인 또는 번역인의 성명, 주소, 서류나 물건의 표목 및 제1항 내지 제3항에 규정된 사항을 기재한 서면의 제출을 명할 수 있다.

⑤ 제1항 내지 제4항의 규정에 위반한 증거신청은 이를 기각할 수 있다.

〔전부개정 1989·6·7〕

제132조의3(수사기록의 일부에 대한 증거신청 방식) ① 법 제311조부터 법 제315조까지 또는 법 제318조에 따라 증거로 할 수 있는 서류나 물건이 수사기록의 일부인 때에는 검사는 이를 특정하여 개별적으로 제출함으로써 그 조사를 신청하여야 한다. 수사기록의 일부인 서류나 물건을 자백에 대한 보강증거나 피고인의 정상에 관한 증거로 낼 경우 또는 법 제274조에 따라 공판기일전에 서류나 물건을 낼 경우에도 이와 같다. <개정 2007·10·29>

② 제1항의 규정에 위반한 증거신청은 이를 기각할 수 있다.

〔본조신설 1989·6·7〕

제132조의4(보관서류에 대한 송부요구) ① 법 제272조에 따른 보관서류의 송부요구신청은 법원, 검찰청, 수사처, 기타의 공무소 또는 공사단체(이하 "법원 등"이라고 한다)가 보관하고 있는 서류의 일부에 대하여도 할 수 있다. <개정 2007·10·29, 2021·1·29>

② 제1항의 신청을 받은 법원이 송부요구신청을 채택하는 경우에는 서류를 보관하고 있는 법원 등에 대하여 그 서류 중 신청인 또는 변호인이 지정하는 부분의 인증등본을 송부하여 줄 것을 요구할 수 있다.

③ 제2항의 규정에 의한 요구를 받은 법원 등은 당해 서류를 보관하고 있지 아니하거나 기타 송부요구에 응할 수 없는 사정이 있는 경우를 제외하고는 신청인 또는 변호인에게 당해 서류를 열람하게 하여 필요한 부분을 지정할 수 있도록 하여야 하며 정당한 이유 없이 이에 대한 협력을 거절하지 못한다.

④ 서류의 송부요구를 받은 법원 등이 당해 서류를 보관하고 있지 아니하거나 기타 송부요구에 응할 수 없는 사정이 있는 때에는 그 사유를 요구법원에 통지하여야 한다.

〔본조신설 1996·12·3〕

제132조의5(민감정보 등의 처리) ① 법원은 재판업무 및 그에 부수하는 업무의 수행을 위하여 필요한 경우 「개인정보 보호법」 제23조의 민감정보, 제24조의 고유식별정보, 제24조의2의 주민등록번호 및 그 밖의 개인정보를 처리할 수 있다. <개정 2014·8·6>

② 법원은 필요하다고 인정하는 경우 법 제272조에 따라 법원등에 대하여 제1항의 민감정보, 고유식별정보, 주민등록번호 및 그 밖의 개인정보가 포함된 자료의 송부를 요구할 수 있다. <개정 2014·8·6>

③ 제2항에 따른 송부에 관하여는 제132조의4제2항부터 제4항까지의 규정을 준용한다.

〔본조신설 2012·5·29〕

제133조(증거신청의 순서) 증거신청은 검사가 먼저 이를 한 후 다음에 피고인 또는 변호인이 이를 한다.

제134조(증거결정의 절차) ① 법원은 증거결정을 함에 있어서 필요하다고 인정할 때에는 그 증거에 대한 검사, 피고인 또는 변호인의 의견을 들을 수 있다.

② 법원은 서류 또는 물건이 증거로 제출된 경우에 이에 관한 증거결정을 함에 있어서는 제출한 자로 하여금 그 서류 또는 물건을 상대방에게 제시하게 하여 상대방으로 하여금 그 서류 또는 물건의 증거능력 유무에 관한 의견을 진술하게 하여야 한다. 다만, 법 제318조의3의 규정에 의하여 동의가 있는 것으로 간주되는 경우에는 그러하지 아니하다.

③ 삭제 <2021·12·31>

④ 법원은 증거신청을 기각·각하하거나, 증거신청에 대한 결정을 보류하는 경우, 증거신청인으로부터 당해 증거서류 또는 증거물을 제출받아서는 아니 된다. <신설 2007·10·29>

제134조의2(영상녹화물의 조사 신청) ① 검사는 피고인이 아닌 피의자의 진술을 영상녹화한 사건에서 피고인이 아닌 피의자가 그 조서에 기재된 내용이 자신이 진술한 내용과 동일하게 기재되어 있음을 인정하지 아니하는 경우 그 부분의 성립의 진정을 증명하기 위하여 영상녹화물의 조사를 신청할 수 있다. <개정 2020·12·28>

② 삭제 <2020·12·28>

③ 제1항의 영상녹화물은 조사가 개시된 시점부터 조사가 종료되어 피의자가 조서에 기명날인 또는 서명을 마치는 시점까지 전 과정이 영상녹화된 것으로, 다음 각 호의 내용을 포함하는 것이어야 한다.

1. 피의자의 신문이 영상녹화되고 있다는 취지의 고지
2. 영상녹화를 시작하고 마친 시각 및 장소의 고지
3. 신문하는 검사와 참여한 자의 성명과 직급의 고지
4. 진술거부권·변호인의 참여를 요청할 수 있다는 점 등의 고지
5. 조사를 중단·재개하는 경우 중단 이유와 중단 시각, 중단 후 재개하는 시각
6. 조사를 종료하는 시각

④ 제1항의 영상녹화물은 조사가 행해지는 동안 조사실 전체를 확인할 수 있도록 녹화된 것으로 진술자의 얼굴을 식별할 수 있는 것이어야 한다.

⑤ 제1항의 영상녹화물의 재생 화면에는 녹화 당시의 날짜와 시간이 실시간으로 표시되어야 한다.

⑥ 삭제 <2020·12·28>

〔본조신설 2007·10·29〕

제134조의3(제3자의 진술과 영상녹화물) ① 검사는 피의자가 아닌 자가 공판준비 또는 공판기일에서 조서가 자신이 검사 또는 사법경찰관 앞에서 진술한 내용과 동일하게 기재되어 있음을 인정하지 아니하는 경우 그 부분의 성립의 진정을 증명하기 위하여 영상녹화물의 조사를 신청할 수 있다.

② 검사는 제1항에 따라 영상녹화물의 조사를 신청하는 때에는 피의자가 아닌 자가 영상녹화에 동의하였다는 취지로 기재하고 기명날인 또는 서명한 서면을 첨부하여야 한다.

③ 제134조의2제3항제1호부터 제3호, 제5호, 제6호, 제4항, 제5항은 검사가 피의자가 아닌 자에 대한 영상녹화물의 조사를 신청하는 경우에 준용한다.

〔본조신설 2007·10·29〕

제134조의4(영상녹화물의 조사) ① 법원은 검사가 영상녹화물의 조사를 신청한 경우 이에 관한 결정을 함에 있어 원진술자와 함께

피고인 또는 변호인으로 하여금 그 영상녹화물이 적법한 절차와 방식에 따라 작성되어 봉인된 것인지 여부에 관한 의견을 진술하게 하여야 한다. <개정 2020·12·28>

② 삭제 <2020·12·28>

③ 법원은 공판준비 또는 공판기일에서 봉인을 해체하고 영상녹화물의 전부 또는 일부를 재생하는 방법으로 조사하여야 한다. 이 때 영상녹화물은 그 재생과 조사에 필요한 전자적 설비를 갖춘 법정 외의 장소에서 이를 재생할 수 있다.

④ 재판장은 조사를 마친 후 지체 없이 법원사무관 등으로 하여금 다시 원본을 봉인하도록 하고, 원진술자와 함께 피고인 또는 변호인에게 기명날인 또는 서명하도록 하여 검사에게 반환한다. 다만, 피고인의 출석 없이 개정하는 사건에서 변호인이 없는 때에는 피고인 또는 변호인의 기명날인 또는 서명을 요하지 아니한다.

〔본조신설 2007·10·29〕

제134조의5(기억 환기를 위한 영상녹화물의 조사) ① 법 제318조의2제2항에 따른 영상녹화물의 재생은 검사의 신청이 있는 경우에 한하고, 기억의 환기가 필요한 피고인 또는 피고인 아닌 자에게만 이를 재생하여 시청하게 하여야 한다.

② 제134조의2제3항부터 제5항까지와 제134조의4는 검사가 법 제318조의2제2항에 의하여 영상녹화물의 재생을 신청하는 경우에 준용한다.

〔본조신설 2007·10·29〕

제134조의6(증거서류에 대한 조사방법) ① 법 제292조제3항에 따른 증거서류 내용의 고지는 그 요지를 고지하는 방법으로 한다.

② 재판장은 필요하다고 인정하는 때에는 법 제292조제1항·제2항·제4항의 낭독에 갈음하여 그 요지를 진술하게 할 수 있다.

〔본조신설 2007·10·29〕

제134조의7(컴퓨터용디스크 등에 기억된 문자정보 등에 대한 증거조사) ① 컴퓨터용디스크 그 밖에 이와 비슷한 정보저장매체(다음부터 이 조문 안에서 이 모두를 "컴퓨터디스크 등"이라 한다)에 기억된 문자정보를 증거자료로 하는 경우에는 읽을 수 있도록 출력하여 인증한 등본을 낼 수 있다.

② 컴퓨터디스크 등에 기억된 문자정보를 증거로 하는 경우에 증거조사를 신청한 당사자는 법원이 명하거나 상대방이 요구한 때에는 컴퓨터디스크 등에 입력한 사람과 입력한 일시, 출력한 사람과 출력한 일시를 밝혀야 한다.

③ 컴퓨터디스크 등에 기억된 정보가 도면·사진 등에 관한 것인 때에는 제1항과 제2항의 규정을 준용한다.

〔본조신설 2007·10·29〕

제134조의8(음성·영상자료 등에 대한 증거조사) ① 녹음·녹화테이프, 컴퓨터용디스크, 그 밖에 이와 비슷한 방법으로 음성이나 영상을 녹음 또는 녹화(다음부터 이 조문 안에서 "녹음·녹화 등"이라 한다)하여 재생할 수 있는 매체(다음부터 이 조문 안에서 "녹음·녹화매체 등"이라 한다)에 대한 증거조사를 신청하는 때에는 음성이나 영상이 녹음·녹화 등이 된 사람, 녹음·녹화 등을 한 사람 및 녹음·녹화 등을 한 일시·장소를 밝혀야 한다.

② 녹음·녹화매체 등에 대한 증거조사를 신청한 당사자는 법원이 명하거나 상대방이 요구한 때에는 녹음·녹음매체 등의 녹취서, 그 밖에 그 내용을 설명하는 서면을 제출하여야 한다.

③ 녹음·녹화매체 등에 대한 증거조사는 녹음·녹화매체 등을 재생하여 청취 또는 시청하는 방법으로 한다.

④ 제3항의 경우 재판장은 검사, 피고인 또는 변호인의 의견을 들어 녹음·녹화매체 등의 중요 부분만을 재생하여 청취 또는 시청할 수 있다. <신설 2025·2·28>

〔본조신설 2007·10·29〕

제134조의9(준용규정) 도면·사진 그 밖에 정보를 담기 위하여 만들어진 물건으로서 문서가 아닌 증거의 조사에 관하여는 특별한 규정이 없으면 법 제292조, 법 제292조의2의 규정을 준용한다.

〔본조신설 2007·10·29〕

제134조의10(피해자등의 의견진술) ① 법원은 필요하다고 인정하는 경우에는 직권으로 또는 법 제294조의2제1항에 정한 피해자등(이하 이 조 및 제134조의11에서 '피해자등'이라 한다)의 신청에 따라 피해자등을 공판기

일에 출석하게 하여 법 제294조의2제2항에 정한 사항으로서 범죄사실의 인정에 해당하지 않는 사항에 관하여 증인신문에 의하지 아니하고 의견을 진술하게 할 수 있다.
② 재판장은 재판의 진행상황 등을 고려하여 피해자등의 의견진술에 관한 사항과 그 시간을 미리 정할 수 있다.
③ 재판장은 피해자등의 의견진술에 대하여 그 취지를 명확하게 하기 위하여 피해자등에게 질문할 수 있고, 설명을 촉구할 수 있다.
④ 합의부원은 재판장에게 알리고 제3항의 행위를 할 수 있다.
⑤ 검사, 피고인 또는 변호인은 피해자등이 의견을 진술한 후 그 취지를 명확하게 하기 위하여 재판장의 허가를 받아 피해자등에게 질문할 수 있다.
⑥ 재판장은 다음 각 호의 어느 하나에 해당하는 경우에는 피해자등의 의견진술이나 검사, 피고인 또는 변호인의 피해자등에 대한 질문을 제한할 수 있다.
1. 피해자등이나 피해자 변호사가 이미 해당 사건에 관하여 충분히 진술하여 다시 진술할 필요가 없다고 인정되는 경우
2. 의견진술 또는 질문으로 인하여 공판절차가 현저하게 지연될 우려가 있다고 인정되는 경우
3. 의견진술과 질문이 해당 사건과 관계없는 사항에 해당된다고 인정되는 경우
4. 범죄사실의 인정에 관한 것이거나, 그 밖의 사유로 피해자등의 의견진술로서 상당하지 아니하다고 인정되는 경우
⑦ 제1항의 경우 법 제163조의2제1항, 제3항 및 제84조의3을 준용한다.
〔본조신설 2015·6·29〕

제134조의11(의견진술에 갈음한 서면의 제출) ① 재판장은 재판의 진행상황, 그 밖의 사정을 고려하여 피해자등에게 제134조의10 제1항의 의견진술에 갈음하여 의견을 기재한 서면을 제출하게 할 수 있다.
② 피해자등의 의견진술에 갈음하는 서면이 법원에 제출된 때에는 검사 및 피고인 또는 변호인에게 그 취지를 통지하여야 한다.
③ 제1항에 따라 서면이 제출된 경우 재판장은 공판기일에서 의견진술에 갈음하는 서면의 취지를 명확하게 하여야 한다. 이 경우 재판장은 상당하다고 인정하는 때에는 그 서면을 낭독하거나 요지를 고지할 수 있다.
④ 제2항의 통지는 서면, 전화, 전자우편, 모사전송, 휴대전화 문자전송 그 밖에 적당한 방법으로 할 수 있다.
〔본조신설 2015·6·29〕

제134조의12(의견진술·의견진술에 갈음한 서면) 제134조의10제1항에 따른 진술과 제134조의11제1항에 따른 서면은 범죄사실의 인정을 위한 증거로 할 수 없다.
〔본조신설 2015·6·29〕

제134조의13(금전 공탁에 대한 피해자등의 의견 청취) ① 법원이 법 제294조의5제1항 본문에 따라 피해자 또는 그 법정대리인(피해자가 사망한 경우에는 배우자·직계친족·형제자매를 포함한다. 이하 이 조에서 '피해자등'이라 한다)의 의견을 듣는 경우에는 다음 각 호의 어느 하나에 해당하는 방법으로 한다.
1. 검사 또는 피해자 변호사에게 의견조회서를 교부 또는 송부하여 그로부터 해당 의견조회서를 제출받는 방법
2. 서면·전화·전자우편·모사전송·휴대전화 문자전송 그 밖에 적당한 방법으로 피해자등의 의견을 확인하는 방법. 이 경우 법원사무관등은 의견 확인의 상대방·방법·연월일 및 피해자등이 제출한 의견(피해자등이 의견제출을 거절하는 등의 경우에는 그러한 취지)을 기재한 서면을 기록에 편철하여야 한다. 다만, 조서에 그 내용을 기재한 경우에는 그러하지 아니하다.
② 법 제294조의5제1항 단서에서 "대법원규칙으로 정하는 특별한 사정이 있는 경우"란 다음 각 호의 어느 하나에 해당하는 경우를 말한다.
1. 피해자등이 이미 해당 사건에서 피고인의 공탁에 관하여 의사를 진술하여 다시 그 의사를 확인할 필요가 없는 경우
2. 피해자등의 의견 청취로 인하여 공판절차가 현저하게 지연될 우려가 있는 경우
3. 피공탁자의 인적사항을 확인할 수 없는 등의 사유로 피해자등의 의견을 듣기 곤란한 경우
4. 그 밖에 심리나 절차 진행의 상황 등에 비추어 피해자등의 의견을 듣기 곤란한 경우

③ 법 제294조의5에 따라 피해자등이 제출한 의견은 범죄사실의 인정을 위한 증거로 할 수 없다.
〔본조신설 2024·12·31〕

제135조(자백의 조사 시기) 법 제312조 및 법 제313조에 따라 증거로 할 수 있는 피고인 또는 피고인 아닌 자의 진술을 기재한 조서 또는 서류가 피고인의 자백 진술을 내용으로 하는 경우에는 범죄사실에 관한 다른 증거를 조사한 후에 이를 조사하여야 한다.
〔본조신설 2007·10·29〕

제135조의2(증거조사에 관한 이의신청의 사유) 법 제296조제1항의 규정에 의한 이의신청은 법령의 위반이 있거나 상당하지 아니함을 이유로 하여 이를 할 수 있다. 다만, 법 제295조의 규정에 의한 결정에 대한 이의신청은 법령의 위반이 있음을 이유로 하여서만 이를 할 수 있다.

제136조(재판장의 처분에 대한 이의신청의 사유) 법 제304조제1항의 규정에 의한 이의신청은 법령의 위반이 있음을 이유로 하여서만 이를 할 수 있다.

제137조(이의신청의 방식과 시기) 제135조의2 및 제136조에 규정한 이의신청(이하 이 절에서는 "이의신청"이라 한다)은 개개의 행위, 처분 또는 결정시마다 그 이유를 간결하게 명시하여 즉시 이를 하여야 한다.
<개정 2025·2·28>

제138조(이의신청에 대한 결정의 시기) 이의신청에 대한 법 제296조제2항 또는 법 제304조제2항의 결정은 이의신청이 있은 후 즉시 이를 하여야 한다.

제139조(이의신청에 대한 결정의 방식) ① 시기에 늦은 이의신청, 소송지연만을 목적으로 하는 것임이 명백한 이의신청은 결정으로 이를 기각하여야 한다. 다만, 시기에 늦은 이의신청이 중요한 사항을 대상으로 하고 있는 경우에는 시기에 늦은 것만을 이유로 하여 기각하여서는 아니된다.
② 이의신청이 이유없다고 인정되는 경우에는 결정으로 이를 기각하여야 한다.
③ 이의신청이 이유있다고 인정되는 경우에는 결정으로 이의신청의 대상이 된 행위, 처분 또는 결정을 중지, 철회, 취소, 변경하는 등 그 이의신청에 상응하는 조치를 취하여야 한다.
④ 증거조사를 마친 증거가 증거능력이 없음을 이유로 한 이의신청을 이유있다고 인정할 경우에는 그 증거의 전부 또는 일부를 배제한다는 취지의 결정을 하여야 한다.

제140조(중복된 이의신청의 금지) 이의신청에 대한 결정에 의하여 판단이 된 사항에 대하여는 다시 이의신청을 할 수 없다.

제140조의2(피고인신문의 방법) 피고인을 신문함에 있어서 그 진술을 강요하거나 답변을 유도하거나 그 밖에 위압적·모욕적 신문을 하여서는 아니 된다.
〔본조신설 2007·10·29〕

제140조의3(재정인의 퇴정) 재판장은 피고인이 어떤 재정인의 앞에서 충분한 진술을 할 수 없다고 인정한 때에는 그 재정인을 퇴정하게 하고 진술하게 할 수 있다.
〔본조신설 2007·10·29〕

제141조(석명권 등) ① 재판장은 소송관계를 명료하게 하기 위하여 검사, 피고인 또는 변호인에게 사실상과 법률상의 사항에 관하여 석명을 구하거나 입증을 촉구할 수 있다.
② 합의부원은 재판장에게 고하고 제1항의 조치를 할 수 있다.
③ 검사, 피고인 또는 변호인은 재판장에 대하여 제1항의 석명을 위한 발문을 요구할 수 있다.

제142조(공소장의 변경) ① 검사가 법 제298조제1항에 따라 공소장에 기재한 공소사실 또는 적용법조의 추가, 철회 또는 변경(이하 "공소장의 변경"이라 한다)을 하고자 하는 때에는 그 취지를 기재한 공소장변경허가신청서를 법원에 제출하여야 한다. <개정 2007·10·29>
② 제1항의 공소장변경허가신청서에는 피고인의 수에 상응한 부본을 첨부하여야 한다.
③ 법원은 제2항의 부본을 피고인 또는 변호인에게 즉시 송달하여야 한다.
④ 공소장의 변경이 허가된 때에는 검사는 공판기일에 제1항의 공소장변경허가신청서에 의하여 변경된 공소사실·죄명 및 적용법조를 낭독하여야 한다. 다만, 재판장은 필요하다고 인정하는 때에는 공소장변경의 요지를 진술하게 할 수 있다. <개정 2007·10·29>
⑤ 법원은 제1항의 규정에도 불구하고 피고인이 재정하는 공판정에서는 피고인에게

이익이 되거나 피고인이 동의하는 경우 구술에 의한 공소장변경을 허가할 수 있다. <신설 1996·12·3>

제143조(공판절차정지후의 공판절차의 갱신) 공판개정후 법 제306조제1항의 규정에 의하여 공판절차가 정지된 경우에는 그 정지사유가 소멸한 후의 공판기일에 공판절차를 갱신하여야 한다.

제144조(공판절차의 갱신절차) ① 법 제301조, 법 제301조의2 또는 제143조에 따른 공판절차의 갱신은 다음 각 호의 규정에 의한다. <개정 2025·2·28>

1. 재판장은 제127조의 규정에 따라 피고인에게 진술거부권 등을 고지한 후 법 제284조에 따른 인정신문을 하여 피고인임에 틀림없음을 확인하여야 한다.
2. 재판장은 검사로 하여금 공소장 또는 공소장변경허가신청서에 의하여 공소사실, 죄명 및 적용법조를 낭독하게 하거나 그 요지를 진술하게 하여야 한다.
3. 재판장은 피고인에게 공소사실의 인정 여부 및 정상에 관하여 진술할 기회를 주어야 한다.
4. 재판장은 갱신전의 공판기일에서의 피고인이나 피고인이 아닌 자의 진술 또는 법원의 검증결과를 기재한 조서에 관하여 증거조사를 하여야 한다. 다만, 이 규칙 제29조에 따라 조서의 일부로 된 녹음물에 대한 녹취서가 있으면 그 녹취서를 법 제292조에서 정한 방법에 따라 조사하는 것으로 그 녹음물에 대한 증거조사를 갈음할 수 있다.
5. 재판장은 갱신전의 공판기일에서 증거조사된 서류 또는 물건에 관하여 다시 증거조사를 하여야 한다. 다만, 증거능력 없다고 인정되는 서류 또는 물건과 증거로 함이 상당하지 아니하다고 인정되고 검사, 피고인 및 변호인이 이의를 하지 아니하는 서류 또는 물건에 대하여는 그러하지 아니하다.

② 재판장은 제1항제4호 및 제5호에 규정한 서류 또는 물건에 관하여 증거조사를 함에 있어서 검사, 피고인 및 변호인의 동의가 있는 때에는 그 전부 또는 일부에 관하여 법 제292조·제292조의2·제292조의3에 규정한 방법에 갈음하여 상당하다고 인정하는 방법으로 이를 할 수 있다.

③ 제1항제4호 단서에 따라 녹취서를 조사할 때 검사, 피고인 또는 변호인이 녹취서의 기재가 녹음물의 내용과 불일치한다고 이의하거나 법원이 필요하다고 인정하는 경우, 법원은 녹음물의 전부 또는 일부를 청취하면서 녹취서 기재내용의 오류 여부나 녹음물과의 일치 여부를 확인할 수 있다. <신설 2025·2·28>

〔전부개정 2007·10·29〕

제145조(변론시간의 제한) 재판장은 필요하다고 인정하는 경우 검사, 피고인 또는 변호인의 본질적인 권리를 해치지 아니하는 범위내에서 법 제302조 및 법 제303조의 규정에 의한 의견진술의 시간을 제한할 수 있다.

제2절 공판의 재판

제146조(판결서의 작성) 변론을 종결한 기일에 판결을 선고하는 경우에는 선고 후 5일 내에 판결서를 작성하여야 한다.

〔전부개정 2007·10·29〕

제147조(판결의 선고) ① 재판장은 판결을 선고할 때 피고인에게 이유의 요지를 말이나 판결서 등본 또는 판결서 초본의 교부 등 적절한 방법으로 설명한다.

② 재판장은 판결을 선고하면서 피고인에게 적절한 훈계를 할 수 있다.

〔전부개정 2016·6·27〕

제147조의2(보호관찰의 취지 등의 고지, 보호처분의 기간) ① 재판장은 판결을 선고함에 있어서 피고인에게 형법 제59조의2, 형법 제62조의2의 규정에 의하여 보호관찰, 사회봉사 또는 수강(이하 "보호관찰 등"이라고 한다)을 명하는 경우에는 그 취지 및 필요하다고 인정하는 사항이 적힌 서면을 교부하여야 한다. <개정 2016·2·19>

② 법원은 판결을 선고함에 있어 형법 제62조의2의 규정에 의하여 사회봉사 또는 수강을 명하는 경우에는 피고인이 이행하여야 할 총 사회봉사시간 또는 수강시간을 정하여야 한다. 이 경우 필요하다고 인정하는 때에는 사회봉사 또는 수강할 강의의 종류나 방법 및 그 시설 등을 지정할 수 있다.

③ 형법 제62조의2제2항의 사회봉사명령은 500시간, 수강명령은 200시간을 각 초과할 수 없으며, 보호관찰관이 그 명령을 집행함에는 본인의 정상적인 생활을 방해하지 아니하도록 한다. <개정 1998·6·20>
④ 형법 제62조의2제1항의 보호관찰·사회봉사·수강명령은 둘 이상 병과할 수 있다. <신설 1998·6·20>
⑤ 사회봉사·수강명령이 보호관찰과 병과하여 부과된 때에는 보호관찰기간내에 이를 집행하여야 한다. <신설 1998·6·20>
〔본조신설 1996·12·3〕

제147조의3(보호관찰의 판결 등의 통지) ① 보호관찰등을 조건으로 한 판결이 확정된 때에 당해 사건이 확정된 법원의 법원사무관등은 3일 이내에 판결문등본을 대상자의 주거지를 관할하는 보호관찰소의 장에게 송부하여야 한다. <개정 1998·6·20>
② 제1항의 서면에는 법원의 의견 기타 보호관찰 등의 자료가 될 만한 사항을 기재한 서면을 첨부할 수 있다.
〔본조신설 1996·12·3〕

제147조의4(보호관찰 등의 성적보고) 보호관찰 등을 명한 판결을 선고한 법원은 보호관찰등의 기간 중 보호관찰소장에게 보호관찰등을 받고 있는 자의 성적에 관하여 보고를 하게 할 수 있다.
〔본조신설 1996·12·3〕

제148조(피고인에 대한 판결서 등본 등의 송달) ① 법원은 피고인에 대하여 판결을 선고한 때에는 선고일부터 7일 이내에 피고인에게 그 판결서 등본을 송달하여야 한다. 다만, 피고인이 동의하는 경우에는 그 판결서 초본을 송달할 수 있다.
② 제1항에 불구하고 불구속 피고인과 법 제331조의 규정에 의하여 구속영장의 효력이 상실된 구속 피고인에 대하여는 피고인이 송달을 신청하는 경우에 한하여 판결서 등본 또는 판결서 초본을 송달한다.
〔전부개정 2016·6·27〕

제149조(집행유예취소청구의 방식) 법 제335조제1항에 규정한 형의 집행유예취소청구는 취소의 사유를 구체적으로 기재한 서면으로 하여야 한다.

제149조의2(자료의 제출) 형의 집행유예취소청구를 한 때에는 취소의 사유가 있다는 것을 인정할 수 있는 자료를 제출하여야 한다.
〔본조신설 1996·12·3〕

제149조의3(청구서 부본의 제출과 송달) ① 형법 제64조제2항의 규정에 의한 집행유예취소청구를 한 때에는 검사는 청구와 동시에 청구서의 부본을 법원에 제출하여야 한다.
② 법원은 제1항의 부본을 받은 때에는 지체없이 집행유예의 선고를 받은 자에게 송달하여야 한다.
〔본조신설 1996·12·3〕

제150조(출석명령) 형의 집행유예취소청구를 받은 법원은 법 제335조제2항의 규정에 의한 의견을 묻기 위하여 필요하다고 인정할 경우에는 집행유예의 선고를 받은 자 또는 그 대리인의 출석을 명할 수 있다. <개정 1996·12·3>

제150조의2(준용규정) 제149조 내지 제150조의 규정은 형법 제61조제2항의 규정에 의하여 유예한 형을 선고하는 경우에 준용한다.
〔본조신설 1996·12·3〕

제151조(경합범중 다시 형을 정하는 절차 등에의 준용) 제149조, 제149조의2 및 제150조의 규정은 법 제336조에 규정한 절차에 이를 준용한다. <개정 1996·12·3>

제3편 상소

제1장 통칙

제152조(재소자의 상소장 등의 처리) ① 교도소장, 구치소장 또는 그 직무를 대리하는 자가 법 제344조제1항의 규정에 의하여 상소장을 제출받은 때에는 그 제출받은 연월일을 상소장에 부기하여 즉시 이를 원심법원에 송부하여야 한다.
② 제1항의 규정은 교도소장, 구치소장 또는 그 직무를 대리하는 자가 법 제355조에 따라 정식재판청구나 상소권회복청구 또는 상소의 포기나 취하의 서면 및 상소이유서를 제출받은 때 및 법 제487조부터 법 제489조까지의 신청과 그 취하에 이를 준용한다. <개정 2007·10·29>

제153조(상소의 포기 또는 취하에 관한 동의서의 제출) ① 법 제350조에 규정한 피고

인이 상소의 포기 또는 취하를 할 때에는 법정대리인이 이에 동의하는 취지의 서면을 제출하여야 한다.

② 피고인의 법정대리인 또는 법 제341조에 규정한 자가 상소의 취하를 할 때에는 피고인이 이에 동의하는 취지의 서면을 제출하여야 한다.

제154조(상소의 포기 또는 취하의 효력을 다투는 절차) ① 상소의 포기 또는 취하가 부존재 또는 무효임을 주장하는 자는 그 포기 또는 취하당시 소송기록이 있었던 법원에 절차속행의 신청을 할 수 있다.

② 제1항의 신청을 받은 법원은 신청이 이유있다고 인정하는 때에는 신청을 인용하는 결정을 하고 절차를 속행하여야 하며, 신청이 이유없다고 인정하는 때에는 결정으로 신청을 기각하여야 한다.

③ 제2항 후단의 신청기각결정에 대하여는 즉시 항고할 수 있다.

제 2 장 항소

제155조(항소이유서, 답변서의 기재) 항소이유서 또는 답변서에는 항소이유 또는 답변내용을 구체적으로 간결하게 명시하여야 한다.

제156조(항소이유서, 답변서의 부본제출) 항소이유서 또는 답변서에는 상대방의 수에 2를 더한 수의 부본을 첨부하여야 한다. <개정 1996·12·3>

제156조의2(국선변호인의 선정 및 소송기록접수통지) ① 기록의 송부를 받은 항소법원은 법 제33조제1항제1호부터 제6호까지의 필요적 변호사건에 있어서 변호인이 없는 경우에는 지체없이 변호인을 선정한 후 그 변호인에게 소송기록접수통지를 하여야 한다. 법 제33조제3항에 의하여 국선변호인을 선정한 경우에도 그러하다. <개정 2006·8·17, 2016·6·27>

② 항소법원은 항소이유서 제출기간이 도과하기 전에 피고인으로부터 법 제33조제2항의 규정에 따른 국선변호인 선정청구가 있는 경우에는 지체없이 그에 관한 결정을 하여야 하고, 이 때 변호인을 선정한 경우에는 그 변호인에게 소송기록접수통지를 하여야 한다. <신설 2006·3·23, 2006·8·17>

③ 제1항, 제2항의 규정에 따라 국선변호인 선정결정을 한 후 항소이유서 제출기간내에 피고인이 책임질 수 없는 사유로 그 선정결정을 취소하고 새로운 국선변호인을 선정한 경우에도 그 변호인에게 소송기록접수통지를 하여야 한다. <신설 2006·3·23>

④ 항소법원이 제2항의 국선변호인 선정청구를 기각한 경우에는 피고인이 국선변호인 선정청구를 한 날로부터 선정청구기각결정등본을 송달받은 날까지의 기간을 법 제361조의3제1항이 정한 항소이유서 제출기간에 산입하지 아니한다. 다만, 피고인이 최초의 국선변호인 선정청구기각결정을 받은 이후 같은 법원에 다시 선정청구를 한 경우에는 그 국선변호인 선정청구일로부터 선정청구기각결정등본 송달일까지의 기간에 대해서는 그러하지 아니하다. <신설 2006·3·23>

〔본조신설 1996·12·3〕

제156조의3(항소이유 및 답변의 진술) ① 항소인은 그 항소이유를 구체적으로 진술하여야 한다.

② 상대방은 항소인의 항소이유 진술이 끝난 뒤에 항소이유에 대한 답변을 구체적으로 진술하여야 한다.

③ 피고인 및 변호인은 이익이 되는 사실 등을 진술할 수 있다.

〔본조신설 2007·10·29〕

제156조의4(쟁점의 정리) 법원은 항소이유와 답변에 터잡아 해당 사건의 사실상·법률상 쟁점을 정리하여 밝히고 그 증명되어야 하는 사실을 명확히 하여야 한다.

〔본조신설 2007·10·29〕

제156조의5(항소심과 증거조사) ① 재판장은 증거조사절차에 들어가기에 앞서 제1심의 증거관계와 증거조사결과의 요지를 고지하여야 한다.

② 항소심 법원은 다음 각호의 어느 하나에 해당하는 경우에 한하여 증인을 신문할 수 있다.

1. 제1심에서 조사되지 아니한 데에 대하여 고의나 중대한 과실이 없고, 그 신청으로 인하여 소송을 현저하게 지연시키지 아니하는 경우
2. 제1심에서 증인으로 신문하였으나 새로운 중요한 증거의 발견 등으로 항소심에서

다시 신문하는 것이 부득이하다고 인정되는 경우

3. 그 밖에 항소의 당부에 관한 판단을 위하여 반드시 필요하다고 인정되는 경우

〔본조신설 2007·10·29〕

제156조의6(항소심에서의 피고인 신문) ① 검사 또는 변호인은 항소심의 증거조사가 종료한 후 항소이유의 당부를 판단함에 필요한 사항에 한하여 피고인을 신문할 수 있다.

② 재판장은 제1항에 따라 피고인 신문을 실시하는 경우에도 제1심의 피고인 신문과 중복되거나 항소이유의 당부를 판단하는 데 필요 없다고 인정하는 때에는 그 신문의 전부 또는 일부를 제한할 수 있다.

③ 재판장은 필요하다고 인정하는 때에는 피고인을 신문할 수 있다.

〔본조신설 2007·10·29〕

제156조의7(항소심에서의 의견진술) ① 항소심의 증거조사와 피고인 신문절차가 종료한 때에는 검사는 원심 판결의 당부와 항소이유에 대한 의견을 구체적으로 진술하여야 한다.

② 재판장은 검사의 의견을 들은 후 피고인과 변호인에게도 제1항의 의견을 진술할 기회를 주어야 한다.

〔본조신설 2007·10·29〕

제157조(환송 또는 이송판결이 확정된 경우 소송기록 등의 송부) 법 제366조 또는 법 제367조 본문의 규정에 의한 환송 또는 이송판결이 확정된 경우에는 다음 각호의 규정에 의하여 처리하여야 한다. <개정 1996·12·3, 2021·1·29>

1. 항소법원은 판결확정일로부터 7일 이내에 소송기록과 증거물을 환송 또는 이송받을 법원에 송부하고, 항소법원에 대응하는 검찰청 검사 또는 수사처검사에게 그 사실을 통지하여야 한다.
2. 제1호의 송부를 받은 법원은 지체없이 그 법원에 대응한 검찰청 검사 또는 수사처검사에게 그 사실을 통지하여야 한다.
3. 피고인이 교도소 또는 구치소에 있는 경우에는 항소법원에 대응한 검찰청 검사 또는 수사처검사는 제1호의 통지를 받은 날로부터 10일 이내에 피고인을 환송 또는 이송받을 법원소재지의 교도소나 구치소에 이감한다.

제158조(변호인 선임의 효력) 원심법원에서의 변호인 선임은 법 제366조 또는 법 제367조의 규정에 의한 환송 또는 이송이 있은 후에도 효력이 있다.

제159조(준용규정) 제2편중 공판에 관한 규정은 항소법원의 공판절차에 이를 준용한다.

제3장 상고

제160조(상고이유서, 답변서의 부본 제출) 상고이유서 또는 답변서에는 상대방의 수에 4를 더한 수의 부본을 첨부하여야 한다. <개정 1996·12·3>

제161조(피고인에 대한 공판기일의 통지 등)

① 법원사무관등은 피고인에게 공판기일통지서를 송달하여야 한다. <개정 1996·12·3>

② 상고심에서는 공판기일을 지정하는 경우에도 피고인의 이감을 요하지 아니한다. <개정 1996·12·3>

③ 상고한 피고인에 대하여 이감이 있는 경우에는 검사는 지체없이 이를 대법원에 통지하여야 한다. <신설 1996·12·3>

제161조의2(참고인 의견서 제출) ① 국가기관과 지방자치단체는 공익과 관련된 사항에 관하여 대법원에 재판에 관한 의견서를 제출할 수 있고, 대법원은 이들에게 의견서를 제출하게 할 수 있다.

② 대법원은 소송관계를 분명하게 하기 위하여 공공단체 등 그 밖의 참고인에게 의견서를 제출하게 할 수 있다.

〔본조신설 2015·1·28〕

제162조(대법관전원합의체사건에 관하여 부에서 할 수 있는 재판) 대법관전원합의체에서 본안재판을 하는 사건에 관하여 구속, 구속기간의 갱신, 구속의 취소, 보석, 보석의 취소, 구속의 집행정지, 구속의 집행정지의 취소를 함에는 대법관 3인 이상으로써 구성된 부에서 재판할 수 있다. <개정 1988·3·23>

제163조(판결정정신청의 통지) 법 제400조제1항에 규정한 판결정정의 신청이 있는 때에는 즉시 그 취지를 상대방에게 통지하여야 한다.

제164조(준용규정) 제155조, 제156조의2, 제157조제1호·제2호의 규정은 상고심의 절차에 이를 준용한다. <개정 1996·12·3>

제 4 장 항고

제165조(항고법원의 결정등본의 송부) 항고법원이 법 제413조 또는 법 제414조에 규정한 결정을 한 때에는 즉시 그 결정의 등본을 원심법원에 송부하여야 한다.

제 4 편 특별소송절차

제 1 장 재심

제166조(재심청구의 방식) 재심의 청구를 함에는 재심청구의 취지 및 재심청구의 이유를 구체적으로 기재한 재심청구서에 원판결의 등본 및 증거자료를 첨부하여 관할법원에 제출하여야 한다.

제167조(재심청구 취하의 방식) ① 재심청구의 취하는 서면으로 하여야 한다. 다만, 공판정에서는 구술로 할 수 있다.

② 구술로 재심청구의 취하를 한 경우에는 그 사유를 조서에 기재하여야 한다.

제168조(준용규정) 제152조의 규정은 재심의 청구와 그 취하에 이를 준용한다.

제169조(청구의 경합과 공판절차의 정지) ① 항소기각의 확정판결과 그 판결에 의하여 확정된 제 1 심판결에 대하여 각각 재심의 청구가 있는 경우에 항소법원은 결정으로 제 1 심법원의 소송절차가 종료할 때까지 소송절차를 정지하여야 한다.

② 상고기각의 판결과 그 판결에 의하여 확정된 제 1 심 또는 제 2 심의 판결에 대하여 각각 재심의 청구가 있는 경우에 상고법원은 결정으로 제 1 심법원 또는 항소법원의 소송절차가 종료할 때까지 소송절차를 정지하여야 한다.

제 2 장 약식절차

제170조(서류 등의 제출) 검사는 약식명령의 청구와 동시에 약식명령을 하는데 필요한 증거서류 및 증거물을 법원에 제출하여야 한다.

제171조(약식명령의 시기) 약식명령은 그 청구가 있은 날로부터 14일 이내에 이를 하여야 한다.

제172조(보통의 심판) ① 법원사무관등은 약식명령의 청구가 있는 사건을 법 제450조의 규정에 따라 공판절차에 의하여 심판하기로 한 때에는 즉시 그 취지를 검사에게 통지하여야 한다. <개정 1996 · 12 · 3>

② 제 1 항의 통지를 받은 검사는 5일 이내에 피고인수에 상응한 공소장 부본을 법원에 제출하여야 한다. <개정 1996 · 12 · 3>

③ 법원은 제 2 항의 공소장 부본에 관하여 법 제266조에 규정한 조치를 취하여야 한다.

제173조(준용규정) 제153조의 규정은 정식재판청구의 취하에 이를 준용한다.

제 5 편 재판의 집행

제174조(소송비용의 집행면제 등의 신청 등) ① 법 제487조 내지 법 제489조의 규정에 의한 신청 및 그 취하는 서면으로 하여야 한다.

② 제152조의 규정은 제 1 항의 신청과 그 취하에 이를 준용한다.

제175조(소송비용의 집행면제 등의 신청 등의 통지) 법원은 제174조제 1 항에 규정한 신청 또는 그 취하의 서면을 제출받은 경우에는 즉시 그 취지를 검사에게 통지하여야 한다.

제 6 편 보칙

제176조(신청 기타 진술의 방식) ① 법원 또는 판사에 대한 신청 기타 진술은 법 및 이 규칙에 다른 규정이 없으면 서면 또는 구술로 할 수 있다.

② 구술에 의하여 신청 기타의 진술을 할 때에는 법원사무관 등의 면전에서 하여야 한다.

③ 제 2 항의 경우에는 법원사무관 등은 조서를 작성하고 기명날인하여야 한다. <개정 1996 · 12 · 3>

제177조(재소자의 신청 기타 진술) 교도소장, 구치소장 또는 그 직무를 대리하는 자는 교도소 또는 구치소에 있는 피고인이나 피의자가 법원 또는 판사에 대한 신청 기타 진술에 관한 서면을 작성하고자 할 때에는 그 편의를 도모하여야 하고, 특히 피고인이나 피의자가 그 서면을 작성할 수 없을 때에는 법 제344조제 2 항의 규정에 준하는 조치를 취하여야 한다.

제177조의2(기일 외 주장 등의 금지) ① 소송관계인은 기일 외에서 구술, 전화, 휴대전화 문자전송, 그 밖에 이와 유사한 방법으로 신체구속, 공소사실 또는 양형에 관하여 법률상·사실상 주장을 하는 등 법령이나 재판장의 지휘에 어긋나는 절차와 방식으로 소송행위를 하여서는 아니 된다.
② 재판장은 제1항을 어긴 소송관계인에게 주의를 촉구하고 기일에서 그 위반사실을 알릴 수 있다.
〔본조신설 2016·9·6〕

제178조(영장의 유효기간) 영장의 유효기간은 7일로 한다. 다만, 법원 또는 법관이 상당하다고 인정하는 때에는 7일을 넘는 기간을 정할 수 있다.
〔본조신설 1996·12·3〕

제179조 삭제 <2016·11·29>

부 칙

①이 규칙은 1983년 3월 1일부터 시행한다.
②이 규칙은 이 규칙 시행당시 법원에 계속된 사건에 이를 적용한다. 다만, 이 규칙 시행전에 행한 소송행위의 효력에 영향을 미치지 아니한다.
③형사피고사건의공시송달을게재할신문지의지정에관한규칙(1955.1.7 공포, 대법원규칙 제27호), 외국거주자가소송행위를할법정기간의연장에관한규칙(1979.5.30 공포, 대법원규칙 제684호) 및 국선변호인선정등에관한규칙(1981.11.21 공포, 대법원규칙 제788호)은 각 이를 폐지한다.

부 칙 <1988·3·23 대법원규칙1004>

이 규칙은 공포한 날로부터 시행한다.

부 칙 <1989·6·7 대법원규칙1067>

①(시행일) 이 규칙은 1989년 9월 1일부터 시행한다.
②(경과조치) 이 규칙은 이 규칙 시행 당시 법원에 계속된 사건에 대하여도 이를 적용한다. 다만, 이 규칙 시행전에 종전의 규정에 의하여 행한 소송행위의 효력에는 영향을 미치지 아니한다.

부 칙 <1991·8·3 대법원규칙1171>

①(시행일) 이 규칙은 1991년 8월 10일부터 시행한다.
②(경과조치) 이 규칙은 이 규칙 시행당시 법원에 계속된 사건에도 적용한다.

부 칙 <1995·7·10 대법원규칙1375>

이 규칙은 공포한 날로부터 시행한다.

부 칙 <1996·12·3 대법원규칙1441>

①(시행일) 이 규칙은 1997년 1월 1일부터 시행한다.
②(경과조치) 이 규칙은 이 규칙 시행당시 법원에 계속된 사건에도 적용한다. 다만, 이 규칙 시행당시 법정기간의 진행이 시작된 사건의 법정기간의 연장에 관하여는 이 규칙 시행후에도 종전의 형사소송법 및 형사소송규칙의 규정에 의한다.

부 칙 <1997·12·31 대법원규칙1508>

①(시행일) 이 규칙은 공포일부터 시행한다.
②(경과조치) 이 규칙은 이 규칙 시행당시 법원에 계속 중인 사건에도 이를 적용한다.

부 칙 <1998·5·19 대법원규칙1540>

이 규칙은 공포한 날부터 시행한다.

부 칙 <1998·6·20 대법원규칙1550>

이 규칙은 1998년 7월 1일부터 시행한다.

부 칙 <1999·12·31 대법원규칙1628>

제1조(시행일) 이 규칙은 공포한 날로부터 시행한다.
제2조 생략

부 칙 <2000·7·15 대법원규칙1664>

이 규칙은 2000년 8월 1일부터 시행한다.

부 칙 <2004·8·20 대법원규칙1901>

이 규칙은 2004년 9월 1일부터 시행한다.

부 칙 <2006·3·23 대법원규칙2013>

①(시행일) 이 규칙은 공포일로부터 시행한다.
②(경과조치) 제156조의2의 개정규정은 이 규칙 시행 이후 국선변호인 선정청구가 있는 사건부터 적용한다.

부 칙 <2006·8·17 대법원규칙2038>

①(시행일) 이 규칙은 2006년 8월 20일부터 시행한다.
②(경과조치) 이 규칙은 이 규칙 시행 당시 수사 중이거나 법원에 계속 중인 사건에도 적용한다.

부 칙 <2007·10·29 대법원규칙2106>

제1조(시행일) 이 규칙은 2008년 1월 1일부터 시행한다.
제2조(일반적 경과조치) 이 규칙은 이 규칙 시행 당시 수사 중이거나 법원에 계속 중인 사건에도 적용한다. 다만, 이 규칙 시행 전

에 종전의 규정에 따라 행한 행위의 효력에는 영향을 미치지 아니한다.

제3조(다른 규칙의 개정) 생략

부 칙 <2007·12·31 대법원규칙2144>

제1조(시행일) 이 규칙은 2008년 1월 22일부터 시행한다.

제2조(경과조치) 이 규칙은 이 규칙 시행 당시에 법원에 계속 중인 사건에도 적용한다.

부 칙 <2011·12·30 대법원규칙2376>

제1조(시행일) 이 규칙은 2012년 1월 1일부터 시행한다.

제2조(경과조치) 이 규칙은 이 규칙 시행 당시 수사 중이거나 법원에 계속 중인 사건에도 적용한다.

부 칙 <2012·5·29 대법원규칙2403>

이 규칙은 공포한 날부터 시행한다. 다만, 제84조의10의 개정규정은 2013년 1월 1일부터 시행한다.

부 칙 <2014·8·6 대법원규칙2546>

이 규칙은 2014년 8월 7일부터 시행한다.

부 칙 <2014·12·30 대법원규칙2576>

이 규칙은 2015년 1월 1일부터 시행한다.

부 칙 <2015·1·28 대법원규칙2587>

이 규칙은 공포한 날부터 시행한다.

부 칙 <2015·6·29 대법원규칙2608>

제1조(시행일) 이 규칙은 공포한 날부터 시행한다.

제2조(경과규정) 이 규칙은 이 규칙 시행 당시 법원에 계속 중인 사건에도 적용한다.

부 칙 <2016·2·19 대법원규칙2641>

제1조(시행일) 이 규칙은 2016년 3월 1일부터 시행한다.

제2조(경과규정) 이 규칙은 이 규칙 시행 당시 법원에 계속 중인 사건에도 적용한다. 다만, 이 규칙 시행 전에 종전의 규정에 따라 행한 행위의 효력에는 영향을 미치지 아니한다.

부 칙 <2016·6·27 대법원규칙2667>

제1조(시행일) 이 규칙은 2016년 7월 1일부터 시행한다.

제2조(경과규정) 이 규칙은 이 규칙 시행 당시 법원에 계속 중인 사건에도 적용한다. 다만, 이 규칙 시행 전에 종전의 규정에 따라 행한 행위의 효력에는 영향을 미치지 아니한다.

부 칙 <2016·9·6 대법원규칙2678>

제1조(시행일) 이 규칙은 공포한 날부터 시행한다.

제2조(경과규정) 이 규칙은 이 규칙 시행 당시 법원에 계속 중인 사건에도 적용한다.

부 칙 <2016·11·29 대법원규칙2696>

제1조(시행일) 이 규칙은 2016년 12월 1일부터 시행한다.

제2조 및 **제3조** 생략

부 칙 <2020·6·26 대법원규칙2906>

이 규칙은 공포한 날부터 시행한다.

부 칙 <2020·12·28 대법원규칙2939>

제1조(시행일) 이 규칙은 2021년 1월 1일부터 시행한다.

제2조(경과조치) 이 규칙은 이 규칙 시행 당시에 법원에 계속 중인 사건에도 적용한다. 다만, 이 규칙 시행 전에 종전의 규정에 따라 행한 행위의 효력에는 영향을 미치지 아니한다.

부 칙 <2021·1·29 대법원규칙2949>

이 규칙은 공포한 날부터 시행한다.

부 칙 <2021·10·29 대법원규칙3004>

제1조(시행일) 이 규칙은 2021년 11월 18일부터 시행한다.

제2조(계속사건에 대한 경과조치) 이 규칙은 이 규칙 시행 당시 법원에 계속 중인 사건에 대하여도 적용한다.

부 칙 <2021·12·31 대법원규칙3016>

제1조(시행일) 이 규칙은 2022년 1월 1일부터 시행한다.

제2조(경과조치) ① 이 규칙은 이 규칙 시행 후 공소제기된 사건부터 적용한다.

② 이 규칙 시행 전에 종전의 규정에 따라 행한 행위의 효력에는 영향을 미치지 아니한다.

부 칙 <2024·12·31 대법원규칙3184>

제1조(시행일) 이 규칙은 2025년 1월 17일부터 시행한다.

제2조(의견 청취에 관한 적용례) 제134조의13 개정규정은 이 규칙 시행 이후 피고인이 피해자의 권리 회복에 필요한 금전을 공탁한 경우부터 적용한다.

부 칙 <2025·2·28 대법원규칙3202>

제1조(시행일) 이 규칙은 공포한 날부터 시행한다.

제2조(적용례) 이 규칙은 이 규칙 시행 당시 법원에 계속 중인 사건에 대하여도 적용한다.

●검사와 사법경찰관의 상호협력과 일반적 수사준칙에 관한 규정

〔2020・10・7 대통령령제31089호〕

개정
2023・10・17 대통령령제33808호

제 1 장 총칙

제 1 조(목적) 이 영은 「형사소송법」 제195조에 따라 검사와 사법경찰관의 상호협력과 일반적 수사준칙에 관한 사항을 규정함으로써 수사과정에서 국민의 인권을 보호하고, 수사절차의 투명성과 수사의 효율성을 보장함을 목적으로 한다.

제 2 조(적용 범위) 검사와 사법경찰관의 협력관계, 일반적인 수사의 절차와 방법에 관하여 다른 법령에 특별한 규정이 있는 경우를 제외하고는 이 영이 정하는 바에 따른다.

제 3 조(수사의 기본원칙) ① 검사와 사법경찰관은 모든 수사과정에서 헌법과 법률에 따라 보장되는 피의자와 그 밖의 피해자・참고인 등(이하 "사건관계인"이라 한다)의 권리를 보호하고, 적법한 절차에 따라야 한다.
② 검사와 사법경찰관은 예단(豫斷)이나 편견 없이 신속하게 수사해야 하고, 주어진 권한을 자의적으로 행사하거나 남용해서는 안 된다.
③ 검사와 사법경찰관은 수사를 할 때 다음 각 호의 사항에 유의하여 실체적 진실을 발견해야 한다.
1. 물적 증거를 기본으로 하여 객관적이고 신빙성 있는 증거를 발견하고 수집하기 위해 노력할 것
2. 과학수사 기법과 관련 지식・기술 및 자료를 충분히 활용하여 합리적으로 수사할 것
3. 수사과정에서 선입견을 갖지 말고, 근거 없는 추측을 배제하며, 사건관계인의 진술을 과신하지 않도록 주의할 것
④ 검사와 사법경찰관은 다른 사건의 수사를 통해 확보된 증거 또는 자료를 내세워 관련이 없는 사건에 대한 자백이나 진술을 강요해서는 안 된다.

제 4 조(불이익 금지) 검사와 사법경찰관은 피의자나 사건관계인이 인권침해 신고나 그 밖에 인권 구제를 위한 신고, 진정, 고소, 고발 등의 행위를 하였다는 이유로 부당한 대우를 하거나 불이익을 주어서는 안 된다.

제 5 조(형사사건의 공개금지 등) ① 검사와 사법경찰관은 공소제기 전의 형사사건에 관한 내용을 공개해서는 안 된다.
② 검사와 사법경찰관은 수사의 전(全) 과정에서 피의자와 사건관계인의 사생활의 비밀을 보호하고 그들의 명예나 신용이 훼손되지 않도록 노력해야 한다.
③ 제 1 항에도 불구하고 법무부장관, 경찰청장 또는 해양경찰청장은 무죄추정의 원칙과 국민의 알권리 등을 종합적으로 고려하여 형사사건 공개에 관한 준칙을 정할 수 있다.

제 2 장 협력

제 6 조(상호협력의 원칙) ① 검사와 사법경찰관은 상호 존중해야 하며, 수사, 공소제기 및 공소유지와 관련하여 협력해야 한다.
② 검사와 사법경찰관은 수사와 공소제기 및 공소유지를 위해 필요한 경우 수사・기소・

재판 관련 자료를 서로 요청할 수 있다.

③ 검사와 사법경찰관의 협의는 신속히 이루어져야 하며, 협의의 지연 등으로 수사 또는 관련 절차가 지연되어서는 안 된다.

제 7 조(중요사건 협력절차) ① 검사와 사법경찰관은 다음 각 호의 어느 하나에 해당하는 사건(이하 "중요사건"이라 한다)의 경우에는 송치 전에 수사할 사항, 증거 수집의 대상, 법령의 적용, 범죄수익 환수를 위한 조치 등에 관하여 상호 의견을 제시·교환할 것을 요청할 수 있다. 이 경우 검사와 사법경찰관은 특별한 사정이 없으면 상대방의 요청에 응해야 한다.

1. 공소시효가 임박한 사건
2. 내란, 외환, 대공(對共), 선거(정당 및 정치자금 관련 범죄를 포함한다), 노동, 집단행동, 테러, 대형참사 또는 연쇄살인 관련 사건
3. 범죄를 목적으로 하는 단체 또는 집단의 조직·구성·가입·활동 등과 관련된 사건
4. 주한 미합중국 군대의 구성원·외국인군무원 및 그 가족이나 초청계약자의 범죄 관련 사건
5. 그 밖에 많은 피해자가 발생하거나 국가적·사회적 피해가 큰 중요한 사건

② 제 1 항에도 불구하고 검사와 사법경찰관은 다음 각 호의 어느 하나에 따른 공소시효가 적용되는 사건에 대해서는 공소시효 만료일 3개월 전까지 제 1 항 각 호 외의 부분 전단에 규정된 사항 등에 관하여 상호 의견을 제시·교환해야 한다. 다만, 공소시효 만료일 전 3개월 이내에 수사를 개시한 때에는 지체 없이 상호 의견을 제시·교환해야 한다.

1. 「공직선거법」 제268조
2. 「공공단체등 위탁선거에 관한 법률」 제71조
3. 「농업협동조합법」 제172조제 4 항
4. 「수산업협동조합법」 제178조제 5 항
5. 「산림조합법」 제132조제 4 항
6. 「소비자생활협동조합법」 제86조제 4 항
7. 「염업조합법」 제59조제 4 항
8. 「엽연초생산협동조합법」 제42조제 5 항
9. 「중소기업협동조합법」 제137조제 3 항
10. 「새마을금고법」 제85조제 6 항
11. 「교육공무원법」 제62조제 5 항

〔전부개정 2023·10·17〕

제 8 조(검사와 사법경찰관의 협의) ① 검사와 사법경찰관은 수사와 사건의 송치, 송부 등에 관한 이견의 조정이나 협력 등이 필요한 경우 서로 협의를 요청할 수 있다. 이 경우 특별한 사정이 없으면 상대방의 협의 요청에 응해야 한다. <개정 2023·10·17>

② 제 1 항에 따른 협의에도 불구하고 이견이 해소되지 않는 경우로서 다음 각 호의 어느 하나에 해당하는 경우에는 해당 검사가 소속된 검찰청의 장과 해당 사법경찰관이 소속된 경찰관서(지방해양경찰관서를 포함한다. 이하 같다)의 장의 협의에 따른다. <개정 2023·10·17>

1. 중요사건에 관하여 상호 의견을 제시·교환하는 것에 대해 이견이 있거나 제시·교환한 의견의 내용에 대해 이견이 있는 경우
2. 「형사소송법」(이하 "법"이라 한다) 제197조의2제 2 항 및 제 3 항에 따른 정당한 이유의 유무에 대해 이견이 있는 경우
3. 법 제197조의4제 2 항 단서에 따라 사법경찰관이 계속 수사할 수 있는지 여부나 사법경찰관이 계속 수사할 수 있는 경우 수사를 계속할 주체 또는 사건의 이송 여부 등에 대해 이견이 있는 경우
4. 법 제245조의8제 2 항에 따른 재수사의 결과에 대해 이견이 있는 경우

제 9 조(수사기관협의회) ① 대검찰청, 경찰청 및 해양경찰청 간에 수사에 관한 제도 개선 방안 등을 논의하고, 수사기관 간 협조가 필요한 사항에 대해 서로 의견을 협의·조정하기 위해 수사기관협의회를 둔다.

② 수사기관협의회는 다음 각 호의 사항에 대해 협의·조정한다.

1. 국민의 인권보호, 수사의 신속성·효율성 등을 위한 제도 개선 및 정책 제안
2. 국가적 재난 상황 등 관련 기관 간 긴밀한 협조가 필요한 업무를 공동으로 수행하기 위해 필요한 사항
3. 그 밖에 제 1 항의 어느 한 기관이 수사기관협의회의 협의 또는 조정이 필요하다

고 요구한 사항
③ 수사기관협의회는 반기마다 정기적으로 개최하되, 제 1 항의 어느 한 기관이 요청하면 수시로 개최할 수 있다.
④ 제 1 항의 각 기관은 수사기관협의회에서 협의·조정된 사항의 세부 추진계획을 수립·시행해야 한다.
⑤ 제 1 항부터 제 4 항까지의 규정에서 정한 사항 외에 수사기관협의회의 운영 등에 필요한 사항은 수사기관협의회에서 정한다.

제 3 장 수사

제 1 절 통칙

제10조(임의수사 우선의 원칙과 강제수사 시 유의사항) ① 검사와 사법경찰관은 수사를 할 때 수사 대상자의 자유로운 의사에 따른 임의수사를 원칙으로 해야 하고, 강제수사는 법률에서 정한 바에 따라 필요한 경우에만 최소한의 범위에서 하되, 수사 대상자의 권익 침해의 정도가 더 적은 절차와 방법을 선택해야 한다.
② 검사와 사법경찰관은 피의자를 체포·구속하는 과정에서 피의자 및 현장에 있는 가족 등 지인들의 인격과 명예를 침해하지 않도록 유의해야 한다.
③ 검사와 사법경찰관은 압수·수색 과정에서 사생활의 비밀, 주거의 평온을 최대한 보장하고, 피의자 및 현장에 있는 가족 등 지인들의 인격과 명예를 침해하지 않도록 유의해야 한다.

제11조(회피) 검사 또는 사법경찰관리는 피의자나 사건관계인과 친족관계 또는 이에 준하는 관계가 있거나 그 밖에 수사의 공정성을 의심 받을 염려가 있는 사건에 대해서는 소속 기관의 장의 허가를 받아 그 수사를 회피해야 한다.

제12조(수사 진행상황의 통지) ① 검사 또는 사법경찰관은 수사에 대한 진행상황을 사건관계인에게 적절히 통지하도록 노력해야 한다.
② 제 1 항에 따른 통지의 구체적인 방법·절차 등은 법무부장관, 경찰청장 또는 해양경찰청장이 정한다.

제13조(변호인의 피의자신문 참여·조력) ① 검사 또는 사법경찰관은 피의자신문에 참여한 변호인이 피의자의 옆자리 등 실질적인 조력을 할 수 있는 위치에 앉도록 해야 하고, 정당한 사유가 없으면 피의자에 대한 법적인 조언·상담을 보장해야 하며, 법적인 조언·상담을 위한 변호인의 메모를 허용해야 한다.
② 검사 또는 사법경찰관은 피의자에 대한 신문이 아닌 단순 면담 등이라는 이유로 변호인의 참여·조력을 제한해서는 안 된다.
③ 제 1 항 및 제 2 항은 검사 또는 사법경찰관의 사건관계인에 대한 조사·면담 등의 경우에도 적용한다.

제14조(변호인의 의견진술) ① 피의자신문에 참여한 변호인은 검사 또는 사법경찰관의 신문 후 조서를 열람하고 의견을 진술할 수 있다. 이 경우 변호인은 별도의 서면으로 의견을 제출할 수 있으며, 검사 또는 사법경찰관은 해당 서면을 사건기록에 편철한다.
② 피의자신문에 참여한 변호인은 신문 중이라도 검사 또는 사법경찰관의 승인을 받아 의견을 진술할 수 있다. 이 경우 검사 또는 사법경찰관은 정당한 사유가 있는 경우를 제외하고는 변호인의 의견진술 요청을 승인해야 한다.
③ 피의자신문에 참여한 변호인은 제 2 항에도 불구하고 부당한 신문방법에 대해서는 검사 또는 사법경찰관의 승인 없이 이의를 제기할 수 있다.
④ 검사 또는 사법경찰관은 제 1 항부터 제 3 항까지의 규정에 따른 의견진술 또는 이의제기가 있는 경우 해당 내용을 조서에 적어야 한다.

제15조(피해자 보호) ① 검사 또는 사법경찰관은 피해자의 명예와 사생활의 평온을 보호하기 위해 「범죄피해자 보호법」 등 피해자 보호 관련 법령의 규정을 준수해야 한다.
② 검사 또는 사법경찰관은 피의자의 범죄수법, 범행 동기, 피해자와의 관계, 언동 및 그 밖의 상황으로 보아 피해자가 피의자 또는 그 밖의 사람으로부터 생명·신체에

위해를 입거나 입을 염려가 있다고 인정되는 경우에는 직권 또는 피해자의 신청에 따라 신변보호에 필요한 조치를 강구해야 한다.

제 2 절 수사의 개시

제16조(수사의 개시) ① 검사 또는 사법경찰관이 다음 각 호의 어느 하나에 해당하는 행위에 착수한 때에는 수사를 개시한 것으로 본다. 이 경우 검사 또는 사법경찰관은 해당 사건을 즉시 입건해야 한다.

1. 피혐의자의 수사기관 출석조사
2. 피의자신문조서의 작성
3. 긴급체포
4. 체포·구속영장의 청구 또는 신청
5. 사람의 신체, 주거, 관리하는 건조물, 자동차, 선박, 항공기 또는 점유하는 방실에 대한 압수·수색 또는 검증영장(부검을 위한 검증영장은 제외한다)의 청구 또는 신청

② 검사 또는 사법경찰관은 수사 중인 사건의 범죄 혐의를 밝히기 위한 목적으로 관련 없는 사건의 수사를 개시하거나 수사기간을 부당하게 연장해서는 안 된다.

③ 검사 또는 사법경찰관은 입건 전에 범죄를 의심할 만한 정황이 있어 수사 개시 여부를 결정하기 위한 사실관계의 확인 등 필요한 조사를 할 때에는 적법절차를 준수하고 사건관계인의 인권을 존중하며, 조사가 부당하게 장기화되지 않도록 신속하게 진행해야 한다.

④ 검사 또는 사법경찰관은 제 3 항에 따른 조사 결과 입건하지 않는 결정을 한 때에는 피해자에 대한 보복범죄나 2차 피해가 우려되는 경우 등을 제외하고는 피혐의자 및 사건관계인에게 통지해야 한다.

⑤ 제 4 항에 따른 통지의 구체적인 방법 및 절차 등은 법무부장관, 경찰청장 또는 해양경찰청장이 정한다.

⑥ 제 3 항에 따른 조사와 관련한 서류 등의 열람 및 복사에 관하여는 제69조제 1 항, 제 3 항, 제 5 항(같은 조 제 1 항 및 제 3 항을 준용하는 부분으로 한정한다. 이하 이 항에서 같다) 및 제 6 항(같은 조 제 1 항, 제 3 항 및 제 5 항에 따른 신청을 받은 경우로 한정한다)을 준용한다.

제16조의2(고소·고발 사건의 수리 등) ① 검사 또는 사법경찰관은 고소 또는 고발을 받은 경우에는 이를 수리해야 한다.

② 검사 또는 사법경찰관은 고소 또는 고발에 따라 범죄를 수사하는 경우에는 고소 또는 고발을 수리한 날부터 3개월 이내에 수사를 마쳐야 한다.

〔본조신설 2023·10·17〕

제17조(변사자의 검시 등) ① 사법경찰관은 변사자 또는 변사한 것으로 의심되는 사체가 있으면 변사사건 발생사실을 검사에게 통보해야 한다.

② 검사는 법 제222조제 1 항에 따라 검시를 했을 경우에는 검시조서를, 검증영장이나 같은 조 제 2 항에 따라 검증을 했을 경우에는 검증조서를 각각 작성하여 사법경찰관에게 송부해야 한다.

③ 사법경찰관은 법 제222조제 1 항 및 제 3 항에 따라 검시를 했을 경우에는 검시조서를, 검증영장이나 같은 조 제 2 항 및 제 3 항에 따라 검증을 했을 경우에는 검증조서를 각각 작성하여 검사에게 송부해야 한다.

④ 검사와 사법경찰관은 법 제222조에 따라 변사자의 검시를 한 사건에 대해 사건 종결 전에 수사할 사항 등에 관하여 상호 의견을 제시·교환해야 한다.

제18조(검사의 사건 이송 등) ① 검사는 「검찰청법」 제 4 조제 1 항제 1 호 각 목에 해당되지 않는 범죄에 대한 고소·고발·진정 등이 접수된 때에는 사건을 검찰청 외의 수사기관에 이송해야 한다. <개정 2023·10·17>

② 검사는 다음 각 호의 어느 하나에 해당하는 때에는 사건을 검찰청 외의 수사기관에 이송할 수 있다.

1. 법 제197조의4제 2 항 단서에 따라 사법경찰관이 범죄사실을 계속 수사할 수 있게 된 때
2. 그 밖에 다른 수사기관에서 수사하는 것이 적절하다고 판단되는 때

③ 검사는 제 1 항 또는 제 2 항에 따라 사건을 이송하는 경우에는 관계 서류와 증거물을 해당 수사기관에 함께 송부해야 한다.

④ 검사는 제 2 항제 2 호에 따른 이송을 하는 경우에는 특별한 사정이 없으면 사건을 수리한 날부터 1개월 이내에 이송해야 한다. <신설 2023·10·17>

제 3 절 임의수사

제19조(출석요구) ① 검사 또는 사법경찰관은 피의자에게 출석요구를 할 때에는 다음 각 호의 사항을 유의해야 한다.

1. 출석요구를 하기 전에 우편·전자우편·전화를 통한 진술 등 출석을 대체할 수 있는 방법의 선택 가능성을 고려할 것
2. 출석요구의 방법, 출석의 일시·장소 등을 정할 때에는 피의자의 명예 또는 사생활의 비밀이 침해되지 않도록 주의할 것
3. 출석요구를 할 때에는 피의자의 생업에 지장을 주지 않도록 충분한 시간적 여유를 두도록 하고, 피의자가 출석 일시의 연기를 요청하는 경우 특별한 사정이 없으면 출석 일시를 조정할 것
4. 불필요하게 여러 차례 출석요구를 하지 않을 것

② 검사 또는 사법경찰관은 피의자에게 출석요구를 하려는 경우 피의자와 조사의 일시·장소에 관하여 협의해야 한다. 이 경우 변호인이 있는 경우에는 변호인과도 협의해야 한다.

③ 검사 또는 사법경찰관은 피의자에게 출석요구를 하려는 경우 피의사실의 요지 등 출석요구의 취지를 구체적으로 적은 출석요구서를 발송해야 한다. 다만, 신속한 출석요구가 필요한 경우 등 부득이한 사정이 있는 경우에는 전화, 문자메시지, 그 밖의 상당한 방법으로 출석요구를 할 수 있다.

④ 검사 또는 사법경찰관은 제 3 항 본문에 따른 방법으로 출석요구를 했을 때에는 출석요구서의 사본을, 같은 항 단서에 따른 방법으로 출석요구를 했을 때에는 그 취지를 적은 수사보고서를 각각 사건기록에 편철한다.

⑤ 검사 또는 사법경찰관은 피의자가 치료 등 수사관서에 출석하여 조사를 받는 것이 현저히 곤란한 사정이 있는 경우에는 수사관서 외의 장소에서 조사할 수 있다.

⑥ 제 1 항부터 제 5 항까지의 규정은 피의자 외의 사람에 대한 출석요구의 경우에도 적용한다.

제20조(수사상 임의동행 시의 고지) 검사 또는 사법경찰관은 임의동행을 요구하는 경우 상대방에게 동행을 거부할 수 있다는 것과 동행하는 경우에도 언제든지 자유롭게 동행 과정에서 이탈하거나 동행 장소에서 퇴거할 수 있다는 것을 알려야 한다.

제21조(심야조사 제한) ① 검사 또는 사법경찰관은 조사, 신문, 면담 등 그 명칭을 불문하고 피의자나 사건관계인에 대해 오후 9시부터 오전 6시까지 사이에 조사(이하 "심야조사"라 한다)를 해서는 안 된다. 다만, 이미 작성된 조서의 열람을 위한 절차는 자정 이전까지 진행할 수 있다.

② 제 1 항에도 불구하고 다음 각 호의 어느 하나에 해당하는 경우에는 심야조사를 할 수 있다. 이 경우 심야조사의 사유를 조서에 명확하게 적어야 한다.

1. 피의자를 체포한 후 48시간 이내에 구속영장의 청구 또는 신청 여부를 판단하기 위해 불가피한 경우
2. 공소시효가 임박한 경우
3. 피의자나 사건관계인이 출국, 입원, 원거리 거주, 직업상 사유 등 재출석이 곤란한 구체적인 사유를 들어 심야조사를 요청한 경우(변호인이 심야조사에 동의하지 않는다는 의사를 명시한 경우는 제외한다)로서 해당 요청에 상당한 이유가 있다고 인정되는 경우
4. 그 밖에 사건의 성질 등을 고려할 때 심야조사가 불가피하다고 판단되는 경우 등 법무부장관, 경찰청장 또는 해양경찰청장이 정하는 경우로서 검사 또는 사법경찰관의 소속 기관의 장이 지정하는 인권보호 책임자의 허가 등을 받은 경우

제22조(장시간 조사 제한) ① 검사 또는 사법경찰관은 조사, 신문, 면담 등 그 명칭을 불문하고 피의자나 사건관계인을 조사하는 경우에는 대기시간, 휴식시간, 식사시간 등 모든 시간을 합산한 조사시간(이하 "총조사시간"이라 한다)이 12시간을 초과하지 않도록 해야 한다. 다만, 다음 각 호의 어느 하나에 해당하는 경우에는 예외로 한다.

1. 피의자나 사건관계인의 서면 요청에 따라 조서를 열람하는 경우
2. 제21조제2항 각 호의 어느 하나에 해당하는 경우

② 검사 또는 사법경찰관은 특별한 사정이 없으면 총조사시간 중 식사시간, 휴식시간 및 조서의 열람시간 등을 제외한 실제 조사시간이 8시간을 초과하지 않도록 해야 한다.

③ 검사 또는 사법경찰관은 피의자나 사건관계인에 대한 조사를 마친 때부터 8시간이 지나기 전에는 다시 조사할 수 없다. 다만, 제1항제2호에 해당하는 경우에는 예외로 한다.

제23조(휴식시간 부여) ① 검사 또는 사법경찰관은 조사에 상당한 시간이 소요되는 경우에는 특별한 사정이 없으면 피의자 또는 사건관계인에게 조사 도중에 최소한 2시간마다 10분 이상의 휴식시간을 주어야 한다.

② 검사 또는 사법경찰관은 조사 도중 피의자, 사건관계인 또는 그 변호인으로부터 휴식시간의 부여를 요청받았을 때에는 그때까지 조사에 소요된 시간, 피의자 또는 사건관계인의 건강상태 등을 고려해 적정하다고 판단될 경우 휴식시간을 주어야 한다.

③ 검사 또는 사법경찰관은 조사 중인 피의자 또는 사건관계인의 건강상태에 이상 징후가 발견되면 의사의 진료를 받게 하거나 휴식하게 하는 등 필요한 조치를 해야 한다.

제24조(신뢰관계인의 동석) ① 법 제244조의5에 따라 피의자와 동석할 수 있는 신뢰관계에 있는 사람과 법 제221조제3항에서 준용하는 법 제163조의2에 따라 피해자와 동석할 수 있는 신뢰관계에 있는 사람은 피의자 또는 피해자의 직계친족, 형제자매, 배우자, 가족, 동거인, 보호·교육시설의 보호·교육담당자 등 피의자 또는 피해자의 심리적 안정과 원활한 의사소통에 도움을 줄 수 있는 사람으로 한다.

② 피의자, 피해자 또는 그 법정대리인이 제1항에 따른 신뢰관계에 있는 사람의 동석을 신청한 경우 검사 또는 사법경찰관은 그 관계를 적은 동석신청서를 제출받거나 조서 또는 수사보고서에 그 관계를 적어야 한다.

제25조(자료·의견의 제출기회 보장) ① 검사 또는 사법경찰관은 조사과정에서 피의자, 사건관계인 또는 그 변호인이 사실관계 등의 확인을 위해 자료를 제출하는 경우 그 자료를 수사기록에 편철한다.

② 검사 또는 사법경찰관은 조사를 종결하기 전에 피의자, 사건관계인 또는 그 변호인에게 자료 또는 의견을 제출할 의사가 있는지를 확인하고, 자료 또는 의견을 제출받은 경우에는 해당 자료 및 의견을 수사기록에 편철한다.

제26조(수사과정의 기록) ① 검사 또는 사법경찰관은 법 제244조의4에 따라 조사(신문, 면담 등 명칭을 불문한다. 이하 이 조에서 같다) 과정의 진행경과를 다음 각 호의 구분에 따른 방법으로 기록해야 한다.
1. 조서를 작성하는 경우 : 조서에 기록(별도의 서면에 기록한 후 조서의 끝부분에 편철하는 것을 포함한다)
2. 조서를 작성하지 않는 경우 : 별도의 서면에 기록한 후 수사기록에 편철

② 제1항에 따라 조사과정의 진행경과를 기록할 때에는 다음 각 호의 구분에 따른 사항을 구체적으로 적어야 한다.
1. 조서를 작성하는 경우에는 다음 각 목의 사항
   가. 조사 대상자가 조사장소에 도착한 시각
   나. 조사의 시작 및 종료 시각
   다. 조사 대상자가 조사장소에 도착한 시각과 조사를 시작한 시각에 상당한 시간적 차이가 있는 경우에는 그 이유
   라. 조사가 중단되었다가 재개된 경우에는 그 이유와 중단 시각 및 재개 시각
2. 조서를 작성하지 않는 경우에는 다음 각 목의 사항
   가. 조사 대상자가 조사장소에 도착한 시각
   나. 조사 대상자가 조사장소를 떠난 시각
   다. 조서를 작성하지 않는 이유
   라. 조사 외에 실시한 활동
   마. 변호인 참여 여부

제 4 절 강제수사

제27조(긴급체포) ① 사법경찰관은 법 제200조의3제 2 항에 따라 긴급체포 후 12시간 내에 검사에게 긴급체포의 승인을 요청해야 한다. 다만, 다음 각 호의 어느 하나에 해당하는 경우에는 긴급체포 후 24시간 이내에 긴급체포의 승인을 요청해야 한다. <개정 2023·10·17>

1. 제51조제 1 항제 4 호가목에 따른 피의자중지 또는 제52조제 1 항제 3 호에 따른 기소중지 결정이 된 피의자를 소속 경찰관서가 위치하는 특별시·광역시·특별자치시·도 또는 특별자치도 외의 지역에서 긴급체포한 경우
2. 「해양경비법」 제 2 조제 2 호에 따른 경비수역에서 긴급체포한 경우

② 제 1 항에 따라 긴급체포의 승인을 요청할 때에는 범죄사실의 요지, 긴급체포의 일시·장소, 긴급체포의 사유, 체포를 계속해야 하는 사유 등을 적은 긴급체포 승인요청서로 요청해야 한다. 다만, 긴급한 경우에는 「형사사법절차 전자화 촉진법」 제 2 조제 4 호에 따른 형사사법정보시스템(이하 "형사사법정보시스템"이라 한다) 또는 팩스를 이용하여 긴급체포의 승인을 요청할 수 있다.

③ 검사는 사법경찰관의 긴급체포 승인 요청이 이유 있다고 인정하는 경우에는 지체 없이 긴급체포 승인서를 사법경찰관에게 송부해야 한다.

④ 검사는 사법경찰관의 긴급체포 승인 요청이 이유 없다고 인정하는 경우에는 지체 없이 사법경찰관에게 불승인 통보를 해야 한다. 이 경우 사법경찰관은 긴급체포된 피의자를 즉시 석방하고 그 석방 일시와 사유 등을 검사에게 통보해야 한다.

제28조(현행범인 조사 및 석방) ① 검사 또는 사법경찰관은 법 제212조 또는 제213조에 따라 현행범인을 체포하거나 체포된 현행범인을 인수했을 때에는 조사가 현저히 곤란하다고 인정되는 경우가 아니면 지체 없이 조사해야 하며, 조사 결과 계속 구금할 필요가 없다고 인정할 때에는 현행범인을 즉시 석방해야 한다.

② 검사 또는 사법경찰관은 제 1 항에 따라 현행범인을 석방했을 때에는 석방 일시와 사유 등을 적은 피의자 석방서를 작성해 사건기록에 편철한다. 이 경우 사법경찰관은 석방 후 지체 없이 검사에게 석방 사실을 통보해야 한다.

제29조(구속영장의 청구·신청) ① 검사 또는 사법경찰관은 구속영장을 청구하거나 신청하는 경우 법 제209조에서 준용하는 법 제70조제 2 항의 필요적 고려사항이 있을 때에는 구속영장 청구서 또는 신청서에 그 내용을 적어야 한다.

② 검사 또는 사법경찰관은 체포한 피의자에 대해 구속영장을 청구하거나 신청할 때에는 구속영장 청구서 또는 신청서에 체포영장, 긴급체포서, 현행범인 체포서 또는 현행범인 인수서를 첨부해야 한다.

제30조(구속 전 피의자 심문) 사법경찰관은 법 제201조의2제 3 항 및 같은 조 제10항에서 준용하는 법 제81조제 1 항에 따라 판사가 통지한 피의자 심문 기일과 장소에 체포된 피의자를 출석시켜야 한다.

제31조(체포·구속영장의 재청구·재신청) 검사 또는 사법경찰관은 동일한 범죄사실로 다시 체포·구속영장을 청구하거나 신청하는 경우(체포·구속영장의 청구 또는 신청이 기각된 후 다시 체포·구속영장을 청구하거나 신청하는 경우와 이미 발부받은 체포·구속영장과 동일한 범죄사실로 다시 체포·구속영장을 청구하거나 신청하는 경우를 말한다)에는 그 취지를 체포·구속영장 청구서 또는 신청서에 적어야 한다.

제32조(체포·구속영장 집행 시의 권리 고지) ① 검사 또는 사법경찰관은 피의자를 체포하거나 구속할 때에는 법 제200조의5(법 제209조에서 준용하는 경우를 포함한다)에 따라 피의자에게 피의사실의 요지, 체포·구속의 이유와 변호인을 선임할 수 있음을 말하고, 변명할 기회를 주어야 하며, 진술거부권을 알려주어야 한다.

② 제 1 항에 따라 피의자에게 알려주어야 하는 진술거부권의 내용은 법 제244조의3 제 1 항제 1 호부터 제 3 호까지의 사항으로 한다.

③ 검사와 사법경찰관이 제 1 항에 따라 피의자에게 그 권리를 알려준 경우에는 피의

자로부터 권리 고지 확인서를 받아 사건기록에 편철한다.

제32조의2(체포·구속영장 사본의 교부) ① 검사 또는 사법경찰관은 영장에 따라 피의자를 체포하거나 구속하는 경우에는 법 제200조의6 또는 제209조에서 준용하는 법 제85조제1항 또는 제4항에 따라 피의자에게 반드시 영장을 제시하고 그 사본을 교부해야 한다.

② 검사 또는 사법경찰관은 제1항에 따라 피의자에게 영장을 제시하거나 영장의 사본을 교부할 때에는 사건관계인의 개인정보가 피의자의 방어권 보장을 위해 필요한 정도를 넘어 불필요하게 노출되지 않도록 유의해야 한다.

③ 검사 또는 사법경찰관은 제1항에 따라 피의자에게 영장의 사본을 교부한 경우에는 피의자로부터 영장 사본 교부 확인서를 받아 사건기록에 편철한다.

④ 피의자가 영장의 사본을 수령하기를 거부하거나 영장 사본 교부 확인서에 기명날인 또는 서명하는 것을 거부하는 경우에는 검사 또는 사법경찰관이 영장 사본 교부 확인서 끝 부분에 그 사유를 적고 기명날인 또는 서명해야 한다.

〔본조신설 2023·10·17〕

제33조(체포·구속 등의 통지) ① 검사 또는 사법경찰관은 피의자를 체포하거나 구속하였을 때에는 법 제200조의6 또는 제209조에서 준용하는 법 제87조에 따라 변호인이 있으면 변호인에게, 변호인이 없으면 법 제30조제2항에 따른 사람 중 피의자가 지정한 사람에게 24시간 이내에 서면으로 사건명, 체포·구속의 일시·장소, 범죄사실의 요지, 체포·구속의 이유와 변호인을 선임할 수 있음을 통지해야 한다.

② 검사 또는 사법경찰관은 제1항에 따른 통지를 하였을 때에는 그 통지서 사본을 사건기록에 편철한다. 다만, 변호인 및 법 제30조제2항에 따른 사람이 없어서 체포·구속의 통지를 할 수 없을 때에는 그 취지를 수사보고서에 적어 사건기록에 편철한다.

③ 제1항 및 제2항은 법 제214조의2제2항에 따라 검사 또는 사법경찰관이 같은 조 제1항에 따른 자 중에서 피의자가 지정한 자에게 체포 또는 구속의 적부심사를 청구할 수 있음을 통지하는 경우에도 준용한다.

제34조(체포·구속영장 등본의 교부) 검사 또는 사법경찰관은 법 제214조의2제1항에 따른 자가 체포·구속영장 등본의 교부를 청구하면 그 등본을 교부해야 한다.

제35조(체포·구속영장의 반환) ① 검사 또는 사법경찰관은 체포·구속영장의 유효기간 내에 영장의 집행에 착수하지 못했거나, 그 밖의 사유로 영장의 집행이 불가능하거나 불필요하게 되었을 때에는 즉시 해당 영장을 법원에 반환해야 한다. 이 경우 체포·구속영장이 여러 통 발부된 경우에는 모두 반환해야 한다.

② 검사 또는 사법경찰관은 제1항에 따라 체포·구속영장을 반환하는 경우에는 반환사유 등을 적은 영장반환서에 해당 영장을 첨부하여 반환하고, 그 사본을 사건기록에 편철한다.

③ 제1항에 따라 사법경찰관이 체포·구속영장을 반환하는 경우에는 그 영장을 청구한 검사에게 반환하고, 검사는 사법경찰관이 반환한 영장을 법원에 반환한다.

제36조(피의자의 석방) ① 검사 또는 사법경찰관은 법 제200조의2제5항 또는 제200조의4제2항에 따라 구속영장을 청구하거나 신청하지 않고(사법경찰관이 구속영장의 청구를 신청하였으나 검사가 그 신청을 기각한 경우를 포함한다) 체포 또는 긴급체포한 피의자를 석방하려는 때에는 다음 각 호의 구분에 따른 사항을 적은 피의자 석방서를 작성해야 한다. <개정 2023·10·17>

1. 체포한 피의자를 석방하려는 때 : 체포 일시·장소, 체포 사유, 석방 일시·장소, 석방 사유 등
2. 긴급체포한 피의자를 석방하려는 때 : 법 제200조의4제4항 각 호의 사항

② 사법경찰관은 제1항에 따라 피의자를 석방한 경우 다음 각 호의 구분에 따라 처리한다. <개정 2023·10·17>

1. 체포한 피의자를 석방한 때 : 지체 없이 검사에게 석방사실을 통보하고, 그 통보서 사본을 사건기록에 편철한다.
2. 긴급체포한 피의자를 석방한 때 : 즉시 검사에게 석방 사실을 보고하고, 그 보고

서 사본을 사건기록에 편철한다.

제37조(압수·수색 또는 검증영장의 청구·신청) 검사 또는 사법경찰관은 압수·수색 또는 검증영장을 청구하거나 신청할 때에는 압수·수색 또는 검증의 범위를 범죄 혐의의 소명에 필요한 최소한으로 정해야 하고, 수색 또는 검증할 장소·신체·물건 및 압수할 물건 등을 구체적으로 특정해야 한다. 이 경우 수사기밀이나 사건관계인의 개인정보가 압수·수색 또는 검증을 필요로 하는 사유의 소명에 필요한 정도를 넘어 불필요하게 노출되지 않도록 유의해야 한다. <개정 2023·10·17>

제38조(압수·수색 또는 검증영장의 제시·교부) ① 검사 또는 사법경찰관은 법 제219조에서 준용하는 법 제118조에 따라 영장을 제시할 때에는 처분을 받는 자에게 법관이 발부한 영장에 따른 압수·수색 또는 검증이라는 사실과 영장에 기재된 범죄사실 및 수색 또는 검증할 장소·신체·물건, 압수할 물건 등을 명확히 알리고, 처분을 받는 자가 해당 영장을 열람할 수 있도록 해야 한다. 이 경우 처분을 받는 자가 피의자인 경우에는 해당 영장의 사본을 교부해야 한다. <개정 2023·10·17>

② 압수·수색 또는 검증의 처분을 받는 자가 여럿인 경우에는 모두에게 개별적으로 영장을 제시해야 한다. 이 경우 피의자에게는 개별적으로 해당 영장의 사본을 교부해야 한다. <개정 2023·10·17>

③ 검사 또는 사법경찰관은 제1항 및 제2항에 따라 피의자에게 영장을 제시하거나 영장의 사본을 교부할 때에는 사건관계인의 개인정보가 피의자의 방어권 보장을 위해 필요한 정도를 넘어 불필요하게 노출되지 않도록 유의해야 한다. <신설 2023·10·17>

④ 검사 또는 사법경찰관은 제1항 후단 및 제2항 후단에 따라 피의자에게 영장의 사본을 교부한 경우에는 피의자로부터 영장 사본 교부 확인서를 받아 사건기록에 편철한다. <신설 2023·10·17>

⑤ 피의자가 영장의 사본을 수령하기를 거부하거나 영장 사본 교부 확인서에 기명날인 또는 서명하는 것을 거부하는 경우에는 검사 또는 사법경찰관이 영장 사본 교부 확인서 끝 부분에 그 사유를 적고 기명날인 또는 서명해야 한다. <신설 2023·10·17>

제39조(압수·수색 또는 검증영장의 재청구·재신청 등) 압수·수색 또는 검증영장의 재청구·재신청(압수·수색 또는 검증영장의 청구 또는 신청이 기각된 후 다시 압수·수색 또는 검증영장을 청구하거나 신청하는 경우와 이미 발부받은 압수·수색 또는 검증영장과 동일한 범죄사실로 다시 압수·수색 또는 검증영장을 청구하거나 신청하는 경우를 말한다)과 반환에 관해서는 제31조 및 제35조를 준용한다.

제40조(압수조서와 압수목록) 검사 또는 사법경찰관은 증거물 또는 몰수할 물건을 압수했을 때에는 압수의 일시·장소, 압수 경위 등을 적은 압수조서와 압수물건의 품종·수량 등을 적은 압수목록을 작성해야 한다. 다만, 피의자신문조서, 진술조서, 검증조서에 압수의 취지를 적은 경우에는 그렇지 않다.

제41조(전자정보의 압수·수색 또는 검증 방법) ① 검사 또는 사법경찰관은 법 제219조에서 준용하는 법 제106조제3항에 따라 컴퓨터용디스크 및 그 밖에 이와 비슷한 정보저장매체(이하 이 항에서 "정보저장매체등"이라 한다)에 기억된 정보(이하 "전자정보"라 한다)를 압수하는 경우에는 해당 정보저장매체등의 소재지에서 수색 또는 검증한 후 범죄사실과 관련된 전자정보의 범위를 정하여 출력하거나 복제하는 방법으로 한다.

② 제1항에도 불구하고 제1항에 따른 압수 방법의 실행이 불가능하거나 그 방법으로는 압수의 목적을 달성하는 것이 현저히 곤란한 경우에는 압수·수색 또는 검증 현장에서 정보저장매체등에 들어 있는 전자정보 전부를 복제하여 그 복제본을 정보저장매체등의 소재지 외의 장소로 반출할 수 있다.

③ 제1항 및 제2항에도 불구하고 제1항 및 제2항에 따른 압수 방법의 실행이 불가능하거나 그 방법으로는 압수의 목적을 달성하는 것이 현저히 곤란한 경우에는 피압수자 또는 법 제123조에 따라 압수·수색영장을 집행할 때 참여하게 해야 하는 사람(이하 "피압수자등"이라 한다)이 참여한 상태에서 정보저장매체등의 원본을 봉인(封

印)하여 정보저장매체등의 소재지 외의 장소로 반출할 수 있다.

제42조(전자정보의 압수·수색 또는 검증 시 유의사항) ① 검사 또는 사법경찰관은 전자정보의 탐색·복제·출력을 완료한 경우에는 지체 없이 피압수자등에게 압수한 전자정보의 목록을 교부해야 한다.

② 검사 또는 사법경찰관은 제1항의 목록에 포함되지 않은 전자정보가 있는 경우에는 해당 전자정보를 지체 없이 삭제 또는 폐기하거나 반환해야 한다. 이 경우 삭제·폐기 또는 반환확인서를 작성하여 피압수자등에게 교부해야 한다.

③ 검사 또는 사법경찰관은 전자정보의 복제본을 취득하거나 전자정보를 복제할 때에는 해시값(파일의 고유값으로서 일종의 전자지문을 말한다)을 확인하거나 압수·수색 또는 검증의 과정을 촬영하는 등 전자적 증거의 동일성과 무결성(無缺性)을 보장할 수 있는 적절한 방법과 조치를 취해야 한다.

④ 검사 또는 사법경찰관은 압수·수색 또는 검증의 전 과정에 걸쳐 피압수자등이나 변호인의 참여권을 보장해야 하며, 피압수자등과 변호인이 참여를 거부하는 경우에는 신뢰성과 전문성을 담보할 수 있는 상당한 방법으로 압수·수색 또는 검증을 해야 한다.

⑤ 검사 또는 사법경찰관은 제4항에 따라 참여한 피압수자등이나 변호인이 압수 대상 전자정보와 사건의 관련성에 관하여 의견을 제시한 때에는 이를 조서에 적어야 한다.

제43조(검증조서) 검사 또는 사법경찰관은 검증을 한 경우에는 검증의 일시·장소, 검증 경위 등을 적은 검증조서를 작성해야 한다.

제44조(영장심의위원회) 법 제221조의5에 따른 영장심의위원회의 위원은 해당 업무에 전문성을 가진 중립적 외부 인사 중에서 위촉해야 하며, 영장심의위원회의 운영은 독립성·객관성·공정성이 보장되어야 한다.

제5절　시정조치요구

제45조(시정조치 요구의 방법 및 절차 등) ① 검사는 법 제197조의3제1항에 따라 사법경찰관에게 사건기록 등본의 송부를 요구할 때에는 그 내용과 이유를 구체적으로 적은 서면으로 해야 한다.

② 사법경찰관은 제1항에 따른 요구를 받은 날부터 7일 이내에 사건기록 등본을 검사에게 송부해야 한다.

③ 검사는 제2항에 따라 사건기록 등본을 송부받은 날부터 30일(사안의 경중 등을 고려하여 10일의 범위에서 한 차례 연장할 수 있다) 이내에 법 제197조의3제3항에 따른 시정조치 요구 여부를 결정하여 사법경찰관에게 통보해야 한다. 이 경우 시정조치 요구의 통보는 그 내용과 이유를 구체적으로 적은 서면으로 해야 한다.

④ 사법경찰관은 제3항에 따라 시정조치 요구를 통보받은 경우 정당한 이유가 있는 경우를 제외하고는 지체 없이 시정조치를 이행하고, 그 이행 결과를 서면에 구체적으로 적어 검사에게 통보해야 한다.

⑤ 검사는 법 제197조의3제5항에 따라 사법경찰관에게 사건송치를 요구하는 경우에는 그 내용과 이유를 구체적으로 적은 서면으로 해야 한다.

⑥ 사법경찰관은 제5항에 따라 서면으로 사건송치를 요구받은 날부터 7일 이내에 사건을 검사에게 송치해야 한다. 이 경우 관계 서류와 증거물을 함께 송부해야 한다.

⑦ 제5항 및 제6항에도 불구하고 검사는 공소시효 만료일의 임박 등 특별한 사유가 있을 때에는 제5항에 따른 서면에 그 사유를 명시하고 별도의 송치기한을 정하여 사법경찰관에게 통지할 수 있다. 이 경우 사법경찰관은 정당한 이유가 있는 경우를 제외하고는 통지받은 송치기한까지 사건을 검사에게 송치해야 한다.

제46조(징계요구의 방법 등) ① 검찰총장 또는 각급 검찰청 검사장은 법 제197조의3제7항에 따라 사법경찰관리의 징계를 요구할 때에는 서면에 그 사유를 구체적으로 적고 이를 증명할 수 있는 관계 자료를 첨부하여 해당 사법경찰관리가 소속된 경찰관서의 장(이하 "경찰관서장"이라 한다)에게 통보해야 한다.

② 경찰관서장은 제1항에 따른 징계요구에 대한 처리 결과와 그 이유를 징계를 요구한 검찰총장 또는 각급 검찰청 검사장에게 통

보해야 한다.

제47조(구제신청 고지의 확인) 사법경찰관은 법 제197조의3제8항에 따라 검사에게 구제를 신청할 수 있음을 피의자에게 알려준 경우에는 피의자로부터 고지 확인서를 받아 사건기록에 편철한다. 다만, 피의자가 고지 확인서에 기명날인 또는 서명하는 것을 거부하는 경우에는 사법경찰관이 고지 확인서 끝부분에 그 사유를 적고 기명날인 또는 서명해야 한다.

제6절 수사의 경합

제48조(동일한 범죄사실 여부의 판단 등) ① 검사와 사법경찰관은 법 제197조의4에 따른 수사의 경합과 관련하여 동일한 범죄사실 여부나 영장(「통신비밀보호법」 제6조 및 제8조에 따른 통신제한조치허가서 및 같은 법 제13조에 따른 통신사실 확인자료 제공 요청 허가서를 포함한다. 이하 이 조에서 같다) 청구·신청의 시간적 선후관계 등을 판단하기 위해 필요한 경우에는 그 필요한 범위에서 사건기록의 상호 열람을 요청할 수 있다.

② 제1항에 따른 영장 청구·신청의 시간적 선후관계는 검사의 영장청구서와 사법경찰관의 영장신청서가 각각 법원과 검찰청에 접수된 시점을 기준으로 판단한다.

③ 검사는 제2항에 따른 사법경찰관의 영장신청서의 접수를 거부하거나 지연해서는 안 된다.

제49조(수사경합에 따른 사건송치) ① 검사는 법 제197조의4제1항에 따라 사법경찰관에게 사건송치를 요구할 때에는 그 내용과 이유를 구체적으로 적은 서면으로 해야 한다.

② 사법경찰관은 제1항에 따른 요구를 받은 날부터 7일 이내에 사건을 검사에게 송치해야 한다. 이 경우 관계 서류와 증거물을 함께 송부해야 한다.

제50조(중복수사의 방지) 검사는 법 제197조의4제2항 단서에 따라 사법경찰관이 범죄사실을 계속 수사할 수 있게 된 경우에는 정당한 사유가 있는 경우를 제외하고는 그와 동일한 범죄사실에 대한 사건을 이송하는 등 중복수사를 피하기 위해 노력해야 한다.

제4장 사건송치와 수사종결

제1절 통칙

제51조(사법경찰관의 결정) ① 사법경찰관은 사건을 수사한 경우에는 다음 각 호의 구분에 따라 결정해야 한다.

1. 법원송치
2. 검찰송치
3. 불송치
   가. 혐의없음
      1) 범죄인정안됨
      2) 증거불충분
   나. 죄가안됨
   다. 공소권없음
   라. 각하
4. 수사중지
   가. 피의자중지
   나. 참고인중지
5. 이송

② 사법경찰관은 하나의 사건 중 피의자가 여러 사람이거나 피의사실이 여러 개인 경우로서 분리하여 결정할 필요가 있는 경우 그중 일부에 대해 제1항 각 호의 결정을 할 수 있다.

③ 사법경찰관은 제1항제3호나목 또는 다목에 해당하는 사건이 다음 각 호의 어느 하나에 해당하는 경우에는 해당 사건을 검사에게 이송한다. <개정 2023·10·17>

1. 「형법」 제10조제1항에 따라 벌할 수 없는 경우
2. 기소되어 사실심 계속 중인 사건과 포괄일죄를 구성하는 관계에 있거나 「형법」 제40조에 따른 상상적 경합 관계에 있는 경우

④ 사법경찰관은 제1항제4호에 따른 수사중지 결정을 한 경우 7일 이내에 사건기록을 검사에게 송부해야 한다. 이 경우 검사는 사건기록을 송부받은 날부터 30일 이내에 반환해야 하며, 그 기간 내에 법 제197조의3에 따라 시정조치요구를 할 수 있다.

⑤ 사법경찰관은 제4항 전단에 따라 검사에게 사건기록을 송부한 후 피의자 등의 소재를 발견한 경우에는 소재 발견 및 수사 재개 사실을 검사에게 통보해야 한다. 이 경우 통보를 받은 검사는 지체 없이 사법경찰관에게 사건기록을 반환해야 한다.

제52조(검사의 결정) ① 검사는 사법경찰관으로부터 사건을 송치받거나 직접 수사한 경우에는 다음 각 호의 구분에 따라 결정해야 한다.

1. 공소제기
2. 불기소
가. 기소유예
나. 혐의없음
1) 범죄인정안됨
2) 증거불충분
다. 죄가안됨
라. 공소권없음
마. 각하
3. 기소중지
4. 참고인중지
5. 보완수사요구
6. 공소보류
7. 이송
8. 소년보호사건 송치
9. 가정보호사건 송치
10. 성매매보호사건 송치
11. 아동보호사건 송치

② 검사는 하나의 사건 중 피의자가 여러 사람이거나 피의사실이 여러 개인 경우로서 분리하여 결정할 필요가 있는 경우 그중 일부에 대해 제1항 각 호의 결정을 할 수 있다.

제53조(수사 결과의 통지) ① 검사 또는 사법경찰관은 제51조 또는 제52조에 따른 결정을 한 경우에는 그 내용을 고소인·고발인·피해자 또는 그 법정대리인(피해자가 사망한 경우에는 그 배우자·직계친족·형제자매를 포함한다. 이하 "고소인등"이라 한다)과 피의자에게 통지해야 한다. 다만, 다음 각 호의 어느 하나에 해당하는 경우에는 고소인등에게만 통지한다. <개정 2023·10·17>

1. 제51조제1항제4호가목에 따른 피의자중지 결정 또는 제52조제1항제3호에 따른 기소중지 결정을 한 경우
2. 제51조제1항제5호 또는 제52조제1항제7호에 따른 이송(법 제256조에 따른 송치는 제외한다) 결정을 한 경우로서 검사 또는 사법경찰관이 해당 피의자에 대해 출석요구 또는 제16조제1항 각 호의 어느 하나에 해당하는 행위를 하지 않은 경우

② 고소인등은 법 제245조의6에 따른 통지를 받지 못한 경우 사법경찰관에게 불송치 통지서로 통지해 줄 것을 요구할 수 있다.

③ 제1항에 따른 통지의 구체적인 방법·절차 등은 법무부장관, 경찰청장 또는 해양경찰청장이 정한다.

제54조(수사중지 결정에 대한 이의제기 등) ① 제53조에 따라 사법경찰관으로부터 제51조제1항제4호에 따른 수사중지 결정의 통지를 받은 사람은 해당 사법경찰관이 소속된 바로 위 상급경찰관서의 장에게 이의를 제기할 수 있다.

② 제1항에 따른 이의제기의 절차·방법 및 처리 등에 관하여 필요한 사항은 경찰청장 또는 해양경찰청장이 정한다.

③ 제1항에 따른 통지를 받은 사람은 해당 수사중지 결정이 법령위반, 인권침해 또는 현저한 수사권 남용이라고 의심되는 경우 검사에게 법 제197조의3제1항에 따른 신고를 할 수 있다.

④ 사법경찰관은 제53조에 따라 고소인등에게 제51조제1항제4호에 따른 수사중지 결정의 통지를 할 때에는 제3항에 따라 신고할 수 있다는 사실을 함께 고지해야 한다.

제55조(소재수사에 관한 협력 등) ① 검사와 사법경찰관은 소재불명(所在不明)인 피의자나 참고인을 발견한 때에는 해당 사실을 통보하는 등 서로 협력해야 한다.

② 검사는 법 제245조의5제1호 또는 법 제245조의7제2항에 따라 송치된 사건의 피의자나 참고인의 소재 확인이 필요하다고 판단하는 경우 피의자나 참고인의 주소지 또는 거소지 등을 관할하는 경찰관서의 사법경찰관에게 소재수사를 요청할 수 있다. 이 경우 요청을 받은 사법경찰관은 이에 협력해야 한다.

③ 검사 또는 사법경찰관은 제51조제1항제4호 또는 제52조제1항제3호·제4호에 따라 수사중지 또는 기소중지·참고인중

지된 사건의 피의자 또는 참고인을 발견하는 등 수사중지 결정 또는 기소중지·참고인중지 결정의 사유가 해소된 경우에는 즉시 수사를 진행해야 한다.

제56조(사건기록의 등본) ① 검사 또는 사법경찰관은 사건 관계 서류와 증거물을 분리하여 송부하거나 반환할 필요가 있으나 해당 서류와 증거물의 분리가 불가능하거나 현저히 곤란한 경우에는 그 서류와 증거물을 등사하여 송부하거나 반환할 수 있다.

② 검사 또는 사법경찰관은 제45조제1항, 이 조 제1항 등에 따라 사건기록 등본을 송부받은 경우 이를 다른 목적으로 사용할 수 없으며, 다른 법령에 특별한 규정이 있는 경우를 제외하고는 그 사용 목적을 위한 기간이 경과한 때에 즉시 이를 반환하거나 폐기해야 한다.

제57조(송치사건 관련 자료 제공) 검사는 사법경찰관이 송치한 사건에 대해 검사의 공소장, 불기소결정서, 송치결정서 및 법원의 판결문을 제공할 것을 요청하는 경우 이를 사법경찰관에게 지체 없이 제공해야 한다.

제2절 사건송치와 보완수사요구

제58조(사법경찰관의 사건송치) ① 사법경찰관은 관계 법령에 따라 검사에게 사건을 송치할 때에는 송치의 이유와 범위를 적은 송치 결정서와 압수물 총목록, 기록목록, 범죄경력 조회 회보서, 수사경력 조회 회보서 등 관계 서류와 증거물을 함께 송부해야 한다.

② 사법경찰관은 피의자 또는 참고인에 대한 조사과정을 영상녹화한 경우에는 해당 영상녹화물을 봉인한 후 검사에게 사건을 송치할 때 봉인된 영상녹화물의 종류와 개수를 표시하여 사건기록과 함께 송부해야 한다.

③ 사법경찰관은 사건을 송치한 후에 새로운 증거물, 서류 및 그 밖의 자료를 추가로 송부할 때에는 이전에 송치한 사건명, 송치 연월일, 피의자의 성명과 추가로 송부하는 서류 및 증거물 등을 적은 추가송부서를 첨부해야 한다.

제59조(보완수사요구의 대상과 범위) ① 검사는 사법경찰관으로부터 송치받은 사건에 대해 보완수사가 필요하다고 인정하는 경우에는 직접 보완수사를 하거나 법 제197조의2제1항제1호에 따라 사법경찰관에게 보완수사를 요구할 수 있다. 다만, 송치사건의 공소제기 여부 결정에 필요한 경우로서 다음 각 호의 어느 하나에 해당하는 경우에는 특별히 사법경찰관에게 보완수사를 요구할 필요가 있다고 인정되는 경우를 제외하고는 검사가 직접 보완수사를 하는 것을 원칙으로 한다. <개정 2023·10·17>

1. 사건을 수리한 날(이미 보완수사요구가 있었던 사건의 경우 보완수사 이행 결과를 통보받은 날을 말한다)부터 1개월이 경과한 경우
2. 사건이 송치된 이후 검사가 해당 피의자 및 피의사실에 대해 상당한 정도의 보완수사를 한 경우
3. 법 제197조의3제5항, 제197조의4제1항 또는 제198조의2제2항에 따라 사법경찰관으로부터 사건을 송치받은 경우
4. 제7조 또는 제8조에 따라 검사와 사법경찰관이 사건 송치 전에 수사할 사항, 증거수집의 대상 및 법령의 적용 등에 대해 협의를 마치고 송치한 경우

② 검사는 법 제197조의2제1항에 따른 보완수사요구 여부를 판단하는 경우 필요한 보완수사의 정도, 수사 진행 기간, 구체적 사건의 성격에 따른 수사 주체의 적합성 및 검사와 사법경찰관의 상호 존중과 협력의 취지 등을 종합적으로 고려한다. <신설 2023·10·17>

③ 검사는 법 제197조의2제1항제1호에 따라 사법경찰관에게 송치사건 및 관련사건(법 제11조에 따른 관련사건 및 법 제208조제2항에 따라 간주되는 동일한 범죄사실에 관한 사건을 말한다. 다만, 법 제11조제1호의 경우에는 수사기록에 명백히 현출(現出)되어 있는 사건으로 한정한다)에 대해 다음 각 호의 사항에 관한 보완수사를 요구할 수 있다.

1. 범인에 관한 사항
2. 증거 또는 범죄사실 증명에 관한 사항
3. 소송조건 또는 처벌조건에 관한 사항
4. 양형 자료에 관한 사항

5. 죄명 및 범죄사실의 구성에 관한 사항
6. 그 밖에 송치받은 사건의 공소제기 여부를 결정하는 데 필요하거나 공소유지와 관련해 필요한 사항

④ 검사는 사법경찰관이 신청한 영장(「통신비밀보호법」 제6조 및 제8조에 따른 통신제한조치허가서 및 같은 법 제13조에 따른 통신사실 확인자료 제공 요청 허가서를 포함한다. 이하 이 항에서 같다)의 청구 여부를 결정하기 위해 필요한 경우 법 제197조의2제1항제2호에 따라 사법경찰관에게 보완수사를 요구할 수 있다. 이 경우 보완수사를 요구할 수 있는 범위는 다음 각 호와 같다.

1. 범인에 관한 사항
2. 증거 또는 범죄사실 소명에 관한 사항
3. 소송조건 또는 처벌조건에 관한 사항
4. 해당 영장이 필요한 사유에 관한 사항
5. 죄명 및 범죄사실의 구성에 관한 사항
6. 법 제11조(법 제11조제1호의 경우는 수사기록에 명백히 현출되어 있는 사건으로 한정한다)와 관련된 사항
7. 그 밖에 사법경찰관이 신청한 영장의 청구 여부를 결정하기 위해 필요한 사항

제60조(보완수사요구의 방법과 절차) ① 검사는 법 제197조의2제1항에 따라 보완수사를 요구할 때에는 그 이유와 내용 등을 구체적으로 적은 서면과 관계 서류 및 증거물을 사법경찰관에게 함께 송부해야 한다. 다만, 보완수사 대상의 성질, 사안의 긴급성 등을 고려하여 관계 서류와 증거물을 송부할 필요가 없거나 송부하는 것이 적절하지 않다고 판단하는 경우에는 해당 관계 서류와 증거물을 송부하지 않을 수 있다.

② 보완수사를 요구받은 사법경찰관은 제1항 단서에 따라 송부받지 못한 관계 서류와 증거물이 보완수사를 위해 필요하다고 판단하면 해당 서류와 증거물을 대출하거나 그 전부 또는 일부를 등사할 수 있다.

③ 사법경찰관은 법 제197조의2제1항에 따른 보완수사요구가 접수된 날부터 3개월 이내에 보완수사를 마쳐야 한다. <신설 2023·10·17>

④ 사법경찰관은 법 제197조의2제2항에 따라 보완수사를 이행한 경우에는 그 이행 결과를 검사에게 서면으로 통보해야 하며, 제1항 본문에 따라 관계 서류와 증거물을 송부받은 경우에는 그 서류와 증거물을 함께 반환해야 한다. 다만, 관계 서류와 증거물을 반환할 필요가 없는 경우에는 보완수사의 이행 결과만을 검사에게 통보할 수 있다.

⑤ 사법경찰관은 법 제197조의2제1항제1호에 따라 보완수사를 이행한 결과 법 제245조의5제1호에 해당하지 않는다고 판단한 경우에는 제51조제1항제3호에 따라 사건을 불송치하거나 같은 항 제4호에 따라 수사중지할 수 있다.

제61조(직무배제 또는 징계 요구의 방법과 절차) ① 검찰총장 또는 각급 검찰청 검사장은 법 제197조의2제3항에 따라 사법경찰관의 직무배제 또는 징계를 요구할 때에는 그 이유를 구체적으로 적은 서면에 이를 증명할 수 있는 관계 자료를 첨부하여 해당 사법경찰관이 소속된 경찰관서장에게 통보해야 한다.

② 제1항의 직무배제 요구를 통보받은 경찰관서장은 정당한 이유가 있는 경우를 제외하고는 그 요구를 받은 날부터 20일 이내에 해당 사법경찰관을 직무에서 배제해야 한다.

③ 경찰관서장은 제1항에 따른 요구의 처리 결과와 그 이유를 직무배제 또는 징계를 요구한 검찰총장 또는 각급 검찰청 검사장에게 통보해야 한다.

제3절 사건불송치와 재수사요청

제62조(사법경찰관의 사건불송치) ① 사법경찰관은 법 제245조의5제2호 및 이 영 제51조제1항제3호에 따라 불송치 결정을 하는 경우 불송치의 이유를 적은 불송치 결정서와 함께 압수물 총목록, 기록목록 등 관계 서류와 증거물을 검사에게 송부해야 한다.

② 제1항의 경우 영상녹화물의 송부 및 새로운 증거물 등의 추가 송부에 관하여는 제58조제2항 및 제3항을 준용한다.

제63조(재수사요청의 절차 등) ① 검사는 법 제245조의8에 따라 사법경찰관에게 재수사를 요청하려는 경우에는 법 제245조의5제2호에 따라 관계 서류와 증거물을 송부받은

날부터 90일 이내에 해야 한다. 다만, 다음 각 호의 어느 하나에 해당하는 경우에는 관계 서류와 증거물을 송부받은 날부터 90일이 지난 후에도 재수사를 요청할 수 있다.

1. 불송치 결정에 영향을 줄 수 있는 명백히 새로운 증거 또는 사실이 발견된 경우
2. 증거 등의 허위, 위조 또는 변조를 인정할 만한 상당한 정황이 있는 경우

② 검사는 제1항에 따라 재수사를 요청할 때에는 그 내용과 이유를 구체적으로 적은 서면으로 해야 한다. 이 경우 법 제245조의5제2호에 따라 송부받은 관계 서류와 증거물을 사법경찰관에게 반환해야 한다.

③ 검사는 법 제245조의8에 따라 재수사를 요청한 경우 그 사실을 고소인등에게 통지해야 한다.

④ 사법경찰관은 법 제245조의8제1항에 따른 재수사의 요청이 접수된 날부터 3개월 이내에 재수사를 마쳐야 한다. <신설 2023·10·17>

제64조(재수사 결과의 처리) ① 사법경찰관은 법 제245조의8제2항에 따라 재수사를 한 경우 다음 각 호의 구분에 따라 처리한다.

1. 범죄의 혐의가 있다고 인정되는 경우 : 법 제245조의5제1호에 따라 검사에게 사건을 송치하고 관계 서류와 증거물을 송부
2. 기존의 불송치 결정을 유지하는 경우 : 재수사 결과서에 그 내용과 이유를 구체적으로 적어 검사에게 통보

② 검사는 사법경찰관이 제1항제2호에 따라 재수사 결과를 통보한 사건에 대해서 다시 재수사를 요청하거나 송치 요구를 할 수 없다. 다만, 검사는 사법경찰관이 사건을 송치하지 않은 위법 또는 부당이 시정되지 않아 사건을 송치받아 수사할 필요가 있는 다음 각 호의 경우에는 법 제197조의3에 따라 사건송치를 요구할 수 있다. <개정 2023·10·17>

1. 관련 법령 또는 법리에 위반된 경우
2. 범죄 혐의의 유무를 명확히 하기 위해 재수사를 요청한 사항에 관하여 그 이행이 이루어지지 않은 경우. 다만, 불송치 결정의 유지에 영향을 미치지 않음이 명백한 경우는 제외한다.
3. 송부받은 관계 서류 및 증거물과 재수사 결과만으로도 범죄의 혐의가 명백히 인정되는 경우
4. 공소시효 또는 형사소추의 요건을 판단하는 데 오류가 있는 경우

③ 검사는 제2항 각 호 외의 부분 단서에 따른 사건송치 요구 여부를 판단하기 위해 필요한 경우에는 사법경찰관에게 관계 서류와 증거물의 송부를 요청할 수 있다. 이 경우 요청을 받은 사법경찰관은 이에 협력해야 한다. <신설 2023·10·17>

④ 검사는 재수사 결과를 통보받은 날(제3항에 따라 관계 서류와 증거물의 송부를 요청한 경우에는 관계 서류와 증거물을 송부받은 날을 말한다)부터 30일 이내에 제2항 각 호 외의 부분 단서에 따른 사건송치 요구를 해야 하고, 그 기간 내에 사건송치 요구를 하지 않을 경우에는 송부받은 관계 서류와 증거물을 사법경찰관에게 반환해야 한다. <신설 2023·10·17>

제65조(재수사 중의 이의신청) 사법경찰관은 법 제245조의8제2항에 따라 재수사 중인 사건에 대해 법 제245조의7제1항에 따른 이의신청이 있는 경우에는 재수사를 중단해야 하며, 같은 조 제2항에 따라 해당 사건을 지체 없이 검사에게 송치하고 관계 서류와 증거물을 송부해야 한다.

제5장 보칙

제66조(재정신청 접수에 따른 절차) ① 사법경찰관이 수사 중인 사건이 법 제260조제2항제3호에 해당하여 같은 조 제3항에 따라 지방검찰청 검사장 또는 지청장에게 재정신청서가 제출된 경우 해당 지방검찰청 또는 지청 소속 검사는 즉시 사법경찰관에게 그 사실을 통보해야 한다.

② 사법경찰관은 제1항의 통보를 받으면 즉시 검사에게 해당 사건을 송치하고 관계 서류와 증거물을 송부해야 한다.

③ 검사는 제1항에 따른 재정신청에 대해 법원이 법 제262조제2항제1호에 따라 기각하는 결정을 한 경우에는 해당 결정서를 사법경찰관에게 송부해야 한다. 이 경우 제2항에 따라 송치받은 사건을 사법경찰관에게 이송해야 한다.

제67조(형사사법정보시스템의 이용) 검사 또는 사법경찰관은 「형사사법절차 전자화 촉진법」 제2조제1호에 따른 형사사법업무와 관련된 문서를 작성할 때에는 형사사법정보시스템을 이용해야 하며, 그에 따라 작성한 문서는 형사사법정보시스템에 저장·보관해야 한다. 다만, 다음 각 호의 어느 하나에 해당하는 문서로서 형사사법정보시스템을 이용하는 것이 곤란한 경우는 그렇지 않다.

1. 피의자나 사건관계인이 직접 작성한 문서
2. 형사사법정보시스템에 작성 기능이 구현되어 있지 않은 문서
3. 형사사법정보시스템을 이용할 수 없는 시간 또는 장소에서 불가피하게 작성해야 하거나 형사사법정보시스템의 장애 또는 전산망 오류 등으로 형사사법정보시스템을 이용할 수 없는 상황에서 불가피하게 작성해야 하는 문서

제68조(사건 통지 시 주의사항 등) 검사 또는 사법경찰관은 제12조에 따라 수사 진행상황을 통지하거나 제53조에 따라 수사 결과를 통지할 때에는 해당 사건의 피의자 또는 사건관계인의 명예나 권리 등이 부당하게 침해되지 않도록 주의해야 한다.

제69조(수사서류 등의 열람·복사) ① 피의자, 사건관계인 또는 그 변호인은 검사 또는 사법경찰관이 수사 중인 사건에 관한 본인의 진술이 기재된 부분 및 본인이 제출한 서류의 전부 또는 일부에 대해 열람·복사를 신청할 수 있다.

② 피의자, 사건관계인 또는 그 변호인은 검사가 불기소 결정을 하거나 사법경찰관이 불송치 결정을 한 사건에 관한 기록의 전부 또는 일부에 대해 열람·복사를 신청할 수 있다.

③ 피의자 또는 그 변호인은 필요한 사유를 소명하고 고소장, 고발장, 이의신청서, 항고장, 재항고장(이하 "고소장등"이라 한다)의 열람·복사를 신청할 수 있다. 이 경우 열람·복사의 범위는 피의자에 대한 혐의사실 부분으로 한정하고, 그 밖에 사건관계인에 관한 사실이나 개인정보, 증거방법 또는 고소장등에 첨부된 서류 등은 제외한다.

④ 체포·구속된 피의자 또는 그 변호인은 현행범인체포서, 긴급체포서, 체포영장, 구속영장의 열람·복사를 신청할 수 있다.

⑤ 피의자 또는 사건관계인의 법정대리인, 배우자, 직계친족, 형제자매로서 피의자 또는 사건관계인의 위임장 및 신분관계를 증명하는 문서를 제출한 사람도 제1항부터 제4항까지의 규정에 따라 열람·복사를 신청할 수 있다.

⑥ 검사 또는 사법경찰관은 제1항부터 제5항까지의 규정에 따른 신청을 받은 경우에는 해당 서류의 공개로 사건관계인의 개인정보나 영업비밀이 침해될 우려가 있거나 범인의 증거인멸·도주를 용이하게 할 우려가 있는 경우 등 정당한 사유가 있는 경우를 제외하고는 열람·복사를 허용해야 한다.

제70조(영의 해석 및 개정) ① 이 영을 해석하거나 개정하는 경우에는 법무부장관은 행정안전부장관과 협의하여 결정해야 한다.

② 제1항에 따른 해석 및 개정에 관한 법무부장관의 자문에 응하기 위해 법무부에 외부전문가로 구성된 자문위원회를 둔다.

제71조(민감정보 및 고유식별정보 등의 처리) 검사 또는 사법경찰관리는 범죄 수사 업무를 수행하기 위해 불가피한 경우 「개인정보 보호법」 제23조에 따른 민감정보, 같은 법 시행령 제19조에 따른 주민등록번호, 여권번호, 운전면허의 면허번호 또는 외국인등록번호나 그 밖의 개인정보가 포함된 자료를 처리할 수 있다.

부　칙

제1조(시행일) 이 영은 2021년 1월 1일부터 시행한다.

제2조(다른 법령의 폐지) 「검사의 사법경찰관리에 대한 수사지휘 및 사법경찰관리의 수사준칙에 관한 규정」은 폐지한다.

제3조(일반적 적용례) 이 영은 이 영 시행 당시 수사 중이거나 법원에 계속 중인 사건에 대해서도 적용한다. 다만, 이 영 시행 전에 부칙 제2조에 따라 폐지되는 「검사의 사법경찰관리에 대한 수사지휘 및 사법경찰관리의 수사준칙에 관한 규정」에 따라 한 행위의 효력에는 영향을 미치지 않는다.

부　칙 <2023·10·17 대령33808>

제1조(시행일) 이 영은 2023년 11월 1일부터 시행한다.

제2조(일반적 적용례) 이 영은 이 영 시행 당시 수사 중이거나 법원에 계속 중인 사건에 대해서도 적용한다.

●국민의 형사재판 참여에 관한 법률

〔2007·6·1 법률제8495호〕

개정
2010·4·15 법률제10258호(성폭력범죄의 처벌 등에 관한 특례법)
2012·1·17 법률제11155호
2013·3·23 법률제11690호(정부조직법)
2014·11·19 법률제12844호(정부조직법)
2016·1·19 법률제13762호
2016·5·29 법률제14184호(예비군법)
2017·7·26 법률제14839호(정부조직법)

제1장 총칙

제1조(목적) 이 법은 사법의 민주적 정당성과 신뢰를 높이기 위하여 국민이 형사재판에 참여하는 제도를 시행함에 있어 참여에 따른 권한과 책임을 명확히 하고, 재판절차의 특례와 그 밖에 필요한 사항에 관하여 규정함을 목적으로 한다.

제2조(정의) 이 법에서 사용하는 용어의 정의는 다음과 같다.
1. "배심원"이란 이 법에 따라 형사재판에 참여하도록 선정된 사람을 말한다.
2. "국민참여재판"이란 배심원이 참여하는 형사재판을 말한다.

제3조(국민의 권리와 의무) ① 누구든지 이 법으로 정하는 바에 따라 국민참여재판을 받을 권리를 가진다.
② 대한민국 국민은 이 법으로 정하는 바에 따라 국민참여재판에 참여할 권리와 의무를 가진다.

제4조(다른 법령과의 관계) 국민참여재판에 관하여 이 법에 특별한 규정이 없는 때에는 「법원조직법」·「형사소송법」 등 다른 법령을 적용한다.

제2장 대상사건 및 관할

제5조(대상사건) ① 다음 각 호에 정하는 사건을 국민참여재판의 대상사건(이하 "대상사건"이라 한다)으로 한다. <개정 2012·1·17>
1. 「법원조직법」 제32조제1항(제2호 및 제5호는 제외한다)에 따른 합의부 관할 사건
2. 제1호에 해당하는 사건의 미수죄·교사죄·방조죄·예비죄·음모죄에 해당하는 사건
3. 제1호 및 제2호에 해당하는 사건과 「형사소송법」 제11조에 따른 관련 사건으로서 병합하여 심리하는 사건

② 피고인이 국민참여재판을 원하지 아니하거나 제9조제1항에 따른 배제결정이 있는 경우는 국민참여재판을 하지 아니한다.

제6조(공소사실의 변경 등) ① 법원은 공소사실의 일부 철회 또는 변경으로 인하여 대상사건에 해당하지 아니하게 된 경우에도 이 법에 따른 재판을 계속 진행한다. 다만, 법원은 심리의 상황이나 그 밖의 사정을 고려하여 국민참여재판으로 진행하는 것이 적당하지 아니하다고 인정하는 때에는 결정으로 당해 사건을 지방법원 본원 합의부가 국민참여재판에 의하지 아니하고 심판하게 할 수 있다.
② 제1항 단서의 결정에 대하여는 불복할 수 없다.
③ 제1항 단서의 결정이 있는 경우에는 당해 재판에 참여한 배심원과 예비배심원은 해임된 것으로 본다.

④ 제 1 항 단서의 결정 전에 행한 소송행위는 그 결정 이후에도 그 효력에 영향이 없다.

제 7 조(필요적 국선변호) 이 법에 따른 국민참여재판에 관하여 변호인이 없는 때에는 법원은 직권으로 변호인을 선정하여야 한다.

제 8 조(피고인 의사의 확인) ① 법원은 대상사건의 피고인에 대하여 국민참여재판을 원하는지 여부에 관한 의사를 서면 등의 방법으로 반드시 확인하여야 한다. 이 경우 피고인 의사의 구체적인 확인 방법은 대법원규칙으로 정하되, 피고인의 국민참여재판을 받을 권리가 최대한 보장되도록 하여야 한다.

② 피고인은 공소장 부본을 송달받은 날부터 7일 이내에 국민참여재판을 원하는지 여부에 관한 의사가 기재된 서면을 제출하여야 한다. 이 경우 피고인이 서면을 우편으로 발송한 때, 교도소 또는 구치소에 있는 피고인이 서면을 교도소장·구치소장 또는 그 직무를 대리하는 자에게 제출한 때에 법원에 제출한 것으로 본다.

③ 피고인이 제 2 항의 서면을 제출하지 아니한 때에는 국민참여재판을 원하지 아니하는 것으로 본다.

④ 피고인은 제 9 조제 1 항의 배제결정 또는 제10조제 1 항의 회부결정이 있거나 공판준비기일이 종결되거나 제 1 회 공판기일이 열린 이후에는 종전의 의사를 바꿀 수 없다.

제 9 조(배제결정) ① 법원은 공소제기 후부터 공판준비기일이 종결된 다음 날까지 다음 각 호의 어느 하나에 해당하는 경우 국민참여재판을 하지 아니하기로 하는 결정을 할 수 있다. <개정 2012·1·17>

1. 배심원·예비배심원·배심원후보자 또는 그 친족의 생명·신체·재산에 대한 침해 또는 침해의 우려가 있어서 출석의 어려움이 있거나 이 법에 따른 직무를 공정하게 수행하지 못할 염려가 있다고 인정되는 경우
2. 공범 관계에 있는 피고인들 중 일부가 국민참여재판을 원하지 아니하여 국민참여재판의 진행에 어려움이 있다고 인정되는 경우
3. 「성폭력범죄의 처벌 등에 관한 특례법」 제 2 조의 범죄로 인한 피해자(이하 "성폭력범죄 피해자"라 한다) 또는 법정대리인이 국민참여재판을 원하지 아니하는 경우
4. 그 밖에 국민참여재판으로 진행하는 것이 적절하지 아니하다고 인정되는 경우

② 법원은 제 1 항의 결정을 하기 전에 검사·피고인 또는 변호인의 의견을 들어야 한다.

③ 제 1 항의 결정에 대하여는 즉시항고를 할 수 있다.

제10조(지방법원 지원 관할 사건의 특례) ① 제 8 조에 따라 피고인이 국민참여재판을 원하는 의사를 표시한 경우 지방법원 지원 합의부가 제 9 조제 1 항의 배제결정을 하지 아니하는 경우에는 국민참여재판절차 회부결정을 하여 사건을 지방법원 본원 합의부로 이송하여야 한다.

② 지방법원 지원 합의부가 심판권을 가지는 사건 중 지방법원 지원 합의부가 제 1 항의 회부결정을 한 사건에 대하여는 지방법원 본원 합의부가 관할권을 가진다.

제11조(통상절차 회부) ① 법원은 피고인의 질병 등으로 공판절차가 장기간 정지되거나 피고인에 대한 구속기간의 만료, 성폭력범죄 피해자의 보호, 그 밖에 심리의 제반 사정에 비추어 국민참여재판을 계속 진행하는 것이 부적절하다고 인정하는 경우에는 직권 또는 검사·피고인·변호인이나 성폭력범죄 피해자 또는 법정대리인의 신청에 따라 결정으로 사건을 지방법원 본원 합의부가 국민참여재판에 의하지 아니하고 심판하게 할 수 있다. <개정 2012·1·17>

② 법원은 제 1 항의 결정을 하기 전에 검사·피고인 또는 변호인의 의견을 들어야 한다.

③ 제 1 항의 결정에 대하여는 불복할 수 없다.

④ 제 1 항의 결정이 있는 경우에는 제 6 조제 3 항 및 제 4 항을 준용한다.

제 3 장 배심원

제 1 절 총칙

제12조(배심원의 권한과 의무) ① 배심원은 국

민참여재판을 하는 사건에 관하여 사실의 인정, 법령의 적용 및 형의 양정에 관한 의견을 제시할 권한이 있다.

② 배심원은 법령을 준수하고 독립하여 성실히 직무를 수행하여야 한다.

③ 배심원은 직무상 알게 된 비밀을 누설하거나 재판의 공정을 해하는 행위를 하여서는 아니 된다.

제13조(배심원의 수) ① 법정형이 사형·무기징역 또는 무기금고에 해당하는 대상사건에 대한 국민참여재판에는 9인의 배심원이 참여하고, 그 외의 대상사건에 대한 국민참여재판에는 7인의 배심원이 참여한다. 다만, 법원은 피고인 또는 변호인이 공판준비절차에서 공소사실의 주요내용을 인정한 때에는 5인의 배심원이 참여하게 할 수 있다.

② 법원은 사건의 내용에 비추어 특별한 사정이 있다고 인정되고 검사·피고인 또는 변호인의 동의가 있는 경우에 한하여 결정으로 배심원의 수를 7인과 9인 중에서 제1항과 달리 정할 수 있다.

제14조(예비배심원) ① 법원은 배심원의 결원 등에 대비하여 5인 이내의 예비배심원을 둘 수 있다.

② 이 법에서 정하는 배심원에 대한 사항은 그 성질에 반하지 아니하는 한 예비배심원에 대하여 준용한다.

제15조(여비·일당 등) 대법원규칙으로 정하는 바에 따라 배심원·예비배심원 및 배심원후보자에게 여비·일당 등을 지급한다.

제 2 절 배심원의 자격

제16조(배심원의 자격) 배심원은 만 20세 이상의 대한민국 국민 중에서 이 법으로 정하는 바에 따라 선정된다.

제17조(결격사유) 다음 각 호의 어느 하나에 해당하는 사람은 배심원으로 선정될 수 없다. <개정 2016·1·19>

1. 피성년후견인 또는 피한정후견인
2. 파산선고를 받고 복권되지 아니한 사람
3. 금고 이상의 실형을 선고받고 그 집행이 종료(종료된 것으로 보는 경우를 포함한다)되거나 집행이 면제된 후 5년을 경과하지 아니한 사람
4. 금고 이상의 형의 집행유예를 선고받고 그 기간이 완료된 날부터 2년을 경과하지 아니한 사람
5. 금고 이상의 형의 선고유예를 받고 그 선고유예기간 중에 있는 사람
6. 법원의 판결에 의하여 자격이 상실 또는 정지된 사람

제18조(직업 등에 따른 제외사유) 다음 각 호의 어느 하나에 해당하는 사람을 배심원으로 선정하여서는 아니된다. <개정 2016·5·29>

1. 대통령
2. 국회의원·지방자치단체의 장 및 지방의회의원
3. 입법부·사법부·행정부·헌법재판소·중앙선거관리위원회·감사원의 정무직 공무원
4. 법관·검사
5. 변호사·법무사
6. 법원·검찰 공무원
7. 경찰·교정·보호관찰 공무원
8. 군인·군무원·소방공무원 또는 「예비군법」에 따라 동원되거나 교육훈련의무를 이행 중인 예비군

제19조(제척사유) 다음 각 호의 어느 하나에 해당하는 사람은 당해 사건의 배심원으로 선정될 수 없다.

1. 피해자
2. 피고인 또는 피해자의 친족이나 이러한 관계에 있었던 사람
3. 피고인 또는 피해자의 법정대리인
4. 사건에 관한 증인·감정인·피해자의 대리인
5. 사건에 관한 피고인의 대리인·변호인·보조인
6. 사건에 관한 검사 또는 사법경찰관의 직무를 행한 사람
7. 사건에 관하여 전심 재판 또는 그 기초가 되는 조사·심리에 관여한 사람

제20조(면제사유) 법원은 직권 또는 신청에 따라 다음 각 호의 어느 하나에 해당하는 사람에 대하여 배심원 직무의 수행을 면제할 수 있다.

1. 만 70세 이상인 사람
2. 과거 5년 이내에 배심원후보자로서 선정기일에 출석한 사람
3. 금고 이상의 형에 해당하는 죄로 기소되어 사건이 종결되지 아니한 사람
4. 법령에 따라 체포 또는 구금되어 있는 사람
5. 배심원 직무의 수행이 자신이나 제3자에게 위해를 초래하거나 직업상 회복할 수 없는 손해를 입게 될 우려가 있는 사람
6. 중병·상해 또는 장애로 인하여 법원에 출석하기 곤란한 사람
7. 그 밖의 부득이한 사유로 배심원 직무를 수행하기 어려운 사람

제21조(보고·서류송부 요구) 지방법원장 또는 재판장은 국가, 지방자치단체, 공공단체, 그 밖의 법인·단체에 배심원후보자·배심원·예비배심원의 선정 또는 해임에 관한 판단을 위하여 필요한 사항의 보고 또는 그 보관서류의 송부를 요구할 수 있다.

제3절 배심원의 선정

제22조(배심원후보예정자명부의 작성) ① 지방법원장은 배심원후보예정자명부를 작성하기 위하여 행정안전부장관에게 매년 그 관할 구역 내에 거주하는 만 20세 이상 국민의 주민등록정보에서 일정한 수의 배심원후보예정자의 성명·생년월일·주소 및 성별에 관한 주민등록정보를 추출하여 전자파일의 형태로 송부하여 줄 것을 요청할 수 있다. <개정 2012·1·17, 2013·3·23, 2014·11·19, 2017·7·26>

② 제1항의 요청을 받은 행정안전부장관은 30일 이내에 주민등록자료를 지방법원장에게 송부하여야 한다. <개정 2012·1·17, 2013·3·23, 2014·11·19, 2017·7·26>

③ 지방법원장은 매년 주민등록자료를 활용하여 배심원후보예정자명부를 작성한다.

제23조(배심원후보자의 결정 및 출석통지) ① 법원은 배심원후보예정자명부 중에서 필요한 수의 배심원후보자를 무작위 추출 방식으로 정하여 배심원과 예비배심원의 선정기일을 통지하여야 한다.

② 제1항의 통지를 받은 배심원후보자는 선정기일에 출석하여야 한다.

③ 법원은 제1항의 통지 이후 배심원의 직무 종사 예정기간을 마칠 때까지 제17조부터 제20조까지에 해당하는 사유가 있다고 인정되는 배심원후보자에 대하여는 즉시 그 출석통지를 취소하고 신속하게 당해 배심원후보자에게 그 내용을 통지하여야 한다.

제24조(선정기일의 진행) ① 법원은 합의부원으로 하여금 선정기일의 절차를 진행하게 할 수 있다. 이 경우 수명법관은 선정기일에 관하여 법원 또는 재판장과 동일한 권한이 있다.

② 선정기일은 공개하지 아니한다.

③ 선정기일에서는 배심원후보자의 명예가 손상되지 아니하고 사생활이 침해되지 아니하도록 배려하여야 한다.

④ 법원은 선정기일의 속행을 위하여 새로운 기일을 정할 수 있다. 이 경우 선정기일에 출석한 배심원후보자에 대하여 새로운 기일을 통지한 때에는 출석통지서의 송달이 있었던 경우와 동일한 효력이 있다.

제25조(질문표) ① 법원은 배심원후보자가 제28조제1항에서 정하는 사유에 해당하는지의 여부를 판단하기 위하여 질문표를 사용할 수 있다.

② 배심원후보자는 정당한 사유가 없는 한 질문표에 기재된 질문에 답하여 이를 법원에 제출하여야 한다.

제26조(후보자명부 송부 등) ① 법원은 선정기일의 2일 전까지 검사와 변호인에게 배심원후보자의 성명·성별·출생연도가 기재된 명부를 송부하여야 한다.

② 법원은 선정절차에 질문표를 사용하는 때에는 선정기일을 진행하기 전에 배심원후보자가 제출한 질문표 사본을 검사와 변호인에게 교부하여야 한다.

제27조(선정기일의 참여자) ① 법원은 검사·피고인 또는 변호인에게 선정기일을 통지하여야 한다.

② 검사와 변호인은 선정기일에 출석하여야 하며, 피고인은 법원의 허가를 받아 출석할 수 있다.

③ 법원은 변호인이 선정기일에 출석하지 아니한 경우 국선변호인을 선정하여야 한다.

제28조(배심원후보자에 대한 질문과 기피신청) ① 법원은 배심원후보자가 제17조부터 제20조까지의 사유에 해당하는지 여부 또는 불공평한 판단을 할 우려가 있는지 여부 등을 판단하기 위하여 배심원후보자에게 질문을 할 수 있다. 검사·피고인 또는 변호인은 법원으로 하여금 필요한 질문을 하도록 요청할 수 있고, 법원은 검사 또는 변호인으로 하여금 직접 질문하게 할 수 있다.

② 배심원후보자는 제1항의 질문에 대하여 정당한 사유 없이 진술을 거부하거나 거짓 진술을 하여서는 아니 된다.

③ 법원은 배심원후보자가 제17조부터 제20조까지의 사유에 해당하거나 불공평한 판단을 할 우려가 있다고 인정되는 때에는 직권 또는 검사·피고인·변호인의 기피신청에 따라 당해 배심원후보자에 대하여 불선정결정을 하여야 한다. 검사·피고인 또는 변호인의 기피신청을 기각하는 경우에는 이유를 고지하여야 한다.

제29조(이의신청) ① 제28조제3항의 기피신청을 기각하는 결정에 대하여는 즉시 이의신청을 할 수 있다.

② 제1항의 이의신청에 대한 결정은 기피신청 기각결정을 한 법원이 한다.

③ 이의신청에 대한 결정에 대하여는 불복할 수 없다.

제30조(무이유부기피신청) ① 검사와 변호인은 각자 다음 각 호의 범위 내에서 배심원후보자에 대하여 이유를 제시하지 아니하는 기피신청(이하 "무이유부기피신청"이라 한다)을 할 수 있다.

1. 배심원이 9인인 경우는 5인
2. 배심원이 7인인 경우는 4인
3. 배심원이 5인인 경우는 3인

② 무이유부기피신청이 있는 때에는 법원은 당해 배심원후보자를 배심원으로 선정할 수 없다.

③ 법원은 검사·피고인 또는 변호인에게 순서를 바꿔가며 무이유부기피신청을 할 수 있는 기회를 주어야 한다.

제31조(선정결정 및 불선정결정) ① 법원은 출석한 배심원후보자 중에서 당해 재판에서 필요한 배심원과 예비배심원의 수에 해당하는 배심원후보자를 무작위로 뽑고 이들을 대상으로 직권, 기피신청 또는 무이유부기피신청에 따른 불선정결정을 한다.

② 제1항의 불선정결정이 있는 경우에는 그 수만큼 제1항의 절차를 반복한다.

③ 제1항 및 제2항의 절차를 거쳐 필요한 수의 배심원과 예비배심원 후보자가 확정되면 법원은 무작위의 방법으로 배심원과 예비배심원을 선정한다. 예비배심원이 2인 이상인 경우에는 그 순번을 정하여야 한다.

④ 법원은 배심원과 예비배심원에게 누가 배심원으로 선정되었는지 여부를 알리지 아니할 수 있다.

제4절 배심원의 해임 등

제32조(배심원의 해임) ① 법원은 배심원 또는 예비배심원이 다음 각 호의 어느 하나에 해당하는 때에는 직권 또는 검사·피고인·변호인의 신청에 따라 배심원 또는 예비배심원을 해임하는 결정을 할 수 있다.

1. 배심원 또는 예비배심원이 제42조제1항의 선서를 하지 아니한 때
2. 배심원 또는 예비배심원이 제41조제2항 각 호의 의무를 위반하여 그 직무를 담당하게 하는 것이 적당하지 아니하다고 인정되는 때
3. 배심원 또는 예비배심원이 출석의무에 위반하고 계속하여 그 직무를 행하는 것이 적당하지 아니한 때
4. 배심원 또는 예비배심원에게 제17조부터 제20조까지의 사유에 해당하는 사실이 있거나 불공평한 판단을 할 우려가 있는 때
5. 배심원 또는 예비배심원이 질문표에 거짓 기재를 하거나 선정절차에서의 질문에 대하여 정당한 사유 없이 진술을 거부하거나 거짓의 진술을 한 것이 밝혀지고 계속하여 그 직무를 행하는 것이 적당하지 아니한 때
6. 배심원 또는 예비배심원이 법정에서 재

판장이 명한 사항을 따르지 아니하거나 폭언 또는 그 밖의 부당한 언행을 하는 등 공판절차의 진행을 방해한 때

② 제1항의 결정을 함에 있어서는 검사·피고인 또는 변호인의 의견을 묻고 출석한 당해 배심원 또는 예비배심원에게 진술기회를 부여하여야 한다.

③ 제1항의 결정에 대하여는 불복할 수 없다.

제33조(배심원의 사임) ① 배심원과 예비배심원은 직무를 계속 수행하기 어려운 사정이 있는 때에는 법원에 사임을 신청할 수 있다.

② 법원은 제1항의 신청에 이유가 있다고 인정하는 때에는 당해 배심원 또는 예비배심원을 해임하는 결정을 할 수 있다.

③ 제2항의 결정을 함에 있어서는 검사·피고인 또는 변호인의 의견을 들어야 한다.

④ 제2항의 결정에 대하여는 불복할 수 없다.

제34조(배심원의 추가선정 등) ① 제32조 및 제33조에 따라 배심원이 부족하게 된 경우 예비배심원은 미리 정한 순서에 따라 배심원이 된다. 이 때 배심원이 될 예비배심원이 없는 경우 배심원을 추가로 선정한다.

② 국민참여재판 도중 심리의 진행 정도에 비추어 배심원을 추가선정하여 재판에 관여하게 하는 것이 부적절하다고 판단되는 경우 법원은 다음 각 호의 구분에 따라 남은 배심원만으로 계속하여 국민참여재판을 진행하는 결정을 할 수 있다. 다만, 배심원이 5인 미만이 되는 경우에는 그러하지 아니하다.

1. 1인의 배심원이 부족한 때에는 검사·피고인 또는 변호인의 의견을 들어야 한다.
2. 2인 이상의 배심원이 부족한 때에는 검사·피고인 또는 변호인의 동의를 받아야 한다.

제35조(배심원 등의 임무 종료) 배심원과 예비배심원의 임무는 다음 각 호의 어느 하나에 해당하면 종료한다.

1. 종국재판을 고지한 때
2. 제6조제1항 단서 또는 제11조에 따라 통상절차 회부결정을 고지한 때

제4장 국민참여재판의 절차

제1절 공판의 준비

제36조(공판준비절차) ① 재판장은 제8조에 따라 피고인이 국민참여재판을 원하는 의사를 표시한 경우에 사건을 공판준비절차에 부쳐야 한다. 다만, 공판준비절차에 부치기 전에 제9조제1항의 배제결정이 있는 때에는 그러하지 아니하다.

② 공판준비절차에 부친 이후 피고인이 국민참여재판을 원하지 아니하는 의사를 표시하거나 제9조제1항의 배제결정이 있는 때에는 공판준비절차를 종결할 수 있다.

③ 지방법원 본원 합의부가 지방법원 지원 합의부로부터 제10조제1항에 따라 이송받은 사건에 대하여는 이미 공판준비절차를 거친 경우에도 필요한 때에는 공판준비절차에 부칠 수 있다.

④ 검사·피고인 또는 변호인은 증거를 미리 수집·정리하는 등 공판준비절차가 원활하게 진행되도록 협력하여야 한다.

제37조(공판준비기일) ① 법원은 주장과 증거를 정리하고 심리계획을 수립하기 위하여 공판준비기일을 지정하여야 한다.

② 법원은 합의부원으로 하여금 공판준비기일을 진행하게 할 수 있다. 이 경우 수명법관은 공판준비기일에 관하여 법원 또는 재판장과 동일한 권한이 있다.

③ 공판준비기일은 공개한다. 다만, 법원은 공개함으로써 절차의 진행이 방해될 우려가 있는 때에는 공판준비기일을 공개하지 아니할 수 있다.

④ 공판준비기일에는 배심원이 참여하지 아니한다.

제2절 공판절차

제38조(공판기일의 통지) 공판기일은 배심원과 예비배심원에게 통지하여야 한다.

제39조(소송관계인의 좌석) ① 공판정은 판사·배심원·예비배심원·검사·변호인이 출석하여 개정한다.

② 검사와 피고인 및 변호인은 대등하게 마

주 보고 위치한다. 다만, 피고인신문을 하는 때에는 피고인은 증인석에 위치한다.
③ 배심원과 예비배심원은 재판장과 검사·피고인 및 변호인의 사이 왼쪽에 위치한다.
④ 증인석은 재판장과 검사·피고인 및 변호인의 사이 오른쪽에 배심원과 예비배심원을 마주 보고 위치한다.

제40조(공판정에서의 속기·녹취) ① 법원은 특별한 사정이 없는 한 공판정에서의 심리를 속기사로 하여금 속기하게 하거나 녹음장치 또는 영상녹화장치를 사용하여 녹음 또는 영상녹화하여야 한다.
② 제 1 항에 따른 속기록·녹음테이프 또는 비디오테이프는 공판조서와는 별도로 보관되어야 하며, 검사·피고인 또는 변호인은 비용을 부담하고 속기록·녹음테이프 또는 비디오테이프의 사본을 청구할 수 있다.

제41조(배심원의 절차상 권리와 의무) ① 배심원과 예비배심원은 다음 각 호의 행위를 할 수 있다.
1. 피고인·증인에 대하여 필요한 사항을 신문하여 줄 것을 재판장에게 요청하는 행위
2. 필요하다고 인정되는 경우 재판장의 허가를 받아 각자 필기를 하여 이를 평의에 사용하는 행위
② 배심원과 예비배심원은 다음 각 호의 행위를 하여서는 아니 된다.
1. 심리 도중에 법정을 떠나거나 평의·평결 또는 토의가 완결되기 전에 재판장의 허락 없이 평의·평결 또는 토의 장소를 떠나는 행위
2. 평의가 시작되기 전에 당해 사건에 관한 자신의 견해를 밝히거나 의논하는 행위
3. 재판절차 외에서 당해 사건에 관한 정보를 수집하거나 조사하는 행위
4. 이 법에서 정한 평의·평결 또는 토의에 관한 비밀을 누설하는 행위

제42조(선서 등) ① 배심원과 예비배심원은 법률에 따라 공정하게 그 직무를 수행할 것을 다짐하는 취지의 선서를 하여야 한다.
② 재판장은 배심원과 예비배심원에 대하여 배심원과 예비배심원의 권한·의무·재판절차, 그 밖에 직무수행을 원활히 하는 데 필요한 사항을 설명하여야 한다.

제43조(간이공판절차 규정의 배제) 국민참여재판에는 「형사소송법」 제286조의2를 적용하지 아니한다.

제44조(배심원의 증거능력 판단 배제) 배심원 또는 예비배심원은 법원의 증거능력에 관한 심리에 관여할 수 없다.

제45조(공판절차의 갱신) ① 공판절차가 개시된 후 새로 재판에 참여하는 배심원 또는 예비배심원이 있는 때에는 공판절차를 갱신하여야 한다.
② 제 1 항의 갱신절차는 새로 참여한 배심원 또는 예비배심원이 쟁점 및 조사한 증거를 이해할 수 있도록 하되, 그 부담이 과중하지 아니하도록 하여야 한다.

제 3 절 평의·평결·토의 및 판결 선고

제46조(재판장의 설명·평의·평결·토의 등) ① 재판장은 변론이 종결된 후 법정에서 배심원에게 공소사실의 요지와 적용법조, 피고인과 변호인 주장의 요지, 증거능력, 그 밖에 유의할 사항에 관하여 설명하여야 한다. 이 경우 필요한 때에는 증거의 요지에 관하여 설명할 수 있다.
② 심리에 관여한 배심원은 제 1 항의 설명을 들은 후 유·무죄에 관하여 평의하고, 전원의 의견이 일치하면 그에 따라 평결한다. 다만, 배심원 과반수의 요청이 있으면 심리에 관여한 판사의 의견을 들을 수 있다.
③ 배심원은 유·무죄에 관하여 전원의 의견이 일치하지 아니하는 때에는 평결을 하기 전에 심리에 관여한 판사의 의견을 들어야 한다. 이 경우 유·무죄의 평결은 다수결의 방법으로 한다. 심리에 관여한 판사는 평의에 참석하여 의견을 진술한 경우에도 평결에는 참여할 수 없다.
④ 제 2 항 및 제 3 항의 평결이 유죄인 경우 배심원은 심리에 관여한 판사와 함께 양형에 관하여 토의하고 그에 관한 의견을 개진한다. 재판장은 양형에 관한 토의 전에 처벌의 범위와 양형의 조건 등을 설명하여야 한다.
⑤ 제 2 항부터 제 4 항까지의 평결과 의견은 법원을 기속하지 아니한다.
⑥ 제 2 항 및 제 3 항의 평결결과와 제 4 항의 의견을 집계한 서면은 소송기록에 편철한다.

제47조(평의 등의 비밀) 배심원은 평의·평결 및 토의 과정에서 알게 된 판사 및 배심원 각자의 의견과 그 분포 등을 누설하여서는 아니 된다.

제48조(판결선고기일) ① 판결의 선고는 변론을 종결한 기일에 하여야 한다. 다만, 특별한 사정이 있는 때에는 따로 선고기일을 지정할 수 있다.

② 변론을 종결한 기일에 판결을 선고하는 경우에는 판결서를 선고 후에 작성할 수 있다.

③ 제 1 항 단서의 선고기일은 변론종결 후 14일 이내로 정하여야 한다.

④ 재판장은 판결선고 시 피고인에게 배심원의 평결결과를 고지하여야 하며, 배심원의 평결결과와 다른 판결을 선고하는 때에는 피고인에게 그 이유를 설명하여야 한다.

제49조(판결서의 기재사항) ① 판결서에는 배심원이 재판에 참여하였다는 취지를 기재하여야 하고, 배심원의 의견을 기재할 수 있다.

② 배심원의 평결결과와 다른 판결을 선고하는 때에는 판결서에 그 이유를 기재하여야 한다.

제 5 장 배심원 등의 보호를 위한 조치

제50조(불이익취급의 금지) 누구든지 배심원·예비배심원 또는 배심원후보자인 사실을 이유로 해고하거나 그 밖의 불이익한 처우를 하여서는 아니 된다.

제51조(배심원 등에 대한 접촉의 규제) ① 누구든지 당해 재판에 영향을 미치거나 배심원 또는 예비배심원이 직무상 취득한 비밀을 알아낼 목적으로 배심원 또는 예비배심원과 접촉하여서는 아니 된다.

② 누구든지 배심원 또는 예비배심원이 직무상 취득한 비밀을 알아낼 목적으로 배심원 또는 예비배심원의 직무에 종사하였던 사람과 접촉하여서는 아니 된다. 다만, 연구에 필요한 경우는 그러하지 아니하다.

제52조(배심원 등의 개인정보 공개금지) ① 법령으로 정하는 경우를 제외하고는 누구든지 배심원·예비배심원 또는 배심원후보자의 성명·주소와 그 밖의 개인정보를 공개하여서는 아니 된다.

② 배심원·예비배심원 또는 배심원후보자의 직무를 수행하였던 사람들의 개인정보에 대하여는 본인이 동의하는 경우에 한하여 공개할 수 있다.

제53조(배심원 등에 대한 신변보호조치) ① 재판장은 배심원 또는 예비배심원이 피고인이나 그 밖의 사람으로부터 위해를 받거나 받을 염려가 있다고 인정하는 때 또는 공정한 심리나 평의에 지장을 초래하거나 초래할 염려가 있다고 인정하는 때에는 배심원 또는 예비배심원의 신변안전을 위하여 보호, 격리, 숙박, 그 밖에 필요한 조치를 취할 수 있다.

② 검사, 피고인, 변호인, 배심원 또는 예비배심원은 재판장에게 제 1 항의 조치를 취하도록 요청할 수 있다.

제 6 장 연구조직

제54조(사법참여기획단) ① 국민참여재판에 관한 조사·연구 등을 수행하기 위하여 대법원에 사법참여기획단을 둔다.

② 사법참여기획단은 다음 각 호의 사항에 관한 임무를 수행한다.

1. 모의재판의 실시
2. 국민참여재판의 녹화 및 분석
3. 수사·변호 및 재판 절차에 관한 연구
4. 법조 실무자에 대한 교육
5. 국민에 대한 교육 및 홍보
6. 공청회·학술토론회의 개최
7. 그 밖에 국민참여재판의 연구에 필요한 사항

③ 사법참여기획단의 조직과 활동, 그 밖에 필요한 사항은 대법원규칙으로 정한다.

제55조(국민사법참여위원회) ① 국민참여재판의 시행경과에 대한 분석 등을 통하여 국민참여재판 제도의 최종적인 형태를 결정하기 위하여 대법원에 국민사법참여위원회를 둔다.

② 국민사법참여위원회의 조직과 활동, 그 밖에 필요한 사항은 대법원규칙으로 정한다.

제 7 장 벌칙

제56조(배심원 등에 대한 청탁죄) ① 배심원 또는 예비배심원에게 그 직무에 관하여 청

탁을 한 자는 2년 이하의 징역 또는 500만원 이하의 벌금에 처한다.
② 배심원후보자에게 그 직무에 관하여 청탁을 한 자도 제1항과 같다.

제57조(배심원 등에 대한 위협죄) ① 피고사건에 관하여 당해 피고사건의 배심원·예비배심원 또는 그러한 직에 있었던 자나 그 친족에 대하여 전화·편지·면회, 그 밖의 다른 방법으로 겁을 주거나 불안감을 조성하는 등의 위협행위를 한 자는 2년 이하의 징역 또는 500만원 이하의 벌금에 처한다.
② 피고사건에 관하여 당해 피고사건의 배심원후보자 또는 그 친족에 대하여 제1항의 방법으로 위협행위를 한 자도 제1항과 같다.

제58조(배심원 등에 의한 비밀누설죄) ① 배심원 또는 예비배심원이 직무상 알게 된 비밀을 누설한 때에는 6개월 이하의 징역 또는 300만원 이하의 벌금에 처한다.
② 배심원 또는 예비배심원이었던 자가 직무상 알게 된 비밀을 누설한 때에도 제1항과 같다. 다만, 연구에 필요한 협조를 한 경우는 그러하지 아니하다.

제59조(배심원 등의 금품 수수 등) ① 배심원·예비배심원 또는 배심원후보자가 직무와 관련하여 재물 또는 재산상 이익을 수수·요구·약속한 때에는 3년 이하의 징역 또는 1천만원 이하의 벌금에 처한다.
② 배심원·예비배심원 또는 배심원후보자에게 제1항의 재물 또는 재산상 이익을 약속·공여 또는 공여의 의사를 표시한 자도 제1항과 같다.

제60조(배심원후보자의 불출석 등에 대한 과태료) ① 다음 각 호의 어느 하나에 해당하는 때에 법원은 결정으로 200만원 이하의 과태료를 부과한다.
1. 출석통지를 받은 배심원·예비배심원·배심원후보자가 정당한 사유 없이 지정된 일시에 출석하지 아니한 때
2. 배심원 또는 예비배심원이 정당한 사유 없이 제42조제1항의 선서를 거부한 때
3. 배심원후보자가 배심원 또는 예비배심원 선정을 위한 질문서에 거짓 기재를 하여 법원에 제출하거나 선정절차에서의 질문에 대하여 거짓 진술을 한 때

② 제1항의 결정에 대하여는 즉시항고할 수 있다.

부 칙

①(시행일) 이 법은 2008년 1월 1일부터 시행한다.
②(적용례) 이 법은 이 법 시행 후 최초로 공소제기되는 사건부터 적용한다.

부 칙 <2010·4·15 법10258>

제1조(시행일) 이 법은 공포한 날부터 시행한다. 〈단서 생략〉
제2조부터 **제6조**까지 생략

부 칙 <2012·1·17 법11155>

제1조(시행일) 이 법은 2012년 7월 1일부터 시행한다. 다만, 제22조제1항 및 제2항의 개정규정은 공포한 날부터 시행한다.
제2조(대상사건 등에 관한 적용례) 제5조제1항, 제9조제1항 및 제11조제1항의 개정규정은 이 법 시행 후 최초로 공소를 제기하는 사건부터 적용한다.

부 칙 <2013·3·23 법11690>

제1조(시행일) ① 이 법은 공포한 날부터 시행한다.
② 생략
제2조부터 **제7조**까지 생략

부 칙 <2014·11·19 법12844>

제1조(시행일) 이 법은 공포한 날부터 시행한다. 〈단서 생략〉
제2조부터 **제7조**까지 생략

부 칙 <2016·1·19 법13762>

제1조(시행일) 이 법은 공포한 날부터 시행한다.
제2조(금치산자 등에 대한 경과조치) 제17조제1호의 개정규정에도 불구하고 법률 제10429호 민법 일부개정법률 부칙 제2조에 따라 금치산 또는 한정치산 선고의 효력이 유지되는 사람에 대하여는 종전의 규정에 따른다.

부 칙 <2016·5·29 법14184>

제1조(시행일) 이 법은 공포 후 6개월이 경과한 날부터 시행한다.
제2조 생략

부 칙 <2017·7·26 법14839>

제1조(시행일) ① 이 법은 공포한 날부터 시행한다. 〈단서 생략〉
제2조부터 **제6조**까지 생략

●국민의 형사재판 참여에 관한 규칙

〔2007·10·29 대법원규칙제2107호〕

개정
2008· 3·31 대법원규칙제2168호
2009· 1· 9 대법원규칙제2207호
2009· 6· 1 대법원규칙제2237호
2012· 5·29 대법원규칙제2404호
2015· 6· 2 대법원규칙제2602호
2021· 1·29 대법원규칙제2949호(고위공직자범죄수사처 설치에 따른 8개 대법원규칙의 일부개정에 관한 규칙)

제1조(목적) 이 규칙은 「국민의 형사재판 참여에 관한 법률」(다음부터 "법"이라 한다)이 대법원규칙에 위임한 사항, 그 밖에 국민참여재판절차에 관하여 필요한 사항을 규정함을 목적으로 한다.

제2조 삭제 <2012·5·29>

제3조(피고인 의사의 확인) ① 법원은 대상사건에 대한 공소의 제기가 있는 때에는 공소장 부본과 함께 피고인 또는 변호인에게 국민참여재판의 절차, 법 제8조제2항에 따른 서면의 제출, 법 제8조제4항에 따른 의사번복의 제한, 그 밖의 주의사항이 기재된 국민참여재판에 관한 안내서를 송달하여야 한다.

② 피고인이 법 제8조제2항의 서면을 법원에 제출할 때에는 다음 각 호의 사항을 기재하고, 기명날인 또는 서명하여야 한다.

1. 피고인의 성명 기타 피고인을 특정할 수 있는 사항
2. 사건번호
3. 피고인이 국민참여재판을 원하는지 여부

③ 법 제8조제2항의 서면이 제출된 때에는 법원은 검사에게 그 취지와 서면의 내용을 통지하여야 한다.

④ 제3항의 통지는 서면사본의 송달 외에 전화, 모사전송, 전자우편 그 밖에 상당한 방법으로 이를 할 수 있다.

⑤ 제3항의 통지의 증명은 그 취지를 기재한 법원서기관·법원사무관·법원주사 또는 법원주사보(다음부터 "법원사무관등"이라 한다)의 보고서로써 할 수 있다.

제3조의2(단독판사 관할사건에 대한 피고인 의사의 확인) ① 법원은 지방법원이나 그 지원의 단독판사 관할사건의 피고인에 대하여도 국민참여재판을 원하는지 여부에 관한 의사를 서면 등의 방법으로 확인할 수 있다.

② 제1항에 따른 피고인 의사의 확인절차에 관하여는 대상사건에 대한 피고인 의사의 확인절차에 관한 법 제8조제2항부터 제4항까지 및 이 규칙 제3조, 제4조를 각각 준용한다. 이 경우 법 제8조제4항의 "공판준비기일"과 "제1회 공판기일"은 "법원조직법 제32조제1항제1호의 결정(이하, '재정합의결정'이라 한다)으로 대상사건이 된 이후의 공판준비기일"과 "재정합의결정으로 대상사건이 된 이후의 첫 공판기일"로, 이 규칙 제4조제1항의 "법 제8조제1항"은 "이 규칙 제3조의2제1항"으로 각각 본다.

③ 제1항, 제2항에 따라 피고인의 의사를 확인할 단독판사 관할사건의 구체적인 범위, 그 밖에 필요한 사항은 대법원예규로 정한다.

〔본조신설 2015·6·2〕

제4조(피고인 의사확인을 위한 심문기일 등) ① 법 제8조제1항에 의하여 피고인이 제출한 서면만으로는 피고인의 의사를 확인할 수 없는 경우에는 법원은 심문기일을 정하여 피고인을 심문하거나 서면 기타 상당한 방법으로 피고인의 의사를 확인하여야 한다. 피고인이 위 서면을 제출하지 아니한 경우에도 법원은 위와 같은 방법으로 피고인의 의사를 확인할 수 있다. <개정 2012·5·29>

② 법원은 제1항에 따라 심문기일을 정한 때에는 검사, 피고인 또는 변호인, 피고인을 구금하고 있는 관서의 장에게 심문기일과 장소를 통지하여야 하고, 피고인을 구금하고 있는 관서의 장은 위 심문기일에 피고인을 출석시켜야 한다.

③ 제3조제4항의 규정은 제2항에 따른 통지에 이를 준용한다. 이 경우 통지의 증명은 그 취지를 심문조서에 기재함으로써 할 수 있다.

④ 법원은 피고인의 심문을 합의부원에게 명할 수 있다.

제 5 조(공소장변경 또는 재정합의결 시 피고인 의사확인) ① 법원은 공소장변경 또는 재정합의결정으로 대상사건이 된 사건에 대하여 피고인 또는 변호인에게 제 3 조제 1 항에 따른 국민참여재판에 관한 안내서를 지체 없이 송달하여야 한다. 다만, 재정합의결정으로 대상사건이 된 사건에 대하여 제 3 조의2제 1 항에 따라 피고인의 의사를 미리 확인한 경우에는 그러하지 아니하다. <개정 2015·6·2>

② 제 1 항 본문의 경우에 법 제 8 조제 2 항의 "공소장 부본을 송달받은 날부터 7일 이내"를 "공소장변경허가결정을 고지받은 날부터 7일 이내(공소장변경으로 대상사건이 된 사건의 경우)" 또는 "국민참여재판에 관한 안내서를 송달받은 날부터 7일 이내(재정합의결정으로 대상사건이 된 사건의 경우)"로, 법 제 8 조제 4 항의 "제 1 회 공판기일"을 "피고인의 의사가 기재된 서면이 제출된 이후의 첫 공판기일"로 각각 본다. <개정 2015·6·2>

제 6 조(배제결정에 대한 의견) ① 법원은 법 제 9 조제 1 항에 따른 배제결정을 하기 전에 기간을 정하여 검사, 피고인 또는 변호인에게 배제결정에 관한 의견을 제출하도록 통지하여야 한다.

② 제 1 항의 의견은 서면으로 제출되어야 한다. 단, 심문기일이나 공판준비기일을 연 경우에는 구술로 할 수 있다.

③ 제 1 항의 경우에는 제 3 조제 4 항 및 제 5 항의 규정을 준용한다.

제 7 조(지방법원 지원 관할 사건의 국민참여재판 회부절차) ① 지방법원 지원 합의부는 법 제10조제 1 항에 따라 국민참여재판절차 회부결정을 한 날부터 3일 이내에 소송기록과 증거물을 지방법원 본원 합의부로 송부하여야 한다.

② 제 1 항의 송부를 받은 법원은 지체 없이 그 법원에 대응하는 검찰청 검사 또는 고위공직자범죄수사처에 소속된 검사(이하 "수사처검사"라고 한다)에게 그 사실을 통지하여야 한다. <개정 2021·1·29>

③ 피고인이 교도소 또는 구치소에 있는 경우에는 지방법원 본원에 대응한 검찰청 검사 또는 수사처검사는 제 2 항의 통지를 받은 날부터 7일 이내에 피고인을 지방법원 본원 소재지의 교도소나 구치소로 이감한다. <개정 2021·1·29>

제 8 조(통상절차 회부) ① 검사·피고인·변호인이나 「성폭력범죄의 처벌 등에 관한 특례법」 제 2 조의 범죄로 인한 피해자(이하 "성폭력범죄 피해자"라 한다) 또는 법정대리인 이 법 제11조제 1 항에 따른 통상절차회부 신청을 하는 때에는 그 사유를 적은 신청서를 제출하여야 한다. <개정 2012·5·29>

② 법원은 제 1 항에 따른 신청이 있는 때에는 그 취지를 신청을 하지 아니한 검사·피고인 또는 변호인에게 통지하여야 한다. <개정 2012·5·29>

③ 제 2 항의 경우에는 제 3 조제 4 항의 규정을 준용한다.

④ 통상절차회부 신청을 하지 아니한 검사·피고인 또는 변호인은 제 2 항의 통지를 받은 날부터 3일 이내에 의견서를 법원에 제출하여야 한다. <개정 2012·5·29>

⑤ 제 1 항에 불구하고 검사·피고인·변호인이나 성폭력범죄 피해자 또는 법정대리인은 공판준비기일 또는 공판기일에 구술로 그 사유를 주장하여 통상회부신청을 할 수 있다. 이 경우 법원사무관등은 통상회부신청의 취지와 그 사유의 요지를 공판준비기일 또는 공판기일 조서에 기재하여야 하고, 출석하지 아니한 검사·피고인 또는 변호인에게 조서의 등본을 송달하여야 한다. <개정 2012·5·29>

제 9 조(여비·일당 등) ① 법원은 배심원·예비배심원 및 배심원후보자의 출석 일수에 따른 일당과 여비를 지급하고, 배심원·예비배심원이 법 제53조제 1 항에 따라 격리된 때에는 격리된 일수에 따라 수당을 지급한다. <개정 2008·3·31>

② 배심원·예비배심원 및 배심원후보자의 식비는 법원이 상당하다고 인정하는 경우에 한하여 지급한다. <개정 2008·3·31>

③ 배심원·예비배심원 및 배심원후보자의 숙박료는 출석 등에 필요한 밤의 수에 따라 지급한다.

④ 숙박료의 항목과 그 금액은 「법원공무원여비규칙」 제16조제 1 항의 별표2 국내여비지급표에 정한 제 2 호 해당자 지급액으로 한다. <개정 2008·3·31, 2009·1·9>

⑤ 제1항에 따른 여비·일당 및 수당의 금액은 매년 예산의 범위 내에서 대법관회의에서 정한다. <개정 2008·3·31>

제10조(여비·일당 등의 감면) 법원은 다음 각 호의 어느 하나에 해당하는 때에는 배심원·예비배심원 및 배심원후보자의 여비·일당 등을 감액하거나 지급하지 아니할 수 있다.
1. 배심원후보자에게 법 제17조부터 제20조까지 정한 사유가 있는 때
2. 배심원·예비배심원이 법 제32조제1항에 따라 해임된 때
3. 배심원·예비배심원에 대하여 법 제33조제2항에 따른 해임결정이 있는 때

제11조(배심원 직무의 면제) ① 법 제20조에 따른 면제신청은 다음 각 호의 사항을 적어 서면으로 하여야 한다. 다만, 선정기일에서는 구술로 할 수 있다.
1. 배심원후보자의 성명, 주소
2. 선정기일의 일시, 장소
3. 배심원 직무수행의 면제사유

② 제1항제3호의 면제사유는 소명하여야 한다.

③ 배심원후보자가 선정기일 전에 면제신청서를 제출하였으나 법원으로부터 법 제23조제3항에 따른 출석통지를 취소하는 통지를 받지 못한 때에는 선정기일에 법원에 출석하여야 한다.

④ 법원은 제1항의 서면에 의한 면제신청에 대하여 필요한 때에는 선정기일에 출석한 배심원후보자를 심문한 후 이를 결정할 수 있다.

제12조(주민등록정보) ① 지방법원장은 매년 9월 30일까지 행정안전부장관에게 법 제22조제1항에 따른 주민등록정보의 송부를 요청하여야 한다. <개정 2012·5·29>

② 법 제22조제2항의 주민등록자료는 무작위로 추출되어야 하고, 배심원후보예정자의 성별 및 생년월일은 주민등록번호의 기재로 갈음할 수 있다.

③ 법령에서 정하는 경우를 제외하고는 누구든지 법 제22조에 따라 송부된 주민등록자료에 포함된 정보를 공개하여서는 아니된다.

제13조(배심원후보예정자명부의 작성) ① 지방법원장은 매년 12월 31일까지 법 제22조제2항에 따라 송부된 주민등록정보를 활용하여 배심원후보예정자명부를 작성한다.

② 배심원후보예정자명부는 전산자료의 형태로 작성할 수 있다.

제14조(배심원후보예정자명부의 관리) ① 지방법원장은 배심원후보예정자가 다음 각 호의 사유에 해당함을 안 때에는 해당자를 배심원후보예정자명부에서 삭제한다.
1. 배심원후보예정자가 사망한 때
2. 배심원후보예정자가 관할구역이 아닌 곳으로 이사한 때
3. 배심원후보예정자가 대한민국 국적을 상실한 때
4. 배심원후보예정자가 법 제17조, 제18조의 사유에 해당한 때

② 지방법원장은 필요한 때에는 행정안전부장관에게 관할 구역 내에 거주하는 만 20세 이상 국민의 주민등록정보를 추가로 제공하여 줄 것을 요청할 수 있고, 송부된 주민등록정보를 활용하여 배심원후보예정자명부에 추가할 수 있다. <개정 2012·5·29>

제15조(전담관리자의 지정) ① 지방법원장은 배심원후보예정자명부의 작성 및 관리, 배심원후보자의 선정과 관련한 업무를 전담하는 직원(다음부터 "전담관리자"라 한다)을 지정하여야 한다.

② 전담관리자는 배심원 선정과 관련하여 필요한 경우에 한하여 주민등록정보를 검색·출력할 수 있고, 그 주민등록정보가 배심원 선정 외의 목적으로 사용되지 않도록 하여야 한다.

③ 누구든지 전담관리자가 아니면 제2항의 주민등록정보를 검색·출력할 수 없다.

제16조(선정기일의 통지) ① 선정기일 통지서에는 다음의 사항을 기재하여 배심원후보자에게 송달하여야 한다.
1. 배심원후보자의 성명, 주소
2. 선정기일의 일시, 장소
3. 출석하지 아니할 정당한 사유가 있는 경우에는 미리 그 사유를 밝혀 신고하여야 한다는 취지
4. 정당한 사유 없이 출석하지 아니하는 때에는 과태료에 처할 수 있다는 취지
5. 배심원후보자에게 법 제17조부터 제20

조까지 해당하는 사유가 있는 때에는 일당·여비 등이 감액되거나 지급되지 아니할 수 있다는 취지

② 법원은 선정기일 통지서와 함께 법 제25조제1항에 따른 질문표를 송달할 수 있다.

제17조(질문표) ① 법 제25조제1항의 질문표에는 다음 각 호의 내용이 포함되어야 한다.

1. 배심원후보자에게 법 제17조, 제18조, 제20조에 해당하는 사유가 있는지 여부
2. 그 밖에 배심원후보자가 불공정한 판단을 할 우려가 있는지를 확인하기 위하여 필요한 사항

② 법원은 배심원후보자가 답변을 기재하여 제출한 질문표를 재판기록과 별도로 관리하여야 한다.

제18조(배심원후보자의 의무) ① 배심원후보자는 질문표에 기재된 질문에 답하여 법원에서 정한 기간 내에 법원에 제출하여야 한다.

② 선정기일 통지를 받은 배심원후보자가 선정기일에 출석하지 못할 정당한 사유가 있는 경우에는 서면으로 출석하지 못하는 취지와 그 사유를 법원에 신고하고 이를 소명하여야 한다.

제19조(배심원후보자의 호칭) ① 법원은 선정기일에 배심원후보자에게 번호를 부여한다.

② 배심원후보자는 선정기일에서 제1항의 번호로만 호칭되어야 한다.

제20조(배심원후보자에 대한 질문) ① 선정기일에서의 질문은 배심원을 공정하게 선정하기 위하여 필요한 범위에 한정되어야 하고, 배심원후보자의 명예나 사생활이 침해되지 않도록 하여야 한다.

② 재판장 또는 수명법관은 필요한 때에는 검사 또는 변호인의 배심원후보자에 대한 질문을 제한할 수 있다.

제21조(무이유부기피신청) ① 검사와 변호인은 법 제30조에 따른 무이유부기피신청을 함에 있어 편견에 기초하거나 배심원후보자들을 의도적으로 차별해서는 아니 된다.

② 법원은 피고인이 2인 이상인 때에는 피고인별로 법 제30조제1항 각 호의 범위 내에서 무이유부기피신청을 할 수 있는 인원을 정할 수 있다. 다만, 이 때에 피고인별로 무이유부기피신청할 수 있는 인원은 같아야 한다.

③ 검사는 제2항의 경우에 법원이 정한 피고인별 무이유부기피신청 인원을 합한 총수의 범위 내에서 무이유부기피신청할 수 있다.

④ 검사와 변호인은 법 제34조에 따라 배심원을 추가선정하는 때에는 각자 법 제30조제1항에 따른 무이유부기피신청 인원에서 선정기일에 행사한 무이유부기피신청 인원을 공제한 나머지 인원의 범위 내에서 배심원후보자에 대하여 무이유부기피신청을 할 수 있다.

제22조(배심원·예비배심원의 선정) 법원은 검사·피고인 또는 변호인에게 누가 배심원 또는 예비배심원으로 선정되었는지를 변론종결시까지 알리지 아니할 수 있다.

제23조(선정기일 조서) ① 선정기일의 절차에 관하여는 참여한 법원사무관등이 조서를 작성하여야 한다.

② 선정기일 조서에는 다음 각 호의 사항을 기재하여야 한다.

1. 선정기일을 진행한 일시와 법원
2. 「형사소송법」 제51조제2항제2호부터 제4호까지에 기재한 사항
3. 배심원후보자에 대하여 법원이 부여한 번호
4. 배심원후보자의 출석 여부
5. 배심원후보자에 대한 질문과 그에 대한 진술 요지
6. 배심원후보자의 질문에 대한 진술거부와 그 이유
7. 불선정 결정
8. 법 제20조에 따라 구술로 한 면제 신청과 그에 대한 결정
9. 법 제28조에 따른 기피신청과 그에 대한 결정
10. 법 제29조에 따른 이의신청과 그 이유 및 그에 대한 결정
11. 법 제30조에 따른 무이유부기피신청
12. 배심원과 예비배심원을 선정한 취지

제24조(선정기일 조서의 증명력) 선정기일의 절차로서 선정기일조서에 기재된 것은 그 조서만으로써 증명한다.

제25조(배심원의 해임) ① 검사·피고인 또는 변호인이 법 제32조제1항에 따라 해임신

청을 하는 때에는 다음 각 호의 사항을 적어 서면으로 하여야 한다.

1. 사건번호
2. 신청인의 성명
3. 해임대상인 배심원 또는 예비배심원의 배심원번호
4. 해임사유

② 제1항제4호의 해임사유는 소명하여야 한다.

③ 법 제32조제1항에 따른 해임신청 및 그에 대한 의견청취절차에 관하여는 제8조제2항부터 제5항까지를 준용한다.

제26조(배심원의 사임) ① 배심원·예비배심원이 법 제33조제1항에 따라 사임신청을 하는 때에는 다음 각 호의 사항을 적어 서면으로 하여야 한다. 다만, 공판정에서는 구술로 할 수 있다.

1. 사건번호
2. 배심원·예비배심원의 성명 또는 배심원번호
3. 사임사유

② 제1항제3호의 사임사유는 소명하여야 한다.

③ 구술로 신청하는 경우에는 그 사유를 공판조서에 기재하여야 한다.

④ 법원은 배심원 또는 예비배심원이 제1항에 따라 사임신청을 한 때에는 지체 없이 검사·피고인 또는 변호인에게 그 취지와 서면의 내용을 통지하여야 한다.

⑤ 제4항의 통지 방법과 증명에 관하여는 제3조제4항 및 제5항의 규정을 준용한다.

⑥ 검사·피고인 또는 변호인은 제4항의 통지를 받은 날로부터 3일 이내에 의견서를 법원에 제출하여야 한다.

제27조(공판준비절차) 법원은 법 제24조에 따른 배심원 선정기일 이전에 공판준비절차를 마쳐야 한다. 다만, 「형사소송법」 제266조의15에 따라 공판기일 사이에 공판준비기일을 진행하는 때에는 그러하지 아니하다.

제28조(배심원에 대한 배려) 판사, 검사 및 변호인은 신속하고 이해하기 쉽게 심리를 진행하여 배심원과 예비배심원의 부담을 최소화하도록 노력하여야 한다.

제29조(제1회 공판기일의 지정) 재판장은 특별한 사정이 없는 한 배심원 선정기일이 종료된 후 연속하여 제1회 공판기일이 진행되도록 기일을 지정하여야 한다.

제30조(배심원의 좌석 등) ① 법원은 배심원과 예비배심원에게 번호를 부여하여 그 순서에 따라 착석하도록 하고, 필요하다고 인정되는 경우에는 변론이 종결될 때까지 배심원과 예비배심원을 따로 구분하지 아니할 수 있다.

② 배심원과 예비배심원은 공판기일에 제1항의 번호로만 호칭되어야 한다.

제31조(공판조서의 기재사항) 국민참여재판의 공판조서에는 「형사소송법」 제51조제2항 제1호부터 제14호까지에 기재된 각 사항 이외에 법원이 배심원과 예비배심원에게 부여한 번호와 그 출석 여부를 기재하여야 한다.

제32조(공판기일의 속행) 재판장은 공판기일을 속행하는 경우에는 배심원과 예비배심원에게 법 제41조제2항제2호 및 제3호에 규정된 의무를 주지시켜야 한다.

제33조(배심원의 신문요청권) ① 법 제41조제1항제1호에 따른 신문요청은 피고인 또는 증인에 대한 신문이 종료된 직후 서면에 의하여 하여야 한다.

② 재판장은 공판의 원활한 진행을 위하여 필요한 때에는 배심원 또는 예비배심원에 의하여 요청된 신문 사항을 수정하여 신문하거나 신문하지 아니할 수 있다.

제34조(배심원의 필기 등) ① 재판장은 공판진행에 지장을 초래하는 등 필요하다고 인정되는 경우에는 법 제41조제1항제2호에 따라 허용한 필기를 언제든지 다시 금지할 수 있다.

② 재판장은 필기를 하여 이를 평의에 사용하도록 허용한 경우에는 배심원과 예비배심원에게 평의 도중을 제외한 어떤 경우에도 자신의 필기 내용을 다른 사람이 알 수 없도록 할 것을 주지시켜야 한다.

제35조(선서 등) ① 재판장은 피고인에게 진술거부권을 고지하기 전에 배심원과 예비배심원으로 하여금 법 제42조제1항에 따른 선서를 하도록 하고, 법 제42조제2항에 따른 설명을 하여야 한다.

② 재판장이 배심원과 예비배심원에게 법 제42조제2항에 따른 설명을 할 때에는 법

제41조제1항 각 호의 규정에 의한 행위를 할 수 있음을 알려야 한다.

제36조(공판정 외에서의 검증, 증인신문 등) ① 배심원과 예비배심원은 공판정 외에서 검증, 증인신문 등 증거조사가 이루어지는 경우에도 출석하여야 한다.

② 법원은 배심원과 예비배심원에게 공판정 외 증거조사기일의 일시와 장소를 통지하여야 한다.

제37조(재판장의 설명) ① 재판장이 법 제46조제1항에 따라 배심원에게 그 밖에 유의할 사항에 관한 설명을 할 때에는 다음 각 호의 내용을 포함한다.

1. 「형사소송법」 제275조의2(피고인의 무죄추정), 제307조(증거재판주의), 제308조(자유심증주의)의 각 원칙
2. 피고인의 증거제출 거부나 법정에서의 진술거부가 피고인의 유죄를 뒷받침하는 것으로 해석될 수 없다는 점
3. 「형사소송법」 제2편제3장제2절의 각 규정에 의하여 증거능력이 배제된 증거를 무시하여야 한다는 점
4. 법 제41조제2항제1호 및 제4호의 각 의무
5. 평의 및 평결의 방법
6. 배심원 대표를 선출하여야 하는 취지 및 그 방법

② 검사·피고인 또는 변호인은 재판장에게 당해 사건과 관련하여 설명이 필요한 법률적 사항을 특정하여 제1항의 설명에 포함하여 줄 것을 서면으로 요청할 수 있다.

제38조(변론종결 후 예비배심원의 임무) ① 재판장은 종국재판의 고지 전까지 필요하다고 인정되는 경우 예비배심원으로 하여금 법원 내 지정된 장소로 출석하여 그 곳에서 대기하도록 명할 수 있다.

② 재판장은 변론을 종결하면서 예비배심원에게 법 제41조제2항제2호 및 제3호에 규정된 의무를 주지시켜야 한다.

제39조(평의 등의 기일 지정과 비공개) ① 법 제46조제2항부터 제4항까지에 따른 평의·평결 및 양형에 관한 토의는 변론이 종결된 후 연속하여 진행하여야 한다. 다만, 재판장은 평의 등에 소요되는 시간 등을 고려하여 필요하다고 인정하는 때에는 변론 종결일로부터 3일 이내의 범위 내에서 평의·평결 및 양형에 관한 토의를 위한 기일을 따로 지정할 수 있다.

② 평의·평결 및 양형에 관한 토의는 평의실에서 행하고, 재판장의 허가를 받지 아니하고는 배심원 이외의 누구도 평의실에 출입할 수 없다.

③ 재판장은 법원경위 등으로 하여금 평의실의 출입을 통제하도록 하여야 한다.

④ 평의·평결 및 양형에 관한 토의는 공개하지 않는다.

⑤ 법원사무관등은 평의·평결 및 양형에 관한 토의가 종료된 직후 배심원이 당해 재판과 관련하여 작성한 서류를 지체 없이 수거하여 폐기하여야 한다.

제40조(배심원 대표) ① 배심원은 평의를 진행하기에 앞서 호선으로 배심원 대표를 선출하여야 한다. 다만, 호선되지 않는 경우에는 재판장이 배심원 대표를 지정한다.

② 배심원 대표는 아래 각 호의 임무를 수행한다.

1. 배심원 평의의 주재
2. 평의실 출입 통제의 요청
3. 법 제46조제2항 및 제3항에 따른 판사에 대한 의견 진술의 요청
4. 증거서류 등의 제공 요청
5. 평결 결과의 집계
6. 유무죄에 대한 배심원의 평결 결과를 집계한 서면(이하 "평결서"라 한다)의 작성
7. 평결서의 전달

제41조(평의의 방식) ① 배심원 대표는 평의를 주재하면서 배심원 각자가 충분하게 의견을 진술할 수 있는 기회를 동등하게 부여하여야 한다.

② 배심원은 평의를 진행하는 도중 필요한 경우에는 배심원 대표를 통하여 재판장에게 공소장 사본, 재판장 설명서가 존재하는 경우 그 사본, 증거서류 사본 및 증거물의 제공을 요청할 수 있다.

③ 재판장은 필요하다고 인정하는 경우에는 제2항의 요청에 의하여 배심원에게 공소장 사본, 재판장 설명서 사본, 증거서류 사본 및 증거물을 제공할 수 있다.

④ 재판장은 평의가 시작된 후 예비배심원이 배심원으로 추가 선정된 경우에는 배심

원들로 하여금 평의를 처음부터 다시 시작하도록 하여야 한다.
⑤ 법 제46조제2항 단서 및 제3항에 따라 심리에 관여한 판사가 의견을 진술하는 경우에도 유무죄에 관한 의견을 진술하여서는 아니 된다.

제42조(평결의 방식) 배심원 대표는 평의가 종료되면 배심원 전원에 대하여 개개인의 의사를 명확하게 확인한 후 유죄의견의 수, 무죄의견의 수로 구분하여 법 제46조제2항 또는 제3항에 따른 평결서를 작성한 후 배심원들의 서명 또는 날인을 받아 즉시 이를 재판장에게 전달하여야 한다.

제43조(판결선고시의 배심원 불출석) 법 제48조제1항 단서에 따라 선고기일을 따로 지정한 경우에는 배심원의 출석 없이 개정할 수 있다.

제44조(배심원 등의 개인정보 공개절차) ① 법 제52조에 따른 개인 정보는 배심원·예비배심원 또는 배심원후보자에 관한 정보로서 당해 정보에 포함되어 있는 성명·주민등록번호·주소 등의 사항에 의하여 당해 개인을 식별할 수 있는 정보(당해 정보만으로는 특정 개인을 식별할 수 없더라도 다른 정보와 용이하게 결합하여 식별할 수 있는 것을 포함한다)를 말한다.
② 법원은 「공공기관의 정보공개에 관한 법률」 제10조에 따라 배심원·예비배심원 또는 배심원후보자의 개인정보에 대한 정보공개청구가 있는 경우 그 사실을 배심원·예비배심원 또는 배심원후보자에게 지체 없이 통지하고 정보공개청구에 대한 동의 여부에 관한 의견을 확인하여야 한다.
③ 제2항에 따른 동의여부 확인은 서면에 의한다. 다만, 법원이 필요하다고 인정한 때나 배심원·예비배심원 또는 배심원후보자가 원하는 때에는 구술로 할 수 있다.
④ 제2항에 의하여 공개청구된 사실을 통지받은 배심원·예비배심원 또는 배심원후보자는 통지받은 날부터 7일 이내에 법원에 개인정보공개의 동의 여부에 관한 서면을 제출할 수 있다. 다만, 배심원·예비배심원 또는 배심원후보자가 위 기간 내에 개인정보 공개에 동의하는 서면을 제출하지 아니한 경우에는 개인정보 공개에 대하여 동의하지 아니한 것으로 본다.
⑤ 제3항 단서에 따라 구술로 동의 여부를 확인한 담당공무원 등은 그 내용을 기록하고 본인의 확인을 받아야 한다.

제45조(배심원 등에 대한 신변보호조치) ① 재판장은 법 제53조제1항에 따라 배심원·예비배심원을 격리하는 경우에 신문·방송 시청 금지, 전화·인터넷 사용 금지 등의 필요한 조치를 취할 수 있다.
② 법 제53조제2항에 따른 신변안전조치의 요청은 이를 서면으로 하여야 한다. 다만, 선정기일 또는 공판기일에서는 구술로 할 수 있고, 법원사무관등은 요청의 취지와 사유의 요지를 조서에 기재하여야 한다.
③ 제2항 본문에 따른 서면에는 다음 각 호의 사항을 기재하여야 한다.
1. 요청인
2. 필요한 조치의 내용
3. 요청사유

부 칙

이 규칙은 2008년 1월 1일부터 시행한다. 다만, 제12조부터 제15조까지의 규정은 공포한 날부터 시행한다.

부 칙 <2008·3·31 대법원규칙2168>

이 규칙은 공포한 날부터 시행한다.

부 칙 <2009·1·9 대법원규칙2207>

이 규칙은 공포한 날부터 시행한다.

부 칙 <2009·6·1 대법원규칙2237>

이 규칙은 2009년 7월 1일부터 시행한다.

부 칙 <2012·5·29 대법원규칙2404>

제1조(시행일) 이 규칙은 2012년 7월 1일부터 시행한다. 다만, 제12조제1항 및 제14조제2항의 개정규정은 공포한 날부터 시행한다.

제2조(대상사건 등에 관한 적용례) 제2조, 제4조, 제8조제1항·제2항·제4항 및 제5항의 개정규정은 이 규칙 시행 후 최초로 공소를 제기하는 사건부터 적용한다.

부 칙 <2015·6·2 대법원규칙2602>

제1조(시행일) 이 규칙은 2015년 7월 1일부터 시행한다.

제2조(적용례) 이 규칙은 이 규칙 시행 후 최초로 공소제기되는 사건부터 적용한다.

부 칙 <2021·1·29 대법원규칙2949>

이 규칙은 공포한 날부터 시행한다.

●즉결심판에 관한 절차법

〔1989·6·16 법률제4131호 전부개정〕

개정
1991·11·22 법률제 4398호
1994· 7·27 법률제 4765호(법원조직법)
1996· 8· 8 법률제 5153호(정부조직법)
2007·12·21 법률제 8730호(형사소송법)
2009·12·29 법률제 9831호
2014·11·19 법률제12844호(정부조직법)
2017· 7·26 법률제14839호(정부조직법)

제 1 조(목적) 이 법은 범증이 명백하고 죄질이 경미한 범죄사건을 신속·적정한 절차로 심판하기 위하여 즉결심판에 관한 절차를 정함을 목적으로 한다. <개정 1994·7·27>

제 2 조(즉결심판의 대상) 지방법원, 지원 또는 시·군법원의 판사(이하 "판사"라 한다)는 즉결심판절차에 의하여 피고인에게 20만원 이하의 벌금, 구류 또는 과료에 처할 수 있다. <개정 1994·7·27>

제 3 조(즉결심판청구) ① 즉결심판은 관할경찰서장 또는 관할해양경찰서장(이하 "경찰서장"이라 한다)이 관할법원에 이를 청구한다. <개정 1991·11·22, 2014·11·19, 2017·7·26>

② 즉결심판을 청구함에는 즉결심판청구서를 제출하여야 하며, 즉결심판청구서에는 피고인의 성명 기타 피고인을 특정할 수 있는 사항, 죄명, 범죄사실과 적용법조를 기재하여야 한다.

③ 즉결심판을 청구할 때에는 사전에 피고인에게 즉결심판의 절차를 이해하는 데 필요한 사항을 서면 또는 구두로 알려주어야 한다. <신설 2009·12·29>

제 3 조의2(관할에 대한 특례) 지방법원 또는 그 지원의 판사는 소속 지방법원장의 명령을 받아 소속 법원의 관할사무와 관계없이 즉결심판청구사건을 심판할 수 있다.

〔본조신설 1994·7·27〕

제 4 조(서류·증거물의 제출) 경찰서장은 즉결심판의 청구와 동시에 즉결심판을 함에 필요한 서류 또는 증거물을 판사에게 제출하여야 한다.

제 5 조(청구의 기각 등) ① 판사는 사건이 즉결심판을 할 수 없거나 즉결심판절차에 의하여 심판함이 적당하지 아니하다고 인정할 때에는 결정으로 즉결심판의 청구를 기각하여야 한다.

② 제 1 항의 결정이 있는 때에는 경찰서장은 지체없이 사건을 관할지방검찰청 또는 지청의 장에게 송치하여야 한다.

제 6 조(심판) 즉결심판의 청구가 있는 때에는 판사는 제 5 조제 1 항의 경우를 제외하고 즉시 심판을 하여야 한다.

제 7 조(개정) ① 즉결심판절차에 의한 심리와 재판의 선고는 공개된 법정에서 행하되, 그 법정은 경찰관서(해양경찰관서를 포함한다) 외의 장소에 설치되어야 한다. <개정 1996·8·8, 2014·11·19, 2017·7·26>

② 법정은 판사와 법원서기관, 법원사무관, 법원주사 또는 법원주사보(이하 "법원사무관등"이라 한다)가 열석하여 개정한다. <개정 1991·11·22>

③ 제 1 항 및 제 2 항의 규정에 불구하고 판사는 상당한 이유가 있는 경우에는 개정없이 피고인의 진술서와 제 4 조의 서류 또는 증거물에 의하여 심판할 수 있다. 다만, 구류에 처하는 경우에는 그러하지 아니하다.

제 8 조(피고인의 출석) 피고인이 기일에 출석하지 아니한 때에는 이 법 또는 다른 법률에 특별한 규정이 있는 경우를 제외하고는 개정할 수 없다.

〔전부개정 1991·11·22〕

제 8 조의2(불출석심판) ① 벌금 또는 과료를 선고하는 경우에는 피고인이 출석하지 아니하더라도 심판할 수 있다.

② 피고인 또는 즉결심판출석통지서를 받은 자(이하 "피고인등"이라 한다)는 법원에 불출석심판을 청구할 수 있고, 법원이 이를 허가한 때에는 피고인이 출석하지 아니하더라도 심판할 수 있다.

③ 제 2 항의 규정에 의한 불출석심판의 청구와 그 허가절차에 관하여 필요한 사항은 대법원규칙으로 정한다.

〔본조신설 1991·11·22〕

제 9 조(기일의 심리) ① 판사는 피고인에게 피고사건의 내용과 「형사소송법」 제283조의2

에 규정된 진술거부권이 있음을 알리고 변명할 기회를 주어야 한다. <개정 2007·12·21>

② 판사는 필요하다고 인정할 때에는 적당한 방법에 의하여 재정하는 증거에 한하여 조사할 수 있다.

③ 변호인은 기일에 출석하여 제 2 항의 증거조사에 참여할 수 있으며 의견을 진술할 수 있다.

제10조(증거능력) 즉결심판절차에 있어서는 형사소송법 제310조, 제312조제 3 항 및 제313조의 규정은 적용하지 아니한다. <개정 1991·11·22, 2007·12·21>

제11조(즉결심판의 선고) ① 즉결심판으로 유죄를 선고할 때에는 형, 범죄사실과 적용법조를 명시하고 피고인은 7일 이내에 정식재판을 청구할 수 있다는 것을 고지하여야 한다. <개정 1991·11·22>

② 참여한 법원사무관등은 제 1 항의 선고의 내용을 기록하여야 한다. <개정 1991·11·22>

③ 피고인이 판사에게 정식재판청구의 의사를 표시하였을 때에는 이를 제 2 항의 기록에 명시하여야 한다.

④ 제 7 조제 3 항 또는 제 8 조의2의 경우에는 법원사무관등은 7일 이내에 정식재판을 청구할 수 있음을 부기한 즉결심판서의 등본을 피고인에게 송달하여 고지한다. 다만, 제 8 조의2제 2 항의 경우에 피고인등이 미리 즉결심판서의 등본송달을 요하지 아니한다는 뜻을 표시한 때에는 그러하지 아니하다. <개정 1991·11·22>

⑤ 판사는 사건이 무죄·면소 또는 공소기각을 함이 명백하다고 인정할 때에는 이를 선고·고지할 수 있다.

제12조(즉결심판서) ① 유죄의 즉결심판서에는 피고인의 성명 기타 피고인을 특정할 수 있는 사항, 주문, 범죄사실과 적용법조를 명시하고 판사가 서명·날인하여야 한다.

② 피고인이 범죄사실을 자백하고 정식재판의 청구를 포기한 경우에는 제11조의 기록작성을 생략하고 즉결심판서에 선고한 주문과 적용법조를 명시하고 판사가 기명·날인한다.

제13조(즉결심판서 등의 보존) 즉결심판의 판결이 확정된 때에는 즉결심판서 및 관계서류와 증거는 관할경찰서 또는 지방해양경찰관서가 이를 보존한다. <개정 1996·8·8, 2014·11·19, 2017·7·26>

제14조(정식재판의 청구) ① 정식재판을 청구하고자 하는 피고인은 즉결심판의 선고·고지를 받은 날부터 7일 이내에 정식재판청구서를 경찰서장에게 제출하여야 한다. 정식재판청구서를 받은 경찰서장은 지체없이 판사에게 이를 송부하여야 한다. <개정 1991·11·22>

② 경찰서장은 제11조제 5 항의 경우에 그 선고·고지를 한 날부터 7일 이내에 정식재판을 청구할 수 있다. 이 경우 경찰서장은 관할지방검찰청 또는 지청의 검사(이하 "검사"라 한다)의 승인을 얻어 정식재판청구서를 판사에게 제출하여야 한다. <개정 1991·11·22>

③ 판사는 정식재판청구서를 받은 날부터 7일 이내에 경찰서장에게 정식재판청구서를 첨부한 사건기록과 증거물을 송부하고, 경찰서장은 지체없이 관할지방검찰청 또는 지청의 장에게 이를 송부하여야 하며, 그 검찰청 또는 지청의 장은 지체없이 관할법원에 이를 송부하여야 한다. <개정 1991·11·22>

④ 형사소송법 제340조 내지 제342조, 제344조 내지 제352조, 제354조, 제454조, 제455조의 규정은 정식재판의 청구 또는 그 포기·취하에 이를 준용한다.

제15조(즉결심판의 실효) 즉결심판은 정식재판의 청구에 의한 판결이 있는 때에는 그 효력을 잃는다.

제16조(즉결심판의 효력) 즉결심판은 정식재판의 청구기간의 경과, 정식재판청구권의 포기 또는 그 청구의 취하에 의하여 확정판결과 동일한 효력이 생긴다. 정식재판청구를 기각하는 재판이 확정된 때에도 같다.

제17조(유치명령 등) ① 판사는 구류의 선고를 받은 피고인이 일정한 주소가 없거나 또는 도망할 염려가 있을 때에는 5일을 초과하지 아니하는 기간 경찰서유치장(지방해양경찰관서의 유치장을 포함한다. 이하 같다)에 유치할 것을 명령할 수 있다. 다만, 이 기간은 선고기간을 초과할 수 없다. <개정

1996·8·8, 2014·11·19, 2017·7·26>
② 집행된 유치기간은 본형의 집행에 산입한다.
③ 형사소송법 제334조의 규정은 판사가 벌금 또는 과료를 선고하였을 때에 이를 준용한다.

제18조(형의 집행) ① 형의 집행은 경찰서장이 하고 그 집행결과를 지체없이 검사에게 보고하여야 한다.
② 구류는 경찰서유치장·구치소 또는 교도소에서 집행하며 구치소 또는 교도소에서 집행할 때에는 검사가 이를 지휘한다.
③ 벌금, 과료, 몰수는 그 집행을 종료하면 지체없이 검사에게 이를 인계하여야 한다. 다만, 즉결심판 확정후 상당기간내에 집행할 수 없을 때에는 검사에게 통지하여야 한다. 통지를 받은 검사는 형사소송법 제477조에 의하여 집행할 수 있다.
④ 형의 집행정지는 사전에 검사의 허가를 얻어야 한다.

제19조(형사소송법의 준용) 즉결심판절차에 있어서 이 법에 특별한 규정이 없는 한 그 성질에 반하지 아니한 것은 형사소송법의 규정을 준용한다.

부 칙

①(시행일) 이 법은 공포한 날부터 시행한다.
②(송치명령에 관한 경과조치) 이 법 시행당시 종전의 규정에 의하여 한 송치명령은 이 법 제5조의 규정에 의한 청구기각으로 본다.
③(정식재판청구에 관한 경과조치) 이 법 시행전에 선고·고지된 즉결심판에 대한 정식재판청구에 관하여는 종전의 규정에 의한다.

부 칙 <1991·11·22 법4398>

①(시행일) 이 법은 공포한 날부터 시행한다.
②(경과조치) 이 법은 이 법 시행당시 법원에 계속된 사건에 대하여도 이를 적용한다.

부 칙 <1994·7·27 법4765>

제1조(시행일) ① 이 법은 1995년 3월 1일부터 시행한다. 다만, …〈생략〉… 부칙 제4조의 규정은 1995년 9월 1일부터, …〈생략〉… 시행한다.
② 생략

제2조부터 **제6조**까지 생략

부 칙 <1996·8·8 법5153>

제1조(시행일) 이 법은 공포후 30일 이내에 제41조의 개정규정에 의한 해양수산부와 해양경찰청의 조직에 관한 대통령령의 시행일부터 시행한다.

제2조부터 **제4조**까지 생략

부 칙 <2007·12·21 법8730>

제1조(시행일) 이 법은 공포한 날부터 시행한다. 다만, …〈생략〉… 부칙 제4조는 2008년 1월 1일부터 시행한다.

제2조 및 **제3조** 생략

제4조(다른 법률의 개정) 생략

부 칙 <2009·12·29 법9831>

이 법은 공포한 날부터 시행한다.

부 칙 <2014·11·19 법12844>

제1조(시행일) 이 법은 공포한 날부터 시행한다. 〈단서 생략〉

제2조부터 **제7조**까지 생략

부 칙 <2017·7·26 법14839>

제1조(시행일) ① 이 법은 공포한 날부터 시행한다. 〈단서 생략〉

제2조부터 **제6조**까지 생략

●공소장 및 불기소장에 기재할 죄명에 관한 예규

〔1993·11·26 대검찰청예규제214호〕

개정
1996· 6·13 대검찰청예규제 245호부터
2020· 3·13 대검찰청예규제1072호까지 생략
2020· 6·25 대검찰청예규제1109호
2021· 3·30 대검찰청예규제1195호
2022· 1·27 대검찰청예규제1264호
2023· 1·18 대검찰청예규제1336호
2024· 6· 3 대검찰청예규제1408호

「정보통신망 이용촉진 및 정보보호 등에 관한 법률」 개정에 따라 죄명표 기재 등을 보완하고, 범죄행위 세분화 필요성 등을 반영하는 등 대검예규 제1336호를 개정하여 2024. 6. 3.부터 시행함

1. 형법 죄명표시
  가. 각칙관련 죄명표시
  형법죄명표(별표1)에 의한다.
  나. 총칙관련 죄명표시
   (1) 미수·예비·음모의 경우에는 위 형법죄명표에 의한다.
   (2) 공동정범·간접정범의 경우에는 정범의 죄명과 동일한 형법각칙 표시 각 본조 해당죄명으로 한다.
   (3) 공범(교사 또는 방조)의 경우에는 형법각칙 표시 각 본조 해당죄명 다음에 교사 또는 방조를 추가하여 표시한다.
2. 군형법 죄명표시
  가. 각칙관련 죄명표시
  군형법 죄명표(별표2)에 의한다.
  나. 총칙관련 죄명표시
   (1) 미수·예비·음모의 경우에는 위 군형법 죄명표에 의한다.
   (2) 공동정범·간접정범의 경우에는 정범의 죄명과 동일한 군형법 각칙표시 각 본 조 해당 죄명으로 한다.
   (3) 공범(교사 또는 방조)의 경우에는 군형법 각칙표시 각본조 해당 죄명 다음에 교사 또는 방조를 추가로 표시한다.
3. 특정범죄가중처벌등에관한법률위반사건 죄명표시
  가. 정범·기수·미수·예비·음모의 경우에는 특정범죄가중처벌등에관한법률위반사건 죄명표(별표3)에 의한다.
  나. 공범(교사 또는 방조)의 경우에는 「위 법률위반(구분 표시죄명)교사 또는 위 법률위반(구분 표시죄명)방조」로 표시한다.
4. 특정경제범죄가중처벌등에관한법률위반사건 죄명표시
  가. 정범·기수·미수의 경우에는 특정경제범죄가중처벌등에관한법률위반사건 죄명표(별표4)에 의한다.
  나. 공범(교사 또는 방조)의 경우에는 「위 법률위반(구분 표시죄명)교사 또는 위 법률위반(구분 표시죄명)방조」로 표시한다.
5. 공연법, 국가보안법, 보건범죄단속에관한특별조치법, 성폭력범죄의처벌등에관한특례법, 성폭력방지및피해자보호등에관한법률, 수산업법, 화학물질관리법, 도로교통법, 마약류관리에관한법률, 폭력행위등처벌에관한법률, 성매매알선등행위의처벌에관한법률, 아동·청소년의성보호에관한법률, 정보통신망이용촉진및정보보호등에관한법률, 부정경쟁방지및영업비밀보호에관한법률, 국민체육진흥법, 한국마사회법, 아동학대범죄의처벌등에관한특례법, 아동복지법, 발달장애인권리보장및지원에관한법률, 교통사고처리특례법, 중대재해처벌등에관한법률 각 위반사건 죄명표시
  가. 정범·기수·미수·예비·음모의 경우에는 별표5에 의한다.
  나. 공범(교사 또는 방조)의 경우에는 「위 법률위반(구분 표시죄명)교사 또는 법률위반(구분 표시죄명)방조」로 표시한다.
6. 기타 특별법위반사건 죄명표시
  가. 원칙
  「…법위반」으로 표시한다.
  나. 공범·미수
   (1) 공범에 관한 특별규정이 있을 경우에는 「…법위반」으로 표시하고, 특별규정

이 없을 경우에는 「…법위반 교사 또는 …법위반 방조」로 표시한다.

(2) 미수에 관하여는 「…법위반」으로 표시한다.

부 칙 <2024·6·3 대검찰청예규1408>

제1조(시행일) 이 예규 2024. 6. 3.부터 시행한다.

제2조(재검토기한) 「훈령·예규 등의 발령 및 관리에 관한 규정」에 따라 이 예규에 대하여 2024. 7. 1.을 기준으로 매 3년이 되는 시점(매 3년째의 6. 30.까지를 말한다.)마다 그 타당성을 검토하여 개선 등 조치를 하여야 한다.

〔별표1〕

형법 죄명표

제1장 내란의 죄

제87조 1. 내란우두머리
2. 내란(모의참여, 중요임무종사, 실행)
3. 내란부화수행

제88조 내란목적살인

제89조 (제87조, 제88조 각 죄명)미수

제90조 (내란, 내란목적살인)(예비, 음모, 선동, 선전)

제2장 외환의 죄

제92조 외환(유치, 항적)

제93조 여적

제94조 ① 모병이적
② 응병이적

제95조 ① 군용시설제공이적
② 군용물건제공이적

제96조 군용시설파괴이적

제97조 물건제공이적

제98조 ① 간첩, 간첩방조
② 군사상기밀누설

제99조 일반이적

제100조 (제92조 내지 제99조 각 죄명)미수

제101조 (제92조 내지 제99조 각 죄명)(예비, 음모, 선동, 선전)

제103조 ① (전시, 비상시)군수계약불이행
② (전시, 비상시)군수계약이행방해

제3장 국기에 관한 죄

제105조 (국기, 국장)모독

제106조 (국기, 국장)비방

제4장 국교에 관한 죄

제107조 ① 외국원수(폭행, 협박)
② 외국원수(모욕, 명예훼손)

제108조 ① 외국사절(폭행, 협박)
② 외국사절(모욕, 명예훼손)

제109조 외국(국기, 국장)모독

제111조 ① 외국에대한사전
② (제1항 죄명)미수
③ (제1항 죄명)예비, 음모

제112조 중립명령위반

제113조 ① 외교상기밀누설
② 외교상기밀(탐지, 수집)

제5장 공안을 해하는 죄

제114조 범죄단체(조직, 가입, 활동)

제115조 소요

제116조 다중불해산

제117조 ① (전시, 비상시)공수계약불이행
② (전시, 비상시)공수계약이행방해

제118조 공무원자격사칭

제6장 폭발물에 관한 죄

제119조 ① 폭발물사용
② (전시, 비상시)폭발물사용
③ (제1항, 제2항 각 죄명)미수

제120조 (제119조제1항, 제2항 각 죄명)(예비, 음모, 선동)

제121조 (전시, 비상시)폭발물(제조, 수입, 수출, 수수, 소지)

제7장 공무원의 직무에 관한 죄

제122조 직무유기

제123조 직권남용권리행사방해

제124조 ① 직권남용(체포, 감금)
② (제1항 각 죄명)미수

제125조 독직(폭행, 가혹행위)

제126조 피의사실공표

제127조 공무상비밀누설

제128조 선거방해

제129조 ① 뇌물(수수, 요구, 약속)
② 사전뇌물(수수, 요구, 약속)

제130조 제3자뇌물(수수, 요구, 약속)

제131조 ① 수뢰후부정처사
②, ③ 부정처사후수뢰

제132조 알선뇌물(수수, 요구, 약속)

제133조 ① 뇌물(공여, 공여약속, 공여의사표시)
② 제3자뇌물(교부, 취득)

제8장 공무방해에 관한 죄

제136조 공무집행방해
제137조 위계공무집행방해
제138조 (법정, 국회회의장)(모욕, 소동)
제139조 인권옹호직무(방해, 명령불준수)
제140조 ① 공무상(봉인, 표시)(손상, 은닉, 무효)
② 공무상비밀(봉함, 문서, 도화)개봉
③ 공무상비밀(문서, 도화, 전자기록등)내용탐지
제140조의2 부동산강제집행효용침해
제141조 ① 공용(서류, 물건, 전자기록등)(손상, 은닉, 무효)
② 공용(건조물, 선박, 기차, 항공기)파괴
제142조 공무상(보관물, 간수물)(손상, 은닉, 무효)
제143조 (제140조 내지 제142조 각 죄명)미수
제144조 ① 특수(제136조, 제138조, 제140조 내지 제143조 각 죄명)
② (제1항 각 죄명, 다만 제143조 미수의 죄명은 제외한다)(치상, 치사)

제9장 도주와 범인은닉의 죄

제145조 ① 도주
② 집합명령위반
제146조 특수도주
제147조 피구금자(탈취, 도주원조)
제148조 간수자도주원조
제149조 (제145조 내지 제148조 각 죄명)미수
제150조 (제147조, 제148조 각 죄명)(예비, 음모)
제151조 범인(은닉, 도피)

제10장 위증과 증거인멸의 죄

제152조 ① 위증
② 모해위증
제154조 (허위, 모해허위)(감정, 통역, 번역)
제155조 ① 증거(인멸, 은닉, 위조, 변조), (위조, 변조)증거사용
② 증인(은닉, 도피)
③ 모해(제1항, 제2항 각 죄명)

제11장 무고의 죄

제156조 무고

제12장 신앙에 관한 죄

제158조 (장례식, 제사, 예배, 설교)방해
제159조 (시체, 유골, 유발)오욕
제160조 분묘발굴
제161조 ① (시체, 유골, 유발, 관속물건)(손괴, 유기, 은닉, 영득)
② 분묘발굴(제1항 각 죄명)
제162조 (제160조, 제161조 각 죄명)미수
제163조 변사체검시방해

제13장 방화와 실화의 죄

제164조 ① (현주, 현존)(건조물, 기차, 전차, 자동차, 선박, 항공기, 지하채굴시설)방화
② (제1항 각 죄명)(치상, 치사)
제165조 (공용, 공익)(건조물, 기차, 전차, 자동차, 선박, 항공기, 지하채굴시설)방화
제166조 ① 일반(건조물, 기차, 전차, 자동차, 선박, 항공기, 지하채굴시설)방화
② 자기소유(건조물, 기차, 전차, 자동차, 선박, 항공기, 지하채굴시설)방화
제167조 ① 일반물건방화
② 자기소유일반물건방화
제168조 방화연소
제169조 진화방해
제170조 실화
제171조 (업무상, 중)실화
제172조 ① 폭발성물건파열
② 폭발성물건파열(치상, 치사)
제172조의2 ① (가스, 전기, 증기, 방사선, 방사성물질)(방출, 유출, 살포)
② (제1항 각 죄명)(치상, 치사)
제173조 ① (가스, 전기, 증기)(공급, 사용)방해
② 공공용(제1항 각 죄명)
③ (제1항, 제2항 각 죄명)(치상, 치사)
제173조의2 ① 과실(제172조제1항, 제172조의2제1항, 제173조제1항, 제2항 각 죄명)
② (업무상, 중)과실(제1항 각 죄명)
제174조 (제164조제1항, 제165조, 제166조제1항, 제172조제1항, 제172조의2제1항, 제173조제1항, 제2항 각 죄명)미수

제175조 (제164조제1항, 제165조, 제166조제1항, 제172조제1항, 제172조의2제1항, 제173조제1항, 제2항 각 죄명)(예비, 음모)

제14장 일수와 수리에 관한 죄

제177조 ① (현주, 현존)(건조물, 기차, 전차, 자동차, 선박, 항공기, 광갱)일수
② (제1항 각 죄명)(치상, 치사)

제178조 (공용, 공익)(건조물, 기차, 전차, 자동차, 선박, 항공기, 광갱)일수

제179조 ① 일반(건조물, 기차, 전차, 자동차, 선박, 항공기, 광갱)일수
② 자기소유(건조물, 기차, 전차, 자동차, 선박, 항공기, 광갱)일수

제180조 방수방해

제181조 과실일수

제182조 (제177조, 제178조, 제179조제1항 각 죄명)미수

제183조 (제177조, 제178조, 제179조제1항 각 죄명)(예비, 음모)

제184조 수리방해

제15장 교통방해의 죄

제185조 일반교통방해

제186조 (기차, 전차, 자동차, 선박, 항공기)교통방해

제187조 (기차, 전차, 자동차, 선박, 항공기)(전복, 매몰, 추락, 파괴)

제188조 (제185조 내지 제187조 각 죄명)(치상, 치사)

제189조 ① 과실(제185조 내지 제187조 각 죄명)
② (업무상, 중)과실(제185조 내지 제187조 각 죄명)

제190조 (제185조 내지 제187조 각 죄명)미수

제191조 (제186조, 제187조 각 죄명)(예비, 음모)

제16장 음용수에 관한 죄

제192조 ① 먹는물사용방해
② 먹는물(독물, 유해물)혼입

제193조 ① 수돗물사용방해
② 수돗물(독물, 유해물)혼입

제194조 (제192조제2항, 제193조제2항 각 죄명)(치상, 치사)

제195조 수도불통

제196조 (제192조제2항, 제193조제2항, 제195조 각 죄명)미수

제197조 (제192조제2항, 제193조제2항, 제195조 각 죄명)(예비, 음모)

제17장 아편에 관한 죄

제198조 (아편, 몰핀)(제조, 수입, 판매, 소지)

제199조 아편흡식기(제조, 수입, 판매, 소지)

제200조 세관공무원(아편, 몰핀, 아편흡식기)(수입, 수입허용)

제201조 ① 아편흡식, 몰핀주사
②(아편흡식, 몰핀주사)장소제공

제202조 (제198조 내지 제201조 각 죄명)미수

제203조 상습(제198조 내지 제202조 각 죄명)

제205조 단순(아편, 몰핀, 아편흡식기)소지

제18장 통화에 관한 죄

제207조 ① 통화(위조, 변조)
②, ③ 외국통화(위조, 변조)
④ (위조, 변조)(통화, 외국통화)(행사, 수입, 수출)

제208조 (위조, 변조)(통화, 외국통화)취득

제210조 (위조, 변조)(통화, 외국통화)지정행사

제211조 ① 통화유사물(제조, 수입, 수출)
② 통화유사물판매

제212조 (제207조, 제208조, 제211조 각 죄명)미수

제213조 (제207조제1항 내지 제3항 각 죄명)(예비, 음모)

제19장 유가증권, 우표와 인지에 관한 죄

제214조 유가증권(위조, 변조)

제215조 자격모용유가증권(작성, 기재)

제216조 허위유가증권작성, 유가증권허위기재

제217조 (위조유가증권, 변조유가증권, 자격모용작성유가증권, 자격모용기재유가증권, 허위작성유가증권, 허위기재유가증권)(행사, 수입, 수출)

제218조 ① (인지, 우표, 우편요금증표)(위조, 변조)
② (위조, 변조)(인지, 우표, 우편요금증표)(행사, 수입, 수출)

제219조 (위조, 변조)(인지, 우표, 우편요금증

표)취득
제221조 (인지, 우표, 우편요금증표)소인말소
제222조 ① (공채증서, 인지, 우표, 우편요금증표)유사물(제조, 수입, 수출)
② (공채증서, 인지, 우표, 우편요금증표)유사물판매
제223조 (제214조 내지 제219조, 제222조 각 죄명)미수
제224조 (제214조, 제215조, 제218조제 1 항 각 죄명)(예비, 음모)

제20장 문서에 관한 죄

제225조 (공문서, 공도화)(위조, 변조)
제226조 자격모용(공문서, 공도화)작성
제227조 허위(공문서, 공도화)(작성, 변개)
제227조의2 공전자기록등(위작, 변작)
제228조 ① (공정증서원본, 공전자기록등)불실기재
② (면허증, 허가증, 등록증, 여권)불실기재
제229조 (위조, 변조)(공문서, 공도화)행사, 자격모용작성(공문서, 공도화)행사, 허위(작성, 변개)(공문서, 공도화)행사, (위작, 변작)공전자기록등행사, 불실기재(공정증서원본, 공전자기록등, 면허증, 허가증, 등록증, 여권)행사
제230조 (공문서, 공도화)부정행사
제231조 (사문서, 사도화)(위조, 변조)
제232조 자격모용(사문서, 사도화)작성
제232조의2 사전자기록등(위작, 변작)
제233조 허위(진단서, 검안서, 증명서)작성
제234조 (위조, 변조)(사문서, 사도화)행사, 자격모용작성(사문서, 사도화)행사, (위작, 변작)사전자기록등행사, 허위작성(진단서, 검안서, 증명서)행사
제235조 (제225조 내지 제234조 각 죄명)미수
제236조 (사문서, 사도화)부정행사

제21장 인장에 관한 죄

제238조 ① (공인, 공서명, 공기명, 공기호)(위조, 부정사용)
② (위조, 부정사용)(공인, 공서명, 공기명, 공기호)행사
제239조 ① (사인, 사서명, 사기명, 사기호)(위조, 부정사용)
② (위조, 부정사용)(사인, 사서명, 사기명, 사기호)행사
제240조 (제238조, 제239조 각 죄명)미수

제22장 성풍속에 관한 죄

제241조 <삭제>
제242조 음행매개
제243조 (음화, 음란문서, 음란필름, 음란물건)(반포, 판매, 임대, 전시, 상영)
제244조 (음화, 음란문서, 음란필름, 음란물건)(제조, 소지, 수입, 수출)
제245조 공연음란

제23장 도박과 복표에 관한 죄

제246조 ① 도박
② 상습도박
제247조 (도박장소, 도박공간)개설
제248조 ① 복표발매
② 복표발매중개
③ 복표취득

제24장 살인의 죄

제250조 ① 살인
② 존속살해
제251조 영아살해
제252조 ① (촉탁, 승낙)살인
② 자살(교사, 방조)
제253조 (위계, 위력)(촉탁, 승낙)살인, (위계, 위력)자살결의
제254조 (제250조 내지 제253조 각 죄명)미수
제255조 (제250조, 제253조 각 죄명)(예비, 음모)

제25장 상해와 폭행의 죄

제257조 ① 상해
② 존속상해
③ (제 1 항, 제 2 항 각 죄명)미수
제258조 ①, ② 중상해
③ 중존속상해
제258조의2 ① 특수(제257조제 1 항, 제 2 항 각 죄명)
② 특수(제258조 각 죄명)
③ (제258조의2제 1 항 죄명)미수
제259조 ① 상해치사
② 존속상해치사

제260조 ① 폭행
② 존속폭행
제261조 특수(제260조 각 죄명)
제262조 (제260조, 제261조 각 죄명)(치사, 치상)
제264조 상습(제257조, 제258조, 제258조의2, 제260조, 제261조 각 죄명)

제26장 과실치사상의 죄

제266조 과실치상
제267조 과실치사
제268조 (업무상, 중)과실(치사, 치상)

제27장 낙태의 죄

제269조 ① 낙태
② (촉탁, 승낙)낙태
③ (제 2 항 각 죄명)(치상, 치사)
제270조 ① 업무상(촉탁, 승낙)낙태
② 부동의낙태
③ (제 1 항, 제 2 항 각 죄명)(치상, 치사)

제28장 유기와 학대의 죄

제271조 ① 유기
② 존속유기
③ 중유기
④ 중존속유기
제272조 영아유기
제273조 ① 학대
② 존속학대
제274조 아동혹사
제275조 ① (제271조제 1 항, 제 3 항, 제272조, 제273조제 1 항 각 죄명)(치상, 치사)
② (제271조제 2 항, 제 4 항, 제273조제 2 항 각 죄명)(치상, 치사)

제29장 체포와 감금의 죄

제276조 ① 체포, 감금
② 존속(체포, 감금)
제277조 ① 중체포, 중감금
② 중존속(체포, 감금)
제278조 특수(제276조, 제277조 각 죄명)
제279조 상습(제276조, 제277조 각 죄명)
제280조 (제276조 내지 제279조 각 죄명)미수
제281조 ① (제276조제 1 항, 제277조제 1 항 각 죄명)(치상, 치사), (특수, 상습)(제276조제 1 항, 제277조제 1 항 각 죄명)(치상, 치사)
② (제276조제 2 항, 제277조제 2 항 각 죄명)(치상, 치사), (특수, 상습)(제276조제 2 항, 제277조제 2 항 각 죄명)(치상, 치사)

제30장 협박의 죄

제283조 ① 협박
② 존속협박
제284조 특수(제283조 각 죄명)
제285조 상습(제283조, 제284조 각 죄명)
제286조 (제283조 내지 285조 각 죄명)미수

제31장 약취와 유인의 죄

제287조 미성년자(약취, 유인)
제288조 ① (추행, 간음, 결혼, 영리)(약취, 유인)
② (노동력착취, 성매매, 성적착취, 장기적출)(약취, 유인)
③ 국외이송(약취, 유인), (피약취자, 피유인자)국외이송
제289조 ① 인신매매
② (추행, 간음, 결혼, 영리)인신매매
③ (노동력착취, 성매매, 성적착취, 장기적출)인신매매
④ 국외이송인신매매, 피매매자국외이송
제290조 ① (피약취자, 피유인자, 피매매자, 피국외이송자)상해
② (피약취자, 피유인자, 피매매자, 피국외이송자)치상
제291조 ① (피약취자, 피유인자, 피매매자, 피국외이송자)살해
② (피약취자, 피유인자, 피매매자, 피국외이송자)치사
제292조 ① (피약취자, 피유인자, 피매매자, 피국외이송자)(수수, 은닉)
② (제287조 내지 제289조 각 죄명)(모집, 운송, 전달)
제293조 <삭제>
제294조 (제287조 내지 제289조, 제290조제 1 항, 제291조제 1 항, 제292조제 1 항 각 죄명)미수

제296조 (제287조 내지 제289조, 제290조제1항, 제291조제1항, 제292조제1항 각 죄명)(예비, 음모)

제32장 강간과 추행의 죄

제297조 강간
제297조의2 유사강간
제298조 강제추행
제299조 준강간, 준유사강간, 준강제추행
제300조 (제297조, 제297조의2, 제298조, 제299조 각 죄명)미수
제301조 (제297조, 제297조의2, 제298조, 제299조 각 죄명)(상해, 치상)
제301조의2 (제297조, 제297조의2, 제298조, 제299조 각 죄명)(살인, 치사)
제302조 (미성년자, 심신미약자)(간음, 추행)
제303조 ① (피보호자, 피감독자)간음
② 피감호자간음
제304조 <삭제>
제305조 미성년자의제(강간, 유사강간, 강제추행, 강간상해, 강간치상, 강간살인, 강간치사, 강제추행상해, 강제추행치상, 강제추행살인, 강제추행치사)
제305조의2 상습(제297조, 제297조의2, 제298조 내지 제300조, 제302조, 제303조, 제305조 각 죄명)
제305조의3 〔제297조, 제297조의2, 제305조 각 죄명, 준강간, (제297조, 제297조의2, 제298조, 제299조 각 죄명)상해〕(예비, 음모)

제33장 명예에 관한 죄

제307조 명예훼손
제308조 사자명예훼손
제309조 (출판물, 라디오)에의한명예훼손
제311조 모욕

제34장 신용, 업무와 경매에 관한 죄

제313조 신용훼손
제314조 ① 업무방해
② (컴퓨터등손괴, 전자기록등손괴, 컴퓨터등장애)업무방해
제315조 (경매, 입찰)방해

제35장 비밀침해의 죄

제316조 ① (편지, 문서, 도화)개봉
② (편지, 문서, 도화, 전자기록등)내용탐지
제317조 업무상비밀누설

제36장 주거침입의 죄

제319조 ① (주거, 건조물, 선박, 항공기, 방실)침입
② 퇴거불응
제320조 특수(제319조 각 죄명)
제321조 (신체, 주거, 건조물, 자동차, 선박, 항공기, 방실)수색
제322조 (제319조 내지 321조 각 죄명)미수

제37장 권리행사를 방해하는 죄

제323조 권리행사방해
제324조 ① 강요
② 특수강요
제324조의2 인질강요
제324조의3 인질(상해, 치상)
제324조의4 인질(살해, 치사)
제324조의5 (제324조, 제324조의2, 제324조의3, 제324조의4 각 죄명) 미수
제325조 ① 점유강취
② 준점유강취
③ (제1항, 제2항 각 죄명)미수
제326조 중권리행사방해
제327조 강제집행면탈

제38장 절도와 강도의 죄

제329조 절도
제330조 야간(주거, 건조물, 선박, 항공기, 방실)침입절도
제331조 특수절도
제331조의2 (자동차, 선박, 항공기, 원동기장치자전거) 불법사용
제332조 상습(제329조 내지 제331조의2 각 죄명)
제333조 강도
제334조 특수강도
제335조 준강도, 준특수강도
제336조 인질강도
제337조 강도(상해, 치상)
제338조 강도(살인, 치사)
제339조 강도강간
제340조 ① 해상강도
② 해상강도(상해, 치상)

③ 해상강도(살인, 치사, 강간)
제341조 상습(제333조, 제334조, 제336조, 제340조제1항 각 죄명)
제342조 (제329조 내지 제341조 각 죄명)미수
제343조 강도(예비, 음모)

제39장 사기와 공갈의 죄

제347조 사기
제347조의2 컴퓨터등사용사기
제348조 준사기
제348조2 편의시설 부정이용
제349조 부당이득
제350조 공갈
제350조의2 특수공갈
제351조 상습(제347조 내지 제350조의2 각 죄명)
제352조 (제347조 내지 제348조의2, 제350조, 제350조의2, 제351조 각 죄명)미수

제40장 횡령과 배임의 죄

제355조 ① 횡령
② 배임
제356조 업무상(횡령, 배임)
제357조 ① 배임수재
② 배임증재
제359조 (제355조 내지 제357조 각 죄명)미수
제360조 ① 점유이탈물횡령
② 매장물횡령

제41장 장물에 관한 죄

제362조 ① 장물(취득, 양도, 운반, 보관)
② 장물알선
제363조 상습(제362조 각 죄명)
제364조 (업무상, 중)과실장물(취득, 양도, 운반, 보관, 알선)

제42장 손괴의 죄

제366조 (재물, 문서, 전자기록등)(손괴, 은닉)
제367조 공익건조물파괴
제368조 ① 중손괴
② (제366조, 제367조 각 죄명)(치상, 치사)
제369조 ① 특수(재물, 문서, 전자기록등)(손괴, 은닉)
② 특수공익건조물파괴
제370조 경계침범
제371조 (제366조, 제367조, 제369조 각 죄명)미수

※ 본 죄명표는 아래와 같은 원칙에 의하여 적용한다.

가. 괄호안에 들어가지 않은 단어는 괄호안에 들어가 있는 각 단어와 각 결합하여 각 죄명을 이룬다.

【예시1】

○ 외국원수(폭행, 협박) : 외국원수폭행, 외국원수 협박
○ (전시, 비상시)공수계약불이행 : 전시공수계약불이행, 비상시공수계약불이행
○ 일반(건조물, 기차, 전차, 자동차, 선박항공기, 광갱)일수 : 일반건조물일수, 일반기차일수, 일반전차일수, 일반자동차일수, 일반선박일수, 일반항공기일수, 일반광갱일수

나. 괄호안에 들어가 있는 각 단어는 다른 괄호안에 들어가 있는 각 단어와 각 결합하여 각 죄명을 이룬다.

【예시2】

○ (허위, 모해허위)(감정, 통역, 번역) : 허위감정, 모해허위감정, 허위통역, 모해허위통역, 허위번역, 모해허위번역
○ 허위(공문서, 공도화)(작성, 변개) : 허위공문서작성, 허위공문서변개, 허위공도화작성, 허위공도화변개)
○ (공채증서, 인지, 우표, 우편요금증표)유사물(제조, 수입, 수출) : 공채증서유사물제조, 공채증서유사물수입, 공채증서유사물수출, 인지유사물제조, 인지유사물수입, 인지유사물수출, 우표유사물제조, 우표유사물수입, 우표유사물수출, 우편요금증표유사물제조, 우편요금증표유사물수입, 우편요금증표유사물수출

다. 괄호안에 제○○조의 각 죄명 또는 제○○조 내지 제○○조의 각 죄명으로 표시되어 있는 경우에는 각조에 기재된 각 죄명이 괄호안에 들어가 있는 것을 의미한다.

【예시3】

○ (제87조, 제88조 각 죄명)미수 : (내란수

괴, 내란모의참여, 내란중요임무종사, 내란실행, 내란부화수행, 내란목적살인)미수

〔별표2〕

군형법 죄명표

제1장 반란의 죄

제5조 1. 반란수괴
2. 반란(모의참여, 지휘, 중요임무종사, 살상)(파괴, 약탈)
3. 반란(부화뇌동, 폭동관여)

제6조 반란목적군용물탈취(수괴, 모의참여, 지휘, 중요임무종사, 살상파괴, 부화뇌동, 폭동관여)

제7조 (제5조 내지 제6조 각 죄명)미수

제8조 ① (제5조 내지 제6조 각 죄명)(예비, 음모)
② (제5조 내지 제6조 각 죄명)(선동, 선전)

제9조 ① 반란불보고
② 이적목적반란불보고

제2장 이적의 죄

제11조 ① 군용시설제공이적
② 군용물건제공이적

제12조 군용(시설, 물건)파괴이적

제13조 ① 간첩, 간첩방조
② 대적군기누설
③ 1. (부대, 기지, 군항지역, 군사시설보호지역)(간첩, 간첩방조, 대적군기누설)
2. (방위산업체, 연구기관)(간첩, 간첩방조, 대적군기누설)
3. (부대이동지역, 부대훈련지역, 대간첩작전지역, 군특수작전수행지역)(간첩, 간첩방조, 대적군기누설)

제14조 1. (향도, 지리지시)이적
2. 항복강요이적
3. (은닉, 비호)이적
4. 왕래방해이적
5. (암호, 신호)사용이적, (명령, 통보, 보고)(사전, 전달태만)이적, 허위(명령, 통보, 보고)이적
6. (부대, 함대, 편대, 대원)(해산, 혼란)이적, (부대, 함대, 편대, 대원)(연락, 집합)방해이적
7. 일반물건제공이적
8. 일반이적

제15조 (제11조 내지 제14조 각 죄명)미수

제16조 ① (제11조 내지 제14조 각 죄명)(예비, 음모)
② (제11조 내지 제14조 각 죄명)(선동, 선전)

제3장 지휘권 남용의 죄

제18조 불법전투개시

제19조 불법전투계속

제20조 불법진퇴

제21조 (제18조 내지 제20조 각 죄명)미수

제4장 지휘관의 항복과 도피의 죄

제22조 항복(부대, 진영, 요새, 함선, 항공기)방임

제23조 솔대도피

제24조 1. 적전직무(수행거부, 유기)
2. 전시(사변, 계엄지역), 직무(수행거부, 직무유기)
3. 직무(수행거부, 유기)

제25조 (제22조, 제23조 각 죄명)미수

제26조 (제22조, 제23조 각 죄명)(예비, 음모)

제5장 수소이탈의 죄

제27조 1. 지휘관적전수소이탈
2. 지휘관(전시, 사변, 계엄지역)수소이탈
3. 지휘관수소이탈

제28조 1. 초병적전수소이탈
2. 초병(전시, 사변, 계엄지역)수소이탈
3. 초병수소이탈

제29조 (제27조 내지 제28조 각 죄명)미수

제6장 군무이탈의 죄

제30조 ① 1. 적전군무이탈
2. (전시, 사변, 계엄지역)군무이탈
3. 군무이탈
② 적전이탈자불복귀, (전시, 사변, 계엄지역)이탈자불복귀, 이탈자불복귀

제31조 (적전, 전시, 사변, 계엄지역)특수군무이탈, 특수군무이탈

제32조 1. (전시, 사변, 계엄지역), 이탈자(은닉, 비호)

2. 이탈자(은닉, 비호)
제33조 적진도주
제34조 (제30조 내지 제33조 각 죄명)미수
제7장 군무태만의 죄
제35조 1. 전투준비태만
2. (부대, 병원)유기
3. 공격기피
4. 군기(문서, 물건)방임
5. (전시, 사변, 계엄지역)군용물결핍
제36조 1. 적전비행군기문란
2. (전시, 사변, 계엄지역)비행군기문란
3. 비행군기문란
제37조 1. (전시, 사변, 계엄지역)위계항행위험
2. 위계항행위험
제38조 ① 1. 적전허위(명령, 통보, 보고)
2. (전시, 사변, 계엄지역)허위(명령, 통보, 보고)
3. 허위(명령, 통보, 보고)
② 1. 적전의무자허위(명령, 통보, 보고)
2. (전시, 사변, 계엄지역)의무자허위(명령, 통보, 보고)
3. 의무자허위(명령, 통보, 보고)
제39조 (명령, 통보, 보고)(허위전달, 전달불이행)
제40조 1. 적전초령위반
2. (전시, 사변, 계엄지역)초령위반
3. 초령위반
제41조 ① 1. 적전근무기피목적상해
2. 근무기피목적상해
② 1. 적전근무기피목적위계
2. 근무기피목적위계
제42조 ① 유해음식물공급
② 유해음식물공급(치사, 치상)
③ 과실유해음식물공급
④ 이적목적유해음식물공급
제43조 출병거부
제8장 항명의 죄
제44조 1. 적전항명
2. (전시, 사변, 계엄지역)항명
3. 항명
제45조 1. 적전집단항명수괴, 적전집단항명
2. (전시, 사변, 계엄지역)집단항명수괴, (전시, 사변, 계엄지역)집단항명
3. 집단항명수괴, 집단항명
제46조 상관제지불복종
제47조 명령위반
제9장 폭행, 협박, 상해 및 살인의 죄
제48조 1. 적전상관(폭행, 협박)
2. 상관(폭행, 협박)
제49조 ① 1. 적전상관집단(폭행, 협박)수괴, 적전상관집단(폭행, 협박)
2. 상관집단(폭행, 협박)수괴, 상관집단(폭행, 협박)
② 적전상관공동(폭행, 협박), 상관공동(폭행, 협박)
제50조 1. 적전상관특수(폭행, 협박)
2. 상관특수(폭행, 협박)
제51조 1. 적전상관집단특수(폭행, 협박) <삭제>
2. 상관집단특수(폭행, 협박) <삭제>
제52조 ① 1. 적전(제48조 내지 제50조 각 죄명)치사
2. (전시, 사변, 계엄지역)(제48조 내지 제50조 각 죄명)치사
3. (제48조 내지 제50조 각 죄명)치사
② 1. 적전(제48조 내지 제49조 각 죄명)치상
2. (전시, 사변, 계엄지역)(제48조 내지 제49조 각 죄명)치상
제52조의2 1. 적전상관상해
2. 상관상해
제52조의3 ① 1. 적전상관집단상해수괴, 적전상관집단상해
2. 상관집단상해수괴, 상관집단상해
② 적전상관공동상해, 상관공동상해
제52조의4 1. 적전상관특수상해
2. 상관특수상해
제52조의5 1. 적전상관중상해
2. (전시, 사변, 계엄지역)상관중상해
3. 상관중상해
제52조의6 1. 적전상관상해치사

2. (전시, 사변, 계엄지역)상관상해치사
3. 상관상해치사

제53조 ① 상관살해
② 상관살해(예비, 음모)

제54조 ① 적전초병(폭행, 협박)
② 초병(폭행, 협박)

제55조 ① 1. 적전초병집단(폭행, 협박)수괴, 적전초병집단(폭행, 협박)
2. 초병집단(폭행, 협박)수괴, 초병집단(폭행, 협박)
② 적전초병공동(폭행, 협박), 초병공동(폭행, 협박)

제56조 1. 적전초병특수(폭행, 협박)
2. 초병특수(폭행, 협박)

제57조 1. 적전초병집단특수(폭행, 협박)수괴, 적전초병집단특수(폭행, 협박) <삭제>
2. 초병집단특수(폭행, 협박)수괴, 초병집단특수(폭행, 협박) <삭제>

제58조 ① 1. 적전(제54조 내지 제56조 각 죄명)치사
2. (전시, 사변, 계엄지역)(제54조 내지 제56조 각 죄명)치사
3. (제54조 내지 제56조 각 죄명)치사
② 1. 적전(제54조, 제55조 각 죄명)치상, 단서, 적전초병집단(폭행)수괴치상
2. (제54조, 제55조 각 죄명)치상

제58조의2 1. 적전초병상해
2. 초병상해

제58조의3 ① 1. 적전초병집단상해
2. 초병집단상해
② 적전초병공동상해, 초병공동상해

제58조의4 1. 적전초병특수상해
2. 초병특수상해

제58조의5 ① 적전초병중상해
② 초병중상해

제58조의6 1. 적전초병상해치사
2. (전시, 사변, 계엄지역) 초병상해치사
3. 초병상해치사

제59조 ① 초병살해
② 초병살해(예비, 음모)

제60조 ① 1. 적전직무수행군인등(폭행, 협박)
2. 직무수행군인등(폭행, 협박)
② 1. 적전직무수행군인등(집단, 특수)(폭행, 협박)
2. 직무수행군인등(집단, 특수)(폭행, 협박)
③ (적전직무수행군인등, 직무수행군인등)공동(폭행, 협박)
④ 1. 적전직무수행군인등폭행치사
2. (전시, 사변, 계엄지역)직무수행군인등폭행치사
3. 직무수행군인등폭행치사
⑤ 1. 적전직무수행군인등폭행치상
2. 직무수행군인등폭행치상

제60조의2 1. 적전직무수행군인등상해
2. 직무수행군인등상해

제60조의3 ① 1. 적전직무수행군인등(집단, 특수)상해
2. 직무수행군인등(집단, 특수)상해
② 직무수행군인등공동상해

제60조의4 1. 적전직무수행군인등중상해
2. 직무수행군인등중상해

제60조의5 1. 적전직무수행군인등상해치사
2. (전시, 사변, 계엄지역)직무수행군인등상해치사
3. 직무수행군인등상해치사

제61조 특수소요(수괴, 지휘, 부화뇌동)

제62조 ① 직권남용가혹행위
② 위력행사가혹행위

제63조 (제52조의2 내지 제52조의4, 제53조제1항, 제58조의2 내지 제58조의4, 제59조제1항, 제60조의2 및 제60조의3 각 죄명)미수

제10장 모욕의 죄

제64조 ①, ② 상관모욕
③, ④ 상관명예훼손

제65조 초병모욕

제11장 군용물에 관한 죄

제66조 ① 군용(공장, 함선, 항공기)방화, 전투용(시설, 기차, 전차, 자동차, 교량)방화
② 1. 군용물현존창고방화
2. 군용물창고방화

제67조 1. (전시, 사변, 계엄지역)노적군용물방화
2. 군용물창고방화

제67조 1. (전시, 사변, 계엄지역)노적군용물방화
2. 노적군용물방화

제68조 폭발물파열군용(공장, 함선, 항공기)손괴, 폭발물파열전투용(시설, 기차, 전차, 자동차, 교량)손괴, 폭발물파열군용물현존창고손괴, 폭발물파열군용물창고손괴, (전시, 사변, 계엄지역)폭발물파열노적군용물손괴, 폭발물파열노적군용물손괴

제69조 (군용물, 군용시설)손괴

제70조 노획물(횡령, 소훼, 손괴)

제71조 ① 함선(복몰, 파괴)
② 항공기추락(복몰, 손괴)
③ (제1항, 제2항 각 죄명)(치사, 치상)

제72조 (제66조 내지 전조 제1항, 제2항 각 죄명)미수

제73조 ① 과실(제66조 내지 제71조 각 죄명)
② (업무상, 중)과실(제66조 내지 제71조 각 죄명)

제74조 군용물분실

제75조 ① 형법 제329조의 경우 : 군용물절도
형법 제330조의 경우 : 야간(주거, 저택, 건조물, 선박, 방실)침입 군용물절도
형법 제331조의 경우 : 군용물특수절도
형법 제331조의2 경우 : 군용(자동차, 선박, 항공기, 원동기장치자전거)불법사용
형법 제332조의 경우 : 상습(형법 전3조 경우 각 본조 죄명)
형법 제333조의 경우 : 군용물강도
형법 제334조의 경우 : 군용물특수강도
형법 제335조의 경우 : 군용물준강도, 군용물준특수강도
형법 제336조의 경우 : 군용물약취강도
형법 제337조의 경우 : 군용물강도(상해, 치상)
형법 제338조의 경우 : 군용물강도(살인, 치사)
형법 제339조의 경우 : 군용물강도강간
형법 제340조의 경우 : ① 군용물해상강도 ② 군용물해상강도(상해, 치상) ③ 군용물해상강도(살인, 치사, 강간)
형법 제341조의 경우 : 상습군용물(형법 제333조, 제334조, 제336조, 제340조제1항 각 죄명)
형법 제342조의 경우 : 군용물(형법 제329조 내지 제334조, 제336조, 제337조 전단, 제338조 전단, 제339조, 제340조, 제341조 각 죄명)미수
형법 제343조의 경우 : 군용물강도(예비, 음모)
형법 제347조의 경우 : 군용물사기
형법 제347조의2의 경우 : 군용컴퓨터등사용사기
형법 제348조의 경우 : 군용물준사기
형법 제348조의2의 경우 : 군용편의시설부정이용
형법 제349조의 경우 : 군용물부당이득
형법 제350조의 경우 : 군용물공갈
형법 제351조의 경우 : 상습군용물(형법 제347조 내지 제350조 각 본조 죄명)
형법 제352조의 경우 : 군용물(형법 제347조, 제348조, 제350조, 제351조 각 본조 죄명)미수
형법 제355조의 경우 : ① 군용물횡령 ② 군재산배임
형법 제356조의 경우 : 업무상군용물횡령, 업무상군재산배임
형법 제357조의 경우 : ① 군재산배임수재 ② 군재산배임증재
형법 제359조의 경우 : (군용물횡령, 군재산배임, 업무상군용물횡령, 업무상군재산배임, 군재산배임수재, 군재산배임증재)미수
형법 제360조의 경우 : ① 점유이탈군용물횡령 ② 매장군용물횡령

형법 제362조의 경우 : 군용장물(취득, 양여, 운반, 보관, 알선)
형법 제363조의 경우 : 상습군용장물(취득, 양여, 운반, 보관, 알선)
형법 제364조의 경우 : (업무상, 중)과실군용장물(취득, 양여, 운반, 보관, 알선)
제76조 (제66조 내지 제69조, 제71조 각 죄명)(예비 · 음모)

제12장 위령의 죄

제78조 1. 적전초소침범
2. (전시, 사변, 계엄지역)초소침범
3. 초소침범
제79조 무단이탈
제80조 ① 군기누설
② (업무상, 중)과실군기누설
제81조 암호부정사용

제13장 약탈의 죄

제82조 ① 주민재물약탈
② (전사자, 전상병자)재물약탈
제83조 ① (주민, 전사자, 전상병자)재물약탈(살해, 치사)
② (주민, 전사자, 전상병자)재물약탈(상해, 치상)
제84조 전지강간
제85조 (제82조 내지 제83조 각 죄명)미수

제14장 포로에 관한 죄

제86조 포로불귀환, 포로귀환방해
제87조 간수자포로도주원조
제88조 ①② 포로도주원조
제89조 포로탈취
제90조 도주포로(은닉, 비호)
제91조 (제87조 내지 제90조 각 죄명)미수

제15장 강간과 추행의 죄

제92조 군인등강간
제92조의2 군인등유사강간
제92조의3 군인등강제추행
제92조의4 군인등(준강간, 준유사강간, 준강제추행)
제92조의5 (제92조 내지 제92조의3 각 죄명)미수
제92조의6 추행
제92조의7 (제92조 내지 제92조의4 각 죄명)(상해, 치상)
제92조의8 (제92조 내지 제92조의4 각 죄명)(살인, 치사)

제16장 그 밖의 죄

제93조 부하범죄부진정
제94조 정치관여

〔별표3〕

특정범죄 가중처벌 등에 관한 법률 위반사건 죄명표

특정범죄 가중처벌 등에 관한 법률 해당조문	죄 명 표 시
제2조	특정범죄 가중처벌 등에 관한 법률 위반(뇌물)
제3조	〃 (알선수재)
제4조의2 중 체포, 감금의 경우	〃 (체포, 감금)
제4조의2 중 독직폭행, 가혹행위의 경우	〃 (독직폭행, 가혹행위)
제4조의3 중 공무상비밀누설	〃 (공무상비밀누설)
제5조	〃 (국고등손실)
제5조의2	〃 (13세미만 약취 · 유인, 영리약취 · 유인 등)
제5조의3 제1항 제1호	〃 (도주치사)
제5조의3 제1항 제2호	〃 (도주치상)
제5조의3 제2항 제1호	〃 (유기도주치사)
제5조의3 제2항 제2호	〃 (유기도주치상)
제5조의4 중 절도의 경우	〃 (절도)
제5조의4 중 강도의 경우	〃 (강도)
제5조의4 중 장물에 관한 죄의 경우	〃 (장물)
제5조의5	〃 (강도상해등재범)
제5조의8	〃 (범죄단체조직)

제 5 조의9 중 살인의 경우	〃	(보복살인등)
제 5 조의9 중 상해의 경우	〃	(보복상해등)
제 5 조의9 중 폭행의 경우	〃	(보복폭행등)
제 5 조의9 중 체포, 감금의 경우	〃	〔보복(체포등, 감금등)〕
제 5 조의9 중 협박의 경우	〃	(보복협박등)
제 5 조의9제 4 항	〃	(면담강요등)
제 5 조의10	〃	(운전자폭행등)
제 5 조의11 중 치사의 경우	〃	(위험운전치사)
제 5 조의11 중 치상의 경우	〃	(위험운전치상)
제 5 조의12	〃	(선박교통사고도주)
제 5 조의13 중 치사의 경우	〃	(어린이보호구역치사)
제 5 조의13 중 치상의 경우	〃	(어린이보호구역치상)
제 6 조	〃	(관세)
제 8 조	〃	(조세)
제 8 조의2	〃	(허위 세금계산서 교부 등)
제 9 조	〃	(산림)
제10조	<삭제>	
제11조(마약류 관리에 관한 법률 제 2 조제 2 호의 '마약' 관련)	특정범죄 가중처벌 등에 관한 법률 위반(마약)	
제11조(마약류 관리에 관한 법률 제 2 조제 3 호의 '향정신성의약품' 관련)	〃	(향정)
제12조	〃	(외국인을 위한 재산취득)
제14조	〃	(무고)
제15조	〃	(특수직무유기)

〔별표4〕

특정경제범죄 가중처벌 등에 관한 법률 위반사건 죄명표

특정경제범죄 가중처벌 등에 관한 법률 해당조문	죄 명 표 시
제 3 조 중 사기의 경우	특정경제범죄 가중처벌 등에 관한 법률 위반(사기)
제 3 조 중 공갈의 경우	〃 (공갈)
제 3 조 중 횡령의 경우	〃 (횡령)
제 3 조 중 배임의 경우	〃 (배임)
제 4 조	〃 (재산국외도피)
제 5 조	〃 (수재등)
제 6 조	〃 (증재등)
제 7 조	〃 (알선수재)
제 8 조	〃 (사금융알선등)
제 9 조	〃 (저축관련부당행위)
제11조	〃 (무인가단기금융업)
제12조	〃 (보고의무)
제14조	〃 (취업제한등)

〔본문5의 별표5〕

1. 공연법 위반사건 죄명표

공연법 해당조문	죄 명 표 시
제 5 조제 2 항	공연법 위반(선전물)
그 외	공연법 위반

※ 제 5 조제 2 항 위반의 경우에만 "(선전물)" 표시

2. 국가보안법 위반사건 죄명표

국가보안법 해당조문	죄 명 표 시
제 3 조	국가보안법 위반(반국가단체의 구성등)
제 4 조(제 1 항제 2 호 간첩 제외)	〃 (목적수행)
제 4 조제 1 항제 2 호	〃 (간첩)

제5조	〃 (자진지원 · 금품수수)
제6조제1항	〃 (잠입 · 탈출)
제6조제2항	〃 (특수잠입 · 탈출)
제7조(제3항 제외)	〃 (찬양 · 고무등)
제7조제3항	〃 (이적단체의 구성등)
제8조	〃 (회합 · 통신등)
제9조	〃 (편의제공)
제10조	〃 (불고지)
제11조	〃 (특수직무유기)
제12조	〃 (무고 · 날조)

3. 보건범죄 단속에 관한 특별조치법 위반사건 죄명표

보건범죄 단속에 관한 특별조치법 해당조문	죄 명 표 시
제2조	보건범죄 단속에 관한 특별조치법 위반(부정식품제조등)
제3조	〃 (부정의약품제조등)
제4조	〃 (부정유독물제조등)
제5조	〃 (부정의료업자)
제9조제2항	〃 (허위정보제공)

4. 성폭력범죄의 처벌 등에 관한 특례법 위반사건 죄명표

성폭력범죄의 처벌 등에 관한 특례법 해당조문	죄 명 표 시
제3조제1항	성폭력범죄의 처벌 등에 관한 특례법 위반 〔(주거침입, 절도)(강간, 유사강간, 강제추행, 준강간, 준유사강간, 준강제추행)〕
제3조제2항	성폭력범죄의 처벌 등에 관한 특례법 위반 〔특수강도(강간, 유사강간, 강제추행, 준강간, 준유사강간, 준강제추행)〕
제4조제1항	〃 (특수강간)
제4조제2항	〃 (특수강제추행)
제4조제3항	〃 〔특수(준강간, 준강제추행)〕
제5조제1항	〃 (친족관계에 의한 강간)
제5조제2항	〃 (친족관계에 의한 강제추행)
제5조제3항	〃 〔친족관계에 의한(준강간, 준강제추행)〕
제6조제1항	성폭력범죄의 처벌 등에 관한 특례법 위반(장애인강간)
제2항	〃 (장애인유사성행위)
제3항	〃 (장애인강제추행)
제4항	〃 〔장애인(준강간, 준유사성행위, 준강제추행)〕
제5항	〃 (장애인위계등간음)
제6항	〃 (장애인위계등추행)
제7항	〃 (장애인피보호자간간등)
제7조제1항	성폭력범죄의 처벌 등에 관한 특례법 위반(13세미만미성년자강간)
제2항	〃 (13세미만미성년자유사성행위)
제3항	〃 (13세미만미성년자강제추행)
제4항	〃 〔13세미만미성년자(준강간, 준유사성행위, 준강제추행〕
제5항	〃 〔13세미만미성년자위계등(간음, 유사성행위, 추행)〕
제8조	성폭력범죄의 처벌 등에 관한 특례법 위반〔강간등(상해, 치상)〕
제9조	성폭력범죄의 처벌 등에 관한 특례법 위반〔강간등(살인, 치사)〕
제10조	성폭력범죄의 처벌 등에 관한 특례법 위반(업무상 위력등에 의한 추행)
제11조	성폭력범죄의 처벌 등에 관한 특례법 위반(공중밀집장소에서의 추행)

제12조	성폭력범죄의 처벌 등에 관한 특례법 위반(성적목적다중이용장소침입)
제13조	성폭력범죄의 처벌 등에 관한 특례법 위반(통신매체이용음란)
제14조제1항	성폭력범죄의 처벌 등에 관한 특례법 위반(카메라등이용촬영)
제14조제2항	성폭력범죄의 처벌 등에 관한 특례법 위반(카메라등이용촬영물반포등)
제14조제3항	성폭력범죄의 처벌 등에 관한 특례법 위반(영리목적카메라등이용촬영물반포등)
제14조제4항	〃 (카메라등이용촬영물소지등)
제14조제5항	〃 (상습카메라등이용촬영·반포등)
제14조의2제1항	〃 (허위영상물편집등)
제14조의2제2항	〃 (허위영상물반포등)
제14조의2제3항	〃 (영리목적허위영상물반포등)
제14조의2제4항	〃 (상습허위영상물편집·반포등)
제14조의3제1항	〃 (촬영물등이용협박)
제14조의3제2항	〃 (촬영물등이용강요)
제14조의3제3항	〃 〔상습(촬영물등이용협박, 촬영물등이용강요)〕
제15조의2	성폭력범죄의 처벌 등에 관한 특례법 위반〔(제3조 내지 제7조 각 죄명)(예비, 음모)〕
제50조	성폭력범죄의 처벌 등에 관한 특례법 위반(비밀준수등)
그 외	성폭력범죄의 처벌 등에 관한 특례법 위반

※ 성폭력범죄의 처벌 등에 관한 특례법 제15조 : 해당 기수 죄명 다음에 '미수'를 표시하지 아니함

5. 성폭력방지 및 피해자보호 등에 관한 법률 위반사건 죄명표

성폭력방지 및 피해자보호 등에 관한 법률 해당조문	죄 명 표 시
제36조제1항	성폭력방지 및 피해자보호 등에 관한 법률 위반(피해자해고등)
제36조제2항제1호	〃 (상담소등설치)
제36조제2항제2호	〃 (폐지명령등)
제36조제2항제3호	〃 (영리목적운영금지)
제36조제2항제4호	〃 (비밀엄수)

6. 수산업법 위반사건 죄명표

수산업법 해당조문	죄 명 표 시
제106조제1항제2호, 제33조제1항제2호, 제3호	수산업법 위반(월선조업)
그 외	수산업법 위반

※ 제36조제1항제2호, 제3호 위반의 경우에만 "(월선조업)" 표시

7. 화학물질관리법 위반사건 죄명표

화학물질관리법 해당조문	죄 명 표 시
제22조제1항	화학물질관리법 위반(환각물질흡입)
그 외	화학물질관리법 위반

※ 제22조제1항 위반의 경우에만 "(환각물질흡입)" 표시

8. 음반·비디오물 및 게임물에 관한 법률 위반사건 죄명표 <삭제>

음반·비디오물 및 게임물에 관한 법률 해당조문	죄 명 표 시
제42조제3항제2호, 제21조제1항	<삭제>
그 외	<삭제>

※ 2006. 4. 28. 법률 제7943호에 의하여 「음반·비디오물 및 게임물에 관한 법률」 폐지

※ 「영화 및 비디오물의 진흥에 관한 법률」 「음악산업진흥에 관한 법률」 「게임산업진흥에 관한 법률」 사건의 경우에는 죄명을 세분화하지 아니함

9. 도로교통법 위반사건 죄명표

도로교통법 해당조문	죄 명 표 시
제43조	도로교통법 위반(무면허운전)
제44조제 1 항	〃 (음주운전)
제44조제 2 항	〃 (음주측정거부)
제46조	〃 (공동위험행위)
제54조제 1 항	〃 (사고후미조치)
그 외	도로교통법 위반

10. 마약류 관리에 관한 법률 위반사건 죄명표

마약류 관리에 관한 법률 해당조문	죄 명 표 시
제 2 조제 2 호의 '마약' 관련	마약류 관리에 관한 법률 위반(마약)
제 2 조제 3 호의 '향정신성의약품' 관련	〃 (향정)
제 2 조제 4 호의 '대마' 관련	〃 (대마)

11. 폭력행위 등 처벌에 관한 법률 위반사건 죄명표

폭력행위 등 처벌에 관한 법률 해당조문	죄 명 표 시
폭력행위 등 처벌에 관한 법률 제 2 조 제 2 항	폭력행위 등 처벌에 관한 법률 위반〔공동(폭행, 협박, 주거침입, 퇴거불응, 재물손괴등, 존속폭행, 체포, 감금, 존속협박, 강요, 상해, 존속상해, 존속체포, 존속감금, 공갈)〕
폭력행위 등 처벌에 관한 법률 제2조 제3항	폭력행위 등 처벌에 관한 법률 위반〔(폭행, 협박, 주거침입, 퇴거불응, 재물손괴등, 존속폭행, 체포, 감금, 존속협박, 강요, 상해, 존속상해, 존속체포, 존속감금, 공갈)재범〕
폭력행위 등 처벌에 관한 법률 제3조 제4항	폭력행위 등 처벌에 관한 법률 위반〔특수(폭행, 협박, 주거침입, 퇴거불응, 재물손괴등, 존속폭행, 체포, 감금, 존속협박, 강요, 상해, 존속상해, 존속체포, 존속감금, 공갈)재범〕
폭력행위 등 처벌에 관한 법률 제 4 조 제 1 항	폭력행위등 처벌에 관한 법률 위반(단체등의 구성·활동)
폭력행위 등 처벌에 관한 법률 제 4 조 제 2 항제 1 호	폭력행위 등 처벌에 관한 법률 위반【단체등의〔공무집행방해, 공용(서류, 물건, 전자기록등)(손상, 은닉, 무효), 공용(건조물, 선박, 기차, 항공기)파괴, 살인, (촉탁, 승낙)살인, (위계, 위력)(촉탁, 승낙)살인, (위계, 위력)자살결의, (살인, 위계촉탁살인, 위계승낙살인, 위력촉탁살인, 위력승낙살인, 위계자살결의, 위력자살결의)(예비, 음모), 업무방해, (컴퓨터등손괴, 전자기록등손괴, 컴퓨터등장애)업무방해, (경매, 입찰)방해, 강도, 특수강도, 준강도, 준특수강도, 인질강도, 강도(상해, 치상), 강도강간, 해상강도, 해상강도(상해, 치상), 상습(강도, 특수강도, 인질강도, 해상강도), 강도(예비, 음모)〕】
폭력행위 등 처벌에 관한 법률 제 4 조 제 2 항제 2 호	폭력행위 등 처벌에 관한 법률 위반【단체등의〔(상습, 공동, 상습특수)(폭행, 협박, 주거침입, 퇴거불응, 재물손괴등, 존속폭행, 체포, 감금, 존속협박, 강요, 상해, 존속상해, 존속체포, 존속감금, 공갈)〕】
폭력행위 등 처벌에 관한 법률 제 5 조	폭력행위 등 처벌에 관한 법률 위반(단체등의 이용·지원)
폭력행위 등 처벌에 관한 법률 제 7 조	폭력행위 등 처벌에 관한 법률 위반(우범자)
폭력행위 등 처벌에 관한 법률 제 9 조	폭력행위 등 처벌에 관한 법률 위반(직무유기)

※ 폭력행위 등 처벌에 관한 법률 제6조 : 해당 기수죄명 다음에 '미수' 표시하지 아니함

12. 성매매알선 등 행위의 처벌에 관한 법률 위반사건 죄명표

성매매알선 등 행위의 처벌에 관한 법률, 청소년의 성보호에 관한 법률 해당조문	죄 명 표 시
제18조	성매매알선 등 행위의 처벌에 관한 법률 위반(성매매강요등)
제19조	성매매알선 등 행위의 처벌에 관한 법률 위반(성매매알선등)
제20조	성매매알선 등 행위의 처벌에 관한 법률 위반(성매매광고)
제21조제1항 중 아동·청소년의 성보호에 관한 법률 제38조제1항이 적용되는 경우	성매매알선 등 행위의 처벌에 관한 법률 위반(아동·청소년)
그 외의 제21조제1항	성매매알선 등 행위의 처벌에 관한 법률 위반(성매매)

※ 그 외에는 성매매알선 등 행위의 처벌에 관한 법률 위반으로 표시

13. 아동·청소년의 성보호에 관한 법률 위반사건 죄명표

아동·청소년의 성보호에 관한 법률 해당조문	죄 명 표 시
제7조제1항	아동·청소년의 성보호에 관한 법률 위반(강간)
제2항	아동·청소년의 성보호에 관한 법률 위반(유사성행위)
제3항	아동·청소년의 성보호에 관한 법률 위반(강제추행)
제4항	아동·청소년의 성보호에 관한 법률 위반(준강간, 준유사성행위, 준강제추행)
제5항	아동·청소년의 성보호에 관한 법률 위반〔위계등(간음, 유사성행위, 추행)〕
제7조의2	아동·청소년의 성보호에 관한 법률 위반〔(제7조 각항의 각 죄명)(예비, 음모)〕
제8조제1항	아동·청소년의 성보호에 관한 법률 위반(장애인간음)
제8조제2항	아동·청소년의 성보호에 관한 법률 위반(장애인추행)
제8조의2제1항	아동·청소년의 성보호에 관한 법률 위반(16세미만아동·청소년간음)
제8조의2제2항	아동·청소년의 성보호에 관한 법률 위반(16세미만아동·청소년 추행)
제9조	아동·청소년의 성보호에 관한 법률 위반〔강간등(상해, 치상)〕
제10조	아동·청소년의 성보호에 관한 법률 위반〔강간등(살인, 치사)〕
제11조제1항	아동·청소년의 성보호에 관한 법률 위반(성착취물제작등)
제11조제2항	아동·청소년의 성보호에 관한 법률 위반(영리목적성착취물판매등)
제11조제3항	아동·청소년의 성보호에 관한 법률 위반(성착취물배포등)
제11조제5항	아동·청소년의 성보호에 관한 법률 위반(성착취물소지등)
제11조제7항	아동·청소년의 성보호에 관한 법률 위반(상습성착취물제작·배포등)
그 외의 제11조	아동·청소년의 성보호에 관한 법률 위반(성착취물제작·배포등)
제12조	아동·청소년의 성보호에 관한 법률 위반(매매)
제13조	아동·청소년의 성보호에 관한 법률 위반(성매수등)
제14조	아동·청소년의 성보호에 관한 법률 위반(강요행위등)

제15조	아동·청소년의 성보호에 관한 법률 위반(알선영업행위등)
제15조의2	아동·청소년의 성보호에 관한 법률 위반(성착취목적대화등)
제16조	아동·청소년의 성보호에 관한 법률 위반(합의강요)
제17조제1항	아동·청소년의 성보호에 관한 법률 위반(성착취물온라인서비스제공)
제31조	아동·청소년의 성보호에 관한 법률 위반(비밀누설)
그 외	아동·청소년의 성보호에 관한 법률 위반

14. 정보통신망 이용촉진 및 정보보호 등에 관한 법률 위반사건 죄명표

정보통신망 이용촉진 및 정보보호 등에 관한 법률 해당조문	죄 명 표 시
제70조제1항, 제2항	정보통신망 이용촉진 및 정보보호 등에 관한 법률 위반(명예훼손)
제71조제1항제12, 13, 14호	〃 (정보통신망침해등)
제74조제1항제2호	〃 (음란물유포)
그 외	정보통신망 이용촉진 및 정보보호 등에 관한 법률 위반

15. 부정경쟁방지 및 영업비밀보호에 관한 법률 위반사건 죄명표

부정경쟁방지 및 영업비밀보호에 관한 법률 해당조문	죄 명 표 시
제18조제1항	부정경쟁방지 및 영업비밀보호에 관한 법률 위반(영업비밀국외누설등)
제18조제2항	부정경쟁방지 및 영업비밀보호에 관한 법률 위반(영업비밀누설등)
그 외	부정경쟁방지 및 영업비밀보호에 관한 법률 위반

16. 국민체육진흥법 위반사건 죄명표

국민체육진흥법 해당조문	죄 명 표 시
제47조제2호	국민체육진흥법 위반(도박개장등)
제48조제3호	국민체육진흥법 위반(도박등)
제48조제4호	국민체육진흥법 위반(도박개장등)
그 외	국민체육진흥법 위반

17. 한국마사회법 위반사건 죄명표

한국마사회법 해당조문	죄 명 표 시
제50조제1항제1호, 제51조제9호, 제53조제1호	한국마사회법 위반(도박개장등)
제50조제1항제2호, 제51조제8호	〃 (도박등)
그 외	한국마사회법 위반

18. 아동학대범죄의 처벌 등에 관한 특례법 위반사건 죄명표

아동학대범죄의 처벌 등에 관한 특례법 해당조문	죄 명 표 시
제4조제1항	아동학대범죄의 처벌 등에 관한 특례법 위반(아동학대살해)
제2항	아동학대범죄의 처벌 등에 관한 특례법 위반(아동학대치사)
제5조	〃 (아동학대중상해)
제6조	〃 〔상습(제2조제4호 가목 내지 카목의 각 죄명)〕
제7조	〃 (아동복지시설 종사자 등의 아동학대 가중처벌)
제59조제1항, 제2항	〃 (보호처분 등의 불이행)
제59조제3항	〃 (이수명령 불이행)

제60조	〃 (피해자 등에 대한 강요행위)
제61조제 1 항	〃 〔업무수행방해〕
제 2 항	〃 〔특수업무수행방해〕
제 3 항	〃 〔업무수행방해(치상, 치사)〕
제62조제 1 항	〃 (비밀엄수의무위반)
제 2 항	〃 (아동학대신고인의 인적사항 공개 및 보도행위)
제 3 항	〃 (보도금지의무위반)
그 외	아동학대범죄의 처벌 등에 관한 특례법 위반

19. 아동복지법 위반사건 죄명표

아동복지법 해당조문	죄 명 표 시
제71조제 1 항제 1 호	아동복지법 위반(아동매매)
제 1 의2호	〃 (아동에 대한 음행강요·매개·성희롱 등)
제 2 호	〃 (아동학대, 아동유기·방임, 장애아동관람, 구걸강요·이용행위)
제 3 호	〃 (양육알선금품취득, 아동금품유용)
제 4 호	〃 (곡예강요행위, 제3자인도행위)
제71조제 2 항제 3 호	〃 (무신고 아동복지시설 설치)
제 4 호	〃 (허위서류작성 아동복지시설 종사자 자격취득)
제 5 호	〃 (시설폐쇄명령위반)
제 6 호	〃 (아동복지업무종사자 비밀누설)
제 7 호	〃 (조사거부·방해 등)
제72조	〃 〔상습(제71조제 1 항 각호 각 죄명)〕
그 외	아동복지법 위반

※ 아동복지법 제73조 : 해당 기수 죄명 다음에 '미수' 표시하지 아니함

20. 발달장애인 권리보장 및 지원에 관한 법률 위반사건 죄명표

발달장애인 권리보장 및 지원에 관한 법률 해당조문	죄 명 표 시
제42조	발달장애인 권리보장 및 지원에 관한 법률 위반

21. 교통사고처리 특례법 위반사건 죄명표

교통사고처리 특례법 해당조문	죄 명 표 시
제 3 조 중 치사의 경우	교통사고처리 특례법 위반(치사)
제 3 조 중 치상의 경우	〃 (치상)
그 외	교통사고처리 특례법 위반

22. 중대재해 처벌 등에 관한 법률 위반사건 죄명표

중대재해 처벌 등에 관한 법률 해당조문	죄 명 표 시
제 6 조제 1 항	중대재해 처벌 등에 관한 법률 위반(산업재해치사)
제 6 조제 2 항	중대재해 처벌 등에 관한 법률 위반(산업재해치상)
제10조제 1 항	중대재해 처벌 등에 관한 법률 위반(시민재해치사)
제10조제 2 항	중대재해 처벌 등에 관한 법률 위반(시민재해치상)

보 유

●형법 일부개정법률

〔2025년 2월 27일 제422회 국회 본회의 통과〕

형법 일부를 다음과 같이 개정한다.

제116조의2를 다음과 같이 신설한다.

제116조의2(공중협박) ① 불특정 또는 다수의 사람의 생명, 신체에 위해를 가할 것을 내용으로 공연히 공중을 협박한 사람은 5년 이하의 징역 또는 2천만원 이하의 벌금에 처한다.

② 상습으로 제 1 항의 죄를 범한 때에는 그 죄에 정한 형의 2분의 1까지 가중한다.

③ 제 1 항 및 제 2 항의 미수범은 처벌한다.

부 칙

이 법은 공포한 날부터 시행한다.

●형사소송법 일부개정법률

〔2025년 2월 27일 제422회 국회 본회의 통과〕

형사소송법 일부를 다음과 같이 개정한다.

제294조의4제 3 항 중 "권리구제를"을 "권리구제 또는 제294조의2에 따른 진술권 보장을"로, "인정하거나 그 밖의 정당한 사유가 있는 경우 범죄의 성질, 심리의 상황, 그 밖의 사정을 고려하여 상당하다고 인정하는 때에는 열람 또는 등사를 허가할 수 있다"를 "인정하는 경우 소송기록의 열람 또는 등사를 허가하여야 한다"로 하고, 같은 항에 단서를 다음과 같이 신설하며, **같은 조** 제 5 항 및 제 6 항을 각각 제 6 항 및 제 7 항으로 하고, **같은 조**에 제 5 항을 다음과 같이 신설한다.

다만, 제59조의2제 2 항제 2 호부터 제 6 호까지 중 어느 하나에 해당하는 경우 또는 심리의 상황을 고려하여 상당한 이유가 있는 경우에는 열람 또는 등사를 허가하지 아니할 수 있다.

⑤ 재판장이 열람 또는 등사를 허가하지 아니하거나 사용 목적의 제한 또는 조건을 붙여 허가하는 경우에는 열람 또는 등사를 신청한 자에게 대법원규칙으로 정하는 바에 따라 그 이유를 통지하여야 한다.

부 칙

제 1 조(시행일) 이 법은 공포 후 6개월이 경과한 날부터 시행한다.

제 2 조(피해자 등의 공판기록 열람·등사에 관한 적용례) 제294조의4의 개정규정은 이 법 시행 이후 제294조의4제 1 항에 따라 소송기록의 열람 또는 등사를 신청하는 경우부터 적용한다.

●행정기본법 일부개정법률

〔2025년 2월 27일 제422회 국회 본회의 통과〕

행정기본법 일부를 다음과 같이 개정한다.

제 2 조제 1 호가목3) 중 "중앙행정기관(「정부조직법」 및 그 밖의 법률에 따라 설치된 중앙행정기관을 말한다. 이하 같다)의 장"을 "중앙행정기관(「정부조직법」 및 그 밖의 법률에 따라 설치된 중앙행정기관을 말한다. 이하 같다)의 장, 국회의장, 대법원장, 헌법재판소장, 중앙선거관리위원회위원장, 감사원장 등"으로 한다.

제 7 조제 1 호 중 "공포한 날부터"를 "공포한 날(훈령·예규·고시·지침 등은 고시·공고 등의 방법으로 발령한 날을 말한다. 이하 이 조에서 같다)부터"로 한다.

제28조에 제 3 항을 다음과 같이 신설한다.

③ 제 2 항제 4 호에 따라 체납된 과징금에 대한 가산금을 부과하는 규정을 정할 때에

는 가산금의 부과율 및 부과기간이 금융기관 등이 연체대출금에 대하여 적용하는 이자율 등을 고려하여 대통령령으로 정하는 부과율 및 부과기간을 넘지 아니하도록 규정하여야 한다.

제36조제 4 항 중 "90일 이내에"를 "90일 이내에 제 1 항의 처분(이의신청 결과 처분이 변경된 경우에는 변경된 처분으로 한다)에 대하여"로 하고, **같은 조** 제 5 항부터 제 7 항까지를 각각 제 6 항부터 제 8 항까지로 하며, **같은 조**에 제 5 항을 다음과 같이 신설하고, **같은 조** 제 7 항(종전의 제 6 항) 중 "제 5 항"을 "제 6 항"으로 한다.

⑤ 행정청은 제 2 항 또는 다른 법률에 따라 이의신청에 대한 결과를 통지할 때에는 대통령령으로 정하는 바에 따라 제 4 항에 따른 행정심판 또는 행정소송을 제기할 수 있는 기간 등 행정심판 또는 행정소송의 제기에 관한 사항을 함께 안내하여야 한다. 다만, 이의신청에 대한 결과를 통지하기 전에 이미 신청인이 행정심판 또는 행정소송을 제기한 경우에는 안내하지 아니할 수 있다.

부 칙

이 법은 공포한 날부터 시행한다. 다만, 제36조제 5 항의 개정규정은 공포 후 6개월이 경과한 날부터 시행하고, 제28조제 3 항의 개정규정은 공포 후 1년이 경과한 날부터 시행한다.

●출입국관리법 일부개정법률

〔2025년 2월 27일 제422회 국회 본회의 통과〕

출입국관리법 일부를 다음과 같이 개정한다.

제 4 조제 1 항제 6 호를 제 7 호로 하고, 같은 항에 제 6 호를 다음과 같이 신설하며, 같은 항 제 7 호(종전의 제 6 호) 중 "제 5 호"를 "제6호"로 한다.

6. 「근로기준법」 제43조의2에 따라 명단이 공개된 체불사업주

제46조의2 중 "주거의 제한"을 "주거의 제한, 정기 보고, 신원보증인의 지정 등"으로 한다.

제55조를 다음과 같이 한다.

제55조(보호에 대한 심사청구) ① 보호명령서에 따라 보호된 사람이나 그의 법정대리인 등은 보호에 대하여 이의가 있는 경우에는 지방출입국·외국인관서의 장을 거쳐 제66조의4에 따른 외국인보호위원회(이하 "외국인보호위원회"라 한다)에 보호에 대한 심사를 청구할 수 있다.

② 외국인보호위원회는 제 1 항에 따른 심사청구를 받으면 지체 없이 관계 서류를 심사하여 그 청구가 이유 없는 경우에는 기각하는 결정을 하고, 그 청구가 이유 있는 경우에는 보호된 사람을 보호해제하는 결정을 한다.

제56조의9의 제목 "(이의신청 절차 등의 게시)"를 "(심사청구 절차 등의 게시)"로 하고, **같은 조** 제목 외의 부분 중 "이의신청"을 "심사청구"로 한다.

제63조를 다음과 같이 한다.

제63조(강제퇴거명령을 받은 사람의 보호) ① 지방출입국·외국인관서의 장은 강제퇴거명령을 받은 사람이 여권을 소지하지 아니하였거나 교통편이 확보되지 아니하는 등의 사유로 그 사람을 즉시 대한민국 밖으로 송환할 수 없는 경우에는 2개월의 범위에서 그 사람을 송환할 수 있을 때까지 보호시설에 보호할 수 있다.

② 지방출입국·외국인관서의 장은 제 1 항에 해당하는 사람이 송환에 협조하지 아니하는 등의 사유로 2개월이 지난 후에도 송

환할 수 없는 경우에는 매 3개월의 범위에서 미리 외국인보호위원회의 보호기간 연장 승인을 받아 그 사람을 송환할 수 있을 때까지 보호기간을 연장할 수 있으며, 이 경우 연장기간을 포함한 총 보호기간은 9개월을 넘을 수 없다. 다만, 송환하려는 사람을 9개월이 지난 후에도 송환할 수 없는 경우로서 다음 각 호의 어느 하나에 해당하는 경우에는 매 3개월의 범위에서 미리 외국인보호위원회의 보호기간 연장 승인을 받아 그 사람을 송환할 수 있을 때까지 보호기간을 연장할 수 있으며, 이 경우 연장기간을 포함한 총 보호기간은 20개월을 넘을 수 없다.

1. 송환하려는 사람이 강제퇴거명령을 받은 이후에 「난민법」에 따라 난민인정 신청을 하거나 「난민법」에 따른 법무부장관 또는 지방출입국·외국인관서의 장의 결정에 대하여 소송을 제기하여 송환 절차가 지연된 경우
2. 송환하려는 사람이 다음 각 목의 어느 하나에 해당하는 경우
   가. 「국가보안법」에 규정된 죄를 범한 사람
   나. 「국민보호와 공공안전을 위한 테러방지법」에 규정된 죄를 범한 사람
   다. 「공중 등 협박목적 및 대량살상무기확산을 위한 자금조달행위의 금지에 관한 법률」에 규정된 죄를 범한 사람
   라. 「형법」 제2편 제1장 내란의 죄, 제2장 외환의 죄, 제4장 국교에 관한 죄 또는 제5장 공안을 해하는 죄를 범한 사람
   마. 그 밖에 공공질서나 국민의 안전을 해치는 범죄로서 살인, 상해, 강간, 추행, 강도 등 대통령령으로 정하는 범죄를 범하여 금고 이상의 형을 선고받은 사람

③ 외국인보호위원회는 제2항에 따른 보호기간 연장 승인 신청을 심사하는 경우에는 송환의 가능성, 보호의 필요성, 송환국의 협조 여부 등을 고려하여야 하며, 보호기간 연장을 승인하는 경우에는 피보호자의 송환을 위하여 필요한 최소한의 기간으로 연장기간을 정해야 한다.

④ 법무부장관은 제1항 및 제2항에 따른 피보호자의 송환업무 등을 위하여 필요하다고 인정하는 경우 법무부령으로 정하는 바에 따라 피보호자를 다른 보호시설로 이송하도록 지방출입국·외국인관서의 장에게 명할 수 있다.

⑤ 제1항에 따른 보호에 관하여는 제53조부터 제55조까지, 제56조의2부터 제56조의9까지 및 제57조를 준용하고, 제2항에 따른 보호에 관하여는 제56조의2부터 제56조의9까지 및 제57조를 준용한다.

제63조의2 및 **제63조의3**을 각각 다음과 같이 신설한다.

제63조의2(강제퇴거명령을 받은 사람의 보호 해제) ① 지방출입국·외국인관서의 장은 제63조제1항 및 제2항에 따른 보호기간의 상한을 넘은 경우 즉시 보호를 해제하여야 한다.

② 지방출입국·외국인관서의 장은 제63조제2항에 따른 외국인보호위원회의 보호기간 연장 승인을 받지 못한 경우 지체 없이 보호를 해제하여야 한다.

③ 지방출입국·외국인관서의 장은 다른 국가가 강제퇴거명령을 받은 사람의 입국을 거부하는 등 제63조에 따른 피보호자를 명백히 송환할 수 없게 된 경우 보호를 해제할 수 있다.

④ 지방출입국·외국인관서의 장은 제1항부터 제3항까지의 규정에 따라 보호를 해제하는 경우 주거의 제한, 정기 보고, 신원보증인의 지정, 보증금의 납부 등 그 밖에 필요한 조건을 붙일 수 있다.

제63조의3(보호해제된 사람의 재보호) ① 지방출입국·외국인관서의 장은 제63조의2 및 이 조 제2항에 따라 보호해제된 사람이 다음 각 호의 어느 하나에 해당하는 경우에는 그 사람을 다시 보호(이하 "재보호"라 한다)할 수 있다.

1. 도주한 경우
2. 강제퇴거명령을 받은 사유가 아닌 다른 사유로 제46조제1항 각 호의 어느 하나에 해당함이 밝혀졌거나, 제46조제1항 각 호의 어느 하나에 해당하게 된 경우
3. 제63조의2제4항에 따라 보호를 해제할 때 붙인 조건을 위반한 경우

② 제 1 항에 따른 재보호 및 그 보호해제 등에 관하여는 제53조부터 제55조까지, 제56조의2부터 제56조의9까지, 제57조, 제63조(제 5 항은 제외한다) 및 제63조의2를 준용한다.

③ 제 2 항에 따라 재보호기간을 계산할 때에는 종전에 제63조에 따라 보호한 기간 및 종전에 제 1 항에 따라 재보호한 기간을 포함하지 아니한다.

제64조의 제목 "(송환국)"을 "(송환국 등)"으로 하고, **같은 조**에 제 3 항과 제 4 항을 각각 다음과 같이 신설한다.

③ 지방출입국·외국인관서의 장은 강제퇴거명령을 받은 사람의 출국거부, 교통편 미확보 등의 사유로 송환이 어려운 경우 직접 국외로 호송하거나 선박등을 임차하는 등 필요한 조치를 할 수 있다.

④ 지방출입국·외국인관서의 장은 송환을 위하여 필요하다고 인정하는 경우 예산의 범위에서 송환에 소요되는 비용의 전부 또는 일부를 부담할 수 있다.

제65조를 다음과 같이 한다.

제65조(보호의 일시해제) ① 지방출입국·외국인관서의 장은 직권으로 피보호자의 정상(情狀), 해제요청사유, 자산 및 그 밖의 사항을 고려하여 2천만원 이하의 보증금을 예치시키고 주거의 제한, 정기 보고, 신원보증인의 지정 등 그 밖에 필요한 조건을 붙여 보호를 일시해제할 수 있다.

② 외국인보호위원회는 피보호자(피보호자의 보증인 또는 법정대리인등을 포함한다)의 신청을 받아 피보호자에 대한 보호의 일시해제를 결정할 수 있다.

③ 지방출입국·외국인관서의 장은 피보호자가 제 2 항에 따라 보호의 일시해제 결정을 받으면 그의 보호를 일시해제하여야 한다. 이 경우 보증금의 예치 및 주거의 제한 등 조건 부가에 관하여는 제 1 항을 준용한다.

④ 제 1 항부터 제 3 항까지의 규정에 따른 보호의 일시해제 신청, 보증금의 예치 및 반환 등의 절차는 대통령령으로 정한다.

제 6 장에 **제 6 절의2(제66조의3)** 및 **제 6 절의3(제66조의4부터 제66조의17까지)**을 각각 다음과 같이 신설한다.

제 6 절의2 의견진술

제66조의3(의견진술 기회의 부여) 지방출입국·외국인관서의 장은 다음 각 호의 어느 하나에 해당하는 조치를 할 때에는 미리 해당 외국인에게 구술 또는 서면으로 의견을 진술할 기회를 주어야 한다.
1. 제51조제 1 항 또는 제 5 항에 따른 보호명령서 발급
2. 제52조제 1 항 단서에 따른 보호기간 연장 허가
3. 제63조제 1 항에 따른 강제퇴거명령을 받은 사람의 보호
4 제63조제 2 항에 따른 보호기간 연장 승인의 신청
5. 제63조의3에 따른 보호해제된 사람의 재보호 및 보호기간 연장 승인의 신청
6. 제66조제 1 항에 따른 보호 일시해제의 취소

제 6 절의3 외국인보호위원회

제66조의4(외국인보호위원회의 설치) ① 외국인 보호·재보호에 대한 이의 심사, 보호기간 연장 승인 등에 관한 업무를 수행하기 위하여 법무부에 외국인보호위원회를 둔다.

② 외국인보호위원회는 그 권한에 속하는 업무를 독립하여 수행한다.

제66조의5(외국인보호위원회의 소관 업무) 외국인보호위원회는 다음 각 호의 업무를 수행한다.
1. 제55조(제63조제 5 항에서 준용하는 경우를 포함한다)에 따른 보호에 대한 이의 심사 업무
2. 제63조제 2 항에 따른 보호기간 연장 승인 업무
3. 제63조의3제 2 항에 따른 재보호에 대한 이의 심사 및 보호기간 연장 승인 업무
4. 제65조제 2 항에 따른 보호의 일시해제에 관한 결정
5. 다른 법령에서 외국인보호위원회의 소관으로 규정된 업무
6. 제 1 호부터 제 5 호까지의 업무 수행과 관련된 조사·연구·교육 및 홍보 등에 관한 업무

제66조의6(외국인보호위원회의 구성) ① 외국인보호위원회는 위원장 1명을 포함한 9명의 위원으로 성별을 고려하여 구성한다. 이 경우 법무부 소속이 아닌 위원(이하 이 조에서 "외부위원"이라 한다)을 과반수 이상으로 하여야 하며, 외부위원에는 제2항제3호부터 제6호까지에 해당하는 사람 중에서 대법원장 및 대한변호사협회장이 추천하는 각 1인을 포함하여야 한다.

② 외국인보호위원회의 위원은 다음 각 호의 어느 하나에 해당하는 자격을 갖춰야 한다.

1. 법무부의 고위공무원단에 속하는 공무원 또는 4급 이상의 공무원
2. 대통령령으로 정하는 기관의 고위공무원단에 속하는 공무원 또는 4급 이상의 공무원으로서 해당 기관의 장이 지명하는 사람
3. 판사, 검사 또는 변호사로 5년 이상 재직하고 있거나 재직하였던 사람
4. 「고등교육법」 제2조에 따른 학교에서 법학, 정치학, 사회학, 심리학 등을 가르치는 부교수 이상 또는 이에 상당하는 직위로 5년 이상 재직하고 있거나 재직하였던 사람
5. 「비영리민간단체 지원법」에 따라 등록된 비영리민간단체에서 인권분야에 10년 이상 근무하고 있거나 근무하였던 사람
6. 그 밖에 제1호부터 제5호까지에 준하는 사람으로서 외국인보호 업무에 전문적인 지식과 경험이 풍부한 사람

③ 외국인보호위원회의 위원장(이하 "위원장"이라 한다)은 외부위원 중에서 법무부장관이 위촉한다.

④ 외국인보호위원회에 3명 이내의 상임위원을 둔다. 상임위원은 고위공무원단에 속하는 일반직공무원 또는 4급 이상 공무원으로서 「국가공무원법」 제26조의5에 따른 임기제공무원으로 보하고, 상임위원의 임명에 관한 사항은 대통령령으로 정한다.

⑤ 외국인보호위원회의 위원 중 상임위원이 아닌 위원은 법무부장관이 임명 또는 위촉한다.

제66조의7(위원장 및 위원의 임기) 위원장, 상임위원 및 제66조의6제2항제3호부터 제6호까지의 규정에 해당하는 위원의 임기는 2년으로 하되, 두 차례 연임할 수 있다.

제66조의8(위원의 해임 또는 해촉) 대통령 또는 법무부장관은 위원이 다음 각 호의 어느 하나에 해당하는 경우에는 해당 위원을 해임하거나 해촉(解囑)할 수 있다.

1. 심신쇠약 등으로 직무수행이 불가능하거나 현저히 곤란하다고 인정되는 경우
2. 직무와 관련된 비위사실이 있는 경우
3. 직무태만, 품위손상 또는 그 밖의 사유로 위원으로서 직무를 수행하기 적합하지 아니하다고 인정되는 경우
4. 제66조의9제1항 또는 제2항의 사유에 해당하는 데도 불구하고 회피(回避)하지 아니한 경우
5. 위원 스스로 직무를 수행하는 것이 곤란하다고 의사를 밝히는 경우

제66조의9(위원의 제척·기피·회피) ① 외국인보호위원회(제66조의14에 따른 분과위원회를 포함한다. 이하 이 조에서 같다)의 위원(이하 이 조에서 "위원"이라 한다)이 다음 각 호의 어느 하나에 해당하는 경우에는 외국인보호위원회의 심의·의결에서 제척(除斥)된다.

1. 위원이나 위원이 속한 법인, 단체 또는 법률사무소가 해당 안건의 당사자의 대리인 또는 법률상담이나 조언 등 조력을 제공하는 자(이하 이 조에서 "대리인등"이라 한다)이거나 대리인등이었던 경우
2. 위원이 해당 안건의 당사자 또는 그 대리인등과 「민법」 제777조에 따른 친족이거나 친족이었던 경우
3. 위원이나 위원이 속한 법인, 단체 또는 법률사무소가 해당 안건에 대하여 증언, 진술, 자문, 연구, 용역 또는 감정을 한 경우

② 당사자는 제1항에 따른 제척사유가 있거나 위원에게 공정한 심의·의결을 기대하기 어려운 사정이 있는 경우에는 외국인보호위원회에 기피 신청을 할 수 있고, 외국인보호위원회는 의결로 기피 여부를 결정한다. 이 경우 기피 신청 대상인 위원은 그 의결에 참여하지 못한다.

③ 위원은 제1항 또는 제2항의 사유에 해당하는 경우에는 스스로 해당 안건의 심의·의결에서 회피하여야 한다.

제66조의10(위원장) ① 위원장은 외국인보호위원회를 대표하고, 업무를 총괄한다.
② 위원장이 부득이한 사정으로 직무를 수행할 수 없으면 임명일이 빠른 상임위원 순서로 그 직무를 대행하며, 상임위원의 임명일이 같은 경우에는 연장자 순서로 그 직무를 대행한다.

제66조의11(존속기한) 외국인보호위원회는 2025년 6월 1일부터 2030년 5월 31일까지 존속한다.

제66조의12(심의·의결 등) ① 외국인보호위원회는 제66조의5 각 호의 사항에 대하여 심의·의결한다.
② 외국인보호위원회는 제1항에 따른 심의·의결에 필요하다고 인정하면 피보호자와 그 밖의 관계인에 대하여 진술을 듣거나 필요한 사실을 조사할 수 있다.
③ 외국인보호위원회는 제1항에 따른 심의·의결에 필요하다고 인정하면 피보호자, 관계인, 관계 기관 또는 단체에 관련 자료의 제출을 요청할 수 있다. 이 경우 요청을 받은 사람, 관계 기관 또는 단체는 정당한 사유가 없으면 이에 응하여야 한다.
④ 외국인보호위원회의 심리는 구술심리나 서면심리로 한다. 다만, 당사자가 구술심리를 신청한 경우에는 서면심리만으로 결정할 수 있다고 인정되는 경우 외에는 구술심리를 하여야 한다.
⑤ 외국인보호위원회는 제4항 단서에 따라 구술심리 신청을 받으면 그 허가 여부를 결정하여 신청인에게 알려야 한다.
⑥ 제5항의 통지는 서면으로 하거나 전화, 휴대전화를 이용한 문자전송, 팩시밀리 또는 전자우편 등 간편한 방법으로 할 수 있다.
⑦ 외국인보호위원회의 구술심리에 출석한 피보호자는 변호사의 조력을 받을 권리가 있고, 본인과 신뢰관계에 있는 사람의 동석을 신청할 수 있다.

제66조의13(의결정족수 등) ① 외국인보호위원회의 회의는 재적위원 과반수의 출석으로 개의하고, 출석위원 과반수의 찬성으로 의결한다.
② 제1항에도 불구하고 회의를 개최할 시간적 여유가 없는 등 부득이한 경우로서 대통령령으로 정하는 경우에는 서면으로 의결할 수 있다. 이 경우 재적위원 과반수의 찬성으로 의결한다.
③ 외국인보호위원회의 회의는 비공개로 한다.
④ 결정은 그 이유를 붙이고 심의한 위원이 서명 또는 기명날인한 문서로 한다.

제66조의14(분과위원회) ① 외국인보호위원회의 업무를 효율적으로 수행하기 위하여 분과위원회를 둘 수 있다.
② 제1항에 따른 분과위원회의 설치 및 운영에 필요한 사항은 대통령령으로 정한다.

제66조의15(사무국의 설치 등) ① 외국인보호위원회의 사무 처리 및 조사를 위하여 외국인보호위원회에 사무국을 둔다.
② 사무국장은 위원장의 명을 받아 외국인보호위원회의 사무를 처리한다.
③ 사무국에 외국인보호 조사관을 두며, 외국인보호 조사관은 위원장의 명을 받아 제66조의5 각 호의 사항에 대한 조사 및 그와 관련된 업무를 처리한다.
④ 사무국장 및 외국인보호 조사관은 외국인보호 업무에 관한 경험과 지식이 풍부한 사람 중에서 임명하되, 그 자격과 인원에 관한 구체적인 사항은 대통령령으로 정한다.
⑤ 제1항부터 제4항까지에서 규정한 사항 외에 사무국의 구성·운영 등에 관한 사항은 대통령령으로 정한다.

제66조의16(벌칙 적용 시 공무원 의제) 외국인보호위원회(제66조의14에 따른 분과위원회를 포함한다)의 위원 중 공무원이 아닌 사람은 「형법」 제127조 및 제129조부터 제132조까지의 규정을 적용할 때에는 공무원으로 본다.

제66조의17(운영) 이 법에서 정한 사항 외에 외국인보호위원회의 구성·운영 등에 필요한 사항은 대통령령으로 정한다.

제92조에 제3항을 다음과 같이 신설한다.
③ 외국인보호위원회는 이 법에 따른 권한의 일부를 대통령령으로 정하는 바에 따라 위원장에게 위임할 수 있다.

제95조제8호 중 "제56조 또는 제63조제1항"을 "제56조, 제63조제1항·제2항 또는 제63조의3제1항"으로 하고, **같은 조** 제9

호 중 "제63조제5항에 따른 주거의 제한이나"를 "제63조의2제4항 및 제63조의3제2항에 따른 주거의 제한, 정기 보고, 신원보증인의 지정, 보증금의 납부 등"으로 한다.

부 칙

제1조(시행일) 이 법은 2025년 6월 1일부터 시행한다. 다만, 제4조의 개정규정은 2025년 10월 23일부터 시행한다.

제2조(외국인보호위원회 설치를 위한 준비행위) 법무부장관은 이 법 시행 전에 제66조의4의 개정규정에 따른 외국인보호위원회의 구성·운영에 필요한 위원의 임명·위촉, 사무국의 설치행위 등 외국인보호위원회 구성·운영에 필요한 준비행위를 할 수 있다.

제3조(출국금지에 관한 적용례) 제4조의 개정규정은 이 법 시행 이후 「근로기준법」 제43조의2에 따라 명단 공개가 결정된 체불사업주부터 적용한다.

제4조(일반적 적용례) 이 법은 이 법 시행 당시 종전의 제63조에 따라 보호 중인 경우에도 적용한다.

제5조(보호 중인 사람의 보호기간 연장 등에 관한 특례) ① 지방출입국·외국인관서의 장은 이 법 시행 당시 종전의 제63조에 따른 보호기간이 6개월 이상 20개월 미만인 피보호자가 제63조제2항 단서의 개정규정에 따른 보호기간 연장의 대상이 되는 경우에는 이 법 시행 이후 지체 없이 제63조제2항 단서의 개정규정에 따라 외국인보호위원회의 보호기간 연장 승인을 받아야 한다.

② 제1항의 경우 이 법 시행일부터 3개월의 범위에서 외국인보호위원회의 보호기간 연장 승인을 받을 때까지 그 사람을 계속하여 보호할 수 있다. 다만, 피보호자가 다음 각 호의 어느 하나에 해당하는 경우에는 즉시 보호를 해제하여야 한다.

1. 피보호자의 보호기간이 보호를 시작한 날부터 20개월을 넘은 경우
2. 외국인보호위원회의 보호기간 연장 승인이 있기 전에 본문에 따른 보호기간이 3개월을 넘은 경우

③ 지방출입국·외국인관서의 장은 제1항에 따른 피보호자에 대하여 외국인보호위원회의 보호기간 연장 승인을 받지 못한 경우에는 지체 없이 보호를 해제하여야 한다.

④ 지방출입국·외국인관서의 장이 이 법 시행 당시 종전의 제63조에 따른 보호기간이 6개월 미만인 피보호자에 대하여 2025년 6월 1일부터 6월 30일까지 외국인보호위원회에 보호기간 연장 승인을 신청한 경우에는 2025년 7월 31일까지의 범위에서 외국인보호위원회의 보호기간 연장 승인을 받을 때까지 그 사람을 계속하여 보호할 수 있다.

제6조(보호에 대한 이의신청에 관한 경과조치) ① 이 법 시행 당시 종전의 제55조에 따라 법무부장관에게 보호에 대한 이의신청을 한 경우에는 종전의 규정에 따른다.

② 제1항에 따라 종전의 규정이 적용되는 경우에는 동일한 사항에 대하여 다시 외국인보호위원회에 보호에 대한 심사청구를 할 수 없다.

제7조(계속 보호 승인에 관한 경과조치) 이 법 시행 당시 종전의 제63조에 따른 피보호자에 대하여 같은 조 제2항에 따라 법무부장관의 승인 절차가 진행 중인 경우에는 종전의 규정에 따른다.

제8조(보호의 일시해제 청구에 관한 경과조치) ① 이 법 시행 당시 종전의 제65조제1항에 따라 지방출입국·외국인관서의 장에게 보호의 일시해제를 청구한 경우에는 종전의 규정에 따른다.

② 제1항의 경우에는 동일한 사항에 대하여 다시 외국인보호위원회에 보호의 일시해제 청구를 할 수 없다.